Bundesrepublik Deutschland und West-Berlin
Federal Republic of Germany and Western-Berlin
République fédérale d'Allemagne et Berlin-Ouest

WER IST WER?®
DAS DEUTSCHE WHO'S WHO

THE GERMAN WHO'S WHO
LE WHO'S WHO ALLEMAND

Begründet von Walter Habel
XXVIII. Ausgabe
(vormals Degeners Wer ist's?)

Bundesrepublik Deutschland und West-Berlin

400 JAHRE 1579 - 1979 · DEUTSCHLANDS ÄLTESTES VERLAGS- UND DRUCKHAUS · LÜBECK

Ohne ausdrückliche Genehmigung des Verlages ist es nicht gestattet, das Buch ganz oder teilweise nachzudrucken, fotomechanisch zu vervielfältigen, ihm Adressenmaterial zum Zwecke der Datenspeicherung und zu Werbezwecken zu entnehmen oder dieses Material sonst zu verarbeiten. Alle Angaben erfolgen trotz sorgfältiger Bearbeitung ohne Gewähr.

Redaktionsbeirat: Fides Krause-Brewer, Hans-Joachim Gebauer, Dr. Armin Grünewald.

Alle Rechte vorbehalten
© 1989
Redaktionsschluß: 15. Juni 1989
Bis zum Druck eingegangene Informationen
wurden noch berücksichtigt
Verlag Schmidt-Römhild, Lübeck
Verlagsleitung: H. J. Sperling
Redaktion Essen: Karin Di Felice
Redaktion, EDV und Lichtsatz:
Verlag Beleke KG, Essen
Druck: Schmidt-Römhild, Lübeck
Einband: Hunke & Schröder
Printed in Germany 1989
ISBN 3-7950-2009-3

INHALT

Vorwort	VII
Abkürzungen	X
Die obersten Behörden der Bundesregierung, der Bundesländer und West-Berlins	XXV
Biographischer Teil	1
Nekrolog (Verstorbene der XXVI. Ausgabe)	1545
Geburtstagsliste	1547

CONTENTS

Preface	VIII
Abbreviations	XV
The Government of the Federal Republic of Germany, the Federal States and of Western Berlin	XXV
Biographical Part	1
Necrology (deceased of the XXVI. edition)	1545
Birthday list	1547

CONTENU

Préface	IX
Abbréviations	XX
Le Gouvernement de la République fédérale d'Allemagne, des États fédéraux et de Berlin-Ouest	XXV
Notices biographiques	1
Personnalités décédées dont la notice figurait dans la XXVI. édition	1545
Liste d'anniversaire	1547

Vorwort

Die nun vorliegende XXVIII. Ausgabe des WER IST WER? – DAS DEUTSCHE WHO'S WHO – ist wiederum umfangreicher geworden als die letzte Ausgabe. Trotz strenger Handhabung der Kriterien bei der Aufnahme neuer Persönlichkeiten und neuer Porträtfotos ließ sich die Umfangserweiterung nicht vermeiden.

Waren im Jahre 1955 nur 15.000 Personen im WER IST WER? und im Jahre 1967/68 rd. 25.000 Personen, so sind es heute fast 40.000 Persönlichkeiten, die nach den gleichen Kriterien gemessen in dieser Enzyklopädie aufgenommen sind. Eine Bilanz, die dem Fortschritt unserer Gesellschaft eine Bestätigung gibt.

Ein Forum der Eitelkeit ist dieses WER IST WER? – DAS DEUTSCHE WHO'S WHO – in seiner über 80jährigen Tradition niemals gewesen. Wenn auch der Umfang dieses Werkes in den letzten Jahrzehnten ständig gewachsen ist, so ist das kein Zeichen dafür, daß sich immer mehr Personen drängen, in dieses allseits geschätzte Lexikon bedeutender Personen hineinzukommen, vielmehr ist es ein Zeichen unserer sich ständig entwickelnden Gesellschaft, in der die Schicht derer, die beachtliche Leistungen vollbringen, immer größer wird. Das hängt mit den Anforderungen zusammen, die an die Schaffenden und Verantwortlichen gestellt werden. Die bessere Lebensgestaltung für fast die gesamte Bevölkerung der Bundesrepublik Deutschland erfordert immer mehr qualifizierte Leistungen, immer mehr Wissen und Können.

Schließlich hat dieses biographische Nachschlagewerk seine Aufgabe zu erfüllen, wichtige Daten und Informationen über namhafte Persönlichkeiten zu liefern, die auch durch ihr Mitwirken an der Textgestaltung der Biographien ihre Verpflichtung unterstreichen, für die Öffentlichkeit transparent zu sein.

Fast 2.000 Personen sind in dieser Ausgabe neu aufgenommen und über 1.000 Personen durch Sterbefälle oder Rückzug in den Ruhestand nicht mehr vertreten. Über 2.100 Biographien wurden durch ein Porträtfoto ergänzt.

Aufnahme und Erscheinen in diesem Nachschlagewerk sind grundsätzlich kostenlos. Für die Aufnahme der Fotos wird vom Verlag nur die Selbstkostenerstattung der technischen Raster- bzw. Kopierkosten erbeten.

Redaktion, Verlag und alle Mitarbeiter dieses Werkes haben für die Neuerscheinung wieder eine große und verantwortungsvolle Aufgabe bewältigt. Umfangreiche und zuverlässige Recherchen, Korrekturen, Prüfungen und sorgfältiges Redigieren mußten durchgeführt werden. Dabei waren selbstverständlich auch modernste Computer- und elektronische Lichtsatztechniken für die Herstellung im Einsatz.

An dieser Stelle gilt allen Mitwirkenden besonderer Dank, darin sind eingeschlossen die vielen Behörden, Institutionen, Redaktionen, die Verbände, Vereinigungen und Interessenvertreter sowie alle übrigen Freunde dieser Publikation. Anerkennung und Dank gebühren aber auch denen, die in diesem Buch verzeichnet sind und durch Aktualisierung ihrer eigenen Angaben die Leser dieses Werkes bereitwillig und authentisch informieren.

Herausgeber und Verleger
Norbert Beleke

Lübeck, Berlin und Essen im Oktober 1989

Preface

The present XXVIIIth edition of WER IST WER? – THE GERMAN WHO'S WHO – has in turn become more comprehensive than the last edition. In spite of a stricter application of the criteria for the inclusion of new personalities and new photo portraits, expansion of the scope of the work was inevitable.

In 1955, WER IST WER? had entries for only 15.000 persons, and in 1967/68 for around 25.000. Today this figure has risen to almost 40.000 personalities, who are included in this encyclopaedia according to uniform criteria. Figures which verify the progress our company has made.

For the 80 years since it started, WER IST WER? – THE GERMAN WHO'S WHO – has never been a forum of vanity. Even if the scope of this work has grown steadily over the past few decades, this does not mean that more and more people are trying to get an entry in this universally respected lexicon of important persons. Rather it is an indication of our constantly developing society, in which the group of those achieving great things is growing all the time. This is related to the standards set for those active creatively and those in positions of responsibility. The improvement in the standard of living for almost all the population in the Federal Republic of Germany demands more and more highly qualified work, and more and more knowledge and skills.

Finally, this biographical reference work has the function of providing important details and information on famous personalities. By actively helping in the creation of the text for their biographies, these personalities stress their undertaking to expose themselves to public scrutiny.

Nearly 2.000 people have been included for the first time in this edition, and over 1.000 are no longer mentioned because they have died or retired. More than 2.100 biographies are illustrated by a photo portrait.

It basically costs nothing to be included and to appear in this reference work. If a photo is included, the publishers only request reimbursement of their costs for technical screen and copying costs.

The editorial board, publishers and co-workers on this work have again performed sturdy and responsible work to enable the new edition to appear. Extensive and accurate research, corrections, checks and careful editing were necessary. Of course, the most up-to-date computer and electrotechnical photosetting techniques have been used to print the work.

At this point, all those involved in the production of this book should be thanked, including the many authorities, institutions, editorial boards, federations, associations and interest bodies, as well as all the friends of this publication. We also wish to acknowledge and express our thanks to all those who are included in this book, and who willingly provide authentic information for the readers by updating their own details.

Editor and Publisher
Norbert Beleke

Lübeck, Berlin and Essen in October 1989

Préface

Cette 28ème édition du WER IST WER? (Who's Who allemand) est, de ce fait, plus importante que la précédente malgré un respect strict des critères de sélection (y compris pour les photos).

En 1955, WER IST WER? ne présentait que 15.000 personnes. En 1967/68 on en comptait 25.000 et, actuellement, cette encyclopédie regroupe presque 40.000 personnalités, toutes choisies d'après des critères identiques ... un résultat qui confirme notre société dans son évolution.

Depuis sa fondation, il y a 80 ans, WER IST WER? – le Who's Who allemand n'a jamais été, par tradition, une tribune mondaine. En effet, si cet ouvrage s'est agrandi au cours des dernières décennies, cela ne veut pas dire qu'il y a eu un renfort d'affluence de la part des personnes désirant y paraître. Cette situation serait plutôt due à l'évolution constante d'une société dans laquelle le nombre de personnes ayant ou ayant fait quelque chose de particulier augmente, et liée aux exigences des uns et des autres. Une amélioration de la qualité de la vie de presque l'ensemble de la population en République Fédérale d'Allemagne exige un effort toujours plus créateur, toujours plus de connaissances et de compétences.

Néanmoins, cet ouvrage de référence biographique vise à remplir une tâche informative qui est de nous livrer données et informations relatives à des personnalités connues – celles-ci ayant d'ailleurs, par souci d'ouverture au public, tenu à contribuer à la rédaction – des textes.

Si cette édition présente près de 2.000 nouvelles personnalités, environ 1.000 ne s'y trouvent plus (décès, cessation d'activités) et 2.100 biographies sont accompagnées d'une photo.

En principe, l'inscription et la parution dans cet cuvrage sont gratuites. En ce qui concerne les photos, la maison d'édition ne facture que les frais „techniques" de trame et d'impression.

La nouvelle parution de cet ouvrage a demandê un effort considérable aux rédacteurs, à la maison d'édition et à toutes les personnes qui y ont travaillé ... si l'on tient compte des recherches, des corrections, des contrôles et du soin à apporter à la rédaction, sans oublier l'introduction d'ordinateurs et de méthodes d'impression les plus sophistiquées.

Pour conclure, nous aimerions remercier tous ceux qui nous ont aidés par leur collaboration et, tout particulièrement, les administrations, les institutions, les rédacteurs, les associations, les fédérations et les groupements d'intérêt de même que les amis de cette publication. Nous aimerions également exprimer notre gratitude à ceux qui, cités dans ce livre, n'ont pas hésité à actualiser leurs propres données contribuant ainsi à une information correcte du lecteur.

Editeur et imprimeur
Norbert Beleke

Lübeck, Berlin et Essen, en octobre 1989

VERZEICHNIS HÄUFIGER ABKÜRZUNGEN

A

A. – Auflage(n) (nur in Verbindung mit einer Zahl: 2. A.)
AA – Auswärtiges Amt
A. B. – Augsburger Bekenntnis
Abg. – Abgeordnete(r)
Abh. – Abhandlung(en)
Abit. – Abitur
Abt. – Abteilung(en)
Acad. – Academy u. ä.
Accad. – Accademia
a. D. – außer Dienst
ADGB – Allgemeiner Deutscher Gewerkschaftsbund
adv. – advanced
a. G. – auf Gegenseitigkeit
AG – Amtsgericht; Arbeitsgericht
AG. – Aktiengesellschaft
a. i. – ad interim (Geschäftsträger)
Akad. – Akademie(n) (akad. - akademisch)
akt. – aktiv
AL – Alternative Liste
allg. – allgemein
amerik. – amerikanisch
Amtm. – Amtmann
Anat. – Anatomie (anat. – anatomisch)
and. – andere
Anekd. – Anekdote(n)
Anf. – Anfang
Angelegenh. – Angelegenheit(en)
Angest. – Angestellte(r)
angew. – angewandte (Chemie usw.)
Angl. – Anglistik
Anh. – Anhalt
anschl. – anschließend
Anst. – Anstalt(en)
Anthol. – Anthologie(n)
Anthropol. – Anthropologie (anthropol. – anthropologisch)
ao. – außerordentlicher(s)
AOK – Allgemeine Ortskrankenkasse
apl. – außerplanmäßiger (Professor)
APO – Außerparlamentarische Opposition
appl. – applied
AR – Aufsichtsrat (Aufsichtsräte)
-arb. – -arbeiten; -arbeiter (Einzelarb., Metallarb. usw.)
Arbeitg. – Arbeitgeber
Arbeitsgem. – Arbeitsgemeinschaft(en)
Arch. – Architekt(in, ur)
Archäol. – Archäologie (archäol. – archäologisch)
ARD – Arbeitsgemeinschaft der Rundfunkanstalten der Bundesrepublik Deutschland
Argent. – Argentinien
Art. – Artikel
Artl. – Artillerie
Ass. – Assessor
Assist. – Assistent(in)
Assoc. – Association
AT – Altes Testament
Auff. – Aufführung(en)
Aufg. – Aufgabe(n)
Aufl. – Auflage(n)
Aufs. – Aufsatz (Aufsätze)
Auftr. – Auftrag (Aufträge)
Aufz. – Aufzeichnung(en)
Aug. – August
Ausb. – Ausbildung
Ausg. – Ausgabe(n)
Ausl. – Ausland (ausl. – ausländisch)
Aussch. – Ausschuß (Ausschüsse)
Ausst. – Ausstellung
außerd. – außerdem
ausw. – auswärtiges (Mitglied)
Ausw. – Auswahl
Ausz. – Auszeichnung(en)
Autodid. – Autodidakt

B

b. – bei(m); bis
-b. – -buch, -bücher (Handb. usw.)
BA – Bergakademie; Bezirksamt
B. A. – Bachelor of Arts (Baccalaureus Artium)
BAG – Bundesarbeitsgericht
Bakt. – Bakteriologie (bakt. – bakteriologisch)
Ball. – Ballade(n)
Batl. – Bataillon
Bay. – Bayern
Bd. – Band
-bd. – bund (Beamtenbd. usw.); -band (Schulterbd.)
Bde. – Bände, Bande
BDI – Bundesverband der Deutschen Industrie
BDP – Bremer Demokratische Partei
BdV – Bund der Vertriebenen
Bearb. – Bearbeiter(in); Bearbeitung
Beauftr. – Beauftragte(r)
Begr. – Begründer (begr. – begründet)
Beigeordn. – Beigeordnete(r)
Beis. – Beisitzer(in)
bek. – bekannt
Bekenn. – Bekennende (Kirche)
Belg. – Belgien
Berat. – Berater; Beratung
Ber. – Bereich
bes. – besonders;
-bes. – besitzer (nur in Verbindung: Fabrikbes.)
beurl. – beurlaubt
Bevollm. – Bevollmächtigte(r)
Bez. – Bezirk
Bezirksverordn. – Bezirksverordnete(r)
BFH – Bundesfinanzhof
BGB – Bürgerliches Gesetzbuch
BHE – Block der Heimatvertriebenen und Entrechteten
BGH – Bundesgerichtshof
Bgm. – Bürgermeister (bei Wiederholung)
Bibl. – Bibliothek(en)
Bibliogr. – Bibliographie (bibliogr. – bibliographisch)
BIEM – Bureau International de l'Edition Mécanique
bild. – bildende (Kunst)
Biogr. – Biographie(n)
Biol. – Biologie
-bk. – -bank (Landesbk. usw.)
-bl. – -blatt (Tagebl. usw.)
Botsch. – Botschaft(en, er)
BP – Bayern-Partei
BPA – Bundespatentamt (bei Wiederholung)
BR – Bayerischer Rundfunk
Brasil. – Brasilien
BRD – Bundesrepublik Deutschland
Brig. – Brigade
BRK – Bayerisches Rotes Kreuz
Brosch. – Broschüre(n)
BSG – Bundessozialgericht
BSP – Bayerische Staatspartei
Bürgerm. – Bürgermeister
Bulg. – Bulgarien (bulg. – bulgarisch)
Bundesrep. – Bundesrepublik
BV – Buchveröffentlichung(en)
BVG – Bundesverwaltungsgericht; Berliner Verkehrs-Gesellschaft
BVerfG – Bundesverfassungsgericht
BVK – Bundesverdienstkreuz
BVP – Bayerische Volkspartei
bzw. – beziehungsweise

C

CDU – Christlich-Demokratische Union
Charl. – Charlottenburg (Bezirk von Berlin)
Chir. – Chirurgie (chir. – chirurgisch)
Coll. – College
CSU – Christlich-Soziale Union
CVP – Christliche Volkspartei (des Saarlandes)

D

d. – das, den, der, des, die
D. – Doktor der evangelischen Theologie (ehrenhalber)
-d. – deutsch (westd. usw.)
DAG – Deutsche Angestellten-Gewerkschaft
DAI – Deutsches Archäologisches Institut
daneb. – daneben
dar. – darunter
Darst. – Darsteller
das. – daselbst
dass. – dasselbe
dazw. – dazwischen
D. D. – Doctor of Divinity (Theologie)
D'dorf – Düsseldorf (bei Wiederholung)
DDP – Deutsche Demokratische Partei
DDR – Deutsche Demokratische Republik
DDU – Deutsche Demokratische Union
Deleg. – Delegation(en); Delegierter
Demokr. – Demokratie (demokr.– demokratisch)
DENA – Deutsche Nachrichten-Agentur
Dermatol. – Dermatologie (dermatol. – dermatologisch)
Dez. – Dezember
Dezern. – Dezernent(in)
DFG – Deutsche Forschungsgemeinschaft
DGB – Deutscher Gewerkschaftsbund
DHV – Deutschnationaler Handlungsgehilfen-Verband
Dipl. – Diplom; Dipl.-Bibl. (Bibliothekar), Dipl.-Chem. (Chemiker), Dipl.-Hdl. (Handelslehrer), Dipl.-Ing. (Ingenieur), Dipl.-Kfm. (Kaufmann), Dipl.-Landw. (Landwirt), Dipl.-Polit. (Politologe),

Dipl.-Volksw. (Volkswirt), **Dipl.-Wirtsch.** (Wirschafter)
Dir. – Direktor(in)
-dir. – direktor, -direktion (Bundesbahndir. usw.)
Dirig. – Dirigent
Diss. – Dissertation; Dissident
div. – diverse
Div. – Division
DLG – Deutsche Landwirtschafts-Gesellschaft
DNA – Deutscher Normenausschuß
DNVP – Deutsch-Nationale Volkspartei
DOG – Deutsche Olympische Gesellschaft
Dok. – Dokument, Dokumentation
Doz. – Dozent(in)
DP – Deutsche Partei
DPS – Deutsche Partei Saar
d. R. – der Reserve
Dr. – Drama (nur bei Titelangabe); Doktor (bekannte Grade: agr. [Landwirtschaft], -Ing. [Ingenieur], jur. [Rechte], jur. et rer. pol. [Rechts- und Staatswissenschaften], med. [Medizin], med. dent. [Zahnheilkunde], med. vet. [Tierheilkunde], oec. publ. [Volkswirtschaft], phil. [Philosophie], phil. nat., rer. nat. u. sc. nat. [Naturwissenschaften], rer. oec. [Wirtschaftswissenschaften], rer. techn. [technische Wissenschaften], theol. [Theologie])
Dramat. – Dramaturg(in)
DRK – Deutsches Rotes Kreuz
DRP – Deutsche Reichs-Partei; Deutsches Reichspatent
-dst. – dienst (Wehrdst. usw.)
dstl. – dienstlich
dt. – deutsch (aber in Verbindung: ostd.)
DTH – Deutsche Technische Hochschule (Prag)
Dtschl. – Deutschland
DU – Deutsche Union
DVP Demokratische Volkspartei (n. 1945); Deutsche Volkspartei (b. 1933)
dzt. – derzeit

E

e. – ein(e, er, es)
EAG – Europäische Atom-Gemeinschaft
ebd. – ebenda
ebenf. – ebenfalls
EDV – Elektronische Datenverarbeitung
EG – Europäische Gemeinschaften
eG. – eingetragene Gesellschaft/Genossenschaft
eGmbH. – eingetragene Genossenschaft mit beschränkter Haftpflicht
E. h. – Ehrenhalber
ehem. – ehemalig, ehemals
Ehrenz. – Ehrenzeichen
eig. – eigene
Einf. – Einführung
EK – Eisernes Kreuz
EKD – Evangelische Kirche in Deutschland
Els. – Elsaß
em. – emeritierter (Professor)
emerit. – emeritiert
engag. – engagiert
Engl. – England
engl. – englisch
Entd. – Entdeckung(en); Entdecker
Entomol. – Entomologie (entomol. – entomologisch)
entpfl. – entpflichtet
Entw. – Entwicklung
Erf. – Erfindung(en)
Erg. – Ergänzung
ern. – ernannt
Erz. – Erzählung(en)
Ess. – Essay(s)
ETH – Eidgenössische Technische Hochschule (Zürich)
ev. – evangelisch
e. V. – eingetragener Verein
EWG – Europäische Wirtschafts-Gemeinschaft
EWH – Erziehungswissenschaftliche Hochschule
-ex. – -examen (Staatsex. usw.)
Exped. – Expedition(en)
exper. – experimentelle

F

f. – für
Fa. – Firma
Fachgem. – Fachgemeinschaft
Fak. – Fakultät(en)
FAO – Food and Agriculture Organization (Einrichtung der Vereinten Nationen)
FB – Fachbereich
FDP – Freie Demokratische Partei
FDV – Freie Deutsche Volkspartei
Febr. – Februar
Feuill. – Feuilleton(s)
Feuillet. – Feuilletonist(in)
ff. – folgende
FG – Finanzgericht
FH – Fachhochschule
FNA – Fachnormenausschuß
Förd. – Förderung
fr. – freier (Schriftsteller)
Fraktionsf. – Fraktionsführer
Frankr. – Frankreich
franz. – französisch
Frhr. – Freiherr
FS – Fernsehen
FU – Freie Universität (Berlin)
-fürs. – -fürsorge (Sozialfürs. usw.)
FVP – Freie Volkspartei
FW – Freie Wählervereinigung

G

GA. – Gesamtauflage (nur in Verbindung mit einer Zahl)
GAL – Grüne Alternative Liste
Gastsp. – Gastspiel(e)
GB – Gesamtdeutscher Block
GDA – Gewerkschaftsbund der Angestellten
GDBA – Genossenschaft Deutscher Bühnen-Angehörigen
Gde. – Gemeinde
GDP – Gesamtdeutsche Partei
geb. – geboren(e)
Geb. – Gebiet
Ged. – Gedichte
gef. – gefallen
Gegenw. – Gegenwart (gegenw. – gegenwärtig)
GELU – Gesellschaft zur Verwertung literarischer Urheberrechte
GEMA – Gesellschaft für musikalische Aufführungs- und mechanische Vervielfältigungsrechte
gemeinn. – gemeinnützige(r)
gen. – genannt
Generallt. – Generalleutnant
Genoss. – Genossenschaft(en)
Geogr. – Geographie (geogr. – geographisch)
German. – Germanistik
ges. – gesammelte (Aufsätze)
Ges. – Gesellschaft(en)
Gesch. – Geschichte(n)
gesch. – geschieden
Geschäftsf. – Geschäftsführer(in)
Geschäftsfg. – Geschäftsführung
Gesellsch. – Gesellschafter(in)
Gewerksch. – Gewerkschaft(en)
gf. – geschäftsführendes (Vorstandsmitglied)
Gf. – Geschäftsführer (bei Wiederholung oder in Verbindung: Landesgf.)
GH – Gesamthochschule
gleichz. – gleichzeitig
GmbH. – Gesellschaft mit beschränkter Haftung
GMD – Generalmusikdirektor (bei Wiederholung)
gottgl. – gottgläubig
gr. – groß, -gruppe
Griech. – Griechenland
Großm. – Großmutter
Großv. – Großvater
Gründ. – Gründer
Gründg. – Gründung
Grundl. – Grundlage(n)
Gymn. – Gymnasium (Gymnasien)
Gynäk. – Gynäkologie (gynäk. – gynäkologisch)

H

H. – Heft(e)
Habil. – Habilitation (habil. – habilitiert)
HB – Hamburger Block
H. B. – Helvetisches Bekenntnis
Hbg. – Hamburger, Hamburgische Bürgerschaft)
Hann. – Hannover
haupts. – hauptsächlich
h. c. – honoris causa
Hdl. – Handel
hebr. – hebräisch
Herausg. – Herausgeber(in)
hg. – herausgegeben
Hgf. – Hauptgeschäftsführer (bei Wiederholung)
HH – Handelshochschule(n)
HK – Handelskammer (bei Wiederholung)
hl. – heilig
Hoh. – Hohenzollern
höh. – höhere (Schulen)
Holl. – Holland
holl. – holländisch
Holst. – Holstein (holst. – holsteinisch)
Hon. – Honorar (-professor)
Hptm. – Hauptmann
HR – Hessischer Rundfunk
-hs. – -haus, -häuser (Bankhaus, Krankenhäuser usw.)
HTL – Höhere Technische Lehranstalt
human. – humanistisch
Hyg. – Hygiene (hyg. – hygienisch)

I

i. e. R. – im einstweiligen Ruhestand
IG – Interessengemeinschaft (Farbenindustrie); Industriegewerkschaft (Metall)
IHK – Industrie- und Handelskammer

ILO – Internationales Arbeitsamt (Genf)
Ind. – Industrie
Ing. – Ingenieur
Inh. – Inhaber(in)
insb. – insbesondere
insges. – insgesamt
Insp. – Inspektor(in)
Inst. – Institut(e)
Insz. – Inszenierung(en)
Int. – Intendant
integr. – integriert
intern. – international
i. R. – im Ruhestand
isr. – israelisch
i. W. – im Wartestand
Ital. – Italien (ital. – italienisch)

J

J. – Jahr(e)
Jan. – Januar
jap. – japanisch
Jg. – Jahrgang (Jahrgänge); Junge (Bühne)
Jh. – Jahrhundert
Journ. – Journalist(in)
Jugosl. – Jugoslawien (jugosl. – jugoslawisch)
jun. – junior

K

Kapt. – Kapitän
kath. – katholisch
Kaufm. – Kaufmann (kaufm. – kaufmännisch)
Kd. – Kind(er)
-kd. – -kunde (Altertumskd. usw.)
KdÖR – Körperschaft des Öffentlichen Rechts
kdr. – kommandierender (General)
KFA – Kernforschungsanlage (bei Wiederholung)
-kfm. – -kaufmann (nur in Verbindung; Bankkfm. usw.)
KG – Kammergericht
KG. – Kommanditgesellschaft
kgl. – königlich
KH – Kirchliche Hochschule (bei Wiederholung)
KJV – Kommunistischer Jugendverband
Kl. – Klasse(n); Klinik nur in Verbindung: Kinderkl. usw.)
kl. – klein
Kom. – Komödie(n) (nur bei Titelangabe)
Komit. – Komitee(s)
komm. – kommissarisch
Kommiss. – Kommission(en)
Komp. – Komponist
Kompl. – Komplimentär
Kompos. – Kompositionen (kompos. – kompositorisch)
Konfz. – Konferenz(en)
Konservat. – Konservatorium (Konservatorien)
kopt. – Koptische Kirche
korr. – korrespondiertes (Mitglied)
Korresp. – Korrespondent(in)
KPD – Kommunistische Partei Deutschlands
Kr. – Kreis
-kr. – -kreis (Wahlkr.); -krieg (Weltkr.)
Krkhs. – Krankenhaus
Kt. – Kanton
Kunstgew. – Kunstgewerbe
Kurat. – Kuratorium (Kuratorien)
KWI – Kaiser-Wilhelm-Institut (bei Wiederholungen)
KZ – Konzentrationslager

L

Labor. – Laboratorium (Laboratorien)
LAG – Landesarbeitsgericht
Lat. – Latein (lat. – lateinisch)
Ld. – Land
Leg. – Legende(n)
Leit. – Leiter(in)
Leitf. – Leitfaden
lfd. – laufend(e)
L'felde – Lichterfelde (Berliner Stadtteil)
LG – Landgericht
LH – Landwirtschaftliche Hochschule
lib. – liberal
Lit. – Literatur (lit. – literarisch)
LK – Landwirtschaftskammer
L. L. D. – Doctor legum (beide Rechte, England u. USA)
Lothr. – Lothringn
LSG – Landessozialgericht
Lsp. – Lustspiel (nur bei Titelangabe)
ltd. – leitend
Ltn. – Leutnant (aber in Verbindung, Oblt. usw.)
Luftw. – Luftwaffe
luth. – lutherisch
Lyz. – Lyzeum (Lyzeen)
LZB – Landeszentralbank

M

m. – mit
-m. – -meister (Bürgerm. usw.)
M. – Märchen (nur bei Titelangabe)
MA – Mittelalter (bei Wiederholung)
MA – Medizinische Akademie (bei Wiederholung)
M. A. – Master of Arts
m. a. – mit anderen
Mand. – Mandate
Math. – Mathematik(er) (math. – mathematisch)
Mb. – Member; Mitgl.
M. C. P. – Master of Comparative Jurisprudence
MdA – Mitglied des Abgeordnetenhauses (von Berlin)
MdB – Mitglied des Bundestages
MdBB – Mitglied der Bremischen Bürgerschaft
MdEP – Mitglied des Europa-Parlaments
MdHB – Mitglied der Hamburgischen Bürgerschaft
MdK – Mitglied des Kreistages
MdL – Mitglied des Landtages
MdR – Mitglied des Reichstages
Meckl. – Mecklenburg (meckl. – mecklenburgisch)
Med. – Medaille(n); Medizin (med. – medizinisch)
Meteorol. – Meteorologie (meteorol. – meteorologisch)
Meth. – Methode(n)
Mfr. – Mittelfranken
MH – Medizinische Hochschule (bei Wiederholung)
Mill. – Millionen
milit. – militärisch
Min. – Minister (ial-, in. ium, ien)
Mineral. – Mineralogie (mineral. – mineralogisch)
Mitgl. – Mitglied
Mithrsg. – Mitherausgeber(in)
Mitt. – Mitteilung(en)
mod. – modern
moh. – mohamedanisch
Mon. – Monat(e)
Monogr. – Monographie(n)
Morphol. – Morphologie (morphol. – morphologisch)
mos. – mosaisch
MPG – Max-Plank-Gesellschaft (bei Wiederholung)
MPI – Max-Planck-Institut (bei Wiederholung)
M. Sc. – Master of Science
ms. – mütterlicherseits
Msgr. – Monsignore
Mskr. – Manuskript(e)
Msp. – Märchenspiel (nur bei Titelangabe)
Mus. – Museum (bei Wiederholung)

N

n. – nach
N – Nord(en)
N. – Novelle(n) (nur bei Buchtiteln)
NA. – Neuauflage (nur in Verbindung mit einer Zahl)
Nachf. – Nachfolger(in)
Nachr. – Nachrichten
Nationalök. – Nationalökonomie
n. b. – nicht beamtet; nicht bedienstet
Ndb. – Niederbayern
NDR – Norddeutscher Rundfunk
Neurol. – Neurologie (neurol. – neurologisch)
Niederl. – Niederlande (niederl. – niederländisch)
Nieders. – Niedersachsen (nieders. – niedersächsisch)
NL. – Niederlausitz
NLP – Niedersächsische Landespartei
NOK – Nationales Olympisches Komitee
Nordrh. – Nordrhein
Norw. – Norwegen (norw. – norwegisch)
Nov. – November; Novelle(n)
NPD – Nationaldemokratische Partei Deutschlands
NS – Nationalsozialistische
NTG – Nachrichtentechnische Gesellschaft
NWDR – Nordwestdeutscher Rundfunk

O

o. – ordentlicher (Professor)
O – Ost(en)
OB – Oberbürgermeister
o. B. – ohne Bekenntnis
Obb. – Oberbayern
Obersek. – Obersekunda
Oberstlt. – Oberstleutnant
Oblt. – Oberleutnant
Observat. – Observatorium (Obversatorien)
od. – oder
Odenw. – Odenwald
OdF – Opfer des Faschismus
OdN – Opfer des Nationalsozialismus
OECD – Organisation für wirtschaftliche Zusammenarbeit und Entwicklung
öfftl. – öffentlich
ÖTV – Gewerkschaft Öffentliche Dienste, Transport und Verkehr
OFD – Oberfinanzdirektion
Offz. – Offizier
Ofr. – Oberfranken

oHG. – Offene Handelsgesellschaft
Okt. – Oktober
OL. – Oberlausitz
Oldbg. – Oldenburg (oldbg. – oldenburgisch)
OLG – Oberlandesgericht
OPD – Oberpostdirektion
Opf. – Oberpfalz
Orator. – Oratorium (Oratorien)
Orch. – Orchester
Ord. – Ordinarius
Org. – Organisation(en)
ORR – Oberregierungsrat (bei Wiederholung)
orth. – orthodox
OS. – Oberschlesien
Österr. – Österreich (österr. – österreichisch)
OT – Organisation Todt
OVG – Oberverwaltungsgericht

P

PA – Pädagogische Akademie (bei Wiederholung)
Päd. – Pädagogik (päd. – pädagogisch)
Paläontol. – Paläontologie (paläontol. – paläontologisch)
Parlam. – Parlament(arischer [Rat])
Pat. – Patent
Pathol. – Pathologie Pathol. – pathologisch)
Patrol. – Patrologie (patrol. – patrologisch)
PEN – Poet Essayist Novellist
pens. – pensioniert
pers. haft. – persönlich haftender (Gesellschafter)
PH – Pädagogische Hochschule(n)
Ph. D. – Dr. phil. (engl.-amerikan. Graduierung)
Pharmak. – Pharmakologie (pharmak. – pharmako logisch)
pharmaz. – pharmazeutisch
Phil. – Philosophie (phil. – philosophisch)
Philol. – Philologie (philol. – philologisch)
PhThH – Philosophisch-Theologische Hochschule(n) (bei Wiederholung)
Physiol. – Physiologie (physiol. – physiologisch)
PI – Pädagogisches Institut (bei Wiederholung)
Pl. – Platz
Plak. – Plakette(n)
plm. – planmäßiger (Professor)
Pom. – Pommern
Pr. – Preußen (nur in Verbindung mit einem Ort: Königsberg/Pr.); Preis (bei Wiederholung)
PR – Public Relations
Präd. – Prädikat
Präs. – Präsident(in)
Präsid. – Präsidium (Präsidien)
Pred. – Prediger; Predigten
priv. – privat
Prod. – Produktion, Produzent
Prof. – Professor
Promot. – Promotion
protest. – protestantisch
Prov. – Provinz(ial-)
Ps. – Pseudonym
Psych. – Psychologie (psych. – psychologisch)
Publ. – Publikation(en)
Publiz. – Publizistik

R

R. – Roman(e) (nur bei Buchtiteln)
RA – Rechtsanwalt, Rechtsanwältin (bei Wiederholung)
Redakt. – Redakteuer(in)
Ref. – Referat; Referent(in)
Refer. – Referendar
reform. – reformiert
Reg. – Regierung(en); Regierender (Bürgermeister)
Regiss. – Regisseur(in)
Regt. – Regiment
Relig. – Religion (relig. – religiös)
Rep. – Republik; Reportage(n)
Res. Fellow – Research Fellow
Rh. – Rhein
Rhld. – Rheinland
Rhpf. – Rheinpfalz
RIAS – Rundfunk im amerikanischen Sektor (von Berlin)
RKW – Rationalisierungs-Kuratorium der Deutschen Wirtschaft
Roman. – Romanistik
Rotarier – Clubmitglied Rotary International
RR – Regierungsrat (bei Wiederholung)
Rundf. – Rundfunk
russ.-orthod. – russisch-orthodox

S

s. – seit; siehe; seine
S. – Seite(n); (Süd(en); Sohn
Sachbearb. – Sachbearbeiter(in)
Sachverst. – Sachverständiger
SAJ – Sozialistische Arbeiter-Jugend
SBZ – Sowjetisch-besetzte Zone
sd. – seitdem
SDR – Süddeutscher Rundfunk
Sekr. – Sekretär(in)
Sekt. – Sektion
selbst. – selbständig
Sem. – Semester; Seminar
Sept. – September
Serol. – Serologie (serol. – serologisch)
SFB – Sender Freies Berlin
sieb. – sieben
SJD – Sozialistische Jugend Deutschlands
Soc. – Society u. ä.
sog. – sogenannt
Son. – Sonette (nur bei Titelangabe)
soz. – sozial
Soziol. – Soziologie (soziol. – soziologisch)
Sp. – Spiel (nur bei Titelangabe)
spät. – später
SPD – Sozialdemokratische Partei Deutschlands
Spd. – Spandau (Bezirk von Berlin)
spez. – speziell
Spr. – Sprache(n)
SR – Saarländischer Rundfunk
SS. – Sommersemester
SSW – Südschleswiger Wählerverband
Superint. – Superintendent
SWF – Südwestfunk
Syn. – Synode(n)
Synd. – Syndikus

Sch

Sch. – Schauspiel(e) (nur bei Titelangabe)
-sch. – -schule(n) (Volkssch. usw.)
Schausp. – Schauspieler(in)
Sch'berg – Schöneberg (Bezirk von Berlin)
Schles. – Schlesien
Schlesw. – Schleswig
Schr. – Schrift(en)
Schriftf. – Schriftführer(in)
Schriftl. – Schriftleiter(in)
Schriftst. – Schriftsteller(in) (schriftst. – schriftstellerisch)
Schw. – Schwaben
Schwerp. – Schwerpunkt

St

-st – -stelle(n) (Verwaltungsstelle); -stück(e) (Bühnenstücke usw.), -stoff(e) (Wasserstoff)
Stadtverordn. – Stadtverordnete(r)
Stellv. – Stellvertreter
StGB – Strafgesetzbuch
Stiftg. – Stiftung(en)
Stip. – Stipendiat; Stipendium (Stipendien)
Str. – Straße
Stud. – Studien; Studium
stv. – stellvertretendes (Vorstandsmitglied)

T

T. – Teil(e); Telefon; Tochter
Tätigk. – Tätigkeit(en)
Technol. – Technologie (technol. – technologisch)
Teilh. – Teilhaber(in)
Teiln. – Teilnahme; Teilnehmer(in)
TH – Technische Hochschule(n)
Theol. – Theologie (theol. – theologisch)
T'hof – Tempelhof (Bezirk von Berlin)
TiäH – Tierärztliche Hochschule (bei Wiederholung)
Thür. – Thüringen (thür. – thüringisch)
Töcht. – Töchter
Toxikol. – Toxikologie
Trag. – Tragödie(n) (nur bei Titelangaben)
Tsp. – Trauerspiel (nur bei Titelangabe)
Ts. – Tausend (nur in Verbindung mit einer Zahl)
Tschechosl. – Tschechoslowakei
TU – Technische Universität
TV – Television

U

u. – und
u. a. – und andere; unter anderem
UA. – Uraufführung (bei Wiederholung)
u. ä. – und ähnliche
üb. – über
Übers. – Übersetzer(in); Übersetzung(en)
Uffz. – Unteroffizier
Ufr. – Unterfranken
Ung. – Ungarn (ung. – ungarisch)
Univ. – Universität(en), University u. ä.

unt. – unter
Untern. – Unternehmen(er)
Unterr. – Unterricht
Unters. – Untersuchung(en)
Urauff. – Uraufführung(en)
USA – United States of America (Vereinigte Staaten von Amerika)
USPD – Unabhängige Sozialdemokratische Partei Deutschlands

V

v. – vom, von
VDE – Verein Deutscher Elektrotechniker
VDEh – Verein Deutscher Eisenhüttenleute
VDI – Verein Deutscher Ingenieure
VdK – Verband der Kriegsbeschädigten, Kriegshinterbliebenen und Sozialrentner Deutschlands
VDMA – Verein Deutscher Maschinenbau-Anstalten
VELKD – Vereinigte Evangelisch-Lutherische Kirche Deutschlands
verantw. – verantwortlich (Verantw. – Verantwortung)
Verb. – Verband (Verbände)
Vereinig. – Vereinigung(en)
Verf. – Verfahren; Verfasser(in)
vergl. – vergleiche(nde) (Sprachwissenschaft)
verh. – verheiratet
Veröff. – Veröffentlichung(en)
verm. – vermißt
Vers. – Versammlung
versch. – verschieden
Versich. – Versicherung
Vertr. – Vertreter; Vertretung
verurt. – verurteilt
Verw. – Verwaltung(en)
verw. – verwitwet; verwundet
Verz. – Verzeichnis(se)
Vet. – Veterinär- (Vet.rat)
VG – Verwaltungsgericht
VGH – Verwaltungsgerichtshof
VHS – Volkshochschule(n)
VO. – Verdienstorden
Volont. – Volontär
Vorb. – Vorbereitung
Vorf. – Vorfahren
Vors. – Vorsitzende(r) Vorsitzer
Vorst. – Vorstand; Vorsteher
Vorstellg. – Vorstellungen
Vortr. – Vortragender (Legationsrat)
vorübergeh. – vorübergehend
VR – Verwaltungsrat; Volksrepublik
vs. – väterlicherseits

W

W – West
W. – Westfalen (nur in Verbindung mit einem Ort: Münster/W.)
-w. – -wirtschaft (Betriebsw. usw.); -werk
währ. – während
Wahlkr. – Wahlkreis
Wahlp. – Wahlperiode
WAV – Wirtschaftliche Aufbau-Vereinigung
WdF – Wählergemeinschaft der Fliegergeschädigten Vertriebenen und Währungsgeschädigten
WDR – Westdeutscher Rundfunk
Wehrm. – Wehrmacht
Westf. – Westfalen (westf. – westfälisch)
WH – Wirtschaftshochschule(n)
W'höhe – Wilhelmshöhe (Kasseler Stadtteil)
Widerst. – Widerstand
wiederh. – wiederholt
W'dorf – Wilmersdorf (Bezirk von Berlin)
Wirtsch. – Wirtschaft
Wiss. – Wissenschaft(en)
Wohlf. – Wohlfahrt
WS. – Wintersemester
Württ. – Württemberg (württ. – württembergisch)

Z

z. – zum, zur
zahlr. – zahlreich
ZDF – Zweites Deutsches Fernsehen
zeitw. – zeitweilig, zeitweise
Zhldf. – Zehlendorf (Bezirk von Berlin)
ZK – Zentralkomitee
Zool. – Zoologie (zool. – zoologisch)
Ztg. – Zeitung(en)
Ztschr. – Zeitschrift(en)
zugl. – zugleich
zul. – zuletzt
zun. – zunächst
zus. – zusammen
ZVEI – Zentralverband der Elektrotechnischen Industrie
zw. – zwischen
z. Wv. – zur Wiederverwendung
z. Z. – zur Zeit

Anmerkung: Die Endung „ung" ist in Fällen, in denen die Lesbarkeit nicht darunter leidet, weggelassen worden (Entlass. – Entlassung). Das gleiche gilt für „ig" und „isch". Dagegen wird die Silbe „lich" durch „l." angedeutet.

LIST OF FREQUENT ABBREVIATIONS

A

A. – circulation(s); edition(s) (only in connection with a number)
AA – Foreign Office
A. B. – Confession of Augsburg
Abg. – Deputy (-ies)
Abh. – treatise(s)
Abit. – leaving examination
Abt. – department(s), section(s)
Acad. – Academy and the like
Accad. – Accademia
a. D. – retired
ADGB – General Federation of German Unions
adv. – advanced
a. G. – mutual
AG – Inferior Court; Labour Court
AG. – stock-corporation
A. I. – ad interim (chargé d'affaires)
Akad. – Akademy (Akad. – academic)
akt. – active
AL – alternative list
allg. – general
amerik. – American
Amtm. – bailiff
Anat. – anatomy (anat. – anatomic)
and. – other
Anekd. – anecdote(s)
Anf. – beginning
Angelegenh. – affair(s)
Angest. – clerk, employee
angew. – experimental (chemistry etc.)
Angl. – English philology
Anh. – Anhalt
anschl. – following, subsequent
Anst. – establishment(s)
Anthol. – anthology(-ies)
Anthropol. – anthropology (anthropol. – anthropological)
ao. – extraordinary
AOK – local sick-fund
apl. – associate (professor)
APO – extra-parliamentary opposition
appl. – applied
AR – supervisory board(s)
-arb. – ...work(s); worker(s) (Metallarb.–worker in metals)
Arbeitg. – employer
Arbeitsgem. – study group(s)
Arch. – architect, architecture
Archäol. – archaeology (archaeol. – archaeological)
ARD – Committee of Broadcasting Stations of the Federal Rep. of Germany
Argent. – Argentina
Art. – article
Artl. – artillery
Ass. – assistant, assessor
Assist. – assistant
Assoc. – association
AT – Old Testament
Auff. – performance(s)
Aufg. – task(s)
Aufl. – circulation(s); edition(s)
Aufs. – essay(s)
Auftr. – order(s)
Aufz. – note(s)
Aug. – August
Ausb. – education
Ausg. – edition(s)
Ausl. – foreign country (-ies) (ausl.–foreign)
Aussch. – Committee (-ies), commission
Ausst. – exhibition
außerd. – furthermore
ausw. – non-resident (member)
Ausw. – choice, selection
Ausz. – decoration(s)
Autodid. – self-taught person

B

b. – with; to, uncil
-b. – -book(s) (in compounds)
BA – mining college; county council (in repetitions)
B. A. – Bachelor of Arts
BAG – Federal Labour Court
Bakt. – bacteriology (bakt. – bacteriological)
Ball. – ballad(s)
Batl. – battalion
Bay. – Bavaria
Bd. – volume
-bd. – ...Federation; ... ribbon
Bde. – volumes, ribbon
BDI – Federation of German Industries
BDP – Democratic Party of Bremen
BdV – Union of Expellees
Bearb. – adapter; adaption
Beauftr. – authorized representative(s)
Begr. – founder(s) (begr.–founded)
Beig. – deputy (-ies)... (in repetitions)
Beigeordn. – deputy (-ies)...
Beis. – associate(s)
bek. – known
Belg. – Belgium
Berat. – consultant; consultation
Ber. – area
bes. – (in) particular
-bes. – ...owner (in compounds only: factory owner)
beurl. – on leave
Bevollm. – proxy (-ies)
Bez. – district
Bezirksverordn. – district delegate
BFH – Federal Financial Court
BGB – Civil Code
BHE – Union of Expellees and Persons Deprived of their Rights
BGH – Federal Court
Bgm – mayor (if repeated)
Bibl. – library (-ies)
Bibliogr. – bibliography (-ies) (bibliogr. – bibliographical)
BIEM – Bureau International d'Education Mécanique
bild. – visual (arts)
Biogr. – biography (-ies)
Biol. – biology
-bk. – ...bank (in compounds)
-bl. – ...paper (daily paper etc.)
Botsch. – Embassy(-ies), Ambassador(s)
BP – Bavarian Party
BPA – Federal Patent Office
BR – Bavarian Broadcasting System
Brasil. – Brazil
BRD – Federal Republic of Germany
Brig. – Brigade
BRK – Bavarian Red Cross
Brosch. – brochure(s)
BSG – Federal Social Court
BSP – Bavarian State Party
Bürgerm. – mayor
Bulg. – Bulgaria (bulg. – Bulgarian)
Bund.Rep. – (Bundesrepublik) Federal Republic
BV – book(s) published
BVG – Federal Administrative Court
BVerfG – Federal constitutional court
BVK – Distinguished Service Cross
BVP – The Bavarian People's Party
bzw. – respectively

C

CDU – Christian Democratic Union
Charl. – Charlottenburg (ward of Berlin)
Chir. – surgery (chir. – surgical)
Coll. – College
CSU – Christian Social Union
CVP – Christian People's Party (of the Saar)

D

d. – the, of the, to the
D. – (honorary) Doctor of Protestant Theology
-d. – ...German (West German etc.)
DAG – Trade Union of German Employees
DAI – German Archeological Institute
daneb. – besides
dar. – among
Darst. – actor, actress
das. – there, ibidem
dass. – the same (thing)
dazw. – in between
D. D. – Doctor of Divinity
D'dorf – Düsseldorf (in repetitions)
DDP – German Democratic Party
DDR – German Democratic Republic
DDU – German Democratic Union
Deleg. – delegation(s); delegate
Demokr. – demokratcy (demokr.– demokratic)
DENA – German News Agency
Dermatol. – dermatology (dermatol. – dermatological)
Dez. – December
Dezern. – expert
DFG – department head
DGB – German Federation of Trade Unions
DHV – German National Federation of Clerks

XV

Dipl. – diploma; Dipl. Bibl. (certificated or graduated librarian), Dipl.-Chem. (holder of state diploma in chemistry), Dipl.-Hdl. (certificated or graduated teacher at commercial schools), Dipl.-Ing. (holder of state engineering diploma), Dipl.-Kfm. (holder of state business school diploma), Dipl.-Landw. (certificated or graduated agriculturist), Dipl.-Polit. (holder of state diploma in political science), Dipl.-Volksw. (holder of state diploma in political economy), Dipl.-Wirtsch. (holder of state diploma in business-administration)
Dir. – director(s)
-dir. – ...director, –administration (of Federal Railways etc.)
Dirig. – conductor (orchestra)
Diss. – thesis; dissident
div. – diverse, division
DLG – German Agricultural Society
DNA – German Committee of Standards
DNVP – German National-People's Party
DOG – German Olympic Society
Dok. – document, documentation
Doz. – lecturer
DP – German Party of the Saar
DPS – German Party of the Saar
d. R. – of the Territorial Army
Dr. – drama (only with the title); doctor (know degrees: agr. [doctor of agricultural science], -Ing. [doctor of engineering], Jur. [Doctor of law], jur. et rer. pol. [doctor of law, political and economic science], med. [doctor of medicine], med. dent. [doctor of dental medicine], med. vet. [doctor of veterinary medicine], oec. publ. [doctor of political economy], phil. [doctor of philosophy], phil. nat., rer. nat., sc. nat. [doctor of natural sciences], rer. oec. [doctor of business-administration], rer. techn. [doctor of technological sciences]

Dramat. – dramatic producer
DRK – German Red Cross
DRP – ...; patent of the German Reich
-dst. – ...service (military etc.)
dstl. – official (duties)
dt. – ...German (in compounds: East German)
DTH – German Technical College (Prague)
Dtschl. – Germany
DU – German Union
DVP – The People's Democratic Party (after 1945) the German People's Party (before 1933)
dzt. – at present

E

e. – a, an
EAG – European Community of Nuclear Research
ebd. – there, ibidem
ebenf. – likewise
EDV – Electronic Data Processing
EG – European Communities
eG. – registered company/co-operative society
eGmbH. – cooperative society with limited liability
E. h. – honorary
ehem. – former
Ehrenz. – decoration(s)
eig. – own
Einf. – introduction(s)
EK – iron cross
EKD – Protestand Church in Germany
Els. – Alsace
em. – emeritus (professor)
emerit. – retirement
Engagem. – engagement
engag. – engaged
Engl. – England
engl. – English
Entd. – descovery(ies); discoverer(s)
Entomol. – entomology (entomol. – entomological)
Entpfl. – retired
Entw. – development
Erf. – invention(s)
Erg. – complementing
ern. – appointed
Erz. – narration(s)
Ess. – essay(s)
ETH – Federal Technical College (Zürich)
ev. – protestant
e. V. – registered association
EWG – European Economic Community

EWH – Pedagogical College
-ex. – -...examination (state examinaton etc.)
Exped. – expedition(s)
exper. – experimental

F

f. – for
Fa. – firm
Fachgem. – Committee of experts
Fak. – faculty (-ies)
FAO – Food and Agriculture Organization
FB – Subject area
FDP – Free Democratie Party
FDV – The German People's Free Party
Febr. – February
Feuill. – feuilleton(s)
Feuillet. – feuilletonist(s)
ff. – following
FG – Finance Court
FH – College of Advanced Education
FNA – Committee of Standards
Förd. – promotion
fr. – free-lance (writer)
Fraktionsf. – speaker of a parliamentary group
Frankr. – France
franz. – French
Frhr. – baron
FS – television
FU – Free University of Berlin
-fürs. – -...welfare (social welfare etc.)
FVP – The People's Free Party
FW – independent voters' alliance

G

GA. – total circulation or edition (in connection with a number)
GAL – Green Alternative List (political party)
Gastsp. – stariung performance(s)
GB – All-German Bloc
GDA – Trade Union of Employees
GDBA – Association of Actors with German Theaters
Gde. – Municipality; parish
GDP – all German Party
geb. – born; née
Geb. – territory
Ged. – poem(s)
gef. – fallen
Gegenw. – present

GEMA – Society for Musical Performance and Mechanical Reproduction Rights
gemeinn. – non-profit
gen. – called; mentioned
Generallt. – lieutenant-general
Genoss. – cooperative(s); society (-ies)
Geogr. – geography (geogr. – geographical)
Geol. – geology (geol. – geological)
German. – Germanic philology
ges. – collected, collection (essays)
Ges. – society (-ies)
Gesch. – history; story(ies)
gesch. – divorced
Geschäftsf. – business-manager, manageress
Geschäftsfg. – management
Gesellsch. – associate(s); partner(s)
Gewerksch. – Trade Union(s)
gf. – managing (director)
Gf. – manager, director (in repetitions or compounds)
GH – Comprehensive University
gleichz. – at the same time; simultaneous
GmbH. – limited liability company
GMD – Conductor
gottgl. – free-thinking
gr. – great, large
Griech. – Greece
Großm. – grandmother
Großv. – grandfather
Gründ. – founder
Gründg. – Founded
Grundl. – basis(-es)
Gymn. – grammar school(s) high school
Gynäk. – gynaecology (gynäk. – gynäcological)

H

H. – copy; booklet
Habil. – aualification to teach at University (habil. – qualified)
HB – Hamburg Bloc
H. B. – Helvetic denomination
Hbg. – Hamburger, Hamburg (City Parliament)
Hann. – Hannover
Haupts. – principal (-ly)
h. c. – honoris causa
Hdl. – commerce
hebr. – Hebrew
Herausg. – editor(s), edited

Hgf. – managing director (in repetitions)
HH – academy(-ies) of commerce
HK – Chamber of Commerce (in repetitions)
hl. – holy
Hoh. – Hohenzollern
höh. – secondary (schools)
Holl. – Holland
holl. – Dutch
Holst. – Holstein (holst. – Holstein adj.)
Hon. – (professor) h.c.
Hptm. – captain
HR – Hessian Broadcasting System
-hs. – ...house(s), (banking house etc.)
HTL – polytechnic school
Human. – humanistic
Hyg. – hygiene; sanitation (hyg. – hygienic; sanitary)

I

i. e. R. – temporarily retired
IG – pool, syndicate; trade union competent for a line of industry
IHK – Chamber of Industry and Commerce
ILO – International Labour Organization (Genf)
Ind. – industry
Ing. – engineer
Inh. – proprietor(s); bearer(s)
insb. – in particular
insges. – in total
Insp. – inspector(s), supervisor(s)
Inst. – institute; institution
Insz. – staging(s); production(s)
Int. – manager (of a theatre)
integr. – integrate
intern. – international
i. R. – retired
isr. – Israelian
Ital. – Italy (ital. – Italian)

J

J. – year(s)
Jan. – January
jap. – Japanese
Jg. – year(s)
Jh. – century
Journ. – journalist
Jugosl. – Yugoslavia (jugosl. – yugoslavian)
jun. – junior

K

Kapt. – captain
kath. – catholic

Kaufm. – merchant (kaufm. – commercial)
Kd. – child, children
KdÖR – Statutory corporation or body
kdr. – commanding (general)
KFA – nuclear research plant (in repetitions)
-kfm. – ...merchant, business-man (in compounds)
KG – Court of Appeal
KG. – limited partnership
kgl. – royal
KH – theological college (in repetitions)
KJV – Communist Youth Organization
Kl. – class(es); clinic (appears only in combinations; children's etc.)
kl. – little, small
klin. – clinical
Kom. – comedy(-ies) (only in titles)
Komit. – committee
komm. – by provisional appointment
Kommiss. – commissions
Komp. – composer
Kompl. – general partner
Kompos. – composition(s)
Konfz. – conference(s)
Konservat. – conservatory (-ies)
Konsistor. – Consistory(-ies)
korr. – corresponding (member)
Korresp. – correspondent
KPD – German Communist Party
kopt. – Koptish Church
Kr. – district; county
-kr. – ...war (World War)
Krkhs. – hospital(s)
Kt. – canton
Kunstgew. – applied art
Kurat. – board(s) of trustees
KWI – Emperor William Institute (in repetitions)
KZ – concentration camp

L

Labor. – laboratory(-ies)
LAG – provincial labour court
Lat. – latin
Ld. – country (land)
Leg. – Legend(s)
Leit. – manager, manageress, chief
Leitf. – text-book, manual
lfd. – current
L'felde – Lichterfelde (ward of Berlin)
LG – provincial curt

LH – academy (-ies) of Agriculture
lib. – liberal
Lit. – literature (lit. – literary)
L. L. D. – doctor of Roman and Canon Law (England and USA)
L. L. M. – Master of Laws (GB/USA)
Lothr. – Lorrain
LSG – provincial social court
Lsp. – comedy (in titles only)
ltd. – leading
Ltn. – lieutenant
Luftw. – air force
luth. – Lutheran
Lyz. – secondary school(s) for girls
LZB – Central Bank of a German Federal State

M

m. – with,...master (burgomaster etc.)
-m. – fairy tale(s) (in titles only)
MA – Medical Academy (in repetitions)
MA – Middle Ages
M. A. – Master of Arts
m. a. – with others
Mand. – mandats
Math. – mathematics; mathematician(s) (math. – mathematical)
Mb. – Member
M. C. P. – Master of Comparative Jurisprudence
MdA – Member of the Chamber of Deputies (Berlin)
MdB – Member of the Bundestag
MdBB – Member of the City Parliament of Bremen
MdEP – Member of the European Parliament
MdhB – Member of the City Parliament of Hamburg
MdK – Member of the Kreistag
MdL – Member of the Landtag
MdR – Member of the Reichstag
Meckl. – Mecklenburg (meckl. – Mecklenburg adj.)
Med. – medal(s); medicine (med.-medical)
Meteorol. – meteorology (meteorol. – metereological)
Meth. – method(s)
Mfr. – Central Franconia
MH – Medical University College (in repetitions)

Mill. – millions
milit. – military
Min. – minister(s); ministry (-ies), ministerial
Mineral. – mineralogy (mineral. mineralogical)
Mitgl. – member
Mithrsg. – co-editor
Mitt. – communication(s), information
mod. – modern
moh. – mohammedan
Mon. – month(s)
Monogr. – monograph(s)
Morphol. – morphology (morphol. – morphological)
mos. – Mosaic
MPG – Max Plank Society (in repetitions)
MPI – Max Planck Institute (in repetitions)
M. Sc. – Master of Science
ms. – on the mother's side
Msgr. – Monsignore
Mskr. – manuskript(s)
Msp. – fairy play (in titles only)
Mus. – museum (in repetitions)

N

n. – to, for
N – North
N. – short-story(-ies) (only in book-titles)
NA. – new edition; reprint (only in connection with a number)
Nachf. – successor
Nachr. – news
Nationalök. – political economy
n. b. – not established; no civil servant
Ndb. – Lower Bavaria
NDR – North German Radio
Neurol. – neurology (neurol – neurologica)
Niederl. – Netherlands (niederl. – Dutch)
Nieders. – Lower Saxony (nieders. – lower saxon)
NL. – Lower Lusatia
NOK – National Olympic Committee
Nordrh. – North Rhine
Norw. – Norway (Norw. – Norwegian)
Nov. – November
NPD – National Democratic Party of Germany
NS – National Socialist
NTG – Society for Telecommunication and Engineering

NWDR – North West German radio (system)

O

o. – in ordinary (professor)
O – East
OB – Lord Mayor
o. B. – without religious belief
Obb. – Upper Bavaria
Obersek. – Upper second form
Oberstlt. – lieutenant colonel
Oblt. – first lieutenant
Observat. – observatory (-ies-)
od. – or
Odenw. – Odenwald
OdF – Victim(s) of Fascism
OdN – Victim(s) of National Socialism Organization for European
OECD – Economic Cooperation
öfftl. – public
ÖTV – Public Services and Transport Union
OFD – Regional Board of Revenue
Offz. – officer
Ofr. – Upper Franconia
oHG. – co-partnership
Okt. – October
OL. – Upper Lusatia
Oldbg. – Oldenburg (oldbg. – Oldenburg, adj.)
OLG – Regional Court of Appeal
OPD – Regional Postal; Administration
Opf. – Upper Palatinate
Orator. – oratorio(s)
Orch. – orchestra(s)
Ord. – Professor in Ordinary
Org. – organisation(s)
ORR – Senior Councillor to the Government (in repetitions)
OS. – Upper Silesia
Österr. – Austria (österr. – Austrian)
OT – Organisation Todt
OVG – Superior Administrative Court

P

PA – Pedagogical Academy (in repetitions)
Päd. – pedagogic, educatior (päd. – pedagogical)
Paläontol. – Palaeontology (paläontol. – palaeontological)
Parlam. – Parliamentary (Council)
Pat. – patent
Pathol. – Pathology (pathol. – pathological)
PEN – Poet Essayist Novelist
pens. – retired
pers. – personal
pers. haft. – individually liable (partner)
PH – Teacher's College(s)
Ph. D. – Philosophiae Doctor
Pharmak. – pharmakology (pharmak. – pharmacological)
pharmaz. – pharmaceutical
Phil. – philosophy (phil. – philosophical)
Philol. – philology (philol. – philological)
PhThH – philosophic theological College(s) (in repetitions)
Physiol. – physiology (physiol. – physiological)
PI – Pedagogical Institute (in repetitions)
Pl. – place
Plak. – plaquette(s)
Plm. – regular (professor)
Pom. – Pomerania
Pr. – Prussia (only in connection with a town); price (in repetitions)
PR – Public Relations (in repetitions)
Präd. – prädicate
Präs. – President
Präsid. – presidency
Pred. – preacher(s); sermon(s)
priv. – private
Prod. – production; manufacturer
Prof. – professor
Promot. – promotion; graduation
protest. – protestant
Prov. – province, provincial
Ps. – pseudonymous
Psych. – psychology, adj. psychological
Publ. – Publication(s)
Publiz. – journalism

R

R. – novel(s) (in book titles only)
RA – lawyer (in repetitions)
Redakt. – editor
Ref. – report; review; section junior barrister (teacher)
Refer. – speaker; consultant
reform. – reformed
Reg. – government(s); chief (burgomaster)
Regiss. – stage-manager, producer
Regt. – Regiment
Relig. – religion
Rep. – Republic; report
Res. Fellow – Research Fellow
Rh. – Rhine
Rhld. – Rhineland
Rhpf. – Palatinate
RIAS – Radio in American Sector (of Berlin)
Roman. – study of Romance languages
Rotarier – Rotarian
RR – Councillor to the Govt. (in repetitions)
Rundf. – broadcasting, radio
russ.-orthod. – Russian orthodox

S

s. – since; see; his
S. – page(s); South; Son
Sachbearb. – expert, official in charge
Sachverst. – expert, specialist
SAJ – Organisation of Young Socialist Workers
SBZ – Soviet Occupation Zone
sd. – since
SDR – South German Radio (System)
Sekr. – secretary
Sekt. – section
selbst. – independent
Sem. – term; seminary
Sept. – September
Serol. – serology (serol. – serological)
SFB – Radio Station in the Western Sectors of Berlin
silb. – silver
SJD – Socialist Youth in Germany
Soc. – Society an the like
sog. – so called
Son. – sonnet (only in titles)
soz. – social
Soziol. – sociology (soziol. – sociological)
Sp. – Play (in titles only)
spät. – later
SPD – German Social Democratic Party
Spd. – Spandau (ward of Berlin)
spez. – special
Spr. – language(s)
SR – radio station of the Saar
SS. – summer-term
SSW – Union of Voters in Southern Schleswig
Superint. – superintendent
SWF – South-West German radio (system)
Syn. – synod(s)
Synd. – syndic

Sch

Sch. – spectacle, play (only in titles)
-sch. – ...school (elementary school etc.)
Schausp. – actor, actress
Sch'berg – Schöneberg (ward of Berlin)
Schles. – Silesia
Schlesw. – Schleswig
Schr. – paper(s) publication(s)
Schriftf. – secretary(-ies)
Schriftl. – editor(s)
Schriftst. – writer (schriftst. – literary)
Schw. – Swabia
Schwerp. – central point of interest

St

-st. – place; piece
Stadtverordn. – city councellor
Stellv. – deputy; substitute
StGB – Penal Code
Stiftg. – donation, grant
Stip. – scholarship(s); holder of a scholarship
Str. – street; road
Stud. – study(-ies)
stv. – deputy..., assistant(in compounds)

T

T. – part(s); telephone; daughter
Tätigk. – activity, activities
Technol. – technology (technol. – technological)
Teilh. – partner, associate
Teiln. – participation; participant
TH – Technical College
Theol. – theology (theol. – theological)
T'hof – Tempelhof (ward of Berlin)
Thür. – Thuringia
TiäH – Veterinary College (in repetitions)
Töcht. – daughters
Toxikol. – toxicology

Trag. – tragedy (in titles only)
Tsp. – tragedy (in titles only)
Ts. – thousand (only in connection with a figure)
Tschechosl. – Czechoslovaquia
TU – Technical University
TV – television

U

u. – and
u. a. – and others, et alia
UA. – first performance (in repetitions)
u. ä. – and the like
üb. – over; on; above
Übers. – translator; translation(s)
Uffz. – non-commision officer
Ufr. – Lower Franconia
Ung. – Hungary (ung. – Hungarian)
Univ. – university (-ies)
unt. – under; among
Untern. – Conpany; enterpriser
Unterr. – lessons; teaching
Unters. – investigation(s), inquiry(-ies)
Urauff. – first performance(s); release(s)
USA – United States of America
USPD – Independent Social Democratic Party of Germany

V

v. – of, of the; from
VDE – Association of German Electro-Technicians
VDEh – Association of German Engineers in Iron Works
VDI – Society of German Employees
VdK – Federation of war invalids, widows and orphans and social insurance pensioners
VDMA – Association of German Machine works
VELKD – united Lutheran-Protestant Church of Germany
verantw. – responsible (Verantw. – responsibility)
Verb. – association(s), union(s)
Vereinig. – union(s), federation(s)
Verf. – procedure, proceedings; author
vergl. – comparative (linguistics)
verh. – married
Veröff. – publication(s)
verm. – missing
Vers. – assembly, meeting
versch. – different
Versich. – insurance
Vertr. – representative; representation
verurt. – condemned, sentenced
Verw. – administration(s)
verw. – widowded; wounded
Verz. – index(es), register(s)
Vet. – veterinary, veterinarian
VG – administrative court
VHS – University Extension for Further Education of Adults
Vis. – Visiting (Prof.)
VO. – distinguished service cross
Volont. – trainee
Vorb. – preparation
Vorf. – ancestors
Vors. – chairman, president
Vorst. – director
Vorstellg. – Performances
Vortr. – reporting (Embassy Councillor)
vorübergeh. – transitory
VR – board of directors; people's republic
vs. – on the father's side

W

W – West, Westphalia (only in connection with a town: Münster/W.)
-w. – ...economy (in compounds); -work
währ. – during; while; whereas
Wahlkr. – constituency
Wahlp. – election period
WDR – West German Radio (System)
Wehrm. – armed forces
Westf. – Westfalia (westf. – Westfalian)
WH – Academy of Commerce
W'höhe – Wilhelmshöhe (quarter of Kassel)
Widerst. – resistance
wiederh. – repeated
W'dorf – Wilmersdorf (ward of Berlin)
Wirtsch. – economy
Wiss. – science(s)
Wohlf. – welfare
WS – winter term
Württ. – Württemberg

Z

z. – to, to the
zahlr. – numerous
ZDF – Second German Television Service
zeitw. – temporary
Zhldf. – Zehlendorf (ward of Berlin)
ZK – Central Committee
Zool. – zoology (zool. – zoological)
Ztg. – newspaper(s)
Ztschr. – periodical(s), journal(s)
zugl. – at the same time, simultaneous
zul. – at last, finally
zun. – at first
zus. – together, jointly
ZVEI – central association of electro-technical industries
zw. – between
z. WV. – to use again
z. Z. – at present

CATALOGUE DES ABRÉVIATIONS FRÉQUENTES

A

A. – circulation(s), tirage(s), édition(s) seulement en rélation av. un chiffre: 2. A.)
AA – ministère des affaires étrangères
A. B. – confession d'Augsburg
Abg. – député
Abh. – dissertation
Abit. – baccalauréat
Abt. – subdivision
Acad. – académie
Accad. – accademia
a. D. – en retraite
ADGB – confédération des syndicats allemands
adv. – avancé
a. G. – mutuel
AG – tribunal èreinstance trubunal de prud'hommes
AG. – S.A.
a. i. – ad interim (chargé d'affaires)
Akad. – académie (akad. - académique)
akt. – actif
AL – Liste alternative
allg. – général
amerik. – amérique
Amtm. – bailli
Anat. – anatomie (anat. – anatomique)
and. – antres
Anekd. – anecdote
Anf. – commencement
Angelegenh. – affaire(s)
Angest. – commis
angew. – appliqué (chimique etc.)
Angl. – anglistique
Anh. – Anhalt
anschl. – suivant
Anst. – établissements
Anthol. – recueil(s)
Anthropol. – anthropologie
ao. – extraordinaire
AOK – caisse locale de maladie
apl. – sans chaire (professeur)
APO – opposition extra-parlamentaire
appl. – appliqué
AR – conseil d'administration
-arb. – travail; -ouvrier (monographie, ouvrier métallurgiste etc.)
Arbeitg. – employeur
Arbeitsgem. – coopération(s)
Arch. – architecte (-ur)
Archäol. – archéologie(-gique)

ARD – organisation d'Allemagne fédérale de la radiodiffusion et télévision
Argent. – l'Argentine
Art. – article
Artl. – artillerie
Ass. – assesseur, adjoint
Assist. – assistant(e)
Assoc. – association
AT – Ancien Testament
Auff. – représentation, exécution
Aufg. – mission, fonction, tâche
Aufl. – édition(s)
Aufs. – essai
Auftr. – ordre(s)
Aufz. – annotation(s)
Aug. – août
Ausb. – éducation
Ausg. – édition
Ausl. – étranger (ausl. – étranger, ère)
Ausch. – comité, commission
Ausst. – exposition
außerd. – en outre
ausw. – externe (membre)
Ausw. – choix
Ausz. – décoration
Autodid. – autodidacte

B

b. – près de, de, à, dans, chez; jusque
-b. – livre(s) (manuel etc.)
BA – école des mines
B. A. – Bachelor of Arts (Baccalaureus Artium)
BAG – tribunal féderal du travail
Bakt. – bactériologie (bakt. – bactériologique)
Ball. – ballade
Batl. – bataillon
Bay. – la Bavière
Bd. – volume, tome
-bd. – union, ligue (union des fonctionnaires etc.; ruban d'épaule)
Bde. – tomes, bande
BDI – association fédérale de l'industrie allemande
BdV – union des personnes réfugiées
Bearb. – adaptation
Beauftr. – mandateur
Begr. – fondateur, -trice (begr. – établi)
Beig. – adjoint (à plusieurs reprises)
Beigeordn. – adjoint

Beis. – assesseur
bek. – renommé
Bekenn. – (l'église) confessionnelle
Belg. – la Belgique
Berat. – conseiller
Ber. – secteur
bes. – particulièrement
-bes. – propriétaire (seulement en connexion avec fabrique etc.: propriétaire de fabrique ou fabricant, usinier)
beurl. – suspendu, en congé
Bevollm. – plénipotentiaire, mandataire
Bez. – district
BFH – cour fédéral de finances
BGB – Code civil
BHE – union des personnes réfugiées et privées de leurs droits
BGH – tribunal fédéral
Bgm. – maire (à plusieurs reprises)
Bibl. – bibliothèque
Bibliogr. – bibliographie (bibliogr. – bibliographique)
BIEM – bureau international de l'édition mécanique
bild. – (arts) plastiques
Biol. – biologie
-bk. – banque-, banque de...
-bl. – journal
Botsch. – ambassade(s), am-bassadeur
BP – parti bavarois
BPA – bureau fédéral des brevets
BR – radio bavaroise
Brasil. – le Brésil
BRD – R.F.A. (République Fédérale Allemand)
Brig. – Brigade
Bezirksverordn. – Délégué général
Brosch. – brochure
BSG – tribunal social de la République fédérale
Bürgerm. – maire
Bulg. – la Bulgarie (bulg. – bulgare)
Bund.Rep. – (Bundesrepublik), Republique Fédérale
BV – publication de livres
BVG – tribunal administratif de la République fédérale, régime autonome des transports berlinois
BVerfG – tribunal constituonel fédéral

BVK – croix fédérale du mérite
BVP – parti bavarois du peuple
bzw. – ou bien, éventuellement, respectivement

C

CDU – Union démocratique-chrétienne
Charl. – Charlottenburg (arrondissement de Berlin)
Chir. – chirurgie (chir. – chirurgique)
Coll. – College
CSU – Union sociale-chrétienne

D

d. – de, la, du, de la
D. – docteur de la théologie évangélique (honoris causa)
-d. – allemand (allemand occidental etc.)
DAG – confédération allemande des syndicats des employés
DAI – institut allemand d'archéologie
daneb. – outre cela, en même temps
dar. – parmi
Darst. – acteur, actrice
das. – de (la) même
dazw. – entre les deux
D. D. – Doctor of Divinity (théologie)
D'dorf – Düsseldorf (à plusieurs reprises)
DDP – parti démocratique allemand
DDR – République Démocratique Allemande
Deleg. – délégation(s); délégué
Demokr. – démocratie (demokr.– démocratique)
DENA – agence allemande d'information
Dermatol. – dermatologie (dermatol. – dermatologique)
Dez. – décembre
Dezern. – chef de service
DFG – communauté allemande de recherches
DHV – association nationale des employés allemands
Dipl. – diplôme (bibliothécaire diplôme), Dipl.-Chem. (chemiste diplôme), Dipl.-

Ing. (ingénieur diplômé), **Dipl.-Kfm.** (diplômé de l'école de commerce), **Dipl.-Landw.** (agriculteur diplômé), **Dipl.-Polit.** (politologue diplômé), **Dipl.-Volksw.** (économiste diplômé)

Dir., dir. – directeur, directrice (directeur des chemins de fer fédéraux)

Dirig. – chef d'orchestre
Diss. – dissertation
div. – divers
Div. – division
DNA – comité allemande des normes industrielles
DNVP – parti national du peuple allemand
DOG – société allemande olympique
Dok. – document, documentation
Doz. – chargé de cours
DP – parti allemand
DPS – parti allemand de Sarre
d. R. – de réserve
Dr. – drame (seulement en connexion du titre); docteur (degrés connus: agr. [agriculture], -Ing. [ingénieur], jur. [en droit], rer. pol. [sciences politiques], med. [en médicine], med. dent. [méd. dentaire], med. vet. [méd. vétérinaire], oec. publ. [économie politique], phil. [ès lettres, resp. ès sciences], phil. nat., rer. nat. et sc. nat. [sciences naturelles], rer. oec. [économie politique], rer. techn. [sciences techniques], theol. [théologie]

Dramat. – dramaturge
DRK – Croix-rouge allemande
DRP – parti du Reich allemand; brevet allemand
-dst. – service (service militaire etc.)
dstl. – officiel
dt. – allemand
DTH – école supérieure polytechnique allemande (Prag)
Dtschl. – Allemagne
DU – Union allemande
DVP – parti démocratique du peuple (après 1945); parti allemand du peuple (jusqu'en 1933)
dzt. – présent

E

e. – un, une
EAG – Communauté Européenne Nucléaire
ebd. – à cet endroit – en même endroit
ebenf. – pareillement
EDV – Traitement électronique de l'information
EG – communauté européenne (à plusieurs reprises)
eG. – société/coopérative déclarée
eGmbH. – S.A.R.L. enregistrée
E. h. – honoris causa
ehem. – ancien,
Ehrenz. – décoration
eig. – spécifique
Einf. – introduction
EK – croix de fer
EKD – église évangélique en allemagne
Els. – Alsace
em. – en retraite (professeur)
emerit. – (Emerit. – mise à la retraite)
Engagem. – engagement
engag. – engagé
Engl. – Angleterre
engl. – anglais
Entd. – découverte(s); explorateur
Entomol. – entomologie (entomol. – entomologique)
entpfl. – soulager
Entw. – developpement
Erf. – invention(s)
Erg. – supplement
ern. – nommé
Erz. – nouvelle
Ess. – essai
ETH – école supérieure polytechnique de la confédération (Zurich)
ev. – évangélique
e. V. – société enregistrée
EWG – C.E.E. (Communauté économique européenne)
EWH – Ecole supérieure d'enseignement scientifique
-ex. – examen (examen de l'Etat) diplôme d'etudes supérieures)
Exped. – expédition
exper. – expé1rimental

F

f. – pour
Fa. – maison
Fachgem. – communauté professionnelle
Fak. – faculté(s)
FAO – Food and Agriculture Organization (fondation des Nations Unies)
FB – Spécialisation
FDP – parti démocrate libre
FDV – parti libre du peuple allemand
Febr. – février
Feuill. – feuilleton(s)
ff. – suivant
FG – tribunal des finances
FH – Ecole supérieure professionelle
FNA – comité spéciale des normes d'industrie
Förd. – avancement
fr. – libre, indépendant (écrivain)
Fraktionsf. – chef de fraction
Frankr. – la France
franz. – français
Frhr. – baron
FS – télévision
FU – université libre (Berlin)
-fürs. – sollicitude (assistance sociale)
FVP – parti du peuple libre
FW – Association libre d'électeurs

G

GA. – édition entière (seulement en jonction av. un Chiffre)
GAL – Liste Verte Alternative
Gastsp. – représentation d'acteurs de passage
GB – rassemblement allemand entier
GDA – confédération des employés
GDBA – sociéte allemande des ressortiments de théatre
Gde. – commune
GDP – parti allemand entier
geb. – né
Geb. – territoire
Ged. – poème
gef. – mort à la guerre
Gegenw. – Temps présent (gegenw. – présent)
GH – Ecole supérieure intégrée
GELU – société par utilisation des droits d'auteur
GEMA – société pour les droits d'exécution et de la reproduction mécanique
gemeinn. – d'intérêt général
gen. – nommé
Generallt. – général de division
Genoss. – société(s), coopérative

Geogr. – geographie (geogr. – géographique)
Geol. – géologie (geol. – géologique)
German. – études des langues germaniques
ges. – compilé (articles)
Ges. – société(s)
Gesch. – l'histoire
gesch. – divorcé
Geschäftsf. – gérant(e)
Geschäftsfg. – gestion
Gesellsch. – associé
Gewerksch. – syndicat
gf. – membre gérant (de la comité de direction)
Gf. – gestion des affaires (à plusieurs reprises ou en connexion d'une association centrale)
gleichz. – simultané
GmbH. – S.A.R.L. (société à responsabilité limitée)
gottgl. – dieu-croyant
gr. – grand
Griech. – Grèce
Großm. – grand-mére
Großv. – grand-pére
Gründ. – foundateur
Gründg. – Foundation
Grundl. – fondement
Gymn. – lycée
Gynäk. – gynécologie (gynäk. – gynecologique)

H

H. – cahier
Habil. – soutenance de thése (habil. – qualifié pour l'enseignement supérieur)
HB – rassemblement hambourgeois
H. B. – confession helvétique
Hbg. – Hambourgeois
Hann. – Hanovre
haupts. – principal, essentiel
h. c. – honoris causa
Hdl. – commerce
hebr. – hébreu, hébraïque
Herausg. – éditeur
hg. – édité
Hgf. – gérant principal (en cas de répétition)
HH – école des hautes études commerciales
HK – chambre de commerce (en cas de répétition)
hl. – saint(e)
Hoh. – Hohenzollern
höh. – (école) supérieure
Holl. – la Holland
holl. – hollandais
Holst. – Holstein
Hon. – (professor) h.c.
Hptm. – capitaine
HR – radio hessois

XXI

-hs. – maison(s) (maison de banque)
HTL – école supérieure polytechnique
human. – classique
Hyg. – hygiéne (hyg. – hygiénique)

I

i. e. R. – en retraite provisoire
IG – communauté d'intérêts
IHK – chambre d'industrie et de commerce
ILO – Bureau des syndicats international (Genève)
Ind. – industrie
Ing. – ingénieur
insb. – particulièrement
insges. – tous ensemble
Insp. – inspecteur, -trice
Inst. – institut
Insz. – mise en scène
integr. – intégré(e)
i. R. – en retraite
isr. – israélite
i. W. – en disponibilité
Ital. – l'Italie (ital. – italien)

J

J. – an(s)
Jan. – janvier
jap. – japonais
Jg. – année, classe; jeune (théatre)
Jh. – siècle
Journ. – journaliste
Jugosl. – la Yougoslavie (jugosl. – yougoslave)
jun. – junior, jeune

K

Kapt. – capitaine de vaisseau
kath. – catholique
Kaufm. – marchand, négociant, commerçant
Kd. – enfant(s)
-kd. – -logie (archéologie etc.)
KdÖR – Corporation du Droit Public
kdr. – commandant (général)
KFA – centre d'études nucléaires (en cas de répétition)
-kfm. – marchand etc. (seulement en connexion)
KG – cour d'appel (Berlin)
KG. – société en commandite
kgl. – royal
KH – école supérieure théologique (en cas de répétition)

KJV – jeunesse communiste
Kl. – classe; clinique (en connexion d'une association centrale)
kl. – petit
klin. – clinique
Kom. – comédie (seulement en connexion du titre)
Komit. – comité
komm. – provisoire
Kommiss. – commission
Komp. – compositeur
Kompos. – composition
Konfz. – conférence
Konservat. – conservatoire
Konsist. – consistoire
kopt. – Église coptique
Korr. – (membre) correspondant
Korresp. – Correspondant(e)
KPD – parti communiste d'Allemagne
Kr. – canton
-kr. – district etc. (aussi: circonscription); guerre (mondiale)
Krkhs. – hôpital
Kt. – canton
Kunstgew. – art décoratif
Kurat. – conseil d'administration
KWI – Institut Guillaume II
KZ – camp de concentration

L

Labor. – laboratoire
Lat. – latin (lat. – latin, e)
Ld. – pays
Leg. – légende
Leit. – directeur, gérant, – en chef
Leitf. – manuel
lfd. – courant
L'felde – Lichterfelde (faubourg de Berlin)
LG – tribunal de première instance
LH – école supérieure d'agriculture
lib. – libéral
Lit. – littérature (lit. – littéraire)
LK – chambre de l'agriculture
L. L. D. – Doctor legum (docteur des deux droits, Angleterre et les Etats Unies)
L. L. M. – Licencié en droit (Angleterre/USA)
Lothr. – Lorrain
Lsp. – comédie (seulement en connexion du titre)
ltd. – gérant, en chef

Ltn. – lieutenant (mais en connexion: -lt., par exc.: Oblt.)
Luftw. – arme aérienne
luth. – luthérien
Lyz. – lycée de jeunes filles
LZB – banque centrale

M

m. – avec
-m. – maître de –, mestre (bourgmestre etc.)
M. – conte
MA – moyen âge (à plusieurs reprises)
MA – Académie de médecine (pour une répétition)
M. A. – Master of Arts, magister artium
m. a. – et alii
Mand. – Mandat(s)
Math. – mathématiques, mathématicien
Mb. – membre
M. C. P. – Master of Comparative Jurisprudence
MdA – membre de la Chambre des députés à Berlin
MdB – membre de la diète fédérale
MdBB – membre de la Chambre des députés à Brême
MdEP – membre du Parlament Européen de Strasbourg
MdHB – membre de la Chambre des députés à Hambourg
MdK – députe cantonal
MdL – membre de la diète
MdR – membre du Reichstag
Meckl. – Mecklenbourg
Med. – médaille; médecine (med. – médical)
Meteorol. – météorologie (météorologique)
Meth. – méthode
Mfr. – la Franconie centrale
MH – Ecole supérieure de médecineill. – des millions
milit. – militaire
Min. – ministre, ministère, ministériel
Mineral. – minéralogie (mineral. – minéralogique)
Mitgl. – membre
Mithrsg. – éditeur associé
Mitt. – communiqué, communication
mod. – moderne
moh. – mohamétan
Mon. – mois
Monogr. – monographie

Morphol. – morphologie (morphol. – morphologique)
mos. – judaique
MPG – Société Max Planck (à plusieurs reprises)
MPI – Institut Max Planck (à plusieurs reprises)
M. Sc. – Master of Science
ms. – du coté maternel
Msgr. – Monsignore
Mskr. – manuscrit
Msp. – exécution du conte
Mus. – Musée (en cas des répétition)

N

n. – aprés
N – nord
N. – nouvelle(s) (seulement en connexion du titre)
NA. – édition nouvelle (seulement en relation av. un chiffre)
Nachf. – successeur
Nachr. – informations
Nationalök. – économie politique
n. b. – non titulaire
Ndb. – Bavière-basse
NDR – radio de l'Allemagne du Nord
Neurol. – neurologie (neurol. – neurologique)
Niederl. – les Pays-Bas (niederl. – néerlandais)
Nieders. – la Saxe-basse
NL. – Niederlausitz
NOK – Comité Nationale Olympique

O

OB – premier bourgmestre
Oberstlt. – lieutenant-colonel
Obersek. – seconde supérieur
Oblt. – lieutenant
Observat. – observatoire
od. – ou
OdF – victime du fascisme
OdN – victime du national-socialisme
OECD – O.C.E.E. (Organisation de Coopération Economique Européenne)
öfftl. – public
ÖTV – confédération des syndicats de la service publique, du transport et du trafic
OFD – direction générale des finances
Offz. – officier
Ofr. – la Franconie supérieur

Okt. – octobre
Oldbg. – Oldenbourg (oldbg. – oldenbourgeoise)
OLG – cour d'appel
OLD – direction générale des postes
Orat. – oratoire
Orch. – orchestre
Ord. – professeur titulaire
Org. – organisation
OS. – la Haute-Silésia
Österr. – l'Autriche (österr. – autrichien)
OVG – cour d'appel d'administration

P

PA – Academie de pedagogie (pour une répétition)
Päd. – pédagogie (päd. – pédagogique)
Parlam. – parlement
Pat. – brevet
Pathol. – pathologie (pathol. – pathologique)
PEN – Poët essayiste nouvelliste
pens. – en retraite
pers. haft. – personnellement responsable (associé)
PH – école des hautes études pédagogiques
Ph. D. – Philosophiae Doctor
Pharmak. – pharmacologie (pharmacologique)
pharmaz. – pharmaceutique
Phil. – philosophie (phil. – philosophique)
Philol. – philologie (philol. – philologique)
Physiol. – physiologie (physiol. – physiologique)
PI – Institut de pédagogie (pour une répétition)
Pl. – place
Plak. – plaquette
Pom. – la Poméranie
Pr. – la Prusse (seulement en connexion d'une ville); prix (à plusieurs reprises)
PR – Relations pupliques
Präd. – attribut
Präs. – président
Präsid. – présidence(s)
Pred. – prédicateur
priv. – privé
Prod. – production; fabricant
Prof. – professeur
Promot. – promotion
protest. – protestant
Prov. – province
Ps. – pseudonyme
Psych. – psychologie (psych. – psychologique)
Publ. – publication
Publiz. – journalisme

R

R. – roman
RA – advocat
Redakt. – rédacteur
Ref. – rapport; rapporteur
Refer. – licencié
reform. – réformé
Reg. – gouvernement; régnant (bourgmestre)
Regiss. – régisseur
Regt. – régiment
Relig. – religion
Rep. – république; reportage
Rh. – Rhin
Rhld. – la Rhénanie
Rhpf. – le Palatinat
RIAS – Radio dans le Secteur Américain à Berlin
RKW – Curatoire pour rationalisation dans l'économie allemande
Roman. – études des langues romanes
Rundf. – radiodiffussion

S

s. – à partir de, depuis que; voir; ses
S. – pages; sud; fils
Sachbearb. – personne compétente
Sachverst. – expert
SAJ – jeunesse socialiste ouvrières
SBZ – zone soviètique
Schw. – Souabe
Schwerp. – Point essentiel
sd. – depuis que
SDR – radio de l'Allemagne du Sud
Sekr. – secrétaire
Sekt. – section
selbst. – indépendant
Sem. – semestre; séminaire
Sept. – septembre
Serol. – sérologie (serol. – sérologique)
SFB – radio de Berlin Libre
silb. – argenté(e)
SJD – jeunesse socialiste de l'Allemagne
Soc. – society, société
sog. – soi-dit
Son. – sonnet (seulement en connexion du titre)
soz. – social
Soziol. – sociologie (soziol. – soziologique)
Sp. – jeue
spät. – postérieur, plus tard
SPD – parti social-démocrate allemand
Spd. – Spandau (faubourg de Berlin)
spez. – particulier
Spr. – langue
SR – radio de la Sarre
SS. – semestre d'été
Superint. – superintendent
SWF – radio du Sud et de l'Ouest
Syn. – synode
Synd. – syndic

Sch

Sch. – spectacle (seulement en connexion du titre)
-sch. – école(s)-(école primaire)
Schausp. – acteur (-trice)
Sch'berg – Schöneberg (arrondissement de Berlin)
Schles. – la Silésie
Schr. – écriture
Schriftf. – secrétaire
Schriftl. – rédacteur
Schriftst. – écrivain, homme (femme) de lettres

St

-st – place; pièce (de théatre)
Stadtverordn. – conseiller municipal
Stellv. – remplacant
StGB – Code pénal
Stiftg. – fondation
Stip. – boursier(ière); bours
Str. – rue
Stud. – études
stv. – remplacant

T

T. – morceau; téléphon; fille
Tätigk. – activité(s)
Technol. – technologie (technol. – technologique)
Teilh. – associé
Teiln. – participation; participant(e)
TH – école supérieur polytechnique
Theol. – théologie (theol. – théologique)
T'hof – Tempelhof (arrondissement de Berlin)
TiäH – Ecole vétérinaire
Thür. – Thuringe (thür. – thuringien)
Töcht. – filles
Toxikol. – toxikologie
Trag. – tragédie (seulement en connexion du titre)
Tsp. – tragédie (seulement en connexion du titre)
Ts. – mille (seulement en rélation avec un chiffre)
Tschechosl. – ea Tchéchosl.
TU – université technique
TV – télévision

U

u. – et
u. a. – et d'autres encore etc.
UA – première (à plusieurs reprises)
u. ä. – et d'autres semblables
üb. – sur, pendant, plus de
Übers. – traducteur(trice); traduction
Uffz. – sous-officer
Ufr. – la Franconie-basse
Ung. – la Hongrie (ung. – hongrois)
Univ. – université(s), university et d'autres semblables
unt. – sous
Untern. – entreprise; entrepreneur
Unterr. – enseignement
Unters. – recherche, enquête, expertise, analyse
Urauff. – première
USA – Etats-Unis d'Amérique
USPD – parti social-démocrate indépendant allemand

V

v. – de
VDE – association des électriciens allemands
VDEh – association des gens métallurgistes allemands
VDI – association des ingénieurs allemands
VdK – association des mutilés de guerre, des survivants de guerre et des rentiers sociaux
VDMA – association des établissements de la construction des machines
verantw. – responsable (Verantw. – responsabilité)
Verb. – association, société
Verein. – (ré)union, association, alliance
Verf. – procédé, procédure
vergl. – comparé (ètudes comparées des langues)
verh. – marié
Veröff. – publication
verm. – disparu
Vers. – assemblée
versch. – divers

Vers. – assurance
Vertr. – représenter; représentation
verurt. – condamné
Verw. – administration, gestion, régie
verw. – veuf; blessé
Verz. – spécification, liste, registre, catalogue
Vet. – vétérinaire
VG – tribunal administratif
VGH – cour d'appel administratif
VHS – université populaire
Vis. – Visiting (Prof.); professeur de l'hospitalieté
VO. – décoration du mérite
Vorb. – préparation
Vorf. – ancêtres
Vors. – président
Vorst. – direction, comité de direction
Vorstellg. – Représentations
Vortr. – rapporteur
vorübergeh. – transitoire
VR – conseil d'administration; République Populaire
vs. – du coté paternel

W

West – ouest
W. – la Westphalie (seulement en connexion d'une ville: Münster/W.)
-w. – économie (économie industrielle); -usine, -œuvre
währ. – pendant
Wahlkr. – circonscription électorale
WAV – association de la reconstruction économique
WDR – radio de l'Allemagne de l'ouest
Wehrm. – force armée
Westf. – la Westphalie (westf. – westphalien)
WH – école des hautes études des économiques
W'höhe – Wilhelmshöhe (faubourg de Cassel
Widerst. – résistance
Wiederh. – à plusieurs reprises, en cas de répétition
W'dorf – Wilmersdorf (arrondissement de Berlin)
Wirtsch. – économie
Wiss. – science
Wohlf. – prospérité, institution de bien public
WS. – semestre d'hiver
Württ. – le Wurttemberg (württ. – wurttembergeois)

Z

z. – à; de, en, par, pour
zahlr. – nombreux
ZDF – deuxième station de la télévision allemande
zeitw. – temporairement
Zhldf. – Zehlendorf (faubourg de Berlin)
ZK – comité centrale
Zool. – zoologie(zool. – zoologique)
Ztg. – journal (-aux)
Ztschr. – revue, périodique
zugl. – en même temps
zul. – en dernier lieu
zun. – en premier lieu
zus. – de compagnie
ZVEI – association centrale de l'industrie électrotechn.
zw. – entre
z. Wv. – à disposition
z. Z. – actuellement

Die obersten Behörden
der Bundesregierung,
der Bundesländer und West-Berlins

The Government of the
Federal Republik of Germany,
the Federal States and of Western Berlin

Le Gouvernement de la
République fédérale d'Allemagne,
des États fédéraux et de Berlin-Ouest

Bund

Dr. Helmut Kohl
Bundeskanzler

Dr. Richard von Weizsäcker
Bundespräsident

Prof. Dr. Rita Süssmuth
Bundestagspräsidentin

Baden-Württemberg

Lothar Späth
Ministerpräsident

Erich Schneider
Landtagspräsident

Bayern

Dr. h.c. Max Streibl
Ministerpräsident

Dr. Franz Heubl
Landtagspräsident

Berlin

Walter Momper
Regierender Bürgermeister

Jürgen Wohlrabe
Präs. d. Abgeordnetenhauses

Bremen

Klaus Wedemeier
Bürgermeister

Dr. Dieter Klink
Präs. d. Bürgerschaft

Hamburg

Dr. Henning Voscherau
Erster Bürgermeister

Helga Elstner
Präs. d. Bürgerschaft

Hessen

Dr. Walter Wallmann
Ministerpräsident

Klaus Peter Möller
Landtagspräsident

Niedersachsen

Dr. Ernst Albrecht
Ministerpräsident

Dr. Edzard Blanke
Landtagspräsident

Nordrhein-Westfalen

Dr. h.c. Johannes Rau
Ministerpräsident

Karl-Josef Denzer
Landtagspräsident

Rheinland-Pfalz

Dr. Carl-Ludwig Wagner
Ministerpräsident

Dr. Heinz Peter Volkert
Landtagspräsident

Saarland

Oskar Lafontaine
Ministerpräsident

Albrecht Herold
Landtagspräsident

Schleswig-Holstein

Björn Engholm
Ministerpräsident

Lianne Paulina-Mürl
Landtagspräsidentin

BUNDESREPUBLIK DEUTSCHLAND

Die obersten Behörden des Bundes

BUND

Der Bundespräsident: Dr. Richard von Weizsäcker
Kaiser-Friedrich-Str. 106, 5300 Bonn

Bundespräsidialamt
Chef: Staatssekretär Dr. Klaus Blech
Kaiser-Friedrich-Str. 106, 5300 Bonn
Tel.: 20 01, FS: 0 886 393

Deutscher Bundestag
Präsidentin: Prof. Dr. Rita Süssmuth
Görresstraße 15, Bundeshaus, 5300 Bonn
Tel.: 1 61, FS: 08 86 808

Deutscher Bundesrat
Vorsitz: wechselnd
Görresstraße 15, Bundeshaus, 5300 Bonn
Tel.: 1 61, FS: 08 866 841

Der Bundeskanzler: Dr. Helmut Kohl

Bundeskanzleramt
Chef: Bundesminister Rudolf Seiters
Parlamentarische Staatssekretäre:
Staatsminister Dr. Lutz G. Stavenhagen, Lieselotte Berger
Adenauerallee 141, Bundeskanzleramt, 5300 Bonn
Tel.: 5 61, FS: 08 86 750

Presse- und Informationsamt der Bundesregierung
Chef: Minister Hans Klein
Stellvertretende Regierungssprecher:
Ministerialdirektoren Norbert Schäfer
und Herbert Schmülling
Welckerstraße 11, 5300 Bonn,
Tel.: 20 80, FS: 0886 741

Der Bevollmächtigte der Bundesregierung
in Berlin: Staatssekretärin Lieselotte Berger
Bundesallee 216-218, 1000 Berlin 15
Tel.: 2 12 61, FS: 01 84 470

Leiter der Ständigen Vertretung
der Bundesrepublik Deutschland bei der DDR
in Berlin (Ost):
Staatssekretär Dr. Franz Bertele
Postfach 261, 1000 Berlin 61
Tel.: 0 03 72/28 25 261, FS: 0069 113 244

Stellvertreter des Bundeskanzlers und Bundesminister des Auswärtigen
Minister: Hans-Dietrich Genscher
Parlamentarische Staatssekretäre:
Staatsminister Dr. Irmgard Adam-Schwaetzer und
Staatsminister Helmut Schäfer
Beamtete Staatssekretäre:
Dr. Hans Werner Lautenschlager
Dr. Jürgen Sudhoff
Adenauerallee 99-103, Eingang Tempelstraße 5, 5300 Bonn
Tel.: 1 71, FS: 08 86 591

Bundesministerium des Innern
Minister: Dr. Wolfgang Schäuble
Parlamentarische Staatssekretäre:
Carl-Dieter Spranger und Dr. Horst Waffenschmidt
Beamtete Staatssekretäre:
Franz Kroppenstedt und Hans Neusel
Graurheindorfer Straße 198, 5300 Bonn
Tel.: 68 11, FS: 08 86 664

Bundesministerium für innerdeutsche Beziehungen
Ministerin: Dr. Dorothee Wilms
Parlamentarischer Staatssekretär: Dr. Ottfried Hennig
Beamteter Staatssekretär: Dr. Walter Priesnitz
Godesberger Allee 140, Postfach,
5300 Bonn-Bad Godesberg
Tel.: 30 61, FS: 08 85 673

Bundesministerium der Verteidigung
Minister: Dr. Gerhard Stoltenberg
Parlamentarische Staatssekretäre:
Willi Wimmer und Agnes Hürland-Büning
Beamtete Staatssekretäre:
Dr. Karl-Heinz Carl und Holger Pfahls
Postfach 1328, 5300 Bonn
Tel.: 1 21, FS: 08 86 575

Bundesministerium für wirtschaftliche Zusammenarbeit
Minister: Dr. Jürgen Warnke
Parlamentarischer Staatssekretär: Hans-Peter Repnik
Beamteter Staatssekretär: Dr. h.c. Siegfried Lengl
Karl-Marx-Straße 4-6, 5300 Bonn,
Tel.: 53 51, FS: 08 86 510

Bundesministerium für Bildung und Wissenschaft
Minister: Jürgen W. Möllemann
Parlamentarischer Staatssekretär: Dr. Norbert Lammert
Beamteter Staatssekretär: Dr. Fritz Schaumann
Heinemannstraße 2, 5300 Bonn-Bad Godesberg
Tel.: 5 71, FS: 08 85 666

Bundesministerium für Jugend, Familie, Frauen und Gesundheit
Ministerin: Prof. Dr. Dr. h.c. Ursula Lehr
Parlamentarischer Staatssekretär: Anton Pfeifer
Beamteter Staatssekretär: Werner Chory
Kennedyallee 105/107, 5300 Bonn-Bad Godesberg
Tel.: 30 80, FS: 08 85 517

Bundesministerium für Forschung und Technologie
Minister: Dr. Heinz Riesenhuber
Parlamentarischer Staatssekretär: Dr. Albert Probst
Beamteter Staatssekretär: Dr. Gebhardt Ziller
Heinemannstraße 2, 5300 Bonn-Bad Godesberg
Tel.: 5 91, FS: 08 85 674

Bundesministerium für Raumordnung, Bauwesen und Städtebau
Ministerin: Gerda Hasselfeldt
Parlamentarischer Staatssekretär: Jürgen Echternach
Beamteter Staatssekretär: Gerhard von Loewenich
Deichmanns Aue, 5300 Bonn-Bad Godesberg
Tel.: 3 37-1, FS: 08 85 462

Bundesministerium der Justiz
Minister: Hans A. Engelhard
Parlamentarischer Staatssekretär: Dr. Friedrich-Adolf Jahn
Beamteter Staatssekretär: Dr. Klaus Kinkel
Heinemannstraße 6, 5300 Bonn-Bad Godesberg
Tel.: 5 81, FS: 08 85 646

Bundesministerium der Finanzen
Minister: Dr. Theo Waigel
Parlamentarische Staatssekretäre:
Manfred Carstens und Dr. Friedrich Voss
Beamtete Staatssekretäre:
Dr. Peter Klemm und Dr. Hans Tietmeyer
Graurheindorfer Straße 108, 5300 Bonn
Tel.: 6 82-1, FS: 08 86 645

Bundesministerium für Wirtschaft
Minister: Dr. Helmut Haussmann
Parlamentarische Staatssekretäre:
Dr. Ludolf-Georg von Wartenberg und Dr. Erich Riedl
Beamtete Staatssekretäre:
Dr. Diether von Würzen und Dr. Otto Schlecht
Villemombler Straße 76, 5300 Bonn-Duisdorf
Tel.: 61 51, FS: 08 86 747

Bundesministerium für Ernährung, Landwirtschaft und Forsten
Minister: Ignaz Kiechle
Parlamentarische Staatssekretäre:
Georg Gallus und Dr. Wolfgang von Geldern
Beamtete Staatssekretäre: Dr. Kurt Eisenkrämer
und Walter Kittel
Rochusstraße 1, 5300 Bonn-Duisdorf
Tel.: 52 91, FS: 08 86 844

Bundesministerium für Arbeit und Sozialordnung
Minister: Dr. Norbert Blüm
Parlamentarische Staatssekretäre:
Wolfgang Vogt und Horst Seehofer
Beamtete Staatssekretäre:
Bernhard Jagoda und Dr. Werner Tegtmeier
Rochusstraße 1, 5300 Bonn-Duisdorf
Tel.: 5 27-1, FS: 08 86 641

Bundesministerium für Verkehr
Minister: Dr. Friedrich Zimmermann
Parlamentarischer Staatssekretär: Dr. Dieter Schulte
Beamteter Staatssekretär: Dr. Wilhelm Knittel
Kennedyallee 72, 5300 Bonn-Bad Godesberg
Tel.: 30 01, FS: 08 85 700

Bundesministerium für Umwelt, Naturschutz und Reaktorsicherheit
Minister: Prof. Dr. Klaus Töpfer
Parlamentarische Staatssekretäre:
Martin Grüner und Wolfgang Gröbl
Beamteter Staatssekretär: Clemens Stroetmann
Adenauerallee 141, 5300 Bonn 1
Tel.: 30 50, FS: 08 85 790

Bundesministerium für Post- und Fernmeldewesen
Minister: Dr. Christian Schwarz-Schilling
Parlamentarischer Staatssekretär: Wilhelm Rawe
Beamteter Staatssekretär: Dr. Winfried Florian
Adenauerallee 81, 5300 Bonn 1
Tel.: 1 40, FS: 08 86 707

Die obersten Behörden der Länder

BADEN-WÜRTTEMBERG

Staatsministerium
Ministerpräsident: Dr. h.c. Lothar Späth
Staatssekretäre: Dr. Lorenz Menz
und Gundolf Fleischer
Ehrenamtlicher Staatsrat mit
Kabinettsrang: Prof. Wolfgang Gönnenwein
Regierungssprecher: Manfred Zach
Richard-Wagner-Straße 15, 7000 Stuttgart 1
Tel.: 2 15 3-0, FS: 07 23 711 und 07 22 207

Innenministerium
Minister: Dietmar Schlee
Staatssekretär mit Kabinettsrang: Robert Ruder
Staatssekretär: Alfons Maurer
Postfach 277, Dorotheenstraße 6, 7000 Stuttgart 1
Tel.: 20 72-1, FS: 07 22 305

Ministerium für Wissenschaft und Kunst
Minister: Prof. Dr. Helmut Engler
Staatssekretär: Norbert Schneider
Königstraße 46, 7000 Stuttgart 1
Tel.: 20 03-1, FS: 72 15 85

Ministerium für Wirtschaft, Mittelstand und Technologie
Minister: Martin Herzog
Staatssekretär: Hermann Schaufler
Theodor-Heuss-Straße 4, 7000 Stuttgart 1
Tel.: 12 30, FS: 07 23 931

Ministerium für Ländlichen Raum, Ernährung Landwirtschaft und Forsten
Minister: Dr. h.c. Gerhard Weiser
Staatssekretär: Ventur Schöttle
Marienstraße 41, 7000 Stuttgart 1
Tel. 6 47-1, FS: 7 21 608

Ministerium für Umwelt
Minister: Dr. Erwin Vetter
Staatssekretär mit Kabinettsrang: Werner Baumhauer
Heilbronner Straße 127-129, 7000 Stuttgart 1
Tel.: 1 23 21 31

Ministerium für Kultus und Sport
Minister: Gerhard Mayer-Vorfelder
Staatssekretärin: Dr. Marianne Schultz-Hector
Neues Schloß, 7000 Stuttgart 1
Tel.: 20 03-1, FS: 72 22 04

Ministerium für Justiz, Bundes- und Europaangelegenheiten
Minister: Dr. Heinz Eyrich
Staatssekretär: Dr. Eugen Volz
Schillerplatz 4, 7000 Stuttgart 1
Tel.: 2 00 31, FS: 72 15 90
Bevollmächtigter des Landes
Baden-Württemberg beim Bund:
Staatssekretär mit Kabinettsrang: Gustav Wabro
Schlegelstraße 2, 5300 Bonn
Tel.: 50 31

Finanzministerium
Minister: Dr. Guntram Palm
Staatssekretär: Heinz Heckmann
Neues Schloß, 7000 Stuttgart 1
Tel.: 20 03-1, FS: 72 14 40

Ministerium für Arbeit, Gesundheit, Familie und Sozialordnung
Ministerin: Barbara Schäfer
Staatssekretär: Hermann Mühlbeyer
Rotebühlplatz 30, 7000 Stuttgart 1
Tel.: 66 73-0

Baden-Württemberg

Landesbeauftragter für Vertriebene, Flüchtlinge, Aussiedler und Kriegsgeschädigte
Staatssekretär: Gustav Wabro
Richard-Wagner-Straße 15, 7000 Stuttgart 1
Tel.: 21 53-0

Präsident des Landtags
Erich Schneider
Haus des Landtags, 7000 Stuttgart 1
Tel.: 20 63-0, FS: 7-2 23 41

BAYERN

Ministerpräsident
Dr. h.c. Max Streibl
Stellvertreterin: Dr. Mathilde Berghofer-Weichner

Staatskanzlei
Staatssekretär: Dr. Wilhelm Vorndran
Prinzregentenstraße 7, 8000 München 22
Tel.: 2 16 50

Staatsministerium des Innern
Staatsminister: Dr. Edmund Stoiber
Staatssekretäre: Dr. Günther Beckstein
und Dr. Peter Gauweiler
Odeonsplatz 3, 8000 München 22
Tel.: 2 19 21

Staatsministerium der Justiz
Staatsministerin: Dr. Mathilde Berghofer-Weichner
Staatssekretär: Dr. Heinz Rosenbauer
Elisenstraße 1a, Justizpalast, 8000 München 35
Tel.: 5 59 71

Staatsministerium für Wissenschaft und Kunst
Staatsminister: Prof. Dr. Wolfgang Wild
Staatssekretär: Dr. Thomas Goppel
Salvatorplatz 2, 8000 München 22
Tel. 2 18 61

Staatsministerium für Unterricht und Kultus
Staatsminister: Hans Zehetmair
Staatssekretär: Otto Meyer
Salvatorplatz 2, 8000 München 22
Tel. 2 18 61

Staatsministerium der Finanzen
Staatsminister: Gerold Tandler
Staatssekretär: Albert Meyer
Odeonsplatz 4, 8000 München 22
Tel.: 2 30 61

Staatsministerium für Wirtschaft und Verkehr
Staatsminister: August R. Lang
Staatssekretär: Alfons Zeller
Prinzregentenstraße 28, 8000 München 22
Tel. 21 62 01

Staatsministerium für Ernährung, Landwirtschaft und Forsten
Staatsminister: Simon Nüssel
Staatssekretär: Hans Maurer
Ludwigstraße 2, 8000 München 22
Tel.: 2 18 20

Staatsministerium für Arbeit und Sozialordnung
Staatsminister: Dr. Gebhard Glück
Staatssekretärin: Barbara Stamm
Winzerer Straße 9, 8000 München 40
Tel.: 12 61 01

Staatsministerium für Landesentwicklung und Umweltfragen
Staatsminister: Alfred Dick
Staatssekretär: Hans Spitzner
Rosenkavalierplatz 2, 8000 München 81
Tel.: 9 21 41

Staatsminister für Bundes- und Europaangelegenheiten
Staatsminister: Dr. Georg von Waldenfels
Staatssekretär: Alfred Sauter
Prinzregentenstr. 7, 8000 München 22
Tel.: 2 16 51
— Dienststelle München —

Schlegelstraße 2, 5300 Bonn
Tel.: 0228/20 21
— Dienststelle Bonn —

Präsident des Landtages
Dr. Franz Heubl
Maximilianeum, 8000 München 85
Tel.: 41 26-1

BERLIN (WEST)

Der Senat von Berlin
Regierender Bürgermeister: Walter Momper
Bürgermeisterin: Ingrid Stahmer
Chef der Senatskanzlei: Prof. Dr. Dieter Schröder
Presseamt des Landes Berlin und
Sprecher des Senats: Werner Kolhoff
Rathaus Schöneberg, John-F.-Kennedy-Platz,
1000 Berlin 62, Tel. 78 31

Senator für Arbeit, Verkehr u. Betriebe
Horst Wagner
Staatssekretär: Gerhard Schneider
An der Urania 4-10, 1000 Berlin 30
Tel. 21 22-1

Senator für Bau- und Wohnungswesen
Wolfgang Nagel
Staatssekretär: Hans Görler
Württembergische Straße 6/10, 1000 Berlin 31
Tel.: 86 71

Senatorin für Bundesangelegenheiten
Prof. Dr. Heide Pfarr
Staatssekretär: Dr. Winfried Haesen
Rathaus Schöneberg, John-F.-Kennedy-Platz,
1000 Berlin 62, Tel. 78 31
Dienststelle Bonn: Joachimstr. 7, 5300 Bonn 1
Tel. 02 28 - 2 28 21

Senator für Finanzen
Dr. Norbert Meisner
Staatssekretäre: Werner Heubaum und Dr. Bernd Löhning
Nürnberger Straße 53-55, 1000 Berlin 30
Tel.: 21 23-1

Senatorin für Frauen, Jugend und Familie
Anne Klein
Staatssekretäre: Helga Hentschel und Dr. Gerd Harms
Am Karlsbad 8-10, 1000 Berlin 30
Tel.: 26 04-1

Senator für Inneres
Erich Pätzold
Staatssekretär: Detlef Borrmann
Fehrbelliner Platz 2, 1000 Berlin 31
Tel.: 86 71

Senatorin für Justiz
Prof. Dr. Jutta Limbach
Staatssekretär: Wolfgang Schomburg
Salzburger Straße 21-25, 1000 Berlin 62
Tel.: 78 31

Senatorin für Kulturelle Angelegenheiten
Dr. Anke Martiny
Staatssekretär: Hanns Kirchner
Europa-Center, 1000 Berlin 30
Tel.: 21 23-1

Senatorin für Schule, Berufsbildung und Sport
Sybille Volkholz
Staatssekretäre: Hans-Jürgen Kuhn
und Prof. Jürgen Dittberner
Bredtschneiderstraße 5, 1000 Berlin 19
Tel.: 30 32-1

Senatorin für Stadtentwicklung und Umweltschutz
Dr. Michaele Schreyer
Staatssekretär: Dr. Klaus-Martin Groth
Lindenstraße 20-25, 1000 Berlin 61
Tel.: 25 86-0

Senator für Wirtschaft
Dr. Peter Mitzscherling
Staatssekretär: Jörg Rommerskirchen
Martin-Luther-Straße 105, 1000 Berlin 62
Tel.: 78 31

Senatorin für Wissenschaft und Forschung
Prof. Dr. Barbara Riedmüller-Seel
Staatssekretär: Dr. Hans Kremendahl
Bredtschneider Straße 5, 1000 Berlin 19
Tel.: 30 32-1

Senatorin für Gesundheit und Soziales
Ingrid Stahmer
Staatssekretäre: Ursula Kleinert
und Armin Tschoepe
An der Urania 12-14, 1000 Berlin 30,
Tel. 21 22-1

Präsident des Abgeordnetenhauses
Jürgen Wohlrabe
Rathaus Schöneberg, John-F.-Kennedy-Platz,
1000 Berlin 62, Tel. 78 31

BREMEN

Senat (Landesregierung) der Freien Hansestadt Bremen
Präsident des Senats und Bürgermeister
Senator für kirchliche Angelegenheiten
Klaus Wedemeier
Stellvertreter: Bürgermeister Dr. Henning Scherf
Chef der Staatskanzlei: Staatsrat Dr. Andreas Fuchs
Sprecher des Senats: Reinhold Ostendorf
Rathaus, 2800 Bremen
Tel.: 36 11

Senator für Inneres
Peter Sakuth
Senatsdirektor: Dr. Helmut Kauther
Contrescarpe 22/24, 2800 Bremen
Tel.: 362 20 00

Senator für Justiz und Verfassung
Senator für Sport
Volker Kröning
Senatsdirektor: Manfred Mayer-Schwinkendorf
Richtweg 16-22, 2800 Bremen
Tel.: 361 24 84

Senator für Bildung, Wissenschaft und Kunst
Horst-Werner Franke
Senatsdirektor: Prof. Dr. Reinhard Hoffmann
Rembertiring 8-12, 2800 Bremen
Tel.: 361 64 03

Senator für Arbeit
Bürgermeister Klaus Wedemeier
Senatsdirektor: Manfred Weichsel
Contrescarpe 73, 2800 Bremen
Tel.: 361 20 01

Senator für Jugend und Soziales
Bürgermeister Dr. Henning Scherf
Senatsdirektor: Dr. Hans-Christoph Hoppensack
Bahnhofsplatz 29, 2800 Bremen
Tel.: 361 22 03

Senatorin für Gesundheit
Dr. Vera Rüdiger
Senatsdirektor: Dr. Friedrich-Wilhelm Dopatka
Große Weidestr. 4-16, 2800 Bremen
Tel.: 361 92 67

Senatorin für Umweltschutz und Stadtentwicklung
Eva-Maria Lemke-Schulte
Senatsdirektor: Dr. Jürgen Lüthge
Ansgaritorstr. 2, 2800 Bremen
Tel.: 361 60 04

Senator für Wirtschaft, Technologie und Außenhandel
Uwe Beckmeyer
Senatsdirektor: Dr. Frank Haller
Bahnhofsplatz 29, 2800 Bremen
Tel.: 361 26 77

Senator für Häfen, Schiffahrt und Verkehr
Konrad Kunick
Senatsdirektor: Dr. Otger Kratzsch
Kirchenstraße 4, 2800 Bremen
Tel.: 361 22 02

Senator für das Bauwesen
Konrad Kunick
Senatsdirektor: Manfred Osthaus
Ansgaritorstr. 2, 2800 Bremen
Tel.: 36 11

Senator für Finanzen
Claus Grobecker
Senatsdirektor: Dr. Hartwig Heidorn
Haus des Reichs, 2800 Bremen
Tel.: 361 23 98

Senatorin für Bundesangelegenheiten
Dr. Vera Rüdiger
Senatsdirektor: Jürgen Schroeter
Schaumburg-Lippe-Str. 7-9, 5300 Bonn 1
Tel. 0228/2 60 50

Präsident der Bürgerschaft
Dr. Dieter Klink
Haus der Bürgerschaft, 2800 Bremen 1
Tel.: 3 61 49 91

Hamburg

HAMBURG

Der Senat der Freien und Hansestadt Hamburg

Präsident des Senats
Erster Bürgermeister Dr. Henning Voscherau
Stellv. und Zweiter Bürgermeister
Prof. Dr. Ingo von Münch

Senatsämter

Senatskanzlei
Erster Bürgermeister Dr. Henning Voscherau
Zweiter Bürgermeister Prof. Dr. Ingo von Münch
Senatorin: Elisabeth Kiausch
Staatsrat: Hans-Joachim Kruse
Rathaus, 2000 Hamburg 1
Tel.: 36 81-1, FS: 2 12 121
Staatliche Pressestelle: Dr. Reimer Rohde

Leitstelle Gleichstellung der Frau
Staatsrätin: Dr. Marliese Dobberthien
Poststraße 11, 2000 Hamburg 1
Tel.: 36 81-1

Vertretung der Freien und Hansestadt Hamburg beim Bund
Bevollmächtigter: Senator Horst Gobrecht
Kurt-Schumacher-Str. 12, 5300 Bonn 1
Tel.: 02 28 - 22 87-0

Senatsamt für den Verwaltungsdienst
Erster Bürgermeister Dr. Henning Voscherau
Senatorin: Elisabeth Kiausch
Staatsrat: Helmut Raloff
Steckelhörn 12, 2000 Hamburg 11
Tel.: 36 81-1

Senatsamt für Bezirksangelegenheiten
Erster Bürgermeister Dr. Henning Voscherau
Senatorin: Elisabeth Kiausch
Staatsrat: Helmut Raloff
Johanniswall 4, 2000 Hamburg 1
Tel.: 24 86-0

Staatsarchiv
Erster Bürgermeister Dr. Henning Voscherau
Senatorin: Elisabeth Kiausch
Staatsrat: Hans-Joachim Kruse
ABC-Straße 19, 2000 Hamburg 36
Tel.: 36 81-1

Justizbehörde
Senator: Wolfgang Curilla
Staatsrat: Helmut Raloff
Drehbahn 36, 2000 Hamburg 36
Tel.: 34 97-1

Behörde für Schule, Jugend und Berufsbildung
Senatorin: Rosemarie Raab
Staatsrat: Dr. Hermann Granzow
Hamburger Straße 31, 2000 Hamburg 76
Tel.: 29 18 81

Behörde für Wissenschaft und Forschung
Zweiter Bürgermeister Prof. Dr. Ingo von Münch
Staatsrat: Hinrich Budelmann
Hamburger Straße 37, 2000 Hamburg 76
Tel.: 29 18 81

Kulturbehörde
Zweiter Bürgermeister Prof. Dr. Ingo von Münch
Staatsrat: Dr. Knut Nevermann
Hamburger Straße 45, 2000 Hamburg 76
Tel.: 29 18 81

Behörde für Arbeit, Gesundheit und Soziales
Senator: Ortwin Runde
Staatsrätin: Dr. Wilma Simon
Hamburger Straße 37, 2000 Hamburg 70
Tel.: 29 18 81

Baubehörde
Senator: Eugen Wagner
Staatsrat: Karl Kalff
Stadthausbrücke 8, 2000 Hamburg 36
Tel.: 34 91 31

Behörde für Wirtschaft, Verkehr und Landwirtschaft
Senator: Wilhelm Rahlfs
Staatsrat: Dr. Claus Noé
Alter Steinweg 4, 2000 Hamburg 11
Tel.: 34 91 21

Behörde für Inneres
Senator: Werner Hackmann
Staatsrätin: Dr. Barbara Bludau-Krebs
Johanniswall 4, 2000 Hamburg 1
Tel.: 24 86-0

Umweltbehörde
Senator: Jörg Kuhbier
Staatsrat: Dr. Fritz Vahrenholt
Steindamm 22, 2000 Hamburg 1
Tel.: 24 86-0

Finanzbehörde
Senator: Prof. Dr. Hans-Jürgen Krupp
Staatsrat: Hartmuth Wrocklage
Gänsemarkt 36, 2000 Hamburg 36
Tel.: 35 98 1

Präsidentin der Bürgerschaft
Helga Elstner
Rathaus, Postfach 10 09 02, 2000 Hamburg 1
Tel.: 36 81-1

HESSEN

Ministerpräsident
Dr. Walter Wallmann
Bierstadter Straße 2, 6200 Wiesbaden
Tel.: (06121) 3 20, FS: 41 86 693

Chef der Staatskanzlei
Staatssekretär: Dr. Alexander Gauland
Sprecher der Landesregierung:
Staatssekretär Dr. Rolf Müller
Bierstadter Straße 2, 6200 Wiesbaden
Tel.: (06121) 3 20, FS: 41 86 693

Bevollmächtigte für Frauenangelegenheiten
Staatsministerin: Otti Geschka
Gustav-Freytag-Straße 1, 6200 Wiesbaden
Tel.: (06121) 3 20

Bevollmächtigter beim Bund
Staatsminister: Dr. Wolfgang Gerhardt
(stv. Ministerpräsident)
Staatssekretär: Frank-Edgar Portz
Kurt-Schumacher-Straße 2-4, 5300 Bonn 1
Tel.: (0228) 26 00 60, FS: 17 228 334 helbn

Luisenstraße 10-12, 6200 Wiesbaden
Tel.: (06121) 16 50, Durchwahl 16 57 50/1/2

Minister des Innern
Staatsminister: Gottfried Milde
Staatssekretär: Reinhold Stanitzek
Friedrich-Ebert-Allee 12, 6200 Wiesbaden
Tel.: (06121) 35 31, FS: 41 86 814

Minister der Finanzen
Staatsminister: Manfred Kanther
Staatssekretär: Claus Demke
Friedrich-Ebert-Allee 8, 6200 Wiesbaden
Tel.: (06121) 3 20, FS: 41 86 814

Minister der Justiz
Staatsminister: Karl-Heinz Koch
Staatssekretär: Volker Bouffier
Luisenstraße 13, 6200 Wiesbaden
Tel.: (06121) 3 20

Kultusminister
Staatsminister: Dr. Christean Wagner
Staatssekretär: Heinz Lauterbach
Luisenplatz 10, 6200 Wiesbaden
Tel.: (06121) 36 80

Minister für Wissenschaft und Kunst
Staatsminister: Dr. Wolfgang Gerhardt
(Stv. Ministerpräsident)
Staatssekretär: Dr. Hermann Kleinstück
Rheinstraße 23-25, 6200 Wiesbaden
Tel.: (06121) 16 50

Minister für Wirtschaft und Technik
Staatsminister: Alfred Schmidt
Staatssekretär: Otto Kirst
Kaiser-Friedrich-Ring 75, 6200 Wiesbaden
Tel.: (06121) 81 51

Minister für Umwelt und Reaktorsicherheit
Staatsminister: Karlheinz Weimar
Staatssekretär: Dr. Manfred Popp
Dostojewskistraße 8, 6200 Wiesbaden
Tel.: (06121) 81 71

Sozialminister
Staatsminister: Karl-Heinrich Trageser
Staatssekretär: Gerald Weiß
Dostojewskistraße 4, 6200 Wiesbaden
Tel.: (06121) 81 71

Minister für Landwirtschaft, Forsten und Naturschutz
Staatsministerin: Irmgard Reichhardt
Staatssekretär: Dr. Rudolf Maurer
Hölderlinstraße 1-3, 6200 Wiesbaden
Tel.: (06121) 81 71

Präsident des Landtags
Klaus-Peter Möller
Schloßplatz 1, 6200 Wiesbaden
Tel.: (06121) 35 01, FS: 4-186222

NIEDERSACHSEN

Ministerpräsident
Dr. Ernst Albrecht

Staatskanzlei
Staatssekretär: Josef Meyer
Pressestelle: Fritz Brickwedde
Planckstraße 2, 3000 Hannover
Tel.: 12 01, FS: 923 41 460

Minister des Innern
Josef Stock
Staatssekretär: Dr. Stefan Diekwisch
Lavesallee 6, 3000 Hannover
Tel.: 12 01, FS: 922 795

Ministerin der Finanzen
Birgit Breuel
Staatssekretär: Dr. Norman van Scherpenberg
Schiffgraben 10, 3000 Hannover
Tel.: 12 01, FS: 923 41 470

Sozialminister
Hermann Schnipkoweit
Staatssekretär: Dr. Klaus von Richthofen
Hinrich-Wilhelm-Kopf-Platz 2, 3000 Hannover
Tel.: 12 01, FS: 923 41 445

Kultusminister
Horst Horrmann
Staatssekretär: Dieter Haaßengier
Schiffgraben 12, 3000 Hannover
Tel.: 12 01

Minister für Wissenschaft und Kunst
Dr. Johann-Tönjes Cassens
Staatssekretär: Prof. Dr. Hans-Ludwig Schreiber
Prinzenstraße 14, 3000 Hannover
Tel.: 12 01, FS: 922 408

Minister für Wirtschaft, Technologie und Verkehr
Walter Hirche
Staatssekretär: Dr. Frank Wien
Friedrichswall 1, 3000 Hannover
Tel.: 12 01, FS: 923 530

Minister für Ernährung, Landwirtschaft und Forsten
Dr. Burkhard Ritz
Staatssekretärin: Dr. Hedda Meseke
Calenberger Straße 2, 3000 Hannover
Tel.: 12 01, FS: 923 414 10

Minister der Justiz
Walter Remmers
Staatssekretär: Friedrich Höse
Am Waterlooplatz 1, 3000 Hannover
Tel.: 12 01, FS: 923 765

Minister für Bundes- und Europaangelegenheiten
Heinrich Jürgens
Staatssekretär: Rudolf Fischer
Calenberger Straße 2, 3000 Hannover
Tel.: 12 01

Umweltminister
Dr. Werner Remmers
Staatssekretär: Dr. Franz Cromme
Archivstraße 2, 3000 Hannover 1
Tel.: 10 40

Präsident des Landtags
Dr. Edzard Blanke
Hinrich-Wilhelm-Kopf-Platz 1, 3000 Hannover 1
Tel.: 12 30-2 24

NORDRHEIN-WESTFALEN

Ministerpräsident:
Dr. h.c. Johannes Rau
Stellv.: Minister Dr. Herbert Schnoor

Staatskanzlei
Staatssekretär: Wolfgang Clement
Mannesmannufer 1a, 4000 Düsseldorf
Tel.: 8 37 01, FS: 8 584 739

Nordrhein-Westfalen

Ministerium für Wirtschaft, Mittelstand und Technologie
Minister: Prof. Dr. Reimut Jochimsen
Staatssekretär: Wolfgang Vollmer
Haroldstraße 4, 4000 Düsseldorf
Tel.: 8 37 02, FS: 08 582 728

Finanzministerium
Minister: Heinz Schleusser
Staatssekretär: Dr. Heinz Rolf Haacke
Jägerhofstraße 6, 4000 Düsseldorf
Tel.: 4 97 20, FS: 08 584 739

Innenministerium
Minister: Dr. Herbert Schnoor
Staatssekretär: Wolfgang Riotte
Elisabethstraße 5, 4000 Düsseldorf
Tel.: 87 11, FS: 08 582 749

Justizministerium
Minister: Dr. Rolf Krumsiek
Staatssekretär: Dr. Heinz-Hugo Röwer
Martin-Luther-Platz 40, 4000 Düsseldorf
Tel.: 8 79 21, FS: 08 581 930

Ministerium für Wissenschaft und Forschung
Ministerin: Anke Brunn
Staatssekretär: Dr. Gerhard Konow
Völklinger Straße 49, 4000 Düsseldorf
Tel.: 8 96-04, FS: 08 581 993

Kultusministerium
Minister: Hans Schwier
Staatssekretär: Dr. Friedrich Besch
Völklinger Straße 49, 4000 Düsseldorf
Tel.: 8 96-03, FS: 08 582 967

Ministerium für Umwelt, Raumordnung und Landwirtschaft
Minister: Klaus Matthiesen
Staatssekretär: Dr. Hans-Hermann Bentrup
Schwannstr. 3, 4000 Düsseldorf
Tel.: 4 56 60, FS: 08 584 965

Ministerium für Arbeit, Gesundheit und Soziales
Minister: Hermann Heinemann
Staatssekretär: Dr. Wolfgang Bodenbender
Horion-Platz 1, 4000 Düsseldorf
Tel.: 8 37 03, FS: 08 582 192

Ministerium für Bundesangelegenheiten
Minister Günther Einert
Staatssekretärin: Heide Dörrhöfer-Tucholski
Dahlmannstraße 2, 5300 Bonn
Tel.: 02 28 / 26 99-1, FS: 08 86 850

Ministerium für Stadtentwicklung, Wohnen und Verkehr
Minister: Dr. Christoph Zöpel
Staatssekretär: Dr. Heinz Nehrling
Breitestr. 31, 4000 Düsseldorf
Tel.: 8 37-04, FS: 85 84 410

Präsident des Landtags
Karl-Josef Denzer
Ständehausstraße 1, 4000 Düsseldorf
Tel.: 8 84-0, FS: 8-586 498

RHEINLAND-PFALZ

Ministerpräsident
Dr. Carl-Ludwig Wagner
Peter-Altmeier-Allee 1, 6500 Mainz
Tel.: 1 61, FS: 4 187 852

Staatskanzlei
Staatssekretär und Sprecher der Landesregierung:
Hanns Schreiner
Peter-Altmeier-Allee 1, 6500 Mainz
Tel.: 1 61, FS: 4 187 852

Minister des Innern und für Sport
Rudi Geil
Staatssekretär: Leo Schönberg
Schillerplatz 3-5, 6500 Mainz
Tel.: 1 61, FS: 4 287 609

Kultusminister
Dr. Georg Gölter
Staatssekretäre: Erwin Heck und Elisabeth Rickal
Mittlere Bleiche 61, 6500 Mainz
Tel.: 1 61, FS: 4 187 656

Minister der Finanzen
Emil Wolfgang Keller
Staatssekretär: Karl Hoppe
Kaiser-Friedrich-Straße 1, 6500 Mainz
Tel.: 1 61, FS: 4 187 852

Minister für Wirtschaft und Verkehr
Rainer Brüderle (stv. Ministerpräsident)
Staatssekretäre: Franz-Peter Basten und Ernst Eggers
Bauhofstraße 4, 6500 Mainz, Tel.: 1 61, FS: 187 852
und Schillerstraße 24 (Industrie, Energie und Absatzwirtschaft)
und Adam-Karillon-Straße 62 (Verkehr)

Minister der Justiz
Peter Caesar
Ministerialdirekor Dr. Gerhard Michel
Ernst-Ludwig-Straße 3, 6500 Mainz
Tel.: 14 11, FS: 4 187 852

Minister für Soziales und Familie
Dr. Ursula Hansen
Staatssekretärin: Dr. Maria Herr-Beck
Bauhofstraße 4, 6500 Mainz
Tel.: 1 61, FS: 18 78 52

Minister für Umwelt und Gesundheit
Dr. Alfred Beth
Staatssekretär: Johann Wilhelm Römer
Kaiser-Friedrich-Straße 7, 6500 Mainz
Tel.: 1 61, FS: 4 187 852

Minister für Landwirtschaft, Weinbau und Forsten
Dieter Ziegler
Staatssekretär: Dr. Wolfgang Rumpf
Große Bleiche 55, 6500 Mainz
Tel.: 1 61, FS: 187 852

Minister für Bundesangelegenheiten
Albrecht Martin
Schedestraße 1-3, 5300 Bonn
Tel.: (0228) 22 50 31-7

Präsident des Landtags
Dr. Heinz Peter Volkert
Deutschhausplatz 12, 6500 Mainz
Tel.: 10 81

SAARLAND

Ministerpräsident
Oskar Lafontaine
Regierungssprecherin: Maria Zimmermann

Staatskanzlei
Staatssekretär: Reinhold Kopp
Am Ludwigsplatz 14, 6000 Saarbrücken
Tel.: (0681) 50 06 01, FS: 04 421 371

Minister des Innern
Friedel Läpple
Staatssekretär: Henner Wittling
Franz-Josef-Röder-Straße 21, 6600 Saarbrücken
Tel.: 50 11, FS: (17) 681 995

Minister der Finanzen
Hans Kasper
Staatssekretär: Dr. Rüdiger Furkel
Am Stadtgraben 6-8, 6600 Saarbrücken
Tel.: 3 00 01, FS: 44 28 687

Minister der Justiz
Dr. Arno Walter
Staatssekretär: Dr. Roland Rixecker
Zähringer Straße 12, 6600 Saarbrücken
Tel.: 50 51, FS: 44 28 648

Minister für Kultus, Bildung und Wissenschaft
Prof. Dr. Diether Breitenbach
Staatssekretär: Dr. Kurt Bohr
Hohenzollernstraße 60, 6600 Saarbrücken
Tel.: 50 31, FS: 44 21 484

Minister für Arbeit, Gesundheit und Sozialordnung
Dr. Brunhilde Peter
Staatssekretär: Hanspeter Weber
Franz-Josef-Röder-Straße 23, 6600 Saarbrücken
Tel.: 50 11, FS: (17) 681 937

Minister für Wirtschaft
Hajo Hoffmann
Staatssekretär: Hartmut Haase
Hardenbergstraße 8, 6600 Saarbrücken 1
Tel.: 50 11, FS: (17) 681 966

Minister für Umwelt
Jo Leinen
Staatssekretärin: Ulla Giersch
Hardenbergstraße 8, 6600 Saarbrücken 1
Tel.: 50 11, FS: (17) 681 7506

Minister für Bundesangelegenheiten und besondere Aufgaben
Dr. Ottokar Hahn
Gersweiler Straße 78, 6600 Saarbrücken
Tel.: 54 00-1, FS: (17) 681 7505
Kurt-Schumacher-Straße 9, 5300 Bonn
Tel.: (0221) 21 70 47/9, FS: 08 86 553

Präsident des Landtags
Albrecht Herold
Franz-Josef-Röder-Straße 7, 6600 Saarbrücken
Tel.: 50 02-1, FS: 4-421 120

SCHLESWIG-HOLSTEIN

Ministerpräsident
Björn Engholm
Landeshaus, Düsternbrooker Weg 70, 2300 Kiel
Tel.: 59 61, FS: 2 99 871

Chef der Staatskanzlei
Staatssekretär: Dr. Stefan Pelny
Landeshaus, Düsternbrooker Weg 70, 2300 Kiel
Tel.: 59 61, FS: 2 99 871

Pressestelle der Landesregierung
Regierungssprecher: Herbert Wessels
Landeshaus, Düsternbrooker Weg 70, 2300 Kiel
Tel.: 59 61, FS: 2 92 626

Innenminister
Prof. Dr. Hans Peter Bull
Staatssekretär: Dr. Ekkehard Wienholtz
Düsternbrooker Weg 92, 2300 Kiel
Tel.: 59 61, FS: 2 99 871

Finanzministerin
Heide Simonis
Staatssekretär: Klaus Gärtner
Düsternbrooker Weg 64, 2300 Kiel
Tel.: 59 61, FS: 2 99 871

Minister für Ernährung, Landwirtschaft, Forsten und Fischerei
Hans Wiesen
Staatssekretär: Manfred Merforth
Düsternbrooker Weg 104, 2300 Kiel
Tel.: 59 61, FS: 2 99 871

Minister für Wirtschaft, Technik und Verkehr
Dr. Franz Froschmaier
Staatssekretär: Uwe Thomas
Düsternbrooker Weg 94, 2300 Kiel
Tel.: 59 61, FS: 2 99 871

Ministerin für Bildung, Wissenschaft, Jugend und Kultur
Eva Rühmkorf
Staatssekretär: Dr. Joachim Peter Kreyenberg
Düsternbrooker Weg 64, 2300 Kiel
Tel.: 59 61, FS: 2 99 871

Justizminister
Dr. Klaus Klingner
Staatssekretär: Uwe Jensen
Lorentzendamm 35, 2300 Kiel
Tel.: 59 91, FS: 2 99 871

Minister für Soziales, Gesundheit und Energie
Günther Jansen
Staatssekretär: Claus Möller
Brunswiker Straße 16-22, 2300 Kiel
Tel.: 59 61, FS: 2 99 871

Minister für Natur, Umwelt und Landesentwicklung
Prof. Dr. Berndt Heydemann
Staatssekretär: Dr. Bodo Richter
Grenzstraße 1-5, 2300 Kiel 14
Tel.: 2 19-0, FS: 2 99 871

Die Frauenministerin des Landes SH
Gisela Böhrk
Beselerallee 41, 2300 Kiel
Tel.: 59 61, FS: 2 99 871

Ministerin für Bundesangelegenheiten, und Stellvertreterin des Ministerpräsidenten
Marianne Tidick
Staatssekretär: Dr. Michael Bürsch
Landeshaus, 2300 Kiel 1
Tel.: 59 61
Kurt-Schumacher-Str. 17-19, 5300 Bonn
Tel.: 26 00 30

Präsidentin des Landtags
Lianne Paulina-Mürl
Düsternbrooker Weg 70, 2300 Kiel 1
Tel.: 59 61, FS: 2 92 633

Biographischer Teil

Biographical Part

Notices biographiques

A

AACH, Hans-Günther

Dr. rer. nat., em. o. Prof. u. Direktor Botan. Inst. TH Aachen (s. 1965) - Tittardshang 8, 5100 Aachen - Geb. 2. Okt. 1919 Oldenburg/O. - S. 1961 Lehrtätig. Köln u. Aachen (1962 Prof.). Spez. Arbeitsgeb.: Virologie, Biotechnologie. Zahlr. Fachaufs.

ABB, Friedrich Wilhelm

Dr. rer. pol., Dipl.-Volksw., Prof. - Schubertstr. 24, 6000 Frankfurt/M. (T. 74 55 01) - Geb. 14. April 1930 Darmstadt, kath., verh. s. 1963 m. Verena, geb. Kunkel, 2 Kd. (Sigrid, Claus) - Stud. Volkswirtsch.lehre u. Jura Univ. Frankfurt - S. 1966 (Habil.) Priv.doz. u. 1971 Prof. Univ. Frankfurt (1972/73 Dekan); 1983 Wiss. Leit. Akad. f. Welthandel Frankfurt - BV: Wirtsch.wachstum u. Einkommensverteilung, 1971. Fachveröff. - Spr.: Engl., Franz.

ABBES, Gerhard

Dr. rer. pol., Dipl-Kfm., Geschäftsführer Oberrheinische Mineralölwerke GmbH., Karlsruhe - Hahnemannstr. 6, 7500 Karlsruhe-Durlach - Geb. 12. Aug. 1925.

ABEL, Herbert

Dr. phil. nat., Ltd. Direktor Übersee-Museum i. R. - Vogelweide 37, 2800 Bremen (T. 35 11 59) - Geb. 8. März 1911 Bremen - Zul. stv. Dir. ÜM Präs. Wittheit - BV: Naturvölker zw. Pol u. Äquator, 1955. Div. Einzelarb. z. Landeskunde des südl. Afrika, z. Geschichte d. brem. Sammlungen u. z. Gesch. d. dt. Polarforschg. i. 19. Jh. - 1975 Brem. Senatsmed. f. Kunst u. Wiss.

ABEL, Hubert

Dr. med., Prof., Chefarzt u. Ärztl. Dir. Med. Klinik St.-Josefs-Hospital Wiesbaden (s. 1965) - Alwinenstr. 23, 6200 Wiesbaden (T. 30 17 49) - Geb.6. Juni 1927 Bochum (Vater: Josef A., Rektor; Mutter: Anna, geb. Meyerhans), kath., verh. s. 1956 m. Dr. Ingrid, geb. Schmidt, 3 Kd. (Ludger, Ulrike, Joachim) - Univ. München. Promot. 1952 München; Habil. 1961 Mainz- 1954-56 Univ. Heidelberg (Physiol. Inst.) u. Mainz (1956 Med., 1963 II. Med. Klin.); 1961 Privatdoz., 1968 apl. Prof. - BV: Electrocardiol. I 1976; II, 1977; VI 1981 - Mitgl. zahlr. in- u. ausl. Fachges.; u. a. Präs. I. Intern. Kongreß f. Elektrokardiologie, Wiesbaden 1974, Präs. XV. Intern. Kongreß f. Elektrokardiologie, Wiesbaden 1988 - Komtur d. Dt. Ordens; Ritter d. Alten Ordens v. St. Georg - Liebh.: Kunstgesch. - Spr.: Engl.

ABEL, Karlhans

Dr. phil., Prof. f. Klass. Philologie Univ. Marburg (s. 1971) - Am Grün 35, 3550 Marburg/L. - Geb. 31. Dez.1919 - Promot. 1955; Habil. 1966 - BV: Bauformen in Senecas Dialogen, 1967; Zone. D. Probl. d. Biosphäre im geograph. Denken d. Antike, 1974; Seneca. Leben u. Leistung, 1985; D. dritte Satire d. Persius als dichter. Kunstwerk, 1986; Senecas lex vitae, 1987.

ABEL, Kurt

Dr. rer. pol., Dipl.-Vw., Geschäftsführer IHK Hannover-Hildesheim (s. 1969)- Eichenstr. 17, 3257 Springe 2 (T. 05045 - 469) - Geb. 25. Juli 1929 Obernkirchen (Vater: Fritz A., Angest.; Mutter: Luise, geb. Kuhlmann), ev., verh. m. Annekatrin, geb. v. Oppen, 3 Kd. (Ulrike, Christina, Cornelia) - 1952-61 Zollref., dann Marketingassist. u. Außenwirtsch.sref. - BV: Ausfuhrerleichterungen in den BRD; Exportförderungsmaßnahmen konkurr. Ind.länder; Priv. Entwicklungshilfe; Weltwirtsch. Strukturwandel als Folge d. Entwicklungshilfe; Nieders. - Ind.land m. Zukunft; Wertordn. od. Wirtsch.techn. - Soz. Marktwirtsch. als geistig-moralische Ordnung - Liebh.: Sport, Wandern - Spr.: Engl., Franz.

ABEL, Wolfgang O.

Dr. phil., Prof., Ordinarius f. Allg. Botanik/Genetik u. gf. Institutsdir. (m. Botan. Garten) Univ. Hamburg (1976-81) - Frenssenstr. 59, 2000 Hamburg 55 - Geb. 4. April 1932 Berlin promot. 1956 Wien; Habil. 1968 Heidelberg - 1963-71 Wiss. Mitarb. MPI f. Pflanzengenetik Heidelberg (zul. Arbeitsgruppenleit.); 1968-75 Privatdoz., Wiss. Rat (1971), apl. Prof. (1973) Univ. Heidelberg. 1981-87 Vors. Gesellsch. f. Genetik. Üb. 40 Facharb.

ABEL-STRUTH, Sigrid

Dr. phil., Prof. f. Musikpädagogik u. Institusdir. Univ. Frankfurt/M. - Dörnweg 36, 6236 Eschborn/Ts. - Geb. 24. Juli 1924 Breitscheid/Didt. (Vater: Dr. med. Max Struth, Arzt; Mutter: Gertrud, geb. Schlicht), verw. - Musikhochsch. Karlsruhe; Univ. Heidelberg u. Mainz. Promot. 1949 Mainz; Habil. 1970 Köln - BV: Materialien z. Entwickl. d. Musikpäd. als Wiss., 1970; Musikal. Beginn, 3 Bde. 1972/78; Ziele d. Musik-Lernens, 2 Bde. 1978/79; Grundriß d. Musikpäd. 1985 - 1978 Mitgl. Dt. Musikrat; ab 1984 Forsch.kommiss. ISME (Intern. Ges. f. Musikerz.).

ABELE, Heinrich Albrecht

Dr. rer. nat., Prof. f. Mathematik u. ihre Didaktik - Schlittweg 33, 6905 Schriesheim (T. 06203 - 6 19 16) - Geb. 28. Mai 1932 Esslingen (Vater: Heinrich A., Prof.; Mutter: Margarete, geb. Richter), ev., verh. s. 1962 m. Ursula, geb. Wirth, 2 S. (Hartmut, Johannes) - 1952-58 TU Stuttgart, Univ. u. TU München, Univ. Tübingen); 1. Lehrerprüf. 1959 Stuttgart, 2. Prüf. 1961, Promot. 1966 - 1961-66 wiss. Assist. Stuttgart, 1966 Doz. u. 1970 Prof. PH Heidelberg, 1976-78 Rektor ebd. - Facharb.

ABELE, Helene, geb. Jaiser

Geschäftsführerin Metall Druck- u. Spritzguß Abele GmbH u. Co. KG - August-Hebenstreit-Str. 36, 7130 Mühlacker - Geb. 26. Jan. 1922 Böblingen (Vater: Karl J., †; Mutter: Emma, geb. Rebmann, †), ev., verh. s. 1941 m. Wilhelm A., S. Werner.

ABELEIN, Manfred

Dr. jur., o. Prof. f. Öfftl. Recht u. Polit. Wiss., Rechtsanwalt, Wirtschaftsber., Steuerber., MdB (s. 1965) - Schafhofstr. 21, 7090 Ellwangen - Geb. 20. Okt. 1930 Stuttgart - Zahlr. Veröff. CDU.

ABELER, Franz

Kaufmann, Inh. Carl Engelkemper O. H., Münster - Propsteistr. 58, 4400 Münster/W. - Geb. 10. Juli 1913 Münster/W. (Vater: Heinrich A.; Mutter: Paula, geb. Fränken), verh. 1939 m. Johanna, geb. Zilliken - 1980 BVK I. Kl.

ABELER, Joachim

Ass. d. B., ehem. Vorstandsvorsitzender Salzgitter Stahlbau AG u. Salzgitter Maschinen AG (b. 1980), Präs. d. Investofin S.A., Neuchâtel/Schweiz - Ennigerloher Str. 8, 4740 Oelde (T. 02522 - 6 12 16) - Geb. 22. Nov. 1931.

ABELS, Herbert

Dr. rer. nat., Prof. f. Mathematik Univ. Bielefeld (s. 1972) - Schubertstr. 5, 4807 Borgholzhausen - Geb. 4. Mai 1941 Aachen - Promot. 1965; Habil. 1971 - 1966/67 Research Fellow Univ. of Calif. Berkeley; 1987/88 Visiting Prof. Cornell Univ., Ithaca, NY - BV: Finite presentability of S-arithmetic groups. Compact presentability of solvable groups, 1987. Fachaufs.

ABELS, Kurt

Dr. phil., Prof. f. Deutsch - Grünmatten 24, 7819 Denzlingen/Br. - Geb. 27. Nov.1928 Düsseldorf - 1955-69 Gymn.-lehrer (NRW); Promot. 1965 - S. 1971 Prof. PH Freiburg. 1973-79 Leit. Realinstitut., s. 1981 Leit. Außenst. d. Prüfungsamtes. Fachveröff., wiss. Schwerpkt.: Gesch. d. Deutschunterr.

ABELS, Ulrich

Dipl.-Ing., Geschäftsführer Gipswerke Dr. Karl Würth GmbH & Co., Vors. Bundesverb. d. Gips- u. -bauplattenind., Darmstadt, u. a. - Hagentorstr. 7a, 3457 Stadtoldendorf - Geb. 9. Febr. 1930.

ABELSHAUSER, Werner

Dipl.-Volksw., Dr. phil., Prof. f. Sozial-u. Wirtschaftsgeschichte Univ. Bochum (s. 1983) - Hustadtring 139, 4630 Bochum 1 (T. 0234 - 70 46 25) - Geb. 24. Nov. 1944 Wiesloch/Baden, verh. s. 1974 m. Petra-Monika, geb. Jander, S. Hans - 1966-70 Stud. Univ. Mannheim u. München; Dipl. 1970 Univ. Mannheim; Promot. 1973 u. Habil. 1980 Bochum - 1970-80 Wiss. Ass. Univ. Bochum, 1980-83 Privatdoz. S. 1979 Gastprof. Univ. Bielefeld, Oxford, Göttingen, Köln, Florenz, St. Louis u. Sydney. 1985 Gf. Dir. Inst. z. Erforsch. d. europäischen Arbeiterbewegung, Bochum - BV: u.a. Wirtsch. in Westdtschl. 1945-48, 1975; Wirtschaftsgesch. d. Bundesrep. Dtschl., 1983; D. Ruhrkohlenbergbau s. 1945, 1984; D. Weimarer Republik als Wohlfahrtsstaat, 1987.

ABENDROTH, Günther

Dipl.-Ing., Bezirksbürgermeister a. D., Vors. Freie Volksbühne Berlin (s. 1961) - Prettauer Pfad 11, 1000 Berlin 45 (T. 817 36 55) - Geb. 16. Aug. 1920 Berlin, verh., 3 Kd. - Oberrealsch. (Abit. 1939) u. TU Berlin (Chemie; Dipl.-Ing. 1955)- Aus rass. Gründen 1 J. Soldat; b. 1945 Lager; Chemiker; 1963-75 Bürgerm. Bez. Kreuzberg. 1948-58 Bezirksverordn. W'dorf; 1958-63 MdA Berlin. SPD s. 1946 (u. a. stv. Kreisvors. W'dorf u. Beis. Landesvorst. Berlin).

ABERLE, Gerd

Dr. rer. pol., o. Prof. f. Volkswirtschaftslehre Univ. Gießen (s. 1973) - Geb. 30. Sept. 1938 Stolp (Vater: Eugen A., Dipl.-Ing.; Mutter: Martha, geb. Hieby), ev., verh. s. 1966 m. Yolande, geb. Heilmann, T. Viola - Stud. d. Wirtsch.- u. Sozialwiss. Univ. Köln; Dipl.ex. 1962; Promot. 1965; Habil. 1971 (alle Köln) - 1971 Univ. Wat u. Prof.; Beiratsmitgl. Bundesverkehrsmin.; Beiratsmitgl. Bundesbau- u. -raumordn.min.; 1978 Ruf TU Berlin abgelehnt; Mithrsg. u. Chefredakt. Zeitschr. Internationales Verkehrswesen - BV: Leistungsanalyse u. Kostenrechnung im gebrochenen Verkehr, 1965; Z. Lösung d. Wegekostenproblems, 1970; Verkehrsinfrastrukturinvestitionen im Wachstumsprozeß entwickelter Volkswirtsch., 1972; Wege z. Sanierung d. Eisenbahn, 1973; Wegerechn., Wegefinanz. u. Straßengüterverk.ssyst., 1980; Wettb.-theorie u. -politik, 1980; Verkehrspolitik u. Regionalpolitik, 1981; Verkehrswegebenutzungsabgaben f. d. Eisenbahn, 1987; Öffntl. Personennahverkehr in d. Fläche, 1987 - Spr.: Engl., Franz.

ABERLE, Hans-Jürgen

Rechtsanwalt, Geschäftsf. Zentralverb. d. Dt. Handwerks u. Bundesvereinig. d. Fachverb. d. Dt. Handw. - Johanniterstr. 1, 5300 Bonn - VR-Mitgl. Bundesanst. f. Arbeit; Mitgl. Konzert. Aktion im Gesundheitswesen.

ABERT, Anna Amalie

Dr. phil., Prof., Musikwissenschaftlerin - Wrangelstr. 21, 2300 Kiel (T. 8 45 27) - Geb. 19. Sept. 1906 Halle/S. - S. 1943 Doz., apl. Prof. (1950), Wiss. Rat u. Prof. (1962) Univ. Kiel - BV: D. stilist. Voraussetz. d. Cantiones sacrae v. Heinrich Schütz, 1935; Claudio Monteverdi u. d. musikal. Drama, 1954; Chr. W. Gluck, 1960; Die Opern Mozarts, 1970; Richard Strauss - Die Opern, 1972. Zahlr. Buch- u. Ztschr.beitr. - Mitgl. d. Zentrainst. f. Mozartforsch. Salzburg.

ABICH, Hans

Chef Programmdirektion ARD (1973-78) - Rondell Neuwittelsbach 1, 8000 München 19 - Geb. 4. Aug. 1918 Schlesien - Stud. Rechtswiss. Refer.ex. -Verlagswesen; n. 1945 Filmproduzent; 1961-73 Programmdir. u. Int. (1968) Radio Bremen. Herausg.: Versuche üb. Dtschl. (1970) - 1977 Filmbd. in Gold - Spr.: Engl. - Rotarier.

ABMEIER, Hans-Ludwig

Dr. phil., Lic. theol., Studiendirektor, Historiker - Bonhoefferstr. 22, 4530 Ibbenbüren 1 (T. 05451 - 28 58) - Geb. 23. Nov. 1927 Bonn (Vater: Hans A., Prof. Dr. phil., Hochschuldir.; Mutter: Helene, geb. Hostmann), kath. - Promot. 1974 Mainz - Div. Mitgliedsch. Zahlr. Fachveröff. Herausg.: Mitteil. d. Beuthener Gesch.- u. Museumsvereins. Mithrsg.: Oberschles. (b. 1985) - 1987 BVK - Liebh.: Entomologie - Lit.: P. Chmiel, H. Neubach, N. Gussone: Beitr. z. Gesch. Schles. im 19. u. 20. Jh. (Festschr. z. 60. Geb.).

ABRAHAM, Reinhardt

Dipl.Ing., stv. Vorstandsvorsitzender Dt. Lufthansa AG, Köln - Lufthansa-Basis Flughafen, 6000 Frankfurt 75 (T. 069 - 696 22 22) - Geb. 15. Juli 1929 Kunzendorf (Vater: Gert A., Gutsverwalter; Mutter: Ella, geb. Lilienthal), ev., verh. s. 1962 m. Erika, geb. Nolte, 3 Kd. - 1948-56 TU Berlin (Physik, Luftfahrttechnik, Wirtschaftsing.wesen); 1970 Harvard Business School Cambridge

ABRAHAM
(USA) - S. 1956 Dt. Lufthansa AG (1970 stv., 1972 o. Vorst.-Mitgl.; Bereich: Technik). AR-Vors. Versuchs- u. Planungsges. f. Magnetbahnsysteme mbH (MVP); stv. AR-Vors. Condor-Flugdienst GmbH, Dt. Luftverkehrsges. mbH (DLT); Mitgl. Techn. Beirat Allianz; AR-Mitgl. German Cargo Services GmbH, Dt. Service Ges. d. Bahn mbH, Veba Öl AG, Lufthansa Consulting GmbH; Mitgl. Beirat VWI u. DGLR; Mitgl. Museumsrat Dt. Museum; Mitgl. d. Vorstandsrates Dt. Ges. f. Luft- u. Raumfahrt (DGLR); Mitgl. d. Senats (DLR) Dt. Forsch.- u. Versuchsanst. f. Luft- u. Raumfahrt; Member IATA Technical Committee; Member of the Management Committee ATLAS - Spr.: Engl. - Liebh.: Musik, Schwimmen, Volleyball - Bek. Vorf.: Otto Lilienthal, 1848-96 (Urgroßonkel ms.).

ABRAMOWSKI, Luise
Dr. theol., o. Prof. f. Kirchengeschichte - Brunsstr. 18, 7400 Tübingen 1 - Geb. 8. Juli 1928 Schwentainen/Ostpr., ev. - S. 1962 (Habil.) Lehrtätigk. (1974 Ord. Univ. Tübingen) - BV: Unters. z. Liber Heraclidis des Nestorius, 1963; m. A. E. Goodman) A Nestorian Collection of Christological Texts, 1972; 3 christol. Unters., 1981 - 1982 FBA.

ABRESS(ß), Hubert
Dr. jur., Staatssekretär Bundesmin. f. Raumordnung, Bauwesen u. Städtebau (1973-78) - Feichthofstr. 41, 8000 München 60 (T. 88 18 04; dstl.: Bonn 60 21) - Geb. 1923 Nürnberg - Justiz- u. Kommunaldst. (Landratsamt Traunstein; Stadtverw. München, 1970-72 Leit. Ref. Stadtforsch. u. -entw.). Kriegsteiln. SPD s. 1971 - 1984ff. Honorarprof. f. Öfftl. Recht Univ. München - Liebh.: Bergtouren.

ABS, Hermann J.
Drs. h.c., Ehrenvorsitzender Deutsche Bank AG (s. 1976) - Dt. Bank AG, Taunusanlage 12, 6000 Frankfurt/M. 1 - Geb. 15. Okt. 1901 - Ehrenvors. AR; AR-Vors. u. Mitgl. e. Reihe größerer Ges.

ABSHAGEN, Ulrich W. P.

Dr. med., Prof. f. Klin. Pharmakol. Univ. Heidelberg (Mannheim), Mitglied d. Geschäftsfg. Boehringer Mannheim GmbH - Zu erreichen üb. Sandhofer Str. 116, 6800 Mannheim 1 - Geb. 18. Juli 1943 Würzburg (Vater: Wolfgang A., Jurist; Mutter: Irmgard-Maria, geb. Tratt), kath., verh. s. 1967 m. Ursula-Marie, geb. Pröstler, 2 Kd. (Christian-Constantin, Constanze-Catharina) - 1962-68 Stud. Med. Würzburg, Kiel, Wien; Promot. 1970 Würzburg, Habil. (Klin. Pharmakol.) 1974 Berlin, Umhabil. 1977 Heidelberg - 1970-73 wiss. Assist. Inst. f. Klin. Pharmakol. Klinikum Steglitz, FU Berlin; 1973-77 wiss. Assist. Med. Klinik u. Poliklinik Steglitz; 1974 Facharzt f. Pharmakol.; 1977 Funktionsoberarzt Med. Aufnahmestation Klinikum Steglitz; 1977 Facharzt f. Inn. Krankh.; s. 1977 Boehringer Mannheim GmbH (1978 Leit. Inst. f. Klin. Pharmakol., 1982 Leit. Herz/Kreislaufforsch. d. tierexperiment.

Pharmakol. u. Klin. Entw., 1982 Prok., 1983 Bereichsleit. Produktentw. Therapeutika u. Volldir., 1985 stv. Geschäftsf. 1987 o. Geschäftsf.). S. 1980 apl. Prof.; 1984-88 Vors. Sekt. Klin. Pharmakol. Dt. Pharmakol. Ges. (DPhG), Düsseldorf - BV: Handbook of Experimental Pharmacol. (Vol. 76, 1985); rd. 150 vorw. engl.spr. Veröff. in intern. Ztschr. - 1971 Preis Kurat. d. Unterfränk. Gedenkjahrstiftg. f. Wiss.; 1972 Fritz-Külz-Preis Dt. Pharmakol. Ges. - Liebh.: Segeln, Skifahren, Klass. Musik, schöngeist. Lit. - Spr.: Engl.

ABSMEIER, Ludwig
I. Bürgermeister Stadt Tittmoning - Rathaus, 8261 Tittmoning/Obb. - Geb. 25. Sept. 1923 Tittmoning - U. a. Verwaltungssekr. CSU.

ABT, Horst
Schreinermeister, Stadtrat, Präsident Handwerkskammer Rhein-Main Frankfurt-Darmstadt (s. 1971), AR-Mitgl. Frankfurter Volksbank (s. 1972), AR-Mitgl. Signal Versich. Gruppe (s. 1980), Vors. Vertreterversammlung LVA Hessen - Atzelbergstr. 125, 6000 Frankfurt am Main 60 (T. 47 22 02) - Geb. 2. Mai 1927 Frankfurt a. M. (Vater: Georg A., Fabrikant; Mutter: Margarete, geb. Körber), ev., verh. s. 1954, 2 Kd. (Peter, Karin) - Mittlere Reife, Schreinerlehre - Vors. div. Gremien - Gr. BVK.

ABT, Klaus
Dr. math. stat., Dipl.-Ing., Prof. f. Biomathematik Univ. Frankfurt/Fachbereich Humanmed. (s. 1973) - Promenade 100, 6380 Bad Homburg v.d.H. - Geb. 3. Nov. 1927 Hamburg, ev., verh. s. 1956 m. Ursula, geb. Riedel, 2 Kd. (Michael, Sabine) - Dipl.-Ing. 1955 Karlsruhe; Promot. 1959 Genf - 1959-73 Math. Statistiker USA (Dahlgren) u. Schweiz (Basel; 1967) - Spr.: Engl.

ACH, von der, Arnim
s. Ophoven, Hermann

ACHENBACH, Hanno E. J.
Rechtsanwalt u. Notar, Fachanwalt f. Steuerrecht - Graf-Bernadotte-Str. 33, 4300 Essen-Bredeney (T. 41 19 53) - Geb. 26. Juni 1938 Boulogne-Billancourt (Vater: Dr. Ernst A., s. dort; Mutter: Dr. Margaret, geb. Goodell), verh. s. 1973 m. Ulrike, geb. Göke, 2 S. (Lutz, Jost), 1 T. (Ruth) - Stud. d. Rechtswiss. Univ. Bonn, Paris, Freiburg/Br.; 1. u. 2. jur. Staatsex. 1962 bzw. 1966 - Liebh.: Ski, math. Logik - Spr.: Engl., Franz., Ital., Span., Russ.

ACHENBACH, Hans
Dr. jur., Univ.-Prof. f. Straf- u. -prozeßrecht, Wirtschafts- u. Steuerstrafrecht Univ. Osnabrück, Fachber. Rechtswissensch., Vorstandsmitgl. d. Inst. f. Finanz- u. Steuerrecht - Luisenstr. 16, 4500 Osnabrück - Schüler v. Prof. Dr. Claus Roxin, München - 1978-80 Wiss. Rat u. Prof. Univ. Bochum, s. 1980 Univ. Osnabrück - BV: Histor. u. dogmat. Grundl. d. strafrechtssystemat. Schuldlehre, 1974 - s. auch XX. Ausg.

ACHENBACH, Rudolf
Kaufmann, Vorstandsmitglied d. Verbandes Suppenindustrie, Vorst. d. Arbeitsgem. Ernährungsindustrie Hessen, Vorst. Arbeitskr. Industrie-Landwirtsch. Hessen - Hauptstr. 106, 6231 Sulzbach/Ts. - (Vater: Karl A., Kaufm.; Mutter: Lina, geb. Abé, † 1983), ev., verh. s. 1956 m. Ingrid, geb. Zimmermann, 3 T. (Ruth, Petra, Nicole) - Mitgl. d. Nation. Rates d. Bruderschaft Chaîne des Rôtisseurs, Ehrenmitgl. Verb. d. Köche Deutschl.

ACHENBACH, Werner
Dr., Dr. h. c., Dipl.-Ing., Prof. f. Fertigungstechnik, insb. -verfahren, u. Produktionssystematik Gesamthochschule Wuppertal (Fachbereich Maschinentechnik) - Blumenstr. 7, 4020 Mettmann - Geb. 22. Jan. 1926 Marburg/L. (Vater: Heinrich A., Schmied; Mutter: Rosina,

geb. Reitz), fk., verh. s 1956 m. Helmtrud, geb. Keil (Mettmann), 2 Kd. (Wolfgang, Beate) - Stud. Maschinenbau u. Wirtschaftswiss. - Prakt. Tätigk. (zul. Management-Consultant); s. 1972 wie oben. Sachverst. -BV: Anwendbark. d. Kalkulationsformen, NA. 1975 - Spr.: Engl., Franz., Span.

ACHER, Anton

Maler - Eslarner Str. 34, 8000 München 90 (T. 089-68 11 04) - Geb. 19. Sept. 1927 Peißenberg/Oberbay. (Vater: Michael A.; Mutter: Juliana, geb. Lux), verh. m. Jutta, geb. Poschenrieder, S. Georg - Kunstakad. München - S. 1960 Teiln. b. d. Ausst. im Haus d. Kunst München; s. 1960 Mitgl. d. Freien Münchner u. Dt. Künstlerschaft - Ausst.: Düsseldorf, Köln, Bonn, Baden-Baden, Paris, Monte Carlo u.a. - Spr.: Engl. - Lit.: Biograph. Nachschlagewerke; Kat. Herbstsalon; Kunstsalon; Kunst s. 1960; Meister Bildender Künste, Ziese (1983).

ACHILLES, Walter
Dr. sc. agr., Prof., Oberstudiendirektor - Lindenkamp 31, 3201 Diekholzen - Geb. 26. Mai 1927 Lutter/Barenberge - Promot. 1957 - S. 1970 (Habil.) Lehrtätigk. Univ. Göttingen (1970 apl. Prof. f. Agrargesch.) - BV: Vermögensverhältnisse braunschw. Bauernbetriebe im 17. u. 18. Jh., 1965; D. steuerl. Belastung d. braunschw. Landw. u. ihr Beitrag zu d. Staatseinnahmen im 17. u. 18. Jh., 1972; D. Lage d. hannov. Landbevölk. im spät. 18. Jh., 1982.

ACHMEDOWA, Jacqueline

Ballerina, Solistin Bayer. Staatsoper München z. Z. Wiener Staatsoper - Geb. 9. Nov. 1961 München (Eltern: Dr. med. Murat u. Gedja Achmedow, verh. s. Doz. - M. 5 J. 1. Ballettunterr. Ballettsch. Roleff-King; m. 14 J. 2 J. Elevenklasse Bayer. Staatsoper München (staatl. Bühnenreifeprüf. f. Tanz, München); m. 16 J. 2j. Stip. UdSSR/Moskau (Lehrer: W. P. Mey, W. J. Proskurina, Staatsex. u. Dipl.) Bolschoi-Theater, Moskau (Lehrer: B. R. Kariewa) - Zahlr. Hauptrollen in Balletten, u.a. Giselle,

Schwanensee, La fille mal gardeé (Ashton), Papillon (Hynd), Bach-Suite (Neumeier), Nuages (Kylian), Familiendialog (Kresnik), E. Sommernachtstraum (Neumeier), Dream Dances (Kylian), Onegin (Cranko) - Liebh.: Bücher, Malen, Musik, Schwimmen, Tennis, Klavierspielen - Spr.: Engl., Franz., Russ.

ACHT, Peter
Dr. phil., o. Prof. f. Geschichtl. Hilfswissenschaften -Adelheidstr. 22, 8000 München 40 (T. 271 14 11) - Geb. 11. Juni 1911 Treuburg - Habil. 1950 München - 1935-52 bayer. Archivdst., zul. Staatsarchivrat Hauptstaatsarchiv München, sd. ao. o. Prof. (1959) Univ. München - BV: D. Cancellaria in Metz, E. Kanzlei- u. Schreibsch. um d. Wende d. 12. Jh., 1940; D. Traditionen d. Kl. Tegernsee, in: Quellen u. Erörterungen z. bayer. Gesch., Bd. IX, 1 1952; Mainzer Urkundenb., Bd. II, 1. u. 2., 1968/71. Herausg.: Münchener Hist. Studien, Abt. Geschichtl. Hilfswissensch. 1-14, 16-20 (1961-82). Schriftl.: Quellen u. Erörterungen z. bayer. Gesch. Bd. 10-33 (1953-82).

ACHT, René Charles
Prof., Maler u. Bildhauer - Schwarzwaldstr. 30, 7800 Freiburg/Br. (T. 7 25 48) u. Spitalstr. 22, CH-1920 Basel - Geb. 24. März Basel (Vater: August Joseph A., Bildhauer; Mutter: Ida, geb. Reinharth), kath., verh. s. 1978 m. Bärbel, geb. Geigele - 8 Sem. Kunst- u. Gewerbesch. Basel - Ab 1980 Doz. PH Freiburg; 1962-65 Gastprof. Hochsch. f. Künste Hamburg. Spez. Arbeitsgeb.: Ungegenständl. - BV: Werkverzeichn. u. Monogr. René Acht, Arb. v. 1938-80, Augustiner-Mus. Freiburg 1980 - Spr.: Franz. - Div. Art. in Kunstztschr.

ACHTEN, von, Helmut
Dr. jur., Dipl.-Kfm., Geschäftsführer Industrieanlagen Auerbach-Förö GmbH. u. Westf. Maschinenbau GmbH, beide Unna - Zechenstr. 5, 4750Unna/-W. - Geb. 28. Juli 1935 Recklinghausen (Vater: Dr. Erich v. A., Fabr. (s. XVII. Ausg.); Mutter: Luise, geb. Hütten), kath., verh. s. 1964 m. Lilo, geb. Eckhardt, S. Dominik - Altsprachl. Gymn. (Abit. 1955); Bankprakt.; 1955-59 Stud. Rechtswiss., 1961-65 Betriebsw. Promot. 1965; Dipl.-Kfm. 1966 - 1964 Revisionsassist., 1965 Prüfungsleit., 1967 Gf. - Liebh.: Mod. Kunst (Malerei, Plastiken) - Spr.: Engl., Franz.

ACHTEN, von, Reimar Guido

Dipl.-Ing., Teilhaber Westf. Maschinenbau Ges. mbH, Unna, Vorst.-Mitgl. Braunschweigische Maschinenbauanstalt AG, u. VDMA-Nord, Hamburg - Roßpfad 34, 4000 Düsseldorf 31 (Wittler) - Geb. 5. Sept. 1928 Recklinghausen (Vater: Dr. Erich v. A., Fabrikant; Mutter: Luise, geb. Huetten-Lenz), kath., verh. s. 1957 (Ehefr.: Anne, geb. van de Loo), 2 Töcht. (Patricia Katharina, Juliane Daniela) - Hittorf-Gymn. (Abit.); Schlosserlehre; Stud. Maschinenbau TH Aachen - Member of the Board of Directors SEW Silver Engeneering Works, Inc., Aurora/Colorado/USA; Dir. BMA/

LTA, Selby/Johannesburg/Südafrika - Liebh.: Mod. Kunst, Theater, Musik, Jagd, Segeln, Skilauf - Spr.: Engl., Franz.

ACHTENHAGEN, Frank

Dr. rer. pol., Dipl.-Hdl., o. Prof. f. Wirtschaftspädagogik Univ. Göttingen (s. 1971) - Keplerstr. 18, 3400 Göttingen (T. 5 74 24) - Geb. 28. Mai 1939 Berlin (Vater: Wilhelm A., Bankkfm.; Mutter: Käthe, geb. Ulrich), ev., verh. s. 1965 m. Roswitha, geb. Manski, 2 Töcht. (Claudia, Leona) - Gymn. u. FU Berlin (Wirtschaftspäd.) - Zul. Akad. Rat Univ. Münster - BV: Didaktik d. fremdsprachl. Unterrichts, 1969, 3. A. 1973; Curriculumrevision - Möglichkeiten u. Grenzen, 1971, 4. A. 1975; Lehren und Lernen im Fremdsprachenunterricht, 2 Bde. 1975; Beanspruchung v. Schülern - Methodisch-didaktische Aspekte, 1978; Wirtschaftslehreunterricht Sekundarstufe II, 1981; Neue Verfahren z. Unterrichtsanalyse, 1982; Didaktik d. Wirtschaftslehrerunterr., 1984; Lehrerverhalten u. Lernmaterial in institutionalisierten Lehr-Lern-Prozessen, 1985; Gute Absichten u. tatsächliches Verhalten - Üb. Schwierigkeiten d. Lehrens u. Lernens, 1988; Lernen, Denken, Handeln in komplexen ökonomischen Situationen, 1988; Lernprozesse u. Lernorte in d. berufl. Bildung. Üb. 150 Fachveröff. - Liebh.: Tennis, Ski - Spr.: Engl., Latein, Span.

ACHTER, Martin

Monsignore, Prälat, Generalvikar Diözese Augsburg - Fronhof 4, 8900 Augsburg - 1970 Bayer. VO.

ACHTERBERG, Arno

Dr. rer. nat., Chemiker - Litziger Weg 25, 5580 Traben-Trarbach - Geb. 17. April 1932 Koblenz (Vater: Arnold A., Kaufm.; Mutter: Paula, geb. Eger), ev., verh. s. 1961 m. Monika, geb. Mayer, 3 Kd. (Renate, Klaus, Arno) - 1949-56 Univ. Gießen, TH Darmstadt, Univ. Paris, TH Karlsruhe (Chemie) - B. 1971 stv., dann o. Vorst.-Mitgl. Dynamit Nobel AG., Troisdorf, 1982 Geschäftsf. H.O. Schümann Vermögensverwaltung, Hamburg, 1987 freiberufl. Chemiker - Spr.: Engl., Franz., Holl.

ACHTERFELD, Hans

Dr. med., Frauenarzt - Fischlaker Str. 39,4300 Essen 16 (T. 0201 - 40 53 03) - Geb. 17. Febr. 1929 Oberhausen, kath., verh. s. 1958 m. Ursula, geb. Bludau, 2 Kd. (Uschi, Claudia) - Stud. Freiburg, Marburg, Düsseldorf, Bonn. Med. Staatsex. 1958 Bonn, Dipl. f. Akupunktur u. Aurikulomed. 1978 - Liebh.: Klass. Lit., Wandern, Weine - Spr.: Engl.

ACHTERFELD, Wilfried

Journalist, pers. haft. Gf. Gesellschafter Spielbank Hamburg (s. 1977) - Fontenay 10, 2000 Hamburg 36 - Geb. 25. Dez. 1931.

ACHTERNBUSCH, Herbert

Autor u. Regisseur - Schrimpfstr. 7, 8035 Gauting/Obb. - Geb. 23. Nov. 1938 München - BV (1969 ff.): u. a. Hülle, D. Kamel, D. Macht d. Löwengebrülls, D. Tag wird kommen, Land in Sicht. Bühnenst.: Ella (UA. 1978 Stuttgart). Filme: D. Andechser Gefühl (1975), D. Atlantikschwimmer, Bierkampf, Servus Bayern, D. jg. Mönch, D. letzte Loch (1981), Wanderkrebs (1984) - BV: D. Olympiasiegerin, R. 1982 - 1977 Petrarca-Preis, 1982 Pr. d. Filmkritik (Spielfilm) d. dt. Filmjournalisten.

ACHTNICH, Hans

Dr., Rechtsanwalt, Gf. Vorstandmitglied Arbeitsgem. Dt. Verkehrsflughäfen - Flughafen, 7000 Stuttgart 23 (T. 790 13 06) - Verh., 3 Kd. (Dr. Tilman, Dr. Susan, Stefanie) - Vors. Verw.beirat d. Bundesanst. f. Flugsich.; Vors. d. Berat. Aussch. f. Fluglärm b. Bundesmin. f. Verkehr u. Bundesmin. f. Umwelt - Mitgl. d. World Board of Dir. d. Intern. Civil Airports Assoc. - Ständ. Mitarb. Ztschr. f. Luftrecht u. Weltraumrechtsfragen, Köln.

ACKENHEIL, Werner

Landrat i. R., Regierungsvizepräs. i. R. - Neumattenstr. 41, 7800 Freiburg/ Br. - Geb. 12. Febr. 1922 Freiburg i. Br. (Vater: Franz A., städt. Beamter; Mutter: Frieda, geb. Schäfer), verh. s. 1947 m. Hanny, geb. Janßen - Univ. Freiburg - AR H. Kossmann AG Plastic Fabrik., Freiburg; Vizepräs. Landesverb. Badisches Rotes Kreuz.

ACKER, Dieter

Prof., Komponist - Kleiststr. 12, 8012 München-Ottobrunn - Geb. 3. Nov. 1940 Hermannstadt, ev. - 1958-64 Kompositionsstud. staatl. Musikhochsch. Klausenburg/Cluj. Künstler. Diplomprüf. - 1964-69 Doz. f. Kompos. Klausenburg. Musikhochsch.; 1969-72 Robert-Schumann-Konservat. Düsseldorf; s. 1972 Münchner Musikhochsch.; s. 1976 Prof. f. Kompos. - Werke: 2 Symph., Konz. f. Fagott u. Orch., Konz. f. Violine u. Orch., Konz. f. Klavier u. Orch., Texturae I f. gr. Orch., Konz. f. Streich-Orch., Musik f. Harfe u. Streich, Kammermusik, Orgelwerke, Chorkompos. u. Lieder - 1966 Kompositionspreis Prager Frühling; 1970 Stamitz-Pr. Stuttgart; 1971 Kompositionspr. Stadt Stuttgart; 1972 Kompositionspr. Lions-Club-Intern. Düsseldorf; 1973 Kompositionspr. Stroud-Festival/Engl.; 1974 Hitzacker-Pr.; 1988 Prix Henriette Renié d. Acad. d. Beaux Arts-Paris.

ACKER, Ludwig

Dr. rer. nat., o. Prof. f. Chemie u. Technol. d. Lebensmittel (emerit.) - Potstiege 52, 4400 Münster/W. - Geb. 17. Sept. 1913 Mannheim (Vater: Ludwig A., Bäckerm.; Mutter: Susanne, geb. Betz), ev., verh. s. 1945 m. Josefine, geb. Bechtum, 2 Kd. (Barbara, Rolf-Dieter) - Univ. Heidelberg u. Frankfurt/ M. Dipl.-Chem. 1939; Staatsprüf. f. Lebensmittelchem. 1947 - 1949-53 Lebensmittelchem. Städt. Lebensmitteluntersamt Frankfurt/M.; 1953-58 Privatdoz. Univ. ebd.; 1959 Doz. Univ. Gießen; s. 1959 Wiss. Rat, apl., ao. (1961) u. o. Prof. (1965) Univ. Münster (Dir. Inst. f. Lebensmittelchemie, b. 1979). 1973 ff. Mitgl. Bundesgesundheitsrat, em. 1979 - Spr.: Engl.

ACKER, Rolf

Geschäftsf. Gesellschafter Busche Ges. f. graph. Dienstleistungen mbH, Waiblingen - Walter-Wörn-Weg 16, 7148 Remseck 3 - Geb. 26. Juni 1934 Esslingen (Vater: Paul A.; Mutter: Paula, geb. Wieland), ev., S. Marc Chris - 1960 Dipl. Staatl. Fachhochsch. f. Druck, Stuttgart - Liebh.: Lit., Orchideen - Spr.: Engl., Franz.

ACKEREN, van, Robert

Prof., Regisseur, Produzent - Kurfürstendamm 132 A, 1000 Berlin 31 - Geb. 22. Dez. 1946 Berlin - Film-Stud. - Selbst. als Filmemacher tätig; Lehrtätigk. an d. Kunsthochsch. Köln. Festivals in Cannes, Berlin, Montreal, Paris, Locarno, La Rochelle, Sorrent, Los Angeles, Barcelona - Filme: D. Venusfalle, 1987; D. flambierte Frau, 1983; Deutschl. privat, 1980; D. Reinheit d. Herzens, 1980; D. andere Lächeln, 1978; Belcanto, 1977; D. letzte Schrei, 1975; Harlis, 1973; Küß mich Fremder, 1972; Blondie's No. 1, 1971; F. immer u. ewig, 1969; Ja u. Nein, 1968; D. endlose Reise, 1968; Eva, 1967; Nou Nou, 1967; D. magische Moment, 1966; Sticky Fingers, 1966; Wham, 1965; 19. Sept., 1965; E. weiß mehr, 1964 - Dt. Filmpreis, Ernst-Lubitsch-Preis, Bundesfilmprämie, Prix Celuloide, Premio Incontri Intern., Prix L'age d'or u. a.

ACKERMANN, Andreas

Rechtsanwalt, Mitgl. Hbg. Bürgersch. (s. 1982) - Düsterntwiete 8, 2000 Hamburg 53 (T. 040 - 800 44 88); gesch.: Bleichenbrücke 1, 2000 Hbg. 36 (T. 36 69 82-92) - Geb. 20. April 1946, verh. s. 1982 m. Julia, geb. Krüger - Human. Gymn. (Abit. 1965); Bundeswehr (Ltn. d. R.); 1967/68 Sprachenausb., 1968-73 Stud. Rechtswiss. Univ. München, Genf, Heidelberg u. Hbg. (dazw. Volont. in Banken), 1971-75 Stud. Betriebsw. Hbg.; 1975-77 Refer.; Gr. jurist. Staatsprüf. 1978 - S. 1979 selbst. RA; Lehrauftr. Univ. Hamburg u. Hochsch. f. Wirtsch. u. Politik, Akad. d. Handwerks. Zahlr. Ämter u. Mitgl.sch. SPD (1978-82 Deputierter Finanz- u. Kulturbeh.) - Spr.: Engl., Franz., Span.

ACKERMANN, August

Dipl.-Volksw., Generalbevollmächtigter Messerschmitt-Bölkow-Blohm GmbH - Graf-Moltke-Str. 67, 2800 Bremen 1 (T. 0421 - 349 88 57 od. 538 22 00) - Leit. Wirtschaft d. Gr. Transport- u. Verkehrsflugzeuge.

ACKERMANN, Eduard

Dr., Ministerialdirektor/Leit. Abt. 5: Gesellschaftl. u. polit. Analysen - Kommunikation u. Öffentlichkeitsarbeit Bundeskanzleramt (s. 1982) - Adenauer-Allee 139-41, 5300 Bonn 1 (T. 0228 - 5 61) - Geb. 1928, verh. (Ehefr.: Johanna), S. Thomas - 25 J. Pressesprecher CDU/CSU-Bundestagsfraktion.

ACKERMANN, Ernst

Dr. phil. (habil.), Prof., Geologe - Eschenweg 1, 3406 Bovenden (T. Göttingen 89 28) - Geb. 14. Aug. 1906 Berlin (Vater: Ernst A.), ev., verh. s. 1957 m. Charlotte, geb. Wegner, Tocht. Ingrid, Stiefkd. Wolfgang u. Christoph Stein - Univ. Leipzig (Promot. 1930) u. Göttingen - 1930-34 Tätigk. Südzentralafrika (Prospektion auf Lagerstätten nutzbarer Mineralien), anschl. Assist. u. Doz. Univ. Leipzig, 1940-45 Chefgeol. Luftwaffe u. ltd. Ing.geol. OT Norwegen, s. 1947 Doz. u. apl. Prof. (1953) Irumiden Orogen in Sambia, Büßersteine - BV: Thixotropie bei Fließbeweg. v. Erdrutsch. - Spr.: Engl., Franz.

ACKERMANN, Fridjof

Dipl.-Volksw., Vorstandsmitglied - Einsteinstr. 8, 3180 Wolfsburg (T. 05361 - 18 94 04) - Geb. 19. Sept. 1926 Greiz/Thür. (Vater: Prof. Walter A.; Mutter: Lotte, geb. Hirschfeld), vd., verh. s. 1951 m. Gisela, geb. Haider, 2 Kd. (Christine, Ludwig) - Stud. Wirtschaftswiss. Univ. Göttingen, Köln.

ACKERMANN, Friedrich

Dr.-Ing., o. Prof. f. Photogrammetrie u. Vermessungswesen Univ. Stuttgart (s. 1966) - Pfeilstr. 22, 7000 Stuttgart 80 - Geb. 1. Nov. 1929 - Industrietätigk. In- u. Ausl. Zahlr. Fachveröff. - 1964 Otto-v.-Gruber-Preis, 1976 Brock Award.

ACKERMANN, Hans K.

Dr. rer. nat., Prof. f. Experimentalphysik (s. 1978) -Universität, 3550 Marburg/ L. - Geb. 26. Juni 1935 Ulm/D. - Promot. 1966 Tübingen; Habil. 1970 Heidelberg - Zul. Wiss. Rat u. Prof. Univ. Heidelberg (1974 ff.). Aufs.

ACKERMANN, Hermann

Vorsitzender d. Vorstandes C. Baresel AG., Stuttgart - Fritz-v.-Graevenitz-Str. 27, 7016 Gerlingen/Württ. - Geb.17. Okt. 1918 - 1978 Gr. BVK.

ACKERMANN, Karl

Dr. phil., Zeitungverleger - Blütenweg 43, 6900 Schriesheim/Bergstr. - Geb. 15. Dez. 1908 Heidelberg (Vater: Richard A., Mechaniker; Mutter: Gertrud, geb. Huhn), verw., T. Renate - Realgymn.; Stud. Soziol. u. Nationalök. - 1933 Landessekr. württ. Widerstandsgr., 1934 Proz. weg. Vorb. z. Hochverr., b. 1937 KZ, dann Emigr. Schweiz, n. 1945 Chefredakt. Stuttg. Ztg., ab 1946 Chefred. u. Mitherausg. Mannh. Morgen, 1974 Beiratsvors. Dr. Haas GmbH - BV: Reden z. Zeit, 1945; Üb. d. Fetisch uns. Zeit, 1946 - Liebh.: Kunst, Lit. - Spr.: Franz., Engl.

ACKERMANN, Kathrin

s. Ackermann-Furtwängler, Kathrin

ACKERMANN, Paul

Dr. phil., Prof. f. Politikwissenschaft u. -bildung PH Ludwigsburg - Pfullinger Steige 13, 7410 Reutlingen 2 - Geb. 31. Jan. 1939 Fridingen/D. (Vater: Johannes A., Schmiedem.; Mutter: Agnes, geb. Schwarz), kath., 2 Töcht. (Uta, Eva) - Univ. Berlin, München, Tübingen (Politikwiss., Soziol., Phil., Altphilol.). Staatsex. f. d. höh. Lehramt 1967; Promot. 1968 - B. 1969 Univ. Tübingen, dann PH Reutlingen, 1976-78 Rektor ebd., Vorst.-Mitgl. d. Dt. Vereinig. f. Polit. Wissensch., Jurymitgl. f. d. Gustav Heinemann-Jugendpreis. Kreisrat - BV: D. Dt. Bauernverb. im polit. Kräftesp., 1970; Polit. Lernen in d. Grundsch., 1973; Polit. Sozialisation, 1974; Einf. in d. sozialwiss. Sachunterr., 1977; Polit.-lehrerausbildung, 1978; Polit. - e. einführ. Studienb., 1980; Friedenssich. als päd. Probl. in beiden dt. Staaten, 1982; Studienbrief Herrschaft, 1985. Hrsg. Anmerk. u. Argumente z. hist. u. polit. Bildung, Sachunterr. / sozialwiss. Bereich. Schulb. f. d. Politikunterr.

ACKERMANN, Reinhard

Dr., Dipl.-Kfm., Geschäftsführer Gesamtverb. kunststoffverarb. Industrie - Am Hauptbahnhof 12, 6000 Frankfurt/ M.; priv.: Fröschpfort 16, 5430 Montabaur - Geb. 28. Sept. 1927 Speyer/Rh. - Spr.: Engl., Franz., Span.

ACKERMANN, Rolf

Dr. med., Prof. f. Urologie, Direktor d. Urol. Univ.-Klinik Düsseldorf - Am Steinebrück 83, 4000 Düsseldorf 13 (T. 0211 - 75 45 60) - Geb. 14. Aug. 1941 Ulm (Vater: Ludwig A.; Mutter: Hedwig, geb. Küchle), ev., verh. s. 1972 m. Dr. Christl A.-Schopf - 1953-62 Schubart-Gymn. Ulm; 1962-68 Med.-Stud. Univ. Würzburg u. Wien (Staatsex. u. Promot. 1968 Würzburg); Habil. 1977 - 1970-72 wiss. Assist. Urolog. Univ.klinik Würzburg; 1973 Postdoc Fellow. Dept. of Surgery Univ. California, Los Angeles; 1974 Wiss. Assist. Chir. Univ.klinik Würzburg, 1975 Urol. Klinik ebd.; 1975 Facharzt f. Urol., 1978 Privatdoz., 1980

Prof. f. Urol. Univ. Würzburg; 1983 Dir. Urolog. Univ.klinik Düsseldorf. 1975-83 Mitgl. Sonderforsch.bereich Dt. Forschungsgem. Univ. - BV: mehrere Buchbeiträge u. Publ. in dt. u. engl. - 1980 Heinrich-Warner-Preis - Spr.: Engl.

ACKERMANN, Rudolf

Dr. med., Prof., Abteilungsvorsteher Univ.-Nervenklinik Köln - Wiethasestr. 13, 5000 Köln-Braunsfeld - Geb. 14. Mai 1921 Würzburg -S. 1961 (Habil.) Lehrtätigk. Univ. Köln (1968 apl. Prof. f. Neurologie u. Psychiatrie). Zahlr. Fachveröff., insbes. üb. Infektionskrankh. d. Nervensystems.

ACKERMANN, Theodor

Dr. rer. nat., o. Prof. f. Physikal. Chemie Univ. Freiburg (s. 1970) - Albertstr. 23a, 7800 Freiburg/Br. - Geb. 18. Nov. 1925 Rostock - Stud. Chemie - 1965-70 Lehrtätigk. Univ. Münster (zul. Wiss. Abt.svorsteher u. Prof. Inst. f. Physikal. Chemie). Zahlr. Facharb.

ACKERMANN, Werner

Geschäftsführer Siegener Verzinkerei GmbH, Verzinkerei Rhein-Main GmbH, Verzinkerei Würzburg GmbH u. Verzinkerei Bochum GmbH - Zu erreichen üb.: Industriestr. 7, 6845 Groß-Rohrheim. - Vors. Gemeinsch.aussch. Verzinken e.V., Vorst.-Mitgl. Verb. Dt. Feuerverzinkereien.

ACKERMANN-FURTWÄNGLER, Kathrin

Schauspielerin - Musenbergstr. 12, 8000 München 81 (T. 089 - 95 56 68) - (Vater: Prof. Dr. phil. h.c. Wilhelm Furtwängler, Dirigent, 1886-1954/s. XII. Ausg.), 3 Kd. (Maria, David, Felix) - Zahlr. Bühnen, dar. Residenztheater München. Letzter Film: D. unerreichb. Nähe - Bek. Vorf.: Prof. Dr. phil. Adolf Furtwängler, Archäologe, 1853-1907 (Großv.).

ACKERMEIER, Volker

Dipl.-Kfm., Geschäftsführer Verb. f. d. Verkehrsgewerbe Westf.-Lippe (s. 1973) u. Konvention Westf. Getreidelagerhalter (s. 1974) - Saarbrücker Str. 46, 4400 Münster (T. 7 24 77) - Geb. 24. Nov. 1947 Bielefeld (Vater: Heinz A., kfm. Angest.; Mutter: Anna, geb. Schroeder), ev., verh. s. 1968 m. Sigrid, geb. Zeitschel, 2 Kd. (Ingo, Karen) - Stud. Betriebswirtsch.lehre Univ. Münster - Spr.: Engl., Franz.

ACKLIN, Jürg

Dr. rer. pol., Schriftsteller - Zu erreichen üb. Flamberg-Verlag, Zürich (Schweiz) - Geb. 1945 - BV: Michael Häuptli; alias 1971; Das Überhandnehmen 1972; D. Aufstieg d. Fesselballons, 1980 - 1971 Bremer Lit.preis.

ADAM, Adolf

Dr. theol., em. o. Prof. f. Prakt. Theologie Univ. Mainz (1960-77; 1967/68 Rektor) - Waldthausenstr. 52, 6500 Mainz-Finthen (T. Mainz 4 06 30) - Geb. 19. März 1912 Dietesheim/M., kath. - 1959-60 Privatdoz. Univ. Bonn; 1985 päpstl. Ehrenprälat - BV: D. Sakrament d. Firmung nach Thomas v. Aquin, 1958; Firmung u. Seelsorge, 1959 (auch ital., span., franz.); Theol. Aspekte z. modernen Kirchenbau, 1968; Erneuerte Liturgie, 5. A. 1982; D. Messe in neuer Gestalt, 1974; Sinn u. Gestalt d. Sakramente, 1975 (auch slowen.); Im grünen Wald ein Blick z. Himmel?, 1979; D. Kirchenjahr mitfeiern, 4. A. 1986 (auch engl., ital., portug., niederl.); Pastoralliturg. Handlex., 4. A. 1986; Wo sich Gottes Volk versammelt, 1984; Grundriß Liturgiewiss., 1985 (auch engl., franz., ital.), 3. A. 1988; Te Deum laudamus, 1987; In deiner Hand geborgen, 1988; Maria, wir rufen zu dir, 1989.

ADAM, Adolf

Dr. phil. (habil.), em. Prof. f. Angewandte Systemforschung u. integrale Forschungsstatistik - A-4040 Linz-Auhof - Geb. 9. Febr. 1918 Pürgg/Ennstal - S. 1960 Lehrtätigk. Univ. Wien (1962 Prof.), Univ. Köln (1964 Ord.), Johannes-Kepler-Univ. Linz. Bücher, Buch- u. Ztschr.beitr. 300 Publ.

ADAM, Alfred

Chefredakteur/Unternehmensberater - Donnerblock 14, 2071 Köthel/Hzgt. Lauenburg (T. 04159 -3 18) - Geb. 2. Mai 1942 Rosenthal (Vater: Josef A.; Mutter: Anna, geb. Kube), röm.-kath., verh. s. 1964 m. Margret, geb. Rethemeier, 2 Kd. (Anneke, Barbara) - 1959-78 Journ./Verlagsman. (Neue Presse, Coburg; Münchner Merkur; Presseref. SPD-Vorst., Bundesmin. f. innerdt. Bez., Mitarb. v. Willy Brandt, Herbert Wehner, Alfred Nau, Egon Franke; Management Verlag Gruner + Jahr AG, Redakt.dir. Jahreszeiten-Verlag; s. 1978 Chefredakt. (Pressedienst familie, D. Dienst) u. Unternehmensberat.

ADAM, Anton

Drucker u. Verleger, ARsvors. Leonische Drahtwerke AG., Nürnberg - 8100 Garmisch-Partenkirchen - Geb. 8. Nov. 1914 Garmisch/Obb. - Setzer- u. Buchdr.-Lehre; Münchner Akad. f. d. graf. Gewerbe (Lehrm.prüf. u. Diplom); Staatslehranst. f. d. Lichtbildwesen - 1971-79 Inh. väterl. Druckerei - Liebh.: Fernreisen, Angeln.

ADAM, Dieter

Dr. med., Dr. rer. nat., ao. Prof. f. Kinderheilkunde, Arzt u. Apotheker - Am Wiedenbauernfeld 19, 8021 Baierbrunn b. München - Geb. 25. Okt. 1935 München (Vater: Dr. August A., Apotheker; Mutter: Gertrud, geb. Wagner), ev., verh. s. 1964 m. Dr. Adelheid A., 2 Kd. (Christoph, Barbara) - Stud. Pharmaz. u. Med. Univ. München, Facharzt f. Kinderheilk., f. Med., Mikrobiol. u. Infektionsimmunolog. f. Klin. Pharmakol., Dipl. f. Mikrobiol. (DGHM), Vorst. Abt. f. antimikrobielle Therapie u. Infektionsimmunologie Dr. v. Haunerschen Kinderspitals Univ. München - Vorst.-Mitgl. Bayer. Landesärztekammer, Schriftleit. Münchner Ärztl. Anzeigen u. Ztschr. antimikr. antineoplast. Chemother. u. Fortschr. dto. - BV: Handbuch f. d. Pharmareferenten, 1984 - Spr.: Engl.

ADAM, Dieter Robert

Rechtsanwalt, Ministerialrat a. D., Hauptgeschäftsf. BPA - Berufsverband d. Praktischen Ärzte u. Ärzte f. Allgemeinmedizin Deutschlands, Geschäftsf. BPA-Wirtschaftsges. f. Hausärzte mbH - Belfortstr. 9/IX, 5000 Köln 1 - Geb. 30. März 1935.

ADAM, Gerold

Dr. phil. nat., Prof. f. Biophysik - Oberstegle 4, 7750 Konstanz/B. - Geb. 3. Mai 1933 Wolmirstedt (Vater: Wilhelm A., Chemiker; Mutter: Johanna, geb. Mühmert), verh. s. 1969 m. Gerburg, geb. Schaufler, 7 Kd. (Hartwig, Hiltrud, Helmut, Dietmar, Gerhard, Reinhold, Irmgard) - Dipl.-Phys. 1958 Aachen; Promot. 1961 Marburg - B. 1969 Wiss. Assist. Univ. München, dann Doz. u. Prof. (1973) Univ. Konstanz - BV: Physikal. Chemie u. Biophysik, 2. A. 1988 (m. Läuger u. Stark).

ADAM, Gottfried

Dr. theol., Univ.-Prof. (Lehrstuhl f. Evangelische Theologie) - Nikolaushöhe 17, 8708 Gerbrunn - Geb. 1. Dez. 1939 Treysa (Vater: Johannes A., Pfarrer; Mutter: Anna Minna A.), ev., verh. s. 1965 m. Dr. Heidemarie, geb. Mahler, 3 S. (Christoph, Martin, Matthias) - Abit. 1958 Steinatal; 1. Theol. Ex. 1965 Univ. Bonn; Promot. 1968 ebd., Habil. 1975 Univ. Marburg - 1968 Wiss. Assist. Univ. Marburg; 1976 Doz., 1978/79 Lehrst.-vertr. Univ. Göttingen; 1980 Prof. Univ. Marburg; s. 1981 Univ. Würzburg u. stv. Dir. R.-A.-Schroeder-Haus, Würzburg - BV: D. Streit um d. Prädestination im ausgeh. 16. Jh., 1970; Einf. in d. Exegetischen Meth. (m.a.), 1963, 6. A. 1979; D. Unterr. d. Kirche, 1980, 3. A. 1984; Religionspäd. Kompendium (m.a.), 1984, 2. A. 1986; Gemeindepäd. Kompendium (m.a.), 1987. Mithrsg.: Arb. z. Religionspäd. (1987ff.); Religionspäd. Jh.bibliogr. (1987ff.); Stud. z. Theol. (1987ff.) - Spr.: Engl., Lat., Griech., Hebr. - Lit.: Catalogus Prof. Academiae Marburgensis II, Bearb. v. I. Auerbach, 1979.

ADAM, Heinz

Vertriebsleiter, Geschäftsf. Siegener Zeitg. - Blücherstr. 41, 5900 Siegen (T. 0271-5 25 98) - Geb. 11. Jan. 1918 Dresden, verh. s. 1945 m. Ingeborg, geb. Dopp, T. Susanne - Hotelfachsch. Dresden (Hotelkaufm) - Vorst. DAK Hamburg; 1956-62 Kurator Ev. Studentensem.; 1962-68 staatskdl. Jugendsem. Gründ. u. Ehrenmitgl. Ges. f. christl.-jüd. Zusammenarb. Zahlr. Kunstkat., Verf. u. Herausg. üb. Malerei u. Bildhauerei aus Israel, Span., Dän., Frankr., Holl., Ung., Rum., Deutschl.; Mitherausg.: V. d. Juden im Siegerland (1968-70) - Liebh.: Musik - Spr.: Engl., Franz.

ADAM, Hermann-Heinz

Dipl.-Soz., Vorstandsvorsitzender i.R., öbv Sachverständiger - Donauschwabenstr. 21, 7920 Heidenheim (T. 07321 - 2 30 76) - Geb. 10. Juni 1917 Hannover (Vater: Gustav A., Arbeitsprüf.; Mutter: Luise, geb. Pulsfort), ev., verh. s. 1951 m. Gisela, geb. Zepter, 7 Kd. - 1951-59 Stud. Wirtsch.- u. Sozialwiss. Hannover u. Bochum (Wirtsch.-Dipl.) - B. 1949 Dolmetscher; 1952 Stenograf; Fachlehrer; Doz. Akad. f. Wohnungswirtsch. - 1937 Dt. Meisterkl. Kurzschr./Masch.-schreib. 1974 Sportabz. - Spr.: Russ., Engl., Franz., Span. (auch Steno).

ADAM, Theo

Prof., bayer. u. österr. Kammersänger, Mitgl. Bayer. Staatsoper - Schillerstr. 14, DDR 8054 Dresden - Geb. 1. Aug. 1926 Dresden (Vater: Johannes A.; Mutter: Lisbeth, geb. Dernstorf), ev., verh. s. 1949 m. Eleonore, geb. Matthes, 2 Kd. (Regine, Matthias) - Hum. Gymn., Privatstudium (Oper, Konzert, Lied, Oratorium) - Gastsp. zahlr. Bühnen Ost- u. Westdtschl.s u. Ausl. Operninsz.: Figaros Hochzeit, Eugen Onegin, Lohengrin, Capriccio u. a. - Zahlr. Schallpl. - BV: Seht, hier ist Tinte, Feder, Papier (E. Sängerwerkstatt), 1980; II. Sängerwerkstatt: Ich mache e. neuen Adam ... - Nationalpreis I. Kl. DDR; 1985 Kurat.-Präs. Staatsoper Dresden.

ADAM, Waldemar

Dr., Prof. f. Organ. Chemie Univ. Würzburg - Am Hubland, 8700 Würzburg - Geb. 26. Juli 1937 Alexanderdorf (Ukraine) (Vater: Traugott A., Buchhalter; Mutter: Ella, geb. Leder), ev., verh. s. 1958 m. Sonia, geb. Tirado, 4 Kd. (Karin, Heidi, Adam, Tamara) - Stud. Univ. Illinois, Urbana/USA, B. Sc. Grad 1958 ebd., Ph.D. Grad 1961 Massachusetts Instit. of Techn., Cambridge/USA. 1961-80 Prof. f. Chemie Univ. Puerto Rico, Rio Piedras, 1980 Prof. f. Org. Chemie Würzb. - Entd.: alpha-Peroxylaktone, Wirkst. in d. Biolumineszenz d. Leuchtkäfers. Ca. 300 wiss. Arb. - 1977 Chemiker-Preis Puerto Rico, 1979 L. Igaravidez Preis, Brasil. Akad. d. Wiss. - Liebh.: Tischtennis, Reisen - Spr.: Engl., Span.

ADAM, Werner

Journalist - Zu err. üb.: Frankfurter Allgemeine GmbH, Postf. 2901, 6000 Frankfurt/M. -Geb. 1935 Hamm/Westf. - Univ. Würzburg u. Heidelberg (German.) - 1968-78 Korrespondent i. Pakistan u. Indien - S. 1978 FAZ-Skandinavien-Korrespondent in Stockholm.

ADAM, Wilhelm

Dr. med., em. o. Prof. f. Dermatologie, Ärztl. Direktor Universitätshautklinik Tübingen a.D. - Martin-Crusius-Str. 6, 7400 Tübingen 1 - Geb. 16. Juli 1921 Regensburg (Vater: Wilhelm A., Studienrat; Mutter: Elisabet, geb. Lammert), röm.-kath., verh. s. 1952 m. Käthe, geb. Mayer, 3 Kd. - Habil. 1961, Klin. Lehr- u. Forschungstätigk. Spez. Arbeitsgeb.: Dermatol., Androl., Mykol. - BV (Mitverf.): Klinik u. Therapie d. Nebenwirkungen, 1. A. 1960; Praxis d. Antibiotikatherapie im Kindesalter, 2. A. 1964; Lokalanästhesie u. Lokalanästhetika, 1973; Krankenhaushygiene, 2. A. 1983. Etwa 120 Einzelarb.

ADAM, Wolfgang

Dr. phil., Univ.-Prof. f. Germanistik u. Literaturwiss. Univ. Osnabrück (s. 1988) - Falkenring 6, 4512 Wallenhorst-Rulle - Geb. 16. März 1949 Ludwigshafen/Rhein - Stud. German., Gesch., Klass. Archäol. Univ. Mannheim, Heidelberg, Wuppertal; Promot. 1977, Habil. 1985 (Dt. Philol.) - 1977-85 Wiss. Assist. Univ. Wuppertal; Mitgl. Arbeitsstelle 18. Jh.; 1985/86 Priv.-Doz.; 1986-88 Prof. Wuppertal - BV: D. wandelunge, 1978; Poet. u. Krit. Wälder, Stud. z. Schreiben b. Gelegenheit, 1988; D. Achtzehnte Jh. Facetten e. Epoche, 1988. Herausg.gremium u. Redakt. Literaturwiss. Ztschr. Euphorion.

ADAM-SCHWAETZER, Irmgard

Dr. rer. nat., Pharmazeutin, Staatsministerin Auswärtiges Amt (s. 1987), MdB (s. 1980/Landesl.) - Schelle 37, 5160 Düren/Rhld. - Geb. 1942 Münster/W., verh. m. Wolfgang Adam, (Chemiker) - FDP s. 1975 (1980 Bezirksvors. Aachen; 1982-84 Generalsekr.; 1984 Bundesschatzm.).

ADAMS, Alfred E.

Dr. med., ehem. Direktor Neurolog. Klinik Krankenhaus Nordwest, Honorarprof. f. Neurol. u. Psychiatrie Univ. Frankfurt (s. 1974) - 1, rue du Parlement, F-30210 Lédenon - Geb. 27. Nov. 1926 Frankreich - 1946-52 Univ. Mainz, Paris, Köln, Freiburg - 1967 Privatdoz. Univ. Freiburg; 1972 apl. Prof. Univ. Köln. Spez. Neurophysiol.-psych. Korrelationen. S. 1985 Gast Univ. Montpellier.

ADAMS, Erwin

Kaufmann, geschäftsf. Gesellsch. b. Leo Adams (GmbH. & Co.) - Dammtorstr. 13, 2000 Hamburg 36, priv.: Liebermannstr. 9 A, 2000 Hamburg 52 - Geb. 9. Juli 1911 (Vater: Leo A., Im- u. Exportkaufm.), Söhne: Dr. Peter u. Paul M.) - Vorst. d. Dr. Paul-Adams-Stiftg. Vors. Bundesverb. d. Eierwirtsch., Bonn - 1961 Orden Ridder af Danebrog; 1982 BVK I. Kl.

ADAMS, Peter

Dipl.-Ing., Vorstandsvorsitzender Benteler AG, Paderborn - Neuhäuser Str. 108, 4790 Paderborn - Geb. 12. Mai 1929.

ADAMS, Willi Paul

Dr. phil., Prof. f. Geschichte Nordamerikas - Am Schlachtensee 18, 1000 Berlin 37 - Geb. 16. Jan. 1940 Leipzig (Vater: Paul A., Kfm.; Mutter: Elisabeth, geb. Junker), verh. s. 1968 m. Angela, geb. Meurer, 2 S. (Johannes u. Thomas) - High School Dipl. Frewsburg Central School, Frewsburg, New York 1957, Abit. Bad Godesberg 1960. Univ. Bonn u. FU Berlin 1960-68 (Gesch., Angl., Amerik.), Promot. 1968, Habil. 1972. 1972-77 Prof. Univ. Frankfurt (dazw. Fellow, Warren Center, Harvard Univ.), s. 1977 FU Berlin, 1978 Visit. Prof. Univ. of Chicago, 1980/81 Fellow Woodrow Wilson Intern. Center for Scholars. S. 1984 Kurat. Atlantik-Brücke - BV: Republikan. Verfass. u. bürgerl. Freiheit, 1973 (übers. engl. 1980); Amerik. Revol. in Augenzeugenber., 1976. Herausg.: D. Verein. Staaten v. Amerika (1977, übers. ital. 1978, span. 1979); D. dt.spr. Auswand. in d. Verein. Staaten (1980); Guide to the Study of United States History Outside the U.S. 1945-80 (f. Bundesrep. Dtschl.), 5 Bde. (1985). Mithrsg.: Deutschl. u. Amerika: Perzeption u. hist. Realität (1985, m. Knud Krakau); D. Amerikanische Revolution u. d. Verfassung 1754-91 (1987, m. Angela Adams) - 1976 Bicentennial Award American Hist. Assoc.

ADE, Meinhard
Dr. jur., Ministerialdirektor, Leit. Abt. Innenpolitik Bundespräsidialamt (s. 1985) - Zu erreichen üb. Bundespräsidialamt, Kaiser-Friedrich-Str. 16, 5300 Bonn 1 - Geb. 5. Febr. 1944 - Jura-Stud. (Promot.) - 1973-75 Bundesvorst. Junge Union; 1981-84 Senatssprecher u. Leit. Presse- u. Informationsamt Berlin (1981-84).

ADEBAHR, Gustav
Dr. med., Prof., Ordinarius u. Dir. Inst. f. Rechtsmed. GH/Univ. Essen (1971-89) - Klinikum, 4300 Essen 1 - Geb. 3. Juni 1924 Köln (Vater: Hermann A., Straßenbahnf.; Mutter: Christine, geb. Krumbach), verh. s. 1955 m. Eleonore, geb. Failner - Univ. Tübingen u. Köln. Promot. u. Habil. Köln - S. 1959 Lehrtätigk. Univ. Köln u. Frankfurt/M. (1965 apl. Prof.). Emerit. 1989. Fachveröff. - Sammelt Fossilien.

ADELMANN, Eberhard
Dr. rer. pol., Dipl.-Volksw., Geschäftsführer IHK Würzburg-Schweinfurt - Pergamonweg 10, 8700 Würzburg (T. 0931 - 66 11 50) - Geb. 16. Nov. 1932 Würzburg (Vater: Dr. Josef A., Honorarprof.; Mutter: Maria, geb. Schmitt), kath., verh. s. 1960 m. Susanne, geb. Klener, 2 T. (Ulrike, Christine) - Lehre (Bankkaufm. 1954); Dipl.-Volksw. 1958; Promot. 1962 - 1960 wiss. Assist. AG d. IHK d. 4 norddt. Länder; 1963 Ref. Dt. Ind.- u. Handelstag; 1969 Geschäftsf. IHK Würzburg-Schweinfurt - Spr.: Engl.

ADELMANN, von A., Graf, Josef Anselm
Kath. Priester, Rundfunkpfarrer Msgr., Vors. Diözesankunstverein - Rosengartenstr. 74, 7000 Stuttgart 1 (T. 0711-42 54 84) - Geb. 4. Okt. 1924 Köln (Vater: Dr. Sigmund, Graf A. v. A., Reg.präs.; Mutter: Irma, Gräfin A. v. A., geb. v. Hake), kath. - Jura-Stud., Refer., Stud. d. Theol. Freiburg, Tübingen, München, 1. u. 2. Ex. - 1942-45 Soldat, 1960-62 Studentenpfarrer Tübingen, 1962-73 Pfarrer Tübingen, s. 1973 Rundfunkpfarrer SDR - BV: Sonne Gottes, 1977; Vitamine f. Herz, 1979; Versöhnung, 1981; Oberschw. Krippen, 1981; Atemholen, 1982 - Spr.: Engl., Franz. - Bek. Vorf.: Bernhard Adelmann, Humanist.

ADELMANN von ADELMANNSFELDEN, Graf, Raban
Legationsrat I. Kl. a. D.,Landwirt u. Weingutbesitzer, Direktor f. Information b. d. NATO (1962-67)-Burg Schaubeck (T. Großbottwar 331), 7141 Kleinbottwar, Kr. Ludwigsburg/Württ.- Geb. 28. Sept. 1912 Düsseldorf (Vater: Sigmund A. v. A., Reg.späs. Köln; Mutter: Irma, geb v. Hake), kath., verh. s. 1941 (Rio de Janeiro) m. Franziska, geb Klippgen, 4 Kd. - Univ. Bonn u. Köln, Williams College (USA) - 1937-42 AA Berlin. Gesandtsch. Prag (1938) u. Botsch. Rio de Janeiro (1939); 1942-45 Kriegsdst. (Luftw.), 1957-61 MdB. CDU - Liebh.: Gartenkunst, Kunstgewerbesamml. - Rotarier - Spr.: Engl., Franz., Ital., Portugies.

ADELSBACH, Rudolf
Regierungsdirektor, Präs. Fremdenverkehrsverb. Saarl., Saarbrücken - Koßmannstr. 26, 6600 Saarbrücken 6 - Geb. 29. Jan. 1936 Neunkirchen/Saar - Gegenw. Saarl. Wirtschaftsmin.

ADELUNG, Dieter
Dr. rer. nat., o. Prof. f. Marine Zoologie - An der Schwentine, 2301 Raisdorf - S. 1973 Ord. Univ. Kiel.

ADELUNG, Hans
Dr., Aufsichtsratsvorsitzender Chem. Fabriken Oker u. Braunschweig AG, Goslar - Roseneck 6, 3380 Goslar 1 - Geb. 28. Nov. 1908 Mainz.

ADEN, Walter
Dr. rer. pol., Dipl.-Kfm., Hauptgeschäftsführer IHK Dortmund (s. 1980) - Märkische Str. 120, 4600 Dortmund 1 (T. 5 41 70) - Geb. 28. Juli 1933 Oldenburg - Univ. Graz, Freiburg/Br., Hamburg; Promot. 1960 - B. 1980 IHK Oldenburg - 1986 BVK.

ADENAUER, Hans Günther
Dr. jur. Rechtsanwalt, Bankdirektor - Zu erreichen üb.: Gallusanlage 7, 6000 Frankfurt, - Geb. 25. Juni 1934 Liegnitz (Vater: Ludwig A., Staatssekr. a.D.; Mutter: Margarete, geb. Humpert), kath., verh. s. 1963 m. Renate, geb. Liske - Human. Gymn. (Abit.); Stud. Freiburg, Lausanne, Oxford (Balliol-College), Köln (Rechts- u. Staatswiss.).

ADENAUER, Konrad
Dr. jur., Direktor i.R. - Am Platzhof 3, 5000 Köln 41 (T. 43 47 25) - Geb. 21. Sept. 1906 Köln (Vater: Dr. h. c. Konrad A., 1949-63 Bundeskanzler †1967 (s. XV. Ausg.); Mutter: Emma, geb. Weyer), kath., verh. I) 1942-83 m. Carola, geb. Hunold †, 6 Kd., II) s. 1985 m. Irma, geb. Dienelt - Gymn. St. Aposteln Köln, 1925-29 Univ. Freiburg, London (1926), Berlin, Köln (Promot. 1932) - 1933 Gerichtsass., 1934 bis 1941 Tätigk. AEG (1936-37 Oslo), dann kaufm. Leit. Waggonfabr. Talbot, Aachen, Ende 1942 Leit. Kalkulationsaussch. Gemeinsch. Dt. Lokomotivfabriken, Berlin, 1943-45 Wehrm. u. Gefangensch., 1946-71 Vorstandsmitgl. Rhein. Elektrizitätswerk im Braunkohlenrevier AG (stv.), Rhein. AG f. Braunkohlenbergbau u. Brikettfabrikation (1952) bzw. Rhein.Braunkohlenwerke AG, alle Köln. Div. Ehrenstellungen. CDU - BV: D. Gefahrtragung b. aufschiebend bedingten Kauf u. b. Kauf m. Anfangstermin - Rotarier - Bruder: Max A.

ADENAUER, Max
Dr. jur., Honorarkonsul von Island f. d. Reg.-Bez. Köln u. Arnsberg (s. 1980), Oberstadtdirektor a.D. - Spitzwegstr. 16, 5000 Köln 41 (T. 48 78 78) - Geb. 21. Sept. 1910 Köln, kath., verh. s. 1941 m. Dr. Gisela, geb. Klein, 4 Kd. - Promot. 1937 Köln - 1938-39 jurist. Mitarb. Klöckner-Werke AG., Duisburg, 1945-48 Prokurist Klöckner-Humboldt-Deutz AG., 1948-65 Beigeordn. (Dezernat f. Wirtsch. u. Häfen) u. Oberstadtdir. (1953) Köln, 1965-77 Vorstandsmitgl. d. Rhein. Westf. Boden-Credit-Bank, Köln. Div. Ehrenstellungen; Aufsichts- u. Beiratsmandate. CDU - Ehrensenator Univ. Köln; 1976 Gr. BVK - Spr.: Engl. - Liebh.: Bergwandern (1971 Nepal) - Rotarier - Bruder: Konrad A.

ADENEUER, Dieter
Dipl.-Kfm., Geschäftsführer Verb. d. Dt. Sauerkonserven Industrie e.V. Bonn, Generalsekr. Vereinig. d. Industr. f. Sauerkraut in d. EWG - Von-der-Heydt-Str. 9, 5300 Bonn 2 (T. 0228 - 35 40 26) - Geb. 10. April 1940.

ADER, Bernhard
Prof. Musikhochsch. Stuttgart (Orgel), Kirchenmusiker - Pestalozziweg 17, 7407 Rottenburg 1 (T. 07472 - 2 15 15) - Geb. 25. Dez. 1933 Gelsenkirchen, kath., verh. s. 1962, 2 T. - Kirchenmusikstud. Essen (Folkwang-Dipl.) u. Köln (A-Ex. 1957); Kapellmeisterstud. Essen (Abschl. 1961) - 1954-70 Kirchenmusiker in versch. Gemeinden d. Diözese Essen, s. 1963 Orgelsachverst. Bistum Essen; 1970-83 Dir. Kirchenmusiksch. Rottenburg/Stuttgart; s. 1983 Prof. Staatl. Musikhochsch. Stuttgart (Leit. Abt. Kath. Kirchenmusik); Konzertorganist - BV: Musik im Gottesdienst, Handb. z. kirchenmusikal. Grundausbild., 1975, 2. A. 1983 (m.a., Sachber. Orgelkd.); Mitbearb. Orgelb. z. kath. Einheitsgesangb. Gotteslob - Div. Bearb. f. Chor, Orgel, Bläser; Schallpl.aufn., Rundf.send. - Spr.: Lat., Engl.

ADERBAUER, Ludwig
Dr. rer. pol., Prof. - Gustav-Freytag-Str. 11, 8000 München 81 - Geb. 22. Aug. 1914 (Vater: Georg A., Landw.; Mutter: Anna, geb. Stingl), kath., verh. s. 1964 m. Margot, geb. Unger, 2 Töcht. (Monika, Barbara) - Gymn.; Banklehre; Univ. Heidelberg u. München (Wirtschaftswiss.) - B. 1962 Dir. Fürst Fugger-Babenhausen Bank, dann Vorst. Bayer. Staatsbank München, d. pers. haft. Ges. Bankhaus Maffei & Co, München (b. 1978); s. 1970 Honorarprof. f. Geld, Banken, Börsen TU München.

ADERHOLD, Dieter
Dr. jur., Dr, phil., Prof. f. Polit. Wissenschaften Univ. GHS Siegen, MdL Nordrh.-Westf. (1966-70 u. s. 1980, SPD) - Am Nocken 47, 5883 Kierspe/Westf., (T. 24 43) - Geb. 27. Nov. 1939 Heru-Juu/Tansania (Eltern: Missionare Friedr. u. Elise A., geb. Müller), ev., verh. s. 1964 m. Gitta, geb. Wiegold, S. Bernd - Univ. München u. Bonn (Rechtswiss., Volksw., Phil., Gesch., Polit. Wiss.). I. jurist. Staatsprüf. 1964, 2. jur. Staatspr. 1973 - Ratsmitgl. Kierspe (1969-79), KT-Abg. (LÜD, MK) (s. 1971), Vors. Kreissozialaussch. (1975-84), SPD-Landesaussch. (1972-82), Landesmedienkommiss., stv. Mitgl. WDR-Rundfunkrat (1980-85) - Spez. Arb.geb.: Medienpolitik, Haush.Kontr. - BV: Nichtseßhaftigkeit, 1970; Kybernet. Regierungstechnik in der Demokratie (Dt. Handb. d. Politik, Bd. 7), 1973; Eiserner Steuergroschen d. Bundes d. Steuerzahler f. Rechnungsprüfungsausschuß Nordrh.-Westf. - 1982 BVK.

ADERKAS, von, Claus
Pastor, Geschäftsf. Innere Mission u. Hilfswerk d. Ev. Kirche in Bremen - Am Dobben 112, 2800 Bremen (T. 32 18 51).

ADLER, Brigitte
Realschullehrerin, MdL Baden-Württ. (Wahlkr. 41, Sinsheim) - Brennerring 55, 6972 Tauberbischofsheim - Geb. 22. April 1944 Drangstedt - SPD.

ADLER, Clauspeter
Dr. med., Prof., Facharzt f. Pathologie - Albertstr. 19, 7800 Freiburg/Br. - Geb. 13. Dez. 1937 Danzig (Vater: Dr. med. Kurt A., prakt. Arzt; Mutter: Elisabeth, geb. Michaelis), ev., verh. s. 1971 m. Dr. med. Maria, geb. Kopf, 2 Kd. (Elisabeth, Nikola-Maria) - Gymn. Neumünster (Abit. 1958), Stud. Med. Univ. Heidelberg, Wien u. Freiburg. Med. Staatsex. 1963, Habil. 1971 Univ. Freiburg - 1967-71 Wiss. Assist., 1971-80 Oberarzt (1976 apl. Prof., 1978 C3-Prof.), 1980-83 kom. ärztl. Dir. Abt. Allg. Pathol. u. pathol. Anat. u. Cytopathol. Path. Inst. Univ. Freiburg; Leit. Referenzzentrum f. Knochentumoren - Entd.: Polyploidisierung d. menschl. Herzmuskelzellen u. d. Vermehrung v. Herzmuskelzellen im menschl. Myokard; neue Entitäten unter d. Knochentumoren - BV: Spezielle Pathol., Lehrb. 1976; Allg. Pathol., Lehrb. 1981; Histopathol., Lehrb. 1981; Morphol. d. Knochenkrankheiten, 1983 - Liebh.: Lit., Musik - Spr.: Engl., Franz.

ADLER, Ernst-Dietrich
Dr. rer. pol., Dipl.-Volksw., Verlagsleiter DIE WELT u. WELT am SONNTAG - Kaiser-Wilhelm-Straße 1, 2 Hamburg 36 - Geb. 11. November 1927 Vetschau/Spreewald (Vater: Franz A., Kaufm.; Mutter: Alice, geb. Ziegler), ev., verh. s. 1957 m. Dr. phil. Heidrun, geb. Gottschalk, 4 Kd. (Christine, Martin, Sabine, Catherine) - Humanist. Gymn. Cottbus (b. 1944), Redaktionsvolontariat Lübeck (1946/47), Univ. Hamburg (1947-50); Wirtschaftsredakt. Lübecker Nachrichten (1959-53), Bankpraktikum (1953), Wirtschaftsred. DIE WELT in Hamburg und Bonn (1953-58). Studienaufenthalt in USA; Verlagsleiter s. 1963 - Spr.: Engl.

ADLER, Friedrich
Dr.-Ing. o. Prof. f. Bergbaukunde Techn. Univ. Berlin (s. 1964) - Ahornstr. 22, 4300 Essen-Stadtwald - Geb. 30. Juli 1916 Rheinhausen - Zul. Dir. Walsum AG.

ADLER, Heinz
Oberbürgermeister a. D. - Twedter Mark 37, 2390 Flensburg (T. 0461/3 79 00) - Geb. 31. Okt. 1912 Breslau (Vater: Ewald A., Kämmerer; Mutter: Käte, geb. Buch), ev., verh. s. 1941 m. Gisela, geb. Männel, T. Steffi - Gymn. u. Univ. Breslau (Rechtswiss.). Gr. jurist. Staatsprüf. 1939 - S. 1963 Oberbürgerm. Flensburg, s. 1978 a. D. - S. 1978 1. Vors. d. Dt. Kulturges. Flensburg. Div. Mand. SPD s. 1946 - Liebh.: Musik - 1972 Gr. BVK.

ADLER, Hermann

Schriftsteller, Journalist - Breisacher Str. 95, CH-4007 Basel 7 (T. 692 66 40) - Geb. 2. Okt. 1911 Deutsch-Diosek b. Preßburg, jüd., verh. m. Anita, geb. Distler - Lehrersem., Mitgl. Verein d. Auslandspresse in d. Schweiz - BV: Ostra Brama, Legende aus d. Zeit d. gr. Untergangs, 1945; Gesänge aus d. Stadt d. Todes, Ged. 1945; Balladen d. Gekreuzigten, d. Auferstandenen, Verachteten, Ged. 1946; Fieberworte v. Verdammnis u. Erlösung, Ged. 1948; Bilder n. d. Buche d. Verheißung, Ged. 1950; Lied v. letzten Juden, Ball., 1951. Zahlr. Hörfolgen, -sp. u. Fernsehsend. (u.a. Franz Anton Mesmer, FS-Film, 1984; Ursprungsgesch. d. Antisemitismus, Hörf.-Feature, 1985; Wie d. Hexenglauben entstand, Rundf.-Feature, 1986; Wieso ist Israel d. auserwählte Volk?, Rundf.-Feature, 1986; V. Golgatha nach Auschwitz, Rundf.-Feature in 7 Sendern, 1986; D. Jesusbild v. jüdischen Autoren, 4 Radio-Features BR, 1986; D. Lied v. letzten Juden, Radio-Feature HR, RB, SR, 1986; Psychologie d. Verleumdung, Radio-Feature HR, RB, BR, 1986; D. Traum als Sprache d. Seele, Hörf.-Feature, 1988; D. Jude in d. christl. Symbolik, Hörf.-Feature, 1988; Franz Anton Mesmer, E. Wunderheiler m. Methode (ZDF); Das wissen d. Götter, Aberglaube! Aberglaube? (4 Teile, ZDF); 4000 J. Orakel u. Tests, Hörf.-Feature (2 Teile); Sigmund Freud u. C. G. Jung, Hörf.-Feature (2 Teile); Jesus u. d. Frauen (Aus zeitgenöss. jüd. Sicht), Hörf.-Feature - 1947 Ehrengabe Stadt Zürich; 1969 DAG-Anerk. (ZDF-Film: Feldw. Schmidt); Mitgl. Phil. Ges. Basel, Psych. Ges. Basel, Religionswiss. Ges. Basel u. Dramatiker Union Berlin; Ehrenmitgl. Psychotherapie-Seminare (e.V.), München; Mitgl. PEN-Club.

ADLER, Jürgen
Rechtsanwalt u. Justitiar, Mitgl. Abgeordnetenhaus v. Berlin (s. 1979) - Wiesbadener Str. 58i, 1000 Berlin 33 - Geb. 11. Mai 1950 Berlin (Eltern: Gerhard (Angest.) u. Gertrud A.), ev., verh., 1 Kd. - Gymn. u. FU Berlin (Rechtswiss.) - Spez. Arbeitsgeb.: Öfftl. Recht u. DDR-Recht. 1975 ff. Vors. Jg. Union W'dorf. CDU, s. 1979 Vors. CDU Schmargendorf, s. 1981 Mitgl. d. Landesvorst. d. Berliner CDU, Mitgl. Fraktionsvorst. - Liebh.: Lyrik, mod. Kunst, Tennis, Reisen - Spr.: Engl., Franz.

ADLER, Kurt Herbert
Dr. h. c., Prof., Generaldirektor San Francisco Opera Company (1953-81, emerit. s. 1982) - P.O. Box 1446, Ross, CA 94957 - Geb. 2. April 1905 Wien (Vater: Ernst A.; Mutter: Ida, geb. Bauer), ev., verh. in 3. Ehe, 4 Kd. - Musikakad., Konservat. u. Univ. (alle Wien) - 1925-28 Kapellm. Theater in d. Josefstadt Wien, dann Opern- u. Konzertdirig. Österr. (1936 u. 1937 Salzburger Festsp.), Deutschl., Tschechowl., Ital., 1938-52 Dirig. USA (Chicago, San Franzisko, Los Angeles u.a.), Europa, Austr. (Sydney), China (Schanghai - Oper u. Symph.) u. Prof. University of California (zugl. Dirig. Symphonieorch.) - Ehrendoktor (Musik) Univ. of the Pacific, Univ. of San Francisco, Berkeley Citation by the Univ. of California. Zahlr. Ausz. v. Reg. (Österr., Deutschl., Italien, Frankr., Engl.) u. Städten (San Franzisko, Marseille) - Spr.: Engl., Franz., Ital. - Bek. Vorf.: Dr. Otto Bauer (Onkel); Adolph v. Sonnenthal (Großonkel).

ADLER, Max
Reeder - Rockwinkler Landstr. 35, 2800 Bremen-Oberneuland - Geb. 6. Okt. 1910 Lübeck (Vater: Richard A.), verh.m. Hanna, geb. Wuppesahl.

ADLER, Meinhard
Dr. med., Arzt, Wiss. Rat, Prof. f. Heilpäd. Psychiatrie Univ. Köln - Hauptstr. 3, 5449 Kisselbach/Hunsrück, - Geb. 6. Okt. 1937 Reinholterode (Vater: Georg A.; Mutter: Helene, geb. Schmidt), kath., verh. s. 1964 m. Dagmar, geb. v. Webel, 3 Kd. - Univ. Leipzig, Göttingen, Erlangen, München, Mainz; Weiterbild. München, Mainz, Berlin, Madrid, New Haven, Hannover, Heidelberg - Zul. Prof. FU Berlin (Physiol. Psych.) - BV: Brecht im Spiel d. techn. Zeit, 1976; Z. Frage d. Identität d. Med. Psych., 1976 (m. H. P. Rosemeier); Psychochir., 1979 (m. R. Saupe); Phys. Psych., 2 Bde. 1979 - Spr.: Engl., Span., Russ.

ADLER, Peter
Dr. phil., Schriftsteller - 8999 Grünenbach/Allgäu - Geb. 4. Mai 1923 Dresden (Vater: Dr. Helmut A.; Mutter: Armgart, geb. Esche), verh. s. 1947 m. Katharina, geb. Krieg, T. Armgart - BV: D. Vergessenen, D. Leute v. Beersheba, D. Provinz (Mitverf.). Hör- u. Fernsehsp. - 1957 Leo-Baeck-Preis, 1962 Feature-Preis Radio Bremen, 1968 DAG-Fernsehpreis in Silber, 1979 DAG-Fernsehpreis in Gold.

ADLER, Rudolf
Dr. rer. nat., Univ.-Prof., Geologe u. Paläontologe - Berliner Str. 1, 3392 Clausthal-Zellerfeld - Geb. 8. Juli 1929 Breslau - S. 1960 (Habil.) Lehrtätigk. Bergakad. bzw. TU Clausthal, Leit. Abt. f. Kohlengeol. u. Geomechanik Inst. f. Geol. u. Paläontol. Zahlr. Fachveröff.

ADLKOFER, Franz Xaver
Dr. med., Prof. f. Innere Medizin FU Berlin, Leiter Wiss. Abt. Verband d. Cigarettenind., Hamburg (s. 1976) - Parallelstr. 18, 1000 Berlin 45 - Geb. 14. Dez. 1935 - Promot. 1965 Max Planck-Inst. f. Biochemie, München; Habil. 1974 FU Berlin - S. 1980 apl. Prof.

ADLMÜLLER, Fred
Hofrat, Prof., Modeschöpfer - Palais Esterhazy, Wien - Geb. 16. März 1909 Nürnberg (Vater: Hotelier) - S. 1931 Modebranche (Stone Blyth Wien). Gegenw. Prof. Hochsch. f. angew. Kunst Wien - 1978 Münchener Modepreis; Ehrenz. f. Verd. um d. Rep. Österr.

ADLON, Percy
Regisseur - Zu erreichen üb.: Bayer. Rundfunk, 8000 München 2 - Spielfilm: Céleste (1982). Div. Fernsehf. Film: D. Schaukel (1983) - 1979 Adolf-Grimme-Preis in Gold (f.: D. Vormund u. s. Dichter - Robert Walser), 1983 Bayer. Filmpreis 1982 u. Bundesfilmpreis/Filmbd. in Silber (f. D. fünf letzten Tage).

ADOLFF, Helmut
Vorstandsmitglied J. F. Adolff AG., Backnang - Walksteige 31, 7150 Backnang/Württ. - Geb. 8. Sept. 1933.

ADOLFF, Jürgen
Dr., Geschäftsführer u. Hauptgesellsch. Jara Atelier Einrichtungshaus GmbH - Delpstr. 8, 8000 München 80 - Geb. 1. Febr. 1936 Stuttgart, verh. m. Rita, geb. Wollfarth - Bruder: Peter A.

ADOLFF, Peter
Dr. jur., Rechtsanwalt, Vorst. Allianz Versicherung AG., München (s. 1976) - Königinstr. 28, 8000 München 44 - Geb. 18. Juni 1933 Stuttgart (Vater: Martin A., Generaldir.; Mutter: Marianne, geb. Bofinger), verh. s. 1963 m. Inge, geb. Feuerbacher, 2 Kd. (Christine, Johannes) - Oberrealsch.; Handwerkslehre; Univ. Tübingen. Gr. jurist. Staatsprüf. 1963 - Zul. Geschäftsf. Wacker Chemie GmbH. AR- (u.a. Robert-Bosch-GmbH) u. Beiratsmand., Vorst. Stifterverb. f. d. Dt. Wiss. Ehrenämter - BV: D. Rechtsschutz d. Käufers in d. arbeitsteil. Wirtschaft, 1961 - Liebh.: Segeln (Dt. Meister) - Spr.: Engl. - Rotarier - Bek. Vorf.: Prälat Weitprecht (Stuttgart); Bruder: Jürgen A.

ADOLPH, Thomas Viktor
Journalist, Vors. Dt.-Dän. Ges. - Manrade 20, 2300 Kiel-Wik (T. 33 22 88) - Geb. 7. Sept. 1914 Bochum (Vater: Dr.-Ing. Johannes A., Dir. BEWAG, Berlin; Mutter: Helene, geb. May), ev., verh. s. 1947 m. Ruth, geb. Vogt, 2 Kd. (Susanne, Stephan) - Landschulheim Juist (Schule am Meer); 1934-36 Lehre Franckh'sche Verlagshandl., Stuttgart; Univ. Berlin (Ztg.wiss., Kunstgesch., Volkskd.) - Verlagsbuchh. u. Sortiment, 1939-45 Kriegsdst., 1945-47 Mitinh. Übersetzungsbüro Pinneberg, 1947-71 NWDR (Redakt., 1949 Leit. Studio Flensburg) bzw. NDR (1964 Leit. Landesstudio Kiel, 1970 Dir. Funkhaus Kiel). CDU - BV: Höchst ergötzl. Verse u. Bilder f. Kinder, 1948; D. Fabelkiste, 1979; D. Narrenhaus, 1980. Kinderhörsp.; Segelfernsehfilme - 1966 Ritterkreuz Danebrog-Orden (Dänem.); 1971 BVK I. Kl., 1980 Ritterkreuz I. Kl. z. Danebrogorden (Dänem.) - Liebh.: Segeln, Malen, Bücher - Spr.: Engl., Dän., Franz. - Rotarier.

ADOLPHS, Hans-Dieter
Dr. med., Prof., Chefarzt Urologische Abt. St. Ansgar-Krkhs. Höxter (s. 1983) - Brenkhäuser Str. 71, 3470 Höxter (T. 05271-66 2 81) - Geb. 7. Aug. 1942 Raeren, kath., verh., 3 Kd. (Julia-Christiane, Claudia-Verena, Stephan-Tobias) - Medizinstud. s. 1962; Staatsex. m. Promot. 1968; wiss. Assist. an theoretischen Inst. u. Kliniken, ECFMG-Ex. (USA) m. Assist.-Tätigkeit in Amerika; Habil. 1979 (Urologie). S. 1984 apl. Prof. Univ. Bonn - BV: Verhinderung e. Blasentumorrezidivs durch Chemoimmunprophylaxe, neue Erkenntnisse z. Sensitivität u. Spezifität v. Tumormarkern. Üb. 100 wiss. Original-Publ., zumeist in engl. Spr. m. d. Schwerpunkt urologische Onkologie, spez. Harnblasentumoren - Mitgliedschaften in zahlr. nationalen und intern. wiss. Ges. - Liebh.: Skifahren, Tennis, Musik - Spr.: Engl. Franz.

ADOLPHS, Lotte
Dr. phil., Dr. rer. pol., Dipl.-Hdl., o. Prof. f. Allg. Pädagogik Gesamthochsch. Duisburg - Spreitger Weg 12, 5223 Nümbrecht - Geb. 23. März 1915 Moers - S. 1946 Lehrerbild. - BV: u.a. Industr. Kinderarbeit, 1972.

ADOLPHS, Wolfgang
Kaufm. Direktor - Südstr. 16, 6501 Budenheim (T. Mainz 6 61) - Geb. 21. Nov. 1928 Mülheim/Ruhr - B. 1969 Prok. Hugo Stinnes AG, Mülheim (Leit. Rechnungswesen), dann Geschäftsf. Schott-Ruhrglas GmbH, Bayreuth, s. 1972 Vorst. Schott Glaswerke, Mainz (Leit. Finanzen).

ADOMEIT, Gerhard
Dr.-Ing., o. Prof. f. Allg. Mechanik - Belvedereallee 1, 5100 Aachen - Geb. 1. Sept. 1929 Lünern/W. - Promot. 1962; Habil. 1967 - S 1972 Ord. TU Berlin u. TH Aachen (Institutsdir.).

ADOMEIT, Hans-Joachim
Prof., Konzertcellist (Ps. Hans Adomeit) - Wittelsbachstr. 7, 6700 Ludwigshafen (T. 0621-58 28 99) - Geb. 20. Juli 1918 Berlin (Vater: Fritz A., Dir.; Mutter: Anita, geb. Lambeck), ev., verh. s. 1953 m. Margaret, geb. Grosse - 1937-41 Schüler v. Ludwig Hoelscher (Berlin u. Salzburg) - 1942-45 Solo-Cellist Berliner Staatsoper; dan. Mitgl. im Fritz-Rieger-Trio u. Norbert Hofmann-Quartett; 1953-83 1. Solo-Cellist Mannheimer Nationaltheater; 1963-83 1. Solocellist Bayreuther Festsp. Orch.; Rundfunk, Fernseh- u. Schallplattenaufn.; 1953-88 Ausbildungsleit. f. Violoncello staatl. Hochsch. f. Musik Heidelberg-Mannheim (s. 1988 Ehrenmitgl.) - 1953 Stip. Kulturkr.; s. 1983 Ehrenmitgl. Mannheimer Nationaltheater - Spr.: Engl., Franz.

ADOMEIT, Klaus
Dr. jur., Prof. f. Rechtstheorie, -informatik, Bürgerl. Recht u. Arbeitsrecht - Lutherstr. 4a, 1000 Berlin 41 - Geb. 1. Jan. 1935 Memel - Promot. 1959 - S. 1968 (Habil.) Lehrtätigk. Univ. Köln u. FU Berlin - BV: Rechtsquellenfragen im Arbeitsrecht, 1969; Arbeitsrecht, 3. A. 1974 (m. Peter Hanau).

ADORF, Mario
Schauspieler - Via Dei Cartari 42, (Italien) Rom - Geb. 8.Sept. 1930 Zürich (aufgewachsen Mayen/Eifel) - Univ. Mainz, Zürich (Phil., Theaterwiss.; n. abgeschl.); Falckenberg-Sch. München - S. 1955 Kammersp. München. Film: 08/15, Nachts, wenn d. Teufel kam (Preis d. dt. Filmkritik u. Bundesfilmpreis), D. Arzt v. Stalingrad, D. Mädchen Rosemarie, D. Totenschiff, D. Verlorene Ehre d. Katharina Blum, D. Blechtrommel, Lola (1981; Baulöwe Schuckert), u. a. TV: Via Mala (Jonas Lauretz) - 1974 Ernst-Lubitsch-Preis, 1978 Bambi-Preis, 1979 Hersfeld-Preis (f.: Arturo Ui) - Liebh.: Malerei (abstrakt), Modellieren, Musik (Jazz, Bach), Sport (Tennis, Golf).

ADORNO, Eduard

Dipl.-Landw., Minister f. Bundesangelegenh. d. Landes Baden-Württ. (1972-80) - Weißtannen 10, 7000 Stuttgart 1 (T. 0711 - 24 11 79) - Geb. 31. Okt. 1920 München (Vater: Dr. med. Ludwig A., Arzt †; Mutter: Aenny, geb. Nothhaft †), kath., verh. I.) 1950 m. Marliese, geb. Dahmen, 5 T.; II.) 1983 m. Heidi, geb. Illgen - TH München u. LH Hohenheim - 1961-72 MdB (1965-67 stv. Vors. CDU/CSU-Fraktion), 1967-69 parlam. Staatssekr. d. Bundesmin. d. Verteidigung, 1959-63 Vors. Verb. Dt. Hopfenpflanzer; 1959-67 Vizepräs. Europ. Hopfenbaubüro in Straßburg, 1962-71 Vors. d. Arbeitskr. Bodenseeobst e.V.; Ehrensenator Univ. Hohenheim; Landesbeauftr. f. d. Direktwahl z. Europäischen Parl. (1976-80); Vors. Landesverb. Baden-Württ. d. Europa-Union (1976-80) - 1975 Gr. BVK, 1980 Gr. BVK m. Stern - Liebh.: Gesch., Tennis, Skilanglauf.

ADRIAN, Fritz J.
Dipl.-Ing., Geschäftsführer L. & C. Steinmüller GmbH, Gummersbach - Lauenburger Str. 6, 5270 Gummersbach - Geb. 3. Juni 1930 Oberkassel/Siegkr. - Ernst Kalkuhl-Gymn. Oberkassel; TH Darmstadt (Dipl.-Ing. 1955).

ADRIAN, Helmut
Rechtsanwalt, Mitgl. Zentrale Geschäftsltg. Wicküler Gruppe, Wuppertal - Kleiststr. 26, 4030 Ratingen (T. 02102-2 28 29) - Geb. 19. Juni 1933, verh. s. 1959 m. Ruth, geb. Wiesjahn, 2 T. (Susanne, Barbara) - Jurist. u. wirtschaftswiss. Stud. Univ. Freiburg u. Münster - Spr.: Engl.

ADRIAN, Joachim
Dr. jur., Rechtsanwalt - Löwengasse 9, 6380 Bad Homburg v.d.Höhe (T. 61 20) - Geb. 24. März 1925 Düsseldorf, kath., verh. s. 1953 m. Rosemarie, geb. Koester - 1946-49 Univ. Bonn (Rechtswiss.). Jurist. Staatsprüf. 1949 u. 1953; Promot. 1950 - 1954-59 Finanzverw. u. -min. v. Nordrh.-Westf.; 1959-63 Bausparkasse d. Rheinprov. (Mitgl. Geschäftsltg.); 1963-71 Westd. Landesbank (1965 Dir. Niederlass. Köln, 1971 Generalbevollm. Düsseldorf), Vorstandsmitgl. Investitions- u. Handelsbank (1972-80).

ADRIANI, Götz
Dr. phil., Direktor Kunsthalle Tübingen - Philosophenweg 76, 7400 Tübingen (T. 6 14 44) - Geb. 21. Nov. 1940 Stuttgart, ev. - Univ. Tübingen, München, Wien. Promot. 1964 Tübingen - 1965-66 Staatsgalerie Stuttgart; 1966-71 Hess. Landesmuseum Darmstadt. Herausg.: Werkdokumentationen Willi Baumeister (1971), Franz-Erhard Walther (1972), Klaus Rinke (1972), Joseph Beuys (1973), Toulouse-Lautrec, d. graph. Werk (1976), Dt. Malerei im 17. Jahrh. (1977), Paul Cézanne-Zeichnungen (1978), Paul Cęzanne-Aquarelle (1981).

ADRIÁNYI, Gabriel
Dr. theol., o. Prof. f. Mittlere u. Neuere Kirchengeschichte m. Einschl. d. Kirchengesch. Osteuropas Univ. Bonn/Kath.-Theol. Fak. (s. 1976) - Wolfsgasse 4, 5330 Königswinter 1 - Geb. 31. März 1935 Nagykanizsa/Ung. (Vater: Dr. Ferenc A., Rechtsanw.; Mutter: Ilona, geb. Migliorini), kath. - Schule Budapest (Abit.); 1954-59 Kath.-Theol. Akad. ebd. Promot. Rom - 1963-66 Kaplan; 1968-72 Religionslehrer; s. 1973 Doz. u. Ord. - BV: 50 J. ung. Kirchengesch. 1895-1945, 1974; Ung. u. d. I. Vaticanum, 1975; Az egyháztörténet kézikönyve, 1975; Apostolat d. Priester- u. Ordensberufe. E. Beitr. z. Gesch. d. dt. Katholizismus im 20. Jh., 1979; Beiträge z. Kirchengeschichte Ungarns, 1986; 71 Aufs. in versch. Ztschr. - Spr.: Ung., Ital., Engl., Russ., Franz.

ADT, Harro
Botschaftsrat, Leit. Presseref. Dt. Botschaft Paris - 13/15, Av. Franklin D. Roosevelt, F-75008 Paris - Geb. 20. Mai 1942 München (Vater: Dr. Guido A., Gesandter; Mutter: Anne, geb. Stieber), verh. s. 1969 m. Dietlind, geb. Bossel, 2 Kd. - Stud. Univ. Tübingen, München u. Freiburg (1. u. 2. jurist. Staatsex.) - S. 1972 Ausw. Amt; Tätigk. in Kabul, Kalkutta, Genf, Bonn; 1984-86 Botsch. in Bangui/Zentralafrika.

AECKERLE, Fritz
Autor u. Dramaturg, (Ps. Hans Rein) - Christophstr. 14, 7570 Baden-Baden (T. 07221 - 2 30 83) - Geb. 13. Sept. 1908 Essen (Vater: Friedrich A., Abt.-Leit. Krupp AG; Mutter: Julie, geb. Rein), verh. s. 1974 m. Wera v. Albert-Aeckerle (s. dort) - Stud. Lit.- u. Theater-

wiss., Kunstgesch., Psych.; Schausp.-Ausb. Folkwangsch. Essen; Reifeprüf. 1932 Hamburg - 1931 Städt. Bühnen Kiel; 1932 Dramaturg u. Regiss. Stadttheater Halberstadt; 1934 fr. Journ. f. Film u. Funk Berlin; 1935 Lehrer Tonfilm-Abt. Schule Reimann, Berlin; 1938 Dramat. Terra-Filmkunst, Babelsberg u. 1940 Heinz-Rühmann-Prod. Terra; 1941 Regie-Assist. R.A. Stemmle Bavaria-Film, München; 1945 Leit. Kunstamt Berlin-Zehlendorf; Gründ. Haus am Waldsee f. mod. Musik u. bild. Kunst; 1946 Gastsp. Berliner Gastsp.-Bühne (BGB); 1950 Dramat. Comedia-Film u. 1952 Dramat. u. Autor Ufa, Berlin; 1955 fr. Autor f. Werbefilme; 1957 Leit. neugegr. Abt. Werbefersn. SWF Baden-Baden, 1961 zugl. Hauptabt.leit. Fernseh-Unterh. (Prod. u.a. Alle meine Tiere, Forellenhof, Salto mortale), 1965 stv. Verw.dir. u. ab 1966 Verw.dir. 1945 Bürgerm. Groß-Glienicke. 1972 Vors. Finanz-Komiss. ARD - BV: Kyritz-Pyritz, Neubearb. 1954 (m. H.O. Wuttig) - Insz.: Herrl. Zeiten (m. Günter Neumann u. Hans Vietzke), 1950 - Spr.: Franz.

AELKER, Erich
Dipl.-Kfm., Verlagsleiter Main-Post Würzburg, Prokurist Mainpresse Richterdruck u. Verlags-GmbH & Co. KG Würzburg - Breslauer Str. 27, 8700 Würzburg - Geb. 10. Jan. 1942, kath., 3 Kd. (Erik-Fred, Hans-Jörg, Nina) - Geschäftsf. Volksblatt Verlagsges. mbH, Würzburg, RTU Radio Television Unterfranken Programmges. mbH, VSG Verlags-Service-GmbH, Würzburg; Handelsrichter LG Würzburg - Liebh.: Tennis - Spr.: Engl., Altgriech., Latein.

AENGENEYNDT, Hans-Wolf
Dipl.-Ing. Fabrikant, gf. Gesellsch. J. H. Schmitz Söhne GmbH., Homberg, Präs. IHK Duisburg, Vors. Unternehmerverb. d. Metallind. Ruhr-Niederrhein, Duisburg, Vorstandsmitgl. Metallind. Arbeitgeberverb. Nordrh.-Westf., Düsseldorf - Königstr. 68, 4100 Duisburg 17 - Homberg (T. Büro: 2010) - Geb. 25. März 1921.

AENGEVELT, Wulff O.
Dr. rer. soc. oec., Mag. rer. soc. oec., Gf. Gesellschafter Aengevelt Immobilien KG, Düsseldorf, u. BC Business Flugzeug-Charter GmbH - Heinrich-Heine-Allee 35, 4000 Düsseldorf (T. 0211 - 83 91-0) - Geb. 19. Nov. 1947 Düsseldorf, kath., verh. s. 1984 m. Susanne, geb. Nöthen, 3 Kd. (Mark, Alicia, Luisa) - Div. Veröff. üb. Währungs- u. Immobilienfragen - Liebh.: Sport, Politik, Oper/Theater - Spr.: Engl., Franz.

AERSSEN, van, Franz-Joachim (Jochen)

Dr. jur., Dipl.-Volksw., Rechtsanwalt, MdEP (s. 1977) - Dondertstr. 34, 4178 Kevelaer (T. Düsseldorf 59 41 88, Bonn 16 54 37/38, Kevelaer 74 47) - Geb. 15. April 1941 Kevelaer, verw., 3 Kd. (Rick, Alix, Mark), kath. - Gymn.; Stud. Rechtswiss. u. Volksw. 1966 Dipl.-Volksw.; Promot. 1970; Ass.ex. 1970 - CDU s. 1964; 1970-76 MdL NRW; 1976-83 MdB; s. 1977 MdEP. Vors. Vereinig. Europ. Begegnungsstätte am Kloster Kamp; Mitgl. Ausschß. f. Aussenwirtsch.-beziehungen, stv. Mitgl. Ausschß. f. Entw. u. Zusammenarbeit - BV: Komment. z. Landesentw.progr.ges. NRW u. z. Datenorgan.ges. NRW, 1978 - 1982 Ehrenpräs. Verein. christl. Genoss. Italiens (Anciac) - Spr.: Engl., Franz., Ital.

AFFELD, Klaus
Dr.-Ing., Prof., Wiss. Mitarbeiter Klinikum Westend (Arbeitsgruppenleit. z. Entwickl. e. künstl. Herzens) - Niebuhrstr. 11a, 1000 Berlin 12 (T. 324 54 62) - Geb. 22. Juli 1935 Berlin (Vater: Franz A., Gartenarch.; Mutter: Erna, geb. Neumann), verh. s 19069 m. Petra, geb. Niemeyer, 2 Kd. (Felix, Paul) - Dipl.-Ing. - Flugzeugbau (TU Berlin, 1962). Wiss. Ass. TU Berlin, 1969 Hf. techn. Leitung Entw. künstl. Herz an d. FU Berlin. Ca. 100 wiss. Veröff. - Liebh.: Bildhauerei - Spr.: Engl., Span., Franz.

AFFELD, Wilfried
Vorstandsmitglied Transatlant. Versicherungsgruppe, Hamburg - Theodor-Fontane-Str. 20, 2 Norderstedt - Geb. 12. März 1944 Timmendorfer Strand (Vater: Bruno A., Kesselschmied; Mutter: Ida, geb. Schröder), vd., verh. s. 1964 m. Renate, geb. Wiedemann, 2 S. (Andreas, Stefan) - N. Mittl. Reife Versicherungslehre - S. 1970 Abteilungsleit., -dir./Prokurist (1973), Vorstandsmitgl. (1976) - Liebh.: Musik, Sport - Spr.: Engl.

AFFELDT, Werner
Dr. phil., Prof. f. Mittelalterl. Geschichte - Nickisch-Resenegk-Str. 10, 1000 Berlin 38 - Geb. 8. Sept. 1928 Brandenburg/H. - Promot. 1955 - S. 1972 (Habil.) Lehrtätigk. FU Berlin - BV: D. weltl. Gewalt in d. Paulus-Exegese, 1969.

AFFLERBACH, Hermann
Geschäftsführer Afflerbach Bödenpresserei GmbH. & Co. KG., Puderbach - Auf der Huth 26, 5419 Puderbach/Rhld. - Geb. 12. Jan. 1941.

AFFLERBACH, Otto
Dipl.-Kfm., Geschäftsführer Afflerbach Bödenpresserei GmbH. & Co. KG., Puderbach - Sonnenstr. 34, 5419 Puderbach/Rhld. - Geb. 12. Jan. 1941.

AFHELDT, Heik
Dr. rer. pol., Dipl.-Kfm., Geschäftsführer Verlagsgruppe Handelsblatt (s. 1989), Herausg. Wirtschaftswoche (s. 1988) - Kasernenstr. 67, 4000 Düsseldorf (T. 0211 - 83 88-0) - Geb. 22. Juli 1937 - Stud. Wirtsch.- u. Sozialwiss.; Dipl.-Kfm. 1961; Promot. 1964 - Praktikum EWG-Komiss.; fr. Mitarb. b. Unternehmensberatungen; 1964-83 Prognos AG, Basel (1970 Mitgl. u. 1977 Vors. d. Geschäftsltg.). Mitgl. versch. nat. u. intern. Vereinig. - Autor zahlr. Veröff. u.a.: Zukunftsfaktor Führung - Untern. auf d. Weg ins Jahr 2000, Praxis d. strategischen Unternehmensplanung. Herausg. v. Fachztschr.

AFTING, Ernst-Günter
Dr. med., Dr. rer. nat., Prof., stv. Vorstandsmitglied, Dir. u. Forschungsleit. Behring-Werke, Marburg - Zu erreichen üb. Behring-Werke, Postf. 11 40, 3550 Marburg - Geb. 1942 Osnabrück (Vater: Dr. August A., Dipl.-Landw.; Mutter: Dorothea, geb. Wellmann), verh. s. 1968 m. Ingrid, geb. Ruf - Med.- u. Chemie-Stud. Univ. Münster u. Freiburg; Dipl.-Chem. 1969; Staatsex. Med. 1974; Promot. 1972 u. 1978, Habil. 1978 - 1980-85 Prof. u. Abteilungsvorst. Inst. f. Biochemie Univ. Göttingen. Rd. 70 Publ. in Fachztschr. u. Fachb.

AGOP, Rolf
Prof., Generalmusikdirektor - An d. Wilhelmshöhe 12, 5912 Hilchenbach/W. (T. 02733 - 49 77) u. 8213 Sachrang-Huben - Geb. 11. Juni 1908 München

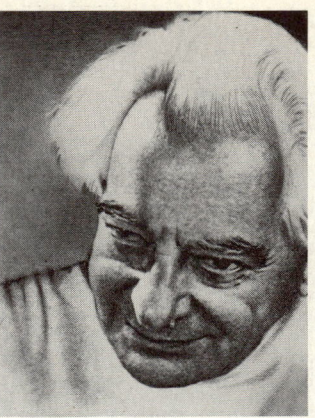

(Vater: Stephan A., Kaufmann; Mutter: Louise, geb. Haecker), verw. - Staat. Akad. d. Tonkunst München (Schüler v. Pfitzner, Hausegger, Waltershausen, Röhr, Knappe) - 1934-35 Dirig. Münch. Symphonie-Orch., 1935-38 Kapellm. Bayer. Landesbühne, München, 1938 bis 1941 Kapellm. u. Chordir. Kärntner Grenzland-Theater, Klagenfurt, 1941-42 musikal. Oberleit. Niederschles. Landestheat., Jauer u. Bad Altheide, dann Kapellm. Stadttheater Nürnberg, 1943-45 Wehrdst., 1945 bis 1948 musikal. Oberleit. Vereinigte Theater Nürnberg-Fürth u. Leit. städt. Symphoniekonz., 1948-52 künstler. Oberleit. Nordwestd. Philharmonie, Bad Pyrmont/Herford, 1949-52 zugl Doz. Nordwestd. Musik-Akad. Detmold, 1952-62 GMD Dortmund (Leit. Orch. u. Konservat., Dirig. d. Oper), 1962-77 Chef Siegerland-Orch. u. s. 1974 Leiter d. „Woche junger Komponisten". Gastdirig. in 24 Staaten in 4 Kontinenten. S. 1977 Leit. d. Siegener Collegium Musicum u. Dozent a. d. Siegerland-Univ. Ständ. Dirigier-Gastspielverpflicht. im In- u. Ausl. Div. literarische Arb. u. Vortr. - BV: Lex mihi ars, nachdenkliche u. kuriose Begegnungen m. gr. Musikern, 1985; D. sinfonische Orchester d. Gegenwart. Struktur - Aufgabe - Probleme, 1986 - BVK, Verdienstkreuz d. Mauretan. Ehrenlegion - Liebh.: Bergsteigen, Filmen - Spr.: Engl. - Mitgl. Lions-Club, Hans-Pfitzner-Ges., Rich.-Strauss-Ges., Intern. Anton-Bruckner-Ges., Intern. Ermanno Wolf-Ferrari-Ges.

AGSTER, Andreas
Dr. rer. nat., Prof., Baudirektor, Privatdoz. f. Textilchemie Univ. Stuttgart - Burgstr. 99, 7410 Reutlingen - Geb. 22. Febr. 1913 Donzdorf Kr. Göppingen (Vater: Rudolf A., Gastw.; Mutter: Anna, geb. Lang), kath., verh. s. 1943 m. Lydia, geb. Barth, 2 Söhne (Wolfgang, Eberhard) - Staatl. Technikum f. Textilind. Reutlingen (1935-37 Textilchemie); TH Stuttgart (1938-40 Chemie); Dipl.-Chem. 1940, Promot. 1946) - 4 J. Soldat; s. 1945 Assist., Doz. u. Baudir. Staatl. Technikum f. Textilind. Reutlingen - BV: Färberei- u. textilchem. Unters., 10. A. 1966. Etwa 30 Einzelarb. - Liebh.: Musik, Jagd.

AHEMM, Hildegard
s. Meschke, Hildegard

AHLBERG, René
Dr. phil., Prof. f. Soziologie - Matterhornstr. 6, 1000 Berlin 37 (T. 802 61 12) - Geb. 1930 Riga - 1955-60 FU Berlin (Soziologie, Phil.; Promot.). 1951-55 Lehrer Berlin (Ost); s. 1960 Assist. 1968 Privatdoz., 1969 Prof. FU Berlin - BV: Entwicklungsprobl. d. empirischen Sozialforschung in d. UdSSR, 1968; D. sozialistische Bürokratie, 1976. Hrsg.: Soziol. in d. Sowjetunion, 1969; Sozialismus zw. Ideol. u. Wirklichk. 1979.

AHLBORN, Hans
Dr.-Ing., Prof. f. Ingenieurwissenschaften Univ. Hamburg (s. 1973), apl. Prof. f. Metallkunde u. Werkstoffprüf. TU Clausthal (s. 1970) - Neuengammer Hausdeich 141, 2050 Hamburg 80 - Geb. 26. April 1929 Kalefeld/Harz (Vater: August A., Hauptlehrer; Mutter: Anna, geb. Rolf), ev., verh. s. 1955 m. Marie-Luise, geb. Hillebrecht, 5 Kd. (Gisela, Ingrid, Klaus, Helga, Ulrike) - Gymn.; Modellbauerlehre; 1950-53 Berufspäd. Inst. Frankfurt/M.; 1953-57 TU Clausthal. Promot. (1961) u. Habil. (1965) Clausthal. 1963-69 Obering., 1969-70 Abt.Vorst. u. Prof. Inst. f. Metallkunde u. Metallphys. TU Clausthal, 1970-73 Leit. Hauptabt. Werkstoffe/Battelle-Inst., Frankfurt/M. Spez. Werkstoffkd. (Mitarb.: Wassermann, Praktikum d. Metallkd., 1965). Mithrsg.: Materials under Extreme Conditions, Proc. MRS Symp. Strasbourg (1985).

AHLBORN-WILKE, Dirk

Schriftsteller - Büttnerstr. 6, 3392 Clausthal-Zellerfeld (T. 05323 - 31 87) - Geb. 27. Jan. 1949 Osterode - Mitgl. Fr. Dt. Autorenverb. (FDA) u.a. - BV: Wie einst ..., 1978/79; Manchmal neblig-trüb, 1982; Lale Andersen - Erinner., 1984; Ich seh' m. leuchtenden Augen, 1985; Portrait in schwarz-weiß, 1986; Auf dem Weg zu Euch, 1988; Ich schau' durchs Fenster d. Erinnerung, 1986; Liter. Lesungen - 1972 2. Preis Autorenwettb. Ballade v. Joe; 1984 Soli deo Gloria - Lit.: C. H. Kurz, Schriftst. zw. Harz u. Weser; Herder, Prominenz in kurzen Hosen.

AHLE, Hans
Dr., Geschäftsführer Imperial-Werke GmbH, Bünde/W. (s. 1983), Unternehmensberater (s. 1975) - Obererle 35, 4650 Gelsenkirchen - Geb. 4. Nov. 1930 - 1971-74 Vorst.-Vors. F. Küppersbusch & Söhne AG, Gelsenkirchen.

AHLENSTORF, Heinz
Ing., Gf. Gesellschafter LUTEC GmbH u. SIP Berlin - Bärenallee 40, 2000 Hamburg 70 - Geb. 28. Juli 1925, verh. m. Dr. Anna Barbara van Bernem-Ahlenstorf, geb. Brocke, 4 Kd. (Heiko, Ralph, Anna Rebecca, Eva Johanna) - 1978-86 Präs. Bundesverb. selbst. Ing. VSI.

AHLERS, Ewald
Dipl.-Ing., Vorstandsmitglied Himmelwerk AG, Tübingen - 7407 Dußlingen/Württ. - Geb. 15. Okt. 1919 Münster.

AHLERS, Hans-Hermann
Dipl.-Kfm., Geschäftsführer OSPIG-Textilges. W. Ahlers, Bremen-Arsten, u. Hettlage & Fischer GmbH, Recklinghausen - Am Deich 21, 2803 Weghe (T. 25 36 76) - Geb. 14. Okt. 1948 Herford (Vater: Wilhelm A., Kaufm.), verh. s. 1973 - Stud. Univ. Münster.

AHLERS, Klaus
Vorstandsvorsitzender Howaldtswerke/Dt. Werft AG., Hamburg/Kiel (1982 ff.) - Postf. 111480, 2000 Hamburg 11 - Geb. 1935 - Zul. Sprecher d. Geschäftsfg. Hapag-Lloyd Flugges. mbH., Bremen.

AHLERS, Wilhelm
Komplementär Ospig Textilges., Bre-

men, Geschäftsf. Warsteiner Bekleidungswerke GmbH, Warstein - Obernbergstr. 14a, 4902 Bad Salzuflen - Geb. 9. Juni 1906.

AHLERT, Dieter

Dr. rer. pol., Dipl.-Kfm., Univ.-Prof. f. Betriebswirtschaftsl., insb. Distribution u. Handel, Direktor Inst. f. Wirtschafts- u. Sozialwiss., Univ. Münster (s. 1975), Dekan Fachber. Wirtschafts- u. Sozialwiss. (1980/81) - Siebenstücken 80, 4403 Senden (T. 25 97-5 84) - Geb. 19. Februar 1944 Staßfurt (Vater: Dietrich A., Mutter: Theodora, geborene Pieper), ev., verh. s. 1968 m. Heide Marie, geb. Wacker, 3 Kd. (Stefan, Martin, Iris) - Helmholtz-Gymn. Dortmund (Abit. 1963); Dipl.ex. 1967 Univ. Köln; Promot. 1971 u. Habil. 1974 RWTH Aachen - BV: Absatzförderung d. Absatzkredite an Abnehmer, 1973; Ind. Kostenrechnung, 4. A. 1988; Grundlagen u. Grundbegriffe d. Betriebswirtschaftsl., 5. A. 1989; Grundzüge d. Marketing, 4. A. 1989; Vertragl. Vertriebssysteme zw. Ind. u. Handel, 1981; Distributionspolitik, 1985; Marketing-Rechts-Management, 1989; Rechtl. Grundlagen d. Marketing, 1989 - Liebh.: Skifahren, Segeln, Tennis, Tanzen - Spr.: Engl.

AHLERT, Wilhelm

Dr.-Ing., Dr.-Ing. E. h., Direktor - Heierbusch 48, 4300 Essen - Geb. 7. Juni 1905 Langenlonsheim/N., verh. m. Hanne, geb. Schnabbe, 2 T. - S. 1933 Th. Goldschmidt AG., Essen (u. a. Gf. Elektro-Thermit GmbH.). Erf. auf d. Gebiet d. Schienen- u. Reparaturschweiß. m. Thermit R, etc. - Ehrendoktor TH Darmstadt.

AHLGRIMM, Ernst-Dietrich

Dr. rer. nat., Apotheker, Präs. Apothekerkammer Hamburg - V.-Kurtzrock-Ring 6a, 2000 Hamburg 65 - Geb. 23. Aug. 1927, verh. s. 1974 m. Cornelia, geb. Eylmann, 4 Kd. - Stud. stv. Hbg. Landesverein. f. Gesundheitserziehung u. Aktion gegen Drogensucht; Lehrauftrag Univ. Hamburg; Leit. Dt. Deleg. im Zusammenschl. d. Apotheker in d. EG; Vizepräs. Weltverb. Federation Intern. Pharmaceutique, Sektion Offizin-Apotheker - Spr.: Engl.

AHLHEIM, Klaus

Dr. theol., Prof. f. Erwachsenenbildung u. Außerschulische Jugendbildung Univ. Marburg (s. 1982) - Höhenweg 44, 3550 Marburg - Geb. 28. März 1942 Saarbrücken, ev., verh. s. 1966 m. Rose, geb. Beutin, T. Hannah - Stud. Ev. Theol., Soziol., Gesch., Erziehungswiss. Univ. Marburg, Kirchl. Hochsch. Berlin, Mainz, Frankfurt; 1. Theol. Prüf. 1968 Mainz; 2. Theol. Prüf. 1972 Darmstadt; Dipl. (Erziehungswiss.) 1976 Frankfurt; Promot. (Theol.) 1972 München; Habil. (Erziehungswiss., Schwerp.: Erwachsenenbild.) 1981 Frankfurt - 1971 Pfarramtskandidat Ingelheim/Rh.; 1972 Ordination; 1972 Studentenpfarrer Frankfurt - BV: Kirche u. Krieg (m. Deschner u. a.), 1970; D. manipulierte Glaube. E. Kritik d. christl. Dogmen (m. Deschner u. a.), 1971; Auf e. Auge blind. Unterwanderung d. evangelischen Kirche v. rechts? (m. Wiesinger), 1975; Zw. Arbeiterbildung u. Mission, 1982; Neue Technik u. Kulturarbeit, 1986; Im Griff d. Computers-Computer im Griff? (m. Winger), 1986 - Spr.: Engl, Franz., Griech., Hebr., Latein.

AHLRICHS, Reinhart

Dr. rer. nat., Prof. f. Theoret. Chemie Univ. Karlsruhe (s. 1975) - Gangsrabenweg 20, 7505 Ettlingen 6 (T. 07243 - 94 34) - Geb. 16. Jan. 1940 Göttingen (Vater: Fritz A., Tapezierm.; Mutter: Elisabeth, geb. Hofmeister), verh. s. 1967 m. Elke, geb. Tümmler, 2 Kd. (Annette, Patrick) - Stud. d. Physik Göttingen, München; Promot. 1968 Göttingen - 1967-74 Wiss. Assist. Univ. Göttingen, Chicago (1969) u. Karlsruhe (1970) - Spr.: Engl.

AHLSEN, Leopold

Schriftsteller - Waldschulstr. 58, 8000 München 82 (T. 430 14 66) - Geb. 12. Jan. 1927 München (Eltern: Max (Beamter) u. Margarete A.), verh. s. 1964 m. Ruth, geb. Gehwald, 2 Kd. (Julia-Philipp) - Obersch. u. Univ. München (German., Phil., Theaterwiss.) - 1946-48 Schauspieler u. Regiss.; 1949-60 Lektor Bayer. Rundf. (Hörspielabt.) - Aufgeführte Bühnenw.: Zwischen d. Ufern, Pflicht z. Sünde, Wolfszeit, Philemon u. Baukis (verfilmt unt. d. Titel: Am Galgen hängt d. Liebe), Raskolnikoff, Sie werden sterben - Sire, D. arme Mann Luther, D. Wittiber. 23 Hör- u. 42 Fernsehsp., Drehb., Schulfunksendungen, Romane Der Gockel vom goldenen Sporn; Vom Webstuhl z. Weltmacht. D. Gesch. d. Fugger; Die Wiesingers (2 Bde.); D. Satyr u. sein Gott - 1955 Gerhart-Hauptmann-Preis Freie Volksbühne Berlin u. Hörspielpreis d. Kriegsblinden, 1957 Schiller-Förderungspreis Baden-Württ., Gold. Bildschirm 1968, Silb. Nymphe Monte Carlo 1973.

AHLSWEDE, Rudolf

Dr. rer. nat. Prof. f. Mathematik Univ. Bielefeld (s. 1975) - Stapenhorststr. 150, 4800 Bielefeld 1 - Geb. 15. Sept. 1938 Dielmissen (Vater: Hermann A., Landw.; Mutter: Elfriede, geb. Schmidt), verh. s. 1970 m. Beatrix, geb. Kosmahl, S. Alexander - Stud. Math., Physik, Phil. Promot. 1966 Göttingen - 1971 ff. Prof. USA - BV: Suchprobleme, 1979 (m. Wegener). Zahlr. Abh. üb. Informationstheorie - Liebh.: Schach, Phil. - Spr.: Engl.

AHMAD, Amjad

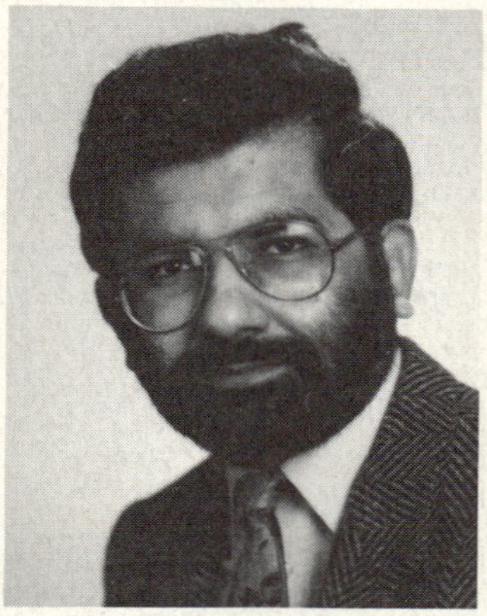

Dipl.-Designer, Journalist, Chefkorresp. f. Asien u. Europa World Press Intern. (1983-89) - Mailänder Str. 12/1012, 6000 Frankfurt 70 (T. 069 - 68 17 57) - Geb. 10. Nov. 1952 Lahore/Pakistan, Islam, verh. s. 1988 - 1975 Grafik-Arts Stud. Lahore Pakistan (Akad. Grad); 1980-83 Stud. Bildjourn. FH Darmstadt; 1983-86 Design-Stud. Hochsch. Darmstadt (Dipl.-Designer) - S. 1982 Mitgl. Bundesverb. Bild. Künstler Dtschl.; s. 1986 Geschäftsf. Orbis Pictus u. Europ. Pictures Service (Bildagenturen); 1984-89 Zusammenarb. m. d. Nobelpreisträger f. Physik (Prof. Salam) b. d. Weiterentwickl. d. techn. Gestaltung d. Photo-Painting-Verfahrens; 1984-89 Leit. Pressezentrum u. Pressespr. Ahmadiyya Muslim-Bewegung - 1982 Erf. e. neuen Lichttechnik (Photo Paintings) als Forschungsarb. an d. Hochsch. Darmstadt - BV: Photo-Paintings, vorauss. Veröff. 1990 - 1982 Begründer d. Photo-Paintings; 25 Ausst. (innerh. v. zwei J. in d. BRD u.a. 1984 Römer Frankf. sow. 1986 Paulskirche Frankf.). Künstler. Arb.: 1982 Sun & Soal, 1983 Free Hand Sketch u. Synästhesie - 1986 Stip. Dr.-Arthur-Pfungst-Stiftg., Frankf.; 1988 Ehrenmed. u. Ehrenurkunde d. Reg. Pakistan; 1989 William Blake Preis, Kulturpreis d. Ztschr. Albion - Liebh.: Reisen, Interviews, Lesen, Fotografie, Malerei - Spr.: Deutsch, Engl., Arab., Urdu - Bek. Vorf.: Rajput, Mitgl. e. d. ältesten Herrscherfam. Indiens (Urgroßv.) - Lit.: Lebendiges Darmstadt, Stadt Darmstadt (1982); Vorwort z. Ausst.-Katalog v. Prof. Dr. Krahnen (1982); Archiv-Verz. FH Darmstadt v. Prof. Dr. Langner (1983); Ztschr. Inst. f. Angew. Physik TH Darmstadt v. Prof. Dr. Wolfgang Kreutz (1983); Blütenstaub v. Alexander Schadow (1984); Künstler-Lex. d. Stadt Frankf. (1988); 1983-86 Beitr. in Zoom, Fotomagazin, Fotografie u. Art & Design; 1982-89 zahlr. Ztg.-Art. d. In- u. Auslandspresse, sow. zahlr. FS- u. Hörfunk-Interviews zu Kunst u. Kultur.

AHNEFELD, Friedrich Wilhelm

Dr. med., Prof. (Abteilungsleit.) f. Anästhesiologie, Intensivtherapie, Wiederbeleb. u. Rettungsdienst, Verbrennungsbehandl. - Steinhövelstr. 9, 7900 Ulm/Donau (T. 179 21 40) - Geb. 12. Jan. 1924 Woldenberg/Neumark (Vater: Wilhelm A., Dipl.-Kfm.; Mutter: Gertrud, geb. Petznick), ev., verh. s. 1962 m. Dr. med. Sabine, geb. Olbertz, 5 Kd. (Birgit, Jan, Anette, Frank, Sven) - 1942 Abit.; 1946-51 Stud. Med. Univ. Münster, Düsseldorf; 1951 Promot.; 1964 Habil. Univ. Mainz; 1957 Facharzt Chirurg., 1962 Anästhesie - 1962 Leit. Abt. Anästhesie u. Verbrennungskrankh. Zentralkrankenh. Bundeswehr, Koblenz; s. 1968 Abt.leit. Anästhesiologie Univ. Ulm; 1970-72 Bundesarzt DRK, 1973-81 Leit. Fachaussch. Rettungsdienst/Krankentransport DRK - Wissensch. Beirat zahlr. med. Zeitschr.; Herausg. med. Bücher u. Schriftenr.; zahlr. wiss. Publik. u. Buchbeitr. - Ehrenz. d. DRK 1974 - BVK I. Kl. 1978 - Spr.: Franz., Engl.

AHNERT, Frank

Dr. phil., o. Prof. f. Phys. Geographie TH Aachen (s. 1974) - Templergraben 55, 5100 Aachen - Geb. 12. Dez. 1927 Wittgensdorf (Vater: Paul A., Astronom; Mutter: Rose, geb. Ungibauer) - Promot. 1953 Heidelberg; 1954-74 Univ. of Maryland/USA (1954 Res. Assoc.; 1956 Assist., 1961 Assoc. u. 1966 Full Prof.). Fachmitgl.sch. Fachveröff. Mithrsg.: Catena (s. 1974); Earth Surface Processes and Landforms (s. 1981) - Spr.: Engl.

AHNSJÖ, Claes H.

Kammersänger, Opernsänger - Hofmarkstr. 21G, 8033 Planegg/München - Geb. 1. Aug. 1942 Stockholm, Schweden (Vater: Sven A., Arzt; Mutter: Doris, geb. Lindström), ev., verh. s. 1969 m. Helena, geb. Jungwirth, 3 S. (Fredrik, Mattias, Sven) - 1963 Abit.; 1964-67 Lehrerhochsch. Stockholm; 1967-69 Opernsch. Stockholm - 1969-73 Königl. Oper Stockholm, s. 1973 Bayer. Staatsoper München - Zahlr. Schallplattenaufn. Alle lyrischen Mozart-Tenorpartien, ca. 50 Hauptrollen: Rossini, Donizetti, Verdi, Britten u.a. - 1980 Ehrenmitgl. Königl. Oper, Stockholm; 1977 Kammersänger - Interesse: Menschen - Spr.: Deutsch, Engl., Franz.

AHRENDS, Günter

Dr. phil., o. Prof. f. Engl. Philologie u. Theaterwiss. Univ. Bochum (s. 1975) - Hahnenfußweg 26, 4630 Bochum - Geb. 27. Dez. 1937 Wilhelmshaven (Vater: Erich A., Beamter; Mutter: Erika, geb. Krägenbring), ev., verh. s. 1965 m. Evelyn, geb. Buschmann - 1959-65 Stud. Angl., Gesch., Phil. Köln u. Bonn; Promot. 1965 Bonn; Habil. 1974 ebd.; Venia Legendi f. Theaterwiss. 1987 - BV: Liebe, Schönheit u. Tugend als Strukturelemente in Sidneys Astrophel and Stella u. Spensers Amoretti, 1966; Traumwelt u. Wirklichk. im Spätw. Eugene O'Neills, 1978; D. Amerik. Kurzgesch. Theorie u. Entw., 1980; Theaterkunst als kreative Interpretation (Andrea Breth), 1989. Herausg.: Buchr. Stud. z. Engl. u. Amerik. Lit. (s. 1982); Ztschr. Forum Modernes Theater (s. 1986); Buchr. Forum Modernes Theater. Schr.reihe (s. 1988). Mithrsg.: Engl. u. amerik. Naturdicht. im 20. Jh. (1985); English Romatic Prosa (1989).

AHRENDT, Armin

Stadtdirektor Bad Münstereifel - Sebastian-Kneipp-Promenade 34, 5358 Bad Münstereifel (T. priv. 02253 - 81 54; dstl. 02253 - 9 91) - Geb. 1. Aug. 1936 Köln, kath., verh. s. 1966 m. Gabriele, geb. Osterberger; 3 Kd. (Andrea, Daniel, Christoph) - Dipl.-Verwaltungswirt, Dipl.-Komm. - Kurat.-Vors. Dt. Seminar f. Fremdenverkehr - Fachveröff. CDU.

AHRENS, August-Wilhelm

Landwirt, Senator, stv. Vorst.-Vors. Bundesverb. Landw. Berufsgenossensch., Alterskassen u. Krankenkassen, Vors. d. Bez.-Verb. d. Brschwg. Landvolkkreisverb., Vors. Landvolkkreisverb. Salzgitter (Kreislandw.), stv. Vors. d. Vorst. Land- u. Forstw. Arbeitgeberverenig. Nieders., Vors. d. Vorst. Brschwg. landw. Berufsgen., Alterskasse, Krankenkasse, Vorst. LK Hannover, Vors. d. Planungsaussch. d. Dtsch. Bauernverb. - 3321 Salder P. Salzgitter (T. 4 23 15) - Geb. 23. März 1921 Hildesheim (Vater: Wilhelm A., Landw.; Mutter: Hedwig, geb. Hanne), ev., verh. s. 1961 m. Renate, geb. Hesse - Gymn.; landw. Lehre; Stud. Naturwiss. - 1940-45 Reserveoffz. (div. Kriegsausz.); BVK I. Kl.; Ehrenratsherr Stadt Salzgitter - Spr.: Engl., Franz. - Mitgl. Lions Club.

AHRENS, Christian

Dr. jur., Hauptgeschäftsführer Vereinig. d. Nieders. Industrie- u. Handelskammern - Königstr. 19, 3000 Hannover 1 (T. 0511 - 348 15 65-66) - Geb. 22. Okt. 1943 Krakau (Vater: Dr. med. Hans-Joachim A., Facharzt f. HNO; Mutter: Friede, geb. Küster), ev., verh. s. 1975 m. Dr. med. dent Heba-Maria, geb. Dempwolff - 2. J. Bundeswehr (Res.-Offz.); Banklehre Hannover; Stud. Rechts- u. Staatswiss. Univ. München; 1. u. 2. jurist. Staatsprüf. München, Promot. 1983 - Rechtsanw. München; s. 1978 IHK Vereinig. Nieders.

AHRENS, Dieter

Dr. phil., Kunstwissenschaftler, Museumsdirektor - Franz-Ludwig-Str. 41, 5500 Trier (T. 0651 - 7 20 46); u. Städt. Mus. Simeonstift, Simeonstiftplatz, 5500 Trier (T. 0651 - 718 24 40) - Geb. 15. Juli 1934 Gelsenkirchen, kath., verh. s. 1962 - Promot. 1960 Münster - 1960-63 Wiss. Assist. Univ. Münster; 1963-65 Bischöfl. Mus. Trier; 1965-74 Konserv. Glyptothek München; s. 1974 Dir. Mus. Simeonstift Trier. Doz. Univ. Trier (Museologie, Metrologie) - BV: D. röm. Grundl. d. Gandhara-Kunst, (Diss.) 1962; Metrol. Beobacht. am Apoll v. Tenea, (in: Österr. Jahreshefte 49) 1968; Mus.didakt. Führungstexte, (Hrsg.) Bd. 1ff. 1976ff. - 1981 Ehrenmitgl. u. Goldmed. Kopt. Kulturzentrum Venedig - Liebh.: Musik, Lit. - Spr.: Engl., Franz., Ital., Span.

AHRENS, Dieter H.

Dr. iur., Arbeitsdirektor, Vorstandsmitglied Dt. Shell AG (Personalbereich) - Überseering 35, 2000 Hamburg 60 (T. 6 34 -1) - Geb. 17. Okt. 1934 Hannover - 1. u. 2. jurist. Staatsprüf. 1959 u. 1964, Promot. 1964 - 1964-66 Rechtsanw. in Hamburg; s. 1966 Dt. Shell AG.

AHRENS, Geert-Hinrich

Dr. jur., Vortr. Legationsrat I. Kl. im Auswärtigen Amt - Tempelstr., 5300 Bonn 1 - Geb. 29. Juli 1934 Berlin (Vater: Prof. Dr. Wilh. A., Chef Geol. Landesamt NRW), ev., verh. m. Zofia Maria, geb. Marciszonek, 2 Kd. (Philipp Emanuel, Julia Henryka) - Abit. 1954 Düsseldorf; jurist. Staatsprüf. 1958 u. 63 Düsseldorf, Promot. 1964 Bonn - Fellow Center for Intern. Affairs, Harvard Univ.; 1964/65 Rechtsanw. Düsseldorf; 1965/66 Attaché Sao Paulo, 1968-72 Konsul Hongkong, 1972-75 1. Sekr. Belgrad, 1975-79 Botschaftsrat Peking, 1984-86 Botsch. Hanoi/Vietnam - Spr.: Engl., Franz., Span., Ital., Portug., Serbokroat., Chines.

AHRENS, Hanna

Pastorin, Schriftst. - Süntelstr. 85i, 2000

Hamburg 61 (T. 040-550 88 11) - Geb. 6. Sept. 1938 Heiligenhafen, ev., verh. s. 1965 m. Dr. Theodor Ahrens (Pastor), 4 Kd. (Johannes, Susanne, Micha, Isabel) - Stud. German., Phil. u. Theol. Univ. Kiel, Zürich, Neuchatel, Tübingen, Göttingen, 1. theol. Ex. 1966, 2. theol. Ex. 1969, Ordinat. 1975 - 1971-78 Missionsarb. Papua-Neuguinea; Pastorin auf Kreuzfahrtschiffen; s. 1971 schriftst. Tätigk.; Entw. f. Karten - BV: Jesus, mein Bruder, 1978; Schwerer Stein od. Süßkartoffel, 1980; Schenk mir e. Regenbogen, 1982 (2. A.) (engl. Übers. Who'd Be A Mum, 1983); Feste, d. v. Himmel fallen, 1983; Worte, d. d. Tag verändern, 1984 (2. A. 1985); D. Herz hergeben, 1985; D. kleine Stern v. Bethlehem, 1986; D. kleinen Hindernisse, 1987; Pandanus wächst niedrig im Sand, 1988; E. Gefühl v. Freiheit u. Glück, 1988 - Liebh.: Lit., Reisen, Handwerkl. Arbeit, Botanik - Spr.: Engl., Neo-melanes. Pidgin, Franz.

AHRENS, Hans Georg

Rechtsanwalt u. Notar, Vorstandsmitgl. Dt. Schutzvereinigung f. Wertpapierbesitz e. V. - Sedanstr. 3, 3000 Hannover (T. 0511 - 1 76 81) - Geb. 10. März 1927 - ARs- u. VRsmand. (z. T. Vors.).

AHRENS, Hans Joachim

Dr. rer. nat., Dipl.-Psych., Prof. Univ. Heidelberg - Bergstr. 27a, 6900 Heidelberg - Geb. 15. Juli 1934 Braunschweig - Dipl. 1964 Univ. Hamburg, Promot. 1967 TU Braunschweig, Habil. 1971 Univ. Heidelberg - BV: Multidimens. Skalier., 1974; Brennpunkte d. Persönlichkeitsforschung, 1984; zahlr. Buchbeitr. u. Aufs. üb. Soz. Urteils- u. Entsch.bild., Informationsverarb. u. Kognition, Multivariate Meth., Differentielle Psychol.

AHRENS, Heinz

Dr. rer. pol., Dipl.-Kfm., Vorsitzender d. Geschäftsfg. Karl Kässbohrer Fahrzeugwerke GmbH, Ulm - Strigelstr. 23, 8940 Memmingen (T. 6 48 86) - Geb. 12. März 1935 Rheine/Westf. (Vater: Heinrich A.), kath., verh. s. 1959 m. Ria, geb. Revink, 3 Kd. (Ute, Christoph, Hendrik) - Banklehre, 1955-59 Stud. d. Rechts- u. Staatswiss., 1965-67 Stip. Dt. Forschungsgemeinschaft f. intern. Steuerrecht - 1959-67 Univ. Münster (Wiss. Assist., 1960ff. Lehrbeauftr.), 1963-65 C. G. Trinkaus, D'dorf; 1967-80 Geschäftsf. Stetter GmbH, Memmingen; 1981-86 Geschäftsf. X. Fendt & Co, Marktoberdorf. AR- u. Beiratsmand. - Spr.: Engl.

AHRENS, Herbert

Dr. jur., Ministerialrat a.D., Vorstandsmitgl. Wirtschaftsaufbaukasse Schleswig-Holstein AG. (s. 1968) - Bismarckallee 1a, 2300 Kiel (T. 33 24 78) - Geb. 12. Juni 1912 Kiel (Vater:Paul A.; Mutter: Frieda, geb. Sachau), ev., verh. m. Irmgard A.-Braksiek, geb. Eggert - Gymn. u. Univ. Kiel (Rechtswiss.). Promot. 1938; Ass.ex. 1939 - 1944-68 Finanzamt Plön, OFD Kiel, Finanzmin. SH (zul. Min.rat) - Spr.: Engl., Franz., Dän.

AHRENS, Jens-Rainer

Prof., Dr. rer. pol., Hochschullehrer (Soziologie), MdL Nieders. (s. 1970) - Am Krähenberg 5, 2116 Asendorf (T. 04183 / 39 99) - Geb. 22. Aug. 1938 Hamburg - 1955 Mittl. Reife, Buchhandelsl., 2. Bildungsweg, s. 1961 Stud. d. Betriebswirtschaftsl. u. Soziologie, 1966 Dipl.-Kfm. 1972 Prom., s. 1976 Prof. a. d. Hochsch. d. Bundeswehr in Hamburg. Hauptarbeitsgeb.: Sozialisation u. Erziehung, Bildungspolitik. S. 1978 Vors. d. Kultusaussch. d. Nieders. Landtages.

AHRENS, Joachim

Dr. rer. nat., o. Prof. f. Angew. Mathematik - Rarsrott 11, 2300 Kiel 14 - Geb. 31. Jan. 1928 Rostock - Promot. 1957 Kiel (Fakultätspreis) - Langj. Forschungs- u. Lehrtätigk. USA; s. 1975 Ord. Univ. Kiel.

AHRENS, Joseph

Em. Prof., Komponist - Hüningerstr. 26, 1000 Berlin 33 (T. 030 - 832 53 90) - Geb. 17. April 1904 Sommersell (Vater: Robert A., Organist; Mutter: Elisabeth, geb. Vogt), kath., verh. s. 1931 m. Gisela, geb. Schroeder, 2 Kd. (Ingeborg, Sieglinde) - BV: u.v.a. D. Formprinzipien d. Gregorian. Chorals u. mein Orgelstil, 1977; V. d. modi z. Dodekaphonie, 1979 - Zahlr. Musikw., u.a. Trilogia contrapunctica; Tril. dodekaphonica; Passacaglia dodekaphonica; Orgelw. u.a. Toccata eroica Tripychon B-A-C-H; 5 Choralpartituren; Zyklen: D. hl. Jahr, Cantiones Gregorianae; Verwandlungen I-III; Trilogia Sacra; Chorw.: dt. u. lat. Motetten; 7 lat. Messen; Weihnachtsevangelium Sei uns willkommen Herre Christ a capp; Matthäus- u. Johannespassion a capp - 1955 Berliner Kunstpreis.

AHRENS, Karl

Dr. jur., Präsident Parlam. Vers. d. Europarates (1983ff.), MdB (s. 1969; Wahlkr. 42/Holzminden) - Conseil de l'Europe, B.P. 431 R 6, F-67006 Strasbourg Cedex; u. Hermann-Löns-Weg 9, 3007 Gehrden (T. 48 09) - Geb. 13. März 1924 Hilter, ev.-luth., verh. m. Gudrun, geb. Eck, 2 T. (Gudrun, Almut) - Oberschule Osnabrück; Stud. Rechtswiss. u. Volksw. Univ. Göttingen; Promot. 1952, Ass.ex. 1955 - 1959-63 Stadtdir. Northeim; 1967-69 Min.-Dirig. nieders. Innenmin., Hannover; ab 1969 MdB, ab 1970 Mitgl. Parlam. Vers. Euorparat; gf. Präsid.-Mitgl. Verb. kommunaler Untern. (VKU), Köln. SPD.

AHRENS, Peter Georg

Dr.-Ing., Architekt, Prof. f. Städtebau u. Siedlungswesen TU Berlin - Scheelestr. 33, 1000 Berlin 45 (T. 711 45 56) - Geb. 27. April 1920 Berlin (Vater: Wilhelm A., Richter; Mutter: Johanna, geb. Jürgens), ev., verh. s. 1960 m. Rixa, geb. v. Amsberg, 2 Kd. (Jürg, Jenny) - Stud. TH Braunschweig - 1951-53 Arch. Dt. Bundespost, 1953-56 Min. f. Öfftl. Arb. Ankara/Türkei, 1957-60 Leit. Stadtplan. Teheran/Iran, s. 1960 TU Berlin (Assist., Oberring., Priv.-Doz.); 1985 v. Lehrverpflichtung befreit - Spr.: Engl.

AHRENS, Rüdiger

Dr., o. Prof. Univ. Würzburg - Bergmannweg 15, 8706 Höchberg - Geb. 3. Jan. 1939 - Leverhulme Fellow, Cambr.; Hochschulverb.; Görres-Ges. - BV: Engl. Parodien, 1972; D. Essays v. Francis Bacon, 1974; Engl. lit.theoret. Ess., 1975; Shakespeare im Unterr., 1977; Engl. u. amerik. Lit.theorie, (m. E. Wolff) 1978/79; Lex. d. engl. Lit., (m. H. W. Drescher), 1979; Amerik. Bildungswirklichk. heute, 1981; Shakesp.-Didakt. Handb., 1982.

AHRENS, Sieglinde

Organistin, Prof. f. Orgelspiel Folkwang-Hochsch., Essen (s. 1962) - Daimlerstr. 20, 4300 Essen 1 - Geb. 19. Febr. 1936 Berlin (Vater: Prof. Joseph A., Komponist (s. dort); Mutter: Gisela, geb. Schroeder), kath. - Musikhochsch. Berlin (Kompos.: Boris Blacher, Orgel: Vater) u. Konservat. Paris (Olivier Messiaen) - 1947-57 Salvatorkirche Berlin, Funk- u. Plattenaufn., Konzertreisen. Kompos.: 3 Stücke f. Orgel, Sonate f. Violine u. Orgel, 5 St. f. Streichtrio, Fantasie, Suite f. Orgel, 3 Gesänge f. Baß u. Orgel. Übers.: Olivier Messiaen, Technique de mon langage musical, 1965 - 1964 Förd.spreis d. Gr. Kunstpr. v. Nordrh.-Westf. - Spr.: Franz.

AHRENS, Tilo

Dr. jur. Assessor, Geschäftsführer Niederrhein. Industrie- u. Handelskammer, Duisburg, u. d. Getreide- u. Warenbörse Rhein/Ruhr Duisburg-Essen zu Duisburg - Mercatorstr. 22-24, 4100 Duisburg; priv.: 29, Uhlenbroicher Weg 121 - Geb. 29. März 1933 Duisburg (Vater: Dipl.-Ing. Richard A., Chemiker; Mutter:Ilse, geb. Thiele), ev., led. - Landfermann-Gymn. Duisburg; Univ. Marburg, Kiel, Bonn (Rechtswiss.). Jurist. Staatsex. 1957 u. 1961 Düsseldorf - 1962-65 Versicherungswesen.

AHRLÉ, Ferry

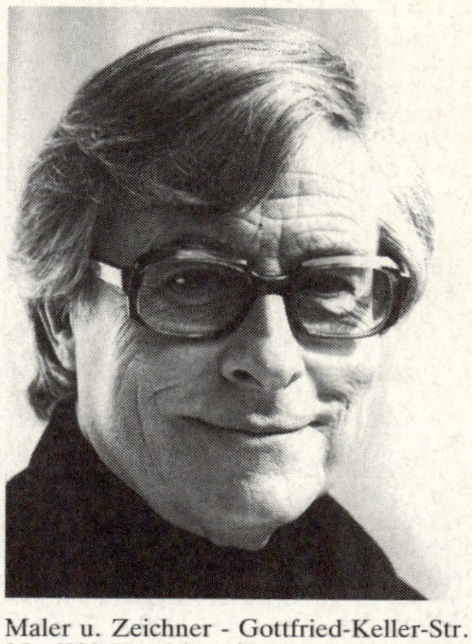

Maler u. Zeichner - Gottfried-Keller-Str. 25, 6000 Frankfurt (T. 51 50 82) - Geb. 17. Juni 1924 Frankfurt/M. Vater: René A., Graphiker; Mutter: Emi, geb. Zeman), ev., verh. s. 1966 in 2. Ehe m. Sigrid, geb. Limpert - Staatl. Hochsch. f. bild. Künste Berlin (Prof. Gerh. Ulrich u. Prof. Max Kaus), Acad. Julian Paris - Portrait, Stadtlandsch., Illustr., Wandmalerei - 1972 1. Vors. Berufsverb. bild. Künstler Frankfurt - BV: Frankfurter Gästeb., 1968; Treffpunkt Hauptwache, 1969; Farbiges Fr., 1970; Mit Mozart auf Reisen, 1970; Fr. 1822 u. heute, 1972; Signale u. Schiene, 1973; Frankfurter Straßen u. Plätze, 1974; Salzburg für Jedermann, 1978; Sehen u. sehen lassen, 1981 (Autobiogr.). Da sind sie wieder - oder D. Wunderkreide, Theaterstück 1985 (m. Helmut Oeser). Zeichentrickfilme f. d. Ferns.: Hab' Bildung im Herzen, 1975; Wer war der Malermeister?, 1978; Sehr ähnlich, wer soll's denn sein?, 1979; Film über das Leben von Jacques Offenbach, 1979. 1983-85 achtzehn FS-Folgen: Da sind sie wieder, heitere Porträts hist. Persönlichk.; 1985 Fernsehporträt v. Yehudi Menuhin, 1987 D. Kleinen d. Großen; 1989 Fernsehserie: D. Galerie d. Straße (ARD). 1988 Kunstmappe D. Welt d. Oper - 1962 Prix Toulouse Lautrec, 1965 1. Preis Grand Prix Intern. de Deauville, 1980 Goldmed. 23. Intern. Film- u. Fernsehfestival New York („Talkshow"), 1983 1. Pr. intern. Tourismusplakat-Wettbewerb (f. d. Serie Dt. Städtebilder); 1984 Ehrenplak. Stadt Frankfurt; 1985 BVK I. Kl.; 1989 Ehrenkreuz f. Wiss. u. Kunst d. Rep. Österreich - S. 1981 Mitgl. Lions-Club - Spr.: Engl., Franz. - Vorf.: Moritz v. Schwind (mütterl.-seits).

AHRNDSEN, Dietmar

Rechtsanwalt, Fachanw. f. Steuerrecht, Geschäftsf. Verb. Bayer. Zeitungsverleger (s. 1978) - Trogerstr. 40, 8000 München 80 - Geb. 20. Jan. 1936 Berlin - Abit. Berlin; Stud. Univ. Hamburg, Berlin, Genf u. München - Mitgl. Medienrat d. Bayer. Landeszentrale f. Neue Medien.

AHRONOVITCH, Yuri

Dirigent, Kapellm. Stadt Köln - Martinstr. 2, 5000 Köln 1 - Geb. in Leningrad/UdSSR, verh. s. 1973 m. Tamar Sakson - Ausb. am Leningrader Konservat. - 1964-72 Chef-Dirig. Moskauer Radio Symphonie-Orch.; 1975-86 Gürzenich-Kapellm. Stadt Köln; 1982-87 Chefdirig. Stockholmer Philharmon. Orch.; Gastdirig. zahlr. intern. Orch. u. Opern - 1984 Mitgl. Schwed. Königl. Musikal. Akad.; ab 1986 Gastdirig. Jerusalem Radio Symphony Orch. - Liebh.: Fotos, Radio u. Video Elektronik, Lit. - Spr.: Russ., Hebr., Engl., Ital., Deutsch.

AICHBERGER, Friedrich

Senatspräsident a. D. Bayer. Landessozialgericht - Albrecht-Dürer-Str. 15a, 8033 Krailling/Obb. - Geb. 22. März 1908 - BV: Sozialgesetzbuch/Reichsversicherungsordnung u. Angestelltenversicherungsgesetz, Bearb. v. Standardw. - 1975 BVK.

AICHELBURG, Freiherr von, Wolf

Schriftsteller - Auwaldstr. 3/VI, 7800 Freiburg (T. 0761-13 27 37) - Geb. 3. Jan. 1912 Pula (Jugosl.), ev., ledig - Stud. German. u. Roman. Univ. Cluj-Klausenburg/Rumän. - Studienrat, Journ. u. Dolmetscher - BV: Herbergen im Wind, Ged. 1968; Fingerzeige, Ess. 1974; Vergessener Gast, Ged. 1973; Umbrisches Licht, Erz. 1975; Aller Ufer Widerschein, Ged. 1984; Anhalter Bahnhof, Ged. 1985; Corrida, Ged. 1987. Übers. rumän. Dichter - Liebh.: Musik, Kompos. - Spr.: Franz., Engl., Rumän., Italien., Span.

AICHELIN, Helmut

Prälat i. R. - Staufenring 34, 7900 Ulm/D. (T. 2 58 56) - Geb. 18. Febr. 1924 Stuttgart (Vater: Christian A., Ing.; Mutter: Mathilde, geb. Bertsch), ev., verh. s. 1952 m. Marianne, geb. Breuninger, 3 Söhne (Jörg, Peter, Albrecht) - Gymn.; TH Stuttgart; Univ. Tübingen u. Göttingen (Theol.). Ex. 1951 u. 53 - 1951 Vikar u. Pfr. (1953) Stuttgart-Zuffenhausen; 1960-68 Studentenpfr. Tübingen. 1964-67 Vors. Studentenpfr.-Konfz., 1968-79 Leit. Ev. Zentralst. f. Weltanschauungsfragen - 1980 Dr. theol. h. c. (Univ. Kiel) - Spr.: Engl.

AICHER, Otl

Grafiker - 7970 Rotis/Allg. 12 - Mitbegr. VHS Ulm u. Hochsch. f. Gestaltung ebd. (Doz. f. Visuelle Kommunikation u. zeitw. Rektor). Tätigk./Entwürfe: Visuelles Erscheinungsbild f. Braun, Lufthansa, ZDF (u. a. Uhr vor heute-Send.), ERCO, WestLB, Bayer. Rückversich. Urh. Piktogramme, Gestaltungsbeauftr. Olymp. Spiele 1972. Lehrauftr., Ref. im Ausl. (USA, Brasilien, Japan u. a.) - BV/Fotobde.: Flugbild Deutschl., Im Flug üb. Europa, Allgäu (b. Isny, Zeichnungen), Gehen in d. Wüste, D. Küche z. Kochen, Kritik am Auto, Innenseiten d. Kriegs, Ockham, Entw. d. Schriftfamilie rotis, 1988, typographie, 1988.

AICHHOLZ, Hermann

Dr.-Ing., Geschäftsführer Alzwerke GmbH. - Prinzregentenstr. 22, 8000 München 22 - Geb. 15. Aug. 1926.

AIDELSBURGER, Nikolaus

Dipl.-Landw., I. Bürgermeister - Rathaus, 8024 Oberhaching/Obb. - Geb. 28. Okt. 1936 Deisenhofen - Zul. Bankkfm. CSU.

AIGEN, Günther N.

s. Aigengruber, Gunter

AIGENGRUBER, Gunter

Dipl.-Theol., Gymnasiallehrer, Schriftst. (Ps.: Gunter N. Aigen) - Rennweg 9, 8050 Freising - Geb. 23. Nov. 1937 - Human. Gymn. Bad Windsheim u. Freising (Abit.); Stud. Univ. München (Ex. Phil., Theol. u. Päd.) - Assist. Univ. München (f. Altes Testament); Lit. Tätigk. f. Presse u. Rundf. (BR); Texten u. Sprechen v. Mundartsend. - BV: Mod. Kurzgesch., Erz. u. mittelfr. Mundartdicht. - 1971 Preis Arbeitsgem. junger Publiz.; 1970 u. 79 Preis Interessengem. deutschspr. Autoren (IGdA) - Spr.: Alte Spr.

AIGNER, Eduard

Maler - 8000 München - Geb. 1903 Mittelfranken - Lithographenlehre Nürnberg; 1923 ff. Kunstakad. München (Schüler Adolf Schinnerers) - Zahlr. Landschaften, Gärten, Porträts u. Szenen (bek.: Revolte, Dame auf d. Straße, In. d. Straßenbahn, Münchener Müllkutscher). Div. Ausstell. (auch Glaspalast München). Zeitw. Präs. Münchener Künstler-Genoss.

AIGNER, Georg

Dipl.-Ing., Geschäftsführer Vestische

Straßenbahnen GmbH, Herten, MdL Nordrh.-Westf. (s. 1975) - Am Chursbusch 22b, 4630 Bochum (T. 49 55 10) - Geb. 16. Mai 1934 - Stv. Fraktionsvors., verkehrspolit. Sprecher d. SPD-Fraktion.

AITZETMÜLLER, Rudolf

Dr. phil., o. Prof. f. Slav. Philologie - Residenzpl. 2, 8700 Würzburg - Geb. 2. Dez. 1923 Linz/Donau, verh. 1951 m. Prof. Dr. phil. Linda Aitzetmüller-Sadnik (s. dort) - Promot. (1950) u. Habil. (1958) Graz - S. 1958 Lehrtätigk. Univ. Graz, Heidelberg (1962), Tübingen (1963 Ord. u. Dir. Slav. Sem.), Würzburg (1967) - Fachveröff.

AITZETMÜLLER-SADNIK, Linda

Dr. phil., o. Prof. f. Slav. Philologie u. Südostforsch. (emerit.) - Universität, Graz (Österr.) - Geb. 13. Dez. 1910 Pettau (Vater: Dr. Raimund Sadnik, Rechtsanw.; Mutter: Elisabeth, geb. Hutter), verh. 1951 m. Prof. Dr. phil. Rudolf Aitzetmüller (s. dort) - S. 1947 (Habil.) Lehrtätigk. Univ. Graz, Saarbrücken (1959 Ord.), Graz (1968 Ord.).

AKINA, Henry

Regisseur, Künstler. Leit. Berliner Kammeroper - Zu erreichen üb. Kammeroper, Tempelhofer Ufer 5, 1000 Berlin 61 - Geb. 27. Aug. 1955 Honolulu (Hawai), ev., (angl.), ledig - Schauspielsch.; Stud. Regie u. Theaterwiss. Tufts Univ., Mass./USA; Stud. FU Berlin; Studienaufenth. in New York, London, Polen u. Italien - Regieassist. b. Harry Kupfer, Kurt Horres, Goran Järvefeldt, Vaclav Kaslik u.a.; s. 1981 Regiss. u. künstl. Leit. Berliner Kammeroper - Insz.: Dioclesian-Purcell (Berlin 1982), Acis u. Galatea-Händel (Berlin 1982), The Turn of the Screw-Britten (Berlin 1982), King Arthur-Purcell (Berlin 1983), Agrippina-Händel (Berlin 1983), Maddalena, v. Prokofjew (Dt. Erstauff., Berlin 1984), San Giovanni Battista-Stradella (Berlin 1984), Kleopatra u. d. Krokodil, v. Lampersberg (UA Berlin 1984), D. Leuchtturm, v. Maxwell-Davies (Berlin 1984), Il matrimonio Segreto-Cimarosa (Berlin 1985), Through Roses-Neikrug (Berlin 1985), Il Giasone, v. Cavalli (Berlin 1986), D. Leiden d. Orpheus/D. Arme Matrose, v. Milhaud (Berlin 1986/87), Pollicino, v. Henze (Berlin 1986), D. Steinerne Gast, v. Dargomyschski (Berlin 1987), The Rake's Progress, v. Strawinsky (in Vorb. f. Berlin 1987) - Liebh.: Sport u. Musik - Spr.: Engl., Ital.

AKTOPRAK, Levent

Journalist, Autor - Weststr. 70, 4708 Kamen - Geb. 18. Sept. 1959 Ankara, led. - Abit.; Stud. Päd., Soziol. u. Lit.-wiss. - Beitr., Rep. u. Moderationen b. Hörfunk (WDR) u. FS (ZDF) - BV: E. Stein, d. blühen kann, 1985; Unterm Arm d. Odyssee, 1987; E. türkische Familie erzählt, 1987; Gefaltet üb. vier Grenzen, 1989/90 - Lit.förderpreis Stadt Bergkamen - Spr.: Dt., Engl.

ALADJOV, Peter

Dipl.-Ing., Vorstandsmitglied Bafag AG, München - Lindwurmstr. 11, 8000 München 2 (T. 089-236051) - Geb. 27. Mai 1952 Sofia, orth., ledig - Math.-naturwiss. Gymn.; Stud. Elektrotechnik TU München (Fachricht. Hochfrequenz-Technik), Dipl.-Ing. - Liebh.: Elektrotechnik - Spr.: Engl., Franz., Bulgar.

ALAND, Barbara,
geb. Ehlers

Dr. phil., Lic. (Päpstl. Bibel-Inst. Rom), D. Litt., Prof. f. Kirchengeschichte u Neutestamentl. Textforsch. m. bes. Berücks. d. christl. Orients - Einsteinstr. 12, 4400 Münster/W. - Geb. 12. April 1937 Hamburg, ev. - Promot. 1964 - 1972 (Habil.) Lehrtätigk. Univ. Münster (1974 Doz.; 1980 Prof.; 1983 Dir. Inst. f. neutestamentl. Textforsch.). Facharb. - BV: Mithrsg. Nestle-Aland, Novum Testamentum graece (1979ff.); The Greek New Testament (1983ff.); D. Text d. Neuen Testaments (1982; engl. u. ital. Ausg. 1987); D. Neue Testament in syrischer Überlieferung (1986).

ALAND, Kurt

D. theol. h. c., D. D., D. Litt., o. Prof. f. Kirchengeschichte u. Neutestamentl. Textforschung - Einsteinstr. 12, 4400 Münster/W. - Geb. 28. März 1915 Berlin (Vater: Paul A.; Mutter: geb. Müller) - Stud. Theol. Habil. 1941 - 1945 Privatdoz., 1946 apl. Prof. Univ. Berlin, 1947 o. Prof. Univ. Halle, 1959 Univ. Münster, emerit. 1983. Zahlr. Bücher u. Aufs. z. Kirchengesch. u. neutestamentl. Textforsch. (s. Kürschners Gelehrtenkalender). Hrsg.: Novum Testamentum Graece (Nestle), Synopsis Quattuor Evangeliorum, Itala u. a. Quelleneditionen (u. a. Luther, Wessenberg, Katholizismus), mehrere wiss. Reihen - 3f. Ehrendoktor; 1959 Ausw. Mitgl. Sächsische Akad. d. Wiss. 1961 Ehrenmitgl. Soc. of Biblical Literature and Exegesis (USA); 1963 Gold. Athoskreuz; 1966 Ehrenmitgl. American Bible Soc.; 1969 korr. Mitgl. Brit. Academy; 1973 Burkitt Medal; 1975 Göttinger Akad. d. Wiss.; 1976 Gr. BVK u. Ausw. Mitgl. Niederl. Akad. d. Wiss; 1983 Gr. BVK m. Stern.

ALARCÓN, Alberto

eigentl. Juan José Marin Alarcon, Prof. f. Europ. Folklore Folkwang Hochsch. Essen (s. 1979), Solist, Choreogr., Päd. - Zu erreichen üb. Folkwang Hochschule f. Musik, Theater, Tanz - Klemensborn 39, 4300 Essen 16 - Geb. 3. April 1946 Cartagena/Span. (Vater: Paco M., Friseurm.; Mutter: Dolores, geb. Soriano), kath., verh. s. 1973 m. Rosemarie, geb. Elbers, S. Patrick - Tänzerex. 1962 Barcelona, Tanzpädagogikex. 1978 Folkwang Hochsch. - 1969 Gründ. e. Flamencoensembles; 1969-79 Tourneen u. Gastsp. in Span., Ital., Griech., Frankr., Belg., Niederl., CSSR, Südamerika, Deutschl.; Gastchoreogr. u. Solist an fast allen Opernhäusern Frankr. (Carmen, Macht d. Schicksals); Funk, FS, Gastdoz. im In- u. Ausl. - BV: Boleras. Einf. in d. Kastagnettensp., 1982; (dt. u. span.) - 1961 Med. f. d. besten Nachwuchstänzer, Barcelona; 1974 Silb. Ausz., Cambrils; 1979 Primer Premio Danza Gallega, Barcelona; 1983 Primer Premio Flamenco-Festival, Wuppertal - Liebh.: Musik, Lit. - Spr.: Franz., Ital., Deutsch.

ALBACH, Horst

Dr. rer. pol., Drs. rer. pol. h. c., Dr. rer. oec. h. c., Dr. rer. pol. h. c., Dipl.-Kfm., Dipl.-Volksw., Stb., o. Prof. f. Betriebsw.lehre - Waldstr. 49, 5300 Bonn 2 (T. 31 31 47) - Geb. 6. Juli 1931 Essen (Vater: Karl A., Wirtschaftsredakt), ev., verh. s. 1960 m. Dr. Renate, geb. Gutenberg - Univ. Köln u.Bowdoin College/USA (Betriebsw., Volksw., Rechtswiss.) - S. 1959 Lehrauftr. TH Darmstadt, Univ. Graz, Kiel, Bonn (1961 Ord.), Mitgl. Rhein. Westf. Akad. d. Wiss. - BV: Wirtschaftlichkeitsrechnung bei unsicheren Erwartungen, 1959; Investition u. Liquidität, 1961; Beitr. z. Unternehmensplanung, 1969; Steuersyst. u. unternehmerische Investitionspolitik, 1970; Finanzkraft u. Marktbeherrschung, 1981 - Spr.: Engl., Franz. - Rotarier.

ALBACH, Walter

Dr.-Ing., Leiter Eichverw. Nieders. i. R. (1970-89) - Zul. Hannover - Geb. 16. Okt. 1925 Berlin, ev., verh. s. 1955 m. Dietlind, geb. Sprotte, 4 Kd. (Wulf, Heike, Jörg, Gisa) - Gymn. Potsdam u. Berlin; TU Berlin; Dipl.-Ing. 1952, Promot. 1959 - 1952-70 Labor-Leit. Physikal.-Techn. Bundesanst. Berlin.

ALBANO-MÜLLER, Armin

Dr. jur., gf. Gesellschafter Schwelmer Eisenwerk Müller & Co. GmbH., Schwelm - Hauptstr. 16, 5830 Schwelm/W. - Geb. 22. Nov. 1935 Schwelm (Vater: Albano A.-M., s. XIV. Ausg.), verh. m. Saraswati, geb. Sundaram - ARs-mandate.

ALBATH, Jürgen

Dr. jur., Oberkreisdirektor a. D. - Letmather Str. 27, 5860 Iserlohn/W. (T. 02371 - 5 04 04) - Geb. 27. Juni 1921 Senne (Vater: Dr. med. Kurt A.), verh. m. Dr. med. Irmgard, geb. Spieler - Vors. DRK Kreisverb. Iserlohn Land; Beirat Westf. Ferngas AG - Hon. Officier of the Order of the British Empire (OBE); BVK I. Kl. - Spr.: Engl. - Rotarier.

ALBAUM, Kurt

Dr. rer. pol., Dipl.-Kfm., REFA-Ing., Werftdirektor; Vorstandsmitgl. Geschäftsber. Schiffbau, Thyssen Industrie AG, Essen; Geschäftsf., Arbeitsdir., Thyssen Nordseewerke GmbH, Emden - Zu erreichen üb. Thyssen Nordseewerke GmbH, Hauptverw., Am Zungenkai, 2970 Emden - Geb. 29. Juni 1929.

ALBECK, Hermann Christian

Dr. rer. pol., Prof. - In der Kirchendelle 7, 6652 Niederbexbach (T. 06826-42 00) - Geb. 7. Febr. 1935 Stuttgart (Vater:- Ernst A., Polizeibeamter; Mutter: Wilhelmine, geb. Ulrich), verh. s. 1962 m. Uta, geb. Tölke, 3 Kd. (Angela, Georg, Christoph) - Fr. Waldorfsch. Stuttgart (Abit. 1954); kaufm. Lehre; Stud. d. Volksw.slehre Stuttgart, München, Tübingen; Dipl.ex. (1960), Promot. (1967), Habil. (1973) Tübingen - S. 1975 Mitgl. ad-hoc-Aussch. Fachinfor.s-system Soz.-wiss. b. Bundesmin. f. Forsch. u. Techn. - BV: Stabilisierungspolitik m. Entscheidungsmodellen, 1969 - Liebh.: Musik, Sport - Spr.: Engl., Franz.

ALBENSÖDER, Albert

Dipl.-Ing., Präsident Oberpostdirektion Frankfurt - Stephanstr. 14-16, 6000 Frankfurt/M. 1.

ALBER, Klaus

Dr. rer. nat., Dipl.-Math., o. Prof. f. Informatik TU Braunschweig (s. 1972) - Ludwig-Richter-Str. 38, 3340 Wolfenbüttel - Geb. 29. Juni 1932 Lüneburg (Vater: Dr. Oskar A., Chemiker; Mutter: Jutta, geb. Dohmeyer), Ehefrau: Annaliese (s. 1961) - Promot. 1959 Hamburg - 1964-72 IBM Labors Böblingen u. Wien.

ALBER, Siegbert

Regierungsrat i. e. R., Vizepräsident Europ. Parlament - Gammertinger Str. 35, 7000 Stuttgart 80 - Geb. 27. Juli 1936 - 1969-80 MdB; s. 1977 Mitgl. Europ. Parlament. CDU.

ALBERS, August

Dr.-Ing., Dipl.-Ing., geschäftsf. Gesellschafter Color Metal GmbH, Heitersheim - Grissheimer Weg 7, 7843 Heitersheim - Geb. 5. Juli 1929, kath., verh. s. 1962 m. Rosemarie, geb. Lippert, 2 S. (Peter, Stefan) - Gymn. Carolinum Osnabrück; Stud. Maschinenbau u. Verfahrenstechnik TH Aachen; Dipl. u. Promot. - Spr.: Engl.

ALBERS, Claus

Dr. med., o. Prof. f. Physiologie - 8411 Steinrinnen Nr. 1 - Geb. 24. Nov. 1925 Reinbek - S. 1961 (Habil.) Lehrtätigk. Univ. Gießen (1967 apl. Prof) u. Regensburg (1968 Ord.). Etwa 100 Facharb.

ALBERS, Gerd

Dr.-Ing., em. o. Prof. f. Städtebau u. Regionalplanung - St. Jakobstr. 9, 8034 Germering/Obb. - Geb. 20. Sept. 1919 Hamburg (Eltern: Ernst u. Bertha A.), verh. s. 1952 m. Ingrid, geb. Keup - TH Hannover (Arch); Illinois Inst. of Technology (Stadtplanung). Master of Science 1950 Chicago; Dipl.-Ing. 1951 Hannover; Promot. 1957 Aachen; Dr.-Ing. E. h. 1986 Karlsruhe - 1952-54 Stadtplanungsamt Ulm; 1954-59 Amtsleit. Trier; 1959-62 Oberbaudir. Darmstadt; s. 1961 Ord. u. Inst.dir. TH München (1965-68 Rektor) - Mitgl Dt. Akad. f. Städtebau u. Landesplanung (s. 1985 Präs.), Akad. f. Raumforsch. u. Landespl., Bayer. Akad. d. Schönen Künste (1974-83 Präs.), Intern. Ges. d. Stadt- u. Regionalplaner (1975-78 Präs.) - BV: Was wird aus d. Stadt?, 1972; Entwicklungslinien im Städtebau, 1975; Stadtplanung: Entwicklungslinien 1945-80, 1984; Stadtplanung - e. praxisorientierte Einf., 1988 - 1969 Bayer. VO.; 1973 Fr. Schumacher-Pr. Stadt Hamburg; 1985 Camillo-Sitte-Preis Wien.

ALBERS, Hans

Dr. rer. nat., Vorstandsvorsitzender BASF AG., Ludwigshafen (ab 1983) - Zu erreichen üb.: BASF AG, Postf., 6700 Ludwigshafen - Geb. 4. März 1925 Lingen - Stud. Chemie - S. 1953 BASF (u.a. b. 1982 stv. Vorst.-Vors.).

ALBERS, Hans-Karl

Dr. med., Dr. med. dent., Prof. u. Direktor Abt. f. Zahnerhaltung u. Parodontologie Univ. Kiel - Arnold-Heller-Str. 16, 2300 Kiel 1 (T. 0431 - 597-27 81) - Geb. 22. Aug. 1939 Hamburg - Lehre als Werkzeugmacher, Abit.; Stud. Berufspäd., Zahnmed. u. Med.; Staatsex. d. Zahnheilkd., Approb. u. Promot. 1970, Staatsex. d. Med. 1975, Approb. 1976, Habil. 1979 - 1976-78 Mitarb. im SFB 34 d. Univ. Hamburg; 1979 Assist. Konserv. Abt., 1980 Oberarzt Konserv. Abt. Univ. Hamburg, 1982 Prof. Univ. Hamburg, 1985 Berufung Univ. Köln u. Berufung Univ. Kiel. Fachveröff. - 1981 Eugen-Fröhlich-Preis.

ALBERS, Herbert

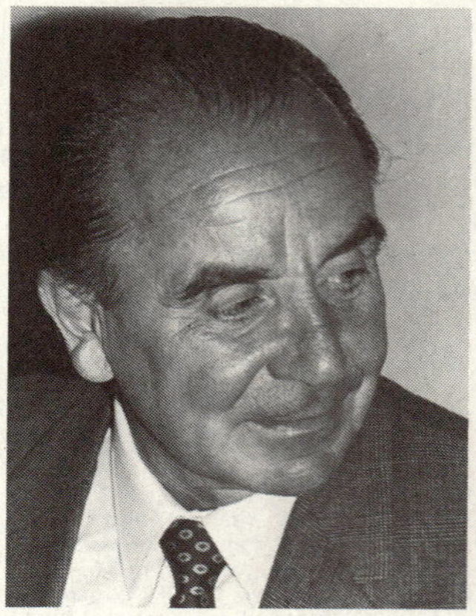

Dr. med. habil., D. Sc. Hon., Prof., Chefarzt i. R. Frauenklinik Städt. Krankenanstalten Wiesbaden (1958-74) - Beethovenstr. 12, 6200 Wiesbaden - Geb. 2. Juni 1908 Wilhelmshaven (Vater: J. A., Kaufm.; Mutter: T., geb. v. d. Werp), verh. m. Ursula, geb. Krüger - Univ. Marburg, Jena, Kiel. Habil. 1940 Leipzig, Prof. 1944 - S. 1969 apl. Prof. Univ. Mainz. 148 Fachveröff., 10 Bücher - Korr. Mitgl. Europ. Akad. d. Wiss.; 1986 Albert Einstein-Med. (f. wiss. Erkenntnisse üb. d. physiol. Stoffwechselabläufe in d. Schwangerschaft); 1987 Marconi Med. (Civile Verd.); 1989 D. Sc. Hon. d. Albert Einstein Akad.

ALBERS, Jan

Dr. jur., Präsident a.D. Hamburg. Oberverwaltungsgericht - Am Sachsenberg 4, 2057 Wentorf (T. 040 - 720 22 04) - Geb. 3. Nov. 1922, verh. s. 1971 m. Anna-Christa, geb. Graff - Jura-Stud. Hamburg; Promot. 1947, gr. jurist. Staatsprüf. 1949, alles Hamburg - 1949 richterl. Dst.; 1951 Landgerichtsrat, 1959 Oberlandesgerichtsrat, 1970 Senatspräs., 1985 Präs. OVG Hamburg - BV: Gewichtsklauseln im Überseekauf, 1950; Mitverf. Kurzkomment. z. Zivilprozeßordn. v. Baumbach-Lauterbach (s. 1972, 45. A. 1987) - Liebh.: Gesch. (insb. Kunstgesch.) - Spr.: Engl. - Bek. Vorf.: Ernst-Friedrich Sieveking, Oberlandesgerichtspräs. (Urgroßv.).

ALBERS, Jürgen

Vorsitzender Dt. Beamtenbund/Landesbd. Bremen - Am Wall 172, 2800 Bremen 1.

ALBERS, Willi

Dr. sc. pol., o. Prof. f. Volksw.lehre - Krummbogen 69, 2300 Kiel - Geb. 15. Febr. 1918 - S. 1957 (Habil.) Lehrtätigk. Univ. Kiel, WH Mannheim (ao. Prof.), Univ. Kiel (1961 u. ab 1971) u. Heidelberg (1965), emerit. 1983 - BV: u. a. Kapitalausstattung d. Flüchtlingsbetriebe in Westdtschl., 1952; D. Einkommensbesteuerung in Frankreich s. d. I. Weltkr., 1957; Wettbewerbsverschiebung durch d. unterschiedl. Steuerbelastungen v. Produktionsmitteln in d. europ. Integration, 1960; Marktlage, Preise u. Preispolitik f. Düngemittel in d. EWG-Ländern, 1965; Ziele u. Bestimmungsgründe d. Finanzpolitik; Transferzahlungen an Haushalte, Handb. d. Finanzwiss. Bd. 1, 1977; Soz. Sicherung, 1982; Auf d. Familie kommt es an, 1986. Mithrsg.: Agrarpolitik u. Marktwesen (Reihe Parey-Verlag), Finanzwiss. Schriften, Federführ. Herausg., Handwörterb. d. Wirtschaftswiss., 9 Bde., 1977-82.

ALBERS, Wulf

Dr. rer. nat., Wiss. Rat, Prof. f. Math. Wirtschaftsforschung Univ. Bielefeld - Universitätsstr. 25, 4800 Bielefeld 1 (Inst. f. Math. Wirtschaftsforsch.).

ALBERSMEYER-BINGEN, Helga

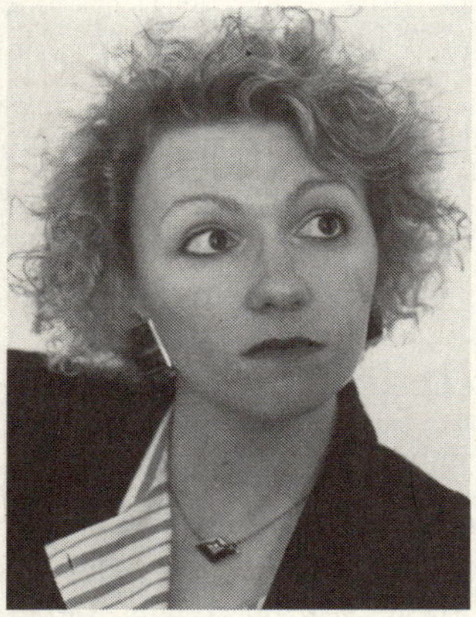

Dr. phil., Markt- u. Sozialforscherin, Geschäftsf. Neue Marktforschung Cremer-Altgeld, Uebel & Partner KG - Zu erreichen üb. Inst. f. Markt- u. Kommunikationsforschung, Marienburger Str. 53, 5000 Köln 51 - Verh. - Stud. Soziol., Polit. Wiss., German.; M.A. 1981; Promot. 1985 Bonn - Lehrbeauftr. Univ. Bonn.

ALBERT, Dietrich

Dr. rer. nat., Prof. f. Allg. Psychologie Univ. Heidelberg (ern. 1976) - Brückenstr. 49, 6900 Heidelberg (T. 06221-4 59 60) - Geb. 28. Okt. 1941 Göttingen (Vater: Herbert A., Veterinär; Mutter: Ursula, geb. Kayser), verh. in 2. Ehe m. Angelika, geb. Haakshorst, 1 S. (Sylvan, aus 1. Ehe) - 1966 Dipl. Psych. Univ. Göttingen, 1972 Promot., 1975 Habil. Univ. Marburg.

ALBERT, Hans

Dr. rer. pol., Dipl.-Kfm., o. Prof. f. Soziologie u. Wissenschaftslehre Univ. Mannheim (seit 1963) - Freiburger Str. 62, 6900 Heidelberg - Geb. 8. Febr. 1921 Köln - 1957-63 Privatdoz. u. apl. Prof. (1963) Univ. Köln - BV: Marktsoziol. u. Entscheidungslogik 1967; Traktat üb. krit. Vernunft, 1968; Traktat über rationale Praxis, 1978; D. Elend d. Theologie, 1979; D. Wissenschaft u. d. Fehlbarkeit d. Vernunft, 1982; Kritik d. reinen Erkenntnislehre, 1987. Zahlr. Einzelveröff. - 1976 Hellmüt-Vits-Preis; 1984 Arthur-Burkhardt-Preis.

ALBERT, Hans A.

Journalist - Zul. 58, Belsize Park Gardens, London NW 3 (T. Primrose 3526) - Geb. 11. Aug. 1929, ev. - Gymn.; Stip. Univ. of Missouri Columbia/USA - B. 1951 Redakt. südd. Ztg.en, dann Nachrichtenredakt., Leit. Bonner Redaktion (1954) u. Londoner Korresp. (1959) Radio Bremen.

ALBERT, von, Hans-Henning

Dr. med., Prof., Chefarzt Neurolog. Klinik/Bezirkskrankenhaus Günzburg (s. 1970) - Reisenburger Str. 2, 8870 Günzburg/Schw. - Geb. 15. Febr. 1931 - Promot. 1956; Habil. 1967 - S. 1967 Lehrtätigk. (gegenw. apl. Prof. f. Neurol. Univ. Ulm) - BV: 2. A. Taschenb. V. neurol. Symptom z. Diagnose, 3. A. 1986. Rd. 300 Facharb.

ALBERT, von, Joachim

Bundesrichter - Herrenstr. 45a, 7500 Karlsruhe - B. 1978 Bundespatentamt, dann -gerichtshof.

ALBERT, Karl

Dr. phil., o. Prof. f. Philosophie Univ./GH Wuppertal (s. 1980) - Kleiststr. 37, 5000 Köln 40 - Geb. 2. Okt. 1921 Neheim/jetzt Arnsberg 1 (Vater:Josef A., Kaufm.; Mutter: Maria, geb. Isermann), kath., verh. mit Irmine, geb. Wirtz (geb. 1926), 3 T. (Ruth, Eva, Susanne) - Univ. Köln u. Bonn (Phil.). Promot. 1950; Assist. Thomas-Inst. Köln 1952-55; Phil.-Lat. Staatsex. 1958 u. 1960 - B. 1960 Schul-, dann Hochschuldst., o. Prof. PH Rhld., Abt. Neuss 1973 - BV: Phil. d. mod. Kunst, 1968; D. ontolog. Erfahrung, 1974; Z. Metaphysik Lavelles, 1975; Meister Eckharts These v. Sein, 1976; Üb. Spirituelle Poesie, 1977; Griech. Religion u. Platon. Phil. 1980; Vom Kult zum Logos, 1982. Div. Übers. Hesiod, Apuleius, Thomas v. Aquin, Lavelle.

ALBERT, von, Wera

Autorin u. Dramaturgin - Christophstr. 14, 7570 Baden-Baden (T. 07221 - 2 30 83) - Geb. 4. Aug. Karlsruhe, verh. s. 1974 m. Fritz Aeckerle (s. dort) - Sportlehrerinnen-Ex. - 1943 Dramat. Berlin-Film u. 1951 UfA Berlin; 1955 fr. Autorin; 1959 Dramat. Südwestf. - Dt. Sportabz. Gold - Spr.: Franz., Engl.

ALBERT, Wolfgang

Dr. rer. pol., Senatsdirektor (Fachbereich Wirtschaft) Senatsverw. f. Wirtschaft u. Verkehr v. Berlin (1981/82) - Martin-Luther-Str. 105, 1000 Berlin 62 - Geb. 22. Okt. 1929 Dresden - Zul. Ministerialrat Bundeswirtschaftsmin. CDU.

ALBERTI, Götz

Dr. rer. nat., Apotheker, Präs. Dt. Apotheker-Verein, Frankfurt, Vors. Hamburger Apoth.-Verein - Hainholzweg 135, 2100 Hamburg 90 - Geb. 15. Jan. 1920 - Stud. Lebensmittelchemie u. Pharmazie.

ALBERTIN, Lothar

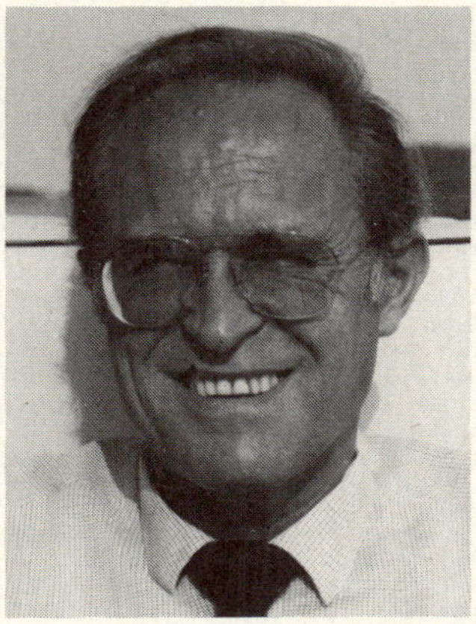

Dr. phil., o. Prof. f. Politikwissenschaft u. Zeitgeschichte Fak. f. Geschichtswiss. u. Philosophie Univ. Bielefeld - Stettiner Str. 7, 4934 Horn-Bad Meinberg 2 - Geb. 26. Dez. 1924 Ortelsburg/Ostpr. - Habil. Zeitgesch. u. Polit. Wiss.) 1968/69 Mannheim - Dekan Fak. f. Soz. Wiss., 1986-88 Dekan Fak. f. Gesch. u. Philos. Bielefeld, 1971/72 Dir. Inst. f. Soz. Wiss., 1972 Gastprof. New York, 1978-83 Bordeaux, 1987 u. 1988 Madagaskar, 1988 Directeur d'Etudes invité Ecole des Hautes Etudes en Sciences Sociales Paris - BV: Liberalismus u. Demokr. a. Anf. d. Weimarer Rep., 1972; Urbanisierungsdruck u. Kommunalref. in d. Bundesrep. u. in Frankr., 1977; Liberalismus in d. Bundesrep. (Hg.) 1980; Gr. Beitr. in Hist. Ztschr. 1967, Pol. Vierteljahresschr. 1970, Polit. Beteilig. in repräsent. System, 1979. Mithrsg.: Polit. Parteien auf d. Weg z. parlam. Demokr. in Deutschl. (1980); Linksliberalismus in d. Weimarer Rep. (m. K. Wegner, 1980); Erfahr. m. Bezirks- u. Ortsvertret. (m. H. v. Wersebe, 1981); Umfassende Modellier. region. Syst. (m. H. Müller, 1981); D. Zukunft d. Gemeinden in d. Hand ihrer Reformer (m. E. Keim u. R. Werle, 1982); Sociologia Internationalis 1981 u. 1982 (Bearb.); Les Rapports entre les Länder et les Communes en Allemagne Fédérale, 1983; D. FDP in Nordrh.-Westf. Portrait e. fleißigen Partei, 1985; Jugend u. Kirchen am Anfang d. zweiten dt. Nachkriegsdemokratie, 1986; Flüchtlinge u. Kirchen - e. Kirchenhist. Chance f. d. Protestantismus nach d. 2. Weltkrieg, 1987; D. liberalen Parteien in d. Weimarer Rep., 1987; Liberalismus u. Liberale in Staat u. Ges.Theoret. Positionen u. prakt. Politik im Deutschl. d. 19. u. 20. Jh., 1988; Frankr. Regionalisierung - Abschied v. Zentralismus? Frankr.-Jahrb., Bd. 1 1988. Herausg.: Probleme u. Perspektiven europ. Einigung (1986) - Spr.: Engl., Franz.

ALBERTS, Helgo

Dipl.-Volksw., Stv. Hauptgeschäftsführer IHK f. München u. Oberbayern - Max-Joseph-Str. 2, 8000 München 2 (T. 089 - 51 16-237) - Geb. 7. Aug. 1941 Berlin.

ALBERTS, Klaus G.

Dipl.-Ing., Geschäftsführer Robert Bosch GmbH., Stuttgart - Dürrstr. 23, 7000 Stuttgart-W - Geb. 10. Nov. 1911 Blumenthal/W.

ALBERTS, Kurt

Vorstandsmitglied Karstadt AG. - Theodor-Althoff-Str. 2, 4300 Essen-Bredeney.

ALBERTZ, Heinrich

Landesminister u. Reg. Bürgermeister a.D., Pfarrer - Riekestr. 2, 2800 Bremen 1 - Geb. 22. Jan. 1915 Breslau (Vater: Geh. Konsistorialrat Hugo A.; Mutter: Elisabeth, geb. Meinhof), ev., verh. s. 1939 m. Ilse, geb. Schall, 3 Kd. (Ilse-Sybille Klostermeier; Rainer; Regine) - Univ. Breslau, Halle, Berlin (Theol.) - Ab 1939 Vikar in Breslau u. Pastor im Kr. Kreutzburg/OS., 1941-45 Wehrdst., 1943 2mon. Freiheitsstrafe weg. Vergehens geg. § 130a StGB Anläßl. e. Fürbitte-Gottesdst. f. Pastor M. Niemöller, n. Kriegsende Leit. d. kirchl. Fürsorge in Celle u. 1946-48 d. Flüchtlingsamtes f. d. Reg.bez. Lüneburg, 1947-55 MdL, 1948-55 Min. f. Flüchtlingsangelegenh. bzw. f. Soziales (1951) v. Nieders., 1949-55 Mitgl. d. Bundesrates, 1955-59 Senatsdir. b. Senator f. Volksbild. v. Berlin, zeitw. 1. Bundesvors. d. Arbeiterwohlfahrt u. Bevollm. d. SPD-Vorst. in Berlin, 1959-61 Senatsdir. u. Chef d. Senatskanzlei v. Berlin, 1961-66 Senator f. Inneres u. Bürgerm. (1963) v. Berlin (zugl. Senator f. Sicherheit u. Ordnung), 1966-67 (Rücktr.) Reg. Bürgerm. v. Berlin u. erneut Mitgl. d. Bundesrates, s. 1970 Pfr. Britz u. Neuköllln (1971), Schlachtensee (1974), Mitgl. Kirchenleit. Berlin - 1963-70 (Mandatsniederleg.) MdA Berlin; 1968ff. Vors. d. Ev. Akademikerschaft Berlin. SPD - BV: Blumen f. Stukenbrock, 1981; Nachträge, 1983; Die Reise, 1985; Miserere nobis, 1987. Herausg.: Warum ich Pazifist wurde (1983) - 1964 Ehrenbürger v. Iowa (USA); Gr. BVK m. Stern u. Schulterbd. (1967), Nieders. VO., Nds. Landesmed. u. a.; 1969 Marie-Juachacz-Plak. Arbeiterwohlfahrt; C.-v.-Ossietzky-Med.; 1080 Gustav-Heinemann Bürgerpreis.

ALBERTZ, Jörg

Dr.-Ing., Prof. f. Photogrammetrie u. Kartographie TU Berlin (s. 1979) - Marathonallee 26/28, 1000 Berlin 19 (T. 030 - 304 55 28) - Geb. 29. Febr. 1936 Esslingen (Vater:Hermann A., Ing; Mutter: Elise, geb. Göllner), Unitar. - Dipl.ex. (Vermessungswesen) 1959 Stuttgart; Promot. 1965 Berlin - 1968-75 Obering. Univ. Karlsruhe, 1975 Prof. TH Darmstadt (Fernerkund. u. Photointerpret.); 1979 Präs. Fr. Akad.; 1979-87 Vizepräs. Rel.-Gem. Dt. Unitarier; 1986 stv. Vors. Ges. f. Erdkunde zu Berlin - BV: Photogrammetr. Taschenb., 4. A. 1989 (jap. 1976); Grundl. d. Interpretation v. Luftu. Satellitenbildern, 1989; Remote Sensing for Development (m. R. Tauch), 1989. Schriftleit. Bildmess. u. Luftbildwesen. Herausg. Schriftenreihe d. Freien Akad. - 1974 Hansa-Luftbild-Preis; Fachmitgliedsch., dar. Americ. Soc. of Photogrammetry; 1980 o. Mitgl. Dt. Geodätische Komm. d. Bayer. Akad. d. Wiss. - Spr.: Engl.

ALBERTZ, Rainer

Dr. theol., Prof. f. Bibl. Theol. - An der Sang 64, 5912 Hilchenbach - Geb. 2. Mai 1943 Röstfelde (Vater: Heinrich A., Pfarrer; Mutter: Ilse, geb. Schall), ev., verh. s. 1964 m. Dr. med. Heike, geb. Hainig, T. Anuschka - Waldorfsch. Hann., Lilienthalsch. Berlin (b. 1962); Kirchl. Hochsch. Berlin, Univ. Heidelberg, Ex. 1969, Promot. 1972, Habil. 1977 - 1972-77 wiss. Assist., 1977-80 Priv.Doz., s. 1980 Prof. Univ. Heidelberg, s. 1983 Prof. Univ./GH Siegen - BV: Weltschöpfung u. Menschenschöpfung, 1974; Persönliche Frömmigk. u. offiz. Religion, 1978; Religionsgesch. Israels in: E. Lessing, D. Bibel, 1987; D. Gott des Daniel, 1988 - Liebh.: Amateurfunk - Bek. Vorf.: Pfarrer Heinrich Albertz (Vater).

ALBEVERIO, Sergio

Dr. rer. nat., o. Prof. f. Mathematik Ruhr-Univ. Bochum (s. 1979) - Auf dem Aspei 55, 4630 Bochum 1 - Geb. 17. Jan. 1939 Lugano (Schweiz) (Vater: Luigi (Gino) A, Sanitär- u. Heizungsanl.; Mutter: Olivetta geb. Brighenti), kath., verh. s. 1970 m. Solvejg, geb. Manzoni, 1 Kd. (Aglaja Mielikki) - 1958 Liceo Cant., Lugano, Diplom Physik, Promot. 1966 Zürich, Befäh.ausweis f. d. Höh. Lehramt 1966, Zürich - 1962-66 Assist. u. 1966-67 Forsch.assist. Inst. f. Theoret. Physik ETH Zürich; 1967-68 Visiting lecturer, Univ. London; 1968-69 Liceo Cant., Lugano u. Forsch.stip. Schweiz. Nat. Fond.; 1970-72 Visiting Res. Fellow, Princeton Univ.; 1973-74 Ass. Prof. Univ., Oslo; 1973-74 Prof. Postgraduate School, Univ. Napoli; 1974-77 Forsch.-stip. NAVF, Oslo, Norwegen; 1975-76 Mitgl. Intern. Forsch.gr. Zentrum f. interdisziplinäre Forsch., Univ. Bielefeld; 1977-79 Wiss. Rat u. Prof. f. Math., Univ. Bielefeld; 1979-83 Lehrauftr., Univ. Bielefeld; 1977-78 Prof. Centre de Physique Théorique, CNRS, Univ. d'Aix-Marseille II, Luminy - BV: Mathematical Theory of Feynman Path Integrals (m. R. Høegh-Krohn), 1976; Non standard methods in stochastic analysis and mathematical physics (m. J. E. Fenstad, R. Høegh-Krohn, T. Lindstrøm), 1986; Solvable models in quantum mechanics (m. F. Gesztesy, R. Høegh-Krohn, H. Holden), 1988. Herausg.: Feynman Path Integrals, Proc. Marseille 1978 (m. a., 1979); Stochastic methods in quantum theory and statistical mechanics, Proc. Marseille 1981 (m. Ph. Combe, M. Sirugue-Collin, 1982); Stochastic aspects of class. and quantum systems, Proc. Marseille 1983 (m. Ph. Combe, M. Sirugue-Collin, 1985); Resonances-Models and Phenomena, Proc. Bielefeld 1984 (m. L. S. Ferreira, L. Streit, 1984); Stochastic processes - mathematics and physics, Proc. BiBoS 1 1984 (m. Ph. Blanchard, L. Streit, 1985); Trends and developments in the eighties (m. Ph. Blanchard, 1985); Infinite dimensional analysis and stochastic processes (1985); Stochastic processes in classical and quantum systems, Proc. Ascona 1985 (m. G. Casati, D. Merlini, 1986); Stochastic processes - mathematics and physics II, Proc. BiBoS 2 1987 (m. Ph. Blanchard, L. Streit); Stochastic processes in physics and engineering (m. Ph. Blanchard, M. Hazewinkel, L. Streit, 1988). Üb. 130 Wiss. Veröff. in Fachztschr. (Math., Physik) u. Sammelbänder - Spr.: Ital., Deutsch, Franz., Engl., Norw., Span., Port.

ALBEVERIO-MANZONI, Solvejg

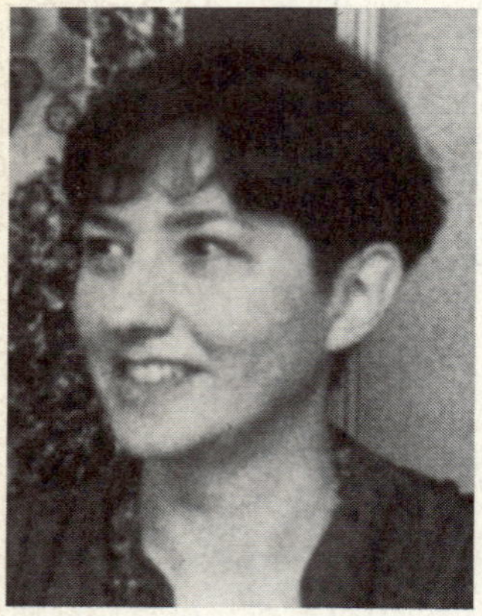

Kunstmalerin, Schriftst. - Auf dem Aspei 55, 4630 Bochum 1 - Geb. 6. Nov. 1939 Arogno/Schweiz (Vater: Cesco Manzoni, Journ.; Mutter: Madi, geb. Angioletti), kath., verh. s. 1970 m. Prof. Dr. Sergio Albeverio, T. Aglaja - 1957-60 Textilsch. Como, Italien; 1969 Kunstgewerbesch. Zürich; 1970-72 Princeton Univ.; 1972-77 Statens Handverk og Kunstindustriskole Oslo, Norwegen - Mitarb. RSI (Radio Svizzera Italiana) - Aquarelle, Zeichn., Radierung.; Ausstell. u.a. in Deutschl., Frankr., Ital., Norw., Schweiz, USA; Intern. Grafikk Biennale Fredrikstad. Ged. in versch. lit. Ztschr. - 1987 1. Preis b. 5. Ascona Intern. Lit.preis (f. Roman: Il pensatore con il mantello come meteora); 1987 Da stanze chiuse (Bilder/ Ged.) - Spr.: Ital., Franz., Deutsch, Engl. - Bek. Vorf.: Romeo Manzoni, Philosoph, Schweiz (Uronkel); Henri Manzoni, Zeichner u. Grafiker (Großvater).

ALBRECHT, Dieter

Dr. phil. (habil.), o. Prof. f. Geschichte - Adalbert.-Stifter-Str. 16, 8400 Regensburg (T. 9 22 90) - Geb. 9. Mai 1927 - 1958 Privatdoz. Univ. München; 1963 ao. Prof. Phil.-Theol. Hochsch. Bamberg; 1966 o. Prof. Univ. Mainz; 1964 o. Prof. Univ. Regensburg - BV (1952 ff.): Histor. Atlas v. Bayern, D. dt. Politik Papst Gregors XV., D. ausw. Politik Maximilians v. Bayern, Briefe u. Akten z. Gesch. d. 30j. Krieges, D. Notenwechsel zw. d. Hl. Stuhl u. d. Reichsreg. 1933-45.

ALBRECHT, Dirk

Dr., Generalsekretär Hamburger Sportverein HSV - Am Kroog 11a, 2000 Hamburg 73 (T. 040 - 41 55 - 112) - Geb. 26. Sept. 1948, ev., verh. s. 1972 m. Vilja, geb. Gdawietz, S. Maximilian - Stud. Marketing, Werbe/Streß-Psych. - Geschäftsf. dt. Fußballverb.; Alleingeschäftsf. HSV-Marketing GmbH u. HSV-Vermögensverwaltung GmbH - BV: 5 Fachbücher üb. Fußball, zahlr. wiss. Veröff. - Ehem. Bundesliga-Handballspieler - Liebh.: Alpin-Ski, Tennis, Schreiben - Spr.: Engl.

ALBRECHT, Ernst

Dr., Ministerpräsident, MdL Niedersachsen (s. 1970; b. 1975 Vors. Aussch. f. Wirtsch. u. Verk.) - Am Brink 2b, 3167 Burgdorf (T. 05136 - 8 21 41) - Geb. 29. Juni 1930 Heidelberg (Vater: Dr. Carl A., Arzt; Mutter: Dr. Adda, geb. Berg), ev., verh. s. 1953 m. Dr. Heidi-Adele, geb. Stromeyer, 7 Kd. (Harald, Lorenz, Ursula, Eva Benita, Hans-Holger, Barthold, Donatus) - Schulen in Bremen, Verden, Brake (Abit.). 1948-51 Stud. Phil. u. Theol. Univ. Tübingen, Cornell (USA) u. Basel, Rechts- u. Wirtschaftswiss. Tübingen u. Bonn (1951-53). 1954 Attaché Montanunion, 1958 Kabinettchef EWG-Kommision, 1967-70 Generaldir. EG. 1971-76 Geschäftsf. Bahlsens Keksfabrik, Hannover, s. Febr. 1976 Ministerpräs. Ld. Nieders.; 1979ff. stv. CDU-Vors. - BV: D. Staat - Idee u. Wirklichkeit, 1976 - 1979 Preis d. Stadt Solingen Scharfe Klinge, 1983 Gr. BVK m. Stern u. Schulterb. - Interesse: Landw. (eig. Hof) - Spr.: Franz., Engl.

ALBRECHT, George A.

Generalmusikdirektor - Berkowitzstr. 2, 3000 Hannover (T. 64 49 35) - Geb. 15. Febr. 1935 Bremen (Vater: Dr. med. Carl A., Arzt, Psychologe, Philisoph; Mutter: Adda, geb. Berg), ev., verh. s. 1962 m. Karin, geb. Désirat, 2 Kd. (Marc, Julia) - S. 1965 GMD Hannover - 1954 Prix d'Excellence Siena - Spr.: Engl., Franz., Ital. - Rotarier.

ALBRECHT, Gerd

Generalmusikdirektor - Richard-Wagner-Str. 19, 1000 Berlin 10 (T. 34 01 81) - Geb. 19. Juli 1935 Essen (Vater: Prof. Dr. phil. Hans. A., Musikwiss.ler (s. XIII. Ausg.); Mutter: Hildegard, geb. Kleinholz), ev., verh. m. Ursula, geb. Schöffler, T. Katharina - Gymn. Kiel; Univ. Kiel u. Hamburg (Musikwiss., Kunstgesch., Phil.); Musikhochsch. Hamburg (Dirigieren) - 1958-61 Solorepetitor Staatsoper Stuttgart, 1961-63 I. Kapellm. Staatstheater Mainz, 1963-66 GMD Hansestadt Lübeck, 1966-72 GMD Staatstheater Kassel, seither ltd. Dirigent Dt. Oper Berlin. Gastdirig. In- u. Ausl. Div. Fernsehfilme - Spr.: Engl., Ital., Franz.

ALBRECHT, Gerd

Dr., Direktor Dt. Institut f. Filmkunde, Frankfurt/M. (s. 1981) - Berndorffstr. 6, 5000 Köln 51 (T. 0221 - 38 51 58) - Geb. 18. Febr. 1933 Chodziez/Pol. - Stud. ev. Theologie, Psychologie, Soziologie (Staatsex. 1956, Promot. 1960) - 1957-65 Leit. Filmseminar a. d. Univ. Bonn, 1963-69 Forschungsltr. d. Abt. Massenkommunikation Forschungsinst. f. Soziologie d. Univ. Köln, 1966-71 Dozent f. Theorie d. Massenmedien u. Filmanalyse a. d. Dt. Film- u. Fernsehakad. Berlin, 1967-69 Dozent f. Theorie d. Massenmedien u. Medienanalyse Schweizer. Filmkurse, Zürich, 1967-72 Lehrauftr. f. Filmpsychologie TH Darmstadt; 1970-80 Ltr. Inst. f. Medienforschung, Köln; 1971-83 Filmbeauftr. d. Evang. Kirche i. Dtschl. (EKD), 1970-80 Lehrauftr. f. Theorie d. Massenkommunikat. u. Medienpäd. Staatl. Kunstakad. Düsseldorf; s. 1971 Lehrauftr. Kunstgewerbeschule Zürich. Versch. Ausschuß-Mitgliedschaften - BV: Film u. Verkündigung, 1962; Nationalsoz. Filmpolitik, 1969; Handb. Medienarbeit (Co-Hg.), 1979; D. großen Filmerfolge, 1985. NS-Feiertage in Wochenschauen 1933-45.

ALBRECHT, Gert

Dipl.-Ing., Vorstandsmitglied Sempell Aktienges., Korschenbroich - Nikolaus-Otto-Str. 9, 4040 Neuss (T. 02101 - 54 28 21) - Geb. 4. Juni 1934 Hannover, verh. s. 1964, 3 Kd. - Stud. (Allg. Maschinenbau) TH Hannover.

ALBRECHT, Günter

Dr. phil., Prof. f. Soziologie u. Soziol. d. Sozialarb. Univ. Bielefeld (s. 1978; vorher Wiss. Rat u. Prof.) - Steinbockstr. 10, 4800 Bielefeld 15 - Geb. 7. Jan. 1943 Duisburg - Promot. 1971 - BV: Soziol. d. geogr. Mobilität, 1972; Sozialök., 1976; Soziol. d. Obdachlosigk., 1976. Zahlr. Einzelarb.

ALBRECHT, Hans

Forstdirektor, Landtagsvizepräs. - Wurmberger Str. 21, 7135 Wiernsheim/ Württ. - Geb. 27. Sept. 1923 Stadelhofen/Baden, ev., verh., 2 Kd. - Obersch.; Univ. Freiburg/Br. (Forstwiss.). Staatsex. 1949 - 1942-45 Wehrdst.; s. 1947 Forstverw. (1955 ff. Forstm., Oberforstrat, Forstdir.), 1951-56 Landesgeschäftsf. Schutzgemeinsch. Dt. Wald, s. 1971 stellv. Landesvors. - 1965 ff. MdK, 1968 ff. MdL BW (1972-84 Vizepräs.), FDP/ DVP, 1973 Mitgl. d. Regionalverbandsvers.

ALBRECHT, Hans Peter

Direktor, Geschäftsf. B. Sprengel & Co. - Westermannweg 22, 3000 Hannover-Marienwerder - Geb. 6. Okt. 1930.

ALBRECHT, Hansgeorg

Verleger (E. Albrecht Verlags-KG., Gräfelfing) - Zu erreichen üb.: Dornwiese 10, 8032 Lochham/Obb. - Vater: Erich A., Verlagsgründer (Fachztschr.).

ALBRECHT, Hartmut

Dr. sc. agr., o. Prof. f. Kommunikationsforschung u. Landw. Beratungswesen Univ. Hohenheim (s. 1969) - Postf. 70 05 62, Inst. 430, 7000 Stuttgart 70 - Geb. 2. Aug. 1925 - Zul. Privatdoz. Univ. Göttingen (Oberassist. Inst. f. Ausl. Landw.) - BV: Innovationsprozesse i. d. Landwirtsch., Monogr. 1969; Widerstände u. Hemmfaktoren b. Berufswechsel u. Umschulung v. Landwirten, 1977. Co-Autor: gtz-Handb. Landwirtschaftl. Berat. (2 Bde., 1981, 2. neu bearb. A. 1988, franz. A. 1987).

ALBRECHT, Julius

Dr. rer. nat., o. Prof. f. Mathematik - Erzstr. 1, 3392 Clausthal-Zellerfeld (Math.Inst.) - Geb. 1. Mai 1926 Hamburg - S. 1961 (Habil.) Lehrtätigk. Univ. Hamburg, TU Berlin (1967 Ord.) u. TU Clausthal. Fachveröff.

ALBRECHT, Karl-Friedrich

Dr. med., Prof., Direktor Urolog. Klinik d. Stadt Wuppertal i. R. - Elbchaussee 131, 2000 Hamburg 50 - Geb. 13. Aug. 1922 Gumbinnen/Ostpr. (Vater: Karl-Ludwig A., Oberregierungsrat; Mutter: Helene, geb. Stobbe), verh. s. 1946 m. Ursula, geb. Müller, verwitw. s. 1977, 3 Kinder (Karlheinz, Karl-Ludwig, Sabine) - Wilhelms-Gymn. Kassel (b. 1939); 1945-51 Univ. Marburg, Promot. 1951 Marburg; Habil. 1963 Köln - 1958-66 Leit. Urol. Abt. Univ.klin. Marburg u. Köln; 1966-87 Dir. Urol. Klinik Wuppertal. S. 1963 Privatdoz. u. apl. Prof. (1969) Univ. Köln. Fachmitgliedsch. - 1965 Curt-Adam-Preis Kongreßges. f. Ärztl. Fortbild. Berlin - Spr.: Engl.

ALBRECHT, von, Michael

Dr. phil. o. Prof. f. Klass. Philologie - Am Forst 9, 6902 Sandhausen/Baden - Geb. 22. August 1933 Stuttgart (Vater: Prof. Georg v. A., Komp.; Mutter: Elise, geb. Kratz), ev., verh. s. 1959 m. Dr. Ruth, geb. Krautter, 3 Kd. (Christiane, Martin, Dorothea) - Musikhochsch. Stuttgart (Musikerzieh.; Staatsex. 1955); Univ. Tübingen (Staatsex. 1957) u. Paris (Klass. Philol., Indol.). Promot. (1959) u. Habil. (1963) Tübingen - S. 1964 Ordn. u. Seminardir. Univ. Heidelberg. 1981 Visiting Member Inst. for Advanced Study (Princeton). Spez. Arbeitsgeb.: Röm. Lit. (Epos) u. vergl. Literaturwiss. - BV: D. Parenthese in Ovids Metamorphosen, 1963; Jamblichos, Pythagoras, 1965; Silius Italicus, 1964; Ovid, Metamorphosen (erklärt v. Haupt-Korn), 10. A. 1966; Meister röm. Prosa - v. Cato b. Apuleius, 1971; Goethe und das Volkslied, 1972; D. Teppich als lit. Motiv, 1972; Röm. Poesie, 1976; Rom: Spiegel Europas, 1988; Scripta Latina, 1989. Herausg.: Studien z. Klass. Philol. (1979ff.); Quellen u. Stud. z. Musikgesch. (1984ff.). Mithrsg.: Wege d. Forsch.: Ovid (1968); Studien z. Fortwirken d. Antike (1979ff.) - Liebh.: Musik, Malerei - Spr.: Russ., Engl., Lat., Griech., Franz., Ital., Sanskrit, Span.

ALBRECHT, Peter

Dr. rer. nat., Prof. f. Angew. Mathematik Univ. Dortmund, Prof. Assoc. Pont. Univ. Católica Rio de Janeiro - Geb. 22. Aug. 1937 - Promot. München, Habil. Hannover - Mitgl. Soc. Brasil. de Mat. e Comput. (SBMAC), Ges. f. Math. u. Mech. (GAMM) - Spr.: Engl., Franz., Dän., Portug., Span.

ALBRECHT, Siegfried

Dipl.-Ing., Prof. a. d. FH Wiesbaden - Grunerstr. 42, 6270 Idstein/Ts. (T. 85 49) - Geb. 25. März 1915 Chemnitz/ Sa. (Vater: Dr. med. Paul A.; Mutter: Margarete, geb. Behringer), ev., verh. s. 1952 m. Gerti, geb. Greulich, 2 Töcht. (Angelika, Bettina) - Gymn.; TH Dresden u. München (1939 Diplomex. f. Arch.) - Freischaff. Künstler (Maler u. Kinetiker). S. 1958 skiachromat. Malerei u. lampr. Kompos. (Gestalt. m. Licht, Beweg., farb. Schatten u. Reflexen), skiachromatisches Ballett, skiachrome Bilder. Beteilig. an intern. Ausstell. (Kinetik u. Objekte, Kunst - Licht - Kunst, Licht u. Beweg., L = (B + F) Zauber d. Lichts).

ALBRECHT, Theo

I. Bürgermeister i. R. - Rathaus, 8475 Wernberg-Köblitz/Opf. - Geb. 6. Okt. 1938 Weiden/Opf. - Betriebsw. CSU.

ALBRECHT, Ulrich

Dr. phil., Dipl.-Ing., Prof. f. Konflikt- u. Friedensforschung FU Berlin (s. 1972) - Selerweg 23, 1000 Berlin 41 - Geb. 30. Jan. 1941 Leipzig, ev., verh. m. Astrid, geb. Heide, 2 Kd. (Ruth, Jürgen) - Promot. 1970 - 1971 Engl.-Aufenth. - BV: D. Handel m. Waffen, 1971; Politik u. Waffengeschäfte, 1972; D. Wiederaufrüst. d. BRD, 1974; Rüstungskonversionsforsch., 1978; Kündigt d. Nachrüstungsbeschluß!, 1982; Mitverf.: D. Waffen f. d. Dritte Welt, 1972; Polit.-wirtschaftl. Probleme d. Abrüst., 1972; Bundeswehr u. Wirtsch., 1974; Arbeitspl. d. Rüstung?, 1978; Aufrüstung, um abzurüsten?, 1980; Jahrb. Weltpolitik 1, 1981; Kündigt d. Nachrüstungsbeschluß!, 1983; Intern. Politik, 1986.

ALBRECHT, Uwe

Rechtsanwalt, Hauptgeschäftsf. Zentralaussch. d. Werbewirtschaft (ZAW) - Villichgasse 17, 5300 Bonn 2.

ALBRECHT, Volker

Dr. rer. nat., Prof. f. Didaktik d. Polit. Geographie Univ. Frankfurt/M. (s. 1975) - Flurstr. 14, 6057 Dietzenbach - Geb. 7. Okt. 1941 Prag - Promot. 1972 Freiburg/ Br. - Publ.: D. Einfluß d. dt.-franz. Grenze auf d. Gestalt. d. Kulturlandsch. im südl. Oberrheingeb. (1974, Freibg. Geogr. Hefte 14) - 1973 Friedrich-Metz-Stip.

ALBRECHT, Wilhelm

Dr. med., Generaloberstabsarzt a.D. - Landsberger Str. 126, 5300 Bonn (T. 66 16 54) - Geb. 30. Nov. 1905 Waldenburg/Schles. (Vater: Hermann A., Kgl. pr. Bergass.; Mutter: Marie, geb. Richter), ev., verh. s. 1934 m. Gertrud, geb. Fähmel, 2 Kd. (Ingeborg, verehel. Drosse; Klaus) - Gymn. Waldenburg; Univ. Marburg, Wien, Breslau (Promot.) - 1930 Reichswehr; 1934 Luftwaffe; 1956 Bundeswehr (zul. Inspekteur d. Sanitätsausz.; Verdienstkreuz I. Kl. m. Schwertern u. Krone Souveräner Malteser-Ritterorden, Großoffz.skreuz m. Stern portugies. Militärorden v. Avis, Gr. BVK m. Stern - Liebh.: Wandern, Schwimmen, Gartenarb. - Spr.: Engl.

ALBRECHT, Wilhelm Otto

Dr. rer. nat., Prof., Chemiker - Dr.-Tigges-Weg 39, 5600 Wuppertal 1 (T. 0202 - 30 19 02) - Geb. 27. Juni 1920 Kassel, verh. s. 1950 m. Waltraut, geb. Leist, verw., T. Kathrin - 1938 Oberrealsch. Kassel (Abit.), Arbeitsd., Wehrmacht u. Gefangensch. 1938-45, Chemiestud. Univ. Freiburg,Göttingen u. Hannover; Dipl. 1952, Promot. 1958 b. Prof. Werner Fischer -1947-48 Lederwerke Sexauer GmbH, Emmendingen; 1949-81 Enka AG (zul. Leit. Fasertechn. Inst.); 1981 Ruhest. - S. 1971 Lehrbeauft. (Nichtgewebte Textilien) RWTH Aachen, s. 1975 Lehrbeauft. (Textilchemie) TH Hannover - 1981 Honorarprof. Üb. 150 Fachveröff., Herausg. u. Mitverf. v. Fachbüchern - Kriegsausz.; 1981 Silb. Ehrenz. Rep. Österr.; 1987 BVK I. Kl.; 1987 Silbermed. CIRFS; 1987 Ehrenz. VDI - Liebh.: Archäol., Fotogr. - Spr.: Engl., Franz.

ALBRECHT, Wolfgang

Dr.-Ing., Vorstandsmitglied Dt. Babcock Werke AG, Oberhausen - Zu erreichen üb. Duisburger Str. 375, Postf. 10 03 47/48, 4200 Oberhausen 1; priv.: Bornerhof 11, 5270 Gummersbach/Rhld. - Geb. 7. Mai 1936 - Member of the Board P. T. Atmindo Medan/Indonesien.

ALBRECHT-HEIDE, Astrid

Dr. phil., Prof. f. Sozialisationsforschung TU Berlin (s. 1977), Chefredakteurin RADIUS (s. 1982) - Selerweg 23, 1000 Berlin 41 - Geb. 4. Nov. 1938, verh. s. 1970 m. Ulrich Albrecht, 2 Kd. (Ruth, Jürgen) - Realsch., kfm. Ausb., Braunschweig-Kolleg, Stud. u. a. d. Erz.wiss., Soziol., German. u. Anglist. Hamburg u. Berlin; Promot. 1972 Univ. Hamburg; Wiss. Assist. f. Soziol. der Erz. 1972-77 FB Erz.wiss. FU Berlin - BV: Bildungsaufstieg durch Deformation, 1972; Entfremd. statt Emanzipation, 1974; Ungleichh. d. Bildungschancen als Faktor d. Diskriminier. v. Mädchen u. Frauen, 1978; Zw. Schule u. Beruf, 1981; Frauen im Militär, 1981; Militärdienst f. Frauen?, 1982.

ALBRODT, Hans-Joachim

Dipl.-Kfm., Geschäftsführer Norddeutsche Faserwerke GmbH u. Vorstandsmitgl. Arbeitgeberverb. f. d. Chem. Industrie u. Kunststoffverarb. Schleswig-Holstein e.V., Neumünster - Am Tannhof 10, 2350 Neumünster/Holst. - Geb. 18. Aug. 1926.

ALBS, Wilhelm

Dr. theol., Domkapitular (1972ff.) - Wundtstr. 48-50, 1000 Berlin 19 (T. 825 58 79) - Geb. 27. Jan. 1907 Berlin, kath. - Hoh. Gymn. Berlin (Sch'berg); Univ. Breslau. Priesterw. 1931 Berlin; Promot. 1940 Freiburg/Br. - 1931-36 Kaplan Berlin, 1936-38 Kuratus Greifenberg/Pom., 1940-65 Dir. Caritasverb. f. d. Bistum Berlin, 1965-69 Leit. Caritas-Ref. Bischöfl. Ordinariat Berlin, 1969-75 Generalvikar Bistum Berlin. 1957 Päpstl. Hausprälat; Gr. Verdienstkreuz Malteserorden - Spr.: Engl.

ALBUS, Heinz J.

Dipl.-Volksw., Geschäftsführer Ronson GmbH., Köln-Kalk - Wagnerstr. 25, 5038 Rodenkirchen - Geb. 10. März 1927.

ALDEJOHANN, Anton

Dipl.-Ing., Prof. f. Nachrichtenverarbeitende Systeme Gesamthochschule Paderborn (Fachbereich Elektrotechnik/Elektronik) - Petersstr. 4, 4790 Paderborn.

ALDENHOFF, F.

Dipl.-Kfm., Geschäftsführer Hüttenes-Albertus Chem. Werke GmbH, Düsseldorf, Landia GmbH Hannover, Chemex GmbH, Düsseldorf, Hüttenes-Albertus-France SARL., Paris, Geschäftsf. Hüttenes-Albertus Nederlande BV, Veenendaal, Vorst. NV Hüttenes-Albertus Belgium S.A., Brüssel - Viehstiege 6, 4056 Schwalmtal-Amern - Geb. 21. Jan. 1930 - VR-Mitgl. Firmen-Auslandsbereich; Beirat Dt. Bank AG, Düsseldorf u. Süd-West-Chemie GmbH, Neu-Ulm.

ALDINGER, Hermann

Dr. rer. nat., o. Prof. u. Direktor Geolog.-Paläontol. Inst. TH bzw. Univ. Stutgart (1951 ff.; emerit.) - Altenbergstr. 42, 7000 Stuttgart - Geb. 1. Febr. 1902 Fellbach/Württ. (Vater: Christian A., Kaufm.; Mutter: Marie, geb. Steigleder), verh. s. 1933 m. Gertrud, geb. Krauss - TH Stuttgart u. Univ. Tübingen - Zul. Landesamt - Liebh.: Fischen.

ALEFELD, Georg

Dr. rer. nat., o. Prof. f. Experimentalphysik TU München/Physik-Department Garching (s. 1971) - James-Franck-Str., 8046 Garching (T. dstl.: München 32 09 - 25 32) - Geb. 2. März 1933 Poppenlauer (Vater: Fritz A., Landwirt; Mutter: Ella, geb. Bodendörfer), ev., verh. s. 1958 m. Helga, geb. Dengscherz, 2 Söhne (Matthias, Oliver) - Gymn. Bad Kissingen; 1953-59 TH München. Promot. 1961 München; Habil. 1967 Aachen - 1961-62 TH München (Assist.); 1963-65 John Jay Hopkins Laboratory/General Atomic, San Diego/USA (wiss. Mitarb.); 1966-70 Inst. f. Festkörperphysik/KFA Jülich (b. 1968 wiss. Mitarb., dann Dir.) - 1969 Physikpreis Dt. Physikal. Ges.; korr. Mitgl. d. österr. Akad. d. Wiss. - Spr.: Engl. - Bek. Vorf.: Friedrich Rückert, Georg A. (Prof. f. Physik u. Dichtkunst Univ. Gießen; um 1770 Rektor).

ALEFELD, Götz

Dr. rer. nat., o. Prof. f. Mathematik Univ. Karlsruhe – Am Kaiserstuhl 6, 7517 Waldbronn 3 (T. 07243 - 6 79 35) - (Vater: Fritz A; Mutter: Ella, geb. Bodendörfer), verh. s. 1968 m. Dipl.-Volksw. Uta, geb. Bohnenkamp, 1 Kd. - Techn. Univ. München (Mathem. u. Physik), 1966 Dipl.-Math., Promot. 1968, Habil. 1972 Univ. Karlsruhe (Mathem.), 1972 Außerplanm. Prof. Univ. Karlsruhe, 1976 o. Prof. TU Berlin u. 1981 Univ. Karlsruhe - Rd. 60 wissensch. Publik.

ALEMANN, von, Mechthild

Bibliothekarin, MdL Nordrh.-Westf. (1975-80) - Kaiserswerther Markt 10, 4000 Düsseldorf 31 - Geb. 29. Jan. 1937 - FDP (s. 1984 Mitgl. Bundesvorst.), 1979-84 Mitgl. Europ. Parlament; s. 1985 Generalsekr. Föderation europ. Liberaler u. Demokraten - 1986 BVK.

ALEMANN, von, Ulrich

Dr. phil., Prof. f. Politikwiss. Fern-Univ. Hagen - An den Kämpen 10, 4000 Düsseldorf 31 - Geb. 17. Aug. 1944 Seebach/Thür., verh. s. 1968 m. Dr. Monika, geb. Schwartz, 2 Kd. (Florian, Sven) - Stud. Münster, Köln, Bonn u. Edmonton/Kanada (M.A. 1971, Promot. 1973 Bonn) - 1972 wiss. Assist. Univ. Bonn; 1977 Prof. PH Neuss; 1980 Univ. GH Duisburg; 1984 Fern-Univ. Hagen. 1979-84 gf. Redakt. Ztschr. Polit. Vierteljahresschr. - BV: Parteiensysteme im Parlamentarismus, 1973; Methodik d. Politikwiss. (m. E. Forndran), 1974; Partizipation, 1975; Verb. u. Staat (m. R. Heinze), 1979; Neokorporatismus, 1981; Interessenvermittl. (m. E. Forndran), 1983.

ALETSEE, Ludwig

Dr. rer. nat., Prof., Vorsteher Abt. f. Systematik u. Geobotanik Botan. Inst. TH Aachen (s. 1967) - An der Höhe 2, 5100 Aachen - Geb. 29. April 1929 Kiel - 1965-67 Doz. Univ. Kiel.

ALEWELL, Karl

Dr. rer. pol., Dr. h. c. (Univ. Lodz), Dipl.-Kfm., o. Prof. f. Betriebsw.lehre - In d. Steinbach 66, 6312 Laubach/Hessen (06405/15 76, dstl.: 0641/7 02-51 55) - Geb. 7. März 1931 Hamburg (Vater: Dr. Karl A.), ev., verh. s. 1961 m. Wiebke, geb. Gardels, 4 Kd. - Obersch. Hamburg (-Blank.); Univ. ebd. (Dipl.-Kfm. 1955) u. München. Promot. (1958) u. Habil. (1963) Hamburg - 3j. Tätigk. Großhandel u. Ind., ab 1955 Assist. Univ. Hamburg (Sem. f. Handel u. Marktwesen), 1964-65 Doz. das. u. Univ. Münster, s. 1965 Ord. Univ. Gießen, 1978-86 Präs. d. Univ. Gießen, 1984-88 Vizepräs. d. Westd. Rektorenkonfz. - BV: D. Markenartikel im Export, 1959; Subventionen als betriebsw. Frage, 1965. Herausg.: Betriebsw. Strukturfragen. (zus. m. B. Rittmeier) Dienstleistungsbetr. a. Gegenst. d. Regionalförd., 1977; Standort u. Distribution: Fallstud. 1980, Lösungen 1981; Mithrsg.: Entscheidungsfälle aus der Unternehmungspraxis (1971). Zahlr. Einzelarb.

ALEXANDER, Anne

s. Friedrich, Anita.

ALEXANDER, Elisabeth

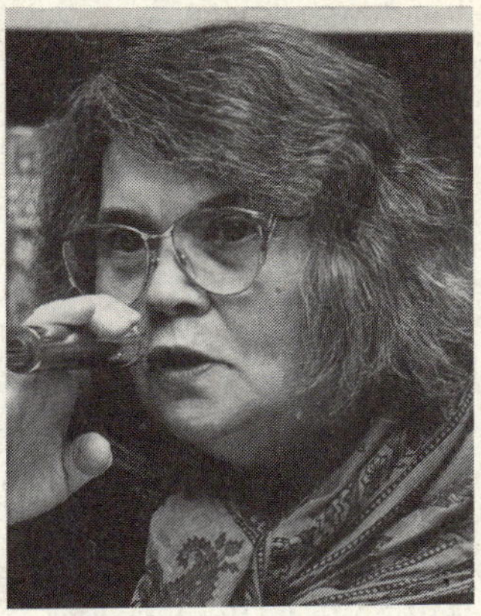

Schriftstellerin - Erwin-Rohde-Str. 22, 6900 Heidelberg - Geb. im Rheinl. - Freie Schriftst. s. 1970 Veröff. in Ztg., Ztschr., Rundf., FS u. Anthol. Mitgl. Verb. Dt. Schriftst. (VS Rheinl.-Pfalz, 12 J. Bundesdeleg.), Gedok Heidelberg - BV: Bums, Ged. 1971; 12 Spruchband Monate Kalender, Lyriktexte 1972; Nach e. gewissen Lebenszeit, Erz. 1975; D. Frau, d. lachte, Bürgerl. Texte, 1975, 2. A. 1978 (Sonderausg. 1989); Ausgew. Ged., 1975; Ich bin kein Pferd, Ged. 1976; Fritte Pomm, Kinderroman 1976; Brotkrumen, Ged. 1977; D. törichte Jungfrau, R. 1978, 2. A. 1988; Ich will als Kind Kind sein. Für u. üb. Kinder, 1978; Ich hänge mich ans schwarze Brette, Ged. 1979, 2. A. 1981; Und niemand sah mich, Lyr. 1979; So kreuz u. quer, Lyr. 1979; Wo bist du Trost, Ged. 1980, 2. A. 1983; Sie hätte ihre Kinder töten sollen, R. 1982, 2. A. 1988; Damengesch., Erz. 1983; Glückspfennig - Ged. f. d. ganze Jahr, 1984; Zeitflusen, Ged. 1986; Damengesch., Erz. Neuausg. 1987. Mitarb.: Schmusekater sucht Frau z. Pferdestehlen - Erfahr. auf d. Heiratsmarkt, 1986; Im Korridort geht d. Mond (Nachw. P. Rühmkorf), Ged. 1988, 2. A. 1989; D. Dunkelh. ist da, 205-Zeilen-Ged. - e. jazz. Composition v. Rainer Pusch. Ins Amerik. übers. Texte in Lehrb. f. Deutsch in USA (1978-1982 u. 2 Erz. aus D. Frau, d. lachte, in German Feminism, 1984). Herausg.: Elisabeth Alexander Rhein-Neckar-Lesebuch - Heidelberger u. Mannheimer Autoren stellen s. vor (1983); Heidelberger Lesebuch (1988). Visiting writer d. Texas Tech Univ. Lubbock (1986); auf Band gel. f. d. Archiv Weltlit. in d. Library of Congr., Washinton D.C. (als erster bundesdt. Autor). Z. 3. Mal Lese- u. Vortragsreise USA: New York, Florida, Gettysburg, Chicago, Maryland. Einl. an d. Goethe Inst. Amsterdam, Paris, Brüssel, Houston u. Montreal. Auftritt in Lit.sendung Cafe Größenwahn (1987), Gast in d. FS-Send. Berliner - Salon - Lit. Live (SFB) - Liebh.: Sprache, Briefeschreiben, Lit.

ALEXANDER, Helmut

Dr. rer. nat., Prof. f. Metallphysik - Tacitusstr. 1b, 5000 Köln - Geb. 30. Juli 1928 - B. 1968 Univ. Göttingen (Doz.), dann Köln (Abt.svorst. u. Prof.).

ALEXANDER, Joachim

s. Straeten, Jo

ALEXANDER, Klaus

Dr. med., Abteilungsvorsteher, Prof. f. Innere Medizin u. Angiologie Med. Hochschule Hannover (s. 1975) - Hauptstr. 19, 3004 Isernhagen 2 F.

ALEXANDER, Meta

Dr. med., Prof., Internistin - Bayerischer Pl. 4, 1000 Berlin 30 (T. 24 32 45) - Geb. 14. Juli 1924 Berlin (Eltern: Ernst (Kaufm.) u. Käte A.) - Univ. Berlin (Humboldt/Freie). Promot. (1951) u. Habil. (1963) FU Berlin - S. 1963 Mitgl. mehrerer Kommiss. d. BGA - BV: Infektionsfibel, 1968 (m. H. J. Raettig), Infektionskapitel (in Müller, Seifert, von Kress). Beiratstätigk. f. Innere Medizin in Praxis u. Klinik (m. Hornbostel, Kaufmann, Seyenthaler); Chemotherapie, 1987.

ALEXANDER, Peter

(eigentl. Peter Alexander Neumayer) Schauspieler u. Sänger - Casa La Sorgente, CH-6922 Morcote-Arbostora (Schweiz) - Geb. 30. Juni 1926 Wien (Vater: Anton Neumayer, Bankrat; Mutter: Berta, geb. Wenzlick), kath., verh. s. 1952 m. Hildegard, geb. Hagen (Schausp.), 2 Kd. (Susanne, Michael) - Gymn. (Matura), Max-Reinhardt-Sem. u. Akad. f. Musik u. darstell. Kunst Wien - Bürgertheater Wien. Üb. 50 Filme, u. a. Liebe, Tanz u. 1000 Schlager, Bonjour - Catrin!, Musikparade, Das haut hin, Liebe, Jazz u. Übermut, Münchhausen in Afrika, Wehe wenn sie losgelassen, So e. Millionär hat's schwer, Schlag auf Schlag, Ich bin kein Casanova, Salem Alaikum, Ich zähle tägl. meine Sorgen, Im Weißen Rößl am Wolfsgangsee, D. Abenteuer d. Grafen Bobby, Saison in Salzburg, D. Fledermaus, D. lust. Witwe, Hochzeitsnacht im Paradies, D. Musterknabe, Charley's Tante, Bel ami 2000, Zum Teufel m. d. Penne, Haupts. Ferien. Eig. Fernseh-Shows. Div. Schallpl. - BV: Gestatten - P. A., 1970 - 6 × Bambi, 6 × Löwe Radio Luxemburg, 4 × Bildschirm, 2 × Europa, 4 × Goldene Kamera; 1971 Gold. Ehrenz. Land Wien; 1975 Ehrenkreuz 1. Kl. f. Wiss. u. Kultur; 1980 Dt. Schallplattenpr. d. Dt. Phonoakad. Hamburg; 1985 Ehrenring d. Stadt Wien; Gr. Ehrenz. f. Verdienste um d. Rep. Österr.; 1987 Ehren-Bambi - Liebh.: Bücher, Filmen, Jazz, alte franz. Uhren - Spr.: Engl.

ALEXANDER, Volbert

Dr., Prof. Univ. Gießen (s. 1986) - Hermann-Löns-Str. 39, 6300 Gießen - Geb. 30. Sept. 1944 Gießen (Vater: Willi A., kaufm. Angest.; Mutter: Katharina A.), ev., verh. s. 1970 m. Ursula, geb. Berlth, T. Nina-Carmen - Dipl. 1970 Univ. Gießen, Promot. 1972 Univ. Konstanz, Habil. 1976 ebd. - 1970-74 wiss. Assist.; 1974-80 Doz.; 1980-86 Prof. in Siegen - BV: Geldangebot- u. Geldbasiskontrolle in d. BRD, 1974; Aufs. in versch. Fachztschr. - Spr.: Engl., Latein, Griech.

ALEXANDRIDIS, Evangelos

Dr. med. (habil.), Ärztl. Direktor Abt. Klin.-exper. Ophthalmologie Univ. Heidelberg, apl. Prof. f. Augenheilkd. ebd. - Im Fuchsloch 30, 6901 Dossenheim.

ALEXY, Robert

Dr. jur., Prof. f. Öfftl. Recht u. Rechtsphil. Univ. Kiel (s. 1986) - Klausbrooker Weg 122, 2300 Kiel (T. 0431 - 880-54 97 42) - Geb. 9. Sept. 1945 Oldenburg, ev., verh. s. 1971 m. Edith, geb. Schuchard, 2 Kd. (Georg Corbin, Julia) - 1968-73 Stud. Univ. Göttingen (Studienstiftg. d. Dt. Volkes); 1. Jurist. Staatsex. 1973, 2. Jurist. Staatsex. 1978; Promot. 1976; Habil. 1984 Göttingen - BV: Theorie d. jurist. Argumentation, 1978 (Neudr. 1983); Theorie d. Grundrechte, 1985 (Neudr. 1986) - 1982 Preis d. Philol.-Hist. Klasse d. Akad. d. Wiss. Göttingen.

ALFEN, Walter

Dipl.-Ing., Direktor i. R. - Dahmsfeldstr. 49, 4600 Dortmund 50 - Vorst.-Mitgl. Wirtschaftsvereinig. Bauind. NRW; Vorst.-Vors. Berufsförderungswerk d. Wirtschaftsvereinig. Bauind. NRW; AR-Mitgl. WIBAU-Verlag GmbH - BVK I. Kl.; Ehrenring Wirtschaftsvereinig. Bauind. NRW.

ALFF, Wilhelm

Dr. phil., Prof. f. Neuere Geschichte Univ. Bremen (s. 1974) - Mathildenstr.

29, 2800 Bremen - Geb. 15. Mai 1918 Essen, verh. s. 1951 m. Hedwig, geb. Storms († 1986), 3 Kd. (Klemens, Susanne, Lambert Alff) - Stud. Theol., Roman., Phil., Gesch. Promot. 1961 Köln - B. 1968 Inst. f. Zeitgesch. München, 1968-74 Päd. Hochsch. Nieders./Abt. Braunschweig (Prof. f. Polit. Wiss.) ; Herausg.: Ztschr. Aufklärung, Köln (1951-53, Reprint 1989); Stud. z. Kontinuitätsproblem d. dt. Gesch. 1862-1945, Bd. 1-4 (1984-86) - BV: Condorcets Geschichtsphilosophie, 1963, 2. Aufl. 1976; Überlegungen, 1964; Michelets Ideen, 1966; Beccarias Abh. üb. Verbrechen u. Strafen, 1966; Karl Kraus u. d. Zeitgesch., 1967; D. Begriff Faschismus, 1971; D. Kontinuitätsproblem d. dt. Geschichte, 1976; Rückblick aufs Preussenjahr, 1984 - 1972 Mitgl. PEN-Zentrum BRD.

ALFÖLDY, Géza

Dr. phil., Dr. h.c., o. Prof. f. Alte Geschichte Univ. Heidelberg (s. 1975) - Marstallhof 4, 6900 Heidelberg - Geb. 7. Juni 1935 Budapest - 1966-70 Doz. u. apl. Prof. Univ. Bonn, 1970-75 Prof. Univ. Bochum - 1978 o. Mitgl. d. Heidelberger Akad. d. Wiss. - 1986 Gottfried Wilhelm Leibniz-Preis d. Dt. Forschungsgem.; 1988 Dr. h.c. Univ. Autònoma de Barcelona.

ALFUSS, Kurt

Dr. jur., Dipl.-Kfm., Marketing- und Werbeberater BDW, Inh. Werbeagentur Dr. Alfuss Ges. f. Marketing mbH & Co., Köln (s. 1960) Viktor-Schnitzler-Str. 25, 5000 Köln-Deckstein (T. 43 34 70) - Geb. 23. Mai 1928 Köln (Vater: Eugen A., Werbekfm.; Mutter: Claire, geb. Schneider), kath., verh. s. 1955 m. Helga, geb. Ruland, Tocht. Susanne - 1946-52 Univ. Köln.

ALICH, Georg

Dr. phil., o. Prof. f. Didaktik d. Sonderschulen f. Gehörlose u. Schwerhörige Univ. Köln, Erz.wiss.-heilpäd. Fak., Direktor Seminar f. Hör- u. Sprachgeschäd.päd. Schwerp.: Sprachl. Kommunikationsstörungen, Audiologie - Mühlenstr. 30, 5162 Niederzier (T. 02428 - 26 58).

ALKER, Heinrich Felix

Dipl.-Ing., Geschäftsführer OLBO Textilwerke GmbH (s. 1961) - Am Eichelkamp 219, 4010 Hilden (T. 6 04 34) - Geb. 17. Nov. 1925 Schönau (Vater: Felix A., Landwirt; Mutter: Klara, geb. Schramm), kath., verh. s. 1956 m. Erika, geb. Dornack, 2 T. (Ulrike, Brigitte) - Textiling.sch.; Refa-Fachl.ausb. - In- u. Ausl.patente - Spr.: Engl., Russ.

ALLAM, Schafik

Dr. phil., Prof., Ägyptolog. Institut Univ. Tübingen - Corrensstr. 12, 7400 Tübingen (T. 29 43 44) - Geb. 9. Dez. 1928 - B. A. 1949 u. M. A. 1952 Kairo; Promot. 1960 Göttingen; Habil. 1968 Tübingen - Beitr. z. Hathorkult; Urkunden z. Rechtsleben Altägyptens; Unters. z. Rechtsleben ebd.; Aufs. in Ztschr.

ALLEMANN, Beda

Dr. phil., o. Prof. f. Neuere dt. Literaturgeschichte u. Allg. Literaturwiss. - Gudenauer Weg 79, 5300 Bonn-Ippendorf - Geb. 3. April 1926 Olten (Schweiz) - Univ. Zürich - S. 1955 Lehrtätigk. Univ. Zürich, Berlin, Paris, Leiden, Kiel (1962; 1963 apl. Prof.), Würzburg (1964 Ord.), Bonn (1967 Ord.) - Mitgl. Dt. Akad. f. Sprache u. Dichtung (s. 1977, Vizepräs. 1980/81) - BV (1954 ff.): Hölderlin u. Heidegger (auch franz., span., japan.), Hölderlins Friedensfeier, Ironie u. Dichtung (auch ital. u. japan.), Üb. d. Dichterische, Zeit u. Figur b. späten Rilke (auch japan.), Gottfried Benn - D. Problem d. Gesch., Literatura y reflexion - Spr.: Franz., Engl., Niederl.

ALLEMANN, Fritz René

Publizist - Sudetenstr. 11, 8702 Kleinrinderfeld (T. 09366 - 2 44) - Geb. 12. März 1910 Basel/Schweiz (Vater: Joseph A., Fabrikdir.), verh. s. 1934 m. Ruth, geb. Müller, 2 Söhne (Urs, Jürg) - Ob. Realsch. Basel; Univ. ebd. (Gesch., Nationalök., Soziol.); Hochsch. f. Politik Berlin - Ab 1928 fr. Mitarb. u. 1936-40 Hilfsredakt. (Feuill., Film) Basler National-Ztg., s. 1942 London-, Paris-Korresp. (1946), Auslandsredakt. (1947) u. Dtschl.-Korresp. (1949) D. Tat, Zürich, 1960-64 zugl. Mithrsg. D. Monat, Berlin, jetzt fr. Journ. (Spez. Arbeitsgeb.: iberische u. iberoamerik. Probl.) - BV: Nationen im Werden - Eindrücke u. Ergebn. e. Balkan- u. Vorderasienreise, 1954; Bonn ist nicht Weimar, 1956; D. arab. Revolution - Nasser üb. s. Politik, 1958; 26 × d. Schweiz, 1963, Neubearb. 1984; 8 × Portugal, 1971, Neufass. 1984; Macht u. Ohnmacht d. Guerilla, 1974; m. Juan Goytisolo: Spanien, 1978; (m. Xenia v. Bahder): Kunst-Reiseführer „Katalonien u. Andorra“, 1980 - 1973 Kulturpr. Solothurn, 1985 Preis d. Oertli-Stiftg. - Liebh.: Schallplattensamml. (bes. vorklass. Musik) - Spr.: Franz., Engl., Span., Portug.

ALLEN, van, Hans Günther

Bürgermeister Großgemeinde Lohmar (s. 1975); gf. Gesellsch. Fa. Richard Schoeps (Laboreinr.), Duisburg (s. 1982) - Im Tannenhof 12, 5204 Lohmar 1 (T. 02246 - 74 33) - Geb. 30. Juni 1934 Haan/Rhl. (Vater: Hans v. A., Arb.; Mutter: Else, geb. Boquoi), ev., verh. s. 1960 m. Annemarie, geb. Keller, 2 S. (Peter, Michael) - Kaufm. Lehre; Stud. d. Betriebswirtsch. - 10j. Tätigk. als Gf. (Mikropul Ges. f. Mahl- u. Staubtechn., Köln-Porz) u. J. Vicepres. US Filter Corp., New York, Europa-Dir. d. DCE Vokes, Tochterges. d. Thomas Tilling, London, Geschf. Fa. Hemmer Masch.-Bau, Aachen - Liebh.: Sport, Musik - Spr.: Engl., Franz., Span.

ALLERBECK, Klaus R.

Dr. phil., Prof. f. Soziol. Univ. Frankfurt - Gelber Weg 24, 6242 Kronberg - Geb. 18. Nov. 1944 Seilershof, verh. s. 1974 m. Wendy, geb. Hoag - Promot. 1971 Köln - 1970-72 Zentralarch. f. empir. Sozialforsch.; 1972-74 Harvard-Univ.; 1975 Univ. Bielefeld - BV: Datenverarb. in d. empir. Sozialforsch., 1972; Soziol. radikaler Studentenbeweg., 1973; Jugend ohne Zukunft?, 1985.

ALLERS, Gerd

Dipl.-Ing., Vorstandmitglied Dyckerhoff AG, Wiesbaden - Walkmühltalanlage 5, 6200 Wiesbaden - Geb. 15. Juni 1929.

ALLERS, Tyark

Dipl.-Ing., Vorstandsvorsitzender Krupp-Polysius AG - Graf-Galen-Str. 17, 4720 Beckum-Neubeckum (T. 02525 - 71 23 50).

ALLERT, Hans-Jürgen

Ministerialdirigent - Hardenbergstr. 6, 6600 Saarbrücken 1 - Geb. 8. Juli 1933 Kassel (Vater: Max A., Oberst a.D.; Mutter: Ilse, geb. Allert), kath., verh. s. 1972 in 2. Ehe m. Ellen, geb. Fabian, 2 Kd. (Sixtus, Nele) - 1953-57 Stud. Rechts- u. Staaswiss., 1958-59 Stud. Europ. Rechte (1. jurist. Ex. 1957, 2. Ex. 1960) - 1961 Richter Verw.-Gericht; 1962-65 Wirtsch.-Min. Saarl., 1966-71 im Bundeswirtsch.-Min.; 1971 Amtschef Landesvertr. Saarl. in Bonn; 1984ff. Vertr. Saarl. Min. f. Umwelt, Raumordnung u. Bauwesen. S. 1977 Rundfunkrat Deutschl.funk - Liebh.: Meissener Porzellan, Saarbriefmarken - Spr.: Engl., Franz.

ALLERT-WYBRANIETZ, Kristiane

Schriftstellerin - Höheweg 55, 3063 Obernkirchen - Geb. 6. Nov. 1955, verh. s. 1979 m. Volker Wybranietz - Realsch.; Ausb. z. Rechtsanw.gehilfin - BV: Trotz alledem, Verschenktexte, 1980; Liebe Grüße, Verschenktexte, 1982; Wenn's doch nur so einfach wär, 1984; Du sprichst v. Nähe, 1986; Abseits d. Eitelkeiten, 1987; Dem Leben auf d. Spur, 1987; Wie finde ich d. richtigen Verlag

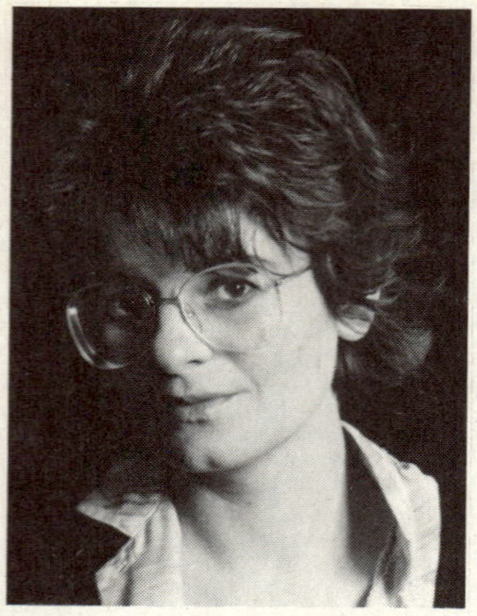

(Ratgeber), 1988. Herausg.: Ich will leben u. meine Katze auch. Kinder malen u. schreiben für den Frieden (1988).

d'ALLEUX, Hans-Jürgen

Dr.-Ing., Prof., Fachgebietsleiter Stadtbauwesen u. Wasserwirtsch. Univ. Dortmund - Markusstr. 3, 4600 Dortmund 30.

ALLEWELDT, Gerhardt

Dr. agr., Dr. h. c., o. Prof., Direktor Inst. f. Weinbau Univ. Hohenheim (LH) u. Direktor Bundesforschungsanstalt f. Rebenzüchtung Geilweilerhof (s. 1965 bzw. 1970) - Hermann-Jürgens-Str. 27, 6740 Landau/Pf. (T. Inst.: Stuttgart 459 23 58) - Geb. 21. Juli 1927 Brightview/Kanada (Vater: Erich A., Seeoffz.; Mutter: Nina, geb. Schubert), ev., verh. s. 1952 (Kassel) m. Agnes, geb. Wetzel, 4 Kd. (Christiane, Monika, Karin, Jürgen) - Univ. Gießen (Dipl.-Landw. 1953). Promot. (1956) u. Habil. (1962) Gießen - 1956-65 Wiss. Assist. Forschungsinst. f. Rebenzücht. Geilweilerhof. Zahlr. Fachveröff. - 1982 BVK - Spr.: Engl.

ALLEZE, Helmut Gustav

Vorstand Baywa AG, Hauptgeschäftsführer Raiffeisenkraftfutterwerke GmbH., bd. München - Athosstr. 15, 8000 München 90 - Geb. 14. Aug. 1925.

ALLKOFER, Otto Claus

Dr. rer. nat., Prof. f. Physik - Moltkestr. 79, 2300 Kiel 1 - Geb. 25. Mai 1929 Regensburg - S. 1966 (Habil.) Privatdoz. u. Prov. (1968) Univ. Kiel.

ALLMANN, Rudolf

Dr. phil., Prof. f. Mineralogie u. Kristallogr. Univ. Marburg - Im Grund 5, 3550 Marburg - Geb. 19. Febr. 1931 Kötzschau - Promot. (1961) u. Habil. (1968) Marburg - S. 1971 Prof. 1966/67 USA-Aufenth. Ca. 120 Facharb. - 1970 Max-Berek-Preis.

ALLMER, Henning

Dr. phil., Dipl.-Psych., Wiss. Rat, Prof. f. Psychologie Dt. Sporthochschule Köln - Nikolausstr. 47, 5026 Brauweiler.

ALMASSY, von, Susanne

Schauspielerin, Mitgl. d. Theaters in d. Josefstadt - Neutorgasse 13, Wien 1 - Geb. 15. Juni Wien, kath., verh. m. Prof. Rolf Kutschera (Schausp., Regiss.; gegenw. Dir. Theater an d. Wien) - Schule (Matura) u. Schauspielakad. Wien - Dt. Schauspielhaus Hamburg, Volkstheater u. Theater in d. Josefstadt Wien, Renaissance-Theater Berlin, Stadttheater Zürich (Gast), 1956 Burgtheater Wien. Üb. 80 Bühnenrollen, u.a. Gigi, d. Lächeln einer Sommernacht; Film: Briefträger Müller, Anastasia, Mein Vater, d. Schausp., Stresemann, Bühne frei f. Marika! - 1970 Josef-Kainz-Med. Stadt Wien, 1981 Silb. Ehrenmed. d. Stadt Wien.

ALNOR, Peter Christian

Dr. med., Prof., Chefarzt Chirurg. Klinik Städt. Krkhs. Braunschweig (s. 1962) - Salzdahlumer Str. 90, 3300 Braunschweig - Geb. 20. Sept. 1920 Tingleff/Schlesw. - S. 1956 (Habil.) Lehrtätigk. Univ. Kiel (1961 apl. Prof.) - BV (1959 ff.): Z. Krankheitsbild d. sog. Cardiospasmas, D. Schleimhautprolaps d. Magens, Drucklufterkrank. Zahlr. Einzelarb.

ALPERS, Klaus

Dr. phil., Prof. f. Klass. Philologie Univ. Hamburg - Kolberger Str. 12, 2120 Lüneburg (T. 04131-3 23 66) - Geb. 27. Sept. 1935 Lüneburg, ev., verh. s. 1961 m. Erika, geb. Marold, 2 S. (Ulrich Christian, Hartwig Christoph) - Johanneum Lüneburg; Univ. Hamburg (Klass. Philol., Phil.); Promot. 1964, Staatsex. 1966, Habil. 1977 - 1964-71 Wiss. Angest.; 1971-84 Wiss. Oberrat; s. 1984 Prof.; Mitgl. Kgl. Dän. Akad. d. Wiss. Kopenhagen - BV: Theognostos, Peri Orthographias, 1964; Bericht üb. Stand u. Methode d. Ausgabe d. Etymologicum Genuinum, 1969; D. attizist. Lexikon d. Oros, 1981; Unters. z. griech. Physiologus u. d. Kyraniden, 1984. Mitherausg.: Sammlung griech. u. lat. Grammatiker (s. 1974) - Spr.: Engl., Dän.

ALSEN, Kurt

Dr.-Ing., Geschäftsführer Salzgitter Industriebau GmbH., Salzgitter 51 (b. 1973) - Fichtenweg 5, 3320 Salzgitter - Geb. 27. April 1920 - Zul. stv. Vorstandsmitgl. Salzgitter Hüttenwerk AG., Salzgitter.

ALSLEBEN, Kurd

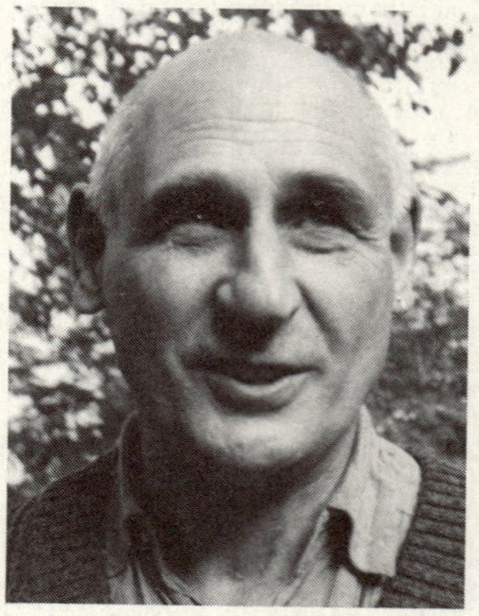

Prof., Leiter d. Computerei Hochschule f. bild. Künste, Hamburg - Lerchenfeld 2, 2000 Hamburg 76; priv.: Paulinenallee 58, Hbg. 50 - Geb. 14. Juni 1928 Königsberg/Neum. (Vater: Kurt A., Zöllner; Mutter: Ria, geb. Brand), verh. s. 1981 m. Antje Eske (Künstlerin), Sohn Jonas - Bäcker- u. Maurerlehre; 1949-52 Stud. Fr. Kunst Staatl. Akad. d. bild. Künste Karlsruhe; autodidakt. Stud. (Arbeitswiss., Informt.wiss., Gesch.) - B. 1952ff. Gelegenh.arb., Reisen; 1956ff. freiberufl. in Barmstedt/Holst., spez. Arb.geb. Großräume, Ästhetik u. Computerkunst; 1965-69 Lehrbeauftr. Hochsch. f. Gestalt. Ulm; 1969 Gastdoz. Hochsch. f. bild. Künste Berlin; ab 1970 Prof. Hochsch. f. bild. Künste Hamburg; 1983 Mitgl. d. Akad. Intern. de la Scienc oy San Marino - End. u. Entw. 1958 Bürolandsch., 1960 Computergrafiken, 1961/87 Informations- u. Computertypografie, 1977/88 interaktive Materialform, 1985 Farbwörter - BV: Neue Technik d. Mobilarordn. in fr. unregelmäßig. Rhythmus, 1961; Ästhet. Redundanz, 1962; Cpraaxj unt crift im tsaet'altjr d. Kübärneetik (m.a.), 1963; Praxeologie (Hrsg.), 1963; La Scienze e l'Arte (m.a.), 1972; Kulturanthropol. (m.a., in viele Spr. übers.), 1973; material 15 z. Medienstud. (m.a.), 1974; Zeichnen u. Schreiben (m.a.), 1985; Antwortnot u. Spiel, 1986; Farbwörter, 1988 - Hauptw.: Bürolandsch., Buch u. Ton, 1959; Computergrafiken 1 b. 5, 1960; Bürolandsch. Verw.-BG, 1963, Circulo de Lectores, 1967; FöKIk, dialoge Medienarb., 1970; Anschaulichk. nicht ein-sichtig, Medienbündel m. Video, 1972ff.; Menschheitsgesch., Schnellhefterleporello & 2 m Souvenirbank, 1977ff.; Bilderschr. ist e. ideolog. Phantom, Ringb., 1979; Schwangersch. od. Geburtsanz. v. Jonas Eske Alsleben, Zettel & Polaroids (m. A. Eske), 1981; Textl. Illuminationen m. Macintosh, 1984; Diskettentypografie, interaktive Software, 1988 - Ausst.-Beteilig. Frankfurt, Hannover, Zagreb, London, New York, u.a. - 1969 Goldmed. Intern.-Kongreß f. Ästhetik San Marino; 1986 Dt. Sportabz.; 1987 Ehrendoktor Univ. Interamericana Cienc. Hum.

ALSLEV, Jens

Dr. med., Prof., Chefarzt Innere Abt. Ev. Krkhs. Herne - Hohenrodtstr. 9, 4690 Herne/W. (T. 5 48 48) - Geb. 21. Febr. 1919 Kiel - S. 1952 Doz. u. apl. Prof. (1957) Univ. Kiel (zul. Oberarzt Med. Poliklin.). Zahlr. Fachveröff. - Rotarier.

ALT, Christian

Dr.-Ing., em. o. Prof. f. Mech. Verfahrenstechnik Univ. Stuttgart (Fak. Verfahrenstechnik) - Sedimentation, Filtration, Staub- u. Mischtechn. - Rigaer Str. 19, 8000 München 50 (T. 140 31 25) - Geb. 17. Sept. 1917 München (Vater: OStR Dr. Heinrich A.; Mutter: Helene, geb. Mosbacher), verh. s. 1945 m. Ilse, geb. Jentzsch, 2 Kd. (Hans, Irmgard) - Abit. 1937, Stud. MaschBau TH München, Dipl.-Ing. 1942, Promot. TH München 1948 - 1951-67 ind. Tätigk., 1963-68 Lehrbeauftr. TH München f. mechan. Verfahr.stechn. u. Kunstst.-verarb., 1967-82 Ord. Stuttgt.; Mitgl. VDI-Fachaussch. Trocknungstechn. 1947-64, Kunststofftechn. 1964-68, Mechan. Flüssigk.-Abtrenn. 1968-84 (Obm. u. Beirat GVC s. 1975), Mitgl. VDI-Komm. Reinh. Luft s. 1972, Obm. Arb.Kreis Verf.Techn. 1957-85, Deleg. Arb.Gr. „Filtration" d. Europ. Föd. f. Chem.-Ing.wesen 1968-86, Member of Intern. Consort. Filtr. Research Groups (INCOFILT) s. 1971 - BV: Mathematical Models and Design Methods in Solid-Liquid Separation, 1985; Advances in Solid-Liquid Separation, 1986. Mitverf.: Lueger Lex. d. Verfahrenstechn. 1970, Dechema-Erfahr.Aust. Sedimentieren 1970, Ullmanns Encyklopädie d. techn. Chemie 1972 - 1982 Ehrenmed. d. VDI - Bek. Vorf.: Prof. Rosenhauer, Entomologe Univ Erlangen (Urgroßvater); Maler Theodor Alt (Leibl-Kr.) u. Prof. D. Albrecht Alt (Univ. Leipzig) (bde. Großonkel).

ALT, Franz

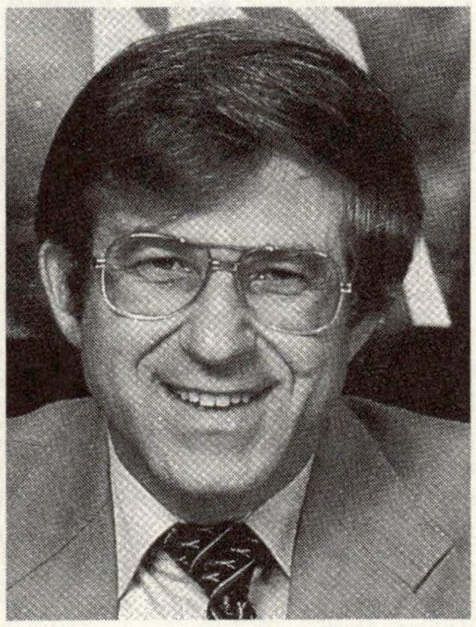

Dr. phil., Journalist (Ps. als Zauberer: Francesco Altini) - Zum Keltenring 11, 7570 Baden-Baden 21 - Geb. 17. Juli 1938 Untergrombach/Baden (Vater: Eugen A., Maurermeister; Mutter: Berta, geb. Hannich), kath., verh. s. 1966 m. Brigitte, geb. Mangei, 2 Tücht. (Christiane, Caren Maria) - Gymn.; Stud. Polit. Wiss., Gesch., Theol., Völkerrecht - S. 1968 Südwestfunk (1969 Reporter, 1972 Leiter u. Moderator Fernsehmagazin Report). CDU 1962-88 - BV: Adenauers erste Regierungsbild. 1949, 1970; Es begann m. Adenauer, 1975; Frieden ist möglich, 1983; C. G. Jung, Leseb. 1983; Liebe ist möglich, 1985; Einsichten u. Weisheiten b. C. G. Jung: V. Sinn u. Wahnsinn, 1986; V. Traum u. Selbsterkenntnis, 1987; V. Religion u. Christentum, 1987; V. Sexualität u. Liebe, 1988 - 1978 Bambi; 1979 Adolf-Grimme-Preis; 1980 Gold. Kamera; 1983 Bambi Bild u. Funk; Karl-Herrmann-Flach-Preis; Ludwig-Thoma-Med.; J.-Drexel-Preis; 1987 Siebenpfeiffer-Preis - Liebh.: Zauberei (Mitgl. Mag. Zirkel v. Dtschl.) - Spr.: Engl.

ALT, Hans Wilhelm

Dr. rer. nat., Prof. f. Mathematik Univ. Bonn - Lortzingweg 10, 5309 Meckenheim - Geb. 1. Aug. 1945 Bielefeld (Vater: Dr. Wilhelm A., Oberstudiendir.; Mutter: Leonie, geb. Ingenerf, Bildhauerin), kath., verh. s. 1971 m. Angelika, geb. Eckelt, 4 Kd. (Ortwin, Mirko, Simon, Leonie) - 1965-69 Math.-Stud. Univ. Göttingen (Dipl. 1969, Promot. 1971); Habil. 1978 Univ. Heidelberg - 1971-74 wiss. Assist. Univ. Münster; 1974-80 wiss. Assist. Univ. Heidelberg; 1980 Heisenberg-Stip.; 1980-81 Prof. Univ. Bochum; 1981-82 Gastprof. Northwestern Univ./Illinois; 1982 ff. Prof. Univ. Bonn. Rd. 30 Veröff. in Fachztschr. - 1982 Guido Stampacchia-Preis - Liebh.: Musik - Spr.: Engl.

ALT, Karin

Dr. phil., Prof. f. Klass. Philologie - Thielallee 18, 1000 Berlin 33 - Geb. 7. Mai 1928 Klotzsche/Sa. (Vater: Prof. Dr.-Ing. Hermann A.; Mutter: Leonie, geb. Kyber), ev. - S. 1970 (Habil.) Lehrtätigk. FU Berlin. Fachveröff.

ALTEKAMP, Heinrich

Dr. rer. pol., Hauptgeschäftsführer Industrie- u. Handelskammer Münster - Besselweg 20, 4400 Münster (T. 0251 - 86 27 56) - Geb. 9. Juni 1926 Gütersloh (Vater:Stephan A., Rektor; Mutter: Elisabeth, geb. Sander), kath., verh. s. 1962 m. Dipl. rer. pol. Gritli, geb. Gitzinger, Sohn Niklas - Staatl. Gymn. Paulinum Münster, Univ. ebd. Dipl. rer. pol. 1954; Promot. 1956.

ALTEN, von, Jürgen

Regisseur, Schauspieler, Schriftsteller - Truper-Eichenhof 3, 2804 Lilienthal (T. 04298 - 54 71) - Geb. 12. Jan. 1903 Hannover (Vater: Carl v. A.; General; Mutter: geb. v. Schwind), ev., verh. s. 1937 m. Hilde Seipp (Sängerin), 2 Kd. - Student (Heidelberg); Schauspielausbild. - 1933-34 Dir. Komödienhs. Dresden, 1935-36 Schiller-Theater Berlin, spät. Gastregiss. Pr. Staatstheater ebd. (u. a. D. König, m. Gründgens), 1945-48 Dir. Kammersp. u. Schauspielschule Hannover, z. Z. freigastierend. Bühnenst.: Einer v. Vielen, D. Veilchenstraße (verfilmt: D. rote Mühle); Filmregie u.a.: Biberpelz m. Heinrich George; Hauptrollen Bühne u.a.: Lear, Sheylock; Regiss. v. 20 Filmen; Leit. e. Schauspielstudios.

ALTEN, von, Jürgen

Botschafter in Nigeria - Zu erreichen üb. Postf. 1500, 5300 Bonn 1, u. P.O.Box 728, Lagos/Nigeria - Geb. 28. Aug. 1923 Bad Tölz, ev., verh. I) 1950 m. Dr. Heidi van Aubel († 1983); II) s. 1984 m. Christiane Behrend, 2 T. - Abit. 1942 Berlin; 1948-51 Jurastud.; 1. jurist. Staatsex., Diplomat.-Konsular. Prüf. 1954 - 1951/52 Dt. Städtetag; s. 1953 Ausw. Dst. (Auslandsposten in Antwerpen, Luxemburg, Zürich, Moskau, Brüssel) u. Zentrale (Planungsstab, Ref.-Leit. Osteuropa) Bundeskanzleramt; 1978 Gesandter Ankara; 1981-84 Gesandter London - 1983 BVK - Liebh.: Gesch., Lit. - Bek. Vorf.: Carl Graf v. Alten, brit. u. hannoverscher General (Waterloo) u. Min.

ALTEN-NORDHEIM, von, Odal

Land- u. Forstwirt, MdB (1969-76), Präs. Gesamtverb. d. Dt. Land- u. Forstwirtsch. Arbeitg.-Verb., Vizepräs. Bundesvereinig. d. Dt. Arbeitg.-Verb. u. Untern.-Verb. Niedersachsen, Vors. Verb. Nieders. Landvolk Schaumburg - Gut Wormsthal, 3262 Auetal 12 (T. 05752 - 301) - Geb. 21. Mai 1922 - CDU.

ALTENBURG, Wolfgang

General, Vors. Militäraussch. d. NATO in Brüssel - Postf. 13 28, 5300 Bonn 1 (T. 0228 - 12 92 03) - Geb. 24. Juni 1928 Schneidemühl, ev.luth., verh. s. 1956 m. Ursula, geb. Schölzel, 3 Kd. (Wolfgang, Roland, Sabine) - B. 1945 Oberrealsch., Berufsausb. (Fachsch. Hotelgewerbe), Marinehelfer Helgoland, Leit. Versorgungs- u. Verpflegungswesen Dienstgr. Bremen, Gastlehrer an amerik. Fachsch. - 1956-62 Bundeswehr (Rekrutenausb., Offiz.- u. Artilleriesch.), Zugführer u. Stabstätigk. Batteriechef (HONEST JOHN), 1962-64 Führungsakad. Hamburg, 1964-68 G 1 d. 6. Panzergrenadierdivision, G 3 d. Panzerbrigade 18, 1968-1970 Kommand. Feldartilleriebat. 61, 1970-71 z. Verf. Inspekt. d. Heeres, 1971 Oberst i.G., 1971-73 Deputy Chief, Nuclear Policy Sektion, SHAPE, 1973-75 Ref. Milit.polit. Grundsatzfragen, Führungsstab Streitkräfte, 1975-76 Kommand. Panzergren.brigade 7, Hamburg, 1976 Brigadegeneral, 1976ff. stv. Stabsabt.leit. Fü S III, 1978 Militärpolitik u. Führung, Führungsstab d. Streitkräfte, 1978 Generalmajor, 1978 Stabsabt.leit. Fü S III, Militärpolitik u. Führung, Führungsstab d. Streitkräfte, 1979 Generalltn., 1979ff. Dt. Milit. Vertr. im Militäraussch. d. NATO Brüssel, 1980-83 Kommand. General III. Korps Koblenz, 1983-86 Generalinspekteur d. Bundeswehr - Mitarb. Intern. Inst. f. strateg. Stud. London u. Arbeitsgr. Sicherheitspolitik Dt. Ges. f. Ausw. Politik - BV: Fachart. üb. Militärpolitik u. strateg. u. operat. Planungen - BVK 1. Kl.; 1985 Kdr. franz. Ehrenlegion - Liebh.: Sicherheitspolitik, amerik. Lit., Wassersport - Spr.: Engl.

ALTENDORF, Irmeli,

geb. Seiwert

Verlegerin, Galeristin, Autorin - Panoramastr. 14, 7290 Freudenstadt (T. 07441 - 78 64) - Geb. 7. Dez. 1926 Saarbrücken (Vater: Fritz Seiwert, Kaufm.; Mutter: Luise, geb. Schöppel), ev., verh. s. 1944 m. Wolfgang A., 5 Kd. (Marlise, Uschi †, Claus †, Bärbel, Thomas) - Leit. Altendorf-Kulturstiftg. - Erf.: Autoren-Offsetausg. als authent. Lit. Fachaufs. z. Erziehungsfragen, Fam., Soziol. usw., Rundf.autorin - 1984 BVK, 1987 Verdienstmed. d. Erzabtes Dupuis Montreal - Liebh.: Kunst, Lit.

ALTENDORF, Karlheinz

Dr. rer. nat., Prof. f. Mikrobiologie Univ. Osnabrück (Fb. Biol. u. Chemie) - Rückertstr. 43, 4500 Osnabrück (T. 0541-608 28 64) - 1977-80 Wiss. Rat, Prof. f. Biochem. u. Regulationsvorg. Univ. Bochum.

ALTENDORF, Wolfgang

Schriftsteller, Verleger - 7290 Freudenstadt-Wittlensweiler (T. 07441 - 78 64) - Geb. 23. März 1921 Mainz (Vater: Rudolf A., Rechtsanwalt und Notar; Mutter: Martha, geb. Ose), evang., verh. seit 1944 m. Irmgard, geb. Seiwert, 5 Kd. (Marlise, Uschi, Claus, Bärbel, Thomas) - BV (z. T. im eig. Verlag): Landhausberichte, Ged. 1955; Leichtbau, Ged. 1957; Odyssee zu zweit, R. 1957 (auch finn. u. holl.); D. Transport, R. 1959 (auch ital. u. holl., GA. über 100 Ts.; verfilmt); D. dunkle Wasser, Erz. 1959 (Reclam); Schallgrenze, Ged. 1961; Hiob im Weinberg, Erz. 1962; Katzenholz, Erz. 1963; Ged. z. Vorlesen, 1964; Hauptquartier, R. 1964; Dt. Vision, R. 1965; Haus am Hamg, R 1965; Morgenrot d. Partisanen, R. 1967; Topf o. Boden, R. 1967; Mein Geheimauftrag, Bericht 1969; D. entmündigte Publikum, 1969; Prosa - Lyrik - Hörspiel - Drama - Grafik, 1970ff. Hör- u. Fernsehsp.; „Vom Koch der sich selbst zubereitete", 12 Erz. Diogenes, Zürich (1973), Autorenoffset-Ausgaben: Dicht. „Weinstraße", Bericht „Kornsand"; „Turmschreiber" v. Deidesheim, 1978/79, „Weinritter" v. Oppenheim a. Rh., 1980, 1982 Pfalz Sonettenkranz, Liebe in Freudenstadt, Rheinhessen-Kindheit, Berlin, Sonettenkranz, Erz. Maler, Grafiker, 20 Gesamtausstellungen seit 1971 - S. 1971 Altendorf-Kulturstiftg. - 1957 Gerhart-Hauptmann-Preis Berlin; 1973 BVK u. 1981 BVK I. Kl.; 1982 Lit. Hambach-Pr.; Rubens-Med.; Oscar de France Palmes d'Or; Knight Award Plaque for World Peace; L'Art Leonardo da Vinci/Goldene Papst-Med. - Wolfgang Altendorf-Bildpreis verliehen: 1971 Thaddäus Troll, 1972 Werner Höfer, 1973 Prof. Dr. Klaus Mehnert, 1974 Ernst Stankovski, 1975 Norbert Windfelder, 1976 Carl Zuckmayer, 1977 Prof. Dr. Bernhard Grzimek, 1978 Frau Dr. Mildred Scheel, 1979 Werner Hanfgarn, 1980 Heinz-Oskar Vetter, 1981 Cornelia Froboess, 1982 Ute u. Siegfried Steiger (Björn-Steiger-Notrett.-Stiftg.), 1983 Dr. Italo Chusano/Rom., 1984 Eckart Witzigmann, 1985 Ulrike Meyfarth, 1986 Fides Krause-Brewer, 1987 Dr. Berthold Roland, 1988 Karl-Heinz Steger.

ALTENHÖNER, Heinrich

Spediteur, Vors. Fachvereinig. Güternahverkehr im Gesamtverb. Verkehrsgewerbe Nieders., Hannover - Bismarckstr. 37, 3389 Braunlage (T. 05520-10 47) - Geb. 24. Mai 1926 Bentheim, ev. - Vors. Bezirksgr. Braunschweig Gesamtverb. Verkehrsgewerbe Nieders.; AR Straßenverkehrsgenoss. Nieders. Hannover; Vizepräs. IHK Braunschweig.

ALTENHOFER, Norbert

Dr. phil., Prof., Philologe - Melemstr. 8, 6000 Frankfurt/M. (T. 597 52 37) - Geb. 30. Juni 1939 Saarbrücken (Vater: Eduard A., Studienrat; Mutter: Nora, geb. Clute), verh. s. 1970 m. Rosemarie, geb. Herberg - Stud. Univ. Saarbrücken, München, Harvard (M. A. 1961); Promot. 1966 Frankfurt/M. - S. 1972 Prof. f. dt. Philol. Universität Frankfurt (1973/74 Dekan) - BV: Hofmannsthals Lustsp. D. Unbestechliche, 1967; Heinr. Heine, 3 Bde. 1971; Briefwechsel Hofmannsthal - Wildgans, 1971; Harzreise in d. Zeit, 1972; Komödie u. Ges., 1973; Europ. Romantik III, Neues Handb. d. Literaturwiss., Bd. 16, 1985.

ALTENMÜLLER, Georg Hartmut

Wissenschaftsjournalist - Uckerather Str. 57, 5330 Königswinter 21.

ALTENMÜLLER, Hartwig

Dr. phil., Prof. f. Ägyptologie - Alsterchaussee 3, 2000 Hamburg 13 - Geb. 23. Sept. 1938 Saulgau/Württ. - Promot. 1964 München - S. 1970 (Habil.) Lehrtätigk. Univ. Hamburg (1971 Prof.). Bücher u. Einzelarb.

ALTER, Erich

Dipl.-Ing., Leiter d. Rundfunk-Betriebstechnik GmbH (s. 1975) - Wallensteinstr. 119, 8500 Nürnberg 80 - Geb. 3. Juni 1928 Berlin - Volkssch.; 1942-45 Elektromechanikerlehre AEG; 1947-49 Ingenieursch. Gauß (alles Berlin) - 1949-57 Entwicklungsing. Heinrich-Hertz-Inst. Berlin; 1957-75 Meß- u. Obering. (Abteilungsleit.). SFB ebd.

ALTERMANN, Hans

Maschinenbauer (Seefahrer-Maschine), Mitgl. Bremische Bürgerschaft u. Bremerhavener Stadtverordnetensitzung (s. 1987), Mitgl. DVU-Liste D (s. 1987) - Grashoffstr. 20 a, 2850 Bremerhaven (T. 0471 - 2 36 40) - Geb. 30. Dez. 1925 Dresden, verh. s. 1957 m. Gerda, geb. Bamberg, 2 Kd. (Klaus, Birgit) - Ausb. Maschinenbau-Seefahrt - S. 1950 Heizer auf Seeschiffen. Patente: 3. Ing., 2. Ing.,

Ltd. Ing. (vornehml. auf Supertankern) - Liebh.: Malerei, Schnitzerei - Spr.: Engl.

ALTEVOGT, Rudolf
Dr. rer. nat., Prof., Zoologe - Schulteweg 9, 4400 Münster/W. - Geb. 22. Jan. 1924 Ladbergen/W. (Vater: Rudolf A., Landw.; Mutter: Wilhelmine, geb. Kemper), verh. s. 1953 m. Dr. med. Rosamunde, geb. Brunne, 2 Kd. (Dirke, Heike) - Obersch. Tecklenburg (Abitur 1942); Marineschule Kiel (Ing.-Offz. Kriegsmarine 1944); Universität Münster (Promotion 1950) - Seit 1956 (Habil.) Lehrtätigkeit Universität Münster (1962 apl. Prof.; 1963 Wiss. Rat, 1966 Abt.-vorsteher, 1980 C4-Prof. Zool. Inst.). 1967-70 Vizepräs. Intern. Vereinig. f. Biophonetik. 1969 Begr. u. Herausg. v. forma et functio; An Internat. Journal of Functional Biology - 1972 UNESCO Chief Technical Adviser, 1974 o. Mitgl. Indian Statistical Institute, 1980 Explorers Club. Fachveröff. u. Forschungs- u. Unterr.-Filme - Spr.: Engl., Franz.

ALTHAMMER, Georg
Autor u. Produzent - Brabanter Str. 4, 8000 München 40 (T. 089 - 36 90 72) - Geb. 29. Sept. 1939 Zwiesel (Vater: Friedrich A.; Mutter: Anna, geb. Kapfhammer), kath., verh. s. 1965 m. Astrid, geb. Düsseldorf, 2 S. (Philipp, David) - Univ. München (Theaterwiss., German., Ztgswiss.) - 1964-72 Autor, Dramat. u. Prod. Bavaria Atelier GmbH, München; s. 1976 gf. Gesellsch. Monaco Film GmbH, München.

ALTHAMMER, Walter
Dr. jur., MdB b. 1985 (s. 1961, CDU/CSU), Präs. Südosteuropa-Ges., München (s. 1965), Präs. West-Ost-Kulturwerk (s. 1986) - Kronprinzenstr. 10, 5300 Bonn 2 - Geb. 12. März 1928 Augsburg (Vater: Peter A., Polizeioberm.; Mutter: Theresia, geb. Schieferle), kath., 3 Kd. (Peter, Jörg, Ariane) - Univ. München (Rechtswiss.) - 1953-56 Rechtsanw.; 1957-60 Verw.rat Stadtverw. Augsburg; s. 1961 Oberreg.rat u. Reg.dir. Bayer. Min. f. Unterr. u. Kultus; s. 1965 Präs. Südosteuropa-Ges.; b. 1984 VR-Mitgl. Deutsche Ausgleichsbank; s. 1985 stv. Vorstandsvors. ebd. - BV: Gegen den Terror, 1978 - Liebh.: Mod. Kunst - Spr.: Engl. - 1970 Bayer. VO.

ALTHANS, Kurt Karl
Komponist, Kapellmeist., Musikjourn. (Ps. Kalas) - Ringstr. 4, 4223 Voerde 1 (T. 02855 - 21 12) - Geb. 4. Okt. 1931 Duisburg-Hamborn (Vater: Karl Friedr. A., Kammermusiker), ev., verh. s. 1962 m. Erika Margot, geb. Braun, T. Iris Anneliese - Ausb. Konservat. Dortmund, Westf. Hochsch. f. Musik Münster, Violine b. Erich Rodenbrügger, Dir. GMD Herwig, u.a. - Eig. Orchester in Tournee Vord. Orient u. Türkei; Leit. Nord Norge Kammerorch., Rundfunk in Norwegen, Schweden, Finnland u. Dänemark; Musiktherapie in Norwegen (Inst. Trastad Gaardr); s. 1969 wieder in BRD Komp., Kapellmeist., Kammermusik u. journ. Tätig. Mitinitiator KSVG - BV: Forts. in: D. Artist, Musiktherapie in Europa; 1969/70; D.

Künstlersozialversich.-Gesetz u. s. Auswirk.; D. Artist. Hörfunkserie: Erinnerungen an d. Musikleben - Spr.: Engl., Franz., Schwed., Norw., Dän.

ALTHAUS, Egon
Dr. phil., o. Prof. u. Direktor Mineralog. Inst. (s. 1969) - Universität, 7500 Karlsruhe - Geb. 15. Febr. 1933 - Zul. Privatdoz. Univ. Göttingen (Oberassist. Mineral.-Petrol. Inst.). Zeitw. Gast Yale Univ. New Haven (USA).

ALTHAUS, Helmuth
Dr. med., Prof., ehem. Direktor Hygiene-Inst. d. Ruhrgebiets, Gelsenkirchen - Siebenwinkel 21, 4370 Marl-Polsum - Geb. 9. Dez. 1922 Hagen - Promot. 1950 Marburg - S. 1953 ob. Inst. 1973 ff. Honorarprof. TH Aachen (Hyg. Belange im Rahmen d. Trinkwasserversorg. d. Badewesens u. d. Abwasserbeseitig.). Üb. 120 Fachart.

ALTHAUS, Richard Wilhelm

Schriftsteller - Eppenhauser Str. 77, 5800 Hagen 1 (T. 02331 - 5 73 01) - Geb. 23. Aug. 1905 Iserlohn, verh. s. 1956 m. Elisabeth, geb. Crummenerl, 3 Kd. (Klaus, Gudrun, Ingrid) - Lehre als Metallarb. u. Verw.angest.; Aktiver Naturschützer; Geschäftsf. Hagener Heimatbd.; Vors. Autorenkreis Ruhr-Mark, s. 1955 Niederd. Arbeitskr. Hagen - BV: Wie Malepartus unterging, 1956; Abenteuer im Schluchtwald, 1957; Ewige Wanderung, 1966; Hagen in alten Bildern, 1977; An d. Heimat, 1980; So sind wir Sauerländer, 1981; Kreuze-Heilige-Kapellen, 1983; Märkische Sagen, 1985 - 3 Lit.preise, Ehrenvors. in drei Vereinig. - Liebh.: Naturwiss., Fotografie - Lit.: Who's Who in Literature, Kürschners Lit.-Lex., Namen u. Werke, D. Literat. Publikation.

ALTHEIM-STIEHL, Ruth
Dr. phil., o. Prof. f. Alte Geschichte u. (1964) u. Dir. Sem. f. Alte Geschichte u. Inst. f. Epigraphik Univ. Münster (b. 1985, sd. i.R.) - Gustav-Freytag-Str. 49, 4400 Münster - Geb. 13. März 1926 Forst/Lausitz - Promot. 1951; Habil. 1955 - BV: D. Araber in d. Alten Welt, Bd. I-V 1964-69; Gesch. Mittelasiens im altertum, 1970; Christentum a. Roten Meer, 1970-72 (m. F. Altheim) - Spr.: Engl., Franz., Lat., Griech., Arab., Syr.

ALTHOFF, Friedrich Dankward
Dr.-Ing., Vorstandsmitglied BBC Brown, Boveri & Cie AG, Mannheim - Kallstadter Str. 1, 6800 Mannheim 31 (T. 0621-381 22 99) - Geb. 20. Mai 1938 Breslau (Vater: Dr.-Ing. Friedrich Wilhelm A., Chemiker; Mutter: Irmgard, geb. Cramer), ev., verh. s. 1967 m. Christel, geb. Gölz, 4 Kd. - TH Darmstadt (Dipl.-Ing. Elektrotechn.), TU Braunschweig (Promot.) - Allis-Challmers, Milwaukee Wisc./USA, ITT Jenning, San Jose, Calif., BBC Heidelberg - Div. AR-Mand.; Vors. VDI/VDE-Ges. Meß- u. Automatisierungstechnik (GMA).

ALTHOFF, Gerhard
Prof., Pädagoge - Holstenhof 17 b/c, 2000 Hamburg 70 - B. z. Entpfl. Wiss. Rat u. Prof. Univ. Hamburg (Erziehungswiss. - Didaktik d. Arbeits- u. Techniklehre).

ALTHOFF, Helmut
Dr. med., o. Prof. f. Rechtsmedizin - Orthstr. 12, 5100 Aachen-Laurensberg - Geb. 18. Mai 1935 Hamm - Promot. 1960; Habil. 1970 - 1973 Wiss. Rat u. Prof. Univ. Köln; 1977 Ord. TH Aachen (Med. Fak.) - BV: D. plötzl. u. unerwart. Tod von Säuglingen u. Kleinkindern, 1973; Sudden infant death syndrome, 1980. Etwa 85 Einzelarb.

ALTHOFF, Karlheinz
Dr., o. Prof. f. Experimentalphysik Univ. Bonn (s. 1965) - Endenicher Allee 5, 5300 Bonn 1 (T. 63 40 72) - Geb. 10. Dez. 1925 Bielefeld (Vater: Heinrich A., Lehrer; Mutter: Emma, geb. Jürging), ev., verh. s. 1958 m. Jutta, geb. Gaul, 3 Kd. (Kai, Ingrid, Doris) - Schulen Bielefeld u. Köslin; Univ. Göttingen u. Heidelberg (Physik) - Zul. Abt.sleit. Kernforschungsanlage Jülich - Liebh.: Skilaufen - Spr.: Engl.

ALTHOFF, Theodor
Dipl.-Kfm., Vorstandsmitglied Karstadt AG (s. 1969) - Theodor-Althoff-Str. 2, 4300 Essen 1 - Geb. 28. Mai 1927.

ALTMANN, Gerhard
Steuerberater - Burggrafenweg 6, 7000 Stuttgart 80 - Geb. 24. April 1926 - Gf. Vorst.smitgl. Landesverb. d. gen. genossensch. Groß- u. Außenhandels in Bad.-Württ., b. 1969 stv. Verbandsdir. Württ. Genoss.sverb. (Schulze-Delitzsch), b. 1971 Vorstandsmitgl. Stuttgarter Bank eGmbH.

ALTMANN, Geza
Dr. rer. nat., Prof., Zoologe - Am Homburg 36, 6600 Saarbrücken - Geb. 2. Aug. 1923 Kesmark (Vater: Prof. Géza A.; Mutter: Margit, geb. Prepeliczay), ev., verh. s. 1947 m. Thea, geb. Großmann, Sohn Géza Alexander - Gymn. Kesmark; Univ. Prag u. Erlangen. Promot. 1948 Erlangen; Habil. 1956 Saarbrücken - S. 1956 Lehrtätig. Univ. d. Saarl. (1963 apl. Prof.); Wiss. Rat Zool. Inst.). Spez. Arbeitsgeb.: Physiol. - BV: D. Orientierung d. Tiere im Raum, 1967. Zahlr. Fachaufs. - Spr.: Engl.

ALTMANN, Hans-Werner
Dr. med., o. Prof. f. Allg. Pathologie u. Pathol. Anat. - Pfalzstr. 15, 8700 Würzburg (T. 2 64 76) - Geb. 7. Juni 1916 Herford/W. (Vater: Kurt A.; Mutter: Hanna, geb. Nobbe) - 1947-57 Doz. u. apl. Prof. (1952) Univ. Freiburg, s. 1957 Ordn. u. Inst.dir. FU Berlin u. Univ. Würzburg (1959-85). Fachveröff.

ALTMANN, Helmut
Geschäftsführer Dt. Badminton-Verb. e.V. - Südstr. 25, 4330 Mülheim/Ruhr. (T. 0208 - 38 14 32 dstl.; 0208 - 43 31 03 priv.) - Geb. 26. April 1948 Münster, verh. s. 1976 m. Brunhild-Ellen, geb. Dietze.

ALTMANN, Johann (Hans)
Dr. phil., Prof. f. Dt. Sprachwissenschaft Univ. München - Sindelsdorfer Str. 73b, 8122 Penzberg - Geb. 19. Mai 1943 Plattling (Vater: Franz Xaver A., BB-Oberwerkm.; Mutter: Rosina, geb. Brumm) - 1956-63 Gymn. Straubing; 1963-70 Stud. Univ. München (Staatsex. Lehramt Gymn. 1969/70), Promot. 1975, Habil. 1979 - 1970-75 Ass.; 1975-80 wiss. Assist.; s. 1980 Prof. - BV: D. Gradpartikeln im Dtsch., 1976; Gradpartikelprobl., 1978; Formen d. Herausstell. im Dtsch., 1981; Intonationsforsch., 1988.

ALTMANN, Kurt
Dr. med., Prof., Anatom - Mönchhofstr. 29, 6900 Heidelberg - Geb. 28. Sept. 1916 - S. 1950 (Habil.) Privatdoz. u. apl. Prof. Univ. Heidelberg (Wiss. Rat Anat. Inst.).

ALTMANN, Robert
Leitender Polizeidirektor, Dipl.-Verwaltungswirt, Fachbereichsleiter Einsatzlehre Polizei-Führungsakad. Münster (s. 1984) - Am Friedhof 18, 4404 Telgte/W. - Geb. 29. Nov. 1929 Boppard/Rh. (Vater: Eduard A., Offz.; Mutter: Claire, geb. Rauh), verh. s. 1955 m. Hilde, geb. Steinchen, T. Kristiane - Obersch.; Hess. Polizeisch.; Polizei-Führungsakad. - S. 1951 Polizeidst. (1960 Leit. Landespol. Hanau, 1964 Fachl. Hess. Pol.sch.; 1973 Doz. Pol.-Führungsakad.) - BV: Grundriß d. Führungslehre, 2 Bde. 1976/78; Stabsarb. in d. Pol., 1978; Polizeilexikon, 1986 - Liebh.: Mod. Fünfkamp 1951-63, Segeln, Tennis - Spr.: Engl.

ALTMANN, Roland

Maler, Grafiker, Graphic-Designer, Publ. - Auf der Horte 8, 4600 Dortmund 30 (T. 0231 - 46 13 20) - Geb. 28. Mai 1925 Sprötau/Thür., ev., verh. s. 1953 m. Ilse, geb. Knauf - 1950-53 Stud. Grafik Werkkunstsch. Hannover; Staatsex.; 1952-54 Abendstud. Werkfachsch. Hannover; Ex. - 1955-85 Leit. Werbung u. PR, zugl. Maler, Grafiker u. Publ.; 1982-87 Gründ., Herausg. u. Chef-Redakt. 1. Verb.-Ztschr. Berufsverb. bild. Künstler Westf. BKK-Info. Kunstrichtung: Konstruktivismus, Konkrete Kunst, Op Art - BV: E. Dokumentation. Dortmunder Gruppe u. Künstlerbd. (m. H. G. Podehl), 1980; Und Wolodja singt, 1983; Zweierlei Licht, gedr. 1987. Kunstkalender: Roland Altmann-Serigraph. (1973) Roland Altmann-Zeichen am Meer (1985) - Ausz. b. Intern. Kalenderwettbew.: 1973 V. ICTA; 1984 34. GKS; 1985 35. GKS (Stuttg.) - Lit.: Konrad Schmidt: Farbklänge gegen d. Chaos, in: Monogr. Roland Altmann gegen d. Chaos.

ALTMANN, Rüdiger
Dr. phil., Publizist, 1963-78 stv. Hauptgeschäftsf. Dt. Industrie- u. Handelstag - Rolandstr. 62a, 5300 Bonn 2 - Geb. 1. Dez. 1922 Frankfurt/M., verh. m. Ingrid-Maria, geb. Freiin v. Lüttwitz - Stud.

Rechts-, Staatswiss., Politik, Soziol. - Tätigk. Univ. Marburg u. Akad. Eichholz - BV: D. Erbe Adenauers, Polit. Organisation, D. neue Gesellschaft (m. Johannes Gross), D. dt. Risiko, Mithrsg.: Ludwig Erhard - Beitr. zu s. polit. Biogr./Festschr. (1972); D. Wilde Frieden (1987).

ALTMEPPEN, Heiner

Maler, Grafiker - Bremricher Hof 4, 6761 Mannweiler (T. 06362 - 88 32) - Geb. 6. März 1951 Leer/Ostfriesl. - Stud. 1971-78 Hochsch. f. bild. Künste Hamburg, u. Phil. Univ. Hbg. - Kunstrichtung: Neuer Realismus. Wicht. Werk: Nordd. Landschaft, Kunsthalle Emden - 1984 2. Preis ART-Wettbewerb Dt. Landschaft heute; 1987 Kulturpreis Landkr. Emsland - Lit.: A. R. Schreiber: Ausst.katalog Mathildenhöhe Darmstadt; S. K. Lang & G. Finckh: Ausst.-katalog Kunstverein Lingen.

ALTNÖDER, Jörg

Dipl.-Berging., Geschäftsführer Mannheimer Versorg.- u. Verkehrsges. mbH.; Vorst. Stadtwerke Mannheim AG - Erwin-von-Witzleben-Str. 8, 6800 Mannheim 1 - Geb. 28. Sept. 1929 Lübeck (Vater: Dr. Karl A., Oberreg.-Rat; Mutter: Johanna, geb. Vogeler), gesch., 4 Kd. (Gerhard, Birgit, Hans-Jörg, Barbara) - Montan-Hochsch. Leoben (Österr.), Dipl.-Berging. 1956 - 1957-64 Betriebsing.; 1965-76 Prok.; 1976-80 Werkleit.; s. 1980 Geschäftsf., Vorst. Stadtwerke Mannheim u. Energie- u. Wasserwerke Rhein-Neckar AG - 4 x Dt. Segelflugmeist., Intern. Segelfliegerleistungsabz. in Gold m. 2 Diamanten - Spr.: Engl.

ALTRICHTER, Dagmar

Schauspielerin - Rüdesheimer Pl. 11, 1000 Berlin 33 (T. 821 39 07) - Geb. 20. Sept. 1924 Berlin - Lyz. Berlin; Schauspielausbild. Lydia Wegener ebd. - S. 1942 Bühnen Berlin, Hamburg, München, Frankfurt/M., Stuttgart. Rundfunk u. Fernsehen.

ALTROGGE, Günter

Dr. rer. pol., o. Prof. f. Betriebswirtschaftslehre Univ. Hamburg (s. 1976) - Isestr. 55, 2000 Hamburg 13 - Geb. 16. Mai 1939 Everswinkel (Vater: Alfred A.; Mutter: Elisabeth, geb. Schulze Tertilt), kath., T. Alexandra - Gymn. Beckum; TH Darmstadt (Maschinenbau), Univ. Münster u. Mannheim. Dipl.-Ing. 1964; Dipl.-Kfm. 1967, Promot. 1970, Habil. 1974. Lehr- u. Forschungsaufg. Mannheim u. Stuttgart - BV: Optimale Maschinenbelastung in Abhängigkeit v. d. Beschäftigung, 1971; Netzplantechnik, 1979; Investition, 1988 - Spr.: Lat., Engl., Franz.

ALTROGGE, Ludwig

Ing., Mitinhaber Leop. Altrogge KG. Mühlenwerke, Lage - In der Bülte 13, 4937 Lage/Lippe - Geb. 4. April 1906 Lage - Ehrenpräs. Arbeitsgem. Getreideforsch., Detmold.

ALTSCHÜLER, Marielú

Schriftstellerin, Verlegerin - Krippenhof 1, 7570 Baden-Baden (T. 07221 - 2 46 34) - Geb. 6. Juli 1924 Pforzheim, ev., verw. - Höh. Schulbild., Kaufm. Ausb., priv. Stud. in Tanz, Schausp., Gesang - Langj. Feuilleton-Redakt., Doz. f. Yoga u. Meditat. VHS; Schriftst. u. Verleg. (Verlag Dem Wahren-Schönen-Guten), eig. Meditat.sch.; o. Mitarb. esoter. Ztschr.; o. Mitgl. BdY/EYU - BV: Meine Seele ist erwacht, 1974; Rhythmus d. Lebens, 1975; Freude schöner Götterfunken, 4. A. 1981; Zwerg Perechjil, 1979; Partner-Brevier, 1981; Dienen d. Wahren-Schönen-Guten, 1983; Sei stille Seele, 1984; V. Nichtwissen z. Wissen, 1985; Fernlehr-Kursus Hilfe z. Selbsthilfe; Lehr- u. Märchen-Cassetten. Eig. gestaltete, gespr. Rundfunksend., Montevideo, Uruguay - Liebh.: Tanz- u. geistl. Musik, Oper, Theater, Ballett, Modellieren, bild. Kunst, Tanzen, Wandern, Yogapraxis, Meditat. - Spr.: Engl., Franz., Span.-Kenntn. - Lit.: Interview v. Dr. Otto Gillen, Karlsruhe.

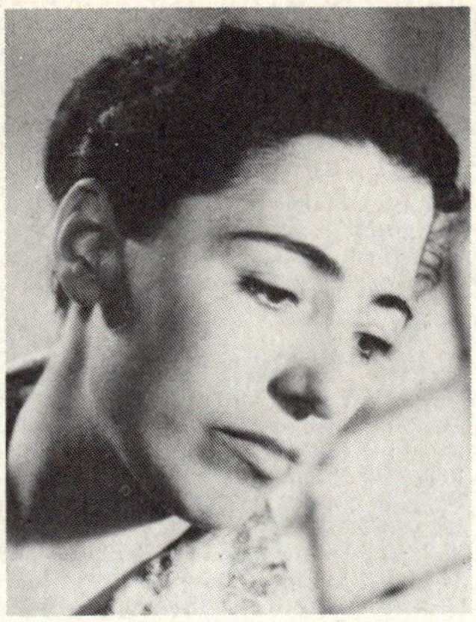

ALTVATER, Elmar

Dr. phil., Prof. f. Pädagogik, Polit. Ökonomie u. Soziologie FU Berlin (Inst. f. Ökonom. u. Soziol. Analyse polit. Systeme) - Knesebeckstr. 16, 1000 Berlin 12.

ALTWEIN, Jens Erik

Dr. med., Prof., Urologe, Chefarzt Urol. Abt., Krankenhaus d. Barmherzigen Brüder, München - Romanstr. 93, 8000 München 19 - Geb. 12. April 1941 Hanau (Vater: Erich F. W. A., ehem. Vorst.-Mitgl. Degussa (s. XVI. Ausg.); Mutter: Erika, geb. d'Ottilie) - Kaiser-Friedrich-Gymn., Bad Homburg; Stud. Med. Univ. Mainz u. San-Diego, Cal./USA; Staatsex. u. Promot. 1967 Mainz; Habil. 1975 ebd. - S. 1975 Ltd. Oberarzt Urol. Univ.sklinik, 1976ff. apl. Prof. Univ. Mainz. Med. Entd.: Hemmung d. Testosteronabbaus im menschl. Prostataadenom durch Depotgestagene - BV: Antibiotika in d. Urol. (m. R. Hohenfellner u. a.), 1974; Analgetika in d. Urol. (m. R. Hohenfellner), 1975; Erkrankungen d. Urogenitalsystems, in: Lehrb. d. Inn. Med. (m. R. Hohenfellner), 1976; Hormonther. urogenit. Tumoren, in Fortschr. d. Urol. u. Nephrol., Bd. 8 1976; Reihe z. Urologie, 1979; Urologie (m. G.H. Jakobi), 1986; Erkrankungen d. Urogenitalsystems, in: Lehrb. d. Inn. Med. (m. R. Hohenfellner), 1987; Impotenz (m. W. Bähren), 1988 - Spr.: Engl.

ALTWICKER, Norbert

Dr. phil., Prof. f. Philosophie Univ. Frankfurt/M. - Meisenstr. 20, 6078 Neu-Isenburg 2.

ALVATER, Peter

Rechtsanwalt, Geschäftsf. 3 M Deutschland GmbH., Neuss - Blanckertzstr. 13, 4000 Düsseldorf 12 - Geb. 10. März 1933.

ALVENSLEBEN, Bodo

Dipl.-Ing., Prof. TU Berlin (s. 1971) - Am Schweizerhof 4, 1000 Berlin 37 (T. 817 90 57) - Geb. 15. Juni 1932 Cammin/Pom. (Vater: Heinz A.; Mutter: Margarethe, geb. Sell), ev., verh. s. 1965 m. Eleonora, geb. Hubert, 3 Kd. (Eva-Maria, Dorothea, Bernhard) - Stud. TU Berlin (Dipl.ex. 1960) - 1960-63 Industrietätigk. (Forschungsing. auf d. Geb. d. Kerntechn.); s. 1963 TU (Obering.), 1965-79 Lehrauftr. f. Math. an d. Hochsch. d. Künste Berlin (Schwerpunkt: Grenzgebiete zw. Kunst u. Wiss.).

ALVENSLEBEN, von, Joachim

Geschäftsführer Ferrostaal Nord GmbH, Hamburg - Heimhuder Str. 53, 2000 Hamburg 13 - Geb. 4. Febr. 1933.

ALVENSLEBEN, von, Reimar

Dr. agr., Prof. f. Marktlehre d. Gartenbaues u. Agrarpolitik Univ. Hannover - Bahnhofstr. 7, 3002 Wedemark 2 - Geb. 14. Juli 1940 - Promot. 1967; Habil. 1971 - Prof. Univ. Göttingen u. Bonn; 1982/83 Dek. FB Gartenbau Univ. Hannover - S. 1982 Vors. Commiss. f. Horticultural Economics and Management Intern. Gartenbauwiss. Ges. (ISHS); s. 1986 Mitgl. wiss. Beirat b. Bundesmin. f. Ernährung, Landwirtsch. u. Forsten; 1987-89 Vors. Fak.tag f. Agrarwiss. u. Ökotrophol.; s. 1988 Fachgutachter DFG.

ALY, Friedrich-Wilhelm

Dr. med., Prof., Chefarzt Innere Abteilung/Stadtkrankenhaus Wolfsburg - Röntgenstr. 79, 3180 Wolfsburg - Geb. 20. Juni 1925 Benrath - Promot. 1952 Marburg - S. 1966 (Habil.) Lehrtätigk. Univ. Tübingen (1971 apl. Prof. f. Inn. Med.). Üb. 100 Facharb.

ALY, Herbert

Dipl.-Ing., Bergass., Geschäftsführer GDMB Gesellschaft Dt. Metallhütten- u. Bergleute - Paul-Ernst-Str. 10, 3392 Clausthal-Zellerfeld - Geb. 1928 Bad Oeynhausen (Vater: Dr. med. Werner A.), ev., 3 Kd. - Bergakad. Clausthal - Fahrsteiger; Wirtschaftsing., Schriftleit. „Erzmetall": Exploration, Bergtechnik, Aufbereitung, NE-Metallurgie - Spr.: Engl.

AMANN, Günther

Rechtsanwalt, Vors. Landesverb. Bad. Haus-, Wohnungs- u. Grundeigentümer - Schwarzwaldstr. 25, 7500 Karlsruhe.

AMANN, Herbert

Dr. rer. nat., o. Prof. f. Mathematik - Universität, 2300 Kiel - Geb. 16. Nov. 1938 Todtmoos/Baden - Promot. (1965) u. Habil. (1969) Freiburg - Prof. amerik. Univ. (1970 Indiana, 1970 Kentucky); s. 1972 Ord. Univ. Bochum u. Kiel (1978). Üb. 30 Aufs.

AMANN, Jürg

Dr. phil., Schriftsteller - Unter der Kirche 17, CH-8707 Uetikon am See; u. Schaumburgergasse 6, A-1040 Wien - Geb. 2. Juli 1947 Winterthur/Schweiz (Vater: Hubert A., Lyriker), led. - Stud. German., d. Europ. Volkslit., Publiz. Zürich u. Berlin; Promot. 1974 Zürich - 1974-76 Dramaturg Schauspielh. Zürich - BV: Verirren, 1978; D. Baumschule, 1982; Franz Kafka, 1983; Nachgerufen, 1983; Patagonien, 1985; Ach, diese Wege sind sehr dunkel, 1985; Robert Walser, 1985; Fort, 1987; Nach d. Fest, 1988; Tod Weidigs, 1989 - 1982 Ingeborg-Bachmann-Preis; 1983 Conrad-Ferdinand-Meyer-Pr. - Spr.: Engl., Franz.

AMANSHAUSER, Gerhard

Schriftsteller - Brunnhausgasse 10, A-5020 Salzburg - Geb. 2. Jan. 1928 Salzburg, verh. s. 1963 m. Barbara, geb. Oberascher, Sohn Martin - Realsch. (Matura Salzburg); 2 J. TH Graz; Stud. German. u. Angl. Univ. Wien u. Marburg (ohne Abschl.) - BV: Aus d. Leben d. Quaden, Sat. 1968; D. Deserteur, Erz. 1970; Satz u. Gegensatz, Ess. 1972; Ärgernisse e. Zauberers, Sat. 1973; Schloß m. späten Gästen, 1975; Grenzen, Ess. 1977; Aufz. e. Sonde, Parodien 1979; List d. Illusionen, Bemerk. 1985; Gedichte, 1986; Fahrt z. verbotenen Stadt, Satiren u. Capriccios, 1987; D. Ohne Namen See (Chin. Impressionen), Moloch Horridus, Aufz. 1989 - 1952 Georg Trakl-Förderungspreis Salzburger Landesreg.; 1968 Förderungsstip. z. Österr. Staatspr.; 1970 Theodor Körner-Förderungspr.; 1973 Rauriser Literaturpr.; 1975 Förderungspr. Stadt Salzburg; 1982 Rauriser Bürgerpr.; 1985 Preis d. Salzburger Wirtschaft; 1987 Alma-Johanna Koenig-Preis.

AMARELL, Gerald

Dr. rer. nat., Dipl.-Chem., Inhaber Fa. Arno Amarell, Geschäftsf. Amarell-Electronic, bde. Kreuzwertheim - Waldstr. 7, 6983 Kreuzwertheim/M. (T. priv.: 09342 - 65 62; dstl.: 09342 - 63 76-78) - Geb. 17. Aug. 1929 Langewiesen (Vater: Arno A., Fabrikant; Mutter: Hilde, geb. Seitz), ev., verh. s. 1953 m. Gilda, geb. Hergenhan, 3 Kd. (Vera, Gunther, Jochen) - Univ. Karlsruhe (Promot. 1958) - S. 1974 Obmann Thermometer-Normung, s. 1976 Vorst. Verein Glasind. München; 1978-84 Vors. VG Kreuzwertheim; 1978-84 1. Bürgermeister Kreuzwertheim. S. 1981 ehrenamtl. Richter Sozialgericht Würzburg - Liebh.: Ornithologie - Spr.: Engl.

AMBERGER, Anton

Dr. agr. (habil.), o. Prof. u. Direktor Inst. f. Pflanzenernährung u. Bayr. Hauptversuchsanst. f. Landwirtsch. TU München - Prandtlstr. 23, 8050 Freising/Obb. (T. 16 95) - Geb. 30. Dez. 1919 Kösching/Bay. (Vater: Franz A., Kaufm.; Mutter: Anna, geb. Hofmann), verh. I.) m. Brigitte, geb. Knorr (†), 4 Kd., II.) m. Ingeborg, geb. Schumacher - Stud. Berlin u. München - S. 1959 Privatdoz., apl. Prof. (1965) u. o. Prof. (1966) TU München. Fachbücher u. zahlr. Veröff. a. d. Gebiete: Ernährungsphysiol. d. Pflanze, Pflanzeninhaltsstoffe;Dynamik d. Mineralstoffe i. Boden, Bodenfruchtbarkeit, anorgan. u. organ. Düngemittel, Umweltforschung - 1985 BVK.

AMBROS, Dieter

Dr. rer. nat., Dipl.-Chemiker, pers. haft. Gesellschafter Henkel KGaA, Düsseldorf, Aufsichtsratsvors. Matthes & Weber GmbH, Duisburg - Lärchenweg 7, 4010 Hilden - Geb. 21. Febr. 1930, verh., 4 Kd. - Chemie-Stud. u. Promot. Univ. Freiburg - 22 J. BASF GmbH (zul. Präs. CEO, BASF Wyandotte Corp.); 10 J. Henkel KGaA; Chairman Henkel Corporation; Chairman Aqualon Group; Vize-Präs. Henkel Chimica S. p. A., Lomazzo/Italien; Mitgl. Handelspolit. Aussch. b. VCI; ACAM-Vertreter CEFIC im COD - Spr.: Engl., Franz.

AMBROSIUS, Gerhard

Dip.-Ing., Stadtrat a. D., Bauunternehmer - Hofhausstr. 66, 6000 Frankfurt/M. 60 - Geb. 1. Okt. 1912 - Vorst. Verb. d. Bauind. Hessen; VR Frankf. Sparkasse v. 1822, Kredit-Garantiegem. Hess. Ind.; Vize-Präs. Polytechn. Ges. Frankfurt - 1981 Stadtältester Stadt Frankfurt, BVK I. Kl.

AMBROSIUS, Karl-Wilhelm

Dr., Managing Director Japan u. Korea - Lufthansa Tokyo (T. (03) 5 80-57 40) - Geb. 30. März 1932 Mainz - 1958 Stud. Betriebsw. (Dipl. u. Promot. 1960) - 1958/60 Assist. Wirtschaftsber. u. Treuhänder Wien; s. 1961 Dt. Lufthansa (Revisionsabt., 1961/70 Kaufm. u. Personalleit. f. Nah- u. Mittelost Beirut, 1970/75 Verkaufsleit. West-Europa Frankfurt, 1975/80 Dir. Hong Kong, ab 1980 Verkaufsdir. Hauptverw. Dt. Lufthansa Köln), 1980-85 Verkaufsdir. Hauptverw. Dt. Lufthansa AG; 1985-87 Dir. Europa Organisation, Lufthansa Frankfurt, Lufthansa Basis - Liebh.: Musik, Ski, Tennis.

AMBROSIUS, Wolfgang

Direktor, Vorst. Verb. Berliner Wohnungsbaugenossensch. u. -ges., Berlin (b. 1981 n. 20j. Tätigk.), AR-Vors. Raiffeisen-Köpenicker-Bank eG u. Köpenicker-Immobilien-Service GmbH, bde. Berlin - Ilsensteinweg 59, 1000 Berlin - Geb. 21. Dezember 1928 Groß-Schönebeck (Vater: Otto A., Feuerwehrm.; Mutter: Else, geb. Gerhardt), ev., verh. s. 1952 m. Waltraud, geb. Paulsen, 2 Kd. (Stephan, Saskia) - Obersch.;-Praktikum Großhandel; 8 Sem. Betriebsw. - Silb. Ehrennadel d. Dt. Genossenschaftsverb. (Schulze-Delitzsch); gold. Ehrennadel Dt. Genossenschafts- u. Raiffeisenverb., Bonn - Liebh.: Musik, Lit., Tennis, Segeln.

AMBS, Erhard

Dr. med., Prof., Chefarzt Kinderklinik/Klinikum Bamberg - Buger Str. 80, 8600 Bamberg - Geb. 25. Juli 1925 - Promot. 1952 Würzburg - S. 1963 (Habil.) Lehrtätigk. Univ. Würzburg (1970 apl. Prof.).

AMBURGER, Erik

Dr. phil., Akad. Oberrat i. R., Honorarprof. f. Wirtschafts- u. Sozialgesch. Osteuropas Univ. Marburg (s. 1968) - Plattweg 2, 6301 Heuchelheim Kr. Gießen - Geb. 4. Aug. 1907 St. Petersburg - S. 1946 wiss. Tätigk. (zul. Zentrum f. Kontinentale Agrar- u. Wirtschaftsforsch., Gießen). Zahlr. Fachveröff. - 1978 o. Mitgl. J. G. Herder-Forschungsrat; 1987 Ehrenmitgl. Balt. Hist. Kommiss.; 1989 K.E.V. Baer-Med. d. Estnischen Akad. d. Wiss.

AMELANG, Manfred

Dr. rer. nat., Prof., Psychologe - Richard-Strauß-Str. 9, 6919 Bammental - Geb. 28. Juni 1939 Bad Sulza/Thür. (Vater: Werner A., Fabrikant; Mutter: Käthe, geb. Piehler), verh. s. 1966 m. Wiltrud, geb. Rabe, 2 Kd. (Margret, Gerhard) - Gymn. Langen; Univ. Marburg (Dipl.-Psych.). Promot. Marburg. S. 1969 Doz., 1973-75 Prof. Univ. Hamburg, s. 1976 Heidelberg. Entd.: Unterbrechungseff. Zusammenh. zw. Schriftmerkmalen u. individueller Anatomie, Dunkelziff. kriminell. Handlungen u. Abhängigkeit v. Persönlichkeit (Fachaufs.) BV: Differentielle Psych. u. Persönlichk.forsch., 1981; Brennpunkte d. Persönlichkeitsforsch., 1984, 1989 (hg.); Sozialabweichendes Verhalten, 1986 - Liebh.: Reisen, Motorsport - Spr.: Engl., Franz. - Rufe PH Saarbrücken (1971) u. Univ. Trier (1972,73) abgelehnt, Heidelberg (1974).

AMELING, Walter

Dr.-Ing., o. Prof. f. Allg. Elektrotechnik u. Datenverarbeitungssysteme - Morillenhang 67, 5100 Aachen - Geb. 10. März 1926 Bornholte - Promot. 1959 - S. 1962 (Habil.) Lehrtätigk. TH Aachen (1965 Ord. u. Dir. Rogowski-Inst. f. Elektrotechnik) - BV: Aufbau u. Wirkungsw. elektron. Analogrechner, 1962; Grundl. d. Elektrotechnik, 2 Bde. 1974; Laplace-Transformation, 1975. Rund 100 Einzelarb. - 1959 Borchers-Plak.

AMELUNG, Ernst-Wolfram

Bundesrichter Bundesverwaltungsgericht (i. R. s. 1977) - Hardenbergstr. 31, 1000 Berlin 12 - Geb. 28. Juli 1909.

AMELUNG, Hans Jürgen

Dr. jur., ehem. Vorstandsmitglied Industriekreditbank AG - Dt. Industriebank, Düsseldorf/Berlin - Brahmspl. 1, 4000 Düsseldorf 1 (T. 0211 - 68 50 26) - Geb. 27. März 1924 Wilhelmshaven (Vater: Dr. med. Robert A., Marinegeneralarzt; Mutter: Ilse, geb. Sieverling), verh. s. 1955 m. Christa, geb. Praetorius, 2 Kd. - N. Kriegsdst. (Marineoffz.) Stud. Univ. Marburg. Gr. Jurist. Staatsex. 1952 - S. 1953 Industriekreditbank AG (1958 Dir., 1970 stv., 1973-88 o. Vorst.-Mitgl.); Mand., dar. Vors. d. AR National-Bank AG., Essen - Rotarier.

AMELUNG, Knut

Dr. jur., Prof. f. Strafrecht Univ Trier - Am Kiewelsberg 33, 5500 Trier (T. 0651 - 3 96 59) - Geb. 13. Febr. 1939 Stettin (Vater: Gerhard A., Zahnarzt; Mutter: Hildegard, geb. Wiewiorowski), verh. s. 1968 m. Barbara, geb. Schröder, 3 Kd. (Gerd, Till, Merle) - BV: Rechtsgüterschutz u. Schutz d. Ges., 1972; Rechtsschutz gegen strafproz. Grundrechtseingriffe, 1976; D. Einwillig. in d. Beeinträchtig. e. Grundrechtsgutes, 1981; D. Untersuchungshaft (Mitautor), 1983.

AMELUNG, Ulf

Dr. rer. nat., o. Prof. f. Didaktik d. Physik Päd. Hochsch. Lüneburg (s. 1967) - Am Hang 5, 2147 Scharnbeck (T. 04136 - 4 84) - Geb. 29. März 1931 Stettin (Vater: Dr. Gerhard A., Zahnarzt; Mutter: Hildegard, geb. Wiewiorowski), ev., verh. s. 1961 m. Dr. Annelies, geb. Hörichs, 3 Kd. - Stud. Physik, Geophysik TU Braunschweig, Univ. Hamburg; 1956 Dipl., 1960 Promot. - 1967 o. Prof. PH Lüneburg, 1975-77 Dekan Abt. Lüneburg PH Nieders. - Entwickl. i. Ber. d. Interferenzmikroskopie - 29 Fachveröff. - Spr.: Engl.

AMELUNXEN, Clemens

Dr. jur., Vors. Richter Oberlandesgericht Düsseldorf (s. 1977) - Rheinuferstr. 52, 4040 Neuss (T. 3 96 17) - Geb. 12. Sept. 1927 Münster/Westf. (Vater: Rudolf A., Min.präs. a. D.; Mutter: Maria, geb. Schmidt), kath., verh. s. 1965 m. Ruth, geb. Seering, (Schriftst.) - Stud. Jura, Theol. Münster/W. u. Duke-Durham/USA (Fulbright Scholar) - 1953 Ass., Jugend- u. Verkehrsrichter. Stv.-Vors. Justizprüf.amt - BV: Mensch im Verkehr, 2. A. 1960; Alterskriminalität, 1960; D. Selbstmord, 1962; D. Kriminalität d. Frau, 2. A. 1963; Kind und Kriminalität, 1963; Polit. Straftäter, 1964; D. Kleinstaaten Europas, 1964; D. Zuhälter, 1967; Inselfahrten e. Richters, 1969; D. Opfer d. Straftat, 1970; Werkschutz u. Betriebskriminalität, 4. A. 1973; D. Ges. u. ihr Recht, 1973; D. Mensch in d. mod. Strafjustiz, 1975; Case Stud. on Human Rights a. Fundam. Freedoms, 5 Bde. 1977 (m. a.); Spionage u. Sabotage im Betrieb, 1977; D. Revision d. Staatsanw.sch., 1980; König u. Senator - Jerome u. Lucien, 2 Brüder Napoleons, 1980; D. Nebenkläger im Strafverf. 1980; D. Berufung in Strafsachen, 1982; Fürst u. Staatsgewalt in Liechtenstein, 1982; Napoleon auf St. Helena, 1983; Carlo Buonaparte, Vater Napoleons, 1984; Napoleon, Fürst v. Elba, 1986; V. Anwalt z. König, Joseph Bonaparte, 1987; Ordenswesen u. formierte Ges., 1988; 40 J. Dienst am soz. Rechtsstaat, Rudolf Amelunxen z. 100. Geb., 1988. Mithrsg. Quarterly Review Plural Societies, Den Haag - Honorary Member Inst. of Foreign and Comparative Law, Univ. of South Africa; Chevalier du Tastevin; Mitgl. Intern. Polizei-Assoziation; 1965 Komturkreuz d. liechtenst. VO., 1982 Stern dazu; 1974 Commandeur Arts-Sciences-Lettres (Frankreich). 1975 Wiss.med. Pro Mundi Beneficio (Brasilien); 1976 Commandeur Ordre du Mérite Belgo-Hispanique (Belgien); 1980 Officier des Palmes Académiques (Frankr.); 1980 Gold. Steckenpferd (Dülkener Narrenakad.); 1981 BVK; 1987 BVK I. Kl. - Liebh.: Rechtskundl. Forsch.reisen (insb. Zwergstaaten), Samml. v. Polizeiabz. - Spr.: Engl., Franz. - Bek. Vorf.: Dr. Rudolf A., erster Min.präs. NRW (Vater).

AMELUNXEN, Ferdinand

Dr. rer. nat., o. Prof. f. Pharmaz. Biologie - Grasweg 9, 2300 Kiel - Geb. 9. Sept. 1924 - Stud. Biologie u. Chemie - S. 1964 (Habil.) Lehrtätigk. Univ. Münster u. Göttingen (1967 Abt.svorsteher u. Prof.) u. Kiel (1972 Ord.).

AMENT, Hermann

Dr. phil., Prof. f. Vor- u. Frühgeschichte Univ. Mainz (s. 1982) - Finther Landstr. 24a, 6500 Mainz-Gonsenheim - Geb. 2. Febr. 1936 Montabaur, kath., verh. s. 1966 m. Ursula, geb. v. Natzmer, 2 S. (Christoph, Felix).

AMERY, Carl

s. Mayer, Christian

AMIEL, Maurice

General Direktor Timken Europa, Afrika & West Asien, Geschäftsf. Timken France u. Timken Europa GmbH (s. 1975) - Landstr. 44/48, 5657 Haan 1 (T. 02129-5 10 91) - Geb. 8. Juni 1931 Vannes (Frankr.) (Vater: Jean-Paul, Tierarzt; Mutter: Anne, geb. Tardivon), verh. s. 1956 m. Jacqueline, geb. Barbier, 3 Kd. (Sylvie, Renaud, Nathalie) - Ecole d. Hautes Etudes Commerciales Harvard Business School, Refer. - S. 1958 versch. Mand. b. Timken France, Vice Pres. IHK, Colmar, Pres. Union Patronale du Haut-Rhin.

AMLER, Ferdinand

Dr. rer. pol., Dipl.-Kfm., Vorsitzer d. Geschäftsfg. Rudolf Hausherr & S. GmbH & Co. KG, Sprockhövel, Chairman Hausherr Ltd., Clay Cross, Chesterfield/Engl., AR-Vors. Westf. Kunststofftechnik GmbH, Sprockhövel - Sonneneck 2, 5620 Velbert 11 (Langenb.) - Geb. 2. Nov. 1926 (Vater: Georg A., Chemotechn.; Mutter: Alice, geb. Trenkler), ev., verh. s. 1960 m. Charlotte, geb. Lange, S. Marc - Obersch.; kaufm. Lehre (Ind.); Stud. Betriebs- u. Volksw. Dipl.-Kfm. (1956) u. Promot. (1960) Berlin - Zul. Geschäftsf. Mannesmann-Geisel GmbH., Mannheim - Liebh.: Musik, Tennis - Spr.: Engl., Franz. - Bek. Vorf.: Robert (Großv.) u. Prof. Bruno Trenkler (Onkel), beide Petersburg.

AMLING, Max

Gewerkschaftler, MdB (s. 1972; Wahlkr. 238/Augsburg) - Sonthofer Str. 40f, 8900 Augsburg (T. 6 33 22) - Geb. 28. April 1934 Eibelstadt/Ufr., verh., 5 Kd. - Volkssch.; 1948-52 Installateurlehre; 1959-60 Akad. d. Arbeit - 1952-59 Installateur Stadtwerke Würzburg; 1960-68 Jugendsekr. DGB Augsburg; 1968-70 2. Geschäftsf. IG Bau-Steine-Erden Augsburg; s. 1970 gf. Vors. DGB Augsburg. 1966-72 Stadtratsmitgl. Augsburg (stv. Fraktionsf.). SPD s. 1952 (1954-60 Ortsvors. Eibelstadt, 1968ff. Augsburg) - 1984 Bayer. VO.

AMMANN, Erwin

Landrat a.D. - Zu erreichen üb. Landratsamt, 8782 Karlstadt/Ufr. - Geb. 22. Okt. 1916 Würzburg, verh., 3 Kd. - Kaufm. Ausb. - 1945-47 Stadtrat Würzburg; 1947-84 Landrat Landkr. Ochsenfurt u. Karlstadt bzw. Main-Spessart-Kr. (1972). 1946-50 MdL Bayern. S. 1970 1. Vors. Zweigverb. Unterfranken im Landkreisverb. Bayern; s. 1971 Vors. Hauptvers. Anst. f. Kommunale Datenverarb. Bayern (AKDB), s. 1973 Mitgl. Rundfunkrat, Vors. Region. Planungsverb. Würzburg (Region 2), s. 1977 Spark.Bezirksverb. Unterfranken u. s. 1976 Vors. Fränk. Weinl. im Fremdenverkehrsverb. Franken - 1968 Med. in Silber f. bes. Verdienste um d. kommunale Selbstverw.; 1970 BVK I. Kl.; 1975 Bayer. VO; 1982 Med. in Gold f. bes. Verdienste um d. kommunale Selbstverw.

AMMEN, Alfred Onno

Dr. rer. pol., Prof., Sozial- u. Wirtschaftswissenschaftler - Richard-Strauss-Str. 6, 2902 Rastede (T. 04402 - 41 74) - Geb. 26. Dez. 1929 Rüstringen, ev., verh. m. Helga, geb. Andoleit, 2 S. (Matthias, Michael) - Stud. Päd., Psych., Soziol., Berufspäd., Politik, Publiz. Oldenburg, Wilhelmshaven, Hannover. Promot. (1969) u. Habil. (1971, Soziol.) TU Hannover - 1961 Lehrer; 1964 Assist. PH Oldenburg; 1969 Wiss. Oberrat Univ. Hamburg; 1971 Privatdoz. TU Hannover; 1971 Prof. Univ. Bremen; 1974 o. Prof. TU Hannover (Dir. d. Päd. Seminars); 1985 Univ.-Prof. Univ. Oldenburg - BV: D. außerhäusl. Berufstätigk. d. Vaters, 1970. Div. Einzelarb.

AMMER, Hein

Industriekaufmann, pers. haft. Gesellsch. J. C. Runken, Achim (s. 1965), geschäftsf. Gesellsch. Intexta-Confeccoes, Lda., Salvaterra de Magos/Portug. (s. 1973) - Geb. 3. Okt. 1937 Bremen (Vater: Hein A., Ind.kfm.; Mutter: Elisabeth, geb. Harms), ev., verh. s. 1968 m. Lieselotte, geb. Freitag, 2 Kd. (Katrin, Silke) - Obersch. Bremen (Abit.); Bekleidungstechn.-Lehranst. Hohenstein; Volont. Bekleidungsind. USA - Liebh.: Reiten, Numismatik - Spr. Engl., Franz.

AMMER, Kurt

Dr. jur., Generalbevollmächtigter Dresdner Bank AG., Hamburg (s. 1972) - Kronprinzenstr. 14, 2000 Hamburg 52 - Geb. 1. Juli 1913 Jork/Niederelbe - Zul. Dir. DB, Hamburg. ARsmandate.

AMMER, Wolfgang

Dr. rer. pol., Fabrikant, pers. haft. Gesellsch. Ernst Ammer KG., Reutlingen - Fritz-Ebert-Str. 26, 7410 Reutlingen (T. 3 54 42) - Geb. 17. Dez. 1913 Reutlingen (Vater: Ernst A., Fabr.; Mutter: Marie, geb. Kienzle), ev., verh. s. 1939 m. Elsa, geb. Paschen, 4 Kd. - Oberrealsch. Reutlingen; Univ. München; prakt. Ausbild. Dresdner Bank u. väterl. Betrieb - BV: Dt.-argent. Häutehandel u. s. Finanzierung - Liebh.: Golf - Rotarier - Bek. Vorf.: Ernst A., Fabr., langj. Vors. Centralverein d. dt. Lederind. u. Senator Kaiser-Wilhelm-Ges.; Geheimrat Jakob Kienzle, Uhrenfabr., Schwenningen (Großv. ms.).

AMMERMANN, Dieter

Dr. rer. nat., Prof. Univ. Tübingen (s. 1973) - Lindenstr. 17, 7403 Ammerbuch-1 - Geb. 30. März 1937 Hannover (Vater: Dr. August A., O.Stud.rat; Mutter: Hildegard, geb. Holtz), verh. in 2. Ehe s. 1974 m. Elisabeth, geb. Elfers, 5 Kd. (Kathrin, Heiko, Heidi, Ingo, Volker) - Stud. Univ. Hamburg, Tübingen; Promot. 1965, Habil. (Biologie) 1971, bde. Tübingen - Fachmitgl.schaften - Spr.: Engl.

AMMON, Günter

Dr. med., Arzt f. Psychiatrie u. Neurologie, Psychotherapie, Psychoanalyse, Chefkonsilarius d. Dyn. Psychiatr. Klinik Menlerschwaige München, Dir. Lehr- u. Forschungsinst. f. Dynam. Psych. u. Gruppendynamik, Präs. Dt. Akad. f. Psychoanalyse, Präs. World Assoc. f. Dynamic Psychiatry Inc. Bern - Wielandstr. 27/28, 1000 Berlin 15 (T. 883 49 81), priv. Meierottostr. 1, 1000 Berlin 15 - Geb. 9. Mai 1918 Berlin, gesch., T. Julia - Univ. Greifswald, Heidelberg, Humboldt- u. Fr. Univ. Berlin - 1952-56 Berl. Psychoanalyt. Institut, 1956-65 Psychiater, Psychoanalytiker u. Doz. u. a. Menninger Foundation u. School of Psychiatr. Topeka/Kansas, ab 1965 Psych., Psychoanalyt. u. Gruppenpsychotherapeut, Berlin, 1974-76 Lehrbeauftr. FU Berlin - Begründer psychoanalyt. Schule v. Konzept d. Human-Entwickl. in d. Gruppe in psychoanal. Theorie u. Praxis in Verbindung m. gruppentherap. u. dynam.-psychiatr. Ausbildung - BV: Gruppendynamik d. Aggression, 1970; Bewußtseinserweit. Drogen i. psychoanalyt. Sicht, 1971; Gruppendynamik d. Kreativität, Hrsg. (1972); Dynam. Psychiatrie (1973); Gruppenpsychotherapie, Hrsg. (1973); Psychoanalyse u. Psychosomatik (1974); Psychoanal. Traumforschung, Hrsg. (1974); Psychotherap. d. Psychosen, Hrsg. (1975); Anal. Gruppendyn., Hrsg. (1976); Kindesmißhandlung (1979); Handb. d. dynam. Psychiatrie, Bd. I u. II. (1979 u. 1982); D. mehrdimensionale Mensch (1986). Herausg.: Ztschr. Dynam. Psychiatrie/Dynamic Psychiatry (s. 1968). Amerik., japan., niederl. u. ital. Lizenzausg. - Zahlr. ausl. Ehrenmitgliedschaften u. Fellowships.

AMMON, Hermann P. T.

Dr. med., o. Prof. f. Pharmakologie - Im Kleeacker 30, 7400 Tübingen-Kreßbach - Geb. 24. Jan. 1933 Nürnberg - Promot. 1963; Habil. 1968 - 1970-71 Doz. Harvard Univ. Boston, s. 1976 Lehrst. Pharmakol. Pharmazeut. Inst. Univ. Tübingen. Forschungsschwerp.: Mechanismus d. Insulinsekretion, Antidiabetika, Pharmakologie v. Phytopharmaka - Herausg. u. Autor d. Handb. Arzneimittelneben- u. Wechselwirkungen; Reihe: Medizinisch-Pharmakol. Kompendium. Etwa 130 Fachveröff. Editor u. Coeditor mehr. Fachztschr.

AMMON, Jürgen

Dr. phil. nat., Dr. med., Dipl.-Phys., Univ.-Prof. - An der Rast 3, 5100 Aachen - Geb. 26. Juli 1934 - Promot. 1962 (Frankfurt/M.) u. 68 (Ulm) - S. 1974 (Habil.) Lehrtätigk. FU Berlin (Oberarzt Klinikum Charl./Strahleninst.) u. TH Aachen/Med. Fak. (1975 Wiss. Rat. u. Prof.; Oberarzt Abt. Radiologie u. Leit. Lehrgeb. Klin. Radiol. m. Schwerp. Strahlentherapie), 1983 Dir. Klinik f. Strahlentherapie Klinikum RWTH Aachen. Üb. 100 Fachveröff. u. a. Urolog. Onkologie (zus. m. Karstens u. Rathert; Monogr.)

AMMON, Otto

Landrat Kr. Forchheim (s. 1964) - Landratsamt, 8550 Forchheim/Ofr.; priv. Weidenweg 4, 8550 Reuth - Geb. 8. Dez.

1927 Reuth, verh. m. Lotte, geb. Knorr - CSU.

AMMON, Robert
Dr. med., Dr. phil., Dipl.-Chem., Mag. art. libr., Prof. f. Physiol. Chem. (emerit.) - Brauereistr. 10, 6657 Gersheim/Saar 6 - Geb. 13. Aug. 1902 Berlin (Vater: Emil A., Lehrer; Mutter: Minna-Maria, geb. Friederich), ev., verh. s. 1932 m. Lili v. Steinmeister, 5 Kd. (Jürgen, Rötger, Nora, Karin, Renate) - Dr. phil. Berlin 1927, Dr med. 1932 Rostock, Habil. f. physiol. u. pathol. Chemie 1935 Univ. Berlin, 1936 Breslau, 1939 Königsberg-Pr. (1940 apl. Prof., 1943 ao. Prof.), 1951 Saarbrücken (o. Prof. u. Inst.-Dir. Med. Fak. Homburg/Saar), 1945-50 Tätigk. in pharmaz.-chem. Ind. - Präs.: 1960-64 Dt. Ges. f. Ernährung, 1967-69 Dt. Ges. f. Verdauungs- u. Stoffw.krankh., 1970-78 Commission Intern. des Industries Agricoles et Alimentaires (Paris); Vorst.ratsmitgl. 1956-59 Ges. Dt. Chemiker; Mitgl. 1963-72 Bundesgesundheitsrat; 1964-66 Dekan bzw. Prodekan Medizin. Fakultät in Homburg/Saar; Secretary general resppast secretary 1966-72 Intern. Union of Nutritional Sciences; ab 1968 Vice-Président Union Internat. de la Presse Scientifique (Paris) - BV: (m. W. Dirscherl) Fermente, Hormone, Vitamine u. d. Beziehungen dieser Wirkstoffe zueinander, 3. A. (m. zahlr. Mitarb.) 5 Bd.: 1. Bd. (Fermente) 1959, 2. Bd. (Hormone) 1960, 3. Bd. (Vitamine außer B12) 1974, 4. Bd. (Vitamin B12) 1975, 5. Bd. (Beziehungskapitel) 1982; (m. J. Hollo, Budapest): Natürl. u. synthet. Zusatzstoffe in d. Nahrung d. Menschen, 1974 - Ehrenmitgl.: 1960 Japan. Biochem. Ges., 1961 Intern. Medizin. Ges. Japans, 1966 Sociedade Portuguesa de Quimica e Fisica, 1967 Dtsch. Ges. f. Ernährung, 1968 korresp. Mitgl. Intern. Acad. of Proctology (USA), Ehrenmitgl. Tschechoslov. Ges. f. Gastroenterol. u. Ernährung, 1977 Lauréat de l'Acad. Intern. de Lutèce (Paris) 1968 Médaille d'Argent de l'Académie Nationale de Médecine (Paris) u. Soc. d'Encouragement pour la Recherche et l'Invention (Paris), 1970 A. I. Virtanen-Med. (Helsinki), 1972 Chevalier dans l'Ordre des Palmes Académiques, 1977 Verd. Kreuz 1. Kl. VO. BRD; 1979 Leonor Michaelis-Med. Ges. f. klin. Chem. u. Lab.diagnostik d. DDR; 1982 E. v. Bergmann-Plak. d. Bundesärztekammer u. C. v. Voit-Med. (Gold) Dt. Ges. f. Ernährung.

AMMON, Ulrich
Dr. phil., Prof. f. Germanistik/Linguistik Univ.-GH Duisburg - Schillerstr. 121, 4100 Duisburg 17 - Geb. 3. Juli 1943 Backnang/Württ., verh. m. Katharina, geb. Platzek, 2 Kd. (Franziska, Philipp).

AMONATH, Detlef J.
Geschäftsführer Nomura Europe GmbH., Frankfurt/M. - Cuntzstr. 27, 6239 Eppstein/Ts. - Geb. 29. April 1943.

AMSEL, Hans Georg
Dr. phil., Entomologe, Hauptkonservator a. D. - Waldring 1a, 7517 Waldbronn (T. 07243 - 6 83-27) - Geb. 29. März 1905, ev., verh., 2 Kd. - Promot. 1933 Berlin - 1934-46 Abt.-Leit. f. Entomologie, Bremen, 1955-73 Landessamml. f. Naturkunde, Karlsruhe - BV: Kehrseite d. Geldes, 1976. Üb. 140 Einzelarb. üb. Microlepidopteren, üb. 50 Einzelarb. üb. Geld- u. Wirtschaftsprobl., Anonymität d. Geldes. Begründer d. Encyclopädie d. Microlepidoptera Palaearctica - 1979 Fabriciusmed. d. Dt. Ges. f. Allg. u. angew. Entomologie; 1986 Ernst-Jünger-Preis f. Entomologie; 1986 Hans Adalbert Schweigart-Med. d. Weltbundes z. Schutze d. Lebens.

AMSINCK, Werner
Vorstandsmitglied New-York Hamburger Gummi-Waaren Compagnie, Hamburg-Harburg - Ohlstedter Park 24, 2000 Hamburg 66 - Geb. 1. Febr. 1912 Hamburg - Kaufm. Werdegang.

AMSTUTZ, G. Christian
Dr. rer. nat., Dipl.-Ing.-Geol. ETH Zürich, o. Prof. u. Direktor Mineral.-Petrogr. Inst. Univ. Heidelberg (s. 1964) - Zu erreichen üb. Inst. f. Mineral. u Petrographie d. Univ., INF 236, 6900 Heidelberg - Geb. 27. Nov. 1922 Bern/Schweiz, protest., verh. s. 1959, 3 Kd. (Martin, Georg, Barbara) - Gymn. Bern; ETH Zürich, Univ. of Washington in Seattle u. Harvard - 1952-56 Geologe Peru; 1956-64 Prof. Univ. of Missouri. Dr. h. c. Univ. Auton. Madrid 1973, Prof. h. c. Changchun College of Geology, VR China. Korresp. Mitgl. Geol. Ges. v. Belgien, Finnland u. VR China. 24 Mitgliedsch. im In- u. Ausl. - BV: Sedimentology and Ore Genesis, 1964; Glossary of Mining Geology, 1968; Ores in Sediments, 1973; Spilites and Spilitic Rocks, 1974. Mithrsg.: Mineralium Deposita; Revista Iberoamericana de Cristalografia, Mineralogia y Metalogenia (Madrid); Heidelberger Jahrbücher; Tschermacks Min. Petr. Mitt. - Liebh.: Gesch., Phil., Psych., Reiten, Bergsteigen - Spr.: Franz., Engl., Span.

AMTHAUER, Rudolf
Dr. rer. nat., Dipl.Psych., Prof. f. berufl. Bildung u. Begabungsforschung - Merziger Weg Nr. 4, 6000 Frankfurt 71 (T. 35 56 06) - Geb. 19. Dez. 1920 Iserlohn (Vater: Hermann A., Beamter; Mutter: Elisabeth, geb. Thiel), verh. s. 1952 m. Ingeborg, geb. Träuptmann, 2 Kd. (Edgar, Renate) - Abit. 1939 Dortmund, Dipl.-Psych. 1951, Promot. 1952 Univ. Göttingen - 1960 Ausbild.leit. Hoechst AG., 1970 Hochschull. Univ. Frankfurt - BV: Intelligenz u. Beruf, 1953; Intelligenz-Struktur-Test, 1953; Über d. Problem d. Produktiven Begabung, 1966, Techn. Verständnis-Test, 1972 - 1978 BVK I. Kl. - Spr.: Engl., Franz.

AMTHOR, Michael
Dr. med., Prof. f. Pathol. Univ. Göttingen, Chefarzt Diakoniekrankenhs. Rotenburg/Wümme - Hauptstr. 341, 2725 Bothel (T. 04266 - 10 74) - Geb. 10. April 1942 Frankfurt/M. (Vater: Reinhold A., Patentanwalt; Mutter: Irmgard, geb. John), kath., verh. s. 1968 m. Johanna, geb. Löschner, 3 Kd. (Katharina, Christoph, Joachim) - Staatsex. u. Promot. 1968, Habil. 1977 - S. 1983 apl. Prof.; jetzt Chefarzt Pathol. Inst. Diakoniekrkhs. Rotenburg/W. - BV: Rotter's Lehrb. d. Pathol. (Mitverf.). Zahlr. Veröff. üb. Lungenpathologie - 1978 Senckenberg-Preis.

AMTHOR, Uwe
Lehrer, MdL Schlesw.-Holst. (Landesliste) - Brookring 9, 2358 Kaltenkirchen - Geb. 20. Jan. 1945 Berlin - SPD.

AMZAR, Dinu
Dipl.-Math., Schriftsteller - Lenaustr. 2, 7480 Sigmaringen 1 (T. 07571 - 5 24 60) - Geb. 11. März 1943 Berlin (Vater: Lic. phil. Dr. phil. Dumitru C. A.; Mutter: Maria, geb. Bernea), griech.-orth., verh. s. 1982 m. Prof. Dr. Moiken Boßung-Amzar, S. Cornelius Aurel - 1964-70 Stud. Math. u. Phys. Univ. Mainz; Dipl.-Math. 1972 - 1973-83 wiss. Mitarb. Statist. Bundesamt Wiesbaden - BV: Sehübungen an Rebengerippen, Ged. 1975; Gebiete d. Grillen zu schweigen, Ged. 1979; Beitr. u. a. in: Frankfurter Hefte 1/1975; D. Gedicht, 1987; Wirtschaftswiss. Reader, 1985 - 1977 Ehrengabe f. Lyrik Lit. Union, Saarbrücken; Mitgl. Dt. Math. Vereinig. u. d. Martin-Heidegger-Ges. - Liebh.: Math., Naturwiss., Lit., Phil.; Wanderungen - Spr.: Engl., Franz. - Lit.: Zw. Math. u. Lit., Wiesbadener Tagblatt 11.8.75.; R. Wernshauser, Rezension d. Sehübungen, Neue Dt. Hefte Nr. 147, Heft 3/1975; Karl Schön: Dasein zeichnet Sorge, Rezension d. Grillen-Ged., Horizonte 4. Jg. Heft 14-15, 1980; Christoph Wartenberg: D. Janusköpfigkeit d. Doppelexistenz - Neue Tendenzen in d. Lyrik v. D.A., Schwäb. Ztg., 1988.

ANACKER, Hermann
Dr. med., o. Prof. u. Direktor Inst. f. Röntgendiagnostik Klinikum r. d. Isar/Techn. Univ. München (s. 1968) - Schiffmannstr. 12, 8032 Gräfelfing/Obb. (T. München 85 31 45; Praxis: 71 70 26 21) - Geb. 18. Juli 1917 St. Privat b. Metz (Vater: Dr. A., Arzt; Mutter: geb. Reischig), verh. s. 1951 m. Dr. Luise, geb. Gruber - Zul. Chefarzt Röntgen- u. Strahlenabt. Krkhs. r. d. Isar München u. apl. Prof. Univ. Gießen, 1957/58 Vors. Hess. Ges. f. Strahlenkd.; 1967 ff. Vors. Bayer. Röntgen-Ges.; 1971 Präs. I.C.P.R. - BV: 13 wiss. Buchveröff., bzw. -beitr. - 1962 F.C.C.A., 1973 Goldmed. Intern. Congr. Radiol.; 1975 Ehrenmitgl. Soc. Ital. di Radiol.; 1981 Editor in chief Europ. Journ. Radiol.; 1981 Präs. Dt. Röntgenkongr. - Liebh.: Tennis, Philatelist - Spr.: Franz.

ANATOL, Andreas
s. Fröba, Klaus

ANBUHL, Jürgen
Dr., Studienrat, MdB (1970-76; 1972 Wahlkr. 2/Schleswig-Eckernförde) - Eichkamp 18, 2330 Eckernförde - Geb. 5. Mai 1940 Berlin (Vater: Dipl.-Ing. Werner A.; Mutter: Gerda, geb. Krüger), ev., verh. s. 1966 m. Ingrid, geb. Meidel, 2 Söhne (Matthias, Thomas) - Gymn.; Stud. Philol. Staatsex. - I. Stadtrat Eckernförde. SPD s. 1963 (zeitw. Mitgl. Landesvorst.) - Spr.: Engl.

ANCKER, Frauke
Rechtsanwältin, Geschäftsf. Bayer. Journalisten-Verb. - Seidlstr. 8, 8000 München 2.

ANDEL, Norbert
Dr. rer. pol., Prof. f. Wirtschaftl. Staatswiss. (Finanzwiss.) - Mertonstr. 17, 6000 Frankfurt/M. - Geb. 22. Nov. 1935 Peine - Promot. (1963) u. Habil. (1968) Frankfurt/M. - S. 1970 Ord. TU Berlin, 1974 Univ. Gießen, 1981 Univ. Saarbrücken, u. 1987 Univ. Frankfurt/M. 1973 Prof. USA - Mitgl. Wiss. Beirat b. BMF u. Sozialbeirat b. BMA - BV: Probleme d. Staatsschuldentilgung, 1964; Subventionen als Instrument d. finanzwirtsch. Interventionismus, 1970; Finanzwiss., 1983. Mithrsg.: Finanzarchiv (1974ff.); Handb. d. Finanzwiss. (1977-83).

ANDEREGG, Johannes
Dr. phil., Prof. f. deutsche Sprache u. Literatur - Fliederstr. 12, CH-9000 St. Gallen (T. 24 48 33) - Geb. 3. Juni 1938 St. Gallen (Vater: Emil A., Stadtpräs.; Mutter: Nora, geb. Ratnowsky), prot., verh. s. 1967 m. Elisabeth, geb. Säubeli - Stud. Univ. Zürich (Dipl. f. d. Höh. Lehramt u. Promot. 1964) - 1967-71 wiss. Assist. Univ. Göttingen; 1971-78 Prof. Kassel (1971-73 Dekan FB Sprache u. Lit.); 1977 Gastprof. Yale Univ. (USA); 1978 Prof. Hochsch. St. Gallen (1982 Prorektor, 1986ff. Rektor). 1983-87 Präs. Akad. Ges. Schweiz. Germanisten - BV: Leseüb., 1970; Fiktion u. Kommunikation, 1973; Unterhalt. (m. J. Hienger, K. Spinner), 1976; Literaturwiss. Stiltheorie, 1977; Sprache u. Verwandlung, 1985.

ANDEREGG, Jürgen
Dr. rer. pol., Dipl.-Kfm., Vorstandsmitglied OTTO AG f. Beteiligungen, Geschäftsf. d. GS Ges. f. Versandbeteiligungen mbH - Zum Forellenbach 5, 2000 Oststeinbek (T. 040 - 712 39 72) - Geb. 2. Mai 1931 Berlin - Univ. Frankfurt (Betriebsw.).

ANDERER, Alfred
Dr. rer. nat., Prof., Direktor Friedrich-Miescher-Labor./Max-Planck-Ges. z. Förd. d. Wissenschaften, Tübingen (s. 1972) - Falkenweg 35, 7400 Tübingen 1 - Geb. 4. Juni 1926 Ravensburg, verh. s. 1956 ,m. Johanna, geb. Aust, 2 Kd. - Promot. (1957) u. Habil. (1963) Tübingen - S. 1967 Wiss. Mitgl. MPG. S. 1970 apl. Prof. Tübingen (Biochemie). Fachveröff. - 1967 Fritz-Merck-, 1969 Felix-Haffner-, 1973 Emil-Karl-Frey-Preis - Liebh.: Malerei - Spr.: Engl.

ANDERKA, Johanna
Schriftstellerin - Tannenäcker 52, 7900 Ulm-Wiblingen (T. 0731 - 4 21 12) - Geb. 12. Jan. 1933 Mährisch-Ostrau (Vater: Leo Anderka; Mutter: Margarete, geb. Kutschera), kath., ledig - Obersch. u. Handelssch. - BV: Ergebnis e. Tages, 1977; Herr, halte meine Hände, 1979; Heilige Zeit, 1980; Zweierlei Dinge, 1983; Über d. Freude, 1983; Für L., 1986; Blaue Wolke meiner Träume, 1988; Ich werfe meine Fragen aus, 1989; zahlr. Veröff. in Anthol. u. Literaturztschr. - 1978 Prosapreis d. Lit. Union Saarbrücken; 1980 Preis d. Interessengem. deutschsprach. Autoren; Zweimal Anerkenn. d. Jury im Lyrikwettbew. Karl Heinz Urban, Witten; 1985 Paul-Celan-Preis d. Künstlergilde Esslingen; 1986 u. 88 Anerkenn. d. Jury im Lyrikwettbew. d. Künstlergilde Esslingen; 1987 2. Preis im Lyrikwettbew. d. Künstlergilde Esslingen; 1988 Prosa-Preis im Hafiz-Literaturwettbew. u. Kulturpreis d. Sudetendt. Landsmannschaft; 1989 Hafiz-Literaturpreis Prosa u. Lyrik - Liebh.: Stricken, Wandern, Sport (passiv).

ANDERNACHT, Dietrich
Dr. phil., Archivdirektor a. D. - Karmelitergasse 5, 6000 Frankfurt/M. 1 (Stadtarchiv) - Geb. 26. Dez. 1921 Keilhau b. Rudolstadt - Gymn.; Univ. Freiburg u. Frankfurt (Gesch., Mittellat., Histor. Hilfswiss.; Promot. 1950). Ex. f. d. wiss. Archivdst. 1954 Marburg - S. 1959 Dir. Stadtarchiv Frankfurt. Fachveröff.

ANDERS, Albrecht
Kanzler Univ. d. Bundeswehr München - Werner-Heisenberg-Weg 39, 8014 Neubiberg/Obb. - Geb. 30. Nov. 1931.

ANDERS, Egon
Dipl.-Kfm., Vorstandsmitglied Anneliese Zementwerke AG., Ennigerloh - Auf der Höhe 12, 4740 Oelde 2 - Geb. 24. April 1929.

ANDERS, Fritz
Dr. rer. nat., o. Prof. f. Genetik - Aulweg 58, 6300 Gießen - Geb. 22. Nov. 1919 Berlin, ev., verh. m. Dr. rer. nat. Annerose Anders, 2 Kd. (Elisabeth, Michael) - Promot. 1954 Mainz; Habil. 1958 Saarbrücken - S. 1958 Lehrtätigk. Univ. Saarbrücken u. Gießen (1964 Ord. u. Inst.sdir.) - BV: Koller, Anders, Steitz, Zoologie - E. Einf. i. d. Tierkunde, 4. A. 1977. Ca. 200 Einzelveröff., meist Tumorgenetik.

ANDERS, Helmut
s. Degner, Helmut

ANDERS, Karl N.
Verleger, Publizist - Alpenstr. 2, 6072 Dreieich-Götzenhain (T. Langen/Hessen 8 47 10) - Geb. 24. Januar 1907 Berlin, verh. m. Hanna, geb. Dörrer, 1 Kd. - BV: Im Nürnbg. Irrgarten, D. ersten hundert Jahre, An Vaters Statt, Stein für Stein - 1977 BVK I. Kl.

ANDERS, Richard
Schriftsteller u. Übers. - Koblenzer Str. 1, 1000 Berlin 31 (T. 030 - 853 19 27) - Geb. 25. April 1928 Ortelsburg/Ostpr., verw., S. Alan - 1953-59 Stud. German. u. Geogr.; 1. Staatsex. f. d. höh. Lehramt - 1962-64 Deutschlektor Univ. Zagreb (Jugosl.); 1965-69 Dokumentationsjourn. Magazin Spiegel u. Ztg. D. Welt; s. 1970 fr. Autor - BV: D. Entkleid. d. Meeres, Ged. 1969; Preuß. Zimmer, Ged. 1975; Zeck-Gesch., 1979; Üb. d. Stadtautobahn, Ged. 1980; E. Lieblingssohn, R. 1981; Üb. d. Stadtautobahn u. a. Ged., 1985. Übers.: Ted Joans, D. Erdferkelforscher, Ged. 1980; Begegnung m. Hans Henny Jahnn, Aufz. 1951-55, 1989 - Spr.: Engl., Franz.

ANDERS, Rolf H.
Kaufmann, gf. Gesellsch. Teekanne GmbH., Düsseldorf, (s. 1937) - Am Feldbrand 11, 4005 Büderich - Geb. 5. Juli 1913 Dresden (Vater: Rudolf A.), verh. m. Christa, geb. Fritzsche - Höh.

Schule Dresden - Veröff.: Auf d. Wegen d. Tees - Liebh.: Golf.

ANDERS, Waldefried

Dr. rer. nat., Vorstandsmitglied Rhenag Rhein. Energie AG., Köln (s. 1970) - Berchemer Weg 19, 4300 Essen-Kettwig (T. 02054 - 66 96) - Geb. 14. Febr. 1923 Berlin, ev., verh. s. 1957 m. Dr. Ursula, geb. Hunger, S. Sven - 1946-50 TH Darmstadt (Physik; Dipl.-Phys.) - Div. ARsmandate.

ANDERS, Wolfhart Hermann

Dr. phil., Direktor Medienzentrum Univ. Essen-GH - Wechselpfad 23, 4300 Essen 15 - Geb. 24. Mai 1941 Schweidnitz - Stud. Univ. Münster, Edingburgh, Bochum; Promot. 1967 - Berufstätigk. 1967/68 Dortmund, 1969/70 New Delhi, 1971-77 Tübingen; s. 1977 Essen. Veröff. z. Informations- u. Kommunikationssyst. auf Rechnerbasis, Breitband-Dialogsyst., Telekommunik., Kommunikationsproz. im Wiss.betrieb, Satellitenfernsehen u.a.

ANDERSEN, Hermann

Dr. rer. pol., Landesminister a. D. - Steubenstr. 34, 6200 Wiesbaden - Geb. 21. Mai 1901 Kiel (Vater: Dr. h. c. Christian A., 1912-28 Präs. IHK Kiel), verh. m. Ilse, geb. Reiferscheid - Hebbelschule Kiel. Univ. Kiel, Freiburg i. Br., Göttingen (Promot. 1923); 1925-67 geschäftsf. Ges. d. Firmen Gebrüder Andersen, Kiel, u. Wilh. G. Schröder Nachf. GmbH., Lübeck; 1950-54 MdL (FDP) - 1950-52 Wirtschafts- u. Verkehrsminister Schlesw.-Holst. u. Verkehrsausschuß-Vors. d. Bundesrates, 1955-66 Geschäftsf. Fachverb. Dampfkessel-, Behälter- u. Rohrleitungsbau, Düsseldorf; ARsmandate: VEBA, HEW u. Thyssen - BV: D. Privatgüterwagen auf d. dt. Eisenbahnen - 1943 Gold. Sportabzeichen, 1966 Gr. BVK.

ANDERSEN, Peter

s. Hanser-Strecker, Peter

ANDERSEN, Uwe

Dr. phil., Prof. f. Politikwissenschaft (insb. Polit. Ökonomie) - Trakehner Weg 40, 4403 Senden - Geb. 14. April 1940 Husum - Banklehre, Abendgymn., FU Berlin, Yale Univ./USA (Politikwiss. u. Volksw.; Dipl. 1967) - S. 1979 Prof. f. Politikwiss. Ruhr-Univ. Bochum - BV: D. intern. Währungssystem zw. nationaler Souveränität u. supranationaler Integration, 1977.

ANDERSON, Hans-Joachim

Dr. rer. nat., Prof., gf. Direktor Institut f. Geologie u. Paläontol. sow. Honorarprof. Univ. Marburg - Goldbergstr. 23, 3554 Cappel.

ANDERSON, Oskar

Dr. oec. publ., Dipl.-Volksw., o. Prof. f. Statistik - Geschw.-Scholl-Pl. 1, 8000 München 22 - Geb. 20. Febr. 1922 Budapest - S. 1960 (Habil.) Lehrtätigk. Univ. München, WH bzw. Univ. Mannheim (1960 ao., 1962 o. Prof.), Univ. München (1970 o. Prof.), emerit. 1988. 1968 o. Mitgl. Intern. Statist. Inst.

ANDERSSON, Jöns

Schauspieler u. Regiss. - Achtern Hoff 6, 2000 Hamburg 67 (T. 040-603 85 77) - Geb. 15. Nov. 1914 Hamburg, ev., ledig, T. Daniela - Ausb. 1935-37 Schauspielhaus Hamburg - 1939-41 Schausp. u. Funk Wuppertal, 1942-45 Schauspielhaus Hamburg, 1945-65 b. Hilpert (Dt. Theater), 1966-70 Zürich, s. 1970 Frankfurt u. Gastsp. in d. Bundesrep., Österr., Schweiz u. Niederl. - Rollen: Sündflut (Barlach); Ratten, Michael Kramer (Hauptmann); ca. 40 versch. Inszen. - Liebh.: Schmalfilm, Schiffsmodelle - Spr.: Engl.

ANDERSSON-LINDSTRÖM, Gunnar

Dr. rer. nat., Prof. f. Experimentalphysik - Jungiusstr. 9, 2000 Hamburg 36 - B. 1977 Doz. (Wiss. Oberrat), dann Prof. Univ. Hamburg (gf. Dir. I. Inst. f. Experimentalphys.).

ANDRAE, Joachim

Geschäftsführer Eisengießerei u. Maschinenfabrik Keulahütte GmbH., Lüneburg - Kuckucksweg 4, 2120 Lüneburg - Geb. 19. Okt. 1925.

ANDRÄ, Jürgen

Dr. rer. nat., Prof. f. Physik Univ. Münster (Inst. f. Kernphysik) - Hammerstr. 41b, 4400 Münster - B. 1980 Lehr- u. Forschungstätigk. FU Berlin (Inst. f. Atom- u. Festkörperphysik) - 1978 Röntgen-Preis.

ANDRAE, Oswald

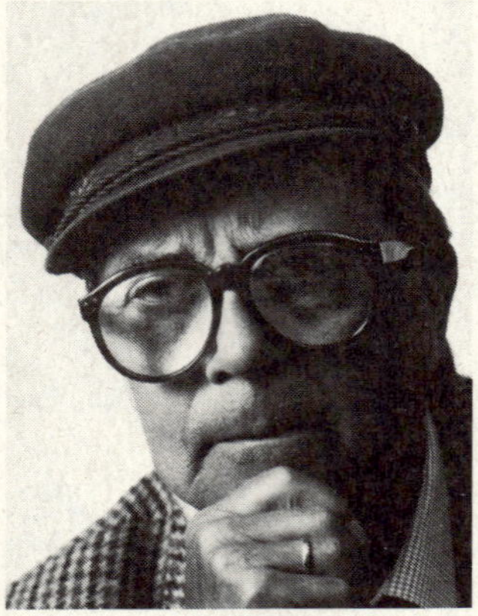

Schriftsteller - Am Kirchpl. 15, 2942 Jever/O. (T. 7 26 98) - Geb. 25. Juni 1926 Jever (Vater: Georg A., Uhrmacher u. Optiker; Mutter: Hilda, geb. Helmerichs), ev., verh. s. 1954 m. Hannelore, geb. Schönbohm, 3 Kd. (Hilke, Iko, Joost) - Marien-Gymn. Jever (Abit.); Lehrauftr. FHS Ostfriesl. (1976-78) - BV: u.a. ORME D'OMBRA - traduzioni dall'opera poetica in Plattd. (basso tedesco) di oswald andrae (31 niederd. Ged. v. O.A. u. d. ital. Nachdichtungen v. Giovanni Nadiani) 1986; Niederd. Texte u. Übers. (Buch m. LP) 1987. Hörsp.: Inselbesöök, NDR 1965; Feature: Lavay, 1973; Ich schreib d. verrückt. Themen, 1974; Low German/Englisch-Poetry, 1975; Dat Leed van de Diekers - 1765, 1977 u. 1980; Heimat - Gedanken üb. e. schwieriges Thema, 1980; Come to meet us - Kumm uns tomööt, 1981; Exposé f. d. FS-Film „Gah mit mi dör't Land", M. Oswald Andrae dör't Jeverland 1980; Dar weer mal en Schipper up Wangerogh, 1981; De rieke Mann kann blieven, Feature, RB 1981; De Straten stunken na Brand (Kindheit im Faschismus), RB 1985; Wer nicht deichen will, muß weichen, Radio DRS 1986; Sturzflüge d. Kiebitze, Lyrik um zehn v. elf, RB 1986; De Familie Janssen geiht na Amerika - Stationen e. Auswanderung im J. 1883, Feature, RB 1988; Dreeundartig Mullsbülten - E. FF-Film m. O.A. u. dessen Lyrik, NDR 1988; Bi Jan Beluga in Moraira - O.A. ges. Eindrücke v. d. Costa Blanca, Feature, RB 1988; An Bord d. Liberal, Feature, NDR 1988. Theater: Laway Aufstand d. Deicher 1765 e. sz. Chronik Oldenbg., Staatsth. 1983. LP: Dat Leed van de Diekers - 1765, 1983, Liedtexte u. Kompos. auf mehr als 20 LPs, auf MPs u. CDs, Veröff. in Liederb. - 1971 Klaus-Groth-Preis f. niederdt. Lyrik u. Preis d. Sparte Prosa b. lit. Wettbewerb Junge Dichtung in Nieders.; 1983 Nieders. Künstlerstip. f. Lit.; 1988 Verdienstkr. am Bde. d. Nieders. VO. - Spr.: Engl. - Lit.: Heinz Werner Pohl, Laudatio anläßl. d. Verleih. d. Klaus-Groth-Pr. 1971, in: Festschr. d. Stiftg. FVS Hamburg (1971); Johann P. Tammen, Z. polit. Wirk. v. Mundartdcht., in: die horen Nr. 90; Fritz Eduard Spiess, De Fahn - Explos. Wirk. niederdt. Texte, in: 34/NE/0820/28 März/73 FAZ v. 29.3.1973, Frankf. Rundsch. v. (30.3.1973); Peter Juppenlatz, D. Fahnenkrieg v. Jever, in: Stern Nr. 15 (1973); Thomas Ayck, Porträt O. A., in: bücherjournal NDR III (1975); Peter Schütt, Nachdrückl. Hinw. auf O. A., in: die horen Bd. 99 (1975); Bernhard Gleim, Vorbildl. Heimatfunk Dat Leed van de Diekers, in: epd Kirche u. Rundf. 89/90 (1977); Ludwig Harig, D. Sprache wird z. Körperteil, in: D. Zeit, Nr. 26 1977 u. Akad. d. Künste 70-79; Fernand Hoffmann/Josef Berlinger, D. Neue Deutsche Mundartdicht., Tendenzen u. Autoren (1978); Dt. Literaturgesch. v. d. Anfängen b. z. Gegenw., S. 498 (1979); Viola Roggenkamp, Hebbt Se'n Jagdschien, Herr Poet?, In: D. Zeit, Nr. 34 1979; Bernhard Gleim, Ambivalenz im Suchbild, in: epd/Kirche u. Rundf. Nr. 36 1980; Hans Joachim Gernentz, Niederdt. - gestern u. heute (1980); Ralf Schnell, Riet Dien Muul up - Niederdt. Dicht. heute, in: Basis - Jahrb. f. dt. Gegenwartslit., Bd. 10 (1980); Werner Schulze-Reimpell, Aufstand d. Deicher, in: FAZ v. 4.2.1983; Lit. d. BRD, in: D. Gesch. d. dt. Lit., Bd. 12 (1983); Anne Pauwels, Neue Funktionen d. Dialekts in d. Bundesrep. Deutschl. u. Österr., in: Tendenzwenden - Aspekte d. Kulturwandels d. Siebziger Jahre (1984); Jochen Schütt: Lieber ldütlichl als lnüdlichl - O.A. z. 60. Geb. (RB 1986); Ralf Schnell, D. Lit. d. Bundesrep. Deutschl. - Autoren, Gesch., Lit.betrieb (1986); Heinrich Goertz, Wi troort üm dit Land, in: Tagesspiegel v. 13.3.1988; Jörg Schilling, in: Walter Killy Lit.Lex. Bertelsmann (1988).

ANDRASCHKE, Peter

Dr. phil., Privatdoz. f. Musikwiss. Hochsch. f. Musik München, Fachautor - Münchhofstr. 1, 7800 Freiburg (T. 3 27 31) - Geb. 1. Dez. 1939 Bielitz, kath. - Stud. Schulmusik u. Musikwiss. München, Berlin, Freiburg (Staatsex. 1970, Promot. 1973, Habil. 1982) - BV: Gustav Mahlers 9. Symph., 1976; Fr. Schubert: Sinfonie Nr. 7 (Unvollendete), 1981; Mitarb. an intern. Lexika; zahlr. wiss. Beitr. u. Vortr. im In- u. Ausl. - Liebh.: Volkskde., Kulinarik.

ANDRE, Johannes

Dr. rer. nat. (habil.), Prof., Mathematiker - Herderstr., 6602 Dudweiler/Saar - Geb. 6. August 1925 Hamburg (Vater: Konrad A., Exportkfm.; Mutter: Eugenie, geb. Wegner), verh. m. Edith, geb. Knuth - Univ. Hamburg u. Tübingen (Promot. 1954) - Assist. TH Braunschweig; 1963 Doz. Univ. Gießen; 1964 Abt.svorsteher u. Prof. Univ. Saarbrücken (Math. Inst.). Zahlr. Fachveröff.

ANDREAE, Clemens-August

Dr., Prof. f. Politische Ökonomie (Finanzwissenschaft) - Anton-Rauch-Str. 13 c, A-6020 Innsbruck (T. 05222 - 3 31 96) - Geb. 5. März 1929 Graz (Vater: Wilhelm A., Prof.; Mutter: Illa, geb. Lackmann, Schriftst.), kath., verh. s. 1962 m. Ilse, geb. Konrad, 2 Kd. (Maximilian, Maria Theresia) - Human. Gymn. Gießen, Univ. Marburg u. Köln; Promot. 1959, Habil. 1955 - 1950/51 Volont. Stahlw. Bochum, 1951-58 wiss. Assist. Univ. Köln, 1958-60 Prof. Univ. Innsbruck, 1962 o. Prof. ebd., 1965-80 Inst.Leit. f. Finanzwiss. (1966/67 Dekan rechts- u. staatswiss. Fak., 1976/77 Dekan Sozial- u. wirtsch.wiss. Fak.), 1968 Ruf Ord. f. Volksw. Univ. Salzburg u. 1970 Hochsch. f. Verw.wiss. Speyer – beide abgelehnt, 1981-83 Rektor Univ. Innsbruck - BV: Finanz. Stabilität als Richtschnur d. Finanzpolitik, 1955; Mensch u. Wirtschaft. Spannungen – Lösungen, 1966; D. größere Markt. Wirtschaftsintegr. v. Atlantik b. z. Ural (m. and.), 1966; Finanztheorie, 1969; Schaeffers Grundriß d. Rechts u. d. Wirtsch., Abt. III: Wirtsch.wiss. (m. and.); Ökonomik d. Freizeit, 1970; Sündenbock Unternehmer? (m. and.), 1973; Finanzpolitik, 1975; V. Boss z. Partner, Texte u. Thesen 1983. Bluff Freizeit, Bühnenst. (UA 1975 Siegen); Beitr. in Sammelw. u. Handb. - 1971 Gr. Ehrenzeichen Rep. Österr., 1973 Komturskreuz d. VO d. ital. Rep., 1974 BVK I. Kl., 1974 korr. Mitgl. Akad. d. Wiss. u. Lit., 1979 Gr. Gold. Ehrenz. Land Steiermark, 1982 Dr. phil. h. c. Freie Ukrainische Univ. München, 1983 Ehrenzeichen Land Tirol, 1984 Gr. BVK - Liebh.: Archäologie - Spr.: Engl., Franz., Ital.

ANDREAE, Eberhard

Fabrikant, gf. Gesellsch. Jung + Simons Textil- u. Kunststoffwerke, Haan, i.R. Moersenbroicher Weg 163, 4000 Düsseldorf 30 (T. 62 55 68) - Geb. 29. März 1907 Zwickau/Sa., ev., verh. s. 1942 m. Gerta, geb. Stremmel, 2 Kd. (Marlis, Johann) - Textiling.sch. - Spr.: Engl., Franz.

ANDREAE, Illa

Schriftstellerin - Liebigstr. 36, 6300 Gießen - Geb. 8. Febr. 1902 Wolbeck/Westf. (Vater: Sanitätsrat Dr. Wilhelm Gr. L.; Mutter: Elisabeth, geb. Laarmann), kath., verh. 1928 m. Prof. Dr. phil. Wilhelm A., Volks- u. Finanzwiss.-ler † 1962 (s. XIV. Ausg.), 7 Kd. - Univ. Münster/W. u. München (Rechtswiss., Gesch.) - BV: D. sterbende Kurfürst, Erz. 1942, NA. 1954 unt. d. Titel: D. versunke Reich; Hellerinkloh, R. 1943, 2. A. 1944; D. Väter, R. 1944, 2. A. 1948; D. Geheimnis d. Unruhe, Gesch. e. westf. Geschlechts, 1947; D. Hamerincks, R. 1950; D. gold. Haus, N. 1951; Wo aber Gefahr ist ..., R. 1951; Unstet und flüchtig, R. 1955 (auch holl. u. span.); Nelly, Erz. f. Kd. 1958; Glück u. Verhängnis d. Hamerincks, R. 1959; D. Kunst d. guten Lebensart, Sachb. 1962; Alle Schnäpse dieser Welt, Sachb. 1973 (auch holl. u. engl.), 3. A. 1976; Tüsken Angel un Deergaoren (Plattd. Roman) 1979, 2. A. 1980 - Liebh.: Musik.

ANDREAE, Kurt

Dr., Generalkonsul a. D., Sekretär Nation. Komitee d. Weltenergiekonfz. f. d. Bundesrep. Deutschl. - Graf-Recke-Str. 84, 4000 Düsseldorf.

ANDREAE, Meinrat O.

Dr. rer. nat., Prof., Direktor Max-Planck-Inst. f. Chemie (1987ff.) - Postf. 30 60, 6500 Mainz - Geb. 19. Mai 1949 Augsburg, verh. m. Tracey - Dipl. 1974 Göttingen, Promot. 1978 Univ. of California San Diego - 1978-87 Prof. of Oceanography, Florida State Univ. Arbeitsgeb.: Rolle d. Biosphäre im atmosph. Stoffkreislauf. Zahlr. wiss. Art. in Fachztschr.

ANDREAE, Stefan

Dr. theol., Leiter Pastoralpsycholog. Beratungsdienst, Köln, apl. Prof. f. Pastoralpsych. Univ. Bonn/Kath.-Theol. Fak. (s. 1973) - Wiesengrund 2, 5206 Neunkirchen 1 - Geb. 22. Aug. 1931 Graz (Österr.) - Promot. 1960; Habil. 1970 - BV: Pastoraltheol. Aspekte d. Lehre Sigmund Freuds v. d. Sublimierung d. Sexualität, 1974.

ANDREAS, Erich

Prof., Konzertpianist - Wissmannstr. 4, 1000 Berlin 33 (T. 030 - 891 39 65) - Geb. 17. Nov. 1928 Heidelberg (Vater: Prof. Dr., Drs. h. c. Willy A., Historiker † 1967; Mutter: Gerta, geb. Marcks † 1985), s. 1981 verh. m. Gisela, geb. Wild, T. Stephanie 1. Ehe - Gymn. Heidelberg; Nordwestd. Musikakad. Detmold (Lehrer: Frieda Kwast-Hodapp, Conrad Hansen), Konzertex. 1953; Privatlehrerex. - S. 1954 Konzerttätigk. In- u. Ausland; 1961-63 Berliner Kirchenmusiksch., 1964-76 Hochsch. f. Musik u. Darst. Kunst Hamburg (Hauptf. Klavier), s. 1976 Prof. Hochsch. d. Künste Berlin (Klavier) Bek. Vorf.: Hist. u. Bismarckbiogr. Erich Marcks (1861-1938; Großv.).

ANDREAS, Kurt

Dr. rer. pol., Vorsitzender d. Vorstandes Dt. Ausgleichsbank, Bundesbankdirektor a. D. - Kronprinzenstr. 10, 5300 Bonn 2 (T. 0228 - 83 15 16) - Geb. 10. Okt. 1926 Kassel - Stud. Volksw. (Dipl.-Volksw.) u. Promot. 1951 Marburg - S.

1951 Dt. Bundesbank (b. 1969 Hauptabt. Volkswirtsch., 1969-84 Leit. Hauptabt. Kredit) - BVK I. Kl. - Spr.: Engl.

ANDREE, Christian
Dr. phil., Medizinhistoriker - Brunswiker Str. 2a, 2300 Kiel 1 - Geb. 28. Nov. 1938 Landsberg (Vater: Gerhard A., Landw.; Mutter: Johanna, geb. Kollatschny), ev. - Stud. Anthropol., Ur- u. Frühgesch., Gesch. d. Med. u. d. Naturwiss., allg. Gesch., German. - S. 1976 wiss. Oberrat Univ. Kiel (Inst. Gesch. d. Med.) - BV: rd. 50 Titel, u. a. Rudolf Virchow als Prähistoriker, 2 Bde. 1976; Theodor Fontane: Reisebriefe v. Kriegsschauplatz Böhmen 1866, (Hrsg.) 1973; Rudolf Virchow - Theodor Billroth: Leben u. Werk, 1979 - Lit.: Kürschners Gelehrtenkal.

ANDREE, Hans-Martin
Vorstandsvorsitzer Dt. Intersport eGmbH. - Hermann-Hesse-Str. 38, 7100 Heilbronn/N. - Geb. 14. Sept. 1918 - Präs. Direktorium Intersport-International-Corp. Ltd., Bern. ARs- u. Beiratsmand., darunter -vors. Intersport Sportprojekte GmbH., Heilbronn.

ANDREE, Ingrid
Schauspielerin - Wohnh. in Hamburg - Geb. 19. Jan. 1931 Hamburg (Vater: Kaffeeimporteur), verh. 1959-65 m. Hanns Lothar († 1967), Tocht. Susanne - Gymn. (Abit.) u. Schauspielausb. Hamburg - S. vielen J. Mitgl. Thalia-Theater Hamburg. Zahlr. Bühnenrollen (zul. Kate (Alte Zeiten) u. Gräfin v. Rathenow). Film: Primanerinnen, Liebeserwachen, Und ewig bleibt d. Liebe, Drei v. Variete, Roman e. Siebzehnjährigen, Frühling d. Lebens, Bekenntnisse d. Hochstaplers Felix Krull, D. lb. Familie, E. Stück v. Himmel, Wie schön, daß es dich gibt, ... und nichts als die Wahrheit, Peter Voß, d. Millionendieb, ... u. d. Rest ist Schweigen; Bühne: D. Schloß, D. tätowierte Rose, Caesar u. Cleopatra, Frl. Julie (1967 unt. Fritz Kortner), König Lear, Civil Wars, Gespenster, Peer Gynt - 1972 Mitgl. Dt. Akad. d. Darstell. Künste, Frankfurt/M.

ANDRES, Elmar
Vorstandsmitglied AGROB AG., München 2 - Harthauser Str. 115a, 8000 München 90 - Geb. 7. Febr. 1926.

ANDRES, Helmut
Ass., Geschäftsführer Stadtwerke Köln GmbH., Köln 41 - In d. Weingärten 12, 5204 Lohmar/Rhld. - Geb. 24. Nov. 1924 - ARsmand. u. a.

ANDRES, Karl Hermann
Dr. med., M. D., o. Prof. f. Anatomie Univ. Bochum/Abt. f. Naturwiss. Med. (s. 1970) - Farnstr. 3, 4630 Bochum.

ANDRES, Klaus
Dr. sc. nat., Prof. TU München, Physiker - Turnerstr. 56, 8000 München 82 - Geb. 1. März 1934 Zürich (Vater: Otto A., Bücherexperte; Mutter: Gertrud, geb. Keller), prot., verh. s 1970 m. Marlene, geb. Stauffacher, 3 Kd. (Philip, Dieter, Karin) - Dipl.-Phys. ETH Zürich 1958, Promot. 1963 - 1963-80 Bell Telephone Res. Laborat. (USA); s. 1980 Prof. f. techn. Physik TU München - BV: Nuclear magnetic cooling (m. and.), 1982 - Spr.: Engl., Franz.

ANDRES, Wolfgang Peter
Dr. phil. nat., Prof. f. Geographie - Barfüßertor 15, 3550 Marburg - Geb. 25. April 1939 Berlin (Vater: Dipl.-Ing. Helmut A.; Mutter: Elisabeth, geb. Spiegelberger), ev., verh. s 1964 m. Edith, geb. Watz, 2 Kd. (Joachim, Karin) - Univ. Gießen u. Frankfurt/M. (Geogr., Geol., Meteorol., Phys.). Promot. 1966 Frankfurt; Habil. 1974 Mainz - S. 1976 Prof. Univ. Marburg. Div. Facharb. - Spr.: Engl., Franz.

ANDRESEN, Dieter
Dr. theol., Pastor - Gintofter Str. 1 a, 2391 Steinbergkirche (T. 04632 - 3 57) -

Geb. 16. März 1935 Sterup/Angeln (Vater: Andreas A., Raiffeisen-Geschäftsf.; Mutter: Anneliese, geb. Petersen), ev., verh. m. Gisela, geb. Hipp, Pastorin, 1 S. Jannis - 1955-60 Stud. Theol. Kiel, Hamburg, Basel, Heidelberg, Göttingen; 1. Theol. Ex. 1960; 2. Theol. Ex. 1962; Promot. 1982 - Theol. Doz. in Breklum; Pastor in Harrislee b. Flensburg u. Rabenkirchen/Angeln; 1968-74 Studentenpfarrer Univ. Kiel; 1978-82 Lehrauftr. Niederd. als Kirchenspr. Univ. Kiel; 1980-86 Ausbildungsmentor f. Vikare - BV: Kirche am Montag, 1973; Plattdüütsch in de Kark, 1983. Herausg.: Niederdeutsch als Kirchenspr. (1980). Mithrsg.: De Kennung. Aufs. üb. Niederd. Kirchenspr., Niederd. Lit., Schleswig-Holst. Kulturgesch., Theol. u. Politik, Theol. Karl Barths, u. a. Ländl. Kulturarbeit, Laienspiel, Rezitationen.

ANDRESEN, Egon Christian
Dr.-Ing., o. Prof., Dir. Inst. f. Elektr. Energiewandlung - Pinkmühlenweg 14, 6109 Mühltal (T. 06151-14 82 84) - Geb. 10. Dez 1928 Bremerhaven, ev., verh. s. 1961 m. Hannelore, geb. Braun, T. Suse - 1964-69 Geschäftsltg. Entw. AEG-Großmaschinenfabrik, Berlin. 1983-85 Vizepräs. TH Darmstadt.

ANDRESEN, Günter Andreas
Fabrikant i. R., vorm. Vorsitzender d. Geschäftsltg. u. gf. Gesellsch. SABO/ Roberine Gruppe - Im ehem. Schloßgarten, 8130 Starnberg (T. 08151 - 62 94) - Geb. 3. Mai 1934 Berlin (Vater: Dr. Johannes A., Kaufm.; Mutter: Elisbeth, geb. Esser), verh. m. Dr. med. Mirjana A. - Kaufm. Lehre, 2. Bild.weg, Stud. Betriebswirtsch. u. Soziol. (o. Abschl.). Div. Beiratsmand. - Post-Graduate AMP Harward Univ. 1974 - BV: Management Enzyklopädie, Marketing-Verkaufslekt. Handbuch - Liebh.: Kunstgesch., Segeln, Musik, Sport (1955 Vize-Junioren-Landesm. 5000 m-Lauf) - Spr.: Engl.

ANDRESEN, Hans C.
s. Bauer, Alexander W.

ANDRESEN, Harro G.
Dr. rer. nat., Prof. f. Physik Univ. Mainz - Carl-Orff-Str. 18, 6500 Mainz - Geb. 19. Dez. 1929 - S. 1967 Lehrtätig. Mainz. 1959-66 US Army Fort Monmouth (USA).

ANDRESEN, Matthias
Herrenschneidermeister, MdL Schlesw.-Holst. (1955-71), Präs. Handwerkskammer Flensburg (s. 1959), Bürgervorsteher Husum, Vors. CDU Kreisverb. Husum, Mitgl. Landesplanungsrat Schlesw.-Holst., u. a. - Herzog-Adolf-Str. 43, 2250 Husum (T. 22 35) - Geb. 14. April 1904 Tondern/Nordschlesw. (Vater: Andreas A., Herrenschneiderm.; Mutter: Maria Jakobsen), ev., verh. s. 1930 m. Camille Faltings, Tocht. Inke-Marie - Obersekundareife - S. 1935 selbst. - 1958 Frhr.-v.-Stein-Plak. f. kommunale Verdienste in Schlesw.-Holst., 1965 Handwerkszeichen in Gold Zentralverb. d. Dt. Handw.

ANDRESEN, Rolf
Dr. phil., o. Prof. f. Sportwissenschaft Univ. Bayreuth - Universitätsstr. 30, 8580 Bayreuth (T. 0921 - 55 34 70) - Geb. 31. Juli 1925 Brebelholz - Stud. Päd., German. u. Sportwiss. Univ. Mainz (Promot. 1959) — Vors. Wiss. Kommiss. im BAL (Dt. Sportbd.) - Herausg.: Theorie u. Praxis d. Sportspiele; Entw. Zusammenarbeit im Sport - Analysen, Dokumentationen, Lehrmaterialien.

ANDRESS (ß), Arno
Dr., Geschäftsführer Hoover GmbH., Düsseldorf - Schimmelweg 7, 5600 Wuppertal-Vohwinkel.

ANDRIANNE, Rene
Dr. phil., Lic. en Phil., o. Prof. f. Romanistik Univ. Mainz (s. 1974) - Jakob-Welder-Weg 18, 6500 Mainz (T.

39 22 49) - Geb. 22. Mai 1930 Limerle/Belg. (Vater: Ernest A., Mutter: Louise, geb. Biot), kath., verh. s 1971 m. Danielle, geb. Vervloet, 2 Kd. (Dimitri, Nancy) - 1956-63 Ass., dann Doz. Univ. Bujumbura (Burundi) u. Kinshasa (Zaire); 1969-74 Prof. Univ. Antwerpen (Belg.) u. Constantine (Alg.).

ANDRICH, Siegfried

Nachrichtensprecher ZDF/Heute - Zu erreichen üb. ZDF, 6500 Mainz - Geb. 18. Jan., verh. s. 1960 m. Christl, T. Manuela - Abit.; Schauspielsch. - Liebh.: Wandern, Reisen, Schwimmen, Bücher.

ANDRITZKY, Michael
Journalist, Publizist, Ausstellungsgestalter, Filmemacher - Hauptstr. 49, 6719 Weisenheim a. Bg. - Geb. 28. Juli 1940 Dresden (Vater: Dr. jur. Christoph A., Stadtdir. a. D. (s. XVI Ausg.) - Stud. Soziol. München, Berlin, Heidelberg, Mannheim - 1971-83 Generalsektr. Dt. Werkbund.; Presseref. Intern. Filmwoche Mannheim - BV: Labyrinth Stadt (Hg.), 1975; Lernber. Wohnen (Hg.), 1979; F. e. andere Architektur (Hg.), 1980; Grün in d. Stadt (Hg.), 1980; z.B. Stühle, 1982; z.B. Schuhe, 1987. Filme - Liebh.: Musik, mod. Kunst - Spr.: Engl.

ANDRZEJCZAK, Milosz
Solotänzer Deutsche Oper Berlin - Bonner Str. 2, 1000 Berlin 33 (T. 030 - 821 41 35) - Geb. 19. März 1952 Pabianice/Polen, gesch., T. Marta - Abit. 1971; Staatl. Ballett-Schule Warszawa Polen, 1971-79 Staatsoper Warszawa, 1980-83 Staatstheater Karlsruhe, 1983-84 Dt. Oper Berlin-West, 1984-85 Staatstheater Karlsruhe, s. 1985 Dt. Oper Berlin-West - Solotanz i. Schwanensee, Giselle, Nußknacker, Romeo u. Julia, Fräulein Julia, Bacchus v. Ariane; Auslands-Tournee: Ostblockländer, USA, Frankr., Griech. - Spr.: Russ., Franz., Deutsch.

ANETSEDER, Leonhard
Landwirt, Bürgermeister Thyrnau - Raßbach 1, 8391 Post Kellberg - Geb. 3. Juli 1933 Raßbach (Vater: Leonhard A., Landw.; Mutter: Maria, geb. Windpaßinger), kath., verh. s. 1962 m. Anna, geb. Gruber, 3 Kd. (Leonhard, Martin, Margarethe) - Volkssch. u. landw. Ausbild., Landwirtsch.meisterbrief - 1960-78 Gde.rat, s. 1966 Kreisrat, s. 1972 Obmann Bayer. Bauernverb., s. 1978 1. Bürgerm.

ANFT, Berthold
Dr. phil., Journalist - Angerburger Allee 7, 1000 Berlin 19 (T. 030 - 304 83 04) - Geb. 14. Nov. 1905 Wiedenbrück/W. (Vater: Paul A., Arch.; Mutter: Gertrud, geb. Hassemeyer), ev., verh. m. Dora, geb. Kaließ, T. Gabriele - Univ. Jena u. Berlin (Dipl.-Chem. 1936) - S. Jahrzehnten Rundfunktätig. (u. a. Leit. Naturwiss. Sendungen SFB/Hörfunk-Fernsehen) - BV: Friedlieb Ferdinand Runge - S. Leben u. s. Werk, 1937.

ANGELE, Anton
Dr. jur., Dipl.-Volksw., Mitglied d. Ge-

schäftsleitg. Optische Werke G. Rodenstock, München - Zu erreichen üb. Opt. Werke G. Rodenstock, Isartalstr. 43, 8000 München 5 - Geb. 8. April 1937 Kucksdorf, kath., verh. s. 1963 m. Hannelore, geb. Mertens, 2 Kd. (Thomas, Michaela) - Abit. 1957; Stud. Rechtswiss., Volkswirtsch. Univ. Bonn, Hamburg, Köln u. München; jurist. Refer.ex. München 1961; Volksw.-Dipl. Köln 1963; Promot. 1966 - 1969-72 Personalref. Bathelle-Inst. Frankfurt; 1966-69 Direktionsass. Bankhaus Lenz & Co., München; s. 1972 Opt. Werke G. Rodenstock (Leit. Personal- u. Sozialwesen). Mitgl. Vertretervers. d. Landesversich.anstalt f. München u. Bayern; Kurat.-Mitgl. d. Bayer. Akad. f. Arb.- u. Soz.-med.; stv. Vors. Berufsgenoss. d. Feinmech. u. Elektrotechn., Köln. Ehrenamtl. Richter Landesarb.gericht München.

ANGENENDT, Arnold
Dr. theol., Prof., Dir. Sem. f. Mittlere u. Neuere Kirchengesch., Univ. Münster - Waldeyerstr. 41, 4400 Münster (T. 0251 - 8 93 01) - Geb. 12. Aug. 1934 - Fachveröff. u.a.: Monachi peregrini, 1972; Kaiserherrschaft u. Königstaufe, 1984; D. Frühmittelalter, 1989 - 1986/87 member of the Inst. for Advanced Study.

ANGER, Gerd
Dr. rer. nat., Wiss. Mitarbeiter Bayer AG., Leverkusen, apl. Prof. f. AG-Mineral. Rohstoffe TU Clausthal, Vors. Fachvereinig. Auslandsbergbau, Bonn - Am Geusfelde 17, 5074 Ödenthal-Glöbusch.

ANGER, Hans
Dr. med., Dr. phil. (habil.), o. Prof. f. Wirtschafts- u. Sozialpsychologie u. Direktor Inst. f. Sozialpsych. Univ. Köln (s. 1962) - Gartenweg 2, 5000 Köln 40 - Geb. 13. Juni 1920 - 1960-62 Privatdoz. WH Mannheim - BV: Probleme d. dt. Univ., 1960.

ANGERER, Alfred (Fred)
Dipl.-Ing., Architekt, o. Prof. f. Städtebau - Ulmenstr. 16a, 8032 Lochham/ Obb. (T. München 85 11 54) - Geb. 20. Dez. 1925 Eugenbach - S. 1958 Privatdoz. (Ind.bau), ao. (1961) u. o. Prof. (1968) TH München.

ANGERER, August
Dr. jur., Dipl.-Kfm., Prof., Präsident Bundesaufsichtsamt f. d. Versicherungs- u. Bausparwesen, Berlin (s. 1981) - Hüninger Str. 21, 1000 Berlin 33 (T. 831 17 84) - Geb. 20. Sept. 1924 Nürnberg - Bayer. Finanzverw., dann Bundesaufsichtsamt (b. 1966, Leit. Abt. Rechnungsleg. u. Prüfungswes., 1971 Vizepräs.).

ANGERER, Hanskarl

Dipl.-Volksw., Hauptgeschäftsführer IHK f. Oberfranken a. D., Geschäftsf. KRB Kabel u. Rundfunkprogrammes. mbH Bayreuth - Bahnhofstr. 2b, 8580 Bayreuth (T. 2 55 21) - Geb. 6. Okt. 1922 Oberkonnersreuth/Ofr. (Vater: Hans A., Polizeibeamter; Mutter: Babette, geb. Pfaffenberger), ev, verw. - Oberrealsch. Coburg (Abitur 1941); n. Kriegsdst. Univ. Erlangen (Staatswiss.; Ex. 1949) - S. 1950 IHK Bayreuth - Bayer. VO.; BVK I. Kl. - Spr.: Franz., Span.

ANGERER, Paul

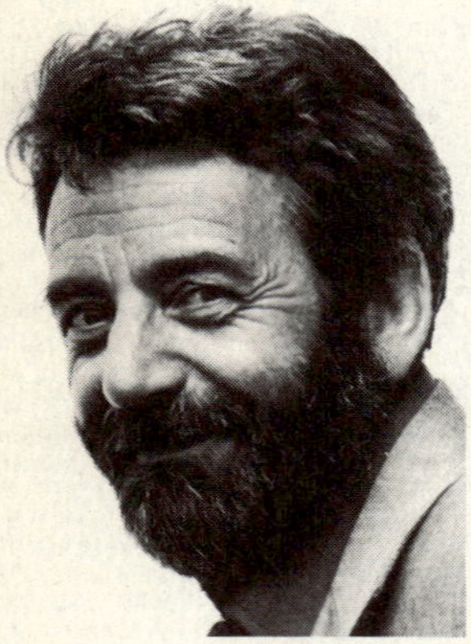

Prof., Komponist, Dirigent, Instrumentalist - Estepl. 3, A-1030 Wien (T. 75 12 71); A-2070 Retz (T. 02942 - 25 85) - Geb. 16. Mai 1927 Wien (Vater: Otto A., Bankbeamter; Mutter: Elisabeth, geb. Denk), verh. s. 1952 m. Anita, geb. Rosser, 4 Kd. (Pierre, Ursula, Veronica, Christoph) - Gymn., Musikakad. u. Konservat. Wien - U. a. Opernchef Landestheater Salzburg; 1971-82 Leit. Südwestdt. Kammerorch. - Zahlr. Musikw. in allen Sparten - Bratschist, Cembalist, Opernregisseur, Leiter d. Ensembles Concilium Musicum (Originalinstr. d. 18. Jhdts) - Österr. Staatspreis, Kulturpreis d. Stadt Wien u. d. Landes Niederösterr.

ANGERHAUSEN, Julius

Weihbischof - An St. Quintin 3, 4300 Essen (T. 22 41) - Geb. 3. Jan. 1911 Warendorf/W., kath. - Priesterweihe 1935 Münster/W. - S. 1959 Weihbischof Bistum Essen.

ANGERMAIER, Michael

Dr. rer. nat., Dipl.-Psych., Psychotherapeut IP, Prof. f. Psychologie Univ. Köln (s. 1974) - Carl-Goerdeler-Str. 25, 5020 Frechen-Bachem - Geb. 20. Dez. 1941 - Promot. 1970 Köln - Zul. Prof. Univ. Frankfurt/M. - BV: u. a. Legasthenie, 3. A. 1974. Div. Einzelarb.

ANGERMANN, Dieter

Rechtsanwalt, gf. Direktor Deutscher Bühnenverein - Am Römerhof 26, 5000 Köln 40 (T. 48 22 33) - Geb. 22. Nov. 1926 Berlin (Vater: Karl A., Dipl.-Kfm.; Mutter: Margarethe, geb. Peters), ev., verh. s. 1969 m. Renate, geb. von Langen - Gymn.; Banklehre; Stud. Univ. Berlin (Rechtswiss.); jur. Staatsex. 1959 u. 63 - S. 1963 RA, 1966 stv. Vorst. u. 1975 gf. Dir. Dt. Bühnenverein - Liebh.: Theater, Musik, Sport.

ANGERMANN, Erich

Dr. phil., o. Prof. f. Anglo-Amerik. Geschichte - Bachemer Str. 95, 5000 Köln 41 (Lindenthal) (T. 40 47 62) - Geb. 2. März 1927 Chemnitz/Sa., ev., verh. s. 1974 m. Ursula, verw. Bodenburg - Gymn. u. Univ. München (Mittlere u. neuere Gesch.). Promot. (1952) u. Habil. (1961) München - 1952 wiss. Mitarb. Redaktion Neue Dt. Biogr., München; 1955 Assist. (Amerika-Inst.); 1961 Privatdoz. Univ. München; 1963 Ord. Univ. Köln. 1967 Schriftf. Verb. d. Historiker Dtschl.s - BV: Robert v. Mohl (1799-1875) - Leben u. Werk e. altlib. Staatsgelehrten, 1962; Vereinigte Staaten v. Amerika, 1966 (dtv. Weltgesch. d. 20. Jh.s, Bd. 7, völlig neu bearb. 8. Aufl. 1987); D. Vereinigten Staaten v. Amerika als Weltmacht, 1987 - 1970/71 Visiting Prof. St. Antony's College, Oxford; 1971 Mitgl. Histor. Kommiss. Bayer. Akad. d. Wiss.; 1982/83 Stip. d. Histor. Kollegs München; 1983 Ehrenmitgl. Acad. of Arts and Sciences New York; 1987 Vors. Wiss. Beirat d. Dt. Hist. Inst. Washington.

ANGERMANN, Horst F. G.

Unternehmensberater, Inh. Horst F. G. Angermann GmbH - Mattentwiete 5, 2000 Hamburg 11 (T. 040 - 361 20 70); Fil. München: Türkenstr. 11, 8000 München 2 (T. 089 - 28 10 13) - Geb. 7. Dez. 1922 Hamburg - Gründ. Angermann Consult GmbH, Hamburg, Angermann Auktion KG, Hamburg, Angermann Handel GmbH, Hamburg, Diehl-Angermann Inc., Newport Beach, Calif.; Präs. Aktionsgem. Wirtsch. Mittelstand in d. Bundesrep. Dtschl. (AWM), Bonn; AR Fischmarkt Hamburg-Altona; Kurat. Hamburger Sparkasse; Ehrenpräs. Bundesverb. Ring Dt. Makler; Mitgl. Aussch. Volksw. Handelskammer Hamburg - Rotarier.

ANGERMANN, Torsten

Dr. jur., Geschäftsführer Angermann-Gruppe - Mattentwiete 5, 2000 Hamburg 11 (T. 040 - 36 12 07 73/80) - Geb. 2. Mai 1957, verh. - Abit.; 1. jurist. Staatsex., Promot.; Ausb. Dt. Bank AG in Mannheim, London u. New York, u. DWT-Dt. Warentreuhand u. Prüf.ges. Hamburg - 1986 Angermann-Gruppe: Geschäftsführer, m. Fachgeb.: Unternehmensverkauf, Unternehmensberat., intern. Immobilienberat., Industrieanlagen; 1987 pers. haft. Gesellsch. Angermann Auktion KG - intern. Auktionen - Spr.: Engl.

ANGERMEIER, Heinz

Dr. phil., o. Prof. f. Geschichte Univ. Regensburg - Platz d. Einheit 1, 8400 Regensburg (T. 5 56 34) - Geb. 11. April 1924 Vilsbiburg/Ndb. (Vater: Jakob A., Friseur; Mutter: Berta, geb. Grameier), verh. s. 1948 m. Isabel, geb. Collien, 4 Kd. (Magnus, Jutta, Mechthild, Almut) - Handw.slehre, Begabtenabit., Stud. Gesch.; Phil., German., Promot. München 1954. 1954-65 wiss. Mitarb. Hist. Kommiss. Bayer. Akad. d. Wiss.; 1965 Habil. Univ. Kiel, b. 1968 Lehrtätigk., 1968 Ord. Regensburg - BV: D. Reichsreform 1410-1555; D. Staatsproblematik in Dtschl. zw. Mittelalter u. Gegenw., 1984; Königtum u. Landfriede im dt. Spätmittelalter, 1966; C. Th. Gemeiners Regensburgische Chronik (Hrsg.) 1971; Geschichte oder Gegenwart - Reflexionen üb. Zeit u. Geist, 1974; Dt. Reichstagsakten 1495, 1981 - 1975 o. Mitgl. Hist. Kommiss. Bayer. Akad. d. Wiss. u. Abt.sleit. f. Dt. Reichstagsakten mittl. Reihe.

ANGERMEIER, Wilhelm Franz

o. Prof f. Experimentalpsych. (Lehrst.) Univ. Köln - Kennedyallee 146, 5300 Bonn 2 (T. 0228 - 37 35 73) - Geb. 26. Febr. 1929 Villach (Vater: Thomas A., Steuerberat.; Mutter: Theresia, geb. Fäßlacher), verh. s. 1953 m. Sally Ann, geb. Gyland, 4 Kd. (Peter William, Mary Lynnette, John Stephen, Thomas Christian) - Lehrerausb. Straubing (1. LA-Prüf. 1951); Univ. of Georgia (MA 1957, Ph.D. 1959) - 1959-70 Prof. an versch. Univ. in USA; 1974 ff. Prof. u. Lehrstuhlinh. Univ. Köln. Entd.: Evolution d. Lernens - BV: Kontrolle d. Verhaltens, 1972 u. 76; Bedingte Reaktionen (m. M. Peters), 1973; Lerntips f. Studierende, 1976; Psych. f. d. Alltag, 1983; Evolut. d. operanten Lernens (m. P. Bednorz), 1983 (engl. 1984); Lernpsych. (m. P. Bednorz u. M. Schuster), 1984 - 1951-52 Fulbright-Stip. USA; 1968-69 Alexander-v.-Humboldt-Prof. Med. Fak. Univ. München - Liebh.: Reisen, Tischtennis - Spr.: Engl., Russ.

ANGERMEYER, Helmut

Dr. theol., Prof. f. Prakt. Theologie Augustana-Hochschule, Neuendettelsau (s.1967; 1971 ff. Rektor, emer. 1978) - Georg-Oberer-Weg 45, 8800 Ansbach (T. 0981 / 44 64) - Geb. 7. Febr. 1912 Nürnberg, ev.

ANGERMEYER, Joachim-Hans

Geschäftsführer Siko-Consult GmbH & Co. KG, Osnabrück, MdB (b. 1980) - Sophienstr. 24, 4505 Bad Iburg (T. 05403 - 7 48) - Geb. 18. Dez. 1923 Hamburg (Vater: Wilhelm A., Kaufm.; Mutter: Emilie, geb. Kocher), verh. s. 1947 m. Ilse, geb. Sieber, 2 Kd. (Dipl.-Volksw. Ute, Richterin Heike) - Gymn.; kaufm. Lehre - 1949-62 Angest.; s. 1975 stv. Beiratsvors. Spielbanken Bad-Bentheim, Bad Zwischenahn; Vorst.-Vors. Rudolf v. Benningsen Stiftg. FDP (Ehrenvors. Kreisverb. Osnabrück-Land) - Spr.: Engl.

ANGSTMANN, Augustin

Dr. phil., M. A., Psychotherapeut, Schriftst. (Ps. Gustl Angstmann) - Zweibrückenstr. 10, 8000 München 2 (T. 089 - 29 40 02) - Geb. 12. Jan. 1947 München, ledig - M. A. 1975 München; Promot. Univ. München (Päd., Psych.) 1978 - Erziehungsberater; Volkshochschuldoz.; fr. Gesprächspsychotherapeut; Schriftst. (Fachbuch-Autor) - BV: Elternarbeit im Vorschulber., 1978; E. ganz normaler Mann, 1982; D. Stotterer, 1983; Herz-Schläge, R. 1987; Abschiednehmen will gelernt sein (psych. Fachb.), 1988; Schreiben hilft Leben (psych. Fachb.), 1989; Veröff. in lit. Anthol. u. sozialwiss. Publ. - 1985 Puchheimer Leserpreis.

ANGSTMANN, Gustl

s. Angstmann, Augustin

ANHÄUSER, Uwe

Schriftsteller, Journ. - Pfarrgasse 7, 6581 Herrstein (T. 06785-7594) - Geb. 1. Nov. 1943 Rengsdorf (Westerw.), ev., verh. s. 1969 m. Gabriele, geb. Götz, 2 S. (Christian, Axel) - Ausb. Heilpäd.; Ex. 1969 - 13 J.Heilpäd.; s. 1980 fr. Schriftst. - BV: u.a. Lyrik, Landschaftsbildb., Kunst-Reiseführer, Ess. - 1977 Zenta-Maurina-Preis f. Lit. - Interesse: Engag. in friedenspolit. u. ökol. Bereichen - Spr.: Franz., Engl.

ANHEIER, Rudolf

Dr. jur., Präsident Oberlandesgericht Koblenz a.D. (1974-85) - Stresemannstr. 1, 5400 Koblenz - Geb. 1920 Mülheim - Kriegsdst. (zul. Oblt.) u. amerik. Gefangensch. - S. 1951 (Ass.ex.) Justizdst. (1967 Lgs.präs. Koblenz).

ANHEUSER, Egon

Ökonomierat, Weinkaufmann, Vors. Verb. Dt. Weinexporteure, Bonn - Brückes 41, 6550 Bad Kreuznach/Nahe (T. 0671-20 77) - Geb. 29. Juni 1912 (Vater: August A., Weinkaufm.; Mutter: Stella, geb. Nicolaus), ev., verh. s. 1947 m. Jutta, geb. Seitz, 4 Kd. (Claudia, Birgit, Herbert August, Hubertus Nicolaus) - Ehrenpräs. Landesjagdverb. Rhld.-Pfalz u. Dt. Jagdschutz-Verb. - 1959 Gold. Verdienstnadel Dt. JagdschutzVerb. (Ehrenpräs.); BVK I. Kl. u. 1977 Gr. BVK; Gold. Verdienstnadel m. Brillanten Landesjagdverb. Rheinl.-Pfalz.

ANHORN, Carmen

Sängerin (Sopran) - Wohnh. in München - Geb. in Luzern/Schweiz - Gesangsstud. Musikhochsch. Zürich, (Brigitte Fassbaender u. Leonore Kirschstein) - S. 1982 Ensemblemitgl. Bayer. Staatsoper, München. Gastsp. Oper Frankfurt, Düsseldorf, Hamburg. Staatsoper, Mailänder Scala, Liceo Barcelona.

ANI, Friedrich

Journalist, Schriftst. - Maxlrainstr. 2, 8000 München 90 - Geb. 7. Jan. 1959 Benediktbeuern, kath., ledig - Fr. Journ. Südd. Ztg. - BV: Lachens unwichtige Worte, Erz. 1981; Wer d. Dunkelheit entfacht, Ged. 1981; D. Idylle d. Hyänen, Erz. 1982; Neue Ged., 1984 - Liebh.: D. Werke d. walisischen Dichters Dylan Thomas.

ANIOL, Peter

Oberstleutnant a. D., MdL Schlesw.-Holst. (Wahlkr. 4/Südtondern), stv. Vors. CDU-Landtagsfraktion - Alter Kirchenweg 15, 2262 Leck (T. 04662 - 25 25) - Geb. 23. Jan. 1938 Christinenberg/Pom. - CDU.

ANKELE, Karl Heinz

Geschäftsf. Gesellschafter Greiffenberger + Ankele Fertigungstechnik GmbH, Marktredwitz - Häusellohweg 56, 8672 Selb/Ofr. - Geb. 29. Jan. 1930.

ANNA, Otto

Dr.-Ing., o. Prof. f. Biomed. Technik (spez. Krankenhaustechnik) Med. Hochschule Hannover (s. 1974) - Finkenhof 3A, 3000 Hannover 61 - Geb. 8. Aug. 1932 - Promot. 1963 - Zul. 1970 ff. Prof. MH Hannover.

ANNECKE, Horst

Dr. jur., Rechtsanwalt, Mitgl. Geschäftsltg. Bankhaus Hermann Lampe KG, Bielefeld u. Düsseldorf, Präsidiumsmitgl. u. Landesvors. CDU-Wirtschaftsrat, stv. Vors. Wirtsch.vereinig. d. CDU NRW, Vorst.-Mitgl. wirtsch. Ges. Westf.-Lippe, u. Jurist. Ges. Westf.-Lippe - Lina-Oetker-Str. 10, 4800 Bielefeld 1 - Geb. 25. Juli 1938 Berlin (Vater: Dr. Kurt A., wiss. Beamter; Mutter: Claire Balistier), ev., verh. s. 1965 m. Christiane v. Wenczowski, 2 Söhne (Jan-Peter, Jens Christian) - Univ. Freiburg/Br., Münster, Paris, Berlin - Liebh.: Lit., Malerei, Politik - Spr.: Engl., Franz.

ANSCHÜTZ, Dieter

Ing., Geschäftsführer - Schwalbenweg 79, 7900 Ulm - Geb. 22. April 1930 Zella-Mehlis (Vater: Max A., Fabrikant; Mutter: Berta, geb. Brixner), ev., verh. s. 1959 m. Elfi, geb. Sellmer, 2 S. (Jochen, Uwe) - Ing.stud.

ANSCHÜTZ, Felix

Dr. med., Prof., Direktor Med. Klinik Städt. Krankenanstalten Darmstadt (s. 1964) - Seitersweg 23, 6100 Darmstadt (T. 2 11 03) - Geb. 12. Mai 1920 Kiel, ev., verh. 6 Kd. - S. 1956 (Habil.) Lehrtätigk. Univ. Kiel, Berlin (1962 apl. Prof.), Heidelberg (1963 apl. Prof.). Spez. Arbeitsgeb.: Herzkreislaufkrankh. - BV: Endokarditis, 1968; Üb. 100 Einzelarb. - Spr.: Engl. - Rotarier.

ANSMANN, Heinz

Bankier, pers. haft. Gesellsch. Bankhaus Heinz Ansmann, Düsseldorf - Jägerhofstr. 17, 4000 Düsseldorf - Geb. 19. Jan. 1906 Grandorf (Vater: Heinrich A.; Mutter: Maria, geb. Bußmann), verh. m. Charlotte, geb. Temesvari, Kd. - Stud. Rechtswiss. - U. a. Dir. Dresdner Bank, D'dorf. ARsmandate - iebh.: Schwimmen, Jagd, Kunst, Kulturreisen.

ANSORGE, Dieter

Zolloberinspektor, Mitgl. d. Bremischen Bürgerschaft - Tannenbergstr. 30, 2850 Bremerhaven - Geb. 25. Jan. 1943 Reibnitz (Vater: Willi A., Bundesbahnbeamter; Mutter: Martha, geb. Richter), ev., verh. s. 1968 m. Barbara, geb. Förster, 2 T. (Gritt, Birgit) - Bankkfm., Finanzanw., Zollinsp. - S. 1979 MdBB, Vors. Europa-Union, Kreisverb. Bremerhaven.

ANSORGE, Rainer

Dr. rer. nat., Univ.-Prof. f. Mathematik, Inst. f. angew. Math., Univ. Hamburg - Hans-Salb-Str. 75, 2000 Norderstedt - Geb. 1. Jan. 1931 (Vater: Ernst A., Kfm.; Mutter: Charlotte, geb. Bruckhoff), ev., verh. m. Inge, geb. Cartheuser, 3 Kd. (Axel, Gisela, Helga) - Promot. (1959), Habil. 1963 Bergakad. Clausthal - 1967-69 Präs.smitgl. Hochschulverb., 1970-72 Fachvorst., s. 1969 Ord. Univ. Hamburg - Sen. Dt. Forschungsgem. (1973-79), Sen. Univ. Hamburg (1972-74, 1978-81 u. 1989-91), Gründungssen. Techn. Univ. Hamburg-Harburg (1978-87). Vorst. d. intern. Ges. f. Angew. Math. u. Mechanik (GAMM) (s. 1985) - BV: Konvergenz v. Differenzenverf. f. lineare u. nichtlineare Anfangswertaufgaben, 1970. Veröff. in

zahlr. Fachztschr.; Differenzapproximationen partieller Anfangswertaufg., 1978; Bücher- u. Zeitschr. Herausg. - TUHH-Aufbau-Med. Land Hamburg.

ANSPACH, Karl-Friedrich
Dr. med. dent., Arzt u. Zahnarzt, Honorarprof. f. Zahnärztl. Werkstoffkunde Univ. Bonn (1970 ff.) - Am Buchenhang 3, 5300 Bonn - Geb. 21. Dez. 1907 Kirn/N. (Vater: Karl A., Telegraphenbauf.; Mutter: Elisabeth, geb. Simon), ev., verh. s 1938 m. Annemarie, geb. Schüller, 3 S. (Karl, Jörg, Hans) - Univ. Bonn (Med., Zahnmed.). Approb. 1932 - 1938 ff. Oberarzt Bonn (Univ.s-MZKKlin.) - Liebh.: Math., Kunst, Musik, Sport (1929 Dt. Hochschulm. Hockey).

ANSPRENGER, Franz
Dr. phil., Prof. f. Polit. Wissenschaft, Leiter Arbeitsstelle Politik Afrikas Freie Univ. Berlin (s. 1966) - Lupsteiner Weg 49, 1000 Berlin 37 (T. 815 46 24) - Geb. 18. Jan. 1927 Berlin (Vater: Dr. med. Aloys A., Arzt; Mutter: Irma, geb. Blättner), kath., verh. s. 1954 m. Dr. med. Ingeborg, geb. Keller, 2 Kd. (Cornelia, Clemens) - Gymn. u. Geschichtsstud. Berlin - 1953-58 Redakt.; s. 1958 Doz. - BV: Politik im Schwarzen Afrika, 1961; Afrika, e. polit. Länderkd., 7. A. 1972; Befreiungspolitik d. OAU, 1975; Juden u. Araber in Einem Land, 1978; Auflös. d. Kolonialreiche, 4. A. 1981; SWAPO, 1984; ANC, 1987 - Liebh.: Fotogr. - Spr.: Engl., Franz.

ANT, Herbert

Dr. rer. nat. , o. Prof. f. Ökologie Univ. Münster - Dahlienstr. 38, 4700 Hamm 1 - Geb. 30. Dez. 1933 Hamm (Vater: Hugo A., Stadtamtm., Mutter: Elfriede geb. Haueisen), ev., verh. s. 1963 m. Wiga, geb. Sievers - Obersch. (Abit. 1955); Promot. 1962; Habil. 1972 - 1963-70 Bundesanst. f. Vegetationskd., Naturschutz u. Landschaftspflege, 1970-72 Univ. Dortmund, s. 1973 Univ. Münster; 1975 Vors. Arbeitsgem. biol.-ökol. Landeserforsch., 1980 Mitgl. Oberster Beirat Naturschutz und Landschaftspfl. - BV: D. Naturschutzgebiete d. BRD, 2. A, 1973; Ökol. Modelluntersuchung, 1978. Mitherausg. d. Ztschr.: Natur- u. Landschaftskunde - Beitr. z. Geschichte u. Didaktik d. Biologie. Ca. 175 Fachveröff. üb. Ökol., Hydrobiol., Naturschutz - Spr.: Engl.

ANTEL, Franz
Regisseur - Rückaufgasse 20, A - 1190 Wien XIX (T. 47 13 68) - Geb. 28. Juni 1913 Wien (Vater: Franz A.; Mutter: Antonie, geb. Heimberger), verh. (Ehefr.: Sybilla) - Zahlr. Filme, dar. D. alte Sünder, Hallo - Dienstmann!, D. Obersteiger, Kaisermanöver, Spionage, D. Kongreß tanzt, Lumpazi vagabundus, Heimweh, Im Schwarzen Rößl, D. große Kür, Ruf d. Wälder, Suzanne, Turm d. Sünde, Wirtinnen-Serie, Einer spinnt immer, Außer Rand u. Band am Wolfgangsee, D. lust. Vier v. d. Tankstelle, Casanova & Co., Austern m. Senf, D. Bockerer.

ANTENBRINK, Horst
Dr. phil., Prof. f. Psychologie PH Heidelberg (s. 1974) - Rosenweg 7, 6149 Rimbach/Odenw. - Geb. 25. Febr. 1937 Neuwied/Rh. (Vater: Paul A., Kaufm.; Mutter: Alma, geb. Zinn), ev., verh. s. 1965 m. Hiltrud, geb. Keller, T. Susanne - N. Abit. 1956-58 Lehrerstud.; 1964-68 Stud. Psych., Phil., Physiol., Ethol., Päd. Dipl.-Psych. 1968 Bonn; Promot. 1972 Heidelberg - 1958-64 Schuldst. - BV: Unterricht als Determinante kognitiven Lernens, 1973; Theorie d. Geistes, 1979; Planen u. Durchführen v. Unterr., 1979; Physiologie d. metaphysischen Erkennens, 1981; Motivation u. Erkennen, 1983; Wahrheit u. Sinn o. d. ontologische Validität d. menschlichen Verhaltens, 1985 - Spr.: Engl.

ANTES, Heinz
Dr. rer. nat., Prof. f. Angew. Mechanik TU Braunschweig (s. 1988) - Alt-Jerusalem-Str. 7, 3300 Braunschweig (T. 0531 - 391 24 50) - Geb. 19. Mai 1941 Brünnlitz, kath., verh. s. 1966 m. Hiltrud, geb. Jansen, 3 Kd. (Bernd, Patrick, Birgit) - 1960-66 Stud. TU München (Math.); Dipl. 1966; Promot. 1971 Aachen; Habil. 1979; Obering. 1973. 1981 Prof. Bochum - Ca. 60 Fachveröff., bes. zu d. Themen Dynamische Interaktion, Reissnersche Plattentheorie u. Anwendung d. Randelemente - Spr.: Engl., Franz.

ANTES, Horst
Prof., Maler, Bildhauer - Hohenbergstr. 11, 7500 Karlsruhe 41 (Wolfartsweier) (T. 0721 / 49 16 21) - Geb. 1936 Heppenheim - 1966 UNESCO-Preis 33. Biennale Venedig; 1968 Premio Marzotto, u. a. - O. Mitgl. Akad. d. Künste, Berlin, Fr. Akad. d. Künste, Hamburg, Fr. Akad. d. Künste, Mannheim.

ANTHES, Peter
Dipl.-Ing., Geschäftsführer Bayer. Fertigbau GmbH., 8046 Garching b. München - Scherrstr. 1, 8000 München 19 - Geb. 8. Febr. 1940.

ANTHOLZ, Heinz

Dr. phil., em. o. Prof. f. Musikpädagogik - Berliner Str. 21, 5309 Meckenheim (T. 02225 - 75 72) - Geb. 19. Mai 1917 Sandhorst (Vater: August A., Konrektor; Mutter: Grete, geb. Siemers), ev., verh. s. 1952 m. Helma, geb. Köster, T. Lieselotte - Hochsch. f. Lehrerbild. Kiel; Stud. Gesch., Phil., Musikwiss., -erzieh., Kirchenmusik Univ. u. Musikhochsch. Berlin u. Köln - 1950-60 Lehrer u. Schulleit. Rhld.; s. 1960 ao. u. o. Prof. Päd. Hochsch. Rhld./Abt. Bonn; 1976-78 Gastprof. f. Musikpäd. Hochsch. f. Musik Wien; s. 1980 Dir. Sem. f. Musikpäd. Univ. Bonn; Lehrauftr. Univ. Köln Emerit. 1982 - BV: D. polit. Wirksamkeit d. Johannes Althusius, 1955; Unterricht in Musik - E. histor. u. systemat. Aufriß s. Didaktik, 1970; Musikpäd. heute, Perspektiven - Probleme - Positionen, 1975 (m. W. Gundlach); Z. Aktualitätsproblematik i. d. Musikpädagogik, 1979. Ca. 80 Fachaufs. - 1980 Österr. Ehrenkreuz I. Kl. f. Wiss. u. Kunst - Lit.: Festschr. z. 65. Geburtstag (Herausg.: H. G. Bastian u. D. Klöckner): Musikpäd. Hist., systemat. u. didakt. Perspektiven, 1982.

ANTOINE, Herbert
Dr. phil., Oberregierungsrat a. D., Dir. Dt. Rundfunkmuseum, Berlin (1965-68) - Zinsweiler Weg 23, 1000 Berlin 37 (T. 813 50 44) - Geb. 5. Febr. 1902 Berlin (Vater: Otto A., bek. Maler; Mutter: Anna, geb. Heider), ev., verh. s 1930 (Lemberg) m. Herma, geb. Hellwig, Tocht. Christiane - Univ. Berlin u. Gießen - 1926-33 Mitarb. RRG Berlin (u. a. Chefstatistiker; gewalts. entfernt); 1935-45 Betriebsw.ler u. Statistiker Luftfahrtind.; 1950-65 Rundfunkbeauftr. Senat v. Berlin. Unt. Hitler Widerstandsbeweg. N. 1945 Bezirksverordn. u. Franktionsvors. Zehlendorf. Lehrtätig. Hochschulinst. f. Wirtschaftskd. u. FU Berlin. SPD s. 1929 - BV: Statist. Betriebsüberwach., 1927; 5. J. dt. Rundfunk, 1928; Statistik e. Mittel z. Wirtschaftlichkeit, 1936; Kennzahlen, Richtzahlen, Planungszahlen, 2. A. 1960. Herausg.: Rundfunk-Jb. 1929 bis 1933 - 1929 Silb. Staatsmed. Danzig, Silb. Hans-Bredow-Med., 1975 BVK 1. Kl. - Liebh.: Natur, Gemälde, Auslandsreisen - Spr.: Engl., Franz. - Großv.: Georg A., Hofuhrmacher d. Kaiserin Augusta.

ANTON, Gustav
Kulturbeauftragter d. Stadt Gummersbach - Beethovenstr. 60, 5270 Gummersbach (T. 02261-2 34 47) - Geb. 16. März 1938 Remscheid, ev., verh., 2 Kd. - Stud. d. Musik - Kulturbeauftr., Leit. Theater Gummersb., Dirig., Chorleit., Komp. - Chorkompos. u. Bearb.

ANTON, Hans Hubert
Dr. phil., Univ.-Prof. f. Mittelalterl. Geschichte u. Histor. Hilfswiss. - Auf d. Birken 23, 5503 Konz-Könen - Geb. 26. Okt. 1936 Könen, kath., verh. s. 1969 m. Sigrun, geb. Noack - Promot. (1966) u. Habil. (1970) Bonn - s. 1970 Prof. Univ. Trier. Bücher u. Einzelarb.

ANTON, Herbert
Dr. phil., Prof. f. Neuere Germanistik Univ. Düsseldorf (s. 1970) - Bahnstr. 45, 4020 Mettmann - Geb. 16. Febr. 1936 Gladbeck/W., ev., verh. s. 1962 m. Marie-Luise, geb. Läcke, 2 S. (Christoph-Martin, Philip) - Promot. (1964) u. Habil. (1969) Heidelberg - Bücher u. Einzelarb.

ANTON, Hermann Josef
Dr. phil., Prof. f. Zoologie Univ. Köln - Lessingstr. 12, 5000 Köln 50 (T. 0221 - 39 32 42) - Geb. 25. Jan. 1922 Düsseldorf (Vater: Willy A., Werkm.; Mutter: Anna Maria, geb. Vossen), kath., verh. s. 1952 m. Ingliese, geb. Lehmann, 3 Kd. (Sabine Brigitte, Gabriele Marianne, Jürgen Dieter) - Abit. 1940; 1945-53 Stud. Zool., Botanik, Bakteriol. Promot. Univ. Köln, Habil. 1963 ebd. - 1970 apl. Prof., 1970 Wiss. Rat u. Prof., 1964-1970 Doz., 1980 Prof. S. 1967 Leit. Isotopenlab. Zool. Inst. Univ. Köln - BV: The Origin of Blastema Cells and Protein Synthesis During Forelimb Regeneration in Triturus, 1965; Monographs in Developmental Biology; Vol. 21 Control of Cells Proliferation and Differentiation during Regeneration S. Karger AG Basel, 1988. 50 weit. Veröff. in wiss. Ztschr. - Liebh.: Sport (Segeln), Fotogr. - Spr.: Engl., Franz.

ANTON, Notker M.
Dipl.-Kfm., Unternehmensberater Bereich intern. Musikwirtsch. (s. 1988) - Zum Johannisstein 20, 6384 Schmitten/Ts. 2 - Geb. 7. März 1947 Frankfurt/M. - Abit. 1965 Frankfurt; Dipl. (Betriebsw.) 1973 Hamburg - Geschäftsf. Bundesverb. d. Dt. Musikinstrumente-Hersteller (b. 1988); Generalsekr. Confédération des Associations des Facteurs d'Instruments de Musique de la CEE (CAFIM).

ANTON, Uwe
Schriftsteller, Übersetzer - Zur Scheuren 21, 5600 Wuppertal (T. 0202 - 55 27 83) - Geb. 5. Sept. 1956 Remscheid, verw. - Stud. German., Angl. Wuppertal - BV: Zeit d. Stasis, 1980; Erdstadt, 1985; D. Roboter u. wir, 1988; D. Schiff d. Rätsel, 1988. Herausg.: D. seltsamen Welten d. Philip K. Dick (1984). Üb. 100 Kurzr. u. Kurzgesch.; üb. 60 Buch- u. 300 Comic-Übers.; mehr als 300 Ess. u. Buchbesprech. - Mehrf. Nominierung f. Kord-Lasswitz-Preis - Spr.: Engl.

ANTON-LAMPRECHT, Ingrun
Dr. rer. nat., Prof., Direktorin Inst. f. Ultrastrukturforchung d. Haut/Univ.-Hautklinik Heidelberg - Vosstr. 2, 6900 Heidelberg - Geb. 18. Juni 1932 Dortmund (Vater: Prof. Dr. Wilhelm Lamprecht; Mutter: Edith, geb. Stephan), ev., verh. - Stud. Univ. Münster, Innsbruck (Studienstiftg. d. Dt. Volkes); Promot. (Biol., Chemie) 1959 Münster; Habil. (Med.Fak.) 1974 Heidelberg. Priv.-Doz.; 1976 Prof. u. Inst.-Dir. Heidelberg - 1959-68 Max-Planck-Inst. Köln-Vogelsang; 1968 Univ.-Hautklinik Heidelberg (Leit. Abt. f. Ultrastrukturforsch. d. Haut). Arbeitsgeb.: erbl. Erkrankungen d. Haut (Forsch.-Zentrum f. post- u. pränatale Diagnostik) - 143 wiss. Veröff. (b. 1987); 23 Beitr. in Monogr. u. Handb. - Mitgl. zahlr. dt. u. intern. Ges., korr. Mitgl. u. Ehrenmitgl. ausländ. wiss. Ges.; 1981 Hans-Nachtsheim-Preis; 1987 Gottron-Just-Preis.

ANTONI, Hermann
Dr. med., Prof., Lehrstuhlinh. f. Physiologie (I) - Hermann-Herder-Str.7, 7800 Freiburg/Br. - Geb. 21. Aug. 1929 Karlsruhe, verh. s. 1956, 3 Kd. - Promot. 1956; Habil. 1964 - s. 1969 Ord. Univ. Frankfurt u. Freiburg (1975). Facharb. (Mitverf.: Physiol. u. Pathophysiol. Lehrb.).

ANTONI, Manfred
Dr., Verlagsleiter, Prokurist J. B. Metzler'sche Verlagsbuchhandlung u. Carl Ernst Poeschel Verlag GmbH - Bernsteinstr. 96a, 7000 Stuttgart 75 - Geb. 8. März 1953 Stuttgart, kath., verh. s. 1978 m. Gudrun M.E., geb. Eiermann, 2 Söhne (Philipp Marcel, David Alexander) - Stud. Betriebswirtsch.-Lehre u. Soziol. Univ. Mannheim u. Göttingen; Dipl.-Kfm. 1977 Mannheim; Promot. 1982 Göttingen - 1981/82 Lehrbeauftr. Inst. f. Unternehmensführung d. Univ. Göttingen; 1980-83 Doz. (Ber. Erwachsenenb. u. berufl. Weiterb.).

ANTRETTER, Robert
Bundestagsabgeordneter (s. 1980) Spez. Arbeitsgeb.: Europapolitik, Verkehrspolitik, Mitgl. Parlam. Versamml. Europarat, SPD-Landesvorst. Baden-Württ. u. Präsid. Europa-Union Deutschl. - Neuffenweg 11, 7150 Backnang (T. 07191 - 6 14 81) - Geb. 5. Febr. 1939 München, kath., verh. s. 1960 m. Marianne, geb. Hallmannseder, 4 Kd. - 1970-80 Ltd. Landesgeschäftsf. SPD Baden-Württ.; 1976-78 Lehrbeauftr. Univ. Stuttgart; Präsid.-Mitgl. Rat d. Europ. Beweg.; stv. Landesvors. Europa-Union Baden-Württ.; Beirat Kunststiftg. Baden-Württ.

ANTWERPES, Franz-Josef
Dr. rer. pol., Regierungspräsident Köln (s. 1978) - Max-Bruch-Str. 8, 5000 Köln 41 (T. 1 63 31)- Geb. 27. Nov. 1934 Viersen (Vater: Franz A., selbst. Bäckermeister †; Mutter: Margarete, geb. Kesselburg †), röm.-kath., verh. in 2. Ehe m. Elfi, geb. Scho, 4 Kd. (Frank, Jan, Sarah, Nicolas) - Gymn.; Stud. Volksw. - 1961-62 Intern. Wirtschaftsorg., 1962-75 Stadtverw. Duisburg, 1961-69 Mitgl. Stadtrat Viersen, 1967-70 Landesvors. Jungsozialisten NW, SPD, 1970ff. Mitgl. Landesvorst. SPD, 1970-78 MdL NW (1975-78 stellv. Fraktionsvors.). AR-Vors. Rheinland, Gemeinnützige Wohnungsbau GmbH, Köln, Präs. Regio Aachen in d. EUREGIO Maas-Rhein - Versch. Veröff. z. Raumordnung u. kommunalen Entwicklungsplanung - Hobbywinzer - 1975, 1979 u. 1981 Gold. Sportabzeichen; Ehrenring Stadt Viersen; BVK I. Kl. u. 10 Orden f. versch. Dienste - Spr.: Engl., Franz.

ANWANDER, Hans
Pianist, Prof. f. Klavier Musikhochsch. Köln - Sülzgürtel 30, 5000 Köln 41.

ANWEILER, Oskar
Dr. phil., o. Prof. f. Pädagogik - Soldnerstr. 10, 4630 Bochum-Querenburg - Geb. 29. Sept. 1925 Rawitsch, ev., verh. s. 1949 m. Gerda, geb. Timmermann - Stud. Geschl., German., Päd., Phil. - 1955-59 Studienass., dann wiss. Assist. u. Privatdoz. (1963) Univ. Hamburg, 1963-64 Prof. Päd. Hochsch. Lüneburg, s. 1964 Ord. Univ. Bochum - 1974ff. Vizepräs. Dt. Ges. f. Osteuropakde., 1980-85 Präs. Intern. Committee for Soviet and East European Studies - BV: D. Rätebeweg. in Rußland 1905-1921, 1958 (Leiden, auch engl., franz., ital., portug., span.); Gesch. d. Schule u. Päd. in Rußl., 1964, 2. Aufl. 1978; D. Sowjetpäd. in d. Welt v. heute, 1968; Kulturpolitik d. Sowjetunion, 1973; Bildungssysteme in Osteuropa - Reform o. Krise?, 1983; Schulpolitik u. Schulsystem in d. DDR, 1988 - Spr.: Engl., Poln., Russ.

ANYSAS, Siegfried

Gf. Gesellschafter Anysas GmbH, Hannover - Herrenhäuser Str. 53, 3000 Hannover 21 (T. 0511-71 09 09) - Geb. 23. Febr. 1940 Heydekrug/UdSSR, verh. s. 1973 m. Petra, geb. Göbel - Abit. 1958 UdSSR, Anerkenn. d. Reifezeugn. in d. BRD 1962; Stud. Volks-u. Betriebsw. Univ. Kiel - 1977 Gründ. Ges. f. Ost-Marktforsch. u. Marketingberatung (Anysas GmbH, Hannover); Ref. in d. Unternehmensplan. e. Konzerns; Leit. e. dt. Handelsniederl. in Moskau. Div. Fachveröff. üb. Ost-Marktforsch., Exportvorb. im Ostgeschäft u.a. - Liebh.: Musik, Technik - Spr.: Russ., Engl., Litauisch.

ANZ, Wilhelm
Dr. phil., Prof. f. Philosophie (em.) Kirchl. Hochschule Bethel, Honorarprof. f. Religionsphil. Univ. Münster (s. 1963) - Toppmannsweg 31, 4800 Bielefeld 12 - Geb. 23. Dez. 1904 Pansfelde/Harz - S. 1955 Lehrtätig. KH Bethel - BV: Kierkegaard u. d. dt. Idealismus, 1956; Idealismus u. Nachidealismus. 1975.

ANZENBACHER, Arno
Dr. phil., Prof. f. Christliche Anthropologie u. Sozialethik Univ. Mainz (s. 1981) - Krokusweg 3, 6500 Mainz 21 - Geb. 14. Febr. 1940 Bregenz, verh. - Promot. 1965 Fribourg; Habil. 1972 Wien - BV: D. Phil. Martin Bubers, 1965; D. Intentionalität b. Thomas v. Aquin u. Edmund Husserl, 1972; Analogie u. Systemgesch., 1978; Menschenwürde zw. Freiheit u. Gleichheit, 2. A. 1978; Einf. in d. Phil. 1981, 3. A. 1984; Was ist Ethik?, 1987.

APEL, Günter
Dipl.-Pol., Senator a.D. - Kurt-Schumacher-Str. 12, 5300 Bonn (T. 0228/ 2 28 70) - Geb. 16. Febr. 1927 Weimar (Vater: Kurt A., Landw.srat; Mutter: Margrit, geb. Kielmann), ev., verh. s. 1953 m. Ursula, geb. Stavenow, 2 Kd. (Peter, Christiane) - Schiller-Obersch. Weimar (Abitur); Päd. Fachsch. Erfurt; Dt. Hochsch. f. Politik Berlin (jetzt Otto-Suhr-Inst. d. Freien Univ.). Dipl.-Politol. 1953 - 1947-65 Fachlehrer f. Gesch. Dt., Erdkd.; 1954-71 Angest. DAG (1963 Mitgl. Bundesvorst. u. Leit. Hauptabt. Bildungs- u. Berufspolitik, 1967 stv. Vors. u. Leit. Habt. Berufs- u. Betriebspol.); 1965 Vors. Fernsehpreisjury); 1971-78 Präses d. Behörde f. Schule, Jugend u. Berufsbildung. Hamburg; dann Senator u. Bevollm. d. Fr. u. Hansestadt Hbg. b. Bund (b. 1983). LPD; FDP; s. 1960 SPD - BV: Mitbestimmung - Grundlagen/Wege/Ziele, 1969; Miteigentum, 1970 - Spr.:Engl.

APEL, Hans
Dr. rer. pol., Bundesminister a. D. (1974-78 Bundesmin. d. Finanzen; 1978-82 Bundesmin. d. Verteidigung), MdB (s. 1965) - Rögenfeld 42c, 2000 Hamburg 67 - Geb. 25. Febr. 1932 Hamburg, ev., verh., 2 Töcht. - Abitur 1951; kaufm. Lehre Hbg. (Im- u. Export); Verkaufskorresp. Hbg. Mineralölkonzern; 1954-60 Stud. Wirtschaftswiss. (Promot. Univ. Hbg.) - 1958-61 Sekr. Sozialist. Fraktion Europ. Parlam.; 1962-65 Abt.leiter Europ. Parlam., zuständ. f. Wirtschafts-, Finanz- u. Verkehrspolitik, MdB s. 1965; 1965-69 Mitgl. d. Europ. Parlam.; 1968-72 Vorst.-Mitgl. SPD-Bundestagsfraktion, s. 1969 stv. Fraktionsvors.; 1969-72 Vors. Verkehrsaussch. Dt. Bundest.; s. 1970 Mitgl. Bundesvorst. SPD; 1970-74 Arbeitnehmervertr. im AR Howaldt-Dt.-Werft AG; 1972-74 Parlam. Staatssekr. b. Bundesminister d. Ausw.; 1974 dt. Gouverneur d. Weltbank; Beiratsmitgl. Hamburg-Mannheimer Versich. AG; 1985 Ehrenmitgl. SPD-Kreisverb. Wedding (Berlin) - BV: Edwin Cannan u. s. Schüler, Diss. 1961; Europas neue Grenzen, 1964; D. dt. Parlamentarismus, 1968; Bonn den ... Tagebuch e. Bundestagsabgeordn., 1972; 100 Antworten auf 100 Anfragen, 1975 - Liebh.: Musik, Gärtnerei, Sport.

APEL, Hans-Jürgen
Dr. phil., Prof. f. Allg. Didaktik Univ. Köln - Vor den Feldern 7, 5000 Köln 90 (T. 02203 - 6 50 79) - Geb. 17. März 1939 Daun (Vater: Michael A., Angest.; Mutter: Magdalena, geb. Greßnich), kath., verh. s. 1966 m. Ursula, geb. Dany, 2 Kd. (Christoph, Verena) -1978-60 Ausb. Volksschullehrer; 1966-73 Stud. Päd., Psych., Soziol. (Promot. 1973, Habil. 1981) alles Univ. Köln - 1960-70 Lehrer; 1973-75 wiss. Assist.; 1975-83 Akad. Rat/ORat PH Rheinland, Abt. Köln, s. 1983 Prof. Univ. Köln - BV: Theorie d. Schule in d. demokrat. Industrieges., 1974; D. preuß. Gymn. in d. Rheinlanden u. Westf. 1814-1848 - Spr.: Engl., Span.

APEL, Horst
Geschäftsführer Nord-West Oelleitung GmbH - 2940 Wilhelmshaven - Geb. 19. Febr. 1926 Koblenz.

APEL, Jürgen
M.A., Chefdramaturg Ernst-Deutsch-Theater Hamburg - Rothestr. 20, 2000 Hamburg 50 (T. 040-39 30 32) - Geb. 5. Aug. 1954 Bremen (Vater: Dr. med. Gerhard A.), ev., ledig, T. Antonia - Stud. German., Politik, Linguist., Komparatist. Univ. Mainz, Marburg u. Hamburg (Abschl. M.A. f. German. u. Politik) - BV: Heinrich v. Kleist - D. Unvermögen d. Mannes, 1981 - Spr.: Engl., Lat., Mittelhochdeutsch.

APEL, Karl-Otto
Dr. phil., o. Prof. f. Phil. - Am Schillertempel 6, 6272 Niedernhausen (T. 06127 - 21 70) - Geb. 15. März 1922 Düsseldorf (Vater: Otto A., Kaufm.; Mutter: Elisabeth, geb. Gerritzen), ev., verh. s. 1953 m. Judith, geb. Jahn, 3 Kd. (Dorothea, Barbara, Katharina) - Gymn. Düsseldorf, Stud. Univ. Bonn (1945-50), Dr. phil. Bonn 1950, Dr. habil. Mainz 1961. Ord. Prof. Kiel (1962-69), Saarbrücken (1969-72), Frankfurt/M. (1972ff.) - BV: D. Idee d. Sprache in der Tradition d. Humanismus von Dante bis Vico, 3. A. 1980 (ital. 1975); Analytic Philosophy of Language a. the „Geisteswissenschaften", 1967; Transformation d. Philosophie, 2 Bde. 1973 (ital., engl., span., jap. u. serbokroat. Übers.); D. Denkweg von C. S. Peirce, 1975 (engl. 1981); D. Erklären: Verstehen- Kontroverse in transzendentalpragmatischer Sicht, 1979 (engl. 1984). Mithrsg. u. Mitverf.: Funkkolleg Prakt. Phil./ Ethik, Dialoge, 2 Bde., Studientexte 3 Bde. (1984); Diskurs u. Verantwortung (1988) - 1972 Membre titulaire Inst. Intern. de Philosophie - Liebh.: Kunsthistorie - Spr.: Engl., Franz.

APEL-DUBE, Werner
Stv. Vorstandsmitglied Brown, Boveri & Cie. AG. - Kallstadter Str. 1, 6800 Mannheim - Geb. 10. Okt. 1921 - Div. ARs- u. VRsmandate.

APELT, Christian
Geschäftsführer Alfred Apelt GmbH., Oberkirch - Sonnenhalde 9, 7602 Oberkirch/Baden - Geb. 11. Febr. 1939.

APELT, Jürgen
Dipl.-Kfm., Geschäftsführer F. B. Lehmann Maschinenfabrik GmbH. - Daimlerstr. 12, 7080 Aalen/Württ..

APFEL, Georg
Dr. jur., Assessor, Hauptgeschäftsführer Landesverb. Druck Hessen - Kaiser-Sigmund-Str. 53, 6000 Frankfurt - Geb. 19. Juni 1932 Wiesbaden (Vater: Josef A., Dipl.-Ing.†; Mutter: Maria, geb. Ferrari†), kath., verw., S. Ass. Martin - S. 1976 ehrenamtl. Richter b. BAG - BV: D. Sicherung u. Erhalt. d. Betriebes b. Arbeitskämpf., Notdienst u. Notstandsarb., 1970 - Spr.: Engl.

APFELBACH, Raimund
Dr. rer. nat., Prof., Lehrstuhl f. Zoologie II (Zoophysiol.)/Univ. Tübingen - Schönbuchstr. 36, 7405 Dettenhausen - Geb. 5. März 1943 Stuttgart - S. Habil. Privatdoz., apl. Prof. (1978), Prof (1983) Tübingen (Zool.).

APITZ, Jürgen
Dr. med., o. Prof. f. Pädiatr. Kardiologie - Panoramastr. 42, 7400 Tübingen 7 - Geb. 25. Juni 1932 Burg - Promot. (1959) u. Habil. (1965) Göttingen - S. 1967 (Umhabil.) Lehrtätig. Univ. Tübingen (1971 apl., 1972 o. Prof.; Dir. Abt. f. Pädiatr. Kardiol./Kinderklinik) - BV: Farbstoffverdünnungsunters.; rechnergest. Intensivüberwachg. im Kindesalter 1969. Ca. 200 Einzelarb.

APOSTEL, Rudolf
Bergingenieur, MdL Nordrh.-Westf. (s. 1980) - Pattbergstr. 68, 4130 Moers 3 (T. 7 18 44) - Geb. 17. Juni 1932 Essen (Vater: Albert A., Handformer; Mutter: Käthe, geb. Ricken), ev., verh. s. 1956 m. Christel, geb. Wenz, 4 Kd. (Randolf, Birte, Kirsten, Dörthe) - 1949-52 Berglehre, 1954-56 Bergsch. Moers, 1961-62 Berging. (grad.) in Bochum - S. 1969 Ratsmitgl. Stadt Moers, (1975-83 Fraktionsvors. SPD).

APOSTOL, Margot,
geb. Müller
Autorin - Handjerystr. 21, 1000 Berlin 41 (T. 030 - 852 38 99) - Geb. 5. Dez. 1920, ev., verh. s. 1954 m. Dr. Emil A., 2 Kd. (Manon Isabell, Dominic Romulus) - Wirtschaftssch. Plauen im Vogtland - BV: Den Berlinern in's Herz geschaut, 1981; Zeitlose Gedanken u. Gedanken üb. lose Zeiten, 1981; Geschichten u. Märchen f. Groß und Klein, 1982; Berliner Herz - Berliner Töne, 1984; Gedanken hin - Gedanken her, 1984; Berlin ist e. Gedicht, 1985. 2 Schallpl. Film/Hauptrolle: Angst in d. Dunkelheit, 1983; Dokumentarfilm: Berlin, d. 24-Stunden-Stadt, 1984 - 1977 1. Preis f. Lyrik Berlin-Charlottenburg - Liebh.: Naturkd., Musik, Lit., Theater - Spr.: Engl.- Bek. Vorf.: Jean-Paul (Friedrich Richter).

APOSTOLOV, Blagoy
Dr., Intendant, Opernsänger - Ebertsklinge 43, 8700 Würzburg - Geb. 12. Juni 1940 Sofia, verh. s. 1969, 1 Kd. - Stud. Sprachwiss. Univ. Sofia (Promot. üb. vergl. Phonetik, Staatsex.); Gesang u. Opernsch. Venedig (b. Prof. Toti del Monte 1974) u.a. - Opernsänger, Freisch. Künstler, Int. Kammeroper Veitshöchheim, Leit. Würzburger Opernkreis - BV: Stadttheater Würzburg 1975-1980, 1988 - Insz.: D. Handwerker als Edelmann, Oper v. J. A. Hasse (Kammeroper 1983). Partien: Dr. Malatesta, Papageno, Henry Ashton, Ottokar, Barbier Sevilgia, Guglielmo, u.v.a. (Bariton) - Liebh.: Oper - Zahlr. Fremdspr.

APPEL, Fritz
Dr. rer. pol., Fabrikdirektor i. R. - Luisenstr. 5, 7410 Reutlingen - Geb. 13. Aug. 1902 Kleinlangheim/Ufr. - B. 1970 Vorstand BSU Textil A.G., Unterhausen ARsmand.

APPEL, Günter
Kaufmann, pers. haft. Gesellsch. Fa. Diehl, Frankfurt - Niddabike 39, 6000 Frankfurt/M. 50 - Geb. 17. Dez. 1924 - Div. Ehrenämter.

APPEL, Günther
Dipl.-Volksw., Hon.-Prof. f. Statistik u. Informatik, Direktor Statist. Landesamt Berlin - Fehrbelliner Pl. 1, 1000 Berlin 31.

APPEL, Helmut
Dr. rer. nat., Prof., Physiker - 7500 Karlsruhe-Waldstadt (T. 68 23 67) - Geb. 4. Nov. 1928, verh. m. Dr. Kristin, geb. Keilhack, 3 Kd. - Stud. TH München, Univ. Erlangen, Mainz, AERE Harwell, UC Los Angeles - S. 1961 Univ. Karlsruhe. Zahlr. Veröff. z. Kernphys. Grundl.forsch. - Liebh.: Musik, Tennis, Ski - Spr. Engl.

APPEL, Hermann
Dr.-Ing., Prof. Inst. f. Fahrzeugtechn., Kraftfahrzeuge, TU Berlin (s. 1972) - Zul. 1000 Berlin - Geb. 21. Dezember 1932 Lüneburg (Vater: Wilhelm A., Forstmeister; Mutter: Erika, geb. Heise) ev., verh. m. Dörte, geb. Küttner, 2 Kd. (Christof, Steffen) - Johanneum Lüneburg (Abit. 1952); Maschinenschlosserlehre; Stud. Maschinenbau TH Braunschweig - 1960-64 wiss. Assist. ebd., 1964-66 wiss. Mitarb. DFVLR Braunschweig; 1966-69 Abt.sleit. Rheinstahl Hanomag u. 1970-72 VW AG., Wolfsburg. Fachmitgl.sch. u.a.: VDI, Vorsitz. Fachausschuß f. Kraftfahrzeug-techn. Fachmitgl.sch. u.a.: VDI, Vorsitz. Fachausschuß der Gesellschaft f. d. Sicherheit im Straßenverkehr, 1976 - 1977 TCS-Preis f. Verkehrssicherh. (Touring-Club Schweiz), 1980 Annual Safety Award for Engineering Excellence (Nat. Highway Safety Administration, USA) - Liebh.: Gesch., Zukunftsforsch. - Spr.: Engl.

APPEL, Joachim
Dr. rer. nat., o. Prof. f. Theoret. Physik Univ. Hamburg (s. 1972) - Edmund-Siemers-Allee 1, 2000 Hamburg 13 - Zul.

Industrietätigk. Gulf Oil USA (Del Mar/Cal.).

APPEL, Karl-Otto
Vorstandsmitglied Iduna Allg. Versicherungs-AG. u. Iduna Vereinigte Lebensversich. a.G. f. Handwerk, Handel u. Gewerbe, beide Hamburg 36 - Zum Auetal 26, 2116 Asendorf - Geb. 31. Mai 1929 - S. 1954 Iduna.

APPEL, Klaus
Dipl.-Kfm., Fabrikant, gf. Gesellsch. Hans Lingl Anlagenbau u. Verfahrenstechnik GmbH & Co. KG., Neu-Ulm, Reutti - Am Hügel 10, 7910 Neu-Ulm - Geb. 6. Okt. 1940.

APPEL, Reinhard
Chefredakteur ZDF (1976-88), fr. Journalist - Rurweg 14, 5300 Bonn (T. 23 22 71; Büro: ZDF-Studio Bonn) - Geb. 21. Febr. 1927 Königshütte/OS. (Vater: Johann A., Schulhausm.; Mutter: Margarete, geb. Bias), kath., verh. s. 1950 m. Marianne, geb. Bauder, 3 Kd. (Stefan, Clemens, Eva) - Mittelsch.; Lehrerbildungsanst. - 1946-71 Stuttgarter Ztg., 1971-73 Südd. Ztg. (Leit. Bonner Büro), 1973-76 Intendant Deutschlandfunk. 1962/63 Vors. Bundespressekonferenz, 1963-73 Moderator ZDF-Sendung: Journalisten fragen - Politiker antworten. Kommentare Dtschl.funk u. SFB. Mithrsg.: Baden-Württ. - Land u. Volk in Geschichte u. Gegenw.; Gefragt: Herbert Wehner (1969); Gefragt: Erhard Eppler (1970) - 1971 Adolf-Grimme-Preis in Gold, 1972 Theodor-Wolff-Preis (Rainer Barzel). 1973 Gold. Kamera Hörzu; Silb. Ehrenz. DRK (Mitgl. Präsid.); 1976 BVK I. Kl.; 1981 Gr. BVK - Liebh.: Musik, Sport (1968 Gold. Sportabz.).

APPEL, Reinhold
Vorsitzender Bundesinnung f. d. Flexografen-Handwerk, Vizepräs. Aegraflex (Assoc. Europ. d. Graveurs et d. Flexographes), Wiesbaden - Zu erreichen üb. Appel + Daus GmbH & Co, Postfach 10 01 08, 4630 Bochum 1 - Geb. 3. Jan. 1941 Bochum - Handwerkszeichen in Gold.

APPEL, Reinhold
Sportjournalist, Vors. Hilfs-Verein Sportpresse Baden-Württ. - Haidlenstr. 15, 7000 Stuttgart-Degerloch - Geb. 26. Juli 1921 Königshütte/OS., Bruder v. Reinhard Appel (s. dort) - U. a. Ressortleit. Der SPORT/WLSB.

APPEL, Rolf
Dr. rer. nat. (habil.), em. o. Prof. f. Anorgan. Chemie Univ. Bonn (s. 1962) - Stationsweg 15, 5300 Bonn - Geb. 25. Febr. 1921 Hamburg - 1955-62 Privatdoz. u. apl. Prof. (1961) Univ. Heidelberg - BV: Praktikum d. Chemie d. Mediziner, 1959. Etwa 280 Einzelarb. - 1979 Imphos-award, Paris, Mitgl. d. Rhein.-Westf. Akad. d. Wiss., Düsseldorf 1986 Liebig-Denkmünze.

APPELIUS, Erhard W.
Ministerialrat - Hobsweg 54, 5300 Bonn 1 (T. 25 22 84) - Geb. 2. März 1929 Dt. Krone (Vater: Walter A., Steueramtm. i. R.; Mutter: Gertrud, geb. Dyck), ev., verh. s. 1960 m. Christa, ge. Wunsch, 2 S. (Ulrich, York Henning) - Stud. Rechts- u. Staatswiss. Gr. jurist. Staatsprüf. 1959 Hannover - U. a. Bundesmin. f. Vertriebene u. Ref.-Leit. Bundesmin. d. Innern. 1963ff. Ehrenvors. Freundeskr. Ostd. Akademiker, u. Kreis d. Freunde pommerscher Studierender; Vors. Konvent Ev. Gemeinden aus Pommern, u. Vors. Stiftungsrat Nordostd. Kulturwerk; 2. Vors. d. Konvents d. zerstreuten ev. Ostkirchen; Vizepräs. Pommersche Abgeordnetenvers. u. Vors. ihres Rechts- u. Verfassungsausschuss.; Mitgl. Göttinger Arbeitskreis, Studiengruppe f. Politik u. Völkerrecht u. Histor. Komiss. f. Pommern. CDU - 1956 Pommern-Ehrennadel in Gold, 1979 BVK am Bde. - Liebh.: Territorialgesch., Musik - Spr.: Engl.

APPELL, Ehrhart

Dr. jur., Bürgermeister Stadt Melsungen - Brüggergasse 7, 3508 Melsungen (T. priv.: 05661-22 44; dstl.: 05661-7 81 00) - Geb. 16. Febr. 1934 Spangenberg (Vater: Emil A., Bankdir.; Mutter: Dorothea, geb. Siebert), ev., verh. s. 1959 m. Barbara, geb. Sostmann, 3 Kd. (Julie, Christoph, Jens) - Gymn. Melsungen; Abit. 1954, 1954-58 Jura-Stud. Marburg, 1. Staatsex. 1958, 2. Staatsex. 1963, Promot. 1961 - 1963-69 Regierungspräs. Kassel, s. 1969 Bürgerm. Stadt Melsungen; Vors. Hauptausch. Hess. Städtetag u. Hist. Fachwerkstädte Hess./Nieders.; Mitgl. Finanz-, Rechts- u. Verfassungsaussch. Dt. Städte- u. Gde.-Bund - BV: Die Europ. Konvention z. Schutze d. Menschenrechte u. Grundfreih. in ihrer Bedeutung f. d. dt. Strafrecht u. Strafverfahrensrecht (Diss.), 1961 - Liebh.: Filmen, Angeln, Sport - 10 × Gold. Sportabz., DLRG Leistungsschein; Ehrenbrief Land Hessen; Silb. Brandschutzehrenz.; THW-Ehrennadel - Spr.: Engl.

APPELT, Gerfried
Dr.-Ing., Präsident d. Landesvermessungsamtes, München, Honorarprof. f. Reproduktionstechnik unt. bes. Berücks. d. Herstellung amtl. Kartenwerke TU ebd. (1978ff.) - Schrämelstr. 105, 8000 München 60 - Geb. 9. März 1932.

APPENZELLER, Hans-Georg
Präsident IHK Karlsruhe - Oswald-Boelcke-Str. 26, 7600 Offenburg (T. 0781 - 60 52 12) - Geb. 18. Juni 1926 Karlsruhe, verh. s. 1954 m. Brigitte, geb. Frey, 2 S. - Geschäftsf. S & G Automobiles. Schoemperlen & Gast mbH & Co., Automobilverkaufsges. mbH, S & G Versich.- u. Finanzierungs-Vermittlungsges. mbH, S & G Leasing GmbH & Co., S & G Fahrzeugleasing GmbH, alle Karlsruhe, S & G Leasing GmbH, Ettlingen; Präs. Verb. Kfz-Gewerbe Baden-Württ., Stuttgart; Vorst.-Mitgl. Zentralverb. Kraftfahrzeuggewerbe, Bonn; AR-Mitgl. Garanta Vers. AG, Nürnberg; VR-Mitgl. Dt. Automobil Treuhand GmbH, Stuttgart, Landes-Kreditbank Baden-Württ., Karlsruhe; Handelsrichter Kammer f. Handelssachen LG Karlsruhe.

APPENZELLER, Immo
Dr. rer. nat., o. Prof. f. Astronomie - Landessternwarte, 6900 Heidelberg-Königsstuhl - Geb. 13. Mai 1940 Urach - Promot. (1966) u. Habil. (1970) Göttingen - S. 1975 Ord. Univ. Heidelberg. 1975ff. Leit. Landessternwarte H'berg. Gast USA u. Japan. Üb. 100 Facharb.

APRATH, Gerd
Dr. jur., Geschäftsführer Kabelwerke Reinshagen GmbH, Wuppertal - Wettiner Str. 49b, 5600 Wuppertal-Barmen - Geb. 28. Nov. 1935 Kiel (Vater: Prof. Werner A., Oberfinanzpräs. Köln s. XIII. Ausg.); Mutter: Elly, geb. Strauch), ev., verh. s. 1965 m. Barbara, geb. Hösterey, 2 T. (Julia, Annabelle) - Gr. jurist. Staatsprüf. Düsseldorf; Promot. Köln, 1978-81 Vorst.Mitgl. Geresheimer Glas AG, Düsseldorf - Liebh.: Sport (Mitgl. Rugby-Nationalmannsch. 1965) - Spr.: Engl.

APSEL, Günter
Pfarrer, Vors. Männerarbeit d. Ev. Kirche in Dtsch. - Berliner Pl. 12, 5860 Iserlohn.

ARAND, Wilfried
Fuhrunternehmer, MdBB (1975-79, Mandat niedergel.) - Zul. Bremen - Geb. 6. Sept. 1939 Farge, verh. - Betriebsschlosser, 4 J. Seefahrt, s. 1964 Taxi- u. Fuhruntern. (1969). SPD s. 1970 (Vors. Ortsverein Farge).

ARAND, Wolfgang Michael
Dr.-Ing., habil., Univ.-Prof. f. Straßenwesen u. Erdbau TU Braunschweig - Ostpreußendamm 50, 3300 Braunschweig (T. 61 18 98) - Geb. 18. Febr. 1929 Berlin (Vater: Dr. jur. Leonhard A., RA u. Notar; Mutter: Gertrud, geb. Rooss), kath., verh. s. 1964 m. Ilse, geb. Kisser, 5 Kd. (Aurelia, Manuela, Michael, Daniel, Benjamin) - Hum. Gymn. Osnabrück (Abit. 1947); Zimmermannsgeselle 1949; Stud. TU Berlin; Dipl.-Ex. 1956; Promot. 1961 Berlin; Habil. 1971 Karlsruhe - In- u. ausl. Fachmitgl.sch. - BV: Dichte im Asphaltstraßenbau, 1969; D. bituminöse Mörtel, 1971; Standfeste bituminöse Beläge, 1980; Verdichtungswilligk. v. Asphaltgemischen, 1980; Verh. v. Asphalten b. tiefen Temperaturen, 2. A. 1986; Einfluß d. Walztechnol. auf d. Verhalten verdichteter Asphalte b. hohen u. tiefen Temperaturen, 1987 - 1972 Ehrennadel Lüer-Stiftg. - Liebh.: Kunstgesch., Sport (1970 Gold. Sportabz.) - Spr.: Engl.

ARBAB-ZADEH, Amir
Dr. jur., Dr. med., Arzt, apl. Prof. f. Gerichtl. u. soziale Medizin Univ. Düsseldorf (s. 1973) - Erlenkamp 7, 4000 Düsseldorf 12 - Geb. 7. Nov. 1931 Teheran - Stud. u. Ausb. BRD, NL, GB u. USA; Dr. med. Univ. Heidelberg 1956, Dr. jur Univ. Heidelberg 1962, Habil. Univ. Düsseldorf 1966, apl.-Prof. Univ. Düsseldorf 1973 - BV: Verf. v. üb. 80 wiss. Publ., u. a. D. Arzt i. d. Ländern d. Europ. Wirtsch.sgem., 1967; D. Weltgesundh.org. D. Rechtsverh. z. d. Mitgl.sstaaten, 1963; Med. u. Recht, 1973; Rechtsmed., Lehrb. (zus. m. Prokop u. Reimann), 1977.

ARBOGAST, Alfred

Bauunternehmer, Alfred Arbogast Hoch- u. Tiefbauunternehmung Amberg - Kickstr. 14, 8450 Amberg (T. 09621 - 2 23 31 u. 1 29 44) - Geb. 2. Juli 1911, ev., verh. s. 1936 m. Johanna, geb. Kößler, 6 Söhne (Bernd, Peter, Dietmar, Rainer, Elmar, Jürgen) - Bauing., staatl. Examen 1937 - Mitgl. d. Vertretervers. d. AOK-Landesverb., München; Vorst.-Mitgl. AOK Amberg, LVA Ndb.-Opf., Landshut, u. Rotes Kreuz, Kreisverb. Amberg; stv. Vors. Vereinig. d. Arbeitgeberverb. in Bayern, Bezirksgr. Ndb.-Opf., Regensburg; Ehrenvors. Bayer. Bauind.verb., Bezirksverb. Ostbayern, Regensburg - BVK I. Kl.; Staatsmed. f. soz. Verd.; Gold. Ehrenring IHK Regensburg; Ludwig-Erhard-Med. IHK Regensburg; Gold. Ehrenplak. BRK; Silb. u. gold. Ehrennadel BRK; Silb. Verb.-Ehrenz. Bayer. Fußballverb.; Ehrenplak. Vereinig. Arbeitgeberverb. in Bayern; BVK am Bde. - Liebh.: Kunst, Lit., Sport.

ARBOGAST, Rainer Ernst

Dr. med., Prof. f. Chir., Chirurg u. Unfallchirurg, Chefarzt Chir. Klinik Städt. Krankenhaus Pforzheim - Kanzlerstr. 4-6, 7530 Pforzheim (T. 07231 - 6 01-2 85) - Geb. 18. Juni 1944, kath., verh. s. 1967 m. Ingrid, geb. Halling, 2 Kd. (Susanne, Andreas) - Gymn. Speyer; 2j. Militärzeit München (Abschl. d. Heeresoffiziersssch.); Med.-Stud. Univ. Heidelberg u. Freiburg; Promot. 1972 Heidelberg, Habil. 1980 Würzburg. 1984 o. Prof. Würzburg; Umhabil. 1987 (apl. Prof.) - 1972 Assist.-Arzt St. Vincentiuskrkhs. Speyer; 1973-85 Assist., später Oberarzt u. ltd. Oberarzt Chir. Univ.-Klinik Würzburg; 1984 Prof. - Spr.: Franz., Engl.

ARBTER, Manfred Josef
Architekt, Designer, Erfinder - Krawehlstr. 25, 4300 Essen 1 (T. 0201 - 79 07 74) - Geb. 12. Sept. 1936 Münster (Vater: Reg.-Beamter), kath., verh. s. 1961 m. Ruth, geb. Rotthäuser - Abit.; Praktikum Phil. Holzmann AG; Arch.-Stud. Univ. Münster u. Aachen; prakt. Ausb. b. nat. u. intern. Firmen (Marketing, Vertrieb, Verkauf) - 1968-78 Verkaufsdir. b. e. intern. Untern.; s 1978 freiberufl. Designer u. Erf. (m. Vermarktungsrealis. Erf. Pat. Taschenliegestuhl aus Holz - Liebh.: Musik, Kunst, Lit., Tennis - Spr.: Engl., Franz., Ital. - Lit.: Berichte üb. Erf. d. Taschenliegestuhls in: WDR-Fernsehen, RTL Plus, Dt. Welle; Ztschr., Ztg. u. Agenturen (Capital, Welt am Sonntag, idr, dpa, Scala, WAZ, 40 nat. u. intern. Magazine.

ARCH, Michael
Dipl.-Ing., Prof. an Fachhochschulen a. D. - Heimatring 43a, 8630 Coburg (T. 3 05 52) - Geb. 31. Juli 1913 Bamberg, kath., verh. in 2. Ehe (1956) m. Liselotte, geb. Geiger, Sohn Nils - Oberrealsch. Bamberg; TH München (Diplom-Hauptprüf. f. Bauing. 1936) - 1937-45 Heeresbauverw., dann freischaff., s. 1949 Dozent u. Dir. (1962) Staatsbausch. bzw. Staatl. Polytechnikum Coburg, 1971-78 Präs. Fachhochsch. Coburg - 1980 BVK - Liebh.: Malen, Fotogr.

ARCHNER, Hans-Peter
Redaktionsleiter SDR 3 - Wortredaktion, Südd. Rundf. Stuttgart (s. 1988) - Klippeneckstr. 32, 7000 Stuttgart 1 (0711 - 48 45 17) - Geb. 10. Jan. 1954 Künzelsau-Nagelsberg, kath., led. - Staatsex. German., Gesch., Pol.Wiss.) 1978/79 Univ. Stuttgart; Volontariat 1979-81 SDR Hörfunk u. FS - 1981-84 Redakt. SDR 4 Radio Stuttg., 1985 Redakt. SDR 3; 1986/87 Leit. SDR 3 Point (Jugendf.) - Mitautor Stuttg. Verhältnisse (1987); Stuttg. Kunst + Kultur (1988) - 1985 Magnus-Preis (Hörf.pr. f. Nachwuchs-

journ.) - Liebh.: Sport, Lesen, Essen, Reisen, Kino - Spr.: Engl., Lat.

AREND, Fritz
Schriftsteller - Auf dem Esch 3, 2807 Achim/Uphusen/Niedersachs. (T. 04202/34 35) - Geb. 19. Sept. 1925 Bremen, verh. - Niederdt. Hörsp. b. Radio Bremen, NDR, WDR; ins Niederländ. übertr. u. ges.: Onder de grijze Wolken, N' verloren Uur - BV: die Hörsp. Ballast, De Stünnen, Ehr de Sünn opgeiht, Fraag den Wind an'n Abend, Ik gah von Bord, Kaptein! Snee von güstern oder De Weg na baben, Hauptmann Menken un sien veer Gesichter, Wellkamen binnen!, Över de stillen Straten - Niederdt. Rundfunkpreis 1968 (1. Preis f. Gah nich de Beek hoog); 1972 Hans-Böttcher-Preis F. V. S. - Stiftg. Hamburg (f. d. Hörsp. Achter de Steenmuur, De Mann in'n Keller).

ARENDT, Dieter
Dr. phil., Prof. f. Literaturwiss. Didaktik Univ. Gießen - Otto-Behaghel-Str. 10, 6300 Lahn-Gießen; priv.: Zur Hainbuche 8, 3550 Marburg 17 - Veröff. z. Thema pikarische Lit. u. Nihilismus.

ARENDTS, Wilhelm
Dr. jur., Aufsichtsratsmitglied Bayer. Hypotheken- u. Wechsel-Bank AG - Theatinerstr. 11, 8000 München 2 (T. 23 66-81 60) - Geb. 26. Jan. 1924 München - AR-Mand. u.a. - Rotarier.

ARENHÖVEL, Hartmuth
Dr. phil. nat., Prof. f. Physik Univ. Mainz - Rieslingstr. 23, 6500 Mainz 42 - Geb. 24. Dez. 1938 Münster/W. - Promot. 1965; Habil. 1969 - 1969-72 Wiss. Mitarb. MPI f. Chemie Mainz. Zahlr. Facharb.

ARENS, Heinz-Werner
Sonderschuldirektor i. R., MdL Schlesw.-Holst., Parlam. Geschäftsf. SPD-Landtagsfrakt. - Esmarchstr. 34, 2240 Heide (T. 0481 - 7 39 40; 0431 - 596 20 60) - Geb. 30. Aug. 1939 Tellingstedt/Holst. - Mitgl. im gf. Landesvorst. d. SPD Schlesw.-Holst. u. im gf. Vorst. d. SPD-Landtagsfrakt.

ARENS, Peter
Dr. jur., o. Prof. f. Bürgerl. Recht u. Zivilprozeßrecht Univ. Freiburg (s. 1967) - Wintererstr. 21, 7800 Freiburg/Br. (T. 2 41 25) - Geb. 10. Aug. 1933 Magdeburg, ev., led. - Dr. jur. jurist. Staatsprüf. 1962 - BV: Streitgegenstand u. Rechtskraft im aktienrechtl. Anfechtungsverfahren, 1960; Willensmängel b. Parteihandlungen im Zivilprozeß, 1968; Mündlichkeitsprinzip u. Prozeßbeschleunigung im Zivilprozeß, 1971; Zivilprozeßrecht, 1978; Fachaufs.

ARENS, Rudolf
Dr. agr., Prof., Leiter Inst. f. Grünlandw./Hess. Lehr- u. Forschungsanstalt. Eichhof (s. 1968) - Lullusstr. 8, 6430 Bad Hersfeld - Geb. 11. Okt. 1926 Saarbrücken - Stud. Landw. - S. 1965 Doz. u. apl. Prof. (1968) Univ. Bonn. 1971 ff. Honorarprof. Univ. Gießen. Fachveröff.

ARENS, Werner

Dr. theol., Univ.-Prof. f. Pastoraltheol. u. Religionspäd. Univ. Osnabrück - Gartbrink 7, 4504 Georgsmarienhütte 1 - Geb. 20. Dez. 1924 Wenden, Kr. Olpe (Vater: Paul A., Landw.; Mutter: Maria, geb. Zeppenfeld) - 1986 Vorst.-Mitgl. Inst. Kirche u. Ges. Univ. Osnabrück - 1976 Ritter u. 1984 Komtur im Ritterorden v. Hl. Grabe zu Jerusalem; 1984 Päpstl. Ehrenprälat.

ARETIN, von, Annette

(eigentl. Marie Adelheid Klein) Ehem. Leiterin Besetzungsbüro Fernsehen d. Bayer. Rundfunk - Mandlstr. 11, 8000 München (T. 089 - 34 85 26) - Geb. 23. Mai 1920 Bamberg (Vater: Karl Frhr. v. A., Gutsbesitzer; Mutter: Elisabeth, geb. Freiin v. Gebsattel), kath., verh. 1956-83 m. Dr. Harald Klein †, 2 Kd. (Konstantin, Antonia) - Lyz., Fotoschule München (Aufnahmeprüf.); Staatl. Hochsch. f. Musik München (Ausb. w. Kriegseins. abgebr.) - 1947-53 Hörfunk-Tätigk., 1954-80 Angest. Bayer. Fernsehen (Ltg. d. Send., Ansage, Moderation, Ltg. d. Besetzungsbüros); jetzt freiberufl. Gesprächsltg., Moderation, Referate, Interviews (u.a. FS-Send.: Was bin ich?, ZDF-Film: D. Engl. Garten, 1986) - BV: Emanzipation Charmant, 1972; Mein Englischer Garten, 1989; Gesch. v. Leben auf d. Lande, Anthol. 1989; zahlr. Art. - Kl. gold. Kamera f. FS-Serie: Was bin ich?; 1987 Herwig-Weber-Preis d. Presse-Club München - Spr.: Engl., Ital. (Franz.) - Bek. Vorf.: Peter Carl, Frhr. v. A., Reichstagsabg.; Erwein, Frhr. v. A., Schriftst. u. Publizist, Gründ. Münchner Nationalmuseum u. Gründ. Bayer. Staatsbibliothek aus d. Fam. v. A.

ARETIN, Freiherr von, Karl Otmar
Dr. phil., Dr. phil. h.c., o. Prof. f. Zeitgeschichte - Am Fort Weisenau 30, 6500 Mainz (T. 83 97 42) - Geb. 2. Juli 1923 München (Vater: Erwein Frhr. v. A., 1925-33 Führer d. bayer. Monarchisten; Mutter: Marianne, geb. Gräfin Belcredi), kath., verh. s 1960 m. Dr. med. Uta, geb. v. Tresckow, 3 Kd. (Felicitas, Caroline, Cajetan) - Univ. München (Promot. 1952 b. Franz Schnabel). Habil. 1962 Göttingen - 1952 Mitgl. Redaktion Neue Dt. Biogr., München; 1953 Stipendiat Inst. f. Europ. Gesch., Mainz; 1958 wiss. Mitarb. Max-Planck-Inst. f. Gesch., Göttingen; 1964 Ord. TH Darmstadt; 1968 zugl. Dir. Abt. f. Universalgesch./Inst. f. Europ. Gesch., Mainz; 1987 Hauptschriftleit. d. Neuen Dt. Biogr., hrsg. v. d. Hist. Kommiss. b. d. Bayer. Akad. d. Wiss. - BV: Hl. Röm. Reich 1776-1806, 2 Bde. 1967; Papsttum u. mod. Welt, 1970; Bayerns Weg z. souveränen Staat, 1976; V. Dt. Reich z. Dt. Bund, 1980; Friedrich d. Große, 1985; D. Reich Friedensgarantie u. Europ. Gleichgewicht 1648-1806, 1986 - 1980 Korresp. Mitgl. d. Österr. Akad. d. Wissensch., o. Mitgl. d. Hist. Kommiss. b. d. Bayer. Akad. d. Wiss., Ehrenmitgl. Ung. Akad. d. Wiss., Budapest - Bek. Vorf.: Richard Graf Belcredi, 1865-67 österr. Ministerpräs.; Georg Arbogast Frhr. v. Frankenstein, 1879-87 Vizepräs. Dt. Reichstag.

ARFERT, Klaus-Henning
Dipl.-Polit., Fernsehjournalist, Südamerika-Korresp. ZDF - Ladeira do Meireles Nr. 110, 20240 Sta. Teresa, Rio de Janeiro, RJ, Brasilien - Geb. 18. Febr. 1931 Halberstadt (Vater: Prof. Dr. Paul A.; Mutter: Ursula, geb. Dorn), ev., verh. s. 1959 m. Renate, geb. Weichenhan, 2 T. (Sabine, Katrin) - 1951-56 Dt. Hochsch. f. Politik Berlin; Dipl. 1956; 1954/55 London School of Economics and Political Science - 1957-58 Redakt.-volont. SFB, 1958-59 Redakt. RIAS-Berlin, 1959-66 Dt. Welle, s. 1966 ZDF (1974-77 ZDF-Korresp. Brüssel), s 1981 Südamerika-Korresp.

ARFMANN, Georg
Designer grad., Bildhauer, Restaurator - Braunschweiger Str. 31 A, 3308 Königslutter (T. 05353 - 13 22) - Geb. 20. Juni 1927 Bremen - 1946-50 Steinbildhauerlehre u. Stud. Staatl. Kunstsch. Bremen - 1957 7,50 m hohe Nachbildung d. Bremer Rolands f. d. Stadt Rolandia/Brasil.; 1962-64 zeichn. Rekonstruktion d. Leibnizhauses Hannover u. 1979-81 bildhauerische Ausf. d. Sandsteinfassade; 1984-86 Rekonstruktion d. hist. Marktbrunnens Hildesheim. Zahlr. Objekte Kunst am Bau - 1984 BVK.

ARGELANDER, Hermann
Dr. med., Prof. Psychoanalytiker - Brüder-Grimm-Str. 4, 6236 Eschborn/Ts. (T. Bad Soden 4 11 31) - Geb. 14. Febr. 1920 Bromberg (Vater: Ernst A., Bankbeamter; Mutter: Eva, geb. Brunck), ev., verh. s 1943 m. Helga, geb. Schmidt, 2 Söhne (Rainer, Wolfgang) - Gymn. u. Univ. Berlin (Promot. März 1945) - Prof. f. Psychoanalyse Univ. Frankfurt - BV: D. Erstinterview in d. Psychotherapie (Wiss. Buchges.); Gruppenprozesse (Rowohlt); Der Flieger (Suhrkamp); D. kognitive Organis. psych. Geschehens - Bek. Vorf.: Astronom A., Bonn.

ARGYRIS, John
Dr., Dr. h. c. mult., Prof., Direktor Inst. f. Statik u. Dynamik d. Luft- u. Raumfahrt, Stuttgart (1959-84), Dir. Inst. f. Computer-Anwendungen (s. 1984) - Talstr. 33, 7016 Gerlingen - Geb. 19. Aug. 1916 Volos (Griechenl.) (Vater: Nicolas A.; Mutter: Lucie, geb. Caratheodory), griech.-orthodox, verh. s. 1953 m. Inga-Lisa, geb. Johannsson, S. Holger - Gymn. Athen; Stud. Techn. Univ. Athen, München, Berlin, Zürich (Math., Phys., Ingenieurwiss., Aeronautik) & 1942 -1936-39 Leit. Forsch. Abt. Gollnow & Sohn, 1943-49 wiss. Mitarb. Royal Aeronautical Society, London, s. 1949 Prof. Imperial College, London, s 1959 Prof. Univ. Stuttgart, Gastprof. Univ. of California, MIT, Boston - BV: 6 Bücher u. üb. 330 weit. Veröff. z. Thema Luft- u. Raumfahrt - Entd.: Methode d. Finiten Elemente - V. 1937-84 div. Ehrungen, u.a. 1975 Kármán Med.; 1979 Copernikus-Med.; 1981 Timoschenko Med.; 1980 Gold. Med. Land Bad.-Württ.; 1980 Ehrenprof. Northwestern Polytechnical Univ., Xian; 1981 Life Member, Amer. Soc. of Mech. Engrs.; 1982 Laskowitz Gold Med.; 1983 Fellow of Amer. Inst. of Aeron. and Astron.; Ehrendoktor Genua, Trondheim u. TU Hannover; Ehrenprof. TU Beijing u. Weltpr. u. Persönlichkeit d. Jahres 1984, Accad. Italia; 1983 Honorary Life Member, New York Acad. of Sciences; 1984 Ehrenprof. Quinghua Univ. Beijing; 1985 Royal Medal d. Royal Soc., Fellow of American Assoc. for the Advancement of Science, FAAAS, Fellow of Imperial College, FIC; Hon. Fellow Aeron. Soc. of India; Gr. BVK; 1986 Fellow of Royal Soc., FRS, Foreign Assoc. of U. S. National Acad. of Engineering u. Ehrendoktor Univ. Linköping, Schweden; Hon. Fellow Roy. Aeron. Soc. - Liebh.: Skand. Kunst, Musik, Wandern, Archäologie - Spr.: Engl., Deutsch, Franz., Griech., Schwed. - Bek. Vorf.: Constantin Caratheodory (Mathematiker), Righas Pheraios (Dichter).

ARHEIT, Günter
Dr., Vorstandsvorsitzer Öffentl. Versicherungs-Anstalt d. Bad. Sparkassen u. ÖVA Allg. Versich.s-AG. (1981 ff.) - P 7,20, 6800 Mannheim 1.

ARLT, Eva
Dr. med., Chefärztin Anästhesie-Abt. Marienhospital, Herne, Lehrbeauftr. f. Anästhesiol. Univ. Bochum - Hölkeskampring 40, 4690 Herne 1.

ARLT, Gottfried
Dr. rer. nat., o. Prof. f. Werkstoffe d. Elektrotechnik (Lehrst. II) - Hangweg 1, 5100 Aachen-Laurensberg - Geb. 7. April 1926 Grünberg/Schl. - Promot. 1956 Kiel - B. 1956 Industrie- (1969 stv. Dir. Philips-Forschungslabor. Aachen), 1973 o. Prof. u. Inst.Dir. TH Aachen; 1982/83 Dekan Fak. f. Elektrotechn. TH Aachen. Ca. 60 Facharb.

ARLT, Joachim
Dr.-Ing., Geschäftsführer Bundesarchitektenkammer/Körpersch. d. öffntl. Rechts - Königswinterer Str. 709, 5300 Bonn 3.

ARLT, Jochen
Redakteur, Herausg., Autor (Ps. J. W. Martin, Achim von Langwege) - Im Kirchtal 86a, 5210 Troisdorf (T. 02241 - 40 11 30) - Geb. 6. Mai 1948 Dinklage/Oldenburg, kath., verh. s. 1983 m. Monika, geb. Kleefisch, 2 Kd. (Christine, Martin) - BV: Toni May - Kölner Köpfe, Kölner Skizzen, Biogr. 1984; Kölner Stadtgespr. Interv. 1985; D. Liebe z. röhrenden Hirsch, Lyr. 1988. Herausg. (Anthol.): E. Hand wäscht d. andere (1986); Links v. Dom, rechts v. Dom (1987); Stadt im Bauch (1988); Kölner Weihnachtsb. (1988); Vaters Land u. Mutters Erde (1989, m. M. Lang); Kappes, Kohl u. Miljöh (1989, m. A. Kutsch); Kölner met un ohne Verzäll, Bildbd. (1989, m. H. G. Meisenberg).

ARLT, Wolfgang
Dr. phil., Prof. f. Bildungsinformatik FU Berlin - Habelschwerdter Allee 45, 1000 Berlin 33 (T. 030 - 838 63 29) - Geb. 1. Nov. 1934 Berlin - 1. u. 2. Staatsex. 1965 u. 1967 d. höh. Lehramt TU Berlin, Promot. 1971 - 1969-71 Geschäftsf. d. wiss. Ges. GPI Berlin u. Wiesbaden, 1971-80 Dir. Inst. f. Datenverarb. in d. Unterrichtswiss. PH Berlin - BV: Ergebn. u. Probl. d. Bildungstechnol. (m. Issing), 1976; Modellversuch z. Lehrerfortu. -weiterbild. (m. a.), 1981; Informatik als Herausforder. an Schule u. Ausb. (m. Haefner). Herausg.: EDV-Einsatz in Schule u. Ausbild. Bd. 1 (1978); Informatik als Schulfach (1981); Datenverarb. u. Informatik im Bildungsber. (s. 1978).

ARMANSKI, Gerhard
Dr. rer. pol., Sozialwissenschaftler, Schriftst. u. Reiseleiter - Fichardstr. 18, 6000 Frankfurt/M. 1 (T. 069 - 597 29 96) - Geb. 11. Mai 1942 Windsbach/Bay., ledig, T. Sophia - Wirtschaftsgymn.;

Stud. Gesch., Polit. Ökon. u. Politol. Univ. München, Freiburg, Wien u. Berlin; Promot. 1973 Berlin; Habil. Soz. u. Sozialgesch. 1984 Osnabrück - Mehrj. Lehr- u. Forschungstätigk., Lehrstuhlvertr. Univ. Bielefeld, Priv.-Doz. Univ. Osnabrück u. d. Gruppe Neues Reisen, d. Vereinig. z. Kritik d. polit. Ökonomie, d. Arbeiterstimme, d. Gewerkschaft HBV, d. Grünen u. a. - BV: D. Entst. d. wiss. Sozialismus, 1974; D. kostbarsten Tage d. Jahres, 1980; Junge, komm bald wieder. V. d. Bundeswehr, 1983; Wir Geisterfahrer e. V. Üb. Lust u. Last am Automobil, 1986; Politische Ästhetik v. Kriegerdenkmälern, 1988 - Liebh.: Sport, Garten, Reisen - Spr.: Engl., Franz., Span.

ARMBRUST, Manfred
Dr. rer. nat., Prof. f. Mathematik Univ. Köln - Beethovenstr. 10, 5000 Köln 1 - Geb. 27. Nov. 1936 Offenbach - Promot. Univ. Bonn 1964, Habil. Univ. Köln 1972 - S. 1973 Prof. Univ. Köln.

ARMBRUSTER, Hubert
Dr. jur., o. Prof. f. Staats-, Verwaltungs- u. Völkerrecht - An der Allee 69, 6500 Mainz/Rh. (T. 3 19 50) - Geb. 12. Aug. 1911 Baden-Baden, kath., verh. m. Dr. phil. Susanne, geb. Rinderknecht - Univ. Berlin, Heidelberg, Freiburg/Br., Paris - 1935 Gerichtsass., 1939 Ref. IHK Freiburg, 1940 Lehrauftr. Univ. ebd., 1946 Ref. Staatssekretariat Heidelberg, 1946 Prof. Univ. Mainz. 1948 Delegierter f. d. Marshall-Plan Organisation Europeenne de Cooperation Economique (OECE), Paris; 1950 Mitgl. Verfassungsgerichtshof u. Landesverw.sgericht Rhld.-Pfalz; 1956 Vors. Überwachungsausss. Freiw. Selbstkontrolle Dt. Filmwirtsch.; 1968 Mitgl. Kontrollkommiss. Sozialcharta b. Europarat, 1974 Richter Intern. Verw.sger. Genf - BV: D. Wandlungen d. Haushaltsrechts, 1939; D. Verw.sjurist, 1947; Handb. d. Montan-Union, 1953; Wandlungen u. Spannungen im neuen Föderalismus d. Vereinigten Staaten, 1955; Atomrecht, in: Staatslexikon, 1957; D. Mensch im Umkreis d. Macht, 1960 - 1960 Offz. Orden Palmes Academiques, BVK I. Kl., Verfass.med. Rhl.Pfalz - Spr.: Engl., Franz. - Rotarier.

ARMBRUSTER, Klaus
Prof. f. Film Univ. Essen, Filmautor, Regiss. - Girardetstr. 82, 4300 Essen 1 - Geb. 29. Nov. 1942 Tübingen - Stud. Malerei u. Kunsterzieh. Kunstakad. Stuttgart (Staatsex. f. d. Künstler Lehramt) - B. 1970 Maler, Kunsterzieher; 1970-80 Filmautor, Regiss., Redakt. NDR-Fernsehen; S. 1983 fr. Autor, Regiss. u. Prof. Univ. Essen - Üb. 40 Fernsehfilme - B. 1970 Ausst. in Ulm, Salzgitter, Hamburg - 1968 1. Jugendpreis f. Malerei - Spr.: Engl., Lat., Franz., Griech.

ARMBRUSTER, Peter
Dr. rer. nat., Dr. h. c., Prof., Ltd. Wissenschaftler Gesellschaft f. Schwerionenforschung Darmstadt (s. 1971) - De-La-Fosseweg 1, 6100 Darmstadt - Geb. 25. Juli 1931 Dachau/Obb. - Stud. Physik - 1964-66 Privatdoz. TU München; 1966-71 Doz. TH Aachen; s. 1968 Honorarprof. Univ. Köln. Arbeitsgeb.: Kernspaltung, Elementsynthese, Atomphysik. Etwa 160 Fachaufs. - 1984 Hon.-Prof. TH Darmstadt; 1988 Max Born-Med.

ARMES, Mary Beth
Dr., Repetitorin, Kapellmeisterin Oper Kiel - Kleekoppel 4, 2300 Mielkendorf (T. 04347 - 27 56) - Geb. 12. Febr. 1946 Erie/Pennsylvania, gesch. - Stud. Musik Eastman School of Music (BA); Univ. Arizona (M.A.); Univ. North Texas (Promot.) - 1970-82 Prof. Univ. Centenary College, Shreveport/Louisiana; s. 1983 s.o. - Dirig.: D. Heiml. Ehe, Orpheus in d. Unterwelt, Lucio Silla (J.C. Bach), Kieler Opernstudio - Spr.: Engl., Deutsch.

ARMGORT, Karl-Eddi
Polizeioberkommissar, MdBB (s. 1972) - Theodor-Billroth-Str. 48, 2800 Bremen 61 - Geb. 13. März 1925 Daverden/Aller, verh., 2 Kd. - N. Schule kfm. Lehre - Kriegs- u. brem. Staatsdst. (1947 ff.) ARsmand. SPD s. 1952 (Vors. Ortsverein Kattenturm).

ARMONIER, Ulrich
Direktor SEL AG., Nürnberg (1967 ff. Produktionsleitg. Elektromech. Bauelemente) - Nordring 26, 8560 Lauf/Pegnitz - Geb. 23. Juni 1933 Lubiath/Neum., verh. in 2. Ehe (1961) m. Marlis, geb. Schröer, 3 Kd. (Caroline, Frank, Nicole) - Menzel-Obersch. Berlin (b. 1950); Elektromechanikerlehre (Siemens); Ingenieursch. Gauß ebd. - 1974 ff. Geschäftsf. Rudolf Schadow GmbH., Berlin - Liebh.: Fernreisen, Fotogr. - Spr.: Engl.

ARMSTRONG-FRIEDRICH, Karan

Sängerin (Sopran) - 11951 Mayfield Avenue 204, Los Angeles 90049/USA - Geb. 14. Dez. Havre, Montana/USA (Vater: Matthew A., Glasplastiker; Mutter: Pearl, geb. Wilke), ev., verh. s. 1979 in 2. Ehe m. Prof. Götz Friedrich, S. Johannes - Bachelor of Arts, Moorhead, Minnesota/ Stud. Klarinette, Klavier, Gesang (b. Lotte Lehmann, Tilly de Garmo, Fritz Zweig) - Mitgl. Met., Engagem. Houston, San Francisco, Seattle, Portland, New York City Oper u.a.; 1976 Europ. Debut (Salomé) Münchner Festspiele, dann Straßbourg, Stuttgart, Hamburg, Berlin, Staatsoper Wien, 1979 Bayreuth, 1980 Debut (Melisande) Paris, 1981 Royal Opera London, Zürich (Marie in Wozzeck), Amsterdam (Fanciulla), 1984 Salzburger Festspiele. Film u. FS: La Voix Humaine (USA), 1978; Falstaff (Alice), 1979; Jesu Hochzeit (Tödin), 1980; Lohengrin 1981; Tote Stadt, 1983 - Konzerte in Rom, Wien, Hollywood, New York, Chikago, Berlin, Paris, Madrid usw. - 1. Nachwuchspreis Metropolitan Opera New York; 1985 Titel Kammersängerin.

ARNAUDOW, Michael
Dr. med., Dr. med. dent., Prof. f. Zahn-, Mund- u. Kieferheilkunde (emerit.) Bgm.-Drews-Str. 2, 2300 Kronshagen - Geb. 2. Dez. 1912 Sofia (Bulg.) - 1968 ff. Prof. Univ. Kiel.

ARNBECK, Herbert
Direktor, Bankkaufmann - Meraner Str. 20a, 1000 Berlin 62 - Geb. 10. Aug. 1904 Berlin, ev., verh. s. 1964 m. Christel, geb. Krüger - Realgymn. (Abit.); Handelshochsch. - Langj. Dt. Ind. AG., Berlin (1953 Prokurist, 1968 ff. Vorstandsmitgl.). Beiratsmand.

ARNDT, Claus
Dr. jur., Senatsdirektor i. R., MdB (1968-76), Lehrbeauftr. f. Staatsrecht/ FHS Hamburg - Fanny-David-Weg 61, 2050 Hamburg 80 (T. 738 52 51) - Geb. 16. April 1927 Marburg/L. (Vater: Senator a. D. Prof. Dr. jur. Adolf A., 1949-69 MdB, †1974 s. XVII. Ausg.; Mutter Ruth, geb. Helbing), verh. s. 1963 m. Elke, geb. Bruhns (Graphikerin), 3 Kd. (Peri, Jörn-Michael, Nicole) -

Gymn. Berlin, Innsbruck, Lauban; Univ. Bonn, München, Hamburg; Hochsch. f. Verw.swiss. Speyer - S. 1959 Hbg. Staatsdst. (b. 1968 Leit. Senatorbüro u. Ref. f. Verfassungsrecht Behörde f. Inneres). 1951-55 stv. Vors. SDS. SPD s. 1951 (1958/59 Sekr. Verfassungsausss. Programmkommiss./Godesberger Programm; Mitgl. Bundesschiedskommiss.) - BV: D. Verträge von Moskau u. Warschau, 1973, 3. A. 1982; D. § 218 v. d. Bundesverfassungsgericht, 1978; Menschenrechte, 1981; Biographie, Bd. 5: Aufzeichnungen u. Erinnerungen v. Abgeordneten d. Bundestages, 1987. Üb. 270 Veröff. - Liebh.: Mod. Kunst, Briefm. - Spr.: Engl. - Bek. Vorf.: Prof. Dr. jur. Adolf A., Staats- u. Bergrechtslehrer; Dr. jur. Dr. phil. h. c. Dr. med. h. c., Dr.-Ing. E. h. Otto Helbing, Ministerialdir. (ms) - Lit.: Intern. Festschr. z. 60. Geb. (hg. Annemarie Renger, Herta Däubler-Gmelin, Carola Stern, Vorwort: Helmut Schmidt).

ARNDT, Erich
Dr. rer. pol., o. Prof. f. Volksw.slehre - Im Hopfengarten 7, 7400 Tübingen (T. 6 30 29) - Geb. 13. Febr. 1916 Elbing/Ostpr., ev. verh. s 1943 m. Herta, geb. Juddat - Univ. Hamburg (Wirtschafts- u. Sozialwiss.). Promot. 1950; Habil. 1955 - 1955 Privatdoz. Univ. Hamburg; 1958 o. Prof. Univ. Tübingen - BV: Wohnungsbau u. städt. Bodenreform, 1950; Lohnpolitik in einzel- u. gesamtwirtschaftl. Sicht, 1953; Theoret. Grundl. d. Lohnpol. (Span.: Politica de Salarios, 1964); Währungsstabilität u. Lohnpolitik, 1973; Wirtsch. u. Ges. Ordnung ohne Dogma. Festschr. z. 65. Geb. v. Hein-Dietrich Ortlieb, 1975 (Mithrsg.). Wiss. Aufs. u. Art. aus d. Geb. d. Ordnungs-, Konjunktur-, Währungs- u. Sozialpolitik - Spr.: Engl., Franz.

ARNDT, Fritz
Dr.-Ing., Prof., Lehrstuhlinh. f. Hochfrequenztechnik Univ. Bremen (s. 1972) - Lothringer Str. 15, 2800 Bremen - Geb. 30. April 1938 Konstanz/B. - Promot. 1969; Habil. 1972 - Fachveröff. - 1970 Preis Nachrichtentechn. Ges.

ARNDT, Hans-Joachim
Dr. phil., o. Prof. f. Polit. Wissenschaft Univ. Heidelberg - Zum Bochhain 34, 6905 Schriesheim (T. 6 11 46) - Geb. 15. Jan. 1923 Magdeburg (Vater: Oscar A., Kaufm.), verh. m. Margit, geb. Zembsch - M. A. - BV: Politik u. Sachverst. i. Kreditwährungswesen, 1963; D. Besiegten v. 1945, 1978.

ARNDT, Hartmut
Dr. med., Chefarzt Innere Abt. Kreiskrkhs., Honorarprof. Univ. Marburg - Bottendorfer Str. 33, 3558 Frankenberg.

ARNDT, Helmut
Dr. jur., Botschafter d. Bundesrep. Deutschl. in Laos (s. 1988) - Zu erreichen üb. Ambassade de la République fédérale d'Allemagne, BP 314, Vientiane/Laos - Geb. 18. Jan. 1933 Berlin, ev., verh. s. 1962 m. Evi, geb. Frey, 2 Kd. (Carl-Friedrich, Dorothee) - Stud. Rechtswiss. u. Gesch. Heidelberg, Hamburg, Berlin, Paris. Beide jurist. Staatsex. Promot. 1959 Heidelberg (b. Prof. Forsthoff) - S. 1962 AA Bonn (Botschaften Teheran, Khartoum u. Bagdad, Generalkons. Toronto, Bordeaux, Genf). BV: Brehms Reisen im Sudan; Vivant Denon - M. Napoleon in Ägypten; Unter d. Halbmond (m. Helmut v. Moltke); Entdeckungen in Nubien (m. J. L. Burkhart); Persepolis - Entdeckungsreisen in d. Vergangenheit - Liebh.: Alte Reiselit. - Spr.: Engl., Franz.

ARNDT, Helmut

Dr. jur., Dr. rer. pol., Dr. rer. soc. oec. h. c., o. Prof. f. Volkswirtschaftslehre - Flachsgartenstr. 7, 6273 Waldems 2 (T. 06087 - 10 47) - Geb. 11. Mai 1911 Königsberg/Pr. (Vater: Geh. Bergrat Prof. Dr. Gustav. A., Rechtsgelehrter; Mutter: Louise, geb. Zabeler), ev., verh. m. Elfriede, geb. Krause, 2 Kd. (Claudia, Robert Rolf) - Promot. 1934 u. 44 Marburg - 1946 Privatdoz. Univ. Marburg, 1950-51 Visiting Prof. Maxwell Inst. Univ. Syracuse (USA), 1952 apl. Prof. Marburg, 1953 o. Prof. Univ. Istanbul (Finanzwiss.), 1954 TH Darmstadt, 1957 FU Berlin, 1976-70 Vors. Ges. f. Wirtschafts- u. Sozialwiss., 1969 Gastprof. Univ. Leningrad, 1970 Gastprof. Univ. Istanbul, 1973 Visiting Prof. Univ. of South Florida, 1976/77 Visiting Prof. Univ. Oxford - BV: Voraussetz. d. Marktautomatismus, 1948; Schöpfer. Wettbewerb u. klassenlose Ges., 1952; D. volksw. Eingliederung e. Bevölkerungsstromes (Schr. d. Vereins f. Sozialpolitik Ges. f. Wirtschaft u. Sozialwiss.), 1954; Mikroökonom. Theorie, 2 Bde. 1966; D. Konzentration d. westd. Wirtschaft, 1966; Bedroht d. Pressekonzentration d. freie Meinungsbild.?, 1967; D. Konzentration in d. Presse u. d. Problematik d. Verleger-Fernsehens, 1967; Recht, Macht u. Wirtschaft, 1968; Markt und Macht (2. A.) 1973; Kapitalismus, Sozialismus, Konzentration u. Konkurrenz, (2. A.) 1976; Wirtschaftliche Macht, 3. A. 1980; Irrwege d. Polit. Ökonomie, 1979; Economic Theory vs. Economic Reality, 1984; Vollbeschäftigung, Einf. in. Theorie u. Politik d. Beschäftig., 1984; Leistungswettbewerb u. ruinöse Konkurrenz, 1986. Herausg.: D. Konzentration in d. Wirtschaft - On Economic Concentration (2 Bde.) 2. A. 1971; Schriften zur Konzentrationsforschung, Tübingen (s. 1971) u. a. - 1970 Ehrendoktor Univ. Innsbruck - Spr.: Engl. - Lit.: Fritz Neumark, Karl C. Thalheim et al., Wettbewerb, Konzentration u. wirtsch. Macht (Festschr. f. Helmut Arndt), 1976.

ARNDT, Herbert
Bankkaufmann - Afrikanische Str. 143a, 1000 Berlin 65 (T. 451 16 73) - Geb. 16. Dez. 1906 Berlin - Obersekundareife - S. Lehre Bankwesen (1951 Berliner Zentralbank); s. 1956 Betriebs- bzw. Personalratsvors., s. 1958 Mitgl. u. Vorstandsmitgl. (1960) Hauptpersonalrat Dr. Bundesbank). Wehrdst. u. Kriegsgefan-

gensch. S. 1959 Bezirksverordn. Wedding. SPD s. 1927. 1963-75 MdA Berlin.

ARNDT, Horst

Dr. phil., o. Prof. f. Engl. Sprache - Gronewaldstr. 2, 5000 Köln - Geb. 17. Aug. 1929 Duisburg, verh. s. 1958 m. Ursula, geb. Schlautmann - Gymn.; Univ. Münster, Sheffield, München (Anglistik, Amerikanistik; Promot. 1957) - S. 1964 Prof. Päd. Hochsch. Ruhr/Abt. Essen (1966 o. Prof.) u. PH Köln (1968 o. Prof.), Univ. Köln (1980 o. Prof.). Spez. Arbeitsgeb.: Mod. Linguistik - Spr.: Engl.

ARNDT, Jürgen

Senatspräsident - Borussenstr. 18, 1000 Berlin 38 (T. 803 54 18) - Geb. 20. Febr. 1915 Oldenburg/O. (Vater: Fritz A., Arch. † 1967; Mutter: Else, geb. Bochow † 1966), ev., verh. s. 1944 m. Liselotte, geb. Rüthing, 2 Kd. (Jutta, Jens) - Reform-Realgymn. Oldenburg; Univ. Greifswald, München, Berlin (Rechtswiss.) Gr. jurist. Staatsprüf. 1937 - 1949-52 Dezern. Senatsverw. f. Justiz Berlin; 1952-53 Ref. Bundesjustizmin.; s. 1953 Richter KG Berlin (1968 Senatspräs.). Vors. Herold-Aussch. Dt. Wappenrolle u. Kurat. d. Graf-v.-Moltkeschen Familienstiftg. Mitgl. Vereine HEROLD-Berlin u. ADLER-Wien (korr.) - BV: Kommentar z. Rechtspflegergesetz, 1957; Hofpfalzgrafen-Register, 3 Bde. 1964/88; Wappenfibel - Handb. d. Heraldik, 1970; Buchreihe Dt. Wappenrolle, Bde. 14-49; Wappenbuch d. Reichsherolds Caspar Sturm, 1984; Beitr. in: Begegnungen m. Kurt Georg Kiesinger, 1984; Moltke-Almanach, Bd. I, 1984; Wappenbilderordnung, 1986 - 1941 EK II - Liebh.: Rechtsgesch., Heraldik - Spr.: Engl., Franz.

ARNDT, Karl

Dr. phil., Prof. f. Kunstgesch., Direktor Univ.-Kunstsamml. Göttingen - Nikolausberger Weg 15, 3400 Göttingen - Geb. 22. Aug. 1929 - 1970 Priv.-Doz., dann Ord. Göttingen - BV: Alterniederl. Malerei, 1968, 2. A. 1989; D. Maler K. H. Nebel, 1975; D. Bildhauer Ferd. Hartzer, 1986. Fachveröff. z. altniederl. u. altdt. Malerei u. Graphik, z. Denkmalskunst d. 18.-20. Jh., z. NS-Arch.

ARNDT, Karl

Dr. jur., Prof., Oberlandesgerichtspräsident a. D., Ständ. Mitgl. Schiedgerichtshof f. d. Londoner Schuldenabkommen, Dt. Rat f. intern. Privatrecht - Freiligrathstr. 5, 2800 Bremen (T. 23 04 07) - Geb. 27. Febr. 1904 Berlin (Vater: Karl A., Postamtmann; Mutter: Ella, geb. May), ev., verh. s. 1942 m. Annelise, geb. Gerloff, 2 Kd. (Erika, Hans-Wolfgang) - Univ. Berlin u. Cambrigde/USA (Harvard) - 1928-39 Kais.-Wilh.-Inst. f. Ausl. u. Intern. Privatrecht, Berlin; 1941-43 Lehrbeauftr. Univ. Prag; 1956-69 Präs. OLG Bremen. S. 1959 Honorarprof. Univ. Münster (Ausl. Recht u. Intern. Privatrecht) - BV: Zessionsrecht, T. I 1932.

ARNDT, Klaus Friedrich

Dr. jur., Prof. f. Öffentl. Recht u. Verwaltungswiss. Univ. Frankfurt (s. 1972) - Gronewaldstr. 16, 5330 Königswinter 41 (T. 02244 - 47 77) - Geb. 20. Febr. 1930 Berlin (Vater: Dipl.-Ing. Helmuth A.; Mutter: Margarethe, geb. Eisele), verh. s. 1964 m. Kristina, geb. Stubbe, s. 1980 gesch., S. Lucius - Stud. d. Rechts- u. Politikwiss. Univ. Berlin, Tübingen, Bonn, 1959-65 Wiss. Assist. Univ. Kiel u. Mainz; 1965-69 Wiss. Dienst d. Landtages Rhld.-Pfalz, 1969-71 Mitgl. Projektgr. Reg.s- u. Verw.sreform b. Bundesmin. d. Innern, 1971-72 Min.rat Bundesmin. d. Justiz. Fachmitgl.sch. - BV: Parlamentar. Geschäftsordnungsautonomie u. autonomes Parlamentsrecht, 1966 - Spr.: Engl.

ARNDT, Mark (Michael)

Dr. phil., Bischof Russ. Orth. Kirche v. Berlin u. Deutschland - Zul. Schirmerweg 78, 8000 München 60 (T. 089 - 834 89 59) - Geb. 29. Jan. 1941 Chemnitz (Vater: Ewald A., Oberstud.rat, Hochschuldoz.; Mutter: Jeanne-Emilie, geb. Reinhold), russ.-orth., ledig - Stud. Univ. Frankfurt, Heidelberg, Bratislava, Zagreb, Belgrad; Promot. 1969 (Slavistik) Heidelberg, Dipl.-Theol. 1979 Belgrad - 1968-72 Doz. u. Assist. Univ. Maryland; 1972-75 wiss. Assist. Univ. Erlangen; 1975-80 Priester Wiesbaden; 1980-82 Bischof v. München u. Süddeutschl., s. 1982 Berlin - BV: D. biogr. Lit. d. Tverschen Fürstentums im 14.-16. Jh., (Diss.) 1970 - 1969 Hviezdoslav-Preis Slovak. Schriftst.-Verb.

ARNDT, Rudi

Minister a. D., Oberbürgerm. a. D., Rechtsanwalt - Mörfelder Landstr. 278, 6000 Frankfurt 70 (T. 631 14 73) - Geb. 1. März 1927 Wiesbaden, verh. (Ehefr.: Roselinde) - Obersch.; Stud. Rechts- u. Staatswiss. Gr. jurist. Staatsprüf. 1960 - 1953-64 Ref. f. Jugendrecht u. Bundesjugendplan Hess. Innenmin.; 1964-72 hess. Min. (Wirtschaft, Verkehr,Finanzen); 1972-77 Oberbürgerm. Frankfurt. 1952-56 Stadtverordn. Frankfurt/M.; 1956-72 MdL Hessen (1961-64 Fraktionsvors.); 1979-89 Mitgl. Europ. Parlament, 1984-89 Vors. d. Sozialist. Frakt. im EP. SPD s. 1945 (1962 stv., 1975 Bezirksvors. Hessen-S, b. 1980, 1973-79 Mitgl. SPD Parteivorst., 1975-80 Bezirksvors. Hessen-Süd) - Liebh.: Autorallyes (1973 Graf-Trips-Med.).

ARNEGGER, Ernst

Gymnasialrat, MdL Baden-Württemberg (Wahlkr. 67, Bodensee) - Brunnenstr. 20, 7778 Markdorf (T. 07544 - 26 72) - Geb. 11. Aug. 1944 Markdorf - CDU.

ARNETH, Michael

Dr. theol., o. Prof. f. Kath. Theologie u. Religionspäd. - Ottostr. 3, 8600 Bamberg (T. 2 68 78) - Geb. 15. Nov. 1905 Unterstürmig/Ofr. (Vater: Johann A., Landw.), kath. - Neues Gymn. Bamberg; Univ. München u. Innsbruck (Phil., Theol.). Promot. 1931 Innsbruck; Habil. 1966 München - 1931-32 Seelsorge (Kaplan), 1932-36 Seminarpräfekt Bamberg, 1936-53 Studienrat Bayreuth, 1936-42 Doz. Hochsch. f. Lehrerbild. ebd., 1953-57 Oberstudienrat Bamberg, s. 1958 Doz. u. o. Prof. (1966) Päd. Hochsch. Bamberg d. Univ. Würzburg (1966-68 Vorst.); s. 1972 Univ. Bamberg. 1964-87 Mitgl. Bayer. Senat - BV: Bartholomäus Holzhauser u. s. Weltpriesterinst., 1959; Prieserbildung im 17. Jh., 1970; Um d. Glaubwürdigk. d. alten Holzhauserbiographien, Salzburg 1979 - Päpstl. Hausprälat; 1971 Bayer. VO.; 1974 BVK I. Kl.; 1981 Bayer. Verfassungsmed.; 1984 Gr. BVK - Spr.: Franz., Engl.

ARNHOLD, Wolfgang

Diplom-Psychologe, Präs. Berufsverb. Dt. Psych., Frankfurt/M. - 2351 Trappenkamp üb. Neumünster.

ARNIM, von, Clemens

Dr. sc. pol., Dipl.-Volksw., Generalbevollm. Metallges. AG., Frankfurt/M. - Grundweg 3, 6242 Kronberg/Ts. - Geb. 4. Febr. 1933 - AR- u. Beiratsmand., Mitgl. Conseil de Surveillance de la Soc. Continentale Parker S. A., Paris, Synthomer Chemie GmbH, Frankfurt, Metasco chem. techn. Prod. GmbH, Wiesbaden, Diadema Ind. Quimicas Ltda., Sao Paulo.

ARNIM, von, Hans Herbert

Dr. jur., o. Prof. f. Öfftl. Recht (insbes. Kommunal- u. Haushaltsrecht) u. Verfassungslehre Hochsch. f. Verwaltungswiss. Speyer (s. 1981) - Freiherr-v.-Stein-Str. 2, 6720 Speyer.

ARNIM, von, Henning

Dr. jur., Oberfinanzpräsident Saarbrücken (s. 1974) - Am Neumarkt 15, 6600 Saarbrücken - Geb. 14. April 1916 Berlin (Vater: Joachim v. A., Offz.; Mutter: Asta, geb. Gräfin v. Baudissin), ev., verh. s. 1944 m. Elisabeth, geb. Freiin v. Berchem, 2 Kd. (Joachim, Maja) - Gymn.; Kriegsdst. (Major); Stud. Univ. Heidelberg, Kiel; Promot. 1951 ebd. - S. 1952 Bundesfinanzverw.

ARNIM, Graf von, Sieghart

Pers. haft. Gesellschafter E. Merck, Darmstadt (s. 1985) - Flotowstr. 44, 6100 Darmstadt - Geb. 16. Sept. 1928.

ARNOLD, Antonia,

geb. Vitu

Schriftstellerin - Gondershauserstr. 34, 8000 München 45 (T. 089-325292) - Geb. 5. Mai Steyr/Österr., 2 Kd. (Ulrich, Angelika) - Gymn.; Fachsch. - BV: Träumereien m. vierzehn, 1961; Verzauberter April, 1963; Sommer in d. Steiermark, 1966; Wilde Rosen am Elk River, Bd. 1 u. 2, 1967; Fremder Stern in unserer Stadt, 1970; Karolin Knöpfchen, 1974; u.a. Kurzgesch. Erz. Illustrat., Cartoons, 1947-82 - Liebh.: Malerei, Plastik - Spr.: Franz.

ARNOLD, Carl-Gerold

Dr. phil. nat., Prof., Botaniker u. Pharmaz. Biologe, Stadtrat Erlangen (1978) - Immenweg 7, 8520 Erlangen - Geb. 1. Nov. 1928 (Vater: Eduard A., Kaufm.), verh. s. 1968 m. Gerlinde, geb. Brauer, Sohn - S. 1962 (Habil.) Lehrtätigk. Univ. Erlangen-Nürnberg (1968 Prof.). Vors. FDP Erlangen - Zahlr. Fachaufs.

ARNOLD, Erich

Dipl.-Ing., Geschäftsführer LURGI Ges. f. Mineralöltechnik mbH. Frankfurt - Gottfried-Keller-Str. 84, 6000 Frankfurt/M. 50 - Geb. 15. Febr. 1908 Lohhäuser.

ARNOLD, Fritz

Verlagslektor - Reventlowstr. 5, 8000 München 40 (T. 36 32 37) - Geb. 9. Sept. 1916 München, led. - Univ. München, Köln, Rom - 1947-50 Redakt. Ztschr. Prisma, 1952-55 Redakt. Ztschr. Perspektiven, zugl. Lektor S. Fischer Verlag, 1956-65 Lektor, Prok. (1960) u. Leit. (1962) Insel-Verlag, s. 1965 Lektor Carl Hanser Verlag - BV: Welt im Wort, Aufs. u. Rezens., 1987 - 1960 Mitgl. PEN-Zentrum BRD, Gründungsmitgl. Autorenbuchhandlung München - Spr.: Engl. - Eltern s. Hans A. (Bruder).

ARNOLD, Gottfried

Dr. jur., Rechtsanwalt, Mithrsg. Rhein. Post, MdB (s. 1961, CDU) - Leostr. 107, 4000 Düsseldorf-Oberkassel (T. 5 33 22) - Geb. 10. Febr. 1933 Düsseldorf (Vater: Dr.-Ing. E. h. Karl A., 1947-56 Ministerpräs. NRW; Mutter: Liesel, geb. Joeres), kath., verh. s. 1961 m. Irene, geb. Seifriz, 3 Kd. (Karl, Stephanie, Phillip) - Obersch. Biberach u. Görres-Gymn. D'dorf; Univ. Köln u. München (Rechts- u. Staatswiss.). Promot. 1959; Ass.ex. 1960 - Spr.: Engl.

ARNOLD, Günther

Dr. med., o. Prof. Direktor des Institutes für Experimentelle Chirurgie d. Chirurgischen Klinik u. Poliklinik d. Univ. Düsseldorf - Universitätsstr. 1, 4000 Düsseldorf; priv.: Peckhauserstr. 31, 4020 Mettmann 2.

ARNOLD, Hans

Dr. phil., Botschafter a. D. - Heft, 8201 Riedering/Obb. - Geb. 14. Aug. 1923 München (Vater: Karl A., Karikaturist; Mutter: Anne-Dora, geb. Volquardsen), verh. s. 1954 m. Karin, geb. Freiin v. Egloffstein, 3 Kd. (Alix, Katrin, Stephanie) - Stud. d. Phil., Psychol., German. - Zun. Journalist München; s. 1950 Ausw. Amt, Ausl.posten: 1952-55 Paris, 1957-61 Washington, 1968-72 Botschafter Den Haag, 1961-68 u. 1972-77 Zentrale Bonn (Leit. Kulturabt.), 1977-81 Botschafter Rom (Quirinal), 1981-82 Chefinspekteur Ausw. Dienst, 1982-86 Ständ. Vertr. d. Bundesrep. Deutschl. b. d. Vereinten Nationen u.a. intern. Org. in Genf; ab 1987 Ruhestand - BV: Kulturexport als Politik?, 1976; Ausw. Kulturpolitik, 1980 - Spr.: Engl., Franz., Ital., Niederl.

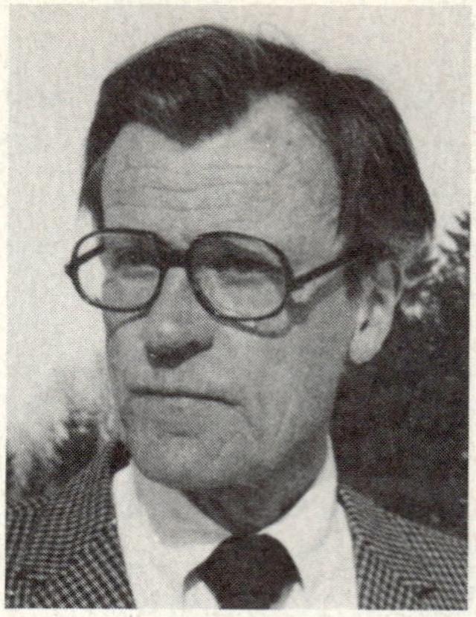

ARNOLD, Hans

Dr. rer. oec., Dipl.-Kfm., Bankdirektor Dresdner Bank AG - Zu erreichen üb. Dresdner Bank, Königstr. 9, 7000 Stuttgart - Geb. 5. März 1932 Stuttgart, kath., verh. s. 1961 m. Lieselotte, geb. Bechtel, 2 Kd. - Stud. Univ. Saarbrücken (Dipl.-Kfm. 1960, Promot. 1964) - 1965 Akad. Rat; 1980 Bundesvereinig. dt. Arbeitgeberverb. (Vors. Arbeitskr. Hochsch./Wirtsch.) - BV: Risikentransformation (Diss.), 1964; Risikentransformation, HWF, 1976.

ARNOLD, Hans R.

Dr. med., o. Prof. f. Neurochirurgie Med. Univ. Lübeck - Weberkoppel 54, 2400 Lübeck (T. 0451 - 59 46 39) - Geb. 12. April 1938, verh. s. 1964 m. Dr. med. Heike, geb. Renken, 2 Söhne (Rüdiger, Martin) - 1955-60 Med.stud. Jena u. Erfurt. 1967 Arzt f. Chir., 1973 Arzt f. Neurochir., 1982 Priv.-Doz. Hamburg - 1986 o. Prof. f. Neurochir. Lübeck.

ARNOLD, Hans-Joachim

Dr. rer. nat., o. Prof. f. Mathematik Gesamthochschule Duisburg (s. 1973) - Am Maashof 43, 4100 Duisburg 29 - Geb. 31. März 1932 Berlin (Vater: Willy A., Fabr.; Mutter: Luci, geb. Jahnke), ev. led. - Univ. Hamburg (Math.) Promot. 1965 Hamburg; Habil. 1970 Bochum - Zul Wiss. Rat u. Prof. Univ. Bochum - BV: D. Geometrie d. Ringe im Rahmen allg. affiner Strukturen, 1971. Div. Einzelarb. 1970 Carl-Christiansen-Gedächtnispreis - Spr.: Engl.

ARNOLD, Heidwolf

Dr. med., Prof., Facharzt f. Innere Medizin u. Hämatologie, Chefarzt d. Inn. Abt. d. Diakoniekrkhs. Freiburg (s. 1987) - Dorfgraben 19, 7800 Freiburg-Munzingen - Geb. 31. März 1937 Homberg Ohm, ev., verh. s. 1963 m. Christa, geb. Bernbeck, 2 Kd. (Heidwolf, Friederike) - Promot. 1963 Marburg; Habil. 1973 Freiburg - S. 1973 Lehrtätigk. Univ. Freiburg (1977 Prof.). Üb. 200 Facharb., bes. aus Hämotol. u. Onkol. - 1971 Ludwig-Heilmeyer-Med.; 1972 Preis Wiss. Ges. Freiburg.

ARNOLD, Heinz Ludwig

Schriftsteller, Herausg. u. Gründer Literaturztschr. Text + Kritik - Levelingstr. 6a, 8000 München 80; priv.: Tuckermannweg 10, 3400 Göttingen (T. 0551 - 5 61 53) - Geb. 29. März 1940 (Vater: Heinz A., Bundesanw. a. D.; Mutter: Elisabeth, geb. Weinreich), verh. m. Christiane, geb. Freudenstein, T. Hannah - Abit. u. Univ.-Stud. - 1971-85 Lehrauftr. f. Lit.kritik Univ. Göttingen - BV: Ernst Jünger (monogr.), 1966; Brauchen wir noch d. Literatur?, 1972; Friedrich Dürrenmatt: Gespräche m. H. L. A., 1976; Tagebuch e. Chinareise, 1978; Herausg. u. a.: Gruppe 61 (1971); Literaturbetr. i. Dtschld. (1971, Neuaufl. 1981); Deutsche üb. d. Deutschen - Auch e. dt. Lesebuch (1972); Grundzüge d. Lit.- u. Sprachwiss. (1973); D. Lesebuch

d. 70er Jahre (1973); Wolf Biermann (1975, Neuaufl. 1980); Dt. Bestseller - Dt. Ideologie (1975); Arbeiterlit. in d. Bundesrep. Deutschl. (m. Ilsabe Dagmar Arnold-Dielewicz, 1975); Gespr. m. Schriftst. (1975); Autorenbücher (m. E.-P. Wieckenberg, 1976ff.); Handb. z. deutschen Arbeiterliteratur (1977); Kritisches Lexikon z. deutschsprach. Gegenwartslit. (Loseblattsamml. u. Forts., 1978ff.); Als Schriftst. leben - Gespr. (1979); Krit. Lex. z. fremdsprach. Gegenwartslit. (Loseblattsamml. u. Forts., 1983ff.); Allerlei Lust, 100 erot. Ged. (1986); V. Verlust d. Scham u. d. allmählichen Verschwinden d. Demokratie (1988) - Mitgl. PEN-Zentrum BRD u. Verb. dt. Schriftst.

ARNOLD, Karl

Kaufmann, Vors. Verb. Dt. Nähmaschinenhändler, Bielefeld - Wittgasse 10, 8390 Passau.

ARNOLD, Karl Heinz

Auktionator, Leiter Auktionshaus Arnold, Frankfurt (s. 1952), Konsul d. Republik Haiti f. d. Land Hessen (s. 1980) - Bleichstr. 42, 6000 Frankfurt/M. (T. 28 31 39, 28 27 79) - Geb. 26. Juli 1928 Frankfurt (Vater: Karl A., Auktionator; Mutter: Anna, geb. Schanz) - Stud. Kunstgesch. (Dtschl. Ägypten, USA) - 1959ff. Vors. Landesverb. Hessen u. 1968ff. Vorstandsmitgl. Bundesverb. Dt. Auktionatoren, 1975ff. Vorstandsmitgl. China-Inst. Univ. Frankfurt/M.; 1983ff. Vorstandsmitgl. Dt. Rotes Kreuz, Bezirksverb. Frankfurt, 1986ff. Handelsrichter Landgericht Frankfurt am Main. Vereidigter Auktionator. Gründer u. Leit. Museum f. Kunst in Steatit, Frankfurt - Spr.: Engl.

ARNOLD, Klaus

Prof., Graphiker, Rektor Kunstakad. Karlsruhe - Haus Nr. 12, 6901 Grein b. Neckarsteinach - S. Jahren Lehrtätigk. Kunstakad. Karlsruhe (Prof. u. Leit. Kl. f. Fr. Graphik).

ARNOLD, Klaus

Geschäftsführer GWS Stadtwerke Hameln GmbH (s. 1980) - Hafenstr. 14, 3250 Hameln 1 (T. 05151 - 78 82 00) - Geb. 21. März 1942 Hameln, ev., verh. - Banklehre; gehobk. Bankdst. Dt. Bundesbank - B. 1980 Bankamtsrat. S. 1973 Abg. Kreistag Hameln-Pyrmont; s. 1986 Landrat Kreis Hameln-Pyrmont.

ARNOLD, Ludwig

Dr. rer. nat., Prof. f. Mathematik unt. bes. Berücks. d. Wahrscheinlichkeitstheorie u. Statistik - Richard-Dehmel-Str. 56, 2800 Bremen - Geb. 30 . April 1937 Effelder/Thür. - Promot. 1965; Habil. 1969 - BV: Stochast. Differentialgleichungen, 1973 (auch engl. u. ungar.). Üb. 60 Einzelarb., 3 Proceed.-Bde.

ARNOLD, Martin Michael

Dr. med., o. Prof. Univ. Tübingen, Vorstand Wiss. Beirat Bundesärztekammer (s. 1986) - Im Tannengrund 1, 7400 Tübingen 4 (T. 07472 - 71 08) - Geb. 27. Dez. 1928 Mainz, verh. s. 1963 (Ehefr. Gertrud), 4 Kd. (Martina, Christiane, Ursula, Michael) - Stud. Göttingen, Freiburg, Düsseldorf (Staatsex. 1955; Promot. 1956; Habil. 1965) - S. 1969 Vorst. Ges. f. Histochemie, s. 1985 Mitgl. u. s. 1988 Vors. Sachverständigenrat d. Konzertierten Aktion im Gesundheitswesen, Fachmitgl., u. a. Royal Microscopical Soc. - BV: Histochemie, 1968; Medizin zw. Kostendämpfung u. Fortschritt, 1986; D. Arztberuf. E. Einf. in d. Studium u. in d. Probl. d. Med. f. d. Arzt v. morgen, 1988 - Spr.: Engl.

ARNOLD, Od

Prof. f. Baukonstruktion u. Baugesch. Techn. Fachhochschule Berlin, Dipl.-Ing., Architekt, Bausachverst. (ö.b.u.v) - Quermatenweg 7, 1000 Berlin 37 - Geb. 14. Nov. 1927 Eisleben - Bes. Bauten u.a.: Kunsteisbahnen (Eisstadien), Kind.-Tagesstätten, Kinderheime, Kinder-Klinik Berlin-Wedding (AG m. G. Zabre), Industriebauten, Verkehrsbauprojekte, Centre Cité Foch Hermsdf. (AG m. G. Grasme).

ARNOLD, Otto Heinrich

Dr. med., em. o. Prof. u. Direktor Med. Klinik Klinikum Univ. Essen - 7753 Allensbach-Hegne - Geb. 23. April 1910 Heidelberg (Vater: Edgar A., Richter; Mutter: Marianne, geb. Knorr), verh. s. 1977 m. Barbara, geb. Röhrig - 1944-63 Doz. u. apl. Prof. (1953) f. Innere Med. Univ. Heidelberg; zul. Chefarzt Städt. Krkhs. Leverkusen u. Dir. Med. Klinik Klinikum Essen. Üb. 100 Publ. - Bek. Vorf.: Prof. Friedrich (Anatom) u. Julius A. (Pathologe), bde. Heidelberg - Spr.: Engl.

ARNOLD, Rainer

Dr. jur. utr., Prof. f. Öfftl. Recht, insb. Ausl. Öfftl. Recht, Rechtsvergleich., Wirtschaftsverw.srecht u. Recht d. Europ. Gemeinsch. - Wolfsteiner Str. 14, 8400 Regensburg - Geb. 22. Okt. 1943 Marienbad - Promot. 1968 - S. 1973 (Habil.) Univ. Würzburg u. Regensburg (Ord.). Bücher u. Aufs.

ARNOLD, Rudolf

Fabrikant, Inh. Rudolf Arnold KG u. ARO-Leuchten GmbH, Borken, Ehrenvors. Verb. Lampenschirm, Wohnraumleuchten u. Zubehör, Frankfurt/M. - Nordring 43, 4280 Borken/W.

ARNOLD, Tim

(Ps. Till Pfeifer, Franz Franzen, Gustav Told), Geschäftsführender Redakteur, Chefredaktion Neue Westfälische, Bielefeld - Wertherstr. 8, 4800 Bielefeld 1 (T. 0521 - 12 42 40) - Geb. 5. Sept. 1941 Königsberg/Ostpr., ev., ledig - Reporter, Redakt. u. Pressesprecher in Berlin, Bremen, Düsseldorf (Min. f. Arbeit, Gesundh. u. Soziales), Münster u. Bielefeld - BV: Abgründe - Makabre Gesch., 1983. Erz. u. Ged. in Anthol. u. Ztschr.; Fernsehfilme u. Funkbeitr.

ARNOLD, Udo

Dr. phil., Univ.-Prof., Historiker, Präs. Intern. Hist. Kommiss. z. Erforschung d. Dt. Ordens, Vors. Hist. Kommiss. f. ostu. westpreuß. Landesforschung - Eichener Str. 32, 5358 Bad Münstereifel-Houverath (T. 02257 - 6 71) - Geb. 6. Sept. 1940 Leitmeritz (Vater: Richard A., Lehrer; Mutter: Ilse A., Lehrerin), verh. s. 1972 m. Gisela, geb. Haffmanns, T. Ulrike - Gymn.; Univ. Bonn (Gesch., Osteur. Gesch., German., Musikwiss., Kunstgesch., Jura), Promot. 1967, Habil. 1975 - 1968-69 Leit. Zentralarchiv d. Dt. O. Wien, s. 1978 apl. Prof. PH Rhld., Abt. Bonn, s. 1980 Univ. Bonn, Lehrst. - Vertr. Univ. Hann. (1978-80) - BV: Studien z. preuß. Historiograph. d. 16. Jhs., 1967, Scriptores rerum Prussicarum VI, 1968, D. Dt. Orden (m. M. Tumler), 4. A. 1986 - 1977 Ehrengabe z. Georg Dehio-Preis.

ARNOLD, Walter

Oberkirchenrat Ev. Landeskirche in Württ. (s. 1973; Ref.: Ökumene/Mission) - Gänsheidestr. 2, 7000 Stuttgart 1 - Geb. 1929 Stuttgart - Stud. Theol. - 1959-64 Gemeindepfr. Ludwigsburg; 1964-73 Generalsekretär Gesamtverb. Christ. Verein Jg. Männer in Dtschl., Kassel - BV: Biogr. üb. F. W. Raiffeisen: Einer f. alle - alle f. einen - 1977-81 Präs. CVJM-Weltbund, Genf, 1983 Mitgl. Zentralaussch. ÖRK, Mitgl. Commission on Communication d. Luth. Weltbundes - 1973 Ehrenkr. in Gold Bd. Dt. Kath. Jugend.

ARNOLD, Werner

Dr. phil., Prof., Fachleiter Seminar f. Schulpädagogik Tübingen (Franz., Span.), Lehrbeauftr. Neuphilol. Fak./Univ. Tübingen - Im Brühl 37, 7409 Dußlingen - Geb. 18. Mai 1936 Heilbronn/N., verh. s. 1967 m. Irmgard, geb. Conrad, 3 Söhne (Lorenz, Hubert, Clemens) - Promot. 1960 - S. 1970 Prof. Tübingen - BV: Fachdidaktik Franz., 3. A. 1989 (Neub.); Aspects de la littérature française, 1979.

ARNOLD, Wolfgang

Dr. med., Dr. rer. nat., Prof. f. Forens. Toxikologie - Eckerkamp 96, 2000 Hamburg 65 - Geb. 3. Okt. 1915 Riesa/Elbe, ev., verh. s. 1950 m. Dr. med. Ruth, geb. Deckert (HNO-Ärztin), 2 Kd. (Thomas, Dagmar) - B. 1977 Privatdoz., dann Prof. f. Forens, Toxikologie Univ. Hamburg. Spezialgeb.: Forensische Toxikologie u. Analytik (Massen- u. IR-Spektrometrie, Immunologie), Verkehrsmed. - Üb. 115 wiss. Veröff., u. a. mehrere Handbuchbeitr., in d. letzen Jahren insb. zu verkehrsmed. Fragen sow. Rauschgift- u. Umweltprobl. - Mitgl. zahlr. wiss. Ges. Berat. Tätigk. im Beirat versch. wiss. Zss.

ARNOLD, Wolfgang

Dr. med., Prof. f. Innere Medizin u. Gastroenterologie Kliniken d. Fr. Hansestadt Bremen, Direktor Med. Klinik (s. 1982) - Rockwinkler Landstr. 47a , 2800 Bremen 33 - Geb. 8. Sept. 1942 Wiesbaden, kath., verh. s. 1969 m. Dr. med. Sylveli, geb. Hartmann, 2 S. (Rötger, Christoffer) - 1977-79 Sekr. d. Europ. Assoc. Study of the Liver (EASL); 1980 gew. Mitgl. IASL; 1980 Forsch.preis Klin. Gastroenterologie - 105 Fachveröff., 57 publ. Vortr.

ARNSWALD, Helmut

Redakteur Ztschr. Inspiration - Pappelweg 57, 7505 Ettlingen - Geb. 30. April 1938.

ARNTZ, Ernst Otto

Dipl.-Volksw., Leiter Akademie d. Diözese Hildesheim/St.-Jacobus-Haus - Reußstr. 4, 3380 Goslar/Harz - Kath.

ARNTZ, Helmut

Dr. phil., Prof., Vorsitzender Federation Intern. de Documentation, Komitee Sozial. u. Geschichte (s. 1958), Präs. Ges. f. Gesch. d. Weins (s. 1959), Dt. FID-Komitee (s. 1962) - Burg Arntz, 5340 Bad Honnef/Rhein (T. 23 53) - Geb. 6. Juli 1912 Bonn (Vater: Emil A., Landwirt; Mutter: Mimi, geb. Hähn), evangelisch, verh. s. 1941 m. Margot, geb. Knauer, 3 Kd. (Wolf-Eberhart, Achim, Astrid) - Univ. Köln, Gießen, Bonn (Vergl. Sprachwiss., Kulturgesch., German., Rechtswiss.). Promot. 1933; Habil 1935 - 1937-40 Lehrtätigk. Univ. Gießen (1940 o. Prof.). 1947-51 Gastprof. Univ. Köln. Emer. 1972. Veröff. üb. Sprachwiss., Schriftgesch., Runenkd., Wein - Liebh.: Kulturgesch. d. Getränke - Spr.: Engl., Franz., Niederl., Span.

ARNTZ, Johann Wilhelm

Dipl.-Ing., gf. u. pers. Gesellsch. Joh. Wilh. Arntz, Remscheid - Brüderstr. 53, 5630 Remscheid - Geb. 14. Aug. 1939 Remscheid, ev., verh., 3 Kd. - 1960-66 Stud. Dipl.-Wirtsch.-Ing. Th Darmstadt - Inh. Joh. Wilh. Arntz, Remscheid, Vorst. Fachverb. Werkzeugind.; 1. Vors. Forschungsverein Werkzeug - Spr.: Engl.

ARNTZ, Klaus H.

Dr. jur., Direktor Ruhrgas AG (Leit. Ber. Finanzierungen), Essen - Fuchsgrube 19, 4330 Mülheim - Geb. 2. Nov. 1931 Oberhausen/Rhld. - Stud. Rechts- u. Wirtschaftswiss. - Rechtsanwalt, Fachanw. f. Steuerrecht - Alternate Dir. and Treasurer Megal Finance Comp. Ltd; Alternate Dir. Trans European Natural Gas Pipeline Finance Comp. Ltd.; Mitgl. Außenhandelsaussch. IHK Essen; Beirat Soc. of Intern. Treasurers, London - Spr.: Engl., Franz., Ital. - Rotarier.

ARNTZEN, Friedrich

Dr. phil., forensischer Psychologe - Gilsingstr. 5, 4630 Bochum (T. 3 40 91) - Geb. 1. März 1914 (Eltern: Johannes (Regierungsrat) u. Katharina A.) - Univ. Münster (Promot. 1948) - BV: Psych. d. Zeugenaussage - Lehrb. d. forens. Aussagepsych., 1983; Begabungspsychologie, 1976; Vernehmungspsychologie, 1989; Elterl. Sorge - For. Fam. Ps. 1989.

ARNTZEN, Helmut

Dr. phil., Dipl.-Bibl., o. Prof. f. Neuere Dt. Literaturgeschichte - Am Schloßpark 21, 4403 Senden - Geb. 10. Jan. 1931 Duisburg (Vater: Otto A., Geschäftsf.; Mutter: Elisabeth, geb. Kröck), ev., verh. s. 1965 m. Regina, geb. Pienkny, T. Viola - Realgymn.; Stud. German., Gesch., Phil. Promot. 1957; Habil. 1967 - 1967 Privatdoz. FU Berlin; 1968 Ord. Univ. Münster. 1982 Gastprof. Ain-Shams-Univ. Heliopolis/Kairo; 1987 Max Kade Distinguished Prof. Univ. of Kansas, Lawrence - BV: Satir. Stil - Z. Satire R. Musils im Mann ohne Eigenschaften, 1960, 3. A. 1983; D. mod. dt. Roman, 1962. Herausg.: Gegen-Zeitung - Dt. Satire d. 20. Jh.s (1964); Kurzer Prozeß - Aphor. u. Fabeln (1966); D. ernste Komödie - D. dt. Lustsp. v. Lessing b. Kleist (1968); Lit. im Zeitalter d. Information (1971); Karl Kraus u. d. Presse (1975); Der Spiegel 28 (1972) (1977, m. W. Nolting); Musil-Komment. (1980); Musil-Komment. II (1982); Z. Sprache kommen (1983); D. Literaturbegriff (1984); Ernst Meister (m. J. P. Wallmann, 1985, 2. A. 1987); Lit. u. Presse - K.-Kraus-Std. (1975ff.); Literatur als Sprache (1982ff.); Komödiensprache (1988); Satire in d. dt. Lit., Bd. 1 (1989). Mithrsg.: Komedia - Dt. Lustsp. v. Barock b. z. Gegenw. (1962ff.) - 1971 Mitgl. PEN-Zentrum BRD; 1983 Musil-Med. Stadt Klagenfurt - Spr.: Engl., Franz. - Bek. Vorf.: Friedrich H. de Leuw, 1792-1861, Augenarzt (Trachombehandl.).

ARNZ, Alexander

Autor u. Regisseur - Sülzgürtel 58, 5000 Köln 41 (T. 0221 - 44 96 76) - Geb. 25. Aug. 1932 Rheydt/Rhld. (Vater: Karl A., Fabr.; Mutter: Trude, geb. Ulbert), 2 Söhne (Ben, Bob) - Gymn. Mönchengladbach; Univ. Münster (Ztg.wiss., Psych., Mus., Gesch.) - Regie- u. Cutterass. NWDR-Fernsehen; 1957 Zirkuspresse; 1958 Regiss. + Tagesschau Cutter NWRV; 1961 TV-Dir. KABC L. Angeles. Ab 1963 fr. Fernsehregiss. ARD + ZDF. Werbespots, Großveranstaltungen. Drehbücher f. Film u. Fernsehen. TV-Serien: Boyd Bachmann-Shows, Ohne Netz u. doppelten Boden, Nur nicht nervös werden, Vergissmeinnicht, Und Ihr Steckenpferd, Schaufenster Dtschl., Montagsmaler, Baden-Badener Roulett, Wetten dass, Nasowas, Nasiehste, Musik-Convoy, PiT, Bio's Bahnhof, Bei Bio, Mensch Meier, Zu Lande, zu Wasser u. in d. Luft, Roman. Kirchen, E. Abend f. ... - Liebh.: Afrika, Kochen, Musik - Spr.: Engl., Franz., Holl.

ARP, Erich

Minister a. D., Inh. Fa. Rode & Zerrath (Glashaus), Hamburg, MdHB - Pinneberger Chaussee 62, 2000 Hamburg-Eidelstedt (T. 57 97 85) - Geb. 21. Dez. 1909 Horneburg b. Stade, verh., 4 Kd. - Realgymn.; Univ. Hamburg u. Berlin (Phil., Päd., Rechtswiss., Volksw.) - B. 1933 Leit. Akad. Legion Berlin u. Vorst. Sozialist. Studentenschaft, dann vorübergeh. polit. Emigrant Niederl. (Amsterdam), n. Rückkehr kaufm. Angest., spät. Fabrikant chem.-techn. Ind. (Speisefette), Beteilig. Hambg. Widerstandsgruppe, ab 1945 Vorst.smitgl. mitbegr. SPD Schlesw.-Holst., MdK Pinneberg, 1946-50 MdL (b. Austritt 1949 SPD), 1946-48 (Rücktritt) Min. f. Aufbau bzw. Landw. u. Aufbau Schlesw.-Holst., 1961-75 Mitgl. Hbg. Bürgerschaft, Wiedereintritt SPD 1957, 1. Vors. d. Griffelkunst-Vereinig. - Herausg. Werkverz. d. Griffelkunst v. A. Paul Weber, 1981; 2. A. 1982.

ARP, Ferdinand

Dr. rer. nat., o. Prof. f. Allg. Elektrotechnik u. Theoret. Nachrichtentechnik Univ. GH Wuppertal/Fachber. Elektrotechnik (s. 1977) - Zillertaler Str. 23, 5600 Wuppertal 12 - Geb. 21. Juli 1928 Kiel (Vater: Ernst A., Beamter †; Mutter: Irma, geb. Schütte †), ev., led. - Humboldt-Sch. u. Univ. Kiel (Naturwiss.). Promot. 1957 (Physik); Habil. 1962 (Phys.) - 1968 apl. Prof.; 1969 Wiss.

ARP, Horst
Dr.-Ing., Prof. f. Technologie u. Didaktik d. Technik, Univ.-GH Wuppertal - Gaußstr. 20/FB 3, 5600 Wuppertal 1.

ARP, Klaus
Dirigent, Komponist, Chefdirigent Rundfunkorch. SWF, Kaiserslautern - Fliegerstr. 36, 6750 Kaiserslautern (T. 0631 - 6 90 77) - Geb. 2. April 1950 Soltau, verh. m. Ingeborg, geb. Bernerth.

ARSENIEW, von, Ludmilla

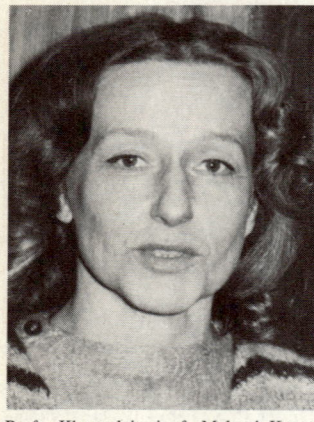

Prof., Klassenleiterin f. Malerei Kunstakademie Münster (1972ff.) - Scheibenstr. 109, 4400 Münster/W.; priv.: Leostr. 33, 4000 Düsseldorf 11 - Geb. 20. Aug. 1939 Wilna/Lit. (Eltern: Dr. Sergius (Rechtsphilosoph) u. Ariadne v. A.), russ.-orth. - Stud. Kunst, Roman., Phil. Düsseldorf, Saarbrücken, Hamburg, Köln. Staatsex. f. Kunsterzieher - S. 1965 fr. Malerin. Figurative Bilder - Katalog: Römische Bilder Museum Abtei Liesborn, 1987 - Spr.: Russ., Franz., Ital. - Lit.: Ludmilla v. Arseniew Arbeiten 1958-1980 (1980); Ulrika Evers, Dt. Künstlerinnen d. 20. Jh., Hamburg (1983).

ARTELT, Werner
Hauptgeschäftsführer IHK i.R. Wiesbaden - Nerotal 31a, 6200 Wiesbaden (T. 52 52 52) - Geb. 17. Aug. 1914 Berlin, verh. m. Annemarie, geb. Debusmann - Ausbild. Frankfurt/M. - S. 1946 IHK W'baden (1959 Hgf.). 1939-46 Kriegsdst. - Spr.: Engl. - Rotarier.

ARTHECKER, Wilhelm
Fabrikant, Gesellsch. ODS GmbH, Velbert, Mitinh. Heismann K.G., Velbert, Obernheimer Drehteile K.G., Obernheim - Uelenbeek 23, 5620 Velbert/Rhld. (T. 44 67) - Geb. 6. Febr. 1912 Lübbecke/W. - Spr.: Franz., Engl. - Rotarier.

ARTICUS, Peter
Dipl.-Kfm., Verkaufsdirektor, Mitglied d. Geschäftsleitung Stuttgarter Hofbräu AG, Stuttgart - Böblinger Str. 104, 7000 Stuttgart 1 - Geb. 16. Juni 1945, kath., verh. s. 1976 m. Ingrid, geb. v. Böttcher - Stud. Betriebsw. Univ. München, Staatsex. 1973 - 2 J. Bundeswehr (Ltn. d. Res.) - Spr.: Engl., Franz.

ARTL, Fritz
Bundesrichter a. D. - Bismarckstr. 2b, 7500 Karlsruhe - Geb. 19. Febr. 1902, kath., verh. - Zu. BGH, Karlsruhe - 1970 Gr. BVK - Spr.: Engl.

ARTMANN, Hans Carl
Schriftsteller - Zu erreichen üb.: Residenz-Verlag, Salzburg (Österr.) - Geb. 12. Juni 1921 Wien (Österr.) - BV/Ged.: Med ana schwoazzn Dintn, 1958; V. deren Husaren & c., 1959; Schnee auf e. heißen Brotwecken, 1964; Verbarium, 1966; Dracula Dracula, 1966; Grünverschlossene Botschaft - 90 Träume, 1966; Fleiß u. Industrie, 1967; D. Fahrt z. Insel Nantucket - Theater, 1969; Das im Walde verlorene Totem, 1970; R./Erz.: How much, Schatzi, 1971; D. aeronaut. Sindbart - Selts. Luftreise v. Niedercalifornien in. Crain, 1972; V. d. Wiener Seite, Gesch. 1973; D. Jagd nach Dr. U., 1977; Nachr. aus Nord u. Süd, 1978; D. Sonne war e. grünes Ei, 1982; Im Schatten d. Burenwurst, Erz. 1983. Übers. - 1974 Österr. Staatspreis, 1977 ao. Mitgl. Akad. d. Künste Berlin, 1977 Lit.-Pr. Stadt Wien; 1981 Verleih. d. Ringes Stadt Salzburg; 1981 Pr. f. Lit. Land Salzburg - Lit.: Klaus Reichert: Gramm. d. Rosen, Gesammelte Prosa, 3 Bde.

ARTMANN, Heinz
Dr. jur., Bankpräsident, 1985 i.R. - Königinstr. 15, 8000 München 22 - Geb. 28. Aug. 1919 Frankfurt/M., ev. - 1945-48 Univ. Erlangen (Rechtswiss.). Promot. 1950; II. jurist. Staatsprüf. 1952 - 1952-70 OFD Nürnberg (zul. Oberregierungsdir,); 1970-75 Bayer. Finanzmin. (zul. Min.dirig.); 1975-85 Bayer. Landesanstalt f. Aufbaufinanzierung (Präs.). Div. AR-Mandate, dar. Vors. Augsb. Kammgarn-Spinnerei u. ERBA AG, Mitgl. PWA Papierw. Waldhof-Aschaffenburg AG., München - 1980 Bayer. VO; 1984 BVK.

ARTUR, Georg
s. Oedemann, Georg A.

ARTUS, Hans-Gerd
Dr. phil., Prof. f. Theorie u. Praxis d. Sportunterrichts Univ. Bremen (s. 1973) - Loignystr. 34, 2800 Bremen - Geb. 14. Nov. 1939 Elbing/Westpr. - Promot. 1970 Gießen - Zul. Schulsport Hamburg (Abteilungsdir.) - BV: Jugend u. Freizeitsport - Ergebn. e. Befrag., 1974.

ARTZ, Wolfgang Hans

Pressesprecher, Generalbevollmächtigter Rosenthal AG (medicus) - Häusellohweg 19, 8672 Selb/Bayern (T. 09287 - 63 19) - Geb. 23. Juni 1931 Duisburg-Meiderich, kath., verh. s. 1958 m. Renate, geb. Grundmann, T. Frauke Kristiane - Gymn. Redaktionsvolontariat STERN u. Neue Ruhr Ztg. - 1951-59 Redakt. u. fr. Journ. Duisburger General Anzeiger, Neue Ruhr Ztg., Rhein. Post, Hannoversche Presse; Mitarb. Rundf. u. Fernsehen, u. a. f. Windrose u. D. Rasthaus; s 1959 Rosenthal AG, Pressesprecher, Leit. Abt. Presse u. PR, Kultur. Beziehungen; s 1966 Stadtrat Selb - BV: Selb-Porträt I, II u. III; Heitere b. besinnliche kommunale Verse - BVK; Silb. DPRG-Nadel (Dt. PR Ges.); Gold. Ehrennadel Dt. Journ.Verb.; Ausz. d. Bayer. Staatsmin. d. Innern f. langj. verdienstvolles Wirken in d. kommunalen Selbstverw.; Verdienstmed. d. Stadt Selb; Med. Kavalier d. Straße - Liebh.: Moderieren, Dichten, Klass. Musik, Jazz.

ARX, von, Katharina

Schriftstellerin - Zu erreichen üb. Kulturzentrum, Maison du Prieur, CH-1323 Romainmôtier (T. 024 - 53 13 92) - Geb. 5. April 1928 Olten/Schweiz, prot., verw., S. Frédérique - Hdls.-Dipl./ Stud. Akad. d. bild. Künste Wien - BV: Mein Luftschloß auf Erden, 1975; Als er noch da war, 1983; Mein L'schloß in Wolken, 1988; u.a. Tageb. - Div. Lit.- u. Förderpreise - Liebh.: Textile Architektur - Spr.: Engl., Franz., Ital.

ARZT, Gunther
Dr. jur., LL. M., o. Prof. f. Straf-, prozeßrecht u. Kriminologie - Heckenweg 7, CH-3066 Stettlen - 4. Okt. 1936 Tübingen (Vater: Herbert A., Baudir.; Mutter: Martha, geb. Bauer), ev., verh. s. 1966 m. Marian, geb. Wright - Univ. Tübingen (1955-1959; Promot. 1962) u. Berkeley/USA (1964-65; LL. M. 1965). Ass.ex. 1963 - S. 1969 (Habil.) Univ. Tübingen (Privatdoz.) u. Göttingen (1970 o. Prof.), 1975-81 Erlangen (1981 Bern - BV: D. Ansicht aller billig u. gerecht Denkenden, 1962 (Diss.); D. befangene Strafrichter, 1969; D. strafrechtl. Schutz d. Intimsphäre, 1970 (Habil.schr.); Willensmängel b. d. Einwilligung, 1970; D. strafrechtl. Fallbearbeitung, 4. A. 1984; D. Ruf nach Recht u. Ordnung, 1976; Strafrecht, Bes. Teil, in 5 Heften (m. U. Weber) s. 1977 in versch. Aufl.; Einf. in d. Rechtswiss. 1987. Mitarb.: Alternativentwurf e. Strafgesetzb. - Spr.: Engl.

ASAM, Walter
Dr. jur., Rechtsanwalt, Landrat a. D. - Kantstr. 4, 8898 Schrobenhausen 1 (T. 08252 - 44 04) - Geb. 18. Okt. 1926 Augsburg (Vater: Lorenz A.), kath., verh. s. 1956 m. Gertrud, geb. Huber, 3 Kd. (Waltraud, Claudia, Walter-Gerd) - 1947-51 Univ. München (Promot. 1957). Ass.ex. 1955 - 1944-46 Wehrdst. u. Kriegsgefangensch.; 1955-57 Regierungsass.; 1957-61 Regierungsrat; 1961-84 Landrat Kr. Schrobenhausen bzw. Neuburg-Schrobenhausen (1972) - 1972 Verdienstmed. in Gold d. Landkr. Schrobenhausen; 1979 Bayer. Verdienstmed. in Silber f. Kommunalpolitik; 1981 BVK I. Kl.; 1983 Dt. Feuerwehrmed. in Gold.

ASAM, Walter
I. Bürgermeister Stadt Grafenwöhr - Rathaus, 8484 Grafenwöhr/Opf. - Geb. 29. Aug. 1923 Grafenwöhr - Zul. Verwaltungsangest. SPD.

ASANG, Ernst
Dr. med., Prof., Chirurg - Post Anzing, 8011 Purfing - Geb. 27. März 1925 München - Promot. (1951, Univ.) u. Habil. (1971, TU) München - S. 1977 apl. Prof. TU München (Chir.), 1. Vors. Intern. Arbeitskr. Sicherheit b. Skilauf BV (Mitverf.): Skitelemetrie, 1984. Zahlr. Einzelarb. (z. T. d. Sport betr.); div. Filme.

AŠANIN, Miodrag
Schriftsteller - Schellingstr. 58, 8000 München 40 (T. 089 - 272 33 79); priv.: Landsberger Str. 55, 8034 Germering 1 (T. 089 - 84 27 24) - Geb. 20. April 1930 Šahovići (Montenegro) (Vater: Radosav A.; Mutter: Andja, geb. Kljaić), orth., verh. s. 1955 m. Zdenka, geb. Pakšec, 3 Kd. (Gazela, Goranka, Dušan) - Schule u. Univ. Prag, Zagreb u. München - 1957-78 Reporter u. Redakt., Hauptredakt. u. Dir. bei versch. Ztg. in Zagreb u. Belgrad, s. 1972 in BRD, Inh. e. klass. Antiquariats, fr. Schriftst. - Zahlr. Buchveröff. s. 1957 in Muttersprx.; Übers. tschech. u. slowak. Lit. - 1963 I. Preis Fond Otokar Keršovani f. e. Buch; Preis d. kroat. Journ.-Verb. f. d. beste Chronik 1961/62 - Liebh.: Schach, Tennis - Spr.: Deutsch, Tschech., Russ. (Engl., Ital., Poln.) - Lit.: Versch. Nachschlagew. (Who's who in Western Europe; Five Thousand Personalities of the World; Autoren Lex. Jugoslawien; u. a.).

ASBACH, Hans Helmut
Dipl.-Kfm., Fabrikant, pers. haft. Gesellsch. Asbach & Co. KG., Rüdesheim, Geschäftsf. J. B. Sturm GmbH. ebd. - Bahnhofstr. 9, 6220 Rüdesheim/Rh. (T. 23 02) - Geb. 13. April 1924 Rüdesheim (Vater: Hermann A., Fabr.; Mutter: Rita, geb. Klein), kath., verh. s. 1952 m. Lydia, geb. Stöhr, 3 Kd. (Cornelia, Dieter, Alexander) - Univ. Frankfurt/M. - Liebh.: Reit- u. Wassersprot, Skilaufen, Musik - Spr.: Franz., Engl. - 1976 Brillat-Savarin-Plak. - Mitgl. Lions-Club.

ASBACH, Reinhard
Fabrikant, pers. haft. Gesellsch. Asbach & Co. KG - Bahnhofstr. 5, 6220 Rüdesheim/Rh..

ASBECK, Otto W.
Dr. Ing., Vorstandsmitglied Metallges. AG, Frankfurt/M. (s. 1973), Vorst.-Vors. Kolbenschmidt AG, Neckarsulm - Seedammweg 56, 6380 Bad Homburg v. d. H. - Geb. 1. Febr. 1929 Schwelm, verh. (Ehefr.: Ingrid), S. Thomas - TH Aachen. Promot. 1962 TU Clausthal.

ASCHAUER, Henning
Geschäftsführer Verb. Dt. Geigenbauer - Zu erreichen üb. Verb. Dt. Geigenbauer, Breite Str. 99, 5000 Köln 1.

ASCHE, Sigfried
Dr. phil., Prof., Kunsthistoriker - Mülhauser Str. 5, 7813 Staufen (T. 73 73) - Geb. 26. Juni 1906 Dresden (Vater: Ernst A., Ziseleur; Mutter: Johanne, geb. Schwinghoff), ev.-luth., verh. s. 1953 m. Johanna, geb. Herrmann, 2 Kd. (Christiane-Ulrike, Matthias-Wolfram) - Kreuz-Gymn. Dresden; TH ebd., Univ. Wien u. Leipzig (Gesch., Kunstgesch., Archäol., German., Phil.). Promot. 1931 - 1932-36 Leit. Kg.-Albert-Museum Zwickau; 1936-43 u. 1947-51 Dir. Städt. Kunstsamml. Görlitz; 1943-44 Dir. Kunstgewerbe- u. Stadt. Museum Prag; 1951-52 Dir. Skulpturen-Abt. Staatl. Museen Berlin; 1952-60 (Flucht) Dir. Wartburg-Stiftg. Eisenach - BV: Peter Breuer, (Kat.) 1936; Schneeberg/Sa., 1932; Malerei u. Graphik d. Oberlausitz, 1938; Wilhelm Wagenfeld, 1939; D. Wartburg u. ihre Kunstwerke, 1954 (5. A.); D. Wartburg, 1956 (3. A.); 3 Bildhauerfamilien a. d. Elbe - 8 Meister d. 17. Jh.s u. ihre Werke in Sachsen, Böhmen u. Brandenburg. 1961; D. Wartburg - Gesch. u. Gestalt, 1962; Permoser u. d. Barockskulptur d. Dresdner Zwingers, 1966; Balthasar Permoser, Leben u. Werk, 1978; Neuherausg.: Wilhelm v. Kügelgen, Jugenderinn. e. alten Mannes, 1963 - 1966 Georg-Dehio-Preis - Spr.: Franz., Ital.

ASCHEID, Reiner
Richter Bundesarbeitsgericht Kassel (s. 1986) - Schaumburger Str. 53, 6252 Diez (T. 06432 - 33 80) - Geb. 9. Sept. 1935, kath., verh. m. Rita, geb. Zenner, 2 Kd. (Barbara, Peter) - Gymn. Limburg (Abit. 1956); Stud. Rechtswiss. Univ. Mainz, Frankfurt u. München; 1. jurist. Staatsprüf. 1959 u. 2. jurist. Staatsprüf. 1963 Mainz - B. 1969 Tätigk. LG Koblenz, b. 1974 Staatskanzlei Rhld.-Pfalz,

Mainz, b. 1984 LG Koblenz, b. 1986 LAG Rhld.-Pfalz, s. 1986 s.o. Mitgl. Landesprüfungsamt f. Juristen b. Min. d. Justiz Land Rhld.-Pfalz, Mainz (s. 1971) - Liebh.: Musik, Gesch. - Spr. Engl.

ASCHENBACH, Helmut

Gartenbauingenieur, Floristmeister, 1. Vors. Fachverb. Dt. Floristen - Fercherstr. 22, 1000 Berlin 37 - Geb. 14. Mai 1932 Berlin (Vater: Hans A., Gärtner; Mutter: Christine A.), ev., verh. s. 1959 m. Hedem, geb. Schulz, 4 Kd. (Peter, Bernd, Christiane, Julia) - Lehre; Gartenbaustud. (Gartenbauing.); Floristm. - AR-Vors. Förderungsgemeinsch. d. Floristen - Spr.: Engl., Franz.

ASCHENBRENNER, Reinhard

Dr. med., Dr. med. h. c., Prof., Internist - Polostr. 21, 2000 Hamburg 52 (T. 82 82 42) - Geb. 15. Juni 1906 München - Habil. 1938 - Zul. Ärztl. Dir. Allg. Krkhs. Hamburg-Altona. S. 1944 apl. Prof. Univ. Hamburg (Innere Med.). Div. Fachmitgliedsch. 1969 ff. Vors. Arzneimittel-Kommiss. d. Dt. Ärzteschaft. Rund 130 wiss. Veröff. Mithrsg.: Ztschr. D. Internist (1959 ff.) - 1944 Martini-Preis Univ. Hamburg; 1972 Ehrenmitgl. Dt. Ges. f. Inn. Med.; 1967 Mitgl. Dt. Akad. d. Naturforscher (Leopoldina), Halle/S.; 1971 E. v. Bergmann-, 1973 F. v. Müller-Plakette; Paracelsus-Med. d. Deutsch. Ärzteschaft, 1977.

ASCHENBRENNER, Viktor

Dr. phil., Oberregierungsrat a.D., Schriftsteller - Rückertstr. 6, 6200 Wiesbaden - Geb. 1. Sept. 1904 Außig/Elbe - S. 1958 Herausg. u. Redakt. Vierteljahreszeitschr. Sudetenland - BV: Du mein Sudetenl., 1950; Sudetenl., 1958 u. 78; Fruchtbares Erbe, 1974; R. M. Rilke - E. dt. Dichter aus Böhmen, 1976; Sudetend. Kulturleistungen, 1978; Deutschböhmen in alten Ansichtskarten, 1981; Goethe in Böhmen, 1982; Böhmen, Herrland Europas - 1976 Sudetend. Kulturpreis; 1985 Pro-Arte-Med. Künstlergilde Esslingen.

ASCHER, Felix

Dr. med. dent., em. Prof. für Kieferorthopädie - Thomas-Mann-Allee 2, 8000 München 80 (T. 98 11 05 u. 53 26 57) - Geb. 21. Mai 1907 Großkunzendorf/OS. - Habil. 1936 Königsberg - S. 1948 Lehrtätigk. München (1950 Honorarprof., 1954 ao., 1969 o. Prof.). Facharb. - 1969 Ehrenmitgl. Dt. Ges. f. Kieferorthop.; Membre associe-; e-;tranger d. Acad. Dentaire; Mitgl. d. Club Intern. de Morphologie Faciale.

ASCHER, Paul

Dr. phil., Prof. f. Pädagogik Erziehungswiss. Hochschule Rheinland-Pfalz/Abt. Koblenz - Marienstr. 19, 5500 Trier-Zewen - Geb. 10. Jan. 1927 Dresden - Zul. Doz. Trier.

ASCHERSLEBEN, Karl

Dr. rer. nat., Dipl.-Psych., Prof. f. Allg. Didaktik u. Schulpäd. Univ. Bielefeld - Hermannstr. 57, 4811 Oerlinghausen (T. 05202-39 42) - Geb. 14. März 1936 Clausthal-Zellerfeld/Harz, ev.-luth., verh. s. 1959 m. Gisela A., geb. Bellach, 2 Kd. (Tejas, Gisa) - Lehrerprüf. 1959, Dipl. u. Promot. (Psych.) Braunschweig - S. 1973 PH/Univ. Bielefeld, 1975 Lehrbeauftr. Musikakad. Detmold - BV: Einf. in d. Unterrichtsmeth., 1979; Motivationsprobl. in d. Schule, 1977; Handlexikon d. Schulpäd., 1979 (zus. m. M. Hohmann); Didaktik, 1983; Mod. Frontalunterr., 1986 - Spr.: Engl., Franz., Latein.

ASCHFALK, Bernd

Dr. rer. pol., Prof. f. Betriebsw. Steuerlehre TU Berlin - Arnheidstr. 11a, 1000 Berlin 28.

ASCHOFF, Jürgen

Dr. med., Prof., Physiologe - Jacobistr. 29, 7800 Freiburg i. Br. (T. 0761 - 3 72 95) - Geb. 25. Jan. 1913 Freiburg (Vater: Prof. Dr. med. Ludwig. A., Anatom u. Pathologe † 1942 (s. X. Ausg.); Mutter: Clara, geb. Dieterichs), ev., verh. m. Hilde, geb. Jung, 6 Kd. (Sabine, Christoff, Ulrike, Annette, Andreas, Florian) - Gymn. Freiburg; Univ. Bonn u. Freiburg - 1947 komm. Leit. Physiol. Inst. Univ. Würzburg, 1949 apl. Prof. Univ. Göttingen, 1953 stv. Dir. Inst. f. Physiol. Max-Planck-Inst. f. med. Forsch., Heidelberg, 1958 Abt.sleit. MPI f. Verhaltensphysiol., Andechs (emiert. 1981), 1961 apl. Prof. Univ. München. Wiss. Mitgl. Max-Planck-Ges. u. Dt. Akad. d. Naturforscher (Leopoldina). Spez. Arbeitsgeb.: Biol. Rhythmen. Fachveröff. - Bruder Volker A.

ASCHOFF, Jürgen C.

Dr. med., Prof., Leiter d. Ambulanz, Abt. Neurologie Univ. Ulm (s. 1969) - Fabristr. 13, 7900 Ulm/Donau - Geb. 12. Juli 1938 Berlin - Promot. 1964 Freiburg/Br. - S. 1973 (Habil.) Prof. f. Neurol. u. Neurophysiol. Univ. Ulm. S. 1975 Vorst. Ärztekammer Südwürtt. Üb. 100 Fachveröff., 4 Fotobücher: Fernweh, 1982; Bilder gegen Kopfweh, 1984; Immer wieder Himalaja, 1985; Magie d. Pflanzen, 1987; Asienbuch: Tsaparang, 1987; Westtibet, 1989. Herausg.: Therapie Extrapyramidal. Erkrank. (1982). Übers.: Sacks Migräne - Liebh.: Fotogr., asiat. Kunst u. Religion.

ASCHOFF, Volker

Dr.-Ing., o. Prof. f. Elektr. Nachrichtentechnik (emerit.) - Tannenweg 5, 7744 Königsfeld 3 (T. 07725 - 74 84) - Geb. 14. Juni 1907 Freiburg/Br., ev., verh., s. 1936 m. Wiebke, geb. Jantzen, 4 Kd. - TH Danzig u. Karlsruhe (Promot. 1936). Habil. 1942 TH Berlin - 1933-36 Hochschulasst., ab 1937 Ind.tätigk., 1950 bis 1975 Ord. u. Inst.sdir. TH Aachen (1964-65 Rektor). 1969-72 Vorstandsvors. Dt. Versuchsanstalt f. Luft- u. Raumfahrt, Porz - 1972 Gr. BVK - Rotarier - Eltern s. Jürgen A. (Bruder).

ASEMISSEN, Hermann Ulrich

Dr. phil., Prof., Hochschullehrer - Bärenreiterweg 3, 3500 Kassel - Geb. 1. November 1920 Berlin, verh. s. 1953 m. Ilse, geb. Kegel, Tocht. Ulrike - Univ. Hamburg u. Göttingen (Phil., Psych., Soziol.; Promot. 1953) - 1952-55 ltd. Redakt. Dt. Univ.s-Ztg.; 1956-58 Stip. Dt. Forschungsgem. u. wiss. Tutor f. Phil. Göttingen; s. 1960 Prof. Hochsch. f. bild. Künste (1963 ff. Dir.) bzw. GH Kassel (Ord. f. Phil. Anthropologie u. Ästhetik/Fachber. Kunst) - BV: Strukturanalyt. Probleme d. Wahrnehmung, 1957; Las Meninas von Diego Velazquez, 1981; Jan Vermeer, D. Malkunst, 1988 - Bundesverdienstkreuz 1. Kl. 1980 - Spr.: Engl., Franz.

ASENBECK, Nikolaus

Landwirt, MdL Bayern (s. 1970) - 8261 Zangberg/Obb. (T. 08636 - 5 30) - Geb. 1930 - CSU - 1980 Bayer. VO.

ASHAUER, Günter

Dr. rer. pol., Dipl.-Hdl., Dipl.-Kfm., Prof., Leiter Dt. Sparkassenakad., Bonn (s. 1973), Honorarprof. Univ. Köln (s. 1974) - Im Blümeling 27, 5340 Bad Honnef 1 - Geb. 22. Juni 1934 Frankfurt/M. (Vater: Heinrich A., Gießereiarb.; Mutter: Lina, geb. Reisser), verh. s. 1961 m. Ursula, geb. Allendorff, 3 Kd. (Ulrike, Annette, Michael) - 1951-53 Lehre Effectenbank; 1954-56 Goethe-Abendgymn.; 1956-60 Stud. Wirtschaftswiss. u. -päd. (alles Frankfurt). Promot. 1965 Frankfurt - 1963-69 Studien- u. Oberstudienrat Sparkassensem. Frankfurt/Hess. Verwaltungsschulverb.; 1969-70 Studienleit. Lehrinst. f. d. komm. Sparkasse- u. Kreditwesen Bonn; 1970-73 o. Prof. PH Köln (Wirtschaftswiss. u. Didaktik d. Wirtschaftslehre) - BV: u. a. Grundwissen Wirtschaft, 9. A. 1988; Audiovisuelle Medien, 1980; Fachbegriffe d. Wirtsch.päd., 3. A. 1987. Herausg.: Berufsausbild. Bankkfm. (27 Bde. 1975-88). Mithrsg.: Blickpunkt Unterricht (1976).

ASHKENASI, Abraham

Ph. D., Prof. f. Intern. Politik u. Vergl. Lehre FU Berlin (Inst. f. Intern. Politik u. Regionalstud.) Biesalskistr. 5, 1000 Berlin 37.

ASHLEY, Helmuth

Prof., Regisseur - Prinzregentenstr. 11a, 8000 München 22 (T. 22 58 91) - Geb. 17. Sept. 1925 Wien, kath., verh. in 3. Ehe (1983) m. Benny, geb. Benghauser - Realgymn. (Abit.) u. Graph. Staatslehr- u. Versuchsanst. (Abt. Photogr.) Wien - Langj. Kameramann (Filme: u. a. Duell m. d. Tod, Dämon, Liebe, Solange du da bist, Sauerbruch, Hanussen, Alibi, Regime, Kitty u. d. große Welt, D. Stern v. Afrika, Enstation Liebe, Hunde, wollt ihr ewig leben?, E. Tag, der nie zu Ende geht, Mein Schulfreund). Filmregie: u.a. D. schwarze Schaf, Mörderspiel; Fernsehregie: Wennerström, Millionending, Kidnapp (D. Entführung d. Lindbergh-Babys), Nachtzug D 106, Ferdinand Lassalle, Sonderdezernat K 1 (bde. 1972), D. Kommisar (1974), Derrick (s. 1975), Serie Notarztwagen (1976), Der Alte (s. 1978). ZDF-Serien Kriminalmuseum, Fünfte Kolonne, Forsthaus Falkenau (1988). ARD-Serie Trotzkopf (1981-82). Autor: Letzte Brücke, Nina, Mörderspiel, Richtung Sonnenuntergang u. a. (Drehbuchprämie Bundesinnenmin. 1964) - 1964 Intern. Fernsehpreis Berlin/Silb. Plak. (Nachtzug D 106).

ASHWORTH, Michael

Dr. rer. nat., Dr. phil., ao. Prof. f. Angew. Chemie Univ. Saarbrücken (s. 1953) - Mecklenburgring 31, 6600 Saarbrücken - Geb. 21. Aug. 1916 Gloucester (Engl.), verh. s. 1948 m. Zora Maternova, Tocht. Vanessa - M. A. 1938 Oxford, Ph. D. 1941 Aberdeen, Dr. rer. nat. 1948 Prag - BV: Titrimetrie Organic Analysis, 2 Bde. 1964/65 (Handb.) - Liebh.: Musik, Sport, Reisen - Spr.: Dt., Franz., Tschech.

ASKANI, Rainer

Dr. rer. nat., Prof., Wiss. Abteilungsvorsteher Inst. f. Organ. Chemie/Univ. Gießen (s. 1972) - Ludwigstr. 23, 6300 Gießen - Zul. Privatdoz. TU Karlsruhe (Oberassist. Inst. f. Org. Chemie).

ASKERLUND, Friedhelm

Geschäftsführer Haniel Reederei GmbH. (1981ff.) - Franz-Haniel-Platz, 4100 Duisburg-Ruhrort - Geb. 3. März 1939.

ASMIS, Herbert

Dr. phil., Chemiker, Vorstandsmitgl. Schering AG, Berlin (Ber. Forschung) - Zu erreichen üb. Schering AG, Postfach 650311, 1000 Berlin 65 (T. 468 25 14) - Geb. 31. Juli 1928 Greifswald (Vater: Rudolf A., Beamter; Mutter: Karoline, geb. Sakkit), ev., verh. s. 1961 m. Francine, geb. Aeschlimann, 3 Kd. (Reto, Lars, Knut) - Studium Univ. Zürich - Spr.: Engl.

ASMODI, Herbert

Schriftsteller - Widenmayer Str. 42, 8000 München 22 - Geb. 30. März 1923 Heilbronn/N., ev., verw., T. Katja - Gymn. Heilbronn; Univ. Heidelberg (German., Kunstgesch., Phil.) - Vornehml. Bühnen- u. Fernsehautor. Bühnenw.: Jenseits v. Paradies, Sch. 1954; Pardon wird nicht gegeben, Kom. 1956; Tigerjagd, Kom. 1957; Nachsaison, Kom 1958; Die Menschenfresser, Kom. 1959; Mohrenwäsche, Kom. 1964; Stirb u. Werde, 2 Szenen aus d. dt. Restauration 1965; Dichtung u. Wahrheit, Kom. 1969; Nasrin o. d. Kunst zu träumen, Kom. 1970; Marie v. Brinvilliers, Kom. 1971; Geld, Kom. 1973; Jokers Gala, Ged. 1975; Jokers Farewell, Ged. 1977; D. Lächeln d. Harpyien, Erz. 1987. FS-Spiele u. Filme - 1954 Gerhart-Hauptmann-Preis Fr. Volksbühne Berlin (f.: Jenseits v. Paradies), 1971 Tukan-Preis; 1979 Bayer. VO; 1984 BVK; Mitgl. PEN-Zentrum BRD - Liebh.: Antiquitäten, mod. Kunst.

ASMUS, Dieter

Maler u. Grafiker - Rupertistr. 73, 2000 Hamburg 52 - Geb. 1. März 1939 Hamburg - 1960-67 Hochsch. f. bildende Künste Hamburg - 1964/65 Gründung ZEBRA. Stip.: Studienstiftg. d. Dt. Volkes, Kulturkreis im BDI, DAAD (London), franz. Staat (Paris) - Mitgl. Dt. Künstlerbund u. Freie Akad. d. Künste Hamburg; Kunstpreis Stadt Wolfsburg (f. Malerei); Kunstpreis New Hampshire/USA (f. Grafik) - Lit.: A. R. Schreiber, Werkverzeichnis D. A. 1965-72 (1972); Dube, Heißenbüttel, Schreiber, Gruppe ZEBRA (1978).

ASMUS, Klaus-Dieter

Dr.-Ing., Prof., Ltd. Wiss. Mitarbeiter Hahn-Meitner-Inst. Berlin GmbH - Rolandstr. 5, 1000 Berlin 38 - Geb. 13. Dez. 1937 Breslau - Promot. 1965 Berlin (TU) - S. 1970 (Habil.) Lehrtätigk. TU Berlin (1974 apl. Prof. f. Physikal. Chemie). Üb. 100 Facharb.

ASMUS, Walter

Dr. phil., o. Prof. f. Pädagogik (emerit.) - Eichendorffring 154, 6300 Gießen (T. 4 36 41) - Geb. 7. Febr. 1903 Neumünster (Vater: Wilhelm A., Maurerpolier; Mutter: Helene, geb. Hinst), ev., verh. in 1. Ehe m. Hertha, geb. Brorsen († 1959), 5 Kd. (Inge, Klaus, Elke, Eicke, Reimer †) i. 2. Ehe (1963) m. Martha, geb. Müller - 1920-23 Lehrersem. Rendsburg; 1930-33 Univ. Kiel (Phil., Psych., Päd., Gesch.). Promot. 1933 - 1923-39 Schuldst. (1936 Mittelsch.rektor), 1939-41 Dozent Hochschule f. Lehrerbild. Elbing, 1941-45 Wehrdst., 1946-50 Doz. u. Prof. Päd. Hochsch. Flensburg, 1950-54 Dir. u. Prof. Päd. Inst. Weilburg, 1954-63 o. Prof. Päd. Inst. Darmstadt-Jugenheim, seither o. Prof. Univ. Gießen - BV: Pestalozzis Theorie d. Menschenführung, 1934; D. Ganzheit in Wiss. u. Schule, 1956; Erzieh. als Beruf u. Wiss., 1961; Erzieh. u. Menschlichk., 1965; D. menschl. Herbart, 1967; Johann Friedrich Herbart - E. päd. Biogr., 2 Bde. 1968/70 (auch japan. 80); Herbart in s. u. in uns. Zeit, 1972; Prof. Dr. Gustav Schilling, d. Gießener Herbartianer 1815-1872, 1974; Erziehung z. Persönlichk. i. Vergangenheit u. Gegenwart, 1979 (auch ap. 1979). Herausg.: Herbart, Päd. Schr., 3 Bde. 1964/65 - 1968 Preis VOLL-Stiftg. Oldenburg (Oldb.), 1978 Preis d. Univ. Gießen; Silb. Med. Hiroshima University - Liebh.: Wandern, Schwimmen - Spr.: Engl., Franz., Dän., Span., Ital., Fläm., Lat., Griech., Jap. - Lit.: Carlos Martens, Prof. Dr. W. A.: 35 Jaar Herbart-Studie, Terugblik bej een Emeritaat; Herbart u. d. Herbartianismus - W. A. z. 70. Geburtstag (Päd. Rundschau 1974).

ASMUS, Werner

Dr. jur., Versicherungsdirektor - Baldurstr. 18, 5000 Köln 91 (T. 86 28 63) - Geb. 16. Okt. 1928 Flensburg, ev., verh. s. 1962 m. Ursula, geb. Schwelle - Domgymn. Lübeck; Univ. Köln u. Hamburg (German., Gesch., Rechts- u. Staatswiss.). Promot. u. Ass.ex. 1962 Hamburg - S. 1964 Nordstern Allg. Versicherungs-AG., Köln/Berlin (Vorstandsmitgl.) u. s. 1978 Roland Verkehrsservice-Vers. AG., Köln (Vorstandsmitgl.). - Spr.: Engl.

ASMUSSEN, Herbert

Dipl.-Ing., Generalbev. Direktor (Nachrichtentechnik) Siemens AG - Hofmannstr. 51, 8000 München 70 - Geb. 28. Mai 1930 Aabenraa (Vater: Hans A., Kfm.; Mutter: Frieda), ev., verh. s. 1963 m. Jutta, geb. Kessler - Schule u. Gymn. Aabenraa; Stud. u. Dipl. Schwachstromtechnik i. Aarhus (1955). Vertriebsing. Shanghai u. Hong Kong 1956-71. S. 1971 Siemens AG, München (Ltr. Geschäftsber. Öffentl. Vermittl.-Systeme).

ASMUSSEN, Roger

Dipl.-Volksw., Finanzminister (1983-88) u. Wirtschaftsmin. (1987/88) Schlesw.-Holst., MdL (s. 1971) - Hochfeld 3, 2240 Heide (T. 7 28 27) - Geb. 6. Sept. 1936 Bremerhaven, ev., verh., 2 Kd. - Stud.

Wirtschaftswiss. Freiburg (Dipl. 1960) - 1961-67 Privatwirtsch., 1968ff. Geschäftsf. Untern.verb. Westküste. 1970ff. MdK Dithmarschen, 1973ff. Vors. Finanzaussch. Landtag SH. CDU s. 1968.

ASMUTH, Bernhard
Dr. phil., Prof. f. Neugermanistik Ruhr-Univ. Bochum - Bergwerksstr. 5, 4630 Bochum 1 (T. 47 09 15) - Geb. 24. Dez. 1934 Hagen-Hohenlimburg (Vater: Bernhard A., Schlosser; Mutter: Herta, geb. Klösel), verh. s. 1962 m. Ursula, geb. Wulff, 3 Kd. (Dominik, Gereon, Karolin) - 1954-57 Stud. kath. Theol. Paderborn u. Univ. München; 1957-63 Stud. Philol. (Dtsch, Latein) Univ. Münster (Staatsex. 1963 u. 65), Promot. 1969 Bochum - 1965 Gymnasiallehrer Hattingen; ab 1965 wiss. Mitarb. Ruhr-Univ. Bochum; 1977 Stud.prof., 1982 Prof. - BV: Lohenstein u. Tacitus, 1971; D. Casper v. Lohenstein, 1971; Aspekte d. Lyrik, 1972, 7. A. 1984; Stilistik (m. L. Berg-Ehlers), 1974, 3. A. 1978; Einf. in d. Dramenanalyse, 1980, 2. A. 1984.

ASMUTH, Heinz-Jürgen
Dipl.-Kfm., Bankdirektor FINAG Mainz (Vorst.mitgl. s. 1980) - Rochusallee 12, 6530 Bingen/Rhein - Geb. 7. März 1934 Oberhausen - Gymn. Göttingen, Stud. Wirtschaftswiss. Göttingen, Bonn u. Köln, Dipl.-Kfm. 1962 - 1972 Prok. Hess. Landesbank, 1972-80 Geschäftsf. Geldinst., 1980 Finanzierungs-AG Mainz (s.o.).

ASSEL, Hans-Günther
Dr. phil., Dr. oec., em. o. Prof. - Haus Nr. 70, 8834 Pappenheim-Göhren - Geb. 24. Juni 1918 Breslau, ev., verh. s. 1956 m. Dr. med. Gertrud, geb. Harnisch - 1. u. 2. Staatsex. 1941 u. 1946; Dr. phil. 1948; Dr. oec. 1951 - 1945-62 Studienrat; 1962-73 Doz. u. Hon.-Prof. f. Zeitgesch.; 1973-85 o. Prof. f. Politikwiss. Univ. Erlangen-Nürnberg - BV: Weltpolitik u. Politikwiss. Z. Problem d. Friedenssicherung, 1968; D. Perversion d. polit. Päd. im Nationalsozialismus, 1969; Ideologie u. Ordnung als Problem polit. Bildung, 1970; Demokratie u. d. Prüfstand. Unsere Ges. u. ihre Kritiker, 2. A. 1974; Demokrat. Sozialpluralismus, 1975; Demokratie, Ideologie. Frieden als Problem polit. Bildung, 1979; Üb. Hauptprobleme polit. Bildung in d. Bundesrep. Deutschl., 1983; Polit. Päd. in Wandel d. Zeit, 1983; Kreuzfahrten durch d. Welt, von Panama nach Singapur, von Tokio nach Kairo (kulturgeschichtl. Information u. touristische Aufgabe), 1988 - 1984 BVK am Bde. - Spr.: Engl., Franz.

ASSERATE, Prinz, Asfa-Wossen

Dr. phil., Internationaler Kommunikations-Berater - Postfach 170137, 6000 Frankfurt/M. 1 (T.069-72 18 87) - Geb. 31. Okt. 1948 Addis Abeba (Vater: Herzog Ras Asserate Kassa, Präs. Kaiserl. Kronrat v. Äthiopien; Mutter: Prinzessin Zuriash-Work), orthodox, ledig - 1955-57 Engl. Schule, Addis Abeba; 1957-68 Dt. Schule, Addis Abeba; Abit. 1968 - 1968-70 Stud. Rechtswiss., Volkswirtsch. Univ. Tübingen, 1970-72 Stud. Engl. Recht, Europ. Gesch. Magdalene College, Cambridge, 1972-78 Stud. Gesch., Ethnol. Univ. Frankfurt, Promot. Dr. phil. 1978 - 1978-79 Presseref. Frankfurter Messeges.; 1979-80 Fr. Journ.; 1980-83 Pressespr., Leit. Stabsabt. Presse u. Inform. Düsseld. Messeges. mbH (NOWEA); 1983-86 Geschäftsf. Ges. Intern. Communications Services mbH (ICS), Mainz; s. 1986 Pres. A. W. Asserate & Associates - Intern. Marketing & Public Relations Consultancy, Frankfurt; Vors. Komit. f. Bürgerrechte in Äthiopien; Vizepräs. Intern. Children's Aid and Research Endowment; Mitgl. Frobenius Ges. f. Kulturmorphol. u. Intern. Public Relations Assoc. (IPRA) - BV: D. Gesch. v. Shoa 1700-1865, 1980; mehrere polit. Ess. in dt. u. engl. Ztschr. - Liebh.: Musik d. 20er u. 30er Jahre, Kino, Theater - Spr.: Dt., Engl., Amharisch (Muttersprr.), Franz., Ital. - Bek. Vorf.: S. K. M. Kaiser Haile Sellassie I. v. Äthiopien (Großonkel).

ASSFALG (ß), Julius
Dr. phil., Prof. f. Kaulbachstr. 95, 8000 München 40 (T. 34 58 99) - Geb. 6. Nov. 1919 Hohenaschau - S. 1961 (Habil.) Lehrtätigk. Univ. München (1963 Doz., 1966 Wiss. Rat, 1967 apl. Prof. f. Philol. d. christl. Orients). BV: u. a. D. Ordnung d. Priestertums, 1955; Armen. Handschr., 1962 (m. J. Molitor); Georg. Handschr., 1963; Syr. Handschr., 1963; Div. Einzelarb. Hrsg.: Kl. Wörterbuch d. Christl. Orients (1975); Oriens Christianus (1979 ff.).

ASSION, Peter
Dr. phil., Prof. f. Europ. Ethnol. Univ. Marburg - Ringstr. 40, 6968 Walldürn (T. 06282 - 86 72) - Geb. 5. Aug. 1941 Walldürn (Vater: Adolf A.; Mutter: Johanna, geb. Bausback), kath., ledig - 1961-69 Stud. German., polit. Wiss. u. Volkskd. Heidelberg u. Berlin (FU), Promot. 1969 Heidelberg, Habil. 1975 ebd. - 1969-1980 Leit. Bad. Landesst. f. Volkskd. Freiburg, Priv.-Doz. Heidelberg; s. 1980 Prof. f. Europ. Ethnol. Univ. Marburg - BV: D. Mirakel d. Hl. Katharina, 1969; Altdt. Fachlit., 1973; 650 J. Wallfahrt Walldürn, 1980; Bauen u. Wohnen im dt. Südwesten, 1984 (m. R. W. Brednich); V. Hessen in d. Neue Welt, 1987. Herausg.: Ländl. Kulturformen im dt. Südwesten (1971); Fachprosaforsch. (1974); Forsch. u. Berichte z. Volkskd. in Baden-Württ. (1973 u. 1977); Fachprosa-Studien (1982, m. G. Keil); D. gr. Aufbruch - Studien z. Amerikaauswander. (1985); Transformationen d. Arbeitskultur (1986).

ASSMANN (ß), Erwin
Dr. phil. habil., Prof., Landesschuldirektor a. D. - Bülowstr. 9, 2300 Kiel (T. 8 68 05) - Geb. 25. April 1908 Kolberg - Höh. Schul- u. Verw.dst.; s. 1944 (Lehrtätig. Univ. Greifswald u. Kiel (1950); 1955 apl. Prof. f. Mittellatein. Philol. u. Gesch.). Mitarb. d. Monumenta Germaniae Historica - BV: u. a. Stettins Seehandel u. -schiffahrt im Mittelalter, Pommersches Urkundenbuch Bd. VIII 1961, Editionen: Godeschalcus u. Visio Godeschalci (1979). Guntheri Ligurinus (1984).

ASSMANN, Heinz-Dieter
Dr. jur., LL.M. (Univ. of Pennsylvania, USA), o. Prof. f. Bürgerl. Recht, Handels- u. Wirtschaftsrecht u. Rechtsvergl. Univ. Tübingen (s. 1986) - Gmelinstr. 6, 7400 Tübingen (T. 07071 - 29 26 96) - Geb. 17. Jan. 1951 Heusenstamm, kath., verh. m. Stefanie, geb. Guttenberger - Promot. 1980, Habil. 1984, bde. Frankfurt - 1984/85 Rechtsanwalt in Frankfurt; 1985/86 Prof. Univ. Heidelberg - BV: Wirtschaftsrecht in d. Mixed Economy, 1980; Prospekthaftung, 1985.

ASSMANN, Jan
Dr. phil., o. Prof. f. Ägyptologie - Im Neulich 5, 6900 Heidelberg - Geb. 7. Juli 1938 Langelsheim, verh. s. 1968 m. Dr. phil. Aleida, geb. Bornkamm, 5 Kd. (Vincent, David, Marlene, Valerie, Corinna) - Promot. 1965 - S. 1971 (Habil.) Lehrtätigk. Univ. Heidelberg. Fachb. u. Einzelarb. - 1973 korr. Mitgl. DAI; 1984 o. Mitgl. Heidelberger Akad. d. Wiss.; 1984/85 Fellow Wiss.kolleg Berlin.

ASSMANN, Jürgen
Dr., Geschäftsführer Verb. unabhängig. berat. Ingenieurfirmen (VUBI) - Winston-Churchill-Str. 1, 5300 Bonn 1 (T. 0228 - 21 70 63-5).

ASSMANN, Wolfgang Reimer
Oberbürgermeister Bad Homburg, Regierungsdir. a. D. - Fichtestr. 4, 6380 Bad Homburg (T. dstl.: 06172 - 10 02 00, priv.: 2 91 37) - Geb. 23. März 1944 Nordhausen (Vater: Wolfgang A., Staatsanwalt, Bankjurist; Mutter: Helga, geb. Reimer), ev., verh. s. 1970 m. Angelika, geb. Fuchs, 2 Kd. (Claus Reimer, Sophie Ulrike) - Gymn., Abit. 1963; Jurastud. Univ. Göttingen, Berlin u. Bonn, Refer. OLG Köln, Stud. Verwalt.swiss. Speyer, 2. jur. Staatspr. 1971 - 1972-80 Beamter Bundesminist. d. Finanz., s. 1980 OB Stadt Bad Homburg; Mitgl. Präs. Hess. Städtetag; Mitgl., teilw. Vors. div. AR, VR, Stiftg.-Vorst. - Liebh.: Lit., Gesch., Musik - Spr.: Engl., Franz. - Bek. Vorf.: Prof. Dr. Herbert Assmann, Wegbereiter d. Röntgendiagn. (Großv.).

ASSMUS (ß), Friedrich
Dr., Dipl.-Ing., Geschäftsführer Gebr. Junghans GmbH./Uhrenfabr., Schramberg - Erhard-Junghans-Str. 21, 7230 Schramberg/Württ. - Geb. 16. Juni 1931.

ASTEL, Arnfrid
Lyriker, Leiter Literaturabt./Saarl. Rundfunk (s. 1967), Schriftst. - St.-Ingberter Str. 52, 6600 Saarbrücken (T. 6 34 35 + 60 21 70) - Geb. 9. Juli 1933 München - Stud. Biol. u. Lit. Freiburg u. Heidelberg - B. 1966 Hauslehrer, dann Lektor - BV/Herausg.: Ho Tschi Minh - Gefängnistageb./Ged., 1970; Mithrsg.: Briefe aus Litzmannstadt - Berich aus d. Getto Lodz, 1967; Notstand - Epigramme, 1968; Kläranlage - Epigr. 1969; Öttweiler Texte - Lit. aus e. Jugendstrafanst., 1971; Zw. d. Stühlen sitzt d. Liberale a. s. Sessel, Epigr. 1974; Neues (& altes) vom Rechtsstaat & von mir. Alle Epigramme, 1978; D. Faust meines Großvaters, Ged. 1979; D. Amsel fliegt auf. D. Zweig winkt ihr nach, Ged. 1982. Hrsg.: Lyr. Hefte - Ztschr. f. Ged. (1959ff.) - 1970 Mitgl. PEN-Zentrum BRD; 1980 Kunstpreis Stadt Saarbrükken. Mitgl. RFFU 1968-85. VS 1969.

ASTHEIMER, Hanns
Bürgermeister i.R., zul. Schul- u. Kulturdezernent - Defreggerstr. 26, 6700 Ludwigshafen/Rh. (T. 0621 - 58 12 73) - Geb. 6. Sept. 1918 (Vater: Johannes A., Lehrer; Mutter: Christine, geb. Guthmann), ev., verh. s. 1944 m. Brigitte, geb. Gabert, 2 Kd. (Dr. rer. nat. Dipl. Biol. Matthias, verh. s. 1982 m. Dipl.-Math. Ulrike v. Bismarck; Dr. iur. Sabine, Rechtsanwältin) - Realgymn. Frankfurt/M.; Univ. ebd.: Königsberg/Pr. (Rechts- u. Staatswiss.). Gr. jurist. Staatsprüf. 1952 - 1939-48 Wehrdst. (zul. Ltn. d. R.) u. sowjet. Kriegsgefangensch.; 1953-57 Reg.rat Landratsamt Heppenheim u. Reg.-Präs. Darmstadt (1957); s. 1958 Stadt-, Oberstadtdir. (1964) u. Bürgerm. (1965), Wiederwahl 1975, L'hafen. SPD - Inh. Ehrenring Stadt Ludwigshafen - Liebh.: Lit., Sport - Gold. Sportabz. - Spr.: Franz., Engl.

ASTINET, Helmut
Geschäftsführer Bundesverb. Forstsamen-Forstpflanzen, Generalsekr. Komitee d. Forstbaumschulen in d. EWG, Präs. d. Waldsamengruppe d. FIS (Fédération Intern. du Commerce d. Semences), Sekretariat FIS: CH-1260 Nyon - Burgweg 27, 8760 Miltenberg/Main - Geb. 31. Aug. 1918.

ASTLER, Erhard Th.

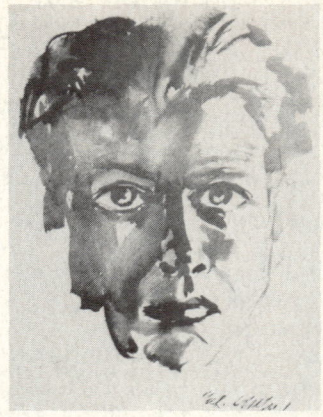

Prof., Kunstmaler - Mühlbachstr. 6, 7972 Isny/Allg. (T. 07562 - 18 95) - Geb. 25. Juli 1914 Leipa/Sudetenland - Kunstakademie u. Hochschulinst. in Prag; Akadem. Diplom - B. 1945 Vertragsprof. Kunstgewerbesch. Prag (Leiter Spezialsch. f. angew. Malerei) - Zahlr. Ausstellungen im In- u. Ausland; Monografie (dreisprach.) u. Kunstmappe, Bensemann Verlag - 1943 Albrecht-Dürer-Preis; 1970 Kunstpreis VdK; 1971 Sudetendt. Preis f. Malerei, Nürnberg - 1974 Aufträge in Mittelamerika u. 1978 in USA.

ASTOR, C.
s. Löhlein, Herbert A.

ATAY, Ziya
Dr. med., Leiter Labor f. Cytopathologie, apl. Prof. f. Cytopathol. Med. Hochschule Hannover (s. 1976) - Forstgrund 44, 3000 Hannover 61 - Zul. Privatdoz. MH Hannover.

ATHINÄOS, Nikos
Komponist, Dirig., 1. Kapellm. Ulmer Theater - Emil-Behring-Str. 10, 7906 Blaustein - Geb. 19. Aug. 1946 Chartum (Sudan) - Gastdir. Frankfurter Oper; Dirig. Staatstheater Athen u. Saloniki - Kompos. f. Orch., Kammermusik u. Klavier.

ATORF, Walter
Dr. jur., Präsident Rechnungshof Baden-Württ. a. D. - Tübinger Str. 39, 7403 Ammerbuch 1 - Zul. Ministerialrat Finanzmin. Baden-Württ.

ATROTT, Hans Henning

Dipl.-sc. pol., Präsident u. Bundesgeschäftsführer Dt. Ges. f. Humanes Sterben (DGHS) - Ritter-von-Steiner-Str. 4, 8900 Augsburg (T. 0821 - 55 58 53) - Geb. 12. Jan. 1944 Memel/Ostpr. (Vater: Wilh. A., ev. Pfarrer; Mutter: Edith A., Juristin), verh. s. 1978 m. Anita, geb. Zwiefler, St. Jörg-Ulrich-Begabten-Abit. 1969; Stud. Phil., Politol. u. Soziol. (m. Schwerp. Medizinsoziol.), Univ. München u. Hochsch. f. Politik

München - 1980 Gründ. Dt. Ges. f. Humanes Sterben, s. 1983 auch Bundesgeschäftsf. DGHS. Zahlr. Veröff. - Liebh.: Phil. - Spr.: Engl., Franz.

ATTENHOFER, Elsie

Schauspielerin - Basserdorf/Schweiz (T. Zürich 836 53 09) - Geb. 21. Febr. 1909 Lugano (Vater: Max A.; Mutter: Emmy Landgraf), protest., verh. s. 1940 m. Prof. Dr. phil. Karl Schmid (Ord. f. Dt. Spr. u. Lit. TH Zürich), 2 Kd. (Christoph, Regine) - Cabaret Cornichon, Stadttheater Basel; eig. Chanson-Abende - BV: Wer wirft d. ersten Stein?, 1943; D. Lady m. d. Lampe, 1959; Kennen Sie Overbeck?, 1959; Cornichon, 1975; D. grüne Eimer, Kom. 1969; Kurzgesch., 1981 - 1976 Kulturförd.spr. Kanton Zürich, 1977 Ida-Somazzi-Preis - Liebh.: Malerei - Spr.: Franz., Ital., Engl. - 1978 Gründung Cabaret Sanduhr.

ATTESLANDER, Peter
Dr. phil., o. Prof., Institutsdirektor Univ. Augsburg (s. 1972) - Memminger Str. 6-14, 8900 Augsburg - Geb. 17. März 1926 Ennenda (Schweiz), protest., verh., 4 Kd. - Gymn., Univ. Zürich (Prof. René König), Promot. 1952, bis 1954 USA, New York State School of Industr. a. labour Relations u. Cornell Univ., Ithaca, N. Y.; 1954/55 Forschungsleit. bei Prof. R. König, Univ. Köln, 1960 Habil. Bern, 1963-65 Prof. reg. Univ. Genf, 1964-72 ao. Prof. Univ. Bern, s. 1967 Lehrauftr. ETH Zürich - Mitgl. u. a.: Schweiz. Ges. f. Soz. (s. 1957), Dt. Ges. f. Soziol. (s. 1960), Americ. Soc. Ass. (s. 1966), Schweiz. UNESCO-Kommiss. (bis 1972), Deutsche Unesco-Komm. (s. 1973); Präs. Dt. Akad. d. Forschung u. Planung im ländl. Raum (s. 1986) - BV: u. a. Konflikt u. Kooperation in Industriebetrieb, 1959, Einf. in d. Methoden d. empir. Sozialforsch., 1969, NA. 1971; Dichte u. Mischung d. Bevölkerung (m. Hollihn, Zingg u. Zipp), 1974; Verzerrungen im Interview, 1975 (m. U. Kneubühler); (herausg.: Materialien z. Siedlungssoz. m. B. Hamm), 1974; Soziol. u. Raumplan., 1976; D. Grenzen d. Wohlstands, 1981; Empir. Sozialforsch. 1984; D. technische Revolution (m. Th. Lutz), 1987 - Zahlr. Beitr. in Fachztschr., Lexika u. Sammelw. - Spr.: Engl., Franz.

ATTIN, Klaus
Dipl.-Ing., Unternehmensberater, Vorstand Work-factor-Gem. f. Dtschl., u. Mittelstandinst. Nieders. - Hohes Ufer 21, 3057 Neustadt 2 (Helstorf) (T. 05072 - 4 48) - Geb. 28. Nov. 1920 Wuppertal (Vater: Ewald A., Zahnarzt), ev., verh. s. 1945 m. Gisela, geb. Berg, 2 Kd. (Barbara, Klaus-Peter) - Stud. TH Danzig u. Aachen.

ATZESBERGER, Michael
Dr. phil., em. o. Prof. f. Psychologie - Christian-Sebastian-Schmidt-Str. 3a, 5420 Lahnstein 1 - Geb. 8. Jan. 1920 Untergriesbach/Ndb., kath., verh. s. 1949 m. Lieselotte, geb. Völkel, 3 Kd. (Marlies, Wolfgang, Hedwig) - 1940-45 Wehrdienst (Heer), schwerkriegsbesch.; Ausbild. als Lehrer (1946-47 Regensburg) u. Sonderschull. (1948-49 Fribourg); Stud.

Heilpäd., Päd., Psychol. u. Anthropol. (Dipl.-Heilpäd. Fribourg 1950, Dipl.-Psych. München 1956, Promot. München 1959) - 1947-48, 1949-61 Lehrer u. Sonderschull. Regensburg u. München, 1962 Doz., 1966 Prof. PH Koblenz bzw. EWH Rheinland-Pfalz/Abt. Koblenz, 1970 o. Prof. 1970-85 Gf. Leit. d. Sem. f. Psych. - BV: Spracherwerb u. Sprachbildg. b. Hilfsschulkindern, 1962; Sprachbildg. b. Lernbehinderten, 4. A. 1974; Sprachaufbauhilfe b. geist. beh. Kindern, 4. A. 1978; Rupert Egenberger, 1971; Probl. d. Legastheniepäd., 3. A. 1974; Psych.-päd. Grundfragen d. Legasthenikerhilfe (m. Straub), 1974; Sprachaufbau, Sprachbehind., Päd. Hilfen, 1978; Einf. i. d. Tiefenpsych. u. Kinderpsychother., 1980; (m. Frey): Förd. v. lese- u. rechtschreibschwachen Grundsch., 1979 u. Verh.stör. in d. Schule, 2. A. 1980; Lese-/Rechtschreib- u. Rechenschwäche, 6. A. 1988; Prävention u. Intervention b. Lese-Rechtschreibschwäche, 1981; Mitverf. Fernsehkolleg Schulschwierigk. u. Gesundheitserz., Bd. 1-6, 1981-83. Herausg.: Sprachbuchreihe heute f. morgen, 7 Bde. m. Lehrerheften (1970-74); Marsch u. Einsatz des IR 42 (m. Stahlmann), 2 Bde., 2. A. 1985; Mitteilen, Lesen u. Schreiben m. Lehrerheft (m. Kochs), 1986; Marsch u. Einsatz d. Art. Rgt. 114/115, 1987; E. Gymnasialjahrgang in schwerer Zeit 1931-39, 1989 - Ehrenmitgl. d. NC; Ehrenkreuz d. DSKBiB; Traditionsabzeichen d. früh. 46. ID in Gold - Liebh.: Musik u. Kunst.

AU, in der, Annemarie
Schriftstellerin - Elisabethstr. 64, 4150 Krefeld (T. Krefelder Autorinnen-Club) - Geb. 22. Okt. 1924 Tilsit/Ostpr. - BV: u. a. D. Machtprobe, Erz. 1962; D. Schatten weilen länger, Ged. 1965; Alles dreht sich um Es, R. 1965; Theaterst.: Weh dem, d. aus d. Rahmen fällt, Kom. 1964; D. Glaskugelopfer, R. 1968; Kein Mondsilber mehr als Währung, Ged. 1971; Bei uns in Krefeld, KSB 1972; Ferien auf Juist, KSB 1972; D. Türen stehen offen, Ged. 1975; Einmal Traum u. zurück, Reisesat. 1979; Unruhig in d. Tag entlassen, Ged. 1980; D. Nacht auf d. Ölberg, Erz. 1982; Hallo, hier Mensch, Erz. 1983; Ich heirate Großpapa, R. 1983; Rauchzeichen u. Kratzfuß, satir. Miniaturen, 1984; D. gab es nur in Wawnice, Erz. 1985; Risse im Beton, Erz. 1985; D. Jesuskind in Ostpreußen, heit. Legende 1987 - 1970 Hörspielpreis Ostd. Kulturrat/Stiftg. f. kultur. Zusammenarb.; 1974 Ehrengabe z. Andreas-Gryphius-Preis; 1974 Ehrenzeichen d. Dt. Roten Kreuzes; 1985 Krefelder Stadtsiegel; 1986 Elchstatuette d. Stadtgem. Tilsit; 1988 Ostpr. Kulturpreis.

AU, in der, Dietlind
Dipl.-Bibliothekarin, Schriftst. - Schleifweg 5, 3400 Göttingen (T. 0551 - 9 50 68) - Geb. 31. Okt. 1955 Aldekerk (Vater: Ottomar in der Au, Schausp., Schriftst.; Mutter: Annemarie in der Au, s. dort), ev., ledig - Abit. 1974 Krefeld; Stud. Univ. Köln (Ex. 1977) - S. 1977 Max-Planck-Inst. f. Gesch. Göttingen - BV: Spatzenlachen, 1977; Vorurteile,

1980; D. drei Wünsche, 1987 - 1975 Mitgl. Krefelder Autorinnen-Club, 1976 Künstlergilde, 1979 Marburger Kreis, 1987 Brüder-Grimm-Ges.; 1986 Lyrikpreis d. Künstlergilde; 1989 Förderpreis z. Andreas-Gryphius-Preis - Interesse: Theol. (Mitarb. in Kirchengde.).

AUBIN, Bernhard
Dr. jur., em. o. Prof. f. Dt. u. Vergl. Privatrecht - Kaiserslauterner Str. 83, 6600 Saarbrücken (T. 6 39 80) - Geb. 13. Nov. 1913 Düsseldorf (Vater: Prof. Dr. phil. Dr. h. c. Hermann A., Historiker † 1969 (s. XV. Ausg.); Mutter: Vera, geb. Webner (†1985), verh. 1945 m. Hanneline, geb. Bach, 2 Kd. (Dipl.-Ing. Donald, Dr. jur. Peter) - Univ. München, Breslau, Bonn - 1947-51 wiss. Ref. Max-Planck-Inst. f. ausl. u. intern. Privatrecht, 1951-57 ao. Prof. Univ. Lausanne, s. 1957 Ord. Univ. Saarbrücken, 1982 emerit. Mitgl. Dt. UNESCO-Kommiss. - 1959 korr. Mitgl. Inst. f. Rechtsvergl., Barcelona; Korr. Mitgl. d. Griech. Inst. f. intern. u. ausl. Recht, Athen; Ehrenmitgl. d. Ges. f. Rechtsvergl.; Gr. BVK - Spr.: Engl., Franz.

AUDITOR, Michael
Stadtinspektoranwärter, MdL Nieders. (s. 1978; SPD) - In der Rehre 29, 3000 Hannover 91 - Geb. 18. Dez. 1942 Breslau (Vater: Johannes Angres, Studienrat), verh. s. 1967 m. Inge, geb. Kinghorst, 2 S. (Markus, Matthias) - Fachhoch- u. Verwaltungssch. - 1969-77 Kommunalpol. - Liebh.: Klass. Musik (bes. Beethoven), Schach - Spr.: Engl.

AUDOUARD, Rolf
Hauptgeschäftsführer i. R. Verein Dt. Maschinenbau-Anstalten (VDMA) Frankfurt/M. (1966-74, vorher stv. Hauptgeschäftsführer), Geschäftsführer Arbeitskreis China Ostausschuß der dt. Wirtsch., Köln - Bergweg 8, 6242 Schönberg/Ts. (T. Kronberg 3304; Büro Ffm. 6603-1) - Geb. 1. Sept. 1905 Oldenburg - Stud. Rechtswiss. - Langj. Auslandstätig. (Ferner Osten) - 1971 Gr. BVK - Spr.: Engl., Franz. - Rotarier.

AUER, Alfons

Dr. theol., em. Prof. f. Theol. Ethik - Paul-Lechler-Str. 8, 7400 Tübingen (T. 6 54 78) - Geb. 12. Febr. 1915 Schöneburg/Württ., kath. - Univ. Tübingen - 1939 Vikar Stuttgart-Bad Cannstatt, 1945 Studentenpfr. Tübingen, 1953 Dir. Kath. Akad. Hohenheim, 1955 o. Prof. Univ. Würzburg, 1967 Univ. Tübingen - BV: D. vollk. Frömmigk. des Christen nach d. Euchiridion d. Erasmus v. Rotterdam, Habil.schr. 1954; Weltoffener Christ, 1960; Christsein im Beruf, 1966; Autonome Moral u. christl. Glaube, 1971; Ethos d. Freizeit, 1972; Utopie - Technol. - Lebensqualität, 1976; Verantwortete Vermittl. Bausteine e. Ethik d. Massenkommunikation, 1980; Umweltethik, 1984.

AUER, Erich
Schauspieler - Ameisgasse 3, A-1140 Wien XIV. (T. 82 52 57) - Geb. 14. April 1923 Innsbruck - Lehrer- u. Schauspielausbild. - S. 1951 Burgtheater Wien, Viele Bühnenrollen. Film: u. a. D. 4. Gebot, D. Herrgottschnitzer v. Ammergau, D. Mädchen v. Pfarrhof, Beichtgeheimnis, D. Pfarrer v. St. Michael; Fernsehen - 1963 österr. Kammerschausp.

AUER, von, Frank
Sprecher d. Geschäftsführung Hans-Böckler-Stiftg. d. DGB - Färberstr. 17, 4155 Grefrath-Oedt - Geb. 25. März 1939 Reval/Estland, ev., verh. s. 1964 m. Anne, geb. Wechterstein, T. Anne Kristin - Stud. Ev. Theol. (Abschl. B.D.) - 1970-77 Pressesprecher, 1977-83 Vorst.-Mitgl. GEW; s. 1988 AR-Mitgl. Degussa AG.

AUER, Franz
Dr. theol., o. Prof. f. Alttestamentl. Exegese u. hebräische Sprache - Neue Rieserstr. 112 1/5, 8390 Passau (geb. 5. Aug. 1912 Asenheim, kath. - S. 1945 Doz., ao. (1947) u. o. Prof. (1966) Phil.-Theol. Hochsch. Passau - BV: Alttestamentl. Frömmigkeit, 1947.

AUER, Hermann
Dr. phil. nat., Physik u. Museum - Pössenbacherstr. 4, 8000 München 71 (T. 791 75 88) - Geb. 1. Dez. 1902 München - Promot. 1925 Frankfurt/M.; Habil. 1936 München - 1936-78 Lehrtätig. (Physik) Univ. München (1943 Prof.); 1948-71 wiss. Dir. Dt. Museum München. Mitgl. Exekutivrat Intern. Council of Museums ICOM Paris (1965); Präsid. Dt. Nationalkomitee ICOM (s. 1968); Mitgl. Dt. UNESCO-Kommiss. (s. 1971). Zahlr. Fachveröff. Physik u. Museologie; Herausg.: Abh. u. Berichte Dt. Museum (s. 1951); Mitverf.: Denkschr. Museen, Dt. Forschungsgemeinsch. (1974) - 1978 Gr. BVK.

AUER, Ignaz O.
Dr. med., Dr. med. habil., Prof. f. Innere Med., Chefarzt d. Med. Klinik Stiftg. Juliusspital, Würzburg - Priv.- Rembrandtstr. 31, 8700 Würzburg (T. 0931 - 27 30 91) - Geb. 9. Jan 1942 Weiden, kath., verh. s. 1967 m. Erltraud, geb. Schulze, 2 Kd. (Katja, Patrick) - Stud. Univ. München, Innsbruck, Freiburg; Promot. 1967 München; 1970-73 Postdoc. Fellow State Univ. of New York at Buffalo (SUNYAB); Habil. 1978 Würzburg - 1982 Prof. f. Innere Med. Würzburg. Üb. 100 Veröff. auf d. Geb. d. Gastroenterol., Klin. Immunol. u. Rheumatol.

AUER, Otto
Generaldirektor - Am Blütenring 46, 8000 München 45 (T. 32 55 03) - Geb. 20. März 1909 München - Stud. TH München (Dipl.-Ing.). Reg.sbaum. - B. 1969 Vorstandsmitgl., dann -vors. Heilmann & Littmann Bau-AG., München.

AUERNHEIMER, Georg
Dr. phil., Prof. f. Erziehungswissenschaft - Roter Graben 6, 3550 Marburg 1 - Geb. 12. Nov. 1939 Trostberg/Obb. (Vater: Georg A., techn. Angest.; Mutter: Maria, geb. Lang) - päd. Hochsch.; Univ. - 1967-69 Wiss. Assist. Univ. Wien; 1969-72 wiss. Assist. PH Rheinland; s. 1972 Prof. Univ. Marburg - BV: Erziehungswiss. contra Päd., 1969 (Diss.); Mitbestimmung in d. Schule, 1971 (m. M. Doehlemann); Handwörterb. z. Ausländerarb. (Hg.), 1984; D. sogenannte Kulturkonflikt, 1988 - Spr.: Engl.

AUFDERHEIDE, Helmut
Dr. jur., Beigeordneter i. R. - Graf-v.-Galen-Str. 3e, 4800 Bielefeld (T. 51 20 20) - Geb. 20. Aug. 1919 Berwicke/W. (Vater: Wilhelm A., Rektor; Mutter: Lina, geb. Ohrmann), ev., verh. s. 1954 m. Dorothea, geb. van Senden, 2 Söhne (Eberhard, Enno) - Gymn. Bochum; Univ. Göttingen (Rechtswiss.). Promot. 1949 Münster; 1951 Ass.ex. 1951 Düsseldorf - 1964-68 Bürgerm. Stadt Neumünster, b. 1984 Beigeordn. d. Stadt Bielefeld.

AUFENANGER, Georg
Intendant - Städt. Theater, 6500 Mainz - Geb. 27. Okt. 1913 Frankfurt/M., verh. s. 1939, 2 Kd. - Abit.; Abschlußprüf. Staatl. Hochsch. f. Theater Frankfurt/M. 1937 - Schausp. u. Spiell.; s. 1959 Int. Landesbühne Rhein-Main Frankfurt u. Städt. Theater Mainz (1961).

AUFERMANN, Jörg
Dr. phil., o. Prof. u. Direktor Inst. f. Publizistik u. Kommunikationswiss. Univ. Göttingen (s. 1974) - Dransfelder Weg 1, 3402 Dransfeld-Bördel (T. 05502 - 12 86) - Geb. 26. April 1940 Berlin-Charlottenburg (Vater: Dr. jur. Robert A., Syndikus; Mutter: Ilse Tekla, geb. Lilienthal), kath., verh. s. 1964 m. Eva-Maria, geb. Pieper, 2 Söhne (Frank, Florian) - Aufbaugymn. Dortmund (Abit. 1960); Stud. d. Publizistik, Soziol., Japanol. FU Berlin; Promot. 1970; Habil. 1972 - 1975/76 Vors. Dt. Ges. f. Publ. u. Kommunikationswiss. - BV: Kommunikation u. Modernisierung, 1971. Mithrsg.: Pressekonzentration (1971), Gesellschaftl. Kommunikation u. Information (2 Bde. 1973; m. Bohrmann u. Sülzer; Fischer-TB), Ausbildungswege z. Journalismus (1975; m. Elitz), Fernsehen u. Hörfunk f. d. Demokratie (2. A. 1981; m. Scharf u. Schlie). Schriftenreihe Kommunikation u. Politik (1971ff., 19 Bde. m. Bohrmann u. Lerg) - Spr.: Engl., Franz.

AUFFARTH, Fritz
Dr. jur., Prof., Vizepräsident Bundesarbeitsgericht a. D. - Auf der Schubach 95, 3500 Kassel (T. 6 11 94) - Geb. 22. Jan. 1918 Eschwege (Vater: Dr. jur. August A., Vizepräs. OLG Frankfurt/M.; Mutter: Ingeborg, geb. Kleim), ev., verh. s. 1944 m. Wilma, geb. Fischer, 4 Kd. (Ernst, Rainer, Ruth, Ilse) - Gymn.; Univ. München u. Bonn. Promot. 1948 Marburg; Ass.ex. 1949 Frankfurt - S. 1950 richterl. Tätigk. b. 1962 OVGsrat Hess. Verw.gerichtshof, dann Bundesrichter Bundesarbeitsgericht (beide Kassel). 1975 Prof. TU Braunschweig - BV: Kündigungsschutzgesetz, 1960 (m. Müller); Arbeitsgerichtsgesetz, 2. A. 1968 (m. Schönherr; Betriebsverfassungsgesetz, 15. A. 1987 (m. Fitting, Kaiser u. Heither).

AUFFARTH, Susanne
Lyrikerin - 3111 Gr. Malchau (T. 05872 - 4 21) - Geb. 8. Sept. 1920 - BV/Lyrik: Ged.; Haus aus Jade; Ich rede zu dir in meiner Sprache. Bild-Lyrik-Bde.: Parallelen; Spiegelungen; Lofoten; Kalender 1988. Prosa: Acht Märchen; Vier Erzählungen; Dorfchronik. Lesedrama: Olympias - 1983 Herta-Bläschke-Gedächtnispreis f. Lyrik, Klagenfurt; 1987 Lyrikpreis Edition L - Liebh.: Lit., Malerei, Psych.

AUFFERMANN, Jan-Dirk
Lic. rer. pol., Wirtschaftsprüfer, Steuerberater, Gf. Gesellsch. Industrie-Treuhand-GmbH, Wirtschaftsprüfungsges., Steuerberatungsges., Mannheim - Augustaanlage 16, 6800 Mannheim 1 - Geb. 25. Sept. 1944 - 1965-69 Stud. Volks- u. Betriebsw. Univ. Freiburg u. Basel - AR Rösler Draht AG, Schwalmtal; AR-Vors. Richtberg Verw.ges. mbH, Bingen; Beirat: Rhein-Umschlag GmbH & Co. KG, Oldenburg, Rhein-Umschlag GmbH & Co. KG, Düsseldorf, IDA Vermögensverw. GmbH, Mannheim - Spr.: Engl.

AUFHAMMER, Walter
Dr. sc. agr., Prof. f. Spez. Pflanzenbau Univ. Hohenheim - Schloß, 7000 Stuttgart 70 - Geb. 30. Sept. 1938 München - Promot. 1966 Hohenheim (LH); Habil. 1973 Bonn - Zul Privatdoz. u. Wiss. Oberassist. Univ. Bonn. Fachaufs.

AUFSCHNAITER, von, Stefan
Dr. rer. nat., Prof. f. Erziehungs- u. Gesellschaftswissenschaften unt. bes. Berücks. d. Naturwiss. Unterrichts Univ. Bremen - Alten Eichen 30, 2800 Bremen.

AUFSESS, Freiherr von, Hans Max
Generaldirektor Herzogl. Hauptverw. Coburg (1959-75) - Schloß, 8551 Oberaufsess/Ofr. (T. 09198 - 5 10) - Geb. 4. Aug. 1906 Berchtesgaden/Obb. (Vater: Ernst v. A., Ministerialrat; Mutter: Lilli, geb. Freiin v. Hofenfels), ev., verh. s. 1934 m. Marilie, geb. v. Klipstein, 3 Kd. (Uta, Cordula, Michael) - Stud. Rechtswiss. Gr. jurist. Staatsex. - 1941-45 Verwaltungschef brit. Kanalinseln; 1947-59 Rechtsanw. OLG Bamberg - BV: u. v. a. Fränk. Impressionen, 1963; Die Vielfalt Frankens, 1971; Franken in Farben, 1972; ... und hier röhrt sich was, 1972; D. Franke ist e. Gewürfelder, 1985; Seitensprünge, Ess. - 3 Kulturpreise, dar. Fränk.-Schweiz-Verein; 1971 Joseph-E.-Drexel-Preis; 1978 Bayer. VO - Liebh.: Schreiben - Spr.: Franz., Engl. - Rotarier - Bek. Vorf.: Hans v. A., Gründer German. Museum Nürnberg (Großonkel).

AUGST, Gerhard
Dr. phil., o. Prof. f. Germanistik (Lehrst. II) u. Linguistik Gesamthochschule Siegen - Im Backenborn 19, 6301 Biebertal 4 - Geb. 27. Juli 1939 Altenkirchen/Westerw., ev., verh. - Promot. 1969 Mainz; Habil. 1972 Gießen - S. 1973 Ord. Siegen - BV: u. a. Rechtschreib. mangelh.?, 1974; Spracherwerb v. 6 bis 16, 1978. Herausg.: Lex. z. Wortbild. - Morpheminventar (3 Bde. 1975).

AUGSTEIN, Hans-Jürgen
Stadtdirektor a. D., MdB (s. 1972; Wahlkr. 112/Ennepe-Ruhr-Kr.) - Tanneneck 22, 4320 Hattingen/Ruhr (T. 2 22 48) - SPD.

AUGSTEIN, Rudolf
Journalist, Herausg. Nachrichtenmagazin Der Spiegel (s. 1946), Geschäftsf. Spiegel-Verlag Rudolf Augstein GmbH. & Co. KG - Brandstwiete 19/Ost-West-Str., 2000 Hamburg 11 (T. 3 00 71) - Geb. 5. Nov. 1923 Hannover (Vater: Friedrich A., Geschäftsm.; Mutter: Gertrude, geb. Staaden), verh., 4 Kd. - Kaiserin-Auguste-Viktoria-Gymn. Hannover (Abit.); Redaktionsvolontär Hannoverscher Anzeiger - Arbeits- u. Wehrdst. (zul. Leutnant) - BV: Spiegelungen, 1964; Konrad Adenauer, 1964 (London); Preußens Friedrich u. d. Deutschen, 1968; Jesus Menschensohn, 1972; Überlebensgroß Herr Strauß, 1980 - 1965 Mitgl. PEN-Zentrum BRD; 1983 Doctor of Letters h.c. Univ. Bath; 1987 Dr. phil. h.c. Berg. Univ. Wuppertal; 1988 Ehrensenator Univ. Hamburg - FDP MdB Nov. 1972 bis. Jan. 73 (Mandatsniederleg.).

AUGUST, Erdmut Christian
Dr. phil., Intendant, Geschäftsf. u. Regiss. Städt. Bühnen Osnabrück (1981) - Domhof 10, 4500 Osnabrück - Zul. Chefdramat. Städt. Bühnen Münster.

AUGUSTIN, Anneliese,
geb. Mindermann
Apothekerin, MdB (s. 1984, Landesliste Hessen) - Hainbuchenstr. 27, 3500 Kassel - Geb. 24. April 1930 Kassel, ev., verh., 2 Kd. - Gymn. (Abit.) Lörrach; Univ. Basel u. Freiburg/Br.; pharmaz. Staatsex. - 1958-84 selbst. Apothekerin (Mitgl. Apothekerkammer Hessen). 1972 Stadtverordn. Kassel; s. 1984 Bundestag. Mitgl. Europa-Union; Vors. Kommunalpolit. Vereinig. Kassel u. Mitgl. Landesvorst. CDU s. 1967 (1969 Kreisvorst. Kassel, 1978 stv. Kreisvors.).

AUGUSTIN, Hans-Georg
Dr., Geschäftsführer Handwerkskammer Lüneburg-Stade u. Leiter Bezirksstelle Stade (s. 1964) - Feldstr. 1, 2152 Horneburg (T. Büro: Stade 25 84) - Geb. 9. Dez. 1925 - S. 1957 Handwerksorg.

AUGUSTIN, Maria
Geschäftsführende Gesellschafterin Fribad Cosmetics GmbH - Im Rosengarten, 7570 Baden-Baden (T. 07221 - 6 88-01) - Geb. 25. April 1936, verh. m. Prof. Dr. med. Hans-Jörg A., 4 Kd. - Liebh.: Sport.

AUGUSTIN, Marianne
Hauptgeschäftsführerin Dt. Komponisten-Verb. - Beuckestr. 26, 1000 Berlin 37 (T. 030 - 801 80 65).

AUHAGEN, Ernst
Dr. phil., Prof., Biochemiker, Generalsekr. Ges. Dt. Naturforscher u. Ärzte, Wuppertal (1967-78) - Bismarckstr. 81, 5600 Wuppertal 1 (T. 30 26 19) - Geb. 10. Nov. 1904 St. Petersburg/Leningrad - U. a. 1952-69 Leit. Biochem. Labor. Bayer AG. (Werk Elberfeld). S. 1967 Honorarprof. Univ. Köln (Pharmaz. Biochemie). Etwa 50 Fachveröff. - Ehrenmitgl. Ges. f. Biol. Chemie.

AUHAGEN, Peter
Geschäftsführer Peltzer-Werke KG., Stolberg - Kalkbergstr. 165, 5100 Verlautenheide/Rhld. - Geb. 10. April 1937.

AULENBACHER, Gerhard
Dipl.-Volksw., Pers. haft. Gesellschafter Ernst Kalkhof KG - Backhaushohl 58, 6500 Mainz 1 (T. 3 47 24) - Geb. 1. März 1928 Oberaula (Vater: Karl A., Mutter: Johannette, geb. Gerhardt), ev., verh. s. 1955 m. Edith, geb. Figge, 2 Kd. (Claudia, Claus) - Stud. Univ. Mainz - Gleichz. Geschäftsf. Kalkhof GmbH Petersen & Stroever KG; VR-Vors. Para Presss S.A. Luxemburg - Liebh.: Reiten - Spr.: Engl., Franz.

AULFES-DAESCHLER, Gisela
Akad. Malerin - Ainmillerstr. 40, 8000 München 40 - Geb. 2. Mai 1940 Erlangen (Vater: Robert D., Untern.; Mutter: Therese, geb. Mauss), ev., gesch., S. Daniel - Stud. Hochsch. f. Bild. Künste Berlin (Meisterschülerin v. Prof. Hoffmann) - Lehrauftr. erzieh.wiss. Fak. Univ. München. Arbeitsgeb.: Radierungen, Illustrationen, Aquarelle, Öl - Einzelausst. Frankfurt, Regensburg, Göttingen, Stuttgart, Erlangen, München, Peissenberg, Bamberg, Böblingen, Mainz - 1962 Kunstpreis Akad. Nürnberg; 1969 Kunstförd.preis Erlangen.

AULHORN, Elfriede
Dr. med., em. o. Prof. f. Augenheilkunde - Mörikestr. 41, 7400 Tübingen (T. 6 26 71) - Geb. 8. Jan. 1923 - S. 1961 (Habil.) Lehrtätigk. Univ. Tübingen (Lehrstuhl f. Pathophysiologie d. Sehens u. Neuroophthalmologie). Emerit. 1989 - 1963 Preis Karl-Liebrecht-Stiftg.; 1988 1. DOG Filmpreis.

AUMANN, Dieter Christian
Dr. rer. nat., Prof. f. Nuklearchemie Univ. Bonn (s. 1981) - Berliner Str. 16, 5308 Rheinbach - Geb. 9. Okt. 1936 Neu-Ulm - Promot. 1964 - S. 1971 (Habil.) Lehrtätigk. TU München (1978 apl. Prof.). Üb. 50 Facharb.

AUMANN, Rudolf
Dr. rer. nat., Prof., Chemiker - Langeworth 13, 4400 Münster/W. - S. Habil. Privatdoz. u. apl. Prof. Univ. Münster (gegenw. Akad. Oberrat Organ.-Chem. Inst.).

AURAND, Karl
Dr. med., Prof., I. Direktor i.R. Institut f. Wasser-, Boden- u. Lufthygiene/Bundesgesundheitsamt (b. 1984) - Marinesteig 8, 1000 Berlin 38 - Geb. 30. Dez. 1923 Frankfurt/M., ev., verh. s. 1954 m. Jutta, geb. Schmidt, 3 T. (Claudia, Ute, Cornelia) - Promot. 1949 Frankfurt; Habil. 1966 Berlin (FU) - 1947-57 MPI f. Biophysik Frankfurt; s. 1957 ob. Inst. (1975 I. Dir. u. Prof.). S. 1966 Privatdoz. u. apl. Prof. 1972) FU Berlin. Üb. 200 Facharb. - 1984 Gr. BVK.

AURICH, Hans Günter
Dr. phil., Prof. f. Organ. Chemie Univ. Marburg - Kolpingstr. 10, 3550 Marburg-Schröck - Geb. 14. Dez. 1932 Meuselwitz/Thür. - Promot. (1962) u. Habil. (1967) Marburg - S. 1970 Prof. Marburg. Üb. 50 Facharb.

AURICH, Wolfgang
Dr., Geschäftsführer BMW Motorrad GmbH., Berlin/München (s. 1978) - 8000 München.

AURIN, Kurt
Dr. phil., Dipl.-Psych., Prof. f. Erziehungswissenschaft - Universität (Phil. Fak.), 7800 Freiburg/Br. - S. 1970 Ord. TU Hannover u. Univ. Freiburg.

AUST, Siegfried
Univ.-Prof., Ordinarius f. Unterrichtswissenschaft FU Berlin (s. 1972) - Habelschwerdter Allee 45, 1000 Berlin 33 - Geb. 23. Aug. 1925 Unruhstadt, ev., verh. s. 1951 m. Ursula, geb. Hoffesommer, 4 Kd. (Wolfgang, Jutta, Ingolf, Sigrid) - N. Abit. Lehrerausbild. (Staatsprüf.); Stud. Psych. u. Päd. Marburg - Lehrer, Schul-, Ausbildungsleit., Ref. Hess. Inst. f. Lehrerfortbild. - BV: Sachunterr. in Kategorien - E. Planungshilfe f. d. Grundsch. (1970), 1970; Lehrb. z. Gesundheitserz. u. z. Sachunterr., 1979; zahlr. Veröff. z. Kinderbuch- u. Spielmittelforsch. Autor v. Kindersachbüchern - Liebh.: Musik, Tanz, Sport (1967 Gold Sportabz.) - Ehrennadel Dt. Sängerbd., Landessportbd. Hessen, Raiffeisenverb., DLRG; Christopheruspreis.

AUST, Wolfram
Dr. med., Prof., Chefarzt Augenklinik Lehrkrankenh. Kassel - Vor der Prinzenquelle 16, 3500 Kassel - Geb. 12. Aug. 1932 Krummhübel/Rsgb. (Vater: Josef A., Philologe; Mutter:Elfriede, geb. Trautmann), ev., verh. s. 1964 m. Irmgard, geb. Krueger, 2 Kd. (Reinhild, Eberhard) - Jung-Stilling-Obersch. Hilchenbach (Abit. 1952); Univ. Marburg u. Kiel (Med., Zahnheilkd.; Med. Staatsex. 1957). Promot. 1957; Habil. 1965 - S. 1965 Privatdoz. u. Honorarprof. (1971) Univ. Marburg (zul Oberarzt Augenklinik) - BV: Ple- u. Orthoptik, 1966 (2. A. 1974, engl. 1970); Prophylaxe u. Therapie d. Schielschwachsichtigkeit, 1968 (Basel, New York); Weites Land (Aquarelle), 1982. Zahlr. Einzelarb. u. Buchkap. - 1968 Hufeland-Preis 1967 - Liebh.: Malerei, Segeln - Spr.: Engl.

AUSTERMANN, Dietrich
Stadtdirektor a. D., MdB (Wahlkr. 3/ Steinburg-Dithmarschen-Süd) - Albert-Schweitzer-Ring 37, 2210 Itzehoe - CDU.

AUTENRIETH, Hans
Dr.-Ing., Physikochemiker - Lothringer Str. 21, 3000 Hannover 71 - Geb. 25. Mai 1910 Stuttgart, ev., verh. s. 1948 m. Hanna, geb. Bierwirth - Stud. (Chemie) Univ. Stuttgart (Dipl. 1934, Promot. 1935) - 1934-35 Hochschulassist.; 1936-48 Betriebs- u. Fabrikleit. Wintershall AG u. Burbach Kaliwerke AG, 1949-71 Dir. Kaliforsch.-Inst. Hannover. 1943/44 Entw. e. Verf. u. Erstell. e. Anlage z. Gewinn. v. Rubidiumcarbonat aus Rohcarnalliten - Entd.: 1956 artspez. elektrostat. Ladungsaust. zw. Salzmineralteilchen v. Kalirohsalzen durch chem. Konditionierung im Temperaturber. zw. etwa 35 u. 55 Grad C (Es gelingt damit, auch staubhaltige Mehrkomponentensyst. im elektr. Hochspannungsfeld, also auf trockenem Wege, b. hohen Durchsatzleist. gezielt in d. einzelnen Bestandteile aufzuspalten; d. Verfahren ist auch auf andere Mineral- u. Stoffgemische übertragbar); Erf.: 1960 Drehröhren-Hochleistungs-Freifallscheider (m. H. P. Dust); 1958 Auffind. e. neuen stabilen Bodenkörpers im quinären System d. Salze ozeaner Salzablager. (m. G. Braune). Unters. insbes. d. metastabilen Lösungsgleichgewichte in d. 5- u. 6-Komponentensyst. d. Salze ozeaner Salzablager. u. ihre Darst. in f. d. prakt. Anwend. geeigneter Form z. Optimier. d. Naßverarbeitungsverf. auch komplex zusammengesetzter Kalirohsalze u. kristallisationskinet. Unters. Zahlr. Pat. u. Fachveröff., u. a. D. Kaliind., in: Winnacker-Küchler, Chem. Technol., (4.

Aufl.) 1950-82 - 1985 Gauss-Weber-Med. math.-naturwiss. Fak. Univ. Göttingen (f. d. Erf. d. elektrostat. Mineralaufbereit. ESTA-Verf.).

AUTENRIETH, Johanne
Dr. phil., em. o. Prof. f. Lat. Philologie d. Mittelalters Univ. Freiburg/Br. - Titurelstr. 2, 8000 München 81 - Geb. 15. Mai 1923 Stuttgart - Zul. Landesbibl. Stuttgart. Fachveröff.

AUTRUM, Hansjochem
Dr. phil., Dr. phil. nat. h.c., Drs.h.c., em. Prof. f. Zoologie - Maximilianstr. 46, 8000 München 22 (T. 29 98 12) - Geb. 6. Febr. 1907 Bromberg (Vater: Otto A., Postpräs.; Mutter: geb. Goerges), ev., verh. s. 1935 m. Ilse, geb. Bredow - Univ. Berlin (Biol., Physik, Math., Phil.; Promot. 1931) - S. 1948 Prof. Univ. Göttingen (apl.), Würzburg (1952; Ord. u. Inst.-Dir.), München (1958). S. 1961 Vizepräs. Dt. Forschungsgem.; s. 1963 Mitgl. Wiss.rat; s. 1965 Vors. Strukturbeirat Univ. Regensburg - BV: Menschliches Verhalten als biolog. Problem, 1976; Streifzüge durch d. Verhaltensforschung, 1986. Üb. 200 Fachaufs. - 1963 Carus-Med.; 1966 Engl-Feldberg-Preis f. Theoret. Med.;1957 Honorary Fellow Acad. of Zool. Agra (Ind.); 1957 Mitgl. Dt. Akad. d. Naturforscher (Leopoldina); 1958 o. Mitgl. Bayer. Akad. d. Wiss.; 1966 Bayer. VO., 1975 Gr. BVK m. Stern; 1977 Pour le Merite, 1984 Bayer. Maximilians-Orden f. Wiss. u. Kunst.

AUWÄRTER, Max
Dr. phil., Dr. phil. h. c., Fabrikant, Mitinh. Balzers AG., Honorarprof. f. Angew. Physik Univ. Tübingen (s. 1962) - FL-9496 Balzers (Liechtenstein) - Geb. 18. Febr. 1908 Knittlingen/Württemberg, verh. s. 1940 m. Hildegard, geb. Reinöhl - BV: Ergebnisse d. Hochvakuumtechnik u. d. Physik dünner Schichten, 1957, Bd. II, 1971 - Ehrensenator Univ. Innsbruck.

AVENARIUS-HERBORN, Horst
Dr. phil., Bereichsleit. Öffentlichkeitsarb. BMW AG, München (s. 1973) - Wessobrunner Str. 16, 8035 Gauting (T. 089 - 850 54 63) - Vors. Verkehrswacht München.

AVENHAUS, Ernst
Vorstandsvorsitzer Lippe-Weser-Zucker AG. - Heidensche Str. 160, 4937 Lage-Heiden - Geb. 17. April 1908 - Direktoriumsmitgl. Verein d. Zuckerind., Hannover.

AVERKAMP, Ludwig
Dr. theol., Bischof von Osnabrück (s. 1987) - Kleine Domsfreiheit 2, 4500 Osnabrück - Geb. 16. Febr. 1927 Velen (Vater: Josef A., Landwirt; Mutter: Josefine, geb. Ostrick) - Univ. Münster u. Rom (Lic. phil. 1951), Promot. 1957 - 1957-59 Kaplan, 1959-65 Präses Coll. Joh., Ostbevern; 1965-71 Dir. Coll. Borr., Münster; 1971-73 Regens Priesterseem., Münster; 1973-86 Weihbischof Bistum Münster; 1986-87 Bischofskoadjutor Osnabrück - Spr.: Lat., Engl., Ital.

AVERMEYER, Siegfried
Bankdirektor - Nonnenwerthstr. 74, 5000 Köln 41 - Geb. 12. März 1921 Grünberg (Vater: Otto A., Betriebsleiter; Mutter: Frieda, geb. Petras), ev., verh. s. 1954 m. Ingrid, geb. Langanke, T. Ines - Real-Gymn.; Wehrd., akt. Offz. im Stabs- u. Truppendienst; 1949 Ausb. z. Bankkaufm. Commerzbank - 1958-70 Gen.-Bevollm. Bankhaus John & Co., Bad Kreuznach; 1970 Leit. BfG, Hamburg; 1971-73 Gen.Bevollm. Märklin & Co., u. Koch, Lauteren & Co. Privatbankiers, bde. Frankfurt/M.; 1973-86 Geschäftsf. WTB Westdt. Kreditbank GmbH, WTB

Leasing GmbH, Köln; Beirats-Mand. - Rotarier.

AVERY, James
Prof., Pianist - Kaiserstuhlweg 2, 7833 Endingen 2 (T. 07642 - 37 88) - Geb. 23. Sept. 1937 Kansas, USA (Vater: Samuel A., Lehrer f. Physik u. Math.; Mutter: Annafred, geb. Galloway), verh. s. 1986 m. Eun Ju Kim, 3 Kd. (Ann Glair, Susan Jennifer, Thomas Yul) - 1955-59 Univ. Kansas, B.M., 1959-62 Indiana Univ., M.M., 1963-66 Staatl. Hochsch. f. Musik Freiburg, 1967-80 Prof. Univ. Iowa, s. 1980 Prof. Staatl. Hochsch. f. Musik Freiburg. 1986-88 Gastprof. Eastman School of Music, Rochester, NY, USA - Konzerttätigk.: zahlr. Konzerte in Nord-Amerika u. Europa - 1965 Gaudeamus-Preis, 1968 Pr. v. Martha Baird Rockefeller Fund f. Music, New York - Spr.: Engl., Dt., Franz., Ital., Norw., Russ.

AWEH, Carl-August Ludwig
Ing. (grad.), Kaufmann, Vors. Fachabt. Kleintransformatoren im ZVEI, Präs. Techn. Kommiss. Kleintransformatoren Cotrel (EG), Mitgl. zahlr. Kommiss. DKE - Schäferkamp 28, 2000 Hamburg-Schenefeld (T. 040 - 830 00 80) - Geb. 9. Febr. 1917 Hamburg (Vater: Heinrich A., Kaufm.; Mutter: Dora, geb. Wischmann), ev., verh. s 1977 m. Helga, geb. Rossow - Oberrealsch. St. Georg Hamburg. Techn. Kaufm.; Ing., Thale - Spr.: Engl., Franz.

AWERBUCH, Marianne, geb. Selbiger
Dr. phil., Prof. f. Judaistik - Hagenstr. 18, 1000 Berlin 33 - Geb. 20. Juni 1917 Berlin - B.A. (1965) u. M.A. (1967) Tel Aviv; Promot. (1970) u. Habil. (1974) Berlin (FU) - S. 1975 FU Berlin. Bücher u. a.

AWEYDEN, v., Horst
Kommandeur im Bundesgrenzschutz, Grenzschutzkommando Nord - Möckernstr. 30, 3000 Hannover 1 - Geb. 25. Nov. 1932.

AX, Peter
Dr. rer. nat., o. Prof. f. Zoologie - Gervinusstr. 3a, 3400 Göttingen (T. 4 33 59) - Geb. 29. März 1927 Hamburg - 1955-61 Doz. Univ. Kiel; s. 1961 Ord. Univ. Göttingen (Dir. II. Zool. Inst. u. Mus.). Spez. Arbeitsgeb.: Morphologie, Systematik, Entwicklungsgesch., Biol. u. Mikrofauna d. Meeressandes - 1969 Mitgl. Akad. d. Wiss. u. d. Lit. Mainz; 1971 Mitgl. Akad. d. Wiss. Göttingen; 1986/87 Wiss. Mitgl. Wiss. Kolleg Berlin - BV: Monogr. d. Otoplanidae, 1956; D. Entd. neuer Organisationstypen im Tierreich, 1960; D. phylogenet. Syst., 1984 (engl. 1987); Systematik in d. Biologie, 1988. Fachaufs. - Spr.: Engl. - Rotarier.

AX, Wolfgang
Dr. rer. nat., Wiss. Mitarbeiter, Honorarprof. f. Immunologie Univ. Marburg (Bereich Humanmed.) - Behringwerke AG., 3550 Marburg/L.

AX, Wolfram
Dr. phil., Prof. Sem. f. Klass. Philol. Univ. Göttingen (s. 1984) - Breitenanger 14, 3403 Friedland 1 (T. 05504 - 12 12) - Geb. 9. Dez. 1944 Berlin-Falkensee - Stud. Klass. Philol. u. German. Univ. Münster, Bonn, Göttingen; Staatsex. 1970; Promot. 1974; Habil. 1983 (Klass. Philol.) - 1983-87 Schriftf. d. Mommsen-Ges. - BV: Probl. d. Sprachstils als Gegenstand d. lat. Philol., Diss. 1976; Laut, Stimme u. Sprache, Hypomnemata 84, 1986.

AXELOS, Christos
Dr. phil., Prof. f. Philosophie - Bellmannstr. 3, 2000 Hamburg 52 - B. 1974 Privatdoz., dann Prof. Univ. Hamburg.

AXENFELD, Theodor
Botschafter a.D. - Kurfürstenallee 10, 5300 Bonn 2 - Geb. 26. Dez. 1905 Betzdorf/Sieg (Vater: Gottfried A., Pfarrer; Mutter: Bertha, geb. Heuser), ev., verh. s. 1931 m. Edith, geb. Bittersohl, 2 Kd. - Realgymn.; kaufm. Ausbild.; Stud. Volksw. - Ab 1929 Im- u. Export Sierra Leone (Firmenteilh.); 1939-45 Internierung England u. Kanada; 1947-48 Landesreg. Rhld-Pfalz (Leitg. Wiederaufbauplanung/Marshall-Plan); 1948-60 OECE (Ländervertr. d. franz. Zone; 1949 dt. Delegierter Handelsaussch.); 1960-63 Dt. Botschaft Abidjan (Elfenbeinküste, Obervolta, Niger u. Dahomey; Botschafter); 1963-1966 Dt. Botschaft Moskau (Botschaftsrat); 1966-68 AA Bonn (Leit. Afrika-Referat Wirtschafts- u. Entwicklungspolitik); 1969-70 Dt. Botschaft Lagos (Botschafter) - 1969 Gr. BVK - Spr.: Engl., Franz., Russ., Span.

AXER, Erwin
Prof., Regisseur, Intendant - Odyńca 27/11, 02-606 Warschau/Polen (T. 004822 - 44 01 16) - Geb. 1917 Wien, verw. 2 Kd. (Jerzy, Henryk-Andrzej) - Abit. 1935 Lemberg; Theaterinst. Warschau (Regie-Dipl. 1939) - 1946-49 Theater Kameralny Lódź; 1949-81 Theater Wspólczesny Warschau, 1954-58 auch Nationaltheater ebd. B. 1981 o. Prof. Theaterhochsch. Warschau (Abt. Regie) - Veröff.: Feuilletons u. Ess., 1955, 57 u. 67; Gedächtnisübungen, 1984 - Insz. zeitgenöss. Dramatiker in Warschau, Wien, Leningrad, Zürich, Düsseldorf, München u. Berlin; Klassiker d. XIX. Jh. - Kainz-Med. (Österr.), Polonia Restituta u.a. - Spr.: Poln., Russ., Franz., Engl.

AXFORD, William Ian
Ph. D., Prof., Physiker, Direktor Max-Planck-Inst. f. Aeronomie, Lindau/Harz - Zu erreichen üb. MPI f. Aeronomie, Postf. 20, 3411 Katlenburg-Lindau (T. 05556 - 41 - 415) - Geb. 2. Jan. 1933 Dannevirke (Neuseeland), verh. s. 1955 m. Catherine Joy, geb. Lowry, 4 Kd. (Paul, Suzanne, Linda, Robert) - Univ. Canterbury (Neusel.): M. E. u. M. Sc. 1957; Univ. Manchester (Großbrit.): Promot. 1960; 1959-60 Univ. Cambridge (GB) - 1960-62 Defence Research Board, Ottawa/Kanada; 1963-67 Cornell Univ., Ithaca, New York/USA: Assoc. Prof./Prof. f. Astron.; 1967-74 Univ. of California San Diego, La Jolla, Kal./USA: Prof. f. Physik u. Angew. Physik; 1982-85 Victoria Univ., Wellington/Neuseeland: Vice-Chancellor; 1974-82 u. 1985ff. Dir. MPI f. Aeronomie Lindau/Harz - Rd. 200 Veröff. üb. Astrophysik u. Weltraumphysik - 1969 URSI Appleton Lecturer; 1971 AIAA Space Science Award; 1972 Fellow American Geophysical Union (John Adam Fleming Medal); 1978 Honorarprof. Univ. Göttingen; 1981 Assoc. Royal Astronomical Soc.; 1983 Foreign Assoc. US National Acad. of Sciences; 1985 Mitgl. Intern. Akad. f. Astronautik; 1986 Fellow Royal Soc. London; 1986ff. Präs. COSPAR (Committee on Space Research) 1986ff. Vize-Präs. SCOSTEP (Scientific Committee on Solar-Terrestrial Physics); 1989 Präs-Elect EGS (European Geophysical Society), Acad. Europ. - Spr.: Engl (Muttterspr.), Deutsch.

AXMANN, Hans
Regierungsschuldirektor i.R. - Eichendorffstr. 2c, 8800 Ansbach (T. 0981 - 8 61 72) - Geb. 8. Juli 1922 Tachau, kath., verh. s. 1948 m. Wilma, geb. Ego, T. Karin - Abit. 1941, Pädagogikstud., II. LAP 1950, Sport 1953 - B. 1963 Lehrer, danach Schulaufsicht; 1966 Gastvorl. Univ. Mainz, 1979 UNESCO, 1980 Brasilien; Leichtathletiklehrer; DLV-Regelkommiss.; 1970 stv. Vors. Bayer. LV u. DLV, OK München; 1970-85 Breitensport im DLV, DSB, Dt. Sportkonf.; z. Z. Präs. Europ. Sen. Verb.; Komiteemitgl. IAAF - Erf.: Entw. d. elektr. Zeitmessung, Windmeßgerät, Wurfgerüst - BV: D. Leichtathletik-Kampfrichter, 1966; ABC d. Leichtathletik, 1977 (4. A. 1989). Herausg. Breitensportfibel (1974); Strukturplan-Breitensport (1981) - Ehrenvors. Mfr.; 1982 Hanns-Braun-Preis; 1984 BLV-Ehrenring; 1986 BVK; Hon-Life Vicepresident World Assoc. of Vet. Athl. - Liebh.: Malen, Musik - Spr.: Engl., Tschech. - Lit.: DLV-Jahrb. (1982/83); J. Weinmann, Egerländer Biograf. Lexikon (1985).

AXSTER, Oliver
Rechtsanwalt, Aufsichtsratsvors. Gillette Deutschland GmbH & Co., Berlin - Zu erreichen üb. Gillette, Oberlandstr. 75-84, 1000 Berlin 42.

AXT, Renate
Schriftstellerin - Kiesstr. 96, 6100 Darmstadt (T. 06151 - 4 78 97) - Geb. 9. Aug. 1934, ev., gesch., 2 S. (Till, Jan Eitel) - Ausb. z. Redakt. - BV: 365 Tage, 1973 (Nachwort Karl Krolow); Ged.: Ohne Angst, 1980; Jede Sekunde leben, 1984 (Nachwort Karl Krolow); Lichtpunkte, 1986; Roman: Und wenn du weinst, hört man es nicht, 1984; Theatersrt.: Schneekönigin, 1970; Manitou, 1973; Kasper, paß auf, 1977; Musik D. Schönback; Jeder in s. Nacht, 1980; Max u. Moritz, 1983; Till Eulenspiegel, 1985; D. Träume Wirklichkeit, 1987; D. tapfere Schneiderlein, 1988; Kinderb.: Tölle sagt, ich schaff das schon, 1981; Da kam d. Große Bär, 1983; Gute Besserung, 1983; F. Nicky ist alle Tage Kirmes, 1985; Florian, du träumst zuviel, 1986; Felix u. d. Kreuxritterband, 1988; Hörsp., Übers. v. Gypsy (1979), Fernsehdrehb. - 1980 Münchner Literaturpreis; 1988 Stadtschreiberin v. Otternbort - Spr.: Engl, Franz.

AYASS, Walter
Dipl.-Sozialarbeiter, Geschäftsf. d. Arbeitsförderungsbetriebe gGmbH, Vors. SDR-Rundfunkrat (s. 1979) - Wildbader Str. 13, 7500 Karlsruhe 41 - Geb. 6. Mai 1929 Stuttgart, ev., verh. s. 1953 m. Lore, geb. Wetzel, 5 Kd. (Wolfgang, Dorothee, Verena, Ursula, Ruth) - 1945-48 Zimmermanns-Lehre Heilbronn; 1948-52 Stud. Theol. Frankfurt; 1953-1955 Ausb. z. Sozialarbeiter (FH) - 1947-48 Zimmermann; 1955-88 gf. Bewährungshelfer in Karlsruhe (u.a. Leit. Jugendwohnheim Christophorus-Haus, dann Neues Christophorus-Haus, Leit. v. Heimen u. ambulanten Diensten d. Straffälligenhilfe, Verein f. Jugendhilfe), s. 1975 Beauftragter Stiftg. Resozialisierungsfonds

Dr. Traugott Bender b. Justizmin. Baden-Württ. Zahlr. Ehrenstell., u.a. Vors. Verein f. Jugendhilfe Karlsruhe e.V., Vors. Landesarbeitsgem. d. Bewährungshelfer in Baden-Württ.; Rundfunkrat SDR.

AYREN, Armin

Dr. phil., Studiendirektor, Schriftst. - Oberweschnegg 28, 7821 Höchenschwand (T. 07755 - 88 97) - Geb. 7. März 1934 Friedrichshafen - Stud. German., Roman., Phil. u. Kunstgesch. Univ. Tübingen, München, Paris; Promot. 1961 Tübingen - Kritiker (FAZ, Stuttgarter Ztg., Bad. Ztg., Rundf.); Schriftst. - BV: u.a.: D. Brandstifter u. a. Abweich., 1968; D. Mann im Kamin, 1980; Buhl od. d. Konjunktiv, 1982; D. flambierte Säugling, 1985; D. Blaue v. Ei, 1985; Meister Konrad (Pseud.), D. Nibelungenroman, 1987; D. Baden-Badener Fenstersturz, 1989 - 1967 Mackensen-Preis (f. d. beste dt. Kurzgesch.).

AZIZ, Omar

Dr. med., Prof. f. Physiologie Univ. Marburg (s. 1970) - Am Schmidtborn 18, 3575 Kirchhain - Geb. 1. Okt. 1932 Nainital (Ind.) - Promot. 1964; Habil. 1969 - Zul Privatdoz. FU Berlin. Üb. 50 Fachveröff.

AZZOLA, Axel

Dr. phil., Prof. f. Öfftl. Recht TH Darmstadt (s. 1971) - Haubachweg 8, 6100 Darmstadt - Geb. 14. März 1937 Cirese (Rum.) - Promot. 1966; Habil. 1971 - Fachveröff. Mithrsg.: Ztschr. Demokr. u. Recht (1973 ff.).

B

BAAB, Manfred

Geschäftsführer Grone Thermostat GmbH., Lahr/Schwarzw. (s. 1978) - Hermann-Löns-Str. 23, 6457 Maintal 1 - Geb. 24. Aug. 1936 Frankfurt/M. (Vater: Heinrich B., Kriminalsekr. a. D.; Mutter: Lina, geb. Stürtz), verh. s. 1961 m. Hannelore, geb. Zagermann, 2 S. (Jens, Dirk) - Mittelsch. (Mittl. Reife); Werkzeugmacherlehre (Abschl. 1956); Staatl. Ingenieursch. (1960 Ing. grad.), alles Frankfurt - Produktions-, Werkleit., Dir. Produktion u. Industrial Engineering - Liebh.: Schwimmen (bes. Tauchen), Fotogr., Filmen - Spr.: Engl..

BAACKE, Dieter

Dr. phil., Prof. f. Pädagogik Univ. Bielefeld (s. 1972) - Detmolder Str. 26, 4800 Bielefeld 1 - Geb. 2. Dez. 1936 Hannover - Promot. 1962 Göttingen, Habil. 1972 Bielefeld - Vors. d. Ges. f. Medienpäd. d. BRD, Vorst.-Mitgl. Kulturpolit. Ges. (s. Gründ.), Mitgl. Kurat. Dt. Kinder- u. Jugendfilmzentr. u. Stiftg. Lesen; Beiratsmitgl. soz.päd. Inst. d. Min. f. Arb., Gesundh., Soz. NRW - BV: Beat u. d. sprachl. Opposition, 3. A. 1972; Jugend u. Subkultur, 1972; Kommunikation u. Kompetenz, 1973, 3. A. 1980; D. 13- bis 18jährigen, 1976, 3. A. 1983; Einführung in d. außerschulische Pädagogik, 1976, 2. A. 1985; Massenkommunikation, 1978; D. 6-12jährigen, 1984. Herausg.: Am Ende postmodern? Next Wave in d. Päd.; Jugend u. Jugendkulturen (1987); Jugend u. Mode (1988). Mithrsg. d. Reihen Jugendforsch. u. Medium in Forschung u. Lehre. Üb. 200 Einzelarb.

BAACKE, Jürgen

Dr., Prof. f. Theoret. Physik Univ. Dortmund - Sonnenstr. 128, 4600 Dortmund 1 - Geb. 3. Juni 1942 Erfurt - Promot. 1968 Karlsruhe, Habil. 1972 Berlin.

BAADER, Herbert

Dr. rer. nat., Dipl.-Chem., Direktor u. Werksleit. SIGRI GmbH, Meitingen - Dr.-Loeffellad-Str. 99, 8850 Donauwörth (T. 0906-1430) - Geb. 22. Juni 1932 Pirmasens (Vater: Josef B., Mutter: Luise geb. Heinrich), ev., verh. s. 1962 m.Hilde geb. Sehnert, 2 Kd. (Stefan, Sabine) - Stud. d. Chemie Univ. Mainz; Dipl.ex. 1960; Promot. 1962 - S. 1963 Hoechst AG; s. 1973 SIGRI GmbH. Patentinh. - Liebh.: Segeln, Ski - Spr.: Engl., Franz.

BAADER, Rudolf G.

Dipl.-Kfm., Königlich Norwegischer Konsul, gf. Gesellsch. Nordischer Maschinenbau Rud. Baader GmbH + Co KG - Geniner Str. 249, Postf. 11 02, 2400 Lübeck 1 - Geschäftsf. Baader Verw.-GmbH, Lübeck, Hanseatischer Maschinenbau GmbH, Lübeck; Chairman of the Board Baader North America Corp., New Bedford, Mass., Baader (Danmark) A/S, Kopenhagen; Member of the Board Baader (U.K.) Ltd., Hull, Engl.; Beir. Dt. Bank AG.

BAAKE, Franz

Schriftsteller, Regisseur - Bamberger Str. 18, 1000 Berlin 30 (T. 030 - 211 59 88) - Geb. 31. Dez. 1931, 2 Kd. (Pia, Pio) - Stud. (Psych., Biol., Theol.) - Entd.: Einflüsse magnetischer Felder auf zellphysiol. Vorgänge - BV: Pia, Pio u. Ich, autobiogr. R.; Lyrik, Ess., Christusged. Regie: Europ. Tragödie, Test for the West - Berlin; Schlacht um Berlin; Kaiser, Bürger u. Genossen (ca. 60 FS u. Kinofilme) - Bundesfilmprämien d. Innenmin.; Silb. Bär d. Berliner Filmfestspiele; Heinrich-v.-Kleist-Pr.; Oscar-Nominierung d. Films Schlacht um Berlin - Liebh.: Parapsychol., Hypnosetherapie.

BAAKEN, Gerhard

Dr. phil., Prof., Historiker (Mittlere u. Neuere Geschichte) - Albstr. 40, 7400 Tübingen 9 – Geb. 29. Juli 1927 Straelen/Ndrh. - Promot 1958 - S. 1966 (Habil.) Lehrtätigk. Univ. Tübingen (1972 apl. Prof.; 1973 Wiss. Rat u. Prof.; gegenw. stv. Dir. Abt. f. Mittelalterl. Gesch./Histor. Sem.) - BV: Königtum, Burgen u. Königsfreie, 1961. Herausg.: Heinrich Dannenbauer, D. Entsteh. Europas (1962).

BAAKEN, Renier

Autor, Regisseur, Sprecher f. Werbung u. Ind.filme, Spracherzieher, Fernseh-Moderator (RTU-Teleschau) - Glockengasse 15, 8700 Würzburg (T. 0931 - 5 11 52) - Geb. 6. Mai 1949 Krefeld, ledig - Stud. Phil., Psych., Theaterwiss., Engl. u. Amerik. Literaturwiss.; Staatsex. 1975 Univ. Düsseldorf - 1980-83 Oberspielleit. d. Schauspiels Lüneburg; 1984-86 Kaiserslautern. Veröff.: Kinderst. (Was für'n Zirkus, 1987 Lit.-Preis d. Verb. dt. Freilichtbühnen; u. a.). Übers. Engl. u. Amerik. Theaterst. - Insz.: D. Zerbr. Krug (Kleist), Gaslicht (Hamilton), Macbeth (Shakespeare), D. Hose (Sternheim), Sommer (Bond), D. Gast (Durbridge), E. flog üb. d. Kuckucksnest (Wasserman), Don Camillo u. Peppone (Guareschi), Noises off (Frayn) u. a. - Liebh.: Möbelrestauration, Segeln, Skilaufen - Spr.: Engl.

BAAL, Karin

(eigtl. Karin Blauermel) Schaupielerin - Zu erreichen üb. Agentur Pilecki, Oettinger Str., 8000 München - Geb. 19. Sept. 1940 Berlin, verh., 2 Kd. (Thomas aus 1. Ehe, Therese aus 2. Ehe) - Ausb. Modezeichnen, Tanz, Gesang, Sprache - Bühnentätigk., Film, Fernsehen - 1961 Bambi-Preis.

BAARK, Helmut

Dr. med., Leitender Arzt d. dt. Lufthansa, Vorstandsmitgl. Dt. Ges. f. Luft- u. Raumfahrtmedizin - Erdkampsweg 38, 2000 Hamburg 60 (T. 040 - 59 16 19) – Geb. 4. Oktober 1920 Hamburg (Vater: Heinrich B., Quartiersmann; Mutter: Elisabeth, geb. Gebhard), ev., verh. in 3. Ehe m. Arnhild, geb. Riege, 4 Kd. (Christine †, Hinrich, Ulrich, Kerstin) - Wichernsch. Hamburg (Abit. 1939). Med. Staatsex. 1945 Leipzig - 1973-74 Präs. European Airlines Medical Directors Society u. Vice President Airlines Medical Directors Assoc. Stand. Mitgl. d. IATA Medical Committee - BV: Ärztl. Ratgeber f. Flugreisende, 1973 (auch engl., jap., span.); Gesund auf Flugreisen, 1979 (auch engl.) - Visiting Prof. d. Niagara Univ., New York; Instit of Transportation Travel and Tourism - Liebh.: Schach, alle Randgebiete d. Medizin, Frischzellenbehandl. - Spr.: Engl.

BAAS, Balduin

Schauspieler, Autor - Brahmsallee 37, 2000 Hamburg 13 - Zahlr. FS-Send., eig. Radiosend., Radio-Talk-Shows f. d. III. Progr. Hörf.-NDR - BV: 40 Autobiogr.; D. Fritz, R.; Hautnah; Briefwechsel m. d. Dermatol. Prof. Dr. Bernward Rohde - Zahlr. Rollen, u.a. Hauptrolle in Federico Fellinis Film Orchesterprobe (Dirigent) - Portug. Med. f. Kunst u. Wiss.; Eisernes Kreuz I. Kl. - Liebh.: Waldbaden, Pfeifenrauchen, Herrenreiten - Spr.: Franz., Span., Isländ. Platt - Bek. Vorf.: Ludwig XIV. (Hugenottenverfolgung), Urgroßv. ms.

BAATH, Eberhardt

Generaldir. i. R., Unternehmensberater - Kantstr. 13, 1000 Berlin 12 (T. 3 19 41) - Geb. 20. Nov. 1907 Berlin (Vater: Arthur B., Obering.; Mutter: Frida, geb. Groß), gesch. - Gymn. Berlin u. Duisburg (Abitur); kaufm. Ausbild. AEG; Univ. Berlin - 1931-48 Prok. Dt. Krankenversich. AG, Berlin; 1948 Vorst.-Mitgl., 1962-73 Vorst.-Vors. Volkswohl-Bund Lebensversich. a. G. ebd.; 1961-71 AR-Mitgl. Nordd. u. Hamburg-Bremer Versich. AG; 1969 stv. AR-Vors. Volkswohl-Bund Sachversich. AG, 1973 Volkswohl-Bund Lebensversich. a. G.; 1977 AR-Ehrenvors. Volkswohl-Bund-Versich. - BVK I. Kl. - Liebh.: Schwimmen, Wandern, Raumgestaltung - Gold. Sportabz. 1959.

BAATZ, Dietwulf

Dr., Prof., Archäologe, Direktor Saalburgmuseum (s. 1967) - Zu erreichen üb.: Saalburg-Kastell, 6380 Bad Homburg 1 – Geb. 20. Jan. 1928 Kolberg (Vater: Dr. Richard B.; Mutter: Dorothea, geb. Loeschke), ev., verh. s. 1959 m. Dorothea, geb. Steiner, 3 Kd. - Promot. 1959 Marburg. Reisestip. Dt. Archäol. Inst. 1960-61 - Ausgrab. im In- u. Ausl. s. 1957 - BV: Mogontiacum, Limesforschungen Bd. 4, 1962; Kastell Hesselbach, Lf. Bd. 12, 1973; D. röm. Limes, 1974. Herausg. Saalburg-Jahrb. 1967 ff. - Spr.: Engl.

BAATZ, Herbert

Dr.-Ing., Prof., Hochspannungstechniker, Vors. Aussch. f. Blitzableiterbau (e. V.), München - Schönbergstr. 30, 7000 Stuttgart-Schönberg (T. 47 44 29) – Geb. 30. Juni 1905 Berlin, ev. - TH Berlin - U. a. Vorst i. R. Studienges. f. Hochspannungsanlagen, Mannheim. S. Habil. Privatdoz. u. apl. Prof. TH bzw. Univ. Stuttgart. Mitarb. VDE, VDEW, CIGRE, IEC u. a. - BV: Überspannungen in Energieversorgungsanlagen, 1956. Zahlr. Einzelveröff.

BABEL, Dietrich

Dr. rer. nat., Prof., Chemiker - Hans-Meerwein-Str., 3550 Marburg/L. - Geb. 28. Juli 1930 - B. 1968 Doz. Univ. Tübingen, s. 1971 Prof. Univ. Marburg (Anorgan. Chemie).

BABEL, Ulrich

Dr. sc. agr., Prof. f. Bodenkunde, insb. Biopedol., Univ. Hohenheim - Schloß, 7000 Stuttgart 70 – Geb. 4. Nov. 1931 Bonn - Promot. 1958 Göttingen; Habil. 1971 Hohenheim - Fachveröff.

BABILAS, Wolfgang

Dr. phil., o. Prof. f. Roman. Philologie - Grevener Str. 10, 4400 Münster/W (T. 29 37 33) – Geb. 19. Sept. 1929 Ratibor/OS. (Vater: Dr. rer. pol. Franz B., Kreisversicherungskommissar; Mutter: Else, geb. Prox), kath., verh. s. 1960 m. Dr. Lydia, geb. Hiller (Tocht. d. Bildh. Prof. Anton H., s. dort) - Gymn. Ratibor u. Münster; Univ. Münster (1950-53, 1954-56) u. Paris/Sorbonne (1953 bis 1954). Promot. (1957) u. Habil. (1965) Münster - S. 1957 Univ. Münster (1965 Privatdoz., 1966 Doz., 1969 apl. Prof., 1969 Wiss. Rat u. Prof., 1971 Ord.). Spez. Arbeitsgeb.: Roman. u. allg. Literaturwiss. - BV: D. Frankreichbild in Paul Claudels Personnalité de la France, 1958; Tradition u. Interpretation - Gedanken z. phil. Methode, 1961; Unters. zu d. Sermoni subalpini, 1968; D. lit. Widerstand in Frankr., 1982; Interpret. lit. Texte d. Widerstands, 1984. Zahlr. Fachaufs., u.a. üb. L. Aragon - Spr.: Lat., Griech., Franz., Engl., Span., Ital.

BABL, Karl

Dr. phil., Ltd. Bibliotheksdirektor Univ.-Bibliothek Bayreuth - Universitätsstr. 30, 8580 Bayreuth (T. 0921 - 55-34 00) - Geb. 10. Juli 1943 Amberg, kath. - Stud. German., Klass. Philol., Volkskd. Univ. Würzburg; Staatsex. 1968, Promot. 1970.

BACH, Dieter

Dr., Pfarrer, Direktor Ev. Akademie Mülheim/Ruhr - Uhlenhorstweg 29, 4330 Mülheim/Ruhr.

BACH, Franz-Josef

Dr.-Ing., Botschafter a. D., Berater (s. 1972) - Preußweg 121, 5100 Aachen (T. 7 20 07) - Geb. 4. Febr. 1917 Neuss/Th. - 1938-42 TH Aachen (Maschinenbau, Volksw.) - B. 1945 Assist. TH Aachen (Aerodynam. Inst.), spät. Betriebsleit. u. Wirtschaftsredakt., n. Besuch Diplomatensch. Speyer (1951) Ausw. Dienst (Gesandschaftsrat Canberra, Legationsrat Washington), 1957-60 Bundeskanzleramt (1958 pers. Ref. Dr. h. c. Konrad Adenauers), 1961-68 Generalkonsul Hongkong u. Botschafter Iran. CDU (1962-72 MdB, Wahlkr. 53/Aachen-Stadt).

BACH, Gerhard

Dr., Prof. f. Anglistik/Amerikanistik u. Didaktik PH Heidelberg - Klostergasse 20, 6932 Hirschhorn - Stud. Amerikanistik, Angl., Erzieh.wiss.; 1. Staatsex. Lehramt an Gymn. 1969 u. Promot 1971 Univ. Marburg - 1985-86 Gastprof. West Virginia Univ., USA - BV: Susan Glaspell u. d. Provincetown Players: D. Anf. d. mod. amerik. Dramas u. Theaters, 1979. Übers. F. L. Billows, Kooperatives Sprachenlernen, 1973. Herausg.: Gage/Berliner, Päd. Psych. (4. revid. A. 1986); Fremdsprachenunterr. im Wandel (1989); Englischunterr.: Grundl. u. Perspektiven e. handlungsorientierten Unterr.praxis (1989). Ztschr.-Veröff. im In- u. Ausl. z. Amerikanistik, Fachdidaktik, Erziehungswiss., Computerlinguistik, intern. Kulturbeziehungen, Entw. v. Computer-Software f. d. Fremdsprachenunterr.

BACH, Günter

Dr. phil. nat., Wiss. Rat, Prof. f. Mathematik - Zu erreichen üb. Univ., Schloß Hohenheim, 7000 Stuttgart 70 - Geb. 9. Okt. 1929 Wetzlar - Promot. 1959 Gießen; Habil. 1966 Braunschweig - S. 1966 TU Braunschweig; s. 1978 Prof. f. Math. Univ. Hohenheim, Stuttgart.

BACH, Heinz

Dr. phil., Univ.-Prof. f. Sonderpäd., Honorarprof. Univ. Mainz (s. 1968) - Am Eselsweg 33, 6500 Mainz (T. 3 48 95) - Geb. 9. Mai 1923 Berlin, verh. s. 1950 m. Ruth, geb. Berhof, 3 Kd. (Claudia, Ulrich, Beate) - Schule Berlin (Abit.); Päd. Hochsch. Braunschweig u. Hannover; Univ. Hamburg u. Zürich (Päd., Psych., Soziol., Phil.) - Volks- u. Sonderschullehrer; Hochschulassist. u. -doz.; s. 1966 Prof. EWH Rhld.-Pfalz/Mainz (1966-71 Dir. Inst. f. Sonderpäd.). 1960-62 Vors. Vereinig. Dt. Psychagogen; 1970-74 Mitgl. Aussch. Sonderpäd. im Dt. Bildungsrat; 1974-83 Vors. Aussch. Sonderpäd. Dt. Forschungsgem.; s. 1974 Vors. Kommiss. Anwalt d. Kindes, Rhld.-Pf.; s. 1989 Dekan Fachber. Phil./Päd. Univ. Mainz - BV: D. Unterrichtsvorbereitung, 11. A. 1979 (auch span.); Schul- Erziehungsberat., 1960; Geistigbehindertenpäd., 11. A. 1984 (auch span.); Unterr.lehre L, 3. A. 1976; Berufsbild. behinderter Jugendlicher, 2. A. 1973; Früherziehungsprogramme, 4. A. 1981 (auch japan.); Sonderpäd. im Grundriß, 12. A. 1985; Integr. Förderung verhaltensgestörter Schüler, 2. A. 1987; Sex. Erz. b. geist. Behind., 3. A. 1981; Verhaltensauffälligk. in d. Schule, m. Mitarb. 2. A. 1986; Schulintegr. Förderung b. Verhaltensauffälligk., 2. A. 1987; D. heimlichen Bitten, 1985. Mithrsg.: Handb. d. Sonderpäd., 12 Bde. (1977ff.) - 1976 BVK I. Kl.

BACH, Helmut
Dr. med., Arzt, Honorarprof. f. klin. Psychologie, Arzt f. Psychiatrie, FU Berlin - Clayallee 281, 1000 Berlin 37 - Promot. 1947 Hamburg - 1980-82 Vors. Dt. Ges. f. Psychotherapie, Tiefenpsych. u. Psychosomatik - BV (hrsg.): D. Krankheitsbegriff in d. Psychoanalyse, 1981.

BACH, Karl
Direktor i. R. (b. 1975) Vorstandssprecher Orenstein & Koppel AG., Berlin/Dortmund - Bäumerstr. 31, 4600 Dortmund (T. 41 16 19) - Geb. 21. Juni 1912 Chemnitz/Sa. - S. 1951 O & K (1955 Vorst.) - Spr.: Engl. - Rotarier.

BACH, Kurt
Dr. jur., Direktor - Gemünder Str. 16-18, 4000 Düsseldorf-Oberkassel - Geb. 23. Dez. 1918 Demmin/Pom. - (Vater: Gustav B.; Mutter: geb. Scholz) - Univ. Breslau, Berlin, Jena, München - B. 1971 Vorstandsmitgl. Bau-Kredit-Bank AG, Düsseldorf - Mitgl. Ges. Soc. Europ. d. Prom. (SEP) Monte Carlo (Monaco).

BACH, Lüder
Dr.-Ing., Prof. f. Stadt-, Regional- u. Landesplanung Univ. Bayreuth - Schilfstr. 5, 8500 Nürnberg 30 - Geb. 1940 - Dipl.-Ing. 1967 TH Karlsruhe, M.Arch. u. M.C.P. 1969 Univ. Pennsylvania, Philadelphia/USA; Promot. 1976 Univ. Dortmund - S. 1980 Prof. in Bayreuth. Ztschr.- u. Buchveröff. im In- u. Ausl. üb. Stadt- u. Regionalplan.

BACH, Max
Verleger, gf. Gesellsch. Darmstädter Echo, Verlag & Druckerei GmbH - Erbacher Str. 76, 6100 Darmstadt - Geb. 25. April 1915 Offenbach/M. - 1969 BVK I. Kl., 1979 Gr. BVK, 1985 Stern dazu; 1970 Silb. Verdienstplak. Stadt Darmstadt; 1975 Johann-Heinrich-Merck-Ehrung; 1980 Wilh.-Leuschner-Med. Land Hessen.

BACH, Michael Bruno
Dipl.-Volksw., Geschäftsführer Dt. Abwasser-Reinigungs-G.m.b.H., Wiesbaden, Geschäftsf. OMS-Kläranlagen GmbH, Salzburg, Administrador General OMS-Iberica S.A., Barcelona, Madrid, Valencia - OMS-Kläranlagen, Adolfsallee 27-29, 6200 Wiesbaden (T. 06121-39071) - Geb. 16. Nov. 1951 Limburg/L., kath., verh. s. 1979 m. Maria Luisa, geb. da Cruz Rodrigues, 2 S. (Joao David, Felix Manuel) - Mitgl. Wirtschaftsjunioren IHK Wiesbaden u. Dt.-Portug. Ges. - Spr.: Engl., Franz., Span., Portug.

BACH, Robert
Dr. theol., Prof. f. Alttestamentl. Theologie Kirchl. Hochsch. Wuppertal (s. 1962) - Missionsstr. 1a, 5600 Wuppertal-B. - Geb. 4. Aug. 1926 Höhscheid/Solingen (Vater: Robert B., Pfarrer u. Superint.; Mutter: Elisabeth, geb. Risch), ev., verh. s. 1954 m. Hildegard, geb. Keller, 4 Töcht. (Ursula, Erdmuthe, Dorothee, Margerit) - 1945-50 Theologiestud. Wuppertal, Göttingen, Basel - 1951-62 Assist. u. Dozent (1956) Univ. Bonn (Ev.-Theol.-Sem.) - BV: D. Aufforderungen z. Flucht u. z. Kampf im alttestamentl. Prophetenspruch, 1962.

BACH, Thomas
Dr. jur. utr., Rechtsanwalt, Mitinhaber

Dr. Bach, Dr. Mühling, Winkler merger & acquisition GmbH, Mitgl. Athletenkommiss. IOC (1981ff.) u. pers. Mitgl. NOK f. Dtschl. (1982ff.) u.a. - Marktpl. 7, 6972 Tauberbischofsheim (T. 09341 - 30 13) - Geb. 29. Dez. 1953 Würzburg (Vater: Andreas B., Kaufm.; Mutter: Maria, geb. Firsching), kath., verh. s. 1977 m. Claudia, geb. Kargl - Univ. Würzburg (Jura, Polit. Wiss.). Staatsex. 1979 u. 82; Promot. 1983 (Diss.: D. Einfluß v. Prognosen auf d. Rechtsprech. d. Bundesverfassungsgerichts) - S. 1983 Anwaltspraxis. FDP (1983ff. stv. Vors. Bundessportbeirat). Veröff. sportl. Inhalts - 1976 Silb. Lorbeerbl.; 1981 BVK; 1984 Verdienstmed. BW - Liebh.: Sport, Reisen, Lesen - Spr.: Engl., Franz., Span. - Bek. Fechtsportler (u. a. 1976 Olympiasieger Mannschaft Florett, Weltmeister M.F., 1977 Weltm. M.F., 1978 Europa-Cup-Gewinner d. Landesm. M.F.).

BACH, Werner W.
Dr. med., Prof., Frauenarzt - Reichsstr. 2, 1000 Berlin 19 - Geb. 1934 - Promot. 1957; Habil. 1968 - 1974 apl. Prof. (Geburtsh. u. Frauenheilkd.). Üb. 50 Facharb. - Spr.: Engl., Franz.

BACH, Wilfrid
Dr. phil., o. Prof. f. Angew. Klimatologie u. Umweltstudien Univ. Münster (Dir. Inst. f. Geogr.) - Am Berg Fidel 64, 4400 Münster/W. (T. 0251 - 78 78 72) - Geb. 23. Febr. 1936 Thüringen, verh. m. Anneliese B., S. Alexander - 1. u. 2. Staatsex. 1961 u. 1966, Ph. D. Univ. of Sheffield 1965, Doz. McGill Univ. Montreal u. Windsor/Kanada, Univ. of Cincinnati u. Univ. of Hawaii/USA; ETH Zürich/Schweiz. Tätigk. f. Bundesreg. Umweltbundesamt, NATO, UN, US Senat, US Environmental Protection Agency, US Dept. HEW., US NSF, Eidg. Amt f. Umweltschutz, EG, IFIAS, Aspen Inst., UN-Univ. - Projekte: Klimamodellrechn. z. Reduzier. v. Treibhausgasen; Erfassung v. Emissions-Reduktionspotentialen - BV: Atmospheric Pollution, 1972; Handbook of Air Quality in the US, 1975; Man's Impact on Climate, 1979; Renewable Energy Prospects, 1980; Energy/Climate Interactions, 1980; Food-Climate Interactions, 1981; Least-Cost Energy: Solving the CO_2 Problem, 1982 (übers. Deutsch); Gefahr f. unser Klima, 1982 (übers. Engl.), Carbon Dioxide, 1983; Gesunder Landbau - Gesunde Ernähr., 1985; D. Ausstieg ist möglich. Energie ohne Atomkraft, 1986; Angew. Klimatologie, 1988 - Mitgl. d. Enquête-Kommiss. Vorsorge z. Schutz d. Erdatmosphäre d. Dt. Bundestages.

BACHEM, Achim
Dr. rer. nat., Prof. f. Angewandte Mathematik Univ. Köln - Weyertal 86-90, 5000 Köln 41 (T. 0221 - 470-43 39) - Geb. 17. März 1947 Beuel/Bonn, verh. s. 1972 m. Eva, geb. Groh, 2 Kd. - 1967-69 Univ. Köln; 1969-73 Univ. Bonn (Math.-Stud., Dipl. 1973, Promot. 1976, Habil. 1980) - 1973-80 wiss. Assist.; 1980-82 Prof. Univ. Erlangen; 1982-83 Prof. Univ. Bonn; s. 1983 o. Prof. f. Angew.

Math. Univ. Köln - BV: Beiträge z. Theorie d. Corner Polyeder, Monogr. 1976; Einf. in d. Operations Research, Monogr. 1980; Bonn Workshop on Combinatorial Optimization, Sammelw. (Hrsg.) 1981; Math. Programming: The State-of-the Art, Sammelw. (Hrsg.) 1983; u. zahlr. Fachveröff.

BACHEM, Bele

Malerin - Jakob-Klar-Str. 12, 8000 München 40 (T. 271 36 75) - Geb. Düsseldorf (Vater: Gottfried Maria B., Maler; Mutter: Hedwig, geb. Mappmann), verh. m. Dr. Günter Böhmer, Tocht. Bettina (Photogr.) - Stud. Berliner Akad. Zahlr. Bühnenbilder, Plakate, Porzellanfig. u. Dekore, Bücher-Illustr. Hptsächl. als Malerin tätig. Ausst. im In- u. Ausl. - BV: Adele liebt unstet, Erz. 1982.

BACHEM, Carl Jakob
Dipl.-Volksw., Gf. Präsidialmitglied u. Hauptgeschäftsf. Bundesverb. d. Dt. Erfrischungsgetränke-Ind., Bonn - Zu erreichen üb. Königswinterer Str. 300, 5300 Bonn 3 - Geb. 20. Jan. 1938 Bonn, verh., 2 Kd. - Human. Gymn.; Stud. Wirtschafts- u. Staatswiss. Köln, Freiburg, Bonn.

BACHEM, Peter
Dr. jur., Dipl.-Kfm., Verleger, Geschäftsf. u. Mitinhaber Druckerei J. P. Bachem, Offsetdruckerei W. Gottschalk & Söhne, J. P. Bachem Verlag, Jakob Hegner Verlag, Verwaltungsges. J. P. Bachem, Grundstücksges. J. P. Bachem, Viktoria Werbe- u. Vertriebs GmbH, Interverlag f. Jugendschriftt. GmbH & Co. KG - Am Klausenberg 42, 5000 Köln 91 (T. 84-36 36) - Geb. 17. Aug. 1929 Köln (Vater: Dr. Josef B., Verleger; Mutter: Rosi, geb. Endres), kath., verh. s. 1960 m. Irmhild, geb. Fuhne-Kaiser, 3 Kd. (Katrin, Ursula, Klaus), I. jurist. Staatsprüf., Promot. u. Dipl.-Kfm. Köln - Spr.: Ital., Engl.

BACHÉR, Ingrid
Schriftstellerin - Kaistr. 10, 4000 Düsseldorf 1 - Geb. 24. Sept. 1930 Rostock - Zahlr. Bücher, zul. D. Paar, R. 1980; Woldsen oder Es wird keine Ruhe geben, R. 1982; D. Tarotspieler, R. 1986 - Div. Ausz., dar. Literaturstip. 1982 Märk. Kulturkonfz.

BACHÉR, Peter
Journalist, Herausgeber HÖR ZU - Kaiser-Wilhelm-Str.6, 2000 Hamburg 36 (T. 347 26 00) - Geb. 4. Mai 1927 Rostock - U. a. Quick, Eltern (Chefredakt.), Bild am Sonntag (1970-74 Chefredakt.), 1974-84 Chefredakt. HÖR ZU, jetzt s. o. - Urenkel v. Theodor Storm.

BACHINGER, Eduard
Landwirt, Präs. Bezirksverb. Oberbayern/Bayer. Bauernverb., Mitgl. Bayer. Senat - Kirchenstr. 3, 8061 Ampormoching - Geb. 14. Sept. 1911.

BACHL, Kunigunde
Dr. med., Ärztin f. Allgemeinmedizin, MdL Schlesw.-Holst. (s. 1971) - Saar-

brückenstr. 155, 2300 Kiel (T. 68 14 56) - Geb. 29. Juli 1919 Kiel, ev., verw., 3 Kd. - Obersch. Solingen (Abit.); 1938-39 Hochschulinst. f. Leibesüb. Köln (Sportlehrerex.); 1941-47 Univ. München u. Marburg (1947 Med. Staatsex. u. Promot.) - B. 1957 Assistenzärztin, dann fr. Praxis. CDU. BVK I. Kl.

BACHLER-RIX, Margit
Journalistin u. Schriftstellerin - Josef-Stern-Allee 101, A-5360 St. Wolfgang (T. 06138 - 23 23) - Geb. 1. Aug. 1919 Hamburg, ev., verw. - Abit. - Fr. Mitarb. b. österr. Tages- u. Wochenztg., Rundfunk, u.a.; Kuratoriumsmitgl. Bad Ischler Operettengem.; Leit. Sekt. oberösterr. o. österr. Autorenverb. im Verb. d. geistig Schaffend. Österr.; Eigentümerin e. öfftl. zugängl. Puppenmuseums m. üb. 300 Exponaten - BV: Bethali u. d. lust. Kinder v. St. Wolfgang, Kinderb. 1976; D. klingende Stadt, 1977; Am Wolfgangsee, 1983; Lyrische Liebeserklärung an St. Wolfgang, 1986; u.a. - 1978 Gold. Verdienstzeichen d. Rep. Österr.; Ernennung z. Konsulentin d. Oberösterr. Landesreg. f. Kunstpflege; 1987 Gold. Ehrenz. d. Marktgemeinde St. Wolfgang - Liebh.: Lesen, Wandern, Gartenarb., Sammeln alter Puppen - Spr.: Engl.

BACHMAIER, Hermann
Bundestagsabgeordneter (s. 1983; Landesliste Baden-Württ.) - Bundeshaus, 5300 Bonn 1 - SPD.

BACHMAIR, Ben
Dr. phil., Prof. f. Erziehungswissenschaft u. Medienpäd. GH Kassel, FB 1, Zu erreichen üb. GH Kassel, FB 1, Heinrich-Plett-Str. 40, 3500 Kassel - BV: Medienverwend. in d. Schule, 1979; Symbol. Verarb. v. Fernseherlebn. in assoziativen Freiräumen, 1984.

BACHMANN, Erich
Dr. phil., Prof., Museumsdirektor (Bayer. Verw. d. Staatl. Schlösser, Gärten u. Seen) - Pagodenburgstr. 12, 8000 München 60 (T. 811 45 26) - Geb. 7. Aug. 1910 - S. 1952 Privatdoz. u. apl. Prof. (1959) Univ. München (Kunstgesch.) - 1976 Georg-Dehio-Preis Künstlergilde Esslingen.

BACHMANN, Heinz
Dipl.-Kfm., Hauptgeschäftsführer Deutscher Steuerberaterverb., Bonn - Hopmannstr. 6, 5300 Bonn 2 (Bad Godesberg) - Geb. 14. Nov. 1930 Landau/Pfalz (Vater: Emil B., Kaufm. (gef. 1945); Mutter: Elisabeth, geb. Peil († 1960) - Oberrealsch.; kaufm. Lehre; Abit.; Stud. Wirtschaftswiss. Nürnberg u. Mannheim - Liebh.: Lit., klass. Musik, Kulturgesch., Architektur - Spr.: Engl., Franz., Span.

BACHMANN, Horst
Generalsekretär Deutsches Studentenwerk Bonn - Schmittenpfädchen 40, 5300 Bonn 1 (T. 0228 - 61 22 20) - Geb. 24. Aug. 1933 Namslau/Schles., ev., verh., 3 Kd. - 1954-57 Stud. Rechtswiss. u. Volkswirtsch. Univ. Berlin, ab 1957 Univ. Bonn - Rechtsanwalt - BV: Allg. Studienförderung n. d. Honnefer Modell (m. Uhlig), 1971; Bundesausb.-Förderungsgesetz, 14. A. 1986 - Officier dans l'Ordre des Palmes Academiques; BVK I. Kl. - Liebh.: Musik, Theater, Sport, Politik - Spr.: Engl., Franz., Span.

BACHMANN, Klaus-Ditmar
Dr. med., o. Prof. f. Kinderheilkunde - Albert-Schweitzer-Str. 33, 4400 Münster/W. - Geb. 8. Jan. 1922 St. Goarshausen - S. 1957 (Habil.) Lehrtätig. Köln (1963 apl. Prof.) u. Münster (1970 Ord. u. Klinikdir.). Fachveröff.

BACHMANN, Klaus-Peter
Geschäftsführer Arbeiterwohlfahrt Bez. Braunschweig - Am Okerufer 15, 3340 Wolfenbüttel (T. 0531 - 390 81 01; priv.: 05331 - 7 53 44) - Geb. 24. Febr. 1951 - S. 1980 Geschäftsf. d. AW, zun. Kreisverb. Wolfenbüttel; s. 1983 BV Braun-

schweig, Mitgl. AW-Landesaussch. Nieders. u. -Bundesaussch. S. 1972 Mitgl. Rat d. Stadt Wolfenbüttel, Vors. SPD-Stadtratsfraktion; s. 1981 Beigeordn. d. Stadt Wolfenbüttel, s. 1986 Kreistagsabg. Mitgl. SPD-Bezirksaussch. Braunschweig.

BACHMANN, Konrad

Ph.D., Prof. f. Botanik - Zu erreichen üb. Hugo de Vries-Laborat., Kruislaan 318, NL-1098 Amsterdam - Zul. Prof. Univ. Heidelberg.

BACHMANN, Kurt

Dr. med., o. Prof. u. Vorst. Med. Poliklinik Univ. Erlangen-Nürnberg (s. 1972) - Hohe Warte 3, 8521 Spardorf.

BACHMANN, Luis

Dr. phil., Prof. f. Physikal. Chemie - Römerstr.16, 8000 München 40 -S. 1977 Wiss. Rat u. Prof. bzw. Prof. (1978) TU München.

BACHMANN, Paul

Dipl.-Ing., Geschäftsführer Sulzer Weise GmbH - Geigersbergstr. 44, 7500 Karlsruhe - Geb. 28. Juni 1926 Bern (Schweiz), verh. m. Marli, geb. Esser, 4 Kd. - Stud. ETH Zürich (Dipl.-Ing.) u. Univ. Bonn (Betriebsw.) - Spr.: Engl., Franz.

BACHMANN, Rudolf

Landwirt, MdL Bayern (s. 1970) - 8821 Westheim/Mfr. (T. 09082 - 89 18) - Geb. 1925 - 1977 ff. Präs. Bayer. Raiffeisen-Verb., ARsvors. Bayer. Raiffeisen-Zentralbank AG. - CSU - 1980 Bayer. VO.

BACHMANN, Rudolf

Dr. med., o. Prof. f. Anatomie emer. - Osterwaldstr. 59, 8000 München 40 (T. 361 32 24) - Geb. 26. Febr. 1910 Mylau/Vogtl. (Vater: Dr. med Rudolf B.; Mutter: geb. Raetzer), ev., verh. s. 1935 m. Hertha Franz, 3 Kd. - Fürstenschule Grimma; Univ. Leipzig - 1935 Assist., 1942 Privatdoz. Univ. Leipzig, 1945 ao., 1952 o. Prof. Univ. Göttingen (Abt.svorst. Anat.), 1959 Univ. München. Bearb.: Bd. III Spalteholz, Handatlas d. Anat.; Verf.: Nebenniere, in: Handb. d. mikr. Anat. d. Menschen (Bd. VI 5, 1954).

BACHMANN, Siegfried

Dr. phil., Prof. f. Soziologie - Glatzer Str. 1, 3300 Braunschweig (T. 05307 - 25 21) - Geb. 24. Febr. 1927 Zwickau-Planitz - Prof. an Päd. Hochsch. Nieders., Abt. Braunschweig 1968-78 (1970-74 Dekan, 1975-77 Rektor); 1975-78 Geschäftsf. Dir. Georg-Eckert-Inst. f. internat. Schulbuchforsch., Braunschweig; s. 1978 Prof. TU Braunschweig (1981-83 Vizepräs. d. Techn. Univ. Braunschweig) - Veröff. insb. über Landstände des Hochstifts Bamberg (1962), z. Soziol. ländl. Räume, z. Gesch. d. Soziol., z. intern. Schulbuchforsch., z. Dtschl.bild u. Dt. Frage, z. Weiterbildung, z. Studium integrale - Kurat.-Mitgl. Georg-Eckert-Inst. f. intern. Schulbuchforsch., Braunschweig, u. Intern. Haus Sonnenberg, Braunschweig/St. Andreasberg.

BACHMANN, Ulrike

Musikpädagogin - Peterstr. 2, 4950 Minden - Geb. 14. Juni 1961 - S. 1981 Stud. Musikhochsch. Lübeck (Schulmusik, Musikerziehung, Allg. künstl. Ausb. im Fach Klavierduo b. Prof. E. Trenkner) - S. 1984 Konzerttätigk. im Klavierduo m. Klavierduopartnerin Silvia Zenker. S. 1985 Konzerte im In- u. Ausland; Rundf.- u. Fernsehaufnahmen. 1986 1. Schallplatteneinspielung (C.M. v. Weber, Werke f. Klavier zu vier Händen) - 1984 1. Musikpreis Possehlstiftg. Lübeck; 1987 Hansekulturpreis Stadt Lübeck; 1988 1. Preis b. Intern. Klavierduowettbewerb in Italien; 1989 Beendigung d. Klavierduotätigkeit - Liebh.: Lit., Sport.

BACHMAYER, Horst

Prof., Lehrstuhl f. Werken Staatl. Akademie d. bild. Künste Stuttgart - Quellenstr. 19, 7250 Leonberg-Gerbersheim/Württ. (T. 07152 - 5 17 44) - Geb. 16. Mai 1932 Pforzheim - 1953-58 Univ. Stuttgart, Staatsex. (Kunst) 1957, Staatsex. (Päd.) 1960 Braunschweig - 1960-61 Lehrtätigk. Gr. Schule Wolfenbüttel, 1961-66 Doz. f. Kunsterz. u. Werken Kanthochsch. (PH) Braunschweig, s. 1966 Stuttgart.

BACHMEYER, Bodo

Dr. jur., Geschäftsführer Diamant-Edelsteinbörse, Bundesverb. d. Edelstein- u. Diamantindustrie, Industrieverb. Schmuck- u. Metallwaren - Mainzer Str. 34 (Börsenhochhaus), 6580 Idar-Oberstein 2 (T. 06781 - 48 22; Telefax 06781 - 4 12 69) - Geb. 13. Juni 1934.

BACHOF, Otto

Dr. jur., Dres. h. c., o. Prof. f. Öfftl. Recht - Auf dem Kreuz 3, 7400 Tübingen (T. 6 11 44) - Geb. 6. März 1914 Bremen, ev., verh. m. Elisabeth, geb. Heidsieck, 2 Kd. - Univ. Freiburg/Br. (Promot. 1938), Genf, Berlin, Königsberg, München, Habil. 1950 Heidelberg - 1938 Reg.ass., 1942 -rat, 1947 Min.rat, 1949 Oberverw.gerichtsrat, 1952 Ord. Univ. Erlangen, 1955 Univ. Tübingen (1959-61 Rektor). 1958-85 Mitgl. Baden-Württ. Staatsgerichtshof - BV u.a.: Verfassungsrecht, Verw.recht, Verfahrensrecht in d. Rechtsprech. d. Bundesverw.gerichts, Bd. I, 3. A. 1966, II 1967; Wolff-Bachof, Verw.recht I, 9. A. 1974; Wolff-Bachof-Stober, II, 5. A. 1987; III, 4. A. 1978; Wege z. Rechtsstaat, 1979 - Spr.: Engl., Franz. - Rotarier - Lit.: Festschr. z. 70. Geb. (1984); Festschr. Verlag C. H. Beck, Juristen im Portrait (1988).

BACHOFER, Wolfgang

Dr. phil., Univ.-Prof. f. Linguistik d. Deutschen u. Ältere dt. Lit.wiss. - Markt 5, 2056 Glinde - Geb. 31. Mai 1928 Berlin, ev., verh. s. 1957 m. Käte, geb. Reppmann, 2 T. (Christiane, Beate) - Promot. 1961 - S. 1957 Univ. Hamburg (1977 Prof.; 1978-81 Vizepräs.; s. 1982 Leit. Arbeitsst. Mhd. Wörterb.; 1986-88 gf. Dir. German. Sem.). Facharb. u. Rezens.

BACHSTROEM, Rolf Helge

Dr.-Ing., Dipl.-Ing., Geschäftsführer Verlag Glückauf GmbH, Essen - Am Wiesental 22, 4300 Essen 1 - Geb. 11. Juli 1929, verh., 4 Kd. - Stud. Bergbau; Dipl. 1956, Promot. 1960 bde. Aachen.

BACHT, Richard

Druckereibesitzer u. Verleger - Trappenbergstr. 29, 4300 Essen - Geb. 27. Aug. 1902 - S. 1926 selbst.

BACHTHALER, Günther

Dr. agr. (habil.), Vizepräsident, apl. Prof. f. Pflanzenbau TU München (s. 1974) - Pfannenstielstr. 16, 8051 Langenbach - BV: Chem. Unkrautbekämpf. auf Acker u. Grünl. (m. Rolf Diercks), 1968; Fruchtfolge u. Produktionstechnik, 1979.

BACKES, Hanns

Landrat - Postf. 1060, 4150 Krefeld; priv.: Kanalstr. 3, Nettetal 2 - Geb. 1. Febr. 1925 - VR-Mitgl. Gemeinn. Wohnungsges. f. d. Kr. Viersen AG.

BACKHAUS, Egon

Dr. rer. nat., Dipl.-Geol., Univ.-Prof. - Frh.-vom-Stein-Str. 9d, 6108 Weiterstadt (T. 06150 - 45 74) - Geb. 25. März 1927 Rieth - Stud. d. Geol. Univ. Hamburg, Frankfurt; Dipl.ex. 1956.

BACKHAUS, Helmut M.

Schriftsteller, Filmregiss. - Leopoldstr. 135, 8000 München 40 (T. 36 36 79) - Geb. 6. Juni 1920 Bonn (Vater: Emanuel B., Rechtsanw; Mutter: Hannah, geb. Kottenhoff) - Stud. Rechtswiss. (n. beendet) - 1946-47 Leit. Kabarettabt. Radio München - W (1947-75): Kl. Gedeck, Ged.; D. Schule d. Casanova, Kom.; Drei in e. Raum, Kom.; Glück unterwegs, Kammeroperette; Der letzte König, Lustspiel; Entführung in Venedig, Lustspiel; Fahren zu Zweit, Autobiogr.; Die Mitternachtsprobe, Erz.; D. Insel f. 2 Personen, R. Zahlr. Drehb. f. Musik- u. heitere Filme, dar. Nachts im Grünen Kakadu, Bühne frei f. Marika!, Salem Aleikum, Ich zähle tägl. m. Sorgen, D. Stundenglas u. a. Gesch.; Gotzkowsky - oder Was kostet Berlin, Bühnenst.; Liebling, schlaf nicht dauernd ein, R., Götter GmbH., R.; Liebe Ja - Ehe nein, R. 1976; Firpo d. Fass, Erz.; D. Abendland im Kochtopf (Kulturgesch. d. Essens), 1978; Chansons, Feuill. - Mitgl. Berufsverb. Bild. Künstler München (Maler) s. 1961; Mitgl. VG-Wort u. RFFU im DGB; Preis d. Bundeskanzlers, Bonner Volksstück 1978 f. „Die Bönnsche Witwe" - Liebh.: Bücher, Sport (Boxen) - Spr.: Engl., Ital.

BACKHAUS, Margarete,

geb. Schmudek

Regisseurin u. Schauspielerin - Gerhart-Hauptmann-Ring 51, 6000 Frankfurt/M. 50 - Geb. 30. März 1932 Wien, kath., verh., S. Wolfgang - Staatl. Ausb. in Tanz, Gesang, Schauspiel (Konservat. Wien) - Gastsp. in d. Schweiz, München, Berlin u. Hamburg. S. 1963 Leit. Kinder- u. Jugendtheater Ffm. (Regiss. u. Hauptdarst.) - Theaterst.: Murischuri, d. Schloßgespenst. Insz.: Pippi Langstrumpf, D. kleine Muck, Aladin u. d. Wunderlampe, Hänsel u. Gretel, Peterchens Mondfahrt, D. Räuber Hotzenplotz, Emil u. d. Detektive, D. Sterntaler u. D. kleine Hexe - Liebh.: Sport, Theaterspielen - Spr.: Engl., Franz.

BACKHAUS, Theodor

Dipl.-Kfm., Vorstandsmitglied Brauerei Feldschlößchen AG, Braunschweig, Dir. Holsten-Brauerei AG, Hamburg - Wolfenbütteler Str. 33, 3300 Braunschweig (T. 0531-700 32 11) - Geb. 8. Dez. 1939, verh., Sohn Peter - Spr.: Engl., Ital.

BACKHAUS, Wolfgang

Dr. rer. pol., Dipl.-Kfm., Geschäftsführer Holstein & Kappert GmbH., Dortmund - Arndtstr. 59, 4600 Dortmund - Geb. 14. Febr. 1927.

BACKMANN, Leonhard

Dr. med., Prof., Medizinaldirektor, Chefarzt Chirurg. Abteilung - Knappschafts-Krankenhaus, 4350 Recklinghausen - S. Habil. Privatdoz. u. apl. Prof. Univ. Münster (Chir. u. Neurochir.).

BACKOFEN, Ulrich

Dirigent - Wittenberger Str. 2, 6200 Wiesbaden (T. 06121 - 50 01 78) - Geb. 15. April 1947 Dresden, verh. s. 1972 m. Sibylle, geb. Huck, S. Daniel - M. 5 J. erster Musikunterr.; Kinderkl. d. Musikhochsch. Dresden (Violine); Musikobersch. Dresden, 1963-68 Stud. Musikhochsch. Dresden (Hauptfach Violine, Nebenfach u.a. Chordirig.); Staatsex.; 1975-80 Ergänzungsstud. u. Staatsex. Orch.-Dirig. Musikhochsch. Leipzig (Dirig. b. Reuter, Koch, Masur; Kompos. u. Analyse b. Siegfr. Thiele) - 1969-77 I. Geiger Dresdner Philharmonie; 1977 Gründ., künstler. Leit. u. Dirig. Musica Viva Ensemble Dresden; Gastdirig. an versch. Orch.; u.a. DDR-Erstauff. wichtiger Werke d. Musik d. 20. Jh.; 1981 Berufsverbot; 1982-83 13monatige Gefängnisstrafe wegen Ankündig. e. Hungerstreiks; ab 1983 Bundesrep.; s. 1984 Gastdirig. u.a. Städt. Bühnen Frankfurt/M., Hamburg, Darmstadt, Kiel, Bochum, München, Wiesbaden, Stuttgart. Rundfunkprod. - Spr.: Engl., Franz., Ital., Russ.

BACMEISTER, Georg

Dr. jur., Syndikus Handwerkskammer Lüneburg-Stade - Friedenstr. 6, 2120 Lüneburg; priv.: Gravenhorststr. 15 - Geb. 8. Okt. 1930 Hamburg (Vater: Dr. jur. Georg B., Senatspräs.; Mutter: Hanna, geb. v. d. Decken), ev., verh. s. 1955 m. Karin, geb. Luetkens, 6 Kd. - Oblt. d. R. - Liebh.: Hann. Geschichte.

BADECK, Georg

Schlosser, MdL Hessen (s. 1970) - Friedrich-Jähne-Str. 12, 6093 Flörsheim-Wicker (T. 06145 - 18 68) - Geb. 28. Okt. 1938 Frankfurt/Main -Volksschule - Seit 1953 (Lehre) Hoechst AG. (1967 freigest. Betriebsratmitglied,1968 Arbeitnehmervertreter AR). 1961-64 Bundesvors. Jg. Arbeitnehmerschaft. 1964 ff. Stadtverordn. Flörsheim; MdK Main-Taunus-Kr. CDU (Mitgl. Kreisvorst.).

BADEM, Berthold

Bürgermeister Verbandsgemeinde Linz/Rh. - Lindenweg 8, 5460 Linz (T. priv. 02644 - 64 64, dstl. 56 01 18) - Geb. 19. Dez. 1939 Schweich/Mosel, kath., verh. s. 1964 m. Jutta, geb. Regnery, 2 Kd. (Heike, Rainer) - Gymn. Trier, Verw. u. Wirtsch.-Akad., Gemeind.verw.sch. - 1958-72 Stadtverwaltung Trier, 1972-81 Bürgerm. Dudenhofen, s. 1981 Linz - Spr.: Franz., Engl.

BADEN, Manfred

Staatssekretär Bundesmin. f. Arbeit u. Sozialordn. a.D. (1982-87) - Am Dompl. 34, 5305 Alfter b. Bonn (T. 02222 - 24 45) - Geb. 28. Nov. 1922 Trier (Vater: Josef B., Weinhändler; Mutter: Margarethe, geb. Huthmacher), kath., verh. s. 1953 m. Marianne, geb. Busch, 3 Kd. (Wolfgang, Winfried, Manfred-Dieter) - Gymn. Trier; 1940-48 Wehrdst. u sowjet. Kriegsgefangensch.; 1948-51 Univ. Bonn (Rechts- u. Staatswiss.). Gr. jurist. Staatsprüf. 1955 - 1956-58 Bundesverteidigungsmin. (Hilfsref.); 1958-61 Bundeskanzleramt (Ref.); 1962-78 Bundesmin. f. Arbeit u. Sozialordnung (1969-78 Leit. Abt. Arbeitsmarktpolitik u. -losenversich.); 1979-82 Rechtsanw.; 1969-78 u. ab 1982 Mitgl. d. Vorst. d. Bundesanstalt f. Arbeit - BV: Wehrdisziplinarordnung (WDO), Kommentar 1957, 6. A. 1965 - Gr. BVK m. Stern.

BADEN, Max(imilian), Markgraf von

Land- u. Forstwirt, Mitgl. Bad. Landessynode, Karlsruhe - Schloß, 7777 Salem/Baden - Geb. 3. Juli 1933 Salem (Vater: Berthold Markgraf v. B. (s. x. Ausg.); Mutter: Theodora, geb. Prinzessin v. Griechenland u. Dänemark), ev.

BADER, Dietmar

Dr., Direktor Akademie d. Erzdiözese Freiburg - Wintererstr. 1, 7800 Freiburg/Br. (T. 0761 - 3 19 18-0) - Geb. 6. Juni 1937 Freiburg, kath.

BADER, Erik-Michael

Journalist Frankfurter Allgemeine Zeitung - Hellerhofstr. 2-4, 6000 Frankfurt/M. - Geb. 22. Juni 1941 Berlin (Vater: Harald Erik B., Kfm. Angest.; Mutter: Ilse, geb. Frentzel), ev., verh. s. 1976 m. Katarzyna, geb. Wegrzecka - Human. Gymn.; Stud. Politik, Gesch., neuere dt. Lit.wiss. Univ. Freiburg, Tübingen, Hamburg - 1968-74 polit. Nachrichtenredakt. f. Nahost u. Lateinamerika, 1974-81 Warschauer Korresp. d. F.A.Z. - Spr.: Engl., Franz., Poln.

BADER, Frido

Dr. rer. nat., Prof. f. Geographie - Richard-Tauber-Damm 25, 1000 Berlin 48 - Geb. 13. Juni 1932 Pforzheim - Promot. 1958 Bonn - S. 1974 (Habil.) Lehrtätigk. FU Berlin. Bücher u. Einzelarb..

BADER, Hans-Dieter

Kammersänger, Opernsänger - Schulenburger Mühle 14, 3012 Langenhagen 7 (T. 0511 - 78 18 14) - Geb. 16. Febr. 1938 Stuttgart (Vater: Emil B., Kaufm.; Mutter: Ruth B.), ev., verh. s. 1967 m. Ursula, geb. Wolters - Als Sänger rd. 80 Hauptrollen im dt.-ital. Fach.

BADER, Hermann

Dr. med., o. Prof. f. Pharmakologie u. Toxikol. - Neue Welt 6, 7914 Vöhringen-Illerberg - Geb. 23. Nov. 1927 Furtwangen (Vater: Josef B., Kfm.; Mutter:

Martha, geb. Müllegger), kath., verh. s. 1958 m. Gertraude, geb. Haack, 9 Kd. (Sylvia, Andreas, Raoul, Maureen, Gregor, Oliver, Niklas, Matthias, Dominik) - Stud. Med. Univ. München - 1954-56 Assist. Physiol. Inst. Univ. München, 1956-63 Prakt. bzw. Assist. a. versch. in- u. ausl. Univ., 1963-66 Assist. Prof. Vanderbilt Univ. Nashville, USA, 1966-70 Associate Prof. Univ. of Mississippi School of Medicine, Jackson, USA, 1970-72 Prof. Univ. of Mississippi School of Medicine, Jackson, USA, 1972ff. o. Prof. (Abt. Pharmakologie) Univ. Ulm, 1973 Prorekt., 1974-75 Dekan Fak. Theor. Med., 1974-79 Vors. Zentrum Biol. u. Theor. Med., 1979-83 Dekan Fak. Theor. Med., Univ. Ulm. Zahlr. Arb. üb. Altersveränd. d. Blutgefäße, Aktiver Ionentransport, intrazelluläre Ca2+-Regulation u. Weiterentw. d. Medizinerausb. Lehrb. Pharmakologie u. Toxikologie, 2. A. 1985.

BADER, Josef

Immobilienkaufmann (eig. Firma), Ehrenpräs. Bundesverb. Ring Dt. Makler, Vizepräs. FIABCI/Intern. Verb. d. Immobilienberufe, Ehrenmitglied Ring Dt. Makler Landesverb. Bayern - Hauptmarkt 10, 8500 Nürnberg - Geb. 20. Sept. 1925 (Vater: Michael B.; Mutter: Julie, geb. Schlienz), kath., verh. m. Erika, geb. Reuter. T. Evi - Ehrenmed. Intern. Verb. d Immobilienberufe FIABCI, Gold. Verdienstnadel d. Bundesverb. Ring Dt. Makler, Gold. Verdienstnadel d. Dt. Delegation, BVK am Bde. - Spr.: Engl., Franz.

BADER, Karl Siegfried

Dr. jur., em. Prof. f. Schweizer. u. Dt. Rechtsgeschichte, Strafrechtl. Hilfswiss. u. Strafprozeß - Geb. 27. Aug. 1905 Waldau/Schwarzw. - Univ. Tübingen, Wien, Heidelberg, Freiburg/Br. (Promot. 1928) - 1930 Gerichtsass., 1933 Rechtsanw., 1945 Ober-, 1946 Gen.staatsanw. OLG Freiburg/Br., 1945 apl. Prof. Univ. ebd., 1951 o. Prof. Univ. Mainz, 1953 Univ. Zürich - BV: Soziol. d. dt. Nachkriegskriminalität, 1949; D. dt. Südwesten in territorialstaatl. Entwickl., 1950; D. Dorf als Friedens- u. Rechtsbereich, 1957; Dorfgenoss. u. -gemeinde, 1962; Rechtsformen u. Schichten d. Liegenschaftsnutzg. im mittelalterl. Dorf, 1973; Ausgew. Schriften z. Rechts- u. Landesgesch., I-III 1983/84. Mitherausg.: Juristenztg. (s. 1947) u. Savigny-Ztschr. f. Rechtsgesch. (s. 1952) - Ehrenbürger Elzach; Dr. phil h. c.

BADER, Katarina Elisabeth

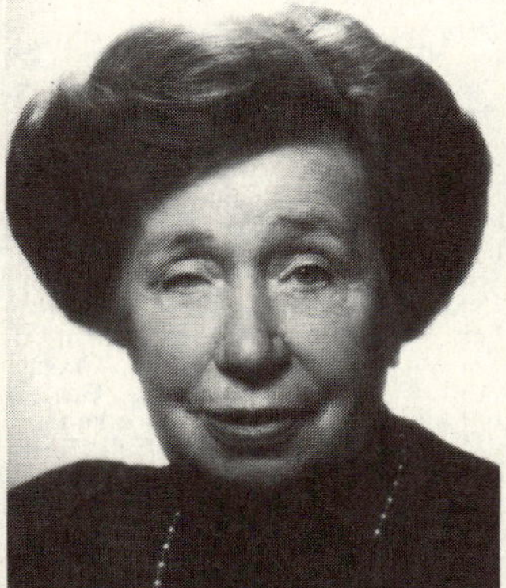

Gymnasiallehrerin a.D., Schriftstellerin (Ps. Katarina E. Bader-Molnar) - Tobelhofstr. 6, CH-8044 Zürich (T. 01 - 47 26 49) - Geb. Berlin, ev.-ref., gesch. - Sprachstud. 1932-38 Liverpool, Warschau, Klaipéda (Memel); Dipl.-Bibl. Berlin; 1938-45 TU Danzig; 1945-57 Gymn.Lehr. in Polen, gleichz. Stud. d. Roman. (Dipl. phil.) u. Angl. Kopernikus-Univ. Toruń (Thorn) u. Kraków (Krakau); Magist. Univ. Toruń 1950; 1952 Päd. Dipl. PH Krakau; 1938-45 Biblioth. u. Stud. d. Geisteswiss. Abt.; 1945-57 Gymnasiallehr. in Grudiądz (Graudenz) u. Stud. in Toruń u. Kraków. 1957-64 Privatlehr.; 1964-86 fr. Schriftst. in Zürich - BV: Lyriden, Ged. 1976; Romant. Gefüge, 1978; Teufelskreis u. Lethequelle, R. 1979; 9 Puppen u.a. Erz., 1980; Karola contra Isegrim u. Reineke, 1980; Mira im Walfisch, Ged. 1981; L'idée d'humanité dans l'œuvre de Voltaire, 1983; Konrad Adenauer, Ess. 1984, franz. Ausg. 1985; Rosen auf Baustellen, Prosa u. Poesie 1985; Da waren Träume noch süss.... Lebensfrühling in Berlin, R. 1988. Zahlr. Beitr. in Ztschr. u. dt. u. franz. Anthol. - 1980-87 div. Ehrengaben Cambridge, IBC; Dipl. u. médaille. Argent. (f. Voltaire 1983); Lausanne, 1984; 1984 u. 1986 Paris, Acad. Int. de Lutèce, Dipl. u. méd. de Vermeil. 14 kultur. Mitgliedsch. - Liebh.: Weltlit. in 4 Spr., Rezitation - Spr.: Engl., Franz., Poln., Ital. - Lit.: Dr. Karl Wydler, Einf. z. Roman Teufelskreis u. Lethequelle, 1979; Rolf Wankmüller, Einf. zu Konrad Adenauer, 1984 u. Einf. z. Roman Da waren Träume noch süß ... 1988; Jan Koprowski, Warschau (in: Literatura, Biographie), 1982.

BADER, Richard-Ernst

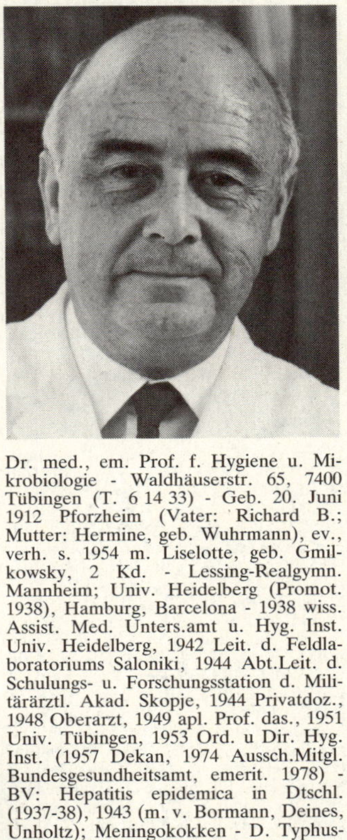

Dr. med., em. Prof. f. Hygiene u. Mikrobiologie - Waldhäuserstr. 65, 7400 Tübingen (T. 6 14 33) - Geb. 20. Juni 1912 Pforzheim (Vater: Richard B.; Mutter: Hermine, geb. Wuhrmann), ev., verh. s. 1954 m. Liselotte, geb. Gmilkowsky, 2 Kd. - Lessing-Realgymn. Mannheim; Univ. Heidelberg (Promot. 1938), Hamburg, Barcelona - 1938 wiss. Assist. Med. Unters.amt u. Hyg. Inst. Univ. Heidelberg, 1942 Leit. d. Feldlaboratoriums Saloniki, 1944 Abt.Leit. d. Schulungs- u. Forschungsstation d. Militärärztl. Akad. Skopje, 1944 Privatdoz., 1948 Oberarzt, 1949 apl. Prof. das., 1951 Univ. Tübingen, 1953 Ord. u. Dir. Hyg. Inst. (1957 Dekan, 1974 Aussch.Mitgl. Bundesgesundheitsamt, emerit. 1978) - BV: Hepatitis epidemica in Dtschl. (1937-38), 1943 (m. v. Bormann, Deines, Unholtz); Meningokokken - D. Typhus-Paratyphus-Enteritis-Gruppe (Salmonella-Gr.), in: Hygiene, T. III 1948; Lehrb. d. Hyg., 1951 (m. Rodenwald); Paratyphus C 1915-45, Paratyphus A in Europa 1900-50, in: Welt-Seuchen-Atlas, T. I 1952, II 1956; D. Salmonellosen (Typhus, Paratyphus, Enteritis), Friedländer- (Aerobacter-, Klebsiella-), Shigella- (Bakt. Ruhr), Coli-Infektionen, in: D. Infektionskrankh. d. Menschen u. ihre Erreger, 1957 (ital. 1962); The Public Health Laboratory Service - First Report of the Expert Committee on Health Laboratory Methods, 1957; Bakterien als Krankheitserreger, in: Handb. d. Allg. Pathol., 1965; Die Bakterienruhr..., Klebsiella-Infektionen, in: D. Infektionskrankheiten d. Menschen u. ihre Erreger, 2. A. 1969; Verkehr, in: Lehrb. d. Hygiene, 2. A. 1969; Salmonellosen, Shigellosen, in: D. öffentliche Gesundheitswesen, Bd. III A/2, 1971; Verhüt. v. Laboratoriumsinfektionen, in: Handb. d. experimentellen Pharmakologie, Bd. XVI/11 B, 1973 - Mitgl. Dt. Akad. d. Naturforscher Leopoldina u. d. WHO Expert Advisory Panel on Health Laboratory Methods; KVK II. Kl. m. Schw.; Silb. Verdienstmed. Bulgar. Rotes Kreuz.

BADER, Walter

Dr. phil., Prof., Staatskonservator a. D. - Kapitel 10, 4232 Xanten - Geb. 15. Sept. 1901 Rottenburg/Neckar, verh. s. 1939 m. Hildegard Scholten - Abit. Tübingen; Stud. Lit., Phil. u. Kunstgesch. Univ. Tübingen u. Bonn; Promot. b. Paul Clemen, Bonn - Archäol. Grabungen Bonn, Brauweiler u. Xanten (Auffind. d. Märtyrergrabes); stv. Landeskonservator in NRW; Staatskonservator in Düsseldorf - BV: 44 Bücher, u. a. Schloss Brühl; D. Dom zu Xanten; 1600 Xantener Dom; Schloss Falkenlust; Abtei Brauweiler; D. Kirche d. hl. Viktor zu Xanten (6 Bde.); Schloss Kalkum - Ritter d. hl. Gregor d. Gr. (durch Papst Paul VI.); Gr. Gold. Ehrenzeichen f. Verdienste um d. Rep. Österr.; Träger d. K. F. Schinkel-Ringes - Spr.: Lat., Griech. - Bek. Vorf.: Ministerpräs. Bols, Württ., † 1945 (Onkel).

BADER, Werner

Journalist, Leit. Dt. Programm/Dt. Welle a.D., Köln - Insterburger Str. 10, 5000 Köln 50 (T. 02233 - 2 10 50) - Geb. 4. März 1922 Haidemühl/Mark Brandenburg (Vater: Paul B., Wiegemeister; Mutter: Bertha, geb. Loka), ev., verh. s. 1959 - Stud. Gesch., Zeitungswiss., Slav. - Pressetätigk. Div. Ehrenämter, u.a. Vors. Bund d. Mitteldeutschen NRW (1972ff.), Bundessprecher LM Berlin-Mark Brandenburg, Vors. Stiftg. Brandenburg, Vorst.-Mitgl. Stiftg. Ostd. Kulturrat (1972ff.), Präs. Intern. Assoc. deutschspr. Medien (1973ff.), Beiratsvors. Zentralst. f. d. dtspr. Chorgesang (1978ff.). SPD - BV: Geborgter Glanz - Flüchtlinge im eig. Land/Organisationen u. ihr Selbstverständnis; Kampfgruppen - D. Kampftruppe d. SED. Zahlr. Rundfunk-Features - 1982 BVK; 1987 BVK I. Kl. - Sammelt Stiche u. bibliogr. Kostbark. - Spr.: Engl.

BADINSKI, Nikolai

Komponist, Pädagoge, Violinist, Pianist - Landgrafenstr. 8, 1000 Berlin 30 - Geb. 19. Dez. 1937 Sofia - Musikakad. Sofia (Dipl. 1961), Meisterkl. f. Komp. Akad. d. Künste Berlin-Ost (Dipl. 1970), Meisterkl. d. Accademia Musicale Siena, Italien (Dipl. 1975 u. 1976) - Päd. Tätigk. Musik- u. Hochsch., Gastprof. im Ausland, Solist, Ensemble-Leit., freisch. Komponist - Musikwerke: Üb. 100 Kompos.: Widerspiegelungen d. Weisheit f. Soli, Chor u. Orch.; mehrere Instrument.-Konz., 3 Sinf. (Amekdils), Ballette, Schwebendes Berliner Märchen (Auftragswerk d. Berliner Festwochen), Orch.musik, Kammermusik f. versch. Besetz., Vokal-, Orgel- u. elektroakustische- u. Computer-Musik; mehrere Schallpl. - Intern. Preis f. Sinfon. Musik, 1979 Rom-Preis (Villa Massimo); 1982 Paris-Preis; 1983 korr. Mitgl. Europ. Akad. d. Künste, Wiss. u. Lit., Paris; dreimal 1. Pl. bei Intern. Komp.wettb. Zahlr. Auff. u. Funkprodukt. bzw. - Send. in Europa, Nord- bzw. Süd-Amerika u. Asien. Mehrmals Einladungen d. Elektr. Studio Utrecht, Niederl.; 1985/86 Stip. d. franz. Regierung in Paris; 1987 Composer-in-Residence - Djerassi-Fondation, Kalifornien; Gastvorl. in Stanford Univ. u. in San Francisco - Spr.: Bulg., Deutsch, Ital., Russ., Serbokroat., Engl, Franz. - Lit.: Nachschlagewerke.

BADKE, Heinz

Dipl.-Ing., Geschäfsführer u. oberster Betriebsleiter d. Eisenbahnen u. Verkehrsbetr. Elbe-Weser GmbH, Zeven - Bahnhofstr. 67, 2730 Zeven - Geb. 4. Okt. 1931, verh. s. 1956 m. Marlene, geb. Meyn, 3 Töcht. (Heike, Marion, Kirsten) - Staatsex. Ing.-Bau 1955 - B. 1969 fr. Bauwirtsch.; 1969-82 techn. Leit. Bremervörde-Osterholzer Eisenb. GmbH, Bremervörde u. Wilstedt-Zeven-Tostedter Eisenb. GmbH, Zeven; s. 1982 Geschäftsf. u. techn. Leit. ebd. Stv. Vors. Landesgr. Bremen-Nieders. u. VR-Mitgl. im BDE; Mitgl. Verkehrsaussch. IHK Stade.

BADURA, Bernhard

Dr. rer. soc., Prof. f. Technik- u. Industriesoziologie TU Berlin (s. 1986) - Zu erreichen üb. Inst. f. Soziol., Dovestr. 1, 1000 Berlin 10 - Geb. 12. Febr. 1943 Oppeln/OS. - Promot. 1970; Habil. 1973 - S. 1973 Lehrtätigk. Konstanz; s. 1981 Lehrstuhl Oldenburg; s. 1986 Lehrstuhl Berlin - BV: Sprachbarrieren, 2. A. 1973; Bedürfnisstruktur u. polit. System, 1973; Sozialpolit. Perspektiven, (m. P. Gross) 1976; Jungparlamentarier in Bonn - ihre Sozialisation im Dt. Bundestag, (m. J. Reese) 1976; Soz. Unterstützung u. chron. Krankh., 1981; Selbsthilfe u. Selbstorg. im Gesundheitswesen, (m. Chr. v. Ferber) 1981; Laienpotential, Patientenaktivierung u. Gesundheitsselbsthilfe, (m. Chr. v. Ferber) 1983; Leben m. d. Herzinfarkt. E. sozialepidemiol. Studie, 1987.

BADURA, Peter

Dr. jur., o. Prof. f. Öfftl. Recht - Prof.-Huber-Pl. 2, 8000 München 22 (T. 2180 3576) - Geb. 21. Febr. 1934 Oppeln/OS. - Univ. Erlangen u. Berlin. Promot. (1958) u. Habil. (1962) Erlangen - 1962 Privatdoz. Univ. Erlangen; 1964 Ord. Univ. Göttingen u. 1970 München - BV: D. Methoden d. neueren Allg. Staatslehre, 1959; D. Verwaltungsmonopol, 1963; Verw.recht im lib. u. im soz. Rechtsstaat, 1966; D. Verw.recht d. lib. Rechtsstaats, 1967; Wirtschaftsverfass. u. Wirtschaftsverwalt., 1971; Eigentum im Verfassungsrecht d. Gegenwart, 1972; Verfassungsrechtl. Bind. d. Rundf.Gesetzgeb., 1980; Staatsrecht, 1986. Mithrsg. Archiv d. öfftl. Rechts (1968ff.).

BAEBEROW, Georg E.

Dr. jur., Unternehmensberater - Büro: Pfauengasse 23, 7900 Ulm (T. 0731 - 6 87 88); priv.: Herbartstr. 22, 7913 Senden (T. 07307 - 2 12 45) - Geb. 21. Jan. 1921 Riga, T. Lilian - Stud. Posen, Halle, München u. Heidelberg; Staatsex. 1947 München, Promot. 1950 Heidelberg - 1964-68 Dir. AEG-Telefunken (Betriebsw., Org.); 1970/71 Geschäftsf. Datel GmbH; 1972-76 Kaufm. Leit. AEG-Telefunken (Ber. Bauelemente); 1977-82 Dir. Plan. u. Personal AEG-Telefunken Serienprod. AG; s. 1983 Unternehmensberater - Liebh.: Gartenarbeit - Spr.: Engl.

BÄCHER, Max

Dipl.-Ing., o. Prof., Architekt - TH Darmstadt, Petersenstr. 15 (T. 06151 - 16 20 46) u. Peter-Behrens-Str. 16, 6100 Darmstadt (T. 06151 - 7 94 06) - Geb. 7. April 1925 Stuttgart (Vater: Dr. med. Paul B., Arzt; Mutter: Helene, geb. Kohlhaas), ev., verh., 3 Töcht. - TH Stuttgart (Dipl. 1951); Georgia Inst. of Technology, Atlanta (USA) - Arch.büro in Stuttgart (s. 1956) u. Darmstadt (s. 1980). S. 1964 o. Prof. f. Entwerfen u. Raumgestalt. TH Darmstadt, 1981 Gastprof. Tong-Ji Univ. Shanghai. 1973-77 Vors. Dt. Werkb.; 1. Vors. Stud.reform-Kommiss. Arch. d. BRD; s. 1985 1. Vors. Vereinig. d. Freunde Dt. Arch.-museum Frankfurt/M. - Div. Bauten u. Großprojekte, Stadtsanier., Friedhöfe, Verwaltungsbauten, Wohnungsbau, Parkgestaltung, Justizgebäude Freiburg, M. V. Kl. Schloßplatz u. Schloßgarten Stuttg. - Preisrichter im In- u. Ausland - BV: Kunst zuhause zu sein, 1962; Sichtbeton, 1966 (auch engl. u. span.); Stadtbild unter d. Rädern, 1972 (Sammelbd.), Architektur-Skulptur, 1975, u. a. - 5 × Paul-Bonatz-Pr., 3 × Hugo-Häring-Pr., 1984 Bundespr. f. Stadtsanier. - Liebh.: Lit., Baugesch. - Spr.: Engl., Ital.

BÄCHLER, Wolfgang

Schriftsteller - Steinheilstr. 19, 8000 München 2 (T. 52 17 45) - Geb. 22. März 1925 Augsburg (Vater: Rudolf B., Gerichtspräs.; Mutter: Else. geb. Rüttinger), verh. 1956 m. Danielle, geb. Ogier, gesch. 1969, 2 Kd. (Alice, Odile) - Universität München (Literatur-, Kunstgesch., Theaterwiss., Psych.) - Hauptrolle in: D. plötzliche Reichtum d. armen Leute v. Kombach (Film v. Volker Schlöndorff) - BV/Ged. (1950-82): D.

Zisterne, Lichtwechsel, Türklingel, Türen aus Rauch, Traumprotokolle (Prosa, 1972). R.: D. nächtl. Gast (1950/1980), Anthol., Ausbrechen, Ged. 1976, Stadtbesetzung (Prosa, 1979); D. Erde bebt noch/Frühe Lyrik 1981, Nachtleben, 1982 - Mitbegründer Gruppe 47; 1973 Mitgl. PEN-Zentrum BRD, 1975 Tukan-Lit.preis Stadt München; 1979 Schwabinger Kunstpreis; 1982 Preistiftg. z. Förd. d. Schrifttums München; 1984 Lit. Ehrengabe BDI - Liebh.: Malen - Spr.: Franz.

BÄCK, Walter

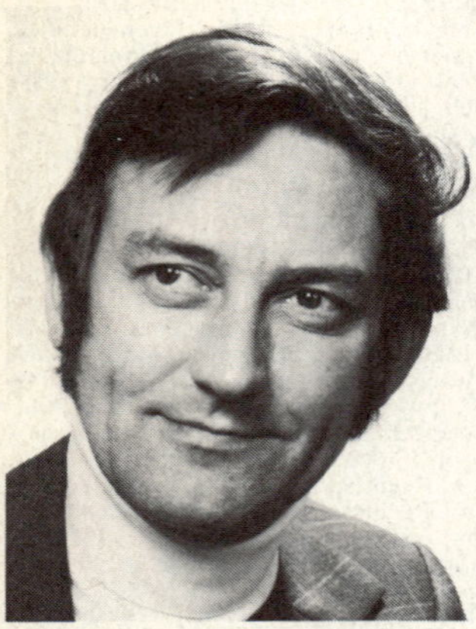

Schriftsteller u. Lektor - Jedleseerstr. 77/5/7, A-1210 Wien (T. 0222 - 38 74 89) - Geb. 23. Febr. 1931 Wien, kath., verh. s. 1964 m. Annemarie, geb. Winter, T. Ulrike - 1946-53 Kath. Lehrersem. u. Handelssch., Techn. Lehrg. Wien - Fr. chriftst.; s. 1964 Lektor Städt. Büchereien; Leit. d. Ersten Marchfelder Literatursalons; fr. Mitarb. ORF, d. Presse, d. Tonbanddienstes d. Post; Mitbegr. Beethoven-Verein Wien 21; Gründ. 1. Floridsdorfer Lit.-Café - BV: Plan v. Wien, Lyr. 1969; Ich leb' am Rand d. großen Stadt, 1977; Corvina, d. Zigeunerin, 1978; D. siebente Teller, 1979; D. Lebm is a Hochschaubahn, 1981; D. Fenstergucker, 1985; D. Sahara v. Ottokring. Text auf LP u. MC. Anthol.: Wien im Gedicht, D. immergrüne Ordensband, Begegnung im Wort, Zug um Zug, D. Jagdhorn schallt, Mutter u. ich, Wort im Weinviertel, Gedanken üb. Blumen, Ged. üb. d. Ewige. Lobau; Texter d. Wiener Volkshymne - 1965 Wiener Kunstfondspreis, 1975 Theodor Körner-Preis f. Lit.; 1986 Ehrenmed. d. Bundeshauptstadt Wien; 1989 in Dt. Lit.gesch., 3. Teil (Bortenschlager) - Liebh.: Zeichnen, Musik, Samml. v. Prominentenbriefen - Spr.: Engl., Latein - Verwandt m. Gregory Peck, Schausp. - Lit.: Edith Kuba, Walter Bäck - D. siebente Teller; D. 100 Marterlsprüche d. W. B. (1985); R. Waltenberger - Jedlesee, Gesch. d. Pfarre; Joh. Jonas-Lichtenwallner: Wr. Streiflichter; S. Ziegler: Porträt e. Kulturlandsch., Auguste Högler: Weichensteller; Othmar Capellmann: Leben u. Werk.

BÄCKER, Karl

Verwaltungsangestellter, 1963-75 MdL Rhld.-Pfalz - Im Tälchen 12, 6751 Niederkirchen/Pf. - Geb. 18. Dez. 1920 Niederkirchen - Volkssch.; Ausbild. Anwaltsbüro - 1939-45 Wehrdst.; 1945-47 Angest. Kreisernährungsamt u. Landw.-schule Wolfstein; 1948-49 Leit. Landw.-amt Kreisverw. Kusel; 1950-63 Geschäfsf. Pfälz. Bauern- u. Winzerschaft, Kaiserslautern. S. 1964 Mitgl. Gemeinderat; s. 1974 Ortsbürgerm. Niederkirchen. 1964-72 Mitgl. Kreistag Kaiserslautern; 1972-84 Mitgl. Verbandsgemeinderat Otterberg. Ehrenamtl. Mitgl. VdK-Landesvorst. (s. 1953 Vors. VdK-Ortsgr. Niederkirchen, s. 1972 stv. Vors. sozialpolit. Aussch. VdK-Landesverb., 1972-80 Mitarb. VdK Kreisverb. Kaiserslautern, s. 1980 Kreisgeschäftsf. VdK-Kreisverb. Kusel). SPD (1964-72 Mitgl. Bezirksvorst. Neustadt). S. 1960 beisitzender Sozialrichter Sozialger. Speyer, Kriegsopferversorgung - 1971 BVK; 1975 BVK I. Kl.; 1976 Ehrennadel Sportbund Pfalz; Goldene Ehrennadel VdK-Dtschl.

BAECKER, Werner

Fernsehjournalist - 240 Central Park South, New York, N. Y. 10019/USA (T. (212) 2 65-72 34) - Geb. 17. Okt. 1917 Wuppertal, led. - 1943 Univ. of. Oregon (Publizistik); 1946-47 Rundfunksch. NWDR - Ab 1948 polit. Redakt. NWDR; 1953-60 Leit. Echo d. Tages (Hörfunk); 1957-60 Leit. Hbg. Fernsehsend. D. Schaubude (Gründer); s. 1960 Fernsehkorresp. New York (Serien: Treffpunkt New York, New York - New York, Besuch bei..., Begegnung mit...), Neue Serie: Top Ten New York (Disco Hits), 1985 Talkmaster Sheraton, München - Adolf-Grimme-Preis (f.: Besuch b. Fritzi Massary) - BVK I. Kl. (f. Verdienste um Staat u. Volk), 1981 Gold. Kamera - Liebh.: Musik, Theater, Politik - Spr. Engl..

BÄDECKER, Reinhard

Kaufmann, Deutscher Konsul - Apartado Aéréo 10-09, Cartagena, Kolumbien - Geb. 12. März 1904 Bremen (Vater: Reinhard B., Großkaufm.; Mutter: Lulu, geb. Lubinus), ev., verh. s. 1933 m. Emmy geb. Biedermann (gesch. 1943) - Neues Gymn. Bremen - Prokurist u. Überseeleit. (Kolumbien) Fa. Reinhard Bädecker, Im- u. Export, Bremen; b. 1943 Inh. Fa. Ferreteria Central, T. R. Baedecker, Bucaramanga/Kol. u. s. 1953 Fa. B. & Castellar Ltda., Import, Cartagena/Kol. - 1969 BVK I. Kl. - Liebh.: Tiefseetauchen - Spr.: Engl., Span., Portug. - Bek. Vorf.: Reinhard B., Großkfm. u. Reeder Bremen (Urgroßv.).

BAEDEKER, Wolfgang

Dr. med., Prof. Internist - Ismaninger Str. 22, 8000 München 80 - Geb. 23. Mai 1930 Dortmund - Promot. 1955 Freiburg/Br. - S. 1968 (Habil.) Lehrtätigk. TU München (1975 apl. Prof. f. Inn. Med.; gegenw. ltd. Oberarzt I. Med. Klin.) - BV: Rhythmusstörungen d. Herzens, 1974 (m. Wirtzfeld).

BÄDEKERL, Klaus

Schriftsteller - Arcisstr. 39, 8000 München 40 (T. 089-2723719) - Geb. 30. Aug. 1947 Augsburg, ledig - Stud. Soziol. Univ. München; Dipl.-Soz. 1973 - BV: u.a. Alles üb. Geld u. Liebe, 1979; E. Kilo Schnee v. gestern, 1983.

BAEHR, Hans Dieter

Dr. Ing., Univ.-Prof. f. Thermodynamik Univ. Hannover (s. 1981) - Max-Eyth-Str. 54, 3000 Hannover 1 - Geb. 24. Juni 1928 Elbing/Westpr., verh. s. 1952 m. Kathi, geb. Brodersen, 2 Kd. - Dipl.-Ing. 1951 Karlsruhe; Promot. 1953 Karlsruhe - 1956-58 Entwickl.-Ing. AEG; 1958-61 o. Prof. f. Thermodynamik TU Berlin; 1961-67 TH Braunschweig; 1967-74 Univ. Bochum; 1974-81 HSBW Hamburg - BV: Thermodynamik, 1962, 6. A. 1988; Physikalische Größen u. ihre Einheiten, 1974 - 1958 VDI-Ehrenring; 1985 Dr.-Ing. E.h.

BÄHR, Jürgen

Dr. rer. nat., o. Prof. f. Geographie Univ. Kiel (s. 1977) - Bgm.-Drews-Str. 71, 2300 Kronshagen - Geb. 31. Okt. 1940 Kassel (Vater: Bruno B., Kfm.; Mutter: Marie, geb. Gödecke), ev., verh. s. 1968 m. Gudrun, geb. Patzke, T. Ulrike - Gymn. Kassel, Stud. Geogr. u. Math. Marburg/L. Staatsex. f. Höh. Lehramt u. Promot. 1967 Marburg/L. 1967-75 Akad. Rat bzw. Oberrat Univ. Bonn, 1975-77 WR u. Prof. Univ. Mannheim, 1977 ff. o. Prof. Univ. Kiel - BV: Kulturgeogr. Wandlungen i. d. Farmzone Südwestafrikas, 1968; Migration i. Großen Norden Chiles, 1975; Santiago de Chile, 1978; Chile, 1979; Bevölkerungsgeographie, 1983; Schleswig-Holstein (m. G. Kortum), 1987.

BÄHR, Rainer

Dr. med., Prof., Direktor Chir. Klinik/Städt. Klinikum Karlsruhe - Moltkestr. 14, 7500 Karlsruhe - Geb. 4. April 1942 Waldshut (Eltern: Josef u. Liska B.), kath., verh. s. 1970 m. Ruth, geb. Oeschger - Promot. 1966 Univ. Freiburg; Habil. 1976 Tübingen - S. 1969 chir. Tätigk. (Chir. Univ.-Klinik Tübingen u. Missionskrkhs. Abeokuta-Nigeria); 1976 Doz., 1980 Prof. Fachveröff. z. Allg. Chir. - 1977 Ludwig-Rehn-Preis.

BAEHR, Rudolf

Dr. phil., o. Prof. f. Roman. Philologie - Akademiestr. 24, A-5020 Salzburg (Österr.) - Geb. 6. Jan. 1922 Bamberg - S. 1954 (Habil.) Lehrtätigk. Univ. München (1961 apl. Prof.) u. Salzburg (1964 Ord., 1969/70 Rektor) - BV: Span. Versl. a. hist. Grundl., 1962 (a. span.); Dante u. d. Musik, 1966; Einf. in d. franz. Versl., 1970 - 1965 Dr.-Ludwig-Gebhard-Preis 1963 (Oberfranken-Stiftg.); 1972 Gr. Silb. Ehrenzeichen f. Verdienste Rep. Österr.; Dr. phil. h. c., Reims; Offic. d. la Légion d'Honneur 1973; k. Mitgl. d. Österr. Akad. d. Wissensch.; Offic. d. Palmes acade-;miques 1982; Silb. Ehrenzeichen d. Landes Salzburg; Festschrift Roman. Mittelalter 1982; Festschrift Literatur u. Wissensch., 1987.

BAEHRE, Rolf

Dr., Prof. f. Stahl- u. Leichtmetallbau Univ. Karlsruhe - Albstr. 47, 7505 Ettlingen (T. 07243 - 7 97 69) - Geb. 28. Febr. 1928 Lehrte (Vater: Karl B., Bausachverst.; Mutter: Irmgard, geb. Wichmann), ev., verh. s. 1979 m. Kerstin, geb. Eriksson - Dipl.-Ing. 1954 TH Hannover, tekn. lic. 1958 TH Stockholm, Promot. 1968 ebd. - Berat. Ing.; 1969-78 Prof. f. Stahlbau TH Stockholm; s. 1978 Prof. Univ. Karlsruhe u. Dir. Versuchsanst. f. Stahl, Holz u. Steine - Spr.: Engl., Schwed.

BÄHRENS, Dieter-Wolfgang

Dr. rer. nat. Prof. f. Biologie u. ihre Didaktik PH Kiel - Holländerey 18a, 2300 Kronshagen.

BÄHRENS, Otto-Ulrich

Landrat a. D. Kr. Hersfeld-Rotenburg (s. 1976) - Sternerstr. 30, 6430 Bad Hersfeld (T. 7 27 22) - Geb. 9. Mai 1911 Frankfurt/O. (Vater: Fabrikdir. Ferdinand B., Chemiker; Mutter: Elisabeth, geb. Kuschel), ev., verh. s. 1940 m. Annemarie, geb. Lang, 4 Kd. (Rosemarie, Ulrich, Hans-Joachim, Rainer) - Schola Latina Halle/S. u. Friedensgymn. Frankfurt/O.; Univ. Jena (Volksw., Rechts- u. Staatswiss.). Jurist. Staatsprüf. 1933 u. 37 - Landrat Frankenstein u. Wohlau; 1937-38 Reg. Düsseldorf u. Karlsbad; 1939 Landrat Tepl.; 1940-44 Reg. Allenstein; 1944-45 Landrat Frankenstein; zeitw. Soldat; 1945-48 Kriegsgefangensch.; 1951-57 Hess. Innenmin. (zul. Reg.sdir. u. Leit. Landesamt f. Vertriebene, Flüchtlinge u. Evakuierte); 1957-76 Landrat Kr. Rotenburg u. Hersfeld. Zahlr. Mitgliedsch. SPD s. 1951 - Spr.: Ital., Engl., Franz.

BÄNSCH, Dieter

Dr. phil., Prof. f. Neuere Dt. Literatur Univ. Marburg - Feldbergstr. 47, 3550 Marburg 7.

BÄNSCH, Manfred

Dr. jur., Präsident Oberpostdir. Düsseldorf - Sohnstr. 45, 4000 Düsseldorf 1; priv.: Niederkasseler Kirchweg 111, 4000 Düsseldorf 11 - Geb. 25. März 1926 Breslau, ev., verh. - Kriegsabit. 1944 Breslau; 1947-51 Univ. Freiburg u. Göttingen (Rechtswiss., Volksw.); Promot. 1955 Freiburg - S. 1955 Postdst. (Karlsruhe, Köln); [1961-83 Bundespostmin. (s. 1966 Min.rat [Haushaltsref.]); s. 1983 Präs. Oberpostdir. Düsseldorf. 1974-83 Vorstandsvors. Versorgungsanst. DBP (VAP) - BV: Finanzwesen d. DBP - Teil: Voranschlag (Haushaltsplan), 2. A. 1983 - BVK I Kl.

BAENSCH, Norbert

Chefdramaturg - Popitzweg 1, 3400 Göttingen (T. 2 23 37) - Geb. 1. April 1934 Gottesberg/Schles. (Vater: Gerhard B., Kreissparkassendir.; Mutter: Eva, geb. Modler), ev., verh. s. 1965 m. Liselotte, geb. Beerbom, Sohn Jesko, Tochter Tanja - 1954-60 Univ. Göttingen (German., Gesch., Theaterwiss., Phil., Päd.). Schauspielerprüf. 1960 Hannover - 1958-60 Regie- u. Dramaturgieassist. Heinz Hilperts, Dt. Theater Göttingen, dann Chefdramat. Theater d. Stadt Trier u. Dt. Theater Göttingen (ab 1963). Lehrauftr. Univ. u. VHS Göttingen, s. 1974 Chefredakt. DT-Zeitung Göttingen. Herausg. Programmhefte d. Theaters d. Stadt Trier (1960-63), Blätter d. Dt. Theaters Göttingen (s. 1963), Almanache d. Dt. Theaters Göttingen (1963/64ff.), Festgabe z. 75. Geburtstag v. Heinz Hilpert (1965), Heinz Hilpert u. d. Dt. Theater in Göttingen 1950-66 (1966), 25 J. Dt. Theater in Göttingen (1975), Dt. Theater in Göttingen, Spielplan, Ensemble, Akzente 1966-1981 (1982), Festgabe z. 60. Geb. v. Günther Fleckenstein (1984), Dt. Theater in Göttingen - E. Haus f. d. Zukunft (Mithrsg., 1984); Dt. Theater in Göttingen. D. Intendanz Günther Fleckenstein 1966-86 (1986). Mitarb. versch. Lit.-Zeitg. - 1979 Med. Amicus Poloniae; 1986 Orden Mérite en Faveur de la Culture Polonaise - Spr.- Engl., Franz. - Gründungsvors. d. Dt.-Poln. Ges. Göttingen.

BAER, Frank

Dipl.-Kfm., Vorstandsvorsitzender Jungheinrich Unternehmensverw. KG, Hamburg (1986-88) - Zul. 2000 Hamburg 70 - 1978-86 Vorst. Rheinmetall Berlin AG, Vors. d. Geschäftsfg. Rheinmetall GmbH, Düsseldorf.

BÄR, Friedrich

Dr. med., Dr. phil. nat. (habil.), Prof., Arzt u. Chemiker - Humboldtstr.13, 1000 Berlin 33 (T. 8 92-48 07) - Geb. 11. Juni 1908 Meran (Vater: Dr. med. Karl B., Augenarzt; Mutter: Magda, geb. Landtmann), ev., verh. s. 1939 m. Gerda, geb. Pauling, 5 Kd. (Ulrich, Bettina, Thomas, Matthias, Christiane) - Gymn. Meran; Univ. Innsbruck, München, Freiburg, Heidelberg (Chemie; Promot. 1934), Jena (Med.; Promot. 1950). Habil. 1946 Jena - 1934 Stip. Dt. Forschungsgem., 1935 wiss. Mitarb. Chem. Zentralbl., ab 1936 Assist. u. Wiss. Mitgl. (1940) Robert-Koch-Inst. Berlin, s. 1946 Doz. Univ. Jena u. TU Berlin (1952), ehem. Abt.sleit. Toxikologie Max-v.-Pettenkofer-Inst./Bundesgesundheitsamt Berlin (Ltd. Dir. u. Prof.) - BVK - Liebh.: Naturkd., Musik - Spr.: Ital., Engl.

BÄR, Günter

Dr. phil., Oberstudienrat i. R. - Kranzhornstr. 22, 8000 München 82 - 26. April 1920 Mannheim (Vater: Eugen B., Bankbevollm.; Mutter: Anna, geb. Schillinger), ev., verh. s. 1959 m. Wiltrud, geb. Pufahl - Stud. Roman., Angl. Staatsex. Höh. Lehramt (Oberstudienrat a. D) - 1952-53 Höh. Lehramt Pforzheim, Mannheim; 1954-61 Studienrat Dt. Schule Rom; 1961-65 Leit. Dt. Bibl., Kulturinst. d. AA in Ankara; 1965-69 Leit. Goethe-Inst. Santiago/Chile, 1970-74 Abt.sleit. Zentralverwalt. Goethe-Inst.; 1974-79 Leit. Dt. Bibl., Goethe-Inst., Rom; 1979-85 Leit. Goethe-Inst., Paris - Liebh.: Musik, Lit. - Spr.: Engl., Franz., Ital., Span., Türk.

BÄR, Günter Frank

Dipl.-Kfm., Vorsitzender d. Geschäftsfg. Eisenwerk Brühl GmbH - Postfach 12 60, 5040 Brühl - Zul. Vorst. Rheinmetall Berlin AG, Vors. d. Geschäftsfg. Rheinmetall GmbH, Düsseldorf, u. Jungheinrich-Gruppe, Hamburg.

BAER, Hans

Direktor, stv. Geschäftsf. Westd. Finanzierungsges. mbH./Westfinanz, Köln - Nachtigallenweg 32, 5159 Türnich - Geb. 27. März 1931.

BÄR, Siegfried

Dr.-Ing., Prof., Oberingenieur (emerit.) (Gutehoffnungshütte Sterkrade AG,

Werk Sterkrade) - Westhoffstr. 72, 4200 Oberhausen-Sterkrade - Geb. 10. Aug. 1915 Frankfurt/Oder - Stud. TU Hannover; Dipl.-Ing. 1939, Dr.-Ing. 1944, Habil. 1955, apl. Prof. 1962 TU Hannover - 1939-79 Gutehoffnungshütte Oberhausen-Sterkrade AG, 1946-79 Abt. Bergwerksanlagen - 32 Veröff. in dt. u. intern. Fachztschr. z. Fördertechnik im Bergbau (in dt., engl., franz., jap. u. russ. Spr.). Unters. üb. d. Beanspruchung d. Einbauten v. Förderschachten, Entw. e. Verf. z. Überwachung d. Seilkräfte b. Mehrseilschachtförderanl.

BÄREND, Hartmut

Pfarrer, Direktor Arbeitsgem. MBK/ Missionar.-bibl. Dienste an Jugendl. u. Berufstät. (s. 1977) - 4902 Bad Salzuflen - Zul. Pers. Ref. d. Berliner Bischöfe Scharf u. Dr. Kruse.

BÄRMANN, Johannes

Dr. jur., habil., Notar a. D., Präsidialdir. a. D., Landrat a. D., em. o. Univ.-Prof. f. Dt. Rechtsgeschichte, Wirtschaftsrecht, Freiw. Gerichtsbarkeit u. Bürgerl. Recht sowie Dir. Inst. f. Rechts- u. Verfassungsgesch. Univ. Mainz (s. 1954; Altrektor) - Pfortmühle, 6719 Albisheim (T. 06355 - 24 20) - Geb. 10. Mai 1905 Hof/S. (Vater: Christian B.; Mutter: Emilie, geb. Thoss), ev., verh. s. 1933 m. Edith, geb. Banspach, 2 Kd. - Univ. Leipzig, Berlin, München. Habil. Heidelberg - 1942-54 Lehrtätigk. Univ. Heidelberg (zul. apl. Prof.) - Publ.: Verfassungsgesch. Münchens im Mittelalter, 1938; Lärmschäden im Luftverkehr, Typisierte Zivilrechtsordnung d. Daseinsvorsorge, 1948; Kommentar z. DM-Bilanzgesetz, 1950; D. Freiheit d. Binnenschiffahrt, 1950; D. Eigenwohnung, 1950; D. Cabotage auf d. Rhein, 1951; Wohnungseigentumsgesetz m. Erläut., 1951, 11. A. 1985; Kommentar, 6. A. 1987; Praxis d. Wohnungseigentums, 3. A. 1980; Art. 93 d. Abkommens v. Chicago u. d. Völkerrecht (Zulassungszwang zu überstaatl. Zweckverbänden), 1953; Haftung f. Straßensicherheit, 1953; L'influenza dei tributi mella genesi delle societá niste ed anormali, 1953; Ricostruzione ed edilizia cittadina nella prassi notarile germanica, 1953; Echtes Strafverfahren in d. freiw. Gerichtsbarkeit, 1955; Z. Dogmatik d. Gemeinen Raumeigentums, 1956; Sobre la Dogmatica del Condominio, 1956; Dt. Einheit - Einheit d. Rechts, 1957; Supranationale Aktiengesellschaften?, 1957; Kritik am neuen Ehegüterrecht, 1958; La Libera circolazione del documento notarile, 1958; Z. Entsteh. d. Mainzer Erzkanzleramtes, 1958; Wohnungseigentumsgesetz (Kommentar), 1958, 6. A. 1987; Ist e. Aktienrechtsreform überhaupt noch zulässig?, 1959; D. europ. Gemeinschaften u. d. Rechtsangleich., 1959; Theorie u. Praxis d. Wohungseigentums, 1960, 3. A. 1980; Les communautes europeennes et le rapprichement des droits, 1960; Moguntia Metropolis Germania, Rektoratsrede 1963; Willensbild. in europ. Aktienrechten, 1964; Cusanus u. d. Rechtsreform, 1965; Lehrb. d. freiw. Gerichtsbarkeit, 1968; Europ. Integration im Gesellschaftsrecht, 1970; Le secret bancaire en Allem. Fed., Paris 1973; zahlr. Beitr. in Fachzeitschr. u. Festschr.; Herausg. Europ. Geld-, Bank- u. Börsenrecht, T. I: BRD 1974; Europ. Kreditsicherungsrecht Bd. I (Hrsg.); D. Wohnungseigentümer-Gemeinsch., 1986; Lehrb. d. Wohnungseigentums u. d. Wohnungsrechte, 1989; Z. Gesch. d. Mainzer Univ.-Fonds. E. Archivstudie 1989, u. zahlr. weit. Veröff. zum Wohnungseigentum, auch zu: Geschichte d. Univ. Mainz; mehrere Festschr. u. Festgaben.

BÄRNER, Johannes

Dr. phil., Wiss. Rat a. D. - Mombertstr. 10, 7500 Karlsruhe 1 - Geb. 6. Jan. 1900 Großenhain/Sa. (Vater: Dr. med. vet. Max B., Generalveterinär; Mutter: Ida, geb. Ackermann), ev., verh. s. 1946 m. Ida, geb. Schmidt - Univ. Berlin (Botanik, Pharmaz. Chemie, Pharmakognosie; Pharmaz. Staatsex. 1925, Promot. 1927) - 1927-65 Biol. Reichsanstalt f. Land- u. Forstw., Berlin (zul. Reg.srat), Biol. Zentralanst. f. Land- u. Fw., Kleinmachnow (1950; Abt.sleit.) u. Biol. Bundesanst. f. L.- u. Fw., Berlin (1952, Wiss. Rat), dazw. 1946-49 pharmaz. Ind. (Wiss. Leit.). 1954-68 Lehrbeauftr. FU Berlin (Heil-, Gift- u. Futterpflanzen) - BV: D. Nutzholz d. Welt, 4 Bde. 1942/43, NA 1961/62; Bibliogr. d. Pflanzenschutzlit., 1940/54 u. 58 (9 Bde., 3spr.); Lit.quellen u. ihre Kürzungen aus d. Bibliogr. d. Pflanzenschutzlit., 1958 - Liebh.: Nutzpflanzenlit. - Spr.: Franz., Engl.

BAERNS, Barbara,

geb. Beckmann

Dr. phil., Univ.-Prof. f. Publiz. u. Kommunikationswiss. Ruhr-Univ. Bochum - Haarkampstr. 13, 4630 Bochum - Geb. 8. Febr. 1939 Rinteln, verh. s. 1965 - Promot. 1967 FU Berlin, Habil. 1982 Ruhr-Univ. Bochum - 1967-69 Presse- u. Kulturref. Amerika-Haus Hannover; 1969-71 Polit. Redakt. Neue Hann. Presse; 1971-73 Redakt. Presse- u. Informationsabt., ab 1972 Abt.-Leit. Coca-Cola GmbH, Essen; 1973-74 Polit. Redakt. Neue Ruhr Ztg., Essen; s. 1974 Lehre u. Forsch. (Publiz. u. Kommunikationswiss.) Ruhr-Univ. Bochum - BV: Öfftl.arbeit oder Journalismus? Z. Einfluß im Mediensystem, 1985; u. a. Zahlr. journ. Art. sowie wiss. Beitr. u. Vorträge.

BAERNS, Manfred

Dr. rer. nat., Univ.-Prof. f. Techn. Chemie Ruhr-Univ. Bochum (Spez.: Heterogene Katalyse, Kohlenmonoxidhydrierung, Alkan- u. Aromatenoxidation, Chem. Reaktionstechn.) - Haarkampstr. 13, 4630 Bochum (T. 0234 - 700 67 45) - 1962-64 Tätigk. Argonne National Labor. (USA); 1965-69 Inst. f. Techn. Chemie TH Hann.; 1969-74 Krupp Chemieanlagenbau Essen - BV: Lehrb. d. Techn. Chemie - Chem. Reaktionstechnik (m. H. Hofmann u. A. Renken).

BÄRSCH, Walter

Dr. phil., Prof. f. Erziehungswissenschaft (psych. u. soziol. Aspekte d. Erzieh. u. Rehabilit. v. Behinderten) Univ. Hamburg (1977-83) - Warnckesweg 20b, 2000 Hamburg 61 - Geb. 26. Okt. 1914 - Präs. Dt. Kinderschutzbd.

BÄRSCH, Wilfried

Dr.-Ing., Vorstandsmitgl. Hilgers AG., Rheinbrohl - Ubierstr. 14, 5450 Neuwied 11 (T. 02631 - 7 17 97) - Geb. 16. Juni 1943 Mainz, verh. s. 1968 m. Gerda, geb. Hackl, 2 Söhne (Niko, Timo) - TH Darmstadt (Stahlbau; Promot. 1968) - 1984ff. Vorst. Dt. Stahlbau-Verb.

BÄRTHLEIN, Karl

Dr. phil., Prof. f. Philosophie Univ. Bonn (s. 1973) - Heideweg 22, 5300 Bonn 3 - Geb. 29.Jan. 1929 Ilmenau/Ofr. - Promot. 1957; Habil. 1970 - Bücher u. Einzelarb.

BÄRWALD, Günter

Dr.-Ing., Prof. f. Gärungstechnol. u. Getränketechnologie - Karmeliterweg 73-75, 1000 Berlin 28 - Geb. 5. Dez. 1934 Berlin - Promot. 1964; Habil. 1970 - S. 1970 Prof. TU Berlin; 1971-74 Wiss. Leit. Versuchs- u. Untersuchungsstat. f. Gärungsind. Mülheim/R., 1982-83 Sprecher (Dekan) Fachbereich 13, Lebensmitteltechnol. u. Biotechnol. TU Berlin - BV: Neubearb. 4. A. von: Glaubitz-Koch: Atlas d. Gärungsorganismen, Berlin u. Hamburg, 1982. Fachaufs. Pat.: Hopfenprod., enzymat. Entfernung v. Sauerst. aus Getränken - Mithrsg.: Monatsschr. f. Brauerei (1970 ff.).

BÄRWINKEL, Klaus

Dr. rer. nat., Prof. f. Theoret. Physik Univ. Osnabrück - Ulmenweg 1, 4516 Bissendorf 2/Teutobg. Wald.

BÄRWOLF, Adalbert

Journalist - Zu erreichen üb.: Verlag DIE WELT, Godesberger Allee 99, 5300 Bonn 2 - S. 1961 USA-Korresp. f. Technol. WELT - BV: Brennschluß - Rendezvous m. d. Mond, 1969.

BÄSSLER (ß), Karl-Heinz

Dr. med., o. Prof. f. Physiol. Chemie - Kirchstr. 81, 6500 Mainz-Gonsenheim - Geb. 15. Jan. 1924 - S. 1957 (Habil.) Privatdoz., apl. (1963) u. o. Prof. (1971) Mainz. Emerit. 1989.

BÄSSLER (ß), Roland

Dr. med., Pathologe, Prof. f. Allg. Pathol. u. Pathol. Anat. Univ. Mainz - Städt. Kliniken, Pacelliallee 4, 6400 Fulda - BV: Pathologie d. Brustdrüse, 1978; Buchbeiträge u. rd. 150 Publikationen in wiss. Zeitschriften.

BÄSSLER, Ulrich

Dr. rer. nat., Prof. f. Biologie Univ. Kaiserslautern - Chamissostr. 16, 7000 Stuttgart 1 - Geb. 29. Okt. 1932 Stuttgart (Vater: Adolf B., Regierungsbaum.; Mutter: Maria, geb. Eisele) ev., verh. s. 1960 m. Erika, geb. Augustin, 3 Kd. (Karin, Dagmar, Martin) - Promot. 1958; Habil. 1967 - S. 1971 Ord. Spez. Arbeitsgeb.: Tierphysiol. - BV: Stabheuschrecken-Praktikum, 1965; Arbeitshilfen f. Bio-Unterr., 1971; Biologie-Prakt., 1973; Sinnesorgane u. Nervensystem, 2. A. 1979; Neural basis of elementary behavior in stick insects, 1983.

BAETGE, Jörg

Dr. rer. pol., Prof. Univ. Münster, Direktor Inst. f. Revisionswesen ebd. (s. 1979) - Zu erreichen üb. Westf. Wilhelms-Univ., Universitätsstr. 14-16, 4400 Münster - Geb. 16. Aug. 1937 Erfurt/Thür., ev., verh. s. 1963 m. Elinor, geb. Kühn, 2 Söhne (Kai, Jens) - Stud. Betriebsw. Univ. Frankfurt u. Münster; Promot. 1968, Habil. 1972 Münster - 1972-77 Prof. Frankfurt; 1977-79 Prof. Wien - BV: Objektivier. d. Jahreserfolges, 1970; Betriebsw. Systemtheorie, 1974. Herausg.: D. Jahresabschluß im Widerstreit d. Interessen (1983); D. neue Bilanzrecht - E. Kompromiß divergierender Interessen (1985); Rechnungslegung u. Prüfung n. neuem Recht (1987); Abschlußprüfung n. neuem Recht (1988); Bilanzanalyse u. Bilanzpolitik (1989) - S. 1981 Hon.-Prof. Univ. Wien - Liebh.: Reiten (Dressur) - Spr.: Engl.

BAETGE, Karl-Heinz

Geschäftsführer, MdA Berlin (s. 1974) - Eichenroder Ring 14, 1000 Berlin 26 (T. 4 02 87 71) - Geb. 2. Jan. 1929 Hedwigshof/Netzekr. (Vater: Albert B., Landwirt; Mutter: Eva, geb. Neumann † 1974), verh. s. 1952 m. Helga, geb. Krumm †1974, T. Jutta - Obersch.; Bauschosserlehre - 1956-66 Busschaffner u. -fahrer BVG; s. 1966 Gf. Komba. AR-Mitgl. Beamten-Heimstätten-Werk (BHW); Vors. d. Gemeinsch. tariffähiger Verb. im DBB; FDP s. 1963 - 1984 BVK I. Kl. - Liebh.: Reisen, Skatspielen.

BAETHGE, Martin

Dr. rer. pol., Prof Soziologe - Goerdeler Weg 3, 3400 Göttingen - Geb. 19. Aug. 1939 Zettin, verh. m. Gisela, geb. Peperkorn - S. 1973 Prof. Univ. Göttingen, s. 1975 Dir. Soziol. Forschungsinst. Göttingen - BV: u. a. Ausb. u. Herrschaft, 1970; Prod. u. Qualifikation, (m. a.) 1974; Sozialpolitik u. Arbeiterinteresse, (m. a.) 1976; Jugend u. Krise, (m. a.) 1983; Zukunft d. Angest., (m. Oberbeck) 1986.

BAETHMANN, Alexander-Joachim

Dr. med., Prof. f. Neurochirurgische Forschung - Porgesstr. 14, 8000 München 60 - Geb. 30. April 1940 Gotha/Thür. (Vater: Hans, Offz.; Mutter: Gertrud, geb. Seydel), ev., verh. s. 1964 m. Maren, geb. Wright, 2 Kd. (Martina, Teresa) - Med. Stud. Univ. München.

BÄTSCHMANN, Oskar

Dr. phil., o. Prof. f. Kunstgeschichte Univ. Gießen - Zu erreichen üb. Kunstgeschichtl. Seminar Univ., O. Behaghelstr. 10/G, 6300 Gießen - Geb. 15. Sept. 1943 Luzern/Schweiz - Kunstakad. Florenz; Univ. Zürich (Kunstgesch., dt. Lit., Phil.; Promot. 1975), Habil. 1981 - Forschungstätigk. in Rom, Paris, London - 1978 Konservator Kunstgewerbemus. Zürich; 1980 Präs. Vereinig. d. Kunsthist. in d. Schweiz; 1981 Präs. Nationalkomit. CIHA Schweiz; 1981 Privatdoz. Univ. Zürich; s. 1984 Prof. Freiburg; s. 1988 o. Prof. Gießen. Mitgl. Schweiz. Akad. d. Geisteswiss. - BV: Jackson Pollock, 1971; Bild-Diskurs, 1977; Dialektik d. Malerei v. Nicolas Poussin, 1982; Einf. in d. kunstgesch. Hermeneutik, 1984; Nicolas Poussin: Landschaft m. Pyramus u. Thisbe, 1987.

BÄUERLE, Dieter

Dr., Prof. Angewandte Physik Univ. Linz - Oberklammerstr. 47, A-4203 Altenberg (T. 07230 - 3 90) - Geb. 2. Mai 1940 - Promot. 1969; Habil. 1973 - 1971-75 Philips-Forschungslabor. Aachen; s. 1973 Lehrtätigk. TU Aachen u. Univ. Osnabrück (1975 Prof. f. Experimentalphysik). 1969/71 Cornell Univ. USA. Mitgl. Council Europ. Physik Ges., Mitgl. im Komitee d. MRS Europa - BV: Vibrational Spectra of Electron and Hydrogen Centers in Ionic Crystals, 1973; Laser Processing and Diagnostics, 1984; Chemical Processing with Lasers, 1986. Herausg.: Laser Processing and Diagnostics II, Les Editions de Physique (m. K. L. Kompa u. L. D. Laude) (1986); Interfaces under Laser Irradiation, M. Nijhoff Publishers (m. L. D. Laude u. M. Wautelet) (1987). Mithrsg. Applied Physics A (s. 1986). Üb. 90 Facharb. u. Pat. - 1984 Adolf-Schärf-Preis f. Wiss.; s. 1987 wiss. Beirat CNRS, Paris.

BÄUERLE, Dietrich

Dr. phil., Lehrer, Fachautor - Hirzsteinstr. 15, 3500 Kassel (T. 0561 - 3 25 16) - Geb. 11. Aug. 1939 Breslau, kath. - 1960-65 Stud. Politikwiss., kath. Theol., Altphilol. u. Päd.; 1. Staatsex. 1966 Frankfurt; 2. Staatsex. 1967 Kassel, Promot. 1975 Gießen - Unterr. Oberstufengymn.; Vorst.-Mitgl. Drogenverein Kassel - BV: Praxis d. Drogenberat., (m. a.) 1979; Ethisch denken u. handeln, (m. Kramer) 1980; Solidarität, 1980; Alternativer Unterr., 1980; Drogenberat. in d. Schule, 1981; Kriegsdienstverweigerer, 1982; Drogen - Eltern können wirksam helfen, 1983; Totalverweigerung als Widerstand, 1988.

BÄUERLE, Willi

Stadtrat, MdB (1963-76) - Mödlingstr. 26, 6050 Offenbach/M (T. 83 13 85) - Geb. 24. März 1926 Weinheim/Bergstr., verh., 2 Kd. - Volkssch. - Nach Lehre techn. Zeichner; Soldat (1944-45 Kriegseins.); 1950-61 Gewerkschaftssekr. Weinheim u. Offenbach; ab 1962 hauptamtl. Stadtrat Offenbach. 1956-61 Stadtverordn. Offenbach (1958 Fraktionsf.). SPD s. 1945 (1960-65 Ortsvors. Offenbach).

BÄUERLEIN, Heinz

Dr. phil., Journalist, Bonner Korresp. Bayer. Rundf. - Compbachweg 54a, 5307 Wachtberg (T. 0228-21 30 87) - Geb. 24. März 1929 München, kath., verh. s. 1962 m. Eva, geb. Heinrich, 5 Kd. (Monika, Martin, Julia, Laura, Anna) - Abit., Dt. Journalistensch. München, Univ. München u. Straßburg (Promot.) - 1971-77 Auslandskorresp. ARD-Ferns. in Italien; 1979-82 Lehrbeauftr. (Publiz.) Univ. Bochum - BV: D. Bayern in Bonn, 1970 - 1973 BVK - Spr.: Engl., Franz., Ital., Span., Russ.

BÄUME, Carlheinz

Dr.-Ing., Dipl.-Ing., Vorstandsmitgl. Steel Props and Mining Equipm. Ltd., London - Wildfängerweg 18, 4100 Duisburg-Rahm - Geb. 27. Juni 1906 Mülheim/Ruhr, verh. (Ehefr.: Helga), Kd. - Stv. ARsvors. Rheinstahl Wagner Werkzeugmaschinenfabr. mbH., Dortmund, Vereinigte Werkzeugmaschinenfabr. AG., Frankf., Wotanwerke GmbH., D'dorf.

BÄUMEL, Anton
Dr. rer. nat., Prof., Ltd. Baudirektor, Leit. Staatl. Materialprüfungsanst. TH Darmstadt - Aspenweg 11, 6101 Messel/Hessen - S. 1978 Honorarprof. f. Korrosion RWTH Aachen.

BÄUMEL, Eduard
I. Bürgermeister - Rathaus, 8495 Roding/Opf. - Geb. 5. Mai 1935 Wiefelsdorf - Zul. Oberlehrer.

BÄUMER, Arno Paul
Dr. h. c., Generaldirektor i.R. - Maria-Theresia-Str. 18, 8000 München 80 (T. 089 - 47 34 49) - Geb. 2. Febr. 1920 Hamburg - 1982 Ehrendoktor Univ. Karlsruhe (Wirtschaftswiss.), -senator Univ. Hohenheim - Spr.: Engl. - Rotarier.

BÄUMER, Ernst A.
Unternehmer, Verbandspräs. (s. 1971) - Zu erreichen üb.: Bundesverb. d. Dt. Ziegelind., Schaumburg-Lippe-Str.4, 5300 Bonn.

BÄUMER, Hans Otto
Minister f. Ernährung, Landw. u. Forsten NRW (s. 1979) - Heidekamp 64, 5620 Velbert - Geb. 26. Dez. 1926 Velbert - Gymn.; 1943-45 Arbeits- u. Wehrdst.; n. Abitur (1948) Stud. Rechts-, Staatswiss., Volksw. - 1953 ff. Gewerkschaftsangest DGB/Landesbez. Nordrh.-Westf. (Leit. Abt. Arbeitsrecht u. -verw.). 1956-67 Ratsmitgl. u. Bürgerm. (1961) Velbert; 1962-67 u. s. 1975 MdL NRW; 1956-67 u. 1975-79 Stadtverordn. in Velbert; 1961-67 Bürgermeister v. Velbert; 1967-75 Reg.-Präs. v. Düsseldorf.

BAEUMER, Kord
Dr. agr., o. Prof. f. Pflanzenbau u. -zücht. Univ. Göttingen - Goßlerstr. 66, 3400 Göttingen - Stud. Landw. - BV: Allg. Pflanzenbau, Lehrb. 1970.

BÄUMER, Remigius
Dr. theol., o. Prof. f. mittlere u. neuere Kirchengesch. Theol. Fak. Univ. Freiburg - Mattenweg 2, 7815 Kirchzarten - Geb. 11. Dez. 1918 Gevelsberg/W. - Priesterweihe 1948 - BV: Nachwirkungen d. konziliaren Gedankens in d. Theologie u. Kanonistik d. frühen 16. Jh., 1971; Martin Luther u. d. Papst, 5. A. 1987; Papstgeschichte (Herderbücherei) 1974, 4. A. 1988; D. Entwickl. d. Konziliarismus, 1976; D. Konstanzer Konzil, 1977; Concilium Tridentinum, 1979; Johannes Cochlaeus, 1980; Reformatio Ecclesiae, 1980 - Lit.: Festschr. Ecclesia Militans. Stud. z. Konzilien- u. Reformationsgesch. R. B. z. 70. Geb., 2 Bde. (1988).

BÄUMER, Walter

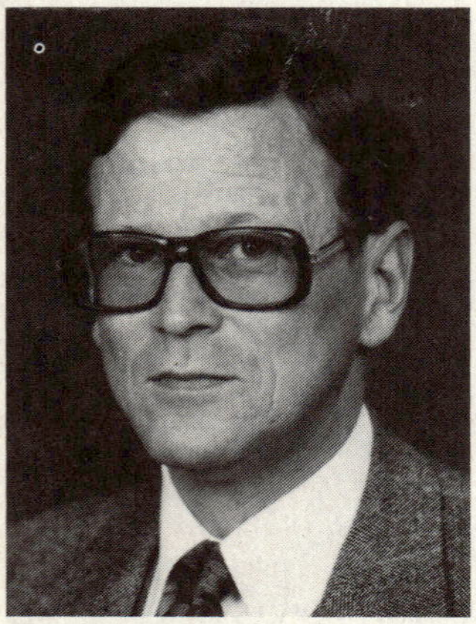

Botschaftsrat, Ständige Vertretung d. Bundesrep. Deutschl. b. d. Organisation f. Wirtschaftl. Zusammenarb. u. Entwicklung (OECD) - 5, rue Léonard de Vinci, F 75116 Paris, Frankreich (T. 45 01 73 88; Telex 611 010; Telefax 45 01 73 88) - Geb. 18. Juni 1928 Siegen (Vater: Wilhelm B., Kaufm.; Mutter: Paula, geb. Keßler), ev., verh. s. 1963 m. Marie-José, geb. Lanneluc-Sanson, 2 Söhne (Lorenz, Cedric) - Gymn.; Stud. d. Staats- u. Rechtswiss. Univ. Würzburg, Köln, London, Tours/Poitier; 1. Jur. Staatsex. 1953 Köln, Diplomat. Konsular. Prüf. d. AA 1957 - S. 1954 Ausw. Dienst (Auslandsposten: Liverpool, Bordeaux, Lagos, Washington, Amman, Wien, Montreal, Tel Aviv); 1966 Legationsrat I. Kl., 1969 Botschaftsrat. Mitgl. Dt. Ges. f. Ausw. Politik, Bonn, u. Cercle Franco-Allemande, Paris - Art. üb. Weltpolitik u. Völkerrecht - Liebh.: Klass. Musik, Skilaufen, Reiten, Segeln - Großoffz. d. Unabhängigkeitsordens Jordanien; Gr. Silb. Ehrenz. f. Verdienste um d. Rep. Österr.; 9 × Gold. Sportabz.; Ehrenpräs. Dt. Schulverein Montreal, P.Q., Kanada - Spr.: Engl., Franz.

BÄUMER, Willem
Prof., Architekt - Raalandsweg 2, 2000 Hamburg 56 (T. 81 20 15) - Geb. 8. April 1903 Köln, kath., verh., 5 Kd. - Gymn. Köln (Kreuzg.); TH München, Hannover, Stuttgart, Dipl.-Ing. 1928 - 1929-32 Leit. e. Planungsabt. Rhenania-Ossag, Düsseldorf/Hamburg, 1932-35 Assist. TH Stuttgart (Lehrstuhl f. Baukonstruktionen), 1935-36 fr. Arch., 1936-39 Prof. f. Baukonstruktionen u. Entwerfen Hochsch. f. Baukunst Weimar, bis 1965 Dir Bausch. d. Hansestadt Hamburg. U. a. Verw.sgebäude Bausparkasse Leonberg, Berufs- u. Realsch. Bocholt, Kreishaus Meldorf, Krankenhäuser Vaihingen, Rüsselsheim, Großhansdorf, St.-Josefs-Hospital Wiesbaden, Kreiskrankenhäuser Kaltenkirchen u. Itzehoe.

BÄUMLER, Christof
Dr. theol., Prof. f. Prakt. Theologie - Römerhofweg 28, 8046 Garching/Obb. (T. München 3 29 11 70) - Geb. 13. März 1927 Bad Kissingen, ev. - 1945-49 Univ. Tübingen (Promot. 1959; Diss.: D. Begriff d. Geschichte in d. Theol. Karl Barths) u. Erlangen - 1949-53 Vikar Weiler/Allg., 1953-58 Religionslehrer u. Studienrat Kempten/Allg., 1958-61 Bezirksjugendpfr. München, 1961-70 Leit. Studienzentrum f. ev. Jugendarb. Josefstal/Schliersee, seither Ord. u. Institutsvorst. Univ. München.

BÄUMLER, Ernst Alois
Dr. med. h. c., Wissenschaftspublizist - Bockenheimer Str. 22, 6231 Schwalbach/Ts. (T. 06196 - 15 24) - Geb. 26. Jan. 1926 München (Vater: Alois Bäumler, Beamt.; Mutter: Olga, geb. Auhuber), kath., verh. m. Annette, geb. Oertel, 3 Kd. (Ruth, Reinhard, Eva) - Präs. d. Ges. d. Freunde Paul Ehrlichs - BV: D. maßlose Molekül (mehr. Spr.); Verschwörung in Schwabing (Lenin in München); Amors vergifteter Pfeil; Paul Ehrlich - Forscher f. d. Leben, 1979; Damit wir länger leben, 1984; Die Rotfabriker, 1988; div. Publik. üb. Medizin - Mitgl. Rotary-Club; BVK.

BÄUMLER, Friedrich
Dr. phil., Prof., Psychologe - Beethovenstr. 26, 7417 Pfullingen (T. Reutlingen 7 26 10) - Geb. 7. Febr. 1916, ev., verh. s. 1954 m. Hannelore, geb. Pawlecki, 2 Kd. - Univ. Tübingen (Psych., Päd., Phil.) - Doz. Päd. Hochsch. Weingarten; Studienrat im Hochschuldst. Univ. Tübingen; s. 1962 Doz. u. Prof. (1966) Ph Reutlingen - BV: Mehrdimensionale Stottererbehandlung, 1957; D. Musikerziehung in d. Grundschule, 2. A. 1966; Beitr. zu e. Psych. d. Neuen Oberstufe, 1966; Zwölfhundert Jahre Dorfgeschichte (Herausg.), 1972; Grundfragen d. modernen Entwicklungspsychologie, 1974.

BÄUMLER, Hans
Konsul, Kaufmann - Zu erreichen üb.: Marokkan. Konsulat, Prinzregentenstr. 89, 8000 München 80 - Kons. f. Bayern.

BÄUMLER, Hans Jürgen
Schauspieler - Am Schlüsselacker 4, 6930 Eberbach/Odenw. - Geb. 28. Jan. 1942 Dachau (Vater: Max B.; Mutter: Anni, geb. Müllner) kath., verh. s. 1974 m. Marina, geb. Engelmann, 2 Söhne (Christoph-Arist, Bastian) - Gymn. (Mittl. Reife) - BV: Eislaufschule, 1980 - Insz. Csardasfürstin auf Eis; Rollen: Engel Namens Schmitt (Bühne), Salto Mortale (TV) - Silber-Lorbeer; Gold. Band d. Sportpresse; Gold. Leinwand Film - Liebh.: Tennis, Schmalfilm, antike Möbel, Eiskunstlaufen (m. Marika Kilius) - 6 Europa-, 2 Weltmeisterschaften, 2 Silbermed. Olymp. Winterspiele - Spr.: Engl., Franz.

BÄUMLER, Lothar
Dr. oec. publ., Dipl.-Kfm., Vorstand Erste Bayer. Basaltstein AG (s. 1970) u. Bayer. Hartstein Ind. AG (s. 1978) - Steinmühle 14, Postf. 1340, 8596 Mitterteich (T. 09633 - 10 42) - Geb. 1. Aug. 1939 Pressath (Vater: Franz B., Polizist; Mutter: Maria, geb. Kiener), kath., verh. s. 1965 m. Brigitte, geb. Beck, 4 Kd. (Marion, Klaus, Sabine, Susanne) - Abit.; Stud. Betriebswirtsch., Dipl.-Kfm. 1964, Promot. 1966 - 1968 Steuerberat., s. 1970 Vorstand, u.a. Präs. Bayer. Industrieverb. Steine & Erden, München, Vors. d. Ind.- u. Handelsgremium, Weiden, AR Nordbayer. Basaltunion, Vorst. Berufsgenoss. Steine u. Erden, Geschäftsf. Basaltwerk Pechbrunn, Kalksteinwerk Vilshofen GmbH, Kalksteinwerk Schonungen GmbH - Liebh.: Tennis - Spr.: Engl., Franz.

BAEYER, von, Wanda,
geb. v. Katte
Dr. phil., Sozialpsychologin, Gründungsmitgl. d. Sekt. Pol. Psych. im Berufsverb. dt. Psychologen (BDP) - Bergstr. 58, 6900 Heidelberg (T. 4 51 06) - Geb. 27. Juni 1911 Berlin, ev., verh. s. 1936 m. Prof. Dr. med. Walter Ritter v. B., 3 Kd. - 1968-89 Mitgl. Heidelberger Stadtrat - BV: D. Zerstörende in d. Politik, 1958; Angst, 1971 (m. a.), Gruppenprozesse – Analysen zum Terrorismus Bd. 3, 1982 (m.a.). Fachaufs. in Engl. u. Span.

BAGANZ, Horst
Dr.-Ing., Prof., Geschäftsführer - Kirchenstr. 24, 2082 Moorrege/Holst. (T. 8 15 50) - Geb. 24. Mai 1921 Berlin (Vater: Willy B., Kaufm.; Mutter: Gertrud, geb. Langenick), verh. s. 1961 m. Lore, geb. Möller - Promot. (1949) u. Habil. (1955) Berlin - S. 1955 Lehrtätigk. TU Berlin (gegenw. apl. Prof. f. Organ. Chemie). Mitgl. Ges. Dt. Chemiker, Ges. Dt. Naturforscher u. Ärzte, Max-Planck-Ges., American Chemical Soc., Lions-Club. 3 Patente (BP 1 025 415; Verfahren z. Herst. v. 2-Aldehyden d. Benzimidazol-Reihe, BP 1 124 043; Verf. z. Herstell. v. opt. aktiven a-Amino-ß-halogen-propionsäure-estern, BP 1 254 138; Verf. z. Herstell. v. a-Keto-aldehydacetalen u. d. entsprech. Aldehyden). Rund 80 Fachveröff. - Liebh.: Jagd, Tennis, Orchideenzucht.

BAGGE, Erich
Dr. rer. nat., em. Prof. u. Direktor a. D. Inst. f. Reine u. Angew. Kernphysik Univ. Kiel (1957) - Roonstr. 9, 2300 Kiel (T. 33 23 89) - Geb. 30. Mai 1912 Neustadt b. Coburg, ev., verh. m. Herta, geb. Neulinger, 3 Kd. - Realgymn. Sonneberg/Thür.; TH München (Dipl.-Phys. 1935) u. Univ. Leipzig (Promot. 1938). Habil. 1941 Leipzig - 1937 Assist. Inst. f. Theoret. Phys. Leipzig (Notgem. d. dt. Wiss.), 1941 wiss. Assist. Kais.-Wilh.- bzw. Max-Planck-Inst. f. Phys., Berlin u. Göttingen, 1948 ao. Prof. u. Abt.leit. Physikal. Staatsinst. Hamburg. 1956 Mitgl. Dt. Atom-Kommiss., Geschäftsf. Ges. f. Kernenergieverwert. in Schiffbau u. -fahrt, Leit. Reaktorstation Geesthacht. Entwicklung Isotopenschleuse z. Trennung v. Isotopen (1941-43); Erste Entwicklg. d. elektron. gesteuerten Funkenkammer (1954/55) - BV: Ursprung u. Eigensch. d. kosm. Ultrastrahl. (in: Ergebn. d. exakten Naturwiss., Bd. 22); Jahrb. d. Studienges. f. Kernenergieverwert. in Schiffbau u. -fahrt (1957, 59, 64); V. d. Uranspalt. b. Calderhall (Rowohlt Dt. Enzyklopädie); D. Nobelpreisträger d Physik; D. Expansion d. Kosmos u. d. Entsteh. d. Ultrastrahl. (Thiemig-Taschenb., Bd. 29).

BAHKE, Erich
Dr.-Ing. Dr.-Ing. E. h., o. Prof. Inst. f. Fördertechnik Univ. Karlsruhe (s. 1966) - Marstallstr. 32, 7500 Karlsruhe-Durlach.

BAHLE, Heinz
Vorstandsmitglied Martin Brinkmann AG., Bremen - Kattenescher Weg 49c, 2800 Bremen 61.

BAHLMANN, Jens
Dr. med., Prof f. Inn Medizin, Med. Klinik Krankenhaus Oststadt, Med. Hochschule Hannover - Podbielskistr. 380, 3000 Hannover 51.

BAHLMANN, Kai
Ministerialdirektor a.D., Richter am Gerichtshof d. Europ. Gemeinschaften - Zu erreichen üb. Gerichtshof d. Europ. Gemeinsch., L-2920 Luxemburg - Zul. Leit. Abt. IV (Öfftl. Recht) Bundesjustizmin., Bonn.

BAHLS, Gerhard
Vorstandsmitglied Union Actien-Ges. f. Versich., Hamburg - Rathausstr. 12, 2000 Hamburg 1 (T. 040-33 97 32 47) - Geb. 16. Aug. 1934 Insterburg/Ostpr. (Vater: Dr. jur. Martin B., Landgerichtdir.; Mutter: Gertrud, geb. Mau-Zimkendorf), ev., ledig.

BAHLSEN, Hermann
Pers. haft. Gesellschafter H. Bahlsens Keksfabrik KG, Vors. Bundesvereinig. d. Dt. Ernährungsind. (s. 1986) - Podbielskistr. 289, 3000 Hannover 51.

BAHNE, Siegfried
Dr. phil., Prof. f. Neuere Geschichte unt. bes. Berücks. d. Gesch. d. Sozialismus u. d. Arbeiterbeweg. Univ. Bochum - Haardblick 19, 4350 Recklinghausen - Geb. 23. März 1928 Bönen/W. (Vater: Emil B., Bauf.; Mutter: Margarete, geb. Schmidt), ev., verh. s. 1966 m. Ursula, geb. Menzel, 2 Kd. (Wolfgang, Cordula) - Hittorf-Gymn. Recklinghausen; Univ. Bonn u. Münster (Staatsex. 1955). Promot. 1959 Heidelberg; Habil. 1971 Bochum - 1960-65 Intern. Inst. f.Sozialgesch. Amsterdam; 1965-70 DFG - BV: Origines et débuts des partis communistes des pays latins (1919-23), 1970; D. Freiherren Ludwig u. Georg Vincke im Vormärz, 1975; D. KPD u. d. Ende v. Weimar, 1976; Les partis communistes des pays latins et l'Intern. Communiste dans les années 1923-27 (Hg.), 1983; Partis communistes et l'Internationale Communiste dans les années 1928-32 (Hg.), 1988. Zahlr. weit. Publ. - Spr.: Niederl., Engl., Franz.

BAHNER, Ludwig
Fabrikant, gf. Gesellsch. Ludwig Bahner GmbH. (Siebenpunktwerk) - 7831 Mundlingen/Br. - Geb. 11. Sept. 1907.

BAHNS, Jörn
Dr., Direktor Kurpfälz. Museum d. Stadt Heidelberg - Hauptstr. 97, 6900 Heidelberg - Stud. Univ. Würzburg, München, Freiburg, Hamburg; Promot. 1969 - 1969-78 German. Nationalmuseum Nürnberg (Volontär, wiss. Angest., s. 1974 Leit. d. Abt. Kunst ab 1800); 1978 Museumsdir. Heidelberg - BV: Johannes Otzen 1839-1911, 1971; Biedermeiermöbel, 1979, 3. A. 1985; Heidelberg um 1900, 1986; Zw. Biedermeier u. Jugendstil. Möbel d. Historismus, 1987. Fachveröff. in Ztschr. u. Ausst.katalogen.

BAHR, Albert
Dr.-Ing., Abteilungsvorsteher, Prof. f. Abwassertechnik u. Aufbereit. TU Clausthal - Daniel-Flach-Str., 3392 Clausthal-Zellerfeld.

BAHR, Egon

Bundesminister a. D., MdB (s. 1972; Wahlkr. 1), Abrüstungsbeauftragter d. SPD - Bundeshaus, 5300 Bonn - Geb. 18. März 1922 Treffurt/Thür. (Vater: Studienrat), ev., verh. s. 1945 m. Dorothea, geb. Grob, 2 Kd. (Wolfgang, Marion) - Gymn. Torgau u. Berlin (Friedenau; Abitur) - 1941-45 Lehre u. Dienstverpfl. (1944) Borsig, dazw. 1942-44 Wehrdst. (Fahnenj.), 1945-59 Mitarb. Allg. Ztg., D. Neue Ztg. (b. 1948). D. Tagesspiegel (b. 1950), RIAS Berlin (zul. Kommentator Bonn), 1960-66 Leit. Presse- u. Informationsamt d. Landes Berlin, 1967-69 Ministerialdir. Ausw. Amt, Bonn (Botschafter z. b. V.; Leit. Planungsstab), seither Staatssekr. (Bundesbevollm. f. Berlin) u. Bundesmin. f. bes. Aufg. (1972) Bundeskanzleramt ebd.; 1974-76 Bundesmin. f. wirtschaftl. Zusammenarb.; 1977-81 Bundesgf.; s. 1981 Vors. UA-Abrüstung u. Rüstungs-Kontrolle Dt. Bundestag, s. 1984 (Sept.) Dir. Hbg. Inst. f. Friedensforsch. u. Sicherheitspolitik - SPD s. 1957 - BV: Was wird aus den Deutschen?, 1982; Z. Europäischen Frieden, 1988. Herausg.: Vorwärts (1981ff.) - 1973 Friedenspreis Freda-Wüsthoff-Stiftg., 1973 Gr. BVK, 1975 Stern u. Schulterbd. dazu; 1974 Mitgl. dt. PEN-Zentr.; 1976 Theodor-Heuss-Preis; 1982 Gustav-Heinemann-Bürgerpr. - Liebh.: Musik (Klavier), Malerei (bes. Chagall), Frachtschiffsreisen - Spr.: Engl., Franz.

BAHR, Rudi

Städt. Oberverwaltungsrat a. D., MdL Nordrh.-Westf. (s. 1966, SPD) - Leonhard-Stinnes-Str. 70, 4330 Mülheim/Ruhr - Geb. 11. Sept. 1920 Stettin, verh., 3 Kd. - Realsch.; kaufm. Lehre (Ind.); Verw.ssch. - 1938-45 Wehr- u. Kriegsdst. Zul. stv. Leit. Schulamt Duisburg.

BAHR, Wolfgang Manfred

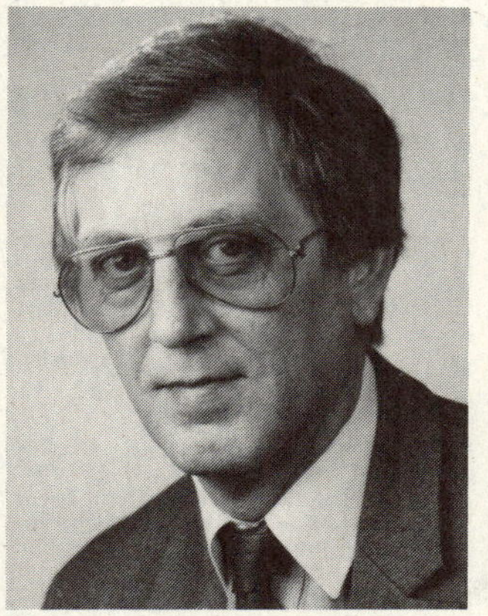

Geschäftsführender Gesellschafter AA-Auskunfts-Agentur u. Detektei Max Schimmelpfennig GmbH - Kufsteiner Str. 10, 1000 Berlin 62 (T. 030 - 854 60 89/80) - Geb. 27. Dez. 1940 Berlin, verh. s. 1985 in 2. Ehe m. Annett-Susann, geb. Filon, 3 Kd. (Ralf, Bodo, Yvonne aus 1. Ehe) - Buchdrucker u. Kaufm. - Liebh.: Sport, insb. Reitsport (da selbst Reiter) - Spr.: Engl., Franz.

BAHRDT, Hans-Paul

Dr. phil., o. Prof. u. Direktor Soziol. Sem. Univ. Göttingen (s. 1962) -Ludwig-Beck-Str. 17, 3400 Göttingen (T. 2 22 26) - Geb. 3. Dez. 1918 Dresden (Vater: Prof. Dr. med. Hans B.; Mutter: Ida, geb. Maßmann), ev. luth., verh. m. Brigitte, geb. Lüders, 3 Kd. (Michael, Johannes, Bettina) - 1945-52 Univ. Göttingen u. Heidelberg. Promot. 1952 Göttingen; Habil. 1958 Mainz - Zul. ao. Prof. f. Sozialwiss. TH Hannover (1959 ff.) - BV: Industriebürokratie, 1958; D. mod. Großstadt, 1961; Wege z. Soziol., 1966; Humaner Städtebau, 1968; m. a.: Technik u. Ind.arb. (m. and.), 1957; D. Ges.sbild d. Arbeiters, 1957; Wissenschaftssoziologie - ad hoc, 1971; Umwelterfahrg., 1974; Grossratenbriefe, 1982; m. and.: V. d. Drehbank z. Computer, 1970 - Liebh.: Bildende Kunst - 1969 Heinrich-Plette-Preis; 1979 Fritz-Schumacher-Preis - Bek. Vorf.: Carl Friedrich B., 1741-92.

BAHRENBERG, Gerhard

Dr. rer. nat., Prof., Lehrstuhlinh. f. Geographie m. Schwerp. Sozial- u. Wirtschaftsgeogr. Univ. Bremen (s. 1975) - Postf. 330440, 2800 Bremen; priv.: Richard-Taylor-Str. 120, 2820 Bremen 71 - Geb. 3. Mai 1943 Bad Kreuznach/N. - Promot. 1969 Münster; Habil. 1974 Duisburg (GH) - Zul. Wiss. Rat u. Prof. GH Duisburg - BV: Auftreten u. Zugrichtung v. Tiefdruckgebieten in Mitteleuropa, 1973; Statist. Methoden u. ihre Anwend. in d. Geogr., 1975 (m. E. Giese).

BAHRO, Horst

Dr. jur., Ltd. Ministerialrat a. D., o. Prof. f. Politikwissenschaft PH Rheinland/Abt. Köln - Grafenwerthstr. 8, 5000 Köln 41.

BAHRO, Rudolf

Dr. phil. habil., Schriftsteller - Hauptstr. 15, 5531 Niederstadtfeld - Geb. 18. Nov. 1935 Bad Flinsberg/Isergebirge, verh. s. 1988 m. Beatrice, vorh. Ingermann, 4 Kd. (Sylvia, Andrej, Bettina aus 1. Ehe, Hannah) - 1954-59 Stud. Phil. Univ. Berlin (DDR); Promot. 1980 Hannover; Habil. 1983 ebd. - 1959-77 Partei-, Gewerkschafts- u. Wirtsch.-Funktionär in d. DDR, 1977-79 dort inhaftiert wegen Veröff. e. regimekrit. Buches in d. BRD. 1979 Übersiedl. BRD - 1980 Gründungsmitgl. d. Grünen (1982-84 Bundesvorst.). 1985 Parteiaustr. S. 1988 Lernwerkstatt Niederstadtfeld/Eifel - BV: D. Alternative. Z. Kritik d. realexist. Sozialismus, 1977 (in viele Spr. übers.); Logik d. Rettung. Wer kann d. Apokalypse aufhalten. Üb. d. Grundlagen ökol. Politik, 1987 - 1979 Isaac-Deutscher-Memorial-Price London; 1980 Carl-v.-Ossietzky-Med. Berlin-West - Inter.: Musik, Phil., Weltgesch., Religion, Kommunismus.

BAIER, Arnold-Herbert

Hauptgeschäftsführer Verein Rhein.-Westf. Zeitungsverleger - Zu erreichen üb. Verein Rhein.-Westf. Zeitungsverleger, Schadowstr. 39, 4000 Düsseldorf; priv.: Brosweg 5, 4300 Essen.

BAIER, Bernhard

Staatssekretär a.D. Nieders. Minist. d. Innern (1978-82) - Duisburger Str. 14, 3000 Hannover (T. 88 03 93) - Geb. 12. Aug. 1912 Hannover (Vater: Louis B., Prokurist; Mutter: Adele, geb. Mennerke), verh. s. 1940 m. Trude, geb. Meyer, 2 Kd. (Ingrid, Jürgen) - Univ. Heidelberg, Berlin, Göttingen (Rechts- u. Staatswiss.) - 1945-55 Dezern. u. Abt.-leit. Reg. Hannover, 1955-61 Ref. (Min.-rat) u. stv. Abt.leit. nieders. Innenmin., 1961-65 Reg.vizepräs. Hannover, 1965-72 Abt.leit. (Min.dirig.) nds. Innenmin.; s. 1973 Reg.Präs. v. Hannover; Mitgl. Präsid. NOK f. Dtschl.; Vorstandsmitgl. Organisationskomitee f. d. Spiele d. XX. Olympiade in München 1972 u. Vors. Sportaussch. - Ehrenpräs. Dt. Schwimm-Verb. - Liebh.: Schwimmsport (Mitgl. SV Wasserfreunde v. 1898 Hannover; Silbermed. Olymp. Spiele 1936 u. Europameistersch. 1938 Wasserball, 1936-38 u. 1948 Dt. Wasserballm., 44 x dt. Nationalmannsch.) - 1972 Gr. BVK, 1984 Stern dazu; 1977 Gr. Nieders. Verdienstkr.; 1986 Olymp. Orden d. Intern. Olymp. Komitees.

BAIER, Franz

Erster Kreisbeigeordneter - Waldststr. 35, 3508 Melsungen/Hessen - Geb. 1. Sept. 1919 - Versch. Mandate, b. 1974 Landrat Kr. Melsungen - 1973 BVK I. Kl.

BAIER, Fritz

Oberbürgermeister - Knopfweg 20, 6950 Mosbach/Baden - Geb. 2. Juni 1923 Chmeleschen/Sudetenl., kath., verh. s. 1947 m. Doris, geb. Schäfer, 6 Kd. - Handelsakad. Teplitz-Schönau - 1942-45 Wehrdst. (Luftw.), 1956-76 MdB - CDU.

BAIER, Hans

Dipl.-Sozialw., Univ.-Prof. f. Arbeits- u. Betriebssoziologie Univ.-GH Siegen - Bruchstr. 25, 5900 Siegen - Geb. 11. Juli 1933.

BAIER, Herwig

Dr. phil., Prof. f. Sonder-Pädagogik Univ. München - Willy-Böhmer-Str. 2, 8110 Murnau am Staffelsee (T. 08841 - 28 29) - Geb. 6. Juni 1935 Lubenz - 1978-83 Prodekan, 1983-87 Dekan Fak. f. Psych. u. Päd. München - BV: D. Freizeitverh. d. Volkschullehrers, 1972; Empir. Lernbehindertenpäd., 1978; Einf. in d. Lernbehindertenpäd., 1980; Schulen für Behind. im Sudetenland; Unterrichtsorganisation an Schulen f. Behind., 1988. Herausg. u. Mitherausg. zahlr. Sammelbde.

BAIER, Horst

Dr. med., o. Prof. f. Soziologie Univ. Konstanz (s. 1975) - Renkenweg 9, 7750 Konstanz (T. 07531 - 3 29 90) - Geb. 26. März 1933 Brünn/Mähren - verh. s. 1959 m. Almuth, geb. Gudden, 4 Kd. (Sigrun, Herwig, Wiltrud, Wolfram) -1952-59 Stud. Med., Philos. u. Sozialwiss. Erlangen, Berlin, München; 1959 med. Staatsex. u. Promot., Approb. 1961; 1961-69 Mitarb. Sozialforsch.stelle Dortmund; 1969 Privatdoz. f. Soziol. Univ. Münster u. o. Prof. f. Soziol. u. Sozialpäd. PH Münster; 1970 o. Prof. f. Soziol. u. Philosophie Univ. Frankfurt - Mitgl. Allg. Ges. f. Philos. in Deutschl., Goethe-Ges., Dt. Ges. f. Allg.med., Ges. dt. Naturforscher u. Ärzte.

BAIER, Manfred

Dr. rer. nat., Biologe, Filmautor, Regisseur - Untere Hart 62, 6703 Limburgerhof (T. 06236 - 8 83 50) - Geb. 9. Febr. 1936 Dresden (Vater: Otto B., StudR; Mutter: Wera, geb. Sperling), ev., verh. m. Erika, geb. Reinhardt, 3 Kd. (Stephanie, Friederike, Katharina) - Hum. Gymn. (Abit.); Stud. d. Biologie u. Chemie Univ. Münster; zul. Dokumentarfilmer, Regiss. u. Autor intern. preisgekrönter Filme u. a.: Um Jahrmillionen voraus (1975 Grand Prix Montreux, Intern. Ind.film Festival; 1976 Oscar-Nomination u. Dt. Ind.filmpreis; Das Grüne Feuer; 1977 Grand Prix Berlin, Intern. Ind.film Festival u. Dt. Ind.-filmpreis 1977); D. Schmetterlinge Liebesgrüße (Grand Prix Intern. Ind.film Festival Berlin 1984, Dt. Wirtschafts-filmpreis); Ikarus 2000 (Grand Prix Intern. Film- u. Videofestival Zürich 1986) - Liebh.: Tennis, Pferdesport, Musik - Spr.: Engl., Russ.

BAIER, Walter

Fabrikant, Ges. u. ARvors. Webasto-Werk W. Baier GmbH & Co., Stockdorf - Forst-Kasten-Str. 5, 8035 Gauting 2/ Obb. - Geb. 24. März 1907 Eßlingen (Vater: Fabr.), verh. m. Paula, geb. Settler - Ing. - S. 1932 väterl. Untern. - 1972 Bayer. VO.

BAILER, Balthasar

Dipl.-Volksw., Hauptgeschäftsführer IHK Fulda - Otfr.-von-Weißenburg-Str. 57, 6400 Fulda (T. Büro: 710 24 26) - Geb. 24. Juli 1909.

BAILEY, Charles-James N.

Ph.D., D.Min., Prof. f. Anglistische u. Allg. Linguistik TU Berlin - Zu erreichen üb. TU Berlin, Ernst-Reuter-Pl. 7 (Zi. 815), 1000 Berlin 10 (T. 030 - 31 42 32 19) - Geb. 2. Mai 1926 Middlesboro/USA (Vater: Charles B., Bankier; Mutter: Mary Elizabeth, geb. Nice), orth., ledig - Univ. Basel, Vanderbilt, Cambridge, Harvard, Chicago, u. a. - Lehrtätigk. u. a. Hawaii, Michigan, Georgetown u. Johannesburg; s. 1974 TU Berlin - Entd. Variationstheorie in d. Linguistik - BV: Zahlr. Veröff. s. 1950; u. a. Variation u. linguist. Theorie, 1973; Conceptualizing dialects as implicational constellations, Dialekt u. Dialektol., 1980; English Phonetic Transcription, 1985; The yin- and -yang nature of language, 1982 - Div. Ehrungen, Gastvorles. u. Mitgl.sch., u. a. Membre corresp. académie européenne des sciences, des arts et des lettres, Life fellow Netherlands Inst. f Advanced Research in the Humanities and Soc. Sciences. 1985-86 Forchheimer (guest) professorship, Jerusalem - Liebh.: Gärtnerei, Tauchen - Spr.: Engl. (Mutterspr.), Franz., Altgriech.

BAISCH, Cris

geb. Schauffele

Dipl.-Ökonomin, Autorin, Studienrätin z. A. - Otto-Schell-Weg 26, 5600 Wuppertal 1 (T. 0202 - 44 03 00) - Geb. 23. Nov. 1946 Stuttgart, ev., verh. s. 1970 m. Dr. Helmut B., 3 Kd. (Milena, Anja, Janko) - Stud. Wirtschaftswiss.; Dipl. 1973 Bochum - Zeitungsvolont. - BV: D. kl. Wolke, d. mal sehen wollte, 1985; D. Strom ist weg, 1986.

BAISCH, Hans Frieder

Verleger u. Chefredakteur Pirmasenser Zeitung - Gärtnerstr. 20, 6780 Pirmasens (T. 06331 - 80 05-0) - Geb. 7. April 1937, ledig - Akad. f. d. Graph. Gewerbe München; Dt. Journalistenschule München - Chefredakt. Pirmasenser Ztg. - 1980 BVK; 1985 Theodor-Wolff-Preis; 1986 Wächterpreis d. Tagespresse - Liebh.: Neue Medien u. Reisen.

BAITSCH, Helmut

Dr. med., Dr. rer. nat., o. Prof. f. Humangenetik u. Anthropologie - Am Hochsträß 8, 7900 Ulm/D. - Geb. 21. Nov. 1921 Spessart/Baden (Vater: Otto B., Lehrer), verh. m. Brigitte, geb. Eyerich, 4 Kd. - 1958-61 Privatdoz. Univ. München (Konservator Anthropol. Staatssamml.); seither Prof. Univ. Freiburg/Br. (1967 Ord.; 1966 ff. Rektor) u. Ulm (1970-75 Rektor). 1961-65 Präs. Dt. Ges. f. Anthropol.; 1968/69 u. 1973-75 Vors. Landesrektorenkonfz. Baden-Württ.; 1968-72 Mitgl. Senat Dt. Forschungs-Gemeinsch. Div. Fachveröff.

BAKELS, Frederik

Dr. agr., Dr. med. vet., o. Prof. f. Haustiergenetik - St.-Hubertus-Str. 2, 8042 Oberschleißheim/Obb. - Geb. 14. April 1925 Amsterdam/Niederl. (Vater: Hendrik B.; Mutter: Hanna, geb. Bruns), verh. m. Christine, geb. Stürmer - S. 1963 (Habil.) Privatdoz., ao. (1966) u. o. Prof. (1972) Tierärztl. Fak./Univ. München (Vorst. Inst. f. Haustiergenetik).

BAKEMA, Jacobus B.

Prof., Leiter Sem. f. Städtebau Kunsthochsch. Hamburg - Zu erreichen üb.: Lerchenfeld 2, 2000 Hamburg 22 - Arch. - 1971 ao. Mitgl. Akad. d. Künste Berlin.

BAKKER, Franz Joachim

Dr. phil., Dipl.-Psych., Prof. f. Päd. Psychologie Pädagogische Hochschule Ludwigsburg - Kusatsustr. 39, 7120 Bietigheim-Bissingen (T. 5 13 96) - Stud. Psych. u. Päd. Göttingen u. Bonn - 1956 Lehrer, 1967 Hochschullehrer.

BALATSCH, Norbert

Prof., Leiter Bayreuther Festspielchor (s. 1971), b. 1984 Chordir. Wiener Staatsoper - Stiegengasse 2/7, A-1060 Wien.

BALD, Klaus

Jurist, Botschafter d. Bundesrep. Deutschl. in Niger - B.P. 629, Niamey/ Rep. Niger (T. 72 25 34-72 35 10) - Geb. 16. Febr. 1936 Hagen - Jurastud., Refer.- u. Ass.-Ex. - Ausl.-Tätigk. in Botsch. Nikosia, Dacca, Buenos Aires; zul. stv. Sprecher Ausw. Amt, Bonn - Spr.: Engl., Franz., Span., Griech., Ital.

BALD, Wolf-Dietrich

Dr. phil., M. A., o. Prof. f. Angew. Sprachwiss.-Anglistik - Roermonder Str. 34, 5120 Herzogenrath 3 - Geb. 7. Mai 1942 Braunschweig - M. A. 1969 London; Promot. 1971 Hamburg - 1973-88 o. Prof. Inst. f. Angl. TH Aachen; s. 1988 o. Prof. Engl. Seminar Univ. Köln - BV:

Stud. zu d. kopulativen Verben d. Englischen, 1972; A University Grammar of English, Übungsb. (m. a.) 2. A. 1979; Testmeth. u. linguist. Theorie, 1977; Grasping Grammar, (m. a.) 1982; Active Grammar, (m. a.) 1984.

BALDAUF, Hans-Joachim
Dr. rer. nat., Dipl.-Chem., Geschäftsf. Thermoplast + Apparatebau GmbH Idstein (s. 1984) - Eisenbahnstr. 15, 6620 Völklingen (T. 7 86 02) - Geb. 7. Febr. 1931 Völklingen (Vater: Jakob B., Schlosser; Mutter: Margarete, geb. Schneider), kath., verh. s. 1956 m. Lydia, geb. Zwer, 2 Töcht. (Judith, Katja) - Stud. Univ. Saarbrücken, Heidelberg; Promot. 1958 - 1958/61 Wiss. Assist. Heidelberg u. TH Darmstadt; 1961-72 Saarbergwerke AG (Vorst.-Assist. u. stv. Betriebsleit.); 1973-83 Saar-Gummiwerke GmbH, Büschfeld, zun. stv. Gf., 1972ff. Gf. ebd.; 1977-83 Mitgl. d. Beir. d. Thermoplast + Apparatebau GmbH, Idstein; 1984-87 Vizepräs. VR Ultimos Desarrollos S.A., Madrid - Liebh.: alte Musik, Weine - Spr.: Franz., Engl., Span.

BALDAUF, Karl-Eberhard
Dipl.-Ing. - Danielshof, 5012 Bedburg-Kaster - Geb. 5. Juni 1925 Frauendorf/Pom. (Vater: Dr.-Ing. Karl B., Mutter: Ernamaria, geb. Ladewig), ev., verh. s. 1961 m. Renate, geb. Röttgen, 2 Kd. (Tanja, Tilmann) - TH Karlsruhe (Dipl.ex. 1952) - Spez. Arb.geb.: Werkzeugmaschinen, Hydraulik, Kfz-Technik - Liebh.: Jagd, mod. Kunst, Motorrad - Spr.: Franz., Engl.

BALDAUF, Michael
Ing., Unternehmensberater, MdL Nieders. (1971-86) - Kiebitzstr. 2, 3057 Neustadt 1 (T. 05032 - 16 53) - Geb. 14. März 1918 - Geschäftsf. Communal-Consult GmbH, Hannover. Ehrenvorst.-Mitgl. Dt. Inst. f. Unternehmensberat. - CDU - 1983 BVK.

BALDENIUS, Christian
Assessor, Vorstandsmitglied Hamburgische Landesbank, Girozentrale - Gerhart-Hauptmann-Platz 50, 2000 Hamburg 1 - Geb. 18. März 1936.

BALDERMANN, Ingo
Dr. theol., Univ.-Prof., Hochschullehrer - Laaspher Str. 26, 5900 Siegen 1 (T. 4 25 66) - Geb. 2. Mai 1929 Berlin (Vater: Herbert B., Mittelschullehrer †1974; Mutter: Elsa, geb. Hörnke † 1979), ev., verh. s. 1955 m. Renate, geb. Fricke, Tocht. Renate Ulrike - Päd. Hochsch. Braunschweig; Univ. Göttingen u. Tübingen (Theol.). I. Lehrerex. 1951 (Braunschweig); Theol.Ex. 1955 u. 1957 (Hannover); Promot. 1962 (Hamburg) - 1957-63 Pastor, wiss. Mitarb. Katechet. Amt Loccum; 1963-65 Doz. Päd. Inst. d. Univ. Hamburg; u. 1965 o. Prof. Päd. Hochsch., s. 1972 Univ.-GH Siegen (Ev. Theol. u. ihre Didaktik) - BV: Bibl. Didaktik, Diss. 1963, 3. A. 1966; D. bibl. Unterricht, 1969; D. Sache d. Religionsunterr., 1975; D. Bibel - Buch d. Lernens, 1980; D. Gott d. Friedens u. d. Götter d. Macht, 1983; Wer hört mein Weinen? Kinder entdecken sich selbst in d. Psalmen, 1986; Einf. in d. Bibel, 1988 - Spr.: Engl.

BALDERS, Bernd
Dipl.-Kfm., pers. haft. Gesellsch. Vorwerk & Co. (s. 1973), Wuppertal - Mühlenweg 17-37, 5600 Wuppertal 2 - Geb. 17. Juni 1930 - Vorsitzender Beirat AKF GmbH, Wuppertal; AR Sabo AG, Gummersbach.

BALDINGER, Kurt
Dr. phil., Drs. h. c. mult., o. Prof. f. Roman. Philologie - Höhenstr. 24, 6900 Heidelberg-Ziegelhausen (T. 80 04 12) - Geb. 17. Nov. 1919 Binningen/Schweiz (Vater: Ernst B., Sekundarlehrer, †1931), ev., verh. s. 1947 m. Heidi, geb. Isler, 4 Töcht. - Realgymn. Basel; Univ. ebd. u. Genf (Roman., German., Gesch.). Schweizer- Diplome (Lehrer); 1945 Dr. phil. Basel; 1952 Habil. ebd. -

1947 Lehrer Gymn. Basel, 1948 Prof. m. Lehrauftr. Humboldt-Univ. Berlin, 1952 Prof. m. Lehrstuhl das., 1957 o. Prof. Univ. Heidelberg (1968/69 Rektor). Leit. d. Arbeiten Inst. f. Roman. Sprachwiss. Dt. Akad. d. Wiss., Berlin (b. 1962) - BV: Kollektivsuffixe u. -begriff, 1950; D. Semasiologie - Versuch e. Überblicks, 1957 (span. 1964); D. Herausbild. d. Sprachräume auf d. Pyrenäenhalbinsel - Synthese u. Querschnitt durch d. Neueste Forsch., 1958 (span. 1963 u. 1971); Teoría semántica, 1970 u. 77 (engl. 1980, franz. 1984); Z. Einfluß d. Sprache auf d. Vorstellungen d. Menschen, 1973; Herausg.: Ztschr. f. Roman. Philol. u. Beihefte; Roman. Paralleltexte; Dictionn. etym. de l'ancien français (1974ff.), Dictionn. de l'ancien gascon (1975ff.), Dictionn. de l'ancien occitan (1975ff.). Ehrenmitgl. Bureau de la Soc. Linguist. Romane (s. 1974) - Redakt.: Franz. Etym. Wörterb. (Basel) - Mitgl. Heidelbg. (u.) österr. Akad. d. Wiss. (korr.); Präs. Soc. de Linguistique Romane (1971-74; vorher Vizepräs.); Mitgl. American Philosophical Society (s. 1976); 1967 Orden Alfonso el Sabio; 1969 Dr. h. c. Univ. Montpellier; 1977 Univ. Strasbourg; 1981 Univ. Católica Lima Peru; 1983 Paris IV-Sorbonne; 1981 Hon.-Prof. Univ. San Marcos, Lima Peru; 1982 Officier des Palmes académiques; 1983 Ehrenmitgl. Assoc. intern. d'études occitanes; 1983 Mitgl. Dt.-Katalan. Ges. (DKG); 1986 korr. Mitgl. Acad. Chilena de la lengua; 1987 Ehrenmitgl. Linguistic Soc. of America; 1988 korr. Mitgl. British Academy - Lit.: Festschr. K. B., 2 Bde., 1979.

BALDO, Dieter
Dramaturg Oldenburg. Staatstheater - Auerstr. 13, 7552 Durmersheim (T. 07245 - 29 05) - Geb. 26. März 1956, kath., ledig - Abit. - Schauspielsch.; 1976-84 Stud. Literaturwiss. u.Musikwiss. Univ. Karlsruhe; Promot. - Schausp., Regieassist., Regiss. - Liebh.: Lyrik, Malerei, Musik - Spr.: Engl.

BALDUS, Wilhelm
Dr. med., Chirurg, Präs. Ärztekammer Westfalen-Lippe - Zu erreichen üb.: Kaiser-Wilhelm-Ring 4-6, 4400 Münster/W..

BALES, Robert H.
Journalist, Filmkritiker, Moderator (Hörfunk u. TV) - Postf. 18 03 62, 5000 Köln 1 - Geb. 18. April 1959 - Journ. u. Filmkritiker: SWF 3, WDR, Radio Bremen; Moderation: Kinomagazin b.

RIAS TV, Berlin, Filmemacher u. Autor.

BALHORN, Hans
Vorstandsmitglied Co op Zentrale AG. (1972-74) - Zul.: 2000 Hamburg - Geb. 6. Dez. 1920 - B. 1972 Mitgl. Geschäftsltg. GEG.

BALK, Pieter
Dr. rer. nat., o. Prof. f. Halbleitertechnik (Lehrst. II) - Pommerotter Weg 43, 5100 Aachen - S. 1972 Ord. u. Inst.sdir. TH Aachen.

BALK, Wilfrid
Prof. f. Experimentalphysik GH Kassel, FB 18 - Mönchebergstr. 7, 3500 Kassel; priv.: Schachtstr. 11, 3500 Kassel-Kirchditmold - Geb. 7. Juli 1943 Zwickau/Sa., ev., verh. s. 1975 m. Karin, geb. Küfner, 3 Kd. (Harald, Astrid, Silke) - Erfinder: Integriertes Kollektor-Speicher-Heizelement.

BALKE, Gerd
Dr., Dipl.-Kfm., Geschäftsführer Lego GmbH, Hohenwestedt/Holst. - Itzehoer Str. 29, 2354 Hohenwestedt - Geb. 6. Juli 1937.

BALKENHOL, Heinz S. J.
Dr. phil., M. A., Prof. f. Phonetik u. Phonologie Graduate School of Languages & Linguistics, Sophia-Univ., Tokyo (s. 1972) - 102 Chiyoda-Ku, Kioicho 7, Tokyo/Japan - Geb. 2. Febr. 1932 Düsseldorf.

BALKOW, Egon
Kraftfahrer, MdBB (s. 1977) - Arster Heerstr. 76, 2800 Bremen 61 - Geb. 31. Dez. 1923 Ziethen/Pom., verh., 2 Kd. - Obersch. (Mittl. Reife) - Kriegsmarine (Maschinistenpruf.), amerik. Militärreg. (Automechaniker, Kraftf., Fahrdienstleit.), norw. u schwed. Reederei (1948 ff. 3. bzw. 2. Ing.), Spedition (1953 ff. Expedient, Kraftf., Lagerm.), Brauerei Beck (1967 Kraftf.; 1969 Betriebsratsmitgl., 1973 -vors.). SPD (Vors. Ortsverein Arsten).

BALL, Fritz
Dr. med., Prof. u. Leit. Abt. f. Pädiatr. Radiol. Univ. Frankfurt/M. (s. 1970) - Theodor-Stern-Kai 7, 6000 Frankfurt/M. (T. 6301 57 34) - Geb. 28. Jan. 1928 Rastatt (Vater: Franz B.; Mutter: Ella, geb. Lehmann), kath., verh. s. 1957 m. Agnes, geb. Speck - Stud. Univ. Freiburg; Habil. 1969 Frankfurt - 1954-61 Univ.s-Kinderklinik Freiburg/Brsg. (Facharzt f. Kinderkrankh., s. 1961), 1961-66 Inst. f. Klin. Strahlenkd. d. Univ. Mainz (Facharzt f. Röntgenologie, s. 1965). S. 1966 i. Frankfurt/M. - Mitgl. Dt. Röntgenges., Europ. Ges. f. Pädiatr. Radiologie, Ges. f. Päd. Radiologie e. V., Ges. f. Leukämieforsch. u. Ges. f. Päd. Onkologie.

BALLA, Bálint
Dr. jur., Prof. f. Soziologie - Winklerstr. 18a, 1000 Berlin 33 - Geb. 7. Juli 1928 Budapest - Promot. 1951 Budapest, ev., verh. s. 1967 (Ehefr.: Dr. Waltraud, geb. 1929) - S. 1971 (Habil.) Lehrtätigk. TU Berlin (stv. Dir. Inst. f. Soziol.) - BV: Kaderverw., 1972; Soziol. d. Knappheit, 1978.

BALLAUFF, Theodor
Dr. phil., o. Prof. f. Pädagogik (emerit.) - Am Eselsweg 3, 6500 Mainz - Geb. 14. Jan. 1911 Magdeburg (Vater: Oberlehrer; Mutter: Marie, geb. Carl), ev., verh. m. Hildegard, geb. Weitzel, 2 Kd. - Univ. Göttingen, Wien, Berlin - 1940-45 Bibliothekar Staatsbibl. Berlin, 1944 Privatdoz. Univ. Halle, 1946 Assist., Privatdoz., 1952 apl. Prof. Univ. Köln, 1955 ao., 1956 o. Prof. Univ. Mainz - BV: Üb. d. Vorstellungsbegriff b. Kant, 1938; Phil. Arbeitsbuch, Z. Erkenntnisproblem, 1949; D. Problem d. Lebendigen, 1949; D. Idee d. Paideia, 1952; D.Grundstruktur d. Bildung, 1953; D. Wiss. v. Leben, Bd. I 1954; Vernünftiger Wille u. gläub. Liebe, 1957; Erwachsenenbildung, 1958; Philos. Begründungen d. Päd., 1966; Päd. - E. Gesch. d. Bild. u. Erzieh., 3 Bde. 1969ff. (m. Klaus Schaller); Skept. Didaktik, 1970. Herausg.: Phil. im math. u. naturwiss. Unterr. (1958); Systemat. Päd. (1962, 3. A. 1970); Schule d. Zukunft (1964, 3. A. 1968); Funktionen d. Schule (1982, 2. A. 1984); Lehrer sein einst u. jetzt (1985) - Päd. als Bildungslehre (1986).

BALLE, Hellmut
Dipl.-Volksw., Direktor Dt. Bank AG Filiale Stuttgart - Johannes-Krämer-Str. 41, 7000 Stuttgart 70 - Geb. 15. Febr. 1928 - AR- u. Beiratsmand., dar. mehrere -vors. u. stv. -vors.

BALLE, Theo
Dr. phil., Prof. f. Philosophie Univ. Stuttgart-Hohenheim (s. 1988) - Krummenacker Str. 68, 7300 Eßlingen/N. (T. Stuttgart 37 58 37) - Geb. 9. Dez. 1925 Eßlingen, kath., verh. - 1948-53 Univ. Tübingen u. München (Phil., Theol., Päd., German.; Promot.) - B. 1959 Redakt. württ. Tageszbl. 1959-74 Lehrer an berufl. Schulen, 1974-78 Prof. f. Phil. Berufspäd. Hochsch. Stuttgart; 1972-88 MdL; 1978-88 Staatssekr. Min. f. Kultus u. Sport.

BALLEER, Martin
Dr., Versicherungsdirektor, Vorst. Gothaer Leben/Allg. Versich. - Calsowstr. 20, 3400 Göttingen - Geb. 21. Juni 1940 - AR Gothaer Krankenversich.

BALLHAUS, Werner
Prof., Vorsitzender Richter am Bundesgerichtshof i.R. - Geb. 14. Aug. 1920 - Zuvor Senatspräs. Bundespatentgericht, München, Richter a. Bundesgerichtshof, s. 1980 Hon.Prof. Univ. Karlsruhe.

BALLHAUSEN, Günter
Dr. phil., Schauspieldirektor - Wendtstr. 7, 7500 Karlsruhe (T. 0721 - 84 29 87) - Geb. 13. Okt. 1929 Essen (Vater: Franz B., Obervollz.sbeamter; Mutter: Therese, geb. Jakob), kath., verh. s. 1963 m. Maria, geb. Häußler, 2 T. (Johanna, Katharina) - Univ. Göttingen (Dt. Theaterwiss., Gesch., Kunstgesch.; Promot. 1956) - Regiss. Städt. Bühnen Frankfurt/M., Chefdramat. u. Oberspiell. Bühnen d. Hansestadt Lübeck, Oberspiell. Wuppertaler Bühnen, Regiss. Staatl. Bühnen Berlin. 1972 ff. Lehrbeauftr. f. Theaterwiss. Univ. Bochum. Insz.: u. a. D. Dreirad, Viadukte, Moritz Tassow, D. letzte Analyse, Sommergäste, D. Kipper, Kinder d. Sonne, Fegefeuer, D. Exzesse, D. verkehrte Welt, Masaniello, Masaniello ich will e. Kind haben, D. Kette Kolin, Dmitri, Simplex Deutsch - BV: D. Wandel d. Gebärde auf d. dt. Theater d. 18. Jh.s, 1956 (Diss.) - Spr.: Franz., Engl.

BALLHOFF, Heinrich
Ingenieur - Bergstr. 55, 5758 Fröndenberg/Ruhr (T. Menden 7 22 47) - Geb. 7. Mai 1917 Bausenhagen (Vater: Heinrich B., Steueroberinsp.; Mutter: Anna, geb. Grieb), ev., verh. in 2. Ehe (1950) m. Edith, geb. Spahn, 2 Kd. (Rüdiger,

Sigrid) - HTL Berlin (Bauing.), Seesportsch. - Vornehml. Erf. im Bauwesen (Vorgefertigte Bauelemente, Kombination Kunststoff-Beton) - 1964 Rudolf-Diesel-Med.

BALLIN, Wolfgang

Unternehmensberater - Lichtes Tal 2, 3257 Springe 1 (T. 05041-5343) - Geb. 10. Mai 1926 Osterode (Harz), ev.-luth., verh. s. 1965 m. Mady-Rosita, geb. Kühnel, 2 Kd. (Judith, Lutz-Marcus) - Lehre Groß- u. Einzelhandelskaufm.; Sonderausb. in Unternehmensfg. u. Marketing in USA, Schweden, Engl., Schweiz - 25 J. Geschäftsf. Schaper-Gruppe Hannover. Handelsrichter LG Hannover, Finanzrichter am Nieders. Finanz-Gericht IHK Hannover (Aussch.) - Liebh.: Sport (Jagen, Reiten) - Spr.: Engl., Franz. - Bek. Vorf.: Albert Ballin, Hamburg, Generaldir. Hapag (Großonkel).

BALLING, Ludwig

Chefredakteur, Schriftst. (Ps. Luigi Bertini) - Brandenburger Str. 8, 5000 Köln 1 - Geb. 2. März 1933, kath., ledig - Human. Gymn.; Univ. Würzburg (Phil., Psych., Theol.), Journ.ausb. Köln (1965/66), 1959-65 Afrika-Einsatz - Chefredakt., Buchautor, fr. Mitarb. KNA, Bonn, Misereor/Missio, Aachen - BV: D. Trommler Gottes; E. Spur d. Liebe hinterlassen; Gute Med. gegen schlechte Laune; Wenn d. Freude Flügel hat; u.v.a. Übers. ins Engl., Span., Chin. u. Zulu (Gesamtaufl. inkl. Übers. fast 1,5 Mill.) - Liebh.: Reisen Dritte Welt, Fotogr. (Pressebild Frankfurt), sammelt Sprichwörter - Spr.: Engl.

BALLMANN, Herbert

Regisseur - Fontanestr. 10, 1000 Berlin 33 (T. 8 26 36 38) - 1971 Adolf-Grimme-Preis in Gold (f. d. Fernsehsp.: Interview m. Herbert K.).

BALLOWITZ, Leonore,
geb. Gerlach

Dr. med. (habil.), Prof., Kinderärztin - Havelmatensteig 12, 1000 Berlin 22 (T. 365 44 88) - Geb. 18. Febr. 1923 Lichtenberg Kr. Lebus (Vater: Paul Gerlach, Pfarrer; Mutter: Walburga, geb. Scheuermayer), ev., verh. s. 1949 m. Dr. med. Kurt B., Internist u. Privatdoz. FU Berlin - Med. Staatsex. 1945 - S. 1964 apl. Prof. FU Berlin (Abt.leit. Neonatol. u. Intensivpflege); s. 1984 im Ruhestand - Buch- u. Ztschr.beitr. - 1978 BVK.

BALLSCHMITER, Karlheinz

Dr. rer. nat. (habil.), o. Prof. f.Analyt. Chemie Univ. Ulm - Gartenhalde 68, 7900 Mähringen/D. - Zul. apl. Prof. u. Wiss. Rat u. Prof.

BALLWEG, Ottmar

Dr. iur., Prof. f. Rechtsphilosophie (Grundlagenforsch.) u. Rhetorik - Saarstr. 21, 6500 Mainz - Geb. 11. März 1928 Hockenheim - Promot. 1959; Habil. 1968 - S. 1968 Lehrtätigk. Univ. Mainz (1973 Prof.); 1986/87 Visiting Scholar am Department of Rhetoric an der UC Berkeley - BV: Zu e. Lehre v. d. Natur d. Sache, 2. A. 1963; Rechtswiss. u. Jurisprud., 1970. Herausg.: Rhetor. Rechtstheorie (1981 m. Th. Seibert, eig. Beitrag: Phronetik, Semiotik u. Rhetorik); Rhetorik u. Res humanae (in: Gedächtnisschrift f. Peter Noll, 1984); Analytical Rhetoric, Semiotic and Law (in: Semiotic and Law, N.Y., 1988); Entwurf e. analytischen Rhetorik (in: H. Schanze (Hrsg.), Phil. u. Rhetorik, 1989).

BALS, Günter

tDr. phil., Prof. f. Politikwissenschaft einschl. Didaktik d. Sozialkd. Erziehungswiss. Hochschule Rheinland-Pfalz/Abt. Landau - Godramsteiner Str. 16, 6740 Landau.

BALSER, Gerhard

Dipl.-Ing., Architekt (BDA) - Sebastian-Rinz-Str. 13, 6000 Frankfurt/M. 1 (T. 59 47 67) - Geb. 20. Febr. 1929 Neu-Isenburg (Vater: Ernst B., Arch.; Mutter: Margarete, geb. Bratengeier), ev., verh. s. 1964 m. Charlotte, geb. Klefenz - Jura- u. Arch.stud. Univ. Frankfurt, bzw. TH Karlsruhe, ab 1961 Architektengem. Gerhard Balser m. Hubertus von Allwörden u Rolf Schloen - Bek. Bauwerke: Verw.sgebäude Kravag, Hambug (1965/66), u. Basler Versicherungsges., Bad Homburg (1967/68), Bürohochhäuser Dt. Lloyd AG., Frankfurt/M. (1967) u. München (1972/73), Astra, Frankfurt/M. (1976) - 1974 Ausz. f. vorbildl. Bauen Hess. Finanzmin. - Liebh.: Segeln, Golf (b. 1973 Vizepräs. Golfclub Frankfurt) - Spr.: Engl., Franz. - Rotarier.

BALTENAU, von, Björn

s. Bolay, Karl Heinz

BALTENSPERGER, Ernst

Dr., Prof. f. Nationalökonomie - Dorfstr. 95, 3073 Gumlingen - Geb. 20. Juli 1942 Zürich, ev., verh. s. 1969 - Univ. Zürich u. Baltimore/USA - Prof. f. Wirtschaftswiss., 1968-78 Ohio State Univ./USA, 1979-82 Univ. Heidelberg, 1981-84 Hochschule St. Gallen, s. 1984 Univ. Bern.

BALTES, Adalbert

Filmregisseur u. -autor - Eppendorfer Baum 44, 2000 Hamburg 20 (T. 48 17 44) - Geb. 27. Juli 1916 Wiesbaden (Vater: Emil B., Landw.), kath., verh. s. 1941 m. Charlotte, geb. Koch, 2 Kd. - Realgymn.; Reimann-Sch. Berlin; prakt. Ausbild. UFA-Wirtsch.sfilm ebd. Erf. bzw. Entd.: Cinetarium (Rundum Filmprojektion), Autovision, Absoluter Raum, SASO-3D Fernsehen, Kaleidoskop (Lichtgarten) - Kulturfilme (Regie u. Drehb.): Zw. Strom u. Meer, Weiße Segel - Blaues Meer, Hamburg, Pferdeland zw. d. Meeren, Tor z. Welt, V. Meer zu Meer, D. Lied d. Schiffe, Große Kunst auf kl. Münzen, Plastik im Freien, Das ist meine Welt, Aachen - heute, Heimweh n. Essen, Mein Bielefeld, Hbg. u. Frankf. Filmspiegel u. a.; Rundblickf.: Start z. Mond, Zauber d. Musik, D. Nacht ohne Ende, Fata Morgana; Fernsehf.: Advent in Jalisco, Unt. d. Sonne Mexicos, Autobahnen. Werbekurzf.; Ausstellung: Magische Projektionen - BV: Funktion u. Wert d. Werbung in d. USA, Fernsehen in d. USA, Weltmacht Film - Liebh.: Malen.

BALTES, Joachim

Dr. iur. utr., Prof. f. öffentliches Recht, Rektor d. Kath. FH NW, Köln (s. 1980), Präs. d. Konferenz d. Rekt. u. Präs. d. kirchl. FH d. Bundesrep. Deutschl. - Bayenthalgürtel 32, 5000 Köln 51 (T. 0221-37 22 28) - Geb. 18. April 1945 Bernburg/Saale, kath., verh. s. 1970 m. Gisela, geb. Schmale, 2 S. (Matthias, Felix) - 1. jur. Staatsex. 1970, Promot. Dr. iur. utr. Würzburg 1972, 2. jur. Staatsex. 1974, 1976 Habil. - BV: Neutralität d. Berufsbeamtentums, 1972; Verwaltungsrecht f. d. soz. Praxis, 5. A. 1984 (zus. m. Papenheim); Sozialrecht, 1986 (zus. m. Rogowski) - Liebh.: Kunst - Spr.: Engl., Franz.

BALTES, Matthias

Dr. phil. (habil.), Prof. f. Klass. Philologie Inst. f. Altertumskunde/Univ. Münster - Hornstr. 2, 4400 Münster/W. - Geb. 13. April 1940 Bardenberg, kath., verh. s. 1966 m. Renate, geb. Emonts, 2 Kd. (Jörg, Sabine) - BV: Timaios Lokros. Üb. d. Natur d. Kosmos u. d. Seele, 1972; D. Weltentstehung d. Platon. Timaios nach d. ant. Interpreten, I 1976, II 1978; Der Platonismus in d. Antike, I 1987, II 1989 (zus. m. H. Dörrie u. F. Mann). Aufs. u. Artik. z. Homer, Augustinus u. z. antiken Platonismus.

BALTES, Paul B.

Dr. phil., Dipl.-Psych., Prof., Direktor am Max-Planck-Inst. f. Bildungsforsch., Berlin - Lentzeallee 94, 1000 Berlin 33 (T. 030 - 8 29 95-1) - Geb. 18. Juni 1939 Saarlouis, verh. s. 1963 m. Margret, geb. Labouvie, 2 Kd. (Boris, Anushka) - 1968-72 Prof. (Assist., 1970 Assoc.) f. Psych., West Virginia Univ./USA; 1972-80 Prof. f. Humanentw. Pennsylvania State Univ. (1972-78 Dir.); 1978-79 fellow Center Adv. Study, Stanford/Calif.; 1981 Wiss. Mitgl. u. Dir. MPI f. Bildungsforsch., Berlin - BV: außer engl. Veröff.: Entw.psych. d. Lebensspanne, (m. a., Hrsg.) 1979 - Hon.-Prof. FU Berlin; 1983-87 Präs. Intern. Society for Study of Behavioral Development; 1987 Gründungsmitgl. Akad. d. Wiss. zu Berlin, u. 1988 Europ. Acad. of Science; 1987 Gerontol. Forschungspreis d. Buch-Stiftg.

BALTES, Werner

Dr. rer. nat., o. Prof. f. Lebensmittelchemie - Schützallee 8a, 1000 Berlin 37 - Geb. 10. Sept. 1929 Hamburg - Promot. (1959) u. Habil. (1969) Hamburg - S. 1971 Prof. Univ. Hamburg u. TU Berlin (1973 Ord. u Dir. Inst. f. Lebensmittelchemie). - 1970 Preis Ges. Dt. Chemiker.

BALTZ, von, Ralph

Dr. rer. nat., Dipl.-Phys., Prof. f. Festkörperphysik Univ. Karlsruhe - Marktplatz 5, 7534 Birkenfeld (T. 4 79 99) - Geb. 19. Febr. 1941 Pforzheim (Vater: Nicolai v. B., Kaufm.; Mutter: Julie, geb.Wankmüller), ev., verh. s. 1973 m. Irene, geb. Englert, 3 Kd. (Stefan, Annette, Caroline) - Kepler-Gymn. Pforzheim; Univ. Karlsruhe; Dipl.ex. 1965; Promot. 1968; Habil. 1971 - Liebh.: Amateurfunk (Rufz. DJ1DB), Kultur fremder Völker - Spr.: Engl.

BALTZ-OTTO, Ursula

Dr. theol., Oberstudienrätin Rabanus-Maurus-Gymn. Mainz, Lehrauftrag Univ. Mainz (s. 1983) - Weißliliengasse 5, 6500 Mainz (T. 06131 - 23 12 15) - Geb. 26. Juli 1940 Kassel, ev., verh. s. 1984 m. Prof. Dr. Gert Otto - 1963-65 Stud. Erziehungswiss. EWH Worms, 1971-76 German., Ev. Theol. Univ. Mainz u. Heidelberg; 1. u. 2. Lehrerprüf. 1965 u. 1968; Staatsex. 1977 Mainz; Promot. 1982 Mainz - 1965-72 Grund-, Haupt-, Realschule; 1972-78 Päd. Assist. EWH Worms; 1979-83 wiss. Mitarb. Sem. f. Prakt. Theol. Univ. Mainz; 1978/79 u. s. 1983 Gymn.; 1972-87 Vors. Lehrplankommiss. Ev. Religion Rhld.-Pfalz f. Sek.-Stufe I; 1977-80 Lehrauftr. Fachdidaktik EWH Worms u. Landau - BV: Kinder fragen nach d. Leben (m. B. Buschbeck u. a.), Grundschulwerk (1. Schj./2. Schj./3./4. Schj.), 1974ff.; Wegmarken Religion. Arbeitsb. (m. B. Buschbeck u. a.), RU 7.-9./10. Schj., 1981; Religionsunterr. 5-10 (m. Dörger/Lott/Otto), 1981; Theologie u. Poesie, 1983; Religion contra Ethik? (m. G. Otto), 1986. Zahlr. Beitr. zu Festschr. u. Sammelw. - Spr.: Engl., Griech., Hebr., Latein.

BALTZER, Dieter

Dr. theol., Prof. f. Ev. Theologie u. ihre Didaktik Univ. Essen - Konrad-Adenauer-Ring 22, 4720 Beckum 1 (T. 02521 - 32 84) - Geb. 3. Okt. 1940 Berlin (Vater: Martin B., Vizeadmiral; Mutter: Ingeborg, geb. Sarnow), ev., verh. s. 1974 m. Dorothea, geb. Radü, 3 Kd. (Markus, Marion, Sabine) - Stud. ev. Theol. Bethel, Göttingen, Zürich, Basel u. Münster; 1. theol. Ex. 1965, Promot. 1969 Göttingen, 2. theol. Ex. 1970, Habil. 1976 - 1969-70 Vikar Versöhnungskirche Münster; 1970 Pfarrer; 1970-73 Wiss. Assist. PH Ruhr; 1974-76 Akad. Rat/O.rat u. Priv.-Doz.; s. 1979 Prof. Univ. Essen - BV: Ezechiel u. Deuterojesaja. Berühr. in d. Heilserwart. d. beiden gr. Exilspropheten, 1971; Didaktik d. Alten Testaments im Anfangsunterr. d. Primarstufe. Krit. Analysen z. Gesch. d. ev. Religionspäd., Hochschulsamml. Theol.-Religionspäd. Bd. 1, 1979; D. Alte Testament m. Erklär., II 1977; rd. 30 weit. Arb. in wiss. Ztschr. - Liebh.: Leichtathletik, Reiten, Tennis, Fußball, Ski - Bek. Vorf.: Eduard B., Geistl., 1848 Mitgr. Frankfurter Paulskirchen-Parlam.; Karsten Sarnow, 1391 erster demokr. gewählt. Hansebürgerm. Stralsund; Otto Sarnow, Ministerialdir. Reichswirtschaftsmin. (Großv.).

BALTZER, Gerhard

Dr. med., Prof. f. Innere Medizin Univ. Marburg (s. 1972) - Birkenweg 11, 3350 Marburg/L. - Geb. 26. Jan. 1933 Dingelstädt, ev., verh. s. 1970 m. Sigrid, geb. Reschke, T. Nikoline - Promot. 1961 Kiel; Habil. 1971 Marburg - Üb. 80 Facharb.

BALTZER, Johannes

Dr. jur., ehem. Prof. f. Verfahrensrecht, Bürgerl. Recht, Handels- u. Wirtschaftsrecht sow. Rechtsinformatik u. Sozialrecht an d. Univ. Marburg/Lahn (1973-85) u. Osnabrück (1986-88), Richter am Bundessozialgericht (s. 1988) - Heinrich-Heine-Str. 41, 3550 Marburg/L. - Geb. 16. Aug. 1933 Weimar (Vater: Martin B., zul. Generalmajor; Mutter: Adelheid, geb. Hartenstein), ev., verh. s. 1965 m. Sunhild, geb. Müller, 2 Kd. - Gymn.; Univ. Marburg u. München - Fachveröff.

BALTZER, Klaus

Ministerialdirigent, Leit. Kommunalabteilung Schlesw.-Holst. Innenmin. - Düsternbrooker Weg 92, 2300 Kiel - Geb. 28. Juni 1935 Kiel.

BALTZER, Klaus

Dr. theol., o. Prof. f. Altes Testament - Bannzaunweg 21, 8024 Deisenhofen/Obb. (T. München 613 25 00) - Geb. 3. März 1928 Hamburg, ev. - S. 1959 (Habil.) Lehrtätigk. Univ. Heidelberg (Privatdoz.), Kirchl. Hochsch. Bethel (1963 Doz.), Univ. München (1968 o. Prof.). Fachveröff.

BALZ, Horst

Dr. theol., Prof. Univ. Bochum (s. 1974) - Am Herrenbusch 46, 5810 Witten-Herbede (T. 7 37 84) - Geb. 21. März 1937 Leipzig (Vater: Adolf B., Kaufm.; Mutter: Gerda, geb. Ney), ev., verh. s. 1962 m. Anneliese, geb. König, 2 Kd. (Christoph, Martin) - Nach Habil. (1969) Doz. Univ. Kiel; 1972-74 Oberlandeskirchenrat Kiel - BV: Method. Probleme d. neutestamentl. Christol., 1967; Christus in Korinth, 1970; Heilsvertrauen u. Welterfahrung, 1971; D. Wort und d. Wörter, 1973; Exegetisches Wörterbuch z. Neuen Testament, 3 Bde., 1980-83 - Liebh.: Musik, Alpinismus - Spr.: Engl., Franz.

BALZER, Bernd

Dr. phil., Prof. f. Dt. Philologie (Neuere dt. Literatur m. bes. Berücks. d. kommunikationstheoret. Fundierung d. Lit.-wiss. sowie d. Wirkungs- u. Rezeptionsästhetik) - Krusauer Str. 121a, 1000 Berlin 49 - Geb. 2. Jan. 1942 Berlin, ev., verh. s. 1967 m. Helga, geb. Damrath - Promot. 1971 - S. 1977 Prof. FU Berlin - BV: Bürgerl. Reformationspropaganda, 1973; Heinrich Bölls Werke - Anarchie u. Zärtlichkeit, 1978; Wolfgang Borchert: Draußen v. d. Tür, 1982; Rolf Hochhuth: D. Stellvertreter, 1986; Heinrich Böll: Ansichten e. Clowns, 1988.

BALZER, Detlef

Dr. sc. pol., Dipl.-Volksw., Leiter Abt. Verbandswesen Preussag AG, Hannover; Vorst.-Vors. (altern.) AOK Bundesverb., Bonn; Vors. (altern.) Koordinierungsgremium f. d. Vertrauensärztl. Dienst, Essen - Zu erreichen üb. Preussag AG, Postf. 48 27, 3000 Hannover 1 - Geb. 11. April 1928 Pellworm.

BALZER, Erich

Dr. med., Prof., Ärztl. Direktor u. Chefarzt Innere Abt. - Theresien-Krankenhaus, 6800 Mannheim - Geb. 9. Okt. 1906 Preiswitz/OS. - S. 1947 (Habil.) Privatdoz. u. apl. Prof. Univ. Münster.

BALZER, Hartmut

Dr. med., Prof. Universität Frankfurt - Graf-Stolberg-Str. 9, 6240 Königstein - Geb. 9. Juli 1924 Döllensradung (Vater: Oskar B., Stabsoffz.; Mutter: Maria, geb. Oestreich), ev., verh. s. 1951 m. Dr. Almut Balzer-Steib, 2 Kd. (Sibylle, Sabine) - Stud. d. Med. (Habil. 1965) - S.

1970 Prof. u. Facharzt f. innere Krankh. Zentr. f. Pharmakol. Univ.Frankfurt/M. Mitgl. Dt. Pharmakol. Ges. Zahlr. wiss. Veröff.

BALZER, Horst
Regisseur - Am Sandwerder 20, 1000 Berlin 39 (T. 803 55 55) - Geb. 31. Mai 1928 Allenstein/Ostpr., verh. s. 1958 m. Ina Halley, Schauspielerin, S. Sascha - Leibniz Realgymn. Berlin - 1946 Regieassist., 1947/48 Dramat. Bühne d. Jugend Berlin, 1948-52 Regieassist. v. Fritz Kortner, Helmut Käutner u. Karl Heinz Stroux Hebbel- u. Schiller-Theater Berlin; s. 1953 Regiss.; 1971-73 Chefdramat. Freie Volksbühne Berlin, 1973-76 Schauspieldir. Schauspielhaus Zürich. Zahlr. Insz., u. a. Wir sind noch einmal davongekommen (1954), D. Erbin (1954), D. Hose (1957), Blick zurück im Zorn (1958), D. Dämonen (1958), E. Mädchen v. Lande (1959/1960), Äpfelchen, Äpfelchen (1962), D. Tiger - D. Tippser (1964), D. Troerinnen (1966), Elisabeth v. England (1967), D. Kleinbürger (1970), Wölfe u. Schafe (1972), Baal (1973), Kiss me, Kate (1974), D. arme Bitos (1974), D. Hauptmann v. Köpenick (1977), D. Snob (1980), Ital. Hochzeit (1981).

BALZER, Theo
Dr. oec., Dipl.-Ing., Dipl.-Kfm., geschäftsf. Gesellschafter Lederwerke Kromwell GmbH. u. Nürnberger Lederfabriken Kromwell KG., Nürnberg - Schultheißallee 37, 8500 Nürnberg - Geb. 21. April 1907 Monheim/Rhld. (Vater: Matthias B., Kaufm.; Mutter: geb. Peters), verh. s. 1935 m. Anni, geb. Schugt - TH Stuttgart, Univ. Köln, Univ. Erlangen/Nürnberg - BV: D. industrielle Budget - BVK.

BALZERT, Helmut

Dr.-Ing. habil., Prof., Lehrstuhl f. Software-Technik Ruhr-Univ. Bochum - Zu erreichen ob. Univ. Bochum - Dipl. 1973 Darmstadt, Promot. 1979 Kaiserslautern, Habil. 1987 Stuttgart - 1979-87 Bereichsleit. Forsch. TA Triumph-Adler AG Nürnberg - BV: D. Entw. v. Software-Systemen, 1982; Informatik 1, 1984, Informatik 2, 1978; Software-Ergonomie u. Software Engineering, 1989.

BAMBAUER, Hans Ulrich
Dr. rer. nat., o. Prof. u. Direktor Inst. f. Mineralogie Univ. Münster (s. 1965) - Corrensstr. 24, 4400 Münster/W. - Geb. 18. Mai 1929 Idar-Oberstein - Stud. Münster, Zürich u. Mainz (Mineral.; Diplomprüf. 1955). Promot. 1957 Mainz; Habil. 1961 Zürich (ETH) - Spez. Arbeitsgeb.: Allgem. u. Angew. Mineralogie. Mithrsg.: W. E. Tröger, Opt. Bestimmung d. gestseinsbild. Minerale, 1966 u. 81 - Spr.: Engl., Franz.

BAMBERG, Georg
Stadtrat a.D., MdB (1981ff.) - Nelkenstr. 5 1/2, 8201 Thansau - Geb. 1936 - Kreis- u. Gemeinderat Landkr. Rosenheim. SPD.

BAMBERG, Günter
Dr. rer. nat., Dipl.-Math., o. Prof. f. Statistik Univ. Augsburg (s. 1970) - Völkstr. 34, 8900 Augsburg (T. 51 45 13) - Geb. 18. Okt. 1940 Neustadt/Weinstr. (Vater: Alexander B., Arzt; Mutter: Else, geb. Theisinger), verh. s. 1966 m. Helga, geb. Zurhausen, T. Christiane - Stud. Univ. Saarbrücken, Bonn; Promot. 1968; Habil. 1970 - BV: Einf. i. d. Ökonometrie (1979) (m.a.); Statistik (5. A. 1987) (m.a.); Betriebswirtschaftl. Entscheidungslehre (4. A. 1985) (m.a.).

BAMBULA, Anton
Dr. jur., Ehrenpräsident IHK Lindau - Enzisweiler Str. 25, 8990 Lindau (T. 08382 - 31 45) - Geb. 18. April 1906 Voitsdorf, kath., verw., S. Peter - 1975 Bayer. VO. - Spr.: Tschech.

BAMMEL, Ernst
Dr. theol., Dr. phil., Prof., Theologe - Kochstr. 6, 8520 Erlangen - Geb. 20. Jan. 1923 Adenau/Eifel - S. 1953 Privatdoz. u. apl. Prof. f. Neutestamentl. Theol. u. Talmudistik (1960) Univ. Erlangen. 1962/63 u. 1967/68 Gastprof. Univ. Cambridge.

BAMMER, Hans
Dr. med., Prof., Neurologe (Chefarzt) - Krankenhaus, 2000 Hamburg-Heidberg - Geb. 13. Nov. 1921 Rumberg (Vater: Dr. jur. Johannes B.), verh. 1944 m. Marianne, geb.Fischer - Promot. 1947 Frankfurt/M.; Habil. 1959 Würzburg - S. 1959 Lehrtätigk. Univ. Würzburg (1965 apl. Prof. f. Neurol.). Üb. 50 Facharb. - Liebh.: Literatur, Musik.

BAMMESBERGER, Alfred
Dr. phil., Prof. f. Englische Sprachwissenschaft Kath. Univ., Eichstätt - Wiesenstr. 20, 7801 Wolfenweiler/Br. - S. 1973 Wiss. u. Univ. Prof. bzw. Prof. Univ. Freiburg/Br.

BANASCHEWSKI, Edmund

Dr. phil., Verleger (s. 1929; Werk-Verlag) - Hans-Cornelius-Str. 4, 8032 Gräfelfing/Obb. (T. München 85 50 21) - Geb. 16. Nov. 1907 Welschbillig, Kr. Trier (Vater: Dr. med. Franz B.; Mutter: Susanne, geb. Schwickerath), kath., verh. s. 1934 m. Irmgard, geb. Maaß, Sohn - Univ. Heidelberg, Berlin, Hamburg (Soziol., Gesch., Psych., Ztg.wiss., Volkw.) - Stellungen Pfalz-Verlag u. Druckerei GmbH, Ludwigshafen/Rh., Germania AG f. Verlag u. Druck., Berlin, Verlag Dr. Gg. Maschke ebd., Mainzer Verlagsanst. u. Druck. AG, Mainz, u. E. Grundlach AG, Bielefeld. Ämter: Präs. Verb. Dt. Ztschr.verleger, Bonn (1971), Kurat. Stiftg. Jakob; Fugger-Med., München, Vorst.-Mitgl. Dt. Journalistenschule, Arbeitsgem. LA-MED, Mitgl. Präsidialrat ZAW, Bonn, Kurat. Ges. v. Freunden u. Förderern d. Univ. München - BV: Theorie d. Verlagswesens, 1933 - 1963 BVK I. Kl., 1965 Bayer. VO. - 1973 Jakob-Fugger-Med. - Liebh.: Musik (spielt Geige u. Bratsche; b. 1938 eig. Quartett).

BANDEL, Werner
Dr. phil., Werksleiter d. Werk. Wuppertal-Barmen d. Enka AG - Wettiner Str. 6d, 5600 Wuppertal - Geb. 1. Juni 1914 Magdeburg (Vater: Otto B., Journ.; Mutter: Gertrud, geb.Schreyer), verh. 1940 m. Elsbeth, geb. Kalisch, 2 Söhne - Univ. Rostock, Hamburg, München, Hull (Engl.) - B. 1958 ltd. Chemiker Spinnfaser AG., dann wie oben - Liebh.: Briefm., Stiche, Sport (Tennis).

BANDI, Peter
s. Bürki, Peter

BANDULET, Bruno
Dr., Herausgeber GOLD & MONEY INTELLIGENCE (s. 1979) - Grienbachstr. 11, CH-6301 Zug (Schweiz) - Geb. 22. Nov. 1942 Bad Kissingen (Vater: Willi B., Zahntechnikerm.; Mutter: Elisabeth, geb. Müller), kath., verh. s. 1973 m. Rosmarie, geb. Kornprobst, 3 Kd. (Martin, Caroline, Elizabeth) - 1963-69 Stud. Polit. Wiss., Gesch., Hispanist. u. Volksw. Berlin u. Würzburg - B. 1970 Außenpolit. Ref. CSU; b. 1973 Chef v. Dienst D. WELT, b. 1975 stv. Chefredakt. QUICK - BV: Adenauer zw. West u. Ost, 1970; Schnee f. Afrika, 1978 (engl.: Fool's Gold for Africa, 1980); Gold, 1979; Gold Guide, 1983 - Liebh.: Jagd - Spr.: Engl., Span.

BANGE, Hermann J.
Kaufmann, Mitinh. Büro-Einrichtungshaus W. Quitmann oHG., Hagen, Altpräs. Südwestf. IHK Hagen - Bredelle 3, 5800 Hagen - Geb. 10. Jan. 1909 - BVK I. Kl., Gr. Harkortmedaille - Zahlr. Ehrenämter.

BANGEMANN, Martin
Dr. jur., Dr. h. c., Bundeswirtschaftsminister (1984-88), MdEP (s. 1989) - Sannentalstr. 9, 7418 Metzingen/Württ. (T. 47 17) - Geb. 15. Nov. 1934 Wanzleben (Vater: Martin B., Angest.; Mutter: Lotte, geb. Telge), ev., verh. s. 1962 m. Renate, geb. Bauer, 5 Kd. (Boris, Ulrich, Katje, Philip, Lulu) - Gymn. Emden; 1955-62 Univ. Tübingen u. München (Rechtswiss.). Promot. 1964 - 1964-84 Rechtsanw. FDP s. 1963 (1969 Bundesvorst., 1974-78 Vors. Landesverb. BW, s. 1978 Mitgl. Parteipräsid.); 1972-80 MdB (1975-79 stv. Fraktionsvors., 1973-84 MdEP (1979-84 Vors. d. Lib. u. Demokrat. Fraktion); 1984-88 Bundesmin. f. Wirtsch. S. 1980 Vizepräs. Europ. Beweg. u. Vors. Instit. Aussch. - Ehrendoktor Univ. Lille II; Ehrenbürger Valenciennes; Commendatore de l'ordre de Isabella la Catholique - Liebh.: Phil., Gartenbau - Spr.: Engl., Franz.

BANK, Hermann
Dr. rer. nat., Prof., Mitinhaber Gebr. Bank Edelsteinschleiferei, Idar-Oberstein, Geschäftsf. Edelsteinprüfstelle (Inst. f. Angewandte Gemmologie) - Auf der Lüh 23, 6581 Kirschweiler - Geb. 19. Jan. 1928 - Honorarprof. f. Spez. Mineralogie Univ. Heidelberg. Vors. Dt. Ges. f. Edelsteinkunde.

BANKHOFER, Hademar
Schriftsteller, Präsentator v. Hörfunk- u. TV-Sendungen z. Thema Gesundheit, Mister Gesundheit RTL, RTL PLUS u. ORF - A-3400 Klosterneuburg (Österreich) - Geb. 13. Mai 1941 Klosterneuburg (Vater: Hermann B., Postoberoffizial; Mutter: Kriemhild, geb. Mathis), verh. s. 1969 m. Liselotte, geb. Fürst, S. Hademar-Harald - Schule (Abit.); Stud. Univ. Wien (Jura, Ztg.wiss., German.) - Journ. (u. a. Chefredakt. e. österr. Wochenztg.), Vorst.-Mitgl. mehrerer Lit.- u. Kultur-Org., u. a. PEN. Verlagsleit. (Aktuell-Vg.) - BV: Essen ohne Gift, D. gr. Buch d. Lebenselixiere; Hexenschuß u. Heiserkeit, D. Natur ist d. beste Apotheke; Bio-Selen, Beauty Teas, D. Heilkraft v. Licht u. Sonne; Gesund durch richtiges Atmen; Gesundh. aus d. Badewanne; Gesunde Hausmannskost; D. Müsli-Buch; Schiffs- u. Seemanns-Heilkd. - 1959 Preis v. Niederösterr. im Rednerwettbewerb d. UN, 1973 Fritz-Eckhardt-Kulturpreis, 1975 Goldene Möwe d. Ges. z. Förd. d. Lit. üb. Tiere Stockholm, 1976 Ehrentitel „Doctor of Psychology" Kansans City (USA), 1977 Kulturpreis d. St. Klosterneuburg, 1979 Gold. Feder, Zürich - Liebh.: Lesen, Photogr., Malen - Bek. Vorf. ms.: Wilhelm Hauff - Lit.: Rolf Lang, Auskunft üb. H. B.

BANNASCH, Peter
Dr. med., Prof. am Dt. Krebsforschungszentrum Heidelberg, Präsident Europ. Assoc. Cancer Res. - Am Hirschwald 23, 6901 Wilhelmsfeld - Geb. 14. April 1934 Biebergemünd/Hessen (Vater: Peter B.). Promot. 1960 - Spez. Arbeitsgeb.: Cytopathologie, Cancerogenese - Mithrsg.: Virch. Arch. B (Cell Pathol.); J. Cancer Res. Clin. Oncol., Toxicologic Pahology; Carcinogenesis; EULEP Atlas of Pathology. Zahlr. Publ. in Virch. Arch. Carcinogenesis, Cancer Res., J. Cancer Res. Clin. Oncol. u.a.

BANNMÜLLER, Eva
Dr. phil., Prof. f. Sportpädagogik u. Leibeserzieh. PH Esslingen - Stirnbrandstr. 13, 7000 Stuttgart.

BANNWARTH, Horst
Dr. rer. nat., Prof. f. Biologie u. ihre Didaktik (Schwerp.: Pflanzenphysiol., Zellbiol. Ökol. (C 3) Inst. f. Naturwiss. u. Didaktik/Abt. Biol. Univ. Köln (s. 1976) - Gronewaldstr. 2, 5000 Köln 41 (T. 0221 - 4 70/46 60) - Geb. 22. April 1944 Säckingen, ev., verh. s. 1974 m. Walburga, geb. Pabst, 4 Kd. (Matthias, Carolin, Sebastian, Christoph) - Gymn. Säckingen; Stud. Biologie, Chemie, Physik Stg.-Hohenheim., Dipl. u. Staatsex. 1969, Promot. 1973 - 1970-75 Wiss. Mitarb. MPI f. Zellbiol. Wilhelmshaven. Facharb. z. Zellbiol. (Acetabularia), Ökophysiol., Waldschäden, Umweltverziehung - Spr.: Engl., Franz.

BANSBACH, Armin Horst
Fabrikant, Geschäftsf. Gesellsch. Semperlux GmbH, Berlin, Systemtechnik KG., Tettnang, Vice-Präs. Selux Corp. Highland, New York, USA - Geb. 20. Febr. 1934 Karlsruhe.

BANTER, Harald

Komponist, Dirigent, Redakteur, Dozent (eigentl. Gerd v. Wysocki) - Wieselweg 10, 5000 Köln 91 (T. 84 37 50) - Geb. 16. März 1930 Berlin (Vater: Georg v. W., Produktions-Chef), ev., verh. s. 1958 m. Ingeborg, geb. Hölken, 2 Töcht. (Cordula, Ariane) - Musik-Hochsch. Berlin u. Köln (Lehrer: Bernd-Aloys Zimmermann, Hans-Werner Henze) - 1952-73 Dirig. WDR-Köln; 1974-79 Abt.leit. Unterhalt. Musik u. stv. Hauptabt.leit. Musik WDR-Köln. S. 1975 Doz. f. Unterhalt. Musik Staatl. Hochsch. f. Musik Köln; s. 1965 AR-Mitgl. GEMA u. Vorst.-Mitgl. Dt. Komponisten-Verb. - BV: Akkord-Lexikon, Musikwiss. Lehrb. 1981 - Musikwerke: Ballett Diana sorpresa (1960), Orch.stück Prolog 2000 (1972), Konzert f. Sopran-Saxophon (1979), Amores, Liebeselegien f. Tenor, Sprecher, Chor u. Orch. (1981); ca. 1000 Kompos. f. Rundf., Schallpl., Film u.

Fernsehen - 1986 GEMA Ehrenring - Liebh.: Musik, Natur, Reisen, Schach - Spr.: Engl.

BANTLE, Kurt
Notariatsdirektor, MdL Baden-Württ. (s. 1972) - Fischergasse 18, 7880 Säckingen (T. 61 72) - Geb. 26. Juli 1933 Rottweil/N., kath., verh., 2 Kd. -Gymn. Rottweil; Univ. Tübingen u. München (Rechtswiss.). Jurist. Staatsprüf. 1957 u. 1961 - Mehrj. Justizdst. (Richter Mannheim, Weinheim, Mosbach, Oberkirch, Singen m. Abordnung LG Berlin, Generalstaatsanw. KG Berlin u. Zentralst. z. Aufklärung nationalsozialist. Gewaltverbrechen Ludwigsburg); s. 1967 Notar Säckingen. 1971 ff. Mitgl. Gemeinderat; 1973 ff. Mitgl. Kreistag Waldshut u. Regionalverbandsvers. Hochrhein. SPD.

BANTZ, Elmer
SWF-Chefsprecher i.R., Schauspieler, Dir. Hoftheater Scherzheim - 7585 Lichtenau-Scherzheim (T. 07227 - 21 41) - Geb. 25. Sept. 1908 Marienburg/Ostpr. (Vater: Gustav B., Hotelbes.; Mutter: Helene, geb. Pfeifer), ev., verh. s. 1953 m. Rita, geb. Laeppché - 1927-29 Max Reinhardt-Schule - 1929-31 Theater in d. Josefstadt Wien; 1931/32 Züricher Schauspieles; 1933/34 Tournee Ida Wüst, Berlin: Theater im Admiralspalast, Schiffbauerdammtheater, Lustspielhaus; 1934/35 Ansager Ultrakurzwellensend. Witzleben (Fernsehsend. Paul Nipkow); 1936 Ansager Deutschlandsender; 1939 Chefsprecher Reichssender Berlin; 1953-78 Chefsprecher Südwestf. Baden-Baden; s. 1982 Dir. Hoftheater Scherzheim - Schallpl.: Unser altes Dampfradio. Bühne: Konto X (Fritz), Brotverdiener (Tim), Rivalen (Gemeiner Neumann). Rundf.: Sonntagmorgen ohne Sorgen (Texte u. Spr.). Film: Mitwirk. Auf Wiedersehen Franziska, Sechs Tage Heimaturlaub, Immer nur Du.

BANTZ, Helmut
Diplom-Sportlehrer, Dozent f. Turnen Dt. Sporthochsch. Köln - Jahnstr. 27, 5026 Brauweiler - Zahlr. Erfolge im Kunstturnen.

BANULS, André
Dr. és lettres, agrégé, Prof. f. Neue dt. Literaturwissenschaft - Sittershöhe 27 a, 6604 Güdingen - Geb. 4. April 1921 St. Etienne (Frankr.) (Eltern: Laurent u. Lucie B.) - S. 1957 ao. u. o. Prof. (1964) Univ. d. Saarl. - BV: Goethe an Cornelia. D. dreizehn Briefe an s. Schwester, 1986; Phantastisch zwecklos?, Ess. üb. Lit. 1986. Bücher üb. Thomas u. Heinrich Mann - Spr.: Franz., Span., Ital., Russ., Engl.

BAR, von, Christian Rudolf
Dr. jur., Prof. f. Bürgerliches Recht, Wirtschaftsrecht, Intern. Privatrecht, Rechtsvergleich, Dir. d. Inst. f. IPR d. Univ. Osnabrück - Katharinenstr. 24, 4500 Osnabrück (T. 0541 - 608-44 62-44 63) - Geb. 5. Mai 1952 Hannover (Vater: Otto-Ludwig B., Land- u. Forstwirt; Mutter: Marie-Elisabeth, geb.

Reichardt), ev. luth., verh. s. 1981 m. Ingard, geb. v. Prittwitz u. Gaffron - Univ. Freiburg, Kiel u. Göttingen, Promot. 1976, Habil. 1979 (b. Prof. Deutsch) - S. 1981 Ord. Osnabrück; 1988/89 Dekan - BV: Territorialität d. Warenz. u. Erschöpfung d. Verbreitungsrechts im gemeins. Markt, 1977; Verkehrspflichten - Richterl. Gefahrsteuerungsgebote im dt. Deliktsrecht, 1980 (Übers. Japan. 1981); Richterl. Rechtspolitik im Haftungsrecht, 1981 (m. Markesinis); Empfiehlt es sich, d. Voraus. d. Haftung f. unerlaubte Handlungen zu ergänzen oder zu erweitern?, 1981; Intern. Eherecht, 1983; Personal Effects of Marriage, Intern. Encyclop. of Comparative Law, 1986; Intern. Privatrecht I, 1987 - 1980 Res. Fellowship of Churchill College Cambridge/Engl., 1985 Vis. Fellowship of Waseda Univ. - Tokyo, 1986 Prof. invité, Aix-en-Provence, Mitgl. d. Dt. Rates f. IPR - Spr.: Engl., Franz.

BAR, Erich
Schauspieler - Eilenau 20, 2000 Hamburg 76 (T. 040 - 229 62 97) - Geb. 12. Nov. 1950 Berge (Vater: Johann B., Friseur; Mutter: Katharina, geb. Haidt) - Ausbild. Hamburg - Mitgl. Städt. Bühnen Köln u. Thalia-Theater Hamburg (vornehml. Charakterrollen). Fernsehen (u. a. Tatort) - Liebh.: Fotogr., Schach, Fliegenfischen.

BARABAS, Sari
Kammersängerin, Mitgl. Bayer. Staatsoper - Hugo-Junker-Str. 5, 8022 Grünwald/Obb. (T. München 64 95 37) - Geb. 14. März Budapest, verh. m. Kammers. Franz Klarwein (s. dort).

BARBARINO, Otto
Dr. oec. publ., Ministerialdirektor a. D., Honorarprof. f. Haushaltswesen u. Finanzausgleich Univ. München (s. 1966) - Höchlstr. 1, 8000 München 80 (T. 98 07 30) - Geb. 31. Dez. 1904 Burghausen - Univ. Wien u. München - 1946-70 Bayer. Finanzmin. (1958 Min.dir.) 1940-46 Wehrdst. u. amerik. Kriegsgefangensch. ARsmandate. BV: „Geldwert, Konjunktur u. öffentlicher Haushalt", 1981 - 1971 Gr. BVK m. Stern - Spr.: Ital. - Rotarier.

BARBE, Helmut
Prof., Kirchenmusikdirektor - Wilhelmstr. 100, 1000 Berlin 20 (T. 030-361 42 97) - Geb. 28. Dez. 1927 Halle/S., verh. m. Heide-Susanne, geb. Lorenz - 1946-52 Stud. Berliner Kirchenmusikschule (Ernst Pepping u. Gottfried Grote) - 1952-75 Kantor St. Nikolai Spandau; 1955-75 Doz. Berliner Kirchenmusiksch.; 1972-84 Landeskirchenmusikdir. Berlin-West; s. 1975 Prof. Hochsch. d. Künste Berlin f. Musiktheorie u. Gehörbildung - Werke: Motetten (u.a. D. 90. Psalm), Kantaten (u.a. Canticum Simeonis, Requiem, Golgatha, Tedeum), Weltl. Chorwerke (u.a. Chines. Impress., Drei Nachtst.), Orgelw. (Orgelsonate), Orchesterw., Kammermusik, Lieder - Lit.: G. Seely, German protestant Choral Music since 1925 (1969).

BARBEY, Jean
Dr. sc. techn., Dipl.-Ing., Generaldelegierter f. Deutschl. Compagnie de Saint-Gobain, Aachen - Postf. 14 90, 5100 Aachen - Geb. 5. Juni 1931 - AR-Vors. Grünzweig + Hartmann AG, Ludwigshafen; Vegla Vereinigte Glaswerke GmbH, Aachen; Halbergerhütte GmbH, Saarbrücken-Brebach; weit. AR-, VR- u. Beirats-Mand.

BARCHE, Jürgen
Dr.-Ing., Prof., Direktor Deutsch-Niederländischer Windkanal (b. 1984) - Feldhausen 46, 2804 Lilienthal - Geb. 8. März 1933 Gräfenstuhl - Promot. 1966 - S. 1974 Honorarprof. TU Berlin (Praxis d. Flugzeugaerodynamik). Üb. 30 Fachveröff. (auch engl.).

BARCHEWITZ, Robert
Vizepräsident Rechnungshof v. Berlin (s. 1969) - Kammgasse 11, 1000 Berlin 28 (T. 401 29 12; Büro: 883 80 11) - Geb. 1919 - Stud. Rechtswiss. - Zul. Senatsrat - Rotarier.

BARCKOW, Klaus
Ltd. Bibliotheksdirektor, Leit. Universitätsbibl. Paderborn - Warburger Str. 100, 4790 Paderborn; priv.: Christine-Koch-Str. 18, -Elsen- Geb. 19. Aug. 1936 Weimar/Thür. - 1956-65 TU Hannover - Herausg.: Bibl.sverbund in NRW (1976) - Spr.: Engl., Russ.

BARD, Martin
Dipl.-Ing., Vorstand Buchtal, Schwarzenfeld - Seminargasse 26, 8450 Amberg - Geb. 6. Mai 1938, ev., verh. s. 1962 m. Hannelore, geb. Wichmann, 2 Kd. (Martina, Thomas) - Abit. 1958 Goslar; Dipl.-Ing. 1963 Braunschweig, Wirtsch. Dipl. (VWA) 1972 - B. 1968 Betriebsleit. Alusuisse, Rheinfelden; b. 1975 Werkleit. Siemens, Braunschweig; b. 1982 Vorst.-Technik Calor-Emag, Ratingen; s. 1982 Vorst. Buchtal. Zahlr. Pat. - Liebh.: Fahrten, Segeln - Spr.: Engl., Franz., Span.

BARDELE, Christian-Friedrich
Dr. rer. nat., Prof. f. Zoologie, Inst. f. Biol. III Univ. Tübingen - Auf der Morgenstelle 28, 7400 Tübingen 1.

BARDENHEWER, Fritz
Kaufmann, Ehrenvors. Bundesverb. Glas-Porzellan-Keramik Groß- u. Außenhandel e. V., Köln - 2300 Kiel - 1970 BVK.

BARDENHEWER, Hans
Vizepräsident Bundesamt f. Verfassungsschutz, Köln (s. 1972) - Petersbergstr. 10, 5205 St. Augustin 2-Niederberg - Geb. 12. Dez. 1926 Arnsberg/W. (Vater: Ernst B., Präs. Hess. Verwaltungsgerichtshof †1964; Mutter: Theodore, geb. Duffhauß †1937), kath., verh. s. 1960 m. Charlotte, geb. Ost, 3 Kd. (Christoph, Angela, Martin) - Gymn. Wiesbaden; n. Wehrdst. u. Kriegsgefangensch. Univ. Mainz u. Marburg (Rechtswiss.). Jurist. Staatsprüf. 1953 (Marburg) u. 58 (Düsseldorf) - 1959-64 Justizdst. (Richter; VGsrat); 1965-72 Bundesinnenmin. (1965 Oberreg.srat, 1966 Reg.sdir., 1968 Min.rat/Personalref., 1971 -dirig./stv. Abt.sleit. f. öfftl. Sicherh.). CDU s. 1961 - Liebh.: Literatur (Gesch., Belletr.) - Spr.: Engl. - Bek. Vorf.: Otto B., Patrologe, München, Verf. Standardw. üb. d. Gesch. d. Kirchenväter (Großonkel).

BARDENS, Hans
Dr. med., prakt. Arzt, MbB (s. 1965; Wahlkr. 159/Ludwigshafen), stv. Vors. Arbeitsgem. sozialdemokr. Ärzte - Erpolzheimerstr. 11, 6700 Ludwigshafen/Rh., verh., 2 Kd. - 1943-45 Kriegsdst.; n. Stud. Assistenzarzt; s. 1961 eig. Praxis. SPD s. 1948 (Mitgl. Gesundheitspolit. Ausssch. b. Parteivorst.).

BARDONG, Otto
Dr. phil., Prof. f. Gesch. u. Didaktik d. Gesch. PH Karlsruhe, Mitgl. d. Europ. Parlam. - Höhenstr. 9, 6520 Worms 24 - Geb. 2. Okt. 1935, verh. m. Christa, geb. Balß, 3 Kd. (Matthias, Andreas, Johannes) - MdL Rhld.-Pfalz (1975-84); MdEP (s. 1984). CDU-Mitgl. Präsid. Europa-Union Dtschl.; Landesvors. Europa-Union Rheinl.-Pfalz; Mitgl. Bureaus executif d. Union Europ. Föderalisten (UEF), Mitgl. Direkt. d. Inst. f. europ. Politik - BVK, Leibniz-Med. d. Akad. d. Wiss. u. d. Lit. Mainz - Spr. Franz.

BARDTHOLDT, Claus
Direktor a. D. GHH-Gutehoffnungshütte Aktienverein (Leit. Hauptabt. Presse u. Information b. 1985) - Rosenhagenstr. 40, 2000 Hamburg 52 (T. 040-890 11 52) - Geb. 27. Aug. 1924 Berlin (Vater: Arnold B., Drogist; Mutter: Elise, geb. Holzmüller), evangelisch, verh. s. 1955 m. Irmtraud, geb. Jäger, T. Andrea - N. Mittl. Reife Vorausbild. als naut. Schiffsoffz. - 1946-69 u. a. D. Abend, Telegraf, Radio Bremen (1954), ZDF (1963); 1969-74 Abt.leit. Presse u. Information Howaldswerke Dt. Werft AG, 1974 Hapag-Lloyd AG; s. 1977 GHH Aktienverein, s. 1986 Beauftr. d. Geschäftsfg. Arbeitskr. Information - 1967 Theodor-Wolff-Preis - Spr.: Engl.

BAREISS, Conrad Walter
J. D., Rechtsanwalt, Geschäftsf. Schachenmayr Wolleinkauf GmbH Salach, Aufsichtsratsvors. Schachenmayr, Mann & Cie. GmbH - Hauptstr. 11, 7335 Salach - Geb. 22. März 1948 New York, ev., verh. s. 1981 m. Annette Flogaus-Bareiss - Bachelor of Arts in Phil. 1973 Univ. of California, Promot. (J. D.) 1976 Univ. of the Pacific, California S. 1976 Mitgl. American Bar Assoc., New York State Bar Assoc. - New York County Lawyers Assoc.; Zugang z. allen Gerichtshöfen d. Staates New York - Spr.: Engl., Deutsch - Bek. Vorf.: Henry B. Stimson, US-Staatssekr. (Großonkel).

BARESEL, Alfred
Musikschriftsteller - Kronberger Str. 30, 6000 Frankfurt/M. (T. 72 47 24) - Geb. 10. Jan. 1893 Leipzig (Vater: Geheimrat Otto B.; Mutter: Charlotte, geb. Weber), ev., verh. in 2. Ehe (1930) m. Herta, geb. Doehn, 3 Kd. (Dr. med. Therese (aus 1. E.), Peter (†), Bernt) - Konservat. u. Univ. Leipzig (Musikwiss.) - Lehrer Konservat. Leipzig (1920-39) u. München (Trapp'sches; 1950-53); Leipz. Neueste Nachr. (1939), Südost-Kurier (1946-54), Franfurter Neue Presse (1960) - BV: u. a. D. Jazzbuch, 1925 (8 A.); Jazz-Harmonielehre, 5. A. 1969; Jazz in d. Krise, 1960. Musikerbiogr. (Verdi, Haydn, Richard Strauss, Puccini u. a.).

BARFUSS, Werner
Dr. jur., Assessor, stv. Hauptgeschäftsführer IHK Würzburg-Schweinfurt - Schießhausstr. 7 a, 8700 Würzburg - Geb. 30. Jan. 1942 Ostrau (Vater: Manfred B., Dipl.-Ing., Dipl.-Kfm.; Mutter: Helene, geb. Knittel), 2 Kd. (Nina, Jörg) - 2. jurist. Staatsprüf. 1971 Würzburg, Promot. 1972 ebd. - Geschäftsf. Landesverein d. Bayer. Weinhdl., Bez.gr. Franken; Lehrbeauftr. Univ. Würzburg.

BARGATZKY, Walter
Staatssekretär a. D., Ehrenpräs. Dt. Rotes Kreuz - Friedrich-Ebert-Allee 71, 5300 Bonn (T. 10 01) - Geb. 13. April 1910 Baden-Baden (Vater: Eugen B., Lyzeumsdir.; Mutter: Luise, geb. Roser), ev., verh. s. 1944 m. Camilla, geb. v. Spruner - Univ. Berlin u. Heidelberg (Rechtswiss.). Jurist. Staatsprüf. 1932 u. 35 - 1938-45 Landgerichtsrat, I. Staatsanw. (1941) u. Landgerichtsdir. (1944) Reichsjustizmin., Berlin, 1945-48 Polizeidir. Baden-Baden, 1948-50 Dir. Verw.gericht das. u. Freiburg, dann Reg.dir., Min.rat, -dirig. u. -dir. (Leit. Abt. Ziviler Bevölkerungsschutz) Bundesinnen-, 1963-68 Staatssekr. Bundesgesundheitsmin. 1950ff. Vizepräs., Präs.

(1967) u. Ehrenpräs. (1982) DRK - BV: D. Sinn d. engl. Festlandpolitik, 1939; Schöpfer. Friede, 1946; Smuts - Sieg e. Besiegten, 1948; Mein Pudel Katja, 1952; D. Universum lebt. Gedanken ü. d. organ. Aufbau d. Weltalls, 1978, 1980 - Kriegs- u. Rotkreuzausz.; 1973 Gr. BVK m. Stern; 1975 Ehrenritterkreuz Johanniter-Orden; 1983 Henri-Dunant-Med. IRK.

BARGEN, von, Peter

Dipl.-Kfm., Hüttendirektor, Sprecher d. Vorstands Thyssen Henrichshütte AG, Hattingen - Galgenfeldstr. 27, 4630 Bochum-Stiepel (T. 0234-791424) - Geb. 16. Dez. 1938 Hamburg, ev., verh. m. Helga, geb. Künne - Stud. Betriebsw. Univ. Hamburg; Abschl. 1963, Dipl.-Kfm. - Mitgl. Vollvers. IHK Bochum; Vorst. Pensionsvereinig. Eisen- u. Stahlind., Wirtschaftsvereinig. Eisen u. Stahl, Vereinig. Dt. Freiformschmieden u. Radsatzverb.

BARGEN, von, Rolf

Verlagskaufmann, Mitgl. d. Geschäftsltg. Axel Springer Verlag AG, Berlin, Vors. Zeitungsverleger-Verein Hamburg, Hamburg, Präsidialmitgl. Bundesverb. Dt. Zeitungsverleger, Bonn - Blaukissenstieg 19, 2000 Hamburg 60 - Geb. 23. Aug. 1921.

BARGMANN, Carol

Dr. jur., FAZ-Korrespondentin in Peking/China (1977 ff.) - Zu erreichen üb.: Postf. 2901, 6000 Frankfurt/M. 1 - Geb. 1935 Landsberg/Lech - Univ. München u. Freiburg/Br. Promot. 1959 - N. As-s.ex. bayer. Staatsdst. u. Tätigk. Großbank, spät. USA.

BARGMANN, Hans-Joachim

Auslandskorrespondent (ARD) - Zu erreichen üb.: SFB Sender Freies Berlin, Masurenallee 8-14, 1000 Berlin 19 - S. Jahren Peking (China).

BARGON, Ernst

Dr. agr., Prof., Direktor Hess. Landesamt f. Bodenforsch. (1979ff.) - Adalbert-Stifter-Str. 5, 6200 Wiesbaden (T. 06121 - 54 13 26) - Geb. 9. Okt. 1926 Bad Godesberg (Vater: Josef B., Bauing.; Mutter: Maria, geb. Müller), kath., verh. s. 1954 m. Margaretha, geb. Gatzweiler, 4 Kd. (Birgit, Joachim, Claudius, Markus) - Univ. Bonn (Landw.). Promot. 1955 - S. 1954 Hess. Landesamt f. Bodenforsch. Rd. 50 Facharb.

BARGON, Gerlach Wilhelm

Dr. med., Facharzt f. Radiol., o. Prof. u. Leiter Röntgendiagnost. Abt. Department f. Radiol. Univ. Ulm (s. 1973) - Schwarzenbergstr. 105, 7900 Ulm - Geb. 23. Dez. 1927 Hamborn (Vater: Dr. rer. pol. Wilhelm B.; Mutter: Elisabeth, geb. Escher), kath., verh. s. 1961 m. Irmgard, geb. Clausen, 5 Kd. - 1969-73 Oberarzt Med. Hochsch. Hannover. Fachmitgl.-schaften - 1971 Hans-Meyer-Stip. Nieders. Röntgenges.

BARIN, Ihsan

Dr.-Ing., Prof., Leiter Grundlagenentw. KHD Humboldt Wedag AG, Köln - An der Weide 19, 5100 Aachen - Geb. 27. Dez. 1939 Karamanli/Türkei, verh. s. 1961 m. Dorle, geb. Volkmer, 2 T. (Anja-Ayca, Iris-Elif) - TH Aachen; Dipl. 1964; Promot. 1968; Habil. 1976 - Theoret. Metallurgie; Chem. Thermodynamik u. Kinetik Verfahrenstechnik - Div. Veröffentl.

BARING, Arnulf

Dr. jur., o. Prof. f. Zeitgeschichte FU Berlin (s. 1969) - Ahrenshooper Zeile 64, 1000 Berlin 38 - Geb. 8. Mai 1932 Dresden (Vater: Dr. jur. Martin B., b. 1972 Senatspräs., s. XVIII. Ausg.; Mutter: Gertrud, geb. Stolze), ev., verh. in 2. Ehe m. Gabriele, geb. Oettgen, 3 Töcht. (Susanne, Juliane, Anna) - Gymn. Berlin; Univ. Hamburg, Berlin (FU; Promot.), Freiburg/Br., New York (Columbia); M. A.), Hochsch. f. Verw.wiss. Speyer, Univ. Paris. Beide jurist. Staatsprüf. 1962-64 Redakt. (Politik) WDR, Köln; 1964-65 Forschungsauftr. Dt. Ges. f. Ausw. Politik, Bonn; 1966-68 Assist. u. Lehrbeauftr. FU Berlin (Otto-Suhr-Inst.); 1968-69 Research Associate Harvard Univ., Cambridge (Center for Intern. Affairs); 1976-79 Bundespräsidialamt, Bonn. 1986-88 Stiftung Wiss. u. Politik, Ebenhausen; Fellow, Wilson Center, Washington D.C.; Senior Associate, East-West-Inst., New York - SPD 1952-83 (Ausschluß) - BV: Charles de Gaulle - Größe und Grenzen, 1963 (m. Christian Tautil); D. 17. Juni 1953, 1966, 1983; Außenpolitik in Adenauers Kanzlerdemokr., 1969 u. 1971, neu als: Im Anfang war Adenauer, 1982; Sehr verehrter Herr Bundeskanzler! Briefwechsel Heinrich v. Brentano m. Konrad Adenauer 1949-64, 1974; Zwei zaghafte Riesen? Deutschland u. Japan s. 1945 (m. Masamori Sase), 1977; Machtwechsel - D. Ära Brandt/Scheel, 1982; Unser neuer Größenwahn - Dtschl. zw. Ost u. West, 1988. Zahlr. Einzelveröff. (Politik u. a.) - 1973-77 (Austr.) Mitgl. PEN-Zentrum BRD - Liebh.: Reisen, Wandern - Spr.: Engl., Franz. - Vorf. väterls. vergl. Dt. Geschlechterb. (B. 102).

BARION, Jakob

Dr. phil., o. Prof. f. Philosophie (emerit.) - Schwalbenweg 5, 5300 Bonn 1 - Geb. 23. Juli 1898 Wüschheim (Vater: Hubert B., Landw.; Mutter: geb. Regh), led. - Univ. Bonn u. München - Assist. 1933 Privatdoz. Univ. Bonn, 1938 Ord. Staatl. Akad. Braunsberg (b. 1945), 1946 Gastprof., 1955 Ord. Univ. Bonn - BV: u. a.: Hegel u. d. marxist. Staatslehre, 2. A. 1970; Was ist Ideologie? - Studie zu Begriff u. Problematik, 3. erw. A. 1974; Ideologie - Wiss. - Phil., 1966; Staat u. Zentralismus, 1969; Terminologie u. Hauptprobleme d. Phil., 2. erw. A. 1982; Grundlinien phil. Staatstheorie, 1986.

BARKHOFF, Wilhelm Ernst

Rechtsanwalt u. Notar, Fachanw. f. Steuerrecht, Vors. Dt. Parität. Wohlfahrtsverb./Landesverb. Nordrh.-Westf., Wuppertal, u. a. - Husemannpl. 3/4, 4630 Bochum 1 - Geb. 26. Juni 1916 Kamp Lintfort/Rhld., verh. s. 1942 m. Otti, geb. Grave, 4 Kd. (dav. 3 S.).

BARKING, Heribert

Dr.-Ing., Dr.-Ing. E. h., Berkwerksdirektor - Rotbachstr. 41, 4220 Dinslaken/Ndrh. (T. 2087) - Geb. 25. Juli 1912 Gelsenkirchen, kath., verh. m. Johanna, geb. Roelen, 6 Kd. - Univ. Bonn u. Bergakad. Clausthal. Dipl.-Ing. (Bergbau) 1938, Bergass. 1942, Promot. 1949 - 1942 Hilfsarb. Reichswirtschaftsmin., Berlin, 1945 Wirtschaftsing., 1947 Betriebs-, 1949 Bergwerksdir., 1952 Vorstandsmitgl. Gewerksch. Walsum, jetzt Bergwerksges. Walsum mbH., 1968 Bergbau AG. Niederrhein, 19762 zugl. Bergbau AG. Oberhausen. Zahlr. Ehrenämter. 1967 MdL NRW (6. Wahlp.). 1950 CDU - 1962 Ehrendoktor BA, jetzt TU Clausthal; 1961 Ritterkreuz VO. Rep. Ital. - Liebh.: Musik, Wassersport.

BARLAG, Werner

Direktor - Virchowstr. 64, 4300 Essen (T. 79 21 19) - Geb. 8. April 1914 Flensburg (Vater: Wilhelm A., Kaufm.; Mutter: Martha, geb. Suck), ev., verh. s. 1953 m. Elisabeth, geb. Schulz, 3 Kd. (Elisabeth, Bent-Andreas, Lydia) - Abitur 1932 Flensburg - Geschäftsf. Kohlenhandel Holm & Molzen GmbH., Flensburg, Kohle u. Erz GmbH., Duisburg-Ruhrort. AR u. Beiratsmand. - Spr.: Engl., Franz., Dän. - Rotarier.

BARLAY, Ladislaus

Dr. phil., Chefredakteur Libertas - Europ. Zeitschrift - Hintere Gasse 35/1, 7032 Sindelfingen (T. 07031 - 8 18 55) - Geb. 9. Sept. 1944 Budapest/Ungarn, calvinist., ledig - 1964-69 Stud. Phil. u. German. Univ. Budapest; Staatsex. 1969, Promot. 1971 - S. 1972 Lehrbeauftr. f. Phil. Univ. Stuttgart-Hohenheim; 1978/79 Forschungsarb. üb. Terrorismus; s. 1984 Chefredakt.; s. 1984 Berater im Europ. Parlam.; s. 1986 Leit. d. Abt. f. Systemanalyse im Libertas Research Group; s. 1988 Berater b. d. Europ. Akad. f. Umweltfragen, Tübingen - BV: Geist u. Umweltbewußtsein, 1983; Kultur u. Medien, 1983 - Liebh.: Sport, bild. Kunst, Musik, Theater - Spr.: Engl., Ungar.

BARLOG, Boleslaw

Prof., Generalintendant a. D., Ehrenvors. Carl-Zuckmayer-Ges. (1972-75 Vors.) - Spindelmühler Weg 7, 1000 Berlin 45 - Geb. 28. März 1906 Breslau (Vater: Rechtsanw.), verh. s. 1939 m. Herta, geb. Schuster - Oberrealsch. Berlin (Obersek.); Buchhändler- u. kaufm. Lehre - Regieassist. Volksbühne Berlin, 1936-37 Mitarb. Olympia-Komit., spät. Filmassist. u. -regiss., 1945-72 Int. bzw. Generalintendant (1963) Schiller- und Schloßpark-Theater Berlin. Über 100 Inszenierungen des klassischen und mod. Theaters, außerd. div. Opernauff. Filme: Unser kl. Junge, Kl. Mädchen - gr. Sorgen, Wenn d. Sonne wied. scheint, Jg. Herzen, Seinerzeit zu m. Zeit, Tierarzt Dr. Vlimmen, Wohin d. Züge fahren (1948) - BV: Theater lebenslänglich, Memoiren, 1981 - 1950 Kunstpreis Stadt Berlin, 1958 Max-Reinhardt-Ring Landesverb. Berlin GDBA, 1959 Gr. BVK, 1972 Stern dazu, 1962 Silb. Büchse d. Pandorra (Erinnerungsgabe f. Regiss., gestiftet v. Albert Heine; Gegenstück z. Iffland-Ring d. Schausp.), 1965 Ordre National des Arts et Lettres (Frankr.), 1966 Ernst-Reuter-Plak. in Silber u. Gold. Ehrenz. GDBA, 1970 Otto-Brahm-Med. GDBA (1. Träger), 1971 Silb. Blatt Dt. Dramatiker-Union; 1963 o. Mitgl. Akad. d. Künste Berlin; 1975 Prof. e. h. Stadt Berlin; 1983 Pro-Arte-Med. - Liebh.: Bücher, Musik (besitzt Plattensamml. v. Opern u. Konzerten namh. Dirigenten).

BARNDT, Dieter

Dr. rer. nat., Prof. f. Biologie (Zool.) TU Berlin - Bahnhofstr. 40d, 1000 Berlin 45 - Geb. 10. März 1936 Berlin (Vater: Fritz B., Techn. Angest.; Mutter: Herta, geb. Koch), ev., verh. in 2. Ehe (1975) m. Gerda, geb. Döderlein, 2 T. (Kerstin, Heike) - PH u. FU Berlin (Biol., Geogr., Erziehungswiss.). Promot. 1976 - Studienrat - BV: D. Naturschutzgeb. Pfaueninsel in Berlin - Faunistik u. Ökologie d. Carabiden, 1976 - Liebh.: Musik - Spr.: Engl., Franz. - Erf.: Elektr. Bodenfalle z. Ermittl. d. Laufaktivität terrestr. Arthropoden.

BARNEBECK-PEETZ, Olaf

Regisseur u. Musiklehrer - Unter den Eichen 129, 1000 Berlin 45 (T. 030-834 14 08) - Geb. 20. Aug. 1952 Berlin, ev., verh. s. 1982 m. Sabine B., 2 Kd. (Susanne, Ralph) - Stud. Theaterwiss., German. u. Politol. FU Berlin - 1975-82 Dramat. u. Schausp. (kleinere Rollen) in versch. Berliner Theatergruppen; s. 1982 Regiss. Freies Schauspiel, Berlin; Lehrer f. Gitarre - Insz.: Epiphanie, v. L. J. Carlino (1984); Pech unterm Dach, Krieg im dritten Stock, v. Pavel Kohout (1984); Mensch Meier, v. F. X. Kroetz (Bühnenbild, 1985); u.a. - Liebh.: Theater, Musik - Spr.: Engl., Franz.

BARNER, Gerhard

Versicherungskaufmann, Direktor - Schreyerstr. 28, 6242 Kronberg /Ts. (T. 0 61 73-56 55) - Geb. 1. März 1932 Castrop-Rauxel (Eltern: Albert u. Hildegard B.), ev., verh. s. 1960 m. Ursula, geb. Winkler, 3 Kd. - Stud. Dt. Versicherungsakad., Köln; Versicherungsbetriebswirt (grad.) 1954 ebd.

BARNER, Gerhard

Dr., Bankier, Vorstandsvorsitzender Norddeutsche Genossenschaftsbank AG, Hannover (s. 1971) - Winzingerodeweg 9, 3000 Hannover-Kirchrode (T. 51 48 00) - Geb. 7. März 1927 - AR Hallbaum Maier & Co. AG - Landkreditbank, Raiffeisen Haupt-Genoss. eG, alle Hannover, KWS Kleinwanzlebener Saatzucht AG vorm. Rabbethge & Giesecke, Einbeck. VR DG Bank Dt. Genoss.bank Frankfurt; Kgl. Dän. Honorarkonsul f. Nieders. (Sitz Hannover) - Spr.: Engl. - Rotarier.

BARNER, Jörg

Dr. rer. nat., Prof. f. Waldbau - Valentinstr. 8, 7800 Freiburg/Br. -Geb. 23. Mai 1918 Karlsruhe, ev., verh. s. 1952 (Ehefr.: Thea), S. Wolfgang - Promot. 1953; Habil. 1957 - S. 1970 Prof. Univ. Freiburg (Leit. Forschungsst. f. Exper. Landschaftsökol.) - BV: u. a. Grundriß d. waldbaul. Ökol., 1953; Gesch. d. Durchforst. in Dtschl., 1954; Wechselwirk. v. Wald u. Wasserhaush., 1961; Exp. Ökol. d. Kulturpflanzenanbaus, 1965; D. Wald, 1967; Einf. in d. Raumforsch. u. Landesplan., 1975; Rekultiv. zerstörter Landsch., 1978; Landschaftstechnik, 1981; Exp. Landschaftsökologie, 1983; Hydrologie, 1987.

BARNER, Klaus

Dr. rer. nat., Prof. f. Mathematik Univ./GH Kassel - Christian-Beyer-Str. 10, 3500 Kassel (T. 88 73 22) - Geb. 21. Juni 1934 Frankfurt/M., ev., verh. s. 1960 m. Ilsetraut, geb. Rabbow, 2 Kd. (Jörg, Leonie) - 1954-60 Stud. Univ. Göttingen; 1961 DFH Echterdingen - 1962-68 wiss. Ass./akad. Rat Univ. Stuttgart (Promot. 1963, Habil. 1968 ebd.); 1969-70 wiss. Rat u. s. 1971 apl. Prof. Univ. Karlsruhe; s. 1971 Prof. (C4) Univ./GH Kassel. Arb.geb.: Zahlentheorie.

BARNER, Martin

Dr. rer. nat., o. Prof. f. Mathematik - Kapellenweg 15, 7800 Freiburg/Br. (T. 40 21 58) - Geb. 19. April 1921 Villingen/Schw., ev. - Univ. Freiburg/Br. (Promot. 1950) u. Paris - 1952 Privatdoz. Univ. Freiburg, 1957 ao. Prof. TH Karlsruhe, 1962 o. Prof. Univ. Freiburg/Br., 1963 Dir. Math. Forschungsinst. Oberwolfach; 1968-75 Vors. Dt. Math.-Vereinig. - BV: Differential- u. Integralrechnung, 1961ff.; Analysis I (m. F. Flohr), 3. A. 1987; Analysis II (m. F. Flohr), 2. A. 1982. Zahlr. Einzelarb.

BARNER, Wilfried

Dr. phil., o. Prof. f. Dt. Philologie - Milanweg 1, 7400 Tübingen (T. 6 82 97) - Geb. 3. Juni 1937 Kleve (Vater: Hans B., Studienrat; Mutter: Elisabeth, geb. Schott), ev., verw. 1972, wiederverh. s. 1979 m. Gabriele, geb. Füllkrug, T. Elisabeth - Gymn. Wuppertal-E. (Abit. 1957); 1957-63 Univ. Göttingen u. Tübingen (German., Lat., Griech.). Promot. (1963) u. Habil. (1969) Tübingen - S. 1964 Wiss. Assist., Doz. (1969), Ord. (1971) Univ. Tübingen. Gastprof. Univ. Cincinnati (1978/79), Hebr. Univ. Jerus. (1981/82), Senior Fellow Princeton Univ. (1983), Cornell Univ. (1985). 1974 Mitgl. Wiss. Senat Lessing-Akad. Wolfenbüttel, 1983 Präs. intern. Lessing Soc., 1986 Vors. Trägerverein GERMANISTIK, u. 1989 Intern. Arbeitskreis f. Barocklit. - BV: Neuere Alkaios-Papyri aus Oxyrhynchos, 1966; Barockrhetorik - Unters. zu ihren geschichtl. Grundl., 1970; Produktive Rezeption - Lessing u. d. Tragödien Senecas, 1973; Lessing - E. Arbeitsb., 5. A. 1987 (m. Grimm, Kiesel, Kramer). V. Rahel Varnhagen b. Friedrich Gundolf. Juden als dt. Goethe-Verehrer, 1989. Herausg.: D. literar. Barockbegriff (1975); Chr. Kaldenbach, Ausw. aus d. Werk m. Einführ. u. Werkbibliogr. (1977); Heinrich Bebel, Comoedia de optimo studio iuvenum, 1501, lat./dt., m. Kommen. u. Einf. (1982); Unser Commercium. Goethes u. Schillers Lit.politik (m. Lämmert u. Oellers) (1984); Nation u. Gelehrtenrepublik (m. Reh) (1984); Lessing, Werke u. Briefe, Komm. (1985ff.). Mithrsg.: Studien z. dt. Lit., Arbeitsbücher z. Lit.-gesch., Medien in Forsch. u. Unterr., Jahrb. Dt. Schillerges.; Germanistik - 1964 Preis Phil. Fak./Univ. Tübingen, 1972 Preis Göttinger Akad. d. Wiss., 1985 Stip. Stiftg. Hist. Kolleg im Stifterverb.

BARNIKEL, Hans-Heinrich

Dr., Dipl.-Volksw., Direktor b. Bundeskartellamt, Berlin i.R. - Am

Schlachtensee 122, 1000 Berlin 38 (T. 803 35 83) - Geb. 18. Aug. 1923 Bamberg, verh. s. 1959 m. Helga, geb. Westhues, 3 Kd. (Franziska, Ruth, Georg) - Stud. Volksw. Univ. Erlangen-Nürnberg (1948-52) u. Harvard-Univ. Cambridge/USA (1953-54; post. grad. research) - 1952-56 Bundesanstalt f. Arbeitsvermittl. u. -losenversich., Nürnberg; 1956-57 Univ. Erlangen/Staatswiss. Sem. (Wiss. Assist.); s. 1958 Bundeskartellamt - Herausg.: Wettbewerb u. Monopol, 1968; Theorie u. Praxis d. Kartelle, 1972; Probleme d. wirtschafl. Konzentration, 1975. Zahlr. Fachaufs. - Spr.: Engl., Franz.

BARON, Paul

Dr.-Ing., Prof. f. Verkehrswesen u. -planung Univ. Dortmund (s. 1969) - Dresdener Str. 49, 4600 Dortmund (T. Univ. 755 22 70) - Geb. 30. März 1933 Düsseldorf (Vater: Werner B., Verkaufsltr. †; Mutter: Mia, geb. Eder †), verh. s. 1973 in 2. Ehe m. Hannelore, geb. Schwartz, 2 Kd. (Christopher, Susannah) - Gymn. Euskirchen u. Düsseldorf; Stud. 1953-60 Univ. Karlsruhe u. 1960-68 wiss. Assist., spät. Obering. u. Lehrbeauftr.; 1968-69 Associate Prof. Cornell University, Ithaca, N. Y., USA - BV: Weglängen als Kriterium z. Beurteilung v. Fluggast-Empfangsanl., 1967. Zahlr. Veröff. in Fach- u. populärwissensch. Ztschr. - Liebh.: Lit., Musik, Modellbau - Spr.: Engl., Franz., Span.

BAROW, Hans-Joachim

Rechtsanwalt, Bürgermeister u. Stadtkämmerer d. Landeshauptstadt Kiel a.D., Vorsitzender d. Geschäftsführung d. Versorgung u. Verkehr Kiel GmbH i.R. - Düsternbrooker Weg 146, 2300 Kiel - Geb. 1923.

BARRELET, Horst

Dr. jur., Rechtsanwalt, Vorstandsmitglied DFB - Krietkamp 44, 2000 Hamburg 65 - Geb. 29. Jan. 1921 Hamburg, verh. m. Inga, geb. Pantaenius, 2 Kd. - Präs. d. Ehrengerichtshofs f. Rechtsanw. in Hamburg; 1. Vors. Hambg. Fußball-Verb.; b. 1973 Präs. HSV.

BARRELL, Brigitte

Dr., Generaldirektorin Manpower Temp. Services, Dt. Konsul in Buffalo - 135 Delaware Av., Buffalo, New York, 14202 (USA) (T. 716-854-40 40) - Geb. 7. Dez. 1919, ev., verh. s. 1957 m. Nathaniel A. Barrell, 3 Kd. (Michael, Thomas, Brigitte) - 1938/39 Reifensteiner Maidenschule (Pensionat); 1943-44 Univ. München - Vorstandspräs. Kinderkrkhs. Buffalo, New York; Vize-Präs. Handelsk. Buffalo - 1984 BVK I. Kl. - Spr.: Engl., Franz.

BARREY, Knut

Journalist, Ltd. Redakteur f. Außenpolitik bei d. Ztg. D. Welt, Bonn (s. 1987) - Godesberger Allee 99, 5300 Bonn 2 (T. 30 41) - Geb. 7. Juni 1939 Düsseldorf (Vater: Clemens B., Ing.; Mutter: Maria, geb. Fischer), kath., verh. s. 1965 m. Bernadette, geb. Bauduin, 2 Kd. (Natali, Boris) - Stud. Univ. Köln (Phil., Theol., Päd.) - Neue Ruhr-Ztg., Essen; Express, Köln; UPI, Frankfurt; 1969-87 Frankfurter Allg. Ztg. (1979-84 Israel-Korresp.) - Spr.: Engl., Franz.

BARRING, Geo

s. Burmester, Albert

BARSCH, Dietrich

Dr. rer. nat., o. Prof. f. Geographie u. Direktor d. Geogr. Inst. d. Univ. Heidelberg (s. 1974) - Bergstr. 95, 6900 Heidelberg - Geb. 25. Mai 1936 Erfurt, ev., verh. s. 1961 m. Doris, geb. Lawerenz, 4 Kd. (Jörg, Nils, Synje, Peer) - Promot. 1962 Bonn; Habil. 1968 Basel - Lehrtätigk. Univ. Basel u. Kiel (1972 Prof.) - BV: u. a. Wind, Baum u. Landsch., 1963; Stud. z. Geomorphogenese d. Zentr. Berner Juras, 1969; Herausg.: Geomorphol. Karten d. Bundesrep. Deutschl. (s. 1978); Ergebnisse d. Heidelberg Ellersmere Island Expedition (1981); Springer Series in Physical Environment; Heidelberger Geographische Arbeiten, Heidelberger Geographische Bausteine.

BARSCH, Gerhard R.

Verleger, Inh. Gerhard R. Barsch-Fachverlag, Hannover - Angerstr. 48, 3011 Hannover-Bemerode - Geb. 23. Aug. 1913 Berlin (Vater: Rudolf B., Kaufm.; Mutter, geb. Trinte), verh. I) 1948 m. Gerda Siepert († 1960), II) 1962 Ingeborg Schmidt.

BARSUHN, Reinhard

Dipl.-Nautiker, Kapitän, MdBB (s. 1979) - Delmestr. 63, 2800 Bremen 1 (T. 0421 - 50 52 60-59 32 80) - Geb. 23. März 1943 Königsberg/Pr., verh. s. 1967 m. Ursel, geb. Franz, S. André - B. 1970 Seeschiffahrt, zul. als 1. Offz.; b. 1979 Hafenamt Bremen, zul. als Oberhafenmeister; b. 1983 Deputat. Gesundheit u. Häfen, Schiffahrt u. Verkehr; s. 1983 Mitgl. Finanzdeputation, Bremen; s. 1988 stv. Fraktionsvors. - Spr.: Engl.

BART, Madeleine

Ballettmeisterin, Choreographin - Gartenstr. 4, 7500 Karlsruhe (T. 0721 - 37 54 91) - Geb. 23. Nov. 1943 Brüssel, ev., verh. s. 1982 in 2. Ehe m. James Brookes, 4 Kd. (Charly, Jean, Stuart, Malcolm) - Ausbild. Tänzerin in Brüssel u. Paris; m. Ballett d. XX. Jh. m. Maurice Bejart (b. 1968). Ballettmeisterin u. Choreogr. in Trier u. s. 1977 Staatstheater Karlsruhe. Gast in Strasbourg, Nancy, Bad Gandersheim, Athen, Genf - Choreogr.: u.a. Carmina Burana, Dance me a Song, Dona nobis pacem, Reflexions, Gloria, Intime Briefe - Liebh.: Lesen (bes. Antike Gesch.), sammelt Kunstobj. u. Antiquitäten - Spr.: Engl., Deutsch, Ital., Franz. (Mutterspr.).

BARTEL, Hans

Prof., Hochschullehrer - Reichenberger Str. 15, 7410 Reutlingen 1 (T. 3 77 75) - Geb. 27. Juli 1912 Rüdenau (Vater: Valentin B., Bäckerm.; Mutter: Pauline, geb. Meixner), kath., verh. s. 1944 m. Ruth, geb. Weber, 3 Kd. (Beate, Bernward, Ina) - 1935-40 Lehrer; 1939-46 Kriegsdst. u. Gefangensch.; 1946-50 Stud.; 1950-59 Studienrefer., -ass. u. -rat; s. 1959 Hochschultätigk. (Ausbildungslehrer PH Würzburg, Hochsch. f. Int. Päd. Forschung, Lehrbeauftr. Univ. Tübingen, Doz. u. Prof. d. Didaktik d. Mathematik u. päd. Statistik PH Reutlingen) - BV: Math. Denkaufgaben - Begabtentest, 1962; Math. Unterrichtswerk f. d. Hauptsch., 1968; Schule ohne Angst, 1970; Uni-Taschenbücher: Statistik I, 1971; Statistik II, 1972; Mengenlehre, 1975; Vogel, Würzburg: Zahlentheorie und (Zahl)zeichensysteme, 1976; Kombinatorik u. Wahrscheinlichkeit, 1978; Deutsches Patent 1 927 206, bsv-System-Rechenkasten. Zahlr. Fachztschr.beitr. - Mitgl. Dt. Ges. f. Psychologie.

BARTEL, Jürgen

Dr. rer. nat., o. Prof. f. Geographie u. Landeskunde (Hochschullehrer) TU Berlin - Cecilienstr. 14, 1000 Berlin 49 - Geb. 28. März 1933 Brüel, Mecklbg. (Vater: Karl B., Oberreg.rat, Mutter: Hertha, geb. Beusch), verh. m Astrid, geb. Gross, 4 Kd. (Harald, Holger, Ulf, Karl) - Stud. Geogr., Math., Physik; Staatsex. f. höh. Lehramt 1961 Köln, Promot. 1963 Köln; 1962 Wiss.Ass. Geogr., Köln, 1968 Akad. Rat, Köln, 1972 o. Prof. f. Geogr. Päd. Hochsch. Berlin, s. 1980 Prof. f. Geogr. TU Berlin - BV: Baum u. Strauch i. d. rhein. Agrarlandsch., Köln, 1966.

BARTELS, August Wilhelm

Dr. rer. pol., Dipl.-Kfm., Vorstandsmitglied Rheiner Maschinenfabrik Windhoff AG., Rheine - Riegelstr. 20, 4440 Rheine/W. - Geb. 9. Sept. 1913 Bielefeld.

BARTELS, Bernd

Generalbevollmächtigter Mannesmann AG - Zu erreichen üb. Mannesmann AG, Mannesmannufer 2, 4000 Düsseldorf 1 - Geb. 13. Febr. 1931, verh., 2 Kd.

BARTELS, Gerhard

Dr. rer. pol., Dipl.-Kfm., Partner d. Roland Berger & Partner GmbH, München - Karwendelstr. 5, 8023 Großhesselohe (T. dstl.: 089 - 922 32 04) - Geb. 28. Nov. 1933 Hannover - Univ. Berlin u. München - S. 1969 Vorst. Ver. Werkst. - Liebh.: Kunstgesch. - Spr.: Engl. (2 J. USA), Franz., Ital.

BARTELS, Gerhard

Dr. rer. nat., o. Prof. f. Geographie u. ihre Didaktik EW-Fak. Univ. Köln - Gropperstr. 14, 5357 Swisttal-Buschhoven.

BARTELS, Günter

Buchhändler, Verlagskaufm. - Gutenbergstr. 8, 3300 Braunschweig (T. 0531 - 8 11 22 u. 35 27 27) - Geb. 4. Dez. 1924 Erfurt, ev., verh. s. 1947 m. Johanna, geb. Rick, 2 T. (Regine, Sabine) - Realgymn. Erfurt; Pionier-Offz. Wehrmacht; Buchhändler - S. 1967 Verlagsleit. Druckerei u. Verlag Hans Oeding, Braunschweig; Stadtsportwart Braunschweig; Vors. Hauptaussch. Dt. Verb. f. Freikörperkultur; 1. Vors. Nieders. Verb. f. Familiensport u. FKK; 1. Vors. Bund f. fr. Lebensgestaltung, Braunschweig - Ehrennadel in Gold: DFK, SSB, BffL u. VSV Braunschweig.

BARTELS, Hans-Jochen

Dr. rer. nat., Mathematiker, Chefmath. Gothaer Lebensversich. a.G., apl. Prof. Univ. Göttingen - Herzberger Landstr. 103, 3400 Göttingen (T. 0551 - 4 42 32) - Geb. 9. April 1948 Göttingen, ev., verh. s. 1978 m. Dr. Sabine, geb. Kleinschmidt, 3 Kd. (Johannes, Cora, Benjamin) - Dipl. 1970, Promot. 1974, Habil. (Math.) 1979, alles Göttingen (Studienstiftg. d. Dt. Volkes) - 1974/75 Gastaufenth. SFB Theoretische Math. in Bonn - Spr.: Engl., Franz., Latein, Griech.

BARTELS, Heinz

Dr. med., em. o. Prof. Inst. f. Physiologie Med. Hochsch. Hannover (1966-86) - Am Rebberg 7, 7763 Öhningen-Wangen - Geb. 21. Okt. 1920 Friedrichshafen/B. (Vater: Fritz B., Ing.; Mutter: Liesel, geb. Freudenberger), verh. 1942 m. Rut, geb. Banhart - Univ. München, Straßburg, Tübingen. Promot. 1947 Tübingen; Habil. 1951 Kiel - 1951-66 Lehrtätigk. Univ. Kiel u. Tübingen (1956 apl. Prof.; 1962 Vorsteher Abt. f. Angew. Physiol./ Physiol. Inst.) - BV: Lungenfunktionsprüf., 1959 (engl. 1963); Prenatal Respiration, 1970; Perinatale Atmung, 1972; Physiologie, 1980. Div. Einzelveröff. - Liebh.: Kammermusik, Segeln.

BARTELS, Herbert

Konsul a. D., Fabrikant (G. C. Bartels & Söhne, Hamburg), Ehrenpräs. Hauptverb. d. Dt. Holzind., Wiesbaden (Vors. Mittelstands- u. Steueraussch.; delegiert in d. gleichen Aussch. d. BDI), Vorstandsmitgl. Vereinig. Dt. Furnierwerke, Vors. Landesverb. Hamburg-Schlesw.-Holst. d. holz- u. kunststoffverarb. Ind., Vors. Steueraussch. Vereinig. Dt. Sägewerksverb., 2. Vors. Flugnotgemeinsch., Mitgl. Steueraussch. Arbeitsgem. Selbst. Unternehmer (ASU); Mitgl. Kurator. d. Dt. Ges. f. Holzforschg., Hamburg - Müggenburger Str. 7, 2000 Hamburg 28 - Geb. 4. Aug. 1906 Hamburg (Vater: Wilhelm B., Fabr.; Mutter: Anna, geb. Blecher), verh. 1943 m. Fritzi, geb. Edle v. Lichtenfeld - Als 4. Generation in Familienuntern. (gegr. 1858) - 1960 Kgl. Marokkan. Konsul a.D. f. Hamburg-Schlesw.-Holst.; 1957 Ritter Johanniter-Orden; BVK I. Kl.; Commandeur-Orden Homayoun S. M. d. Kaisers v. Persien; Offiziersorden du Quissam Alaouite v. Marokko; Gold. Ehrennadel d. Hbg. Hafenvereins u. d. Hauptverb. d. deutschen Holzind.; Gold. dt. Sportabz.; Gold. Langlaufnadel m. Brillanten; Silb. Ehrennadel d. Mittelstandsvereinig. d. CDU.

BARTELS, Herwig

Dr. jur., Botschafter d. Bundesrep. Deutschl. in Amman/Jordanien - Zu erreichen üb. Dt. Botschaft Amman, Postf. 15 00, 5300 Bonn 1 - Geb. 10. Juni 1934 Bremen, 2 Töchter - Stud. Jura, Arabistik - Liebh.: Islam. Kunst, anatol. Kelims.

BARTELS, Horst

Dr. forest., Prof., Forstbotaniker - Calsowstr. 4, 3400 Göttingen - Geb. 14. Mai 1924 - S. 1970 Prof. Univ. Göttingen (Vorst.mitgl. Inst. f. Forstbotanik, Leiter Forstbotan. Garten); s. 1976 Präs. Dt. Dendrolog. Ges.

BARTELS, Joachim

Dr. rer. nat., Prof. f. Theoret. Physik Univ. Hamburg (s. 1978) - Luruper Chaussee 149, 2000 Hamburg 50.

BARTELS, Klaus

Dr. phil., Prof. f. Allg. Pädagogik PH Esslingen (s. 1972) - Lenzhalde 53, 7300 Esslingen/N. - Geb. 16. März 1932 Neuhaus/E. - Promot. 1966 Göttingen - Fachveröff.

BARTELS, Norbert

Dipl.-Hdl., Prof. f. Betriebswirtschaftslehre u. industrielles Rechnungswesen Universität GHS Paderborn (s. 1972) - W. Nr. 497, 4791 Borchen - Geb. 13. Aug. 1932 Langenberg/W. (Vater: Hubert B., Werkm.; Mutter: Ludi, geb. Nienkemper), kath., verh. s. 1960 m. Hedwig, geb. Baumhus (geb. 1933), 3 Kd. - 1943-56 Ratsgymn. Wiedenbrück; 1953-55 kaufm. Lehre Bartels-Werke Langenberg; 1955-59 Univ. Münster u. Köln. Dipl.-Hdl. 1959 Köln - 1961-70 Lehrer kaufm. Schulen Paderborn - 1973 u. 77 Gold. Sportabz.

BARTELS, Uwe

Lehrer, MdL Nieders. - Amselstr. 13, 2848 Vechta, verh., 2 Kd. - MdL s. 1978, Umweltpolit. Sprecher d. SPD-Landtagsfraktion.

BARTELS, Werner

Dr.-Ing., Vorstandsmitglied Thyssen AG., Vorstandsvors. Thyssen Industrie AG - Am Thyssenhaus 1, 4300 Essen 1 (T. 0201 - 106 30 00).

BARTELT, Christian

Dr. jur., Regierungsdirektor a. D., Rechtsanwalt, MdL Hessen (1970-84) - Beethovenstr. 7, 6200 Wiesbaden (T. 30 23 49) - Geb. 5. Juni 1931 Wulfflatzke/ Pom. - Univ. Frankfurt/M., Marburg u. Mainz (Rechtswiss., Volksw.). Jurist. Staatsex. 1955 u. 62; Promot. 1959 - S. 1963 Hess. Wirtschaftsmin.; 1970ff. Stadtverordn. Wiesbaden; 1984-86 Geschäftsf. Messe GmbH, Frankfurt. CDU.

BARTEN, Axel

Dipl.-Ing. (ETH), Gf. Gesellschafter Achenbach Buschhütten GmbH Kreuztal - Siegener Str. 152, 5910 Kreuztal - Geb. 2. Dez. 1949 Siegen, verh. - Beiratsmand.

BARTEN, Ernst-Heinrich

Dr. Ing., Gesellschafter Achenbach Buschhütten GmbH, Kreuztal - Postf. 567, 5910 Kreuztal 5 - Geb. 27. Mai 1913 - Aufsichts- u. Beiratsmand.

BARTENWERFER, Hansgeorg

Dr. phil., o. Prof. f. Statistik u. Methodenforsch. Dt. Inst. f. Intern. Pädagog. Forschung Frankfurt/M. (s. 1967) - Kurhessenstr. 42, 6000 Frankfurt/M. 50 (T. 51 46 82) - Geb. 2. Okt. 1925 Tilsit (Vater: Dr. Gerhard B., Zahnarzt; Mutter: Hilde, geb. Kukorus), led. - Univ. Marburg (Promot. 1958; Habil. 1965) - 1957-67 Assist., Wiss. Rat (1963), Wiss. Rat u. Prof. (1966) Univ. Marburg. Spez. Arbeitsgeb.: Meßbarmach. psych. Beanspruch. - BV: Beitr. z. Problem d. psych. Beanspruch., Bd. I 1960, II 1963 (m. L. Kötter u. W. Sickel); Pilotstudie üb. d. Beobachtung u. Analyse v. Bil-

BARTENWERFER, Wolfgang
Dr. rer. nat., Wiss. Rat, Prof. f. Mathematik Univ. Bochum (s. 1975) - Holthauser Str. 3, 4630 Bochum 4 - Geb. 3. Sept. 1941 Tilsit/Ostpr. (Vater: Helmut B., Schiffer; Mutter: Hildegard, geb. Ellmer), ev., verh. s. 1969 m. Doris, geb. Scherhans, 2 T. (Wiebke, Imke) - Realsch. u. Gymn.; Univ. Göttingen (Math.). Promot. 1968; Habil. 1972 - 1972-75 Doz. Spez. Arbeitsgeb.: Nichtarchimed. Funktionentheorie - Spr.: Engl.

BARTH, Adolf
Generalsekretär Volksbund Dt. Kriegsgräberfürsorge - Werner-Hilpert-Str. 2, 3500 Kassel (T. 0561 - 70 09-0) - Geb. 27. März 1927, verh.

BARTH, Detlev
Rechtsanwalt, MdL Nieders. - Papenwiese 5, 3402 Scheden (T. 05546-578) - Geb. 24. Aug. 1951 Nienhagen/Celle (Vater: Wilhelm B., Superint.; Mutter: Elfriede, geb. Tewes), ev., verh. s. 1975 m. Marietta, geb. Romppel, 2 T. (Susanne, Sandrina) - Gymn. Celle u. Münden (Abit.); Jura-Stud. Univ. Göttingen; 1. Ex. 1980, 2. Staatsex. 1983 - 1973-76 Ratsherr Hann. Münden, s. 1982 MdL (Wahlkr. 20 Münden). CDU s. 1970 (1970-73 Kreisvors. Junge Union Münden) - Liebh.: Jagd, Sport - Spr.: Engl.

BARTH, Dieter
Hauptgeschäftsführer IHK Reutlingen - Hindenburgstr. 54, 7140 Reutlingen 1 - Geb. 21. Dez. 1936 - Stud. Rechtswiss. Ass.ex.

BARTH, Dirk
Dr. phil., Direktor Universitätsbibliothek Marburg - Wilhelm-Röpke-Str. 4, 3550 Marburg (T. 06421-28 51 00) - Geb. 25. Mai 1944 Leer/Ostfr. - 1963-69 Stud. Univ. Hamburg u. Marburg (Angl., German.); Promot. 1973.

BARTH, Friedrich G.
Dr. rer. nat., Prof. f. Zoologie Univ. Wien - Althanstr. 14, A-1090 Wien (T. 0222 - 31 45 10-205) - Geb. 18. April 1940 München, ev. - Promot. 1967 - S. 1971 (Habil.) Lehrtätig. Univ. München u. Frankfurt (1975 Ord.); s. 1987 Univ. Wien - BV: Biologie einer Begegnung: Die Partnersch. der Insekten u. Blumen, 1982; Insects and Flowers, 1985; Neurobiology of Arachnids, 1985. Üb. 70 Facharb.

BARTH, Gerhard
Dr. theol., o. Prof. f. Neues Testament - In der Krim 55, 5600 Wuppertal 21 (T. 466 04 90) - Geb. 31. Dez. 1927 Bad Homburg v.d.H., ev., verh. s. 1958 m. Gisela, geb. Steinke, S. Joachim - Kirchl. Hochsch. Wuppertal, Univ. Heidelberg (Promot. 1955) - 1955-63 Pfarrer Frankfurt/M. u. Mainz, 1964-67 Doz. Faculdade de Teologia São Leopoldo (Brasil.), 1968-70 Pfr. Mainz, s. 1970 Ord. KH Wuppertal - BV: Bornkamm/Barth/Held, Überlieferung u. Ausleg. im Matthäus-Evangelium, 1960, 7. A. 1975; Comentario à Primeira Espístola de Pedro São Leopoldo, 1967, 2. A. 1979; D. Brief a. d. Philipper, 1979; D. Taufe in frühchristl. Zeit, 1981.

BARTH, Gerhard Eduard
Rechtsassessor, Vorstandsmitgl. - Am unteren Schloßberg 57, 7148 Remseck 1 - Geb. 9. März 1932 Nürnberg (Vater: Dr. Maximilian B., Arzt; Mutter: Agnes, geb. Heinkel), ev., verh. s. 1959 m. Ursula, geb. Kirch, 3 Kd. (Ingeborg, Angelika, Cornelia) - Hum. Gymn., Stud. Rechts- u. Volkswirtsch.sl.; 1. u. 2. Jur. Staatsex. Erlangen bzw. München.

BARTH, Gerhard H.
Dipl.-Kfm., Wirtschaftsprüfer u. Steuerberater, Vorstandsmitgl. Bad. Genossenschaftsverb. - Lauterbergstr. 1, 7500 Karlsruhe 1; priv.: Kantstr. 3 - Geb. 24. Juli 1936 Karlsruhe (Vater: Hermann B.; Mutter: Lina, geb. Schöpf), verh. m. Gisela, geb. Dammert, 2 Kd. - Dipl.-Kfm. 1962 Mannheim.

BARTH, Gotthold
Vorstandsvorsitzer Kraftwerk Reutlingen-Kirchentellinsfurt AG., Reutlingen - Rilkestr. 10, 7410 Reutlingen - Geb. 2. April 1921.

BARTH, Gunther
Dr. med., Dr. rer. nat., o. Prof. f. Med. Strahlenkunde u. Direktor Wilhelm-Conrad-Röntgen-Klinik Univ. Gießen (s. 1960) - Waldbrunnenweg 20, 6300 Gießen (T. 3 39 68) - Geb. 19. Aug. 1915 Zwickau/Sa. (Vater: Dr. jur. Georg B., Landgerichtsdir.; Mutter: Toni, geb. Thiele), ev., verh. s. 1945 m. Dr. med. Erika, geb. Woitaschek - Univ. Frankfurt/M., München, Leipzig (Med., Naturwiss., Sinol.). Facharzt f. Innere Med. u. Röntgenol. - 1952-60 Privatdoz. u. apl. Prof. (1958) Univ. Erlangen - BV: D. Strahlentherapie, 1949 (m. Meyer-Matthes); D. Ultraschalltherapie, 1951 (m. Pohlmann), D. Bewegungsbestrahlung, 2. A. 1959 (m. Wachsmann; auch ital. u. engl.). Div. Handbuchbeitr. - Affiliated Member Royal Soc. of Med., London - Liebh.: Vor- u. Frühgesch. - Spr.: Engl., Franz., Ital., Span.

BARTH, Hans

Dr.-Ing., Dipl.-Ing. Univ., Wissenschaftsjournalist, Fachschriftsteller, Redakt. Fachztschr. Mikroelektronik - Brinkstr. 33, 6050 Offenbach/M. - Geb. 13. Nov. 1934 Seiden/Siebenbürgen/Rumän., verh. m. Maria, geb. Sander, 2 Kd. (Erhardt, Heidemarie) - 1950-54 Fachsch. f. Maschinenbau; 1965-70 Stud. Elektrotechnik; Promot. 1976 Univ. Kronstadt - 1963-85 Autor u. Fachjourn. b. deutschspr. Publ. in Rumänien; s. 1971 zugl. Hochschullehrer Univ. Kronstadt f. Theoret. Elektrotechnik u. Elektr. Maschinen u. Antriebe. 1985 Aussiedlung BRD - Arbeitsgeb.: MHD-Technik, Raumfahrttechnik, Technikgesch. u. Wiss.phil. - BV: Hermann Oberth. Leben, Werk, Wirkung, 1974, 1985, (1975 u. 79 rumän. Übers.); D. Raumzeitalter, 1981; Hermann Oberth. Briefwechsel, Bd. 1 1979, Bd. 2 1984; V. Honterus zu Oberth. Bedeut. siebenbürg.-dt. Naturwiss.ler, Techniker u. Mediziner, 1980 (1985 rumän. Übers.); Conrad Haas, 1983. Üb. 200 Publ. - 1975 Gold. Hermann-Oberth-Med.; 1982 Ziolkowski-Med.; Kurat. Hermann-Obert-Ges.; Intern. Akad. f. Astronautik - Liebh.: Futurologie, Klass. Musik, Sport - Spr.: Rumän., Engl.

BARTH, Hans Joachim
Oberstudienrat, Kantor, Komponist - Am Pfarrhaus 4, 3579 Willingshausen 1 (T. 06691 - 12 69) - Geb. 6. Febr. 1927 Leipzig, ev., verh., s. 1957 m. Gunhilde, geb. Dohrmann, 3 Kd. (Ute-Christiane, Jörg-Michael, Rolf-Martin) - Obersch. Berlin-Grunewald; n. Kriegsgefangenschaft Stud. Berlin; 1950 Kirchenmusiker Berlin-Wannsee, 1956 Berlin-Charlottenburg; Kirchenmusik A-Examen 1951 (Schulmusik, Math., Kompos. b. E. Pepping) - S. 1958 Schulmusiker an d. Melanchthon-Schule in Nordhessen, Kantor u. Organist, Komponist - Veröff.: Werke f. Orgel, Chorwerke, Psalmen, Kammermusik, Volksmusik, Sonaten f. Trompeten u. Orgel, Choralvorspiele, Chorsätze u. Kantaten; Kammeroper: D. Geschichte v. d. Prinzessin u. d. Trommelbuben - 1975 Preisträger anläßl. 125 J. Merseburger-Verlag m. Herr, du schlägst dein Wort auf, f. Chor u. Orgel; Kompos.preis d. Mitteld. Sängerbundes (MSB) - Liebh.: Reisen in ferne Länder u. Kulturen, Zeichn. u. Skizzen - Spr.: Engl.

BARTH, Hans-Georg
Dr., Geschäftsführer Haltermann International GmbH, Vorst.-Vors. Arbeitgeberverb. f. d. Chem. Ind. Hamburg - Ferdinandstr. 55-57, 2000 Hamburg 1 - Geb. 18. Mai 1941.

BARTH, Heinrich

Dr. jur., Rechtsanwalt, Staatssekretär a. D. - Wolkenburgweg 7, 5300 Bonn 3, Büro: Colmantstr. 20, 5300 Bonn 1 (T. 65 40 08) - Geb. 11. Aug. 1914 Heidelberg (Vater: Johann B., Landw.; Mutter: Marie, geb. Zobeley), ev., verh. s 1942 m. Helene, geb. Segnitz, 3 Söhne (Heinrich, Johannes, Michael) - Univ. Heidelberg, Göttingen (Promot. 1947); Genf, Dallas (USA) - N. Arbeits- 1935-37 Wehrdst., 1939-45 Kriegsteiln. (zul. Hptm. d. R.), 1949-54 RA u. Notar (1952) Bremen; 1954-60 Bevollm. Bremens b. Bund; 1960-63 Ministerialdirig. u. pers. Ref. v. Bundeskanzler Dr. h. c. Adenauer Bundeskanzleramt; 1963-69 Staatssekr. Bundesmin. f. Familie u. Jugend. CDU (1952-54 Vors. Landesverb. Bremen). Mitgl. Dt.-Engl. Ges. u. Dt. Ges. f. Ausw. Politik - Komturkreuz Franz. Ehrenlegion; 1969 Gr. BVK, 1986 Stern dazu - Liebh.: Gesch., mod. Lit. - Spr. Engl., Franz.

BARTH, Herbert
Dr. rer. nat., Prof. (Hygiene-Beauftr. f. d. Klinikum), Leit. Sektion Hyg. u. Med. Mykologie, Univ. Heidelberg (s. 1975) - Mühlstr. 28, 6907 Nußloch - Geb. 5. Jan. 1926 Aalen - Promot. 1955 Bonn; Habil. 1970 Heidelberg - Üb. 40 Fachveröff.

BARTH, Herbert
Schriftsteller, Leiter d. Intern. Jugend-Festspieltreffens, 1. Vors. Intern. Jugend-Kulturzentrum Bayreuth - Eichendorffring 112, 8580 Bayreuth - Geb. 18. Jan. 1910 (Vater: Selmar B., Organist; Mutter: Frieda, geb. Pölitz), verh. s. 1962 in 2. Ehe m. Grete, geb. Roth, S. Henrik - 1928-33 Leit. Mitteldt. Konzertbüro; 1935-42 Verlagswesen; 1943-46 Militär u. Kriegsgef.; 1947-51 Veranst.- u. Verlagswesen; 1952-76 Leit. Pressereferat d. Bayreuther Festsp. - Herausg.: Jahrbuch d. Musikwelt (1949); Intern. Wagner-Bibliogr. (1956); Bayreuth in d. Karikatur (1957); Atmosphäre Bayreuth

(1956); D. Festspielhügel. Richard Wagners Werk in Bayreuth (1956) (1973-84); Bayreuther Dramaturgie (1980) u.a.m. - Grand Prix du Rayonnement francais de l'Académie Francaise; BVK; Gold. Ehrenring Stadt Bayreuth; Chopin-Med. d. Musikakad. Warschau; Liszt-Med. d. Reg. d. Ungar. Volksrep. - Bek. Vorf.: Karl B. (1787-1853), Kupferstecher u. Dichter.

BARTH, Joachim
Dr. rer. nat., Prof. f. Didaktik d. Geographie u. Landeskunde - Bergedorfer Weg 7, 2057 Wentorf - Geb. 23. Jan. 1925 Halle, verh. s. 1960 m. Iris, geb. Vesanen, 2 S. (Thomas, Lorenz) - Promot. 1951 - BV: Türk. u. finn.-ugr. Völker im europ. Ost- u. Nordostrußl. in anthropogeogr. Betracht., 1952; Länder u. Völker. Erdkundl. Unterrichtswerk, Bd. 3 u. 4 (Co-Autor), 1973; Teacher Education Models in Geography: An Intern. Comparison, 1984 (m. a.). Ca. 50 Beitr. z. Bevölkerungsgeogr. d. UdSSR, Geogr.didaktik, intern. Päd. - Spr.: Engl., Russ.

BARTH, Karlheinz
Kaufmann, Inh. Barth Rechenzentrum GmbH & Co. KG (s. 1966) - Goethestr. 8, 4512 Wallenhorst i/W. (T. 54 07 - 46 43) - Geb. 17. Aug. 1936 Aschersleben/Sa. (Vater: Friedrich Karl B., Wirtschaftsprüfer), verh. s. 1959 m. Barbara, geb. Richter, 2 Kd. (Maren, Torsten) - Buchprüferprüf. 1953 Halle/S. - Vorst. Verb. Nordd. (1973ff.) u. Dt. Rechenzentren (1977ff.).

BARTH, Klaus

Dr. rer. pol., Dipl.-Kfm., o. Prof. f. Betriebswirtschaftslehre Univ. Duisburg, Inh. Lehrstuhl f. Betriebswirtsch.lehre, insbes. Absatz/Handel - (T. dstl.: 0203 - 379-26 37 od. 26 35); priv.: Hüscheider Str. 20, 5090 Leverkusen-Opladen (T. 02171 - 3 12 97) - Geb. 16. Jan. 1937 Solingen (Vater: Hermann B., Obering.; Mutter: Doris, geb. Weck), ev., verh. s. 1960 m. Hedy, geb. Kuschel, 3 Kd. - Abit. 1957, TH Aachen, Univ. Köln (b. 1965), Dipl.-Kfm. 1962, Promot. 1965 Köln, Habil. (Betriebsw.) 1975 Köln -

Wiss. Ref., Generalbevollm., 1975-81 Prof. f. Betriebsw. Univ. Köln, 1982-88 Univ. Marburg - BV: System. Unternehmungsführung in d. Groß- u. Mittelbetrieben d. Einzelhandels, 1976; Rentable Sortimente im Handel, 1980; Betriebswirtschaftslehre d. Handels, 1988. Mithrsg.: Schriften z. Handbuch (s. 1981). Zahlr. Fachveröff. - Spr.: Engl., Franz.

BARTH, Klaus

Dr., Botschaftsrat I. Klasse, Ständiger Vertreter d. Botschafters, Leit. d. Wirtschaftsdienstes Botschaft d. Bundesrep. Deutschl. in Jakarta/Indonesien (s. 1986) - Jalan M.H. Thamrin 1, Jakarta/Indonesien (T. 006221 - 32 39 08) - Geb. 13. Okt. 1935 Heidelberg, kath., verh. s. 1971 m. Ingrid, geb. Pax, 2 Kd. (Niels Christian, Eva Maria) - Dipl.-Volksw. 1960 Heidelberg; Promot. 1967 ebd. - S. 1965 Tätigk. Ausw. Dienst d. BRD (vorwiegend auf d. Wirtsch.sektor): 1966/67 Botschaft Rabat, 1968-71 Kabul, 1971-74 Lusaka, 1979-82 Teheran. 1974-79 u. 1982-85 Wirtsch.-Abtlg. Ausw. Amt, Bonn - BV: Steuern in Indien, 1968 - 1984 BVK am Bde. - Liebh.: Kulturgesch., Ethnografie, Reisefotografie, Oper, Volkskunst - Spr.: Engl., Franz.

BARTH, Kuno

Dr. rer. pol., Dr. jur., o. Prof. f. Steuerrecht, Öfftl. Recht u. Betriebsw. Steuerlehre (em.) Univ. Mannheim (s. 1963) - Michaelstr. 22, 7000 Stuttgart-Degerloch - Geb. 13. Dez. 1906 Stuttgart - Univ. Tübingen, Berlin, Kiel - Wirtschaftsprüfer u. Steuerberater. 1957-63 Privatdoz. u. apl. Prof. Univ. Tübingen - BV: u. a. D. Entwickl. d. dt. Bilanzrechts, 2 Bde. 1953/55; D. Revolutionierung d. Schüler, 1968; Vermögensbeteiligungsabgabe - Enteign. d. Unternehmer auf Raten?, 1971; D. Bewert. v. Anteilen an Kapitalges. f. Zwecke d. Vermögenssteuer, 1974.

BARTH, Martin

Dr. jur., Geschäftsführer Lohmann-Gruppe, Neuwied, Vorst.-Mitgl. Bundesvereinig. Verbandmittel Medicalprodukte (BVM), Wiesbaden - Gerhart-Hauptmann-Str. 11, 5450 Neuwied/Rh. 12 - Geb. 23. Jan. 1938 - Gr. jurist. Staatsprüf.

BARTH, Nikolaus

Dr. rer. nat., Prof. f. Didaktik d. Physik - Am Ackerbusch 9, 6233 Kelkheim-Eppenhain - Geb. 18. Juni 1926 Kiel - Promot. 1955 - S. 1971 (Habil.) Lehrtätigk. Univ. Frankfurt/M. (1972 Prof.).

BARTH, Volker

Dr. med., Prof. f. Radiologie u. Nuklearmed., Chefarzt Städt. Krankenanst. Esslingen, Leiter d. 8. Wiss. Tagung d. Dt. Ges. f. Senologie, Esslingen (s. 1988) - Hirschlandstr. 97, Strahleninst. Städt. Krankenanst., 7300 Esslingen (T. 0711 - 31 03-5 62) - Geb. 7. Aug. 1939 Berlin (Vater: Prof. Dr. Hermann B., HNO-Arzt, Chariete Berlin; Mutter: Heidi, geb. Sander), ev., verh. s. 1967 m. Christa, geb. Kullmann, 4 Kd. (Stephan, Christina, Andrea, Corinna) - Studium Univ. München; Facharztausb. Katharinenhosp. Stuttgart - 1968-69 Pathol. Inst. Kreiskrkhs. Ludwigsburg; 1969-80 Radiol. Katharinenhosp.; s. 1980 Chefarzt Radiol. Zentralinst. Städt. Krankenanst. Esslingen; s. 1982 ao. Prof. - BV: Atlas d. Brustdrüsenerkrank., 1977 (auch engl., span., ital.); D. Feinstruktur d. Brustdrüse im Röntgenbild, 1979; Brustdrüse, Röntgen wie? wann?, Bd. V. 1980; Pathol. u. Radiol. d. Brustdrüse. Handb. d. Med. Radiol., Bd. XIX 1982; Ärztl. Rat b. Brustdrüsenerkrank., 1980 - Lit.: Who's who in Med.; Kürschners Dt. Gelehrtenkalender, 1980.

BARTH, Walter

Prof., Hochschullehrer - Schloßstr. 25, 7072 Heubach - Geb. 1938 - U. a. Prof. f. Kunsterzieh. PH Schwäb. Gmünd - BV: Kunstbetracht. als Wahrnehmungsübung u. Kontextunterr., 1985.

BARTH, Wilhelm

Dr. phil., Musikdirektor, Chefdirigent - Römerstr. 33, 8230 Bad Reichenhall - Geb. 6. Okt. 1914 Bayerisch Eisenstein, kath., verh. s. 1952 m. Lieselotte, geb. Horn - Abit. 1934 human. Gymn., Reifeprüf. kath. Kirchenmusik 1936, Prüf. Dirig. Staatl. Akad. d. Tonkunst München 1937; Promot. 1941 Univ. München - S. 1937 Chordir. versch. Kirchen Münchens, Liedbegleiter; 1946 Chefdirig. Volksoper München; 1947-86 Chefdirig. Philharmon. Orch. Bad Reichenhall - BV: D. Messenkompos. Fr. X. Richters (1709-1789), Diss. 1941 - 1980 BVK; 1984 Kulturpr. Stadt Bad Reichenhall; 1986 Bürgermed. Stadt Bad Reichenhall; 1987 BVK I. Kl. - Liebh.: Bergwandern.

BARTHEIDEL, Heinz

Dipl.-Volksw., Bauing., Bürgermeister d. Stadt Schleswig - Markgrafenweg 29, 2380 Schleswig (T. priv. 3 49 89 / dienstl. 814-100) - Geb. 1. Okt. 1938 Schleswig, ev., verh., 1 Kd. - Ing.ausbild., n. Externabitur Stud. Staats- u. Wirtschaftswiss. - CDU.

BARTHEL, Eckhardt

Wiss. Redakteur - Holsteinische Str. 37, 1000 Berlin 31 (T. 030 - 861 36 37) - Geb. 17. Dez. 1939 Leipzig (Vater: Willy B.; Mutter: Johanna, geb. Franke), ev., T. Lea Clara - Facharbeiterlehre (1953-56), Staatl. Ingenieursch. (1959-63), Zweiter Bildungsweg (1963-67), Stud. Pol. Wiss. (1967-72 FU Berlin); 1956-59 Elektromonteur, 1963-67 Elektroing., 1972-73 Öffentlichkeitsref. f. Umweltschutz, s. 1973 Redakt. Schriftenreihe „Zur Politik u. Zeitgesch.", s. 1983 Mitgl. Abgeordnetenhaus (MdA) von Berlin, SPD-Fraktion - BV: Umwelt-Politik, 1976; Mitbestimmung in d. Wirtsch. (mit J. Dikau), 1980; Volksrepublik China, eine pol. Landeskunde (m. W. Pfennig u. H. Franz), 1983.

BARTHEL, Harry

Dr. phil., Direktor Georg-v.-Vollmar-Akad., München (s. 1972) - Karolinengerstr. 51, 8000 München 50 (T. 141 39 97) - U. a. Doz. u. Studienleit.

BARTHEL, Josef

Dr. rer. nat., Prof. f. Physikal. Chemie - Eichendorffstr. 1, 8411 Lappersdorf - Geb. 9. März 1929 Zerf Kr. Saarburg (Vater: Johannes B., Dir. Rhein. Blindenanstalten, Düren, †; Mutter: Antonia, geb. Heinen, †), verh. s. 1953 m. Margarethe, geb. Schneider - Gymn. Düren u. Opladen; Univ. Saarbrücken (Math., Physik, Chemie, Phil.). Promot. (1956) u. Habil. (1959) Saarbrücken - Lehrtätigk.: 1959-71 Univ. Saarbrücken (1965 apl. Prof., 1969 Abt.Leit. f. Elektrochem.), 1971 Gastprof. Univ. Paris VII, s. 1971 Univ. Regensburg (Lehrst. f. Physikal. Chem), s. 1966 Lehrauftr. Univ. Paris VII - BV: Thermometric Titrations (1975), Ionen in nichtwäßrigen Lösungen (1976). Veröff. z. Themen d. physikal. Chemie i. Sammelwerk. u. Fachztschr. d. In- u. Ausl. - 1967-71 Präs. Landesfischereiverb. d. Saarl. - Liebh.: Angelsport - Spr.: Franz., Engl.

BARTHEL, Manfred

Dr. phil., Schriftsteller - Jaiserstr. 29a, 8023 Pullach/Obb. (T. 089 - 793 21 95) - Geb. 25. Febr. 1924 Chemnitz/Sa. (Vater: Kurt B., Gastw.; Mutter: Martha, geb. Weigel), ev., verh. s. 1948 m. Dagmar, geb. Krüger - Friedrich-Wilhelm-Univ. (1944) u. Fr. Univ. Berlin (1949ff.). Promot. 1952 - S. 1949 Feuill.-chef D. Abend, Berlin, Film- u. Theaterkrit. NWDR, Dramaturg (1953) u. Produktionschef Gloria- u. Constantin-Film, bde. München. Zeitw. Lehrbeauftr. FU Berlin (Filmkd.) - BV: D. Paradies hat 18 Löcher/Golfbrevier, 1978; Was wirkl. in d. Bibel steht, 1980; D. Jesuiten, 1982; Amors süße Pfeile. Gesch. d. Liebeswerbens, 1984; So war es wirklich/D. dt. Nachkriegsfilm, 1986; An d. Gestaden d. Götter, 1989. Herausg.: Theater in Briefen - Schauspielerbr. (1983); Geschichten rund ums Mittelmeer. Anthol. (1985); Lexikon d. Pseudonyme (1986); Heinz Rühmann - E. Leben in Bildern (1987) - Spr.: Engl., Franz.

BARTHEL, Thomas S.

Dr. phil. (habil.), o. Prof. f. Völkerkunde - Eichenweg 1, 7400 Tübingen (T. 6 25 48) - Geb. 4. Jan. 1923 Berlin (Vater: Max B., Schriftst.) - S. 1957 Lehrtätigk. Univ. Hamburg (Privatdoz.) u. Tübingen (1959 ao., 1964 o. Prof.) - BV: Grundl. z. Entzifferung d. Osterinsel-Schrift, 1958; D. achte Land, 1974. Zahlr. Einzelarb.

BARTHEL, Woldemar

Dr. rer. nat., o. Prof. f. Mathematik - Simon-Breu-Str. 39, 8700 Würzburg (T. 8 10 25) - Geb. 8. Febr. 1928 Hohnstein (Vater: Alfred B., Hauptwachtm.; Mutter: Johanna, geb. Scholz), ev., verh. s. 1954 m. Gisela, geb. Busch, 3 Kd. (Dieter, Annette, Jutta), verw. 1972, verh. s. 1973 m. Ingeborg, geb. Honegger - 1938-46 Gymn. Chemnitz; 1946-52 Univ. Leipzig (b. 1948) u. Freiburg/Br. (Promot.) - S. 1957 Lehrtätigk. Univ. Freiburg, Saarbrücken (1958; 1963 apl. Prof.), Würzburg (1964 Ord.). Üb. 30 Fachaufs.

BARTHELMEH, Hans Adolf

Dipl.-Kfm., Vorsitzender a.D. d. Geschäftsführung Rank Xerox GmbH (1980-83) - Herrenstrunder Str. 2a, 5000 Köln 80 - Geb. 19. Sept. 1923 Köln, kath., verh. s. 1950 m. Helene, geb. Fries, S. Hans-Jürgen - Stud. Betriebswirtschaft Univ. Köln 1947-50, Dipl.Ex. 1950 - 1950 Bundesfinanzverw., Köln; 1952-73 Ford Werke AG, Köln (1966-73 Vorst.mitgl. Finanz u. Vertrieb, 1971 Vors. d. Vorst.); 1974-78 Gildemeister AG, Bielefeld, Vors. d. Vorst; 1979 Dir. Deutsches Institut z. Förderung d. industriellen Führungsnachwuchses (DIF), Köln; Beiratsmitgl. Dt. Bank AG, Düsseldorf; ARsmitgl. Rank Xerox Austria, Wien - Liebh.: Geschichte, Futurologie, Musik, Philosophie, Schwimmen, Wandern - Spr.: Engl. (Staatl. gepr. Dolmetscher).

BARTHELMESS, Hanns

Ministerialdirigent a. D. - Hinter dem Englischen Garten 7, 6380 Bad Homburg v.d.Höhe - Geb. 14. Juni 1907 - Zul. Dt. Bundesbahn. ARsmand.

BARTHELMESS, Ursula,

geb. Weller

Autorin, Regiss., Psychotherap. (Ps. Usch Barthelmeß-Weller) - Homburger Str. 8, 1000 Berlin 33 (T. 030-8215054) - Geb. 14. Febr. 1940 Konstanz (Vater: Curt W., Verleger), gesch., 2 Kd. (Till, Anne) - Ausb. Kindergärtnerin, Kinder- u. Jugendl.-Psychotherap. - BV: Boris u. Lila, 1976; Bevor d. Eltern kamen, 1976 - Film: D. Kinder aus No 67 (1980) - 1980 Bundesfilmpreis (f. Regie) - Liebh.: Malerei.

BARTHELT, Klaus

Dr., Vorstandsmitglied Siemens AG - Wittelsbacherplatz 2, 8000 München 2 - Geb. 7. März 1926 Berlin - 1984 Staatsmed. f. bes. Verdienste um d. bayer. Wirtsch.; 1985 Bayer. VO.

BARTHMES, Anneliese

Prof., Hochschullehrerin i. R. - Weimarer Str. 22, 7300 Esslingen/N. - Zul. Prof. f. Musikerzieh. PH Esslingen.

BARTHOLD, Erich

Kaufmann, MdL Baden-Württ. (s. 1960, CDU) - In Laisen 58, 7410 Reutlingen (T. 4 22 09) - Geb. 17. Nov. 1920 Pfullingen, ev., verh., 2 Kd. -Schule u. höh. Handelssch. Reutlingen - 1939-46 Wehrdst. (Reserveoffz.) u. Gefangensch.; s. vielen J. Fachgeschäft f. Büromaschinen u. -möbel sowie Fabrikationsbetrieb f. Papier- u. Plastikverarb. Div. Ehrenämter - Gr. BVK.

BARTHOLOMÉ, Ernst

Dr. phil., Dr. rer. nat. h. c., Prof., Chemiker - Heiligenbergstr. 13, 6900 Heidelberg - Geb. 26. Nov. 1908 Mönchengladbach (Vater: Dr. med. Franz B.; Mutter: geb. Henrichs), verh. s. 1934 m. Magda, geb. Wittmann - 1927-33 Studium - 1933-37 Assist Univ. Göttingen; s. 1937 Bad. Anilin- u. Soda-Fabrik AG. (BASF), Ludwigshafen/Rh. (Leitg. Verfahrenstechn. Gruppenforsch.). S. 1949 Lehrbeauftr. u. Honorarprof. (1952) f. Physikal. Chemie Univ. Heidelberg - 1968 Ehrendoktor TH München; 1954 DECHAMA-Preis.

BARTL, Hans

Dr. phil. nat. (habil.), Prof. f. Kristallographie u. Mineralogie Univ. Frankfurt/M. - Landwehrweg 3c, 6380 Bad Homburg v.d.H. - Fachaufs. - Fachmitgl.-schaften - Spr.: Engl., Franz.

BARTL, Ignaz

Dipl.-Brau-Ing., Vorstandsmitgl. Paulaner-Salvator-Thomas-Brauerei AG, München i. R. - Prinz-Ludwig-Str. 38, 8050 Freising - Geb. 2. März 1927.

BARTLING, Hartwig

Dr. sc. pol., Prof. f. Volkswirtschaftslehre Univ. Mainz - Moritzstr. 14e, 6500 Mainz 1 (T. 8 59 41) - Geb. 6. März 1941 Hameln, ev., verh. s. 1966 m. Irmgard, geb. Ohlendorf, 3 Kd. - Univ. Göttingen, Bonn, Kiel (Volksw.); Dipl.ex. (1967), Promot. (1970) u. Habil. (1974) Kiel - S. 1974 Prof. Fachber. Rechts- u. Wirtsch.wiss. Univ. Mainz - BV: Wirtsch.l. Macht unter wettb.pol. Aspekt, 1971; Grundzüge d. Volksw.-lehre (m. F. Luzius), 1977, 7. A. 1989; Leitbilder d. Wettbew.pol., 1980.

BARTLMÄ, Fritz

Dr. techn., Prof. fl Thermogasdynamik TH Aachen (apl.; s. 1976) - Bergheimer Weg 11/1, 7016 Gerlingen - Geb. 26. Mai 1927 Klagenfurt/Österr. (Vater: Fritz B., Rechtsanw.; Mutter: Hilde, geb. Finsterwalder) - Promot. 1961 - S. 1958 Dt. Forschungs- u. Versuchsanst. f. Luft- u. Raumfahrt (b. 1974 Inst. f. Theoret. Gasdynamik dann f. Physik. Chemie d. Verbrennung) - BV: Gasdynamik d. Verbrennung, 1975.

BARTLSPERGER, Richard

Dr. jur., o. Prof. f. Öfftl. Recht - Schleifweg 55, 8525 Uttenreuth/Mfr. - Geb. 10. April 1936 München (Vater: Xaver B.; Mutter: Margarete, geb. Birnbaum), verh. s. 1969 (Ehefr.: Claudia, geb. 1940). T. Vanessa - Gymn. u. Univ. München (Rechtswiss.). Promot. 1964; Habil. 1969 - S. 1970 Ord. Univ. Mannheim u. Erlangen-Nürnberg (1974). 1972-74 Richter VGH Baden-Württ. - BV: Verkehrssicherungspflicht u. öfftl. Sache, 1970; D. Werbenutzungsverträge d. Gemeinden, 1975; D. Wirtschaft heute, 3. A. 1984 (m. Streit u. Umbach); D. mod. Staat, 2. A. 1979 (m. Boldt u. Umbach). ZDF-Serie: 1 x 1 d. Demokr.; E. Vierteljahrb. Straßenrechtsgesetzgeb., 1980 (Hrsg. m. Blümel u. Schroeter); D. Straße im Recht d. Umweltschutzes, 1980 - Spr.: Engl.

BARTMANN, Ernst

Dipl.-Kfm., Vorstandsmitglied Siegener AG, Finanz- u. Rechnungswesen, Datenverarb., Einkauf - Am Blumenhaus 50, 4322 Sprockhövel 2 - Geb. 17. Nov. 1929 Bochum; ev. - Univ. Münster u. Köln, Dipl.-Kfm. 1954 Köln; Vorstandsmitgl. Hoesch Siegerlandwerke AG, 5900 Siegen, Geschäftsf. Verzinkerei Würzburg GmbH, Rottendorf.

BARTMANN, Hermann

Dr. rer. pol., Prof. f. Volkswirtschaftslehre Univ. Mainz - Jakob-Welder-Weg 4, 6500 Mainz; priv.: Bleichweg 21, 6505 Nierstein/Rh. - BV: Z. Theorie d. Lohnbildung in makro ökonom. Modellen, 1971; Konjunkturelle Wachstums- u. Verteilungsprozesse, 1976; Grundl. d. Konjunkturanalyse, Bd. I u. II, 1976; Preistheorie, 1981; Verteilungstheorie, 1981.

BARTMANN, Karl
Dr. med., Prof., vorm. Chefarzt Laborabt. Klinik Aprath, Wülfrath - Julius-Lucas-Weg 67, 5600 Wuppertal 1 (T. 71 52 13) - Geb. 18. Juni 1920 Hamm/W., verh. s. 1947 m. Gisela, geb. Zunkel, 2 Söhne (Stefan, Dominik) - Promot. 1946 Marburg; Habil. 1962 Berlin (FU) - Apl. Prof. (1967) FU Berlin (Med. Mikrobiol.). Gastprof. Univ. Lima (1966) - BV: Isoniazid - Möglichk. u. Grenzen s. Wirkung, 1963; Z. Heteromophie d. Bakterien, in: Bild-Atlas pathogener Mikroorganismen, Bd. II 1963 (m. W. Höpken); Antimikrobielle Chemotherapie, 1974. Herausg. u. Mitautor: Antituberculosis Drugs (1988). Zahlr. Aufs., haupts. üb. biol. u. chemotherapeut. Probleme sowie Tuperkulosebekämpf. u. nichttuberk. Lungenerkrank. - 1961 Franz-Redeker-, 1966 Robert-Koch-Preis; Ehrenmitglied in- u. ausl. wiss. Ges.

BARTMANN, Otto
Dr.-Ing., Sprecher d. Geschäftsfg. d. Thomas Josef Heimbach GmbH & Co., Düren; stv. Vors. Arbeitsgem. Dt. Filztuchfabriken, Frankfurt/M. - Zum Bruch 6, 5160 Düren/Rhld. - Geb. 8. Juli 1923 - Vice Chairman Atlanta Felt Company, Inc., Jonesboro, GA, U.S.A.; VR-Vors. R. Bruch & Cie. S.A., Neu-Moresnet/Belg.; Mitgl. d. Consejo d. Heimbach Ibérica S.A., Burgos/Spanien; VR-Mitgl. Conrad Munzinger & Cie. AG, Olten/Schweiz u. Siebtuchfabrik AG, Olten/Schweiz; Dir. d. Swiss Wire Ireland Ltd., Tralee/Irland; Beiratsvors. CWS-Lackfabrik, Düren-Merken.

BARTMANN, Theodor
Dr. phil., o. Prof. f. Psychologie Univ. Münster, Fachbereich 8 - Breslauer Str. 26, 4400 Münster/W. - geb. 24. Febr. 1928 Bielefeld - BV: Denkerzieh. im Programmierten Unterr., 1966; Psychologie der Lern- u. Erziehungsschwierig., 1971; Schulsituation u. Lernerfolg, 1982.

BARTMUSS (ß), Wolfgang
Dipl.-Ing., Prof. f. Hochspannungstechnik u. Elektr. Anlagen Gesamthochschule Paderborn (Fachbereich Elektrotechnik/Elektronik) - Scherfelder Str. 23, 4790 Paderborn.

BARTNITZKE, Klaus
Stadtrat, Dezern. f. Jugend-, Sport-, Gesundheits- u. Sozialwesen Stadt Flensburg - Fruerlundhof 18, 2390 Flensburg (T. dstl.: 0461 - 85 22 51; priv.: 3 78 79) - Geb. 14. Dez. 1930 Elbing, ev., verh. s. 1953 m. Gisela, geb. Harms, 2 Töcht. (Dr. Sabine, Susanne) - Redakt.volont.; Chefredakt. - S. 1976 hauptamtl. Stadtrat; Präs. Fédération Intern. de Sauvetage aquatique; Vors. Städteverb. Schlesw.-Holst.; Mitgl. zahlr. Ausssch. f. Jugend u. Soz.; b. 1976 Chefredakt. u. fr. Journ. v. Ztg. u. Ztschr., Mitarb. NDR (Flensburg - FS) - BV: Im Zeichen d. spähenden Adlers, 1963; D. Fédération Intern. de Sauvetage et de Sports Utilitaires. Hauptautor: Humanität u. Sport im Dienst am Mitmenschen, 1977, 2. A. 1983, 3. A. 1988; Fachlexikon d. Soz. Arbeit, 1980, 2. A. 1986; Sozialdatenschutz, 1985 - 1963 Goldenes Verd.- u. Ehrenz. DLRG; 1971 Frhr.-v.-Stein-Med. Land Schlesw.-Holst.; 1975 BVK am Bde.; 1982 BVK I. Kl.; 1983 Ehrenmitgl. Präs. DLRG; div. intern. Ausz. - Liebh.: Lesen, Reisen, Briefmarken - Spr.: Engl.

BARTON, Heinz
Kaufmann, Geschäftsf. EUMIG Industrie GmbH, Stuttgart (s. 1967), u. BOLEX GmbH, Ismaning/Obb. (s. 1978) - Im Asemwald 10/22, 7000 Stuttgart 70 - Geb. 24. Mai 1919 Teplitz/Böhmen (Vater: Dr. jur. Heinrich B., Richter; Mutter: Rosa, geb. Piaskeschek), kath., verh. s. 1945 m. Ilse, geb. Reim, 2 S. (Peter, Andreas) - N. Abit. Hochsch. f. Welthandel, Wien - 1961-67 Verkaufsleit. Zeiss-Ikon, Stuttgart (Projektion u. Kino).

BARTON, Walter
Dr. phil., Ltd. Bibliotheksdirektor, Leit. Univ.bibliothek Siegen a. D., Vors. Arbeitsgem. Hochschulbibliotheken Land NRW (1978-83) - Schlenkestr. 22, 5910 Kreuztal-Ferndorf - Geb. 8. Febr. 1924 Jena (Vater: Willy B., Oberstudienrat; Mutter: Maria, geb. Klöpffer), kath., verh. s. 1949 m. Ilse-Marie, geb. Nebel, 3 Kd. (Ekkehard, Stephan, Susanne) - 1945-50 Univ. Jena (Klass. Philol., Gesch.). Staatsex. 1950; Promot. 1951; Bibliothekar. Staatsprüf. Berlin (1952) u. Köln (1954) - 1952-72 Bibliothekar Jena, Oldenburg, Bremen. Div. Ämter - BV: Stil- u. Kulturkd. d. dt. Buchtitels, 1968 u. 84; Fehler d. Mediensprache, 1985. Herausg. - Liebh.: Wandern, Sport.

BARTOS-HÖPPNER, Barbara

Schriftstellerin - Haus im Bärenwinkel, 2152 Nottensdorf/Niederelbe (T. 04163 - 29 14) - Geb. 4. Nov. 1923 Eckersdorf Kr. Bunzlau/Schles. - B. Kriegsende Geschäftsf. elterl. Hotelbetrieb, ab 1956 freie Schriftst. Bilder-, Kinder-, Jugendb., Roman - BV: Kosaken geg. Kutschum-Kahn, 1959; Sturm üb. d. Kaukasus, 1963; D. Bucht d. schwarzen Boote, 1965; Aljoscha u. d. Bärenmütze, 1968; Schnüpperle, 7 Bde. 1969/1989; E. Ticket n. Moskau, 1970; Tausend Schiffe trieb d. Wind, 1974; Auf d. Rücken d. Pferde, 1975; Tiermärchen, Wintermärchen, 1977; Silvermoon, 3 Bde. 1977/79/81; D. Bonnins, 3 Bde. 1980/82/85; D. gr. Bartos-Höppner-Buch, 1981; Elbsaga, 1985; D. Osterbuch, 1987; Nordd. Feste u. Bräuche, 1987; ... lebt der große Name noch, 1987; Kommst du mit, Kolja?, 1989; D. Friedensfest, 1989; Von Aachener Printen b. Zürcher Leckerli, 1989; zahlr. Herausgaben v. Anthologien. Mitgl. PEN-Club u. Akad. f. Kinder- u. Jugendlit., Volkach - BVK, 1963 1. Preis New-York Herald Tribune, 1968 Hans-Christian-Andersen-, 1976 Europ. Jugendbuch-, 1977 Christophorus-, 1978 Friedrich-Gerstäcker-Preis, 1982 Gr. Preis Dt. Akad. f. Kinder- u. Jugendlit.

BARTRAM, Friedrich
Dipl.-Ing., Komplementär Fa. Dipl.-Ing. Fr. Bartram KG - Kreuzstücken 15, 2354 Hohenwestedt - Geb. 6. Juni 1923, verh. s. 1950 m. Luise, geb. Kröger, 4 Kd. (Gabriele, Klaus, Karin, Doris) - Stud. Bau-Ing.-Wesen; Dipl. 1950 - Vorstandsmitgl. Beton-Ind. Schlesw.-Holst. - EK I; Gold. Verw.-Abzeichen.

BARTSCH, Eckhard
Dr.-Ing., Hon.-Prof. f. Kartenentwurfslehre, Kataster- u. Liegenschaftswesen TH Darmstadt, Präsident Hess. Landesvermessungsamt (s. 1982) - Geb. 27. Sept. 1935 - Ab 1981 Tätigk. Tongji-Univ. Shanghai; ab 1984 Berat. f. d. Aufbau v. Landinformationssyst. in Asien u. Afrika; 1981 Leit. Abt. Vermessungs- u. Liegenschaftswesen im Oberprüfungsamt f. d. höh. techn.

Verwaltungsbeamten. Ab 1986 berat. Prof. Tongji-Univ. Shanghai.

BARTSCH, Gerhard
Dr.-Ing., Prof. f. Kerntechnik - Handjerystr. 24, 1000 Berlin 41 - Geb. 19. Juni 1932 Kunzendorf - Promot. 1969 - S. 1970 (Habil.) Lehrtätigk. TU Berlin (Wiss. Rat u. Prof.; 1971 Prof.). Facharb.

BARTSCH, Gerhart
Dr. phil., o. Prof. f. Didaktik d. Geographie (emerit.) - Auf d. Lützelbach 28, 6290 Weilburg/L. (T. 3 04 94) - Geb. 1. Sept. 1902 Rawitsch (Vater: Paul B., Konrektor, †; Mutter: Else, geb. Mertin †), ev., verh. s. 1930 m. Karola, geb. Weißenborn †, 2 Kd. (Ilse, Eckehard) - Promot. 1925 Univ. Breslau; Habil. 1932 TH Hannover - S. 1946 Prof. Päd. Inst. Weilburg u. Univ. Gießen (1960 Honorarprof., 1964 Ord.). Spez. Arbeitsgeb.: Türkei. Fachveröff.

BARTSCH, Günter
Schriftsteller, Historiker, Künstler - Rathausstr. 26, 7806 Neuershausen - Geb. 13. Febr. 1927 Neumarkt/Schlesien - BV: u. a. Schulen d. Marxismus; Revolution v. rechts?; Anarchismus in Dtschl.; Wende in Osteuropa? Milovan Djilas od. d. Selbstbehauptung d. Menschen; Frauenmond. Herausg. d. Samenkörner, Forum f. Ökosophie u. Technosophie - Brandmalerei u. Gedichte, Plastizieren - Liebh.: Sammeln u. Bemalen v. Steinen, Muscheln; Schnitzen; Lesen; Zeichnen; Beobachten v. Tieren.

BARTSCH, Günther
Dr., Direktor - Aufeldstr. 23 , 6800 Mannheim 24 (T. 0621 - 85 03-400) - Geb. 24. Dez. 1932 Neukirchen (Vater: Dr. med. Reinhard B.; Mutter: Ilse, geb. Jansen), ev., verh. s. 1962 m. Inge, geb. Haijenga, 3 Kd. (Dirk-Uwe, Torsten, Ingo) - Stud. d. Rechtswiss. u. Volkswirtsch. Univ. Marburg u. München; 1. u. 2. jurist. Staatsex. 1957 bzw. 61 - 1964-70 Handlungsbevollm., Prok., o. Vorst.-Mitgl. Hoffmann's Stärkefabriken; 1970-76 kaufm. Leiter Vertriebsniederl. Mannheim AEG-Telefunken; 1977-79 Vorst. Großkraftw. Mannheim AG. AR-u. VR-Mand. - BV: D. Verwaltungsabkommen, 1968 - Gold. Sportabz. - Spr.: Engl, Franz., Ital.

BARTSCH, Hans-Joachim
Prof., Organist - Am Keltenlager 97, 6500 Mainz 21 (T. 06131-47 35 33) - Geb. 31. Juli 1932 Schreibersdorf, ev. - 1952-55 Stud. d. Kirchenmusik Musikakad. Detmold, s. 1955 Musikwiss. Univ. Frankfurt - 1955-74 Organist Weißfrauenkirche Frankfurt, z.Zt. Prof. f. Orgel Hochsch. f. Musik Frankfurt u. Organist d. Christuskirche Mainz - 1965 1. Preis Intern. Orgelwettbew. St. Albans/England - Liebh.: Fremdsprachen - Spr.: Engl., Schwed., Niederl.

BARTSCH, Harry
Generaldirektor, Vors. d. Vorst. Gothaer Lebensversich. a. G., u. Gothaer Allg. Versich. AG, Vorst. Gothaer Rückversich. AG, Köln, AR-Vors. Gothaer Krankenversich. AG, Köln, AR Roland Rechtsschutz-Versich.-AG, Köln, u. Schwabengarage AG, Stuttgart, Vors. Verein Dt. Lebensversich. - Fridtjof-Nansen-Weg 3, 3400 Göttingen - Geb. 3. Mai 1923 Eschwalde (Vater: Landw.) - Arbeits- u. Wehrdst.; s. 1953 Gothaer.

BARTSCH, Irene, geb. Appelt
Dipl.-Theaterwiss., Journalistin, Regiss. (Ps. Irene Böhme) - Detmolder Str. 16, 1000 Berlin 31 (T. 030 - 853 19 49) - Geb. 3. Juni 1933 Bernburg/S. (Vater: Dr. Herbert A.; Mutter: Lieselotte, geb. John), verh. s. 1955 m. Kurt B., 2 Kd. (Daisy, André) - Theaterhochsch. Leipzig (Dipl.) - 1961 Redakt., Journ., Theaterkritikerin; 1969 Dramat., Regiss. - BV: D. da drüben. Sieben Kapitel DDR, 1982 - Hörsp.: D. Wesen, 1986; D. erste Nacht, 1987 - Insz.: Heiner Müller, Weiberkom., 1971; Bartsch, D. Bauch, 1974; Molnar, Liliom, 1979; Lessing, Minna v. Barnhelm, 1978; u.a. - Spr.: Engl.

BARTSCH, Norbert
Prof. f. Grundschuldidaktik (Did. d. Primarstufe) FU Berlin - Prinzregentenstr. 9, 1000 Berlin 31 - Geb. 7. Juni 1940 Johannisburg (Vater: Anton B., Polizeirat i. R.; Mutter: Agathe, geb. Schafrinski), kath., verh. s. 1960 m. Barbara, geb. von Bültzingslöwen, 1 Annette - PH Berlin (Leibeserziehung, Kybernetik) - BV: Curriculum Alkohol, Rauchen, Selbstmeditation, Werbung u. Gesundheit, 1975 - Liebh.: Freizeitsport.

BARTSCH, Rudolf Jürgen

Schriftsteller, Schausp. - Moritz-v.-Schwind-Str. 6, 5000 Köln 50 (T. 0221 - 35 39 29) - Geb. 17. Okt. 1921 Köslin (Pom.), ev., verh. s. 1950 m. Erika, geb. Graucob, 2 Kd. (Andreas, Ulrike) - 1946-50 Univ. Mainz (Lit., Musik-Theaterwiss.) - Fr. Mitarb. als Autor, Schausp. u. Regiss. b. allen Rundfunkanst. (dazw. 6 J. Leit. Theaterabt. e. Verlages) - BV: Krähenfang, R. 1964 (Übers. ins Poln. 1966); Erz. in Anthol., u.a. Dichter erzählen Kindern, Straßen und Plätze, Erlebte Zeit, Erz. aus Pommern, Botschaften am Jockel; Vorzeichen u. Nachrufe, Ged.; Hörsp. u. Ged. Ess. u. Features.

BARTSCH, Werner
Dr. phil., Leiter Goethe-Inst. Athen - Omirou 14-16, GR-103.10 Athen (T. 360 81 11) - Geb. 15. April 1921 Neurode/Schles. (Vater: Fritz B., Kaufm.; Mutter: Margarete, geb. Kunte), ev., verh. s. 1946 m. Rosemarie, geb. Kühl, 6 Kd. (Åse, Reinhart, Regine, Rudolf, Roland, Maria) - 1946-51 Ausb. Hamburg; 1951-52 Forsch. auf Island; Promot. 1954 Hamburg - S. 1956 Leit. Goethe-Inst. in: Jyväskylä (Finnl.), Damaskus (Syrien), Helsinki (Finnl.), Ankara (Türkei) - BV: Tempus-Modus-Aspekt, 1980; Linguist. Forsch. - Liebh.:

Sprachwiss., Gesch., Arch. - Spr.: Finn., Norweg., Engl.

BARTUSCHAT, Wolfgang
Dr. phil., Prof. f. Philosophie - Gaedechensweg 16, 2000 Hamburg 20 - Geb. 13. Mai 1938 Königsberg/Pr., verh. s. 1964 m. Dr. med. Ursula, geb. Vogelsang, 2 Kd. - Promot. 1964 Univ. Heidelberg, Habil. 1971 Hamburg, Prof. 1977 ebd. - BV: Z. systemat. Ort u. Kants Kritik d. Urteilskraft, 1972.

BARTUSSEK, Dieter
Dr. phil., Prof. f. Psychologie Univ. Trier - Mühlenstr. 3, 5501 Korlingen (T. 06588 - 29 97) - Geb. 24. Juni 1940 Leoben/Österr. (Vater: Dr. med. Alfred B., Facharzt f. inn. Krankh.; Mutter: Berta, geb. Schönwiese), 2 Kd. (Sonja, Birgit) - 1960-65 Stud. Psych., Biol., Math. Univ. Graz (Promot. 1965) - 1965-66 Wiss. Assist. Univ. Graz; 1966-72 Wiss. Rat/Oberrat Univ. Hamburg; s. 1972 o. Prof. f. Psych. Univ. Trier - BV: Differentielle Psych. u. Persönlichkeitsforsch. (m. M. Amelang), Lehrb., 2. A. 1985 (Übers. Span.) - Spr.: Engl.

BARTZ, Joachim
Dr. phil. nat., Prof., Regierungsdirektor a.D. Geol. Landesamt Baden-Württ. (s. 1959) - Mettackerweg 24, 7800 Freiburg/Br. - Geb. 2. Sept. 1910 Mannheim (Vater: Dr. med. Oskar B., Arzt; Mutter: Antonie, geb. Gregory), verh. s. 1941 m. Ria, geb. Troullier - Promot. 1934 Heidelberg; Habil. 1939 Berlin - S. 1940 (Habil.) Privatdoz. u. apl. Prof. (1961) Univ. Freiburg. Fachveröff.

BARÜSKE, Heinz

Prof., Skandinavist, Schriftsteller - Wittstocker Str. 8, 1000 Berlin 21 - Geb. 6. März 1915 Kolberg - BV: Grönland, größte Insel der Erde, 1968; Eskimo-Märchen, 1969; Skandinavische Märchen, 1972; Das Nordmeer und die Freiheit der See, 1974; Die Nordischen Literaturen I, 1974; Island, Prosa-Anthologie 1974; Märchen der Eskimo, 1975; Grönl., Reise ins Wunderland der Arktis, 1977; Land aus dem Meer. Zur Kultur Islands und der Färöer Inseln, 1980; Aus Andersens Tagebüchern, 1980; Die Wikinger und ihre Erben, 1981; Im Land d. Meerjungfrau. Reisen in Dänemark, 1982; Norwegen, Kunst u. Reiseführer, 1986; Hans Egede: D. Heiden im Eis. Als Forscher u. Missionar in Grönland, 1986; Dänemark. E. Märchenreise m. fot. Impressionen aus d. Land Hans Christian Andersens, 1986; Schweden. Auf d. Spuren v. Nils Holgersson, 1989; Island, Kunst- u. Reiseführer, 1990; Grönland, Kultur u. Landschaft, 1991. Div. Übersetzungen nordischer Autoren - 1975 Prof. E. h.; 1975 Ritterkreuz Isl. Falkenorden; 1977 Ritterkreuz I. Grades d. Dannebrog-Ordens; 1985 BVK.

BARUZZI, Arno
Dr. phil., Prof. f. Phil. Univ. Augsburg (s. 1975) - Pfarrer-Grimm-Str. 18c, 8000 München 50 (T. 812 46 39) - Geb. 17. Febr. 1935 Singen/Hohentw., kath., verh. s. 1961 m. Dr. phil. Renate, geb. Leicher - Promot. (1965) u. Habil. (1972) München - Zul. gf. Dir. Geschwister-Scholl-Inst. u. Privatdoz. Univ. München. 1969ff. Redakt. Phil. Jahrb. - BV: Mensch u. Maschine, 1973; Was ist praktische Philosophie?, 1976; Europ. Menschenbild u. d. Grundgesetz f. d. Bundesrep. Dtschl, 1979; Einf. in d. polit. Philosopie d. Neuzeit, 1982; Arbeit u. Beruf, 1982; Alternative Lebensform?, 1985; Freiheit, Recht u. Gemeinwohl. E. Rechtsphil., 1989.

BARWASSER, Karlheinz

Schriftsteller, Hörspielautor, Regiss. - Corneliusstr. 42, 8000 München 5 - Geb. 26. Juni 1950 - BV: Kaputte Sommertage in S., 1981; 2 Männer, 1987; Im eigenen Schatten, 1987. Hörsp.: Polyglotte, 1986; Jeanne de Jeannette du monde, 1988 - Spr.: Engl. - Lit.: Jost Schüpbach: in Versuch, Abstand zu verringern - üb. d. Schriftst. K.h. Barwasser in: Kontiki (65/83).

BARWIG, Helmut
Wasserbauwerkmeister, MdL Nieders. (s. 1974) - Blumenstr. 10, 2161 Drochtersen 5 (T. Assel 277; Büro: Stade 25 40 u. 1 22 20) - SPD.

BARWINSKI, Klaus-Jürgen

Dipl.-Ing., Direktor Landesvermessungsamt Nordrh.-Westf. (s. 1979) - Muffendorfer Str. 19-21, 5300 Bonn 2 (T. 0228 - 84 65 00) - Geb. 23. Febr. 1939 Königsberg/Pr., verh. s. 1962 m. Almut, geb. Briesemeister, 2 Kd. (Bärbel, Ulrich) - Abit. 1960 Neuspr. Gymn. Stadt Porz am Rhein; Dipl.-Ing. (Vermessungswesen) 1964 Bonn - 1971-79 Ref. Innenmin. Ld. Nordrh.-Westf. - Veröff. z. Landesvermessung, Liegenschaftskataster, Kartographie u. Landinformationssystemen - 1974 Mitgl. Oberprüfungsamt f. d. höh. techn. Verw.beamten, Frankfurt (s. 1983 stv. Abt.-Leit. Vermessungs- u. Liegenschaftswesen); 1980 Mitgl. im Direktorium Inst. for Land Information (ILI), Washington; 1983 Mitgl. Office Intern. Du Cadastre et Du Regime Foncier (OICRF); 1984 Beauftr. Arbeitsgem. d. Vermessungsverw. d. Ld. d. BRD (AdV) im Comite Europeen des Responsables de la Cartographie Officielle (CERCO); 1986 Vors. Wiss./Techn. Beir. GEOsat GmbH; 1987/88 President AM/FM Intern. - European Division (AM/FM = Automated Mapping / Facilities Management); Board of Directors AM/FM Intern.; 1988 GIS - GEO-Informations-Systems editorial board - Spr.: Engl.

BARZ, Wolfgang
Dr. rer. nat., Prof. f.Biochemie d. Pflanzen - Waldweg 20, 4400 Münster (T. 71 72 48) - B. 1973 Wiss. Rat u. Prof. Univ. Freiburg/Br., dann Ord. Univ. (Lehrstuhl III) Münster.

BARZEL, Rainer
Dr. jur., Bundestagspräsident a.D., MdB - Görresstr. 15, Bundeshaus, 5300 Bonn 1 - Geb. 20. Juni 1924 Braunsberg/Ostpr. (Vater: Dr. Candidus B., Oberstudienrat; Mutter: Maria, geb. Skibowski), kath., verh. I) 1948 m. Kriemhild, geb. Schumacher (†1980), II) 1982 m. Helga, geb. Henselder (Geschäftsf. Bundesverb. Dt. Groß- u. Außenhandel), T. Claudia (†1977) - Gymnasium Berlin; 1945-48 Univ. Köln (Rechtswiss. u. Volksw.). Promot. 1949 - 1941-45 Wehrdst. (zul. Fliegerlt., S. 1959 Oberlt. z.S.d.R.); 1949-56 Landesreg. Nordrh.-Westf. (1955 Min.-Rat); 1956-57 gf. Mitgl. CDU-Landespräsid. NRW; s. 1957 MdB; 1964-73 (Rücktr.) Vors. CDU/CSU-Fraktion); ab 1960 Mitgl. CDU-Bundesvorst., spät. -Präsid., I. stv. (1966) u. Bundesvors. (1971; 1973 zurückgetr.); 1962-63 (Rücktr.) Bundesmin. f. gesamtdt. Fragen; 1977-79 (Rücktr.) Vors. Wirtschaftsaussch.; 1980 Koordinator f. d. dt.-franz. Zus.arbeit; 1980-82 Vors. Ausw. Aussch. Dt. Bundestag; 1980-83 Präs. Dt.-Franz. Inst.; 1973-83 wiss. Mitarb. Rechtsanwaltspraxis Dr. Dr. Albert Paul, Frankfurt/M.; Okt. 1982 - März 83 Bundesmin. f. innerdt. Bezieh.; 1983-84 Präs. d. Dt. Bundestages - BV: D. geist. Grundl. d. polit. Parteien, 1947; Souveränität u. Freiheit, 1950; D. dt. Parteien, 1951; Karl Arnold - Grundleg. christl.-demokr. Politik, 1961; Gesichtspunkte e. Deutschen, 1968; Es ist noch nicht zu spät, 1976; Auf d. Drahtseil, 1978; D. Formular, R. 1979; Unterwegs - Woher u. Wohin?, 1982; Im Streit u. umstritten, 1986 - Eisernes Kreuz u. Goldene Frontflugspange; 1968 Gr. BVK m. Stern u. Schulterbd., 1970 Bayer VO., 1973 Großkreuz VO. BRD; 1974 Komturkreuz m. Stern d. Gregoriusordens, 1980 Großoffz.kreuz Nation. VO Frankr. - Liebh.: Bücher, Bergsteigen, Schlittschuhlaufen, Eisschießen (Curling) - Lit.: Ulrich Sonnemann, Wie frei sind unsere Politiker? (1969), Ludwig v. Danwitz, Apropos B., 1972; Fernsehen/ARD: Mathias Walden, Einige Tage im Leben d. R. B. (1969), Dagobert Lindlau, R. B. - Porträt e. Oppositionsführers (1972).

BASCHANG, Hans
Maler u. Graphiker - Ohmstr. 20, 8000 München 40 (T. 39 98 80) - Geb. 15. April 1937 Karlsruhe (Vater: Hermann B., Kaufm.; Mutter: Liesel, geb. Schwarz), ev., gesch., 2 Kd. (Sarah, Ivan) - Abitur; Staatsex. f. Kunsterzieh. - 1971 ff. Lehrauftr. Fachhochsch. f. Gestaltung, Pforzheim. 1972/73 Gast Kunstakad. Karlsruhe; 1975 Prof. Akad. d. bild. Künste München. Früher Bilder, jetzt Zeichnungen, haupts. Großformat (D. Mensch -d. menschl. Figur) - 1965 Förderungspreis Stadt Karlsruhe, 1966 Villa-Romana-Preis (Aufenth. Florenz), 1968 Kunstpreis Böttcherstr. Bremen, 1970/71 Stip. Villa Massimo, Rom - Div. Erwähnungen.

BASCHANT, Edgar
Dr. rer. nat., Dipl.-Chem., Vorstandsmitglied Gummiwerke Becker AG, Heidenheim - Arnold-Böcklin-Str. 115, 7920 Heidenheim/Brenz - Geb. 3. Okt. 1922.

BASCHE, Arnim
Journalist - Michaelsplatz 6, 5300 Bonn 2 (T. 0228 - 35 74 89) - Geb. 9. Sept. 1934 Dresden (Vater: August B., Zollbeamter; Mutter: Frieda, geb. Fehrmann), ev., verh. s. 1959 m. Renate, geb. Kleines, 2 S. (Michael, Boris) - Abit. 1953; Stud. Wirtschaftswiss. - S. 1961 Redakt., Sport-Reporter u. -Moderator ARD, ab 1971 ZDF - BV: Turf - Vollblutzucht u. Galopprennsport, 1978; D. schöne Welt d. Pferde, 1981; Geschichte d. Pferdes, 1984 - Ausz. d. Dt. Reiterl. Vereinig. (f. bes. Verdienste um Reiterei u. Pferd); Auszeichn. d. NOK f. d. Berichterst. 1984 Los Angeles - Liebh.: Hippologie, Jagd, Bibliophilie - Spr.: Engl. - Lit.: D. 100 v. Fernsehen.

BASCHE, Erwin
Dipl.-Ing., Prof. f. Hochspannungstechnik u. Lichttechnik Univ./GH Paderborn (Fachbereich Elektr. Energietechnik/Soest) - Sybelweg 11, 4770 Soest.

BASCHEK, Bodo
Dr. rer. nat., o. Prof. f. Astrophysik - Adalbert-Seifriz-Str. 25, 6903 Neckargemünd - Geb. 24. Juli 1935 - Promot. (1959) u. Habil. (1965) Kiel - S. 1970 Ord. Univ. Heidelberg. Fachaufs.

BASEL, von, Carl
Dr. phil. habil., em. o. Prof. f. Meßtechnik RWTH Aachen (s. 1974) - Dr.-de-Weverlaan 23, NL-Heerlen - Geb. 15. Okt. 1914 Komorn, kath., verh. s. 1941 m. Elinor, geb. Griegoleit, 3 Kd. (Karl Heinz, Gabriele, Hans) - Univ. Göttingen u. Wien (Math., Physik; Promot. 1937). Habil. 1943 Breslau - S. 1937 Siemens & Halske AG, Berlin, Hochfrequenzforsch., Gatow (1943), Labor f. Meßtechnik, Bredeneck (1945; Leit.), Vibro-Meter GmbH, Fribourg (1949; Gründer, Gesellsch. u. techn. Leit.). N. V. Philips, Eindhoven (1952); 1958 Priv.-Doz. RWTH Aachen, 1964 apl. Prof. ebd.

BASIC, Mladen
Dirigent, Generalmusikdir. Stadt Mainz (1978-90) - Göttelmannstr. 42 B, 6500 Mainz - Geb. 1. Aug. 1917 Zagreb, verh. m. Zlata, geb. Stepan, Choreogr. u. Opernregiss. - Musikhochsch. Zagreb; Poststud. Conservatoire Paris - 1939 Korrepetitor u. Dirig. Nat. Theater Zagreb; 1953-59 Operndir., 1959-67 Opernchef Landestheater u. Chefdirig. Mozarteum-Orch. Salzburg; dan. Operndir. in Split; 1970-78 1. Dirig. u. Leit. Filharmonie Zagreb.

BASLER, Heinz-Dieter
Dr. phil., Dr. med. (habil.), Prof. f. Med. Psych. u. Gf. Direktor Inst. f. Med. Psych. Univ. Marburg - Bunsenstr. 3, 3550 Marburg (T. 06421 - 28 37 67) - Geb. 27. März 1943 Hildesheim, verh. s. 1968 m. Frauke, geb. Gerhard, 3 Kd. (Annetrin, Hinrich, Mareile) - Stud. Psych. u. Päd.; Promot. 1975, Habil. 1979 Hannover - BV: Med. Psych., 1978; Verhaltenstherapie b. psychosomat. Erkrank., 1979; Klin. Psych. u. körperl. Krankheit, 1985; Gruppenarbeit d. Allgemeinpraxis, 1989; Psych. Schmerztherapie b. Rheuma, 1989.

BASSENGE, Eberhard
Dr. med., Prof., Institutsdirektor Univ. Freiburg (Angew. Physiologie) - Hermann Herderstr. 7, 7800 Freiburg - Geb. 9. Juli 1936 Kleinmachnow (Vater: Heinrich B., Prokurist; Mutter: Hedwig, Lehrerin), ev., verh. s. 1962 m. Birgit, geb. Eitel, 3 Kd. - Ratsgymn. Goslar, Abit. 1955; Med.stud. Univ. München, Ex. 1961, Promot. 1961, Habil. 1969, o. Prof. f. Angew. Physiol. Univ. Freiburg 1978 - Seit 1961 Assist., b. 1963 Fellow of Medicine Detroit, 1974-78 apl. Prof. - BV: Vegetative Physiol., 1980; Neue Aspekte z. Therapie d. ischämischen Herzerkrankung, 1982; Nitrates: New aspects of mechanism of action, 1986 - 1975 Paul Morawitz-Preis Dt. Ges. f. Kreislaufforsch. - Spr.: Engl.

BASSEWITZ, Graf von, Christian
Dipl.-Kfm., Mitglied Geschäftsleitung Bankhaus Hermann Lampe KG, Bielefeld - Silcherstr. 40, 4000 Düsseldorf-Benrath - Geb. 8. Okt. 1940 - Mitglied des Verwaltungsrats Lampebank Intern. Soc. Anonyme, Luxembourg; AR FAMILIA Handels-Zentralges. mbH & Co KG, Heidelberg, Union-Investment-Ges. mbH, Universal-Investment-Ges. mbH, IF Warenhandel Beteiligungs GmbH, alle Frankfurt.

BASSLER, Friedrich
Dr.-Ing., o. Prof. u. Direktor Inst. f. Wasserbau u. -w. TH Darmstadt (s. 1961) - In d. Röte 22, 7800 Freiburg/Br. - Geb. 21. Juni 1909 Karlsruhe, verh. s. 1951 m. Janine, geb. Hoffmann, 2 Kd. (Michael, Sibylle) - TH Karlsruhe (Dipl.-Ing. 1932). Regierungsbaumeister 1936; Promot. 1956 Berlin -1936 Bad. Finanz- u. Wirtschaftsmin., Karlsruhe (Reg.sbaurat), 1939 Wehrdst. (zul. Oblt. Luftwaffe), 1945 amerik. Kriegsgefangensch., 1948 Schluchseewerk AG., Freiburg/Br. (1954 Prok., 1956 Baudir.); Gastprof. Univ. Madras (1967), Berlin (1968/69), Alexandria (1974/79) u. Kairo (1975); s. 1973 wasserw. Experte d. OECD, Paris u. EG, Brüssel; 1964-73 Verf. d. hydro-solaren Energieprojekts Kattara-Senke (s. 1975 Board of Advisors d. ägypt. Reg.). Spez. Arbeitsgebiet: Wasservorräte in Europa, Wasserw. in Entwicklungsländern, Kosten-Nutzen-analyse in d. Wasserwirtsch. - BV: Gesichtspunkte f. d. Wahl e. Talsperren-Bauart, 1956. S. 1952 rd. 50 wiss. Veröffentl. Herausg.: Darmstädter Wasserbau-Mitt. (1966 ff.).

BASSON, Claus-Peter
Dr. jur., Rechtsanwalt, Geschäftsführer Verband d. Importeure von Kraftfahrzeugen e. V. (VDIK) (s. 1976) - Postfach 2414, 6380 Bad Homburg v.d.H. - Verh. m. Susanne, geb. Beyer - Stud. Rechtswiss. Univ. Hamburg; Staatsprüf. Hamburg (1952) u. Düsseldorf (1956); Master of comparative jurisprudence 1958 New York - S. 1958 Anwaltsass. Wiss. Referent Markenverb. e. V., Wiesbaden (1959), Gf. Verb. d. Körperflegemittelind., Köln (1963), Gf. Industrieverb. Körperpflege- u. Waschmittel, Ffm. (1969) - Spr.: Engl., Franz.

BASTEN, Franz-Peter
Richter, Staatssekretär Min. f. Wirtschaft u. Verkehr Rhld.-Pfalz (s. 1988), MdL (s. 1979) - Zu erreichen üb. Bauhofstr. 4, 6500 Mainz - Geb. 22. Aug. 1944 - Stud. Rechtswiss. Gr. jurist. Staatsprüf. - 1985-88 Staatssekr. Min. d. Innern u. f. Sport Rhld.-Pfalz - CDU.

BASTERT, Gunther
Dr. med., o. Prof. u. Geschäftsf. Direktor Univ.-Frauenklinik Heidelberg - Zu erreichen üb. Univ.-Frauenklinik, Voßstr. 9, 6900 Heidelberg - Geb. 23. Juni 1939, kath., verh. s. 1968 m. Georgia, geb. Mertz, 4 Kd. (Janine, Roman, Christoph, Robin) - Human. Gymn. Frankfurt (Abit.); Med.-Stud. Frankfurt u. Mainz; Staatsex. 1966, Promot. 1969, Habil. 1977 Frankfurt - 1983 Honorarprof. Univ.-Frauenklinik Frankfurt; 1985 Ord. f. Gynäk. u. Geburtshilfe Med. Fak. d. Univ. d. Saarl. Homburg/Saar; 1988 Ord. f. Gynäk. u. Geburtshilfe Univ. Heidelberg - BV: Gynäk. Onkol. (m. H. Schmidt-Matthiesen), 3. A. 1984; Thymusaplastic Nude Mice and Rats in Clinical Oncology (m. H. Schmidt-Matthiesen u. H. B. Fortmeyer), 1981; Monoclonal Antibodies in Clinical Oncology (m. S. Kaul), 1986. Handbuchbeitr.: Mammakarzinom in Klinik d. Frauenheilkde. u. Geburtshilfe (m. Wulf u. Schmidt-Matthiesen), 1989 - 1977 Georg Zimmermann-Förderpreis Med. Hochsch. Hannover; 1977 Preis FB Humanmed. Univ. Frankfurt; 1980 Adolph-Berthold-Med. Dt. Ges. f. Endokrinol. - Interessen: Krebsforschung, zeitgenöss. Kunst - Spr.: Engl.

BASTIAN, Gert
Generalmajor a. D., MdB (1983-87) - Winzererstr. 96, 8000 München 40 - Geb. 26. März 1923 München - B. 1941 Realgymn., dann Kriegsfreiwilliger - 1956-80 Bundeswehr (Generalstabsausb., Brig.-Kommand. Göttingen, stv. Amtschef d. Heeresamtes Köln, Kommand. 12. Panzer-Div. Würzburg). Mitgl. Gruppe Generale f. Frieden u. Abrüstung.

BASTIAN, Hans Dieter
Dr. theol., o. Prof. f. Ev. Religionspädagogik Univ. Bonn - Billrothstr. 1, 5300 Bonn-Duisdorf (T. 62 48 12) - Geb. 30. Jan. 1930 Bad Kreuznach/N., verh. s. 1954 m. Ruth, geb. Adolphs, 2 Kd. - S. 1961 ao. u. o. Prof. (1967) Bonn. 1973-87 Mitgl. im Beirat f. Fragen d. Inn. Führung b. Bundesmin. d. Verteidigung - BV: u. a. Kind u. Glaube, 1964; V. Geheimnis d. Bösen, 1965; Verfremd. u. Verkündig. 2. A. 1967; Theol. d. Frage, 2. A. 1970; Abseits d. Kanzel, 1970; Kommunikation, 1972; D. Bundeswehr in Staat u. Ges., 1974-76. Ausbildungspäd. Untersuch. in d. Bundeswehr, 1978; Bildungsbürger in Uniform, 1979; Kontakte. Mil. Menschenführung in kl. Gruppen, 1979. Herausg.: Lexikon f. junge Erwachsene (1970); Wehrpflichtig in d. Bundeswehr (1984). Versch. Schulbücher. Arb. in Funk u. Fernsehen.

BASTIAN, Hans Günther
Dr. phil., o. Prof. f. Musikpädagogik Univ.-GH Paderborn - Kneippstr. 20, 6250 Limburg (T. 06431 - 4 26 77) - Geb. 22. Juni 1944 Niederzeuzheim (Vater: Hans B.; Mutter: Monika, geb. Gläßer), kath., verh. s. 1968 m. Elisabeth, geb. Hodes, 3 Kd. (Nicole, Johannes, Matthias) - 1. Staatsex. f. Lehramt an Grund-Haupt-Realsch. 1966, 2. Staatsex. 1969, Promot. (Syst. Musikwiss.) 1979 - B. 1975 Lehrer; 1975-81 Päd. Mitarb. Inst. f. Musikwiss./Musikpäd. Univ. Gießen; 1981-87 Prof. Univ. Bonn. 1983 Vors. Arbeitskr. Musikpäd. Forsch. (AMPF); 1985-87 Vors. Bundesfachgruppe Musikpäd. - BV: Neue Musik im Schülerurteil. Z. Einfluß v. Musikunterr. Herausg.: Musikpäd. Hist., syst. u. didakt. Perspektiven (m. D. Klöckner, 1982); Umgang m. Musik (1985); Musik im Fernsehen (1986); Jugend musiziert (1987); Schulmusiklehrer u. Laienmusik (1988); Leben f. Musik (1989); zahlr. Aufs. z. Probl. d. Musikpäd. u. deren empir. Überprüf.; Publ. didakt. Mod. f. d. Praxis d. Musikunterr.; Forsch.arb. üb. d. Einstell. v. Lehrern z. Musikunterr., Lehrerfortbildung, z. Wirkungszus.hang v. Film u. Musik; d. Musikunterr. in d. Sicht Jugendl., Musikkulturkonzepte Jugendl.; Musik in Fernsehsend. f. Kinder u. Jugendl., Unterrichtsforsch., Meth. musikpäd. Forsch., Biographie- u. Hochbegabungsforsch.

BASTIAN, Karl-Heinz

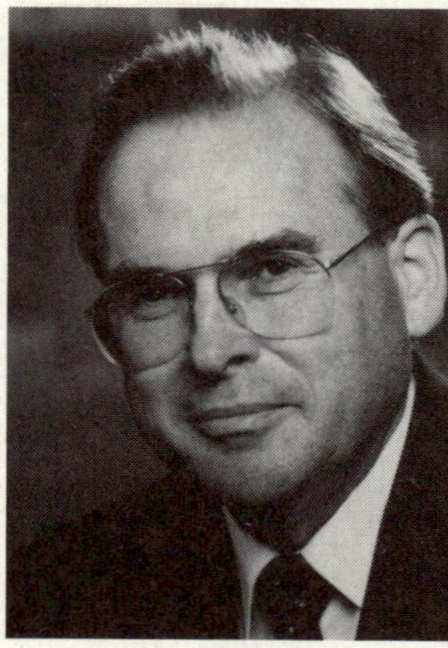

Dr.-Ing., Ministerialdirigent, Leiter Abt. Vermessungs- u. Katasterwesen im Min. d. Innern u. f. Sport d. Landes Rhld.-Pfalz (s. 1986) - Görresstr. 21, 5550 Bernkastel-Kues (T. 06531 - 82 36) - Geb. 11. Jan. 1926 Koblenz, ev., verh. s. 1955 m. Gisela, geb. Christmann, 3 Töcht. (Erdmut, Dörte, Karla) - Abitur; Stud. Univ. Bonn (Geodäsie), Dipl.-Ing., Gr. Staatsprüf. (Ass. d. Vermessungsdst.), Promot. Bonn - 1954/55 freiberufl. Tätigk.; 1955-57 Reg.vermessungsass. b. versch. Katasterämtern; 1957-77 Leit. Katasteramt Bernkastel; 1977-86 Präs. Landesvermessungsamt Rhld.-Pfalz Koblenz; s. 1972 Mitgl., s. 1984 stv. Leit. Abt. Vermessungs- u. Liegenschaftswesen Oberprüfungsamt f. d. höh. techn. Verwaltungsbeamten u. s. 1988 Vertreter d. Landes Rhld.-Pfalz im Kurat. d. Oberprüfungsamtes. S. 1979 Beauftr. d. AdV (Arbeitsgem. d. Vermessungs-Verw. d. Länder d. BRD) f. Entw.hilfe. S. 1981 Lehrbeauftr. f. Kartographie f. Entwicklungsländer Univ. Bonn; s. 1982 Lehrbeauftr. f. Topograph. Vermessung u. Kartierung Univ. Trier; s. 1985 Vors. Dt. Verein f. Vermessungswesen; DVW-Vertreter in d. FIG (Fédération Intern. des Géomètres); s. 1989 stv. Vors. d. AdV; Mitgl. bzw. Leit. d. dt. Delegation auf div. intern. Konfz. - Zahlr. Veröff. in: Ztschr. f. Vermessungswesen; Allg. Vermessungsnachrichten; Kartograph. Nachrichten; Nachrichtenblatt d. Vermessungs- u. Katasterverwaltung Rhld.-Pfalz - Liebh.: Rudern, Jagd - Spr.: Engl.

BASTINE, Reiner
Dr. phil., o. Prof. f. Klin. Psychologie Univ. Heidelberg - Zu erreichen üb. Psychologisches Inst., Hauptstr. 47-51, 6900 Heidelberg.

BASTING, Alexander
Kaufmann, Präs. Dt. Motoryachtverb. Hamburg, Vizepräs. Welt-Motorbootverb. U.I.M., Brüssel - Spiesergasse 18, 5000 Köln 1 - Geb. 8. Aug. 1921 Köln, kath., ledig - Ausb. z. Bankkaufm. - BVK am Bde.; BVK I. Kl.; Verb.-Ehrenz. in Gold m. Brillanten.

BATHELT, Hans
Dr., Dipl.-Psych., Prof. f. Päd. Psychologie PH Schwäb. Gmünd - Albstr. 14, 7075 Mutlangen.

BATHORY-HÜTTNER, Stephan
Dr. jur., Dipl.-Kfm., Geschäftsführer Kontinent Möbel GmbH & Co. KG (s. 1966) u. Kontinent Möbel Beteiligungsges. mbH & Co. KG (s. 1975), Gelsenkirchen-Buer - Thiemannstr. 14, 4300 Essen-Kettwig (T. 02144 - 30 92) - Geb. 20. Okt. 1925 Budapest/Ungarn (Eltern: Dr. Johann B., Vorst.svors. Stadium-Pallas AG., u. Ehefr. Magdalena), kath., verh. s. 1956 m. Eva, geb. Püspöky - Gymn. (Abit. 1943 Budapest); Stud. Budapest u. Frankfurt/M.; Promot. 1947 Budapest; Dipl.ex. 1961 Frankfurt/M.; 1. u. 2. jur. Staatsex. 1958; bzw. 1962 ebd. - 1947-56 Anwalt Budapest, 1962-66 Abt.-leit Phönix-Rheinrohr. Fachveröff. - Liebh.: Sport (10f. ungar. Alpiner Skimeister), Musik -Spr.: Ungar.

BÁTORI, István
Dr. phil., Prof. Erziehungswiss. Hochsch. Rhld.-Pfalz, Abt. Koblenz (Ps. Stefan Bátori) - Sebastian-Kneipp-Str. 35, 5414 Vallendar - Geb. 23. Aug. 1935 Seldin/ČSR (Vater: Emil B., Studienrat; Mutter: Mária, geb. Dékány), kath., verh. s. 1964 m. Ingrid, geb. Trux, 2 Kd. (Sophie, Vincent) - Dipl. Slavist. 1959 Univ. Oxford, B.A. 1961 Univ. London, Promot. 1967 Univ. Göttingen, Post doctoral fellow 1968 M.I.T., Habil. 1979 Univ. Bonn - 1968-80 wiss. Mitarb. IBM Dtschl.; 1980 Privatdoz. Bonn; s. 1980 Prof. in Koblenz - BV: Wortzusammensetz. im Syrjänisch, 1969; Russen u. Finnougrier, 1980; D. Grammatik aus d. Sicht kognitiver Proz., 1981 - Liebh.: Kochen - Spr.: Ungar., Russ., Engl., Finn.

BATSCH, Klaus-Jürgen
Dipl.-Ing., Geschäftsführer Witt GmbH, Rohrleitungsbau/Sanit. Installationen, Langenhagen, Gas- u. Industrie-Rohrbau-GmbH, Langenhagen - Mühlenfeld 18, 3012 Langenhagen; priv.: Im Eichholz 30B, 3000 Hannover 51 - Geb. 28. Okt. 1938 Kassel (Vater: Martin B., Reg.- u. Baurat; Mutter: Hertha B.), verh. s. 1965 m. Monika, geb. Witt, 2 Söhne (York-Alexander, Constantin) - Albert-Schweitzer-Sch. Kassel (Abit. 1958); Stud. Bauing. TH Hannover; Dipl. 1964 - Vors. d. Sozialpolit. Ausssch. d. Verb. d. Bauind. f. Nieders., Hannover, u. d. Rohrleitungsbauverb. Landesgr. Nieders., Hannover; stv. Vors. Rohrleitungsbauverb. Köln; Vorst.-Mitgl. d. Urlaubs- u. Lohnausgleichskasse d. Bauwirtsch., Wiesbaden, d. FIGAWA, Bundesvereinig. d. Firmen im Gas- u. Wasserfach, Köln, u. d. Vereins d. Gas- u. Wasserfaches (DVGW/BGW) Nieders., Hannover; stv. AR-Vors Volksbank Hannover; Mitgl. d. Vertretervers. Tiefbau-Berufsgenoss., München; Beiratsmitgl. Verb. d. Bauind. f. Nieders., Hannover. Ehrenämter b. d. IHK Hannover-Hildesheim (u.a. Vizepräs., Vors. Wirtsch.aussch. u. Ind.-Aussch. Hannover-Land). Ehrenamtl. Arbeitsrichter Landesarbeitsgericht Nieders. - 1982 BVK - Liebh.: Philat., Golfspielen, Numismatik.

BATT, Jürgen
Dr. rer. nat., o. Prof. f. Angewandte Mathematik u. Vorst. d. Math. Inst. Univ. München - Bauschneiderstr. 11, 8000 München 60 (T. 089 - 88 89 61) - Geb. 18. Aug. 1933 Gumbinnen/Ostpr. (Vater: Ulrich B., Reg.baudir.; Mutter: Gertrud, geb. Brummund), ev., verh. s. 1966 m. Hannelore, geb. Ulbricht, 2 Kd. (Christiane, Astrid) - 1953-59 TH Aachen, Promot. 1962, Habil. 1969 (Univ. München) - 1977-79 Dekan Fak. f. Math. Univ. München, 1986-88 Mitgl. Akad. Senat Univ. München - Mithrsg.: Transport Theory and Statistical Phyiscs. Viele Fachveröff.

BATTENBERG, Johannes Friedrich
Dr. jur., Privatdozent f. Mittelalterl. u. Neuere Gesch. TH Darmstadt, Archivdirektor Staatsarchiv Darmstadt - Christian-Stock-Str. 29B, 6102 Pfungstadt/b. Darmstadt - Geb. 3. Juli 1946 Erbach/Odenwald, ev., verh. s. 1971 m. Hannelore, geb. Küthe, 3 Kd. (Charlotte, Susanne, Eike) - 1965-69 Stud. Rechtswiss. Univ. Frankfurt, 1970-73 Refer. m. Ass.-Ex.; Promot. 1973 Frankfurt, Habil. 1984 Darmstadt - 1974-76 Archivausb., Refer. Archivschule Marburg, 1970-74 Wiss. Mitarb. Forschungsprojekt d. DFG; 1977-84 Lehrbeauftr. TH Darmstadt; ab 1982 Archivdir.; ab 1984 Privatdoz. TH Darmstadt u. Mitarb. an Forschungsprojekten Akad. d. Wiss., Mainz, sow. Germania Judaica/Jerusalem (ab 1977) - BV: Gerichtsschreiberamt u. Kanzlei am Reichshofgericht, 1974; D. Hofgerichtssiegel d. dt. Kaiser u. Könige, 1979; Beiträge z. Höchsten Gerichtsbarkeit im 15. Jh., 1981; D. Gerichtsstandprivilegien, 1983; Pfungstadt - Vom fränk. Mühlendorf z. mod. Stadt, 1985; Reichsacht u. Anleite im Spätmittelalter, 1986; D. Achtbuch d. Könige Sigmund u. Friedrich III., 1986; Judenverordnungen in Hessen-Darmstadt, 1987; D. Europ. Zeitalter d. Juden, 1990 - Liebh.: Klass. Musik (ausüb. Violine u. Bratsche).

BATTES, Robert
Dr. jur., Prof. f. Bürgerliches Recht, Handels- u. Gesellschaftsrecht sowie Privatrechtsvergleichung - Adenauerallee 24-42, 5300 Bonn (T. 0228 - 73 92 51) - Geb. 13. März 1932 Düsseldorf - Promot. (1966) u. Habil. (1973) Köln - S. 1974 Wiss. Rat u. Prof. Univ. Münster (Bürgerl. Recht, Handelsrecht, Rechtsvergleich.), s. 1981 Lehrstuhl Univ. Bonn. Bücher u. Einzelarb.

BATTIS, Ulrich
Dr. jur., Prof. f. Staats-, Verwaltungsrecht u. Verw.slehre - Rummenohler Str. 91, 5800 Hagen 8 - Geb. 16. Mai 1944 Bergzabern, kath., verh. s. 1970 m. Karin, geb. Lappe, 3 Kd. - Promot. 1969 Münster; Habil. 1974 Berlin (FU) - S. 1976 Univ. Hamburg, 1979 Fernuniv.

Hagen - BV: u. a. Partizipation im Städtebaurecht, 1976.

BATZ, Michael

Autor, Regisseur, Theaterleit. - Kleine Reichenstr. 9, 2000 Hamburg 11 - Geb. 25. Aug. 1951 Hannover - Stud. German., Gesch., Phil.; 1. u. 2. Staatsex. (1976 Marburg/Lahn, 1979 Hamburg) - BV: Theater zwischen Tür u. Angel, 1983; Gesch. zwischen Tür u. Angel, 1984; Theater Grenzenlos, 1985. Zahlr. Insz., Großprojekte, Kunstaktionen, Intern. Festivals, Festivalorg.

BATZEL, Siegfried

Dr.-Ing., Vorstandsmitglied Ruhrkohle AG, Essen (s. 1974) - Paschenbergstr. 43, 4353 Herten/W. (T. 3 61 80) - Geb. 22. Juli 1922 Kaster/Rhld. - U. a. Vorst. Hamborner Bergbau AG, Friedrich Thyssen Bergbau AG, Bergbau AG Oberhausen u. Bergbau AG Niederrhein - Spr.: Engl. - Rotarier.

BATZER, Hans

Dr. rer. nat., Dr. h. c., Prof., Chemiker - Rainweg 7, CH-4144 Arlesheim/Basel-land (Schweiz) (T. 061 - 72 18 20) - Geb. 16. Dez. 1919 Offenburg/Baden (Vater: Ernst B., Gymnasialprof.; Mutter: Albertine, geb. Weiner), kath., verh. s. 1947 m. Hedwig, geb. Spek, 3 Kd. (Dorothee, Hans Rudolf, Martin Christoph) - Promot. (1946) u. Habil. (1950) Freiburg/Br. - Mitarb. Prof. Dr. Dr. h. c. Hermann Staudingers; 1950-57 Lehrtätigk. Univ. Freiburg (Doz.) u. TH Stuttgart (1953; 1956 apl. Prof.), s. 1969 Honorarprof. Univ.- Konstanz; s. 1957 CIBA-Geigy AG., Basel (gegenw. Dir., Mitgl. d. Geschäftsltg. u. stv. Divisionsleit. d. Division Kunststoffe u. Additive). (Arbeitsgebiet: Makromolekulare u. organ. Chemie - BV: Einf. in d. makromolekulare Chemie, 1957 (russ. 1960), 2. A. 1975 (engl. 1979). Hrsg.: Methodicum Chimicum, 1973; Polymere Werkstoffe Bd. I-III, Bd. II 1983, Bd. I 1984 u. Bd. III 1985. Mithrsg.: Gr. Moleküle, 1970 (Suhrkamp-Wissen); D. Angew. Makromolekulare Chemie; D. Makromolekulare Chemie; Kunststoffe-Plastics; Polymer-Bulletin - 1981 Hermann-Staudinger-Preis; 1982 Ehrenmitgl. Schweiz. Chemiker-Verb.; 1983 Dr. ès sciences honoris causa ETH - Liebh.: Malerei, Musik - Spr.: Engl., Franz.

BAUCH, Hansjoachim

Dr. rer. pol., Dipl.-Kfm., Verwaltungsratsvorsitzender Wohnungseigentümergemeinschaft, Rottach-Egern (s. 1981) - Dubrowstr. 14, 1000 Berlin 37 (T. 030 - 801 83 61), u. Sonnenmooststr. 24a, 8183 Rottach-Egern (T. 08022 - 2 41 13) - Geb. 4. Dez. 1931 Berlin (Vater: Erich B., Unternehmer; Mutter: Susanne, geb. Haußmann), ev., verh. s. 1967 m. Helga, geb. Tobias, T. Alexandra - Askan. Gymn. Berlin-Tempelhof (Abit. 1950); Stud. d. Betriebswirtsch. FU Berlin; Dipl.ex. 1956; Promot. 1963 (Prof. E. Kosiol) - 1960-67 Wirtschaftsprüfungsassist. Dt. Revisions- u. Treuhand-AG, Hamburg, 1968 Fa. Karl Tobias (1971-83 Gf.). 1971-78 Ehrenamtl. Richter Arbeitsgericht Berlin. 1971-83 Mitgl. Kassenprüfungskommiss., 1972-83 betriebswirtschaftl. Aussch., 1972-83 Delegierter zur Generalversamml. u. 1975-83 Vors. Gemeinsch. Junger Unternehmer, alle Fachgemeinschaft Bau Berlin; 1976-84 Vorst.-Mitgl. Sozialkasse d. Berliner Baugewerbes, 1977-84 Mitgl. Rechnungsprüfungskommiss. Hauptverb. d. Deutschen Bauindustrie Wiesbaden, 1980-84 Mitgl. Steueraussch. d. IHK Berlin. 1978-86 Ehrenamtl. Richter Landesarbeitsgericht Berlin - BV: Öfftl. Beziehungspflege in Industrieunternehmungen, Versuch e. Grundlegung u. krit. Würdigung in primär betriebswirtschaftl. Sicht, Diss. 1963 - Liebh.: Fliegen (1964 priv. Luftfahrerschein; 1965 eingeschr. Sprechfunkzeugn. f. Flugfunkdst.), Skilanglauf, Naive Malerei - Spr.: Engl., Franz., Span. - Bek. Vorf.: Friedrich Paul Haußmann, 1868-1944 Kunstmaler Staatl. Porzellanmanufaktur Meissen (Großv. ms.).

BAUCH, Jost

Dr. soz. wiss., Referent Bundeszahnärztekammer, Abt. f. Gesundheitspolitik, Lehrbeauftr. f. Medizinsoziol. u. Gesundheitserziehung Univ. Köln - Burgstr. 42, 5354 Weilerswist (T. 02254 - 75 48) - Geb. 1. Mai 1949 Osnabrück, ev., verh. s. 1978 m. Pamela Chausse-Bauch, T. Katja - Dipl.-Soziol. 1976 Bielefeld; Promot. 1980 ebd. - Ref. f. Gesundheitspolitik d. Bundeszahnärztekammer - BV: Motiv u. Zweck, Stud. z. Verhältnis v. Individuum u. Ges., 1980; Handb. f. zahnärztl. Öffentlichkeitsarb., 1981; Probl. d. Finalisierung d. Med., 1985 - Liebh.: Sozialphil., Gesch., Modelleisenbahn - Spr.: Engl., Latein.

BAUDACH, Heinz

Töpfermeister, Vors. Zentralverb. d. dt. Kachelofen-, Luftheizungsbauer- u. Fliesenlegerhandwerks, Hannover, Oberm. Kachelofen-Luftheizungsbauer-Innung, Berlin - Pflügerstr. 14, 1000 Berlin 44 (T. 623 30 23) - Geb. 13. Juni 1907 - BVK.

BAUDER, Uwe Helmut

Dr.-Ing., Prof. f. Elektrotechnik TU München (s. 1978) - Springerstr. 4, 8000 München 71 (T. 791 36 88) - Geb. 19. Dez. 1931 Stuttgart (Vater: Reinhold B., Prof.; Mutter: Else, geb. Kiderlen), ev., verh. s. 1959 m. Maria, geb. Ahlbach, S. Ralph - Bacalaureal Toulon/Frankr. 1951, Dipl.-Ing. Physik TH München 1957, Promot. 1963, Habil. 1974 - 1962 Assist. TH München, 1966 Aerospace Research Labs., GS 14, Dayton/Ohio, 1974 Associate Prof. Atlanta/USA, 1978 ao. Prof. TU München - Entd.: Hochdruckplasmen, Vakuumlichtbogen - BV: Ca. 50 wiss. Veröff. - Liebh.: Musik, Ski, Segeln, Fliegen - Spr.: Engl., Franz. - Bek. Vorf.: Kiderlen-Wächter (Großonkel).

BAUDISSIN, Graf, Wolf

Generalleutnant a. D., Prof. Univ. Hamburg, Wiss. Direktor a.D. Inst. f. Friedensforschung u. Sicherheitspolitik Univ. Hamburg (1971-84), Lehrbeauftr. f. Europ. Sicherheitspolitik ebd. (s. 1968) u. an d. BW-Univ. Hamburg (b. 1987) - Hemmingstedter Weg 51, 2000 Hamburg 52 (T. 82 52 82) - Geb. 8. Mai 1907 Trier (Vater: Theodor Graf B., Reg.s-präs.; Mutter: Lily, geb. v. Borcke), ev., verh. s. 1947 m. Dagmar, geb. Burggräfin zu Dohna-Schlodien (Bildhauerin) - Gymn. Neustadt/Wpr., Kolberg, Marienwerder; Univ. Berlin (1925-26 Rechtswiss.), TH München (1927-30 Landw.) - Ab 1930 Berufssoldat, zul. Major u. Ic Stab Generalfeldmarschall Rommel, 1941-47 engl. Kriegsgefangensch., danach Kunsttöpferei, ab 1951 Ref. Dienstst. Blank, 1955-58 Leit. Unterabteilung Innere Führung Bundesverteidigungsministerium (1955 Oberst), anschließend Truppendienst Bundeswehr (zuletzt Brigadegeneral Panzer-Grenadierbrigade 4 Göttingen), 1961-63 stellvertr. Chef Generalstab Europa-Mitte NATO-Hauptquartier Fontainebleau, 1963-65 NATO Defense College Paris, 1965-67 stv. Chef Stab f. Planung u. Grundsatzfragen SHAPE Paris u. Mons (Generallt.). BV: Soldat f. d. Frieden - Entwürfe f. e. zeitgemäße Bundeswehr, 1969; Nie wieder Sieg! - Programmat. Schriften 1951-81, 1982 - 1967 r. BVK m. Stern u. Schulterbd.; 1965 Frhr.-v.-Stein-, 1966 Theodor-Heuss-Preis; 1973 Mitgl. PEN-Zentrum BRD; 1985 Heinz-Herbert-Karry-Preis - Liebh.: Bild. Kunst - Spr.: Engl., Franz. - Rotarier - Bek. Vorf.: Wolf Graf B. (1) Schwed. Feldmarschall 30j. Krieg, 2) Shakespeare-Übersetzer) - Prägte d. Begriff v. Staatsbürger in Uniform.

BAUDLER, Georg

Dr. phil., o. Prof. f. Kath. Theologie u. ihre Didaktik RWTH Aachen (s. 1980, vorher PH Rhld. s. 1971) - Josef-Büchel-Str. 31n, 5100 Aachen - Geb. 18. Juli 1936 Eggenfelden - Promot. 1969 bei Karl Rahner. Bücher u. Einzelarb. bes. auf d. Gebiet d. Religionspäd. u. d. Narrativen Theologie (zul. Korrelationsdidaktik: Leben durch Glauben erschließen, 1984; Jesus im Spiegel s. Gleichnisse, 1986; Kindern heute GOTT erschließen, 1986; Gott im Gekreuzigten sehen. Dia-Serie m. Bildern R. P. Litzenburgers, 1988).

BAUDLER, Marianne

Dr. rer. nat., o. Prof. f. Anorgan. Chemie - Friedrich-Schmidt-Str. 14, 5000 Köln 41 (T. 40 14 45) - Geb. 27. April 1921 Stettin (Vater: Fritz B., Fabrikbes.; Mutter: Clara, geb. Siermann) - Stud. Chemie TH Dresden u. Univ. Göttingen. Dipl.-Chem. 1943 Dresden; Promot. 1946 Göttingen; Habil. 1959 Köln - S. 1959 Lehrtätigk. Univ. Köln (1963 ao., 1968 o. Prof.; Dir. Inst. f. Anorgan. Chemie). Veröff. üb. Nichtmetallchemie u. Spektroskop. Methoden d. Strukturunters. - 1982 Mitgl. Dt. Akad. d. Naturforscher (Leopoldina), Halle/S.; 1986 Alfred-Stock-Gedächtnispreis d. Ges. Dt. Chemiker.

BAUDLER, Paul G.

Hauptgeschäftsführer i.R. Amerik. Handelskammer in Deutschl. (1953-81) - Haydnstr. 20, 4005 Meerbusch 1 (T. 02159 - 8 04 09) - Geb. 2. Juni 1917 Caldwell, Texas/USA (Vater: Marcus B., Pfarrer; Mutter: Auguste, geb. Marek), luth., verh. s. 1976 m. Barbara, geb. Stolle, 3 Kd. (a. 1. Ehe) - Wartburg College, Clinton u. Concordia College, Moorhead; 1936-38 kfm. Ausbild. - 1938-39 Außenhandel; 1945-46 Geschäftsf. Fränk.-Thür. Handelskontor; 1947-48 Abt.sleit. Ev. Hilfswerk; 1948-49 Gf. CRALOG; 1949-53 Gf. Berliner Zentralaussch. f. d. Verteil. v. Liebesgaben; s. 1953 Gf. u. Hgf. (1965) American Chamber of Commerce in Germany; ehrenamtl. Vorst.-Mitgl. INEA (s. 1963); Advisor & Coordinator, USO Germany - BV: Directory of American Buseness in Germany, 1963 - 1978 Verdienstkr. 1. Kl. d. VO. d. Bundesrep. Dtschl. - Liebh.: Dt. Geschichte u. Antiquitäten - Spr.: Engl., Deutsch.

BAUER, Adolf

Redakteur ehrenamtl. Generalsekretär Verband Deutscher Sportjournalisten (VDS) - Wilhelmspl. 4, 8600 Bamberg (T. 0951 - 2 67 28) - Geb. 24. Okt. 1924 Bamberg.

BAUER, Alexander W.

dpa-Kulturkorrespondent, Schriftsteller, Kritiker, Fotograf - Wörpedahler Str. 22, 2862 Worpswede (T. 04792 - 13 25) - Geb. 24. Mai 1921 Bremen - Oberrealsch., Privatstud. (Lit.-Gesch., Psychol. u. a.); Zeitungsvolont. - S. 1948 Journalist (1963 f. ltd. Kulturred., 1979 f. Features. (1981-85 Überseedst., verantwortl., dpa-Zentrale Hamburg); 1964-70 Präs./Vizepräs. Europ. Autorenvereinig. Die Kogge; s. 1979 Träger Gold. Kogge-Ring d. Stadt Minden - Mitbegr. 1978 Internat. Autorenforum (IAF) - BV: Ged., Kurzprosa, Ess., Lit.kritik, Autorenporträts u. -interviews. U. a.: Eros u. Maske, 1960; Nachts im Hotel, 1963; Straßen d. Unrast, 1971; Metropolis, 1977; Mithrsg.: D. unbrauchbar gewordene Krieg, 1967; Ehebruch u. Nächstenliebe, 1969; Lit.-Kal. Spektrum d. Geistes, 1971; PEN-Almanach, 1971; Schaden spenden, 1972; Geständnisse, 1972; D. schwarze Kammer, 1972; Dimension, 1974; Prosa heute, 1975; Wer ist mein Nächster?, 1977; Böll- u. Jens-Interview in Studi Tedeschi Napoli, 1977 u. 1979; Lit.-Kal. Spektrum d. Geister, 1983 - Mitgl. Int. PEN-Club (s. 1969) u. Verb. Dt. Schriftsteller (s. 1962), s. 1981 Fr. Dt. Autorenverb. (FDA) - Liebh.: Jazz, Graphologie, Film - Spr.: Engl.

BAUER, Arnold

Journalist u. Schriftst. - Westendallee 95b, 1000 Berlin 19 - Geb. 16. Nov. 1910 - Div. Ess., u. a. üb. Thomas Mann, Stefan Zweig, Käthe Kollwitz, Rainer Maria Rilke, Carl Zuckmayer - 1979 BVK.

BAUER, Carl-Otto

Dr.-Ing. E. h., Geschäftsführer Walter Prein Gerätebau, Essen - Solinger Str. 22, 5600 Wuppertal 12 (T. 47 28 95) - Geb. 11. Aug. 1929 Wuppertal (Vater: Carl-Wilhelm B.; Mutter: Elsbeth, geb. Ebbinghaus), verh. s. 1956 m. Waltraud, geb. Pfannmüller, 4 Kd. (Kristin, Ute, Carl-Ulrich, Hella) - Math.-Naturwiss. Gymn. (Abit.); Stud. TH Karlsruhe, Hannover, Manhattan-Coll.; Dipl-Ing. Hannover - 1970-76 u. 1980-82 Mitgl. Präsid. Dt. Inst. f. Normung (DIN); 1972-78 Vizepräs. u. 1978-82 Präs. Arbeitsgem. Industr. Forsch.vereinig. (AIF). 1968-82 Vizepräs. IHK Wuppertal. Mitgl. Verwaltungsaussch. Techn. Akad. Wuppertal - BV: Korrosionsgeschützte Verbindungselemente, 1963; Qualitätssicherung in Entw. u. Konstruktion, 1987; Sichere Schraubenverbindungen aus nichtrostenden Stählen, 1987 - 1982 Ehrendoktor TU Clausthal - Spr.: Engl., Franz.

BAUER, Dietrich

Dr. agr., Ltd. Regierungsdirektor, Leit. Bayer. Landesanstalt f. Betriebsw. u. Agrarstruktur, München, Honorarprof. f. Landw. Beratungs- u. Informationswesen TU ebd. (1975 ff.) - Vorherstr. 27, 8000 München 50.

BAUER, Eckhart

Dr., Prof., Hochschullehrer - Presseweg 2, 3307 Eilum (T. 05332 - 49 12 u. 030 - 883 68 35) - Geb. 27. Aug. 1942 Heide/H. (Vater: Richard B. (Stud.-Rat); Mutter: Helene, geb. Foellner), verh. s. 1979 m. Verna, geb. Lorenz - Stud. Soziol., Volksw., Betriebsw., Psychol. FU Berlin, Dipl. 1969. Promot. Dr. rer. pol. 1975 - 1969-72 Lehrauftr. HDK Berlin, HBK Braunschweig (Prof. f. Soziol.); s. 1976 Geschäftsf. Fa. Apfel (Arbeitsgem. Planungsforsch. in Entwicklungsländern, Berlin) - Versch. Veröffentl. z. Stadtsoziol., Regionalsoziol., Populär-Kultur, Ausstellung z. Disney-Kultur, Forsch. z. Kunst in Entw.ländern, mod. Kulturgesch. - Liebh.: Karikatur, Elektron. Musik - Spr.: Engl., Franz., Schwed.

BAUER, Erika

Dipl.-Kfm., Gf. Inhaberin St. Etienne Parfümerie Vertrieb, Cosmetic Prod. u. Paracelsus Parfümerie-Cosmetic - Hauptstr. 5, 8351 Schaufling (T. 09904-235) - Geb. 16. April 1944, ledig - Mittlere Reife, Wirtschaftsabit.; Sprachstud. Genf, Kosmetikfachsch. Paris (Dipl.) - 1973 Gründ. St. Etienne Parfümerie Vertrieb Cosmetic Prod., 1978 Gründ. Medicos u. Paracelsus Parfümerie Cosmetic; Inh. Warenz. Dalton, original Spanisch Leder, Cap Alpin, Paracelsus, cosmetique fleur - Liebh.: Kräuter-, Obst- u. Gemüseanbau - Spr.: Engl., Franz.

BAUER, Ernst

Verleger, Inhaber Aegis Verlag, Ulm - Breite Gasse 2, 7900 Ulm/D. (T. 6 48 40) - Geb. 7. Dez. 1916 - Geschäftsf. Bundesverb. d. dt. Seiler-, Segel- u. Netzmacher-Handwerks, Gen.sekr. Intern. Föderation d. Seilerhandwerks.

BAUER, Ernst

Dr. rer. nat., Dipl.-Chem., Biochemiker, Geschäftsf. Fa. Studt (s. 1969), u. Fa. Tepa (s. 1982) - Elbinger Str. 18, 6550 Bad Kreuznach (T. 6 16 58) - Geb. 4. Mai 1926 Bad Kreuznach (Vater: Klaus B., Lehrer; Mutter: Martha, geb. Worbs), kath., verh. s. 1963 m. Dr. phil. Hilde, geb. Spiesmacher, 3 Kd. (Heidi, Stefanie, Michael) - Stud. Chemie, Volksw. Univ. Mainz - 1956-66 Chem. BASF, 1966-69 Ressortleit. Anwendg.-techn. Fa. Dr. Kurt Herberts, W'tal Entwickung spez. Verpackungsverfahren - Liebh.: Verhaltensforschg., Basketball (dt. Hochschulmeister) - Spr.: Engl., Franz.

BAUER, Ernst G.

Dr. rer. nat., o. Prof. f. Physik u. Inst.s-dir. TU Clausthal (s. 1970) - Am Ehrenhain 6, 3392 Clausthal-Zellerfeld - Geb. 27. Febr. 1928 Schönberg - Promot. 1955 München - BV: Elektronenbeugung, 1958. Üb. 100 Einzelarb.

BAUER, Ernst W.

Dr. rer. nat., Prof., Naturwissenschaftler, MdL Baden-Württ. (1984-88) - Friedrich-List-Str. 16, 7302 Ostfildern-Nellingen (T. 0711 - 34 33 72) - Geb. 28. Febr. 1926 Tübingen (Vater: Reinhold B., Oberlehrer; Mutter: Luise, geb. Kächele), ev., verh. s. 1950 m. Isolde, geb. Mühlich, 2 Töcht. (Udda, Elke) - 1946-51 Univ. Tübingen (Promot.) - 1964-88 Dir. Sem. f. Studienrefer. Eßlingen. Spez. Arbeitsgeb.: Biol., Geol. u. deren Didaktik - BV: u. a.: Höhlen, Welt ohne Sonne, 1971. Herausg.: Mensch u. Natur, Bild d. Natur (1976). Herausg. u. Autor: Humanbiologie (1986); Tafelzeichnen, Die Zelle (1976); Biologiekolleg (1981); Unser Land Baden-Württ. (1986); D. gr. Buch d. Schwäb. Alb (1988); Wunder d. Erde (1989). Chefredakt. Naturwissensch. Monatsschr. (1960-68). Fernsehdokumentationen: Telekolleg Biol., Klass. Genetik, Album d. Natur, Teletechnikum, Experiment, Höhlen. Moderator u. Produzent d. FS-Serie Wunder d. Erde (ARD) - 1968 Adolf-Grimme-Preis (Telekolleg); 1972 Dt. Jugendbuchpreis (Höhlen); 1977 Franz. Preis f. Spelaeolog. Film; Vizepräs. dt. Akad. f. Umweltfragen - Spr.: Engl., Franz. - Rotarier.

BAUER, Franz Xaver

Landrat Landkreis Erding/Obb. (s. 1987) - Zu erreichen üb. Landratsamt Erding, Alois-Schießl-Pl. 2, 8058 Erding (T. 08122 - 5 81 02) - Geb. 2. Aug. 1939 Erding, kath., verh., 6 S. - Abit.; Stud. Päd. - Zul. Rektor Hauptschule Erding.

BAUER, Friedrich L.

Dr. rer. nat., Dr. ès sc. h. c., o. Prof. f. Mathematik u. Informatik - Villenstr. 19, 8081 Kottgeisering/Obb. (T. 2 52; Inst.: München 21 05 81 11) - Geb. 10. Juni 1924 Regensburg (Vater: Ludwig B., Bücherrevisor; Mutter: Elisabeth, geb. Scheuermayer), kath., verh. I) 1949 m. Irene, geb. Laimer (†1973), II) 1974 m. Dr. Hildegard Vogg (Math.), 5 Kd. (Gertrud, Martin, Margret, Ulrich, Bernhard) - Ludwigs-Oberrealsch. u. Univ. München (Promot. 1952) - 1954 Privatdoz. TH München; 1958 ao. Prof. u. Dir. Inst. f. Angew. Mathematik Univ. Mainz; 1963 ordentl. Prof. u. Mitdir. Inst. f. Informatik TH München. Erf.: Bauer-Code (störgesicherter Fernschreibcode), Keller-Prinzip d. Programmierung - BV: Moderne Rechenanlagen, 1965 (m. Heinhold, Samelson, Sauer); Informatik, 1971/72 (m. Goos); Algorithm. Sprache u. Programmentw. (m. Wössner) 1981 - 1968 o. Mitgl. Bayer. Akad. d. Wiss.; 1984 o. Mitgl. Akad. Leopoldina; Mitgl. Assoc. for Computing Machinery, Soc. f. Industr. Appl. Math., Ges. f. Informatik u. Ges. f. Angew. Math. u. Mechanik; 1971 Bayer. VO.; 1978 Wilhelm-Exner-Med.; 1982 BVK I. Kl.; 1986 Bayer. Maximiliansorden; 1989 Computer Pioneer Award d. IEEE - Spr.: Engl., Franz.

BAUER, Friedrich-Wilhelm

Dr. phil. nat., Prof., Mathematiker - Kurhessenstr. 65, 6000 Frankfurt/M. (T. 52 46 53) - Geb. 20. Juni 1932 - S. 1959 (Habil.) Privatdoz., apl. Prof. (1965), Berufg. a. d. Univ. Bremen (1971), Prof. a. d. Univ. Frankfurt (1973); s. 1965 Stadtverordn. i. Frankf. (CDU) - BV: Homotopietheorie (Lehrb.), üb. 40 Fachveröff.; Publ. üb. Mathem. i. d. UdSSR.

BAUER, Fritz

Vorsitzender Hamburger Sport-Bund - Schäferkampsallee 1, 2000 Hamburg 6 (T. 412 12 13).

BAUER, Georg

I. Bürgermeister - Rathaus, 8314 Gangkofen/Ndb. - Geb. 4. Nov. 1921 Gangkofen - Zul. Oberamtsrat.

BAUER, Gerhard

Dr. phil., o. Prof. f. German. Sprachwissenschaft u. Ältere dt. Lit. Univ. Mannheim (s. 1970) - Pommernstr. 43, 6800 Mannheim-Vogelstang - Geb. 19. Febr. 1929 Saarbrücken - Promot. 1955; Habil. 1970 - Bücher u. Aufs.

BAUER, Gerhard

Dr. phil., M. A., o. Prof. f. Dt. Philologie (Neuere dt. Literatur m. bes. Berücks. d. Lit.soziol.) - Goethestr. 30, 1000 Berlin 45 - Geb. 18. Sept. 1935 Diez/L., ev., verh. s. 1964 m. Sibylle, geb. Lohmann, 2 Kd. (Cordula, Lukas) - Promot. 1962 - S. 1969 (Habil.) Lehrtätigk. TH Darmstadt u. FU Berlin (1971 Prof.) - BV: u. a. Dialog 1969, O. M. Graf, 1987; Lessings Emilia, 1987; Sprachlosigkeit im 3. Reich, 1988. Üb. 30 Einzelarb. - 1962 Akademiepreis Göttingen.

BAUER, Gerhard

s. Ruhenstroth-Bauer, Gerhard

BAUER, Gitta,

geb. Dubro

Jounalistin - Zum Wolfhain 3, 3552 Wetter-Oberrosphe (T. 06423-72 46) - Geb. 29. Nov. 1919 Berlin (Vater: Walter D., Bankkfm.; Mutter: Maria, geb. Liedig), kath., gesch., S. Andre - Realgymn. (Studienanst.) Berlin (Spandau); Univ. Berlin u. Leipzig - 1939-44 Mittler-Verlag; 1946-48 Berichterstatt. Nürnbg. Prozesse; 1950-54 Haft DDR; 1966-84 Korresp. Springer-Auslandsdst., s. 1967 New York, stv. Bürochefin; s. 1973 UN-Korresp. 1972ff. Präs. Foreign Press Assoc. Spez. Arbeitsgeb.: Sozialer Wandel u. Rassenfragen USA - 1971 Theodor-Wolff-Preis; 1979 BVK I. Kl.; 1986 Ehrenmed. als Gerechte d. Völker (Jerusalem) - Liebh.: Gesch. - Spr.: Engl., Franz.

BAUER, Gottfried

Kaufmann, Geschäftsf. Malzfabrik Schweinfurt GmbH, Schweinfurt u. Malzfabrik Königshofen GmbH, Bad Königshofen, Präs. Dt. Mälzerbund Bonn, (s. 1984) - Hauptbahnhofstr. 4, 8720 Schweinfurt/Ufr. - Geb. 14. Juni 1928 Schweinfurt.

BAUER, Hans

I. Bürgermeister - Rathaus, 8300 Ergolding/Ndb. - Geb. 6. März 1946 Ergolding - Zul. Verwaltungsamtmann. CSU.

BAUER, Hans H.

Dr. med., Prof., Direktor Poliklinik f. Phoniatrie/Pädaudiologie d. Univ. Münster - Neisemeyer-Weg 2a, 4400 Münster/W. (T. 02501 - 1 68 27) - Geb. 6. April 1926 Ludwigshafen/Rh., ev., verh. s. 1960 m. Gisela, geb. Konerding, 2 Kd. - Promot. (1951) u. Habil. (1963) Heidelberg - S. 1958 Lehrtätigk. Univ. Heidelberg u. Münster (1967 Abt.-Vorst. u. Prof., 1975 o. Prof.). Fachveröff. (Endokrinol. u. Stimme, Klanganalyt. Unters. d. Näselns, Frühdiagnostik hörgeschäd. Kinder, auditive Wahrnehmungsstörungen) - Ehrenpräs. Dt. Ges. f. Sprach- u. Stimmheilkd.

BAUER, Hans-Georg

Journalist, Korresp. D. Welt in Kiel - Stört 26, 2352 Bordesholm (T. 04322 - 47 54) - Geb. 3. Mai 1956 Bonn (Vater: August B., Richter; Mutter: Hildegard, geb. Ramb), kath., verh. s. 1983 m. Heide, geb. Herkenrath, 2. S. (Markus, Benedikt) - 1976-81 Stud. Univ. Bonn (Gesch., German., Verfassungs-, Sozial- u. Wirtschaftsgesch.); M. A. - 1982 Mitarb. MdB Adolf Herkenrath - Liebh.: Lesen, Sport, Politik - Spr.: Engl., Franz.

BAUER, Hans-Peter

Geschäftsführer Suspa Altdorf Federungstechnik GmbH, Fritz Bauer + Söhne OHG, Altdorf - Ziegelhütte 9, 8503 Altdorf (T. 09187 - 27 23) - Geb. 20. Dez. 1937 Stuttgart, verh. s. 1972 m. Mechthildis, geb. Gschwind, 2 Kd. (Florian, Fiona) - Stud. Betriebswirtsch. Nürnberg - Spr.: Engl., Franz.

BAUER, Heinrich

Dr. phil., em. o. Prof. f. Soziologie u. Sozialpäd. Univ. Köln, Erziehungswiss. Fak. - Landfriedstr. 7, 6900 Heidelberg - Geb. 30. Nov. 1913 Emmerich - Stud. Staatswiss., Soziol., Sinol. u. Indol. Univ. Heidelberg; Sem. f. Oriental. Spr. Berlin (Dipl.-Dolmetscher f. Chines.) u. Volkswirtsch. Univ. Berlin. Promot. 1937 - U. a. Ostasien-Ref. IG Farbenind., Berlin, u. Redakt. Frankfurter Hefte, dann Leit. Inst. Zweiter Bildungsweg (bde. Staatsex. f. höh. Schuldst.); 1958 Doz., dann o. Prof. PH Rhld. (1969/70 Rektor) - BV: Geschlechtserzieh. u. Ges., 1973; Untersuchungen d. Altenbevölkerung e. Landkr., 1976; Modell e. kommun. Altenhilfe, in: J. Hohmeier/H.-J. Pohl: Alter als Stigma, 1978. Fachveröff.

BAUER, Heinrich

Dr. Ing., Geschäftsführer i.R. - Am Hagelkreuz 8, 4048 Grevenbroich/Rhld. - Geb. 27. Okt. 1910 - Zul. Vorst.-Mitgl. Rhein. Blattmet. AG, dann Gf. VAW Leichtmetall GmbH, Bonn.

BAUER, Heinz

Dr. med., Prof. u. Direktor Inst. f. Virologie Univ. Gießen (s. 1974), Präs. Justus-Liebig-Univ. Gießen (s. 1987) - Kirchberg 2, 6304 Lollar (T. 06406 - 22 10) - Geb. 26. Dez. 1933 Saarwellingen, verh. s. 1960 m. Inge, geb. Westerhoff, 2 Kd. (Stefan, Anne Jacqueline) - Stud. d. Med. Homburg/Saar u. Freiburg/Br. - 1963-71 Max-Planck-Inst. f. Virusforsch.; 1971-74 Ltd. Dir. u. Prof. Robert-Koch-Inst. Berlin. Aufklärung d. Struktur von RNA-Tumorviren, Nachweis u. Charakterisierung v. Tumorzellspezifischen Membranantigenen. Beiträge z. molekularen Mechanismus d. Krebsentstehung. Üb. 150 Veröffentl. i. vorwieg. internat. wiss. Zeitschr. - 1972 W.-Warner-Preis; 1976 Dr. Salzer-Preis (bde. f. Krebsforschung) - Liebh.: Klavierspiel - Spr.: Engl., Franz.

BAUER, Heinz

Dr. phil. nat. (habil.), o. Prof. u. Vorstand Mathemat. Inst. Univ. Erlangen-Nürnberg (s. 1965) - Eschenweg 17, 8520 Erlangen T. 6 48 52) - Geb. 31. Jan. 1928 Nürnberg, verh. s. 1957 m. Irene, geb. Pöllet - Univ. Erlangen u. Nancy - 1956-1965 Privatdoz. u. Ord. (1961) Univ. Hamburg. Gastprof. Univ. of Washington Seattle/USA (1961/62), Sorbonne Paris (1964), California Inst. of Technology Pasadena (1967), New Mexico State Univ. Las Cruces/USA (1968), Univ. Aarhus (1972), Univ. Paris VI (1979) - BV: Wahrscheinlichkeitstheorie u. Grundzüge d. Maßtheorie, 3. A. 1968/78 (Übersetz. i. Engl., 2. Aufl. 1981); Harmon. Räume u. ihre Potentialtheorie, 1966; Mehrdimensionale Integration, 1976 (m. G. Anger). Mithrsg.: Math. Annalen, Expositiones Math., De Gruyter Studies in Math., Aequationes Math. Viele Einzelarb. 1975 o. Mitgl. Bay. Akad. d. Wiss.; 1980 ausl. Mitgl. Finn. Akad. d. Wiss.; 1980 Chauvenet-Preis Math. Assoc. of America; 1980-86 Mitgl. Senat Dt. Forsch.gemeinschaft, 1981 ausl. Mitgl. Österr. Akad. d. Wiss., 1982 ausl. Mitgl. Königl. Dänische Akad. d. Wiss., 1986 Mitgl. Dt. Akad. d. Naturforscher Leopoldina.

BAUER, Heinz

Verleger - Komplementär Heinrich Bauer Verlag, Heinrich Bauer Spezialzeitschriften Verlag, Bauer Druck KG. - Geb. 28. Okt. 1939, verh. - Liebh.: Fliegen.

BAUER, Heinz Kurt

Bürgermeister Gemeinde Perl - Trierer Str. 28, 6643 Perl - Geb. 16. Aug. 1926 Mettlach/Saar - Abit. - Beamter im saarl. Wirtsch.-Min., s. 1980 Bürgerm. - FDP - 1980 Saarl. VO.

BAUER, Helmut

Dr. rer. nat., Prof. f. Chemie u. ihre Didaktik PH Kiel - Starweg 12, 2300 Kiel 17.

BAUER, Helmut F.

Dr. rer. nat., Prof., Leiter Inst. f. Raumfahrttechnik/Univ. d. Bundeswehr, München (1976ff.) - Bergstr. 5, 8201 Hohenthann/Obb. - Geb. 21. Sept. 1926 Worms/Rh. - Univ. Mainz u. TH Darmstadt (Math.; Dipl. 1954, Promot. 1962) - U. a. 1956-63 Army Ballistic Missile Agency u. NASA Huntsville (USA). Assist. u. Assoc. Prof. Univ. Alabama, 1963-74 Full Prof. u. Regentsprof. Georgia Inst. of Technol. - Mitarb.: Dynamic Behavior of Liquids in Moving Containers (Abramson, 1966). Üb. 190 Einzelveröff. - Arbeitsgeb.: Flüssigkeitsschwingungen, lineare u. nichtlineare Schwingungen, Biomechanik, Wärme- u. Stofftransport, Strömungslehre, Marangonikonvektion unt. Mikrogravitation, Hydroelastizität - U. a. Sigma Xi Award (1966 u. 69) u. Alexander-v.-Humboldt-Preis (1973) - Liebh.: Musik, Phil., Lit. - Spr.: Engl.

BAUER, Helmut Johannes

Dr. med. (habil.), o. Prof. u. Direktor Neurolog. Univ.sklinik Göttingen (s. 1963) - Georg-Dehio-Weg 12, 3400 Göttingen - Geb. 31. März 1914 Klingenberg - 1955-63 Privatdoz. u. apl. Prof. (1961) Univ. Hamburg (zul. Oberarzt Neurol. Klinik). Zahlr. Facharb. - 1956 Martini-Preis.

BAUER, Hermann

Dr. phil., o. Prof. f. Kunstgeschichte Univ. München - Universität, 8000 München - Geb. 12. Dez. 1929 - B. 1969 Doz. Univ. München, dann Ord. Univ. Salzburg, jetzt Ord. Univ. München - BV: Rocaille; D. Himmel im Rokoko; Kunst u. Utopie; Kunsthistorik; Rokokomalerei; Corpus d. Barocken Deckenmalerei; D. gr. Enzyklopädie d. Malerei; Holländ. Malerei d. 17. Jh.; Niederl. Malerei d. 17. Jh.; Rokokomalerei, D. Brüder Zimmermann; Klöster in Bayern; Kunst in Bayern.

BAUER, Hermann

Dr.-Ing., o. Prof. f. Baubetrieb u. -maschinen Univ. Dortmund (s. 1973) - Ostenallee 72, 4700 Hamm 1 (T. 2 92 43) - Geb. 28. Okt. 1928 Ansbach - 1966-73 o. Prof. u. Dir. Inst. f. Baubetrieb u. -maschinen TU Berlin.

BAUER, Horst

Dr. iur. utr., Zeitungsverleger, Präs. IHK Hanau-Gelnhausen-Schlüchtern (1982ff.) - Hammerstr. 9, 6450 Hanau 1 (T. 29 03-0) - Geb. 27. März 1923 Berlin/Pankow (Vater: Wilhelm B., Vorst. Focke-Wulf AG; Mutter: Urte, geb. Scholinus), ev., verh. s. 1951 m. Ilse, geb. Nack, 2 Kd. (Thomas, Karin) - 1942-50 Stud. Rechtswiss. (Staatsex.) - 1942-47 Wehrdst. (Nachr.-Aufkl.) u. Gefangensch.; 1951-68 Volont. u. Druckereileit.; s. 1968 Herausg. Hanauer Anzeiger. Div. Ehrenämter, dar. 1976 Vorst. Gesamtverb. Arbeitgeb. Osthessen; 1976 Vors. Stiftungsrat Stiftg. Freiheit d. Presse; 1975 stv. Vors. Verb. Hess. Ztg.verl., u. 1977 Bildungswerk Hess. Wirtsch.; 1977 Handelsrichter; 1982-89 AR-Vors. Wirtsch. Genoss. d. Presse; 1988 Vorst. Dt. Ind.- u. Handelstag (DIHT) - 1965 Gold. Sportabz.; 1975 BVK I. Kl.; 1983 Gr. BVK; Ehrenplak. in Gold Stadt Hanau. Mitgl. Lions-Club, Frankf. Ges. f. Handel, Ind. u. Wiss. - Liebh.: Militaria, Zeitgesch., Golf - Spr.: Engl., Franz. - Bek. Vorf.: Dr. G. Scholinus, Psychiater Berlin (Großv. ms.).

BAUER, Jakob

Dr. med., Prof., Internist - Kunigundenstr. 41, 8000 München 40 (T. 361 36 53) - Geb. 27. Sept. 1906 Ludwigsthal/Bay. (Vater: Glasbläserm.) - Volkssch.; Glasbläserhandw.; Gymn. (n. 4 J. Abitur); Stud. Med. (Promot. 1938; Summa cum Laude) - U. a. 1958-71 Chefarzt II. Med. Abt. u. Ärztl. Dir. (1961) Städt. Krkhs. Schwabing. S. 1947 Privatdoz. u. apl. Prof. (1949) Univ. München - BV: Kropffibel, 1957; D. Schwabinger Krkhs. im Wandel - Vom Dorfspital z. Großstadtklinikum 1861-1961, 1962; D. Kunst alt zu werden, 1962 (Mitverf.). Zahlr. Fachaufs. - Liebh.: Griech. Mythol., Phil., Archäol.

BAUER, Johann
Dr. phil., Prof., Hochschullehrer - Bächelhurst 26a, 7802 Merzhausen/Br. - Geb. 2. Febr. 1925 Obereschach (Vater: August B., Landw.; Mutter: Maria, geb. Storz), kath., verh. s. 1955 m. Elisabeth, geb. Gladel, 3 Kd. (Barbara, Ursula, Gerd) - 1947-53 Univ. Freiburg (Dt., Gesch., Engl.; Promot.) - 1953-1962 höh. Schuldst. (1958 Studienrat); s. 1962 Doz. u. Prof. (1966) Päd. Hochsch. Freiburg (Didaktik d. dt. Sprache u. Lit.), 1970-74 Rektor - Herausg.: Lyrik interpretiert (1972); schwarz auf weiß Gymn. 5.-10. Schulj. (1978-82); schwarz auf weiß Grundsch., Neubearb. 2.-4. Schulj. (1981-82). Mithrsg.: schwarz auf weiß - Leseb. (Schülerbde. u. Lehrerbde. f. d. Primar- u. Sekundarstufe, 1967ff.); Sprache u. Sprechen - Arbeitsmittel z. Sprachförd. in d. Primar- u. Sekundarstufe (Schülerbd., Lehrerbd., Arbeitsheft 2.-10. Schulj., 1971-77); Sprache u. Sprechen, Neubearb. 2.-10. Schulj. (1980-85); schwarz auf weiß - Lese-Ideen f. d. 5./6., 7./8., 9./10. Schulj. Realsch. (1987-89); schwarz auf weiß - Lesebuch f. die Hauptsch. Neubearbeitung, 5.-9. Schulj. (1987-89).

BAUER, Johann
Dr. rer. pol., I. Bürgermeister a.D. - Stainhartstr. 12, 8120 Weilheim in OB - Geb. 30. Juni 1926 - Präs. d. Arbeitsgemeinsch. d. Volksmusikverb. CSU.

BAUER, Johannes
Dr. jur. utr., Oberbürgermeister a. D. - Prielmayerstr. 1/V, 8000 München 2 - Geb. 8. Jan. 1937 Augsburg (Vater: Johann B., Stadtamtm.; Mutter: Franziska, geb. Spiegel), kath., verh. s. 1960 m. Barbara, geb. Hübner, 4 Kd. (Sabine, Stephan, Susanne, Sebastian) - Univ. München u. Erlangen (Rechts- u. Staatswiss.). Gr. jurist. Staatsprüf. - 1965-68 I. Bürgerm. Lindenberg/Allg.; 1968-80 Oberbgm. Memmingen; Mitgl. Vorst. Bayer. Städteverb. u. Verwaltungs- u. Rechtsausschuß im Bayer. Städteverb.; 1980/81 Repräsentant d. Bayer. Landesbank Girozentrale in Bonn; s. 1981 Vorst.-Vors. GBWAG, Gemeinn. Bayer. Wohnungs AG, München; s. 1986 Vorst.-Sprecher Hacker-Pschorr Beteiligungs-AG, München; Geschäftsf. Schörghuber-Beteiligungs-GmbH, München - Liebh.: Segeln, Skifahren, Theater, Lit. - Spr.: Franz., Engl., Span.

BAUER, Josef
Landrat a. D., Molkereibesitzer - Tegernau 8, 8090 Wasserburg/Inn (T. 30 71) - Geb. 10. Juni 1915 Wasserburg (Vater: Josef B., Molkereibes.; Mutter: Sofie, geb. Maier), kath., verh. s. 1937 m. Maxi, geb. Hausladen, 2 Kd. - Realsch. Wasserburg u. Oberrealsch. Rosenheim (Mittlere Reife); Molkereilehre; kaufm.-techn. Ausbild. Molkereimeistersprüf. 1946 - S. 1937 väterl. Betrieb (1940 Übernahme); 1939-45 Wehrdst. (Reserveoffz.). 1953-1969 MdB. 1970-72 Landrat Kr. Wasserburg. Mitgl. Fachorg. CSU - 1963 Bayer. VO., 1968 BVK I. Kl.; 1969 Gold. Staatsmed. f. bes. Verdienste um d. bayer. Landw.

BAUER, Josef Werner
Landrat Kr. Neumarkt (s. 1958) - Landratsamt, 8430 Neumarkt/Opf. - Geb. 15. Jan. 1926 Riedelberg - Zul. Reg.srat. CSU.

BAUER, Karl
Dipl.-Kfm., ehe. gf. Vorstandsmitglied co op Nordbayern Genoss. d. Verbraucher eG. (s. 1965), Nürnberg, Mitgl. Bayer. Senat (1974-79), München Hallerstr. 28, 8520 Buckenhof - Geb. 3. Okt. 1919 Wilkischen (Vater: Karl B., Glasmacher; Mutter: Anna, geb. Jungwirt), kath., verh. s. 1953 m. Sieglinde, geb. Herte, 2 Kd. (Thomas, Barbara).

BAUER, Karl Heinz
Dr. jur., Richter am BGH (s. 1969) - Herrenstr. 45a, 7500 Karlsruhe - Geb. 30. Juni 1925 - 1964-69 OLGsrat Karlsruhe - Mitgl. Zentral-Aussch. Dt. Verein f. Intern. Seerecht; Beiratsmitgl. Verein f. Binnenschiffahrt u. Wasserstraßen u. Vors. Fachaussch. f. Binnenschiffahrtsrecht.

BAUER, Karl-Wilhelm
Dr., o. Prof. f. Mathematik - Techn. Hochschule,-A-8044 Graz/Steierm. (Österr.) - Geb. 28. April 1924 Essen - S. 1964 (Habil.) Lehrtätigk. Univ. Bonn (1968 Abt.sleit. u. Prof.) u. TH Graz (1968 Ord.). Fachveröff.

BAUER, Konrad Friedrich
Dr. phil., Schriftkünstler - Schulstr. 12, 6242 Schönberg/Ts. - Geb. 9. Dez. 1903 Hamburg, ev., verh. m. Dr. Sofie-Charlotte, geb. Emmerling, Sohn Michael - Oberrealsch. Hamburg (Uhlenhorst); Univ. ebd. u. Frankfurt (Promot. 1926); Buchdruckerlehre Hamburg - U. a. Proku. künstler. Leit. Bauer'sche Gießerei, Frankfurt/M. - BV: Mainzer Epigrapik, 1926; Werden u. Wachsen e. dt. Schriftgießerei, 1937; Aventur u. Kunst, 1940; Brücken z. Aufbau, 1948; Gutenberg u. d. Weg d. Abendlandes, 1949; Jahreszahlen, 1954; V. d. Zukunft d. Schrift, 1966. Herausg.: Ztschr. f. Bücherfreunde (1932-36) - 1949 Fellow of the Wing Foundation on the History of Printing, Chicago (USA); Ehrenmitgl. Double Crown Club, London; Mitgl. Gutenberg-Ges., Maximilian-Ges., Ges. d. Bibliophilen - Liebh.: Marionettentheater - Vater: Friedrich B., Schriftkünstler u. Fachschriftst. (1863-1943) - Lit.: Bertold Hack, K.F.B.

BAUER, Kurt
Prof. Hochsch. f. Musik u. Theater, Hannover, Pianist - Deisterstr. 26, 3252 Bad Münder 2 (T. 05042 - 84 43) - Geb. 19. April 1928 Kempten, verh. s. 1953 m. Heidi, geb. Bung, 3 Kd. - Ausb. Trossingen, Stuttgart, Saarbrücken, Paris - 1959-69 Konservator. Nürnberg; s. 1969 Staatl. Hochsch. f. Musik, Hannover - Preistr. d. internat. Musikwettb. München, Genf, Vercelli, Bozen.

BAUER, Kurt Heinz
Dr. rer. nat., Prof., Lehrstuhlinh. f. Pharmazeut. Technologie Univ. Freiburg (s. 1977) - Im Finkeler 4, 7800 Freiburg-Tiengen/Br. - Geb. 31. Jan. 1930 Nürnberg, ev., verh. s. 1961 m. Lilo, geb. Rieble, 2 T. (Petra, Ulrike) - Staatsex. 1955, Apothekerapprob. 1956, Promot. 1958 (alles München) - Zul. Bayer. AG., Leverkusen.

BAUER, Leopold
Dr. rer. nat., o. Prof. f. Botanik - Niklas-Vogt- Str. 1, 6500 Mainz - Geb. 3. Mai 1915 Jena - S. 1953 (Habil.) Lehrtätigk. Univ. Tübingen (1960 apl.) u. Mainz (1967 o. Prof.). Zahlr. Fachaufs.

BAUER, Oswald Georg
Dr., Theaterwissenschaftler, Generalsekr. Bayer. Akad. d. Schönen Künste - Enhuberstr. 3, 8000 München 2 (T. 089 - 52 46 02) - Geb. 5. Febr. 1941 Würzburg, kath., led. - Stud. Theaterwiss. in Würzburg, München, Wien; Promot. 1970 Wien - 1974-85 Wiss.künstl. Mitarb. Festspielleitg. u. Leit. Pressebüro Bayreuther Festsp. - BV: Richard Wagner. D. Bühnenwerke v. d. Urauff. b. Heute, 1982 (engl. u. franz. Ausg. 1983) - Liebh.: Sammeln v. Bühnenbild-Grafik, Reisen - Spr.: Engl., Franz., Ital.

BAUER, Rainald K.
Dipl.-Math., o. Prof. f. Statistik TU Berlin (gf. Dir. Inst. f. Statistik, Ökonometrie u. Operations Research) - Otto-Suhr-Allee 120, 1000 Berlin 10; Archivstr. 5, 8450 Amberg/Opf. - Geb. 17. Mai 1931 München, kath., verh. s. 1958 m. Hildegard, geb. Veltjens, 4 Kd. (Thomas, Wolfgng, Monika, Michael).

BAUER, Reinhard
Dr. rer. pol., Vorstandsvorsitzender Paul Hartmann AG, Heidenheim - Haydnstr. 28, 7920 Heidenheim a. d. Brz. - Geb. 27. März 1935 - Vorst.-Mitgl. Verb. Baden-Württ. Textilind., Stuttgart, Landesverb. d. Baden-Württ. Ind., Stuttgart, Bundesvereinig. Verbandmittel u. Medicalprod., Wiesbaden; AR-Vors. Paul Hartmann S.A., Châtenois/Frankr., Laboratorios Unitex-Hartmann S.A., Mataró/Spanien; AR-Mitgl. Erlau AG, Aalen; VR-Vors. N.V. Paul Hartmann S.A., Brüssel/Belg., Paul Hartmann S.p.A., Milano/Ital.; VR-Mitgl. Christophsbad Göppingen Dr. Landerer Söhne, Göppingen; Landesbeirat Baden-Württ. d. Allianz Versich. AG, Stuttgart, u. Baden-Württ. d. Commerzbank AG, Frankfurt; Vizepräs. IHK Ostwürttemberg, Heidenheim.

BAUER, Reinhard
Dr. med., Arbeitsmediziner u. Pneumologe, Dir. Landesinst. f. Arbeitsmed. Berlin - Soorstr. 83, 1000 Berlin 19 (T. 302 50 26) - B. 1951 Med.-Stud., Promot. 1952 - 1970 Ltd. Arzt Berliner Versorgungsämter; 1975 Leit. Landesinst. f. Arbeitsmed. Berlin (Senatsrat u. Dir.); 1977 Lehrbeauftr. FU Berlin - 1975 Ernst-v.-Bergmann-Plak.; 1983 Ehrenvors. Landesverb. Berlin d. Pneumologen.

BAUER, Robert
Dr. phil., Dr. theol., Stiftsdekan u. Wallfahrtsadministrator, Honorarprof. f. Scholast. Phil. Phil.-Theol. Hochsch. Passau - Kapellpl. 4, 8262 Altötting/Inn (T. 51 66) - Geb. 11. Sept. 1904 Landau/Ndb. (Vater: Joseph B.), kath. - BV: Gotteserkenntnis u. -beweise bei Kardinal Kajetan; D. bayer. Wallfahrt Altötting.

BAUER, Roger
Dr. ès-lettres, em. Prof. f. Neuere Dt. Literaturgesch. u. Vergleich. Lit.wiss. - Aiblingerstr. 8, 8000 München 19 (T. 16 87 59) - Geb. 4. Dez. 1918 Obersebach/Els. - Stud. German. Straßburg u. Paris - S. 1962 Ord. Univ. Saarbrücken, Straßburg (1965), München (1969) - BV: u. a. La Réalité - Royaume de Dieu; D. Idealismus u. s. Gegner i. Österreich; D. Welt als Reich Gottes; Laßt sie koaxen, Die Kritischen Frösch' in Preußen und Sachsen!; Zwei Jahrh. Literatur i. Österreich - Korresp. Mitgl. d. Akad. d. Wiss. u. d. Lit., Mainz; Ord. Mitgl. Dt. Akad. f. Sprache u. Dichtung, Darmstadt.

BAUER, Rudolph
Dr. phil., Prof. f. Sozialpolitik u. Sozialarbeit Univ. Bremen, freier Maler u. Schriftst. - Julius-Leber-Str. 171, 2800 Bremen 41 - Geb. 28. April 1939 Amberg - Stud. Univ. München, Erlangen, Frankfurt/M. u. Konstanz; Promot. 1969 - 1989 Intern. Fellowship in Philanthropy an d. Johns Hopkins Univ., Baltimore (MD/USA) - BV: Wohlfahrtsverb. in d. Bundesrep., 1978; Heimerzieh. in d. DDR, 1979 (m. C. Bösenberg); Obdachlos in Marioth, 1980; China lacht, 1983; Widerton, Ged. 1986; Ittinger Vignetten, Ged. 1988. Herausg.: D. liebe Not (1984); Organis. Nächstenlieben (1984, m. H. Dießenbacher); Verbandl. Wohlfahrtspflege im intern. Vergleich (1987, m. A.-M. Thränhardt).

BAUER, Valentin
I. Bürgermeister - Rathaus, 8705 Zellingen/Ufr. - Geb. 25. Juli 1927 Würzburg - CSU.

BAUER, Walter
Dr. jur., Oberstadtdirektor a. D. - Saarlauterner Str. 3, 5090 Leverkusen (T. 5 15 81) - Geb. 22. Okt. 1919 Crimmitschau/Sa. (Vater: Emil B., Glaserm.; Mutter: Martha, geb. Heft), ev., verh. s. 1942 m. Herta, geb. Streicher, 2 Kd. (Jochen, Christine) - Univ. Leipzig (Promot. 1949) u. Marburg (Rechtswiss.). Ass.ex. 1952 Düsseldorf - 1950-58 Ref. u. Hauptref. Dt. Städtetag, Köln; 1958-63 Beigeordn. f. d. Personal- u. Krankenhauswesen Wuppertal; 1963-75 Oberstadtdir. Leverkusen, s. 1975 Rechtsanw.; 1974-75 Präs. Dt. Krankenhausges. - CDU - BV: Dezentralisation d. Großstadtverw., 1951 - Liebh.: Schmalfilmen - Spr.: Engl. - Rotarier.

BAUER, Werner
Dr. rer. pol., Hauptgeschäftsführer i. R. IHK Aschaffenburg (1968-85) - Lindenallee 16, 8750 Aschaffenburg (T. 1 26 41) - Geb. 26. Aug. 1919 Berlin, ev., verh. s. 1946 m. Elisabeth, geb. Triebenstein, Sohn Günther - Promot. 1948 Rostock - 1946-50 Univ. Rostock/Rechts- u. Wirtschaftswiss. Fak. (Assist., Lehrbeauftr.); 1950-52 IHK Meckl. (Hauptabt.leit.); 1953-56 Oberste Bundesbeh. (Ref.); 1956-59 IHK Mönchengladbach (stv. Hgf.).

BAUER, Wilhelm
Gf. Gesellschafter Schaum-Chemie Wilh. Bauer GmbH & Co. KG, Essen - Ferdinand-Weerth-Str. 42, 4300 Essen-Kettwig - Geb. 12. Jan. 1916 Duisburg (Vater: Otto B., Prokurist; Mutter: Katharina, geb. Haferkamp), ev., verh. s. 1942 m. Gerta, geb. Streckert, Tocht. Roswitha - Oberrealsch.; kaufm. Lehre - Mitbegr. u. Ehrenmitgl. Fachverb. Schaumkunststoffe e.V., 1981 BVK a. Bde. - Liebh.: Rudern.

BAUER, Wolfgang
Schriftsteller - Hauseggerstr. 87, A-8010 Graz/Steierm. - Geb. 18. März 1941 Graz - BV: u. a. Mikrodramen, 1964. Bühnenst.: Silvestre oder D. Massaker im Hotel Sacher (UA. 1971 Wien); In Zeiten wie diesen - E. Drehb., 1984 - Franz-Theodor-Czokor-, Peter-Rosegger-Preis.

BAUER, Wolfgang
Dipl.-Kfm., Vorstandsmitglied Dt. Heraklith AG, Simbach, Vors. Bundesverb. d. Leichtbauplatten-Ind., München - Heraklithstr. 8, 8265 Simbach/Inn - Geb. 18. Mai 1932.

BAUER, Wolfgang
Dr. phil., o. Prof. f. Sinologie - Kaiserstr. 47, 8000 München 40 (T. 33 12 54) - Geb. 23. Febr. 1930 Halle/S. (Vater: Prof. Dr. phil. Hans B., Ord. f. Semit. Sprachen Univ. Halle (s. X. Ausg.); Mutter: Eugenie, geb. Kerschbaumer), verh. 1955 m. Ingeborg, geb. Kosel - Promot. 1953; Habil. 1958 - S. 1958 Lehrtätigk. Univ. München, Heidelberg (1963 Ord.), München (1966 Ord.). s. 1968 mehrf. Gastprof. Univ. of Michigan, Ann Arbor (USA) - BV: u. a. D. chines. Personenname, 1959; China u. d. Hoffnung auf Glück, 1971/76; D. Bild in d. Weissage-Lit. Chinas, 1973. Herausg.: D. Gold. Truhe - Chines. Novellen aus 2 Jahrtausenden (1959/61/88) - 1985 Mitgl. Bayer. Akad. d. Wiss. - Liebh.: Malen, Schach.

BAUER, Wolfram
Dr. phil. nat., Prof. f.Duromerverarbeitung - Unterlangenstadter Str. 13, 8621 Redwitz/Ofr. - Geb. 17. April 1921 Coburg - Stud. Chemie. Promot. 1950 - S. 1972 (Habil.) Lehrtätigk. TH Aachen (1976 apl. Prof.) - BV: Technik d. Preßmasseverarb., 1964; Verarb. duroplast. Formmassen, 1973 (m. Wilbrand Woebcken).

BAUEREISEN, Friedrich
Landwirt, MdL Bayern (s. 1975) - Nr. 80, 8821 Ehingen (T. 09835 - 515 dst., 562 priv.) - Geb. 1927 - CSU.

BAUERMEISTER, Horst
Geschäftsführer Gemeinn. Reichsbund Wohnungsbau- u. Siedlungsges. mbH - Lehmannstr. 1, 3000 Hannover 91; priv.:

Junkerngarten 6, 3005 Hemmingen - Geb. 1. April 1938.

BAUERSACHS, Gerhard
Dipl.-Wirtschaftsing., Inh. Ingenieurbüro Bauersachs - Unternehmensberatung u. GBK GmbH - Gesellschaft f. Baukonstruktionen - Schubartstr. 53/1 u. Bahnhofstr. 51/53, 7250 Leonberg/Württ. (T. 07152 - 2 17 47) - Geb. 26. Juli 1932 Horb/N., verh. s. 1956 m. Helga, geb. Künzel, 3 Kd. (Susanne, Barbara, Matthias) - 1962 HTL München - 1969-72 Gf. AMAX ALUMINIUM, 1973-81 Geschäftsf. GEZE-Leonberg, 1980 Gründung GBK - Spr.: Engl.

BAUERSCHMIDT, Herbert
Dr. rer. pol., Geschäftsführer Ireks-Arkady GmbH, Komplementär J. Ruckdeschel & Söhne KG, Albert Ruckdeschel & Co. KG, alle Kulmbach; Vorstandsmitgl. Verb. d. Backmittelhersteller, Bonn, stv. AR-Vors. STAMAG, Stadlauer Malzfabrik, Wien - Kaulfußstr. 3, 8650 Kulmbach/Ofr. - Geb. 1. April 1928 Förstenreuth (Vater: Georg B., Lehrer (gef.); Mutter: Lina, geb. Eichhorn), ev., verh. s. 1975 m. Christa, geb. Kilchert, 3 Kd. (Anette, Inge, Ulrich) - Dipl.-Volksw. 1953; Promot. 1957 - Spr.: Engl.

BAUERSCHMIDT, Reinhard
Dipl.-Volksw., Geschäftsführer GERLACH-WERKE GmbH, Homburg/Saar - Helmholtzstr. 6, 6650 Homburg (T. 06841 - 10 70) - Geb. 21. Juli 1934 Veitlahm, heute Mainleus, ev., verh. m. Ulla, geb. Schwarz.

BAUERSFELD, Heinrich
Dr. rer. nat., o. Prof. Inst. f. Didaktik d. Mathematik Univ. Bielefeld - Fahrenheitweg 23, 4800 Bielefeld.

BAUERT, Rudolf
Dr. rer. pol., Bürgermeister u. Kurdirektor Badenweiler - Hohlenweg 1, 7847 Badenweiler (T. 07632 - 4 32) - Geb. 28. Sept. 1932 - Promot. 1961 - AR-Mitgl. Bäderbetriebs GmbH, Rheingold AG Mulhouse; VR Sparkasse Markgräflerland - BVK - Spr.: Engl., Franz.

BAUHOFF, Eugen Peter
Dr. rer. nat., Prof. f. Mathematik u. ihre Didaktik PH Kiel - Am Knick 8, 2300 Kronshagen - Geb. 27. Febr. 1946 Mannheim - Univ. Heidelberg (Math. (Dipl.), Phys.).

BAUKNECHT, Gert
Dipl.-Kfm. - Schmidener Weg 7, 7012 Fellbach - Geb. 9. Mai 1938 Stuttgart (Vater: Gottlob B., s. XVIII. Ausg.; Mutter: Anne, geb. Fauser), kath., verh. s. 1966 m. Helga, geb. Weßbecher - Gymn. St. Gallen (Abit. 1957); Stud. d.Betriebswirtsch.lehre (Dipl.ex. 1962) - S. 1962 väterl. Unternehmen (Gründung ausl. Tochterges., s. 1966 Gf.) - Liebh.: Wiss. Lit., Tennis, Ski - Spr.: Engl., Franz.

BAUM, Eckhard
Dr. sc. agr., Prof. f. Intern. Agrarwirtschaft Univ.-GH Kassel - Eisenacher Weg 4, 3430 Witzenhausen - Geb. 25. Febr. 1938 Neuenkirchen (Vater: Dr. Hans B., OStudienrat; Mutter: Ursula, geb. Gebensleben), ev., verh. s. 1967 m. Annerose, geb. Schimpf, 2 Kd. (Andreas, Sabine) - Dipl. 1964 Univ. Göttingen, Promot. 1967 ebd. - 1967-70 Entw.hilfe Tanzania; 1971-74 Hochsch.-Lehrer Univ. Nairobi/Kenya; s. 1975 Prof. GH Kassel/Witzenhausen (1980/81 Dekan); s. 1987 Geschäftsf. Dt. Inst. f. Tropische u. Subtropische Landwirtsch. GmbH, Witzenhausen. Gutachtertätigk.

BAUM, Franz
Bildungsreferent u. Heimleiter, MdL Baden-Württ. (s. 1972) - Klosterhof 9, 7951 Rot/Rot (T. Tannheim 2 81) - Geb. 6. Mai 1927 Laupheim, kath., verh. - Volkssch. Laupheim, 1942-44 (Einberuf.) landw. Ausbild.; n. 1945 Landw. Fachsch. Ulm, Laupheim, Hohenheim 1949-54 Landw.stechniker Landw.ssch. Laupheim, 1954-58 Landesgeschäftsf. Kath. Landjugendbeweg. Württ., 1958-60 Gf. Verb. kath. Landvolk. Württ., s. 1960 Leit. Zentrale Jugendbildungsstätte Rot u. Ref. f. Erwachsenenbild. 1968 ff. Mitgl. Gemeinderat Rot; 1971 MdK Biberach. CDU (u. a. stv. Kreisvors.).

BAUM, Georg
Vorstandsmitglied a.D. DEURAG Dt. Unfallversicherung AG, Wiesbaden/Berlin - Salvatorstr. 7, 6500 Mainz - Geb. 10. Mai 1923.

BAUM, Georg
Techniker, Schriftsteller - Hammer Str. 26, 4400 Münster (T. 0251-52 34 38) - Geb. 28. Dez. 1952 Warendorf, verh. s. 1982 m. Ulrike, geb. Tewes, 2 T. (Muriel Georgette, Ramona Yvette Geneviève) - 1968-71 Lehre als Fernsehtechniker, 1971-72 2 J. Paris, Fachabit. 1982; allg. Hochschulreife 1985; z.Z. Stud. Psych. - BV: u. a. Münster in Lyrik, 1979; D. Nacht v. d. Tag, 1981 - Spr.: Lat., Engl., Franz. - Lit.: Liselotte Folkerts, Münster u. d. Münsterland im Ged.

BAUM, Gerhart-Rudolf
Rechtsanwalt, Bundesminister a. D. (Sept. 1982 zurückgetr.) - MdB (s. 1972) - Bundeshaus, 5300 Bonn 1 - Geb. 28. Okt. 1932 Dresden (Vater: Dr. jur. Werner B., Rechtsanw.), ev., verh. m. Inge, geb. Neubauer, 3 Kd. - Gymn. Dresden, Tegernsee, Köln (Abit.); Stud. Köln (Rechtswiss.). Jurist. Staatsprüf. 1957 u. 61 - 1962-72 Mitgl. d. Geschäftsfg. Bundesvereinig. d. Dt. Arbeitgeberver., Köln. 1969-73 Ratsmitgl. Köln (Fraktionsf.). 1966-68 Bundesvors. Dt. Jungdemokr. FDP s. 1954 (1966 Mitgl. Bundesvors., 1968 Kreisvors. Köln u. Mitgl. Landesvors. NRW, 1982 stv. Bundesvors.); 1972-77 Parlam. Staatssekr. Bundesinnenm.; 1977-82 Bundesinnenmin. - BV: Dt. Innenpolitik - D. Staat auf d. Wege z. Bürger, 1980; Auf u. Ab d. Liberalen, 1983 - 1981 Gr. BVK.

BAUM, Günter G.
Dr. rer. nat., Physiker, Prof. Univ. Bielefeld - Fasanenweg 125, 4830 Gütersloh 11 - Spezialgeb.: Atom- u. Hochenergiephysik.

BAUM, Hans
Bäckermeister, Präs. Zentralverb. d. Dt. Bäckerhandwerks, u. Nationale Verb. d. Bäcker- u. Konditoreigewerbes im EG-Ber., Brüssel, Vizepräs. U.I.B. (Union Intern. de la Boulangerie et de la Boulangerie-Patisserie), Paris, Landesinnungsm. Bayer. Bäckerhandw., AR-Vors. Bäko-Bundeszentr., Bad Honnef, Verb.aussch.-Vors. Bäko-Prüfungsverb., Bad Honnef, stv. AR-Vors. Pensionskasse d. Dt. Bäckerhandw., Berlin, Präsid.-Mitgl. d. Dt. Handw. Bonn - Ebenreuther Str. 7, 8500 Nürnberg - Geb. 15. Mai 1920 - AR- u. VR-Mand.

BAUM, J. Peter
Dipl.-Ing., Fabrikant, gf. Gesellsch. BAUMCO Ges. f. Anlagentechnik mbH, pers. haft. Gesellsch. Verfahrenstechnik Dr.-Ing. Kurt Baum, beide Essen - Müller-Breslau-Str. 30c, 4300 Essen 1 - Geb. 2. Jan. 1940.

BAUM, Peter
Dr. med. (habil.), Chefarzt, Prof. f. Innere Medizin Univ. Mainz (apl.) - Hildegardis-Krankenhaus (Inn. Abt.), 6500 Mainz; Bebelstr. 32c, 6500 Mainz-Bretzenheim.

BAUM, R.
s. Jungk, Robert

BAUM, Rex
s. Seefeld, Detlef G.

BAUM, Richard
Dr. phil., Lektor i. R. - Steinhöferstr. 14, 3500 Kassel-W'höhe (T. 3 66 12) - Geb. 8. April 1902 Eßlingen/N. (Vater: Wilhelm B., Kaufm.; Mutter: Klara, geb. Schweitzer), verh. s. 1986 m. Ruth, geb. Blume - Promot. 1926 - S. 1926 Lektor Bärenreiter-Verlag, Kassel - BV: Joseph Wölfl, Leben u. Werke, 1928 (Diss.); Geselliges Chorbuch, 1938; Carmina nova, 1961. Neuausg. alter Musik - Zahlr. Ehrenmitgliedsch. - Träger Goethe-Plak. Land Hessen. Initiator Kasseler Musiktage.

BAUMANN, Alexander
Dipl.-Ing., Vorstand Schulte-Schlagbaum AG, Velbert - Drosselweg 5, 5620 Velbert/Rhld. - Geb. 13. Mai 1910 Stuttgart.

BAUMANN, Alfred
Vorstandsmitglied Südwestdeutsche Landesbank Stuttgart - Postf. 10 60 49, 7000 Stuttgart 1 - Geb. 6. April 1935.

BAUMANN, Carl Michael
Rechtsanwalt, Geschäftsf. Dt. Weininstitut, Mainz (s. 1972), Vorstandsmitgl. Stabilisierungsfonds f. Wein ebd. (s. 1967) - Auf der Schlicht 10, 6203 Hochheim/M. (T. 21 43) - Geb. 28. Okt. 1934 Ludwigshafen/Rh. (Vater: Karl B., Geschäftsf.; Mutter: Regine, geb. Stutzmann), ev., verh. s. 1961 Ingrid, geb. Allwang, 2 Töcht. (Barbara, Monika).

BAUMANN, Eberhard François

Dr., Generalkonsul in Osaka-Kobe/Japan (s. 1983) - 651-01 Kobe-Ko, Yubin-Shishobako 204, Japan (T. 0081-78-451 66 56) - Geb. 27. Sept. 1928 Ludwigshafen/Rh., verh. s. 1982 m. H. Dominique Renée, geb. Rolland, 3 Kd. (Max, Joel, Lara) - Rechtsstud. Innsbruck u. Paris; Promot. 1951 Innsbruck - S. 1952 Ausw. Amt (São Paulo, Recife, Havanna, Genf, Bogotá, Madras, New York); 1955-59 Nato-Truppenvertragskonfz.; 1978 Sondergeneralvers. üb. Abrüstung - Liebh.: Musik, Gesch., Kochkunst, Mode - Spr.: Engl., Franz., Span., Portug., Ital., Ung., Jap.

BAUMANN, Erich
Bankier - Am Südpark 7, 5000 Köln-Marienburg - Geb. 8. März 1912 Berlin - Üb. 40 J. Danatbank bzw. Dresdner Bank (Auslandsposten: Kairo u. Alexandrien; 1955 Dir. u. Mitleit. Fil. Duisburg, 1963 Fil. Köln). ARsmandate (u. a. stv. Vors. Bonner Zementwerk AG., Bonn-Oberkassel).

BAUMANN, Gerhart
Dr. phil., o. Prof. f. Neue dt. Literaturgeschichte - Andlawstr. 7, 7800 Freiburg/Br. (T. 7 35 44) - Geb. 20. Dez. 1920 Karlsruhe (Vater: Wilhelm B.; Mutter: Sophie, geb. Ebner), verh. 1952 m. Marianne, geb. Engels - Promot. 1947; Habil. 1951 - S. 1951 Lehrtätig. Univ. Freiburg (1956 ao., 1964 o. Prof.) - BV: Maxime u. Reflexion als Stilform bei Goethe, 1947; Franz Grillparzer, 2. A. 1967; Georg Büchner, 1963 (2. A. 1976); Robert Musil - Z. Erkenntnis d. Dichtung, 1965 (2. A. 1981); Arthur Schnitzler - D. Welt v. gestern e. Dichters v. morgen, 1965; Jean Paul, 1967; Zu Franz Grillparzer - Versuche z. Erkenntnis, 1969; Vereinigungen, 1972; Entwürfe, 1976; Goethe, Dauer im Wechsel, 1976; Sprache u. Selbstbegegnung, 1981; Umwege u. Erinnerungen, 1984; Erinnerungen an Paul Celan, 1986; Erschriebene Welt, 1988.

BAUMANN, Gert
Generalsekretär a. D. - Eichkopfstr. 15, 6374 Steinbach/Ts. (T. 06171 - 7 45 09) - Geb. 18. Jan. 1926 Schönheide/Erzgeb. (Vater: Karl B., Kaufm.; Mutter: Clementine, geb. Gerber), ev., S. Ivo-Schule Auerbach/Vogtl. (Abitur 1946); 1954-58 Hochsch. f. Wirtschafts- u Sozialwiss. Nürnberg (Dipl.-Volksw.) - 1959-65 Dt. Handwerksinst., Bonn (Hauptabt. Prakt. Gewerbeförd.); 1966-84 Hauptgeschäftsf. Zentralverb. Raumausstatterhdw.; 1975-84 Gen.sekr. EUTOS Frankfurt; s. 1980 Vorst.mitgl. Leder-Industrie-Berufsgenoss. Mainz.

BAUMANN, Hanno Lutz
Dr. rer. nat., Dipl.-Chem., Prof. f. Textilchemie u. Makromolekulare Chem. TH Aachen - Augustinerweg 23, 5100 Aachen - Geb. 15. Aug. 1940 Opladen (Vater: Ludwig B., Designer; Mutter: Johanna, geb. Wassmer) ev., verh. s. 1979 m. Dr. phil.-Chem. Ulrike, geb. Wiebusch, S. Andreas - Textiling. 1963 Krefeld; Dipl.ex. 1967; Promot. 1971; Habil. 1973 (alle Aachen) - Spez. Arbeitsgeb.: Keratin-, Baumwoll- u. Synthesefaserforschung, Transferdruck, Veredlung von Textilien, Reaktivfarbstoffe, synth. Polymere mit reaktiven Gruppen, Polymere in d. Med., blutverträgl. Polymere, Proteinchemie von Augenlinsen; Fachmitgl.sch. - BV: Isolierung u. Untersuchung von lösl. Wollproteinbestandteilen aus hydrolytisch geschädigter Wolle; Applied Aspects on Keratin Chemistry, Applied Aspects of Treatment of Wool with Reactive Amino-Containing Polymers. Ca. 50 Fachveröff. 3 Patente - 1971 Borchers-Plak. - Liebh.: Schach, Waldlauf, eigenhändiger Umbau e. Bauernhauses - Spr. Engl.

BAUMANN, Hans G.
Dr.-Ing., Prof. Direktor - Mülheimer Str. 134, 4100 Duisburg - B. 1978 Privatdoz., dann apl. Prof. TH Aachen (Stahlstranggießen u. Strangverformen).

BAUMANN, Heinrich
Dipl.-Volksw., Vorstand HEGEMAG (Hess. Gemeinn. AG f. Kleinwohnungen s. 1981), Landrat a. D. (1973-77), MdL Hessen (1968-73) - Auf der Schmelz 11, 6101 Roßdorf 1 (T. 06154 - 94 66) - Geb. 16. Febr. 1930 Roßdorf (Vater: Konrad B. †; Mutter: Luise, geb. Rosignol), ev., verh. s. 1961 m. Rosemarie, geb. Brückner, 2 Kd. (Liselotte, Sibylle) - Abitur 1949; Ausbild. z. Redakteur, 1952-56 Stud. (Wirtschafts- u. Sozialwiss.) Univ. Frankfurt - 1956-61 Redakt. Darmstädter Echo; 1961ff. Presseref. Landesplaner b. Hess. Minister d. Innern, Regierungsdirektor, 1968 MdL, 1973 Landrat d. Kreises Darmstadt (b. 1977), 1977-81 Journalist. SPD s. 1951.

BAUMANN, Heinz
Research Prof. Polymer Inst., Univ. De-

troit, Chemiker, wiss.-techn. Leiter Schaum-Chemie, Essen (s. 1955) - Zeißbogen 63, 4300 Essen-Bredeney - Geb. 10. April 1920 Aachen, verh. m. Anne, geb. Uhlir - Vors. Fachverb. Schaumkunststoffe Frankfurt (s. 1969, Mitbegr.), Güteschutzgemeinsch. Aminoplast-Montageschaum; s. 1963 Vorst.-Mitgl. Ges.-Verb.-Kunststoffverarb. Ind., AKI (Arbeitsgemeinsch. Dt. Kunststoff-Ind.), BDI-Ausschüsse: Umweltpolitik, Forschungs- u. Wissenschaftspolitik - Begr. d. Plastoponik. 180 Patente, 3 Bücher u. 6 Buchbeitr. Üb. 150 Fachveröff. - Lit.: M. Lipp, H. B., (Chem.-Zeitung 90, 1966); E. Baum, G. Matulat, H. B., Festschr. 1980.

BAUMANN, Heinz

Dr. rer. soc., Prof. f. Sozialpäd. Hochschulzentrum Esslingen - Rupert-Mayer-Str. 50, 7303 Neuhausen a.d.F. (T. 07158 - 6 41 14) - Geb. 2. Jan. 1941 Belm b. Osnabrück (Vater: Heinrich B., Bundesbahnbeamter; Mutter: Anna, geb. Landwehr), verh. m. Gisela, geb. Dill - 1967-70 Stud. Sozialarb./Sozialpäd. Essen; 1971-76 Stud. Soziol., Sozialpsych., Päd. u. Politik Bochum; Dipl.-Sozialwiss. 1976; Promot. 1980 - 1978-82 wiss. Assist. Bochum; 1982 Prof. f. Sozialpäd. Hochschulzentrum Esslingen, FH f. Sozialwesen m. d. Schwerp.: Gesundh. u. Rehabilitation sowie d. Resozialisierung; s. 1983 Lehrauftr. Inst. f. Sozialforsch., Abt. Soziologie u. Sozialplanung Univ. Stuttgart - BV: D. Wohnsituation u. d. Wohnbedingungen älterer Menschen in d. Bundesrep. Deutschl., 1976; Ansätze, Maßstäbe, Fakten f. e. Zukunft u. Bedarf orientierte Bildungsplanung, 1978; Effizienz außerschulischer berufsvorber. Maßnahmen, 1979; D. Entlassenenhilfe in der Bundesrep. Deutschl., 1980. Alleinherausg.: Schriftenreihe Bochumer Studien zu soz. Problemfeldern (s. Gründung 1980). Ca. 70 wiss. Veröff. u. Buchbesprechungen in Fachztschr. u. Schriftenreihen.

BAUMANN, Helmut

Vorstandsmitglied Brennet AG, Wehr-Sportplatzweg 24, 7886 Murg-Niederhof/Baden - Geb. 21. März 1924.

BAUMANN, Helmut

Künstler. Direktor Theater d. Westens - Zu erreichen üb. Theater d. Westens, Kantstr. 12, 1000 Berlin 12 (T. 030 - 31 90 31 02) - Geb. 31. Jan. 1939 Berlin, ledig - Ausb. z. Tänzer u. Regiss. - Solotänzer; Regie-Assist.; Choreograph, Regiss. f. Oper/Operette/Musical; s. 1984 Künstler. Dir. Theater d. Westens Opern-, Operetten- u. Musical-Insz. Hamburg, Wien, München u. Berlin.

Hauptrolle: Zaza (La Cage Aux Folles, Theater d. Westens Berlin) - Spr.: Engl.

BAUMANN, Herbert

Bildhauer, Prof. Kunstakad. Stuttgart - Leerchenstieg 8, 7000 Stuttgart-Sillenbuch (T. 47 10 43) - Geb. 4. Jan. 1927 Blumberg/Baden - Ausstell. u. a. Lehmbruck-Museum Duisburg (1968) u. Städt. Kunsthalle Mannheim (1968).

BAUMANN, Herbert

Komponist u. Dirigent - Franziskanerstr. 16, App. 1419, 8000 München 80 (T. 089 - 48 97 45) - Geb. 31. Juli 1925 Berlin (Vater: Wilh. B., Kfm.; Mutter: Elfriede, geb. Bade), ev., verh. s. 1951 m. Marianne, geb. Brose (Schausp.), 2 Söhne (Michael, Hans-Peter) - Gymn.; Intern. Musikinst. (Kompos., Dirig.), Diplom: Man of Achievement, 1973 Cambridge, Accademico d'Italia m. Goldmed. - 1947-53 Komp. u. Kapellm. Dt. Theater Berlin (Ost); 1953-70 musikal. Leit. Staatl. Bühnen Berlin (West); 1971 Bayer. Staatsschausp., Residenz-Theater München, s. Sommer 1979 freischaffend. Hauptw. Ballette: Alice im Wunderland, Rumpelstilzchen. Chor: Berliner Kantate f. Soli, Chor u. Orch., Psalmentriptychon - Orch.: Musik f. Orch. 1951; Musik f. Bläser; Allegro capriccioso f. Klavier u. Orch.; Rotor; Italien. Suite; Mexikan. Suite; Capriccio f. Klar. u. Orch.; Toccata concertante für Orch.; Rondo ritmico u. Blasorch.; Kammermusik: 2 Kammerkonzerte (Nr. 1 u. 2), Konzert f. Gitarre u. Streichorch.; Concertino f. Klar. u. Streichorch., Variationen üb. e. Thema v. Händel f. Streicher; musica per sei, Variationen f. Violoncello u. Streichorch.; Streichquartett in C; Divertimento f. Oboe, Klarinette u. Fagott; Suite f. Cembalo; Toccata f. Cembalo; Klaviersonaten; Suite f. 4 Blechbläser; Quintett f. Flöte, Oboe, Klar., Horn, Fagott; Streichtrio; Schubert-Var. f. 12 Celli; Divertissement f. Harfe, Flöte, Klarinette u. Streicher; Aspekte f. Cembalo u. Streichorch.; Concerto capriccioso f. Mandoline u. ZO; Passacaglia u. Variationen f. Orgel; div. Kompos. f. Gitarre Solo u. m. and. Instr. - Zahlr. Kompos. f. Bühne, Fernsehen u. Hörfunk - 1973 Man of Achievement Cambridge; 1986 D. Krone d. Neuen Presse f. Kompos. Rumpelstilzchen - Liebh.: Bücher (vor allem üb. bild. Kunst), Wandern - Spr.: Engl., Ital. - Lit.: s. Musikstadt Berlin zw. Krieg u. Frieden; ... dann spielten sie wieder, Bayer. Staatsschausp. 1946-1986.

BAUMANN, Heribert

Bezirksbürgermeister a. D. - Zu erreichen üb. Fa. H. Baumann - Kirchenbedarf, Trautenau 14, 1000 Berlin 31; u. Hertha 23a, Berlin 33 - Geb. 26. Nov. 1926 Bottrop/W. - 1955-61 FU Berlin (Kunstgesch., Religionswiss., Publiz.) - Eig. Fa. f. Kirchenbedarf; s. 1965 Bezirksstadtrat (Volksbild.) u. -bürgerm. Wilmersdorf (1971) - Liebh.: Kunst, Fotogr., Sport.

BAUMANN, Horst

Dr. jur., Prof. f. Rechtswissenschaft (Bürgerl. Recht, Handels-, Versicherungs-, Zivilprozeßr.) - Hohensteiner Str. 9, 1000 Berlin 33 (T. 030 - 821 78 14) - Geb. 30. Dez. 1934 Berlin (Vater: Johann B., techn. Angest.; Mutter: Gertrud, geb. Daugsch), ev., verh. s. 1962 m. Brigitte, geb. Wenzel, Sohn Frank - N. Abit. kaufm. Lehre, Stud. Rechts- u. Wirtschaftswiss. Dr. jur. 1968, Habil. 1972 - Stv. gf. Dir. Inst. f. dt. u. europ. Arbeits-, Sozial- u. Wirtschaftsrecht FU Berlin - BV: Leistungspflicht u. Regreß d. Entschäd.fonds f. Schäden aus Kfz-Unfällen - Spr.: Engl., Franz.

BAUMANN, Jakob Albert

Ehrenpräsident Bund d. Theatergemeinden, Bonn, Vorst. Theatergem. München, Freunde d. Nationaltheaters München, Stadtrat a. D. - Goethestr. 24, 8000 München 90 - Geb. 12. Juli 1908 München - 1983 Gold. Bürgermed. München; 1984 Gr. BVK.

BAUMANN, Josef

Dr., Stadtdirektor Köln (1966-78), s. XXVII. Ausg.

BAUMANN, Jürgen

Dr. jur., Prof., Senator f. Justiz Berlin a. D. (1976-78) - Eduard-Haber-Str. 1, 7400 Tübingen - Geb. 22. Juni 1922 Essen (Vater: Dr. Wilhelm B., Kaufmann; Mutter: geb. Sieg), ev., verh. I) s. 1951 m. Edith, geb. Müller, 3 Töcht. (Katharina, Christiane, Renate); II) s. 1979 m. Doris, geb. Haug - Pädagogium Zülichau (Abit. 1940); Stud. Univ. Münster/W. (Rechtswiss., Volksw.). Promot. 1950; Habil. 1955 - 1951-59 Assist. u. Privatdoz. (1955) Univ. Münster; ab 1953 Rechtsanw.; s. 1959 Ord. Univ. Tübingen - BV ca. 50 Bücher: D. Narkoanalyse, 1950 (Diss.); D. strafrechtl. Schutz b. d. Sicherungsrechten d. mod. Wirtschaftsverkehrs, 1956; Lehrb. Strafrecht (Allg. T.), 1960, 9. A. 1985; Beschchungstatbestände, 1961; Grundbegriffe u. System d. Strafrechts, 1962, 5. A. 1979; Strafrechtsfälle, 1963, 6. A. 1986; Entwurf e. Strafgesetzb. (A. T.), 1963; Aufstand d. schlechten Gewissens, 1965; Kl. Streitschr. Strafrechtsreform, 1965; Unterbringungsrecht, 1966; Einf. in d. Rechtswiss., 1967, 8. A. 1989; Programm f. e. neues Strafgesetzb., 1968; Beschränk. d. Lebensstandards anstatt kurzfr. Freiheitsstrafe, 1968; Homosexualität, 1968; Grundbegriffe d. Strafprozeßrechts, 3. A. 1979; Reform d. student. Disziplinarrechts, 1968; Weitere Streitschr. z. Strafrechtsreform, 1969; Aufs. u. Vorträge z. Verkehrsstrafrecht, 1969; Strafrechtsreformgesetz, 1970; Grundbegriffe d. Zivilprozeßrechts, 2. A. 1979; Beschleunigung d. Zivilprozesses, 1970 (m. Gerhard Fezer); Zu den Worten des Vorsitzenden Mao (m. Dürig), 1971; Casos penales, 1971; Sicherheit u. Ordnung in Vollzugsanstalten?, 1972; Derecho Penal, 1973; Zwangsvollstreckung, 1975, 2. A. 1982; Konkurs u. Vergleich, 2. A. 1981; Alternative Draft of a Penal Code for the Federal Republic of Germany (Kommentierung), 1977; Strafrecht im Umbruch, 1977; Einige Modelle z. Strafvollzug, 1979; Entwurf e. Untersuchungshaftvollzugsges., 1981; Gesetzestext in Reihe Recht u. Staat, Heft 506/7, 1981; Entwurf e. Jugendstrafvollzugsgesetzes, 1985; Derecho Procesal Penal, 1986. Mitautor a. d. Alternativentwürfen z. Strafgesetzb., Strafvollzugsges. u. z. Strafprozeßord. v. 1966, 1968, 1969, 1970, 1971, 1973, 1980 u. 1985; sowie a. Alternativentwurf Sterbehilfe, 1986. Herausg.: Mißlingt die Strafrechtsreform? (1969); D. Abtreibungsverbot d. § 218 (2. A. 1972); Stud. z. Wirtschaftsstrafrecht (1972); Gesetzesentwurf Pressefreiheit (1972); Taschenb. z. Strafvollzug (1974). Üb. 300 Fachaufs. - Liebh.: Malerei (Dt. Expressionismus) - Spr.: Engl., Franz.

BAUMANN, Karl

Dr. med., Prof. f. Physiologie (Spez. Nieren) - Lenhartzstr. 8, 2000 Hamburg 20 (T. 48 99 12) - Geb. 12. Okt. 1934 Jena (Vater: Karl B., Bankkaufm.; Mutter: Martha, geb. Fröde), ev., verh. s. 1962 m. Ilsabe, geb. Schulz, 2 Kd. (Jörg, Jan) - Stud. Medizin - Promot. 1964 FU Berlin, Habil. 1970 Univ. Frankfurt - 1969 Assist. Prof. of Pharmacology Univ. of Louisville, Louisville (USA), 1975 Prof. f. Physiologie Univ. Hamburg - Spr.: Engl.

BAUMANN, Karl-Hermann

Dr. rer. oec., Dipl.-Kfm., Vorstandsmitglied Siemens AG - Wittelsbacherpl. 2, 8000 München 2 - Geb. 22. Juli 1935, verh. m. Dr. Denise Chanteloube, 2 Kd. - Stud. Betriebsw. Univ. München u. Saarbrücken (Dipl.-Kfm.); Prokurist 1978.

BAUMANN, Kurt

Dr.-Ing., Geschäftsführer Heliowatt-Werke Elektrizitäts-Ges. mbH., Berlin 12 - Wilmersdorfer Str. 39, 1000 Berlin 12 - Geb. 17. Juni 1931.

BAUMANN, Max

Dr. rer. nat., Prof. f. Experimentalphysik Univ. Tübingen - Eduard-Spranger-Str. 27/1, 7400 Tübingen 1 - Geb. 20. Nov. 1931 Neckarsulm/Württ.

BAUMANN, Max

Prof., Komponist - Waltharistr. 2d, 1000 Berlin 39 - Geb. 20. Nov. 1917 Kronach/Ofr., kath., verh. s. 1951 m. Hilde, geb. Schwarz - Musikhochsch. Berlin (Kapellm.ex.) - 1947 Chorleit. u. Kapellm. Stadttheater Stralsund; 1949 Doz. Musikhochsch. Berlin; 1963 Leit. Chor St.-Hedwigs-Kathedrale, Kammermusik, 3 Streichquart., 3 Klaviertrios, 2 Sinf., Klavierkonzert, 2 A-capella-Messen; Passion; Libertas cruciata; Cranach-Oratorium 1972 z. 500. Geburtst. d. Malers; Ballett Pelleas u. Melisande - 1953 Kunstpreis Stadt Berlin - Liebh.: Schach.

BAUMANN, Michael

Dipl.-Kfm., Vorstandsmitglied Großkraftwerk Mannheim AG - Carl-Reiss-Str. 19 A, 6708 Neuhofen - Geb. 2. März 1934 Ludwigshafen.

BAUMANN, Ortwin

Unternehmer, Vors. Zentralverb. Parkett- u. Fußbodentechnik - Zu erreichen üb.: Meckenheimer Allee 71, 5300 Bonn.

BAUMANN, Reinhold

Dr. jur., Bundesbeauftragter f. Datenschutz i. R. (1983-88) - Am Schörnchen 7, 5300 Bonn 2 - Geb. 3. Okt. 1924 Lindorf b. Kirchheim/Teck, verh. s. 1953 m. Hannah, geb. Unterberger - Gymn. Stuttgart-Bad Cannstatt; 1946-49 Stud. Rechtswiss. Univ. Frankfurt u. Tübingen; 1. Staatsex. 1949, 2. Staatsex. 1952; Promot. 1953 (b. Prof. Makarov) - 1953-57 Innenverw. Baden-Württ.; 1957-83 Bundesmin. d. Innern, s. 1973 Ministerialdirig. Unterabt. Verw., Ausl. u. Asylangelegenh.; 1983-88 Bundesbeauftr. f. Datenschutz.

BAUMANN, Richard

Dr. rer. nat., o. Prof. f. Mathematik TU München (Spez.: Ing.-Math. u. -Inform.,

Prozeßdatenverarb.) - Adolf-Kolping-Str. 8, 8018 Grafing b. München - Geb. 4. Okt. 1921 München (Vater: Karl B., Ing.; Mutter: Maria, geb. Zehetmaier), kath., verw. s. 1982, 2 Kd. (Maria, Martin) - Realgymn. (Abit. 1940), 1940/41 u. 1946-49 Univ. München (Math. u. Physik), Staatsex. 1948/49, Promot. 1956, Habil. 1966 - S. 1966 Forsch.- u. Lehrtätigk. TH bzw. TU München (1970 Ord.) - BV: Introduction to Algol (Lehrb. engl.) 1962; Algol-Manual (Lehrb.) 1963; Dritte Fachtagung Prozeßrechner, 1981.

BAUMANN, Volker

Dr. rer. nat., o. Prof. f. Mathematik - Am alten Stadtpark 43, 4630 Bochum 1 - Geb. 4. Nov. 1928 Karlsruhe - Promot. 1955; Habil. 1969 - S. 1969 Ord. Univ. Hohenheim u. Bochum (1974) - BV: Theory of Measurement, 2. A. 1971 (m. Johann Pfanzagl).

BAUMANN, Walter

Vorstandsmitglied Oberhess. Versorgungsbetriebe AG - Hanauer Str. 9-13, 6360 Friedberg.

BAUMANN, Werner

Kaufmann (Fa. Ernst Baumann, Otterndorf), Vizepräs. IHK Stade - Otterndorf/NE.

BAUMANN, Werner

Prof., Studienleiter d. Opernschule Musikhochschule Westfalen-Lippe/Nordwestd. Musikakad. - Hebbelstr. 20, 4930 Detmold-Lage.

BAUMANN, Wilhelm

Steueramtmann, MdL Bayern (s. 1978, CSU) - Dittelbrunner Str. 62, 8720 Schweinfurt/Ufr. - Geb. 22. Dez. 1925 Schweinfurt (7 Kd.; Eltern: Simon (Eisenb.) u. Maria B.), kath., verh., 2 Kd. - Obersch. (Wehrdst. u. engl. Gefangensch.) - N. Vorbereitungsdst. u. Prüf. Finanzverw. Div. Parteiämter (u. a. Kreisvors. Schweinfurt u. Bezirksvorst. Unterfr.) - Sportinteressiert.

BAUMANN, Wolfgang

Dr. rer. nat., Dipl.-Phys., o. Prof. u. Leiter Inst. f. Biomechanik Dt. Sporthochschule Köln - An der Ronne 55, 5000 Köln 40 - Geb. 24. Juni 1935 - Mitgl. Med. Kommiss. IOC.

BAUMANNS, Hans Leo

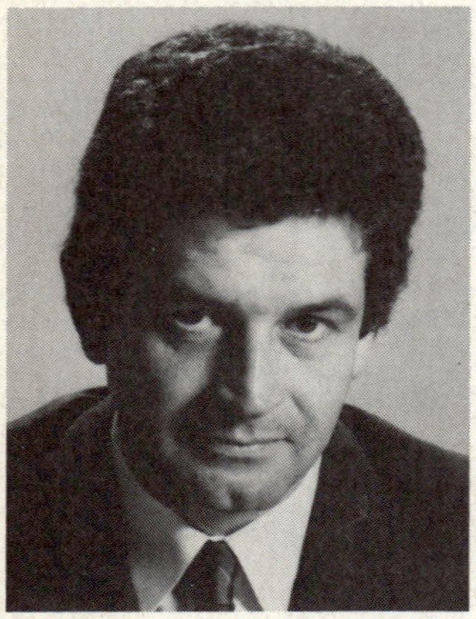

Dr. phil., Prof. f. Sozialpsychologie, Vorst. Inst. f. Angew. Sozialpsych. Düsseldorf/Meerbusch (s. 1982), Publizist u. Gutachter (Public Relations, Kommunikations-Strategien) - v.-d.-Leyen-Str. 13, 4005 Meerbusch 1 (T. 02105 - 1 08 25) - Geb. 21. Dez. 1943 Schiefbahn b. Krefeld (Vater: Leo B.; Mutter: Margarethe, geb. Goertz), kath. - Human. Gymn. (Abit.); Sud. (Volksw., Soziol., Jura) - S. 1967 Aachen Consulting GmbH u. fr. Mitarb. Fernsehen, 1971-74 Hauptgeschäftsf. Konrad-Adenauer-Stiftg., Bonn, s. 1980 Dozent Singapore Inst. of Management, s. 1982 Gast-Prof. Taiwan National Univ., s. 1987 Vors. Ges. z. Förd. d. Freizeitwiss. mbH Erkrath - Begr. d. Lehrmeth. Programmierte Sozialwissenschaften - BV: Deformierte Ges.; Soziologie d. Bundesrep. Deutschl. (Übers. i. Engl., Jap., Dän.); Demokratie a. d. Prüfstand; Methods of Applied Socio-Psychology; Pathologie d. Student. Revolution - Liebh.: Sammeln v. Asiatika - Spr.: Engl., Latein, Griech. - Dt. Ges. f. Soziol. s. 1969.

BAUMANNS, Peter

Dr. phil., Prof. f. Philosophie Univ. Bonn - Fliederweg 21, 5205 St. Augustin 1 (T. 02241 - 2 04 80) - Geb. 7. Jan. 1935 Heerlen (Vater: Matthias B., Angest., Mutter: Christine, geb. Faßbender), kath., verh. s. 1967 m. Ellen, geb. Thissen, 2 T. (Pia, Guida) - Gymn. Alsdorf; Univ. Bonn (Phil., Franz., Latein, Päd.) - 1963-65 Lektor Univ. Toulouse, s. 1965 Assist., Doz. u. Prof. Univ. Bonn - BV: D. Problem d. organis. Zweckmäßigk., 1965; Fichtes urspr. System, 1972; Fichtes Wiss.lehre, 1974; Einführ. in d. prakt. Phil., 1977; Edition: Fichte, Versuch e. neuen Darst. d. Wiss.-lehre, 1975; D. Ethik Kants, 1981; D. prakt. Phil. Fichtes, 1986 - Liebh.: Musizieren - Spr.: Engl., Franz.

BAUMANNS, Rudolf

Dr. jur., Kanzler Univ. GH Duisburg - Lotharstr. 65, 4100 Duisburg.

BAUMBACH, Ernst Georg

Dipl.-Volkswirt, Vorstandsmitglied Stollwerck AG, Köln, Vorstand d. Concordia-Chemie AG, Oberhausen, Vors. Landesgruppe Nordrhein u. Präsidialmitgl. Bundesverb. d. Dt. Süßwarenind., Bonn - Marderweg 8, 5000 Köln-Brück - Geb. 2. Nov. 1919 Niedertreba/Thür., ev., verh., 3 Kd. - Dipl.-Volksw. 1949 Göttingen.

BAUMBACH, Siegfried

Dr. rer. nat. (habil.), Prof., Astronom - Detlev-v.-Liliencron-Str. 17, 2000 Norderstedt (T. Hamburg 524 90 13) - Geb. 6. Juli 1907 - U. a. Ltd. Regierungsdir. Dt. Wetterdst. Hamburg. S. 1957 Honorarprof. Univ. Kiel (Astronomie).

BAUMBAUER, Frank

Theaterdirektor - Maria-Eck-Str. 63, 8227 Siegsdorf/Obb. - Geb. 2. Sept. 1945 München (Vater: Erich B., Kaufm.; Mutter: Erna, geb. Meier), kath., gesch. - Univ. München (German., Soziol., Theaterwiss.) - S. 1975 Bayer. Staatsschauspiel München (b. 1983 Leit. Künstler. Betriebsbüro, dann Schauspieldir.), 1986 stv. Schauspielint. Staatstheater Stuttgart, ab 1988 Dir. Theater Basel, Schweiz - Spr.: Engl., Franz., Ital.

BAUMBUSCH, Friedrich

Dr. med., Prof., Direktor Urolog. Klinik i.R. Städt. Krankenanstalten, Krefeld - Brucknerstr. 26, 4005 Meerbusch 1 - Geb. 13. Okt. 1922 Köln (Vater: Otto B., Industriekfm.; Mutter: Elisabeth, geb. Eith), kath., verh. in 2. Ehe m. Barbara, geb. Jaquet, 4 Kd. - Univ. Freiburg/Br., Wien, Marburg (Med. Staatsex. u. Promot 1948) - S. 1967 Chefarzt Krefeld. S. 1962 (Habil.) Lehrtätigk. Univ. Mainz (1969 apl. Prof. f. Chir. u. Urol.). Mitarb.: Handb. d. Urol. (Bd. VII/2 1965). Zahlr. Fachveröff.

BAUMEIER, Stefan-Michael

Dr. phil., Landesmuseumsdirektor Westf. Freilichtmus. Detmold - Papenbergweg 8 A, 4930 Detmold (T. 05231 - 2 38 53) - Geb. 31. Okt. 1940 Münster (Vater: Josef B.; Mutter: Agnes, geb. Borchard), kath., verh. s. 1970 m. Barbara, geb. Rokus, 2 Kd. - Promot. 1970 Univ. Münster - 1970-76 Wiss. Ref. u. Kustos; ab 1976 Leit. Westf. Freilichtmus. Detmold (Landesmus. f. Volkskd.); s. 1984 Lehrauftr. Univ. Münster. 1973-79 Geschäftsf. Arbeitskr. f. Hausforsch., ab 1978 2. Vors. Naturwiss. u. hist. Verein f. d. Land Lippe, ab 1971 Mitgl. Volkskundl. Kommiss. f. Westf. - BV: D. Bürgerhaus in Warendorf, 1974; D. Westf. Freilichtmus. Detmold, 1981; Westf. Bauernhäuser - V. Bagger u. Raupe gerettet, 1983. Aufs. u. a. D. Valepagenhof im Westf. Freilichtmus. Detmold, 1982; Hist. Handwerksbetriebe, 1986. Begr. u. Herausg.: Schriften d. Westf. Freilichtmus. Detmold (ab 1979); Einzelführer d. Westf. Freilichtmus. Detmold (ab 1980); Beiträge z. Volkskunde u. Hausforsch. (ab 1986) - 1982 Wilh.-Zuhorn-Plak., Warendorf.

BAUMEISTER, Rolf

Kaufmann, Geschäftsführer - Reiherweg 38, 7030 Böblingen: (T. 07031 - 27 46 03) - Geb. 28. Febr. 1939 Stuttgart (Vater: Willi B., Schlosserm.; Mutter: Else, geb. Käss), ev., verh. s. 1969 m. Brigitte, geb. Jauch, 2 Kd. (Anne, Jens) - Abit. 1958; 1958-60 Schlosserlehre; 1961-66 Stud. techn. Betriebsw. TH Karlsruhe (Dipl.-rer. pol. [tech.] 1966) - S. 1969 Inh. u. Geschäftsf. Fa. August Baumeister, Stuttgart, s. 1980 1. Vors. Gesamtverb. d. Drahtflechter + Zaunbauer, Köln - Spr.: Engl., Franz.

BAUMER, Franz

Dr. phil., Schriftsteller - Tengstr. 37, 8000 München 40 - Geb. 7. Mai 1925 München - U. a. Redakteur Bayer. Rundfunk - BV: Hermann Hesse, Biogr. 1959; Franz Kafka, Biogr. 1960; D. Maulwurfshügel, R. 1961; Paradiese d. Zukunft - D. Menschheitsträume v. besseren Leben, 1966; Ernst Jünger, Biogr. 1967; V. Zauberkult z. Psychoanalyse - D. Entdeckungsgesch. d. menschl. Seele, 1970; Teilhard de Chardin, Biogr. 1971; Otto Hahn, Biogr. 1974; Siegf. v. Vegesack, Biogr. 1974; Gewußt wo - gewußt wie, Methoden d. geist. Arbeit, 1974; E. M. Remarque, Biogr. 1976; D. sanfte Gesetz, R. 1978; Goldene Toskana, Sachb. 1979; Adalbert Stifter, d. Zeichner u. Maler, 1979; Traumwege durch Rätien - E. kulturgesch. Wanderung im rätoroman. Graubünden u. im ladinischen Südtirol, 1981; Sizilien, 1985; Carl v. Ossietzky, Biogr. 1985; Reinhold Schneider, Biogr. 1987; Christa Wolf, Biogr. 1988; Adalbert Stifter, Biogr. 1989; L. Anzengruber, Biogr. 1989. Div. Herausg. Hör- u. Fernsehsendungen - Intern. Filmpreise f. TV-Filme.

BAUMERT, Georg

Dr. jur., Prof. f. Bürgerl. Recht u. Arbeitsrecht - Van't-Hoff-Str. 8, 1000 Berlin 33 - Geb. 27. Mai 1930 Berlin - Promot. 1956 - S. 1971 Prof. FU Berlin.

BAUMGÄRTEL, Fred

Chefredakteur Playboy Deutschl. - Charles-de-Gaulle-Str. 8, 8000 München 83 - Zuvor Verlagsleit. Ztschr. Quick, Playboy, Bravo.

BAUMGÄRTEL, Gottfried

Dr. jur. em., o. Prof. f. Bürgerl. Recht u. Zivilprozeßrecht - Zu erreichen üb. Inst. f. Verfahrensrecht, Albertus-Magnus-Pl., 5000 Köln 41 - Geb. 24. Sept. 1920 Leipzig (Vater: Prof. Dr. theol. Friedrich B. (s. dort) †1981; Mutter: Margarete, geb. Steinert †1969), ev., verh. s. 1984 m. Martha, geb. Ippisch, 5 Kd. - Gymn. Greifswald; Univ. Göttingen, Erlangen, Berlin - 1956 Privatdoz. Univ. Erlangen; 1960 Ord. Univ. Marburg, 1966 Univ. Köln - BV: Wesen u. Begriff d. Prozeßhandlung e. Partei im Zivilprozeß, 1957 (auch japan.); D. Gutachter-u. Urteilstätigk. d. Erlanger Juristenfak. im ersten Jahrhundert ihres Bestehens, 1962; D. Zivilprozeßrechtsfall, 7. A. 1987; D. griech. Zivilprozeß-Gesetzb. (m. Rammos), 1969; Einführ. in d. Zivilprozeßrecht, 7. A. 1986; Zivilprozeßrecht - grundl. Entscheid., 2. A. 1977; Rechtstatsachen z. Dauer d. Zivilprozesses - 1. Inst. (m. Mes), 1972 - 2. Inst. (m. Hohmann), 1972; Gleicher Zugang z. Recht f. alle, 1976; Handbuch d. Beweislast, 1982 (m. Laumen, Strieder u. Wittmann), Bd. 2 (m. Laumen u. Strieder), 1985, Bd. 3 (m. Hohmann u. Ulrich), 1987 (Hrsg.), Bd. 4 (m. Giemulla, Korioth, Reinicke u. Wittmann), 1988. Herausg. d. Reihe Prozeßrechtl. Abhandl., Bd. 28-62, u. Mitherausg. d. Reihe Japan. Recht - 1973 Ehrenmitgl. Jap. Zivilprozeßlehrervereinig., Tokio; 1977 Dr. h. c. Keio-Univ. Tokio; 1982 Dr. h. c. Vrije Univers. Brüssel; 1984 jap. Orden d. Aufgeh. Sonne 3. Kl.

BAUMGÄRTEL, Helmut

Dr. rer. nat., o. Prof. f. Physikal. Chemie FU Berlin (gf. Dir. Inst. f. Physikal. Chemie u. Quantenchemie) - Siemensstr. 44, 1000 Berlin 46.

BAUMGÄRTEL, Hermann

Dr. med., Prof., Chirurg u. Urologe, Chefarzt Urol. Klinik Städt. Krankenhaus Siloah, Hannover (s. 1972) - Franzburger Str. 8, 3007 Gehrden - Geb. 6. Sept. 1932 Berlin - Stud. Berlin, Göttingen, Kiel; Promot. 1959 Kiel, Habil. 1971 FU Berlin - 1969 Studienreise USA; 1971 Prof. FU Berlin; 1976 apl. Prof. Med. Hochsch. Hannover - Ständ. Sekr. Vereinig. Nordd. Urologen - Üb. 100 Fach- u. Fortb.-Veröff. Mithrsg.: Carcinoma of the Prostate (1969) - 1959 Fak.preis Kiel.

BAUMGÄRTNER, Alfred Clemens

Dr. phil., o. Prof. f. Didaktik d. Dt. Sprache u. Lit. - Spitzengarten 29, 8780 Gemünden (T. 89 82) - Geb. 16. Juli 1928 Wiesbaden (Vater: Gustav B., Bankkfm.; Mutter: Luise, geb. Höfchen), kath., verh. s. 1956 m. Ingrid, geb. Meffert, Sohn Alexander - 1946-52 Univ. Mainz (Anglistik, German., Päd.; Promot. 1952) - 1953-60 Schuldst.; 1960-62 Wiss. Assist. Päd. Inst. Jugenheim; 1962-65 Doz. Päd. Hochsch. Eßlingen; 1965-70 ao. Prof. Univ. Gießen; 1970-72 o. Prof. Univ. Frankfurt; s. 1972 Univ. Würzburg - BV: u. a. D. Ballade als Unterrichtsgegenstand, 1964; D. Welt d. Comics, 1965; Aspekte d. gemalten Welt, 1968; Perspektiven d. Jugendlektüre, 1969; Wozu Lit. in d. Schule?, 1970; Jugendlit. im Unterricht, 1972; Lesen - Ein Handbuch, 1973; Literaturunterricht m. d. Lesebuch, 1974; Dt. Jugendbuch heute, 1974; Zurück z. Literatur-Unterricht?, 1977; Ansätze hist. Kinder- u. Jugendbuchforsch., 1980; Textarbeit, 1980; Literaturrezeption bei Kindern u. Jugendl., 1982; Volksüberlieferung u. Jugendlit., 1983; Wege z. Kinder- u. Jugendb., 1985; Abc u. Abenteuer, 1985; Mythen, Märchen u. mod. Zeit, 1987. Erzählende Werke u. a.: D. Fluß hinab u. weiter, 1983; Jenseits d. Berge, 1983; D. Tag d. Löwen, 1985; Milans Entscheidung, 1987. Übers. ins Engl., Franz. u. Span. - 1982 Kurt-Lütgen-Sachbuchpreis; 1986 IBBY Honour List; 1987 BVK am Bde. - Liebh.: Fischen, Hunde, Schießsport - Spr. Engl.

BAUMGÄRTNER, Franz

Dr. rer. nat., Prof. f. Radiochemie TU München - Zu erreichen üb. TU München, 8000 München - Geb. 3. Mai 1929 München, verh. m Edith, geb. Götz, 4 Kd. (Ingrid, Hildegard, Ulrich, Christoph) - TH München (Chemie); Promot. 1956, Habil. 1961 - 1964-76 o. Prof. Univ. Heidelberg (Wiss. Arbeitsgeb.: Metallorgan. Transuranverbindung, Wiederaufarbeitung v. Kernbrennstoffen, chem. Analyse v. Aerosolen u. hochradioaktiven Stoffen, Tritium-Analyse), 1964-79 Leit. Inst. f. Heiße Chemie Kernforschungszentr. Karlsruhe, 1976-79 o. Prof. Univ. Mainz, s. 1979 o. Prof. TU München, Berater wiss. Ges. u. Bundesmin., Mitgl. d. Dt. Reaktor-Sicherheitskommiss. - Korr. Mitgl. Akad. d. Wiss. u. Lit. Mainz; 1988 Otto-Hahn-Preis.

BAUMGÄRTNER, Franz Josef

Dr. phil., Ministrialrat a. D. - Ebersberger Str. 3, 8000 München 27 (T. 98 40 48) - Geb. 9. Mai 1911 München (Vater: Georg B., Journ.; Mutter: Anna, geb. Körner), kath., verh. - Univ. München - B. 1934 Redakt. Bayer. Staatszeitg.; n. Kriegsende Leit. Pressest. Reg. Niederbay./Oberpfalz u. Ref. f. Publ. Bayer. Statist. Landesamt, München; 1948-63 Dir. Presse- u. Informationsamt Bayer. Staatskanzlei; s. 1963 Leit. Luftfahrtref. Bayer. Wirtschaftsmin.; b. 1973

Ministerialrat Bayer. Ministerium f. Wirtsch. u Verkehr.

BAUMGÄRTNER, Hans
Ehrenvorsitzender Dt. Rugby-Verb. u. Vizepräs. Intern. Rugby-Verb. (FIRA), Hannover - Schröderstr. 25, 6900 Heidelberg 1.

BAUMGÄRTNER, Klaus
Dipl.-Ing., Direktor, Geschäftsführer - Bockumer Str. 223, 4000 Düsseldorf 31 - Geb. 3. Jan. 1924 - Dir. Messer Griesheim GmbH, Düsseldorf; Geschäftsf. SIG-Sauerstoffwerk Frankfurt GmbH u. Cryotec GmbH München.

BAUMGÄRTNER, Wolfgang
Dipl.-Ing. (FH), Kaufm. Direktor, Vorstandsmitgl. Friedr. Schoedel AG, Münchberg - Parkstr. 19, 8660 Münchberg/Ofr. - Geb. 12. Mai 1941 Hof/S. (Vater: Christian B., Dir.; Mutter: Hildegard, geb. Schoedel), ev., verh. s. 1966 m. Rosmarie, geb. Trippel, 3 Kd. (Annatina, Kathrin, Alex) - Abit. - 1965-69 Organisator Fa. Gugelmann; Schatzmeister IV-Gewebe Ffm.

BAUMGARDT, Brigitte,
geb. Mlodzek
Ikebana-Prof. (jap.), (Ps. Koetsu) - Rosenweg 1, 8031 Seefeld-Meiling (T. 08153-12 05) - Geb. 1. Jan. 1933 Plötzig/Westpr. (Vater: Josef M.; Mutter: Klara, geb. Dams), kath., verh. s. 1954 m. Prof. Dr. Joh. B., 2 T. (Verena, Thekla) -1959-65 Ikebana-Stud. in Verbind. m. Kunstgesch., Lehrdipl./Grad. Akad. Tokio - Ikebana-Lehrerin, Ausbild. v. I.-Lehrern - BV: Ikebana — Kunst d. lebendigen Blüte; Ikebana — Studien- u. Übungsb. - Eig. Ausst. - Kunstwerke: Transp. Skulpturen; Aquarellmalerei.

BAUMGARDT, Johannes
Dr. rer. pol., o. Prof. f. Wirtschafts- u. Sozialpädagogik sow. Betriebswirtschaftl. Personallehre, Univ. München (s. 1966) - Rosenweg 1, 8031 Seefeld-Meiling/Obb. (T. Weßling 12 05) - Geb. 15. Febr. 1930 Hamburg (Vater: Otto B.; Mutter: Elisabeth, geb. Czech), verh. m. Brigitte, geb. Mlodzek - Stud. Rechts- u. Wirtschaftsw. sow. Erziehungsw.

BAUMGART, Dieter Jürgen
Freier Bildjournalist DJV - Im Falkenhorst 16, 5000 Köln 90 (T. 02203 - 3 33 46) - Geb. 22. Nov. 1934 Berlin, verh. s. 1963 m. Gerlinde, geb. Hübner, 2 Kd. (Sven, Swantje) - Fotograf, Schriftst. u. Geschichtenerz., Inh. Verlag Edition Salagou, Verf. v. Tonbildschauen, Mitgl. Künstlergem. Gruppe 82, Köln (s. 1984) - BV: Gesch. im Bergwerk, 1979; Lyrik-Poster, 1984 - Liebh.: Grafik, Satire, Antiquitäten.

BAUMGART, Hans-Dieter
Dr. rer. nat., Dipl.-Phys., Geschäftsführer Rhein.-Berg. Druckerei- u. Verlagsges. (Rheinische Post) - Blumenstr. 16, 4000 Düsseldorf (T. 0211 - 50 50) - Geb. 7. Febr. 1940 Berlin (Vater: Dr. Karl B., Dipl.-Ing.; Mutter: Else, geb. Schulte).

BAUMGART, Peter
Dr. phil., o. Prof. f. Neuere Geschichte Univ. Würzburg (s. 1967) - Am Schenkenfeld 11a, 8707 Veitshöchheim - Geb. 7. Sept. 1931 - 1964-67 Privatdoz. FU Berlin - BV: Zinzendorf als Wegbereiter histor. Denkens u. a.

BAUMGART, Reinhard
Dr. phil., Schriftsteller - Eichleite 46, 8022 Grünwald/Obb. (T. München 641 21 02) - Geb. 7. Juli 1929 Breslau (Vater: Dr. med. Reinhard B., Arzt; Mutter: Gertrud, geb. Jonas), ev., verh. s. 1954 m. Hildegard, geb. Bruns, 3 Kd. (Ulrike, Matthias, Julia) - Obersch. - Stud. Gesch. u. Lit.wiss. Promot. 1953 Freiburg/Br. - 1953-54 Lektor Univ. Manchester; 1955-62 Lektor Piper-Verlag, München; s. 1962 fr. Schriftst. 1969-74 Kritiker Süddt. Ztg. - 1970-74 Vorst.smitgl. Verb. Dt. Schriftst. - BV:

u. a.: Hausmusik, R. 1962; D. Ironische u. d. Ironie in d. Werken Thomas Manns, Ess. 1964; Lit. f. Zeitgenossen, Ess. 1966; Panzerkreuzer Potjomkin, Erz. 1967; Aussichten d. Romans oder Hat d. Lit. Zukunft? - Frankf. Vorles., 1968; Über Uwe Johnson, 1970; D. verdrängte Phantasie, Ess. 1974; Jettchen Geberts Geschichte, Theaterst. UA. 1978 - Mitgl. PEN-Zentrum BRD - Liebh.: Segeln, Skilanglauf - Spr.: Engl. - Bek. Vorf.: Lukas Cranach d. Ä. u. d. J. (ms.).

BAUMGART, Winfried

Dr. phil., Dipl.-Dolm., o. Prof. f. Mittlere u. Neuere Gesch. Univ. Mainz (s. 1973) - Südring 39, 6500 Mainz-Bretzenheim (T. 06131 - 33 15) - Geb. 29. Sept. 1938 Streckenbach/Schles. (Vater: Emil B., Beamter; Mutter: Anna, geb. Hepke), kath., verh. s. 1963 m. Apothekerin Gisela, geb. Thamm, 2 Kd. (Anja, Matthias) - Schulen Döhlen u. Oldenburg; 1958-66 Univ. Saarbrücken, Genf, Edinburgh; 1966-71 Assist. Univ. Saarbr. u. Bonn; 1971 Prof. f. Gesch. Univ. Bonn; 1978-79 Konrad-Adenauer-Prof. an der Georgetown-Univ., Washington, D. C.; 1988/89 Gastprof. an d. Sorbonne III. - BV: u. a. Dt. Ostpolitik 1918, 1966; Brest-Litovsk, 1969; Unternehmen „Schlußstein", 1970; D. Friede v. Paris 1856, 1972 (Neuaufl. in engl. Übers. 1981); Deutschland im Zeitalter d. Imperialismus, 5. A. 1986; V. Europ. Konzert z. Völkerbund, 2. A. 1987; D. Imperialismus, 1975 (Neuaufl. in engl. Übers. 1982); Bücherverz. z. dt. Gesch., 7. A. 1988; D. Julikrise u. d. Ausbruch d. Ersten Weltkrieges 1914, 1983. Herausg.: V. Brest-Litovsk z. dt. Novemberrevolution (1971); Frhr.-v.-Stein-Gedächtnisausg., Neuzeitl. Reihe (1977ff.); Akten z. Gesch. d. Krimkriegs (1979ff.); Quellenkd. z. dt. Gesch. d. Neuzeit (1977ff.) - Liebh.: Wandern - Spr.: Engl, Franz., Russ.

BAUMGART, Wolfgang
Dr. phil. (habil.), em. o. Prof. f. Theaterwissenschaft - Ebrardstr. 11, 8520 Erlangen - Geb. 26. Juli 1910 Berlin - Univ. Berlin, Freiburg/Br., Heidelberg - B. 1944 Privatdoz. Univ. Breslau; 1946-58 Privatdoz. u. apl. Prof. (1950) Univ. Erlangen; s. 1958 Ord. u. Inst.dir. FU Berlin - BV: D. Zeit d. alten Goethe, Annalen d. dt. Lit., 1951, 2. A. 1962; Philine (Fschr. Sühnel), 1967; Prospero (Fschr. Alewyn), 1967; Der Gelehrte als Herrscher (Fschr. Gruenter), 1978; Helena (Antike u. Abendland), 1982; Mephistopheles u. d. Emanzipation d. Bösen (Fschr. Gruenter), 1988. Mitarb. Züricher Goethe-Gedenkausg. 1949; dtv-Goethe-Gesamtausg. 1961.

BAUMGARTE, Hans
Dipl.-Ing., Fabrikbesitzer, Kompl. Dipl. Ing. H. Baumgarte KG., Geschäftsf. B.G.V. G.m.b.H. (Tochter Fa. Eisengießerei, Baumgarte G.m.b.H.) - Duisburger Str. 35, 4800 Bielefeld 14 - Geb. 24. Okt. 1917 - TH.

BAUMGARTE, Joachim
Dr.-Ing., Dipl.-Phys., Prof. Univ.

Braunschweig (s. 1968) - Blankenburger Str. 8a, 3389 Braunlage (T. 05520 - 39 10) - Geb. 2. Juli 1922 Guben (Vater: Curt B., Oberinsp.; Mutter: Gertrud, geb. Dolling), verh. s. 1963 m. Gisela, geb. Stübner, T. Cornelia - Promot. 1954 - 1951-58 Geophysiker; 1958-68 Doz. Staatl. Ing.sch. Wolfenbüttel. Fachmitgl.sch. - Spr.: Engl.

BAUMGARTEN, Annelies,
geb. Schulze-Rossi
Verlegerin, Inh. Huter-Verlag, München, Herausg. Wochenztg. D. Neue Zeitalter - Pettenkoferstr. 16, 8000 München 2 (T. München 641 16 10) - Geb. 31. Juli 1922 Dresden, verh. m. Dr. med. Paul S. B., 2 Kd. (Hans-Ulrich, Isa-Maria).

BAUMGARTEN, Edwin
Dr. rer. nat., Wiss. Rat, Abteilungsleiter Inst. f. Physikal. Chemie u. Prof. f. Physikal. Chemie u. Chem. Technol. Univ. Düsseldorf (s. 1970) - Nordstr. 8, 5657 Haan/Rhld. - Geb. 14. April 1933 Berlin - Promot. 1962; Habil. 1970 - Zul. TU Clausthal. Üb. 30 Facharb.

BAUMGARTEN, Egon
Regisseur, Dir. Fritz Rémond-Theater im Zoo (s. 1985) - Alfred-Brehm-Pl. 16, 6000 Frankfurt/M. (T. 069-44 40 04) - Geb. 7. Nov. 1949 Frankfurt/M., verh. s 1975 m. Renate, geb. Volhard, 2 T. (Susanne, Lena) - Stud. Theaterwiss. Univ. München - Zahlr. Insz. in Frankfurt, Düsseldorf, Aachen, Krefeld u. f. Tournee-Prod.

BAUMGARTEN, Hans-Georg
Dr. med., M. D., Prof. f. Anatomie unt. bes. Berücks. d. Neuroanat. - Königin-Luise-Str. 15, 1000 Berlin 33 - B. 1975 Privatdoz., dann Prof. Univ. Hamburg; 1979 Lehrstuhl f. Anatomie, FU-Berlin.

BAUMGARTEN, Helmut
Dr.-Ing., Prof. f. Angew. Maschinenwesen, insb. Förderw. u, TU Berlin (gf. Dir. Inst. f. Maschinenw. b. Bergbau u. Hüttenbetrieb) - Badenallee 25, 1000 Berlin 19.

BAUMGARTEN, Michael
Dramaturg Ruhrfestspiele Recklinghausen (1984ff.) - Castroper Str. 253, 4350 Recklinghausen (T. 02361 - 4 65 30) - Geb. 28. Dez. 1952, ev., ledig - Stud. FU Berlin - 1979-82 Dramat. Landestheater Württ.-Hohenzollern, Tübingen; 1982/83 Gastdoz. f. Dramat. Hochsch. d. Künste Berlin - BV: D. Freiheit wächst auf keinem Baum..., 1979 (m. Wilfried Schulz).

BAUMGARTEN, Werner
Direktor - Schwabenheimer Str. 6, 6803 Edingen/N. - Geb. 25. April 1932 - Geschäftsf. Felina-Gruppe u.

BAUMGARTEN, Wilhelm
Hauptlehrer a. D., MdL Nieders. (1959-78, 1966 Fraktionsvors., 1967 Präs., 1974 Vizepräs.) - Ringstr. 11, 3388 Bad Harzburg 4 - Geb. 6. Nov. 1913 Groß-Lafferde b. Peine - Realgymn. Peine; 1933-36 TH Braunschweig (Erziehungswiss.) - Lehrer Braunschweig, Wieda, Rübeland, Göttingerode (1945-59 Schulleit.). 1952-67 Bürgerm. Harlingerode. 1956-74 MdK Wolfenbüttel (1961 Fraktionsf.) u. (1974) Goslar; 1977 Landrat Goslar; 1962 AR Baugenoss. Wiederaufbau, Braunschweig (1978 Vors.). SPD - 1978 Nieders. Landesmed.

BAUMGARTL, Franz
Dr. med., Prof., Chefarzt a. D. II. Chirurg. Klinik - Krankenhauszweckverband, 8900 Augsburg - Geb. 22. Nov. 1920 Untersekerschan -S. 1956 (Habil.) Lehrtätig. Med. Akad. bzw. Univ. D'dorf (1962 apl. Prof. Chir. u. Unfallheidkd.) - BV: D. Kniegelenk, 1964. Zahlr. Einzelarb. - 1966 Langenbeck-Preis. Mitherausg. 8-bänd. Operationslehre „Spezielle Chirurgie f. d. Praxis".

BAUMGARTNER, Albert
Dr. rer. nat., Dr. h. c., Dipl.-Meteorol., em. o. Prof. f. Bioklimatol. u. angew. Meteorol. Univ. München (s. 1973) - Zul. 8000 München - Geb. 13. Nov. 1919 Feldkirchen (Eltern: Ehel. Simon u. Christine B.), kath., verh. s. 1948 m. Irene, geb. Kubel, 2 T. (Angelika, Irene) - Dipl.ex. 1943 Berlin; Promot. 1956, Habil. 1965 München - S. 1970 Vorst. Inst. f. Meteorol. Forstl. Forschungsanst. München - BV: D. Weltwasserbilanz, 1975 (a. engl.); Wasserhaushalt d. Alpen, 1983 - 1960 Honorary Member Wiscons. Phenological Soc.; 1980 Goldmed. Int. Soc. Biometeorology; 1984 Paulaner Forschungspreis - Spr.: Engl., Franz. - Mitgl. Lions Club, München-Nymphenburg.

BAUMGARTNER, Fritz

Maler u. Graphiker - Loristr. 3a, 8000 München 2 (T. 089 - 129 52 32) - Geb. 14. April 1929 Aurolzmünster (Österr.) - N. Abit. (1949) Akad. d. bild. Künste München (1949-56); Intern. Sommerakad. Salzburg/Oskar Kokoschka (1955); Studienaufenth. Paris (1956-58; 1. J. Franz. Staatsstip. - Hauptw.: Aeneas (1962), D. neue Jerusalem (1966), I nuovi disastri della guerra (1976), Historia sacra (1982), D. Trojan. Krieg (1983), Paradies (1984), Vita d. Hl. Bruder Konrad (1986) - 1959 Preis f. Malerei Dt. Ev. Kirchentag München, 1970 Kunstpr. Prov. Turin, 1976 Grolla/Offiz. Ehrenpr. Region Aosta; 1972 Gold. Verdienstmed. Rep. Italien, 1972 Ehrenmed. Stadt Turin - Spr.: Engl., Franz., Lat., Ital.

BAUMGARTNER, Hans
Geschäftsführer FORBO-SALUBRA GmbH, Grenzach-Wyhlen 1 - Muttenzer Str. 23, 7889 Grenzach-Wyhlen 1 - Geb. 8. Juli 1932 - Ing. (grad.).

BAUMGARTNER, Hans Michael
Dr. phil., o. Prof. f. Philosophie Univ. Bonn (s. 1985) - Adenauerallee 11, 5300 Bonn - Geb. 5. April 1933 München (Vater: Josef B., Amtsrat; Mutter: Sophie, geb. Geßner), kath., verh. s. 1960 m. Ballauf, 2 Kd. (Aurelia, Daniela) - Stud. d. Phil., Psychol., Moraltheol., Math.; Promot. 1961 München; Habil. 1971 ebd. - 1971-76 Privat- u. Univ.doz. (1975) München; 1976-85 Prof. Univ. Gießen. Mitgl. Allg. Ges. f. Phil. in Dtschl. u. Schelling-Kommiss. Bayer. Akad. d. Wiss. - BV: D. Unbedingtheit d. Sittlichen. E. Auseinandersetzung m. Nicolai Hartmann, 1962; J. G. Fichte-Bibliogr., 1968 (m. Wilhelm G. Jacobs); Kontinuität u. Gesch. Z. Kritik u. Metakritik d. histor. Vernunft, 1972; Phil. in Deutschl. 1945-1975 (m. H.M. Sass), 1978; Kants Kritik d. reinen Vernunft, 1985 - Liebh.: Ski, Tennis - Spr.: Engl., Ital.

BAUMGARTNER, Johann (Hans)
Lehrer, Schriftst. - Klosterweg 4, 8090 Wasserburg - Geb. 16. Mai 1939 Wasserburg am Inn, kath., verh. m. Diet-

linde, geb. Kaßler, 3 Kd. (Regine, Martin, Andreas) - Oberrealsch. Wasserburg; PH u. Univ. München - Fr. Mitarb. Bayer. Rundf. - BV: Zu meiner Zeit, Bilderz. 1978; Ochs am Berg, Erz. u. Wechselreden, 1980; Bairische Sagen (aufgez. u. herausg.), 1983; Wasserburger Leseb., 1987; Veröff. in Lyrikanthol., 1981 u. 82.

BAUMGARTNER, Konrad

Dr. theol., Prof., Theologe, Ordinarius Univ. Regensburg (Pastoraltheol.) - Blumenstr. 16, 8417 Hainsacker (T. 0941-8 03 31) - Geb. 30. Okt. 1940 Altötting, kath. - Prom. Dr. theol. 1975 München; Prof. Eichstätt (1976-1980); s. 1980 Regensburg.

BAUMGARTNER, Walter
Dr. phil., Prof. f. Germanistik u. Skandinavistik Ruhr-Univ. Bochum - Bochumer Str. 134, 4322 Sprockhövel 1 (T. 02324 - 7 95 64) - Geb. 27. Juli 1941 Zofingen/Schw. (Vater: Rudolf B., Innenarch.; Mutter: Rosa, geb. Hartinger), verh. s. 1974 m. Unn, geb. Andersson, 2 Kd. (Ask, Balz) - Stud. German. u. Skandin. in Zürich, Uppsala, Oslo (Lic.) phil. 1968 Zürich, Dr. phil. 1976 ebd.) - 1971-76 Forsch.-Assist. Univ. Kiel; 1976-80 Assist. Univ. Zürich; 1979 Gastprof. Univ. Chicago; 1980 ff. Prof. Ruhr-Univ. Bochum - BV: Tarjei Vesaas. E. ästh. Biographie, 1976; Triumph d. Irrealismus. Rezeption skandin. Lit., 1979 - Spr.: Schwed., Dän., Norw., Engl., Franz.

BAUMHAUER, Werner
Dipl.-Ing., Regierungsvermessungsdirektor a.D., Staatssekretär Min. f. Umwelt Baden-Württ. (s. 1987), MdL Baden-Württ. (s. 1972) - Emil-Nolde-Str. 55, 7920 Heidenheim/Brenz (T. 6 23 94) - Geb. 12. Nov. 1930 Massenbachhausen Kr. Heilbronn, verh., 2 Kd. - Volkssch. Heilbronn, 1944-47 Vermessungstechnikerausbild. Stadtverw. Heilbronn; 1947-50 Obersch. Heilbronn (Abitur); 1951-55 TH Stuttgart. 1955 Dipl.-Ing.; 1958 Assex. - s. 1966 Leit. Staatl. Vermessungsamt Heidenheim (1972 Reg.svermessungsdir.). CDU.

BAUMS, Georg
Geschäftsführer Baums, Mang + Zimmermann Werbeagentur GmbH & Co. KG, Düsseldorf, Vors. Gesamtverb. Werbeagenturen, Frankfurt/M. - Hofermühle 27, 5628 Heiligenhaus - Geb. 17. Nov. 1935.

BAUMS, Theodor
Dr. jur., Univ.-Prof. Univ. Osnabrück - Gerh.-Rohlfs-Str. 22, 5300 Bonn-Bad Godesberg - Geb. 29. April 1947, kath., verh. m. Dr. Brigitte, geb. Stammberger, 2 S. (Philipp, Wolfgang) - Gymn. Trier; Stud. Rechtswiss. u. kath. Theol. Univ. Bonn; 1. jurist. Staatsex. 1974; Promot. 1981; Habil. 1986 Bonn - 1977 Ass.; Fachanwalt f. Steuerrecht - BV: Preußisches Aktiengesetz, 1980; Eintragung v. Gesellschafterbeschl., 1981; Entwurf e. HGB 1848/49, 1982; D. Geschäftsleitervertrag, 1987 - 1981 Univ.-Preis Univ. Bonn - Liebh.: Lit., Musik, Reisen - Spr.: Engl., Franz., Russ.

BAUMÜLLER, Günter
Dipl.-Ing., Geschäftsführer Baumüller Nürnberg GmbH - Ostendstr. 80, 8500 Nürnberg 30 (T. 0911 - 59 79-102) - Geb. 11. Aug. 1940 Nürnberg (Vater: Heinrich B.; Mutter: Else, geb. Fenne), kath., verh. s. 1969 m. Ursula, geb. Alpert, 2 Kd. (Karin, Andreas) - Abit. 1959 Nürnberg; Stud. TH Aachen (Dipl. 1966) - Geschäftsf. s. o.; Werke in Nürnberg, Kitzingen, Bad Gandersheim, Baumüller Anlagen-Systemtechnik GmbH & Co., Nürnberg, Baumüller Reparaturwerk-GmbH & Co. KG, Nürnberg; selbst. Niederlass.: Baumüller Nederland BV/Niederl., Baumüller (UK) Ltd./Großbrit., Baumüller S.A.R.L./Frankr., Bautronic/USA - Spr.: Engl.

BAUN, Marianne
Dr., Sonderschulkonrektorin, MdL Rhld.-Pfalz - Donnersbergstr. 30, 6719 Kirchheimbolanden - Geb. 22. Okt. 1948 - CDU.

BAUNACK, Fritz
Dr.-Ing., Vorstandsmitglied a. D. Babcock-BSH AG, vorm. Büttner-Schilde-Haas AG, Krefeld-Uerdingen - Überm Hof 17, 6430 Bad Hersfeld - Geb. 6. Jan. 1921 - Ehrenvors. Forschungsvereinig. f. Luft- u. Trockentechnik, Vorstandsmitgl. Forschungskurat. Maschinenbau (b. 1984), Mitgl. Fachausssch. Trocknungstechnik d. VDI-Ges. Verfahrenstechnik u. Chemieingenieurwesen, Vors. Förderkr. Mus. Bad Hersfeld.

BAUNER, Eberhard
Bürgermeister Stadt Büdingen - Eichelbergring 16, 6470 Büdingen 1 (T. 06042-12 91) - Geb. 15. Okt. 1942 Berlin (Vater: Bertold B., Beamter; Mutter: Olly, geb. Patkowski), ev., verh. s. 1969 m. Uschi, geb. Braun - Abit. 1963 Büdingen - 1965-80 Offz. d. Bundeswehr; 1972-78 Stadtrat in Neunburg v. Wald. CSU (1980-82 Landesgeschäftsf. kommunalpolit. Vereinig. Bayern); s. 1982 Bürgerm. in Büdingen - Liebh.: Gesch., Politik, Sport, Kunst - Spr.: Engl., Franz.

BAUR, Doris
Unternehmensberaterin - Hans-Thoma-Str. 72, 6900 Heidelberg (T. 4 15 08) - Geb. 28. Febr. 1941 Stuttgart (Vater: Thomas B., Geschäftsf.; Mutter: Anneliese, geb. Biermann) - Stud. d. Soziol. Univ. Heidelberg - 1965-73 ASB, Heidelberg (Abt.sleit. f. Personal-, Sozial- u. Ausbildungswesen, Top-Management), 1973-76 R.S.V.P. Unternehmensberatung mbH., Frankfurt, dann Baur & Partner, Unternehmensberatung, Heidelberg - Liebh.: Ethnol., Ostasiatica - Spr.: Engl., Franz., Ital.

BAUR, Elmar F.
Dipl.-Ing., Dipl. Wirtsch.-Ing., Geschäftsführer Arbau Klaus GmbH u. Co., Memmingen, u. Arbau Baumasch. GmbH, Heidelberg - Nelkenweg 2, 8192 Geretsried - Geb. 5. Juni 1941 Augsburg (Vater: Friedrich B.; Mutter: Dora, geb. Kerle), kath., verh. s. 1968 m. Maria, geb. Heckel, 3 S. (Christian, Markus, Ulrich) - 1959-62 TH Augsburg (Masch.bau), 1962-69 TU München (Masch.wesen), 1966-69 TU (Wirt- u. Wirtsch.wiss.) - S. 1980 Geschäftsf. Seeger-Orbis GmbH., Bereichsleit. Befestigungssysteme - Liebh.: Malerei, Wandern, Skifahren, Garten - Spr.: Engl., Franz., Portug.

BAUR, Friedrich
Dr.-Ing., Vorstandsvorsitzender Zahnradfabrik Friedrichshafen AG - Löwentaler Str. 100, 7990 Friedrichshafen - Geb. 23. Juni 1927 Schrozberg (Vater: Robert B.; Mutter: Grete, geb. Ott), ev., verh. s. 1957 m. Marieluise, geb. Benda, 3 Töcht. (Andrea, Ursula, Gisela) - TH Stuttgart (Elektrotechnik, Dipl.-Ing.) - B. 1981 Vorst.-Mitgl. Siemens AG München. Erf. (Radargebiet, Mikro-

Elektronik) - W.-v.-Martini-Plak. - Spr.: Engl.

BAUR, Friedrich G.
Dr. jur., Rechtsanwalt, Aufsichtsratsvors. Gothaer Lebensversich. a.G., Göttingen, u. Gothaer Allg. Versich. AG - Stockseehof, 2323 Stocksee üb. Plön - Geb. 7. Nov. 1919 - Ehrenpräs. Gesamtverb. Deutschen. u. forstwirtsch. Arbeitgeberverb.; Bonn. Beirat Dt. Bank AG, Hamburg.

BAUR, Fritz
Dr. jur., Dr. jur. h. c. mult., em. o. Prof. f. Bürgerl. Recht u. Prozeßrecht - Klopstockweg 14, 7400 Tübingen (T. 6 30 27) - Geb. 6. Juli 1911 Dillingen/D. (Vater: Karl B.; Mutter: geb. Luckner), ev.-luth., verh. m. Hildegard, geb. Mallebrein, 5 Kd. - Univ. München u. Tübingen - 1938 LGrat, 1940 Doz. Tübingen, 1942 ao. Prof. Gießen, 1950 OLGrat Tübingen, 1954 Ord. Mainz, 1956 Tübingen - BV u. a.: Lehrb. d. Sachenrechts, 14. A. 1987; Freiwillige Gerichtsbark., I. 1955; Fälle u. Lös. zum Zwangsvollstreckungs-, Konkurs- u. Vergleichsrecht, 5. A. 1984 (m. Stürner); Wege z. Konzentration d. mündl. Verhandl. im Zivilprozeß, 1966; Studien z. einstw. Rechtsschutz, 1967; D. schiedsrichterl. Vergleich, 1971; Grundbegriffe d. freiwill. Gerichtsbarkeit, 2. A. 1980 (m. Wolf); Zivilprozeßrecht, 5. A. 1985; Einführ. in d. Recht d. Bundesrep. Deutschl., 5. A. 1987 (m. Walter); Zwangsvollstreckung, Konkurs- u. Vergleichsrecht, 11. A. 1983 (m. Stürner); Beiträge z. Gerichtsverfassung u. z. Zivilprozeßrecht, 1983; Beiträge z. mat. Recht u. Verfahrensrecht, 1986 - 1970 Ehrendoktor Univ. Innsbruck, 1975 Univ. Athen; 1977 Univ.-Medaille Univ. Tübingen; Gr. BVK - Spr.: Franz., Engl., Ital. - Rotarier.

BAUR, Gerhard W.
Dr. phil., Akad. Direktor Dt. Seminar Univ. Freiburg - Zu erreichen üb. Univ. Freiburg, Dt. Seminar, 7800 Freiburg - Geb. 21. Sept. 1932 Freudenstadt - FU Berlin, Univ. Tübingen, Wien, Freiburg; Promot. 1966 - 1968 Leit. Arbeitsber. Bad. Wörterb. - BV: D. Mundarten im nördl. Schwarzwald, 1967; Warum im Dialekt? Interviews m. zeitgenöss. Autoren, 1976; Bibliogr. z. Mundartforsch. in Baden-Württ., Vorarlb. u. Liechtenstein, 1978; Alem. Mundartlit. s. 1945 in Baden u. im Elsaß, 1987.

BAUR, Hans
Dr.-Ing., Mitglied d. Vorst. d. Siemens AG, München - Hofmannstr. 51, 8000 München 70 (T. 72 20) - Geb. 14. Febr. 1929 Plochingen, ev., verh. s. 1958, 3 Söhne - TH Stuttgart (Elektrotechnik) - Arbeitsgeb.: Nachrichten- u. Sicherungstechnik.

BAUR, Jörg
Dr. theol., o. Prof. f. Systemat. Theologie - Reinkeweg 4, 3400 Göttingen - Geb. 17. Juli 1930 Tübingen (Vater: Dipl.-Ing. Hermann B., Architekt; Mutter: Magdalene, geb. Thomsen), ev., verh. s. 1964 m. Waltraud, geb. Müller, 4 Söhne (Lukas, Johannes, Detlev, Tobias) - Gymn. Ebingen; Univ. Tübingen, Erlangen, Göttingen (Theol.). Promot. (1961) u. Habil. (1967) Erlangen - 1956-57 Vikar Ev.-Luth. Landeskirche Württ., 1958-62 Repetent Tübinger Stift, 1962-64 Stip. Dt. Forschungsgem. 1964-69 Pfarrer Landgde. Leuzendorf, 1969-78 Ord. Univ. München, s. 1978 Theol. Fak. Göttingen - BV: D. Vernunft zw. Ontologie u. Evangelium, 1962 (Diss.); Salus Christiana, 1968 (Habil.schr.), Freiheit u. Emanzipation, 1974; Einsicht u. Glaube - Ges. Aufs., 1978; Einig in Sachen Rechtfertigung?, 1989 - Mithrsg.: NZSTh (Neue Zeitschr. f. system. Theol. u. Religionsphil., s. 1982). Herausg.: ThR (Theol. Rundschau, s. 1984) - Spr.: Engl., Franz.

BAUR, Jürg

Prof., Komponist - Nagelsweg 74, 4000 Düsseldorf 30 (T. 0211 - 436 01 26) - Geb. 11. Nov. 1918 Düsseldorf (Vater: Ernst B., Ob.Stud.Dir.; Mutter: Maria, geb. Schulte), ev., verh. m. Dr. med. Hilde, geb. Wolfstieg, T. Ulrike - 1937-39 u. 1946-48 Staatl. Musikhochsch. Köln, 1948-51 Univ. Köln; Hochsch.reifeprüf. Kompos. 1947, Staatl. Musiklehrerex. in 3 Fäch. 1946/54, Staatl. A-Ex. f. Kirchenmusik 1954 - 1946-64 Doz. Robert-Schumann-Konservat. Düsseldorf; 1952-60 Kantor ev. Pauluskirche D'dorf; 1960-71 Gastdoz. Landeskirchenmusiksch. Rhld. S. 1971 1. Vors. Landesverb. VDMK in NRW; 1965-71 Dir. d. Inst.; 1971-84 Prof. f. Kompos. Staatl. Musikhochsch. Köln. Mehrere Reisen in d. UdSSR im Auftr. d. Dt. Musikrats - Üb. 100 Kompos., zul. Giorno per piorno (UA 1971 Aachen), Musik m. R. Schumann (UA 1974 Augsburg), 2. Violinkonzert (UA 1978 D'dorf), Sentimento del tempo (UA 1980 Gelsenkirchen), Sinf. Metamorphosen üb. Gesualdo (UA 1982 Bremen), Sinfonia patetica (UA 1983 Duisburg), Aus d. Tagebuch d. Alten (Sinfonie) (UA 1988 Dortmund). Mehrere Schallpl. - 1957 Robert-Schumann-Preis; 1960 u. 68 Rom-Stip. Villa Massimo; 1969 BVK I. Kl. - Liebh.: Kanarienvögel, Landschaftsreisen (Italien) - Spr.: Ital. - Lit.: Ich war nie Avantgardist. Hp. Krellmann: Gespräche m. J. B., 1968 - Rotarier.

BAUR, Jürgen
Dr. jur., o. Prof. f. Bürgerliches Recht, Wirtschaftsrecht u. Europarecht Univ. Köln, Dir. Inst. Recht d. Europ. Gemeinschaften, Univ. Köln - Inst. f. Energierecht - Albertus-Magnus-Platz, 5000 Köln 41 (T. 470 38 23); priv.: Op de Solt 1a, 2000 Hamburg 65 - Geb. 12. Sept. 1937 Tübingen (Vater: Prof. Dr.Dr.h.c. Fritz B. (s. dort); Mutter: Hildegard, geb. Mallebrein), ev., verh. s. 1965 m. Ursel, geb. Meerguth, 2 Kd. (Dorothee, Friedrich) - Human. Gymn. Tübingen; Stud. Univ. Tübingen, Göttingen, München (Rechtswiss.). 1. u. 2. Jurist. Staatsprüf. 1960 u. 1965, Promot. 1962 Univ. Tübingen, Habil. 1971 München, 1972-88 Prof.; Richter Hanseat. OLG, Hamburg

- BV: D. Mißbrauch im dt. Kartellrecht, 1972; D. Diskriminierungsverbot im Energieversorgungsbereich, 1979; Abbau d. Gebietsschutzverträge u. Durchleistungspflicht, 1979 (m. Lukes); D. Gebietsschutzverträge d. Energieversorungswirtsch., 1981; Vertragl. Anpassungsregelungen, 1983; ESJ-Sachenrecht, 3. A. 1985, Mitarb. SOERGEL, Komment. BGB, 12. A. 1987. Veröff. in Fachztschr.; Veröff. d. Inst. f. Energierecht an d. Univ. Köln. Mithrsg. Hamburger Beitr. z. Handels-, Schiffahrts- u. Wirtschaftsrecht - S. 1976 o. Mitgl., 1985-88 Präs. d. Joachim Jungius-Ges. d. Wiss., Hamburg - Rotarier.

BAUR, Karl

Dipl.-Physiker, Dr.-Ing., wissenschaftl. Chefreferent AEG Ulm, Prof. TU Berlin - Heinrichstr. 5, 7900 Ulm/Donau - Geb. 16. Aug. 1923.

BAUR, Margarete,

geb. Heinhold

Dr. phil., Verlegerin - Pössenbacher Str. 5, 8000 München 71 (T. 79 41 42) - Geb. 14. Febr. 1914 Düsseldorf, kath., verh. s. 1948 m. Karl Baur-Callwey, 3 Kd. - Realgymn.; Stud. Kunstgesch. Promot. 1944; Habil. 1950 - 1950-54 Privatdoz. TH München (Volkskunst) - BV: Nannes Ferienreise, 1951; Südd. Fassadenmalerei v. Mittelalter b. z. Gegenw., 1952; Dt. Bauernstuben, 1961; Geschmiedetes Eisen v. MA b. um 1900, 1963; Theater d. Barock - Festl. Bühnensp. im 17. u. 18. Jh., 1966 (auch amerik., engl., ital. Ausg.); D. Inntal, 1970; Schöne alte Bibliotheken - E. Buch v. Zauber ihrer Räume, 1972; Bemalte Fassaden. Geschichte, Technik, Vorbild, Erneuerung, 1975; Schmiedeeisen, Gitter, Tore u. Geländer, 1977; Alte Bauernstuben. Dönsen, Küchen, Kammern - Von d. Alpen b. z. See, 1979; Schmiedeeiserne Grabkreuze, 1983 - Liebh.: Reisen, Theater - Spr: Engl., Franz.

BAUR, Max

I. Bürgermeister i. R. - 7912 Weißenhorn/Schw. - Geb. 5. Febr. 1925 Weißenhorn - Zul. Regierungsoberinsp. CSU.

BAUR, Max P.

Dr. rer. nat., Prof., Direktor Inst. f. Med. Statistik Univ. Bonn - Am Düsterbäumchen 1, 5309 Meckenheim - Geb. 22. Febr. 1948 Düsseldorf, verh. s. 1971 m. Dr. Ulrike, geb. Göttert, 3. Kd. (Angelika, Thomas, Michael) - Dipl. Math. 1974; Promot. 1977; Habil. 1981 - S. 1985 Prof. - 1979-80 Gastforscher Ucla, Los Angeles; 1981-85 Leit. Biometr. Abt. Diabetes Forschungsinst. Düsseldorf, Univ. Bonn - BV: Histocompatibility Testing, 1984; Associate Editor: Genetic Epidemiology - Spr.: Engl., Franz., Lat.

BAUR, Victor vom

Geschäftsführer J. H. vom Baur Sohn, Wuppertal - Marktstr. 32, 5600 Wuppertal-Ronsdorf.

BAUR, Walter

Dr. rer. pol., Dipl.-Ing., geschäftsf. Gesellsch. ROVEMA Verpackungsmaschinen GmbH - Herzbergstr. 37-39, 6466 Gründau 1 - Geb. 29. Juli 1931 Kempten/Allgäu (Vater: Dr. Max B., Studienprof. a. D., gest.; Mutter: Katharina, geb. Mohrhard), kath., verh. s. 1975 m. Heidemarie, geb. Bansemer, 3 Kd. (Niklas, Stephanie, Esther) - Lehre Elektrotechn., Stud. Elektrotechn., Abschl. Dipl.-Ing.; Stud. Betriebswirtsch., Abschl. Dr. rer. pol. 1964ff. Lehrbeauftr. TU Stuttgart, 1972/73 Lehrbeauftr. TU Berlin, 1966-71 Hauptgf. Dt. Fernsprecher GmbH, Marburg, 1971-74 Vors. d. Geschäftsf. Flohr-Otis, Berlin, 1974-80 Sonnenschein GmbH, 1980 gf. Gesellsch. ROVEMA Verpackungsmasch. GmbH, Fernwald. Zeitw. div. Verb.-Vors.; Präs. Rovema Iberica S.A., Rovema Italia S.r.L., Rovema Packaging Machines Inc., Rovema Packaging Machines Ltd., Inst. f. Ind. u. Geotechn. Umweltschutz, CMB-Verpackungs- u. Sondermaschinenbau GmbH - BV: Neue Wege d. betriebl. Planung, 1967; Sanierungen, Wege aus Unternehmenskrisen, 1978 - 1967 Diesel-Med. in Silber - Liebh.: Sport, Musik - Spr.: Engl., Franz.

BAUR, Wolfgang

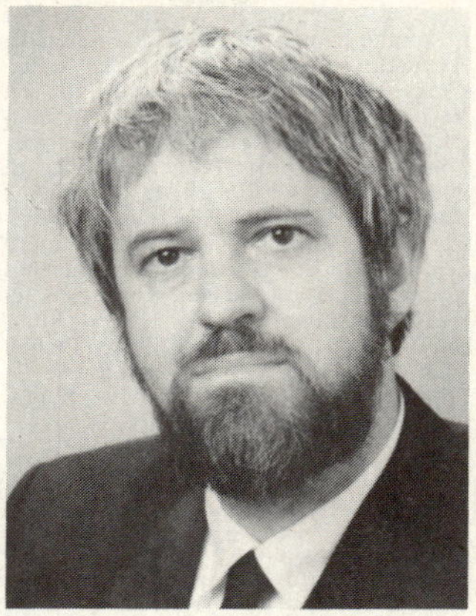

Dr. phil., Dozent, Verleger, Schriftst. - Gartenstr. 1, 8000 München 40 (T. 089 - 308 23 48) - Geb. 20. Juli 1942 Boos/Schwaben, kath., verh. s. 1970 m. Ursula, geb. Schmidt, 3 Kd. (Linda, Ulrich, Andreas Georg) - 1961-69 Stud. Phil., Literaturwiss., Gesch., Soziol., Kunstgesch. u. Theaterwiss. Univ. München; 1. u. 2. Staatsex. f. d. höh. Lehramt 1970/72, Promot. 1974 München - S. 1973 Doz. Fachakad. f. Sozialpäd. München; 1977 Gründ. Verlag Kunst u. Alltag Wolfgang Baur - BV: Sprache u. Existenz, Stud. z. Spätwerk Robert Walsers, 1974; Vom Abraham, Notizenroman, 1982; Merkleucht od. Erinner. an d. Erde, R. in 2 Bde., 1985; Philipp, hör zu! Komödie in 3 Akten, 1987 (UA 1987 München); Notizen 1961-87, 1988; Tirpitz, R. 1988; D. Tafel d. 100 Verknüpfungen, R. 1989 - Liebh.: Musik, Math., Schach - Spr.: Engl., Franz.

BAUR-CALLWEY, Helmuth

Verleger (Georg D. W. Callwey GmbH & Co.) - Streitfeldstr. 35, 8000 München 80.

BAUR-HEINHOLD, Margarete,

s. Baur, Margarete

BAURMANN, Jürgen

Dr. phil., Prof. f. dt. Sprache u. deren Didaktik - Welper Str. 29 c, 2848 Vechta - Geb. 28. März 1941 Bonn (Vater: Karl B., Angest.; Mutter: Elisabeth, geb. Beckmann, Sozialarbeiterin), kath., verh. s. 1965 m. Hildegard, geb. Nies, 2 Kd. - Lehrerprüf. 1963 PH Landau; Päd.-Dipl. 1973 EWH Landau; Promot. 1978 PHN-Abt. Braunschweig - 1963-73 Lehrer; 1973-78 Wiss. Assist., dann Gastdoz. PH Ludwigsburg u. Akad. Rat Univ. Eichstätt, s. 1982 Prof. Univ. Osnabrück, Abt. Vechta; - BV: Praxis Sprache, (mehrere Bde.) 1977ff.; Textrezeption u. Schule, 1980; Neben-Kommunikat., 1981; Handb. f. Deutschlehrer (m. O. Hoppe, hg.), 1984 - 1960 Sportplak. Stadt Pirmasens - Liebh.: Leichtathletik (1959-61 Endlaufteiln. b. dt. Meistersch.).

BAURS-KREY, Reinhold W.

Dr. rer. pol. h. c., Bank- u. Versicherungskaufmann - Virchowstr. 13, 6200 Wiesbaden (T. 06121 - 56 08 30) - Geb. 10. Sept. 1911 Geilenkirchen/Rhld., röm.-kath. - Versch. Kurat.-Mitgliedsch. u. Stiftungen; Mitgl. Ehrenpräsid. u. Vors. d. Gr. Senats Christl. Jugenddorfwerk Dtschl. Gemeinn. Verb., Stuttgart, u. a. - Ehrenritter Dt. Orden St. Marien Jerusalem, Sitz Wien - Intern. Counsellor Lions International, Chicago/USA - BVK I. Kl., Gr. BVK, Ambassador of Good Will Lions International, Gr. VK Militär. Lazarusorden, VK Dt. Orden.

BAUS, Karl

Dr. theol., o. Prof. f. Alte Kirchengeschichte, Patrol. u. Gesch. d. Byzantin. Kirche (emerit.) - Ambetstr. 57, 6612 Schmelz/Saar - Geb. 18. Sept. 1904 Schmelz/Saar (Vater: Peter B., Bankbeamt.), kath. - Stud. Theol. u. Klass. Philol. 1940-46 Vizerektor Campo Santo Teutonico Rom; 1949-50 Doz. Theol. Sem. Trier; 1950-62 Privatdoz. u. o. Prof. (1952) Theol. Fak. Trier; seither o. Prof. Univ. Bonn - BV: D. Kranz in Antike u. Christentum, 1940; D. Kirche in d. antiken u. frühchristl. Welt, 1961; V. d. Urgemeinde z. frühchristl. Großkirche, Bd. I Handb. f. Kirchengesch. (hg. v. Hubert Jedin), 3.A. 1963; Mitarb.: Lexikon f. Theol. u. Kirche, Reallex. f. Antike u. Christentum - Spr.: Ital., Engl., Franz.

BAUS, Karl-Heinz

Dipl.-Ing., Geschäftsführer Alois Lauer Stahl- u. Rohrleitungsbau GmbH, Ludwigshafen - Marbacher Str. 27, 6700 Ludwigshafen/Rh. - Geb. 27. Jan. 1934.

BAUSCH, Hans

Dr. phil., Dr. rer. pol. h. c., Prof., Intendant Südd. Rundfunk (s. 1958) - Neckarstr. 230, 7000 Stuttgart (T. 28 81) - Geb. 23. Dez. 1921 Waldshut (Vater: Anton B., Landw.srat; Mutter: Maria, geb. Schmutz), verh. 1945 m. Gisela, geb. Ehren - Ab 1948 Journalist (1952 Korresp. SWF). B. 1971 Lehrbeauftr., dann Honorarprof. Univ. Hohenheim (Spez. Medienlehre). 1978 Ehrendoktor d. Univ. Fribourg/Schweiz. 1956-58 MdL Baden-Württ. (CDU). 1961/62, 1974/75 u. 1988/89 Vors. ARD - BV: D. Rundfunk im polit. Kräftespiel d. Weimarer Rep., 1956; Rundf. in Dtschl. (Hrsg.), 1980; Rundfunkpolitik nach 1945 (2 Bde.), 1980.

BAUSCH, Johan Viktor

Dipl.-Ing., Geschäftsf. u. Kommanditist Viktor Bausch GmbH & Co. Igraf KG, Pfaffenhofen - Zusamstr. 15, 8851 Pfaffenhofen (T. 08274 - 5 10) - Geb. 12. März 1928 Berlin-Charl. (Vater: Dr. Rudolf B.; Mutter: Gerd, geb. Lilliehöök), ev., verh. m. Waltraud, geb. Lipps, 2 Kd. (Oliver, Ricarda) - Spr.: Engl., Schwed.

BAUSCH, K. Richard

Dr. phil., o. Prof. f. Sprachlehrforsch. Univ. Bochum (s. 1972) - Ruhr-Universität, 4630 Bochum - Geb. 23. Febr. 1939 - Stud. Univ. Tübingen, Nancy, London, Santander, Straßburg, Florenz (Roman., Angl., Allg. Sprachwiss.) - 1963-66 Wiss. Assist. Tübingen, 1966/67 Lektor Univ. Florenz, 1967-72 stv. Dir. Inst. f. Übers. u. Dolm. Saarbrücken, 1968/69 Gastprof. Montreal u. (1969) Antwerpen - Veröff. z. Linguistik, Übersetzungstheorie, Fremdsprachendidaktik.

BAUSCHULTE, Friedrich W.

Staatsschauspieler - Bettinastr. 16, 1000 Berlin 33 - Geb. 17. März 1923 Münster, verh. m. Ruth, geb. Mehrwald, 4 Kd. - Privatunterr. b. H. Ladiges u. L. Rudolph; 1943/44 Schauspielsch. dt. Theater, Berlin - Städt. Bühnen Bremerhaven, Münster, Bremen, Wuppertal; s. 1963 Staatl. Schauspielbühnen Berlins - Regie: Uns. kleine Stadt, Don Ranudo soll nicht sterben, Wind in d. Zweigen d. Sassafrass. Rollen: Jago, Marinelli, Mephisto, Scapin, A. Kramer, Snob, Mackie Messer, Obermüller (H. v. Köpenick), Krull (Kassette), Scaron u. Mandestam (Hose), Jimmi (Blick zurück im Zorn), Cornelius Hackl (D. Heiratsvermittl.), Sakini (D. kleine Teehaus), D. Regenmacher; div. Fernsehsp. - 1970 Berliner Staatsschausp.

BAUSENHART, Walter Max

Dr. jur., Ministerialdirigent a. D. - Hohenbergstr. 14, 2300 Kiel (T. 0431 - 56 21 10) - Geb. 20. Dez. 1907 Neuhütten/Württ. (Vater: Max B., Synd.; Mutter: Käthe, geb. Frommer), ev., verh. s. 1941 m. Maria, geb. Vater, T. Birgit - Gymn. (Abit. 1926), Konservatorium Stuttgart; Univ. Tübingen, München (Rechts- u. Staatswiss.) Promot. 1933, jur. Staatsprüf. 1931 u. 1934. Ab. 1934 höh. Staatsdienst Württ., Preußen, Schlesw.-Holst.; 1942-45 Fronteinsatz Inf. (Oberlt. d. R.); Zul. Min.dirig., stv. Amtschef Soz.min. S.H., Bevollm. f. d. Generalkons.corps (82 Kons.) Staatskanzlei S.H.; 1953-63 Lds.-wahlleit. u. Vertr. d. öff. Interesses S.H. beim OVG. Lüneburg; 1952-66 Mitgl. d. gemeins. Prüf.komm. Hbg.-S.H.; Gr. jur. Staatsex.; 1963-72 Vors. Wirtsch.-bank f. vertr. Wirtschaft S.H.; 1963-72 Mitgl. Landesgarantiekasse D.H. (Kred.aussch.) - Herausg.: Landesrecht S.H. (40. Erg.lief.); Die Wahlen in S.H. z. Bundestag, Landtag, Kommunale Vertr. (8. Erg.lief.); Handb. S.H. 19. A.; Schallpl.kass. Musik aus S.H. (Lsp. Klassik, Folklore); Lsp. Segelolympiade 1972 Kiel - Hohe dt. u. ausl. Orden u. Ehrenz.; Frhr.-v.-Stein-Plak., gold. Ehrenz. THW, silb. Reitabz., silb. Fahrabz.; Ehrenmitgl. Landesverb. Reit- u. Fahrvereine S.H. - Liebh.: Musik, Mineral., Innenarch. - Spr.: Engl., Franz., Lat.

BAUSENWEIN, Ingeborg

Dr. med., Leiterin Leistungszentrum f. d. Frauenleistungssport Nürnberg, Lehrbeauftr. f. Frauensportmed. Univ. Erlangen-Nürnberg - Hersbrucker Str. 8, 8500 Nürnberg.

BAUSEWEIN, Michael

I. Bürgermeister Stadt Iphofen (s. 1978) - Rathaus, 8715 Iphofen/Ufr. - Geb. 25. Sept. 1924 Iphofen - Winzer.

BAUSINGER, Hermann

Dr. phil., o. Prof. f. Dt. Volkskunde - Moltkestr. 77, 7410 Reutlingen - Geb. 17. Sept. 1926 Aalen/Württ. - Promot. 1952 Tübingen - S. 1952 Assist., Doz. (1959) u. Ord. (1960) Univ. Tübingen (Dir. Ludwig-Uhland-Inst. f. empir. Kulturwiss.) - Zahlr. Veröff. zu Volkskunde, Kulturgesch., Kultur- u. Sprachsoziologie.

BAUTZ, Eugen

Direktor - Mittelbergstr. 28, 7968 Saulgau/Württ. (T. 3 40) - Geb. 2. April 1909 Lochhammer/Allg., verh. 1944 m. Irmgard, geb. Berger - Ing. - U. a. gf. Gesellsch. u. Geschäftsf. Josef Bautz GmbH, Saulgau. Vizepräs. IHK Ravensburg.

BAUWENS, Paul-Ernst

Dr., Dipl.-Kfm., Konsul, pers. haft. Gesellsch. Bauunternehmung Peter Bauwens, Köln, gf. Gesellsch. Köln-Wesselinger Eisenbau GmbH., Wesseling - Richard-Strauß-Str. 2, 5000 Köln 41 - Geb. 13. Mai 1909 Köln (Vater: Camillus B.; Mutter: Lucia, geb. Resch), verh. 1942 m. Thea, geb. Sommer - Stud. Heidelberg, Bonn, Berlin, Köln, Grenoble - Spr.: Engl., Franz. - Rotarier.

BAVENDAMM, Dirk

Dr. phil., Chefredakteur Chronik-Edition d. Harenberg-Kommunikation (s. 1989) - Westfalendamm 67, 4600 Dortmund 1 (T. 0231 - 43 44-0) - Geb. 20. Mai 1938 Dresden (Vater: Prof. Dr. Werner B.; Mutter: Ingeborg, geb. Boden), ev., verh. s. 1964 m. Mechthild, geb. von Blomberg, 3 Töcht. (Gundula, Christine, Melanie) - Stud. Rechts- u. Geschichtswiss.; Promot. 1967 Hamburg - 1967-69 Redakt. ZEIT; 1969-72 Redakt. u. Korresp. WELT; 1972-77 Korresp. Süddt. Ztg.; 1979-89 fr. Publiz. - BV: V. d. Revolution z. Reform. D. Verfassungspolitik d. hamburg. Senats 1849/50, 1969; Bonn unter Brandt. Machtwechsel od. Zeitenwende, 1972; Roosevelts Weg z. Krieg. Amerik. Politik 1914-39, 1983; Reinbek - e. holst. Stadt zw. Hamburg u. Sachsenwald, 1988 - 1989 Bismarck-Med. - Spr.: Engl., Franz., Latein.

BAWIDAMANN, Stefan

I. Bürgermeister - Rathaus, 8412 Burglengenfeld/Bayern - Geb. 26. Dez. 1925 - Zul. Amtm. im Notardst.

BAX, Hans

Dipl.-Ing., Senator a. D., Vorstand Stadtwerke Osnabrück AG (1965) - Silcherstr. 7, 4500 Osnabrück (T. 6 16 00) - Geb. 13. Sept. 1908 Rhünda Bez. Kassel (Vater: Heinrich B., Beamter; Mutter: Martha, geb. Hermann), ev., verh. s. 1939 m. Ursel, geb. Goertz, 2 Söhne (Hanns-Jörg, Wulf) - TH Berlin (Diplomprüf. 1934) - Industrietätigk. (Siemens, AEG, Preussag); ab 1948 Leitg. Elektr. Energieverteil. Stadtwerke Bremen AG.; 1961-73 Senator Stadtverw. Osnabrück (Wirtschaftsbetriebe, Strom-, Gas-, Wasserversorg., Verkehrsbetr., Hafen). Initiator d. ob. Neugründ. - Liebh.: Schwimmen, Bergsteigen, Skilaufen - Spr.: Engl., Franz.

BAY, Eberhard

Dr. med., em. o. Prof. f. Neurologie - Moorenstr. 70, 4000 Düsseldorf - Geb. 12. Dez. 1908 Tübingen, ev., verh. m. Elisabeth, geb. Uhlig, 4 Kd. - Univ. Tübingen, Kiel, Wien, Berlin (Promot. 1932) - 1931 Assist.-Arzt I. Med. Univ.-klin. Berlin (Charité), 1934 Neurol. Klinik Hansaplatz ebd., 1936 Oberarzt das., 1941 Doz. Univ. Berlin, Oberarzt Nervenabt. Ludolf-Krehl-Klin. Univ. Heidelberg, Privatdoz., 1948 apl. Prof. ebd. 1955 ao. Prof. u. Dir. Neurol. Klinik Med. Akad. D'dorf, 1963 o. Prof. (1966 Univ. D'dorf), emerit. 1977 - BV: D. Praxis d. Erkenn. u. Beurt. v. Hirnverletzungen, 1941; Agnosie u. Funktionswandel, 1950. Mithrsg.: Cortex - 1969 Mitgl. Dt. Akad. d. Naturforscher (Leopoldina), Halle/S.; Ehrenmitgl. Franz. Ges. f. Neurologie (1965), Chilen. Ges. f. Neurol. u. Psychiatrie (1967), Academy of Aphasia (1968), Americ. Neurol. Assoc. (1970), Dt. Ges. f. Neurol. (1980).

BAY, Friedrich

Dr. rer. nat., Prof. f. Biologie - Hardtstr. 17, 7076 Waldstetten/Württ. - Geb. 15. April 1940 Hürben (Vater: Fritz B., Oberschulrat; Mutter: Maria, geb. Eßlinger), ev., verh. s. 1965 m. Irmela, geb. Rochow, 3 T. (Christine, Ulrike, Elisabeth) - Stud. Biol., Päd., Phil. Promot. 1975 Tübingen - 1961-63 Volksschullehrer; 1968-69 Assist. PH Ludwigsburg; s. 1969 Doz. u. Prof. PH Schwäb. Gmünd - BV: Grundzüge e. Biol.-Didaktik - Did. d. Sekundarstufe I, 1978 (m. Rodi) - Liebh.: Ornithol. - Spr.: Engl.

BAY, Jürgen

Dr. jur. utr., Sanierungsmanager - Birkenwaldstr. 163, 7000 Stuttgart 1 (T. 0711 - 25 10 81) - Geb. 14. Aug. 1934 Berlin (Vater: Dr.-Ing. Dr.-Ing. E.h. Hermann B., Unternehmer/Wayss & Freytag (s. XIX. Ausg.); Mutter: Erika, geb. Mück), verh. s. 1968 m. Inge, geb. Geißler - Maschinenbauprakt.; kaufm. Lehre; Stud. Rechtswiss. Ass.ex. - U. a. Mitgl. Unternehmensltg. Dürr-Gruppe (1971-74) u. Sprecher Geschäftsfg. Assmann & Stockder GmbH (1975-82), beide Stuttgart - BV: D. Preußenkonflikt 1932/33, 1966 - Liebh.: Lit. (insb. Goethe u. Brecht), Kunst (ital. Renaiss.), Musik (ausüb. Querflöte) - Spr.: Engl.

BAY, Rudolf

1. Bürgermeister Germering (früher Unterpfaffenhofen, s. 1966 Fr. Wählergemeinsch.) - Rathausplatz 1, 8034 Germering - Geb. 12. Juli 1930 Olching - Zul. Kämmerer e. öffentlichrechtl. Verb.

BAYER, Adolf

Dipl.-Ing., em. o. Prof. f. Städtebau u. Entwerfen - Eisenlohrstr. 4, 7500 Karlsruhe - Geb. 22. Nov. 1909 Würzburg, kath., verh. s. 1940 m. Anne-Liese, geb. Schlager, 2 Kd. (Christiane, Matthias †) - TH Stuttgart u. Karlsruhe (Dipl.-Ing. 1935) - 1935-37 Assist. TH Karlsruhe (Prof. O. E. Schweizer), 1938-50 Leit. Stadtplanung Mainz, 1950-61 Beigeordn. u. Stadtbaurat Offenbach/M., s. 1961 o. Prof. u. Dir. Inst. f. Orts-, Regional- u. Ld.plang. TH bzw. Univ. Karlsruhe. Öfftl. Bauten Offenbach. Versch. Wettbewerbspreise - 1935 Med f. Arch. TH Karlsruhe; o. Mitgl. Dt. Akad. f. Städtebau u. Landesplanung; Mitgl. Regional Science Assoc. Philadelphia (USA) - Spr.: Franz.

BAYER, Alfred

Staatssekretär a. D., Vorstandsvors. d. Isar-Amperwerke AG - Brienner Str. 40, 8000 München 2 - Geb. 8. März 1933 München (Vater: Georg B.; Mutter: Anna, geb. Sigl), kath., verh. s. 1960 m. Elfriede, geb. Buchenberger - Höh. Schule; Stud. Wirtschaftswiss. - Städt. Beamter, bayer. Staatsmin. d. Finanzen, bayer. Staatsmin. f. Wirtsch. u. Verkehr (Min.dir. u. Amtschef), Bundesverkehrsmin. Bonn (Staatssekr.) - Bayer. VO., BVK - Liebh.: Geologie, Jagd - Spr.: Engl.

BAYER, Eberhard

Dipl.-Kfm., Vorstandsmitglied Knoll AG, Ludwigshafen (1984ff.) - Geb. 3. Juli 1929 - Zul. Geschäftsf. Elastogran-Gruppe, Lemförde.

BAYER, Ernst

Dr. rer. nat., o. Prof. f. Organ. Chemie - Bei d. Ochsenweide 17, 7400 Tübingen (T. 6 19 03) - Geb. 24. März 1927 Ludwigshafen/Rh. - Stud. Chemie. Promot. 1954 Freiburg/Br.; Habil. 1958 Karlsruhe - S. 1958 Lehrtätigk. TH Karlsruhe u. Univ. Tübingen (1962 ao., 1965 o. Prof., 1975 Univ.-Vizepräs.), Vors. Beratergremium f. umweltrelevante Altstoffe - BV: Gas-Chromatographie, 2. A. 1962 (auch engl. u. russ.) - 1978 Mitgl. American Chemical Soc. - Tswett Medal, Academy of Science UdSSR; 1978 A.J.P. Martin Award, United Kingdom; 1982 Intern. Energy Research Prize BP, United Kingdom; 1981 Max Bergmann Medaille; 1985 Philip Morris-Forschungspreis; Tswett Award (USA).

BAYER, Georg

Dr., Dipl.-Kfm., Vorstandsvorsitzender Nürnberger Lebensversicherung AG u. Nürnberger Allgemeine Versich.-AG (s. 1972) - Rathenaupl. 16/18, 8500 Nürnberg 20 (T. 531 22 19) - Geb. 28. Nov. 1931 Nürnberg (Vater: Fritz B., Bezirksdir.), kath., 2 Kd. (Karin, Klaus) - Gr. jurist. Staatsprüf. - Zul. Vorstandsmitgl. NL - BV: Fehler in Versich.verträgen.

BAYER, Hans

Dr., Bankdirektor i. R. - Kreuzweg 24, 8035 Stockdorf (T. 857 27 18) - Geb. 6. Mai 1921 - B. 1968 stv., dann o. Vorstandsmitgl., 1983ff. Beiratsmitgl. Bayer. Hypotheken- u Wechsel-Bank.

BAYER, Heinz

Gewerkschaftssekretär, MdL Hessen (s. 1972) - Dunantring 107, 6000 Frankfurt 80 (T. 34 17 68) - Geb. 19. Aug. 1926 - U. a. Ortsbevollm. Gewerksch. d. Eisenbahner Dtschl.s. SPD.

BAYER, Hermann-Wilfried

Dr. jur., Wiss. Rat, Prof. f. Öfftl. Recht Univ. Bochum (s. 1972), Lehrbeauftr. Univ. Tübingen - Nußbaumweg 25, 4630 Bochum 1 - Geb. 7. März 1933 Hamburg - Promot. 1961; Habil. 1968 - Zul. Doz. Univ. Tübingen - BV: D. Bundestreue, 1961; D. Aufheb. völkerrechtl. Verträge im dt. parlam. Regierungssystem, 1969.

BAYER, Ingeborg

Schriftstellerin - Wohnh. in 7804 Glottertal - Geb. Frankfurt/Main - Abit., Ex. wiss. Dipl.-Bibliothek., Stud. d. Med. - Div. Romane u. Jugendb.; zuletzt Träume f. Tadzio, (Erz.) 1979; Ehe alles Legende wird, (Hrsg.) 3. A. 1982; D. Drachenbaum, 1982; D. Reise n. Vichy, 1986; D. Welt beunruhigen, Berichte v. Schreiben 1987; Flug d. Milan, R. 1987; Zeit f. d. Hora, R. 1988 - Preis d. Friedrich-Ebert-Stiftg.: D. polit. Buch d. Jahres 1982; Österr. Staatspr. 1975; 8x Bestliste Jugendbuchpr.; 1986 Kathrin-Türks-Pr. d. Stadt Dinslaken; 1988 Friedrich-Bödecker-Pr.

BAYER, Karl

Dipl.-Forstw., I. Bürgermeister a. D. Stadt Grafenau - Rathaus, 8352 Grafenau/Ndb. - Geb. 17. Febr. 1925 Karbach - 1974-84 I. Bürgerm. Grafenau. CSU.

BAYER, Karl Helmut

Dipl.-Ing., Vorstandssprecher Planzentrum fr. Architekten u. Ing. München eG, Landesvors. d. Vereinig. Freischaff. Architekten, Bayern, AR Dt. Planungsges. Bonn eG, Vorst.-Mitgl. im Verb. freier Berufe in Bayern - Widenmayerstr. 39, 8000 München 22 - Geb. 3. März 1931 - Bek. Bauw.: Pharao u. Süddeutscher Verlag (bde. München), Rathaus Grünwald, Würfelhaus München, St. Konrad Kirche Gernlinden, Sanitätsakad. d. Bundeswehr München, Neurol. Klinik München, Eisengießerei Bad Windsheim, Quelle Kaufh. München - BV: Planen nach Plan; Planen nach HOAI; CAD f. Architekten - Preise b. Arch.wettb. u. a. XX. Olymp. Spiele München.

BAYER, Lydia

Dr., Direktorin Spielzeugmuseum - Karlstr. 13, 8500 Nürnberg 1 - Aus d. Sammelleidenschaft d. Mutter (Lydia Bayer) wurde d. Berufsaufgabe d. Tochter.

BAYER, Oswald

Dr. theol., o. Prof. f. Systemat. Theologie u. Leiter Inst. f. Christl. Gesellschaftslehre, Univ. Tübingen - Herrlesberg 36, 7400 Tübingen - Geb. 1939 - BV: Promissio, 1971; Was ist das - Theol.?, 1973; Zugesagte Freiheit, 1980; Umstrittene Freiheit, 1981; Kreuz u. Kritik (zus. m. C. Knudsen), 1983; Aus Glauben leben, 1984; Schöpfung als Anrede, 1986; Zeitgenosse im Widerspruch. Johann Georg Haman als radikaler Aufklärer, 1988; (Hg) Ehe. Zeit zur Antwort, 1988. Herausg.: Neue Ztschr. f. System. Theol. u. Religionsphil.

BAYER, Otto

Dr. med., Prof., Chefarzt i. R. - Nebinger Str. 10, 1000 Berlin 33 (T. 832 64 34) - Geb. 16. Mai 1913 Ludwigshafen/Rh. (Vater: Otto B., Studienrat), kath., verh. s. 1939 m. Lilo, geb. Krafft, 2 Kd. (Veronika, Rainer) - S. 1947 Lehrtätigk. Med. Akad. Düsseldorf (1953 apl. Prof.) u. FU Berlin (1957 apl. Prof.); vorm. Chefarzt I. Innere Abt. Städt. Krkhs. Moabit -BV: D. Herzkatheterisierung bei angeborenen u. erworbenen Herzfehlern, 2. A. 1967; Atlas intracardialer Druckkurven, 1959; Konservative u. chirurg. Behandl. angeb. u. erworb. Herzfehler, 1959 - 1959 Grand Prix 4. Intern. Med. Festsp. Cannes (Lehrfilm: D. Katheterisierung d. rechten Herzens) - Spr.: Engl., Franz.

BAYER, Raimund Ludwig

Lehrer, Gesamtschulrektor, MdA Berlin - Egestorffstr. 55B, 1000 Berlin 49 (T. 030 - 745 24 30) - Geb. 15. April 1950 Queidersbach, kath., verh. s. 1971 m. Brigitte, geb. Matis, 2 Kd. (Ulrich, Ruth) - Bundesbahnjungwerker; Abit. Abendgymn. Bistum Mainz; Stud. Erziehungswiss. Hochsch. Landau - Spr.: Engl.

BAYER, Rainer

Dr. med., Prof. f. Physiologie, Arzt - Grunerstr. 80, 4000 Düsseldorf - Geb. 23. Sept. 1942 Freiburg (Vater: Prof. Dr. Otto B., Arzt; Mutter: Luiselotte, geb. Krafft), verh. s. 1971 m. Jorinde, geb. Haller, S. Benjamin - 1963-69 Univ. Berlin u. Freiburg (Staatsex. u. Promot. 1969); Habil. 1977 - 1970-79 Wiss. Assist.; 1979-82 akad. Rat; s. 1982 Prof. - BV: Handb. d. Inn. Med. IX (m. and.), 1982; Calcium Antagonists. Progress in Pharmakology, 1982 - 1978 Edens-Preis - Spr.: Engl., Franz.

BAYER, Rudolf

Finnischer Honorargeneralkonsul, Bankier, pers. haft. Ges. Bankhaus H. Aufhäuser - Löwengrube 18, 8000 München 2 - Geb. 1. Jan. 1926 - Vors. Präsid. Bayer. Wertpapierbörse, München; AR Bayer. Wertpapiersammelbank AG, München, ADIG Allgem. Dt. Investment Ges. mbH, München-Frankfurt; AR-Vors. Bürgerl. Brauhaus Ingolstadt AG; Beirat Bayer. Landesbank; Mitgl. Anlageausschuß d. ADIG Allg. Dt. Investment-Ges. mbH, München-Frankfurt, Aussch. f. Wertpapier- u. Börsenfragen, Bundesverb. dt. Banken e.V., Aussch. f. Privatbankiers, Bundesverb. dt. Banken.

BAYER, Thomas

Intendant Stadttheater Lüneburg - An den Reeperbahnen 3, 2120 Lüneburg - Geb. 13. Mai 1948 Mainz-Kostheim - 1971-72 Sachbearbeiter b. NDR; 1972-74 Chefdisponent u. Leit. künstler. Betriebsbüro Städt. Bühnen Mainz; 1974-76 Kulturref. Stadt Emden; 1976-77 Werbeleit. Stadttheater Bremerhaven; b. 1985 Regiss., Schausp. u. Sänger in St. Gallen, Bern, Coburg, Pforzheim, Regensburg; s. 1985 Lüneburg - Insz.: Johanna auf d. Scheiterhaufen (Arthur Honegger).

BAYERL, Alfons

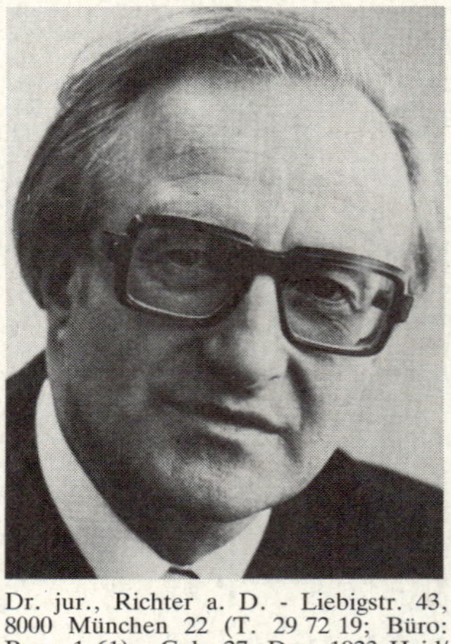

Dr. jur., Richter a. D. - Liebigstr. 43, 8000 München 22 (T. 29 72 19; Büro: Bonn 1 61) - Geb. 27. Dez. 1923 Haid/Sudetenl., verh., 4 Kd. - N. Abitur 3 J. Wehrdst. (4 x verwundet); Stud. Rechts- u. Staatswiss. Gr. jurist. Staatsprüf. 1955 - B. 1958 Bayer. Staatsmin. f. Arbeit u. Soz. Fürsorge (Haushaltsabt.), dann LSG München (1961 LSG.rat). 1965-70 Mitgl. Bayer. Verfassungsgerichtshof. 1965-67 MdL Bayern; 1967-81 MdB, 1974-80 MdEP; 1969-74 Parlamentar. Staatssekr. Bundesjustizmin. SPD (u. a. Vors. Bez. Südbayern).

BAYERN, Herzog von, Albrecht

Chef d. Hauses Wittelsbach - Schloß Nymphenburg, 8000 München - Geb. 3. Mai 1905 München, kath., verh. I) 1930 m. Maria Gräfin Draskovich v. Trakostjan (†1969), 4 Kd., II) 1971 Marie-Jenke Gräfin Keglevich v. Buzin (†1983), verw.- Stud. Forstw., Zool., Botanik, Dr. med. vet. h. c. - Vorf. s. unt. Bayern (Wittelsbach, Kgl. Linie) X. Ausg.

BAYERN, Prinz von, Franz

Dipl.-Kfm. - Schloß Nymphenburg, E. 11, 8000 München 19 (T. 17 91 60) - Geb. 14. Juli 1933 München (Vater: Herzog Albrecht v. B.; Mutter: Marie, Gräfin Draskovich v. Trakostjan), kath., ledig - Human. Gymn. Kloster Ettal, Univ. Zürich u. München (Betriebsw.) - Vors. Intern. Council Mus. of Modern Art New York, u. Verein z. Förder. d. Alten Pinakothek München; stv. Vors. Galerie-Verein München; Vorst.-Mitgl. Kirche in Not/Ostpriesterhilfe Dtschl.; Kurat.-Mitgl. Verein d. Freunde u. Förderer d. Glyptothek u. Antikensamml. München, u. Stifterverb. f. d. Dt. Wiss., Landeskurat. Bayern; Ehrenpräsid. Freundeskr. Ägypt. Samml. München u. Landesbeir. Malteser-Hilfsdst. -

Liebh.: Kunst, Naturwissenschaften, Reisen - Spr.: Engl., Franz.

BAYH, Werner

Dr. rer. nat., Prof. f. Kristallographie u. Mineral. - Im Winkelrain 54, 7400 Tübingen 1 (T. 07071 - 6 36 48) - Geb. 30. Dez. 1928 Welzheim - Schule Schorndorf; Univ. Tübingen (Physik; Dipl. 1957, Promot. 1962 b. G. Möllenstedt, Habil. 1971) - 1974/75 u. 1984-86 Dekan geowiss. Fak., 1977-83 gf. Dir. Mineral. Petrograph. Inst. Univ. Tübingen.

BAYHA, Richard

Landwirt, MdB (s. 1976) - Hauptstr. 2, 6464 Linsengericht 1 (T. 06051 - 7 19 03) - Geb. 15. März 1929 Altenhaßlau, ev., verh., 3 Kd. - Nach Volks-, Handels-, Ackerbausch. Landw.meister, selbst. Landwirt Altenhaßlau; 1958ff. Vors. Kreisbauernverb. Gelnhausen, 1962ff. Kreislandw., Mitbegr. Bund hess. Landjugend. Präs. Dt. Ges. f. Agrar- u. Umweltpolitik, AR-Vors. Moha u. Zentra Vereinigte Milchwerke GmbH; Vorstandsmitgl. Landwirtsch. Versich.verein Münster. S. 1954 CDU, s. 1972 Mitgl. Landesvorst. CDU Hessen, s. 1972 Vors. Agrarpolit. Aussch. Hessen, 1956ff. Gemeindevorst. Altenhaßlau, 1964ff. MdK Gelnhausen, 1970ff. MdL Hessen, 1974ff. Vors. Aussch. f. Landwirtsch. u. Forsten. S. 1976 MdB - 1982 Gisevius-Plak. Univ. Gießen (agrarwiss. Fachber.).

BAYR, Rudolf

Dr. phil., Schriftsteller - Hellbrunn 20, A-5020 Salzburg (T. 84 23 73) - Geb. 22. Mai 1919 Linz/D. (Eltern: Rudolf (Oberrechnungsrat i. R.) u. Emilie B.), kath., verh. I. m. Prof.Dr. Sylvia, geb. Klimpfinger, II. Dr. Inge, geb. Baudisch - Gymn.; Stud. Phil., Psych., Neuere German. Promot. 1943 Wien - 1941-44 Redakt.; 1948-51 Herausg. Wiener Lit. Echo; s. 1955 Leit. Lit. Abt. Radio Salzburg u. Leit. Hauptabt. Kultur ORF, 1975-84 Intendant ORF Landesstudio Salzburg - Veröff.: u. a. (b. 1960 s. XVIII. A.); D. Wolkenfisch, Ged. 1964; Menschenliebe, 4 Einakt., 1969; Momente u. Reflexe - Aufzeichn., 1971; Anfangsschwierigkeiten e. Kur, Erz. 1973; Die Schattenuhr, Erz. 1973; Der Betrachter, R. 1978; E. Loch im Lehm, Erz. 1981; D. Eiben v. Sammezzano, Ess. 1984; Flugsand u. Schlaf, Ged. 1988; Man liebt nicht auf nüchternen Magen, Ess. u. Feuilletons 1989. Hörsp.: Agamemnon muß sterben (1954), Laß wehen d. Zeit (1957), Orangenblüten (1958), D. Stimme d. dich stellt (1959), Hochzeitstag (1967), König Ödipus (1960), Antigone (1961), Elektra (1963), Ödipus auf Kolonos (1965). Übers. - 1952 Förd.preis Stadt Wien, 1953 Grillparzer-Preis Österr. Akad. d. Wiss., 1962 Hörspiel-Staatspreis u. Preis Stadt Linz - Liebh.: Kochen.

BAYREUTHER, Klaus

Dr. rer. nat., Prof. f. Genetik u. Virol. Univ. Hohenheim (Fachbereich Biol.) - Schloß, 7000 Stuttgart 70 - Geb. 18. Mai 1929 Marienwerder/Westpr. - Promot. 1955; Habil. 1968 - S. 1972 Prof. Üb. 30 Facharb. Herausg.: Ztschr. Cytogenetics.

BAYRHAMMER, Gustl

Bayer. Staatsschauspieler - 8033 Krailling - Geb. 12. Febr. 1922 München (Vater: Max B., Hofschausp.; Mutter: Elisabeth, geb. Haase), kath., verh. s. 1947 m. Irmgard, geb. Henning, S. Max (Produktionsleit. BR) - Realgymn. u. Handelssch. München; Schauspielstudio Schillertheater Berlin (b. Werner Kepich) - Engagements s. 1945 (Sigmaringen, Tübingen, Augsburg, Karlsruhe, Salzburg), 1966-71 Münchener Kammerspiele, s. 1972 Gast Bayer. Staatsschauspiel u. Münchner Volkstheater. S. 1965 Fernsehtätigk., u. a. Serien Kgl. Bayer. Amtsgericht (ZDF), Tatort (ARD), insg. ca. 275 Produktionen. Rollen u. a.: Schormayr (Wittiber), Ertlbauer (Sachrang), Meister Eder (Meister Eder u. sein Pumuckl), Lorenz (Die Grenze), Weiß-blaue Geschichten (ZDF). Hörfunk- u. Schallpl.aufn. - 1975

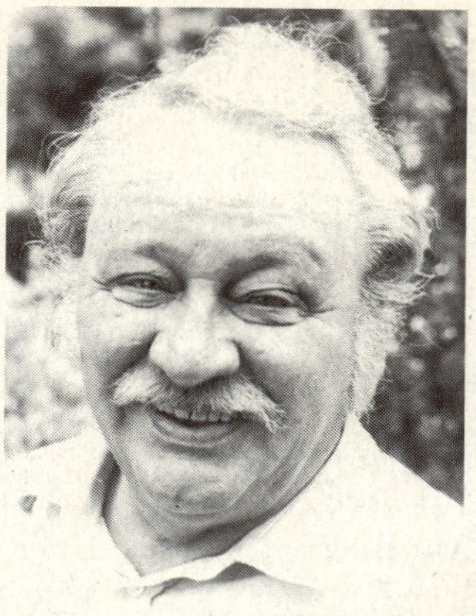

Kritikerpreis Fernsehen; 1976 Bayer. VO.; 1977 Ludwig-Thoma-Med.; 1982 bayer. Staatsschausp.; 1983 Bayer. Filmpreis (als: Bester Darst. f. Rolle d. Meister Eder in d. Pumuckl-Verfilm.); 1987 Med. München leuchtet.

BAYRLE, Thomas

Maler, Grafiker - Zu erreichen üb.: Dürerstr. 10, 6000 Frankfurt/M. 70 - Geb. 7. Nov. 1937 Berlin (Vater: Alf B., Maler; Mutter: Dr. Elisabeth, geb. Weiss), verh. s. 1961 m. Helke, geb. Rochelmeyer, Tocht. Marielle - 2 J. Textilarb.; b. 1961 Werkkunstsch. Offenbach/M. - 1961-65 Gulliver-Presse (m. B. Jäger), Bad Homburg; zeitw. Doz. Hochsch. f. Gestalt., Offenbach/M. u. Städelsch Frankfurt/M. - W.: Darstell. v. Massenbeweg. u. -prozessen; 1965-67 Suppenkatapulte (bewegl. Obj.), s. 1968 Grafik u. Bilder (Massenphänom. als Montagen u. gemalt) -BV: Biographie Egoist, 1969; Feuer im Weizen, 1971 - Preise: 1966 Junge Kunst in Hessen; 1970 u. 74 Bre-adford-Biennale (England); 1973 Triennale Grenchen (Schweiz); 1971-72 Stip. Villa Massimo u. a. - Spr.: Engl., Ital.

BEA, Franz Xaver

Dr. rer. pol., Prof., Lehrstuhlinh. f. Betriebswirtschaftslehre, insb. Industriebetriebsl., Univ. Hohenheim (s. 1972) - Enno-Littmann-Str., 7400 Tübingen 1 - Geb. 29. Dez. 1937 Riedlingen (Vater: Lambert B., Landw.; Mutter: Anna, geb. Buck), kath., verh. s. 1965 m. Brigitte, geb. Hummler, 3 Kd. - Univ. Tübingen u. Wien. Promot. 1965 - BV (1968 ff.); Krit. Unters. üb. d. Geltungsbereich d. Prinzips d. Gewinnmaximierung, D. Behandl. gebrauchter Kraftfahrzeuge im dt. Umsatzsteuerrecht (m. Dieter Pohner), Produktion u. Absatz (m. dems.) - Spr.: Engl., Franz.

BEATO, Miguel

Dr. med., Prof. f. Molekularbiologie Univ. Marburg - Am Grün 50, 3550 Marburg - Geb. 4. Juli 1939 Salamanca, Spanien - End.: Nachweis u. Isol. v. Glucocorticoidzeptor; Strukturaufklärung d. Uteroglobins u. d. Unteroglobingens; Entd. d. regulatorischen DNA-Sequenzen f. Steroidhormone.

BEATUS, Hans Jürgen

Dr. jur., Vorstandsmitglied Nassauische Sparkasse Wiesbaden i. R., Geschäftsf. BKG Buchhändl. Kredit-Garantiegemeinsch. GmbH & Co. KG Frankfurt - Richard-Wagner-Str. 54, 6200 Wiesbaden - Geb. 4. April 1935 Tübingen, verh. s. 1973 m. Helga, geb. Rath.

BEATUS, Richard

Dr. rer. nat., o. Prof. f. Biologie - Richard-Strauss-Weg 12, 3300 Braunschweig (T. 3 25 52) - Geb. 9. Juli 1907 Ulm/D. (Vater: Otto B., Zugführer), ev., verh. I) 1933 m. Luise, geb. Micheel, II) 1951 Justine, geb. Höse, 3 Kd. (Hans-Jürgen, Ilse, Gertrud) - Oberrealsch. Ulm; Univ. Tübingen (Promot. 1931) u. Berlin (Naturwiss.). Habil. 1935 Tübingen. 1931-1938 Assist. u. Privatdoz. f. Botanik Univ. Tübingen; s. 1938 Doz. u. Prof. an d. PHN Abt. Braunschweig. 1939-47 Wehrdst. u. Gefangensch.; 1974 em.; 1978 TU Braunschweig - Spr.: Engl., Franz.

BEAUCAMP, Eduard

Dr. phil., Feuilleton-Redakteur u. Kunstkrit. - Zu erreichen üb.: Postf. 2901, 6000 Frankfurt/M. 1 - Geb. 15. Juni 1937 Aachen - Gymn. Aachen (Abit.); Volont. Buchverlag Köln; Univ. Freiburg/Br., München, Bonn (Dt. Literaturgesch., Phil., Kunstgesch.). Promot. Bonn (Prof. Benno v. Wiese; Diss. üb. Raabe) - S. 1966 FAZ - BV: D. Dilemma d. Avantgarde, 1976; Werner Tübke, 1985; D. befragte Kunst, 1988.

de BEAUCLAIR, Gotthard

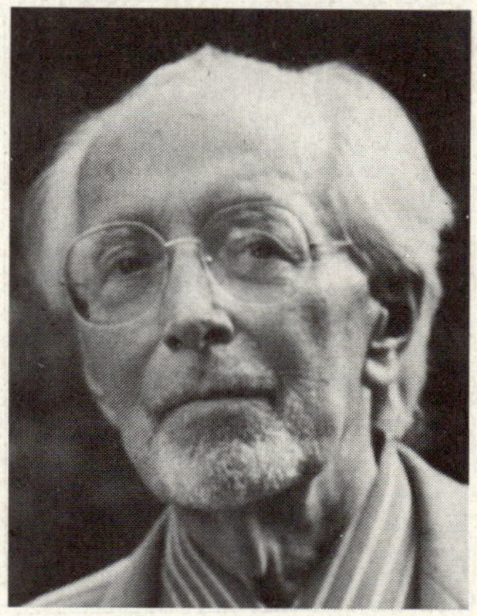

Lyriker, Buchkünstler, Verleger - Rabenkopfstr. 2, 7800 Freiburg - Geb. 24. Juli 1907 Ascona (Schweiz) (Vater: Alex. Wilhelm d. B., Maler; Mutter: Friederike, geb. Krüger, Malerin), verh. m. Elaine Lambrino-Feez (gen. Euralda), Pianistin †, verw. - 1924-28 Ausb. als Schriftsetzer, Stud. Fachhochsch. f. Kunst u. Gewerbe, Offenbach u. Akad. f. Graph. Künste, Leipzig - 1928-45 Hersteller, Künstler, Leit. Insel-Verlag, Leipzig; 1950-62 wieder Insel-Verlag Wiesbaden (später Frankfurt/M.), gleichz. b. 1960 künstl. Leit. Schriftgießerei D. Stempel AG, Frankfurt/M.; 1962 Gründ. eig. Verlag Ars Librorum (Bibliophile Bücher u. Original-Graphik d. Klass. Mod.), Frankfurt/M. (1981 v. Mario Lobmeyr, München, übern.) - BV: Lyrik-Veröff. u. a.: In uns d. Welt, 1932; D. Sonnenbogen, 1937; Bild u. Inbild, 1942; D. verborgene Heil, 1946; D. Rast d. Pirols (Kurzged.), 1948; D. Buch Sesam, 1951; Blühendes Moos (Kurzged.), 1953; Sinnend auf Stufen d. Zeit, 1957; Zeit, Überzeit, 1976; Lichtgewinn, 1980; Wurzel Siebenmal (Kurzged.), 1980; Sang im Gegenwind, 1983; Alles meint Anfang, eingegriffen d. Oden auf Namenlos, 1987; V. Staub e. Fackel, Ged. aus vergessener Welt, 1987. Übers.: Jean Moréas, Ausgew. Ged., 1972 - Lit. u. a.: Georg Kurt Schauer, Dt. Buchkunst; Joseph A Kruse (Heinrich-Heine-Inst. Düsseldorf); Gotthard de B., Festschr. z. 70. Geb.; Siegfried Hagen, Weil Form nur faßt ... Hommage à Beauclair (1985); Andreas Nentwich, Unaufhörliches handelt (1987); Castor Seibel, Entbergende Inkraft (1987); Heinrich W. Petzet, D. Dichter Gotthard de B. (1988); Arnold Stabler, Beauclairs Lyrisches Spätw. (1988); Rudolf Sühnel, Alles meint Anfang (1988).

BEAUGRAND, Lutz-Dieter

Geschäftsführer Beaugrand Bürokommunikation GmbH - Otto-Hahn-Str. 24, 6056 Heusenstamm (T. 06104 - 6 30 92) - Geb. 26. Mai 1938, kath., verh. s. 1964 m. Ruth, geb. Wittpoth, 2 S. (Michael, Hans-Wolfgang) - 2. Vors. BBO (Gesamtverb. Büro Elektronik Frankfurt/M.); Vorst.-Mitgl. BVB (Bundesverb. d. Bürotechn.); dt. Deleg. FEIM (Europ. Vereinig. Importeure, Brüssel) - Liebh.: Tennis, Golf, Wassersport - Spr.: Engl.

BEAUMONT, Antony

M.A., B. Mus., Koord., 1. Kapellmeister u. Studienleiter Bremer Theater - Geb. 27. Jan. 1949 London, ledig - 1966-70 Bryanston School u. King's College Cambridge (Musikwiss.) - 1972-74 Kapellm. Saarl. Staatstheater, Saarbrücken; 1975-78 Kapellm. Theater Stadt Trier; 1978-87 Kapellm. Opernhaus Köln - BV: Busoni the Composer, 1985; Busoni: Selected Letters, 1987. Neufass. d. Oper Doktor Faust v. Busoni m. neuer Schlußszene, 1985; Gründ. Konzertreihe Oper am Klavier; Gründ. studio-orch. köln - Liebh.: Kochen, Hifi, Auto - Spr.: Dt., Franz., Ital., Engl. (Mutterspr.).

BEAUVAIS, von, Ernst

Dr. jur., Ministerialdirektor - Merler Allee 106, 5300 Bonn-Röttgen (T. 25 15 91) - Geb. 27. Nov. 1923 Bonn, ev., verh. s. 1959 m. Ehrengard, geb. von Maltzan Freiin zu Wartenberg und Penzlin, 4 Kd. - Univ. Bonn und Tübingen. 1. u. 2. jur. Staatsex. 1951 u. 1956, volkswirtsch. Dipl.ex. 1952, Promot. Dr. jur. 1955 - S. 1957 Bundeswirtschaftsministerium, s. 1973 Leiter Abt. Mittelstandspolitik, Vors. Kurat. Physik.-techn. Bundesanst. u. Bundesanst. f. Materialprüf., Vorst.-Mitgl. Rationalisierungs-Kurat. Dt. Wirtsch. VR-Mitgl. Filmförderungsanst., Dt. Zentrale f. Tourismus u. Dt. Genossenschaftsbank - 1983 Gr. BVK.

BEBBER, Wolfgang

Rechtsanwalt, MdL Baden-Württ. (Wahlkr. 19, Eppingen) - Nordstr. 20, 7101 Abstatt (T. 07131 - 8 01 60) - Geb. 4. April 1943 Friedberg (Hessen) - SPD.

BECHER, Carl. J.

s. Seelmann-Eggebert, Ulrich

BECHER, Georg

Bankier, pers. haft. Gesellsch. Bankhaus Karl Schmidt, Hof - Schillerstr. 47, 8670 Hof/S. - Geb. 25. Nov. 1905 Bayreuth - ARsvors. Porzellanfabr. Schirnding AG. Schirnding.

BECHER, Günther

Dr. jur., Rechtsanwalt Vorstandsmitgl. Dt. Lufthansa (Ressort Finanzen, s. 1982) - Von-Gablenz-Str. 2-6, 5000 Köln 21 - Geb. 4. März 1925 Süchteln, verh., 2 Kd. - 1946-49 Univ. Freiburg (Rechtswiss., Betriebs- u. Volksw.); Promot. 1950; Ass.ex. 1953 - 1943-45 Wehrdst. (zul. Ltn.; 3 x verwundet); 1953-55 Anwalts- u. Wirtschaftspraxis; s. 1955 Dt. Lufthansa AG. (1957 Leit. Rechtsabt., 1960 Prokurist, 1962 Ltd. Abt.-Dir. Recht u. Konsortialverw., 1964 Ltd. Dir. Zentralbüro, 1982 Vorstandsmitgl. u. Finanzchef). AR-Mandate, u.a. Lufthansa Service GmbH, DELVAG Dt. Luftfahrtversich. AG, Lufthansa Commercial Holding GmbH, AR-Vors. ABS Pumpen AG, Mitgl. Zulassungsst. d. Börse zu Düsseldorf, DEG Dt. Finanzierungsges f. Beteilig. in Entw.ländern GmbH; Beirat Colonia Versich. AG; Vorst. Dt. Ges. f. Luft- u. Raumfahrt e.V. u. weit. Ämter - 1985 BVK - Liebh.: Geschichte, antike Uhren.

BECHER, Hans Rudolf

Dr., o. Prof. f. Primarstufe - Havelstr. 9, 8580 Bayreuth (T. 0921 - 4 18 71) - Geb. 10. März 1935 Hassenberg (Vater: Andreas B., Obermeister a.D.; Mutter: Christiane, geb. Wolfrum), ev., verh. s. 1960 m. Renate, geb. Schwarz, S. Jörg - Gymn. Bayreuth 1947-54, 1954-60 Univ. Erlangen (Theologie), 1967-71 Univ. Erlangen (German., Gesch., Päd.) - 1962-66 Lehrer, 1966-77 Hochschuldienst, 1977 ff. Univ.prof. - BV: Grundschuldidaktik, T. 1 u. 2, 1980/81; Sachunterr. in d. Grundschule, T. 1 u. 2, 1979/80 - Liebh.: Literatur, Musik - Sport: Bayer. Schul-Landesmeister im Hochsprung 1951 u. 52 - Spr.: Engl., Franz. - Lit.: Holsten, M.: Bechers Synthese-Konzept 1980.

BECHER, Kurt A.

Kaufmann (Gesellsch. bzw. Geschäftsf. Im- u. Export sow. Kraftfutterw.), Vors.

Bremer Verein Getreide-Futtermittel-Importeure u. Großhändler, Bremen - Schwachhauser Heerstr. 180, 2800 Bremen - Geb. 12. Sept. 1909 - Aufsichts- u. Beiratsmand.

BECHER, Martin Roda
Schriftsteller - Zu erreichen üb. Verband Dt. Schriftsteller, Friedrichstr. 15, 7000 Stuttgart - Geb. 21. Okt. 1944 New York (Vater: Ulrich B., Schriftst.; Mutter: Dana, geb. Roda) - Dipl. Bühnenstudio, Zürich - BV: Chronik e. feuchten Abends, Erz. 1965; Flippern, R. 1968; Saison f. Helden, R. 1970; D. rosa Ziege, R. 1975; D. im Rücken lebendig gewordene Lehne (üb. phantastische Literatur), Essay 1978; Im Windkanal d. Geschichte, Erz. 1981 - 1964 Junioren-Vizeweltm. Degenfechten - Bek. Vorf.: Schriftst Roda Roda (Großv.).

BECHER, Reinhard
Dr. med., Univ.-Prof., Oberarzt Universitätsklinikum Essen - Zu erreichen üb. Westd. Tumorzentrum, Inn. Univ.- u. Poliklinik (Tumorforschung), Hufelandstr. 55, 4300 Essen 1 (T. 0201 - 79 91/31 00) - Geb. 11. Febr. 1949 Regensburg, ev., verh. s. 1974 m. Marianne, geb. Kutscher, 3 Kd. (Beate, Christine, Sebastian) - Stud. Univ. Erlangen u. Graz; Staatsex. u. Promot. 1974 Erlangen; Forschungsaufenth. Buffalo/USA (1982/83); Habil. (Inn. Med.) 1985 Essen, b. 1987 Priv.-Doz. - Klin. Tätigk. (Oberarzt) Poliklinik d. Inn. Klinik (Tumorforsch.); Wiss. Tätigk. (Projektleit. im Sonderforschungsbereich 102 u. im Schwerpunktprogr. klass. u. molekulare Genetik d. Dt. Forschungsgemeinschaft). Mitglied in- u. ausl. wiss. Ges. (Cell Kinetics Soc., American Assoc. for Cancer Research, u.a.) - Entd./Erf.: Beschreibung spezif. chromosomaler Anomalien b. Malignomen - Wiss. Veröff. u. a. in Intern. J. Cancer 24 (1979), Cancer Research 43 (1983) u. JNCI 72 (1984) - 1984 Arthur-Pappenheim-Preis Dt. Ges. f. Hämatol. u. Onkol. - Liebh.: Bild. Kunst, Musik - Spr.: Engl.

BECHER, Ulrich
Schriftsteller - Spalenring 95, CH-4000 Basel - Geb. 2. Jan. 1910 Berlin, ev., verh. m. Dana, geb. Roda Roda, Sohn Martin (geb. 1944, jüngster Autor dt. Sprache, Gedichte 1953 NWDR-Sendung, Basler Nationalztg. u. UNO-Ztg. One World, Kurzgesch. u. a. FAZ, Bücher: Chronik e. feuchten Abends (Erz. 1965) u. Flippern (R. 1968), Filmdrehb.: Sommersprossen (1968); 1960 Schweiz. B-Junioren-Fechtm., 1964 Zweiter b. d. Juniorenweltmeistersch. im Degenfechten 1964 Budapest) - Siemens-Realgymn. Berlin u. Fr. Schulgem. Wickersdorf; Univ. Genf u. Berlin - BV: u. a. Männer machen Fehler, N. 1932, ges. Erz. 1958 (poln. 1969); ff. 1965 Fernsehsp.); D. Kleinen u. d. Großen, Posse 1955; D. Herr kommt aus Bahia, Sch. 1957; Makumba, Tragikom. 1965; D. Profil, R. 1973; William's Ex-Casino, R. 1973; Kurz nach 4, R. 1976; V. Unzulänglichen d. Wirklichkeit, Erz. 1983. Kom.: Biene, gib mir Honig (1974). Bühnenst. D. Bockerer (UA. 1978 Mannheim) - 1955 Dramatikerpreis Deutscher Bühnenverein (f.: Mademoiselle Löwenzorn) - Liebh.: Graphik (Lieblingsschüler v. G. Grosz) u. Jazzklavier.

BECHER, Walter
Dr. rer. pol., Volkswirt, MdB (1965-80, CSU/CDU), Sprecher Sudetend. Landsmannschaft (1968-82) - Gistlstr. 95a, 8023 Pullach/Isartal (T. München 793 05 46) - Geb. 1. Okt. 1912 Karlsbad (Vater: Anton B.; Mutter: geb. Hauptmann), verh. m. Ditha, geb. Strallhofer - Realgymn.; Univ. Wien (Promot. 1936) - Redakt. Prag u. Reichenberg; 1939-45 Wehrdst. (1944 schwer verwundet); ab 1947 Generalsekr. Sudetend. Rat. 1950-62 MdL Bayern (GB/BHE) - 1962 Bayer. VO., 1972 BVK, 1983 Europ. Karls-Preis Sudetend. Landsmannsch.

BECHERER, Antonia
Fremdsprachl. Wirtschaftskorrespondentin, Dt. Meisterin im Eistanzen (1986) -

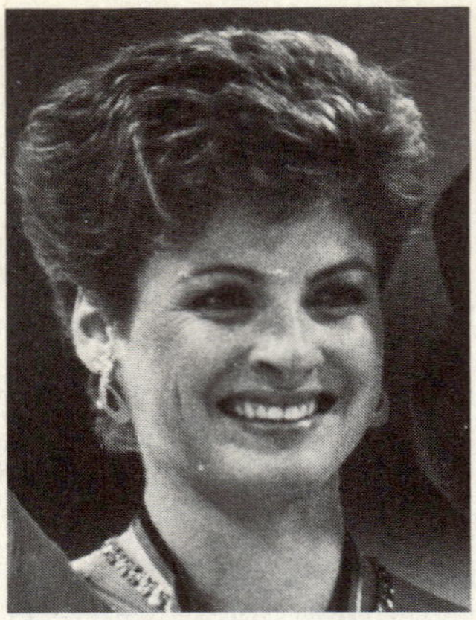

Allmannsdorfer Str. 68, 7750 Konstanz (T. 07531 - 6 53 14) - Geb. 7. Juni 1963 Konstanz (Vater: Franz B., Oberstudienrat; Mutter: Helga, geb. Pflüger), kath., ledig - Gymn. Konstanz (Abit. 1982); Ex. als fremdsprachl. Wirtschaftskorresp. 1984 - S. 1984 Tätigk. als fremdsprachl. Wirtschaftskorresp. - Eistanzen: 1979 Dt. Juniorensiegerin, 1981 Dt. Seniorensiegerin u. Dt. Jugendm., 1983-85 Dt. Vizem., 1986, 87 u. 88 Dt. Meisterin; Europameistersch.: 1983 (11. Pl.), 1984 (12. Pl.), 1985 (10. Pl.), 1986 (5. Pl.); Weltmeistersch.: 1984 (15. Pl.), 1985 (16. Pl.), 1986 (8 Pl.), 1987 (7. Pl.); Olymp. Spiele: 1988 (9. Pl.) - 1983 Sportler d. J. Stadt Konstanz; 1985, 86 u. 87 Silbermed. Stadt Konstanz; 1986 u. 87 Sportler d. J. - Liebh.: Skifahren, Tanzen, Handarb. - Spr.: Engl., Franz., Alt-Griech., Latein.

BECHERER, Ferdinand
Dipl.-Psych., Dt. Meister im Eistanzen - Allmannsdorfer Str. 68, 7750 Konstanz (T. 07531 - 6 53 14) - Geb. 7. Juni 1963 Konstanz (Vater: Franz B., Oberstudienrat; Mutter: Helga, geb. Pflüger), kath., ledig - Abit. 1982 Konstanz; 1983-89 Psych.-Stud. Univ. Konstanz, Abschl. Dipl.-Psych. - Eistanz: 1979 Dt. Juniorensieger, 1981 Dt. Seniorensieger u. Dt. Jugendmeister, 1983/84/85 Dt. Vizemeist., 1986/87/88 Dt. Meist.; b. Europameistersch. 1983 11. Platz, 1984 12. Pl., 1985 10. Pl., 1986 5. Pl.; b. Weltmeistersch. 1984 15. Pl., 1985 16. Pl., 1986 8. Pl., 1987 7. Pl., 1988 9. Platz Olymp. Spiele Calgary - 1983, 86 u. 87 Sportler d. Jahres; 1985, 86 u. 87 Silbermed. Stadt Konstanz; 1988/89 Goldmed. Stadt Konstanz; 1986/87/88 Sportler d. Jahres Stadt Konstanz - Liebh.: Surfen, Tennis, Skifahren - Spr.: Engl., Latein, Altgriech.

BECHERT, Heinrich
Dr.-Ing., Prof., Berat. Ingenieur VBI - Teckstr. 44, 7000 Stuttgart 1 (T. 0711 - 28 32 39 u. 28 20 80) - Geb. 10. Juni 1926 Köditz/Bayern, ev., verh. s. 1953 m. Ilse, geb. Abendschön, 6 Kd. (Georg, Ute, Achim, Beatrice, Kai, Markus) - 1947 Phil.-Theol. Hochsch. Regensburg; 1948-52 TH Karlsruhe (Dipl.-Ing.); Promot. 1954 - 1952-57 wiss. Assist. TH Karlsruhe; s. 1972 Vors. Bundesvereinig. Prüfing. f. Baustatik (BVPI); s. 1975 Mitgl. Lenkungsaussch. FNBau im DIN; s. 1986 Vors. Freier Bau-Beratungs- u. Überwachungsverein Bundesrep. Dtschl. (BBÜV); s. 1987 Vors. Dt. Inst. f. Prüfung u. Überwachung (DPÜ) - Mehrere Pat. f. bautechn. Konstruktionen - Veröff.: Abschnitt Massivbrücken, in: Betonkalender (s. 1969). Herausg.: Reihe Tagungsberichte d. Prüfing. f. Baustatik - 1984 Honorarprof. Univ. Karlsruhe; 1986 BVK - Liebh.: Lit., Musik, Gesch., Phil. - Spr.: Engl.

BECHERT, Heinz
Dr. phil., Prof. f. Indologie - Hermann-Föge-Weg 1a, 3400 Göttingen (T. 48 57 65) - Geb. 26. Juni 1932 München (Vater: Dr. jur. Rudolf B., Rechtsanwalt u. -historiker (†1961); Mutter: Herta, geb. Bade), verh. s. 1963 m. Marianne, geb. Würzburger - Univ. München u. Hamburg - Wiss. Assist. Univ. Saarbrücken u. Mainz; 1964-65 Privatdoz. Mainz; s. 1965 Ord. u. Seminardir. Univ. Göttingen - BV: Bruchstücke buddhist. Verssamml., 1961; Sanskrittexte aus Ceylon, 1962; Buddhismus, Staat u. Ges., 3 Bde. 1966/73; Singhalesische Handschriften, 1969; Buddhism in Ceylon, 1978; Burmese Manuscripts, 1979; Einf. in d. Indologie, 1979; D. Sprache d. ältesten buddhistischen Überlieferung, 1980; Pali Niti Texts of Burma, (m. H. Braun) 1981; Die Welt d. Buddhismus, (m. R. Gombrich) 1984 - 1968 o. Mitgl. Akad. d. Wiss. Göttingen; 1973 assoz. Mitgl. Academie royale de Belgique; 1988 ausw. Mitgl., Kgl. Schwed. Akad. d. Lit., Geschichts- u. Altertumsforsch. in Stockholm.

BECHERT, Johannes
Dr. phil., Prof. f. Linguistik - Engadiner Str. 48, 2800 Bremen 44 (T. 42 36 52) - Geb. 17. Sept. 1931 München (Vater: Prof. Dr. phil. Dr. h. c. Karl B., Physiker; Mutter: Sibylle, geb. Lepsius), ev., verh. s. 1957 m. Eva, geb. Büttner, 4 Kd. (Ernst, Maja, Susanne, Anna Maria) - Univ. Mainz u. München (Allg. u. Indogerman. Sprachwiss., Klass. Philol., Phil.). Promot. (1964) u. Habil. (1968) München - Mehrf. Studienaufenth. Dublin u. Machačkala (Dagestanische ASSR, UdSSR); 1964 Wiss. Assist., 1968 Privatdoz. Univ. München; 1971 Prof. (C 4) Univ. Bremen. In- u. ausl. Fachmitgliedsch. Mitverf.: Einf. in d. generative Transformationsgrammatik (1970, 5. A. 1980, japan. Bearb. 1972) - Spr.: Engl., Franz., Russ.

BECHINGER, Doris
Dr. med., Prof., Abt. Neurologie, EEG-Sektion u. Kinderneurologie, Univ. Ulm - Forstweg 13, 7902 Blaubeuren-Sonderbuch - Gegenw. Prof. f. Neurol., Kinderneurol. u. Klin. Neurophysiol. Ulm. Mitgl. Dt. Physiol. Ges., Dt. EEG-Ges., Dt. Ges. f. Kinder- u. Jugendpsychiatrie, Int. Child Neurol. Assoc.

BECHMANN, Arnim
Dr. rer. pol., Prof., gf. Direktor Inst. f. Landschaftsökonomie (Landschaftsökon., Umweltplanung, Systemanalyse) TU Berlin (s. 1979) - Zu erreichen üb. Inst. f. Landschaftsökonomie, Sekr. FR 2-7, Franklinstr. 28/29, 1000 Berlin 10; priv. Schmiedestr. 15, 3013 Barsinghausen - Zul. Privatdoz. TU Hannover (Akad. Oberrat Inst. f. Landschaftspflege u. Naturschutz); Dir. Inst. f. ökol. Zukunftsperspektiven GmbH, Barsinghausen - BV: Kybernetik u. Makroökonomie, 1976; Nutzwertanalyse, Bewertungstheorie u. Planung, 1978; Grundl. d. Planungstheorie u. Plan.methodik, 1981; Umwelt braucht Frieden, 1983; Leben wollen - Anleit. f. e. neue Umweltpolitik, 1984. Mithrsg.: Global Future - Es ist Zeit zu handeln (1981); Landbau-Wende, Vorschläge f. e. neue Agrarpolitik (1987) - Spr.: Engl.

BECHTELER, Theo
Bildhauer - Salzmannstr. 22, 8900 Augsburg-Hochzoll (T. 6 23 76) - Geb. 8. Febr. 1903 Immenstadt/Allgäu - 1926-34 Kunsthochsch. Berlin - 1959 Villa-Romana-Preis (Florenz); 1974 Ehrengast Villa Massimo, Rom.

BECHTELER, Wilhelm
Dr.-Ing., Prof. f. Hydromechanik u. Hydrol. Univ. d. Bundeswehr München - Drosselweg 4, 8088 Eching/A. (T. 08143 - 12 65) - Geb. 1. Juli 1939 Immenstadt (Vater: Wilhelm B., Zimmermstr.; Mutter: Anny, geb. Nerlinger), kath., verh. s. 1986, 3 S. (Georg Wilhelm, Thomas Alexander, Maximilian Rasso) - Abit. 1959 Oberstdorf; Stud. Bauing.-wesen TU München (Dipl. 1964, Promot. 1969, Habil. 1971, Beruf. 1973) - S. 1973 Prof. Univ. d. Bundeswehr; 1986 Ruf an d. TU München, 1987 abgelehnt. Mitgl. ASCE, DVWK, IAHR, VDI; Vorst.-Mitgl. u. Fachgr.leit. DVWK - Editorial board d. Ztschr.: Mitteilungen Inst. f. Wasserwesen d. Univ. d. Bundesw. München; Groupe d'etude de publication scientifiques, Toulouse, France; Intern. Research and Training Center on Erosion and Sedimentation Beijing, China. 60 Veröff. - Ehrenmitgl. Chinese Hydraulic Engineering Assoc. (CHES) - Liebh.: Beruf - Spr.: Engl., Span.

BECHTLE, Erwin
Fabrikant (Tübinger Teigwarenfabrik) - Haußerstr. 53, 7400 Tübingen - Geb. 3. Jan. 1910 Tübingen - Ausbild. London - Vors. Verb. d. Teigwarenfabr. v. Südwürtt.-Hoh.

BECHTLE, Friedrich
Dr. phil., Verleger, Mithrsg. Esslinger Ztg., gf. Gesellsch. Richard Bechtle, Graph. Betriebe u. Verlagsges. (Esslinger Ztg., Bechtle Vg.), Präs. Bezirkskammer Esslingen d. IHK Mittlerer Neckar, Vizepräs. IHK Mittl. Neckar, Stuttgart, Vorst. Atlantik-Brücke, VR Landessparkasse Girokasse, Stuttgart, Vors. Aussch. f. Öffentlichkeitsarb. DIHT, Bonn. Handelsrichter - Zeppelinstr. 116, 7300 Esslingen - Geb. 28. Okt. 1926 Esslingen (Vater: Richard B., Verleger †1944; Mutter: Lilly, geb. Schleicher †1981), verh. s. 1957 m. Irene, geb. Kollmar, 2 Kd. - Gymn.; Schriftsetzerlehre; TH Stuttgart, Univ. München, Paris (Sorbonne), Cornell (B.A.) - Brüder: Otto Wolfgang u. Richard B.

BECHTLE, Otto Wolfgang
Verleger, gf. Gesellsch. Richard Bechtle, Graph. Betriebe u. Verlagsges. (Esslinger Ztg. u. Bechtle-Verlag), Ehrenvors. Verb. Südwestd. Ztg.verleger, AR-Vors. dpa, VR-Mitgl. VWD-Vereinigte Wirtsch.dienste, Vizepräs. FIEJ (Fédération Intern. d. Edit. de Journaux et Publications) - Hölderlinweg 118, 7300 Esslingen (T. 31 08-1) - Geb. 10 März 1918 Stuttgart, verh. s. 1953 m. Jacqueline, geb. Kuttenne, 2 Töcht. (Marie-Jo, Christine) - Gymn. Esslingen . Offz.-laufbahn; s. 1947 Verlagsbuchh. 1963ff. Mitgl. Präsid. Bundesverb. Dt. Ztg.verleger (b. 1970 Vizepräs.); 1972-80 Mitgl. Dt. Presserat (1978-80 Sprecher) - 1973 BVK I. Kl., 1978 Gr. BVK, 1983 Stern dazu; Ritter Ehrenlegion d. franz. Rep. - Liebh.: Bücher, Wassersport, Skilaufen - Spr.: Engl., Franz. - Rotarier - Eltern s. Friedrich B. (Bruder).

BECHTOLDT, Heinrich
Dr. phil., o. Prof. f. Polit. Wissenschaft - Lärchenweg 3, 7268 Gechingen-Bergwald (T. 07056 - 13 45) - Geb. 28. Jan. 1911 Frankfurt/M., ev., verh. s. 1940 m. Edith, geb. Stankewitz, 2 Kd. - Oberrealsch.; Univ. Frankfurt u. Hamburg (Sprachen, Gesch., Soziol.). Promot. 1934 Frankfurt - 1934-36 Lektor f. Dt. Sprache Faculté Lyon, dann Journalist u. fr. Publizist Frankfurt, Berlin, Stuttgart, s. 1965 Ord. u. Inst.dir. Univ. Hohenheim. Zahlr. Reisen Europa, Asien, USA - BV: Indien oder China - D. Alternative in Asien, 4. A. 1964; D. Allianz m. d. Armut - Chinas Revolutionsstrategie gegen Rußland u. Amerika, 1967; Staaten ohne Nation - Sozialismus als Macht-Faktor in Asien u. Afrika, 1980. Gf. Herausg. u. Chefredakt.: Außenpolitik/Ztschr. f. intern. Fragen (dt. u. engl. Ausg. 1958ff.) - 1962 Joseph-E.-Drexel-Preis - Spr.: Franz., Engl.

BECHTOLF, Hans Joachim
Dr. rer. pol., Vorstandsmitglied i.R. Vereins- u. Westbank, Hamburg 11 (1968-85) - Blankeneser Hauptstr. 113, 2000 Hamburg 55 (T. 86 85 41) - Geb. 2. April 1923 Wuppertal - Div. Mandate - Spr.: Engl. - Rotarier.

BECHTOLSHEIMER, Willi (Wilhelm)
Bürgermeister - Rathaus, 6508 Alzey/Rh.; priv.: Nibelungenstr. 24 - Geb. 3. Febr. 1911 - AR-Mandate - Spr.: Engl. - Rotarier.

BECK, Adolf
Bezirksgeschäftsführer, MdL Bayern (s. 1970) - Heinrichstr. 27, 8405 Donaustauf (T. 094303 - 5 98; dstl.: 0941 - 5 27 47) -

Geb. 1938 - 1986 Medienrat DJK-Diözesanvors. - CSU (s. 1972 Frakt.-Vors. im Kreistag) - 1980 Bayer. VO; 1984 Bayer. Verfassungsmed. in Silber, 1988 BVK am Bde.

BECK, Chlodwig

Dr. med., o. Prof. u. Direktor Hals-Nasen-Ohrenklinik Univ. Freiburg - Kohlerweg 23, 7800 Freiburg/Br. (T. 5 31 91) - Geb. 29. Nov. 1924 - S. 1959 (Habil.) Lehrtätigk. Univ. Freiburg (1965 Prof.). Fachveröff. - 1969 Mitgl. Collegium Oto-Rhino-Laryngologicum Amicitiae sacrum; Korresp. Mitgl. Österr. Oto-Rhino-Laryng.-Ges., 1974; Schweiz. Oto-Rhino-Laryng. Ges., 1976.

BECK, Dieter

Dr. rer. nat., Prof. f. Physik - Zul. 4800 Bielefeld - Geb. 14. Aug. 1930 Berlin - Promot. 1959 Bonn; Habil. 1966 Freiburg - S. 1971 Ord. Univ. Bielefeld. Fachaufs. - 1966 Fritz-Haber-Preis.

BECK, Emil

Dipl.-Fechtmeister ADFD, Chef-Bundestrainer Dt. Fechter-Bund - Tannenweg 9, 6972 Tauberbischofsheim - Geb. 20. Juli 1935 Tauberbischofsheim, kath., verh. s. 1960 m. Karin, geb. Löhning, 2 S. (Frank, Rene) - Dipl.-Fechtmeister ADFD (1968) - S. 1970 Bundestrainer Dt. Fechter-Bund im Degen; s. 1976 Leit. Bundes- u. Landesleistungszentrum Fechten m. Teilinternat Modell Tauberbischofsheim; s. 1978 Vors. Trainerkommiss. Bundesaussch. Leistungssport im Dt. Sportbund; s. 1978 Bundestrainer Dt. Fechter-Bund im Herrenflorett; s. 1986 Leit. Olympiastützpunkt, Tauberbischofsheim; Lehrauftrag Trainerakad. Köln (Fachricht. Fechten) - BV: Tauberbischofsheimer Fechtlektionen, 1978; Fechten - Florett, Degen, Säbel, 1978 - 1954 Gründer d. Fecht-Clubs Tauberbischofsheim; s. 1954 verantw. Vorst.-Mitgl. Fecht-Club Tauberbischofsheim f. d. gesamten Sportbereich; s. 1964 Vizepräs. Ges. z. Förd. d. Fecht-Clubs Tauberbischofsheim; s. 1977 Mitgl. Trainerkommiss. Dt. Sportbund; s. 1977 Vors. Trainerkommiss. Dt. Fechter-Bund; s. 1978 Vors. Trainerkommiss. Dt. Sportbund; s. 1978 Vorst.-Mitgl. im Bundesaussch. Leistungssport (BA-L) im Dt. Sportbund; s. 1978 Mitgl. Bundesfachaussch. Sport d. CDU u. weitere Aussch.; s. 1979 Beiratsmitgl. Trainerakad. Köln f. d. Fernstudium; s. 1985 Mitgl. d. Jury d. Förderpreises Dt. Jugendsport; Mitgl. im Sportaussch. Dt. Fechter-Bund - S. 1973 40 Med. b. Weltmeistersch. u. Olymp. Spielen m. Fechterinnen u. Fechtern d. Fecht-Clubs Tauberbischofsheim, BVK am Bde., BVK I. Kl.; Verdienstmed. Land Bad.-Württ.; Gold. Ehrenplak. Dt. Fechter-Bund; Gold. Ehrennadel d. Akad. Fechtkunst Dtschl.; Gold. Ball d. Sportpresse Bad.-Württ.; Ehrennadel d. 12. Panzerdivision d. Bundeswehr sow. weitere Ausz. auf regionaler u. örtl. Ebene, Trainer des Jahres, Gold. Band d. Sportpresse Verb. Dt. Sportjourn. - Liebh.: Taubenzucht, Musik.

BECK, Erwin

Dr. rer. nat., o. Prof. f. Planzenphysiologie Univ. Bayreuth - Neunkirchen 66, 8588 Weidenberg - Geb. 2. Nov. 1937 - Zul. München.

BECK, Fred

Dr. rer. pol., Fabrikant, pers. haft. Gesellsch. Wirk- u. Strickwarenfabr. Johann Mayer KG u. Bema-Jersey, Burladingen - Hechinger Str. 58, 7453 Burladingen 1 (T. 07475 - 2 46) - Geb. 16. Nov. 1929 Tübingen (Vater: Caspar B.; Mutter: Käthe, geb. Beck), kath., verh. s. 1961 m. Helga, geb. Mayer, 2 Kd. (Stefan, Eva) - Gymn., Banklehre; Stud. Tübingen, Graz; Promot. 1958; 1958-64 Pers. haft. Ges. Bankhaus Ott KG., Stuttgart - Spr.: Engl., Franz.

BECK, Friedrich

Dr. rer. nat., o. Prof. f. Theoret. Kernphysik - Waldstr. 24, 6109 Mühltal (T. 06151 - 14 89 87) - Geb. 16. Febr. 1927 Wiesbaden (Vater: Fritz B., Kaufm.; Mutter: Margarete, geb. Cron), ev., verh. s. 1956 m. Rosemarie, geb. Wesnigk, 2 Söhne (Michael Renatus, Johann Christoph) - Realgymn. Darmstadt: Univ. Göttingen (Physik; Promot. 1952) - 1952-54 Assist. Max-Planck-Ges.; 1954-56 Research Associate Mass. Inst. of Technol./USA; 1958-60 Privatdoz. Univ. München u. Heidelberg; 1960-63 ao. Prof. Univ. Frankfurt; s. 1963 o. Prof. TH Darmstadt; 1974-75 Gastprof. Lawrence Berkeley Lab.; 1976 Univ. Fed. Rio de Janeiro; 1979 Univ. of Maryland - Spr.: Engl.

BECK, Fritz Paul

Dr. rer. nat., o. Prof. f. Elektrochemie Univ.-GH Duisburg - Moltkestr. 66, 4100 Duisburg 1 - Geb. 5. März 1931 Stuttgart - Stud. Chemie Univ. Stuttgart. 1960-78 BASF AG, Ludwigshafen, 1978ff. Univ.-GH Duisburg. Erf. Organische Elektrosynthesen, Kapillarspaltzelle, Elektrochem. Energiespeicher - BV: Elektroorganische Chemie, 1974; Elektrochem. Energiespeicher (m. K.-J. Euler), 1984 - Spr.: Engl., Franz.

BECK, Gerhard

Dr., Ministerialdirektor, Leit. Abt. Eisenbahnen Bundesverkehrsmin. - Kennedyallee 72, 5300 Bonn-Bad Godesberg 1 - ARsmand.

BECK, Götz

Dr. phil., Prof., Hochschullehrer - Kirchrather Str. 43, 5100 Aachen (T. 0241 - 8 55 63) - Geb. 13. Jan. 1934, verh. s. 1967 m. Carin, geb. Jerratsch, 2 S. (Christian, Paul-Thomas) - Gymn. u. Abitur Halle/S. u. Dessau (DDR); 1953-60 Stud. Klass. Philol. u. German. Tübingen u. Leeds (UK); 1. u. 2. Staatsprüf. f. höh. Lehramt 1962; Promot. 1962 Tübingen; Habil. (Dt. Philol.) 1980 Zürich - 1964 Gymn. Eßlingen/N.; 1964-70 Lektor Univ. Venezia; 1971-82 Assist.; Akad. Rat u. Oberrat PH Aachen; 1982 Prof. RWTH Aachen; 1980-83 Priv.-Doz. Univ. Zürich - BV: D. Stellung d. 24. Buches d. Ilias in d. alten Epentradition, 1963; Sprechakte u. Sprachfunktionen, 1980 - Interessen: Schriftstell. Arb. - Spr.: Engl., Latein, Griech.

BECK, Hanno

Dr. phil., Prof., Historiker - Dürenstr. 36, 5300 Bonn 2 (T. 35 14 26) - Geb. 13. Sept. 1923 Eschwege (Vater: Carl B., Fabrikant, mehrf. Erfinder (u. a. m. Eugen Müller Aluminiumlot); Mutter: Carla, geb. Noeding), ev., verh. in 1. Ehe m. Doris, geb. Schmidt †1986, in 2. Ehe s. 1987 m. Brigitte, geb. Göricke, 3 Kd. aus 1. Ehe (Friederike, Almut, Carl) - Reform-Realgymn. u. Obersch. Eschwege; Univ. Marburg (Geogr., Erdwiss., Gesch., German.). Promot 1951 Marburg; Habil. 1962 Bonn - 1956-61 Stip. Dt. Forschungsgem.; s. 1961 Lehrbeauftr., Doz. (1962) u. Prof. (1968) Univ. Bonn (Gesch. d. Naturwiss., spez. d. Geogr., d. Reisen u. d. Erdwiss.). 1970-72 Präs. Weltbund z. Schutze d. Lebens/ Sektion BRD - BV: Moritz Wagner in d. Gesch. d. Geogr., 1951; Eschwege, 1956; Gespräche Alexander v. Humboldts, 1959; Alexander v. Humboldt, Monogr., 2 Bde. 1959/61 (span. 1971); A. v. Humboldt u. Mexico, 1966 (auch span.); Germania in Pacifico, 1970; Große Reisende - Entdecker u. Erforscher unserer Welt, 1971; Albert Götting, 1971; Geographie - Europ. Entwickl. i. Texten u. Erläuter., 1973; Eschweger Profile, 1974; Hermann Lautensach - Gr. Geograph i. 2 Epochen, 1974; Carl Ritter - Genius d. Geographie, 1979 (auch engl., franz. u. span.); Große Geographen / Pioniere - Außenseiter - Gelehrte, 1982; A. v. Humboldts Reise durchs Baltikum n. Rußland u. Sibirien, 3. A. 1985; A. v. Humboldts amerikanische Reise, 2. A. 1988. Herausg.: Quellen u. Forsch. z. Geschichte d. Geographie u. d. Reisen; Kleine Geogr. Schriften; A. v. Humboldt Studienausg. in 7 Bde. (1987ff.) - S. 1973 Leiter d. Amtes f. Forsch. d. Humboldt-Ges., Mannheim, 1982-86 Protektor d. Acad. Cosmol. Nova - 1957 Euler-Med.; 1959 Alexander-v.-Humboldt-Med.; 1979 C. Ritter-Med.; 1983 Med. d. A. v. Humboldt-Stiftg. u. Ehrenplak. d. Werra-Meißner-Kreises; 1984 Silb. Med. d. Humboldt-Ges.; Ehrenmitgl. Schweiz. Ges. f. Gesch. d. Med. u. Naturwiss.; Ehrenmitgl. Acad. Cosmologica Nova u. Kurat. d. Mensch u. d. Weltraum - Lit.: Festschr. H. B. m. Lit.-Verz. (1983) - Liebh.: Lit. üb. Geogr., Reisen, Alexander v. Humboldt - Großv. ms.: Generaldir., Erf. e. Walzenstuhles (e. d. bekanntesten Mühlenbauer s. Zeit).

BECK, Hanns

Dr. jur., Präsident Bundesbahndirektion Köln - Konrad-Adenauer-Ufer 3, 5000 Köln 1.

BECK, Hans Dieter

Dr. jur., Verleger, pers. haft. Gesellsch. C. H. Beck'sche Verlagsbuchhandlung (s. 1972), Leit. Vahlen Verlag - Wilhelmstr. 9, 8000 München 40 - Geb. 1932 - Bruder: Wolfgang B. (s. dort).

BECK, Hans Günter

Dipl.-Volksw., Vorstandsmitglied Flughafen Frankfurt Main AG - Zu erreichen üb.: Flughafen, 6000 Frankfurt/M. 75 - Geb. 20. Febr. 1927.

BECK, Hans Jürgen

Bundesvorstandssekretär d. DGB - Am Bonneshof 10, 4000 Düsseldorf 30 (T. 0211 - 43 27 07) - Geb. 9. Febr. 1943 Düsseldorf, gesch., T. Constanze - Postjungbote; Fachhochsch., Akad.

BECK, Hans-Georg

Dr. theol., o. Prof. f. Byzantinistik u. Neugriech. Philol. - Willibaldstr. 8d, 8000 München 21 (T. 56 49 08) - Geb. 18. Febr. 1910 Schneizlreuth - S. 1950 Privatdoz. u. Prof. Univ. München (1960 Ord. u. Inst.svorst.). Fachveröff.

BECK, Hartmut

Dr. rer. pol. , Prof. f. Didaktik der Arbeitslehre an der Univ. Erlangen-Nürnberg - Regensburger Str. 160, 8500 Nürnberg 30; priv.: Reichenecker Str. 14a, 8500 Nürnberg 30.

BECK, Heinrich

Dr. med., Chirurg (Erkrank. u. Verletz. d. Extremitäten), apl. Prof. Univ. Erlangen-Nürnberg (s. 1971) - Rudelsweiherstr., 8520 Erlangen.

BECK, Heinrich

Dr. phil., o. Prof. f. German. Philologie unt. bes. Berücks. d. Nordistik (s. 1968) - Universität, 5300 Bonn - Zul. o. Prof. Univ. d. Saarlandes, Saarbrücken.

BECK, Heinrich-Rudolf

Dr. phil., Univ.-Prof. f. Philosophie - Eisgrube 1, 8600 Bamberg (T. Bamberg 5 27 62) - Geb. 27. April 1929 München (Vater: Dr. jur. Heinrich B.; Mutter: Elisabeth, geb. Majer), kath., verh. s. 1958 m. Anna-Brigitta, geb. Rave, 3 Kd. (Thomas, Christiane, Pia) - Stud. Phil, Psych., Theol., Soziol., Päd. Promot. 1954 München; Habil. 1962 Salzburg - B. 1956 stv. Dir. Studiensem. Albertinum München, dann Primaner- u. Erwachsenenbild. Nordrh.-Westf. Assistenten- u. Lehrtätigk. Päd. Hochsch. Nieders. u. Bayern, s. 1962 Doz. Univ. Salzburg, s. 1964 ao. u. o. Prof. (1968) PH Bamberg/ Univ. Würzburg (1964-66 Vorstd.), s. 1972 o. Univ.-Prof. f. Phil. an Fak. Pädagogik, Philosophie, Psychologie Univ. Bamberg; 1981 tit. ao. Prof. Univ. Salzburg; Hon.prof. Univ. del Salvador Buenos Aires (Argentinien) u. Univ. Complutense Madrid (Spanien); Gastvorles. span. u. portugies., amerik., lat. amerik. Univ. - BV: Möglichkeit u. Notwendigkeit - E. Entfalt. d. ontolog. Modalitätenlehre im Ausgang v. Nicolai Hartmann, 1961; D. Gott d. Weisen u. Denker - D. phil. Gottesfrage, 1961, 4. A. 1970 (auch span.); D. Akt-Charater d. Seins - E. spekulative Weiterführung d. Seinslehre Thomas v. Aquins aus e. Anreg. durch d. dialekt. Prinzip Hegels, 1965 (auch span.); Kulturphilosophie d. Technik. Perspektiven zu Technik - Menschheit - Zukunft, 1979; Machtkampf d. Generationen? - Z. Aufstand d. Jugend gegen d. Autoritätsanspruch d. Ges., 1970 (auch franz./Kanada); Anthropologischer Zugang z. Glauben. E. rationale Meditation, 1979, 2. A. 1982; Philosophie d. Erziehung (Hrsg.), 1979 (m. A. Rieber); Anthropol. u. Ethik d. Sexualität - Z. ideolog. Auseinanders. um körperl. Liebe, 1982; Natürl. Theol. Grundriß phil. Gotteserkenntnis, 1986, 2. A. 1988; Entw. z. Menschlichk. durch Begegnung westl. u. östl. Kultur (m. J. Quiles), 1988; EK-in-sistenz. Positionen u. Transformationen d. Existenzphil., 1989 - Bek. Vorf.: General Graf v. Calehs (Hugenottenführer), Oberst v. Majer.

BECK, Herbert

Dr., Kunsthistoriker, Leiter Städt. Galerie Liebieghaus Frankfurt am Main (s. 1969) - Forstring 174, 6070 Langen-Oberlinden (T. 06103 - 7 26 10) - Geb. 30. April 1941 Hanau - Stud. Kunstgesch., Archäol., German. Promot. 1967.

BECK, Hermann

Dipl.-Kfm., Sparkassendirektor, Vizepräs. IHK Aschaffenburg (s. 1971) - Luitpoldtr. 8, 8750 Aschaffenburg/Ufr. (T. 3 97-1) - U. a. Vors. Vorst. Sparkasse Aschaffenburg-Alzenau - Spr.: Engl. - Rotarier.

BECK, Hermann

Dr. phil., Prof. f. Polit. Soziologie Gesamthochschule Siegen - Saarbrücker Str. 12, 5900 Siegen 1.

BECK, Horst W.

Dr.-Ing., Dr. theol., Prof. f. Interdiszipl. Theol. Ev. Theol. Fak. Leuven/Belgien (s. 1985) - Sommerhalde 6, 7292 Baiersbronn 6 (T. 07442 - 76 53) - Geb. 1. Sept. 1933, ev., verh. s. 1963 m. Christa, geb. Rudert, 6 Kd. - Stud. Theol. u. Phil. Univ. Heidelberg, Tübingen u. Basel, Ing. TU Berlin u. TU Stuttgart, Dipl.-Ing. 1958 TU Stuttgart; Dr.-Ing. 1964; Dr. theol. 1971; Dr. theol. habil. 1972 Univ. Basel - 1972-81 Priv.-Doz. Univ. Basel; s. 1980 Lehrauftr. Univ. Karlsruhe - BV: D. Mensch u. d. Denkmaschine, 1971; Weltformel contra Schöpfungsglaube, 1972; Welt als Modell, 1973; D. offene Zirkel, 1976; Schritte üb. Grenzen zw. Technik u. Theol., 1979; Bibl. Univ. u. Wiss., 1987.

BECK, Johannes

Dr. phil., Prof. f. Allg. Pädagogik (m. sozialwiss. Schwerp.) Univ. Bremen (s. 1971) - Ostertorsteinweg 68/69, 2800 Bremen 1 - Geb. 2. Okt. 1938 Breslau.

BECK, Karl

Landrat Kr. Schweinfurt (s. 1977) - Landratsamt, 8720 Schweinfurt/Ufr. - Geb. 13. Juni 1931 Würzburg - Zul. Regierungsdir. CSU.

BECK, Kurt Georg

Elektromechaniker, MdL Rheinland-Pfalz (s. 1979) - Feldpfad 1a, 6749 Steinfeld - Geb. 5. Febr. 1949 Bad Bergzabern (Vater: Oskar B., Maurer; Mutter: Johanna, geb. Schwöbel), kath., verh. s. 1968 (Ehefr.: Roswitha), S. Stephan - Realschulabschl.; Elektromechanikerhandw. (Fachricht. Elektronik). SPD (Parlam. Geschäftsf. SPD-Landtagsfraktion u SPD-Landesgeschäftsf.

BECK, Kurt-Günther

Dr. rer. nat., Prof., Mitglied d. Geschäftsfg. Bergbau-Forschung GmbH u. Bergwerksverb. GmbH, Essen a.D. - Am Kohlenkämpchen 14, 4300 Essen 1 - Geb. 31. Aug. 1926 Bad Homburg v.d.H., ev., verh. s. 1953 m. Lore, geb. Schütterle, 3 Kd. - 1947-52 Stud. Chemie Univ. Heidelberg (Dipl.-Chemiker); Promot. 1954 Univ. Münster - 1957-71 Dezern. f. therm. u. chem. Kohlenveredl. Steinkohlenbergbauverein Essen; 1971ff. s.o. Mitgl. versch. Experten-Aussch. d. Kommiss. d. Europ. Gemeinsch. Erf. u. Miterf. mehrerer in- u.

ausl. Pat. auf d. Geb. d. Kokereitechnik - BV: D. Veredl. d. Steinkohle, in: Chem. Technologie, Bd. 3, (1971, 3. A.); Gewinn. u. Verarb. v. Steinkohle, in: Chem. Technologie, Bd. 5, (1981, 4. A.); Kohlenveredl. (Chem. Behandl. d. Kohle), in: Ullmanns Encyklopädie d. techn. Chemie, Bd. 10, (1958, 3. A.); Prozeßkontrolle d. Kokserzeugung, 1984 - 1977 Joseph Becker Award US-AIME, Iron & Steel Society (f. bes. Entw. d. Kokereitechnik); 1980 Carbonization Science Medal Coke Oven Manager Assoc. (Engl.) u. British Carbonization Research, Association; 1980 Honorarprof. TU Clausthal; 1987 Ehrenmitgl. Dt. Kokereiaussch. - Studienreisen (m. Fachvortr.) in Europa, Nord-, Mittel-, Südamerika u. Japan - Liebh.: Philatelie, Gesch., Bergwandern, Tennis - Spr.: Engl.

BECK, Lutwin

Dr. med., o. Prof. f. Geburtshilfe u. Frauenheilk., u. Dir. Frauenklinik Univ. Düsseldorf (s. 1971) - Himmelgeister Landstr. 67, 4000 Düsseldorf 13 - Geb. 13. Jan. 1927 Saarbrücken - Promot. 1952; Habil. 1967 - Zul. Doz. Univ. Mainz. Bücher u. zahlr. Einzelarb.

BECK, Manfred

Geschäftsführer Giesecke & Devrient GmbH, u. Papierfabrik Louisenthal GmbH - Zu erreichen üb. Vogelweideplatz 3, 8000 München 80.

BECK, Max

Dr. jur., Hauptgeschäftsführer i. R. - Schälker Landstr. 25, 5800 Hagen 5 - Geb. 23. Nov. 1906 Serrig/Saar - Herausg.: Handb. f. d. Brennerei- u. Alkoholwirtsch. (1955ff.) - BVK I. Kl. - Rotarier.

BECK, Oswald

Dr. phil., Univ.-Prof. f. Dt. Sprache u. Lit. u. ihre Didaktik Erziehungswiss. Hochsch. Rheinld.-Pf., Abt. Landau - An der Ziegelhütte 37, 6740 Landau/Pfalz (T. 3 14 16) - Geb. 4. Aug. 1928 Steinfeld/Pf. (Vater: Michael B., Landw.; Mutter: Elisabetha, geb. Holler), kath., verh. s. 1953 m. Gertrud, geb. König, T. Anita Maria - 1956-62 Univ. Heidelberg u. Mainz (German., Geogr., Päd., Phil.). Promot. 1962 Mainz - 1951-62 Lehrer an Grund- u. Hauptsch.; s. 1962 Doz., 1968 ao. Prof., 1971 o. Prof. an Päd. Hochsch. bzw. Erzieh.wiss. Hochsch. Rheinld.-Pfalz; 1978/79 Abteilungs- bzw. Fachbereichsdekan - BV: Aufsatzerziehg. u. -unterricht, Bd. I, 10. A. 1986, Bd. II, 7. A. 1986; Unser Lesebuch - Lesewerk f. Grund- u. Hauptsch. (Bearb.); Kriterien f. d. Aufsatzbeurteil. (Schr.reihe Kult.Min. Rhld.-Pf. 1974); Aufs.beurteilung heute, 1975; Aufsatzunterricht heute, 1977; Theorie u. Praxis d. Aufsatzbeurteilung, 1979; Leserunde Lese- u. Arbeitsb. f. d. Grundschule, 1980ff. Herausg./Mitautor: Praxis d. Aufs.Unterr. in d. Grundsch., 1981 (Mitautor); Leserunde, 5. Schulj. ff., 1985ff. (Autor u. Berater); Sprach-Leistungs-Test für 4. Klassen (SLT 4) (Mitautor) - 1963 Preis f. wiss. Arb. (Univ. Mainz/IHK d. Pfalz) - Lit.: Festschr. f. Alex. Beinlich: Sprachstandsanalyse (1981); Festschr. f. Albr. Weber: Textvergleich. Wege z. Texterschließung (1987).

BECK, Peter

Dipl.-Ing., Vorstandsmitglied MAN Gutehoffnungshütte AG, Vors. d. Geschäftsf. MAN Energie GmbH - Frankenstr. 150, Postf. 31 59, 8500 Nürnberg 1 - Geb. 15. Sept. 1934 München - AR-Mitgl. EVT Energie- u. Verfahrenstechnik GmbH, Stuttgart, u. Thyssen-MAN Aufzüge GmbH, Neuhausen a.d.F.

BECK, Richard

Geschäftsführer Bundesverb. Siedler u. Eigenheimer - Kornhalde 21, 7300 Esslingen.

BECK, Toni

Landwirt, Landrat a. D., Vizepräs. Bayer. Bauernverb., Präs. Bezirksverb. Niederbay. BBV, Mitgl. Bayer. Senat - Nr. 8, 8300 Mittergolding/Ndb. - B. 1972 Landrat Kr. Landshut - 1984 Bayer. Verfassungsmed. in Silber.

BECK, Walter

Dr. med., Prof., Orthopäde - Carl-Frey-Str., 7801 Gottenheim/Br. - B. 1977 Doz., dann apl. Prof. Univ. Freiburg.

BECK, Wolfgang

Dr. rer. nat., o. Prof. f. Anorgan. u. Analyt. Chemie - Melanchthonstr. 26, 8000 München 83 (T. 60 23 50) - Geb. 5. Mai 1932 München - Promot u. Habil. München - S. 1963 Lehrtätigk. TH u. Univ. München (1968 Ord. u. Vorst. Inst. f. Anorgan. Chemie). Univ. München. Facharb. - Chemie-Preis d. Akad. d. Wiss. Göttingen 1967.

BECK, Wolfgang

Verleger, pers. haft. Gesellsch. C. H. Beck'sche Verlagsbuchhandlung (s. 1972), Leit. Biederstein-Verlag, beide München - Wilhelmstr. 5-9, 8000 München 40 - Geb. 29. Sept. 1941 München (Bruder s. Hans Dieter B.).

BECK-SCHLEGEL, Gertrud

Dr. phil., Prof. f. Grundschuldidaktik u. Didaktik d. Elementar- u Primarstufe Univ. Frankfurt (Fachbereich Erziehungswiss.) - Schwanheimer Str. 89, 6000 Frankfurt/M.

BECKE, Margot,

geb. Goehring

Dr. sc. nat., Prof., em. wiss. Mitglied Gmelin-Inst. f. Anorgan. Chemie u. Grenzgeb. MPG - Varrentrappstr. 40-42, 6000 Frankfurt/M. 90 (T. 79 17-1); priv.: Scheffelstr. 4, 6900 Heidelberg (T. 4 68 87) - Geb. 10. Juni 1914 Allenstein/Ostpr. (Vater: Albert G.; Mutter: Martha, geb. Schramm), ev., verh. m. Dr. phil. Friedrich B. (Chemiker †) - Dipl.ex. 1936; Promot. 1939; Habil. 1944 - Ab 1944 Lehrtätigk. Univ. Halle u. Heidelberg (1947 ao., 1959 o. Prof.; 1966-68 Rektorin Univ. Heidelberg; 1974-87 Mitgl. AR Bayer AG. - BV: Theoret. Grundl. d. quantitativen Analyse, 1960, 6. A. 1969 (m. E. Fluck); Sechs- und achtgliedr. Ringsysteme i. d. Phosphor-Stickstoff-Chemie, 1969 (m. S. Pantel); Komplexchemie, 1970. Üb. 300 Einzelarb. - Mitgl. Akad. Leopoldina, Heidelberger Akad. d. Wiss. - Alfred-Stock-Gedächtnis-Preis; Gmelin-Beilstein-Medaille; Dr. rer. nat. E. h. - Spr.: Engl., Franz., Span.

BECKEL, Albrecht

Dr. jur., Akademiedirektor i. K., MdL Nordrh.-Westf. (s. 1970) - Körnerstr. 10, 4400 Münster/W. - Geb. 3. Febr. 1925 Emmerich/Rh. (Vater: Carl B., Kaufm; Mutter: Dora, geb. Albrecht), kath., verh. s. 1954 m. Carla, geb. Simons, 6 Kd. (Matthias, Michael, Maria, Markus, Eisabeth, Margarethe) - Univ. Münster (Promot.) u. Fribourg. Gr. jurist. Staatsprüf. - 1954-88 Leit. Franz-Hitze-Haus, Kath.-Soz. Akad. d. Bistums Münster; 1955-65 Bundestutor f. d. Jugendbildungsref. innerh. d. Arbeitsgem. Kath.-soz. Bildungswerke; 1954-64 Vors. Landesarbeitsgem f. kath. Erwachsenenbild. in NRW; s. 1961 Ratsherr (1963-64 Fraktionsf.) u. Oberbürgerm. Münster (1964-72). 1968-72 Präs. Zentralkomitee d. Dt. Katholiken; 1973-84 Präs. Maximilian-Kolbe-Werk e.V. CDU s. 1953 (1960-63 Kreisvors.) - BV: Unser Staat u. d. Macht d. Interessenverb., 1959, 4. A. 1963; Sonntagsarb. in d. mod. Ges., 1960; D. Freizeitfamilie, 1960; Christl. Staatslehre - Grundlagen u. Zeitfragen, 1960; Christl. Staatslehre - Dokumente, 1961; Grundfragen d. christl. Ges.lehre, 1961; D. Staat, 1961; Arbeitsrecht, 1961; Wohin steuert d. SPD?, 1961 (m. Triesch); Christl. Politik, 1961, 2. A. 1963; Gegenwartsaufg. d. Erwachsenenbild., 1965 (m. Ballauf u. Pöggeler); Staatsbürgerl. Bildung in Familie, Gruppe u. Heim, 1965; Mensch, Ges., Kirche bei Heinrich Böll, 1966; Struktur u. Recht d. dt. Erwachsenenbild., 1966; Demokratie - Idee u. Praxis, 1966; Management u. Recht d. Erwachsenenbildung, 1974 (m. Senzky) - 1970 BVK II, 1971 Kommandeurkr. Orden v. Oranien-Nassau, 1972 Komturkr. m. Stern Gregoriusorden; 1980 BVK 1. Kl. - Liebh.: Mod. Kunst - Spr.: Engl., Franz.

BECKELMANN, Jürgen

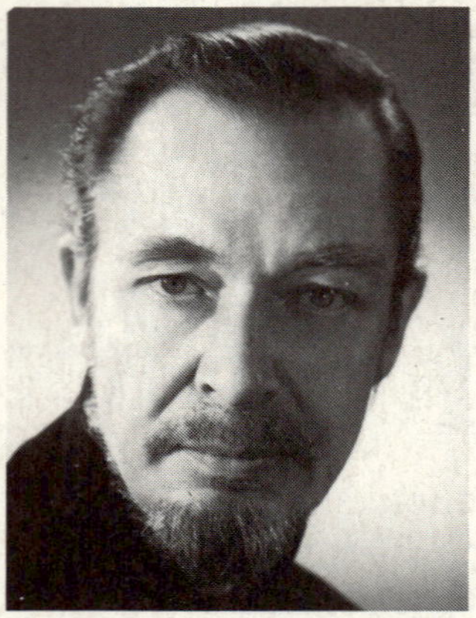

Journalist, Schriftst. - Pfalzburger Str. 80, 1000 Berlin 15 - Geb. 30. Jan. 1933 Magdeburg - BV: D. Wanderwolf, Ged. 1959; D. Ende d. Moderne - Entwicklung u. Tendenzen in d. dt. Malerei, Ess. 1959; D. gold. Sturm, R. 1961; Aufz. e. jg. Mannes aus besserer Familie, R. 1965; D. gläserne Reh, Erz. 1966; Herrn Meiers Entzücken an d. Demokr., R. 1970; Drohbriefe e. Sanftmütigen, Ged. 1976/1980; Lachender Abschied, R. 1978; An solchen Tagen, Erz. 1983; Ich habe behauptet, Ged. 1988 (auch holl. u. franz.); D. Wasserhahn od. D. Auferstehung d. Schrotts, Ged. 1989.

BECKENBAUER, Franz

Team-Chef Dt. Fußball-Nationalmannschaft (1984ff.) - Zu erreichen üb.: DFB, Otto-Fleck-Schneise 6, 6000 Frankfurt/M. 71 (T. 0611 - 71 04 05); priv.: Kitzbühel (Österr.) - Geb. 11. Sept. 1945 (Eltern: Franz, Posthauptsekr. i. R. (†1977) u. Antonia B.), kath., verh. m. Brigitte, geb. Wittmann, 3 Söhne (Thomas, Michael, Stefan) - N. Schule Versicherungslehre - B. 1977 FC Bayern, dann Cosmos. New York, 1980-82 HSV, 1983-84 wied. Cosmos. 4-fach. Dt. Pokalsieger (1966, 67, 69, 71), 1972 u. 74 Dt. Meister m. Bay. München, 1967 Europapokalsieger d. Pokalsieger, 1972 Europameister, 1974 Weltmeister, 1974-76 Europapokalsieger d. Landesmeister, 1976 Weltpokalgewinn (erste dt. Mannsch.); 1977, 78-80 nordamerik. Vereinsmeister; 1972 u. 76 Europ. Fußballer d. Jahres, 1980 Fußb. d. J. in Deutschl.; B. 1977 üb. 103 Länder- u. 424 Bundesligaspiele; b. 1982 Fußballprofi - BV: Einer wie ich - 1982 Ehrenspielführer DFB - 1982 Gründer Namensstiftg. - 1982 Bayer. VO; 1984 FIFA-Orden.

BECKENDORFF, Helmut

Dr. rer. pol., Dipl.-Kfm., Dipl.-Volksw., vereidigter Buchprüfer, Steuerberater, Vors. Nieders. Verein d. Steuerberater, vereid. Buchprüfer u. Wirtschaftsprüfer (s. 1981), Vorst. Wirtschaftsprüferkammer - Im Dorfe 25, 3008 Garbsen 5 - Geb. 9. Juni 1921 Dortmund (Vater: Richard B., Bankkaufm.; Mutter: Christine, geb. Frede), verh. s. 1977 i. 2. Ehe m. Inge Walder-Beckendorff, geb. Walder, 3 S. aus 1. Ehe (Gerhard, Ulrich, Jochen) - Stud. Volks- u. Betriebswirtsch. Univ. Würzburg, Köln; Dipl.ex. 1951 u. 1952; Promot. 1953 Köln; 1951-55 Gesch. Finanzwiss. Forschg.-Inst. Univ. Köln - 1955-61 Ref. Rhein.-westf. Inst. f. Wirtsch.forsch., Essen; 1961-65 Banken- u. 1965-67 Ausl.tätigk. Brüssel; 1968-86 Treuhand-Hannover, Hannover - BV: D. Apotheker als Unternehmer (Mitverf.: Hans Twiehaus), 8. A. 1982; D. Besteuerung d. Apotheker, 1. A. 1986 - Liebh.: Flugsport (1983 Intern. Segelflieger-Leistungsabz. in Gold m. 3 Brillanten) - Spr.: Engl., Franz.

BECKER, Alban

Dr. med., Arzt f. Allgemeinmedizin, Präsident Intern. Vereinig. Ärztl. Kraftfahrverb. (IUADM) Frankfurt - Klingenberger Str. 4, 6000 Frankfurt/Main 70 (T. 069-68 13 07) - Geb. 10. Juni 1922 Mainz (Vater: Alban B., Schulleit.; Mutter: Cäcilie, geb. Kreppel), kath., verh. s. 1950 m. Dr. Margot, geb. Glaser, T. Beatrix - Human. Gymn.; Med. Stud. - Präs. Kraftfahrverb. Dt. Ärzte (KVDA) Frankfurt; Chefredakt. d. med. Fachztschr. arzt + auto - Gr. BVK; BVK I. Kl.; Gr. Silb. Ehrenz. Rep. Österr.; Ritter Päpstl. Gregorius-O.; Belg. Offiz. Orden Leopold II; Ernst-v.-Bergmann-Plak. d. Bundesärztekammer; Dr. Gerhard Ritter-Med. in Silber u. Bronze; Ehrenzeichen Dt. Verkehrswacht in Silber u. Gold; Ehrenzeichen d. KVDA in Gold; Ehrenzeichen d. ÄKVÖ; Ehrenzeichen d. AvD in Gold; Verdienstmed. d. Bundeszahnärztekammer f. Verdienste um d. zahnärztl. Berufsstand.

BECKER, Alfons

Dr. phil. (habil.), em. o. Prof. f. Mittlere Geschichte Univ. Mainz (1965-87) -Bebelstr. 24, 6500 Mainz-Bretzenheim - Geb. 22. Juni 1922 Radolfzell/B. - 1961-65 Privatdoz. Univ. Saarbrücken. Fachveröff.

BECKER, Alfred

Dr. med., Prof., Medizinaldir. i. R. (1956-75), Chefarzt - Dientzenhoferstr. 42, 8500 Nürnberg (T. 57 20 14) - Geb. 2. März 1912 Gießen (Vater: August B., Kaufm. †1948; Mutter: Karoline, geb. Krämer †1972), verh. 1939 m. Renata, geb. Rothermundt - S. 1949 (Habil.) Privatdoz. u. apl. Prof. (1955) Univ. Marburg. Buch- u. Ztschr.beitr. - Bruder: Walter B.

BECKER, Alfred

Vermessungstechniker, MdL Saarl. (s. 1970) - Cloefstr. 3, 6641 Orscholz (T. 06865 - 5 35) - Geb. 11. Jan. 1930 Hilbringen, verh., 4 Kd. - Volkssch. Hilbringen; Vermessungstechnikerlehre Merzig. Ex. 1954 - 1957-70 Finanzamt Merzig (Abt. Bodenschätzung) u. OFD Saarbrücken. 1964ff. MdK Merzig-Wadern; 1968ff. Mitgl. Gemeinderat Orscholz. CDU (Kreisorg.sleit.).

BECKER, Alois

Minister a. D. - Liesererweg 1/b, 6600 Saarbrücken 2 (T. 7 28 83) - Geb. 30. Sept. 1910 Mettnich/Primstal, heute Kr. St. Wendel (Vater: Johann B., Landw.; Mutter: Elisabeth, geb. Becker), kath., verh. s. 1944 m. Dorothea, geb. Jochum - Friedrich-Wilhelm-Gymn. Trier; Univ. Bonn, Königsberg/Pr., Köln (Rechts- u. Staatswiss.). Gr. jurist. Staatsprüf. 1939 - Ass. Kaiserslautern, n. 1945 AGsrat Lebach u. Wadern, 1959 LGsdir. Saarbrücken, 1959-60 Reg.sdir. Innenmin., 1960-67 Min.rat bzw. -dir. (1961) u. Chef Staatskanzlei, 1967-68 Staatssekr., 1968-74 Min. d. Justiz u. Bevollm d. Saarl. b. Bund. CDU - 1972 Gr. BVK - Liebh.: Basteln.

BECKER, Alwy

s. Becker-Hölzermann, Alwy

BECKER, Bernd

Dr. jur., Univ.-Prof. f. Verwaltungswiss. u. Verwaltungsrecht Univ. d. Bundeswehr, München - Usambarastr. 1a, 8000 München 82 (T. 089 - 430 53 19) - Geb. 20. Mai 1941 Königsberg/Pr., verh. s. 1969 m. Margot, geb. Kottke, 2 Kd. (Cathy, Patrick) - 1. jurist. Staatsex. 1965, Promot. 1967, 2. jurist. Staatsex. 1969 - 1973 Prof.; 1976 Od.; 1982 Ruf an das Europ. Inst. Maastricht; 1980 u. 82 Sachverst. Ruf an die Univ. Konstanz. Zahlr. Fachveröff. im In- u. Ausland - Liebh.: Familie - Spr.: Engl., Franz.

BECKER, Bernhard

Direktor, Geschäftsf. Rhein.-Westf.

Immobilien-Anlageges. mbH u. Immobilien-Management-Ges., bde. Düsseldorf - Kaiserbergstr. 20, 4030 Ratingen - Geb. 15. Jan. 1923 Frankfurt/O. - Zul. Vorstandsmitgl. Ges. f. sozialen Wohnungsbau AG, Berlin.

BECKER, Boris

Tennisprofi, dreifacher Wimbledon-Sieger (1985, 1986 u. 1989) - Nußlocher Str. 51, 6906 Leimen/Baden - Geb. 22. Nov. 1967 Leimen (Vater: Karl-Heinz B., Arch.; Mutter: Elvira B.), ledig - Mittl. Reife - 1982 Dt. Jugendm. im Einzel u. Doppel (jüngster Titelträger), 1983 Jugendweltm. im Doppel, 1984 Sieger Jugend-Turnier Monte Carlo. S. 1984 Tennisprofi; 1985 jüngster Weltmeister d. Junioren (Birmingham); 1985 jüngster u. erster dt. Wimbledon-Sieger (gegen Kevin Curren), 1986 erneut Wimbledon-Sieger (gegen Ivan Lendl, 1. d. Weltrangliste), 1988 2. Wimbledon, 1989 z. 3x Wimbledon-Sieger (gegen Stefan Edberg); 1988 Sieger Masters Turnier New York; 1988 Sieger 6 Grand-Prix-Turniere (Stockholm, Tokio, Indianapolis, Queens, Dallas, Indian Wells) - 1985 Sportler d. Jahres; 1986 Ehrenbürger Stadt Leimen - Liebh.: Fußball, Basketball, Schach, Backgammon.

BECKER, Dietrich

Kreisamtsrat a.D., Leiter Freilichtspiele Tecklenburg (s. 1970) - Jahnstr. 13, 4542 Tecklenburg (T. 05482 - 4 99) - Geb. 7. Juli 1923 Königsberg/Pr. (Vater: Walter E. B., Amtsdir.; Mutter: Helene, geb. Sieber), ref., verh. s. 1947 m. Sieglinde, geb. Klein, 3 Kd. (Sigrid, Gerhard Dietrich, Ursula) - Mittl. Reife; 2. Verw.-Prüf. - 1940-79 Verwaltungsdst.; 1942-46 Kriegsdst./Gefangensch.; s. 1949 Freilichtbühne.

BECKER, Eberhard

Kaufmann, Mitinh. Saum & Viebahn, Kulmbach, Vorstandsmitgl. Bundesverb. Großhandel Heim & Farbe, Düsseldorf - 8650 Kulmbach/Ofr. - Geb. 22. Juli 1928.

BECKER, Elisabeth

Dr. phil., Prof. f. Grundschulpädagogik - Schenkendorfstr. 9, 5400 Koblenz - Geb. 30. Dez. 1925 Düsseldorf (Vater: Dipl.-Ing. Hans B., Betriebsdir.; Mutter: Anna, geb. Borchard), kath. - Obersch. Hildesheim (Abit. 1943); PH Alfeld (I. Lehramtsprüf. 1951); 1965-69 Univ. Göttingen (Philog.; Promot. 1969) - Volksschullehrerin; Studien- u. Oberstudienrätin; s. 1973 Prof. Univ. Frankfurt/M. u. Erziehungswiss. Hochsch. Rheinland-Pfalz (Abt. Koblenz) - BV: Problemerörterung in d. Volksschuloberstufe, 1972; (Zus. m. Anne Maria Hagenbusch u. Maximilian Weber:) D. Hort zw. Familie, Schule u. Freizeitraum, 1979. Mitarb.: Westermanns Sprachb. - Spr. Engl., Franz., Ital., Span., Latein.

BECKER, Ernst Eugen

Ministerialdirigent, Landesbeauftr. f. d. Datenschutz b. d. Präsidentin d. Schleswig-Holsteinischen Landtages - Düsternbrooker Weg 92, 2300 Kiel (T. 0431 - 5 96-28 81).

BECKER, Ernst Wilhelm

Dipl.-Kfm., Hauptgeschäftsfürer Verb. Dt. Drogisten - Friedrich-Schmidt-Str. 53, 5000 Köln 41; priv.: In den Betzen 10, 5352 Zülpich - Geb. 1. März 1933 Datteln (Vater: Dr. jur. Franz-Josef B., Rechtsanw. u. Notar; Mutter: Aenne, geb. Sedler), kath., verh. s. 1962 m. Brigitte, geb. Bonhagen, 2 T. (Birgid, Margid) - Kaufm. Lehre; n. Abit. Univ. Münster, Köln, Göttingen (Betriebsw.slehre). Dipl.-Kfm. 1960; Promot. 1962 - 1964-71 Vertriebsdir.; s. 1972 Hauptgeschäftsf. - BV: Standortprobleme im Einzelhandel, 1965; Unternehmensgründ. in Entwicklungsländern, 1961 - Ehrenmitgl. versch. Verb. - Liebh.: Musik, Natur, Sachbücher - Spr.: Engl., Franz.

BECKER, Erwin Willy

Dr. rer. nat. (habil.), em. o. Prof. f. Kernverfahrenstechnik Univ. Karlsruhe (s. 1958) - Strählerweg 18, 7500 Karlsruhe-Durlach (T. 4 31 57) - Geb. 24. Aug. 1920 Magdeburg - Stud. Chemie u. Physik - Zul. Oberassist. Univ. Marburg (Physikal. Inst.). Zahlr. Veröff. - DECHEMA-Preis 1957 f. Trenndüsenverfahren; Vors. Vorst. Kernforschungszentrum, Karlsruhe (1974-75); 1982 Heinrich-Hertz-Preis f. Trenndüsenverfahren.

BECKER, Frank

Rechtsanwalt, gf. Gesellsch. Becker-Prünte GmbH, Datteln - Finkenbrink 20, 4354 Datteln - Geb. 14. April 1940 - Vizepräs. IHK, Münster; stellv. Vors. Arbeitgeberverb., Bochum.

BECKER, Franz

Dr. jur., Prof., Landesminister a.D., Bevollm. d. Saarlandes b. d. Bundesreg. (b. 1985), MdL - Primsweg 13, 6600 Saarbrücken - Geb. 5. März 1930 Neunkirchen, kath., verh., 4 Kd. - Realgymn. Neunkirchen (Abit. 1950) - Stud. Dt. u. Franz. Recht Univ. d. Saarl. (Lincencie-; en droit 1953; jurist. Staatsprüf. 1955 u. 61; Promot. 1957) - 1961-67 wiss. Assist. u. Akad. Rat Europa-Inst. Saarbr.; s. 1967 Doz. f. Wirtschaftsrecht, öfftl. Recht u. Politik - CDU (1974-77 Vors. Kr.-Verb. Saarbr.); 1974-76 Rat Saarbr.; s. 1975 MdL (1975-80 Parlam. Geschäftsf. CDU-Frakt.); 1980-84 Minister f. Rechtspflege u. Bundesangelegenh.

BECKER, Franz Th.

Dr. med., Prof., Orthopäde - Osterwaldstr. 73, 8000 München 40 (T. 361 48 85) - Geb. 2. März 1902 Gießen - S. 1933 Chefarzt Orthop. Klinik Wichernhaus, Altdorf. S. 1966 Honorarprof. Univ. Erlangen-Nürnberg (Orthop.). Etwa 70 Fachveröff. Arbeitsgeb.: congenitale Hüftluxation, Knochentumoren - 1958 Ehrenbürger d. Stadt Altdorf; 1959 Bayer. VO; 1988 BVK I. Kl. - Rotarier, Johanniter.

BECKER, Franziska

Schriftstellerin - Bismarckstr. 19, 7570 Baden-Baden - Geb. 21. Juli Baden-Baden, ev. - Univ. Heidelberg, Berlin, Leipzig (Soziol., Gesch.) - 1931-33 Mitarb. Berliner Tagebl.; 1941-43 Beamtin Brit. Arbeitsmin., London; mehrj. Mitarb. Neue Zürcher Ztg.; b. 1947 lt. Verlagsvertr. London; gegenw. Übersetz.gen u. lit. Kritik - BV: Barbara u. d. Engländer, 1938; Bevor d. Nacht kam, 1951. Übers.: Robert Neumann (Kinder v. Wien, 1948), Arthur Koestler (Geheimschrift, 1955), Nevil Shute (Schmerzl. Melodie, 1956; D. Mädchen aus d. Steppe, 1957; D. letzte Ufer, 1958), John van Druten (Im Strom d. frühen Jahre, 1956), Frank Moraes (Nehru, 1957), Stephan Coulter (D. unstillb. Wünsche, 1960) - Mitgl. PEN; 1952 René-Schickele-Ehrung.

BECKER, Friedrich

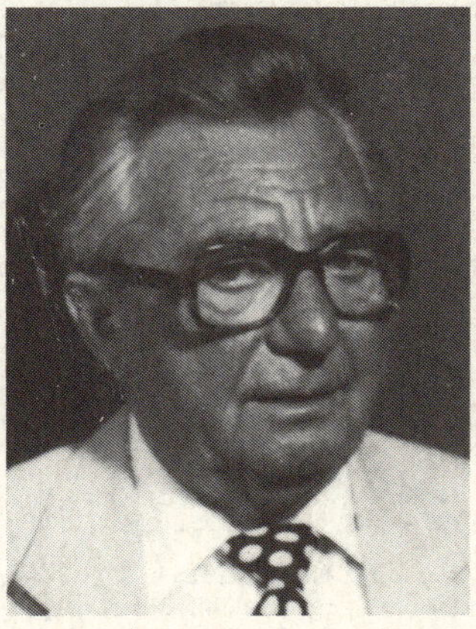

Dr. phil. nat., Abt.-Präs. a. D., em. Honorar-Prof. Univ. Gießen, Fachber. Hum. Med. (med. Klim. u. Kurort Klim.) - Moselstr. 19, 6380 Bad Homburg (T. 4 73 81) - Geb. 31. Juli 1910 Offenbach/M. (Vater: Karl B., Kaufm. †; Mutter: Katharina, geb. Orth †), ev., verh. s. 1937 m. Elsa, geb. Heyn, 4 Kd. (Wolfgang, Fritz, Bruno, Elisabeth) - Stud. Geophysik Meteorol., Physik, Geogr. Promot. 1934 Frankfurt/M. - 1934-35 W. G. Kerckhoff-Inst. Bad Nauheim; 1935-46 Wetterberatungsdst. Marine; 1946-75 Dt. Wetterdst., Offenbach (Leit. Abt. Klimatol./Zentralamt). Mitarb.: Handb. d. Bäder- u. Klimaheilkd. (1962); Lehrb. d. Balneologie u. Med. Klimatologie, Bd. 3 (1987) - S. 1984 Ehrenmitgl. Dt. Ges. f. Phys. Med. u. Rehabilitation; 1984 Gold. Doktorjubiläum - Liebh.: Musik - Spr.: Engl.

BECKER, Friedrich

Dr. rer. nat., o. Prof. f. Physikal. Chemie - Akazienweg 3, 6368 Bad Vilbel - Geb. 12. Jan. 1922 Frankfurt/M. (Vater: Dr. Friedrich B., Geschäftsf. chem. Ind.; Mutter: Therese, geb. Schrenk), ev., verh. s. 1964 m. Gisela, geb. Wilhelm - Univ. Frankfurt/M. Dipl.ex. 1948; Promot. 1950 Frankfurt; Habil. 1958 Saarbrücken - S. 1958 Lehrtätigk. Univ. Saarbrücken (1964 apl. Prof. f. Physikal. Chemie, 1965 Wiss. Rat) u. Frankfurt/M. (1970 Ord.) - BV: Kalorimetr. Methoden z. Bestimmung chem. Reaktionswärmen, 1956 (m. W. A. Roth). Üb. 75 Einzelarb. - Spr.: Engl., Franz.

BECKER, Friedrich

Bankdirektor - Bischofsweg 35, 6000 Frankfurt/M. - Geb. 7. Mai 1923 - Vorst.-Mitgl. a.D. Landesbank Rheinland-Pfalz/Girozentrale Mainz.

BECKER, Friedrich Wilhelm

Handwerksmeister, Präs. Handwerkskammer Koblenz - Zu erreichen üb.: Friedrich-Ebert-Ring 33, 5400 Koblenz - Geb. 17. Nov. 1915 -1983 Gr. BVK.

BECKER, Fritz

Vorstandsmitglied Hugo Stinnes AG, Mülheim/Ruhr (s. 1969), Geschäftsf. M. Stromeyer Lagerhausges. mbH, Mannheim (s. 1953) - Bergstr. 48, 6900 Heidelberg - Geb. 27. Jan. 1910 Mannheim - Stud. Rechtswiss. Ass.ex. - S. 1947 Stromeyer.

BECKER, Georg Eberhard

Dr. phil., Prof., Erziehungswissenschaftler - Lärchenweg 6, 6916 Wilhelmsfeld (T. 06220 - 10 67) - Geb. 12. Dez. 1937 Berlin (Vater: Karl B., Verwaltungsdir.; Mutter: Elisabeth, geb. Hantke), ev., verh. m. Antje Hüter-Becker, 2 T. (Anne, Katja) - Univ. Freiburg/Br., Tübingen (Erziehungswiss.) - 1962-72 Lehrer Südbaden; s. 1972 Doz. u. Prof. (1975) PH Heidelberg - BV: Optimierung schul. Gruppenprozesse, 1973; Unterrichtssituationen, 3 Bde. 1976, 2. A. 1980; Konfliktbewältig. im Unterr., 3. A. 1982; Lehrer lösen Konflikte, 3. A. 1985; Alltagsprobleme in d. Heimerzieh., 1982; Plan. v. Unterr., 2. A. 1987; Durchführ. v. Unterr., 3. A. 1988; Auswert. u. Beurteilung v. Unterr., 2. A. 1988; Hausaufg. kritisch sehen u. die Praxis sinnvoll gestalten, 1988.

BECKER, Gerhard

Dr. phil., Prof. f. Mathematik (m. Schwerp. Elementarmath. u. Didaktik d. Math.) - Modersohnweg 25, 2800 Bremen 33 - Geb. 26. März 1938 Simmern/Hunsrück, ev., verh. s. 1965 m. Margot, geb. Führer, 2 Kd. - Promot. 1972 - S. 1973 Prof. Univ. Bremen. 1981 Mitbegründung d. Ökumenischen Gymn. Bremen (Privatgymn.); s. 1987 1. Vors. d. Ges. f. Didaktik d. Math. - BV: Anwendungsorientiert. Mathematikunterr. in d. Sekundarst. I (zus. m. J. Henning, V. Lindenau, K.-D. Mai, M. Schindler), 1979; Geometrieunterr., 1980; Neue Beispiele z. Anwendungsorient. Mathematikunterr. (zus. m. J. Henning, V. Lindenau, K.-D. Mai, M. Schindler), 1983. Hrsg. Reihe: Klassiker d. Mathematikdidaktik (1984). Fachaufs.

BECKER, Gerhard W.

Dr. rer. nat., Prof., Präsident - Gebweilerstr. 9, 1000 Berlin 33 (T. 831 41 43; Büro: 81 04-1) - Geb. 13. Aug. 1927 Hannover (Vater: Wilhelm B.), verh. m. Marie-Luise, geb. Angelroth, 3 Kd. - TH Braunschweig (Dipl.-Phys. 1951; Promot. 1954) - Ab 1952 Physikal.-Techn. Bundesanstalt Braunschweig, 1963-64 Jet Propulsion Laboratory Pasadena (USA), s. 1967 Bundesanst. f. Materialforsch. u. -prüfung (BAM) Berlin (Ltd. Dir. u. Prof., 1969 Vizepräs., 1972 Präs.). 1970ff. Honorarprof. TU Berlin - Etwa 80 Facharb. - 1980 Ehrenmitgl. d. American Society of Mechanical Engineers (ASME), 1985 d. VDI u. 1986 d. Chinese Mechanical Engineering Soc. (CMES); 1987 DIN-Ehrenring - Liebh.: Musik - Spr.: Engl.

BECKER, Gert O.

Kaufmann - Friedrichstr. 100, 6242 Kronberg/Ts. (T. 44 56) - Geb. 21. Aug. 1933 Kronberg (Vater: Otto B., Kaufm.; Mutter: Henriette, geb. Syring), ev., verh. s. 1960 m. Margrit, geb. Bruns, 2 Kd. (Anja, Jens) - Gymn. (Abit.); Akad. f. Welthandel, Frankfurt/M. - S. 1954 (kaufm. Lehre) Degussa, Frankfurt (1956 Sachbearb., 1958 Techn. Sonderausbild., 1960 Tätigk. Iran, 1963 Brasilien, 1966 Abt.s-, 1969 Bereichsleit., 1973 Vorstandsmitgl., 1977 -vors.) - Liebh.: Bibliophilie - Spr.: Engl., Franz., Portugies.

BECKER, Gertraud

Dr. phil., Wiss. Rat, Prof. f. Allg. Didaktik u. Schulpäd. Gesamthochschule Duisburg - Saarner Str. 463, 4330 Mülheim/Ruhr - Zul. Doz.

BECKER, Günter

Dr.-Ing., Geschäftsführer Nordd. Schleifmittel-Industrie Christiansen & Co., Hamburg, Vors. Verb. Dt. Schleifmittelwerke, Bonn - Luruper Hauptstr. 106-22, 2000 Hamburg 53 - Geb. 29. Dez. 1930 Walsrode/Nds. (Vater: Carl B., Kaufm.; Mutter: Marie, geb. Wünning), ev., verh. s. 1961 m. Gisela, geb. Grabner, S. Jan-Cord - TH Braunschweig (Dipl. u. Promot.).

BECKER, Günter

Dr. jur., Ministerialdirigent, Abteilungsleit. f. Verkehr im Min. f. Wirtsch. u. Verkehr Rhld.-Pfalz - Adam-Karrillon-Str. 62, 6500 Mainz (T. 06131 - 16 22 71) - Geb. 25. Nov. 1925 Wiesbaden, kath., verh. s. 1952 m. Waltraud Diedert (Apothekerin), 2 S. (Jochen, Thomas) - Stud. Rechtswiss. Univ. Erlangen u. Mainz; 1. jurist. Staatsprüf. 1948 Univ. Mainz; 2. Staatsprüf. 1952; Promot. 1958 - Lehrbeauftr. f. Verkehrswiss. Univ. Mainz; AR-Mand.

BECKER, Hans

Dipl.-Ing. - Radweg 8, 6500 Mainz-Weisenau (T. 8 51 99) - Geb. 12. Juni 1909 Raesfeld/Westf. (Vater: Bernhard B., Webereibesitzer; Mutter: Bertha, geb. Wülfing), kath., verh. s. 1958 m. Gretel, geb. Scheiff, Tocht. Susanne - Gymn. Kollegium Augustinianum Gaesdonck; TH München u. Hannover (Bauing.wesen, spez. Wasserbau; Dipl.-Ing. 1933) - Div. Wasser- u. Schiffahrtsämter; 1952-64 Vorst. WSA Dorsten, Tönning (1954), Emden (1963); 1964-74 Präs. Wasser- u. Schiff.sdir. Mainz - BV: D. Ausbau Helgolands, 1958; D. Wasserbautechn. Probleme b. Ausbau d. Ober- u. d. Mittelrheins, 1967 - Liebh.: Musik - Spr.: Franz.

BECKER, Hans

Schmelzer, MdL Saarland (s. 1975) - Rathausstr. 8, 6683 Spiesen-Elversberg - Geb. 20. Aug. 1926 Saarbrücken - SPD.

BECKER, Hans

Dr. rer. nat., o. Prof. f. Geographie Univ. Bamberg (s. 1976) - Ringstr. 40a, 8525 Uttenreuth/Mfr. - Geb. 31. März 1936 Halberstadt/Harz - BV: Vergl. Betrachtung d. Entstehung v. Erdpyramiden, 1966; Agrarlandschaften d. Krs. Euskirchen in d. ersten Hälfte d. 19. Jh.,

1970; D. Land zw. Etsch u. Piave als Begegnungsraum v. Deutschen, Ladinern u. Italienern, 1974; Kaffee aus Arabien (m. Höhfeld u. Kopp), 1979; Amerikaner in Bamberg (m. Burdack), 1987.

BECKER, Hans

Dr., Prof., Direktor Biol. Bundesanstalt, Leit. Fachgr. f. Chemikalienprüf. - Beerenstr. 52, 1000 Berlin 37 (T. 030-802 89 29) - Geb. 26. April 1936 Berlin, ev., verh. s. 1967 m. Algard, geb. Gluud, S. Thorsten - Stud. Biol. Freiburg u. Kiel; Promot. 1967 Kiel (Zool.) - S. 1967 Biol. Bundesanst. f. Land- u. Forstwirtsch., b. 1982 in d. Abt. f. Pflanzenschutzm. u. Anwendungstechn. - Liebh.: Naturschutz, Volkskd. - Spr.: Engl.

BECKER, Hans Herbert

Dr. phil., Prof. f. Erziehungswiss. - Matthias-Grünewald-Str. 46, 4600 Dortmund 1 (T. 59 66 60) - Geb. 1. April 1914 Limbach (Vater: Otto B. †; Mutter: Ella, geb. Schindler), ev., verh. s. 1939 m. Irmtraud, geb. Gerlach, 3 Kd. (Dierk, Gesine, Adelheid) - Univ. Leipzig u. Jena (Päd., Psych., Phil., Dt., Engl.) - Schuldst. (durch Wehrdst. unterbr.); 1947-58 Prof. m. vollem Lehrauftr. u. Lehrstuhl (1954) Univ. Halle (Päd.); s. 1964 o. Prof. Päd. Hochsch. Ruhr, s. 1980 Univ. Dortmund (1959-64 m. d. W. d. Lehrst. f. Päd. b.) - BV: Wesen u. Gliederung wiss. Päd., 1964; Üb d. Wiss.scharakter d Päd., in: D. PH, 1964; Anthropologie u. Päd., 1967, 3. A. 1977; Anthropol. Voraussetz. e. Erzieh. z. Freiheit u. Verantw., in: Freiheit u. Verantw. in Schule u. Hochsch., 1969; Anthropologische Aspekte d. Erzieh. u. d. Unterrichts, in: Erzieh.konzepte f. d. Schule, 1982 - Liebh.: Lit. - Spr.: Engl., Franz.

BECKER, Hans Joachim

Dr. rer. nat., o. Prof. f. Zoologie u. Genetik - Mechitaristengasse 5/10, A-1070 Wien (T. 93 75 51) - Geb. 9. Febr. 1925 Braunschweig (Vater: Ernst B., Buchdrucker; Mutter: Johanne, geb. Trenkner), verh. s. 1958 m. Gweneth, geb. Carson, 2 Kd. (Hans †1972, Susanna) - Univ. Göttingen (Biol.). Promot. 1956 Göttingen; Habil. 1962 Marburg - 1964 ao. u. 1966 o. Prof. Univ. München - S. 1978 o. Prof. Univ. Wien (Vorst. Inst. f. allg. Biologie). Facharb. Mitherausg. v. Goethe, Sämtl. Werke, Münchener Ausg. - 1972 Mitgl. Bayer. Akad. d. Wiss., München; 1986 Vizepräs. Wiener Goethe-Verein.

BECKER, Hans W.

Mitinhaber u. Beirat URACA Pumpenfabr. Urach GmbH & Co. KG, Urach/Württ. - Schiefenberg 6, 4300 Essen 16 - Geb. 6. Sept. 1916.

BECKER, Hansjakob

Dr. theol., Dr. phil., Prof. f. Liturgiewissenschaft u. Homiletik Univ. Mainz - Südring 279, 6500 Mainz 22 - Geb. 29. Okt. 1938 Essen (Vater: Jakob B.; Mutter: Käthe), kath., verh. s. 1966 m. Rosa, geb. Danner - Promot. 1969 u. 75, Habil. 1977 - Zul. Univ. München u. Musikhochsch. München - BV: D. Responsorien d. Kartäuserbreviers, 1971; D. Tonale Guigos I, 1975; Liturgie u. Dicht. E. interdisziplinäres Kompendium, 1982; Im Angesicht d. Todes. E. interdisziplinäres Kompendium, 1987; H. Theologie in Hymnen, 1988. Schallplattenserie Gregorian. Gesänge.

BECKER, Hansjörg

Dr. med., Prof., Internist, Chefarzt Abt. II Klinik f. Innere Med. (Hämatologie als spez. Arbeitsgeb.) Städt. Krankenh. Frankfurt-Höchst - Schöne Aussicht 7, 6242 Kronberg 2 - Geb. 17. Febr. 1926 Alzey (Vater: Dr. med. Georg B., Chefarzt u. Chir.; Mutter: Emmy, geb. Roemheld), ev., verh. s. 1953 m. Dr. Gisela, geb. Zitzlaff, 2 Kd. (Walther, Almut) - Med.stud. Frankfurt u. Heidelberg (Habil. 1967) - 1953-70 Assist.- u. Oberarzt Med. Univ.-Klinik Frankfurt, s. 1970 Chefarzt, 1972 ff. Honorarprof. - Liebh.: Musik (Cembalo).

BECKER, Hans-Jürgen

Dr. jur., ord. Prof. (Deutsche Rechtsgeschichte, Bürgerl. Recht u. Kirchenrecht) - Leichtensternstr. 11, 5000 Köln 41 (T. 0221 - 44 51 01) - Geb. 3. Nov. 1939 Coesfeld/Westf. (Vater: Alois B., Verwaltungsgerichtsdir.; Mutter: Hildegard, geb. Pöppelmann), kath., verh. s. 1967 m. Rotraud, geb. Schnitzer, 2 Töcht. (Monika, Ursula) - Human. Gymn.; Jura-Stud., Refer. 1964, Promot. 1967, Ass. 1969, Habil. 1972 - S. 1974 Prof. Frankfurt, s. 1975 Köln (Dir. Seminar f. Deutsches Recht), s. 1988 Regensburg (Lehrst. f. Bürgerl. Recht, Europ. Rechtsgeschichte u. Kirchenrecht) - BV: D. Appellation v. Papst als e. allg. Konzil; Aufs. z. dt. Rechtsgesch., z. Kanonistik u. z. BGB.

BECKER, Hans-Peter

Dipl.-Kfm., Vorstandsmitglied Hamburgische Landesbank/Girozentrale - Gerhart-Hauptmann-Platz 50, 2000 Hamburg 1 - Geb. 8. Mai 1928 Hamburg - Div. AR-Mand.

BECKER, Heinrich

Dipl.-Volksw., Direktor Stadtwerke Gießen - Licher Berg 4, 6301 Reiskirchen 5 (T. 06408-68 39) - Geb. 12. Febr. 1926 Pettersweil (Wetteraukreis), ev., verh. s. 1948 (Ehefrau Marlies), 2 Kd. (Johanna, Marie-Luise) - Realgymn.; Univ. Mainz u. Marburg (Dipl. 1953) - S. 1964 Stadtwerke Gießen (1971 ff. Kaufm. Werkleit.). 1975-84 VR Verb. öfftl. Verkehrsbetriebe (VÖV), 1978-84 Vizepräs. ebd. 1981 Mitgl. Bundesvorst. VkU - Liebh.: Lit., Kunst, Musik, Hobbyschreinern - Spr.: Engl.

BECKER, Heinz

Dr. phil., o. Prof. f. Musikwissenschaft - Ellerholde 27, 2057 Reinbek-Krabbenkamp - Geb. 26. Juni 1922 Berlin - S. 1956 (Habil. 1961) Lehrtätigk. Univ. Hamburg u. Bochum. Fachmitgl.sch. (Musikgesch. Kommiss.) - BV (1958ff.): D. Fall Heine-Meyerbeer, 1958; Klarinettenkonz. d. 18. Jh., 1957; Gesch. d. Instrumentation, 1964; Z. Entwicklungsgesch. d. antiken u. mittelalterl. Rohrblattinstrumente, 1966; G. Meyerbeer, Briefwechsel u. Tageb., Bd. I 1960, Bd. II 1970, Bd. III 1975, Bd. IV 1985; G. Meyerbeer, 1980; G. Meyerbeer: E. Leben in Briefen, 1983 (m. Gudrun Becker). Über 400 Einzelveröff. - Lit.: Festschr. H. B. z. 60. Geburtstag, 1982 (hrsg. v. Jürgen Schläder u. Reinhold Quandt).

BECKER, Hellmut

Prof., Dr. h. c., em., Direktor Max-Planck-Inst. f. Bildungsforschung, Berlin (s. 1963) - Thielall. 58, 1000 Berlin 33 (T. 831 39 44) - Geb. 17. Mai 1913 Hamburg (Vater: Prof. Dr. Dr. Carl Heinrich B., Orientalist, 1925-30 pr. Kultusmin.; Mutter: Hedwig, geb. Schmid), ev., verh. s. 1944 m. Antoinette, geb. Mathis, 6 Kd. (Michael, Nicolas, Stephan, Sophinette, David, Daniel) - Schulen Schloß Salem u. Berlin (Arndt-Gymn.); Univ. Freiburg, Berlin, Kiel. Gr. jurist. Staatsprüf. 1943 - 1945-63 Anwaltspraxis (u. a. Berat. kultureller Org.). S. 1963 Honorarprof. f. Soziol. d. Bildungswesens FU Berlin. 1963-74 Präs. Dt. Volkshochsch. Verb. - BV: u. a. Kulturpolitik u. Schule - Probleme d. verwalteten Welt, 1956; Bildung zwischen Plan u. Freiheit, 1957; Elternhaus, Höh. Schule u. Univ., 1957 (m. W. Clemen); Kulturpolitik u. Ausgabenkontrolle, 1961 (m. A. Kluge); Quantität u. Qualität - Grundfragen d. Bildungspolitik, 1962; Bildungsforschung u. -planung, 1971; Weiterbildung, Aufklärung - Praxis - Theorie, 1956-74, 1975; Auf d. Weg z. Lernenden Ges., 1980; Israel-Erzieh. u. Gesellsch., 1980; Zensuren - Lüge-Notwendigk.-Alternativen, 1983; Psychoanalyse u. Politik, 1983 - Spr.: Engl., Franz.

BECKER, Helmut

Dr. rer. nat., Prof., Leiter Inst. f. Rebenzücht. u. -veredlung Forschungsanstalt, Geisenheim (s. 1964) - Eibinger Weg, 6222 Geisenheim/Rh. (T. 68 07) - Geb. 8. März 1927 Geisenheim, kath. - 1949-53 Staatl. Weinbau-Inst., Freiburg/Br. (Assist.); 1953-1964 Landeslehr- u. Forschungsanst., Neustadt/Weinstr. (Wiss. Mitarb.); 1971-76 Leit. Geisenheimer Fachbereich Weinbau u. Getränketechnol., Fachhochsch. Wiesbaden. Mitherausg.: Der Deutsche Wein, 1978 - 1971 Mitgl. Accademia Italiana della vite e del vino, Siena.

BECKER, Helmuth

Dipl.-Ing., Staatssekretär a. D., MdB (s. 1969; gegenw. Geschäftsf. SPD-Fraktion) - Am Wall 14, 4400 Münster-Nienberge (T. 02533 - 12 80) - Geb. 3. Sept. 1929 Münster/W. - B. Okt. 1982 Staatssekr. Bundesmin. f. Post- u. Fernmeldewesen. SPD (1984 Vorst.-Mitgl.).

BECKER, Horst

Dr. rer. nat., Prof. f. Mathematik Univ. Kaiserslautern - Lärchenstr. 1, 6751 Schopp.

BECKER, Horst

Dr. jur., Auswärtiges Amt - 5300 Bonn - Geb. 16. Mai 1924 Köln, 2 T. (Alexandrine, Bettina) - Stud. Rechtswiss. 1. u. 2. jurist. Staatsprüf.; Promot. - S. 1954 Auswärt. Dienst. Auslandsvertr. London, NATO-Vertr. Paris, Johannesburg, Den Haag; Botschafter d. BRD Somalia (b. 1977); NATO Intern. Secretariat (b. 1980); 1980-85 AA; 1985 Botschafter d. Bundesrep. Deutschl. in Neuseeland.

BECKER, Horst

Dipl.-Math., Vorstandsvorsitzender Iduna Vereinigte Lebensversich. a. G. f. Handwerk, Handel u. Gewerbe, Iduna Allg. Versich. AG, Dt. Ges. f. Versicherungsmathematik, Vorst. Verb. d. Lebensversicherungs-Untern., Bonn; AR-Vors. Iduna Bausparkasse AG, Hamburg, Hanseat. Investmentges. mbH, Hamburg, VdK Versich. Kraftfahrt AG, Berlin, Adler Feuerversich. AG, Berlin, Adler Lebensversich. AG, Berlin; AR NOVA Krankenversich. a.G., NOVA Unfallversich. AG, NOVA Lebensversich. AG, VÖDAG Versich. f. d. Öffentl. Dienst AG im Adler-Iduna-Verbund - Auf den Schwarzen Bergen 34, 2107 Rosengarten - Geb. 26. März 1927 Schenefeld.

BECKER, Horst

Dipl.-Ing., Prof. f. Baubetrieb u. -maschinen - Klingenhofer Steig 10, 1000 Berlin 20 - Geb. 11. Juni 1926 Berlin - S. 1971 Prof. TU Berlin. Üb. 50 Fachveröff.

BECKER, Joachim

Dr., Bürgerschaftsabgeordneter (s. 1974) - Steinwegelweg 23a, 2000 Hamburg 65 - CDU.

BECKER, Joachim

Dr. in re bibl., Lic. theol., Prof. Seminar Rolduc, Kerkrade/Holl. (Einleitungswiss., Exegese d. Alten Testaments) - Ptr Damiaanstr. 38, 6369 SV Simpelveld (Holl.).

BECKER, Joachim

Dr. jur., Oberbürgermeister Stadt Pforzheim - Theodor-Heuss-Str. 48, 7530 Pforzheim (T. 07231 - 39 23 00) - Geb. 21. Febr. 1942 Pforzheim, ev., verh. s. 1979 m. Cornelia, geb. Frech, 2 Töcht. - 1963-69 Stud. Rechtswiss. Heidelberg, Lausanne, Bonn u. New York.

BECKER, Jochen

Dr. rer. nat., Prof. f. Mathematik TU Berlin (s. 1975) - Scheelestr. 75, 1000 Berlin 45 - Geb. 17. Mai 1940 Hildesheim (Vater: Walter B., Zahnarzt; Mutter: Irmgard, geb. Rechenberg) - Helmholtz-Gymn. Hilden; Univ. Bonn, FU Berlin. Staatsex. Math./Phys. 1965.

BECKER, Johannes

Dr., Prof. f. Psychologie GH Kassel - Gonsenheimer Str. 107, 6501 Budenheim (T. 06139 - 63 79) - Geb. 18. März 1943 Köln (Vater: Theodor B., Angest.; Mutter: Christine, geb. Zimmer), röm.-kath., verh. s. 1972 m. Karin, geb. Burnicki - Abit. 1962 Quirinus-Gymn. Neuss, Diplom (Psychol.) 1968 Univ. Bonn, Promot. 1972. 1968-74 wiss. Assist. Univ. Bonn, Mainz u. Düsseldorf, 1974 ff. Univ.-Prof. GH Kassel - BV: Forschungsstatistik, 1972; Information integration by children, 1980 - Spr.: Engl.

BECKER, Josef

Dr. med., Prof., Neurologe - Volmerswerther Str. Nr. 257, 4000 Düsseldorf, - Geb. 7. Febr. 1922 Burscheidt/Rhld. - S. 1959 (Habil.) Privatdoz. u. apl. Prof. (1965) Med. Akad. bzw. Univ. D'dorf (1966; gegenw. Oberarzt Neurol. Klinik) - BV: Akute Porphyrie u. Periarteritis nodosa in d. Neurol., 1961. Einzelarb.

BECKER, Josef

Dr. phil., o. Prof. f. Neuere u. Neueste Geschichte u. Präsident Univ. Augsburg - Am Mühlfeld 20, 8902 Neusäß-Westheim (T. 0821 - 48 74 19) - Geb. 6. Febr. 1931 Buchen/Bd. (Vater: Joseph B., Lehrer; Mutter: Cordula, geb. Trunzer), kath., verh. s. 1959 m. Ruth, geb. Capell, 3 Kd. (Georg, Tilman, Ulrich) - Stud. (Gesch., Germ., Franz.) Univ. Freiburg, Heidelberg, München, Paris; Promot. 1958 Heidelberg - 1958-62 Wiss. Assist. TH Karlsruhe, 1962-73 Wiss. Assist. u. Doz. Erlangen-Nürnberg; s. 1973 Prof. Univ. Augsburg, s. 1983 Präs. ebd. - BV: Liberaler Staat u. Kirche in d. Ära von Reichsgründung u. Kulturkampf, 1973. Herausg.: Heinrich Köhler, Lebenserinnerungen 1878-1949 (1964); Wiss. zw. Forschg. u. Ausbildg. (1975); Vorgesch. d. Bundesrep. Dtschl. (1979); Dreißig Jahre Bundesrep. - Tradition u. Wandel (1979); Intern. Beziehungen in d. Weltwirtschaftskrise 1929-33 (1980); Hitlers Machtergreifung 1933 (1983); D. Dt. Frage im 19. u. 20. Jh. (1983); 1933 - Fünfzig J. danach (1983); Power in Europe? (1986). 1974 Korresp. Mitgl. d. Komm. f. geschichtl. Landeskunde in Bad.-Württ., 1979 Mitgl. Kommiss. f. Zeitgeschichte, 1981 Dr. h. c. Univ. Metz -Spr.: Franz., Engl.

BECKER, Joseph

Msgr., Geistl. Rat, Vors. Caritasverb. f. d. Erzbistum Paderborn - Domplatz 26, 4790 Paderborn (T. 2 50 31).

BECKER, Joseph

Schuhmachermeister - Margaretenstr. 13, 6780 Primasens (T. 6 27 13) - Geb. 8. Febr. 1905 Bochum (Vater: August B., Bergmann; Mutter: Agnes, geb. Bracke), kath., verh. m. Maria, geb. Urschel, 4 Kd. - Volkssch.; Schuhmacherlehre; Meisterprüf. 1929 - Schuhm., 1930-33 Sekr. Zentralverb. christl. Lederarb., dann Arbeiter Schuhfabr., s. 1937 selbst., 1945-52 Oberm. Schuhm.-Innung Pirmasens, s. 1946 Vors. Kreisverb. Pirmasens CDU, 1946-48 Bürgerm. Primasens, 1946-47 Mitgl. Landesvers. Rhld.-Pfalz, 1949-72 MdB. B. 1933 Mitgl. Zentrum - 1969 Gr. BVK.

BECKER, Jürgen

Schriftsteller, Redakteur - Am Klausenberg 84, 5000 Köln-Brück (T. 84 11 39) - Geb. 10. Juli 1932 Köln - B. 1974 Leit. Suhrkamp-Theaterverlag, dann Hörspielredaktion Deutschlandfunk - BV: u. a. Felder, Erz. 1964; Ränder, Erz. 1968; Umgebungen, Erz. 1970; Schnee, Ged. 1971; D. Ende d. Landschaftsmalerei, Ged. 1974; Erzähl mir nichts vom Krieg, Ged. 1977; In d. verbleibenden Zeit, Ged. 1979; Erzählen bis Ostende, Prosa 1981; Gedichte 1965-1980, 1981. Hörsp. - 1947 Preis Gruppe 47, 1968 Literaturpreis Stadt Köln; 1980 Literaturpreis Bayer. Akad. d. Schönen Künste, München; 1981 Kritikerpreis; 1986 Bremer Literaturpreis; 1966 Stip. Villa Massimo Rom; 1969 o. Mitgl. Akad. d. Künste Berlin; 1969 Mitgl. PEN-Zentrum BRD; 1974 Mitgl. Dt. Akad. f. Sprache u. Dichtung Darmstadt.

BECKER, Jürgen Walter

Dr. theol., o. Prof. f. Neues Testament -

Rönner Weg 15, 2313 Raisdorf - Geb. 11. Dez. 1934 Hamburg (Vater: Walter B., Ing.; Mutter: Paula, geb. Westphal), ev., verh. s. 1961 m. Maria-Luise, geb. Schultz, 2 Kd. (Jan-Dirk u. Uta) - Abitur, Studium Theolog. Hamburg u. Heidelberg; 1. Theol. Ex. 1959. Promot. 1961 Heidelberg; 2. Theol. Ex. 1962; Habil. 1968 Bochum. 1959-61 Wiss. Mitarb. Qumranforschungsst. Heidelberg, 1961-63 Vikar u. Hilfspred. i. Hamburg, 1963-68 Wiss. Ass. Heidelberg u. Bochum, 1968-69 Dozent Bochum, 1969 ff. ord. Prof. Kiel - BV: D. Heil Gottes, 1964; Unters. zur Entstehungsgesch. d. Testamente d. zwölf Patriarchen, 1970; Johannes d. Täufer u. Jesus v. Nazareth, 1972; D. Testamente der zwölf Patriarchen übers. u. erkl., 2. A. 1980; D. Brief an d. Galater, 3. A. 1985; Auferstehung d. Toten im Urchristentum, 1976; D. Evangelium nach Johannes I, 2. A. 1985; II 2. A. 1984; (u.a.) D. Anfänge d. Christentums, 1987 - Spr.: Engl., Franz.

BECKER, Jurek

Schriftsteller - Zu erreichen üb. Suhrkamp-Verlag, Postf. 101945, 6000 Frankfurt - Geb. 30. Sept. 1937 Lodz/Polen - 1957-60 Phil.-Stud. Berlin - Freiberufl. Schriftst. 1978 Gastprof. Oberlin-College (USA); 1978/79 Gastprof. Univ. Essen; 1981 Gastprof. Univ. Augsburg; 1987 Gastprof. Univ. of Texas (USA); 1982/83 Stadtschreiber Bergen-Enkheim - BV: Jakob d. Lügner, R. 1969; Irreführ. d. Behörden, R. 1973; D. Boxer, R. 1975; Schlaflose Tage, R. 1978; Nach d. ersten Zukunft, Erz. 1980; Aller Welt Freund, R. 1982; Bronsteins Kinder, R. 1986. Drehbuch: Liebling Kreuzberg, FS-Serie 1986 - Zahlr. Lit.-Preise: 1971 Charles-Veillon-Pr. Zürich, 1971 Heinrich-Mann-Pr. Ost-Berlin, 1974 Bremer Lit.-Pr., 1975 Nationalpr. d. DDR; 1983 o. Mitgl. Dt. Akad. f. Sprache u. Dicht., Darmstadt; 1988 Adolf-Grimme-Preis.

BECKER, Karin

Geschäftsführerin Landesverb. d. Verleger u. Buchhändler Rheinl.-Pfalz - Schönbornstr. 3, 6500 Mainz.

BECKER, Karl

Dr. med., Internist, MdB (s. 1976; Wahlkreis 139/Frankfurt/M.) - Jean-Paul-Str. 23, 6000 Frankfurt/M. 1 (T. 56 69 28) - Geb. 20. Sept. 1923 Flörsheim/M. (Vater: Adam Josef B., Einkäufer; Mutter: Josefine, geb. Stiefenhofer), kath., verh. s. 1952 m. Dr. Friedel, geb. Burggraf, 2 Kd. (Michael, Eva-Maria) - Realgymn. Frankfurt-Höchst; Stud. d. Med. Univ. Frankfurt, Heidelberg, Kiel, München, Erlangen.

BECKER, Karl

Bürgermeister Verbandsgemeinde Wittlich-Land, Kreisbeauftragter Malteser-Hilfsdienst (s. 1986) - Hasenmühlenweg 16, 5560 Wittlich (T. 06571 - 10 70) - Geb. 31. Jan. 1926 Wittlich (Vater: Philipp B.; Mutter: Anna, geb. Trossen), kath., verh. s. 1951 m. Elfriede, geb. Wilbert, 2 Töcht. (Birgit, Ulla) - Verw.-Lehre, 1948-49 Rhein. Verw.-Schule Cochem, 2. Verw.prüf. 1950 - Verw. Akad. Rhld.-Pfalz Trier, Kommunaldipl. 1957 - S. 1971 Bürgerm. Wittlich-Land, s. 1974 ehrenamtl. Richter Sozialger. Trier, Vorst.-Mitgl. Planungsgemeinsch. Region Trier u. Vors. Gemeinde- u. Städteb. Rhld.-Pfalz, Bezirksverband Trier u. Kreisgr. Bernkastel-Wittlich, s. 1984 Mitgl. im Landesvorst. d. Gemeinde- u. Städtebundes Rhld.-Pfalz u. div. and. Ämter - S. 1951 CDU (s. 1952 Mitgl. Kreisvorst., Kreisschatzm.) - Kriegsausz.; 1979 Dr. Johann-Christian-Eberle-Med.; 1980 Ehrenz. Dt. Feuerwehrverb.; 1976 Silb. u. 1986 gold. Feuerwehrehrenz.

BECKER, Karl Eugen

Dr.-Ing., Vorsitzender d. Geschäfsfg. TÜV Bayern - Westendstr. 199, 8000 München 21 - Geb. 20. Aug. 1932, verh., 2 Kd. - Dipl. 1957, Promot. 1962 - Präs. VDI (ehrenamtl.); in versch. AR - Spr.: Engl., Franz.

BECKER, Karl-Heinz

Dr. rer. nat., o. Prof. f. Physikal. Chemie Berg. Univ.-GH Wuppertal (s. 1974) - Am Engelspfad Nr. 16, 5300 Bonn - Geb. 21. Sept. 1935 Opladen - Promot. (1964) u. Habil. (1970) Bonn - S. 1971 Univ.-Prof. Üb. 150 Facharb.

BECKER, Karl-Heinz

Kaufmann, Präs. Landesverb. Einzelhandel Rheinland-Pfalz - Zu erreichen üb.: Ludwigstr. 7, 6500 Mainz.

BECKER, Karl-Heinz

Dipl.-Kfm., Fachbereichsleiter Schering AG, Berlin - Münchener Str. 25, 1000 Berlin 28 (T. 030-401 79 56) - Geb. 11. Nov. 1941, verh. s. 1968 m. Hannelore, geb. Wied, 2 Kd. (Markus, Myriam) - Lehre Ind.Kfm., Stud. Betriebsw. Univ. Köln (Dipl. 1966) - S. 1983 Vorst.-Mitgl. u. s. 1986 Vors. Diamalt AG München - Liebh.: Klass. Musik - Spr.: Engl., Franz.

BECKER, Klaus

Dr., Prof., Geschäftsführer Normenaussch. Kerntechnik DIN Dt. Inst. f. Normung - Burggrafenstr. 6, 1000 Berlin 30.

BECKER, Klaus

Dipl.-Ing., Gesellschafter Stahlbau Schäfer, Ludwigshafen - Erzbergerstr. 50, 6700 Ludwigshafen 3 (T. 690 03 51) - Geb. 4. Mai 1915 Ludwigshafen (Vater: Fritz B., Prokurist; Mutter: Anne, geb. Schmoll), ev., verh. s. 1945 m Lore, geb. Stepp, 3 Kd. (Michel, Martin, Verena) - Abitur; Kriegsakad. (Generalstab); TH Karlsruhe (Dipl.ex. 1949) - S. 1949 Stahlbau Schäfer (zun. Werkleit.). Vorstandsmitgl. Pfälz. Metallind., Handelsrichter - Spr.: Engl., Franz., Ital. - Lions-Club.

BECKER, Klaus

Dr. jur., Regierungspräsident v. Lüneburg (1981 ff.) - Auf der Hude 2, 2120 Lüneburg - Geb. 1934 Celle - Univ. Freiburg/Br. u. Göttingen (Rechtswiss.) - Zul. Nieders. Staatskanzlei, Hannover (Leit. Präsidialabt.).

BECKER, Kurt A.

Dr. rer. nat., Prof., Arbeitsgruppenleiter Fritz-Haber-Inst./Max-Planck-Ges., Berlin 33 - Katharinenstr. 32, 1000 Berlin 37 (T. 813 84 58) - Geb. 24. April 1921 Berlin - Stud. Chemie - S. 1962 (Habil.) Privatdoz. u. apl. Prof. TU Berlin (Physikal. Chemie). Fachveröff.

BECKER, Kurt E.

Dipl.-Volksw., Hüttendirektor i. R. - Schlesierweg Nr. 5, 6680 Neunkirchen/Saar (T. 06891 - 8 74 57) - Geb. 19. Sept. 1916 (Vater: Karl B.; Mutter: Elisabeth, geb. Seibert), verh. 1941 m. Marta, geb. Brezing - Univ. Köln u. Frankfurt/M. (Dipl.-Volksw. 1939) - S. 1950 Neunkirchner Eisenw. ARsmandate - Liebh.: Filmen - Spr.: Franz., Engl. - Rotarier.

BECKER, Kurt E.

Dr. phil., M.A., Publizist, Autor, PR-Berat. - Martin-Luther-Str. 7, 7830 Emmendingen/Brsg. (T. 07641 - 4 17 67) - Geb. 26. Okt. 1950 Ludwigshafen (Vater: Michael B.; Mutter: Hildegard, geb. Böhm) - Stud. Polit. Wiss., Psych., Phil., Päd., Soziol. - Untern.sprecher Giulini Chemie GmbH, Ludwigshafen; Leit. Frankenthaler Gespräche; Vorst.-Mitgl. Club Kurpfälzischer Wirtschaftsjournalisten; Hauptm. d. Res. - BV (Ausw.): Anti-Politik, 1979; Armee f. d. Frieden, 1980; Anthroposophie heute, 1981 (jap. Ausg. 1982); Du darfst Acker zu mir sagen, R. 1982 (Taschenb.ausg.: Unerlaubte Entfernung, 1985); Pais Paizon, Erz. 1982; Praktizierte Anthroposophie, 1983; Anthroposophie - Revolution v. innen, 1984; D. römische Cäsar m. Christi Seele, 1988. Herausg.: Buchreihe Frankenthaler Gespräche; Rudolf-Steiner-Werkausg. (1985); Notwendigk. u. Möglichk. menschengemäßen Bauens (1986) - Spr.: Engl.

BECKER, Maria

Schauspielerin - Zürich - Geb. 28. Jan. 1920 Berlin (Vater: Theodor B., Schausp.; Mutter: Maria, geb. Fein, Schausp.), gesch. v. Robert Freitag (Schausp. u. Regiss.), 3 Söhne (Christoph, Oliver, Benedict) - Reinhardt-Sem. Wien, Bühnen Dtschl., Österr., Schweiz, BBC London. Hauptrollen in Werken d. klass. u. mod. Theaterlit., Sonderfall Helga Krolewski, 1971; D. Hebamme, 1972; Claudel: Seidener Schuh; Brecht: Guter Mensch v. Sezuan; Williams: Endstation Sehnsucht; Hochhut: Hebamme). Fernsehen: u. a. Prozeß Mariotti (1970). Gr. Rollen: Elisabeth, Penthesilea - 1961 Preis Verb. d. dt. Kritiker; 1965 Hans-Reinhart-Ring Schweizer. Ges. f. Theaterkultur. Mitgl. Berliner Akad. d. Künste - Liebh.: Engl. Lyrik.

BECKER, Max

Dr. phil. nat., Dipl.-Chemiker, Prof. - Baderlehenweg 7, 8240 Stanggass Post Berchtesgaden (T. 08652 - 6 12 05) - Geb. 8. Mai 1906 Aschersleben (Vater: Max B., Kaufm.; Mutter: Anna, geb. Ebert), verh. s. 1954 in 2. Ehe m. Gisela, geb. Ebert, 6 Kd. (Max, Konrad, Manfred, Karsten, Charlotte, Harald) - Stud. Chemie, Physik u. Mineral.; Dipl. 1928, Promot. 1930 Jena - BV: Praktikum Ernährungsphysiol., 1949 (auch portug.); Grundzüge d. Fütterungslehre, 1959, 62, 66, 71 (auch poln., 1976); Analisis de piensos, 1961 (nur span.); Handb. d. Futtermittel, 3 Bde. 1965-69 - 1953 Oskar Kellner-Pr. VDLUFA; 1972 BVK 1. Kl. - Liebh.: Sport, Hist. Lit., Kunstgesch., Philat. - Spr.: Engl., Span., Franz.

BECKER, Michael

Dipl.-Ing., Geschäftsführer Faller Maschinenfabrik GmbH & Co. KG, Ludwigshafen - Bayreuther Str. 13, 6700 Ludwigshafen (T. 0621-52 10 04) - Geb. 10. Sept. 1946, ev. - Schule Birklehof-Hinterzarten (Abit.); FHS Karlsruhe u. Mainz - BJU-Vorst. Regionalkreis Kurpfalz; Vertretervers. AOK Vorderpfalz; Sozialaussch. Verb. pfälz. Ind. - Spr.: Franz. Engl.

BECKER, Norbert

Stadtdirektor - An der Niers 7b, 4170 Geldern 1 - Geb. 20. März 1931.

BECKER, Peter

Dr., Dipl.-Psych., Prof. f. Psychologie Univ. Trier - Ritzlerstr. 24a, 5510 Saarburg (T. 06581 - 47 84) - Geb. 23. April 1942 Dresden - Psych.-Stud. (Dipl. 1969, Promot. 1972 Univ. Saarbrücken) - S. 1979 Univ.-Prof. f. Psych. FB I Univ. Trier - BV: Stud. z. Psych. d. Angst, 1980; Psych. d. seel. Gesundheit, Bd. 1. Theor., Mod., Diagn., 1982; Bd. 2 Persönl.psychol. Grundl., Bedingungsanalysen, Förder.mögl., 1986; Manual z. Interaktions-Angst-Fragebogen (IAF), 1982.

BECKER, Peter

Prof. f. Musikpädagogik Hochsch. f. Musik u. Theater Hannover - Ellernstr. 3, 3000 Hannover - Geb. 15. Mai 1934 Glatz/Schles., verh. s. 1962 m. Bärbel, geb. Sasse, 3 Söhne (Markus, Stefan, Michael) - Stud. Schulmusik u. German. 1954-60 Köln; Stud.sem. 1960-62 Göttingen - 1962-70 Schuldienst Gymn. Bad Iburg; s. 1970 Hochsch.dienst; s. 1978 Sprecher Studiengang Schulmusik Hochsch. f. Musik u. Theater Hannover - Veröff. z. Analyse, Interpret. u. Vermittl. v. Musik.

BECKER, Peter Albert

Dipl.-Ing., Geschäftsführer AEG-Kanis Turbinenfabrik GmbH., Nürnberg - Ligusterweg 41, 8500 Nürnberg - Geb. 20. Nov. 1922.

BECKER, Peter Emil

Dr. med. (habil.), Dr. h.c., o. Prof. f. Humangenetik - Ewaldstr. 63, 3400 Göttingen (T. 5 86 39) - Geb. 23. Nov. 1908 Hamburg (Vater: Ludwig B., Kaufm.; Mutter: Martha, geb. de Bruycker), ev., verh. s. 1938 m. Rosette, geb. Wendel, 5 Kd. - S. 1943 Lehrtätigk. Univ. Freiburg u. Göttingen (1957 Ord.) - BV: Dystrophia musculorum progressiva, 1953; Paramyotonia congenita, 1970; Myotonia congenita, 1977; Z. Geschichte d. Rassenhygiene. Herausg.: Handb. d. Humangenetik (1964ff.).

BECKER, Reinard

Dr. phil. nat., Prof. f. Angew. Physik Univ. Frankfurt/M. - Kapellenweg 2a, 6460 Gelnhausen.

BECKER, Richard

Journalist, Intendant Deutschlandfunk, Köln (1976-88) - Petersbergstr. 73, 5000 Köln 41 - Geb. 25. Aug. 1926 Stuttgart (Eltern: Richard (Notar) u. Berta B.), ev., verh. s. 1952 m. Ortrud, geb. Lenk, T. Carina - Obersch. Tuttlingen (Abit. 1947); Redaktionsvolont.; Stud. Volkswirtsch. TH Stuttgart (1950/51) u. Univ. Hamburg (1953/54) - Zun. fr. Journ. (Schwäb. Tagbl.), s. 1950 Redakt. Welt d. Arbeit, Gewerkschaftl. Monatshefte (1951) u. Welt d. Arbeit (1975; 1962-75 Chefredakt.); 1961-68 Wirtschaftskommentator Bayer. Rundf. 1975/76 Vorstandssekr. DGB. AR-Mand. (b. 1976), 1972-76 Mitgl. Rundfunkrat Deutschlandf.; 1978-88 Vors. Kommiss. Fortbildung ARD u. ZDF; Vors. Gesprächskr. Politik u. Medien Friedr.-Ebert-Stiftg. Mitherausg.: Gewerksch./Wirtsch./Ges. (s. 1963), Mitbestimmung u. Wirtschaftspolitik (s. 1967).

BECKER, Richard

Sportjournalist - Zu erreichen üb.: Frankfurter Allg. Zeitung, Postf. 2901, 6000 Frankfurt/M. 1 - Geb. 15. Dez. 1946 Saarbrücken, verh., Tocht. - Gymn. Saarbrücken u. Frankfurt (Abit. 1967); Wehrdst. (Fallschirmj.); Univ. Frankfurt (Volksw., Sport, Franz.) - S. 1973 FAZ (Sportredakt.) - Liebh.: Tennis, Basketu. Fußball.

BECKER, Roald

Dipl.-Kfm., Unternehmensberater - Am Korsorsberg 50, 2906 Wardenburg - Geb. 3. Aug. 1928 Halle/S. - Schule Halle (Abit. 1949); 1949-51 kaufm. Lehre Ind. (Waggonfabr. Uerdingen); 1952-56 Univ. Köln (Dipl.-Kfm.) - 1956-61 Wirtschaftsprüf.; 1961-65 Finanzprok. Ind.; b. 1979 Geschäftsf. Kienbaum Unternehmensberat. GmbH, Gummersbach, s. 1980 selbst. Unternehmensberater - BV: Controlling, 1978.

BECKER, Rolf

Verleger, Vors. Bundesverb. Dt. Kundenzeitschriftenverleger, Frankfurt/Mannheim - Konradshöhe, 8021 Baierbrunn/Obb.

BECKER, Rüdiger

Dr. med. dent., Dr. med., o. Prof. f. Zahn-, Mund- u. Kieferheilkunde (Mund-, Kiefer- u. Gesichtschirurgie) - Waldeyer Str. 30, 4400 Münster (T. 83 70 03) - Geb. 12. April 1927 Heidelberg (Vater: Dr. Philipp B., Zahnarzt), verh. m. Edith, geb. Gerienne - Univ. Heidelberg, MA Düsseldorf, Univ. Tübingen. Promot. 1952 u. 59. S. 1963 (Habil.) Lehrtätigk. Univ. Münster (1967 apl. Prof., 1968 Abts.vorsteher u. Prof., 1971 Ord.). Fachveröff. - 1960 I. Preis Dt. Ges. f. Kieferorthop.; 1963 Jahrespreis Dt. Ges. f. ZHK; 1970 Ehrenmitgl. Swedish Ass. of Oral Surgeous, British Oral Surgery Club; 1986 Mitgl. Akad. Dt. Naturforscher Leopoldina; 1975 u. 1984-86 Präs. Dt. Ges. f. Mund-, Kiefer- u. Gesichtschir. - Spr.: Engl. - Rotarier.

BECKER, Ulrich

Dr. theol., Univ.-Prof., Pfarrer - Havelweg 8, 3000 Hannover 71 (T. 0511 - 52 04 83) - Geb. 21. Sept. 1930 Halle/S. (Vater: Erich B., Pfr.; Mutter: Marie, geb. Ulrich), ev., verh. s. 1955 m. Inge, geb. Raethjen, 3 Töcht. (Barbara, Friederike, Kristin) - Univ. Halle (1948-50, Ev. Theol.) u. Erlangen (1950-53, Ev. Theol., Klass. Archäol.; Promot. 1959). Ordination 1961 - 1955-61 Assist. (Sem. f. Gesch. d. Urchristentums) u. Studentenpfr.vertr. Univ. Erlangen; s. 1961

BECKER, Ulrich
Lehrtätigk. Päd. Hochsch. Hannover (1964 Lehrstuhl f. Ev. Theol. u. Methodik d. ev. Religionsunterr.), jetzt Univ. Hannover. 1977-85 Direktor des Erziehungsbüros beim Ökumenischen Rat der Kirchen, Genf - BV: Jesus u. d. Ehebrecherin - Unters. z. Text- u. Überlieferungsgesch. v. Joh. 7,53-8,11, 1963; Wundergesch., 1965 (m. S. Wibbing) - Spr.: Engl.

BECKER, Ulrich
Dr. iur. h. c., Prof., Senatsdirektor a. D. - St.-Benedict-Str. 3, 2000 Hamburg 13 (T. 47 73 04) - Geb. 21. Nov. 1916 Danzig - Stud. Univ. München, Marburg u. Königsberg (Rechts- u. Staatswissensch.) - Spr.: Engl., Franz.

BECKER, Ulrich
Konsul, Fabrikant, AR-Vors. Vereinigte Bekleidungswerke R. & A. Becker GmbH, Saarbrücken u. Stuttgart - Scheidterstr. 162, 6600 Saarbrücken - Geb. 29. Juli 1912 - Zeitw. bolivian. Honorarkonsul.

BECKER, Volker
Dr. med., o. Prof. f. Allg. Pathologie u. Pathol. Anatomie - Rathsberger Str. 32, 8520 Erlangen (T. 2 12 08) - Geb. 20. Nov. 1922 Alzey/Rh. (Vater: Georg B.), verh. m. Dr. Gisela, geb. Wedekind - 1963-69 Vorst. Pathol. Inst. Städt. Krankenanstalten Karlsruhe; s. 1956 Lehrtätigk. FU Berlin, Univ. Kiel (1957), Heidelberg (1964; apl. Prof.), FU Berlin (1968 Ord. u. Inst.sdir.), Univ. Erlangen-Nürnberg (1971 Ord. u. Inst.svorst.). 1972/73 Vors. Dt. Ges. f. Verdauungs- u. Stoffwechselkrankh; 1986/87 Vors. Dt. Ges. f. Pathol. - BV: Sekretionsstud. am Pankreas, 1957; Bauchspeicheldrüse (Inselapp. ausgen.), 1973; Form, Gestalt u. Plastizität, 1973; D. Entdeckungsgesch. d. Trichinen u. d. Trichinosis, (m. a.) 1975; Konzepte d. Theoret. Pathol., (m. a.) 1980; D. Plazenta d. Menschen, (m. a.) 1981; Chron. Pankreatitis, 1984. Herausg.: Gastroenterologie u. Stoffwechsel, Aktionen u. Interaktionen (1974). Üb. 300 Einzelarb.

BECKER, Walter F.
Dr.-Ing., Architekt - Zeunerstr. 25, 4300 Essen-Bredeney (T. 42 04 55) - Geb. 3. März 1924 Paderborn (Vater: Willy B., Arch.; Mutter: Elisabeth, geb. Engelmann), verh. s. 1948 m. Edith, geb. Tombrägel, 2 Kd. (Roland, Babett) - TH Darmstadt - Bek. Bauw.: Erst. dt. Großraumbüro Rheinhausen f. mehr als 1000 Angest., Fernmeldeturm Frankfurt/M. - BV: Krupp Rheinhausen, Monogr. 1964; Energie sichern - Energie Sparen, 1975; Dt. Konferenzhochhäuser, 1975.

BECKER, Walter P.
Direktor b. Landtag Rheinland-Pfalz (s. 1979) u. gf. Mitgl. Datenschutzkommiss. - Deutschhauspl. 12, 6500 Mainz - Stud. Rechtswiss.

BECKER, Waltraut
Geschäftsführerin Plural Servicepool GmbH - Jasminweg 12, 3000 Hannover 21 - Geb. 6. Juli 1931 Hannover, verh. s. 1951 m. Wolfgang B. (s. dort), 2 Kd. (Angelika, Wolfram) - Kaufm. Ausb. - Spr.: Engl.

BECKER, Werner
Dr. phil., Prof. Univ. Gießen - Im Lech 16, 6380 Bad Homburg (T. 06172 - 3 26 53) - Geb. 21. Febr. 1937 Lauterbach (Vater: Hans B., Kaufm.; Mutter: Luise, geb. Becker), ev., verh. m. Gabriele, geb. Brandt, 2 Kd. (Ulrich, Georg) - Stud. d. Phil., Soz., Geschichte, German. Univ. Frankfurt, Wien, Innsbruck - 1973/74 u. 1981/82 Dekan Fachbereich Phil. Univ. Frankfurt, 1987 Univ. Gießen - BV u.a.: Kritik d. Marxschen Wertlehre, 1972; D. Freiheit d. wir meinen, 1982; 85 Elemente d. Demokratie - Bek. Vorf.: Staatssekr. Dr. Leo Brandt (Schwiegerv.).

BECKER, Werner
Dr. rer. pol., Dipl.-Kfm., Vorsitzender Kommiss. Weinwirtsch. b. Intern. Amt f. Rebe u. Wein (O.I.V.), Paris, Vors. Schutzverb. Dt. Wein, Mannheim, u. a. - Lohhohl 36, 5460 Linz/Rh. (T. 57 49; Büro: Mannheim 0621 - 41 51 91) - Geb. 12. Juni 1918 Eitorf/Sieg, verh. m. Eleonore, geb. Bente, 2 Töcht. (Ulrike, Dagmar) - 1945-49 Univ. Köln (Nationalök., Betriebsw., Rechtswiss.; Dipl.-Kfm. 1948, Promot. 1951) - 1937-45 Wehrm. (zul. Hptm. d. Luftwaffe) - 1984 Gr. BVK - Spr.: Franz.

BECKER, Wilfried
Geschäftsführer Philip Morris GmbH, München - Heimstättenstr. 26, 8000 München 40 - Geb. 30. Nov. 1920 - S. 1971 Gfg. Morris.

BECKER, Wilhelm
Dr.-Ing., Prof. f. Regelungstechnik Gesamthochschule Paderborn (Fachbereich Elektr. Energietechnik/Soest) - Nötten-Brüder-Wallstr. 7, 4770 Soest.

BECKER, Wilhelm
Dr. phil., em. o. Prof. f. Astronomie - Im Spiegelfeld 12, 4102 Binningen (Schweiz) - Geb. 3. Juli 1907 Münster/W., verh. - Univ. Berlin - 1933-45 Univ. München, Astrophysikal. Observat. Potsdam, Univ. Wien u. Göttingen, seither Univ. Hamburg (ao. Prof.) u. Basel (1953 o. Prof.), emerit. 1977 - BV: Materie im interstellaren Raum, 1938; Sterne u. Sternsysteme, 1942, 2. A. 1950; Üb. d. Notwendigk. e. Reform d. astronom. Integralrechnung, 1946. Herausg.: Newcomb-Engelmann Populäre Astronomie, 1948 - 1966 Carl-Friedrich-Gauß-Med. Braunschweig. Wiss. Ges.; 1968 korr. Mitgl. Akad. d. Wiss. u. d. Lit., Mainz; Österr. Akad. d. Wissensch. Wien; 1973 Dr. h. c. Univ. Istanbul u. 1975 Univ. Münster/W.; 1976 Gr. BVK.

BECKER, Wilhelm
Kaufmann, Geschäftsf. Auto-Becker GmbH & Co. KG, Auto-Supermarket u. Auto Becker Verwaltungsgesellschaft mbH, alle Düsseldorf - Suitbertusstr. 150, 4000 Düsseldorf - Geb. 31. Dez. 1913 Osburg/Kr. Trier, verh. (Ehefr.: Hildegard), 3 Söhne (Helmut, Achim, Harald) - S. 1947 Autohandel - BV: D. Mann mit d. Vornamen Auto, 1973 - 1975 BVK; Gold. Nadel IHK Düsseldorf, Gold. Plak. d. Handwerksk. - Mitgl. Vollversamml. d. IHK Düsseldorf.

BECKER, Wolf-Dieter
Dr. rer. pol., Hon. Prof. - Buchenweg 10, 5307 Wachtberg-Niederbachem (T. Bonn 34 22 31) - Geb. 29. Juni 1922 Berlin (Vater: Wilhelm B.; Mutter: Hedwig, geb. Krause), kath. verh. s. 1950 m. Hanna, geb. Szpitter, S. Wolf (geb. 1955) - WH Berlin (1946), Univ. Hamburg (1947-48) u. Berlin/Freie (1948-50; Dipl.-Volksw. 1950). Promot. 1952 Berlin - U. a. 1955-73 Dt. Sparkassen- u. Giroverb., Bonn (Volksw. Abt), 1973ff. Lehrauftrag RWTH Aachen; 1973-82 Geschäftsf. Verb. öffentl. Banken - Spr.: Engl., Franz.

BECKER, Wolfgang
Dr. phil., Prof. f. Angew. Ästhetik u. Medienforsch. - Wüstenstr. 3, 4500 Osnabrück - Geb. 9. Okt. 1943 Marburg/L., ev., verh. s. 1983 in 2. Ehe m. Heike, geb. Scheithauer, 3 Kd. - Promot. 1970 - S. 1974 Prof. Univ. Osnabrück - BV: Film u. Herrschaft, 1973; Theorie u. Praxis d. Filmanalyse (m. N. Schöll), 1983; In jenen Tagen. Wie d. dt. Film d. Vergangenh. bewältigte, 1989.

BECKER, Wolfgang
Gebäudereinigermeister, Geschäftsf. Plural-Servicepool GmbH & Co. KG, Hannover - Jasminweg 12, 3000 Hannover 21 - Geb. 16. März 1925 Hannover, verh. s. 1951 m. Waltraut Becker, geb. Becker (s. dort), 2 Kd. (Angelika, Wolfram) - Obersch.; Gebäudereiniger-Handw. - Sachverst. - Spr.: Span., Portug., Ital., Rumän., Lat., Franz.

BECKER, Wolfgang-Helmut
Dr. med., Prof., em. Chefarzt Chirurg. Klinik Krankenhaus Wetzlar (s. 1961) - Auf dem Hauserberg 15, 6330 Wetzlar/Lahn (T. 4 55 50) - Geb. 7. Febr. 1922 Friedberg/Hess. (Vater: Dr. med. O. H. B., prakt. Arzt; Mutter: Milly, geb. Lang), ev., verh., 2 Töcht. (Claudia, Viola) - S. 1956 (Habil.) Lehrtätigk. Univ. Gießen (1963 apl. Prof., 1974 Honorarprof.) - Fachveröff. - Spr.: Engl.

BECKER-CARUS, Christian

Dr. rer. nat., o. Prof., Priv.Doz., Universitätslehrer, Dir. u. Leiter Psycholog. Inst. II Univ. Münster (Allg. u. angew. Psychol., Physiol. Psychol.) - Schlaunstr. 2, 4400 Münster (T. 0251 - 83 41 41) - Geb. 5. Febr. 1936 Hamburg (Vater: Ewald, Akad. Maler u. Graph.; Mutter: Annemarie, geb. Manschewski), verh. s. 1965 m. Brigitte, geb. Seils, 2 Kd. (Arne, Gösta) - Rudolf-Steiner-Sch. Hamburg, Stud. Univ. Hamburg (Zoolog., Chemie, Bot.), Philosophikum (Prof. C. F. v. Weizsäcker) 1959, Staatsex. 1962, Dr. rer. nat. 1964 Hamburg, Psychologie 1964-67, Dipl.-Psych. 1967. Lehrbeauftr. Univ. Hamburg 1966-68, 1. Ass.- Gruppe f. Exp. Elektrophysiol. d. Psychol. Abt. MPI f. Psychiatrie, München 1968-74, Habil. 1972 Univ. Düsseldorf, Lehrbeauftr. Univ. Regensburg 1972-73, 1972-74 Univ. Düsseld. (Med. Psych.). Prof. u. Leiter d. Abt. f. Physiol. Psychol. am Psych. Inst. Univ. Tübingen 1974-78. Dir. Psych. Inst. 1975. 1978-85 Dir. Psych. Inst. Westf. Wilhelms Univ. Münster, Dir./Leit. d. neugegr. Psychol. Inst. II., Leit. Psychophysiolog. Labor u. Schlaflaboratorium, Mitgl. Dt. Ges. f. Psychol., Dt. Zoolog. Ges., European Brain & Bahavior Society, Dt. Ges. f. Psychophysiologie u. ihre Anwendung. Ges. Dt. Naturforscher u. Ärzte, s. 1981 Vorst.-Mitgl. Förderv. Freie Waldorfschule Münster; 1985 Ernennung z. V. Research Prof. of Psychol. State Univ. New York at Binghamton (USA). Leiter versch. Forschungsproj.: Wissenschaftl. Beirat d. KOSMOS - BV: Psychophysiologische Methoden, 1979; Grundriß d. Physiol. Psychologie, 1981 - Liebh.: Malerei, Kunstgesch., Segeln, Ski - Bek. Vorf.: C. G. Carus.

BECKER-DÖRING, Ilse, geb. Döring
Dr. jur., Rechtsanwältin u. Notarin, Past-Präsidentin d. Dt. Verb. berufstät. Frauen - Münzstr. 14, 3300 Braunschweig (T. 0531 - 4 01 91/92) - Geb. 15. Sept. 1912 Frankfurt/M. (Vater: Arthur Döring, Studienrat; Mutter: Martha, geb. Olivier), ev., verh. 1936-48 (gesch.), 3 Kd. (Ursula, Klaus Jürgen, Hans Joachim) - Promot. 1948; Gr. jurist. Staatsprüf. 1949 - S. 1951 RA Braunschweig. S. 1961 Ratsherrin; 1966-72 I. Bürgerm. Stadt Braunschweig, Mitgl. d. Nieders. Landtages v. 1970-78, Ehrenvors. Braunschweig d. Frauen. CDU - 1973 BVK I. Kl.; 1986 Gr. BVK.

BECKER-FOSS, Hans-Christoph
Dozent f. Improvisation u. künstler. Orgelspiel Musikhochschule Hannover, Kantor - Wachtelweg 10, 3250 Hameln 5 (T. 05151 - 6 71 52) - Geb. 1. Juli 1949 Höxter (Vater: Walt-Jürgen B.-F., Kirchenmusiker; Mutter: Maria, geb. Rulfs), ev., verh. s. 1974 - Konservat. (Musikhochsch.) Bremen; A-Ex. Kirchenmusik - 1972 Kantor Bremen; 1973-79 Leit. Hastedter Kantorei Bremen; 1979 ff. Kirchenkreiskantor Marktkirche St. Nicolai Hameln; s. 1980 Doz. MHS Hannover - Spez. Arbeitsgeb.: Aufführungspraxis Alter Musik, Tätigk. als Konzertorganist u. Continuospieler (intern.).

BECKER-HÖLZERMANN, Alwy
Schauspielerin - Mühlthalstr. 16, 8184 Gmund-Dürnbach/Tegernsee - Geb. 1937 Köln (Vater: Wienand B., Kaufm.; Mutter: Elisabeth, geb. Oellers), verh. in 2. Ehe (1980) m. Ulrich Hölzermann, T. Cosyma - Abgeschl. Ballett- (Anita Bell, Köln, u. Tatjana Gsovsky, Berlin) u. Schauspielausbild./Max-Reinhardt-Sch. Berlin (Hilde Körber) - Bühnen- (u. a. Leni, in: D. Prozeß, Elena [Gräfin Koefeld] in: !Keanl am Renaissancetheater Berlin [1986]), Film- u. Fernsehrollen (auch D. Alte, Derrick, Traumschiff u. Schwarzwaldklinik) - Liebh.: Kunst (Asiatica, Jugendstil, Altes Porzellan, Antiquitäten) - Spr.: Engl.

BECKER-INGLAU, Ingrid, geb. Neumann

Rektorin a. D., Bundestagsabgeordnete - Wittgenbusch 34, 4300 Essen 14 (T. 0201 - 58 33 85) - Geb. 20. Nov. 1946 Essen, ev., verh. s. 1971 m. Dietmar B.- I. - Abitur 1967; 1. Staatsex. 1971; 2. Staatsex. 1972; Lehramt Grund- u. Hauptsch. - 1979-87 Mitgl. d. Rates d. Stadt Essen - Liebh.: Lit., Schauspiel, Malerei - Spr.: Engl., Franz., Latein.

BECKERATH, von, Jürgen
Dr. phil., o. Prof. f. Ägyptologie - Schloßpl. 2, 4400 Münster/W. - S. 1963 (Habil.) Lehrtätigk. Univ. München (1969 apl. Prof.) u. Münster (1970 Ord.).

BECKERLE, Monika
Schriftstellerin - Am Schafgarten 4, 6724 Dudenhofen/Pfalz - Geb. 14. Sept. 1943 Friedberg/Hessen - BV: E. Sommer in Antibes, Erz. 1978; Menschen u. Masken, Ged. 1978; D. Kartenhaus, R. 1983; Krolow, Ess. zu Fotogr., 1984; Schattenliebe, Ged. 1985; D. Toten Tanz, R. 1986.

BECKERT, Johannes
Dr. med., Prof. u. Dir. Inst. f. Hygiene Med. Univ. Lübeck - Kaninchenbergweg 71, 2400 Lübeck (T. 0451 - 60 54 55) - Geb. 4. Sept. 1926 Stollberg (Vater: Arthur B., Verw.beamter; Mutter: Johanne, geb. Hecker), ev., verh. m. Ursula, geb. Peuker - Bauing. (grad.) 1948 Augsburg; 1952-54 Stud. Bauing-Wesen

Univ. Stuttgart; 1954-60 Stud.-Med. Univ. München (ärztl. Prüf. u. Promot. 1960); 1961-64 Stud. Phil. u. Wissenschaftstheorie - 1948 Bauing.; 1960 Assist.arzt; 1964 wiss. Assist.; 1975 Privatdoz. München; 1977 wiss. Rat; 1979 o. Prof., Dir. Inst. f. Hygiene Med. Univ. Lübeck.

BECKERT, Ursula

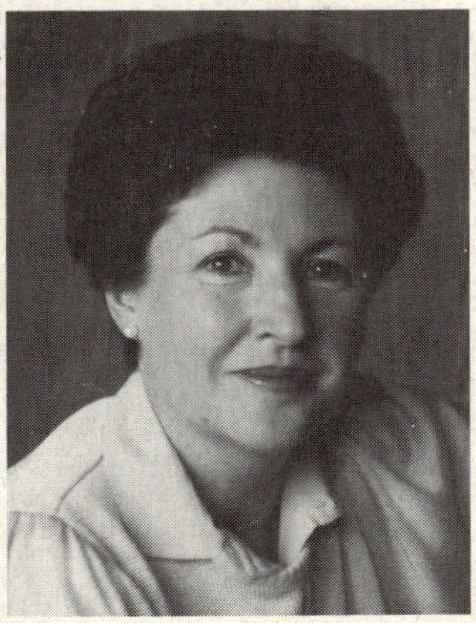

Chefsekretärin, Fr. Schriftst. (s. 1981) - Eibenweg 14, 4902 Bad Salzuflen - Geb. 4. Jan. 1939 Udwitz/Sudentenland - Mittl. Reife, Banklehre, Dipl. Sekr. 1956-60 - 1960-80 Vorst.-, Gen.dir.- u. Botschaftssekr. führender Persönlichk. d. dt. Wirtschaft in Frankf./M. u. Köln. Erfolgr. Kinderb.autorin - BV: u.a. Muck d. Wichtel... (Serie), 1982-89; Ich bin d. kleine Sandmann (m. MC), 1985; Susibert v. Rittersporn, 1989. Lyrikbd.: Zwischen Gestern u. Morgen, sowie Veröff. in zahlr. Anthol. Üb. 20 Kinderb., z. T. übers. in 5 Spr. (weltw. Aufl. aller Titel bish. 1 Mio.) - Liebh.: Musik - Spr.: Engl., Span.

BECKEY, Hans Dieter

Dr. rer. nat., o. Prof. f. Physikal. Chemie - Am alten Forsthaus 46, 5300 Bonn-Röttgen (T. Bonn 25 25 79) - Geb. 8. Juni 1921 Hamburg (Vater: Kurt B., Studienrat; Mutter: Margarete, geb. Gastrow), ev., verh. s. 1951 m. Gudrun, geb. Kischke, 3 Kd. - Gymn. u. Univ. Hamburg (Physik; Diplom 1949). Promot. 1951 Bonn - S. 1952 Assist., Dozent (1959) u. Ord. (1965) Univ. Bonn. Zeitw. Vors. Arbeitsgem. Massenspektroskopie d. DPG. Erf.: Felddesorpitons-Massenspektrometrie - BV: Advances in Mass Spectrometry, 1963 u. 66; Principles of FI and FD Mass Spectrometry, 1977 - 1964 Nernst-Preis f. Physikal. Chemie - Spr.: Engl.

BECKHOFF, Ernst

Dr. rer. pol., Geschäftsführer Beckhoff Baugesellschaft mbH - Im Brinkmannsfeld 52, 4250 Bottrop: (T. 5 21 69) - Geb. 13. Sept. 1926 Bottrop (Vater: Ernst B.; Mutter: Franziska, geb. Böhmer), kath., verh. s. 1957 m. Hildegard, geb. Jaeger, 2 S. (Ernst-Peter, Hans-Stefan) - Stud. Univ. Bonn; Dipl.ex. 1952; Promot. 1956.

BECKMANN, Dieter

Dr. phil., Prof., Lehrstuhlinh. f. Med. Psychologie Univ. Gießen - Klosterweg 26, 6302 Lich 6 - Geb. 1. Nov. 1937 Dortmund (Vater: Erich B., Doz.; Mutter: Margarete, geb. Anker), verh. s. 1963 m. Gudrun, geb. Klemp (geb. 1940), 2 T. (Barbara, Susanne) - Schulen Koserow/Usedom, Parchim/Meckl., Dortmund (Abit. 1959); Univ. Freiburg, Hamburg (Dipl.-Psych. 1964), Gießen. Promot. (1968) u. Habil. (1970) Gießen - S. 1971 Prof. (1972 Ord.) - BV: Herzneurose, 1969 (m. H.-E. Richter); Gießen-Test, 1972 (m. dems.); D. Analytiker u. s. Patient, 1974; Erfahrungen m. d. Gießen-Test, 1979 (m. H.-E. Richter); Psychotechnik in d. Med., 1981 (Hrsg.); Med. Psychologie - Forschung f. Klinik u. Praxis, 1982 (m. S. Davies-Osterkamp u. J. W. Scheer); D. Gießen-Test (GT). Handb., 3. überarb. Aufl. m. Neustandardisier. (m. E. Brähler u. H.-E. Richter) 1983; Grundlagen d. Med. Psych., 1984; Weibl. Fruchtbarkeit, 1984 (Hrsg.); Künstl. Befruchtung, 1986 (Hrsg.) - Forschungspreis Schweizer. Ges. f. Psychosomat. Medizin.

BECKMANN, Dieter

Dr. rer. nat., Ass. d. L., Univ.-Prof. f. Geographie, insbes. Wirtsch.- u. Sozialgeogr. - Königsfelder Str. 95, 5828 Ennepetal-Windgarten (T. 02333 - 7 11 89) - Geb. 18. März 1935 Schwelm (Vater: Ernst B., Kaufm.; Mutter: Erna, geb. Deitermann), ev., verh. s. 1964 m. Renate Karin, geb. Heydemann - 1955-62 Stud. Geogr., Math., Geol. u. Päd. Univ. Köln u. Bonn; 1. Staatsex. 1962 Köln; Promot. 1967 Univ. Gießen; 2. Staatsex. 1969 Düsseldorf - 1962 Wiss. Assist. Geogr. Inst. Univ. Gießen; 1970 Akad. Rat, 1971 Akad. Oberrat, 1982 Prof. Univ.-GH Wuppertal, s. 1987 Dekan FB Ges.wiss. d. Berg. Univ.-GH Wuppertal - BV: Entw. u. jüngere Strukturwandl. d. Ind.- u. Stadtlandsch. v. Gelsenkirchen, 1967; Wuppertal als Hochschulstandort ..., E. Beitr. z. Bild.- u. Raumplan., 1972; Räuml. Entw., Struktur- u. Funktionswandl. sowie Gliederungsprobl. auf d. Hochflächen zw. Wupper u. Ennepe ... = Wuppertaler Geogr. Studien, H. 1 1980; Beitr. z. Landeskd. d. Berg.-Märk. Raumes, Wuppertaler Geogr. Studien, H. 2 (Hrsg.) 1981; Zahlr. wiss. Beitr. in Fachztschr., Schriftenreihen u. Kartenw. - 1969 höchste kommunalwiss. Prämie Stiftg. d. Dt. Gemeinden u. Gemeindeverb. z. Förd. d. Kommunalwiss., Berlin.

BECKMANN, Elke

Geschäftsführerin Metallwerk Frese GmbH/Spezialfabrik f. Autozubehörteile, Leichlingen - Opladener Str. 66, 5653 Leichlingen 1 - Geb. 30. Dez. 1941.

BECKMANN, Friedrich-Wilhelm

Dr., Rechtsanwalt, Geschäftsf. Fachverb. Lichtwerbung - Häusserstr. 6a, 6900 Heidelberg (T. 06221-2 24 83, Telex 461774, Telefax 06221-16 69 80).

BECKMANN, Günther

Wirtschafts- u. Werbepublizist - Stübbenhauser Str. 13, Postf. 200143, 4020 Mettmann 2 (T. 02104 - 7 13 25) - Geb. 19. März 1921 Leipzig (Vater: Dr. jur. Hermann B., Generalbevollm.; Mutter: Käthe, geb. Endepols), kath., verh. s. 1952 m. Waltraud, geb. Lange - Schule, Banklehre (Dresdner Bank), Univ. (1943-45 Volksw.), Fremdsprachensch. (1945-46), alles Leipzig, Höh. Bekleidungsfachsch. Mönchengldbach (1947-48) - 1946-52 Mitarb. Horizont, Bekleidung u. Wäsche, textil-report; ab 1953 Chefredakteur; b. 1956 Neues Herner Handelsblatt, 1956-66 Kommentar z. Herrenmode, 1968-86 Teilzahlungswirtsch. umben., jetzt: FLF Finanzierung, Leasing, Factoring; 1968-70 per saldo Handelsinformat., 1971 adw-umschau, 1974-79 Accessoires - Schirm & Mode, 1971-84, dann Sonderaufg. f. BTE Marketing-Berater, s. 1976 Der Verkaufshelfer umben., jetzt: Besser Werben - Mehr Verkaufen, 1953-56 Lehrbeauftr. Hochsch.-Inst. f. Wirtschaftskd., Berlin, 1964-78 Doz. Betriebsw. Beratungsst. f. d. Einzelhdl., Köln, 1955-58 Begr. u. Vizepräs. Verkaufsleiterclub Berlin; 1964-65 Mitgr. u. Vizepräs. Bund dt. Verkaufsförderer u. Verkaufstrainer, Düsseldorf - BV: So verkauft man Herren-Oberbekleid., 1955; Verkaufen will gelernt sein (Fernkurs), 1958. Div. Handbuchbeitr. (D. Schaufenster im Dienst d. Werbung, Verkaufsschul., Werbungs- u. Verkaufspsych., Public Relations, Handbuch Marketing) - Liebh.: Polit. u. histor. Lit. - Spr.: Engl.

BECKMANN, Hans-Karl

Dr. phil., o. Prof. f. Pädagogik Univ. Erlangen-Nürnberg, Inst. f. Päd. (s. 1975) - Schlehenweg 8, 3507 Baunatal 2 (T. 0561 - 49 43 67) - Geb. 5. Jan. 1926 Kassel, ev., verh. s. 1954 m. Waltraud, geb. Iro, 2 Kd. (Ute, Matthias) - Lehrerstud., 1. u. 2. Lehrerprüf., Realschullehrerprüf. - Zweitstud. (Promot. 1966 Göttingen); 1949-62 Schuldst. u. Lehrerfortb.; 1963-68 wiss. Ass., ab 1968 Prof.; 1985-89 Dekan Phil. Fak. I.; Mitgl. d. Kammer d. EKD f. Erziehung u. Bildung - BV u. a.: Lehrersem. - Akademie - Hochsch., 1968; Schule unter päd. Anspruch, 1983; Ist Tugend lehrbar?, 1990. Mitautor: Funkkolleg Erziehungswiss. (1968-71); Modelle grundleg. didakt. Theorien (1976); Problemgesch. d. neueren Pädagogik I (1976). Hrsg.: Lehrerausb. a. d. Wege zur Integration (1971), Leistung i d. Schule (1978), Unterrichtsvorber. (1978); Schulpäd. u. Fachdidaktik (1981). Veröffentl. in Lex., Sammelbd. u. Zs. bes. üb. ev. Erziehg., Schulpäd. u. Allg. Did. u. Lehrerbildung - Liebh.: Kunst, Klass. Musik, Bergwandern.

BECKMANN, Helmut

Dr. med., Prof., Nervenarzt, Direktor Psychiatrische Univ.-Klinik Würzburg - Füchsleinstr. 15, 8700 Würzburg (T. 0931 - 20 33 00)- Geb. 22. Mai 1940, ev., verh. - Med. Ex. 1967 Univ. München, Habil. 1968 ebd. - 1978-84 Oberarzt Zentralinst. f. Seelische Gesundheit, Mannheim; s. 1985 Würzburg - BV: Biol. Psychiatrie, 1982.

BECKMANN, Jobst B.

Dipl.-Ökonom, Vorstand Aktien-Brauerei Beckmann AG, Solingen - Kottendorfer Str. 29, 5650 Solingen 11 (T. 02122-7 55 60) - Geb. 24. Febr. 1943 Solingen, ev., verh. m. Ulrike, geb. Broede, 2 Kd. (Klaus, Anne) - 1965-68 Stud. Univ. Freiburg u. Bochum - Geschäftsf. Beckmann-Verwaltungsges.; Vorstandsmitgl. Berg.-Rhein. Wasserverb. - Spr.: Engl., Franz.

BECKMANN, Klaus

Dr.-Ing., Prokurist, Honorarprof. f. Untertage-Betriebsmittel TU Clausthal - Schaeferstr. 102, 4690 Herne 1 - Geb. 20. Sept. 1924 Essen (Vater: Hugo B., Bundesbahn-Oberrat; Mutter: Elisabeth, geb. Wüseke), kath., verh. s. 1949 m. Hanne, geb. Kautsch, 4 Kd. (Thomas, Christian, Matthias, Beate) - Dipl.-Ing. (Bergbau) u. Dipl.-Ing. (Maschinenbau). Lehrbeauftr. TU Clausthal, Beiratsmitgl. Dt. Normenaussch. u. Forschungskurat. Maschinenbau.

BECKMANN, Klaus

Rechtsanwalt, MdB (s. 1980), Parlam. Geschäftsf. FDP-Bundestagsfraktion - Sundernholz 29, 4300 Essen - Geb. 11. Aug. 1944 Ennigloh, ev., verh., 3 Kd. - 1964-69 Univ. Köln (Refer.-Ex. 1970 OLG Köln, gr. jurist. Staatsprüf. 1974 Düsseldorf) - 1975/76 Ref. Binnenschiffahrtsberufsgenoss. Duisburg; s. 1977 RA Essen u. STEAG AG. 1978/79 Vorst.-Mitgl. Städtetag NRW. FDP s. 1966 (1975-79 Frakt.-Vors. Rat Stadt Essen; s. 1980 Vors. Bez.verb. Ruhr u. Landesvorst. NRW).

BECKMANN, Klaus F.

Dr. jur., Rechtsanwalt, Geschäftsf. div. Verb. d. Textilindustrie - Untermainkai 21, 6000 Frankfurt/M. 1 - Geb. 25. Juni 1949 Düsseldorf - Stud. Rechtswiss. Univ. Bonn, Genf, Harvard; Training dt. IHK, Paris; EG-Kommiss., Brüssel - Rechtsanw. in intern. Kanzleien New York u. Amsterdam (s. 1984 Partner). S. 1989 Verbandsgeschäftsf. u. Geschäftsf. v. Anlageges. - Spr.: Engl., Franz., Niederl.

BECKMANN, Kurt

Kaufmann, Vors. Verein d. Dt. Einfuhrgroßhandels v. Harz, Terpentinöl u. Lackrohstoffen - Zu erreichen üb.: Gotenstr. 21, 2000 Hamburg 1.

BECKMANN, Martin J.

Dr. rer. pol., o. Prof. f. Statistik und angew. Mathematik - Lochhamer Str. 38, 8032 Lochham/Obb. (T. München 85 59 59) - Geb. 5. Juli 1924 Ratingen/Rhld. - 1956-59 Assist.Prof. Yale Univ., 1959-61 Associate Prof. Brown Univ., 1962-69 o. Prof. Univ. Bonn, s. 1961 Prof. of Economics, Brown Univ., s. 1969 o. Prof. TU München - BV: Studies in the Economics of Transportation, 1956 (m. C. B. McGuire u. C. B. Winsten); Lineare Planungsrechnung, 1959; Location Theory, 1968; Dynamic Programming of Economic Decisions, 1968; Mathematik f. Ökonomen (m. H. P. Künzi), Bd. I, 2. A. 1973, Bd. II, 1975, Bd. III, 1984; Rank in Organizations, 1978; Tinbergen Lectures on Organization Theory, 2. A. 1988. Herausg. (m. Wilhelm Krelle): Lecture Notes in Economics and Mathematical Systems. Zahlr. Einzelarb.

BECKMANN, Peter

Dr. jur., Dipl.-Kfm., Geschäftsführer B. Rewe & Co. - Ootmarsurer Weg 1, 4460 Nordhorn - Geb. 23. April 1937 Münster (Vater: Dr. Rudolf B.; Mutter: Liselotte, geb. Vaal), kath., verh. s. 1970 m. Brigitte, geb. Keck, 4 Kd. (Moritz, Philip, Gerrit, Justus) - Dipl.ex. Münster, 1. Jur. Staatsprüf. Hamm - 1968 Sachbearb. u. 1969ff. Leit. Zentralabt. Betriebswirtsch. Dt. Unilevergr. - Fachveröff. - Spr.: Engl., Franz.

BECKMANN, Rudolf

Dr. jur., Konsul, Fabrikant - Haus am Kolk, 4460 Nordhorn/W. (T. 55 45) - Geb. 24. März 1903 Münster/W. (Vater: Wilhelm B., Kaufm.; Mutter: Maria, geb. Schlichter), kath., verh. s. 1930 m. Liselotte, geb. Vaal, 5 Kd. - Univ. Münster u. Freiburg. Promot. 1928 Würzburg; Ass.ex. 1930 - 1930-36 Prov.verw. Westf., zul. Landesoberverw.srat, 1936 Eintritt Fa. B. Rawe & Co, Baumwollind., Nordhorn, 1938-72 Mitgesellsch. u. Geschäftsf., 1945-48 Landrat Kr. Bentheim. Präs. IHK Osnabrück (1950-73) u. Dt.-Niederl. HK, Den Haag/Düsseldorf (1965-68) - 1961 Kgl. Niederl. Konsul; 1953 Gr. BVK, 1967 Stern, 1973 Schulterband dazu, 1964 Nieders. Landesmed.; Kdr. Orden v. Oranje-Nassau - Liebh.: Jagd, Reiten - Rotarier.

BECKMANN, Siegfried

Dr. phil., o. Prof. f. Organ. Chemie (emerit.) - Perlgrasweg 32, 7000 Stuttgart 70 (T. 45 32 76) - Geb. 6. Aug. 1905 Petersburg/Leningrad (Vater: Nikolai B., Buchhalter; Mutter: Xenia, geb. Miklajew), verh. in 2. Ehe (1950) m. Hannelore, geb. Breisch, 3 Kd. (Christel, Sigurd, Karin) - Gymn. Reval; Univ. Göttingen u. Kiel (Chemie; Promot. 1931). Habil. 1948 Landw. Hochsch. Hohenheim - 1932 Assist. Univ. Halle (Physiol. Inst.), 1932 TH Helsinki (Chem. Inst.), 1938 Vorstandsmitgl. AG. Plastima, Grankulla (Finnl.), 1942 Assist. Univ. Halle (Inst. f. Tierernährung), 1945 Lehrbeauftr., 1949 Doz., 1955 apl. Prof., 1961 Wiss. Rat, 1964 ao., 1966 o. Prof. Landwirtsch. Hochsch. (jetzt Univ.) Hohenheim (1968-69 Dekan Naturwiss. Fak.). Mitgl. Ges. Dt. Chemiker, Ges. Finn. Chem., Ges. Dt. Naturforscher u. Ärzte. Etwa 60 Experimentalarb. z. Chemie d. alicycl. Verbind., Planzenchemie - Spr.: Russ., Engl., Franz., Schwed.

BECKMANN, Uwe

Dipl.-Volksw., Kaufmann, gf. Gesellsch. F. Wilhelm Beckmann, Osnabrück - Lürmannstr. 28, 4500 Osnabrück (T. 0541-6 02 -0) - Geb. 18. Jan. 1951, ev., verh. s. 1977 m. Dr. med. Johanna, geb. Kock, T. Constanze - Stud. Volksw. Univ. Kiel - Vorstandsmitgl. AFM, Außenhandelsverb. f. Mineralöle; Beirat Erdölbevorratungsverb. K.d.ö.R. - 1973 dt. Meister olymp. 470er Kl. - Spr.: Engl. - Handelsrichter. Rotarier.

BECKMANN, Walther

Dipl.-Kfm., Direktor, AR-Vors. 4P Nicolaus Kempten GmbH, 4P Nicolaus Ronsberg GmbH, 4P Rube Göttingen GmbH, 4P Folie Forchheim GmbH. Mitgl. d. Aufsichtsrates Deutsche Unilever GmbH, Union Deutsche Lebensmittelwerke GmbH - Krokusweg 6, 8960 Kempten/Allgäu (T. 8 36 25) - Geb. 26. Juni 1917 Stinstedt, ev., verh. s. 1946 m. Gisela, geb. Struck, 2 Kd. (Sabine,

Klaus) - Stud. Betriebsw. - 1943-45 Rüstungs-, 1946-47 Ernährungsind., 1948-55 Prok. Margarine-Union GmbH, 1956-60 Vorstandsmitgl. F. Thörl's Vereinigte Ölfabriken AG, 1961-68 Mitgl. d. Geschäftsfg. bzw. d. Hauptgfg. d. Union Dt. Lebensmittelwerke GmbH, 1969-71 Mitgl. Gfg. Dt. Unilever GmbH, 1972-79 Vors. d. Geschäftsfg. 4P Verpackungen GmbH.

BECKMEYER, Uwe

Lehrer, Senator f. Wirtschaft, Technologie u. Außenhandel Bremen (s. 1987), MdBB (s. 1975) - Deichstr. 16, 2850 Bremerhaven - Geb. 26. März 1949 Bremerhaven, ev.-luth., verh., 1 Kind - Wirtschaftsgymn. u. PH. Beide Lehrerprüf. 1970 u. 75 - S. 1970 Schuldst. SPD s. 1969 (div. Funktionen), 1978-88 SPD-Vorsitzender in Bremerhaven, 1979-87 stv. Vors. d. SPD Bürgerschaftsfraktion Bremen (Landtag). .

BECKS, Rolf

Dr. rer. pol., Prof. f. Volkswirtschaftslehre TH Darmstadt (s. 1972) - Woogsstr. 4, 6109 Mühltal(-Trautheim) (T. Darmstadt 14 74 52) - Geb. 24. April 1933 Bocholt (Vater: Johann B., Ing.; Mutter: Adele, geb. Caninenberg), verh. s. 1961 m. Anne, geb. Margraf, 2 Kd. (Birgit, Mark) - Gymn. Bocholt (Abit. 1953); TH Darmstadt (Wirtschaftsing.wesen; Dipl. 1961). Promot. 1967 Darmstadt - BV: Karl Marx' Theorie v. d. Entwicklung d. Produktionskörpers u. d. Niederschlag ds. Entwickl. in d. Wertbestands-, -strom- u. Zeitgrößenrechnung, 1967 (Diss.); Volksw.slehre, 1973. Herausg.: Festschr. f. Eberhard Schlotter (1970); Bedarf, Produkt. u. techn. Systeme (m. G. Ropohl), 1978.

BECKSMANN, Rüdiger

Dr. phil., Prof., Kunsthistoriker, Leiter d. Arbeitsstelle Corpus Vitrearum Medii Aevi Deutschl. (s. 1970) - Schwimmbadstr. 12, 7800 Freiburg im Br. (T. 0761 - 7 18 28) - Geb. 3. Juli 1939 Heidelberg (Vater: Prof. Dr. Ernst B., Geologe † 1986), ev., verh. s. 1975 m. Ota, geb. Krauß, 2 S. (Thomas, Daniel) - Stud. Kunstgesch., klass. u. christl. Archäologie Univ. Freiburg u. FU Berlin; Promot. 1965 Freiburg - S. 1975 Vizepräs. Intern. Corpus Vitrearum; 1981 Hon.-Prof. Univ. Stuttgart - BV: D. architektonische Rahmung d. hochgotischen Bildfensters, 1967; D. mittelalterl. Glasmalereien in Baden u. d. Pfalz, 1979; D. mittelalterl. Glasmalereien in Schwaben v. 1350-1530, 1986; Dt. Glasmalerei d. Mittelalters, 1988 - Liebh.: Lit., Musik - Spr.: Engl., Franz.

BECKSTEIN, Günther

Dr. jur., Rechtsanwalt, Staatssekretär im Bayer. Staatsmin. d. Innern (s. 1988) - Bunzlauer Str. 45, 8500 Nürnberg 50 (T. 80 41 11) - Geb. 23. Nov. 1943 - MdL Bayern (s. 1974, 1978-88 Vors. d. Sicherheitsaussch., 1988 stv. Vors. CSU-Landtagsfrakt.).

BEDNARIK, Karl

Schriftsteller, Maler, Prof. - Löwenzahngasse 3b, Wien XXII (T. 221 92 93) - Geb. 18. Juli 1915 Wien, kath., verh. s. 1940 m. Margarethe, geb. Maisel, 5 Kd. (Rosa-Maria, Anton, Herbert, Susanne, Friederike) - 1929-34 Buchdruckerlehre; 1945-46 Kunstakad. Wien - BV: Zwischenfall in Wien, R. 1951; D. jg. Arbeiter - e. neuer Typ, Ess. 1953 (auch holl., schwed., engl.); D. Tugendfall, R. 1954; Omega Fleischwolf, R. 1956; An d. Konsumfront, Ess. 1957 (auch holl.); D. Programmierer - Eliten d. Automation, Ess. 1965; D. Lerngesellschaft / D. Kind v. heute - d. Mensch v. morgen, 1966; D. Krise d. Mannes, 1968; D. unheiml. Jugend - Österr. 1918, 1968; Entdecker d. Weltraums, 1969. Herausg.: Antworten (s. 1970). Zahlr. Dokumentar- u. Kulturfernsehfilme. Bilder u. Graph. in öfftl. u. priv. Besitz; Mosaike u. Sgraffito an versch. Wr. Bauwerken - 1974 Lit.preis Wiener Kunstfonds.

BEDNARZ, Klaus

Dr. phil., Journalist - Zu erreichen üb. WDR, Appellhofpl. 1, 5000 Köln 1 - Geb. 6. Juni 1942 Falkensee/Berlin (Eltern: Max u. Brunhilde B.) - Gymn. Hamburg; Univ. Hamburg, Wien, Moskau. Promot. (Phil.) 1966 Wien - 1967-82 Redakt. u. Korresp (1971) Dt. Fernsehen/ARD (b. 1977 Warschau, dann Moskau); 1982ff. Leit. Auslandsstudio III. Fernsehprogramm; 1983ff. Leit. Fernsehmagazin Monitor u. ARD-Kommentator - BV: Theatral. Probleme d. Dramenübers., 1966; D. alte Moskau, 1979; Mein Moskau, 1984; Masuren, 1985. Herausg.: Polen aus erster Hand (Sammelbd.), Polen (Bildsachb.). Buchbeitr.: Journalismus unt. Kontrolle, in: Neudeck, Auslandsberichterstatt. im TV (1977) - 1984 Grimme-Preis; 1985 Joseph-Drexel-Preis; 1986 BUND-Umwelt-Preis; 1987 DGB-Medien-Preis; 1988 Carl-v.-Ossietzky-Med. - Liebh.: Sport (ehem. akt. Schwimmen u. Volleyball), Naive Kunst, Osteurop. Gesch., Western - Spr.: Russ., Engl., Poln.

BEDUHN, Dietrich

Dr. med., Chefarzt Radiolog. Klinik Krankenhaus Wetzlar (s. 1973), Honorarprof. f. Radiol. Univ. Gießen (s. 1974) - Forsthausstr. 1, 6330 Wetzlar - Geb. 7. Okt. 1933 Bahn/Pom. - Promot. 1961 Gießen; Habil. 1970 Heidelberg. Facharb.

BEECK, Herbert

Senator E. h., Dipl.-Kfm., Vorstandsvorsitzer Bad. Landesbausparkasse, Karlsruhe - Siegfried-Kühn-Str. 4, 7500 Karlsruhe 1 - 1983 BVK I. Kl.

BEEH, Wolfgang

Dr. phil., Kunsthistoriker, Museumsdirektor Hess. Landesmuseum Darmstadt (s. 1976) - Mozartweg 7, 6100 Darmstadt - Geb. 28. Nov. 1925 Stuttgart, ev., verh. s. 1960 m. Dr. phil. Suzanne, geb. Lustenberger, T. Sophia - Promot. (Kunstgesch. b. Prof. v. Einem) Bonn - 1959-61 Schnüttgen-Museum Köln; s. 1961 Hess. Landesmuseum Darmstadt (s. 1976 Dir.).

von der BEEK, Heinrich Hermann

Rechtsanwalt - An Dreilinden 8a, 4000 Düsseldorf 12 (T. Büro: 0211-32 08 94) - Geb. 23. März 1924 Ratheim (Vater: Wilhelm v. d. B.; Mutter: Johanna, geb. Kluthe), kath., verh. s. 1948 m. Edith, geb. Lambert, 3 Kd. (Angelika, Frank, Petra) - In- u. ausl. AR-Mand. - Spr.: Engl.

BEELEN, Johannes

Dipl.-Kfm., Vorstandsmitglied J. A. Henckels Zwillingswerk AG, Solingen (Finanzen/Verwaltung) - Schürmannweg 15, 5650 Solingen.

BEELITZ, Günther

Intendant Bayer. Staatsschauspiel München (s. Sept. 1986) - Zu erreichen üb. Bayer. Staatsschauspiel, Max-Josef-Pl. 1, 8000 München - Geb. 29. Sept. 1938 Berlin (Eltern: Dietrich (Generalmajor a. D., Fabrikant) u. Elsbeth B.), verh. s. 1967 m. Christine, geb. Holz - Schule Stuttgart (Abit.); Buchhändler u. Verlagskfm.; Stud. (Theaterwiss., German. u. Kunstgesch.) Marburg u. Wien. 1967 Chefdramat. Städt. Bühnen Dortmund. Ab 1968 Leit. Theaterabt. Univ. Edition, Wien; 1971-76 Int. Staatstheater Darmstadt; 1976-Aug. 86 Generalint. Düsseldorfer Schauspielhs.; s. Sept. 1986 Int. d. Bayer. Staatsschauspiels München. Mitgl. Dt. UNESCO-Kommiss.; Vorst.-Mitgl. Zentrum BRD d. Intern. Theaterinst. Im Dt. Bühnenverein; Präsid.-Mitgl. Intendantengr.; Vors. Aussch. f. Verleger- u. Rundfunkfragen; Mitgl. Aussch. f. künstler. Fragen - Johann Heinrich Merck-Ehrung d. Stadt Darmstadt - Liebh.: Tennis, Ski, Leichtathletik, bild. Kunst - Spr.: Engl., Franz.

BEEMELMANS, Hubert

Dr. jur., Botschafter d. Bundesrep. Dtschl. in Guinea - Zu erreichen üb. Botschaft d. Bundesrep. Dtschl., BP 540, Conakry/Guinea (s. 1988) - Geb. 5. Juni 1932 Köln, kath., verh. m. Anny, geb. Zryd, 4 Kd. (Stephan, Dorothee, Christian, Sebastian) - Kaufm. Lehre; 1. u. 2. jurist. Staatsex.; Promot. 1963 Hamburg - S. 1964 Ausw. Dienst; div. Auslandsämter: 1964/65 Accra, 1966-69 Barcelona, 1969-73 Lima, 1976-81 Montevideo - BV: D. gespaltene Ges., 1963 - Spr.: Engl., Franz., Ital., Span., Niederl.

BEER, Christian

Dipl.-Braumeister, Beer-Consulting, Brauerei- u. Getränkeanlagen-Beratung, Schwäb. Gmünd - Postfach 1164, 7070 Schwäb. Gmünd - Geb. 15. Febr. 1935 - Stud.

BEER, Hans

Dr.-Ing., o. Prof. f. Techn. Thermodynamik TH Darmstadt (s. 1972) - Ulmenweg 14, 6107 Reinheim 1 - Geb. 16. Mai 1932 Troppau, kath., verh. s. 1958 m. Brigitte, geb. Gail, 1 Kd. - Promot. 1963; Habil. 1968 - Zahlr. Fachveröff.

BEER, Otto F.

Dr., Prof., Schriftsteller u. Journalist - Ledererggasse 27, A-1080 Wien (T. 42 04 84) - Geb. 8. Sept. 1910 Wien (Vater: Leopold J. B., Musikpädagoge; Mutter: Emma, geb. Pabst), verh. s. 1949 m. Gertrud, geb. Mothwurf - Univ. Wien, Konservatorium (Komposition b. Wellesz u. Pisk) - B. 1945 Chefredakt. Salzburger Nachr., b. 1948 Kritiker Welt am Abend, 1948-52 Der Standpunkt, 1952-67 Neues Österreich, s. 1967 Südd. Zeitung, ORF, WDR, SFB, Tagesspiegel, Rheinischer Merkur, Hannoversche Allgemeine u.a. - BV: R. Ich-Rodolfo-Magier, 1965; Christin-Theres, 1967; Der Fenstergucker; Einladung nach Wien u. a. - 1964 Prof., 1980 Ehrenzeichen f. Kunst u. Wissensch., 1983 BVK I. Kl. - Spr.: Engl., Franz., Ital.

BEER, Peter

Dr.Ing., Vertriebsdirektor, Geschäftsf. Motoren- u. Turbinen-Union München GmbH u. Motoren- u. Turbinen-Union Friedrichshafen GmbH (s. 1978) - Grenzweg 25, 7990 Friedrichshafen 23 - Geb. 1936.

BEER, Rainer

Dr. phil. habil., o. Prof. f. Philosophie Univ. Passau - Talblick 50, 8411 Lappersdorf (T. 0941 - 8 11 74) - Geb. 2. Dez. 1931 Lutzmannstein (Vater: Hans B., Rektor, gef.; Mutter: Franziska, geb. Reisenegger †), kath, verh. s. 1967 m. Margot, geb. Hiemerer, S. Meinrad - Abit. 1951 Human. Gymn. Amberg/Opf.; 1951-60 Stud. Phil., Klass. Philol., Gesch. u. Jura Univ. Regensburg, München, Erlangen u. Heidelberg; 1. u. 2. Staatsex. f. Lehramt an Gymn. 1958 u. 61 München, Promot. 1957 Univ. ebd., Habil. 1979 Würzburg - 1959-71 Gymnasiallehrer in München, Würzburg u. Regensburg; 1964-66 Wiss. Assist. Univ. Würzburg; 1971-78 Akad. Oberrat bzw. Dir. ebd.; 1978-80 Lehrstuhlvertr.; 1980 o. Prof. in Passau - BV: Selbstkritik d. Gesch.phil. b. E. Troeltsch, (Diss.) 1958; Cicero. D. Staat, 1964 u. 1971; Aristoteles, Texte z. Logik, 1967 u. 69; M. Bakunin, Phil. d. Tat, 1968 u. 69; M. Bakunin: Frühschr., 1973; Anarchismus u. Antimetaphysik.

BEER, Ulrich

Dr. phil., Dipl.-Psych., Prof., Schriftsteller - Steinbruchstr. 26, 7821 Eisenbach 3 (T. 07657 - 17 03) - Geb. 11. Febr. 1932 Langlingen (Vater: Jakobus B., Superintend.; Mutter: Marie, geb. Tappen), ev., gesch. (1984), 5 Kd. (Andreas, Markus, Dorothee, Christine, Ursula) - Gymn. Minden u. Hannover, 1950-55 Stud. Psych. u. Phil. Erlangen u. Bonn. 1955-56 Assist. eines MdB, 1956-58 Erzieh. bzw. Internatsleit., 1958-65 Doz. sozialpäd. Fachsch. Reutlingen; heute freiberufl. Autor u. Psychologe, Dipl.-Schriftpsychol., ständ. Mitarb. mehr. Zeitschr., Rundfunk- u. Fernsehanst. (u. a. Kommentat. ZDF-Serie Ehen vor Gericht). Begr. u. Herausg. Schriftenr. Jugend Bildung Erziehung, Jugend Staat Gesellschaft u. Ehepraxis - BV: Geheime Miterzieher d. Jugend, 8. A. 1974; Familien- u. Jugendsoziologie, 2. A. 1963; Lit. u. Schund, 2. A. 1965; Umgang m. Massenmedien, 3. A. 1974; Methoden d. geist. Arbeit, 7. A. 1978; Zurede z. Zivilcourage, 1966; Fruchtbarkeitsregelung, 1966; Ich u. Du, 1967; Konsumerzieh. geg. Konsumzwang, 3. A. 1974; Liebe contra Sex, 3. A. 1968; Recht auf Liebe, 1968; Jugend zw. Sexualität u. Sozialität, 2. A. 1968; Liebe o. Sozialismus?, 1969; Staat machen - aber womit?, 1970; Ehekriegspiele, 3. A. 1988; Mit Lust u. Liebe, 2. A. 1974; Kult m. jungen Götzen, 1975; Erziehen m. Autorität, 1975; So wird d. Ehe gut, 2. A. 1977; Menschen u. Mühlen, 1977; D. Alter erlernen, 1977; Beers Elternbuch, 1977; Beers Ehebuch, 1978; V. Prinzen u. Nesthäkchen, 1978; Typisch Vater!, 1978; Antworten, 1978; Bildungsurlaub, (Bundeszentr. f. pol. Bild.), 1978; Mut z. Glück, 4. A. 1982; Versehrt - Verfolgt - Versöhnt, 1979; Demokratie v. Autorität b. Zivilcourage, 1979; Kleiner Mann - Kleine Frau, 1980; Liebe Großeltern ..., 1981; Gottlos u. Beneidenswert, 1982; Besser leben - mit weniger, 1982; Tag in Bernstein, 1982; Praktisches Selbstmanagement, 1983; Selbsttherapie, 1983; Medizin f. d. Seele, 1984; Lebensdummheiten - aus Fehlern lernen, 1985; D. Plusspirale - D. Erlebnis d. neuen Selbstbewußtseins, 1985; Optimisten leben länger, 1985; Achtung Eifersucht!, 1986; Versuch's nochmal, 1986; D. Partnerbuch, 1986; Führen in Dtschl., 1986; E. lieber Mensch hat uns verlassen, 1986; Sanne u. Tine, 1987; Rezepte gegen d. Lebensangst, 1987; Mehr Glück in d. Zweierbeziehung, 1987 (m. Susanne Flitner); Altern kann man lernen, 1987; Mehr Glück durch Selbstentfaltung, 1988; Alter schützt vor Liebe nicht, 1988; D. Elternhandb., 1989; Glasnost beginnt im Herzen, 1989; Glück zu zweit, 1989; Liebe u. Zärtlichkeit, 1989; Harmonisch Leben m. Kindern, 1989; Lernen m. Erfolg, 1989; Glück in reifen Jahren, 1989; Glücklich durch positives Denken, 1989; Mut zur Scheidung, 1989 - Mitgl. Europ. Ges. f. Schriftpsychol. (EGS) - Liebh.: Segeln, Angeln, Reisen - Rotarier.

BEERMANN, Albert

Dr. jur., Richter Bundesfinanzhof - Bernt-Notke-Weg 13, 8000 München 81 (T. 089 - 93 89 90) - Geb. 6. Jan. 1933 Emsdetten, kath., verh. s. 1958 m. Mathilde, geb. Steinkühler, 5 Kd. (Johannes, Beate, Markus, Guido, Ulrich Alexander) - 1953-57 Stud. Rechtswiss. Univ. Münster; 1. jurist. Staatsprüf. 1957 Hamm; 2. jurist. Staatsprüf. 1961 Düsseldorf; Promot. 1967 Münster - OFD Münster; Bundesfinanzmin.; s. 1972 Bundesfinanzhof.

BEERMANN, Hans Joachim

Dr.-Ing., Prof. f. Fahrzeugstrukturen TU Braunschweig (s. 1970) - Im Gettelhagen 16, 3300 Braunschweig - Geb. 4. Juni 1930 Münster/W. - Promot. 1956 - BV: Rechnerische Analyse v. Nutzfahrzeugtragwerken, 1986. Zahlr. Fachveröff.

BEERMANN, Wolfgang

Dr. rer. nat., Prof., Mitdirektor Max-Planck-Inst. f. Biologie, Tübingen (s. 1958) - Spemannstr. 30, 7400 Tübingen (T. 60 11) - Geb. 6. April 1921 Hannover, verh., 4 Kd. - Abit. 1939 Hannover (Ratsgymn.); Promot. 1951 Göttingen; Habil. 1955 Marburg -S. 1955 Lehrtätigk. Univ. Marburg u. Tübingen (1961 apl. Prof. f. Zool.). Fachveröff. 1969 Schleiden-Med. Akad. d. Naturf./Leopoldina, 1975 ff. Foreign Assoc. Nation. Acad. of Sciences/USA.

BEERSTECHER, Hans

Dipl.-Volksw., Oberregierungsrat a. D., MdL Baden-Württ. (Wahlkr. 12 Ludwigsburg) - Lichtenbergstr. 78, 7140 Ludwigsburg-Hoheneck - SPD.

BEESE, Hertha

Direktorin - Teplitzer Str. 16, 1000 Berlin 33 (T. 826 45 60) - Geb. 6. Okt. 1924

Berlin (Vater: Wilhelm B.; Mutter: Hertha, geb. Scholz) - Päd. Ausbild. - S. 1948 Landesbildst. Berlin (1959 Dir.). SPD s. 1946 - Bek. Vorf.: Alfred Scholz, Bürgerm. Neukölln.

BEGEHR, Heinrich

Dr. rer. nat., Prof. f. Mathematik - Pinnauweg 30a, 1000 Berlin 37 - Geb. 17. April 1939 Halle/S. (Vater: Adolf Christian B., Dipl.Z.Ing.; Mutter: Margot H. A., geb. Kebbel), ev., verh. s. 1966 m. Ingrid, geb. Krause, 3 Kd. (Birgit, Astrid, Fabian) - Promot. 1968; Habil. 1970 - S. 1970 Prof. FU Berlin (1974-80, 1982, 1986 gf. Dir. Inst. f. Math. I); 1982 Gastprof. Univ. Hawaii; 1985 u. 87 Gastprof. an mehr. Univ. VR China; 1986 Gastprof. Univ. Delaware - BV: Z. Wertverteil. approximativ-analyt. Funktionen, 1970.

BEGEMANN, Ernst

Dr. phil., Univ.-Prof. f. Sonderpädagogik m. bes. Berücks. d. Lernbehindertenpäd. Univ. Mainz, Inst. f. Sonderpäd. - An d. Tierhäuptern 14, 6501 Lörzweiler - Geb. 4. Dez. 1927 - Promot. 1969 - S. 1969 Prof. (1971 Ord.) - BV: D. Bildungsfähigkeit d. Hilfsschüler, 3. A. 1975; D. Erziehung d. soziokult. benachteiligten Schüler, 1970; D. körperbehinderte Kind im Erziehungsfeld d. Schule (m. H. Wolfgart), 1971; Behinderte - E. humane Chance unserer Ges., 2. A. 1980; Förderung v. Schwerstkörperbehinderten Kindern, 1979; Schulversuch Hauptsch.abschl. an d. Schule f. Lernbehinderte, 1982; Innere Differenzierung in d. Schule f. Lernbehinderte, 1983; Grundfragen, Aufg. u. Anregungen f. e. personalen Unterr., 1983; Individuelles u. gemeinsames Lernen in d. Schule f. Lernbehinderte, 1985; Innere Differenzierung in d. Schule f. Lernbehinderte als individuelles u. gemeinsames Lernen, 1987; Grundlagen u. Beispiele, 1987. Lehrpläne, Unterr.werke f. d. Math.- u. Religionsunterr., weit. Einzelarb. in Sammelwerken u. Ztschr.

BEGEMANN, Friedrich

Dr. phil., Prof., Physiker, Wiss. Mitgl. Max-Planck-Inst. f. Chemie - Saarstr. 23, 6500 Mainz - Geb. 28. Okt. 1927 Almena/Lippe - S. 1961 Privatdoz. u. apl. Prof. (1967) Univ. ebd. (Experimentalphysik). Fachwiss. Arb.

BEGEMANN, Herbert

Dr. med., Prof., Chefarzt a. D. - Denningerstr. 110, 8000 München 81 (T. 91 41 58) - Geb. 4. Mai 1917 Münster/W., ev., verh. s. 1943 m. Eva, geb. Senner, 3 Kd. (Michael, Eva, Christian) - Dreikönigs-Gymn. Köln; Univ. Jena, Freiburg/Br. Med. Staatsex. 1941 Freiburg - B. 1955 Oberarzt Med. Univ.klinik Freiburg (Privatdoz. 1951, apl. Prof. 1957); 1961-82 Chefarzt I. Innere Abt. Städt. Krankenhaus München-Schwabing, zugl. apl. Prof. Univ. München - BV: Klin. u. experimentelle Beobacht. am immunis. Lymphknoten, 1953; Handb. d. Inneren Med., Bd. II 1951, 5. A. 1975 (1981 auch span.); Atlas d. Klin. Hämatologie, 1955 (m. dems.; auch engl., franz., span.), 2. A. 1972 (auch engl., span., ital., japan., m. Rastetter), 3. A. 1978 (auch engl.), 4. A. 1987 (auch engl., ital., jap.); Praktische Hämatologie, 1959, 9. A. 1989 (auch span., ital., jap. u. poln.); Z. Begutacht. v. Blutkrankh., 1959 (m. Fresen u. Merker); Klinische Hämatologie, 3. A. 1986 (m. Rastetter u.a. auch span.); Physiologie d. Blutes, 1971 (m. Kaboth); Lymphozyt u. klinische Immunologie, 1975 (m. Theml); Patient u. Krankenhaus, 1976; Identifikationen, 1988 (m. Voswinckel). Div. Handbuchbeitr. Üb. 100 Fachaufs. - 1960 Mitgl. New York Acad. of Sciences - Bruder Helmut F. B.

BEGINNEN, Ortrud

Schauspielerin, Diseuse, Autorin - Zu erreichen üb.: Schauspielhaus Bochum, Königsallee 15, 4630 Bochum - Geb. 5. Febr. 1938 Hamburg - 1969-74 Mitbegründ. u. Mitgl. Theater im Reichskabarett, Berlin; 1976-79 Württ. Staatstheater Stuttgart; s. 1979 Mitgl. Bochumer Ensemble - BV: Guck mal, schielt ja - Manuskr. aus d. Katastrophenkoffer, Autobiogr. 1976 - Bühnen-Solo-Programme: Letzte Rose (1974), Front Theater (1974), Travestie aus Liebe (1975), Ich will deine Kameradin sein (1980), Friede, Freude, Eierkuchen (1982), Minna od. wie man dazu gemacht wird (1983) - 1975 Kleinkunstpreis.

BEHAGHEL, von, Reinhart

Stv. Herausgeber VOGUE - Leopoldstr. 44, 8000 München 40 (T. 089 - 38 10 40) - Geb. 3. März 1945 Reutlingen, ledig - Marketing-Dipl. 1970 Cornell Univ. New York - 1973-78 Verkaufsdir. Kempinski AG - Liebh.: Oper, Tennis - Spr.: Engl., Franz. - Bek. Vorf.: Otto Behaghel (Großonkel, bek. dt. Germanist).

BEHAM, Hermann

Landrat Kr. Ebersberg (s. 1978; CSU u. Unabh. Wählergemeinsch.) - Landratsamt, 8017 Ebersberg/Obb. - Geb. 27. Jan. 1936 München - Staatsdst. (zul. Ministerialrat).

BEHLER, Aloys

Journalist - Marderstraat 50, 2000 Hamburg 65 (T. 602 47 47) - Geb. 28. Nov. 1934 Essen - Stud. German. u. Publiz. - S. 1960 WELT (1967 Ressortchef Sport), s. 1977 DIE ZEIT (1987 Ressortchef Modernes Leben).

BEHLER, Ernst

Dr. phil., Prof., Philosoph - 5525 N. E. Penrith Road, Seattle, Wash. 98105 (USA) - Geb. 4. Sept. 1928 Essen (Vater: Dr. Philipp B., Ministerialrat a. D.), kath., verh. I) 1955 m. Ursula, geb. Volkmuth, Sohn Konstantin, II) 1967 Diana, geb. Ipsen, 2 Töcht. (Sophia, Caroline) - Univ. Mainz, München, Bonn, Paris (Phil., vergl. Lit.wiss.). Promot. 1951 München; Habil. 1961 Bonn - S. 1961 Privatdoz. bzw. Doz. (1963) Univ. Bonn; 1963-65 Visiting Prof. Washington Univ., St. Louis; s. 1965 Full Prof. Univ. of Washington, Seattle - BV: D. Ewigkeit d. Welt - Problemgeschichtl. Unters. z. Phil. d. Mittelalters, 1963; Friedrich Schlegel, 1966; Klass. Ironie, Romant. Ironie, Trag. Ironie, 1972. Herausg.: Krit. Friedrich-Schlegel-Ausg. (35 Bde., 1958 ff.) - Spr.: Franz., Engl.

BEHLES, Ferdi

Landesminister a.D., Geschäftsf. Saarland-Sporttoto GmbH u. d. Saarland-Spielbank GmbH (s. 1981) - Fasanenweg 7, 6602 Dudweiler (T. 06897 - 7 31 98) - Geb. 10. Jan. 1929 Weiskirchen/S. (Vater: Ferdinand B., Grubenfahrhauer; Mutter: Barbara, geb. Theobald), kath., verh. s. 1959 m. Helga, geb. Hollinger, Tochter (Janine geb. 1979) - Volkssch., Gymn. (Abitur) - Beide Verw.-Prüf. - Saar- u. Bundesknappsch.; 1964-73 Stadtratsmitgl. Dudweiler (1968-73 I. Beigeordn.); 1972-76 u. 1980-81 Mitgl. Rundfunkrat SR, 1977-80 VR-Mitgl. SR; AR-Mitgl. Saarbergwerke AG. (1973-80); 1974-77 u. 1980-81 Vors. d. CDU-Landtagsfraktion Saarl., 1977-80 Minister d. Finanzen, MdL Saarl. - Gr. BVK.

BEHMENBURG, Wolfgang

Dr. rer. nat. (habil.), Oberassistent Physikal. Inst., apl. Prof. f. Experimentalphysik Univ. Düsseldorf (s. 1976) - Macherscheider Str. 11a, 4040 Neuss 1 - Zul. Privatdoz.

BEHN-GRUND, Friedel

Kameramann - Cicerostr. 61, 1000 Berlin 31 (T. 892 79 07) - Geb. 26. Aug. 1906 Bad Polzin/Pom., ggl., verh. s. 1933 m. Hedy, geb. Meyer-Seebohm - Mittelsch.; Sprachstud.; Volont. b. Erich Waschneck. Üb. 150 Spielfilme - 1956 Bundesfilmpreis (f.: E. Mädchen aus Flandern); 1974 Filmbd. in Gold. 1953 Vors. Club Dt. Kameraleute - Spr.: Engl., Franz.

BEHNCKE, Horst

Ph. D., Prof. f. Funktionalanalysis (Math.) - Bachstr. 24, 4531 Lotte/Teutobg. Wald - Geb. 7. Nov. 1939 - Promot. 1969 Bloomington (USA); Habil. 1970 Heidelberg - S. 1974 Ord. Univ. Osnabrück. Üb. 30 Facharb. In- u. Ausland.

BEHNE, Jürgen

Dr.-Ing., Unternehmensberater f. Kommissionstechn. u. Direktvertriebssysteme, ehem. Geschäftsführer Avon Cosmetics GmbH, München - Radlmeierstr. 3, 8053 Wolfersdorf/Obb. - Geb. 17. Febr. 1928.

BEHNE, Jürgen

Dipl.-Math., Prof. f. Mathematik f. Wirtschaftswiss.ler, Statist. Methodenlehre u. Programmierungstechnik Gesamthochschule Siegen - Schlehdornweg 55, 5900 Siegen 21.

BEHNISCH, Günter

Dipl.-Ing., Prof., Architekt - Gorch-Fock-Str. 30, 7000 Stuttgart-Sillenbuch (T. 47 50 71) - Geb. 12. Juni 1922 Dresden (Eltern: Johannes u. Martha B.), verh. s. 1952 m. Johanna, geb. Fink, 3 Kd. (Sabine, Charlotte, Stefan) - TH Darmstadt - S. 1968 Ord. f. Entwerfen, Baugestaltung u. Industriebaukd. TH Darmstadt. 1969 Chefarch. Olympia-Sportanlagen München (Zeltdachkonstruktion Olympia-Stadion) - Ca. 50 intern. u. nat. Architekturausz.; Dr. h. c. Univ. Stuttgart.

BEHNKE, Ernst-August

Dr. rer. pol. habil., Prof. d. Volkswirtschaftslehre GH Kassel - Pfannkuchstr. 7, 3500 Kassel - Geb. 8. Juni 1943 Berlin (Vater: Karl B., Kaufm.; Mutter: Gisela, geb. Schaller, verh. m. Inga, geb. Stegner, S. Till - Ab 1966 Stud. Volkswirtsch.lehre Univ. Köln u. Saarbrücken (Dipl. 1969); Promot. 1975, Habil. 1981 Heidelberg - 1980 Wiss. Assist. Heidelberg; 1981ff. Prof. Kassel (1983/84 Dekan wirtsch.wiss. Fak.).Wiss. Veröff. zu außenwirtschaftl. Themen. Spez.Geb.: Intern. Währungstheorie.

BEHNKE, Gerd

Journalist, Staatssekretär a.D., Sprecher Landesreg. Schlesw.-Holst. (1981-87) - Landeshaus, 2300 Kiel - Geb. 13. Febr. 1940 Hamburg, ev., verh. s. 1966 m. Karin, geb. Arendt, 2 Kd. (Nils, Iris) - Abit. 1959, Jura-Stud. - Wehrdst., 1962-65 Volont. u. Redakt. Kieler Nachrichten, 1965-81 polit. Redakt. NDR, zul. Hörfunkleit. Funkhaus Hannover.

BEHNKE, Hans Heinrich

Wildmeister, Repräsentant Chasseurope (Europ. Jagdberatung) - 2215 Beldorf (T. 04872 - 21 06) - Geb. 31. Okt. 1912 Hamburg, ev., verh. I) 40 J. m. Helga †; II) s. 1984 m. Ruth, geb. Dold, 3 Kd. (Horst, Heidi, Uschi) - Berufsjägerlehre; 1 J. Ausb. naturhist. Mus. Berlin; Kriegsdst. (Offz. d. Wehrmacht) - B. 1954 Bundesobmann d. Berufsjäger; 20 J. Geschäftsf. Jagdverb. Akad. d. Wiss. Exped. (Entd. d. Blaumerle [Drossel]). 6 Bücher, 4 Buchbearb. - 1976 Literaturpreis DJV - Interesse: Verhaltensforschung f. d. Wildhege - Spr.: Engl., Franz.

BEHNKE, Heinz-Dietmar

Dr. rer. nat., Prof., Wiss. Rat, Botaniker - Oberer Rainweg 21/1, 6900 Heidelberg-Ziegelhausen - Geb. 12. Mai 1937 Breslau - Promot. 1965; Habil. 1969 - 1973 apl. Prof., 1974 Wiss. Rat. u. Prof. Univ. Heidelberg. Üb. 50 Facharb.

BEHNKE, Horst

Dr. med. (habil.), Prof. f. Humangenetik - Manrade 25, 2300 Kiel - Geb. 7. März 1925 Schivelbein - S. 1967 Privatdoz. u. apl. Prof. (1972) Univ. Kiel (Akad. Dir. u. stv. Leit. Abt. Humangenetik). Facharb.

BEHNKEN, Heino

Auktionator, Präs. Bundesverb. Dt. Auktionatoren - Zu erreichen üb.: Bismarckstr. 3, 2870 Delmenhorst.

BEHNKEN, Helmut

Dr. rer. pol., Dipl.-Kfm., Vorstandsvorsitzer Nürnberger Bund Großeinkauf eG. - Schürmannstr. 28, 4300 Essen 1 - Geb. 21. Juni 1924.

BEHR, Alfred

Dr. rer. nat., o. Prof. f. Astronomie Univ. Hamburg u. Direktor Hbg. Sternwarte (s. 1968, 1979 emer.) - Eschenweg 3, 3406 Bovenden (T. 0551 - 88 97) - Geb. 21. Dez. 1913 Dresden (Vater: Robert B.; Mutter: Margarete, geb. Brasche), verh. m. Ruth, geb. Hoppe - Zul. Abt.svorsteher u. Prof. Univ.s-Sternw. Göttingen. Fachveröff.

BEHR, Arnold

Dr. rer. pol., Dipl.-Volksw., geschäftsf. Gesellschafter Bamberger Industrie-Ges. mbH, Strullendorf - Hainstr. 35, 8600 Bamberg (T. 2 40 74) - Geb. 23. Mai 1926 Bamberg (Vater: Ing. Hans Georg B., Fabrikant; Mutter: Andrea, geb. Benziger), kath., verh. s. 1969 m. Christine, geb. Reinhardt, 2 Kd. (Marie-Louise, Gabriele) - Dipl.ex. 1953; Promot. 1954 Erlangen - Spr.: Franz., Engl.

BEHR, Helmut

Dr. rer. nat., Prof. f. Mathematik Univ. Frankfurt (s. 1975) - Am Kirchberg 13, 6000 Frankfurt/M. 50 - Geb. 31. Jan. 1935 München, verh. s. 1962 m. Johanna, geb. Barber, 2 Kd. - Promot. Univ. München 1961; Habil. Göttingen 1969; o. Prof. Univ. Bielefeld 1970-75.

BEHR, Winrich

Generaldirektor a. D., Mitgl. Gesellsch.aussch. Henkel KGaA, Düsseldorf, AR AEG Kabel AG, Mönchengladbach, u. Thyssen Handelsunion AG, Düsseldorf - Am Scheidt 1, 4000 Düsseldorf 12 - Geb. 22. Jan. 1918 Berlin - RA OLG Düsseldorf.

BEHR, Wolfgang

Dr. phil., Prof. f. Politikwissenschaft u. Soziol. PH Karlsruhe - Albstr. 13, 7517 Waldbronn 1 - Geb. 28. Sept. 1940 Erlangen - BV: Sozialdemokratie u. Konservatismus, 1969; Jugendkrise u. Jugendprotest, 1982; Bundesrep. Dtschl. - Dt. Demokr. Rep., Systemvergl. Politik - Wirtsch. - Ges., 2. A. 1985.

BEHR-NEGENDANCK, von, Johann

Persönlicher Referent d. Hess. Ministerpräs. (s. 1987) - Niedenau 72, 6000 Frankfurt/M. (T. 069-72 35 61) - Geb. 22. Juli 1951 Neustadt/Holst., kath., ledig - 1973-78 Stud. Rechtswiss. Univ. Freiburg, Paris, München, Frankfurt; 1. jurist. Staatsex. 1978; 1978-81 Refer. Frankfurt; 2. jurist. Staatsex. 1981 - 1981-82 Rechtsanw. Frankfurt; 1982-85 Justitiar Alte Oper Frankfurt; 1985-87 Verwaltungsleit. Kulturges. Frankfurt - Spr.: Engl., Franz., Ital.

BEHRE, Karl-Ernst

Dr. rer. nat., Prof., Botaniker, Wiss. Dir. Nieders. Inst. f. histor. Küstenforschung, Wilhelmshaven (s. 1962) - Viktoriastr. 26-28, 2940 Wilhelmshaven; priv.: Pappelweg, 2945 Sande - Geb. 13. Febr. 1935 Bremen, ev., verh. s. 1963 m. Helga, geb. Witthöft, 3 Kd. - Promot. 1961 - S. 1969 (Habil.) Lehrtätigk. Univ. Göttingen (1974 Univ.-Prof. f. Bot.). S. 1971 1. Vors. Marschenrat z. Förd. d. Forsch. - BV: D. Pflanzenreste d. wikingerzeitl. Wurt Elisenhof, 1976; Ernähr. u. Umwelt d. wikingerzeitl. Siedl. Haithabu, 1983. Üb. 90 Einzelarb. Herausg.: Anthropogenic indicators in pollen diagrams (1986). Mithrsg.: Beitr. z. Paläo-Ethnobotanik v. Europa (1978).

BEHREND, Horst

Dr. med., Abt. Rheumatologie u. Balneol. Med. Hochsch. Staatsbad Nenndorf, Prof. f. Inn. Med. Med. Hochschule Hannover (s. 1972) - Hauptstr. 2, 3052 Bad Nenndorf - Geb. 30. Sept. 1924 Marburg/L. - Promot. (1953) u. Habil. (1968) Marburg - Zul. Privatdoz. Univ. Marburg. Viele Fachveröff. (auch

Handbuchbeitr.) - 1953 Univ.preis Marburg.

BEHREND, Rainer

Theaterdirektor TRIBÜNE, Berlin - Odenwaldstr. Nr. 5, 1000 Berlin 41 - Geb. 21. Aug. 1941 Berlin.

BEHREND, Robert-Charles

Dr. med., Prof., Chefarzt Neurolog. Abt. Allg. Krkhs. Hamburg-Harburg u. Abt. f. d. Rehabilitation neurol. Kranker Hbg. Krkhs. Bevensen - Eißendorfer Pferdeweg 52, 2000 Hamburg 90 - Geb. 21. Okt. 1919 Berlin, atheist. Christ, verh., 2 Kd. - Dt. Schule Brüssel; Univ. Brüssel, Berlin, Hamburg (Med. Staatsex. 1944) - S. 1954 (Habil.) Lehrtätigk. Univ. Hamburg (apl. Prof. f. Neurol.). Vors. Dt. Multiple Sklerose-Ges.; Schriftf. Dt. Ges. f. Neurol. - BV: Pathogenese d. Poliomyelitis, 1956. Zahlr. Fachaufs. - Ehrenmitgl. Franz. Ges. f. Neurol. - Liebh.: Musik, Fotogr. - Spr.: Franz., Engl. - Rotarier.

BEHREND, Siegfried

Prof., Gitarrist, Komp., Dirig., Regiss. (Interpretation graph. Kompos.) - Alter Pfarrhof, 8151 Wall in Bayern - Geb. 19. Nov. 1933 Berlin (Vater: Karl B., Privatmusiklehrer u. Werkzeugmacher; Mutter: Cornelia, geb. Apin), verh. s. 1966 m. Claudia, geb. Brodzinska (Schausp.) - Oberrealsch. u. Klindworth-Scharwenka-Konservat. Berlin (Dirigieren, Klavier, Kompos.lehre; 1949ff.) - 1952 erster Gitarrenabend; ab 1954 Ballett- u. Tanzveranst. m. Ilse Meudtner; s. 1963 Zusammenwirken m. Belina (Mehrere Weltreisen; Konzertauftreten auch in Osteuropa einschl. d. Sowjetunion). Vortragstätigk. Univ. Madrid, Barcelona, Bogotá, Kent (USA), Tokio. Üb. 1000 Kompos. (vornehml. f. Gitarre, daneben Kammermusik u. Ballette) u. Bearb. Schallpl. (u. a. D. Gesch. d. Gitarre u. Virtuose Gitarren-Konzerte m. d. Berliner Philharm. Orch.). 210 LP's u. CD's - Ehrenpräs. Societa Chitarristico Internazionale (1958) u. Jap. Gitarrist. Ges. (1962); Gründer u. Vorstandsvors. d. Musikfestivals i. Altmühltal (d. Musikfestsp. im Bayer. Oberland) u. d. Gitarristischen Ges. i. Bayern e. V. - 1980 BVK a. Bde. d. VO d. BRD - Liebh.: Sportangeln (Ausz. 1948 u. 49) - Spr.: Engl., Ital. - Gilt als Botschafter dt. Musikkultur.

BEHREND, Trude

Dr. med., Leiterin Abt. Rheumatologie u. Balneol. Med. Hochsch. Staatsbad Nenndorf (s. 1969), Prof. f. Inn. Med., insb. Rheumatol., Med. Hochsch. Hannover (s. 1972) - Hauptstr. 2, 3051 Bad Nenndorf - Geb. 25. Mai 1927 - Promot. (1953) u. Habil. (1967) Marburg - Zahlr. Facharb. (auch Handb.beitr.).

BEHRENDS, Berend-Heiko

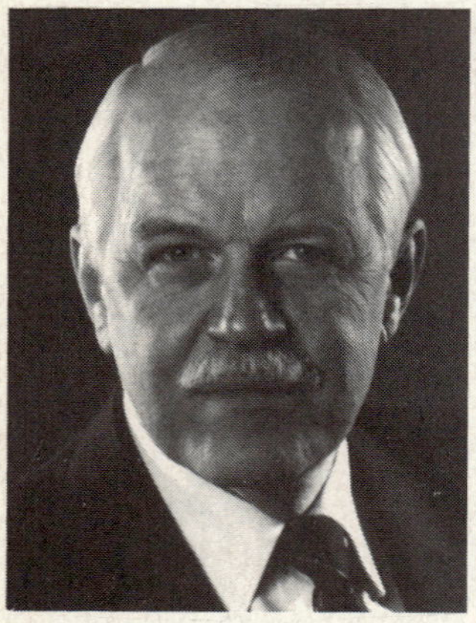

Dr. oec. publ., Dipl.-Kfm., Geschäftsführer Onno Behrends GmbH & Co. Norden - Pomologischer Garten, 2980 Norden 1 - Geb. 13. Juni 1930 Norden, ev., verh. s. 1956 m. Martha, geb. Tjaden, 3 Kd. (Katharina, Tonja, Dorothea) - Abit. Ulrichsgymn. Norden, Stud. Wirtschaftswiss. Univ. Kiel u. München, Dipl.-Kfm. 1952 München, Promot. 1953 München, 1953-55 Ausb. USA - Geschäftsf. Marco Polo Tee GmbH München; Pres. Lanka Vasa Tea Co. Ltd. London; Vorst.-Mitgl. Dt. Teeverb. Hamburg; AR-Mitgl. Ges. f. Teewerbung mbH Hamburg. Fachveröff. - Spr.: Engl., Holl.

BEHRENDS, Okko

Dr. jur., o. Prof. (s. 1975) u. Direktor Inst. f. Röm. u. Gemeines Recht Univ. Göttingen (s. 1973) -Thomas-Dehler-Weg 3, 3400 Göttingen (T. 2 33 66) - Geb. 27. Febr. 1939 Norden (Vater: Bernhard B., Kfm.; Mutter: Gertrude, geb. Streiber), ev., verh. s. 1962 m. Helge, geb. Köhler, 3 Kd. (Jan-Christoph, Okko-Hendrik, Sönke) - Jurastud. Univ. Freiburg, Genf, München, Göttingen; Staatsex. 1962; Promot. 1970; Habil. 1972 - BV: D. röm. Geschworenenverfassung, 1970; D. Zwölftafelprozeß, 1974 - Spr.: Engl., Franz.

BEHRENDS, Wolfgang

Botschafter d. Bundesrep. Deutschl. in Ottawa/Kanada (s. 1983) - Zu erreichen üb. Embassy of the Federal Republic of Germany, POB 379, Postal Station A, Ottawa, Ont. K1N8V4 - Geb. 12. Jan. 1926 Oberhausen/Rhld. (Vater: Dr. Heinrich B., Stadtkämmerer a. D.; Mutter: Meta, geb. Henkel), ev.-luth., 3 Kd. (Sabine, Martina, Kathrin) - Univ. Göttingen (1. jur. Staatsprüf.), George Washington Law School, Washington D.C., Centre Européen, Nancy. S. 1952 Auswärt. Dienst (Hongkong, Paris, Ausw. Amt, New Delhi, 1973-78 Leiter MBFR-Deleg. in Wien, 1978-79 Botsch. in Kairo, b. 1983 Leit. Auslandsabtlg. Bundespresseamt - Spr.: Engl., Franz., Chines.

BEHRENDT, Fritz

Pressezeichner - Parmentierlaan 57, 1185 CV Amstelveen/Holl. (T. 020 - 41 67 46) - Geb. 17. Febr. 1925 Berlin (Vater: Paul B., Fabrikant; Mutter: Agnes, geb. Schönfelder), verh. s. 1958 m. Renate, geb. Müller, Sohn Stefan - Kunstgewerbesch. Amsterdam (1943-45) u. -akad. Zagreb (1948) - S. 1951 fr. Pressez. (Mitarb. v. üb. 40 in- u. ausländischen Zeitungen, darunter Frankfurter Allgem. Zeitung, Tagesspiegel, Südkurier, Weltwoche Zürich); seit 1973 Mitarb. Intern. Studien-Zentrum für die Karikatur der Universität von Canterbury G. B. - Insb. graph. Kommentare z. Zeitgeschehen. Div. Ausstell. v. Originalzeichnungen u. Karikaturen - BV (Polit. Karikaturen): Spaß beiseite, 1956; Streng verboten, 1957; Trotz alledem, 1962; Behrendt's Omnibus, 1964; Schön wär's, 1967; Der nächste bitte, 1971; Bilanz in Bildern, 1974; Menschen, 1975; Helden u. andere Leute, dt.-engl. A. 1976; Haben Sie Marx gesehen?, 1978; Zwischen Jihad u. Schalom, 1978; Vorwärts ins Jahr 2000, 1981; Friede auf Erden, 1984; Bitte nicht drängeln, 1988 - 1947 jugosl. Orden d. Arbeit I. Kl.; 1960 Award World Newspaper Forum; 1967 u. 76 Award Salon of Humor, Montreal; 1973 BVK I. Kl.; 1974 Orden d. jugosl. Fahne m. Stern; 1975 Orden Leopold II; 1976 Ritter i. Orden Oranien-Nassau; 1980 Orden d. Phoenix, I. Kl., Griechenland; 1981 Widerstandskreuz 1940-45, Niederlande; 1985 Intern. Award for editorial Cartoons - Liebh.: Schallpl., Schmalfilm, Musik - Spr.: Niederl., Engl., Serbokroat.

BEHRENDT, Hans-Jürgen

Dr. med., Senator a. D., Arzt - Schlickweg 6, 1000 Berlin 38 (T. 810 66 74) - Geb. 11. Juni 1917 Danzig (Vater: Curt B.; Mutter: Hildegard, geb. Höfer), ev., verh. m. Gisela, geb. Lechler, 2 Söhne (Oliver, Stefan) - Askan. Gymn. u. Univ. Berlin (Promot. 1941) - Kriegseinsatz als Sanitätsoffz.; 1945-46 Gesundheitsverw. sowjet. Besatzungszone; 1946-61 Bezirks- bzw. -stadtrat u. Amtsarzt Berlin-Charl.; 1961-63 Senator f. Gesundheitswesen Berlin. 1951-1952 u. 1963-75 MdA. CDU s. 1945 (Kreisvors. Charl.; 1965-67 I. stv. Landesvors.) - Liebh.: Theater, Musik.

BEHRENDT, Walter

Redakteur, MdB (1957-76; Mitgl. SPD-Fraktionsvorst. 1963-72), Mitgl. Europ. Parlament (1967-77; 1971-73 Präs., 1973-77 Vizepräs.) - Elchweg 11, 4600 Dortmund-Brackel (T. 25 51 61) - Geb. 18. Sept. 1914 Dortmund (Vater: Bergmann), verh. s. 1941, 1 Kd. - Volkssch.; kaufm. Lehre - Buchhalter u. Abt.leit.; 1939-46 Wehrdst. u. Gefangensch.; 1949-53 Handlungsbevollm.; ab 1954 Redakt. (Werkztschr.) Hoesch AG. Westfalenhütte, Dortmund. SPD s. 1932 - 1972 Großkreuz Rep. Italien; 1975 Commandeur-Orden Elfenbeinküste; 1976 Gr. BVK m. Stern; 1979 Ehrenring Stadt Dortmund; 1976-84 Präs., s. 1984 Ehrenpräs. d. Arge d. Ges. BRD, UdSSR.

BEHRENDT, Wolfgang

Dipl.-Politologe, MdA Berlin (Bezirksstadtrat f. Bauwesen Bezirksamt Spandau, (s. 1975) - Frobenstr. 22, 1000 Berlin 20 - Geb. 26. Okt. 1938 Berlin (Vater: Erwin, Angest.; Mutter: Hildegard, geb. Ebert), verh. s. 1966 m. Barbara, geb. Heinrich - Gymn. (Abit. 1957); Stud. d. Rechts- u. pol. Wiss.; Dipl. 1972 - 1962-69 Tätigk. in d. Privatwirtsch. SPD (1971-75 Bez.sverordn. Berlin-Spandau) - Spr.: Engl., Franz.

BEHRENS, Alfred

Schriftsteller - 52 Brook Green, London W 6 - Geb. 30. Juni 1944 Hamburg (Vater: Gustav B., Schlosser; Mutter: Irma, geb. Wüpper), verh. s. 1968 m. Barbara, geb. Struck, Tocht. Mirka Franziska - Mittelsch.; Verlagslehre; 1963-66 Werbestud. Akad. f. Grafik, Druck u. Werb. Berlin - 1966 Werbetexter; 1967 Nachrichtensprecher BBC London; 1968 Journ.; s. 1969 fr. Schriftst. - B Gesellschaftsausweis, Prosa 1971; Künstliche Sonnen, P. 1973; D. Fernsehliga, P. 1974; Gr. Identifikationsspiel, Hörsp. 1973 - 1973 Hörspielpreis d. Kriegsblinden - Liebh.: Kino, Musik, Fußballspiel, Reisen - Spr.: Engl.

BEHRENS, Arno W.

Dr.-Ing., o. Prof. f. Fertigungstechnik Univ. d. Bundeswehr, Hamburg (s. 1976) - Holstenhofweg 85, 2000 Hamburg 70 u. Buchwaldtr. 105, -73 (T. 040 - 677 09 20) - Geb. 11. Febr. 1936 Oldenburg/O. (Eltern: Wilhelm (Geschäftsf.) u. Martha B.), ev., verh. s. 1963 m. Sieglinde, geb. Bühler, 2 Söhne (Bernd-Arno, Hilmar) - Gymn. Oldenburg (Abit.); TH Hannover (Wärme- u. Verfahrenstechnik/Fertigungstechnik), Promot. (Maschinenwesen) TH Braunschweig - Assist. TH Hannover u. Braunschweig; 1968-70 Leit. Techn. Zentralplanung Hanomag-Henschel-Fahrzeugwerke GmbH, Hannover, 1970-74 Techn. Geschäftsf. August Brötje (Werke f. Heizungstechnik, Rastede), u. 1975-76 Ind.werke Transportsysteme GmbH., Lübeck, gleichz. Techn. Vorstandsmitgl. Hansa Waggon AG, Bremen. Forschungsgeb.: Werkzeugmasch.-Steuerungen, Mikroproz., Umformtechnik - Spr.: Engl., Franz. - Rotarier.

BEHRENS, Dieter

Dr. rer. nat., Prof., Geschäftsführer DECHEMA/Dt. Ges. f. Chem. Apparatewesen, Chem. Technik u. Biotechnol. - Theodor-Heuss-Allee 25, 6000 Frankfurt/M. 97.

BEHRENS, Erna

Sprachhauptlehrerin i. R., Prof., Fr. Schriftstellerin (Erna Behrens-Giegl) - Kerngasse 19, 1238 Wien (T. 0222 - 88 83 72) - Geb. 26. Okt. 1917 Odrau, kath., verh. s. 1949 m. Prof. Walter Behrens (akad., Maler, Mitbegr. d. Wiener Schule d. phant. Realismus), 2 Kd. (Martin, Claudia) - Engl. Staatsprüf. u. Schauspielprüf. (Sprechbühne), Wien - 1939-45 Fremdsprachenlehrerin Wiener Hauptsch.; 1945-50 Dolmetscherin Brit. Mil. Goverm. u. American Employment Office, Wien; 1950-76 Lehrerin an Hauptsch., Handelssch., Handelsakad. u. IGS (Integrierte Gesamtsch.) - BV: D. Reisegefährte, 1946; D. Brücke in d. Tag, 1947; Zur Erinnerung, 1948 u. 1956; 99% ist wahr, Wiener Chronik 1929-45, Bd. 1 1969, 99% ist wahr, Nach d. Sturm, 1945-73, Bd. II 1973; Flucht aus d. Vergangenheit, R. 1983/84, 2. A. 1987; Anthol., Ztschr., Übers. aus d. Engl. u. Ital. Lf. Veröff. in Kulturztschr. (1989) - 1973 Ehrenmitgl. d. Europ.-Amerik. Forschungs- u. Kulturwerkes Eurafok; 1982 Lyrikpreis: D. Umwelt; 1989 Prof. h.c. Interameric. Univ. of Human. Stud. u. Goldmed. d. ital. Kulturinst. - Liebh.: Sprachen, Lit., Kunst, Geistenwiss., Schwimmen, Enkel - Spr.: Engl., Ital., Franz., etwas Russ. - Bek. Vorf.: Friedrich Schumann, Notar (Großv.), veröffentl. als em. Notar Bücher in Nikosburg (heute CSR) - Lit.: Prokop: Österr. Literaturhandb., E. Schicht: Wer im Werk d. Lohn gefunden, Autorenbilderlexikon, Kürschner, IBC, Cambridge, u.a.

BEHRENS, Ernst August

Dr. phil. nat., Prof., Mathematiker - Lichtensteinstr. 4, 6000 Frankfurt/M. (T. 55 85 35) - Geb. 11. Mai 1915 Berlin (Vater: Dr. jur. August B.), ev., verh. s. 1942 m. Dorothea, geb. Diederichsen, 4 Kd. (Angelika, Johann-Detlev, Roland, Ragna) - Univ. Jena und Hamburg - 1940-45 Wehrdst., später Assist. Univ. Hamburg, s. 1951 Privatdoz. u. apl. Prof. (1957) Univ. Frankfurt, s. 1968 Prof. McMaster Univ. Hamilton (Kanada) - BV: Algebren, 1965 - Spr.: Engl., Franz.

BEHRENS, Erwin

Auslandskorrespondent, Leiter Bonner WDR-Hörfunk-Stuio (s. 1978) - Zu erreichen üb.: Westdeutscher Rundfunk, 5000 Köln - Geb. 25. April 1928 Duisburg, ev., verh. s. 1963 m. Gisela, geb. Kalt, 2 Söhne (Michael, Mathias) - S. 1948 journalist. Tätigk. Westd. Rundfunk (u. a. Moskau-, New York- u. Kairo-Korresp. ARD) - BV: Tagebuch aus Moskau, 1964.

BEHRENS, Friedrich-Stephan

Dr. jur., Rechtsanwalt - Schumannstr. 46, 6000 Frankfurt/M. - Geb. 6. Sept. 1909 Velbert/Rhld. (Vater: Stephan B., Gymnasiallehrer; Mutter: geb. Pohlmann), verh. m. Dr. Gudrun, geb. Leeb - Univ. Jena, Königsberg, Wien - Verbandstätigk. (Verb. d. Aluminiumverarb. Ind.) - Veröff.: Marktinformation u. Wettbewerb, 1963 - 1981 BVK I. Kl.

BEHRENS, Fritz

Dr. jur., Regierungspräsident Düsseldorf (s. 1987) - Cecilienallee 2, 4000 Düsseldorf 30 (T. 0211 - 49 77-22 01/02) - Geb. 12. Okt. 1948, verh. (Ehefr. Lehrerin), 2 Kd. - Jura-Stud. - Zul. Leiter d. Büros d. Ministerpräs. Johannes Rau, Düsseldorf. SPD.

BEHRENS, Gerhard

Dr. iur., Geschäftsführer, Präs. Dt.-Arab. Handelskammer/German-Arab. Chamber of Commerce - Zu erreichen üb.: 2, Sherif Str., Kairo (Ägypten) - Geb. 5. Jan. 1938 Piräus/Griechenl.

BEHRENS, Gerold

Dr. rer. oec., Dipl.-Ing., Prof., Hochschullehrer (Marketing) - Starenweg 8, 2900 Oldenburg (T. 0441 - 5 15 33) - Geb. 21. Sept. 1942 Wildeshausen - BV: Monographien (Auswahl): Werbewirkungsanalyse, 1976; D. Wahrnehmungsverhalten d. Konsumenten, 1982; Konsumentenverhalten, 1988.

BEHRENS, Hans

Landwirt, Präs. Landwirtschaftskammer Weser-Ems u. Vorstandsmitgl. Verb. d. LKn (1982ff.) - Zu erreichen üb.: Mars-la-Tour-Str. 1, 2900 Oldenburg/O.

BEHRENS, Hans

Fabrikant (Lüneburger Eisen- u. Emaillierwerke Harry Behrens KG, Lüneburg) - Vor d. Bardowicker Tore 42/43, 3140

Lüneburg (T. 67 52); priv.: Parkstr. 7 - Geb. 25. Sept. 1903 Lüneburg - Kaufm. Ausbild. - Zeitw. Vizepräs. IHK Lüneburg.

BEHRENS, Hans-Christian

Allein. Geschäftsführer u. Gesellsch. Alfred Paas & Cie GmbH, Essen - Ursulastr. 85, 4300 Essen-Rüttenscheid (T. 0201 - 43 50 40) - Geb. 7. Mai 1937 Essen, kath., verh. s. 1962 m. Christiane, geb. v. Goßler, 2 Kd. (Marion, Hanno) - Ausb. im In- u. Ausl. - Mitgl. Vollvers. u. Verkehrsaussch. IHK Essen, Vors. Prüfungskommiss.; Delegierter d. Spedition u. Lagerei NRW - Spr.: Engl., Franz. - Bek. Vorf.: Heinrich Paas (Großv.) - Rotarier.

BEHRENS, Heinrich

Dr. med. vet., Prof., Ltd. Vet.-Direktor, Dir. Tiergesundheitsamt Hannover a. D. - Dammstr. 20, 3006 Burgwedel 1 (T. 24 30) - Geb. 13. Mai 1920 Ohlum/Nieders. - S. 1950 Privatdoz. u. apl. Prof. f. Inn. Veterinärmed. (1956) Tierärztl. Hochsch.

BEHRENS, Helmut

Dr.-Ing., Dr. h. c., em. o. Prof. f. Anorgan. Chemie Univ. Erlangen-Nürnberg (s. 1962) - Sperlingstr. Nr. 30, 8520 Erlangen (T. 4 13 80) - Geb. 30. Mai 1915 Elsfleth/Weser (Vater: Wilhelm B., Vermessungsrat; Mutter: Antonie, geb. Roggemann), ev., verh. s. 1940 m. Liselotte, geb. Dieß, 3 Töcht. (Renate, Brigitte, Monika) - Univ. Freiburg/Br. u. TH München (Promot. 1940) - 1948-56 Doz., apl. (1956) u. ao. Prof. (1960) TH München. Forschungsgeb.: Komplexchemie, Metallorganische Chemie, Metallcarbonyle, Unters. in flüss. Ammoniak. Etwa 160 Fachveröff. - 1979 Ehrendoktor Univ. Rennes (Frankr.) - Spr.: Engl.

BEHRENS, Jörn

Dr. rer. nat., o. Prof. f. Angew. Geophysik - Sedanstr. 16, 1000 Berlin 41 - Geb. 16. Mai 1930 Danzig - Promot. 1963 - S. 1969 (Habil.) TU Clausthal u. Berlin (1973 Ord. u. gf. Dir. Inst. f. Angew. Geophysik, Petrol. u. Lagerstättenforsch.). Üb. 30 Facharb.

BEHRENS, Katja

Schriftstellerin - Zu erreichen üb. Claassen Verlag, Kaiserswerther Str. 282, 4000 Düsseldorf 30 - Geb. 1942 Berlin - Lektorin b. 1978 - BV: D. weiße Frau, Erz. 1978 (Schwed.: Den vita Krinan, 1980); Jonas 78, Erz. 1981; Frauenbriefe d. Romantik (Hrsg.), 1981; D. Insel-Buch v. Frauenlob (Hrsg.), 1982. Übers. aus d. Amerik.. D. 13. Fee, R. 1983 (Schwed.: Den Arettonde Feen, 1985, Holl.: De dertiende Fee, 1985, Franz.: La troisième fée, 1987); Weiches Wasser bricht d. Stein - Widerstandsreden (Hrsg.), 1984; Abschiedsbriefe (Hrsg.), 1987; Von einem Ort zum andern, Erz. 1987 - 1978 Österr. Förderpreis z. Ingeborg Bachmann Pr. u. Förderpr. d. Märk. Kulturkonferenz; 1981 Thaddäus Troll Preis; Gastdoz. Washington Univ. of St. Louis.

BEHRENS, Knut F.

Dr.-Ing., Vorstandsmitgl. Thyssen Edelstahlwerke AG (s. 1970) - Oberschlesienstr. 16, 4150 Krefeld.

BEHRENS, Till

Dr.-Ing., Prof., Stadtplaner, Architekt - Am Treutengraben 25, 6000 Frankfurt/M. - Geb. 2. Okt. 1931 Berlin - Zahlr. Fachpubl. - Werke: Frankfurter Grüngürtel m. Mainuferquerspange; Sakral-, Ind.-, Verw.- u. Wohnbauten In- u. Ausl. - Bek. Vorf.: Prof. Drs. h. c. Peter Behrens (Großv.).

BEHRINGER, Hans

Dr. rer. nat., Prof., Chemiker - Ismaninger Str. 73, 8000 München 80 (T. 98 63 01) - Geb. 22. Mai 1911 München (Vater: Konrad B., Oberreg.srat; Mutter: Salesia, geb. Frosch), kath., verh. s. 1952 m. Hanni, geb. Baudler - Obersch. Schäftlarn u. München; Univ. München. Promot. u. Habil. München - S. 1951 Privatdoz. u. beamt. apl. Prof. (1959) Univ. München (Mitarb. Inst. f. Organ. Chemie), Fachveröff. - Liebh.: Arabistik - Spr.: Engl., Franz. - Bek. Vorf.: Marie Nyl, Blumenmalerin (Großm.).

BEHRINGER, Josef Anton

Dr. rer. nat., o. Prof. f. Physik - Steinstr. 6, 8070 Ingolstadt/Donau (T. 0841 - 7 17 79) - Geb. 2. Juli 1923 Ingolstadt (Vater: Josef B., Lokführer; Mutter: Rosina, geb. Bartlmä), kath., led. - 1958 ao. u. s. 1965 o. Prof. Kath. Univ. Eichstätt, Kath.-Theol. Fakultät. 1988 emerit. - Spez. Arbeitsgeb.: Molekülspektroskopie, naturwiss.-theol. Grenzfragen - Mehrere Aufs. in Fachzeitschr. u. Sammelwerken üb. d. Resonanz-Raman-Effekt.

BEHRISCH, Arno

Mitglied Direktor. Dt. Friedens-Union - Äußere Bayreuther Str. 27, 8670 Hof/S. (T. 09281 - 9 14 39) - Geb. 6. Juni 1913 Dresden (Vater: Gustav B., Landw.), verh. - Volkssch.; Schriftsetzerlehre - Schrifts.; weg. illeg. Tätigk. f. d. Sozialist. Arbeiter-Jgd. u. SPD ab 1933 polit. verfolgt; 1934 emigriert (Tschechosl., Schweden u. Dänemark); 1940-44 Zuchths.; 1946-49 Mitgl. Bayer. Vorparlam. u. Bayer. Landtag; b. 1961 Chefredakt. Oberfränk. Volksztg. u. Gf. Oberfr. Verlagsanstalt, Hof; 1949-61 MdB; Vors. Unterbez. Hof, Mitgl. SPD-Bezirksvorst. Franken u. stv. Landesvors. Bayern. B. 1961 (Parteiaustritt) SPD.

BEHRMANN, Karsten

Prof., Dozent f. Blockflöte Musikhochschule Westfalen-Lippe/Nordwestd. Musikakad. - Allee Nr. 22, 4930 Detmold 1.

BEI der WIEDEN, Helge

Dr. phil., Oberstudienrat - Wiesenweg 5, 3062 Bückeburg (T. 35 34) - Geb. 4. Juli 1934 Eitorf/Sieg (Vater: Franz B. d. W., Dramaturg; Mutter: Gertrud, geb. Kreicker), ev., verh. s. 1959 m. Gudrun, geb. Schmidt-Bucherer, 3 Kd. (Brage, Begga, Birger) - Gr. Stadtsch. Rostock (Abitur 1953); Univ. Rostock, Göttingen, Freiburg. Promot. 1959 Göttingen - 1963-66 Landesvors. Dt. Jungdemokraten Nieders.; 1963-64 Mitgl. Bundesvorst. Dt. Jungdemokr. FDP s. 1958 (1963-66 u. 1968-72 Mitgl. Landesvorst.) - BV: Fürst Ernst, Graf v. Holstein-Schaumburg u. s. Wirtschaftspolitik, 1961; Schaumburg. Geneal., 1966; Schaumburg-Lipp. Geneal., 1969; Entw. d. meckl. Eisenbahnnetzes, 1974; Grundriß zur meckl. Verwaltungsgesch., 1976; D. meckl. Regierungen u. Minister 1918-52, 2. A. 1978; D. Niedersächsische Bank, 1982. Herausg.: Mecklenburg. Jahrb., Jg. 105ff. - Mitgl. Hist. Kommiss. f. Nieders. u. Bremen u. f. Pommern, Hansischer Gesch. Verein, Verein f. mecklenburg. Gesch. u. Altertumskd. (Vors.), Stiftungsrat Stift. Mitteldt. Kulturrat.

BEICHTER, David

Dr. jur., Dipl.-Kfm., Vors. Vorstand Neckarwerke Elektrizitätsversorgungs-AG, Esslingen - Ensingerweg 10, 7300 Esslingen - B. 1972 Geschäftsf. Bosch Hausgeräte GmbH, Giengen/Brenz.

BEICKERT, Paul

Dr. med., Prof. - Ortelsburgerstr. 11, 7500 Karlsruhe - Geb. 4. März 1912, verh. m. Dr. med. Gerda, geb. Goette - S. 1953 (Habil.) Lehrtätigk. Univ. Freiburg/Br. (1958 apl. Prof. f. HNO-heilkd.).

BEICKLER, Ferdinand

Aufsichtsratsvorsitzender Adam Opel AG, Rüsselsheim - Zu erreichen üb. Adam Opel AG, Bahnhofsplatz 1, 6090 Rüsselsheim - Geb. 2. Nov. 1922 - 1970-79 Vorst.-Mitgl., 1979 Vizepräs. General Motors, 1979-82 Generaldir. Vauxhall Motors Ltd., 1982-86 Vorst.-Vors. Adam Opel AG, 1986-87 Präs. General Motors Europe - 1975 BVK.

BEIER, Friedrich-Karl

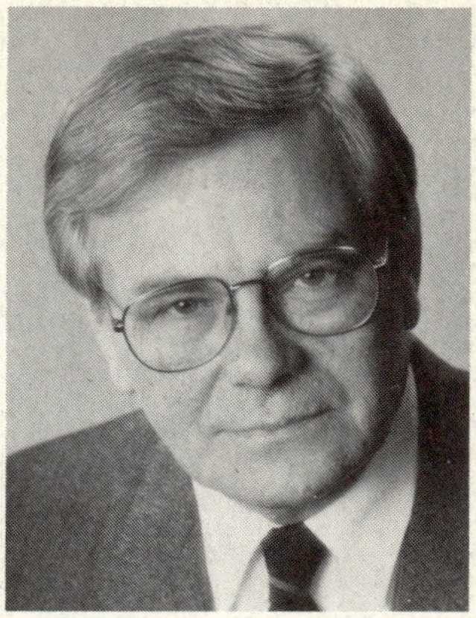

Dr. jur., Dr. jur. h.c. (Uppsala), Dr. jur. h.c. (Posen), Prof. f. Gewerbl. Rechtsschutz, Urheber-, Handels- u. Wirtschaftsrecht; Dir. Max-Planck-Inst. f. ausl. u. int. Patent-, Urheber- u. Wettbewerbsrecht - Lärchenstr. 1, 8033 Krailling/Obb. (T. München 857 14 31) - Geb. 9. April 1926 Berlin (Vater: Gustav B., Geschäftsf.; Mutter: Johanna, geb. Taube), ev., verh. s. 1951 m. Judith, geb. Mertens, 3 Söhne (Jürgen, Christian, Dietrich) - Humboldt-Obersch. Berlin (-Tegel); 1947-50 Univ. Berlin; Ref. Kammergericht; Promot. (1960) u. Habil. (1965) München - S. 1954 Assist., Wiss. Rat (1960), Privatdoz. (1965) u. ao. Prof. (1966), o. Prof. (1969), Hon.-Prof. (s. 1973) Univ. München (Vorst. Inst. f. Gewerbl. Rechtsschutz u. Urheberrecht). Wiss. Mitgl. MPG; Vizepräs. Dt. Vereinigung f. gewerbl. Rechtsschutz u. Urheberrecht; Vorst.-Mitgl. Ges. f. Rechtsvergl., Intern. Vereinig. f. gewerbl. Rechtsschutz; Mitgl. Sachverst.-Komm. BJM - BV: Grundfragen d. franz. Markenrechts, 1961; Schutz geogr. Herkunftsangaben, 1963; Recht d. unlauteren Wettbewerbs in d. EG, Bd. I u. II, 1966 u. 68; Schutz wiss. Forschungsergebnisse, 1982; Europ. Patentübereinkommen, 1984ff.; Biotechnology and Patent Protection, 1985; Markenrechtl. Abhandlungen, 1986. Üb. 150 Einzelarb. - Ausw. Mitgl. Slow. Akad. d. Wiss.; Mitgl. Acad. Intern. dé Droit Comparé - Liebh.: Bücher, Ski - Spr.: Franz., Engl.

BEIER, Gerhard

Direktor i. R. - Schwachhauser Ring 23, 2800 Bremen (T. 21 47 14) - Geb. 23. Jan. 1920 Halberstadt - Wehrmacht (Berufsoffz.); 3 J. Bremer Senatsbehörde f. Häfen u. Schiffahrt; 8 J. Schiffahrtsverb. f. d. Weser-Gebiet (Geschäftsf.); 1957-86 Bremer Lagerhaus-Ges. (Vorstandsmitgl. bzw. -vors.). S. 1973 Wahlkonsul d. Rep. Finnland - Spr.: Engl., Franz. - Rotarier.

BEIER, Henning M.

Dr. med., Dr. rer. nat., o. Prof. f. Anatomie u. Reproduktionsbiol. - Rotbendenstr. 19, 5100 Aachen - Geb. 26. Okt. 1940 Gudensberg, ev., verh. s. 1969 m. Dr. med. Karin, geb. Hellwig, 2 Kd. - S. 1978 Ord. TH Aachen (Med. Fak.). Entd. d. Uteroglobins u. d. Progesteronabhängigkeit dieses Proteins (1966/67).

BEIER, Siegfried

Dipl.-Ing., Direktor Brown, Boveri & Cie. AG, u. ABB Asea Brown Boveri AG, Vors. ZVEI-Fachverb. Fahr- u. Freileitungsbau, alle München - Prof.-Kurt-Huber-Str. 17, 8032 Gräfelfing/Obb. (T. 089-85 29 42) - Geb. 2. Jan. 1925.

BEIER, Udo

Dr. rer. pol., Dipl.-Kfm., Prof. f. Wirtschaftslehre d. Haushalts Univ. Hamburg (s. 1975) - v.-Melle-Park 8, 2000 Hamburg 13 - Geb. 23. Mai 1943 - Promot. 1971; Habil. 1976 - BV: Kaufentscheidungen beschränkt rational handelnder Konsumenten, 1974; Inhalte d. Lebensmittelwerbung, 1981. Rd. 50 Fachveröff. z. Verbraucherpolitik.

BEIERLEIN, Hans R.

Medien-Manager, Musikverleger - Königinstr. 121, 8000 München 40 (T. 089 - 34 30 36); priv.: Unterleiten 25, 8126 Schliersee/Obb. (T. 08026 - 67 86) - Geb. 19. April 1929 Nürnberg (Vater: Hans B., Angest.; Mutter: Frieda) - Volks- u. Oberrealsch. - 1949-59 Journ., 1959-60 Filmproduz., s. 1960 Musikverleger u. s. 1979 Medien-Manager - Produzent: D. Nürnberger Prozeß, Dokumentarfilm (Bundesfilmpreis) - Spr.: Engl.

BEIERWALTES, Werner

Dr. phil., Prof. f. Philosophie - Am Fischerwinkel 19, 8022 Grünwald - Geb. 8. Mai 1931 Klingenberg/M. kath., verh. s. 1958 m. Eva, geb. Happ - Prom. 1957; Habil. 1963 - S. 1969 Ord. Univ. Münster, Freiburg (1974), München (1982) - BV: u. a. Platonismus u. Idealismus, 1972; Identität u. Differenz, 1980; Denken d. Einen, 1985. Zahlr. Einzelarb. - Ord. Mitgl. Bayer. Akad. d. Wiss.; Korr. Mitgl. Heidelberger, Rhein.-Westf. Akad. d. Wiss.; Hon. Member d. Royal Irish Acad.

BEIG, Dieter Andreas

Dipl.-Kfm., Herausgeber Holsteiner Tageblatt, Geschäftsführer A. Beig Druckerei & Verlag GmbH & Co. KG, Pinneberg - Damm 9-15, 2080 Pinneberg (T. 04101 - 20 51 - 0) - Geb. 8. März 1931 Hamburg, ev., verh. s. 1960 m. Ina, geb. Kuschel, T. Kristina - Schriftsetzerlehre; Stud. Betriebsw. Univ. München, Paris, Hamburg; Dipl. 1957 Hamburg - Kreisvors. SHHB u. BdSt - Liebh.: Gesch. - Spr.: Engl., Franz.

BEIKERT, Walter

Direktor i. R. - Ernst-Jäckh-Str. 8, 7100 Heilbronn/N. - Geb. 19. Aug. 1913 - B. 1972 stv., b. 1975 o. Vorstandsmitgl. Dt. Fiat AG, Heilbronn.

BEILE, Werner

Dr. phil., Univ.-Prof. f. Anglistik, Angew. Sprachwiss., Univ.-GH Wuppertal (s. 1984) - Leckingser Str. 208, 5860 Iserlohn (T. 02371 - 4 13 01) - Geb. 5. März 1941 Kalthof, ev., verh. s. 1964 m. Alice, geb. Bowes, T. Birgit Helen - Stud. Anglistik, Päd. u. Sport Univ. Freiburg, Bonn, Edinburgh u. Bochum; Staatsex. 1968; Promot. 1979 - 1968 Lecturer Univ. York; 1970-79 u. 1980-84 Lektor u. Akad. Rat Univ. Bochum; 1979 Prof.-Vertr. Univ. Osnabrück - BV: Didaktik d. Sprachprogrammierung, 1971; Typologie v. Übungen im Sprachlabor. Z. Entmythologisierung e. umstrittenen Sachfelds, 1979. Herausg.: Kalthof, Leckingsen, Refflingsen. Drei Dörfer im Spiegel d. Zeit (1987). Verfasser u. Mithrsg. v. mehrbändigen Lehrw. f. d. Fremsprachenunterr.: Nuffield/Schools Council German Course, Bde. 2-4, s. 1968; (m. Inter Nationes) Modelle f. d. audiolingualen Unterr., Bde. 1-6 (s. 1974); Deutsch einfach (s. 1986). Engl. als Fremdspr.: Learning English-Modern Course, Bde. 1-6 (s. 1974); Compact Course, Bde. 1-4 (s. 1979); Green/Red/Orange Line, bish. Bde. 1-4 (s. 1984) - Interessen: Stützung d. Gemeinschaftslebens auf d. Lande, Lokalgesch.

BEILHARZ, Manfred

Dr. jur., Intendant u. Regiss. Staatstheater Kassel (ab Spielz. 1983/84) - Zu erreichen üb. Staatstheater, Friedrichsplatz 15, 3500 Kassel - Geb. 13. Juli 1938 Böblingen - Stud. German., Theaterwiss. u. Jura Tübingen u. München; 2. jurist. Staatsex. u. Promot. 1967 München - 1964-67 Gründ. Studiobühne München, 1967 Regieassist. Kammerspiele München, 1968/69 Oberspielleit. Westf. Landestheater, 1970-75 Int. Tübingen, 1975-83 Int. Städt. Bühnen Freiburg, ab 1983/84 Kassel - Vizepräs. Neues Theaterkomit. d. Intern. Theaterinst. (ITI) Paris; Vorst.-Mitgl. Dt. Dramat. Ges.

Berlin; Mitgl. Akad. d. Darst. Künste Frankfurt.

BEILHARZ, Richard

Dr. phil., Prof. f. Französisch - Moltkestr. 13, 6900 Heidelberg (T. 4 41 39) - Geb. 30. Okt. 1932 Bryn-Mawr, Pa./USA (Vater: Ernst B., Obering.; Mutter: Emma, geb. Schweizer), 3 Töcht. (Alexandra, Corinna, Henrike) - Stud. Univ. Lyon, London, Nancy, Tübingen (Roman., Angl., German., Vergl. Literaturwiss.); priv. Gesangsausbild. Tübingen u. Heidelberg. Promot. 1961 Tübingen - S. 1966 Doz. u. Prof.(1970) PH Heidelberg. Lehrbeauftr. Univ. Heidelberg. Konzerts. (Bariton). Bücher (Übers., dar. Baudelaire, Verlaine, Lemoine); wiss. Untersuchungen: Begriffswörterb. Fremdsprachendidaktik u. -methodik, 1973 (m. K. Köhring); Balzac, 1979; Lehrwerk: Voilà - Französisch in d. Grundschule (m. H. Blank, M. Pelz u. E. Rattunde), 1975-76, 2. A. 1977-79). Schallplatten: D. franz. Lied (1984 m. A. Lechler, Klavier); Humor im Lied (1988 m. C.-E. Nandrup, Klavier); u.a. - Spr.: Franz., Engl., Span., Ital. - Chevalier im Orden d. Palmes Académiques.

BEIN, Georg

Dr. med., Prof. f. Kinderheilkunde FU Berlin (Leit. Abt. f. Pädiatrie I m. Schwerp. Kardiol./Kinderklinik) - Breisgauer Str. 24, 1000 Berlin 38.

BEINDORF, Werner

Dr.-Ing. (habil.), Prof., Geschäftsführer i. R. TEKADE Felten & Guilleaume Fernmeldeanlagen GmbH, Nürnberg - Novalisstr. 10, 8500 Nürnberg 20 - Geb. 10. Dez. 1910 Kassel - TH Hannover - S. 1963 Lehrbeauftr. u. Honorarprof. (1971) TH Darmstadt (Kabeltechnik).

BEINER, Friedhelm

Dr. phil., o. Prof. f. Erziehungswissenschaft Univ.-Gesamthochschule Wuppertal - Ostpreußenstr. 68, 4020 Mettmann (T. 02058 - 65 17) - Geb. 25. Jan. 1939 Lemgo-Kirchheide - BV: Veröff. z. Unterrichtswiss., Hochschuldidaktik, Frühpädagogik u. Korczak-Forsch.

BEINERT, Wolfgang

Dr. theol., lic. phil., o. Prof. f. Dogmatik u. Dogmengeschichte Univ. Regensburg (s. 1978) - Großberger Weg 9, 8401 Pentling/Opf. - Geb. 4. März 1933 Breslau (Vater: Josef B., zul. Oberzollinsp.; Mutter: Veronika, geb. Heinisch), kath. - Gymn. Fürth; Stud. Bamberg, Rom, Tübingen, Regensburg. Lic. phil. (1956) u. Promot. (1963) Rom; Habil. (1971) Regensburg - 1963-66 Kaplan Erzdiöz. Bamberg; 1967-72 Wiss. Assist. Tübingen u. Regensburg; 1972-78 Wiss. Rat u. Prof. Bochum, 1981 Mitgl. Wiss. Beirat d. Möhler-Inst., Allg. Rat Kath. Akad. Bayern - BV: Um d. 3. Kirchenattribut, 2 Bde. 1964; D. Kirche - Gottes Heil in d. Welt, 1973; D. Glaubensbekenntnis d. Ökumene, 1973; Heute v. Maria reden?, 5. A. 1981 (auch niederl. u. ital.); Christus u. d. Kosmos. 1974; Ortskirche u. Ökumene, 1976; Wenn Gott zu Wort kommt, 1978 (auch portug.); Wir sagen Euch an e. hl. Zeit, 1978; Dezember Gedanken, 1984, Dogmatik studieren, 1985. Herausg.: Maria heute ehren (5. A. 1981, auch ital., portug.); Worte f. violette Tage (1980); Nachfolge genügt (1980); D. Heiligen heute ehren (1983); Handb. d. Mariankd. (1984); Heil u. Heilen als past. Sorge (1984); Hilft Glaube heilen? (1985); Einübung ins Leben - d. Tod (1986); Maria Weggeleiterin d. Christen (1986); D. Glauben weitergeben (1986); D. Heilkraft d. Glaubens (1987); Lexikon d. Kath. Dogmatik (1987); Frauenbefreiung u. Kirche (1987); Braucht Liebe (noch) d. Ehe? (1988); Dein leuchtend Angesicht, Maria (1988); Unsere Liebe Frau u. d. Frauen (1989); Kirche zw. Konflikt u. Konsens (1989) - Korr. Mitgl. Fondazione Ambrosiana Milano; Mitgl. Wiss. Beirat J.-A.-Möhler-Inst. Paderborn; Mitgl. Allg. Rat d. Kath. Akad. in Bayern, O. Mitgl. Pont. Acad. Mariana Internationalis - Spr.: Lat., Ital., Engl., Franz.

BEINHORN, Elly

Sportfliegerin u. Schriftstellerin - Fröhlichstr. 8, 8000 München 71 - Geb. 30. Mai. 1907 Hannover, 2 Kd. (Prof. Dr. med. Bernd aus 1. Ehe m. d. 1938 b. e. Weltrekordversuch auf d. Reichsautobahn Frankfurt/M.-Darmstadt tödl. verungl. Autorennfahrer Bernd Rosemeyer, Steffi aus 2. E.) - Fliegersch. Berlin-Staaken (Pilotenzeugn. u. Kunstflugschein 1929). 1931-32 Afrika- u. Weltflug m. e. Klemm-Argus-Masch., spät. weitere Flüge n. Afrika, Mittel- u. Südamerika, 1936 Rekordflug Berlin-Damaskus-Kairo-Athen-Budapest-Berlin. 1959 erfolgr. Teiln. am transkontinentalen Frauenluftrennen in USA u. Goldmed. im europ. Sternflug - BV (insges. 10, z. T. in Übers.): E. Mädchen fliegt allein, 1932; Mein Mann, der Rennfahrer, 1938; Ich fliege um d. Welt, 1952; Madlen wird Stewardeß, 1954; 5 Zimmer höchstens, 1955; ...so waren diese Flieger, 1966; Alleinflug - mein Leben, 1977 - 1931 Gold. Sportflugabz., 1932 Hindenburg-Pokal, 1932 Peruian. Fliegerabz., 1953 Gold. Ehrenz. Dt. Aero-Club u. a.; div. Orden; 1967 Ehrenmitgl. Verb. d. austral. Sportfliegerinnen, Vereinig. dt. Pilotinnen. 1975 Pionierkette der Windrose.

BEINKE, Lothar

Dr. soc. pol., o. Prof. f. Polytechnik/Arbeitslehre u. ihre Didaktik, Univ. Gießen (s. 1980) - Humboldtstr. 48, 4500 Osnabrück (T. 0541 - 2 32 28) - Geb. 31. März 1931 Osnabrück, verh. s. 1957 m. Inge, geb. Trümper, 2 Kd. (Bettina, Boris) - Promot. 1970, Habil. 1976, bde. Münster - BV: D. Handelsschule, 1971; D. Betriebspraktikum, 1977; Von d. Erstausbildung z. Erwachsenenbildung, 1977; Fachhochsch. u. Weiterstud., 1979; Zukunftsaufg. Weiterbildung, 1980; Betriebserkundungen, 1980; D. Höhere Handelsschule, 1980; D. Weiterbildungslehrer, 1981; Betriebserkundung u. Betriebspraktika als Instrumente in d. Arbeitslehre, 1982; Berufsfindung, Berufswahl, Berufsweg, 1982; Zw. Schule u. Berufsbild., 1983; Perspektiven in d. Arbeitslehre, 1985 - Hrsg.: Zeitschr. Didaktik d. Berufs- u. Arbeitswelt; Reihenherausg.: Schriften z. Berufspäd., Schriftenreihe Weiterbildung - Strukturen u. Aspekte.

BEINLICH, Alexander

Dr. phil., Prof. f. Deutsche Sprache u. Methodik d. Deutschunterr., emer. Univ. Osnabrück, Abt. Vechta - Klemensstr. 34, 2848 Vechta.

BEIRER, Hans

Kammersänger - Dt. Oper, 1000 Berlin - Geb. 23. Juni 1911 Wiener Neustadt (Vater: Dr. Rudolf B., Univ.sprof.; Mutter: Maria, geb. Heißenberger), verh. m. Therese, geb. Rodic - Univ. (Med.) u. Musikakad. Wien - 1936-37 lyr. Tenor Stadttheater Linz/D., 1937-39 Basel u. St. Gallen, dann Wehrdst. u. Theater am Nollendorfplatz Berlin, s. 1945 Mitgl. Städt. bzw. Dt. Oper ebd. (lyr. u. ital. Tenor, 1949 ff. Heldent.), Staatsoper Hamburg u. Wien, 1958 ff. Bayreuther Festsp. Ständ. Gast Mailänder Scala, Teatro del Opera, Rom, San Carlo, Neapel, Grand Opera, Paris, Teatro Colon, Buenos Aires, Nissel-Theater Tokio, Festiv. Edinburgh u. Maggio Musicale, Florenz, Salzburger Festsp. - 1960 BVK I. Kl., 1973 Gr. BVK; 1963 Berliner, 1971 Österr. Kammers.; 1975 Ehrenmitgl. Dt. Oper, Berlin, 1981 Gr. Österr. VO I. Kl. f. Kunst u. Wiss., Ehrenmitgl. Staatsoper Wien; Ehrenring Staatsoper Wien - Liebh.: Aquarellmalerei, Märchenbücher.

BEISENKÖTTER, Hans-Heinrich

Bürgermeister a. D. - Königskoppel 17, 2370 Rendsburg (T. 04331 - 2 15 20) - Geb. 14. Mai 1921 Lübeck (Vater: Johannes B., Apotheker; Mutter: Margarethe, geb. Quabeck), kath., verh. s. 1951 m. Liselotte, geb. Taplick, 2 Kd. (Bernd, Barbara) - Gymn. (Abit. 1939);

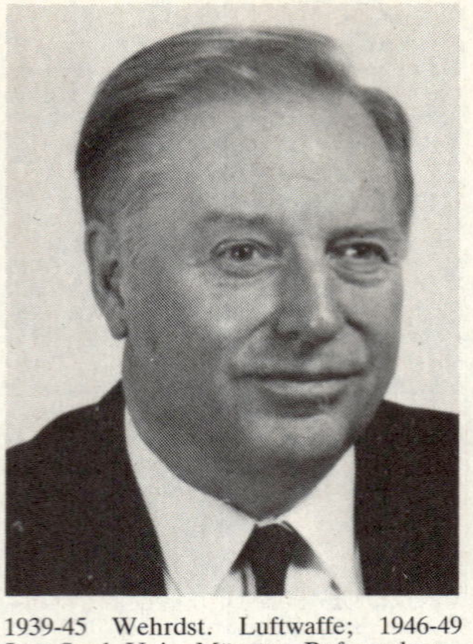

1939-45 Wehrdst. Luftwaffe; 1946-49 Jura-Stud. Univ. Münster, Referendarex. 1949, Ass.ex. 1953 - 1954-57 Stadtsyndikus; 1957-81 Bürgerm. Stadt Rendsburg; 1984 Präsid. d. Anstaltsv. d. Unabh. Landesanst. f. d. Rundfunkwesen Schlesw.-Holst. - BV: D. interkommunale Zus.arbeit; Zukunftsaspekte d. Krankenhauses; D. Stadt - gestern, heute u. morgen - BVK I. Kl., Ritterkreuz Dannebrog-Orden, Frh. v. Stein-Med., Feuerwehrehrenkreuz - Liebh.: Lit., Musik, Gesch. - Spr.: Dänisch, Engl., Franz. - Bek. Vorf.: Anton Quabeck, Oekonomierat, Mitbegr. westf. Genoss.wesens (Großv.).

BEISING, Alfons

Dr. jur., Präsident des Landgerichts - Landgericht, 7750 Konstanz - Geb. 10. Dez. 1918.

BEISSE, Heinrich

Prof. Dr. rer. pol. h. c., Vors. Richter Bundesfinanzhof; spez. Arbeitsgeb.: Finanz- u. Steuerrecht - Thurn-und-Taxis-Str. 29, 8133 Feldafing (T. 08157 - 89 43) - Geb. 28. April 1927 München - S. 1970 Bundesrichter; s. 1983 Vors. Richter. Honorarprof. TU München (1976); Ehrenmitgl. Instituto Brasileiro de Direito Tributário (Univ. Sao Paulo/Brasil.) 1976.

BEISSEL, Hanns-Stephan

Dipl.-Ing., Dipl.-Wirtsch.-Ing., Fabrikant - Im Weingarten 22, 5100 Aachen (T. 1 36 96) - Geb. 20. Juni 1938 Aachen (Vater: Dr. Gerd B., Fabrikant; Mutter: Ilse Anita, geb. Rabbow), kath., verh. s. 1968 m. Eva-Maria, geb. Hamel, 3 Kd. (Yvonne, Klaus-Stephan, Philipp) - Gymn.; Stud. TH Aachen u. München; Dipl.ex. 1964 Aachen u. 1967 München - Liebh.: Bridge, Golf - Spr.: Engl., Franz.

BEISSEL, Heribert

Prof., Dirigent, Chefdirigent d. Hamburger Symphoniker - Mainzer Str. 14, 5481 Rolandseck (T. 02228-73 73) - Geb. 27. März 1933 Wesel/Niederrh., kath., verh. s. 1974 m. Ingrid Maria, geb. Greifeneder, 2 T. (Christina Maria, Katharina Elisabeth) - Abit. Colleg. Augustin. Gaesdonck; Stud. Klavier, Dirigieren u. Komposit. Staatl. Musikhochsch. Köln - Engagem. Bonner Oper (1. Kapellmeister); s. 1972 Chefdirig. Hamburg Symphon.; ständ. Gast Hamburger Staatsoper u. NDR; b. 1983 Leit. d. Dirigentenausbild. Staatl. Musikhochsch. Detmold; Gastdirig. im In- u. Ausland; Leit. Eutiner Opernfestsp. - 1982 Brahms-Med. Senat Hamburg - Liebh.: Polit., Architekt., Sport, Gartenarb., Kinder - Spr.: Engl., Franz., Lat., Griech.

BEISSEL, Ulrich

Geschäftsführer Henschel Export GmbH, Düsseldorf, HEMA Maschinen- u. Industrieanlagen GmbH ebd. - Schumannstr. 13, 4150 Krefeld - Geb. 5. Nov. 1927.

BEISSER (ß), Friedrich

Dr. theol., Prof. f. Systemat. Theologie Univ. Mainz (s. 1976) - Jakob-Steffan-Str. 55, 6500 Mainz - Geb. 8. Jan. 1934 Ansbach/Mfr., ev., verh. s. 1962 m. Elisabeth, geb. v. Loewenich, 3 T. (Susanne, Regine, Annette) - Promot. 1964 Erlangen; Habil. 1968 Heidelberg - Zul. apl. Prof. Univ. Heidelberg.

BEISSER, Rolf E.

Banking executive, Ibero-Amerika Bank AG, Bremen/Hamburg - Domshof 14-15, 2800 Bremen - Geb. 15. Okt. 1929 Karlsruhe.

BEISSNER (ß), Ernst-Georg

Spediteur, Vors. Arbeitsgem. Möbeltransport/Bundesverb., Hattersheim - Nenndorfer Chaussee 18, 3000 Hannover-Linden.

BEISSNER (ß), Kurt

Dipl.-Ing., Präsident d. Oberbergamtes a. D. - Georg-Fey-Str. 3, 6340 Dillenburg (T. 2 33 56) - Geb. 21. Juni 1915 Clausthal-Z., verh. m. Elfriede, geb. Möller - Spr.: Engl. - Rotarier.

BEISTEINER, Franz

Dr. techn., Dipl.-Ing., o. Prof. u. Direktor Inst. f. Förder-, Getriebetechnik u. Baumaschinen TH, jetzt Univ. Stuttgart - Holzgartenstr. 15b, 7000 Stuttgart.

BEITZ, Berthold

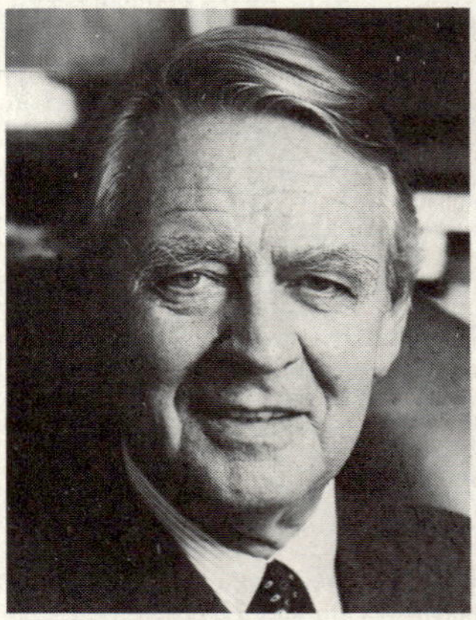

Dr. med. h. c., Prof., Kaufmann, Vors. Kurat. Alfried Krupp v. Bohlen u. Halbach-Stiftg. (s. 1967), Aufsichtsratsvors. Grundig AG, Ehrenmitgl. IOC - Weg zur Platte 37, 4300 Essen-Bredeney (T. Büro: 0201 - 1 88-1) - Geb. 26. Sept. 1913 Zemmin/Pom., ev., verh. s. 1939 m. Else, geb. Hochheim, 3 Töcht. (Barbara, Bettina, Susanne) - Abit. 1934; 1934 kaufm. Ausb. im Bankfach - 1939 kaufm. Angest. Shell AG, Hamburg; 1941 kaufm. Leit. Karpaten-Öl AG Borislaw/Polen; 1944-45 Wehrdst; 1946-49 Vizepräs. Zonenamt d. Reichsaufsichtsamtes f. d. Versich.wesen in Hamburg; 1949-53 Generaldir. Iduna-Germania Versich.-ges.; 1953-67 Generalbevollm. v. Dr. Alfried Krupp v. Bohlen u. Halbach, 1967 Vors. Kurat. Alfred Krupp von Bohlen u. Halbach-Stiftung, 1970-89 AR-Vors. Fried. Krupp GmbH; Mitgl. Präsid. NOK, Vors. Kurat. d. Max Grundig-Stiftg.; Präs. Olympic Museum Foundation, Lausanne; Kurat.-Mitgl. d. Kulturstiftg. d. Länder, u. Stiftg. Entw. u. Frieden; AR-Vors. u. -Mitgl. versch. Ges. - 1971 Gr. BVK m. Stern u. Schulterbd.; Med. Yad Vashem; 1974 Kommandorium m. Stern d. VO. Volksrep. Polen; 1983 Ehrenring Stadt Essen; Ehrenbürger Univ./GH Essen; Ehrendoktor Univ. Greifswald; Madara Reiter-Orden I. Kl. (Bulg.); VO. Land Nordrhein-Westf.; Großkreuz d. VO d. BRD; Med. Merentibus d. Jagiellonen-Univ. Krakau/VR Polen - Liebh.: Segeln, Jazz, mod. Malerei.

BEITZ, Hans

Studiendirektor, MdA Berlin (s. 1971) - Westendallee 99a, 1000 Berlin 19 (T. 304 55 30) - Geb. 7. Febr. 1917 Breslau, verh., 2 Kd. - Schule Breslau (Abit.

1937); Lehrerausbild. Beuthen/OS. Sportlehrerex. 1939; Refer.- u. Ass.ex. (Jena, Berlin) - N. polit. Haft (wegen antisowjet. Propaganda zu 25 J. Arbeitslager verurt.; 6 J. Zuchthäuser Bautzen u. Torgau) Schuldst. Berlin (1959 ff.). 1959-67 Bezirksverordn. Charlottenburg. 1945 CDU/Ost, 1959 CDZ/West. BVK.

BEITZ, Wolfgang
Dr.-Ing., Prof., Staatssekretär Senatsverw. f. Wissenschaft u. Forschung (1987-89) - Bredtschneiderstr. 15, 1000 Berlin 19 - ab 1968 o. Prof. f. Konstruktionstechnik TU Berlin - Herausg. Zeitschr. KONSTRUKTION u. Taschenbuch DUBBEL.

BEITZ, Wolfgang
Rechtsanwalt, Generalsekr. Otto-Benecke-Stiftg. - Rodderbergstr. 57, 5300 Bonn 2 - Geb. 10. Sept. 1935 Hindenburg/OS. (Vater: Georg B., Beamter; Mutter: Hedwig, geb. Juretzko), kath., verh. s. 1975 m. Dagmar, geb. v. Kalkstein, S. Christian-Alexander - Stud. Betriebsw. u. Rechtswiss.

BEITZKE, Günther

Dr. jur., Dr. jur. h. c., o. Prof. f. Intern. Privatrecht u. Rechtsvergl. - Am Stadtwald 53, 5300 Bonn-Bad Godesberg (T. 31 23 74) - Geb. 26. April 1909 Freiburg/Br. (Vater: Prof. Dr. med. Hermann B., Pathologe (s. X. Ausg.); Mutter: Irma, geb. Krönig), ev., verh. s. 1948 m. Gertrude, geb. Oppermann, 2 Kd. - Promot. 1933 Kiel - 1935 Gerichtsass. Berlin, 1938 Privatdoz. Univ. Gießen u. Leipzig, 1939 ao., 1942 o. Prof. Univ. Jena, 1943 Univ. Göttingen, 1959 Univ. Bonn (Inst.dir.) - BV: Jurist. Personen im Intern. Privat- u. Fremdenrecht, 1938; Familienrecht, 25. A. 1988; Nichtigkeit v. Dauerrechtsverhältn., 1948; D. Personenstand heimatloser Ausländer, 1952; Staatsangehörigkeitsrecht v. Albanien, Bulgarien, Rumänien, 1956; Grundgesetz u. Intern. Privatrecht, 1961; D. Eherecht in d. BRD, 1970. Zahlr. Einzelarb. - Liebh.: Berg- u. Skisport - 1972 Ehrendoktor Univ. Reykjavik u. Bordeaux; 1973 korr. Mitgl. österr. Akad. d. Wiss., 1982 Akad. Bordeaux; 1983 gr. BVK - Spr.: Engl., Franz., Ital. Span. - Rotarier - Bek. Vorf.: Heinrich B., Historiker u. Politiker, Kolberg, Verf.: Gesch. d. Freiheitskriege u. Gesch. d. russ. Krieges 1812 (Urgroßv.).

BEK, Sigfrid
Fabrikant, pers. haft. Gesellschafter Ernst Gideon Bek & Co., Schmuckwarenfabrik, Pforzheim - Lameystr. 2, 7530 Pforzheim (T. 07231 - 2 07 15) - Geb. 5. Okt. 1909 Pforzheim (Vater: Ernst B., Fabr.; Mutter: Emilie, geb. Binder), verh. s. 1946 m. Irmgard, geb. Hüffner - S. 1932 väterl. Betrieb - Ehrenmitgl. Vollvers. IHK Nordschwarzwald, Pforzheim; Ehrenbeirat Industrieverb. Schmuck u. Silberwaren.

BEKH, Wolfgang Johannes
(eigentl. Schröder) Schriftsteller - 8059

Fraunberg/Obb. - Geb. 14. April 1925 München (Vater: Justin S., Rundfunkmoderator), kath., verh. s. 1965, 4 Kd. - Zahlr. Bücher m. Münchener u. bayer. Themen u. a. D. Münchner Maler, Ess. 1974; D. Herzogspitalgasse, R. 1975; Reserl mit'n Beserl, Ged. 1977; Sehnsucht läßt alle Dinge blühen, R. 1978; Kalendergeschichten, Erz. 1980; D. dritte Weltgeschehen, Ess. 1980; Adventgeschichten, Erz. 1981; Apollonius Guglweid, R. 1982; Alexander v. Maffei, Hist. Biogr. 1982; Tassilonisches Land, Ess. 1983; Dichter d. Heimat, Ess. 1984; Land hinter d. Limes, Ess. 1986; Nur d. Not koan Schwung lassen, Redensarten 1987; Am Vorabend d. Finsternis, Ess. 1988; Laurin, R. 1988 - Turmschreiber; Ehrenmitgl. Innviertl. Künstlergilde; 1975 Bayer. Poetentaler; BVK; 1983 Bayer. VO; Goldmed. Bayer. Rundf. - Liebh.: Malen, Latein.

BEL, van, Günter
Techn. Angestellter (Sportamt Essen), Präs. Dt. Amateur-Box-Verb. - Schwanhildenstr. 25, 4300 Essen 1; priv.: Nedderstr. 5, 5620 Velbert 1 - Geb. 2. Jan. 1916 Wuppertal, verh. s. 1944 (Ehefr.: Ingeborg), 2 Kd. (Ingeborg, Thomas).

BELEKE, Norbert

Verleger, pers. haft. Gesellsch. Verlag Beleke KG, Essen/Dortmund/Lübeck/Wiesbaden, Geschäftsf. D. Rathaus Verlagsges. mbH & Co. KG, Essen, pers. haft. Gesellsch. Max Schmidt-Römhild Druckerei u. Verlag, Lübeck, Essen, Berlin (Deutschlands ältestes Verlags- u. Druckhaus - s. 1579), u. Verlag für polizeiliches Fachschrifttum Georg Schmidt-Römhild, Lübeck, pers. haft. Gesellsch. Hansisches Verlagskontor H. Scheffler, Lübeck, Gf. Inh. NOBEL-Verlag GmbH, ELVIKOM Film-Verlag GmbH, ntv neue television Film-TV-Produktion GmbH, Essen. 1. Vors. Verb. Dt. Adreßbuchverleger, Düsseldorf - Knappenstiege 7, 4300 Essen-Heidhausen (T. 40 39 25; Büro: 8 10 58-0) - Geb. 4. Juli 1929, kath., verh. s. 1955, T. Steffi - Erf.: Photocard-

Verf. - Liebh.: Phil., Bild. Kunst, Reiten, Tennis.

BELITZ, Hans-Dieter
Dr.-Ing., Univ.-Prof. f. Lebensmittelchemie - Abt-Williram-Str. 46, 8017 Ebersberg/Obb. (T. 28 17) - Geb. 9. März 1931 Merseburg/Saale - S. 1962 (Habil.) Lehrtätigk. TU Berlin u. TH München (1966 Ord. u. Inst.dir.), gleichz. 1969 ff. Dir. Dt. Forschungsanst. f. Lebensmittelchemie, München. Fachaufs.

BELLEN, Heinz

Dr. phil., o. Prof. f. Alte Geschichte Univ. Mainz (s. 1974) - Alfred-Nobel-Str. 23, 6500 Mainz 1 - Geb. 1. Aug. 1927 Neuß (Vater: Heinrich B., Kaufm.; Mutter: Elisabeth, geb. Hußmann), kath., verh. s. 1958 m. Agnes, geb. Meuters, 2 Töcht. (Angela, Anita) - Abit. 1947; Stud. d. Gesch.wiss. u. Altphilol.; Staatsex. u. Promot. 1955 - B. 1962 Studienrat D'dorf, dann Assistent, 1968 Privatdoz., 1969 Wiss. Rat u. Prof. Univ. Köln - BV: Stud. z. Sklavenflucht im röm. Kaiserreich, 1971; D. german. Leibwache d. röm. Kaiser, 1981; Metus Gallicus - Metus Punicus, 1985; Forschungen z. antiken Sklaverei, 1987ff. (Hrsg.) - 1975ff. korr. Mitgl., 1978ff. o. Mitgl. Akad. d. Wiss. u. d. Lit. Mainz.

BELLER, Fritz K.
Dr. med. (habil.), Dr. med. h. c., W. C. Prof. of Obstr. Gyn. the Univ. of Iowa Hospitals and Clinics, em. Dir. Frauenklinik Univ. Münster - Iowa City, IA 5 22 42, USA (T. 319-356 32 29) - Geb. 17. Mai 1924 München, kath., verh. s. 1948 m. Marlis, geb. Duhl, 2 Kd. (Verena, Christoph) - Promot. 1948 Marburg; Habil. 1955 Gießen - 1956-61 Oberarzt Univ.frauenklinik Tübingen, 1961-72 Prof. Department of Ob/Gyn New York Univ. School of Med. - BV: 12 wiss. Werke. Zahlr. Fachveröff. - Fellow Americ. Coll. of Obstestricians and Gyn., Fell. Americ. Coll. of Surgeons, Fellow Royal Soc. of Med. - Spr.: Engl.

BELLER, Kuno E.
Dr., Prof., Freie Univ. Berlin, Fachber. Erzieh.- u. Unterrichtswissensch., Inst. f. Kleinkind-, Erwachsenen- u. Sozialpädagogik - Takustr. 4, 1000 Berlin 33.

BELLINGER, Bernhard
Dr. rer. pol., Dipl.-Kfm., o. Prof. f. Betriebsw.lehre Freie Univ. Berlin (s. 1962) - Lynarstr. 2b, 1000 Berlin 33 (T. 891 90 75) - Geb. 15. Nov. 1920 Fulda.

BELLINGER, Dieter
Dr., Geschäftsführer Verb. dt. Hypothekenbanken e. V. - Holbeinstr. 17, 5300 Bonn 2.

BELLINGER, Gerhard J.
Dr. theol., o. Prof. f. Neutestamentl. Theologie, Relig.- u. Konfessionsgesch. - Erphostr. 35, 4400 Münster - Geb. 11. März 1931 Bochum (Vater: Josef B.; Mutter: Maria, geb. Rittmann), verh. m. Brigitte Regler-Bellinger (Schriftst.; s. dort) - Gymn. Bonn; Univ. München u.

Münster (Gesch., Philos. u. Theol.); Dr. theol. 1966 Univ. Münster; Wiss. Ass. 1966-70 Münster; Ordinarius (s. 1970) Univ. Dortmund, Senator 1972-75, 1977-79 u. Dekan 1977-79 - BV: D. Antwort d. Catechismus Romanus a. d. Reformation, 1965; D. Catechismus Romanus u. d. Reformation, 1970; Bibliogr. d. Catechismus Romanus (1566-1978), 1983; Knaurs gr. Religionsführer, 1986; Knaurs Lexikon d. Mythologie, 1989 - Liebh.: Musik - Spr.: Eng., Franz., Lat., Griech., Hebräisch.

BELLINGER, Knut
Dr., Kommerzialrat, Inhaber d. Knut Bellinger Vermögensverw., Mitinh. u. AR d. Fa. Kleider-Bauer KG, Wien - Hohenstaufenring 48-54, 5000 Köln 1 - Geb. 20. Febr. 1930 - Mitgl. d. Stiftungsbeirates d. World Wildlife Fund.

BELLMANN, Geerd
Landrat Kr. Rendsburg-Eckernförde - Kaiserstr. 8, 2370 Rendsburg - ARMand.

BELLMANN, Günter
Dr. phil., o. Prof. f. Dt. Sprachwissenschaft Univ. Mainz (s. 1971) - Saarstr. 21, 6500 Mainz; priv.: Hinter d. Kirche 22 - Geb. 4. März 1929 Zodel, ev., verh. s. 1959 m. Susanne, geb. Bürger, 2 Töcht. (Beate, Vera) - Gymn. Görlitz (Reifepr. 1949); 1951-55 Univ. Leipzig (Dt., Niederl.; Ex. 1955), 1960-63 Marburg (Slaw.). Promot. 1959; Habil. 1968 - Wiss. Assist. Dt. Akad. d. Wiss. Berlin (Ost); 1968-71 Doz. Univ. Marburg - BV: Mundart u. Umgangssprache in d. Oberlausitz, 1961; Schles. Sprachatlas 2 Bde. 1965/67; Slavoteutonica, 1971; Beiträge z. Dialektologie am Mittelrhein, 1986 (Hrsg.).

BELLMANN, Johann Diedrich
Studiendirektor, Landwirt, Dozent Theol. Akad. Hermannsburg - Apenser Str. 9, 2151 Nindorf (T. 04167 - 2 07); priv.: Berlinstr. 8, 3100 Celle (T. 05141 - 5 53 73) - Geb. 8. Mai 1930 Ruschwedel, verh. s. 1961 m. Edeltraud B., geb. Niemann, 5 Kd. (Katharina, Jan, Elisabeth, Christian, Andrea) - Stud. German. u. Theol. (Staatsex.) - 1960-73 Gymnasiallehrer; s. 1973 Doz. Theol. Akad. Celle/Hermannsburg; s. 1982 Landwirt in Nindorf - BV: Inseln ünner den Wind, 1964; De Himmel is hoch, 1972; Lüttjepütt, 1983. Fachveröff. - 1966 Klaus-Groth-Preis; 1982 Quickborn-Preis, 1985 Ehrenbrief Fritz-Reuter-Ges. - Liebh.: Landw.

BELLMANN, Karl
Generalkonsul, Leiter Generalkonsulat d. Bundesrep. Deutschl. in Graz - Hamerlinggasse 6/I, A-8010 Graz - Geb. 25. März 1927 Nörde/Kr. Warburg, kath., verh. s. 1956 m. Anneliese, geb. Jacobi, 2 Kd. (Elisabeth, Annegret) - Liebh.: Gesch., Tennis.

BELLMANN, Klemens
Dr. rer. pol., Ministerialdirektor i. R. Saarl. Min. f. Kultus, Bildung u. Sport (Vertr. d. Min.) - Saarufer 30-32, 6600

Saarbrücken 1 - Geb. 21. Jan. 1919, verh. m. Annemarie, geb. Müller, 3 Kd. (Helga, Doris, Gabriele) - Abit. 1938 Bad Godesberg; 1951-55 Stud. Wirtsch.wiss. Univ. Saarbrücken; Promot. 1961 Univ. Saarbrücken - 1938-45 Wehrmacht (zul. Hauptmann, 1944-49 russ. Kriegsgef.); 1956-65 Mitgl. Dt. franz. Reg. Kom. (Saarverhandl.); 1965-80 Min. f. Bild. u. Sport, Saarbrücken - BV: D. Kehrseite, Kriegsgef.-R., 1981. Div. Fachbeitr. z. Saarwirtsch. u. z. Bild.politik.

BELLSCHEIDT, Heinz

Techn. Direktor, Geschäftsf. Potthoff & Flume GmbH, Lünen - Lerchenweg 11, 4670 Lünen/W. - Geb. 17. Juli 1928 - Ing.

BELLUT, Karl-Heinz

Direktor - St. Trudpert-Str. 20, 7812 Bad Krozingen/Baden - U. a. Vorst. Schluchseewerk AG, Freiburg.

BELLUT, Klaus

Direktor, Vors. d. Geschäftsfg. KLN-Ultraschall GmbH, Heppenheim, Geschäftsf. KLN-Ultraschall GmbH, Gmunden (Österr.) - Hügelstr. 7, 6148 Heppenheim-Kirschhausen/Bergstr. - Geb. 25. Febr. 1929.

BELLWINKEL, Klaus

Dipl.-Volksw., Mitglied d. Präsidiums u. Hauptgeschäftsf. d. EBM Wirtschaftsverbandes - Kaiserswerther Str. 135, 4000 Düsseldorf (T. 45 49 30).

BELOHLAVEK, Dieter

Dr. med., Prof., Chefarzt Städt. Krankenhaus Forchheim/Ofr. - Zu erreichen üb. Städt. Krankenhaus, Spitalstr. 4, 8550 Forchheim - Geb. 18. Juni 1942 Bukarest, kath. verh. s. 1969 m. Monika, geb. Grimmer, 3 Kd. (Karsten, Yvonne, Florian) - Approbat. u. Promot. 1969 Univ. Erlangen; Habil. 1977 Univ. Ulm - S. 1984 Prof. Univ. Münster. 1979-84 Chefarzt Unna; 1984ff. Forchheim.

BELOHRADSKY, Bernd H.

Dr. med., Prof., Oberarzt, Leiter d. Abt. f. Infektionsimmunologie München - Univ.-Kinderklinik München, Lindwurmstr. 4, 8000 München 2 - Geb. 13. Nov. 1943 Olmütz/Mähren, kath., verh. s. 1967 m. Dr. med. Dominique, geb. Preney, 7 Kd. (Stéphanie, Emmanuelle, Vanessa, Julie, Marie-Amélie, Anne-Camille, Matthieu) - Abit. Fulda 1962; Med.stud. Marburg, Paris u. Heidelberg; Staatsex. u. Promot. 1967 Heidelberg; Dipl. f. Immunol. v. Pasteur Inst. Paris - 1972-75 San Francisco; 1977 Gastdoz. med. Fakult. Paris - BV: Neugeborenenimmunit. u. Infekt., 1981; Immunglobuline im Vergl., 1985; Primäre Immundefekte. Klinik, Immunologie, Genetik, 1986; Lehrb. u. Handb.beitr. pädiatr. Immunol. u. Infekt. - 1972 Forschungsstipend. Dt. Forschungsgem. u. Dt. Akad. Austauschdienst Paris - 1982 Hugo Schottmüller-Pr. d. Dt. Ges. f. Infektiol. - Spr.: Engl., Franz.

BELSCHNER, Wilfried

Dr. phil., Dipl.-Psych., o. Prof. f. Klin. Psychologie Univ. Oldenburg (1974/75 Fachbereichsvors.) - Ermlandstr. 13A, 2900 Oldenburg (T. 6 43 44) - Geb. 24. März 1941 Gerolzhofen, verh. s. 1965 m. Helga, geb. Schuchbauer, S. Thorsten - Stud. Univ. Freiburg/Br.; Promot. 1968 ebd. - BV: Verhaltenstherapie in Erziehung u. Unterricht, Bd. 1 Grundl., 4. A. 1976; Bd. 2 Anwend., 1980 - Liebh.: Tennis - Spr. Engl.

BELSER, Helmut

Dr. phil., M. Ed., o. Prof. f. Erziehungswiss. Univ. Hamburg (s. 1969) - Immenseeweg 1c, 2000 Hamburg 73 - Geb. 4. Aug. 1921 - Zul. Prof. Päd. Inst. Hamburg.

BELTHLE, Friedhelm

Dipl.-Ing., Prof. f. Spanlose Fertigung u. Zerstörungsfreie Werkstoffprüfung Gesamthochschule Paderborn (Fachbereich Maschinentechnik II/Meschede) - Aust-Engel-Str. 15, 5779 Eversberg - Geb. 10. Aug. 1930 Castrop-Rauxel (Vater: Fritz B., Lehrer; Mutter: Luise, geb. Stenger), ev., verh. s. 1960 m. Irmgard, geb. Schmitt, 6 Kd.

BELTING, Hans

Dr. phil., o. Prof. f. Kunstgeschichte - Am Gutleuthofhang 26, 6900 Heidelberg u. Georgenstr. 7, 8000 München 40 - Geb. 7. Juli 1935 Andernach/Rh. - Promot. 1959 Mainz; Habil. 1965 Hamburg - 1969 Ord. Univ. Heidelberg, 1980 Ord. Univ. München - Fachb. u. Aufs. - BV: Studien z. beneventan. Malerei, 1968; D. Oberkirche v. S. Francesco in Assisi, 1977; D. Bibel d. Niketas, 1979 (m. G. Cavallo); Bild u. Publikum im Mittelalter, 1981; Jan van Eyck als Erzähler, 1983; D. Ende d. Kunstgesch.?, 1984; Max Beckmann, 1984; Giov. Bellini, Pietà, 1985.

BELTLE, Erika

Redakteurin, Schriftst. - Engelhornweg 14, 7000 Stuttgart 1 - Geb. 19. Febr. 1921 Stuttgart, verh. s. 1944 m. Theodor B. - BV: Lyrik: Wanderung, Schaue, lausche ..., Stern überm Dunkel, Welt im Widerklang, Sich selber auf d. Spur, Im Windgeflüster, Zauber d. Begegnung, Sonnenkringel, 1988; Rätselb.: Pfiffikus, Pfiffikus' Schelmennuss, ... rückwärts schlüpft er aus d. Ei, ... einfach rätselhaft, 1986; Kinderb.: Pascha u. s. Freunde, Meister spricht, wär' ich Euch als Helfer recht?, Angus Oog, unser Rotkehlchen; Dichtkunst, was ist das? u.a. zahlr. Aufs. üb. geisteswiss. u. künstler. Themen.

BELTZ, Ludwig

Dr. med., Radiologe (Chefarzt), apl. Prof. Univ. Bonn/Med. Fak. (s. 1973) - Malteser-Krankenhaus, 5300 Bonn-Hardtberg; priv: Merler Allee 59, - Röttgen - Geb. 16. Jan. 1933 Aachen - Promot. 1960; Habil. 1970 - B. 1973 Radiol. Univ.sklin. Bonn, dann Malteser-Krkhs. ebd. - BV: Lymphblock u. Kollateralkreislauf, 1970. Zahlr. Einzelarb.

BELTZ-RÜBELMANN, Manfred

Dr., Verleger (Druck- u. Verlagshaus Beltz, Weinheim) - Am Hauptbahnhof 10, 6940 Weinheim/Bergstr. (T. 06201 - 6 00 70) - Geb. 1931, verh., 4 Kd. - Dipl.-Volksw.

BELZ, Günther

Ass., Geschäftsführer Landesverb. d. Hess. Haus-, Wohnungs- u. Grundeigentümer - Niedenau 61-63, 6000 Frankfurt/M. 1 (T. 069-72 94 58) - Geb. 2. Mai 1952 Frankfurt, verh., 1 Kd. - Jura-Stud.

BELZ, Hans-Georg

Dr. jur., Vorstand Dawag Dt. Angest.-Wohnungsbau-Aktienges., Hamburg - Ahornstr. 17, 2000 Hamburg 70 (T. 040-6564788) - Geb. 4. Mai 1936 Stettin, ev., verh. s. 1966 m. Christel, geb. Hartmann, 2 Kd. (Janina, Marian) - Abit.; Stud. Rechtswiss., Phil., Wirtschafts- u. Sozialwiss.; 1. u. 2. jurist. Staatsex., Promot. - Rechtsanw. u. Geschäftsf. div. Ges.; s. 1979 s.o. - Div. Publ. - Spr.: Engl., Span., Russ., Latein.

BELZ, Helmut

Geschäftsführer Ingersoll Maschinen- u. Werkzeuge GmbH, Burbach, u. Waldrich Siegen Werkzeugmaschinen GmbH, Siegen - Am Vogelsang 6, 5909 Burbach/Siegerl. - Geb. 12. Febr. 1930.

BELZNER, Hermann Carl

Regierungsrat a. D., Bürgermeister a. D., Geschäftsf. Städteverb. Rhld.-Pfalz, MdL Rhld.-Pfalz (1965-75) - Hildenbrandstr. 2a, 6710 Frankenthal (T. 06233 - 2 86 95) - Geb. 1. Febr. 1919 Bad Mergentheim, ev., verh., 2 Kd. - Ev. theol. Sem. Schönthal u. Urach; 1940-43 Stud. Rechtswiss. Staatsex. 1943 u. 48 - Arbeits- u. Wehrdst. (b. 1937 u. 1943-45); 1948-60 Ass. u. Reg.rat versch. Landratsämter, Sozialgericht Speyer u. Bezirksreg. Pfalz. 1956-60 Mitgl. Stadtrat Frankenthal. 1960-73 Bürgerm. Gde. Mutterstadt, 1967-74 Vors. Arb.Wohlfahrt Pfalz. SPD s. 1949 - 1975 BVK I. Kl.

BEMMANN, Günter

Dr. jur., Dr. jur. h. c., o. Prof. f. Straf-, Strafprozeß- u. -vollzugsrecht Fernuniversität (s. 1978) - Regerstr. 2, 5800 Hagen (T. 8 66 48) - Geb. 15. Dez. 1927 Verden/Aller (Vater: Walter B., Mittelsch.lehrer; Mutter: Martha, geb. Geese), ev., verh. s. 1961 m. Helga, geb. Bescht, 3 Kd. (Katrin, Silke, Ulrich) - Stud. Göttingen; Promot. 1955 ebd.; Habil. 1965 Heidelberg - 1965-71 Doz. ebd.; 1971-78 o. Prof. Augsburg; Ehrenpromotion 1980 Thessaloniki/Gr.

BEN-CHORIN, Schalom

Prof., Schriftsteller - P.O.B. 6644, 91066 Jerusalem/Israel - Geb. 20. Juli 1913 München (Vater: Richard Rosenthal, Kaufm.; Mutter: Marie, geb. Schlüsselblum), jüd., verh. s. 1943 m. Avital, geb. Fackenheim, 2 Kd. (Tovia, Ariela) - 1931-34 Stud. German. u. Vgl. Relig.-wiss. Univ. München - 1935-70 Journalist; 1970-87 Doz. u. Gastprof. (Dormitio Mariae), Univ. Tübingen u. München - BV: Zwiesprache m. Martin Buber, 1966; Bruder Jesus, Paulus, Mutter Mirjam, 1982; Jüd. Glaube, Betendes Judentum, 1980; Germania Hebraica, 1982. D. Tafeln d. Bundes, 1979; Theologia Judaica, 1982; Jüdische Ethik, 1983; Mein Glaube-mein Schicksal, 1984; D. Engel m. d. Fahne, 1985; Was ist d. Mensch?, 1986; Als Gott schwieg, 1986; Jugend an d. Isar, Ich lebe in Jerusalem, 1988; Zw. neuen u. verlorenen Orten, 1988; Jüd. Theol. im 20. Jh., Anthol. (zus. m. Vera Lenzen), 1988. Herausg.: Auf d. Weg, Anthol. dt.-spr. Lit. in Israel (1989, m. M. Faerber) - 1969 BVK I. Kl.; 1975 Leopold Lucas-Preis d. Univ. Tübingen; 1982 Buber-Rosenzweig-Med.; 1983 Gr. BVK; 1985 Prof.-Titel ehrenh.; 1986 Bayr. VO; 1988 Dr. h. c. München; 1989 Preis d. Stiftg. Bibel u. Kultur Stuttgart; Gold. Bürgermed. d. Stadt München; Ehrenmitgl. Isr. Kultusgemeinde München; 1988 Ehrenmitgl. Bewegung f. Progr. Judent. Jerusalem - Spr.: Engl., Hebr. - Lit.: Festschr. z. 65. Geb., 1978; Festschr. z. 70 Geb., 1983, D. Mann, d. Friede heisst.

BEN-YAACOV, Yissakhar

Botschafter a. D., Direktor Organisation-Reconstruction-Training (ORT) Deutschland (s. 1987) - Hebelstr. 6, 6000 Frankfurt 1 (T. 069 - 44 90 81) - Geb. 7. Dez. 1922 Hamburg, jüd. Relig., verh. s. 1950 m. Priva, geb. Frischling, 2 Kd. (No'omi, Shlomo) - Handelsgymn. Tel-Aviv; Stud. Univ. München - 1948-53 Ausw. Dienst d. Staates Israel: Kanzler d. Israel. Konsulats München, 1953-56 Konsular-Abt. Jerusalem, 1956-59 Leit. Konsular-Abt. Israel Mission Köln, 1959-64 Außenmin. Jerusalem: stv. Abt.-Leit. f. Intern. Kooperation, 1964-69 Generalkonsul Philadelphia, Pennysylv./USA, 1969-73 Botsch. Lagos/Nigeria, 1974-79 Polit. Berater d. Bürgerm. v. Jerusalem, 1979-83 Botsch. Wien/Österr., 1983-87 Botsch. Canberra/Austral. u. nichtresid. Botsch. f. Fidji, Papua-Neu Guinea, Kiribati - Liebh.: Priv. Korresp., Musik - Spr.: Engl., Hebr., Yiddisch.

BENDA, Ernst

Dr. jur. h. c., Bundesminister u. Bundesverfassungsgerichtspräs. a. D., Ord. f. Öfftl. Recht (m. Schwerp. Verfassungsr.) Univ. Freiburg (s. 1984), Vors. Berliner Kabelrat (1984ff.) - Käthe-Kollwitz-Str. 46, 7500 Karlsruhe 41 - Geb. 15. Jan. 1925 Berlin (Vater: Rudolf B., Obering., 1963-67 MdA Berlin (s. XV. Ausg.); Mutter: Lilly, geb. Krasting), ev., verh. s. 1956 m. Waltraut, geb. Vorbau, 2 Kd. (Josefine, Hans) - Kant-Gymn. Berlin-Spandau; n. Kriegsdienst (Marine) u. Gefangensch. Univ. Berlin (1946-48 Humboldt-U., 1948-1951 FU) u. Madison/USA (1949-55). Gr. jurist. Staatsprüf. 1955 - Rechtsanw.; 1967-68 parlam. Staatssekr. Bundesinnenmin.; 1968-69 Bundesinnenmin.; 1971-84 Präs. BVerfG. 1967-70 Präs. Dt.-Israel. Ges.; 1951-54 Bezirksverordn. Spandau; 1955-57 MdA Berlin; 1957-71 MdB (Berliner Vertr.); 1969 Mitgl. CDU/CSU-Fraktionsvorst. u. Leit. Arbeitskr. Innenpolitik u. Recht). 1952-54 Vors. Jg. Union Berlin. CDU s. 1946 (1966 Mitgl. Bundesvorst.); 1978 Honorarprof. Univ. Trier - BV: Notstandsverfass. u. Arbeitskampf, 1963; Rechtsstaat u. Verjährung, 1965; Industrielle Herrschaft u. sozialer Staat, 1966; D. Notstandsverfass., 1966; D. Rechtsstaat in d. Krise - Autorität u. Glaubwürdigkeit in d. demokr. Ordnung, 1972 (hg. v. Manfred Hohnstock) - 1969 Gr. BVK m. Stern; 1974 Ehrendoktor Univ. Würzburg; 1983 Großkreuz Bundes-VO; 1979 Wahl z. Pfeifenraucher d. J. - Liebh.: Segeln - Spr.: Engl.

BENDER, Bernd Harald

Dr. jur., Prof. f. Öfftl. Recht, Rechtsanwalt - Weiherhofstr. 2, 7800 Freiburg (T. 0761 - 3 61 12) - Geb. 6. April 1919 Freiburg (Vater: Erich B., Rechtsanw.; Mutter: Alice, geb. Hartlaub), verh. s. 1974 m. Astrid, geb. Heinze, 2 Kd. (Michael, Ines) - 1945-49 Univ. Freiburg (Jura. u. Volkswirtsch) - S. 1952 Rechtsanw., s. 1970 Honorarprof. Univ. Freiburg, 1970-73 Vize-Präs. Deutsch-Britische Juristenvereinig., 1974-86 Mitgl. Ständige Deputation d. Dt. Juristentags, 1977-86 Präs. USC Freiburg, 1981-86 Beirats-Vors. Dt. Anwaltsakad. - BV: Allg. Verwaltungsrecht, 3. A., 1961; Staatshaftungsrecht, 3. A., 1981; Nachbarschutz Zivil- u. Verwaltungsrecht (zus. m. R. Dohle), 1972; Umweltrecht (zus. m. R. Sparwasser), 1988. Zahlr. Beiträge in Fachztschr. - 1981 Hans-Dahs-Plakette d. Dt. Anwaltvereins f. Verdienste um die Verwirkl. des soz. Rechtsstaats im Gesamtbereich d. Rechtspflege; 1987 Ehrenmed. Univ. Freiburg - Liebh.: Astronomie, ostasiatische Kulturen - Gold. Sportabz. (15mal s. 1965) - Spr.: Engl.

BENDER, Birgit (Biggi)

Juristin, MdL Baden-Württ., Fraktionsvors. d. Grünen - Knospstr. 1, 7000 Stuttgart 1 - Geb. 28. Dez. 1956 Düsseldorf - 1 jurist. Staatsex. 1980 Freiburg, 2. jurist. Staatsex. 1984 Berlin - Liebh.: Karate - Spr.: Engl., Franz., Russ.

BENDER, Franz

Dr. med., o. Prof. f. Innere Medizin (Kardiolog.) Med. Univ.Klinik Münster (s. 1971) - Parkallee 38, 4400 Münster/W.-St. Mauritz - Geb. 13. Jan. 1922 Ahlen/W., kath., verh. s. 1953 m. Maria, geb. Lötfering - Univ. Münster u. Königsberg/Pr. Promot. u. Habil. Münster - S. 1959 Privatdoz. u. apl. Prof. (1965) Münster (Innere Med.). 1960/61 Stip. DAAD (Mayo Clinic USA). Spez. Arbeitsgeb.: Kardiologie. Üb. 260 Fachveröff., 2 Monogr., 2 wiss. Filme - 1970 Mitgl. Akad. d. Wiss. New York u. Kgl. Ärzteges. London.

BENDER, Hans

Dr. phil., Dr. med., em. o. Prof. f. Psychologie u. Grenzgebiete d. Psychologie - Eichhalde 12, 7800 Freiburg/Br. (T. 5 50 35) - Geb. 5. Febr. 1907 Freiburg/Br. (Vater: Erich B., Rechtsanw.; Mutter: Alice, geb. Hartlaub), ev., verh. s. 1940 m. Dr. phil. Henriette, geb. Wichert †, 3 Kd. - Realgymn. Freiburg; Univ. ebd., Paris, Heidelberg, Berlin, Bonn - 1935 Assist. Psych. Inst. Univ. Bonn, 1940 Privatdoz. das., 1942-45 ao. Prof. u. Dir. Psych. Inst. Reichsuniv. Straßburg, s. 1946 Lehrauftr. ao. (1954) u. o. Prof.(1967) Univ. Freiburg (1950 Gründer u. Leiter Inst. f. Grenzgeb. d Psych. u. Psychohyg.) - BV: Psychische Automatismen, 1936; Z. Problem d. außersinnl. Wahrnehm., 1936; Parapsych. - ihre Ergebn. u. Probleme, 1953; Unser 6. Sinn, 8. A. 1982; Telepathie, Hellsehen u. Psychokinese - Aufs. z. Parapsych. I., 5. A. 1984; Verborgene Wirklichkeit, Aufs. z. Parapsych. III, Neuausg. 1985; Zukunftsvisionen, Kriegsprophezeihungen, Sterbeerlebnisse

- Aufs. z. Parapsych. II., 1983; Umgang m. d. Okkulien, 1984. Herausg.: Ztschr. f. Parapsych. u. Grenzgeb. d. Psych. (1957ff.) - Veröff. 1936 d. erste dt. experimentelle Arbeit üb. Hellsehen aus d. Psych. Univ.inst. Bonn - 1983 BVK I. Kl. - Lit.: Psi u. Psyche - Festschr. f. H. B., 1974; E. Bauer u. W. v. Lucadou, Spektrum d. Parapsych. - Festschr. f. H.B., 1983.

BENDER, Hans

Schriftsteller - Taubengasse 11, 5000 Köln - Geb. 1. Juli 1919 Mühlhausen/Kraichgau (Vater: Friedrich B., Gastw.; Mutter: Therese, geb. Becker), kath. - Univ. Erlangen u. Heidelberg (Literatur- u. Kunstgesch.) - 1960-62 Feuilletonleit. Dt. Ztg.; 1962-64 Chefredakt. Magnum - BV (b. 1960 s. XVIII. A.): M. d. Postschiff, Erz. 1962; Worte - Bilder - Menschen, 1969; Aufz. einiger Tage, 1971; Einer von ihnen. Aufzeichnungen, 1979; Bruderherz, Erz. 1987. Herausg.: Mein Gedicht ist m. Messer (1955), Jg. Lyrik (1956), Widerspiel - Dt. Lyrik s. 1945 (1961), 19 nuovi scrittori tedeschi (1962), Klassiker d. Feuill. (1965); Konturen - Blätter f. jg. Dichtung (1951-53), Akzente - Ztschr. f. Lit. (1954-80); Sonne, Mond u. Sterne (1976); Heinrich Zimmermann: Reise um d. Welt m. Capitain Cook (1978); D. Inselbuch vom Reisen (1978); In diesem Lande leben wir. Deutsche Gedichte der Gegenwart (1978); D. Inselbuch d. Freundschaft (1980); Dt. Gedichte 1930-1960 (1983); Dt. Erzähler 1920-1960 (1985); Das Inselbuch d. Gärten (1985); Annette Kolb-René Schickele: Briefe aus d. Exil 1933-42 (1987); Capri. E. Lesebuch (1988). Mithrsg.: Jahresring (1962ff.) - 1960 Ehrengabe Kulturkr. BDI; 1962 Mitgl. PEN-Zentrum BRD; 1965 Mitgl. Akad. d. Wiss. u. d. Lit., Mainz, 1970 Akad. d. Künste, Berlin; 1973 Premio Calabria; s. 1984 Adjunct Prof. d. Univ. Austin/Texas; 1984 Arbeitsstipendium d. Landes Baden-Württ.; 1986 Ehrendoktorwürde Univ. Köln.

BENDER, Helmut

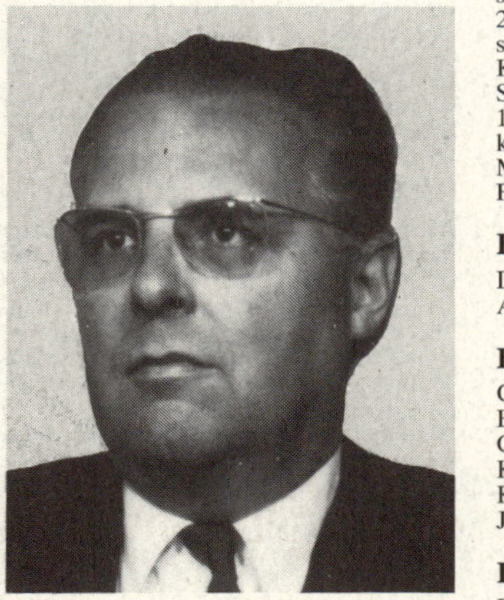

Dr. phil., Cheflektor a.D., Schriftst. - In den Weihermatten 1, 7800 Freiburg - Geb. 23. März 1925 Freiburg, kath., verh. s. 1951 m. Elisabeth Kohler, 2 Töcht. (Charlotte, Christine) - Stud. German., Roman. u. Geschichtswiss., Promot. 1949 Freiburg; 1950-52 Verlagsbuchhändlerlehre - S. 1982 Präs. Hansjakob-Ges.; 1969-77 Hauptred. Dt. Literaturlex. - BV: Baden, 1977; Burgen im südl. Baden, 1979; Hochrhein, Hotzenwald u. Südschwarzwald, 1980; Gesch. u. Erinner., 1980; Badisches, 1983; Aus d. Wiesental, 1983; 25 Texte f. 24 Stunden, 1983; D. Feldberg, 1983; Bodensee-Perspektiven, 1984; Kl. Antiquariatskd., 1984; Hansjakob, 1984; Freiburg, 1984; Südbaden, 1986; Hansjakob u. Freiburg, 1986; Hansjakob - Reiseerinn.-Ausgabe, 1986ff; Kuriositäten, 1988; Bücherlust u. Bücherunlust, 1988; Hansjakob-Erzähl-Bde., 1988ff.; Einfälle, 1989; Z. badischen Literatur, 1989; Hansjakob-Tageb., 1989ff.; rd. 40 weit. Veröff. in Buchform, ca. 1000 Zeitschriftenaufs. Herausg.: Bad. Reihe (s. 1980) - 1987 BVK - Liebh.: Lit., Antiquariatskd., Landeskd., Rezensionen - Spr.: Franz., Engl., Lat., Ital., Span. - Bek. Vorf.: Dr. Ferdinand Kopf, Landtagspräs. (Großonkel).

BENDER, Ignaz

Kanzler d. Univ. Trier - Novalisstr. 4, 5500 Trier/Mosel - Geb. 10. März 1937 Freiburg i. Br., verh., 3 Kd. (Christoph, Franziska, Johannes) - Stud. Rechte u. AStA-Vors. Univ. Bonn u. Freiburg; stv. Bundesvors. Verb. Dt. Studentensch.; Initiator Bildungskampagne Student aufs Land. 1968 Studie im Auftr. d. Kultusmin. Baden-Württ. üb. Ursachen d. Studentenunruhen. Pers. Ref. d. Rektors Univ. Konstanz; stv. Leit. Dienstst. d. Kultusmin. Rhld.-Pfalz z. Erricht. d. Doppeluniv. Trier-Kaiserlautern; s. 1970 ltd. Verw.-Beamter Univ. Trier. Stadtratsmitgl. in Trier (1984ff.) - 1967 Theodor-Heuss-Med. - Spr.: Engl., Franz.

BENDER, Karl

Dr. jur., Hüttendirektor a. D., Rechtsanwalt, Inh. Fa. Christiansen & Meyer, AR-Vors. Berluto Armaturenges., Tönisvorst - Außenmühlenweg 10, 2100 Hamburg-Harburg - Geb. 3. Febr. 1907 Düsseldorf - Hon.-Prof. Univ. Münster.

BENDER, Karl-Günther

Geschäftsführer Adolf Unverzagt GmbH & Co. KG, Stuttgart-Bad Cannstatt - Ellweg 17, 7050 Waiblingen 5 - Geb. 10. Aug. 1923 Diez (Vater: Dr. jur. Karl B., Rechtsanwalt; Mutter: Erna, geb. Thielmann), verh. s. 1978 m. Elisabeth, geb. Weiler, 2 Kd. (Christina, Wolfgang) - N. Abitur prakt. Lehre.

BENDER, Klaus Wilhelm

Dipl.-Kfm., Auslandskorrespondent (Wirtschaftspolitik) - Piazza Navona 106 (ingresso: Via dè Canestrari, 5), 00186 Roma/Italia (T. 6 54-86 96; Telefax 6 87-30 22) - Geb. 15. Dez. 1938 Darmstadt (Vater: Wilhelm B., Kaufm.; Mutter: Elisabeth, geb. Gärtner), ev., verh. s. 1962 m. Sinikka Ritva, geb. Kansikas, 2 Kd. (Markku, Aino) - Stud. d. Wirtschaftswiss. Köln u. München. Dipl. Köln 1964 - 1965-70 Friedrich Ebert-Stiftg., Bonn u. Tokio/Japan, 1970-72 u. 1972-80 fr. Journ. u. FAZ-Korresp. Tokio, s. 1980 Rom - Liebh.: Sprachen, Musik, Reisen, Sport, Lit. - Spr.: Engl., Franz., Ital., Span., Japan.

BENDER, Manfred

Direktor i.R. (Stuttgart), s. XXVII. Ausg.

BENDER, Otto

Generaldirektor, Vors. d. Geschäftsfg. Bender-Werke GmbH u. Deutsche Crown Cork GmbH, vorm. Vereinigte Kronenkork Werke, Frankenthal - Kantstr. 10, 6800 Mannheim - Geb. 15. Juni 1909.

BENDER, Wolfgang F.

Dr. phil., Prof. f. Neuere dt. Literaturgesch. Univ. Münster (s. 1972) - Burg Kastenholz, 5350 Euskirchen-Niederkastenholz - Geb. 18. Aug. 1935 Neuss/Rh. (Vater: Johannes Hubertus B., Versich.math.; Mutter: Gertrud Margarete, geb. Lückerath), verh. m. Monika, geb. Stump, S. Wolfgang - Stud. Univ. Köln, Bonn, Wien; Promot. 1964 Köln - 1966 Assist. Prof. u. 1969 Assoc. Prof. of German Lit., Univ. of California (Davis); 1971 Visit. Prof. of German, Univ. of the Witwatersrand Johannesburg/Südafrika; 1985 u. 87 Gastprof. Kairo; 1987-89 Dekan FB Germanistik - Zahlr. Buch- u. Ztschr.-Veröff. z. Lit. u. Ästhetik d. 17. u. 18. Jh. - Liebh.: Musik (Klavier), Sammeln mod. Graphik - Spr.: Engl., Niederl., Ital.

BENDER, Wolfhard Friedrich

Ministerialdirigent, Abteilungsleit. Bundesmin. f. d. Post- u. Fernmeldewesen, Ber. Öffentlichkeit, Markt (s. 1985) - Heinrich-von-Stephan-Str. 1, 5300 Bonn 2 (T. 0228 - 14 60 00) - Geb. 4. Mai 1947 Mayen, verh., 1 Kd. - Abit. 1967 Staatl. Neusprachl. Gymn. Mayen; Stud. Rechtswiss.; 1. jurist. Staatsprüf. 1973; Gr. jurist. Staatsprüf. 1976 - 1976-78 Tätigk. als Richter am Landgericht Koblenz, Dezern. b. d. Kreisverw. Ahrweiler, Doz. FH Rheinl.-Pfalz in Mayen; 1978-81 Ref. Bundesmin. d. Innern; 1981/82 Sekr. Enquête-Kommiss. Neue Informations- u. Kommunikationstechn. d. Dt. Bundestages; 1982-85 Leit. Min.-Büro Bundesmin. f. d. Post- u. Fernmeldewesen u. pers. Ref. d. Min.

BENDIXEN, Klaus

Prof., Maler - Elbchaussee 186, 2000 Hamburg 52 (T. 39 44 46) - Geb. 14. Dez. 1924 Hannover, ev., verh. s. 1956 m. Hal, geb. Busse, 2 Töcht. (Anna, Beate) - 1945-47 Bildhauerhandw.; 1947-49 Kunstakad. Nürnberg; 1950-54 Kunsthochsch. Stuttgart (Schüler v. Willi Baumeister) - S. 1961 Leit. e. Kl. f. Malerei Kunsthochschule Hamburg - 1961 Rom-Preis.

BENDIXEN, Peter

Dr. phil., Kultusminister a. D. (1979-88), MdL Schlesw.-Holst. (s. 1975) - Landeshaus, 2300 Kiel - Geb. 16. April 1943 Haurupfeld/SH., ev., verh., 3 Kd. (Karoline, Christoph, Jan-Peter) - Goethe-Gymn. Flensburg (Abit. 1963); Univ. Heidelberg, Hamburg, Kiel (Gesch., German., Phil.). Promot. (Das Staatsdenken Walther Rathenaus) u. 2. Staatsex. 1972 - 1973-74 Geschäftsf. CDU-Landtagsfrakt.; 1974-75 Studienrat Preetz. Div. Parteiämter, dar. 1972-73 Landesvors. d. JU.

BENDIXEN, Peter

Rechtsanwalt, Wirtschaftsprüf., Steuerberat., Generalbevollm. DWT Dt. Warentreuhand AG Wirtschaftsprüfungsges. - Ferdinandstr. 59, 2000 Hamburg 1 (T. 040-30 29 32 79) - Geb. 25. Nov. 1931, verh., 3 Kd.

BENDZIULA, Albrecht

Vorstandsvorsitzender Dt. Vereinig. z. Förd. d. Weiterbild. v. Führungskräften (Wuppertaler Kreis), Köln, Vors. Bildungswerk Nordrh.-Westf. Wirtsch. - Irenenstr. 12, 5600 Wuppertal 1 - Geb. 8. Nov. 1925 - Dipl.-Psych.

BENECKE, Dieter W.

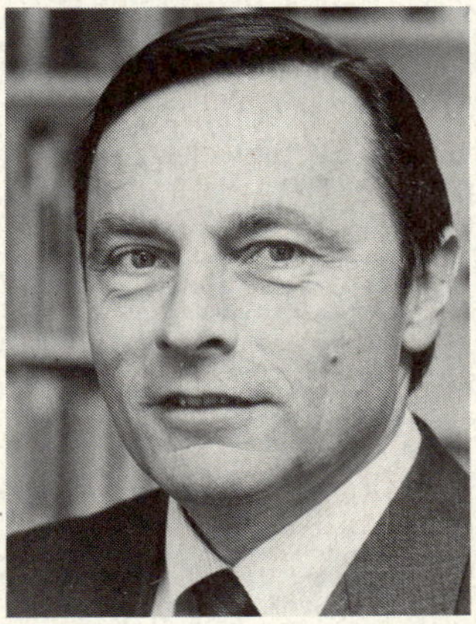

Dr. rer. pol., Prof. f. Wirtschaftswiss. Univ. Católica de Chile, Vorstand Inter Nations - Kennedyallee 91-103, 5300 Bonn 2 - Geb. 19. Nov. 1938 Habelschwerdt, verh. s. 1965, 2 Töcht. - Kaufm. Lehre, Stud. Volkswirtsch. u. Politikwiss; Dipl. 1965 Tübingen; Promot. 1970 Münster - Leit. Grundsatzabt. Intern. Inst. d. Konrad-Adenauer-Stiftg.; Vors. Interdisziplinärer Arbeitskr. f. Entwicklungsländerforsch. (IAFEF); Vorst.- u. Kurat.-Mitgl.: Arbeitsgem. Dt. Lateinamerikaforsch. (ADLAF), Dt. Welthungerhilfe, Nord-Süd-Forum, Berliner Verein z. Förd. d. Publiz. in d. Entwicklungsländern - BV: Kooperation u. Wachstum in Entwicklungsländern, 1972 (engl., span., portug. Übers.); Genoss. in Lateinamerika, 1976 (span. Übers.) - Herausg.: Integration in Lateinamerika (1980); Wirtschaftsreform in d. VR China (1984); Bevölkerungswachstum in Lateinamerika (1986) - Liebh.: Musik, Theater, Politik, Sport - Spr.: Engl., Span., Schwed., Franz.

BENECKE, Johann Heinrich

Aufsichtsratsvorsitzender J. H. Benecke AG - Beneckeallee 40, Postf. 709, 3000 Hannover 1 (T. 0511 - 6 30 20); priv.: Dorfstr. 12, Isernhagen - Geb. 14. Juni 1923 Hannover (Vater: Otto B., Fabr.; Mutter: Alve, geb. Engel), ev. - U. a. Vors. Industrieverb. Kunststoffbahnen, Frankfurt/M. - Liebh.: Mod. Kunst.

BENECKE, Theodor

Dr. phil., Ministerialdirektor a. D., Vors. Aktionsgemeinschaft Allgem. Luftfahrt Bundesrepub. Deutschl., Präs. Club d. Luftfahrt v. Deutschl. e. V. - Godesberger Allee 70, 5300 Bonn 2 (T. 37 32 63) - Geb. 10. Sept. 1911 Lüneburg (Vater: Gustav B., Konrektor; Mutter: Lina, geb. Klüssendorf), ev., verh. m. Annemarie, geb. Geppert s. 1953, 5 Kd. - Johanneum Lüneburg; Univ. Freiburg/Br. u. Kiel (Physik, Math., Chemie). Promot. (Physik) 1935 - 1936-1939 Dt. Versuchsanstalt f. Luftfahrt (Assist.), dann Techn. Amt Reichsluftfahrtmin. (Abt.chef, 1942 Fliegerstabs-, 1944 -oberstabsing.), b. 1948 Kriegsgefangensch., spät. Industrietätigk., 1952-62 Dienstst. Blank bzw. Bundesverteidigungsmin.; 1962-69 Präs. Bundesamt f. Wehrtechnik u. Beschaffg.; 1969-73 gf. Vorst.-Mitgl. Dt. Forschungs- u. Versuchsanst. f. Luft- u. Raumfahrt e. V.; s. 1962 Mitgl. AR bzw. Vors. Beirat Industrieanlagen Betriebsges. (IABG); 1962, 66/71 Mitgl./Präs. Dt. Komm. f. Weltraumforschg.; 1970-73 Präs. Advisory Group f. Aerospace Res. a. Developm. d. NATO (AGARD); s. 1972 2. Vors. Dt. Ges. f. Luft- u. Raumfahrt e. V. - BV: History of German Guided Missiles Development, 1957; Wehrtechn. f. d. Verteidig., 1984; Flugkörper - Lenkraketen, 1987. Herausg.: Jahrb. d. Wehrtechnik; Buchreihe: D. dt. Luftfahrt - 1962 Großoffz.kreuz ital. VO.; 1963 Med. de l'Aeronautique u. 1975 Kommand. d. Nat. VO. d. franz. Rep.; 1969 BVK I. Kl., 1973 Gr. BVK, 1987 Stern dazu, 1975 Fellow Americ. Inst. of Aeronautics a. Astronautics/USA - Spr.: Franz., Engl.

BENEDICT, Laurel

Solo-Ballett-Tänzerin Dt. Oper am Rh., Düsseldorf - Wettiner Str. 2-4, 4000 Düsseldorf-Oberkassel (T. 58 93 58) - Geb. 6. Aug. Los Angeles (Vater: George B., Rechtsanw.; Mutter: Ruth, geb. Wheler), verh. s. 1984 m. Prof. Heinz Manniegel - Ausb. San Diego-Ballet, New York City-Ballet; b. Prof. Heinz Manniegel, jetzt Ehemann - 1971 Mannheim, 1972 Solotänzerin Frankfurt; 1973-75 desgl. Hamburg; 1976-84 Het National Ballet Holland; 1980-84 Gast Düsseldorf u. München - Rollen Ballett: Giselle, Odette, Odile, Julia, Aurora, Sylphide, Apollon, Agon, Corsaire, Nussknacker u.a. - Spr.: Deutsch, Engl.

BENEDIX-ENGLER, Ursula

Dipl.-Hdl., Oberstudienrätin a. D., MdB (1972-83), stv. Landesvors. CDU Nieders. - Ziegeleistr. 11, 2970 Emden - Geb. 12. Sept. 1922 Neurode/Schles.- Stud. Breslau, Leipzig, Köln.

BENEDUM, Jost

Dr. phil., Prof. f. Geschichte d. Med. Univ. Gießen (s. 1973) - In den Gärten 22, 6300 Gießen-Lützellinden - Geb. 16. Jan. 1937 Merzig/Saar (Vater: Stefan B., Kaufm.; Mutter: Anna, geb. Hermann), ev., verh. s. 1969 m. Dr. phil. Christa, geb. Schaum, 2 Kd. (Georg, Ulrich) - Stud. d. Klass. Altertumswiss. Univ. Saarbrücken, Athen, Gießen; Promot. 1966 ebd.; Teilstud. Med.; Habil. Gesch. d. Med. 1972 - S. 1973 kommiss. Leit. und s. 1978 Leit. Inst. f. Gesch. d. Med., Gießen; 1982-85 Vorst.Mitgl. Dt. Ges. d. Medizin, Naturw. u. Technik; s. 1984 Vors. Fachverband Medizingeschichte; 1973 u. 76 Forschungsaufenthalte Griechenland. In- u. ausl. Fachmitgl.sch. - BV: Studien z. Dichtkunst d. späten Ovid, 1967; Einf. in d. medizin. Fachspr., 1972; 2. A. 1981 (m. a.); Katalog 375 Jahre Medizin in Giessen, 1982 (m. a.). Hrsg. d. Reihe Arbeiten zur Geschichte d. Medizin in Giessen, Bd. 1, 1979ff. Zahlr. Fachbuchbeitr. u. wiss. Aufs. - Korr. Mitgl. Akad. d. Wiss. u. Lit. Mainz - Spr.: Franz., Engl., Neugriech.

BENEKE, Peter

Obersteuerrat a. D. s. 1981, MdL Nordrh.-Westf. (1975-1980) - Am Elend 9, 5600 Wuppertal 1 (T. 74 35 33) - Geb. 11. März 1917 - CDU.

BENEKING, Heinz

Dr. rer. nat., em. o. Prof. f. Halbleitertechnik - Höhenweg 74, 5100 Aachen (T. 87 50 50) - Geb. 28. März 1924 Frankfurt/M. (Vater: Otto B., Künstler; Mutter: Friedel, geb. Dürbeck) - Univ. Frankfurt u. Hamburg - Tätigk. NWDR u. Telefunken; s. 1956 Privatdoz., ao. (1961) u. o. Prof. (1964) TH Aachen (Dir. Inst. f. Halbleitertechnik) - BV: D. Transistor, 1963; Praxis d. Elektronischen Rauschens, 1971; Feldeffekttransistoren, 1973. Üb. 100 Einzelarb. - Fellow IEEE; Carl-Friedrich-Gauss-Med. Braunschweig. wiss. Ges. u. korr. Mitgl. ebd.; 1985 Award of the Intern. Sympos. on GaAs and related Comp.; 1985 Heinrich-Welker-Med.; 1986-1988 Goebel Visiting Prof. Univ. of Michigan.

BENESCH, Harald

Regisseur u. Autor - Lindenpl. 2, 8920 Schongau/Obb. (T. 8861 - 76 47) - Geb. 8. Dez. 1921 Wien (Vater: Walter B., Schriftst.; Mutter: Rose, geb. Reil), verh. s. 1960 m. Ursula, geb. Jockeit, 3 Kd. (Evelyn, Sonja, Maximilian) - 1939-41 Staatl. Schauspielsch. Hamburg - 1950 Regieassist. b. Bertold Brecht; 1951-56 Theaterregiss. Graz; 1957-61 Oberspiell. Schauspielhs. Bochum. 1983 Gastdoz. Max-Reinhardt-Sem. Wien. Üb. 100 Theater- (dar. UA. N, D. Tod e. Puppe, D. Barbar) u. Fernsehinsz. (Kapt. Karagöz, Nebeneinander, D. Wohnung, D. Klassenaufs. u. a.). Div. Drehb. - Liebh.: Bergsteigen, Reisen (Mittelmeer), Gesch.

BENESCH, Hellmuth

Dr. phil., Prof. f. Psychologie Univ. Mainz - Rheinblick 16, 6501 Wackernheim - Geb. 24. Dez. 1924 Dux - Promot. 1953; Habil. 1970 - BV: Wiss. u. Menschenbehandl., 1958; Wirtschaftspsych., 1962 (auch span.); Exper. Psych. d. Fernsehens, 1968; Urspr. d. Psych. aus neuronalen Formprinzipien, 1974. Herausg.: Handb. z. Prakt. Psych. (3. A. 1973) u. Wörterb. z. Klin. Psych. (2 Bde., 1981).

BENESCH, Kurt

Dr. phil., Schriftsteller - Lederergasse 17/21, A-1080 Wien (T. 431 92 35) - Geb. 17. Mai 1926 Wien (Vater: Josef B., Beamter; Mutter: Agnes, geb. Hilbert), kath., verh. s. 1969 m. Gertrud, geb. Neumann - Mittelsch., Abitur; Stud. (Promot. 1950) - BV: D. Flucht v. d. Engel, R. 1955; D. Maßlose, R. 1956; D. vielen Leben d. Mr. Sealsfield, R. 1965; D. Frau m. d. hundert Schicksalen, R. 1966; Nie zurück, R. 1967; Begegnung, Erz. 1979; Magie, 1975; Rätsel d. Vergangenh., 1977; Auf d. Spuren gr. Kulturen, 1979; D. Sonne näher (Autobiogr.), 1972; Einführ. in d. Archäologie, 1982; D. Spur in d. Wüste, R. 1985; Fabrizio Alberti, R. 1987 - 1959 Förder.-preis Stadt Wien f. Lit.; 1960 Anerk.-preis z. Österr. Staatspr.; 1960 Jugendbuchpr. Stadt Wien.

BENESCH, Otto

Staatssekretär a. D., Präsident Landesrechnungshof Nordrh.-Westf. (s. 1971) - Siepenblick 15, 4300 Essen (T. 96-28 17 04) - Geb. 21. März 1913 Groß-Weichsel (Vater: Josef B., Hauptlehrer; Mutter: Hedwig, geb. Drutschmann), kath., verh. s. 1941 m. Friedel, geb. Joppen, 2 Kd. (Lothar, Christine) - Stud. München, Breslau (Rechts- u. Staatswiss.); 1. u. 2. Jur. Staatsex. 1937 u. 1941 Breslau, bzw. Berlin - B. 1953 Verw.sdst., dann Senatspräs. Landessoz.gericht Nordrh.-Westf., 1957-69 Min.dir. u. b. 1971 Staatssekr. Min. f. Arb. u. Soz. Nordrh.-Westf. - 1966 Gold. Sportabz., 1973 Gr. BVK - Spr.: Engl., Franz.

BENGEL, Gunter

Dr. phil. nat., Prof., Mathematiker - Pferdekampsheide 50, 4401 Havixbeck - Geb. 7. April 1939 Neckarmühlbach - Promot. 1966 Frankfurt/M.; Habil. 1974 Kaiserslautern - S. 1971 Wiss. Rat u. Prof. Univ. Kaiserslautern, 1975 Prof. Univ. Münster. Fachaufs.

BENGTSON, Hermann

Dr. phil., o. Prof. (emerit.) f. Alte Geschichte - Im Eichgehölz 4, 8000 München 50 (T. 811 42 45) - Geb. 2. Juli 1909 Ratzeburg/SH. (Vater: Hermann B.; Mutter: geb. Käselau), ev., verh. s. 1940 m. Luise, geb. Rambold, Tocht. - Univ. Hamburg, München (Promot. 1935), Pisa (alte Gesch., Klass. Philol., Orientalistik). Habil. 1939 München - 1940 Doz. Univ. Heidelberg, 1941 Univ. München, 1942 ao. Prof. Univ. Jena, 1949 apl. Prof. München, 1952 o. Prof. Univ. Würzburg (1959/60 Rektor), 1963 Univ. Tübingen, 1966 Univ. München - BV: D. Strategie in d. hellenist. Zeit, 3 Bde. 1937/52; Einf. in d. Alte Gesch., 8. A. 1979; Griech. Gesch. v. d. Anfängen b. in d. röm. Kaiserzeit, in: Handb. d. Altertumswiss., 5. A. 1977; Gr. Histor. Weltatlas, Bd. I, 6. A. 1978; Grundriß d. röm. Gesch., 3. A. 1982; D. Olymp. Spiele in d. Antike, 3. A. 1983; Kleine Schrift. z. Alt. Gesch., 1974; Herrschergestalten d. Hellenism., 1975; Marcus Antonius, 1977; D. Flavier, 1979; Kaiser Augustus, 1981; Griech. Staatsmänner d. 5. u. 4. Jh. v. Chr., 1983; Philipp u. Alexander d. Gr., 1985; D. Diadochen, 1987; D. hellenistische Weltkultur, 1988. Hrsg.: Handb. d. Altertumswiss.; Mithrsg.: Münchener Beitr. z. Papyrusforsch. u. antiken Rechtsgesch. - Mitgl. Kgl. Ges. d. Wiss. Lund (1962), Kgl. Belgische Akad. d. Wiss., Lit. u. Schönen Künste, Brüssel (1965), Bayer. Akad. d. Wiss., München 1968, o. Mitgl. d. Dt. Archäolog. Inst. 1970 - Bayer. VO. 1971, Ehrenmitgl. Society for the Promotion of Hellenic Studies, London 1973.

BENIRSCHKE, Hans

Dr. phil., Chefredakteur Deutsche Presse-Agentur (dpa) - Mittelweg 38, 2000 Hamburg 13 (T. 4 11 31); priv.: Bernadottestr. 197, -52 (T. 880 38 82) - Geb. 26. Okt. 1925 Christdorf (Vater: Emil B., Landw.; Mutter: Anna, geb. Richter), kath., verh. s. 1952 m. Gisela, geb. Mittler, 2 Kd. (Eva-Anette, Matthias) - Gymn.; Univ. Würzburg (Neuere Gesch., Phil., Angl.; Promot. 1951) - 1952-62 dpa (Redakt., Reisekorresp., 1958 Leit. Büro London); 1963-65 Südd. Ztg. (London-Korresp.); s. 1966 dpa (stv., 1968 Chefredakt.) - Liebh.: Bücher (Gesch., Zeitgesch.), Bergsteigen - Spr.: Engl.

BENISCH, Werner

Dr. jur., Geschäftsführer Forschungsinst. f. Wirtschaftsverfassung u. Wettbewerb, Mithrsg. Ztschr. Wirtschaft u. Wettbewerb - Kuckucksweg 1a, 5060 Berg. Gladbach 1 - Geb. 7. Aug. 1919 Sagan/Schles. (Vater: Erich B., Studienrat; Mutter: Meta, geb. Linke), ev., verw., 2 Kd. (Harald, Petra) - Gymn.; Univ. Köln (Rechtswiss.; Promot. 1950) - 1952-84 BDI, Köln (1977 Abteilungsleit. f. Wettbewerbspolitik) - Hrsg.: Gemeinschaftskommentar z. Gesetz gegen Wettbewerbsbeschränk., 4. A. 1980/81 - Spr.: Engl., Franz.

BENKE, Volker

Dipl.-Politologe, Sprecher Nieders. Innenministerium (Leit. Ref. f. Presse- u. Öffentlichkeitsarb.) - Sollingstr. 10, 3005 Hemmingen 4-Arnum (T. 05101 - 39 69) - Geb. 22. Jan. 1940, verh. m. Heidemarie, geb. Fahs, 3 Kd. (Peggy, Ingar, Hagen) - Humanist. Gymn.; Stud. Politikwiss., Neuere Gesch., Publiz., Soziol., Öffentl. Recht FU Berlin (Otto-Suhr-Inst.) - Spr.: Engl., Franz.

BENKER, Albert

Präsident Landesamt f. Datenverarbeitung u. Statistik Nordrh.-Westf. - Mauerstr. 51, 4000 Düsseldorf 30.

BENKER, Fritz

Dr. rer. pol., Dipl.-Volksw., gf. Gesellschafter Benker-Textil Handelsges. mbH u. Unifa Schreib- u. Spielwaren-Vertriebsges. mbH u. Co. KG, Bayreuth-Hof/Saale-Regensburg, Vizepräs. IHK Bayreuth, Mitgl. Handelsaussch. DIHT - Zobelsreuther Str 51, 8670 Hof/Saale (T. 09281 - 9 36 52) - Geb. 24. Juli 1921 Zell/Oberfranken (Vater: Karl B., Großhändler; Mutter: Anna, geb. Gebhardt), ev., verh. s. 1952 m. Isolde, geb. Zeitler, 2 Söhne (Klaus Helmut, Bernd) - Volksw. Univ. Erlangen. Dipl.-Volksw. 1948; Promot. 1950 - Liebh.: Lit., Motorfliegerei (Privatpilotenschein) - Spr.: Engl.

BENKER, Gertrud,

geb. Schmittinger

Dr. phil., Redakteurin Volkskunst, Zeitschrift f. volkstüml. Sachkultur, Autorin - Hippelstr. 57b, 8000 München 82 (T. 089 - 430 84 09) - Geb. 20. Nov. 1925, kath., verh. s. 1951 m. Heinz B., Studiendir., Komp., 2 Töcht. (Angelika, Eva) - 1946-52 Stud. German., Gesch., Geogr., Volkskd. Univ. Erlangen u. München; Staatsex. f. d. höh. Lehramt, Promot. 1951 - Lehramt am Gymn. München u. Regensburg; Verlagstätigk. - BV: Heimat Oberpfalz, 1965; Reise durch d. konzertante Bayern, 1968; Wege durch Regensburg, 1971; D. Gasthof, 1974; Christophorus, 1975; Altes bäuerl. Holzgerät, 1977; Alte Bestecke, 1978; Kuchlgschirr u. Essensbräuch, 1978; Ludwig d. Bayer, 1980; Bürgerl. Wohnen, 1984; In alten Küchen, 1987; zahlr. Aufs. in wiss. Ztschr. - Gold. Feder Gastron. Akad. Berlin, VO der BRD - Liebh.: Kulturgesch., Musik - Spr.: Lat., Franz., Engl.

BENKERT, Otto

Dr. med., Prof. Univ. Mainz, Direktor Psychiatr. Klinik - Langenbeckstr. 1, 6500 Mainz.

BENKLER, Manfred

Dr. jur., I. Direktor, Vors. d. Geschäftsfg. Landesversicherungsanstalt Hannover - Lange Weihe 2, 3014 Laatzen.

BENKMANN, Karl-Heinz

Dr. phil., Dipl.-Psych., o. Prof. f. Pädagogik PH Ruhr, Dortmund - Heunerstr. 40, 4600 Dortmund 50.

BENNDORF, Günter

Dr. med. dent., Zahnarzt, Präs. Intern. Rollsportverb./FIRS (s. 1979; erster Deutscher) - Hirtengasse 6, 8722 Bergrheinfeld/Ufr. - Geb. 5. April 1927 Schweinfurt, ev., verw. s. 1980, 1 Kd. (Ehefr. u. 2 Kinder 1980 m. Privatflugz. tödl. verunglückt).

BENNEKER, Heinrich

Dipl.-Volksw., Geschäftsführer Industrieverb. Härtetechnik - Goldene Pforte 1, 5800 Hagen/W.

BENNEMANN, Josef

Dr. oec., Dipl.-Kfm., Direktor u. Geschäftsf. Stiftg. Akad. Klausenhof (s. 1969) - Zu erreichen üb. Klausenhofstr. 100, 4236 Hamminkeln 2/W.; priv.: Klausenhofstr. 96, 4236 Hamminkeln-Dingden (T. 02852 - 16 92) - Geb. 21. Mai 1934 Emsdetten (Vater: Josef B.; Mutter: Katharina, geb. Albers), kath., verh. s. 1963 m. Maria, geb. Hesselmann, 5 Kd. (Johannes, Kathrin, Dietrich, Alexander, Rebekka) - 1944-51 Progymn. Emsdetten, 1951-54 Gymn. Dionysianum Rheine, Abit. - 1954-62 Stud. Wirtschaftswiss. Univ. Köln, Berlin, Münster u. Nürnberg; Dipl.-Kfm. 1960; Promot. 1962 (Diss. üb. Verbrauchswandlungen); Studienaufenthalt in USA - 1962-68 Refer. f. polit. Jugendbildung Franz-Hitze-Haus Münster. Stv. Vors. Kath. Bundesarbeitsgem. f. Erwachsenenbildung (KBE) - BV: Kirche u. Werbung, 1966; Verbände, v. d. Last ihrer Erneuerung, 1968 - 1982 BVK - Spr.: Engl.

BENNEMANN, Karl-Heinz

Ph. D., o. Prof. f. Theoret. Physik - Starstr. 12, 1000 Berlin 33 - Geb. 30. Juli 1936 - Promot. 1962 USA - S. 1967 Prof. Univ. Rochester u. FU Berlin (1971); 1969 Sloan Fellow. Zahlr. Facharb.

BENNEMANN, Otto

Landesminister a. D. Nieders. - Isoldestr. 36, 3300 Braunschweig (T. 32 13 53) - Geb. 27. Sept. 1903 Braunschweig (Vater: Edmund B., Schlosser; Mutter: Ernestine, geb. Warmuth), verw. - Volkssch. u. kaufm. Lehre; Selbststud. Volksw. u. Staatswiss. - Industriekfm., unt. Hitler illeg. Tätig., Verfolg. durch Gestapo, ab 1938 Aufenth. England, n. Kriegsende Ratshr. Braunschweig, 1946-74 MdL Braunschweig u. Nieders. (1947), 1948-52 u. 1954-59 Oberbürgerm. Braunschweig, 1959-67 Innenmin. Nieders. SPD s. 1923 - 1968 Ehrenbürger Braunschweig; 1959 Ehrensenator TH Braunschweig; 1965 Gr. BVK m. Stern u. Schulterbd.; 1968 Nieders. Landesmed.

BENNENT, Heinz

Schauspieler - Zu erreichen üb. Agentur Erna Baumbauer, Keplerstr. 2, 8000 München 80 - Geb. 18. Juli 1921, verh. (Ehefrau: Diane, ehem. Tänzerin), 2 Kd. (Anne, David) - Bühnentätigk. s. 1945, zul. Hamburg, Berlin, München. S. 1954 ca. 150 Fernsehrollen; Filme m. I. Bergmann, F. Truffaut, Costa Gavras André Zulawsky, Yves Boisset, v. Schlöndorff, M. v. Trotta, H. W. Geissendörfer, Nelly Kaplan, John Cassavetes, Philipp Lefebure, Michel Boiron etc.

BENNER, Dietrich

Dr. phil., Prof. f. Erziehungswissenschaft - Goethestr. 17, 4417 Altenberge/W. - Geb. 1. März 1941 Neuwied - Promot. 1965; Habil. 1970 - S. 1973 Ord. u. Institutsdir. Univ. Münster; Mitherausg. d. Ztschr. f. Pädagogik u. d. Theoriegeschichtl. Quellen d. Päd. - BV: u. a. Theorie u. Praxis. Systemtheoret. Betracht. zu Hegel u. Marx, 1966; Prolegomena z. Grundleg. d. Päd. (gem. m. W. Schmied-Kowarzik), Bd. I 1967, Bd. II 1969; Hauptströmungen d. Erziehungswiss. E. Systematik trad. u. mod. Theorien, 2. A. 1978; Wenn d. Schule sich öffnet. Erfahrungen aus d. Grundschulprojekt Gievenbeck (gem. m. J. Ramseger), 1981; Johann Friedrich Herbart. Syst. Päd., 1986; D. Päd. Herbarts. E. problemgeschichtl. Einf. in d. Systematik neuzeitl. Päd., 1986; Allg. Päd. E. system.-problemgeschichtl. Einf. in d. Grundstruktur päd. Denkens u. Handelns, 1987.

BENNER, Karl Ludwig

I. Direktor, Vors. d. Geschäftsfg. Landesversicherungsanstalt Hessen a. D., Frankfurt/M. (s. 1979) - Meisenweg 5, Mörfelden-Walldorf (T. 06105 - 56 46) - Geb. 5. Mai 1926 Frankfurt/M. (Vater: Christian B., Einrichter; Mutter: Maria, geb. Och), ev., verh. s. 1954 m. Grete, geb. Marks - Beide Verw.prüf. - S. 1944 LVA. 1978 Hauptschriftl. Ztschr. D. Soz.versicherung., Doz. Akad. f. Arbeits- u. Sozialmed., Bad Nauheim - Ehrenplak. Verb. Dt. Rentenversicherungsträger u. d. Landesärzte-Kammer Hessen; VdK Ehrenplak. in Gold; Ehrenmed. d. Stadt Bad Soden am Taunus; BVK am Bde. - Liebh.: Musik, Theater, Lit., Golf, Tennis, Schwimmen, Heimwerken - Spr.: Engl.

BENNER, Otto

Kaufm. Angestellter, MdL Bayern (s. 1978, SPD) - Fasanenweg 6, 8481 Luhe/Opf. - Geb. 28. April 1929 Furth im Wald, kath., verh., S. - Industrietätigk.

(Versandleit.). Mitgl. Gemeinderat u. Kreistag.

BENNER, Ulrich

Dr. rer. pol., Dipl.-Kfm., Ministerialdirektor Bundesmin. d. Finanzen - Graurheindorfer Str. 108, 5300 Bonn 1 (T. 0228-682 47 28) - Geb. 4. Juli 1936 - Gymn., kfm. Praxis; Stud. Wirtsch.- u. Sozialwiss. München u. Köln (Ex. 1962, Promot. 1966) - 1962-65 wiss. Assist. Köln (Betriebsw., Bankw.), 1966-68 Wirtsch.prüf., 1968-69 Bundesmin. f. Arbeit u. Sozialordn. (Grunds.- u. Planungsabt.), 1970-73 Mitgl. Planungsstab CDU/CSU-Frakt. Dt. Bundestag, 1974-82 Landesreg. Schlesw.-Holst. (b. 1978 Staatskanzlei Kiel, dann Vertr. d. Landes b. Bund). S. Okt. 1982 Abt.leiter BMF.

BENNEWITZ, Hans-Gerhard

Dr., Wiss. Rat, Prof. f. Physik Univ. Bonn (s. 1970) - Langhecke 4, 5300 Bonn 1 - Geb. 24. Juni 1924 Berlin (Vater: Dr. Kurt B., Prof.; Mutter: Ilse, geb. Stellmacher), ev., verh. s. 1959 m. Helga, geb. Aschoff (geb. 1936), 4 Kd. - Promot. 1956 - S. 1966 (Habil.) Lehrtätigk. Bonn. Üb. 30 Veröff. - 1964 Physik-Preis Akad. d. Wiss. Göttingen - Spr.: Engl.

BENNEWITZ, Jürgen

Dipl.-Ing., Ing.-Chem., Unternehmensberater - Birkenweg 24, 5628 Heiligenhaus - Geb. 13. März 1927, verh. m. Dr.-Ing. Ruth Bennewitz, 5 Kd. (Ricarda, Friderike, Ehrhard, Henrik, Gerhild) - U. a. Gf. Mecano-Bundy GmbH u. Mecano-Simmonds GmbH, Heidelberg, Günther Wagner Pelikan-Werke GmbH, Hannover, Bêché & Grohs GmbH, Hückeswagen; AR DAKO Werkzeugfabriken GmbH, Remscheid - BV: Energie f. d. Weltwirtschaft von morgen, 1984.

BENNHOLD, Martin

Dr. iur., Prof. f. Rechtssoziologie Univ. Osnabrück (s. 1974) - Corsicaskamp 30, 4500 Osnabrück - Geb. 24. Dez. 1934 Hamburg, verh. s. 1973 m. Hannelore Bennhold-Rohwer.

BENNHOLDT-THOMSEN, Veronika

Dr., Prof., Hochschullehrerin Fak. f. Soziol. Univ. Bielefeld - Brandenburger Str. 21, 4800 Bielefeld 1 (T. 0521 - 6 22 19) - Geb. 12. Sept. 1944 Seefeld/Tirol, S. Daniel - Promot. 1973 (Völkerkunde); Habil. 1982 (Soziol.). Arbeitsgeb.: Lateinamerikaforsch. (langj. Arb. in Mexiko); Feminist. Forsch. (Themen: Frauenarb., Frauen u. Dritte Welt) - Zahlr. Publ.; Ztschr. Beitr. z. feminist. theorie u. praxis - Spr.: Engl., Franz., Span.

BENNIGSEN, von, Walther

Landwirt, landw. Sachverst. u. Rechtsbeistand f. landw. Pacht- u. Erbrecht, Ehrenmitgl. Hauptverb. d. landw. Buchstellen u. Sachverst. - Meierhofweg 2, 3257 Bennigsen (T. 05045 - 14 40) - Geb. 25. Okt. 1916 München.

BENNIGSEN-FOERDER, v., Rudolf

Vorstandsvorsitzender VEBA AG, Düsseldorf/Berlin - K.-Arnold-Pl. 3, 4000 Düsseldorf 30 (T. 4 57 91) - Geb. 2. Juli 1926 Berlin (Vater: Rudolf v. B.-F., Rechtsanwalt u. Mitgl. Direktorium A. Borsig †1939; Mutter: Margarethe, geb. Welt), ev., verh. s. 1955 m. Johanna, geb. Wirmer - Stud. Rechtswiss. Erlangen, Bonn, Genf. Gr. jurist. Staatsprüf. - 1957 Bundesfinanzministerium; 1959 VEBA (1965 Generalvollmacht, 1968 Vorst.-Mitgl., s. 1971 Vors. d. Vorst.). Div. AR-Mandate (größtent. Vors.) u. a. - Familienchronik b. um 1200 (Dorf Bennigsen b. Hannover) nachweisbar - Div. Ausz., 1988 Gr. BVK m. Stern.

BENNING, Achim

Schauspieler, Direktor Schauspielhaus Zürich (ab 1989) - Hintzerstr. 4, A-1030 Wien (T. 72 68 75) - Geb. 20. Jan. 1935 Magdeburg (Vater: Werner B., Ing.; Mutter: Lieselotte, geb. Reinhardt), ev., verh. s. 1962 m. Osgith, geb. Steiner, 3 Kd. (Martin, Anja, Hannah) - Realgymn. (Abit. 1955) Braunschweig; 1955-60 Univ. München, Wien (Phil.), daneben s. 1956 Reinhardt-Sem., Wien (Abschl.prüf. 1959) - S. 1959 Schauspieler Burgtheater; 1976-86 Direktor Burgtheater. Insgesamt 55 R. Insz.: Mary Stuart (1971, Akad.theater Wien), D. Vater (1973, A.), Verbannte (1974, A.), D. rote Hahn (1974, Burgth.), Totentanz (1977, A.), D. Pelikan (1978, A.), Tango (1966, Staatsth. Braunschweig), Minna v. Barnhelm, D. Regenmacher (beides 1967/68 Landesth. Salzburg), Sommergäste (1979, Burgth.), Einer muß d. Dumme sein (1980, A), Danton (1982, Burgth.), D. Kirschgarten (1983, Burgth.), D. alte Land (1984, Burgth.), Heiml. Liebe (1985, A.), E. Klotz am Bein (1985, A.), John Gabriel Borkman (1985, Burgth.), E. Monat auf d. Lande (1986, Burgth.), Empfindliches Gleichgewicht (1987, Thalia-Theater Hamburg), Umsonst (1987, Burgth.), Physiker (1987, Schauspielhaus Zürich); Nathan (1988, Prinzregententh. München); Floh im Ohr (1988, Theater in d. Josefstadt Wien); Kinder d. Sonne (1988, Burgth.); Onkel Wanja (1988, Schauspielhaus Zürich); Der Schützling (1989 Burgth.) - 1981 Kainz-Med. Stadt Wien (f. Insz. Sommergäste); Ehrenmitgl. Burgtheater - Spr.: Engl.

BENNING, Alfons

Dr. phil., Prof. f. Kath. Theologie u. Religionspäd. - Schwedenweg 15, 4573 Löningen/Oldbg. - Geb. 26. April 1930 Löningen (Eltern: Heinrich (Drechslerm. †) u. Clara B. †), kath. - Städt. Obersch. Quakenbrück (Abit.); Univ. Münster u. München. Beide Lehramtsex. f. Höh. Schulen - 1955-57 Kaplan; 1957-68 Studienrefer., -ass. u. -rat; s. 1968 Hochschullehrer (b. 1971 Doz., dann Prof.) - BV: D. Bildungsbegriff d. dt. kath. Erwachsenenbild., 1970; Quellentexte kath. Erwachsenenbild., 1971; Gabe d. Geistes, 1972; Ökumen. Glaubensunterweis., 1973; Ethik d. Erziehung, 1980; J. M. Sailer, Was ist u. soll Erziehung?, 1982 (Neuherausgabe); J. M. Sailer, Gott in Christus. Gedanken f. jeden Tag, 1983; J. M. Sailer, Heilendes Wort. Kl. Krankenbibel, 1983 (Neubearbeit.); J. M. Sailer, Gottes Wort f. jeden Tag, 1986 (Neubearb.); Leben unter Gottes Wort. Dreißig Kurzanspr. u. Meditationen, 1986; V. christl. Trösten. Gedanken üb. d. Gabe d. Trostes, 1986; Erwachsenenbildung. Bilanz u. Zukunftsperspektiven, 1986 (Hrsg.); Zeugen d. Nähe Gottes. E. Buch üb. d. Engel, 1987; Üb. d. Trost, 1988; J. M. Sailer, Kleine Christenfibel (Neubearb.), 1988; Christsein im Alter, 1989 - Spr.: Engl.

BENNING, Helmut A.

Dr. phil., o. Prof. f. Anglistik - Schumannstr. 56, 4020 Mettmann - Geb. 6. Juli 1930 Waltrop/W. - Univ. Münster, Univ. Düsseldorf (1968 Ord.; 1968 Prodekan, 1970/71 Dekan d. Philos. Fak.) - BV: Welt u. Mensch in d. altengl. Dicht. (Monogr.), 1961; D. Vorgesch. v. neuengl. duty (Monogr.), 1971.

BENNINGHAUS, Hans

Dr. rer. pol., Prof. f. Soziologie TU Berlin - Zu erreichen üb. Inst. f. Soziol., Dovestr. 1, 1000 Berlin 10 - Geb. 16. Febr. 1935 Lüdenscheid - 1956-60 Städt. Abendgymn. Köln; 1960-67 Univ. Köln u. Wien; Dipl.-Volksw. 1967 Köln; Promot. 1975 Köln - 1967-80 Wiss. Assist., dann Akad. Oberrat Univ. Köln; s. 1980 Prof. f. Soziologie TU Berlin - BV: Statistik f. Soziologen 1: Deskriptive Statistik, 1974, 6. A. 1989; Ergebnisse u. Perspektiven d. Einstellungs-Verhaltens-Forsch., 1976; Uni- u. bivariate Analyse sozialwiss. Daten, 1983, 2. A. 1985.

BENNINGHOVEN, Alfred

Dr. rer. nat., o. Prof. f. Physik - Kösters Kämpken Nr. 30, 4400 Münster/W. - Geb. 8. Febr. 1932 Frankfurt/M. - Promot. 1961 - S. 1965 (Habil.) Lehrtätigk. Univ. Köln (1970 Wiss. Rat u. Prof.) u. Münster (1973 Ord. u. Dir. Physikal. Inst.). Üb. 60 Facharb.

BENNINGHOVEN, Friedrich

Dr. phil., Direktor Geheimes Staatsarchiv Preußischer Kulturbesitz, Berlin (s. 1974) - Archivstr. 12-14, 1000 Berlin 33 - Geb. 9. März 1925 Berlin, ev., verh. - Obersch., Univ. Berlin u. Hamburg - Archivdienst s. 1962 (Archivass. 1965, -rat 1968, -oberrat 1970, wiss. Dir. 1971). Mitgl. J. G. Herder-Forschungsrat, Preußische Historische Kommission, Balt. Histor. Kommiss., Histor. Kommiss. f. Ost- u. Westpreuß. Landesforsch. - BV: Rigas Entsteh. u. d. frühhansische Kaufm., 1961; D. Orden d. Schwertbrüder, 1965; Immanuel Kant, Leben - Umwelt - Werk, 1974; D. Berliner Kongreß 1878, 1978; Friedrich d. Große, 1986; Schwarzes Kreuz auf weißem Mantel (Drehb.). Zahlr. Aufs. in wiss. Ztschr. Hrsg. Veröff. a. d. Archiven Preussischer Kulturbesitz, s. 1974; Zeitschr. f. Ostforsch., s. 1968 - 1983 BVK.

BENNINGSEN, Lilian

Kammer- u. Opernsängerin - Würmstr. 19, 8035 Stockdorf b. München - Geb. 17. Juli Wien (Vater: Jaroslav B., Apotheker; Mutter: Olga, geb. Weisz), kath., verh. s. 1952 m. Hans Reischl - Stud. Konserv. Wien - S. 1952 Engag. Salzburg, Köln, München; Gastsp. in London, Zürich, Wien, Lissabon, Berlin, Hamburg, Brüssel, Amsterdam, Lyon, Bordeaux - 1970 Bayer. VO - Liebh.: Skifahren, Garten - Spr.: Engl., Franz., Ital.

BENÖHR, Hans Christian

Dr. med., Prof., Ärztl. Direktor Bürgerhospital Stuttgart - Geb. 8. Okt. 1936 - Habil. 1971 - Priv.-Doz. u. apl. Prof. Tübingen Innere Med., Hämatologie-Onkologie.

BENÖHR, Hans-Peter

Dr. jur., Prof. f. Röm. Recht, Rechtsgesch. u. Zivilrecht Univ. Frankfurt (s. 1985) - Schumannstr. 10, 6000 Frankfurt/M. 1 - Geb. 14. März 1937, verh. m. Elizabeth-Sylvie, geb. Tarquis, 2 S. - Stud. Univ. Hamburg, Berlin, Paris - Prof. Neuchâtel/Schweiz, Wien; 1985 Visit. Prof. Univ. of Kansas - Spr.: Engl., Franz., Latein.

BENRATH, Gustav Adolf

Dr. theol., D. Litt., o. Prof. f. Kirchen- u. Dogmengeschichte - Saarstr. 21, 6500 Mainz - Geb. 7. Dez. 1931 Karlsruhe - S. 1964 Lehrtätig. Univ. Heidelberg (Doz.) u. Mainz (1970 Ord.) - BV: Reformierte Kirchengeschichtsschreibung an d. Univ. Heidelberg im 16. u. 17. Jh., 1963; Wyclifs Bibelkommentar, 1966; Wegbereiter d. Reformation, 1967; Reformtheologen d. 15. Jh.s, 1968; Jung-Stilling, Lebensgesch. 1976.

BENRATH, Martin

Staatsschauspieler u. Regisseur b. Bühne u. Film - Gachenaustr. 14, 8036 Herrsching/Ammersee (T. 08152 - 28 88) - Geb. 9. Nov. 1926 Berlin (Vater: Ltd. Angestellter), verh. s. 1953 m. Marianne, geb. Klein (Schausp.) - Gymn. - S. 1946 Bühnen Berlin, Düsseldorf, München. Viele Hauptrollen klass. u. mod. Theaterlit. Filme: Meines Vaters Pferde, Engel m. d. Flammenschwert, D. ideale Frau, Kennwort Morituri u. a.; Fernsehen: u. a. D. Zimmerschlacht, Krebsstation (Oleg Kostoglotow), Karps Karriere, Dreh Dich nicht um - d. Golem geht um oder D. Zeitalter d. Muse (2 T.), Glücksucher, Berlinger - E. dt. Abenteuer, Als Hitler d. rosa Kaninchen stahl, Scheinwerfer durch d. Nacht - 1972 Mitgl. Akad. d. Künste Berlin; Mitgl. Bayer. Akad. D. Schönen Künste; 1973 Goldene Kamera (HÖR ZU); 1982 BVK; 1988 Bayer. VO.

BENSE, Hans-Albert

Dipl.-Ing. - Eichborndamm 141-187, 1000 Berlin 51 - Geb. 8. März 1933 Köln (Vater: Dipl.-Ing. Carl B.; Mutter: Carola, geb. Feith), kath., verh. s. 1984 m. Gabriele, geb. Thiers - Gymn. Köln; Stud. Elektrotechnik HTL Darmstadt. Staatsex. 1957 - 1957-60 Montage-Ing. f. Kabelanlagen; 1960-1966 Exportleit. Stotz-Kontakt/BBC f. EWG u. Orient; 1966-68 Verkaufsleit. Europa f. Produkte d. Starkstromtechnik General Electric (USA); 1968-70 stv. Geschäftsf. Panduit GmbH; 1970-73 Geschäftsf. Holzer GmbH; 1973-80 Geschäftsf. Marketing u. Vertrieb Dt. Vergaser GmbH; s. 1981 Vors. Gfg. DWM Copeland, Berlin. Spezialgeb.: Marketing v. Investitionsgütern. AR-Vors. COMEF S. A., Lyon/Frankr. - Div. Fachaufs. - Liebh.: Archäol. - Spr.: Engl., Franz., Ital.

BENSE, Max

Dr. phil. nat., em. o. Prof. - Alte Weinsteige 98, 7000 Stuttgart 70 (T. 0711 - 76 46 68) - Geb. 7. Febr. 1910 Strasbourg, verh. - Stud. Math., Physik, Chemie, Phil.; Promot. 1937 Bonn; Habil. 1946 Jena - 1945/46 Kurator (b. 1947) u. Prof. Univ. Jena; 1948-50 a.o. Prof. TH Stuttgart; 1951 o. Prof. TH/Univ. Stuttgart; s. 1978 emerit. - BV: Aufstand d. Geistes, 1935; Sören Kierkegaard, 1942; Hegel u. Kierkegaard, 1948; Konturen e. Geistesgesch. d. Math. I + II, 1946/49; Techn. Existenz, 1949; D. Phil. zw. d. Kriegen, 1951; Aesthetica, 1965; Vermittlung d. Realitäten, 1976; D. Universum d. Zeichen, 1983; u. a. Herausg.: Zeitschr. Semiosis (s. 1976).

BENSELER, Frank

Dr. jur., o. Univ.-Prof. Soziologie Univ./GH Paderborn, Kultursoz. als Soz. d. Geschichte - Warburger Str. 100, 4790 Paderborn - Geb. 22. Sept. 1929 Remscheid, verh. - Stud. Rechtswiss., Phil., Soziol. - Dir. Lukács-Inst. f. Sozialwiss., Paderborn. Herausg.: Georg Lukács Werke; Ethik u. Sozialwiss. Mithrsg.: Soziologische Texte, Demokratie u. Rechtsstaat - Mitgl.: IVR, VS, DGB, PEN, Dt. Ges. f. Soziol., Dt.-Sowj. Ges., IPS.

BENSMANN, Peter

Major a.D., MdL Nordrh.-Westf. - Schulstr. 55, 4750 Unna-Lünern (T. 02303-42 62) - Geb. 6. Juni 1942, kath., verh. m. Eva, geb. Wurzel, 5 Kd. (Petra, Barbara, Ralf, Manuela, Claudia) - Stv. Vors. Landesfachaussch. f. Sicherheitspolitik NRW. CDU (Stadtverbandsvors.).

BENTE, Wolfgang

Botschafter d. Bundesrep. Deutschland in Tunesien (1985ff.) - 1, rue El Hamra, Tunis (Mutuelleville) - Geb. 14. Dez. 1927.

BENTELE, Hermann A.

Prof., Dozent f. Visuelle Kommunikation (Grafik-Design) - Steenkamp, 2305 Heikendorf/Kitzeberg - Geb. 8. Juli 1923 Ravensburg/Württ., verh. m. Brigitte, geb. Exner, 2 Kd. (Dirk, Dörte) - Staatl. Akad. d. b. K., Stuttgart, 1961-72 Leit. d. Muthesius-Werkkunstschule.

BENTELE, Wolfdieter

Dipl.-Kfm., Versicherungsdirektor - Am Zaarshäuschen 32, 5060 Berg. Gladbach 1 - Geb. 28. Febr. 1931 - Vorst. Allgemeine Familien-Lebensversich. AG, München.

BENTELER, Erich

Dipl.-Ing., Fabrikant, pers. haft. Gesellsch. Paderwerk Gebr. Benteler, AR-Vors. Benteler-Werke AG, Bielefeld, (b. 1983), AR-Mitgl. Osnabrücker Saatzentrale L. Stann & Finke mbH, Osnabrück, Mitgl. Landesbeirat NRW Commerzbank-Bankverein AG, Düsseldorf - Kusenweg 2, 4811 Heppen/W. - Geb. 9. Febr. 1913 Bielefeld (Vater: Eduard B., Generaldir.; Mutter: Charlotte, geb. Labowsky), verh. s. 1952 m. Blanda, geb. Ludwig - TH - S. 1942 Benteler-

Werke (zul. Vorst.-Mitgl.) - Bruder Helmut B.

BENTHAUS, Friedrich

Dr.-Ing., Bergass. a. D., Geschäftsführer Steinkohlenbergbauverein, Bergbau-Forschung GmbH, Bergwerksverb. GmbH, alle Essen - Hunsrückstr. 7, 4300 Essen 1 - Geb. 1. Febr. 1920 Bochum (Vater: Dr.-Ing. Friedrich B., Bergwerksdir.; Mutter: Charlotte, geb. Raacke), ev., verh. s. 1956 m. Renate, geb. Thiemann, 3 Kd. - Abit. 1939; Dipl.-Ing. 1950; Bergass. 1953; Promot. 1954 - Spr.: Engl., Franz.

BENTHE, Hans Friedrich

Dr. rer. nat., Prof u. Abteilungsdirektor am Pharmakolog. Inst. Univ. Hamburg - Kieler Str. 7, 2357 Bad Bramstedt - Geb. 10. Juni 1926 - B. 1968 apl. Prof., dann Prof. Hamburg. Vorles. üb. Exper. Pharmak. u. Toxikol.

BENTHIEN, Klaus

Dipl.-Volksw., Vorstandsmitglied Hamburgische Landesbank, Girozentrale - Gerhart-Hauptmann-Platz 50, 2000 Hamburg 1 - Geb. 6. Jan. 1938.

BENTRUP, Hans-Hermann

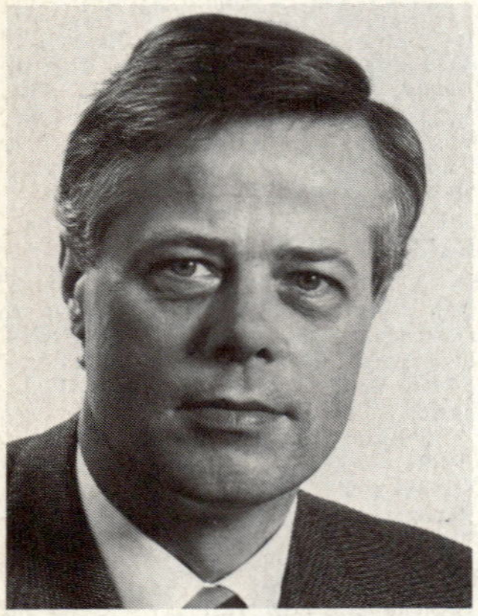

Dr., Dipl.-Ing. agr., Staatssekretär Min. f. Umwelt, Raumordnung u. Landwirtschaft Land Nordrh.-Westf. (s. 1985) - Herchenbachstr. 5, 4000 Düsseldorf 30 (T. 0211 - 63 35 79) - Geb. 25. Juni 1937 Gadderbaum/Bielef. (Vater: Hermann Meyer zu B., Präs. d. Landw.-Kammer Westf.-Lippe i.R.), ev., verh. s. 1965 m. Heinke, geb. Zimmer, 2 Kd. (Antje, Thomas) - 1957-59 Landw.-Lehre; 1959-62 Stud. Landw. (Dipl.-Landw.) Univ. Kiel; Promot. 1964 - 1965 Landw. Ass.; 1964-84 versch. Pos. im Min. f. Ernährung, Landw. u. Forsten NW; s. 1985 s.o. - Liebh.: Klass. Musik (Klavier), Segeln, Ski - Spr.: Engl., Franz.

BENZ, Eberhard

Dr., Ministerialdirektor a. D. - Im Schüle 23, 7000 Stuttgart - AR-Mand. - Zul. Min.dir. Finanzmin. Baden-Württ.

BENZ, Eberhard

Dr., Spediteur, Präsident IHK Reutlingen (s. 1975), gf. Gesellsch. Fa. C. Hasenauers Nachf., Reutlingen - Lortzingstr. 11, 7412 Eningen (T. 07121 - 33 33-0) - Geb. 16. Sept. 1930 Reutlingen (Vater: Gustav B.; Mutter: Hilde, geb. Feller), ev., verh. s. 1957 m. Doris, geb. Deuschle, 3 Kd. (Alexander, Stefanie, Michael) - Stud. Univ. Tübingen, Heidelberg - 1984 Ehrensenator FHS Reutlingen - Rotarier.

BENZ, Heinrich

Dr. rer. pol., Ministerialdirigent, ständ. Vertreter d. Direktors Landespersonalamt Hessen - Rheinstr. 35-37, 6200 Wiesbaden 1; priv.: Thorwaldsenanlage 40 - Geb. 12. Nov. 1920 - B. 1980 Präs. Hess. Statist. Landesamt.

BENZ, Karl Josef

Dr. phil., Prof. f. Mittlere u. Neue Kirchengeschichte - Machthildstr. 46, 8400 Oberisling/Opf. - Geb. 2. Sept. 1927 Brühl, kath. - Promot. 1967; Habil. (Theol.) 1973 - S. 1973 Doz. u. Prof. Univ. Regensburg. Bücher u. Aufs.

BENZ, Leo

I. Bürgermeister - Rathaus, 8543 Hilpoltstein/Mfr. - Geb. 4. Okt. 1927 Lohen - Zul. Verw.beamter. CSU.

BENZ, Leo

Dipl.-Ing., Fabrikant, gf. Gesellsch. Alois Zettler Elektrotechn. Fabrik GmbH, München, u. a. - Muxelstr. 4, 8000 München 71 (T. 23 88 - 242) - Geb. 22. Mai 1938 - S. 1966 Zettler (gegenw. etwa 1800 Beschäftigte) - Spr.: Engl. u. Franz. - Rotarier.

BENZ, Peter

Studienrat a. D., Bürgermeister Stadt Darmstadt (s. 1983), MdL Hessen (1974-76) - Holbeinstr. 11, 6100 Darmstadt-Arheilgen (T. 06151 - 37 15 36) - Geb. 10. Sept. 1942 - SPD.

BENZ, Walter

Dr. rer. nat., C 4-Prof. f. Mathematik Univ. Hamburg - Bundesstr. 55, 2000 Hamburg 13; priv.: Hirschbergerstr. 37, 2410 Mölln/Lauenb. - Geb. 2. Mai 1931 Lahnstein (Vater: Valentin B., Mutter: Marie-Sophie, geb. Bernd), verh. s. 1956 m. Dr. med. Christa, geb. Kornblum, 2 Kd. (Dr. Christoph, Lore) - Staatsex. (1955), Promot. (1956) u. Habil. (1959) Mainz - S. 1959 Lehrtätigk. Univ. Mainz, Frankfurt, Würzburg, Bochum, Waterloo/Kanada, Freiburg, Hamburg, Bologna, Saloniki, Rom, Kuwait, 1965 apl., 1966 o. Prof., 1969 Full Prof. & Chairman - 100 Fachveröff. In- u. Ausl., Mithrsg.: Jahresber. d. Dt. Mathematiker-Vereinig. (1964-79), Journal of Geometry (1971), Aequationes Mathem. (1971), Abhandl. Math. Sem. Hamburg (1974).

BENZ, Winfried

Dr., Kanzler Universität Mannheim - Schloß, 6800 Mannheim 1.

BENZING, Horst

Dr., Geschäftsführer der Verlagsgruppe Bertelsmann GmbH - Neumarkter Str. 18, 8000 München 80.

BERAN, Thomas

Dr. phil., Prof. f. Archäologie, Kunst- u. Baugesch. Vorderasiens Univ. Frankfurt/M. - Egerstr. 3b, 6367 Karben 6 - Geb. 17. Aug. 1926 Reichstadt - Promot. 1954 Berlin - 1954-62 DAI Istanbul (1959 Ref.); s. 1962 Univ. Frankfurt (1972 Prof.). 1955 ff. Ausgrab. Bogazköy (Türk.) - BV: D. hethit. Glyptik v. Bogazköy, 1967. Zahlr. Einzelarb.

BERCHEM, Rütger

Dr. rer. pol., Dipl.-Ing., Geschäftsf. Berchem + Schaberg GmbH (s. 1970) - Osterfeldstr. 14, 4650 Gelsenkirchen - Geb. 12. April 1937 Berlin (Vater: Hans B.; Mutter: Irmgard, geb. Deesen), ev., verh. s. 1968 m. Gertrud, geb. Girardet - Stud. TH Berlin, Bergakad. Clausthal, TH Aachen (Dipl.ex. 1962; Promot. 1968), Univ. of Oregon (M. A. 1964) - Spr.: Engl.

BERCHEM, Theodor

Dr. phil., o. Prof. f. Roman. Philologie (s. 1967) u. Präsident (s. 1976) Univ. Würzburg, Präs. Kath. Akademikerarbeit Deutschl. (KAD, s. 1986), Präs. Dt. Akad. Austauschdienst (DAAD, s. 1988) - Frühlingstr. 35, 8700 Würzburg (T. 0931 - 27 12 50) - Geb. 22. Mai 1935 Pützchen b. Bonn (Vater: Hermann B., Kaufm.; Mutter: Maria, geb. Schiffer), kath., verh. m. Marie-José, geb. Moulin, 4 Töcht. (Valérie, Marie-Astrid, Stéphanie, Béatrice) - Stud. Romanistik, Anglistik, Slawistik (1956-63) - Licence ès lettres, Sorbonne Paris 1961, Dr. phil. Sorbonne Paris 1963 - 1962-67 Wiss. Assist. Univ. Erlangen, 1966 Privatdoz., 1967 o. Prof. f. Roman. Philologie Univ. Würzburg; 1975/76 Rektor, 1976 Präs. Univ. Würzburg; 1969/71 Dekan, 1971/72 Prodekan, 1974/75 Dekan d. Phil. Fak. Univ. Würzburg; 1979-83 Vizepräs. u. 1983-87 Präs. Westd. Rektorenkonferenz; 1978-82 Vors. Bayer. Rektorenkonf. - BV: Contribution a l'etude des noms d'oiseaux en roumain, 1963; Linguistik f. Romanisten: Transformationsgrammatik, 1972; Stud. z. Funktionswandel b. Auxiliarien u. Semi-Auxiliarien in d. roman. Sprachen, 1973. Herausg. (m. S. Sudhof): D. Akademiker u. d. anderen (1977); Pedro Calderón de la Barca. Vorträge anläßl. d. Jahrestag. d. Görresges. 1978, (1983); Actas de Coloquio Cervantino Würzburg 1983, (1987); Elitebildung in d. Massenuniv.? Bildung u. Perspektiven d. Hochschulreform (1985). Mithrsg.: Teatro del siglo de oro (1985). Zahlr. Aufs. z. Romanistik sow. Bildungs- u. Hochschulpolitik in dt. u. intern. Ztschr. - 1979 Unterfrankenmed.; 1981 Bayer. VO; 1982 Dr. h. c., Caen; 1987 Gr. BVK - Liebh.: Musik u. Photographie - Spr: Rd. 15.

BERCHT, Bernd

Generalbevollmächtigter Nestle Deutschland AG (Bereich Vertrieb, Marketing) - Schiffhoettenweg 6 A, 8130 Starnberg (T. 08151 - 47 10) - Geb. 21. Jan. 1940 Hamburg (Vater: Paul B.), verh. s. 1974 m. Ilona, geb. Stolzenburg, 1 Kd. - B. Ende 1983 Vorst.-Mitgl. Bavaria St. Pauli Brauerei AG, Hbg.

BERCK, Karl-Heinz

Dr. phil. nat., Prof. f. Biologiedidaktik Univ. Gießen (s. 1974), geschäftsf. Direktor - Ludwig-Rinn-Str. 29, 6301 Wettenberg-Launsbach - Geb. 21. Juni 1932 Frankfurt/M. - Promot 1961 - 1971-74 Prof. PH Westf.-Lippe (GH Siegen) - BV: Tier- u. Humanpsych. - E. method. Anleit. f. d. Unterr., 1968; Quellen u. Arbeitstexte Biol., 1973; Unterrichtseinheit Naturschutz, 1980 (m.a.); Lebendige Welt, Bd. 1 u. Bd. 2 (1982, m.a.); Naturschutz, Thema d. Biol.-Unterr., 1984; Quellen u. Arbeitstexte Biol. 2, 1986.

BERCKENHAGEN, Ekhart

Dr. phil., Prof., Kunsthistoriker, Direktor Kunstbibliothek Berlin Staatl. Museen Preuß. Kulturbesitz - Meinsweg 33, 2408 Timmendorfer Strand 2 - Geb. 9. Juni 1923 Demmin/Pom., ev., verh. 1952, 2 Kd. - Promot. 1952 Berlin (FU) - BV: Berliner u. märk. Gläser, 1956; Antoine Pesne, 1958 (m. Beitr. v. Pierre du Colombier, Margarete Kühn, Georg Poensgen); Berlin u. Potsdam, 1959; Dt. Gärten vor 1800, 1962; D. Malerei in Berlin v. 13. b. z. ausgeh. 18. Jh., 1964; Barock in Dtschl. - Residenzen, 1966 (Ausstellungskatalog): Anton Graff - Leben u. Werk, 1967. Katalog d. franz. Zeichnungen d. Kunstbibl. Berlin (1970); Art Nouveau u. Jugendstil (Ausstell.-Kat.) 1970; V. Schinkel b. Mies van der Rohe (Ausstell.Kat.) 1974; Architektenzeichnungen 1479-1979 (Ausstell.-Kat.), 1979; Schiffe Häfen Kontinente, 1983. Div. Einzelveröff. üb. dt. u. franz. Kunst d. 16. b. 20. Jh. u. üb. Arch. d. 19. u. 20. Jh. sowie Seefahrt u. Weltlit.

BERCKHEMER, Hans

Dr. rer. nat., o. Prof. f. Geophysik - Hardtbergweg Nr. 13, 6240 Königstein/Ts. (T. 2 23 31) - Geb. 16. Jan. 1926 Stuttgart (Vater: Prof. Dr. rer. nat. Fritz H., zul. Hauptkonservator Staatl. Museum f. Naturkd., Stuttgart; Mutter: Gerda, geb. Fraas), ev., verh. s. 1954 m. Irmgard, geb. Rettenmaier, 3 Töcht. (Ulrike, Martina, Maja) - Stud. Physik (auch Columbia Univ. New York). Promot. 1954; Habil. 1962 - 1950-63 wiss. Mitarb. Geophysikal. Landesinst. Stuttgart; s. 1958 Lehrbeauftr., Privatdoz. (1962), Ord. u. Dir. Inst. f. Meteorol. u. Geophysik (1963) Univ. Frankfurt, Präs. Intern. Assoz. f. Seismol. u. Physik d. Erdinnern (1975-79), Präs. Dt. Geophysik. Ges. (1979-81), Mitgl. Dt. Akad. d. Naturforscher (Leopoldina); in- u. ausl. Fachmitgl.sch - Spr.: Engl., Franz. - Rotarier.

BERDE, Botond

Dr. med., Arzt, Basel, Honorarprof. f. Inn. Med. Univ. Bonn (s. 1978) - Kapellenstr. 20, CH-4052 Basel (Schweiz).

BERDING, Franz

Dipl.-Volksw., Minister a. D. - Vorländerweg 102, 4400 Münster/W. (T. 7 29 56) - Geb. 11. Mai 1915 Fürstenau/NS., verh., 4 Kd. - Univ. Münster/W. u. Freiburg/Br. Diplomprüf. 1939 Münster - Wehrdst. u. Gefangensch.; 1946-63 Geschäftsf. Kreishandwerkersch. Ahaus; 1964-69 Hauptgf. Handwerkskammer Münster; 1966 (Juli-Dez.) Bauminister v. Nordrh.-Westf. (Sturz Kabinett Meyers). 1952-64 Ratsmitgl. Ahaus (1956-61 Fraktionsvors., 1963-64 Bürgerm.); 1952-67 MdK Ahaus (1961-64 stellv. Landrat), 1954-69 MdL NRW; 1969-72 MdB (Wahlkr. 95/Münster). 1964-67 Mitgl. Landschaftsvers. Westf.-Lippe. CDU - 1972 Verdienstkr. 1. Kl., 1976 Gr. Verdienstkr. d. Verdienstordens d. Bundesrepubl. Deutschl.

BERDING, Helmut

Dr. phil., Prof. f. Neuere Geschichte m. bes. Berücks. d. 19. u. 20. Jh. Univ. Gießen (s. 1972), Directeur d'Etudes associé Ecole des Hautes Etudes en Sciences Sociales Paris (s. 1985) - Birkenweg 40, 6301 Wettenberg 3 - Geb. 21. Sept. 1930 Quakenbrück/N. (Vater: Wilhelm B., Verkaufsfahrer; Mutter: Anna, geb. Ostendorf), ev., verh. s. 1963 m. Elli, geb. Piotrowski, 2 Kd. (Dietrich, Susanne) - 1957-59 Braunschweig-Kolleg; 1959-61 Univ. Göttingen; 1961-67 Univ. Köln. Promot. 1967; Habil. 1972 - BV: Rationalismus u. Mythos - Geschichtsauffass. u. polit. Theorie b. Georges Sorel, 1969; Napoleon. Herrschafts- u. Gesellschaftspolitik im Königreich Westf. 1807-13, 1973; Mod. Antisemitismus in Deutschland, 1988 - 1969 Straßburg-Preis FVS-Stiftg. - Spr.: Engl., Franz.

BEREDIK, Hilde

Prof., Fachinspektorin i.R., Schriftstellerin (Ps. Heide) - Veitingergasse 147, A-1130 Wien - Geb. 19. Okt. 1906 Wien, kath., ledig - Volks-, Haupt- u. Handelssch. - BV: Ein paar Kleinigkeiten, Lyr. u. Prosa 1966; Aus d. Bilderbuch d. Natur, 1966; V. Morgen z. Nacht, 1967; So?..oder so!, 1970; Am Stadtrand, 1971; Frohe Fahrt, 1979; Balladen, 1984; D. Kinder aus dem Kuckuckshaus, 1985; Aus jenen Tagen - 1938-1948, 1985; Zugvögel, 1986; Fabeln u. Parabeln, Prosa 1975 - 1960 Silb. Verdienstzeichen d. Rep. Österr.; 1982 Silb. Ehrenz. d. Rep. Österr.; 1986 Albert-Rotter-Lyrikpreis; s. 1973 Ehrenmitgl. Europ.-Amerikan. Forsch.- u. Kulturwerk Eurafok, Prof. - Liebh.: Lit., Musik, Wandern, Fotogr. - Spr.: Engl.

BEREKOVEN, Ludwig

Dr. oec., Dipl.-Kfm., o. Prof. f. Marketing, Internationales Marketing u. Handel, Leiter d. Inst. f. Exportforschung - Schloß Unterbürg, 8500 Nürnberg 30 (T. 57 38 08) - Geb. 28. Mai 1927 - S. 1966 (Habil.) Lehrtätigk. Univ. Erlangen-Nürnberg (b. 1971 ao., dann o. Prof.) - BV: u. a. Grundl. d. Vermietung mobiler Güter, 1967; D. Dienstleistungsbetrieb, 1974; Zur Genauigk. mündl. Befragungen in d. Soz.forsch., 1975 (m. a.); D. Absatzorg., 1976; Marktforschung, meth. Grundl. u. prakt. Anwendung, 4. A. 1989 (m. a.); D. Internat. Marketing, 2. A. 1985; D. Grundl. d. Absatzwirtschaft, 5. A. 1989; D. Handelsmarke in d. BRD (m.a.), 1981; D. Dienstleistungsmarkt in d. BRD, 1983; Gesch. d. dt. Einzelhandels, 4. A. 1988.

BERENBERG-CONSBRUCH, von, Joachim

Bankier, pers. haft. Gesellsch. Bankhaus Joh. Berenberg, Gossler & Co. (s. 1978) - Neuer Jungfernstieg 20, 2000 Hamburg 36 - Geb. 1940 - Stud. Rechtswiss. - S. 1971 ob. Bank.

BERENBERG-GOSSLER, von, Günther

Dr. jur., Rechtsanwalt - Am Leuchtturm 4, 2000 Hamburg 56 (T. 81 29 20; Büro: 36 33 61 - 64) - Geb. 21. Febr. 1911 Freiburg/Br. (Vater: Prof. Herbert v. B.-G.; Mutter: Elisabeth, geb. v. Mallinckrodt), verh. 1937 m. Helga, geb. Eden - Univ. München, Freiburg, Hamburg - AR-Mandate - Spezialgeb.: Erb- u. Gesellsch.-Recht - Spr.: Engl. - Rotarier.

BERENBERG-GOSSLER, Heinrich, Freiherr von

Konsul, Vorsitzender d. Verwaltungsrates d. Bankhauses Joh. Berenberg, Gossler & Co., Hamburg - Niendorfer Gehege 12, 2000 Hamburg 61 (T. 58 39 01) - Geb. 9. Nov. 1909 Hamburg (Vater: Cornelius v. B.-G., Bankier; Mutter: Clara, geb. Nadine v. Österreich), ev., verh. s. 1949 m. Irmgard, verw. v. Consbruch, geb. Meyer, T. Beate - Schule (Abitur) u. Banklehre Hamburg - 1932-35 Auslandstätigk. (Engl., Frankr., Niederl., Guatemala, USA); s. 1935 Bankier. AR-Mandate u. a. Präs. Anglo-German Club u. Amerika-Ges., Vorst.-Mitgl. Ibero-Amerika-Verein - Ehrenkonsul Monaco; Rechtsritter Johanniter-Orden - Spr.: Engl., Franz., Span. - Rotarier.

BERENDES, Julius

Dr. med., o. Prof. f. Ohren-, Nasen- u. Kehlkopfheilkunde - Mozartstr. 15, 6940 Weinheim (T. 6 23 35) - Geb. 2. März 1907 Elberfeld (Vater: Dr. Rudolf B., Chemiker; Mutter: Helene, geb. vom Hagen), verh. m. Anita, geb. Metzger - Univ. Heidelberg, Kiel, München - Habil. 1938 Heidelberg - 1944 Chefarzt HNOabt. Städt. Krkhs. Mannheim; 1957 o. Prof. u. Dir. HNOklin Univ. Marburg. Begr. Stimm- u. Sprachabt. Heidelberg. B. 1961 Vors. Dt. Ges. f. HNOärzte; 1964/65 Präs. Collegium Intern. de Phonologie Expérimentale - BV: Funktionsprüf. d. Ohres (3 A.): Einf. in d. Stimm- u. Sprachheilkd. (9 A.); Lehrb. d. HNO-Heilk., 1970. Herausg.: Handb. HNO-Heilk., 2. A. 1977; Aktuelle Probleme d. HNO-Heilk., 1980. Etwa 170 Einzelarb. - 1961 W. u. H. Gould Award; 1968 Andreas-Vesalius-Med.; 1971 Ehrenvors. Dt. Ges. f. Sprach- u. Stimmheilkd.; Ehrenmitgl. Bulg. Ges. d. HNOärzte, Sofia (1968), Österr. Otolaryngol. Ges., Wien (1972), Dt. Ges. f. HNO-Heilkd., Kopf- u. Halschir. (1978), Japan. Otorhinolar. Ges (1983), u. Schweizer. Ges. f. Phoniatrie (1988). 1966 Mitgl. Dt. Akad. d. Naturforscher (Leopoldina), Halle/S. (1968 Senator); korr. Mitgl. Österr. Ges. f. Phoniatrie u. Logopädie, Wien (1968), u. Schweizer. Ges. f. Oto-Rhino-Laryngol., Hals- u. Gesichtschir., Zürich (1971), E. v. Bergmann-Plak. (1971), BVK I. Kl. (1977), Paracelsusmed. (1979), H. Gutzmann-Med. (1982); L. Haymann-Pr. (1983); 1960 Gold. Sportabz. - Spr.: Engl., Franz. - Rotarier.

BERENDONCK, Gerd

Botschafter a.D. - Steinweg 1, 5307 Wachtberg-Villip - Geb. 5. März 1924 Solingen (Vater: Gerhard Hubert B.; Mutter: Regina, geb. Rauh), kath., verh. s. 1953 m. Friedel, geb. Darius, 2 Töcht. (Dagmar, Iris) - Abit. Baden b. Wien; Stud. Passau, Regensburg, Bonn (Phil., Gesch., Jura). 1952 Refer.ex. - 1942-46 Kriegsmarine (Ltn. z. See); s. 1952 Ausw. Dienst (1954-56 Bogota, 1956-61 Bangkok, 1962-63 AA (Abrüst.), 1964-69 Botschafter Phnom Penh, 1969-75 Asienrefer. AA, 1975-77 Peking, 1977-80 Moskau, 1980-84 Algier, 1984-89 Botschafter Islamabad) - Spr.: Engl., Franz., Span., Holl.

BERENDT, Günter

Dr. rer. pol., Geschäftsführer Kempinski Hotels S.A. - Genterstr. 17, 5000 Köln 90 - Geb. 25. Sept. 1932, verh., 2 Kd. - Dipl.-Kfm. 1956; Promot. 1960 - AR-Mitgl. Kempinski AG; Member Board of Directors Hotel Leela Venture ltd., Bombay.

BERENDT, Joachim-Ernst

Prof., Schriftsteller - Auf d. Alm, 7570 Baden-Baden 22 (T. Bühl 5 70 94) - Geb. 20. Juli 1922 Berlin (Vater: Ernst B., Pfarrer; Mutter: Maria, geb. Hammerschmidt), ev., verh. m. Vera, geb. Krauth - Gymn. Berlin; TH Karlsruhe; ab. 1941 Wehrdst. - S. 1945 SWF (Mitgründer, Leit. Jazzredakt., Fernsehreihe: Jazz - gehört u. gesehen, üb. 100 Folgen; Hörfunk b. 1975 5 Ts. Sendungen). 1964-71 (Rücktr.) künstler. Leit. Berliner Jazztage. 1972 Leit. Olympia Jazzfestival München - BV: u. a. D. Jazzbuch (übers. in 18 Spr. m. e. GA v. üb. 1 Mill. meistverkauft. Musikb. d. Welt); Ein Fenster aus Jazz, Blues, Spirituals, Jazzlife; Photo Story d. Jazz. Nada Brahma - D. Welt ist Klang; D. Dritte Ohr - V. Hören d. Welt. Autor mehrerer Filme, Produzent f. üb. 200 Schallpl. im In- u. Ausl. - 1952 Bundesfilmpr./Filmbd. in Gold (f. Mitarb. an: D. Brot d. fr. Jahre, n. Heinrich Böll), 1979 Poln. Kulturpreis, 1983 Prof.-Titel ehrenh. - Spr.: Engl., Franz.

BERENS, Hubert

Dr. rer. nat., o. Prof. f. Angew. Mathematik u. Vorstand Math. Inst. Univ. Erlangen-Nürnberg (s. 1973) - Barthelmeßstr. 22a, 8520 Erlangen - Geb. 6. Mai 1936 Suttrop/W. - Promot. 1964; Habil. 1968 - 1968-73 Prof. USA (Santa Barbara u. Austin). Üb. 40 Facharb.

BERENTZEN, Hans

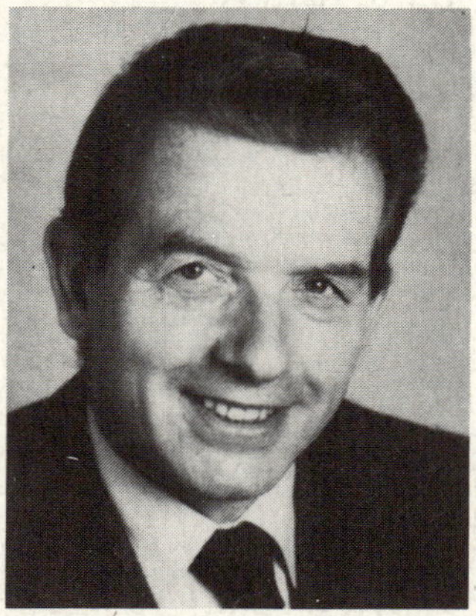

Dr. rer. pol., Gesellschafter u. Geschäftsf. I.B. Berentzen GmbH & Co. - Im Fehn 11, Heidehaus, 4473 Haselünne - Geb. 18. Juni 1927 Haselünne, kath., verh. s. 1952 m. Irene, geb. Bergmann - Abit. 1946; 1946-51 Stud. Volksw.; Staatsex. (Dipl.-Volksw.) 1949 Münster, Promot. 1951 ebd. - 1949 Eintr. in d. Fa. I.B. Berentzen. Vizepräs. IHK Osnabrück/Emsland, Bundesverb. Dt. Spirituosen-Ind., Bonn; AR-Mitgl. Dt. Kornbranntweinverwertungsstelle GmbH, Münster; Kurat.-Mitgl. St. Vinzenz Hospital Haselünne - 1984 BVK I. Kl. - Liebh.: Musik, Lit., Sport - Spr.: Engl.

BERG, Bernd

Ballettmeister Bühnen d. Stadt Bonn - Pfälzer Str. 6, 5300 Bonn 1 - Geb. 20. Nov. 1943 Mielau/Ostpr. - 1958-64 Staatl. Ballettsch. Berlin-Ost (Staatsex.) - 1964-74 Solotänzer Stuttgarter Ballett; 1975-79 Solotänzer u. Lehrer Royal Ballett London, Ballett-Lehrer f. klass. Tanz Schule f. Contemporary Tanz, London - 1973 3. Preis Choreogr. Wettb. Köln.

BERG, Birgit

Schriftstellerin - Sibeliusstr. 20, 4400 Münster - Geb. 11. März 1940 Bad Kreuznach - S. 1981 eig. Verlag Wortwerkstatt u. Verein Ideenwerkstatt m. Themen z. Mitmachen (Freundbilder, Umrüstung, Konstruktiver Katalog); Lesungen m. Chansonvortr. z. Stacheldrahtharfe: Ich kann e. Lied davon singen... Arbeitsgeb.: Satire, zeitkrit. Chanson, Kolumne, Lyrik, Aphorismen - BV: Ohne Zensur(en), Satire 1965; Lose Worte, Aphorismen, 1975; Schwarzbuch f. Schürzenjäger, Rollenbilder, 1975; Schwarzb. f. Grünschnäbel, Erziehungskritik, 1976; Schwarzb. f. Scheinheilige, Männerklischees, 1977; Schwarzb. f. Schönfärber, Schlagwort-Antiwerbung, 1979; Wiegenlieder z. Wachhalten, Gedichtb., 1982; Konstruktiver Katalog u. Konzepte z. Entwaffnung, 1982, 1983; D. Demokrator, Satire, 1983; Strahlung zu Tschernobyl, 1986; Herzbesetzung zu Asyl, 1986; Freundbilder Schritte z. Entfeindung, Ausst. (hg.), 1986; Graswurzelgebete, 1987; Thesen z. polit. Liebe, 1987; Gericht u. Gewissen, 1987; Geistes-Gegenwart, 1988; Schriftrollen, 1988 - 1973 Dt. Journalistenpreis; 1978 Journalistenpreis d. Fr. Wohlfahrtspflege; Förderpreis Land Rheinl.-Pfalz (Friedensarbeit, Vernetzung v. Ideen, gewaltfr. Aktionen u. konstruktive Zukunftskonzepte).

BERG, Carlo

Dr. jur., Rechtsanwalt u. Notar - Höhenstr. 14, 6242 Kronberg/Ts. - Geb. 21. Aug. 1910 Frankfurt/M. (Vater: Dr. Alex B., Justizrat, RA u. Notar; Mutter: Hilda, geb. Zeltmann), ev., verh. s. 1938 m. Marianne, geb. Hönscheidt, 3 Kd. - Jura-Stud. (Refer. 1933, Ass. 1937, Promot. 1936) - 1976 Ehrenbrief Land Hessen; 1987 Ehrenvors. Hist.-Archäol. Ges. Frankfurt u. Patronatsverein d. Dr. Hoch's Konservat. u. Hochsch. f. Musik u. Darst. Kunst Frankfurt/M.; 1988 Gold. Römerplak. Stadt Frankfurt - Liebh.: Kunst, Gesch.

BERG, Christa

Dr. phil., o. Prof. f. Allg. Pädagogik Univ. Köln (s. 1977), Sozialgesch. d. Erziehung - Unterstr. 37a, 5632 Wermelskirchen - Geb. 15. Aug. 1940 Köln, ev., verh. m. Prof. Dr. Karlwilhelm Stratmann - Neusprachl. Gymn.; Lehrerstud. Wuppertal u. Berlin (Ex. 1963); Stud. Päd., Phil., Gesch. (Studienstiftg. d. dt. Volkes); Promot. 1970 Köln - S. 1986 Vorst. dt. Ges. f. Erziehungswiss. - BV: D. Okkupation d. Schule, 1973; Einf. in d. Erziehungswiss., 1976, 2. A. 1979; Staat u. Schule oder Staatsschule?, 1980; Handb. d. dt. Bildungsgesch., Bd. IV 1989 - Spr.: Engl., Franz., Span., Latein.

BERG, Christian

Dr. theol. h. c., Kirchenrat, Direktor Gossner Mission Berlin (1962-71) - Hermannstr. 1b, 1000 Berlin 37 (T. 813 61 71) - Geb. 30. März 1908 Wesenberg/Meckl. (Vater: Dr. jur. Hans B.; Mutter: Elisabeth, geb. Raspe), ev., verh. s. 1934 m. Marianne, geb. Ecker, 4 Kd. (Renate, Hans Christoph, Martin, Adelheid), verh. s. 1980 in 2. Ehe m. Medi, geb. von Wedel - Gymn. Carolinum Neustrelitz; Univ. Tübingen, Wien, Erlangen, Marburg, Rostock. Beide Theol.ex. - 1933-45 Pfarrer Boizenburg/Elbe, Basse/Meckl. (1934), Haifa/Palästina (1937), Kirchheim/Teck (1941), Mitgl. d. Bekenntnissynode v. Barmen (1934), 1946-62 Generalsekr. Hilfswerk d. Ev. Kirche in Dtschl., Stuttgart, u. Dir. Berliner Stelle sow. Ökumen. Abt. Initiator Aktion Brot f. d. Welt. Herausg.: Schriftenreihe f. Diakonie u. Gemeindebild. (1946ff.), Stimmen aus d. Ökumene - Festausg. f. Dr. Visser t'Hooft (1963), D. lautlose Massenvernicht. (1968); Ztschr. D. Gossner Mission (1962ff.) - Ehrendoktor Univ. Zürich - Spr.: Engl. - Lit.: Diakonie - Ökumene - Mission/Begegnungen m. C. B. (1968).

BERG, Detlef

Dr. phil., Dipl.-Psych., Prof. f. Schulpsychologie Univ. Bamberg - Mainzer Str. 9, 8615 Litzendorf b. Bamberg (T. 09505 - 2 79) - Geb. 25. Sept. 1943 Lauban (Vater: Heinz B., Hotelier; Mutter: Hildegard, geb. Schmitt), ev.-luth., verh. s. 1970 m. Maria-Renate, 3 Kd. (Thomas, Anita, Thilo) - 1963-68 Univ. Hamburg u. Frankfurt (Dipl.-Psych. 1968 Hamburg); 1972-75 Stud. Erziehungswiss. Hamburg (Promot 1976), Habil. 1979 Oldenburg - 1968-70 wiss. Angest. Dt. Inst. f. Intern. Päd. Forsch. Frankfurt; 1970-75 Fr. wiss. Mitarb. b. Ernst Klett-Verlag, Stuttgart; 1975-78 stv. Leit. Modellversuch Regionales Päd. Zentr. Aurich; 1975-79 Lehrbeauftr. Univ. Oldenburg u. 1980 Bielefeld; s. 1980 Prof. Bamberg (1982-84 Dekan Fak. Päd. Phil. Psych.) - BV: Differenz. im Engl.anfangsunterr. E. empir. Studie, 1976; Curriculumentw., Lehrerfortb., Schulberat., 1978 (m.a.); Schulinterne Befrag., 1980 (m. P.A. Döring).

BERG, Dieter

Dr. phil., Prof. f. Mittelalterl. Gesch. Univ. Hannover - Schneiderberg 50, 3000 Hannover (T. 0511 - 762 42 58) - Geb. 22. Juli 1944 Pr. Holland, ev., verh. s. 1970 m. Luise, geb. Ehlers - Abit. 1964 Düsseldorf; 1964-69 Stud. Univ. Köln, Bochum, Göttingen; 1. Staatsex. 1969, Promot. 1973, Habil. 1981, alles Bochum - 1971-83 Wiss. Assist. Bochum; 1981-83 Privatdoz. ebd.; 1983-88 Prof. Univ. Bochum, 1988/89 Gastdoz. Univ. Heidelberg, s. 1989 C 4-Prof. f. Mittelalt. Gesch. Univ. Hannover - BV: Juden im Mittelalter, (m. H. Steur) 1976; Armut u. Wiss., 1977; Engl. u. d. Kontinent, 1987; Festschr. F.-J. Schmale, 2 Bde. (m. H.-W. Goetz) 1988/89. Zahlr. Veröff. u. Vortr. z. mittelalterl. Geistes- u. Kirchengesch. Europas.

BERG, Dietrich

Dr. med., Prof.. Chefarzt Gynäkol. Abteilung Städt. Marienkrankenhaus Amberg (s. 1973) - Schwaigerstr. 33, 8450 Amberg (T. 2 26 48) - Geb. 12. Jan. 1935 Offenbach (Vater: Dr. med. Klaus B.; Mutter: Maria, geb. Steidle), ev., verh. 2) s. 1975 m. Dr. med. Urte, geb. Wurms, 3 Kd. (Uta, Henning, Wiebke) - Habil. 1969; 1973 ff. Prof. Fachmitgl.sch. - BV: Schwangerschaftsberatung u. Perinatologie, 2. A. 1976 (ital. 1975, poln. 1978) - Liebh.: Musik, Wein - Engl. - Rotarier.

BERG, Dietrich E.

Dr. rer. nat., Prof. f. Paläontologie u. Geol. Univ. Mainz - Pfr.-Autsch-Str. 20, 6500 Mainz - Geb. 1932 - Promot. 1964; Habil. 1970 - S. 1972 Prof. Mainz. Fachaufs.

BERG, Fritz

Dr. rer. pol., Geschäftsführer Bergrohr GmbH, Siegen, Bergrohr GmbH, Düsseldorf, Sicherungsgerätebau GmbH, Hüttental - Rosa-Achenbach-Str. 8, 5900 Siegen-Weidenau - Geb. 20. Nov. 1929.

BERG, Hans

Dr. jur., Oberlandesgerichtsrat a. D., Honorarprof. Univ. Bochum/Abt. f. Rechtswiss. - Dahlienstr. 11, 5308 Rheinbach - Geb. 13. Okt. 1905 Köln (Vater: Johann B., Lehrer; Mutter: Elisabeth, geb. Stender), kath., verh. s. 1938 m. Annemarie, geb. Rief, 3 Kd. (Dietmar, Wilfried, Gisela) - Gymn.; Univ. Heidelberg u. Köln - B. 1970 (Ruhest.) Richter - BV: u. a. Übungen im Bürgerl. Recht (12 A.), Gutachten u. Urteil (55. Ts.), Staudinger Komm., 11. A. §§ 929-1011.

BERG, Hans Christoph

Dr. phil., Dipl. Psych., Prof. f. Erziehungswissenschaft Univ. Marburg - Maueracker 10, 3551 Caldern.

BERG, Hans O.

Journalist, Verlags- u. Werbekaufm. - Kurfürstenstr. 76, 5357 Swisttal-Buschhoven (T. 02226 - 1 21 01) - Geb. 12. Dez. 1941 Regensburg (Vater: Hans B., Verlagskfm.; Mutter: Maria, geb. Lechner), kath., S. Jürgen - 1959-61 Volont. Nürnbg. Nachr. - 1961-70 Redakt. NN; 1970-71 Verlagsleit. Frankenreport, 1971-76 Verlagsleit. Dr. Muth-Verlag, 1976-80 Verlagsleit. u. Gesellsch. Hartmann Intern. GmbH, s. 1980 Ref. f. Presse- u. Öffentlichkeitsarb. Dt. Bäderverb. (zugl. Schriftl. Heilbad u. Kurort) - Liebh.: Klavier, Orgel, Komp., Tennis - Spr.: Engl. - 1963 Dauerspielweltrekord m. eig. Band Regensburg (90 Std., 9 Min.).

BERG, Hans-Walter
Dr., Prof., Akademiedirektor, Leit. Bundesakad. f. musikal. Jugendbildung - Postf. 1158, 7218 Trossingen - Geb. 13. Nov. 1931 Dortmund - Bundesmusikdir. d. Bundesmusikvereinigung Dt. Blas- u. Volks-Musikverb.

BERG, Hans-Walter
Dr. phil., M. A., Journalist - Waldweg 24, 7772 Uhldingen-Mühlhofen 2 (T. 07556 - 65 07) - Geb. 20. Okt. 1916 Varel/O. (Vater: Hans B., Ing.; Mutter: Margarete, geb. Adam), ev., verh. s. 1944 (München) m. Charlotte, geb. Freiin von dem Bussche-Hünefeld, 4 Kd. (Ekkehard, Annette, Sabine, Valeska) - Univ. München (Phil., Gesch., Literatur- u. Kunstgesch.; Promot.) u. Ann Arbor/USA (Political Science, Far Eastern History; M. A.) - 1948-52 Polit. Redakt. Weser-Kurier, Bremen; s. 1952 Indien- u. Südostasienkorresp. f. 9 Rundfunkstationen, 25 dt., österr. u. Schweizer Zeitungen sowie d. Dt. Fernsehen (Leit. ARD-Fernsehstudio New Delhi u. 1968ff. Hongkong). S. 1970 Sonderkorresp. NDR/ARD, vorwiegend m. Berichterstattungsaufgaben im asiat. Raum beschäftigt - BV: Indochina im Wandel d. Machtkonstellation, 1981; Unser Mann in ..., 1981; Gesichter Asiens - 30 Jahre Augenzeuge d. Geschichte, 1983; Indien - Traum u. Wirklichkeit, 1985; Das Erbe d. Großmoguln - Völkerschicksale zw. Hindukusch u. Golf v. Bengalen, 1988. Autor u. Produzent Fernseh-Dokumentarserien: Gesichter Asiens u. Asiat. Miniaturen - Mitgl. Phi Kappa Psi Fraternity (USA), 1979 BVK 1. Kl. f. Pionierarb. d. Auslandsberichterstatt. - Liebh.: Golf - Spr.: Engl.

BERG, Hartmut
Dr. rer. pol., Prof. f. Wirtschaftspolitik - Eduardstr. 11, 4300 Essen 1 (T. 0201 - 78 21 02) - Geb. 6. Dez. 1936 Reinbek (Vater: Gustav B., Verw.-Beamter; Mutter: Käthe, geb. Richter), verh. s. 1963 m. Hannelore, geb. Klose, 2 Kd. (Tobias, Katinka) - 1957-61 Stud. d. Volkswirtsch., Dipl.-Volksw. 1961, Promot. 1964, Habil. 1971 - 1971-73 Priv.-Doz. Univ. Hamburg, s. 1974 o. Prof. f. Wirtschaftspolitik Univ. Essen GH; s. 1982 o. Prof. f. Wirtschaftspolitik Univ. Dortmund - BV: u.a. Ökonom. Grundlagen d. Bildungsplanung, 1965; Z. Funktionsfähigkeit d. EWG, 1972; Intern. Wirtschaftspol., 1976; Intern. Wettbewerbsfähigkeit u. nat. Zusammenschlußkontr., 1985. Zahlr. Aufs. in Fachzschr.

BERG, Heinrich
Dipl.-Ing., Geschäftsführer Bergrohr GmbH Siegen, Siegen - Sichelweg 3, 5900 Siegen - Geb. 25. März 1937.

BERG, Holger
Regisseur - Husbargen 12c, 2000 Schenefeld - Geb. 21. März 1950 Aumühle, verh. m. Lisette Meister-Berg, T. Therese.

BERG, Horst-Klaus
Dr. theol., Prof. f. Ev. Theologie PH Weingarten (s. 1973) - Junkerstr. 50, 7987 Weingarten/Württ. - Geb. 18. Juli 1933 Hamburg (Vater: Matthäus B., Lehrer; Mutter: Lissy, geb. Meyer), ev., verh. s. 1958 m. Sigrid, geb. Ihlenfeld, 3 Kd. (Anette, Claudia, Daniel) - Univ. Hamburg u. Heidelberg - 1962-1968 Pfarrer; s. 1969 Hochschullehrer - BV: D. Methodik id. ev. Unterweis., 1966; Unterrichtsmodelle im Religionsunterr., 1974; Unterr.planung als didakt. Analyse, 1976; Lernziel: Schülerinteresse, 1977; Lieder - Bilder - Szenen im Religunterr. (m. Sigrid Berg), Bd. 1-10, 1978ff.; Bibl. Texte verfremdet (m. Sigrid Berg), Bd. 1-9, 1986ff. - Liebh.: Wandern, Musik, Fotogr. - Spr.: Engl.

BERG, Jan
Dr. phil., Prof. f. Phil. TU München (s. 1969) - Paul-Hey-Str. 25, 8035 Gauting (T. 850 24 83) - Geb. 5. Jan. 1928 Stockholm (Vater: Curt B., Musikkritiker; Mutter: Eva, geb. Ekström), verh. s. 1959 m. Catarina, geb. Eklund, T. Jenny - Habil. 1962 Stockholm - 1962-64 Assist. Prof. Univ. of Minnesota/USA; 1964-69 Doz. Univ. Stockholm - BV: Bolzano's Logic, 1962; Bolzano-Gesamtausg., 1969ff.

BERG, Karl-Erich
Dipl.-Ing., stv. Geschäftsführer dpa/Dt. Presse-Agentur GmbH. - Mittelweg 38, 2000 Hamburg 13.

BERG, Karl-Heinz

Dr. phil., o. Prof. f. Sonderpädagogik m. bes. Berücks. d. Lern- u. Sprachbehindertenpäd. Inst. f. Sonderpäd. Univ. Mainz - Uhlandstr. 1, 6730 Neustadt 16 - Geb. 27. Juni 1922 Kaiserslautern (Eltern: Friedrich u. Katharina B.), ev., verh. s. 1955 m. Herta, geb. Manger, 2 Kd. - Gymn.; Päd. Akad. Kusel; Univ. Mainz (Päd., Psych., Psychopathol.). Promot. 1962 - 15 J. Schuldst.; s. 1964 Hochschullehrer (1968 Prof.), 1968-88 Leiter Sonderpäd. Weiterbildungskurse f. Pädagogische Fachkräfte in Rhld.-Pfalz, 1974-81 Leiter Schulversuch zur Verminderung d. Sonderschulbedürftigkeit in d. Primarstufe (Mainz) - BV: Lernbeh. Kinder u. ihre Verhaltensgrundformen, 3. A. 1972; Lernbehinderung u. Intelligenz, 1969. Herausg.: Schr. z. Sonderpäd. (Reihe); Förderung Lerngestörter in d. Grundschule, 1981; Vorsorgen u. Helfen, 1983; Duftwirkungen auf d. Spur. E. anthropologische Studie zu Geruchseinflüssen im körperlichen, seelischen u. geistigen Bereich, 1988. Ztschr.- u. Handbucheinträge.

BERG, Klaus
Dr. jur., Justitiar Nordd. Rundfunk - Rothenbaumchaussee 132-34, 2000 Hamburg 13 - Geb. 7. Nov. 1937 Mainz - Redakt. Schriftenreihe Beitr. z. Rundfunkrecht. Herausg. Fachztschr. Media Perspektiven - Mitgl. Jurist. Kommiss. d. Europ. Rundfunkkommiss. (UER), u. Medienkommiss. ARD/ZDF; Geschäftsf. d. Arbeitsgemeinsch. Fernsehforschung (ARD/ARW, ZDF, RTL plus, SAT 1), u. ZAW-Aussch. f. Werberecht; Vorst.-Mitgl. Studienkr. f. Presserecht u. Pressefreiheit; Dir. Inst. f. in- u. ausl. Medienrecht d. Univ. Frankfurt; Hon.-Prof. Univ. Frankfurt.

BERG, Robert F.
Fabrikant, Gesellsch. Firmen Gebr. Weyersberg u. Berg & Co., Solingen - Bonner Str. 208a, 5650 Solingen-Ohligs - Geb. 8. Jan. 1913.

BERG, Rolf
Dr. odont., Prof. f. Kieferorthopädie Univ. d. Saarlandes - Am Collingerberg 41, 6650 Homburg 8 - Geb. 19. April 1935 Hadsel/Norw., ev., verh. s. 1958 m. Juliette, geb. Polvèche, 2 Kd. (Kristin, Erik) - Stud. Zahnmed.; Staatsex. 1958 Bonn u. 1959 Oslo; 1962-65 Norwegian Kieferorthopäd. Bern u. Oslo; Habil. 1984 Oslo - 1974-78 Präs. Norw. Ges. f. Kieferorthopäd.; 1983-85 Präs. Angle Soc. of Europe - BV: Dentofacial Developement, 1984 - Liebh.: Lit., Wandern,

Golf - Spr.: Norw. (Muttersp.), Deutsch, Engl., Franz.

BERG, Steffen
Dr. med., o. Prof. u. Direktor Inst. f. Rechtsmedizin Univ. Göttingen (s. 1966) - Windausweg 2, 3400 Göttingen - Geb. 27. Sept. 1921 Düsseldorf - 1964-1966 Privatdoz. Univ. München - BV: Grundriß d. Gerichtl. Med. (zahlr. A.), Agonie (Mitverf.), D. Sexualverbrechen, D. Archäologe u. d. Tod u.a. Über 100 Einzelarb.

BERG, Wilfried
Dr. jur., Prof. Ordinarius f. Staats- u. Verwaltungsrecht Univ. Bayreuth (s. 1980, zul. Univ. Münster, s. 1975), Lehrst. f. öffntl. u. Wirtschaftsrecht - Waldsteinring 25, 8580 Bayreuth-St. Johannis (T. 0921 - 9 31 25) - Geb. 10. Nov. 1941 Günzburg/Donau (Vater: Prof. Dr. jur. Hans B., Oberlandesgerichtsrat a. D.; Mutter: Annemarie, geb. Rief), ev., verh. s 1968 m. Gisela, geb. Nolte, 3 Kd. (Sabine, Stefan, Michael) - Habil. Bonn (1975); s. 1972 Mitgl. Kuratorium Freiherr-v.-Stein-Ges. - BV: Grundrechtskonkurrenzen, 1968; Verwaltungsentscheidung b. ungewiss. Sachverhalt, 1980; Staats- u. Verw.-Recht in Bayern, (m. Maunz u.a.) 1988. Herausg. d. Fundhefts für Öff. Recht; Mithrsg. d. Ztschr. Die Verwaltung - Rotarier.

BERG, von, Wolf
Dr. med., Prof., Chefarzt Kinderklinik/Diakonie-Krkhs. - 2720 Rotenburg/Wümme (T. 04261 - 77 27 40) - Geb. 21. Jan. 1928 Dresden (Vater: Dr. med. Oskar v. B., Stiefvater: Prof. Dr. med. Hans Girgensohn; Mutter: Mary, geb. Freiin v. Ungern-Sternberg), ev.-luth., verh. s. 1957 m. Isabell, geb. Sellheim, 3 Kd. (Friederike, Jobst, Stefanie) - Univ. Göttingen, Promot. u. Staatsex. 1956, Habil. 1969 (Lehrer: Prof. Joppich) - Mitgl. Lehrkörper Univ. Göttingen s. 1969; s. 1974 Chefarzt (spez. Arbeitsgeb.: Stoffwechselkrkh., Pädiatrie) - Liebh.: Musik, Photographie - Spr.: Engl.

BERG-SCHLOSSER, Dirk
Dr. oec. publ., Dr. phil. habil., Ph.D./UC Berkeley, Prof. f. Politikwiss. Univ. Marburg (s. 1985) - Georg-Voigt-Str. 29, 3550 Marburg (T. 06421 - 2 36 75) - Geb. 10. Dez. 1943 Ruhlsdorf/Mark Brandenburg, verh. s. M. Irmtrud, geb. Wassener, 2 Kd. (Alka, Sita) - Stud. Univ. München, Berlin, Paris, Berkeley/Kalif. (Volksw., Politikwiss., Soziol., Sozialanthropol.); Dipl.-Volksw. 1968 München; Promot. 1971 München; Habil. 1979 Augsburg; Ph. D. 1979 Berkeley - 1968-79 Lehr- u. Forsch.tätig. in Berkeley, München, Aachen, Nairobi, Augsburg; 1979 Priv.-Doz. Augsburg; 1984 apl. Prof. ebd. - 1981-85 Beiratsmitgl. Dt. Vereinig. f. Polit. Wiss.; 1986-90 Member of the Board of the Res. Committ. on Comp. Sociol. d. Intern. Sociol. Assoc. - BV: Politische Kultur, 1972; D. polit. Probl. d. Dritten Welt, 1972; Einf. in d. Politikwiss. (m. H. Maier, T. Stammen), u.a. 1985; Tradition and Change in Kenya, 1985; Vergl. Politikwiss. (m. F. Müller-Rommel), 1987; Politische Kultur in Deutschl., 1987; Politische Stabilität u. Entwicklung (m. R. Siegler), 1988 - Spr.: Engl., Franz., Span., Kisuaheli.

BERGANN, Hans-Joachim
Geschäftsführender Gesellschafter d. Bora-Bora Wassersport GmbH, Buchholz - 2112 Jesteburg-Osterberg (T. 04181 - 85 46) - Geb. 21. Juni 1919 Magdeburg, ev., verh. s. 1962 m. Bärbel, geb. Müller, 3 Söhne (Joachim, Matthias, Christian) - Abit., Stud. Jura u. Volksw. (o. Abschl.) - 1950 Gründ. Fa. Barakuda; 1953 Gründ. 1. Tauchsport-Fachtschr. Delphin; 1954 Gründ. Verb. Dt. Sporttaucher 1959-68 Präs. Verb. Dt. Sporttaucher (s. 1974 Ehrenpräs.); Freg.-Kapitän d. Res. Bundesmarine

Liebh.: Tauchen, Segeln - Spr.: Engl., Franz.

BERGDOLT, Bernhard
Dr. jur., Rechtsanwalt - Residenzstr. 27/VI., 8000 München 2 - Geb. 23. Mai 1909 München - S. 1936 Löwenbräu, 1976 Vorst.-Vors. - Div. Ehrenämter, u.a. gf. Mitgl. BFB Vermögensberatung u. Anlagenvermittl. GmbH - Rotarier.

BERGE, Günter
Verwaltungsgerichtspräsident - Hardenbergstr. Nr. 21, 1000 Berlin 12 (T. 31 03 11) - Geb. 1925 (?) - S. 1948 Berliner Justizdst. (LG, 1954 VG (zul. Vors. I. Kammer), 1968 Vizepräs. OVG, 1969 Präs. VG).

BERGE, Hans Siegmund vom
Dr. jur., Vorstandsmitglied Klein, Schanzlin & Becker AG, Frankenthal - Rusdorfstr. 4, 6710 Frankenthal/Pf. - Geb. 25. Juni 1937.

BERGE, Heinz
Dr. rer. nat., Vorstandsmitglied i. R. - Mittl. Bauernwaldweg 99, 7000 Stuttgart - Geb. 23. Sept. 1919 - Stud. Chemie.

BERGE, Klaus
Geschäftsführer Dt. Städte-Reklame GmbH - Eschenheimer Anlage 33/34, 6000 Frankfurt/M. - StVdAR. Ges. f. Flughafenwerbung mbH, 6000 Frankfurt; Geschäftsf. Nordwestdt. Ges. f. Außenwerbung mbH, Bünde (Westf.).

BERGEDER, Hans-Dietrich
Dr. med., Prof., Direktor Inst. f. Strahlenbiologie Univ. Bonn - Brombeerweg 5, 5300 Bonn 1 (T. 21 33 13) - Geb. 6. Juni 1923 Wuppertal (Vater: Heinrich B., Bankkfm.; Mutter: Margarete, geb. Steinhausen), verh. s. 1951 m. Ursula, geb. Rethel, 2 Töcht. (Maren, Anke) - Gymn. u. Univ. Köln (1942-44, 1946-48). Promot. 1950 Köln; Habil. 1960 Bonn - S. 1960 Lehrtätig. Bonn (1966 apl. Prof. f. Strahlenbiol.). Ca. 100 Fachveröff. S. 1988 Ruhestand.

BERGEL, Hans

Schriftsteller, Journ. - Rabensteinstr. 28, 8000 München 60 - Geb. 26. Juli 1925 Kronstadt/Siebenbürgen, ev. - Stud. Kunstgesch., Phil. Univ. Bukarest - BV: D. Rennfüchse, 1969; Rumänien, 1969; Würfelsp. d. Lebens, 1972; Im Feuerkreis, 1972; D. Tanz in Ketten, 1977; Gestalten u. Gewalten, 1982; Hermann Oberth, 1984; D. Tod des Hirten, 1985; Lit.-Gesch. d. Siebenbürger Sachsen, 1987; D. Vernusherz, 1987; ... und Weihnacht ist überall, 1988; D. Motiv d. Freiheit, 1989; u.a. - 1949 Champion Rumäniens in Leichtathl. - 1971 Georg-Dehio-Preis; 1972 OKR-Erzählerpreis; 1982 Medienpreis; 1986 BVK; 1987 Kulturpreis d. Siebenbürger Sachsen u.a. - Liebh.: Abenteuerreisen - Spr.: Engl., Rumän. - Lit.: H. Pongs, D. Bild in d. Dicht. (Bd. IV); H. Mieskes: Südostdeutsche Vierteljahresblätter (3/88), u.a.

BERGEN, Volker
Dr. rer. pol., Prof. f. Volkswirtsch. - Büsgenweg 3, 3400 Göttingen (T. 39 87 04) - Geb. 21. Juni 1939 Berlin (Vater: Otto B., Handelsvertr.; Mutter: Hildegard, geb. Göbel), ev., verh. s. 1977 m. Susanne, geb. Freitag, 4 Kd. (Nicole, Tobias, Caroline, Andreas) - Univ. Frankf., Münster u. Göttingen. Habil. 1976 - 1976-77 Doz. Univ. Göttingen u. Trier; 1978 Prof. Univ. Göttingen, Mitgl. Ges. f. Wirtsch.- u. Sozialwiss., American Economic Association, Association for Environmental and Resource Economists - S. 1970 div. Fachveröff.

BERGEN, von, Willwerner
Dr. jur., Kaufmann, gf. Gesellsch. B & L Finanzwerbung Dr. von Bergen u. Rauch GmbH, B & L Communications Dr. von Bergen u. Rauch GmbH, Frankfurt - Grüneburgweg 12, 6000 Frankfurt/M. (T. 069 - 15 30 01-0); priv.: Kinzigstr. 7, 6380 Bad Homburg - Geb. 8. Nov. 1921 Rom, ev., verh. s. 1954 m. Elisabeth, geb. v. Oertzen, 2 Kd. (Werner, Isabel, [verehel. Prinzessin z. Löwenstein-Wertheim-Freudenberg]) - Stud. Jura Univ. Rom u. Frankfurt; Promot. 1952 - 1952-56 Farbenfabriken Bayer, Handelspolit. Abt.; 1956-59 Dt. Bank AG, Zentrale Frankfurt, Auslandsabt.; 1959-69 Europ. Investitionsbank, Brüssel; 1969 Gründ. e. Finanzwerbeagentur Frankfurt, 1976 ProConsilia Werbeges., u. 1988 Gründ. d. B & L Communications Dr. von Bergen u. Rauch GmbH; Vorstandsmitgl. Frankfurter Ges. f. Handel, Ind. u. Wiss. - BV: D. Einfluß d. Lateranverträge auf d. ital. Gesetzgeb. unter bes. Berücksicht. d. Eherechts - Interessen: Wirtschaftspolitik, Finanzwesen, Privatsch., Golf, Ski, Oper u. Theater - Spr.: Engl., Franz., Ital. - Bek. Vorf.: Dr. Diego v. Bergen, dt. Botschafter am Vatikan, 1919-43 (Vater).

BERGENER, Manfred
Dr. med., Leitender Arzt Psychiatr. Behandlungszentrum/Rhein. Landesklinik, Köln (s. 1974), apl. Prof. f. Psych. Univ. Düsseldorf (s. 1971) - Wilhelm-Griesinger-Str. 23, 5000 Köln 91 - Geb. 11. Juni 1935 Berlin - Promot. 1962; Habil. 1971 - 1982-87 Präs. Intern. Psychogeriatric Assoc.; 1. Präs. Dt. Ges. f. Geriatrie; Ass. Editor Ztschr. Intern. Psychogeriatrics. Üb. 250 Facharb. (auch Filme). Zahlr. Bücher (auch Herausg.).

BERGENHOLTZ, Henning
Dr. phil., Prof. Univ. Essen - Universitätsstr. 12, 4300 Essen - Geb. 26. Aug. 1944, 4 Söhne (John, Thomas, Stefan, Carsten) - Stud. German., Sprachwiss., Skandinavistik; M.A. 1973 TU Berlin; Promot. 1975, Habil. 1978, bde. Essen - 1973-76 wiss. Mitarb. Forsch.gr. Luna in Bonn; 1976-79 wiss. Mitarb. Univ. Essen; 1979-81 Gastprof. Ain Schams Univ. Kairo; Hfl. wiss. Mitarb. Univ. Essen; 1984 apl. Prof.; s. 1987 Leit. Forsch.gr. LexiMAL in Antananarivo; 1987 Prof. Wirtschaftsuniv. Arhus - BV: Morphol. dt. Verben, Substantive u. Adjektive, 1976; Wortarten d. Dt., 1977; Einf. in d. Morphol., 1979; Wortfeld Angst, 1980. Herausg.: Text-Corpora (1979); Lexikographie u. Grammatik (1985), Hermes. Ztschr. f. Sprachwiss. (1988ff).

BERGER, Alfred
Dr. med., Prof., Direktor Klinik f. Plastische, Hand- u. Wiederherstellungschir. Med. Hochsch. Hannover - Podbielskistr. 380, 3000 Hannover 51 (T. 0511 - 6461-423) - Geb. 31. Juli 1934 Graz, kath., verh. s. 1964 m. Sigrid, geb. Hübner, 3 Kd. (Nicole, Daniela, Philipp) - Med.-Stud. Univ. Graz; Promot. 1959, Habil. 1973 Univ. Wien - 1978 ao. Prof. Univ. Wien; 1981 o. Prof. Med. Hochsch. Hannover. 201 wiss. Arb. auf d. Geb.: Plast., Wiederherstellungschir., Mikrochir. d. Nerven, mikrovaskuläre Chir., Gewebstransplantationen, Verbrennungen; Mitverf.: Lehrb. u. Atlas d. Mikrochir. (Kapitel: Handchir.), 1985; Lehrb. d. Chir. (Kapitel: Plast. Wiederherstellungschir., Nervus facialis, Muskeltransplantation) - 1979 Esselsbergpreis - Spr.: Engl.

BERGER, Arne-Curt

Dr. rer. pol., Dipl.-Kfm., Gf. Gesellschafter Hotel lHarz Sternl in Goslar-Halmenklee, Gesellschafter Mey & Edlich, Stuttgart-Leinfelden - Herderstr. 33, 6238 Hofheim/Taunus (T. 73 86) - Geb. 17. Jan. 1935 Berlin (Vater: Dr. Curt B.; Mutter: Marianne, geb. Blume), ev., verh. s. 1961 m. Marieluise, geb. Will, 3 Kd. (Christian, Janine, Marie-Christine) - Dipl.-Kfm. 1959; Promot. 1960 - Verwaltungsbeirat Mey & Edlich; AR-Mandate - Spr.: Engl., Franz.

BERGER, Axel
s. Burmester, Albert

BERGER, Christoph
Dr. rer. nat., Prof., Physiker - Mozartstr. 7, 5120 Herzogenrath/Rhld. - B. 1974 Doz., dann Wiss. Rat u. Prof. TH Aachen (Hochenergiephysik).

BERGER, Dieter
Vorstandsmitglied Hoesch Export AG - Elisabethstr. 1-3, 4600 Dortmund - Geb. 12. Febr. 1929.

BERGER, Dieter A.
Dr. phil., Prof. f. Engl. Philologie Univ. Düsseldorf - Noldeweg 8, 4010 Hilden - Geb. 14. Nov. 1940 Oberplan - Staatsex. 1966, Promot. 1969, Habil. (Engl. Philol.) 1976 - Ab 1972 Assist.-Prof. Univ. d. Saarl.; ab 1981 o. Prof. D'dorf; 1985-87 Prodekan - BV: Literaturkritik Richard Hurds, 1972; Konversationskunst in England 1660-1740, 1978; Aufs. üb. brit. Lit. d. 18.-20. Jh.

BERGER, Erich R.
Dr.-Ing., o. Prof. f. Fernmeldetechnik (emerit.) - Dornröschenweg 8, 8031 Eichenau - Geb. 24. Juli 1912 Wien - Promot. 1938 - 1968ff. Ord. TU Berlin. Üb. 30 Fachveröff.

BERGER, Erna
Prof., Kammersängerin - Weyerstr. 3, 4300 Essen 1 - Geb. 19. Okt. 1900 Dresden (Vater: Bauing., z.T. im Ausl.) - Ausbild. Gesangsl. Zinnert u. Gesangslehrerin Hirzel, Dresden - Mitgl. Staatsoper Dresden, Städt. Oper u. Staatsoper Berlin (1934ff.), 1959-71 Prof. Musikhochsch. Hamburg (Meisterkl. f. Gesang). Versch. Welttourneen; zahlr. Gastverpflicht., u. a. Covent Garden Opera London u. Metropolitan Opera New York (1949/1950); Liederabende Inu. Ausl.; Lehrkurse in Hamburg, München u. Wien - 1953 BVK, 1977 Gr. BVK; 1954 Kunstpreis Stadt Berlin; 1955 o. Mitgl. Akad. d. Künste Berlin - Liebh.: Bücher, Autoreisen - Spr.: Engl., Franz., Span. - Lit.: Karla Höcker, E. B., 1961 - Auf allem, was ihrer Opernträtigk. als erster Koleratursopran d. dt. Bühnen u. war d. führ. Interpretin d. dt. Liedes

Erna Berger: Auf Flügeln d. Gesanges (1988).

BERGER, Fritz
Verleger, Geschäftsf. Hermann Luchterhand Verlag GmbH & Co. KG u. Buchhandl. f. Wirtschaft u. Verw., beide Neuwied - Wiedhöhe Nr. 14, 5451 Melsbach - Geb. 25. Okt. 1925.

BERGER, Fritz
Dr. med., Hals-Nasen-Ohrenarzt, apl. Prof. f. HNOheilkd. Univ. Düsseldorf (s. 1970) - Kirchfeldstr. 40 (Ev. Krkhs.), 4000 Düsseldorf 1.

BERGER, Gunther
Dr., Vorstandsvorsitzender Gerresheimer Glas AG - Mörsenbroicher Weg 191, 4000 Düsseldorf 30 - VR-Mitgl. Kleinewefers Beteiligungs-GmbH, Krefeld; Beirat Dt. Bank AG, Düsseldorf, Spessart Glas AG, Lohr; AR Glashütte Budenheim GmbH, Budenheim.

BERGER, Hans
Direktor - Zu erreichen üb. Rohtex AG f. Textilrohstoffe, Nürburgstr. 41-47, Postf. 449, 7000 Stuttgart 60 - Vorst. Rohtex AG f. Textilrohstoffe, Stg.-Untertürkheim.

BERGER, Harry
Dr., Dipl.-Kfm., Geschäftsf. SWF Südd. Winden- u. Förderanlagenfabrik Bechtolsheim & Stein KG, München - Klausener Platz 19, 8000 München 90 - Geb. 9. Jan. 1924.

BERGER, Heide
M. A., Geschäftsführerin Bundesverb. d. Lohnsteuerhilfevereine - Adenauerallee 11, 5300 Bonn; priv.: Am Nikolausbach 11, 5330 Königswinter 41 - Geb. 12. März 1940 Berlin (Vater: Hanns B., Arch.; Mutter: Lina, geb. Abendroth), ev. - Univ. Bonn (Politikwiss.). M. A. 1973 - Wiss. Mitarb. Bundestag - Spr.: Engl., Span.

BERGER, Heiner
Dr. jur., Oberstadtdirektor Aachen (s. 1975) - Im Weingarten 39, 5100 Aachen - Geb. 1. Juni 1933 Köln (Vater: Prof. Dr. Heinrich B.; Mutter: Elisabeth, geb. Strohe), kath., verh. s. 1961 m. Mechthild, geb. Schmidt, 2 Kd. (Felicitas, Heinrich) - Jurastud. Univ. Saarbrücken, München, Berlin, Heidelberg; 1. u. 2. Staatsex. - 1960-63 Justitiar Kreishandwerkerschaft Bonn, 1963-68 Stadtwerke Bonn, 1968-75 Stadtdir. u. -kämmerer Göttingen - 1976 Chevalier Kronenorden Belgien, Commandeurkreuz des Ordens von Oranien-Nassau, 1982 Großkreuz Ziv. VO v. Spanien durch König Juan Carlos, 1987 Offz. d. Ordens pour le mérite, Frankreich, 1988 Komtur d. Gregoriusordens - Spr.: Engl., Franz. - Rotarier.

BERGER, Heinrich
Dipl.-Kfm., Vorstandsmitglied Dt. Babcock AG, Oberhausen - Erlenstr. 22, 4220 Dinslaken - Geb. 3. Jan. 1923 - Vorst.vors. Dt. Babcock Maschinenbau AG, Ratingen; Balcke-Dürr AG, Ratingen; Vors. d. Gesch.F. Borsig GmbH, Berlin; Geschäftsf. Dt. Babcock-Beteiligungs-GmbH, Oberhausen; AR-Vors.Dt. Babcock Bau GmbH, Oberhausen; Babcock Textilmaschinen GmbH, Seevetal; Leobersdorfer Maschinenfabrik AG, Wien/Österr.; Neumünstersche Maschinen- u. Apparatebau GmbH, Neumünster.

BERGER, Heinz
Unternehmer (Aichelin GmbH, Korntal), Vors. Fachgemeinsch. TPT im VDMA, Frankfurt/M., u. Aufsichtsu. Verw.sratsmandate - 7015 Korntal-Münchingen/Württ. - Geb. 14. April 1927 Stuttgart, verh. s. 1953.

BERGER, Herbert
Schriftsteller - Paradiesfeld 31, 4410 Warendorf 2-Hoetmar (T. 02585 - 75 70) - Geb. 12. März 1919 Freiburg - Fr. Mitarb. bei Rundf., Ztschr. u. Ztg.; fr. Schriftst. - BV: D. fremde Stadt, 1982; D. Pütt hat mich ausgespuckt, 1981; Ich u. meine Stadt, 1975. Hörfolgen im Rundf. - Versch. Lit.preise f. Lyrik u. Prosa.

BERGER, Hermann
Dr. phil., o. Prof. f. Indologie - Landfriedstr. 10 II, 6900 Heidelberg - Geb. 17. Okt. 1926 Kötzting/Bayer. Wald (Vater: Peter B., Oberforstm. i. R.; Mutter: Angelika, geb. Rößler), freirelig., verh. s. 1954 m. Elsbeth, geb. Neumann, 4 Kd. (Tilman, Albrecht, Christine, Elisabeth) - Univ. München (Indol., Indogerm., Semitistik). Promot. 1953; Habil. 1957-62 Dozent Univ. Münster; 1962-64 Visiting Prof. Sanskrit College Kalkutta; s. 1964 Ord. u. Seminardir. Univ. Heidelberg - BV: Zwei Probleme d. mittel. Lautlehre, 1955; D. Yasin-Burushaski (Neuind. Stud., Bd. 3), 1974; Mythologie d. Zigeuner, in: H. W. Haussig (Hg.): Wörterbuch d. Mythologie - 1982 o. Mitgl. Heidelberger Akad. d. Wiss. - Spr.: Engl.

BERGER, Hermann
Dr. med., Abteilungsvorsteher Hautklinik, Prof. f. Dermatologie Univ. Göttingen (s. 1975) - Albert-Einstein-Str. 24, 3400 Göttingen.

BERGER, Jakob
Jurist, Oberregierungsrat a. D., Hauptgeschäftsführer Vereinig. d. kommunalen Arbeitgeberverb. - Lindenallee 24, 5000 Köln 51 - Geb. 5. Dez. 1929 - Vorst.-Mitgl. Bundesversich.anst. f. Angest.; VR-Mitgl. VBL - BVK I. Kl.

BERGER, Judith
Verwaltungsangestellte, Vorstand Landesruderverb. Baden-Württ. (s. 1975) - Fauserweg 12, 7302 Ostfildern 4 - Geb. 23. Mai 1934 Stettin, ev., verh. s. 1953 m. Alfred B., 2 Kd. (Edita, Susanne) - Klosterich. Lichtenthal Baden-Baden - 1979-86 Präsid.-Mitgl. Dt. Ruderverb., s. 1983 Mitgl. Bundesvorst. Württ. Landessportbund; s. 1983 Kassenprüferin Dt. Frauenrat; s. 1984 Kassenprüferin Dt. Sportbund - 1986 Silb. Ehrennadel Württ. Landessportbund; 1986 Plak. f. bes. Verd. Dt. Ruderverb. - Liebh.: Ballett, Reisen, Gesch.

BERGER, Jürgen
Dr., Prof. f. Mathematik in d. Medizin u. Abteilungsdir. Inst. f. Math. d. Datenverarb. in d. Med./Univ. Hamburg (s. 1978) - Stonsdorfer Weg 15a, 2000 Norderstedt - Zul. Univ. Mainz.

BERGER, Juliane Helene
Künstlerin, Malerin, Lyrikerin - Am Ziegelteich 2, 2120 Lüneburg (T. 04131 - 5 14 79/5 13 60 od. 0581 - 1 74 73) - Geb. 18. Sept. 1952 Uelzen (Vater: Julius B., Hotelbesitzer; Mutter: Helene B., Kunstgewerblerin), ev., verh. s. 1988 m. Gerhard, geb. Voßmüller - 1963 erster Zeichenunterr.; Hauptsch. u. Hauswirtsch.schule in Uelzen; Stud. (2 Monate) Werbe- u. Gebrauchsgrafikkunstsch. Alsterdamm Hamburg; 1970

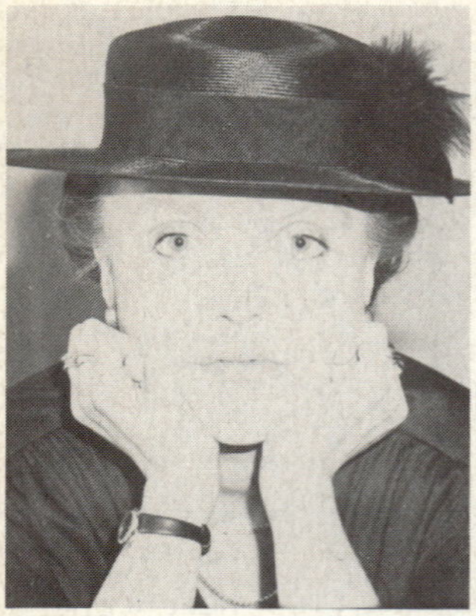

priv. Mal- u. Zeichenunterr. b. R. Laute, Hamburg; 1971-76 Stud. Visuelle Kommunikation Hochsch. f. bild. Künste Hamburg; 1977 Gasthörerin f. Lit. ebd. - S. 1980 Tätigk. als freiberufl. Künstlerin. Künstl. Techniken, insbes. Aquarelle, Collagen, Öl Reliefs, Radierungen u. Zeichnungen z. d. Thema Umwelt m. d. Ziel e. künstler. Vereinigung v. Musik, Lit. u. Malerei. S. 1984 Doz. VHS Uelzen u. s. 1988 VHS Lüneburg. Priv. Mal- u. Zeichenunterr. - Publ. in: Meister Bild. Künstler, 1988; Bremer Leseb., 1989. Lyr. Partituren. Zahlr. Veröff. in Katalogen, u.a.: Ich, Künstlerin in Nieders. (1988); 1. Exposition Intern. de Arte Postal en Granada. Homenaje a F.G. Lorca (1988). 1970-86 zahlr. Ausst.: Uelzen, Hamburg, Hannover u. Frankfurt; s. 1987 in d. USA, Japan, Ital. u. Span. - 1978 Mitgl. Akad. d. fr. Künste Berlin - Liebh.: Klavierspielen, Kochen, Garten - Spr.: Engl., Franz. - Lit.: Pressekritiken v. Prof. A. A. Ziese u. J. Weichardt.

BERGER, Julius

Prof., Violoncellist - Hofwiesenweg 15, 8959 Hohenschwangau - Geb. 20. Okt. 1954 Augsburg (Vater: Dr. Julius B., Notar; Mutter: Elisabeth B.), kath. - Staatsex. München 1977; Stud. b. Mstislav Rostropovitch, Zara Nelsova (USA), Antonio Janigro - Solist bedeut. Orchester in Europa, USA, Japan; s. 1983 Prof. in Würzburg - Veröff.: Produkt. b. d. gr. Radiostat. d. In- u. Auslandes - Stipendiat Studienstiftg. d. Dt. Volkes; 1980 Sieger intern. Wettbew. New York.

BERGER, Jutta (Cindy),
geb. Gusenburger

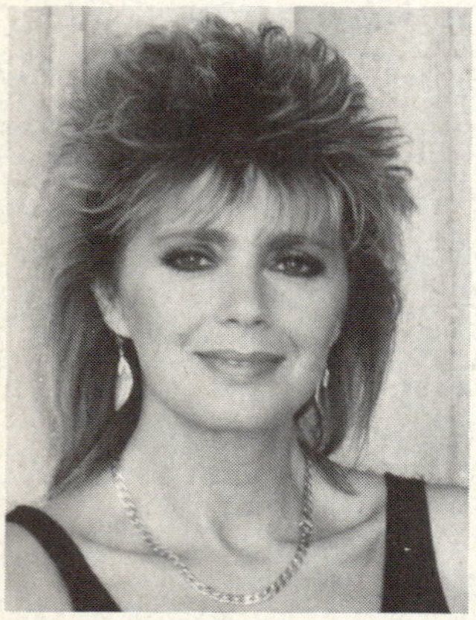

Sängerin - Röntgenstr. 78, 6660 Zweibrücken (T. 06332 - 4 03 53) - Geb. 26. Jan. (Vater: Alfred G., Bauamtm.; Mutter: Lotti, geb. Klemm), kath., gesch., S. Sascha - Mittl. Reife, Höh. Handelssch. - B. 1971 Versich.-Kfm., dann hauptberufl. Schlagersängerin - Als Duo Cindy & Bert (m. Norbert B.) zahlr. Hits, u.a.: Immer wieder sonntags, Spaniens Gitarren, Wenn die Rosen erblühen in Malaga. 18 LP's, 39 Singles. Rundfunksend., FS-Auftritte, Tourneen - 5 x Gold. Europa d. Europawelle Saar, Bronze-Löwe RTL, gold. LP u. Single; 1988 2. Platz als Solistin Grand-Prix-Vorentscheid. m. d. Titel U. Leben will ich auch; Gold. Stimmgabel - Liebh.: Tennis, Schwimmen, Reisen, Esoterik - Spr.: Engl., Franz.

BERGER, Karl-Christoph

Dipl.-Ing., Vorstandsmitgl. Hagen Batterie A.G. Soest - Rennweg 21, 4772 Bad Sassendorf (T. 02921-5 23 23) - Geb. 2. Jan. 1934 Königsfelde/Ostpr., ev., verh. s. 1958 m. Maren Berger-Jaxa, geb. Jaxa, T. Alexandra - Abit. 1950 Univ. Sevilla, Spanien, 1952 Escuela de Peritos Ind. Sevilla, Spanien, TU München, Dipl.-Ing. Elektrotechnik 1957 - Gastdoz. Intern. Management Inst. Genf; AR-Vors. Servauto, Cilly Mazarin, Paris; AR-Mitgl. ICS, Canonica d'Adda, Mailand - BV: Manufacture of Telecommunications Equipment in Developing Countries, 1969 - Liebh.: Skifahren, Tennis, Segeln, Photo, Lit., Theater, Reisen - Spr.: Engl., Span., Franz., Ital.

BERGER, Karl-Heinz

Dr. rer. pol., Prof. f. Betriebswirtschaftslehre Univ. Hannover - Wendlandstr. 6, 3000 Hannover 21 - Geb. 1. Mai 1926 Berlin (Vater: Hermann B., Kaufm.; Mutter: Johanna, geb. Borchert), ev., gesch., T. Barbara - Schinkel-Oberrealsch. u. TU Berlin. Dipl.-Kfm. 1954; Promot. 1958; Habil. 1965. S. 1972 Ord. - BV: Unternehmensgröße u. Leitungsaufbau, 1968 - Spr.: Engl.

BERGER, Karl-Reinhard

Dipl.-Ing., Prof. f. Bautechnik, insb. Städtebau u. Landesplanung, Gesamthochschule Wuppertal (Fachbereich Bautechnik) - Domagkweg 96, 5600 Wuppertal 1.

BERGER, Klaus

Dr. theol., Prof. f. Neutestamentl. Theologie Univ. Heidelberg - Am Großen Wald 6, 6901 Gaiberg - Geb. 25. Nov. 1940 Hildesheim, ev.-luth., verh. s. 1971 m. Christa, geb. Bonenkamp, 2 Kd. (Moritz, Kathrin) - BV: D. Amen-Worte Jesu, 1970; D. Gesetzesauslegung Jesu (I), 1972; D. Auferstehung d. Propheten, 1976; D. Griech. Daniel-Diegese, 1976; Exegese d. Neuen Testaments (UTB), 1977, 2. A. 1984; Bibelkunde Neues Testament, 1980, 3. A. 1985; Das Jubiläenbuch, 1981; Formgesch. d. Neuen Testaments, 1984; Exegese u. Phil., 1986; Einf. in d. Formgesch., 1987; Relig.geschichtl. Textb. z. Neuen Testament (zus. m. C. Colpe), 1987; Wie e. Vogel ist d. Wort, 1987; Hermeneutik d. Neuen Testaments, 1988; D. Weisheitsschrift aus d. Kairoer Geniza, 1989. 40 Aufs. in Zeitschr.

BERGER, Klaus

Gymnasiallehrer, Schriftst. - Bentzlerstr. 8, 4920 Lemgo 1 (T. 05261 - 1 06 01) - Geb. 19. Sept. 1954 Solingen, ev., verh. s. 1976 m. Ulrike, geb. Büngener, 4 Kd. (Birthe, Kornelius, Gabriel, Karen Elisabeth) - Stud. German., Phil. u. Biol.; z. Zt. Doktorand Univ. Bielefeld - BV: Evolution u. Aggression, 1981; Wie entstand d. Leben?, 1982; Aggression - D. Böse, 1983; Ohne Liebe kein Leben, 1984; Vergewaltigung d. Seele - Sigmund Freud, 1984; Michael Ende - Heilung durch magische Phantasien, 1985; Angst verstehen u. überwinden, 1986; New Age - Ausweg od. Irrweg, 1987; Magie zw. Buchdeckeln, 1989.

BERGER, Lieselotte

Redakteurin, Parlam. Staatssekretärin Bundeskanzleramt u. Bevollm. d. Bundesregierung in Berlin (s. 1987), MdB/Vertr. Berlins (s. 1971; 1973-87 Vors. Petitionsaussch.) - Glockenturmstr. 30, 1000 Berlin 19 - Geb. 13. Nov. 1920 Berlin (Vater: Hans B., Techn. Angest.; Mutter: Emilie, geb. Metscher), ev. - Mittelsch., Abendgymn. (Abit. 1942), 1948-54 Freie Univ. (Soziol., Phil., Publiz.), alles Berlin - 1937-45 Büroangest.; 1945-47 Dolmetscherin; ab 1950 journ. Tätigk. u. Mitarb. Gesamtd. Referat VDS; 1958-59 Ref. CDU; 1959 Ref. beim Reg. Bürgerm., 1960-63 pers. Ref. beim Bürgerm. v. Berlin; zul. Redakt. u. Leit. Ausstellungsref. Presse- u. Informationsamt, alles Berlin. CDU (u.a. 1973 stv. Landesvors.) - 1977 Gr. BVK; 1985 Gold. Ehrenzeichen m. Stern d. Rep. Österr.; 1986 Frau d. Jahres (Dt. Staatsbürgerinnenverb.); 1987 Gr. VK m. Stern - Spr.: Engl. (Dolmetscherex. 1948).

BERGER, Markus

Oberstleutnant a. D., MdB (1977-87) - Am Allerheiligenberg 30, 5420 Lahnstein - Geb. 28. Jan. 1938 Frei-Weinheim/Ingelheim (Vater: Anton B.; Mutter: Margarete, geb. Christian), kath., verh. s. 1960 m. Renate, geb. Stoczek, 4 Kd. (Angelika, Michael, Martin, Monica) - Gymn. Ingelheim (Abit. 1957); Offiziersausbild. Dillingen, Hannover, München (1959 Ltn.) - Ab 1959 Truppendst. Koblenz, Wetzlar, Lahnstein (zul. Oberstlt.). 1964ff. Ratsmitgl. Stadt Niederlahnstein u. neugeb. Stadt Lahnstein (1969). 1969ff. MdK Rhein-Lahn. CDU s. 1964 - Liebh.: Gesch., Musik, Sport - Spr.: Engl., Franz. - Im Bundestag: Berger-Lahnstein.

BERGER, Michael

Dr. med., Prof. f. inn. Med. Univ. Düsseldorf - Wildenbruchstr. 22, 4000 Düsseldorf; u. Bachplatz 1, 5804 Herdecke - Geb. 2. Juni 1944 Schmalkalden (Vater: Dr. Jochen B., RA u. Notar; Mutter: Ines, geb. Andler), ev., verh. s. 1983 m. Dr. med. Ingrid, geb. Mühlhauser - Univ. Würzburg, München, Galway/Irland, Düsseldorf, Harvard, Boston (USA), Genf - S. 1978 Prof. - Intern. Veröff. z. Diabetol. - Mehrere Wiss.-Preise Diabetol. Ges. in Dtschl., Europa, USA, Südamerika u. Austral. - Spr.: Engl., Franz., Span.

BERGER, Norbert

Botschafter - Miraflores, 4202 Av. Arequipa, Lima (Peru) (T. 45 99 97) - Geb. 22. März 1913 Berlin, verh. 1954 m. Dr. Ingeborg, geb. Hanack - Stud. Rechts- u. Staatswiss. - S. 1952 Ausw. Dienst (Auslandsposten: 1954 Konsul Bilbao, 1956 Botschaftsrat Madrid, 1959 Generalkonsul Salisbury, 1963 Botschaftsrat Paris, 1970 Botschafter Pakistan) - Liebh.: Jagd, Reiten.

BERGER, Norbert (Bert)

Sänger Duo Cindy & Bert - Röntgenstr. 78, 6660 Zweibrücken (T. 06332-4 03 53) - Geb. 12. Sept. 1945 Völklingen (Vater: Alex B., Organist; Mutter: Cilla, geb. Kurtz), kath., verh. s. 1967 m. Jutta, geb. Gusenburger, Sängerin (Gesangsduo: Cindy), S. Sascha - Mittl. Reife, Höh. Handelssch. - B. 1971 Ind.-Kfm., dann hauptberufl. Schlagersänger - Als Duo Cindy & Bert (m. Ehefr. Jutta) zahlr. Hits: u.a. Cäsar u. Cleopatra (1970); Immer wieder Sonntag; Aber am Abend; Nenn es Liebe - Div. Schallpl., Rundfunksend., FS-Auftritte, Tourneen - 1970/72/74/75/76 Gold Europa; 1973 Gold. Schallpl. (f. 1,5 Mio. verk. Schallpl.: Aber am Abend) u. Bronze-Löwe Radio Luxemburg - Liebh.: Komponieren u. Texten - Spr.: Engl., Franz.

BERGER, Peter

Schriftsteller - Rommerscheider Str. 43, 5060 Bergisch Gladbach 2 (T. 02202 - 3 08 78) - Geb. 25. Jan. 1915 Rheinbrohl (Vater: Anton B., Schlosser; Mutter: Maria, geb. Weyand), kath., verh. s. 1939 m. Maria, geb. Posch, S. Peter - Volkssch.; kaufm. Lehre - B. 1962 Industriekfm., dann fr. Schriftst. - BV/Jugendb. (1954-70): Abenteuer am Strom, Ali reist doch n. Australien, D. Tochter d. Sonnengöttin, Doris reißt aus, Hallo, Fußball, Renate - e. Mädchen aus d. Zirkus, Dan - d. jg. Gaucho, Flugschüler Stahl, Torwart Thomas Bähr, Drei aus e. Elf, Im roten Hinterhaus (auch jap.), Benjamin Habenichts, Friedrich Ehrlich macht Karriere, M. d. Kranich am Leitwerk (Sachb.), Spieler - Profis - Tore, Wir gründen e. Fußballklub, Hilfe, ich habe zwei Schwestern, Bei uns im Ruhrgebiet, Die Jagd auf Maverik; Mitarb. an zahlr. Anthol. u. Leseb. Herausg.: König Fußball... - 1967 Dt. Jugendbuchpreis.

BERGER, Reinhard

Dr. rer. oec., Dipl.-Kfm., Vorstandsmitglied Energieversorgung Weser-Ems AG - Tirpitzstr. 39, 2900 Oldenburg/O. - Geb. 11. Juni 1928.

BERGER, Robert

Dr., Dipl.-Kfm., stv. Vorsitzender Alfred Teves GmbH, Geschäftsf. ITT Ges. f. Beteiligungen mbH, A. Teves Metallwarenfabrik GmbH (s. 1969) - Guerickestr. 7, 6000 Frankfurt/M. 90 (T. 76 03-1) - Geb. 23. Aug. 1924 Wiggensbach/Allgäu - Vorst. u. Beirat Arbeitgeberverb. Bezirksgr. Frankfurt; Beirat Commerzbank AG.

BERGER, Robert

Dr. rer. nat., Dipl.-Math., o. Prof. f. Mathematik - Ober der Trift 12, 6670 St. Ingbert (T. 41 28) - Geb. 21. Juli 1933 Breslau (Vater: Dr. jur. Robert B., Landgerichtsdir.; Mutter: Ilse, geb. Heintze), ev., verh. s. 1958 m. Herma, geb. Heere, 4 Kd. (Ruth, Robert, Renate, Barbara) - Frhr.-v.-Stein-Sch. Frankfurt/M.; Univ. ebd. u. Heidelberg (Math.: Diplomprüf. 1956). Promot. (1958) u. Habil. (1963) Heidelberg - 1963-64 Privatdoz. Univ. Heidelberg, 1964-68 ao. u. o. Prof. (1966) FU Berlin; s. 1968 o. Prof. Univ. Saarbrücken. Gastprof. Queens Univ., Kingston (Kanada), Purdue Univ., Lafayette (USA), Louisiana State Univ. Baton Rouge (USA). Fachveröff. - Liebh.: Elektronik - Spr.: Engl., Franz., etwas Russ.

BERGER, Roland

Dipl.-Kfm., Unternehmensberater, Geschäftsf. Roland Berger & Partner GmbH, München, stv. Vors. ACME Board of Directors - Robert-Koch-Str. 39a, 8022 Grünwald/Obb. - Geb. 22. Nov. 1937 Berlin (Vater: Georg L. B., Generaldir.; Mutter: Thilde, geb. Altmann), ev., verh m. Karin geb. Gottschalk, 2 S. (Markus, Oliver) - Gymn. Landshut, München, Nürnberg; Univ. Hamburg u. München (Wirtschaftswiss.) - S. 1967 selbst. - Liebh.: Mod. Kunst, Ski, Golf - Spr.: Engl., Ital.

BERGER, Senta

Schauspielerin - 8022 Grünwald - Geb. 13. Mai. 1941 Wien (Vater: Josef B., Komponist; Mutter: Therese, geb. Jany), verh. s. 1966 m. Dr. med. Michael Verhoeven, 2 Söhne - Gymn. u. Reinhardt-Sem. Wien (2 Sem.) - Üb. 100 Kinofilme in Deutschl., Österr., USA, Engl., Frankr., Italien, dar. Arbeiten m. Sam ›Peckinpah, Harold Pinter, Bernhard Wicki, Julien Duvivier, Wim Wenders, Volker Schlöndorf, Michael Verhoeven, Dino Risi, Mario Monicelli, Carlo Lizzani, Luigi Comencini u.a. S. 1974 regelm. Theaterarb. (Burgtheater Wien, Thaliatheater Hamburg, Schillertheater Berlin; b. 1982 Salzburger Festsp. [Jedermann m. Curd Jürgens, dann Maximilian Schell]); Fernsehrollen: u.a. Kir Royal; s. 1966 Prod. Sentana-Film (1983 Bundesfilmpreis f. Film: Weiße Rose) - 1967 Bambi-Preis; 1969/70/71 Maschera d'Argento (ital. Filmpreis); 1987 beste Darst. d. Jahres (gewählt v. d. dt. Film- u. Fernsehregiss.).

BERGER, Ulrich

Dipl. Kommunalbeamter, MdB (1957-80) - Lindenstr. 4, 4006 Erkrath 2 (T. 02104 - 4 69 17) - Geb. 24. Okt. 1921 Dortmund, kath., verh. s. 1945 m. Anneliese, geb. Zaborowski, 1 Kd. - Gymn. u. Verw.s- u. Wirtsch.sakad. Bochum - 1939-45 Kriegsdst. (Offz.); s. 1945 Beamter Stadtverw. Herne; stv. Bundesvors. Dt. Beamtenbund, Bundesvors. d. Komm.Beamten u. Arbeitnehmer, Vors Dt. Beamtenwirtschaftsring. AR-Mitgl. Adler-Vers. Vödag.

BERGER, Ulrich

Dr. med., Prof., Bakteriologe - G. F. Händel-Str. 18, 6904 Eppelheim/Baden

(T. Heidelberg 76 40 46) - Geb. 5. Dez. 1919 Breslau, ev., verh. s. 1952, 2 Kd. - Univ. Rostock, Graz, Würzburg - 1945-51 Assist. Hafenkrkhs. Hamburg, Tropen-Inst. (1946), Hyg.-Inst. ebd. (1947) Kantonales Hyg.Inst. Fribourg/Schweiz (1948), 1951-63 Leit. Bakt. Labor/Klinik f. Zahn-, Mund- u. Kieferkrankh. Univ. Hamburg (1956 Privatdoz., 1962 apl. Prof.), seither Dir., Abt. Bakteriologie, Hyg.Inst. Univ. Heidelberg (zugl. Professor für Med. Mikrobiologie u. Hyg.) - BV: Sterilisation, Desinfektion u. Hyg. d. zahnärztl. Praxis, 1954; Mikrobiol. d. Mundhöhle, Lehrb. 1955 2. A. 1964; D. Treponemen d. Mundhöhle, 1958. Etwa 175 Einzelarb.

BERGER, Ursel

Dr., Leiterin Georg-Kolbe-Museum (s. 1978) - 1000 Berlin - Promot. Kunstgesch. 1975, München; Diss.: Palladios Frühwerk - Ausst. z. dt. Bildhauerei d. 20. Jahrhunderts.

BERGER, Walter

Schriftsteller, Verleger (Inh. Martin Verlag, Walter Berger, Buxheim) - Schillerstr. 13, 8941 Buxheim/Allg. (T. 08331-72518) - Geb. 2. April 1920 Cosel OS., kath., verh. s. 1955 m. Thea, geb. Hölscher, 2 T. (Elisabeth, Hedwig) - Rechtsanw.- u. Notariatslehre - S. 1954 Verleger, Inh. Martin Verlag -BV: Regentropfen, 7. A. 1979 u. 14 a. Bücher. Herausg. v. 24 Büchern, u.a. D. Schönheit e. Dorfes, D. Jahr ist e. Atemzug Gottes, ... ad personam Ludwig Wolker - 1981 BVK - Liebh.: Initiator d. Martin-Zuges (11. Nov.) s. 30 Jahren - Lit.: Bayer. Rundf. 11.4.1979, 25 J. Martin Verlag (Gespr. m. d. Verleger); Bayer. FS, Ostersamstag 1979, D. Autor u. s. Dorf.

BERGER, Wolfgang

Dr.-Ing., Vorsitzender Forschungsges. f. Feingeräte-, Mikro- u. Uhrentechnik, Stuttgart - Hindenburgstr. 46a, 8520 Erlangen u. Zeppelinstr. 5, 7290 Freudenstadt - Geb. 21. Sept. 1924 Freudenstadt.

BERGERFURTH, Bruno

Dr. jur., Vors. Richter Oberlandesgericht Hamm - Wandastr. 14, 4300 Essen 1 (T. 0201 - 25 24 83) - Geb. 30. Okt. 1927 Essen (Vater: Heinrich B., Rechtspfleger; Mutter: Margarethe, geb. Röser), kath., verh. m. Ruth, geb. Erle, 3 Kd. (Georg, Angela, Ute) - Abit. 1947 human. Burggymn. Essen; 1947-51 Univ. Köln (Rechtswiss.), Promot. 1951, Gr. jurist. Staatsex. 1954 - 1954 Richter; 1970 Landgerichtsdir.; 1980 Vors. Richter OLG Hamm (Senat f. Familiensachen) - BV: D. Ehescheidungsprozeß, 1964; D. Eherecht, 1966; D. Zivilprozeß, 1968; D. Armenrecht, 1971; D. Kaufrecht (m. Dr. Menard), 1973; D. Anwaltszwang, 1981. Zahlr. Einzelarb. - Mitgl. d. Wiss. Vereinig. f. Familienrecht (Bonn) - Liebh.: Bücher, Schach.

BERGERHOFF, Günter

Dr. rer. nat., Prof., Chemiker - Auf d. Schellenberg Nr. 6, 5300 Bonn 1 - Geb. 28. Febr. 1926 Bonn - S. 1963 (Habil.) Lehrtätigk. Univ. Bonn (1968 apl. Prof. f. Anorgan. Chemie).

BERGEROWSKI, Wolfram

Richter a. D., MdL Baden-Württ. (s. 1976, FDP/DVP) - Talallee 39, 7140 Ludwigsburg - Geb. 14. März 1936 Ludwigsburg, ev., verh. - Gymn. Ludwigsburg u. Schwäb. Gmünd; Univ. Tübingen (Rechtswiss.). Beide jurist. Staatsprüf. - Gerichtstätigk. Heilbronn, Marbach, Ludwigsburg (zul. AG). 1971ff. MdK; 1975ff. Mitgl. Gemeinderat.

BERGES, August Maria

Dr. jur., Prof., Senatspräsident OLG Köln - Lehmbacher Weg 82, 5000 Köln-Brück - Geb. 13. Febr. 1908 Siegburg - Zul. AGsdir. S. 1953 (Habil.) Lehrtätigk. Univ. Köln (1960 apl. Prof. f. Strafu. Prozeßrecht). Facharb.

BERGES, Hermann Josef

Schriftst., Chefredakteur i. R. - Ostenallee 102a, 4700 Hamm 1 (T. 02381 - 8 81 66) - Geb. 8. Mai 1903 Hergenrath Kr. Eupen, kath., verh. m. Anne, geb. Beckmann, 2 Kd. - Ab 1925 Feuill.redakt. Westf. Kurier, Chefredakteur Liboriusblatt u. Westf. Kurier - Von 1929-33 Verleger (Inh. Westf. Verlagsanstalt) - BV: Der silb. Leuchter, Rhapsodien 1921; Im Morgenlicht, Ged. 1922; Atem d. Erde, Ged. 1923; D. Hasenbrot, Gesch. 1925; Wittekind, Gesch. 1926; Adventsfreude, Werkb. 1927/53; Die grüne Hose, Gesch. 1971 (4. A. 1977); In jeder Kiepe steckt ein Kauz, Gesch. 1972 (3. Aufl. 1973); Unterm silbernen Baum, Gesch. 1973; Hamm - so wie es war, Hist. 2. A. 1976; D. Mann m. d. eisernen Halsband, 1974; D. Kartoffelkönig, 1975; Türme u. Tore im alten Soest, 1975. Herausg.: Leuchtende Tropfen (Peter Hille-Ged.), D. Spieluhr (Ged. d. 18. Jahrh.); Himmelpforten, Heimatb.; Auf Goldgrund geschrieben, Versgebete der Dichter 1974; Unser Westfalen, Jahrb. 1980/81/82/83/84/85 - Übers. aus d. Holl.

BERGFELD, Walter

Dr. med., Prof., Chefarzt Med. Abt. Diakonissenhaus Freiburg (s. 1946) - Lugotr. 26, 7800 Freiburg/Br. (T. 7 41 10) - Geb. 27. Nov. 1901 Altena/W. (Vater: Heinrich W. B., Fabr.; Mutter: Lina, geb. Hossee), verh. 1937 m. Margarethe, geb. v. Schelling - Univ. Heidelberg, Bonn, München, Freiburg - S. 1939 (Habil.) Lehrtätigk. Univ. Freiburg (1949 apl. Prof. f. Innere Med.) - BV: Schilddrüse u. Ernährung in Kropfgebieten Südbadens, 1941; Über d. Verbreit. d. endem. Struma in Südbaden, in: Verhandl. d. Dt. Ges. f. Innere Med., 1950.

BERGHAUS, Günter

Monsignore, Diözesan-Caritasdirektor, Geschäftsf. Caritasverb. f. d. Bistum Essen - Porschepl. 1, 4300 Essen 1 - Ehrendomherr d. Domkapitels Koszalin (Köslin), Ehrenkonventualkaplan d. Souveränen Malteser-Ritterordens.

BERGHAUS, Peter

Dr. phil., Museumsdirektor i.R., Honorarprof. f. Numismatik Univ. Münster (s. 1961) - Dinklagestr. 31, 4400 Münster/W. (T. 23 16 25) - Geb. 20. Nov. 1919 Hamburg (Vater: Max B., Versich.dir.; Mutter: Charlotte, geb. Matthias), ev., verh. s. 1956 m. Ingeborg, geb. Bleil, 4 Kd. (Elisabeth, Lieselotte, Michael, Ursula) - Univ. Hamburg (Gesch., Kunstgesch., Volkskd.) - S. 1950 Landesmuseum Münster (Assist.); Leit. Landesgeschichtl. Abt. u. Münzkabinett; 1977-85 Museumsdir. 1954ff. Mitgl. Histor. Kommiss. Westf. - Facharb. - 1965 Mbr. hon. Soc. franc. de N.; 1965 Ehrenmitgl. Schweizer. Numismat. Ges.; 1968 Ehrenmitgl. Koninklijk Genootschap voor Munt- en Penningkunde, Den Haag; 1986 Hon. Member British Numismatic Soc.; Mitgl. American u. Royal Numismatic Soc. (korr.), Kungl. Vitterhets Historie och Antikvitets Akad., Stockholm (ausl. korr.), Akad. d. Wiss. Göttingen (Kommiss. f. d. Altertumskd. Mittel- u. Nordeuropas) - Spr.: Schwed., Engl., Franz. - Rotarier.

BERGHÖFER, Dieter H.

Geschäftsführer roha arzneimittel GmbH, Bremen - Rockwinkeler Heerstr. 100, 2800 Bremen 33 (T. 0421 - 257 91 00) - Geb. 15. Aug. 1937, ev., verh. s. 1972 m. Ariane, geb. Neugebauer, 6 Kd. - Präses Handelskammer Bremen; AR-Vors. Bremer Lagerhaus-Ges.; AR Bankhaus Neelmeyer AG, Securitas Bremer Allg. Versich.-AG, bde. Bremen; Vorst. Kunstverein Bremen, Gerhard-Marcks-Stiftg., ebd. - Spr.: Engl.

BERGHOFER-WEICHNER, Mathilde

Dr. jur., Bayer. Staatsministerin d. Justiz (s. 1986), Stellv. d. Bayer. Ministerpräs., MdL - Justizpalast, 8000 München 35 (T. 5 59 71) - Geb. 1931, verh. 1969 m. Robert B., Präs. Bayer. Landessozialgericht (†1973) - U. a. Bayer. Kultusmin.; zul. Staatssekr. f. Unterricht u. Kultus (b. 1986). Mitgl. Gemeinderat Gauting; MdK Starnberg; CSU.

BERGHOFF, Dagmar

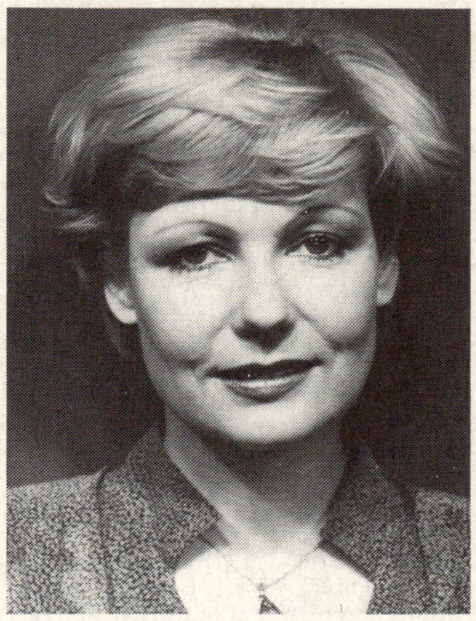

Tagesschausprecherin, Moderatorin - Zu erreichen üb. NDR, Gazellenkamp, 2000 Hamburg 54 - Geb. 25. Jan. Berlin (Vater: Gerhard, Kaufm.; Mutter: Irene, geb. Sell) - Abit., Hochsch. f. Musik u. Darst. Kunst Hamburg - 1967-76 FS-Ansagerin Südwestfunk; s. 1976 Tagesschau u. Moderatorin ARD; Tätigk. auch als Synchronsprecherin - Rollen: u. a. FS-Spiele Dtschl.reise, D. Kurheim - 1980 Fernsehpreis Bambi; 1987 Goldene Kamera - Liebh.: Gemäldesammeln, Reisen - Spr.: Engl., Franz.

BERGIUS, C. C.

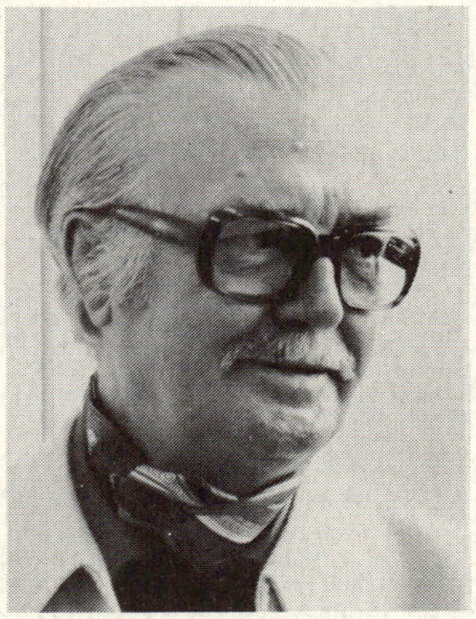

(eigtl. Egon-Maria Zimmer) Schriftsteller - Haus Solaris, FL-9490 Vaduz - Geb. 2. Juli 1910 Buer/W., verh. (Ehefr.: Irmgard) - U. a. Flugkapitän - BV (1951-84; GA. d. R. üb. 13 Mill. einschl. Übers.): u. a. Dschingis-Chan, Und unt. mir d. Erde, Absturz üb. d. Steppe, Tschandala, Treffpunkt Casablanca, Mike Schlapphut, D. feuerrote Baronessa (Film), Vier unt. Millionen, D. Fälscher, blue jeans u. petticoats, Heißer Sand (Film), Sand i. Gottes Mühlen, D. weiße Krokodil, D. Tag d. Zorns, Roter Lampion, D. Medaillon, Nebel i. Fjord d. Lachse (Film), Oleander-Oleander, Schakale Gottes, La Baronessa, Söhne des Ikarus, Der Feuergott. Spanisches Roulette, Xenia u. Barbatus, Endstation Tibet, L'amore eterno, El Comandante, Heng Pi weint, Jenseits d. Gobi. Biogr.: D. Straße d. Piloten (auch FS, 13 Folgen), D. Str. d. Piloten im Bild, D. Str. d. Piloten in Wort u. Bild, D. großen Entdecker. Div. Herausg. - Lit.: Bertelsmann Verlag: Ein bewegtes Leben.

BERGIUS, Rudolf

Dr. phil., em. o. Prof. f. Psychologie - St.-Vitus-Str. 35, 8031 Gilching - Geb. 22. April 1914 Carlshof b. Rastenburg (Vater: Gustav B., Pfarrer), verh. m. Christiane, geb. Volhard, 4 Söhne, 1 Tochter - Promot. 1939 Berlin - S. 1955 Lehrtätigk. FU Berlin (Privatdoz., 1959 apl. Prof.), Univ. München (1960 ao., 1963 o. Prof.) u. Tübingen (1965) - BV: Nationale Vorurteile, 1953 (m. Prof. Kripal Sodhi, †); Formen d. Zukunftserlebens, 1957. Herausg.: Handb. d. Psych. I/2 Lernen u. Denken, 1964; Psychologie d. Lernens, 1971; Sozialpsychologie, 1976. Mithrsg.: Dorsch-Psychol. Wörterbuch (10. A. 1982) - 1986 Ehrenmitgl. Dt. Ges. f. Psychol.

BERGLER, Reinhold

Dr. phil., o. Prof. f. Psychologie - Peter-Schwingen-Str. 2, 5300 Bonn - Geb. 24. Jan. 1929 Nürnberg (Vater: Heinrich B., Ing.; Mutter: Gertraud, geb. Kupfer), verh. 1953 (Ehefr.: Erika) - Stud. Psych., Soziol., Päd. Promot. 1954 - S. 1960 (Habil.) Lehrtätigk. Univ. Erlangen u. Heidelberg (apl. Prof.) u. Bonn (1969 Ord.) - BV: Kinder aus gestörten u. unvollständ. Familien, 1955; Psych. d. Marken- u. Firmenbildes, 1962; Psych. stereotyper Systeme, 1966; Marktpsychol., 1972; Sauberkeit, 1974; D. Eindrucksdifferential, 1975. Herausg.: Psych. Marktanalyse (1965); Vorurteile 1976. Zigarettenwerbung u. Zigarettenkonsum, 1979, u. Ulrike SIX, Psych. d. Fernsehens, 1979; Psych. in Wirtsch. u. Ges., 1982; Psychohygiene d. Menstruation, 1984; Mensch u. Hund. Psych. e. Beziehung, 1986; Hygiene als Verhaltensproblem (m. Mariann Borneff), 1986.

BERGMANN, Artur

Dr. rer. nat., o. Prof. f. Mathemtik u. -didaktik Univ. Düsseldorf (s. 1969) - Scheideweg 25, 4000 Düsseldorf 13 - Geb. 13. Juni 1926 Wurzbach - 1962 ff. Privatdoz. u. Wiss. Rat (1966) Univ. Würzburg. Fachaufs.

BERGMANN, Bernd

I. Bürgermeister - Rathaus, 8552 Höchstadt/Aisch - Geb. 6. Mai 1938 Lichtenfels - Zul. Oberstudienrat. CSU.

BERGMANN, Burckhard

Dr.-Ing., Mitglied d. Vorstandes Ruhrgas AG, Essen - Huttropstr. 60, 4300 Essen 1 (T. 0201 - 184-1) - Geb. 11. Febr. 1943 Sendenhorst/Beckum - Stud. Physik Univ. Freiburg u. TH Aachen.

BERGMANN, Fritz

Dr. rer. pol., Vorsitzender d. Geschäftsfg. Ruhrverb. u. Ruhrtalsperrenverein, Vors. Ruhrfischereigenoss., bde. Essen, MdL Nordrh.-Westf. (1970-76) - Reiner-Daelen-Str. 6, 4600 Dortmund (T. 43 62 93) - Geb. 17. Jan. 1929 Essen - Stud. Rechts- u. Wirtschaftswiss. - Vors. Kurat. f. d. Fortbildungszentrum Abwasser u. Abfall in Essen; Mitgl. Präsid. Vereinig. Dt. Gewässerschutz; Präs. Landessportfischerverb. NRW, Düsseldorf; Mitgl. Verbandsvers. Kommunalverb. Ruhrgeb., Essen; Mitgl. Kurator. Univ. Dortmund; Beirats- u. AR-Mand. - BVK.

BERGMANN, Georg

Seelsorger i.R., Schriftst. - Lohnerstr. 13, 8269 Burgkirchen/Alz (T. 08679 - 24 75) - Geb. 3. Aug. 1907, kath., ledig - Gymn.; Stud. Phil. u. Theol. - Seelsorger; Schulunterr. - Mitgl. fr. dt. Autorenverb. - BV: Biogr.: Bruder Konrad v. Parzham, 1965, 79 u. 84; Franz Jägerstätter, 1980 u. 88.

BERGMANN, Gerhard

Dr. rer. nat., o. Prof. f. Analyt. Chemie - Ruhr-Universität, 4630 Bochum - Geb. 13. Aug. 1923 Wolfenbüttel - S. 1962 (Habil.) Lehrtätigk. Bergakad. Clausthal u. Univ. Bochum (1967 Ord.).

BERGMANN, Gerhart

Maler, Prof. Staatl. Hochschule f. bild. Künste Berlin - Holsteiner Ufer 20, 1000 Berlin 21 (T. 391 16 96).

BERGMANN, Günter

Dr. rer. nat., em. Prof. f. Mathematik, Komponist - Hermannstr. 35, 4400

Münster/W. - Geb. 29. Juli 1910 Cottbus (Vater: Dr. med. Albert B., prakt Arzt; Mutter: Elise, geb. Herrmann), kath., verh. s. 1955 m. Hildegard, geb. Lothholz - Stud. Math., Biol. u. Musikwiss.; Habil. 1938 - 1939 Verweig. d. Doz. Dt. Univ. durch NS-Reg. (Zw.zeitl. Studienrat Münster), nach Gerichtsverf. 1963 Privatdoz. Hamburg u. Münster; 1967 apl. Prof. Univ. Münster, gleichz. (ab 1964) o. Prof. f. Math. PH Ruhr, emerit. 1975. Math. Veröff., vorwieg. in d. Math. Annalen - BV: D. Harmonie d. Welt d. Jupiter, 1981; Mimosen, Pflege u. Vermehr., 2. A. 1987 - Musikwerke (f. Klavier): Stationen (8-teilig), 1972/73; Gestalten, 1977; D. Brücke, 1977; D. Bogen, 1978; Stud. f. Klavier, 1982; (f. Orgel): Harmonice Mundi Iovis, (Auftragsw. Astron. Ges. z. Kepler-Feier 1980). Zahlr. Auff. in Rundf. u. Konz.

BERGMANN, Günter

Bundesgeschäftsführer Dt. Jugendschriftenwerk u. Bundesverb. Friedrich-Bödecker-Kreise - Zu erreichen üb. Raimundistr. 2, 6500 Mainz (T. 06131-67 20 85), priv.: Drususstr. 2, 6500 Mainz (T. 06131-22 97 79) - Geb. 13. Mai 1954 Mainz, kath., ledig - Liebh.: Sport, Musik, Lit. - Spr.: Engl., Franz.

BERGMANN, Hans

Schauspieler, Fotogr. - Marschallstr. 3, 8000 München 40 (T. 089 - 39 13 40) - Geb. 26. Nov. 1929 Breslau, gesch. - Schauspielsch. u. Graph. Akad. München (Prof. Ege) - 1956-67 Illustr. QUICK (Titelbildredakt.). Schauspielerporträts u. Theaterfotos.

BERGMANN, Heinrich Karl

Dr. jur., Bankdirektor i. R. - Eichkamp 22, 2900 Oldenburg/O. (T. 0441 - 50 30 30) - Geb. 30. Juli 1920 Steinfeld (Vater: Bernhard B., Fabrikant; Mutter: Anna, geb. Krapp), ev., verh. s. 1951 m. Christa, geb. Modes, 2 Kd. (Meike, Tammo) - 1939-44 Univ. München u. Leipzig (Rechts- u. Wirtschaftswiss.; Stud. durch Kriegsdst. (schwer verwundet) unterbr.). Gr. jurist. Staatsprüf., Rechtsanw. - S. 1952 Bremer Landesbank u. Staatl. Kreditanstalt Oldenburg-Bremen (1964 stv., 1968 o. Vorst.-Mitgl. beider Banken, 1983 stv. Vorst.-Vors. Bremer Landesbank). AR-Mandate - Liebh.: Kunstgesch. - Spr.: Engl. - Rotarier.

BERGMANN, Heinz

Vorstandsmitglied Ravené Stahl AG., Berlin 15 - Gärtnerstr. 8, 1000 Berlin 45 - Geb. 4. Okt. 1928.

BERGMANN, Hellmut

Dr. jur., Wirtschaftsjurist - Weinheimer Str. 56, 6703 Limburgerhof - Geb. 14. Juli 1921 Mittelbrunn/Pfalz, ev., verh. - Univ. Heidelberg (Rechtswiss.). Gr. jurist. Staatsprüf. 1953 - Rechtsanw. AR-Vors. J. Engelmann AG, Ludwigshafen, u. Pörringer & Schindler GmbH, Zweibrücken; stv. AR-Vors. Raschig AG, Ludwigshafen/Rh.

BERGMANN, Jürgen

Dr., Prof. f. Geschichtl. Grundlagen d. Politik FU Berlin (s. 1974) - Kadettenweg 68, 1000 Berlin 45 - Geb. 22. Jan. 1936 Hohenberg-Krusemark/Altm., ev., verh. s. 1964 m. Renate, geb. Postler, T. Christine.

BERGMANN, Karl Hans

Schriftsteller - Scharfestr. 12, 1000 Berlin 37 (T. 801 51 30) - Geb. 17. März 1910 Berlin, gesch., 1 Kd. - Univ. München u. Berlin (Gesch., Theaterwiss.) - Herausg. Ztschr. D. Ausweg u. d. Rampe (1933), 1935 wegen Vorb. z. Hochverrat v. Volksgerichtshof zu 2 J. Gefängnis verurt., n. Strafverbüß. 2 weitere J. KZ Dachau u. Sachsenhausen, 1942 Flucht in d. Schweiz (dort Vors. Beweg. Fr. Dtschl.), 1946-49 Vorstandsmitgl. DEFA Dt. Film AG., Berlin, Leit. Dt. Filmverlag, Herausg. Ztschr. Neue Filmwelt, Bild u. Ton u. 1949 Cinema, 1952-68 Geschäftsf. Fr. Volksbühne Berlin - BV: Im Kampf um d. Reich, 1944; Neudr. m. Einf. Vom 'Bismarck' i. d. Schweiz, 1974; Babeuf - Gleich u. Ungleich, 1965; D. Bewegung Freies Dtschl. i. d. Schweiz 1943-45, 1974; Blanqui. E. Rebell im 19. Jh., 1986.

BERGMANN, Kurt

s. Habernoll, Kurt

BERGMANN, Kurt

Dr. rer. pol., Alleingf. Mehrheitsgesellsch. Cl. Bergmann GmbH. (Installationsgroßhandl.), Dortmund/Kassel/Alsfeld, Ehrenpräs. Dt. Wasserskiverb., Kassel - Baunsbergstr. 61, 3500 Kassel-W'höhe - Geb. 23. April 1910 Duisburg (Vater: Claus B.), kath., verh. s. 1951 m. Inge, geb. Rehn, 4 Kd. (Axel, Cornelia, Petra, Christoph) - Gymn. Duisburg; Univ. Köln (Dipl.-Kfm., Promot.).

BERGMANN, Kurt

Hauptgeschäftsführer Verb. d. Fahrrad- u. Motorrad-Industrie - Gartenstr. 2, 6232 Bad Soden/Ts.

BERGMANN, Kurt

Geschäftsführer Wepoba Wellpappenfabrik GmbH, Präs. Bund Dt. Verkaufsförderer u. Verkaufstrainer - Bingerstr. 55, 1000 Berlin 33 (T. 030 - 821 60 09) - Geb. 23. April 1921 Potsdam, ev., verh. s. 1951 m. Hilde Folgmann, 4 Kd. (Frauke, Jan, Silke, Kirsten) - Lehre, Industriekaufm. - Beirat VBP, Ausschlußmitglied IHK, Handelsrichter - Liebh.: Musik, Spr.: Engl., Franz.

BERGMANN, Ludwig

Dr. phil., o. Prof. f. Botanik - Universität, 5000 Köln - Geb. 5. Juni 1927 Breslau - S. 1963 (Habil.) Lehrtätigk. Univ. Göttingen u. Köln (1967 Ord. u. Inst.dir.). Spez. Arbeitsgeb.: Pflanzenphysiol.

BERGMANN, Olaf

Präsident Oberverwaltungsgericht Berlin (s. 1970) - Schmarjestr. 1b, 1000 Berlin 37 (T. 801 54 25) - Geb. 25. April 1922 - Zul. LGsdir. Berlin.

BERGMANN, Richard-Peter

Dr. rer. pol., Geschäftsführer Fachverb. Unterhaltungselektronik im ZVEI, Ges. f. Unterhaltungs- u. Kommunikationselektronik (gfu) mbH, u. Messe-Veranstaltungsges. Unterhaltungs- u. Kommunikationselektronik (MVU) mbH - Stresemannallee 19, 6000 Frankfurt/M. 70 (T. 069 - 63 02-280) - Geb. 17. Dez. 1930.

BERGMANN, Rolf

Dr. phil., Prof. f. Dt. Sprachwissenschaft u. Ältere dt. Literatur - Zu erreichen üb. Univ. Bamberg, Lehrst. f. dt. Sprachwiss., Hornthalstr. 2, 8600 Bamberg (T. 0951 - 86 36 33); priv.: Babenbergerring 87, 8600 Bamberg (T. 5 31 55) - Geb. 2. Aug. 1937 Wuppertal - Promot. 1966; Habil. 1970 - S. 1970 Lehrtätigk. Univ. Münster (1972 Wiss. Rat. u. Prof.), Univ. Augsburg (1973 Ord.), Univ. Bamberg (1977 Ord.). Bücher u. Einzelarb.

BERGMANN, Rudi

Rektor (Schulleiter i. R.), Mitgl. Bezirksversamml. Hamburg-Mitte (s. 1978) - Dunckersweg 7, 2000 Hamburg 74 - Geb. 15. März 1916 Braunsberg/Ostpr. - Gymn. Braunsberg (Abit.); 1937-45 Arbeits- u. Wehrdst. (Offz.); 1946-49 Univ. Hamburg - 1957-66 Fraktionsvors. CDU; 1957-78 Mitgl. Hbg. Bürgerschaft, davon 1966-71 stv. Fraktionsvors. CDU; b. 1983 Deputierter Innenbehörde Hbg.; Mitgl. Kommiss. f. Bodenordn. d. Fr. u. Hansestadt Hamburg (HH-Mitte).

BERGMANN, Theodor

Dr. agr., Wiss. Angestellter, apl. Prof. f. International vergl. Agrarpolitik Univ. Hohenheim - Im Asemwald 26,6,215, 7000 Stuttgart 70 - Geb. 7. März 1916 Berlin - Promot. 1955; Habil. 1968 - S. 1968 Lehrtätigk. Hohenheim (1973 Prof.). Bücher u. zahlr. Einzelarb.

BERGMANN, Ulrich H.

Dr. rer. pol., Geschäftsführer Stadtwerke Iserlohn GmbH - Stefanstr. 4-8, 5860 Iserlohn - Geb. 25. Jan. 1945.

BERGMEISTER, Manfred

Schmied u. Kunstschlosser, Fachschriftst. - August-Birkmaier-Weg 2, 8019 Ebersberg/Obb. (T. 82 04) - Geb. 1927 - BV: Bronze + Stahl - Schmiedearbeiten, 1970 - 1981 Bayer. VO.

BERGNER, Hans

Juwelier u. Goldschmiedemeister, Präs. Zentralverb. f. d. Juwelier-, Gold- u. Silberschmiedehandw. d. BRD - Schönhausenstr. 48, 2800 Bremen 1 (T. 0421 - 7 32 24 u. 32 41 03) - Geb. 11. Okt. 1932 Bremen (Vater: Adalbert B., Goldschmiedem.; Mutter: Helene, geb. Köhne), ev., verh. s. 1958 m. Margot, geb. Friedrichs, 6 Kd. (Axel, Klaas, Corinna, Oliver, Florian, Simone) - 1949-52 Goldschmiedelehre (Meisterprüf. 1959); 1970-80 Landesinnungsm. Aurich-Bremen-Oldenburg; 1969 Öfftl. bestellt. u. vereid. Sachverst. S. 1977 Vorst. Versorg.werk Bremen. Herausg. u. Redakt. Ztschr. DER RING (Off. Organ d. Zentralverb.) - Preise u. Urk. v. intern. Ausst.; Gold. Ehrennadel Zentralverb. - Liebh.: Stiche d. 19. Jh., Bibliophiles - Spr.: Engl.

BERGNER, Heinz

Dr. phil., o. Prof. f. Angl. Univ. Gießen (s. 1974) - Fohnbachstr. 52, 6301 Wettenberg 1 (T. 0641 - 8 18 44) - Geb. 30. April 1936 Berlin (Vater: Dr. Kurt B., Gymn.Prof.; Mutter: Charlotte, geb. Heinz), ev., verh. s. 1964 m. Ilse, geb. Schneider, S. Christoph - Stud. d. Angl. u. Roman. Univ. Erlangen - S. 1964 Univ. Erlangen u. Mannheim wiss. Assist.; 1968 Akad. Rat u. Oberrat - BV: D. Kurzerzählungen W. M. Thackerays, 1967; Engl. Short Stories XIX. Century, 1969; Engl. Character-Writing, 1970; Canterbury Tales, 1982; Lyrik d. Mittelalters, 1982; D. engl. Lit. in Text u. Darst.: Mittelalter, 1986 - Spr.: Engl., Franz.

BERGNER, Heinz

Dr. rer. pol., Dipl.-Kfm., o. Prof. f. Betriebswirtschaftslehre Univ. Mannheim (s. 1969) - Schloß, 6800 Mannheim 1; priv.: Tannenweg 3, 4005 Meerbusch 1 - Geb. 22. Aug. 1924 Düsseldorf (Vater: Gottlieb B., Kaufm.; Mutter: Frieda, geb. Korb), ev., verh. s. 1953 m. Lieselotte, geb. Hasters, 3 T. (Claudia, Martina, Verena) - Hindenburg-Gymn. Düsseldorf; Univ. Münster u. Köln (Betriebsw.slehre). Dipl.-Kfm. 1952, Promot. 1961 u. Habil. 1964 (alles Köln) - Dt. Revisions- u. Treuhand AG.; Liquid. reichseig. Filmvermögens; UFA-Theater AG.; 1955-64 u. 1966-69 Univ. Köln (Doz.); 1964-66 Univ. Kabul/Afgh. (Doz.) - Buch: Versuch e. Filmwirtschaftslehre, 4 Bde. 1962-66.

BERGNER, Karl-Gustav

Dr. rer. nat. (habil.), em. Prof. f. Lebensmittelchemie - Pelikanstr. 35, 7000 Stuttgart 50 (T. 53 90 68) - Geb. 4. Sept. 1913 Straßburg/Els. - S. 1944 Lehrtätigk. Univ. Königsberg/Pr., Tübingen (1948; 1951 apl. Prof.), TH bzw. Univ. Stuttgart (1965 ao., 1968 o. Prof.; Dir. Inst. f. Lebensmittelchemie, Emerit. 1. 10. 1981), Honorarprof. Univ. Hohenheim. Herausg.: Dt. Lebensmittel-Rundschau. Rd. 200 Einzelarb. Ehrenmitgl. Soc. Española de Bromatologia, Österreich. Ges. f. Ernährungsforsch.

BERGNER, Karl-Heinz

M. A., Geschäftsführer Normenaussch. Graphische Symbole - Burggrafenstr. 4-10, 1000 Berlin 30; priv.: Schulenburgstr. 20, 100 Berlin 20 - Geb. 30. Aug. 1940 Dresden, kath., verh. s. 1969 m. Rosemarie, geb. Kossok, S. Holger.

BERGSDORF, Wolfgang

Dr. phil., Prof., Ministerialdirektor - Welckerstr. 11, 5300 Bonn 1 (T. 0228 - 208-31 00) - Geb. 7. Nov. 1941 Bensberg, kath., verh. m. Dorothee, geb.

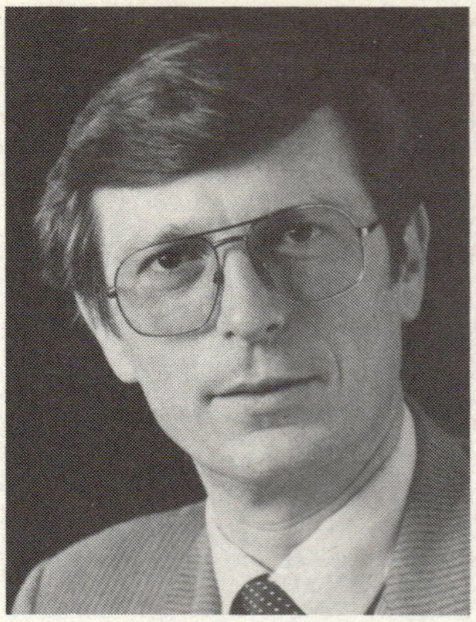

Geller, 3 Kd. (Konstanze, Anne, Harald) - Gymn. Brühl u. Steinfeld; Stud. (Polit. Wiss., Soziol., Psych.) Univ. Bonn, Köln, Regensburg; Promot. 1970; Habil. 1982 Univ. Bonn - Abt.-Leit. Inland Presse- u. Inform.amt d. Bundesreg.; apl. Prof. Univ. Bonn; Fernsehrat ZDF - BV: D. Vierte Gewalt, 1980; Herrschaft u. Sprache, 1983; Üb. d. Macht d. Kultur, 1988 - 1984 Theodor Eschenburg-Preis; 1985 Ehrenlegion - Spr.: Engl.

BERGSON, Leif

Dr. phil., Prof. Univ. Trier - Porta-Nigra-Platz 2, 5500 Trier - Geb. 15. Dez. 1927 Köping/Schweden (Vater: Carl Rudolf B., Ing.; Mutter: Helny, geb. Norgren), ev., verh. s. 1965 m. Lilly, geb. Olsson - M. A. 1949, Lic.phil. 1952, Habil. 1956, alles Univ. Uppsala - 1956-73 Doz. Univ. Stockholm; 1967-68 Prof. Univ. of Kentucky (USA); s. 1973 Prof. Univ. Trier - BV: L'épithète ornementale dans Eschyle, Sophocle et Euripide, 1956; Z. Stell. d. Adjektivs, 1960; D. griech. Alexanderroman, 1965; D. Relativität d. Werte im Frühwerk d. Euripides, 1971. Fachaufs.

BERGSTERMANN, Heinrich

Dr. med., Prof., Ärztl. Direktor i. R. (1976) I. Med. Abt. Städt. Krankenhaus München-Harlaching - Friedenspromenade 10, 8000 München 82 (T. 089 - 430 92 28) - Geb. 8. Mai 1911 Essen-Werden (Vater: Heinrich B., Beamter; Mutter: Mathilde, geb. Woytaschek), verh. s. 1940 m. Rosmarie, geb. Friedrich, S. Karlheinz - Univ. Bonn, Wien, Münster/W., Med. Akad. Düsseldorf. Promot. 1935 Düsseldorf; Habil. 1940 Jena - S. 1953 Privatdoz. u. apl. Prof. (1956) Univ. München.

BERGSTRÄSSER, Roland

Bankdirektor, Vorstandsmitgl. DG BANK Deutsche Genossenschaftsbank, Frankfurt/M. (s. 1978) - Platz der Republik, 6000 Frankfurt/M. 1 (T. 74 47 01) - Geb. 6. Juli 1926 Landau/Pfalz - Gymn.; 1946-51 Rechtswiss. Univ. Mainz. Gr. Jurist. Staatsprüf. 1955 OLG Neustadt/Weinstr. - 1956-58 OFD Koblenz; 1958-77 Ministerialdirig., Bundesfinanzmin., AR: AKA Ausfuhrkredit-Ges. mbH, Frankfurt/M., BAG Bank AG, Hamm, DG Diskontbank AG, Frankfurt/M., Ges. z. Finanzierung v. Industrieanlagen mbH, Frankfurt/M., Frankfurter Kreditbank GmbH, Frankfurt am Main; BoD DG Capital Company Ltd., Hongkong; VR Dt. Ausgleichsbank, Bonn-Bad Godesberg; stv. VR Liquiditäts-Konsortialbank GmbH, Frankfurt am Main.

BERGWEILER, Paul

Weinkaufmann - Hauptstr. 144, 5550 Bernkastel-Wehlen - Geb. 26. Jan. 1921 Wehlen (Vater: Josef B., Winzer; Mutter: Johanna, geb. Kerpen), kath., verh. s. 1947 m. Hedwig, geb. Kerpen, 5 Kd. (Paul-Hermann, Elmar, Marita, Heidi, Silvia) - Kaufm. Lehre (Groß- u. Außenhdl.) - Div. Ehrenämter, dar. Ehrenvors. T&S Wehlen (1975; 1947

Vors.), Vors. Vereinig. d. Weinkommissionäre Mosel-Saar-Ruwer (1970), Präs. Bundesverb. Dt. Weinkommiss. (1975), Vizepräs. Europ. Vereinig. d. Weinkommiss. (1975) - 1976 Ehrenmitgl. Weinbrudersch. Avignon; 1980 BVK; Ausz. DSB u. Fußballverb. Rhld. - Liebh.: Fischen, Ski.

BERINGER, Helmut

Dr. agr., Prof. f. Pflanzenernährung, Direktor Landwirtschaftl. Forschungsanst. Büntehof d. Kali u. Salz AG - Bünteweg 8, 3000 Hannover 71.

BERINGER, Kaj Edzard

Kaufmann, Designer, Gf. Gesellsch. Fa. Einrichtung-Beringer u. Koettgen GmbH, München, u. a. - Brienner Str. 12, 8000 München 2 (T. 23 09-0) - Geb. 8. Juli 1942 Grünberg, gesch., 2 Kd. (Daniel, Jasmin) - Abit. 1960 München - Innenarch. Paris u. USA; gf. Gesellsch. Fa. Einrichtung-Beringer u. Koettgen GmbH, München, u. Geschäftsf. K. Beringer GmbH, pers. haft. Gesellsch. Warenhaus-Bau Beringer KG, München - Spr.: Engl., Franz.

BERK, van, Karl

Gewerkschaftsangestellter, MdL Nordrh.-Westf. (1967-75) - Bellisweg 10, 5110 Alsdorf-Ofdem (T. 02404 - 39 30) - Geb. 9. Dez. 1910 Altstaden, verh., 1 Kd. - Volkssch. - 1926-46 Bergmann; s. 1948 Gewerkschaftsangest. (b. 1956 Sekr. Industrieverb. Bergbau, Duisburg, dann Leit. Hauptabt. Tarifpolitik, Vorstandsmitgl. u. stv. Vors. IG Bergbau u. Energie, Bochum). SPD - 1971 Gr. BVK.

BERK, Max

Fabrikant, Senator e. h. - Panoramastr. 23, 6900 Heidelberg - Geb. 14. Nov. 1907, verh. m. Dr. med. Erika, geb. Hörmann († 1982), Kd. - S. 1938 selbst., Inh. d. Firmen Kleiderfabrik Berk, Betty Barclay, Montana Kleiderfabr. u. Gil Bret Mantelfabrik, m. d. Kollekt. Betty Barclay, Gil Bret u. Vera Mont; zahlr. Betriebe i. In- u. Ausl. - 1978 BVK I. Kl.

BERKE, Claus

Dr. jur., Vorsitzender d. Geschäftsführung Interatom GmbH, Bergisch Gladbach 1 (s. 1982) - Zu erreichen üb. Interatom GmbH, Friedrich-Ebert-Str., 5060 Bergisch-Gladbach - Geb. 3. Juni 1928 Düsseldorf (Vater: Dr. med. Ludwig B., Chirurg; Mutter: Adele, geb. Sudeik), verh. s. 1961 m. Ingeborg, geb. Melms, 3 Kd. (Gregor, Marion, Carla) - Univ. Köln, Mainz, Heidelberg (Rechtswiss., Volkswirtsch.). Gr. jurist. Staatsprüf. 1956 - Wiss. Assist.; Anwaltsass.; Industrietätigk., 1962-82 Geschäftsf. Interatom GmbH, Bensberg - Spr.: Engl., Franz.

BERKE, Edmund

Dipl.-Brauing., Vorstandsmitglied Brauerei Iserlohn AG, Iserlohn - Grüne Talstr. 53a, 5860 Iserlohn - Geb. 10. März 1925.

BERKEMANN, Jens-Peter

Kaufmann u. Journalist, Ehrenpräsident d. Verb. Dt. Sporttaucher (s. 1968; 1959-68 Präs.), Vorst.-Mitgl. u. Vizepräs. d. Weltorg. d. Sporttaucher (s. 1960), Ehrenvors. d. Dt. Unterwasser-Clubs Hamburg (s. 1975; 1953-71 I. Vors.), Hamburger Tauchsportbund (Landesverb. 1. Vors. s. 1977), Landesarbeits- u. Landessozialrichter, 1. Vors. Arbeitsgem. selbständ. Unternehmer, Hamburg - Falkenstein 2, 2000 Hamburg-Blankenese (T. 86 10 09) - Geb. 30. Juni 1927 Hamburg (Vater: Walter Berkemann, Fabr.; Mutter: Gertrud Berkemann, geb. Paulsen), gottgl., verh. s. 1958 m. Ina-Margit, geb. Schmidt, S. Sven - Oberschule (Mittl. Reife); Drogisten- u. Kaufmannslehre - Ehrenmitgl. Schweizer Tauchsportverb. (1958) u. Israel. Tauchsportzentrum Eilat (1968); 1968 VDST-Abzeichen i. Gold; 1976 CMAS-Ehrenmed. i. Gold; 1981 Med. Hansestadt Hamburg f. treue Arbeit im Dienste d. Volkes - Liebh.: Sporttauchen, Basteln, Aquaristik, Terraristik, Über- u. Unterwasserfotogr. u. -filmen - Spr.: Engl.

BERKENHOFF, Georg

s. Trurnit, Hansgeorg

BERKHAN, Karl-Wilhelm

Dr. phil. h. c., Studienrat a. D., Wehrbeauftragter a. D. d. Dt. Bundestages (1975-85) - Friedhofsweg 6, 2000 Hamburg 63 - Geb. 8. April 1915 Hamburg (Vater: Daniel B., Angest.; Mutter: Henriette, geb. Stolten), verh. s. 1941 m. Willfriede, geb. Mill - Gymn.; Maschinenschlosserlehre (Geselle 1932); Ing.-schul., Berufspäd. Inst., Stud. Erzieh.-wiss. (Staatsex. 1948) Univ. (alles Hamburg) - 1938-39 Ing.; 1939-45 Arbeits- u. Wehrdst. (ab 1941 Ing.-Korps Luftwaffe); 1945-47 Stud.; Gewerbeschullehrer u.Studienrat. 1969-74 Parlam. Staatssekr. Bundesverteidigungsmin.; 1975-85 Wehrbeauftr. d. Dt. Bundestages. 1953-54 Mitgl. Hbg. Bürgerschaft; 1957-75 MdB (Wahlkr. 13/Altona). Hptm. d. R.; 1985 Ehrendoktor Univ. d. Bundeswehr Hamburg - Liebh.: Segeln.

BERKHOLZ, Günter

Dr. rer. nat., Prof. f. Biologie, Didaktik u. Methodik d. Biologieunterrichts PH Kiel - Hornheimer Weg 12, 2300 Kiel 1 - Geb. 10. Nov. 1920 Stettin.

BERKING, Klaus

Dr., Vorstandsmitglied u. Gesellsch. Pott-Racke-Dujardin GmbH + Co. KG - Stefan-George-Str. 20, 6530 Bingen am Rhein (T. 06721 - 1 88-0) - Geb. 15. Okt. 1938.

BERKTOLD, Franz

I. Bürgermeister - Rathaus, 8962 Pfronten/Schw. - Geb. 10. Juli 1944 Füssen/Allg. - Zul. Kreiskämmerer. CSU.

BERLE, Peter

Dr. med., Prof., Geburtshilfe u. Frauenheilk. Univ. Hamburg, Lehrauftr. Univ. Mainz, Chefarzt d. Städt. Frauenklinik Wiesbaden - Ludwig-Erhard-Str. 100, 6200 Wiesbaden.

BERLEMANN, Heinz-Dieter

Dipl.-Kfm., Geschäftsführer Westd. u. Nieders. Müllerbund, Dortmund, u. Getreide- u. Produktenbörse ebd., Hauptgeschäftsführer Kreishandwerkerschaft Dortmund u. Lünen - Reinoldistr. 7-9, 4600 Dortmund 1.

BERLET, Hans Horst

Dr. med., apl. Prof. f. Pathobiochemie, Arzt f. Laboratoriumsmedizin - In der Schanz 27, 6905 Schriesheim (T. 06203-6 19 43) - Geb. 17. Febr. 1934 Ludwigshafen (Vater: Karl B., Arzt; Mutter: Elisabeth, geb. Frantz), ev., verh. s. 1961, 3 Kd. - Human. Gymn.; 1953-58 Med.-Stud., Promot. 1962, Habil. 1971, apl. Prof. 1975 Heidelberg - Spr.: Engl.

BERLIN, Helmut

Dr., geschäftsführender Gesellschafter Guttacoll Klebstoffe GmbH & Co., Buxtehude - Dörpfeldstr. 35, 2000 Hamburg 52 - Stv. AR-Vors. Chem. Werke Brockhues AG, Walluf (Rheingau).

BERLIN, Henning

Direktor Zentralstelle f. d. Vergabe v. Studienplätzen Dortmund - Zu erreichen üb. ZVS, Sonnenstr. 171, 4600 Dortmund 1 (T. 0231 - 1 08 10) - Geb. 23. März 1935 Grevesmühlen, ev., verh. s. 1958, 3 Kd. - 1954-58 Univ. Freiburg u. Münster (Rechtswiss.); 1. jurist. Staatsex. 1958, gr. Staatsprüf. 1962 - 1962 wiss. Assist. Univ. Münster; 1965-71 Leit. Akad. Verw. Univ. Münster; 1971-73 Ref. Min. f. Wiss. u. Forschung NRW; s. 1973 Leit. ZVS.

BERLINGER, Rudolph

Dr. phil., em. o. Prof. f. Philosophie u. Päd. Univ. Würzburg (s. 1955) - Frankenstr. 35, 8702 Eisingen (T. 09306 - 12 09) - Geb. 26. Okt. 1907 Mannheim - 1947-55 Doz. TH München - BV: D. Nichts u. d. Tod, 1953; Augustins dialog. Metaphysik, 1962; Phil. als Weltwiss., 2 Bde., 1975 u. 1980; Sartres Existenzerfahrung, 1982; D. Weltnatur d. Menschen, 1988. Traktate in jedem d. 18 Jahrbuchbde. Perspektiven d. Phil. Herausg.: Perspektiven d. Phil. (1975ff., zus. m. Friedrich Kaulbach, Eugen Fink + Wiebke Schrader); Reihe ELEMENTA, Schriften z. Phil. u. ihrer Problemgesch. (zus. m. Wiebke Schrader); bisher 51 Bde.

BERMBACH, Udo

Dr. phil., Prof. f. Polit. Wissenschaften Univ. Hamburg - Schwarzpappelweg 7, 2000 Hamburg 65 - Geb. 28. März 1938 Berlin, verh. s. 1964 m. Doris, geb. Köhler, 2 Töcht. (Bettina, Simone) - Univ. Marburg u. Heidelberg (Polit. Wiss., Gesch., Völkerrecht, German.). Promot. 1966 - BV: Vorformen parlamentar. Kabinettsbild. in Dtschl., 1967; Theorie u. Praxis d. direkten Demokr., 1973; zus. m. F. Nuscheler: Sozialist. Pluralismus, 1973; Furcht u. Freiheit (zus. m. Kodalle), 1982; Georg Lukács (zus. m. Trautmann), 1987. Herausg.: D. Hume, Polit. u. ökonom. Ess. (1988); In den Trümmern der eignen Welt. Richard Wagners Der Ring des Nibelungen (1989) - Liebh.: Musik, Lit. - SPD.

BERMIG, Helmut

Dipl.-Ing., Prof. f. Techn. Mechanik u. Konstruktionslehre Gesamthochschule Siegen (Fachbereich Maschinentechnik II/Gummersbach) - Am Hepel 10, 5270 Gummersbach.

BERMIG, Horst

Dr. jur., Rechtsanwalt, Hauptgeschäftsf. u. Mitgl. Präsidium Dt. Gießereiverband (1976-88) - Am Ruhrstein 14, 4300 Essen-Bredeney - Geb. 23. Juli 1923 Bad Köstritz/Thüringen (Vater: Hugo B., Kaufm.; Mutter: Charlotte, geb. Jaeger), ev., verh. s. 1975 m. Evamarie, geb. Wenderoth, 2 Kd. (Stephanie, Andreas) - Abit. Gera/Thür.; 1946-1948 Stud. d. Rechtswiss. u. Phil. - 1957-69 Justitiar Rheinstahl-Hüttenwerke AG, 1969-75 Generalbevollm. Rheinstahl AG - BV: Tätigkeitsber. 1976-86 d. Dt. Gießereiverb., D. deutsche Gießerei-Industrie im Jahre 1979, 1979 - Eisernes Kreuz I. Kl. - Liebh.: Kunst, Lit., Sport - Spr.: Engl., Franz. - Lit.: Knaurs Prominentenlex., Who's Who in Europe.

BERNADOTTE, Lennart, Graf

Dr. sc. agr. h. c., Ehrenpräsident Dt. Gartenbau-Ges. (1955-82), u. Kuratorium f. d. Nobelpreisträger-Tagungen in Lindau, Präs. f. d. Tagungen d. Nobelpreisträger in Lindau, Ehrenvors. Dt. Rat f. Landespflege u. a. - 7750 Insel Mainau/Bodensee (T. Konstanz 3 03-0) - Geb. 8. Mai 1909 Stockholm (Vater: Wilhelm Prinz v. Schweden; Mutter: Maria, geb. Großfürstin v. Rußland), verh. I) 1932 m. Karin, geb. Nissvandt (gesch.), 4 Kd. (Birgitta, Marie-Louise, Jan, Cecilia), II) 1972 Sonja, geb. Haunz, 5 Kd. (Bettina, Björn Wilhelm, Catherina, Christian Wolfgang, Diana) - S. 1932 Eigentümer Insel Mainau (s. 1974 in d. Lennart-Bernadotte-Stiftg. gebracht) - BV: Gute Nacht, kleiner Prinz, 1978 - 1958 Gr. BVK m. Stern; 1959 Ehrenbürger v. Texas; 1960 Gold. Bürgerring Stadt Lindau; 1964 Gold. Ehrenz. Österr. Gartenbau-Ges. (m. Ehrenmitgliedsch.), Ehrensenator TH Hannover, Gold. Med. Garden Club New Jersey, Ehrenmitgl. National Council of State Garden Clubs of America; 1965 Gold. Med. Zentralverb. Dt. Gartenbau; 1967 Gold. Blume v. Rheydt; 1968 Bayer. VO, Freiherr-v.-Stein-Med. Gold; 1969 Schulterbd. z. Stern d. Gr. BVK; 1970 Großkreuz d. Weißen Rose v. Finnl., Albert-Schweizer-Med. Gold; 1971 Ehrenmitgl. Royal Horticultural Soc., London; 1979 Verdienstmed. Land Baden-Württ., Ehrenring Stadt Konstanz, Ehrendoktor (Agrarwiss.) Univ. Hohenheim, Ehrenbürger Stadt Lindau - Spr.: Schwed., Engl., Franz. - Bes. Anliegen: Landespflege.

BERNADOTTE, Sonja, Gräfin

Geschäftsführerin d. Mainauverwaltung - 7750 Insel Mainau (T. 07531 - 30 30) - Geb. 7. Mai 1944 Konstanz, verh. m. Dr. h.c. Graf Lennart B. (s. dort), 5 Kd. (Bettina, Björn Wilhelm, Catherina, Christian Wolfgang, Diana) - Präs. d. Dt. Gartenbau-Ges., Bonn; Präs. Kurat. f. d. Nobelpreisträger-Tagungen in Lindau; f. d. Verleih. d. Gold. Blume v. Rheydt, Mönchengladbach - BV: Insel Mainau - Liebh.: Sport, Musik, Lit. (Gesellschaftskrit., Kinderpsych.) - Spr.: Engl., Schwed., Franz.

BERNARDING, Klaus

Lehrer, Schriftst. - Wirthstr. 11, 6600 Saarbrücken (T. 0681 - 7 29 61) - Geb. 8. Mai 1935 Schmelz/Kr. Saarlouis, verh. s. 1956 m. Cilly, geb. Piro, 4 S. - Abit. 1955; PH, zusätzl. Stud. Phil. u. Soziol. Univ. d. Saarl. - 1959 Lehrer Neunkirchen; 1975-78 Leit. VHS Sulzbach/S.; 1978 Lehrer Dudweiler. S. 1985 Ref. im saarl. Kultusmin. Mehrere J. Vorst. VS-Saar; 1981-82 erster Saarbrücker Stadtteilautor - BV: Härtefälle, Mappe m. Grafiken u. Ged. 1971; D. Regierungs-verklärung, Sprechst. 1972; Familientreff, Prosa 1975; Laut- u. Stillstände, Ged. 1977; Glückauf u. nieder, Prosa 1978; Grenzgänge, Ged. 1981; Molschder Momente, Prosa 1983 (Stadtteilautor); Unser Kandidat, Hörsp. 1987; Peñiscola, Prosa 1988. Veröff. in Ztg., Ztschr., Rundf.; Übers. aus d. Franz. - 1987 Autorenpreis d. Académie d'Alsace.

BERNATH, Mathias

Dr. phil., Prof., Historiker, Leit. Südost-Inst., München (s. 1960) - 8031 Hochstadt/Obb. (T. Wessling 10 82) - Geb. 11. Okt. 1920 Segenthau (Eltern: Peter u. Margarethe B.), verh. s. 1949 m. Edith, geb. Kern - Assist. (Sem. f. Osteurop. Gesch.) u. Lehrbeauftr. FU Berlin; 1971 Prof. FU Berlin - BV: Habsburg u. d. Anfänge d. rumän. Nationsbildung, Leiden 1972.

BERNATZKY, Aloys

Dipl.-hort., Dr. phil. nat., Landschaftsarchitekt, Mitgl. Dt. Akad. f. Städtebau/Landplan. (s. 1953) (spez. Arb.geb.: Stadt-Ökologie, Naturschutz, Baumschutz) - Wilhelm-Beer-Weg 161, 6000 Frankfurt 70 (T. 68 14 53) - Geb. 1. April 1910 Leobschütz/Oberschles. (Vater: Rudolf B., Justizbeamter; Mutter: Anastasia, geb. Schneider), kath., verh. s. 1940 m. Elisabeth, geb. Ginnow, 3 Kd. (Rudolf, Waltraud, Christa) - Human. Gymn. Leobschütz; Univ. Breslau (Phil.), Berlin (Garten- u. Landschaftsarch., Dipl. 1940), Frankfurt (Geogr., Völkerkunde, Promot. 1957), TH Berlin (Städtebau) - 1945-72 Gartenamt Frankfurt; 1961-74 Bezirksbeauftr. f. Naturschutz Reg.präs. - W.: Kurpark Bad Orb - BV: V. d. mittelalterl. Stadtbefestigung z. d. Wallgrünflächen v. Heute, 1960; Gärten f. uns, 1963; Elseviers tuinboek, 1969 (holl.); Prakt. Gartenkalender, 1967; Kalender vor de tuin, 1970 (holl.); E. Garten entsteht - v. heute auf morgen, 1970; Grünplan. f. unsere Umwelt, 2. erw. A. 1984; Baum und Mensch, 1973; Unser Garten - neu angelegt, 1975; Der Gartenratgeber, 1977; Tree ecology and preservation, 1978; Baumchir. u. Baumpflege, 4. erw. A. 1988; Unser Garten entsteht, 1980; Lex. d. Grafschaft Glatz, 1984; Landeskunde d. Grafschaft Glatz, 1988; Leben m. Bäumen, 1988 - 1974 Ehrenplak. in Silber d. Hess. Umweltmin.; 1983 Alexander v. Humboldt-Med. in Silber - Liebh.: Aquarellieren, Zeichnen, Photographieren - Spr.: Franz., Engl.

BERNAUER, Walter

Dr. med., Prof. f. Pharmakologie u. Toxikol. Univ. Freiburg (s. 1973; früh. Wiss. Rat u. Prof.) - Am Bischofskreuz 4, 7800 Freiburg/Br.

BERNDL, Ernst Heinrich
Dipl.-Ing., Dipl.-Wirtschaftsing., Gf. Gesellschafter Kiener GmbH & Co, Ottobeuren (s. 1986) - Strigelstr. 14, 8940 Memmingen (T. 08331- 6 99 80) - Geb. 6. Febr. 1937 Memmingen (Vater: Dr. Heinrich B., Oberbürgerm. †; Mutter: Helene, geb. Kurz), r.kath., verh. s. 1971 in 1. Ehe m. Mette, geb. Kai-Nielsen, 2 Kd. (Isabelle, Jürgen) - Obersch., Techn. Univ. München (allgem. Maschinenbau), arbeits- u. wirtschaftswiss. Aufbaustud. 1960 Dipl.Ing. 1962 Dipl.Wirtschaftsing., 1962-64 Betriebsing./Dir.assist. Liebherr-Werke, Biberach; 1964-71 Geschäftsf. Liebherr Austria Ges. mbH; 1971-76 Pres. Liebherr America Inc.; 1976-78 Vorst.-Mitgl. Industriewerke Karlsruhe AG; 1979-86 Geschäftsf. Stetter GmbH, Memmingen; Vors. d. Gfg. Mauser-Werke Oberndorf GmbH, Oberndf./N. - Spr.: Engl., Franz.

BERNDT, Ernst-Helmut
Dr. jur., Rentner, Vors. d. Nieders. Bob- u. Schlittensportverb. (1953ff.) - Grefekestr. 17, 3370 Seesen (T. 05381 - 7 08 10) - Geb. 17. Juni 1915 Reichenberg/Sud., verh. s. 1966 m. Helga, geb. Lange, 2 S. (Dieter, Volker) - Gymn.; 1933-38 Stud. Jura Dt. Univ. Prag; Promot. 1938 Prag - 1938-41 Refer. Landger. Reichenberg; 1942-45 Richter; 1949-83 Nieders. Fußballtoto - 1935 u. 1936 Sudetendt. u. Tschechosl. Meister üb. 400 m Hürden, 1936 Teiln. an d. Olymp. Spielen, 1958 Dt. Meister Rennrodel, 1960 Weltmeister Rennrodel, 1958-60 Nieders. Meister Rennrodel - Zahlr. Ausz. u. Preise - Liebh.: Theater, Musik, Wandern, Blumen - Spr.: Altgriech., Latein, Tschech.

BERNDT, Gerhard
Dipl.-Ing., Vorstandsmitglied Nordd. Raffinerie, Hamburg 36 - Oldendorfer Str. 9, 2114 Appel/Nordheide - Geb. 23. März 1928.

BERNDT, Günter
Leit. Polizeidirektor, Fachbereichsleit. Führungslehre Polizei-Führungsakad. Münster - Erlengrund 11, 4416 Everswinkel 1/W. - Geb. 19. Aug. 1931 Pombsen/Jauer (Vater: Herbert B., Rektor, Kantor, Reserveoffz.; Mutter: Luise, geb. Engel), ev., verh. s. 1959 m. Maria, geb. Domhöver, 3 Kd. (Gabriele, Michaela, Henning) - Gymn.; Bäckerlehre, Polizeiinternes Abitur - S. 1952 Polizei (1960 gehob., 1972 höh. Dienst; 1974 Doz. PFA; 1979 Fachbereichsleit.) - BV: Grundriß d. Führungslehre, 4 Bde. 1976/82; Stabsarb. in d. Polizei, 1977 u. 1981 - Personalentw. 1986 (Hrsg.) - Liebh.: Klass. Musik, Oper, Schausp., Jagd.

BERNDT, Hans
Rechtsanwalt, Vorstandsmitgl. Südwestdeutsche Landesbank/Girozentrale Mannheim/Stuttgart - Amselweg 38, 6246 Glashütten 2/Ts. - Geb. 22. Jan. 1931.

BERNDT, Helmut

Dr. phil., Journalist, Schriftst. - Platanenweg 7, 5342 Rheinbreitbach (T. 02224 - 7 16 48) - Geb. 29. Juli 1914 Naumburg/S. (Vater: Friedrich B.), ev., verh. s. 1950 m. Dr. Maria, geb. Riechert - Höh. Schulen Dortmund, Krefeld, Marburg; Univ. Marburg (Geogr., Engl., Volksw.; Promot. 1949). Reisen: Europa, Afrika, Asien, Amerika - Wehrdst. (Kriegsberichter U-Bootwaffe); 1949-50 Ztg.korresp. Bonn; ab 1950 Hess. Nachrichten bzw. Hess. Allgemeine (Ressortleit. Politik; 1963ff. Bonner Korresp.) - BV: D. 40. Abenteuer - Auf d. Spuren d. Nibelungen, 1968 (franz. A. 1970), 1974 als Taschenb. 3. A. 1978 Die Nibelungen - Auf d. Spuren e. sagenhaften Volkes (verfilmt 1980 v. Hess. Ferns. (1. u. 3. Pr.) als sechst. Serie unt. d. Titel: Nibelungenlied - Wahrheit oder Legende); Unterwegs zu d. Sagen, 1985; Sagenhaftes Europa, 1987 - Liebh.: Archäol. - Spr.: Franz., Engl.

BERNDT, Holger
Dr. rer. pol., Verbandsdirektor u. Geschäftsf. Bundesgeschäftsst. d. Landesbausparkassen - Buschstr. 32, 5300 Bonn 1 - Gf. Dir. Europ. Bausparkassenvereinig.

BERNDT, Ingeburg
Dr. phil., Akad. Rätin Univ. Bielefeld - Parkstr. 11, 6301 Buchholz 1 (T. 0641 - 4 53 43) - Geb. 11. Okt. 1933 Haldensleben, ev., verh. s. 1958 m. Ernst B., S. Christian - Stud. Univ. Halle u. Gießen; Promot. 1978 Gießen - S. 1986 Vors. Bundesaussch. f. Frauensport Dt. Sportbund u. Präsid.-Mitgl. Dt. Sportbund - BV: Entwicklungsbedingungen motorischer Fähigkeiten: E. experimentelle Studie z. Basketballspiel im Sportunterr., 1984 - 1953 m. 54 Bronze-Med. m. d. Leichtathl.-Mannsch. d. Univ. Halle - Liebh.: Lit., Musik, Sport - Spr.: Engl., Russ., Latein.

BERNDT, Jörg
Dr. med., Prof. f. Physiologie d. Menschen (m. Schwerp. Entwicklungs-, Arbeits- u. Sportphysiol.) Univ. Bremen - Ahrensburgstr. 8, 2800 Bremen.

BERNDT, Jürgen
Dr. rer. nat., Prof., Abteilungsleiter Inst. f. Toxikologie u. Biochemie/Ges. f. Strahlen- u. Umweltforsch. mbH., München - Ingolstädter Landstr. 1, 8042 Neuherberg/Obb. - Geb. 29. Dez. 1931 Lübeck. Promot. 1961; Habil. 1969 - S. 1969 Lehrtätig. Univ. Freiburg u. TU München (1973; 1977 apl. Prof. f. Biochemie). Üb. 50 Facharb.

BERNDT, Karl-Heinz

Journalist, Schriftst. (Ps. Berndt Guben, J. J. van Jost, Carolus Heibe, Lentz de Barrinkh, Michel Pinseher), Mitgl. d. Bundespressekonferenz - Kastanienweg 2, 5300 Bonn-Bad Godesberg (T. 32 11 67); u. E-Las Palmas, c/Néstor de la Torre 20 (Tel. 003428 - 24 58 24) - Geb. 2. März 1923 Guben/NL., ev., verh. - Obersch. Drossen/NM.; humanist. Stud. - U. a. Redakt. Zweites Dt. Fernsehen - BV (R.): u. a. D. Pfeifer, 23 Bde. 1952 u. 1965 Zusammenfassung 6 Bde.; Mexikan. Ballade, 1954; Louisiana-Trilogie, 1959 u. 1966; Michael Hasenkohl od. d. Carmina Michaelis, 1966 u. 1979; Hitlerjunge Hasenkohl o. d. v. Jahrg. '23, 1981; Völlig unpolit. Gedichte, 1988. Bis gegenw. Essays u. Lyrik in versch. Anthologien - Filme: Wiedergeburt einer Nation (1959), CERN - Europ. Kernforschungszentrum (1961), Südamerik., Afrika (1970-77) - Liebh.: Gesch., Musik - Spr.: Engl., Ital., Span., Griech., Lat.

BERNDT, Rolf
Dr. rer. nat., Prof. f. Mathematik - Vor d. Berg 6, 2000 Hamburg 63 - B. 1977 Privatdoz., dann Prof. Univ. Hamburg.

BERNDT, Rolf
Dipl.-Volksw., Oberregierungsrat a.D., Bundesgeschäftsf. d. FDP (s. 1983) - Zu erreichen üb. Thomas-Dehler-Haus, Baunscheidtstr. 15, 5300 Bonn 1 - Geb. 28. April 1946 Niederschelden/Sieg, ev., verh., 4 Kd. - 1972/73 Bundesdoz. d. Dt. Arbeitg.-Verb. Köln; 1973-81 Bundesmin. f. Wirtsch.; 1981-83 ständ. Vertret. Bundesrep. Dtschl. b. d. OECD, Paris.

BERNECKER, Hans Achim
Volkswirt, pers. haft. Gesellsch. Bernecker & Cie., Herausg. D. Actien-Börse - Am Breil 44b, 4005 Meerbusch 1 - Geb. 19. Nov. 1937.

BERNECKER, Helmuth
Herausgeber, Chefredakt. Taunus-Kurier, Bad Homburg, Vors. Verb. d. Motorjourn. (Sitz Berlin) ebd. - Höhestr. 9, 6380 Bad Homburg v.d.H. (T. 06172 - 2 00 57 u. 2 17 32) - Geb. 6. Mai 1925 Karnap - U. a. D. Taunusbote.

BERNEKER, Erich
Dr. jur., o. Prof. f. Röm. Recht, Antike Rechtsgesch., Bürgerl. Recht u. Intern. Privatrecht (emerit.) - Mittlerer Dallenbergweg 60, 8700 Würzburg - Geb. 14. April 1905 Prag - 1937 Privatdoz. Univ. München, 1938 ao. Prof. Univ. Erlangen, 1941 o. Prof. Univ. Marburg, 1944 Dt. Univ. Prag, 1946 Univ. Mainz, 1950 Univ. Würzburg - BV: Z. Gesch. d. Prozeßleitung im ptolemäischen Recht, 1931; D. Sondergerichtsbarkeit im griech. Recht Ägyptens; 1934; Dt. Recht, 1944 2. A. 1949; D. jurist. Berufe in Vergangenh. u. Gegenw., 1948; D. Versuch im griech. Recht, 1954; Z. griech. Rechtsgesch., 1968. Zahlr. Einzelarb.

BERNEM, van, Theodor
Dr. phil., Dipl.-Hdl., Prof. f. Wirtschaftsenglisch u. s. Didaktik Univ./GH Wuppertal - Herderstr. 3, 4006 Erkrath 1 - Geb. 1. Aug. 1929 Düsseldorf, kath., verh. s. 1962 m. Dorothea, geb. Konjetzky, 2 Kd. (Maryvonne, Michael) - Stud. Wirtschaftspäd., Politikwiss. u. Engl. Dipl.-Handelslehr. Univ. Köln, Promot. Politikwiss. Univ. Bonn. Fachleit. Bezirkssem. f. d. Lehramt an berufsbild. Schulen, Düsseldorf - S. 1971 Hochschullehrer; s. 1988 Gastprof. f. Wirtschaftssprache im FB Sciences Economiques Univ. de Paris / Panthéon-Sorbonne. Mitgl. versch. Verb. u. Org., u.a. Interskola Konfz., Intern. Vereinigung Sprache/Wirtschaft, AILA-Intern. Assoc. of Applied Linguistics. Div. Veröff. im Ber. Engl. als Fachspr., Berufserziehung u. Gewerksch.beziehungen in GB.

BERNER, Felix
Verlagsleiter, Schriftst. - Neuer Berg 27, 7000 Stuttgart 60 - Geb. 8. Aug. 1918 Stuttgart - BV: Flügel d. Morgenröte, Erz. 1957; D. beflügelte Schritt, Ess. 1976; Gustav Adolf - D. Löwe aus Mitternacht, Biogr. 1982; Louis u. Eduard Hallberger, Biogr. 1983; Baden-Württ. Portraits-Gestalten aus 1000 Jahren, Biogr. 1985 - 1957 Literaturpreis Dt. Hochseefischerei.

BERNER, Rolf
Dr. rer. nat., Dipl.-Phys. - Schlehenweg 24, 7258 Heimsheim/Württ. - Geb. 28. April 1930 - Vorst. Moto Meter AG., Leonberg.

BERNERT, Günther Karl
Dr. jur., Univ.-Prof. f. Arbeitsrecht, Bürgerl. Recht, Ostrecht u. Neuere Privatrechtsgesch. Univ. Münster - Bakenstr. 6, 4403 Senden.

BERNETT, Hajo
Dr. phil., o. Prof. u. Direktor Sportwiss. Inst. Univ. Bonn (s. 1969), Honorarprof. f. Sportgesch. Dt. Sporthochsch. Köln - Böckingstr. 5, 5340 Bad Honnef.

BERNETT, Paul
Dr. med. (habil.), o. Prof. f. Sporttraumatologie - Connollystr. 32, 8000 München 40 - B. 1975 Privatdoz., dann Ord. TU München. Chir.

BERNHARD, Alexander
Dr. med., o. Prof. f. Chirurgie Abt. Kardiovasculäre Chirurgie/Univ. Kiel (s. 1974) - Am See 42, 2300 Kiel-Schulensee.

BERNHARD, Franz
Bildhauer - Bahnhofstr. 13, 6729 Jockgrim - Geb. 17. Jan. 1934 Neuhäusel/CSSR (Vater: Franz B., Bäcker; Mutter: Mairia, geb. Jungwirth), kath., verh. s. 1969 m. Lucia, geb. Baum - 1959-66 Kunstakad. Karlsruhe - 1968 Villa-Romana-Preis, Florenz; 1969-70 Romstip. Villa Massimo; 1970 Wilh.-Lehmbruck-Förderpr. Stadt Duisburg; 1971 Stip. aus Pfalzpreis f. Plastik; 1976 Arbeitsstip. Kulturkr. Bundesverb. d. dt. Ind.; 1977 Hans Thoma-Pr. Land Baden-Württ.; 1981 Lütze-Preis; 1984 Pr. Heitland Foundation, Celle; 1986 Kunstpr. Rhld.-Pfalz.

BERNHARD, Herbert
Journalist, Presseref. Stadt Essen - Zeißbogen 5, 4300 Essen (T. 0201 - 41 32 41) - Geb. 23. Dez. 1924 Hamm (Vater: August B., Bergmann; Mutter: Gertrud, geb. Wagner), ev., verh. in 2. Ehe m. Gisela, geb. Drepper, T. Gisela - Gymn., Journ.schule Aachen; b. 1947 Volont. Köln - B. 1948 Redakt. Essen, b. 1960 Redaktionsleit. Wesel, b. 1966 Düsseldorf, 1966-86 Leit. Presse- u. Informationsamt Stadt Essen - BV: Dann brach d. Hölle los, Kriegstageb. 1954; Essen. Stadt wandelt ihr Gesicht, Bildbd. Essen 1974; 1945: Entscheidungsschlacht am Niederrhein, Sachb. 1975; D. stadt, Bildbd. u. Sachb. üb. Essen 1980 - Liebh.: Gesch., Geogr., Musik - Spr.: Engl.

BERNHARD, Karl
Dipl.-Ing., Vorstandsmitglied STRABAG Bau-AG., Köln-Deutz - Auf der Ruhr 9, 5039 Weiß/Rhld.

BERNHARD, Karl-Heinz
Dipl.-Volksw., Geschäftsführer Verb. d. Brauereien d. Saarlandes u. Wirtschaftsverb. - Blücherstr. 2a, 6600 Saarbrücken (T. 5 67 85) - Geb. 20. April 1930 Meisenheim/Glan (Vater: Friedrich B., Studienrat; Mutter: Elisabeth, geb. Grimm), verh. m. Gudrun, geb. Rheinen - Odenwaldsch.; Univ. Erlangen 1957-62 Eisen- u. Metallind. Saarl. dann Brauereiverb. u. Geschäftsf. Landesvertretungen bedeut. Wirtsch.verb., u. a. VDMA u. ZVEI - Lions-Club.

BERNHARD, Otto
Fabrikant, Geschäftsf. MABEG Maschinenbau GmbH u. ERK Druck- u. Papiermaschinen GmbH, beide Offenbach - Tulpenhofstr. 3, 6050 Offenbach/M. - Geb. 4. Nov. 1923 - Bundesverdienstkreuz am Band, Ehrenbrief des Landes Hessen.

BERNHARD, Rudolph
Chefredakteur Saarbrücker Zeitung - Birkenstr. 36, 6600 Saarbrücken - Geb. 8. Nov. 1934 Berlin, verh. s. 1982 m. Sabine, 4 Kd. (Patricia, Henry, Marilena, Anna) - Stud. Univ. München u.

Tübingen (Neuere Gesch. m. Schwerp. russ. Gesch. d. 19. u. 20. Jh., Politik, Kunstgesch.) - BV: D. Alte Schauspielhaus - Kleinod im Herzen Stuttgarts, 1984 - Liebh.: Graphik d. 18. u. 19. Jh., Motorradfahren - Spr.: Engl.

BERNHARD, Wolfram

Dr. phil., Dr. rer. nat., Dr. med., Dipl.-Psych., Prof. f. Anthropologie Univ. Mainz - Linsenberg 20, 6500 Mainz - Geb. 19. Juni 1931 Mainz - Promot. 1961 u. 65; Habil. 1971 - S. 1972 Prof. Mainz. Üb. 50 Facharb.

BERNHARD von LUTTITZ, Marieluise

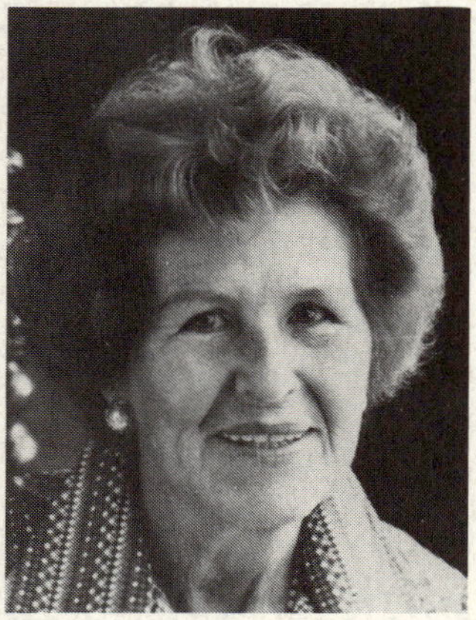

Autorin - Draxlbergstr. 19, 8214 Bernau/Chiemsee (T. 08051-72 23) - Geb. 11. Febr. 1913 Oschatz/Sa., ev., verh. m. Senator O. H. Bernhard, Konsul v. Thailand, 2 Kd. (Cornelia, Alexander) - Hum. Abit. Dresden 1932; Buchhandlunsglehre m. Abschl.; Stud. d. Tiefenpsychol. Berlin - Leit. d. Bordladens E. S. Patria Südamerikalinie; 1932-35 Buchhändlerin Dresden; fr. Journ. f. Tageszt.; 1942-44 eig. Prax. f. Psychotherap. Berlin; 1944-45 DRK-Schwester in Norw.; s. 1945 fr. Autorin f. Presse, Funk, usw. - BV: D. Billibde. 1952-57; Ottochen im Turm 1965, 75 u. 86; Bumfidelgesch. 1975-78; D. gr. Adventskalenderb. 1985; E. Held war er nicht, 1986; Uli u. Rike kommen in d. Schule, 1986; Bumfidel u. s. Tiere, 1986; Was mich weckte, war kein Vogelruf, R. 1987 (Verfilm. vorgesehen); Möchtest Du mein Bruder sein?, Jugendr. 1989; u.v.m. - Auftr. f. e. Fernsehtreatment m. 25-26 Folgen - 1985 Holländ. Kinderbuchpr.; Mitgl. Anthrop. Ges. - Liebh.: Lit., Weltanschaul., Polit., d. Mitmensch - Spr.: Engl., Franz., Holländ., Altgriech., Lat. - Lit.: Spectr. d. Geistes (1977); Frauen im Blickpunkt; Kürschners Lit.-Kalender, u. a.

BERNHARDT, Heinz

Dr. phil., Honorarprof. f. Ausgew. Kapitel d. Wassergütewirtschaft TH Aachen (s. 1973), Techn. Leit. Wahnbachtalsperrenverband - Siegelsknippen, 5200 Siegburg (T. 02241 - 38 10 71) - Geb. 20. April 1929 - Leit. mehr. wiss. u. techn. Gremien in Fachorg.

BERNHARDT, Heinz

Dr. med. dent., Prof. f. Zahnheilkunde Univ. Marburg, Zahnarzt f. Oralchirurgie - Königsberger Str. 9, 3550 Marburg 7 - Cappel - Geb. 24. Okt. 1923 Kassel (Vater: Peter B., Postbeamter; Mutter: Martha, geb. Noll), ev., verh. s. 1946 m. Maria, geb. Müller, 2 T. (Karin, Beate) - Goethe-Gymn. Kassel; Univ. Marburg. Promot. 1950 - S. 1973 Prof. Spez. Zahnärztl. Röntgenol. - 1978 Silb. Ehrennadel Landeszahnärztekammer Hessen - Liebh.: Lit., Musik, Malerei - Spr.: Engl.

BERNHARDT, Jürgen

Dr. rer. nat., Prof. f. Med. Strahlenkunde, Dir. u. Prof. im Bundesgesundheitsamt - Ringstr. 32, 8042 Oberschleißheim (T. 089-315 29 87) - Geb. 4. Juli 1938 Berlin, ev., verh. s. 1974 m. Bettina, geb. Schödel, 2 Töcht. (Alexandra, Birgitta) - Stud. Physik, Biophysik; Dipl. Phys. 1966 Univ. Frankfurt; Promot. 1972 u. Habil. 1976 Univ. Erlangen - S. 1972 wiss. Assist.; s. 1981 Fachgebietsleit. im Bundesgesundheitsamt; 1984 apl. Prof. Spez. Arbeitsgebiete: Strahlenwirkungen u. Strahlenschutz b. nichtionisierenden Strahlen, insb. elektrische u. magnetische Felder, Hochfrequenzstrahlung einschl. Mikrowellen, Ultraviolette Strahlung.

BERNHARDT, Klaus

Chefredakteur - Kasernenstr. 67, 4000 Düsseldorf (T. 83 88-0) - Geb. 25. April 1929 Konstanz/B. - S. Jahren Handelsblatt (Wirtschafts- u. Chefredakt. sow. Mithrsg.).

BERNHARDT, Otto

Bankdirektor, Vorstandsmitgl. Wirtschaftsaufbaukasse Schlesw.-Holst. AG, Kiel (s. 1985) - Ernst-Barlach-Str. 79, 2370 Rendsburg (T. 04331 - 2 86 88) - Geb. 13. Febr. 1942 Rendsburg, ev., verh., 2 Kd. - Banklehre; Stud. Wirtschaftswiss., Berufspäd. u. polit. Wiss. - 1980 Vors. CDU-Kreisverb. Rendsburg-Eckernförde.

BERNHARDT, Richard

Geschäftsführer GEFA Ges. f. Absatzfinanzierung mbH, GEFA-Leasing GmbH, Wuppertal, EFGEE Ges. f. Einkaufs-Finanzierung mbH, Düsseldorf - Am Freudenberg 17, 5600 Wuppertal - Geb. 12. März 1925 - Stv. AR-Vors. ALD AutoLeasing D GmbH, Hamburg; Vorst.-Mitgl. Bankenfachverb. Konsumenten- u. gewerbl. Spezialkredite (BKG), Bonn.

BERNHARDT, Rudolf

Dr. jur. (habil.), Prof., Direktor Max-Planck-Inst. f. ausl. öfftl. Recht u. Völkerrecht (s. 1970) - Gustav-Kirchhoff-Str. 2a, 6900 Heidelberg (T. 4 36 99) - Geb. 29. April 1925 Kassel, ev., verh. s. 1956 m. Dagmar geb. Brüne, 4 Kd. (Christoph, Jörg, Lorenz, Stephanie) - 1956-65 Ref. Max-Planck-Inst., Heidelberg; 1962-65 Privatdoz. Univ. Heidelberg; 1965-70 Ord. Univ. Frankfurt/M. S. 1971 Ord. Univ. Heidelberg - BV: D. Abschluß völkerrechtl. Verträge im Bundesstaat, 1957; Völkerrechtl. Quellenwerke, 1961/78; D. Ausleg. völkerrechtl. Verträge, 1963; Encyclopedia of Public Intern. Law, 1981 ff. (Hrsg.).

BERNHARDT, Wolfgang

Dr. jur., o. Prof. f. Patentrecht, Bürgerl. Recht, Handelsrecht, Zivilprozeß (emerit.) - Aggensteinstr. 25, 8000 München 90 - Geb. 1. April 1904 Kottmarsdorf (Vater: Victor B., Pfarrer; Mutter: Margot, geb. Martini), ev., verh. m. Waltraut, geb. Schönrock, 2 Töcht. (Heide, Imme) - König-Albert-Gymn. Leipzig; Univ. München, Berlin, Leipzig. Promot. (1929) u. Habil. (1935) Leipzig - 1931-39 Richter, u. a. Sächs. Justizmin. (zeitw. auch amtl. bestellter Anwaltsvertr. Reichsgericht Leipzig), s. 1935 Lehrtätigk. Univ. Leipzig (Privatdoz.), WH Nürnberg (1940 Ord.), TH München (1943), Univ. Posen (1944), Hochsch. f. Verw.swiss. Speyer (1947), TH München (1948; Dir. Inst. f. Wirtschafts- u. Patentrecht). Mitarb. RKW - BV: D. Vollstreckungssperre n. d. Vergleichsordnung, 1929; Vollstreckungsgewalt u. Amtsbetrieb, 1935; Rechtsstreit, 1939; D. Aufklärung d. Sachverhalts im Zivilprozeß, 1949; Zivilprozeßrecht, 3. A. 1968; Lehrb. d. Patentrechts, 4. A. 1986; D Bedeutung d. Patentschutzes in d. Industrieges., FIW-Schriftenr. Heft 70, 1974 - o. Mitgl. Inst. Européen pour la Formation Professionnelle, Paris.

BERNING, Friedel (Friedrich)

Direktor i. R. - Seestr. 1, 7763 Öhningen/Untersee (T. 07735 - 5 78) - Geb. 30. Juni 1907 Herford/W. (Vater: Süßwarenfabr.), ev., verh. s. 1955 m. Brigitte, geb. Ludwig, 2 Kd. (Sabine, Tim) - Realgymn. Osnabrück - Kranzler GmbH.; Aschinger Betriebe; 1937-52 Sarotti AG. (zul. Vorstandsmitgl.); s. 1952 Maggi GmbH. (b. 1969 Geschäftsf., dann Beauftr., jetzt AR-Mitgl.); Langj. Vors. Verb. d. Suppenind., Bonn - BVK - Liebh.: Fotogr., Golf - Rotarier.

BERNING, Heinrich

Dr. med., apl. Prof. f. Innere Med. Univ. Hamburg (s. 1949) - Pfeilshoferweg 9, 2000 Hamburg 65 (T. 536 53 38) - Geb. 21. Mai 1908 Münster/W., verh. in 2. Ehe m. Nelly Beyn, geb. Haltermann - Univ. Münster, Köln, München, Berlin - 1951-54 Lehrauftr. Venezuela; 1959-74 Chefarzt I. Med. Klinik u. Ärztl. Dir. (s. 1963) Allg. Krankenhaus, Hamburg-Barmbek - BV: D. Dystrophie, 1949; D. Ileitis regionalis, 1964 (m. Selberg u. Thiele) - 1939 u. 43 Martini-Preis Univ. Hamburg; 1970 Ehrenmitgl. Venezolan. Ges. f. Inn. Med. - Liebh.: Musik, Graphik, Sport.

BERNING, Paul

Dr. jur., Staatssekretär a. D. - Bismarckstr. 33, 2900 Oldenburg/O. - Geb. 9. Juli 1908 Berlin, kath., verh. 1936 m. Hildegard, geb. Greis (†), 3 Kd. - Gymn. Lingen/Ems; Univ. Münster, Freiburg/Br., München, Göttingen - 1933-35 Richter, 1935-45 Leit. Zentralverw. Fürst v. Hatzfeldt-Trachenberg/Schles., 1946-57 Nieders. Landw.smin. (zul. Min.dirig.), 1957-59 Staatssekr. Nds. Kultusmin. 1959-61 Senatsdir. Senatsverw. f. Bundesangelegenh. Berlin, 1961-74 Vorstandsmitgl. u. -vors. (1963) Oldbg. Landesbk. CDU - Magistralritter souv. Malteser-Ritterorden; 1973 Gr. BVK - Spr.: Engl. - Bek. Vorf.: Erzbischof Dr. Wilhelm B., 1877-1955 (Onkel).

BERNING, Vincent

Dr. phil., Univ.-Prof. f. Philosophie Rhein.-Westf. TH Aachen - Waldstr. 2, 5106 Roetgen/Eifel - Geb. 25. Juli 1933 Berlin (Vater: August Heinr. B., christl. Kultur- u. Sozialpolitiker, Lyriker (Chefredakt.), † 1979; Mutter: Thea, geb. Erhart, † 1982), rk., verh. s. 1966 m. Ursula Berning-Baldeaux, 2 Kd. - Hum. Gymn. Paderborn, Kassel, Werl, Aachen, 1955 Abit. Stud. Univ. Bonn u. München, Promot. (Philos., Theol., Päd.) 1963, Habil. Philos. 1971 - S. 1971 Prof. in Aachen - BV: D. Denken Hermann Schells. D. philos. Sytematik s. Theologie genetisch entfaltet, Essen 1964; D. Wagnis d. Treue; Gabriel Marcels Weg zu e. konkreten Philos. d. Schöpferischen, Freiburg i. Br. 1973; Gott, Geist u. Welt. Hermann Schell als Philosoph u. Theol., Paderborn 1978; System. Philosophieren zw. Idealismus u. Neuscholastik um d. Jahrhundertwende. Studien z. christlichen Philosophie Herman Schells, Paderborn 1984. (Hg.:) Hermann Platz (1880-1945), e. Gedenkschr., Bonn 1980; Gabriel Marcel. Reflexion u. Intuition. Texte z. ontol. Teilhabe d. Denkens (Ausw. u. Komment.), 1987. Veröff. in Fachzeitschr. u. Festschr. u. a. m. H. R. Schlette Hg. d. Studien z. franz. Philos. d. 20. Jh. (Buchreihe) Bonn 1974ff.

BERNING, Walter

Dr. jur., Verleger - Alte Mühle 1, 2000 Hamburg 65 - Geb. 12. Febr. 1939 Hamburg (Vater: Prof. Dr. med. Heinrich B. (s. dort); Mutter: Dr. med. Ingeborg, geb. v. Zerboni), ev., verh. m. Maria Pia, geb. Andretta, 2 Kd. - Stud. Rechtswiss. u. Volksw. Genf, München, Freiburg, Hamburg, Salamanca. Gr. jurist. Staatsprüf.; Master of Business (Administr. Insead/Fontainebleau) - 1969-74 Jahreszeiten-Verlag, Hamburg (1970 Mitgl. Geschäftsltg.; 1971 zusätzl. Alleingeschäftsf. Rhein. Merkur); 1974 EHAPA-Vg. GmbH, Stuttgart (Vors. d. Gfg.), 1979 Dt. Egmont Verw.ges. ebd./ Tochterges. Egmont H. Petersens Fond, Kopenhagen (Alleingf.), s. 1986 Geschäftsf. Jahreszeiten-Verlag GmbH, Hamburg - Liebh.: Lit. (Geschichte, Politik), Malerei, Ski, Jogging, Schwimmen - Spr.: Engl., Franz., Span.

BERNINGER, Ernst H.

Dr., Direktor Bibliothek d. Dt. Museums - Postf. 260102, 8000 München 26; priv.: Postf. 1106, 8110 Murnau.

BERNINGER, Karl Heinrich

Dr. jur., Dr. rer. pol., Generalkonsul d. Bundesrep. Deutschl. in Sydney - Gen.-konsulat Sydney, Postf. 1500, 5300 Bonn 1 (T. Sydney 328 77 33) - Geb. 18. Okt. 1924 Bochum (Vater: Dipl.-Ing. K. E. B.; Mutter: Maria, geb. Schugt), kath., verh. s. 1968 in 2. Ehe m. Karin, geb. Hausdorf, 5 Kd. (Irmela, Frank, Ralf, Stephan, Anja) - Promot. 1952 Köln u. 1968 Innsbruck - 1952-55 Wirtschaftsprüf.ges. Altenburg u. Tewes, Düsseldorf, dann Dt. Revisions- u. Treuhand AG Düsseldorf; 1955-57 Finanzverw. NRW; ab 1987 Ausw. Amt (Ausl.tätigk. u. a. in Helsinki, Djakarta, Moskau, Paris [Gesandter Wirtsch.], Kabul [Botschafter], Generalkonsul in Leningrad u. ab 1986 in Sydney) - Orden d. Weißen Rose Finnlands; Kommandeurkreuz d. Nat. VO Frankreichs; BVK - Liebh.: Bild. Kunst, Konzertflöte - Spr.: Engl., Franz., Russ., Indones. - Bek. Vorf.: Karl Simrock, 1802-1876, Germanist u. Dichter (Großonkel).

BERNINGHAUS, Armin

Dipl.-Kfm., Vorstandsmitglied Westfalen AG Münster - Höftestr. 13, 4400 Münster (T. 0251 - 61 96 04) - Geb. 1. Mai 1938 Lüdenscheid, ev., verh., 3 Töcht. (Anke, Ulrike, Heike) - Wirtschaftsobersch. Hagen; Stud. Betriebsw. Univ. Freiburg u. Münster (Dipl.-Kfm.) - Vors. Aussch. f. Betriebsvergleich Dt. Flüssiggasverb.; Mitgl. Wirtschaftsaussch. UNITI, Fachveröff. - Liebh.: Schreiben v. Glossen, Märchenb.

BERNKLAU, Werner

I. Bürgermeister Stadt Pfreimd (s. 1978) - Rathaus, 8473 Pfreimd/Opf. - Geb. 1. Sept. 1933 Pfreimd - Vors. Verwaltungsgem. Pfreimd, best. aus d. Mitgliedsgem. Stadt Pfreimd u. Gem. Trausnitz, Mitgl. Kreistag Schwandorf. CSU.

BERNOTAT, Rainer Klaus

Dr.-Ing., Prof. f. Anthropotechn. u. Flugführung TH Aachen (b. 1985) - Schubertstr. 68, 5308 Rheinbach - Geb. 30. April 1932 Berlin (Vater: Rudolf B., Verlagskfm.; Mutter: Franziska, geb. Neuburg), ev., verh. s. 1959 m. Marianne, geb. Hilpert, 3 Kd. (Claudia, Susanne, Tania) - Stud. d. Nachrichtentechn.; Promot. 1963; Habil. 1965; Umhabil. 1971 - S. 1967 Dir. Forschungsinst. f. Anthropotechn. Wachtberg-Werthhoven. Fachmitgl.sch. - BV: Displays and Controls, 1972; Curricula on Ergonomics, 1977 - Distingnished foreign colleg. award der Human Factors Society, USA, 1977; Mitgl. Ges. f. Arbeitswiss., Ges. f. Luft- u. Raumfahrt, Human Factors Society - Spr.: Engl.

BERNRATH, Hans Gottfried

Ministerialdirektor a. D., MdB, Personalchef Dt. Bundespost (1973-80), Bürgermeister Stadt Grevenbroich - Poststr. 3, 4048 Grevenbroich 2 (T. 02181 - 7 14 00) - Geb. 5. Juli 1927 Meerbusch-Osterath - Vors. Innenaussch. Dt. Bundestag.

BERNREUTHER, Fritz

I. Bürgermeister (s. 1978) - Rathaus, 8581 Eckersdorf/Ofr. - Geb. 17. Aug. 1930 Donndorf - Regierungsamtm., Kreisrat u. Fraktionsvors. SPD.

BERNS, Harald

Dipl.-Ing., Prof. f. Konstruktionstechnik, insb. Method. Konstruieren, Entwickeln u. Gestalten, Gesamthochschule Wuppertal (Fachbereich Maschinentechnik) - Kronprinzenallee 127, 5600 Wuppertal 1.

BERNS, Jörg Jochen

Dr. phil., Prof. f. Neuere Dt. Literatur Univ. Marburg (bes. Kultur d. frühen Neuzeit) - Barfüßer Tor 17, 3550 Marburg/L. (T. 06421 - 2 13 44) - Geb. 1.

Juni 1938 Frankfurt/M. - Dr. phil. 1964, Habil. 1972 - S. 1986 Geschäftsf. d. Grimmelshausen-Gesellschaft - BV: Stud. zu d. Willenhag-Romanen Joh. Beers, 1964; Germanistik u. dt. Nation 1806-1848, 1974; J. G. Schottelius 1612-1676. E. teutscher Gelehrter am Wolfenbütteler Hof, 1976; Höfische Festkultur in Braunschweig-Wolfenbüttel 1590-1666, 1982.

BERNS, Ulrich

Dr. phil., Redakteur Westd. Rundf. Köln (Ps. Bodo Baumann) - Merrillweg 7, 5000 Köln 50 (T. 02236-61398) - Geb. 7. Okt. 1928, verh. s. 1962 m. Hannelore, geb. Georgy, 2 T. (Verena, Nicola) - 1949-51 Dreherlehre; Stud.; Promot. 1959 - BV: Sat. Bitte recht amtlich, 1980; Wem d. Schuh paßt, 1983.

BERNSAU, Hans-Walter

Dipl.-Ing., Dipl.-Wirtsch.-Ing., Generalbevollmächtigter Direktor Siemens AG - Hofmannstr. 51, 8000 München 70 (T. 089 - 722 22029) - Geb. 3. Juni 1941 Köln, verh. s. 1970 m. Silke, geb. Langenwalter, S. Dirk - 1960-67 Stud. TU München - S. 1968 Siemens AG, München - Spr.: Engl., Franz.

BERNSMEIER, Arnold

Dr. med., em. o. Prof. f. Innere Medizin - Hindenburgufer 88, 2300 Kiel (T. 59 71) - Geb. 1. März 1917 Mennighüffen/W. (Vater: Friedrich B.; Mutter: Luise, geb. Sander), ev., verh. s. 1947 m. Margarete, geb. Bachhausen, 2 Söhne (Hartwig, Reinhard) - Gymn. Herford; Med.stud. Münster/W., Berlin, Düsseldorf (Promot. 1942) - 1953-62 Privatdoz. u. apl. Prof. (1959) Univ. München (Oberarzt II. Med. Klin.), seither Ord. u. Dir. I. Med. Klin. Univ. Kiel - BV: D. chem. Blockierung d. adrenerg. Systems am Menschen, 1954; Differentialdiagnose d. Zirkulationsstörungen d. Gehirns, d. Meningen u. d. Rückenmarks, 1958, 4. A. 1984. Etwa 170 Eizelarb. üb. Kardiol., Angiol., Neurologie u. a. in Fachztschr. - Arthur-Weber-Preis f. Kardiol.

BERNSTEIN, Fritz

Dipl.-Kfm., Verbandsgeschäftsführer - Bismarckstr 2, 2000 Hamburg 55 - Geb. 19. Nov. 1910 - U. a. Gf. Verein Dt. Kohlenimporteure, Hamburg.

BERNT, Günther

Bankdirektor - Hardenbergstr. 32, 1000 Berlin 12 - Geb. 22. Aug. 1929 Gablonz - Vorst. Berliner Bank AG. u. Präs. d. Verwaltungsrates d. Berliner Bank Intern. S.A. Aufsichts- u. Beiratsmand.

BERNUTH, von, Fritz

Geschäftsführer Cornelsen Verlag, Berlin, Verlag Cornelsen & Oxford Univ. Press, Berlin - Johann-Sigismund-Str. 2, 1000 Berlin 31 (T. 030 - 891 17 33) - Geb. 14. Okt. 1942, verh., 2 Kd. (Wolf, Nana).

BERNUTH, von, Hans-Dietrich

Dipl.-Ing., Direktor - Limbecker Postweg 10, 4600 Dortmund 30 (T. 02304 - 8 33 35) - Geb. 29. Aug. 1932 Keßburg/Pom. (Vater: Julius v. B., Generalmajor 1942 gef.; Mutter: Ruth-Margaret, geb. v. Bernuth), ev., verh. s. 1959 m. Editha, geb. v. Oppen, 3 Kd. (Christa-Maria, Caroline, Matthias) - Bundesgymn. Salzburg (Abit. 1951); Betriebsschlosserlehre Remscheid; TH München (Maschinenbau; Dipl-Ing. 1957) - S. 1958 Krauss-Maffei AG, München, 1970 Vorst.-Mitgl., s. 1981 Vorst.-Mitgl. Fa. O & K Orenstein & Koppel AG, Berlin/Dortmund, s. 1987 Vorst.-Vors. Faun AG, Lauf a. d. Pegnitz - Liebh.: Kammermusik, Tennis, Ski - Spr.: Engl.

BERNUTH, von, Horst

Dr. med., Prof., Ltd. Arzt Kinderkrkhs. Bethel - Kantensiek 13, 4800 Bielefeld 13 - Geb. 3. Sept. 1931 - Promot. 1959 - S. 1972 (Habil.) Privatdoz. u. apl. Prof. Univ. Münster (Kinderheilkd.). Üb. 30 Fachaufs.

BERQUET, Karl-Hans

Dr. med., Orthopäde, apl. Prof. f. Orthop. Univ. Düsseldorf (s. 1970), Leiter Arbeitskreis Sitzmöbel d. Dt. Ges. f. Orthopädie u. Traumatologie (DGOT) - Lange Zehntstr. 20, 8720 Schweinfurt/Ufr. - Geb. 11. Aug. 1929 Meschede - Promot. 1956 - S. 1964 Facharzt. 1967 Gastprof. Japan. Bücher u. Aufs. (üb. 60) - 1967 Kurt-Adam-Preis.

BERR, Ulrich

Dr.-Ing., o. Prof. f. Fabrikbetriebslehre u. Unternehmensforsch. TU Braunschweig (s. 1965) - Otto-Hahn-Str. 29, 3300 Braunschweig (T. 51 28 77) - Geb. 21. Mai 1927 Berlin - Lehre (Feinmechaniker) - 1968 ff. gleichz. Verbs.arb., u. a. VDI - Zahlr. Fachveröff. - Ehrenplakette des VDI (1977).

BERRY, Walter

Kammersänger - Wien, Staatsoper - Strassergasse 43-47/1/5, A-1150 Wien - Geb. 8. April 1929 Wien (Vater: Franz B.; Mutter: Hilde, geb. Jelinek), verh. I) 1957 m. Kammers. Christa, geb. Ludwig (gesch. 1970), Sohn Wolfgang; II) s. 1973 m. Brigitta - TH u. Musikakad. Wien - S. 1950 Mitgl. Staatsoper Wien. Gastspr. Europa u. Übersee. Salzbg. Festsp. u. a. - Österr. Kammers.; Mozart-Preis, Österr. Ehrenz. f. Kunst u. Wiss. I. Kl.

BERSCHIN, Walter

Dr. phil., o. Prof. f. Lat. Philologie d. Mittelalters u. d. Neuzeit Univ. Heidelberg - Seminarstr. 3, 6900 Heidelberg - BV: Bonizo von Sutri. Leben u. Werk, Berlin-New York 1972; Griech.-latein. Mittelalter. Von Hieronymus zu Nikolaus von Kues, 1980 (engl. Ausg.: Greek Letters and the Latin Middle Ages, 1988; ital. Ausg.: Medioevo greco-latino, 1989); Vitae Sanctae Wiboradae. Einleit., krit. Edition u. Übers., 1983; Os meum aperui. D. Autobiogr. Ruperts von Deutz, 1985; Biogr. u. Epochenstil im lat. Mittelalter Bd. 1: V. d. Passio Perpetuae zu d. Dialogi Gregors d. Gr., 1986; Bd. 2: Merowing. Biogr. Italien, Spanien u. d. Inseln im frühen Mittelalter, 1988; Eremus u. Insula: St. Gallen u. d. Reichenau im Mittelalter-Modell e. lat. Lit.landschaft, 1987.

BERSCHKEIT, Erich

Prokurist, MdB (Landesliste NRW) - Elberfelder Str. 160, 5657 Haan (Rhld.) - SPD.

BERSON, Alfred Heinz

Ass., Vorstandsmitglied VEBA AG - Karl-Arnold-Platz 3, 4000 Düsseldorf (T. 4 57 91) - Geb. 6. Aug. 1926 Essen (Vater: H. A. B., Dipl.-Kfm.; Mutter: Th., geb. Wilkomsfeld), kath., verh. s. 1953 m. Hildegard, geb. Denkel, 2 Kd. - Jura-Stud. Bonn/Köln, Gr. jurist. Staatsprüf. - Vorst.-Mitgl. VEBA Kraftwerke Ruhr AG.

BERSWORDT-WALLRABE, von, H.-L. Alexander

Galerist, Vors. Bundesverb. Dt. Galerien (1976-78), Vizepräs. Assoc. Intern. des Diffusseurs d' Oeuvres d'art Originales (1976-78) - Haus Weitmar, 4630 Bochum 1 - Geb. 22. Mai 1943 Berlin (Vater: Heinz-Ludwig B., Rechtsanw., Not., Landw.; Mutter: Karin, geb. Schütte), 6 Kd. (Thorsten, Nina, Fritze, Anne-Sybille, Laura T. Inez, Tim-Maximilian) - Gymn. Bochum (Abit.); FU Berlin, Magdalen College Oxford, Univ. Würzburg u. Bochum (Rechtswiss., Kunstgesch.) - Arb.: Konkrete Kunst (Bilder, Zeichnungen, Skulpturen, Fotos), Realisation Projekt Situation Kunst, 1988/89 - BV: Neue Konkrete Kunst, 1971; Frank Stella - d. Reliefs aus d. Jahren 1975 u. 1976, 1980; Richard Serra, Goslar 1981; Emmanuel Sougez, 1982. Regiss.: E. Abstecher nach Enkenbach (Hauptpreis d. intern. Jury Kurzfilmtage Oberhausen, Juso, Filmpr. NRW Oberhausen, lobende Erwähn. d. dt. Filmkrit. Info-Tage Oberh., Präd. wertvoll d. Filmbewert.st. Wiesbaden, alle 1980). Herausg.: Meine Tafel war daneben/Dokument. (1975, auch holl.); Arnulf Rainer - Hiroshima (m.a.) - Spr.: Engl., Franz., Holl., Ital.

BERT, Wolfgang

Dipl.-Ing., Prof. f. Bautechnik, insb. Math. u. ADV f. Bauing., Gesamthochschule Wuppertal (Fachbereich Bautechnik) - Hans-Böckler-Str. 33, 5630 Remscheid 11.

BERTAGNOLLI, Helmut

Dr. rer. nat., Prof. f. Chemie Univ. Würzburg - Auf der Röthe 35, 8700 Würzburg (T. 0931 - 27 36 81) - Geb. 26. Juni 1943 Baden-Baden (Vater: Dr. jur. Paul B., Regierungsdir.; Mutter: Brigitte, geb. Innerhofer), kath., verh. s. 1973 m. Stephanie, geb. Schulte, 3 Kd. (Peter, Stephan, Friederike) - 1963-70 Stud. Chemie Univ. Freiburg (Dipl. 1969, Promot. 1974); Habil. 1979 Univ. Karlsruhe - 1972-76 Wiss. Mitarb.; 1976-80 Assist., s. 1980 Prof.

BERTAU, Karl

Dr. phil., o. Prof. f. German. u. Dt. Philologie - Nachtigallenweg 4, 8520 Erlangen (T. 09131 - 4 44 05) - Geb. 1. Nov. 1927 Neustettin - S. 1964 Ord. Univ. Göttingen, Genf, Erlangen (1971; Mitvorst. Dt. Sem.) - BV: Sangsverslyrik, 1964; Dt. Lit. im europ. Mittelalter, 1972, 1973; Frauenlob-Ausg. (m. K. Stackmann), 1981; Wolfram v. Eschenbach, 1983; Üb. Literaturgesch., 1983 - 1989 Ord. Mitgl. d. Bayer. Akad. d. Wiss.

BERTELE, Raimund

I. Bürgermeister - Rathaus, 8901 Stadtbergen/Schw. - Geb. 3. Okt. 1927 Augsburg - Zul..Kaufm. CSU.

BERTELMANN, Fred

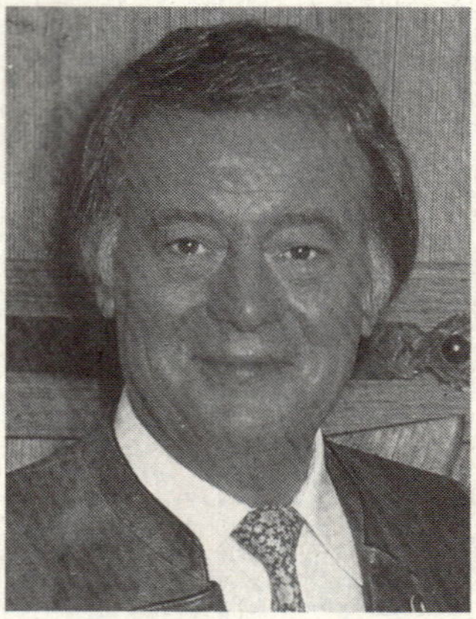

Sänger u. Schauspieler - Am Hohenberg 9, 8137 Berg/Starnberger See (T. 08151 - 5 05 26) - Geb. 7. Okt. 1925 Duisburg (Eltern: Jules (Chemiker) u. Elise B.), ev., verh. m. Ruth, geb. Kappelsberger (Fernsehmoderatorin BR; zeitw. MdK Starnberg/parteilos), T. Kathrin - Konservat. Nürnberg; UFA-Schauspielsch.; Prof. Glettenberg (Gesang). 1973/1974 Münchener Faschingsprinz (Fred I.) - Liebh.: Kochen, bes. Fischsuppen - Spr.: Engl. - Bekannt als lachender Vagabund.

BERTHEL, Jürgen

Dr. rer. pol. (habil.), Dipl.-Kfm., o. Prof. f. Betriebswirtschaftslehre (Lehrst. I) Univ. (GH) Siegen - In der Steinkaute 14, 5901 Wilnsdorf 1 - Geb. 22. April 1939 Berlin (Vater: Werner B., Bankkfm.; Mutter: Ursula, geb. Kernke) - FU Berlin. Dipl.-Kfm. 1963; Promot. 1966 - Zul. Privatdoz. Univ. Freiburg/Br. - BV: Zielorientierte Unternehmungssteuerung, 1973; Betriebl. Informationssysteme, 1975; Personal-Management, 2. A. 1989 - Liebh.: Klass. Musik - Spr.: Engl., Franz.

BERTHOLD, Adalbert

Vorstandsmitglied Drahtwerk C. S. Schmidt AG. (s. 1973) - Chr.-Seb.-Schmidt-Str. 34, 5420 Lahnstein/Rh. - Geb. 15. Okt. 1919 - Zul. stv. Vorstandsmitgl. Schmidt.

BERTHOLD, Brigitte

Lehrerin - Steckentalstr. 85, 6670 St. Ingbert-Oberwürzbach (T. 06894-8 80 44) - Geb. 20. Juli 1950 Duisburg (Vater: Herbert M., Verwaltungsangest.; Mutter: Meta, geb. Grigat), ev., verh. s. 1970 m. Jürgen Berthold, 2 S. (Marc Oliver, Jan Frederik) - Musikstud. u. Gesang, Spr. (Engl., Franz.) - 1980-82 Landesvors. Grüne Saar, 1983 Bundesvorst. Die Grünen - Liebh.: Reisen, Kochen - Spr.: Engl., Franz.

BERTHOLD, Franz

Vorstandsmitglied Annweiler Email- u. Metallwerke Ullrich AG. - Herrenteich 11, 6747 Annweiler/Pf. - Geb. 21. Febr. 1922 Karlsruhe.

BERTHOLD, Hans Joachim

Dr. phil., o. Prof. f. Anorgan. Chemie Techn. Univ. Hannover - Kleiner Hillen 19, 3000 Hannover 71 (T. 52 18 64) - Geb. 9. Mai 1923 Neunkirchen/W. - Habil. 1960 - Zun. Lehrtätigk. Univ. Mainz (1966 apl. Prof.). Etwa 60 Facharb.

BERTHOLD, Joachim

Bildhauer - Sonnenstr. 4, 8203 Oberaudorf/Inn (T. 08033 - 13 19) - Geb. 17. Okt. 1917 Eisenach/Thür. (Vater: Prof. Karl B., Goldschmied; Mutter: Maria, geb. Kugel (Tocht. d. Bildhauers Georg K.), kath., verh. s. 1940 m. Gisela, geb. Sames, 2 Töcht. (Ursula, Sabine) - Friedrich-Wilhelm-Gymn. Köln (Abitur 1936); Werksch. Köln, Kunstakad. München (b. 1941) - S. 1945 Bildhauer. Darstellung d. Menschen in Plastik u. Pinselzeichnungen. Öfftl. aufgest. Werke u. a. in: Erlangen, Minneapolis, Monrovia, Montreal, Münster, München, New York, Rosenheim, Wuppertal. Ausst. im In- u. Ausl. - BV: My Conception of the Human Wall, Ess. 1970 (Oxford); The Vancouver Speech/D. Rede in Vancouver, 1978 (Vancouver, B.C.); The Idea of Human Walls, Ess. 1984 (Oxford/New York) - Lit.: Herbert Read, A Concise History of Modern Sculpture, London 1964; Wolfgang Braunfels/Wilhelm F. Arntz, J. B., Katalog d. Skulpturen/Catalogue of Sculptures, Hamburg 1947-73; Viola Herms Drath, D. Samml. Berthold-Sames, München 1985; Wilhelm F. Arntz u.a.m., Joachim Berthold, München 1987. Zahlr. Würdig. - Rotarier.

BERTHOLD, Margot

Dr. phil., Redakteurin, Schriftst., Übers., Lehrbeauftr. f. Theater-Wiss. Univ. München (s. 1968) - Reitmorstr. 26, 8000 München 22 (T. 29 53 94) - Geb. 8. Nov. 1922 Markersdorf (Vater: Curt B.; Mutter: Lina, geb. Klaus), ev., led. - Univ. Berlin u. München (Promot. 1951) - BV: Oberbayern - Land u. Leute, 1954; Weltgesch. d. Theaters, 1968; History of World Theater, 1971; Historia social del teatro, 1974; Komödiantenfibel: Gaukler, Kasperl, Harlekin, 1979; Historia Teatru, Warszawa, 1980. Zahlr. Übers. - TV-Film üb. E. T. A. Hoffmann Nach den Träumen jagen, 1976; üb. d. Commedia dell'arte: Von einem, der auszog, sein Fell zu riskieren, 1978 - Spr.: Engl., Franz., Ital.

BERTHOLD, Richard

Dipl.-Volksw., Aufsichtsratsvorsitzender V.A.G. Leasing GmbH, Braunschweig - Große Zellgasse 77, 8070 Ingolstadt - Geb. 25. April 1927 Weiher/Bruchsal - Verh. s. 1961 m. Brigitte, geb. Retzlaff.

BERTHOLD, Will

Schriftsteller - Angererstr. 36, 8000 München 40 - Geb. 12. Okt. 1924 Bamberg (Vater: Andreas B., Oberreg.rat; Mutter: Barbara, geb. Deusel), kath., verh. s. 1948 m. Irma, geb. Beer - Gymn.; Stud. Ztg.wiss. u. Lit.gesch. - 1945-51 Volontär u. Redakt. Südd. Ztg. - BV (alle in Übers.): Spion f. Dtschl.,

1955; Getreu b. in d. Tod, 1956; Malmedy I u. II, 1957; Lebensvorn e.V., 1958; Division Brandenburg, 1959; Brigade Dirlewanger, 1960; D. Haut am Markt, 1961; V. Himmel z. Hölle, 1962; Prinz-Albrecht-Str., 1963; D. wilden Jahre, 1964; Nachts wenn d. Teufel kam, 1965; Kriegsgericht, 1966; Auf d. Rücken d. Tigers, 1969; Hölle am Himmel, 1972; D. gr. Treck, 1975; Feldpostnummer unbek., 1977; Parole Heimat, 1978; Operation Führerhauptquartier, 1979; Heisses Geld, 1980; D. Sieg d. v. d. Hunde ging, 1980; D. 42 Attentate auf Adolf Hitler, 1981; D. Nacht d. Schakale, 1981; Krisenkommando, 1982; Inferno I, II u. III, 1982/84; Geld wie Heu, 1983; Doppelt oder aus, 1983; Vollstreckt, 1984; E. Kerl wie Samt u. Seide, 1984; Überleben ist alles, 1985; Heldensabbat, 1985; D. Stadt d. Engel, 1986; D. Frauen nannten ihn Charly, 1987; Pinien sind stumme Zeugen, 1987; Adams Letzte, 1987; D. Nackten u. d. Schönen, 1988; D. gelbe Mafia, 1989. Drehb.: Kriegsgericht, D. zornigen jg. Männer, Spion f. Dtschl., Karriere; Madeleine Tel. 13 62 11. FS-Serien: Kultische Spiele, Riesenstadt Ruhrgebiet, D. anderen schlafen nicht (auch Regie) - Spr.: Franz., Ital., Engl.

BERTINI, Luigi

s. Balling, Ludwig

BERTRAM, Christoph

Journalist, Diplomatischer Korrespondent Die Zeit - Speersort 1, 2000 Hamburg 1 - Geb. 1937 - 1974-82 Dir. Intern. Inst. f. Strateg. Studien, London.

BERTRAM, Ernst

Dipl.-Volksw., Vorstandsmitglied Albingia Versicherungs-AG., Hamburg - Fahrenkrön 16, 2000 Hamburg 71 - Geb. 1. Dez. 1922 Schneidemühl.

BERTRAM, Friedel

Oberregierungsrat a. D., MdL Nieders. (s. 1974) - Nordstr. 52, 3005 Hemmingen (T. Pattensen 29 52) - SPD.

BERTRAM, Gerhard

Diplom-Ingenieur, Präs. Handwerkskammer Niederbayern-Oberpfalz, Passau - Auerspergstr. 1b, 8390 Passau - Geb. 24. Dez. 1923.

BERTRAM, Günter

Dr. rer. nat., o. Prof. f. Prakt. Mathematik u. Darstell. Geometrie - Sertürnerstr. 1, 3250 Hameln/Weser (T. 1 51 03) - Geb. 28. April 1920 Hameln (Vater: Heinrich B., Mittelschullehrer; Mutter: Lucie, geb. Weinert), ev., verh. s. 1958 m. Hedwig, geb. Wubbolto, 2 Kd. (Hans-Günter, Inga) - TH Danzig (Schiffbau- u. Schiffselektrotechnik) u. Hannover (Reine u. angew. Math., Physik, Geogr., Phil.). Promot. (1950) u. Habil. (1953) Hannover - 1953 Privatdoz. TH Hannover; 1955 Doz. Univ. Hamburg; 1960 Ord. TU Hannover (1960 Dir. Inst. f. Prakt. Math. u. Darst. Geom., 1963 außerd. Rechenzentrum). Mithrsg.: Grundzüge d. Math. (IV u. V, 1966/68); Mitverf.: Math. Wörterb. I, II, 1961) - Spr.: Engl., Franz.

BERTRAM, Hans

Schriftsteller u. Regisseur, Inh. Luftbildverlag Hans Bertram GmbH (Bildarchiv s. 1956 üb. 250.000 Aufn.) - Flughafen Riem, 8000 München 87 (T. Büro: 90 73 00) - Geb. 26. Febr. 1906 Remscheid, ev. - Gymn.; prakt. Ausbild. Schiffswerft Blohm & Voss u. Flugzeugbau P. Bäumer, Hamburg; TH München, 1927-33 Berat. u. Organisator Chinese Naval Airforce, Amoy/Prov. Fukien, dann Filmautor (17 verfilmte Drehb.) u. -regiss. (1938). Flugexped.: 1931 Indienflug, 1932/33 Australienfl., 1938 u. 52 Weltflüge - BV: Flug in d. Hölle (Weltaufl. etwa 2 Mio., 1984/85 FS-Verfilm. in 6 Episoden, Coprod. Austr., Deutschl., Frankr.); Ruf d. weiten Welt; Flug zu d. Sternen; Götterwind - Pioniere d. Luftfahrt, 1980. Filmregie: D. III 88, Feuertaufe, Kampfgeschw. Lützow, Symphonie e. Lebens, E. gr.

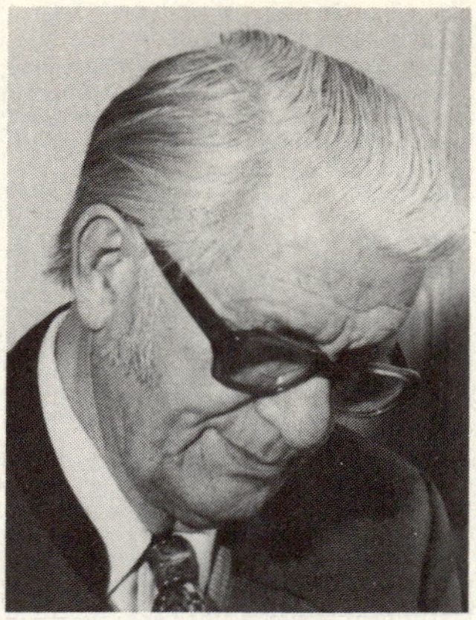

Liebe, Türme d. Schweigens - Ehrenmitgl. zahlr. intern. Verb. u. Vereinig.

BERTRAM, Hans

Dr. phil., o. Prof., Direktor Dt. Jugendinst. (s. 1984) - Freibadstr. 30, 8000 München 90 - Geb. 8. Juli 1946 Soest/Westf., kath., verh. s. 1972 m. Dr. Birgit, geb. Bieling, 3 S. (Florian, Benjamin, Dominik) - Stud. Soziol., Psych., Rechtswiss.; Dipl. Soziol.; Habil. 1980 Univ. Heidelberg - 1981 o. Prof. f. Soziol. Hochsch. d. Bundeswehr München; Mitgl. Bundesjugendkurat. Kommiss. 8. Jugendbericht; Vizepräs. Committee Family Research (CFR) d. Intern. Sociological Assoc. (ISA) - BV: Sozialstruktur u. Sozialisation, 1981; Jugend heute, 1987. Herausg.: Gesellschaftl. Zwang u. moralische Autonomie (1986).

BERTRAM, Hans-Dieter

Musiker, Arbeitsvermittler f. Studiomusiker u. Chöre im Auftr. d. Bundesanst. f. Arbeit (s. 1975) - Rudolstädter Str. 123, 1000 Berlin 31 - Geb. 20. Mai 1936 Leipzig (Vater: Hans B., Oberst a.D.; Mutter: Else, geb. Graslaub), ev., verh. s. 1969 m. Dagmar, geb. Kühling, 2 S. (Sebastian, Tobias) - 1960-65 Städt. Konservat. Berlin (Hauptf. Schlagzeug) - S. 1957 RIAS, Club 18 (1972ff.: 2. Frühstück). S. 1977 Compass Bigband, 1985 Sherry's Standard Time, 1988 Showband Bellevue. S. 1983 Mitgl. Landesaussch. Jazz. Landesmusikrat Berlin, s. 1980 Kulturrat Berlin - Spr.: Engl.

BERTRAM, Rainer

Fernseh-Regisseur - Schwabener Weg 3, 8011 Neukeferloh - Geb. 19. Dez. 1932 Dachau (Vater: Walther B., Landeskonservator; Mutter: Hilde, geb. Pretzsch), ev., verh. s. 1965 m. Karin, geb. Ditter v. Dittersdorff, S. Oliver - Gymn. u. Schauspielsch. Spez. Arbeitsgeb.: FS-Unterhaltung u.a., div. Valente-Shows, Musik aus Studio B, Café Intakt, Alles oder Nichts, Euro-Show; Grand Prix Eurovision Songcontest (6x nat., 1x intern.); div. Portraits (F. Hollaender, Z. Leander, O. W. Fischer, Rudolf Schindler, Margot Hielscher, Ilse Werner). Als Schauspieler: Residenztheater München, Kammersp. München, Dt. Schauspielhaus Hamburg, Städt. Bühnen Augsburg u.a. - Spr.: Engl.

BERTRAM, Rolf

Dr. rer. nat. (habil.), Prof., Wiss. Rat Inst. f. Physikal. Chemie u. Elektrochemie TU Braunschweig - 3362 Lerbach/Harz - Geb. 6. Jan. 1931 Katzenstein - S. 1965 Lehrtätigk. Braunschweig (1966 Wiss. Rat u. Prof.). Üb. 30 Facharb.

BERTRAM, Sherry

s. Bertram, Hans-Dieter

BERTRAND, Colin

Dipl.-Ing., BLtd. Bundesbahndir. a. D., Honorarprof. f. Eisenbahnbetrieb u. Bahnhofsanlagen TH bzw. TU Braunschweig - Matthiaswiese 3, 3200 Hildesheim (T. 4 51 20) - Geb. 7. Juli 1909 Hamburg (Vater: Reinhold B., Kapitän; Mutter: Anna, geb. Holst), ev. luth., verh. s. 1939 m. Margaret-Elisabeth, geb. Hardeland, 5 Kd. - Techn. Hochsch. Hannover - Dezernent Bundesbahndir. Hannover, Berater b. Internat. Eisenbahnverb. (UIC) Paris b. 1974 - Liebh.: Segelsport - Spr.: Dän., Engl., Franz.

BERTSCH, Ludwig, SJ

Dr. theol., o. Prof. f. Pastoraltheol. u. Liturgik Phil.-Theol. Hochsch. Sankt Georgen, Frankfurt am Main (s. 1966) - Offenbacher Landstr. 224, 6000 Frankfurt 70 (T. 0611 - 606 12 20) - Geb. 16. Juni 1929 Frankfurt/M. (Vater: Ludwig B., Prokurist; Mutter: Anna, geb. Kunz), kath., ledig - Human. Gymn.; Stud. Phil. Frankfurt, Pullach, Theol. Frankfurt, Innsbruck, Paris - Promot. 1961 Innsbruck - 1955 Lic. Phil. Hochsch. Berchmanskolleg, Pullach, 1958 Lic. Theol. Fak. SJ, Frankfurt, 1967-70 u. 1982-88 Rektor Hochsch. Sankt Georgen ebd., s. 1989 Dir. d. Missionswiss. Inst. MISSIO, Aachen - BV: D. Botschaft v. Christus u. unserer Erlösung b. Hippolyt v. Rom, 1966; Buße u. Beichte, 1967 (1969 niederl., 1970 franz., span.); Eucharistie u. Buße d. Kinder in d. Gemeinde, 1969 (m. König, Kalteyer); Buße u. Bußsakrament in d. heut. Kirche, 1970; Theol. zw. Theorie u. Praxis, 1975; Zielgruppen. Brennpunkte kirchl. Lebens, 1977 (m. Rentmeister); Gebt Rechenschaft von eurer Hoffnung, 1982 - Liebh.: Franz. Kultur u. Lit., Bergwandern - Spr.: Latein., Engl., Franz. - Rotarier.

BERTSCHER, Brian

Prof. Staatl. Hochschule f. Musik Ruhr (Folkwang-Hochsch.) Essen, Tanzpädagoge - Heckstr. 18, 4300 Essen 16 (T. 49 40 82) - Geb. 2. Juli 1945 Johannesburg/Südafr. - Royal Ballet School Cecchetti Advanced; Royal Accad. of Dancing P.D.T.C. - 1964-79 Sadlers Wells Royal Ballet; (1970-79 Solist); s. 1980 Prof. f. Klass. Tanz Folkwang-Hochsch.; s. 1985 auch Trainingsleit. Wuppertaler Tanztheater.

BERTZBACH, Martin

Präsident Landesarbeitsgericht Bremen - Parkallee 79, 2800 Bremen 1 (T. 0421 - 361 63 73) - Geb. 19. Dez. 1943 Rotenburg/Hann., ev., verh. s. 1981 m. Gertrud, geb. Mellinghaus - Stud. Univ. Heidelberg, Wien, Göttingen (Rechtswiss.); 1. jurist. Staatsex. 1969 Celle, 2. jurist. Staatsex. 1973 Hamburg.

BERZ, Ulrich

Dr. iur., Prof. f. Strafrecht u. Strafprozeßrecht - 4630 Bochum - Geb. 3. Febr. 1944 Dortmund (Vater: Helmut B., Prokurist; Mutter: Ilse, geb. Figge), ev., verh. s. 1968 m. Heide, geb. Jäger, S. Axel - 1963-67 Univ. Münster u. Bonn, Promot. Bochum 1971, Habil. Gießen 1979 - 1974 Doz., 1980 Prof. Univ. Gießen, 1981 Univ. Bochum - BV: Rechtskraft u. Sperrwirkung im Ordnungswidrigkeitenrecht, 1971; Formelle Tatbestandsverwirklichung u. materialer Rechtsgüterschutz, 1986, Straßenverkehrsrecht, 1988 (m. Rüth u. Berr); zahlr. Beitr. in jurist. Fachztschr. Mithrsg. Straßenverkehrs-Entscheid.; Schriftleit. u. Mithrsg. Neue Ztschr. f. Verkehrsrecht - Spr.: Engl.

BESCH, Friedrich

Dr., Staatssekretär Kultusministerium Nordrh.-Westf. - Völklinger Str. 49, 4000 Düsseldorf 1 (T. 0211 - 896 35 23) - Geb. 21. Dez. 1934 Danzig, ev., verh., 3 Kd. - Stud. Rechtswiss.; Promot. 1965 Freiburg/Br. - Mitgl. Synode d. EKU - Ber. West.

BESCH, Hans-Werner

Dr. rer. nat., Prof. f. Geographie (Didaktik u. Methodik d. Erdkundeunterr.) PH Karlsruhe - Elsa-Brandström-Str. 1, 7500 Karlsruhe-Bergwald.

BESCH, Johann Christoph

Ministerialdirigent d. Wehrbeauftr. (1982 ff.), MdB (s. 1979, CDU) - Zu erreichen: Dt. Bundestag, 5300 Bonn - Geb. 1937 - Stud. Rechtswiss. - Zul. Bundestagsverw.

BESCH, Lutz (Ludwig)

Dr. phil., Schriftsteller - A-5602 Wagrain (Österr.) - Geb. 9. März 1918 Kattowitz/OS., verh., 3 Kd. - Univ. Jena (Promot. 1944) - Univ.assist. Jena, 1946-49 Dramat. u. Spiell. Stadttheat. Erfurt (b. 1948) u. Kammersp. Bremen, 1951-67 Radio Bremen (1955 Leit. Abt. Wort; 1965 stv. Programmdir.) - W: u. a. Immer nach Hause, Erz. 1955; Wartesaal, Erz. 1956; Ausgesät sind sie alle, Erz. 1959; Die barmherzigen Pferde, Erz. 1962; Berichte aus Sammels, R. 1965; Zoltán Kodály, 1966; Musik, Musik..., Erz. 1968; Gespr. m. Edzard Schaper, 1968; Spielstunden, Erz. 1970; Beethoven, eine Rede, 1971; Fabiennes Gebetsbüchlein, Ged. 1979. Herausg.: Reihe Rundfunk und Buch (1-6, 1956/57), Dt. Dichtung - E. klingende Anthol. (Schallpl. 1961ff.), Menschenbild u. Lebensführung (1963), D. Leben Mozarts - Dokumentation (1968, m. Hans Conrad Fischer), K. H. Waggerl genauer betrachtet (1967), Salzburg - Stadt im Licht (Bildbd. m. H. Sager; 1968), Lob. d. Freundschaft (1969); Glück mit Kindern, Anthol. 1979; Waggerl, Briefe, 1976; Nach-Lesebuch, 1977; Alles Wahre ist einfach, 1979. Mitarb.: Bremer Beitr., Bd. IV (Auszug d. Geistes - D. wiss. Emigration n. 1933) - Neue BV: Posermann i. Wagrain, R. f. Kd. 1972; Abschied v. Paradies, R. 1974; Augenblicke, Kalendergesch. 1986; Hauptpersonen, erfund. Lebensläufe 1988; Nachrichten aus d. Weihnachtstagen, 1988 - 1963 Förderer.preis Ostd. Kulturpr./Künstlergilde Eßlingen (f.: D. barmh. Pferde), 1975 Eichendorffpr., Med. Pro musica (Ungar. Rundf.) u. Wilhelmine-Lübke-Pr.

BESCH, Michael

Dr. agr., Prof. f. landw. Marktlehre TU München-Weihenstephan - Zu erreichen üb. TU, 8050 Freising 12 - Geb. 15. Jan. 1937 Halle/S. - Promot. 1967 München (TH, Weihenstephan); Habil. 1972 Gießen - S. 1972 Prof., zul. Univ. Gießen. Div. Bücher u. Ztschr.-Aufs.

BESCH, Werner

Dr. phil. (habil.), o. Prof. f. Deutsche Sprache u. Ältere dt. Lit. - Hobsweg 64, 5300 Bonn-Röttgen - Geb. 4. Mai 1928 Erdmannsweiler/Schwarzw., ev., verh. s. 1957 m. Katharina, geb. Müller, 3 Kd. (Christoph, Dorothea, Veronika) - Gymn. Königsfeld; Univ. Freiburg u. Tübingen (German., Angl., Phil., Geogr.) - S. 1965 Lehrtätigk. Univ. Freiburg, Bochum (1965 Ord.), 1970 Bonn; Ruf Univ. Freiburg/Br. (1975), Marburg (1976); Dekan Philosop. Fak. Univ. Bonn (1973/74); Rektor Univ. Bonn (1981-83), Prorektor (1983-85) - BV: Studien z. Lautgeogr. u. -gesch. im obersten Neckar- u. Donaugebiet, 1961; Sprachlandsch. u. -ausgl. im 15. Jh., 1967 (Bibliotheca Germanica, Bd. XI) - 1977 Korr. Mitgl. Heidelberger Akad. d. Wiss., 1976-83 Mitgl. Kuratorium Inst. f. dt. Sprache, Sitz Mannheim; 1985 Mitgl. Rhein.-Westf. Akad. d. Wiss. Düsseldorf - Spr.: Engl.

BESDO, Dieter

Dr.-Ing., Prof. f. Mechanik Univ. Hannover (s. 1978) - Paracelsusweg 11, 3057 Neustadt 1 (T. 05032 - 6 26 26) - Geb. 28. Mai 1939 Paderborn, ev., verh. s. 1966 m. Marianne, geb. Wohlbrück, 3 Kd. (Gunnar, Antje, Silke) - 1958-64 Stud. TH Hannover (Maschinenbau, Fachr. Wärme- u. Verf.-Technik); Dipl.-Ing.; Promot. 1969, Habil. (Mechanik) 1973, bde. TU Braunschweig - 1964/65 wiss. Mitarb. Inst. f. Mechanik TH Hannover; 1965-69 Assist. TU Braunschweig; 1969-73 Obering.; 1973/74 Doz.; 1974-78 wiss. Rat u. Prof. Univ.-GH Essen - BV: Examples to Extremum and Variational Principles in Mechanics, 1973 - Liebh.: Musizieren (Cello, Blockflöte u. a.), Singen - Spr.: Engl.

BESECKE, Kurt

Dr. jur., Rechtsanwalt, Leiter Schlüterbrot u. Bärenbrot KG., Buckower Steinofenbrotfabrik, Reinickendorfer Walzenmühle W. & K. Eisenbluth, Geschäftsf. Wepu Brotfabrik GmbH., Generalbevollm. Elektromotoren Werke Karl Kaiser, alle Berlin - Am Erlenbusch 22, 1000 Berlin 33 - Geb. 1. Febr. 1911 Berlin.

BESKE, Fritz

Dr. med., Prof., Staatssekretär a.D., Amtschef Sozialmin. Schlesw.-Holst. (1971-81) - Rehbenitzwinkel 29, 2300 Kiel (T. 3 51 51) - Geb. 12. Dez. 1922 Wollin/Pom. (Vater: Dr. med. Fritz B., Arzt; Mutter: Klara, geb. Maass), ev., verh. s. 1952 m. Lore, geb. Nerking, S. Christoph - Med. Staatsex. 1951 Kiel - 1961-64 Tätigk. WHO; Geschäftsf. Ges. f. Org.berat. im Gesundheitswesen Kiel. CDU (1972-83 Vors. Bundesaussch. f. Gesundheitspolitik), Dir. Inst. f. Gesundheits-System-Forschung Kiel - Spr.: Engl.

BESOLD, Georg

I. Bürgermeister Stadt Hollfeld - Rathaus, 8601 Hollfeld/Ofr. - Geb. 4. März 1920 Hollfeld - Sägewerksbes. CDU.

BESSELL, Fritz

Dr., Direktor Deutsche Bank AG, Zentrale Frankfurt - Am Nußberg 21, 6451 Hammersbach (T. 06185 - 22 29) - Geb. 26. Okt. 1941 Dresden.

BESSEN, Edgar

Schauspieler - Zu erreichen üb. ZBF Hamburg, Tonndorfer Hauptstr. 90, 2000 Hamburg 70 (T. 040 - 66 88 54 00) - Geb. 11. Nov. 1933 Hamburg (Mutter: Lissy B., geb. Vahl), ev., verh. s. 1969 m. Heidi, geb. Koehn (Schausp. u. Tänzerin), T. Susanne - Schauspielstudio Hildburg Frese, Hamburg - 1960-79 Ohnsorg-Theater; Hbg. Kammerspiele; Theater im Zimmer; Dt. Schauspielhaus Hamburg. Hauptrollen: Sosias in Amphitrion, Max in Bent, Vater in Vatermord (alle Theater im Zimmer, Hamburg) - Bek. Vorf.: Henry Vahl u. Bruno Vahl-Berg, bde. Schausp. (Onkel).

BESSER, Ursula,
geb. Roggenbuck

Dr. phil., Publizistin, MdA Berlin (1967-85) - Apostel-Paulus-Str. 21/22, 1000 Berlin 62 (T. 784 62 56) - Geb. 5. Jan. 1917 Berlin, verw., 2 Kd. - Stud. Philol., German., Roman. Übersetzerin; Privatlehrerin. CDU s. 1945 (div. Funktionen) - 1981 Gr. BVK.

BESSERER, Heinrich

Unternehmer, Ehrenpräs. IHK Braunschweig (1984ff.; vorh. Präs) - Zu erreichen üb.: Bleiwerk Goslar K, 3380 Goslar/Harz - Geb. 11. Febr. 1916.

BESSLICH, Philipp W.

Dr.-Ing., Prof. f. Elektrotechnik Univ. Bremen (s. 1974) - Upper Borg 149, 2800 Bremen 33 (T. 27 04 25) - Geb. 22. Okt. 1929 Berlin (Vater: Philipp B., Arch.; Mutter: Elfriede, geb. Fischer), verh. s. 1960 m. Renate, geb. Meyer, 2 Kd. (Beatrix, Philipp) - Abit.; Rundfunkmechanikerlehre; Stud. TU Berlin; Dipl. 1958; Promot. 1963 - 1958-67 Ind.tätigk.; 1968-74 Prof. Indian Inst. of Technol., Madras. Mehrf. Patentinh. Senior Member IEEE, Fellow IETE u. Inst. of Engineers (India). Zahlr. Fachveröff. - Spr.: Engl.

BEST, Otto F.

Dr. phil., Prof. f. Dt. u. Vgl. Literaturwiss. Univ. of Maryland, USA - Nelkenstr. 41, 7410 Reutlingen 1 (Anschr. f. Deutschl.) - Geb. 28. Juli 1929 Steinheim/M., verh. m. Brigitte, geb. Dapp, 4 Kd. (Bettina, Christoph, Philipp, Daniel) - Stud. German. u. Roman. Univ. Frankfurt/M., Toulouse, Dijon u. München; Promot. 1963 Univ. München - Langj. Tätigk. als Verlagslektor; s. 1968 Prof. in Maryland/USA - BV: u.a. Peter Weiss, 1971; Mameloschen. Jiddisch - E. Sprache u. ihre Lit., 1973; Handb. lit. Fachbegriffe, 1973; Bertolt Brecht: Weisheit u. Überleben, 1981 - Spr.: Engl., Franz., Span.

BEST, Werner

Dr. rer. pol., Staatsminister a. D., MdL Hessen (s. 1958; stv. Fraktionsvors.) - Friedenstr. 29, 6331 Waldgirmes, Kreis Wetzlar (T. 06441 - 6 12 22) - Geb. 7. Juni 1927 Waldgirmes (Vater: Landw.), verh. - Obersch. (n. Wehrdst. u. Kriegsgefangensch. Abit.); Stud. Rechts- u. Staatswiss. Gr. jurist. Staatsprüf. 1954; Promot. 1956 - S. 1957 Rechtsanw. u. Notar Wetzlar; 1965-70 Landrat Kr. Wetzlar; 1970-73 (Rücktr.) hess. Min. f. Landw. u. Umwelt, 1956 ff. MdK. SPD.

BESTEHORN, Richard

Pers. haft. Gesellsch. Rob. Leunis & Chapman KG, gf. Gesellsch. Leunisman Großdruckerei f. Werbung u. Verpackung GmbH, bde. Hannover, Geschäftsf. Stadler & Co., Berlin - Andertensche Wiese 22, 3000 Hannover - Geb. 19. Okt. 1928 Leipzig - Vorst.-Mitgl. Fachverb. Faltschachtelind.

BESTERS, Hans

Dr. rer. pol., o. Prof. f. Wirtschaftslehre insb. -politik, Ruhr-Univ. Bochum (s. 1964) - Baumhofstr. 41, 4630 Bochum 1 - Geb. 3. Mai 1923 Essen, kath., verh. m. Angelika, geb. Helfferich, 5 Kd. (Christoph, Juliane, Olivia, Bettina, Markus) - Univ. Köln, Marburg, Bonn, Chicago, Berkely, Harvard. Dipl.-Volksw. 1947; Promot. 1948; Habil. 1954 - 1954-57 Privatdoz. Univ. Köln; 1957-64 ao. u. o. Prof. (1959) Univ. Freiburg - BV: Economic Policy in Our Time, 1964 (dt. 1967; Intern. vergl. Wirtschaftspolitik); Neue Wirtschaftspolitik d. Angebotslenkung, 1979, 2. A. 1982. Mithrsg.: Handb. d. Entwicklungspolitik (1966).

BESTLER, Josef

Landrat Kr. Aichach bzw. Aichach-Friedberg (s. 1963) - Landratsamt, 8890 Aichach/Schw. - Geb. 13. Mai 1925 Deubach - Zul. Regierungsrat. CSU - 1981 BVK I. Kl.; 1984 Bayer. Verdienstmed. in Silber f. Kommunalpolitik.

BESTMANN, Hans-Jürgen

Dr. rer. nat., o. Prof. Organ. Chemie - Spitzwegstr. 31, 8520 Erlangen (T. 4 14 21) - Geb. 27. Sept. 1925 - S. 1961 (Habil.) Lehrtätigk. TH München u. Univ. Erlangen-Nürnberg (1964 Ord. u. Vorst. Inst. f. Organ. Chemie). Üb. 350 Fachveröff. - 1986 O. Wallach Plak. Ges. dt. Chemiker; Quilico Med. Ital. Chemiker-Ges.

BESUDEN, Heinrich

Dr. phil., Prof. - Elchweg 6, 2900 Oldenburg/O. (T. 7 36 13) - Geb. 20. April 1924 Nordenham, ev. - 1945-46 PH Oldbg., 1947-51 Univ. Köln (Math., Physik, Chemie, Päd.). Promot. 1954 - 1952-54 Höh. Schuldst.; s. 1955 Lehrerbild. (1965-67 Rektor Päd. Hochsch. Oldenburg), s. 1972 Univ. Old. 1959, 74 u. 82 Gastprof. USA - BV: Päd. Pläne d. 20. Jahrhunderts, 1965; Math.-Elemente e. Didaktik, 1970; Math. in d. Grundsch., 1976-79; Math. Unterrichtswerk GAMMA, 1978/80; Handb. f. Grundschullehrer, 1986; Handb. Geometrie, 1988 - Ehrenbürger v. New Britain, Con.

BESZON, Rudi

Journalist, Redaktionsleiter Oberhessische Presse - Beethovenstr. 18, 3550 Marburg - Geb. 6. Aug. 1920 Tilsit (Vater: Ewald B., Redakt.; Mutter: Käthe, geb. Buchholtz), verh. - 1950-54 Redakt. Kasseler Post; 1954 Lokalchef Oberhess. Presse, ab 1971 Redaktionsleit. - 1980 Ehrenplak. Kreis Marburg.

BETH, Alfred

Dr. jur., Minister f. Umwelt u. Gesundheit d. Landes Rhld.-Pfalz - Parkstr., 5230 Altenkirchen - Geb. 21. Nov. 1940 Wittlich.

BETH, Gunther

Autor u. Schauspieler - Potsdamer Str. 11b, 8000 München 40 (T. 089-333909) - Geb. 18. Okt. 1945 Lübeck, verh. s. 1977 m. Barbara, geb. Capell - Abit.; Schauspielsch. Hamburg - BV: Drehb. (f. Dokumentarfilme, Krimis, FS-Serien); Theaterst.: Meine Mutter tut das nicht!, UA 1977 (m. Folker Bohnet), D. Weltmeister, UA 1984 (m. Günter Rudorf), D. Neurosen-Kavalier, UA 1987 (m. Alan Cooper); Bücher: Meine Mutter tut das nicht, R. 1979; D. Eis d. ewigen Freundschaft, R. 1981; Mickymaus u. Einstein, R. 1985 - Zahlr. Rollen, Theater-Engag. in Berlin, München, Hamburg, Köln, Düsseldorf, Tourneen, Spielfilme, FS-Spiele, Serien - Liebh.: Jogging - Spr.: Engl., Ital., Franz.

BETHE, Klaus W.

Dr.-Ing., Prof. Inst. f. Grundlagen d. Elektrotechnik u. elektr. Meßtechnik TU Braunschweig - Akazienweg 15, 2081 Ellerbek (T. 04101 - 3 28 71) - Geb. 2. Okt. 1934 Frankfurt/M. (Vater: Albrecht B., Univ.-Prof.; Mutter: Vera, geb. Congehl), ev., verh. s. 1962 m. Dietgard, geb. Leonhards, 3 Kd. (Heike, Barbara, Joli) - TH Darmstadt; Dipl.-Ing. 1962 (Nachrichtentechn.); Promot. 1969 RWTH Aachen - 1962-81 Wiss. Mitarb. Philips GmbH, Forschungslab. Hamburg; 1973-81 Lehrbeauftr., Hochsch. d. Bundeswehr Hbg. Zahlr. Pat. auf d. Gebiet d. Meßaufnehmer u. Dünnfilmtechnol. - 1969 Borchers Med. TH Aachen - Liebh.: Tennis, Ski - Halbbruder: Hans B., Nobelpreisträger Physik 1968 (lebt in USA).

BETHGE, Eberhard

Dr. h. c., Prof., Pfarrer i.R. - Flachsgraben 9, 5307 Wachtberg-Villiprott - Geb. 28. Aug. 1909 Warchau Bez. Magdeburg (Vater: Wilhelm B., Pfr.; Mutter: Elisabeth, geb. Nietzschmann), ev., verh. s. 1943 m. Renate, geb. Schleicher, 3 Kd. (Dietrich, Gabriele, Sabine) - Gymn. Kloster Unser Lb. Frauen Magdeburg; Univ. Königsberg, Berlin, Tübingen, Halle. Beide Theol.ex. - 1937-40 Studieninsp. Predigersem. d. Bekenn. Kirche Pommern, 1940-45 Missionsinsp. Gossner-Mission Berlin, 1945-53 Studentenpfr. ebd., 1953-61 Auslandspfr. London. 1961-75 Rektor Pastoralkolleg d. Ev. Kirche im Rhld, 1976 Ruhest. - 1966-67 Gastprof. Chicago Theol. Sem. u. Union Theol. Sem. New York; s. 1969 Honorarprof. Univ. Bonn (Prakt.-theol. Gegenwartsfragen). S. 1967 Mitgl. Rhein. Kirchenltg. - BV: Dietrich Bonhoeffer - Theologe/Christ/Zeitgenosse, Biogr. 1967, 6. A. 1986 (auch engl., franz., span., japan., holl., ital.). Herausg.: u. a. Dietrich Bonhoeffer - Ethik (1949; 11. A.; auch engl. u. franz.); Dietrich Bonhoeffer - Widerstand u. Ergebung / Briefe aus d. Haft (1951; 13 A.; auch engl., franz., jap., holl., dän., schwed., norw., arab.) - 1979 Leopold-Lucas-Preis; Theol. Ehrendoktor Univ. Glasgow (1962, D. D.), Humboldt-Univ. Berlin (1967, D.) u. phil. Ehrendoktor Univ. Bern (1975); Union-Medal Univ. New York - Liebh.: Musik - Spr.: Engl. - 1974 Mitgl. PEN-Zentrum BRD.

BETHGE, Hartmut

Dr. med., Internist, apl. Prof. f. Inn. Med. Univ. Düsseldorf (s. 1971) - Am Elfengrund 42, 6100 Darmstadt-Eberstadt - Geb. 15. Nov. 1931 Bochum - Promot. 1960; Habil. 1967 - B. 1971 Oberarzt II. Med. Univ.sklin. Düsseldorf, dann Leit. Klin. Forsch. Fa. E. Merck, Darmstadt - BV: D. Funktionsdiagnostik d. Hypothalamus-Hypophysen-Nebennierenrinden-Systems, 1967.

BETHGE, Helmut

Dr. jur., Vorstandsmitglied Hermes Kreditversicherungs-AG., Hamburg/Berlin - Dannenkoppel Nr. 2, 2000 Hamburg 65 - Geb. 18. Jan. 1922 Hamburg - Gr. jurist. Staatsprüf., dann Rechtsanwalt.

BETHGE, Herbert

Dr. jur., o. Prof. f. Staats- u. Verwaltungs- sow. Wirtschaftsverw.recht Univ. Passau (s. 1978) - Am Seidenhof 10, 8390 Passau (T. 4 16 97) - Geb. 8. Juni 1939 Hettstedt/Harz - Stud. Rechtswiss. - BV: Z. Problematik v. Grundrechtskollisionen, 1977; Staatshaft. f. d. staatsfr. Rundfunk?, 1978; Verfassungsprobleme d. Reorganis. d. öffentl.-rechtl. Rundfunks, 1979; D. verfassungsrechtl. Problematik d. Zulassung v. Rundfunkveranstaltern d. Privatrechts, 1981; D. Grundrechtsberechtigung jur. Personen n. Art. 19 Abs. 3 GG, 1985; Rundfunkfreiheit u. priv. Rundf., 1985; D. Passivlegitimation f. Gegendarstellungsbegehren im öffentl.-rechtl. Rundf., 1987 - Spr.: Engl., Franz., Russ.

BETHGE, Klaus Heinrich

Dr. rer. nat., o. Prof. f. Atom- u. Kernphysik Univ. Frankfurt (s. 1973) - Olbrichweg 21, 6100 Darmstadt (T. 4 72 22) - Geb. 20. Febr. 1931 Berlin (Vater: Paul B., Kaufm.; Mutter: Hertha, geb. Bartsch), ev., verh. s. 1956 m. Marianne, geb. Buder, 3 Kd. (Ulrich, Sabine, Martin) - Obersch. Königswusterhausen (Abit. 1949); Stud. Physik Techn. Univ. Berlin u. Univ. Heidelberg (Dipl. 1956, Promot. 1960, Habil. 1967, smtl. Univ. Heidelberg) - 1960-67 Assist. Univ. Heidelberg, 1967-69 Res. Assoc. Univ. of Pennsylvania/USA, 1969-73 Doz. Univ. Heidelberg, s. 1973 s. o. - BV: Quantenphysik, Bibl. Graph. Inst. Mhm, 1978; Experimental Methods in Heavy Ion Physics, 1978; Nuclear Physics Methods in Materials Research Vieweg, 1980; Elementarteilchen u. ihre Wechselwirkungen, 1986 (m. U. E. Schroeder) - Liebh.: Gesch., Photogr., Philatelie - Spr.: Engl.

BETHKE, Hans

Geschäftsführer Rütgers Pagid Reibbelag GmbH, Essen - Postfach 10 01 45, 4300 Essen 1 - Geb. 14. Juni 1929.

BETHKE, Hildburg

Dr. rer. nat., Prof. f. Erziehungs- u. Bildungswesen Univ. Frankfurt - Oberweg 4, 6000 Frankfurt/M. - Geb. 27. Juli 1931 Dortmund - Promot. 1960 - S. 1972 Prof.

BETHKE, Jürgen

Dipl.-Kfm., Geschäftsführer Bundesverb. d. Dt. Bestattungsgewerbes, Geschäftsf. Fachverlag d. dt. Bestattungsgewerbes GmbH - Graf-Recke-Str. 71, 4000 Düsseldorf 1 - Geb. 3. Sept. 1934 - Ausb. als Bankkfm. Ehem. Tätigkeit im Bankgewerbe u. im Berat.dst. d. RKW.

BETHKE, Siegfried

Dr. agr. (habil.), Prof., Agrarwissenschaftler - Windhalmweg 26, 7000 Stuttgart 70 (Hohenheim) - Geb. 24. Juni 1916 Stralsund (Vater: Paul B., Lehrer; Mutter: Luise, geb. Voss), verh. s. 1941, 4 Kd. - 1945 ff. Stud. Landw. Hohenheim. Promot. (1951) u. Habil. (1956) Hohenheim - B. 1945 Berufsoffz.; s. 1959 Agrarwiss.ler FAO/UN, Rom. Ab 1956 Lehrtätigk. LH bzw. Univ. Hohenheim (1964 apl. Prof. f. Agrarpolitik u. Marktwesen). 1961-66 Mitgl. UN-Wirtschaftskommiss. f. Afrika, Addis Abeba; s. 1984 Vors. Gutachter-Aussch. d. Dt. Welthungerhilfe, Bonn. Spez. Arbeitsgeb.: Marktwesen; 1968-78 WFP (World Food Progr.) UN Rom, Afrika-Abt. - Spr.: Engl., Franz., Ital. - Gold. Sportabz. (5 x).

BETHMANN, Freiherr von, Johann Philipp

Publizist, VR Bankhaus Gebr. Bethmann, Frankfurt, Kurat. Inst. f. Kapitalmarktforsch. Ffm. - Mariannenstr. 2a, 6000 Frankfurt/M. 70 (T. 61 20 73; Büro: 2177 211) - Geb. 27. Juni 1924 Frankfurt/M. (Vater: Moritz v. B., Bankier; Mutter: Maximiliane, geb. Gräfin Schimmelpenninck), verh. I) 1952, gesch. 1984, II) wiederverh. 1984 - N. Abitur Banklehre u. prakt. Ausbild. In- u. Ausl. - S. 1953 Bankier. CDU 1958-80 (Austr.) - BV: Bankiers sind auch Menschen - 225 J. Bankhaus Gebr. Bethmann, 1973; Zins u. Konjunktur, 1976; D. Zinskatastrophe, 1982; D. verratene Kapitalismus - D. Ursachen d. Krise, 1984; Auf Inflation folgt Deflation, 1986; D. Deflationsspirale, 1987 - 1973 BVK, 1975 Gold. Sportabz. - Spr.: Engl., Franz. - Rotarier.

BETHMANN, Sabine
Schauspielerin - Delbrückstr. 14, 1000 Berlin 33 (T. 891 13 91) - Geb. 25. Okt. 1931 Tilsit, verw., Sohn Stefan - Abit.; Staatsex. f. Krankengymnastik - Div. Filme, u. a. Indisches Grabmal, Haie u. kleine Fische.

BETHUSY-HUC, Gräfin von, Viola
Dr. rer. pol., Prof. f. Soziologie u. Politikwiss. - Rudolfstr. 27, 4400 Münster/W. (T. 39 32 27) - Geb. 23. Sept. 1927 Bankau/OS. (Vater: Otto Friedrich Graf v. B.-H., Landw. †1929; Mutter: Sibylle v. Woyrsch, verw. Gräfin v. B.-H., geb. v. Gersdorff), ev., led. - Univ. Hamburg u. Bonn (Volksw., Soziol., Polit. Wiss.; Promot. 1957 b. Prof. Erwin v. Beckerath) - 1960-62 Geschäftsf. Kommiss. f. dringl. sozialpolit. Fragen d. Dt. Forschungsgem., Frankfurt; 1967-70 Privatdoz. Univ. Gießen; s. 1970 Prof. Westf. Wilhelms-Univ. Münster (Lehrstuhl) - BV: D. soziol. Struktur dt. Parlamente, 1957; Demokratie u. Interessenpolitik, 1962; D. Sozialleistungssystem d. Bundesrep. Dtschl., 2. A. 1976; D. polit. Kräftespiel in d. BRD, 1965; Sozialpolit. Alternativen, 1967; Familienpolitik, 1987 - Liebh.: Tiere - Spr.: Engl.

BETKE, Klaus
Dr. med., Dr. med. h.c., em. o. Prof. f. Kinderheilkunde - An d. Dornwiese 18, 8032 Lochham/Obb. (T. München 85 34 54) - Geb. 30. Okt. 1914 München (Vater: Dipl.-Ing. Hermann B.; Mutter: Elisabeth, geb. Rollius), ev., verh. s. 1943 m. Katharina, geb. Hein, 6 Kd. (Dirk, Peter, Claudia, Johann, Matthias, Ursula) - Realgymn. Bremen-Vegesack; Univ. Freiburg, Königsberg, Berlin. Promot. 1940 Berlin; Habil. 1953 Freiburg/Br. - Assist. Univ. Würzburg, Erlangen, Freiburg (1953 Privatdoz., 1959 apl. Prof.); s. 1961 Ord. u. Klinikdir. Univ. Tübingen u. München (1967). 1969-72 Mitgl. Wiss.rat, 1976-85 Generalsekretär d. Union of National European Paediatric Societies and Associations - BV: D. menschl. rote Blutfarbstoff, 1954; Hämatologie d. ersten Lebenszeit, 1959; Elementare Pädiatrie, 1974, 1978, 1984 (m. K. Riegel u. F. Lampert); Keller-Wiskott, Lehrbuch der Kinderheilkunde, 4. A. 1977, 5. A. 1984 (zus. m. Künzer). Mitgl. Bayer. Akad. d. Wiss., Vizepräs. Dt. Akad. d. Naturforscher (Leopoldina); Finn. Akademie d. Wissenschaften; Ehren- u. korresp. Mitgl. in- u. ausländ. Ges. f. Pädiatrie, Hämatologie u. Tropenmed.

BETSCHART, Hansjörg
Regisseur - Gerbergässli 8, CH-4051 Basel; u. Storgartan 35, S-41138 Göteborg - Geb. 9. Febr. 1955 Basel - Dipl. Theaterpäd. 1980 - 1977-82 Leiter Basler Jugendtheater; sd. fr. Regiss. in Zürich (Schauspielhaus), Göteborg (Folkteatern), München (Kammerspiele) - 1982 Autorenpreis Land Baden-Württ.; 1986 Thurn- u. Taxis-Preis - Spr.: Engl., Franz., Ital., Schwed.

BETTAG, Walter
Geschäftsführer Franz Sinn & Sohn GmbH., Aachen, Vors. Gesamtverb. d. Dt. Teppichgroßhandels, Köln - Fuchserde 29, 5100 Aachen - Geb. 11. Juli 1916 - 1983 BVK.

BETTE, Ludwig
Dr. med., o. Prof. f. Innere Medizin (Lehrstuhl III) Univ. d. Saarl. (s. 1969) - Marburgring 20, 6650 Homburg/Saar (T. 45 94) - Zul. Privatdoz. u. Leit. Kardiol. Abt. I. Med. Univ.sklinik Homburg. Div. Facharb. - Spr.: Engl. - Rotarier.

BETTEN, Dieter
Dr. phil. nat., Prof., Mathematiker - Am Tannenberg 33, 2300 Kiel - Geb. 27. Juni 1940 Horrweiler/Rh. - Promot. 1967 Frankfurt/M.; Habil. 1972 Tübingen - S. 1975 Prof. Univ. Kiel (Math.). Fachveröff.

BETTEN, Josef
Dr.-Ing., Prof. f. Math. Modelle in d. Werkstoffkunde - Blumenstr. 16, 5100 Aachen-Verlautenh. - Geb. 21. Okt. 1937 Büren/W. - Promot. 1968 - S. 1971 (Habil.) Lehrtätigk. RWTH Aachen (1973ff. apl. Prof.; 1980 Berufung als o. Univ.Prof. an d. TU Graz (Ordinariat f. Techn. Mechanik); gegenw. Univ.-Prof. RWTH Aachen). Üb. 100 Fachveröff., 50 Fachvortr. auf intern. Kongressen, Bücher üb. Tensorrechnung, Elasto- u. Plastomechanik u. Applications of Tensor Functions in Solid Mechanics - 1969 Borchers-Plak.

BETTENDORF, Gerhard
Dr. med., Prof., Direktor Abt. f. Klin. u. exper. Endokrinologie Univ.-Frauenklinik Hamburg - Martinistr. 20, 2000 Hamburg 20 - Geb. 4. Mai 1926 Freudenberg/W., ev., verh. s. 1954 m. Dipl. chem. Almut, geb. Lohmann, 4 Kd. (Indina, Sabine, Markus, Tilman) - Realgymn. Betzdorf; Univ. Bonn u. Heidelberg. Promot. 1953 Heidelberg; 1961 Habil. Hamburg - S. 1961 Lehrtätigk. Hamburg (1964 Leit. Abt. Endokrinol.; 1966 apl., 1969 o. Prof. f. Geburtshilfe u. Frauenheilkd., Endokrinol.); s. 1983 Dir. Zentrum f. Reproduktionsmedizin d. Univ. Hamburg. 1972-78 Sprecher Sonderforsch.ber. Endokrinol.; 1974-75 Präs. N. W. Dt. Ges. Gyn.; 1975-78 Präs. Dt. Ges. Endokrinol.; 1972-78 WHO Scientific Group; 1984 Gruppenvors. Dt. Ges. Naturforscher u. Ärzte. Spez. Arbeitsgeb.: Hypophysäre Humangonadotropine Endokrinologie Reproduktionsmedizin - BV: Clinical Application of Human Gonadotropins, 1970; Advances in Diagnosis and Treatment of Infertility, 1981; Reproduktionsmedizin, 1988. Zahlr. Einzelarb. (Endokrinol. Reproduktion) - 1964 Martini-Preis Hamburg; 1984 Laqueûr-Med.

BETTERMANN, Karl August
Dr. jur., Dr. h. c, Bundesrichter a. D., o. Prof. f. Prozeßrecht - Alte Landstr. 173, 2000 Hamburg 63 - Geb. 4. Aug. 1913 Barmen (Vater: Carl B., Kaufm.; Mutter: Helene, geb. Pollmann), ev., verh. s. 1946 m. Eleonore, geb. Weber, 5 Kd. - Gymn. Hagen; Univ. Gießen u. Münster. Promot. 1937 - 1945 Richter LG Hagen, 1948 Doz. f. Bürgerl. Recht u. Zivilprozeßrecht Univ. Münster, 1950 Richter OVG ebd., 1954 Richter BVG. 1955 ao. Prof. Münster, Honorarprof., 1956 o. Prof. FU Berlin, 1970 Univ. Hamburg. 1961 Vors. VGH EKU (b. 1967), 1972-86 Richter VerfG Hamburg - BV: V. stv. Handeln, 1937/64; D. Vollstreckung d. Zivilurteils in d. Grenzen s. Rechtskraft, 1948; Rechtshängigkeit u. Rechtsschutzform, 1949; Kommentar z. Mieterschutzgesetz, 1950ff.; Grundfragen d. Preisrechts f. Mieten u. Pachten, 1952; Schulgliederung, Lehrerbild. u. -besold. in d. bundesstaatl. Ordnung, 1963 (m. Dr. Goeßl); Legislative ohne Posttarifhoheit, 1966; D. Richter als Staatsdiener, 1967; D. Beschwer als Klagevoraussetzung, 1970; Grenzen d. Grundrechte, 1968; Rechtsfragen d. Tierschutzes I-II, 1980/1; D. totale Rechtsstaat, 1986. Mithrsg. Handb. d. Grundrechte.

BETTGES, Walter
Richter a. D., MdL Nieders. (s. 1974) - Resedastr. 36, 3012 Langenhagen (T. Hannover 73 53 88) - Zul. FG - SPD.

BETTHÄUSER, Günter
Dr. med., Geschäftsführer - Leinpfad 58, 2000 Hamburg 60 (T. 46 50 45) - Geb. 11. Okt. 1922 Hamburg (Vater: Albert B., Beamter; Mutter: Margot, geb. Möller), ev., verh. s. 1949 m. Ilse-Renate, geb. Daase, 2 Kd. (Eva, Andreas) - Med.-Stud. Univ. Hamburg. Promot. 1954 - Spr.: Engl.

BETTS, Peter John
Schriftsteller, Journalist, Lehrer, Kulturbeauftr. Stadt Bern - Greyerzstr. 45, CH-3013 Bern (T. 031 - 42 94 27) - Geb. 8. April 1941 Livingstone, verh. s. 1984 m. Christine, geb. Tschannen, T. Patricia - Univ. Bern - BV: D. Pendler, 1975; Anpassungsversuche, 1978; Lorbeer u. Salat, 1980; D. Spiegel d. Kadschiwe, 1983; Natter, 1988. Div. Arb. f. Theater, Film, Radio u. Ferns. - Buchpreise d. Stadt Bern u. d. Kantons Bern - Liebh.: Tauchen - Spr.: Engl., Deutsch.

BETTSCHEIDER, Heribert
Dr. theol., o. Prof., Hochschullehrer Phil.-Theol. Hochsch. St. Augustin (s. 1973) - Arnold Janssen Str. 30, 5205 Sankt Augustin 1 (T. 02241 - 23 72 22) - Geb. 15. Mai 1938 Wiesbach/Saar, kath., ledig - Stud. Phil. u. Theol.; Lizentiat (Theol.), Promot. (Theol.) 1966 Päpstl. Univ. Gregoriana Rom - Lehrauftr. Univ. Siegen u. Wuppertal; 1973-80 Rektor Phil.-Theol. Hochsch. St. Augustin - BV: Theologie u. Befreiung, 1974 (Hrsg.); D. asiatische Gesicht Christi, 1976 (Hrsg.); Glaube u. Sakrament in d. Loci v. Ph. Melanchthon, 1977; D. Problem e. afrikanischen Theologie, 1978 - Spr.: Engl., Franz., Ital., Latein, Griech.

BETZ, Augustin E. A.
Dr. phil. nat., o. Prof. f. Botanik Univ. Bonn (s. 1970) - Marxstr. 4, 5330 Königswinter 21 - Geb. 2. Jan. 1920 Aalen/Württ. (Vater: Augustin B., Bankdir.; Mutter: Elisabeth, geb. Scheerer), verh. s. 1956 m. Annemarie, geb. Pape, 5 Kd. - 1946-51 Stud. Univ. Erlangen; 1. u. 2. Lehrerprüf. - 1952-60 Wiss. Assist. Univ. Bonn; 1961-69 Doz. TH Braunschweig (dazw. 1963-65 Stip. Univ. of Penns.). In- u. ausl. Fachmitgliedsch. - BV: Enzyme, Fachb. 1974.

BETZ, Eberhard
Dr. med., o. Prof. u. Direktor Physiolog. Inst. Univ. Tübingen - Sudetenstr. 41, 7400 Tübingen (T. 3 28 33) - Geb. 10 Juni 1926, verh. m. Margarete, geb. Gebhardt - S. 1964 (Habil.) Lehrtätigk. Univ. Marburg u. Tübingen (1968 Extraord. f. Angew. Physiol., 1970 Lehrstuhl I f. Physiol.) - BV: Pharmakol. d. Gehirndurchblutung, 1969; Vascular Smoth Muscle, 1972; Ionic actions on vascular smooth muscle, 1976; Pathophys. and Pharmacotherapy of Cerebrovascular Disorders, 1980; Biol. d. Menschen, 12 Aufl., letzte A. 1989; s. 1979 zahlr. Arbeiten u. Bücher üb. Arterioskleroseforsch. u. Zellkulturen - Hon. Member of the Union Intern. d'Angeiologie.

BETZ, Esther
Dr. phil., Publizistin - Gerhart-Hauptmann-Str. 10, 4000 Düsseldorf 30 - Geb. 17. Febr. 1924 Neufechingen/Saar (Vater: Dr. Anton B., Verleger d. Rhein. Post †1984; Mutter: Anna, geb. Kremp), kath., ledig - 1946-53 Stud. Univ. München (Zeitungswiss., Kunstgesch., Lit.-gesch.); Promot. 1953 München - Mithrsg. Rheinische Post; Gesellsch. Rhein.-Berg. Druckerei u. Verlags-GmbH; AR-Mitgl. u. s. 1985 Vors. Anton-Betz-Stiftg. d. Rhein. Post - BV: D. Konzil, Berichte u. Kommentare d. Rhein. Post (m. Karl Bringmann), 1966 - Liebh.: Theol., Musik, Kunst, Lit., Theater - Spr.: Engl., Franz.

BETZ, Franz Georg Gerhard
Dipl.Verwaltungswirt u. Bürgermeister Kötz - Kirchstr. 10, 8871 Kötz 2 (T. 08221-40 90) - Geb. 31. Okt. 1944 Landau/Isar (Vater: Dr. Anton B., Amtsgerichtsrat; Mutter: Magda, geb. Sichart), kath., verh. s. 1968 in 2. Ehe m. Ingrid, geb. Güttinger - Gehob. Verw.dst. - Liebh.: Gesch., Politik - Spr.: Engl., Franz.

BETZ, Gerhard
Dipl.-Verwaltungswirt, Bürgermeister Gemeinde Kötz a.D. - Baumschulenstr. 7, 8871 Kötz - Geb. 31. Okt. 1944 Landau/Isar (Vater: Dr. Anton B., Amtsgerichtsrat; Mutter: Magda, geb. Sichart), gesch. s. 1982 - Verw.-Dipl. 1967/68 - Liebh.: Sprachen, Politik, Gesch. (Mittelalter) - Spr.: Engl., Franz.

BETZ, Heribert
Dr. med., Prof., Leiter Abt. Klin. Neuroradiologie Univ. Heidelberg (b. 1990) - Zu erreichen üb. Kopfklinik, Abt. Neuroradiol., Im Neuenheimer Feld 400, 6900 Heidelberg 1 - Geb. 25. Nov. 1924 Neunaigen/Bayern, kath., verh. s. 1960 m. Renate, geb. Schroff, 2 Kd. - Med. Staatsex. u. Promot. 1953 Univ. München, Habil. u. Privatdoz. 1978 Univ. Heidelberg - 1985 apl. Prof. Univ. Heidelberg - BV/Mitverf.: D. Hirnkreislauf, (Hrsg.: H. Gänshirt) 1972; Kursus: Radiol. u. Strahlenschutz, 1972, 3. A. 1981, 4. A. 1988; Basistext Medizin (Hrsg. Radiol. Zentrum Univ. Heidelberg), Beitrag Zentralnervensystem, Schädel u. Wirbelsäule; Arteria vertebralis: Traumatol. u. funktionelle Pathol., (Hrsg.: G. Guttmann) 1985 - Liebh.: Hortikultur, Fotogr., Hunting, Lit., Computerprogramm. - Spr.: Engl., Franz.

BETZ, Manfred
Geschäftsführer Robert Bosch GmbH., Stuttgart (Bereich: Verpackungsmaschinen) - Aichweg 5, 7141 Benningen/Württ. - Geb. 17. Jan. 1933.

BETZ, Otto
Dr. theol., Prof., Theologe - Rappenberghalde 11, 7400 Tübingen (T. 2 69 37) - Geb. 8. Juni 1917 Herrentierbach/Württ., ev. - S. 1961 (Habil.) Lehrtätigk. Univ. Tübingen (1968 apl. Prof. f. Neues Testament). Zeitw. Prof. USA - BV: Offenbarung u. Schriftforsch. in d. Qumransekte, 1960; D. Paraklet, 1963; Was wissen wir v. Jesus?, 2. A. 1967 (auch engl.). Handbuchbeitr. u. a.

BETZER, Ferdinand
I. Bürgermeister - Rathaus, 8732 Münnerstadt/Ufr. - Geb. 3. Aug. 1933 Bad Kissingen - Diplom-Rechtspfleger (grad.). CSU.

BETZLER, Hans-Jörg
Dr. med., Prof., Chefarzt i. R. Chirurg. Abt. Kreiskrkhs. Hechingen - 7450 Hechingen/Württ. - Geb. 7. April 1922 Stuttgart (Vater: Dr. med. vet. Maximilian B., Tierarzt) - Promot. Leipzig, Habil. Tübingen - S. 1962 Privatdoz. u. apl. Prof. Univ. Tübingen. Mitgl. Dt. Ges. f. Chir. Üb. 40 Fachveröff.

BEUCK, Gerhard
Dr. iur., Generaldirektor, Vorstandsvorsitzer Hermes Kreditversicherungs-AG, Hamburg (s. 1977) - Zu erreichen üb. Hermes Kreditversicherungs-AG, Postf., 2000 Hamburg - Geb. 11. März 1925 Hamburg - 1965-77 Vorst.-Mitgl. Hermes; 1977ff. Mitgl. Außenwirtschaftsbeirat Bundesminist. f. Wirtschaft; 1977ff. BR-Mitgl. Karlsruher Rendite Beratungsges. f. Vermögensanlagen mbH; 1979-82 BR-Mitgl. Dresdner Bank AG Hamburg/Schlesw.-Holst.; 1980-83 Präs. Intern. Credit Insurance Association, Zürich; 1982ff. AR-Mitgl. Nederlandsche Credietverzekering Maatschappij NV, Amsterdam, 1982ff. Vors. Landesbeirat Hamburg/Schlesw.-Holst. Dresdner Bank AG, Hbg.; 1983-85 Präs. Intern. Union of Credit and Investment Insurers, Bern; 1983ff. Aussch.-Mitgl. Dt. Verein f. Versicherungswiss., Berlin.

BEUCKER, Frank Gustav
Dipl.-Sozialw., MdL Hessen (s. 1974) - Heiligenbornstr. 1, 6200 Wiesbaden (T. 8 44 09) - Geb. 10. Febr. 1942 - SPD.

BEUCKERT, Rolf
Schauspieler, Regiss. - Bergstr. 70, 6102 Pfungstadt/Hessen - Geb. 7. Febr. 1934 Leipzig (Eltern: Alfred (Fleischerm.) u. Irmgard B.), ev., verh. s. 1957 m. Karin, geb. Kupfer - Schule (Abitur) u. Theaterhochsch. Leipzig (Diplom 1955) - S. 1955 Staatstheater Schwerin, Theater in d. Univ.stadt Greifswald (1957), Landestheater Halle/S. (1960) u. Darmstadt (1962), 1974 Schauspielhaus Frankfurt, s.

1984 Wiesbadener Staatstheater. S. 1983 auch als Regiss. tätig. Bek. Rollen: Carlos, Essex, Tellheim, Faust u. a. - 1964 u. 77 Hersfeld-Preis f. jg. Schausp. (Lionel) - Liebh.: Fotogr. - Spr.: Engl., Russ.

BEUERLE, Hans Michael

Dr., Prof., Hochschullehrer in Freiburg, Dirigent - Steinackerstr. 23, 7800 Freiburg - Geb. 15. Juni 1941 (Vater: Herbert B., Kirchenmusiker; Mutter: Lotte, geb. Engelmann), verh. s. 1971 m. Renate, geb. Windmüller, 4 Kd. (Angela, Benjamin, Amrei-Rebekka, Bert-Gabriel) - Ausb. Schulmusik, Violine, Dirig., German., Musikwiss., Phil. (Staatsex. Schulmusik, künstl. Reifepr. Dirig., Promot.) Frankfurt - S. 1966 Leit. Kammerchor Frankfurt; 1971-72 Leit. Laubacher Kantorei, Gastdirig. u. fr. Mitarb. an verschied. Rundfunkanst., Leitg. v. Dirigierkursen, Prof. f. Chordirig., 1977-80 Karlsruhe, s. 1980 Freiburg, s. 1983 Leitg. d. Freiburger Bachchores u. d. Freiburger Bachorch. - BV: D. A-Cappella-Komposit. v. Johannes Brahms, 1984 - 1984 1. Preis intern. Chorwettbew. d. Rundfunkanst. Let the peoples sing (Kammerchor Frankfurt).

BEUERMANN, Dieter Ekkehard

Verleger, Inh. Nicolaische Verlagsbuchh. u. Otto Meissner's Verlag - Binger Str. 29, 1000 Berlin 33 (T. 030 - 823 70 07) - Geb. 24. Aug. 1938 Marienwerder (Vater: Heinz B., Kaufm.; Mutter: Elise, geb. Groll), ev., verh. s. 1974 m. Inga, geb. Schwartau - Gymn. Herford, Schriftsetzerlehre u. kfm. Lehre - Liebh.: Kunst, Lit. - Spr.: Engl.

BEUG, Hans-Jürgen

Dr. rer. nat., Prof., Botaniker - Rohnsweg 29, 3400 Göttingen - Geb. 18. Jan. 1932 Hamburg - Promot. 1957; Habil. 1963 - S. 1963 Lehrtätigk. Univ. Göttingen (gegenw. Leit. Inst. f. Palynologie u. Quartärwiss.) u. Hohenheim (1969 apl. Prof.), 1977/78 Rektor Univ. Göttingen - BV: Leitf. d. Pollenbestimmung, 1961. Üb. 30 Aufs.

BEULER, Ernst F.

Dr., Dr.-Ing., Vorstand Audi AG (Geschäftsber. Qualitätssicherung) - Schlichtstr. 37, 8070 Ingolstadt-Etting - Geb. 22. Mai 1932, verh., 6 Kd. - Stud. (Maschinenbau, Werkstoffkunde) TH München - Labor- u. Qualitätssicherungsleit. VW Wolfsburg; Vicepres. Quality Assurance VW of America - Veröff.: In Auto 2000 - Qualitätssicherung e. Managementaufgabe - Spr.: Engl.

BEULKE, Eckart

Dr. jur., Generalbevollm. Münchener Rückversich. - Saalestr. 8, 8000 München 80 (T. 089-91 26 51) - Geb. 5. Dez. 1929, ev., verh. s. 1957, 1 Kd. - 2. jurist. Staatsex. u. Promot. 1957 Erlangen.

BEUMANN, Helmut

Dr. phil., Dr. phil. h. c., em. Prof. f. Mittelalterl. Geschichte - Am Glaskopf 7, 3550 Marburg/L. (T. 06421 - 4 21 38) - Geb. 23. Okt. 1912 Braunschweig (Vater: Karl B.; Mutter: geb. Leithold), ev., verh. s. 1939 m. Dr. phil. Charlotte, geb. Kimstedt, 1 Kd. - Gymn. Bernburg/S.; Univ. Leipzig u. Berlin (Promot. 1938) - 1937-45 Staatsarchivrefer., -ass. u. -rat Berlin u. Magdeburg, 1946-56 Doz. u. apl. Prof. (1952) Univ. Marburg, s. 1956 Ord. Univ. Bonn u. Marburg (1964). 1967 Vors. Dt. Kommiss. f. d. Bearb. d. Regesta Imperii; 1972-88 Vors. Konstanzer Arbeitskreis f. mittelalterl. Gesch. - BV: Widukind v. Korvei, Unters. z. Geschichtsschreib. u. Ideengesch. d. 10. Jh., 1950; Ideengeschichtl. Studien zu Einhard u. a. Geschichtsschreibern d. frühen Mittelalters, 1962; Wissensch. v. Mittelalter. Ausgew. Aufs. 1972; Ausgew. Aufs. aus d. Jahren 1966-86, 1987; D. Ottonen, 1987. Zahlr. Einzelarb. - 1969 korr. Mitgl. Österr. Akad. d. Wiss.; 1971 Mitgl. Histor. Kommiss. Bayer. Akad. d. Wiss.; 1973 korr. Mitgl. Wiss. Ges. a. d. Johann Wolfgang Goethe-Univ. Frankfurt, 1976 o. Mitgl.; 1974 korr. Mitgl. Akad. d. Wiss. u. d. Lit. Mainz; 1985 korr. Mitgl. Braunschweigische Wiss. Ges.; 1984 BVK I. Kl.; 1987 Verdienstmed. Land Baden-Württ.

BEURER, Jörg

Dipl.-Volksw., Vorstandsvorsitzender Gustav Lichdi AG., Heilbronn/N., - mitgl. co op Schwaben AG., Stuttgart, u. a. - Berggasse 145, 7410 Reutlingen - Geb. 18. März 1929.

BEUSCH, Karl

Rechtsanwalt, Justitiar, Generalbev. Siemens AG., München - Wittelsbacherpl. 2, 8000 München 2 (T. 23 40) - Geb. 31. Okt. 1925 Königsberg/Ostpr. (Vater: Dr. med. Hans B.; Mutter: Freda, geb. Gennrich), ev., verh. s. 1952 m. Inga, geb. Herrmann, 5 Kd. (Birte, Beate, Barbara, Bettina, Peter) - Univ. Bonn (Rechtswiss.).

BEUSCHER, Kurt

Kaufmann, Vors. Bundesverb. Glas, Porzellan, Keramik Groß- u. Außenhandel, Köln - Durmersheimer Str. 159, 7500 Karlsruhe.

BEUST, von, Ole

Bürgerschaftsabgeordneter (s. 1978) - Harvestehuder Weg 1-4, 2000 Hamburg 13 - Geb. 13. April 1955 Hamburg - Abit. Walddörfer-Gymn.; 1975-80 Stud. Rechtswiss. Univ. Hamburg, 1. jurist. Staatsex. 1980, 2. jurist. Staatsex. 1983 - S. 1983 selbst. Rechtsanwalt Hamburg.

BEUSTER, Willi

Direktor - Thranestr. 120, 4600 Dortmund-Brackel (T. 55 43 03) - Geb. 13. Aug. 1908 Dortmund (Vater: Wilhelm B., Bildhauer u. Stukkateur; Mutter: Anna, geb. Ziesing), kath., verh. s. 1931 m. Elisabeth, geb. Broschart, 3 Kd. (Ursel, Detlef, Willi) - Volkssch.; kaufm. Lehre - Handlungsgehilfe u. Vertreter; 1940-46 Wehrdst. u. jugosl. Gefangensch. (1945); 1946-50 Prok. Fabrik d. Baunebenbranche; 1950-66 Abt.sleit. Westf. Rundschau; s. 1966 Vorstandsmitgl. Dortmunder Stadtwerke AG. Langj. Ratsmitgl. Dortmund (stv. Vors. SPD-Fraktion); 1961-69 MdB. SPD s. 1924 (unter Hitler wiederh. verfolgt u. Schutzhaft; 1955 ff. Vors. Stadtverb. Dortmund) - Liebh.: Fotogr., Garten.

BEUTEL, Ernst

Rechtsanwalt, Finanzdirektor - Eichenstr. 3, 8033 Krailling/Obb. - Geb. 28. April 1925 Breslau (Vater: Ernst B., Kaufm.; Mutter: Margarete, geb. Nitsch), ev., verh. s. 1951 m. Elfriede, geb. Dannöhl - Stud. Rechtswiss. Beide jurist. Staatsex. - Gegenw. Mitgl. Geschäftsltg. Op. Werke G. Rodenstock, München, AR-Mitgl. WKV-Bank, München - Liebh.: Segeln, Golf.

BEUTELSCHMIDT, Dieter

Kaufmann, Landesvors. Hessen Bundesverb. d. Elektro-Großhandels, Handelsrichter, Geschäftsf. elektro-sb-rheinmain GmbH + Co., Weilbach, Gf. Alfred Elsholtz GmbH + Co., Eschborn - Max-Reger-Str. 7, 6000 Frankfurt/M. - Geb. 11. Jan. 1934 Frankfurt - Beirat Uni Elektro, Eschborn - Spr.: Engl., Span.

BEUTELSTAHL, Harald

Solo-Tänzer u. Schauspieler Theater d. Stadt Heidelberg - Zähringerstr. 34, 6900 Heidelberg 1 (T. 06221-1 35 93) - Geb. 15. April 1936 München, kath., verh. s. 1984 in 2. Ehe m. Evelyn, geb. Gamboa-Rivera, 2 Söhne (Niels-Olof, Benedikt-Constantin) - Staatl. anerk. Ballettsch. Roleff-King, München; Ballettakad. Bayer. Staatsoper (G. Blank); O. Preobrajenska, Paris; R. Hightower, Cannes; Vaganowa Sch., Leningrad (Ltg. Puschkin); Staatsex. f. künstl. Tanz 1959, München (Rosen) Bayer. Staatsoper Engagements: Bühnen d. Stadt Köln, Theater d. Freien Hansestadt Bremen, Staatstheater Oldenburg, Wuppertaler

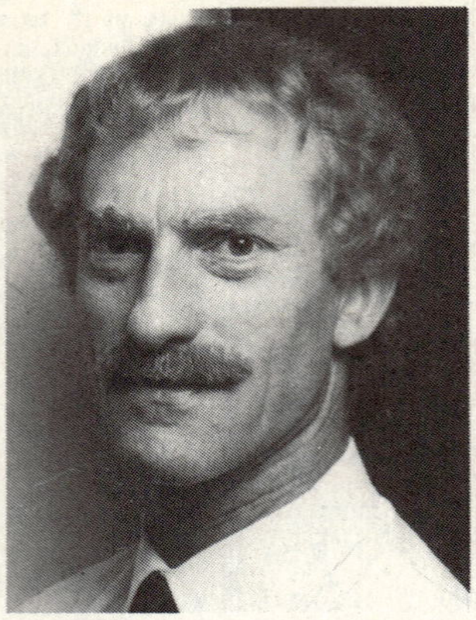

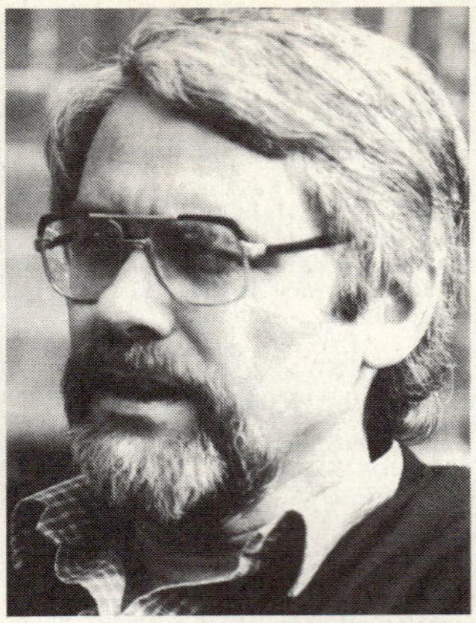

Bühnen, Finnische Nationaloper, Hamburgische Staatsoper, Bayer. Staatsoper; div. Film- u. Fernsehrollen - Sämtl. Solorollen d. klass. Balletts u. d. mod. Tanztheaters, Charakterfach; gearb. m. Balanchine, Cranko, Zadeck, de Mille, Bejart, v. Miloss, u.a. - 1963-67 GDBA Ballett-Obmann, Köln - Liebh.: Antiquitäten, Sport, Beruf, Musik - Spr.: Engl., Schwed., Span. - Bek. Vorf.: Kgl. Hoh. Großherzog Friedr. Wilhelm v. Mecklenburg-Strelitz (Urgroßvater); Annette von Droste-Hülshoff (Urgroßtante); Madame de Staël (Urgroßtante).

BEUTER, Hubert

Dr. jur., Vorstandsvorsitzender Allg. Kreditversicherung AG., Mainz - Feldbergstr. 22, 6236 Eschborn - Geb. 6. Okt. 1930 - AR-Vors. PROCEDO Ges. f. Exportfactoring D. Klindworth mbH, Wiesbaden.

BEUTH, Gunther

Dipl.-Kfm., Vorstandsmitglied Raab Karcher AG. - Rüttenscheider Stern 5, 4300 Essen 1.

BEUTHIEN, Volker

Dr. jur., o. Prof. f. Bürgerl. Recht, Handels-, Wirtschafts- u. Arbeitsrecht - Drosselweg 25, 3556 Weimar/Lahn 1 (T. 06421 - 7 84 42; dstl.: Marburg 28 31 36) - Geb. 22. Aug. 1934 Lübeck - 1954-58 Univ. Marburg, Göttingen, Kiel (Rechtswiss.). Jurist. Staatsprüf. 1958 (Kiel) u. 63 (Hamburg); Promot. 1959 Kiel, Habil. 1967 Tübingen - S. 1967 Lehrtätigk. Univ. Tübingen u. Marburg (1970 Ord., Dir. Inst. f. Handels- u. Wirtschaftsrecht sowie d. Inst. f. Genossenschaftswesen) - BV: Zweckerreichung u. -störung im Schuldverhältnis, 1969 (Habil.sschr.); D. Geschäftsbetrieb von Genossensch. im Verbund, 1979; Sozialplan u. Unternehmensverschuldung, 1980; Kommentar z. Genossensch.-Gesetz (vorm. Meyer/Meulenbergh), 12, A. 1983; D. Vertreterversammlung eingetr. Genossensch., 1984. Herausg.: Arbeitnehmer od. Arbeitsteilhaber (1987) - Spr.: Engl., Franz.

BEUTIN, Wolfgang

Dr. phil., Schriftsteller, Dozent - Hohenfelder Str. 7, 2071 Köthel/Stormarn (T. 04159 - 5 75) - Geb. 2. April 1934 Bremen (Vater: Paul B., Angest.; Mutter: Charlotte, geb. Teitge), verh. s. 1978 in 2. Ehe m. Heidi, geb. Seifert, 2 Kd. (Olaf, Lorenz Gösta) - Staatsex. 1961 Hamburg, Promot. 1963 ebd. - 1971 Dozent Hbg., 1973 Gastprof. Göttingen - BV: Königtum u. Adel in d. hist. Romanen v. Willibald Alexis, (Diss.) 1966; D. Weiterleben alter Wortbedeut. in d. neueren dt. Lit. b. gegen 1800, wiss. Unersuch., 1972; Lit. u. Psychoanal., 1972; Sprachkritik - Stilkritik, Einführ., 1976; D. radikale Doktor Martin Luther, Streit- u. Leseb., 1982; Invektiven-Inventionen, Aphorismensamml., 1971; Komm wieder, Don Juan! Anti-R., 1974; Unwahns Papiere, R. 1978; Berufsverbot - e. bundesdt. Leseb., 1976; Friedens-Erklär., Leseb., 1982; D. Jahr in Güstrow, R. 1985 - 1957 Kurt-Tucholsky-Preis (Anteil) - Bek. Vorf.: Ludwig Beutin, Historiker (Onkel) - Lit.: Spektrum d. Geistes, 1973; Literaten. 250 dt.-sprachige Schriftst. d. Gegenw. (Munzinger-Archiv), 1983.

BEUTLER, Christian

Dr. phil. (habil.), Prof., Kunsthistoriker - Westendstr. 97, 6000 Frankfurt 1 - Geb. 11. Jan. 1923 - S. 1966 Lehrtätigk. Univ. Frankfurt/M., 1971-88 Hochsch. f. b. Künste Hamburg - BV: Bildwerke zw. Antike u. Mittelalter - Unbek. Skulpturen aus d. Zeit Karls d. Gr., 1964; Paris u. Versailles, 1970; D. Entstehung d. Altaraufsatzes, 1978; Statua. D. Entstehung d. nachantiken Statue u. d. europ. Individualismus, 1982; Meister Bertram. D. Hochaltar v. Sankt Petri, 1984; D. Gott am Kreuz, Zur Entstehung d. Kreuzigungsdarstellung, 1986.

BEUTLER, Gisela

Dr. phil., em. Prof. f. Hispanistik u. Lateinamerikanistik - Furtwänglerstr. 11, 1000 Berlin 33 - Geb. 20. Dez. 1919 Hamburg - Promot. 1953 - S. 1973 Prof. FU Berlin. Bücher u. Aufs. z. span. u. lateinamerik. Philol.

BEUTLER, Heinz

Dr. rer. pol., Kaufmann, Vorsitzender d. Beirats Joh. Achelis & Söhne GmbH & Co., Bremen, Ehrenvors. Verein Bremer Exporteure, Ehrenmitgl. Afrika-Verein, Hamburg, Beiratsmitgl. Ostasiat. Verein Hamburg - Gustav-Brandes-Weg 10, 2800 Bremen 33 - Geb. 29. Nov. 1902 Potsdam.

BEUTLER, Johannes S. J.

Dr. theol., Prof. Phil.-Theol. Hochsch. St. Georgen - Offenbacher Landstr. 224, 6000 Frankfurt/M. 70 - Geb. 3. Okt. 1933 Hamburg, kath. - Promot. 1972 - S. 1973 (Habil.) o. Prof. St. Georgen (Theol. d. Neuen Testaments u. Fundamentaltheol.); 1978-82 Hochschulrektor. Div. Facharb.

BEUTLER, Johannes Eduard

Jurist, Vorstandsmitglied Rheinboden Hypothekenbank Aktienges., Köln - Oppenheimstr. 11, 5000 Köln 1 (T. 0221 - 77 47-0) - Geb. 20. Sept. 1930 Danzig, kath., verh.

BEUTLER, Maja

Schriftstellerin - Schosshaldenstr. 22a, CH-3006 Bern - Geb. 8. Dez. 1936 Bern, verh. s. 1961 m. Urs B., 3 Kd. - Dolmetschersch. Zürich; Dipl. 1957; Studienaufenth. in Frankr., Engl. u. Italien - Hausdolmetscherin e. ital. Lebensmittelkonzerns; Mitarb. Unesco Rom; fr. Mitarb. Schweizer Rundf. - BV: Flissingen fehlt auf der Karte, Gesch. 1976; Fuß fassen, R. 1980; D. Blaue Gesetz, Theaterst. 1979; D. Wortfalle, R. 1983; D. Marmelspiel, Theaterst. 1985; Wärchtig, ges. Rundfunktexte 1986; D. Bildnis d. DoñaQuijote, Erz. 1989 - 1976, 80 u. 84 Buchpr. Stadt Bern; 1983 Preis d. Schweiz. Schillerstiftg. f. d. Gesamtwerk; 1985 Welti-Preis f. d. Drama; 1988 Lit.preis d. Stadt Bern - Spr.: Engl., Franz., Ital.

BEUTZ, Hans (Johannes)
Regierungspräsident a. D. - Elchstr. 53, 2960 Aurich (T. 7 13 03) - Geb. 2. Okt. 1909 Wilhelmshaven (Vater: Wilhelm B.), ev., verh. m. Edith, geb. Thedinga, 1 Kd. - Volks- u. priv. Abendsch. Wilhelmshaven; Dt. Hochsch. f. Politik, Berlin (1930-33), Fircroft College, Birmingham/Engl. (1934), International People's College, Helsingör/Dänem. (1935-36) - 1924-28 Magistrat Rüstingen/O., 1928-33 Zentralverb. d. Angest., Berlin, 1934-36 Lehrer VHS Närum/Dänem., 1937-39 Verkaufsleit. Gewerksch. Gloria, Berlin, 1939-45 Ref. Reichsluftfahrtmin. ebd., 1946-60 Stadtdir. Wilhelmshaven, 1960-74 Reg.präs. Aurich. 1947-50 Vors. Landesverb. d. VHS Nieders.; Mitbegr. Arbeitsgem. dt. VHS-Verb.; 1947-60 Vors. Nordwestd. Univ.sges.; 1949-55 Lehrbeauftr. Hochsch. f. Arbeit, Politik u. Wirtsch., W.-Rüstersiel - BV: Wilhelmshaven, Einiges aus Vergangenh. u. Gegenw. - Gr. BVK - Spr.: Engl., Franz., Dän., Schwed.

BEWERUNGE, Karl
Bauer - Lauenscheider Weg 7, 5885 Schalksmühle-Heedfeld - Geb. 20. Jan. 1913 Heedfeld, ev., verh., 3 Kd. - Realgymn. (Mittl. Reife); Landw.ssch. Lüdenscheid, Bauernsch. Soest, Bauernhochsch. Goslar - 1940-45 Wehrdst. Zeitw. MdK Altena. CDU (1961-76 MdB, zeitw. stv. Vors. Aussch. f. Ernährung, Landwirt. u. Forsten); 1964-78 Präs. LK Westf.-Lippe, Münster - 1972 BVK I. Kl.

BEWERUNGE, Lothar
Journalist - Zu erreichen üb.: Frankfurter Allg. Zeitung, Berliner Allee 4, 4000 Düsseldorf 1 - Geb. 12. Juli 1934 Lüdenscheid (Vater: Beamter), verh., Sohn - Stud. German., Gesch., Phil. Frankfurt, Münster, Köln - Ab 1960 Dt. Ztg., dann N- u. WDR, s. 1964 FAZ (Rhein-Ruhr-Redakt. Düsseldorf). Zeitw. Vors. Landespressekonfz. D'dorf - Liebh.: Lit., Schach.

BEYE, Peter
Dr. phil., Prof., Museumsdirektor - Birkenwaldstr. Nr. 155, 7000 Stuttgart (T. Büro: 212 - 51 01) - Geb. 26. Febr. 1932 Berlin (Vater: Dr. Ludwig B., Diplomat (s. XIV. Ausg.); Mutter: Carlotta, geb. Helfferich), verh. m. Erika, geb. Morgen, T. Ulrike - Univ. Freiburg/Br. u. München (Kunstgesch.). Promot. 1957 b. Prof. Bauch (Diss.: Cimabue u. d. Duecento-Malerei) - S. 1960 Stuttgarter Staatsgalerie (b. 1969 Hauptkonserv., dann Dir.).

BEYER, Erich
Dr. phil., Prof., Direktor a. D. Inst. f. Sport u. Sportwiss. Univ. Karlsruhe (s. 1962; Vorles. z. Sportgesch. u. -päd.) - Friedrich-Naumann-Str. 47, 7500 Karlsruhe 21 (T. 75 44 27) - Geb. 18. Juli 1911 Leipzig (Vater: Arthur B.), verh. m. Luise, geb. Preckwinkel - BV: D. amerik. Sportsprache, S. A. 1964; Red. Wörterb. d. Sportwiss./Dictionary of Sport Science/Dictionnaire d. Sciences du Sport, 1987. Herausg.: Reclams Sportführer (1971). Mithrsg. grote Sport encyclopedie (1976), Mithrsg. Phil. d. Sports (1973), Mithrsg. Beiträge z. Gegenstandsbetimmung d. Sportpädagogik (1976).

BEYER, Erwin
Dr.-Ing. E.h., Ltd. Baudirektor a. D., Mitgl. Forschungsrat b. Bundesmin. f. Raumordnung, Bauwesen u. Städtebau (1986ff.) - Friedrich-Lau-Str. 28, 4000 Düsseldorf 30 (T. 0211 - 43 10 72) - Geb. 9. Sept. 1919 Stennweiler/Saar, kath., verh. I.) 1945 m. Ruth geb. Bourgeois †1980, 2 Kd. (Beate, Peter), II.) s. 1981 m. Mechthild, geb. Ingenhorst - 1940-44 TH München (Dipl.-Ing.) - Straßen-, Tunnel- u. Brückenbau D'dorf - BV: Konstruktiver Lärmschutz; Verkehrsbauten (m. Lange); Hochstraßen (m. Thul); Kniebrücke D'dorf (m. Tamms), Rheinstadion D'dorf (m. Tamms u. Kels) - 1976 Ehrendoktor TU Braunschweig; 1972 Ehrenplak. BDA D'dorf - Liebh.: Audio- u. Videotechnik, Wandern - Spr.: Lat., Griech., Engl., Franz. - Erf.: Neue Brückenlager (Gummitopf- u. Gleitlager) - Bekannt unt. Brücken-Erwin.

BEYER, Frank M.
Prof., Komponist - Söhtstr. 6, 1000 Berlin 45 (T. 833 80 51) - Geb. 8. März 1928 Berlin (Vater: Dr. Oskar B., Schrift.; Mutter: Margarete, geb. Loewenfeld), ev., verh. s. 1950 m. Sigrid, geb. Uhle, 2 Kd. (Margret, Andreas) - 1946-49 Berliner Kirchenmusiksch.; 1952-55 Musikhochsch. Berlin - 1950-62 Organist u. Chorleit. Berlin; 1953-62 Doz. Berliner Kirchenmusiksch.; s. 1960 Doz., Honorarprof. (1968) u. o. Prof. (1971) f. Kompos. Musikhochsch. ebd. AR-Mitgl. GEMA (1973-83); Beirat Intergu; Mitgl. Dt. Musikrat (1977-80 im Präs.) - Viels. Konzerttätigk., u. a. Leit. Musica nova sacra (Berlin). Kompos. f. Orch., Kammer- u. Klaviermusik, Chor- u. Orgelw. - 1957 Berliner Kunstpreis (Jg. Generation), 1961 Bernhard-Sprengel-Preis f. Kammermusik, 1967 Preis Jeunesse Musicale, 1979 Mitgl. Akad. d. Künste Berlin (1986 Dir. d. Abt. Musik); 1981 Mitgl. Bayer. Akad. d. Schönen Künste; Stip. Kulturkr. Bundesverb. d. Dt. Ind., Köln (1960) u. Cité Intern. des Arts, Paris (1968) - Liebh.: Phil. - Spr.: Engl.

BEYER, Franz
Prof., Bratschist - Kaiserpl. 9, 8000 München 40 (T. 34 38 75) - S. Jahren Lehrtätigk. Musikhochsch. München - Neufassung des Requiems von W. A. Mozart (Edit. Eulenburg, Zürich) - Mitgl. Capella Coloniensis; vorm. Bratschist bek. Kammermusikvereinig. (Strub-Quartett, Stroß, Schäffer u. a.) - Herausg. zahlr. Werke d. Kammermus. u. Viola-Lit.

BEYER, Hans Konrad
Dr. med., Chefarzt Radiolog. Abt. Marienhospital, Herne, Lehrbeauftr. f. Radiol. Univ. Bochum - In d. Holzwiesen 2, 4690 Herne 1.

BEYER, Hans-Joachim
Dipl.-Kfm., Geschäftsf. d. Porzellanmanufaktur Fürstenberg, Fürstenberg üb. Höxter - Schloß, 3476 Fürstenberg - Geb. 6. April 1926 Leipzig - Vors. Verb. feinkeramische Industrie Nord- u. Westdeutschl., Hannover.

BEYER, Harm
Richter, Präs. Dt. Schwimm-Verb., München (1977-87) - Wullenweberstieg 3a, 2000 Hamburg 54 - Geb. 28. Juni 1936 Hamburg (Vater: Willi B., Studienrat; Mutter: Ilse, geb. Wehnert), lt., verh. s. 1962 m. Ellen, geb. Richter, 2 Kd. (Britta, Kirsten) - Univ. Hamburg u. Tübingen (Rechtswiss.). Staatsex. 1960 u. 64 - Z. Z. Amtsgericht Hamburg (Abt. f. Strafsachen). 1970-78 Vors. Hbg. Schwimm-Verb. - Spr.: Engl.

BEYER, Helmut
Dr. jur., Bundesrichter - Bundesgerichtshof, 7500 Karlsruhe - Geb. 2. Sept. 1907 (Vater: Pfarrer), ev., verh. s. 1935 - Gymn.; Jurastud. - 1934 Rechtsanw. KG Berlin (1940-45 Truppendst. Kriegsmarine), 1945 Oberreg.srat Oberpräsid. Hannover, 1947 Min.rat u. Abt.sleit. Nieders. Staatskanzlei, 1953 Bundesrichter.

BEYER, Herbert
Rechtsanwalt - Brandrosterweg 11, 5000 Köln 80 - Geb. 5. Dez. 1923 - Vorst. Deutsche Kreditbank f. Baufinanzierung AG, Köln; AR mod. Köln, Ges. f. Stadtentw. mbH, u. DGT Treuhandges. mbH, Wirtschaftsprüf.ges., Frankfurt/M.

BEYER, Jürgen
Dr. med., Prof. f. Innere Medizin u. Leit. d. III. Medizinischen Klinik u. Poliklinik Abt. f. Innere Medizin-Endokrinologie u. Stoffwechsel, Klinikum d. Joh. Gutenberg Univ. Mainz (s. 1974) - Auf d. Burg 1, 6500 Mainz 43 - Geb. 14. Juni 1936 Halle/S., ev., verh. s. 1965 m. Dr. Karin, geb. Stoltz, 3 Kd.

BEYER, Karl-Heinz
Dr. rer. nat., Prof., Apotheker u. Lebensmittelchemiker, Ltd. Chemiedir., Leit. Abt. f. Arzneimittel u. Klin./Forens. Toxikologie Landesuntersuchungsinst.f. Lebens-, Arzneimittel- u. Tierseuchen Berlin - Waldsängerpfad 10d, 1000 Berlin 38 - Geb. 3. Juli 1928 Beuthen/OS. - Promot. 1958 - S. 1971 (Habil.) Lehrtätigk. FU Berlin (gegenw. apl. Prof. f. Pharmazie) - BV: Biotransformation d. Arzneimittel, 1975 u. 1983. Üb. 70 Einzelarb.

BEYER, Klaus
Dr. theol., Prof., Dozent f. Semitistik Univ. Heidelberg - Burgstr. 50, 6900 Heidelberg - Geb. 21. Jan. 1929 Fallersleben, ev. - Promot. (1960) u. Habil. (1967) Heidelberg - S. 1979 Prof. Heidelberg. Facharb.

BEYER, Lioba
Dr. phil., Prof. f. Geographie (Schwerp. Siedlungsgeogr.) u. ihre Didaktik Univ. Münster - Grüner Grund 37, 4402 Greven-Reckenfeld - Geb. 14. Jan. 1937 Brandenburg/Havel.

BEYER, Manfred
Dr.-Ing., Prof. f. Hochspannungstechnik u. -anlagen Univ. Hannover - Holbeinstr. 29, 3300 Braunschweig - Geb. 4. Jan. 1924 Aue - Promot. 1954; Habil. 1966 - S. 1969 Ord. Hannover. Üb. 30 Facharb.

BEYER, Peter
Dipl.-Volksw., Vorsitzender d. Geschäftsltg. Ikoss GmbH Software Service Stuttgart - Zu erreichen üb. Ikoss GmbH, 7000 Stuttgart - Geb. 18. Aug. 1941 Stettin, verh. m. Claudia, geb. Dautz, 2 Kd. - High School (grad. in USA); Abit.; Stud. Gesch., Politik, Soz. Univ. München u. Hamburg; spez. Ausb. in d. DV b. Siemens; Dipl. 1968 Univ. Hamburg - S. 1971 Ikoss (1974 Prok., 1976 Stv., 1978 Geschäftsf., 1979 Mitgesellsch. u. Geschäftsf., 1985 Vors. d. Geschäftsltg.). Vorst. BDU - Liebh.: Segeln, Politik - Spr.: Engl.

BEYER, Rolf
Geschäftsf. Kienzle Datensysteme Köln GmbH - Robert-Perthel-Str. 4, 5000 Köln 60 - Geb. 12. Mai 1928.

BEYER, Rüdiger W.
Dr. phil., Dipl.-Geogr., Leiter Abt. Handel, Dienstleist. u. Volkswirtsch. b. d. IHK f. d. Pfalz in Ludwigshafen/Rh. - Albert-Schweitzer-Str. 29, 6703 Limburgerhof - Geb. 18. Nov. 1954 Bad Homburg v.d.H., verh. s. 1982 m. Ulrike, geb. Heupel, 2 Kd. (Hendrik, Maren) - Stud. Geogr., Städtebau, Kartogr. u. Bevölkerungswiss. Bonn u. Bamberg; Dipl. 1982 Bonn, Promot. 1985 Bamberg - 1982-87 Wiss. Mitarb. u. Akad. Rat Univ. Bamberg; 1987-89 stv. Geschäftsf. IHK Dortmund - 1986 Bamberger Universitätspreis - Bek. Vorf.: Schriftsteller Carl Beyer (Urgroßv.).

BEYERHAUS, Peter
Dr. theol., o. Prof. f. Missionswissenschaft u. Ökumen. Theologie Univ. Tübingen (s. 1966) - Stiffurtstr. 5, 7400 Tübingen (T. 2 61 04) - Geb. 1. Febr. 1929 Hohenkränig/Neumark (Vater: Siegfr. B., Pfarrer i. R.; Mutter: Fridel, geb. Korweck), ev.-luth., verh. s. 1955 m. Ingegärd, geb. Kalén, 5 Kd. (Karolina, Johannes, Maria, Christoph, Gunilla) - Abit., Theologiestud., 1956 Dr. theol. Univ. Uppsala. 1960-65 Lehrtätigk. Natal (Afr.), s. 1972 Präs. Theol. Konvent Bekenn. Gemeinsch., s. 1978 Vors. Intern. Konf. Bekenn. Gem., s. 1975 Mitgl. Lausanne-Komitee f. Weltevangelisation, s. 1983 ER Johanniterorden - BV: u. a. D. Selbständigkeit d. jungen Kirchen als missionar. Problem, 1956, engl. 1964; Allen Völkern zum Zeugnis, 1972, norw. 1974; Shaken Foundations. Theological Foundations for Mission,

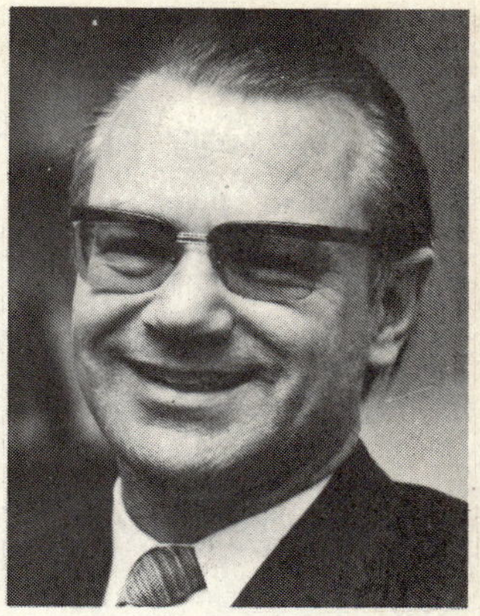

1972; In Ostasien erlebt, 1972; In der Inselwelt Südostasiens erlebt. (2. T. d. Reiseber.), 1973; Bangkok '73 - Anfang od. Ende d. Weltmission? E. gruppendynam. Experiment, 1973, engl. 1974 u. norw. 1974; Reich Gottes oder Weltgemeinsch., 1975; Ökumene im Spiegel v. Nairobi, 1976; Ideologien - Herausford. an d. Glauben, 1979; Zw. Anarchie u. Tyrannei, 1979; Aufbruch d. Armen, 1981; 8 Hefte in d. Reihe: Christusbekenntnis heute; Frauen im theol. Aufstand, 1983; Theol. als Instrument d. Befreiung, 1986; Krise u. Neuaufbruch d. Weltmission, 1987; Eine Welt - eine Religion?, 1988. Herausg.: Ztschr. Diakrisis (s. 1979) - Spr.: Engl., Schwed., Holl.

BEYERLE, Dieter
Dr. phil. (habil.), Prof. f. Roman. Philologie - Alsterkamp 10, 2000 Hamburg 13 - Geb. 10. Juni 1930 Berlin - Promot. 1956 -S. 1970 Prof. Univ. Hamburg. Facharb.

BEYERLIN, Walter
Dr. theol., o. Prof. f. Altes Testament - Klosterbusch 10, 4400 Münster (T. 0251 - 6 13 42) - Geb. 23. Juni 1929 Reutlingen, ev., verh. s. 1966 m. Astrid, geb. Gottfriedsen - Univ. Tübingen, Göttingen, Basel, Edinburgh. Promot. 1956 u. Habil. 1960 Tübingen - S. 1954 kirchl. Dst.; 1957-58 Stiftsrepet.; 1958-1960 Assist., 1960-63 Doz. Univ. Tübingen; 1963-73 o. Prof. Univ. Kiel; s. 1973 Univ. Münster - BV: D. Kulttraditionen Israels in d. Verkündig. d. Propheten Micha, 1959; Herkunft u. Gesch. d. ältesten Sinaitraditionen, 1961 (engl. 1965); D. Rettung d. Bedrängten in d. Feindpsalmen..., 1970; Wir sind wie Träumende. Stud. z. 126. Psalm, 1978 (engl. 1982); Werden u. Wesen d. 107. Psalms, 1979; D. 52. Psalm. Stud. z. s. Einordnung, 1980; Wider die Hybris des Geistes. Stud. z. 131. Psalm, 1982; Weisheitl.-kult. Heilsordn. Stud. z. 15. Psalm, 1985; Weisheitl. Vergewisserung m. Bezug auf d. Zionskult. Stud. z. 125. Psalm; Bleilot, Brecheisen od. was sonst? Revision e. Amos-Vision, 1988; Reflexe d. Amosvisionen im Jeremiabuch, 1989. Herausg.: Religionsgeschichtl. Textb. z. AT, 1975 (holländ. 1976, engl. 1978, DDR 1978), 2. A. 1985; Grundrisse z. AT, 1975ff.

BEYERMANN, Klaus
Dr. rer. nat., Prof. f. Analyt. Chemie Univ. Mainz - Weidmannstr. 37, 6500 Mainz - Geb. 22. Sept. 1929 Nordhausen - Promot. 1957; Habil. 1963 - S. 1968 Prof. Mainz (1984 Präs. ebd.) - BV: Chemie f. Mediziner, 6. A. 1987 (engl., ital., poln. Übers.); Organische Spurenanalyse, 1982 (engl., tchech., russ. Übers.); Molekülmodelle, 1979. Üb. 60 Einzelarb.

BEYERSMANN, Detmar
Dr. rer. nat., Prof. f. Biochemie Univ. Bremen (s. 1973) - Parkstr. 28, 2800 Bremen 1 (T. 34 11 74) - Geb. 10. April 1939 Hagen - Stud. d. Chemie Univ. Tübingen, Münster; Promot. 1968 - 1968-73 Wiss. Mitarb. Max-Planck-Inst. f. Virusforschung Tübingen u. f. moleku-

lare Genetik, Berlin - BV: Nucleinsäuren, 1971. Fachveröff. z. Biochemie gesundheitsschädl. Arbeitsstoffe, insb. krebserzeugender Metallverbindungen.

BEYFUSS, Erika

Schriftstellerin (Ps. Erika Fries) - Tölzer Str. 24, 8022 Grünwald/Obb. - Geb. 7. Jan. 1901 Arnstadt/Thür. (Vater: Heinrich B., Kaufm.; Mutter: Hedwig, geb. Stahl), verh. s. 1936 m. Walter Nürnberg - Stud. German. u. Theaterwiss. - Regiss. u. Dramat. Kulturfilme; Hörsp. - Ausz. - Liebh.: Ski, Schwimmen - Spr.: Engl., Franz. - Bek. Vorf.: Gottfried August Bürger, Dichter, 1747-94 (Urgroßv.).

BEYLICH, Alfred Erich

Dr.-Ing., Prof., Wiss. Rat - Heidchen 20, 5100 Aachen-Walheim - Geb. 21. Nov. 1938 Köln - Promot. (1968) u. Habil. (1974) Aachen - Mehrj. USA-Aufenth.; s. 1974 Wiss. Rat u. Prof. TH Aachen (Leit. Lehrgeb. Elektr. Antriebe d. Raumfahrt). Fachaufs.

BEYLICH, Frieder

Dr. agr., Dipl.-Braumeister, Dipl.-Kfm., Vorstandsvorsitzender Eichbaum-Brauereien AG - Käfertaler Str. 170, 6800 Mannheim (T. 0621 - 3 90 31) - Geb. 31. März 1929 - Präs. d. Bad.-Württ. Brauerbundes, Stuttgart - BVK - Hobby: Golfspiel - Spr.: Engl.

BEYME, von, Klaus

Dr. phil., Prof. f. Politikwissenschaft - Sitzbuchweg 40, 6900 Heidelberg - Geb. 3. Juli 1934 Saarau/Schles. (Vater: Wilhelm v. B., Landw.; Mutter: Dorothee, geb. v. Rümker), verh. s. 1959 m. Maja, geb. v. Oertzen, 2 Kd. (Maximilian, Katharina) - Schule Celle (Abit.), 2 J. Verlagsbuchhändlerlehre Braunschweig, 1956-61 Univ. Heidelberg, Bonn, München, Paris, Moskau - S. 1967 (Habil.) Lehrtätig. 1967-73 Prof. Tübingen, s. 1974 Heidelberg, 1971/72 Rektor, n. 8täg. Amtszeit zurückgetr.; 1982-85 Vors. d. Intern. Political Science Assoc. - BV: D. parlamentar. Regierungssysteme in Europa, 1970; D. politische Elite in d. BRD, 1971; Polit. Theorien d. Gegenwart, 1972; Ökonomie u. Politik im Sozialismus, 1975; Gewerkschaften u. Arbeitsbeziehungen in kapitalist. Ländern, 1977; D. politsche System d. BRD, 1979; Interessengruppen in d. Demokr., 1980; Parteien in westl. Demokratien, 1982; D. Sowjetunion in d. Weltpolitik, 1983; Vorbild Amerika?, 1986; D. Wiederaufbau Architektur u. Städtebaupolitik in beiden dt. Staaten, 1987; D. Vergleich in d. Politikwiss., 1988; Reformpolitik u. sozialer Wandel in d. Sowjetunion 1970-1988, 1988.

BEYREUTHER, Erich

Dr. theol. (habil.), Prof., Kirchenhistoriker - Westendstr. 7, 8016 Feldkirchen/Obb. (T. München 903 27 40) - Geb. 23. Mai 1904 Oberröslau/Bay., 2 Söhne (Prof. Dr. Konrad, Dipl.-Phys. Dr. med. Christian) - S. 1954 Lehrtätigk. Univ. Leipzig u. Erlangen-Nürnberg (1963 apl. Prof.) - B Bartholomäus Ziegenbalg - Bahnbrecher d. Weltmission, 1955 (auch engl.); August Hermann Francke, 1956 (auch norw.); A. H. Francke u. d. Anfänge d. ökumen. Beweg., 1957; D. jg. Zinzendorf, 1957; Zinzendorf u. d. sich allhier zusammenfinen, 1959; Zinzendorf u. d. Christenheit, 1961; Studien z. Theol. Zinzendorfs, 1962; Gesch. d. Diakonie u. Inneren Wiss. in d. Neuzeit, 1962 (auch finn.); D. Erweckungsbewegung, 1963, 2. A. 1977; Selbstzeugnisse A. H. Franckes, 1963, 6. A. 1987; D. geschichtl. Aufgabe d. Pietismus in d. Gegenw., 1964; Philipp Jacob Spencer Pia desideria - Programm d. Pietismus, 1964, 4. A. 1986; Zinzendorf in Selbstzeugn. u. Bilddokumenten, 1965 (auch franz.); D. Gesch. d. Kirchenkampfes in Dokum. - 1933-45, 1966; Kirche in Beweg. - Gesch. d. Evangelisation u. Volksmission, 1968; D. Weg d. Ev. Allianz in Dtschl., 1969; Geschichte d. Pietismus, 1978; Frömmigkeit u. Theologie, Ges. Aufs., 1979; D. Herrnhuter Losungen u. ihre Entstehungsgesch., 1980; Ludwig Hofacker, Bildmonogr. 1988. Herausg.: Pierre Bayle, Histor. u. kritisches Wörterb. (1974ff.), Fr. Chr. Oetingers Schriften (1977ff., bish. 3 Bde.), Ph. J. Spener, Schriften (1979, bish. 11 Bde.); S. J. Baumgartens Antworten auf Siegfrieds Bescheidene Beleuchtung (Antizinzendorfiana I), 1981; Aus d. Freien Reichstädten Hamburg, Lübeck, Frankfurt u. d. ehemal. Reichstadt Straßburg, (Antizinzendorfiana II), 1982. Mithrsg.: N. L. v. Zinsendorf, Schriften (1962ff.; bish. 55 Bde.). Theol. Begriffslex. z. NT (4. A. 1986, auch engl., ital., span., portug., chin., in Vorber. korean. u. jap.) - 1987 BVK am Bde.

BEYSCHLAG, Karlmann

Dr. theol., o. Prof. f. Histor. Theologie - Rudelsweiherstr. 43, 8520 Erlangen (T. 2 15 91) - Geb. 9. März 1923 Berlin (Vater: Prof. Dr.-Ing. Rudolf B., Ord. f. Aufbereitung u. Brikettierung TU Berlin †1961 (s. XIV. Ausg.); Mutter: Johanna, geb. Mayweg), ev., verh. s. 1951 m. Anna-Katharina, geb. Bode, 2 Kd. (Wolfram, Ursula) - Theol. Schule (Kirchl. Hochsch.) Bethel, Univ. Erlangen u. Marburg (Theol.). Habil. (Kirchengesch.) 1955 Erlangen - 1951-53 Pfarramtl. Hilfsdst. Ev. Landeskirche v. Kurhessen-Waldeck, dann Repetent f. Neues Testament, Assist. Sem. f. Allg. Kirchengesch., s. 1957 Doz. u. Prof. (1963) Univ. Erlangen-Nürnberg (1971 Ord.; Vorst. Sem. f. Allg. Kirchengesch., Mitvorst. Sem. f. Reformationsgesch.) - BV: D. Bergpredigt u. Franz v. Assisi, 1955; In d. Welt - nicht v. d. Welt, 1964 (holl. 1965); Clemens Romanus u. d. Frühkatholizismus, 1966; V. Urchristentum z. Weltkirche, 1967 ff.; G. E. Lessing, Theol. u. phil. Schriften, 1967; D. verborgene Überlieferung von Christus, 1969; Simon Magus u. d. christl. Gnosis, 1974; Evangelium als Schicksal, 1979; Grundriß d. Dogmengesch., Bd. I (Gott u. Welt), 1982 - Bek. Vorf.: Willibald B., Theologe, Halle/S. †1900 (Urgroßv.); Franz B., Geologe, Berlin †1935 (Großv.).

BEYSCHLAG, Siegfried

Dr. phil., o. Prof. f. German., Dt. u. Skand. Philologie (emerit. 1971) - Rathsberger Str. 63/1013, 8520 Erlangen (T. 82 55 24) - Geb. 2. Okt. 1905 Fürth/B. (Vater: Alfred B.; Mutter: Roswith, geb. Weiskopf), ev., verh. s. 1959 m. Erna, geb. Schmitz - Gymn. u. Univ. München (Promot. 1931). Habil. 1940 Berlin - 1933 Studienass. München, 1934 Mitarb. Dt. Wörterb. (Pr. Akad. d. Wiss.), 1940 Lehrbeauftr. Univ. Innsbruck (Dt. Volksdicht.), 1942 Studienrat Obersch. Forchheim u. Univ.doz. Erlangen, Lektor Univ. Kopenhagen (Dt. Spr. u. Lit., b. 1949), 1950 apl. Prof., 1957 Ord. Univ. Erlangen, Leit. Ostfränkisches Wörterbuch u. Mitgl. Kommiss. f. Mundartforsch. Bayer. Akad. der Wissensch., 1961/62 Dekan d. Phil. Fak. - BV: D. Wiener Genesis - Idee, Stoff u. Form, 1942 (Sitzungsberichte Österr. Akad. d. Wiss., Wien, Bd. 220); Konungasögur, Unters. z. Königssaga b. Snorri, D. älteren Übersichtsw. samt Ynglingasaga, 1950 (Bibliotheca Arnamagnaeana, VIII); Altd. Verskunst i. Grundzügen, 1969; Herausg.: Erlanger Beitr. z. Sprach- u. Kunstwiss. (1958-78); Walther v. d. Vogelweide - Wege der Forsch. Bd. CXII, 1971; D. Lieder Neidharts - D. Text ...u. d. Melodien (1975); Herr Neidhart diesen Reigen sang: Texte. Melodien m. Übers. u. Kommentaren (1989, m. Horst Brunner) - Pflege mittelalterl. Musik, Forsch. z. altd., -nord. u. skand. Lit. sowie z. dt. Volksdicht. - J.-A.-Schmeller-Med. f. Verd. um d. bay. Mundartforsch. (Bay. Akad. d. Wiss.).

BEYSE, Jochen

Dr. phil., Schriftsteller - Helene-Lange-Str. 9, 2000 Hamburg 13 (T. 040 - 410 44 25) - Geb. 15. Okt. 1949 Bad Wildungen, ledig - Stud. Theaterwiss., Phil. u. German.; Promot. 1977 Univ. Köln - Versch. Stip. - BV: D. Ozeanriese, R. 1981; D. Aufklärungsmacher, Nov. 1985; D. Affenhaus, Erz. 1986; Ultima Thule, Erz. 1987; D. Tiere, Erz. 1988 - 1985 ASPEKTE-Literaturpreis; 1986 Preis d. Kärntner Industrie (Ingeborg-Bachmann-Wettbew.); Stip. d. Villa Massimo.

BEZ, Max

Dr., Dipl.-Volksw., Buchgroßhändler u. Verleger (G. Umbreit GmbH & Co., Fleischhauer & Spohn GmbH & Co., Media-Vertrieb Verlagserzeugnisse GmbH & Co., Media-Vertrieb Verlagserzeugnisse Verwaltungsges. mbH, Bez GmbH, alle Bietigheim-Bissingen) - Im Buchrain 7, 7000 Stuttgart 1 - Geb. 16. Juni 1920.

BEZZENBERGER, Günter E. Th.

Oberlandeskirchenrat i. R., Publizist - Bodelschwinghstr. 9, 3504 Kaufungen 1 (T. 05605 - 48 30) - Geb. 18. Aug. 1923 Darmstadt, verh. m. Ilse-Lore, geb. Harting (Kunstmalerin), 2 Töcht. - 1945-50 Theol.-Stud., 1955-60 Landesjugendpfarrer Kurhessen-Waldeck, 1960-85 Mitgl. Landeskirchenamt in Kassel; s. 1986 Ältester d. ökumen. Kaufunger Konvents. S. 1977 Mitgl. Hist. Kommiss. f. Hessen; 1979-85 Vors. Hess. kirchengeschichtl. Vereinig.; 1980-86 Rundfunkrat-Vors. Hess. Rundf.; s. 1987 AR-Vors. Werbung im Rundf. u. Juniorfilm Ffm. - BV: u. a. Mission in China, 1979; Bibliogr. 1952-83, 1983; Ökumen. Brevier, 1985; Legenden d. Christenheit, 1987; In hess. Kirchen entdeckt, 1988 - 1970 Rechtsritter d. Johanniterordens; 1973 BVK I. Kl., 1988 Gr. BVK - Spr.: Latein, Griech., Hebr., Engl.

BIAGOSCH, Axel

Dr. rer. pol., Versicherungsdirektor, Rechtsanwalt, Vorstandsmitgl. Colonia Versicherung AG u. Colonia Lebensversicherung AG, bde. Köln - Colonia-Allee 10-20, 5000 Köln 80.

BIALAS, Günter

Prof. i.R., Komponist - Eichenweg 4, 8019 Glonn-Haslach (T. 08093 - 7 67) - Geb. 19. Juli 1907 Bielschowitz (Vater: Friedrich B., Lehrer; Mutter: Maria, geb. Kijora), kath., verh. s. 1937 m. Gerda, geb. Specht - 1927-29 Univ. Breslau; 1929-33 Akad. Berlin (Staatsex. 1933) - 1933-41 Musiklehrer Breslau u. Univ.-Doz.; 1945-47 Leit. Münchner Bachverein; 1947-59 Musikhochsch. Detmold; 1947-74 Prof. Musikhochsch. München - Kompos.: 3 Opern, 1 Ballett, Konzert-, Kammer- u. Chormusik - 1954 Gr. Kunstpreis Land NRW - Lit.: Werkstattgespräche.

BIBERGER, Erich L.

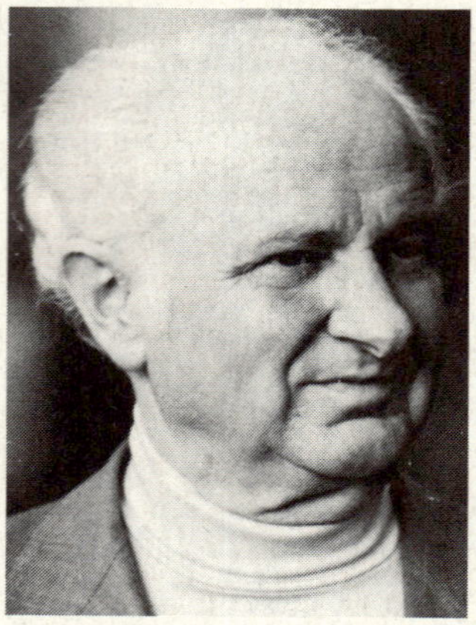

Journalist, Schriftst. - Altmühlstr. 12/II, 8400 Regensburg - Geb. 20. Juli 1927 Grubweg b. Passau, kath., verh. - U. a. s. 1956 Redakt. Tages-Anzeiger/Mittelbayer. Ztg. Regensburg. S. 1960 Vors. Regensbg. Schriftst.gruppe Intern. (Arbeitsgem. deutschsprachiger Autoren in 20 Ländern), Initiator u. Leit. Intern. Regensb. Literaturtage (1967ff.), u. Intern. Jungautoren-Wettbewerbe (1972ff.); 1969-75 Beirat, 1975ff. Präs.-Mitgl. Oberpf. Kulturbd.; Kulturbeirat Stadt Regensburg (1985ff.) - BV: Dreiklang d. Stille, Lyrik 1955; Rundgang üb. d. Nordlicht, Atomzeitmärchen, 1958; D. Traumwelle, Erz. 1962; Denn im Allsein d. Welt, Lyrik 1966; Duada oder D. Mann im Mond - Phantasien in Hörspielform, 1967; Gar mancher..., heit. Verse 1969; Andere Wege b. Zitterluft (Lyrisches Alphabet, 1982); Was ist hier Schilf, was Reiher...?, Ged. 1983; Nichts als d. Meer, Ged.; Zwei Pfund Morgenduft (Feuilletons). Zahlr. Gedichte sind vertont. Herausg. v. Anthologien, u. a. Quer (Lyrik von 204 Autoren, 1975), Anthologie 3 (Lyrik in 47 Sprachen, 1979), sowie Reihen RSG-Studio International u. RSG-Forum 15/25 (f. Jungautoren) (1973ff.) - 1973 BVK am Bde., 1974 Nordgaupreis f. Dichtung, 1979 Hans-Huldreich-Büttner-Gedächtnispreis, 1981 Medaille Studiosis Humanitatis der Literarischen Union, 1981 Ehrendiplom World Congress of Writers and Poets, 1986 Adolf-Georg-Bartels-Gedächtnis-Ehrung, 1988 Mark-Aurel-Siegel, u. a. - Liebh.: Musik, Zeichnen, Reisen - Lit.: Dr. Wilhelm Bortenschlager, Brennpunkte.

BICHEL, Ulf

Dr. phil., Prof., Oberstudienrat a.D. - Kopenhagener Allee 12, 2300 Kiel - Geb. 9. April 1925 Kiel - Promot. 1954 - S. 1970 (Habil.) Lehrtätigk. Univ. Kiel (1974 apl. Prof. f. Dt. u. Niederd. Philologie) - BV: Problem u. Begriff d. Umgangssprache in d. germanist. Forschung, 1973.

BICHSEL, Peter

Schriftsteller - Nelkenweg 24, CH-4512 Bellach (Schweiz) (T. 065 - 38 10 26) - Geb. 24. März 1935 Luzern (Vater: Willi B., Malerm.; Mutter: Lina, geb. Bieri), protest., verh. s. 1956 m. Therese, geb. Spörri, 2 Kd. (Christa, Matthias) - Lehrersem. Solothurn - S. 1957 Volksschullehrer Zuchwil, ab 1968 fr. Schriftst. 1980/82 Stadtschreiber - BV: Eigentl. möchte Frau Blum d. Milchmann kennenlernen, Erz. 1964; D. Jahreszeiten, R. 1967; Kindergeschichten, 1969; Des Schweizers Schweiz, 1969 (FS: 1972 ZDF); Geschichten zur falschen Zeit, 1979; D. Leser. D. Erzählen, 1982; Peter Bichsel: Auskunft f. Leser, 1984; Schulmeistereien, 1985; D. Busant. V. Trinkern, Polizisten u. d. schönen Magelone, 1985; Irgendwo anderswo, 1986 - 1965 Preis Gruppe 47 u. Stip. Lessing-Preis Stadt Hamburg; 1986 Johann-Peter-Hebel-Preis.

BICK, Hartmut

Dr. rer. nat., Prof., Zoologe - Elbestr. 30, 5300 Bonn-Ippendorf - Geb. 20. Aug. 1929 Siegen - S. 1964 (Habil.) Lehrtätigk. Univ. Bonn, Lehrst. f. Landwirtsch. Zool. u. Bienenkunde (s. 1972).

BICK, Otto

Dr. rer. pol., Dipl.-Kfm., Geschäftsführer August Pape GmbH. u. BBG Baubedarf GmbH., beide Bielefeld - Am Rehwinkel 6, 4800 Bielefeld - Geb. 9. Febr. 1925.

BICKEL, Dietrich

Dr. jur., Prof. f. Allg. Rechtslehre, Bürgerl. Recht u. Arbeitsrecht Univ. Marburg (s. 1972) - Am Ronneberg 3, 3588 Homberg - Geb. 25. Jan. 1932 Apolda/Thür. - Promot. 1967, Habil 1970 - BV: Üb. d. Unmöglichkeit e. Grundsatzes d. Gleichbehandlung im Arbeitsrecht, 1968; D. Meth. d. Auslegung rechtsgeschäftl. Erklärungen, 1976; Recht u. Rechtserkenntnis, Festschr. f. Ernst Wolf (Hrsg.) 1985.

BICKEL, Heribert

Dr. jur., Prof., Minister a. D. - Geb. 30. April 1927 Aachen - U. a. Landrat Kr. Mainz-Bingen u. Präs. OVG u. Vors. Verfassungsgerichtshof Rhld.-Pf., Koblenz; zul. Justizmin. Rhld.-Pfalz. Honorarprof. Hochsch. f. Verwaltungswiss. Speyer.

BICKEL, Michael
Journalist, Redakt. Schrobenhauser Zeitung - Zu erreichen üb. Schrobenhauser Zeitung, 8898 Schrobenhausen/Schw. - 1972 Theodor-Wolff-Preis (f. Lokales).

BICKEL, Peter
Vorstandsmitglied Volksbank Ostallgäu e.G., Marktoberdorf - Mozartstr. 9, 8952 Marktoberdorf - Geb. 4. Dez. 1943 Bielefeld, verh. s. 1970 m. Renate, geb. Bürger, 2 Kd. (Jan, Nina).

BICKELE, Rita
Kauffrau, Schriftst. - Idarwaldstr. 5, 7000 Stuttgart 30 (T. 0711-85 41 12) - Geb. 6. Febr. 1949 Walsum/Wehofen/Rhld., verh. s. 1968 m. Gerhard B., 2 S. (Andreas, Oliver) - Kaufm. Lehre - BV: Lyrik: M. Gedanken - m. Gefühle - m. Ged., 1982; Wie Schatten in meinem Licht, 1985; u.a. - Liebh.: Malen, Modellieren, Sammeln v. Antiquitäten, Fernreisen.

BICKHARDT, Klaus
Dr. med. vet., Prof. f. Allg. u. Inn. Medizin u. Schweinekrankh. - Pahlberg 4, 3167 Burgdorf (Ehlershausen) - S. 1970 Privatdoz. u. apl. Prof. (1976) Tierärztl. Hochsch. Hannover.

BIDERMANN, Willi

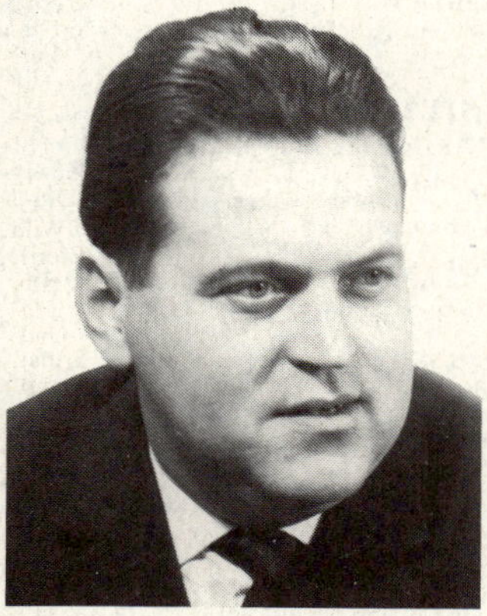

Schriftsteller, Pfarrer u. Religionslehrer am Berufsschulzentrum Nagold - Hermann-Hesse-Str. 1, 7295 Dornstetten (T. 07443 - 76 69) - Geb. 2. Juli 1932 Dornstetten-Aach/Schwarzw., ev., verh. s. 1956 m. Elli, geb. Bäcker (Krankenschw.), 3 Kd. (Ellen, Annette, Johannes) - S. 1956 Geistl., zuerst ev. meth. Kirche, dann ev.-luth. Initiator d. 1. Sulzdorf-Treffens aller Zeiten; Hauptbeteiligter am Dagesheimer Kirchenstreit (kirchl.-theol. Auseinanders. üb. Kirchenreform s. 1986) - BV: Es ging e. Sämann aus, zu säen, Autobiogr.; Hohenloher Gänsefüßchen, volkskdl. Veröff.; Konrad, d. Aussteiger, Theaterst.; Josef, laß d. Träumen sein, bibl. Malb.; Alles, was Sulzdorf heißt; Wie e. Wegwarte sein, Lyrik; u. a. Herausg. Kolb-Biogr. (Christian, Gottlieb, Christoph v., Rudolf) u. Heinrich Schäff-Zerweck - Dichter u. Maler - Liebh.: Märchen, Puppenspiel, Zirkus.

BIDINGER, Helmuth
Dr. jur., Rechtsanwalt u. Notar, Präsidiumsmitgl. Bundes-Zentralverb. d. Dt. Personenverkehrsuntern. m. PKW (BZP, s. 1966) - Zeisselstr. 11, 6000 Frankfurt/M. 1 (T. 59 05 98; priv.: 06171 - 2 55 15) - Geb. 5. Dez. 1923 Bausendorf/Mosel, kath., 3 Kd. (Peter †, Monika, Rita) - Cusanus-Obersch. Wittlich; Univ. Mainz (Rechtswiss.) - 1956/57 Leit. Rechtsabt. Arbeitsgemeinsch. Güterfernverkehr f. d. Bundesgeb. u. Bundeszentralgenoss. Straßenverkehr eGmbH, 1958-66 Hauptgeschäftsf. Arbeitsgemeinsch. Personenverkehr bzw. Bundesverb. d. Dt. Personenverkehrsgew., Vorst.-Mitgl. Gütegemeinschaft Buskomfort, Stuttgart-Filderstadt, Präsid.-Mitgl. Arbeitskr. Rationeller Personenverkehr (ARP), Bonn - BV: Personenbeförderungsrecht, Komm. 1961, 2. A. 1971; Gemeindeverkehrsfinanzierungsgesetz, 1974 (m. Braun); Voraussetzung u. Möglichkeiten f. e. stärkere Integration d. Taxis in d. öfftl. Personennahverkehr, 1974 (m. Pampel; Forschungsauftr. d. Bundesmin. f. Verkehr); Grenzüberschreit. Omnibusverkehr, 1975 (m. Haselau, Haseleu, Hole, Seither); Ausgleichgemeinwirtschaftl. Leistungen im Ausbildungsverk., 1977 (m. Haselau, Krämer); BOKraft, 2. A. 1982; D. Omnibusunternehmer, Leitf. f. d. Sachkundeprüf., 5. A. 1987; D. Taxi- u. Mietwagenuntern., 10. A. 1987; Kurzkomment. z. Reisevertragsges., 1985; Handb. d. Reiserechts, 1986; Taxi-ABC, 4. A. 1988; Verb.-Handb., 1988 - Spr.: Engl., Franz., Latein.

BIEBL, Elisabeth
Dr., Oberpostdirektorin, MdL Bayern (s. 1975) - Liebigstr. 34, 8000 München 22 (T. 217 73 54) - Geb. 1928 - CSU.

BIEBL, Karl-Heinz
Dipl.-Betriebswirt, Verleger - Freseniusstr. 59, 8000 München 60 - Geb. 23. März 1946 Weiden/Opf., verh., 2 Kd. - Inh. Rudolf Schneider Verlag, München, gegr. 1926; pers. haft. Gesellsch. Hohenstaufen Verlag KG, München-Bodman. Mitgl. Humboldt-Ges., Mannheim, Dt. Kulturwerk europ. Geistes, München, Förderstiftg. d. Dt. Wirtsch., München - 1987 Joseph-Hiess Gedenkpreis.

BIEBL, Peter
Dr., Oberbürgermeister - Rathaus, 7910 Neu-Ulm/Schw. - Geb. 28. Juni 1937 Augsburg - Zul. Regierungsdir. CSU.

BIEBL, Rudolf
Kaufm. Direktor, Leit. Volkshochschule Pocking-Ruhstorf-Bad Füssing - Prof.-Dieß-Str. 8, 8398 Pocking/Ndb. - Geb. 26. Jan. 1927 - VR Sparkasse Passau - 1980 BVK.

BIEBUSCH, Werner
Dr. phil., Direktor d. Bremischen Bürgerschaft (s. 1971) - Flämische Str. 149, 2800 Bremen (T. 0421 - 58 19 88) - Geb. 20. April 1931 Hamburg (Vater: Friedr. B.; Mutter: Marie, geb. Rosemeyer), verh. m. Erika, geb. Haupt, 3 Kd. (Uwe, Inge, Astrid) - Abit.; 2. Verwalt.sprüf.; Stud. Univ. Hamburg (Öfftl. Recht, Soziol., Gesch., German.) - 1960 Leit. Stenograph. Dienst d. Brem. Bürgersch.; 1965 Leit parlam. Abt. (Plenum u. Aussch.) - BV: Revolut. u. Staatsstreich, Verfassungskämpfe in Bremen 1848-54, 2. A. 1974.

BIECHELE, Hermann
Studienrat a. D., MdB (s. 1961; Wahlkr. 186/Konstanz) - Hauptstr. 8, 7761 Gaienhofen üb. Radolfzell/B. (T. 07735 - 21 26) - Geb. 1. März 1918 Konstanz/B. (Vater: Hermann B.), kath., verh. m. Agnes, geb. Marquart, 4 Kd. - Univ. Freiburg/Br. (Geschichte, German.) - 1937-45 Wehrdst. (zul. Oblt.); 1945-46 franz. Gefangensch.; 1946-50 Stud.; ab 1954 Studienrat Gymn. Radolfzell. S. 1955 Vors. CDU-Kreisverb. Konstanz-Land u. Mitgl. Landesvorst. Südbaden. B. 1938 Kath. Jugendbeweg.

BIECK, Peter
Dr. med., Internist, Pharmakologe, apl. Prof. f. Klin. Pharmak. Univ. Tübingen, Leit. Humanpharmak. Inst. CIBA-GEIGY GmbH, Tübingen - Spitzbergweg 3, 7407 Rottenburg-Wurmlingen - Ehem. Med. Hochsch. Hannover.

BIEDENKAPP, Volker
Chefdramaturg u. Regisseur - Bottenberger Str. 6, 5905 Freudenberg (T. 02734 - 16 44) - Geb. 29. Okt. 1943 Schotten (Vater: Friedrich B., Pfarrer; Mutter: Charlotte, geb. Kühn, ev., verh. s. 1981 m. Esther, geb. Zellweger - Stud. Theaterwiss., Kunstgesch., Phil. u. Psych. Univ. Wien - 1969-72 Regieassist. Darmstadt, Gießen u. Heidelberg. 1972-75 Dramat. u. Regiss. Kom. Kassel, 1975-79 Chefdramat. u. Regiss. Baden-Baden, Doz. VHS ebd.; fr. Mitarb. Südwestf.; 1979-81 Chefdramat. u. Regiss. Wilhelmshaven, Doz. VHS ebd., Papenburg u. Aurich/Ostfriesl.; 1981-83 Chefdramat. u. Regiss. Stadttheater Bremerhaven, 1983-86 fr. Regiss. (s. 1984 eig. Theaterstudio Baden-Baden u. Theatersch.), s. 1986 Chefdramat., PR Leit. u. Regiss. Stadtth. Gießen; s. 1987 Geschäftsf. Kulturkreis Siegerland, verantw. f. Theater u. Konzerte d. Stadt Singen. U.v.a. Insz. UA Paul Hübners: D. Fall Weidig (Gr. Haus Stadttheater Bremerhaven) - Spr.: Engl., Franz., Griech., Latein.

BIEDENKOPF, Kurt H.
Dr. jur. LL.M., Prof., Rechtsanwalt - Zul. Bundeshaus, 5300 Bonn 12 - Geb. 28. Jan. 1930 Ludwigshafen/Rh. (Vater: Wilhelm B.), verh. in 2. Ehe (1980) m. Ingrid, geb. Kuhbier, 4 Kd. aus 1. Ehe m. Sabina, geb. Wautig - 1963-71 Lehrtätigk. Univ. Frankfurt/M. (Privatdoz.) u. Bochum (1964 Ord.; 1967-69 Rektor). 1968ff. Vors. Mitbestimmungs-Kommiss. d. Bundesreg.; 1971ff. Vorstandsmitgl. C.-Rudolf-Poensgen-Stiftg.; 1976-84 MdB, 1973-77 Generalsekr. d. CDU, s. 1977 stv. Bundesvors. d. CDU u. Vors. d. CDU-Landesverb. Westf.-Lippe, dann Vors. CDU-Landespräsid. NW, s. 1984 stv. Landesvors.; 1979ff. Vors. Wirtschaftsaussch. CDU - BV: Aktuelle Grundsatzfragen d. Kartellrechts, 1957 (m. Callmann u. Deringer); Vertragl. Wettbewerbsbeschränk. u. Wirtsch., 1958; Unternehmer u. Gewerksch. im Recht d. USA, 1961; Grenzen d. Tarifautonomie, 1964; Thesen d. Energiepolitik, 1967; Mitbestimmung - Beitr. z. ordnungspolit. Diskussion, 1972; Fortschritt in Freiheit; D. programmierte Krise - Alternativen z. staatl. Schuldenspolitik, 1980 (m. Meinhard Miegel) - Umrisse e. polit. Strategie, 1974.

BIEDERBECK, Erich H.
Direktor i. R., Ehrenpräs. IHK Kassel (1983ff.; 1973-83 Präs.), Beiratsmitgl. Elektrizitäts-AG Mitteldtschl./EAM, Kassel (1980ff.) - Im Rosental 24, 3500 Kassel-Wilhelmsh. - Geb. 17. Mai 1914 - U. a. 9 J. Oberstadtdir. Göttingen; 1969-80 Vorst.-Vors. EAM; s. 1978 AR-Vors. B. Braun Melsungen AG; u. VR-Mitgl. Hess. Landesbank, Frankfurt/M. - 1978 Gr. BVK.

BIEDERMANN, Edwin Adolf
Dipl.-Volksw., Inh. Biedermann-Führungsberatung, Geschäftführer u. Alleingesellsch. MSB GmbH - Gobelbastei 17, 3257 Springe 1 (T. 05041 - 6 10 27) - Geb. 20. April 1939 Idar-Oberstein, ev., verh. s. 1968 m. Ingrid, geb. Krause, 3 Kd. (Inka Kristina, Erik Arnt, Ernst Alexander) - Abit. 1959 Wetzlar; Stud. Naturwiss., Rechtswiss., Volksw.; Dipl. 1967 Univ. Marburg - 5 J. Marketingleit. Edelstahlind.; 6 J. Geschäftsf. Möbelind.; s. 1978 selbst. als Consultant. Unternehmensbeteilig. in Entsorgungswirtsch., Recycling u. Kommunikat./Neue Medien - BV: Marketing als Unternehmensstrategie, 1972; Betriebswirtsch. Fachwissen d. Verkaufsleit., 1982; Beitr. in Management-Enzyklop. (üb. Rohstoffe, Recycling).

BIEDERMANN, Günter
Dr. agr., Prof. f. Tierzucht GH Kassel (s. 1972) - Margueritenweg 3, 3430 Witzenhausen - Geb. 29. Jan. 1940 Bayreuth, ev., verh. s. 1968 m. Ruth, geb. Kühl, 2 Kd. (Marianne, Johannes).

BIEDERMANN, Harald
Bundesvorsitzender Verb. staatl. gepr. Techniker - Schöttlstr. 12, 8000 München 70.

BIEDERMANN, Hermenegild (Alfons)
M. O. S. A.

Dr. theol., o. Prof. f. Kunde d. christl. Ostens - Steinbachtal 2a, 8700 Würzburg - Geb. 15. Dez. 1911 Hausen/Ufr. (Vater: Vinzenz B., Landw.; Mutter: Regina, geb. Rumpel), kath. - Univ. Würzburg, Priesterw. 1936 (OSA) - S. 1953 ao. u. o. Prof. (1965) Univ. Würzburg, em. 1977 - BV: Erlösung d. Schöpfung, 1940; D. Menschenbild bei Symeon d. Jüngeren, d. Theologen, 1949; Unteilbar ist die Liebe: Pred. d. hl. Augustinus üb. 1 Joh., 1986. Herausg.: Reihe D. östl. Christentum (s. 1950), Ostkirchl. Studien (s. 1952). Festschr. „Wegzeichen", 1971.

BIEDERMANN, Julia

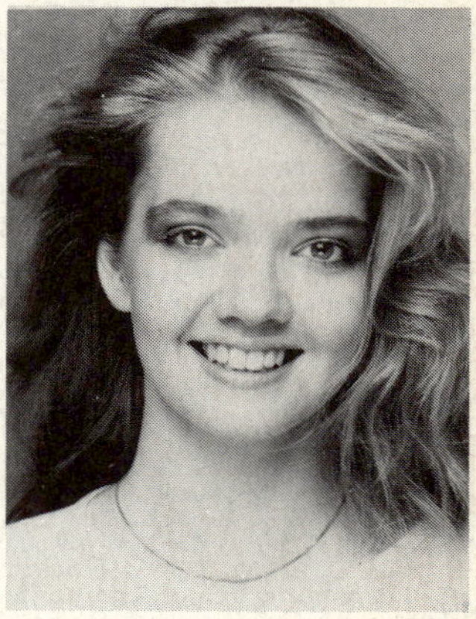

Schauspielerin, Synchronsprecherin - Zu erreichen üb. Agentur Alexander, Lamontstr. 9, 8000 München 81 - Geb. 15. März, ledig - Gymn.; Mittl. Reife; Schauspielsch.; Tanzakad. Berlin; Gesangsstud. - S. d. 4. Lebensj. FS, Theater u. Kinof. D. Weber (Schiller-Theater Berlin), D. Wildente (Freie Volksbühne Berlin), D. Haus in Montevideo (Komödie Winterhude Hamburg u. Theater am Kurfürstend. Berlin). TV-Serien: u. a. Traumschiff, Ich heirate e. Familie, E. Fall f. zwei, Praxis Bülowbogen, Tator HR Dirty Dozen (MGM/UA). Kino: u. a. D. bleierne Zeit, E. Schweizer namens Nötzli - 1987 Goldener Palmenzweig Salone Intern. Umorismo San Remo - Liebh.: Musical, franz. Küche - Spr.: Engl., Franz., Ital.

BIEDERSTAEDT, Claus
Schauspieler - Richard-Strauß-Str. 3, 8031 Eichenau/Obb. - Geb. 28. Juni 1928 Stargard/Pom. (Vater: Franz B., Lehrer; Mutter: geb. Krumbügel), ev., verh. 1956-1970 m. Ingrid, geb. Peters (Graph.), S. Tom-Erik - Gymn. (Abit.); Schule Schauspielhaus Hamburg - S. 1948 Verpflicht. Schauspielhaus Hamburg, Staatstheater Wiesbaden, Komödie Berlin u. v. a. Bühne: u. a. Puck (Sommernachtstraum), Leon (Weh' dem, d. lügt), Edgar (König Lear), Valentin (Faust I). Üb. 50 Filme, dar.: Sauerbruch, D. gr. Versuchung, 3 Männer im Schnee, Feuerwerk, Kinder, Mütter u. e. General, Vor Sonnenuntergang; Fernsehen. Synchronisierung: u. a. Marlon Brando (D. letzte Tango v. Paris) - 1953 Bundesfilmpreis - Liebh.: Musik, Kunstgesch., Bücher (Hermann Hesse) - Spr.: Engl.

BIEGEL, Gerd
Museumsdirektor Braunschweigisches Landesmuseum (s. 1986) - Burgplatz 1, 3300 Braunschweig - Geb. 26. Mai 1947 Mannheim, ev. - Abit.; Stud. Gesch., German., Ur- u. Frühgesch., Klass. Philol.; M.A. 1972 Köln - 1979-86 Dir. Museum f. Ur- u. Frühgesch. Freiburg. Versch. Ämter in Vereinen u. Verb. - BV: Kölner Geld, 1979; Neue Ausgrabungen, 1981; Funde erzählen Gesch., 1980; Erlebte Gesch., 1985 - Lieb.: Museumskunde, Lit., Musik, Theater - Spr.: Engl., Franz., Bulg., Russ.

BIEGER, Erhard
Dr. rer. pol., Dipl.-Kfm., Geschäftsführer Verb. d. Automobilindustrie (VDA), u. Forschungsvereinig. Automobiltechn. (FAT), Leitung VDA/DGQ-Fachgr. Qualitätskontr. in d. Automobilind. -

Westendstr. 61, 6000 Frankfurt/Main (T. 7 57 00) - Geb. 5. Juli 1931 Bergen/ Rügen.

BIEGER, Klaus-Wolfgang
Dr.-Ing., o. Prof. f. Massivbau - Wilhelm-Patsche-Winkel 14, 3000 Hannover 51 (T. 0511 - 60 10 00) - Geb. 28. Juni 1927 Berlin (Vater: Dr. phil. Felix B., Studienrat; Mutter: Wally, geb. Lehmann), ev., 3 Kd. (Andreas, Christiane, Steffen) - Obersch. (Friedrichshagen) u. TU Berlin (Bauing.wesen; Diplomprüf. 1951, Promot. 1959) - 1952-55 Statiker Wayss & Freytag AG., Berlin; 1955-60 u. 1961-64 Obering. TU Berlin; 1960-61 UNESCO-Prof. Indien; s. 1965 Ord. TH bzw. TU Hannover. Gastprof. USA (1964/1965), Indien (1969) u. Taiwan (1976/77) - BV: Design of Prestressed Concrete Structures, 2. A. 1964 (New Delhi); Kreiszylinderschalen unt. radial. Einzellasten, 1976 - Spr.: Engl.

BIEGLER, Richard
I. Bürgermeister Stadt Abenberg - Rathaus, 8541 Abenberg/Mfr. - Geb. 4. Juli 1928 Abenberg - Zul. Stadtamtm. CSU.

BIEHL, Böle
Dr. rer. nat., Biologe, Prof. f. Allg. Botanik u. Phytochemie TU Braunschweig (beamtet; s. 1974) - Mierendorffweg 3, 3300 Braunschweig - Geb. 26. Mai 1928 Lütjenburg (Vater: Friedrich Wilhelm B., Maler u. Lehrer; Mutter: Felicitas, geb. Robert), ev., verh. s. 1955 m. Ingeburg, geb. Küntzel (geb. 1932), 3 T. (Gabriele, Brigitte, Mareike) - 1949-55 Univ. Hamburg (Biol.). Dipl.-Biol. 1955; Promot. 1958; Habil. 1971 - S. 1959 Univ. Hamburg, Tierärztl. Hochsch. Hannover (Akad. Rat), TU Braunschweig (1972; Botan. Inst.).

BIEHL, Hans-Dieter
Dr. rer. pol., Dipl.-Volksw., Prof. f. Wirtschaftliche Staatswiss. Univ. Frankfurt/M. (s. 1982) - Goethestr. 13, 6240 Königstein/Ts. - Geb. 10. Jan. 1931 Neufechingen/S. (Vater: Hugo Walter B., Lehrer; Mutter: Anna Katharina, geb. Becker), ev., verh. s. 1954 m. Ilse, geb. Altpeter, 6 Kd. - Dipl.-Volksw. 1958, Promot. 1967 bde. Univ. d. Saarl. - 1960-68 Wiss. Assist. Univ. Saarbrücken; 1968-69 Leit. Planungsgr. b. MP d. Saarl.; 1970-76 Abt.leit. Inst. f. Weltwirtsch., Kiel; 1976-82 o. Prof. TU Berlin; seitd. Prof. Univ. Frankfurt/M. Managing Editor Public Finance/Finances Publiques - BV: Ausfuhrl.-Prinzip, Einfuhrl.-Prinzip u. Gemeins.-Markt-Prinzip - E. Beitr. z. Theorie d. Steuerharmonisier., 1969; Bestimmungsgründe d. regionalen Entwicklungspotentials: Infrastruktur, Agglomeration u. sektorale Wirtschaftsstruktur, (m. a.) 1975; Konjunkt. Wirkungen öffentl. Haushalte, Kieler Studie 146 (m. a.), 1978; Public Finance and Growth, (m. a.), 1982; The Contribution of Infrastructure to Regional Development, 1986. Zahlr. Art. in in- u. ausl. Fachztschr.

BIEHL, Hans-Reiner
Dipl.-Ing., Dipl.-Kfm., Bergwerksdirektor, Vorstandsvorsitzender d. Saarbergwerke AG, Saarbrücken - Trierer Str. 1, 6600 Saarbrücken (T. 0681 - 405 32 00) - Geb. 13. Nov. 1936, verh. - Vorst.-Vors. Unternehmensverb. Saarbergbau, Saarbrücken; Vorst.-Mitgl. Bundesverb. Dt. Arbeitg.-Verb., Köln, Gesamtverb. dt. Steinkohlenbergbau, Essen (stv. Vors.), Steinkohlenbergbauverein, Essen (stv. Vors.), Wirtschaftsvereinig. Bergbau, Bonn; AR-Vors. Saar Ferngas AG, Saarbrücken; Erster Vizepräs. Saar-Lothringische Kohlenunion, Saarbrücken/Straßburg (Rat); AR-Mitgl. Saarberg-Hölter Umwelttechn. GmbH, Saarbrücken, Saarberg Oel u. Handel GmbH, Saarbrücken, Dt. Bank Saar AG, Saarbrücken; VR Bergbau-Forschung u. Bergwerksverb. GmbH, Essen-Kray (stv. Vors.) u. Mitgl. d. gf. Aussch. Bergwerksverb., Essen, Carbo-Tech Ges. f. Bergbau u. Industrieprodukte mbH, Essen (1. stv. Vors.); Beirat Saarberg-Interplan Ges. f. Rohstoff-, Energie- u. Ing.technik mbH, Saarbrücken, Allianz Versich.-AG, ZwNdrl. Nordr.-Westf., Köln, Landeszentralbank im Saarland, Saarbrücken; Mitgl. Vollvers. Studienaussch. Westeurop. Kohlenbergbaus, Brüssel, Zentralaussch. im Studienaussch. Westeurop. Kohlenbergbau, Brüssel, Max-Planck-Ges. z. Förderung d. Wiss., München; Kurat.-Mitgl. Landeskurat. Rheinl.-Pfalz/Saarland Stifterverb. f. d. Dt. Wiss.; Präsid.-Mitgl. Techn.-wiss. Gemeinschaftsorg. (TWG) Steinkohlenbergbau, Essen - Spr.: Engl., Franz.

BIEHL, Peter
Prof. f. Religionspädagogik u. Didaktik d. Theol. Univ. Göttingen - Postfach 1, 3402 Dransfeld - Geb. 9. März 1931 Hamburg, ev., verh. s. 1960 m. Eva-Maria, geb. v. Ungern-Sternberg - Stud. Theol., Phil., German. Tübingen, Göttingen, Basel, Marburg - 1956 Leit. e. Jugendwohnheimes, 1962 Doz. Religionspäd. Inst. Loccum, 1970 Prof. - BV: Kirchengesch. im Relig.unterr., 1973; Erfahrung-Symbol-Glaube, 1980 (zus. m. G. Baudler); Natürliche Theol. als religionspäd. Probl., 1983; Symbole geben zu lernen, 1989. Mithrsg. Jahrb. f. Religionspäd. (1985ff.).

BIEHLE, Alfred
Journalist, MdB (s. 1969), CDU/CSU-Fraktion; Wahlkr. 235/Main-Spessart - Konrad-v.-Querfurt-Str. 22, 8782 Karlstadt/M. (T. 12 98) - Geb. 15. Nov. 1926, kath., verh., 1 T. - Kaufm. Lehre; 1944-45 Wehrdst. (verw.), Ind.-Kaufm.; s. 1950 Journalist - 1965-69 ehrenamtl. Verw.-Richter; 1956-72 Kreisrat, 1956-78 Stadtrat (Frakt.-Vors. b. 1970); 1960-66 2. Bürgerm., 1966-72 stv. Landrat - S. 1973 Kreisvors. Bayer. Rotes Kreuz. CSU s. 1950 (1948 Junge Union); s. 1982 Vors. Verteidigungsaussch. - 1980 Bayer. VO.; 1986 Gr. BVK.

BIEHLE, Herbert
Dr. phil., Stimmpädagoge, Doz., Schriftst. - Blücherstr. 61a, 1000 Berlin - Geb. 16. Febr. 1901 Dresden (Vater: Prof. Johannes B.), ev., led. - Univ. Berlin (Promot. 1923); Stimmbild. G. Armin - S. 1942 Lehrtätigk. Musikhochsch., Verw.akad. Diesterweg-Hochsch. u. VHS Berlin - BV: u. a. Musikgesch. v. Bautzen, 1924; Georg Schumann, Biogr. 1925; D. Stimmkunst, 2 Bde. 1931/32; Redetechnik, 4. A. 1974; Werbe-Rhetorik, 1957; Stimmkunde f. Redner, Schauspieler, Sänger u. Stimmkranke, 2. A. 1970. Liedkompos. - Liebh.: Memoiren-Lektüre.

BIEHLER, Axel
Maschinenbau-Ing., Verkaufsleiter BBC-YORK GmbH Kälte- und Klimatechnik, Mannheim, Verkaufsgeb. Nord, Hamburg - Sthamer Str. 39 , 2000 Hamburg 65 (T. 040 - 605 40 03) - Geb. 31. März 1935 Berlin (Vater: Harry B., Kaufm.; Mutter: Käte, geb. Bauer), ev. verh. s. 1963 m. Helga, geb. Gabler, 2 Kd. (Ralf, Ute) - Ind.kfm. 1952 Leipzig. Masch.-bau-Ing. 1960 Bingen - 1968-73 Verkaufsleit. - Liebh.: Lit., Schauspiel, Oper, Sport - 1953 Dt. Jugend-Berlin-Meister im Hockey - Spr.: Engl.

BIEKERT, Ernst Rudolf
Dr. rer. nat. habil., Dipl.-Chem., Univ.-Prof., Aufsichtsrat Ges. f. Strahlen u. Umweltforschung mbH, München - Weinheimer Str. 21, 6703 Limburgerhof - Geb. 25. Sept. 1924 Ebingen (Vater: Alois B.; Mutter: Frida, geb. Landwehr), verh. s. 1953 m. Inge, geb. Langensteiner, T. Eva-Maria - Chemiestud. Univ. Tübingen; Dipl.-Chem. (1950) - 1953 Wiss. Ass. Max-Planck-Inst. f. Biochemie Tübingen; 1956 Wiss. Hauptabt.-Leit. Max-Planck-Inst. f. Biochemie München (Dir. Prof. Dr. Butenandt); 1961 Knoll AG, Ludwigshafen (Übernahme d. Leitg. Forschung, Vorst.-Mitgl.; 1967 stv. Vorst.-Vors., 1968 Vorst.-Vors.); 1975 Spartenleit. Pharma BASF AG; b. 1985 BASF AG, Ludwigshafen. AR-Vors. Dt. Wagnisfinanzierungs-Ges. mbH, Frankfurt; AR-Mitgl. Dt. Ges. f. Wagniskapital mbH, Frankfurt, Pfälz. Hypothekenbank AG, Andreae-Noris Zahn AG, Frankfurt, Dt. Primatenzentrum GmbH, Göttingen; Schatzm. Ges. Dt. Chemiker, Frankfurt; Vorst.-Mitgl. Stifterverb. d. Dt. Wiss. Essen; Mitgl. Wissenschaftsrat d. Bundesrep. Dtschl.; Beirat Dt. Bank f. d. badisch-pfälz. Bezirk, Gerling Konzern Südwestdtschl.; Vors. Ges.Vers. d. VCH-Verlagsges. Weinheim - Zahlr. Beitr. in biochem. u. chem. Fachztschr. Mithrsg.: Ullmanns Enzyklopädie d. Techn. Chemie - Mitgl. d. New York Acad. of Sciences u. a. wiss. Ges.; 1984 BVK I. Kl. - Spr.: Engl., Franz. - Rotarier.

BIEL, Ulrich E.
Dr. jur., Rechtsanwalt u. Notar - Falkenried 21, 1000 Berlin 33 (T. 832 84 26; Büro: 882 70 65) - Geb. 17. Mai 1907 Berlin (Vater: Richard Bielschowsky, RA; Mutter: Tilly, geb. Simon) - Univ. Genf, Bonn, Berlin - 1934 Emigration USA (Dienst Armee (Offz.) u. State Department); MdA Berlin (1971-78, CDU) - 1977 Ernst-Reuter-Plak.; 1987 Gr. BVK m. Stern.

BIELENBERG, Ludwig
Reedereidirektor, Geschäftsf. Dt. Afrika-Linien GmbH (s. 1968) - Bredkamp 56, 2000 Hamburg 55 - Geb. 1. Juni 1930.

BIELER, Manfred
Schriftsteller - Gustav-Meyrink-Str. 17, 8000 München 60 - Geb. 3. Juli 1934 Zerbst/Anh. (Vater: Richard B., Baumeister; Mutter: Elsbeth, geb. Tietz), verh. s. 1966 m. Marcella, geb. Matejovská, 3 Kd. (Marcella, Gregor, Laura) - Philantropinum Dessau (Abit. 1952); Humboldt-Univ. Berlin (German.; Dipl.-Phil. 1956) - Zeitw. Tschechosl. - BV (b. zu 8 Übers.): D. Schuß auf d. Kanzel, Parod. 1958; Bonifaz, R. 1962; Alle meine Tanten, Erz. 1964; Märchen u. Zeitungen, Erz. 1966; D. jg. Roth, Erz. 1968; Maria Morzek, R. 1969; 3 Rosen aus Papier, Hörsp. 1970; Vater u. Lehrer, Hörsp. 1969, insges. 25 Hörsp.; D. Passagier, Erz. 1971; Mein Kl. Evangelium, 1974; D. Mädchenkrieg, R. 1975; D. Kanal, R. 1978; Ewig u. drei Tage, R. 1980; D. Bär, R. 1983; Walhalla, Lit. Parodien, 1988. Bühnenst.: Zaza (1969). Fernsehsp./DDR: D. Hochzeitsreise (1960), 3 Rosen aus Papier (1966), / BRD: Tot im Kanapu (1968), Jana (1969), D. Person (1970), Willy u. Lilly (1970), D. provisor. Leben (1971), Auf Befehl erschossen (1972), Wenn alle anderen fehlen (1973), Einladung z. Enthauptung (m. Nabokow, 1973), D. jg. Roth (1973), D. Hausaufsatz (1974), Oblomows Liebe, Väter u. Söhne, Sonntagsgesch. (smtl. 1976); Am Südhang (n. Keyserling, 1979); Preußische Nacht (1981). Drehb.: D. Kaninchen bin ich (DEFA-Film, 1966 verboten) - 1965 Intern. Hörspielpreis, 1969 Andreas-Gryphus-Preis, 1971; 1965-67 Mitgl. PEN-Zentrum Ost u. West (DDR); 1973 Mitgl. Bayer. Akad. d. Schönen Künste; 1980 PEN-Club BRD - Liebh.: Musik (Cembalo), Malerei - Spr.: Tschech., Engl.

BIELFELDT, Hans
Dr. rer. pol., gf. Vorstandsmitgl. Auftragsstelle Hamburg - Albertiweg 23, 2000 Hamburg 52 - Geb. 18. Juni 1910, verh. s. 1936 m. Hetti, geb. Wolff, 2 Kd. - Klinger-Sch. Frankfurt/M.; Univ. Hamburg (Promot. 1933) - 1932 Verbandstätigk. Hamburg; 1934 IHK Altona; 1937 HK Hamburg (1953 Hgf.). 1965-72 Vors. Programmbeirat NDR.

BIELFELDT, Klaus
Dr., Direktor - Terrassenweg 18, 5330 Königswinter 41 - Vorst. Vereinigte Aluminium-Werke AG., Bonn; Vors. Ges. Dt. Metallhütten- u. Bergleute, Clausthal.

BIELICKE, Gerhard
Schriftsteller (Ps. Gerhard Kerfin) - Wilibald-Alexis-Str. 8, 1000 Berlin 61 (T.

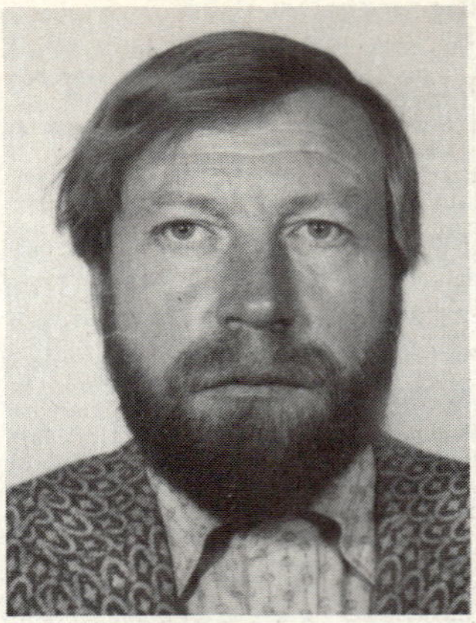

030 - 692 73 87) - Geb. 1. April 1935 Nauen/Kr. Osthavelland, ev., verh. s. 1965 m. Maritta, geb. Weikert, S. Andreas - Lehre Betriebsschlosser; Arbeiter- u. Bauern-Fak. Rostock; Sonderlehrg. f. Ost-Abit. FU Berlin - Geh. Beamtenlaufb. (Zollinsp.); 1983 RIAS (Lit. in Berlin); Gründ.-Mitgl. Kreuzberger Künstler-Kr. (stv. Vors.) - BV: 14 Bücher (s. 1965) - 1981 Schwalenberg-Stip. (erstmals f. Schriftst.) - Spr.: Russ., Engl. - Lit.: Kürschners Lit.-Kal. (s. 1977); Dt. Lit.-Lex. (1981); Robert Wolfgang Schnell, D. Geisterbahn (1963).

BIELITZ, Klaus
Vizepräsident, jurist. Stellv. d. Bischofs d. Ev. Kirche v. Kurhessen-Waldeck - Wilhelmshöher Allee 330, 3500 Kassel-Wilhelmshöhe.

BIELSCHOWSKY, Ulrich E.
s. Biel, Ulrich E.

BIEMEL, Walter
Dr. phil., o. Prof. f. Philosophie - Am Hangeweiher 3, 5100 Aachen - Geb. 19. Febr. 1918 Kronstadt - S. 1958 (Habil.) Lehrtätigk. Univ. Köln u. TH Aachen (1962 Ord. u. Inst.dir.). 1976-83 Ordinarius an d. Staatl. Kunstakad. Düsseldorf - BV: u. a. Kants Begründ. d. Ästhetik u. ihre Bedeut. f. d. Phil. d. Kunst, 1959; Sartre, 1963; Phil. Analysen in Kunst u. Gegenw., 1968; Heidegger-Monogr., 1973; Zeitig. u. Romanstruktur, 1985. Zahlr. Einzelarb.

BIEMER, Günter
Dr. theol., o. Prof. f. Pädagogik u. Katechetik - Louis-Spahrstr. 1, 7812 Bad Krozingen 2 - Geb. 30. Sept. 1929 Mannheim (Vater: Otto B., Müller; Mutter: Maria, geb. Blum), kath. - Albertus-Magnus-Sch. Viernheim (Abitur 1949); Univ. Freiburg, Birmingham, Tübingen (Theol., Phil.). Priesterw. 1955; Promot. 1959 - 1959-66 Doz. Sem. St. Peter/Schwarzw. (Katechetik u. Liturgik); s. 1966 Ord. Univ. Tübingen (Pastoraltheol.) u. Freiburg (1970). 1964 Gastprof. Univ. Pittsburgh (USA) - BV: Überlieferung u. Offenbarung, 1961 (Diss.; engl. 1967); D. Berufung d. Katecheten, 1964; Edilbert Menne (1750-1828) u. s. Beitrag z. Pastoraltheol., 1969; D. Fremdsprache d. Predigt, 1970; Unterwegs zu Dir, 16. A. 1981; Grundfragen d. prakt. Theol., 1971; Firmung, 1973; Theologie im Relig.-Unterricht, 1976; Weltrelig. im Relig.unterr., 1975; Wenn d. Antlitz sich verbirgt, 1975; Was d. Leben Tiefe gibt, 3. A. 1984; Menschenbild u. Gottesbild in d. Bibel, 1981; Freiburger Leitlinien z. Lernprozeß Christen Juden, 1981; Katechetik d. Sakramente, 2. A. 1988; Christ werden braucht Vorbilder, 1983; Leben als Ringen um d. Wahrheit, 1984; Was Juden u. Judentum f. Christen bedeuten, 1984; Wagnisse, 3. A. 1989; Handb. kirchl. Jugendarbeit, 1985; Glaube z. Leben, 2. A. 1988; Gott - d. Licht d. Lebens, 1987; Wandlungen, 1987; Christl. Heiligkeit als Lehre u. Praxis n. J.H. Newman, 1988; J. H. Newman. Leben u. Werk, 1989. Viele Einzelarb. - Liebh.: Kunst (bild. d.

Gegenw.), Musik (klass.), Skilaufen, Schwimmen - Spr.: Engl, Franz.

BIENEK, Horst

Schriftsteller - Isarweg 2, 8012 Ottobrunn - Geb. 7. Mai 1930 Gleiwitz, kath. - Brecht-Schül. - 1951-55 Freiheitsentzug (aus polit. Gründen zu 25 J. Zwangsarb. verurt.; Gefängnisse Moskau u. Nowosibirsk, Lager Workuta), Rundfunkredakt. (HR; 1957) u. Verlagslektor (München; 1961) - BV: Traumbuch e. Gefangenen, Lyrik u. Prosa 1957; Nachtstücke, Erz. 1959; Werkstattgespräche, 1962; Was war, was ist, Ged. 1966; D. Zelle, R. 1968 (1970 in eig. Regie verfilmt, 1974 engl. u. griech); Bakunin - e. Invention, R. 1970; Solschenizyn u. a. Ess. 1972; D. Zeit danach, Ged. 1973; D. erste Polka, R. 1975 (m. Maria Schell in d. Hauptr. verfilmt); Gleiwitzer Kindheit, Ged. 1976; Septemberlicht, R. 1977; Zeit ohne Glocken, R. 1979; D. Freitag d. kleinen Freuden, Erz. 1981; Erde und Feuer, R. 1982; Beschreibung e. Provinz, Aufz. 1983; Königswald oder D. letzte Gesch., Erz. 1984; D. Kunde in d. Bibl., Ess. 1986; D. allmähliche Ersticken v. Schreien. Üb. Spr. u. Exil heute, Ess. 1987; Reise in d. Kindheit, Aufz. 1988 - 1960 Villa Massimo, Rom; 1967 Hugo-Jacobi-Preis (f.: Was war, was ist) - 1967 Bremer Literaturpreis (f: D. Zelle), 1971 Bundesfilmpreis/Filmband in Gold (f. Regie: D. Zelle); 1975 Hermann-Kesten-Preis (f.: D. erste Polka); Wilhelm-Raabe-Preis 1978; Nelly-Sachs-Preis 1981; 1983 BVK. Mitgl. Dt. Akad. f. Sprache u. Dichtung, Bayr. Akad. d. Schönen Künste.

BIENERT, Wolfgang A.

Dr. theol., Prof. f. Kirchengeschichte (Patristik) Univ. Marburg (s. 1983) - Hahnbergstr. 5, 3550 Marburg-Cappel (T. 06421 - 4 63 68) - Geb. 24. Sept. 1939 Berlin, ev., verh. s. 1968 m. Ursula, geb. Winter, 2 S. (Matthias, David) - Stud. Univ. Göttingen, Kirchl. Hochsch. Berlin; 1. theol. Prüf. 1963, 2. theol. Prüf. 1967, bde. Hannover; Promot. 1970 Bonn; Habil. 1977 Bonn; Ord. 1977 Munster/Örtze - 1964-67 Vikar Caracas/Venezuela u. Hildesheim; 1967-77 wiss. Assist. Univ. Bonn; 1977/78 Pfarrer Munster; 1977-83 Doz. f. Kirchen- u. Missionsgesch. Hermannsburg; 1979-83 Priv.-Doz. Univ. Göttingen - BV: Allegoria u. Anagoge b. Didymos d. Blinden v. Alexandrien, 1972; Dionysius v. Alexandrien. Z. Frage d. Origenismus, 1978. Übers.: Dionysius v. Alexandrien. D. erhaltene Werk (1972).

BIENIAS, Gert B.

Dr. med., Oberstarzt, Chefredakt. - Priv.: Stüdl Str. 24, 8000 München 50; Praxis u. Büro: Moosacher Str. 23, 8000 München 40 - Geb. 21. Nov. 1925 Königsberg (Vater: Max B., Amtsrat; Mutter: Erna, geb. Radtke), ev.-luth., verh. s. 1959 m. Martha, geb. Möller, 5 Kd. (Georg, Ruth, Richard, Annette, Karola) - Abit. 1943 Berlin u. 1945 Plön; 1947-53 Med.-Stud. Univ. Kiel u. München; Staatsex. u. Promot. 1953 ebd. - 1957/58 Doz. State Univ. New York; 1960 Niederl. HNO-Facharzt, 1965 Sportarzt, 1973 Fliegerarzt d. Bundesw., 1983 Oberstarzt; s. 1975 Arbeitsmed.; s. 1970 Chefredakt. Mitgl. (Vorst.) versch. Standesorg. - BV: Korrigier. u. rekonstruktive Nasenplastik (übers. ins Engl.) - 1983 Ehrenmed. d. Bundeswehr - Liebh.: Motor-/Jet-Flug, Filmen, Fotogr. - 20 x Dt. Sportabz. in Gold; 15 x Bayer. Leistungsabz. in Gold - Spr.: Engl. (Amerik.).

BIENSTADT, Walter

Direktor - Wiesenstr. 66, 6229 Martinsthal üb. Eltville/Rh. - Geb. 17. Dez. 1930 - Vorst. Nord-West-Ring Schuh-Einkaufsgenoss. e.G., Frankfurt/M.

BIER, Gerhard

Dr. phil., Chemiker - Rabenkopfstr. 2, Apt. 419, 7800 Freiburg - Geb. 20. Dez. 1917 Karlsruhe (Vater: Gustav B.), verh. m. Gertrud, geb. Müller, 3 Kd. Univ. Freiburg (Dipl.-Chem. 1943). Promot. 1946 Bern - 1946-49 Univ. Freiburg (Assist. Makromolekulares Forschungsinst. u. Chem. Inst.); 1949-62 Farbwerke Hoechst AG (zul. Leit. Kunststofflabor. II); s. 1963 Dynamit Nobel (Leitg. Zentralforsch.), 1967-82 Vorstandsmitglied; 1971-82 Mitgl. d. Wirtschaftsbeir. d. Aachener und Münchener Versich. AG.

BIERBRAUER, Günter

Ph. D., Dipl.-Psych., Prof. f. Psychologie Univ. Osnabrück (s. 1976) - Adolfstr. 50, 4500 Osnabrück - Geb. 20. Juni 1941 Königstein/Ts.

BIERBRAUER, Günther

Kaufmann, pers. haft. Gesellsch. Bierbrauer & Nagel KG., Stuttgart, Vors. u. Ehrenvors. Bundesverb. Bürowirtsch., Köln, Präs. d. CECOMA (Confédération Européenne de Commerces des Mobilier, Machines de Bureau et Accessoires) - Agnesstr. 13, 7000 Stuttgart 70.

BIERBRAUER, Hans

Maler u. Karikaturist (Oskar) - 1000 Berlin - Geb. 1922 (?) Berlin - Lithographenlehre; n. Abendabit. Kunstakad. - Mitarb. Berliner Morgenpost (üb. 25 J.), SFB u. ZDF.

BIERETT, Doris

Schauspielerin, Diseuse - Südwestkorso 43 A, 1000 Berlin 33 - Geb. 17. Jan. (Vater: Prof. Dr. Georg B., Techn. Dir. Salzgitter Maschinen AG; Mutter: Hilde B., Geigerin), ledig - Max-Reinhardt-Schule Berlin - Lehrbeauftr. f. Chanson MHS Köln, Jurymitgl. VDMK-Wettbewerk Musical-Chanson-Song; Schauspielerin, Sängerin, Moderatorin im Fernsehen; Chansons, Revuen u. Schallpl. m. Christoph Rueger - Kabarett: D. Wühlmäuse, Reichskabarett, Renitenztheater, D. Amnestierten. Protagonistin in div. Musicals: Can-Can, Kiss me Kate, Irma la Douce, Hello Dolly, Cabaret, Sweet Charity, Chicago, Lächeln e. Sommernacht. Europ. Erstauff.: Funny Girl, Finians Rainbow, Lady be good, Oh Kay. Salzb. Festsp., Wiener Festwochen, Holland Festival m. Brecht/Weill D. 7 Todsünden - Liebh.: Wohnen - Spr.: Franz., Engl.

BIERGANS, Enno

Dr. rer. pol., Steuerberater, o. Prof. f. Betriebswirtschaftslehre - Am Perlacher Forst 170, 8000 München 90 (T. 64 08 34) - Geb. 17. Jan. 1939 Dortmund - Univ. München u. Köln (Betriebsw.). Promot. 1965 - Tätigk. Banku. Treuhandwesen sow. Industrie; Hochschullehrer TU (1970 Wiss. Rat) u. Univ. München (1972 Ord.; gegenw. Vorst. Inst. f. Finanzwirtsch., Dir. Sem. f. Betriebswirtsch. u. Steuern) - BV: Grenzkostenrechnung, 1968; Investitionsrechnung, 1973; Einkommensteuer u. Steuerbilanz, 4. A. München 1988; Raten, Renten andere wiederk. Zahlungen, 2. A. 1984 (m. v. Stotzingen). Div. Fachaufs.

BIERICH, Jürgen

Dr. med., o. Prof. f. Kinderheilkunde - Ob dem Viehweidle 12, 7400 Tübingen (T. 29 47 13) - Geb. 11. Jan. 1921 Hamburg - S. 1956 (Habil.) Lehrtätigk. Univ. Hamburg (1962 apl. Prof.; zul. Ltd. Oberarzt Kinderklinik) u. Tübingen (1968 Ord. u. Klinikdir.). Fachveröff.

BIERICH, Marcus

Dr. phil., Dr. rer. oec. h. c., Vorsitzender d. Geschäftsfg. Robert Bosch GmbH, Stuttgart (s. 1984) - Postfach 10 60 50, 7000 Stuttgart 10 - Geb. 29. April 1926 (Vater: Medizinprof.) Stud. Naturwiss., Math., Phil. - B. 1984 Vorst.-Mitgl. Allianz Versich. AG, München u. Allianz Lebensversich. AG, Stuttgart; AR-Vors. Mercedes-Automobil Holding AG, Beiersdorf AG; AR-Mitgl. VEBA AG, J. M. Voith GmbH, Allianz AG, BASF AG, Deutsche Bank AG; 1985ff. Präs. Ges. z. Förd. d. Inst. f. Weltw.

BIERLE, Klaus

Dr., Akad. Direktor Univ. d. Saarlandes - Waldstr. 15, 6601 Schafbrücke (T. 0681 - 89 31 16) - Geb. 30. Sept. 1938 Mannheim, ev., verh., 2 Kd. - Stud. Volksw. u. Betriebsw., Soziol. u.a.; Dipl.-Kfm. 1961; Promot. 1969 Univ. d. Saarlandes - Akad. Dir. f. Betriebswirtschaftslehre Univ. Saarbrücken. Beratende Tätigk. in d. Wirtschaft; s. 1982 Präs. Bundesverb. Dt. Volks- u. Betriebswirte, Bonn - BV: Inflation u. Steuer, 1974; Anteilsbewertung, 1974; Grundzüge d. BWL, 2 Bde., 12. A. 1985 (Bd. I), 8. A. 1985 (Bd. II); Grundlagen d. BWL, 2 Bde., 2 A. 1988.

BIERLEIN, Dietrich

Dr. rer. nat., o. Prof. f. Math. - Carl Maria von Weber Str. 71, 8400 Regensburg - Geb. 14. Aug. 1928 Burglengenfeld (Vater: Ernst B., Reg.dir.; Mutter: Margarethe, geb. Hollender), ev., verh. s. 1963 m. Helga, geb. Niemann, 3 Söhne (Jochen, Bernd Roderich, Wolfhard) - Univ. München u. Köln (Math.) - S. 1961 (Habil.) Lehrtätigk. Univ. München, Münster, Göttingen u. TH bzw. Univ. Karlsruhe (1963; Ord. u. Inst.dir. für Math. Statistik), Univ. Regensburg (1970). Spez. Arbeitsgeb.: Statist. Entscheidungs-, Wahrscheinlichkeits- u. Spieltheorie - BV: Entscheidung u. Verantwortung in kybernet. Sicht, 1979. Fachveröff. - Liebh.: Sport, klass. Musik.

BIERMANN, Hans

Vorstandsmitglied Bergbau AG. Westfalen, Dortmund - Hohenrodtstr. 11, 4690 Herne/W. - Geb. 14. Aug. 1925.

BIERMANN, Karl-Heinz

Vorstandsvorsitzender Thyssen Schulte GmbH, Dortmund - Wittbräucker Str. 42, 5804 Herdecke (T. Büro: Dortmund 546-1) - Geb. 6. April 1914 Hagen.

BIERMANN, Klaus

Versicherungsdirektor - Wunnenbergstr. 23a, 4600 Dortmund 50 - Geb. 19. April 1939 - Stud. Volks- u. Betriebsw. - Vorst. SIGNAL Unfall/Kranken/Leben u. PVAG, Dortmund.

BIERMANN, Manfred

Dr. rer. pol., Wirtschaftsprüfer u. Steuerberater - Pfingstbusch 2, 2400 Lübeck-Travemünde 1 - Geb. 22. Mai 1935 Hannover - 1942-55 Schule Hannover; Abit. Wirtschaftsobersch.; 1955-56 Lehre b. e. Wirtschaftsprüfungsges. Hannover; 1955-59 Stud. Betriebswirtsch. TH Hannover u. Univ. Hamburg; Dipl.-Kfm., Promot. 1963 - 1959-63 wiss. Assist. Betriebswirtsch. Sem. u. Sem. f. Wirtschaftsprüf. u. Steuerwesen Univ. Hamburg; 1963-67 Direktionsassist. u. später kaufm. Leit. e. Industriebetr. in Lübeck-Travemünde; s. 1967 selbst. als Steuerberater u. Wirtschaftsprüfer (1972) in Lübeck. Ehrenamtl. Mitarb. in zahlr. Vereinen u. Inst.; 1983-85 Senator f. Wirtsch. u. Verkehr Hansestadt Lübeck; 1985-87 Min. f. Wirtsch. u. Verkehr Schlesw.-Holst. CDU s. 1974 - Liebh.: Golf, Tennis, Skilaufen - Spr.: Engl., Franz.

BIERMANN, Peter F.

Chefdramaturg u. Spielleiter - Lisztstr. 25, 8000 München 80 - Geb. 31. Jan. 1944 Bautzen (Vater: Edmund B., Facharzt; Mutter: Charlotte, geb. Römer), verh. m. Burgi Richter, Bühnenbildnerin - Stud. Phil. Univ. Freiburg, Theaterwiss. Univ. München - 1974 Dramaturg u. Spielleit. Landestheater Salzburg; ab 1977 Chefdramat.; 1981 Chefdramat. u. Spielleit. Städt. Bühnen Regensburg - BV: Dt. Übers. d. Oper Jolanthe (Tschaikowsky), 1978; Panizza, Opernlibretto, 1982 - Insz.: D. Strick (O'Neill); Carl u. d. Skelett (H. Fleck, UA.); Kesselflickers Hochzeit (Synge); Susn (Achternbusch); D. Mädl aus d. Vorstadt (Nestroy); D. gestiefelte Kater (Toen); Medea (Rame); Plattling (Achternbusch).

BIERMANN, Rudolf

Dr. phil., Prof. f. Allg. Didaktik u. Schulpädagogik WWU Münster - G.-Hauptmann-Str. 26, 4350 Recklinghausen.

BIERMANN, Siegfried

Dr. rer. pol., Dipl.-Kfm., Geschäftsf. u. Sprecher d. Geschäftsfg. Buse Beteiligung u. Verw. GmbH, Geschäftsf. Buse Gase GmbH u. Buse Anlagenbau GmbH., alle Bad Hönningen - Am kleinen Bäumchen 12, 5462 Bad Hönningen - Geb. 28. Jan. 1930 Köln, ev.

BIERSTEDT, Klaus-Dieter

Dr. rer. nat., o. Prof. f. Mathematik Univ.-Gesamthochschule Paderborn, Funktionalanalysis, insbes. Funktionenräume (s. 1974) - Fröbelstr. 6, 4790 Paderborn/W.; Eleonorenstr. 46, 6503 Mainz-Kastel (T. 06134 - 2 22 61) - Geb. 4. Mai 1945 Bad Eilsen (Vater: Otto B. †, Prokurist; Mutter: Anneliese, geb. Knußmann), kath., led. - Gymn. Mainz u. Univ. Mainz (Math., Phys.). Dipl.-Math. 1969; Promot. 1971 (beides Mainz); Habil. 1974 (Kaiserslautern) - Assistenzprof. Univ. Kaiserslautern u. Wiss. Rat. u. Prof. Univ. Mainz; 1983-90 Mitgl. Präsid. Dt. Mathematiker-Vereinig. Div. Facharb. (Mit-) Herausg.: Functional Analysis: Surveys and Recent Results, Bd. I (1977), Bd. II (1980), Bd. III (1984), alle in d. Reihe North-Holland Math. Studies - S. 1988 korr. Mitgl. d. Société Royale d. Sciences de Liège (Belgien) - Liebh.: Filmen (super 8) - Spr.: Engl., Franz.

BIERTHER, Wilhelm

Dr. phil., Prof., Kustos Geol.-Paläontol. Inst. Univ. Bonn - Fasanenweg 5, 5300 Bonn-Ippendorf - Geb. 30. März 1913 Siegburg/Rhld. - S. 1953 (Habil.) Lehrtätigk. Bonn (1956 apl. Prof. f. Geol. u. Paläontol.).

BIERVERT, Bernd

Dr. rer. pol., o. Prof. f. Volkswirtschaftslehre Univ.-Gesamthochschule Wuppertal, Vorstandsmitgl. d. Forschungsst. f. empirische Sozialökonomik, Köln, Wirtschaftstheorie und -politik - Altenberger Str. 10, 5600 Wuppertal 1 - Geb. 19. Aug. 1941 Breslau, verh. s. 1968 m. Edita, geb. Varinská, S. Bernik.

BIESALSKI, Peter

Dr. med., o. em. Prof. f. Hör-, Stimm- u. Sprachstörungen (erster Lehrstuhl ds. Art in d. BRD) - Weidmannstr. 63, 6500 Mainz (T. 8 25 78) - Geb. 16. Dez. 1915 Berlin (Vater: Prof. Dr. med. Konrad B., Orthopäde, Begr. u. Leit. Oskar-Helene-Heim Berlin †1930; Mutter: Elfriede, geb. Schultze), ev., verh. s. 1945 m. Lydia, geb. Elmshäuser, 4 Kd. (Angelika, Hans, Konrad, Annette, Ernst Peter) - Gymn. Berlin; Univ. ebd., München, Marburg. Ausbild. Hals-Nasen-Ohren- u. Kinderheilkd. - S. 1956 (Habil.) Lehrtätigk. Univ. Mainz (1961 apl. Prof., 1962 Wiss. Rat HNOklinik, 1969 o. Prof.). 1971ff. Präs. Union europ. Phoniater (Neugründ.) - BV: D. akute u. chron. Mittelohrentzünd. im Säuglings- u. Kindesalter, 1957; D. HNOkrankh. im Kindesalter, 1960; Phoniatrie- Pädaudiologie, 1973/1982. Herausg. Z. Sprache, Stimme, Gehör - 1961 Curt-Adam-Preis (f. d. letzte BV); 1972 E.-v.-Bergmann-Plak.; 1975 Peter-v.-Aspelt-Med.; 1976 Seeman-Plak.; 1980 H.-Gutzmann-Plak.; 1983 Rheingold-Plak.; 1984 Georg-Hohmann-Plak.; BVK a. Bd. - Spr.: Engl.

BIESENBERGER, Günter

Bundesvorsitzender des GEDAG - Marsstr. 12/I, 8000 München 2 (T. 089 - 59 11 50) - Geb. 21. Mai 1943 München, led. - Großhandelskaufm. - stv. Bundesvors. CGB, Hauptvorst.-Mitgl. DHV, Landesgeschäftsf. DHV Bayern, ehrenamtl. Landesarbeitsrichter LAG München, Vorst.-Mitgl. BfA, Berlin, stv. Vorst.-Mitgl. VDR, Frankfurt, Berufsbildungsaussch. IHK München u. Oberbayern - Gold. Ehrenring IHK München u. Oberbayern - Liebh.: Schwimmen, Theater.

BIESINGER, Albert

Dr. theol., Prof. f. Katechetik u. Religionspäd. Univ. Salzburg - Zu erreichen üb. Univ. Salzburg, Universitätsplatz 1

(T. 0662 - 80 44 28 00) - Geb. 1. Aug. 1948 Tübingen, kath., verh., 4 Kd. - Dipl.-Theol., Dipl. Päd. - 1981-83 Mitgl. Lehrplankommission f. d. Sekundarstufe I Dt. Bischofskonfz.; s. 1983 Mitgl. d. Direktoriums d. Salzburger Hochschulwochen - BV: D. Begründung sittlicher Werte u. Normen im Religionsunterr., 1979; Theol. im Religionsunterr. (zus. m. G. Biemer), 1976; Meditation im Religionsunterr., 1981; Religionsunterr. u. Schülerpastoral (zus. m. W. Nonhoff), 1982; Christ werden braucht Vorbilder (zus. m. G. Biemer), 1983; Was Juden u. Judentum f. Christen bedeuten (zus. m. G. Biemer, P. Fiedler), 1984; Religionsgewinn durch relig. Erzieh., Antwort an Erwin Ringel u. Alfred Kirchmayr (zus. m. G. Virt), 1986; V. lateinamerik. Gemeinden lernen (zus. m. J. Sayer), 1988; Religionsunterr. heute (zus. m. Th. Schreijäck), 1989.

BIESTER, Wolfgang

Prof., Ordinarius f. Technik u. ihre Didaktik Westf. Wilhelms-Univ. Münster (s. 1969) - Rockbusch 20, 4400 Münster/W. - Geb. 16. Jan. 1924 Hannover, ev., verh. s. 1953 m. Lieselotte, geb. Böhme, 2 Kd. (Marie-Luise, Michael) - Zahlr. Buch- u. Zeitschr.veröff. z. Didaktik der Technik.

BIESTERFELD, Wolfgang

Dr. phil., M. A., Prof. f. Dt. Literatur u. ihre Didaktik PH Kiel (s. 1978), Privatdoz. f. Deutsch PH Ruhr/Abt. Dortmund (s. 1976) - Lutherstr. 9, 2300 Kiel 1 - Geb. 13. März 1940 Kleve, kath., verh. s. 1967 m. Marie-Luise, geb. Mammes, T. Dietlind.

BIETHAHN, Jörg

Dr. rer. pol., Dipl.-Ing., o. Prof. f. Wirtschaftsinformatik Univ. Göttingen - Stumpfe Eiche 67, 3400 Göttingen (T. 0551 - 37 17 33) - Geb. 24. Mai 1942 Hermstal, ev., verh. m. Antje, geb. Schneider, Gymnasiallehrerin, 3 Kd. (Heike, Silke, Niels) - Stud. Math., Ing.-Wiss., Wirtschaftswiss.; Dipl.-Ing. 1969 Berlin, Promot. 1973 Frankfurt, Habil. 1975 ebd. - 1975-76 Prof. Trier; 1977-79 Prof. Bochum; 1979-84 Prof. Duisburg; 1984 Ruf an Univ. Dortmund; s. 1984 Göttingen - BV: Fleischprod., 1973; Simulation u. Optimier., 1978; Simulation als betriebl. Entscheidungshilfe (m. B. Schmidt), 1986; DV f. Wirtschaftswiss., 6. A. 1988 - Spr.: Engl.

BIEWALD, Dieter

Dr. rer. nat., Lehrer, Mitgl. Abgeordnetenhaus Berlin - Zietenstr. 32b, 1000 Berlin 46 (T. 772 60 60) - Geb. 8. Dez. 1932 Berlin (Vater: Fritz B., Gastwirt; Mutter: Hertha, geb. Liebenow), ev., verh. s. 1961 m. Martina, geb. Böhning, 2 Kd. (Sebastian, Bettina) - Albert-Schweitzer-Gymn. (Abit.) Berlin; Stud. FU Berlin (Staatsex.), Sorbonne Paris, Polytechnion Athen - Rundfunkrat SFB; Kurat. Richthofen, Ritter-Penk-Stiftg., Berlin; stv. Präs. Ges. f. Erdkd. ebd.; Vors. d. Kulturgemeinsch. Uronia, Berlin, u. d. Dt. Bibliothesverb. Landesverb. Berlin (dbv) - BV: D. Ansatztiefe d. rezenten Korallenriffe, 1971; Berliner Künstler im Gespräch, I 1973, II 1975 - Liebh.: Reiten, Tennis, Tauchen - Spr.: Engl., Franz.

BIEWEND, Edith,

geb. Baumgart

Schriftstellerin - Hofreitstr. 41, 8240 Schönau/Königssee (T. 08652 - 43 58) - Geb. 30. März 1923 Moers, ev., verh. s. 1953 m. Hans B. - Abit. 1941, 1. u. 2. Lehrerex. 1943 Brünn, Ex. in Ungarisch-Hradisch 1945 - 1943-66 Lehrerin Brumov (Mähren) u. Moers (Niederrh.); fr. Schriftst. - BV: 10 Kinderb., 9 Erzählbde., 3 Biogr., 11 Romane, u.a. Letta, 1980 u. Kornblum, 1984; D. Teichrosenhaus, 1987 - Liebh.: Lesen, - Spr.: Franz., Engl. - Lit.: Carl Heinz Kurz,

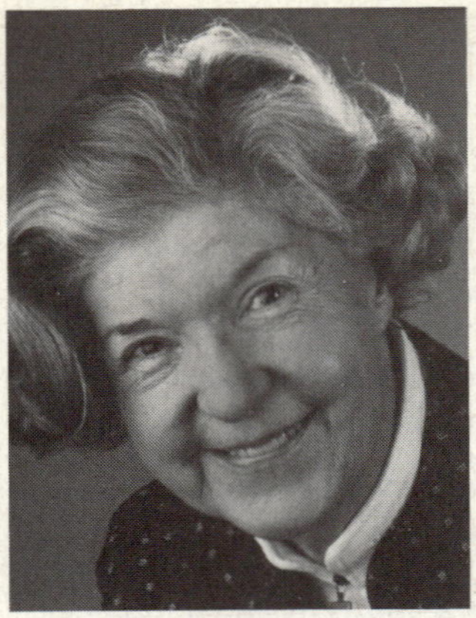

Autorenprofile (1976); Spektrum d. Geistes (1978).

BIFFAR, Oskar D.

Unternehmer, Vors. Verb. d. Dt. Bauzubehör-Industrie - Zu erreichen üb.: An d. Quellen 10, 6200 Wiesbaden.

BIGALKE, Hans-Günther

Dr. rer. nat., Prof. f. Mathematik u. ihre Didaktik Univ. Hannover - Leuschnerstr. 24, 3100 Celle - Geb. 23. Febr. 1933 Celle - 1952-57 Stud. Math., Physik u. Phil., Promot. 1967 - 1957-68 u. 1971-72 Studienrat, -direktor; 1968-71 Wiss. Berater Stiftg. Volkswagenwerk, 1972-78 Lehrst. Didaktik d. Math. PH Hannover, ab 1978 Univ. Hann. - 1975-80 2. Vors. Ges. f. Did. d. Math. - BV: Z. Didaktik d. Math., Bd. I u. II, 1977 u. 1978 (m. K. Hasemann); Kugelgeometrie, 1984; Beitr. z. wiss.theoret. Diskussion d. Math.didaktik, 1985; H. Heesch, Ges. Abh., 1986; H. Heesch, Biogr., 1988.

BIGGE, Rudolf

Dr. rer. pol., Dipl.-Volksw., Vorstandsmitglied d. Salzgitter AG i. R. (s. 1981) - Fichtenweg 6, 3320 Salzgitter 51 (T. 05341 - 3 77 16) - Geb. 19. Febr. 1926 Duisburg (Vater: Rudolf B., Justizangestellter; Mutter: Mathilde, geb. Metzer), röm.-kath., verh. s. 1947 m. Grete, geb. Mägdefrau, 4 Söhne (Hans Rolf, Klaus, Jörg, Jens) - Humanist. Gymn., Stud. Wirtschaftswiss. Univ. Würzburg; 1952 Dipl.-Volksw., 1954 Dr. rer. pol. - Versch. AR- u. Beir.Mand.

BIHLER, Heinrich

Dr. phil., o. Prof. f. Romanistik (emerit. 1972) - Otfried-Müller-Weg 10, 3400 Göttingen - Geb. 14. Okt. 1918 Freiburg/Br. (Vater: Heinrich B.; Mutter: Elisabeth, geb. Maier), verh. 1948 m. Anneliese, geb. Linckh - 1956 Privatdoz. München, 1961 Ord. Göttingen. Div. Publ., dar. Franz. Stillehre (1955), Span. Versdicht. d. Mittelalters im Lichte d. span. Kritik d. Aufklärung u. Vorromantik (1957), D. Franz. Sprache (Handb. d. Frankreichkd., 3. u. 4. A. 1962/63); Interpretation v. Molières Dom Juan u. Le Misanthrope, in: D. franz. Theater, 1968. Herausg.: D. Rosenroman v. Guillaume de Lorris u. Jean de Meun, 1966 (Auswahl). Neuere Aufs. z. span. u. kat. Lit., dar. Setmana Santa (1971) de Salvador Espriu, ejemplo de poesía religiosa crítica en la actualidad, in IBEROROMANIA, 9, (1979), S. 98-121; Los Salmos de Ernesto Cardenal en su relación con los salmos bíblicos. in Lateinamerika Stud. 13 (1983), S. 77-104; Z. Darst. u. Bedeut. d. Themenkreise Katalonien u. Spanien in d. kat. Lyrik d. 20. Jh. in Roman. Literaturbezieh. im 19. u. 20. Jh. (1985), S. 41-55; Miguel de Cervantes, Don Quijote, in: D. span. Roman, 1986; Hat Molière seinen Dom Juan als dramatisierten Anti-Quijote konzipiert?, in: Formen innerlit. Rezeption, (1987), S. 113-134; Reflexiones sobre la necesidad de establecer una síntesis que abarque todos los aspectos y problemas de la recepción de El médico de su honra de Calderón a partir del siglo XIX, in: Hacia Calderón (1987), S. 151-160. Mithrsg. Ztschr. IBEROROMANIA (s. 1972) - S. 1983 Ehrenpräs. d. Dt.-Katalan. Ges. - Liebh.: Musik.

BIHN, Willi R.

Dr. rer. pol. (habil.), o. Prof. f. Statistik u. Ökonometrie - Höninger Weg 19, 5030 Hürth-Efferen (T. Hürth 6 35 11) - Geb. 13. Okt. 1929 Schweinfurt/Ufr. - S. 1966 Ord. Univ. Kiel u. Köln (Dir. Sem. f. Wirtschafts- u. Sozialstat.) - BV: Kurzfrist. Indexziffern d. Bauproduktion, 1961; D. informationstheoret. Messung v. Struktursystemen d. intern. Handels, 1968; Stat. Begriffe u. Formeln m. e. Tab.-Anh., 3. A. 1985.

BIJOU, Sow

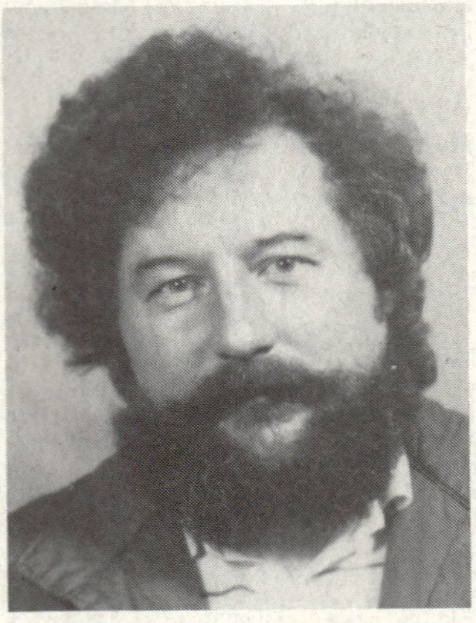

Prof. Dr. Ph.D., Dr. Ps.D., Dr. h.c., Avantgardist Bildender Künste & Nobler Philosophien - Zu erreichen üb. Intern. Generalsekr., Hausdorffstr. 71, 5300 Bonn 1 (Hauptwohnsitz: Alicante, Spanien) - Geb. 2. Nov. 1948 München, verh. m. Prinzessin Marlene v. Fürstenberg, 3 Kd. (Francoise, Simon, Maurice) - Stud. Kunst, Phil., Psych.; Promot. - Lehrtätigk. in Spanien u. England; Dir. Aesculap-Medical-Future-Academy, London; Pres. of Assoc. intern. Bildender Künste & Nobler Philosophien, Madrid/London - BV (Übers. in 6 Spr.): Künstler u. Philosoph; Geistige Phil.; Leben in d. Phil.; Analyse d. Kunst; Ghost Line; Zweigespräch zweier Amseln (1976 National Theater Mannheim u. 1978 Cool Opera London). Intern. Daueraausst.: New York, Los Angeles, Madrid, Paris, Florenz, London, Rom, Nizza u.a. - 1979 Dr. h. c. Ph. D. (Phil.); 1981 Royal-Knight of Justice London; 1988 pers. Apostolischer Segen durch Papst - Spr.: Engl., Franz., Lat., Span., Griech., Esperanto.

BIKFALVI, Andreas

Dr. med., Prof. f. Chirurgie Univ. Gießen u. Leit. Chir. Abt. Akad. Lehrkrkhs. Lich - Goethestr. 4, 5302 Lich - Geb. 18. Jan. 1916 Borband/Siebenb. - Promot. 1940 Klausenburg; Habil. 1969 Gießen - S. 1962 Prof. Gießen - BV: Chir. Gesichtspunkte b. Bronchialtbd., 1970; Trachea u. Bronchien-Palliativchir. Eingriffe b. maligenen Tumoren, 1973. Zahlr. Einzelarb.

BIKHAZI, Karin

Ballettmeisterin - Eimsbütteler Chaussee 23, 2000 Hamburg 20 - Verh. m. Jonny Kossin - Tonmeister, Studio Hamburg, ZDF - Choreogr., St. Pauli Theater, Ernst Deutsch Theater, Fernsehen u.a. - Liebh.: Malerei - Spr.: Engl., Franz., Arab.

BILABEL, Peter

Dipl.-Kfm., Geschäftsführer Walzbau-Gruppe - Im Grund 4, 6126 Brombachtal - Geb. 19. Okt. 1942.

BILAL, B. A.

Dr. rer. nat., Chemiker (Hahn-Meitner-Inst. f. Kernforsch. Berlin GmbH.), apl. Prof. f. Kernchemie TU Berlin (vorh. Privatdoz.) - Kaiserdamm 88, 1000 Berlin 19.

BILGER, Harald R.

Dr., Dipl.-Ing., Betriebsw., Schriftsteller, Vors. d. Beir.: Ges. f. Partnerschaft m. d. Dritten Welt; Beir. versch. priv. Industriefirmen; Verw.sr.: Bund der Steuerzahler, Stuttgart; Mitgl. d. Vorst.: Arbeitskr. Evang. Unternehmer i. d. Bundesrep. Deutschland (AEU) - Postf. 28, 7702 Gottmadingen (T. 07731 - 7 14 83) - Geb. 13. März 1913 Gottmadingen - Stud. Techn. Wissensch., Betriebswirtsch. Div. Ehrenmitgl.sch. - Spr.: Engl.

BILGER, Robert

Dr. med., Prof. - Sickingenstr. 46, 7800 Freiburg/Br. - S. Habil. Privatdoz. u. apl. Prof. (1965) Univ. Freiburg, 1986 pens.

BILGRAM, Hans

Brauereidirektor - Molkestr. 9 1/2, 8940 Memmingen/Schw. - Geb. 25. April 1925 - Vorst. Bürger- u. Engelbräu AG., Memmingen.

BILL, Helmut

Stadtdirektor a. D. - Tossestr. 5, 4660 Gelsenkirchen-Buer - Geb. 30. Okt. 1914.

BILL, Max

Dr. Ing. h. c., Prof., Architekt, Plastiker u. Maler - Rebhusstr. 50, CH-8126 Zumikon (Schweiz) (T. Zürich 918 08 28) - Geb. 22. Dez. 1908 Winterthur/Schweiz (Vater: ErwinB., Eisenbahnbeamter; Mutter: Marie, geb. Geiger), verh. s. 1931 m. Binia, geb. Spoerri, Sohn Jakob - Kunstgewerbesch. Zürich; Bauhaus Dessau - Freischaff. Arch. Zürich; Gastvorles. europ., nord- u. südamerik. Hochsch. u. kulturelle Institutionen; 1951-56 Rektor Hochsch. f. Gestalt., Ulm; 1967-71 Schweizer Nationalrat; 1967-74 Prof. Kunsthochsch. Hamburg (Umweltgestalt.). 1985ff. Vors. Verein Bauhaus Archiv Berlin - Arch.: Schweizer Pavillon Triennale Mailand 1936 u. 1951, HfG Ulm, Sektion Bilden u. Gestalten Schweiz. Landesausstell. 1964 Lausanne, Radio Zürich u. a.; Plastik: Kontinuität, Dreiteil. Einheit, Rhythmus im Raum, Familie v. 5 halben Kugeln, Einstein Monument Ulm - 1951 Gr. Plastikpreis Biennale São Paulo u. Gr. Preis Triennale Mailand, 1968 Kunstpreis Stadt Zürich; 1982 Kaiserring Stadt Goslar (Kunstpreis); Ehrenmitgl. American Inst. of Architects u. Oeuvre; 1972 Mitgl. Akad. d. Künste Berlin; Ausw. Mitgl. Belg. Akad. d. Wiss., Lit. u. Künste, Korr. Mitgl. Acad. d'Architecture Paris - 1979 Gr. BVK; 1981 Belg. Kronenorden; Vizepräs. Akad. d. Künste Berlin; Mitgl. Acad. nazionale argentina di Bellas Artes; Commendant dans l'ordre des Arts et des Lettres (Frankr.) - Sammler mod. u. außereurop. Kunst - Lit.: Thomas Maldonado, M. B. (1955 Buenos Aires; span., dt., engl., franz); Eugen Gomringer, u. A., M. B. (Festschr. 1958); Margit Staber, M. B. (1964 London, 1971 St. Gallen; engl., dt.); James Wood, M. B. (1974 Buffalo; engl.); Eduard Hüttinger, M. B. (1976 Zürich, 1978 engl., 2. erw. A. 1987); Valentina Anker, M. B. (1979 Lausanne; franz.); Eugen Gomringer, u. A., M. B. (Festschr. in Vorber. Starnberg); Werner Spies, Kontinuität, Granit-Monolith v. M. B. (1986 Dortmund).

BILL von BREDOW, Leopold

s. Bredow, von, Leopold Bill

BILLEN, Josef

Dr. phil., Prof. f. Didaktik d. Dt. Sprache u. Literatur an d. Westf. Wilhelms-Univ. Münster - Vahlbusch 45, 4400 Münster - Geb. 1. Juli 1933 Winnekendonk/Ndrh., verh. s. 1962 m. Gertrud, geb. Hense, 3 Kd. (Bernd-Christoph, Diemut, Elmar) - 1954-59 Stud. Deutsch, Lat. u. Phil. Univ. Münster u. Freiburg; Promot. 1964 - 1960-71 Schuldienst, 1975 Prof. (Schwerp.: Lit.wiss., Lit.didaktik) - BV: Lit. - Struktur u. Funktion, 1971 (m. F. Hassel); Lit. - Struktur u. Gesch.,

1980 (m. F. Hassel). Mitautor d. Sprachbuchwerkes Wort u. Sinn. Herausg.: Was will Lit.? (1975, m. H.-H. Koch); Identität u. Entfremdung - Beitr. z. Lit.unterr. (1979); Dt. Parabeln (1982); D. dt. Parabel - Z. Theorie e. modernen Erzählform (1986). Übers.: R. Robertson, Kafka-Judaism, Politics and Literature (1988).

BILLER, Manfred

Rechtsanwalt, Geschäftsf. Bankenverb. Berlin (s. 1963) u. Werkarztzentrum d. Berliner Wirtsch. (s. 1983) - Tauentzienstr. 7b, 1000 Berlin 30 (T. 261 12 27); priv.: Bredtschneiderstr. 12a -19 (T. 302 37 59) - Geb. 30. Sept. 1930 Passenheim, ev. - Hochsch. f. Politik u. FU Berlin - 1960-62 Synd. Bank f. Handel u. Ind. AG., Berlin.

BILLERBECK, Gerd

Präsident d. Verwaltungsrates Billerbeck International AG, CH-Allschwil, Consulting f. Intern. Marketing, Cooperation u. Öffentlichkeitsarb. - Spitzenstr. 28, 5600 Wuppertal 22 - Geb. 23. Okt. 1921 Wuppertal.

BILLERBECK, Rudolf

Dr. rer. pol., Prof. f. Polit. Soziologie, Organisationssoziol. u. Verwaltungsforsch. Univ. Bremen - Parkstr. 23, 2800 Bremen.

BILLET, Reinhard

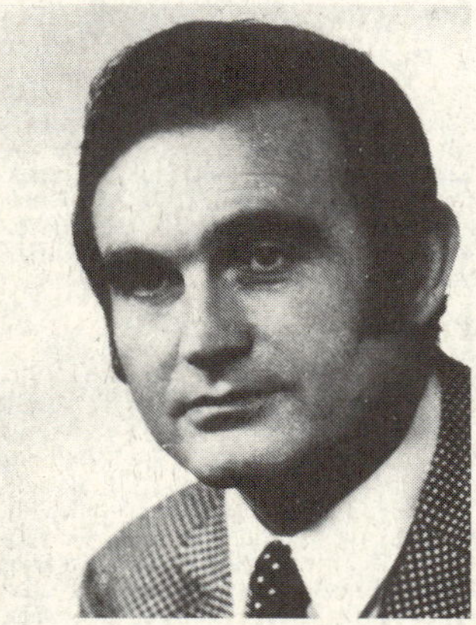

Dr.-Ing., Dipl.-Ing., o. Prof. Univ. Bochum (s. 1975; Lehrstuhl f. therm. Stofftrennverfahren) - Laerholzstr. 53, 4630 Bochum-Querenburg - Geb. 23. Febr. 1929 Karlsruhe-Durlach (Vater: August FriedrichB., Ing.; Mutter: Wilhelmine, geb. Küffner), ev., gesch., S. Klaus - Gymn.; Stud. Univ. Karlsruhe (Maschinenbau, Verfahrenstechn.); Dipl.ex. 1953; Promot. 1957 Karlsruhe - 1954-60 wiss. Assist. Inst. f. Apparatebau u. Verfahrenstechn. Univ. Karlsruhe; 1960-75 Ind.tätigk. BASF AG. (b. 1967 Techn. Prüf- u. Versuchsbetriebe; b. 1969 Kunststoffproduktion; b. 1973 Anlagenbau u. Projektier. chem. Produktionsverf., dann Umweltschutz, insb. umweltfreundl. Betriebsweise v. Neuanlagen); 1983/84 Dekan Fak. Masch.bau Univ. Bochum. Mitgl. u. a. Aussch. Therm. Zerlegung v. Gas- u. Flüssigkeitsgemischen im VDI u. Arb.gruppe Destillation, Absorption u. Extraktion d. Europ. Föderation f. Chemie-Ing.-Wesen. Mitinh. verfahrenstechn. Patente - BV: Grundl. d. therm. Flüssigkeitszerlegung, BI-Hochsch.-TB Bd. 29 1962; Verdampfertechnik, BI-TB Bd. 85 1965; Optimierung in d. Rekifiziertechnik, BI-TB Bd. 261 1967; Trennkolonen für d. Verfahrenstechnik, BI-TB Bd. 548 1971; Ind. Destillation, Monogr. 1973 (auch engl., tschech.); Verdampfung u. ihre techn. Anwendungen, Monogr. 1981 (auch engl.); Energieeinspar. b. therm. Stofftrennverfahren, 1983 (auch poln.). Rd. 170 Fachveröff., bes. zu Themen d. Therm. Verfahrenstechnik - 1964 VDI-Ehrenring; 1984 Med. TU Breslau - Liebh.: Sport, Medizin, Psychol. - Spr.: Latein, Engl., Franz.

BILLICH, Rudolf

Dr. med., Prof., Chefarzt -Geschwister-Scholl-Str. 8, 2940 Wilhelmshaven (T. 8 22 02) - Geb. 19. Juni 1918 Grefrath b. Krefeld (Vater: Dr. med. Constanz B., Arzt), ev., verh. s. 1942 m. Marie-Agnes, geb. v. Sanden, T. Gundula - Realgymn. Krefeld; Univ. Berlin, Hamburg, Rostock. Promot. 1942; Habil. 1957 - S. 1957 Privatdoz. u. apl. Prof. (1964) Univ. Münster/W. (Geburtshilfe u. Gynäk.); s. 1958 ltd. Arzt Frauenklinik Städt. Krankenanstalten (Reinhard-Nieter-Krkhs.) Wilhelmshaven. Facharb. - Spr.: Engl., Franz. - Rotarier.

BILLIGMANN, Frank-Rainer

Rechtsanwalt, Geschäftsf. Fachverb. Werkzeugindustrie, Generalsekr. Comité Européen de l'Outillage u. gf. Vorst. Forschungsgemeinsch. Werkzeuge u. Werkstoffe - Elberfelder Str. 77, 5630 Remscheid 1 (T. 02191 - 4 38-20; Fax: 02191/438-79).

BILLIGMANN, Joseph

Dr.-Ing., Hüttendirektor, Vorstandsmitgl. Rasselstein AG., Neuwied (b. 1981, Ruhest.) - Martinsbergstr. 27, 5470 Andernach/Rh. - Geb. 22. April 1918 Mönchengladbach - TH Aachen - Div. Mandate.

BILLING, Heinz

Dr. rer. nat., Physiker, Honorarprof. f. Informationsverarb. Univ. Erlangen-Nürnberg (s. 1967) - Erdinger Weg 1, 8046 Garching (T. 089 - 329 16 07) - Geb. 7. April 1914 Salzwedel - Emeritus MPI f. Physik u. Astrophysik, München. Fachveröff. (Mitherausg.: Ztschr. Elektron. Rechenanlagen (1959 ff.)).

BILLING, Werner

Dr. phil., Prof. f. Politikwissenschaft Univ. Kaiserslautern (s. 1978) - Alex-Müller-Str. 130, 6750 Kaiserslautern - Geb. 14. Juni 1936 Freiburg/Br. (Vater: Emil B., Oberstudiendir.; Mutter: Elli Dern), ev., verh. s. 1966 m. Hannelore, geb. Langer, 2 S. (Frank, Fabian) - Stud. Polit. Wiss., Staatsrecht, Phil., Gesch., Angl. Univ. Freiburg/Br., London, Edinburgh. Promot. 1968 Freiburg - 1969 Wiss. Assist., 1971 Wiss. Oberrat Univ. Hamburg; 1972 ao. Prof. EWH Rhld.-Pf./Abt. Worms - BV: Das Problem der Richterwahl zum Bundesverfassungsgericht, 1969. Div. Handbuch- u. Ztschr.-beitr. - Liebh.: Musik, Baukunst - Spr.: Engl., Franz.

BILLINGER, Josef

I. Bürgermeister - Rathaus, 8313 Vilsbiburg/Bay. - Geb. 25. Mai 1929 Vilsbiburg - SPD.

BILSTEIN, Helmut

Staatsrat Behörde f. Wiss. u. Forsch. Fr. u. Hansestadt Hamburg - Zu erreichen üb. Hamburger Str. 37, 2000 Hamburg 76 - 1978-82 Staatsrat Behörde f. Wiss. u. Forsch. sow. Kulturbeh.; s. 1983 Beh. f. Wiss. u. Forsch., dazw. Bevollm. d. Freien u. Hansestadt Hamburg b. Bund.

BIMBERG, Dieter

Dr. phil. nat., Univ.-Prof. f. Physik TU Berlin - Temmeweg 14, 1000 Berlin 22 (T. 030-365 54 19) - Geb. 10. Juli 1942 Schrozberg, verh. s. 1970 m. Dr. Bente, geb. Bentsen, 2. S. (Magnus, Mathias) - 1961-65 Stud. Math., Physik, Phil. Univ. Tübingen; Physikstud. 1965-68 Univ. Frankfurt; Promot. 1971, Habil. 1977 TU Berlin - 1972-79 Max Planck Inst. f. Festkörperforsch., Hochfeld-Magnetlabor Grenoble; 1974-75 RSRE Gt. Malvern/Engl.; 1979 Prof. f. Halbleitertechnol. RWTH Aachen; 1982 Prof. f. Exper.physik TU Berlin; 1985/86 Gastprof. Hewlett-Packard, Palo Alto, CA - Pat. in d. Photonik u. Messtechnik - BV: Laser in Industrie u. Technik, 2. A. 1985 - Liebh.: Sport, Lit., Politik - Spr.: Engl., Franz.

BIMBOESE, Bodo

MA, PR-Berater, Geschäftsführer d. Trimedia PR AG, Deutschland - Schweizer Str. 100, 6000 Frankfurt 70 - Geb. 15. Febr. 1953 Bad Hersfeld, verh. - Gymn., Stud. Publiz. u. Gesch. Fr. Univ. Berlin, 1980 Abschl. MA - Spr.: Engl., Franz.

BINDELS, Gert

Dr.-Ing., Direktor - Hornisgrindeweg 2, 7730 Villingen-Schwarzw. - Geb. 18. Juni 1935 - B. 1978 Generalbevollm Honeywell Bull AG., Köln, dann Geschäftsführer Kienzle Apparate GmbH., Villingen/Schwarzw.

BINDEMANN, Wolfdietrich

Dr.-Ing., Fabrikant, Mitinh. u. Geschäftsf. Herborner Pumpenfabrik KG. (s. 1951) - Händelstr. 15, 6348 Herborn/Dillkr. (T. 7 01-43) - Geb. 29. März 1919 Stettin (Vater: Dr. rer. pol. Gotthilf B.; Mutter: Else, geb. Remy), verh. m. Gertraude, geb. Klohs, 6 Kd. (Rolf, Ulrike, Dagmar, Susanne, Sabine, Regine) - Stud. Maschinenbau TH Darmstadt (insb. Strömungsl.); Dipl.-Ing. 1943, Promot. 1950 - 1943 Forschungsing. Dt. Versuchsanstalt f. Luftfahrt, Berlin; 1945 Hauptassist TH Berlin (Prof. Timpe); 1951 berat Ing. f. Pumpenbau Kirloskar Brothers Ltd., Kirloskarvadi (Ind.) - BV: Mod. Verfahren d. Hochwasserstatistik, 1946 (i. A. Volkskommissariat f. Kraftwerke UdSSR), Kostensynthese, 1951 - Spr.: Engl., Franz., Span., Arab. - Lit. z. W. B.: Dr. G. Großmann: Väter, lehrt eure Kinder Geld verdienen, 1956; Prof. R. Richter; Senckenbergiana, 1950, S. 278 ff.; Dr. H. J. Nicolaus; Beihelfte Geol. Jb. 53 (1963).

BINDER, Hartmut

Dr. phil., Prof. f. Deutsche Literatur u. deren Didaktik PH Ludwigsburg (s. 1973) - Silcherstr. 32, 7257 Ditzingen-Schöckingen - Geb. 22. Juli 1937 Schwäb. Hall - Promot. 1965 - Bücher u. Aufs. zu Kafka u. z. Prager dt. Lit.

BINDER, Heinz-Georg

Bischof, Bevollmächtigter d. Rates d. EKD am Sitz d. BRD, Ev. Militärbischof (1984ff.) - Fritz-Erler-Str. 4, 5300 Bonn 1 - Geb. 22. Nov. 1929 Hamburg, ev.-luth., verh. s. 1963, 2 Kd. - 1949-54 Univ. Hamburg, Erlangen, Kiel (Theol.).

BINDER, Kurt

Dr. rer. nat., Prof. Univ. Mainz - Zu erreichen üb. Inst. f. Physik, Staudinger Weg 7, 6500 Mainz - Geb. 10. Febr. 1944 Korneuburg/Österr. (Vater: Eduard B., Dipl.-Ing.; Mutter: Anna, geb. Eppel), kath., verh. s. 1977 m. Marlies, geb. Ecker, 2 S. (Martin, Stefan) - Dipl. 1967 TH Wien; Promot. 1969 ebd.; Habil. 1973 TU München - 1974-77 Prof. Univ. Saarbrücken; 1977-83 Prof. Univ. Köln u. Inst.-Dir. Kernforschungsanlage Jülich; s. 1983 Prof. Univ. Mainz - Herausg.: Monte Carlo Methods in Statistical Physics (1979), russ. Übers. 1982); Applications of the Monte Carlo Method in Statistical Physics (1984); Monte Carlo Simulation in Statistical Physics - An Introduction (1988).

BINDER, Max

I. Bürgermeister - Rathaus, 8396 Wegscheid/Ndb. - Geb. 8. März 1941 Kumreut - CSU.

BINDER, Max

Landwirt, Landrat a. D., MdL Bayern (1954-75) - 8371 Kirchberg/Ndb. - Geb. 22. Aug. 1911 Kirchberg (Eltern: Johann (Landw.) u. Maria B.), verh., 3 Kd. - 1939-45 Wehrdst. (Inf.); 1945-60 Bürgerm. Gde. Kirchberg; 1960-72 Landrat Kr. Regen. CSU.

BINDER, Walter

Bankdirektor a.D. - Schubertstr. 7, 7036 Schönaich/Württ. - Geb. 7. Sept. 1920 - B. 1982 stv. Vorst.-Vors. Genossenschaftl. Zentralbank, Stuttgart. AR-Mand.

BINDER-GASPER, Christiane

Schriftstellerin (Ps. Christiane Gasparri, Hildegard Maria Binder) - Blücherstr. 37a, 1000 Berlin 61 - Geb. 12. April 1935 Duisburg, kath., verh. s. 1955 m. Rolf Binder, 5 Kd. (Klaus, Katja, Frithjof, Petra, Frank) - Mitgl. Schriftstellerverb. (VS), 1982 Literaturstip., 1983 Vorst. Neue Ges. f. Lit., 1985 Vorst. Frauenstadtteilzentrum Kreuzberg, s. 1983 Magnus-Hirschfeld-Ges., s. 1985 Mitgl. GEDOK, alle Berlin - BV: Rot u. Tauben, Ged. 1980; E. Hoffnung ganz ohne Fahnen, Ged. 1982; Alexanders Freund, Erz. 1984; Gazellenherz, 1985. Videofilme: Sommergespräch unt. freiem Himmel, 1983; Tochter groß, Vater lieb u. klein?, 1984; Nur d. Kolibri fliegt, Musik: Tina Wrase, 1985; Mein Sohn hängt so an mir (ZDF), 1984; Rose rot (HR), 1986; D. Mann in d. Stadt (RB), 1987. Insz. u. Regie Poet. Theaterminiatur: ... eines tages stunde ..., von M. Sudrawitz (1985).

BINDIG, Rudolf

Dipl.-Kfm., MdB (s. 1976) - Ried 15, 7981 Waldburg (T. 07529 - 73 74) - Geb. 6. Sept. 1940 Goslar (Vater: Rudolf B., Revierförster; Mutter: Barbara, geb. Kunz), verh. s. 1979 m. Ulrike, geb. Sandner, 1 Kd. (Gunnar Rudolf) - Stud. d. Volks- u. Betriebswirtsch.lehre, Rechtswiss. u. Politik Univ. Göttingen, Nürnberg, Konstanz, Dipl. 1966 - B. 1976 wiss. Angest.; s. 1967 SPD (s. 1973 Mitgl. Landesvorst. Baden-Württ.; s. 1975 im Wechsel Präs. od. Vizepräs. Soz. Bodenseeinternationale); 10. Wahlperiode Vors. UA-Humanitäre Hilfe d. Bundestages; Obmann d. AG Menschenrechte u. humanitäre Hilfe d. SPD-BT-Fraktion.

BINDING, Günther

Dr.-Ing., Dr. phil., o. Prof. f. Kunst- u. Baugeschichte - Wingertsheide 65, 5060 Berg.-Gladbach 1 - Geb. 6. März 1936 Koblenz - Promot. 1962 u. 63 - S. 1969 (Habil.) Univ. Köln (1970 Wiss. Rat u. Prof., 1974 Ord.; 1981/83 Rektor). Zahlr. Fachveröff., auch Bücher - 1966 Ruhr-Preis f. Kunst u. Wiss.; 1986 Josef-Humar-Preis; 1987 Rheinland-Taler.

BINDING, Wolfgang

Prof., Bildhauer - Eichstätter Hof/Johannesberg Nr. 99, B-4731 Eynatten (Belg.) - Geb. 30. Nov. 1937 München (Vater: Dr. Kurt B., Regierungspräs. a. D.; Mutter: Margot, geb. Masur), ev., verh. s. 1973 m. Dr. med. Gerlind, geb. Schmidt, 4 Kd. (Barbara, Dorothee, Jörg, Stephanie) - S. 1974 Doz. u. apl. Prof. TH Aachen (Leit. Lehrgeb. Plastik). 1975/76 Gastprof. USA. Zahlr. Ausstell. u. Veröff. - 1980 Ernenn. z. planmäß. Prof. an d. RWTH Aachen.

BINDSEIL, Heinz

Gf. Gesellschafter Alstercolor Bindseil & Sohn, Hamburg, Vereinigte Cewe Color Betriebe GmbH. & Co. KG., Oldenburg, Polyprint KG. Bindseil & Kaspras, Hamburg, Präs. Centralverb. dt. Photographen, München, u. a. - Heinrich-Hertz-Str. 1, 2000 Hamburg 76 - Geb. 13. Juli 1911 - 1984 BVK I. Kl.

BINDSEIL, Ilse

Dr. phil., Lehrerin, Schriftst. - Habsburger Str. 6, 1000 Berlin 30 - Geb. 23. Sept. 1945 Frankenstein, verh. m. Ulrich Enderwitz, 3 Kd. - Lehrerex., u. Promot. in Literaturwiss. u. Phil. - BV: Erz.: u.a. Morde u. a. tödl. Gesch., 1982; In einem Jahr, 1986; D. Wahnsinn d. Wirklichkeit. Ideologiekrit. Essays (zus. m. Ulrich Enderwitz), 1987; N. Venedig d. Liebe wegen. Phantast. Erz., 1988. Essays üb. Psychoanalyse, Faschismus, Feminismus, Gesellschaftstheorie.

BINDSEIL, Reinhart

Dr. jur., Vortr. Legationsrat I. Klasse, Ref.Leit. 512 - Zivilrecht (s. 1988) - Ausw. Amt, Postf. 11 48, 5300 Bonn 1 - B. 1988 Botsch. in Ruanda/Afrika - BV: Deutschl. u. Ruanda s. d. Tagen Richard

Kandts, 1988 - Interessen: Kolonialhistorische Forsch.

BING, Sir Rudolf

Direktor Columbia Artist Managem., N. Y. - Geb. 9. Jan. 1902 Wien, verh. s. 1929 m. Nina, geb. Schelemskaya - 1928-30 Hess. Landestheater, Darmstadt, 1930-33 Städt. Oper, Berlin-Charl., 1935-49 Generalmanager Glyndebourne Opera (Engl.). 1947-49 Artistic Director International Festival of Music and Drama Edinburgh/Schottl. 1950-72 Generalmanager Metropolitan Opera - BV: 5000 Abende in d. Oper, Erinn. 1973; Gala-Abend - Rückblick auf weitere Jahre an d. Met., Erinn. 1982 - 1971 v. Königin Elisabeth II. v. England geadelt, 1958 Gr. BVK.

BING, Wilhelm

Dr. rer. pol., Dipl.-Volksw., Verleger, Chefredakteur - Am Fischerweg 31, 3540 Korbach - Geb. 12. Nov. 1943 Korbach (Vater: Dr. Hermann B., Verleger, Chefredakt., Schriftst.; Mutter: Ingeborg, geb. Schuck), ev., verh. s. 1969 m. Carla, geb. Fischer (T. v. Fritz F., Graphiker), 2 T. (Friederike, Franziska) - Stud. Univ. Berlin, Marburg; Dipl.ex. 1967; Promot. 1969 - Mitgl. d. ZDF-Fernsehrats; Vorstandsmitgl. Verb. Hess. Zeitungsverleger, Mitglied Delegiertenvers. d. Bundesverb. Dt. Zeitungsverleger, AR-Mitgl. Dt. Presseagentur (dpa), Standortpresse u. pro Lokalztg., Mitgl. Vollvers. IHK Kassel, Vors. Regionalaussch. IHK Kassel f. d. Kr. Waldeck-Frankenberg - BV: Investitionsfinanzierung in d. Zentralverw.s-wirtsch., 1969. Fortsetzungsserien in dt. u. amerik. Presse - Liebh.: Fernreisen u. ihre journ. Auswertung - Spr.: Engl., Franz., Ital.

BINGAS, Basile

Dr. med., Prof., Leiter Neurochirurg. Abteilung/St.-Gertrauden-Krkhs., Berlin 31 - Bernadottestr. Nr. 76, 1000 Berlin 33 - Prof. FU Berlin (Neurochir.).

BINGEL, Horst

Schriftsteller - Wiesenau 10, 6000 Frankfurt/M. 1 (T. 72 80 22) - Geb. 6. Okt. 1933 Korbach (Vater: Walther B., Hauptschullehrer; Mutter: Else, geb. Herzog), ev., verh. s. 1960 m. Irma, geb. Heilmann (gesch. 1976), verh. s. 1985 in 2. Ehe m. Barbara, geb. Böddicker, S. Thomas - Realgymnasium (Mittl. Reife); Buchhändlerlehre; Staatl. Zeichenakad. Hanau (Malerei, Bildhauerei) - 1956-57 Redakt. Dt. Büchermarkt; 1957-69 Redakt. u. Herausg. Streit-Zeit-Schrift. 1965ff. Vors. Frankfurter Forum f. Literatur; 1971-78 Vorst.-Mitgl. VS Hessen; 1974-76 Bundesvors. VS. FDP 1971-88 - BV: Kl. Napoleon, Ged. 1956; Auf d. Ankerwinde zu Gast, Ged. 1960; D. Koffer d. Felix Lumpach, Gesch. 1962; Elefantisches, Gesch. 1963; Wir suchen Hitler, Ged. 1965; Herr Sylvester wohnt unter d. Dach, Erz. 1967; Lied für Zement, Ged. 1975. Herausg.: Junge Schweizer Lyrik (1958), Deutsche Lyrik - Gedichte seit 1945 (1961), Zeitgedichte - Dt. polit. Lyrik s. 1945 (1963), Dt. Prosa - Erz. s. 1945 (1963), Lit. Messe 1968 - Handpressen, Flugbl., Ztschr. d. Avantgarde (1968); Phantasie u. Verantwort. - Dokumentation d. dritt. Schriftst.kongr. d. Verb. dt. Schriftst. (VS) in d. IG Druck u. Papier (1975) - 1966 Reisestip. Ausw. Amt, 1975 Ehrenbrief Ld. Hessen, 1983 BVK am Bde., 1983-85 Schriftst. im Bücherturm Offenbach/M., 1984 Wilhelm-Leuschner-Med. Ld. Hessen - Mitgl. PEN-Zentrum BRD - Spr.: Engl. - Lit.: Aloisia Rendi: Scrittori nüovi di Lingüa Tedesca 1962; Walter Helmut Fritz in: Schriftst. d. Gegenw. - Dt. Lit. 1963; Karl Krolow in: Kindlers Lit.gesch. d. Gegenw. 1973; José M. Mingües-Sender in: Antologia lirica Alemana actüal 1986; Leopold Schuwerak in: Walther Killy (hg.) Lit.-lex. Autoren u. Werke dt. Sprache 1988.

BINGEL, Werner A.

Dr. phil., o. Prof. f. Theoret. Chemie - Thorner Str. 11, 3406 Bovenden - Geb. 19. Okt. 1922 Marburg/L., ev., led. - Dipl.-Phys. (1950) u. Promot. (1952) Marburg - 1953-57 Forschungsst. f. Spektroskopie in d. MPG Hechingen-Hohenzollern; 1957-58 Physics Departm./Duke Univ. Durham; 1959 Dep. of Chemistry/Carnegie Inst. of Technology Pittsburgh; 1960-63 MPI f. Physik u. Astrophysik München; 1962 Visiting Prof., Univ. of Florida, Gainesville, Florida, USA; s. 1964 Univ. Göttingen (1964 ao., 1968 o. Prof.). Spez. Arbeitsgeb.: Quantenchemie - BV: Theorie d. Molekülspektren, 1967 (engl. 1969, jap. 1972). Viele Einzelarb. - Spr.: Engl.

BINGEMER, R. Claus

Dipl.-Kfm., Vorstandsvorsitzender Hannover Rückversicherungs-AG, Eisen u. Stahl Rückversich.-AG - Östbergweg 10, 3000 Hannover-Kirchrode - Geb. 26. April 1926 - AR-Mand.

BINGOLD, Claus

Dr., Bankdirektor, Vorstandsmitgl. Dt. Hypothekenbank Frankfurt-Bremen - Kirner Str. 62, 6571 Heimweiler - Geb. 21. Okt. 1924 - Zul. stv. Vorstandsmitgl. Bayer. Landesbodenkreditanstalt, München.

BINIAS, Udo

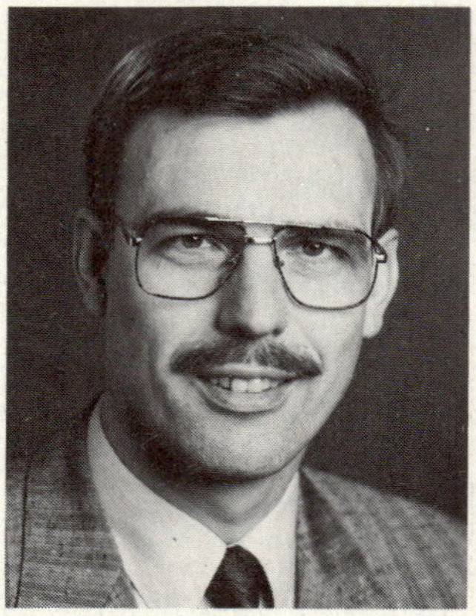

Bilanzbuchhalter, Prokurist, Vors. Bundesverb. d. Bilanzbuchhalter, Bonn - Mönkesweg 8, 4005 Meerbusch - Geb. 25. Juni 1945, verh., 1 Kd.

BINIEK, Eberhard Manfred

Dr. med., Prof., Arzt f. Neurol. u. Psychiatrie/Psychotherapie - 6382 Friedrichsdorf-Köppern - Geb. 26. Nov. 1935 Lüneburg - Med. Staatsex. 1964, Promot.; Habil. 1975 in Psychiatrie; Prof. 1980 - 1971-82 Oberarzt Univ.-Nervenklinik Tübingen; 1982 Dir. Waldkrankenhaus Köppern Friedrichsdorf/Ts.; 1985 Hon.-Prof. Univ. Frankf./M. - BV: Gruppenarbeit m. psych. drogenabh. Jugendl., 1978; Psychotherapie m. gestalt. Mitteln, 1982. Herausg.: Drogenabhängigkeit - Therapie u. Rehabil. (1978).

BINKOWSKI, Bernhard

Prof., Leiter Abt. Schulmusik Staatl. Hochsch. f. Musik u. Darstell. Kunst, Stuttgart - Hungerbühlstr. 25, 7060 Schorndorf/Württemberg - Geb. 2. März 1912 Neiße (Vater: Emil B.), kath., verh. m. Eva, geb. Vosfeldt, 4 Kd. - Gymn.; 1931-36 Musikhochsch. Köln; 1931-36 Univ. ebd. (Engl., Lat.), 1932 Kansas City (USA). Staatsex. 1936 u. 38 - B. 1962 höh. Schul- (1953 Oberstudienrat), dann Hochschuldst. Vors. Verb. Dt. Schulmusikerzieher; Vors. Kommiss. Musiklehrerausbild. d. ISME - BV: Unser Liederb.; Musik um uns - Schulw. f. d. 5.-6., 7.-10. u. 11.-13. Schulj., 4 Bde., 11 Schallpl. m. Komment., 1973-78 Schubert - Bilder aus s. Leben, 1961 - Spr.: Engl., Ital.

BINKOWSKI, Johannes

Dr. phil., Prof., Verleger (Herausg. u. Chefredakt. Schwäb. Post, Aalen, u. Gmünder Tagespost), gf. Vorstandsmitgl. Südwestd. Zeitungsverb. eGmbH, Präs. a. D. Bundesverb. Dt. Zeitungsverleger (1970-80), Fernsehrat ZDF u. a. - Oberwiesenstr. 47, 7000 Stuttgart-Sillenbuch - Geb. 27. Nov. 1908 Neisse/OS. (Vater: Emil B., Arbeiter- u. Volksvereinssekr., Chefredakt. mitbegr. Ostd. Arbeiter-Ztg.; Mutter: Anna, geb. Wilde), kath., verh. s. 1937 m. Helene, geb. Scholz - Univ. Breslau u. Köln. Promot. 1935 - Volksbild.; 1940-45 Kriegsdst. (zul. Uffz.); s. 1948 Verlagswesen - BV: Wertlehre d. Duns Scotus, Erwachsenenbildung, Christl. Alltag, D. Mensch am Scheideweg, M. d. Massenmedien leben, Erbe u. Aufg. - D. Ritterorden v. Hl. Grab zu Jerusalem, 1981, Flugblatt u. Ztg., Bd. 1 u. 2, 1985 - 1971 Gr. BVK, 1978 Stern dazu; 1980 Ehrenpräs. Bundesverb. Dt. Zeitungsverleger; 1983 Ritter päpstl. Gregorius-O. - Spr.: Engl.

BINNEBERG, Karl

Dr. phil., Prof. f. Pädagogik TU Braunschweig - Lauestr. 15, 3300 Braunschweig (T. 0531 - 51 27 71) - Geb. 6. Febr. 1938 Bad Münder (Vater: Erich B., Leitungsmeister; Mutter: Elise, geb. Annecke), ev., verh. s. 1958 m. Renate, geb. Lange, 3 Kd. (Ralf, Christiane, Carl Christian) - Abit. 1958; 1959-62 Stud. PH Hannover; Staatsex. f. Lehramt an Grund- u. Hauptsch. 1962. 1962-72 Stud. Päd., Phil. u. German. Univ. Göttingen u. Marburg; Promot. 1972 - 1973-75 Wiss. Assist. PH Braunschweig; 1975-80 Hochschuldoz. f. Päd. ebd.; s. 1980 Prof. f. Päd. in Braunschweig - BV: Mod. f. d. Lit.unterr., 1970 u. 72; Grundl. e. Curriculums Spr. u. Lit., 1973 - Liebh.: Lit., Musik, Schach, Sport, Kochkunst - Spr.: Engl., Franz., Latein.

BINNEMANN, Peter

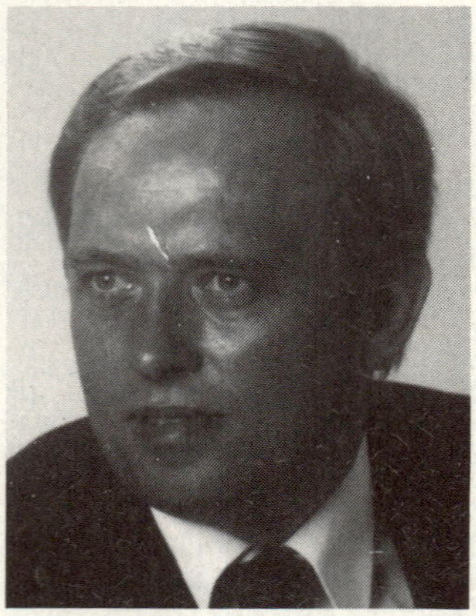

Dr. rer. nat., Ltd. Reg.-Chemiedirektor, Lebensmittelchem., Leit. chem. Landesuntersuchungsanst. Offenburg-Freiburg - Fuchshaldeweg 49, 7600 Offenburg (T. 0781 - 2 40 34) - Geb. 21. Mai 1942 Dinkelsbühl, ev., verh. s. 1969 m. Elke, geb. Weiß, 2 S. (Jens, Ulf) - Gymn. Dinkelsbühl u. Bad Neustadt (Abit. 1962); Stud. Lebensmittelchemie Univ. Würzburg; Promot. 1973 - 1973 Chem. Unters.-Amt Regensburg; 1976 Landesunters.-Amt f. d. Gesundheitsw. Erlangen; 1979 Leit. Chem. Landesunters.-Anst. Offenburg-Freiburg - Veröff.: Jahresber. d. Chem. Landesunters.-Anst. Offenburg-Freiburg; versch. Veröff. üb. Schadstoffe in Lebensmitteln - Liebh.: Sport (Ski, Tischtennis, Wandern), Basteln - Spr.: Engl., Franz.

BINNENBRÜCKER, Rolf Dieter

Dipl.-Volksw., Hauptgeschäftsführer Zentralverb. d. Kraftfahrzeuggewerbes, Bonn - Franzhäuschenstr. 17, 5204 Lohmar 1 - Geb. 25. Juni 1939 Oberhausen.

BINNER, Anton

Landrat Krs. Neustadt a. d. Waldnaab (s. 1984) - 8482 Neustadt a. d. Waldnaab - Geb. 7. Dez. 1930 Neustadt a. d. Waldnaab - U. a. Justizbeamter; 1972-84 I. Bürgerm. Neustadt a. d. Waldnaab. CSU.

BINNIG, Gerd

Dr. rer. nat., Prof., Physiker - Zu erreichen üb. IBM-Forschungslaboratorium, Postf., Rüschlikon b. Zürich (Schweiz) - Geb. 20. Juli 1947 Frankfurt/M., verh. - Stud. Univ. Frankfurt; Promot. 1978 b. Prof. Werner Martienssen (üb. Tunnel-Spektroskopie) - S. 1978 Forschungslabor d. IBM in Rüschlikon/Schweiz - 1986 Nobelpreis f. Physik (f. Konstruktion d. Raster-Tunnelmikroskops, zus. m. d. Schweizer Heinrich Rohrer); ab WS 1986/87 Honorarprof. Univ. München.

BINZENHÖFER, Alfred

Dipl.-Ing., Geschäftsführer Cannon Electric GmbH, Weinstadt-Beutelsbach u. ITT Industriebeteiligungsges. mbH, Weinstadt - Im Brenntenhau 18, 7250 Leonberg/Württ. - Geb. 4. Jan. 1929 - Ehrenamtl. Arbeitsrichter.

BIOLEK, Alfred

Dr. jur., Produzent, Moderator - Richard-Wagner-Str. 33, 5000 Köln 1 - Geb. 10. Juli 1934 Freistadt (Vater: Josef B., RA; Mutter: Hedwig, geb. Lerch), kath., ledig - 1954-63 Jura-Stud. m. 1. u. 2. Staatsex., Promot. - Versch. Tätigk. b. Fernsehen (ZDF); Hauptabt.-Leiter Bavaria Atelier GmbH; Projektgruppenleiter WDR. Moderator: Bio's Bahnhof, Bei Bio (s. 1983, WDR), Mensch Meier (s. 1985, WDR) - Spr.: Engl.

BIPPUS, Walter

Dipl.-Kfm., Aufsichtsratsvors. Jod-Thermalbad Endorf AG, u. Simsseeklinik-Betriebs-GmbH, bde. Endorf - Forststr. 12, 8207 Endorf/Obb. - Geb. 9. Dez. 1928, kath., verh. s. 1957, 2 Töcht. (Cornelia, Sonja) - Banklehre, BWL-Stud. Univ. München - Ehem. Vorst.-Mitgl. PWA.

BIRBAUMER, Niels

Dr. phil., o. Prof. f. Psychologie Univ. Tübingen (stv. Dir. Psych. Inst.) - Bubengasse 34, 7401 Nehren.

BIRCHER, Martin

Dr. phil., Prof. f. Germanistik - Schloßplatz 18, 3340 Wolfenbüttel - Geb. 3. Juni 1938 Zürich (Vater: Willy B., Arzt; Mutter: Lucie, geb. Schwarzenbach), ev. - Abit. 1958 Zürich, Promot. 1965 Univ. Zürich - 1965 Forsch.assist., 1965-80 Prof. McGill Univ. Montreal, s. 1972 Privatdoz.; s. 1982 Prof. Univ. Zürich, s. 1979 Leit. Forsch.abt. 17. Jh., Herzog August-Bibl. Wolfenbüttel - Spez. Arbeitsgeb.: Barockforsch.; schweiz. Literatur - BV: J. W. v. Stubenberg u. sein Freundeskrs., 1968; Shakespeare u. d. dt. Schweiz, 1971; Dt. Drucke d. Barock 1600-1720, 15 Bde. s. 1977; Hrsg.: D. Fruchtbringende Ges., 3 Bde. (1970/71); S. Gessner. Sämtl. Schriften (1972/74); Dt. Dichter in Bildern (1979); C. R. v. Greiffenberg. Sämtl. Werke (1982); Wolfenbütteler Barock-Nachrichten (s. 1979); Dt. Barock-Lit. (m. F. Kemp, s. 1967) - Spr.: Engl., Franz. - Bek. Vorf.: Maximilian Bircher-Benner (Großv.).

BIRCKS, Wolfgang

Dr. med., o. Prof., Chirurg, Thorax- u. Kardiovaskularchirurgie - Mörikestr. 11, 4040 Neuss (T. 02101 - 4 23 31) - Geb. 7. Sept. 1927 (Vater: Dr. med. Eduard B.; Mutter: Dr. med. Irmgard, geb. Wohlhage), röm.-kath., verh. s. 1955 m. Marie-Barbara, geb. Blumberger, 5 Kinder (Beate, Sabine, Cordula, Rainer, Angela) - Dir. Chirurg. Univ.-Klinik B, Düsseldorf, 1970 - Hrsg.: Handb. Thoraxchirurgie. Zahlr. Einzelveröffentl. (mehr als 200).

BIRG, Herwig

Dr. rer. pol., o. Prof. f. Bevölkerungswiss. Univ. Bielefeld, Direktor Inst. f. Bevölkerungsforsch. u. Sozialpolitik Univ. Bielefeld - Postf. 86 40, 4800 Bielefeld 1 - Geb. 4. Jan. 1939 Heufeld (Banat), verh. - Stud. TH Stuttgart,

Hochsch. f. Gestaltung Ulm, FU Berlin; Promot. 1970 FU Berlin; Habil. 1980 TU Berlin - Wiss. Mitarb. Dt. Inst. f. Wirtschaftsforsch.; Priv.-Doz. TU Berlin - BV: Z. Interdependenz d. Bevölkerungs- u. Arbeitsplatzentw., 1979; Ursprünge d. Demographie in Deutschl., 1986; D. Bevölkerungsrückgang in d. Bundesrep. Deutschl., 1987.

BIRK, Rolf

Dr. jur., o. Prof. f. Bürgerl. Recht, Arbeitsrecht u. Intern. Privatrecht Univ Trier (s. 1983) - Am Weidengraben 162 - Geb. 14. April 1938 Stuttgart - Promot. 1966; Habil. 1971 - 1976-83 Prof. Univ. Augsburg, Dir. Inst. f. Arb.recht u. Arb.bez. in d. EG - BV: Schadenersatz u. sonst. Restitutionsformen im intern. Privatrecht, 1969; D. arbeitsrechtl. Leitungsmacht, 1973.

BIRKE, Adolf M.

Dr. phil., o. Prof. f. Neuere u. Neueste Gesch. Univ. Bayreuth, Dir. Dt. Histor. Inst. London - Ligusterstr. 9, 8581 Eckersdorf (T. 0921 - 3 22 96), German Historical Inst., 17 Bloomsbury Sq., London WC 1A 2 LP/Großbrit. - Geb. 12. Okt. 1939 Wellingholzhausen/Krs. Melle (Vater: Matthias B., Schuhmacherm.; Mutter: Maria, geb. Enewoldsen), kath. - Promot. 1968, Habil. 1976 - 1979 Prof. FU Berlin, 1980 Visit. Prof. of German and European Studies Univ. of Toronto; 1982 o. Prof. Univ. Bayreuth. 1982 1. Vors. Prinz-Albert-Ges., 1983 Mitgl. Verein z. Förder. d. Brit.-Dt. Historikerkr., Kommiss. f. Geschichte d. Parlamentarismus u. d. polit. Parteien; F.R.Hist.S. - BV: Bischof Ketteler u. d. dt. Liberalismus, 1971; Pluralismus u. Gewerkschaftsautonomie in Engl., 1978; Prinz-Albert-Stud. (Hrsg., 1. Vors. The Prince Albert Soc.); 50 wiss. Beitr. - Liebh.: Musik, Wandern - Spr.: Latein, Engl., Russ.

BIRKEFELD, Frank

Geschäftsführer Dt. Handball-Bund (s. 1973) - Westfalendamm 77, 4600 Dortmund (T. 0231 - 43 39 24-27) - Geb. 1940 - Zul. Jugendsekr. DHB.

BIRKELBACH, Willi

Staatssekretär a. D., Datenschutzbeauftr. Hess. Landesreg. (1971-75) - Wechselstr. 5, 6200 Wiesbaden - Geb. 12. Jan. 1913 Frankfurt/M., ev., verh. s. 1942 m. Elfriede, geb. Rupperti, 2 Kd. (Gitta, Gerhard) - Gymn. (Abit.); kaufm. Ausbild. (Außenhandel) - Fremdspr.korresp., 1938-41 Schutzhaft, ab 1942 Sold. (Strafeinh. 999), 1944-46 Kriegsgefangensch., 1947-50 Leit. Gewerksch.sschule Hessen (1948 Studienaufenthalt USA), 1949-64 (Mandatsniederleg.) MdB, 1950-59 stv. Mitgl. Berat. Vers. Europarat, 1953-64 Mitgl. Gemeins. Vers. Montanunion bzw. Europ. Parlam. (1958-63 Vors. Sozialist. Fraktion), 1954-63 Vors. SPD Bez. Hessen-Süd, 1964-69 Staatssekr., Chef Hess. Staatskanzlei u. Dir. Landespersonalamt, Wiesbaden.

BIRKENBEIL, Edward J.

Dr. phil., Univ.-Prof., Erziehungsphilosoph, Erziehungswiss., Pädagoge u. Theologe - Talstr. 15, 5130 Geilenkirchen-Teveren/Rhld. - Geb. 22. Juli 1930 - Stud. Univ. Bonn u. Aachen - Kath. Priester, Relig.lehrer, Relig.pädagoge (PH Rheinland, Abt. Aachen). Wiss. Rat u. s. 1986 Univ.-Prof. RWTH Aachen. Zusätzl. Dienst in d. kath. Kirche d. Bistums Aachen.

BIRKENFELD, Wolfgang

Dr. rer. pol., Prof. f. Statistik/EDV Univ. Marburg - Zu erreichen üb. Univ., Universitätsstr. 25, 3550 Marburg (T. 06421 - 28 37 46) - Geb. 9. Dez. 1935 Berlin - Dipl.-Kfm. 1973, Promot. 1976 FU Berlin; Habil. 1979 Univ. Bielefeld - 1982 Prof. Univ. Marburg - BV: Zeitreihenanalyse b. Feedbackbeziehungen, 1973; Meth. z. Analyse kurzer Zeitreihen, 1977; div. Aufs.

BIRKENHAUER, Josef

Dr. rer nat., Prof. f. Did. d. Geographie Univ. München (s. 1977) - Steinebacher Weg 5, 8031 Seefeld 2 - Geb. 10. Mai 1929 Leverkusen (Vater: Josef B., Dr. phil.; Mutter: Lucie, Dr. phil., geb. Cochem), kath., verh. s. 1960 m. Ursula, geb. Eickel, 3 Kd. (Monika, Dorothea, Andreas) - Stud. Köln u. London, 1. u. 2. Ex. f. Lehramt Gymn., Promot. 1958, Habil. 1970 Freiburg - 1961 Fachleit. Stud.sem. II, Köln; 1966 PH Freiburg; 1971-73 Vors. Hochschulverb. f. Geogr. u. Did.; 1972-75 Leit. Hochschulmodellversuch Did. Zentrum d. Hochschulregion Freiburg; 1971-78 Mitgl. Kurat. d. Dt. Inst. f. Fernstud.; 1976 Gastdoz. Univ. Glasgow; 1982 Mitgl. Komm. f. Did. - BV: Eifel, 1960; Rhein. Schiefergebirge, 1973; Erdkunde, 2 Bde., 5. A. 1980; Indien, 1971; Curriculum, 1971; Bibliogr. Did. Geogr., 1976; Blickpunkt Welt, 3 Bde., 1979; Regionale Geogr., 1980; D. Alpen, 1980; Spr. u. Denken im Geogr.unterr., 1983; Rhein.-Westf. Ind.geb., 2. A. 1987; München, 1987; German Didactics of Geography, 1988. Zahlr. weitere Aufs.

BIRKENHAUER, Klaus

Dr. phil., Schriftsteller - Soatspad 18, 4172 Straelen 1 (T. 02834 - 25 10) - Geb. 1. Nov. 1934 Essen - Präs. Verb. deutschspr. Übersetzer; Projektleiter Europ. Übers.-Kollegium - BV: u.a. Samuel Beckett, Monogr., 1971; Kleist, Monogr., 1977.

BIRKHAN, Walter

Vorstandsvorsitzender AEG KABEL AG, Mönchengladbach, Vorst.-Mitgl. AEG AG, Frankfurt/M., AR-Vors. AEG Elektrowerkzeuge GmbH, Winnenden, TELEFUNKEN electronic GmbH, Heilbronn, AR-Mitgl. OSRAM GmbH, München - Zu erreichen üb. AEG KABEL AG, Bonnenbroicher Str. 2-14, 4050 Mönchengladbach 2 - Geb. 13. Febr. 1928 Duisburg, verh. m. Edith, geb. Blüm.

BIRKHOFER, Adolf

Dr. phil., Dr.-Ing. E.h., o. Prof. f. Reaktordynamik u. -sicherheit - Ludwig-Thoma-Str. 13a, 8022 Grünwald - Geb. 23. Febr. 1934 München, verh. m. Bernadette, geb. Tlil, 1 Kd. - TH München (Elektrotechnik/Nachrichtentechnik), Dipl.-Ing. 1958; Unvi. Innsbruck (theor. Physik), Promot. 1964; Habil. (Regelungstechnik) 1967 TU München - 1958-63 Ind.tätig.; s. 1963 TU München; s. 1977 Geschäftsf. Ges. f. Reaktorsicherh. (GRS) mbH - 1976 Otto Hahn-Preis Stadt Frankfurt; 1978 BVK; 1983 ANS Fellow u. Ehrendoktor Univ. Karlsruhe; 1984 Wilhelm-Exner-Med. - Spr.: Engl., Franz.

BIRKHOLZ, Ekkehard

Dr., Studiendirektor, Mitgl. Abgeordnetenhaus von Berlin (s. 1979) - Zu erreichen üb.: SPD-Fraktion, Rathaus Schöneberg, 1000 Berlin 62.

BIRKHOLZ, Hans

Dr. jur., Vors. Richter am Bundesfinanzhof a. D. - Bockmerholzstr. 22, 3000 Hannover 72 - Geb. 19. Nov. 1911 Kolberg (Vater: Berthold B., Reichsbahndirektor; Mutter: Luise, geb. Weiss), ev., verh. s. 1938 m. Ilse, geb. Drießelmann, 2 Söhne (Achim, Eckart) - Marienstiftsgymn. Stettin; Univ. Freiburg u. Greifswald (Rechts- u. Staatswiss.; Promot. 1933). Ass.ex. 1936 - 1934-45 Syndikus; s. 1947 Finanzverw. Nieders., Nds. Finanzgericht (1953) u. Bundesfinanzhof (1964). Mithrsg.: Finanzgerichtsordnung, Komm., 3. A. 1978; Einkommen- u. Körperschaftsteuerkomm. Viele Fachveröff.

BIRKIGT, Hermann

Prof., Landschaftsarchitekt - Flachskampstr. 59, 4000 Düsseldorf-Unterbach - Geb. 15. Dez. 1922 Kothensdorf/Sa. (Vater: Carl B.), verh. m. Gudrun, geb. Woelke - B. 1965 Lehrbeauftr., dann Honorarprof. TH Aachen (Freiraum u. Grünplan).

BIRKLE, Heinz

Dipl.-Ing., Bauing., Vizepräsident d. Dt. Amateurboxverb. - Bärenweg 24, 7500 Karlsruhe 31 (T. 0721-70 03 45) - Geb. 12. Okt. 1931, verh. s. 1982 m. Stefanie, geb. Unglaub, Sohn Frank - Abit.; Stud. Bauing.wesen 1953-60 TH Karlsruhe; Dipl. 1960 - Mitgl. Exekutiv-Komit. d. Weltamateurboxverb. AIBA u. Europ. Amateurboxverb. EABA; Mitarb. an d. Wettkampfbestimmungen f. Amateurboxen im nationalen u. intern. Ber. - 1953, 58, 59, 60 Dt. Studentenmeister im Boxen - Gold. Verdienstnadel d. Dt. Amateurboxverb. - Interessen: Leistungssport-Org. - Spr.: Engl., Franz.

BIRKMANN, Inge

Schauspielerin - Zuccalistr. 19a, 8000 München 19 (T. 17 05 36) - Geb. 24. Aug. 1915 Bremen, kath., verh. s. 1949 m. Prof. Dr. Hermann Krings, Ord. f. Phil. Univ. München (s. dort), 1 Kd. - 1941 Kammersp. München, 1951 Dt. Theater Göttingen, 1959 Bayer. Staatsschausp., 1968-79 Otto-Falckenberg-Schule München.

BIRKMANN, Karl

Dr. rer. nat., Direktor Zoolog. Garten Karlsruhe - Alte Friedrichstr. 21, 7500 Karlsruhe 31 (T. 0721 - 70 91 27) - Geb. 30. Nov. 1913 Nürnberg (Vater: Hermann B., Postamtm.; Mutter: Nanette, geb. Leipold), ev., verh. s. 1948 m. Hannelore, geb. Ziebill, 2 Söhne (Thomas, Peter) - Univ. Erlangen u. Freiburg. Promot. 1937 Erlangen - 1939-41 Studienrefer. u. -ass. (1940; Biol., Erdkd., Chemie); 1941-45 Wehrdst.; s. 1945 Zoodir. 1971 ff. Präs. Berufsverb. dt. Zoodir. - BV: D. Entwicklungsgesch. d. Amphibienohres, 1939; Xenoplast. Transplantation an Gehöranlagen d. Amphibien, 1940. Herausg.: Lexikon d. Tierwelt (1967, Ullstein) - 1941 Dt. Reiter- u. Fahrabz. - Spr.: Engl., Franz.

BIRKNER, Hans-Joachim

Dr. theol., o. Prof. f. Systemat. Theologie, Leiter d. Schleiermacher-Forschungsstelle - Goethestr. 8, 2300 Kiel (T. 9 55 61) - Geb. 9. Mai 1931 Altenburg/Thür. (Vater: Walter B., Kaufm.; Mutter: Marie, geb. Brambach), ev., verh. s. 1954 m. Erika, geb. Lorenz, 4 Kd. (Hans-Michael, Thomas, Dorothea, Daniel) - S. 1962 (Habil.) Lehrtätigk. Univ. Göttingen (1968 apl. Prof.) u. Kiel (1969 Ord.) - BV: Spekulation u. Heilsgeschichte, D. Geschichtsauffass. Richard Rothes, 1959; Schleiermachers Christl. Sittenlehre, 1964; D. konfessionelle Problem in d. e. Theol. d. 19. Jh. (m.a.), 1966; Protestantismus im Wandel, 1971; Theol. u. Phil. - Einf. in Probleme d. Schleiermacher-Interpretation, 1974, Schleiermacher Filosofo (m.a.), 1985; Schleiermacher e la Modernità (m. a.), 1986. Mithrsg.: Beitr. z. Theorie d. neuzeitl. Christentums (1968); Schleiermacher, Krit. Gesamtausg. (1980ff.), Schleiermacher-Archiv (1985ff.).

BIRKOFER, Leonhard

Dr. rer. nat., em. Prof. f. Organ. Chemie - Bruchhausenstr. 65, 4000 Düsseldorf 13 (T. 21 38 58) - Geb. 5. Juli 1911 Fürth/B., ev., verh. s. 1941 m. Anneliese, geb. Leising, T. Birgit - Promot. (1935) u. Habil. (1944) Erlangen - 1935-37 Assist. Univ. Erlangen; 1937-54 wiss. Mitarb. Max-Planck-Inst. f. Med. Forsch., Heidelberg; 1949-54 Doz. TH Stuttgart; 1954-64 ao. Prof., 1964-65 o. Prof. u. Dekan Math.-Naturwiss. Fakultät Univ. Köln; 1965 o. Prof. u. Dir. Inst. f. Organ. Chemie Univ. Düsseldorf, 1980 emerit. Mitgl. Ges. Dt. Chem. u. Ges. Dt. Naturf. u. Ärzte. Zahlr. Einzelarb. Mithrsg.: Samml. chem. u. chem.-techn. Beitr. - Spr.: Engl., Franz.

BIRMELIN, Manfred

Dr. jur., Dt. Generalkonsul in Genua/Italien - Arberstr. 19, 8000 München 80 - Geb. 13. März 1937 München (Vater: Dr. Wilhelm B., Untern.; Mutter: Luise, geb. Junginger), kath., verh. s. 1978 in 2. Ehe m. Dagmar, geb. Kapitza, T. Florence - 1. jurist. Staatsex. 1960, 2. Ex. 1964, Promot. 1962 - Ab 1966 Ausw. Amt. Ausl.posten in Washington, Teheran (Dt. Botsch.); Generalkonsul in Curitiba, Marseille, Lille u. Kapstadt - Liebh.: Musik, Sport, Lit., Sprachen - Spr.: Engl., Franz., Span., Ital., Portug.

BIRN, Willi K.

Regierungspräsident a. D. - Im Hopfengarten 22, 7400 Tübingen - Geb. 2. Juni 1907 Stuttgart (Vater: Franz B., Versich.sangest.), kath., verh. s. 1938 m. Ruth, geb. Kolb, 4 Kd. (Uta, Helmuth, Linde-Dorothee, Bettina) - Dillmann-Realgymn. Stuttgart; Staatl. Verw.ssch. ebd.; Univ. Tübingen, München, Berlin (Rechtswiss.) - 1934-38 Gerichtsrefer., 1938-39 jurist. Hilfsarb. Württ. Landeskreditanst., Stuttgart, 1939-45 jurist. Hilfsarb. u. Prok. Dt. Zentralgenoss.-kasse, Berlin, 1947-51 Reg.rat Württ.-Bad. Landesbeamtenstelle, Stuttgart, 1951-1958 Oberreg.- u. Min.rat Staatskanzlei ebd., 1958-72 Reg.präs. Südwürtt.-Hoh., Sitz Tübingen, s. 1973 Honorarprof. d. Univ. Tübingen. Ehrenvors. Schwäb. Heimatbund. Mitverf.: Kommentar z. Verfass. d. Ld. Baden-Württ. (1954) - 1973 Gr. BVK.

BIRNBACHER, Robert

Dipl.-Kfm., Geschäftsführer Dt. Volksheimstättenwerk/Landesverb. Bay. - Lauterbachstr. 35, 8000 München 50.

BIRNBAUM, Dietrich E.

Dr. med., Prof., Chirurg, Chefarzt REHA-Zentrum f. Herz- u. Kreislaufkranke, Bad Krozingen - Zu erreichen üb. REHA-Zentrum, 7812 Bad Krozingen - Geb. 16. Febr. 1942 Chemnitz, verh. m. Angelika, geb. Voß - Med.-Stud. FU Berlin u. Univ. Cleveland Ohio; 1970/71 Res. Fellow Univ. Colorado, Medical Center; Promot. 1969 Berlin; Habil. 1979 ebd. - 1984 Chefarzt Abt. f. Herz- u. Gefäßchir. Bad Krozingen (spez. Arbeitsgeb.: Korrektur sämtl. erworbener u. angeborener Herzfehler, Chir. d. gr. Körperschlagader u. d. peripheren Gefäße, Herztransplantation). 1975-79 Gutachter INSERM Paris, Gutachter wiss. Vorhaben in d. BRD (BMFT) - Entd. im Rahmen d. künstl. Kreislaufs - Spr.: Engl., Franz.

BIRNSTIEL, Ekkehard

Dr. rer. pol., Prof. f. Volkswirtschaftslehre, insb. Außen- u. Verkehrsw., Gesamthochschule Siegen - An d. Höhe 3, 5900 Siegen 21 - BV: Theorie u. Politik d. Außenhandels.

BIRTSCH, Günter

Dr. phil., Prof. f. Neuere Geschichte Univ. Trier - Bachwies 16, 5500 Trier-Filsch - Geb. 7. Nov. 1929 Rheinhausen - Zul. Wiss. Ref. MPI f. Gesch. Göttingen.

BIRUS, Hendrik

Dr. phil., Univ.-Prof., Vorstand Inst. f. Allg. u. Vergl. Literaturwiss. (Komparatistik) Univ. München - Schellingstr. 3, 8000 München 40 (T. 089 - 21 80-33 79) - Geb. 16. April 1943 Kamenz/Sachsen, ev., verh. s. 1968 m. Dr. med. Barbara, geb. Schauer, 2 Töcht. (Anna Katharina, Marie Christiane) - Stud. German., Vergl. Lit.wiss. u. Phil. Univ. Hamburg u. Heidelberg; M.A. 1972 Heidelberg; Promot. 1977 ebd.; Habil. 1984 Göttingen - Wiss. Assist., dann Hochschulassist. Univ. Göttingen; 1985 Prof. a. Z. Göttingen; 1987 o. Prof. Univ. München - BV: Poetische Namengebung. Z. Bedeutung d. Namen in Lessings Nathan d. Weise, 1978; Vergleichung. Goethes Einf. in d. Schreibweise Jean Pauls, 1986. Herausg.: Hermeneut. Positionen: Schleiermacher - Dilthey - Heidegger - Gadamer (1982).

BIRWÉ, Robert

Dr. phil., Prof., Indologe - Schnepfenflucht 10, 5090 Leverkusen 1 - Geb. 11. Dez. 1923 Düsseldorf (Vater: Edmund B., Beamter; Mutter: Maria, geb. Schallenberg), kath., verh. s. 1956 m. Toni, geb. Knievel, 3 Kd. (Hubert, Maria, Ulrich) - S. 1958 (Habil.) Lehrtätigk. Univ.

Köln (1960 Doz.; 1964 apl. Prof., 1980 Prof.) - BV: Griech.-arische Sprachbeziehung. im Verbalsystem, 1956; D. Ganapātha zu d. Adhyāyas IV u. V. d. Grammatik Pāninis, 1961; Stud. zu Adhyāya III d. Astādhyāyī Pāninis, 1966; Introduction, to: Sākatāyana-Vyākarana, 1971.

BIRZELE, Frieder

Rechtsanwalt, Oberregierungsrat a. D., MdL Baden-Württ. (s. 1976) - Dreikönigsweg 8, 7320 Göppingen (T. 2 20 31) - Geb. 17. Jan. 1940 Göppingen (Vater: Georg B., Steuerberater; Mutter: Hildegard, geb. Benzing), ev., verh. s. 1966 m. Ilse, geb. Ladenberger, 2 Kd. (Eva, Jan) - Stud. d. Rechtswiss. Univ. Tübingen, Berlin (Freie); 1. u. 2. Staatsex. 1965 bzw. 1969 - Zun. Wiss. Assist. Univ. Tübingen; 1974-76 Reg.s- dann Oberreg.srat Reg.spräsidium Tübingen. SPD (stv. Vors. SPD-Landtagsfraktion, stv. Landesvorsitzender SGK Baden-Württemberg).

BIRZLE, Hermann

Dr. med. (habil.), Prof. St.-Marien-Krkhs., Ludwigshafen, Chefarzt d. Röntgen-Inst. i. R. - Silgestr. 8, 6700 Ludwigshafen/Rh. - Geb. 13. Aug. 1921 Immenstadt - S. 1971 apl. Prof. f. Klin. Radiol. Univ. Freiburg/Br. - BV (Mitverf.): Traumatol. Röntgendiagnostik, 1975. Üb. 50 Fachaufs.

BISANI, Fritz

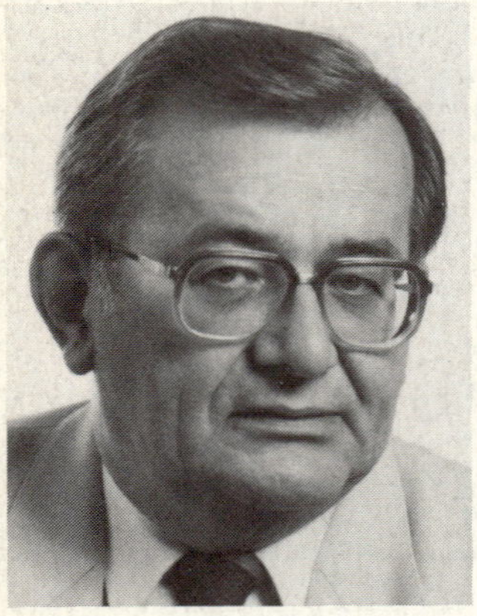

Dr. rer. pol., Dipl.-Kfm., Dipl.-Volksw., Prof. f. Allg. Betriebsw. insb. Personalw. u. Untern.führung Univ. Essen - Tübbingweg 40, 4300 Essen 13 (T. 0201 - 59 14 29) - Geb. 10. Sept. 1929 Enchenreuth, kath., verh. s. 1954, 3 Kd. (Karl-Friedrich, Michael Maximilian, Eva Anna) - N. Begabtenreifeprüf. Stud. Betriebs- u. Volksw. Promot. 1964 Erlangen - Berat. Betriebsw. In- u. Ausl. - BV: Datenverarb. f. Führungskräfte, 1970; Personalwesen - Grundlagen, Organisation, Planung, 3. A. 1983; Personalführung, 3. A. 1984; Personalwesen in d. BRD, 1976; Personalwesen in Europa, 1979; Ausgew. Probleme betr. Personalarb. Zahlr. Fachveröff. im Bereich Datenverarbeitung, Personalwesen u. Unternehmensführung.

BISCHEL, Franz Josef

Oberamtsrat a. D., MdL Rhld.-Pfalz - Pfarrer-Rudolf-Str. 31, 6535 Gau-Algesheim - Geb. 5. Febr. 1949 - CDU.

BISCHOF, Heinz

Schriftsteller (Ps.: Günther Imm) - Rechts der Alb 22a, 7500 Karlsruhe 51 - Geb. 10. Febr. 1923 Külsheim/Mfr. (Vater: Fridolin B., Lehrer; Mutter: Paula, geb. Imm), kath., Lebensgefährtin Hedi Maucher, 2 Töcht. (Angelika, Christiane) - Gymn. Wertheim/M. (Abitur); n. Kriegsdst. (1941-45) Lehrerausbild. - BV: Unsere Ortsnamen im ABC erklärt, 1961; Heimatbücher: Hundheim, 1964; Au, 1975; Elchesheim, 1979; Baden, wie es lacht, 1969 (rororo 77); Horch emol her, 2 Bde. 1975/76; Bildbände: Schwarzwald, 1973; Nord-

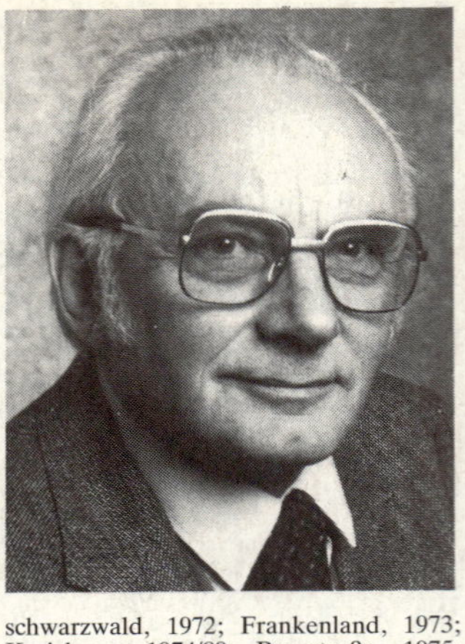

schwarzwald, 1972; Frankenland, 1973; Kraichgau, 1974/89; Bergstraße, 1975; Hohenlohe, 1976/81; Rastatt, 1970; Altes Baden, 1970; Alt-Karlsruhe und Alt-Baden-Baden, 1978; Städte in Baden, 1971; Schleswig-Holstein, 1972; Reiseführer Kärnten, 1975 u. 1986; Odenwald, 1977; Eutin, 1974; Köln, 1972; Badische Geschichte Weech/Bischof, 1981; Im Schnookeloch, 1980; Im Schwarzwald u. am Hohen Rhein, 1982; Dezember-Gesch., 1981; Typisch badisch, 1981; Steinmauern, 1982; Kleinstadtgesch., 1982; Stadtführer Rastatt, 1982; Weihnachtsgaben d. Stadt Rastatt, 1979, 80, 82 u. 85; Fränk. Dorfbilder, 1985; Fränk. Land zw. Neckar u. Main, 1986; Baden, Land am Oberrh., 1986/87; Heimatb. Niederbühl, 1988; D. Chronik d. Buscherbrüder, 1988 - 1964 2. Ortenaupreis.

BISCHOF, Kurt

Geschäftsführer Dyckerhoff Transportbeton GmbH u. Beton Union GmbH & Co. KG, beide Wiesbaden - Lortzingstr. 2, 6204 Taunusstein - Geb. 6. Juni 1936.

BISCHOFF, Bernhard

Dr. phil., Ds. litt., emerit. o. Prof. f. Lat. Philol. d. Mittelalters - Ruffini-Allee 27, 8033 Planegg/Obb. (T. München 859 66 31) - Geb. 20. Dez. 1906 Altendorf (Vater: Emil B.; Mutter: Charlotte, geb. v. Gersdorff), ev., verh. s. 1953 m. Hanne, geb. Oehlerking - Promot. 1933; Habil. 1943 - S. 1947 Doz. u. Ord. (1953) Univ. München - BV: Carmina burana, Text 3, 1970; Lorsch im Spiegel seiner Handschr., 1974 - Ehrendoktor Univ. Dublin (1962), Oxford (1963) u. Univ. Catt. Mailand (1975); Mitgl. Bayer. Akad. d. Wiss. (1956), Royal Irish Acad. (1957), Mediaeval Acad. of. America (1958), British Acad. (1960), Dt. Archäol. Inst. (1962), Österreich. Akad. (1967), American Acad. of Arts and Sciences (1968), Kgl. Dän. Akad. (1969), Kgl. Vläm. Akad. (1971), Acad. des Inscriptions et Belles-Lettres (1973); 1975 Bay. VO.; 1984 Bayer. Maximilians-Orden f. Wiss. u. Kunst; 1985 Pour le mérite - Lit.: Johanne Autenrieth/Franz Brunhölzl, Festschr. z. 65. Geburtstag.

BISCHOFF, Bernhard

Prof., Hochschullehrer - Untere Staltenstr. 6, 7860 Schopfheim 3 - Geb. 10. Juni 1932 Ulm/D. (Vater: Eugen B., Studienrat; Mutter: Angelika, geb. Luithlen), ev., verh. s. 1969 m. Brigitte, geb. Petersmann, 3 Kd. (Albrecht, Wolf-Ludwig, Friederike) - Lehrerausbild.; Univ. Tübingen; Kunstakad. Stuttgart. Beide Lehramtsprüf. an Gymn. (Kunst, Geogr.) - 1955-57 Hauptlehrer; 1965 Ass., 1967 Doz. u. 1971 Prof. PH Lörrach; 1983 Prof. PH Freiburg (Kunst, Kunsterziehung).

BISCHOFF, Detlef

Dr. phil., Prof. f. polit. Verwaltungslehre, Prorektor FH f. Verw. u. Rechtspflege Berlin - Schuchardtweg 8, 1000 Berlin 39 (T. 030 - 805 11 01) - Geb. 27. Dez. 1942 Brieg, verw., 3 Kd. (Sebastian †, Tanja, Jonas) - Stud. 1964-68 FU Berlin, London School of Economics; Promot. 1972 - 1970-74 Wiss. Assist.; s. 1974 Prof. FH Berlin; s. 1981 Mitgründer u. Vors. d. Integrationshilfe Berlin - BV: Franz Josef Strauß, d. CSU u. die Außenpolitik, 1973. Mitverf.: Privatisierung öffentl. Aufgaben, 1977; Verw. u. Politik, 1982; Zwischen Getto u. Knast, 1981; Ausländerpolitik, 1989 - Spr.: Engl.

BISCHOFF, Diether

Dr. jur., Präsident a. D. Verfassungsgerichtshof u. Oberverwaltungsgericht f. d. Land Nordrh.-Westf., Münster - Hoyastr. 32, 4400 Münster/W. (T. 2 20 03) - Geb. 1922 - Vors. d. Landesarbeitsgemeinsch. Hilfe f. Behinderte in Nordrh.-Westf. (Dachverb. v. Behindertenverb.) - Spr.: Engl., Franz. - Rotarier.

BISCHOFF, Friedrich

Dr. jur., Dr. phil., Rechtsanwalt, Ministerialdir. i.e.R. - Colmantstr. 34, 5300 Bonn (T. 0228 - 65 73 39) - Geb. 23. Febr. 1930 Braunschweig (Vater: Ing. Friedrich B. †, Mutter: Gertrud, geb. Raeck), verh. m. Ortrud Herter-B., 2 Kd. (Michael, Sabine) - Stud. Erziehungswiss. Univ. Bonn, Rechtswiss. Univ. Göttingen (Promot. 1955 u. 86). Jurist. Staatsprüf. 1953 u. 57 - B. 1966 Verw. u. Min. Nieders., 1967-71 Landratsamt Hannover (Oberkreisdir.), 1971-82 Bundesmin. f. Forschung u. Technologie (Leit. Zentralabt.), s. 1983 RA. Lehrauftr. Technik- u. Org.soziol. - Korresp. Mitgl. Akad. f. Raumordnung u. Landesplanung, Hannover - BV: u. a. D. Lager Bergen-Belsen; Rechtl. Aspekte e. Bodenordnung; D. Parteien in d. Selbstverw.; D. Förderung v. kl. u. mittl. Untern. im Rahmen d. staatl. Forschungs-, Technologie- u. Innovationspolitik in RKW-Handb., Bildung u. techn. Fortschritt, Parlament u. Ministerialverw. - Liebh.: Mod. Kunst, Lit. - Spr.: Engl.

BISCHOFF, Friedrich Alexander, Baron

Prof. f. Sprache u. Literatur Chinas Univ. Hamburg (s. 1982) - Feldbrunnenstr. 14, 2000 Hamburg 13 - Geb. 18. Mai 1928 Wien (Vater: Norbert B., Botsch.; Mutter: Holda, geb. Köchert), kath. - Univ. Paris, Promot. 1958 - Lehrtätigk. Univ. Bonn (1959-60), Waseda Univ./Tokio (1961-62), Indiana Univ./USA (1964-82) - BV: u.a. D. Kanjur u. s. Kolophone, Bd. I u. II 1968; weit. Bücher in engl. u. franz. Spr. - Mehrere Fremdspr.

BISCHOFF, Gerd

I. Bürgermeister - Rathaus, 8970 Immenstadt/Allg. - Geb. 18. März 1943 Kaufbeuren - Zul. Stadtamtsrat. CSU.

BISCHOFF, Gerhard, Otto

Dr. phil., o. Prof., Direktor Geologisches Inst. Univ. Köln (s. 1976) - Ringstr. 66, 5202 Hennef- 1 - Geb. 17. Sept. 1925 Wildau (Vater: Dr. med. Otto B., Arzt; Mutter: Martha, geb. Kienast), ev., verh. s. 1947 m. Waldraut, geb. Kampffmeyer, T. Marén - Luisenstädt. Obersch. Berlin; Stud. Geol., Mineral., Geogr., Wirtschaftswiss. Univ. Hamburg, Greifswald, Berlin (Humboldt, Freie). Promot. (1949) u. Habil. (1955) Berlin (FU) - Geologe Brasilien, Bolivien, Nord-, Südafrika, Indien, Australien, USA; s. 1955 Privatdoz. u. apl. Prof. (1960) FU Berlin (Geol. u. Paläontol.), 1970-73 Chefgeologe Petroperu u. Ölfunde am Oberen Amazonas, 1975-78 Coordinator Ölexploration Bangladesh. 1980 2. Vicechairman Weltenergiekonferenz - BV: D. Griff ins Erdinnere - Prakt. Geol., 1961; D. Welt unter uns - Welt- u. Länderkd. aus d. Vogelperspektive, 1968; Ausblick in d. Zukunft, 1968 (Sammelbd.). Etwa 70 Einzelarb. Mithrsg.: D. Energiehandb. 1-4. A. (1970-82), D. Energietaschenbuch - 1963 Prof. ad honorem Univ. La Paz u. bolivian. Orden - Liebh.: Fliegen - Spr.: Engl., Franz., Span., Portugies. - Bek. Vorf.: Prof. Dr. Karl B., Gerichtschemiker, Berlin (Großv.); Prof. Dr. Hans B., Zoologe, Berlin (Onkel).

BISCHOFF, Gustaf

Schriftsteller - Bleckmar 1, 3103 Bergen 1 (T. 05051 - 63 70) - Geb. 24. Mai 1931 Kattowitz, ev., verh. s. 1968 m. Effi, geb. Jendretzky, S. Christian - Abit.; Stud. Kunstgesch. u. Publiz. FU Berlin - Redakt. Düsseldorf, Bremen, Berlin; 1970-74 Chefredakt. Rosa Blatt. Seitdem fr. Autor - BV/Romane: Keine Rosen f. Susan, 1970; Rendezvous in New York, 1972; Niemand ist ohne Schuld, 1973; D. Kaiser v. Kiez, 1974; Whisky z. Frühstück, 1975; Sündiger Sommer, 1976; Frau ohne Vergangenheit, 1977; Opfergang e. Geliebten, 1979; Hemmungslos, 1981; Sterben in Hollywood, 1982; Weinen an d. Ufern Babylons, 1983; Blackout, 1984; E. Jungfrau in Paris, 1987; zahlr. Kriminalgesch. u. psych. Sachb. - Liebh.: Antike Kunst.

BISCHOFF, Hans

Dr. rer. nat., Prof. f. Technologie, insb. Technik u. ihre Didaktik, Univ.- Gesamthochschule Wuppertal - Im Hoppenbruch 5, 4322 Sprockhövel 2 - U. a. Prof. Univ. Dortmund (Forschungsgeb.: Techn. u. soziotechn. Systeme).

BISCHOFF, Karl-Otto

Dr. med., Prof. f. Kardiologie Univ.-GH Essen, Chefarzt Krankenhs. Waldbröl - Eichenfeld 27, 5220 Waldbröl (T. 02291 - 29 09) - Geb. 20. Mai 1944 Gr. Rakow (Vater: Fritz-Günter B., Landw.; Mutter: Emmy, geb. Leukefeld), ev., verh. s. 1971 m. Margarete, geb. Kendel, 3 Kd. (Kai, Thilo, Tamina) - Gymn. Hannover; 1965-70 Stud. Univ. Freiburg (Promot. 1971); Habil. 1981 Univ.-GH Essen - S. 1983 Prof. in Essen; 1978-83 Oberarzt, ab 1983 Chefarzt (Schwerp. Kardiol. u. Hypertonie) in Waldbröl. Zahlr. Publ. üb. Herz/Kreisl.

BISCHOFF, Malte

Dr., Geschäftsführer CONDOR Flugdienst GmbH - Hans-Böckler-Str. 7, 6078 Neu-Isenburg 1.

BISCHOFF, Paul Hellmut

Kaufmann, Industrieberater, Inh. Bischoff International (Pty.) Ltd. u. Processed Papers (Pty.) Ltd., Johannesburg/Südafrika (s. 1956) - Claudiusstr. 17a, 4000 Düsseldorf 30 (T. 43 70 37 6); u. Bischoff Intern. LTD., P.O. Box 5222, 2000 Johannesburg (Südafrika) - Geb. 16. April 1912 Weilerhof/Köln (Vater: Wilhelm B., Landw.; Mutter: Bertha, geb. Winkelmann), kath., verh. s. 1938 m. Hildegard, geb. Kühne, 4 Kd. (Winfried, Christian, Raymund, Angelica) - Dt. Kolleg Bad Godesberg (Abit.) - 1935-39 Intern. Nickel Co. USA u. Engl.; 1941-45 Wehrdst. (West- u. Ostfront); 1953-56 Dir. Henkel S.A. (Pty.) Ltd. Südafrika; s. 1956 Inh. u. Vors. Bischoff Intern. (Pty.) Ltd. u. Processed Papers (Pty.) Ltd. Div. Ehrenposten, u. a. Präs. Dt.-Südafrik. Kammer f. Handel u. Ind. (1966-69; dzt. Ehrenmitgl.), Mitgl. d. Kammer d. Senior Council, Treuhänder South Africa Foundation (Südafrik. Stiftg.), Mitgl. Dt. Komit. SAF - 1978 Gr. BVK; 1983 Order of Good Hope in the Grand Officers Class Rep. Südafrika u. Paul Harris Fellowship Award - Liebh.: Bücher, Golf, Schwimmen - Rotarier.

BISCHOFF, Theo

Dr. agr., o. Prof. f. Verfahrenstechnik i. d. Tierprodukt. - Garbenstr. 9, 7000 Stuttgart-Hohenheim - Geb. 7. Nov. 1926 Radolfzell/B. - S. 1962 (Habil.) Lehrtätigk. LH bzw. Univ. Hohenheim (1968 ff. apl. Prof., Abt.svorsteher Versuchsbetriebe, Ord. f. Verfahrenstechnik in d. Tierproduktion). Fachaufs.

BISCHOFSBERGER, Wolfgang

Dr.-Ing., o. Prof. TU München (s. 1973) Inst. f. Wassergütewirtschaft u. Gesundheitsingenieurwesen - Hamsterweg 5, 8011 Baldham (T. 08106 - 58 48) -

Geb. 28. März 1925 Hamburg, ev., verh. s. 1954 m. Ursula, geb. Bode.

BISER, Eugen

Dr. theol. (habil.), Dr. phil., o. Prof. f. Christl. Weltanschauung u. Religionsphil. Univ. München - Hiltenspergerstr. 80, 8000 München 40 (T. 300 87 37) - Geb. 6. Jan. 1918 Oberbergen, kath. - S. 1967 Ord. Phil.-Theol. Hochsch. Passau, 1969-74 Univ. Würzburg. Zahlr. Bücher u. Beitr. religionsphil. Thematik.

BISINGER, Gerald

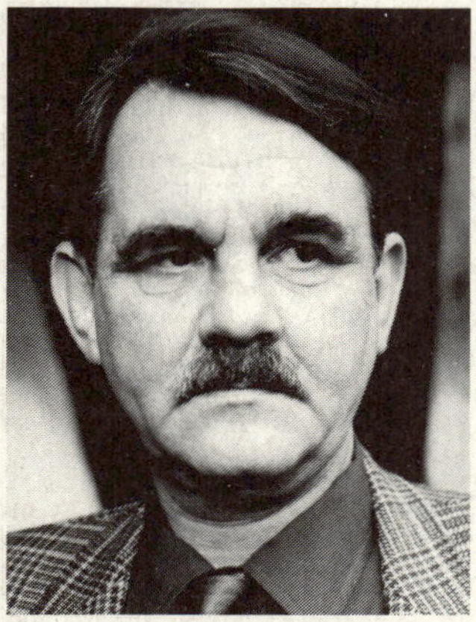

Schriftsteller, Redakt. - Erdbrustgasse 68, A-1160 Wien - Geb. 8. Juni 1936 Wien, verh. s. 1980 m. Eva-Maria Geisler-Bisinger, S. Johann August - Redakt.: ORF/Radiolit. - BV: Poema ex Ponto, 1977; Am frühen Lebensabend, Ged. 1987; Mein Ort bleibt nur d. Ged., Ged. 1989; u.a. - Lit.: Kurt Klinger in: Kindlers Literaturgesch. d. Gegenw./D. zeitgen. Lit. Österr. (1976).

BISLICH, Michael

Direktionsassistent, Mitgl. Abgeordnetenhaus von Berlin (s. 1979) - Zu erreichen üb.: SPD-Fraktion, Rathaus Schöneberg, 1000 Berlin 62.

BISMARCK, Fürst von, Ferdinand

Rechtsanwalt, Verwalter Forstgut Friedrichsruh (s. 1976) - Schloß, 2055 Friedrichsruh (T. 04104 - 50 51) - Geb. 22. Nov. 1930 London (Vater: Fürst Otto v. Bismarck; Mutter: Ann Mari Tengbom), ev., verh. s. 1960 m. Elisabeth Gräfin Lippens, 4 Kd. (Vanessa, Carl-Eduard, Gottfried, Gregor) - Auslandssch. Rom u. Stockholm, Internat Schloß Salem; Univ. Köln (Volksw.) u. Freiburg/Br. (Rechtswiss.). Ass.ex. 1960 - 1961-67 Verwaltungs- u. Hauptverw.rat EWG Brüssel, dann Anwalt Hamburg - Spr.: Engl., Franz., Schwed., Span. - Urgroßv.: Altreichskanzler Fürst Otto v. Bismarck (1815-98).

BISMARCK, von, Günther

Beirat d. Henkell-Söhnlein Sektkellereien KG, Wiesbaden-Biebrich - Haideweg 20, 6200 Wiesbaden-Sonnenberg - Geb. 9. Juni 1917.

BISMARCK, von, Klaus

D., Präsident Goethe-Inst. München (s. 1977) - Römerstr. 4, 8000 München 40 - Geb. 6. März 1912 Jarchlin/Pommern (Vater: Gottfried von Bismarck, Landw.), verh. m. Ruth-Alice, geb. Wedemeyer, 8 Kd. - N. Abitur Maschinenschlosser-Praktikum; landw. Ausbild. - Militärdst.; prakt. Landw.; im II. Weltkr. zul. Oberstlt. d. R. u. Regt.skdr.; n. 1945 Leit. Jugendamt Herford u. Jugendhof Vlotho; 1949-61 Leit. Sozialamt d. Ev. Kirche Westf. Haus Villigst b. Schwerte/R.; 1961-76 Int. WDR (1963/64 Vors. ARD). 1957-64 Präs. Ges. f. Sozialen Fortschritt; 1958 ff. Präs. bzw. Vizepräs. (1961) Intern. Ges. f. Soz. Fortschr. S. 1955 Präsid.mitgl. u. s. 1977 Vorst.mitgl., 1977-79 Präs. Dt. Ev. Kirchentag. Herausg.: Vlotho-Rundbriefe; Mithrsg.: Schriftenreihe Kirche im Volk, Ztschr. f. Ev. Ethik, Christl. Glaube u. Ideologie (1964; m. Walter Dirks), Neue Grenzen - Ökumen. Christentum morgen (2 Bde. 1966/69; m. W. Dirks) - U. a. Eichenlaub z. Ritterkreuz d. EK; 1959 Theol. Ehrendoktor Univ. Münster; 1954 Frhr.-v.-Stein-Preis; 1982 Gr. Verdienstkreuz m. Stern d. Verdienstordens d. BRD; 1967 Komturkreuz ital. VO. - Spr.: Engl., Franz. - Liebh.: Jagd, Reiten, Tennis, Lit., Musik - Bek. Vorf.: Otto v. B., Altreichskanzler (Urgroßonkel); Bruder: Philipp v. B.

BISMARCK, von, Philipp

Dr. rer. pol., Land- u. Forstw., MdB (s. 1969, Wahlkr. 40/Hannover), MdEP s. 1978 - 3121 Schweimke/Nieders. (T. 05832 - 12 02) - Geb. 19. Aug. 1913 Jarchlin/Pommern, ev., verh. s. 1939 m. Ebba, geb. Wendelstadt, 6 Kd. - N. Kriegsdst. (Generalstabsoffz.) u. brit. Gefangensch. Univ. Freiburg/Br. (Rechtswiss., Volksw.). Promot. 1950 - U. a. 1960 ff. Vorstandsmitgl. Kali-Chemie AG., Hannover (Verkauf/Einkauf). 1967-71 Präs. IHK Hannover. S. 1970 Sprecher Pommersche Landsmannsch. CDU (1970 Vors. Wirtschaftsrat) - 1973 Gr. BVK, später Stern dazu; 1975 Gr. Verdienstkreuz Nieders. VO; 1984 Frhr.-v.-Stein-Med. in Goild (Stiftg. F. v. S., Hamburg) - Liebh.: Jagd, Reiten - Spr.: Engl. - Vorf. s. Klaus v. B. (Bruder).

BISPING, Wolfgang

Dr. med. vet., o. Prof. f. Mikrobiologie, Tierseuchenlehre u. -bekämpf. - Tierärztl. Hochschule, Postf., 3000 Hannover - Geb. 17. Febr. 1929 - S. 1960 (Habil.) Lehrtätigk. Tierärztl. Hochsch. Hannover (1966 Abt.svorsteher u. Prof.; 1968 o. Prof. u. Dir. Inst. f. Mikrobiol. u. Tierseuchen). Etwa 70 Fachveröff.

BISSINGER, Manfred

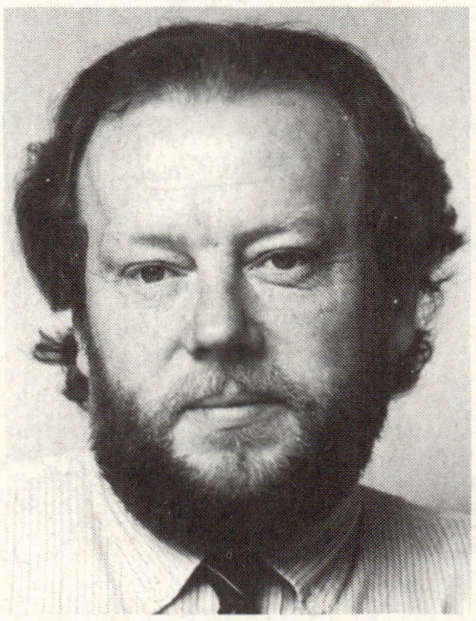

Chefredakteur Zeitschr. Merian (s. 1989) - Zu erreichen üb. Hoffmann u. Campe Verlag, Harvestehuder Weg 45, 2000 Hamburg 13 (T. 040 - 4 41 88-1) - Geb. 1940 Berlin - Tätigk. NDR, Stern (stv. Chefredakt.), Dir. Presse- u. Informationsamt Hbg. Senat (1978-81); Chefredakt. Ztschr. Konkret (1981-83), u. Ztschr. natur (1984-89) - BV: Hitlers Sternstunde, 1984.

BITSCH, Heinrich

Magistratsrat a. D., Schriftsteller - Leihgesterner Weg 2, 6300 Gießen (T. 7 58 20) - Geb. 11. Juli 1901 Fürth/Odenw. (Vater: Georg B., Aktuar; Mutter: Johanna, geb. Reinig), ev., verh. s. 1930 m. Antonie, geb. Brinkmann (Kunstmalerin) - Oberrealsch. Worms u. Friedberg; Univ. Gießen; Schauspielsch. Thessa Klinkhammer, Frankfurt/M. - Fr. Schriftst. (1936 Publikationsverbot), 1940-45 Wehrdst., s. 1946 Chefdramat. (b. 1949) u. Kulturref. Gießen, 1949-51 Regiss. Amerikahaus u. Leit. Schauspielstudio ebd. Stadtverordn. (SPD). Insz. 1949-51: Wilder, Sartre, Anouilh, Lavery, Georg Kaiser, Büchner. Veröff.: D. Protestanten v. Gießen (Streitschr.); Dillenburger Fürstenhochzeit (Festsp.); E. verlorene Liebe, Erz. 1954; Hess. Legende, Erz. 1956; D. entsiegelte Zeit, Ged. 1960; Gießen-Report I, II (Kulturpolit. Schr.) 1967 u. 1975; D. schwarze Madonna, Ged. 1974; Bildnis e. Göttin, Erz. 1975. Aufgeführte Bühnenst.: Kreuz im Brunnen (1934), D. schwarze Apostel (1940), Anne Romans (1948), Lola Montez (1949), Dillenbg. Festsp. (1950), Rebellen (1951), Donsbacher Spiel (1959), Essays u. Künstlerporträts Hessen-Journal (1960 ff.).

BITSCH, Roland

Dr. rer. nat., Prof. f. Ernährungswiss. - Univ.-GH Paderborn, FB 6 Haushaltswiss., Warburger Str. 100, 4790 Paderborn (T. 60 21 95/96) - Geb. 28. Nov. 1937 Ober-Ostern/Odw. (Vater: Wilhelm B., Lehrer; Mutter: Irma, geb. Betsch), ev., verh. s. 1966 m. Irmgard, geb. Hölscher, 2 Kd. (Nikola, Juliane) - Gymn. Darmstadt (Abit. 1957); 1959-69 Univ. Marburg u. Frankfurt, Promot. 1969 Univ. Marburg, Habil. 1978 Univ. Bonn - 1966-70 Wiss. Assist. Univ. Marburg u. Gießen; 1970-75 Univ. Bonn; s. 1976 Akad. Rat, s. 1980 Akad. Oberrat Univ. Bonn - BV: Beitr. im Handbuch f. Ernährungslehre u. Diätetik, Bd. III, 1974; Ernährung u. Diät (zus. m. H. Kasper), 1986; Beitr. z. Essen u. Trinken in Mittelalter u. Neuzeit, 1987 - Liebh.: Sport, Musik, Lit., Theater - Spr.: Engl.

BITTEL, Kurt

Dr. phil., Dr. phil. h. c., Prof., Archäologe - Carl-Zeiss-Str. 54, 7920 Heidenheim (T. 4 57 29) - Geb. 5. Juli 1907 Heidenheim/Brenz (Vater: Emil B., Bankier; Mutter: geb. Pfenning), verh. I) 1951 Maria, geb. Riediger, II) 1960 Maria, geb. Siede - Univ. Heidelberg, Berlin, Wien, Marburg - Wissenschaftl. Hilfsarb. Dt. Archäol. Inst. Frankfurt/M. u. Kairo, 1933 Ref., 1938 Dir. DAI Istanbul, 1942 Gastprof. Univ. Istanbul, 1946 ao., 1948 o. Prof. f. Vor- u. Frühgesch. Univ. Tübingen, 1954 wied. Leit. DAI Istanbul, 1960 Präs. DAI Berlin (1972 i. R.), 1962 Honorarprof. FU Berlin, 1972 Honorarprof. Univ. Tübingen. Leit. 28 Grabungsexped. - BV u. a.: Les Hittites, 1976 - 1967 Ritter Orden pour le mérite f. Wiss. u. Künste (1971-79 Ordenskanzler); Honorary Member Royal Irish Acad.; o. Mitgl. Akad. d. Wiss. u. d. Lit. Mainz; o. Mitgl. Akad. d. Wiss. Heidelberg; korr. Mitgl. Akad. d. Wiss. München u. Wien; corr. Fellow British Acad.; Associé étranger de l'Academie des Inscriptions et Belles Lettres (Institut de France). Foreign Honorary Member of the American Academy of Arts and Sciences; Member of the American Philosophical Society. Ehrenmitgl. Türk Tarih Kurumu u. Soc. of. Antiquaries (London); Mitgl. Dt., Bulg., Österr. Archäol. Inst.; 1972 Gr. BVK m. Stern, 1984 Schulterbd. dazu; Österr. Ehrenzeichen f. Wissensch. u. Kunst; Verdienstmedaille des Landes Baden-Württemberg.

BITTER, Erich

Kaufmann, Geschäftsf. Bitter KG u. Bitter & Co. Automobile GmbH, Schwelm - Berliner Str. 57, 5830 Schwelm - Geb. 11. Aug. 1933, ev., gesch., 2 Töcht. - Gymn., Lehre - Tätigkeiten: Eisenwerk Hunninghaus, Coca Cola, Schwelmer Eisenwerk; s. 1961 selbständ. Spez. Arbeitsgeb.: Entwickl. u. Herstell. neuer Kraftfahrzeugmodelle (Entw. u. Bau d. Bitter-Diplomat CD, SC u. Bitter Type 3).

BITTER, Georg

Dr. phil., Verleger Georg Bitter Verlag KG, Recklinghausen, u.a. - Prof.-Schulte-Str. 1, 4350 Recklinghausen - Geb. 25. März 1921 Recklinghausen (Vater: Wilhelm B., Verleger; Mutter: Luise, geb. Kuchler), kath., verh. s. 1947 m. Erika, geb. Müller, 4 Kd. (Charlotte, Birgitta, Gudrun, Georg) - Abit. 1940; M.A. 1949; Promot. 1950 - Prok.; Geschäftsf. Buch- u. Geschenkdst. GmbH, Kommunalverlag, bde. Recklingh., Landes-AG Jugendlit. NRW - BV: Z. Typol. d. dt. Zeitungswesens, 1952 (übers. engl. u. span.) - Ehrenvors. Verb. d. Kath. in Wirtsch. u. Verw., Mitgl. im Bundesvorst. u. Hauptaussch. d. KPV CDU/CSU Dtschl., stv. Vors. Friedrich-Bödecker-Kreis NW.

BITTER, Gottfried

Dr. theol., o. Prof. f. Religionspädagogik u. Homiletik Univ. Bonn, Kath. Theol. Fak. (s. 1980) - Auf der Neide 3, 5480 Remagen 1 - Geb. 24. Okt. 1936 Wevelinghoven (Vater: August B., Chemiker; Mutter: Marie-Louise, geb. v. Wersch), kath. - Ordenshochsch. Knechtsteden; Univ. Freiburg/Br. u. Münster/W. - S. 1957 Mitgl. Missionsges. v. Hl. Geist. 1975 ff. Lehrbeauftr. Univ. Würzburg, 1977 o. Prof. Univ. Bochum - BV: Erlösung, 1976. Mithrsg.: Konturen heut. Theol. (m. G. Miller). Mitautor: Grundriß d. Glaubens, 1980, ZP-Kommentar 7/8. Bd. 1/2, 1980/81; D. Leben wagen, 1982; Leben m. Psalmen, 1984 (m. N. Mette); Handb. religionspäd. Grundbegriffe, 2 Bde. 1986 (m. G. Miller) - Spr.: Engl., Franz., Ital.

BITTER, Heinrich (Heinz)

Verleger, gf. Gesellsch. Druck- u. Verlagshaus Bitter GmbH & Co. - Wilhelm-Bitter-Platz 1, Recklinghausen; priv.: Im Silvertbruch 7, 4353 Oer-Erkenschwick - Geb. 24. Mai 1915 Recklinghausen (Vater: Wilhelm B., Verleger; Mutter: Luise, geb. Kuchler), kath., verh. s. 1949 m. Ingeborg, geb. Weddige, 2 T. (Christiane, Regina) - Abit. Schriftsetzerlehre; Stud. Köln u. München - Div. Ehrenstell. - 1977 BVK; 1986 BVK I. Kl.

BITTER, Jürgen

Sportjournalist - Heinrich-Mann-Str. 40, 4500 Osnabrück (T. 0541 - 1 56 05) - Geb. 12. April 1943 Osnabrück (Vater: Hermann B., Bundesbahnamtsrat; Mutter: Wilma, geb. Niederhaus), ev.-luth., verh. s. 1971 m. Doris, geb. Tiemann - S. 1979 Leit. d. Sportredaktion Neue Osnabrücker Zeitung.

BITTERICH, Eberhard

Dr. Ing. E. h., Dipl.-Ing., Vorstandsmitglied Mannesmann Anlagenbau AG, Düsseldorf - Zu erreichen üb. Mannesmann Anlagenbau AG, Theodorstr. 90, 4000 Düsseldorf 30 - Geb. 20. Nov. 1931.

BITTERLING, Klaus

Dr. phil., Prof. f. Anglistik - Trautenaustr. 11, 1000 Berlin 31 - Geb. 12. Juni 1937 Berlin - Promot. 1969 - S. 1971 Prof. FU Berlin - BV: D. Wortschatz v. Barbours Bruce, 1970.

BITTLINGER, Herbert

Dipl.-Volksw., Mitglied d. Geschäftsleitung Großversandhaus Quelle, Gustav Schickedanz KG., Fürth (s. 1973) - Nürnberger Str. 91-95, 8510 Fürth - Zul. Gf. Großversandhaus Schöpflin GmbH., Haagen.

BITTNER, Günther

Dr. phil., Dipl.-Psych., Psychoanalytiker (DGPPT), Prof. f. Pädagogik (s. 1973) - Lodenstr. 22, 8707 Veitshöchheim/Ufr. - Ord. Univ. Bielefeld u. gegenw. Würzburg (Mitvorst. Inst. f. Päd.) - BV: Psychoanalyse u. soz. Erziehung, 3. A. 1972; Tarnungen d. Ich, 1977; Tiefenpsychol. u. Kleinkindererziehung, 1979; D. Sterben denken um d. Lebens willen, 1984; D. Unterbewußte - e. Mensch im Menschen), 1988. Herausg.: Erziehung in früher Kindheit (Neuaufl. 1985, m. E. Harms); Päd. u. Psychoanalyse (1985, m. Ch. Ertle); D. Ich ist vor allem e. Körperliches... (1989, m. M. Thalhammer).

BITTNER, Siegfried

Dr. rer. pol., Dipl.-Volksw., Vorstandsmitglied Hess. Elektrizitäts-AG. (Kaufm. Verw.) - Jägertorstr. 207, 6100 Darmstadt 11 (T. 06151 - 70 9-23 00) - Geb. 29. Juli 1930 Görlitz/Schles. - Staatsex. u. Promot. Johannes-Gutenberg-Univ. Mainz.

BITTNER, Wolfgang

Dr. jur., Schriftsteller - Gotenring 31, 5000 Köln 21 (T. 0221 - 81 20 34) - Geb.

29. Juli 1941 Gleiwitz (Vater: Erhard B., Angest.; Mutter: Magdalena), verh. s. 1968 m. Angelika, geb. Nugel, 3 Kd. (Jenny, Benjamin, Tobias) - 1959 Höh. Handelssch. Aurich, Abit. 1966 (2. Bildungsweg); Stud. Jur., Phil. u. Soziol. Göttingen, 1. jur. Staatsex. 1970, Promot. 1972, 2. jur. Staatsex. 1973 - B. 1973 versch. Tätigk., u.a. Verw; s. 1974 fr. Schriftst. - BV: Erste Anzeichen, Lyr. u. Prosa, 1976; D. Aufsteiger, R. 1978; Rechts-Sprüche, Texte z. Thema Justiz, 1975 u. 1979; Alles in Ordnung, Satiren, 1979; Bis an d. Grenze, R. 1980; Abhauen, R. 1980; Nachkriegsged., 1980; Weg v. Fenster, R. 1982; D. Riese braucht Zahnersatz, Texte f. Kinder, 1983; Kopfsprünge, Ged. 1984; V. Beruf Schriftsteller, Sachb. 1985; D. Fährte d. Grauen Bären, R. 1986; Wo d. Berge namenlos sind, R. 1989 - Bildhauerische Arb. s. 1977 (Eisenplastiken), Ausst. - Mehrere Lit.preise - Spr.: Engl. - Lit.: Nieders. literarisch, 1981; Munzinger-Archiv.

BITZ, Michael
Dr. rer. oec., Univ.-Prof. f. Betriebswirtschaftslehre Fern-Univ. Hagen (s. 1976), Direktor Inst. f. Angew. Betriebsw.lehre (s. 1985) - Bolohstr. 43a, 5800 Hagen/W. (T. 02331 - 5 64 80) - Geb. 11. Febr. 1943 Berlin (Vater: Alois B., Verbandsgeschäftsf.; Mutter: Erika, geb. Gundlach), ev., verh. s. 1972 m. Ulrike, geb. Dörken, 2 Kd. (Christoph, Anne Catherine) - 1962-68 Stud. Betriebsw. u. Math. Marburg, Berlin (FU), Saarbrücken. Dipl.-Kfm. 1968; Promot. 1970; Habil. 1975 (alles Saarbr.) - 1968-76 Univ. Saarbrücken (1972 Assistenzprof.) - BV: Pläne u. Maßnahmen z. Vermögensbild., 1971; Übungen in Volksw.lehre, 2. A. 1976 (m. W. Stützel u. W. Cezanne); D. Strukturierung ökonom. Entscheidungsmodelle, 1977; Entscheidungstheorie, 1981; Üb. in Betriebsw.lehre, 2. A. 1984; Gesetzl. Regelungen u. Reformvorschläge z. Gläubigerschutz, 1986. Zahlr. Einzelarb. - 1973 Fachpreis f. Vermögensbild. - Liebh.: Lit., Tennis - Spr.: Engl., Franz.

BITZ, Werner
Dipl.-Ing., Unternehmensberater, Gf. Gesellsch. Strata Unternehmensberatung GmbH, Frankfurt - Nürnberger Str. 36, 6095 Ginsheim-Gustavsburg 1 - Geb. 23. Mai 1939 Mainz, kath., verh., 2 Kd. - Stud. Elektrotechnik/Regelungstechnik TH Darmstadt; Management-Ausb. LFK Hamburg. Fachveröff. - Liebh.: Musik - Spr.: Engl.

BITZER, Helmut
Bankdirektor, Aufsichtsratsvors. BVH Bank f. Vermögensanlagen u. Handel AG, Düsseldorf - Postenweg 32, 4000 Düsseldorf-Wittlaer (T. D'dorf 40 77 53) - Geb. 24. Mai 1922 - Zul. Vorstandsmitgl. Nordd. Kreditbank AG, Bankverein Bremen AG, Baukreditbank AG, Düsseldorf.

BITZER, Wolfgang
Dipl.-Ing., Prof. f. Stahlbau u. Baustatik Gesamthochschule Siegen (Fachbereich Bautechnik) - Am Egelsbruch 28, 5912 Hilchenbach.

BIZER, Christoph
Dr. theol., Prof. f. prakt. Theologie Univ. Göttingen - Am Hirtenberg 4, 3401 Bösinghausen - Geb. 18. Juli 1935 Tailfingen/Württ. (Vater: Prof. Ernst B.; Mutter: Elisabeth B., Lehrerin), ev., verh. s. 1960 m. Frauke, geb. Heinrich, 3 Kd. (Johann, Kilian, Amalie) - 1955-62 Stud. Klass. Philol. u. Theol. Univ. Bonn (2. theol. Ex. 1968, Promot. 1967), Habil. 1970 Univ. Marburg - 1973-79 Rektor Religionspäd. Inst. d. ev.-luth. Kirche Hannovers in Loccum; 1979 ff. Prof. - BV: Stud. z. pseudothanasienischen Dialogen (Diss.), 1970; Unterr. u. Predigt, 1972.

BIZER, Jürgen
Geschäftsführer Gustav Spangenberg Maschinenfabrik GmbH, Mannheim - Hauptstr. 73, 6800 Mannheim-Feudenheim - Geb. 26. Juni 1930.

BLACHNIK, Roger
Dr. rer. nat., Prof. f. Anorgan. Chemie Univ. Osnabrück (s. 1984) - Klosterstr. 7, 5901 Wilnsdorf 2 - Geb. 26. Sept. 1936 Schwerin, verh. s. 1967 m. Marli, geb. Höhenberger, 2 T (Barbara, Bettina) - Promot. 1967; Habil. 1973 - 1973-74 Doz. TU Clausthal.; 1974-84 wiss. Rat u. Prof. Univ. Siegen. Üb. 110 Facharb.

BLACK, George Malcolm
Hauptgeschäftsführer, (Werbung) J. Walter Thompson GmbH. - Bockenheimer Landstr. 104, 6000 Frankfurt/M. 1 - Geb. 28. Aug. 1928 Crescent City USA (Vater: Raymond B.; Mutter: Jane, geb. Kane), verh. s. 1962 m. Birgitta, geb. Alvin - Stanford Univ. (BA-Journalism), Syracuse Univ. (US Air Force School of Languages) - Liebh.: Lit., Kunst, Skifahren, Segeln, Hobbygärtner - Spr.: Engl., Deutsch, Russ.

BLACK, Roy
s. Höllerich, Gerhard

BLÄKER, Felix
Dr. med., Prof. Universitäts-Kinderklinik Hamburg, Präsident Dt. Ges. f. Kinderheilkunde - Rugenbarg 66a, 2000 Norderstedt - S. 1973 Prof. Hamburg (Kinderheilkd.).

BLÄNSDORF, Jürgen
Dr. phil., o. Prof. f. Klass. Philologie Univ. Mainz (s. 1971) - Am Römerring 1c, 6501 Essenheim (T. 06136 - 8 98 12) - Geb. 1. Juni 1936 Braunschweig (Vater: Georg B., Lehrer; Mutter: Ilse, geb. Steph), ev., verh. s. 1962 m. Gisela, geb. Fiebing, 3 Töcht. (Gudrun, Elke, Irene) - Stud. Freiburg, Kiel; Promot. 1965; Habil. 1971 Freiburg - 1962-71 Wiss. Assist., ebd., 1975-77 Dekan FB 15 Univ. Mainz. Vertrauensdoz. Studentenstiftg. d. dt. Volkes (1973-84); Mitgl. Mommsen-Ges. - BV: Archai. dankengänge in d. Kom. d. Plautus, 1967. Röm. Philosophie (Arbeitsb., 2 Bd.), 1978; Plautus Amphitruo (überarb. u. ergänzt), 1979; D. Paradoxon d. Zeit, 1983; Sallust, Catilina (Schulkomm., 2 Bd.), 1984/86 - Spr. Engl., Franz., Ital., Lat.

BLÄSE, Dirk
Lic. rer. pol., Werbe- u. PR-Berater (eig. Unternehmen) - Richard-Wagner-Str 10/11, 7000 Stuttgart 1 - Geb. 26. Aug. 1940 Chemnitz/Sa. (Vater: Günter B., Werbeberat.; s. lfd. Ausg.), ev., verw. - Univ. Bern (Wirtschafts- u. Sozialwiss.) - Spr.: Franz.-, Engl.

BLÄSE, Günter
Verleger u. Werbeberater - Richard-Wagner-Str. 11, 7000 Stuttgart 1 (T. 2 10 57-0) - Geb. 30. Aug. 1906 Frankfurt/O., ev., verw. (Ehefr. Jutta, geb. Wagner †1983), 2 Kd. - Tätigkeit im Verlags- u. Werbewesen Tageszg. u. Scherl-Verlag, Berlin. 1931-44 Verlagsleit. J. C. F. Pickenhahn & Sohn, Chemnitz. S. 1949 Inh. e. Gruppe v. Werbeagent. i. Deutschl. u. Brasil., Inh. Daco-Verlag u.

Verl. Hanfstaengl Nachf. - BV: Mehr verkaufen durch bessere Anzeigen, 1932; D. mod. Dtschl., 1952.

BLÄTTEL, Irmgard
Gewerkschaftssekretärin - Beethovenstr. 35, 4000 Düsseldorf (T. 0211 - 66 71 79) - Geb. 18. Juli 1928 Elz/Westerwald (Vater: Georg B., Bauarb.; Mutter: Katharina), kath. - Kfm. Lehre, Buchhändlerlehre, grad. Betriebsw. Akad. f. Wirtsch. u. Politik - 1962-69 Rechtsschutzsekr. DGB-LB Hessen, 1969-80 DGB-Bundesvorst., s. 1972 Leit. d. Abt. Frauen, s. 1980 Mitgl. d. Geschäftsf. DGB-Bundesvorst. - Liebh.: Kulturgesch.

BLAHA, Herbert M.
Dr. med., Prof., f. Lungenkrankheiten u. Tuberkulose - Schrimpfstr. 37b, 8035 Gauting/Obb. - Geb. 9. Okt. 1918 Bamberg - Stud. München u. Graz - U. a. Chir. Tätigk. Twaitha-Hosp. Baghdad u. Univ. Frankfurt/M.; 1966-83 Ärztl. Dir. LVA Zentralkrkhs. Gauting. 1976 Präs. Dt. Ges. f. Lungenkrankh. u. Tuberkul.; 1980 Vors. Bayer. Chirurgen-Vereinig. - BV: Schichtbilder v. Bronchialveränd. b. d. Lungentbc., 1954; D. Lungentuberkul. im Röntgenbild, 1978. Zahlr. Einzelarb. - 1978 Ernst-v.-Bergmann-Plak.; Ehrenmitgl. Südd. Ges. f. Lungenkrankh. u. Tuberkul., Österr. Ges. f. Lungenkrankh. u. Tuberkul. - Vors. Kurat. Tuberkul. in d. Welt.

BLAICHER, Günther
Dr. phil., Univ.-Prof. f. engl. Literaturwiss. Kath. Univ. Eichstätt - Kilian-Leib-Str. 60, 8078 Eichstätt (T. 08421 - 29 53) - Geb. 22. Jan. 1938 Montabaur, kath., verh. s. 1968 m. Ingrid, geb. Neus, 3 Töcht. (Christine, Jutta, Kerstin) - 1957-60 Stud. Anglistik, Romanistik Univ. Bonn, 1961-63 Univ. Saarbrücken; 1. Staatsex. 1963 Saarbrücken, 2. Staatsex. Trier; Promot. 1966, 1974 Habil. Saarbrücken - 1963-65 Lektor Univ. Glasgow; 1969-77 Akad. Rat u. Privatdozent Univ. Saarbrücken. Gastprof. Univ. of Minnesota, Duluth, USA - BV: Freie Zeit - Langeweile - Lit., 1977; D. Erhaltung d. Lebens, 1983. Herausg.: Erstarrtes Denken (1987); Germany in British Poetry since 1945, An Anthology - Liebh.: Klavier, Ski - Spr.: Engl., Franz., Ital.

BLANCKART, Freiherr von, Clemens
Rechtsanwalt, Geschäftsf. Unternehmensverb. d. Aachener Steinkohlenbergbaus, Mitgl. d. Geschäftsfg. d. Gesamtverb. d. Dt. Steinkohlenbergbaus, Essen, Vorst.-Mitgl. Rationalisierungsverb. d. Steinkohlenbergbaus, Essen - Buchkremerstr. 6, 5100 Aachen; priv.: 5143 Wassenberg-Effeld - Geb. 27. Juni 1933 Breslau (Vater: Josef v. B.; Mutter: Isa, geb. v. Münchhausen), kath. - Univ. Bonn, Köln, München (Rechtswiss.). Ass.ex. - Anwaltstätigk. u. Auslandsaufg. f. Wirtschaftsverb. - Spr.: Franz., Engl.

BLANCKENBURG, von, Peter
Dr. agr., em. o. Prof. f. Sozialökonomie d. Agrarentwicklung - Podbielskiallee 64, 1000 Berlin 33 (T. 314 713 28) - Geb. 2. Juli 1921 Kardemin, ev., verh. s. 1955 m. Esther, geb. Wilms, 5 Kd. (Henning, Friedhelm, Ines, Dietrich, Jürgen) - Univ. Göttingen (Dipl.-Landw. 1950). Promot. (1952) u. Habil. (1959) Göttingen - 1953-64 Assist. und Privatdoz. (1959) Univ. Göttingen; 1961/62 u. 1963/64 Expertentätig. Afrika (UN); 1964-86 o. Prof., Inst.dir. TU Berlin. Mitgl. wiss. Ges. - BV: Bäuerl. Wirtschaftsführung im Kraftfeld d. sozialen Umwelt, 1960; La Situation du Travailleur Agricole Salarié, 1962 (auch engl. u. ital.); Einf. in d. Agrarsoziol., 1962; Afrikan. Bauernwirtschaften auf d. Weg in d. mod. Landw., 1965; Agricultural Extension Systems in some African a. Asian Contries, 1984; Welternährung, Gegenwartsprobl. u. Strategie f. d. Zukunft, 1986. Mithrsg. Quart. J. of Intern. Agriculture; Handb. d. Landw. u. Ernährung in d. Entwicklungsländern (2 Bde. 1967/71, neubearb. Aufl. 5 Bde. ab 1982) - Spr.: Engl., Franz.

BLANCO, Roberto
Sänger, Fernsehunterhalter - Waldschulstr. 71, 8000 München 82 (T. 089 - 430 14 20) - Geb. 7. Juni 1937 Tunis (Vater: Alfonso Zerquera; Mutter: Mercedes Blanco †), kath., verh. s. 1964 m. Mireille, geb. Beuret, 2 T. (Mercedes, Patricia) - Med.-Stud. (abgebr.) - S. 1956 im Showgesch., Tournee-Ens. v. Josephine Baker, 1969 Sieger Dt. Schlagerfestsp. (Heute so, morgen so); zahlr. FS-Send. (Studio B, E. Mädchen s. Träume, An d. Wasserkante), 1973 1. eig. Show, 1980 Nachfolger v. Rudi Carell (Noten f. zwei), 1982 u. 1983 FS-Show: Roberto - E. Abend m. R. B. Mehrere Kino-Filme (u.a. Alle Menschen werden Brüder, Drei Männer im Schnee) - Spr.: Engl., Franz., Span., Ital., Arab.

BLANK, Annelore
(eigtl. Hannelore Brinkmeier) Kaufm. Angestellte, Schriftst. - Lübecker Str. 7, 6236 Eschborn/Ts. (T. 06196-4 34 09) - Geb. 26. Febr. 1927 Kolberg - Ex. in Engl. u. Franz. London u. Paris - 1962-84 Tätigk. in Verkaufsbüros v. Flugges. Frankfurt - BV: In jenen heißen Sommertagen; D. rote Sonne v. Brest-Litowsk; In jenen kühlen Herbsttagen (Trilogie); Kurzprosa in Anthol. u. Ztschr. - 1984 Schweizer Buchpreis AWMM (f. 2. Bd. d. Trilogie) - Liebh.: Intern. Lit., Theater, Film, Wassersport, Schach - Spr.: Engl., Franz., Span.

BLANK, Herbert B.

Ass., Landrat Landkr. Altenkirchen - Rasselsteinerstr. 58, 5450 Neuwied 1 (T. 02631 - 80 32 15) - Geb. 3. April 1947 Hannover (Vater: Herbert C. B., s. dort), kath., verh. s. 1976 m. Renate, geb. Schaeben, 2 Kd. (Angela Christiane, Herbert Rüdiger) - Stud. Rechts- u. Staatswiss., Volkswirtsch. Univ. Tübingen, Genf, Bonn u. Köln; Ausbild. b. e.

engl. Anwalt in London; 1977 Gr. jurist. Staatsprüf. Düsseldorf - Wehrdienst in einem Art. Regiment; zul. Oberstlt. d. R. - S. 1972 Mitgl. Lions-Club; Mitgl. mehrerer Numismatischer Ges. - Liebh.: Numismatik, Jagd - Spr.: Engl., Franz.

BLANK, Herbert C.

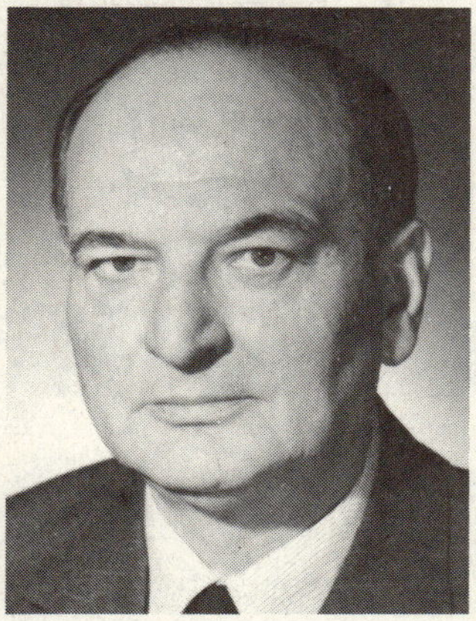

Ltd. Regierungsdirektor a. D., Generalbevollmächtigter Präsid. IHK (s. 1972) - Schinkelstr. 11, 5000 Köln-Braunsfeld (T. 40 94 64) - Geb. 31. Jan. 1909 Hannover (Vater: Christian B., Preuss. Ministerialdirig. a. D., zul. Präs. Dt. Post (s. XIV. Ausg.); Mutter: Betty, geb. Lemmerz), kath., verh. s. 1939 m. Magdalene, geb. Hauck (Tocht. d. Hptm. a. D. u. Rittergutsbes. Bernhard H., Mühlrain b. Ottmachau/Schles.), 3 Kd. (Ingrid, Christian, Herbert) - Gymn. Hannover; Univ. Tübingen, Grenoble, Paris, Berlin, Göttingen (Rechts- u. Staatswiss., Volksw.). Gr. jurist. Staatsprüf. - Rechts- u. Fachanw. f. Steuerrecht Berlin, 1939-45 Wehrdst. (Reserveoff., ab 1942 im Stab d. 19. Armee), 1945-59 staatl. Landrat, Oberreg.rat Nieders. Innenmin., Landeswahlleit., Reg.dir., Dir. OVA Hildesheim, Ltd. Reg.dir. Bundesdienst (1953; Abt.leit. u. Verw.chef oberer Bundesbeh.), 1959-72 Hauptgeschäftsf. IHK Mönchengladbach. Gründungsmitgl. CDU Hannover (13. VII. 1945) u. CDU Köln (2. IX. 1945) - Kriegsausz. - Spr.: Franz., Engl. - Mitgl. Lions Club (1970/71 Governor 111/Rhld.), Beir. Lions Club International Foundation (LCIF), Beirat Hilfswerk dt. Lions.

BLANK, Johann Peter

Dipl.-Ing., Präsident Bundesbahn-Zentralamt Minden (Westf.) - Weserglacis 2, 4950 Minden/W. (T. 0571 - 393 54 00) - Geb. 19. Dez. 1925 Berlin - Humanist. Gymn. Berlin-Steglitz, Betriebsschl.lehre, 1949-51 Masch.baustud. TH Karlsruhe u. 1951-54 TH Hannover Dipl.-Ing., 1954-56 BBauref. (Bauassess.) Verschied. Dienstst. - 1965 Masch.amtsvorst. Lübeck, 1968 Dezernent BD Hamburg, 1971 Abt.Leit. Masch.-Techn. BZA Minden (Westf.), 1973 Vizepräs. BD Karlsruhe, 1976 Präs. BZA Minden (Westf.).

BLANK, Josef

Dr. theol., o. Prof. f. Bibl. Theologie (s. 1969) - Universität, 6600 Saarbrücken - Geb. 8. Sept. 1926, kath. - 1967-69 Privatdoz. Univ. Würzburg (Neutestamentl. Exegese).

BLANK, Joseph

Minister a. D. - Zul. Am Kiefernforst 5, 4006 Erkrath-Unterbach - Geb. 12. Febr. 1913 Elz/Lahn, kath., verh. s. 1942 m. Elisabeth, geb. Hahn, 4 Kd. - Gymn.; 1933-36 Stud. Phil.; Verw.sch. - Verw.angest.; 1939-46 Wehrdst. (zul. Ltn. d. R.) u. amerik. Gefangensch. (ab 1943; dort Stud. Rechts- u. Geisteswiss.); 1947-58 Kreis- (b. 1949) u. Landesgeschäftsf. CDU (Westf.-Lippe); 1954-58 MdL NRW; 1958-62 Staatssekr. Wiederaufbaumin. NRW; 1962-63 (Rücktr.) Min. f. Landesplanung, Wohnungsbau u. Öfftl. Arbeiten NRW; 1964-76 Dir. Wohnungsbauförderungsanst. NRW - 1973 Gr. BVK - Liebh.: Gartenarb. - Spr.: Franz. - Bruder: Theodor B. †1972 (s. XVI. Ausg.).

BLANK, Joseph-Theodor

Dr. jur., Rechtsanwalt, Bundestagsabgeordneter (s. 1983; Wahlkr. 72/Mettmann I) - Bundeshaus, 5300 Bonn 1 - Geb. 19. März 1947 Lüdenscheid (Vater: Joseph B., Minister a.D.), kath., verh. s. 1972 m. Gisela, geb. Bernhard, S. Christoph - 1966-71 Stud. Rechts- u. Staatswiss. Univ. Köln, 1. jur. Staatsprüf. 1972, 2. jur. Staatsprüf. 1976, Promot. 1974 Köln - 1972-75 wiss. Mitarb. Inst. f. Staatsrecht Univ. Köln, 1976-78 Ref., 1978-83 Beigeordn. Dt. sowie NRW Städte- u. Gemeindebd., Düsseldorf, s. 1977 Lehrbeauftr. f. öfftl. Recht FHS f. öfftl. Verw. d. Landes NRW, s. 1983 Mitgl. Präsid. d. Dt. Städte- u. Gemeindebd. CDU (Vorst.-Mitgl. CDU NRW), Präs. Dt. Ges. f. Freizeit.

BLANK, Manfred

Dr. med., Univ.-Prof., Prof. h.c., Hochschullehrer, Arzt - Im Tal 7, 4320 Hattingen 16 (T. 02324 - 4 15 22) - Geb. 22. Mai 1934 Berlin (Vater: Ludwig B., Bäckerm.; Mutter: Herta, geb. Zickelbein), kath., verh. s. 1960 m. Rita, geb. Meyer, 4 Kd. (Bernhard, Georg, Christoph, Monika) - Abit. 1954; 1954-57 FU Berlin, Med., Chemie; 1957-59 Univ. Göttingen, Med., Chemie; 1959 Med. Staatsex. 1960 Dr. med., 1959-61 Wiss. Ass. MPI f. Hirnforsch. Göttingen, Neurophysiol., 1962-64 Wiss. Ass. Inst. f. Histol. exp. Neuroanat., Univ. Göttingen; 1964-70 Oberassist.; 1968 Habil. f. Anat. Univ. Göttingen, 1970-72 Univ.-Doz., 1972-75 Wiss. Rat u. Prof. f. Anat., Abt. Klin. Morphologie Univ. Ulm, 1975-82 Wiss. Rat, Prof. f. Anat. Univ.-GH Essen; 1983 Prof. f. Anatomie u. Histochemie; 1983-89 gf. Dir. Inst. f. Anatomie; 1987 Univ.-Prof. f. Anatomie u. Histochemie - 1960 Fakultätspreis Göttingen; 1984 Honorarprof. Tongji Med. Univ. Wuhan, VR China; 1989 Hon. consultant Beijing Med. Univ. Peking, VR China - Spr.: Engl.

BLANK, Otto

Aufsichtsratsmitglied Mannesmann Demag AG, Philips Kommunikations Industrie AG, Grundig AG - Monningstr. 49, 4330 Mülheim/Ruhr-Speldorf - Geb. 12. Okt. 1917 Duisburg.

BLANK, Walter

Dr. phil., Prof. f. German. Philologie - Neumattenstr. 7, 7800 Freiburg/Br. - Geb. 9. März 1935 Engen/Hegau - Promot. (1962) u. Habil. (1968) Freiburg - S. 1970 Doz. u. Prof. (1972) Univ. Freiburg. Facharb.

BLANKART, Charles Beat

Dr. rer. pol., Prof. TU Berlin - Tristanstr. 17d, 1000 Berlin 39 - Geb. 20. Mai 1942 Luzern/Schweiz (Vater: André B., Dr.-Ing.-Chem.; Mutter: Gabrielle, geb. Zelger), kath., verh. s. 1977 m. Catherine, geb. Zahn, 2 S. (Ludwig, Rudolf) - 1962-69 Stud. Univ. Basel, Lic. rer. pol., Promot. Univ. Konstanz, Habil. 1976 - 1976-78 Privatdoz. Univ. Konstanz; 1978 Prof. FU Berlin; 1978-85 Prof. Hochsch. d. Bundeswehr München; s. 1985 Prof. TU Berlin - S. 1984 Präs. European Public Choice Soc.; Mitgl. d. Finanzwissenschaftl. Aussch. d. Vereins f. Sozialpolitik - BV: Ökonom. d. öfftl. Untern., Lehrb. 1980; Regulier. öfftl. Untern. (m. M. Faber), 1982 - Spr.: Engl., Franz.

BLANKE, Edzard

Dr. jur., Rechtsanwalt, Landtagpräs. Nieders. (s. 1985) - Trift 31, 3100 Celle (T. Büro 05141-23 024) - Geb. 26. Mai 1935 Celle, verh., 4. Kd. - Abit. 1954 Celle; Lehre Bankkaufm. Hamburg (Prüf. 1956); 1956-59 Stud. Rechtswiss. Univ. Freiburg, Paris (zugl. Hochsch. f. Politik) u. München; 1960-64 Refer. (währendd. 1962/63 amerik. Hochsch. f. Politik Bologna); Promot. 1963 München, Ass.-Ex. 1964 - S. 1965 Rechtsanw. Hildesheim, dann Lüneburg, s. 1967 am OLG Celle, s. 1974 auch Notar. MdL (s. 1974 Vorst. CDU-Frakt., 1976ff. stv. Frakt.-Vors.). CDU.

BLANKE, Gustav H.

Dr. phil., em. o. Prof. d. Amerikanistik - Mozartstr. 10, 6728 Germersheim/Rh. (T. 13 58) - Geb. 22. Mai 1914 Bad Salzuflen (Vater: Gustav B., Fabrikant; Mutter: Anna, geb. Deppe), ev., verh. s. 1947 m. Hilde(gard), geb. Müller, S. Wolfgang - Gymn. Detmold; Stud. Anglistik, German., Gesch. Univ. München, Bonn, Münster; Promot.; 1938-41 Stud. Amerikanistik USA; 1941-45 Wiss. Angest. im AA; Wehrdst. u. Gefangensch., 1946 Lektor u. Lehrbeauftr. f. Amerikanistik Univ. Münster; Habil 1960; 1965 apl. Prof.; 1958 Gastprof. Univ. of Kansas, 1979 Univ. of Southern Cal.; Lehrstuhlvertr. in Münster u. Erlangen - 1967 Dir. Engl. Sem. FB Angew. Sprachwiss., Mainz-Germersheim; s. 1979 emerit. - Mitgl. Dt. Ges. f. Amerikastudien. Forschungsauftr. in USA: Rockefeller Foundation (1948/49), Folger Shakespeare Libr. (1958), DFG (1971, 72, 76), Huntington Libr. (1977), American Council of Learned Soc. (1973), Fulbright Grant (1979), Volkswagen-Stiftung (1980). S. 1980 Amerik. Zweitwohnsitz. - BV: Hermann Stehrs Menschengestaltung, 1939 (Diss.); Amerik. Geist - Wort- u. Begriffsgesch., 1955; Der Amerikaner - Soziolinguist. Studie, 1957; Amerika im engl. Schrifttum d. 16. u. 17. Jh., 1962 (Habil.schr.); Einf. in d. semant. Analyse, 1973 - Liebh.: Aquarellieren -Spr.: Engl.

BLANKENBURG, Erhard Rudolf

Dr. phil., Prof. f. Rechtssoziologie u. Kriminologie Vrije Univ. Amsterdam - De Boelelaan 1105, NL-1007 MC-Amsterdam - Geb. 20. Okt. 1938 Duisburg (Vater: Kurt B., Dir.; Mutter: Anna, geb. Schlang), gesch., S. Dido - 1958-60 Stud. Phil., Soziol. u. dt. Lit. Univ. Freiburg u. FU Berlin; 1960-62 Univ. Oregon; 1963-64 Univ. Basel (Stud. Soziol., Wirtsch.wiss.); M. A. 1965 Univ. Oregon; Promot. 1966 Univ. Basel, Habil. 1974 - 1966-68 Assist. Univ. Freiburg; 1969-71 Organ.berat. Quickborner Team Hamburg, Bundeskanzleramt Bonn u. Bundestag Bonn; 1971-72 Projektleit. Prognos AG Basel; 1973-74 Max-Planck-Inst. f. intern. u. ausl. Strafrecht; s. 1976 apl. Prof.; s. 1980 Vrije Univ. Amsterdam - BV: Ca. 15 Bücher; zul. Rechtsberat. - D. soz. Def. v. Rechtsproblemen durch Rechtshilfeangebote (zus. m. Udo Reifner u. a.), 1982; Alternativen in d. Ziviljustiz (m. Walther Gottwald u. Dieter Strempel), 1982; Arbeitsplatz Gericht - Modellversuch z. Humanisier. d. Gerichtsorg., HdA Schriften Bd. 41 (m. Volker Bauer u. Hubert Treiber), 1983; Kündigungsschutz in BRD, Niederl., Großbrit., 1985; Implementation v. Gerichtsurteilen (m. R. Voigt), 1987; Prozessflut? Soziol. Rechtsvergl. in fünf europ. Ländern, 1988.

BLANKENBURG, Günter

Dr.-Ing., Prof., stellv. Direktor Deutsche Wollforschungsinst., Aachen - Gierlichstr. 50, 5120 Herzogenrath - Geb. 22. April 1931 Bremen, ev., gesch., 2 Kd. (Gerd, Ute) - Dipl. 1958 TH Stuttgart; Promot. 1961 RWTH Aachen; Habil. 1971 - 1977 apl. Prof. f. Textiltechnik RWTH Aachen. Präs. Unteraussch. Standardisierung Intern. Wollvereinig.; Sekr. Techn. Aussch. Intern. Wollvereinig. - Spr.: Engl.

BLANKENBURG, Wolfgang

Dr. med., Prof., Psychiater u. Psychopathologe - Ortenbergstr. 8, 3350 Marburg/L. - Geb. 1. Mai 1928 Bremen (Vater: Joachim B., Flugkapt.; Mutter: Hedwig, geb. Bracksieck), verh. s. 1964 m. Ute, geb. Hägele, 3 Kd. (Markus, Felix, Sonja) - Promot. 1956 - S. 1967 (Habil.) Lehrtätigk. Univ. Freiburg, Heidelberg (apl. Prof.), Bremen (1975 Prof. u. Klinikdir.), Marburg (1979 Lehrstuhlinh. u. Klinikdir.) - BV: D. Verlust d. natürl. Selbstverständlichkeit, 1971 (jap. 1978); Psychiatrie u. Phil., 1979.

BLANKENHEIM, Toni

Kammersänger, Mitgl. Staatsoper Hamburg (s. 1950) - Dammtorstr. 28, 2000 Hamburg 36 - Erstes Engagement 1947 Frankfurt/M. 1954-61 Bayreuther Festsp. (Beckmesser, Klingsor). Gastsp. Europa u. USA. Funk, Fernsehen, Schallpl. Bes. bek. als Wozzeck - 1961 Kammers. Hamburg.

BLANKENHEIM, Walter

Prof., Konzertpianist - Höhenweg 197, 6601 Scheidt/Saar (T. 0681 - 89 31 86) - Geb. 30. Aug. 1926 Ebertsheim - Abit.; Stud. Musikhochsch. Stuttgart u. Ecole M. Long Paris, Kurse b. G. Anda u. W. Kempff - Prof. Musikhochsch. Saarland, Klavierunterr. (s. 1963); s. 1952 Konzerttätigk. als Pianist u. Solist m. zahlr. Symph.orch. BRD, Westeuropa, Mittel- u. Fernost, div. Konzertreisen n. Lateinamerika - 1952-54 Preistr. intern. Musikwettb. - Liebh.: Lit., Photographie, Zeichnen - Spr.: Franz., Span., Engl., Ital.

BLANQUET, von, G. G.

Geschäftsführer Gaggenau-Werke Haus- u. Lufttechnik GmbH, Gaggenau - Anabergstr. 7, 7570 Baden-Baden - Geb. 7. Sept. 1926 - Stud. 1952 T.H.K'he Dipl. rer. pol. techn.

BLANZ, Heinrich

Dr. rer. pol., Dipl.-Kfm. - Prinz-Adolf-Str. 8, 4300 Essen 1 (T. 41 10 32) - Geb. 11. Jan. 1930 Frankenthal/Pfalz, verh. s. 1957 m. Sonja, geb. Volk - VEBA OEL AG (Leit. Öffentlichkeitsarb.) - Spr.: Engl.

BLASCHETTE, Armand

Dr. rer. nat., Prof. f. Anorgan. Chemie TU Braunschweig - Stolpstr. 5, 3300 Braunschweig - Geb. 12. April 1933 Esch-sur-Alzette (Luxemburg) - 1960 Promot. (TH Aachen). 1961-65 Redaktion Chem. Zentralblatt, 1966-73 Oberass., 1973 Habil. (TU Braunschweig), 1974 Univ.-Doz., 1976 apl. Prof., 1978 Prof. - BV: Allgemeine Chemie Bd. I (1974), Bd. II (1979). Ca. 40 wiss. Einzelveröff. - Spr.: Engl., Franz.

BLASCHKE, Gottfried

Dr., Prof. Direktor Institut f. Pharmaz. Chemie Univ. Münster - Vredenweg 18, 4400 Münster - Geb. 3. Febr. 1937 - Promot. 1964; Habil. 1973 - Üb. 80 Facharb.

BLASCHKE, Kurt

Dipl.-Ing., Inhaber Julius Blaschke GmbH & Co., Hamburg, Präs. Verband d. Fenster- u. Fassadenhersteller, Frankfurt/M. - Hammer Deich 158, 2000 Hamburg 26 - Geb. 7. April 1925.

BLASCHKE, Manfred

Landrat Kr. Weilheim-Schongau (s. 1978) - Pütrichstr. 8, 8120 Weilheim/Obb. - Geb. 24. Aug. 1936 Neisse - Staatsdst. (zul. Regierungsdir.). CSU.

BLASCHKE, Rochus

Dr. rer. nat. habil., Prof. Inst. f. Med. Physik/Univ. Münster - Sentruper Str. 198b, 4400 Münster/W. - S. Habil. Privatdoz. u. apl. Prof. Münster (Med. Physik, Elektronenmikroskopie u. angew. Mineralogie).

BLASCHKE-PÁL, Helga

Schriftstellerin, Direktions-Chefsekretärin - A-5020 Salzburg, Österreich - Geb. Käsmark, Zips, kath., led. - Stud. Musik, Gesang, Gymnasialmatura (Human. Gymn.); Phil.-Stud. Univ. Salzburg - Lit. Tätigk., Präs. Salzburger Schriftstellerver.; Mitarb. div. Ztg. u. Zeitschr.; Rundfunkbeitr.; zahlr. Dichterles. (In- u. Ausland) - BV: Lyrik: Triangel, 1965; Zerbrochene Spiegel, 1969; D. Salzburger Jedermann, 1970; Es singen d. steinern. Quellen, 1981; Aussaat d. Hoffnung, 1981; Prosa: Auf d. Herzens heimlichen Altar ..., 1980; Eure Freude, 1986; Unsichtbare Brücken, 1989 - U.a. 1982 Intern. Lyrikpreis Brüssel - Liebh.: Musik - Spr.: Engl., Slowak., Ungar.

BLASCHZYK, Joachim

Schriftsteller, Lektor - Alicenstr. 43, 6300 Gießen - Geb. 13. Mai 1937 Oschatz, ledig - Ausb. u. 9 jähr. Tätigk. im Öfftl. Dienst; Abit. im zweit. Bildungsweg; Stud. German., Psychoanalyse, Phil., Biol. - Erneuerer d. Dt. Balladen-Dichtung; bed. Genius d. Genres Naturballade/Jagdballade in dt.-sprach. Raum - Liebh.: Musik (Klassik, Romantik) - Spr.: Engl.

BLASER, Karl

I. Bürgermeister - Rathaus, 8972 Sonthofen/Allg. - Geb. 27. Aug. 1931 Sonthofen - Zul. Verw.sbeamter. SPD.

BLASIG, Winfried

Dr. theol., Prof. f. Predigtlehre, Geistl. Rat - Burg, 8090 Wasserburg am Inn - Geb. 6. Nov. 1932 Breslau, kath., ledig - Abit. München; Promot. (Religionspäd.) b. Th. Kampmann - Prof. f. Predigtlehre München, Linz, St. Pölten, entlassen aufgr. e. kirchl. Lehrverf. - BV: Kirche Gottes - Kirche d. Menschen, 1969; V. Jesus b. heute (m. W. Bohusch), 1973; Lehrerkomment., 1978; Sonntag f. Kinder, 9 Bde. (hg.) 1973-81; F. e. menschengerechten Gottesdienst, 1981; Christ im J. 2000, 1984; Predigten u. Fürbitten, 6 Bde. (hg.) 1983-88. Herausg.: Materialdienst f. Prediger. D. Botschaft heute. Mithrsg.: Ztschr. f. Gottesdienst u. Predigt - Liebh.: Segeln, Ski, Musik - Spr.: Engl., Franz., Ital.

BLASIUS, Wilhelm

Dr. med., Prof., Physiologe - Ludwigstr. 67, 6300 Gießen (T. 0641 - 7 69 63) - Geb. 6. Jan. 1913 Hagen/W. (Vater: Dr. med. Otto B., Leiter d. Bakteriol. Inst. Hagen; Mutter: Paula, geb. Bruns), ev., verh. m. Maria, geb. Dicke, 3 Kd. - Univ. Göttingen, Marburg, Halle (Promot. 1937) - 1938 Assist. Physiol. Inst. Univ. München (Stip. Dt. Forschungsgem.), 1940 Univ. Gießen, 1945 Privatdoz., 1952 apl. Prof., 1962 Wiss. Rat, 1963 Abt.svorsteher Physiol. Inst., 1955 Leit. Pressest. u. Schriftl. Gießener Hochschulbl. Konstruktionen auf d. Gebiete d. Ergometrie, Vektorkardiogr u. Sinnesphysiol. Üb. 190 Veröff. z. Neuro-, Kreislauf-, Atem-, Höhenphysiol. u. Sinnesphysiol. und d. erkenntnistheoreth. Grundlagen u. Geschichte d. Physiol. Mitarb.: Landois-Rosemann, Lehrb. d. Physiol. d. Menschen (NA. 1962); Probleme d. Lebensforsch., 1973 (engl. 1976). Filmveröffentlichungen - Liebh.: Aquarellieren u. Zeichnen, Mythenforschung - Bek. Vorf.: Prof. J. H. B., Zoologe, Braunschweig (Urgroßv.); Prof. Dr. A. Krukenberg, Chirurg, Braunschweig (Urgroßv. vs.); Geheimrat Prof. Dr. med. et phil. h. c. W. B., Zoologe u. Botaniker, Brschwg. (Großv.).

BLASS (ß), Eckhart

Dr.-Ing., o. Prof. f. Verfahrenstechnik TU München - Bahnhofstr. 62, 8011 Baldham/Obb. - Geb. 20. Aug. 1925 Berlin (Vater: Dr. Leonhard B., Rezitator; Mutter: Elsa, geb. Rauschenbusch, Pianistin †), verh. s. 1952 m. Brigitte, geb. Meiners, 3 Kd. - TU Berlin (Maschinenbau, Verfahrenstechnik; Dipl.-Ing. 1952, Promot. 1963) - 1952-55 u. 1964-66 Borsig AG., Berlin (Konstruktionsing., zul. Entwicklungsleit.); 1956-64 TU Berlin (Obering. Inst. f. Verfahrenstechnik), 1966 o. Prof. TU Clausthal; 1976 o. Prof. f. Verfahrenstechnik TU München. Div. Buch- u. Ztschr.-Veröff. Div. Mitgliedsch. - Spr.: Engl.

BLASS (ß), Peter Julius

Betriebs- u. Marktwirt, Hauptgeschäftsführer Bundesfachverb. Dt. Reformhäuser - refo - Waldstr. 6, 6370 Oberursel 4/Ts. - Geb. 22. Sept. 1945.

BLASY, Adalbert-Peter

Dr. jur., Rechtsanwalt, MdL Bayern (s. 1970) - Erthalstr. 9, 8750 Aschaffenburg/Ufr. (T. 2 26 57) - Geb. 1912 - SPD.

BLATT, Lothar

Dr. jur., Landrat Kreis Nordfriesland - Marktstr. 6, 2250 Husum (T. 04841 - 67-3 63) - 1979/80 ENA-Stud. Paris.

BLATTER, Silvio

Schriftsteller, Präs. Dt.-Schweizer. PEN-Zentrum Berlin - CH-8000 Zürich (Schweiz) - Geb. 25. Jan. 1946 Bremgarten - BV/R.: Mary Long, 1973; Zunehmendes Heimweh, 1978. Div. Erz. u. a. - 1974 Conrad-Ferdinand-Meyer-Preis.

BLATZ, Rolf

Dr. jur., Assessor, Geschäftsführer Fachverb. Ketten - Gesamtverb. d. Drahtflechter u. Zaunbauer/Gütegemeinschaft Drahtzaun - Saarstr. 12, 5000 Köln 40 (T. 02234 - 7 10 40).

BLAU, Günter

Dr. jur., Richter (OLG) a. D., Honorarprof. Univ. Bochum/Abt. f. Rechtswiss. (s. 1969) - Ostpreußenstr. 15, 6000 Frankfurt/M. 60 - Geb. 18. Dez. 1915 Berlin (Vater: Adolf B., Kaufm.; Mutter: Katharina, geb. Sauer), ev., verh. s. 1947 m. Ursula, geb. Kömmnick, S. Werner - Univ. Berlin u. Freiburg/Br. (Rechtswiss.). Promot. 1943 - U. a. OLG Frankfurt/M. 1975 Gastprof. Univ. of Pennsylvania, Philadelphia (USA). Spez. Arbeitsgeb. Rechtsvergleichung, Kriminologie u. Strafvollzug - BV: u. a. Gefährlichkeitsbegriff u. sichernde Maßregeln im iberoamerik. Strafrecht, 1953; Gerichtl. Psychologie, 1963 (m. E. Müller-Luckmann); Strafvollzug in d. Praxis, 1978, 2. A. 1988 (m. H. D. Schwind). Zahlr. Einzelarb. - Spr.: Engl., Franz., Span. - Lit.: Festschr. z. 70. Geb. (1985).

BLAU, Günther

Maler u. Grafiker - Im Winkel 24, 3550 Marburg-Cyriaxweimar (T. 06421 - 3 13 34) - Geb. 10. Jan. 1922 Wuppertal (Vater: Walter B., Bahnbeamter; Mutter: Ida, geb. Werkmeister), kath., verh. s. 1967 m. Ruthild, geb. Klaus, 2 Kd. (Katharina †, Hannah †) - 1940-52 Kunstakad. in Düsseldorf, München u. Karlsruhe - Bild. Kunst: Realist. Ölbilder, Tempera, Gouachen, Grafik (Stilleben, Arch.) - 1977 Von-der-Heydt-Preis Stadt Wuppertal - Lit.: Richard Hamann – Mac Lean, G. B., Kunstgesch. Inst. d. Univ. Mainz, 1980; Rainer Zimmermann, G. B. - D. Kunst u. d. schöne Heim, 1983.

BLAUERMEL, Karin,

s. Baal, Karin

BLAUERT, Jens

Dr.-Ing., o. Prof. f. allg. Elektrotechn. u. Akustik Univ. Bochum (s. 1974) - Girondelle 30, 4630 Bochum (T. 38 28 77) - Geb. 20. Juni 1938 Hamburg (Vater: Werner B., OStudR; Mutter: Hedwig, geb. Müller), verh. s. 1965 m. Brigitte, geb. Raape, T. Heike, S. Michael - Dipl.ex. u. Promot. TH Aachen; Habil. TU Berlin - Gleichz. beratender Ing. - BV: Spatial Hearing , Monogr. 1983.

BLAUHORN, Kurt

Journalist, Schriftst. - Hermann-Balk-Str. 100, 2000 Hamburg 73 - Langj. Spiegel-Redakt.; ständ. Mitarb. d. Wirtschaftsmag. „Capital" - BV: Ausverkauf in Germany, 1968; Erdteil II. Klasse? - Europas technol. Lücke, 1970.

BLAUL, Iris

MdL Hessen - Ölmühlweg 20, 6240 Königstein - Geb. 24. Dez. 1955 Worms, ev., ledig, S. Dario - Dipl.-Sonderpäd.; Sonderschullehrerin Univ. Marburg - 1982-85 MdL Hessen; Spitzenkandidatin d. Grünen Hessen z. Landtagswahl 1987; stv. Frakt.-Vors. - Spr.: Engl., Franz.

BLAUROCK, Uwe

Dr. jur., Univ.-Prof. f. Bürgerliches Recht, Handels- u. Wirtschaftsrecht, Steuerrecht u. Rechtsvergleichung Univ. Göttingen - Platz der Göttinger Sieben 6, 3400 Göttingen - Geb. 4. Febr. 1943 München, ev., verh., 2 Kd. - Jurist. Staatsex. 1967 u. 71; Promot. 1970 Freiburg; Habil. 1977 ebd. - 1978-83 o. Prof. Univ. Gießen; s. 1983 Univ. Göttingen; s. 1978 Generalsekr. Ges. f. Rechtsvergleich.; s. 1986 Vizepräs. Dt.-chin. Juristenvereinig.; s. 1988 Dir. Inst. f. Wirtschaftsrecht Univ. Nanking (VR China) - BV: Unterbeteilig. u. Treuhand an Gesellschaftsanteilen, 1981; D. Bankwesen im Gemeinsamen Markt, 1981; Bedeutung v. Präjudizien im dt. u. franz. Recht, 1985; Ausbildung u. Weiterbildung d. Juristen in Dtschl. u. Schweden, 1986; Kreditsicherungsrecht, 3. A. 1988; Handbuch d. stillen Ges., 1988; Institutionen u. Grundfragen d. Wettbewerbsrechts, 1988. Veröff. in- u. ausl. Fachztschr. - Liebh.: Musik - Spr.: Engl., Franz.

BLECH, Hans-Christian

Schauspieler - Franz-Joseph-Str. 23, 8000 München 40 (T. 34 87 75) - Geb. 20. Febr. 1925 Darmstadt, verh. m. Erni, geb. Wilhelmi (Schausp.) - S. 1947 Kammersp. München. Div. Gastsp. Filme: 08/15 (Plazek), Phantom d. gr. Zeltes (Clown Naso), D. längste Tag (Major Pluskat), D. letzte Schlacht, Kamin 4, Winterspelt, D. Zauberberg (Hofrat Dr. Behrens), Oberst Redl (1985) u. a.; Fernsehen: u. a. Tatort - Frankfurter Gold, D. Herz aller Dinge, Geheimagenten, D. Leuchtturm, D. scharlachrote Buchstabe, Theodor Chindler (8 Folg.), Collin, D. Orgel, S. letzte Rolle, Möwe - 1979 Bambi-Preis; 1981 Gold. Kamera; Dt. Filmband in Gold - Liebh.: Auslandsreisen.

BLECH, Klaus

Dr. jur., Staatssekretär Bundespräsidialamt (1984ff.) - Kaiser-Friedrich-Str. 16-18, 5300 Bonn 1 (T: 0228 - 20 01) - Geb. 14 Aug. 1928 Stuttgart (Vater: Wolfgang B., Kunsthändler; Mutter: geb. Sieben), verh. s. 1958 m. Renate, geb. Endriss, 3 Kd. (Ulrich, Antonia, Justus) - Stud. Rechtswiss. Univ. Tübingen, Hamburg, Paris, Chicago; 1. Jurist. Staatsprüf. 1952, 2. Staatsprüf. 1958; Promot. 1958 Tübingen - S. 1958 AA (1965-68 Persönl. Referent Staatssekr., 1971-73 Leit. Referat Außenpolit. Fragen, 1973-74 Leit. Unterabt. 21, 1974-77 Leit. Planungsstab, 1977-81 Leit. Polit. Abt. 2). Auslandsposten: Wien (1959-61), Jakarta (1962-64), Tokio (1968-71 u. 1981-84) - BV: Üb. d. ausw. Gewalt in d. USA (Diss.) - Spr.: Franz., Engl., Russ., Chines., Jap.

BLECHER, Wilfried

Grafiker - Enzenspergerstr. 7, 8000 München 80 - Geb. 8. Mai 1930 - Kunstakad. Kassel, Stuttgart - 1970-72 Lehrauftr. Kunstakad. Stuttgart; 1974-75 Lehrauftr. Fachhochsch. f. Gestalt. Pforzheim - BV: Wo ist Wendelin, 1965; Kunterbunter Schabernack, 1969; Alfabethanien Posterkalender, 1984; Buchgrafik; Buchillustr. - 1965 u. 69 Dt. Jugendbuchpr. f. d. beste Bilderb. d. Jahres.

BLECHMANN, Wilhelm

Dr. phil., Prof. f. Engl. Sprache u. Didaktik d. engl. Sprachunterr. Erziehungswiss. Hochschule Rheinland-Pfalz/Abt. Koblenz - Duisburger Str. 165, 4330 Mülheim/Ruhr.

BLECHSCHMIDT, Erich

Dr. med., o. Prof. f. Anatomie (emerit.) - Ob. Schneeburgstr. 13a, 7800 Freiburg - Geb. 13. Nov. 1904 Karlsruhe (Vater: Dr. med. Eugen B., Arzt; Mutter: geb. Vetter), kath., ev. s. 1944 m. Gertrud, geb. Saenger, 4 Kd. - Univ. Freiburg/Br., München, Wien - 1934 Prosektor, 1937 Privatdoz. Univ. Freiburg, 1940 Univ. Gießen, 1941 Univ. Würzburg, 1942 Dir. Anat. Inst. Univ. Göttingen, 1949 o. Prof. - BV: D. vorgeburtl. Entwicklungsstadien d. Menschen - Einf. in d. Humanembryol., 1961; D. menschl. Embryo, 1963, 2. A. 1964; V. Ei z. Embryo, 1968; Die Praenatalen Organsysteme d. Menschen, 1973; Humanembryologie (Prinzipien u. Grundbegriffe), 1974; Wie beginnt das menschl. Leben - Vom Ei zum Embryo, 5. A. 1984; Anatomie u. Ontogenese d. Menschen, 1978; D. Erhaltung der Individualität, 1982; D. Wunder des Kleinen, 1985. Ztschr.beitr. - Ehrensenator FU Norddtschl.; Komtur d. Päpstl. Gregoriusordens.

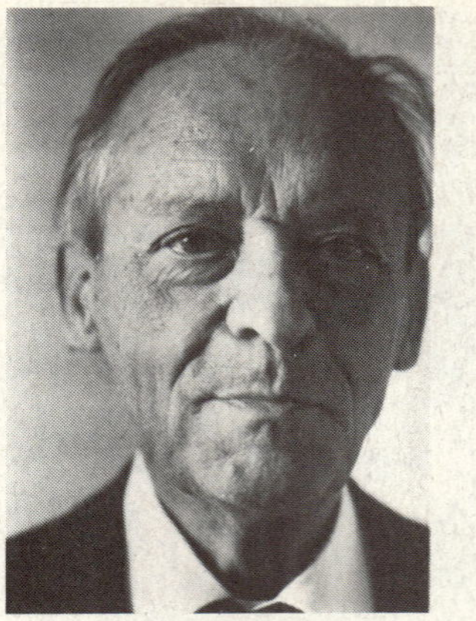

BLECHSCHMIDT, Horst H.

Dipl.-Ing., Direktor, Vorstandsmitgl. Hess. Elektrizitäts-AG, Darmstadt (s. 1975) - Geb. 21. Nov. 1939 Wels/Österr. (Vater: Dipl.-Ing. Heinrich B.; Mutter: Margarete, geb. Dillmann), ev. - Justus-Liebig-Sch. u. TH Darmstadt (Allg. Elektrotechnik; Dipl.-Ing. 1966) - Spr.: Engl., Franz., Span.

BLECK, Siegfried

Ltd. Polizeidirektor, Leiter Bereitschaftspolizei Bremen - Trupen 12, 2800 Bremen 66 - Geb. 24. Dez. 1928, verh. - 1973-76 Doz. u. Fachbereichsleit. Polizei-Führungsakad. Münster. Schriftleit. Ztschr. D. Polizei - BV: Polizei u. Public Relations, 1976 - Spr.: Engl., Franz.

BLECKING, Diethelm

Dr. phil., Historiker, fr. Journalist (TAZ, Wiener Tagebuch, Spuren) - Philippistr. 8, 4400 Münster (T. 0251 - 8 28 84) - Geb. 10. Dez. 1948 Aspel - 1969-75 Stud. Gesch., Sport, Phil. u. Päd. Münster, 1977/78 Stip. d. DAAD u. d. Poln. Akad. d. Wiss. in Poznań/Polen; Promot. 1986 FU Berlin - Lehrtätigk. Hochsch. in Berlin(FU), Essen u. Münster; wiss. Mitarb. Ruhrfestspiele - BV: Arbeitersport in Dtschl. 1893-1933, 1983; Gesch. d. nationalpoln. Turnorg. Sokól, 1987 - Spr.: Engl., Franz., Poln.

BLECKMANN, Albert Heinrich

Dr. jur. utr., Docteur en droit (d'Etat), Prof. f. dt. u. ausl. Öfftl. Recht u. Völkerrecht Univ. Münster - Straßburger Weg 44, 4400 Münster (T. 0251 - 79 60 00) - Geb. 20. Febr. 1933 Gelsenkirchen (Vater: Albert B., Kaufm.; Mutter: Änne, geb. Schneider), kath., verh. s. 1958 m. Anna-Christine, geb. Dollstadt, 3 Kd. (Mathilde, Bruno, Roland) - Abit. 1953; Stud. Rechtswiss., Volksw. u. Politik Univ. Bonn, München, Grenoble, Harvard (1. jurist. Staatsex. 1956, 2. Staatsex. 1962, Promot. 1960 Grenoble u. 1969 Heidelberg, Habil. 1971) - 1960-76 Ref. u. Prof. Max-Planck-Inst. f. ausl. Öfftl. Recht u. Völkerrecht Heidelberg; s. 1976 Prof. Univ. Münster (Dir. Inst. f. Öfftl. Recht u. Politik) - BV: D. franz. Kolonialreich, 1969; Begriff. u. Kriterien d. innerstaatl. Anwendbarkeit völkerrechtl. Verträge, 1971; Grundges. u. Völkerrecht, 1975; Subventionsrecht, 1978; Europarecht, 4. A. 1985; Allg. Grundrechtslehren (Staatsrecht II), 2. A. 1985; D. Funktionen d. Lehre im Völkerrecht, 1981; Grundprobl. u. Methoden d. Völkerrechts, 1982, u.a.m., zahlr. Einzelarb. - Liebh.: Gesch., Soziol., Volksw., Rechtsphil. - Spr.: Franz., Engl., Ital., Span.

BLECKMANN, Paul

Dr. rer. nat., Prof., Hochschullehrer, Leiter Forschungsgr. Organ. Strukturchemie Univ. Dortmund (s. 1983) - Von-Corfey-Str. 36, 4400 Münster (T. 0251 - 78 79 70) - Geb. 16. Jan. 1937, kath., verh. s. 1965, 4 Kd. (Ulrike, Gregor, Gernot, Elke) - 1958-65 Stud. Univ. Münster (Chemie); Dipl. 1965 Münster; Promot. 1968 Münster; Habil. 1975 Dortmund - 1969-72 stv. Abt.-Leit. Inst. Spektrochemie Dortmund; 1979 apl. Prof. Univ. Dortmund. Entw. v. Verf. in d. Schwingungsspektroskopie z. Strukturaufkl. organ. Moleküle u. Kristalle. Computersimulationsverf. entw. z. Darst. v. Absorptions- u. Streuspektren d. Molekül- u. Gitterschwingungen. Zahlr. Veröff. in dt. u. intern. Ztschr. z. Messung u. theoret. Beschreibung v. Schwingungen in Molekülen u. Molekülkristalle. Vortr. anläßl. d. intern. Tagungen Europ. Congress on Molecular Spectroscopy u. Conf. on Raman Spectroscopy - Liebh.: Klavierspiel, Amateurfunk - Spr.: Engl., Ital.

BLECKS, Günter H.
Prof. f. Kunstdidaktik Kunstakad. Düsseldorf - Venloer Str. 16, 4000 Düsseldorf (T. 0211 - 48 69 30) - Geb. 22. Febr. 1930 Rheinhausen/Rhld. (Vater: Franz B., Schreiner, Mutter: Marta, geb. Trill), ev., verh. s. 1965 m. Sigrid, geb. Jansen (Restauratorin) - 1947 Abit.; 1948-54 Stud. Kunsterziehung u. Gesch. Kunstakad. Düsseldorf, Univ. Köln u. Münster. 1. Staatsex. 1954, 2. Staatsex. 1956 - 1956-64 Stud.ass. u. Stud.rat in Köln u. Düsseldorf; 1964-68 Werkkunstschule Krefeld; 1968-75 Leit. Studios f. Kunsterziehung Univ. Bonn; 1964-75 Lehrbeauftr. Kunstakad. D'dorf; s. 1975 Prof.; 1978-86 Mitgl. d. Stud.reformkomm. II d. Landes Nordrh.-Westf. - Veröff. z. Kunstpäd. - Spr.: Engl.

BLEES, Wolfgang
Gf. Direktor Bundesmonopolverw. f. Branntwein - Friedrichsring 35, 6050 Offenbach/M.

BLEESER, Peter
Pfarrer, Bundespräses d. Bundes d. Deutschen Kath. Jugend, Leiter d. Arbeitsstelle f. Jugendseelsorge - Derendorfer Str. 3, 4000 Düsseldorf 30 (T. 0211 - 469 31 02) - Geb. 5. Jan. 1942, kath., led. - Stud. Theol., Phil., Päd. 1969-76 Jugendpfarrer Trier; 1976-82 Bundeskurat. d. Dt. Pfadfinderschaft St. Georg, Düsseldorf - BV: Gesch. f. Sinndeuter; Gesch. zw. Himmel u. Erde - Spr.: Lat., Franz., Engl.

BLEI, Hermann
Dr. jur. (habil.), o. Prof. f. Straf- u. -prozeßrecht - Hohenzollernstr. 1, 1000 Berlin 37 (T. 801 82 22) - Geb. 14. Mai 1929 Mähr.-Schönberg (Vater: Dr. Rudolf B., Reg.veterinärrat; Mutter: Marianne, geb. Tischler), verh. s. 1952 m. Edith, geb. Hülbig, 2 Kd. (Astrid, Reinhard) - 1948-51 Stud. Rechtswiss. Bamberg u. Erlangen - 1958-62 Dozent u. Prof. associé Univ. Lausanne; 1961-62 Privatdoz. Univ. München; s. 1962 Ord. FU Berlin. CDU - BV: Strafrecht, Allg. Teil, 18. A. 1983, Bes. T., 12. A. 1983 - Spr.: Engl.

BLEIBTREU-EHRENBERG, Gisela
Dr. phil., M.A., Ethnosoziologin - Grevelsberger Weg 17, 5307 Wachtberg-Villip - Geb. 2. Aug. 1929 Bonn, ev., verh. s. 1957 m. Dipl.-Volksw. Rolf Bleibtreu-Fernschreiberin/Telefonistin; Zw. Bildungsweg, Stud. d. Völkerkd. Bonn (Ex. 1968) u. Soziol.stud. Bonn u. Köln (Abschl. 1970) - Tätigk. in Organisat. d. polit. Bildung, Presse u. Begabtenförderungswerken, s. 1975 wiss. u. lit. Publikat. ü. völkerkundl. u. sexualwiss. Themen; Mitgl. Dt. Ges. f. Völkerkd. Dt. Ges. f. Sexualforsch., Kurat.-Mitgl. d. Arbeitsgem. Humane Sexualität, Akademikerinnenbd. - BV: Tabu Homosexualität, 1978; Deutschl. Hoffnung, R. 1979; Mannbarkeitsriten, 1980; D. Weibmann, 1984 - Liebh.: Photographie.

BLEICHER, Heinz

Verleger (Ps. Heinz Max Aid) - Steinbruchweg 1, 7016 Gerlingen (T. 07156 - 2 10 31) - Geb. 9. Febr. 1923 Mettingen, ev., verh. s. 1945 m. Maria-Heidi, geb. Oehler, 4 Kd. (Evmarie, Friedemann, Thomas, Wolfgang) - Abit.; kaufm. Lehre; Stud. Psych. - S. 1968 selbst. Verleger (Bleicher Verlag GmbH). Stadtrat; Vors. Ges. f. christl.-jüd. Zusammenarb. Stuttgart u. Förder- u. Trägerverein ehem. Synagoge Freudenthal; Ortsvors. Volksbd. Dt. Kriegsgräberfürsorge - BV: Landschaft d. Herzens, 1983; D. Mann, d. Friede heißt, 1984 - 1983 BVK I. Kl.; Theodor-Heuss-Med. f. bes. Verdienste; Silb. Ehrennadel Volksbd. Dt. Kriegsgräberfürsorge; 1988 Gold. Ehrenmed. d. Stadt Gerlingen; 1989 Verdienstmed. d. Landes Baden-Württ. - Spr.: Latein, Griech., Franz., Engl., Esperanto - Lit.: Wagenburg, Standpunkte f. Heinz M. Bleicher (hrsg. v. Karl Geibel, 1983).

BLEICHER, Siegfried
Gewerkschaftler, Mitgl. DGB-Bundesvorst. (1982 ff.) - Hans-Böckler-Str. 39, 4000 Düsseldorf 30; priv.: 5203 Much - Geb. 8. Dez. 1940 - Maschinenschlosserlehre; Stud. Volksw. - S. 1964 hauptamtl. Gewerkschaftstätig. (u. a. DGB-Landesvors. Nordrh.-Westf.) ARsmandate. SPD.

BLEICHERT, Adolf
Dr. med., Prof., Abteilungsdirektor Physiolog. Inst. Univ. Hamburg - Martinistr. 52, 2000 Hamburg 20 (T. 468 21 83) - Geb. 27. Juli 1926 Wels (Österr.) - S. 1959 (Habil.) Lehrtätigk. Univ. München u. Hamburg (1962); 1965 apl. Prof. f. Physiol.) - BV: Leitf. d. Physiol. d. Menschen, 1962 (m. H. Reichel); div. Aufl.); Med. Physiol., 3 Bde. 1980 (m. H. Reichel). Einzelarb.

BLEICHROTH, Wolfgang
Dr. rer. nat., Dr. sc. paed. h. c., em. Prof. f. Didaktik d. Physik Univ. Göttingen - Wartburgweg 12, 3400 Göttingen (T. 79 22 02) - Geb. 14. Okt. 1923 Naumburg/S. (Vater: Kurt B., Justizoberinsp.; Mutter: Gertrud, geb. Steinbach), ev., verh. s. 1950 m. Rosemarie, geb. Rachner, 2 Kd. (Jochen, Bettina) - 1946-48 Päd. Hochsch. u. Univ. Göttingen. 2. Lehrerprüf. 1952; Ass.ex. 1958; Promot. 1961 - 1961 PH Kaiserslautern; 1962 Alfeld; 1966 PH Göttingen; 1978 Univ. Göttingen - BV: Unterrichtsw. Naturlehre, Physik, Chemie f. d. Volkssch. (Hauptsch.), 5 T. 1964/68 (m. Sanders). Herausg.: Didakt. Probleme d. Physik (1978); Schulb. Physik/Chemie ab 7.

BLEICKEN, Jochen
Dr. phil., o. Prof. f. Alte Geschichte - Obernjesaer Str. 8, 3403 Friedland 4 (T. 05504 - 3 81) - Geb. 3. Sept. 1926 Westerland/Sylt (Vater: Max B., Kaufm.; Mutter: Marie, geb. Jensen), ev. - 1948-54 Univ. Kiel u. Frankfurt/M. (Klass. Philol., Gesch.). Promot. 1954 Kiel; Habil. 1961 Göttingen - S. 1962 Ord. Univ. Hamburg, Frankfurt (1967), Göttingen (1977) - BV: u. a. Volkstribunat d. Klass. Rep., 1955; Lex publica, 1975; Verf. d. röm. Rep., 5. A. 1989; Verf. u. Sozialgesch. d. röm. Kaiserzeit, 2. A. 1981; Gesch. d. röm. Rep., 3. A. 1988; D. athen. Demokr., 1984. Zahlr. Fachaufs. - 1971 o. Mitgl. Wiss. Ges. Frankfurt; 1970 Dt. Archäol. Inst.; 1978 Akad. d. Wiss. Göttingen.

BLEIDICK, Ulrich
Dr. phil., o. Prof. f. Erziehungswissenschaft u. Sonderpäd. - Kornblumenweg 49, 2105 Seevetal 2 (T. Hamburg 768 14 25) - Geb. 3. April 1930 Bonn, ev., verh. s. 1956 m. Luise, geb. Kölsch, 2 Kd. (Gislinde, Haimo) - Univ. Münster u. Bonn (Päd., Phil., Psych., Gesch.). Promot. 1957; Dipl.-Psych. 1962 - 1952-61 Schuldst., 1961-62 Assist. Päd. Hochsch. Köln, s. 1962 Doz. u. Prof. Päd. Inst. bzw. Univ. Hamburg (1970 Ord.) - BV: Päd. d. Behinderten, 5. A. 1984; Curriculum-Entwürfe f. d. Lernbehindertenschule (m. B. v. Pawel); Einf. in d. Behindertenpäd. (m. H. Claußen u. a.), 2. A. 1981; Handb. d. Sonderpäd. in 11 Bde. (m. H. Bach u. a.), 1976ff.; Lehrer f. Behinderte (m. S. Ellger-Rüttgardt), 1978; Behinderte Jugendl. v. d. Berufswahl (m. W. Hirsch u. a.), 2. A. 1986; Heinrich Kielhorn u. d. Weg d. Sonderschulen, 1981; Berufl. Bildung behinderter Jugendl. (m. S. Ellger-Rüttgardt), 1982; Handb. d. Lernbehindertendidaktik (m. H. Baier), 1983; Theorie d. Behindertenpäd., 1985; Individualpsych., Lernbehinderungen u. Verhaltensstörungen, 1985; Behinderte Schüler in allgemeinen Schulen, 1987. Schriftl. Ztschr. f. Heilpäd. (m. G. Kanter).

BLEIFELD, Walter
Dr. med., Prof. f. Innere Medizin/Kardioangiologie - Martinistr. 52, 2000 Hamburg 20 (Universitäts-Krkhs. Eppendorf) - Promot. 1960 - S. 1967 (Habil.) Lehrtätigk. TH Aachen (1971 Wiss. Rat u. Prof.) u. Univ. Hamburg (1976 Prof. u. Dir. Kardiol. Abt./II. Med. Klinik). Zahlr. Facharb. - 1974 Arthur-Weber-Preis.

BLEINROTH, Heinz C.
Dr., Regierungsdirektor, Deutsche NATO-Vertr. Brüssel (s. 1988) - Hindelaan 3A, 1900 Overijse/Belgien - Geb. 5. Okt. 1929 Hannover, verh. s. 1958 m. Erika, geb. Günther, 3 Kd. (Eberhard, Roland, Claudia) - 1970-72 Wirtschaftsreferent Dt. Vertretung Genf; 1973-79 Leiter Wirtschaftsdienst Botschaft d. Bundesrep. Dtschl. in Islamabad (Pakistan); Ref. Bundesmin. f. Wirtsch.

BLEISCH, Ernst Günther
Schriftsteller - Zentnerstr. 38, 8000 München 40 (T. 37 40 29) - Geb. 14. Jan. 1914 Breslau (Vater: Ernst B., Kaufm.; Mutter: Elisabeth, geb. Knoll) - Stud. Zeitungswiss. - Journ. Breslau, Wien, München (1945 ff.; Presse, Rundfunk). 1939-45 Wehrdst. - BV: Traumjäger, Ged. 1954; Frostfeuer, Ged. 1960; Georg Trakl, Monogr. 1964; Spiegelschrift, Ged. 1965; Oboenghetto, Ged. 1968; Carmina Ammeri, Ged. 1973; Salzsuche, Ged. 1975; Zeit ohne Uhr - Ausgew. Ged. 1952-82, 1983. Herausg.: Heitere Leute an Oder und Neiße (1958), Zauber Schlesiens (1959). Gedichtbeitr. in vielen gr. Anthol. Zahlr. Hörfolgen - 1966 Andreas-Gryphius-Preis, 1969 Schwabinger Kunstpreis; 1976 o. Mitgl. Kulturwerk Schles.; 1978 Vors. Wangener Kreis - Liebh.: Reisen.

BLEISCH-DE LEON, Carl Xavier

Dr. phil., Dr. oec. MBA, Dr. jur. et med. h. c., Prof. f. Psych. u. Wirtsch.- u. Sozialwiss. Univ. USA, Engl. u. Schweiz; Senator u. Dekan Loyola u. City Univ. (USA u. intern.), Dir. Great Pacific Islands Dev. Corp. USA/Overseas, Leit. Zentralst. f. intern. Bildungswesen, Zürich - Zu erreichen üb. Dr. J. Bleisch-Inst., Nordstr. 249, CH-8037 Zürich (T. 00411 - 271 38 22), u. 416 Haweo Place, Honolulu HI 96813 USA (T. 808 - 531 17 07) - Geb. 8. Juni 1929 St. Gallen (Eltern: C. & R. Bleisch-Züllig, Fabr. v. Stickereien u. Wäsche), verh. s. 1986 m. Rosalina de Leon, 2 Kd. aus 1. Ehe (Evelyne, Adrian) - Ausb. in Schweiz, Engl. u. USA; Schweiz: Inst. a. d. Rosenberg, St. Gallen, Jur. Inst. Zürich, St. Galler u. Zürcher Hochsch.; Engl.: Nachdipl.-Stud. Mansfield u. Christ Church Coll. d. Univ. Oxford; USA: HGS-chartered by Univ. of the State of N.Y. u. Neotarian Fellowship (Coll.) MO.; Dipl. jur. 1958 I.Z., s. 1971 mehrf. promov. u. habil. (USA, Engl., Schweiz); Tutor-Cert. (Teaching Adults) 1989 Univ. of Oxford, Engl. - Management v. Untern. in Ostasien u. südwestpazif. Region, Beteilig. an 12 namh. Untern. (Mineral-, Oil-, Ind. & Agricult. Ges., SM Fund); Gründ. u. Leit. Great Pacific Islands Dev. Corp., USA & Philippines, MIGROS Co-operative (Overseas) Ltd. inc.DE/USA, Harvard Managers (Intern.), inc. Mass. u. John Harvard Memorial Found., Boston, Mass./USA; Präs. u. Gen.Sekr. Oxford Union-Swiss Desk; Dir. Zentralst. f. d. Einf. neuer Ind., Urdaneta, Pang/Philipp. u. Reiken Medical School (Japan u. Übersee); Gründ. Albert Einstein Archiv, Zürich; Dir. Reiken Rheuma Rehabilitation AG, Schweiz; Rotary Projekte v. Rotary Intern.: Info. u. intern. Youth Project, Polio Plus; Entw.-Projekte in d. Philipp. - Inh. v. Schutzrechten f. kryogen. Apparate u. Verf. f. d. Massenprod. v. Interferon m. Prof. Lindenmann, Zürich, u. antiviralen u. immunisierenden Wirkst.; Kontr. v. Versuchslab. f. Anti-Aids-Forsch., Virologie, Gen-Tech. in Kooperation m. Stiftg. Loyola f. Wiss. u. Bildung, Luzern/Schweiz. Mitbegründ. Reiken Rehabilitation Meth. d. Yamauchi-Spital, Reiken Rheumadorf Oita/Japan - BV: Hochsch. u. univ. Forsch.-Inst. in d. Schweiz, How and where to obtain a Coll. degree by mail, The Independent Study Program according to the Florida State Univ. System, The New Philippine Constit., Harvard Univ. Olympia - Bulletin f. Wiss., Forsch. u. Weiterbildg., 1988 - S. 1984 Guinness-Kälte-Weltrekord (b. Anwend. am eig. Körper in hermet. Kryotorium d. Reiken-Inst. Oita/Japan unt. Temp. v. minus 180 Grad C) - 1987 Paul Harris Fellew (Rotary Intern.); 1988 Philantrop m. Ehrenbürgerrecht u. Titel Adopted Son of Urdaneta (Municip. of Urdaneta/Philipp.) u. Cert. of World Leadership (Cambridge) - Liebh.: Exped., Sportfliegerei, Exper. in Kryobiol., PSI, Metaphysik, Weiterführung v. Erf. u. Entw. Albert Einsteins.

BLEISS (ß), Paul

Dr. rer. pol., Arbeitsdirektor i. R., Präs. Ges. f. öfftl. Wirtschaft u. Gemeinw., Berlin - Nach den Bülten 26, 4950 Minden/W. (T. 33 26) - Geb. 6. Nov. 1904 Berlin (Vater: Kaufm.), ev., verh. s. 1940 m. Gerda, geb. Schönewaldt, 2 Kd. - Mittelsch.; Banklehre; WH Berlin. Staatsex. 1931; Promot. 1937 - Bankangest. (ab 1926 Werkst.), ab 1938 Betriebsprüfer, 1944-46 Betriebsdir. u. Wirtschaftstreuhänder (1945) Reichenbach/Vogtl., 1947-48 Abt.leit. Verw. f. Wirtschaft Minden, 1948-49 Mitgl. Frankfurter Wirtschaftsrat, 1949-65 MdB (SPD), 1963-70 Vorstandsmitgl. Salzgitter AG. Zahlr. AR-Mandate (z. T. Vors.) - 1965 Gr. BVK m. Stern.

BLEKER, Johanna

Dr. med., Prof. f. Geschichte d. Medizin FU Berlin (s. 1978) - Klingsorstr. 119, 1000 Berlin 45 - Geb. 16. Nov. 1940 Neuss/Rh., verh. s. 1968 m. Dipl.-Geol. Klaus B. - Zul. Univ. Münster/W. - BV: Gesch. d. Nierenkrankh., 1972; D. Naturhistor. Schule 1825-1845, 1981; Medizin u. Krieg, Vom Dilemma d. Heilberuge 1865-1985, 1987 (m. H.-P. Schmiedebach).

BLENCKE, Hans

Dr. jur., Vizepräsident a. D., Honorarprof. f. Allg. u. bes. Steuerrecht Univ. Münster - Wiener Str. 20, 4400 Münster/W. - Zul. FG Münster.

BLENDINGER, Friedrich

Dr. phil., Stadtarchivdirektor i. R. (1977) - Thanellerstr. 3, 8900 Augsburg (T. 66 15 32) - Geb. 16. Juli 1912 Nennslingen (Vater: Dr. med. Rudolf B., Bezirksarzt; Mutter: Julie, geb. Bischoff), ev., verh. s. 1941 m. Dr. Elfriede, geb. Kristek - Gymn. Weiden u. Hof; Univ. München u. Königsberg (Dt., Gesch., Erdkd.); Archivsch. München. Promot. 1938 - 1939 Univ. München (Assist. Histor. Sem.); 1949 Stadtarchiv Weißenburg; 1950 Fugger-Archiv Augsburg (fr. Mitarb.); 1953 Presse- u. Informationsamt d. Bundesreg., Bonn (stv. Archivleit.); 1955 Stadtarchiv Augsburg (Archivrat, 1966 Dir.). Mitgl. Schwäb. Forschungsgem. (1957); Wahlmitgl. Ges. f. Fränk. Gesch. (1957) - Liebh.: Genealogie, Bevölkerungsstatistik - Spr.: Engl. - Bek. Vorf.: Dr. phil. Albert Bischoff (Gymnasialprof. u. Schriftst.).

BLENK, Hermann

Dr. phil., em. Prof. TU Braunschweig - Margarethenhöhe 32, 3300 Braunschweig (T. 0531 - 35 12 78) - Geb. 9. Dez. 1901 Bad Hersfeld (Vater: Gustav B., Sparkassendir.; Mutter: Emilie, geb. Nold), ev., verh. s. 1946 in 2. Ehe m. Martha, geb. Schläwicke, 3 Kd. aus 1. Ehe (Luise, Marianne, Gertrud) - 1911-20 Human. Gymn. Hersfeld; 1920-24 Univ. Göttingen (Promot. 1923) - 1924-72 Ltd. Posit. in d. dt. Luftfahrtforsch.; 1937 o. Prof. (Reichsdienst); 1955 o. Prof. TU Braunschweig; 1970 emerit. - BV: Wie groß ist d. Welt? E. Einf. in d. Astronomie f. Kinder, 1980 - 1961 Gr. BVK; 1962 Ludwig-Prandtl-Ring Wiss. Ges. f. Luftfahrt; 1972 Stern z. BVK - Liebh.: Musik - Spr.: Engl. (Latein, Griech., Franz., Ital.).

BLENKE, Heinz

Dr.-Ing., o. Prof. f. Chem. Verfahrenstechnik Univ. Stuttgart (s. 1963) - Bergwaldstr. 40, 7261 Gechingen/Württ. (T. 5 75) - Geb. 30. März 1920 Sandersleben/Anh. (Vater: Hermann B., Reichsbahnbeamter †; Mutter: Clara, geb. Hendrich †), verh. m. Hella, geb. Wendt, 2 Kd. (Angelika, Thomas) - Stephaneum Aschersleben (Abitur 1938); TH München (Flugzeug- u. Maschinenbau; Dipl.-Ing. 1947, Promot. 1949) - 1946-51 TH München (I. Assist, Prof. Loschge); 1951-63 BASF Ludwigshafen (Forsch., Entwickl., Planung, Bau u. Betrieb chem. Fabriken); 1968-72 Rektor u. Prorektor Univ. Stuttgart. Vorstandsmitgl. (zeitw. Vors. u. stv. Vors.) VDI, Ges. f. Verfahrenstechnik u. Chemieing.wesen (GVC), Dt. Ges. f. Chem. Apparatewesen (DECHEMA), Dt. Ges. f. Biomed. Technik, Ges. dt. Naturforscher u. Ärzte u. a. wiss. Verb. u. Kurat. - BV: Konstruktionen aus d. Dampfturbinenbau, 1955, 2. A. 1967 (m. Loschge u. Rüger). Zahlr. Fachveröff. in Ztschr. - VDI-Ehrenring (1956) u. -plak. (1963), Arnold-Eucken-Med. (1975) - 1985 VDI-Ehrenzeichen - Rotarier.

BLENKERS, Hanns

Dipl.-Sozialwirt, Hauptgeschäftsführer Kreishandwerkerschaft Recklinghausen, Geschäftsf. data elektronic Recklinghausen - Bodostr. 1, 4354 Datteln-Horneburg (T. 02363 - 6 17 31) - Geb. 3. Nov. 1927 Essen (Vater: Bernhard B., Bergmann; Mutter: Gertrud, geb. Pawelski), kath., verh. s. 1956 m. Ursula, geb. Kortmann, 3 Kd. (Markus, Gabriel, Christiane) - Abit. (extern) 1954; 1954-57 Stud. Sozialwiss.; Dipl. 1958 Univ. Göttingen - S. 1961 Hauptgeschäftsf. Kreishandwerkersch. Recklinghausen; altern. Vors. Verw.-Aussch. Arbeitsamt Recklinghausen; ehrenamtl. Richter BSG u. VG Gelsenkirchen (1970-78); AR Volksbank Recklinghausen (s. 1962) - Spr.: Latein, Griech., Engl.

BLENS, Heribert

Dr., Bundestagsabgeordneter (s. 1983; Wahlkr. 60/Köln II) - Bundeshaus, 5300 Bonn 1 - CDU.

BLESSING, Eugen

Dr. theol., Dr. phil., Bischöfl. Geistl. Rat, emerit. Prof. (s. 1977) f. Systemat. Philosophie Univ. Augsburg - Rosensteinweg 16, 7900 Ulm/D. (T. 2 81 02) - Geb. 11. Febr. 1911 Ulm, kath. - BV: D. Ewige im Menschen, 1954; Theodor Haecker - Gestalt u. Werk, 1959.

BLESSING, Helmut

I. Bürgermeister - Rathaus, 8061 Rohrmoos/Obb. - Geb. 3. Sept. 1929 München - U. a. Betriebsleit. CSU.

BLESSING, Manfred

Dr. med., Pathologe, apl. Prof. f. Allg. Pathol. u. pathol. Anat. Univ. Düsseldorf (s. 1971) - Patholog. Institut, Ostmerheimerstr. 200, 5000 Köln-Merheim.

BLESSMANN, Heinz

Dipl.-Ing., Geschäftsführer Dt. Solvay-Werke GmbH. - Langhansstr. 6, 5650 Solingen 11, Mitglied des Vorstands der Kali-Chemie AG, 3000 Hannover - Geb. 4. Nov. 1927 Oberhausen - Vors. VCI-Fachvereinig. Soda, Frankfurt/M.

BLETSCHACHER, Richard

Dr. phil., Schriftsteller, Regiss., Chefdramat. Staatsoper Wien - Tuchlauben 11, A-1010 Wien (T. 0222 - 53 54 221) - Geb. 23. Okt. 1936 Füssen (Vater: Friedrich B., Hotelbes.; Mutter: Clara, geb. Kecht), verh. s. 1962 m. Mirjana, geb. Dobrony, 2 Töcht. (Verena, Irina) - Abit. Hohenschwangau; Stud. Univ. München, Heidelberg, Paris u. Wien; Promot. 1959 Wien - 1959 Assist. Theater in d. Josefstadt Wien; s. 1959 Wiener Staatsoper - BV: Operntexte, Schausp., Lyrik, Erzähl., 2 Romane, musikwiss. Publ., Essays, Rundfunksend., Übers. v. Lyrik, Schauspielen u. Opern u.a. - Regie: Opern v. Mozart, Verdi, Rossini, Wagner, Strauss, Puccini, Donizetti, Draghi, Kaiser Leopold u.a. - Liebh.: Lit., Theater, Musik, Tennis, Wandern, Schach - Spr.: Engl., Ital., Franz., Span., Kroat.

BLEULER, Konrad

Dr. phil., o. Prof. f. Theoret. Kernphysik - Hardtweg Nr. 12, 5321 Margaretenhöhe üb. Königswinter - Geb. 23. Sept. 1912 (Vater: Dipl.-Landw. Walter B.; Mutter: Anna, geb. Moser) - S. 1945 Lehrtätigk. Univ. Zürich u. Univ. Bonn (1959 Ord. u. Inst.sdir.). Fachveröff.

BLEY, Helmar

Dr. jur., o. Univ.-Prof. f. Sozial- u. Arbeitsrecht Univ. Bamberg (s. 1978) - Feldkirchenstr. 21, 8600 Bamberg - Geb. 11. Juli 1929 Chemnitz/Sa., (Vater: Max B., kfm.Angest.; Mutter: Gertrud, geb. Walther), ev., verh. s. 1960 m. Ingeborg, geb. Schacherer - 1955-59 Stud. Rechtswiss. FU Berlin u. Univ. Freiburg - 1. Jurist. Staatsprüf. 1959 Freiburg, 2. Jurist. Staatsprüf. 1964 Stuttgart, Promot. 1963 Freiburg - 1964-72 Richter SG Freiburg u. LSG Stuttgart; 1972-78 Wiss. Rat u. Prof. bzw. Prof. Univ. Freiburg - BV: D. Univ.körpersch. als Vermögensträger, 1963; Sozialrecht, 6. A. 1988; Grundzüge d. Sozialgerichtsbarkeit, 1976; Sozialgesetzb. - Sozialversich. Gesamtkommentar (Mithrsg. u. Mitautor s. 1975); Komm. z. Sozialgerichtsbarkeit v. Peters, Sautter u. Wolff (Mithrsg. u. Mitautor s. 1984); Handb. d. öfftl. Sozialleistungen, 1986; Lexikon d. Grundbegriffe d. Sozialrechts, 1988; Verfahrensmängel im Sozialprozeß, 1988 - S. 1961 zahlr. Beitr. in Ztschr. u. Sammelw.

BLEY, Helmut

Dr. phil., Prof. f. Neuere u. neueste Geschichte u. gf. Dir. Histor. Seminar Univ. Hannover - Schneiderberg 50, 3000 Hannover; priv.: Harnackring 74, 2050 Hamburg 80.

BLEY, Wolfgang

Dipl.-Ing., o. Prof., Direktor Inst. f. industrielle Bauproduktion Univ. Karlsruhe (s. 1963) - Schloßgartenstr. 22, 7505 Ettlingen/Baden (T. 40 76) - Geb. 3. Febr. 1925 Altenburg/Thür. (Vater: Erich B., zul. Oberst a.D. †1957; Mutter: Charlotte, geb. Guettke †1978), ev., verh. s. 1952 m. Margarete, geb. Faust, 3 Kd. (Mathias, Susanne, Minne) - 1946-52 TH Karlsruhe (Arch.) - S. 1958 fr. Arch. (b. 1963 Köln). - Spr.: Engl.

BLEYER, Klaus Peter

Dr. rer. pol., Dipl.-Kfm., stv. Vorstandsvorsitzender Zahnradfabrik Friedrichshafen AG, AR-Mitgl. Stuttgarter Bank AG Stuttgart - Zu erreichen üb. Löwentalerstr. 100, 7990 Friedrichshafen.

BLEYHL, Werner

Dr. phil., Prof. f. Engl. Sprache u. Lit. PH Ludwigsburg (s. 1985) - Hohenacker Str. 34/1, 7300 Esslingen/N. - Geb. 15. Juni 1938 Esslingen - Promot. 1966 - S. 1971 Hochschullehrer PH Esslingen, 1982 PH Reutlingen.

BLEYL, Uwe

Dr. med., o. Prof. f. Allg. Pathologie u. Pathol. Anatomie Univ. Heidelberg (s. 1975) - Kurpfalzring 34, 6830 Schwetzingen - Geb. 28. Okt. 1936 Kiel, ev., verh. s. 1961 m. Veronika, geb. Winter, S. Jörg-Uwe - Stud. Univ. München, Hamburg, Kiel; Promot. 1961 Kiel, Habil 1968; apl. Prof. Univ. Heidelberg 1973 - 1975 o. Prof. Univ. Heidelberg u. Dir. Pathol. Inst. Klinikum Mannheim; 1980-83 Dekan Fak. f. Klin. Med. Mannheim; 1983-87 Prorektor Univ. Heidelberg; s. 1987 Ärztl. Dir. Klinikum Mannheim - Bücher u. Einzelarb. - 1988 BVK.

BLEYLE, Kurt

Dr. rer. pol., Fabrikant, gf. Gesellsch. Wilh. Bleyle KG, Stuttgart - Trüffelweg 7, 7000 Stuttgart 70 (T. 27 17 23) - Geb. 25. Sept. 1918 Tübingen - 1972ff. Vizepräs. Gesamtverb. d. Textilind. in d. BRD (Gesamttextil), Frankfurt/M., 1973-82 Präs. Verb. d. baden-württ. Textilind., Stuttgart, jetzt Ehrenpräs. - 1976 BVK I. Kl. - Spr.: Engl. - Rotarier.

BLEYMÜLLER, Josef

Dr. oec. publ., o. Prof. u. Direktor Inst. f. Ökonometrie u. Wirtschaftsstatistik u. Inst. f. Wirtschafts- u. Sozialwiss. Univ. Münster (s. 1966) - Carossastr. 3, 4400 Münster (T. 02534 - 389) - Geb. 19. Aug. 1933 Tsingtau (China) (Vater: Hans B., Studienrat; Mutter: Anni, geb. Stimpfl), röm.-kath., verh. s. 1962 m. Christl, geb. Mayer, 2 Kd. (Wolfgang, Irene) - Dipl.-Volksw. Univ. München 1957; Priv.-Doz. Univ. München 1965 - BV: Ausgew. Probleme d. Straßenverkehrsstat., 1960; Theorie und Technik d. Aktienkursindizes, 1966 (span. Übers. 1975); Statistik für Wirtschaftswissensch.(zus. m. G. Gehlert/H. Gülicher), 2. A. 1981; Statist. Formeln und Tab. (zus. m. G. Gehlert), 2. A. 1982 - Spr.: Engl.

BLICKENSDÖRFER, Hans

Schriftsteller, Sportjournalist - Zu erreichen üb. Franz Schneekluth Verlag, Widenmayer Str. 34, 8000 München 80 - BV/R.: D. Baskenmütze, 1975; Bonjour Marianne, 1975; D. Schlacht, 1976; D. Söhne d. Krieges, 1978; Salz im Kaffee, 1980; Alles wegen meiner Mutter, 1981; Wegen Mutter gehn wir in die Luft, R. 1982; Pallmann, 1982; Keiner weiß wie's ausgeht, 1983; Weht d. Wind v. Westen, R. 1984.

BLIEDTNER, Jürgen

Dr. rer. nat., Prof. f. Reine Mathematik Univ. Frankfurt - Liebigstr. 32, 6000 Frankfurt/M. - Zul. Wiss. Rat u. Prof. Univ. Bielefeld.

BLIEKENDAAL, John

Prof., Choreograph, Ballettmeister - Schwartzstr. 52, 4200 Oberhausen 1 (T. 0208 - 85 52 56); u. Bontekoestraat 21, Arnhem, Nederland (T. 085 - 64 67 62) - Geb. 5. Sept. 1950 Apeldoorn/Niederl. (Vater: Albertus B.; Mutter: Anna, geb. Rothengatter), ledig - Ausb. Akad. f. mod. Künste (Arnheim); Staatl. Konservat. u. Tanzakad. ebd.; Dipl.; Auftritte als Tänzer: 1974 Choreogr. Manifestation, Amsterdam; 1974-76 König. Ballett v. Flandern, Antwerpen; 1976-77 Ballett du XXe Siècle, Brüssel; 1977 Gastengagements in Detmold, Bielefeld u. Hannover; 1978-81 Musiktheater im Revier, Gelsenkirchen; 1981-88 Theater Oberhausen (Trainingsmeister, Ballettmeister u. Choreograph). S. 1988 Gastchoreograph (Vorausbildung Folkwanghochsch. Essen-Werden). S. 1987 Prof. Hochsch. d. Künste, Arnheim/Nederland. Zahlr. päd. Engagements u. Tätigk. als Choreograph - Liebh.: Musik, Reisen, Psychologie, Windhunde - Spr.: Niederl., Franz., Engl.

BLIESENER, Max

Dr. rer. pol., Unternehmensberater - Möncherderweg 11, 4018 Langenfeld/Rhld. - Geb. 14. Sept. 1922.

BLIETZ, Rudolf

Dr. med., Prof., Orthopäde - An d. Weide 41/42, 2800 Bremen - S. Habil. Privatdoz. u. apl. Prof. Univ. Münster (Orthop.).

BLIND, Adolf

Dr. rer. pol., Prof., Minister a. D. - Passavantstr. 10, 6000 Frankfurt/M. (T. 61 89 67) - Geb. 16. Okt. 1906 Frankfurt/M. (Vater: Wilhelm B., Mechaniker; Mutter: geb. Schweizer), verh. s. 1935 m. Berta, geb. Renfer - Langj. Dir. Statist. Amt Saarbrücken; s. 1952 o. Prof. Univ. Saarbrücken u. Frankfurt (1957); 1955-57 saarl. Min. f. Finanzen u. Forsten - BV: u. a. Probleme u. Eigentümlichk. sozialstatist. Erkenntnis, 1953. Buch- u. Ztschr.beitr. - 1957 Gr. BVK.

BLIND, Wolfram

Dr. rer. nat., Prof. f. Paläontologie u. Geol. Univ. Gießen (s. 1971) - Finkenweg 17, 6301 Linden-Leihgestern - Geb. 11. Okt. 1929 Stuttgart - Promot. 1958; Habil. 1967 Gießen - Üb. 40 Facharb.

BLINDE, Alfred

Dr.-Ing., Prof. f. Erd- u. Grundbau Univ. Karlsruhe - Breslauer Str. 66a, 7500 Karlsruhe (T. 68 18 48) - Geb. 27. Febr. 1921 Nordstemmen (Vater: Fritz B., Bundesb.beamter; Mutter: Charlotte, geb. Bernhardt), ev., verh. s. 1946 m. Irmgard, geb. Reggentin, S. Joachim - Promot. 1958 Hannover - Spr.: Engl.

BLINN, Hans Günther

Dr. phil., Studiendirektor - Liebigstr. 11, 6740 Landau/Pf. - Geb. 7. Sept. 1925 Gräfenhausen/Pf., ev., verh. m. Hilde, geb. Kießling, S. Hans-Jürgen - B. 1943 Obersch., dann Arbeits- u. Kriegsdst. (Luftw.; schwerverwundet), 1946-47 Oberrealsch. (Abit.), 1948-53 Univ. Heidelberg (German., Gesch., Geogr., Phil. Staatsex.; Promot.) - S. 1955 Otto-Hahn-Gymn. Landau, 1963-79 Stadtrat, 1964-73 ehrenamtl. Bürgerm. Landau. SPD-MdL Rhl.-Pfalz 1971-79. Mitgl. Rundfunkrat SWF - BV: Herausg. v. Kunstbd. (Verl. Pfälzer Kunst). Autor zahlr. Bücher u. Aufs. Schallpl. (Hannes Landauer) - Liebh.: Bücher, Musik, Bild. Kunst.

BLISS, Heinz

Dr. phil., M. A., Prof. f. Ethnosoziologie GH Kassel (s. 1973) - Eichsfelder Str. 11, 3430 Witzenhausen 1 - Geb. 17. Juli 1921 Jeseritz/Pom. - Promot. 1963 - 1965-67 Prof. Tunis, s. 1977 Gastprof. in Cairo. Forsch. im islam. Bereich d. Sowjetunion, Mittelmeerländer u. in d. VR China.

BLOBEL, Brigitte

Schriftstellerin - Agnesstr. 1, 2000 Hamburg 60 - Geb. 21. Nov. 1942 Hamburg, ev., verh. s. 1976 m. Günter van Waasen, Journ., 2 Kd. (Tatjana, Fabian) - Abit.; Stud. Theaterwiss., Politik, German. - 1971/72 Redakt. b. Associated press, dann freiberufl. Journ. - BV: Alsterblick, 1978; D. Haus d. Portugiesen, 1985; D. Kolumbianerin, 1987; D. Botschafterin, 1989.

BLOBEL, Hans-Georg

Dr. med. vet., Ph. D., o. Prof. f. Bakteriologie u. Immunologie - Finkenweg 32, 6307 Leihgestern (T. Gießen 702 48 30) - Geb. 10. April 1929 Waltersdorf/Schles. (Vater: Dr. med. vet. Bruno B., Tierarzt; Mutter: Margarete, geb. Zieger), ev., verh. s. 1958 m. Margaret, geb. Paxton, S. Carl Peter - Univ. Gießen (Veterinärmed.) u. Madison/USA (Mikrobiol., Veterinärmed.) - 1955-65 Forschungsassist., Assist. (1959), Assoc. (1961) u. Full Prof. (1964) Univ. Madison; s. 1965 ord. Prof. u. Inst.dir. Univ. Gießen - Spr.: Engl., Portugies.

BLOBEL, Reiner

Dr. med., Prof., Chefarzt Geburtshilfs.-Gynäk. Abteilung/Diakonie-Krankenhaus - 7170 Schwäb. Hall - Geb. 25. Dez. 1931 Waltersdorf/Schl. - 1965 (Habil.) Privatdoz. u. apl. Prof. (1971) Univ. Tübingen (Frauenheilkd. u. Geburtsh.) - BV: Üb. d. Choriongonadotropin, 1966. Üb. 40 Einzelarb.

BLOCH, Heinz

Dipl.-Kfm., Versicherungsdirektor - Am Aubuckel 10, 6800 Mannheim-Feudenheim - Geb. 24. Febr. 1925 - Vorst. Mannheimer Versich./Leben.

BLOCH, Rolf

Dr. med., Chefarzt Kurklinik Vitalis, Bad Hersfeld, Honorarprof. f. Inn. Med. Univ. Marburg - Am Weinberg 3-5, 6430 Bad Hersfeld.

BLOCH von BLOTTNITZ, Undine-Uta

Mitglied d. Europa-Parlaments (s. 1984) - Wohnh. in Grabow; zu erreichen üb. Europ. Parlam., Europazentrum, Postf. 16 01, Luxemburg (T. 00352 - 4 30 01) - DIE GRÜNEN.

BLOCK, Detlev

Prof. h. c. (USA), Pfarrer, Schriftsteller -

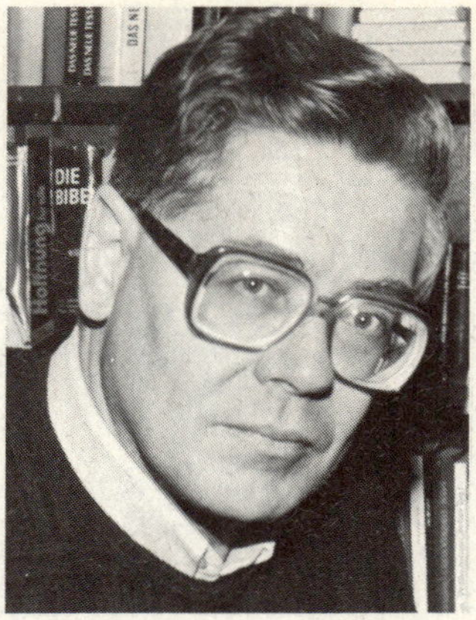

Friedrichstr. 9, 3280 Bad Pyrmont (T. 05281 - 46 93) - Geb. 15. Mai 1934 Hannover (Vater: Wilhelm B., Oberstudiendir.; Mutter: Hilde, geb. Knolle), ev.-luth., verh. s. 1961 m. Karin, geb. Babeleit, 4 Kd. (Barbara, Martin, Johannes, Christoph) - Ratsgymn. Hannover u. Ernestinum Celle (Abit.); Stud. ev. Theol. Göttingen, 1. Ex. 1958; Predigersem. Hildesheim, 2. Ex. 1961 - Pastor in St. Andreasberg u. Hameln, s. 1967 Pastor an d. Stadtkirche Bad Pyrmont. Mitgl. Europ. Autorenvereinig. D. KOGGE u. Intern. Autorenkr. PLESSE - BV: S. 1964 zahlr. Buchveröff. (Lyrik, Lyrik-Anthol., Geistl. Lied, Kurzprosa, Meditation, Kinderb., Sachb., Ev. Schrifttum), u.a.: Stichprobe, Ged. m. Aquarellen 1977; In deinen Schutz genommen, Geistl. Lieder 1980; Astron. als Hobby, Sternbilder u. Planeten erk. u. benennen, 1982; Die Welt ist voller Wunder, Texte z. Dankbark., 1984; Hinterland, ges. Ged. 1985; Wann ist unser Mund voll Lachen? Bibl. Gesänge f. d. Gemeinde, 1986; Christkindgesch., 1986; Bibelgesch. Altes Testament 1986; Bibelgesch. Neues Nestament 1987; Engelgesch. 1988 - Mehrere Lyrikpreise: 1967 Frieden, 1972 Junge Dichtung in Nieders., 1980 A.G. Bartels-Gedächtnis-Ehr.; 1984 Dr.-Heinrich-Mock Med.; 1986 1. Preis Geistl. Lieder Konvent Luth. Erneuerung Bayern - Liebh.: Terrarienkd., Astron. - Lit.: Manfred Hausmann, Karl Krolow, Paul Konrad Kurz, Rudolf Otto Wiemer u.a.: Schneisen u. Schnappschüsse, Stimmen u. Erläut. z. lit. Werk v. D. B., 1979; Carl Heinz Kurz: Zwischenbilanz. Aus Leben u. Werk d. D. B., 1981; Carl Heinz Kurz (Hrsg.): Christl. Dicht. heute. Z. Beisp. D. B. (m. Beitr. v. Almuth Hochmüller, Paul Konrad Kurz u. Karlheinz Schauder), 1981; Nieders. literarisch, 100 Autorenporträts, Bibliogr. u. Texte, 1981; Rudolf Otto Wiemer: D. B. z. 50. Geburtstag, 1984; Carl Heinz Kurz (Hrsg.): E. Handvoll Wörter, D. Lyriker Detlev Block, 1987.

BLOCK, Jochen

Dr. rer. nat., Dr. h. c., Prof., Direktor am Fritz-Haber-Inst. d. Max-Planck-Ges. (s. 1974) - Faradayweg 4-6, 1000 Berlin 33; priv.: Jänickestr. 89c, -37 - Geb. 21. April 1929 Stettin - Promot. (1954) u. Habil. (1959) München - Wiss. Tätigk. Brüssel u. USA; s. 1965 FHI. 1969 ff. apl. Prof. FU Berlin (Physikal. Chemie). Üb. 100 Fachveröff.

BLOCK, Siegfried

Dr. med., Prof., Oberstabsarzt a. D., Arzt f. Allgemeinmed. (eig. Sanatorium f. Frischzellenbehandlung), Präs. Ges. f. Frischzellen-Therapie - Brauneckstr. 8, 8172 Lenggries/Obb. (T. 20 11) - Geb. 28. Dez. 1912 Baumgarten (Vater: Eduard B., Superintendent; Mutter: Frieda, geb. Schmidt), ev., verh. s. 1953 m. Margret, geb. Ast, T. Petra-Gabriele - Gymn. Greifenberg u. Stolp; Univ. Tübingen, Rostock, Königsberg, Berlin (Promot. 1938) - BV: Zellulartherapie in d. Praxis, 1966; Placenta in d. Zellulartherapie, 1968; D. Arterienverkalkung, 1971; Jünger werden und gesund, 1974; Sieg über d. Altern, 1978; Meine Erfahrungen m. Frischzellen, 1978; E. Plädoyer f. d. reifen Jahre, 1981; D. große Chance, 1982; Praxis d. Frischzellentherapie, e. Lehrb. f. Ärzte u. Stud., 1982; Besser essen - besser leben, 1983; Dokumentation üb. d. Frischzellentherapie, 1983; Soviel sollte uns am Herzen liegen, 1985 - Liebh.: Autof., Forsch., Reitsport - 1958 Gold. Sportabz., 1978 Reiterabz.; 1985 Goldmed. d. Zelltherapietages Hamburg - Spr.: Engl., Ital.

BLOECH, Jürgen

Dr. rer. pol., Dipl.-Ing., o. Prof. f. Betriebswirtschaftslehre - Emil-Nolde-Weg 21, 3400 Göttingen (T. 7 69 52) - Geb. 3. Juni 1938 Tranßau/Ostpr. (Vater: Dr. Hans B., Landwirtschaftsdir.; Mutter: Helene, geb. Rehahn), ev., verh. s. 1963 m. Gisela, geb. Behrens, 3 Kd. (Henning, Dietmar, Sybille) - Gymn.; TH München - S. 1969 (Habil.) Lehrtätigk. Univ. Göttingen (1970 Ord.). Mitgl. Dt. Ges. f. Operations Research - BV: Optimale Industriestandorte, 1970; Betriebl. Distributionsplanung, 1972 (m. G.-B. Ihde); Lineare Optimierung f. Wirtsch.swissenschaftler, 1974 - Liebh.: Sport, Jagd, Briefm., Lit. - Spr.: Engl.

BLÖCKER, Günter

Journalist, Schriftsteller - Ludwig-Barnay-Platz 11, 1000 Berlin 33 (T. 821 35 11) - Geb. 13. Mai 1913 Hamburg, ev., verh. s. 1937 m. Maria Krasna (Schausp.), 2 Kd. - Ständ. Mitarb. bek. Zeitschriften u. zahlr. Rundfunksender; Literaturkrit. Frankfurter Allg. Ztg., Südd. Ztg. u. Monatsztschr. Merkur - BV: D. neuen Wirklichkeiten - Linien u. Profile d. mod. Lit., 1957; Heinrich v. Kleist oder D. absolute Ich, 1960; Krit. Lesebuch - Lit. unserer Zeit in Probe u. Bericht, 1962; Lit. als Teilhabe - Krit. Orientierungen z. lit. Gegenw., 1966; Handb. d. dt. Dramas (Mitverf.), 1980. Dt. Fass. engl., amerik. u. franz. Bühnenw. - 1958 Fontane-Preis Stadt Berlin (f.: D. neuen Wirklichkeiten), 1964 Johann-Heinrich-Merck-Preis f. lit. Kritik Dt. Akad. f. Sprache u. Dicht.; 1963 Mitgl. PEN-Zentrum BRD; 1965 o. Mitgl. Dt. Akad. f. Spr. u. Dicht.

BLOEDNER, Claus-Dieter

Prof., Dr. med. (habil.), Dr. rer. nat., (Arbeitsmedizin), Ltd. Medizinaldirektor, Facharzt f. Lungenkrankh., Innere Med. u. Arbeitsmed. - Abtsberg 75, 8600 Bamberg - Geb. 8. Dez. 1919 Bockwitz/NL. (Vater: Dr. med. August B., Landarzt; Mutter: Anna, geb. Becker), ev., verh. m. Eva-Maria, geb. Gastpar, 2 Kd. (Nikola, Dominik) - Stud. Naturwiss. u. Med. Berlin, Königsberg, Tübingen, Würzburg, Habil. 1974 Erlangen - B. 1958 I. Oberarzt Städt. Klinik f. Lungenkranke Havelhöhe, Berlin, dann Chefarzt u. Ärztl. Dir. Kurklinik Lautergrund, Schwabthal (LVA Berlin); 1982 Ltd. Arzt Berufsgenoss. Arbeitsmed. Zentrum Coburg-Lichtenfels-Bamberg - BV: D. mehrdimensionale Verwischung im Schichtbild d. Lunge, 1964, 2. A. 1968; D. chirurg. Behandl. d. Lungentuberkulose - Indikation u. Ergebnisse, 1966; Z. Frage d. Altersdiagnostik tuberkulöser Lungenveränderungen im Röntgenbild Erwachsener, 1974; Examensfragen Atmungsorgane, 1981 - 1964 u. 1968 Franz-Redeker-PreisDt. Zentralkomitee z. Bekämpf. d. Tuberkulose - Spr.: Franz., Engl. - Großu. Urgroßv. ebenf. Ärzte.

BLÖHM, Lydia,

geb. Wedel

Malerin u. Graphikerin - Tropfsteinweg 23c, 1000 Berlin 47 (T. 030 - 741 14 85) - Geb. 30. Juli 1920 Berlin (Vater: Paul W., Destillateur, Kaufm.; Mutter: Minna Schröder, Op-Krankenschw.), ev., verh. s. 1941 m. Paul B. †, 4 Kd. (Karola, Veronika, Reinhard, Adelheid) - 1937-41 Unterr. b. Kunstmaler Belling u. Prof. Max Hertwig, Berlin; 1946-51 Hochsch. f. angew. u. bild. Kunst ebd., b. Prof. Mohr, Prof. Tank, Prof. Huth, Prof. Fischer u. Harald Kauffmann - Graphik, Holz- u. Linolschnitte. Ausst.: u.a.

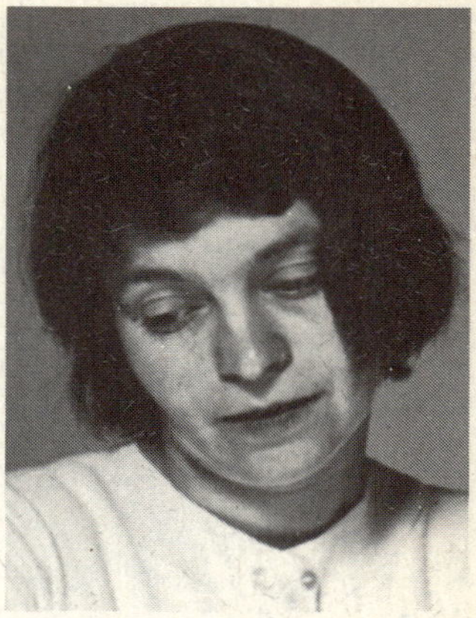

Portland Art Mus. (USA), Art Gallery British Columbia (Kanada), Irland, Nürnberg, Berlin. Stud.reisen nach Holland, Irland, Italien - 1969 Goldmed. Grand Salon intern. de Charleroi; Dipl. d'Honneur, Monte Carlo, Dipl. The World Who's Who of Women, Cambridge - Liebh.: Musik, sammelt Kakteen u. Edelsteine - Spr.: Engl., Franz. - Lit.: Buch-Illustr. Graphik z. Bibel, 1966; Männer im Gebet, 1966. Kal. Max Kessler Jena, 1970, 81 u. 85, Who's Who in the Arts; The World Who's Who of Women; Intern. Directory of Arts; Thieme-Becker-Künstlerlexikon, Leipzig; u.a.

BLOEMECKE, Gerhard

Bäcker- u. Konditormeister, MdL Baden-Württ. (Wahlkr. 37, Mannheim III) - Untermühlaustr. 111, 6800 Mannheim 31 (T. 0621 - 31 10 63) - Geb. 22. Mai 1936 Karlsruhe - CDU.

BLOEMEKE, Karl-Heinz

Prof., Dirigent, Prof. a. d. Musikhochschule Detmold - Hindenburgstr. 27, 4930 Detmold-Hiddesen (T. 05231-81 01) - Geb. 4. Juli 1949 Düsseldorf, kath., verh. s. 1975 m. Petra, geb. Rust, S. Tobias Carsten - Stud. b. M. Stephani (Detmold), F. Ferrara (Rom), H. Swarowsky (Wien/Österr.) - 1974-77 Kapellm. Bühnen Bielefeld; 1977-78 1. Kapellm. Landestheater Coburg; 1977-80 Chefdirig. RIAS JO Berlin; 1978-81 1. Kapellm. u. stv. GMD Staatstheater Darmstadt; s. 1981 1. Kapellm. Nationaltheater Mannheim; s. 1985 Prof. a. d. Musikhochsch. Detmold; Gastdirig. an versch. dt. Bühnen; Konzertreisen in Europa u. USA - 1977 Förderpreis Nordrhein-Westf. - Spr.: Engl.

BLÖMER, Alois

Dr. med., Chirurg (Chefarzt), apl. Prof. f. Allg. u. Spez. Chirurgie Univ. Bonn (s. 1976) - St.-Barbara-Hospital, 4390 Gladbeck - Geb. 4. Febr. 1933 Beverbruch/O. - Promot. 1961; Habil. 1970 - Üb. 70 Facharb.

BLÖMER, Hans

Dr. med., o. Prof. f. Innere Medizin u. Direktor I. Med. Klinik TU München (Klinikum r. d. Isar) - Hochwaldstr. 18, 8011 Baldham/Obb. (T. Zorneding 83 86; dstl.: München 41 40-1) - Geb. 29. Mai 1923 Bad Tölz/Obb. (Vater: Dr. med. Carl B., prakt. Arzt; Mutter: Marianne, geb. Seidl), kath., verh. s. 1957 m. Eva, geb. Rupp, 3 Töcht. (Katharina, Maximiliane, Caroline) - Gymn.; Univ. München (Med. Staatsex. 1950). Promot. (1950) u. Habil. (1957) München - 1950-68 wiss. Assist. u. Chefarzt München (1960); 1957-68 Privatdoz. u. apl. Prof. (1964) ebd. (Univ.); s. 1968 wie oben. Spez. Arbeitsgeb.: Kardiologie - BV: D. Herzfehler, Ihre Sympthomatologie u. Hämodynamik, 1963; Klinik d. Herzkrankh., 1965 (jap.); Auskultation d. Herzens u. ihre hämodynam. Grundl., 1967. Zahlr. Einzelarb. - 1980 Bayer. VO - Spr.: Ital., Engl.

BLOEMERTZ, Carl Bruno

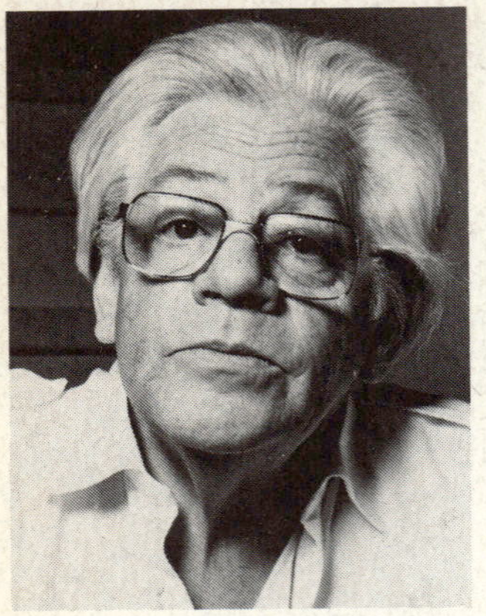

Dr. med., Chirurg u. Unfallchir., Maler (Paraphe: CBB) - Obere Lichtenplatzer Str. Nr. 236, 5600 Wuppertal 2 (T. 59 29 88) - Geb. 21. Mai 1919 Linnich b. Aachen (Vater: Dr. phil. Walther B., StudR u. Konzertpianist; Mutter: Maria, geb. Clasen), kath., 5 Kd. (Dr. med. Bernd, Ruth, Marc, Stephan, Sabine) - Gymn. Jülich, Odenkirchen, Rheydt; Rhein. Musiksch., Musikhochsch. Köln (Geige), Univ. Berlin (Musik), Halle (Med.), Leipzig (Med. Notexamen u. Promot. 1945) u. Bonn (Staatsex. 1948); 1933-35 u. 1961-69 Meisterschüler (Malerei) v. Prof. Herm Dienz, Bonn - 1945-47 Assist. Prof. Hopmann u. Bücken Krhs. Köln-Overath, b. 1965 Assist.- u. Oberarzt Bonn-Beuel, dann freipraktizierend Wuppertal. Mitgl. Hartmannbund, Berufsverb. d. Dt. Chir., NAV, Dt. Ges. f. Unfallheilkde., AR-Mitgl. DORINT-Aparthotel Schloß Schönhagen/Ostsee - Malerei; s. 1985 Galerie CBB, Wuppertal. Werk: Ölbilder, Aquarelle, Seri- u. Semigrafie, Tapisserie, Radierung, Cover, Buchillustr., Grafik-Mappenwerke (Schüler v. Anton Gerharz/Offenbach, Mourlot/Paris); o. Künstlermitgl. Künstlerverein-Malkasten Düsseldorf; Mitgl. Kunstkr. Hofgeismar u. Berufsverb. Bildender Künstler; s. 1970 ca. insg. 250 Ausst. im In- u. Ausl. (u. a. Schweiz, USA, Wien, Paris, Kunstmessen BRD, Ital., New York, Washington) - Film: Abstrakte Malerei - e. optisch-akustische Interpretation, 1968. BV: D. Schmerzensgeldbegutachtung, 4. A. 1984; Wieviel kostet Dein Schmerz?, 1971 - Liebh.: Astronomie, Lit. (Sonette in Argentinien veröff.) - 1984 BVK; 1985 Goldmed. Europ. Kulturkr. - Lit.: Heinr. Hahne, Kunst u. Künstler, ders.: Erfahrungen (1976); H. Schmidt, Herm Dienz (1979); J. K. Ecker, Handb. f. d. Graphikkäufer (1985); E. Bücken, D. Violette Harfe (1985); versch. Anthol.; zahlr. Zeitschriftenart.; gewidmete Kompos.: Adolf Gebauer, Erinnerung f. CBB (Cello/Klavier) op. 32 (1988); ders.: Streichquartett Nr. II n. 5 Bildern v. CBB Konzert am See, op. 33 (1989). Rundf.- u. Fernsehinterviews HR, WDR, SR, ARD, Dt. Welle; Mitwirk. im TV-Descartes-Film WDR III (1985).

BLOETT, Claus

Dr. rer. pol., Bankdirektor, Vorst. Volksbank Herrsching-Landsberg-Starnberg eG - Strittholz 9, 8036 Herrsching (T. 08152 - 30 11) - Geb. 22. Mai 1936, ev., verh. s. 1963 m. Karin, geb. Krolikowski, 2 Kd. (Petra, Thomas) - Dipl.-Kfm., Promot. - AR: Dt. Genossenschafsverlag eG, Wiesbaden; Beirat: R + V Versich., Wiesbaden, Bauspark. Schwäbisch Hall.

BLÖTZ, Dieter

Vizepräsident Bundesnachrichtendienst i. R. (1970-79) - Heilmannstr. 33, 8023 Pullach/Isartal (T. München 793 15 67) - Geb. 5. Nov. 1931 Braunschweig (Vater: Willi B. †1958; Mutter: Hedwig, geb. Aßmann), verh. s. 1958 m. Inge, geb. Schilling, S. Wilfried - Volkssch.; kaufm. Lehre; n. Abendabitur (1953) Akad. f. Gemeinw. Hamburg, TH Braunschweig, Univ. Hamburg - Zul. Hauptgeschäftsf. Hamburg, 1966-70 Mitgl Hbg. Bürgerschaft, 1979 i. e. R. SPD s. 1955.

BLOH, von, Fritz

Komponist u. Dirigent, Prof. Staatl. Hochsch. f. Musik u. Theater, Hannover - Emmichplatz, 3000 Hannover.

BLOHM, Hans

Dr.-Ing., em. Prof. f. Produktionswirtschaft TU Berlin - Str. d. 17. Juni 135, 1000 Berlin 12 - Geb. 24. Aug. 1920 Magdeburg (Vater: Robert B., Kaufm.; Mutter: geb. Stolle), verh. s. 1948 m. Elfe, geb. Repnak, T. Corinna - Stud. TH bzw. TU Berlin (Wirtschaftsing.wesen; Dipl.-Ing. 1948), Univ. Oxford. Promot. 1950 Berlin; Habil. 1958 München - 1940-46 Wehrdst. u. Kriegsgefangensch.; 1952-60 Tätigk. Osram, Berlin/München; s. 1958 Hochschullehrer Univ. München (Privatdoz.) u. TH bzw. Univ. Karlsruhe (1960 Ord.). 1987 Ehrenmitgl. Inst. f. Interne Revision, Frankfurt/M. - BV: u. a. Innenrevision, 1957 (Habil.schr.); Investition, 1967, 6. A. 1988; (m. K. Lüder); D. Gestalt. d. Berichtswesens, 1970, 2. A. 1974; Org. Inform. u. Überwachung, 1960, 3. A. 1977; Produktionswirtschaft, 1987, 2. A. 1988 - Spr.: Engl., Franz.

BLOHM, Walter

Dr. phil., Regisseur, Dramaturg - Spandauer Allee 50, 4800 Bielefeld 1 (T. 0521 - 16 00 82) - Geb. 7. März 1941 Berlin (Vater: Ernst B., Überseekaufm.; Mutter: Irma, geb. v. Auwers), verh. s. 1968 m. Beecke, geb. Meyer-Lüerssen, 2 S. (Alf-Gerriet, Jan-Henrik) - 1961-70 Stud. Lit.wiss., Phil., Päd. u. Theaterwiss. Univ. Freiburg u. Hamburg (Promot. 1971) - 1971-74 Filmemacher NDR Hamburg; 1974-79 Gymnasiallehrer Uelzen; s. 1980 Regiss. u. Dramat. Audiovis. Zentr. Univ. Bielefeld, s. 1982 Geschäftsf. ebd. - BV: D. außerrealen Figuren in d. Dramen Hans-Henry Jahnus, 1971 - Insz.: D. Pfarrer v. St. Pauli (Film, 1972); Sie nannten ihn Leo od. D. erste Soldat d. Dritten Reiches (nach H. Johst, 1977); Reibungshunger (Stück, 1978); Als Missionar in Dtschl. (Film, 1980); Kein Zuhause (Film, 1982); Ich war Nazi (Film, 1983); Pfarrer als Soldaten (Film, 1985) - 1981 2. Preis Tage d. intern. relig. Films, Friedberg - Liebh.: Schriftstellerei - Bek. Vorf.: Arthur v. Auwers (Urgroßv.), Martin Luther.

BLOHMKE, Maria

Dr. med. (habil.), Prof., Hochschullehrer, Arzt f. Sozial- u. Arbeitsmed. Univ. Heidelberg (s. 1975) - Westendstr. 174/App. 1806, 8000 München 21 - Geb. 26. Juli 1922 Königsberg/Ostpr. (Vater: Prof. Artur B.; Mutter: Luise, geb. Hybbeneth), ev. - Stud. Med. Staatsex. Berlin 1945 - BV: Sozialmedizin, Stuttgart, 2. A. 1978 (m. H. Schaefer); Herzkrank durch psychosozialen Streß, Heidelberg, 1977 (m. H. Schaefer); Krankheit u. Beruf, Heidelberg, 1980 (m. F. Reimer) - Liebh.: Wandern, Musik, Theologie - Spr.: Engl., Franz.

BLOKESCH, Dieter

Fabrikant, Mitinh. GEFA Nürnberger Likörfabrik Richard Blokesch KG Bacchus Kellerei, Nürnberg, Vors. Landesverb. d. Bayer. Spirituosenind., Mitgl. Vollvers. IHK Nürnberg-Mittelfranken, Vorstandsmitgl. Landesver. d. Bayer. Weinhandels - Feldgasse 37, 8500 Nürnberg - Geb. 5. Aug. 1934 (Vater: Richard B. †) - Handelsrichter LG. Nürnberg

BLOME, Helmut

Chefredakteur Hanauer Anzeiger - Brucknerstr. 73, 6450 Hanau/Main (T. 06181 - 8 15 84) - Geb. 15. Febr. 1929 Hanau, ev., verh. s. 1957 m. Hannelore, geb. von der Lahr, T. Birgit - Gymn. Hanau u. Fulda, Journ.schule, prakt. Ausb., Korresp., Redakt.

BLOMEYER, Arwed

Dr. jur., em. Prof. f. Bürgerl. Recht, Handels- u. Zivilprozeßrecht sow. Rechtsphil. - Ihnestr. 46, 1000 Berlin 33 (T. 831 32 10) - Geb. 16. Dez. 1906 Wilhelmshaven (Vater: Fritz B., Marineoffz.; Mutter: geb. Koch), ev., verh. s. 1933 m. Dr. phil. Hildegard, geb. Fischer, 4 Kd. - Promot. 1929 Jena; Habil. 1936 Berlin - 1932 Gerichtsass., 1937 Privatdoz. Univ. Berlin, 1938 ao. Prof. Univ. Tübingen, 1941 Univ. Jena, 1942 o. Prof., 1948 Univ. Würzburg, 1951 FU Berlin. - BV: Studien z. Bedingungslehre, 2 Bde. 1938/39; Allg. Schuldrecht, 4. A. 1969; Zivilprozeßrecht - Erkenntnisverfahren, 2. A. 1985; Vollstreckungsverfahren, 1975.

BLOMEYER, Arwed

Dr., Hauptgeschäftsführer Westf.-Lipp. Landwirtschaftsverb. - Schorlemerstr. 15, 4400 Münster.

BLOMEYER, Wolfgang

Dr. jur., Univ.-Prof. f. Bürgerliches Recht, Handels- u. Arbeitsrecht sowie Intern. Privatrecht u. Rechtsvergleichung Univ. Erlangen-Nürnberg (s. 1972) - Burgbergstr. 99, 8520 Erlangen - Geb. 25. Mai 1934 Berlin - Stud. Rechtswiss. Berlin u. München; MCL 1961 Col. Univ. New York; Promot. 1963 München; Habil. 1971 München - Stv. Vorst.-Vors. Forsch.-Inst. f. Genossenschaftswesen Univ. Erlangen-Nürnberg; s. 1984 Vorst.-Mitgl. Dt.-Amerik. Juristen-Vereinig.; 1984-90 Mitgl. Wiss. Beirat d. Bayer. Min. f. Wiss. u. Kunst - BV: Komm. z. Ges. z. Verbesserung d. betriebl. Altersversorgung; Fundheft f. Arb.- u. Sozialrecht (jährl. s. 1972). Rd. 110 Fachveröff. bes. z. Themen Betriebsverfassung, betriebl. Altersversorgung, Individualarbeitsrecht u. Genossenschaftsrecht.

BLOOMFIELD, Theodore

Dr. h.c., Dirigent, Symph. Orchester u. Dt. Oper Berlin - The Poplars, Fitzgeorge Av., New Malden, Surrey/England - Geb. 14. Juni 1923 Cleveland/Ohio (Vater: Louis B., Rechtsanw.; Mutter: Kitty, geb. Rosen), verh. s. 1953 m. Margery, geb. Wald, 5 Kd. (Louise, Katherine, Charles, Margaret, Joan) - 1941-44 Oberlin Conservat., Ohio; 1944-46 Juilliard School of Music, New York; 1945-46 Meisterkl. Pierre Monteux u. Claudio Arrau; 1946-47 Assist. George Szell, Cleveland Orch. - 1955-59 Portland Symph. Orch.; 1959-63 Chefdirig. Roch. Philharm. Orch.; 1964-66 1. Kapellmeister, Hamburg. Staatsoper; 1966-68 Generalmusikdir. Frankfurter Oper u. Künstl. Leit. Frankf. Mus.konz.; 1975-82 Chefdirig. Symph.orch. Berlin; 1977-85 Dirig. Dt. Oper Berlin - 1959 Ehrendoktor Univ. of Portland; 1976 Berliner Kritikerpreis - Liebh.: Bridge - Spr.: Franz., Deutsch, Ital.

BLOSS, Georg

Oberamtsrat, Vors. Bund Dt. Verwaltungsbeamten u. Verb. Bayer. Staatsverw.beamter, stv. Vors. Bayer. Beamtenbd., Mitgl. Bayer. Senat - Rossinistr. 3, 8000 München 40 - Geb. 4. Nov. 1918 Nürnberg - Tätigk. Bayer. Innenmin. - 1981 Bayer. VO.

BLOSSER-REISEN, Lore

Dr. agr., Prof. f. Wirtschaftslehre d. Haushalts Univ. Hohenheim - Schloß, 7000 Stuttgart 70.

BLOTH, Peter C.

Dr. theol., o. Prof. f. Prakt. Theologie - Troppauer Str. 6A, 1000 Berlin 45 (T. 030 - 812 10 54) - Geb. 11. Juni 1931 Verchen/Pom. (Vater: Prof. Dr. phil. Hugo G. B.; Mutter: Elisabeth, geb. Niemann), ev., verh. s. 1960 m. Christa, geb. Kuntz; 2 Kd. (Christian, Annette) - Promot. 1960 Münster; Habil. 1967 Bochum - Pfarrer Bochum; s. 1967 Lehrtätigk. Univ. Bochum (Priv.doz., 1970 apl. Prof.) u. Kirchl. Hochsch. Berlin (1971 Ord.); s. 1974 Mitgl. Synode EKBB (Berlin West), 1976-86 EKU (West) u. s. 1979 EKD - BV: D. Bremer Reformpäd. im Streit um d. Religionsunterr., 1961; Religion in d. Schulen Preußens, 1968; Prakt. Theol., in: UTB 1238, 1983. Herausg.: Christenl. u. Katechumenat in d. DDR (1975); Theol. Viat. XIV, 1979; Mithrsg.: Mutuum Colloquium, Festg. f. H. Kittel (1972), Theol. Rundschau (NF) s. 1978, Handbuch d. Prakt. Theologie (1981ff.) - 1975 Ehren-, 1985 Rechtsritter, s. 1988 Leit. d. Subkommende Berlin d. Johanniter-Ord. - Spr.: Engl., Schwed.

BLUCK, Richard

Dipl.-Kfm, Geschäftsführer Bad. Maschinenfabrik GmbH., Karlsruhe-Durlach - Geigersbergstr. Nr. 27, 7500 Karlsruhe-Durlach - Geb. 14. Dez. 1911 Karlsruhe, verh. m. Sigrid, geb. Baumüller - Handels- u. Landesarbeitsrichter.

BLUDAU-KREBS, Barbara

Dr. jur., Staatsrätin d. Innenbehörde in Hamburg (s. 1987) - Feldbrunnenstr. 30, 2000 Hamburg 13 - Geb. 28. Juni 1946 Herne/Westf., kath., verh. s. 1979 m. Hartmut Krebs, S. Bernhard - Stud. Rechtswiss. 1965-70 Göttingen, München, Köln u. Bonn; Promot. 1974 Univ. Bonn - S. 1986 Ständ. Vertr. d. Polizeipräs. in Köln. Bundesvorst.-Mitgl. FDP.

BLÜHER, Karl Alfred

Dr. phil., o. Prof. f. Romanistik Univ. Kiel (s. 1970), Vors. Dt.-Franz. Ges. Schlesw.-Holst. ebd. - 2301 Schierensee - Geb. 24. Juni 1927 Halle/S. - Promot. 1959; Habil. 1967 - BV: u. a. D. franz. Novelle, 1975.

BLÜHM, Elger

Dr. phil., Prof. Univ. Bremen, Leiter Dt. Presseforschung Univ. Bremen (1967-85) - Fitgerstr. 3, 2800 Bremen 1 (T. 0421 - 349 97 33) - Geb. 15. Aug. 1923 Ilfeld/Südharz, ev., verh. - 1983 Honorarprof. Bremen.

BLÜM, Norbert

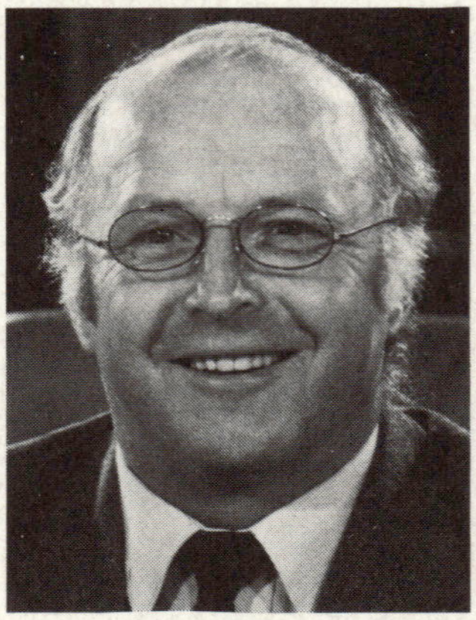

Dr. phil., Bundesminister f. Arbeit u. Sozialordnung (s. Okt. 1982), MdB - Rochusstr. 1, 5300 Bonn-Duisdorf (T. 5 27-1) - Geb. 21. Juli 1935 Rüsselsheim/M. (Vater: Christian B., Kraftfahrzeugschlosser; Mutter: Margarete, geb. Beck), kath., verh. s. 1964 m. Marita, geb. Binger, 3 Kd. (Christian, Katrin, Annette) - Volkssch.; Werkzeugmacherlehre; Abendgymn.; Stud. Phil., German., Theol. Promot. 1967 - Werkzeugm. Opel AG. (1952-1956 Vors. Betriebsjugendvertr.); 1965-68 Redakt. Soz. Ordnung. 1968-75 Hauptgeschäftsf. Sozialausschüsse d. Christl.-Demokr. Arbeitnehmersch.; 1981-82 Senator f. Bundesangel. Berlin. CDU s. 1950 (s. 1969 Mitgl. Bundesvorst., s. 1981 stv. Parteivors.; 1977-87 Bundesvors. Sozialaussch. Christl. Demokr. Arbeitnehmersch.); s. 1987 Landesvors. CDU NRW; Mitgl. KAG, ai u. IG Metall - BV: Johannes Albers, in: Christl. Demokraten d. ersten Stunde, 1965; Willens- u. Soziallehre bei Ferdinand Tönnies, 1967; Reform oder Reaktion - Wohin geht d. CDU, 1972; Gewerkschaften zw. Allmacht u. Ohnmacht, 1979; Werkstücke, 1980; D. Arbeit geht weiter - Z. Krise d. Erwerbsges., 1983 - 1983

Bundeskreuz Kath. Männer; 1984 Gold. Ehrennadel Bundesverb. Metall u. Pfeifenraucher d.J.; 1985 Ritter Orden wider d. tier. Ernst Aachener Karnevalsverein; 1987 Karl-Valentin-Orden - Liebh.: Literatur, Wandern.

BLÜM, Volker

Dr. phil. nat., Zoologe, Prof. f. Zool. Univ. Bochum, Fak. f. Biol., Arbeitsgem. vergl. Endokrinologie - Leithmannswiese 10a, 4630 Bochum-Stiepel - Geb. 20. Mai 1937 Eschwege (Vater: Hans B., Regierungsoberbaurat; Mutter: Änne, geb. Meyer), ev., verh. s. 1965 m. Heide-Maria, geb. Lang, 2 S. (Mathias, Tobias) - Gymn. Michelstadt; 1957-61 TH Darmstadt (Chemie), 1961-63 (Biol.) u. 1963-65 Frankfurt/M. Promot. 1965 Frankfurt; Habil. 1970 Bochum - S. 1968 Univ. Bochum (1973 apl. Prof., 1980 Prof.) - BV: Vergl. Reproduktionsbiol. d. Wirbeltiere, 1985; Vertebrale Reproduction, 1986. Zahlr. Facharb. (Vergl. Endokrinol. u. Reproduktionsbiol. nied. Wirbeltiere) - Spr.: Engl., Franz.

BLÜMCHEN, Gerhard

Dr. med. (habil.), Chefarzt (Internist u. Kardiologe), apl. Prof. f. Innere Medizin Univ. Freiburg/Br. (s. 1976) - Klinik Roderbirken d. LVA Rheinprovinz, 5653 Leichlingen/Rhld.

BLÜMCKE, Sigurd

Dr. med., o. Prof. f. Allg. u. Spez. Pathologie u. gf. Dir. Inst. f. Pathol./FU Berlin - Ahrenshooper Zeile 8, 1000 Berlin 38 - Zul. Wiss. Rat u. Prof. Essen.

BLÜMEL, Willi

Dr. jur., Univ.-Prof. f. öfftl. Recht, insb. allg. u. bes. Verwaltungsrecht Hochschule f. Verwaltungswiss. Speyer (s. 1974) - Angelhofweg 65, 6916 Wilhelmsfeld (T. 06220 - 18 80) - Geb. 6. Jan. 1929 Dossenheim (Vater: Willi B., Schriftsetzer; Mutter: Anna, geb. Krieger), ev., verh. s. 1957 m. Lily, geb. Schröder - 1948-53 Univ. Heidelberg u. Cornell Univ. Ithaca/N. Y. (USA). Jurist. Staatsprüf. 1953 u. 1957; Promot. 1961; Habil. 1967 Univ. Heidelberg - 1957-67 Wiss. Assist., 1967-69 Privatdoz. Univ. Heidelberg (1960-61 Assist. Verfassungsgericht Rep. Zypern/Prof. Ernst Forsthoff); 1969-70 o. Prof. FU Berlin; 1970-74 Univ. Bielefeld. Leit. d. Arb.aussch. „Straßenrecht" d. Forschungsges. f. Straßen-u. Verkehrswesen (s. 1976); Rektor d. Hochschule f. Verwaltungswiss. Speyer (1985-87); gf. Dir. d. Forsch.inst. f. öfftl. Verw. Hochschule f. Verwaltungswiss. Speyer (s. 1988) - BV: D. Bauplanfeststell. I, 1961; Raumordnungs- u. Fachplanungsrecht, 1970 (m. Ernst Forsthoff); D. Planfeststellung in d. Flurbereinigung, 1975 (m. M. Ronellenfitsch); D. verfassungsrechtl. Verhältn. v. Gemeinden u. Landkr., 1979; D. Selbstgestaltungsrecht d. Städte u. Gemeinden, 1987; Struktur u. Aufg. d. Hochschule f. Verwaltungswiss. Speyer, 1987. Herausg.: Aktuelle Probleme d. Straßenrechts (1977); Straße u. Umwelt (1979); E. Vierteljahrhundert Straßenrechtsgesetzgebung (1980, m. R. Bartlsperger, H.-W. Schroeter); Frühzeit. Bürgerbeteiligung b. Planungen (1982); Aktuelle Probl. d. Enteignungsrechts (1982); D. Vereinheitlichung d. Verwaltungsverfahrensrechts (1984); Verwaltungs-Archiv (s. 1983); Teilbarkeit v. Planungsentscheidungen (1984); Aktuelle Probl. d. Planfeststellungsrechts (1986); Planfeststellung u. Flurbereinigung, Umweltverträglichkeitsprüfung (1987); Verwaltung im Rechtsstaat, Festschr. f. Carl Hermann Ule z. 80. Geb. (1987, m. D. Merten, H. Quaritsch); Bedarfsplanung-Planfeststellung-Immissionsschutz, 1988 - Spr.: Engl.

BLÜMEL, Wolf Dieter

Dr. rer. nat., Dipl.-Geogr., o. Prof. f. Phys. Geographie u. Dir. d. Geogr. Inst. Univ. Stuttgart - Silcherstr. 9, 7000 Stuttgart 1 (T. 0711 - 121 37 60; priv.: Oppelner Str. 5, 7500 Karlsruhe 1 (T. 0721 - 68 19 79) - Geb. 12. Mai 1943 Langenbielau (Vater: Waldemar B., Berufssoldat; Mutter: Else, geb. Janeceek), kath., verh. s. 1969 m. Ursula, geb. Wagner, T. Silke - Abit. 1963 Ibbenbüren; 1963-69 Stud. Geogr., Geol., Volksw., Vor- u. Frühgesch. Univ. Münster u. Würzburg; Dipl. 1969, Promot. 1972, Habil. 1980 Karlsruhe - 1969-73 Wiss. Assist. Geogr. Inst. Karlsruhe; 1973-81 Akad. Rat; s. 1981 Prof. f. Phys. Geogr. in Karlsruhe, 1987 Lehrstuhl f. Phys. Geogr. Univ. Stuttgart - BV: Madeira - Demographie, Sozialstruktur u. wirtsch. Situation e. überbevölk. Insel, 1973; Pedol. u. geomorphol. Aspekte d. Kalkkrustenbild. in Südwestafrika u. Südostspanien, 1981 - Liebh.: Vor- u. Frühgesch., Archäol. - Spr.: Engl., Franz.

BLÜMLE, Gerold

Dr. rer. pol., Prof., Lehrstuhlinh. f. Theoret. Volkswirtschaftslehre - Schwarzwaldstr. 56, 7860 Schopfheim - Geb. 30. Jan. 1937 Lörrach/Baden (Vater: Erich B., Oberstudiendir., Mutter: Hildegard, geb. Zink), röm.kath., verh. s. 1963 m. Roswitha, geb. Eble, 2 Töcht. (Heidegun, Almuth) - 1. Staatsex. Chemie, Math., Physik 1961 Freiburg; 2. Staatsex. f. d. Lehramt an höh. Schulen 1963 Freiburg, Promot. Dr. rer. pol. 1967 Basel; Habil. 1971 ebd. - S. 1973 Ord. Univ. Freiburg. Fachveröff. u. a. Theorie d. Einkommensverteil., 1975; Grundl. d. Makroökonomik, 1977; Wirtschaftskreisl., Beschäftig. u. Inflation, 1979; Außenwirtschaftstheorie, 1982; Grundzüge d. Makroökonomie, 1988. Herausg.: Fortschritt u. Schöpfungsglaube od. Die Machbarkeit d. Glücks (1984) - 1988 Regio-Preis f. Wirtschaft.

BLÜMLEIN, Hermann

Dr. med., Prof., Chefarzt Hals-Nasen-Ohrenklinik Städt. Krankenanstalten - Bergmannstr. 1, 6700 Ludwigshafen/Rh. - Geb. 18. Juni 1920 Coburg (Vater: August B.), verh. m. Emmi, geb. Florschütz - S. 1955 (Habil.) Privatdoz. u. apl. Prof. (1961) Univ. Erlangen bzw. - Nürnberg (HNOheilkd.). Fachveröff. - 1961 Dr.-Gebhard-Preis.

BLÜMMERS, G.

Geschäftsführer Meyer, Roth & Pastor Maschinenfabrik GmbH. - Raderberger Str. 202, 5000 Köln 51 - Geb. 9. Aug. 1938.

BLÜMMERS, Heinz

Dr. rer. pol., Vorstandsvorsitzender Heinrich Industrie- u. Handels AG, Essen-Steele, Vors. d. Geschäftsfg. Wickmann-Werke GmbH, Witten - Priembergweg 39, 4300 Essen-Kupferdreh - Geb. 2. Febr. 1929 - Zul. Vorstandsmitgl. Heinrich Bergbau AG, Essen-Kupferdreh - Rotarier.

BLUHM, Gerhard

Dr., Erster Direktor, Geschäftsf. Landesversicherungsanstalt Schlesw.-Holst. - Kronsforder Allee 2-6, 2400 Lübeck 1.

BLUHM, Hans

Chefredakteur im Axel Springer Verlag AG - Postfach 566, 2000 Hamburg 36 (T. 347 39 27) - Geb. 2. Juli 1922 Wittenberge/Prignitz - S. 1947 Hamburger Echo, Hbg. Morgenpost (1949), Bild am Sonntag (1960), HÖR ZU (1965-74) - S. 1976 Spezialzeitschr.

BLUHM, Hans-Dieter

Pfarrer, Direktor, Leit. Berliner Stelle Diakon. Werk d. Ev. Kirche in Dtschl. (s. 1976) - Altensteinstr. 51, 1000 Berlin 33; priv.: Liebfrauenweg Nr. 26, -27 - Geb. 17. Sept. 1928 Dörna, ev., verh. s. 1954 m. Helga, geb. Rinke, 5 Kd. (Hella, Hans-Peter, Ursula, Carola, Andreas).

BLUM, Albert

Ing., Vorstandsmitglied ABS Pumpen AG - Scheiderhöhe, Postf. 12 20, 5204 Lohmar 1 (T. 02246 - 13-0) - Geb. 19. Aug. 1930 Siegburg, kath., verh. s. 1956 m. Marianne, geb. Bonn, 2 Kd. (Petra, Klaus) - Staatl. Ing.-Schule Köln - Firmengründ. Div. Mitgliedsch. (VDI, VDMA, ATV, AGV). Techn. Entw. (Patente im Bereich Pumpen- u. Motorenbau) - BVK am Bde.; 1988 Diesel-Med. in Gold - Liebh.: Fliegerei, Musik - Spr.: Engl.

BLUM, Bruno

Physiotherapeut, Berufsfachschullehrer, Präs. Verb. f. Physikal. Therapie-Bundesvereinig. f. Masseure, med. Bademeister, Krankengymnasten (1975ff.) u. a. - Leopoldstr. 41, 8000 München 40 - Geb. 9. Okt. 1939 Eigenheim, ev., verh. s. 1964, 3 Kd. - Ausb.: Elektrotechnik, Physikal. Therapie, Sportphysiother. - BV (Mitverf.): Prakt. Physiother. - Hand u. Fuß, 1982; D. Betreuungssyst., 1982; Stretching: Bessere Leistungen in allen Sportarten, 1985; I. Intern. Kongreß d. Sportphysiotherapie, 1986 - Liebh.: Lit., Musik, Sport.

BLUM, Eberhard

Präsident Bundesnachrichtendienst (1982-85, i.R.) - Truschenhof, 8601 Untermerzbach - Geb. 28. Juli 1919 Kiel (Vater: Korvettenkapt.) - N. Kriegsende Stud. Rechtswiss. (nicht beendet) - 1937-45 Berufssoldat (zul. Rittm.); s. 1947 Tätigk. Org. Gehlen bzw. BND (b. 1970 Leit. Zentralabt., dann Chef Residentur Washington).

BLUM, Georg

Kaufmann (J. M. Blum, Holzgroßhandlung, Nürnberg) - Brombeerweg 2, 8500 Nürnberg - Geb. 16. Aug. 1903 Fürth/B. - Ehrenvors. Vereinig. d. Holzhandelsverb. u. a.

BLUM, Günter

I. Bürgermeister (s. 1976) - Rathaus, Altenstadt/Schw. - Geb. 21. Dez. 1941 Altenstadt - Zul. Verwaltungsangest. CSU.

BLUM, Jürgen

Kanzler d. Univ. Stuttgart - Keplerstr. 7, 7000 Stuttgart 1.

BLUM, Klaus-Uwe

Dr. med., Prof., Chefarzt (innere Abteilung) - Allg. Krankenhaus, 4060 Viersen/Rhld. - Geb. 15. Mai 1927 Hamburg - Promot. 1954 - S. 1964 (Habil.) Lehrtätigk. FU Berlin, Univ. Marburg (1967 Doz.) u. Freiburg/Br. (1970 apl. Prof.).

BLUM, Peter Walter

Dr., Prof. f. Astronomie u. Extraterrestrische Physik Univ. Bonn (apl.; s. 1975, Prof. s. 1980) - Europaring 145, 5300 Bonn 1 - Geb. 23. Juni 1924 München - Üb. 50 Veröff. auf d. Gebiet d. Atmosphärenphysik u. d. Physik d. interplanetaren Raums.

BLUM, Reinhard

Dr. sc. pol., o. Prof. f. Volkswirtschaftl. Univ. Augsburg (s. 1971) - Spitzmahdstr. 41, 8900 Augsburg 28 (T. 9 29 29) - Geb. 22. Sept. 1933 Gnewin/Pom. (Vater: Walter B., Landw.; Mutter: Luise, geb. Sengstock), ev. - Stud. Univ. Köln, Kiel; Promot. 1960 Kiel; 1961-63 Bundeswirtschaftsmin., Bonn. Nach Habil. (1968) Doz. u. Prof. Münster, s. 1971 Prof. Univ. Augsburg, Dir. Inst. f. Volkswirtsch.lehre; 1987 Vizepräs. Univ. Augsburg. Arbeitsgeb.: Ordnungs-, Wettbewerbs- u. Entwicklungspolitik, Industrielle Org. - BV: Soziale Marktwirtschaft, 1969; Entwicklungsprobleme mittelständ. Unternehmen, Berlin 1981; Organisationsprinzipien d. Volksw. - Neue mikroökonom. Grundl. f. d. Marktw., 1984; Aktuelle Probl. d. Marktwirtsch. in gesamt- u. einzelwirtsch. Sicht (Hrsg. m. M Steiner) 1984 - Spr.: Engl.

BLUM, Werner

Dr. rer. nat., Prof. f. Mathematik - Wegmannstr. 1, 3500 Kassel - Geb. 30. Mai 1945 Pforzheim - Promot. 1970 - S. 1972 Lehrtätigk. GH Kassel Univ.

BLUM, Winfried E. H.

Dr. rer. nat., Dipl.-Forstw., Prof. f. Bodenkunde, Univ. f. Bodenkultur Wien (s. 1979) - Gregor-Mendel-Str. 33, A-1180 Wien - Geb. 15. Juni 1941 Freiburg - Promot. (1968) u. Habil. (1972) Freiburg - S. 1976 Prof. f. Bodenkunde (Forstw.-Fak.) Univ. Freiburg, 1975-79 Prof. Univ. Curitiba (Brasil.). Zahlr. Fachveröff.

BLUMBACH, Wolfgang

Dr. phil., M.A., Prof. f. Englisch u. Französisch - Johannes-Kirschweng-Str. 11, 6653 Blieskastel 6 (T. 06842 - 62 93) - Geb. 27. Mai 1943 Troisdorf/Sieg (Vater: Fritz B., Oberstudienrat; Mutter: Käte, geb. Heinrich), ev., verh. s. 1968 m. Heide, geb. Brepohl, 2 Kd. (Silke, Antje) - Gymn. Waldbröl (Abit. 1962), 1962-64 Univ. Münster, 1964-68 Gießen, 1968-76 Göttingen (Engl., Franz., Span.); M.A. Gießen 1968, Promot. Göttingen 1974 - 1968-76 Wiss. Assist. Sem. f. Engl. Philol. Univ. Göttingen, 1976 Studienrefer. Göttingen, 1976ff. Doz. (ab 1978 Prof.) f. Engl., Franz., (Fachber. Betriebswirt.) FHS Saarbrücken; Studienleit. Sprachen Deutsch-Franz. Hochschulinst. (s. 1978), Vorst.-Mitgl. b. versch. Vereinig. (s. 1981), Auslandsbeauftr. d. FHS (s. 1985) - BV: Studien z. Spirantisierung u. Entspirantisierung altengl. Konsonanten (Diss.) 1974; Rezensionen - Liebh.: Politik, Europ. Lit., Klass. Musik, Klavierspiel, Wandern - Spr.: Engl., Franz., Span.

BLUME, Fred

Hotelier, Präs. Hotel- u. Gaststättenverb. Hessen, Wiesbaden, Vorst. Dt. Hotel- u. Gaststättenverb., Bonn u. a., Präsidialmitgl. Vereinig. Hess. Arbeitgeber- u. Wirtschaftsverb., Frankfurt; AR-Mand. - Hotel am Kurhaus, 6350 Bad Nauheim - Geb. 25. Nov. 1920.

BLUME, Fritz

Dr. jur., Gesellschafter u. Beiratsmitgl. Ostfriesen-Zeitung GmbH, Leer, Geschäftsf. u. Gesellsch. C. L. Mettcker & Söhne GmbH, Jever/Wittmund/Esens/Wiesmoor, Präses Verein d. Getreuen zu Jever u. a. - Mooshütter Weg 7, 2942 Jever/O. (T. 04461 - 28 78) - Geb. 17. Febr. 1928 Rathenow/H. (Vater: Dr. jur. utr. Fritz B., Zeitungsverleger (s. XVIII. Ausg.); M.: Elisabeth, Wenckebach), ev., verh. m. Elfriede, geb. Meyer - N. Lehrmeisterprüf. als Schrifts. (1950). Jura-Stud. Göttingen; Staatsex. 1954; Promot. 1955 - BV: D. Status Jerusalems, 1955; D. Gesch. d. Verb. Nordwestd. Zeitungsverleger, 1980 - Liebh.: Fotogr. - Spr.: Engl. - Rotarier (1981/82 Clubpräs. Wittmund-Esens).

BLUME, Hans-Peter

Dr. agr., Dipl.-Landw., o. Prof. Univ. Kiel (s. 1982) - Hansastr. 84, 2300 Kiel (T. 8 30 71) - Geb. 18. April 1933 Magdeburg (Vater: Werner B., Beamter; Mutter: Herta, geb. Schwarz), ev., verh. s. 1960 m. Gisela, geb. Beeskow, 4 Kd. (Jürgen, Ingrid, Barbara, Dorlis) - Stud. d. Agrarwiss. u. Chemie; Promot. 1960 Kiel - Nach Habil. (1968) Doz. Univ. Hohenheim, 1971-82 o. Prof. f. Bodenkunde an d. Techn. Univ. Berlin - BV: Bodenkundl. Praktikum, 1966 (m. E. Schlichting); Stauwasserböden, 1968; Typische Böden Berlins, 1981. Üb. 120 Fachveröff. Mithrsg.: Scheffer/Schachtschabel, Lehrb. d. Bodenkd. (seit 9. A.) - 1961 Liebig-Ausl.sstip. d. Kurat. Justus-v.-Liebig-Preis; 1962 Rektoratspreis Univ. Kiel - Spr.: Engl.

BLUME, Helmut

Dr. rer. nat., Hon. D. Sc. (Durham), Prof. f. Physische Geographie - Wolfgang-Stock-Str. 19, 7400 Tübingen (T. 6 32 89) - Geb. 18. März 1920 Köln, verh. s. 1948 m. Ilse, geb. Unger - Promot. 1941 Leipzig, Habil. 1948 Marburg, apl. Prof. 1954 Kiel, o. Prof. 1963 Tübingen, emerit. 1985. Spez.geb. Geomorphologie, Agrargeogr., Reg.Geogr. bes. Nordamerika, Antillen, Vord. Orient - BV: Div. Veröff., dar.: Probleme d. Schichtstufenlandschaft, 1971; D. Westind. Inseln (2. A. 1973; engl. Übers. 1973, 2. A. 1976); USA, Landeskd., Bd. I 1975 (3. A. 1987); Bd. II 1979; Geography of Sugar Cane, 1985. Herausg.: Ländermonogr. Saudi-Arabien (1976) - Lit.: H. B. z. 60. Geb. Festschrift (H. K. Barth u. H. Wilhelmy, Hg.): Trockengebiete, 1980.

BLUME, Herbert

Geschäftsf., MdA Berlin (s. 1975) - Heerstr. 24/26, 1000 Berlin 19 - Geb. 17. Febr. 1930 Arholzen - SPD.

BLUME, Horst-Dieter

Dr. phil., Prof., Klass. Philologe - Metzer Str. 14, 4400 Münster/W. - Geb. 22. April 1935 Göttingen, ev., verh. s. 1972 m. Barbara, geb. Beckmann, 2 Kd. - Promot. 1961 Göttingen; Habil. 1972 Münster; apl. Prof. (1976), Prof. (1980) Univ. Münster - BV: Menanders 'Samia' - E. Interpretation, 1974; Einf. in d. antike Theaterwesen, 1978, 2. A. 1984 (griech. 1986).

BLUME, Jürgen

Dr. phil., Prof. f. Tonsatz Musikhochsch. Frankfurt, Komponist u. Dirig. - Fechenheimer Str. 20, 6050 Offenbach (T. 069 - 86 21 99) - Geb. 10. Dez. 1946 Jena, ev., verh. s. 1972 m. Leonore, geb. Kratz, Konzertsängerin, 3 Kd. (Claudius, Corinna, Clarissa) - 1966-72 Musikhochsch. u. Univ. Frankfurt (Schulmusik, Musikwiss., Chordirig., Lat., Phil.); 1. u. 2. Staatsex. 1972/73; künstl. Reifeprüf. (Dirig.) u. B-Kirchenmusiker-Prüf. 1972 - S. 1962 Kirchenmusiker; 1973-76 Studienrat Offenbach; s. 1976 Doz., 1979 Prof. Musikhochsch. Frankfurt; s. 1974 Mitgl. hess. Lehrplankommiss. Musik; s. 1975 Leit. Jugendchor Hess. Rundf. - BV: Unterrichtsmaterialien Musik, 1980; Musik im Leben II (Neubearb.), 1987; Gesch. d. mehrstimmigen Stabat-mater-Vertonungen, 1989; zahlr. Fachbeitr. u. Schulfunksend. - Musikwerke: Media in vita, geistl. Konzert, 1982; Sommertage f. Chor u. Klav., 1983; Credo f. Soli, Chor u. Orch., 1983; Lieder, Motetten, Kantaten - Spr.: Lat., Griech., Engl.

BLUME, Rüdiger

Dr. rer. nat., Prof. f. Chemie u. Didaktik d. Chemie Univ. Bielefeld, Fak. f. Chemie, (ehem. Mitgl. Päd. Hochschule Westf.-Lippe, Abt. Bielefeld) - Tümmlerweg 5, 4800 Bielefeld 16.

BLUME, Siegfried

Dr. phil., o. Prof. f. Theoret. Elektrotechnik Univ. Bochum (s. 1976) - Weidengrund 19, 4630 Bochum 1.

BLUME, Walter

Landwirt, Präs. a.D. Landwirtschaftskammer Hannover (b. 1982) - 3201 Heisede b. Hildesheim - Geb. 30. Sept. 1913 - AR-Mitgl. Zuckerfabrik Rethen AG., Rethen.

BLUME, Willi

Ratsherr u. Ehrenbürger der Stadt Salzgitter, vorm. Oberbürgermeister von 1968-81 - Am Saldergraben 61, 3320 Salzgitter (T. 4 48 79; Rathaus: 4 02-1) - Geb. 9. Juli 1913 - Zul. Rektor. SPD - BVK am Bde u. I. Kl.

BLUMENBERG, Franz-Jürgen

Ministerialdirigent Nieders. Finanzmin. a. D., Staatsbankdirektor i. R. - Wiener Str. 26, 3000 Hannover - Geb. 29. Juni 1909 Hannover - Stud. Rechtswiss. Gr. jurist. Staatsprüf.

BLUMENBERG, Hans

Dr. phil. (habil.), Dr. phil. h. c., o. Prof. f. Philosophie (s. 1970) - Grüner Weg 30, 4401 Altenberge - Geb. 13. Juli 1920 Lübeck (Vater: Carl B., Kaufm.; Mutter: geb. Schreier), verh. s. 1944 m. Ursula, geb. Heinck - S. 1950 Lehrtätigk. Univ. Kiel, Hamburg (1958 ao. Prof.), Gießen (1960 o. Prof.), Bochum (1965), Münster (1970) - BV: Paradigmen zu e. Metaphorologie, 1960; Kopernikus im Selbstverständnis d. Neuzeit, 1964; D. kopernikan. Wende, 1965; D. Legitimität d. Neuzeit, 1967; D. Genesis d. kopernikanischen Welt, 1975; Arbeit am Mythos, 1979; Schiffbruch m. Zuschauer, 1979; D. Lesbarkeit d. Welt, 1981 - 1982 Ehrendoktor Univ. Gießen; 1963 o. Mitgl. Akad. d. Wiss. u. d. Lit. Mainz, 1974 Kuno Fischer-Preis Univ. Heidelberg, 1980 Sigmund Freud-Preis Dt. Akad. f. Sprache u. Dichtung.

BLUMENFELD, Erik

Kaufmann, Inh. Blumenfeld & Co., Hamburg, Mitgl. Europ. Parlament (s. 1973) - Blumenstr. 5, 2000 Hamburg 60 (T. Büro: 30 29 02-63) - Geb. 27. März 1915 Hamburg (Vater: Ernst B., Kaufm.; Mutter: Ebba, geb. Möller), ev. - Internatssch. Salem (Abitur); 1933-35 Ausbild. Engl.; 1935-39 TH Berlin - 1939-41 Wehrdst.; 1942-45 KZ Auschwitz u. Buchenwald; 1945 Übern. Leitg. väterl. Betriebe. 1945-53 Präsidialmitgl. Handelskammer Hamburg. 1946-55 Mitgl. Hbg. Bürgerschaft (1949-55 Fraktionsvors.), Mitgl. Bundestag 1961-80. CDU s. 1946 (1958-66 Landesvors. Hamburg) - Liebh.: Golf, Bücher, Kunst - Spr.: Engl., Franz., Dän., Schwed.

BLUMENSTEIN, Gerold

Ministerialdirigent, Leit. Steuerabt. Nieders. Finanzmin. (s. 1971) - Am Schiffgraben 10, 3000 Hannover.

BLUMENSTIEL, Georg

Bautechniker, MdL Hessen (s. 1978) - Felsenweg 5, 6420 Lauterbach - Geb. 19. Febr. 1928 Lauterbach - Volkssch.; Lehre Hess. Wasserwirtschaftsverw.; Weiterbild. Tiefbau Darmstädter Studiengemeinsch. - N. Kriegsdst. Bautechn. 1960 ff. MdK (1964 Vors.). SPD s. 1956 (Ortsvors. Lauterbach).

BLUMENTHAL, Ekkehard

Dr. phil., Dipl.-Sportl., Prof. f. Leibeserziehung u. Sportpäd. PH Lörrach (gegenw. Rektor) - Bettinger Str. 33, 7889 Grenzach-Wyhlen.

BLUMENWITZ, Dieter

Dr. iur., Prof. f. Völkerrecht, allg. Staatslehre, dt. u. Bayer. Staatsrecht u. polit. Wiss. Univ. Würzburg - Domerschulstr. 16, 8700 Würzburg (T. 3 13 08) - Geb. 11. Juli 1939 Regensburg, ev., verh. s. 1967 m. Anne-Birgit, geb. Friese, 1 T. - BV: D. Grundlagen e. Friedensvertrages m. Dtschl., 1966; Einf. in d. angloamerikan. Recht, 2. A. 1976; Feindstaatenklauseln, 1972; D. Schutz innerstaatl. Rechtsgemeinschaften b. Abschluß völkerrechtl. Verträge, 1972; D. Staatsangehörigk.srecht d. Vereinigten St. v. Nordamerika, 1975; D. Erricht. Ständiger Vertretungen im Lichte d. Staats- u. Völkerrechts, 1975; Flucht u. Vertreibung, 1987; Was ist Deutschland, 3. A. 1989; Einf. in d. angloamerik. Recht, 3. A. 1989. Herausg.: Schriftenreihe z. Staats- u. Völkerrecht. Wiss. Mitarb.: Bonner Kommentar z. GG (1976ff.), Staudingers K. z. BGB (1976ff.), Handb. d. Vereinten Nationen (1977). Mithrsg.: Konrad Adenauer u. s. Zeit (2 Bde. 1976).

BLUMHAGEN, Lothar

Schauspieler - Seebergsteig 16, 1000 Berlin 33 (T. 030 - 825 88 95) - Geb. 16. Juli 1927 Leipzig (Vater: Hans B.; Mutter: Hedwig, geb. Bielski), ev.-luth., verh. s. 1955 m. Ingeborg, geb. Loy, Sohn Conrad - Schauspielsch. Smolny-Heerdt u. Musikhochsch. Leipzig - S. 1956 Mitgl. Schiller- u. Schloßpark-Theater Berlin - 1970 Berliner Staatsschauspieler.

BLUNCK, Hildegard

Schriftstellerin - Bülowstr. 19, 2300 Kiel 1 - Geb. 25. Nov. 1917 Mirow - Stud. Deutsch, Gesch. - Vortragstätigk. an Volkshochsch. u.a. - BV: Im Wohnwagen durch Italien, 1957; Marco Polo, 3. A. 1978 (übers. Engl. 1966, Ital. 1970/82); Suche d. Raben, Ged. 1979 - 1973 Ehrengabe Stadt Braunschweig - Spr.: Tschech., Engl., Lat., Franz.

BLUNCK, Jürgen

Dr. phil., Oberbibliotheksrat, Schriftst. - Düppelstr. 85, 2300 Kiel (T. 0431 - 80 27 05) - Geb. 28. Febr. 1935, kath., verh. s. 1985 m. Zofia, geb. Przewozna, 1 T. - Promot. Kiel 1961 - 1961-63 Wiss. Assist. Hist. Sem. Kiel; s. 1963 Wiss. Bibliothekar. Vorstandsmitgl. Dt.-Japan. Ges. Schlesw.-Holst., Ges. z. Förd. d. Werkes v. H. F. Blunck - BV: D. Kölner Ztg. u. Ztschr. vor 1814, 1966; Bibliogr. Hans Friedrich Blunck, 1981; Mars and Its Satellites, 1977, 2. A. 1982; Gesch. d. Alsterschiffahrt, 1985; Götter in Planeten u. Monden, 1987. Herausg.: Beseelte brüderl. Welt (1988) - Liebh.: Binnenschiffahrt, Gesch. d. Naturwiss. - Bek. Vorf.: Barthold B., Schriftst. (Vater).

BLUNCK, Otto

Dr. rer. nat., Dipl.-Phys., Ehrenvorsitzender ZVEI Landesst. Hamburg - Trelleborgallee 2/1802, 2400 Lübeck-Travemünde (T. 04502 - 7 16 73) - Geb. 20. April 1918 - Stud. Physik (Dr. rer. nat.) - Silb. Dieselmed.

BLUNK, Günter

Dr.-Ing., Prof., Geschäftsführer Forschungsgemeinschaft Eisenhüttenschlacken, Duisburg-Rheinhausen - Bliersheimer Str. 62, 4100 Duisburg 14 (T. 4 70 86) - N. Stud. Grün & Bilfinger AG, Mannheim (u. a. Leit. Abt. Baustoffe u. -stoffprüf.). S. 1968 Honorarprof. f. Baustoffkd. Univ. Karlsruhe. Zahlr. Fachveröff.

BLUTH, Manfred

Maler u. Graphiker, Prof. f. Freie Malerei GH Kassel - Halberstädter Str. 2, 1000 Berlin 31 - Geb. 30. Juli 1926 Berlin (Vater: Richard B., Kaufm.; Mutter: Eva, geb. Schulze), ev., verh. I) s. 1953 m. Ruth, geb. Krause † 1972, II) s. 1975 m. Hannelore, geb. Nickel, 2 Kd. - Gymn. Berlin; Kunstakad. Berlin u. München - 1953-68 Ausstellungsleit. Amerikahaus Berlin. Bilder d. romant.-realist. Richtung. Graphik - Illustr. zu Moby Dick, Tote Seelen, u. a. - BV: Weltbild u. Bilderwelt, 1986 - 1955 Berliner Kunstpreis, 1970 v. Faber-Castell-Kunstpreis.

BOAS, Horst

Schriftsteller, Chemiearb. - Heinr.-Heine-Str. 14, 6700 Ludwigshafen (T. 56 66 21) - Geb. 16. Dez. 1928 Dessau (Anhalt), verh. s. 1963 m. Barbara, geb. Beimel, S. Michael-Alex. - BV: Krim.-R. u. Erz. 1961-85: D. Botschaft, Spuren im Gras, Stadtpark 22.15, D. verhängnisv. Faser, D. Tote am Mühlenwehr, D. Mörder kam a. d. Toten Mann, Verbrechen zu Zweit, Visa f. d. Tod, Damentausch, D. Fluchtexperte, Steig aus, wenn du kannst, D. Verräterspiel, Westbesuch, Unser Mann in Heidelberg - 1980 Jerry-Cotton-Preis d. Bastei-Verlages.

BOBBERT, Gisbert

Dr.-Ing., Dipl.-Ing., Prof., Physiker, Berater d. Geschäftsfg. Triangeler Dämmstoffwerk - Evangelienberg 8, 3320 Salzgitter-Lichtenberg - Geb. 17. Jan. 1918 Magdeburg (Vater: Dipl.-Landw. Wilhelm B.; Mutter: Therese, geb. Khern), verh. s. 1952 m. Hannel, geb. Streicher, 2 Kd. (Wilhelm-Alexander, Kirke) - Hum. Gymn. Hildesheim (Abit. 1937); Stud. d. Phys. TH Breslau; Promot. 1955 Braunschweig; Hon.-Prof. TU Braunschweig - S. 1945 Ind.tätigk. (u. a. 1956-64 Abt.leit. NSU u. b. 1969 Stabsstelle Salzgitter AG.); zul. Techn. Geschäftsf. Triangeler Dämmstoffwerk. Inu. ausl. Fachmitgl.sch. Zahlr. wiss. Veröff. - 1980 Gold. Ehrennadel d. DIN, 1982 F. Kesselring Ehrenmed. des VDI, 1984 BVK - Spr.: Engl.

BOBBERT, Josef Alfons

Dr. rer. pol., Ministerialdirektor Bundesmin. f. Umwelt, Naturschutz u. Reaktorsicherheit - Rheinstr. 244, 5303 Bornheim-Hersel (T. 02222 - 84 80) - Geb. 22. Sept. 1930 Siddessen, kath., verh. m. Margarete, geb. Weber, 3 Kd. - Gymn. Warburg; Rechts- u. Staatswiss.-stud. - 1966-86 Bundeskanzleramt.

BOBERG, Friedrich

Dr. rer. nat., o. Prof. f. Organ. Chemie - Kiefkampstr. 14, 3000 Hannover 61 (T. Hannover 58 03 96) - Geb. 23. Mai 1922 Bad Salzuflen (Vater: Gustav B., Berufsschull.; Mutter: Anna, geb. Rasche), verh. m. Gisela, geb. Sievers, 2 Kd. (Michael, Doris) - 1963 Habil. TU Hannover, 1967 wiss. Rat u. Prof. TU Hannover, 1972 o. Prof. u. Inst.dir. TU Clausthal. Arb.geb.: Org. Chemie, spez. Heterocyclen, aliphat. Nitroverbindungen, Reaktionsmechanismen, Erdölchemie - 1952-72 Abt.-Ltr. Org. Chem., Inst. f. Erdölforsch. Hannover; 1963-72 Abt.-Ltr. Radio- u. Strahlenchem. Lehrst. f. Erdölchem. TU Hannover, ab 1972 Lehrst.inh. Org. Chem. TU Clausthal - 130 Publ. in Fachzeitschr.

BOBRAN, Fritz

Assessor, Vors. Bundesverb. Werkverkehr u. Verlader, Bonn - Zu erreichen üb. E. Heitkamp GmbH, 4690 Herne 2.

BOBROWSKI, Wladyslaw

Tänzer, Darst. d. Tanz- u. Sprechtheaters Heidelberg - Sandgasse 2, 6900 Heidelberg (T. 06221 - 1 32 45) - Geb. 11. Febr. 1958 Warschau, ledig - Staatl. Ballettschule Warschau (Dipl.); Stud. Phil., Soziol. u. Slavistik Univ. Warschau u. Heidelberg - Hauptrollen: Mars, (Choreogr. J. Kresniks); Sylvia Plath (J. Kresniks); Siegelmann in Rassen (v. F. Bruckner) - Spr.: Poln., Franz., Russ.

BOBSIN, Jörg

Autor, Regisseur, Moderator, Fernsehprod. - Wohnh. in 8000 München - Geb. 18. Okt. 1940 Berlin (Eltern: Herbert u. Erika B.) - Werbetätigk.; s. 1968 freischaff. (RAI-Korresp. f. NDR). FS: Abstecher in d. Romantik (1968), Attraktionen f. 3 Groschen (1969). Div. VIP-Porträts BR. LP-Produktionen Philips; TV-Serien USA (Vips in Focus) - BV: Alles üb. Udo, König d. Kreuzverhörs, Ihre Fernsehlieblinge ganz privat - Liebh.: Reisen, Tennis, Surfen, Samml. Jugendstil u. Art-Déco - Spr.: Engl., Ital., Franz.

BOCH, Josef

Dr. med. vet., Dr. med. vet. h. c., o. Prof. f. Veterinär-Parasitologie u. vergleichende Tropenmedizin Univ. München (s. 1973) - 8000 München - Geb. 29. Mai 1916 Scheidegg b. Lindau/B. (Vater: Johann B., Landwirt; Mutter: Katharina, geb. Brutscher), verh. s. 1942 m. Luise, geb. Steindl - Promot. (1951) u. Habil. (1955) München - 1956-60 Privatdoz. Univ. München; 1960-73 ao. u. o. Prof. (1962) FU Berlin (Dir. Inst. f. Vet.-Parasitol.). Zahlr. Publ., darunt. Wirtschaftl. wicht. Wurmparasiten d. Haustiere, Angeborene u. erworb. Widerstandsfähigkeit d. Haustiere gegenüber parasit. Würmern, Landw. Abwasserverwert. u. Verwurm. d. Haustiere, Parasiten d. jagdb. Wildes, Tierarzt u. mod. Verhaltensforsch. - 1969 korr. Mitgl. Intern. Jagdrat (CIC); 1985 BVK.

BOCH-GALHAU, von, Wendelin

Dipl.-Kfm., Geschäftsführer Heinrich Porzellan GmbH, Vorst.-Mitgl. Villeroy & Boch AG Mettlach - Faiencerie, 6646 Mettlach.

BOCHMANN, Werner

Komponist - Dekan-Maier-Weg 7b, 8162 Schliersee/Obb. (T. 65 49) - Geb. 17. Mai 1900 Meerane/Sa. (Vater: Johannes B., Kaufm.; Mutter: Clara, geb. Seybt), ev., verh. s. 1957 m. Ditte, geb. Kerlen - Oberrealsch.; TH Dresden (6 Sem. Chemie); Musikstud. b. Weinreich, Leipzig, Mraczek, Dresden - Musik zu üb. 120 dt., franz. u. amerik. Tonfilmen sowie versch. Bühnenst., etwa 300 Kompos. f. Unterhaltungs- u. Tanzmusiken, darunt. d. Evergreens: Die kleine Stadt will schlafen gehn, Abends in der Taverne, Mit Musik geht alles besser,

Heimat, deine Sterne, Du und ich im Mondenschein, Gute Nacht, Mutter; 2 musikal. Lustspiele, sowie d. Ballett Max und Moritz - 1967 Bundesfilmpreis/ Filmband in Gold (f. langj. u. erfolgr. Wirken im dt. Film); 1984 BVK I. Kl.; 1985 Paul-Lincke-Ring - Liebh.: Astronomie u. Math. - Spr.: Ital., Engl., Franz.

BOCHNIK, Hans J.

Dr. med., o. Prof. f. Psychiatrie u. Neurol. - Heinrich-Hofmann-Str. 2a, 6000 Frankfurt/M. (T. 67 46 56) - Geb. 29. Juni 1920 Lemberg - S. 1955 (Habil.) Lehrtätigk. Univ. Hamburg (1961 apl. Prof.) u. Frankfurt (1966 Ord. u. Klinikdir.) - BV: u. a. Bedürfnis, Rausch u. Sucht, 1963. Zahlr. Einzelarb.

BOCK, Dietrich

Dr., Vorstandssprecher E. Holtzmann & Cie. AG, Weisenbachfabrik - Alte Weinstr. 35, 7562 Gernsbach.

BOCK, Eberhard

Dr. rer. nat., Prof. f. Allg. Mikrobiologie - Herwigredder 110a, 2000 Hamburg 56 - Geb. 10. Okt. 1936 Wandsbek/Hamburg, ev., verh. s. 1969 m. Karin, geb. Franz, 2 Kd. (Michael, Annette) - S. 1971 Prof. Univ. Hamburg.

BOCK, Gerhard

Dr. rer. pol., Kaufmann - 3177 Sassenburg - Geb. 14. Juni 1920 Hildesheim (Vater: Karl B., Kaufm.), ev. luth., verh. s. 1955 m. Eva, geb. Koehler, 2 Kd. (Gabriele, Carola) - Dr. rer. pol., Dipl. rer. pol. Göttingen 1949/51 - Geschäftsf., AR- u. Beiratsvors. versch. Großuntern. - Liebh.: Gesch., Math., Musik - Spr.: Franz., Span.

BOCK, Günter

Betriebswirt, Staatssekretär Senatsverw. f. Schulwesen, Berufsausbild. u. Sport v. Berlin (1981-89), MdA Berlin (1975-81) - Irmgardstr. 39, 1000 Berlin 37 - Geb. 28. Febr. 1938 Berlin - CDU.

BOCK, Hans

Dr. h. c., o. Prof. f. Anorgan. Chemie Univ. Frankfurt - Rombergweg 1a, 6240 Königstein (T. 06174 - 12 05) - Geb. 5. Okt. 1928 Hamburg (Vater: Paul B., Major; Mutter: Hedwig, geb. Lis), ev., verh. s. 1954 m. Dr. Luise, geb. Eisenreich, 5 Kd. (Hans, Kristin, Andreas, Karen, Barbara) - Univ. München (Promot. 1958, Habil. 1964) - 1968 Gastdoz. ETH Zürich - BV: D. HMO-Modell u. s. Anwend., 3 Bde 1968-70 (zus. m. E. Heilbronner, jap. 1973, engl. 1974, chin. 1982); üb. 300 Fachveröff. - 1969 Chemiepreis Göttinger Akad. d. Wiss.; 1974 Visiting Professorship Japan Society for Promot. of Science; 1975 Kipping Award American Chemical Society; 1977 Beruf. z. Ausw. Wiss. Mitgl. d. Max-Planck-Ges.; 1977 Visiting Professorship Univ. Ann Arbor/Michigan u. Austin/Texas; 1979 Korr. Mitgl. Akad. d. Wiss. u. Lit. Mainz; 1980 Welsh Visiting Prof.ship Texas A & M; 1981 Ern. z. Adjunct Prof., The Univ. of Michigan at Ann Arbor; 1981 Mitgl. Wiss. Beirat Hahn/Meitner Inst. Berlin; 1983/84 Visiting Prof. Univ. Salt Lake City/Utah; 1984 Mitgl. Mainzer Akad. d. Wiss. u. d. Lit.; 1986 Korr. Mitgl. Akad. d. Wiss. Göttingen; 1987 W. Klemm-Preis f. Anorgan. Chemie d. Ges. Dt. Chemiker - Spr.: Engl.

BOCK, Hans Manfred

Dr. phil., Prof. f. Politikwissenschaft GH Kassel (s. 1972) - Oderweg 7, 3501 Zierenberg - Geb. 13. Mai 1940 Kassel - Promot. 1967 Marburg - 1968-70 Lektor, 1970-72 Prof. Univ. Paris, 1976 u. 77 Gastprof. USA, 1984/85 Gastprof. Univ. Paris III - BV: Syndikalismus u. Linkskommunismus von 1918-23, 1969; Gesch. d. linken Radikalismus in Dtschl., 1976. Buch- u. Ztschr.-Aufs. z. Sozialgesch. u. z. polit. Soziol. Deutschlands u. Frankreichs sowie zu d. dt.-franz. Beziehungen - Spr.: Engl., Franz.

BOCK, Hans-Erhard

Dr. med., Dr. med. h. c., o. Prof. f. Innere Medizin (emerit.) - Spemannstr. 18, 7400 Tübingen (T. 29 28 06) - Geb. 31. Dez. 1903 Waltershausen/Thür. (Vater: Wilhelm B., Lehrer; Mutter: geb. Kohlstock), ev., verh. s. 1936 m. Elisabeth, geb. Nehlsen, 2 Kd. - Gymn. Ernestinum Gotha; Univ. Marburg, München, Jena, Bonn, Hamburg (Promot. 1927) - Assit. Med. Klinik Hamburg (Hegler), Oberarzt Med. Univ.klinik Frankfurt/M. (Volhard), 1936 Privatdoz. das., 1942 Oberarzt u. apl. Prof. Med. Univ.klinik Tübingen (Koch), 1949 Ord. u. Dir. Med. Univ.klinik Marburg (1960/61 Univ.rektor), zugl. berat. Internist Lungensanat. Sonnenblick u. Herzsanat. Küppelsmühle, Bad Orb. Leit. Balneolog. Forschungsstelle ebd., 1962 Ord. u. Dir. Med. Univ.klinik Tübingen - 1966-85 Präs. Dt. Therapiewoche, 1967 Ges. f. Inn. Med. - BV: Agranulozytose, 1946, Neubearb.: C. Hegler, Praktikum d. Infektionskrankh. (1950); Herausg.: Klinik d. Gegenw. (I-X, auch ital. u. span.) - 1969 Ehrendoktor Univ. Marburg; 1972 Ehrenmitgl. Dt. Ges. f. Inn. Med.; Ehrenmitgl. Dt. Akad. d. Naturforscher (Leopoldina); Mitgl. Heidelberger u. Argent. Akad. d. Wiss. - Liebh.: Musik - Gold. Sportabz. - Erf.: Erythrocytometer.

BOCK, Hans-Hermann

Dr. rer. nat., Univ.-Prof. f. Angew. Statistik TH Aachen (s. 1978) - Melatener Str. 145, 5100 Aachen - Geb. 8. Sept. 1940 Karlsruhe, verh. s. 1963 m. Dorit, geb. Lepold, S. Thomas - Dipl.-Math. 1965; Promot. 1968 Univ. Freiburg - BV: Automat. Klassifikation (Clusteranalyse), 1974. Herausg.: Klassifik. u. Erkenntnis III (1979); Datenanalyse u. Numerische Klassifik. (1984); Classification and related methods of data analysis (1988). Zahlr. Einzelveröff. - 1985-87 Präs. Intern. Federation of Classification Societies; 1986-92 Vors. Ges. f. Klassifikation.

BOCK, Harald M.

Generalsekretär Deutsch-Arab. Ges., Bonn (s. 1971), Präs. Staatsmin. Jürgen Möllemann - Adenauerallee 90, 5300 Bonn; u. Wirichsbongardstr. 8, 5100 Aachen (T. 0241 - 3 65 14; 0228 - 21 11 22; FS 832528) Geb. 21. April 1940 (Vater: Herbert B., Landw., verh. s. 1967, 2 Kd. - Stud. d. Rechts- u. Politikwiss., Volks- u. Betriebsw. Univ. Würzburg u. München; 1. u. 2. jur. Staatsex. - Regierungsdir. Landesamt f. Bauwesen u. Bauschadensforsch. NW, sow. Justitiar Staatl. Sonderbauleit. NW f. Klinikum Aachen - Spr.: Engl., Franz.

BOCK, Henning

Dr. phil., Prof., Direktor Gemäldegalerie/Stiftg. Preuß. Kulturbesitz - Holbeinstr. 58, 1000 Berlin 45 (T. 833 58 65; Gemäldegal.: 83 01-1) - Geb. 1931 Kiel - Stud. Kunstgesch. - 1960 Assist. Kunsthist. Inst., Univ. Bonn; 1962 Assist. Kunsthalle Bremen; s. 1968 Berlin (b. 1973 Hauptkustos National-, dann Dir. Gemäldegal.).

BOCK, Irmgard

Dr. phil., Prof. f. Pädagogik - Elektrastr. 17/16, 8000 München 81 (T. 089 - 91 17 85) - Geb. 7. Mai 1937 Hamm/ Westf. (Vater: Karl B., Kaufm.; Mutter: Irmgard, geb. Schlickmann), kath. - Staatsprüf. f. d. Lehramt an Höh. Schulen (Deutsch, Phil.) 1961, Promot. 1965, Habil. 1977 - 1965 Wiss. Assist., 1968 Konservatorin, 1971 Akad. Oberrätin, 1976 Akad. Dir. Inst. f. Pädagogik Univ. München, 1977 PD, 1977 Wiss. Rat u. Prof., 1978 Prof. (C 3) - BV: Heideggers Sprachdenken, 1966; D. Phänomen d. schichtensepzifischen Sprache als päd. Problem, 1973, 1975; Kommunikation u. Erziehung, 1978; Päd. Anthropol. d. Lebensalter, 1984 - Spr.: Engl., Franz.

BOCK, Karl Walter

Dr. med., Prof. u. Direktor Inst. f. Toxikologie Univ. Tübingen - Wilhelmstr. 56, 7400 Tübingen.

BOCK, Klaus-Dietrich

Dr. med., em. o. Univ.-Prof. f. Innere Med. - Schönetweg 17, 8185 Kreuth - Geb. 11. Dez. 1922 Leipzig - Univ. Heidelberg (Med. Staatsex.). Promot. 1950; Habil. 1963 - S. 1963 Lehrtätigk. (1968 apl. Prof., 1972 o. Prof.); 1968-87 Dir. Abt. f. Nieren- u. Hochdruckkranke Univ.-Klinikum Essen, s. 1988 emerit. - BV: Angiotensin, 1966; Hochdruck, 4. A. 1982; Ärztl. Rat f. Hochdruckkranke, 4. A. 1983. 17 hg. Bücher, 356 Einzelarb. - Honorarprof. Univ. Lima/Peru; Wiss.-Preis d. Hochdruck-Liga - Spr.: Engl.

BOCK, Manfred Günter

Dr. jur., Rechtsanwalt, Vorst. Gerling Konzern, Köln - Theodor-Heuss-Ring 7, 5000 Köln 1 (T. 0221 - 77 13-1) - Geb. 15. Jan. 1940 Berlin (Vater: Dr. Ing. Günter B., Prof.; Mutter: Helga, geb. Hildebrandt), ev., verh. s. 1965 m. Hannelore, geb. Spilling, 3 Kd. (Ulrich, Julia, Katharina) - Stud. Univ. Frankf. u. München, 2 jur. Staatsex., University of Virginia, LL.M. - 1959-65 Finanzabt. DuPont de GmbH (Deutschl.), Vorst. Gerling Konzern, Rhein. Versich.-Gruppe AG, Gerling-Konzern Consortiale Holding AG; AR Automobil AG - Spr.: Engl., Franz.

BOCK, Otto-Andreas

Architekt, Kompl. Präton Fertigbauunternehmungen, Dillingen/Donau - Zul. Dillingen - Geb. 27. Sept. 1929 Paulusbrunn/CSSR (Vater: Anton B.; Mutter: Vlasta, geb. Struna), kath., verh. s. 1953 m. Dolores, geb. Hoven, 3 Kd. (Thomas-Alexander, Oliver-Constantin, Boris-Andreas) - Stud. d. Arch. u. d. Bau-Ing.wesens (Arch. 1949; Bauing. 1951). S. 1961 Aussch.mitgl. Arch.kammer Bad.-Württ. - Liebh.: Studienreisen, Skisport - Spr.: Engl. - Lions Charte-Mb.

BOCK, Peter

Dr. rer. nat., Prof. f. Physik Univ. Heidelberg - Stahlbühlring 101, 6802 Ladenburg (T. 06203 - 1 51 91) - Geb. 22. März 1937 Magdeburg (Vater: Georg B., Prok.; Mutter: Ilse, geb. Richardt), ev., verh. s. 1965 m. Ingrid, geb. Tronicke †, 3 Kd. - Promot. 1969 Univ. Karlsruhe, Habil. 1972 ebd. - 1974 Oberassist. Univ. Heidelberg; s. 1980 Prof. Heidelberg.

BOCK, Peter

Vorstandsmitglied Dt. Babcock Maschinenbau AG, Ratingen, Balcke-Dürr AG, Ratingen - Zu erreichen üb. Dt. Babcock Maschinenbau AG, Postf. 12 40, 4030 Ratingen - VR-Präs. Balcke-Dürr Espanola, S.A., Madrid; zul. Vorst.-Mitgl. Dürrwerke AG.

BOCK, Rudolf

Dr. rer. nat., Prof., Mitglied Wiss. Direktorium Ges. f. Schwerionenforschung - Postf. 110552, 6100 Darmstadt (GSI) - Geb. 21. Mai 1927 Mannheim - Univ. Heidelberg (Dipl.-Phys. 1954). Promot. (1958) u. Habil. (1965) Heidelberg - 1959-67 Mitarb. Max-Planck-Inst. f. Kernphys. Heidelberg; 1965-67 Privatdoz. Univ. ebd.; s. 1967 Prof. f. Exper. Physik Univ. Marburg (beurl.), s. 1974 Honorarprof. Univ. Heidelberg; s. 1979 Wiss. Mitgl. Max-Planck-Ges.; s. 1986 Hon. Prof. Acad. Sinica, Lanzhou/China - Zahlr. Fachveröff.

BOCK, Wolfgang

Dipl.-Ing., Geschäftsf. Dt. Ges. f. Zerstörungsfreie Prüfung - Unter den Eichen 87, 1000 Berlin 45 - Geb. 1. Jan. 1938 Berlin.

BOCK, Wolfgang J.

Dr. med. (habil.), o. Prof. f. Neurochirurgie u. Klinikdir. Univ. Düsseldorf - Nordkanalallee 102, 4040 Neuss/Rh. - Geb. 1. Okt. 1935 Leipzig, kath., verh. s. 1961 m. Dr. Christa, geb. Kuhn, 2 Kd. (Kerstin, Björn-Kristof) - Üb. 200 Facharb.

BOCK und POLACH, von, Michael

Rechtsanwalt, Hauptgeschäftsf. - Rheinallee 22, 5300 Bonn-Bad Godesberg (T. 0228 - 35 52 45) - Geb. 19. Juli 1944 Troppau (Vater: Erich v. B., Oberst a.D., Polizeipräs. a.D.; Mutter: Anne-Marie, geb. Jurck), verh. s. 1973 m. Beatrice, geb. Bruckmann, 2 T. (Friederike, Charlotte) - Abit.; 1965-68 Wehrd. (Ltn. d. Reserve), 1969-72 Jura-Stud. München, Münster, Hamburg, 1. Staatsex. 1972/73, 2. Staatsex. 1976, bde. Hamburg - RA Hamburg u. Bonn, 1976 Geschäftsf. u. Leit. d. Rechtsabt. Zentralverb. Sanitär-Heizung-Klima (ZVSHK), s. 1978 Hauptgeschäftsf. ZVSHK - Spr.: Engl., Franz. - Bek. Vorf.: Erich von Bock und Polach (Vater s.o.), Max v. Bock u. Polach, Generalfeldmarschall.

BOCKELMANN, Paul

Dr. jur., Dr. med. h. c., em. o. Prof. f. Straf-, -prozeßrecht u. Kriminol. - Klingsorstr. 3, 8000 München 81 (T. 91 43 45) - Geb. 7. Dez. 1908 Hannover (Vater: Albert B., Direktor; Mutter: geb. Noelle), verh. s. 1938 m. Gisela, geb. Wedemeyer - S. 1939 Univ. Berlin, Königsberg (1940; Ord. 1942), Göttingen (1945; 1949 Ord.), Heidelberg (1959), München (1963), Mitgl. Gr. Strafrechtskommiss. 1969-71 (Rücktr.) Präs. Verkehrswacht - BV: u. a. Hegels Notstandslehre, 1935; Stud. z. Täterstrafrecht, 2 Bde. 1939/40; Üb. d. Verhältnis v. Täterschaft u. Teilnahme, 1949; D. Unverfolgbarkeit d. Abgeordneten n. dt. Immunitätsrecht, 1951; Strafrechtl. Untersuchungen, 1957; Aufgaben u. Aussichten d. Hochschulreform, 1962; Einf. in d. Recht, 2. A. 1975; Verkehrsstrafrechtl. Aufsätze u. Vorträge, 1967; Strafrecht d. Arztes, 1968; Strafrecht, Allg. Teil 3, 1979, Bes. Teil/1 2. A. 1982, Bes. Teil/2 1977, Bes. Teil/3 1980. Mithrsg.: Ztschr. f. d. ges. Strafrechtswiss. (1950 ff.) - 1969 Ehrendoktor Univ. München; 1968 Carl-Edmund-Loth-Gedächtnispreis; Mitgl. Bayer. Akad. d. Wiss.

BOCKELMANN, Thomas

Intendant Tübinger Zimmertheater (s. 1988) - Bursagasse 16, 7600 Tübingen (T. 07071 - 2 39 71) - Geb. 9. März 1955 Lüneburg.

BOCKEMÜHL, Jochen

Dr. med., Prof., Ltd. Wiss. Direktor Medizinaluntersuchungsanst. u. Leit. Abt. Enterobacteriaceae u. Nat. Salmonella-Zentrale am Hygien. Inst. Hamburg - Zu erreichen üb. Hygien. Inst., Marckmannstr. 129a, 2000 Hamburg 26 - Geb. 15. April 1939 - 1986-88 Gf. Dir. Hygien. Inst. Hamburg; apl. Prof. f. Med. Mikrobiol. u. Tropenhygiene Univ. Würzburg; 1987/88 1. Vors. Vereinig. d. Ärzte d. Medizinalunters.-ämter.

BOCKHOFF, Baldur

Journalist, Schriftst. - Helmtrudenstr. 2, 8000 München 23 (T. 34 69 49) - Geb. 19. März 1935 Duisburg-Hamborn (Vater: Felix B., Kaufm.; Mutter: Ida, geb. Sanio), ev., verh. s. 1960 m. Sigrid, geb. Hussack, 2 Töcht. (Meike, Maja) - Stud. Phil., Literatur- u. Musikwiss. - 1961-65 Redakt. rowohlts dt. enzyklopädie; 1966-67 Lektor Piper-Verlag; s. 1967 Athener Korresp. Südd. Ztg. Mitarb. Rundfunk - BV: Reisefieber, Erz. 1967.

BOCKLET, Paul

Prälat, Leiter Kommissariat d. dt. Bischöfe/Kath. Büro Bonn, Vors. Zentralst. f. Entwicklungshilfe, Aachen - Kaiser-Friedrich-Str. 9, 5300 Bonn - Geb. 21. Aug. 1928 Salz (Vater: Heinrich B., Landw.; Mutter: Theresia, geb. Wiener), kath. - Gymn. u. Univ. Würzburg (1948-52; Phil., Theol.) - Diözesanjugendseels. Würzburg (8 J.), Landvolkseels. Bayern, Landvolkseels. Bayern (1 J.), Domkapitular Würzburg (Ref. Seels., 8 J.). Fachaufs. - Gold. Ehrenz. Bund d. Dt. Kath. Jugend u. Kath. Landvolkbeweg. - Liebh.: Skifahren, Bergsteigen - Spr.: Lat., Griech., Engl.

BOCKLET, Reinhold
Mitglied d. Europa-Parlaments (s. 1984) - Wohn. in Gröbenzell; zu erreichen üb. Europ. Parlam., Europazentrum, Kirchberg, Postf. 16 01, Luxemburg (T. 00352 - 4 30 01) - CSU.

BOCKMAYER, Walter
Regisseur u. Filmemacher - Pfälzerstr. 40, 5000 Köln 1 (T. 23 78 00) - Geb. 4. Juli 1951 Pirmasens (Vater: Walter B.), ledig - Lehre Großhandelskaufm. (abgebr.) - Kantinenjobs in USA (1 J.); Krankenpfleger in Dtschl.; 1970 zus. m. Rolf Bührmann (s. dort) Garderobier Bühnen Köln; ab 1975 selbst. Gastwirt. Filmemacher ab 1970: Zun. Super 8-Filme, ab 1977 Spielfilme (Jane bleibt Jane, intern. Kritikerpreis, außergewöhnlichster ausl. Film [London]; Flammende Herzen, 1977/78, Bundesfilmpreis in Gold u. Silber; Looping, 1980/81, 4 Bundesfilmpreise Gold u. Silber u. bester Film d. J., Intern. Filmfestsp. Cannes u. Manila; Kiez, 1982; D. Chance, 1982) u.v.a. Fernsehen: Viktor, Rockoper 1979 (ZDF) - Bühne: Rocky Horror Show (v. Richard O'Brian), Musical, Erstauff. 1980 Opernhaus Essen; Kiez (v. P. Greiner), UA 1980 Schausp.hs. Köln (Mülheimer Dramatikerpreis 1981); Frohe Feste, Schwester George muß sterben, 1981 Schausp.hs. Köln; D. Frosch (v. H. Achternbusch), UA 1982 Schausp.hs. Bochum; Richards Korkbein (v. Brendan Behan), 1983 Bochum; Hören Sie mal (v. Jane Martin), Dt. Erstauff. 1984 Bayer. Staatsbühne - Spr.: Engl.

BOCKS, Gerd P.
Dipl.-Kommunalbeamter, Bürgermeister Stadt Lollar - Holzmühler Weg 76, 6304 Lollar (T. 06406 - 8 70) - Geb. 28. Juni 1943 Mönchengladbach (Vater: Peter B., Elektrotechniker; Mutter: Katharina, geb. Schroers), kath., T. Ingeborg - 1961-66 Ausb. d. geh. nichttechn. Beamtendienst Mönchengladbach; 1966-70 Stud. Univ. u. Wirtsch.-Akad. Düsseldorf; Ex. Kommunal-Dipl. Düsseldorf - 1967-74 stv. Gemeindedir. Gustorf/Erft; 1974-80 1. Stadtrat Stadt Pohlheim; ab 1981 Bürgerm. Stadt Lollar - BV: D. Rechtsschutz d. Gemeinden in NRW gegenüb. Maßn. d. Kommunalaufsicht u. gegenüb. Gesetzen unt. bes. Berücks. d. kommun. Neuordnung, Fachb. 1970; Herausg. Fachb.-Schriftenreihe: Kommunal- u. Landesrecht, Bd. 2, D. Ersatzvorn. in d. Kommunalaufsicht (1972); Fachb.-Schriftenreihe: Kommunal-u. Landesrecht: Bd. 3, Beamtenstatus u. Streikrecht (1972).

BOCKSCH, Karl
Verleger - Drosselweg 5, 2910 Westerstede/O. (T. 04488 - 20 52; Büro: 0441 - 7 69 87) - Geb. 15. Dez. 1913 Berlin, ev., T. Utta - Journalist. Praxis Berlin (u.a. Scherl) - 1936 Dolmetscher z. Olympiade; s. 1949 Chefred. d. Nachrichten f. d. Hotel- u. Gaststättengewerbe, Oldenburg; Gf. Gesellsch. Wirtschaftsdienst f. d. Oldbg. Gaststätten- u. Hotelgewerbe mbH, Oldenburg, Geschäftsf. Gaststätten- u. Hotelverb. Oldbg. ebd., Vors. Gewerbeförderungsaussch. Nieders. Landesgewerbeförd.stelle (LGF), Hannover - 1968 Silb. Ehrennadel Landesverb. Oldbg.; 1984 in Gold - Liebh.: Vogelschutz u. Hege - Spr.: Engl.

BOCKWOLDT, Gerd
Dr. phil., Dr. theol. Prof. f. Religionspädagogik Univ. Kiel (apl.; 1978ff.), Prof. Univ. Bayreuth (1981) - Haselbusch 1, 2420 Eutin - BV: Richard Kabisch - Religionspäd. zw. Revolution u. Restauration, 1976, 2. A. 1982; Religionspäd. - E. Problemgesch., 1977.

BODAMMER, Theodor
Dr. phil., Prof. f. Philosophie PH Ludwigsburg - Zu erreichen üb. PH, Postfach, 7140 Ludwigsburg - BV: Hegels Deutung d. Sprache, 1969.

BODDEN, Heinrich
Dr.-Ing., Prof. f. Theor. Elektrotechnik Univ. Bremen (s. 1972) - Reinhold-Schneider-Str. 39, 7500 Karlsruhe 51 (T. 88 43 76) - Geb. 8. Jan. 1929 Bremen.

BODDENBERG, Bruno
Dr. rer. nat., o. Prof. f. Physikal. Chemie - Böckmannstr. 18, 4600 Dortmund 41 - Geb. 9. März 1938 Leverkusen, verh. s. 1966 m. Dipl.-Bibl. Marlis A. Dahlke, S. Ulrich Bernward - Dipl. (Physik) 1964 Bonn; Promot. 1968 TH Hannover, Habil. 1973 TU Hannover - 1964 Wiss. Assist. Univ. Bonn; 1965-77 Wiss. Assist., Akad. Rat u. Akad. Oberrat TH/TU Hannover; s. 1977 o. Univ. Prof. Univ. Dortmund - Ca. 40 Fachveröff. a. d. Geb. Physikalische Chemie d. Grenzflächen u. Magnet. Kernresonanz.

BODDENBERG, Erich
Dr. paed., Prof. f. Didaktik d. Mathematik Univ.-Gesamthochschule Siegen - Brahmsweg 1, 5900 Siegen 21.

BODE, Arndt
Dr. rer nat., Dr.-Ing. habil., Prof., Lehrstuhl f. Rechnertechnik u. Rechnerorg. - TU München, Arcisstr. 21, 8000 München 2 (T. 089 - 21 05-82 40) - Geb. 20. Sept. 1948 Augsburg, verh. m. Dipl. paed. Anja, geb. Dannenmaier - 1966-72 Stud. Informatik TU Karlsruhe; Promot. 1975 Karlsruhe, Habil. 1984 Erlangen - 1986/87 Univ.-Prof. Univ. Erlangen, s. 1987 Ord. TU München - BV: Rechnerarchitektur I (m. Händler), 1980; Rechnerarchitektur II (m. Händler), 1983; Mikroarchitekturen u. Mikroprogrammierung, 1984; RISC-Architekturen, 1988 - 1985 v. Finkelnburg Habil.preis - Spr.: Franz., Engl.

BODE, Bernhard
Fabrikant, Mitges. Bode Strickmode G.m.b.H., Wanfrieder Strick- und Wirkwarenfabrik, bde. Wanfried - Celler Str. 15, 3442 Wanfried b. Eschwege - Geb. 6. Nov. 1909 Weißenborn.

BODE, Christian
Dr. jur., Generalsekretär Westd. Rektorenkonferenz - Zu erreichen üb.: Westd. Rektorenkonferenz, Ahrstr. 39, 5300 Bonn 2 - Geb. 1942 Cottbus - Jurist. Staatsex. 1967 u. 1971, Promot. 1971 Univ. Bonn - 1972-82 Tätigk. im Bundesmin. f. Bild. u. Wiss., s. 1979 Leit. Planungsgruppe; ab 1982 Generalsekr. WRK - BV: Kommentar z. Hochschulrahmengesetz.

BODE, Elert

Schauspieler, Regisseur, Intendant - Richard-Wagner-Str. 35, 7310 Plochingen a.N. (T. 07153 - 2 80 03) - Geb. 6. April 1934 Breslau (Vater: Werner B., Berufsoffz./Landw.; Mutter: Gerda, geb. Bevilaqua), verh. s. 1984 m. Rita, geb. Fellmann, S. Benjamin - Gymn.; journ. Volont., Schauspielausb. - 1957-70 Int. Westf. Kammerspiele, Paderborn, 1970-76 Int. Württ. Landesbühne Esslingen/Neckar, s. 1976 Int. Komödie im Marquardt, Stuttgart, s. 1984 zugl. Int. Altes Schauspielhs., Stuttgart - 60 Bühneninsz.; s. 1955 150 Bühnenrollen u. s. 1964 140 Fernsehrollen als Schausp. - 1970 Kulturpreis Stadt Paderborn - Bek. Vorf.: Johann Elert Bode, 1747-1826, Astronom, Dir. Berliner Sternwarte - Rotarier.

BODE, Fritz
Dr.-Ing. E. h., Dipl.-Ing., Fabrikant, geschäftsf. Gesellschafter Wegmann & Co. Unternehmensholding KG - Max-Planck-Str. 17, 3500 Kassel-W'höhe - Geb. 9. April 1907 - 1974 Ehrendoktor TH Hannover; 1972 BVK I. Kl.; 1987 Gr. BVK.

BODE, Helmut
Dr.-Ing., Prof. Univ. Kaiserslautern - Finkenhain 11, 6750 Kaiserslautern 31 (T. 0631 - 5 65 65) - Geb. 2. Sept. 1940 Dresden (Vater: Hans B., O.stud.dir.; Mutter: Annegold, geb. Scholl), ev., verh. s. 1968 m. Ilse, geb. Büchsenschuß, S. Thorsten - Abit. 1960 Celle; Dipl.-Ing. 1968 TH Hannover; Promot. 1974 Ruhr-Univ. Bochum - 1960-62 Bundeswehr; 1968-70 Statiker im Ing.büro; 1970-80 Wiss. Mitarb. Bochum; s. 1980 Prof. in Kaiserslautern. Üb. 30 Fachaufs. - Liebh.: Sport u. Musik - Spr.: Engl., Latein - Bek. Vorf.: Prof. Dr. Roland Scholl (Großv.).

BODE, Helmut
Dr. rer. nat., em. o. Prof. f. Analyt. Chemie, ehem. Direktor Inst. f. Anorgan. Chemie Univ. Hannover - St.-Ingbert-Weg 5, 3000 Hannover-Kirchrode - Geb. 27. Jan. 1917 Hannover - Stud. d. Chemie Hannover. Promot. 1949 - 1950-54 Assist. Univ. Mainz; s. 1954 Obering., Privatdoz., ao. (1957) u. o. Prof. (1966) TH, TU bzw. Univ. Hannover. Etwa 50 Fachveröff. - Spr.: Engl.

BODE, Karl-Josef
Dr. oec., Dipl.-Math., Sachverständiger f. Altersversorgung - Nördl. Münchner Str. 7, 8022 Grünwald/Obb. (T. 089 - 641 60 40) - Geb. 11. April 1930 Holzwickede/W. (Vater: Karl B., Lehrer; Mutter: Mathilde, geb. Liese), kath., verh. s. 1960 m. Annkathrin, geb. Weitzmann, 3 Kd. (Christoph, Jochen, Stephanie) - Stud. Math. u. Wirtschaftswiss. Mainz, Nürnberg, München - s. 1954 fr. versicherungsmath. Sachverst. Ehrenämter nationale u. intern. Berufsorg.; Beirat Bundesaufsichtsamt f. d. Versicherungswesen. Zahlr. Veröff. z. betriebl. Altersversorg. - Spr.: Engl., Ital.

BODE, Manfred
Kaufm. Angestellter, MdA Berlin (s. 1975) - Joachim-Gottschalk-Weg 1, 1000 Berlin 47 - Geb. 31. Okt. 1938 Berlin - CDU.

BODE, Otto
Dr.-Ing., Prof. - Parkweg 3, 2000 Wedel/Holst. - Geb. 5. Dez. 1900 Winsen/Luhe (Vater: Otto B., Gärtnerm.; Mutter: Luise, geb. Arnemann), ev., verh. s. 1927 m. Minni, geb. Borchers (geb. 1900), S. Dr.-Ing. Gerhard (TÜV Rhld.-Pfalz) - 1943-68 Lehrtätig. TH bzw. TU Hannover (1951 Honorarprof. f. Kraftfahrwesen). Zahlr. Facharb. u. Vortr.

BODEM, Günter
Dr. med., Prof., Chefarzt u. Ärztl. Direktor Med. Klinik Bad Homburg (s. 1980) - Vor der Kuppe 10, 6380 Bad Homburg - Geb. 20. Juni 1939, verh. m. Heike, geb. Adolf, T. Friederike - Med. Staatsex. 1965; Promot. 1966, Habil. 1975; 1970-72 Stip. Colorado Medical Center, 1973 Facharzt Innere Med.,1978 Kardiol.; s. 1978 Prof., 1973-80 Oberarzt Med. Klinik Bonn - BV: Handbook Pharmacol, 1983; Myokardinsuffizienz, Klinische Untersuchungsmeth.; Zahlr. Art. z. Behandlung m. Inotropika, adrenergen Betablockern, Antiarrhythmika - Liebh.: Klass. Musik, Lit., Sport - Spr.: Engl., Franz.

BODEMANN, H. Harm
Dr. med., Prof., Internist, Haematologe u. Kardiologe, Chefarzt d. Inn. Med.

Städt. Krkhs. Sindelfingen (s. 1986) - Zu erreichen üb. Städt. Krankenhaus, Postf. 4 45, 7032 Sindelfingen - Geb. 5. Febr. 1943 Hamburg, ev., verh. s. 1971 m. Eva, geb. Birkenmaier, 4 Kd. - Promot. 1969 Hamburg; Habil. 1977; Prof. 1983 Freiburg; Umhabil. 1988 Tübingen - 1969-73 Physiol. Inst. Univ. d. Saarl. Homburg; MPI f. Biophysik Univ. Freiburg; Dept. of Physiology and of Hematology Yale Univ. New Haven; 1973-86 Med. Univ.-Klinik Freiburg. Mitgl. nat. u. intern. Fachges. - Zahlr. Veröff.: Erythrozytenmembran, Herzglykosidrezeptor, Ferritinstoffwechsel, Klin. Onkologie - 1975 Byk-Gulden-Forsch.preis - Liebh.: Cello.

BODEN, Karl-Theodor
Dr. jur., Geschäftsführer Papierwerke Halstrick GmbH. 5419 Raubach/Westerw. - Geb. 4. Febr. 1932.

BODENBENDER, Wolfgang
Dr., Geschäftsführer Bezirksverband Westl. Westfalen d. Arbeiterwohlfahrt - Auf den Stappenberg 5a, 5330 Königswinter (T. 02223-35 26) - Geb. 1936, verh., 2 Kd. - Absolvent 2. Bildungsweg, Sozialarb., Abitur Berlin-Kolleg, Stud. polit. Wiss. u. Sozialwiss. Berlin in Frankfurt, Diplom-Sozialwiss., Promotion in Sozialpolitik (Prof. Achinger) u. Betriebswirtschaft (Prof. Hax) Frankfurt, 1970 - 1969-72 sozialpolit. Referent d. SPD-Bundestagsfrakt., 1972-82 Beamtenlaufbahn im Bundesministerium f. Arbeit u. Sozialordnung, zuletzt Ministerialdir., 1982 i.R., Mitgl. div. Sozialpolit. Kommiss.

BODENSEE, Jean
s. Lehmann, Hans M.

BODENSEH, Hans-Karl
Dr. rer. nat., Prof. f. Physikal. Chemie Univ. Ulm - Kolpingstr. 17, 7914 Pfuhl - Zul. Doz.

BODENSIECK, Heinrich
Dr. phil., o. Prof. f. neueste u. Zeitgeschichte, Didaktik d. Geschichte u. Polit. Bildung Univ. Dortmund - Am Teich 19, 5800 Hagen-Haßley - Geb. 2. April 1930 Neumünster - Zul. Doz. PH Kiel - BV: Probleme d. Weltpolitik, 1964; Polit. Willensbildung in d. BRD, 1967; D. dt. Frage s. d. II. Weltkr., 1968; Provozierte Teilung Europas?, 1970; Urteilsbildung z. Zeitgeschehen - D. Fall CSSR 1968/69, 1970; Dtschl.politik d. BRD, 1972; D. Kalte Krieg, 1973 (NA. v. 1964). Zahlr. Fachaufs.

BODENSIEK, Karl-Heinz

Schriftsteller, Journalist, Kunstkritiker - Nachtigallenstr. 18, 5300 Bonn 2 (Bad Godesberg) (T. 33 37 75) - Geb. 14. Juli 1906 Köln-Mülheim (Vater: Karl B., Stadtamtm. Köln; Mutter: Helene, geb. Schnasse), ev., verh. s. 1936 m. Charlotte, geb. Wirths (†1965), S. Gerhard - Univ. Köln u. Bonn (8 Sem. Phil.) - Volont. Koblenzer General-Anzeiger, Mitarb. Köln. u. Frankfurter Zeitung, Düsseldorfer Mittag u. a., Schriftl. Pressedienst D. schöne Rheinland u. Ztschr.

Rhld. in Wort u. Bild, im II. Weltkr. Sold. (schw. verwundet). Mitarb. Presse u. Rundf., Filmdrehbücher, Pressechef u. stv. Geschäftsf. Landesverkehrsverb. Rhld. i. R. Mitgl. Kogge u. a. - BV u. a.: Üb. Romain Rolland, In d. gläsernen Fluten d. Zeit (Ged.); Wer lacht, ist ein besserer Mensch, Vexierspiegel; Landschaften (Ged.); Zeit u. Leben (lyr. Tageb.); Vergnügl. Kursbuch f. heitere Gesichtszüge; D. Welt ist in Dir, Ged. 1976; Reiseführer Amsterdam. Texte zu Niederrhein, Emmerich, Eifel, Sauerland. Bidlbde. - 1973 Kunstpr. d. Düsseldorfer Künstlervereins Malkasten; 1981 Bronzeplak. Unsterbliche Rose - Spr.: Engl., Franz.

BODENSOHN, Anneliese

Dr. phil., Prof. f. Deutsch Erziehungswiss. Hochsch. Rheinl.-Pfalz, Abt. Landau - Bertha-v.-Suttner-Str. 8, 6520 Worms 23 - Geb. 20. Nov. 1912 Königstein/Ts. - Lehrtätigk. Päd. Inst. Weilburg u. Hochsch. f. Erzieh. Gießen - BV: u. a. Üb. d. Wesen d. Ästhetischen, 1961; Untersuchungen z. Jugendlektüre, 10 Bde. 1961-75.

BODENSOHN, Peter J.

Dipl.-Ing., Dipl.-Wirtschaftsing., Geschäftsinhaber Fa. Ihr Messerepräsentant u. Peter J. Bodensohn, Fachuntern. f. Messepräsentationen - Am Weinberg 13, 6128 Höchst/Odw. (T. 06163-17 53) - Geb. 7. März 1940 Wiesbaden, kath., verh. s. 1970 m. Ingeborg Anger, 3 Kd. (Bettina, Beatrice, Peter) - 1958-61 Maurerlehre, 1962-69 Stud. Wirtschaftsingenieurwesen TU Berlin; 1972 REFA-Ausb.; Qualifikationsnachweis f. Leit. e. Betonprüfst. 1974, Schweißfachingenieur (1974), Prüfung f. Schweißung v. Betonstahl 1975, Prüf. f. Verarb. u. Verleg. v. Kunststoffrohren als Gas- u. Trinkwasserleit. 1975, Sicherheitsing. 1980 - 1970-85 Geschäftsf. Bauind.; s. 1972 Freizeitind.; s. 1972 Sand- u. Kiesind.; Mitbegr. Kieskontor Untermain GmbH & Co Vertriebs-KG (1975); s. 1977 Immobilienmakler; s. 1977 Unternehmensberater - Liebh.: Skifahren - Spr.: Engl., Franz. - Lit.: D. Erfolgsberater - Handb. f. d. erfolgreichen Aufbau e. eig. Untern.

BODENSTEDT, Erwin

Dr. rer. nat., o. Prof. f. Kern- u. Neutronenphysik - Jägerstr. 6, 5300 Bonn-Röttgen - Geb. 25. Jan. 1926 Köln (Vater: Dipl.-Kfm. Hermann B.; Mutter: Lia, geb. Bensberg), ev., verh. s. 1956 m. Ruth, geb. Susemihl, 3 Kd. (Martin, Monika, Michael) - Schiller-Gymn. Köln, Obersch. Siegburg; Univ. Bonn (Physik). Promot. 1952 Bonn; Habil. 1960 Hamburg - 1951-54 Assist. Univ. Bonn; 1955 Stip. Cornell Univ. (USA); 1956-62 Wiss. Rat u. Doz. (1960) Univ. Hamburg; s. 1962 o. Prof. Univ. Bonn. Spez. Arbeitsgeb.: Kernspektroskopie, Hyperfeinwechselwirkungen - BV: u. a. Experimente d. Kernphysik u. ihre Deutung, I-III 1972/73. Zahlr. Einzelarb. - Spr.: Engl. - Bek. Vorf.: Friedrich v. B. u. Emil Rittershaus, beides Dichter.

BODENSTEIN, Gerhard

Dr. rer. pol., Dipl.-Kfm., Dipl.-Landw., Prof. f. Betriebswirtschaftslehre, insb. Marketing, Univ.-GH Duisburg - Lotharstr. 65, 4100 Duisburg 1.

BODENSTEIN, Walter

Dr. theol., Prof. a. D. f. Ev. Religionslehre u. Methodik d. Religionsunterr. PH Kiel - Holtenauerstr. 194, 2300 Kiel (T. 0431 - 8 43 75) - Geb. 15. Nov. 1914 Harburg/Elbe (Vater: Wilhelm B., Faßhändler; Mutter: Alma, geb. Heyden), ev. luth., verh. s. 1952 m. Dr. Ilse, geb. Bartholdi, 4 Kd. (Michael, Christine, Wolfgang, Cornelia) - Stresemann-Gymn. Harburg, Univ. Göttingen u. Erlangen - BV: Neige d. Historismus, Gütersloh 1959; D. Theologie Karl Holls, Berlin 1968; D. Bankrott d. gegenw. Rel.päd., Berlin 1973; Glaube u. Anfechtung. Z. gegenw. Lage d. dt. Protestantismus, Berlin 1975; Tierschutz u. Christentum, Kiel 1974; Was Christen im röm. Reich erlebten. Kirchengesch. ab 5. Schuljahr Frankfurt/M.-Berlin-München 1981; dazu: Lehrerhandbuch Frankfurt/M.-Berlin-München 1982; Ist nur d. Besiegte schuldig? D. EKD u. d. Stuttgarter Schuldbekenntnis v. 1945; Herbig-Materialien z. Zeitgesch., 1986 (übernommen in engl. Übers. von: Christian News New Haven (USA), 1986) - Spr.: Franz.

BODEY, Alexander

Dr.-Ing., Geschäftsführer Martellus Ges. f. industrielle Zusammenarbeit mbH & Co KG - Thomas-Wimmer-Ring 9, 8000 München 22; priv.: Pienzenauerstr. 109, 8000 München 81 - Geb. 28. Dez. 1920.

BODIN, Klaus

Dr. med., Senator a. D., MdA - Holunderweg 9, 1000 Berlin 20 - Geb. 12. Okt. 1919 Berlin (Vater: Fritz B., Rektor i. R.; Mutter: Gertrud, geb. Krüger), verh. s. 1954 m. Dr. med. Vera, geb. Plume, 2 Söhne (Stefan, Christof) - Kant-Gymn. Berlin; 2 J. Landw.slehre Freibauernhof d. väterl. Familie Osthavell.; 1939-45 Arbeits- u. Wehrdst. (m. Abkommand. z. Stud.); Univ. Leipzig (Physikum 1942) u. Berlin (Staatsex. 1945) - B. 1951 Assist.arzt Städt. Krkhs. Spandau, dann ärztl. Mitarb. AOK Berlin, 1965-67 Bürgerm. Spandau, 1967-71 Senator f. Gesundheit u. Soziales Berlin. 1954-58 Bezirksverordn. Spandau; 1958-65 u. 1971-79 MdA Berlin. SPD s. 1945 - 1970 Gold. Ehrenz. Block dt. Hirnbeschädigter - Liebh.: Bücher, Musik, Gartenarb., Tennis - Gold. Sportabz. - Spr.: Engl.

BODMAN, Freiherr von u. zu, Heinrich

Dipl.-Forstw., Geschäftsf. Dt. Ges. f. Holzforschung (1962-87) - Peter-Vischer-Str. 7, 8000 München 60 (T. 83 18 82) - Geb. 25. Sept. 1924 Kreuth (Vater: Wilhelm Frhr. v. u. zu B.; Major a. D.; Mutter: Marie-Therese, geb. Gräfin Saldanha da Gama), kath., verh. s. 1947 m. Dr. med. M. Elis, geb. Fr. v. Pfetten, 4 Kd. (Leopold, Johannes, Marie-Christine, Nikolaus) - Spr.: Franz., Portug. - Bek. Vorf.: Vasco da Gama, Marquez de Pombal.

BODMANN, Hans Walter

Dr. rer. nat., o. Prof. f. Angew. Lichttechnik u. Lichttechn. Meßkunde Univ. Kalrsruhe (s. 1967; Dir. Lichttechn. Inst.) - Kaiserstr. 12, 7500 Karlsruhe 1 (T. 608 25 40) - Präs. Commission Intern. de l'Eclairage.

BÖCHER, Heinz-Wolfgang

Dr. med., Dr. phil., Dipl.-Psych., em. o. Prof. f. Verkehrserziehung u. Angew. Psych. Univ. Essen (s. 1975) - Hufenstuhl 19, 5063 Overath (T. 02206 - 33 77) - Geb. 5. Jan. 1923 Nieder-Bessingen - Stud. d. Med. u. Psychol. Univ. Heidelberg; Promot. 1952 (med.) u. 1957 (phil.); Habil. 1973 - 1960 Nervenarzt, 1963-75 Dir. TÜV Rheinland - BV: D. Praxis d. Lernens, 1971; D. Verhalten im Straßenverkehr, 1971; Bedingungsanalyse d. Alterns, 1973; Vorsicht/Umsicht/Rücksicht, 1975; D. Mensch im Fortschritt d. Medizin, 1987. Übers.: Med. Psychol. (1966) - 1975 Christophorus-Preis - Liebh.: Tennis, Filmen - Spr.: Engl., Franz., Span., Ital.

BÖCHER, Otto

Dr. theol., Dr. phil., Prof. f. Neues Testament - Carl-Zuckmayer-Str. 30, 6500 Mainz-Drais - Geb. 12. März 1935 Worms/Rh. (Vater: Otto B., Pfarrdiakon; Mutter: Anna, geb. Lumm), ev., verh. s. 1962 m. Ortrud, geb. Bauscher, 4 Kd. (Hans-Georg, Wulf, Peter, Dorothea) - Altsprachl. Gymn. Worms; Univ. Mainz u. Heidelberg (Theol., Kunstgesch., Oriental., Phil.). Theol. Ex. 1960 u. 61 Darmstadt; Promot. 1958 (ph.) u. 63 (th.) Mainz; Habil. 1968 ebd. - Zeitw. Vikar Wiesbaden u. Pfarrer Selzen; s. 1975 Ord. Prof. PH Saarbrücken (Ev. Theol. u. Religionspäd.), s. 1978 Ord. Prof. Univ. Mainz - BV: D. Alte Synagoge zu Worms, 1960; D. johannei. Dualismus, 1965; Dämonenfurcht u. -abwehr, 1970; Christus Exorcista, 1972; D. NT u. d. dämon. Mächte, 1972; D. Johannesapokalypse, 1975, 3. A. 1988; Kunst u. Gesch. in Rheinland-Pfalz, 1981; Kirche in Zeit u. Endzeit, 1983; Kl. Lexikon d. stud. Brauchtums, 1985 - 1976 Ehrenritter, 1987 Rechtsritter Johanniter-Orden; 1976 Ehrenz. Dt. Ärzteschaft - Liebh.: Genealogie u. Heraldik - Spr.: Lat., Griech., Hebr., Franz., Engl.

BOECK, Dieter

Dr. jur., Hauptgeschäftsführer Marburger Bund/Verb. d. angest. u. beamt. Ärzte Dtschl. (Bundesverb.) - Riehler Str. 6, 5000 Köln 1 - Geb. 25. Febr. 1939 Münster/Westf. - 1958 Abit. Human. Uhland-Gymn. Tübingen; Stud. Rechtswiss. u. Betriebswirtsch. Tübingen, München, Berlin u. Hamburg; Promot. (preuß. Rechtsgesch.) - Rechtsanwalt in Bonn; s. 1967 f. d. Ärzteschaft tätig; u. s. 1971 f. d. Marburger Bund (s. 1977 Hauptgeschäftsf.) - Ehrenz. d. dt. Ärzteschaft - Liebh.: Weltreligionen, Lyrik, Preußen, Tischtennis.

BÖCK, Emmi

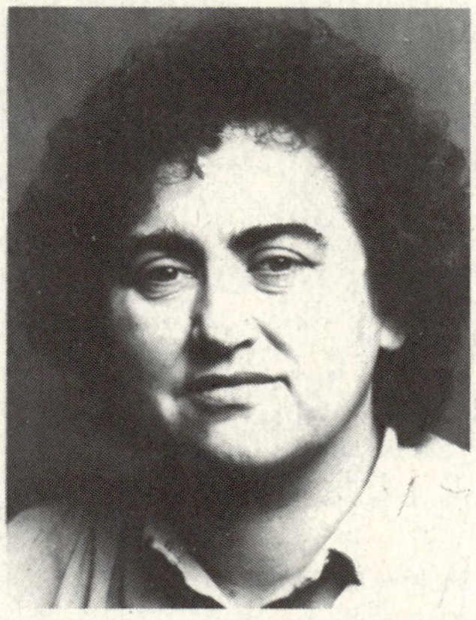

Schriftstellerin, Sagensammlerin - Münchner Str. 74, 8070 Ingolstadt (T. 0841-7 24 33) - Geb. 17. Juni 1932 Zweibrücken (Vater: Robert, Masch.-Schlosser; Mutter: Klara, geb. Heist), ev. - Oberrealsch. Ingolstadt (Abit. 1952), 1953-59 Stud. German. Univ. München; aktiv in d. APO d. 60er Jahre, heute engagiert in d. Friedensbewegung - S. 1961 volkskdl. Sammeltätigk., größtes priv. Sagenarchiv Bayerns. Arbeit mehrf. durch lange Krankh. unterbr.; 1980 Forsch.auftr. Bayer. Landesstiftg. (Sagen Opf.); 1988 Forsch.auftr. Bayer. Landesstiftg. (Sagen Mfr.): Realisation scheitert an prekärer Situation d. Bez.; 1988 Forsch.auftr. d. Fördervereins Kultur ND (Sagen LK Neuburg-Schrobenh.) - BV: Ingolstadt. Bildbd., 1966; Sagen u. Legenden aus Ingolstadt u. Umgeb., 1973; D. Hallertau. Bildbd., 1973; Sagen aus d. Hallertau, 1975; Sagen aus Niederbayern, 1977; Sagen aus Eichstätt u. Umgeb., 1977; Regensburger Stadtsagen, 1982; Erste Biogr. üb. Alexander Schöppner, in: Cor unum, 1984; Bayer. Legenden, 1984; Sagen a. d. Oberpfalz, 1986; Sitzweil. Oberpfälzer Sagen aus d. Volksmund, 1987; Regensburger Wahrzeichen, 1987 - Darstell. im Kurzfilm: D. Ente, 1965 - Mehr. Collagen, u.a. Jesus in schlechter Ges., 1970 (langjähr. brisanter Prozeß; Gutachter: Prof. Werner Hofmann v. d. Hamburger Kunsthalle) - 1981 BVK; 1987 Bayer. VO - Liebh.: Schwimmen, Wandern, Spielen - Spr.: Engl., weniger gut Franz. u. Lat. - Lit.: Vorworte d. Sagenb. v.: Prof. Benno Hubensteiner, Dr. Eberhard Dünninger, Prof. Lutz Röhrich, Dr. Günther Kapfhammer - FS-Porträt üb. E. B. 1979 u. 1986 (bde. in d. Send. Zw. Spessart u. Karwendel); Porträt in Lesespaß 4, Leseb. f. bayer. Grundsch., 1982.

BOECK, Hartmut

Dipl.-Ing., Vorstandsvorsitzer Stadtwerke Hannover AG, Hannover, Vors. Vereinig. Dt. Elektrizitätswerke, Frankfurt/M. (1978-81) - Lundeweg 8, 3000 Hannover 71 - Geb. 8. Okt. 1925.

BOECK, Heinz

Dr.-Ing., Vorstandsvorsitzender Hoesch Siegerlandwerke AG., Siegen (s. 1973) - Am Fichtenhang 13, 5900 Siegen/W. - Geb. 7. Febr. 1921.

BÖCK, Karl

Dr., Ministerialdirektor Bayer. Staatsmin. f. Unterr. u. Kultus München (1969-81), Vors. Kurat. Akad. f. Pol. Bildung, Tutzing - Rabenkopfstr. 38, 8000 München 90 (T. 64 75 43) - Geb. 1916 - 34 J. Staatsdst. Vors. Stiftungsrat Inst. f. Zeitgeschichte, München; 2. Vors. Kath. Jugendfürs. Augsburg; VRvors. Bayer. Schulbuchverlag; 1985ff. Päd. Berat. Provinzreg. Zhejiang (China) - Bayer. VO, Gr. BVK I. Klasse; Komturkr. m. Stern Päpstl. Silvesterorden, Komturkr. m. Stern päpstl. Gregoriusord., Gold. Bürgermed. d. Stadt Dillingen, Gold. Oskar-v.-Miller-Med. Dt. Museum München.

BÖCK, Peter

Dr. med., Prof. f. Anatomie - Zu erreichen üb. Inst. f. Mikromorphologie u. Elektronenmikroskopie, Schwarzspanierstr. 17, A-1090 Wien - 1974 Wiss. Rat u. Prof. Univ. Köln; 1976ff Wiss. Rat u. Prof. TU München; 1980 a.o. Prof. Univ. Wien.

BOECK, Wilhelm

Dr. phil., Prof., Kunsthistoriker - Eichenweg 3, 7400 Tübingen (T. 6 25 50) - Geb. 21. Mai 1908 Gießen (Vater: Wilhelm B.; Mutter: Katharina, geb. Trautmann), ev., verh. m. Ilse, geb. Matthes, 3 Kd. (Urs, Andreas, Emanuel) - 1930 Promot. Berlin - 1941 Univ.Doz., 1948 apl. Prof., 1966 Wiss. Rat Univ. Tübingen - BV: Schloß Oranienburg, 1938; Permoser, 1938; Uccello, 1939; Feuchtmayer, 1948; Picasso, 1955; Grieshaber, 1958; Der Bamberger Meister, 1960; Rembrandt, 1962; Picasso-Zeichnungen, 1973 - 1929 Grimm-Preis Friedrich-Wilhelm-Univ. Berlin; 1959 Bodensee-Lit.preis - Spr.: Ital., Franz., Engl. - Lit.: Inkunabeln d. Bildniskarikatur (Festgabe), 1968.

BOECK, Wolfram

Dr.-Ing., o. Prof. f. Hochspannungs- u. Anlagentechnik TU München (s. 1976) - Otzbergstr. 10, 6101 Roßdorf 2 - Zul. Ord. TH Darmstadt.

BÖCKELER, Wolfgang

Dr. rer. nat. habil., Privatdozent, Zoologe u. Parasitol. Univ. Kiel - Adenauerstr. 54, 2300 Kronshagen (T. 0431 - 58 24 71) - Geb. 17. Sept. 1941 Bonn, kath., verh. m. Johanna, geb. Clasen, T. Birgit Lätitia - Stud. Biol. (spez. Zool.) u. vorklin. Med. Bonn; Dipl.-Biol. 1971 u. Dr. rer. nat. 1975 Bonn; Habil. 1984 Univ. Kiel. 1971-73 Forschungsreisen n. Afghanistan; 1984-89 2x jährl. Forsch.reisen u. Gastdoz. Paraguay; Gastdoz. Heidelberg - BV: Parasitol. Praktikum; Veröff. auf parasitol. u. entwicklungsgeschichtl. Geb. (v.a. Pentastomida) Böckeler & Wülker (Hrsg. 1983); Kl. Führer üb. Schlangen d. parag. Chaco, 1989 - 1959/60 National Honour Society, USA; 1989 Prof. Visitante Univ. Nacional de Asuncion - Liebh.: Klass. Musik - Spr.: Engl., Franz., Lat., Farsi.

BÖCKELMANN, Gottfried

Prof., Dipl.-Designer, Drechslermeister, Vorst. Dt. Drechslerhandwerk, gf. Vors. Sozialfonds d. dt. Kunsthandwerks - Johanna-Kirchner-Str. 34, 3200 Hildesheim (T. 05121 - 4 17 36) - Geb. 20. Jan. 1930 (Vater: Georg B., Landwirt; Mutter: Sibylle, geb. von Tschirschky u. Bögendorff), ev. luth., verh. s. 1958 m. Ruth, geb. Kurzweg, 3 Kd. (Andreas, Sebastian, Justus) - Lehre b. Bernh. Kirchner, Schüler b. Prof. A. Rickert, Meister- u. Werkkunstsch. Bielefeld - 1961 Bayer. Staatspr., 1964 Nieders. Staatspr., 1969 Ausz. d. LGA Bad.-Württ., 1980 Gold. Handwerksz., 1980 VK a. Bde. Nieders.

VO, 1988 Gold. Ehrenz. d. Dt. Drechslerhandwerks.

BÖCKEN, Carl-August
Rechtsanwalt, Vorstandsmitgl. Concordia Versicherungsges. a. G., Hannover - Grabenweg 11, 3002 Wedemark 1/Mellendorf - Geb. 10. Dez. 1926.

BÖCKENFÖRDE, Ernst-Wolfgang
Dr. jur., Dr. phil., Dr. jur. h. c. (Basel), Bundesverfassungsrichter, Prof. f. Öfftl. Recht, Rechts- u. Verfassungsgesch., Rechtsphil. Univ. Freiburg - Türkheimstr. 1, 7801 Au b. Freiburg (T. 0761 - 40 56 23) - Geb. 19. Sept. 1930 Kassel, verh., 3 Kd. - Promot. Münster (1956, jur.) u. München (1961, phil.) - S. 1964 (Habil.) Lehrtätigk.; Richter Bundesverfass.gericht (s. 1983) - BV: Gesetz u. gesetzgeb. Gewalt, 1958, 2. A. 1981; D. dt. verfassungsgeschichtl. Forsch. im 19. Jh., 1961 (auch ital.); D. Org.gewalt im Bereich d. Regierung, 1964; D. Rechtsauffass. im kommunist. Staat, 1967; Kirchl. Auftr. u. polit. Entscheid., 1973; Staat, Ges., Freiheit, 1976; D. Staat als sittl. Staat, 1978; Demokratie u. Repräsentation, 1983; D. verfassungsgebende Gewalt d. Volkes, 1986; Schriften zu Staat, Ges., Kirche, 1988ff. - Spr.: Engl.

BÖCKENFÖRDE, Werner
Dr. jur., Dr. theol., Domkapitular, Honorarprof. f. Kath. Kirchenrecht u. Staatskirchenrecht Univ. Frankfurt/M. - Roßmarkt 8, 6250 Limburg/L. 1 - Geb. 21. März 1928 Hilders/Rhön (Vater: Josef B., Landforstm.; Mutter: Gertrud, geb. Merrem), kath. - Univ. Münster (Kath. Theol., Rechtswiss., Christl. Sozialwiss.). Promot. 1956 u. 69 - S. 1957 Geistl. (1976 Domkap.) - BV: D. allg. Gleichheitssatz u. d. Aufgabe d. Richters, 1957; D. Rechtsbegriff in d. neueren Kanonistik, 1969; H. Barion: Kirche u. Kirchenrecht (Hrsg.), 1984 - Spr.: Engl.

BÖCKER, Felix
Dr. med., Ltd. Medizinaldirektor, Leit. Nervenkrkhs. Bayreuth (s. 1975), apl. Prof. f. Neuropsychiatrie Univ. Erlangen-Nürnberg (s. 1977) - Neißeweg 6, 8580 Bayreuth - Geb. 18. Dez. 1931 Havixbeck (Vater: Dr. med. Hans B.; Mutter: Hildegard, geb. Baumeister), kath., verh. s. 1956 m. Gisela, geb. Sauerland, 5 Kd. (Felix, Tobias, Fabian, Imina, Reinula) - Schule Iserlohn (Abit. 1952); Univ. Köln (Staatsex. 1958). Promot. Köln; Habil. Erlangen - Zul. Oberarzt Nervenklin. Erlangen - BV: Suizide u. Suizidversuche in d. Großstadt, 1973.

BÖCKER, Franz
Dr. oec. publ., Dr. rer. pol. habil., Prof. f. Betriebswirtschaftslehre u. Marketing Univ. Regensburg (s. 1977) - Eichendorffstr. 21, 8400 Regensburg - Geb. 13. Jan. 1945 Schrobenhausen, kath., 2 Töcht. (Alexandra, Astrid)- 1974 Res. Fellow IBM World Trade Corp., White Plains/New York/USA, 1981 Gastprof. European Inst. of Advanced Studies in Management, Brüssel/Belg., 1985 Gastprof. Ecole Superieure des Sciences Economiques et Commerciales, Cergy Pontoise/Frankr., 1989 Gastprof. Univ. Tokyo, Tokyo/Jap., 1978-85 ständ. Gutachter f. gtz - BV: D. Distributionsweg e. Unternehmung, 1972; Erfolgskontrolle im Marketing, 1975; D. Bestimmung d. Kaufverbundenheit v. Produkten, 1978; Marketing, 3. A. 1989; Preispolitik u. Preisverhalten, 1982; Fallstudien z. Marketing, 1983; Plan. u. Kontrolle d. betriebsw. Lehre, 1985; Werbeträgerplanung, 1987; Marketing-Kontrolle, 1988.

BOECKH, Jürgen
Dr. rer. nat., o. Prof. f. Biologie - Universität, 8400 Regensburg - S. 1967 Prof. Univ. Frankfurt (Wiss. Rat u. Prof. Zool. Inst.) u. Regensburg (Ord.).

BÖCKING, Alfred
Dr. med., Prof. f. Pathologie RWTH Aachen - Montzenerstr. 1, 5100 Aachen (T. 0761 - 7 33 95) - Geb. 10. Aug. 1944 Sagan/Schles. (Vater: Wolfgang B., Dipl.-Ing.; Mutter: Gerda, geb. Aubin), ev., verh. s. 1974 m. Gabriele, geb. Doll, 3 Kd. (David, Charlotte, Johanna) - Med. Staatsex. u. Promot. 1971 Univ. Freiburg/Br.; Habil. 1980 ebd. (f. Allg. u. Spez. Pathol.) - 1977 Columbia Univ. New York (Forschungsaufenth.); s. 1982 Univ.-Prof. f. Pathol. u. Zytol. RWTH Aachen. Entd. Diagnost. DNS-Bild-Zytometrie, Verf. z. Malignitäts-Grading d. Prostatakarzinoms, DNS-Malignitäts-Grading. Entw.: MIAMED-DNA (Leitz, Wetzlar): System z. Computerunterstützten Diagnose u. Gradierung bösartiger Tumoren - 1974 Gödecke-Forschungspreis - Liebh.: Alpinismus, Fotogr. - Spr.: Engl., Franz. - Bek. Vorf.: Prof. Dr. Hermann Aubin (Großv.); Heinrich Böcking, Industrieller u. Politiker (geb. 1785).

BÖCKING, Werner
Schriftsteller - Erprather Weg 32, 4232 Xanten 1/Rh. - Geb. 25. Jan. 1929 Homberg/Ndrh. - Archäol. Zeichner. Div. Sachb. D. Römer am Niederrhein - D. Ausgrab. in Xanten, Westf. u. Nieders., 1974 u. 1978; Schiffe auf d. Rhein in drei Jahrtausenden, Bildband mit Text, 1979; D. Gesch. d. Rheinschiffahrt, Textband, 1980; Nachen u. Netze am Niederrhein, volkskundl. Studie, 1982; D. geheimnisv. Waldhaus, Jugendb., 1983; Schiffe auf d. Saar, 1984; Fähre im Nebel, Erz. 1984; Menschen am Strom, Erz. u. Hörsp., 1986; D. Römer, Archäol. Ausgrabungen in Xanten, 1987; Xantener Chronik - v. d. Römerzeit b. heute, 1987; So fischte man am Niederrhein - D. einstigen Fangmethoden v. Emmerich b. Neuss. Bilder e. alten Handwerks, 1988; Römer, Fischerei u. Schiffahrt an u. auf d. Niederen Rhein, Bibliogr. 1989 - 1981 Rheinland-Taler.

BÖCKL, Manfred Ludwig
Schriftsteller - Pielmühler Str. 5, 8417 Lappersdorf - Geb. 2. Sept. 1948 Landau, gesch., T. Kathrin Amadea - Abit.; einige Sem. Univ. Regensburg, dann Ausb. z. Redakt. Passauer Neue Presse - B. 1976 Redakt., anschl. fr. Schriftst. - BV: D. Meister v. Amberg, 1984; D. Leibeigenen, 1985; D. Lied v. Haduloha, 1986; Land u. Meer, 1986; D. Stromkiesel, 1988; D. Hexe soll brennen, 1989 - 1986 Stadtschreiber v. Otterndorf; 1987/88 Neumüller-Stip. d. Stadt Regensburg.

BÖCKL, R.
Dr. jur., Geschäftsführer Landesgruppe NRW d. VDMA; Leit. Verbindungsbüro Bonn; Geschäftsf. Fachgem. Näh- u. Bekleidungsmasch., sowie Fachgemeinsch. Bergwerksmaschinen d. VDMA - Grabbeplatz 2, Postf. 8231, 4000 Düsseldorf 1.

BÖCKLE, Franz
Dr. theol., em. o. Prof. f. Moraltheologie Univ. Bonn - Am Kottenforst 46, 5300 Bonn-Röttgen - Geb. 18. April 1921 Glarus (Schweiz) (Eltern: Fridolin u. Clara B.), kath. - Stud. Theol. u. Phil. Chur, Rom, München - 1953-63 Prof. Theologische Hochsch. Chur (Schweiz); 1963ff. Prof. Univ. Bonn, 1983 Rektor. 1971ff. Mitgl. Zentralkomitee d. Dt. Katholiken - BV: Gesetz u. Gewissen - Grundfragen theol. Ethik in ökumen. Sicht, 1965 (auch engl., niederl., ital.); Grundbegriffe d. Moral, 1966 (auch engl.); D. Problem d. bekenntnisversch. Ehe in theol. Sicht, 1968; D. Probe aufs Humane, 1970; Naturrecht in d. Kritik, 1973; Fundamentalmoral, 1977 (auch engl., span., ital.); Menschenwürdig sterben, 1979 - Spr.: Franz., Ital. - Rotarier.

BOECKLIN, Freiherr von, Dietrich
Justitiar Saarl. Rundfunk - Funkhaus Halberg, 6600 Saarbrücken.

BOECKMANN, Klaus
Dr. phil., Prof. f. Mediendidaktik Univ. Klagenfurt - A-9074 Keutschach 59 - Geb. 3. Juli 1937 Königsberg/Pr. - Promot. 1970 - BV: D. Herstell. programm. Lehrmaterialien, 1973 (m. Norbert Heymen).

BÖCKMANN, Kurt
Ingenieur, Staatsminister a. D., MdL (s. 1967; 1973-76 Vorsitzender CDU-Fraktion) - Schreberstr. 84, 6700 Ludwigshafen/Rh. (T. 55 27 29) - Geb. 16. Dez. 1929 Ludwigshafen, kath., verh., 2 Kd. - Gymn. (Abit.); 1950-53 Maschinenschlosserlehre; 1953-57 Maschinentechn. Fachsch. - S. 1953 Gebr. Giulini GmbH, L'hafen (1955ff. Mitgl. Betriebsrat; 1958ff. Leit. Berufsausbild.). 1956ff. Mitgl. Stadtrat L'hafen (1967ff. Fraktionsf.). B. 1987 Staatsmin. d. Innern Rhld.-Pfalz. CDU s. 1953 (1963-67 Vors. Kreisverb. L'hafen; 1966-69 Vors. Landessozialaussch.).

BÖCKMANN, Walter
Dr., Dipl.-Soz., Psych. Berater f. Personalwesen u. Psychotherapeut, Schriftsteller - Ilmenauweg 15, 4800 Bielefeld 11 (T. 05205 - 32 29) - Stud. Psych., Soziol., Päd. (Dipl.-Soz., Dr. paed.) - Logotherapeut, Leit. Inst. f. Logotherapie u. Psych. d. Arbeitswelt Bielefeld. Gründungsvorst.-Mitgl. Ges. f. Logotherapie u. Existenzanalyse Wien u. Dt. Ges. f. Logotherapie Bremen - BV: Millionenverluste durch Führungsfehler, 1967; D. Geist, d. Zinsen trägt, 1972; Botsch. d. Urzeit, 1979; Sinn-orient. Leistungsmotivation u. Mitarbeiterführ., 1980; D. Sinn-System, Psychotherapie d. Erfolgsstrebens u. d. Mißerfolgsangst, 1981; Psych. d. Heilens, 1982; Wer Leistung fordert, muß Sinn bieten, 1984; Sinnorientierte Führung als Kunst d. Motivation, 1987; Sinn u. Selbst, 1989; V. Sinn z. Gewinn, 1989. Filme (u.a.): D. untern. Herausford. (BRD 1972), D. sowj. Arbeiter in d. sozialist. Planwirtsch. (BRD/UdSSR 1973), Arbeiterselbstverw. in Jugosl. (Jugosl./BRD 1973).

BÖCKSTIEGEL, Karl-Heinz
Dr. jur., o. Prof. Univ. Köln - Albertus-Magnus-Platz, 5000 Köln 41 - Geb. 2. Aug. 1936, verh. - Univ. Heidelberg, Hamburg, Bonn, Köln; Boston, Genf, Den Haag, Paris - Lehrst. f. Intern. Wirtschaftsrecht; Dir. d. Inst. f. Luft- u. Weltraumrecht; Präs. d. Iran-United Claims Tribunal; Schiedsrichter in vielen nationalen u. intern. Streitigk. - BV: 27 Bücher u. viele Aufs. in dt., engl. u. franz. Spr., Übers. in span. u. portug.

BÖDECKER, Ehrhardt
Rechtsanwalt, Geschäftsinh. Weberbank KGaA, Berlin - Nürnberger Str. 61-62, 1000 Berlin 30 (T. 219 90 50) - Mitgl. Kuratorium Ev. Johannesstift Berlin-Spandau u. Vorst. Berliner Wertpapierbörse.

BÖDEKER, Helga
Dozentin f. Violine Hochsch. f. Musik u. Theater Hannover - Kirchröder Str. 6, 3000 Hannover 61 (T. 0511 - 55 77 25) - Geb. 4. Mai 1928 Bremen - Abit.; Stud. Detmold (Musikakad.) - 1964-67 Assist. v. Prof. Henryk Szeryng - Liebh.: Lesen, Malerei, Arch., Gesch., Sprachen, Reisen, Archäol. - Spr.: Engl., Franz., Ital. - Bek. Vorf.: Joh. Heinr. Wilh. Tischbein: „Goethe-Tischbein" (Ur-Ur-Urgroßv.).

BÖDEKER, Johann Dietrich
Dr. phil., Schriftsteller - Margaretenhöhe 21, 3300 Braunschweig - Geb. 25. Febr. 1918 Rönneburg (Hamburg), verh. s. 1948 m. Lydia, geb. Barth, 3 Kd. (Gundula, Berthold, Reinhold) - 1945-50 Stud. Phil., German., Angl., Roman. Univ. Göttingen; Staatsex. u. Promot. 1950 ebd. - Studiendir., Fachberat. f. Dtsch. im Nieders. Reg.bez. Braunschweig (1974-80) - BV: Reichsapfel u. Pflaumenbaum, R. 1976; Eros reitet d. Reh, Erz. 1979; Blicke ins Tausendauge, Ged. 1982; Redakt. d. Satyrikons Schmähwinkel, 1979-84; D. Land Brome u. d. obere Vorsfelder Werder, Historiographie, 1985 - 1985 Ehrenbürger Samtgde. Brome/Landkr. Gifhorn - Spr.: Engl., Franz.

BÖDEKER, Jürgen
Dr. med., Privatdoz., Ltd. Arzt Urologische Abt. Krankenhaus Waldshut - Kaiserstr. 93, 7890 Waldshut-Tiengen 1 (T. 07751 - 8 50) - Geb. 8. Febr. 1939 Köln, ev., verh. s. 1971 m. Ulla, geb. Hahn, 2 T. (Katja, Alina) - Abit. Köln; Stud. Med. Univ. Köln, Wien, Düsseldorf u. in USA; Promot. 1966 D'dorf, Habil. 1978 FU Berlin - Facharzt f. Urol. Chefredakt. Ztschr. Extracta urologica - BV: Tumoren d. Urogenitaltraktes, 1981 - 1984 ao. Mitgl. Schweizer. Ges. f. Urol. - Liebh.: Malerei, Sport - Spr.: Engl., Ital.

BOEDEN, Gerhard
Polizeibeamter, Vizepräs. Bundeskriminalamt a. D., Präs. Bundesamt f. Verfassungsschutz (s. 1987) - Merler Ring 117, 5309 Mekkenheim-Merl - Geb. 10. Febr. 1925 Gütersloh, ev., verh. s. 1954 m. Paulina, geb. Kutzer, S. Dr. med. Gerhard - Schriftsetzerlehre; zahlr. Fachlehrg. - Sachbearb., Ref., Gruppenleit., Abteilungsleit., Hauptabteilungsleit., Vizepräs. Polizei NRW, BKA, Zahlr. Veröff. z. kriminol. u. kriminalist. Themen - 1981 BVK I. Kl.; 1987 Gr. BVK; zahlr. hohe ausl. Orden.

BOEDER, Heribert
Dr. phil., o. Prof. f. Philosophie - Heinrichstr. 37, 4500 Osnabrück - Geb. 17. Nov. 1928 Adenau/Eifel, verh. s. 1958 m. Anita, geb. Philippi, 2 Kd. (Titus, Maria) - Univ. Mainz, Freiburg, Cambridge, Paris, Oxford - S. 1960 (Habil.) Lehrtätigk. Univ. Freiburg (1967 apl. Prof.), TU Braunschweig (1971 Ord.), Univ. Osnabrück - BV: u. a. Topologie d. Metaphysik, 1980; D. Vernunft-Gefüge d. Moderne, 1988. Fachveröff. - Liebh.: Bücher.

BOEDER, Lutz
Dipl.-Kfm., Geschäftsführer, Vors. Fachverb. Sondererzeugnisse, Präsidium HPV - Am Ellerhang 10, 6240 Königstein (T. 06174 - 73 81) - Geb. 10. Sept. 1941 Berlin, ev., 3 Kd. (Martina, York, Marc) - FU Berlin (Dipl.-Kfm.).

BOEDER, Winfried
Dr. phil., Prof. f. Linguistik u. Kommunikationstheorie (m. Schwerp. Anglistik) Univ. Oldenburg - Friedrich-Rüder-Str. 3, 2900 Oldenburg/O. - Geb. 2. April 1937 Ahrweiler/Rh. - Promot. 1961 Freiburg/Br.; Habil. 1967 Hamburg.

BÖGE, Kurt
Landwirt, MdL Schlesw.-Holst. (s. 1975, Wahlkr. 23) - 2359 Hasenmoor Kr. Segeberg - Geb. 19. März 1926 Hasenmoor, ev., verh., 3 Kd. - Obersch. Bad Bramstedt (Mittl. Reife); Landarbeits- u. -wirtschaftslehre - S. 1948 selbst. Gemeindevertr. (stv. Bürgerm.) u. MdK. CDU s. 1955.

BÖGE, Sigrid
Dr. rer. nat. (habil.), Wiss. Rätin u. Prof., apl. Prof. f. Mathematik Univ. Heidelberg - Lilienweg 3, 6903 Waldhilsbach.

BÖGEL, Georg
I. Bürgermeister (s. 1978) - Rathaus, 8535 Emskirchen/Mfr. - Geb. 5. April 1923 Emskirchen - Zul. Kaufm. CSU.

BÖGER, Helmut
Journalist, Schriftst. - Eichendorffstr. 6, 5206 Neunkirchen 1 - Geb. 18. Sept. 1949 Wuppertal, verh. s. 1973 m. Hella, geb. Steinberg, T. Julia - Human. Gymn.; Volont. - Chefreporter Politik Bild am Sonntag - BV: Ged. aus d. Bundeswehr, (Hg.) 1972; Berühmte u. Berüchtigte, 1976; Kaufen Sie sich e. Minister u. a. Sat., 1982; Berühmte u. Berüchtigte II, 1988; Kanzlerfest, 1988.

BÖGER, Horst
Dr. rer. nat., Prof. f. Geologie u. Paläontol. Steenbeker Weg 4, 2300 Kiel - Geb. 8. Dez. 1934 Bad Salzuflen, ev. ref., verh. s. 1960 m. Johanna, geb. Teuber, 2 Kd. (Hanns Hinrich, Christina) - Gymn. Detmold, Stud. Univ. Göttingen u. Zürich. S. 1970 Prof. f. Geologie u. Paläontologie, Dir. Geol.-Pal. Inst. Univ. Kiel - Spr.: Engl., Franz., Portug., Span., Ital.

BÖGER, Peter
Dr. rer. nat., o. Prof. f. Physiol. u. Biochemie d. Pflanzen Univ. Konstanz - Zum Wald 7, 7750 Konstanz 19 - Promot. 1963 Göttingen - Forschungsaufenthalte in USA, Univ. Köln u. Bochum. Arb. z. molekularen Wirkungsweise v. Herbiziden, ferner Stud. z. Stickstoffixierung u. Bioenergetik v. Cyanobakterien.

BÖGGEMEYER, Gerhard
Dr., Bibliotheksdirektor, Leiter d. Benutzungsabt. Univ.-Bibliothek Münster - Postfach 8029, Univ.-Bibl., 4400 Münster

BÖGGERING, Laurenz
Weihbischof - Dompl. 27, 4400 Münster/ W. (T. 0251 - 49 52 90) - 1954 Generalvikar, 1967 Weihbischof - Apostol. Protonotar.

BÖGLI, Alfred
Dr. phil., Prof. - Kommendeweg, CH-6285 Hitzkirch - Geb. 1. April 1912 Willisau - S. 1941 Lehrtätig. Honorarprof. (1967) Univ. Frankfurt/M. (Karstmorphologie u. -hydrogr.), Pd (1970), Titular- u. Gastprof. Geograph. Inst. Univ. Zürich (1971), emeritiert (1981). S. 1951 Leit. Arbeitsgem. Höllochforsch. Zahlr. Veröff. z. Karstkunde - Spr.: Deutsch, Engl., Franz.

BÖHL, Adolf
Fabrikant, Präs. Verb. Mieder u. Badebekleidung, Stuttgart - Hailingstr. 37, 7320 Göppingen - Geb. 11. Okt. 1914.

BÖHL, Felix
Dr. phil., Prof., Dipl.-Theologe - Bürgerwehrstr. 1, 7800 Freiburg (T. 70 03 99) - Geb. 17. Febr. 1941 Mannheim - Univ. Heidelberg, Freiburg, München u. Jerusalem; Prof. f. nachbibl. jüd. Lit. d. Antike Univ. Freiburg - BV: Gebotserschwerung u. Rechtsverzicht, 1971; Aufbau u. literarische Formen Jelamdenu-Midrasch, 1977; Judentum im Religionsunterr. Sekundarstufe II, 1978 (zus. m. B. Uhde u. P. Schmitz).

BÖHLAU, Volkmar
Dr. med. habil., Prof., Ltd. Arzt Taunus-Sanatorium d. LVA Württ. - Dachbergstr. 66, 6232 Bad Soden - Geb. 27. Jan. 1917, verh. s. 1945 (Ehefr.: Dr. Eva), S. Reinhard - S. 1958 apl. Prof. f. Inn. Med. Univ. Frankfurt u. Dir. Max Bürger-Inst. f. Altersmed. Bad Soden. Gründungspräs. Dt. Ges. f. Aerosolforschg. u. Mitgl. Arbeitsgruppe Gerontologie UNESCO, Entwickl.: Leistungsprüfgerät Energotest (Herstell.: Hartmann & Braun, Frankfurt). 23 Fachb. u. etwa 600 -aufs. u. Vortr. - 1968 Dr.-Willmar-Schwabe-Preis (m. d. Ehefr. u.), 1975 Ernst-v.-Bergmann-Plak., 1976 BVK a. Bd., 1980 BVK I. Kl.

BÖHLE, Eberhard
Dr. med., Prof., Internist - Im Kempken 30, 4630 Bochum - Geb. 7. Juni 1925 Dortmund - 1963-70 Lehrtätig. Univ. Frankfurt/M. (1968 apl. Prof.); Oberarzt I. Med. Klinik); s. 1970 Chefarzt Innere Abt. Augusta-Krankenanst. Bochum. Zahlr. Veröff. üb. Stoffw., Ernährungsphysiol., Gastroenterol. u. Endokrinol.

BÖHLER, Dietrich
Dr. phil., Univ.-Prof. - Rotdornstr. 3, 1000 Berlin 41 (T. 030 - 851 55 21) - Geb. 5. Jan. 1942 Berlin/Karlshorst (Vater: Hermann B., Dipl.-Ing.; Mutter: Anna Elisabeth, geb. Ursinus), ev., verh. s. 1967 m. Dr. Christiane, geb. Auras, 2 Kd. (Benjamin, Larissa) - 1970 Promot. Kiel, 1981 Habil. Saarbrücken - 1969 wiss. Ass., 1972 Ass.Prof. Univ. Saarland; 1975 o. Prof. f. Phil., PH Berlin; 1980 Prof. f. Phil. Freie Univ. Berlin - BV: Metakritik d. Marxschen Ideologiekritik, 2. A, 1972; Prakt. Philosophie/ Ethik, Reader 1, 1980 (m. Apel u. a.); Kommunikation u. Reflexion, 1982 (m. Kuhlmann), Funk-Kolleg Prakt. Philosophie/Ethik: Dialoge 1 u. 2, 1984 (m. Apel u. a.); Funkkolleg Prakt. Philosophie/Ethik: Studientexte 1-3, 1984 (m. Apel u. a.); Rekonstruktive Pragmatik. Von d. Bewußtseinsphil. zur Kommunikationsreflexion, 1985; D. pragmatische Wende, 1987 (m. Nordensmann u. Skirbekk). Aufs. zu Ethik, Politik, Zivilisation, Nationalsozialismus u. Fachveröff.

BÖHLER, Eduard
Verbandsdirektor i. R. - Fullbergstr. 1, 7820 Titisee-Neustadt - Geb. 27. April 1913 - 1953-69 Sparkassendir. u. Vorst.-Vors. Bezirkssparkasse Neustadt/ Schwarzw.; 1969-70 Bankdir. Bad. Kommunale Landesbank, Zweiganst. Freiburg i. Br.; 1970-79 gf. Verbandsdir. Bad. Sparkassen- u. Giroverb. Mannheim.

BÖHLER, Robert W.
Ingenieur, Bildhauer - Georgenstr. 10, 8000 München 40 - Geb. 10. Juli 1920 Frankfurt/M. (Vater: Valentin B., Ing.; Mutter: Margit v. Posselt), verh. s. 1965 m. Anna Luise - Technikum Konstanz (1947ff.), Kunstakad. Düsseldorf (1967ff.) u. München (1977ff.) - 1953-68 Alleinaktionär Schneid- u. Presswerke, Essen, u. Universal- u. Eisenstahl AG, Düsseldorf. U. a. Häuser Schweiz u. Ital. (durch TV als bewohnbare Skulpturen bekannt). Ausstell. Europa u. Übersee - Kunstpreis Centro Studio Nazioni (Ital.) - Spr.: Ital., Franz., Engl. - Bek. Vorf.: Prof. Honnolt, Bildhauer, Karlsruhe; Lauer, Hofmaler b. Friedrich d. Gr., Potsdam - Mehrere Erf. f. d. Maschinenbau.

BÖHLER-MUELLER, Charlotte El.

Geschäftsfrau, Dichterin, Komponistin (Ps.: ChBM) - Buckmatten 18, 7889 Grenzach-Wyhlen 1 (T. 07624 - 62 35) - Geb. 5. April 1924 Buxheim/Allgäu, kath., verh. s. 1948 m. Egon Helmuth Böhler, 4 Kd. (Evelyne, Jeannette, Daniel, Tino) - Grundschulausbildung, Singsch. Buxheim; Klavier- u. Akkordeonunterr. Lörrach; Sprachsch. Memmingen u. Basel/Schweiz - Komponieren, Dichten u. Malen s. frühester Kindh.; Mitgl. Hebelbd. Lörrach, Muettersproches. Freiburg, Hermann-Burte-Ges. Lörrach, GEMA, Arbeitskr. f. dt. Dicht. u. Schwäb. Mundartges. Reutlingen. Autorenlesungen m. Singen u. Spielen eig. Komposit. u. Texte - BV: Nimm D'r Zit (alem.), 1981; D'Schatull (schwäb.), 1983; In Seiner Hand, dt. 1984; Mit d. Augen e. Frau, 1987; Mitschuldig? Zeit- u. Autobiogr. 1988. Mitarb. in versch. Anthol. - Liebh.: Musik, Phil., psychol. u. theol. Lit., Malerei, Modezeichnen, fr. Mitarb. in Journ. u. Fotorep. f. sämtl. reg. Tagesztg. - Spr.: Engl., Ital., Franz.

BÖHLHOFF, Heinz
Dr., Vorstandsmitglied Gehe & Co. AG., München - Hohler Weg 9, 3501 Heckershausen Kr. Kassel - Geb. 20. Febr. 1914.

BÖHLIG, Alexander
Dr. phil., Dr. theol., Prof. f. Sprachen u. Kulturen d. christl. Orients - Wolfgang-Stock-Str. 24, 7400 Tübingen (T. 6 32 03) - Geb. 2. Sept. 1912 Dresden (Vater: Lic. theol. Johannes B., Pfarrer; Mutter: Elisabeth, geb. Oertel), ev., verh. s. 1946 m. Dr. Gertrud, geb. Ries - Dr. phil. 1936 Berlin, Dr. theol. 1947 Münster; Habil. 1951 Berlin - S. 1952 Lehrtätigk. Univ. München, Würzburg, Halle (1954 Prof. m. Lehrauftr., 1956 m. vollem L., 1960 Dir. Inst. f. Byzantinistik, Tübingen (1964 apl. Prof. u. Wiss. Rat, 1969 Abt. Sprachen u. Kulturen d. Christl. Orients/Oriental. Sem., 1978 Prof.). Bücher u. Fachaufs. (Auswahl): Unters. üb. d. kopt. Proverbientexte, 1936; Manichäische Handschr. d. Staatl. Museen Berlin: Kephalaia, Lfg. 3-12 1936, 38, 40, 66; Griech. Lehnwörter im sahid. u. bohair. Neuen Testament, 1954; D. achmim Proverbientext, 1958; D. kopt.-gnost. Schrift ohne Titel aus d. Codex II v. Nag Hammadi, 1962; Kopt.-gnost. Apokalypsen aus d. Codex V v. Nag Hammadi, 1963; Mysterion u. Wahrheit, 1968; D. Ägypterevangelium v. Nag Hammadi, 1974; The Gospel of the Egyptians, 1975; Z. Hellenismus in d. Schriften von Nag Hammadi, 1975; D. Gnosis III: D. Manichäismus, 1980; Gnosis u. Synkretismus (2 Bde.), 1989 - 1959 Membre corr. Soc. d'Archeol. Copte, 1962 Membre ass. Inst. d'Egypte 1967 Fellow Inst. of Coptic Studies, 1967 korr. Mitgl. Dt. Archäol. Inst. - Vs. verwandt m. Philipp Melanchthon - Lit.: Essays on the Nag Hammadi texts in honour of A. B., 1972; Religion im Erbe Ägyptens, zu Ehren v. A. B., 1988.

BÖHLING, Karl Heinz
Dr., Prof., Ordinarius f. Informatik Univ. Bonn/Math.-Naturwiss. Fak. (s. 1971) - Kaninsberg 10, 5300 Bonn-Hoholz.

BOEHLKE, Hans-Kurt
Dr. phil., Kunsthistoriker, Dir. Zentralinst. u. Museum f. Sepulkralkultur, Kassel, Gf. Vorst. Arge Friedhof u. Denkmal - Ständeplatz 13, 3500 Kassel (T. 0561 - 40 54 41; dstl.: 0561 - 10 41 11) - Geb. 25. Jan. 1925 Kassel, ev., verh. s. 1951 m. Gesa-Maria, geb. Mandel, 3 Kd. (Hans-Erik, Hans-Thomas, Gesine) - 1942-45 Seeoffizier m. Ausz.; Stud. Arch. TU Stuttgart; Kunstgesch., klass. u. frühchristl. Archäol., Vor- u. Frühgesch. Univ. Göttingen; Promot. 1954 Univ. Göttingen - Arbeitskr. Selbst. Kulturinst. (1979-85 Vors.); Kurat. Kasseler Hochschulbund; Denkmalbeirat u. Museumsbeirat d. Stadt Kassel - BV: Simon-Louis du Ry als Stadtbaumeister, 1956; D. Gemeindefriedhof, 1966 u. 73; Friedhofsbauten, 1974; D. Bestattungs- u. Friedhofswesen in Europa, 1977; S.L. du Ry als Wegbereiter d. Klassizismus, 1980. Herausg.: Buchreihe Kasseler Stud. z. Sepulkralkultur - 1970 BVK, 1979 BVK I. Kl. - Liebh.: Kultur- u. Zeitgesch., Kleinplastik, Kochen - Spr.: Franz., Engl. - Lit.: J. Schuchard/H. Claussen (Hrsg.), Vergänglichkeit u. Denkmal (1985).

BÖHLKE, Peter
Schauspieler - Helmtrudenstr. 7, 8000 München 40 (T. 089 - 361 35 46) - Geb. 3. Aug. 1926 Danzig (Vater: Walther B., Hochschulprof.; Mutter: Johanna, geb. Kaule) - Akad. f. Musik u. Theater Dresden (Dipl. 1949) - Zahlr. Bühnen- (u. a. Pickering (Pygmalion), Titelr.: E idealer Gatte) u. Fernsehrollen (üb. 150) - Spr.: Engl., Franz.

BÖHM, Albrecht
Dr. rer. nat., Prof., Physiker - Dellstr. 68, 5100 Aachen-Richterich - S. 1974 Wiss. Rat u. Prof. TH Aachen (Experimental- u. Hochenergiephysik).

BÖHM, Alexander
Dr. jur., Prof. f. Kriminologie, Strafrecht u. -vollzug Univ. Mainz - Raiffeisenstr. 15a, 6309 Rockenberg 2.

BÖHM, Andreas
Dipl.-Ing., Geschäftsführer Salzgitter-Industriebau GmbH., Salzgitter - Am Alten Tor 4, 3320 Salzgitter 31 - Geb. 28. Aug. 1931.

BÖHM, Erich
Dr.-Ing., Präsident Oberpostdirektion, Koblenz (s. 1985) - Friedrich-Ebert-Ring 14-20, 5400 Koblenz - Geb. 4. Febr. 1933 Barbing b. Regensburg - 1951-56 Stud. Elektrotechn./Nachrichtentechn. TH München, Promot. 1970 Stuttgart m. e. Diss. üb. Prognosemodelle - Entwicklungsing. Telefunken, Backnang; 1959 Eintritt höh. fernmeldetechn. Dienst d. DBP; 1971-85 Leit. d. Referats f. Nachfrageprognosen u. Optimierungsmeth. im Bundespostmin.

BÖHM, Erika

Dipl. art., Malerin u. Grafikerin - Christian Stock-Str. 38, 6102 Pfungstadt (T. 06157 - 21 04) - Geb. 15. Sept. 1915 Bad Gottleuba/Sa., ev., ledig, T. Ingrid - 1951-56 Stud. Hochsch. f. Grafik u. Buchkunst Leipzig, Dipl. - 1956-60 Atelierleit. in Potsdam; fr. Malerin u. Grafikerin; Gruppen- u. Einzelausst. u. a. 1985 Rath. Zwingenberg, 1986 Brandk. Kassel, 1987 Neibiensch. G.H. Frankfurt, 1987 Dresdner Bank Darmstadt-Eberst., 1988 Rath Höchst/Odw. - Kinderbuchillustr., u.a. Ich reite f. mein Leben gern; Weihnachts- u. Wintergesch. - 1952 Preisträgerin d. Dt. Festsp. d. Volkskunst, Berlin; 1981 Preisträgerin b. d. Wettbewerbsausstellg. 400 J. Schloß Lichtenberg - Liebh.: Musik, Violine - Spr.: Engl., Franz.

BÖHM, Gerhard
Bezirksstadtrat - Marienfelder Chaussee 59, 1000 Berlin 47 (T. 742 77 38) - Geb. 24. Nov. 1920 Rödlitz/Erzgeb., verh., 2 Kd. - Obersch.; TH Dresden u. Univ. Wien (Dipl.-Meteorol. 1943). Beide Lehrerprüf. - 1953-71 Rektor Berliner Schuldst.; s. 1971 Bezirksstadtrat u. Leit. Abt. f. Volksbild. BA Neukölln. 1963-67 Bezirksverordn. Neukölln; 1967-71 MdA Berlin. SPD s. 1951 - Liebh.: Musik.

BÖHM, Gottfried
Dipl.-Ing., o. Prof. f. Werklehre TH Aachen (s. 1963) - Auf d. Römerberg 25, 5000 Köln-Marienburg (T. 38 28 00) - Geb. 23. Jan. 1920 Offenbach/M. (Vater: Prof. Dominikus B., Architekt (s. XII. Ausg.); Mutter: Maria geb. Scheiber), verh. s. 1948 m. Elisabeth, geb. Hagenmüller - Stud. München - Architekt. U. a. Rathaus Bensberg, Altenzentrum Düsseldorf-Garath, Gde.zentrum m. Pilgerkirche Neviges, Kinderdorf Bensberg-Refrath - 1968 v. d. Heydt-Preis

Stadt Wuppertal, 1974 Kunstpreis Berlin; 1975 Gr. BDA-Preis; 1968 o. Mitgl. Akad. d. Künste Berlin.

BOEHM, Gottfried K.
Dr. phil., o. Prof. f. Kunstgeschichte Univ. Basel (s. 1986) - Sevogelplatz 1, CH-4051 Basel - Geb. 19. Sept. 1942 Braunau/Böhmen (Vater: Karl B., Agraring.; Mutter: Olga, geb. Scholz), kath. - 1975-79 Doz. u. apl. Prof. (1977) Univ. Bochum, s. 1979 o. Prof. Univ. Gießen.

BÖHM, Gunther
Dr., Geschäftsführer Noris-Zahntechnik GmbH. - Avenariusstr. 20, 8500 Nürnberg 10 - Geb. 15. Jan. 1925 Breslau.

BOEHM, Hanns-Peter
Dr. rer. nat., Prof. f. Anorgan. Chemie - Ranhazweg 81, 8012 Ottobrunn/Obb. (T. München 590 23 55) - Geb. 9. Jan. 1928 - S. 1959 (Habil.) Lehrtätig. TH Darmstadt, Univ. Heidelberg (1960; apl. Prof.; Wiss. Rat Anorgan.-Chem. Inst. u. München (1970 Ord. u. Vorst. Inst. f. Anorg. Chemie). Fachaufs. Mithrsg.: Carbon (1963 ff.).

BÖHM, Hans Leo
Generaldirektor i. R. - Berliner Str. 170-172, 6050 Offenbach/M. - Geb. 1904 - AR-Mand.; Ehrenvors. Partnerversich.-Gruppe.

BOEHM, Hans-Joachim
Dipl. rer. pol., Staatssekretär a. D., gf. Gesellsch. Hans-Joachim Boehm GmbH & Co. KG - Hardenbergstr. 20, Berlin 12 (T. 312 39 75); priv.: Stimmingstr. 5, 1000 Berlin 39 (T. 805 30 30) - Geb. 23. Okt. 1920 Berlin - CDU (s. 1957 Landesvorst. Berlin) - 1981 Gr. BVK.

BOEHM, Hermann
Dipl.-Brauing., Brauereidirektor - Hindenburgstr. Nr. 5a, 4005 Meerbusch - Geb. 9. April 1907 München (Vater: Theobald B.; Mutter: geb. Ettenhofer), verh. s. 1937 m. Edith, geb. Flores - TH München - 1933-45 Brauerei Allendorf, Schönbeck/Elbe; 1945-47 Brauerei Wieninger, Teisendorf/Ndb. (Dir.); s. 1947 Schwabenbräu AG., Düsseldorf (Vors. d. Geschäftsführg.). Vors. Braugerstengemeinschaft/Arbeitsgem. z. Förd. d. Qualitätsgerstenbaus im Bundesgeb., München - 1961 Ehrensenator TH München.

BÖHM, Johann
Regierungsdirektor a. D., MdL Bayern (s. 1974) - Eichenweg 6, 8741 Unsleben (T. 09773 - 421) - Geb. 1937 - CSU.

BÖHM, Karl Heinz
Dr. med. vet., Abteilungsvorsteher (Inst. f. Mikrobiologie u. Tierseuchen) u. Prof. f. Mikrobiol. u. Tiers. Tierärztl. Hochschule Hannover (s. 1973) - Rühmkorffstr. 11, 3000 Hannover 1 - Geb. 3. Sept. 1935 - Promot. 1961; Habil. 1971 - Zahlr. Fachaufs.

BÖHM, Karlheinz
Schauspieler, Gründer d. humanitären Stiftg. Menschen f. Menschen (f. notleidende Menschen in d. Sahel-Zone/Afrika) - Zu erreichen üb. Büro Menschen f. Menschen, Nußbaumstr. 8, 8000 München 2 (T. 089 - 59 66 22) - Geb. 16. März 1928 Darmstadt (Vater: Prof. Dr. jur. Karl B., Dirigent, † 1981 (s. XXI Ausg.); Mutter: Thea, geb. Linhard, Sängerin, † 1981), verh. in 3. Ehe m. Barbara Lass, geb. Kwiatkowska (poln. Schausp.), 5 Kd. (Sissy aus 1., Kristina, Michael, Daniela aus 2., Katherina aus 3. Ehe) Abitur - BV: Nagaya - E. neues Dorf in Äthiopien, 1983 - Bühnen- (u. a. Theater in d. Josefstadt Wien) u. Filmtätigk. Operninsz.: Elektra (1964 Stuttgart) u. Tosca (1968 Kiel). Film: Alraune, Weibertausch, Salto mortale, D. unsterbl. Lump, Arlette erobert Paris, Hochzeit auf Reisen, D. Sonne v. St. Moritz, Und ewig bleibt d. Liebe, D. Hexe, D. gold. Pest, D. hl. Lüge, Ich war es häßl. Mädchen, Schwedenmädel,

Unternehmen Schlafsack, Dunja, Sissi (3 T.), D. Ehe d. Dr. med. Danwitz, Nina, Kitty u. d. gr. Welt, Blaue Jungs, D. Schloß in Tirol, D. blinde Passagier, Man müßte noch mal 20 sein, Das haut e. Seemann doch nicht um. D. Dreimäderlhaus, Kriegsgericht, La Paloma, To hot to handle, D. Gauner u. d. lb. Gott, D. Kreuz d. Liebenden, Schicksals-Sinfonie (Beethoven), Rififi in Tokio, D. Wunderwelt d. Brüder Grimm. L'Heure de la verité, Come fly with me, A Venetian Affair, The Four horsemen of the Apocalypse, Schloß Hubertus, Peeping Tom (Michael Powell, Engl.), Faustrecht d. Freiheit, Martha; Fernsehen: u. a. Traumnovelle, D. Denunziation, Immobilien. S. 1964 fast nur Bühnentätigk., 2 J. Arbeit m. d. Gruppe R. W. Faßbinder; Theater Josefstadt Wien, Schauspielhaus Zürich, Kammersp. München, Theater Basel, Fr. Volksbühne Berlin, TAT Frankfurt, Düsseld. Schauspielhaus. Zahlr. Schallpl. m. Lit. - Lesungen, Tournéen - 1984 Gr. BVK u. Bambi (zurückgegeben z. Versteigerung f. s. Äthiopien-Hilfe); 1985 Theodor-Heuss-Med. (f. Stiftg. Menschen f. Menschen) - Liebh.: Musik.

BÖHM, Norbert
Dr. med., Prof. f. Allg. u. Spez. Pathologie (s. 1976) - Universität/Pathol. Inst., Albertstr. 19, 7800 Freiburg/Br. - Geb. 14. Dez. 1937 Darmstadt - Spez.: Kinderpathol. - BV: Kinderpathol., Farbatlas u. Lehrb., 1984; Pediatric Autopsy Pathology, 1988.

BÖHM, Oskar
Bürgermeister, Vors. Landesverb. d. Wasser- u. Bodenverb. Rheinland-Pfalz, Kaiserslautern - Robert-Koch-Str. 2, 6744 Kandel/Pf. - Geb. 6. Jan. 1916 - Vizepräs. Dt. Städte- u. Gemeindebund (DStGB); stv. VR-Vors. Sparkasse Germersheim-Kandel, Kandel. SPD-Kreistagsfraktion, Germersheim - BVK u. BVK 1. Kl.; Gold. Plakette Landessportb. Rhld.-Pfalz; Gold. Johann-Christian-Eberle-Med.; Ausz. e. Ritters d. Ordre National du Mérite; Silb. Med. d. Partnerstadt Reichshoffen/Frankr.; Freundschaftsabz. Kandel-Reichshoffen.

BÖHM, Otto
Prof., Hochschullehrer - Trajanstr. 33-37, 6802 Ladenburg - U. a. Prof. f. Lernbehindertenpäd. PH Heidelberg.

BÖHM, Otto Hans
Prof., Intendant - Landestheater, 4930 Detmold - Geb. 18. Mai 1919 Wien - S. 1959 Int. Stadttheater Klagenfurt u. Landestheater Detmold (1969).

BÖHM, Paul
Dr. med., Prof., Chefarzt Innere Abt. Krankenanstalten d. III. Ordens, München - Thalanderstr. 10, 8000 München 60 (T. 811 18 11) - Geb. 25. Aug. 1916 Offenbach/M. (Vater: Prof. Dominikus B., Architekt d. XII. Ausg.); Mutter: Maria, geb. Scheiber), verh. s. 1953 m. Roswitha, geb. Hillebrand - Univ. Münster u. Köln (s. 1958 (Habil.) Lehrtätigk. Univ. Bonn (1964 apl. Prof. f. Inn. Med.). Fachveröff.

BÖHM, Peter
Dr. techn., Dipl.-Ing., Gesellsch. u. alleiniger Geschäftsf. Tank- u. Apparatebau Schwietert GmbH Beckum-Vellern - Keitlinghauser Str. 14, 4740 Oelde - Geb. 7. Sept. 1939.

BÖHM, Peter P.
Dr. jur., Prof., Direktor - Stefan-Andres-Str. 33, 5500 Trier/Mosel - Geb. 25. Juni 1934 Oppeln/OS., kath., verh. in 2. Ehe (1977) m. Gundi, geb. Wollschied, T. Sybille - 1972 ff. Honorarprof. Univ. Trier (Bibl.Wiss.).

BOEHM, René
Inhaber Firma René Boehm Privatinseln - Neuer Wall 2, 2000 Hamburg 36 - Geb. 20. Mai 1942 Hamburg, verh. s. 1980 m. Annegret, geb. Aue, 3 Kd. (Jasmin, Philip, Katharina-Isabella) - Abit. 1962

Hamburg; Jura-Stud. Univ. Hamburg (1. Staatsex. 1969, 2. Staatsex. 1972) - Entd.: Inseln als Verkaufsobjekt - BV: Fotos z. Buch: Island Splendour, 1980; div. Kurzgesch. - Liebh.: Sport (Leichtathletik), Fotogr., Zeitgesch. - Spr.: Engl., Latein, Altgriech.

BÖHM, Rudolf
Dr. phil., o. Prof. f. Engl. Philologie - Olshausenstr. 40-60 (Engl. Sem.), 2300 Kiel - Geb. 7. Febr. 1935 Treysa (Vater: Max B., Lehrer; Mutter: Dora, geb. Trieschmann), ev., verh. s. 1964 m. Karla, geb. Lemke, 2 Kd. (Karsten, Meike) - Stud. Marburg, Frankfurt u. Bristol (Anglist., Leibeserz., Erziehungswiss.). Staatsex. 1961, Promot. 1963 (bd. Marburg), Habil. 1972 - BV: Wesen u. Funktion d. Sterberede i. elisabethan. Drama, 1964; D. Motto i. d. engl. Literatur d. 19. Jh., 1975 - Spr.: Engl., Franz.

BÖHM, Rudolf
Geschäftsführer Ireks-Arkady GmbH u. J. Ruckdeschel & Söhne GmbH, Komplementär J. Ruckdeschel u. Söhne KG u. Albert Ruckdeschel u. Co., Kulmbach; AR-Vors. Stadlauer Malzfabrik AG, Wien - Lichtenfelser Str. 20, 8650 Kulmbach/Ofr. - 1981ff. Präs. Zentralverb. Dt. Getreide-, Futter- u. Düngemittelhandel, Bonn; Vors. Industrie- u. Handelsgrem. Kulmbach.

BOEHM, Ulrich
Fernseh-Redakteur - Heinestr. 5, 5060 Bergisch-Gladbach 1 - Geb. 10. Okt. 1941 Guatemala-City, verh. s. 1976 m. Gerda, geb. Kistener, S. Manuel - Stud. Phil., German., Theol. Univ. Tübingen, Heidelberg u. Köln; Staatsex. 1967 - Autor- u. Reporter/Regiss. v. Hörf.- u. Fernseh-Send. (überw. aus Wiss. u. Kultur); 1975-84 Hochsch.-Doz. f. Massenkommunik. u. Medienpäd. Düsseldorf; 1977-84 Aus- u. Fortbild.-Beauftr. FS b. WDR Köln; 1985/86 Berater d. Fernsehens v. Sri Lanka - 1977 Journ.-Preis Dt. Nationalkomit. f. Denkmalschutz; 1981 Diploma de Honor d. peruan. Journ.-Verb.

BÖHM, Volker
Dipl.-Volksw., Ph. D., o. Prof. f. Volkswirtschaftslehre Univ. Mannheim (s. 1978) - Schloß, 6800 Mannheim 1 - 1978 Ruf Univ. Essex (Engl.).

BÖHM, Wilfried
Volkswirt, MdB (s. 1972) - Franz-Gleim-Str. 71, 3508 Melsungen (T. 33 74) - Geb. 8. Febr. 1934 Kassel (Vater: Erich B., Angest.; Mutter: Margarete, geb. Rühlemann), ev., verh. s. 1965 m. Hilta, geb. Pätzold, 5 Kd. (Hans-Martin, Roland, Matthias, Andrea, Annette) - Realgymnasium; 1954-58 Universitäten München u. Marburg (Volksw.; Diplomvolkswirt 1958) - 1959-64 Außenstellenleit. Dt. Bundesstudentenring Lager Friedland, Gießen, Uelzen; 1964-67 Leit. Amt f. Wirtschaftsförd. Presse u. Statistik Magistrat Fulda. 1960-64 Stadtverordn. Kassel; 1966-72 MdL Hessen. 1968-81 Kreistag Schwalm-Eder; s. 1977 Mitgl. d. Parlam. Vers. d. Europarates u. d. Westeurop. Union. CDU s. 1959 (stv. Bezirksvors. Nordhessen) - Spr.: Engl.

BOEHM, Wolfgang

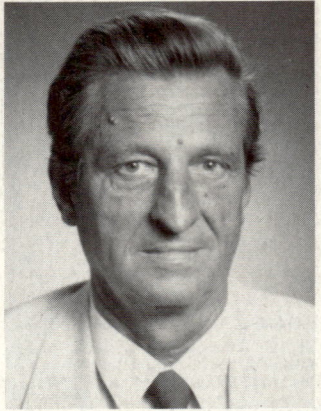

Dr.-Ing. (habil.), Prof. f. Mathematik u. Informatik TU Braunschweig - Reitlingweg 14, 3340 Wolfenbüttel (T. 05331 - 7 24 78 od. 7 57 25) - Geb. 12. Mai 1928 Danzig, verh. m. Asdghig, geb. Kavoukdjian - 1986/87 Gastprof. am Rensselaer Polytechnique Inst. in Troy, N.Y., USA, 1988 Gastprof. NW Polytechnic Univ. Xi-an, VR China - Spez. Arbeitsgeb. angew. Geometrie u. Computergraphik, Computer aided geometric design - BV: Einf. in d. Meth. d. Numer. Math., 1977; Meth. d. numer. Math., 1985. Üb. 50 Aufs. üb. Angew. Geometrie u. geometrische Datenverarb., u.a. Fadenkonstruktion d. Quadriken (Math. Nachr. 13, 1955), Achtflachgefüge u. Satz v. Ivory (Arch. d. Math. 17, 1966), Inserting new knots into B-spline curves (Comp.-aided Design 12, 1980), Subdividing multivariate splines (Comp.-aided Design 15, 1983), A survey of curve and surface methods in CAGD (Comp. Aided Geom. Design 1, 1984), Rational Geometric Splines (Comp. Aided Geometric Design, 1987); Editor-in-Chief d. Journals Computer Aided Geometric Design.

BÖHM, Wolfgang
Dr. phil., ao. Prof. f. Psychologie Päd. Hochsch. Rheinland/Abt. Bonn - Petersbergstr. 12, 5300 Duisdorf - Geb. 6. Sept. 1920 - S. 1960 Prof. Bonn.

BÖHM, Wolfgang
Dr. rer. nat., apl. Prof. am Inst. f. Pflanzenbau u. Pflanzenzüchtung Univ. Göttingen - von-Siebold-Str. 8, 3400 Göttingen (T. 0551 - 39 43 59) - Geb. 19. Juli 1936 - Stud. Natur- u. Agrarwiss.; Promot. 1973 u. Habil. 1980 Göttingen (Pflanzenbau)- S. 1980 Doz. am Inst. f. Pflanzenbau u. Pflanzenzüchtung Univ. Göttingen - BV: Methods of Studying Root Systems, 1979 (poln. Übers. 1985); Göttinger Pflanzenbauwissenschaftler. E. Bibliogr., 1988 - Interessen: Wissenschaftsgesch.

BÖHM-WILDNER, Herta
Schauspielerin - Kaiser-Franz-Ring 21, A-2500 Baden b. Wien (T. 00432252 - 8 52 71) - Geb. 23. Okt. 1913 Grünwald b. Gablonz/Böhmen, ev. - Konservat. Stadt Wien, Prof. J. Dannegger Burgtheater; Abschlußpr.; Kosmetiksch. Fr. Prof. Neubauer Wien - 4 J. eig. Theater in Düsseldorf (Kl. Theater, Bolkerstr.); Schausp. Film, Fernsehen, Funk - Rollen: Waldheimat (Rosegger); Rote Erde; Hurra wir leben noch (Simmel); Ich heirate e. Fam. (Reg. P. Weck); Via maia (Reg. T. Toelle); Ringstraßenpalais (Reg. Nussgruber); Hotel Sacher (Reg. Kugelstedt); Episoden in D. Alte, Derrick, Tatort; Rote Erde (Reg. Claus Emmerich); Schielefilm (Reg. Goldschmidt); Heiteres Bezirksgericht (Reg. Peter Weck); Nacht d. Marders: Mutter (Reg. Wagner); FS-Serie Florian (Reg. Bleiweiss Fr. Odenbrink), Folle me: Mutter (Reg. Knilli); FS-Serie Dallas:

Blumenfrau (Reg. Katzmann) b. d. Aufn. in Wien; u.a. - Spr.: Tschech.

BÖHME, Arnd

Dipl.-Ing., Hauptgeschäftsführer Rohrleitungsbauverb., Geschäftsf. (s. 1970) Bundes Vereinigung d. Firmen i. Gas- u. Wasserfach (FIGAWA), Geschäftsf. Berufsförderungswerk des RBV GmbH - Tulpenweg 21a, 5064 Rösrath (T. 02205 - 13 38) - Geb. 16. Jan. 1937 Dresden (Vater: Felix B., Fabrikdir.; Mutter: Hanna, geb. Nestler), ev., verh. s. 1964 m. Uta, geb. Matthaei, 2 Kd. (Bettina, Ralph) - Stud. Bauing.wesen TH Darmstadt. Fachmitgl.sch.; Redaktionsbeirat gwt, bbr, 3R, Beirat VHV, Hannover, Vizepräs. Intern. Ozon Association (IOA) - Spr.: Engl., Franz.

BÖHME, Erich
Journalist, Mitgl. Chefredaktion Nachrichtenmagazin Der Spiegel (s. 1973) - Brandstwiete 19/Ost-West-Str., 2000 Hamburg 11 (T. 30 07-0) - Zul. Leit. Bonner Spiegel-Büro.

BÖHME, Gernot
Dr. phil., Prof. f. Philosophie TH Darmstadt (s. 1978) - Rosenhöhweg 25, 6100 Darmstadt - Geb. 3. Jan. 1937 Dessau (Vater: Friedrich-Wilhelm B., Offz.; Mutter: Gudrun, geb. v. Bothmer), verh. m. Faridehi Akashe-Böhme in 2. Ehe, 5 Töcht. (Anja, Kora, Rhea, Sarah, Rebecca) - Stud. Math., Physik, Phil. Promot. 1964 Hamburg; Habil. 1973 München - 1969-77 Wiss. Mitarb. MPG. Fachveröff.: Über die Zeitmod, 1966; Zeit u. Zahl, 1974; Alternativen d. Wissenschaft, 1980; D. Andere d. Vernunft, 1983 (m. H. Böhme); Anthropol. in pragmat. Hinsicht, 1985; Philosophieren m. Kant, 1988. Herausg.: Soz. Naturwiss. (1985; m. E. Schramm); The Knowledge Society (1986; m. N. Stehr); J. Newton, Über d. Gravitation... (1988).

BÖHME, Günter
Dr. jur., Direktor Bayer AG, Leit. d. Zentralber. Personalwesen (s. 1977), VRsvors. Bundesanstalt für Arbeit, Nürnberg (b. 1971 u. 1972 ff.) - Carl-Maria-v.-Weber-Str. 13-15, 5090 Leverkusen - Geb. 21. Nov. 1925 Leverkusen (Vater: Dr. phil. Otto B., Chemiker, zul. Vorstandsmitgl. Farbenfabriken Bayer AG. (s. XIV. Ausg.); Mutter: Käthe, geb. Granzow), ev., verh. m. Rosel, geb. Preißer, 3 Kd. - Univ. Bonn u. Köln (Rechtswiss.; Promot. 1952). Gr. jurist. Staatsprüf. 1952 - 1952-72 Farbenfabr. Bayer AG. bzw. Bayer AG. (1967 Abt.sdir.; spez. Arbeitsgeb.: Sozial- u. Personalwesen), 1972-77 Vorst. Duisburger Kupferhütte. 1961 ff. Ratsmitgl. Leverkusen; 1969-72 MdB. CDU s. 1961 - Spr.: Engl.

BÖHME, Günther
Dr. phil., Prof. f. Bildungs- u. Schulgeschichte Univ. Frankfurt/M. (s. 1972) - Idsteiner Str. 26, 6200 Wiesbaden - Geb. 4. Mai 1923 Dresden - Hochschuldst. (zul. Oberstudienrat), zahlr. Funkt. in d. Erwachsenenbildung, u.a. s. 1968 Vors. VHS Wiesbaden, s. 1974 Redakt. Hess. Blätter f. Volksblg., s. 1984 Vors. Univ. d. 3. Lebensalters Univ. Frankfurt - BV: u. a. Psych. d. Erwachsenenbildung, 1960; D. päd. Beruf d. Philosophie, 1968; D. phil. Grundl. d. Bildungsbegriffe, 1975; Bildungsgesch. d. Humanismus, 2 Bde. 1984 u. 1986; Wirkungsgesch. d. Humanismus, 1988; Einf. in d. hist. Pädagogik (m. Tenorth), 1989. Zahlr. Einzelart. zur Bildungsgesch. u. Erwachsenenbild.

BÖHME, Hans-Hartmut
Dr. phil., Prof. f. Neuere Dt. Literaturwissenschaft - v.-Melle-Park 6, 2000 Hamburg 13; priv.: Langeloher Str. 35, 3042 Schneverdingen - S. 1977 Prof. Univ. Hamburg.

BÖHME, Helmut
Dr. phil., Prof., Präsident TH Darmstadt (s. 1971) - Karolinenplatz 5, 6100 Darmstadt (T. 1 61) - Geb. 30. April 1936 Tübingen - S. 1968 (Habil.) Lehrtätig. Univ. Hamburg u. TH Darmstadt (Ord. f. Neuere Geschichte) - BV: u. a. D. Zeit d. Reichsgründung, Prolegomena zu e. Sozial- u. Wirtschaftsgesch. Dtschl.s, Dtschl.s Weg z. Großmacht, Europ. Wirtschafts- u. Sozialgesch.

BÖHME, Horst
Dr. phil., Dr. rer. nat. h. c. mult., o. Prof. f. Pharmaz. Chemie - v. Harnack-Str. 21, 3550 Marburg/L. (T. 6 35 92) - Geb. 30. Mai 1908 Bernau b. Berlin (Vater: Dr. Arthur B.; Mutter: Adele, geb. Meyer), verh. s. 1935 m. Ines, geb. Meyer-Belitz, 2 Kd. - Pharmaz. Staatsprüf., Approb. (1931) u. Dipl.-Chem. (1933) München, Staatsprüf. als Lebensmittelchem. Berlin (1935) - 1934 Wiss. Assist., 1940 Doz., 1944 apl. Prof. Univ. Berlin, 1943 Abt.sleit. Kais.-Wilh.-Inst. f. Physikal. Chem. ebd., 1946 Ord. Univ. Marburg (1961/62 Rektor), 1974-77 Präs. Dt. Pharmazeut. Ges. - BV: Kommentar Dt. Arznei., 6. A. 3. Nachtr., 7. A. u. 8. A. 1960, 69 u. 81 (m. H. Wojahn bzw. H. Hartke); Komm. Europ. Arzneib., Bd. I u. II, 1976, Bd. III, 1979 (m. K. Hartke); Iminium Salts in Organ. Chem., Bd. I u. II, 1976 u. 79 (m. H. G. Viehe); Fachveröff. - 1968 Ehrendoktor FU Berlin; 1960 Mitgl. Dt. Akad. d. Naturforscher (Leopoldina), Halle/S.; 1973 Gr. BVK; 1978 Gr. BVK m. Stern; 1981 Ehrendoktor TU Braunschweig; 1986 Sertürner-Med. in Gold.

BÖHME, Irene
s. Bartsch, Irene

BÖHME, Karl Hans
Dr. med., Prof., Chefarzt Abt. f. Allgemeinchirurgie/Stadtkrankenhaus - 3180 Wolfsburg - B. 1972 Privatdoz., dann apl. Prof. Univ. Göttingen (Chir.).

BÖHME, Kurt E.
Direktor - Taunusstr. 1, 6200 Wiesbaden (T. 533-0) - Geb. 7. Mai 1924 - B. 1962 Vorstandsmitgl. Nürnberger Allg. Versicherung AG., jetzt R+V Allg. Versicherung AG, stv. AR-Vors. R+V Rechtsschutzversich. AG, Wiesbaden.

BÖHME, Peter Ernst
Dr. med., Prof., Chefarzt Chirurg. Klinik Ev. Krkhs. Göttingen-Weende - Steffensweg 8, 3406 Bovenden (T. 8 11 88) - B. 1964 Privatdoz., dann apl. Prof. Univ. Göttingen. Spez. Arbeitsgeb.: Chirurgie an Kopf u. Hals, plast. u. Wiederherstellungschirurgie u. Mamma-Chirurgie.

BÖHME, Rolf
Dr. jur., Rechtsanwalt, Staatssekr. a.D., Oberbürgerm. Stadt Freiburg (1982ff.), MdB (1972-82) - Prinz-Eugen-Str. 26, 7800 Freiburg/Br. - Geb. 6. Aug. 1934 Konstanz/B., verh., 4 Kd. - Gymn. Konstanz (Abit.); Univ. München u. Freiburg (Rechtswiss.; Promot.). Jurist. Staatsprüf. Freiburg - 1965-68 Steuerverw. Baden-Württ.; s. 1968 Anwaltspraxis. 1970-73 Mitgl. Stadtrat Freiburg; s. 1972 MdB (1978-82 Parlam. Staatssekr. Bundesfinanzmin.). SPD s. 1959 (1969 Kreisvors. Freiburg).

BÖHME, Ulrich
Dr. phil., MdB (s. 1987) - Kiefernweg 14, 4750 Unna 1 (T. 02303 - 8 06 24) - Geb. 12. Febr. 1939 Chemnitz, ev., verh. s. 1965 m. Rosemarie, geb. Stübner, 2 Kd. (Ursula, Ulrich-Frank) - Stud. Phil. u. Philol. Univ. München, Münster u. Bochum; Staatsex. 1968 Bochum; Promot. 1969 Bochum - S. 1981 Vors. SPD-Unterbez. Unna; Mitgl. Bundesausssch. Bildung u. Wiss., sow. Jugend, Fam., Frauen u. Gesundh.; stv. Mitgl. Petitionsaussch.

BÖHME, Wolfgang

Dr. jur., Direktor Ev. Akademie Baden i.R., gf. Vorst.-Mitgl. Arb.kr. ev. Unternehmer in d. BRD, Ev. Stud.ges. f. Sozial- u. Wirtsch.ethik, gf. Vorst.-Mitgl. Arbeitsgem. christl. Unternehmer in d. UNIAPAC, gf. Gesellsch. Zeitwende Verlagsges. mbH - Klauprechtstr. 2, 7500 Karlsruhe 1 - Geb. 2. März 1919 Gablonz/Neiße (Vater: Dr. Artur B., RA) - 1947-59 Studentenpfarrer Univ. Frankfurt, gleichz. Mitarb. Ev. Akad. Hessen u. Nassau, 1953-59 Vors. Ev. Studentpfarrerkonfz. Dtschl., 1959-67 Mitarb. Ev. Akad. Bad Boll (s. 1964 stv. Dir.), 1967ff. Dir. Karlsruhe - BV: Zeichen d. Versöhnung; D. sieben Tage Gottes; D. Kamel u. d. Nadelöhr; Selbstverwirklichung und Liebe; Weisheit und Erkenntnis, Gotteserfahrung; V. inwendigen Menschen; D. Weg - Weltverantwortung u. Gottesliebe. Herausg. v. Sammelbd. u. Ztschr. Zeitwende - BVK I. Kl., Verdienstmed. d. Landes Baden-Württ.

BÖHME, Wolfgang
Dr. rer. nat., Privatdozent, Zoologe-Herpetologe - Adenauerallee 150-164, 5300 Bonn 1 (T. 0228 - 21 10 26) - Geb. 21. Nov. 1944, 2306 Schönberg/Holst., ev., verh. s. 1974 m. Roswitha, geb. Breidenich, 2 Söhne (Moritz, Peter) - Kieler Gelehrtensch.; 1965-71 Stud. Zoologie, Botanik, Paläontol. Univ. Kiel; Promot. 1971 Kiel; Habil. 1988 Bonn - S. 1971 Wiss. Abt.-Leit. Zool. Forschungsinst. u. Mus. A. König, Bonn - 1979 Gründungsmitgl. Societas Europ. Herpetologica; s. 1983 Vors. Dt. Ges. f. Herpetologie u. Terrarienkde. - BV: Handb. d. Reptilien u. Amphibien Europas (Bd. 1-3), 1984-86; Genitalmorphologie d. Sauria, 1988 - Liebh.: Klass. Musik - Spr.: Engl., Franz., Russ.

BÖHMER, Erwin
Dr.-Ing., Prof. f. Angew. Elektronik Gesamthochschule Siegen (Fachbereich Elektrotechnik) - Am Ginsterhang 40, 5900 Siegen 1 - Geb. 19. Dez. 1932 Alpenrod (Vater: Alfred B., Maurer; Mutter: Emma, geb. Benner), ev., verh. s. 1961 m. Gertrud, geb. Müller, 2 Kd. (Frank, Jutta) - Promot. 1972 Darmstadt - B. 1963 Entwicklungsing., dann Hochschullehrer - BV: Elemente d. angew. Elektronik, 1979.

BOEHMER, von, Götz

Dr. jur., Botschafter d. Bundesrep. Dtschl. in Panama (s. 1988) - Embajada de Alemania, Apartado 4228, Panamá 5, Rep. de Panamá (T. 00507 - 63 77 33) - Geb. 2. Sept. 1929 Berlin, ev., verh. s. 1960 m. Freda, geb. Baronesse v. Haaren, 3 Söhne (Alexander, Hubertus, Bratto) - 1949-52 Stud. Rechtswiss., 1. jurist. Staatsex. 1952, 2. jurist. Staatsex. 1959, Promot. 1957 Bonn - S. 1959 Ausw. Dienst (1960-62 Johannesburg, 1962-66 Pretoria, 1974-78 Dublin, 1984-88 Detroit). 1972-84 Beiratsmitgl. Union Sils, van de Loo & Co GmbH Frödenberg - Liebh.: Reiten, Segeln - Spr.: Engl., Franz.

BOEHMER, Hartmut Henning
Bürgermeister - Rathaus, 6430 Bad Hersfeld - Geb. 10. Mai 1941 Stettin.

BOEHMER, von, Henning J.
Dr. jur., Rechtsanwalt u. Fachanwalt f. Steuerrecht, Generalsekr. Dt. Gruppe d. Intern. Handelskammer, Köln (1983 ff.) - Thomas-Mann-Str. 10, 5000 Köln 51 - Geb. 16. Aug. 1943 - M.C.J. Univ. New York - U. a. Geschäftsf. CDU-Wirtschaftsrat, Bonn.

BOEHMER, Irmgard
Lyrikerin - Wohnhaft in Meersburg - Geb. 20. Juni 1914 Dortmund - Wichtigste Werke: Im Regen auf d. Baume sitzen, 1977; Kreuz oder den Balken, 1986; Fürchte Deinen Schatten, 1986 - 1979 Premio Intern. di Poesia Europa; Movimento Federalista dei Cavalieri per l'Europa, Mailand; 1987 1. Preis Lyrikwettbewerb d. Künstlergilde Esslingen.

BÖHMER, Klaus W. A.
Dr., Prof. f. Mathematik Univ. Marburg - Am Wäldchen 18, 3550 Marburg - Geb. 1936 Karlsruhe (Vater: Wilfred B., Kaufm.; Mutter: Ruth, geb. Arnold), ev., verh. s. 1962 m. Ingeburg, geb. Kranz, 2 Töcht. - Stud. Univ. Karlsruhe u. Hamburg - Mehrere Forschungsaufenth. USA, Israel u. China - 6 Bücher u. üb. 70 Fachveröff.

BÖHMER, Otto A.

Dr. phil., Schriftsteller - Niddastr. 26, 6362 Wöllstadt - Geb. 10. Febr. 1949 Rothenburg/Tauber - BV/Ged.: Was wißt denn ihr, 1978; E. blasser Sommer, e. kühler Herbst, e. kalter Winter, 1981; Ess.: Faktizität u. Erkenntnisbegründ., 1979; D. Wunsch zu bleiben, R. 1983; D. Jesuitenschlößchen, R. 1985; V. jungen u. v. ganz jungen Schopenhauer, Erz. 1987. Herausg.: V. Nutzen d. Nachdenklichkeit. E. Schopenhauer-Brevier (1987); V. versunknen schönen Tagen. E. Eichendorff-Leseb. (1988).

BOEHMER, Rainer Michael

Dr. phil., Prof., Wiss. Direktor Dt. Archäol. Inst. - Podbielskiallee 69, 1000 Berlin 33 (T. 030 - 83 00 80) - Geb. 2. Dez. 1930 Königsberg, ev., ledig - Stud. Freie Univ. Berlin; Promot. 1961, Habil. 1970 - 1969 2. Dir. Dt. Archäol. Inst.; 1979 Leit. Abt. Baghdad ebd.; 1985 Honorarprof. Univ. Heidelberg. 1980 Leit. Dt. Uruk-Warka-Expedition - BV: D. Entw. d. Glyptik während d. Akkad-Zeit, 1965; D. Kleinfunde v. Boğazköy 1931-1969, 1972; D. Kleinfunde aus d. Unterstadt v. Boğazköy 1970-1978, 1979; D. Reliefkeramik v. Boğazköy 1906-1978, 1983; Tell Imlihiye, Tell Zubeidi, Tell Abbas, 1985 (m. H. W. Dämmer); Propyläen-Kunstgesch. XIV: D. Glyptik, 1975; D. Glyptik v. Boğazköy, 1987 (m. H. G. Güterbock); Uruk 38, Endbericht, 1987 - 1967 Korr., dann o. Mitgl. Dt. Archäol. Inst.; 1988 Mitgl. Kurat. Max Freiherr v. Oppenheim Stiftg. - Liebh.: Musik - Spr.: Engl.

BÖHMER, Werner

Dr. jur. Prof., Bundesverfassungsrichter i.R. - Schloßbezirk 3, 7500 Karlsruhe 1 - Geb. 11. März 1915 - B. 1965 Richter Bundesverw.sgericht Berlin, dann Bundesverfassungsgericht Karlsruhe (I. Senat).

BÖHN, Dieter

Dr. rer. nat., Prof. f. Didaktik d. Geographie - Tännig 51, 8710 Kitzingen/Ufr. - Geb. 17. Nov. 1938 München - S. 1977 Ord. u. Mitvorst. Inst. f. Geogr. Univ. Würzburg, Spr. d. Fachdidaktiker d. Geogr. an bayer. Univ., Beis. Hochschulverb. f. Geographie u. ihre Didaktik - BV: Regionalgeogr. Unters. Mainfranken (Hrsg.), 1982; China, 1987.

BOEHN, von, Ludolf

Dipl.-Volksw., Vorstandsmitglied Handels- u. Privatbank AG. - Postf. 100 290, 5000 Köln - Geb. 8. Jan. 1920.

BOEHNCKE, Engelhard

Dr. med. vet., Univ.-Prof. Univ.-GH Kassel, Tierarzt - Wolfshecke 19, 3430 Witzenhausen - Geb. 10. Mai 1935 Ebergötzen (Vater: Herbert B., Forstm.; Mutter: Elisabeth, geb. Schaper), verh. I) 1972-83 m. Dr. Renate, geb. Schubert †, II) s. 1985 m. Dipl. Ing. Inka, geb. Fricke - Univ. Göttingen (Dipl.-Landwirt 1962) Promot. 1971 Univ. München - 1968 Tierarzt; 1973 Fachtierarzt f. Tierernährung, 1985 Fachtierarzt f. Physiol.; s. 1980 Prof. Univ.-GH Kassel; 1984/85 Dekan Fachber. Landwirtsch. GH Kassel. Rd. 80 wiss. Veröff. - 1984-89 Chairman of the Board of Directors of the Intern. Federation of Organic Agruculture Movements (IFOAM); 1981 Mitgl. Ges. f. Ernährungsphysiol. d. Haustiere; 1985 Mitgl. Intern. Soc. of Animal Clinical Biochemistry; s. 1989 Präs. Intern. Ges. f. Nutztierhalt. - Lit.: Kürschners Dt. Gelehrtenkalender; Who is Who in Medicine.

BOEHNCKE, Heiner

Dr. phil., M.A., Leiter Abt. Publizistik b. HR, Literaturwissenschaftler, Schriftsteller - Am Hochwehr 26, 6000 Frankfurt/M. 50 (T. 069 - 52 36 77) - Geb. 26. März 1944 Schwarzenfels/Kr. Schlüchtern, verh. s. 1981 m. Waltraud, geb. Rennschmid, 3 Kd. (Anna, Jakob, Sophie) - Stud. German., Roman., Phil. Univ. Göttingen, Tübingen, Hamburg u. Aix-en-Provence; M.A. 1969 Göttingen, Staatsex. 1972 Frankfurt/M., Promot. 1975 Bremen - 1969-75 wiss. Assist. Univ. Frankfurt; s. 1974 Univ. Bremen - Redakt. Zeitschr. Ästhetik u. Kommunikation (s. 1972) - BV: Sergej Tretjakov, 1972; D. B. Traven-Buch, 1976; Jahrb. f. Lehrer, Bd. 1-7, 1976-83; Weltuntergänge, 1984; D. Buch d. Vaganten, 1987; Galerie d. kl. Dinge, 1988; Reiseziel Revolution, 1988; Jugendlexikon Lit., 1989 - Liebh.: Seefahrt, Abenteuerlit. - Spr.: Engl., Franz., Ital.

BÖHNER, Kurt

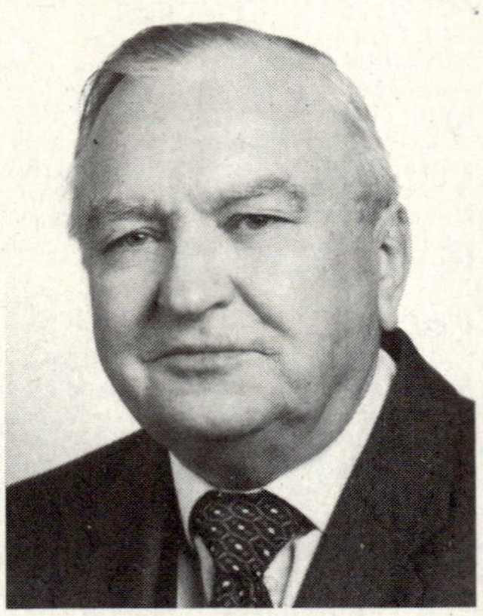

Dr. phil., Dr. phil. h. c., Prof., Generaldirektor Römisch-Germanisches Zentralmuseum Mainz (s. 1958, s. 1982 a.D.) - Georg-Büchner-Str. 29, 6500 Mainz 42 (T. RGZ. Mainz 23 22 31) - Geb. 29. Nov. 1914 Halberstadt/Harz (Vater: Dipl.-Ing. Konrad B., Dir.; Mutter: Barbara, geb. Kressel) - Univ. Erlangen u. München - 1943-58 Assist. u. Dir. Rhein. Landesmus., Bonn. S. 1959 Honorarprof. Univ. Mainz (Frühmittelalterl. Archäol.) - BV: D. Fränk. Altertümer d. Trierer Landes, 1958. Herausg.: D. Fränk. Altertümer d. Rheinlandes - 1968 Silbermed. f. Verdienste um d. Entwickl. v. Freundsch. u. Zusammenarb. m. d. Tschechosl.; 1978 Ehrendoktor Univ. Uppsala (Schwed.); BVK I. Kl.; Korr. Mitgl. d. Akad. Heidelberg u. Mainz; VO. Land Rhld.-Pfalz.

BÖHNISCH, Lothar

Dr. soz. habil., Privatdozent Dt. Jugendinst. München d. Univ. Tübingen - Rumfordstr. 38, 8000 München 5 - Geb. 17. Juni 1944, gesch., Tochter Sonja - Stud. Ökonomie, Soziol. u. Gesch. Univ. Würzburg u. München; Promot. u. Habil. 1978 u. 82 Univ. Tübingen - 1981-84 komm. Dir. Dt. Jugendinst. München; dzt. sozialwiss. Forschungsprojekt üb. Lebensverhältnisse Jugendl. in ländl. Regionen - BV: Abhauen od. Bleiben, 1980; D. Sozialstaat u. s. Päd., 1981; Lebensbewältig., 1985 - Liebh.: Antiquar. Bücher, Reisen - Spr.: Engl., Franz.

BÖHNKE, Botho

Dr.-Ing., o. Prof. u. Direktor Inst. f. Siedlungswasserwirtschaft TH Aachen (s. 1967) - Maria-Theresia-Allee 231, 5100 Aachen.

BÖHR, Christoph

Wissenschaftlicher Referent, MdL Rhld.-Pfalz - Kaiserstr. 24, 5500 Trier - Geb. 1. Febr. 1954 Mayen, kath., ledig - Stud. Politikwiss., Phil., German. u. Neuere Gesch.; Staatsex. 1980 u. 1984 - Bundesvors. Junge Union Dtschl.; Vors. Verein z. Förd. d. Päd. d. Informationstechnol. (VFPI) - BV: Politischer Protest u. parlamentarische Bewältigung (Koautor), 1984, 2. A. 1986; Liberalismus u. Minimalismus, 1985. Herausg.: Leben mit d. Technik (1985); Jugend bewegt Politik (1988).

BOEHR, Erdmuthe

Prof. Hochschule f. Musik u. Theater Hannover, Flötistin - Zu erreichen üb.: Hochschule f. Musik u. Theater Hannover, Emmichplatz 1, 3000 Hannover 1 - Geb. 4. Juni 1943 Hannover - 1962-69 Stud. Hannover, Hamburg, Paris.

BÖHRET, Carl

Dr. rer. pol., Univ.-Prof., Lehrst. f. Politikwiss. Hochsch. f. Verwaltungswiss. Speyer (s. 1974, 1988/89 Prorektor) - Freiherr-vom-Stein-Str. 2, 6720 Speyer (T. 06232 - 91 03 53/366) - Geb. 30. Juli 1933 Bad Friedrichshall (Vater: Hermann B., Werkmeister; Mutter: Amalie, geb. Häcker), ev., verh. s. 1960 m. Christl, geb. Maier, Tocht. Sabine - Mechanikerlehre; Sozialakad. Dortmund; Politik- u. Wirtschaftswiss. FU Berlin; 1967-68 The Brookings Inst., Washington, D.C./USA. Dipl.-Polit. 1962; Promot. 1965; Habil. 1970 Berlin - 1954-71 Tätigk. in Wirtsch., Verb. u. Verwalt.; 1971 o. Prof. f. Politikwiss. FU Berlin - BV: Aktionen gegen d. kalte Sozialisierung, 1966; Entscheidungshilfen f. d. Regierung, 1970; Planspiele als Methode d. Fortbild., 1975 (Mitautor); Grundriß d. Planungspraxis, 1975; Führungskonzepte f. d. öff. Verw., 1976 (Mitaut.); Innenpolitik u. Politische Theorie, 3. A. 1988 (m. a.); D. Praxistest v. Gesetzentw., 1980 (Mitaut.); Test u. Prüfung v. Gesetzentw., 1980 (Mitaut.); Handlungsspielräume u. Steuerungspotential d. regionalen Wirtsch.förderung, 1982 (m. a.); Technologiefolgenabschätzung, 1982 (Mitaut.), Entw.mögl. zu Kreisen neuen Typs, 1982 (Mitaut.); Politik u. Verw., 1983; Hochsch. u. ihr Umfeld, 1985. Mithrsg.: Interdependenzen v. Politik u. Wirtsch. (1967), Simulation innenpolit. Konflikte (1972), Wörterb. z. polit. Ökonomie (2. A. 1977); Politik u. Wirtschaft (1977); Verwaltungsreformen u. Polit. Wissenschaft (1978); Verwaltungslexikon (1985); Ztschr. f. Gesetzgebung (ab 1986); Herausforderungen an d. Innovationskraft d. Verw. (1987) - Spr.: Engl.

BÖHRINGER, Alfred

Dr.-Ing. E. h., Dipl.-Ing., Ministerialdirigent i. R. (Innenmin. v. Baden-Württ.), Honorarprof. f. Straßen- u. Erdbau TH Stuttgart (s. 1955), Ehrenvors. Forschungsges. f. d. Straßenwesen, Köln (s. 1955) - Klopstockweg 8, 7400 Tübingen - Geb. 2. Sept. 1908 Heilbronn/N. (Vater: Hermann B., Angest.; Mutter: Elise, geb. Muckenfuss), ev., verh. s. 1953 m. Pia, geb. Volz, 4 Kd. (Helmer, Doris, Mechthild, Christl) - Realgymn. Heilbronn; TH Stuttgart (Bauing.wesen; Dipl.-Ing. 1931) - S. 1952 Leit. Straßenbauverw. Baden-Württ. - 1966 Ehrendoktor TH München - Liebh.: Leichtathletik (Dt. Jugendmeister 80 m Hürden u. Dt. Rekord m. 9,6 Sek.), Golf - Spr.: Engl.

BÖHRINGER, Hans

Dipl.-Ing., Direktor - Winzerweg 9, 7987 Weingarten/Württ. - Geb. 7. Mai 1907 Rosenberg/Bay. - S. 1940 Vorstandsmitgl. Maschinenfabrik Weingarten AG. Div. Ehrenämter. CDU - 1967 BVK I. Kl.

BÖHRINGER, Karl-Heinz

Dr. jur., Bankdirektor i. R. (Dt. Bank/Fil. Köln) - Goethestr. 29a, 5000 Köln-Marienburg - Geb. 26. Aug. 1920 - Aufsichts-, Beirats- u. Verw.ratsmand.

BÖHRINGER, Paul Karl

Dr., Verleger - Holterweg 33, 4000 Düsseldorf 12 (T. 0211 - 28 51 56) - Geb. 6. April 1917 Neckarsulm, kath., verh. s. 1947 m. Adelheid, geb. Francken-Schwann.

BÖHRK, Gisela

Lehrerin, Frauenministerin d. Landes Schlesw.-Holst. (s. 1988), MdL Schlesw.-Holst. - Morier Str. 45, 2400 Lübeck - Geb. 8. Juni 1945 Leipzig, verh. - U. a. Ann Arbor High School; 1965-66 Ausbild. math.-techn. Assist.; 1966-69 PH Kiel - Zeitw. Programmiererin; 1969ff. Lehrerin. SPD s. 1973 (1974ff. stv. Landesvors. Jungsozialisten); 1983-88 2. stv. Vors. SPD-Landtagsfrakt.

BÖHRNSEN, Gustav

Techn. Angestellter, Mitgl. Bremer Bürgerschaft (s. 1955; 1966 stv., 1968 Vors. SPD-Fraktion) - Lesumbroker Landstr. 38, 2800 Bremen 77 - Geb. 24. Jan. 1914 Bremen, ev., verh. s. 1947 m. Gertrud, geb. Schlichting - Volkssch.; Schlosserlehre - 1928-36 u. 1951-78 AG. Weser (1954 Betriebsratsvors.); 1936-40 Schutzhaft; 1942-46 Strafdivision u. Kriegsgefangensch.; 1946-49 öfftl. Dienst u. amerik. Militärreg. (1948). ARsmandate.

BÖKE, Wilhelm

Dr. med., o. Prof. f. Augenheilkunde - Niemannsweg 55, 2300 Kiel (T. 56 67 02) - Geb. 12. Jan. 1924 - S. 1958 (Habil.) Lehrtätigk. Univ. Münster (1964 apl. Prof.) u. Kiel (1967 Ord. u. Klinikdir.). Üb. 200 Facharb.

BÖKEL, Gerhard

Landrat Lahn-Dill-Kreis (s. 1985), MdL Hessen (1978-85) - Kammerbergstr. 14, 6333 Braunfels-Tiefenbach - Geb. 30. Juni 1946 Sontra-Hornel - Lichtenbergsch. Darmstadt; Stud. Gießen. Beide jurist. Staatsex. - 1972-74 Beigeordn. Gde. Atzbach; 1977-79 Stadtverordn. Lahn.

BÖKELMANN, Erhard

Dr. jur., o. Prof. f. Zivilprozeßrecht u. Bürgerl. Recht - Ruhr-Universität, 4630 Bochum - Geb. 8. April 1920 Bernburg/S. - B. 1967 Reg.sdir. Stuttgart, dann Bundesrichter BGH Karlsruhe, s. 1968 Ord. Univ. Bochum. 1965 ff. Honorarprof. Univ. Heidelberg.

BÖKEMEIER, Horst

Dr. rer. pol., Dr. jur., Rechtsanwalt u. Notar, Bürgermeister a. D., MdL Hessen (s. 1976) - Schwelmer Str. 4, 3540 Korbach (T. 05631 - 6 16 05) - Geb. 6. Mai 1935 Schwelentrup, ev., verh., 3 Kd. - Promot. 1962 (rer. pol.) u. 1964 (jur.) 1964-67 Kr.rechtsrat Lemgo; 1967-76 Bürgerm. Korbach. SPD. Kreisvors. DRK.

BÖKER, Alexander

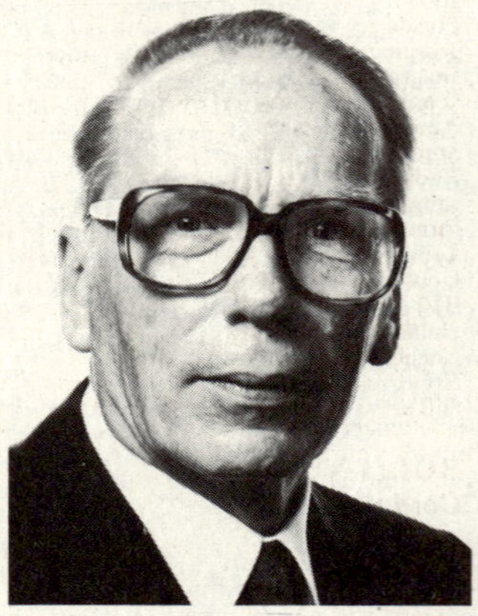

Dr. jur., Unternehmensberater - Auf dem Gleichen 8, 6380 Bad Homburg (T. 06172 - 4 18 77) - Geb. 14. Juni 1919 Leipzig (Vater: Dr. Ing. Robert B.; Mutter: Charlotte, geb. Körting), ev., verh. s. 1950 m. Adele, geb. Bücklers, 3 Kd. (Rolf, Lothar, Vera) - Thomasschule Leipzig; TH Berlin; 1964-68 Univ. Frankfurt - S. 1948 Metallind. (Personalleit., zul. Pers.-Dir. VDM); 1973-77 Ltr. Büro Führungskräfte d. Wirtschaft, 1978-84 Generalbevollm. ALTANA AG - Stabsstelle Führungskräfte im Günther-Quandt-Haus - BV: D. ltd. Angest., 1969; D. Weisungsrecht d. Arb.gebers, 1971 - Liebh.: Reiten.

BOELCKE, Willi

Dr. phil., Prof. f. Sozial- u. Wirtschaftsgeschichte - Eduard-Pfeiffer-Str. 39, 7000 Stuttgart 1 - Geb. 20. Sept. 1929 Berlin, verh. s. 1962 m. Rosemarie, geb. Teubel, 2 Kd. - Abit. 1949 Spremberg; Promot. 1955 Berlin; Habil. 1967 Hohenheim - S.

1962 Univ. Hohenheim (1969 Prof.) - BV: Kriegspropaganda 1939-41, 1966; Wollt Ihr den totalen Krieg?, 1967 (div. Übers.); Verfassungswandel u. Wirtschaftsstruktur, 1969; Deutschlands Rüstung im II. Weltkr., 1969; Krupp u. d. Hohenzollern, 2. A. 1970; D. Macht d. Radios, 1977; (m. Hermann Graf v. Arnim); Muskau - Standesherrschaft zw. Spree u. Neiße, 3. A. 1979; Handbuch Baden-Württemberg, 1982; D. dt. Wirtsch. 1930-45, 1983; D. Kosten v. Hitlers Krieg, 1985; D. Schwarzmarkt 1945-48, 1986; Wirtschafsgesch. Baden-Württembergs, 1987 - 1979 o. Mitgl. Kommiss. f. geschichtl. Landeskd. in BW - Liebh.: Sport, Gartenkunst - Spr.: Engl., Russ.

BOELKE, Diethard

Generalsekretär Dt. Rollsport-Bund - Thomas-Mann-Str. 6c, 6000 Frankfurt/M. 50.

BÖLKE, Joachim

Journalist, Mitglied d. Chefredakt. u. Ressortleit. Politik Tagesspiegel, Berlin - Rheinbabenallee 15a, 1000 Berlin 33 (T. 823 74 71) - Geb. 26. April 1927 Brandenburg/H. - S. 1948 Tagesspiegel - 1968 BVK.

BÖLLHOFF, Wolfgang

Dr. rer. oec., Dipl.-Kfm., geschäftsf. Gesellschafter Böllhoff-Gruppe - Archimedesstr. 1-4, 4800 Bielefeld 14 (T. 0521 - 44 82 01) - Geb. 30. Sept. 1934 Bielefeld, kath., verh. s. 1962 m. Regina, geb. Roeckl, 4 Kd. (Christian, Wilhelm, Maria Elisabeth, Michael) - Humanist. Gymn.; Stud. Betriebswirtsch.lehre; Dipl.-Kfm. 1959 München; Promot. 1961 Wien - Stv. Vorst.-Vors. Fachverb. dt. Schrauben-Großhdl., Bonn; Vorst. Unternehmerverb. Metall, Bielefeld; AR Westfalia Separator AG, Oelde; Mitgl. Landesbeirat Commerzbank AG, Nordrh.-Westf. - Liebh.: Sport, Kunst, Gesch. - Spr.: Engl., Franz., Portug.

BÖLLING, Klaus

Staatssekretär i.e.R. - Mommsenstr. 15, 1000 Berlin 45 - Geb. 29. Aug. 1928 Potsdam, gesch., 2 Kd. - Redakt. Tagesspiegel, RIAS, SFB, ARD-Korresp. Belgrad, WDR, Chefredakt. NDR (Fernsehmoderator Weltspiegel), 1969-73 Amerika-Korresp. Dt. Fernsehen u. Studioleit. Washington, 1973-74 Int. Radio Bremen; 1974-80 u. 1982 Regierungssprecher u. Chef. d. Presse- u. Informationsamtes d. Bundesreg.; 1981-82 Leit. d. Ständ. Vertr. d. Bundesrep. Deutschl. b. d. DDR. SPD (s. 1957) - BV: D. letzten 30 Tage d. Kanzlers Helmut Schmidt, 1982; D. fernen Nachbarn, 1983; D. fernen Nachbarn - Erfahrungen in d. DDR, 1984; Bonn von außen betrachtet - 1981 Gr. BVK.

BÖLLING-MORITZ, Cordula

Journalistin, Schriftst. - Holbeinstr. 16, 1000 Berlin 45 (T. 833 42 05) - Geb. 6. Nov. 1919 Stolp/Pom., ev., gesch. - 1940ff. Volontariat Scherl-Verlag, Berlin - 1946-79 Redakt. Tagesspiegel, Berlin - BV: Glück aus grünem Glas - Erinn. an Pommern, Neuausg. 1989; Stadtmond in Streifen - 14 Tag- u. Nachtgesch., 1971; D. Kleider d. Berlinerin, 1971.

BOELTE, Hans Heiner

Dr. phil., Journalist u. Fernsehdir. Süddt. Rundf. - FS-Studio Villa Berg, 7000 Stuttgart 1 - Geb. 15. Juli 1939 Paderborn - Altspr. Gymn. Höxter; Stud. Univ. Freiburg, Paris, Tübingen u. München - Spr.: Lat., Griech., Engl., Franz.

BÖMERS, Michael

Kaufmann, gf. Gesellsch. Reidemeister & Ulrichs/Weinimport, Bremen, Präs. DRK-Landesverb. Bremen, ARsvors. Park-Hotel GmbH. ebd. - Colmarer Str. 11, 2800 Bremen - Geb. 30. Aug. 1938 - Stud. Virginia-Univ. (USA).

BÖMKEN, Heinrich

Abteilungsleiter f. Büro- u. Betriebstechnik, Präs. Dt. Gesellschaft f. Hydrokultur (s. 1980) - Zu erreichen üb. Kurt-Schumacher-Str. 36, 4352 Herten/W. - Geb. 28. Jan. 1931 Herten/W. - Herausg. Ztschr. Hydrokultur.

BOENHEIM, Helmut

s. Bonheim, Helmut

BOENICK, Ulrich

Dr.-Ing., o. Prof. f. Biomedizin. Technik TU Berlin - Geb. 27. Mai 1936 Berlin (Vater: Reinhold B., Architekt; Mutter: Marie, geb. Ruhnke), verh. s. 1962, 2 Kd. (Beate, Ann-Marie) - Stud. Maschinenwesen TU Berlin, Diplom 1962, Promot. 1966, Habil. 1969, Verleih. d. Venia legendi f. d. Geb. Techn. Orthopädie u. Biomechanik - 1970 Wiss. Rat u. Professor, 1974 o. Prof. f. Biomed. Technik; Leit. d. Prüfstellen f. med. Geräte u. f. orthop. Hilfsmittel. S. 1982 geschäftsf. Dir. d. Inst. f. Feinwerktechnik u. Biomed. Technik; vereidigter Sachverst. IHK Berlin f. med.-techn. Geräte; Beiratsmitgl. f. Orthopädietechn. b. BM f. Arbeit u. Sozialordnung.

BOENICKE, Otto Klaus

Dipl.-Forstw., Kaufmann, pers. haft. Gesellsch. Otto Boenicke oHG, Geschäftsf. Otto Boenicke Vertriebs-GmbH. u. Otto Boenicke KG, Frankfurt - Boxbergstr. 49, 5600 Wuppertal-Ronsdorf - Geb. 22. Aug. 1928 Leipzig (Vater: Willy B., Kaufm.; Mutter: Adolfina, geb. Caro), ev., verh. s. 1952 m. Brigitte, geb. Stengel, 4 Kd. (Annemarie, Klaus, Renate, Martin) - Paulsen-Obersch. Berlin-Steglitz (Abit. 1947); Stud. Humboldt-Univ. u. Göttingen (Dipl.ex. 1953) - Liebh.: Jagd - Spr.: Span.

BÖNING, Dieter

Dr. med., Abteilungsvorsteher, Prof. f. Sport- u. Arbeitsphysiologie Med. Hochschule Hannover (s. 1976) - Dürerstr. 12, 3004 Isernhagen 2 - Geb. 19. März 1939 Mönchengladbach - Promot. 1964; Habil. 1973 - Zul. Wiss. Rat u. Prof. Sporthochsch. Köln. Zahlr. Fachveröff.

BOENING, Dieter

Dr. rer. oec., Dipl.-Volksw., Dipl.-Kfm., Sprecher d. Geschäftsleitg. LBS Hannover/Braunschweig - Almrothstr. 3, 3000 Hannover 81 (T. 0511 - 83 22 76) - Geb. 24. Dez. 1942 Prag (Vater: Heinz B., Bankkaufm.; Mutter: Elisabeth, geb. Sukkel), verh. s. 1974 m. Birgit, geb. Mellinghaus - Banklehre Recklinghausen; Univ. Köln (Dipl.-Volksw. 1968, Dipl.-Kfm. 1969), Promot. 1973 Ruhr-Univ. Bochum - 1977 stv. Vorst. Stadtsparkasse Münster; 1980 Mitgl. Geschäftsltg. LBS Hannover/Braunschweig; Bankdir. NORD/LB; 1981 Sprecher Geschäftsltg. LBS Hannover/Braunschweig - BV: Anlageprogrammplan. v. Kreditinst., Fachb. 1974; div. Veröff. in Ztschr. u. Fachlit. (s. 1972).

BÖNING, Karl

Dr. phil., Regierungsdirektor a. D., Honorarprof. f. Prakt. Pflanzenschutz TU München (1957 ff.) - Ossingerstr. 45, 8000 München 70 - Geb. 11. März 1901 Hennef - Zul. stv. Dir. Landesanst. f. Bodenkultur, Pflanzenbau u. -schutz, München - BV: Grundriß d. prakt Pflanzenschutzes, 2. A. 1957; Pflanzenschutz, 2. A. 1962. Üb. 250 Einzelarb. Herausg.: Ztschr. Pflanzenschutz (1948-60); Mithrsg.: Ztschr. f. Pflanzenbau u. -schutz (1950-1955) - Div. Ausz., dar. Bayer. Staatsmed. (1963) u. Otto-Appel-Denkmünze (1973).

BÖNING, Walter

Dr.-Ing., Prof., Abteilungsdirektor Siemens AG (Dynamowerk) - Riepelstr. 6, 1000 Berlin 13 (T. 381 46 39) - Geb. 24. Febr. 1930 Oberhausen (Vater: Hans B., Lehrer; Mutter: Anna, geb. Barthel), kath., verh. s. 1956 m. Wilma, geb. Hausmann, 2 Kd. (Klaus, Erika) - Stud. TH Aachen; Dipl.ex. 1955; Promot. 1959 - S. 1963 (Habil.) TH Aachen u. TU Berlin (1966; 1972 apl. Prof. f. Allg. Elektrotechnik). Stv. Vors. VDE-Kommiss. K 311 (elektr. Maschinen); Vorst.Vors. d. ETV Berlin; Mitgl. d. CIGRE-Stud.-Komm. 11 (Generatoren); Vors. d. IEC-Arb.-Gr. TC 2/WG 15 (Überspannungen). Fachaufs., Handbücher - 1959 Borchers-Plak. - Liebh.: Musik, Fotogr.

BÖNING, Wolfgang

Dr., Präsident Landesrechnungshof Schlesw.-Holst. (s. 1978) - Mercatorstr. 3, 2300 Kiel - Zul. Staatssekr. Justizmin. SH.

BÖNINGER, Ulrich

Fabrikant - Breite Str. 35-37, 5470 Andernach - Geb. 24. April 1916 Köln (Vater: Dr. Ernst B., Fabrikant; Mutter: Maria, geb. vom Rath), ev., verh. s. 1947 m. Anna-Klara, geb. Neizert - Abit.; Univ.stud. - Gf. Gesellsch. d. Cigarettenfabr. Rhenania Böninger GmbH & Co, Andernach, phG Arnold Böninger KG, Duisburg, Vorst.-Mitgl. Verb. d. Cigarettenindustrie - Entwickl. d. überlangen Cigarette, d. heutigen 100 mm-Cigarette in Goldpack. - Liebh.: Kunst, Musik, Golf - Spr.: Engl., Franz., Ital.

BOENISCH, Detlef

Dr.-Ing., Dipl.-Wirtsch.-Ing., Geschäftsf. Wibau Matthias & Co. KG., Gründau-Rothenbergen - Falkstr. 90, 5900 Siegen/W. - Geb. 15. Febr. 1931 Oppeln/OS.

BOENISCH, Dietmar

Dr.-Ing., Prof. f. Formstoffkunde u. Gießereimaschinen - Morillenhang 45, 5100 Aachen - Geb. 29. Sept. 1927 Beuthen/OS. - Promot. 1960 - S. 1966 (Habil.) Lehrtätigk. TH Aachen (1970 Wiss. Rat u. Prof.; 1971 apl. Prof.). Üb. 60 Facharb. - 1957 Eugen-Piwowarsky-Preis.

BÖNISCH, Georg

Journalist, Redakt. Spiegel, Büro Düsseldorf - Geb. 23. Okt. 1948 Braunschweig, verh. s. 1972 m. Liane, geb. Püschel, 2 T. (Jessica, Dana) - BV: D. Sonnenfürst - Karriere u. Krise d. Clemens August, 1979; Köln u. Preußen, 1982 - 1978 Wächterpreis.

BOENISCH, Peter H.

Journalist, Staatssekretär a.D. - Zul. zu erreichen üb. Burda-Verlag, Postf., 7600 Offenburg/Baden - Geb. 4. Mai 1927 Berlin (Vater: Konstantin B., Ing.; Mutter: Eva, geb. Premysler), kath., verh. - Realgymn. u. Humboldt-Univ. Berlin (Phil., Slaw.) - 1945-49 D. Neue Ztg. (Polit. Redakt.), 1949-52 Tagespost (Chefredakt.), 1952-55 NWDR (Ref. d. Generaldir.), 1955-59 Kindler & Schiermeyer Verlag (Chefredakt.), s. 1959 Axel Springer Verlag (b. 1970 Chefredakt., dann Redaktionsdir. BILD Ztg. u. Bild am Sonntag, 1978-81 Vors. d. Chefredaktion DIE WELT, Bonn); 1983-85 Bundespressechef u. Regierungssprecher (Rücktr.); 1986 Burda-Verlag (Geschäftsf. Ber. Journalismus u. Redaktionsdir. Ztschr. BUNTE u. Burda TV). Parteilos - 1953 BVK (f. Verdienste um d. dt. Jugend); 1976 Bayer. VO; 1985 Großoffz.kreuz belg. Leopold II-Orden - Liebh.: Golf (Clubmitgl. Berlin u. Hamburg) - Spr.: Engl., Russ.

BÖNNER, Karl-Heinz

Dr. rer. pol., Dipl.-Psych., Prof. f. Psychologie f. Pädagogen im klin. Anwendungsbereich, Leiter Forschungsstelle f. Psychosomat. u. Psychosoz. Prävention u. Rehabilitation Univ. Marburg - An der Haustatt 39, 3550 Marburg/L. - Geb. 6. Febr. 1932 Essen (Vater: Bernhard B.; Mutter: Ida, geb. Freiburg), verh. s. 1978 m. Hildegard, geb. Scheitzbach, 3 Kd. (Natascha, Bertine, Benjamin) - Päd. Akad. Essen (1954-56); Univ. Köln (1956-59, 1962-67) u. München (1959-62). Studienf.: Päd., Psych., Med., Soziol., Phil., Volksw. Lehramtsprüf. Essen (1956) u. Köln (1959); Dipl.-Psych. (1964) u. Promot. (1970) Köln - Lehrer, Psychotherap., Hochschull. (1973 ff. Prof.) - BV: Dtschl.s Jugend u. d. Erbe ihrer Väter, 1967; Nichtautorit. Erzieh., 3. A. 1973; D. Geschlechterrolle, 1973 - Liebh.: Kochen, Reisen - Spr.: Engl., Franz.

BÖNNER, Max

Dr. jur., Rechtsanwalt, Hauptgeschäftsf. Bundesverb. Dt. Kies- u. Sandind., Bundesverb. Dt. Transportbetonind., Bundesverb. Dt. Mörtelind., Fachverb. Kies u. Sand, Mörtel u. Transportbeton Nordrh.-Westf., alle Duisburg, u. a. Fachvereinig. - Hölkesöhde 10c, 5600 Wuppertal 22 (Langerfeld) (T. 0202 - 60 57 59) - Geb. 16. Juli 1930.

BOENNINGHAUS, Hans-Georg

Dr. med., o. Prof. f. Hals-, Nasen- u. Ohrenheilkunde - Im Hofert 1, 6900 Heidelberg (T. 80 25 39) - Geb. 20. April 1921 Breslau (Vater: Dr. med. Georg B., HNO-Arzt), ev., verh. s. 1944 m. Gudrun, geb. Hoffmann, 2 Töcht. (Ute, Ingrid) - Maria-Magdalenen-Gymn. Breslau; Univ. ebd. u. Innsbruck, Med. Staatsex. 1945 - S. 1953 (Habil.) Lehrtätigk. Univ. Marburg, Frankfurt (1959 apl. Prof.), Heidelberg (1965 Ord. u. Klinikdir.) - BV: D. Behandl. d. Schädelbasisbrüche, 1960. Zahlr. Veröff. z. Physiol. u. Pathol. d. Hör- u. Gleichgewichtsorgans; HNO-Lehrbücher - Bek. Vorf.: Prof. Dr. med. Georg B., Breslau (Großv.).

BÖNNINGHAUS, Heinrich

Polizeipräsident Aachen - Hubert-Wienen-Str. 25, 5100 Aachen - Geb. 28. April 1938 Düsseldorf, verh. s. 1966 m. Barbara, geb. Jacobi, 2 Kd. - Jurastud.

de BOER, Hans A.

Berufsschulpastor, Schriftsteller - Fürst-Bismarck-Str. 23, 4100 Duisburg 13 (T. 0203 - 8 19 46) - Geb. 13. April 1925 Hamburg (Vater: Walther d. B., Kaufm.; Mutter: Helene, geb. Rösch), ev., ledig - Stud. Ev. u. Kath. Theol. Toronto - 1946 Kaufm. in Hamburg, 1950 Südwestafrika; 1954 Pers. Refer. Nat.Sekr. CVJM, Kassel; 1956 CVJM-Sekr. Heilbronn; 1959 Studentenpfarrer Halifax/Canada; 1968 Doz. Gandhi College, Wardha/Indien; 1971 Krankenpfleger Kambodscha; 1973 Berufsschulpastor Duisburg. 1973-89 Arbeitsaufenth. in USA, Kanada, Kampuchea, China, Hong-Kong, Vietnam, Neuseeland, Austr., Korea, Malaysia, Singapur, Thailand, Burma, Sri Lanka, Indien, Kuwait, Iran, Afghanistan, Somalia, Kenia, Tansania, Sambia, Zymbabwe, Süd-Afrika, Namibia, Angola, Kamerun, Togo, Sierra Leone, Israel, Kuba, Mexiko, Guatemala, El Salvador, Nikaragua, Venezuela, Kolumbien, Peru, Bolivien, Chile, Argent., Paraguay, Brasil., UdSSR, DDR, CSSR, Polen, Bangla-Desh - BV: Unterwegs notiert, 1956 (in 12 Spr. übers.); Unterwegs in Ost u. West, 1960 (in 2 Spr. übers.); Unterwegs erfahren, 1975; Entscheid. f. d. Hoffnung, 1984 - Interessen: Arbeit, Unterricht, Predigen, Friedensarbeit, Lesen, Sport (Laufen), Reisen, Gewerkschaft - Spr.: Engl., Franz.

de BOER, Jorrit

Dr. rer. nat., o. Prof. f. Experimental-Physik (Kernphysik) Univ. München (s. 1969) - Am Coulombwall 1, 8046 Garching (T. 32 09 40 82) - Geb. 14. Nov. 1930 Luzern (Schweiz) - ETH Zürich (Physik; Dipl.-Phys. u. Promot. 1955). Zul. Associate Prof. Rutgers Univ. New Brunswick (USA).

de BOER, Wolfgang E.

Dr. phil., o. Prof. f. Philosophie - Forststr. 10, 5300 Bonn-Röttgen (T. 25 51 25) - Geb. 10. Febr. 1914 Beelitz/Mark (Vater: Dr. med. Konrad de B.; Mutter: Martha, geb. Benthien), ev., led. - Abitur 1934 Babelsberg (Realgymn.); Promot. 1951 Bonn - S. 1965 Doz. u. o. Prof. (1966) Päd. Hochsch. Ruhr/Abt. Hagen - BV: D. Problem d. Menschen u. d. Kultur, 1958; Hölderlins

Deutung d. Daseins, 1961 - Spr.: Lat., Engl., Franz.

BÖRDING, Claus
Dr. rer. pol., Dipl.-Kfm., gf. Gesellschafter Th. Börding Grubenholzges. mbH, Herne, stellv. Vors. Fachverb. Grubenholz - Simmerner Str. 17, 5449 Wiebelsheim/Hsr. - Geb. 3. Okt. 1931.

BÖRGER, Egon
Dr., o. Prof. f. theoretische Informatik, Abt. Informatik Univ. Pisa/Italien (s. 1985) - Zu erreichen üb. Universita di Pisa, Corso Italia, 40, I-56100 Pisa - 1978-85 Wiss. Rat u. Prof. f. Informatik Univ. Dortmund.

BOERGER, Georg
Dr.-Ing., Prof., Leiter Abt. Allg. Grundlagen/Heinrich-Hertz-Inst. Berlin - Mörchinger Str. 134, 1000 Berlin 37 - S. Habil. Privatdoz. u. apl. Prof. TU Berlin (Elektrobiol. d. Sinneswahrnehmung).

BÖRGER, Gisbert
Dr. med., Prof., Chefarzt i. R. Chirurg. Abt. Elisabeth-Krkhs. Essen - Havelring 37, 4300 Essen - Geb. 21. Juli 1920 Duisburg - S. 1955 (Habil.) Lehrtätig. Univ. Gießen (1964 apl. Prof.), s. 1980 Univ. Essen-Gesamthochschule - BV: Schilddrüse - Palliativchirurg. Eingriffe b. malignen Tumoren, 1973. Handbuchbeitr.: Portaler Hochdruck (Lehrb. f. Chir., 1957, 6. A. 1970); Hoden, Hodensack u. Samenwege (m. C. F. Rothauge) in: Inn. Med. u. Chir., 1979. Hrsg.: Chirurgie d. frischen Verletzung (1979). Üb. 40 Fachaufs.

BÖRGER, Hans E. A.
Dr., Dipl.-Ing., Dipl.-Kfm., Unternehmensberater (Krisenmanagement), Neuß, Schw. Hall, Tübingen (s. 1988) - Niederdonker Weg 27, 4040 Neuß 1 - Geb. 22. Febr. 1924 Dortmund (Vater: Dr. Paul B., Oberstudiendirektor; Mutter: Gertrud, geb. Hasse), ev., verh. s. 1949 m. Edeltraut, geb. Bonow, 2 Töcht. (Gertrud, Gabriele) - Stud. TH Darmstadt, Univ. Köln - 1968 Dir. Westfalia Dinnendahl Gröppel AG (Wedag), Bochum; 1971 Geschäftsf. Aluminium-Walzwerke Singen GmbH, Singen; 1975 Sprecher Geschäftsf. Kienzle Uhrenfabriken, Schwenningen; 1981 Geschäftsf. Diehl GmbH & Co., Nürnberg u. Junghans Uhrenfabriken, Schramberg; 1986 Geschäftsf. Bleyle KG, Stuttgart - BV: Statistische Methoden, 1975 - Liebh.: Kammermusik, Segeln, Golf - Spr.: Engl., Franz., Ital., Russ.

BÖRGER, Leberecht
Dipl.-Kfm., Versicherungsmakler, Mitinh. Friedrich Homann-Gruppe, Hamburg (s. 1972) - Godeke-Michel-Stieg 4, 2000 Wedel - Geb. 14. Juli 1924 Rostock, verh. m. Hanne, geb. Schmidt, S. Michael - 1947-50 Stud. Wirtschaftswiss.

BÖRINGER, Dietrich
Dr., Präsident Bundessortenamt - Osterfelddamm 80, 3000 Hannover 61 (Buchholz).

BÖRKER, Christoph
Dr. phil., Prof. f. Klass. Archäologie Univ. Erlangen - Kochstr. 4, 8520 Erlangen - Geb. 5. Sept. 1936 Magdeburg - Promot. 1965, Habil. 1975 - S. 1980 Prof. Univ. Erlangen - BV: Blattkelchkapitelle (Diss.) 1967; Repertorium d. Inschriften v. Ephesos, Bd. II u. V (m. R. Merkelbach) 1979-80; Festbankett u. griech. Arch., 1983.

BÖRKIRCHER, Helmut
Dr., Dipl.-Volksw. Geschäftsführer IHK Karlsruhe – Ötisheimer Str. 23, 7136 Ötisheim-Schönenberg (T. 07041-4 26 38) - Geb. 12. März 1949 Mühlacker, ev., verh. s. 1973 m. Raili Helena, geb. Riihinen, 3 Kd. (Mikko, Sonja, Lasse) - Abit. 1968; Stud. Betriebs- u. Volksw. Univ. Saarbrücken, Stuttgart u. Mannheim; Dipl. 1972, Promot. 1977 - Lehrtätig. Hochsch. Karlsruhe in versch. wirtschaftspolit. Gremien. Zahlr. Fachbeitr. z. Wirtsch., Regionalplan., Energie, Technologiepolitik - Spr.: Engl., Franz., Finn.

BÖRNECKE, Gerhard
Dr.-Ing. E. h., Vorstandsmitglied Siemens AG, München - Zu erreichen üb. Siemens AG, 8000 München - Geb. 7. Febr. 1927 Hohenleipisch.

BÖRNER, Alfred
Bundesbahnhauptsekretär, MdL Bayern (s. 1962, SPD) - Obere Warte 2, 8670 Hof/S. (T. 09281 - 31 76) - Geb. 20. März 1926 (Vater: Fritz B., Arbeiter; Mutter: Christiane, geb. Dressel), verh., 1 Kd. - Volkssch. - S. Lehre Reichs- bzw. Bundesbahn (1948 Personalratsvors.), dazw. 1943-45 Wehrdst. S. 1956 ehrenamtl. Stadtrat Hof.

BÖRNER, Bodo
Dr. jur., Rechtsanwalt am OLG Düsseldorf, em. o. Prof. f. Bürgerl. Recht u. Wirtschaftsrecht - Zülpicher Str. 83, 5000 Köln 41 (T. 41 93 04) - Geb. 8. Mai 1922 Lüneburg (Vater: Georg B., Amtsgerichtsrat; Mutter: Inka, geb. Vissering), ev., verh. s. 1953 m. Silvia, geb. Quandt, 2 Kd. (Achim-Rüdiger, Iris-Beatrix) - Univ. Hamburg (Promot. 1951). Gr. jurist. Staatsprüf. 1954 Hamburg; Habil. 1960 Münster/W. - 1953-55 Assist Univ. Hamburg; 1956 Ref. Max-Planck-Inst. f. ausl. u. intern. Privatrecht ebd.; 1956-61 Justitiar Unternehmensverb. Ruhrbergbau Essen; 1961-87 Ord. Univ. Köln (Dir. Inst. f. d. Recht d. Europ. Gemeinschaften u. Inst. f. Energierecht); s. 1987 Rechtsanwalt am OLG Düsseldorf - BV: D. Entscheidungen d. Hohen Behörde, 1965; Studien z. dt. u. europ. Wirtschaftsr. Bd. I-V, 1973-88 - Spr.: Engl., Franz., Russ.

BOERNER, Claus H.
Dr., gf. Vorstandsmitglied Ausstellungs- u. Messe-Ausschuß d. Dt. Wirtschaft (AUMA) - Lindenstr. 8, 5000 Köln 1 - Geb. 1929 - 1983 BVK a. Bde, 1986 BVK I. Kl.

BÖRNER, Dietrich
Dr. oec. publ., Dipl.-Kfm., o. Prof. f. Betriebsw.slehre - Am Schild 7, 4400 Münster-Sprakel (T. 02571 - 68 18) - Geb. 26. Aug. 1933 Saarbrücken - S. 1966 (Habil.) Lehrtätig. Univ. München, Regensburg (1967 Ord.); Münster (1971 Ord.); Dir. Inst. f. Unternehmungsrechnung u. -besteuerung u. Inst. f. Wirtschafts- u. Sozialwiss.) - BV: D. betriebl. Rechnungswesen u. s. Bedeut. f. d. Unternehmensführung, 1967; Allg. Grundl. d. Kostenrechnung, 1968; Steuerbilanzpolitik, 1977.

BÖRNER, Holger
Ministerpräsident Hessen a. D. (1976-87) - Geb. 7. Febr. 1931 Kassel (Vater: Maurerpolier), verh., 3 S. - Volks-, Mittelschule; Betonfacharbeiter - S. 1948 Mitarb. in d. SPD; 1972-76 Bundesgeschf. SPD; s. 1977 Landesvors. d. hess. SPD; 1956-72 Stadtverordn. Kassel, davon 9 Jahre Vors. d. SPD-Frakt. d. Verkehrsausschuß.; 1967-69 parlament. Staatssekr. b. Bundesmin. f. Verkehr; 1969-72 parlament. Staatssekr. b. Bundesmin. f. Verkehr u. f. d. Postwesen; 1976-87 Hess. Min.-Präs. u. ordentl. Mitgl. im Bundesrat; s. 1978 MdL Hessen.

BÖRNER, Horst
Dr. agr. (habil.), o. Prof. u. Direktor Inst. f. Phytopathologie Univ. Kiel (s. 1965) - Barstenkamp 56, 2300 Kiel-Rammsee (T. 6 57 40) - Geb. 12. Dez. 1926 Elberfeld - Zul. Doz. LH Hohenheim - BV: Pflanzenkrankheiten u. -schutz, Lehrb. 1970. Div. Einzelarb.

BÖRNER, Klaus
Prof., Konzertpianist - Nibelungenstr. 38, 4040 Neuss (T. 02101 - 54 25 36) - Geb. 22. Juni 1929 Senftenberg (Vater: Martin B., Bankkfm.; Mutter: Käte, geb. Heilbrunn), ev., verh. s. 1958 m. Helga, geb. Kibat, 2 Kd. (Martin, Eva Christi-

ne) - Musikhochsch. Weimar, Conserv. Lausanne (Klavier, Cembalo, Dirig., Komposition, Musikwiss.; Lehrer: A. Cortot, Edw. Fischer, W. Kempff). PMP u. Ex. de virtuos. - 1956-69 Doz. u. Abtleit. Konservat. D'dorf, 1969ff. Prof. f. Klavier u. Kl.-Didaktik FB Musik Joh. Gutenberg-Univ. Mainz. Konzerte in 70 Ländern, Radio, Fernsehen u. Schallplatten; intern. Kursus- u. Jurorentätig. Begr. d. Sommerkurse d. Jeunesses Musicales auf Sylt (1959ff.). 1985 Mitarbeit. b. d. Herausg. d. C. PH. E. Bach-Klaviersonaten (Henle) - Zahlr. Fachveröff. - 1950 Weimarpr.; 1951 Prix du Comité Lausanne; 1953 Stip. Kulturkr. BDI; 1959 Ausw. Konzerte junger Künstler (DMR); 1. Preise d. intern. Pianistenwettbew. 1956 Barcelona u. 1967 Mailand-Monza. - Liebh.: Photogr. - Spr.: Engl., Franz.

BÖRNER, Manfred
Dr. rer. nat., o. Prof., Physiker - Rehweg 24, 7900 Ulm (T. 0731 - 38 29 22) - Geb. 16. März 1929 Rochlitz/Sachs. (Vater: Erich B., Bäckermeister; Mutter: Hilde, geb. Schmidt), ev., verh. m. Antje, geb. Schwarz, 2 Kd. (Helge, Ditte) - Obersch. Rochlitz (b. 1947), Lehre Rundfunkmech., Stud. Physik u. Math. Berlin, Promot. TU München 1959 - 1954-79 Forsch.sinst. AEG-Telefunken Ulm (s. 1977 Dir.), s. 1980 o. Prof. f. Elektrophysik TU München - Grundlegende Arb. u. Erf. auf d. Gebiet elektromech. Filter u. d. optischen Nachrichtentechnik, Arbeit. z. einheitl. Feldtheorie - Üb. 50 wiss. Veröff., üb. 50 Patente - 1962 Preis d. Nachrichtentechn. Ges. - Spr.: Engl.

BÖRNER, Wilhelm
Dr. med., Prof. f. Innere Medizin, insb. Nuklearmed. - Königsberger Str. 44, 8700 Würzburg - Geb. 5. Juni 1927 Obermichelbach/Bay., ev., verh. s. 1957 m. Isolde, geb. Lauterbach, 2 Kd. (Thomas, Ulrike) - S. 1962 (Habil.) Privatdoz., apl. Prof. (1968) u. Prof. (1978) Univ. Würzburg (Leit. Abt. f. Nuklearmed./Klinikum) - 1969 Paul-Martini-Preis.

BÖRNER, Wilko H.
Versicherungskaufmann, Vorstandsvorsitzender Aachener u. Münchener Lebensversich. AG (s. 1988) - Zu erreichen üb. Aachener u. Münchener Lebensversich. AG, Robert-Schuman-Str. 51, 5100 Aachen - Geb. 20. Okt. 1937 Hamburg - 1971-83 Vorst. Württ. Feuerversich. AG, Stuttgart; 1983-87 Vorst. Aachener u. Münchener Versich. AG, Aachen.

BÖRNGEN, Dankward
Vors. Bundesverb. d. Betriebskrankenkassen, VR-Mitgl. Sparkasse d. Stadt Hagen, AR-Mitgl. Hoesch Werke AG Dortmund, Ratsmitgl. Stadt Hagen - Zu erreichen üb.: Kronprinzenstr. 6, 4300 Essen 1.

BÖRNKE, Fritz
Dr.-Ing., Architekt, Prof. Ruhr-Univ., Bochum - Ruhr-Univ., 4630 Bochum - Geb. 13. Sept. 1913 Haßlinghausen, verh. m. Hilde, geb. Jodorf, 2 Kd. (Antje, Katrin) - Dipl.ex. 1939 TH München; Promot. 1963 TH Aachen (m. Ausz.) - S. 1963 Vorlesungen TH Hannover u. Honorarprof. Ruhr-Univ. - BV: D. Bautechnik im Kraftwerksbau, 1975 - 1963 Wilhelm-Borchers-Plak. TH Aachen.

BÖRNSEN, Arne

Schiffbau-Dipl.-Ing., Mitglied d. Deutschen Bundestages (s. 1987) - Auf dem Glind 5, 2863 Ritterhude-Platjenwerbe - Geb. 5. Okt. 1944 Wilster (Holst.), verh. s. 1984 m. Christine, geb. Keil, 3 Kd. (Ole, Arne, Solveig) - Stud. Schiffstechnik (Dipl.) TU Hannover, Inst. f. Schiffbau 1972 Univ. Hamburg - Techn. Betriebsw.: Angest.akad. Bremen; Obmann SPD-Frakt. Ausch. f. Post- u. Ferndmeldewesen; SPD-Bez.vors. Nord-Nieders.; Mitgl. Landesvorst. Nieders. - Liebh.: Fotographie, Schiffsmodellbau - Spr.: Engl., Franz. - Bek. Vorf.: Heinrich-Adolf Börnsen, Ing., Schriftst. (Großvater).

BÖRNSEN, Gert
Dipl.-Polit., Landtagsabgeordneter Schlesw.-Holst. (s. 1975), Vors. SPD-Fraktion (s. 1988) - Esmarchstr. 61, 2300 Kiel (T. 0431 - 8 53 77) - Geb. 10. Febr. 1943 Wilster Kr. Steinburg, verh., 1 Kd. - N. Abit. Bremen (1964) 5 J. FU Berlin (Polit. Wiss., Gesch., Publiz.) - 1970-73 Pressesprecher SPD-Landtagsfrakt. u. Landesvorst. SH. SPD s. 1964 (zeitw. Mitgl. Parteirat). 1973-74 stv. Bundesvors. Jungsozialisten; s. 1975 Mitgl. Landesvorst. SPD SH, AWo, Rundf.rat NDR, Human. Union, amnesty intern. u. a. - Veröff.: Innerparteil. Opposition - Jungsoz. u. SPD (1969).

BÖRNSEN, Wolfgang
MdB - Bundeshaus, HT 624, 5300 Bonn 2 - Geb. 26. April 1942 Flensburg, ev., verh. m. Jenny, 4 Kd. (Tjorven, Ocke, Leve, Boyke) - Realschul-, Grund- u. Hauptschullehrer; Bauhandwerker (Maurer) - 1979-87 1. Kreisrat Kr. Schleswig-Flensburg; stv. Landrat; Vors. CDU-Kreistagsfrakt.; Kreisvors. Europa-Union - Museumslandschaft Schleswig-Flensburg; 10 Jahre Amateurtheatertreff - Kulturpreis Kulturverb. Langballig - Liebh.: Museumsarbeit (Leit. e. eig. Heimatmuseum), Theaterarb. (Leit. e. eig. Theatergr.) - Spr.: Engl.

BOERSCH, Hans
Dr. phil., o. Prof. f. Experimentalphysik (emerit.) - Hempelsberg 64, 8331 Zeilarn/Ndb. - Geb. 1. Juni 1909 Berlin, verh. - Promot. (1935) u. Habil (1942) Wien - 1935 Wiss. Mitarb. AEG-Forschungsinst. Berlin, 1941 Assist., 1942 Privatdoz. Univ. Wien, 1946 Univ. Innsbruck. Laborleit. Inst. de Recherches Scientifiques, Tettnang/Württ., 1948 Honorarprof. TH Braunschweig, 1949 ORR Physikal.-Techn. Bundesanst. ebd., 1954-74 Ord. u. Dir. I. Physikal. Inst. TU Berlin, Arbeiten üb. Wechselwirk. v. Licht, Elektronen u. Ionen.

BÖRSCH-SUPAN, Helmut
Dr. phil., Prof., Kunsthistoriker - Lindenallee 7, 1000 Berlin 19 - Geb. 3. April 1933 Köln (Vater: Kurt B., Finanzbeamter; Mutter: Helene, geb. Supan), ev., verh. s. 1963 m. Eva, geb. Höllinger, 3 Söhne (Friedrich, Georg, Heinrich) - Univ. Köln, Hamburg, Freiburg/Br., Berlin/Freie. Promot. 1958 - 1959-61 Bayer. Staatsgemäldesammlung München; s. 1961 Verw. d. Staatl. Schlösser u. Gärten Berlin (1972 Museumsdir.). Gründungsmitgl. Neuer Berliner Kunstverein. Spez. Aufgabengeb.: Malerei d. 18. u. 19. Jh. in Dtschl. - BV: Dt. Romantiker, 1972; C. D. Friedrich, 1973; D. Kunst in Brandenburg-Preußen, 1980; D. Malerei v. Anton Graff b. Hans v. Marées, 1988 - Spr.: Engl.

BÖRSCH-SUPAN, Wolfgang
Dr. phil., o. Prof. f. Angew. Mathematik - Weidmannstr. 79, 6500 Mainz 1 (T. 8 26 26) - Geb. 21. Jan. 1930 Berg. Gladbach (Vater: Kurt, Obersteuerinspektor i. R.; Mutter: Leni, geb. Supan), ev., verh. s. 1954 m. Ursula, geb. Biecker, 3 Kd. (Axel, Iris, Hanno) - Gymn.; Stud. Math., Physik, Meteorol. Köln u. Darmstadt. Promot. 1954 Univ. Köln; Habil. 1958 TH Darmstadt - 1958-63 Dozent TH Darmstadt; 1960-61 Wiss. Mitarb. Nat. Bureau of Stand., Washington/USA; 1963 Wiss. Rat Univ. Heidelberg; s. 1964 ao. u. o. Prof. (1965) Univ. Mainz (Dir. Inst. f. Angew. Math. b. 1973, Leit. Rechenzentrum b. 1970). Spez. Arbeitsgeb.: Numer. Math., Fachaufs., Mitgl. Dt. Mathematiker-Vereinig., Ges. f. Angew. Math. u. Mech. - Spr.: Engl.

BÖRSING, Hilmar
Chefredakteur Wiesbadener Kurier - Langgasse 21, 6200 Wiesbaden - Geb. 3. Okt. 1936 Ebenhausen/Westpr. - Abit. 1957; Stud. Polit. Wiss., Soziol. u. Osteurop. Gesch. - Polit. Redakt., 1974-78 Chefredakt. Bremen, s. 1979 Wiesbadener Kurier - Div. Veröff., auch in polit. Fachztschr.

BÖS, Dieter
Dr. jur., Dr. rer. pol., o. Prof. f. Nationalökon., Finanzwissenschaft - Baumschulallee 3, 5300 Bonn (T. 0228 - 63 09 42) - Geb. 4. Aug. 1940 Prag (Vater: Josef B., Prof., Chefredakt.; Mutter: Dr. phil. Margret, geb. Ressel), kath., verh. s. 1966 m. Dr. Emöke, 4 Kd. (Ursula, Monika, Leonhard, Dominik) - Mittelsch. Salzburg, Stud. Wien, Promot. 1963 u. 1968 - 1965-71 Univ.-Assist., 1971-75 o. Prof. Graz, 1975-79 o. Prof. Wien, 1979 o. Prof. Bonn, s. 1976 regelm. Lehrtätigk. London School of Economics (Univ. of London), s. 1988 Vorst. Inst. f. Mittelstandsforsch. Bonn - Schriftleit. Ztschr. Nationalökonomie/Journal of Economics (s. 1973) - BV: Öfftl. Auftr. in Österr., 1968; Wirtschaftsgesch. u. Staatsgewalt, 1970; Ökon. Theorie d. Finanzausgleichs, 1971; Simul.analysen z. Pensionsdynamik (gem. m. Holzmann), 1976; Steuerfunktionen (gem. m. Genser), 1977; Economic Theory of Public Enterprise, 1981; Public Enterprise Economics, 1986 - Spr. Engl.

BOES, Manfred F.
Speditionskaufmann, Gf. Gesellsch. Fa. Heinrich Boes GmbH + Co. Intern. Spedition, Bielefeld-Osnabrück - Händelstr. 37, 4800 Bielefeld 1 (T. 0521 - 5 53-0) - Geb. 28. Nov. 1940 Bottrop, kath., verh. s. 1970 m. Annette, geb. Stewens, 2 Kd. (Alexander, Nina Caroline) - Vorst. Bundesverb. Spedition u. Lagerei, Bonn; 1. Vors. Fachvereinig. Spedition u. Lagerei Westfalen, Bochum; Finanzrichter Münster - Liebh.: Tennis, Golf, Musik - Spr.: Engl.

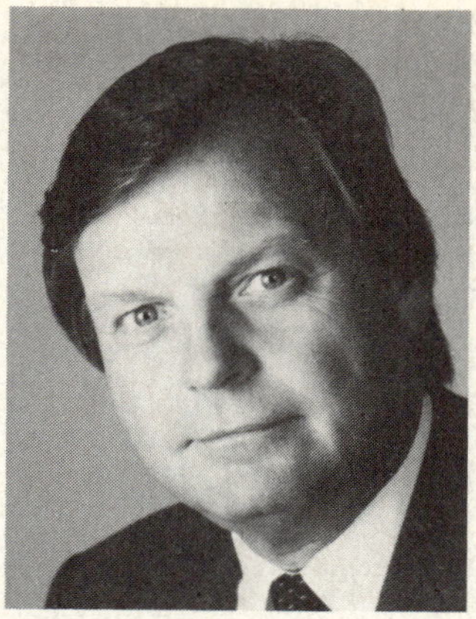

BOESCH, Ernst
Dr. phil., Direktor sozial-psych. Forschungsst. f. Entwicklungsplanung, Univ. d. Saarl., Saarbrücken (1962-87) - Drosselweg 8, 6601 Saarbrücken-Scheidt - Geb. 26. Dez. 1916 St. Gallen (Schweiz) - 1943-51 Schulpsychol. Kanton St. Gallen (Schweiz); 1951-83 o. Prof. f. Psychol. Univ. d. Saarlandes; 1955-58 Dir. Intern. Inst. for Child Study, Bangkok (UNESCO) - BV: Psychol. Theorie d. soz. Wandels, 1966; Zw. zwei Wirklichkeiten, 1971; Zw. Angst u. Triumph, 1975; Psychopathologie d. Alltags, 1976; Kultur u. Handlung, 1980; D. Magische u. d. Schöne, 1983. Üb. 80 Publ. - Mitgl. versch. wiss. Vereinig. Bundesrep. Dtschl., Schweiz u. Frankr.; Komturkreuz Orden d. thail. Krone; Preis d. Margrit-Egnér-Stiftg. Zürich; Dr. h. c. Srinakharinwirot Univ. Bangkok - Spr.: Engl., Franz., Thail.

BÖSCH, Thomas K.
Dipl.-Ing.,Vorstand Alpine AG. - Peter-Dörfler-Str. 13, 8900 Augsburg - TH Zürich.

BOESCH, Wolfgang
Dr. jur., Schriftsteller - Delugstr. 26, A-1190 Wien - Geb. 26. Sept. 1939 (Mutter: Ruthilde Bresch, Kammersängerin Wiener Staatsoper), verh. s. 1963 m. Claudia, geb. Clara, 3 Söhne (Matthias, Alexander, Sebastian) - Human. Gymn.; Promot. 1962 Univ. Wien - B. 1973 Prok. ÖSPAG, Wien I; dann fr. Journ.; s. 1978 fr. Schriftst. u. FS-Autor. Mitgl. Österr. Schriftstellerverb. - BV: Nicht einmal Klavier, 1981; Umsteigen in Liliput, R. 1983; Flegeljahre e. Muse, R. 1985; Hilfe, wir gründen e. Familie, Jugendr. 1985; Hilfe, e. Vater zuviel!, Jugendr. 1986; Hilfe, meine Schwester dreht durch, Jugendr. 1987; Meine Mutter schwindelt besser, Jugendr. 1987; D. Störung, R. 1988; Gegen Steffi ist kein Kraut gewachsen, Jugendr. 1988; Wunder sind Vatersache, Jugendr. 1989; Z. Kuckuck m. d. Esel, Jugendr. 1989. Dramen: Brave Kinder; D. Teuren; K. Mann im engeren Sinne; Rollentausch; Rücksichtslos dankbar; mehrere FS-Spiele (u.a. Froschperspektiven, Serie m. Josef Meinrad) - 1983 Dramatikerstip. Min. f. Unterr. u. Kunst - Liebh.: Amateurcellist; Lit., Skisport - Spr.: Engl., Franz. (Ital.).

BOESCHE-ZACHAROW, Tilly
Dr. h.c., Schriftstellerin, Herausg., Verlegerin (Ps. Eva Trojan, Ilka Korff, Eve Jean/John) - Laurinsteig 14a, 1000 Berlin 28 (T. 030 - 401 31 83) - Geb. 31. Jan. 1928 Elbing, gesch., 4 Kd. (Hans-Günter, Norbert, Marie-Luise, Tina) - Lyzeum (mittl. Reife); Gutsvolontärin, kaufm. Angest. - BV: insges. 280 Titel, 4 Kinderb., u.a.: S. eh u. je, 1972; Heimkehr in d. Steinzeit, 1978 (Sachb.); Metamorphische Variation, 1969; Blue is the colour of the sky, Lyrik 1982; My Foot Gropes For A Bridge, Lyrik 1985. Herausg.: Bücher u. Ztschr. Silhouette - 1981 Ehrendoktor; 1985 Studiosis Humanitas; 1984 Europ. Banner d. Künste; 1985 Cavaliere dell'Arte; 1987 Ausl.reisestip. d. A.A. - Liebh.: Lesen, Schreiben, Musik, Reisen - Spr.: Engl., Hebräisch (etwas) - Lit.: Hugo Rasmus, Lebensbilder westpreuß. Frauen (1984); Anne-Marie Bieling, Interview m. Berliner Schriftst. (1985).

BÖSCHENSTEIN, Bernhard
Dr. phil., o. Prof. f. Dt. Sprache u. Lit. - 34, rue de Saint-Jean, Genf (Schweiz) (T. 45 30 62) - Geb. 2. Aug. 1931 Bern (Vater: Dr. h. c. Hermann B., Journ.; Mutter: Esther, geb. Schenk), protest., verh. s. 1963 m. Dr. Renate, geb. Schäfer - Gymn. Bern; Univ. Paris, Zürich, Köln (Dt., Franz., Griech.). Promot. 1959 Zürich - 1958-64 Assist. Freie Univ. Berlin (German. Sem.) u. Univ. Göttingen (1960; Sem. f. Dt. Philol.), dann Visiting Lecturer Harvard Univ., Cambridge, gegenw. Ord. Univ. Genf. Präs. Genfer Ges. f. Dt. Kunst u. Lit.; Vorstandsmitgl. Friedrich-Hölderlin-Ges. - BV: Hölderlins Rheinhymne, 1959, 2. A. 1968 (Diss.); Konkordanz zu Hölderlins Ged. n. 1800, 1964; Studien z. Dichtung d. Absoluten, 1968; Leuchttürme, 1977, 2. A. 1982. Herausg.: Hölderlin vu de France, 1987. Übers.: Paul Valéry, Windstriche (Aphor. 1959, m. Hans Staub u. Peter Szondi); Franz. Ged. v. Baudelaire b. St.-J. Perse (1962, m. Jean u. Mayotte Bollack) - 1975 Goethe-Medaille Goethe-Inst. München - Liebh.: Musik (Klaviersp.), bild. Kunst - Spr.: Franz., Engl. - Bek. Vorf.: Johann B., Hebraist um 1500; Carl Schenk, schweiz. Bundespräs. im letzten Drittel d. 19. Jh.s (Urgrgroßv. ms.).

BOESE, Jürgen
Dr. rer. pol., Prof. f. Gesundheits-Ökonomie Univ. Heidelberg - Donauschwabenstr., 7102 Weinsberg - Geb. 1. Juni 1942 Bromberg (Vater: Georg B., Revierförster; Mutter: Charlotte), ev., verh. s. 1972 m. Brigitte, geb. Rieckert, 2 Kd. (Ulrike, Nina-Inez) - 1958-61 Lehre, Stud. Kiel, Berlin, Tübingen (Dipl. 1969), Nürnberg, Basel (Promot. 1972) - BV: Wirtschaftlichkeit d. ambulanten Versorgung, 1979 - Spr.: Engl., Franz.

BOESE, Ursula
Kammersängerin, Opern- u. Konzertsängerin - Schoensberg 4, 2000 Hamburg 65 (T. 601 64 52) - Geb. 27. Juli 1933 Hamburg (Vater: Bernhard B., höh. Beamter; Mutter: Adele, geb. Kreutzfeld), ev., gesch. - 1950-55 Stud. Hochsch. f. Musik, Hamburg (Abschl.-Dipl.) - 1958 Operndebut Bayreuth; 1965 Neuinsz. Bayr. Ring unt. Wieland Wagner (Partie Fricka in: Rheingold, Walküre); s. 1961 Mitgl. Hamburg. Staatsoper. Wicht. Partien im In- u. Ausl.: Orpheus (Gluck), Klytännestra (Elektra), Erda (Rheingold u. Siegfried). 8 Opernfernsehfilme, u.a. Magdalena in Meistersinger. Rollen: Scala, Grand Opera Paris, Metropolitan, Buenos Aires, Chicago, u.a. Festsp.: Bayreuth, Edinburgh, Holland-Festival - 1969 Kammersängerin - Liebh.: Malerei, Golf - Spr.: Engl, Franz., Ital.

BÖSEKE, Harry
Schriftsteller, Dramatiker - Gervershagener Str. 4, 5277 Marienheide-Müllenbach (T. 02264 - 15 67) - Geb. 7. Jan. 1950 Jützenbach, verh. s. 1971 m. Heidrun, geb. Neumann, 3 Töcht. (Kristina, Anna-Maria, Lisa Friederike) - 1964-67 Lehre Chemielaborant; Stud. Dipl.-Sozialpäd. FHS Köln; Ex. 1973 - S. 1980 fr. Schriftst. u. Dramat. 1979-82 Vors. Förderzentrum Jugend schreibt, Köln; 1983-85 Vors. (1. Sprecher) Werkkreis Lit. d. Arbeitswelt; 1986-88 Bezirkssprecher Köln d. VS; s. 1988 Mitgl. im Landesvorst. NRW d. VS - BV: Jugend ohne Arbeit, 1983; Schlüsselgewalt, 1981; Ich glaub ich steh im Wald, 1979; Wer ist denn hier im Abseits?, 1981; Gemeinsamer Weg, 1985; Randale, 1986; Sind es noch d. alten Farben?, 1987; Lit. n. Tschernobyl, 1987. Theaterst.: Ab in d. Orient-Express (m. M. Burkert), UA Westf. Landestheater 1983; Night-Driver, UA Stadttheater Kiel 1985 - 1984 u. 1988 Arbeitsstip. Land NRW; 1981 Lit.-preis D. arme Poet - Liebh.: Samml. v. Arbeiterlit. (deutsch u. ausl.); Samml. v. Tondokumenten insbes. d. Arbeiterkultur.

BÖSEL, Friedrich
Dr. rer. pol., Vorsitzender d. Geschäftsfg. GZS, Ges. f. Zahlungssysteme mbH - Theodor-Heuss-Allee 80, 6000 Frankfurt/M. (T. 7 93 30) - Geb. 25. Sept. 1928 Roßleben - Rotarier.

BÖSEL, Rainer
Dr. phil., Univ.-Prof. f. Physiol. Psychologie FU Berlin - Westfalenring 2a, 1000 Berlin 45 (T. 712 71 76) - Geb. 31. Jan. 1944 Wien (Vater: Dr. Ernst B.; Mutter: Theodora, geb. Gstrein), verh. s. 1974 m. Brigitte, geb. Megnin, 2 S. (Ekkehardt, Bastian Johannes) - S. 1962 Stud. Univ. Wien (Promot. 1969 Salzburg), Max-Planck-Inst. f. Zellbiol. Tübingen - 1972-78 Ass.-Prof.; s. 1980 Prof. in Berlin - BV: Humanethol., 1974; Signalverarbeit. in Nervennetzen, 1977; Streß, 1978; Biopsych. d. Emotionen, 1986; Physiol. Psych., 1981, 2. A. 1987 - Regie: Forsch.film: Paula - Szenen aus d. Leben e. jungen Frau (Berlin 1976), Kognitive Emotionspsych. (Göttingen 1979).

BOESELAGER, Freiherr von, Philipp
Land- u. Forstwirt, Vors. Arbeitsgem. Dt. Waldbesitzerverb. - Zu erreichen üb.: ADW, Monheimstr. 5, 5300 Bonn 3.

BÖSENBERG, Heike
Dr. med., Univ.-Prof., Direktor Inst. f. Hygiene Westf. Wilhelms-Univ. Münster (s. 1986), Arzt f. Hygiene u. f. Mikrobiol. u. Infektionsepidemiologie - Maximilianstr. 66, 4400 Münster - Geb. 7. Nov. 1934 Münster - Promot. 1963 Freiburg i.Br., Habil. 1969 Münster, venia legendi f. d. Fach Hygiene - 1972 apl. Prof., 1973 Wiss. Rat u. Prof., 1987 Univ.-Prof. - BV: Hygiene in Wäscherei u. Chemischreinigung, 1973; etwa 150 Einzelarb.

BÖSENBERG, Walther A.
Prof., Generaldirektor i.R., ARsmitgl. IBM Deutschland GmbH. - Haydnstr. 14, 7032 Sindelfingen - 1947-83 IBM, (1964 ff. Generaldir.) - Ehrensenator TH Karlsruhe (1965) u. Darmstadt (1966) - Spr.: Engl. - 1981 Prof.-Titel Ld. Württ.-Baden - Lit.: Ferdinand Simoneit, D. neuen Bosse, 1966.

BÖSER, Werner
Dr.-Ing., Prof. Univ. Karlsruhe (Bodenordnung u. -bewert.), Geodät - Hagenbacher Str. 1, 7500 Karlsruhe (T. 7 37 22) - Geb. 28. Mai 1924 Bruchsal (Vater: Josef B., Kaufm.; Mutter: Luise, geb. Ochs), kath., verh. s. 1950 m. Rosemarie, geb. Lubenau, T. Ingrid - TH Stuttgart u. Karlsruhe (Dipl.-Vermessungsing. 1951, Promot. 1958) - 1942-45 Kriegsdst. Offz.; 1955-58 Assist. u. Obering. TH Karlsruhe (Geodät. Inst.); s. 1958 Doz. Staatl. Ingenieursch. u. Fachbereichsleit. Fachhochsch. ebd. (1972). Vereid. Sachverst. d. Vermessungswesens u. Gutachter im Grundstücksbewertungsaussch. Karlsruhe; s. 1969 Teiln. Dt. Thessaliengrab. u. a. Dt. Grabungskampagnen in Griechenl. u. Jordanien. Mitherausg. v. Ztschr. 1970-75 Vorst.-Mitgl. Gesamthochschulrat Baden-Württ.; Korr. Mitgl. Dt. Archäol. Inst. - 1985 BVK.

BÖSINGER, Wolfgang Karl
Bürgermeister Biberach/Baden - Waldstr. 14, 7616 Biberach/Baden (T. priv.: 07835-84 63; dstl.: 33 14) - Geb. 7. Jan. 1944 St. Georgen/Schwarzw. (Vater: Karl B., Feinmechan.; Mutter: Elsa Lydia, geb. Lauble, Damenschneidermei-

sterin), ev., verh. s. 1969 m. Ingeborg, geb. Dasecke, Kinderpflegerin, 2 T. (Susanne, Martina) - Höh. Handelssch. (mittl. Reife); Bad. Verw.sch. Karlsruhe (fachgeb. Hochschulreife), Bundeswehr - 1965-69 Stadtinsp., 1969-74 Bürgerm. Buchenberg/Schwarzw., s. 1974 Bürgerm. Biberach - Liebh.: Bergwandern, Natur, Tennis, Skifahren - Spr.: Engl., Franz.

BOESKEN, Dietrich H.

Dipl.-Ing., Generaldirektor, Vors. d. Geschäftsfg. Alusuisse Dtschl. GmbH, Konstanz, u. ALUSINGEN GmbH, Singen, Leit. Unternehmensber. Verarbeit. Schweizer. Aluminium AG, Zürich, Holdingchef Dtschl. d. Schweiz. Aluminium AG, Zürich - Alusingen-Platz 1, 7700 Singen/Hohentwiel - Geb. 25. Mai 1927 Liegnitz - 1962-77 Thyssen Henschel, Kassel, s. 1970 Vorst.-Mitgl., 1973-77 Vorst.-Vors.; 1975-77 Präs. Verb. Dt. Lokomotivind., Frankfurt, u. Viceprés. Constructeurs Européen des Locomotives Thermiques et Electriques in Paris; s. 1977 Präs. Verb. d. Aluminium verarb. Ind., Frankfurt, u. IHK Hochrh.-Bodensee, Konstanz; Präsid.-Mitgl. Wirtschaftsvereinig. Metalle, Düsseldorf, u. Gesamtverb. Dt. Aluminium-Ind., ebd.; Vors. Gesellsch.-Vers. Werkzeugfabr. Singen GmbH; AR-Vors. Leichtmetall-Ges. mbH, Essen, u. Aluminium Rheinfelden GmbH, Rheinfelden; VR-Vizepräs. Robert Victor Neher AG, Kreuzlingen (Schweiz); VR-Mitgl. Alusuisse Flexible Packaging, Inc., St. Louis (USA); Beiratsmitgl. Aluminium-Zentr., Düsseldorf, Dt. Bank AG, Freiburg, u. Bad.-Württ. Bank AG, Karlsruhe; Kurat.-Mitgl. FH Konstanz; Mitgl. Förderkr. f. gewerbl. Wirtsch., Konstanz.

BOESLER, Klaus-Achim

Dr., Prof., Ordinarius f. Geographie u. Inst.dir. Univ. Bonn/Phil. u. Math.-Naturwiss. Fak. (s. 1973) - Wupperstr. 9, 5300 Bonn-Bad Godesberg - Geb. 22. Sept. 1931 Leipzig - Promot. 1959 Habil. 1966 - Zul. Prof. FU Berlin - BV: D. städt. Funktionen, 1960 Kulturlandschaftswandel durch raumwirks. Staatstätigk., 1969; Raumordnung, 1982; Polit. Geogr., 1983 - 1973 korr. Mitgl. Akad. d. Raumforschung u. Landesplanung.

BÖSS, Otto

Dr. phil., Leiter Bibliothek d. Osteuropa-Inst. München - Scheinerstr. 11, 8000 München 80 (T. 089 - 98 38 21) - Geb. 16. Juni 1929 Deutsch-Liebau (ČSR) - Stud. Russ., Dipl.-Dolm. 1954, Stud. Gesch. Osteuropas, Kunstgesch., Promot. 1960 München - 1960-62 Archiv-Assist., 1964 Lehrbeauftr. Univ. München - BV: Lehre d. Eurasier, 1961; Russland-Chronik, 1967, 2. erw. A. 1986; Die dt. Kriegsgefangenen in Polen u. d. Tschechoslowakei, 1974; D. Geschichte d. Unternehmen in Polen. E. räsonierende Bibliogr., 1989.

BOESSNECK, Joachim

Dr. med. vet., o. Prof. u. Vorst. Inst. f. Paläoanatomie, Domestikationsforsch. u. Geschichte d. Tiermed. Univ. München (s. 1965) - Stuckstr. 4, 8000 München 80 (T. 47 73 75) - Geb. 26. Febr. 1925 Glauchau/Sa. (Vater: Rudolf B., Oberst; Mutter: Irene, geb. Schedlich), verh. s. 1962 m. Helene, geb. Pabst - Univ. München u. Kiel (Tiermed., Zool.). Promot. 1951; Habil. 1957 - 1953 Wiss. Assist., 1957 Privatdoz., 1958 Konservator, 1963 apl., 1965 ao. u. o. Prof. - BV: D. Haustiere in Altägypten, 1953 (Diss.); Studien an vor- u. frühgeschichtl. Tierresten Bayerns, 2 Bde. 1956/58; Beitr. z. ur- u. frühgesch. Archäol. d. Mittelmeerkulturraumes, 2 Bde. 1962/65 (m. V. Milojĉic u. a.); Seeberg-Burgäschisee-Süd - D. Tierreste, 1963 (m. J. P. Jéquier u. H. R. Stampfli); Osteolog. Unterscheidungsmerkmale zw. Schaf u. Ziege, 1964 (m. H. H. Müller u. M. Teichert; auch engl.); The Archaeology of Skedemosse - D. Knochenfunde, 1968 (m. A. von den Driesch u. N.-G. Gejvall); D. Tierknochenfunde aus d. Oppidum v. Manching, 1971 (m. A. von den Driesch u. a.); D. Tierknochenfunde a. d. Kabirenheiligtum Theben (Böotien), 1973; D. jungpleistozänen Tierknochenfunde aus d. Brillenhöhle (m. A. von den Driesch), 1973; Tierknochenfunde v. Korùcutepe bei Elâziğ in Ostanatolien (m. A. von den Driesch), 1975; Mosaik d. Geschichte d. Tierchirurgie (in: H. Schebitz/W. Brass, Allg. Chirurgie f. Tierärzte u. Stud.), 1975; Tell el-Dab'a III 1976; Osteoarchäologie (in: B. Hrouda, Methoden d. Archäologie), 1978; D. Tierknochenfunde aus d. neolithischen Siedlung auf d. Fikirtepe b. Kadiköy am Marmarameer (m. A. v. d. Driesch u. a.), 1979; Eketorp, D. Fauna (m. A. v. d. Driesch u. a.), 1979; Gemeinsame Anliegen von Ägyptologie u. Zoologie aus d. Sicht d. Zooarchäologen Bayer. Akad. d. Wiss. Phil.-Hist. Kl.-Sitzungsber. H. 5, 1981; D. Tierwelt d. Alten Ägypten, 1988 - 1972 Mitgl. Bayer. Akad. d. Wiss.; 1960 korr., 1976 o. Mitgl. Dt. Archäol. Inst.; Mitgl. Kgl. Akad. d. Lit., Gesch. u. Altertumsforsch. Stockholm; Mitgl. Dt. Akad. d. Naturforscher Leopoldina - Spr.: Engl.

BÖSWALD, Alfred

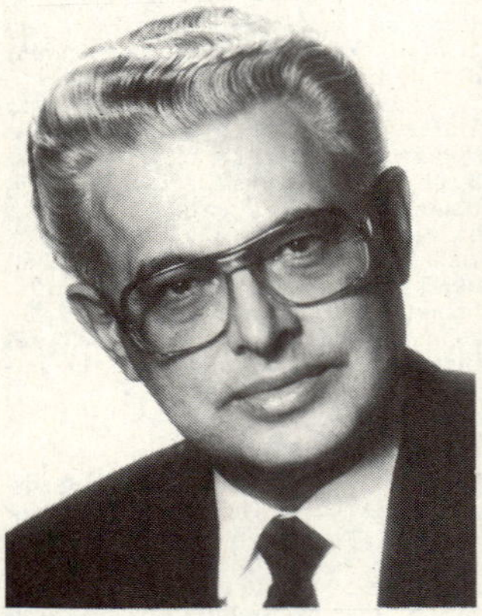

Dr. phil., I. Bürgermeister (s. 1970) - Rathaus, 8850 Donauwörth/Schw.; priv.: Ziegelhaustr. 3 - Geb. 30. Nov. 1931 Rögling, kath., verh. s. 1958 m. Ria, geb. Pfaffel, 3 Kd. (Michael, Alfred, Isabel) - Gymn. Eichstätt; 1951-52 Phil.-Theol. Hochsch. ebd.; 1952-57 Univ. München. Staatsex. 1957 u. 59; Promot. 1958 - 1959-70 höh. Schuldst. (zul. Oberstudienrat). 1966ff. Kreis-, 70ff. Bezirksrat. 1967-71 Landesvors. Jg. Union Bayern. 1978ff. Präsidiumsmitgl. Bayer. Städteverb. CSU - BV: Stud. zu. Kreuzzugsgeschichtsschreib. Odo v. Deuil, 1959 (Diss.); Briefe aus d. Rathaus, 1982; D. Rad bewegen, 1985; Blick auf Donauwörth, 1988 - 1976 Ehrenring Stadt Donauwörth, 1974 Ehrenring Gde. Perchtoldsdorf (Österr.), 1979 Gold. Deutschmeister-Ehrenorden m. Brillanten, 1983 BVK u. Gold. Ehrenzeichen f. Verd. um d. Rep. Österr., 1984 Halsorden d. Ehrenkreuzes I. Kl. d. Dt. Ordens, 1986 Kommunale Verdienstmed. in Silber, 1987 Bayer. VO - Liebh.: Lyrik, Kunst, Musik - Spr.: Engl.

BÖSZE, Ilse Viktoria

Schriftstellerin - Taborstr. 50/23, A-1020 Wien - Geb. 23. Febr. 1942 Wien, kath., verh. s. 1967 m. Gábor B., geb. Wagner, S. Zoltán - Haushalt.- u. Handelssch. - BV: Kinder- u. Jugendb.: Tatort Schule, 1979; Enrico u. d. Dorf im Wald, 1980; Geburtstag auf d. Dachboden, 1983; D. verschluckte Trompete, 1985; Ich bau' mir e. Nest, Anthol. 1989; Traum d. Erwartung, Ged. 1973 - Intern. Jugendbuchpreis Vecchia Spezia in Silber - Liebh.: Biologie, Umwelt, Esoterik, Musik - Bek. Vorf.: v. Zyblikiewicz, Bürgerm. v. Krakau u. Statthalter v. Galizien.

BÖTEL, Erich

Dr., Präsident Bundesverb. landw. Verpächter u. Grundeigentümer - Museumstr. 2, 3300 Braunschweig.

BOETERS, Max

Dr. phil., Prof. f. Linguistik d. Deutschen - Ostermeyerstr. 7, 2000 Hamburg 52 - Geb. 2. Febr. 1928 Körlin/Persante - Promot. 1962 Hamburg - S. 1977 Prof. Univ. Hamburg.

BOETERS, Ulrich

Dr. med., Prof. f. Psychiatrie u. Neurol. - Hirthstr. Nr. 52, 2300 Kiel - Geb. 23. Mai 1936 Breslau - Promot. 1961; Habil. 1970 - S. 1974 apl. Prof. Univ. Kiel (gegenw. Oberarzt Abt. Psych./Zentrum Nervenheilkd.) - BV: D. oneiroiden Emotionspsychosen, 1971. Üb. 40 Einzelarb.

BÖTSCH, Wolfgang

Dr., Oberregierungsrat, MdB (s. 1976; Wahlkr. 237), Parlam. Geschäftsf. CSU-Landesgruppe (s. 1982) - Waltherstr. 5a, 8700 Würzburg (T. 8 30 80) - Geb. 1938 - CSU.

BOETTCHER, Alfred

Dr. rer. techn., Prof., Koordinator f. bilaterale Zusammenarbeit Bundesmin. f. Forsch. u. Technol. - Hangstr. 11, 5100 Aachen (T. 6 10 61) - Geb. 12. Okt. 1913 Pforzheim, pd., verh. s. 1939 m. Siegtraut, geb. Cherubim, 3 Kd. (Kirsten, Ingrid, Wolfgang) - Univ. Freiburg/Br. u. TH Danzig (Physik, Math.). Promot. (1939) u. Habil. (1944) Danzig - Assist. TH Danzig; 1948-60 DEGUSSA, Frankfurt/M. (zul. Dir.); s. 1958 Lehrtätigk. Univ. Heidelberg u. TH Aachen (1961; 1964 apl. Prof. f. Physikal. Materialkd.); 1960-70 Wiss. Geschäftsf. Kernforschungsanlage Jülich GmbH. Mitgl. Dt.-Franz. Ges. - Spr.: Engl., Franz.

BÖTTCHER, Bodo

Dr. rer. pol., Dipl.-Volksw., Geschäftsf. Zentralverband Elektrotechnik- u. Elektronikindustrie (ZVEI), Frankfurt (s. 1971) - Leopoldsweg 15c, 6380 Bad Homburg v.d.H. (T. 3 71 64) - Geb. 8. Febr. 1929 Berlin, verh. s. 1954 - Stud. FU Berlin; Promot. 1954 ebd. - 1956-58 Intern. Währungsfonds, s. 1958 ZVEI (Leit. Bereich Wirtschaft). Vors. Handelspolit. Arbeitskreis BDI, Mitgl. List-Ges. - Spr.: Engl., Franz. - Lions-Club.

BOETTCHER, Carl-Heinz

Dipl.-Volksw., Journalist, Leiter Transkriptionsdienst Hörfunk Deutsche Welle - Kollenbacher Str. 25, 5067 Kürten (T. 02207-66 37) - Geb. 27. März 1928 Hamburg (Vater: Hans B., Postbeamter; Mutter: Hertha, geb. Hoyer), verh. s. 1949 m. Gisela, geb. Latta, 6 Kd. (Dietmar, Wolfhard, Rüdiger, Ingrid, Arnulf, Helgard) - 1946-48 Lehre Verlagsbuchh.; 1948-50 Stud. Hochsch. f. Wirtsch. u. Politik Hamburg (Volksw. u. Soziol., Lehrer u.a. H. Schelsky) - 1952-69 Polit. Redakt. b. Tagesztg., Ztschr. u. Pressedst. Hamburg u. Köln, s. 1970 Dt. Welle, 1970-80 Leit. Politik Dt. Progr., 1980-87 Leit. Intendanz - BV: E. Gespenst tritt ab in Europa, 1967 (m. and.); E. neue KPD? Anm. z. Thema Kommunismus u. parlament. Demokratie, 1968; D. Aufstand wird vorbereitet, 1969 - 1983 BVK - Liebh.: Vorgesch.

BOETTCHER, Erik

Dr. sc. pol., Dr. oec. h. c., em. Prof. f. Prakt. Volkswirtschaftslehre u. Sozialpolitik - Schelmenstiege 12, 4400 Münster-Roxel (T. 3 34) - Geb. 27. April 1919 Arensburg/Insel Oesel, Estl. (Vater: Julius B.; Mutter: Barbara, geb. v. Buhrmeister), verh. s. 1953 m. Ilse, geb. Marquard, 2 Söhne (Wolf, Olaf) - Dt. Gymn. Kaunas/Lit.; 1947-50 Univ. Kiel (Volksw.; Dipl.-Volksw. 1950, Promot. 1951). Habil. 1959 Hamburg - 1951 Assist. Univ. Kiel, 1956 Lehrbeauftr. Akad. f. Gemeinw. Hamburg, 1959 Privatdoz. Univ. Hamburg, 1960 o. Prof. LH Hohenheim (Dir. Inst. f. Volksw.), 1963 Univ. Münster (Dir. Inst. f Wirtschafts- u. Sozialwiss. u. f. Genoss.swesen) - BV: Sozialpolitik u. -reform, Lehr- u. Handb. d. Sozialpolitik, 1957; D. sowjet. Wirtschaftspolitik am Scheidewege, 1959; Bilanz d. Ära Chruschtschow, 1965 (m. Hans-Joachim Lieber u. Boris Meissner); Wirtschaftsbezieh. m. d. Osten, 1971; Kooperation u. Demokr. in d. Wirtsch., 1974. Herausg.: u. a. Beitr. z. Vergleich d. Wirtschaftssysteme (1970), D. Genossenschaft in d. Marktwirtsch. (1980) - Spr.: Russ., Engl.

BÖTTCHER, Friedrich-Karl

Oberkreisdirektor Landkreis Osterode/Harz - 3360 Osterode am Harz - Vors. Komm. Arbeitgeberverb. Nieders.; Vorst.Mitgl. Niedersächs. Landkreistag.

BOETTCHER, Grit

Schauspielerin - An der Fähre 6, 8000 München - Geb. 10. Aug. Berlin, verh. m. I) Dr. H. Lange, II) Dr. Wolfgang Belstler, † 1969, (T. Nicole), III) s. 1979 m. Dr. Michael Koch (S. Tristan) - Schauspiel-Ausb. - Zahlr. Rollen b. Film u. Fernsehen. Filme: u. a. Solange d. Herz schlägt, D. schwarze Abt. FS: u. a. E. verrücktes Paar (m. Harald Juhnke) - 1981 Gold. Kamera Hörzu.

BÖTTCHER, Hans Helmut

Dr. phil., Prof. f. Sozialpädagogik u. Psychologie - Tellhöhe 5, 8035 Stockdorf/Kr. Starnberg (T. 089-857 25 73) - Geb. 8. Juli 1924 Müllheim/Bad. (Vater: Arthur B., Finanzbeamter; Mutter: Martha, geb. Raab, Sängerin u. Klavierlehrerin), ev., verh. s. 1950 m. Gudrun, geb. Götze, 2 T. (Irmela, Dorothea) - Abit. 1943, 1947/48 Päd. Schule f. Dt. Kriegsgefangene in Engl., 1958-65 Univ. Münster (Päd. u. Sozialpäd., Psych., Publiz., Sozialethik), Promot. 1967 Münster - 1949-56 Jugendarbeit, 1956-68 Ref. f. Jugendschutz, Jugenderholung, Lebensberat. b. Diakon. Werk d. Ev. Kirche Westf., 1968-74 Doz. Ev. FHS f. Sozialpäd. Düsseldorf-Kaiserswerth (Abt.-leit. ab 1971), s. 1974 Prof. f. Päd. u. Psych. Augustana-GH Neuendettelsau, Abt. f. Relig.päd. u. Kirchl. Bildungsarb. München-Pasing, 1960-74 Sachverst. f. Jugendschutz Land NRW b. Freiw. Selbstkontr. d. Filmwirtsch., 1960-74 Redakt. Fachztschr. Jugendschutz, 1956-68 Redakt. Schriftenreihe: Wir helfen unserer Jugend, 1965-70 Mitgl. Kommiss. f. Sexualethik Ev. Kirche Dtschl.; 1982 Leit. d. Briefseelsorge München - BV: D. Jugendliche im Betrieb, 1962; D. Jugendliche u. s. Freizeit, 1964; Erholung in d. ind. Ges. als sozialerz. Problem, 1969; Filmpsych. Kompendium (Hg), 1969; Streit um Sex. Fragen u. Antworten d. Erziehung, 1970; Sozialpäd. im Überblick, 1975; Bemerk. z. gruppendyn. Bewegung u. deren relig. Implikationen, in: Aspekt Religion, 1978; Psychologische Faktoren d. Gelingens von Ehe, 1982; D. morphologische Dreieck als Denkhilfe f. kirchl. Jugendarb., in: Glauben vermitteln, 1982 - Liebh.: Bibliophiles, Barockmusik, Bergwandern - Spr.: Engl.

BÖTTCHER, Hans-Georg

Dr. rer. pol., Direktor Bundessteuerberaterkammer/Körperschaft d. öffentl. Rechts - Dechenstr. 14, 5300 Bonn.

BÖTTCHER, Manfred

Fabrikant, Gesellsch. Kühnezug Fördertechnik GmbH - Treudelberg 4, 2000 Hamburg 65 (T. 040 - 608 00 51) - Geb. 7. April 1935 Hamburg (Vater: Herbert B., Ing.; Mutter: Anneliese, geb. Schmalfeld), verh. m. Brigitte, geb. Tiedemann - Ing.ausbild. - S. 1959 Fritz Kühne oHG, Kühnezug Hebezeuge GmbH (1961) u. Kühnezug-Fördertechnik GmbH (1966), alle Hamburg.

BÖTTCHER, Martin

Komponist, Dirigent - Via Longhena 3, CH-6900 Lugano (T. 004191 - 091 - 51 09 57) - Geb. 17. Juni 1927 Berlin (Vater: Gustav B., Beamter; Mutter: Martha, geb. Machts), ev., verh. s. 1955 m. Anneliese, geb. Kaplan (Schausp.), 2 Töcht. (Betsy, Rebecca) - Musikausbild. (GMD Richard Richter) - Musik zu üb. 60 Spiel- (dar. Karl May), 100 Fernseh- u. 45 Dokumentarfilmen; 25 Langspielpl. - Ehrenmitgl. d. Max Steiner Soc. -

Liebh.: Fliegen, Windsurfing, Ski u. Wasserski - Spr.: Engl., Ital.

BÖTTCHER, Oskar
Dr. jur., Rechtsanwalt, Hauptgeschäftsf. Industrieverb. Agrar - Karlstr. 21, 6000 Frankfurt/M. 1.

BOETTCHER, Otto
Landeskriminaldirektor a. D., Rechtsanwalt - Kanzlei: Marktkirchhof 2, 3380 Goslar (T. 05321 - 2 10 51); priv.: Tappenstr. 22, 3380 Goslar (T. 05321 - 17 06) u. Argentinische Allee 8, 1000 Berlin 37 (T. 030 - 801 75 55) - Geb. 26. Okt. 1920 Oels/Schl. (Vater: Heinrich B., Staatsanw.; Mutter: Ella, geb. Braunsdorf), verh. s. 1948 m. Jacoba, geb. van Nes - Stud. Rechtswiss.; Gr. jurist. Staatsprüf. - 1969-74 Leit. Berliner Kriminalpolizei; 1974-79 Dezern. f. Verbrechensbekämpf. - 1980 Gf. Gesellsch. Safe Ges. f. Sicherheitsberatung mbH; 1981 Rechtsanw., Sicherheitsberater - Rotarier.

BÖTTCHER, Paul
Oberingenieur, Geschäftsf. Normenaussch. Druckgasanlagen, Heizung u. Lüftung sow. Autor: Technisches Zeichnen Böttcher/Forberg, Teubner Verlag, Stuttgart (18. Aufl.) - Burggrafenstr. 4-10, 1000 Berlin 30 - 1979 Herman-Rietschel-Diplom.

BÖTTCHER, Siegfried
Dr.-Ing., o. Prof. f. Fördertechnik - Fichtenstr. 6, 8011 Baldham (T. 08106 - 64 20) - Geb. 2. Aug. 1928 Emmerich/Rh. (Vater: Bruno B., Industriekfm.; Mutter: Frieda, geb. Fuhrmann), ev., verh. s. 1956 m. Marianne, geb. Schupp, 2 Töcht. (Ute, Britta) - TH Hannover (Maschinenbau; Dipl.-Ing 1954). Promot. (1957) u. Habil. (1962) Hannover - 1954-62 Assist. u. Obering. TH Hannover (Inst. f. Fördertechnik); 1963-66 Obering. MAN, Nürnberg (Kranbau u. Förderanlagen); 1966-74 Ord. u. Inst.sdir. TU Berlin; s. 1974 Ord. u. Inst.sdir. TU München - Fachveröff.

BÖTTCHER, Winfried
Dr. phil., Prof. (Polit. Wissenschaft, RWTH Aachen - Senserbachweg 219, 5100 Aachen (T. 17 48 88) - Geb. 11. März 1936 Morbach (Vater: Erich B.; Mutter: Veronika, geb. Kaiser), kath., verh. s. 1963 m. Ingrid, geb. Koelman, 1 Kd. (Ferun) - Abit. Cusanus-Gymn. Bernkastel, Erststud.: Gewerbelehramt-Maschinenbau, RWTH Aachen, 1. u. 2. Staatsex., Zweitstud.: Polit. Wissensch., Gesch. u. Erziehungswiss. RWTH Aachen u. LSE London - S. 1985 (Gründung) Leit. Aachener Centrum f. Europ. Studien; s. 1987 Chefredakt. EG magazin - BV: u. a. Deutschland aus britischer Sicht, 1972; Britische Europaideen, 3 Bde., 1971-75; Friedenspolitik, 1975; Zum politischen System d. Bundesrep. Deutschl., 1977; Lehrerbild. u. Europ. Gemeinschaft, 1984; üb. 60 Beitr. z. Europa- u. Friedenspolitik, z. Politikunterr. an berufl. Schulen u. z. Verhältnis v. Politik u. Päd. - Spr.: Engl.

BOETTCHER, Wolfgang
Prof. f. Violoncello Hochsch. d. Künste Berlin - Tristanstr. 11, 1000 Berlin 39 (T. 803 11 08) - Geb. 30. Jan. 1935 Berlin (Vater: Dr. Hans B.; Mutter: Hilde, geb. von Larcher), Chr.gemeinsch., verh. s. 1966 m. Regine, geb. Vollmar, 5 Kd. (Marie, Anna, Sophie, Dorothea, Jeremias) - Gymn. Zehlendorf (Abit. 1954); Berliner Musikhochsch. - 1963-76 Solocellist Berliner Philharmoniker; Mitgl. Philharmon. Solisten Berlin; eig. Duo (m. Ursula Trede-Borttcher). Neuausg. Cellosonate op. 19 Franz Xaver Mozart; Bearb. Kadenzen d. Cellokonzerte von Haydn (C-Dur), Boccherini (C-Dur), Phil. E. Bach u. a. - 1958 Preis f. Duospiel Intern. Musikwettbewerb München - Spr.: Engl.

BOETTE, Gerhard
Dr. med., Prof., Hals-Nasen-Ohrenarzt - Schraudolphstr. 18, 8000 München 40 (T. 272 08 19) - Geb. 30. April 1918 Kirchhain - S. 1962 (Habil.) Privatdoz. u. apl. Prof. (1967) Univ. München (zul. Oberarzt HNOklinik) - BV: Otosklerose u. Steigbügelchir., 1964. Üb. 50 Einzelarb.

BÖTTGER, Gerhard
Dr. med., Prof., Chefarzt Chirurg. Klinik, Leopoldina-Krankenhaus der Stadt Schweinfurt - Am Entensee 2, 8720 Schweinfurt/Ufr. (T. 5 21) - Geb. 12. April 1927 - S. 1964 (Habil.) Univ. Würzburg (zul. Oberarzt (stv. Chefarzt) Chir. Klinik; gegenw. apl. Prof.) - BV: Traumatologie in d. chir. Praxis, 1965 (Mitverf.); Chirurgie f. Krankenpflegeberufe (14. A. 1982); Innere Medizin u. Chirurgie, 1981 (Mitverf.). Div. Einzelarb. - Spr.: Engl. - Rotarier.

BÖTTGER, Hermann
Dr. med. dent., o. Prof. f. Zahn-, Mund- u. Kieferheilkunde - Himmelgeisterstr. 152, 4000 Düsseldorf - Geb. 6. April 1923 - S. 1956 (Habil.) Privatdoz., apl. (1962) u. o. Prof. (1968) Med. Akad. bzw. Univ. Düsseldorf (1966) - BV: Zahnärztl. Prothetik, 2 Bde. 1959, 2. A. 1961/64 (m. a.); 2. A. 1961/64 (m. a.); D. Teleskopsystem in d. zahnärztl. Prothetik, 1961, 4. A. 1973 (auch jap. u. ital.); Praxis d. Teleskopsystems, 3. A. 1982 (auch jap. und ital.); Funktionelle Okklusion. Üb. 150 Einzelarb. - 1973 Prof. ehrenhalber Osaka Dental Univ. Commendatore Rep. Italiana.

BÖTTGER, Horst
Geschäftsführer Vorwerk & Co. Elektrowerke KG - Mühlenweg 17-37, 5600 Wuppertal 2 (T. 0202 - 5 64-0) - Geb. 2. April 1938.

BÖTTGER, Klaus
Dr. rer. nat., Prof. f. Zoologie u. Limnologie, Direktor Biologie-Zentrum Univ. Kiel - Posener Str. 20, 2300 Altenholz - Geb. 14. Jan. 1934 Berlin - Promot. 1961 Braunschweig, Habil. 1971 Kiel - Forschungsreisen Süd- u. Mittelamerika sow. Zentralafrika - Üb. 40 Fachaufs., Arb.schwerp.: Ökologie d. Binnengewässer.

BÖTTGER, Otto
Dr. rer. nat., Prof., Physiker (amorphe u. teilkristalline Halbleiter) - Im Mainfeld 40-1701, 6000 Frankfurt/M. (dstl.: T. 0561 - 804 45 31) - Geb. 18. Juni 1923 Halle/S. (Vater: Otto B.; Mutter: Frieda, geb. Zaulig), verh. s. 1948 m. Eva, geb. Zempel, 3 Kd. (Birgit, Erik, Thomas) - Univ. Halle (Dipl.-Phys. 1951; Promot. 1955). Habil. 1958 Halle - S. 1958 Lehrtätig. Univ. Halle, Mainz (1962; 1966 apl. Prof.) u. Kassel (1971 o. Prof.). 11 Patente - BV: Dünne Schichten, 1953 (m. S. Methfessel u. Th. Mohr); Längenmessung u. Brechzahlbestimmung, 1954 (m. U. Zorll); Archäol., älteste Kunst u. Gesch. Etwa 45 Einzelarb.

BÖTTGER, Wolfgang

Generalkonsul, Geschäftsführer Böttger GmbH (Kosmet. u. Pharmazeut. Präparate), Böttger KG (Direkthandel Adam Opel AG), Schloßparkklinik, Nordibo Böttger & Co. (Ind.-, Labor- u. Krkhs.-einrichtungen), Autohaus Finkbeiner Beteiligungsges. mbH, Imperial Finanzges. mbH, Kurhotel Residenz Bad Windsheim KG u. a., Mitinhaber Böttger & Co. Versicherungen u. Finanzierungen, Plastico Thermoplast. Kunststoffe GmbH, Autohaus Finkbeiner KG, Grunewaldklinik W. u. G. Böttger u. a. - Paulsborner Str. 2, 1000 Berlin 31 (T. 8 90 03-0) - Geb. 27. Jan. 1920 Helgoland (Vater: Willy B., Kapitän z. See; Mutter: Emmy, geb. Erichsen), kath. - Verkehrsfliegersch. Stettin (Flugzeugführer) - Wehrdst. (EK I u. II, Ritterkreuz) - Generalkonsul v. Haiti; BVK I. Kl.; Komturkreuz d. Nationalordens Honneur et Mérite d. Rep. Haiti.

BÖTTICHER, Ernst
Dr. jur., Aufsichtsratsvorsitzender AVIA Mineralöl AG, München, u. Hamburger Wachs-Ind. GmbH, Hamburg, stv. AR-Vors. Helm AG, Hamburg, VR-Vors. Vaselinwerk Hans-Otto Schümann GmbH & Co., Hamburg - Isekai 8, 2000 Hamburg 20 - Geb. 2. Okt. 1928 Gießen - Ass.ex. - B. 1971 Sprecher d. Geschäftsfg. Oelwerke Julius Schindler GmbH, Hamburg; 1972-82 Vorst. BP Benzin u. Petroleum AG, Hamburg.

BÖTTICHER, Herbert
Schauspieler - Rümannstr. 53 IV, 8000 München 40 - Geb. 19. Dez. 1928 Hannover - Theater, Film u. Fernsehen (tragende Rollen).

BÖTTICHER, Rainer
Dr. med. (habil.), Chefarzt Chirurg. Klinik Städt. Krankenanstalten Fürth, Privatdoz. Univ. Erlangen-Nürnberg (s. 1976) - Schleifweg 56, 8520 Erlangen-Tennenlohe.

BÖTTICHER, Woldemar
Dr. rer. nat., Prof. f. Plasmaphysik - Callinstr. 38, 3000 Hannover - Geb. 22. Dez. 1929 - Promot. 1957; Habil. 1963 - 1963 Privatdoz. Univ. Kiel; 1968 Forschungsdir. BBC Schweiz; 1970 Ord. TU Hannover (jetzt Univ.).

BOETTICHER, Wolfgang

Dr. phil., Prof., Musikwissenschaftler - Dahlmannstr. 10, 3400 Göttingen 1 (T. 5 70 87) - Geb. 19. Aug. 1914 Bad Ems (Vater: Dr. Hans Karl B., Chemiker †1943; Mutter: Clara, geb. Seiß), ev., led. - Realgymn.; Musikhochsch. (Klavier) u. Univ. Berlin (Musikgesch. Psych., Kunstgesch., Phil.) - S. 1943 Lehrtätig. Univ. Berlin (b. 1945 Privatdoz.) u. Göttingen (1948 Doz., 1956 apl., 1974 Wiss. Rat u. o. Prof.; s 1977 Gf. Dir. Musikwissenschaftl. Inst. Univ.) - Auffindung unbekannter Komposs. O. di Lassos u. R. Schumanns - BV (b. 1960 s. XVIII. Ausg.): R. Schumann, Einführung in Persönlichkeit u. Werk, 1939; Studien zur solistischen Lautenpraxis des 16.-18. Jh., 1943; Mozart, 1944; O. di Lasso und s. Zeit, 1959; Neue Dokumente aus O. di Lassos Wirkungskreis, 1963; Neue Forschungsergebnisse im Gebiet d. mus. Spätrenaissance, 1965; D. Dresdener Familien-Kassette Robert Schumanns, 2. A. 1981; R. Schumanns Klavierwerke, neue biogr. u. textkrit. Unters., Bd. I, op. 1-6, 1977, Bd. II, op. 7-13, 1984. Beschr. Katalog d. Lautentabulaturen in Mss. (= RISM VII), 1979; Ergänz.bd. 1988; Erstveröff. Klavierquartett c-moll R. Schumanns, 1981, dessen Klavierw. im Urtext, 1972-88 (Bd. I-IV); V. Palestrina zu Bach, 2. A. 1983; Einf. in d. musikal. Romantik, m. Bibliogr., 1984; Z. Parodie-Problem in Händels Spätw., 1985; D. Göttinger Händelrenaissance, 1985; Gesch. d. Motette, 1989; O. di Lasso, Lectiones ex Propheta Iob, 1989; R. Schumanns Klavierkonzert, 1989 (Urtext). Zahlr. Aufs. u. Rezensionen - 1943 Schumann-Preis Zwickau - Mitgl. Dt. Ges. f. Musikforsch., Soc. de musicologie française, Intern. Musikges. u. a. - Spr.: Franz., Engl., Ital., Japan. - Bek. Vorf.: Joachim Ringelnatz (eigtl. Hans Boetticher), Dichter und Maler - Lit.: Convivium Musicorum - Festschr. f. W. B. z. 60. Geb., 1974 (m. Bibliogr.).

BÖTTIGER, Anneliese
Dr.-Ing., Prof. f. Regelungstechnik Univ. d. Bundeswehr München - Ferdinand-Kobell-Str. 2, 8013 Haar (T. 089 - 46 58 31) - Geb. 1. Juni 1936 Berlin (Vater: Ludwig B., Dipl.-Ing.; Mutter: Elisabeth, geb. Meyer), ev., led. - Abit. 1954; 1955-57 Ausb. Siemens (Elektro); 1958-63 TH Darmstadt (Elektrotechnik, Dipl.-Ing.); 1964-68 Purdue Univ. Laf. Ind./USA; Master of Science (MSEE) 1965, Promot. 1968 - 1957-58 Elektroass.; 1963/64 wiss. Mitarb. DFVLR, Oberpf.; 1964-68 Grad. Instructor, Purdue; 1968-71 Entw.-Ing. Dornier, Friedrichshafen; 1971-75 Doz. FH Hamburg; s. 1975 Univ. d. Bundeswehr München. Fachlit. in Regelungstechnik - BV: Regelungstechn. Einf. f. Ing. u. Naturwiss., 1988 - Liebh.: Motorflugsport, Musik (Klavier) - 1976 Dt. Motorflugmeist. 1978 Bronzemed. Air Rally World Championship, 1981 Gold. Leistungsabz. - Motorflug - Spr.: Engl. - Bek. Vorf.: J. F. Bött(i)ger, 1682-1719, Erfinder d. Meißner Porzellans - Lit.: Cornelia Edding, Einbruch in d. Herrenclub (1983).

BÖTTNER, Bernhard

Konzertpianist, Methodologe u. Stilist, Pädagoge - Ochsenfurter Torturm, 8701 Sommerhausen/M. - Geb. 13. Febr. 1924 Schmalkalden/Thür., verh. s. 1949 m. Lili, geb. Kafassáki - Privatschüler v. G. Raphael, Hochsch. f. Musik Leipzig (Dirig. b. H. Abendroth) - Dirig. Staatsoper Katowice, Tanztheater Weimar, Landestheater Meiningen; 1947 Pianistendebut Dresden; s. 1947 Solist intern. Orchester, Mitgl. d. Berliner Philharmon. Oktetts u. ständ. Gast d. Prager Dvořák-Streichquart.; 1964-80 Initiator u. Leit. d. Dt. Solistenfest (Recital Sommerhausen-Marktbreit); Fachberater versch. Musikverb. u. polit. Parteien; u.a. 1973-75 Staatsgast d. UdSSR als Berater beim Kulturabkommen Bundesrep. Deutschl.-UdSSR. 1969-89 Doz. u. Leit. Musiklehrersem. Musikakad. Nürnberg; Juror, Leit. intern. Meisterkurse; s. 1980 1. Vors. d. Tonkünstler-Bezirksverbandes Mittelfranken-Nürnberg im VDMK - div. Schallpl. - Begründ. d. Lehre d. pianist. Universaltechn. - BV: D. pianist. Universaltechn., 1982, Selbstverlag; zahlr. Artik. in Fach- u. Kulturzeitschr. - Liebh.: Architekt., Geschichte - Spr.: Engl.

BÖTTNER, Heinrich

Dr. med., Prof., Facharzt f. Innere Med. (Hepatologie) - Danziger Str. 7, 4330 Mülheim/Ruhr - Geb. 28. Juni 1910 Marburg/L. (Vater: Heinrich B., Schlächterm.; Mutter: geb. Henze), ev., verh. s. 1939 m. Leni, geb. Fröhlich, 4 Kd. (Rolf, Ursula, Renate, Gerd) - Martin Luther-Schule Marburg; Univ. ebd. (Promot. 1935) u. München. Habil. 1943 Marburg - Anat. Inst. Marburg, Tuberkulose-Krkhs. Sonnenblick b. Marburg, 1939-53 Med. Univ.sklinik Marburg (1949 Oberarzt; 1950 apl. Prof. f. Innere Med.), 1953-69 Ev. Krkhs. Mülheim (Chefarzt Inn. Abt.) - BV: Handb. d. ges. Hämatol., 1960. Zahlreiche fachwiss. Veröff. - Liebh.: Fischerei, Sport (Silbermed. Fußball Akad. Olympia Budapest 1935).

BÖTTNER, Karl-Heinz

Prof., Dirigent, Leiter Cologne Monteverdi Consort, Lautenist u. Gitarrist Carmel Musikschule Virginia/USA - Oberstaat 10, 5250 Engelskirchen (T. 02263 - 22 06); USA: Rt. 1, Box 406, Timberville Virginia (T. Timberville 703-986-3161) - Geb. 10. Sept. 1933 Frankfurt/M. (Vater: Heinrich B., Amtmann; Mutter: Amanda, geb. Sauselen), ev., verh. m. Barbara, geb. Loose, 3 Kd. (Benjamin, Anja, Jessica) - Abit. 1953 Wiesbaden; Reifeprüf. f. Laute 1958 Musikhochsch. Köln (Stud. b. Walter Gerwig: Musikwiss. u. Phonetik) - B. 1980 Prof. f. Gitarre Musikhochsch. Köln - Schausp. in: DUO v. M. Kagel.

BÖTTNER, Theo

Direktor, Vorstandsvorsitzender Erlanger Stadtwerke AG, Erlangen, Vorstandsmitgl. Regnitz-Stromverwertung AG - Äußere Brucker Str. 33, 8520 Erlangen.

BÖVENTER, von, Edwin

Dr. phil. (habil.), o. Prof. f. Wirtschafts- u. Sozialwiss. u. Dir. Volkswirtschaftl. Inst. u. Sem. f. empir. Wirtsch.forsch. Univ. München - Niederried 14A, 8021 Hohenschäftlarn (T. 08178 - 46 76) - Geb. 9. März 1931 Göttingen - 1954 Master of Arts, 1956 Doctor of Philosophy (Economics), University of Michigan. S. 1955 Univ. of Michigan (Instructor), Münster (1961 Privatdoz.), Heidelberg (1963 Ord.), München s. 1969 - BV: Theorie d. räuml. Gleichgewichts, 1962 (franz. 1966), Standortentscheidung u. Raumstruktur, 1979 (poln. 1987); Mikroökonomische Theorie, 4. A. 1986; Studien- u. Arbeitsb. z. Mikroökonomie, 1986. Zahlr. Aufs. u. Veröff. in Zeitschr. u. Sammelbänden.

BÖVERSEN, Fritz

Dr. phil., Wiss. Rat, Prof. f. Allg. Pädagogik Gesamthochschule Wuppertal - Timmersholt 20, 4322 Sprockhövel 2 - Geb. 18. April 1935 Kutenhausen/W. - Promot. 1962 - S. 1970 wie oben - BV: D. Idee d. Freiheit in d. Phil. Kants, 1962.

BÖX, Heinrich

Dr. phil., Botschafter a. D. - Birkenweg 8, 5331 Heisterbacherrott üb. Königswinter/Rh. - Geb. 21. Juni 1905 Aurich/Ostfriesl. (Vater: Heinrich B., Kaufm.; Mutter: geb. Blote), ev., verh. s. 1939 m. Erica, geb. Wieck, 2 Kd. (S. Heinz †1961) - Univ. Hamburg, Göttingen, Marburg, Promot. 1929 - B. 1933 VHS-doz. f. Phil., b. 1939 Lehrtätigk. u. wiss. Arbeiten üb. d. 19. Jh., n. Kriegsende German News Service, Dt. Pressedst. u. b. 1948 NWDR, ab 1946 zugl. Leit. Informationsdst. Zonenbeirat u. 1948-49 Parlam. Rat, Außenpolitiker Allg. Köln. Rundschau, 1949-50 amt. Bundespressechef, 1951-56 Konsul u. Generalkonsul New Orleans, 1956-57 Vortr. Legations-

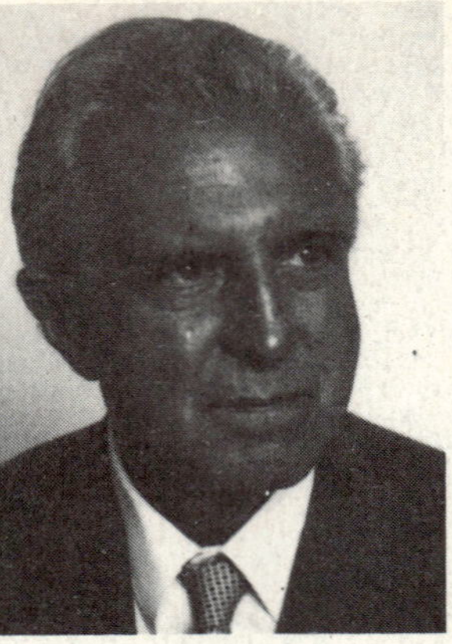

rat u. Saarref. AA Bonn, dann Gesandter u. stv. Generalsekr. Westeuropa Union, 1961-64 Leit. Handelsvertr. BRD Helsinki, 1964-66 Botschafter Norwegen, 1966-70 Leit. Handelsvertr. BRD Warschau, 1972-77 Leit. Büro f. Ausw. Beziehungen d. CDU u. stv. Generalsekr. Europ. Union Christl. Demokraten (EUCD), 1972ff. Mitgl. Kuratorium H. Ehlers-Stiftung u. Akademien, Mitgl. Freier Dt. Autorenverband - Ehrenbürger v. New Orleans u. Dallas (USA); 1952 Ehrenritter Johanniter-Orden; 1961 Gr. BVK m. Stern, 1964 Komturkreuz I. Kl. Orden Weiße Rose v. Finnl., 1966 Großkreuz Kgl. norw. St.-Olavs-Orden - Zeitw. Rotarier.

BOGATZKI, Marianne

Dr. med., Prof. f. Physiolog. Chemie u. Exper. Medizin - Angelmodder Weg 20, 4400 Münster/W. - Geb. 21. Juni 1918 Münster - S. 1963 (Habil.) Privatdoz. u. apl. Prof. Univ. Münster.

BOGDAN, Lew

Direktor Schauspielhaus Bochum - Königsallee Nr. 15, 4630 Bochum.

BOGDAN, Volker

Schauspieler - Alardusstr. 10, 2000 Hamburg 20 (T. 49 70 28) - Geb. 14. März 1939 Marienwerder/Westpr. (Vater: Gerhard B., Pfarrer †; Mutter: Christel, geb. Kolodzieyczyk), ev., verh. s. 1963 m. Edith, geb. Korth, 4 Kd. (Cordula, Carola, Celia, Volker Karl Gerhard) - Schausp.ausbild. Hamburg - Bek. Bühnenrollen u. a.: Tom (in Glasmenagerie), Giles Ralston (in Mausefalle), Just (Minna v. Barnhelm), Pfarrer Bohrer (Hebamme), George (V. Mäusen u. Menschen); Filme: Haie an Bord (Heinz), Feuerzangenbowle (Ackermann), Tod oder Freiheit (Pfeiffer), Schimmelreiter (Iven Johns). Fernsehen: Tatort (2 x), D. Alte, Derrick, Erbin sein dageg. sehr, Detektivbüro Roth u.a. Zahlr. Märchenschallpl., z.B. Serienheld in Ampelmännchen. S. 1980 zusätzl. vielf. Rundfunktätigk. als Sprecher u. Moderator u. als Liter. Kabarettist - Liebh.: Beruf, Klass. Musik, Malerei - Spr.: Engl., Franz.

BOGDANDY, von, Ludwig

Dr.-Ing., Dr.-Ing. E.h., Prof., Vorstandsmitglied Voest-Alpine AG, Linz - Geb. 10. Febr. 1930 Berlin, verh., 3 Kd. - S. 1977 Honorarprof. TU Berlin (Lehrgeb.: Techn. Betriebsw. f. Berg- u. Hüttenleute).

BOGDANIC, Dinko

Solotänzer Nationaltheater München - Gurlittstr. 44, 2000 Hamburg 1 - Geb. 4. Nov. 1950, ledig - Ballettkonservat. Zagreb; Stud. Psych. - Rollen: Onegin, Romeo, Albrecht, Prinz Siegfried, James in La Sylfide, Armand in Kameliendame, Othello, Prinz Desire, Balanchine Balletts (La Valse, Serenade, Apollon musagete, u.a.). 1980 1. Preis als bester Partner Varna, Bulgarien, 1981 1. Preis Moskau, 1982 Jackson (Mississippi) - Spr.: Engl., Russ.

BOGE, Heinrich

Präsident Bundeskriminalamt (1981 ff.) - Thaerstr. 11, 6200 Wiesbaden - Geb. 1929 - Stud. Jura - Langj. Polizeidst., u.a. Polizeipräs. Hannover; zul. Ministerialdir. Bundesinnenmin. (Leit. Abt. P). SPD.

BOGE-ERLI, Nortrud

Lehrerin, Autorin - Lessingstr. 1, 5250 Engelskirchen 2 (T. 02263-65 20) - Geb. 26. Nov. 1943 Pecs/Ungarn, ev., verh., 3 Kd. - Stud. f. Lehramt; dann weit. Stud. German. u. Kunstgesch. - BV: Zeugin Nina Baumgärtner, 1980 (dän. 1981); Barfuß gehen u. träumen, 1982; Erinner. an Barbara, 1982; Lauf gegen d. Wind, 1984; E. gewisse Zeit im Jahr, 1985; Faja, König von Wildland, 1987; Bolanek kann zaubern, 1987 - Spr.: Engl., Franz.

BOGEN, Hans Joachim

Dr. rer. nat., em. Prof. f. Botanik - Am Hohen Tore 4A, 3300 Braunschweig (T. 80 82 10) - Geb. 19. Nov. 1912 Zeitz b. Merseburg, ev., verh. m. Ingeborg, geb. Sänger, 2 Kd. - Promot. 1938 Leipzig; Habil. 1943 Freiburg/Br. - 1938 Assist. Inst. f. Landw. Botanik Univ. Berlin, 1939 Univ. Freiburg, 1943 Privatdoz., 1949 Diätendoz. Univ. Göttingen, ao. Prof. Univ. Marburg, 1955 o. Prof. TH, jetzt TU Braunschweig, 1978 emer. Spez. Arbeitsgeb.: Zell- u. Molekularbiol. - BV: Knaurs Buch d. modernen Biol., 1967 (23 Übers.); Gezähmt f. d. Zukunft, 1974; Mensch aus Materie, 1976; Magie ohne Illusionen, 1982 - Mitgl. Braunschw. Wiss. Ges. (1962 Generalsekr.).

BOGEN, Wolfgang

Gründer der Wolfgang Bogen GmbH. (Fabrikation hochwert. Magnetköpfe), 1000 Berlin 38 - Fischerhüttenstr. 86a, 1000 Berlin 37 (T. 802 83 65) - Geb. 18. Jan. 1928 Berlin (Vater: Walter B., Kammermusiker), verh. m. Felicitas, geb. Brandin - Analyse von Börsen- u. Wirtschaftszyklen im „Wertpapier" 5/1982. Div. Ehrenämter. Inh. div. Patente im In- u. Ausl. - BVK am Bande, Diesel-Med. i. Silber d. Inst. f. Erfindungsw. (1977).

BOGER, Fred

Lehrer, Schriftst. - Deinenbachstr. 2/2, 7100 Heilbronn (T. 07131 - 57 22 04) - Geb. 9. März 1937, ev., verh. s. 1967 m. Helga, geb. Eisenbraun, 2 Kd. (Raimund, Regina) - M.A. 1969 Univ. of Illinois, Chicago - Mitgl. IGdA - BV: Aus em Ländle, 1982; Don't smile before Christmas, 1980; Hörsp., Anthol. (auch Schwäb.) - 1955 Dt. Jugend- u. Juniorenmeister im Ringen; 1959 US-Meister im Ringen - Liebh.: Lit., Reisen - Spr.: Engl.

BOGNER, Erwin

Kaufmann, Geschäftsf. Lüdecke K.G., Deutschl., Präs. Lüdecke Inc. USA - 8451 Hahnbach (T. 09664-269) - Geb. 31. März 1933, ledig, T. Heike - Kaufm. Ausb. - Liebh.: Pferde - Spr.: Engl.

BOGNER, Franz Josef

Schriftsteller, Schausp., Regiss. - Mailänder Str. 14, 6000 Frankfurt 70 (T. 069 - 68 66 50) - Geb. 19. Juni 1934 - BV: D. Maus m. d. Sparbuch, Fabeln 1970; D. arab. System, 1971; ich bin. so?! 1972; goethes V'st, 1973; Hörsp., Bühnenst., Solo-Performances (vor allem m. F. J. Bogners Clown-Theater in 25 Ländern Europas, Asiens u. USA) - 1977 Dt. Kleinkunstpreis.

BOGNER, Hermann

I. Bürgermeister - Rathaus, 8184 Gmund/Tegernsee - Geb. 2. Juni 1916 München - Kaufm. CSU.

BOGNER, Walter

Verbandsdirektor, Vizepräs. Deutsche Straßenliga, Bonn, u. Deutscher Forstwirtschaftsrat, Rheinbad - Deutschhauspl. 1, 6500 Mainz (T. 22 21 93).

BOGNER, Willy

Fabrikant, Mitgeschäftsf. Willy Bogner/Damen-, Herren- u. Sportbekleidung - St.-Veit-Str. 4, 8000 München 80 - Geb. 23. Jan. 1942 München (Vater: Willy B., bek. Skiläufer (mehrf. Dt. Meister Nord. Kombination) u. Fabr. †), verh. s. 1973 m. Sônia, geb. Ribeiro (Rio de Janeiro/Brasil.) - Stud. Betriebsw. - S. vielen Jahren Familienuntern. (Willy Bogner GmbH & Co. KG, München) - Filmerfolge: 1965 Ski-Faszination, 1971 Benjamin, 1986 Feuer u. Eis, Spezialkameramann u. Regiss. b. 4 James-Bond-Filmen, u. a. 1985 Im Angesicht d. Todes - Skierfolge: 1960 u. 66 Dt. Meister Alp. Dreierkombinat. u. 1961 u. 66 Slalom, 1962 Studentenweltm. Slal. u. Komb., Olymp. Winterspiele 1960 u. 64 Neunter Abfahrt; heut. Sport: Tennis, Golf, Segeln, Fliegen (Pilotenschein) - Liebh.: Fotogr. u. Filmen.

BOGS, Dieter

Cand. phil. et theol., Privatgelehrter, Autor, Verleger (Ps. Wanfried Böndner, Bernhard Gabriel Schloffsky, Josquin Hendrijk Friedebert Belgiqueur, Warnfried Baux-Cheffair, Ferdinand Maria Möldener, Asleif Myritzas, Stephan Karl August Bächlein, Thomas Christopher Mc Rulian, Willy Wardener, Kaspar Colignear, Joseph Hieronymos Schallschweig-Giftfrosch-Glasberg) - Stapenhorststr. 69a, 4800 Bielefeld 1 - Geb. 26. Jan. 1938 Potsdam (Vater: Dr. jur. Werner B., Landgerichtsdir.; Mutter: Irmgard, geb. Zum Winkel), led. - Stud. Klass. Philol. u. Religionslehre (Lehramtsprüf. f. Gymn.) Univ. Freiburg, Göttingen, Münster, Bochum, Bonn (Kiel u. Bielefeld ohne Einschr.) - S. 1980 Selbstverlag - BV: Darf d. Deutsche, 9. A. 1985; Kurzgesch., 1980, 3. A. 1985, Bd. 2 1985, Bd. 3 1986; D. Drama Demetrius v. Schiller, 1981, 2. A. 1982, 3. A. 1985; Judas (Iskarioth), Drama 1982, 2. A. 1985; Fragmente d. Gesch. d. Stadt Meckernichstadt, 1982; Gedichte, 1982; Gedichte, 1983 (auch engl.); Phil. Fragmente, 1982/83, 3. A. 1987, Bd. 2 1984, 3. A. 1987, Bd. 3 1985, Bd. 4 1985; Warbeck, e. unhist. Begebenheit n. Schiller, Dr. T. I 1984, T. II 1985; D. Prosaische Demetrius, e. unhist. Kurzdrama, 1985; Alf, Fragmentroman 1984; Hölderlinged., ergänzt u. aus Fassungen zusammengesetzt, 1983, 84 u. 86; Empedokles, Schausp. unter Verwend. d. Frankfurter Planes u. d. Fragmente F. Hölderlins; D. Versöhnung d. Malteser, Drama n. Schiller 1985, 2. A. 1988 (in 5 Bde.); Ged. - Gebete, 1985, 2. A. 1987. Reihen Unveröff., aber nicht unterdrückte Forschungsarb. (Unterreihe Theol.), 24 Bde.; Philol., Abt. Klass. Philol., 12 Bde. Div. weitere Veröff., u.a.: Dieter Bogs Jahrb. 1986, Bd. 2 1987; s. 1986 Ges. Werke v. D.B. (I. Abt. Dichtungen u. Kompos. - Ps.: Warnfried Baux-Cheffair, Wanfried Böndner, Josquin Hendrijk Friedebert Belgiqueur, Ferdinand Maria Möldener, Bernhard Gabriel Schloffsky, Asleif Myritza): Ged., Dramen, Kurzgesch., Fragmentromane, Kompos., Wiss. Werke, Phil., Petitionen, Beitr. in Ztg. u. Ztschr., Dt. Gelehrtenkalender - S. 1962 Mitgl. Verein Naturschutzpark, s. 1983 Dt. Schillerges., s. 1985 Hölderlinges. - Spr.: Engl. - Bek. Vorf.: Sanitätsrat Carl Heinrich Zum Winkel, Ehrenbürger Gütersloh; Verleger Carl Heinrich Bertelsmann, ebd.; Werner Bogs, Dichter.

BOGS, Harald

Dr. jur., o. Prof. f. Öfftl. Recht - Dresdener Str. 7, 3406 Bovenden - Geb. 12. April 1938 Potsdam - Promot. 1965; Habil. 1971 - S. 1974 Ord. Univ. Göttingen - BV: D. verfassungskonforme Ausleg. v. Gesetzen, 1967; D. Sozialversich. im Staat d. Gegenw., 1973.

BOGS, Walter

Dr. jur., Prof., Senatspräsident a. D. Bundessozialgericht Kassel - Moselweg 32, 3500 Kassel - Geb. 3. April 1899 Bromberg, ev., verh. s. 1929 m. Irmgard, geb. Lewerenzaus Schleswig, 4 Kd. (Jürgen, Johanna, Harald, Christine) -

Jura-Stud. Univ. Marburg u. Berlin; Promot. 1925 Marburg - 1927 Gerichtsass.; 1928 Amtsgerichtsrat Arbeitsgericht Berlin u. richterl. Beisitzer Reichsversicherungsamt; 1933 ständ. Mitgl. Reichsversicherungsamt (ab 1939 unter Abordnung z. Reichsarbeitsmin.) Senatspräs. RVA; nach Kriegsende Übersiedl. nach Göttingen, Lehrauftr. Univ. ebd.; 1949 o. Prof. Hochsch. f. Arbeit, Politik u. Wirtsch. Wilhelmshaven-Rüstersiel; 1954 Senatspräs. Bundessozialgericht Kassel, Honorarprof. Univ. Göttingen. 1958-67 Mitgl. Sozialbeirat f. d. gesetzl. Rentenversich.; 1954 Vors. Sozialenquête-Kommiss.; Beirat d. Bundesreg. f. d. Neuordn. d. soz. Leistungen; Vors. Aussch f. d. Reform d. Krankenversich.-Rechts - BV: Grundfragen d. Rechts d. soz. Sicherheit u. s. Reform, 1955; Rechtsprinzipien soz. Sicherung, 1967. Herausg.: Gegenwartsfragen soz. Versich., Schriften d. Hochsch. f. Sozialwiss. Wilhelmshaven (1950); Mitherausg. Ztschr. D. Sozialgerichtsbarkeit (s. 1954). Zahlr. wiss. Aufs. - 1919 EkII; Gr. BVK m. Stern u. Schulterbd.; Ehrenmitgl. Dt. Verein f. Versicherungswiss. - Lit.: Festschr. f. W. B.: Sozialreform u. Sozialrecht (1959); Sozialenquête u. Sozialrecht (1967), u. a.

BOGUSCH, Gottfried
Dr. rer. nat., Dr. med. habil., Prof. f. Anatomie FU Berlin - Waldmüllerstr. 6, 1000 Berlin 37 - Geb. 26. Sept. 1942 Kunzendorf (Vater: Friedrich B., Ang.; Mutter: Anna, geb. Tötzel), ev., verh. s. 1970 m. Gudrun, geb. Pfahlert, 2 Kd. (Thomas, Stephan) - Stud. Biologie Univ. Göttingen, Freiburg 1962-70, Promot. Dr. rer. nat. 1970, Habil. Dr. med. habil. 1977 - Spr.: Engl.

BOGYA, Arpad
Pressesprecher Niedersächsisches Ministerium f. Wissenschaft u. Kunst - Prinzenstr. 14, 3000 Hannover 1 - Geb. 24. Mai 1953 Gifhorn, ev., led. - Stud. Rechtswiss. Univ. Hannover - Ass.-Ex. 1981.

BOHL, Erika
Dr. med., Ärztin, Schriftst. - Demollstr. 31, 8121 Wielenbach (T. 0881-57 84) - Geb. in Hinterpom., ev., verh. s. 1959 m. Dr. med. vet. Martin B., 4 S. - Stud. Humanmed.; Staatsex. 1964, Promot. 1966 - BV: Zw. Lehrb. u. Windel; Weihnachtszeit kommt nun heran; Studentenehen in d. BRD - Liebh.: Numismatik, Philatelie - Spr.: Engl., Ital.

BOHL, Friedrich
Rechtsanwalt u. Notar, MdB (s. 1980; 1983 Direktmandat Wahlkr. 129 Marburg-Biedenkopf), Parlament. Geschäftsf. CDU/CSU-Bundestagsfrakt. (s. 1984) - Finkenstr. 11, 3550 Marburg-Cappel 7 (T. 4 13 33) - Geb. 5. März 1945 Rosdorf Kr. Göttingen - Univ. Marburg - Stadtverordn. Marburg; Mitgl. Kreistag Marburg-Biedenkopf (Fraktionsvors.); s. 1970 MdL u. stv. CDU-Fraktionsvors. 1964-70 Kreisvors. Jg. Union Marburg-Land u. Bezirksvors. Mittelhessen (1969). s. 1974 Vors. CDU-Frakt. Kreistag Marburg-Biedenkopf, s. 1978 Kreisvors. CDU Marburg-Biedenkopf. CDU s. 1963.

BOHL, Hans-Peter
Dipl.-Ing., Vorstandsmitglied Kraftversorgung Rhein-Wied AG - Engerser Landstr. 36/38, 5450 Neuwied 1 - Geb. 11. März 1931.

BOHL, Martin
Dr., Fischereiwissenschaftler, Fachtierarzt f. Fische, Abt.- u. Betriebsleit. Fischereibiol. Bayer. Landesanstalt f. Wasserforschung, Versuchsanlage Wielenbach in Obb. - Demollstr. 31, 8121 Wielenbach (T. 0881 - 57 84) - Geb. 1. Febr. 1935 Neudamm/Nm., ev., verh. s. 1959 m. Dr. Erika, geb. Grimm, 4 Kd. - BV: Zucht d. Prod. v. Süßwasserfisch, 1982; üb. 100 Fachveröff. - Liebh.: Musik (Oper), Fossilien - Spr.: Engl.

BOHLE, Adalbert
Dr. med., Dr. h. c., o. Prof. f. Pathologie - Im Kleeacker 10, 7400 Tübingen-Kreßbach (T. 7 31 14) - Geb. 14. Jan. 1922 Derschlag (Vater: Erwin B., Prediger), ev. (freikirchl.), verh. s. 1948 m. Hildegard, geb. Schröder, 2 Töcht. (Angelika, Barbara) - 1940-41, 1943-44 Univ Bonn, 1945-48 Med. Akad. Düsseldorf (Pathol. Inst.), 1953 Privatdoz., 1954 Oberarzt, 1958 apl. Prof. ebd., 1960 Dir. Pathol. Inst. Katharinen-Hospital Stuttgart, gegenw. Ord. u. Insts.dir. Univ. Tübingen.

BOHLE, Hermann

Publizist f. Politik, Wirtschaft, Verteidigung u. Abrüstung bei EG, Nato u. UN (Ps. Frederic Mann) - 1211 Genf 10, Palais d. Nations (s.d.Presse 3/3), u. Ave. des Arts 20, 1040 Brüssel/Belg. (T.: 00-322-2305810; Telefax: 00-322-2309502) - Geb. 15. Juli 1928 Gummersbach - Div. Mitgl.sch.: u. a. Dt. Ges. f. Ausw. Politik, Bonn; Intern. Inst. f. Strateg. Stud., London; Europ.-Arab. Club, Brüssel - BV: Europa - Weltmacht auf d. Startrampe, 1972; D. Ende d. Illusionen, Mansholt-Plan: Stunde d. Wahrheit f. Parlament., Minister, Steuerzahler u. Bauern, 1969; Wirtsch.- u. Währungsunion, Basis e. neuen europ. Ges. (Mitverf.), 1973; Europa vor d. Wahl, 1977/78.

BOHLE, Wolfgang
Senatsdirektor Senatsverw. f. Rechtspflege u. Strafvollzug - Richtweg 16-22, 2800 Bremen.

BOHLEN, Heinz
Dipl.-Kfm., Vice Chairman Huntsman Chemical Corp. Salt Lake City/USA, AR Brenntag AG, u. SISAS Mailand - Reichtspräsidentenstr. 21-25, 4330 Mülheim/Ruhr - Geb. 11. April 1920.

BOHLIEN, Guenter

Journalist - Schloß Ringelheim, 3320 Salzgitter 61 - Geb. 23. Mai 1936 Cuxhaven (Vater: Otto B., ltd. Ing.; Mutter: Elisabeth, geb. Hecker-Steins), ev. - Gymn. (Abit.); fr. Stud. Bonn; Volont. Neuer Landesdst. - Mitarb. BPA Bonn - BV: Lieber Geigen als Gewehre - Spr.: Engl., Franz.

BOHLKEN, Herwart
Dr. rer. nat., Prof., Zoologe - Boninstr. 44, 2300 Kiel (T. 67 58 57) - Geb. 10. Juli 1929 Schönebeck b. Bremen - S. 1962 (Habil.) Lehrtätig. Univ. Kiel (1968 Wiss. Rat u. Prof., 1979 Prof. u. Dir. Inst. f. Haustierkd.). Fachaufs.

BOHLMANN, Ferdinand
Dr. rer. nat., o. Prof. f. Organ. Chemie - Silingenweg 3, 1000 Berlin 19 (T. 302 49 23) - Geb. 28. Aug. 1921 Oldenburg/O. (Vater: Erich B., Kaufm.; Mutter: geb. Meyer), ev., verh. s. 1944 m. Dr. Magdalene, geb. Rathz, 3 Kd. (Dagmar, Rolf, Frank) - Reform-Realgymn. Oldenburg; 1939-45 Univ. Göttingen u. Marburg - 1947 Assist., 1952 Doz. TH Braunschweig, 1959 Ord. u. Dir. Organ. Chem. Inst. TU Berlin. Zahlr. Fachveröff. - 1958 Akademiepreis Göttingen, 1974 Otto-Wollach-Plak. - Spr.: Engl.

BOHLSEN, Wilfried
Bundestagsabgeordneter (s. 1983; Landesliste Nieders.) - Bundeshaus, 5300 Bonn 1 - CDU.

BOHMEIER, Bernd
Maler u. Schriftsteller - Händelstr. 53, 5000 Köln 1 - Geb. 26. Sept. 1943 Bad Oeynhausen, verh. - Stud. Theaterwiss. German. u. Phil.; M.A. 1969 - BV: Im Schwitzkasten, Erz. 1978; D. Faust in d. Tasche, R. 1979; Spiegelungen, Ged. u. Zeichn. 1980; Ins Gedränge, Aquarelle u. e. lit. Text 1983 - S. 1969 zahlr. Ausst. in Mus. u. Galerien, Beteilig. a. intern. Kunstmärkten, öfftl. Ankäufe - 1975 August-Macke-Preis - Lit.: Dieter Wellershoff, Ausstellungskat. Städt. Gal. Viersen.

BOHMMÜLLER, Fritz
Dr., Chilen. Konsul f. Baden-Württ. u. Bay., Sitz München, Präs. Dt. Chilen. Freundeskr., Bonn - Rümannstr. 61, 8000 München 23.

BOHN, Thomas
Dr. techn., Dipl.-Ing., Univ.-Prof. f. Energie- u. Kraftwerkstechnik - Im Winkel 40, 4300 Essen 18 (T. 02054 - 8 22 88) - Geb. 1. Juni 1932 Stefansfeld (Vater: Jakob B.; Mutter: Elisabeth, geb. Dekorsy), kath., verh. s. 1956 m. Mag. pharm Herta, geb. Selmann, Apothekerin, 3 Kd. (Ute, Herwig, Horst) - Dipl.-Ing. Univ. Wien 1956; Promot. Graz 1961 - 1963 Projektleit. KFA-Jülich; 1973 Leit. Programmgruppe STE; 1975 Univ. Essen-GH - BV: Herausg. u. Mitautor d. Handbuchreihe ENERGIE. Ca. 120 wiss. Publ. - Spr.: Engl.

BOHNDORF, Werner
Dr. med., Prof. f. Strahlentherapie - Oberer Neubergweg 2, 8700 Würzburg - S. 1978 Ord. u. Vorst. Klinik u. Poliklin. f. Strahlentherapie Univ. Würzburg.

BOHNE, Wilfried
Dipl.-Kfm., Geschäftsführer DEUMU Deutsche Erz- u. Metall-Union GmbH, Hannover - Bergfeldstr. 41, 3201 Diekholzen üb. Hildesheim - Geb. 28. Aug. 1934.

BOHNEN, Alfred
Dr. rer. pol., Dipl.-Kfm., Prof. f. Soziologie u. Wiss.slehre Univ. Mannheim/ Fak. f. Sozialwiss. (apl.; 1973 ff.) - Schelklystr. 42, 6900 Heidelberg - Geb. 5. Mai 1932 Krefeld - Promot. 1962; Habil. 1973 - BV: u. a. Individualismus u. Ges.theorie, 1974.

BOHNET, Armin
Dr. rer. pol., Prof. f. Volkswirtschaftslehre (Lehrst. IV) Univ. Gießen - Rodelberg 1, 6305 Buseck-Alten-Buseck - Geb. 20. Juni 1936 Alt Postal - Stud. Tübingen, München, Mannheim - Promot. 1965 Mannheim - BV: Z. Theorie d. personellen Einkommensverteil., 1968; System-Modelle, 1979 (m. Bea u. Klimesch); Investitionssysteme im Ländervergleich, 1981 - Spr.: Engl., Franz., Russ.

BOHNET, Folker
Schauspieler, Regisseur, Autor - Berner Weg 42, 2000 Hamburg 65 (T. 040 - 601 37 29) - Geb. 7. Aug. 1937 Berlin (Vater: Dr. Kurt B., Jurist; Mutter: Anita, geb. Engelmann), ev., s. Ilja - Ab 1958 Ufa-Nachwuchsstudio Berlin (b. Else Bongers) - BV: Meine Mutter tut das nicht, Lustsp. (m. Gunter Beth, UA 1977), D. Hausdame, Lustsp. (m. Hans-Jürgen Schatz, UA 1982); Morgenstund hat Gold im Mund, Lustsp. (m. Schatz, UA 1985); In and. Umständen, neues Lustsp. (m. Alexander Alexy) - Insz.: Rosenkranz u. Güldenstern (Stoppard), D. tolle Tag (Beaumarchais), Tartuffe (Molière), D. schlaue Susanne (Lope de Vega), Süßer Vogel Jugend (T. Williams), Don Juan (Grabbe), Parasit (Schiller), Tartuffe (Molière), Tellheim (Lessing), Cyges (Hebbel), u.v.a. - Hauptrollen Bühne: Hamlet, Romeo u.v.a.; Filme: Josef Kainz in: Ludwig (Visconti), D. Brücke (Wicki), Solange das Herz schlägt (Weidenmann) u.a.; FS: Kaufmann v. Venedig, Gr. Mann - was nun?, Schlaraffenland u.a. - Liebh.: Windhunde - Spr.: Engl., Franz., Ital.

BOHNET, Matthias
Dr.-Ing., o. Prof. f. Verfahrens- u. Kerntechnik TU Braunschweig/Abt. f. Maschinenbau (s. 1973) - Otto-Hahn-Str. 45, 3300 Braunschweig - Geb. 20. Juli 1933 Berlin - Promot. 1964 Karlsruhe - Facharb.

BOHNKE, Robert Alexander
Prof. f. Klavier Staatl. Hochsch. f. Musik Freiburg - Denzenberghalde 13, 7400 Tübingen.

BOHNSACK, Fritz
Dr., Prof. Univ.-GH Essen - Virchowstr. 98, 4300 Essen 1 (T. 0201 - 74 19 79) - Geb. 5. April 1923 Hamburg - Univ. Hamburg (Staatsex. f. d. höh. Lehramt 1950/51, Promot. 1951, 2. Staatsex. 1954), Habil. 1974 Univ. Marburg - 1954 Wiss. Assist.; 1962 Akad. Rat, 1967 Oberrat; 1972 Prof. in Marburg, 1975 in Essen - BV: Erzieh. z. Demokr., 1976; Schüleraktiver Unterricht. Möglichk. u. Grenzen d. Überwindung v. Schulmüdigkeit im Alltagsunterr. (m. a.), 1984. Herausg.: Kooperative Schule (1978) Sinnlosigkeit u. Sinnperspektive (1984), zahlr. Aufs.

BOHNSACK, Gustav

Dipl.-Ing., Prof., Leitender Vermessungsdirektor i. R. - Bürgermeister-Fink-Str. 37, 3000 Hannover 1 (T. 0511 - 88 03 48) - Geb. 13. Febr. 1921 Warzen, ev., verh. s. 1963 m. Heide, geb. Kühndahl, 2 Söhne (Joachim, Michael) - Stud. Geodäsie (Dipl.-Ing.), Städtebau - Arb.geb. Stadtplanung Hannover, 1974-86 Leitg. Städt. Vermessungsamt Hannover, Vors. Fachaussch. Kommunales Vermessungs- u. Liegenschaftswesen Dt. Städtetag; 1976-78 Ständ. Gast im Bauaussch. Dt. Städtetag; s. 1978 Lehrbeauftr. Univ. Hannover (f. Städtebau u. Bodenordnung). Entwurf e. Vorschlages z. Reform d. Bodenrechts - BV: Ges., Raumordnung, Städtebau, Grund u. Boden, 1967; Umweltschutz u. Stadtplanung, 1974; D. Problematik d. Bodenrechtsreform, 1977; Bürgerbeteiligung in d. Stadtentwicklung, 1982; Landinformationssyst. als Hilfsmittel d. Stadtplanung, 1986 - 1984 Hon.-Prof. Univ. Hannover; 1988 BVK am Bde. - Interessen: Gesellschaftsordnung, Bodenprobleme, Umweltschutz - Spr.: Engl., Franz. - Lit.: Bohnsack on City Planning (The American Journal of Economics and Sociology) (1969); Land polieces examined, London (1974); A Surreyor looks at Land and Planning (1968).

BOHR, Kurt

Dr. rer. pol., o. Prof. f. Betriebswirtschaftslehre Univ. Regensburg (s. 1972) - Universitätsstr. 31, 8400 Regensburg - Geb. 22. Febr. 1937 - Zul. Prof. Univ. Frankfurt.

BOHREN, Rudolf

Dr. theol., em. o. Prof. f. Prakt. Theologie Univ. Heidelberg - Im Hosend 6, 6901 Dossenheim (T. 06221 - 8 59 88) - Geb. 22. März 1920 Grindelwald/Schweiz (Vater: Rudolf B.; Mutter: Elisabeth, geb. Baumann), ev., verh. s. 1978 m. Ehrentraut Eichholz, geb. Berner - Stud. Bern u. Basel - 1958-72 Doz. u. Prof. KH Wuppertal, 1972-74 Prof. KH Berlin - BV (1952ff.): D. Problem der Kirchenzucht im Neuen Testament, D. Ruf in d. Herrlichkeit, D. Vater-Unser heute, Außer - in - nach d. Ehe, Unsere Kasualpraxis - e. missionar. Gelegenheit?, Seligpreisungen heute (auch japan.), Predigt u. Gemeinde (auch engl.), Geheimnis d. Gegenw., Wiedergeburt d. Wunders, Bohrungen - Ged., Laienfrage u. Predigt, Johannes Bobrowski, Predigtlehre, 5. A. 1986 (auch japan. u. korean.), Daß Gott schön werde - Prakt. Theol. als theol. Ästhetik, 1975, Texte z. Weiterbeten, 2. A. 1988, Liebeserklär. an Fernost, kirchlich-kulin. Reisetageb., 1980 (auch japan), Trost, 1981, Vom Heiligen Geist, 1981, Prophetie u. Seelsorge, 1982, Prophet in dürftiger Zeit, 2. A. 1986, Heimatkunst, 1987; Wider den Ungeist, 1989. Herausg.: Eduard Thurneysen, In seinen Händen (1978). Mithrsg.: Predigt im Gespräch (1967-1971), Verkündigung u. Forschung (s. 1966), Praxis d. Kirche (s. 1970); Georg Eichholz, D. Gesicht d. Theol. in Porträts photogr. (1984) - 1989 Lit.preis d. Kantons Bern. Mitgl. d. PEN.

BOHRER, Karl Heinz

Dr. phil., Prof. Dr., Literaturwissenschaftler an d. Univ. Bielefeld, Literaturkritiker u. Essayist - Geb. 26. Sept. 1935 Köln (Vater: Dr. Hermann B.; Mutter: Elisabeth, geb. Ottersbach), 2 Kd. (Andreas, Beatrice) - Stud. Phil., German., Gesch., Soziol.; Promot. 1961 Heidelberg; Habil. 1977 - BV: D. gefährdete Phantasie oder Surrealismus u. Terror, 1970; D. Lauf d. Freitag - D. lädierte Utopie u. d. Dichter, 1973; D. Ästhetik d. Schreckens, 1978; E. bißchen Lust am Untergang - Engl. Ansichten, 1979; Plötzlichkeit. Z. Augenblick d. ästhet. Scheins, 1981; Mythos und Moderne, 1983; D. romant. Brief. D. Entstehung aesthet. Subjektivität, 1987; D. Kritik d. Romantik, 1989. S. 1983 Herausg. Ztschr. Merkur - 1968 Joseph-E.-Drexel-Preis; 1978 Johann-Heinrich-Merck-Pr. - Spr.: Engl., Franz.

BOHRER, Kurt-Friedrich

Dipl.-Hdl., Akad. Direktor a. D., Präs., Dt.-Norweg. Ges. Mannheim (s. 1986) - Kronberger Str. 22, 6800 Mannheim 31 (T. 0621 - 75 35 22) - Geb. 29. Okt. 1928 Bad Dürkheim, kath., verh. s. 1961 m. Ursula Kleiser, Oberstud.-Rätin, Dipl.-Hdl., 4 Kd. (Isabel, Eva, Michael, Marcus) - Stud. Univ. Heidelberg, Dijon/Frankr., Mannheim - 1960-64 Wiss. Assist. f. Roman. Univ. Mannheim; 1965-84 Leit. Akad. Auslandsamt u. Lehrgeb. Deutsch als Fremdspr. Univ. Mannheim (1964-71 zugl. Lehrbeauftr. f. Spanisch);

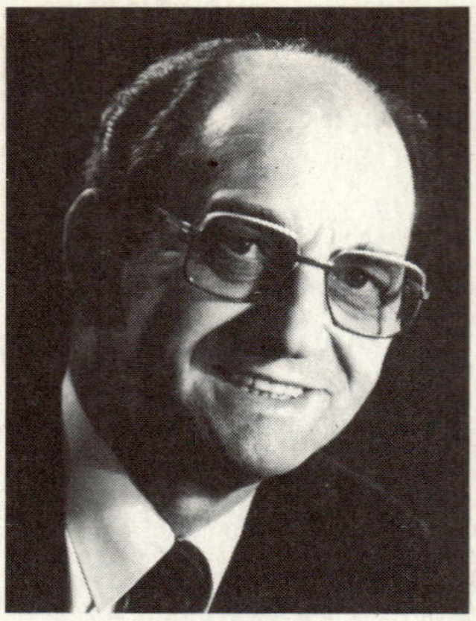

s. 1975 Leit. Dokumentationsst. Jahrb. Deutsch als Fremdspr.; s. 1981 Lehrbeauftr. f. Deutsch als Fremdspr. Hochsch. f. Verwaltungswiss. Speyer, s. 1984 auch Univ. Mannheim. S. 1981 Leit. Landesgr. Kurpfalz Dt.-Kanad. Ges.; s. 1984 Schatzm. Ges. f. interkulturelle German.; s. 1986 Vorstandsmitgl. Dt.-Japan. Ges. Rhein-Neckar u. Vors. Dt.-Norweg. Ges. Mannheim - Mitherausg.: Jahrb. Deutsch als Fremdspr. (s. 1975) - 1981 Universitätsmed. Univ. Sarajevo/Jugosl.; 1982 Univ. Waterloo/Kanada; 1984 Ehrenurk. Univ. Swansea/Großbrit.; 1984 Ehrenbürger Univ. Mannheim - Spr.: Engl., Franz., Span.

BOHRER, Michael

Dr. jur., LL.M., Geschäftsführer Bundesnotarkammer, Köln - Burgmauer 53, 5000 Köln 1 (T. 0221 - 23 43 14) - Geb. 30. Dez. 1952, kath.

BOHRMANN, Hans

Dr. phil., Ltd. Städt. Bibliotheksdirektor, Kommunikationswissenschaftler, Dir. Inst. f. Zeitungsforsch. Stadt Dortmund - Geb. 26. Sept. 1940 Berlin, verh., T. Susanne - Stud. Publiz., Gesch. u. Soziol. FU Berlin (Promot. 1967) - 1967-70 wiss. Assist. FU Berlin, Inst. f. Publiz.; 1971-73 Assist.-Prof. ebd.; 1974-77 Akad. Rat/Oberrat Inst. f. Publiz. Univ. Münster; ab 1977 Leit. Inst. f. Zeitungsforsch. Stadt Dortmund - BV: Massenkommunikationsmittel (m. Jörg Aufermann), 1967; Ges. Kommunikation u. Information (m. and.), 1973; Zeitschriftenforsch. (m. Peter Schneider), 1975; Strukturwandel d. dt. Studentenzeitschr., 1975; Kommunikationsforsch., 1984 (m. Wilbert Ubbens); Handb. d. Pressearchive, 1984 (m. Marianne Englert); zahlr. Aufs. in wiss. Fachzeitschr.

BOIE, Jürgen

Gesellschafter-Geschäftsführer der Boie-Gruppe, Mineralöl u. Flüssiggas - Kanalstr. 24, 2400 Lübeck (T. 0451 - 1 50 30); priv. Jürgen-Wullenwever-Str. 18, 2400 Lübeck - Geb. 8. Okt. 1927 - Zahlr. Ehrenämter.

BOISSERÉE, Klaus

Dr. jur., Rechtsanwalt, Ministerialdirigent a. D., Hauptgf. IHK Düsseldorf (1974-84); Vors. Dt. Umweltaktion - Heinrich-Heine-Allee 23, 4000 Düsseldorf 1 (T. 13 13 22) - Geb. 8. Juni 1925, kath., verh. s. 1955 m. Christel, geb. Hellendahl, 2 Kd. - Stud. Rechtswiss. u. Volksw. - Ratsh. D'dorf, AR Rhein. Bahnges. AG, Wirtsch.- u. Sozialaussch. d. Europ. Gemeinschaften, Brüssel, VR-Mitgl. Kulturkr. im BDI e. V. u. Kath. Fachhochsch. Gem. GmbH. NW, Mitgl. Dt. Sektion Intern. Inst. f. Verw.wiss. - BV: Immissionsschutz in Nordrh.-Westf., 1965 - Bek. Vorf.: Bernhard B., Ratsherr u. Kaufm. in Köln, Mitbegr. Köln-Düsseldorfer Dampfschiffahrt; Sulpiz u. Melchior B., Kunstsammler u. Mitträger d. Dt. Romantik - Spr.: Engl.

BOJAK, Detlef

Bauingenieur, MdL Rhld.-Pfalz (s. 1971) - Hauptstr. 25a, 6791 Jettenbach/Pf. (T. Reichenbach 3 98) - Geb. 6. Aug. 1935 Greulich/Schles., verh., 3 Kd. - Gymn. (Mittl. Reife); Zimmererhandw.; Bauzeichnerlehre; 1956-59 Pfälz. Ing.sch. Kaiserslautern (Prüf. Hochbau) - S. 1956 Bauwirtsch., -verw., Gewerbl. Berufssch. Kusel (1966; b. 1968 Lehrer, dann Fachoberl.). 1964 ff. Mitgl. Gemeinderat Jettenbach; MdK (Fraktionsvors.). SPD s. 1964 (Unterbez.svors. u. Mitgl. Bez.svorst.). Vors. Arbeitskreis Städtebau u. Wohnungswesen u. Arb.skr. Landwirtsch., Weinbau u. Umweltschutz. SPD-Landtagsfraktion.

BOJANOVSKY, Jiri

Dr. med., Prof., Psychiater - Stolze Str. 4, 6800 Mannheim - Geb. 28. Juni 1928 Brünn - Promot. 1952 Brünn - S. 1965 (Habil.) Lehrtätigk. (gegenw. apl. Prof. f. Psychiatrie Univ. Heidelberg) - BV: Differenzierung d. psychogenen u. endogenen Depressionen, 1969; D. depressive Mensch, 1982; Psychische Probleme b. Geschiedenen, 1985; Verwitwete, 1986. Üb. 140 Einzelarb.

BOJANOWSKI, Fritz

Geschäftsführer Fremdenverkehrsverb. Lüneburger Heide i. R. - Heinrich-Heine-Str. 4, 2120 Lüneburg (T. 4 17 11) - Geb. 30. Juni 1910 Danzig, ev., verh. s. 1936 m. Vega, geb. Schwarz, 2 Töcht. (Vega, Barbara) - Abitur - Hotelfach; Fremdenverkehr - Spr.: Engl., Franz.

BOJKO-BLOCHYN, Jurij

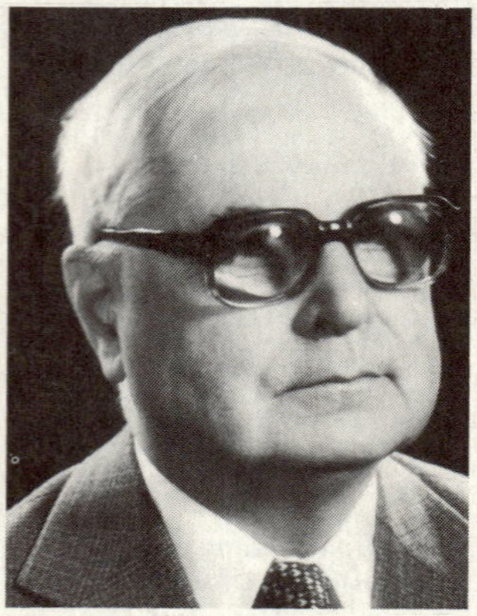

Dr. phil., Prof. f. slaw. Literaturwiss. Univ. München - Postf. 875, 8000 München 1 (T. 157 18 12) - Geb. 25. März 1909 Mykolaiw (Ukraine), orth., verh. m. Alexandra, geb. Sulyma - Stud. Univ. Odessa; Leit. d. Bibliogr. Abtlg. d. Lit.-wiss. Inst. in Akad. d. Wiss. d. Ukraine; Habil. 1941 Charkow, Umhabil. 1969 Univ. München - 1933-35 Leit. Bibliogr. Abt. Lit.wiss. Inst. Akad. d. Wiss. Charkow; 1949-74 u. 1962-84 Univ. München; Leit. d. 3 intern. slavist. Symposien. Rd. 250 wiss. Publ. in vielen Spr. - Lit.: Bibliogr. Quelle: J. Bojko-Blochyn, d. Schriftverzeichnis, Heidelb. 1989, 100 S.

BOKELMANN, Hans

Dr. phil., o. Prof. f. Erziehungswissenschaft - Königsberger Str. 136, 4400 Münster/W. (T. 2 42 28) - Geb. 10. März 1931 Hannover - S. 1963 (Habil.) Lehrtätigk. Univ. Erlangen-Nürnberg, Münster (1965), Frankfurt (1966 Ord. u. Dir. Wirtschaftspäd. Sem.), Münster (gegenw. Dir. Inst. f. Erziehungswiss.) - BV: u. a. D. ökonom.-sozialeth. Bildung, Maßstäbe päd. Handelns, 1965; Pädagogik, Handb. 1970. Fachaufs.

BOKELMANN, Johannes

Dr. med., Frauenarzt, apl. Prof. f. Geburtshilfe u. Frauenheilkd. Univ. Düsseldorf (s. 1972) -Behringstr. 17, 4040 Neuss - Zul. Privatdoz.

BOKELMANN, Siegfried

Schriftsteller, Realschullehrer i.R. - Derterner Str. 27, 2912 Uplengen-Hollen (T. 4957 - 4 42) - Geb. 16. Okt. 1919, ev., verh. s. 1959 m. Minna, geb. Theermann, 2 Töcht. (Insa, Maren) - Abit. 1939, Stud. Hochsch. f. Lehrerbildung Dortmund u. Univ. Jena, 1953 Realschullehrerpr. Hannover - Schriftst., Lehrer, b. 1975 Leit. Volksbücherei - BV: Interpretationen zu e. Kleist-Nov., 1957; Robert Guiskard - Vollendung d. Kleistschen Dramenfragments, 1959; Nordsee-Balladen, 2 Bde. Lyrik 1964; Sie kamen v. d. Enden d. Erde, 2 Bde., 1970/71; Hallo! - Wo steckt Hopp?, Kinderb. 1981; D. Lahme v. Sacré Coeur, e. Tageb.-Nov. 1985; De brede Bahn, e. niederd. Nov., 1988; 5 niederd. Bühnensp.; u.v.m. - 1963 Ehrenring (D. dt. Gedicht); 1975 Freudenthalpreis f. niederd. Lyrik; 1983 Jugendbuchpr. Brügge - Spr.: Lat., Engl., Franz.

BOKERMANN, Ralf

Dr., Prof. f. Agrarökonomie GH Kassel - Geb. 14. Nov. 1937 Stud. TU Berlin, Promot. u. Habil. Univ. Gießen - Obere Ellerbergstr. 3, 3430 Witzenhausen 1.

BOKLET, Reinhold

Oberregierungsrat, Mitgl. Europ. Parlament (I. Wahlp.) - Graßfingerstr. 22a, 8031 Gröbenzell/Obb. - CSU.

BOL, Georg

Dr. rer. pol., Prof. Univ. Karlsruhe, Kaiserstr. 12, 7500 Karlsruhe 1 - Geb. 16. Dez. 1943 Freiburg (Vater: Prof. Dr. Gerrit B., Hochschull.; Mutter: Gertrud, geb. Gunkel), verh. s. 1971 m. Ursula, geb. Eckardt, 2 Kd. (Johannes, Jutta) - Dipl.-Math. 1971, Promot. 1973, Habil. 1975 - BV: Stetikeit u. Effizienz b. mengenwert. Produktionsfunktionen, Monogr. 1973; Lineare Optimier., Taschenb. 1980; rd. 20 Ztschr.art.

BOL, Gerrit

Dr. rer. nat. (habil.), o. Prof. f. Mathematik - Hirschenweg 9, 7801 Stegen/Baden - Geb. 29. Mai 1906 - 1931 Doz. Univ. Hamburg; 1942 ao. Prof. Univ. Greifswald; 1948 o. Prof. Univ. Freiburg (Dir. Math. Inst.). 1971 emer. - BV: Projektive Differentialgeometrie, Monogr., 3 T., 1950, 54, 67. Facharb.

BOLAY, Hans Volker

Dr. phil., Prof. f. Musiktherapie, Lehrmusiktherapeut DGMT/DBVMT - Am Mühlrain 1, 6903 Neckargemünd (T. 06223 - 22 84) - Geb. 13. März 1951 Mosbach - Stud. Univ. Heidelberg, Berlin, Salzburg (Musik, Deutsch, Psych., Musiktherapie); Dipl. Päd. u. Musik 1979, Promot. 1984 Duisburg (Prof. Linke) - S. 1980 Leit. Grundstud. Musiktherapie Heidelberg; s. 1985 Vorst.-Vors. Dt. Ges. f. Musiktherapie - Herausg. d. Buchreihe: Praxis d. Musiktherapieu. Heidelb. Schr. z. Musiktherapie, 2 B. u. Fachb.-Art. z. Musiktherapie. 5 Filme üb. Musiktherapie.

BOLAY, Karl-Heinz

Dr., Schriftsteller - Pilvägen 15, S-260 40 Viken (Schweden) (T. 042 - 23 67 06) - Geb. 23. Nov. 1914 Saarbrücken (Vater: Paul B., Obering.; Mutter: Margarete, geb. Kieber), luth., verh. I) 1938 m. Brigitte, geb. Albrecht, 3 Kd., II) Ingeborg, geb. Hofmann v. Baltenau, 3 Kd. - Schule Saarbrücken (Abitur 1934); Univ. u. Hochsch. f. Sozialwiss. Helsinki. Bibl.sex. 1955 Helsinki, Dr. lit. World University, Tucson. Ariz. (USA), 1977, Bankkaufm., Journ., Schriftst., Verlagslektor, 1942-43 Kulturref. Magdeburg, 1952 Sekr. Empfangsabt. XV. Olymp. Spiele Helsinki, Literaturkrit. Hufvudstadsbladet, Helsingfors, Mitarb. dt., schwed. u. finn. Ztschr. u. Ztg., 1953-59 Bibliothekar Stadtbibl. Helsinki u. Norrköping/Schweden (1957), s. 1959 Bibl.dir. Malung, Tyresö (1965) u. Höganäs (s. 1970). 1958ff. Vors. Schwed.-Dt. Ges. Norrköpping (1960 Ehrenmitgl.), 1963ff. Sekr. Audiovisuelle Arb.sgr. Schwed. Allg. Bibl.sverein., 1970ff. Vors. Intern. Autoren-Progressiv, 1974ff. Vors. Schwed. Einwanderer-Schriftstellerverband - BV: Artotelsverksamhet vid svenska bibliothek, 1967;

Den fyr-kan-tiga manen, Ged. 1968; Mirabel-Lyrik fran Provence, Ged. 1970; Nordlicht, Ged. 1971; Fanifestationer, 1971; Resa till d. fjärde dimensionen - Reise in d. vierte Dimension, Ged. 1974 (schwed./dt.); Svenskarna och deras immigranter, Anthol. 1975; ...a. d. Flucht v. uns selber, Ged. 1976; Hörst Du mein Warten?, Liebesged. 1983. Herausg.: Dalaröster, 1962 (Anthol. 1962); Mithrsg.: Saarl. Anthol., 1958; Heinz Prodöhl, Aus d. alten Zeit, 1960; Kontinente - Lyrik unseres Jahrhunderts, 1962; Signal, 1970. Übers. aus d. Ital. (u. a. Quasimodo, Tag um Tag, 1950), Dt. (Reiner Kunze, Dikter över alle gränser, 1973), Finn. u. Schwed. Übers. aus d. Schwed. ins Dt. (Erik Olsson, Teddy Puh u. seine Freunde, 1955; Kring Kullen, Ged. 1977. Nödbroms, R. 1977; Auf d. Suche nach mir selber..., Ged. 1979; Gorleben ist überall, Ged. 1979; Harrisburg är överallt, Ged. 1979; Feuervogel, Parabeln 1980; The Square Moon, Ged. 1973; I Seek an Island, Ged. 1981; Blumen u. andere Menschen, Ged. 1983; Mein toter Freund, Kurzgesch. 1983; Reise n. Wienhausen, Lyrik-Anthol. 1985; Sfärenmusik u. Mathematik, Ged. 1986 - 1952 Finn. Olymp. Verdienstmed., 1975 Mölle-Lit.pr u. Med. Pro mundi beneficio, Sao Paulo. Mitgl.: 1976 World Academy, Hamilton, New Zealand; 1977 The International Academy of Poets, Cambridge, England; 1986 Fellow Membership Intern. Poets Acad., Madras, Indien; 1986 Dr.-Heinrich-Mock-Med., Graphikum Göttingen - Liebh.: Bücher - Spr.: Engl., Franz., Ital., Schwed., Finn. - Lit.: U. Kupiainen, K.-H. B.s Ged. aus Finn. (1956); K.-C. Müller, K.-H. B., e. saarl. Dichter im Land d. 1000 Seen (1955), K.-H. B., e. Saarländer in Finnl. (1959), C. H. Kurz: Poetenbilder, 1977; C. H. Kurz: Wanderungen, 1977; Spektrum des Geistes, Literaturkalender, 1978; Wilhelm Bortenschlager: Deutsche Literaturgeschichte, Band II. 1978; Uta Lehr-Koppel: Tangenzen. Begegnung m. Karl H. Bolay, 1984; Gunnar Möllerstedt: Förvandlingarnas Väkttare, en bok v. Karl H. Bolay, 1985.

BOLDT, Gerhard

Dr. jur., Dr. rer. pol., Prof., Senatspräsident a. D. - Schulzstr. 7, 4600 Dortmund 1 (T. 59 23 65) - Geb. 24. Okt. 1901 Dortmund (Vater: Prof. Walter B., Oberreg.rat; Mutter: Marie Muenchmeyer), ev., verh. 1928-72 m. Lisa, geb. Jung (†), s. 1985 m. Dr. Henny, geb. Hellgrewe, 2 Kd. (Jörg-Peter †1959; Inge †1983) - Promot. 1922 u. 24 Göttingen - 1926-55 Rechtsanw. Berlin u. Dortmund; 1955-69 Bundesrichter u. Senatspräs. (1959) BAG Kassel. 1953 ff. Honorarprof. Univ. Münster - BV: Stadtverf. u. -verw. in Preußen, 1932; Kommentar z. Pr. Gemeindewahlrecht, 1933; D. Recht d. Bergmanns, 1948, 3. A. 1960; Komm. z. Allg. Berggesetz, 1948; Staat u. Bergbau, 1951; Komm. z. Gewerbeordnung, 1955; Komm. z. Bundesurlaubsges., 1963, 2. A. 1968; Komm. z. Bundesberggesetz, 1984 - Kriegsausz.; 1968 Gr. BVK m. Stern, 1970 Gr. Silb. Ehrenz. m. Stern Rep. Österr. - Spr.: Engl., Franz.

BOLDT, Harald

Verleger - Postf. 1110, 5407 Boppard/Rh. - Geb. 26. Mai 1912 Kiel (Vater: Karl W., Marineing.; Mutter: Franziska, geb. Winkler), ev., verh. s. 1938 m. Edith, geb. Münster, 2 Kd. (Peter, Hanne) - Oberrealsch. u. WWI Kiel (Wirtschaftspolit. Nachrichtenwesen) - 1934-39 Redakt. Hamburger Nachr. u. Fremdenbl. (1935), dann Tätigk. AA Berlin, 1942 u. 1944ff. Wehrdst. u. Kriegsgefangensch., 1948-53 stv. Chefredakt. Neue Württ. Ztg., s. 1950 Inh. gleichnam. Verlag Göppingen u. Boppard (1957); Gebiete: Quellen u. Dokumente z. dt. Geschichte d. 19. u. 20. Jh.; Kommverl. d. Bundesarchivs u. a.

BOLDT, Harry

Kaufmann (Buchhandel/Tabakwaren) - Südstr. 7, 5860 Iserlohn/W. (T. 2 53 54) - Geb. 23. Febr. 1930 Insterburg/Ostpr. (Vater: Heinrich B., Reitlehrer; Mutter: Christine, geb. Tegethoff), kath., verh. s. 1957 m. Heidi, geb. Nölle, Sohn Jürgen - Liebh.: Dressurreiten (u. a. 1964 Gold- (Mannschafts-) u. Silbermed. (Einzelwert.) Olymp. Spiele Tokio sowie Silb. Lorbeerbl. d. Bundespräs.).

BOLDT, Heinz

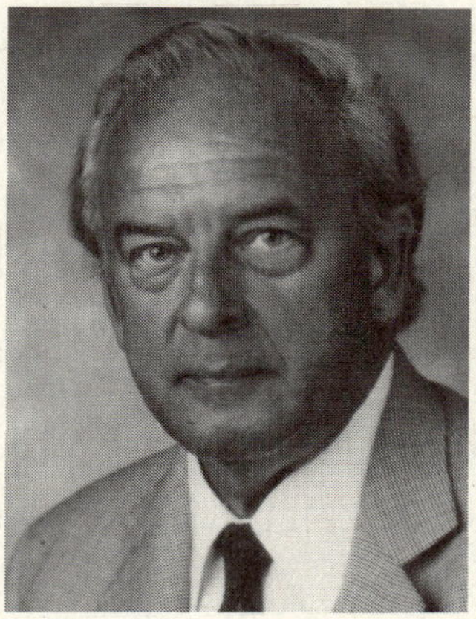

Dipl.-Ing. - Paarthalweg 4, 8901 Merching - Geb. 12. Juli 1923 Schönfeld/Kr. Friedeberg (Vater: August B.), verh. s. 1965 m. Christa, geb. Friebel, 2 Kd. (Pierre, Manon) - Facharbeiterprüf., Ingenieursch., TU Berlin - Wirtschaftsakademie Berlin; Techn. Dir. Borsig AG, Berlin, Geschäftsf. Messerschmitt-Werke-Flugzeug-Union-Süd; Generalbevollm. KHD; Vorst.-Mitgl. Fahr AG, s. 1972 Dornier GmbH, Friedrichshafen/B.; 1978-82 Vors. d. Gfg. Dt. Industrieanl. GmbH, Berlin. Beirat Allianz-Versich. AG, Berlin - VDI u. WEMA Berlin; 1962 Ehrenring VDI.

BOLDT, Jens R.

Stv. Vorstandsvorsitzender Milupa AG, Friedrichsdorf - Rombergweg 1, 6240 Königstein/Ts. (T. 06174 - 50 67) - Geb. 8. März 1943 Pirmasens/Pf. (Vater: Adolf B., Sparkassenleit.; Mutter: Kati, geb. Partscher), verh. s. 1981 m. Heide, geb. Nagel, 2 Kd. (Markus, Susanne) - Dipl.-Psych. 1968 München - 1968 Pfizer Consumer Products (Merchandising Manager); 1968-76 Procter & Gamble (Product Mgr.); 1976-86 Executive Vice Pres. Europe K-tel Intern. Inc., Minneapolis (USA); s. 1987 Milupa - Spr.: Engl.

BOLDT, Karl-Heinz

Vorstandsmitglied Dt. Verkehrs-Kredit-Bank AG. (s. 1972) -Untermainkai 23-25, 6000 Frankfurt/M. (T. 26 48-1); priv.: Thorwaldsenplatz 6 - Geb. 3. Febr. 1920.

BOLDT, Peter

Dr. rer. nat., Dipl.-Chem., o. Prof. f. Organ. Chemie Univ. Braunschweig - Zeppelinstr. 3, 3300 Braunschweig - Geb. 9. Dez. 1927 Berlin (Vater: Lothar B., Fabrik.), 2 Söhne (Michael, Thomas) - Stud. d. Chemie Univ. Kiel, Göttingen - Mitgl. GDCh., Americ. Chemical Soc. - Liebh.: Gruppendynamik (grad. Gruppenleit. Inst. f. Living Learning, Schweiz) - Spr.: Engl.

BOLDT, Werner

Dr., Univ.-Prof. Univ. Dortmund (Lehrstuhl f. Blinden- u. Sehbehindertenpäd.) - Stuchteystr. 33, 4600 Dortmund 30 (T. 0231 - 48 04 44) - Geb. 22. Juli 1928 Oberhausen - 1954 Ergänzungsstud. d. Blindenpädagogik. Promotionsstud. Univ. Köln u. Münster, Dr. phil. 1964 (Erz.w., Psych., Phil.) - Blindenlehrer, Wiss. Assist., Doz., o. Prof. u. Dir. Seminar f. Blinden- u. Sehbehindertenpäd. (s. 1966) - Leit. Arbeitsstelle f. Sonderpäd. Technol., 1969-71 Dekan; 1971 Gastprof. u. Regierungsberat. in Japan. Entwicklungsprojekte in asiat. u. arab. Ländern - Entd.: Braillex-Informationssystem f. Blinde u. Zusatzentwickl. - BV: Blinde u. hochgradig sehbehinderte Kinder in d. physischtechn. Welt, 1966; Lehrprogrammbibliothek z. Erlernen d. Blindenschrift, 1984; u. a. - 1979 Träger Louis-Braille-Preis d. Dt. Blindenverb. u. a.; Mitgl. europ. Expertenkommiss. - Spr.: Engl., Jap.

BOLDT, Werner

Dr. phil., Prof., Historiker Univ. Oldenburg - Martin-Luther-Str. 57, 2900 Oldenburg (T. 0441 - 5 33 51) - Geb. 31. Mai 1935 Breslau (Vater: Dr. Karl B., Treuhandprüfer; Mutter: Margarethe, geb. Hampe), kath., verh. s. 1967 m. Bärbel, geb. Wiedemann, 2 Kd. (Joachim, Karin) - Stud. Gesch., German., Polit. Wiss. Univ. München u. Heidelberg (Staatsex. 1962, Promot. 1967) - 1964 wiss. Assist. Erlangen; 1971 Hochschuldoz. PH Nieders., Abt. Oldenburg - BV: D. württ. Volksvereine v. 1848 b. 1852, 1967; D. Anfänge d. dt. Parteiwesens, 1971; Mithrsg. Ztschr. Geschichtsdidaktik.

BOLEWSKI, Hans

Dr. theol., Pastor - Colmarstr. 6, 3000 Hannover-Kirchrode - Geb. 10. Okt. 1912 Kiel (Vater: Christoph B. †1915; Mutter: Klara geb. Jürgens), ev., verh. s. 1939 m. Dr. med. Marlene, geb. Weiland (Praxis f. analyt. Psychotherapie) - Stud. Theol. u. Phil. Kiel, Marburg, Halle/S., London - 1950-53 Studentenpfarramt Hamburg, 1954-57 Dir. Informationsabt. Luth. Weltbund Genf, 1957-72 Dir. Ev. Akad. Loccumer, seither Beauftr. Landeskirche Hannover f. Bildungsforschung u. Lehrbeauftr. f. Erwachsenenbildung TU Hannover - BV: D. Weltenraum in Menschenhand, 1959 (m. Göttrup); Erziehung z. Sexualität, 1961 (m. Giese); Beitr. in Theol. f. Nichttheologen, 1966; Erwachsenenbildung im dt. Protestantismus, in: Konkurrenz f. Bildungsangebote, 1968. Mithrsg.: Weltkirchen-Lexikon; Schriftl.: Inforamtionsbl. (1951-53), Luth. Rundschau/Lutheran World (1953-61) - Spr.: Franz., Engl., Russ.

BOLIUS, Uwe

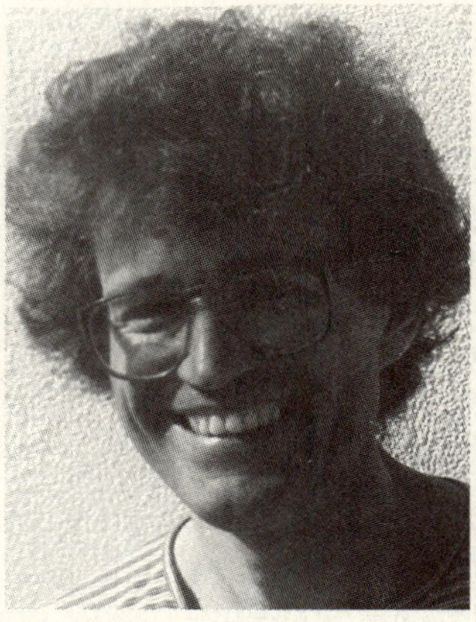

Dr. phil., Schriftsteller - Margaretenstr. 67/2/18, A-1050 Wien, Österreich - Geb. 6. Aug. 1940, verh. s. 1970 m. Gertraud, 3 Kd. (Raphael, Elisabeth, David) - Fachsch. Elektrotechnik, Stud., Promot. 1966 Univ. Wien - BV: D. gewollte Mißerfolg, 1970; Standhalten, R. 1979; D. lange Gang, R. 1983; Individuum, e. Versuch, 1984; Gesch. v. anderen Leben, Erz. 1985; Im Aschenlicht/A la lumière de cendre, Foto-Lyrik-Bd., zweispr. dt./franz., 1988. Herausg.: E. neues Volk wird dich preisen, Briefsamml. (1986) - Österr. Staatsstip. Lit.; Rauriser Förderungspr. - Spr.: Engl., Franz.

BOLL, Edith

Zeitungsverlegerin, Geschäftsf. B. Boll Verlag d. Solinger Tagesblatts, Solingen - Mummstr. 9, 5650 Solingen - Geb. 22. April 1920 Zerbst/Anh. (Vater: Carl Friesenhansen, Studiendir.; Mutter: Else, geb. Heinze), ev., verh. 1945-68 (†) m. Dr. Boll (geb. 1913), 2 Kd. (Bernhard, Gisela) - N. Abit. Hochsch. f. Lehrerbild. Leipzig - 1941-45 Lehrerin - 1975 BVK I. Kl. - Spr.: Engl., Franz.

BOLL, Erwin

Generalkonsul a.D., Public Relations-Berater - P.O. Box 1 10 57, Edmonton/Alberta, Canada T5J 3K4 - Geb. 14. Juni 1922 Berlin-Charlottenburg - Abit. 1939/40 Berlin; 1940-51 Univ. Berlin, Greifswald, München u. Wisconsin/Madison, USA - 1940-45 Kriegsdienst (Luftw.); 1946-52 Redakt. in München u. Augsburg; s. 1953 Ausw. Amt (b. 1959 Presseref. Gen.-Konsulat Chicago, 1963-73 Presse- u. Protokollref. New York [vorher AA Bonn], 1973-78 Botsch.rat Pretoria/Kapstadt, nach Öfftl.-keitsarbeit im AA Bonn 1981-87 Leit. Gen.-Konsulat Edmonton, 1988 AR b. Edmonton Space Sciences Found. - S. 1951 Sigma Delta Chi-Berufsjourn.-Vereinig. (USA); 1972 Präs. Rotary Club Queensborough, New York; BVK I. Kl.

BOLL, Irene

Dr. med., Prof., Chefärztin II. Innere Abteilung/Städt. Krankenhaus Neukölln, Berlin 47 (Spezialgeb.: Hämatologie) - Altensteinstr. 29, 1000 Berlin 33 - Geb. 7. Okt. 1922 - S. 1959 Oberärztin Krkhs. Neukölln. 1965ff. Privatdoz. u. apl. Prof. (1970) FU Berlin (Inn. Med.); 1975 Chefärztin II. Inn. Abt. Krkhs. Neukölln; Mitgl. dt. med. intern. Ges. - BV: Granulocytopoese unt. physiol. u. pathol. Bedingungen, 1966; Leitf. d. cytolog. Knochenmark-Diagnostik, 1972, 2. A. 1980; Granulozytopoese (Handb.art.), 1976; D. Knochenmark (Mitarb.), 1978; Qualitätssicher. im Med. Labor., 1987. 200 Einzelarb. u. wiss. Filme - 1964 Frerichs-Preis; 1988 BVK I. Kl.

BOLL, Kuno Fridolin

Dipl.-Ing., Berat. Ingenieur - Etzelstr. 11, 7000 Stuttgart 1 (T. 64-40 71) - Geb. 29. Jan. 1922 Heiligenberg/Bodensee (Vater: Gustav B., Sparkassendir.; Mutter: Emma, geb. Deiser), kath., verh. s. 1952 m. Maria, geb. Wagner, 2 Kd. (Markus, Krista) - Abit. 1940 Bodensee-Sch. Meersburg; Diplomprüf. 1950 TH Stuttgart - 1950-53 Statiker u. Bauleit. C. Baresel AG, Stg.; 1953-69 Ing.büro Leonhardt & Andrä (1962 Partner); s. 1970 eig. Büro ebd. (1973 Seniorpartn. Boll & Partn.). 1966-82 Vors. VBI/Landesverb. Baden-Württ.; 1975-82 Vors. Inconsult - Arch.- u. Ing.-gemeinsch. BW; 1975-82 Vors. Arbeitskr. BW Ing.kammer; 1982ff. Präs. VBI Bundesverb.; 1982-87 AR-Mitgl. Ges. f. Techn. Zusammenarb., Eschborn (GTZ); 1982ff. Mitgl. Dt. Ausschuß f. Stahlbeton DAfSt; 1987ff. Beiratsmitgl. f. gewerbl. Mittelstand u. Freie Berufe b. Bundesmin. f. Wirtsch.; 1967-89 Mitgl. Ehrenrat u. Ehrengericht VPI BW - BV (Mitautor): Bayer-Hochhaus u. BASF-Laboratoriumsbauten, 1963; Finnland-Haus Hamburg, 1968; Stützenbemessungsdiagramme f. genormte Bewehrungsbilder, 1973; Hochhäuser, Bd. 2 1978 - 1979 Europ. Stahlbaupreis; 1980 BVK - Liebh.: Reiten, Schwimmen, Politik, Lyrik - Spr.: Engl.

BOLLACHER, Martin

Dr. phil., o. Univ.-Prof. f. Neuere dt. Literaturgesch. Univ. Bochum (s. 1986) - Soldnerstr. 18b, 4630 Bochum 1 (T. 0234 - 70 66 82) - Geb. 2. Dez. 1940 Stuttgart, ev., verh. s. 1968 m. Yvonne, geb. Ollivier-Henry, 2 Kd. (Olivier, Marie-Sophie) - Stud. Univ. Tübingen, Berlin, Rennes (Studienstiftg. d. Dt. Volkes); Promot. 1969, Habil. 1977 Tübingen, 1982 apl. Prof. Tübingen - BV: D. junge Goethe u. Spinoza, 1969; Lessing: Vernunft u. Gesch., 1978; Wackenroder u. d. Kunstauffassung d. frühen Romantik, 1983; J. G. Herder: Ideen z. Phil. d. Gesch. d. Menschheit, 1989; Aufs. z. dt. Lit. des 18., 19. u. 20. Jh.

BOLLE, Aloys

Regionaldirektor Steigenberger Hotels AG - Kurplatz 3, 8394 Bad Griesbach i. Rottal (T. 08532-10 76) - Geb. 21. Juni 1935 Münster, verh. s. 1961 m. Rita, geb. Wetter, 4 Kd. (Katja, Bernd-Jost, Stephanie, Isabell) - Ausb. z. Kellner, Koch, Hotelkaufm.; Dipl. Hotelfachsch. Heidelberg - Mitgl. Gastronom. Akad. Deutschl.; Chevalier du Tastevin - Liebh.: Klass. Musik - Spr.: Engl.

BOLLE, Günter

Dipl.-Ing., Geschäftsführer Blaupunkt-Werke GmbH., Hildesheim - Ringstr. 42, 3201 Diekholzen - Geb. 6. Nov. 1927.

BOLLE, Michael

Dr. rer. pol., Prof. f. Polit. Ökonomie - Marbacher Str. 13, 1000 Berlin 31 - Geb. 27. Okt. 1941 - Promot. 1969 Berlin - S. 1967 m. Unterbr. FU Berlin (gegenw. Prof. u. Dir. Forschungsst. Sozialökonomik d. Arbeit). Zahlr. Bücher u. Aufs. - Honorary Res. Assoc. in Harvard u. Univ. of Texas, Wisconsin u. Californien.

BOLLÉE, Annegret

Dr. phil., Prof. f. Roman. Sprachwissenschaft u. Mediävistik Univ. Bamberg - Schiffbauplatz 10, 8600 Bamberg.

BOLLEN, Helmut

Direktor - Froschpfad 5, 5060 Bensberg-Frankenforst - Geb. 26. Nov. 1928 - Mitgl. Geschäftsltg. 4711, Köln.

BOLLENBECK, Georg

Dr. phil., Prof. f. Neuere Dt. Literaturwiss. Univ./GH Siegen (s. 1984) - Hennessenbergstr. 8, 5303 Bornheim-Brenig (T. 02222 - 55 52) - Geb. 10. Dez. 1947 Brühl, verh., 1 Kd. - Stud. Univ. Bonn (German., Gesch. u. Phil.); Staatsex. 1973, Promot. 1976, Habil. 1982 Siegen - Wiss. Assist. GH Siegen, Allg. Literaturwiss./German.; 1984 Zeitprof. Univ./GH Siegen, Univ.-Prof. auf Lebenszeit f. Germanistik u. Kulturwiss.; 1984 Teilprojektleit. Sonderforsch.bereich Ästhetik, Pragmatik u. Gesch. d. Bildschirmmedien; Einlad. zu e. Gastprof. üb. dt. Kulturgesch. Emory Univ., Atlanta, USA - BV: Z. Theorie u. Gesch. d. Arbeiterlebenserinnerungen, 1976; Armer Lump u. Kunde Kraftmeier. D. Vagabund in d. Lit. d. zwanziger J., 1978; Oskar Maria Graf. E. Bildmonogr., 1985; D. dauerhafte Schwankheld. Z. Ineinander v. Produkt- u. Rezeptionsgesch. b. Till Eulenspiegel, 1985; Theodor Storm. E. Biographie, 1988.

BOLLIN, P. Eugen

Lehrer, Maler, Lyriker - Kloster, CH-6390 Engelberg - Geb. 15. Febr. 1939, kath. - Theologiestud.; Weiterbild. Kunstgewerbesch. Luzern (1966/67) u. Kunstakad. Wien (1967-69) - Zeichenlehrer, Kunsterzieher - BV/Lyrik: Hangerde, Engelberg in Ged. u. Zeichn.; Wasserzeichen; Tageszeiten 1983-85; D. Maler im Garten, 1985. Ausst.: Luzern (Galerie Rothenburgerhaus), Zürich (Galerie Walcheturm), Grenchen (Galerie Bernard), Chur (Kunstmus.), alle 1979-85 - 1981 Preisträger Stans - Lit.: Beat Stutzer, Katalog z. Kunstausst. im Kunstmus. Chur (1985).

BOLLING, Hans

Dr., Prof., Ltd. Direktor Bundesforschungsanstalt f. Getreide- u. Kartoffelverarb. - Schützenberg 12, 4930 Detmold 1.

BOLLMANN, Georg

Präsident u. Geschäftsf. Bund d. Sozialversicherten - Rathausplatz 2, 3005 Hemmingen-Hannover (T. 0511 - 41 79 09).

BOLLMANN, Hans

Dr. phil., Prof. f. Erziehungswissenschaft (Didaktik d. darstell. Spiels) Univ. Hamburg (s. 1975) - Von-Melle-Park 8, 2000 Hamburg 13 - Geb. 24. April 1937.

BOLLMANN, Horst

Schauspieler - Boothstr. 20, 1000 Berlin 45 (T. 772 10 95) - Geb. 11. Febr. 1925 Dessau (Vater: Willy B., Verw.dir.), ev., verh. s. 1955 m. Hetty, geb. Jockenhöfer - Grundsch., Studienanst. Dessau u. Obersch. Siegen/W. (Abit. 1943); Schauspielausbild. Folkwang-Sch. Essen (Diplom 1948) - S. 1948 Lit. Kabarett Düsseldorf, Städt. Bühnen Essen, Nationaltheater Mannheim (1955), Schiller- u. Schloßpark-Theater Berlin (1959). Hauptrollen/Bühne: u. a. 3 Mann auf e. Pferd, Warten auf Godot, D. widerspenst. Heilige, Fußgänger d. Luft, Woyzeck, D. König stirbt, Figaro, D. Kandidat, Fisch zu viert, Julius Cäsar, Moral, Zettel, Schweyk-D. Tod d. Handlungsreisenden. Film: D. Wunder d. Malachias, Fernsehen: Wie e. Blitz (3 T.; Inspektor) -1968 Goldene Nymphe VII. Intern. Fernseh-Festival Monte Carlo als bester Darsteller (D. ausgefüllte Leben d. Alexander Dubronski) u. Theaterpreis d. dt. Kritiker; Berliner Staatsschausp., 1982 Dt. Schallplattenpreis (Literatur) - Liebh.: Sport - Spr.: Franz., Engl.

BOLLMEYER, Ulrich K.

Geschäftsführer Dr.-Jürgen-Ulderup-Stiftg.-GmbH, Lemförde - Fesenfelder Str. 79, 2830 Bassum-Nordwohlde (T. 04249 - 12 10) - Geb. 3. Nov. 1920 - Rotarier.

BOLLNOW, Otto Friedrich

Dr. phil., Dr. h. c., o. Prof. f. Philosophie u. Päd. (emerit.) - Waldeckstr. 27, 7400 Tübingen - Geb. 14. März 1903 Stettin (Pers. s. XVIII. Ausg.) - Stud. Math., Phys., Phil. Promot. 1925 (Theoret. Phys.), Habil. 1931 (Phil. u. Päd.), beide Göttingen - 1939-70 Ord. Univ. Gießen, Mainz, Tübingen - BV: D. Wesen d. Stimmungen, 1941; Neue Geborgenheit, 1955; Existenzphil. u. Päd., 1959; Mensch u. Raum, 1963; Sprache u. Erzieh., 1966; Phil. d. Erkenntnis, 2 Bde. 1970/75; D. Verhältnis z. Zeit, 1972; Studien z. Hermeneutik, 2 Bde. 1982/83 - 1976 Ehrendoktor Univ. Strasbourg.

BOLSCHO, Dietmar

Dr. phil., Prof. f. Theorie u. Praxis d. Primarstufe Univ. Frankfurt/M. - Spessartring 39, 6382 Friedrichsdorf.

BOLT, Hermann

Dr. med., Dr. rer. nat., Prof. f. Toxikologie u. Arbeitsmedizin Univ. Dortmund (s. 1982) - Ardeystr. 67, 4600 Dortmund 1 - Geb. 13. Jan. 1943 Kirchen/Sieg (Vater: Prof. Dr. med. Wilhelm B., Arbeitsmediziner; Mutter: Anna, geb. Pohlmann), kath., verh. s. 1968 m. Dr. med. Mechthild, geb. Ruppel - 1974-79 Doz. u. apl. Prof. (1978) Univ. Tübingen; 1979-82 Prof. f. Toxikologie Univ. Mainz - 1974 Felix-Haffner-, 1977 Marius-Tausk-Preis.

BOLTE, Achim

Dr. med., o. Prof. m. Lehrstuhl f. Frauenheilkunde u. Geburtshilfe Univ. Köln (s. 1973) u. Leit. Abt. f. Perinatol. (s. 1974), Dir. Univ.-Frauenklinik ebd. (s. 1973); Dekan med. Fak. Univ. Köln (1980/81), 1. Vors. Niederrh. Westf. Ges. f. Gynäk. u. Geburtsh. (1983/84) - Kirchnerstr. 13, 5000 Köln 41 (Müngersdorf) (T. 0221 - 48 69 72) - Geb. 15. Nov. 1928 Köln (Vater: Hans B., Beamter; Mutter: Erika, geb. Karneboge), ev., verh. s. 1957 m. Hannelore, geb. Nuppeney, 2 Kd. (Jürgen, Angelika) - Med. Univ. Köln, Göttingen. Staatsex. u. Promot. 1954 Köln; Habil. 1966 ebd.; apl. Prof. 1971 - BV: D. Ultrazentrifuge u. ihre Bedeut. f. d. Diagnostik in d. Med., 1961; Prophylaxe frühkindl. Hirnschäden, 1966; Nachweis d. kindl. Lebens in d. Gravidität, 1967; Plazentadysfunktion, 1971; perinatale Mortalität, 1973; Analyse d. Uteruskontraktion f. d. Prognose d. Geburt, 1974; Terminierte Geburt, 1975; Pränatale Diagnostik genet. Defekte, 1976; Frühgeburt, 1977; Fetale u. plazentare Reifung, 1978; Geburtsprognose durch Rechnerunterst. CTG-Überwachung, 1979/80; D. individ. Terminierung als Funktion v. Wachstum u. Reifung, 1981; Therapie b. Frühgeburtsbestrebungen, 1981/82; Körperl. Leistungsvermögen währ. Schwangerschaft, 1982; Hochleistungssport u. gynäk. Probleme d. Frau, 1983/84; Komplikationen in d. Geburtshilfe, 1984. 1985-89 zahlr. Publ. z. geburtsh.-perinatol. u. gynäk.-onkol. Themen.

BOLTE, Karl Martin

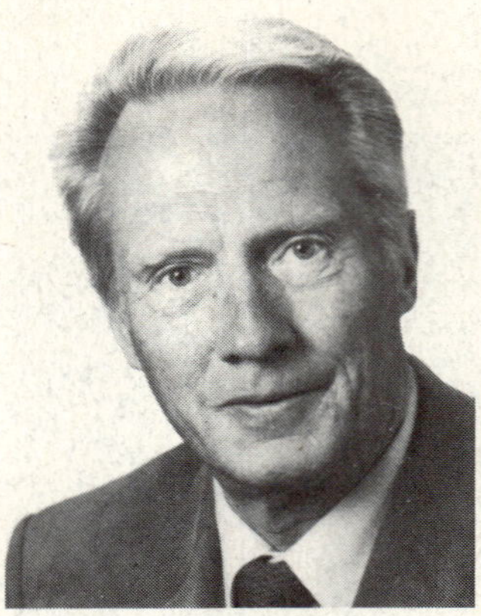

Dr. sc. pol., o. Prof. f. Soziologie Univ. München (s. 1964) - Blumenstr. 2 1/2, 8035 Gauting/Obb. (T. München 850 28 03) - Geb. 29. Nov. 1925 Wernigerode/Harz (Vater: Karl B., Kaufm. Dir.; Mutter: Frieda, geb. Athenstedt), ev., verh. s. 1951 m. Wiebke, geb. Brockmöller, 2 Kd. (Karin, Clemens) - Promot. (1952) u. Habil. (1957) Kiel - 1957-60 Privatdoz. Univ. Kiel; 1961-64 o. Prof. Akad. f. Wirtsch. u. Politik Hamburg (1962-64 Leit.), 1971-76 Vors. Kommiss. f. wirtsch. u. soz. Wandel u. 1975-78 dt. Ges. f. Soziologie; 1980-86 Senator Dt. Forschungsgem. - BV: Sozialer Auf- u. Abstieg, 1959; Dt. Ges. im Wandel, I 1966, II 1970 (m. a.); D. 8. Sinn, 1971; Bundesrepublik wohin?, 1974; Leistung u. Leistungsprinzip, 1979; Bevölkerung, 1980 (m.a.); Soz. Ungleichh., 1984 (m.a.) - 1985 BVK - Spr.: Engl.

BOLZA-SCHÜNEMANN, Hans-Bernhard

Dr.-Ing., Dipl.-Phys., Vorstandsvorsitzender (s. 1971) Koenig & Bauer AG, Würzburg - Otto-Nagler-Str. 17, 8700 Würzburg - Geb. 20. Mai 1926 - Zul. Vorstandsmitgl. K & B.

BOLZENIUS, Theodor

Oberbürgermeister Mönchengladbach - Postf. 85, 4050 Mönchengladbach - Geb. 23. Nov. 1922 - Zul. Oberstudiendir. - CDU.

BOMBACH, Gottfried

Dr. sc. pol., Dr. h. c., o. Prof. f. Nationalök. - Seltisbergerstr. 74, CH-4059 Basel (Schweiz) (T. 35 42 82) - Geb. 6. März 1919 Kamenz/Sa., ev.,verh. - S. 1956 Lehrtätigk. Univ. Kiel (Privatdoz.), Saarbrücken (1956 ao. Prof.), Basel (1957 o. Prof.; Dir. Inst. f. Angew. Wirtschaftsforsch.) -BV: A Comparison of National Output and Productivity, 1959. Herausg.: Beitr. z. Theorie d. Außenwirtsch. (1970), Studien zur Geldtheorie (1972), Schriftenreihe Wirtsch.swiss. Sem. Ottobeuren (1974 ff.).

BOMBOSCH, Siegfried

Dr. rer. nat., Prof. f. Forstzoologie - Nußanger 41, 3400 Göttingen -Geb. 4. März 1925 - S. 1961 (Habil.) Lehrtätigk. Univ. Göttingen - 1968 korr. Mitgl. Finn. Entomolog. Ges.

BOMBOSCH, Wolfgang

Journalist, Hörfunkleit. NDR Landesfunkhaus Hamburg - Glashütter Weg 84, 2000 Norderstedt (T. 040 - 522 11 47) - Geb. 22. Nov. 1938 Biebern/Ostpr. (Vater: Friedrich B., Fischermeist.; Mutter: Erna, geb. Wolff, ev., verh. s. 1969 m. Sabine, geb. Irrgang, 3 S. (Hendrik, Volker, Frederik) - Stud. German. u. Gesch. Univ. Göttingen u. Kiel - 1966-69 fr. Mitarb. NDR; 1969-77 Redakt. Jugendf. NDR; 1977-80 Redaktionsleit. Regionales; s. 1981 Hörfunkleit. Landesfunkhaus Hamburg - 1970 Magnus-Preis ARD (Nachwuchspr.) - Spr.: Engl., Franz.

BOMMER, Dieter

Dr. agr., pens. Ltd. Dir. u. Prof. - Südring 1, 3405 Rosdorf - Geb. 11. Juli 1923 Heidelberg (Vater: Prof. Dr. med. Sigwald B., Ordinarius f. Dermatol.; Mutter: Rose, geb. Kern), ev., verh. s. 1955 m. Erdmuth, geb. Scheibe, 3 Kd. (Felix, Bettina, Sebastian) - Realgymn. Gießen; 2 J. Landw.slehre; Univ. Gießen (Dipl.-Landw. 1950). Promot. (1954) u. Habil. (1961) Gießen - 1953 b. 1964 Assist. u. Oberassist. (1963) Univ. Gießen (Inst. f. Grünlandw.), dazw. 1962 Research Fellow Univ. of California, Davis (Dept. of Agronomy), s. 1961 Privatdoz., apl. Prof. (1967) u. Honorarprof. (1972) Univ. Gießen; 1964-67 Inst.-Leit. u. Prof. Staatl. Lehr- u. Versuchsanstalt f. Grünlandw. u. Futterbau, Eichhof, 1967-74 Ltd. Dir. u. Prof. Inst. f. Pflanzenbau u. Saatgutforsch. Forschungsanst. f. Landw., Braunschweig-Völkenrode, 1974-85 beigeordn. Generaldir. (Assist. Dir. General), Hauptabt. Landw., Ernährungs- u. Landw.org. d. UN (FAO), 1986-88 Leit. Projektgr. Pflanzengenet. Ressourcen, BFA Landw. Braunschweig-Völkenrode. 1974 Präs. Senat Bundesforsch.anst. BML; s. 1986 Vors. Arbeitsgr. Trop. Subtrop. Agrarforsch. Bonn. Fachmitgl.sch. - 1981 Dr. sc. agr. h.c. TU Berlin; 1986 Justus-Liebig-Med. Univ. Giessen; 1988 BVK I. Kl. - Liebh.: Malerei - Spr.: Engl.

BOMMER, Hanns Wolfgang

Dr. med. (habil.), Prof., Inh. Lehrstuhl f. Allg. Hygiene u. Tropenhygiene, Arzt f. Labor.med., Arzt f. Kinderheilkunde Hygiene-Inst. Univ. Göttingen - Windausweg 2, 3400 Göttingen - S. 1963 (Habil.) Lehrtätigk. Marburg (Allg. Hyg., Krankenhaushyg., med. Parasitol., Tropenhyg.), Wiss. Forschungsarb. üb. Toxoplasmose, Epidemiologie trop-Infektionen, Bilharziose, Onckocerciasis, Malaria.

BOMMERS, Fritz

Korvettenkapitän a. D., Vorstandsmitglied Gewerkschaft Eisenhütte Westfalia Lünen, Altlünen - Am Flohbusch 69, 4150 Krefeld - Geb. 4. Febr. 1901 Krefeld, verh. s. 1933 m. Hilde, geb. Schwengers, 4 Kd.

BOMMERT, Hanko

Dr. phil., Dipl.-Psych., o. Prof. f. Psychologie m. Schwerp. Psych. Diagnostik u. Institutsdir. Univ. Münster - Magdalenenstr. 11, 4400 Münster/W. - Zul. Wiss. Rat u. Prof.

BOMS, Hans Jörg

Dr. jur., Rechtsanwalt, Vorstandsvors. Rösler Draht AG, Schwalmtal - Sandkaule 32, 4050 Mönchengladbach 1 - Geb. 23. Okt. 1939 Krefeld (Vater: Hans B., Dir.; Mutter: Paula, geb. Müller), kath., verh. s. 1968 m. Evelyn, geb. Werner, 2 T. (Christiane, Annette) - Abit. Viersen; Stud. Rechtswiss. Univ. Köln (Promot.) - Ehrenstell. u. Mandate, u. a. Beirat Dt. Bank AG Düsseldorf; Vorst. Eisendrahtvereinig. im Bundesverb. Draht; AR Baustahlgewebe GmbH, Düsseldorf, Thyssen Draht AG, Hamm - Liebh.: Jagd - Spr.: Engl.

BOMSDORF, Eckart

Dipl.-Math., Dr. sc. pol., apl. Prof. Univ. Köln - Seminar f. Wirtschafts- und Sozialstatistik d. Univ. Köln, Albertus-Magnus-Platz, 5000 Köln 41 (T. 0221 - 4 70 29 82); priv.: Im Salzgrund 47a, 5000 Köln 50 (T. 02236 - 6 26 67) - Geb. 7. März 1944 Dresden, verh., 3 Söhne - Stud. Univ. Marburg, Kiel (Math., Physik u. Wirtschaftswiss.), Dipl. (Math.) 1968 Kiel, Promot. (Wirtsch.- u.Sozialwiss.) 1971 Kiel, Habil. (Statistik) 1976 Köln, 1983 apl. Prof. Univ. Köln - 1968-70 Univ. Kiel, s. 1970 Univ. Köln, zw.zeitl. 1977/78 Berg. Univ./GH Wuppertal - Beschäftigung m. Proj. z. theoret. u. angew. Statistik sowie m. d. Einsatz quantitativer Meth. u. d. EDV in d. Wirtsch.- u. Sozialwiss., z.B. im Ber. d. Einkommensteuertarifreform, d. Nutzwertanalyse u. d. Machtmessung - BV: Bestimmungsfaktoren d. Lohndrift, 1972; D. verallgem. Input-Output-Modell als Grundl. f. Input-Output-Analysen, 1977; Modelle z. Reform d. Einkommensteuertarifs, 1978 (m. U. P. Hermani); Deskriptive Statistik, 5. A. 1989, Induktive Statistik, 4. A. 1989.

BONART, Richard

Dr.-Ing., Prof., Lehrstuhlinh. f. Physik - Weinbergstr. 5, 8401 Großberg/Opf. - Geb. 12. Jan. 1925 - Promot. 1958 - S. 1970 Prof. TU Berlin u. Univ. Regensburg.

BONATH, Klaus Heinz

Dr. vet. med., Prof., Tierarzt - Frankfurter Str. 108, 6300 Gießen (T. 0641 - 702 47 57) - Geb. 24. Juni 1936 Nienburg/Weser (Vater: Werner B., Dipl. Ing.; Mutter: Annelise, geb. Strotkötter), ev., verh. s. 1961 m. Ingeborg, geb. Freise, 3 Kd. (Thomas, Ira, Jan) - Albertus Magnus-Gymn. Viernheim; 1958-64 Stud. Berlin u. Gießen (Veterinärmed. Diss.: Zool. Garten Frankf., Prof. Dr. B. Grzimek u. Vet. Physiol. Inst., Univ. Gießen, Prof. Dr. V. Horn, 1965), Habil. Med. Hochsch. Hannover, 1976 - B. 1969 Wiss. Assist. Vet.-Chirurgie, Univ. Gießen, b. 1973 Oberassist. Med. Hochsch. Hann., b. 1980 Akad.-Dir. Med. Fak. Univ. Essen, s. 1980 Leit. d. Allg. u. Exp. Chirurgie Univ. Gießen (FB Veterinärmed.), 1982-87 Präs. d. Ges. f. Versuchstierkunde u. Vorst.-Mitgl. d. Federation of European Laboratory Animal Science Association - BV: Narkose d. Reptilien, Amphibien u. Fische, 1977; Schwerpunkte d. Infektionsüberwachung in Versuchstierbeständen, Kleintierkrankheiten II, Chirurgie - Felix Wankel-, Ernst Hutzenlaub - Tierschutzforschungspreis f. Arb. auf d. Gebiete d. Vergl. Anaesthesiologie d. Wirbeltiere - Liebh.: Vergl. Ethologie, Völkerkunde, Zool., wiss. Expeditionen in d. Arktis, Afrika, Australien, West-Iran/Neu Guinea - Spr: Engl., Franz.

BONATZ, Manfred

Dr.-Ing., Prof. Inst. f. Theoret. Geodäsie/Univ. Bonn (Arbeitsgeb.: Geodynamik) - Nußallee 17, 5300 Bonn - 1969 Carl-Pulfrich-Pr., 1970 Verdienstmed. Soc. Belge d'Astronomie de Météorologie et de Physique du Globe.

BONATZ, Peter

Dr.-Ing., Architekt, Honorarprof. f. Verdingung u. Preisbildung TH Darmstadt - Pommernstr. 83, 6231 Schwalbach/Ts.

BONDE, Olaf

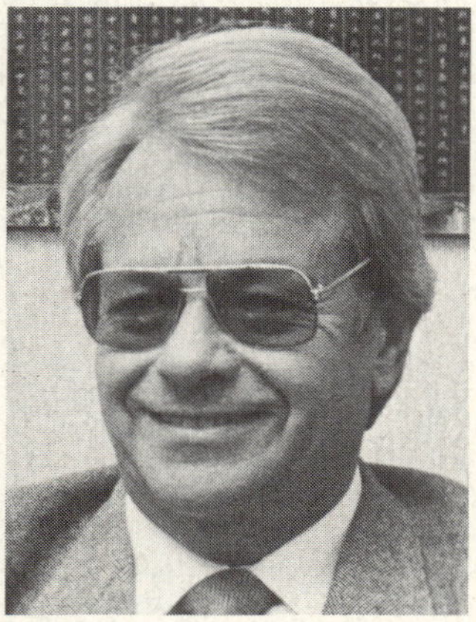

Senior Vizepräs. u. Aufsichtsrat Hilton Intern. Co. - 28 Ave du Derby, B-1050 Brüssel - Geb. 9. Juli 1927 Berlin, verh. m. Gabriele, geb. Döpke - Abit., Hotelfachsch. Heidelberg (Dipl.) - AR-Vors. d. Österr., Ital., Belg. u. Holl. Hilton Co., Generalbevollm. u. Geschäftsf. d. Hilton GmbH - Ehrenurkunde f. Verdienste f. d. USA-Tourismus; Gold. Ehrenmed. f. Verdienste d. Stadt Rom - Liebh.: Ski, Tauchen, Tennis, Antiquitäten - Spr.: Engl., Franz., Ital., Span.

BONDY, Barbara

s. Mantler-Bondy, Barbara

BONDY, Francois

Journalist, Schriftsteller - Fichtenstr. 2, CH-8032 Zürich (T. 47 27 35) - Geb. 1. Jan. 1915 Berlin (Vater: Fritz B., Schriftst. unt. Ps. N. O. Scarpi), verh. 1945 m. Lillian, geb. Blumenstein, 3 Kd. (Dominique, Luc (Regisseur), Béatrice) - Stud. Sorbonne (1935 Lic. ès Lettres) - BV: Aus nächster Ferne, Ess. 1970; D. Rest ist Schreiben, 1972; Gespräche, 1972; Deutschland-Frankreich (m. Manfred Abelein) 1973; Ionesco, 1975; Gombrowicz (m. C. Jelenski), 1978; D. Nachkrieg muß kein Vorkrieg sein. Europ. Orientierungen, 1985; Pfade d. Neugier, Portraits 1988. Herausg.: D. Sandkorn (nordafr. Anth., 1962); So sehen sie Deutschland (1971); Mithrsg.: E. Ionesco, Werke 6 Bde. (1985); Monatszitschr. Politik u. Wirtsch. u. Schweiz. Monatshefte, bde. Zürich; Übers.: Werke v. B. Croce, G. Ferrero, E. M. Cioran u. a. - Mitgl. Dt. PEN-Zentrum u. Dt. Akad. f. Sprache u. Dicht.; 1977 Merck-Preis Dt. Akad. f. Spr. u. Dicht.; 1988 Ernst Robert Curtius-Preis f. Essayistik, Bonn - Lit. üb. F.B.: Homme de lettres, Zürich (1985).

BONFERT, Wolfgang

Dr. med. vet., Tierarzt, Ministerialrat, Leit. Veterinärwesen Saarland, Bundesvors. Landsmannsch. d. Siebenbürger Sachsen, Vors. d. Föderation d. Siebenbürger Sachsen - Wichernstr. 2, 6670 St. Ingbert (T. 06894 - 43 26) - Geb. 6. Aug. 1930 Bukarest/Rumän. (Vater: Dr. Alfred B.), verh., 3 Kd. (Hans-Christoph, Annette, Barbara) - 1953-58 Stud. Veterinärmed. Univ. München; Promot. u. Approbat. 1959 - S. 1972 Fachtierarzt f. Lebensmittelhygiene; s. 1975 Lehrauftr. Univ. Saarbrücken (Lebensmittelhygiene u. LM-Technol.). S. 1962 Landsmannsch. d. Siebenb. Sachsen (Landesvors. Saar, 1970-80 stv. Bundesvors., s. 1983 Bundesvors., s. 1987 Vors. d. Föderation). Wiss. Veröff. - 1966 Gold. Ehrenwappen d. Landsmannsch.; 1989 BVK am Bde. - Spr.: Engl.

BONFIG, Karl Walter

Dr.-Ing., o. Prof. f. Elektro- u. Meßtechnik - Asternweg 17, 5910 Kreuztal - Geb. 9. Mai 1941 München (Vater: Karl B., Obering.; Mutter: Maria, geb. Schmitt), kath., verh. s. 1971 m. Maria, geb. Müller, 3 Kd. (Maria, Elisabeth, Walter) - 1951-60 Oberrealsch. m. Gymn. Garmisch; 1960-65 TU München (Elektrotechnik; Dipl.-Ing.). Promot. 1970 München (m. Ausz.) - 1965-71 Wiss. Mitarb. u. Assist. TU München (Prof. Merz); 1971-74 Wiss. Rat u. Prof. Univ. Bochum; s. 1974 Ord. Professor Univ.-GH Siegen (Lehrst. III) Inst. f. Meßtechnik; 1976-83 Prorektor f. Forschung der Univ.-GH Siegen; 1987-89 Dekan Fak. f. Elektrotechn. - BV: u. a. Füllstandmeßtechnik, 1972 (m. A. Liske); Techn. Durchflußmess., 1975; Praxis d. Längenmeßtechnik, 1977 (m. H. Kramer); Techn. Druck- u. Kraftmessung, 1988; Sensoren/Meßaufnehmer, 1988. Mithrsg.: Entwickl. d. 70er Jahre (1978, m. H. Kreuzer). Üb. 80 Fachaufs. - Liebh.: Sport (Tennis, Schwimmen, Skifahren) - Spr.: Engl., Franz. - 10 Patente üb. Verf. d. Durchflußmess., Meßwertverarb. u. Umweltmeßtechn.

BONG, Uwe

Dr. rer. nat., Prof. f. Mathematik PH Freiburg - Brucknerstr. 5, 7800 Freiburg/Br. - Geb. 7. Nov. 1937 Riga (Vater: Arthur B., Buchhändler; Mutter: Elisabeth, geb. Conradt), verh. s. 1963 m. Ingrid, geb. Stanzel, 3 Kd. (Niels, Jörg, Wiebke) - 1956-63 TH Stuttgart, Promot. 1971 Univ. Stuttgart - BV: Boolesche Algebra, 1977.

BONGARD, Adolf-Eugen

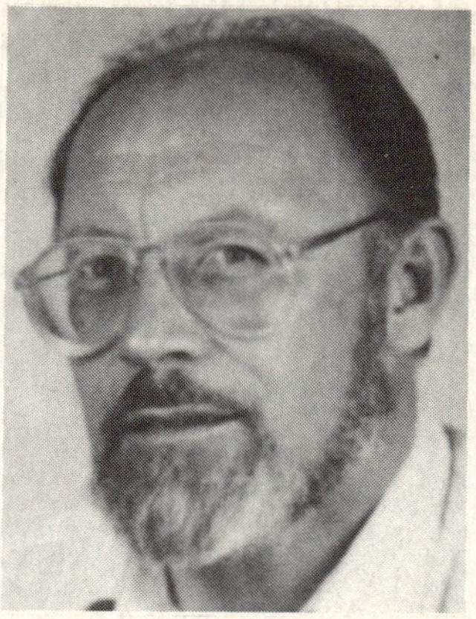

Prof. - Tollensestr. 46 i, 1000 Berlin 37 - Geb. 12. März 1929 Alendorf, verh. s. 1960 m. Dr. Ilse Ch., geb. Kaufmann, 4 Kd. (Katrin, Hannes, Philipp, Ulrike) - Gegenw. Prof. f. Erziehungswiss. TU Berlin (Ltr. d. Arbeitsstelle f. Verkehrspäd.) - 1977 Wissensch.-Preis Komitee Sicherh. f. d. Kind (m. Dr. Ulrich Winterfeld).

BONGARTZ, Heinz

s. Thorwald, Jürgen

BONGERS, Aurel

Verleger - Dortmunder Str. 67, 4350 Recklinghausen (T. 02361 - 4 10 01) - Geb. 10. Aug. 1949 Recklinghausen, kath. - Inh. Verlag Aurel Bongers, Recklinghausen. Vors. Verb. d. Verlage u. Buchhandlungen in Nordrh.-Westf. - Spr.: Engl., Franz.

BONGERS, Jürgen, Wilhelm

Dr. rer. nat. et. habil., Prof. - Am Heiligenhäuschen 2, 5205 St. Augustin 1 (T. 02241 - 5 08 35) - Geb. 10. April 1941 Emmerich (Vater: Paul B.; Mutter: Gertrude, geb. Baumann), kath., verh. s. 1969 m. Gabriela, geb. Horn - Abit. staatl. hum. Gymn. Emmerich 1961, 1961-66 Stud. Naturwiss. Univ. Würzburg, 1966-68 Univ. Bonn, Promot. 1968, Habil. 1976 (wiss. Fachgeb.: Stoffwechselphysiol.). 1960-70 Privatausbild. Bildende Kunst - Mitgl. d. Künstlergruppe Semikolon Bonn u. BBK; Mitgl. Dt. Zool. Ges.; Member of the New York Acad. of Sciences - BV: Biotechnik, Sachbuch, 1974 - Aquarelle; Zeichnungen - Liebh.: Jazz, Judo - Spr.: Engl., Ital.

BONHAGE, Wolfgang F.

Bürgermeister Stadt Korbach - Gelsenkirchener Str. 23, 3540 Korbach (T. dienstl.: 05631 - 5 32 11) - Geb. 9. Okt. 1937, ev., verh. s. 1968 m. Amoena, geb. Greiff, 2 Kd. - Obersch. Delitzsch b. Leipzig (Abit. 1955); 1955-59 Stud. ev. Theol. Halle/S. u. Heidelberg; 1959-64 Stud. Rechtswiss. Heidelberg u. Bonn; 1. jurist. Staatsex. 1964 Bonn, 2. jurist. Staatsex. 1969 Düsseldorf - 1969 Ass. Kr. Dinslaken; 1970 Kreisdir. ebd.; s. 1977 Bürgerm. Korbach (wiedergew. 1982 u. 1988) - Liebh.: Gesch., Politik, Lit., klass. Musik, Tennis.

BONHEIM, Helmut

(eigtl. Boenheim) Ph. D., o. Prof. f. Anglo-Amerik. Philologie - Klosterstr. 75, 5000 Köln 41 (T. 40 56 28) - Geb. 6. Jan. 1930 Danzig (Vater: Dr. med. Walter Boenheim, Arzt; Mutter: Käte (Kate), geb. Selbiger), verh. s. 1951 m. Jean, geb. Ornstein, 1 Kd. (Jill) - Ohio State Univ., Cornell Univ. (1951 B. A.), Columbia Univ. (M. A.), Univ. of Washington (1959 Ph. D.) - 1952-56 Associate in Engl. Univ. Washington, 1956-58 Fulbright Student Univ. Wien, 1958-63 Assist. Prof. Univ. of California, 1963-65 Gastprof. Univ. München, seither Ord. Univ. Köln - BV: The King Lear Perplex, 1960; Joyce's Benefictions, 1964 (Lit.kritik); Two Dozen Beasts, 1965 (Ged.); A Lexicon to the German in Finnegans Wake, 1968; The Engl. Novel bef. Richardson, 1971; The Narrative Modes: Techniques of the Short Story, 1982; Literary Systematics, 1989 - Liebh.: Kammermuisk.

BONHOEFFER, Karl

Dr. med., o. Prof. f. Anästhesiologie - Dürener Str. Nr. 62, 5000 Köln 41 -S. 1965 (Habil.) Privatdoz., apl. (1968) u. o. Prof. (1971) Univ. Köln.

BONHOEFFER, Thomas

Dr. theol., Prof. f. Pastoralpsychiatrie Univ. Bochum/Abt. f. Ev. Theol. - Farnstr. 9, 4630 Bochum 1 - Geb. 26. Aug. 1931 Berlin - Promot. 1961; Habil. 1966 - S. 1973 Prof. Bochum - BV: D. Gotteslehre als Sprachproblem b. Thomas v. Aquin, 1961; Ursprung u. Wesen d. christl. Seelsorge, 1985.

BONKOSCH, Konrad

M.A., Journalist, Redakteur FS-Sendeleit. SDR Stuttgart - Orffweg 2, 7151 Allmersbach i.T. (T. 0711 - 28 81) - Geb. 29. Dez. 1949 Glattbach/Ufr., kath., verh. s. 1974 m. Uta, geb. Gerlach, 2 S. (Marc, Michael) - Abit. Kronberg-Gymn. Aschaffenburg; Stud. Univ. Mainz (Publiz., Politikwiss., Buchwesen, Volksw.); Magister Artium - 1966-70 Aschaffenb. Volksbl., 1975-79 Dir.Assist. Eckes, Nieder-Olm, 1979-85 Pers. Ref. d. Int. SDR, s. 1985 Sendeleit. FS SDR; 1972-86 Redakt. Hirschberg, Beirats- u. Konventsmitgl. Ev. Akad. Bad Boll; Mitgl. intern. Arbeitskr. f. Rundfunkökonomie FAR, Fribourg - Herausg. u. Autor, u.a. Kreativität d. Handelns (1978); zahlr. Ztschr.- u. Rundf.-Beitr. - Liebh.: Lit., Musik, Angeln - Spr.: Lat., Griech., Engl., Franz.

BONN, Gisela

Dr. phil., Prof., Journalistin, Schriftst. - Robert-Leicht-Str. 173a, 7000 Stuttgart-Vaihingen - Univ. Wien (Promot.) - BV: u. a. Marokko - Blick hinter d. Schleier, Reiseb. 1950; D. Welt am Nil, Reiseb. 3. A. (Neufass.) 1962; Neue Welt am Atlas, Reiseb. 1955; Neues Licht aus Indien, Reiseb. erw. Neuausg. 1963; D. doppelte Gesicht d. Sudan, Reiseb. 1961; Afrika verläßt d. Busch - Erdteil d. Kontraste, 1965, 2. A. 1968; Leopold Sedar Senghor - Wegbereiter d. Culture Universelle, 1968; Unter Hippies, 1968; Afrika - Dunkle Trommel, 1971; Indien u. d. Subkontinent, 1974 (m. Giselher Wirsing † 1976); Afrika (m. Dieter Blum) 1978-81; Ägypten; Indien; Le Sénégal Ecrit, 1977; Indische Feste, 1982; Nepal, 1983; Angkor - d. verlorene Lächeln im Dschungel, 1984; D. indische Herausforderung, 1985; BHUTAN - Kunst u. Kultur im Land d. Drachen, 1988. 1962-77: 24 Fernsehfilme m. asiat. u. afrikan. Themen (Allah u. Magie, D. fromme Hindu, D. religiöse Japaner, Tänzer d. Liebe - Tänzer d. Götter (d. klass. ind. Tanz), Schwarze Passion, Leopold Sedar Senghor, Himalaya I u. II, Indira Gandhi, Bhutan, Der Staatsmann am Nil - Anwar el Sadat, Diesseits u. Jenseits im alten Ägypten, D. Gr. Schwarze Welttheater (m. Leopold Sedar) u. a. Hrsg.: Indo-Asia (Ztschr.) - 1969 L'Ordre National du Senegal (d. Staatspräs. Léopold Sédar Sénghor); 1972 BVK; 1975 The Nile Order of Merit (v. Präs. Anwar el Sadat); 1976 The Award of the Nat. Committee of the Intern. Women's Year (v. Indira Gandhi); 1978 Goldene Verdienstmed. Land Baden-Württ.; 1986 Ernennung z. Prof. - Liebh.: Klass. Musik, Antiquitäten, Völkerkd. - Spr.: Engl., Franz.

BONN, Helmut

Dipl.-Kfm., o. Vorstandsmitglied Bayer. Vereinsbank AG München - Postf. 1, 8000 München 1.

BONNEKAMP, Udo

Dr. phil., Dipl.-Dolm., o. Prof. f. Sprachlehrforschung Univ. Bochum (s. 1974) -Schwanenring 13, 4130 Moers -

Geb. 15. Febr. 1931 Moers - Promot. 1958 - Zul. Wiss. Rat u. Prof. Facharb.

BONNER, Trevor C.
Aufsichtsratsvorsitzender Uni-Cardan AG (s. 1981) - Postf. 19 51, Alte Lohmarer Str. 59, 5200 Siegburg - Geb. 8. Aug. 1943.

BONNESS (ß), Elke
Bibliotheksdirektorin, Leit. d. ADV-Referats Univ.-Bibl. Bielefeld - Walterstr. 18, 4806 Werther - Geb. 5. Sept. 1942 Stuttgart (Vater: Dr. Wilh. B., Präs. Bd. Freirelig. Gemeinden Dtschl., s. dort), freirelig., ledig - Staatl. Alt- u. Neusprachl. Gymn. Ludwigshafen (Abit. 1961); Bibliotheksch. Frankfurt/M., Prüfung f. d. gehob. Dst. an wiss. Bibl. 1963; 1963-68 Wiss. Stadtbibl. Mannheim (Leitg. d. Benutzung); 1963 Univ.-Bibl. Aix-Marseille; s. 1968 Univ.-Bibl. Bielefeld - BV: Datenerfass. u. Datenverarb. in d. Univ.-Bibl. Bielefeld. E. Materialsamml. 1972 (m. H. Heim); On-line-Übern. v. Fremddaten in d. Univ.-Bibl. Bielefeld. E. neues Verf. f. d. Katalogisier. m. Hilfe v. Datensichtgeräten 1974 (m.a.); Beitr. in Fachb. u. -ztschr., Vorträge. Herausg.: D. Datenbanksystem IBAS in d. Univ.-Bibl. Bielefeld (1979 m.a.) - Liebh.: Archäol., Ethnol., Reisen, Wandern - Spr.: Franz., Engl.

BONNESS, Wilhelm
Dr., Präsident Bund Freireligiöser Gemeinden Dtschl. - Niederdonker Str. 30, 4000 Düsseldorf 11.

BONNET, Peter-Helmut
Dr. rer. nat., Prof. f. Organ. Chemie - Lotharstr. Nr. 130, 4100 Duisburg 1 - Geb. 13. April 1940 Berlin (Vater: Helmut B., Berufsoffz./Wehrm.; Mutter: Lieselotte, geb. Stanitz), ev., verh. s. 1968 m. Claudia, geb. Verbeek (geb. 1943) - Abit. 1959, Dipl.-Chem. 1965, Promot. 1969 (alles Berlin) - 1968-74 Wiss. Assist u. Assistenzprof. TU Berlin; 1974-76 Produktions- u. Projektleit. Henning GmbH. ebd.; s. 1976 Ord. Univ. Duisburg-GH. Fachveröff.

BONOW, Dieter
Geschäftsführer, Präsident Landesvereinigung d. Arbeitgeberverb. in Hamburg (s. 1988) - Zu erreichen üb. Feldbrunnenstr. 56, 2000 Hamburg 13 - Geb. 20. Sept. 1934 Stettin, verh. - Allg. Dt. Philips Industrie GmbH u. Philips GmbH; 1. stv. Vors. Arbeitgeberverb. Metallind. Hamburg-Schlesw.-Holst.

BONRATH, Herbert
Dr. rer. nat., Dipl.-Phys., Vorsitzender d. Geschäftsfg. d. Preh-Werke Geschäftsfg. GmbH, Preh-Werke GmbH & Co. KG (s. 1987) - An der Stadthalle, 8740 Bad Neustadt a. d. Saale; priv.: Weserblick 6, 3454 Bevern, Reileifzen (T. 05535 - 87 06) - Geb. 4. April 1936 Frankfurt/M. (Vater: Heinrich B., Schlosser; Mutter: Anna, geb. Schwob), verh. s. 1961 m. Waltraud, geb. Gürath, 2 Kd. (Andreas, Martin) - Stud. Techn. Phys. TH Darmstadt; Promot. 1966 ebd. (Prof. Hellwege) - 1966-68 Hartmann & Braun, 1969-74 Prok. u. Ressortleit. Forsch. u. Entw. Albert Frankenthal AG, Frankenthal; 1974-84 Techn. Geschäftsf. Stiebel Eltron GmbH & Co. KG, Holzminden; 1985-87 Vors. d. Geschäftsfg. Centra-Bürkle GmbH, Schönaich, u. Honeywell Braukmann GmbH, Mosbach. Inh. von 3 Schutzrechten - Spr.: Engl.

BONSE, Gustav
Dr. med., Prof., Radiologe - Schlesierstr. 3a, 6350 Bad Nauheim - Geb. 11. Jan. 1918 Hannover (Vater: Gustav B., Schmied), ev., verh. s. 1943 m. Lieselotte, geb. Klenke, 3 Kd. (Gerhard, Ingrid, Karin) - Univ. Marburg u. Leipzig. Promot. 1944 - B. 1945 Assist. Univ. Marburg (Strahleninst.), dann allgemeinärztl. Tätigk. u. ab 1947 Assist. Städt. Krankenanstalten Bremen (Strahlenhaus), s. 1952 Leit. Strahlenabt./Klinik f. Haut- u. Geschlechtskrankh. Univ. Würzburg (1952 Privatdoz., 1958 apl. Prof.), 1967 Chefarzt Städt. Konitzky-Stift Bad Nauheim, 1983 Konsil. Leit. d. Röntgenabt. d. LVA, Klinik Nordrhein, Bad Nauheim. Etwa 100 fachwiss. Veröff., dar. mehrere Handbuchbeitr.

BONSE, Ulrich
Dr. rer. nat., Prof., Lehrstuhlinh. f. Exper. Physik I Univ. Dortmund (s. 1970) - Driverweg 20, 4600 Dortmund 50 - Geb. 25. Sept. 1928 Münster -Promot. (1958) u. Habil. (1963) Münster - Üb. 130 Fachveröff. - 2 Physikpreise (BRD/USA); Dr. rer. nat. h. c. (Univ. München 1987).

BONSE-GEUKING, Wilhelm
Dipl.-Ing., Vorstandsmitglied VEBA OEL AG, Gelsenkirchen (s. 1978) - Zu erreichen üb. VEBA-OEL AG, Postfach 20 10 45, 4650 Gelsenkirchen - Geb. 26. Aug. 1941.

BONUS, Holger
Dr. rer. pol., o. Prof., Gf. Direktor Inst. f. Genossenschaftswesen Univ. Münster - Am Stadtgraben 9, 4400 Münster (0251 - 83 28 91) - Geb. 15. Febr. 1935, verh. s. 1976 m. Beate, geb. Kleindienst, 3 Kd. (Bettina, Eva, Tizian) - Stud. Volksw. Univ. Bonn (Dipl. 1962), Promot. 1967, Postdoc. Fellow Univ. of Chicago, 1967-70, Habil. 1971, alles Bonn - 1973-78 o. Prof. Univ. Dortmund; 1978-84 o. Prof. Univ. Konstanz; s. 1984 o. Prof. Univ. Münster - BV: D. Ausbreitung d. Fernsehens, 1968; Z. Dynamik d. Konsumgüterbesitzes, 1976; Marktwirtschaftl. Konzepte im Umweltschutz, 1984.

BONZEL, Justus
Dr.-Ing., Direktor, Prof. f. Baustoffkunde TH Aachen (apl.; 1974 ff.) - Graf-Recke-Str. 72, 4000 Düsseldorf 1 - Geb. 13. Nov. 1922 Netphen - Promot. 1957; Habil. 1972 - S. 1958 Industrietätigk. (Geschäftsf.).

BONZEL, Tassilo Reinhard
Dr. med., Privatdozent, Chefarzt Medizinische Klinik I (Schwerp.: Kardiol.) d. Städtischen Kliniken Fulda (s. 1988) - Monnetstr. 14, 6400 Fulda (T. 0661 - 5 79 96) - Geb. 26. März 1944 Olpe (Mutter: Maria-Theresia B., Ordensgründerin, 19. Jh.), verh. s. 1969 m. Helen, geb. Schmillenkamp, 3 Kd. (Kandida, Roman, Katharina) - Stud. Univ. Berlin, München u. Münster; Staatsex. 1970; Habil. 1983 Freiburg - 1971-84 Assist.-Arzt Inn. Med. u. Kardiol. Neustadt/Rbge, Staatl. Gollwitzer Meyer-Inst. Bad Oeynhausen, Univ.-Klinik Freiburg, sow. 1976-78 Cardiac Res. Fellow at SUNY St. Josephs Hosp., Syracuse, N.Y., Univ. Mass. Med. School, Worcester, Mass, USA Cardiology Deps; 1984-88 Oberarzt Med. Klinik I, Kardiol. Univ. Freiburg - Erfind.: Monorail-Bonzel-Prinzip; Ballonkatheter z. Behandlung v. Herzkranzgefäßeinengungen u. a. Gefäßen (Patent).

BOOCKMANN, Hartmut
Dr. phil., o. Prof. - Calsowstr. 33, 3400 Göttingen - Geb. 22. Aug. 1934, verh. s. 1962 m. Andrea, geb. Johansen, 2 Kd. - Stud. Univ. Tübingen u. Göttingen (Promot. 1961) - 1975-82 o. Prof. in Kiel - BV: Laurentius Blumenau, 1965; Johannes Falkenberg, 1975; Einf. in d. Gesch. d. Mittelalters, 1978; D. Dt. Orden, 1981; D. Marienburg im 19. Jh., 1982; Mitten in Europa, 1984 (m. H. Schilling, H. Schulze u. M. Stürmer); D. Stadt im späten Mittelalter, 1986; Stauferzeit u. spätes Mittelalter, 1987; Gesch. im Museum, 1987; D. Mittelalter. E. Lesebuch, 1988; D. Gegenwart d. Mittelalters, 1988.

BOOMS, Hans
Dr. phil., Prof., Präsident Bundesarchiv - Potsdamer Str. 1, 5400 Koblenz; priv.: Emser Landstr. 9, 5421 Lahnstein - Geb. 22. Juni 1924 Haldern/Rhld. - S. 1967 Abt.leit., s. 1972 Präs. BA., s. 1984 Präs. d. intern. Archivrates. S. 1966 Lehrbeauftr. u. Honorarprof. Univ. Köln. Bü-

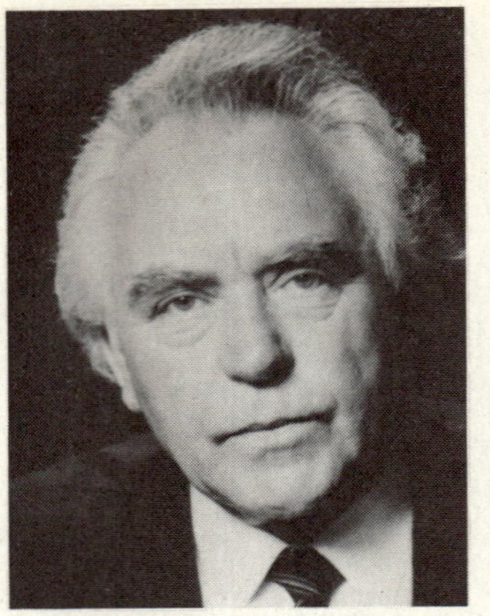

cher u. Einzelarb. - 1980 BVK I. Kl.; 1982 Commandeur de l'Ordre Grand Dueal de la Couronne de Chêne; 1983 Mitgl. d. Wiss. Akad. d. Großherzogtums Luxemburg; 1988 Ehrenmitgl. Intern. Archivrat.

BOONEN, Philipp
Domkapitular, Prälat, Hautabteilungsleit. u. Dir. Bischöfl. Akad. im Bistum Aachen - Leonhardstr. 18-20, 5100 Aachen - Geb. 22. Okt. 1921 Aachen - Stud. Bonn, Paderborn, Aachen; Priesterweihe 1949 - 1950-54 Kaplan Aachen; 1954-56 Relig.lehrer Kempen; s. 1956 Mitgl. Zentralkomit. d. Dt. Katholiken; Vors. Konfz. d. Dt. Seelsorgeamtsleit.; 1970-75 Kommiss.-Vors. d. Gemeinsamen Synode d. Bistümer in d. BRD - Herausg. Aachener Beiträge zu Pastoral-u. Bild.fragen, Mithrsg. d. Off. Synodengesamtausg. u. a.

BOOS, Emil
Vorstandsmitglied Bausparkasse Mainz AG., Mainz - Annabergstr. 17, 6500 Mainz - Geb. 10. Dez. 1910 - Bankausbild. - B. 1932 Dt. Bank, dann Bauspark. Mainz (1950 Vorst.).

BOOS, Gerhard
Dr. jur., Aufsichtsratsvorsitzender d. Rhodia AG, Freiburg (s. 1987, vorh. Vorst.-Vors.) - Pochgasse 75, 7800 Freiburg/Br. (T. 5 32 49) - Geb. 4. Aug. 1923 - B. 1969 stv., dann o. Vorstandsmitgl., Dt. Rhodiaceta AG, Freiburg; - Spr.: Franz. - Rotarier.

BOOS, Hans-Heinz
Direktor - Haus Rigeiken, 5810 Witten-Bommern/Ruhr - Geb. 14. Febr. 1913 Kiel - Kaufm. Ausbild. u. Werdegang - S. 1955 Stahl- u. Edelstahlind. (Verkaufsdir., 1957 Leit. Werksgruppe Hagen Stahlwerke Südwestfalen AG.; 1966 Vorstandsmitgl., 1971 -sprecher Edelstahlwerke Witten AG.). 1972 ff. Vors. Edelstahl-Vereinig. Kriegsdst. (zul. U-Boot-Kommandant).

BOOS-NÜNNING, Ursula
Dr., Prof., Hochschullehrerin - Wateler Str. 54, 4050 Mönchengladbach 2 (T. 02166 - 3 71 75) - Geb. 24. Aug. 1944 Zell/Ofr. (Vater: Franz N., Kaufm.; Mutter: Marie, geb. Hahn), verh. s. 1969 m. Dr. Franz Josef B., 2 T. (Sabine, Susanne) - Diplom 1969 (Soziol.) Linz/Donau; Dr. rer. soc. oec. 1971 Linz/Donau; Habil. (Soziol.) 1980 Düsseldorf - 1969-71 Forschungsinst.; 1971-81 Akad. Rätin; s. 1981 Prof. Univ. Essen; Ltg. Inst. f. Migrationsforsch., Ausländerpäd. u. Zweitsprachen-Didaktik - BV: Dimens. d. Religiosit., 1972; Professionelle Orientierung, Berufszufriedenh,. Fortbildungsbereitsch., 1979; Schulmod. f. ethn. Minderh., 1981; Aufnahmeunterr., Muttersprachl. Unterr., Interkultureller Unterr., (zus. m. Hohmann, Reich, Wittek), 1983; Sozialpäd. Arbeit m. türk. Jugendl. in d. Berufsvorbereitung, 1984; u.v.m.; zahlr. Veröff. in Zeitschr.

BOOZ, Karl-Heinz
Dr. med., o. Prof. f. Anatomie - Gutenbergstr. 25, 6660 Zweibrücken - Geb. 4. Aug. 1929 Zweibrücken (Vater: Otto B., Rektor i. R.; Mutter: Barbara, geb. Walter), kath., verh. s. 1952 m. Dr. Elisabeth, geb. Schmidt, 4 Kd. (Birgitt, Annemaria, Ruth, Georg) - Promot. 1959 - S. 1968 (Habil.) Lehrtätigk. Univ. Saarbrücken (1968 apl. Prof. u. Abt.-vorst., 1977 Ord.). Üb. 100 wiss. Veröff.

BOPP, Friedrich (Fritz)
Dr. phil. nat., Dr. h. c., em. Prof. f. Theoret. Physik Univ. München - Sulzbacher Str. 3, 8000 München 40 (T. 39 97 11) - Geb. 27. Dez. 1909 Frankfurt/M. (Vater: Friedrich B.; Mutter: geb. Müller), ev., verh. - Promot. 1937 Göttingen; Habil. 1940 Breslau u. Berlin - 1947 Max-Planck-Inst. Hechingen, dann Univ. München. Fachveröff. - Mitgl. Bayer. Akad. d. Wiss. u. Dt. Akad. d. Naturforscher (Leopoldina).

BOPP, Karl
Dr.-Ing. (habil.), Direktor i.R., apl. Prof. TU Berlin (Steuerung v. Elektr. Triebfahrz.), Honorarprof. TH Darmstadt (Elektr. Bahnen) - Fiedlerweg 34, 6100 Darmstadt - Geb. 13. Febr. 1923 Duisburg-Hamborn - Stud. Elektrotechn. TH Darmstadt (Dipl. 1950, Promot. 1955 THD, Habil. 1970 TUB).

BOPP, Karl-Philipp
Dr. med., Prof., ehem. Direktor d. staatl. Kurkl. f. innere Krankh., Leit. Med.Dir. a. D. - Am Brand 40, 6500 Mainz - Geb. 29. März 1921 (Vater: Philipp B.; Mutter: Maria, geb. Schmidt), verh. 1947 m. Luce-Jeanne, geb. Delay - Univ. München, Marburg, Frankfurt/M. Promot. 1944; Habil. 1956 - S. 1956 Privatdoz. u. apl. Prof. (1962) Univ. Mainz (Inn. Med.) - BV: Z. Pathomorphose d. klin. Bildes d. Lungentuberkulose, 1955. Mithrsg.: Chron. Bronchitis - Symposium Bad Ems (1968). Etwa 150 Fachaufs. - 1968 Ernst-v.-Bermann-Plak.; 1971 ausw. korr. Mitgl. Soc. française de la tuberculose et des maladies respiratoires, 1975 ausw. korr. Mitgl. d. Brasil. Ges. f. Allergie u. Immunologie.

BOPP, Martin
Dr. rer. nat., o. Prof. f. Botanik - Im Neulich 10, 6900 Heidelberg (T. 48 00 25) - Geb. 12. April 1923 Ettlingen/Baden (Vater: Ludwig B., Rektor; Mutter: Maria, geb. Häfele), verh. s. 1957 m. Dr. Gisela, geb. Hassenkamp, 2 T. (Monika, Annette) - 1956-61 Privatdoz. Univ. Freiburg/Br.; s. 1961 o. Prof. TH bzw. TU Hannover u. Univ. Heidelberg (1968; Dir. Botan. Inst., 1976-79 Dekan Fak. f. Biol.); 1978-80 Vors. Ges. f. Entwickl.biol.; 1985-88 Präs. Int. Ass. Plant Growth Substances - 1964/65 Gastprof. Univ. Lissabon. Üb. 190 Fachveröff. Herausg.: Journ. Plant Physiol. (s. 1987) - 1963 Louis-Pasteur-Med. in Silber, 1980 Med. Univ. Helsinki - Spr.: Engl., Franz. - Rotarier.

BOPPEL, Hans Christoph
Dipl.-Psych., Mitgl. d. Hess. Landtages - Grünberger Str. 16b, 6300 Gießen - Geb. 11 Juli 1951 Bad Bergzabern/Pfalz, ev. - Stud. Psychol.; Dipl. 1980 Univ. Trier - S. 1985 Abg. d. GRÜNEN im Hess. Landtag; umweltpolitischer Sprecher d. Fraktion.

BOPST, Wolf-Dieter
Dr., Geschäftsführer Osram GmbH, Vors. Fachverb. Elektr. Lampen/ZVEI - Zu erreichen üb. Hellabrunner Str. 1, 8000 München 90 (T. 089 - 6 21 31).

BOQUOI, Elmar
Dr. med., Dipl.-Psych., Prof., Chefarzt Geburtshilfl.-Gynäkolog. Abt./Elisabeth-Krankenhaus Essen - - Geb. 1934 - Stud. Med. u. Psych. München (Staatsex. u. Promot); Dipl. Univ. Bonn - Facharzt f. Gyn. u. Geburtsh. FU Berlin (Habil.); 1971 Prof., 1976 Chefarzt Essen.

BORBEIN, Adolf H.
Dr. phil., Univ.-Prof. f. Klass. Archäo-

BORCH, von, Herbert
Dr. phil., Journalist - Zu erreichen üb.: R. Piper & Co. Verlag, Georgenstr. 4, 8000 München 40 - Geb. 17. Nov. 1909 Swatau/China (Vater: Herbert Cuno v. B., Diplomat), ev., verw. - Univ. Berlin, Frankfurt/M., Heidelberg (Soziol., Phil.; Promot. 1933) - 1934-43 Dt. Allg. Ztg. (DAZ), s. 1950 Herausg. Monatsschr. Außenpolitik, 1953-56 Außenpolit. Leitartikler Frankfurter Allg. Ztg., dann Washingtoner Korresp D. Welt, 1965-79 USA - Korresp. Südd. Ztg. - BV: u. a. Das Gottesgnadentum, Histor.-soziol. Versuch üb. d. religiöse Herrschaftslegitimation, 1934; Obrigkeit u. Widerstand, Z. polit. Soziol. d. Beamtentums, 1954; Amerika - D. unfert. Gesellschaft, 1960; Kennedy - D. neue Stil u. d. Weltpolitik, 1961; Friede trotz Krieg - Spannungsfelder d. Weltpolitik s. 1950, 1966; Amerika-Dekadenz u. Größe, 1981; D. gr. Krisen d. Weltpolitik, 1984 (Hrsg.); John F. Kennedy, Amerikas unerfüllte Hoffnung, 1986 - 1959 Joseph-E.-Drexel-Preis, 1963 Preis Univ. of California, 1966 Theodor-Wolff-Preis.

BORCHARD, Franz
Dr. med., Prof. f. Pathologie Univ. Düsseldorf - Zu erreichen üb.: Zentrum f. Path. u. Biophys. d. Univ., Moorenstr. 5, 4000 Düsseldorf - Geb. 21. Jan. 1943 Rheydt - Ab 1962 Stud. Univ. Köln, Wien, Düsseldorf u. Cambridge (Staatsex. 1968, Promot. 1969, Habil. 1975 - 1976 Oberarzt; 1979 apl. Prof. - BV: Adrenergic nerves of the heart, 1978; Gefäßprothesen (m. Loose), 1980; rd. 200 Arbeiten auf kardiovaskulärem u. gastroenterol. Gebiet - 1977 Hörlein-Preis; 1978 Rudolf-Virchow-Preis.

BORCHARD, Klaus
Dr.-Ing., Regierungsbaumeister, Architekt u. Städteplaner, o. Prof. f. Städtebau u. Siedlungswesen - Kiefernweg 17, 5330 Königswinter-Thomasberg - Geb. 1. März 1938 Münster (Vater: Hermann B., Bauuntern.; Mutter: Maria, geb. Rinteln), kath., verh. s. 1963 m. Ulrike, geb. Ganns, 2 Kd. (Michael, Claudia) - 1958 Abit. Hermann-Lietz-Sch. Spiekeroog; 1964 Dipl.-Ing., 1974 Promot. TU München; 1967 Reg.baumb. Bayer. Staatsbauverw. - S. 1976 Ord. Univ. Bonn (Landw. Fak.). 1977ff. Präs. Bundesverb. Kath. Ingenieure u. Wirtschaftler Deutschl., Bonn - BV: Orientierungswerte f. d. städtebaul. Planung, 1974 -Spr.: Engl.

BORCHARD, Werner
Dr. rer. nat., Prof., Hochschullehrer (Physikal. Chemie d. Hochpolymeren) - Uhlandstr. 8, 4220 Dinslaken (T. 26 47) - Geb. 1. Dez. 1935 Rheydt (Vater: Dr. Franz B., Chirurg; Mutter: Aenne, geb. Pieke), verh. s. 1970 (Ehefr.: geb. Rudlowski) - Abit. 1956, Stud. Chemie TH Aachen; Promot. 1966; Habil. 1975 TU Clausthal - 1978 Fachgeb.vertr. f. Angew. Physikal. Chemie Univ./Gesamthochsch. Duisburg - Mitverf.: Physics of the Glassy Polymers (1973; Hrsg. Haward), Advances Polym. Sci. 26: Model Networks (Hrsg. H.-J. Cantow). R. Zsigmondy-Stip. - Liebh.: Musik - Spr.: Engl., Franz.

BORCHARDT, Knut
Dr. oec. publ., Dipl.-Kfm., Prof. f. Wirtschaftsgeschichte u. Volkswirtschaftslehre - Zeller Weg 22a, 8021 Icking (T. 42 98) - Geb. 1929 Berlin - Stud. German., Gesch., Wirtschaftswiss. Univ. Berlin (Humboldt, Freie) u. München. Promot. (1956) u. Habil. (1961) München - S. 1962 Ord. WH bzw. Univ. Mannheim (1966/67 Rektor) u. Univ. München (1969; Vorst. Volksw. Inst. - Sem. f. Wirtsch.gesch.) - BV: Wettbewerb, -beschränk., Marktbeherrsch., 1957 (m. Prof. Wolfgang Fikentscher); Denkschr. z. Lage d. Wirtschaftswiss., 1960 (i. A. DFG); Europas Wirtschaftsgesch. - e. Modell f. Entw.länder?, 1967; Dt. Wirtsch. s. 1870, 1964 (m. G. Stolper); D. industrielle Revolution in Dtschl., 1972; Strukturwirkungen d. Inflationsprozesse, 1972; Vademecum f. d. Volkswirt, 1973; Grundriß d. dt. Wirtschaftsgesch., 2. A. 1986; Wachstum, Krisen, Handlungsspielräume d. Wirtsch.politik, 1982. Zahlr. Einzelarb. - 1986 Leibniz-Preis Dt. Forschungsgemeinsch. (DFG); 1970 Mitgl. Wiss. Beirat Bundeswirtsch.min.; - 1974 Bayer. Akad. d. Wiss. - Spr.: Engl.

BORCHARDT, Peter
Dr. phil., Regisseur - Tannli, CH-3416 Affoltern i.E. - Geb. 28. April 1935 Berlin - Univ. Berlin u. Wien (Promot. 1961) - S. 1961 Städt. Bühnen Köln, Schauspielhaus Hamburg (1963), Städt. Bühnen Dortmund (1967 Oberspiell. u. stv. Int.), Ulmer Theater (Regiss. u. 1972 Int.), Stadttheater Bern (1981-87 Schauspieldir.). Autor: Stücke f. Kinder. Übers.: Terson, Mc Grath, Shakespeare, Moliere. S. 1983 Veranst.: Aua, wir leben, zeitgenös. dt.-spr. Theater in Bern.

BORCHARDT, Peter O.
Vorstandsmitglied Banco Bilbao Vizcaya Deutschland AG, Frankfurt/M. (s. 1984), Handelsrichter - Am Forum 49, 6000 Frankfurt 50 (T. 57 37 57) - Geb. 27. Juli 1929, verw. - B. 1970 Braunschweig. Staatsbank (Dir.), dann Nordd. Kreditbank AG bzw. Allg. Dt. Credit-Anstalt, Berlin-Frankfurt/M. (1970 bzw. 1973 Vorst.-Mitgl.), Vorst.-Mitgl. Investitions- u. Handels-Bank AG, Frankfurt/M. (s. 1975), Nordfinanz Kreditbank AG, Bremen (s. 1980).

BORCHERDT, Christoph
Dr. phil., o. Prof. f. Kulturgeographie - Erwin-Bälz-Str. 4, 7120 Bietigheim-Bissingen - Geb. 25. Dez. 1924 München - S. 1959 (Habil.) Lehrtätigk. Univ. Saarbrücken (Privatdoz.) u. TH bzw. Univ. Stuttgart (Ord.). Div. Fachveröff.

BORCHERS, Elisabeth
Arndtstr. 17, 6000 Frankfurt/M. (T. 74 63 91) - Geb. 27. Febr. 1926 Homberg/Ndrh. (Vater: Rudolf Sarbin; Mutter: Claire, geb. Beck) - 1961-71 Lektorin im Luchterhand Verlag. S. 1971 im Suhrkamp u. Insel Verlag. Studienaufenthalte Frankr. u. USA - BV: Gedichte, 1961; D. Tisch, an dem wir sitzen, Ged. 1967; E. glückl. Familie, Erz. 1970; Gedichte, 1976; Wer lebt, Ged. 1986; Anthologien; Kinderb.; Hörsp. Übers. - 1971 Mitgl. Akad. d. Wiss. u. Lit. Mainz u. PEN-Zentrum BRD, 1976 Roswitha-von-Gandersheim-Med., 1986 Hölderlin-Preis.

BORCHERS, Hans
Dr. med., Prof., Internist -Birkhahnweg 20, 8000 München 59 (T. 46 91 06) - Geb. 22. Nov. 1920 Wetzlar/L. S. 1961 (Habil.) Lehrtätigk. München (1969 apl. Prof.; zeitw. Oberassist. II. Med. Klinik) - BV: Hämatologie f. d. Praxis, 1966.

BORCHERS, Heinz

Dr.-Ing., habil. em. o. Prof. f. Metallurgie u. Metallkd. (emerit.) - Tittmoninger Str. 3, 8000 München 80 (T. 98 14 68) - Geb. 18. Juli 1903 Aachen (Vater: Geh.Reg.rat Prof. Dr. phil. Dr.-Ing. E. h. Wilhelm B., Ord. f. Metallhüttenwesen u. Elektrometall TH Aachen; Mutter: Lucie, geb. Probst), ev., verh. s. 1929 m. Margarete, geb. Heierhoff, 3 Kd. - Dipl.-Ing. (1926), Promot. (1930) u. Habil. (1933) TH Aachen - 1926 Betriebsassist. Mansfeld AG f. Bergbau u. Hüttenbetr., 1926-36 Assist. u. Oberassist. Inst. f. Metallhüttenwesen u. Elektrometall. TH Aachen, dann Leit. Metallref. Reichsamt f. Wirtsch.ausbau, Berlin, 1937-45 ao. u. o. Prof. (1940) TH München, 1945-50 Ind.tätigk. u. -berat. In- u. Ausl., sd. wied. o. Prof. u. Inst.dir. TH München. Therm. Aluminiumgewinn. (m. W. Schmidt); Raffination mittels Quecksilberextraktion - BV: Metallkd., 3 Bde. 1943/75, 8. A. 1975. Mithrsg.: Landolt/Börnstein, Zahlenwerte u. Funktionen, 3 Bde. 6. A. 1963/65. Abhandl. aus Metallurgie u. Metallkunde, 9 Bde. 1942/78. Üb. 200 Einzelarb. - W. Borchers-Plak., 1930; Ehrenmitgl. d. Dt. Ges. f. Metallkunde, 1977 - Liebh.: Schwimmen, Wandern - Bek.Vorf.: W. Borchers (Vater, s. oben).

BORCHERS, Tölke
Landwirt, MdBB, Präs. Landwirtschaftskammer Bremen - Zu erreichen üb. Ellhornstr. 30, 2800 Bremen.

BORCHERT, Günter
Dr. rer. nat., o. Prof., Geograph - Schloßgarten 57, 2000 Hamburg-Wandsbek (T. 68 16 00) - Geb. 9. Jan. 1926 Uetersen/Holst. (Vater: Wilhelm B., Mittelschulkonrektor; Mutter: Hertha, geb. Wulf), ev., verh. s. 1959 m. Helga, geb. Wolff, 3 Söhne (Jörg, Gunnar, Sven) - Stud. Geogr., Chemie, Physik, Botanik, Zool. (1944-47 unterbr.). Promot. (1953) u. Habil. (1962) Hamburg - S. 1953 Univ. Hamburg (1963 Wiss. Rat, 1966 Wiss. Rat u. Prof., 1968 apl. Prof., 1979 o. Prof. Inst. f. Georgr. u. Wirtschaftsgeogr.) - BV: u. a. Afrika, 1960; Erdkunde in Stichworten, 1961; D. Wirtschaftsräume Angolas, 1967; D. Wirtschaftsräume d. Elfenbeinküste, 1972; Economics, Bibliogr. 1973; Klimageography, 1977; Agricultural Efficiency in South Africa, 1982; Forschungsprojekt - Zambezi Aquädukt, 1986 - Spr.: Engl., Portugies.

BORCHERT, Ingo
Dr. rer. nat., Prof. f Experimentalphysik (1978 ff.) - Beuthener Weg 7, 3406 Bovenden - Geb. 26. Juni 1941 München, verh. s. 1969 m. Susanne, geb. Mettig, 2 Kd. (Astrid, Kurt) - Abit. 1960, Dipl. (Physik) 1967, Promot. 1969, Habil. 1973. Wiss. Assist., Dozent s. 1977 Prof. Mitarb. an: Physikal. Taschenb., 1975. Alpinist - Spr.: Engl.

BORCHERT, Jochen
Landwirt, MdB (Landesliste NRW) - Hansastr. 121, 4630 Bochum 6 (Wattenscheid; T. 02327 - 8 21 10) - Vorstandsmitgl. d. Absatzförderungsfonds d. Dt. Land-, Forst- u. Ernährungswirtsch.; AR-Mitgl. Ges. f. Techn. Zus.arb. (GTZ) - CDU.

BORCHERT, Manfred
Dr. rer. pol., Dipl.-Volksw., o. Prof. Univ. Münster - Derkskamp 76, 4400 Münster (T. 02501 - 57 03) - Geb. 10. Febr. 1939 Berlin (Vater: Otto B.; Mutter: Erika, geb. Weiner), ev., verh. s. 1960 m. Gabriele, geb. Breit, 3 Kd. (Thomas, Kerstin, Marion) - Stud. Volkswirtsch. Univ. Erlangen/Nürnberg, Princeton/USA. Dipl.ex. 1964 u. Promot. 1967 Erlangen; Visiting-Fell. 1968 Princeton - 1971 (habil.) Priv.doz. Univ. Marburg, 1972 ao. u. 1974 o. Prof. Univ. Münster, 1985 u. 1987 Visitor of the Intern. Monetary Fund, Washington D.C.,

1987 Visiting Prof. d. Nankai-Univ. in Tianjin/China - Spr.: Engl.

BORCHERT, Wilhelm
Schauspieler - Zeltinger Str. 14, 1000 Berlin 28 (T. 401 39 44) - Geb. 13. März 1907 Berlin (Vater: Wilhelm B., Dir. DRK; Mutter: Marie, geb. Klatt), verh. 1948 m. Marga, geb. Klas (Schausp.) - Realgymnasium, Oberrealsch. u. Reichersche Hochsch. f. dramat. Kunst Berlin - 1927-28 Ostpr. Landesbühne Königsberg, 1928-29 Landestheater Sondershausen, 1929-34 Städt. Bühnen Erfurt, 1934-38 Städt. Bühnen Köln, sd. Berliner Bühnen (Volksbühne, Nr. 1945 Hebbel- u. Dt. Theater, ab 1950 Schiller- u. Schloßpark-Theater). Bühne: Faust, Woyzek, Antonio, Grabmal d. unbek. Soldaten, D. Affäre Dreyfus, Liebe d. 4. Obersten, Lulu, Sodom u. Gomorrha, Maria Stuart, Rose Bernd, D. Gefangenen, Damaskus, D. Schloß, Florian Geyer, u. a. Film: D. Mörder sind unter uns, Schicksal aus zweiter Hand, Sauerbruch, Herr über Leben u. Tod, Du darfst nicht länger schweigen, Hunde, wollt Ihr ewig leben?, D. kunstseidene Mädchen. Ferns.: Das Geheimnis, Wallenstein, Kaspar Hauser, Phädra, Heiratskandidaten - 1972 Ehrenmitgl. Schiller- u. Schloßpark-Theater Berlin; 1962 o. Mitgl. Akad. f. Darstell. Künste Frankfurt/M.; 1963 Berliner Staatsschausp.; 1976 Berliner Kunstpreis (Akad. d. Künste); 1976 Mitgl. Akad. d. Künste Berlin - Liebh.: Bücher.

BORCHMEYER, Dieter

Dr. phil., Prof. f. Neuere dt. Literaturgesch. u. Theaterwiss. Univ. Heidelberg - Osterwaldstr. 53, 8000 München 40 (T. 36 44 61) - Geb. 3. Mai 1941 Essen (Vater: Dr. jur. Joseph B., Rechtsanw. u. Nt.; Mutter: Bärbel, geb. Schulten), kath., verh. s. 1973 m. Ursula, geb. Beitelrock, 2 S. (Florian, Sebastian) - Stud. München. Beide Staatsex. (1967 u. 71), Promot. (1970) u. Habil. (1979) München - 1972-79 Gymnasiallehrer München; s. 1979 Lehrtätigk. Univ. Erlangen, Würzburg, München; s 1984 Geschäftsf. Vorst. Inst. f. Theaterwiss. Univ. München; 1983 Gastprof. f. dt.

Lit. Washington-Univ. St. Louis (USA) - BV: Tragödie u. Öffentlichkeit - Schillers Dramaturgie, 1973; Höf. Gesellschaft u. Franz. Revolution b. Goethe, 1977; D. Weimarer Klassik, 1980; Dienst u. Herrschaft - E. Versuch über Robert Walser, 1980; D. Theater Richard Wagners, 1982; Macht u. Melancholie. Schillers Wallenstein, 1988. Herausg.: Goethe: Frühes Theater/Klass. Theater, 2 Bde., (1982); Nietzsche: D. Fall Wagner, (1983); Wagner-Parodien, (1983); Richard Wagner: Dicht. u. Schr., 10 Bde., (1983); Goethe: Dramen 1765-1775 (Sämtl. Werke IV), (1985); Weimar am Pazifik. Festschr. f. W. Vordtriede, (1985); Mod. Lit. in Grundbegriffen, (1987); Wege d. Mythos in d. Moderne, (1987); Goethe: Dramen 1776-90 (Sämtl. Werke V, 1988); Poetik u. Gesch. Festschr. f. V. Žmegač (1989). Abhandl. z. dt. Lit. v. 18.-20. Jh., Programmheftbeitr. Bayreuther Festsp. u. Bayer. Staatsoper. Rezensionen Südd. Ztg. u. Frankfurter Allg. Ztg.

BORCK, Karl-Heinz

Dr. phil., em. Prof. f. Dt. Philologie - Johnsallee 69, 2000 Hamburg 13 (T. 44 98 66) - Geb. 3. März 1923 Riga - S. 1960 (Habil.) Lehrtätigk. Univ. Münster u. Hamburg (1962 Ord.; Mitdir. German. Sem.). 1966 b. 1968 Vors. d. dt. Hochschulgermanisten u. Dt. Germanisten-Verb.; 1983 emerit. Div. Fachveröff.

BORCK, von, Ulrich

Geschäftsführer - Marktstr. Nr. 9a, 5462 Bad Hönningen - Geb. 10. Aug. 1937 Schmelzdorf (Vater: Dietrich v. B., Landw.; Mutter: Jutta, geb. v. Knobelsdorff), ev., verh. s. 1966 m. Heilwig, geb. v. Hoff (geb. 1939), 2 T. (Bettina, Stefanie) - Gf. Rhein. Kohlensäure-Ind. GmbH., Hönningen, Kohlensäurew. Dtschl. GmbH. ebd., Trockeneis-Handelsges. mbH., Düsseldorf, Trockeneisberater Ludwigshafen. ARsmandate - Liebh.: Sport, Reiten, Musik - 1978 Gold. Sportabz. - Spr.: Engl., Franz.

BORCKE, von, Mathias

Rechtsanwalt, Versicherungsdirektor - Baron-Voght-Str. 19c, 2000 Hamburg 52 - Geb. 21. Sept. 1939 - Vorst. Transatlantische Leben, Hamburg.

BORDASCH, Fritz

Dr. med., Prof., Chefarzt Chirurg Abt. Henrietten-Stift Hannover (s. 1953) - Namedorfstr. 38, 3011 Bemerode (T. dstl.: Hannover 8 11 21) - Geb. 16. Sept. 1909 - 1939 Privatdoz. Univ. Königsberg; 1950 apl. Prof. Univ. Hamburg. Facharb.

BORDEN, Friedrich

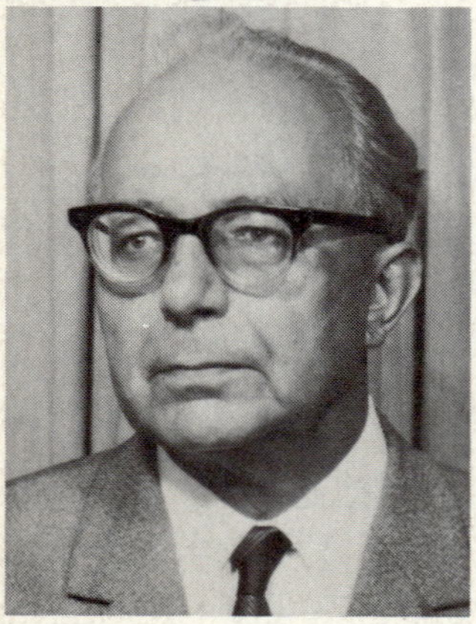

Dr. phil., Pädagoge, Honorarprof. f. Erziehungswiss. Univ. Bonn (1974ff.) - Nachtigallenweg 48, 5300 Bonn 1 - Geb. 23. April 1901 Leipzig - Stud. Phil., Gesch., Geogr., Theol. u. Zeitungswiss. Univ. Leipzig u. Berlin; Promot. 1923 - 1924-28 Journ. u. Schriftleit. in Deutschl. u. Brasilien; 1929-63 Höh. Schuldst.; 1963-74 Oberstudienrat im Hochschuldst.; 1974ff. Honorarprof. 1967-75 Bundesvors. Verb. z. Förderung d. Phil. am Dt. Gymn. - BV: Lehrprakt. Analysen f. d. Phil.-Unterr.; Lehrprakt. Analysen (Kant); Quellenhefte f. Phil. Herausg. u. Mitarb. Ztschr. Päd. Provinz bzw. Aufgaben u. Wege d. Phil.-Unterr.; Beitr. in versch. Ztschr. u. Festschr. - 1971 Bundesverdienstkreuz.

BORELL, Rolf

Dipl.-Volksw., Leiter Karl-Bräuer-Inst./ Bund d. Steuerzahler (s. 1978) - Zu erreichen üb. Burgstr. 1-3, 6200 Wiesbaden - Geb. 10. Nov. 1941 - Zahlr. finanzwiss. Veröff., u. a. Personalausg. d. Gebietskörperschaft. Bevölkerungsentw. u. Staatsausg., Finanzpolitik am Scheideweg, Mischfinanzier., Familienbesteuerung, Steuervereinf.

BORELLI, Siegfried

Dr. med., Dr. phil., o. Prof. f. Dermatologie u. Venerologie - Biedersteiner Str. 29, 8000 München 40 (T. 3 81 06-1) - Geb. 2. Juni 1924 Berlin, ev., verh. (Ehefr.: Erika) - Univ. Berlin (Med.), Prag (Med.), Hamburg (Med.; Phil., Gesch.) - WS. 1955/56 (Habil.) Lehrtätigk. Univ. (1962 apl. Prof.) u. TU München (1967 Ord. u. Klinikdir.) - Bücher, Buchbeitr. u. üb. 200 Fachveröff. - 1980 Bayer. VO.

BORETZKY, Norbert

Dr. phil., Dozent, apl. Prof. f. Vergl. Sprachwissenschaft Univ. Bochum (s. 1972) - Auf dem Backenberg 7, 4630 Bochum 1 - Geb. 10. Jan. 1935 Breslau (Vater: Max B., Schrifts.; Mutter: Elfriede, geb. Pfeiffer), verh. s. 1977 m. Tiyoko, geb. Utida, T. Alexandra - 1949-53 Obersch. Halle; 1953-62 Univ. ebd. u. Bonn (Biol., Slav., Vergl. Sprachwiss.). Promot. 1962 Bonn; Habil. 1970 Bochum - BV: Einf. in d. histor. Linguistik, 1977; Kreolsprachen, Substrate u. Sprachwandel, 1983 - Spr.: Russ., Schwed., Alban.

BORGELT, Hans

Dr. phil., Journ. u. Schriftsteller (Roman, Biographie, Sachbuch, Bühnenstück, Film- und Fernseh-Drehbuch) - Kornaue 6, 1000 Berlin 39 (T. 805 20 32) - Geb. 6. Juli 1914 Osnabrück (Vater: Fritz B., Beamter; Mutter: Elly, geb. Tweer), ev., verh. s. 1940 m. Käthe, geb. Zunner, 3 Kd. (Christiane, Hans-Henning, Gabriele) - Gymn. Eberswalde; 1935-40 Univ. Berlin (Zeitungswiss., Musik- u. Filmgesch.) - 1940-45 Soldat u. Kriegsber., ab 1945 fr. journ. Tätigk. (Reporter, Kritiker); 1953-68 Pressechef Intern. Filmfestsp. Berlin; 1960-62 Pressechef Filmind.verb. u. Export-Union Wiesbaden; Vors. Filmbewertungsst. Wiesbaden; Mitgl. Drehbuchkommiss. d. Filmförd.anstalt; Mitgl. Filmkreditaussch. b. Senat v. Berlin; Mitgl. Beirat Int. Filmfestsp. Berlin - BV: D. Stoeckel-Memoiren, 1966, 70, 76 u. 80; Grethe Weiser- Herz m. Schnauze, 1971, 74, 76 u. 83; Lilian Harvey - D. süßeste Mädel d. Welt, 1974 u. 76; Zuhaus in fremden Betten, R. 1977 u. 79; Stars u. Stories - Filmgeschichte(n) aus Berlin, 1975 u. 83; Filmstadt Berlin, 1979; D. war d. Frühling v. Berlin, R. 1980; D. Doppelgänger, R. 1984. Bühnenst.: Alle reden v. Liebe (1971), Alwine - süße Biene (1973), Zuhaus in fremden Betten (1976), Ein toller Einfall (1977), D. Wahrheit üb. Morrison (1978), Rosenemil (m. Georg Hermann) (1979), Alles üb. Männer (1980), Birken im Wind (1985). Buch u. Regie: Cinema Berolina (Filmserie 1971, Präd.: wertvoll, HDF-Preis 1972, Mexik. Filmpreis 1973); Berlin - dein Filmgesicht (Filmcollage 1979, Präd.: bes. wertvoll); Kintopp-Erinner. I (m. Alfred Biolek; FS-Serie 1980); Kintopp-Erinner. II (m. Günter Pfitzmann; FS-Serie 1981); Komödianten I u. II (m. Gustav Fröhlich, FS-Serie 1982 u. 83); D. gold. Hungerjahre (dreit. FS-Serie 1983); Spreepiraten (FS-Serie 1989/90; Co-Autor u. Regie: Hans-Henning Borgelt). Zahlr. Fernseh-Dokument., -Porträts, -Spiele, Spielfilme: Fabian (1978), D. Leiden eines Chinesen in China (dtsch.-chines. Coproduktion, 1986); D. Bettler v. Kurfürstendamm (FS 1987); D. Tänzerin (dtsch.-japan. Coproduktion, 1988).

BORGELT, Hans-Henning

Regisseur u. Autor - Weimarische Str. 6, 1000 Berlin 31 (T. 030 - 853 77 65) - Geb. 19. Jan. 1946 Berlin, 2 Kd. (Tilla, Bela) - Fernsehsp. f. Kinder: Blaulicht (1977), Servus Opa, sagte ich leise (1978), Tilla u. Padde (1982), D. Baby meines Bruders (1983), Rattenfänger (1984), Straßenkampf (1985), Löwenzahn (1981-88), Mittendrin (1987, Regie f. 9 Folgen), Spreepiraten (15 Folgen Regie u. Co-Autor v. Hans Borgelt) - 1979 Adolf-Grimme-Preis; 1983 ABU-Pr. Auckland; 1984 ABU-Pr. Tokyo - Spr.: Engl. - Bek. Vorf.: Dr. Hans Borgelt, Theater- u. Fernsehautor (Vater).

BORGER, Hugo

Dr. phil., Prof., Generaldirektor d. Museen d. Stadt Köln u. Dir. d. Röm.-German. Museums, Prof. Univ. Bonn, Vors. Verb. d. Landesarchäologen in d. Bundesrep. Deutschl. - Roncalliplatz 4, 5000 Köln 1 (T. 22 12 301).

BORGER, Riekele

Dr. phil., o. Prof. f. Assyriologie - Obere Karspüle 31, 3400 Göttingen - Geb. 24. Mai 1929 Wieuwerd/Niederl. (Vater: Evert B., Eisenbahner; Mutter: Sytske, geb. de Boer), verh. s. 1965 m. Angelika, geb. Otto-Hillebrand - Univ. Leiden, Göttingen, Wien (Orientalistik, Theol.) - S. 1958 Dozent u. Ord. (1962) Univ. Göttingen - BV: D. InschriftenAsarhaddons, 1956; Einleit. in d. assyr. Königsinschriften, Bd. I 1961; Babylon.-assyr. Lesestücke, 1963, 2. A. 1979; Handb. d. Keilschriftlit. I-III, 1967 u. 1975; Assyr.-babyl. Zeichenliste, 1978; Drei Klassizisten: Alma Tadema, Ebers, Vosmaer, 1978. Zahlr. Aufs. u. Rezens. - 1978 o. Mitgl. Akad. d. Wiss., Göttingen.

BORGES, Friedrich

Dr. jur., Assessor, Hauptgeschäftsf. Bundesverb. d. Dt. Versandhandels (b. 1972, Ruhest.) - Wohnpark Rosengärtchen, Im Rothkopf 1, 6370 Oberursel.

BORGES, Rudolf

Dr. rer. nat., Prof. f. Didaktik d. Mathematik (spez. Arbeitsgeb.: Stochastik) - Batzenbaumweg 21, 6382 Friedrichsdorf (T. 06172 - 7 13 26) - Geb. 22. Jan. 1934 Frankfurt/M. (Vater: Dipl.-Ing. Hermann B.; Mutter: Lili, geb. Schmidt-Knatz), verh. s. 1966 m. Irmtraud, geb. Stark - 1964 (Habil.) Lehrtätigk. Univ. Köln, 1966-74 Prof., Math. Inst. Univ. Gießen. S. 1974 Prof. Inst. f. Didaktik d. Mathematik i. Frankfurt/M. Etwa 20 Facharb.

BORGES, Wolfgang

Regisseur u. Autor, Produzent d. UTV-Film-Fernsehen u. Dir. Nieders. Bergbaumuseum - Leisewitzstr. 4, 3000 Hannover-Hindenburgviertel, priv.: Tiedgestr. 5A, 3000 Hannover 1 (T. 0511 - 81 60 41) - Geb. 28. Dez. 1938 Hannover (Vater: Heinrich B., Maschinenbau-Ing.; Mutter: Edith, geb. Beensen), ev., verh. s. 1972 m. Barbara, geb. Lankau - Gymn.; Stud. Theaterwiss., Filmregie, Fotografie, Montagegesch. - 1960 Gründ. UTV-Film-Fernsehen (bereits in d. Ausb.) Assist. namhafter Regiss., danach eig. Regie f. Theater, Film, Ferns., Rundf., dan. montanarchäol. Forschungsprojekte, 1975 Gründ. Nieders. Bergbaumuseum, Firmenbeteilig. an UTV-Film-Fernsehen, HFN - Hörfunk u. Fernsehen Nieders., Nieders. Bergbaumuseum - Veröff.: ca. 260 Filme f. d. dt. u. intern. FS.; ca. 340 Hörfunksend. div. Buchveröff. u. Publ. darunter Gesichter im Grubenlicht etc. - Intern. Film- u. FS-Auszeichnungen: New York, Edinburgh, Accademia Italia Rom etc., ehrenamtl. Kulturarbeit in Südnieders., Mitgl. Gilde professioneller Filmschaffender, Museumsverb. Nieders./Bremen - Liebh.: Kirchenorganist - Spr.: Engl. - Bek. Vorf.:Borges von Borries (vs.), General Gerhard v. Scharnhorst (ms.).

BORGH, Ted

Kapellmeister, Komp., Musikbearb., Musikverleger u. -Produz. - Merricherstr. 27, 5040 Brühl (T. 02232-2 71 13) - Geb. 28. März 1927 Köln, kath., verh. m. Liesel, geb. Schneider - Musikhochsch. Köln (Klavier u. Kompos.) - Veröff.: Rd. 250 eig. Kompos. od. Bearb. auf Schallpl. (meist. auch im Rundf. gespielt) - Liebh.: Computer.

BORGHS, Horst P.

Vorstandsmitglied Adam Opel AG - Bahnhofsplatz 1, Postfach 17 10, 6090 Rüsselsheim - Geb. 7. Febr. 1947 Bad Godesberg - Dipl.-Volksw. 1971 Univ. Bonn - 1979-82 Leit. Presseabt. Ford-Werke AG, Köln; s. 1982 Adam Opel AG; s. 1986 Dir. Öffentlichkeitsarb. u. Beziehungen zu Regierung u. Ind. Adam Opel AG.

BORGMANN, Annemarie

Konrektorin a.D., MdB (s. 1985; Landesliste NRW) - Geb. 13. Okt. 1942 Wuppertal, verh., 2 Kd. - Realschulabschl.; kaufm. Lehre; Stud. Päd. - Industriekaufm.; 1974-83 Lehrerin (zul. Konrektorin Grundsch.). Mitgl. GEW. Grüne (Gründungsmitgl., 1981-82 Vorst. Kreisverb. Wuppertal, 1983-84 stv. Geschäftsf., 1984/85 Fraktionssprecherin).

BORGMANN, Fritz-Otto

Dr.-Ing., Prof. f. Metallurgie - Bundesratufer 10, 1000 Berlin 21 - Geb. 9. Jan. 1935 Dortmund - Promot. 1970 - S. 1972 Prof. TU Berlin.

BORGMANN, Hans

Dr. med. (habil.), Chefarzt (Augenabt.), apl. Prof. f. Augenheilkunde Univ. Freiburg/Br. (s. 1975) - Johanniter-Krankenhaus, 5300 Bonn.

BORGMANN, Reinhold

Generalsekretär Dt. Hockey-Bund E. V. - Guts-Muths-Weg 1, 5000 Köln 41 - Mitgl. Public Relations- u. Press-Komittee FIH.

BORGMANN, Wilhelm

Dr.-Ing., stv. Vorstandsvorsitzender Continental AG - Erftweg 14, 5106 Rott - Geb. 15. Nov. 1929 - 1970-85 Vorst. Uniroyal Englebert Deutschl. AG.

BORGMEIER, Raimund

Dr. phil., Prof. f. Neuere engl. u. amerik. Literatur Univ. Gießen (s. 1975) - Friedlandstr. 8, 6301 Biebertal 1 (T. 06409 - 3 69) - Geb. 7. April 1940 Detmold (Vater: Josef B., kaufm. Angest; Mutter: Gerta, geb. Struwe), kath., verh. s. 1964 m. Ingrid, geb. Ohms, 3 Kd. (Sylvia, Viola, Daniel) - Stud. d. Angl. Latinist., Phil. Univ. Münster, Exeter; Promot. 1967 Bochum; Habil. 1974 ebd. - 1965-75 Wiss. Assist. u. Privatdoz. Univ. Bochum; 1982 Gastprof. Univ. of Wisconsin Milwaukee; 1988 Gastprof. Univ. of Wisconsin Madison - BV: D. Studium d. Anglistik, 1970; The Dying Shepherd, 1976; Science Fiction, 1981 (m. Suerbaum/Broich). Herausg.: Shakespeare, The Sonnets/D. Sonette (1974); Gattungsprobleme in d. angloamerik. Lit. (1986). Mithrsg.: Shakespeare, King Lear/König Lear (1973; zugl. Übers. m. a.); Der historische Roman I & II (1984). Reihenhrsg.: D. engl. Lit. in Text u. Darst., 10 Bde. (1982-86). Fachveröff. u. Rezensionen.

BORGSTADT, Alfred

Mitinhaber Wilhelm Borgstadt & Sohn, Osnabrück, Präs. Handwerkskammer ebd., Vors. Nieders. Handwerkskammertag, Hannover, VRsmitgl. Dt. Automobil-Treuhand GmbH., Stuttgart - Postf. 1520, 4500 Osnabrück - Geb. 1. April 1921.

BORGWARDT, Jürgen

Rechtsanwalt, Hauptgeschäftsf. Union d. Ltd. Angestellten/ULA (s. 1969) - Alfredstr. 77-79, 4300 Essen 1, Postfach 340248 (T. 0201 - 78 20 36-37) - Geb. 30. April 1937 Berlin (Vater: Lothar B., Elektroing.; Mutter: Ortrud, geb. Rohloff), verh. s. 1968 m. Margret, geb. Klack, 2 Töcht. (Frauke, Wibke) - Univ. Hamburg u. Göttingen (Rechtswiss.) - 1968-69 jurist. Mitarb. Verb.angest. Akademiker d. Chem.Ind. - Spr.: Engl.

BORHO, Walter

Dr. rer. nat., o. Prof. f. Mathematik Univ.-GH Wuppertal - Gaußstr. 20, 5600 Wuppertal 1 - Geb. 27. Dez. 1945 Hamburg (Vater: Walter B., Maschinenschl.; Mutter: Josefine, geb. Wortmann), kath., verh. s. 1969 m. Regina, geb. Stelzer, T. Nicole - Albrecht-Thaer-Gymn. u. Univ. Hamburg (Masch.; Dipl. 1971). Promot. 1973 Hamburg; Habil. 1977 Bonn - S. 1977 Ord. GH Wuppertal - BV: Lebendige Zahlen, 1981.

BORINSKI, Ludwig

Dr. phil., emerit. o. Prof. - Papenhuder Str. 28, 2000 Hamburg 76 (T. 229 88 85) - Geb. 11. Jan. 1910 München (Vater: Prof. Karl B., bek. Literaturhistoriker; Mutter: geb. Schweitzer), kath., verh. s. 1953 m. Helga, geb. Pansing, 3 Kd. - Maximilians-Gymn. München; Univ. ebd., Leipzig (Promot. 1931), Cambridge - BV: D. Stil König Alfreds, 1934; Engl. Geist in d. Geschichte s. Prosa, 1951; Meister d. mod. engl. Romans, 1963; D. engl. Roman d. 18. Jh.s, 1968; Engl. Humanismus u. dt. Reformation, 1969; Lit. d. Renaissance, 1975 (m. C. Uhlig).

BORK, Hans-Rudolf

Dr. rer. nat., Prof. f. Geoökologie TU Braunschweig - Nordstr. 11, 3302 Cremlingen 1 - Geb. 5. Aug. 1955 Gießen, ev., verh. s. 1978 m. Helga, geb. Rohde, 2 Kd. (Sebastian, Tabea) - Stud. Geogr., Bodenkunde, Geol. Univ. Gießen u. TU Braunschweig; Dipl. 1978; Promot. 1982; Habil. 1988 (Physische Geographie u. Geoökologie) TU Braunschweig - 1980 wiss. Angest.; 1987 Hochschulassist.; 1988 Prof. TU Braunschweig; s. 1989 Chief Editor Catena. Forsch.geb.: Geoökol., Landschaftsgenese - BV: Relief- u. Bodenentwicklung in S.-Nieders., 1983; Bodenerosion u. Umwelt, 1988. Ca. 80 Publ. - Spr. Engl., Franz.

BORK, Kunibert Klemens

Dipl.-Kfm., Geschäftsführer u. Finanzdir. a.D. 3M Deutschland GmbH. (1965-83) - Nixhütter Weg 20, 4040 Neuss (T. 02101 - 4 26 00) - Geb. 27. Dez. 1924 Duisburg (Vater: Clemens August B., Pädagoge; Mutter: Elisabeth, geb. de Temple), kath., verh. s. 1955 m. Annemarie, geb. Schlüter, 3 Kd. (Kunibert Clemens, Christian Franz Xaver, Veronika Franziska) - Gymn. - BV: Profit Controllership, 1963; D. sozialen Wandlungen in d. Stadt Duisburg in d. ersten Jahrzehnten d. Industrialisierung (1850-1880), Sonderdr. aus Duisb. Forsch., Bd. 8 - Liebh.: Fotografieren - Spr.: Engl.

BORK, Reinhard

Dr. iur., Univ.-Prof. (Bürgerl. Recht, Handels- u. Wirtschaftsrecht sowie Zivilprozeßrecht) Univ. Bonn (s. 1989) - Im Spichelsfeld 36, 5205 St. Augustin 1 (T. 02241 - 2 73 03) - Geb. 24. Febr. 1956 Köln, ev., verh., 1 Kd. - Stud. 1975-80 Münster; Promot. 1984; Habil. 1988 - BV: D. Verfahren v. d. Ethik-Kommiss. d. Med. Fachbereiche, 1984; D. Vergleich, 1988; Werbung im Programm, 1988.

BORM, Dietrich

Dr. med., Prof., Chefarzt Chirurg. Abteilung/St.-Bernwards-Krkhs., Hildesheim -Treibestr. 9, 3200 Hildesheim - Geb. 9. Okt. 1928 Elditten/Ostpr. - Promot. (1954) u. Habil. (1965) Kiel - S. 1970 apl. Prof. Univ. Kiel (Chir.). Üb. 50 Fachveröff.

BORMANN, Heinrich

Dr., Geschäftsführer Metzeler-Schaum GmbH. - Donaustr. 51, 8940 Memmingen/Schw.

BORMANN, Karl

Dr. phil., Prof. f. Philosophie Univ. Köln - Weststr. 6a, 4018 Langenfeld (T. 02173 - 1 34 35) - Geb. 23. Nov. 1928 Monheim (Vater: Gerhard B.; Mutter: Gertrud, geb. Göbbels), kath., verh. s. 1956 m. Gertrud, geb. Gladbach, 2 Kd. (Diana, Markus) - 1949-55 Stud. Univ. Köln; Promot. 1955, Staatsex. 1958, Habil. 1967 - 1967 Privatdoz.; 1970 Prof. - BV: Philon v. Alexandrien, 1955; Platon. D. Staat, 1961 u. 89; Parmenides, 1971; Platon, 1973, 87; Schriften d. Nicolaus Cusanus, 1964, 70, 72, 77, 80, 83, 86, 87, 88; Cusanus-Texte: Marginalien, 1986 - 1969 Mitgl. Heidelberger Akad. d. Wiss., Cusanus-Commission; 1985 Intern. Center for Platonic and Aristotelian Studies, Athen - Spr.: Latein, Griech., Hebrä., Engl., Franz., Ital., Span.

BORMANN, Manfred

Dr. rer. nat., o. Prof. f. Fachdidaktik d. Physik Univ. Bochum (s. 1975) - Wienkopp 9, 4630 Bochum - Geb. 15. Jan. 1934 Neidenburg/Ostpr. - Abteilungsdirektor u. Prof. Univ. Hamburg (Experimentalphysik).

BORN, C. Bob

Fr. Künstler, Cartoonist - Okenstr. 44, 7800 Freiburg (T. 0761 - 5 48 13) - Geb. 2. Juni 1957 Freiburg im Br. - Stud. Bild. Kunst (b. 1983 b. Roland Bischoff u. René Acht); Stud. Biol., Pharmakol. u. Pathol. Univ. Freiburg - S. 1975 mehrere Ausstellungen; 1985 u. 86 Org. v. Kunst-Ausstellungen zug. d. Afrikahilfe Notärzte Cap Anamur. Cartoon-Serien: Bob's Strapaziergänge, Bob's Frustschutzmittel, Zeichnung, Graphik, Buchillustration - 1976 Kunstpreise Gedok Freiburg u. 1985 SWF Baden-Baden - Liebh.: Astronomie, Musik, Satire - Spr.: Engl., Franz., Latein - Lit.: Peter Joseph Rottmann im Spiegelportrait v. Christian Bob Born, Hunsrück (1981) - Bek. Vorf.: Sires de Born 1378-1440 (dir.lin.); Brauner de Brunier, General 1857-1916 (Urgroßv.).

BORN, Georg

Dr. phil., Pastor, Schriftst. (Ps. George Bertrand de Born) - Sundparken 50, DK-6100 Haderslev (T. 04-58 45 01) - Geb. 14. März 1928 Hamburg, luth. (Vater: Julius B., Bauing.; Mutter: Ida, geb. Hay), 7 Kd. (Andreas, Florian, Gregor, Julia, Christine, Katharina, Jytte †) - Stud. Theol., Psych. u. Päd. Univ. Hamburg u. Erlangen; Promot. 1952 Erlangen - 1953-55 Lehrer LSH-Holzminden; 1955-66 Pastor Rosenheim, Hofstetten/Ufr.; 1967-76 Pastor u. Domprediger Haderslev, Dänem. - BV: Born's Tierleben, 1955; Weiße Maus u. kl. Käfer, 1961; Fabeln, erz. Texte, Artikel - Spr.: Dän., Schwed., Norweg., Engl.

BORN, Gernot

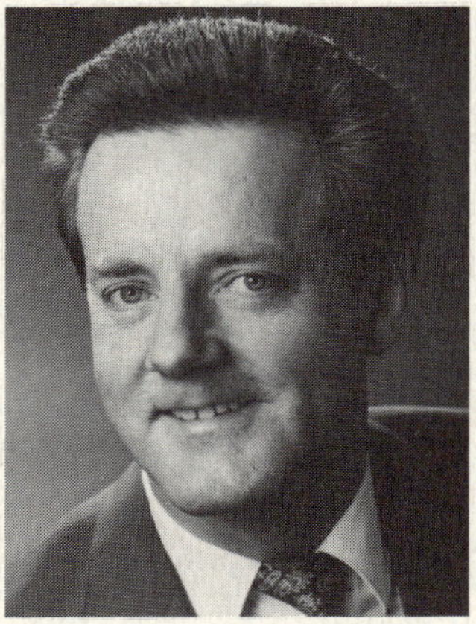

Dr. rer. nat., o. Prof. f. Didaktik d. Physik - Winnertzweg 19, 4150 Krefeld - Geb. 17. Mai 1944 Dillenburg (Vater: August B.; Mutter: Karoline, geb. Schärer), ev., verh. s. 1970 m. Gerda, geb. Lehmann, 2 Töcht. (Mareike, Veronica) - 1963-68 Univ. Gießen (Dipl.-Phys.). Promot. 1971 - S. 1972 Doz. u. Prof. (1973) Univ. Duisburg; s. 1986 Rektor Univ. Duisburg. Zahlr. Facharb. Herausg.: Physik (Westermann-Verlag).

BORN, Gustav Victor

Prof., Pharmakologe - Zu erreichen üb. King's College, London (Engl.) - Geb. Göttingen (Vater: Prof. Dr. phil. Drs. h. c. Max B., Physiker †1970, s. XVI. Ausg.), verh., 5 Kd. - Stud. Med. Edinburgh - Hochschullehrer u. Forscher Oxford, s. 1973 Prof. Univ. Cambridge u. King's College London (1979) - 1979 Albrecht-v.-Haller-Med. Göttingen, Doctor of Medicine h. c. of Univ. Bordeaux, Münster, Leuven, Edinburgh, Brown Univ., Providence, R.I., Paris u. München, Chevalier de l'Ordre National du Mérite, France, Member of Akad. Leopoldina, Corresp. Member of the German Pharmacological Society, 1979 Pres. VII Intern. Congress on Thrombosis and Haemostasis, 1980 Foundaton Pres. British Society f. Thrombosis and Haemostasis, Fellow of the Royal Society and Royal Medal, Fellow of King's College, London u. a. m.

BORN, Hans-Joachim

Dr. phil., o. Prof. f. Radiochemie - Königsberger Str. 26, 8046 Garching (T. 320 21 41) - Geb. 8. Mai 1909 Berlin (Vater: Albrecht B., Lehrer; Mutter: Hedwig, geb. Ladewig), ev., verh. s. 1937 m. Dorothea, geb. Schaefer, 2 Kd. (Eberhard, Reinhild) - Realgymn. u. Univ. Berlin (Chemie; Promot. 1934) - 1934-45 Wiss. Assist. u. Mitarb. v. Otto Hahn, Kaiser-Wilhelm-Inst. Berlin, N. W. Timofeeff Ressowj

BORN, Heinz

Dr. rer. pol., Verleger, Geschäftsführer J. H. Born GmbH (Born-Verlag), Wuppertal-E., Ehrenvors. Verb. Dt. Adreßbuchverleger, Düsseldorf (s. 1968) - Am Walde 23, 5600 Wuppertal-Elberfeld (T. 42 29 23) - Geb. 24. April 1906 Wuppertal (Vater: Heinrich B., Verleger; Mutter: geb. Körner), ev., verh. m. Gisela, geb. Vondenbusch, 2 Kd. - Univ. Köln, Kiel, Freiburg/Br. Promot. 1928 - S. 1929 Verlagsfa. J. H. Born; 1942-44 Wiss. Mitarb. IHK Wuppertal. 1950-68 Vors. Adreßbuchverl-Verb. - BV: D. Anzeigengeschäft d. Tagespresse, 1928 - Bek. Vorf.: Geheimrat Dr. Wilhelm Körner, Prof. Kriegsakad. Berlin, Verf. Lehrb. d. russ. Spr. (ms.).

BORN, Jürgen

Dr. phil., M. A., Prof. f. Allg. Literaturwissenschaft u. Neuere dt. Literaturgesch. Univ., GH Wuppertal (Spez.: Dt. Lit. d. 20. Jh.) - Markgrafenstr. 14, 4000 Düsseldorf 11 - Geb. 20. März 1927 Danzig - BV: Hrsg. zus. m. E. Heller: Franz Kafka. Briefe an Felice (1967); Franz Kafka. Kritik u. Rezeption Bd. I (1912-1924), Bd. II (1924-1938), Hrsg. (1979 bzw. 1983); Hrsg. zus. m. M. Müller: Franz Kafka, Briefe an Milena. Erw. u. neu geordn. Ausg. (1983); Franz Kafka. Kritische Ausgabe, Hrsg. zus. m. G. Neumann, M. Pasley u. J. Schillemeit (1982ff.).

BORN, Willi

Dr. med., Prof. f. Dermatologie u. Strahlenpathophysiologie - Okenstr. 44, 7800 Freiburg/Br. - Geb. 1. Mai 1923 Frankfurt/M. - Promot. 1950 Frankfurt; Habil. 1969 Freiburg - S. 1955 Univ.-Hautklinik Freiburg (1974ff. Prof.) - BV: Hunsrücker Volkskunde, 1984. Facharb. 1968 Entd. d. psoriat. DNA-Synthesestörung; 1982 Nachweis e. Steigerungsfähigk. d. natürl. DNA-Repair-Leistung in d. Haut d. Menschen.

BORN, Wolfgang,

s. Bächler, Wolfgang

BORNE, von dem, Albrecht

Dr. jur., Geschäftsführer Arbeitsgem. d. Grundbesitzerverbände - Godesberger Allee 142-148, 5300 Bonn 2 (T. 0228 - 37 30 09) - Geb. 10. Aug. 1938 Gumbinnen/Ostpr., ev., verh., 3 Kd. (Andreas, Franziska, Rixa) - Jura-Stud., Promot.

BORNEFF, Joachim

Dr. med., Univ.-Prof. f. Hygiene u. Bakt. - Am Eselsweg 43, 6500 Mainz-Bretzenheim - Geb. 2. Okt. 1920 Coburg/Ofr. - S. 1956 (Habil.) Lehrtätigk. Univ. Erlangen (Privatdoz.) u. Mainz (1961 Ord. u. Dir. Hygiene-Inst.) - BV: Hygiene - E. Leitf. f. Studenten u. Ärzte, 4. A. 1982. Zahlr. Einzelarb. - 1961 Dr.-Ludwig-Gebhard-Preis, 1976 R. Schülke-Preis, 1979 Franz Rödler-Preis, 1988 H. Klenk-Preis.

BORNEMAN, Ernest

Dr. phil., Prof., Sexualforscher - Vitta 7, A-4612 Scharten (T. 0043 - 727 52 35) - Geb. 12. April 1915 Berlin (Vater: Curt B., Kaufm.; Mutter: Hertha, geb. Blochert), S. Stephen (Rechtsanw. in Wien) - Gymn. Berlin; Stud. in Engl., Schottl. u. USA; Promot. (m. summa cum laude) Bremen 1976 - 1944-46 Produktionschef National Film Board of Canada; 1947-49 kommiss. Leit. UNESCO-Filmabt. Paris; 1955-56 Chefdramat. Granada FS-Netz Engl.; 1957-58 Chefdramat. u. Assist. d. Programmchefs Television Wales & West, Cardiff; 1959-60 Programmchef d. British Film Inst., London; 1960-61 Programm- u. Produktionschef Fr. FS GmbH, Frankfurt; 1974-84 Hochschullehrer in Österr. (Psych. Inst. Univ. Salzburg) - BV: 8 Romane in engl. Spr. (Übers. in Dtsch., Franz., Ital.), 9 wiss. Werke; Beitr. zu Handb., Lexika, Enzyklop. (Psych. u. Sexualwiss.). 5 Bühnenstücke, 5 Spielfilme - 1977 Prof.-Titel Österr. - Liebh.: Musik, Malerei - Spr.: Engl., Franz. (Latein, Griech.) - Bek. Vorf.: Johann Wilhelm Jakob B. (1766-1851), Dr. Wilhelm B. (Großvater) - Lit.: Rd. 100 Art. in engl. u. dt. Sprache.

BORNEMANN, Fritz

Dipl.-Ing., Prof., Architekt, Ehrenmitglied Bund Deutscher Architekten, Berlin - Nibelungenstr. 16, 1000 Berlin 39; dstl. Bozener Str. 13/14, 1000 Berlin 62 (T. 803 54 74; Büro: 854 20 15/16) - Geb. 1916 - U. a. Dt. Oper u. Fr. Volksbühne Berlin, Dt. Pavillon Weltausstell. Osaka, Kulturzentrum u. Oper Kairo, Neue Museen Berlin-Dahlem, Gedenkbibl. Berlin u. Univ.bibl. Bonn, Rathaus Wedding, B.G.A. IFA Wedding, Zentrale Berliner Commerzbank - BVK I. Kl.; Ehrenmitgl. FVB - Vater u. Großv. Theaterarchitekt u. Bühnenmaler.

BORNEMANN, Gudrun,

geb. Wattendorf

Dr. jur., Rechtsanwältin, Bankdir., Vorstandsmitgl. Vereinsbank Heidelberg AG - Akademiestr. 4-8, 6900 Heidelberg - Geb. 12. Febr. 1929 Heidelberg, kath. (Vater: Prof. Dr. Georg W.; Mutter: Maria, geb. Christ) - Gesch., 2 S. (Reinhard, Werner) - Jura-Stud., Gr. Staatsprüf. 1959, Promot. 1955 Heidelberg - Liebh.: Musik - Spr.: Engl.

BORNEMANN, Helmut

Dipl.-Ing., Staatssekretär a. D. - In d. Wehrhecke Nr. 53, 5300 Bonn-Röttgen (T. 25 12 28) - Geb. 16. März 1902 Basel/Schweiz (Vater: Prof. Dr. theol. Wilhelm B., Theologe (s. X. Ausg.); Mutter: Lucie, geb. Hertel), verh. (Ehefr.: Helene) - Gymn. Frankfurt/M.; TH Darmstadt u.Berlin - 1925-68 Postbereich (1961 Präs. Oberpostdir. Dortmund, 1963 Staatssekr. Bundesmin. f. d. Post- u. Fernmeldewesen) - 1967 Gr. BVK m. Stern u. Schulterbd. - Spr.: Engl, Franz. - Rotarier.

BORNEMANN, Henner

Hauptgeschäftsführer Verb. Kunststofferzeugende Industrie u. verw. Gebiete - Karlstr. 21, 6000 Frankfurt/M. (T. 23 78 07).

BORNEMANN, Karin,

geb. Schmidt

Freie Journalistin (Text u. Foto), Schriftst. - Kurt-Schumacher-Str. 114, 5600 Wuppertal 1 (T. 0202 - 70 09 77) - Geb. 13. März 1950 Wuppertal, ev., verh. s. 1970 m. Klaus B., 3 S. (Guido,

Mirco, Dominic) - Ausb. z. Kaufm. Angest. Wuppertal - BV: Bienchen, d. Nilpferddame, Bd. 1 1981, Bd. 2 1982; Alle Farben d. Regenbogens, 1983 (1988 Neuaufl. unt. and. Titel); Kinder d. Tränen, Jugendb. 1988 - 1980 1. Preis Autorenwettb. - Liebh.: Malen, Schreiben.

BORNEMANN, Paul

Dr. jur., Rechtsanwalt, Geschäftsf. Verb. d. Bayer. priv. Milchwirtschaft e. V. - Kaiser-Ludwig-Platz 2, 8000 München 2.

BORNGÄSSER, Ludwig

Dr.-Ing., Prof., Generaldirektor a. D. - Leyden-Allee 85, 1000 Berlin 41 (T. 792 82 18), Im Emser 17, 6100 Darmstadt (T. 7 43 64) - Geb. 5. April 1907 Darmstadt (Vater: Prof. Wilhelm B.; Mutter: Else, geb. Stöppler), verh. I) 1933 m. Dr. Simonetta, geb. Del Re (†1944), 3 Kd. (Christa, Konrad †1944, Jost †1944), II) 1950 m. Ulrike, geb. Strenger, 2 Kd. (Stephan, Graziella) - Ludwig-Georgs-Gymn. Darmstadt; TH ebd. (Promot. 1933), Univ. Göttingen (Math., Physik, Chemie) - 1932-33 Bibl.dst. 1934-36 Schul-, dann wied. Bibl.dst., b. 1958 u. 1961-63 Landes- u. Hochschulbibl. Darmstadt (Dir.), dazw. TU Berlin (Bibl.dir.), 1963-72 Staatsbibl. Preuß. Kulturbesitz Berlin (Generaldir.). S. 1967 Honorarprof. TH Darmstadt (Math.) - 1982 BVK I. Kl.

BORNHÄUSER, Hans

Dr. theol., Prälat i. R. - Stechertweg 25, 7800 Freiburg/Br. (T. 5 36 14) - Geb. 21. Febr. 1908 Uiffingen/Baden (Vater: Wilhelm B., Pfarrer), ev., verh. s. 1935 m. Liselotte, geb. Reinert †, 2 Kd. (Christoph, Eva), s. 1984 m. Ilse, geb. Freund, verw. Haag - Stud. Marburg, Bethel, Tübingen, Erlangen. Promot. 1932 Tübingen - 1932-34 Vikar Ettlingen, 1934-35 Religionslehrer Mannheim, 1935-54 Pfarrer Maulburg u. Schopfheim (1950), dazw. 1939-49 Wehrdst. (1941 Kriegspfr.) u. sowjet. Gefangensch., s. 1954 Prälat Ev. Kirchenkr. Südbaden - BV: D. Mischnatraktat Sukka (Laubhüttenfest), 1935 - Gold. Sportabz. - Liebh.: Sport, Hausmusik (Klavier) - Spr.: Franz., Engl., Russ. - Rotarier.

BORNHAUPT, von, Kurt Joachim

Dr. jur., Richter am Bundesfinanzhof - Laplacestr. 2, 8000 München 80 - Geb. 29. Jan. 1928 Dortmund (Vater: Reinhold v. B., Eisenbahndir. a. D.; Mutter: Christa, geb. v. Le Coq), ev., verh. 1) s. 1956 m. Rixa, geb. v. Loesch, 2 Kd. (Hans-Albrecht, Bettina), 2) 1976-84 m. Tussy, geb. Strobel, gesch. - Gymnasium Lippstadt; Jura-Studium (Promot.) Erlangen - BV: Ordnungsgemäßigk. d. Buchführ., 8. A. 1987 (zus. m. Peter u. Körner); zahlr. steuerrechtl. Aufs. in Fachztschr. - Liebh.: Musik, Oper, Theater - Bek. Vorf.: Christian v. B., 1. Generalsekr. Kolonialverein (Großv.) - Lions-Club München-Olympiaturm.

BORNHAUSEN-O'CONNOR, Angelica

Solotänzerin, Ballettmeisterin Staatstheater Kassel - Ahnatalstr. 42, 3500 Kassel (T. 0561 - 6 84 04) - Verh. s. 1982 m. Martin O'Connor, Bildhauer, S. Marco - Ausb. Hamburg. Staatsoper; Stud. Paris u. Moskau (Bolschoi-Theater) - Solistin in Köln; Prinzipal danser im Canada National Ballett; Solistin in Zürich u. Hamburg; Lehrerin Sommerakad. Köln; Sem. in Frankreich u. Schweiz; Ballettm. in Freiburg u. Kassel - Hauptrollen in klass. Balletten: 1966-71 Köln: Daphnis u. Chloe (Balanchine) Allegro billante; Concerto barocco Pas de dix; D. Unterr.stunde; Feuervogel; Petrouschka; Les Sylphides; Dornröschen; Giselle; Transition (J. Butler); Don Quichotte; La Corsaire. 1971-73 Canada National Ballett: Giselle; La Bayadire; Nußknacker; La Sylphide; Schwanensee; Sarenach (Balanchine). 1973-75 Zürich Opernhaus: La fille mal gardée (Ashton); La Sylphide; D. 7 Todsünden; Feuervogel; Schwanensee; Giselle. 1975-78 Hamburger Staatsoper: Don Juan (J. Neumeier); Mahler 3. Symphonie; Schwanensee - 1968 Förderpreis f. junge Künstler - Spr.: Engl., Franz.

BORNHEIM gen. Schilling, Werner

Dr. phil., Prof., Univ. Mainz, Landeskonservator a.D. v. Rheinland-Pfalz - Uhlandstr. 14, 6200 Wiesbaden - Geb. 6. Febr. 1915 Köln (Vater: Richard B. gen. Sch., Landrat; Mutter: Friederike, geb. Speckhan), kath., verh. s. 1955 m. Dr. med. Godula, geb. Frosch, 2 Kd. (Markus, Stefanie) - Univ. Köln, Bonn, München, Berlin (Promot. 1940) - Präs. Dt. Nat. Komitée v. Icomos; Vors. Rhein. Verein f. Denkmal- u. Landschaftsschutz, Köln - BV: Z. Entw. d. Innenraumdarstell. in d. niederl. Malerei bis Jan van Eyck, 1940; Gesch. d. Familie (v.) Bornheim (1107-1940), 1940; Ruinen, Denkmäler u. Gegenw., 1948; Denkmalpflege in Rhld.-Pfalz, 1949ff.; D. Kunstdenkm. v. Rhld.-Pfalz, 1954ff.; Rhein. Höhenburgen, 1964 - Ehrenbürger New Orleans, Ehrenmitgl. d. Dt. Burgenvereinig., Ehrenmitgl. d. Inst. Grand Ducal de Luxembourg - Spr.: Franz., Engl., Ital.

BORNHOFEN, Ludwig

Stv. Vorstandsvors. Chem. Werke Hüls AG., Marl (b. 1980) -Eduard-Pape-Str. 12, 4350 Recklinghausen (T. 2 71 97) - Geb. 27. Juli 1915 Düren - Kaufm. Werdegang. ARsmandate - Spr.: Engl. - Rotarier.

BORNKAMM, Günther

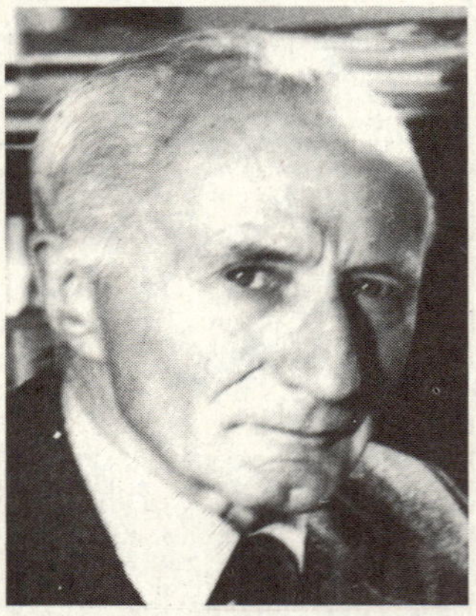

D. theol., D., D., D. D., o. Prof. d. Neutestamentl. Theologie (emerit.) - Werderplatz 12, 6900 Heidelberg (T. 06221 - 48 01 68) - Geb. 8. Okt. 1905 Görlitz (Vater: Georg B., Superint.; Mutter: Martha, geb. Rooseboom), ev., verh. in 2. Ehe (1938) m. Elisabeth, geb. Zinn, 5 Kd. - Univ. Marburg, Tübingen, Berlin, Breslau (Phil. u. Theol.). Lic. theol. 1931 - 1934-37 Doz. Univ. Königsberg, Heidelberg, Kirchl. HS Bethel, 1939-45 Pfarr. Münster/W. u. Dortmund, 1946-49 ao. Prof. Univ. Göttingen, 1949-72 o. Prof. Univ. Heidelberg (1965/66 Rektor) - BV: Mythos u. Legende in d. apokryphen Thomasakten, Stud. z. Gesch. d. Gnosis u. z. Vorgesch. d. Manichäismus, 1933; Gesetz u. Schöpfung im Neuen Testament, 1934; Mythos u. Evangelium, 1950, 3. A. 1953 (m. W. Klaas); Mensch u. Gott in d. griech. Antike, 1951; D. Ende d. Gesetzes - Paulusstud., 1952, 5. A. 1966; Jesus v. Nazareth, 1956, 14. A. 1988 (auch engl., holländ., jap., dän., ital., franz., portug., span., tschech., kroat., Afrikaans); Stud. z. Antike u. Urchristent., 1959, 3. A. 1970; Überliefer. u. Ausleg. im Matthäusevangel., 1960, 7. A. 1975 (m. G. Barth u. H. J. Held; auch engl.); D. Vorgesch. d. sog. 2. Korintherbriefes, 1961, 2. A. 1965; Geschichte u. Glaube I 1968; Paulus, 1969 (auch engl., franz., jap., ital., norweg., span.). Herausg.: Handb. z. Neuen Testam.; Bibel (D. Neue Testament), 1971 (auch engl., jap.); Zugang z. Bibel. E. Einführung in d. Schriften d. Alten u. Neuen Testaments, 1980, 3. A. 1988 - Theol. Ehrendoktor Univ. Marburg, Heidelberg, Glasgow, Oxford; o. Mitgl. Heidelbg. Akad. d. Wiss.; Ehrenmitgl. Fellowship for Biblical Studies, Sydney, u. Society for Biblical Literature (USA) - Bruder: Heinrich B.

BORNKAMM, Karin

Dr. theol., Prof., Hochschullehrerin - Poetenweg Nr. 65, 4800 Bielefeld 1 (T. 10 46 46) - Geb. 21. Juni 1928 Gießen (Vater: Prof. D. Dr. Heinrich B., Theologe (s. dort); Mutter: Liselotte, geb. Maß), ev. - Univ. Leipzig, Marburg, Tübingen, Heidelberg (Ev. Theol.). Promot. 1959 Tübingen - S. 1955 Päd. Hochsch. Osnabrück (b. 1957 u. 1959-61), Bibelsch. Stein b. Nürnberg (1957-59), PH Bielefeld (1961; Prof. f. Ev. Theol. u. ihre Didaktik (Kirchengesch.)), s. 1980 Univ. Bielefeld - BV: Luthers Auslegungen d. Galaterbriefes v. 1519 u. 31, 1963; Aufs. i. Fachzeitschr. - Spr.: Engl. - Bruder: Reinhard B.

BORNKAMM, Reinhard

Dr. rer. nat., Prof. f. Botanik - Hanauer Str. 15, 1000 Berlin 33 (T. 821 60 53) - Geb. 9. Febr. 1931 Gießen (Vater: Prof. Dr. theol. Dr. h. c. Heinrich B., Theologe; Mutter: Liselotte, geb. Maß), ev., verh. s. 1966 m. Heidrun, geb. Busche, 2 Söhne (Oliver, Malte) - Versch. Gymn.; Univ. Heidelberg, Tübingen, Göttingen (Botanik, Zool., Chemie, Physik; Biol. Staatsex. 1956). Promot. 1957 Göttingen; Habil. 1965 Göttingen - S. 1965 Lehrtätigk. Köln (1966 Wiss. Rat u. Prof.) u. TU Berlin (1968 Ord. u. Inst.sdir.). Spez. Arbeitsgeb.; Pflanzenökologie u. - soziol. Facharb. - BV: Einführung in d. Botanik, 1973, 2. A. 1980 - Schwester: Karin B.

BORNMANN, Gerhard

Dr. med., Prof., Pharmakologe u. Toxikologe - Mecklenburger Str. 19, 4400 Münster/W. - Geb. 5. April 1919 Herford/W. - S. 1954 (Habil.) Privatdoz. u. apl. Prof. (1960) Univ. Münster (1965) Wiss. Rat u. Prof. Inst. f. Pharmak. u. Toxikol. Üb. 60 Facharb.

BORNSCHEIN, Karl

Geschäftsführer Medtronic GmbH - Am Seestern 24, 4000 Düsseldorf 11.

BORNSCHEUER, Eberhard

Dipl.-Ing., Direktor u. Geschäftsführer i.R. Thyssen Industrie GmbH, Düsseldorf, Vors. d. Beirates Castolin GmbH, Kriftel, Beratender Ing. - Rotdornweg 9, 4600 Dortmund-Höchsten - Geb. 22. Nov. 1918.

BORNSCHEUER, Friedrich Wilhelm

Dr.-Ing., em. o. Prof. f. Baustatik - Umgelterweg 10a, 7000 Stuttgart 1 - Geb. 2. Mai 1917 Güttersbach/Hessen (Vater: Wilhelm B., Pfarrer; Mutter: Emmy, geb. Berner), verh. 1944 m. Liesel, geb. Thauer, 2 Kd. (Bettina, Bernd-Friedrich) - TH Darmstadt (Bauing.wesen; Dipl.-Ing. 1939; Dr.-Ing. 1944). o. Prof. TH Stuttgart 1958, Dr.-Ing. E.h. 1984 TU Berlin.

BORNSCHEUER, Lothar

Dr. phil., o. Prof. f. Germanistik (Schwerp.: 16.-18. Jh.) Univ. Duisburg GH - Neckarstr. 16-18, 4300 Essen 18.

BORNSTAEDT, von, Hans-Wilhelm

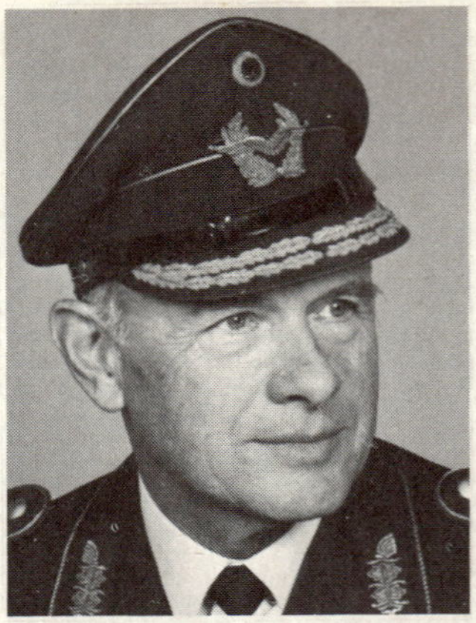

Generalmajor a. D., Schriftsteller - Lärchenhof, 5231 Kircheib (T. 02683 - 61 92) - Geb. 25. Febr. 1928 Relzow, Krs. Greifswald (Vater: Wilhelm v. B.; Mutter: Hildegard, geb. v. Schultz), ev., verh. s. 1952 m. Ottonie, geb. v. Trauwitz-Hellwig, 3 Kd. (Falk-Wilhelm, Carmen, Hans-Wolf) - Gymn. (Kriegsabit. 1945); Landwirtsch.lehre; Ausb. z. Techniker (Hochfrequenztechnik, Elektronik) - Tätigk. in d. fr. Wirtsch., zul. Dt. Lufthansa. 1944-45 Luftwaffenhelfer, b. Kriegsende Reichsarbeitsdst.; 1956 Luftwaffe d. Bundeswehr; Ausb. z. Offz., Techn. Offz. u. Generalstabsoffz. (an Führungsakad. d. Bundeswehr u. Armed Forces Staff College, USA); Ausbilder an Techn. Schule, Kompaniechef u. Kommandeur, Stabsverwendungen in d. Luftwaffe u. im Bundesmin. d. Verteidig., in d. Führungsstäben d. Luftwaffe u. d. Streitkräfte, zul. als Stabsabteilungsleit. Fü S VI Planung; Kommandeur Luftwaffenführungsdienstkommando (1979), Kommandeur 2. Luftwaffendivision (1982), Befehlshaber im Wehrbereich II Nieders. u. Bremen (1984-87) - BVK I. Kl.; Gold. Bundeswehrehrenz.; Ehrenritter Johanniterorden - Spr.: Engl. - Rotarier.

BOROFFKA, Peter

Redakteur, MdB Berlin (1981-87) - Carionweg 1, 1000 Berlin 31 (T. 87 06 08) - Geb. 14. Mai 1932 Potsdam, verh., 2 Kd. - N. Reifeprüf. (Berliner Abendgymn.) TU Berlin (Chemie; 1965 Dipl.-Chem.) - S. 1965 Chemie Information u. Dokumentation Berlin, jetzt Fachinformationszentrum Chemie. CDU s. 1960, MdA Berlin (1971-81).

BOROWSKY, Kay

Dr. phil., Buchhändler, Schriftst. - Christian-Laupp-Str. 5, 7400 Tübingen (T. 07071 - 7 83 14) - Geb. 28. Jan. 1943 Posen, verh., 2 Kd. - Promot. 1973 (Slavistik, German., Roman.) Univ. Tübingen - BV: E. bißchen lachen kann nicht schaden. Tödl. Gesch., 1985; Schnee fällt auf d. Hüte, Guter Mond, du gehst so stille, Schatten am Fluß, Kriminalr. alle 1983-84; Dauerlauf am Abend, Kriminalr. 1988; Lange hält uns d. Zeit, 1988; Wege in Burgund, 1989; Treppen, 1989; Goethe liebte d. Seilhüpfen, Satire 1989. Lyrik: Landschaften fürs Ohr, 1982; D. Hinfälligkeit d. Todes, 1985; Heimwege, 1987. Rd. 20 Übers. aus d. Russ. u. Franz., u.a.: Pariser Traum (1984); M. Alexandre: Memoiren eines Surrealisten; L. Tschukowskaja: Aufzeichnungen üb. Anna Achmatowa; Charles Juliet: Tagebuch (alle 1987) - Spr.: Franz., Russ., Engl., Span.

BORRIES, von, Achim (Hans-Joachim)

Dr. phil., Publizist (Zeitgeschichte/Politik) - Schwachhauser Heerstr. 67b, 2800 Bremen 1 (T. 0421 - 34 62 35) - Geb. 3. Jan. 1928 Hamburg (Vater: Dr. Hans Karl v B., Kaufm. †1988; Mutter: Annemarie, geb. v. Below), ev., verh. s. 1986 m. Maria, geb. Kohne - Stud. Phil., Gesch., Dt. Lit. Hamburg, Basel, Zürich (Promot. 1957) - 1959-65 Redakt. Blätter f. dt. u. intern. Politik; 1965-68 Wiss. Assist. Univ. Saarbrücken (Politikwiss.); 1970-71 Presseref. Ev. Akad. Loccum; 1973-79 Redakt. Vorgänge - BV (Herausg.): Selbstzeugn. d. dt. Judentums 1870-1945, 1962; John Stuart Mill - Üb. Freiheit, 1969 (auch Übers.); Anarchismus - Theorie, Kritik, Utopie, 1970 (m. Ingeborg Brandies); Bertrand Russell - Was wir tun können, Polit. Schriften I 1972; B. R. - Erzieh. ohne Dogma,

Polit. Schr. II 1974; B. R. - D. dt. Sozialdemokr., 1978 (auch Übers.); Preußen u. d. Folgen, 1981; Selbstzeugn. d. dt. Judentums 1861-1945, 1962, 1988 (2. erw. Aufl.).

BORRIES, von, Bodo

Dr. phil., Prof. f. Erziehungswissenschaft m. bes. Berücks. d. Didaktik d. Geschichte Univ. Hamburg (s. 1976) - Von-Melle-Park 8, 2000 Hamburg 13.

BORRMANN, Karl

Dr. jur., Prof., Präsident Landesarbeitsgericht Nieders. - An der Quelle 6, 3000 Hannover 72 (T. 52 20 99) - Geb. 9. April 1914 - Vizepräs. Nieders. Staatsgerichtshof.

BORSCHE, Arnulf

Ressortleiter Generalsekretariat, MdL Hessen (1962-82) - Lyoner Str. 23, Frankfurt/M. 71 (T. Büro: 661 26 22) - Geb. 15. März 1928 Frankfurt/M. (Vater: Prof. Dr. phil. Walther B., Chemiker (s. X. Ausg.); Mutter: Marianne, geb. Fürbringer), ev., verh. s. 1954 m. Krista, geb. Rasor, 3 Kd. (Martin, Carola, Johannes) - Gymn. u. Univ. Frankfurt (Philol.), I. Staatsex. f. d. höh. Lehramt 1952 - S. 1954 NESTLE Deutschl. AG (Prok.), 1960-62 Stadtverordn. Franfurt. CDU (Landesvors. Ev. Arbeitskr.; stv. Kulturpolit. Spr. CDU Hessen; stv. Vors. Frankfurt); Mitgl. Kurat. Blindenanst. Frankfurt; Mitgl. d. Kammer d. EKD f. kirchl. Entwicklungsdienst - 1982 Gr. BVK - Spr.: Engl.

BORSE, Udo

Dr. theol., Pfarrer, Prof. f. Bibl. Theologie Univ Köln, Phil. Fak. (s. 1988) - Antoniusstr. 18, 5357 Swisttal 8 - Geb. 15. Sept. 1930 Danzig (Vater: Waldemar B., Hilfsschullehrer †; Mutter: Hildegard, geb. Alborn, Lehrerin), kath. - N. Abit. 1950 (Eutin) Stud. Kath. Theol. Frankfurt/M., St. Georgen, Bonn. Promot. (1965) u. Habil. (1970) Bonn - S. Priesterw. (1956) Vikar Hilden, Repetent Bonn (1957), Vik. Overath (1961), Pfr. Straßfeld (1966), 1979 Lehrauftr. f. Neues Testament an der RWTH Aachen, 1988 Prof. an d. Univ. Köln - BV: D. Kolosserbrieftext d. Pelagins, 1966 (Diss.); D. Standort d. Galaterbriefes, 1972 (Habil.schr.); D. Brief an d. Galater, 1984; 1. u. 2. Timotheusbrief. Titusbrief, 1985.

BORSODY, von, Hans

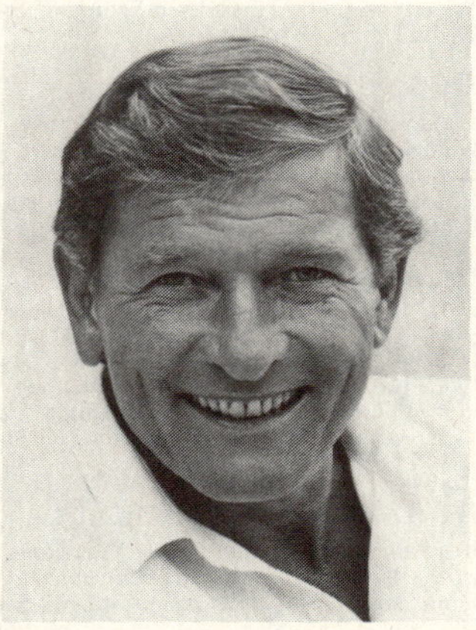

Schauspieler - Birkenweg 1, 8195 Egling 3 (T. 08170 - 5 78) - Geb. 20. Sept. 1929 Wien/Österr. (Vater: Eduard v. B., Filmregiss. u. Autor), led., 2 Töcht. (Suzanne, Cosima) - Abit. 1948; Stud. d. Fotografie; Schausp.-Ausb. Max Reinhardt Seminar Wien - Schausp. b. Theater, Film u. FS, sow. Synchron- u. Rundfunkspr. Regiss. (Kl. Komödie Hamburg, Kl. Theater Bonn) - Hauptrollen Theater: Josef K. (Prozeß); Cyrano de Bergerac (Titelrolle); D. Strom (Halbe); Jean (Titelrolle) Herr Lambertier; Faust (Urfaust). Film: D. Meineidbauer; Don Juan; D. Schäfer v. Trutzberg; Juanito; Unter d. Flagge d. Freibeuter; Im schwarzen Rößl; Wilde Wasser; Hermann d. Cherusker; Formel 1. FS: Robin Hood (Käutner); Detektiv Cliff Decter (26-teilige Serie); D. Vetter Basilio; Merlin (Serie); Constance et Vicky (Paris 1988) - Liebh.: Malerei, Fotografie, Videografie, Reisen, Gärtnern, Segeln, Reiten - Spr.: Engl. (etwas Franz., Ital. u. Span.) - Lit.: Lex. d. Schausp.

BORSODY, von, Rosemarie

s. Fendel, Rosemarie

BORST, Arno

Dr. phil., Prof. f. Mittlere u. Neuere Geschichte - Längerbohlstr. 42, 7750 Konstanz/B. (T. 7 72 05) - Geb. 8. Mai 1925 Alzenau/Ufr. (Vater: Alfons B., Schulrat; Mutter: Elisabeth, geb. Fink), kath., verh. s. 1951 m. Gudrun, geb. Witzig, 4 Kd. (Reinhard, Ulrike, Christiane, Martin) - Gymn. Münnerstadt (Abit. 1943); 1945-51 Univ. Göttingen (Promot. 1951) u. München (Staatsex. 1950) - S. 1957 (Habil.) Lehrtätigk. Univ. Münster (1961 apl. Prof.), Erlangen-Nürnberg (1962 Ord.), Konstanz (1968 Ord., 1969/70 Prorektor) - BV: D. Katharer, 1953, 5. A. 1986 (franz. 1974, japan. 2. A. 1982); D. Turmbau v. Babel, Gesch. d. Meinungen üb. Ursprung u. Vielfalt d. Sprachen u. Völker, 6 Bde. 1957/63; D. Sebaldslegenden in d. mittelalterl. Gesch. Nürnbergs, 1967; Gesch. an mittelalterl. Univ., 1969; Lebensformen im Mittelalter, 1973, 12. A. 1987 (japan. 2 Bde. 1986-89, ital. 1988); Mönchtum, Episkopat u. Adel z. Gründungszeit d. Reichenau, 1974; D. Rittertum im Mittelalter, 1976, 2. A. 1989; Reden üb. d. Staufer, 1978, 3. A. 1981; Mönche a. Bodensee, 1978, 3. A. 1985; D. mittelalterl. Zahlenkampfspiel, 1986; Barbaren, Ketzer u. Artisten, 1988 (engl. 1989, ital. 1989); Astrolab u. Klosterreform a. d. Jahrtausendwende, 1989 - 1949 Mitgl. Maximilianeums-Stiftg. München; 1956 Preis Dt. Forschungsgem., 1966 Preis Akad. d. Wiss. Göttingen, 1979 Bodensee-Lit.preis, 1982 Sigm.-Freud-Preis f. wiss. Prosa, 1982 o. Mitgl. Heidelbg. Akad. d. Wiss., 1983 o. Mitgl. Zentraldir. d. Monumenta Germaniae Historica, 1986 korr. Mitgl. Braunschweig. Wiss. Ges., 1986 Gauß-Med., 1986 Preis d. Hist. Kollegs München, 1987 Stiftungsprof. d. Stifterverb. f. d. Dt. Wiss.

BORST, Hans Georg

Dr. med., o. Prof. f. Chirurgie - Dorfstr. 82, 3004 Isernhagen 2 - S. 1962 (Habil.) Lehrtätigk. Univ. München (1968 apl. Prof.) u. Med. Hochsch. Hannover (1968 Leit. Thoraxchir. Abt./Chir. Zentrum; 1968 Ord. u. Klinikdir.). Spez. Arbeitsgeb.; Thorax-, Herz- u. Gefäßchir. Fachveröff. - Langenbeck-Preis, Lexer Preis.

BORST, Hans-Joachim

Dr. jur., ordentl. Vorstandsmitglied Flughafen Frankfurt/Main AG, AR-Mitgl. Media Frankfurt GmbH, Frankfurt, Mitgl. Rechtsaussch. IHK Frankf., Mitgl. Kommiss. z. Abwehr d. Fluglärms am Flugh. Frankf., Mitgl. im Board d. Intern. Civil Airports Assoc. (ICAA), Region Europe, Mitgl. Aussch. f. Tourismus d. Dt. Ind.- u. Handelstages - Zu erreichen üb. Flughafen, 6000 Frankfurt 75 - Geb. 31. Jan. 1932.

BORST, Otto

Dr. phil., o. Prof. f. Landesgesch. Univ. Stuttgart (s. 1984) - Mozartweg 32, 7300 Esslingen/N. - Geb. 30. Juli 1924 Waldenburg/Württ. - Promot. 1956 Tübingen - B. 1971 Schul-, dann Hochschuldst. Zeitw. Leit. Stadtarchiv Esslingen; Sekr. Intern. Arbeitsgem. D. alte Stadt; 1. Vors. d. Schwäb. Ges. Mitarb. b. Rundf. u. Fernsehen. Zahlr. Bücher z. württ. Gesch., z. Stadtgesch. u. z. dt. Kulturgesch., zul. Württ. u. s. Herren (1988) - 1976 Publizistik-Pr. Nationalkomit. f. Denkmalschutz; 1982 Schubart-Lit.-Pr.; 1984 Fritz-Landenberger-Pr.

BORST, Walter

Dr. jur., Ministerialdirektor, Abteilungsleiter im Bundesmin. f. Forschung u. Technol. (s. 1982) - Postf. 20 02 40, Heinemannstr. 2, 5300 Bonn 2 - Geb. 27. Febr. 1929 Aschaffenburg, verh. s. 1956, 3 Kd. - Stud. Rechts- u. Wirtschaftswiss. Dipl.-Volksw. 1952; Promot. 1953 (München); Ass.ex. 1956 - 1956-1976 Landes- u. Bundesbeh.; 1976-82 Generalsekr. Stiftg. Volkswagenwerk Hannover - Spr.: Engl.

BORTOLUZZI, Paolo

Ballettdirektor u. 1. Solotänzer Deutsche Oper am Rhein, Düsseldorf-Duisburg - Zu erreichen üb. Dt. Oper, Heinr.-Heine-Allee 16a, 4000 Düsseldorf - Geb. 17. Mai 1938 Genua/Ital., verh. m. Jaleh Kerendi, 2 Kd. (Vanessa, Alexis) - Tanz-Ausb. b. Ugo dell'Ara, Assaf Messerer, Victor Gsovsky, Nora Kiss - Star-Tänzer b. M. Béjart, Ballett d. 20. Jh., Dt. Oper am Rhein (Erich Walter), Mailänder Scala, American Ballet Theatre; Gastsp. in Wien, Berlin, München, London, Tokio, San Francisco, Rom, Prag, Warschau, Paris, Budapest, Kopenhagen, Stuttgart. Alle Rollen d. klass. u. mod. Repertoires - Choreogr. u. Insz.: Cinderella, Hommage á Picasso, Nuits d'été, Aimer l'amour, Clair de lune, Dialog, Face à Face, Vier Jahreszeiten (Verdi) u.a. Werke - Nijinsky-Preis Paris; Kritikerpreis München - Liebh.: Malerei, Musik - Spr.: Deutsch, Franz., Engl., Span., Ital. (Mutterspr.) - Lit.: Albin Michel, Paolo Bortoluzzi.

BORTZ, Jürgen

Dr. phil., Dipl.-Psych., Prof. f. Psychologie (Quantitative Methoden) - Dernburgstr. 57, 1000 Berlin 19 - Geb. 8. März 1943 - Promot. 1968 Berlin (TU) - S. 1972 Prof. TU Berlin.

BORZIKOWSKY, Reinhold

Präsident Landesrechnungshof Schlesw.-Holst. (s. 1975) - Bulkerweg 20, 2301 Strande (T. Amt: Kiel 59 61) - U. a. Landrat Kr. Husum, Staatssekr. Kultusmin. v. SH - 1971 BVK I. Kl.

BOSBACH, Bruno

Dr. rer. nat., Prof. f. Mathematik GH Kassel, Univ. d. Ld. Hessen (s. 1971) - An d. Vogelwiesen 20, 3500 Kassel - Geb. 25. Jan. 1932, verh. s. 1961 m. Gisela, geb. Henseler, 4 Kd. (Markus, Corinna, Nicola, Johannes) - Abit. 1952, Stud. Sporthochsch. Köln (Dipl. 1956) u. Univ. Köln; Promot. 1959, Staatsex. MA, LB. 1960, Habil. TH Darmstadt 1970. 1956-58 Sportlehrer, 1960-71 Schuldienst, s. 1971 Prof. - Spr.: Engl., Lat.

BOSCH, Berthold Georg

Dr., Dr., Dipl.-Ing., o. Prof. f. Elektronik Univ. Bochum - Universitätsstr. 150, 4630 Bochum-Querenburg (T. -700 58 24); priv.: Galgenfeldstr. 54, -Stiepel - Geb. 30. Mai 1930 Bonn (Vater: Prof. Dr. Bernhard B. (s. d.); Mutter: Maria, geb. Pagés), verh. s. 1964 m. Siegrun, geb. Weber, 2 Kd. - Stud. TH Aachen; Promot. zum Ph.D. u. D.Sc. 1960 bzw. 1976 Univ. of Southampton; Habil. 1969 Karlsruhe - 1956-57 AEG-Ausl.stip. u. 1957-60 Res. Assist. Univ. Southampton; 1960-72 AEG-Telefunken, zul. Abt.leit. Elektronik Forschungsinst. Ulm; 1969-72 Privatdoz. Univ. Karlsruhe, s. 1972 Bochum; 1985 Mitgründer d. Mikroelektronik-Zentrums Univ. Bochum. Üb. 40 Patente. Fellow Inst. of Electrical Engineers, London; Fellow Inst. of Electric. a. Electron. Eng., New York - BV: Gunn-effect Electronics, 1975 (auch poln. 1980). In- u. ausl. Fachveröff. - 1962 A.F.-Bulgin Aw. Brit. Inst. of Radio Eng., 1969 Pr. Nachrichtentechn. Ges., VR-Mitgl. Europ. Ges. f. Ing.ausbild.

BOSCH, Eberhard

Dr. jur., Kaufmann, Präsidialmitgl. IHK Nordschwarzwald - Lessingstr. 12, 7530 Pforzheim - Geb. 31. Juli 1927 Mühlacker (Vater: Wilhelm B.; Mutter: Irene, geb. Rau), verh. s. 1951 m. Brigitte, geb. Dürrwächter - S. 1951 Dürrwächter (1957 p. h. Gesellsch.) - Liebh.: Musik - Mitgl. Lions Club.

BOSCH, Friedrich Wilhelm

Dr. iur., Dr. h. c., o. Prof. d. Rechte - Plittersdorfer Str. 130, 5300 Bonn-Bad Godesberg (T. 36 23 63) - Geb. 2. Dez. 1911 Köln (Vater: Dr. iur. Karl B., Rechtsanw.; Mutter: Elisabeth, geb. Josten), kath., verh. s. 1939 m. Ingeborg, geb. Höhn, 5 Söhne (Michael, Ulrich, Christoph, Rainer, Georg) - Univ. Genf, Freiburg/Br., Bonn (Promot. 1934), Köln. Habil. 1943 Straßburg, Lehrer: Hans Dölle - Ab 1937 Gerichtsass. u. Landgerichtsrat (1941) Bonn, 1940-41 u. 1943-45 Wehrdst. (zul. Wachtm. d. R.), s. 1942 Lehrtätigk. Univ. Straßburg, Bonn (1945), Frankfurt/M. (1948 Lehrstuhlvertr.), Köln, Bonn (1950 Ord., 1964 Honorarprof.), Bochum (1964 Ord.), Bonn (1967 Ord.). 1968-72 Mitgl. Eherechtskommiss. b. Bundesjustizmin.; Mitgl. zahlr. d. Gesetzgeb. beratender Gremien - BV: D. Regelung d. Nachlaßverbindlichk. im Erbhofrecht, 1934; Z. gegenw. Lage d. dt. Zivilgerichtsbark., 1948; Konkurs - Vergleich - Vertragshilfe, 1949; Familienrechtsreform, 1952; Neue Rechtsordnung in Ehe u. Familie, 1954; Gleichberechtig. v. Mann u. Frau - Z. Situation im Ehe- u. Familienrecht, 1954; Welche Anforderungen sind an e. Reform d. Rechts d. unehel. Kindes zu stellen?, 1962; Grundsatzfragen d. Beweisrechts, 1963; Ehe u. Familie in d. Rechtsordnung - Gesetzgeb./Rechtsprech./Wiss., 1966; Familienrecht 1976/77 (Eherechtsgesetz - Unterhaltsrentenanpassung - Adoption), 1977 (m. Dieter Schwab); Ehe u. Familie in d. Bundesrep. Deutschl. - Grundfragen d. rechtl. Ordnung, 1983; Staatliches u. kirchliches Eherecht - in Harmonie od. im Konflikt? Insb. z. Entw. u. z. gegenw. Situation im Eheschließungsrecht, 1988. Zahlr. Einzelarb., a. Festschr.-Beiträge (zul. Beitr. zu Festschr. Habscheid, Geiger, Rebmann, Mikat). Begr., Mithrsg., Schriftl.: Ztschr. f. d. ges. Familienrecht (1954ff.); Mithrsg.: Schr. z. dt. u. europ. Zivil-, Handels- u. Prozeßrecht; Ztschr. Konkurs-, Treuhand- u. Schiedsgerichtswesen - Officier dans l'Ordre des Palmes Académiques (1961); Komturkreuz St. Gregoriusorden m. Stern (1972); Dr.iur.utr.h.c. (Würzburg, 1982); 1. Vors. d. Wiss. Vereinig. f. Familienrecht e. V. (Bonn, b. 1986); Ehrenmitgl. dieser Vereinig. u. d. Intern. Society on Family Law - Liebh.: Sprachstud., Musik - Festschr. z. 65. Geb. (1976); Erneuerung d. Doctor-Diploms (aus Anlaß d. Gold. Doctor-Jubiläums), 1985; 1986 Gr. BVK.

BOSCH, Gerhard

Dr. med., Prof., Ltd. Landesmedizinaldirektor i. R. - Tannayerstr. 12, 6551 Norheim (T. 3 67 51) - Geb. 13. Aug. 1918 Ludwigshafen/Rh. (Vater: Hans B., zul. Prokurist IG Farbenind. AG. †1927; Mutter: Mally, geb. Hülse), ev., verh. s. 1946 m. Dr. Gertrud, geb. Schmidt, 3 Kd. (Gerhard, Brigitte, Ulrike) - Promot. 1944 Köln; Habil. 1961 Frankfurt/M. - 1946-51 Assistenzarzt Nervenklinik Bamberg; 1951-62 Assistenz- u. Oberarzt Univ.-Nervenklinik Frankfurt; 1962-80 Dir. Rhein. Landesklinik f. Kinder- u. Jugendpsychiatrie Viersen 12-Süchteln. S. 1961 Lehrtätigk. Univ. Frankfurt u. Med. Akad. bzw. Univ. Düsseldorf (1964; 1967 apl. Prof. f. Kinder- u. Jugendpsych.). Mitgl. Dt. Vereing. f. Kinder- u. Jugendpsych., Vors. Wiss. Beirat Bundesvereinig. Lebenshilfe e. V., 1975-81 Mitarb. Psychiatrie-Enquête 1971-75 - BV: D. frühkindl. Autismus, 1962 (engl. 1970). Zahlr. Einzelarb. - Spr.: Engl., Franz. - Rotarier - Bek. Vorf.: Geheimrat Prof. Dr. phil. Dr. h. c. Carl B., u. a. Vorstandsvors. IG Farben, 1931 Nobel-Preis f. Chemie, 1874-1940 (Onkel) - Lit.: Festschr. Landschaftsverb. Rheinland 1980, G. B. Das wissenschaftl. Werk Acta Paedopsychiatr. 51, H. 4 1988.

BOSCH, Gregor

Dr. med., Prof., Leiter Abt. f. Sozialpsychiatrie/Psychiatr. Klinik FU Berlin - Rüsternallee 14, 1000 Berlin 19.

BOSCH, Hans-Joachim
Dipl.-Kfm., Bankdirektor - Schloßstr. 20, 7000 Stuttgart 1 (T. 0711 - 2 00 10) - Stv. Vorst. Stuttgarter Bank AG.

BOSCH, Karl
Dr. rer. nat., o. Prof. f. Mathematik (II) Univ. Hohenheim - Postfach 70 05 62/110, 7000 Stuttgart-Hohenheim - Geb. 17. Aug. 1937 Ennetach - Promot. 1967; Habil. 1973 - Zul. Doz. TU Braunschweig. Fachveröff. versch. Fachbücher.

BOSCH, Manfred
Schriftsteller - Neumattenweg 30, 7888 Rheinfelden - Geb. 16. Okt. 1947 Bad Dürrheim - Abit. Radolfzell/Bodensee, 1968/70 Zivildst. Münchner Altersheim; Stud. Soziol. u. German. - B. 1980 Ortschronist Grunertshofen/b. München, jetzt Rheinfelden/Bad.; Mithrsg. u. Red. der alemann. Kulturztschr. „Allmende"; 1974/75 Hrsg. Reihe Raith Literatur; Mitarb. Rundf. u.- Presse; Beitr. in Anth. - BV: das ei, Ged. 1969; konkrete poesie, 1969; E. Fuß in d. Tür, Epigr. 1970; mordio & cetera, 1971; Lauter Helden, Westernged., 1971; Lauter Helden, Neue Westernged. 1975; D. Leute behandeln als ob sie Menschen seien - Managerlit., e. Dokumentaranalyse, 1974; Handb. z. dt. Arbeiterlit., Bd. II: Bibliogr. 1977; D. Zugang, R. 1978; D. Kandidat. 14 Briefe z. Verteidigung v. Frieden, Freiheit u. Demokr., 1980; Nie wieder, 1981; Als d. Freiheit unterging. E. Dok. üb. Verweigerung, Widerstand u. Verfolg. im Dritten Reich in Südbaden, 1985; D. Neubeginn. Aus dt. Nachkriegszeit. Südbad. 1945-50, 1986. Mundartgedichte: Uf den Dag wart i, 1976; Mir hond no genueg am Aalte, 1978; Ihr sind mir e schäne Gsellschaft, 1980; Wa sollet au d Leit denke, 1983. Herausg.: Beispielsätze (1972); Für wen schreibt d. eigentlich?, Gespr. m. lesenden Arbeitern - Autoren nehmen Stellung (1973, m. Klaus Konjetzky); Gegendarst. Lyr. Parodien (1974, m. M. Ach); Polit. Leseb. u. Handb. Gruppenarbeit (1973 u. 75, m. H.-D. Bamberg); Volksausgabe. Epigr. (1975); Ortsgesch. Grunertshofen (1977, Mitaut.); Kulturarbeit. Versuche u. Modelle demokratischer Kulturvermittl. (1977); Mundartlit. Texte aus sechs Jh. (1979); Wir trugen d. Last, b. sie zerbrach. E. dt. Briefwechsel 1933-1938 (1983); Du Land d. Bayern. E. hist.-polit. Leseb. (1983); D. Ende d. Geduld (1986); Max Picard, Wie d. letzte Teller d. Akrobaten, Ausw. a. d. Werk (1988); D. Johann Peter Hebel-Preis 1936-88. E. Dok. (1988) - 1974 u. 1976 Preise f. Mundartged.; 1978 Bodensee-Lit.-Preis; 1985 Alemann. Literaturpr.

BOSCH, Otto
Industriekaufmann, Geschäftsf. u. Kompl. Gebr. Bosch KG., Jungingen - Geb. 19. Febr. 1934 Jungingen/Hohenz., kath., verh. m. Afra, geb. Knaus - Abschl. Höh. Handelssch., kaufm. Lehre - Spr.: Engl., Franz.

BOSCH, Siegfried
Dr. rer. nat., Prof., Mathematiker - Zumbroockstr. Nr. 2, 4400 Münster/W. - Geb. 29. Sept. 1944 Wuppertal - Promot. 1967 Göttingen - S. 1972 (Habil.) Lehrtätigk. Univ. Münster (1974 Wiss. Rat u. Prof. Math. Inst.). Fachaufs.

BOSCH, Werner
Orgelbaumeister, Vors. Bundesinnungsverb. f. d. Musikinstrumenten-Handwerk, Kassel, Vizepräs. Handwerkskammer ebd. - Geschäftsst. BIV Scheidemannplatz 2, 3500 Kassel (T. 0561- 1 32 80); priv.: Steinbergstr. 35, 3511 Staufenberg (T. 05543 - 31 89) - Geb. 5. Mai 1916.

BOSCHEINEN, Helga
Schriftstellerin (Ps. Helga Colbert) - Streitbergstr. 79, 8000 München 60 - Geb. 19. März 1939 Berlin (Vater: Willi B., Dipl.-Kfm.; Mutter: Gertrud, geb.

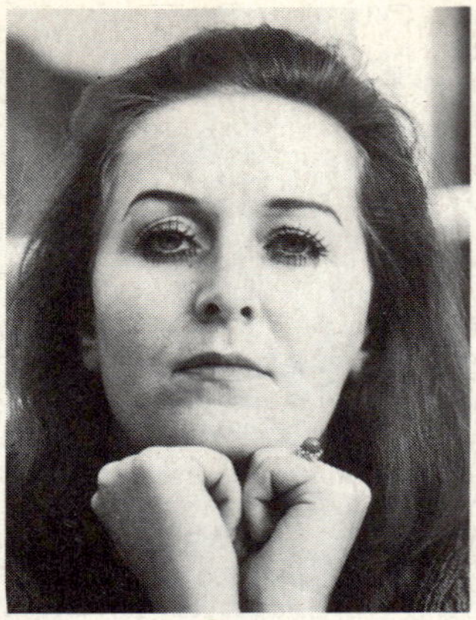

Obernberger, Lehrerin), kath., ledig, S. Markus - Mittl. Reife - S. 1982 Mitarb. Ztschr.: Licht vor d. Dunkel, Wien - BV: D. Mandelbaum, 1969; D. Leuchtturm, 1975; D. Mensch u. d. Folgen seiner Existenz, Religionsphilos. Ess. 1986; 1972-87 Beitr. in versch. Anthol. - 1984 AWMM-Lyrikpreis (nicht angenommen) - Liebh.: Lit., Phil., Psych., Theol., Auslandsreisen, Musik - Spr.: Engl.

BOSCHKE, Friedrich Libertus
Dr. rer. nat. h.c., Dipl.-Chem., Schriftsteller (Ps. G. N. Tomby) - Beethovenstr. 23, 6901 Bammental (T. 06223 - 4 02 86) - Geb. 28. Febr. 1920 Barkhausen/Krs. Minden, verh. s. 1947 m. E. Tosberg, S. Wolfram Libertus - Stud. Chemie Univ. Göttingen u. Marburg; Dipl.-Chem. 1944 Marburg - B. 1985 Leit. Chemie-Abt. Springer-Verlag, Heidelberg; Lehrbeauftr. Univ. Mainz - BV: D. Schöpfung ist noch nicht zu Ende, 1962 u. 82, 1. Intern. Sachbuchpreis; Erde v. a. Sternen, 1965; D. Forschung fängt am Schreibtisch an, 1967; D. Herkunft d. Lebens, 1970; D. Unerforschte, d. unbekannte Welt, in d. wir leben, 1975; ... und 1000 J. sind wie e. Tag; D. Welt auf Feuer u. Wasser - E. Vulkanreiseb., 1982; Ritter, Burgen, Waffen; D. Umwelt ist kein Paradies, 1984; Kernenergie, 1988. Übers. in 16 Spr. (Gesamtaufl. 2 Mill.), zahlr. TB-Ausg. - 1974 Ehrendoktor Univ. Marburg; 1988 Preis Ges. dt. Chemiker f. Journalisten u. Schriftsteller; 1989 1. Preis Technik u. Öffentlichkeit des Dt. Verb. techn.-wiss. Vereine - Bek. Vorf.: Libertus Busemann, Schulbuchverf. auf naturwiss. Geb. (Großv.).

BOSE, Heinz-Eberhardt
Dr. med., gf. Arzt Ärztekammer Niedersachsen (b. 1983; n. fast 38j. Tätigk.), Vizepräs. Verb. d. fr. Berufe in Nieders. - Zu erreichen üb.: Berliner Allee 20, 3000 Hannover 1 - 1983 Gr. Verdienstkr. Nds. VO.

BOSECK, Siegfried
Dr. rer. nat., Prof. f. Exper. Physik m. Schwerp. Licht- u. Elektronenmikroskopie - Heideweg 40, 2804 Lilienthal-Klostermoor - Geb. 14. Sept. 1935 Gumbinnen/Ostpr. - Promot. 1966 München; Habil. 1972 Gießen - S. 1972 Prof. Univ. Bremen. Fachaufs.

BOSETZKY, Horst (-ky)
Dr., Prof. f. Soz. Berlin, Schriftst. (Ps. -ky) - Zu erreichen üb. Rowohlt Taschenbuch-Verlag, Hamburger Str. 17, 2057 Reinbek - Geb. 1. Febr. 1938 Berlin, ev., verh. s. 1969 m. Stefanie, geb. Ratzlaff - Lehre Industriekaufm. Siemens; 1960-66 Stud. Soz. FU Berlin; Dipl. 1966, Promot. 1969 - 1966-70 Assist. FU Berlin; 1970-72 wiss. Mitarb. Senatskanzlei Bremen - BV: E. v. uns beiden, 1972; Stör d. feinen Leute nicht, 1973; Kein Reihenhaus f. Robin Hood, 1979; Feuer f. d. Gr. Drachen, 1982; Grundz. e. Soz. d. Industrieverw., 1970; Mensch u. Org., 1980 (m. P. Heinrich) - Liebh.: Leichtathl., Eisenbahn - Spr.: Engl. - Lit.: Rudi Kost, D. mod. dt. Kriminalroman 1 (1981).

BOSHOF, Egon
Dr. phil., Prof. f. Mittlere u. Neuere Geschichte sow. Histor. Hilfswiss. - Kreuzbergstr. 13, 8390 Passau (Neustift) - Geb. 13. Jan. 1937 Stolberg/Rhld. (Vater: Franz B., Rektor; Mutter: Johanna, geb. Bong), kath., verh. s. 1963 m. Erika, geb. Schindler, 3 Kd. (Dietmar, Anja-Maria, Heidrun Elisabeth) - Stud. Univ. Köln u. Freiburg (Gesch., Philos., German.), 2. Staatsex. 1962, Schuldienst b. 1966, dann Univ. Köln; Promot. 1967, Habil. 1971. 1972 apl. Prof., 1976 Wiss. Rat u. Prof. Köln, 1979 o. Prof. Univ. Passau - BV: Erzbischof Agobard v. Lyon (Diss.), 1969; Erzstift Trier u. s. Stellung zu Königtum u. Papsttum i. ausgeh. 10. Jahrh. (Habil.), 1972; Einf. in d. Stud. d. mittelalterl. Gesch., 3. A. 1983; Heinrich IV. Herrscher an e. Zeitenwende, 1979; D. Salier, 1987; Aufs. in Fachztschr., Hrsg. d. Archivs f. Kulturgesch. - Liebh.: Musik, Sport - Spr.: Engl., Franz.

BOSKAMP, Arthur
Geschäftsführer Pharmaind., Kunstmaler, Schriftst. - Schillerstr. 12, 2210 Itzehoe - Geb. 6. Aug. 1919 Nickelswalde b. Danzig, ev. - BV/Lyrik: Aeskulap dichtet; Auf d. Esel reiten; Wo endet dieser Weg; Lang schien die Reise. Theaterst.: Don Juans zweite Frau. Bildbd. m. Ölbildern, Aquarellen u. Ged. - 1986 BVK; Rubensmed. Assoc. Belgo-Hispani Brüssel/Belgien; Ehrenmitgl. Bundesverb. dt. Schriftstellerärzte.

BOSL, Karl
Dr. phil., em. o. Prof. Geschichte - Donnersbergerstr. 9, 8000 München 19 (T. 16 73 35) - Geb. 11. Nov. 1908 Cham/Opf. (Vater: Franz B., Hausverw.; Mutter: Maria, geb. Mühlbauer), kath., verh. s. 1938 m. Erika, geb. Schmidt (ev.), T. Erika - Gymn.; Univ. München (Gesch., Klass. Spr., German.). Promot. u. Habil. Studienrat Ansbach u. München; s. 1953 Ord. Univ. Würzburg (Mittlere u. neuere Gesch.) u. München (1960). Vors. Kommiss. f. bayer. Landesgesch. Bayer. Akad. d. Wiss. u. Collegium Carolinum b. 1978 bzw. 1980. Carl-Schurz Prof. Univ. Madison, Wisc., USA; Rose Morgan Prof. Univ. Lawrence, Kansas, USA - BV: D. Reichsministerialität d. Salier u. Staufer, 2 Bde. 1950/51; Gesch. d. Mittelalters, 1950; Bayer, Gesch., 6. A. 1981; Staat, Ges., Wirtsch. im dt. Mittelalter (in: Gebhardts Handb. d. dt. Gesch. I); Franken um 800, 1959; Frühformen d. Ges. im mittelalterl. Europa, 1964; D. Sozialstruktur Regensburgs im Mittelalter, 1965; München/Bürgerstadt - Residenz - Heiml. Hauptstadt Deutschlands, 1972; D. Grundl. d. Mod. dt. Ges. im Mittelalter, 1972; Europa im Aufbruch, 1980; Gesellschaftsgesch. Italiens im MA, 1982; Storia sociale d'Europa medioevale (UTET, Turin); Geschichte d. Repräsentation in Bayern, 1974; Oberpfalz u. Oberpfälzer, 1978; Böhmen u. s. Nachbarn, 1976; Il risveglio del Europa L'Italia dei Comuni, 1985; D. Osten Bayerns, 1986. Viele Buch- u. Ztschr.beitr. Herausg.: Handbuch d. Gesch. d. böhm. Länder (4 Bde. 1967ff.), Aktuelle Forschungsprobleme u. d. I. Tschechosl. Rep. (1970), Umbruch in Europa v. 10.-14. Jh. (1971), D. J. 1945 in d. Tschechosl. (1972), Bosl's Bayerische Biographie (1983); Bohemia Ztschr. f. Gesch. u. Kultur d. böhm. Länder; Monographien z. Gesch. d. MAs (Stuttgart) 32 Bde. Miscellanea Bavarica Monacensia - 1964 Ostbayer., 1970 Sudetend. Kulturpreis; 1970 Bayer VO.; 1976 Gr. BVK; Bayer. Max-Orden - Spr.: Engl., Franz., Ital.

BOSNIAKOWSKI, Siegfried
Dr.-Ing., Prof. - Ardennenstr. 88, 5100 Aachen - Geb. 5. Jan. 1929 Essen - Promot. 1959 Aachen - S. 1964 (Habil.) Lehrtätigk. TH Aachen (1970 apl. Prof.; 1971 Wiss. u. Prof./Leit. Lehr- und Forschungsgeb.: Festigkeitsfragen d. konstruktiven Ingenieurbaues), s. 1976 Prüf-Ing. f. Baustatik - BV: u. a. Schwingungsberechnung ebener Stabwerke, 1969 - 1954 Girardet-, 1959 Borchers-Preis.

BOSS, Siegfried
Dipl.-Volksw., alleiniger Geschäftsf. Deutsche Acheson GmbH, u. Deutsche Acheson Colloids, beide Ulm (s. 1967) - Hauptstr. 82, 7332 Eislingen - Geb. 9. Aug. 1930 Göppingen (Vater: Karl B., Beamter; Mutter: Emma, geb. Hauser), ev., verh.s. 1960 m. Eleonore, geb. Scheer, T. Claudia - Stud. d. Rechts- u. Wirtschaftswiss. - ARsmitgl. Marly, Brüssel, Dag Engineering, Scheemda.

BOSS, Walter
Botschafter Bundesrep. Dtschl. in Japan (1984ff.) - CPO Box 955, Tokyo/Japan - Geb. 1921, verh. (Ehefr.: Malerin) - B. 1979 Gesandter NATO, 1979ff. Botsch. Thailand, dann Leit. d. dt. Delegation bei d. Wiener Truppenabbau-Verhandlungen - Liebh.: Klass. Musik (spielt Violine).

BOSS, Wilhelm
Kaufmann, Vors. Bundesverb. d. Dt. Schuheinzelhandels, Köln - 7150 Backnang/Württ.

BOSSE, Heinz
Prof., Oberregierungsvermessungsrat a. D., Kartograph - Tulpenstr. 26, 7500 Karlsruhe 51 - Geb. 2. Okt. 1909 Siebleben/Thür. (Vater: Wilhelm B., Schlosserm.; Mutter: Auguste, geb. Ecarius), verh. in 2. Ehe (1958) m. Edeltrud, geb. Kraft, 4 Kd. (Knut, Ingo, Sabine, Ulrike) - Oberrealsch.; Kartographenlehre - B. 1933 Staatsdst.; Doz. u. Prof. Fachhochsch. Karlsruhe. 1957-79 Gründ. Arbeitskurse Niederdollendorf. 1967-79 Präs. Dt. Ges. f. Kartogr.; 1981 Ehrenpräs. ebd. - BV: Kartentechnik, 2 Bde. 1953 (1958 russ.) - Liebh.: Malerei.

BOSSE, Helmuth
Automobilkaufmann, MdL Nieders. (s. 1967) - Elmstr. 8, 3307 Schöppenstedt (T. 25 26) - Landtagsvizepräs. (s. 1978). SPD.

BOSSE, Klaus
Dr. med., Dr. med. vet., Abteilungsvorsteher Hautklinik, Prof. f. Dermatologie u. Venerol. einschl. Vergl. Dermatol. u. Versuchstierkd. Univ. Göttingen (s. 1969) - Über den Höfen 34, 3400 Göttingen - Geb. 11. März 1928 - Promot. 1955 (m. v.) u. 57 (m.); Habil. 1967 - Rd. 100 Facharb. - 1970 Hans-Schwarzkopf-Preis; 1977 Hans-Theo-Schreus-Gedächtnispreis.

BOSSELMANN, Gustav
Landesminister a. D., Rechtsanwalt u. Notar, MdL Nieders. (s. 1963) - Schröderstr. 2, 3043 Schneverdingen (T. 4 03; Büro: Soltau 24 69) - Geb. 18. Mai 1915 Schülernbrockhof Kr. Soltau, verh. s. 1940, 4 Söhne - Reform-Realgymn. Uelzen; Univ. Tübingen u. Göttingen (Rechts- u. Staatswiss.). Jurist. Staatsprüf. 1938 u. 1951 - 1938-45 Wehrm. (Panzergren.; zul. Hptm.); landw. Tätigk. (eig. Hof); s. 1951 RA u. Not. (1957) Soltau; 1965-70 nds. Justizmin. 17 J. Bürgerm. Gde. Schneverdingen. CDU - 1975 Gr. VK Nieders. VO.

BOSSENMAIER, Helmut
Vorstandsmitglied Allianz Versicherungs-Aktienges., Berlin/München - Donaustr. 12, 8000 München 80 - Geb. 20. Dez. 1923.

BOSSI, Rolf
Rechtsanwalt (Strafverteidiger) - Sophienstr. 3, 8000 München 2; priv.: Gaußstr. 2, 80 - Geb. 10. Sept. 1923 Karlsruhe, verh. s. 1957 m. Claire, geb. Reimann, 2 T. (Marion, Judith) - Univ. München (Rechtswiss.). Ass.ex. 1952 - S. 1952 Strafvert. 1980 CDU. - BV: Ich fordere Recht, 1977.

BOSSLE, Lothar
Dr. phil., Prof. f. Soziologie - Thüringer Str. 50, 8700 Würzburg - Geb. 10. Nov. 1929 Ramstein/Pf., kath., verh. m. Eva-

Maria, geb. Bernzott, 3 Kd. (Stephan, Yvonne, Erik) - Promot. 1965 - S. 1970 Prof. PH Lörrach u. Univ. Würzburg (Ord. u. Mitvorst. Inst. f. Soziol.). Wiss. Dir. Inst. f. Demokratieforsch. - BV: u. a. D. jg. Mensch u. d. Politik, 1961; Utopie u. Wirklichk. im polit. Denken v. Reinhold Schneider, 1965; Polit. Bildung - Durchbruch od. Krise?, 1966; Demokratie ohne Alternative, 1972; Soziol. d. Sozialismus, 1976; Allende u. d. europ. Sozialismus, 1976; Vorwärts in d. Rückgangsges., 1979; Hans Filbinger - E. Mann in unserer Zeit, 1983 - Liebh.: Lesen - Spr.: Engl., Franz.

BOSSLER (ß), Werner

Hüttendirektor i. R. - Bussardweg 12, 4330 Mülheim/Ruhr 1 (T. 5 05 00) - Geb. 11. Jan. 1910 Duisburg, verh. s. 1939 m. Erika, geb. Nalenz - 1929-75 Vereinigte Stahlwerke AG. bzw. deren Nachfolgegesellschften (1956 Vorstandsmitgl.). Ämter Fachorg. u. a.

BOSSLET (ß), Hans Rudi

Dipl.-Kfm., Geschäftsf. Dt. Touring GmbH., Frankfurt/M. (s. 1971) - Schillerstr. 22, 6093 Flörsheim-Weilbach (T. 06145 - 3 23 28) - Geb. 21. Dez. 1929 Elversberg/Saar (Vater: Ludwig B.; Mutter: Elisabeth, geb. Schuh), kath., verh. s. 1958 m. Annemarie, geb. Eul, 2 Kd. (Detlef, Barbara) - Abit. 1950; kaufm. Lehre; Stud. d. Wirtsch.- u. Sozialwiss. Univ. Köln (Dipl.ex. 1957) - B. 1959 Industrietätigk.; s. 1960 Dt. Bundesbahn/Dir. Essen, Bundesbahnsozialamt u. Zentralstelle f. Betriebswirtsch. - Spr.: Engl., Franz.

BOST, Hans-Josef

Journalist, MdL Nordrh.-Westf. (1966-75) - Flemingstr. 27, 5300 Bonn 1 - Geb. 24. Mai 1916 Quierschied/Saar, verh., 4 Kd. - Stud. Phil. - 1941-45 Wehrdst. (Sanitäter); s. 1946 Journ. (1948 Redakt. Verw. f. Arbeit, Frankfurt/M., 1950 Bundesmin. f. Arbeit u. Sozialordnung, Bonn). 1964ff. Landrat Kr. Bonn. 1952-66 Mitgl. Gemeindevertr. Duisdorf (1953-61 Fraktionsvors.; 1961-64 Bürgerm.); s. 1961 MdK Bonn (b. 1964 Fraktionsvors.). CDU s. 1946.

BOTH, Anton

Dr. med. (habil.), Internist, Kardiologe, apl. Prof. f. Inn. Med. Univ. Düsseldorf (s. 1973), Tübingen (s. 1984) - Katharinen-Hospital (Abt. f. Herz. u- Gefäßkrankh.), 7000 Stuttgart 1.

BOTHE, Bernd

Dipl.-Betriebswirt, Bankkauffmann, stv. Vorst.-Mitgl. Kaufhof Holding AG, u. Kaufhof Warenhaus AG - Leonhard-Tietz-Str. 1, 5000 Köln 1; priv.: Im Schlangenhöfchen 7, 5060 Bergisch-Gladbach 1 - Geb. 20. Mai 1944 Lauta (Vater: Georg B.; Mutter: Ilse, geb. Zupp), gesch., 2 Kd. (Andrea, Dirk) - Realsch. Hürth, Höh. Handelssch. Köln; Banklehre; Stud. d. Betriebswirtsch. FH Köln - 1963 Bank f. Gemeinwirtsch. AG, Köln; 1968 Pintsch Bamag AG, Butzbach; 1970 Mohawk Data Sciences GmbH, Köln; 1973 Kienbaum & Partner GmbH (gf. Gesellsch. u. Vors. d. Geschäftsfg.), 1988 Vorst.-Mitgl. Kaufhof AG, Köln - BV: Strateg. Untern.führung, Strateg. Marketing, Innovationsmanagement, Org.entwicklung, Personalmanagement - Liebh.: Tennis, Ski, Surfen, Gruppendynamik - Spr.: Engl, Franz., Ital.

BOTHE, Johannes

Dr. med., Internist, Vors. Kreisärzteverein Paderborn (1961ff.) u. Suchtkrankenhilfe (1972ff.), Geschäftsf. Ärzte-Laborgemeinsch. (1976ff.), ARvors. Volksbank ebd. (1977ff.) - Alte Torgasse 10, 4790 Paderborn/W. - Geb. 29. Sept. 1921 Domsdorf/heute DDR (Vater: Georg B., kaufm. Angest.; Mutter: Magdalene, geb. Theiss), kath., verh. s. 1952 m. Johanna, geb. Kuchtner, 2 T. (Dorothea, Ursula) - Univ. Breslau, Leipzig, München (Med.). Promot. 1950 - Liebh.: Geschichte, Musik, Gartenarb. - 1976 BVK; 1983 Ehrenbecher Ärztekammer Westf.-Lippe - Bek. Vorf.: Germanus u. Konrad Theiss (ms.) - Förderer span. Schüler Bad Driburg (Gymn. St. Xaver).

BOTHE, Klaus

Dipl.-Ing., Bergassessor a. D., Geschäftsf. Saarberg-Fernwärme GmbH., Saarbrücken - Amselweg 1b, 6605 Friedrichstal (T. 06897 - 8 87 55) - Geb. 27. Mai 1929, kath., verh. s. 1958, 4 Kd.

BOTHE, Rolf

Dipl.-Ing., Unternehmensbereichsleiter u. Dir. d. Leybold AG, Hanau - Rückinger Str. 12, 6455 Erlensee (dstl.); Scharderhohlweg 11, 6240 Königstein 2 (priv.) - Geb. 7. Aug. 1932 Berlin (Vater: Max B., Staatsfinanzrat; Mutter: Emma, geb. Beling), ev., verh. s. 1961 m. Ingrid, geb. Störiko, 2 T. (Katrin, Petra) - Abit. 1952 Bad Homburg, 1952-57 Stud. allg. Masch.bau u. Verfahrenstechn. TH Darmstadt - 1957-77 Prok. u. Abt.dir. f. Verfahrenstechn. Anlagenbau Lurgi-Ges., Frankfurt, s. 1978 Prok. u. Dir. Leybold-Heraeus GmbH, Werk Hanau, 1979-87 Techn. Geschäftsf., s. 1987 Untern.bereichsleit. - Spr.: Engl., Franz.

BOTHE, Wolfgang

Dirigent - Silcherstr. 23, 8000 München 40 (T. 089 - 359 49 46) - Geb. 18. Juli 1934 Berlin, verh. - 1950-56 Hochsch. d. Künste Berlin - 1965-71 Staatsoper Dresden (Kapellmeister); 1971-82 Frankfurt/Oder (Chefdirigent); 1966-71 Lehrtätigk. Hochsch. f. Musik, Dresden, (Fach: Opern-Ensemble); 1983-1988 Chefdirigent Staatstheater am Gärtnerpl. München. S. 1972 Konzertdirig. in: Ungarn, CSSR, Polen, Rumän., Bulgar., SU, Span., Schweiz u. Japan. Gastdirig. b. Rundfunk-Orch. (Produkt.) in Leipzig, SFB (Berlin), NDR (Hamburg), WDR (Köln), BR (München) - Spr.: Engl.

BOTHMANN, Eckhard

Geschäftsführer Groz-Beckert Portuguesa Lda Porto - R. Eugenio Castro, 34/153, 4100 Porto/Portugal (T. 00352 - 69 42 53) - Geb. 17. April 1930 Hamburg, ev., verh. s. 1955 m. Consuelo Sánchez Galán, 2 Kd. (Susanne, Christian) - Präs. Deutsch-Port. Industrie- u. Handelskammer Lissabon (b. 1988); Vorst.-Mitgl. Berufsbildungszentrum d. DPIHK Lissabon, Dt. Schulverein Porto (b. 1986), Dt. Verein Porto (b. 1977); Vors. Prüfungsaussch. DPIHK Porto - 1986 BVK - Spr.: Portug., Span., Franz., Engl.

BOTHMER, von, Hans-Cord, Graf

Landwirt, Landrat Kreis Rotenburg-Wümme - 2727 Lauenbrück-Gut (T. 04267 - 3 55) - Geb. 13. Dez. 1936 Lauenbrück, ev., verh. s. 1965 m. Barbara, geb. v. Schiller, 5 Kd. - S. 1977 Landrat LK Rotenburg-Wümme; s. 1974 Bürgerm. SG-Fintel. 1969 Vors. Kreislandvolkverb.; 1972 Präs. LV d. Campingplatzhalter in Nieders. e.V.

BOTHMER, von, Lenelotte, geb. Wepfer

Schriftstellerin, Vorstandsmitgl. Verb. Dt. Schriftsteller (VS), MdB (1969-80) - Prüßenstift 59, 3000 Hannover (T. 65 13 40) - Geb. 27. Okt. 1915 Bremen, verh., 6 Kd. - Stud. Gesch., German., Angl. - Zeitw. Dolmetscherin u. Fachschullehrerin. 1965-67 MdL Nieders. SPD (Mitgl. Bezirksvorst. (1964) u. 1970ff. Parteirat) - BV: Frauen ins Parlament, 1976; Menschenrechte in Südafrika, 1978; Assoziationen, 1978-83, 6 Bde.; Projekt Afrika, 1981; Ich will nicht Krieg, 1982; Motivationen, 1983; D. verbotene Frieden, 1983. Übers.: D. tausend Kraniche - Spr.: Engl., Franz.

BOTSCHEN, Harald

Geschäftsführer Energieversorgung Oberbaden GmbH., Breisach - Bahnhofstr. 29, 7814 Breisach/Rh. - Geb. 3. Aug. 1935.

BOTT, Dietrich

Dr. rer. pol., Prof. f. Betriebswirtschaft, bes. Absatzwirtsch., Gesamthochschule Siegen - Anemonenweg 3, 5910 Kreuztal - Geb. 8. Nov. 1934 Berlin (Vater: Wolfgang B.; Mutter: Ilse, geb. Witholz), verh. s. 1962 m. Edith, geb. Böhm, 2 Kd. (Roderich, Erika) - 1945-54 Gymn./US High School; 1954-57 kaufm.Lehre Industrie; 1956-66 Stud. Wirtschaftswiss. Nürnberg, München, Saarbrücken, Santiago de Chile. Dipl.-Volksw. 1960; Promot. 1966 - 1960-66 Wiss. Assist., 1966-71 Ind.tätigk.; ab 1971 Hochschullehrer (1972 Dekan) - BV: Üb. rationale Entscheidungsregeln, (Diss.) 1966; Lernbuch Marketing (m. R. Peterson u. A. Whatley), 1981 - Spr.: Engl., Franz., Span.

BOTT, Gerhard

Prof., Dr. phil., Generaldirektor German. Nationalmuseum Nürnberg - Kartäusergasse 1, 8500 Nürnberg 1 - Geb. 14. Okt. 1927 Hanau/M. (Vater: Dr. Heinrich B.), verh. m. Dr. Katharina, geb. Schumacher, 3 Kd. - Stud. Kunstgesch., Hon.-Prof. Univ. Erlangen-Nürnberg - BV: Ullsteins Juwelenbuch, 1971 - Ritter d. Danebrogordens (österr. Ehrenz.) - Spr.: Engl., Ital. - Rotarier.

BOTT, Helmuth

Dr.-Ing. E. h., Prof., Vorstandsmitglied Bereich F & E Dr. Ing. h.c. F. Porsche AG i. R. (b. 1989) - Porschestr. 42, 7000 Stuttgart 40 (T. 0711 - 82 70).

BOTTE, Karl-Heinz

Bankdirektor i.R., Vorstandssprecher Raiffeisen Vieh- u. Fleischvermarktung Frankf./Alsfeld eG, Geschäftsf. Oberhess. Fleischwaren GmbH, Feldatal, FRIDI Frischdienst-Vertriebs-GmbH, Alsfeld, Vogelsberger Wurst und Schinken GmbH, Feldatal u. Schinken Moll GmbH, Alsfeld - Eichendorffstr. 12, 6320 Alsfeld - Geb. 17. April 1920 Kassel (Vater: Martin B., Straßenbahnabrechner; Mutter: Katharina, geb. Haase), ev., verh. s. 1943 m. Helene, geb. Hackenschmidt - Bankausbild.; n. Fachhochschulreife Stud. Wirtschaftswiss. - Div. Ehrenämter u. a. - Gold. Nadel Dt. Raiffeisen-, Silb. Hess. Bauernverb., BVK - Spr.: Engl.

BOTTENBRUCH, Hans Walter

Opern-Regisseur (freischaffend) - Wunsiedler Str. 32, 8584 Kemnath (T. 09642 - 10 92) - Geb. 25. Juli 1956, ev., verh. s. 1980 m. Dorothe Kimmich (Altistin) - Stud. Musiktheater u. Regie Hochsch. f. Musik Hamburg; Dipl. 1981 - 1981/82 u. 1985/86 Abendspielleit. u. Regieassist. Hess. Staatstheater Wiesb.; Regiss. Bayer. Kammeroper Veitshöchheim; Assist. in Hamburg u. Mailand (Scala) - Insz.: Salon Blumenkohl; D. Insel Tulipatan; D. Hochzeit d. Figaro (Staatsoper Ankara); Viva la Mamma (Bremerhaven); Martha (Gießen). Versch. Sprechrollen (u.a. Bräutigam in: D. Bluthochzeit) - Interessen: Psych. Wirkungsweisen in d. Kindererziehung, Situationsbezogene Analyse v. Film-Musiken - Spr.: Engl., Franz., Ital., Tschech.

BOTTERBUSCH, Vera

Journalistin, Filmemacherin, Autorin - Pilarstr. 8, 8000 München 19 (T. 17 51 31) - Geb. 10. Febr. 1942 Dortmund, verh. s. 1976 m. Klaus Konjetzky, 2 T. (Laura, Anna) - Abit. 1961; Stud. German. u. Roman. (1. u. 2. Staatsex. 1968 u. 73) - Lehrerin, Lektorin; s. 1975 freiberufl. Mitarbeiterin d. Süddt. Ztg. - Mithrsg.: An zwei Orten z. leben, Heimatgesch. (1979); Herausg.: Gotthelf Gollner, A oide Lindn is a Geschicht, Ged. (1981) - Filme: u. a. Strukturen, Gewebte Bilder - Textile Objekte, 1978; D. Hebriden, Annäher. an e. Musik v. Felix Mendelssohn-Bartholdy, 1980; Stud. u. Verantw., Ev. Studienwerk Villigst, 1982, D. Jagd nach d. Glück, Hommage à Stendhal, 1982; D. lange Rede d. ich bin. D. Dichter Louis Aragon, 1983; D. Kalifornien d. Poesie, Hans Christian Andersen in Schweden, 1984; D. Gefühl d. vagen Empfindungen. D. Schriftst. Nathalie Sarraute, 1985; Wo d. wilden Stiere wohnen. E. Unterwegsgesch. aus d. Camargue, 1985; Musik einer Landschaft, D. Komponist Jean Sibelius, 1986; Man muß d. Wahrheit sagen, D. Schriftsteller Julien Green, 1987 - Liebh.: Malerei, Fotogr. - Spr.: Franz., Engl., Ital.

BOTTERMANN, Peter

Dr. med. (habil.), Prof., Internist - Ismaninger Str. Nr. 22, 8000 München 80 - B. 1970 Privatdoz., dann apl. Prof. TU München (gegenw. ltd. Oberarzt II. Med. Klinik).

BOTTKE, Heinz

Dr. rer. nat., Prof. f. Ingenieurgeologie/Geolog. Inst. TU Clausthal (s. 1965) - Grauhöfer Str.18, 3380 Goslar/Harz - Geb. 1. Dez. 1924 Erfurt (Eltern: Anton (Stadtbaum.) u. Emma B.), ev., verh. s. 1957 m. Margret, geb. Merhof, 2 Töcht. (Margret, Christiane) - Bergakad. Clausthal (Geologie u. Paläontol.). Promot. (1961) u. Habil. (1964) Clausthal - 1957-63 Geologe Mannesmann AG. - BV: Schürfbohren, Lehrb. 1968; Lagerstättenkd. d. Eisens, Lehrb. 1981 - Liebh.: Lit., Malerei - Spr.: Engl., Franz., Norw. - Rotarier.

BOTTLÄNDER, Reinhard

Kriminaloberkommissar, Schriftst. - Hangeneystr. 167, 4600 Dortmund 72 (T. 0231 - 67 56 17) - Geb. 25. März 1948 Bochum (Vater: Kurt B.; Mutter: Elfriede, geb. Herstell), verh. s. 1968 m. Karin Maria, geb. Drescher, 2 Töcht. (Jennifer, Virginia) - Handwerkslehre; Fachabit.; Stud. (Dipl.-Verw.wirt) - S. 1965 Polizei Land NRW; s. 1972 Kriminaldst., Kriminaloberkommiss. Fahndungsabt. Bochum - BV: Konrad oder d. Lange Flucht, R. 1982; Wissen sie, was sie tun?, Erz. 1979; D. As d. Rasselbande, Bd. 1 u. 2, Kinderb. 1978/1981; D. abenteuerliche Reise z. Schokoladeninsel, Kinderb. 1986; D. Geheimnis d. Höhle, Jugendb. 1988; D. Geheimnis d. Feme, Kinderb. 1989; Notlandung in d. Steinzeit, Kinderb. 1989 - 1979 u. 1986 Lit.-Stip. Land NRW - Liebh.: Reiten, Malen.

BOTTLÄNDER-HARBERT, Rosemarie

Journalistin, Schriftst. (Ps. Rosemarie Harbert) - Kursiefenerstr. 8, 5068 Odenthal-Glöbusch (T. 02174-47 78) - Geb. 17. Juni 1926 Braunschweig, kath., verh. s. 1955 m. Dr. Wilfried B., 4 Kd. - Stud. PH; Ex. 1948 - BV: Bitte so, 1951; Wir sind nämlich kinderreich, 1953; Solange wir miteinander reden, 1979; Mensch Papa, das mußt du locker sehn, 1983; (u.a.).

BOTTLER, Jörg

Dr. rer. pol., Prof. d. Wirtschaftslehre d. Haushalts Univ. Gießen - Höhenstr. 30, 6301 Wettenberg 1 - Geb. 21. Mai 1936 Darmstadt - Promot. 1967; Habil. 1971 - S. 1973 Ord. - BV: Kurzfrist. Erfolgsrechnung, 1975; Wirtschaftslehre d. Großhaushalts, Bd. 1: Großhaushaltsführung, 1982.

BOUILLON, Erhard

Aufsichtsratsmitglied Hoechst AG, Commerzbank AG, Nestlé Deutschland AG, AR-Vors. Hannoversche Lebensversich. a.G. - Z. erreichen üb. Hoechst AG, Postf., 6230 Frankfurt/M. 80 (T. 3 05-1) - Geb. 2. Febr. 1925 Koblenz (Vater: Studienrat) - S. 1964 verantw. Hoechst (Arbeitsdir., 1969 stv., 1971 o. Vorst.) - 1988 Gr. BVK.

BOUMAN, Johan

Dr., em. o. Prof. (Islam, Arabisch, Judaica) - Zur Hunnenburg 4, 6313 Homberg/Ohm 5 (T. 06633 - 71 19) - Geb. 1. März 1918 Amsterdam/NL (Vater: Jan Willem B., Polizei-Offz.; Mutter: Maatje, geb. Meinecke), ev., verh. s. 1980 in 2. Ehe m. Irmgard Ruth, geb. Schroth, 1 T. aus 1. Ehe (Anna Elisabeth Henriette) - Human. Gymn. Amsterdam; Stud. Ev. Theol. u. Orientalistik, Univ. Leiden/NL u. Utrecht/NL - 1948-54 Pfarrer d. niederl.reform. Kirche, 1954-60 Prof. Theol.-prot. Fak. Brüssel, 1960-70 Prof. American University of Beirut and Near East School of Theology, Beirut/Libanon, 1970-73 Prof. Ruhr-Univ. Bochum, s. 1973 Ord. Univ. Marburg - BV: Le Conflit autour du Coran et la Solution d'al-Baqillani, 1959; Rondom Thora en Koran, 1976, 1978; Gott u. Mensch im Koran, 1977; D. Wort v. Kreuz u. d. Bekenntnis z. Allah, 1980; D. Islam u. d. europ.-abendländ. Kulturtradition - unvereinbare Gegensätze?, Beitrag in d. Buch Islam u. Abendland (Ary A. Roest Crollius, Düsseldorf 1982); Christentum u. Islam im Vergleich, D. Leben gestalten - d. Tod überwinden (Untertitel), 1982; Glaubenskrise - Glaubensgewißheit im Christentum u. Islam, Bd. I - Augustinus: Lebensweg u. Theol., 1987 - Direktoriums-Mitgl. American Foundation for the Study of Men - Spr.: Deutsch, Niederl., Franz., Engl., Arab. (altsprachl.: Griech., Hebräisch).

BOUR, Ernest

Dirigent, Chef Symphonie-Orchester - Südwestfunk, 7570 Baden-Baden - 1977 Ehrenpräs. Intern. Festival zeitgenöss. Musik Royan.

BOURGEOIS, Maurice Jan

Dr. med., Wiss. Rat, Oberarzt Kinderklinik A (Allg. Pädiatrie), Prof. f. Kinderheilkd. Univ. Düsseldorf (s. 1975) - Rheinweg, 4000 Düsseldorf 31 - Zul. Privatdoz.

BOURMER, Horst

Prof. Dr. med., Chirurg, Urologe, Anästhesist, Plast. Chir., Vors. Hartmannbund (s. 1972), Mitgl. Präsidium d. Dt. Ärztetages u. Bundesärztekammer, Präs. Ärztekammer Nordrhein, Mitgl. Vertretervers. d. Kassenärztl. Bundesvereinig. - Lärchenweg 1, 5000 Pesch b. Köln (T. K. 590 34 39) - Geb. 17. Aug. 1920 Koblenz (Vater: Dr. med. vet. Franz B., Stadtveterinärdir. u. Leit. Kölner Schlachthöfe; Mutter: Irmgard, geb. Luck), kath., verh. s. 1943 (Hamburg) m. Dr. Almuth, geb. Meyer-Abich, 3 Töcht. (Angelika, Sibylle, Sylvia) - Schulen Frankfurt/M. (Gymn.) u. Köln (Ref.-Realg.); Univ. Berlin, Kiel, Köln, Heidelberg, Tübingen. Med. Staatsex. u. Approb. 1944 - Assist. b. Prof. Lob u. Prof. Hoffmann; Oberarzt b. Prof. Schwaiger u. Prof. Heberer. CDU s. 1953 - Sammelt jap. Schwerter u. chin. Keramiken, Netsukes - BVK I. Kl., Paul-Harris-Fellow-Med. (Rotary), 1982 Gr. BVK, 1986 Stern dazu.

BOURQUIN, Dieter

Dipl.-Landw., Geschäftsführer Schafft Fleischwerke GmbH., Ansbach - Wasserzell, 8800 Ansbach/Mfr. - Geb. 20. Aug. 1936.

BOURSEAUX, Carl-August

Geschäftsführer Kabelwerk Rhenania GmbH. - Karl-Kuck-Str. 3, 5100 Aachen-Brand.

BOURWIEG, Gerhard

Dr. rer. nat., Prof. f. Organ. Chemie FU Berlin (s. 1971) - Schopenhauerstr. 7, 1000 Berlin 38 - Geb. 3. Juni 1926 Berlin - Promot. 1964.

BOVENSCHEN, Claus

Vorstandsmitglied Überlandwerk Unterfranken AG, u. Vereinig. d. Arbeitgeberverb. energie- u. versorgungswirtschaftl. Unternehmungen - Hubertistr. 3, 8700 Würzburg (T. 0931-30 02 01) - Geb. 30. Aug. 1931 Halle (Saale), verh. m. Eleanor, geb. Schwab, 2 Kd. (Thomas, Kirsten) - Jurist, Ass. - Vors. Arbeitgebervereinig. Bayer. Energieversorgungsuntern.

BOVENTER, Hermann

Dr. phil., freier Publizist - Hubertushöhe 9, Bensberg, 5060 Bergisch Gladbach 1 (T. 02204 - 5 46 07) - Geb. 8. Dez. 1928

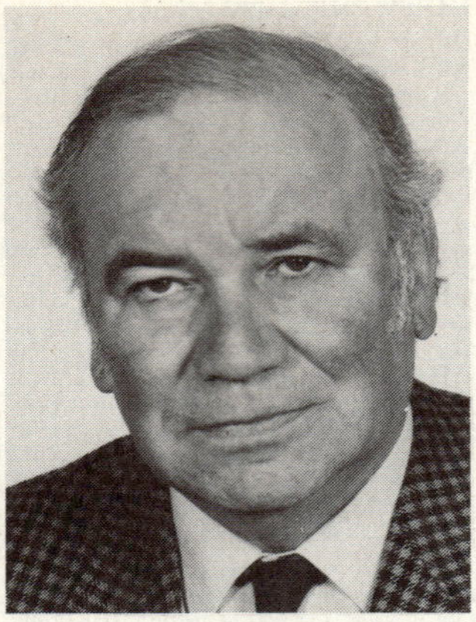

Düsseldorf, verh. m. Dorothy, geb. Failor, 4 Kd. - Promot. 1954 Univ. Bonn - 1955-57 Doz. Fairl. Dickinson Univ., New Jersey, USA, 1957-68 Journ., Chefredakt. Kontraste, 1968-81 Dir. Thomas-Morus-Akademie Bensberg, 1972-81 Vors. Ges. Kath. Publizisten Dtschl., s. 1980 Vors. Thomas-Morus-Ges. (Intern. Sekt. Amici Thomae Mori), Vorst. Verein Union-Presse u. Verein Kath. Rundfunk - Lehrbeauftr. Univ. Bonn (Medien u. Kommunikationstheorie) - BV: Gebt uns d. totale Schule, 1975; Politische Bildung, 1980; Evang. u. Kath. Akad., 1983; Ethik d. Journalismus, 1984; Medien u. Moral, 1988; Pressefreiheit ist nicht grenzenlos, 1989; Herausg. d. Thomas-Morus-Jahrbücher (s. 1981).

BOVENTER, Karl

Dr. med., Prof., Hygieniker u. Bakteriologe - Martinstr. 1, 5110 Alsdorf/Rhld. - Geb. 9. Juni 1913 Alsdorf - Promot. 1938 Düsseldorf - S. 1948 (Habil.) Privatdoz. Med. Akad. bzw. Univ. Düsseldorf (Hyg. u. Bakt.); s. 1953 Lehrbeauftr. u. Honorarprof. (1974) TH Aachen (Bakt. u. Steril. f. Lebensmittelchem.) - BV: Bakterium bifidum u. s. Bedeut., 1949. Zahlr. Einzelarb., in d. letzten Jahren auch auf d. Gebiet d. Medizingeschichte, u.a. über Bergbaumed.

BOVERMANN, Günter

Dr. jur. - Höhenstr. 28a, 6200 Wiesbaden (T. 54 24 15) - Geb. 5. Nov. 1929 Aschaffenburg, verh. s. 1962 m. Gisela, geb. Dotter, 2 Kd. (Nicole, Yvonne) - Gymn. Mülheim/Ruhr; Univ. Mainz u. Köln (Rechts- u. Staatswiss.); Promot. 1962 - 1959-65 Finanzmin. Nordrh.-Westf.; 1965-67 Sekr. Finanz-Aussch. Bundesrat; 1967-69 Leit. Haushaltsabt. Hess. Finanzmin.; 1969-76 Staatssekretär u. Chef Hess. Staatskanzlei; b. 1979 Dir. Landespersonalamt Hessen; s. 1979 gf. Gesellsch. Eurosurvey GmbH, Wiesbaden; Vors. Naturschutzzentrum Hessen e. V., Wetzlar.

BOVERMANN, Hans W.

Dr. rer. pol., Dipl.-Kfm., Gf. Gesellschafter L. Rettenmayer Gruppe, Wiesbaden - Am Heiligenstock 6, 6200 Wiesbaden (T. 06121 - 56 06 00) - Geb. 27. Juni 1936 Mülheim/R. (Vater: Willi B., Dir. i.R.; Mutter: Julianne, geb. Jäger), ev., verh. s. 1964 m. Liesel, geb. Oettinger, 2 Kd. (Anke, Jan Dirk) - Dipl.-Kfm. 1960 Univ. München, Promot. 1965 Mainz - AR Gaswerksverb. Rheingau AG, Kraftwerke Mainz-Wiesbaden AG, Dt. Möbeltransport GmbH, Hattersheim, Stadtverordn. - 1975 Senator CI - Spr.: Engl., Franz.

BOWERS, P. G.

Kaufmann, Geschäftsf. Firestone Deutschland GmbH., Frankfurt/M. - Postf. 560 240, 6000 Frankfurt/M. 56; priv.: 6370 Oberursel/Ts.

BOWITZ, Dieter

Verleger, Geschäftsf. Gesellsch. Fackelverlag Fackelversand G. Bowitz GmbH u. Fackel-Buchklub Verlags- u. Vertriebs-GmbH, bde. Stuttgart - Herdweg 31, 7000 Stuttgart 1 - Geb. 29. Jan. 1936.

BOWITZ, Horst

Bezirksbürgermeister a.D. - Themsestr. 82, 1000 Berlin 65 (T. 452 14 51) - Geb. 30. Jan. 1928 Berlin (Wedding), verh., Tocht. - Lessing-Gymn. (Abitur 1946) u. Verwaltungsakad. Berlin - 1947-81 (Rücktr.) Berliner Verw. (b. 1969 Oberregierungsrat Senatsverw. f. Finanzen, dann Bezirksstadtrat f. Volksbild. u. ab 1970 Bürgerm. Wedding). 1963-69 Bezirksverordn. Wedding (1967 stv. Fraktionsvors.). SPD s. 1957 - 1983 BVK; Chevalier de l'Ordre du Mérite.

BOXBERGER, Ekkehardt

Rechtsanwalt, Honorarkonsul d. Bundesrep. Deutschl. f. Ibiza u. Formentera - Carrer d'Antoni Jaume, 2-2-9 Ibiza (Spanien) (T. 30 74 61) - Geb. 6. Nov. 1941 Bamberg (Vater: Georg B., Polizeidir.; Mutter: Augusta-Maria, geb. Mandel), kath., verh. s. 1975 m. Maria Victoria, geb. Colom, 2 Kd. (Jordi, Carlos) - 1. u. 2. jurist. Staatsex. 1969 u. 72 München; Jura-Stud. Palma de Mallorca (Licenciado en Derecho español) - S. 1981 Honorarkonsul d. BRD f. Ibiza u. Formentera - Spr.: Span., Engl. - Bek. Vorf.: Anton Boxberger, Entd. d. Heilquellen in Bad Kissingen (Urrurgroßv.).

BOYENS, Uwe

Dipl.-Kfm., Verleger, pers. haft. u. gf. Gesellsch. Westholst. Verlagsanstalt u. -druckerei Boyens & Co., Geschäftsf. Brunsbütteler Zeitung GmbH. - Neue Anlage 26, 2240 Heide (T. 0481 - 69 11 16) - Geb. 26. Sept. 1931, ev., verh. s. 1962 m. Elke, geb. Thole, 3 Kd. - Abit., Schriftsetzerlehre, Stud. d. Betriebswirtsch. i. Göttingen, Wien, Hamburg, Staatsex. als Dipl.-Kfm. 1959 Univ. Hamburg, Vorstandsmitgl. u. Ausschußmitgl. versch. Berufsverb. u. Vereine - Spr.: Engl., Franz. - Rotarier.

BOYSEN, Gert

Pressereferent, Mitgl. Hbg. Bürgerschaft (s. 1966), Pressesprecher CDU-Bürgersch.fraktion - Baben de Möhl 2a, 2000 Hamburg 65 (T. 040 - 604 84 41) - Geb. 28. April 1938 Kiel (Vater: Carl B., Kommandeur Bereitschaftspolizei d. Länder; Mutter: Friedel, geb. Arndt), ev., verh. s. 1964 m. Renate geb. Rehwinkel, Tocht. Jacqueline - Techn. Obersch. Lehre Verlagskaufm. - Tätigk. im Verlagshs. Hamburg; 1960 Presseref.; 1968 Pressesprecher Hbg. CDU; s. 1973 Leit. Pressestelle CDU-Bürgersch.-Frakt.; 1975-80 Chefredakt. Mitgl.-Ztg. CDU. 1966-77 Deput. Innenbehörde; 1970-80 Rundf.rat NDR (1978/79 Vors.); 1977-81 AR Studio Hamburg Atelierbetriebsges. CDU s. 1957 - Liebh.: Theater, Oper, Tennis, Reisen - Spr.: Engl., Franz.

BOYSEN, Kurt

Dr., Staatssekretär, Amtschef Schlesw.-Holst. Kultusmin. a.D. - Düsternbrooker Weg 64-68, 2300 Kiel.

BOYSEN, Rolf

Schauspieler - Zu erreichen üb.: Kammerspiele, 8000 München 2 - Zahlr. Charakterrollen (zul. 1984 Woyzeck). Film; Fernsehen.

BOYSEN, Wilfried

Dipl.-Kfm., Vorstandsmitglied AMB Aachener u. Münchener Beteiligungs-AG, Aachen - Aachener und Münchener Allee 9, 5100 Aachen - Geb. 16. Juni 1941 - Dipl.-Kfm., MBA (Harvard Univ.) - Korvettenkapt. d. Res.

BOZEK, Karl

Dr. phil., Wiss. Rat, Prof. f. Allg. Didaktik u. Schulpäd. PH Rheinland/Abt. Bonn - Rhöndorfer Str. 11, 5300 Bonn-Bad Godesberg - Geb. 2. Sept. 1922 Markdorf/OS. - Promot. 1961 Berlin (FU) - B. 1970 Doz., dann Prof. - BV: Anton Heinen u. d. dt. Volksbeweg., 1963.

BRAATZ, Ilse

Dr. phil., Schriftstellerin - Humboldtstr. 72, 6000 Frankfurt - Geb. 24. Mai 1936 Berlin - Promot. 1979 Frankfurt - BV: Zu zweit allein - oder mehr? Liebe u. Ges. in d. mod. Lit., 1980; Vielleicht nach Holland, 1982; Geschieht e. Hochzeitsfest, 1984.

BRABÄNDER, Horst Dieter

Dr. rer. nat., Prof., Oberlandforstmeister a. D. - Esebecker Str. 2b, 3400 Göttingen-Elliehausen - B. 1974 Privatdoz. Univ. Freiburg, dann o. Prof. Univ. Göttingen (Dir. Inst. f. Forstl. Betriebsw.slehre).

BRABEC, Franz

Dr. rer. nat. (habil.), Prof., Botaniker - Emkendorfstr. 4, 2000 Hamburg 52 (T. 880 34 93) - Geb. 9. Juli 1913 London (Vater: Josef B., Hotelier; Mutter: Therese, geb. Büchner), ev., verh. s. 1942 m. Hildegard, geb. Lemburg - Univ. Hamburg (Promot. 1944) - S. 1954 (Habil.) Privatdoz., apl. Prof. (1961), Prof. (1970) d. Univ. Hamburg (Inst. f. Allg. Botanik). Arbeitsgeb.: Polyploidie, Chimären, Sexualität (Bryonia) - BV: Handb. Pflanzen physiol. XV; Planta; u. a. Etwa 30 Facharb.

BRACH, Gisela

Dipl.-Bibl., Schriftstellerin - Granastr. 1, 5500 Trier - Geb. 2. Okt. 1926 (Mutter: Martha B., Politikerin, u.a. MdL Rhld.-Pfalz 1959-63) - 1948-53 Stud. Erdkd., Franz. u. Deutsch Univ. Mainz; Bibl. 1958 Lehrinst. Köln - BV/Bibliogr.: Trevirensia 1950-74, 1975; Trevirensia 1974-76, 1975-77; Mittelrhein-Moselland-Bibliogr. s. 1975/76, 1978 jährl. Kalenderbelletristik, 1980, Bibliogr. z. Verkehrsgesch. d. Mittelrheins m. Post- u. Nachrichtenwesen 1964-1983, 1987; u.a. bibliogr. Arb. Statist. Arb.: Stadtbibl. Trier, T. I D. Lesesaal 1965, T. II D. Ausleihe 1967; Ged.: Mitteilungen, 1976; Erfahren, 1980; Nach Santiago de Compostela, 1980; Poesie-Kal., 1981; Irisch-Fries. Impress., 1985; Poesie-Kalender, 2. 1985; Drei Dutzend u. eine. Fabeln u. Fabelerz., 1986; Poesie-Kalender, 3. 1987; u. a. fachwiss. u. hist. Arb. üb. Mundartdichter - Spr.: Engl., Franz.

BRACHER, Karl Dietrich

Dr. phil., Dr. hum. lett. h. c., Dr. jur. h.c., Dr. rer. pol. h. c., em. Prof. f. Polit. Wissenschaft u. Zeitgesch. - Stationsweg 17, 5300 Bonn - Geb. 13. März 1922 Stuttgart (Vater: Theodor B.; Mutter: Gertrud, geb. Zimmermann), ev., verh. s. 1951 m. Dorothee, geb. Schleicher, 2 Kd. (Christian, Susanne) - Eberhard-Ludwig-Gymn. Stuttgart; Univ. Tübingen (Gesch., Philosophie, Lit.; Promot. 1948); 1949-50 Harvard Univ./USA - 1950-58 Assist. u. Abt.leit. (1953) Inst f. polit. Wiss. Berlin; ab 1954 Lehrbeauftr. Dt. Hochsch. f. Politik Berlin; 1955-58 Privatdoz., Wiss. Rat u. apl. Prof. (1958) FU Berlin (Polit. Wiss. u. Neuere Gesch.); s. 1959 Ord. u. Dir. Sem. f. Polit. Wiss. Univ. Bonn; Ruf nach Hamburg, Berlin, Harvard, Florenz u. a. Gastprof. USA, Engl., Schwed., Italien, Israel, Japan. 1962ff. Vors. Kommiss. f. Gesch. d. Parlaments u. d. polit. Parteien; u. 1965 b. 67 Dt. Vereinig. f. Polit. Wiss.; 1980-88 Beiratsvors. Inst. f. Zeitgesch. München - BV: u. a. D. Auflös. d. Weimarer Republik, 1955, 7. A. 1989; D. nationalsozialist. Machtergreif., 1960, 3. A. 1974 (m. W. Sauer u. G. Schulz); Dtschl. zw. Demokratie u. Diktatur, 1964; Adolf Hitler, 1964; Theodor Heuss u. d. Wiederbegr. d. Demokr. in Dtschl., 1965; D. dt. Diktatur, 1969 (auch engl., franz., ital., span., jap., hebr.); D. dt. Dilemma, 1971 (auch engl.); Zeitgesch. Kontroversen, 1976 u. 1984; D. Krise Europas 1917-1975, 1976 u. 1979 (auch ital.); Schlüsselwörter in der Geschichte, 1978; Gesch. u. Gewalt, 1981; Zeit d. Ideologien, 1982, 2. A. 1984 (auch engl., ital.); Republik im Wandel, 1986 (m. W. Jäger u. W. Link);

D. totalitäre Erfahrung, 1987; Verfall u. Fortschritt im Denken d. frühen römischen Kaiserzeit, 1987 (Diss. v. 1948). Herausg.: Staat u. Politik (1957), Intern. Beziehungen (1969; m. Ernst Fraenkel), D. mod. Demokratie u. ihr Recht (2 Bde. 1966), Vierteljahrshefte f. Zeitgesch. (m. H. P. Schwarz); Die nat. soz. Diktatur (1983; m. M. Funke, H. A. Jacobsen); D. Weimarer Republik (1988; m. M. Funke, H. A. Jacobsen) - 1971 Auswärt. Ehrenmitgl. American Acad. of Arts and Sciences; Corresp. Fellow, The British Academy; American Phil. Soc.; Österr. Akad. d. Wiss.; 1982 Gr. BVK, 1987 Stern dazu; 1984 Mitgl. Dt. Akad. f. Spr. u. Dicht.; 1988 o. Mitgl. Rhein.-Westf. Akad. d. Wiss. - Liebh.: Musik (Klavier), Wandern.

BRACHERT, Thomas
Dr. phil., Museumsdirektor, Leit. d. Inst. f. Kunsttechnik u. Konservierung im German. National-Museum Nürnberg, Lehrbeauftr. f. Kunstgesch. Univ. Erlangen-Nürnberg u. Würzburg - Tiefe Brücke Nr. 10, 8500 Nürnberg-Fischbach (T. 0911 - 83 16 63).

BRACHETTI, Hans-Elmar
Dr.-Ing. habil., Honorarprof. f. Versorgungstechnik, Wärmeschutz, Heizung u. Lüftung Univ. ebd. Dir. Fernwärme-Forsch.inst. Hannover e. V. - Raarangerweg 3, 3257 Springe 2.

BRACHMANN, Franz
Dr. med., Dr. med. dent. (habil.), Prof., Facharzt f. Zahn-, Mund-, Kieferkrankheiten - Lamontstr. 8, 8000 München 80 (T. 47 29 32) - S. 1952 Lehrtätig. Univ. (1962 apl. Prof.; Oberarzt Klinik f. ZMKkrankh.) u. TH München (1970 Ord. Med. Abt.) - Spr.: Engl., Franz. - Rotarier.

BRACHT, Thomas
Komponist, Dirigent, Pianist - Martin-Luther-Str. 35, 4930 Detmold - Geb. 12. Juli 1957 - Werke: Elegie f. Str. (1979); 2. Streichquart. (1981); Saxophonkonz. (1982); Kontrabasskonz. (1983), Tre Sonetti a Madonna Laura (1985); Phantasmagorie f. gr. Orch. (1985); Quatre Attitudes f. Vcl. u. Klav. (1987); Canto MEMENTO f. Soli, Chor u. Orch (1987/88) u.a. - 1982 Felix-Meldelssohn-Bartholdy-Preis, Studienstiftg. d. Dt. Volkes; 1986 Förderpreis Berliner Kunstpr., u. NRW Kunstpr.

BRACKEL, von, Peter
Dipl.-Volksw., All. Geschäftsführer INMONT GmbH (früher BONAVAL-Werke), Bonn (s. 1973) - Thüringer Allee 131, 5205 St. Augustin 2 - Geb. 18. Okt. 1928 Königsberg/Preußen (Vater: Harald v. B., Bankbeamt.; Mutter: Johanna, geb. v. Perbandt), ev., verh. s. 1956 m. Mareile, geb. Gerstein, 3 Kd. (Benita, Almuth, Sybille) - Stud. Univ. Bonn - 1956-65 Telefunken (zul. kfm. Leit. Frankfurt), 1966-70 Geschäftsf. Color-Chemie GmbH. u. Einzelprokura Verein. Ultramarinfabriken AG., gleichz. s. 1969 Gf. Blaufarbenwerk Marienberg, 1971-73 Geschäftsf. Ciba-Geigy Marienberg GmbH - Liebh.: Gesch., Graphik, klass. Musik - Spr.: Engl. - Rotarier, Johanniter - Bek. Vorf.: Albrecht v. Thaer (Urururgroßv.).

BRACKER, Ernst
Dr. jur., Geschäftsführer Dt. Gesellschaft f. Wertpapiersparen mbH (DWS), Vorst. Bundesverb. Dt. Invest-Ges. - Grüneburgweg 113-115, 6000 Frankfurt/M. - AR-Mand.

BRACKER, Jochen
Dr. phil., Prof. f. Geschichte, Didaktik u. Methodik d. Geschichtsunterr. PH Kiel (s. 1971) - Stampe, 2300 Quarnbek - Geb. 8. Okt. 1927 Kiel - Facharb.

BRACKERT, Helmut
Dr. phil., o. Prof. f. Dt. Philologie Univ. Frankfurt (s. 1966) - Waidmannstr. 39, 6000 Frankfurt/M. (T. 63 64 66) - Geb. 30. Jan. 1932 Wedel/Holst.

BRACKLO, Eike

Dr., Generalkonsul d. Bundesrep. Deutschl. in Hongkong (s. 1988) - 21/F, United Centre, 95 Queensway, Hongkong (T. 5 - 29 88 55) - Geb. 24. Juni 1934 Tsingtao, China, ev., verh. s. 1963 m. Dominique, geb. Hirner, 4 Kd. (Marcus, Béatrice, Aeneas, Coralie) - 1. u. 2. jurist. Staatsprüfung (1957 u. 61); Promot. 1960 - 1961/62 wiss. Assist. Inst. f. Völkerrecht, Rechts- u. Staatsphil. München; 1962-64 Beginn Auswärtiger Dienst (Ausw. Amt, Botschaft Beirut); 1964-68 Botschaft Lima, Legationsrat 1. Kl.; 1968-71 AA, Bonn; 1971-76 Botsch.rat ständ. Vertretung b. d. Vereinten Nat. New York; 1976-82 AA, Bonn; 1982-88 Gesandter Botsch. London - 1986 CVO - Liebh.: Tennis, Chin. Malerei - Spr.: Engl., Franz., Span., Chin.

BRACKMANN, Kurt
Bundesrichter a. D. - Eichholzweg 22, 3500 Kassel-W'höhe (T. 3 21 01) - Geb. 3. Mai 1912 Marburg/L. (Vater: Prof. D. Dr. phil. Albert B., Generaldir. Pr. Staatsarchive Berlin (s. X. Ausg.); Mutter: Irmgard, geb. Jaehnigen), ev., verh. s. 1952 m. Anni, geb. Kriete - Gymn.; Univ. Freiburg/Br. u. Berlin (Rechts- u. Staatswiss.). Gr. jurist. Staatsprüf. 1937 - B. 1945 Reg.srat u. ständ. Mitgl. Reichsvers.samt Berlin, dann Reg.s-, Oberreg.srat, Reg.sdir. u. Min.rat Niedersächs. Arbeits- u. Sozialmin., 1954-80 Senats- u. Vizepräs. Bundessozialgericht - BV: Handb. d. Sozialversich. (9. A.) - 1980 Gr. BVK - Liebh.: Musik.

BRADER, Curt
Dr.-Ing., Prof. Inst. f. Elektromech. Konstruktionen TH Darmstadt (s. 1963) - Breslauer Pl. 3, 6100 Darmstadt (T. 06151 - 4 76 43) - Geb. 1. Nov. 1915 Hildesheim (Vater: Wilhelm B., Kaufm.; Mutter Helene, geb. Cotti), ev., verh. s. 1941 m. Lieselotte, geb. Camehn, 2 Kd. (Rolf-Henning, Detlef) - 1941 Dipl.-Ing. Flugzeugbau, TH Braunschweig, 1945-51 dort wiss. Assist., Inst. f. Techn. Mechanik, 1951 Promot. (Thema üb. Kinematik) - 1941 Funker, Luftnachrichtentr., 1942 Flieger-Haupting., 1944/45 Luftflottenkdo. Reich, Internierung; 1951 Siemens u. Halske, Bln., Zentrallaborat., 1954 Siemens AG, München, Leit. e. Fernschreiberlabors, 1963 Prof. TH Darmstadt, Aufbau Inst. f. Elektromech. Konstrukt.; 1950 VDI, 1956 VDE, 1963 Beirat VDI/VDE - Gesellsch. Feinwerktechnik, 1966-68 Dekan Fak. f. Elektrotechnik, 1968/69 Rektor TH Darmstadt - Liebh.: Tennis, Schifahren, Bergsteigen, Fotografieren - Lit.: H. Buschmann: 65. Geburtstag v. Prof. Curt Brader, Feinwerktechnik u. Meßtechnik, 1980, H. 8, S. 434 - 1981 emerit.

BRADER, Karl-Heinz
Dipl.-Ing., Vorstandsmitglied Altenberg Metallwerke AG, Essen - Weizenstr. 17, 4300 Essen 11 - Geb. 26. Mai 1931.

BRADL, Hans
I. Bürgermeister (s. 1975) - Rathaus, 8431 Postbauer-Heng - Geb. 4. Nov. 1941 Heng - Zul. Geschäftsf. CSU..

BRADSHAW, Alexander M.
Ph.D., Prof., Wiss. Mitglied u. Direktor am Fritz-Haber-Inst. d. Max-Planck-Ges. - Hirzbacher Weg 18a, 1000 Berlin 46 (T. 030 - 772 19 10) - Geb. 12. Juli 1944 Bushey (Großbrit.) - Promot. 1968 London, Habil. 1974 TU München - S. 1980 apl. Prof. FU Berlin f. physikal. Chemie; 1981-85 wiss. Geschäftsf. Berliner Elektronenspeicherringges. f. Synchrotronstrahlung m.b.H. (BESSY). Fachveröff.

BRADUN, Johanna
s. Brandenberger, Anna

BRADY, Eileen
Solotänzerin Ballett Zürich - Asylstr. 92, CH-8032 Zürich - Geb. 6. Okt. 1953 New York, verh. v. 1976-84 m. William Forsythe, gesch., 2 Kd. (Thomas, Sara) - Ausb. Joffrey Ballettsch. B. 1973 Joffrey Ballett; 1973-78 Stuttgarter Ballett (1976 Halb-Solistin, 1977 Solistin); s. 1982 Hamburger Ballett (1984 Solistin) s. 1985 Zürich, s. o. - Zahlr. Rollen, u.a. Julia, Cranko, Romeo u. Julia; Olga, Cranko, Onegin, Bianca, Cranko, Widerspenstigen Zähmung; Aurora, Dornröschen; Prudence Nemier, Kameliendame - Liebh.: Nähen u. Entwerfen v. Kostümen - Spr.: Deutsch, Engl. (Mutterspr.).

BRÄCKLEIN, Jürgen
Dr., Oberstadtdirektor - Langer Hof 1, 3300 Braunschweig - Geb. 27. Jan. 1938 Eisleben, verh., 2 Kd.

BRÄHLER, Elmar
Dr. rer. biol. hum., Prof., Honorarprof. f. Medizinpsych. Methodologie - Wilhelmstr. 44, 6301 Heuchelheim (T. 0641 - 6 33 38) - Geb. 3. März 1946 Fulda , verh. s. 1984 m. Dr. med. Christa, geb. Schwab, 2 S. (Boris, Jan) - 1965-70 Stud. Math. u. Physik Univ. Gießen (Dipl. 1970); Promot. 1976 Ulm, Habil. 1980 - Leit. versch. Forschungsprojekte (Psychotherapieforsch., Psychodiagnostik) - BV: D. Gießener Beschwerdebogen (GBB), 1983 (m.a.); D. Gießen-Test (GT), 1983 (m.a.). Herausg.: Ärztl. Maßn. aus psych. Sicht. Beitr. z. med. Psych. (1984); Körpererleben - e. subjektiver Ausdruck v. Leib u. Seele (1986; engl. 1988); Partnerschaft, Sexualität u. Fruchtbarkeit (1988) - 1988 Ehrenmitgl. Psychosomatische Ges. Polen - Spr.: Engl.

BRÄNDLE, Kurt Albrecht
Dr. rer. nat., Prof. f. Zoologie Univ. Frankfurt (s. 1973) - Günthersburgallee 44, 6000 Frankfurt/M. 1 (T. 43 59 85) - Geb. 14. März 1936 Karlsruhe (Vater: Karl B., Malerm.; Mutter: Paula, geb. Leitz), kath., verh. s. 1968 m. Monika, geb. Retzow - Promot. 1964; Habil. 1974 - Liebh.: Jazz, Gesch. - Spr.: Engl.

BRAESEN, Hatto
Rechtsanwalt, Hauptgeschäftsf. u. gf. Vorstandsmitgl. Bauindustrieverb. Schlesw.-Holst. e. V. - Ringstr. 54, 2300 Kiel (T. 0431-67 50 25); priv.: 2300 Molfsee b. Kiel - Geb. 21. Aug. 1925.

BRAESS, Dietrich
Dr. rer. nat., o. Prof. f. Mathematik Univ. Bochum (s. 1974) - Unterfeldstr. 14, 4630 Bochum 1 - Geb. 16. Juni 1938 Hamburg - Promot. 1964 Hamburg; Habil. 1968 Münster - S. 1971 Bochum. Üb. 40 Facharb.

BRÄUER, Herbert
Dr. phil., em. o. Prof. f. Slavistik - An den Eichen 14, 5353 Kommern-Süd (T. 02443 - 66 43) - Geb. 14. April 1921 Dortmund (Vater: Willy B., Konzertpianist; Mutter: Maria, geb. Meyer), ev., verh. s. 1964 m. Dr. Maria, geb. Pospelova - Promot. (1946) u. Habil. (1955) Berlin - S. 1959 Ord. Univ. Marburg (Dir. Slav. Sem.), FU Berlin (1964 Dir. Slav. Sem./Abt. Slav. Sprachen) u. 1975-86 Univ. Köln (Dir. Slav. Inst.) - Mithrsg.: Ztschr. f. slav. Philol. (1968ff.). Fachveröff. - 1963 o. Mitgl. Akad. d. Wiss. u. d. Lit., Mainz.

BRÄUER, Karlheinz
Bezirksleiter, MdL Nordrh.-Westf. (s. 1975) - Auf dem Scheuel 13, 5204 Lohmar 1 (Inger) (T. 33 88) - Geb. 20. Okt. 1924 - SPD.

BRAEUER, Walter
Dr. rer. pol., Prof., Volkswirtschaftler - Gartenstr. 18, 2057 Reinbek (T. Hamburg 710 49 46) - Geb. 5. Okt. 1906 Hanau/M. (Vater: Friedrich B., Fabrikdir.; Mutter: Clara, geb. Weise), verh. s. 1946 m. Leni, geb. Kaiser - Oberrealsch. Hanau; HH Mannheim u. Berlin (1930 Dipl.-Kfm.), Univ. Frankfurt/M. (1934 Promot.). Habil. 1946 Rostock - 1946-71 Lehrtätigk. Univ. Rostock (1947-50 Prof. m. vollem Lehrauftr.) u. Marburg (1960); 1963 apl. Prof., 1969 Wiss. Rat u. Prof. Spez. Arbeitsgeb.: Gesch. d. volksw. Lehrmeinungen - BV: u. a. J. H. v. Thünen, Ausgew. Texte, 1951; Handb. z. Gesch. d. Volksw.lehre, 1952; Frankreichs wirtschaftl. u. soziale Lage um 1700, 1968; Urahnen d. Ökonomie. 1. d. Volksw.lehre d. Altertums u. d. Mittelalters, 1981 - Spr.: Franz., Engl., Ital.

BRÄUKER, Rudolf A.

Prof. h. c., Musikjournalist, verantw. Redakt. Allg. Künstlerkurier, 1. Vors. Künstlerhilfe-Sozialwerk, Wiesbaden - Konrad-Adenauer-Ring 28, 6200 Wiesbaden (T. 06121 - 84 02 43) - Geb. 21. Jan. 1927 Trier, ev. - Ausb. als Musiker - In 50er u. 60er Jahren Leit. e. bekannten Showband (Tourneen in Westeuropa, Nordafrika, Nah- u. Fernost); s. 1974 (Begr.) 1. Vors. gemeinn. Künstlerhilfe-Sozialwerk; Redakt. (s. o.) u. fr. Mitarb. Fachztschr. f. Musiker artist, Organ Show-Business. 1967-75 1. Vors. Dt. Musikerorg. d. Versorgungsgeschädigten in Wiesbaden; Presseref. d. Bez.- u. Kreisvorst. Dt. Beamtenbd.; Verwaltungsrichter; 1978-86 Finanzrichter. Verf. sozialkrit. Beitr. u. Aufs. z. Arbeitsrecht u. Sozialwesen in d. Unterhaltungsmusik - Ehrenbrief Land Hessen; Bürgerverdienstmed. Landeshauptstadt Wiesbaden; 1978 BVK, 1983 BVK I. Kl.; 1989 Ehrenprof. d. Univ. San Juan (USA).

BRÄUNCHE, Karl-Heinz
Präsident Industrie- u. Handelskammer zu Dillenburg - Wilhelmstr. 10, 6340 Dillenburg 1.

BRÄUNING, Egon
Dr., Hauptgeschäftsführer Landesverb. Hotel- u. Gaststättengewerbe Rheinland-Pfalz - Gr. Bleiche Nr. 34-36, 6500 Mainz.

BRÄUNING, Martin
Dipl.-Journalist, Leit. SDR-Studio Ulm - Grabenäckerstr. 6, 7302 Ostfildern 1 - Geb. 8. Febr. 1948, ev., verh. s 1975 m. Hildegard, geb. Besemer, 2 Kd. (Falk Ulf, Frauke Franziska) - Fernmeldehandwerker, Hauptschullehrer (Politik, Deutsch) Zweitstud. Kommunik.wiss.; Dipl.-Journ. 1982 - 1984 Kurt-Magnus-Preis, ARD-Preis f. Hörfunkjournalistik.

BRÄUNINGER, Dietrich
Dipl.-Landw., Vors. Verb. Dt. Diplomlandw., Landesverb. Hamburg (s. 1975) - Am Ochsenzoll 206, 2000 Hamburg 62 (T. 524 31 89) - Geb. 19. Okt. 1926 Breslau, ev., verh. s. 1950 m. Wilma, geb. Achilles, 3 Kd. (Christiane, Uwe, Sabine) - Realgymn. Landsberg u. Timmendorfer Strand (Abit. 1946); Dipl.ex. 1952 Kiel - S. 1970 Abt.sleit. Behörde f. Wirtsch., Verkehr u. Landwirtsch. Hamburg.

BRÄUTIGAM, Hans Otto
Dr. jur., Botschafter, Leit. UNO-Vertr. New York (s. 1989) - Zu erreichen üb. Permanent Mission of the Federal Republic of Germany to the United Nations, 600 Third Avenue, 41st El., New York, N.Y. 10016 - Geb. 6. Febr. 1931, kath., verh. s. 1961 m. Dr. med. Hildegard, geb. Becker, 3 Kd. (Claudia, Robert, Henry) - 1951-57 Stud. Rechtswiss. Univ. München, Bonn, Paris u. Harvard (USA); 1958-62 Ass. am Max-Planck-Inst. f. Völkerrecht, Heidelberg - 1962-73 Ausw. Dienst; 1974-77 stv. Leit. d. Ständ. Vertr. d. BRD b. d. DDR; 1977-80 Bundeskanzleramt; 1980-82 Ausw. Amt; 1982-88 Staatssekr., Leit. Ständ. Vertr. d. Bundesrep. Deutschl. b. d. DDR in Ost-Berlin - Spr.: Engl., Franz.

BRÄUTIGAM, Karl-Hans

Dr. med., Prof., Direktor Anaesthesie-Abt. (s. 1960) - Brunnenwiesen 16, 7000 Stuttgart 75 - Geb. 9. Juli 1924 Halle/S. (Vater: Gotthilf B., städt. Dir. †1966; Mutter: Katharina, geb. Bié), ev., verh. s. 1948 m. Ria, geb. Brünner, 2 Kd. (Elisabeth, Richard Friedrich) - Stadtgymn. Halle; Univ. Berlin, Würzburg, Göttingen, Marburg. Med. Staatsex. 1949; Promot. 1953; Facharzt f. Anaesthesie 1957 - U. a. Leit. Anaesthesieabt. Chir. Univ.klinik Erlangen, Vors. d. Verb. d. Leit. Krankenhausärzte, Landesverband Baden/Württ. Fachveröff. (Mod. Anaesthesie, Bluttransfusionswesen) - 1984 BVK.

BRÄUTIGAM, Walter
Dr. med., o. Prof. f. Psychosomat. Medizin - Keplerstr. 34, 6900 Heidelberg (T. 56 58 14) - Geb. 9. Sept. 1920 Frankfurt/M., verh. m. Helga, geb. Jörgens - s. 1960 (Habil.) Lehrtätig. Univ. Heidelberg (1966 apl., 1969 o. Prof.) - BV: Psychotherapie in anthropol. Sicht, 1961 (span. 1964); Reaktionen, Neurosen, abnorme Persönlichkeiten, 5. A. 1985 (span., ital. 1972); Psychosomatische Medizin (m. P. Christian), 4. A. 1986 (türk. 1978); Grundriß d. Sexualmedizin, 3. A. 1988; Medizinisch-psychologische Anthropologie, 1980. 120 wiss. Einzelarb. u. a. z. Heidelberger Katamneseprojekt 1979-83.

BRAGA, Sevold
Dr. jur., o. Prof. f. Intern. Privatrecht u. Bürgerl. Recht - Schumannstr. 2, 6602 Dudweiler/Saar - Geb. 23. Febr. 1914 Edineti/Rumän. (Vater: Constantin B., Rechtsanw.; Mutter: geb. Klopotowsky), verh. m. Angela, geb. Klären - S. 1956 ao. u. o. Prof. (1958) Univ. Saarbrücken. Mitgl. Dt. Rat f. Intern. Privatrecht u. Zahlr. Fachveröff.

BRAHMS, Hero
Dipl.-Kfm., Vorstandsmitglied Hoesch AG, Dortmund (1982ff.) - Eberhardstr. 12, 4600 Dortmund 1 (T. 0231 - 844 31 96) - Geb. 6. Juli 1941 Münster/W. (Vater: Johannes B., Vorst. Baumwollspinnerei Gronau (s. XVI. Ausg.); Mutter: Ursula, geb. Stuhlmann), ev., verh. - 1961-63 Banklehre; 1963-68 Stud. Betriebsw. München u. Münster - S. 1969 Hoesch-Bereich - Spr.: Engl., Franz., Niederl.

BRAITENBERG, Valentin
Dr. med., Honorarprof. Fak. f. Physik/ Univ. Tübingen - Spemannstr. 38, 7400 Tübingen 1.

BRAKE, Klaus
Dipl.-Ing., Dr. rer. pol., Prof. f. Raumplanung (Siedl.- u. Nutzungsstrukturen) Univ. Oldenburg (s. 1974) - Lindenallee 22, 2900 Oldenburg - Geb. 30. April 1940 - TU Berlin (Arch.) - 1970ff. Wiss. Mitarb. TU Berlin. Planungsberat. u. Gutacht. Bücher u. Einzelarb., insbes. z. Verhältnis Stadt u. Land, z. Regionalentw. u. -politik, z. Metropolenentw. u. z. Planungsgesch.

BRAKELMANN, Günter
Dr. theol., o. Prof. f. Christl. Gesellschaftslehre - Ruhr-Universität, 4630 Bochum - Geb. 3. Sept. 1931 Bochum (Vater: Gustav B., Bankangest.; Mutter: Emma, geb. Lindenberg, ev., verh. s. 1958 m. Ingrid, geb. Brust, 4 Kd. (Sibylle, Bettina, Ute, Stefan) - Gymn. Bochum; Stud. Theol. u. mod. Gesch. - 1960 Studentenpfarrer Siegen, 1962 Doz. Ev. Sozialakad. Friedewald, 1968 Mitarb. Univ. Münster (Inst. f. Christl. Ges.slehre), 1970 Dir. Ev. Akad. Berlin, 1972 Ord. Univ. Bochum. 1961 SPD - BV: D. soziale Frage d. 19. Jhs., 4. A. 1971; Kirche u. Sozialismus im 19. Jhr., 1966; Christsein in d. Welt d. Organisationen, 1967; Protestantismus im Epochenj. 1917, 1974; Protest. Kriegstheol. im I. Weltkrieg, 1974; Abschied vom Unverbindlichen - Gedanken e. Christen zu. Demokrat. Sozialism., 1976; Kirchenleitung u. Synoden z. soz. Frage u. z. Sozialismus 1870-1914, 1976.

BRAKEMEIER-LISOP, Ingrid
Dr. rer. pol., Dipl.-Hdl., Prof. f. Wirtschaftspädagogik Univ.Frankfurt/M. - Am Eschbachtal 50, 6000 Frankfurt-Harheim - Geb. 10. Dez. 1933 Essen - Promot. 1960 Frankfurt - S. 1972 Prof. - BV: u. a. D. Stellung d. Frau in d. Industriegs., 1968. Üb. 40 Einzelarb.

BRAMMER, Joachim
Dr. jur., Präs. d. LG Flensburg - Landgericht, 2390 Flensburg - Geb. 31. März 1911 - S. 1945 Richter LG Lübeck u. OLG Schleswig (1948), 1953-65 rechtsk. Lübeck (-dir.), 1965-76 (Pensionier.) Präs. LG Flensburg - Vors. Kunstverein ebd. - Rotarier. (Gov.).

BRANCA, Freiherr von, Alexander
Dipl.-Ing., Architekt - Stadelbergstr. 19, 8160 Miesbach (T. priv.: 08025 - 13 53, Büro: 089 - 95 60 81) - Geb. 11. Jan. 1919 München (Vater: Wilhelm v. B., Offz.; Mutter: Hedwig, geb. Frankenburg), verh. I) m. Terese, geb. Freiin zu Guttenberg †, (S. Franziskus, II) s. 1955 m. Caroline (Carla), geb. Bernasconi, 4 Kd. (Matthias, Alexandra, Emanuela, Benedikta) - Univ. München u. ETH Zürich (Arch.) - S. 1951 Arch. U. a. Herzogspitalkloster, U-Bahn Marienpl., Olympiapressestadt, Neue Pinakothek (München), Univ.mensa u. Bibl. Würzburg, Klosteranlage Schönstatt; 1972-88 Heimatpfleger d. Stadt München - 1983 Münchener Architekturpreis - 1970 Mitgl. Bayer. Akad. d. Schönen Künste; 1984 Med. München leuchtet u. Karl-Friedr.-Schinkel-Ring; 1989 Bayer. Verfassungsmed. - Spr.: Engl., Franz., Ital. - Rotarier.

BRAND, Hans
Dr.-Ing. (habil.), o. Prof. u. Direktor Inst. f. Hochfrequenztechnik Univ. Erlangen/Nürnberg (s. 1969) - Straßberg 20, 8520 Erlangen-Büchenbach/Mfr. (T. 99 27 76) - Geb. 4. Juni 1930 Dortmund (Vater: Heinrich B., Postbeamter), verh. 1956 m. Margarete, geb. Gerlach, 3 Kd. - Zul. Doz. TH Aachen.

BRAND, Hans Joachim
Rechtsanwalt u. Notar, Präs. Rechtsanwaltskammer OLG-Bezirk Celle (s. 1977) - Königstr. 34, 3000 Hannover 1 (T. 0511 - 34 16 17) - Geb. 7. Jan. 1927, ev.-ref., verh. m. Susanne, geb. Zinkann, 3 S. (Thomas Michael, Dr. Andreas, Christoph) - Univ. Göttingen - 1975-80 Präs. Synode d. Konföderation ev. Kirchen in Nieders.; s. 1971 Vorst.-Mitgl. Rechtsanwaltskammer f. d. OLG-Bezirk Celle; 1975-77 Vorst.-Mitgl. Notarkammer ebd.; 1958-82 Abgeordn. Landessynode ev.-ref. Kirche in Nordw. Deutschl.; versch. weit. kirchl. Ehrenämter. Veröff. - 1981 BVK, 1986 BVK I. Kl.

BRAND, Heiner
Dipl.-Kfm., Selbst. Vers.-Vertreter - Lebrechtstr. 3a, 5270 Gummersbach (T. 02261 - 2 52 02) - Geb. 26. Juli 1952 Gummersbach (Vater: Erwin B., Versich.vertr.; Mutter: Margarete, geb. Hoberg), ev., verh. s. 1975 m. Christel, geb. Baumeister, 2 Kd. (Markus, Julia) - Stud. Betriebswirtsch. (Dipl.-Kfm.) - Silb. Lorbeerbl. - 1978 Weltmeister Hallenhandball, mehrf. Europapokalsieger, Dt. Meister u. Pokalsieger - Spr.: Franz., Engl.

BRAND, Karl

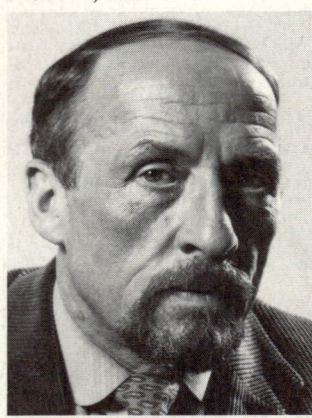

Dr. med., o. Prof. f. Biochemie u. Vorst. Inst. f. Biochemie, Med. Fak. Univ. Erlangen-Nürnberg (s. 1972) - Fahrstr. 17, 8520 Erlangen/Mfr. - Geb. 22. April 1931 Beilngries/Bay. (Vater: Anton B.), verh. m. Ilse, geb. Ruda, 1 S. (Stefan) - Zul. apl. Prof. Univ. Bochum u. Max Planck-Inst. f. Ernährungsphysiol. Üb. 80 Fachveröff.; Lehrbuchbeitr. - 1969 Dr. Fritz Merck-Preis f. Biochemie, 1987 Ehrenmitgl. d. Jap. Biochem. Ges.

BRAND, Matthias
Dr. phil., Schriftsteller - Sanderstr. 26, 1000 Berlin 44 - Geb. 2. Okt. 1952 Braunschweig, Lebensgefährtin: Silke Technau, Puppenspielerin, T. Franziska - Stud. Theaterwiss., German. u. Phil. FU Berlin; Promot. 1979 - Ab 1982 fr. Mitarb. b. Rundfunkanst. (NDR, RIAS Berlin, Radio Bremen); fr. Mitarb. Figurentheater Berliner Mäusetheater - BV: Fritz Kortner in d. Weimarer Rep., 1981; D. Grundstück, Erz. 1982. Herausg.: Fritz Kortner, Theaterst. (1981).

BRAND, Peter
Pädagoge u. Publizist, Gf. Gesellsch. IZOP-Inst. z. Objektivier. v. Lern- u. Prüfungsverfahren GmbH, Aachen (s. 1970), Mitgesellsch. Hahner Verlagsges.

mbH Aachen-Hahn - Heidchenberg 11, 5100 Aachen-Hahn (T. 02408 - 5 88 90) - Geb. 22. März 1940 Korneuburg b. Wien, ev., verh. s. 1969 m. Eva-Maria, geb. Jürgens, S. Johannes - 1955-58 Lehre als Koch, Gehilfenbrief IHK Stuttgart; 1961-65 Abendgymn. Duisburg, 1965-69 Stud. RWTH Aachen (Päd., Psych., Phil., Arbeitswiss.) - 1959-61 Koch u. Kellner; 1965-68 Mitarb. Inst. f. Erziehungswiss. (Entw. v. zahlr. Lernprogr. u. v. Modellen e. Verbind. d. Programmiert. Unterr. m. Leistungskontr. durch datenverarb. Syst.); 1969 Ausbild.-Berat. d. Axel Springer AG, Ahrensburg/Hamburg. 1976-79 Gründungspräs. ISPA - Intern. Skat Playes Assoc. (Weltverb. d. Skatspieler), s. 1981 Gründ. u. Geschäftsf. d. Freien Kartoffelkurat. (FKK) wider d. teufl. Sachzwang, Aachen - Zahlr. didakt. Spiele, u.a. D. Köln-Spiel, 1976; D. Frankfurt-Spiel, 1978; D. Augsburg-Spiel 2000, 1985; Entwickl. e. 7-bänd. Lernprogrammr. Management-Informations-Systeme, DbO-Programmierte Instruktion, 1969; Rechnen in d. Geldwirtsch., 3. A. 1971; Lehrerhandb. z. Lernprogrammeins., 2. verb. A. 1972. Mithrsg.: Medienkundl. Handb., 3 Bde.: D. Zeitung im Unterr. (Neuausg. 1. A. 1989), D. Zeitungsanzeige (2. A. 1988, zus. m. Eva Brand u. Volker Schulze); D. Ztg. - Zeitungssystem. Teil (4. überarb. u. erw. A. 1987, zus. m. Volker Schulze) - Liebh.: Lesen, Skatspielen, Wandern, Fahrradfahren, Kochen u. Gut-Essen - Spr.: Engl.

BRAND, Stefan,
s. Harpprecht, Klaus

BRAND, Wilhelm
Assessor d. Bergfachs, Geschäftsführer Steinkohlenbergbauverein, Bergbau-Forschung GmbH u. Bergwerksverband GmbH, AR Carbo-Tech Ges. f. Bergbau- u. Industrieprod. mbH, Vorst. Studienges. f. unterirdische Verkehrsanlagen - Cäcilienhöhe 114, 4350 Recklinghausen (T. 02361 - 2 17 58) - Geb. 20. April 1928 Dortmund, verh. m. Gisela, geb. von Rekowsky.

BRAND, Willi
Dr. phil., Prof. f. Erziehungswissenschaft m. bes. Berücks. d. Wirtschaftspäd. Univ. Hamburg (s. 1978) - Elsternweg 17, 2090 Winsen/Luhe - Geb. 29. Sept. 1943 Wien, ev., verh. s. 1967 m. Heinke, geb. Bischoff, 2 Kd. (Silke, Arwed) - BV: Berufl. Leistungseinst. u. Wirtsch.lehre-Unterr., 1975 (Hrsg. m. D. Brinkmann); Tradition u. Neuorient. in d. Berufs- u. Wirtsch.päd., 1978.

BRANDAU, Hans
Dipl.-Betriebswirt, Vorstandsvorsitzender Bad. Gemeinde-Versich.-Verb. - Elfenweg 23, 7500 Karlsruhe 51 (T. 0721 - 88 57 53) - Geb. 7. Aug. 1937 Münster, kath., verh., 2 Kd. - Lehre Versicherungskaufm. - Stud. Dt. Versich.-Akad., Köln (Dipl.) - Beiratsmitgl. Gerling-Konzern, ÖRAG u. UKV.

BRANDAUER, Klaus Maria

Schauspieler, Mitgl. Burgtheater Wien - Bartensteingasse 8/9, A-1010 Wien - Geb. 1944 Österr. (Vater: Zollbeamter), verh. s. 1965 (Ehefr.: Karin, Regiss.), S. Christian - Viels. Bühnenrepertoire. Film: Mephisto (1981 Cannes-Preis, 1982 Oscar Hollywood [f. d. Titelrolle] u. David-di-Donatello-Pr. Rom); Oberst Redl, Nero (1985); 1983 Salzb. Festsp. (Jedermann) - 1983 Bambi Bild + Funk.

BRANDENBERGER, Anna

Schriftstellerin, Malerin (Ps. Johanna Bradun) - Via Carona 16, CH-6815 Melide-Lugano - Geb. 1926 (Vater: Emil B., Baumeister) - Bäuerinnensch., Fachsch. f. d. Gastgewerbe Belvoir-Park, Zürich. Viele J. Gastgewerbe. Naturheilpraktikerin - BV: Begegnung international; Abu Simbel; Drogen Gold Mädchen; Liebes Kind im Kinderheim; Gold. Hochzeitsreise; Bilder machen Gesch.; Wir, u. uns. Gotte Verena; Meine Mutter war e. Asiatin; Im Internat in d. Schweiz; Unsterbl. Vergangenheit; Sie tanzen wie d. Marionetten; Ges. Kurzgesch., Collezione delle storielle, storie fanno quadri. Bilder: Oel/acryl Malerei; Bilder m. Text. Ausst. s. 1980 in: Lugano, Morcôte, Berg a/J., Klosters, St. Moritz, TwannbergBiel, Revin (Frankr.), Kulturfoyer Herblinger-Markt Schaffhausen - Preis Ardennes Salon Intern. Bad Ragaz.

BRANDENBURG, Alois Günter

Dr. phil., o. Prof. f. Soziologie Univ. Essen (s. 1988) - Monschauer Str. 12, 5108 Monschau - Geb. 8. Febr. 1941 Monschau/Eifel - Promot. 1970 TU Berlin - 1972-75 Prof. PH Kiel, 1975-80 Prof. PH Rhld./Abt. Neuss, 1980-88 RWTH Aachen - BV: Systemzwang u. Autonomie, 1970; D. Lernerfolg im Erwachsenenalter, 1974; D. Innovationsentscheidung (m. and.); Berufl. Weiterbild. u. Arbeitsmarktpolitik, 1975; Sozialisation durch Massenkommunikation u. ihre Bedeutung f. d. Schule, 1980.

BRANDENBURGER, Egon

Dr. theol., o. Prof. f. Neues Test. Univ. Mainz, Fachber. Ev. Theol. - Bornwiesweg 29, 6229 Schlangenbad 5 (T. 06129 - 23 14) - Geb. 15. Sept. 1928 Driedorf/Dillkr. - Promot. (1960) u. Habil. (1966) Heidelberg - S. 1967 Lehrtätigk. KH Bethel (1970-71 Rektor), 1973 ff. Mainz - BV: Adam u. Christus, 1962; Fleisch u. Geist, 1968; Frieden im Neuen Test., 1973; D. Recht d. Weltenrichters, 1980; D. Verborgenheit Gottes im Weltgeschehen. D. lit. u. theol. Problem des 4. Esrabuches, 1981; Markus 13 u. d. Apokalyptik, 1984; Das Böse. E. bibl.-theol. Studie, 1986.

BRANDENSTEIN, Freiherr von, Béla

Dr. phil., Prof., Philosoph - Bayernstr. 43, 6600 Saarbrücken (T. 0681 - 6 32 69) - Geb. 17. März 1901 Budapest, kath., verh. s. 1929 m. Magdalena, geb. de Dessewffy, 5 Kd. - Zul. (s. 1948) Prof. Univ. Saarbrücken, jetzt emerit. Zahlr. phil. Schriften in ungar., span. u. dt. Sprache (s. auch XVII. Ausg.).

BRANDENSTEIN-ZEPPELIN, Graf von, Albrecht

Rechtsanwalt u. Forstwirt - Schloß, 7951 Mittelbiberach/Württ. (T. 07351 - 66 16) - Geb. 5. Aug. 1950, verh. s. 1981 m. Nadine, geb. Gräfin z. Ortenburg - Bek. Vorf.: Ferdinand Graf v. Z., Luftschifferfinder, 1838-1917 (Urgroßv. vs.); Philipp Fr. v. Siebold, Japanforscher, 1796-1866 (Ururgroßv. vs.).

BRANDES, Dietmar

Dr. rer. nat. habil., Priv.-Doz., Leitender Bibliotheksdirektor - Geb. 12. März 1948 - 1986 Priv.-Doz. f. Botanik TU Braunschweig; 1987 Dir. Univ.-Bibl. TU Braunschweig. 115 wiss. Veröff.

BRANDES, Heinrich

Unternehmer, Vors. Bundesverb. d. Dt. Tankstellen- u. Garagengewerbes, Minden/W. - Landsberger Str. 1, 3200 Hildesheim (T. 05121 - 8 36 78) - Öffentl. best. u. vereid. Sachverst. f. d. Tankstellengewerbe.

BRANDES, Henning J.

Dr. rer. pol., Dipl.-Kfm., Vorst.-Mitgl. Coutinho, Caro & Co. AG, Hamburg - Steindamm 80, 2000 Hamburg 1 (T. 040-286 14 51) - Geb. 5. April 1937, verh., 3 Kd.

BRANDES, Horst

Dipl.-Betriebswirt, Geschäftsführer Südstrand Burgtiefe Betreuungs GmbH (s. 1978) - Südstrandpromenade 1, 2448 Burg auf Fehmarn - Geb. 12. Juni 1939 Hamburg, 3 Kd. - 1956-59 Lehre Industriekaufm. coop Hamburg; 1961-63 Stud. Hochsch. f. Wirtsch. u. Politik Hbg.; 1972 Stud. Intern.-Management-Development Inst. Imede, Lausanne/Schweiz - 1968-70 Geschäftsf. Plaza-SB-Warenhaus Beratungs- u. Betreuungs GmbH; 1973-78 Vorst.-Mitgl. Dt.-Zündwaren-Monopolges. - Spr.: Engl.

BRANDES, Mark Adolf

Dr., Prof. f. Archäologie - Brombergstr. 21, 7800 Freiburg - Geb. 20. Okt. 1929 Frankenau (Vater: Dr. Wilhelm B., Arzt; Mutter: Marie, geb. Rossmann), luth. - Gymn. Philippinum Marburg, 1950-53 Univ. Tübingen, 1954, 1956-59 Heidelberg, 1954-55 Athen, Promot. Heidelberg 1959, Habil. Univ. Freiburg 1968 - 1959-60 DAI Rom, 1960-61 Reisestip., 1961-65 Refer. DAI Baghdad, 1968-77 Lehrauftr. Univ. Basel, s. 1968 Priv.doz. u. Prof. (1980) Univ. Freiburg; 1961-65 Teiln. Dt. Warka-Exped. - BV: Unters. z. Kompos. d. Stiftmosaiken an d. Pfeilerhalle in Uruk-Warka, 1968; Übers.: Pierre Amiet, D. Kunst d. Alten Orient, 1977; Siegelabrollungen d. archaischen Bauschichten in Uruk-Warka, 1979 - Liebh.: Musik, Architektur - Spr.: Franz., Engl., Ital., Neugriech.

BRANDES, Wilhelm

Dr. sc. agr., o. Prof. f. Landw. Betriebslehre - Wendelsgraben 6, 3400 Göttingen-Weende (T. 3 26 44) - B. 1969 Privatdoz., dann Ord. Univ. Göttingen.

BRANDI, Ernst

Dr. jur., Rechtsanwalt - Holbeinstr. 14, 4000 Düsseldorf (T. 68 31 09) - Geb. 15. Sept. 1910 Berlin (Vater: Dr. Fritz B., RA; Mutter: Annemarie, geb. Fritzen), verh. s. 1940 m. Anneliese, geb. Fritzen - Univ. Freiburg/Br. u. Berlin - 1949-71 Hauptgeschäftsf. Bundesverb. d. fr. Berufe, Düsseldorf (mitbegr.), Geschäftsf. Vorst. Verb. fr. Berufe NRW i. R. - BV: V. d. Freiheit d. Advokatur, 1954 - Wilh. v. Humboldt-Plak. d. Bundesverb. d. Fr. Berufe, BVK 1. Kl.

BRANDI, Fritz

Geschäftsführer Elf Aquitaine Deutschland GmbH, Düsseldorf - Maybachstr. 3, 4300 Essen-Bredeney - Geb. 26. April 1918 - 1985 Gr. BVK.

BRANDIS, Henning

Dr. med., em. o. Prof. f. Hygiene u. Bakt. - Sigm.-Freud-Str. 25, 5300 Bonn 1 - Geb. 17. Juli 1916 Elberfeld (Vater: Bernhard B., Reichsgerichtsrat; Mutter: geb. Böhncke), verh. (Ehefr.: Dr. Ursula) - S. 1952 (Habil.) Lehrtätigk. Univ. Frankfurt, Göttingen (1957 o. Prof. u. Dir. Hyg.-Inst.), Bonn (1967 o. Prof. u. Dir. Inst. f. med. Mikrobiol. u. Immunol.) - Mitgl. Dt. Akad. d. Naturforscher (Leopoldina), 1976 BVK I. Kl. - Bek. Vorf.: Sir Dietrich B., Generalforstinsp. v. Brit.-Indien; Christian A. B., Philosoph, Bonn; Dietrich B., kgl. Leibarzt Kopenhagen.

BRANDIS, Matthias

Dr. med., Prof., Direktor Univ.-Kinderklinik Freiburg (s. 1988) - Mathildenstr. 1, 7800 Freiburg (T. 0761 - 270 43 05) - Geb. 18. Mai 1939, ev., verh. s. 1966 m. Gabriele, geb. Sieverts, 4 Kd. (Sebastian, Jasper, Johanna, Marie) - Stud. Humanmed. Univ. Hamburg u. Wien; Promot. 1967 Hamburg - 3 J. Assist. Physiol. Berlin; 2 J. Cornell Univ. New York, Albert Einstein College of Med.; 1971-81 MH Hannover - Liebh.: Musik (Viola), Streichquartett - Spr.: Engl. - Bek. Vorf.: Max Planck (Großonkel).

BRANDL, Hans Alfons

Dipl.-Verwaltungswirt (FH), I. Bürgermeister (s. 1972) - Mittelweg 1, 8675 Bad Steben/Ofr. (T. 09288 - 83 63) - Geb. 9. Juli 1935 Selbitz (Vater: Salomon B., Verw.Insp.; Mutter: Sofie, geb. Zuber), kath., verh. s. 1962 m. Inge, geb. Strangfeld, T. Benita - Dipl. 1966 - Kommun. Verw.beamter, zul. Verw.oberinsp.; s. 1972 Erster Bürgerm. .

BRANDMÜLLER, Josef

Dr. rer. nat., em. o. Prof. f. Experimentalphysik, Molekül- u. Festkörperspektroskopie; Symmetrieprobleme - Hubertusstr. 61, 8035 Gauting/Obb. (T. München 850 41 97) - Geb. 28. März 1921 Freising/Obb. (Vater: August B., Landgerichtsdir.), kath., verh. s. 1947 m. Roswitha, geb. Mayer, 4 Kd. (Gisela, Godehard, Renate, Uta) - Univ. München (Physik; Promot. 1945) - 1948 Mitarb. Opt. Werke C. A. Steinheil, München, 1949 Assist., 1954 Privatdoz. Univ. München, 1955 ao. Prof. Phil.-Theol. Hochsch. Bamberg, 1964 ao., 1967 o. Prof. Univ. München (Sektion Physik), 1986 emerit. - BV: Einf. in d. Raman-Spektroskopie, 1961 (m. H. Moser, russ. Übers. 1964); Light Scattering by Phonon-Polaritons, 1975 (m. R. Claus u. L. Merten); Proceedings of the Vth International Conference on Raman Spectroscopy, Freiburg 1976 (m. Schmid, Kiefer, Schrader u. Schrötter), 1983 socio straniero dell'Istituto Veneto di Scienze, Lettere ed Arti, Venezia - Liebh.: Musik (Chorleitg., Violine, Bratsche).

BRANDMÜLLER, Theo

Prof., Komponist, Konzertorganist - Knappenstr. 20, 6601 Riegelsberg (T. 06806 - 4 63 87) - Geb. 2. Febr. 1948 Mainz (Vater: Leo B., Graphiker; Mutter: Maria), kath., verh. s. 1979 m. Odile, geb. Barbier, S. Boris - Stud. Mainz, Detmold, Köln, Paris, Madrid - Prof. f. Komposition Musikhochsch. d. Saarlandes - Musikwerke: Alle Musikgatt. wie Oper, Sinfonik, Kammermusik, Chormusik - Div. Förderpreise, 1979 Rompreis d. Villa Massimo, 1977 Stip. cité Internationale des Arts - Liebh.: Orgelbau - Spr.: Engl., Franz., Latein. - Lit.: Div. Fachaufs. üb. Kirchenmusik-Schaffen.

BRANDMÜLLER, Walter

Dr. theol., o. Prof. f. Kirchengeschichte d. Mittelalters u. d. Neuzeit Univ. Augsburg (s. 1971) - Kirchpl. 8, 8085 Walleshausen - Geb. 5. Jan. 1929, kath. - Promot 1962; Habil. 1967 - Zul. Prof. Phil.-Theol. Hochsch. Dillingen - Päpstl. Ehrenprälat; Mitgl.: Comitato di scienze storiche, Vatikan; O. Mitgl. d. Pontificia Acad. theologica Romana; Accad. degli Intronati, Siena; Ritterorden v. Hl. Grab zu Jerusalem; Rotary Club Augsburg-Fuggerstadt - BV: D. Wiedererstehen kath. Gemeinden in d. Fürstentümern Ansbach und Bayreuth, 1963; D. Konzil v. Pavia-Siena 1423-1424, 2 Bde. 1968 u. 1974; D. Fall Galilei, 1970, übers. ins Ital. u. Span.; Ignaz v. Döllinger am Vorabend d. 1. Vatikanums, 1977; Damals geschehen, heute diskutiert, 1977; D. Beitr. d. Kirche z. Werden Europas, 1979; Galilei u. d. Kirche od. d. Recht auf Irrtum, 1982 (span. Übers.).

BRANDNER, Gerhard

Dr. rer. nat., Prof. f. Mediz. Mikrobiologie der Univ. Freiburg - Weberstr. 22 A, 7802 Merzhausen (T. 0761 - 40 41 30) - Geb. 4. Okt. 1934 Falkenau, verh. m. Dr. Erika, geb. Trache, 3 Kd. (Sebastian, Matthias, Christina) - Univ. Marburg u. Freiburg, Promot. 1962 Freiburg.

BRANDNER, Josef

Bürgermeister a. D. - 8102 Mittenwald/Obb. - Drogist; 24 J. I. Bürgerm. Mittenwald (b. 1984). CSU - 1984 Bayer. Verdienstmed. in Silber f. Kommunalpolitik.

BRANDS, Horst W.

Dr. phil., Prof. f. Islamwissenschaften u. Turkol. Univ. Frankfurt / s. 1971) - Dantestr. 4, 6000 Frankfurt/M. - Geb. 22. Mai 1922 Bad Oeynhausen - U. a. Leit. Oriental. Abt./Stadt- u. Univ.sbibl. Frankfurt u. Privatdoz. Univ. Mainz. Facharb., auch Bücher.

BRANDS, Johannes

Dr. jur., Vorstandsmitglied Jünger & Gebhardt AG. - Fröbelplatz 7, 5000 Köln 30 - Vors. Vereinig. d. Lieferanten im Drogenfach u. Vereinig. d. kosmet. Einfuhrfirmen, Düsseldorf.

BRANDS, Theodor (Theo)

Dr. med., Prof., Chefarzt Radiolog. Institut/Städt. Krankenhaus Singen (s. 1973) - Konradin-Kreutzer-Str. 8, 7700 Singen/Hohentw. - Geb. 31. Mai 1925 - Promot. 1955 - S. 1971 (Habil.) Privatdoz. u. apl. Prof. Univ. Münster (Röntgenol. u. Strahlenheilkd.) - BV: Diagnose u. Klinik d. Erkrankungen d. gr. Kopfspeicheldrüsen, 1971.

BRANDSTETTER, Alois

Dr. phil., Prof., Schriftsteller - Maximilianstr. 4, A-9020 Klagenfurt (Österr.) - Geb. 5. Dez. 1938 Pichl (Österr.) - BV (R.): Zu Lasten d. Briefträger (1974) u. D. Abtei (1977) - Div. Förderungspreise; 1984 Wilh.-Raabe-Preis Stadt Braunschweig (f.: Altenehrung, 1983).

BRANDT, Andreas

Prof. Hochsch. f. Bild. Künste Hamburg (Textildesign) - Zu erreichen üb. Hochschule f. bild. Künste, Lerchenfeld 2, 2000 Hamburg 76 (T. 040 - 2 91 88/38 14) - Geb. 29. Dez. 1935 Halle (Vater: Heinrich B., Math.; Mutter: Eva-Maria, geb. Gerhardt), gesch., S. David - Ausb. HBK Berlin (Meisterschüler) - Kunstmaler, Richt. Konstruktivismus - 1975 Kunstpreis Berlin.

BRANDT, Gerhard Hans

D., Theologe, Präses Ev. Kirche Rheinland i. R. - Am Wasserturm 2, 4000 Düsseldorf 13 (T. 71 27 27) - Geb. 4. Aug. 1921 Breslau (Vater: Hans B., Kaufm.; Mutter: Auguste, geb. Jendras), ev., verh. s. 1952 m. Inge, geb. Scholz, 2 Söhne (Michael, Thomas) - Staatl. Gymn. Breslau; Univ. Heidelberg, Erlangen u. Mainz - 1956-59 Pfarrer f. Schulwochen- u. Primanerarbeit, 1959-71 Pfarrer Kreuzkirchengemeinde Bonn, 1971-81 Oberkirchenrat (s. 1976 theol. Dirig.), 1981-89 Präses Ev. Kirche Rheinland - 1982 Ehrendoktor Univ. Bonn (Theol.); 1987 Ehrendoktor Theol. Akad. Budapest (Theol.); 1984 Gr. Silb. Ehrenzeichen m. Stern Rep. Österr.;

1989 BVK m. Stern - Liebh.: Klass. Musik.

BRANDT, Gerold

Vorstandsmitglied Colonia Versicherungen (s. 1987) - Wipperfürther Str. 80, 5060 Berg.-Gladbach 1 (T. 02204 - 5 22 96) - Geb. 15. Juli 1940 Heilbronn/N., verh. s. 1975 m. Inge, geb. Krummel, 2 Kd. (Beatrix, Alexander) - Abit. 1959 Staatl. Gymn. Oberhausen; Wehrdst. 1960-61; 1966 Refer. Univ. München; 1968 Ass. OLG München - S. 1969 Commerzbank, Frankfurt (zul. Dir. u. Leit. Zentrale Konsortial-Abt.) - Liebh.: Segeln, Jogging, Golf - Spr.: Engl., Franz.

BRANDT, Hans Jürgen

Dr. theol. habil., Univ.-Prof., Monsignore - Wittelsbacher Str. 2, 8000 München 5 (T. 089 - 201 26 66) - Geb. 28. April 1938 Gelsenkirchen-Schalke, kath., ledig - Gymn. Mainz, Gelsenkirchen; Univ. Paderborn, München, Bochum (Phil., Theol., Kirchen- u. Sozialgesch.), 1965 Priesterweihe, Habil. 1. Kirchengesch. - 1980 Ord. Univ. Bw. Theol./Christl. Gesellschaftsl. 1989 Dekan d. Fak. f. Staats- u. Sozialw. an d. Univ. d. Bundeswehr München; Vorstand Inst. f. Theol. u. Ges. München; Hon.-Prof. Priesterseminar Essen - BV: E. kath. Univ. f. Deutschland?, 1981; D. Bischöfe u. Erzbischöfe v. Paderborn (m. K. Hengst), 1984; D. Polen u. d. Kirche im Ruhrgeb. 1871-1919, 1987; u. a. - Päpstl. Ehrenkaplan, Ritter v. Hl. Grab zu Jerusalem - Liebh.: Kunst, Musik, Reisen - Spr.: Lat., Griech, Hebr., Engl., Franz., Ital., Poln. - Lit.: Persönlichkeiten in München (1988).

BRANDT, Hans-Dieter

Geschäftsführer Nieders. Sparkassen- u. Giroverb. - Schiffgraben 6, 3000 Hannover 1.

BRANDT, Hans-Jürgen

Dr. phil., Prof. Univ. Frankfurt/M., Regisseur - Schwalbenstr. 6, 6078 Neu-Isenburg II (T. 06102 - 5 32 10) - Geb. 18. Jan. 1931 Zerbst/Anh. (Vater: Otto B., Schlosser; Mutter: Margarete, geb. Schöne) - 1949-54 Stud. German. u. Körpererzieh. Univ. Leipzig (Staatsex. 1954 bd. Fächer) - 1954-57 Regie-Assist. u. Regiss. DEFA-Studio f. populärwiss. Filme; 1957-62 Regie-Assist. u. Regiss. f. Spielfilme; 1962-69 Fernsehregiss. Stuttgart, München, Hamburg; 1969-71 Studienrefer. Hamburg; 1971-74 Studienrat in Hamburg; s. 1974 Prof. Univ. Frankfurt/M.; 1978-79 Gastprof. Trenton State College, USA - BV: NS-Filmtheorie u. dokumentarische Praxis: Hippler, Noldan, Junghans; Witz m. Gewehr (Dokumentation u. Analyse v. polit. Witzen), 1965; Städte drüben, 1968; Drehbuch: Tycho Brahes Weg zu den Sternen, (NDR) 1979 - Co-Regie: Spielfilm f. Kinder: Christine u. d. Störche; Fernsehspielfilm: Flucht aus d. Hölle; Geboren unter schwarzen Himmeln; Großstadt am Nesenbach, 2 Armin Dahl-Serien, Überall Musik (Buch u. Regie HR 1983); Autor: Die - Ju 52 - Ein Flugzeug erlebt Geschichte (WDR III 1988) - Spr.: Engl.

BRANDT, Harm-Hinrich

Dr. phil., Prof. f. Neuere u. Neueste Geschichte - Sonnenrain 8, 8701 Reichenberg/Würzburg - Geb. 22. Jan. 1935 Stuttgart (Vater: Hinrich B., Dozent HTL; Mutter: Grete, geb. Budelmann), ev., verh. s. 1960 m. Hannelore, geb. Wolf, 3 Kd. (Katharina, Karsten, Lars) - Gymn. Bremen; Univ. Marburg u. Freiburg (Gesch., Politol., Germanistik), Promot. Marburg 1960, Staatsex. Marburg 1961, Habil. München 1975 - 1961-70 Wiss. Assist., 1970-76 Akad. Rat, 1975-78 Wiss. Rat, 1978 Prof., 1980 Ord. - BV: Wirtsch.spolitik in Nordhessen 1710-1960, 1960; Wirtsch. u. Wirtsch.spolitik in Hanau 1597-1962, 1963; D. österr. Neoabsolutismus: Staatsfinanzen u. Politik 1848-60, 1978 - Spr.: Engl., Franz.

BRANDT, Helmut

Direktor, Leit. Landeskriminalamt Nordrh.-Westf. - Zu erreichen üb. Landeskriminalamt NRW, Völklinger Str. 49, 4000 Düsseldorf.

BRANDT, Herbert

Schriftsteller - Hohelandstr. 54, 2400 Lübeck - Geb. 24. Jan. 1908 Fürstenwalde/Spree (Vater: Georg B., Jurist; Mutter: Else, geb. Bulick), ev., verh., 2 Kd. - Gymn. - Bankangest., Redakt., Vermögensverw. - BV/R.: Achtung: D. neue Jahrtausend, 1931; Zweimal Susanne, 1940; Nadja, 1941, NA. 1951; Blutgr. AB, 1942; D. Schattenanz, 1943; D. Schritt üb. d. Schwelle, 1947; D. Frühvollendete, 1949; D. Horoskop, 1953; Abenteuer Neuguinea. Papuan. Tageb., 1984 - Bek. Vorf.: August Trinius (ms.).

BRANDT, Herbert

Prokurist - Grödersenweg 11, 2000 Hamburg 65 - Geb. 17. Jan. 1931 - Spezialgeb. Marketing.

BRANDT, Hillmer

Bankkaufmann, MdA Berlin (1971-79) - Meraner Str. 6, 1000 Berlin 62 (T. 854 12 09) - Geb. 30. Juli 1935 Edinghausen/W., verh., 3 Kd. - Volkssch.; 1950-53 Sparkassenlehre u. B. 1959 Angest. Sparkasse Bad Oeynhausen, dann Bank f. Gemeinwirtsch. Berlin. 1963-67 Bezirksverordn. Schöneberg. SPD s. 1954.

BRANDT, Horst

Dr. rer. pol., Geschäftsführer Brauerei Beck GmbH & Co. - Am Deich 18/19, 2800 Bremen 1 (T. 5 09 40) - Geb. 1930 - AR Aktienges. f. Ind. u. Verkehrsw. Frankfurt, Teldec Schallplatten GmbH, Hamburg, u. Park Hotel GmbH, Bremen; Beirat Dt. Bank AG, Bremen, Industriekreditbank AG-Dt. Industriebank, Düsseldorf, Nordstern-Versich. AG, Köln, u. Scipio & Co, Bremen.

BRANDT, Hugo

Lehrer, MdB, MdL Rhld.-Pfalz - Zum Nahebleck 3, 6531 Grolsheim - Geb. 4. Aug. 1930 - SPD.

BRANDT, Ingeborg, geb. Kietzmann

Apl. Prof., Fachärztin f. Kinderheilkunde (Hauptgebiet Entw.diagnostik) Univ.-Kinderklinik Bonn (s. 1965) - Pützbroicher Str. 24, 5330 Königswinter 41 (T. 02224 - 25 80) - Geb. 19. Jan. 1931 Berlin, ev., verh. s. 1964 m. Dr Dr. Helmut Brandt, RA u. Notar - Stud. Berlin u. Tübingen; Med. Ex. 1954 u. Promot. 1955 FU Berlin; Habil. 1978 Univ. Bonn; apl. Prof. 1984 Univ. Bonn; Facharztausbild. Berlin - Bes. Schwerpunkte: Neurol. u. seelisch-geistige Entwicklung, insbes. im Säuglingsalter sow. Wachstum v. Kindern; s. 1967 Durchführung e. Longitudinalstudie üb. kindl. Entw.; Aufstellung v. Normalwerten u. deren Variationsbreite üb. kindl. Wachstum u. neurol. Entw.; u. a. dt. Bearbeitung d. Griffiths-Skalen z. seelisch geistigen Entw. - BV: Beiträge im amerik. Sammelbd. Human Growth (hg. F. Falkner, J.M. Tanner), 2. A. 1986; Zahlr. Publ. in Fachzeitschr. - Liebh.: Lit., Musik, Hobby: Garten - Spr.: Griech., Latein, Russ., Engl., Franz.

BRANDT, Jürgen

Dipl.-Ökonom, Dipl.-Betriebsw. (FH), Dipl.-Ing. (FH), Oberstleutnant d. Reserve, Rechtsbeistand - Nelkenstr. 32, 4005 Meerbusch 3 - Geb. 8. Mai 1940 Düsseldorf (Vater: Dr. jur. Richard B., RA u. Generalbevollm. i. R.; Mutter: Marianne, geb. George), ev., verh. s. 1973 m. Alexa, geb. Kunze, B.A. Übers., 2 Töcht. (Inga, Nadja) - Städt. Gymn. Düsseldorf, Staatl. Höh. Wirtsch.fachsch. Mönchengladbach Dipl.-Betriebswirt (FH) Univ. Gießen, Kassel, Dortmund (Dipl.-Ökonom), Techn. FH Berlin (Dipl.-Ing.) - 1960 Richter f. Pferdeleistungsschauen; 1974 Prüfer f. d. Dt. Sportabzeichen; 1983 Prüfungsausssch. Handwerkskammer Düsseldorf (Prakt. Betriebsw.); 1988 Lehrbeauftr. d. Westdt. Akad. Düsseldorf - Div. Mitgliedsch. CDU (Vors. ev. Arbeitskr. Kreisverb. Neuss u. Beisitzer Kreisvorst. Neuss), Mitgl. RA-Kammer Düsseldorf - BV: D. Warenzeichen im intern. Wettbewerb, 1970; D. Problemhorizont d. neuen polit. Ökonomie in Beziehung auf neue gesellschaftspolit. Konzepte, 1982; D. wettbewerbsbeschränk. Einsatz v. Warenzeichen im zwischenstaatl. Handeln in d. EWG, 1982 - 1969 Bayer. LA-Abz. Gold; 1971 Dt. Reiterabz. Gold; s. 1972 Gold. Plak. Dt. reiterl. Vereinig.; 1973 Leistungsabz. Bundeswehr Gold; 1974 Verdienstmed. BRD; 1979 Gold Sportabz.; Ehrennadel in Gold Verband d. Reit- u. Fahrvereine Rhld.; Grand Officier de l'Ordre Byzantin de Saint Jean de Jerusalem; Gold. Ehrenmed. Stadt Lech am Arlberg - Spr.: Engl., Franz. - Rotarier; Paul Harris Fellow; Freimaurer; Distriktschatzm. d. Großloge AFAM NRW.

BRANDT, Karl

Dr. rer. pol., Dr. h. c., em. o. Prof. f. Volkswirtschaftslehre - St. Galler Str. 10, 7815 Kirchzarten/Br. (T. 40 69) - Geb. 16. April 1923 Kamen/W. (Vater: Ludwig B.; Mutter: Auguste, geb. Friedrichs), ev., verh. s 1947 m. Ilse, geb. Wesch, T. Birgid - Univ. Tübingen, Bonn, Heidelberg. Promot. 1948 - 1952 Privatdoz. WH Mannheim, 1955 ao., 1957 o. Prof. Univ. Marburg, 1960 Univ. Tübingen. 1965 Univ. Freiburg/Br. - BV: Struktur d. Wirtschaftsdynamik, 1952; Preistheorie, 1960; Einf. in d. Volksw.lehre, 1970; Volksw. Vorlesungen, 3 Bde., 1975-76.

BRANDT, Karl Heinz

Dr. phil., Landesarchäologe Freie Hansestadt Bremen i. R. - Bergstr. 46, 2804 Lilienthal b. Bremen - Geb. 25. März 1922 Herne/Westf. (Vater: Karl B., Museumsdir.; Mutter: Anna Maria, geb. Weiß), ev., verh. s. 1965 m. Irmtrud, geb. Peters, 2 Kd. (Christian, Dagmar) - Verwalt.lehre; Obersch.: Stud. Univ. Münster u. Kiel (Vor- u. Frühgesch., Geol., Anthropol.) - S. 1954 Leit. Abt. Vor- u. Frühgesch. Bremer Landesmus. (Focke-Mus.); 1971-73 stv. Dir. Focke-Mus.; 1955-71 1. Vors. Bremer Ges. f. Vorgesch.; s. 1977 stv. Vors. Histor. Gesellschaft Bremens; s. 1966 Mitgl. Hist. Kommiss. f. Nieders. u. Bremen; s. 1978 Lehrbeauftragter Univ. Bremen, s. 1981 Mitgl. d. Wittheit zu Bremen, s. 1982 Korr. Mitgl. d. Dt. Archäol. Inst., s. 1982 Mitgl. Archäol. Kommiss. f. Niedersachs. - BV: Studien üb. stein. Äxte u. Beile d. Jüng. Steinzeit u. d. Steinkupferzeit Nordwestdtschl.s, 1967; Vorgesch. d. Weserraumes, 1971; Ausgrabungen im Bremer St.-Petri-Dom 1974-76. E. Vorbericht, 1977; D. Ausgrabungen im Bremer St.-Petri-Dom 1973-76 u. 1979, 1982; D. Ausgrabungen im St.-Petri-Dom zu Bremen, Bd. 2; D. Gräber d. MA u. d. Frühen Neuzeit, 1988. Herausg.: Bremer Archäol. Blätter (s. 1960); Ausgrab. im St. Petri-Dom zu Bremen (Bd. 1ff., 1985ff.); Bibliogr. Bremisches Jahrb. 56, (1987, 141-149) u. a. wiss. Beiträge.

BRANDT, Karl Heinz

Dr.-Ing., Dipl.-Ing., Abteilungspräsident Geschäftsf. Personennahverkehr - Rheinstr. 27, 6000 Frankfurt a. M. 1 (T. 75 28 51) - Geb. 23. Febr. 1929 Vaals/Niederl. (Vater: Fritz B., Prokurist; Mutter: Martha, geb. Richardt), kath., gesch., 2 Kd. (Peter, Marc) - Stud TH Aachen; Dipl.ex. 1954 ebd.; Bauassist. 1958 Frankfurt/M.; Promot. 1963 Aachen - 1961 Bundesbahnrat (Assist. Verkehrsinst. TH Aachen), 1963 Wiss. Mitarb. Hauptverw. DB, 1966 Amtsvorstand, 1968 Dezernent; 1977 Abt.leit.; 1974-79 nebenamtl. Geschäftsf. u. Vorst.mitgl.; 1980 hauptamtl. Geschäftsf. - BV: Wirtschaftl. Zugförderung unter Tage, Diss. 1963 - Liebh.: Gesch., Gärtnerei - Spr.: Engl.

BRANDT, Reinhard

Ph. D., Prof. f. Kernchemie Univ. Marburg - Am Strauch 9, 3551 Wehrshausen - Geb. 14. Nov. 1932 Königsberg/Ostpr. - Promot. Berkeley (USA); Habil. 1968 Marburg - S. 1971 Prof. Wissensch. Mitarbeit in CERN, Genf; GSI, Darmstadt; Univ. Calif. (USA); Vereinigtes Kernforsch.-Inst., Dubna (USSR); 1988-90 Präs. d. Intern. Nuclear Truck Soc. Üb. 350 Facharb.

BRANDT, Reinhard

Dr. phil., Prof. f. Philosophie Univ. Marburg - Augustinergasse 2, 3550 Marburg/L. - Geb. 10. April 1937 Gladebrügge - Promot. 1965 - S. 1972 Prof., s. 1982 Leit. Marburger Kant-Archiv - BV: Rousseaus Phil. d. Ges., 1973; Eigentumstheorien v. Grotius b. Kant, 1974; Locke-Symposium, 1981; Rechtsphilosophie d. Aufklärung, 1982; D. Interpretation phil. Werke, 1984. Herausg.: Kant-Forsch. (Bd. I 1987; m. W. Stark) - Korr. Mitgl. d. Wiss. Ges. d. Goethe-Univ. Frankfurt.

BRANDT, Siegmund

Dr. rer. nat., o. Prof. f Physik - St.-Michael-Str. 30, 5900 Siegen 1 - Geb. 17. Juli 1936 Berlin (Vater: Dr. med. h. c., Dr.-Ing. E. h. Prof. Leo B., zu. Staatssekr. †1971 (s. XVI. Ausg.); Mutter: Maria, geb. Emschermann), ev., verh. s.

1959 m. Dipl.-Biol. Renate, geb. Schneider, S. Martin - Leibniz-Gymn. Düsseldorf; Univ. Bonn (Dipl-Phys. 1959). Promot. 1963 Bonn; Habil. 1966 Heidelberg - 1961-65 Wiss. Mitarb. CERN Genf; s. 1966 Lehrtätigk. Univ. Heidelberg u. Univ. Siegen (1972 Ord.); 1982-84 u. 1989-91 Mitgl. Wiss. Rat Dt. Elektronensynchrotrons DESY, Hamburg. S. 1982 Mitgl. Wissenschaftl.-Techn. Rat Kernforschungsanl. KFA, Jülich. 1986-89 Vors. Fachaussch. Teilchenphysik Dt. Physikalische Ges. Hauptarbeitsgeb.: Experimente z. Elementarteilchenphysik, Computeranwend. in d. Physik - BV: Statistical and Computational Methods in Data Analysis, 2. A. 1976 (Übers. Poln., Dt., Russ., Jap.); m. H. D. Dahmen: Physik - E. Einf. in Experiment u. Theorie, 2 Bde., 2. A. 1984/86 (I: Mechanik, II: Elektrodynamik); The Picture Book of Quantum Mechanics, 1985 (Übers. Japan., Poln.) - Spr.: Engl., Franz.

BRANDT, Thomas

Dr. med., o. Prof. f. Neurologie Univ. München - Zu erreichen üb. Neurol. Univ.-Klinik Klinikum Großhadern, Marchioninistr. 15, 8000 München (T. 089 - 70 95 25 70) - Geb. 19. Juni 1943 Dessau (Vater: Walter B., Dipl.-Volksw.; Mutter: Ilse, geb. Perl), ev., verh. s. 1965 m. Dipl.-Psych. Birgit, geb. Anke, 3 S. (Stephan, Felix, Moritz) - 1964-69 Stud. Univ. Köln u. Essen (Examen u. Promot. 1969); Facharztausb. u. Habil. 1975 Univ. Freiburg - 1976-84 Ltd. Arzt Neurol. Klinik m. klin. Neurophysiol. Alfried Krupp-Krkhs. Essen; s. 1984 Ord. f. Neurol. Univ. München - BV: Visual-Vestibular Interaction (m. Dichgans), 1978; Augenbewegungsstör. (m. Büchele), 1983; Disorders of Posture and Gait (m. Bles), 1986; Verlauf u. Therapie neurol. Erkrankungen (m. Dichgans u. Diener), 1988; zahlr. klin.-wiss. Veröff. - Corr. Member American Neurol. Assoc. - Liebh.: Kunst, Sport - Spr.: Engl.

BRANDT, Willy

(eigtl. Herbert Frahm), Drs. h. c., Präs. d. Sozialist. Intern. (s. 1976), Altbundeskanzler, Ehrenvors. SPD, MdB - Bundeshaus, 5300 Bonn, Wohnsitz: 5463 Unkel/Rh. - Geb. 18. Dez. 1913 Lübeck, ev., verh. I) 1941-44 m. Carlota, geb. Thorkildsen (Norwegerin), T. Ninja (Lehrerin in Oslo); II) 1948-79 m. Rut, geb. Hansen (geb. Hamar/Norw.), 3 S. (Peter, Lars, Mathias); III) s. 1983 m. Dr. phil. Brigitte, geb. Seebacher (Journ.; Verf.: Ollenhauer-Biedermann u. Patriot, Diss. 1984) - Gymn. Lübeck (Abit.); histor. Stud. Oslo - Tätigk. sozialist. Jugendbeweg., Mitarb. Lübecker Volksbote, 1933 emigriert, b. 1945 journ. u. polit. Betätig. Norwegen u. Schweden, 1945-47 Berichterst. skand. Ztg., Pressemitarb. norw. diplomat. Vertr. Berlin, 1948-49 Vertr. d. SPD-Vorst. in Berlin, 1949-57 u. s. 1969 MdB, 1950-63 Mitgl., stv. Vors. (1954) u. Vors. (1958) Landesvorst. SPD Berlin, 1951-66 MdA (1955 b. 1957 Präs.), 1957-66 Reg. Bürgerm. Berlin u. Mitgl. Bundesrat (1957/58 Präs.), 1958-63 Präs. Dt. Städtetag, s. 1962 stv. u. Vors. (1964-87) SPD, 1961 u. 65 SPD-Kanzlerkandidat., 1966-69 Bundesmin. d. Auswärtigen u. Stellv. d. Bundeskanzlers, 1969-74 Bundeskanzler., 1979-83 Abg. Europ. Parlam. Publ. in Skand. (polit. u. außenpolit. Probleme) u. BRD: Ernst Reuter, E. Leben f. d. Freiheit, m. Rudolf Löwenthal; V. Bonn n. Berlin; Mein Weg n. Berlin, m. Leo Lania; Koexistenz - Zwang z. Wagnis; Begegnungen m. Kennedy; Brandt-Reden 1961-65 (hg. v. Hermann Bortfeldt); Draußen - Schr. während d. Emigration (hg. v. Günter Struve); Friedenspolitik in Europa; Außenpolitik - Deutschlandpol. - Europapol.; D. Wille z. Frieden - Perspektiven d. Politik (1972); Bundestagsreden (hg. v. Helmut Schmidt, 1973); Über den Tag hinaus - Eine Zwischenbilanz, 1974; Draußen, 1976; Begegnungen u. Einsichten, 1976; Links u. frei - Mein Weg 1930-50, 1983; D. organ. Wahnsinn, 1985; Menschenrechte, mißhandelt u. mißbraucht, 1987 - Ehrendoktor Univ. Pennsylvania, Maryland, Harvard, New School of Social Research New York, Univ. St. Andrews (Schottland), Oxford, Yale, Straßburg, Weizmann-Institut Rechovoth/Israel, Leeds, Univ. Brüssel; Walsh College (USA), Univ. Rio de Janeiro (f. Verd. um d. Weltfrieden), Univ. Managua (Nicaragua); 1958 Ehrenpräs. DRK Landesverband Berlin; Ehrenbürger Omaha/USA (1961), Astoria/USA (1961), Berlin (1970), Lübeck (1971); 1959 Großkreuz VO. BRD, zahlr. ausl. Orden, dar. Großkreuz Päpstl. Pius-Orden (1970); div. Ehrenmitgliedsch. u.a. Aspen-Inst. Berlin; 1961 Freiheitspreis (Freedom House Org., USA), 1971 Nobel-Friedenspreis (4. Deutscher), 1972 Rheinhold-Niebuhr-Preis (1. Träger); Mann d. Jahres 1970 (Nachrichtenmagazin TIME) u. 71 (L'Aurore u. Mundo); 1974 Mitgl. PEN-Zentrum BRD; 1981 Goldmed. f. human. Verd. Intern. Jüd. Org. B'n ai B'rith; 1984 III. Welt-Preis; 1985 Ehrendoktor Staats- u. Rechtswiss. Univ. Budapest - Spr.: Engl., Franz., Norw., Schwed. - Liebh.: Bücher (bes. Gesch.), Angeln - Lit.: u.a. Hermann Otto Bolesch/Hans Dieter Licht, D. lg. Marsch d. W. B., 1970; Hermann Schreiber/Sven Simon, W. B. - Anatomie e. Veränderung, 1970; Dirk Bavendamm, Bonn unter B. - Machtwechsel oder Zeitenwende?, 1972; Terence Prittie, W. B., 1974; Carola Stern, W. B., 1975; Erika Zöger, W. B., 1976. Schallpl.: H. Bortfeldt: W. B. - Porträt eines Politikers, 1968; Fernsehen: Einige Tage im Leben d. W. B. (Mathias Walden, 1969), W. B. - Porträt e. Bundeskanzlers (Dagobert Lindlau, 1971), E. Woche m. W. B. (Ruprecht Eser u. Horst Schättle, 1981), Kampfname W. B. (Brelöhr, 1986), W. B. gibt Antwort (1988), 125 J. SPD/Rede v. W. B. (1988).

BRANITZKI, Heinz

Dipl.-Kfm., Vorstandsvorsitzender Dr. Ing. h. c. F. Porsche AG, Stuttgart-Zuffenhausen - Zu erreichen üb. Porsche AG, Postf. 40 06 40, 7000 Stuttgart - Geb. 23. April 1929 Zülz/OS (Vater: Ludwig B., Mutter: Agnes, geb. Apostel), kath., verh. s. 1952 m. Else, geb. Quadt, 1 Kd. - Gymn. Zum Grauen Kloster Berlin (Abit.); Stud. Betriebswirtsch. FU Berlin (Dipl.ex. 1952) - Spr.: Engl.

BRANKAMP, Klaus Bernd

Dr.-Ing., Dipl.-Ing., Prof., Inh. u. Geschäftsf. Ing.büro u. Ind.beratung Brankamp Systemproduktionsplanung, Geschäftsf. Gesellsch. d. System Prozeßautomation GmbH Dr.-Ing. K. Brankamp - Zu erreichen üb. Max-Planck-Str. 9, 4006 Erkrath 1 (T. 0211 - 25 07 20); priv.: Sperberweg 10, 4006 Erkrath (T. 24 23 28) - Geb. 29. Aug. 1939 Düsseldorf (Vater: Josef B., Ing; Mutter: Hedwig, geb. Stasik), kath., verh. s. 1962 m. Ursula, geb. Teiner, 3 Kd. (Thomas, Andrea, Jochen) - Dipl.ex. 1965; Promot. 1967; Habil. 1970, smtl. TH Aachen - Mitgl. versch. Fachbeiräte VDI, Leit. von VDI-Aussch. - BV: Terminplanung, 2. A. 1973; Produktionsplanung, 1970; Teilefamilienfertigung, 1970; Arb.planung, 1970; Fertigungssteuerung, 1970; Rechnergestütztes Konstruieren, 1971; Angebotsplanung, 1971; Bearb.zentren, 1971; Netzplantechn., 1971; Leistungskennzahlen, 1972; Kapazitätsterminierung, 1974; Leistungssteigerung Konstruktion, 1975; Unternehmensstruktur, 1975. Herausg.: Handb. d. mod. Fertigung u. Montage (1975). Zahlr. Fachveröff. im In- u. Ausland - 1967 Bochert Plak. TH Aachen, 1970 VDI-Ehrenplak. - Spr.: Engl., Franz.

BRANNER, Karl

Dr. rer. pol., Oberbürgermeister a. D. - Wilhelmshöher Weg 67, 3500 Kassel (T. 0561 - 6 10 78) - Geb. 11. Sept. 1910 Kassel (Vater: Hartmann B., Bäckerm.; Mutter: Ottilie, geb. Heller), verh. s. 1938 m. Ruth, geb. Thiemann († 1980), Tocht. Barbara, verh. in 2. Ehe s. 1988 m. Waltraud, geb. Hellwig - Oberrealsch. Kassel; Univ. Göttingen (Wirtschaftswiss.; Promot. 1937) - 1934-39 wiss. Assist.; 1949-54 Ref. DGB Kassel; s. 1954 Stadtrat (Dezern. f. Wirtschaft u. Verkehr), Bürger- (1957) u. Oberbgm. (1963-75) Kassel. Langj. SPD (1970-75 Bezirksvors. Hessen-N; vorher stv. Vors.), 1977-84 Mitgl. Kontr.Komm. PV, s. 1989 Seniorenrat PV Bonn - 1970 Offz.kreuz ital. VO., 1971 Gr. BVK, 1974 Gr. BVK m. Stern; 1970 Ehrenplak. IHK u. 1975 Handwerkskammer Kassel, 1974 Frhr.-v.-Stein-, u. Goethe-Plak. Land Hessen, 1975 Ehrenbürger Stadt Kassel, 1984 Ehrensenator GH Kassel - Liebh.: Lit., Kunst - Mitgl. Lions Club.

BRANSS, Truck

Regisseur - Im Königsfeld 36, 6604 Güdinger Berg - Geb. 21. Jan. 1926 Berlin (Vater: Oskar B., Bankkfm.; Mutter: Clara, geb. Kornet), verh. s. 1959 m. Roma, geb. Renz, 2 Kd. (Bébé, Kai-Oliver) - Dorotheenstädt. Realgymn. u. TH Berlin. S. 1951 Fernsehen Sender Freies Berlin u. s. 1960 Saarl. Rundf. FS (I. Regiss.) - Ca. 500 Unterhalt.send., dar. Serien wie: Porträts in Musik, Meine Melodie, Chöre d. Welt, Tänze d. Welt, Hitparade, Dalli Dalli. Ballettfilme: u.a. Schwanensee m. Nureyev u. Fonteyn, Steinerne Blume, Pagodenprinz, Coppelia - Gold. Pfeil; The Record World Achievement Award USA; Schwalbe v. Knokke; Gr. Preis Stadt Prag; Publikumspreis d. CSSR, Gold. Europa, Gold. Kamera, div. Anerk. in Europa, Nord- u. Südamerika - Liebh.: Antiquitäten (Silber u. Jugendstil) - Spr.: Engl.

BRANTNER, Richard

Dr., Vorstandsmitglied Kreditanstalt f. Wiederaufbau, VR Dt. Pfandbriefanstalt Wiesbaden-Berlin, Wiesbaden, u. Europ. Investitionsbank, Luxemburg, AR DEG Dt. Finanzierungsges. f. Beteiligungen in Entwicklungsländern GmbH, Köln, u. Kurat. Dt. Inst. f. Entwicklungspolitik gemeinn. GmbH, Berlin - Palmengartenstr. 5-9, 6000 Frankfurt/M. 1 - Geb. 11. Nov. 1929.

BRANTSCH, Ingmar

Gymnasialprofessor, Assessor d. Lehramtes, Studienrat (s. 1987) - Eckertstr. 18, 5000 Köln 41 (T. 0221 - 44 36 34) - Geb. 30. Okt. 1940 Kronstadt/Siebenbürgen (Vater: Hermann B., Studienrat; Mutter: Hiltraut, geb. Ziegler, Studienrätin), ev., verh. s. 1979 m. Vera Franziska, geb. Hess, T. Isabel - 1957-62 Stud. German. u. Roman. Univ. Bukarest; Staatsex. 1962 - 1962-64 Redakt. u. Bibliothekar; 1964-70 Gymnasialprof. Kronstadt; 1970-76 Zweitstud. Deutsch/Phil., ev. Religion u. Geschichte Univ. Köln u. Bonn; Lehramtsex. 1975/76; 1976-78 Refer. Gummersbach; 1978-87 Ass. Köln; 1987 Studienrat - BV: Deutung d. Sommers, Lyrik u. Ess. 1967; E. 20. Jh., Lyrik 1970; Neue Heimat BRD o. Spätheimkehr nach 1000 Jahren, Lyrik 1983; Karnevalsdemokratie o. Eulenspiegel d. einsame Rebell, Prosa 1985; Einf. in d. Antisophismus, Prosa 1978; Ausbildung o. Gehirnwäsche, Ess. u. Dok. 1980; Individualismus als Politik, Ess. u. Dok. 1982; Mozart u. d. Maschinengewehr. Alternativroman in 11 Antisalven u. and. Ausgewogenes, 1987 - 1968 Anerkennungsdipl. d. Jungen Akad. München u. Lyrikpr. d. Jungen Akad. Stuttgart, 1987 Lit.-Preis d. Kreisstadt Siegburg - Liebh.: Reisen, Mozart, Naive Malerei - Spr.: Rumän. (Letzelburgisch), Russ., Engl., Franz. - Lit.: Dieter Schlesak: Linien im Sinnlosen, Ingmar Brantsch Deutung d. Sommers, 1968. Vorwort z. Neue Heimat BRD o. Spätheimkehr n. 1000 J.; Laurentin Ulici: Stimmen d. Dichters Ingmar Brantsch, 1970 (rumän.); Hans Lindemann: Rumäniens dt. Nachkriegslit. (u. a. Ingmar Brantsch), 1976; D. Schlesak: z. Überleben auch Verse, 1983; J. Putz: Kölner Schriftsteller (2), 1984; Detlev Arens: Vorwort z. Karnevalsdemokratie, 1985; Detlev Arens: Vorwort zu Mozart u. d. Maschinengewehr, 1987.

BRASE, Horst

Dipl.-Kfm., Generalbevollmächtigter Direktor Siemens AG - Gartenfelder Str. 2-34, 1000 Berlin 20 (T. 030 - 386 52 59) - Geb. 20. Juli 1934 Wiedenbrück, verh. s. 1960 m. Astrid, geb. Schwennicke, 2 Kd. (Dagmar, Bernd) - Stud. Univ. Münster u. Berlin.

BRASS (ß), Helmut

Dr. rer. nat., Prof. (C 4) f. Mathematik TU Braunschweig (s. 1977) - Hilsstr. 26, 3300 Braunschweig - Geb. 22. Febr. 1936 Hannover (Vater: Friedrich B., Werkm.; Mutter: Martha, geb. Bormann), ev., verh. s. 1963 m. Gisela, geb. Lüder, 2 S. (Stefan, Peter) - TU Hannover (Math.; Dipl. 1962). Promot. (1965) u. Habil. (1968) Hannover - 1970-73 Prof. TU Clausthal; 1974-77 o. Prof. Univ. Osnabrück - BV: Quadraturverf., 1977 - Spr.: Engl., Franz.

BRASS, Horst

Dr. med., Prof., Internist, Klinikdirektor - Zu erreichen üb. Städt. Klinikum, Bremserstr. 79, 6700 Ludwigshafen/Rh. - Geb. 13. Okt. 1932 Seck/Ww. - Promot. 1959 Frankfurt/M. - 1971-84 Privatdoz. u. apl. Prof. (1974) TH Aachen/Med. Fak. (Inn. Med.); s. 1984 Univ. Heidelberg/Med. Fak. Mannheim. Etwa 100 Fachveröff.

BRASS, Karl

Dr. med., Prof., Pathologe - Hospital Central, Valencia (Venezuela) - Geb. 8. Febr. 1912 Oberursel/Ts., kath., verh. m. Johanna, geb. Frank, 2 Kd. - Oberrealsch. Oberursel; Univ. Frankfurt/M. (Promot. 1935) - 1935 Assist., 1944 Privatdoz., 1949 apl. Prof. f. Allg. Pathol. u. Pathol. Anat. Univ. Frankfurt/M. (beurl.), 1950 Leit. Pathol.-Anat. Abt. Central-Hospital Valencia. Arbeiten üb. Hepatitis epidemica, Eiweißstoffwechselkrankh. d. Plasmocytoms, Tropenkrankh. u. tiefe Mykosen. Neubearb.: Friedemann, Anat. f. Schwestern, Lehrb. 1950.

BRASS, Wilhelm

Dr. med. vet., o. Prof. f. Kleintierkrankheiten u. Allg. Therapie u. Direktor Klinik f. kl. Haustiere Tierärztl. Hochsch. Hannover - Lehrgut, 3203 Sarstedt/Ruthe - Geb. 14. April 1926 Köln, verh. s. 1960 m. Lilian geb. Fritscher, 2 Kd. (Karin Erica, Andrea Maria) - S. 1958 (Habil.) Privatdoz., apl. (1964) u. o. Prof. (1965) TiäH Hannover; 1959-64 Prof. Veterinärmed. Fak. Porto Alegre (Brasil.) - Ehrenmitgl. Sociedade de Veterinària do Rio Grande do Sul, Porto Alegre (Brasil.). Prof. h. c. Univ. Rio Grande do Sul. Dr. h. c. Univ. Santa Maria u. Univ. Rural Pernambuco.

à BRASSARD, Werner

Dr. phil., Prof. f. Schulpädagogik u. Allg. Did. PH Freiburg - Dürriweg 10, 7859 Efringen-Kirchen 8 - Verh. m. Johanna, geb. Hertweck, 5 Kd. - Stud. Univ. u. PH Freiburg, Promot. 1963

BRASSE, Wilhelm
Kaufmann, Abgeordneter Brem. Bürgerschaft (1971-87) - Hermann-Helms-Str. 23, 2800 Bremen 61 - Geb. 9. Okt. 1934 Osnabrück, kath., verh., 2 Kd. - Gymn. (Obersek.); Lehre Mineralölgroßhandel - S. 1961 Mineralölw. (gegenw. Bezirksleit. Außendst.); 1973 Verkaufsleit., 1974ff. selbst. Handelsvertreter. CDU 1963-87 (1968ff. Landesvors. u. Mitgl. Bundesvorst. Sozialaussch.).

BRATENGEYER, Friedrich
Dipl.-Volksw. - Herzogstr. 27, 4290 Bocholt - Geb. 2. Juli 1913 - 1975ff. Vize-Präs. IHK Münster; Ehrenmitgl. Vollvers. IHK Münster; MdK Borken/Westf; 1983 Gold. Ehrenring Stadt Bocholt.

BRATKE, Wolfgang
Dipl.-Ing., Prof. f. Stahl- u. Spannbetonbau sow. Statik Gesamthochschule Paderborn (Fachbereich Bautechnik/Höxter) - Gebhardshagen 1, 3474 Boffzen.

BRATTIG, Werner
Maler u. Graphiker - Brühler Berg 20, 5650 Solingen (T. 0212 - 81 01 10) - Geb. 13. Aug. 1932 Solingen (Vater: August B.; Mutter: Emmi, geb. Langenberg), verh. s. 1959 m. Helche, geb. Dahmen, 2 Kd. (Mogens, Torben) - 1953-55 u. 1956-58 Kunstakad. Düsseldorf; studierte École National Superieure des Beaux Arts Paris - Vornehml. romant. Realismus - Spr.: Engl., Franz., Dän.

BRATZKE, Heinz
Handwerksmeister, Präs. Handwerkskammer Oldenburg - Freiligrathstr. 192, 2900 Oldenburg/O.

BRAUBURGER, Heinz
Ltd. Rechtsdirektor, Justitiar des Bistums Mainz - Kehlweg 19, 6500 Mainz-Gonsenheim - Geb. 26. Aug. 1935, verh. m. Ursula, geb. Scholz, 5 Kd. - Ritter v. Hl. Grab zu Jerusalem.

BRAUCHLE, Eugen
Prof. f. Physik Päd. Hochschule Ludwigsburg - Werastr. 27, 7410 Reutlingen 1 - Geb. 9. Febr. 1930 Aulendorf, verh. m. Cosima, geb. Frick.

BRAUER, Eduard
Geschäftsführer Arbeiterwohlfahrt/Bezirksverb. Ober- u. Mittelfranken - Karl-Bröger-Str. 11, 8500 Nürnberg (T. 44 29 51).

BRAUER, Elfriede
Dr. rer. nat., Prof. Inst. f. Physik. Chemie Univ. Frankfurt (Fachgeb. Elektrochemie) - Rheinlandstr. 19, 6231 Schwalbach/Ts. - Geb. 16. Febr. 1920 - Stud. Chemie. Promot. 1953 Leipzig; Habil. 1965 Frankfurt - s. 1970 Prof. f. Physik. Chemie Univ. Frankfurt.

BRAUER, Georg
Dr. phil. nat., Prof. f. Anorgan. Chemie - Kehler Str. 11, 7800 Freiburg (T. 50 96 23) - Geb. 11. April 1908 Bochum (Vater: Dr. Eberhard B., Chemiker; Mutter: Elisabeth, geb. Ostwald), verh. m. Doris, geb. Hagner - Univ. Leipzig u. Freiburg (Promot. 1932) - 1932 Assist. Univ. Freiburg, 1933 TH Darmstadt, 1942 Doz., 1944 Univ. Freiburg, 1946 ao., 1959 o. Prof. (1976 em.) - Herausg.: Handb. d. präparativen anorgan. Chemie, 3. A. 1975-81 (auch engl., span., russ.).

BRAUER, Hans-D.
Dr. phil. nat., Prof. f. Physikal. Chemie Univ. Frankfurt/M. (Spez.: Organ. Photochemie) - Waldstr. 12A, 6246 Glashütten 1 - Geb. 11. Aug. 1934 Gröst/Kr. Naumburg (Saale), ev., verh. s 1963 m. Gisela, geb. Röser, 2 S. (Uwe, Robert).

BRAUER, Heinz

Dr.-Ing., Prof. f. Verfahrenstechnik TU Berlin (s. 1963, Arbeitsgeb.: Mehrphasenströmungen, Stoffübergang m. u. ohne chem. Reaktionen, Biolog. Verfahrenstechn.) - Jänickestr. 65, 1000 Berlin 37 (T. 817 30 99) - Geb. 28. Dez. 1923 Oldenburg/O. - Zahlr. Ehrenämter in techn.-wissenschaftl. Verb., Patente üb. Apparateerf.; 3 Bücher üb. Grundl. d. Verfahrenstechnik, üb. 150 Zeitschriftenaufs.

BRAUER, Heinz Hermann
Ltd. Oberstaatsanwalt, Leit. d. Staatsanwaltschaft Bremen - In den krummen Stücken 16, 2820 Bremen 77 (T. 63 25 17) - Geb. 30. Mai 1929 Langen/Krs. Wesermünde (Vater: Ernst B., Rentner; Mutter: Marie, geb. Luhrmann), ev., verh. s. 1959 m. Brigitte, geb. Kuhn, 3 Kd. (Christoph, Matthias, Renate) - 1949-53 Jurastud. Univ. Göttingen u. München (1. jurist. Staatsex. 1953 OLG Oldenburg, Gr. Staatsprüf. 1958 Hamburg) - 1958-72 Richter in Bremen (zul. OLGrat); s. 1972 Leit. Staatsanwaltsch. Bremen - 1969-77 u. s. 1989 Präs. Brem. Ev. Kirche, 1977-85 Präs. d. Norddt. Mission, s. 1979 Mitgl. Synode d. Ev. Kirche in Dtschl. - Liebh.: Musik, Lit.

BRAUER, Heinz-Peter
Dr. med., HNO-Arzt, Flottenarzt d.R., Hauptgeschäftsf. Bundesärztekammer - Von-Galen-Str. 22, 5042 Erftstadt (T. dstl.: 0221 - 400 42 00, priv.: 02235 - 57 88, priv.) - Geb. 25. Juni 1924 Hohen Neuendorf/Berlin, ev., verh. s. 1948 m. Hildegard, geb. Enge, 4 Kd. (Wolf-Axel, Dagmar, Rüdiger, Birgitta) - Abit. 1942 Berlin, 1942-45 Wehrdst.; Stud. Univ. Tübingen, Greifswald, FU Berlin (Med.); Promot. 1951 Berlin - 1956-60 1. Vors. Marburger Bd., Berlin; 1956-60 Mitgl. Vertreterversamml. kassenärztl. Bundesvereinig.; s. 1981 Vors. Normenaussch. Med.; s. 1981 Mitgl. Berat. Ausch. f. d. ärztl. Ausb. d. EG; s. 1986 Vors. Vertreterversamml. Wohlfahrtspflege - BV: App.-Ordn. f. Ärzte, 1975; D. Beruf d. Arztes in d. BRD, 1981 (engl. u. franz.) - 1978 BVK am Bde.; 1984 DIN-Ehrennadel - Liebh.: Tennis, Surfen, Ski, Jazz - Spr.: Engl., Franz.

BRAUER, Herbert
Dr. phil., Prof., Kammersänger - Binger Str. 63a, 1000 Berlin 33 (T. 822 01 05) - Geb. 3. Nov. 1915 Berlin, ev., verh. s. 1944 m. Anneliese, geb. Bliedner, 2 Kd. - Univ. Berlin u. Gießen, Hochsch. f. Musik Berlin. Promot. 1942 - Mitgl. Dt. Staatsoper (b. 1948) u. Dt. Oper Berlin (lyr. Bariton); Prof. Hochsch. d. Künste ebd. (Gesang, Opernsch., Regiesem.). Partien: Barbier, Malatesta, Zar, Graf v. Eberbach, Guglielmo, Almaviva, Papageno, Germont, Posa, Marcel, Sharpless, Olivier, Sid, Cardillac, Monsieur Emile, Liederabende u. Konzertverpfl. Europa, Nordafrika, Orient, Japan; Gesangskurse Finnl., Brasil., Ind., Jap., Korea, Philippinen, Indones. Operninsz.: u. a. Figaros Hochzeit, Cosi fan tutte (Tokio), Spiel oder Ernst (ZDF). Libretto: Pardon, Exzellenz (n. E. A. Poe, Musik v. B. Blacher) - 1963 Berliner Kammersänger.

BRAUER, Karl Matthias
Dr. rer. oec., Dipl.-Kfm., Prof. f. Betriebswirtsch.lehre TU Berlin (s. 1971), BWL d. Verkehrs - Im Schwarzen Grund 5, 1000 Berlin 33 (T. 832 53 37) - Geb. 12. Febr. 1930 Allenstein (Vater: Casimir B., Berufssch.dir.; Mutter: Anna, geb. Zimmermann), verh. s. 1971 m. Ingeborg, geb. Müller - Lehre als Großhandelskfm.; Externenabit.; Stud. Univ. Saarbrücken; Promot. 1968 ebd.; Habil. 1970 Berlin (TU) - BV: Binäre Optimierung, 1969; Unternehmensforschung i. Handel, 1969 (Co-Autor); Allg. Betriebswirtsch.slehre, 1971 (Hrsg. u. Co-Autor); Betriebsw.lehre d. Verkehrs, 1980; Betriebsw. Logistik, 1982 (Co-Autor); Betriebsw. Touristik, 1985 - Spr.: Engl.

BRAUER, Lothar
Dr. rer. nat., Geschäftsführer Auergesellschaft GmbH - Thiemannstr. 1, 1000 Berlin 44 - Stud. Chemie.

BRAUER, Peter Sven
Dr.-Ing. (habil.), Prof., Physiker - Schauinslandstr. 16a, 7803 Gundelfingen (T. 58 19 30) - Geb. 16. Febr. 1911 - 1950-76 Lehrtätig. TH München, TH Karlsruhe, Univ. Freiburg. Üb. 80 Fachveröff.

BRAUER, Walter
Schiffseigner, Vorstandsmitgl. Lauenburger Schiffs-Versicherungs Verein AG. - Maxgrund Nr. 10a, 2058 Lauenburg/Elbe - Geb. 27. Sept. 1915 - Ges. d. Flußschiffahrts-Kontor GmbH., Hamburg.

BRAUER, Wilfried
Dr. rer. nat., Prof. Ordinarius, Direktor Institut f. Informatik, Technische Universität München (s. 1985) - Arcisstr. 21, 8000 München 2 - Geb. 8. Aug. 1937 1971-85 o. Prof. Univ. Hamburg.

BRAUERHOCH, Jürgen
Texter u. Schriftst., Inh. Job Concept, Geschäftsf. Job Media GmbH, München - Zentnerstr. 19, Gartenhaus, 8000 München 40 (T. 089 - 129 33 31); priv.: Gerner Str. 5, 8000 München 19 (T. 089 - 157 50 55) - Geb. 23. Jan. 1932 Gera/Thür., verh., 3 Kd. - Doz. f. Texttheorie FH München - BV: u. a. Wie e. Jungfrau entsteht; Dein zweites Gesicht; D. Föhn-Syndrom; Berufe m. Zukunft; Nie mehr verlegen (Trainingsb. f. bessere Ausreden).

BRAUERS, Jan Josef
Senator E. h., Gründer Museum f. mechan. Musikinstrumente, Baden-Baden, jetzt Zweigmuseum d. Bad. Landesmuseums Schloß Bruchsal - Lichtentaler Allee 28, 7570 Baden-Baden - Geb. 13. März 1923 Melle (Vater: Hubert B., Beamter; Mutter: Maria, geb. Hune), verh. s. 1966 m. Karin, geb. Clemens - Senator E. h. Univ. Freiburg. S. 1947 Selbst. Kaufm., Inh. Fa. Wete, Studio f. psych. angew. Musik. Mitgl. (Gründ.präs.) Ges. d. Freunde mechan. Musikinstr. - BV: D. mechan. Musikinstr.; V. d. Äolsharfe z. Digitalspieler - 2000 J. mechan. Musik, 100 J. Schallpl., 1984.

BRAUKMANN, Heinz-Werner
Fabrikant, Geschäftsf. Bera Enterprises Ltd. - 461 Fenmar Dr., Weston/Ont. M91 2R6, (Kan.); 98 Heathcote Ave., Willowdale/Ont. M2L 1Z4 (Kan.).

BRAUKSIEPE, Aenne
Bundesministerin a. D. - Hindenburgstr. 13, 4740 Oelde/W. (T. 46 09) - Geb. 23. Febr. 1912 Duisburg, kath., verh. s. 1937 m. Dr. Werner H. B. (Journ.) - Gymn. - Langj. Schulunterr. Krüppelkinder; mehrj. Aufenthalt Engl. u. Niederl.; 1968-69 Bundesmin. f. Familie u. Jugend. 1949-72 MdB (1964-68 stv. Vors. CDU-Fraktion). Div. Ehrenstell., dar. stv. Bundesvors. CDU (1967-69), Vors. Bundesvereinig. d. Frauen d. CDU u. Landesvors. Europ. Frauenunion - 1969 Gr. BVK m. Stern.

BRAUM, Erich
Dr. rer. nat., Prof. f. Fischereibiologie Univ. Hamburg - Flemingstr. 8, 2000 Hamburg 60.

BRAUMANN, Franz
Prof., Schriftsteller - A-5203 Köstendorf b. Salzburg/Österr. (T. 5) - Geb. 2. Dez. 1910 Seekirchen/Ö., kath., verh. m. Rosa, geb. Goldberger, 5 Kd. - Landw. Ausbild.; Lehrerbildungsanst. Salzburg - Schulpfst. - BV: u. a. Sonnenreich d. Inka, 1969; Zaubervogel flieg. Jgdb. 1970; D. Schicksalsberg, R. 1957; Blumen d. Feuers, Ged. 1961; Tausendjährige Spur, R. 1965; Sonnenreich d. Inka, Sachb. 1969; Alpenländ. Sagenreise, 1975; Sagenreise durch Deutschl., 1977; D. fremde Frau, R. 1978; D. Zwillingserben, R. 1979; Europäische Sagenreise, 1981; Österr., Völkerkreuz Europas, 1980. Herausg.: Österr.s Volksmärchen (1952). D. Bergvolk erzählt - Sagen (1954) - Kulturförd.preis f. Laiensp. Tirol; 1958 Österr. Staatspreis f. Jgd.lit. - Lit.: G. Nemetz, D. Salzbg. Dichter F. B. (Diss., Innsbruck 1960); A. Zieser, F. B. - Leben u. dichter. Werk (Prüfungsarb., Wien, 1963).

BRAUMANN, Philipp
Sparkassendirektor - Ronneburgstr. 12, 6000 Frankfurt/M. (T. 54 55 05) - Geb. 6. Febr. 1922 Franfurt-S. - 1938 (Lehre) Frankfurter Sparkasse v. 1822 (Polytechn. Ges.), Frankfurt (1969 stv., 1973 o. Vorstandsmitgl.).

BRAUMUELLER, Gerd
Dr. phil., Generalkonsul d. Bundesrep. Dtschl. - Consulate General Federal Rep. of Germany, 2500 CN Tower 10004-104 Ave., Edmonton/Alta T5J OKI Kanada (T. 403 - 422-61 75) - Geb. 14. Juni 1925 München, verh. s. 1974 m. Margareta, geb. Sprinke, T. Katia - Promot. 1952 München - 1953-57 Tätig. Bundespresseamt; 1957 Ausw. Amt Bonn; NATO-Generalsekr. Paris; Botsch. Ottawa, Djakarta, Pretoria, La Paz; Generalkonsulate Kapstadt, Nancy, Melbourne, Edmonton - Liebh.: Skilaufen, Tennis, Segeln - Spr.: Engl., Franz., Span., Afrikaans.

BRAUN, Alfons
Landrat Kr. Donau-Ries (s. 1984) - Landratsamt, 8850 Donauwörth/Schw. - Geb. 10. Dez. 1940 Marxheim - SPD.

BRAUN, Bernd
Dr. med., Dipl.-Chem., Mitinhaber B. Braun Melsungen AG - Tränkelücke 1, 3508 Melsungen - Geb. 1. Juni 1906 Melsungen - 1968 Philipps-Plak. Univ. Marburg, 1971 BVK I. Kl. - Bruder: Otto B.

BRAUN, Bruno O.
Dr.-Ing., apl. Prof. Univ. Stuttgart (ZH), Vorstandsvorsitzender Sempell AG, pers. haft. gf. Gesellsch. Sempell Technologie KG - Vereinigte von-Siemens-Str., 4052 Korschenbroich 1 (T. 02161 - 18 51); priv.: Hindenburgstr. 42, 4005 Meerbusch 1 (T. 02105 - 58 38) - Geb. 26. Aug. 1942 Bietigheim/Württ., verh. s. 1968 m. Monika, geb. Weuthen, 2 S. (Fabian, Felix) - Stud. Maschinenbau Univ. Stuttgart (TH); Dipl.-Ing. 1968, Promot. 1972, Habil. 1976. S. 1980 apl. Prof. TH Stuttgart. S. 1976 Vereinigte Kesselwerke AG, Düsseldorf (Hauptabteilungsleit.), 1979 Generalbevollm., 1980 Vorstandsmitgl.), s. 1982 stv. Vorstandsmitgl. Dt. Babcock-Werke AG, Oberhausen - Spr.: Engl., Franz.

BRAUN, Curt
Fabrikant, ARsvors. Triumph International AG., München, u. a. - Haus Bergfried, 7072 Heubach/Württ.

BRAUN, Dieter
Assessor, Geschäftsführer Arbeitsgem. regionaler Energieversorgungs-Unternehmen - Humboldtstr. 33, 3000 Hannover.

BRAUN, Dietmar G.
Dr. med., Immunologe, apl. Prof. Univ. Freiburg/Br. - K-125.15.16, CH-4002 Basel - Geb. 14. Aug. 1937 Lemnitz/Netzekr. (Vater: Willi B., Lehrer; Mutter: Anni, geb. Bünz), verh. s. 1966 m. Dr. phil. Sigrid, geb. Budde, 3 Kd. (Birgit, Ulrike, Ingmar) - Schule Diepholz (Abit.); Univ. Bonn, Tübingen, Bonn. Staatsex. 1963; Promot. 1964; 1965-66 Austauschstip. DAAD am Inst. f. Med. Mikrobiol. Univ. Göteborg (Schweden); 1966-68 Austauschstip. Nation. Gesundheitsbeh. U.S.A. Rockefeller-Univ. New York; Habil. 1971 Univ. Göttingen - 1969-71 Wiss. Assist. Max-Planck-Inst. f. exper. Med. Göttingen, 1970-78 Wiss. Mitarb. Inst. f. Immunol., Basel; s. 1979 CIBA-GEIGY AG, Basel; Ltg. Immunol. Forschungsgr.; 1980-81 Ltg. Ber. Immunologie; s. 1982 Ltg. Ber. Infektion-Tumor-Immunologie.

BRAUN, Dietrich
Dr. rer. nat., Prof. f. Organ. u. Makromolekulare Chemie TH Darmstadt, Dir. Dt. Kunststoff-Inst. ebd. - Jakob-Jung-Str. 56, 6100 Darmstadt 12 - Geb. 28. Nov. 1930 Leipzig (Vater: Wilhelm B., Kaufm.; Mutter: Charlotte, geb. Quehl), ev., verh. s. 1960 m. Margarete, geb. Jacobi, 2 T. (Bettina, Barbara) - Stud. Chemie Leipzig u. Mainz (Dipl. 1955). Promot. (1957) u. Habil. (1960) Mainz - S. 1969 Institutsdir.; s. 1971 Univ.-Prof. - BV: Praktikum d. makromolekul. organ. Chemie, 1966 (auch engl., span., jap., russ., korean.); Erkennen v. Kunststoffen, 1978 (auch engl., franz.). Herausg.: Kunststoff-Handb. - 1988 H. F. Mark-Med. - Spr.: Engl. - Mitgl. Lions Club.

BRAUN, Dietrich
Dr. theol., o. Prof. f. Ev. Theologie FU Berlin - Albertinenstr. 5, 1000 Berlin 37 (T. 801 59 18) - Geb. 1928 - Stud. Theol. u. Phil. Promot. Basel (Prof. Karl Barth) - U. a. Pfarrer Berlin - BV: D. sterbl. Gott oder Leviathan gegen Behemoth, 1963. Hrsg. v.: Karl Barth, Ethik I, 1928, 1973; Karl Barth, Ethik II, 1928/29, 1978 (= Karl Barth, Gesamtausg., II. Akad. Werke).

BRAUN, Edmund
Dr. phil., Prof. f. Philosophie Univ. Köln - Schlüsselberg 37, 5253 Lindlar - Geb. 12. Okt. 1928 Köln (Vater: Hubert B., Rektor; Mutter: Margarete, geb. Wißmann), kath., verh. s. 1961 m. Rosemarie, geb. Fander, T. Uta - Promot. 1959; Habil. 1970 - S. 1980 Univ. Köln (1971 Prof.). Bücher u. Einzelarb.

BRAUN, Ernst
Dr. oec. publ., Dipl.-Kfm., Vorstandsmitglied Zahnradfabrik Friedrichshafen AG (s. 1971) - 7990 Friedrichshafen/B. - Geb. 16. Febr. 1930 Augsburg - 1975 Vorst.-Mitgl. Verb. d. Automobilind.; AR-Mitgl. SKF GmbH, Schweinfurt, ZF-Getriebe GmbH, Saarbrücken, Zahnradfabrik Passau GmbH, Passau; Hoesch Rothe Erde-Schmiedag AG, Dortmund, u. Henschel Flugzeugwerke AG, Kassel.

BRAUN, Felix
Landwirt, Bürgermeister Thundorf/Unterfr. - Aussiedlerhof 1, 8734 Thundorf (T. 09724 - 17 68) - Geb. 23. Mai 1935 Thundorf (Vater: Anton B., Postangest.; Mutter: Hedwig, geb. Pfennig), kath., verh. s. 1958 m. Charlotte, geb. Rink, 4 T. (Andrea, Marina, Petra, Alexandra) - Volkssch. - S. 1972 1. Bürgerm.

BRAUN, Franz
Dipl.-Ing., Beigeordneter a. D. - Sinziger Str. 45, 5000 Köln 51 (T. 38 59 69) - Geb. 5. Aug. 1919 Köln (Vater: Jakob B., Ing.; Mutter: Maria, geb. Quirbach), kath., verh. s. 1945 m. Helmi, geb. Schumacher, 3 Kd. (Brigitte, Hans-Georg, Cordula) - Realgymn. Köln (Kreuzg.); TH Aachen (Diplomhauptprüf. 1946) u. Dresden (Bauing.wesen). Staatsprüf. f. d. höh. bautechn. Dienst 1949 - S. 1947 Stadtverw. Köln (1965 Beig. f. d. Tiefbauwesen), stv. Vors. Prüfungsaussch. Stadtbauwesen im Prüfungsamt f. d. höh. techn. Verw.sbeamten. Div. Fachveröff. - Kriegsausz. (zul. Dt. Kreuz in Gold) - Liebh.: Sport - Spr.: Engl., Franz. - Rotarier.

BRAUN, Franz
Landwirt, Bürgermeister Ehekirchen - Hauptstr. 50, 8859 Ehekirchen (T. 08435-233) - Geb. 19. Febr. 1931 Ehekirchen (Vater: Thomas B., Landw.; Mutter: Notburga, geb. Strixner), kath., verh. s. 1959 m. Philomena, geb. Strobl, 4 Kd. (Franz, Irmgard, Maria, Thomas) - Landw. Fachsch. - S. 1966 ehrenamtl. Bürgerm.

BRAUN, Friedrich
Dr. phil., Prof. f. Engl. Sprache u. Lit. TU Berlin - Eichenallee 34, 1000 Berlin 19.

BRAUN, Gerhard
Bundestagsabgeordneter a. D., Bundesvors. Senioren-Union d. CDU Dtschl. - Danziger Str. 2, 5632 Wermelskirchen 1 - Geb. 28. Dez. 1923 Wermelskirchen (Vater: Bruno B.; Mutter: Alma, geb. Wilke), ev., verh. s. 1948 m. Carmen, geb. Rabe, 2 Kd. (Frederike, Michael) - Realsch. (Mittl. Reife); 1939-41 kaufm. Lehre; 1941-45 Wehrdst. - 1945-47 kaufm. Angest.; 1947-55 Landessekr. Jg. Union Rhld.; 1956-57 kaufm. Angest.; 1957-66 stv. u. Landesgf. (1961) CDU Rhld.; 1966-78 Verlagsgeschäftsf.; 1961ff. Stadtverordn. Wermelskirchen. CDU s. 1946 - 1983 BVK I. Kl. - Mitgl. Lions-Club.

BRAUN, Gerhard
Prof., Maler u. Graphiker - Andréezeile 30, 1000 Berlin 37 (T. 815 38 09) - Lehrtätigk. Kunsthochsch. Berlin.

BRAUN, Gerhard Otto
Dr. rer. nat., Prof. f. Geographie FU Berlin - Benfeyweg 10, 1000 Berlin 22 - Geb. 7. Nov. 1944 Kitzingen, ev., verh. s. 1969 m. Brigitte, geb. Trunk, 2 Kd. (Anke, Niklas) - 1969 u. 70 Förderpreise Reg. v. Unterfranken.

BRAUN, Günter
Dr., Hauptgeschäftsführer Industrie- u. Handelskammer zu Berlin (s. 1969) - Hardenbergstr. 16-18, 1000 Berlin 12 (T. 31 80 - 230) - Geb. 15. Okt. 1928 Berlin - Promot. 1954 - 1954-60 u. 1965-69 Dt. Industrie- u. Handelstag, Bonn (zul. Leit. Abt. Berufsausbild. u. Arbeitskräftefragen); 1960-65 Mobil Oil AG, Hamburg. AR: AMK Berlin, Ind.kreditbank AG-Dt. Ind.bank, Victoria-Lebens-, Feuer- u. Rückversich.-AG (stv. Vors.); Beirat Berliner Commerzbank-AG - 1985 Gr. BVK.

BRAUN, Hans
Dr. jur., Vorstandsmitglied d. National-Bank AG - Theaterplatz 8, 4300 Essen 1 (T. 17 21); priv.: Vollbergwinkel 23, 4300 Essen 15 - Geb. 7. Dez. 1925 Stuttgart (Vater: Franz B.), verh. (Ehefrau: Dr. Edith) - Spr.: Engl. - Rotarier.

BRAUN, Hans-Arthur
Vorstandsmitglied Triumph International AG. - Marsstr. 40, 8000 München 2 - Geb. 6. Aug. 1929.

BRAUN, Hans-Gert
Dipl.-Volksw., Dr. phil. habil., Prof. d. Volkswirtschaftslehre Univ. Stuttgart (s. 1983), Direktor DEG - Dt. Finanzierungsges. f. Beteiligungen in Entwicklungsländern mbH Köln, Präs. Golfclub Reichshof - Leinsamenweg 138, 5000 Köln 41 (T. 0221 - 49 67 35) - Geb. 4. Jan. 1942 Waldbröl, ev., verh. s. 1972 mit Beate, geb. Erdmann, Sohn Christian - Stud. Wirtschaftswiss. 1962-66 Univ. Bonn, Freiburg/B., Köln; 1967/68 Stud. Entwicklungspolitik am Dt. Inst. f. Entwicklungspolitik; Promot. 1970; Habil. 1976 Univ. Stuttgart - 1978-82 Leit. d. Abt. Entwicklungsländer d. Ifo-Inst. f. Wirtschaftsforsch. München - BV: Programmierte Instruktion, 1971; Länderbezogene Planung dt. Entwicklungshilfe, 1974 (m. Kruse-Rodenacker); Nutzentheorie u. Nutzenanalyse, 1976; Grundlagen d. Wirtschaftswiss. - Mikroökonomie, 1979 (m. Tänzer); Direktinvestitionen in Entwicklungsländern, 1983 (m. Halbach u. a.); The European Economy in the 1980's, 1983 (m. Laumer u. a.). Mithrsg. d. Ztschr. Intern. Afrikaforum (s. 1982) - Liebh.: Golf - Spr.: Engl., Franz.

BRAUN, Hans-Joachim
Dr. phil., Prof. f. Neuere Sozial-, Wirtschafts- u. Technikgesch. Univ. d. Bundeswehr (s. 1982) - Otto-Schumann-Str. 13b, 2070 Ahrensburg (T. 04102 - 4 34 54) - Geb. 6. Okt. 1943 Königsberg/Pr. (Vater: Walter B.; Mutter: Gertrud, geb. Hanisch), ev., verh. s. 1971 m. Kathleen, geb. Iddon, 3 Kd. (Bianca, Salina, Christian) - Stud. Univ. Münster, Bochum, Bristol, London School of Econ., Promot. 1971, Habil. 1979 Bochum - 1971 Wiss. Assist. Univ. Bochum; Fellow of the Royal Society of Arts; 1979 Priv.-Doz.; Forschungs- u. Vortragsaufenth. Harvard, MIT, Stanford. 1981 Mitgl. Exekutivkomit. Intern. Soc. f. the History of Technology - BV: Technol. Beziehungen Dtschl. - Engl., 1974; Wirtschafts- u. finanzpolitische Entscheidungsproz. in Engl., 1984; Entw. u. Selbstverständnis v. Wiss. (m. R. Kluwe), 1985; The German Economy in the 20th Century, 1989. Mithrsg. d. Ztschr. History of Technology - Liebh.: Musik (Klassik, Jazz), Sport - Spr.: Engl., Franz., Ital.

BRAUN, Hans-Jürgen
Dipl.-Ing., Gf. Gesellschafter W. Bauermann & Söhne GbR, Grundbesitzverw. - Hofstr. 64, 4010 Hilden; priv.: Breddert 68, 4010 Hilden - Geb. 11. Okt. 1938 Düsseldorf, ev. - Stud. TH Aachen (Maschinenbau/Fertigungstechnik); Dipl. 1967.

BRAUN, Hans-Peter
Geschäftsführer Celsa Meß- u. Regeltechnik GmbH, Karlsruhe - Saarlandstr. 97, 7500 Karlsruhe 21 (T. 0721 - 55 60 84) - Geb. 19. Aug. 1944 Bruchsal, kath., verh. s. 1967 m. Heidelore, geb. Obert, 4 Kd. (Katy, Florian, Antje, Isabelle) - Abit.; Stud. Chemie u. Wirtschaftswiss. - 1977 kaufm. Leit.; 1978 Datenschutzbeauftr.; 1980 Prok., 1982 gf. Gesellsch. - Spr.: Engl., Franz., Span.

BRAUN, Heinz
Dr.-Ing., Versicherungsdirektor - Erkweg 9, 8000 München 81 - Geb. 14. April 1922 Berlin - S. 1966 Allianz Versich.s-AG. (Vorstandsmitgl.).

BRAUN, Hellmut
Dr. phil., Prof., Bibliotheksdirektor i. R. - Langenhege 69, 2057 Reinbek (T. Hamburg 722 58 30) - Geb. 26. Juli 1913 Saronno/Ital. (Vater: Wilhelm B., Werkmeister; Mutter: Wilhelmine, geb.-Thres), ev., verh. s. 1943 m. Rosemarie, geb. Wernecke, 2 Kd. (Konstanze, Ulrich) - Oberrealsch. u. Realgymn. Eßlingen/N.; Univ. Tübingen, Berlin, Göttingen (Orientalistik, Islamkd., Semitistik, Iranistik); Auslandhochsch. Berlin (Diplom f. Pers. 1939). Ass.ex. f. d. wiss. Bibl.dst. 1952 München. Promot. 1946 Göttingen; Habil. 1967 Hamburg - 1949-78 Staats- u. Univ.bibl. Hamburg (1967-78 Dir.). 1968-77 Vorles. üb. Islamkd.

BRAUN, Helmut
Dr. rer. nat., o. Prof. f. Forstbiologie - Weilerstr. 4, 7801 Stegen/Br. (T. 07661 - 66 42) - Geb. 30. Dez. 1924 Ludwigshafen/Rh. - Habil. 1961 Freiburg - S. 1963 Ord. Univ. Wageningen (Niederl.) u. Freiburg - BV: D. Org. d. Stammes v. Bäumen u. Sträuchern, 1963; Funktionelle Histol. d. sekundären Sproßachse, I. D. Holz, 1970; Bau u. Leben d. Bäume, 1979, 2. erneuerte A. 1988;

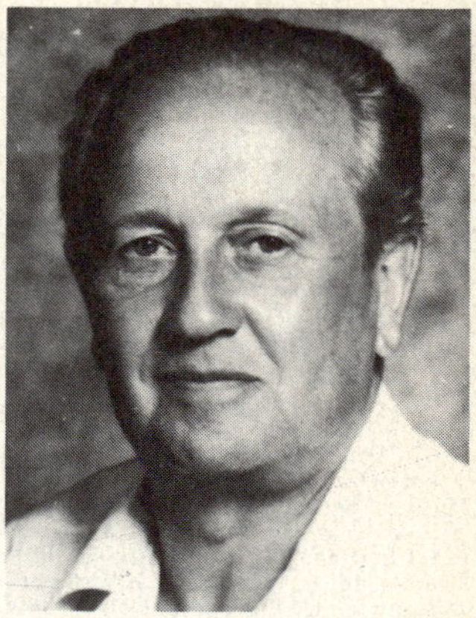

Lehrbuch der Forstbotanik, 1982. Zahlr. Einzelarb.

BRAUN, Herbert
Dr., Dipl.-Kfm., Fabrikant i. R. - Frank-Keller-Str. 47, 7072 Heubach/Württ. - Geb. 25. Aug. 1910 - ARvors. u. AR in zahlr. in- u. ausländ. Gesellschaften d. Triumph International-Gruppe.

BRAUN, Heribert
Dr. med., Prof., Röntgenologe, Vorstandsmitgl. Vereinig. Dt. Strahlenschutzärzte (s. 1965) - Rhönstr. 8, 8700 Würzburg - Geb. 1. Mai 1921 Murpingen/Saar (Vater: Benedikt B., Rektor; Mutter: Susanne, geb. Dewes), kath., verh. s. 1958, S. Thomas - Gymnasialabitur 1939; Med. Staatsex. 1947; Promot. 1949; Habil. 1958 - S. 1958 Univ. Würzburg (1964 apl. Prof.; 1966 Vorsteher Röntgenabt. Med. Klinik). Spez. Arbeitsgeb.: Strahlenbiol., Röntgendiagn. Zahlr. Facharb. Mithrsg.: Strahlenschutz in Forsch. u. Praxis - 1966 Berliner Röntgen-Preis; 1967 Holthusen-Ring.

BRAUN, Heribert
Generalstaatsanwalt b. Oberlandesgericht Koblenz - Karmeliterstr. 14, 5400 Koblenz.

BRAUN, Käthe
Schauspielerin u. Autorin - Haderslebener Str. 26, 1000 Berlin 41 (T./Berlin 218 18 28) - Geb. 11. Nov. Wasserburg/Inn (Vater: Max B., Reichsbahninsp.; Mutter: Katharina, geb. Wagner), verh. m. Dr. phil. Falk Harnack (s. dort) - Ausbild. Magda Lena, München - S. 1936 Bühnen München (Bayer. Staatsschauspiel), Düsseldorf (Schauspielhaus), Wien (Burgtheater), Hamburg (Schauspielhaus, Kammersp.), Berlin (Dt. Theater, Schiller- u. Schloßpark-Theater) u. a. Theaterrollen: u. a. Käthchen, Gretchen, Iphigenie, Elektra, Pippa, Haitang (Kreidekr.), Emilia Galotti, Julia, Marie (Haben), Jeanne (J. d'Arc auf d. Scheiterhaufen), Königin (E. Glas Wasser), Nora, Lucille (Um Lucretia), Donna Rosita, Lissy Curry (D. Regenmacher), Kluge Närrin, Blanche (Endstation Sehnsucht), Lilian Holiday (Happy End), Ruth Gray (Epitaph f. George Dillon). Film: Stunde d. Entscheidung, Dr. Semmelweis, D. Beil v. Wandsbek, Vor Gott u. d. Menschen, Anastasia, Fuhrmann Henschel, Lausbubengesch. (I, II), Hokuspokus; Fernsehen: Born yesterday, E. wahrer Held, Laokoon-Gruppe, Unwiederbringlich, Peter Brauer u. a. - TV-Drehb.: D. Wohltäter (1975), D. Undankbare (1980); Buch: R. D. Wiederbegegnung (R. 1978) - 1954 Berliner Kunstpreis f. darst. Kunst.

BRAUN, Karl
Konsul d. Republik Transkei, Geschäftsführender Gesellschafter Maschinenfabrik Bernhard Braun Klosterreichenbach GmbH & Co. KG, Baiersbronn, Gebr. Braun GmbH, Stuttgart - Murgtalstr. 101, 7292 Baiersbronn 6 (T. 07442 - 49 70) - Geb. 17. Juni 1927, verh. s. 1956 m. Hanna, geb. Morlok, 2 Töcht. (Andrea, Vera) - Chairman d.

Firma Karl Braun Engineering Butterworth, Transkei - Spr.: Engl.

BRAUN, Karl
Dr. jur., Bischof v. Eichstätt (s. 1984) - P.-Phil.-Jeningen-Platz 5, 8078 Eichstätt - Geb. 1930 Kempten/Allg., kath. - Stud. Phil., Theol., Kirchenrecht (größtent. Rom). Promot. 1966 - B. 1972 Domvikar, dann pers. Ref. Augsbg. Bischof. 1972ff. Domkapitular.

BRAUN, Karlernst
Dipl.-Kfm., Prokurist Thiel & Hoche GmbH Stahlrohrhandel - Max-Planck-Str. 6, 4006 Erkrath 1 (T. 0211 - 25 17 71) - Geb. 16. März 1932 Düsseldorf (Vater: Wilhelm B., Fabrikant; Mutter: Ilse, geb. Hoppe), ev., verh. s. 1961 m. Gisela, geb. Seiffert, 3 S. (Rainer, Christian, Mathias) - Mitinhaber W. Bauermann u. S. GBR, Grundbesitzverwaltung, Gewerbepark Hilden; AR-Mitgl. Hildener Aktienbau-Ges., Hilden - Spr.: Engl., Franz. - Rotarier.

BRAUN, Kurt
Dr. med., Internist (Rehabilitation, Geriatrie) - Kuglmüllerstr. 22, 8000 München 19 (T. 17 34 32) - Geb. 12. Sept. 1915 Frankfurt/M. (Vater: Prof. Dr. Hugo B.), verh. m. Dagmar Nick, Schriftstellerin (s. dort) - Dt. Oberrealsch. Instanbul (Abit.); Univ. Prag u. Istanbul (Med.) - S. 1941 Assist. Univ. kliniken Istanbul, Univ.krkhs. Jerusalem (1943), Bikur Cholim Krkhs. ebd. (1944), Militärarzt Israel (1948), Arzt Reg.krkhs. Zrifin/Tel Aviv (1950), Leit. II. Inn. Abt. Krkhs. Pardess-Katz/Tel Aviv (1955), Dir. u. med. Leit. Reg.skrkhs. Nahariya (1975), Chefarzt Rehabilitationsabt. Krkhs. Langensteinbacherhöhe (1968) bzw. Oberarzt u. Leit. geriatrisch-rehabilitative Stationen Südwestdt. Rehabilitationskrkhs. Karlsbad (1970); s. Okt. 1978 Ruhest., Fortführung d. Lehr- u. Vortragstätigk. Div. Mitgliedsch., dar. Ges. f. Inn. Med., Geriatrie u. chron. Krankheiten Israel. Ärzteorg., Dt. Vereinig. f. d. Rehab., Dt. Ges. f. Gerontol., Dt. Ges. f. Gesundheitsvorsorge, Berufsverb. d. Internisten - Fotografische Beiträge z. Büchern v. Dagmar Nick.

BRAUN, Ludwig Georg
Vorstandssprecher B. Braun Melsungen AG., Melsungen, Geschäftsf. Dr. Rumberg & Co. GmbH., Rellingen - Lindenbergstr. 41, 3508 Melsungen - Geb. 21. Sept. 1943.

BRAUN, von, Luitpold
Betriebswirt, Generaldir Wittelsbacher Ausgleichsfonds, München - Imhofstr. 13, 8000 München 40 - Geb. 26. Dez. 1932 - VdAR: Himolla Polstermöbelwerk GmbH, Taufkirchen/Vils, AR: Deutscher Lloyd, Lebensvers. AG, Beiratß Bayerische Landesbank, München.

BRAUN, Lutz
Dr. med., Prof., Chefarzt Chirurg. Abteilung I/Krankenhaus Detmold (s. 1974) - Röntgenstr. 18, 4930 Detmold/Lippe - Geb. 7. Okt. 1933 Lüdenscheid/W. - Promot. (1960) u. Habil. (1967) Münster - 1970 ff. Oberarzt Abt. f. Herzchir./Mayo-Klinik Rochester (USA). S. 1971 apl. Prof. Univ. Münster/W. (Chir.) - BV: D. akute Nierenversagen, 1968. Üb. 80 Einzelarb.

BRAUN, Manfred
Techn. Angestellter, Vermessungstechniker, MdL Nordrh.-Westf. (s. 1975) - Allinghofstr. 8, 4390 Gladbeck (T. 2 41 37) - Geb. 27. Sept. 1928 - SPD.

BRAUN, Michael Herbert
Dr. rer. oec., Dipl.-Kfm., Ing., Geschäftsführer Inter Triumph Marketing GmbH, pers. haft. Gesellsch. Triumph Intern. Spiesshofer & Braun, Zurzach, Geschäftsf. f. Absatzwirtsch. Triumph Intern. Holding GmbH - Marsstr. 40, 8000 München 2 - Geb. 13. Juli 1937 Stuttgart (Vater: Dr. Herbert B., s. d.) - BV: Finanzierung durch Ausgabe v. Genußzertifikaten, 1967; Wege z. Bildung v. Großunternehmen, 1968.

BRAUN, Norbert
Pers. haft. Gesellschafter Gallinat-Bank KG - Lindenallee 60-62, 4300 Essen 1.

BRAUN, Ottheinz
Dr. med., Prof., Kinderarzt, Chefarzt Kinderklinik Städt. Krankenhaus Pforzheim i.R. - Morsestr. 20, 7530 Pforzheim (T. 2 78 80) - Geb. 18. Mai 1919 Speyer/Rh. (Vater: Dr. jur. Fritz B., Oberamtsrichter; Mutter: Wilhelmine, geb. Seiberth), ev., verh. s. 1950 m. Dr. Johanna, geb. Hessig, 3 Kd. (Barbara, Martin, Brigitte)- Univ. Frankfurt/M. u. Heidelberg - S. 1953 (Habil.) Lehrtätigk. Univ. Heidelberg, Erlangen (apl. Prof.), Tübingen (apl. Prof.) - Mitarb.: Pädiatrie in Praxis u. Klinik; Pädiatr. Gastroenterol. (Hg. m. Grüttner u. Lassrich); Seelsorge am kranken Kind (Hg.) - BVK; Erich-v.-Bergmann-Plak. d. Bundesärztekammer - Spr.: Engl., Franz.

BRAUN, Ottmar

Honorarkonsul v. Luxemburg (s. 1988), Direktor Presse- u. Werbeamt d. Stadt Aachen (s. 1977) - Markt 39/41, 5100 Aachen (T. 0241 - 432 13 00) - Geb. 26. Dez. 1944 Wermelskirchen (Vater: Braun, Hans, Dipl.-Ing.) - Stud. Verw.- u. Wirtschaftsakad. Köln u. Aachen - 1964 Journalistenausb. Neue-Ruhr-Ztg. u. im Inst. f. publ. Bildungsarb. b. Prof. Dovifat; 1966-68 Neue-Ruhr-Ztg.; 1969-74 Akademer Volksztg.; 1974 Presseref. d. Stadt Aachen, 1975 Pers. Ref. d. Oberbürgerm. Kurt Malangré MdEP, 1977 Pressamtsleit., s. 1984 Doz. FH Aachen, FB Wirtschaft - BV: Rathaus zu Aachen (Intern. AMM-Preis, Schweiz); Porträt e. europ. Stadt - 1988 Senator E.h. FH Aachen; mehrere intern. Ausz.

BRAUN, Otto Rudolf
Ph. D., M.A., Schriftsteller - Hauptstr. 2, 5441 Reutlingen - Geb. 6. Sept. 1931 Wien, gesch., 3 T. (Siglinde, Gudrun, Sigrid) - Matura 1950 Realgymn. Wien; M.A., Promot. (Gesch. u. Spr.) 1965 Intern. Tangier Univ. College - Herausg. Literaturztschr. Bragi (s. 1982) - BV: u.a. Kl. Gesch. unserer Feiertage u. Jahresfeste, 1979; German. Götter - Christl. Heilige, 1979; D. Widukind-Legende, 1980; d. kath. Kirche u. d. Anschluß Österr. an d. dt. Reich, 1980; Weihnachtsamnestie, Erz. 1982; D. Wahrheit darfst du nicht sagen, R. 1984; Hinter d. Kulissen d. Dritten Reiches, 1986 - 1985 Georg-Stammler-Lyrikpreis; 1982 Diploma di Merito Univ. delle arti in Salsomaggiore Terme; 1984 Ehrenurk. Dt.-Österr. Inst. f. Zeitgesch. - Spr.: Engl., Franz. - Lit.: Peter Martinek, Mann ohne Gleichschritt (1984).

BRAUN, Otto-Heinrich,
s. Braun, Ottheinz

BRAUN, Peter
Dr. phil., Prof. f. Deutsche Gegenwartssprache, Sprachwissensch. u. Sprachpädagogik - Dielmelweg 7, 4270 Dorsten-Rhade - Geb. 8. Juli 1927 Aachen-Verlautenheide (Vater: Gerhard B.; Mutter: Sophia, geb. Riesen), kath., verh. s. 1965 m. Margarete, geb. Schüllner - Höh. Sch Aachen u. Alsdorf, Lehrerstud. Köln, Lehrerex., Univ. Bonn u. Wien (Sprachwiss., German., Phil., Angl.), Promot. Bonn 1963 - Lehrer, Ass. u. Doz. PH (Köln, Bonn, Münster), Lehrauftr. Univ. Bochum, Prof. Univ. Essen-GH (W): BV: Tendenzen in d. dt. Gegenwartssprache, 1979, 2. A. 1987 (übers. ins Jap., 1984); Fremdwort-Diskussion, 1979 (Hrsg.); Dt. Gegenwartssprache, 1979 (Hrsg.); Schulbücher, div. Aufs. - Liebh.: Klass. Musik, Reisen - Spr.: Engl., Franz., Ital.

BRAUN, Peter Michael
Prof. f. Kompos. u. Theorie Staatl. Hochsch. f. Musik Heidelberg-Mannheim, Komponist - Trifelsstr. 10, 6733 Hassloch/Pfalz (T. 06324 - 5 81 70) - Geb. 2. Dez. 1936 Wuppertal (Vater: Hermann G. B., Dipl.-Ing.; Mutter: Käthe, geb. Thurmann), gesch., S. Mikio - 1956-59 u. 1965-69 Staatl. Hochsch. f. Musik Köln (Reifeprüf. Kompos.) - 1974-76 Lehrbeauftr. Rhein. Musiksch. Köln; s. 1978 Prof. - Musikwerke: Quanta f. Kammerens./Kammerorch. (1958/68), Monophonie f. Gitarre/elektr. Gitarre (1960/67), Essay f. Oboe u. Tonband ad lib. (1960/69), Sommerstück/Summer Piece f. Violine u. Klavier (1962), Terms f. Kammerens. (1962-65), Transfer f. gr. Orch. (1965/68), Ambiente f. Orch. (1974-76), Miró f. Flöte u. Klavier (1976), The Sleeping Beauty f. Cello solo (1976/77), Serenata Palatina f. Orch. (1975/82), Jericho f. Posaune u. Orgel (1982), Zwei Fantasien f. 4 (Block-) Flöten (1952/83), Reise in d. Zeit f. Klavier (1981-83), Neue Welt f. Chor a capp. (1983), D. Schöne Lau (Oper, 1984-86) u.a. - 1971/72 Jahresstip. Stadt Köln; 1976 Stip. Villa Massimo, Rom - Liebh.: Wandern, Bild. Kunst, Grenzwiss. - Spr.: Engl., Franz., Latein.

BRAUN, Pinkas

Schauspieler, Regisseur - CH-8261 Hemishofen (T. 0041 - 54 41 33 70) - Geb. 7. Jan. 1923 Zürich (Vater: Nathan B., Kaufm.; Mutter: Chaja, geb. Krämer), gesch., 2 Kd. (Tobias, Deborah) - 1943-45 Stud. Schauspielsch. Zürich - BV: Übers. d. bisher. Gesamtw. v. Edward Albee ins Deutsche - Regie, Film u. Theater: u.a. Draußen vor d. Tür (W. Borchert), Alles vorbei (Edward Albee), D. Eingeschlossenen (Sartre, auch ZDF). Wichtige Rollen s. 1984: Salieri (Amadeus), Shylock (D. Kaufm. v. Venedig), Jago (Othello), Captain Queeg (D. Caine war ihr Schicksal), D. Architekt (D. zwölf Geschworenen), Otto Frank (D. Tageb. d. Anne Frank). Hauptrollen Film u. FS: u.a. Woyzeck, Baron in Nachtasyl, Pelegrin in Santa Cruz. TV-Film: Friedenspolka; Filme: Tout Feu, Tout Framme, Les Cavaliers de l'Orage - Spr.: Engl., Franz.

BRAUN, Reinhold
Dr. rer. pol., Dipl.-Kfm., Dipl.-Volksw., Generalbevollm. Direktor Siemens AG, Bereich Halbleiter, Mitgl. d. Geschäftsfg. - Balanstr. 73, 8000 München 80 - Geb. 23. Aug. 1928 Wiesbaden (Vater: Dr. Karl B.; Mutter: Julie, geb. Buddeberg), ev., verh. s. 1957 m. Dipl.-Volksw. Sabine, geb. Nipperdey, 3 Kd. - Univ. Köln - Vorst.-Mitgl. Nah.- u. Mittelostverein, Ostasiatischer Verein; VR-Mitgl. Dt. Inst. f. Interne Revision; Mitgl. d. Kammer f. Öffntl. Verantw. d. Evgl. Kirche in Dtschl.; AR-Mitgl. Vacuumschmelze Hanau; AR-Vors. Heimann GmbH, Wiesbaden.

BRAUN, Richard
Landesvorsitzender u. -geschäftsf. Arbeiter-Samariter-Bund Dtschl./Landesverb. Bayern - Südring 3, 8560 Lauf/Pegnitz.

BRAUN, Rudolf
Dr. rer. nat., Prof., Zoologe - St.-Sebastian-Str. 25, 6500 Mainz-Bretzenheim - Geb. 6. März 1924 Köln (Vater: Jakob B., Dir.; Mutter: Gertrud, geb. Neisen), verh. 1951 m. Beatrix, geb. Leinen - Univ. Bonn u. Mainz. Promot. (1950) u. Habil. (1956) Mainz - S. 1956 Privatdoz. u. apl. Prof. Univ. Mainz (gegenw. Abt.-Vorst. Inst. f. Zool.) - BV: Tierbiol. Experimentierb., 1959. Div. Einzelarb. - Liebh.: Musik.

BRAUN, Siegfried
Dr. med. vet., Ministerialdirigent a. D., Vors. Verb. Fleischmehlindutrie, Bonn - Thomasstr. 65, 7000 Stuttgart - Geb. 1. März 1917 - Zul. Leit. Abt. Veterinärwesen Baden-Württ. Min. f. Ernährung, Landw. u. Umwelt.

BRAUN, von, Sigismund

Botschafter a. D., Außenhandelsberater - Graf-Stauffenberg-Str. 21, 5300 Bonn 1 (T. 0228 - 23 56 21) - Geb. 15. April 1911 Berlin (Vater: Magnus v. B., 1931-33 Reichsernährungsmin. Kabinette v. Papen u. v. Schleicher, Verf.: Weg durch 4 Zeitepochen - V. ostpr. Gutsleben d. Väter b. z. Weltraumforsch. d. Sohnes in Amerika (1964) †1972 (s. X. Ausg.); Mutter: Emmy, geb. v. Quistorp †), ev., verh. s. 1940 m. Hildegard, geb. Beck-Margis, 5 Kd. (Carola, Christina, Christoph-Friedrich, Cornelia, Claudia) - Franz. Gymn. Berlin; Univ. Hamburg, Berlin (Rechtswissensch., Volkswirtschaft), Ohio/USA (U of Cincinnati). Referendarexamen 1933 - 1934-35 Weltreise (üb. USA, Japan, Korea, Mandschurei, China, Indien), ab 1936 AA Berlin 1937-38 Botschaft Paris, 1938-41 Generalkonsulat Addis Abeba, 1941-43 Internierung Kenya, 1943-46 Botschaft Hl. Stuhl Rom), 1947-48 Verteidiger Militärgericht Nürnberg, 1949-51 Leit. Außenhandelsamt. Wirtschaftsmin. Rhld.-Pfalz, 1951-53 Dir. Klöckner-Humboldt-Deutz AG., Köln, seither AA Bonn (1953-58 Gesandtschaftsrat I. Kl. bzw. Botschaftsrat (1955), London, dann Chef d. Protokolls, 1962-68 Chef Dt. Beobachtermission UNO, anschl. Botschafter Frankr., 1970-72 Staatssekr., danach wied. Botschafter Paris). FDP - Liebh.: Jagd, Sport - Ehrenmitgl. Berliner Liedertafel - Spr.: Franz., Engl., Ital., etwas Span. u. Russ. - Bruder: Prof. Dr. phil., Drs. h. c. Wernher v. B., Raketenforscher, 1912-77 (s. XX. Ausg.).

BRAUN, Stephan
Dr. rer. nat., Prof. f. Informatik TU München (s. 1978) - Karwinskistr. 53A, 8000 München 60 - Geb. 3. Nov. 1935 - Promot. 1963; Habil. 1971 - Bücher u. Einzelarb.

BRAUN, Ulrich
Dr. med., Abteilungsvorsteher Zentrum Anaesthesiologie, Abt. II, Prof. f. Anaesthes. Univ. Göttingen (s. 1978) - Robert-Koch-Str. 40, 3400 Göttingen.

BRAUN, Volkmar
Dr. rer. nat., o. Prof. f. Mikrobiologie - Haydnweg Nr. 3, 7400 Tübingen 1 - Geb. 18. Juli 1938 Ravensburg - Promot. 1965 München; Habil. 1972 Tübingen - S. 1974 o. Prof. Univ. Tübingen (Lehrst. II). Üb. 100 Facharb.

BRAUN, Walter
Dr. phil., o. Prof. f. Pädagogik u. Erziehungswiss. Hochschule Rheinland-Pfalz/Abt. Koblenz (s. 1976) - Westring 251, 6500 Mainz - Geb. 2. Jan. 1926 Steinheim/M. (Vater: Nikolaus B., Kaufm. Angest.; Mutter: Johanna, geb. Ullrich), kath., verh. s. 1951 m. Evamaria, geb. Kohl, S. Thomas - Kaiser-Friedrich-Gymn. Frankfurt/M.; PI Darmstadt/Univ. Mainz. Promot. 1968 Mainz - 1950-62 Lehrer; 1962-73 päd. Ref.; 1973-76 Prof. PH Karlsruhe - BV: Geschlechtl. Erzieh. im kath. Religionsunterr., 1970; Einf. in d. Päd., 3. A. 1983; Erzieh. Unterr., 1973; Emanzipation als päd. Problem, 1977; Für e. menschenfreundl. Schule, 1978 (m. B. Naudascher); D. Vater im fam. Erziehungsprozeß, 1980; D. ältere Generation (Hrsg.), 1981; D. In-der-Welt-Sein als Problem d. Päd., 1983; Entscheidungen, 1986; Pädagogische Anthropologie im Widerstreit, 1989 - Liebh.: Klass. Musik, Wandern - Spr.: Engl.

BRAUN, Walter
Dr. rer. pol., Prof., Landesminister a. D., MdL Schlesw.-Holst. (1971-87) - Schlotfeldtsberg 6 c, 2302 Flintbek (T. 04347 - 27 49) - Geb. 6. Aug. 1930 Singen/Hohentw., kath., verh. - Gymn. Singen (Abit. 1951); WH Mannheim (Betriebsw.; Dipl.-Kfm. 1955, Promot. 1958). Habil. 1964 Mannheim - 1955-64 Wiss. Assist., 1964-65 Privatdoz. WH Mannheim, 1966 o. Prof. Univ. Kiel (Betriebsw.lehre), 1969-79 Kultusminister, 1979-83 Sozialmin. SH; Wiss. Berat. Jagenberg Kolleg, D'dorf. CDU.

BRAUN, Walter
Konsul, Kaufmann, Inh. Walter Braun Hut- u. Modegroßhandlung, Nürnberg, Präs. IHK Nürnberg, Vors. Landesverb. d. Bayer. Groß- u. Außenhandels, München, Präsidiumsmitgl. Bundesverb. d. Dt. Groß- u. Außenhandels, Bonn (1981 Vizepräs.), Mitgl. Bayer. Senat, München, u. a. - Farnstr. 42, 8500 Nürnberg - Geb. 26. Aug. 1913 Mannheim, verh. s. 1946 m. Martha, geb. Vogtmann - Zeitw. österr. Wahlkonsul - 1970 Bayer. VO.

BRAUN, Walter
Dr. med., Prof. f. Pharmakologie u. Toxikol. - Lyserstr. 3, 2000 Hamburg 50 - Geb. 1. Aug. 1922 Sebes (Rumänien) - Promot. 1951 - S. 1962 (Habil.) Lehrtätigk. Univ. Hamburg (1969 Prof. u. gf. Dir. Pharmak. Inst.) - 1965 Martini-Preis.

BRAUN, Werner
Dr. phil., Prof. f. Deutsch, Methodik d. Deutschunterr. u. Volkskd. Päd. Hochsch. Kiel - Klausdorfer Str. 36, 2300 Altenholz/Kiel - Schulbuchautor.

BRAUN, Werner
Dr. med., Prof. f. Neurochirurgie - Am Jagdhaus 86, 5600 Wuppertal 1 - Geb. 10. Juni 1930 Stade (Vater: Albert B., Kaufm.; Mutter: Margret, geb. Hinck), ev., verh. s. 1964 m. Dr. Inge, geb. Kohl, 3 Kd. (Nanette, Bettina, Dorothee) - Med. Stud. Göttingen, München, Tübingen - S. 1970 Chefarzt - BV: Ursachen d. lumbalen Bandscheibenvorfalls, 1969; Einführung in die Schmerzchirurgie, 1982 - Spr.: Engl.

BRAUN, Werner H. G.
Dr. phil., Prof., Musikwissenschaftler - Am Wildbertsstock 60, 6683 Spiesen üb. Neunkirchen/Saar - Geb. 19. Mai 1926 Sangerhausen/Sa. (Vater: Hermann B., Fabrikant; Mutter: Klara, geb. Anhäußer) - Promot. (1952) u. Habil. (1958) Halle/S. - S. 1958 Lehrtätigk. Univ. Halle, Kiel (1965; 1967 apl. Prof.), Saarbrücken (1968 Wiss. Rat u. Prof., 1972 o. Prof. Musikwiss. Inst.) - BV: u. a. D. mitteld. Choralpassion im 18. Jh., 1960; Vivaldi - Concerti grossi op. 8 (D. Jahreszeiten), 1970; Musikkritik, 1972; Britannia abundans, 1977; D. Problem d. Epochengliederung i. d. Musik, 1977. Div. Einzelarb. u. Editionen.

BRAUN, Werner P. H.
Dr. med., Dr. rer. nat., Prof., Dermatologe, Apotheker - Am Schloßgarten 5, 6945 Hirschberg-Leutershausen (T. 5 15 50) - Geb. 29. Jan. 1913 Greiz/Thür. (Vater: Paul B., Drogist), verh. m. Elfriede, geb. Elfner - S. 1953 (Habil.) Privatdoz. u. apl. Prof. Heidelberg, Dir. i. R. (1975) Dermatologie II (Abt. f. Allergie u. Berufskrankh. d. Univ.-Haut-Klinik ebd.) - BV: Chlorakne, 1955. Handb.beiträge - Rotarier.

BRAUN, Wolfgang
Vorstandsmitglied Inter-Factor Bank AG., Mainz, Geschäftsf. Interfactor Daten-Dienst GmbH. ebd. - Haus Scharfenstein, 6229 Kiedrich/Rhg. - Geb. 19. Dez. 1930.

BRAUN-FALCO, Otto
Dr. med., Dr. med. h. c., mult. o. Prof. f. Dermatologie u. Venerol., Direktor Dermatol. Klinik u. Poliklinik München - Frauenlobstr. 9-11, 8000 München 2 (T. dienstl.: 539 76 00) - Geb. 25. April 1922 Saarbrücken (Vater: Dipl.-Ing. Andreas B.-F., Oberbahnrat; Mutter: Rosa, geb. Falco), kath., verh. s. 1951 m. Franziska, geb. Golling, S. Markus - Univ. Münster u. Mainz. Promot. (1949) u. Habil. (1954) Mainz - S. 1954 Univ. Mainz (1960 apl. Prof.), Marburg (1961 Ord. u. Klinikdir.), München (1967). 1977-82 Intern. Präs. d. Dermatol., 1982-85 Präs. d. Dt. Dermatol. Ges. Üb. 500 Facharb. - 1956 Preis Union intern. de la presse méd., 1970 Intern. Preis f. Forsch. d. Schuppenflechte; 1970 Hebra-Med.; 1978 Bayer. Verdienstorden; 1981 Ehrendoktor Univ. Gent/Belgien (med. Fak.); 1982 Alfred-Marchionini-Preis in Gold; 1986 S. Rothman-Med.; 1988 Bayer. Maximiliansorden f. Wiss. u. Kunst; zahlr. Ehren- u. Mitgliedsch. bedeut. dermatol. Facheinricht. u. a. Leopoldina, Royal Soc. of Medicine London, Bayer. Akad. d. Wiss., Nat. Aids Beirat - Spr.: Franz., Engl. - Rotarier.

BRAUN-FELDWEG, Wilhelm
Dr., em. Prof. f. Industrielle Formgebung, Maler - Betpfad 6b, 8700 Würzburg - Geb. 29. Jan. 1908 Ulm/D. - Kunstakad. Stuttgart (Malerei), Univ. Tübingen u. TH Stuttgart (Kunstgesch.) - 1950 Prof. Fachhochschule Schwäb. Gmünd (Abt. Gestaltung); 1958 Ord. Hochsch. d. Künste Berlin. Zahlr. Industrieentwürfe (Glas, Metall, Kunststoffe, manufakturelle u. techn. Produkte). Arb. in in- u. ausl. Museen - BV: D. Maler Heinrich Altherr, 1938; Christoph Thomas Scheffler, e. Asamschüler, 1939; Metall in Lehrlingshänden, 1940; Metall - Arbeitsweisen u. Werkformen, 1950, 3. A. 1988 (auch engl.); Schmiedeeisen u. Leichtmetall am Bau, 4. A. 1960; Mit Kindern malen, zeichnen, formen, 2. A. 1957; Normen u. Formen industrieller Produktion, 1954; Gestaltete Umwelt, 2. A. 1959; Metallarbeiten, 1958; Industrial Design heute, 1965 (auch holl., jap., ung.); Beitr. z. Formgeb. - 1954 Goldmed. IX. Triennale Mailand u. a. Ausz.

BRAUN-FRIDERICI, Dieter
Landrat, Präs. Sparkassen- u. Giroverb. Rheinland-Pfalz, Mainz - 5500 Trier/Mosel.

BRAUN-MOSER, Ursula

Dipl.-Volksw., Mitglied Europa-Parlament (s. 1984) - Avenue de l'Europe, Strassbourg (T.0033 - 88-37 40 01) u. rue Belliard 97-113, Bruxelles 1040 (T.0032 - 2-234 24 33); Mainzer Toranlage 19, 6360 Friedberg (T. 06031 - 90 37) - Verh., 2 Söhne - Stud. Nationalökon., Soziol. u. Politik Univ. Marburg, München, Brüssel, Frankfurt - Wiss. Assist. Inst. f. d. Kreditwesen, Frankfurt (Prof. Veit, währungstheoret. Stud.). Versch. polit. Mand., u. a. Kreisbeigeordn. Wetteraukr. Im Europa-Parlam. Aussch. f. Wirtsch. u. Währung, f. Verkehr u. f. d. Rechte d. Frau; Gf. Vors. EMSU (Europ. Mittelstandsunion) Dtschl. CDU.

BRAUNBURG, Rudolf (Rudi)

Schriftsteller - Felsenweg 15, 5220 Waldbröl - Geb. 19. Juli 1924 Landsberg/Warthe - Zul. Flugkapt. Lufthansa - BV: Dem Himmel näher als d. Erde, R. 1957; Kraniche am Kebnekaise, R. 1959; Geh nicht n. Dalaba, R. 1961; Schattenflug, R. 1962; Leichter als d. Luft - Aus d. Gesch. d. Ballonluftfahrt, 1963; Shanghai ist viel zu weit, R. 1963; Atlantikflug, 1964; Alle meine Flüge, 1965; Vielleicht in Monschau, R. 1970; Zwischenlandung, R. 1970; Piratenkurs, R. 1972; Monsungewitter, R. 1974; Dtschl.-flug, R. 1975; D. verratene Himmel, R. 1978; Kranich in d. Sonne - Gesch. d. Lufthansa, 1978; E. Leben auf Flügeln, Autobiogr. 1980; Kennwort Königsberg, R. 1981; Drachensturz, R. 1982; D. schwarze Jagd, R. 1983; Jetliner, R. 1983; Sucht mich am Himmel, Begegn. m. St. Exupéry, 1984; Taurus, R. 1984; Menschen am Himmel, R. 1985; Rauchende Brunnen, R. 1986; Im Dunstkr. d. Planeten - e. Logb., 1986; M. d. Wäldern stirbt d. Mensch, R. 1986; Nordlicht, Logb., 1987; S. größter Flug, R. 1987; D. Abschuß, R. 1987; Keine Rückkehr nach Manila, R. 1988; Rückenflug, R. 1988; Wolkenflüge, Logb.; Als Fliegen noch e. Abenteuer war, Sachb. 1988; Hinter Mauern, R. 1989; Dschungelflucht, R. 1989.

BRAUNE, Gerd
Dr., Dipl.-Kfm., Geschäftsführer u. Gen.Sekr. i. R., Vorstandsmitgl. Arbeitsgem. Hess. Seniorenvertr. (s. 1987) - Thüringer Str. 10, 6073 Egelsbach/Hessen - Geb. 10. Sept. 1909 Berlin - U. a. Reichsluftfahrtmin. u. BVB. Mitbegr. Außenhandelsvereinig. d. Dt. Einzelhandels u. FEIM - 1977-81 ehrenamtl. Beigeordn. im Gemeindevorst. Gemeinde Egelsbach - S. 1982 Mitgl. Seniorenbeirat d. Gemeinde Egelsbach; Mitgl. Familienverband Dinglinger, d. Juweliere u. Goldschmiede am Hofe Augusts d. Starken.

BRAUNECK, Anne-Eva
Dr. jur. (habil.), em. o. Prof. f. Kriminologie u. Kriminalpolitik Univ. Gießen - Schillerstr. 39, 6302 Lich.

BRAUNECK, Manfred
Dr. phil., Prof. f. Dt. Literaturwissenschaft - Ferdinands Höh 10, 2000 Hamburg 55 - Geb. 22. April 1934 Königszelt/Schl. - Promot. 1965 München; Habil. 1972 Regensburg - S. 1974 Prof. Univ. Hamburg - BV: u. a. Lit. u. Öffentlichk. im ausgeh. 19. Jh., 1974; Relig. Volkskunst, 1978; Theat. im 20. Jh., 1982.

BRAUNER, Artur
Filmproduzent (CCC-Film) - Koenigsallee 18, 1000 Berlin 33 - Geb. 1. Aug. 1918 Lodz/Polen (Vater: Moritz B., Holzgroßhändler; Mutter: Bronja, geb. Brandes), mos., verh. s. 1947 m. Therese (gen. Maria), geb. Albert, 4 Kd. (Heinrich, Fela, Samuel, Alice) - Technikum - BV: Mich gibt's nur einmal, 1976 - S. 1946 üb. 250 Spielfilme - 1955 Bundesfilmpr. (20. Juli); 1955 u. 56 Gold. Bär Berliner Filmfestsp. (f.: D. Ratten u. Vor Sonnenuntergang); 1965, 66 u. 68 Gold. Leinwand (Old Shatterhand, D. Schut u. Nibelungen I); Bambi (Via Mala u. Nibelungen); Golden Globe (D. brave Soldat Schwejk); 1983 Bundesfilmpr. (D. weiße Rose); Nomin. f. d. Oscar (Bittere Ernte); s. 1972 Präs. Janusz-Korczak-Loge.

BRAUNER, Heinrich
Dr. phil., Dr. techn., o. Prof. TU Wien (s. 1969), Honorarprof. Univ. Wien (s. 1971) - Leon-Kellner-Weg 10, A-1130 Wien - Geb. 21. Nov. 1928 Wien (Vater: Franz B., Schuldir.; Mutter: Margarete, geb. Murla), kath., verh. s. 1958 m. Veronika, geb. Rimböck, 4 Kd. (Elisabeth, Angela, Thomas, Ruth) - Univ. u. TH Wien. Promot. 1950 u. 52 - Privatdoz. TH (1956) u. Univ. Wien (1957), 1960-69 o. Prof. Univ. Stuttgart - BV: Geometrie Projektiver Räume, 1976; Baugeometrie I, 1977 (Serbokroat. Übers. 1980); Differentialgeometrie, 1981; Baugeometrie II, 1982; Lehrb. d. konstruktiven Geometrie, 1986 - 1972 Mitgl. Österr. Akad. d. Wiss.; 1986 Ehrenkreuz f. Wiss. u. Kunst I. Kl.

BRAUNER, Robert
Oberbürgermeister - Eiselenstr. 6, 4690 Herne/W. (T. Rathaus: 59 51) - Geb. 12. April 1907 Herne (Vater: Robert B., Bergarb.; Mutter: Anna, geb. Böttger), verh. s. 1933 m. Hedwig, geb. Nickel - Malermeister; s. 1951 Oberbürgerm. Herne. Kriegsdst. (EK I).

BRAUNERT, Horst
Dr. phil., o. Prof. f. Alte Geschichte - Bülowstr. 16, 2300 Kiel (T. 33 37 70) - Geb. 11. März 1922 Görlitz (Vater: Richard B., Angest.; Mutter: Helene, geb. Thiele), verh. s. 1951 m. Helfriede, geb. Graeber - Univ. Bonn - S. 1959 (Habil.) Lehrtätigk. Univ. Bonn u. Kiel (1962; 1963 Ord.; 1968/69 Rektor) - BV: D. Binnenwanderung - Studien z. Sozialgesch. Ägyptens in d. Ptolemäer- u. Kaiserzeit, 1964; D. Mittelmeer in Politik u. Wirtschaft d. hellenist. Zeit, 1967;

BRAUNFELS, Michael
Prof., Pianist u. Komponist, Dozent f. Klavier Musikhochschule Köln (s. 1954) - Dransdorfer Str. 40, 5000 Köln 51 - Geb. 3. April 1917 München (Vater: Walter B., Komp. (s. XI. Ausg.); Mutter: Bertel, geb. v. Hildebrand), kath., verh. s. 1954 m. Mechthild, geb. Russell, 5 Kd. (Birgit, Susanne, Markus, Irene, Florian) - 1937-38 u. 1947-49 Musikakad. Wien u. Basel (dazw. Kriegsdst.; Lehrer: Paul Baumgartner, Frank Martin) - Werke: 2 Klavierkonz., Cembalo-Konz., Oboen-Konz., Doppelkonz. f. Solo-Cello u. Soloklav., Tripel-Konz. f. Streichtrio u. Kammerorch., Kinder-Oper, Symposion f. 12 Celli; Orchester- u. Kammermus. - Spr.: Engl., Franz., Ital. - Bek. Vorf.: A. v. Hildebrand, Bildh. (Großv. ms.).

BRAUNFELS, Stephan

Dipl.-Ing., Architekt - Odeonsplatz 11, 8000 München 22 (T. 089 - 22 42 38) - Geb. 1. Aug. 1950 Überlingen (Vater: Wolfgang B., Kunsthistoriker), kath., led. - 1970-75 Stud. TU München - Entw. f. München, 1987 (Katalog Ausst. Dt. Architekturmuseum Frankf.); Staatskanzlei od. Stadtbaukunst? 1985 (Katalog Ausst. Münchner Stadtmuseum); Neugestaltung d. Marienhofs München 1987-1992 - Liebh.: Musik, Klavierspielen - Spr.: Engl. - Bek. Vorf.: A. v. Hildebrand, Bildh. (Urgroßv. vs.); Walter Braunfels, Komp. (Großv. vs.).

BRAUNGER, Horst
Geschäftsführer Liebherr-Mischtechnik GmbH., Bad Schussenried (Vertrieb) - Volmarweg 43, 7950 Biberach/Riss - Geb. 7. Mai 1941, kath.

BRAUNS, Adolf
Dr. rer. nat., Prof., Oberkustos i. R. - Karl-Sittig-Weg 8, 3510 Hann. Münden 1 (T. 3 37 14) - Geb. 20. Sept. 1911 Beber Kreis Springe (Vater: Armin B., Pastor; Mutter: Luise, geb. Schwane), ev., verh. s. 1939 m. Ruth, geb. Timmermann, 4 Kd. (Hans-Jürgen, Heidi †, Margrit, Ortrud) - Reform-Realgymn. Hameln/Weser; Univ. Freiburg/Br., Göttingen, Berlin, Kiel, Rostock, Halle/S. Promot. 1938 Kiel; Habil. 1958 Braunschweig - S. 1939 Wiss. Ausst. Zool. Inst. Forst. Fak. Univ. Göttingen (Hann. Münden); 1950 DFG-Assist, s. 1957 Sachbearb., Kustos (1960) u. Oberkustos (1966) Naturhistor. Museum Braunschweig. S. 1958 Privatdoz. u. apl. Prof. (1964) TH bzw. TU Braunschweig (Zool.). Fachmitgliedsch. - BV: Unters. z. Angew. Bodenbiol., 2 Bde. 1954; Myiasis d. Auges - Med. u. entomol. Grundl., 1956 (m. H. Krümmel); Waldinsekten u. Streubewohner, 2. A. 1966 (Taschenbuch- u. Museumsführer); Taschenb. d. Waldinsekten, 2 Bde., 3. A. 1976 (poln. 1975); Prakt. Bodenbiol., 1968; Agrarökol. im Spannungsfeld d. Umweltschutzes, 1985 - Liebh.: Farbfotogr. - Spr.: Engl., Franz. - Bek. Vorf.: Sigismund R., Gymnasialprof. (Ichneumonidenspezialist); Dr. med., Dr. sc. nat. h. c. Hans B. (Formicidenspez.).

BRAUNS, Peter
Dr., Vorstandmitglied The Royal Bank of Canada AG - Gutleutstr. 85, 6000 Frankfurt/M. 1 - Geb. 30. Okt. 1929 - AR Universal Investment, Frankfurt; Beiratsvors. Intercontact GmbH, Dortmund.

BRAUNSPERGER, Manfred
Dr., Vorstandsmitglied Zanders Feinpapiere AG - An der Gohrsmühle, 5060 Bergisch Gladbach 2.

BRAUNSS, Günter
Dr. rer. nat. (habil.), Prof. f. Mathematik Univ. Gießen - Bergstr. 6, 6301 Alten-Buseck - Geb. 19. Juni 1931 - Zul. Doz. TH Darmstadt.

BRAUNSTEIN, Karl

Dr. jur. can., o. Prof. f. Kirchenrecht u. Homiletik, Leiter d. Albertus-Magnus-Kollegs i. R. - Kirchplatz 2, 8311 Baierbach - Geb. 1. April 1920 Hainspach, kath. - S. 1958 Lehrtätig. Phil.-Theol. Hochsch. Königstein (1963 Prof., 1979 Prälat); vertretungsw. Kirchenrechtsvorl. Univ. Mainz; ab 1986 Beauftr. Dt. Bischofskonfz. f. d. sudetend. kirchl. Angelegenh. - BV: D. Vertreibung im Lichte d. Naturrechts, 1958; D. Vertreib. im Lichte d. Kirchenr., 1959; D. Vertreib. im Lichte d. Völkerr., 1966. Mithrsg.: D. Recht auf Heimat (2. A. 1964). Zahlr. Beitr. in Fachztschr.; Kurzbiographien. D. Phil.-Theol. Hochsch. Königstein, in: Königsteiner Rufe (1986) - Liebh.: Griech. Amphoren.

BRAUSS, Friedrich-Wilhelm
Dr. med., ehem. o. Prof. f. Hygiene u. Bakteriologie - Gustav-Kirchhoff-Str. 9, 6900 Heidelberg (T. 40 17 97) - Geb. 5. Nov. 1913 Dortmund (Vater: Willi B., Arzt), verh. m. Gisela, geb. Kirchberg, 3 Kd. - Gymn. Dortmund; Univ. Münster (Promot. 1939), München, Königsberg - 1939 Assist., Doz. (1946) u. apl. Prof. (1952) f. Hyg. u. Bakt. Univ. Münster; 1955-60 Dir. Hyg.-Inst. Dortmund; s. 1960 Ord. u. Inst.dir. Univ. Heidelberg. 1939-44 Wehrdst. (Hygieniker Ost- u. Westfront sowie Heimatkriegsgebiet) - BV: Antibiotika-Taschenb., 2. A. 1978. Ztschr.aufs.

BRAVENY, Ilja
Dr. med. vet. (habil.), Prof. f. Medizin. Mikrobiologie - Trogerstr. 9, 8000 München 80 - B. 1977 Privatdoz., dann Univ.-Prof. u. Abt.leit. Klinikum r. d. Isar.

BRAWAND, Leo
Journalist - Parchimer Str. 58 A, 2000 Hamburg-Rahlstedt (T. 677 36 12) - Geb. 18. Nov. 1924 Hannover (Vater: Walter B.; Mutter: Ida, geb. Ludolph), ev., verh. s. 1949 m. Ruth, geb. Gebert, 4 Kd. (Wolfgang, Peter, Gabriele (Claus) - Kaufm. Lehre Frankfurter Versich.; n. Verwund. (Rußl.) 1943-45 Stud. Reichs-Außenhandelssch. Bremen - 1945-46 Handelsschullehrer Hannover; s. 1946

BRAUNS, Peter

Spiegel (u. a. gf. Redakt. u. Leit. Wirtschaftsredaktion, 1962/63 Chefred.), 1971-81 Chefredakt. manager magazin, Hamburg. Mitgl. Ludwig Erhard-Jury, Bonn, Care Dtschl. - BV: Wohin steuert d. dt. Wirtschaft?, 1971; Mensch, d. Krieg ist aus, 1985; D. Spiegel-Story, 1987. Fernsehkommentare, FS-Feature, Moderationen - 1984 BVK I. Kl., 1988 Gr. BVK - Spr.: Engl.

BREBURDA, Josef

Dr. agr., Prof. f. Bodenkunde u. -erhaltung - Gullringen 26, 6312 Laubach 3 (T. 71 17) - Geb. 7. Okt. 1931 Karwin/Schles., verh. m. Hildegard, geb. Scheid (Apothekerin) - Stud. Landw. - S. 1965 (Habil.) Lehrtätig. Univ. Gießen; 1967 Wiss. Rat u. Prof.; gegenw. Gf. Direktor Zentrum f. kontinentale Agrar- u. Wirtschaftsforsch. - BV: D. genet. Gliederung d. Böden d. Tschechosl., 1958; Bodenphysikal. Methoden in d. osteurop. Ländern, 1963; Bodenerosion in d. Sowjetunion, 1967; Landwirtschaftl. Probleme d. Ukraine, 1971; Kl. Lehrb. d. Bodenkd., 1969; Bodenerosion-Bodenerhalt., 1983; Bodengeogr. d. borealen u. kontinentalen Gebiete Eurasiens. Üb. 90 Einzelarb. Hrsg.: Osteuropastudien d. Hochschulen d. Landes Hessen, Beitr. d. Fachgeb. Bodenkunde u. Pflanzenbau. Zahlr. Forschungsreisen in Osteuropa, in d. Sowjetunion, nach Nordafrika, Nordamerika, Indien, in d. Mongolei u. d. VR China - 1987 Prof. h. c. Academia Sinica.

BRECHER, Fritz
Dr. jur., em. o. Prof. f. Bürgerl. Recht, Handels-, Wirtschafts- u. Arbeitsrecht - Kobenhüttenweg 29, 6600 Saarbrücken 3 (T. 3 29 56) - Geb. 24. Nov. 1915 Mannheim - S. 1956 Ord. Univ. Kiel u. Saarbrücken (1964) - BV: u. a. D. Unternehmen als Rechtsgegenstand, 1953. Div. Buchbeitr.

BRECHT, Christoph
Dipl.-Ing., Dr.-Ing. E. h., Vorstandsmitglied (b. 1986) - 4300 Essen - Geb. 27. Nov. 1921 Berlin (Vater: Geh. Regierungsrat Gustav B., Industrieller; Mutter: Norah, geb. Deppe), ev., verh. s.

1953 m. Ursula, geb. Lindemann, 3 Kd. (Susanne, Stefan, Lenhard) - Realgymn. Kreuzgasse, Köln, u. Landeserziehungsheim Schondorf/Ammersee; TH München (Maschinenbau; Dipl.-Ing. 1949) - 1949-50 MAN, Werk Augsburg; 1950-51 USA-Aufenth.; 1951-59 Union Rhein. Braunkohlen-Kraftstoff AG, Wesseling (Betriebsleit., Obering.); s. 1959 Ruhrgas AG, Essen (stv., 1966-86 o. Vorst.-Mitgl.). Ehrenpräs. Intern. Gas Union (IGU). Beirats- u. AR-Mandate. Mitgl. Lions Club, Essen-Assindia, Dt.-Amerik. Ges. - 1972 Ehrendoktor Univ. Karlsruhe - Liebh.: Musik, Reiten - Spr.: Engl., Franz.

BRECHT, Martin
Dr. theol., Prof. f. Kirchengeschichte Univ. Münster (s. 1975) - Schreiberstr. 22, 4400 Münster (T. 8 09 65) - Geb. 6. März 1932 Nagold (Vater: Alfred, Ephorus; Mutter: Margot, geb. Haußmann), ev., verh. s. 1958 m. Luise, geb. Dilger, 4 Kd. (Christoph, Ursula, Andreas, Michael) - Ev. theol. Sem. Blaubeuren (Abit. 1951); Stud. Univ. Tübingen, Heidelberg. Promot. 1961 Tübingen; Habil. 1965 - 1970-75 Ephorus Ev. Stift Tübingen - BV: D. frühe Theol. d. Johannes Brenz, 1966; Kirchenordnung u. -zucht in Württ., 1967; Martin Luther, 3 Bde., 1981-87; Südwestdt. Reformationsgesch., (m. Hermann Ehmer) 1984. Herausg.: Joh. Brenz, Werke (1970ff., bish. 5 Bde.); Philipp Matthäus Hahn, Tageb. (1979-83, 2 Bde.); Jahrb. Pietismus u. Neuzeit.

BRECHT, Switha
Sängerin, Textdichterin, Komp. - Ellwangerstr. 31, 7180 Crailsheim (T. 07951 - 70 57) - Geb. 15. Aug. 1956 Fichtenau-Matzenbach (Eltern: Elsa u. Karl Weitbrecht), kath., verh. s. 1974 m. Gerhard Munz, PR-Manager, 2 Kd. (Samara-Moana, Gerd-Michael) - Ausb. Gesang, Schauspielunterr. - Chansons, Schlager (bisher 4 Single, 1 MC; LP u. 1 Single in Arb.), Kompos., Texte. Kartomanie-Vorhersage. Karma-Berechnung - Liebh.: Reiten, Reisen, Esoterik - Spr.: Engl., Jenisch.

BRECHT, Ulrich
Intendant Städt. Bühnen Freiburg - Zu erreichen üb. I. Städt. Bühnen, Bertoldstr. 46, 7800 Freiburg/Br. - Geb. 8. Okt. 1927 Wertheim/M. - Schüler v. Gustav Rudolf Sellner - Spiell. Landestheater Darmstadt, Dramat. Staatstheater Wiesbaden, stv. Dir. u. Oberspiell. Stadttheater Luzern, Oberspiell. Staatstheater Oldenburg, 1962-66 Oberspiell. u. Int. Städt. Bühnen Ulm, 1966-72 Int. Staatstheater Kassel, 1972-76 Generalint. Schauspielhaus Düsseldorf, 1978-83 Städt. Bühnen Essen, s. 1983 Städt. Bühnen Freiburg i. Br. Zahlr. Insz. - 1973 Mitgl. PEN-Zentrum BRD.

BRECHTKEN, Josef
Dr. phil., Dr. theol., Prof. f. kath. Religionspäd. Univ. Nürnberg - Meisenweg 1, 8702 Zell/b. Würzburg - Geb. 10. April 1936 Hohenwepel, kath., verh. s. 1966, 2 Kd. - Stud. Phil., Theol., German. Univ. Paderborn, München, Freiburg u. Bochum; theol. Abschl.ex. 1962, Promot. 1965 u. 68 - B. 1971 wiss. Assist. in Bochum; s. 1971 o. Prof. in Nürnberg - BV: Kierkegaard-Newman. Wahrheit u. Existenzmitteil., 1970; Gesch. Transzendenz b. Heidegger. D. Hoffnungsstruktur d. Daseins u. d. ontolog. Gottesfrage, 1972; Real-Erfahr. b. Newman. D. personalist. Alternative z. Kants transzend. Subjektivismus, 1973; Augustinus Doctor Caritatis. S. Liebesbegriff im Widerspruch v. Eigennutz u. selbstloser Güte im Rahmen d. antiken Glückseligkeits-Ethik, 1975; D. praxisdialekt. Kritik d. Marxschen Atheismus, 3 Bde. 1979; Evolution u. Transzendenz, 1983.

BRECHTKEN, Rainer
Landtagsabgeordneter Bad.-Württ. - Bahnhofstr. 74, 7050 Waiblingen - Geb. 15. Aug. 1945 Ludwigsburg (Vater: Arthur B., Schreinerm.; Mutter: Lisa, geb. Funk), kath., verh. s. 1969 m. Heidgard,

S. Gunnar-Lars - Realsch., Verw.-Ausb. - Kommunalverw., Dipl. Verw.wirt (FH), Parl. Berater Landtag, Kreistagsfraktionsvors., Mitgl. Regionalverb., MdL (stv. Vors. Petitionsaussch.) - SPD (Kreisvors. 1971-87).

BRECKLE, Siegmar-W.
Dr., Prof. f. Ökologie Univ. Bielefeld, Abt. Ökologie d. Fak. Biologie, Universitätsstr. 25, 4800 Bielefeld 1 - Geb. 27. Febr. 1938 Stuttgart, verh. s. 1965, 3 Kd. - Stud. Stuttgart, Innsbruck, Hohenheim - Prof. in Bonn u. Bielefeld - BV: Pharmaz. Biol., 3. A. 1988. Herausg. (m. H. Walter): Ökologie d. Erde (4 Bde.); Vegetationsmonographien (10 Bde.). Zahlr. Arb. z. Ökol. u. Geobotanik. Forsch.projekte z. Angew. Ökologie (Schwermetallwirkungen, Dendroökologie, Halophytenforsch.) - Liebh.: Wüsten, Klass. Musik, Eiskunstlaufen - Spr.: Engl., Franz., Span.

BRECKOFF, Werner
Dr. phil., Prof. f. Funktion u. Theorie musikal. Bildung Univ. Bremen - Feldhausen 48, 2804 Lilienthal - Zul. Prof. PH Berlin.

BRECKWOLDT, Meinert
Dr. med., Prof. f.Gynäkologie u. Geburtshilfe, Gf. Direktor Univ.-Frauenklinik Freiburg, Vizepräs. Dt. Ges. f. Endrokrinol. - Wonnhaldestr. 9, 7800 Freiburg/Br. - S. 1973 Prof. Univ. Freiburg.

BREDE, Horst
Schriftsteller, Verleger - Postfach 30, 3501 Zierenberg 1 (T. 05606 - 18 69) - Geb. 27. April 1935 Zierenberg-Oberelsungen - Bäcker - Direktverkäufer; Immobilien-Kfm.; Versich.- u. Anlageberat.; Werbeberat. DWU-Iversen-Schüler - BV: D. OHO-Bücher (Arb.-pläne u. Leseb.). Erz., Romane, Sachb., Ztg.- u. Ztschr.beitr. - Liebh.: Foto, Film, Wandern, Reisen.

BREDEHÖFT, Wilfried
Dipl.-Kfm., Geschäftsführer Howard Rotavator Maschinenfabrik GmbH Michelstadt - Eschenweg 5, 3008 Garbsen 9 - Geb. 27. Nov. 1938 Hymendorf (Vater: Heinrich B., Lehrer i. R.; Mutter: Meta, geb. Hincke), ev., verh. s. 1968 m. Gitta-Renate, geb. Gregorius - 1959-63 Univ. Freiburg/Br. u. Hamburg (1960) - 1963-68 Wirtschaftsprüf.; 1960-70 Leit. Finanz- u. Rechnungswesen; s. 1971 Geschäftsfhg. - Liebh.: Sport (Tischtennis, Tennis) - Spr.: Engl.

BREDEHORN, Günther
Landwirt, MdB (Landeliste Nieders.) - Petersgroden, 2935 Bockhorn (T. 04453 - 77) - FDP.

BREDEHORST, Kurt
Vorstandsmitglied DUEWAG Aktiengesellschaft, Krefeld-Uerdingen - Am Feldbrand 3, 4005 Meerbusch - Geb. 12. Nov. 1923.

BREDELLA, Lothar
Dr., Prof. f. Didaktik d. engl. u. amerikan. Lit. Univ. Gießen (s. 1975) - Tannenweg 16, 6300 Gießen (T. 06141 - 4 72 45) - Geb. 21. Mai 1936 Breslau (Vater: Josef B., Kaufm.; Mutter: Elfriede, geb. Hornig), kath., verh. s. 1964 m. Erika, geb. Tippel, 2 Kd. (Nathalie, Miriam) - Stud. d. Angl., German., Phil. u. Soziol. Univ. Erlangen, Bristol, Frankfurt - 1972-75 Prof. f. Angl. u. Lit.didaktik Univ. Frankfurt/M. - 1984-87 Vors. Dt. Ges. f. Amerikastudien - BV: u. a. Ästhet. Erfahrung u. soz. Handeln, 1975; Einf. in d. Lit.didaktik, 1976; D. Verstehen lit. Texte, 1980. Herausg.: D. USA in Unterr. u. Forsch. (1984); Confidence (1984); Verstehenlernen e. paradoxen Epoche in Schule u. Hochsch.: The American 1920's (1985); Schüleraktivierende Meth. im Fremdsprachenunterr. Englisch (m. Leguthe, 1985); Perceptions and Misperceptions: The United States and Germany Studies in Intercultural Understanding (m. Haack, 1988) - Spr.: Engl.

BREDEMANN, Werner
Dr. med., Prof., Direktor Landesnervenklinik Berlin-Spandau (s. 1961) - Stormstr. 3, 1000 Berlin 19 (T. 302 23 24) - Geb. 26. Mai 1915 Dresden, ev., verh. s. 1938 m. Gertrud, geb. Höhlbaum, 2 Kd. - Univ. Jena u. Leipzig. Med. Staatsex. 1941; Promot. 1942; Habil. 1956 - 1945-49 Univ.s-Nervenklinik Jena; 1949-51 Univ.sklinik Leipzig; 1951-60 Univ.s-Nervenklinik Berlin/FU (zul. Oberarzt u. stv. Dir. Psychiatr. u. Neurol. Klinik; 1956 Privatdoz., 1967 apl. Prof.). Spez. Arbeitsgeb.: Neuropathol.

BREDEMEIER, Harm
Dr. med., Facharzt f. Orthopädie, Mitgl. Hbg. Bürgerschaft (s. 1970) - Rügelsbarg 55a, 2000 Hamburg 65 (T. 604 73 00, Praxis: 47 40 37/38) - Geb. 5. Febr. 1941 Kiel, verh., 2 Kd. - CDU.

BREDENDIECK, Uwe J.
Dipl.-Kfm., Geschäftsführer Soilax GmbH., Hanau - Goethestr. 20, 6116 Eppertshausen - Geb. 25. März 1934 Delmenhorst (Vater: Diedrich B., Kommunalbeamter; Mutter: Frieda, geb. Oekermann), ev., verh. s. 1957 m. Helga, geb. Kreuzer, S. Jens - Oberrealsch. Delmenhorst, Höh. Handelssch. ebd., Wirtschaftsobersch. Bremen; Univ. Frankfurt/M. - Verkauf u. Marketing Unilever (1960-65), Pfizer (1966-69), Soilax (s. 1969) - Interessen: Wirtsch., Managem., Psych. - Spr.: Engl.

BREDENKAMP, Jürgen
Dr. phil., Dipl.-Psych., o. Prof. f. Psychologie Univ. Bonn (s. 1984) - Römerstr. 164, 5300 Bonn; priv.: Bonner Logsweg 65 - Geb. 29. März 1939 Hamburg, vd., verh. s. 1968 m. Karin, geb. Spies, 2 Kd. (Silke, Birte) - Promot. 1964; Habil. 1971 - 1971 Wiss. Rat u. Prof. Univ. Bonn; 1972 Ord. u. Institutsdir. Univ. Göttingen, 1980-84 Prof. Univ. Trier - BV: D. Signifikanztest in d. psych. Forschung, 1972; Lern- u. Gedächtnispsych., 1977 (m. Wippich); Bildhaftigkeit u. Lernen, 1979 (m. Wippich); Theorie u. Planung psycholog. Experimente, 1980.

BREDER, Tono
Hauptgeschäftsführer Landessportverb. f. d. Saarl. - Saaruferstr. 16, 6600 Saarbrücken 1.

BREDOW, Freiin von, Gerda
Dr. phil., Prof. a. D. - Königsberger Str. 136, 4400 Münster/W. (T. 24 97 00) - Geb. 26. Juni 1914 Vietznitz/Westhavell. (Vater: Carl Frhr. v. B., Rittergutsbes.; Mutter: Anita, geb. Linck), kath. - Stud. Phil, Gesch., Dt. Berlin u. Freiburg. Staatsex. 1939; Promot. 1941; Habil. 1953 - 1939-43 Flugmeldedst.; 1944-45 Statist. Reichsamt; s. 1950 Univ. Münster (Assist., 1953 Privatdoz., 1961 apl. Prof. f. Phil., 1963 Wiss. Rätin u. Prof.). Spez. Arbeitsgeb.: Nikolaus v. Kues - BV: Sittl. Wert u. Realwert, 1947; D. Vermächtnis d. Nikolaus v. Kues, 1955; D. Sein d. Freiheit, 1960; Platonismus im Mittelalter, 1972. Übers.: Nikolaus v. Kues, V. Globusspiel, 2. A. 1978 (m. Einleit. u. Anmerk.) - Liebh.: Musik, Tiere, Natur (bes. Berge) - Spr.: Engl., Franz.

BREDOW, Jürgen
Dipl.-Ing., Architekt, Prof. f. Entwerfen u. Wohnungsbau TH Darmstadt, Landesvors. Bund Dt. Arch. BDA Hessen - Dieburger Str. 212, 6100 Darmstadt - Div. Ausz. f. vorbildl. Bauten.

BREDOW, von, Leopold Bill
Generalkonsul - 460 Park Ave., New York, N.Y. 10022 - Geb. 2. Jan. 1933 Potsdam (Vater: Leopold Waldemar v. B., Major a.D.; Mutter: Hannah, geb. Gräfin v. Bismarck Schönhausen), ev., verh. s. 1969 m. Marie Eleonore, geb. Schwarzenberg, 3 Kd. (Vendeline, Leopold, Felix) - Human. Gymn. Basel; 1951-55 Stud. Rechtswiss. Univ. Basel, Freiburg; 1. jurist. Staatsprüf. 1955, Ass.-Prüf. 1960 - 1961 Ausw. Amt (Attaché); 1961/62 Attaché Bamako/Mali; 1964 Konsul Generalkonsulat Dacca/Ost-Pakistan; 1965-67 II. Sekr. Beobachter-Mission b. d. Vereint. Nat., New York; 1967-70 Legationsrat Presseref. Ausw. Amt; 1970-73 Leit. Presseref. Botsch. Tel Aviv; 1971 Botschaftsrat; 1972 Org.-komit. Olymp. Spiele München (stv. Protokollchef NOK); 1973-77 Leit. Presseref. Botsch. Rom; 1977 Ausw. Amt; 1980-83 stv. Protokollchef d. Bundesreg. (Ernenn. z. Gesandten); s. 1983 Chef d. Protok. Berlin (Senatsdir.); s. 1986 Staatssekr. b. Senat v. Berlin; s. 1988 Generalkonsul New York - 1978 Ehrenritterkreuz Johanniter-Orden; 1983 BVK; 1986 Rechtsritterkreuz Johanniter-Orden - Zahlr. ausl. Ausz., dar. 1977 Komtur VO Ital. Rep.; 1980 Offz. Ehrenleg. Frankr.; 1980 Komtur Orden vom Aztek. Adler, Mexiko; 1982 Großoffz. Orden v. Oranien-Nassau, Niederl.; 1982 Knight Commander Orden vom Niger, Nigeria; 1982 Gr. Silb. Ehrenz. m. Stern f. Verd. um d. Rep. Österr.; 1986 Großoffz. VO, Italien; 1986 VO (Merito Civil) Großkreuz, Spanien - Spr.: Engl., Franz., Ital.

BREDOW, von, Wilfried
Dr. phil., Prof. f. Politikwiss. Univ. Marburg (s. 1972) - Altes Schulhaus, 3551 Lahntal 3 Göttingen - Geb. 2. Jan. 1944 Heinrichsdorf (Vater: Hans-Christoph Frhr. v. B.; Mutter: Anja, geb. v. Oettingen), verh. m. Monika, geb. Schlesier - 1975-77 Vizepräs. Univ. Marburg; 1977/78 Res. Fellow St. Antony's Coll., Oxford (Engl.); 1986/87 Gastprof. Univ. of Toronto (Canada) - BV: D. Primat milit. Denkens, 1969; Vom Antagonismus z. Konvergenz? Studium z. Ost-West-Problem, 1972; D. unbewältigte Bundeswehr, 1973; Film u. Ges. in Dtschl., 1974; D. Zukunft d. Entspannung, 1979; Einf. in d. intern. Wirtschaftsbez., 1981; Zwiespältige Zufluchten. Z. Renaissance d. Heimatgefühls, 1982; Moderner Militarismus. Analyse u. Kritik, 1983; Deutschl. - e. Provisorium?, 1985; Krise u. Protest. Ursprünge u. Elemente westeurop. Friedensbewegungen, 1987.

BREDT, Heinrich
Dr. med., o. Prof. f. Allg. Pathologie u. pathol. Anat. (emerit.) - Finther Landstr. 58, 6500 Mainz - Geb. 29. Jan. 1906, verh., Sohn - Stud. Graz, Tübingen, Berlin (Zool., Med.) - 1948-71 Od. u. Inst.sdir. Univ. Leipzig u. Mainz (1959) - BV: Über d. Tod, 1958 - Mitgl. Dt. Akad. d. Wiss., Berlin. Sächs. Akad. d. Wiss., Leipzig, Dt. Akad. d. Naturforscher (Leopoldina), Halle/S., Akad d. Wiss. u. d. Lit., Mainz (1969 Vizepräs., 1971-79 Präs.).

BREDT, Wolfgang
Dr. med., Prof., Ordinarius f. Mikrobiologie u. Hygiene u. Institutsdir. Univ. Freiburg (s. 1976) - Hermann-Herder-Str. 11, 7800 Freiburg/Br. - Geb. 4. Aug. 1937 Leipzig, verh. s. 1966, 3 Kd.

BREEST, Eberhard
Geschäftsführer Seibert-Stinnes-Gruppe (b. 1982), Präs. Fachverb. Stahlblechverarbeitg., Mitgl. Präs. u. Vorst. EBM, Ausstellungsbeir. Messe AG, Hannover, Eig. Fa. Ing.- u. Industriebüro Breest, Leonberg - Berghalde 39, 7250 Leonberg 7/Württ. - Geb. 8. Dez. 1916 Berlin - Ziviling.

BREEST, Jürgen
Fernsehdramaturg (Radio Bremen) - Eislebener Str. 37, 2800 Bremen 41 - Geb. 1. Juli 1936 Karlsruhe (Vater: Martin B., Angest.; Mutter: Karla, geb. Kröger), verh. s. 1961 m. Monika, geb. Klein, S. Rainer - Univ. Hamburg u. Marburg (German., Gesch.) - B. 1962 schriftst. Tätigk., dann wie oben. Hörsp., Features, Funkerz., Fernsehsp., Erz. Ztg. u. Ztschr.; Dünnhäuter, R. (1979); Wechselbalg, R. 1980. Filmbearb. - BV: Tollwut, Kinderb. Hamburg 1981 - Spr.: Engl.

BREGER, Manfred
Dr. rer. nat., Prof. f. Mathematik TU Berlin - Glockenblumenweg 45a, 1000 Berlin 47.

BREGY, Edelbert
Kunstmaler - Rhodaniastr. 4, CH-3904 Naters - Geb. 8. Sept. 1946 Turtmann, kath., verh. s. 1974 m. Ursula, geb. Kreuzer, 2 S. (Philipp, Thomas) - Handels- u. Verkehrssch. Bern (Dipl.), Werbefachsch. Zürich (Dipl.); Kunstsch. ABC Paris (Dipl.); Autodidakt. Studienreisen durch ganz Europa - Mitgl. Walliser Künstlervereinig. - Illustrat.: Symbol d. Taube - d. Ewig Weibl., (Text Emil Schmid) 1975; Musikges. Viktoria Turtmann, (Text Alex Oggier) 1977; V. Hellsehern u. Poltergeistern, (Text M. L. Rybarczyk) 1978; Akkorde d. Lachmöwe, (Ged. v. Paul Gisi) 1979; Verwandlungen, (Text Paul Gisi) 1980; D. grünäugige Laternenfisch, (Ged. v. Paul Gisi) 1983 - Div. Ausst., u.a. in Brig, Naters, Visp, Sierre, Sion, Bern, Lausanne, Fribourg, Zürich, Mons (Belg.), Bologna (Ital.). Zahlr. Werke in priv. u. öfftl. Besitz.

BREH, Karl
Dipl.-Phys., Vorsitzender Dt. High-Fidelity-Inst., Chefredakteur stereoplay Vereinigte Motorverlage Stuttgart - Eisenlohrstr. 16, 7500 Karlsruhe - Geb. 16. Jan. 1932 - BV: High Fidelity-Jahrb. - Verdienstmedaille des Verd.Ord. d. BRD - Spr.: Franz., Engl.

BREHLER, Bruno
Dr. rer. nat., em. o. Prof. f. Mineral- u. Kristallogr. TU Clausthal (1964-88) - Am Turmhof 6, 3392 Clausthal-Zellerfeld (T. 34 60) - Geb. 25. Dez. 1922, verh. s. 1951, 3 Kd. - 1945-50 Univ. Göttingen (Mineral.). Promot. 1950 - Wiss. Assist. Univ. Göttingen (1950-52) u. Marburg (1952-59); 1959-64 Doz. Univ. Marburg; emerit. 1988. Spez. Arbeitsgeb.: Kristallstrukturforsch. u. -chemie; Mitgl. Braunschw. Wiss.Ges.; 1978-80 Vors. Dt. Mineral.Ges. Herausg.: Zentralbl. f. Mineral., Teil I. Etwa 60 Fachveröff.

BREHM, Artur
Dipl.-Kfm., Geschäftsführer Nürnberger Akademie f. Absatzwirtschaft - Schillerstr. 8, 8505 Röthenbach/Mfr. - Geb. 22. Mai 1926.

BREHM, Burkhard
Dr. rer. nat., Prof. f. Experimentalphysik Univ. Hannover (s. 1973) - Appelstr. 2, 3000 Hannover - Geb. 6. März 1935 Tilsit/Ostpr. (Vater: Ernst B., Studienrat; Mutter: Magdalene, geb. Albrecht), ev., verh. s. 1963 m. Ilse, geb. Rockstroh, 3 T. (Eva, Elke, Karin) - Abit. 1954 Wüllenweber-Sch. Bergneustadt; Staatsex. Math./Physik 1959 Bonn; Promot. (1965) u. Habil. (1971; beide Physik) Freiburg/Br. - 1966 JILA, Univ. Colorado/USA; 1967-73 Univ. Freiburg (Assist., Doz.).

BREHM, Georg
Dr. med., Prof., Dermatologe - Bremserstr. 79, 6700 Ludwigshafen - Geb. 25. Okt. 1924 Reval - S. 1964 (Habil.) Lehrtätigk. Univ. Mainz (1969 apl. Prof. f. Haut- u. Geschlechtskrankh.; 1972ff. Dir. Hautklinik im Klinikum d. Stadt Ludwigshafen - BV: Dermatol. Notfälle in Klinik u. Praxis, 1967 (m. Günter Korting); Haut- u. Geschlechtskrankheiten, 1987. Mithrsg.: Ztschr. Aktuelle Dermatologie (s. 1975) - Spr.: Engl., Russ., Franz.

BREHM, Helmut
Dr. phil. nat., Prof. f. Nachrichtentechnik Univ. Erlangen-Nürnberg (s. 1979) - Univ. Erlangen, Lehrst. f. Nachrichtentechnik, Cauerstr. 7, 8520 Erlangen (T. 09131 - 85 71 12); priv.: Kaibachweg 32, 8551 Röttenbach (T. 09195 - 71 77) - Geb. 11. Apr. 1937 Frankfurt/M. (Vater: Hans B., Handelsvertr.; Mutter: Emma, geb. Fuchs), ev., 4 Kd. (Monika, Karin, Ulrich, Joachim) - Gymn. Neu Isenburg, Univ. Frankfurt/M., Dipl.-Physiker 1964, Promot. 1970, Habil. (Physik) 1978 -

1972-79 Doz. (Physik) Univ. Frankfurt, s. 1979 s. o.

BREHM, Herbert

Dr. med., Prof., Gynäkologe, ehem. Chefarzt Frauenklinik Köln-Holweide - Folwiese 4, 5000 Köln 80 - Geb. 14. März 1924, ev., verh. s. 1955 m. Dr. med. dent Cordi, geb. Semar, S. Herbert - B. 1965 Privatdoz., dann apl. Prof. Univ. Frankfurt.

BREHM, Wolfgang

Dr. jur., Prof. Univ. Heidelberg - Panoramastr. 7, 6901 Wiesenbach - Geb. 26. April 1944 Gärtringen - Stud. Univ. Tübingen u. Marburg (Rechtswiss.), Promot. b. Prof. Dr. H. Schröder, Habil. b. Prof. Dr. W. Münzberg - BV: Z. Dogmatik d. abstrakten Gefährdungsdelikts, 1973; D. Bind. d. Richters an d. Parteivortrag usw., 1982.

BREIDBACH-BERNAU, Hans G. A.

Sportschriftsteller - Ried 20, A-5360 St. Wolfgang - Geb. 16. März 1921 Wien, ev., verh. I) 1952 m. Elvira, geb. Wallner (†1969), 2 Töcht. (Silvia, Manuela), II) 1971 m. Uta, geb. Herzer - Waldsch. Berlin (Abit. 1939) - Bildberichter; Sport- u. Gesundheitslehrer - BV: Sensenschmied, Erz. 1948; D. neue Straße, R. 1950; D. Läufer, R. 1955; Sieger, Kämpfer u. Begeisterte, Erz. 1966; Schicksalslied, Lyr. 1976; Begegn. im Schatten d. Herakles, Lebensbilder, 1982; Flaschenpost, Erz. 1983 - 1948 Österr. Olympiapreis u. Ausz. Olympiade London - Spr.: Engl., Franz. - Vater: Alfred Bernau, Theaterleit., Regiss. u. Schausp. (u. a. Renaissance-Theater Berlin u. Dt. Volkstheater Wien); Mutter: Margarete, geb. Köckeritz, Schausp.

BREIDENBEND, Heinz

Geschäftsführer Arbeiterwohlfahrt/Bezirksverb. Mittelrhein - Venloer Wall 15, 5000 Köln (T. 51 72 51).

BREIDENSTEIN, Hans-Jürgen

Verlags-Kfm., Geschäftsführender Gesellschafter - Schweinfurter Weg 97, 6000 Frankfurt/Main (T. 069 - 68 32 23) - Geb. 5. März 1940 Frankfurt/M., 2 Söhne (Niels, Jens) - Abit., Stud. Volksw. u. German., Ausl.aufenth. im Verlagswes. - 1969-80 Vorst.-Mitgl. Fachgruppe Fachzeitschr. im VDZ, 1977-79 Vors. Neue Medien im Börsenverein d. Dt. Buchhandels, 1979-82 Mitgl. d. Vorst. im Börsenverein d. Dt. Buchhandels, s. 1977 Mitgl. d. Aussch. Neue Medien im Börsenverein d. Dt. Buchhandels - Spr.: Engl., Franz.

BREIDENSTEIN, Klaus

Geschäftsf. Gesellschafter Brönners Druckerei Breidenstein GmbH, Umschau Verlag Breidenstein GmbH, Brönner Verlag Breidenstein GmbH, Sigma Studio Breidenstein GmbH, dateam Vertriebsges. mbH + Co. KG, Report Verlag GmbH, Andres Verlag GmbH, Hamburg - Stuttgarter Str. 18-24, 6000 Frankfurt/M. 1 - Geb. 6. Juli 1928 - Landesarbeitsrichter, stv. Vors. Landesverb. Druck Hessen, AR Frankfurter Volksbank - 1982 Ehrenbrief d. Landes Hessen; 1988 BVK - Rotarier.

BREIDER, Hans

Dr. phil. habil., Prof., Oberlandwirtschaftsdirektor a. D. - Unterer Neubergweg 26, 8700 Würzburg - Geb. 20. Mai 1908 Effeln/Lippstadt (Vater: Franz B., Landwirt; Mutter: Elisabeth, geb. Geise), rk., verh. s. 1935 m. Auguste, geb. Heithoff †, 4 Kd. (Elmar, Hildegard, Adelhild, Hans-Mich.) - Hum. Gymn. Paderborn, Stud.: Biologie, Genetik, Math., Philos., Innsbruck, Münster. Promot. Dr. phil 1933 Münster, Habil. 1936 TH Braunschweig, Umhabil. 1947 Univ. Münster - U. a. Abt.leit. Kaiser-Wilhelm-Inst. f. Züchtungsforsch., Müncheberg, Leit. Rebenzücht., Alzey-Würzburg, 1950-73; Dir. Bayer.

Landesanst. f. Wein-, Obst- u. Gartenbau, Würzburg. 1947 Privatdoz. Univ. Münster; 1952 Gastprof. Univ. Mendoza (Argent.). Arbeitsgeb.: Theor. u. Angew. Genetik, Zoologie, Züchtungsforsch. Spez. Arbeitsgeb. Geschl. bestg., Rassen- u. Artdiff. Tumorbildg. bei Fischen, Mut.genetik som. Mutationen, Standortforschg. Weinbau, Qualität-Resistenz, Nachkommenschaftsprüfg. bei Rebsorten, Züchtg. von 7 neuen Rebsorten - BV: D. Gesetze d. Vererb. u. Zücht., 1938; D. Buch v. Frankenwein, 3.-6. A. 1982; D. Weinstock am Haus, 1967; E. Mundvoll Frankenwein, 1970; Trink Dir Freude, 1979; Einf. in d. Welt d. Weines, 1984; Frankenwein-Pioniere, Schicksale, Originale, 1985; Frohe Stunden b. Frankenwein, 1986. Üb. 200 Veröffentl. in wiss. u. fachl. Literatur - Ehrenmitgl. Univ. Cuyo (Argent.), Ital. Weinakad. Siena, Honorarprof. Univ. Würzburg, Stadtpl. Hammelburg/Saale - Spr.: Franz., Span., Ital. - Lit.: 1953 Herder-Lex.

BREIDER, Theodor

Museumsdirektor - Eupener Weg 13, 4400 Münster/W. - Geb. 16. Nov. 1903 Effeln (Vater: Landw.), kath., verh. s. 1933 m. Elisabeth, geb. Wilkmann, 4 Kd. (Ursula, Eckhart, Udo, Marita) - Verkehrsdir., Gründ. u. Leit. d. Freilichtmus. Münster - BV: Alte Wege - neu entdecken, T. I u. T. II (auch dän.) v. Dänemark b. Frankreich, 1975 u. 84; Plattd. Gedichte, 1978; Geliebtes Leben, Ged. m. Illustr., 1983; Radwandern im Münsterland, 36. A. 1985; Div. Führer, u. a. Führer durch d. Mühlenhof-Freilichtmus. Münster, 5. A. 1983 - Paulus-Plakette Münster; Gold. Rathaus-Gedenkmünze; BVK I. Kl. u. Gr. BVK; Landes-Verdienst-Ord. NRW; Päpstl. Sylvester Ord. - Lit.: A. Eckhoff, T. B. - Leben u. Wirken (1978); Gerd Schröder, E. Museum aus d. Nichts.

BREIER, Alfred

Ministerialdirektor, Leit. Abt. Öfftl. Dienst Bundesinnenmin. - Zu erreichen üb. Innenmin., Graurheindorferstr. 198, 5300 Bonn 1 - Geb. 25. Nov. 1928 Bingen - 1948-52 Stud. Rechtswiss. Univ. Mainz; gr. Staatsprüf. 1956 - 1962-68 Geschäftsf. Tarifgemeinsch. dt. Länder. Fachkomment. z. öfftl. Dienstrecht (ab 1968).

BREINERSDORFER, Alfred W. (Fred)

Dr. jur., Rechtsanwalt u Schriftst. - Spittlerstr. 21, 7000 Stuttgart 1 (T. 0711 - 28 31 55) - Geb. 6. Dez. 1946 Mannheim, verh. s. 1973 m. Regine Bub, Rechtsanw., 2 Kd. (Leonie, Julian) - Abit. 1966 Mainz; Stud. Rechtswiss. u. Soziol. Univ. Mainz u. Tübingen; Staatsex. 1972, Promot. 1977 - Wiss. Mitarb. Univ. Tübingen; s. 1976 Rechtsanw. Stuttgart (Fachanwalt f. Verw.recht). 1980 erste belletr. Veröff. - BV: Kriminalroman u.a.: Frohes Fest Lucie, 1981; Noch Zweifel, Herr Verteidiger?, 1983; D. Dienstagmann, 1985; Quarantäne, R. 1989; zahlr. Erz., lit.krit. Arb., Fernseh- u. Filmdrehb., Sachb., u.a. Papiertiger Numerus clausus, 1979. Herausg.: Stuttgarter Verhältnisse.

BREINL, Hermann

Prof. Dr. med., Chefarzt gyn.-geburtsh. Abt. Stadtkrankenhaus Rüsselsheim (s. 1971) - Keplerring 8, 6090 Rüsselsheim (T. 06142 - 5 43 47) - Geb. 8. Febr. 1930 Regensburg (Vater: Ulrich B., Lehrer; Mutter: Centa, geb. Feuerle), kath., verh. s. 1956 m. Roma, geb. Kammerer, 2 Töcht. (Claudia, Roma) - Gymn. (Abit. 1949), Med. München 1950. Promot. 1956 Düsseldorf; Habil. 1968 Ulm; Umhabil. 1972 Mainz - 1959-67 Univ. Frauenklinik Düsseldorf, 1966 Oberarzt, 1967-70 Univ. Frauenklinik Ulm (Oberarzt, Leit. Sektion Zytologie u. Histol.), Lehrauftr. Fachbereich Med. Univ. Mainz - 1973 Fellow Intern. Academy of Cytology (FIAC), 1977 Forschungspr. d. Dt. Ges. f. Zytol. - Spr.: Engl., Span.

BREINLINGER, Friedrich

Verleger, Gesellschafter u. Mitglied d. Direktion d. Südkurier GmbH, Konstanz - Richard-Wagner-Str. 5, 7750 Konstanz/B.

BREIPOHL, Winrich

Dr. med., Prof. - Univ.klinikum Essen, Inst. f. Anatomie, Hufelandstr. 55, 4300 Essen 1 - Geb. 3. Juli 1941 Danzig - 1962-68 Med. Stud. Göttingen, Promot. 1968, Stip. d. DFG, Habil. (Anatomie) 1973 - 1968-70 Inst. f. Histologie u. Neuroanat. Univ. Göttingen, 1970-75 Inst. f. Anat. Ruhr-Univ. Bochum, s. 1975 Inst. f. Anat. Univ. GH, Essen - 1980 Fulbright Stip. u. Gastprof. Lexington/Kentucki (USA).

BREIT, Ernst

Oberpostrat, Vorsitzender Dt. Gewerkschaftsbund (s. 1982) - Hans-Böckler-Str. 39, 4000 Düsseldorf 30 (T. 430 12 00) - Geb. 20. August 1924 Rickelshof/Holst. (Vater: Heinrich B.; Mutter: Helene, geb. Hartnack), ev., verw. s. 1981, 2 Kd. (Ursula, Uwe) - Realschulabschluß - S. 1941 Reichs- u. Bundespost. 1959-71 Vors. Hauptpersonalrat Bundespostmin.; s. 1971 Mitgl. DGB-Bundesvorst. u. Vors. Dt. Postgewerksch. (s. 1946 Mitgl. DPG). SPD s. 1957. S. 1975 Vizepräs. u. 1978-82 Präs. Weltorg. Postgewerksch.; AR-Vors. Beteiligungsges. f. Gemeinwirtsch. AG, Frankfurt; AR-Mitgl. Bank f. Gemeinwirtsch. AG, Frankfurt; stv. AR-Vors. Fried. Krupp GmbH, Essen; 1985ff. Präs. Europ. Gewerkschaftsbd. (EGB).

BREIT, Gerhard

Ministerialdirektor a. D., Landrat d. Kreises St. Wendel (1972-74), Ständiger Vertr. d. Ministers d. Innern d. Saarlandes (1974-85) - Anemonenweg 19, 6680 Neunkirchen - Geb. 25. Sept. 1930.

BREIT, Klaus

Dr. rer. nat., Dipl.-Chem., Aufsichtsratsmitglied Ludwig Breit Wiesenthalhütte - Hochbergweg 12, 7070 Schwäbisch Gmünd - Geb. 18. März 1926 - Naturwiss. Stud. Univ. Heidelberg, Kiel - Patentinh. z. Glasherstellung.

BREIT, Rolf Dieter

Dr., Dipl.-Ing. agr., Geschäftsführer Absatzfonds Bonn - Deutschherrenstr. 94, 5300 Bonn 2 (T. 0228 - 33 40 43) - Geb. 23. Jan. 1941 Klein-Zimmern/Hessen, ev., verh., 2 Kd. - Landwirtschaftslehre; Stud. Agrarwiss.; Dipl. 1966, Promot. 1968 Gießen.

BREITBART, Gerrard

Dr. rer. pol., Dipl.-Kfm., Prof., Präsident Landesverb. Jüdische Gemeinden Rhld.-Pfalz - Ludwigstr. 20, 6730 Neustadt/Weinstraße (T. 06321-26 52) - Geb. 1. Dez. 1937 Amsterdam (Vater: Edgar B.; Mutter: Erna), mos., verh. s. 1968 m. Ursula, geb. Schlesinger, T. Daniela - Human. Gymn. Berlin (Abit. 1957); 1957-60 Lehre Ind.kfm. Siemens AG, Berlin, Neustadt b. Coburg, Erlangen; 1960-65 Stud. Betriebsw. Berlin u. Mannheim, Dipl.-Kfm., 1965-69 wiss. Ass., Promot. 1969 - Vors. Jüd. Gemeinde Mainz, Präs. Landesverb. Jüd. Gemeinden Rhld.-Pfalz - Mitgl. Direkt. Zentralrat d. Juden in Dtschl.; Hauptabt.leit. - BV: Subventionen als negative Steuern (Diss.), 1969; Art. in Ztschr. - 1969 Karin-Islinger-Preis Univ. Mannheim; 1988 BVK - Spr.: Engl., Franz.

BREITENBACH, Diether

Dr. phil., Dipl.-Psych., Prof. Univ. d. Saarlandes, Minister f. Kultus, Bildung u. Wiss. d. Saarlandes - Zu erreichen üb. Hohenzollernstr. 60, 6600 Saarbrücken 1, (T. 0601-81 32 35); priv.: Memeler Str. 50, 6600 Saarbrücken - Geb. 13. Mai 1935 Dortmund (Vater: Wilhelm B., Lehrer; Mutter: Luise, geb. Nord), ev., verh. s. 1960 m. Friedeborg, geb. Betzing, 3 Kd. (Markus, Claudia, Katja) - Dipl.-Psych. 1959, Promot. 1974 - 1959-74 Forsch. üb. Entw.hilfe; 1974-78 Prof. PH Saarbrücken; s. 1978 Prof. Univ. Saarbrücken - BV: Auslandsausbild. als Gegenst. sozialwiss. Forsch., 1974; Kommunikationsbarrieren in d. Intern. Jugendarbeit, 1979.

BREITENBACH, Hans

Regierungsbeamter, Bürgermeister Verbandsgemeinde Linz - Am Kaiserberg 14, 5460 Linz/Rh. (T. 02644-42 17) - Geb. 25. Sept. 1928 Niederlahnstein (Vater: Matthias B., Postbeamter; Mutter: Elisabeth, geb. Dasting), kath., verh. s. 1956 m. Gisela, geb. Kuch, S. Jörg - Verw.schule, Verw.akad. - 1943-45 Verw.lehre, 1945-56 Verw.-Angest., 1956-63 Reg.insp., 1963-66 Reg.oberinsp., 1966-68 Reg.amtm., 1968-71 Reg.amtsrat, 1971-81 Bürgerm. Linz - Liebh.: Kommunalpolitik.

BREITENBACH-SCHROTH, Kurt

Dipl.-Ing., Fabrikant, gf. Gesellsch. Breitenbach-Verwaltungsges. mbH, Eisen- u. Blechwarenwerke-Siegerland GmbH, alle Siegen - Graf-Luckner-Str. 10, 5900 Siegen 21 - Geb. 30. Juli 1917 Ersingen.

BREITENGROSS (ß), Jens-Peter

Dr., Geschäftsführer Jos. Hansen & Söhne Außenhandelsges. mbH, Hamburg - Reinbeker Weg 10, 2057 Wentorf - Geb. 5. Nov. 1943 - Vorst. Afrika-Verein, Hamburg, Carl-Duisberg-Arbeitskreis, Bremen.

BREITENSTEIN, Peter

Dr. rer. pol., Dipl.-Volksw., Regierungsdir. Bundesmin. d. Finanzen - Bergstr. 125, 5300 Bonn 1 - Geb. 24. April 1941 Karlsruhe, verh. m. Dr. Margarete, geb. Hübner - Stud. Volksw. u. Rechtswiss. Univ. Heidelberg u. Würzburg (Dipl.), Promot. Würzburg - Wiss. Ass. Inst. f. Wirtschaftspol. Univ. Würzburg; Mitgl. Projektgr. Verw.bezogene Berufsbildung, Senator f. Inneres Berlin; Hochschullehrer FHSVR Berlin; s. 1976 Bundesmin. d. Finanzen (1982 Abordnung z. Saarbergw. AG, Ass. d. VV). AR-Mand. b. Ind.beteilig. d. Bundes - BV: Staatl. administrierte Preise, 1977; Öfftl. Untern., 1988. Fachveröff. - Spr.: Franz., Engl.

BREITENSTEIN, Rolf

Dr. rer. pol., Auswärtiger Dienst Bonn (u. a. London, Warschau, New Delhi) - Siebengebirgsstr. 12, 5202 Hennef-Westerhausen - Geb. 30. Jan. 1932 Kassel (Vater: Theodor B.; Mutter: Hildegard, geb. Grentzel), ev., verh. s. 1982 m. Rita, geb. Nichoff - Univ. Marburg, Frankfurt, Bonn; Dipl.-Volksw.; Promot. Bonn - 1952-72 Journ. (UPI, Frankfurter Rundschau). F.D.P. (1977-79 stv. Dir. Heuss-Akad.) - BV: D. Kartoffel-Theorem, 1974; Märchen f. Manager, 1982; D. Simulationsges., 1987; Lobs & Flops, 1988 - Liebh.: Lesen, Schreiben, Shakespeare, Schach, Tennis.

BREITHER, Karin

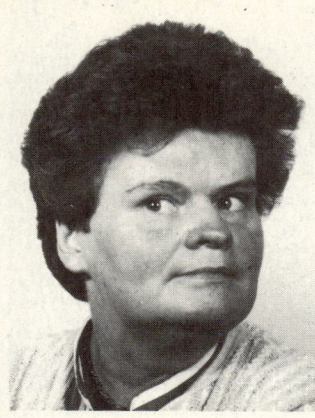

Schriftstellerin - Köpperner Str. 110, 6393 Wehrheim Ts. 1 (T. 06081-9630) - Geb. 26. Dez. 1939, verh. s. 1966 m. Eberhard B., Dipl.-Chemiker, 3 Kd. (Michael, Markus, Janina) - Sozialarb., zeitw. Altenpflegerin - BV: u.a. Sommerkorn; Geborgtes Licht, Lyrikbd. 1986; In d. Falten d. Mondes, Dichterhandschriftb. 1988. Herausg. v. Dichterhandschr.: M. deinem Wort hast du mich wunderbar verwundet, Lyr. (aufgen. in 28 Anthol.); Saalburger Bogendrucke - 1985 Ehrengabe Gde. Wehrheim; 2 Lyrikanerkennungspreise; 1987 Ehrenurkunde Bragi-Literaturkreis - Liebh.: Samml. handschr. Ged. Briefwechsel aus 20 J. Zenta Maurina (Kulturphilosophin) - Spr.: Franz., Engl. - Lit.: Autoren-Bild Lex. 1979 u. 80; Autoren stellen sich vor (1984); Kürschners Literaturkal. (1980/1984/1988); Goldenes Buch (1989).

BREITINGER, Dietrich K.

Dr. rer. nat., ao. Prof. (s. 1975) Ber. Strukturchemie, Inst. f. Anorg. Chemie, Univ. Erlangen-Nürnberg - Geb. 3. März 1935 - Stud. Chemie Tübingen; Prom. 1964 Aachen, Habil. 1969 Erlangen - Weiherstr. 18, 8551 Hemhofen.

BREITKREUZ, Hartmut

M. A., Prof. f. Methodik u. Didaktik d. Englischunterrichts PH Heidelberg (s. 1974) - Seegarten 7, 6909 Walldorf - Geb. 20. Febr. 1937 Mainz (Vater: Erich B., Regierungsamtm.; Mutter: Irmgard, geb. Hett), ev.-freik., verh. s. 1963 m. Helga, geb. Dücker, 2 T. (Beate, Elke) - Frhr.-v.-Stein-Gymn. Recklinghausen (Abit. 1958); Univ. Münster, Göttingen, King's College Univ. of Durham, Cambridgeshire Coll. of Arts and Technol. Staatsex. 1964 Münster u. 1966 Kassel (Lehramt Engl. u. Sport) - B. 1972 Studienrat Göttingen (Max-Planck-Gymn.), dann Hochschull. Heidelberg; 1973 Dozent; s. 1974 Prof. 1976-80 Fernstudiendir. Linguaphone Sprachlehrinst. Hamburg. Div. Fachveröff. - Liebh.: Märchen-, Namen- u. Sprichwortforsch., Sport (Schwimmen, Tennis), Reisen - Spr.: Engl.

BREITKREUZ, Richard

Dipl.-Bibl., Leiter Stadtbibliothek Kaiserslautern - St.-Martins-Pl. 3, 6750 Kaiserslautern.

BREITLING, Gerhard

Dr. rer. nat. (habil.), Prof., Vorsteher Abt. f. Strahlenphysik/Med. Strahleninst. Univ. Tübingen (s. 1964) - Achalmstr. 1, 7406 Mössingen (T. dstl.: Tübingen 71 21 64) - Geb. 28. Dez. 1920 Stuttgart (Vater: Christian B.; Mutter: Anna, geb. Sauer) - TH Stuttgart (Physik) - S. 1962 apl. u. o. Prof. Tübingen (Strahlenphysik). Facharb.

BREITMAIER, Eberhard

Dr., Wiss. Rat, Prof. f. Organ. Chemie u. instrumentelle Analytik Univ. Bonn (s. 1975) - Auf den Köppen 2, 5309 Meckenheim-Merl - Geb. 20. Jan. 1939 - BV (m. and.): A Concise Introduction to Organic Chemistry, 1973; 13C NMR Spectroscopy - Methods and Applications, 1974, 2. A. 1978, 3. A. 1987; Atlas of Carbon-13 NMR DATA, Bd. 1 1975, Bd. 2 u. 3 1978; 13C-NMR-Spektroskopie, E. Arbeitsanl. m. Übungen, 1977; Organ. Chemie I, 1978, 2. A. 1986; Organ. Chemie II, 1983.

BREITSCHWERDT, Kurt

Dr. rer. nat., Prof. f. Physik Univ. Heidelberg - Burgstr. 38, 6900 Heidelberg (T. 06221 - 4 32 95) - Geb. 11. Mai 1930 Stuttgart (Vater: Wilhelm B., Beamter; Mutter: Berta, geb. Burrer), verh. s. 1959 m. Doris, geb. Graulich, 3 Kd. - Phys.-Stud. TH Stuttgart (Dipl. 1956, Promot. 1958), Habil. 1967 Univ. Heidelberg; 1960-64 Bell Telephone Laboratories, Reading (USA); s. 1967 Lehrtätigkeit Univ. Heidelberg. Spez. Arbeitsgeb.: Physik d. kondensierten Materie.

BREITSCHWERDT, Werner

Dr.-Ing. E.h., Dipl.-Ing., Prof. - Mercedesstr. 136, 7000 Stuttgart 60 - Geb. 23. Sept. 1927 Stuttgart, verh. (Ehefr. Nelly), 2 Kd. - S. 1953 Daimler-Benz AG (1973 Ltg. PKW-Aufbauten u. Stilistik, 1977-83 Vorst. Forsch. u. Entw., 1983-87 Vorst.-Vors.). Hon.-Prof. Univ. Karlsruhe. Mitgl. versch. AR-Gremien, Kurat. u. Beiräte - Ehrendoktor Univ. Bochum; Ehrensenator Univ. Heidelberg 1987 Gr. BVK.

BREITUNG, Wolfgang

Dr.-Ing., Ltd. Mitarbeiter IBM Deutschland GmbH i. R. - Laubacher Str. 44, 1000 Berlin 33 - Geb. 21. Juni 1932 Berlin - Promot. (1962) u. Habil. (1969) Berlin (TU) - S. 1963 IBM. 1969ff. Privatdoz. u. apl. Prof. (1972) TU Berlin (Techn.-Wiss. Datenverarb.). Zahlr. Facharb.

BREKENFELD, Henning

Dr., Hauptgeschäftsführer Wirtschaftsverb. d. Eisen-, Maschinen- u. Apparatebau Berlin (1983ff.), Geschäftsf. Landesgr. Berlin VDMA, Frankfurt/M., u. Verb. d. Berliner Elektroind./Landesst. Berlin im ZVEI, Frankfurt/M., u. Fachverb. Starkstromkondensatoren, Berlin - Fürstenstr. 20, 1000 Berlin 37 (T. 801 62 08; Büro: 30 20 71) - Geb. 10. Okt. 1936.

BREKLE, Herbert Ernst

Dr. phil., o. Prof. f. Allg. Sprachwissensch. Univ. Regensburg (s. 1969) - Spessartstr. 17a, 8400 Regensburg (T. 6 19 74) - Geb. 11. Juni 1935 Stuttgart (Vater: Ernst B., Maurerm.; Mutter: Maria, geb. Kühfuß), verh. s. 1961 m. Jutta, geb. Wagner (†1981), 2 Kd. (Barbara, Mathias) - Schriftsetzerlehre, Abit. 1958; Stud. Angl., Roman.; Promot. 1963 Tübingen; Habil. 1969 ebd.; 1972-78 Mitgl. d. Regensburger Stadtrats, 1978-82 Mitgl. d. Bezirkstags d. Oberpf.; Vors. Bund Naturschutz Regensburg; 1984-86 Vors. Dt. Ges. f. Sprachwiss. - BV: Generative Satzsemantik im System d. engl. Nominalkomposition, 2. A., 1976; Semantik, 2. A. 1974 (auch franz. 1974 u. ital. 1975). Einf. in d. Gesch. d. Sprachwiss., 1985. Herausg.: Grammatica universalis (1966-89) 20 Bde. Mithrsg.: Linguistische Arbeiten; Festgabe zum 50. Gebt.: Neuere Forschungen z. Wortbild. u. Historiographie d. Linguistik (1987) - Liebh.: Violine, Querflöte - Spr.: Engl., Franz.

BRELOER, Gerhard

Dr. phil., Univ.-Prof. f. Allg. Pädagogik (Erwachsenenbild.) Univ. Münster - Nottulner Landweg 52d, 4400 Münster - Geb. 18. Juli 1934 - BV: Lernen im Alter, 1976; Teilnehmerorientierung u. Selbststeuerung in d. Erwachsenenbildung, 1980.

BREM, Beppo

Schauspieler - Lindenstr. 5a, 8021 Buchenhain/Obb. (T. 089 - 793 03 03) - Geb. 11. März 1906 München (Vater: Maurer), verh. s. 1932 m. Marga, geb Wening (Soubrette), T. Ingeborg - Schreinerlehre; Schauspielunterr. - Bühne, Film, Fernsehen, u. a. Serien: D. selts. Methoden d. Franz Josef Wanninger u. Forts., b. 112 i. V. (bronc. Bambi 1970) - 1970 Bayer. VO; 1981 Med. München leuchtet in Gold; 1983 BVK I. Kl.

BREM, Ilse

Schriftstellerin - Talkengasse 4/1/6, A-1238 Wien (T. 0222 - 883 96 75) - Geb. 22. März 1945 Aggsbach/Niederösterr., kath., verh. s. 1969 m. Herbert B., Ingenieur), S. Christian - BV: Gesicht im Gesicht, 1985; Aufbruch z. Hoffnung, 1986; Funksprüche, 1988 - 1981 Theodor-Körner-Preis f. Lit. - Liebh.: Phil., bild. Kunst, klass. Musik, Segeln - Spr.: Engl.

BREMER, Claus

Dramaturg, Schriftst., Redakt. - Im Brünneli 27, CH-8127 Forch/Zürich (T. 01-980 15 59) - Geb. 11. Juli 1924 Hamburg, kath., verh. m. Renate Steiger, 2 Kd. (Chris, Yves) - 1945-49 Stud. Lit.-, Kunst- u. Phil.-Gesch. Univ. Freiburg; 1947-49 Ausb. als Schausp. ebd. - 1949-55 Regie-Assist. v. Franz Everth u. Gustav Rudolf Sellner, Freiburg u. Darmstadt; 1956-78 Dramat. Darmstadt, Bern, Ulm, Düsseldorf, Zürich. Spez. Arbeitsgeb.: Ged. in Tabellenform, dynam. Theater (m. Daniel Spoerri), d. Mitspiel (m. Paul Pörtner) - BV: Poesie, 1954; Theater ohne Vorhang, 1962; Texte u. Komment., 1968; Antigonae/Antigone, 1969; Thema Theater, 1969; Anlässe, 1970; Farbe bekennen, 1983; Man trägt keine Mützen nach Athen, 1984. Übers. v. Aischylos, Aristophanes, Audiberti, Gatti, Ionesco, Prévert, Shakespeare, Sophokles, Tzara, Vitez - 1984 Ehrengabe Kanton Zürich - Lit.: Hanspeter Gansner, Claus Bremer: Künstler, Katholik, Kommunist (Radio Basel 1985).

BREMER, Dieter

Dr. phil. (habil.), Prof. f. Klass. Philologie - Adelheidstr. 23, 8000 München 40 (T. 271 30 87) - Geb. 20. Febr. 1938 Kiel (Vater: Heinrich B., stv. Revisionsdir.; Mutter: Martha, geb. Moede), verh. s. 1969 m. Erika, geb. Haye, S. Alf - 1958-65 Univ. Kiel, Zürich, Rom, Tübingen, Promot. 1968 Tübingen, Habil. 1979 München - 1969-72 Stip. Dt. Forsch.gemeinsch., 1972-78 wiss. Assist. München, 1979 Doz., s. 1981 Prof. Univ. München - BV: Licht u. Dunkel in d. frühgriech. Dichtung. Interpret. z. Vorgesch. d. Lichtmetaphysik, 1976; Aischylos. Prometheus in Fesseln, 1988 - Liebh.: Musik - Spr.: Ital., Engl., Franz.

BREMER, Erwin

Dipl.-Kfm., Vorstandsmitglied GAG-FAH Gemeinn. AG. f. Angestellten-Heimstätten, Essen - Dückerstr. 10, 4300 Essen - Geb. 6. April 1928.

BREMER, Hanna

Dr. rer. nat., Prof. f. Geographie Univ. Köln - Forstweg 12, 6901 Wilhelmsfeld - Geb. 15. Juli 1928 Bremerhaven, ev., ledig - Promotion 1958 Univ. Göttingen, Habil. 1966 Univ. Heidelberg - 1958 wiss. Assist.; 1972 o. Prof. Univ. Köln. 1972 Herausg. Ztschr. f. Geomorphologie - BV: Flußerosion an d. oberen Weser, 1959; Morphol. Zentralaustralien, 1967; Flüsse, Flächen, Stufenbild. in d. feuchten Tropen, 1971; Morphogenese in d. feuchten Tropen, 1981.

BREMER, Hans-Joachim

Dr. med., o. Prof. f. Kinderheilkunde u. Dir. Klinik C (Stoffwechselstörungen u. Nephrol.) Univ. Düsseldorf (s. 1974) - Kattowitzer Str. 6, 4000 Düsseldorf 1.

BREMER, Jörg

Dr. phil., Journalist, Korrespondent f. Niedersachsen in Hannover - Zu erreichen üb. Frankfurter Allg. Zeitung, Postf. 100808, 6000 Frankfurt/M. 1 - Geb. 28. Juni 1952 Düsseldorf - Gymn. Lörrach; Univ. Freiburg u. Heidelberg (Gesch., Dt. Lit., Öffntl. Recht). Stip. Israel u. USA. Promot. 1977 Heidelberg (Diss.: Sozialist. Arbeiterpartei Dtschl. (SAP) von 1933 b. 45 im Untergrund u. im Exil) - S. 1978 FAZ (1981-86 Auslandskorresp. Warschau).

BREMICKER, Richard

Fabrikant - Winterstr. 24, 5630 Remscheid (T. 363-201) - Geb. 31. Okt. 1912 Remscheid (Vater: Richard B., Fabrikant; Mutter: Johanna, geb. Pohlhaus), ev., verh. s. 1941 m. Erika, geb. Rademacher, S. Richard - Mittl. Reife; prakt. Ausb. in Remscheid - 1934 Prok., 1940 Teilh., 1967 Hauptgeschäftsf., alles Fa. Ed. Scharwächter GmbH. & Co. KG, Remscheid - 1978 Ehrenbürger Marktgde. Hengersberg; 1978 BVK; 1982 Gold. Ehrenring Landkr. Deggendorf; 1984 Bayer. VO - Liebh.: Pferdesport, Wandern, Schwimmen - Spr.: Engl.

BREMM, Klaus

Winzermeister, MdB (s. 1969), stv. Vors. Weinbauverb. Mosel-Saar-Ruwer (s. 1965), Arbeits- u. Verw.srichter - Schloß, 5583 Zell/Mosel (T. 44 59) - Geb. 3. Jan. 1923 Zell (Vater: Alois B., Weingutsbes.; Mutter: Klara, geb. Mayer), kath., verh. s. 1952 m. Elisabeth, geb. Theobald, 4 Kd. (Walburga, Lothar, Franz-Josef, Thomas) - Volkssch. Zell; Verw.slehre ebd.; Weinbausch. Bullay. Winzermeisterprüf. 1966 - B. 1942 Verw.sangest. Zell, dann Wehrdst. (zul. Uffz.; EK I, Nahkampfspange, Verwundetenabz. in Silber), s. 1945 elterl. Weinbaubetr. Mitgl. Dt. Weinbauverb. (1974 Vizepräs.; 1975 Schatzm.). S. 1952 Stadtratsmitgl. Zell (1960 Fraktionsf.); s. 1957 MdK; 1967-69 MdL Rhld.-Pfalz. CDU s. 1950 (u. a. 1966-69 Kreisvors. u. stellv. Kreisvors.).

BREMMER, Gerhard

Architekt, Präs. Architektenkammer Hessen - Mainzer Toranlage 29, 6360 Friedberg/Hess. - Geb. 13. Juni 1936 Bad Schwalbach (Vater: Walter B., Pfarrer; Mutter: Elisabeth, geb. Koch), ev., verh. s. 1960 m. Helga, geb. Hohmann, 2 Kd. (Mark, Birte) - Stud. 1956 Frankfurt/M., 1957/58 Wien, 1959/60 Berlin - Wiss.

Mitarb. TU Berlin; 1961 Arch.-Büro, 1974 Inh. dass., 1977 Landesvorst. BDA Hessen, 1984 Präs. Architektenkammer Hessen - BV: Stadtgestalt., Stadterneuer., City Design - City Renewal, Arch.-Wettb., 1974; Wettbew. aktuell, Wettbewerbsentscheid. d. Archit. in Dtschl., 1975; Integrat. v. Schulbauten u. Sportzentr. in Sportstättenbau u. Bäderanlagen, Intern. Fachztschr., 1973; Progressive Schule, Architekturwettb., 1971; Fertigteile im Bauwesen, Ztschr. f. Arch. u. Innenausbau, 1973; Public Relations f. Architekten u. Architektur, 1987. Vortragsreihen vor nat. u. intern. Fachgremien - Zahlr. öfftl. Bauten im In- u. Ausl. - Liebh.: Bild. Kunst, Theater, Sport - Teiln. Marathonlauf in New York u. Moskau - Spr.: Engl., Franz.

BREMSHEY, Helmut

Dipl.-Kfm., Vorstandsmitglied Bremshey AG., Geschäftsf. Bremshey GmbH. f. Stahlrohrmöbel u. Ladeneinricht., Komfort GmbH., alle Solingen-Ohligs - Steinendorfer Str. 26, 5650 Solingen - Geb. 7. Jan. 1932.

BRENAUER, Josef

I. Bürgermeister a. D. Zugspitzdorf Grainau (1946-84), MdK Garmisch-Partenkirchen - 8104 Grainau/Obb., Längenfeldstr. 3 - Geb. 4. Sept. 1916 Hohenfurch/Schongau, kath., verh. s. 1946 (Ehefr.: Rosl), 2 Kd. (S. u. T.) - Volkssch.; Schreinerhandw. - Eig. Betrieb. CSU.

BRENDEL, Walter

Dr. med., Dr. med. h. c., o. Prof. f. Exper. Chirurgie - Egenhofenstr. 17a, 8033 Planegg (T. 70 95 44 00) - Geb. 6. Nov. 1922 Karlsruhe (Vater: Wilhelm B., Dir. (Handelsges.); Mutter: Elisabeth, geb. Sigwart), verh. s. 1952 m. Jutta, geb. Weyl, 2 Töcht. (Claudia, Juliane) - Univ. Heidelberg. Promot. 1948 Heidelberg; Habil. 1959 Gießen - 1950-61 Assist. u. Oberassist. W.-G.-Kerckhoff-Inst., Bad Nauheim (MPG); s. 1959 Lehrtätigk. Univ. Gießen u. München (1965 apl., 1967 ao., 1969 o. Prof.; Vorst. Inst. f. Chir. Forsch./Klinikum Groshadern), Präs. Europ. Ges. f. exper. Chir. (1967). Üb. 300 Fachveröff. - 1983 BVK I. Kl.; 1971 Ehrendoktor Univ. Sao Paulo; Mitgl. versch. internationaler Ges. - Spr.: Engl. - Rotarier - Teiln. Himalaya-Expedition 1955, Vors. Arbeitsgemeinsch. f. Vergleichende Hochgebirgsforschung 1976-80, Sprecher Sonderforschungsbereich 37 1969-81.

BRENDEL, Werner

Dipl.-Volksw., Vorstandsvorsitzender H. Berthold AG - Teltowkanalstr. 1-4, 1000 Berlin 46 (T. 030 - 779 53 11) - Geb. 24. Juni 1937 Meissen, verh. - Beiratsmitgl. Dresdner Bank, Berlin, Dt. Museum, München, Kurat.-Mitgl. Fraunhofer-Inst. f. Arbeitswiss. u. Org., Stuttgart.

BRENDER, Irmela

Schriftstellerin, Übersetzerin, Funkautorin - Görlitzer Weg 2, 7032 Sindelfingen - Geb. 20. April 1935 Mannheim, gesch., 4 Kd. (Rolf, Barbara, Eva-Maria, Brigitte) - Gymn., journal. Volont. - Mitgl. Verb. Dt. Schriftst.; 1977-83 Vorst.-Mitgl. P.E.N. - BV: u.a. In Wirklichkeit ist alles ziemlich gut, R. 1984; Vor allem d. Freiheit, Biogr. 1987; Schweigend m. Murmeln spielen, Erz. 1988 - 1980 Stuttgarter Lit.preis - Spr.: Engl.

BRENIG, Wilhelm

Dr. rer. nat., o. Prof. f. Theoret. Physik TU München (s. 1961), Dir. Physik-Department ebd., Dir. Max-Planck-Inst. f. Festkörperforschg. - Reaktorgelände, 8046 Garching b. München.

BRENK, Werner

Dr.,Geschäftsführer Vereinigte Bekleidungswerke R. & A. Becker GmbH., Stuttgart, u. Bekleidungsfabrik Bernhausen GmbH., Sielmingen - Heinestr. 123, 7000 Stuttgart-Sonnenberg - Geb. 17. Jan. 1925.

BRENKE, Herbert

Vorstandsmitglied Thyssen Handelsunion AG, Sprecher d. Geschäftsfg. Thyssen Rheinstahl Technik GmbH - Postf. 80 23, 4000 Düsseldorf 1 - Spez. Arbeitsgeb.: Export.

BRENKE, Theodor

Dipl.-Kfm., Vorstandsmitglied Heidelberger Zement AG 6900 Heidelberg - Waldweg 27, 6900 Heidelberg - Geb. 6. Febr. 1929 - Div. Ehrenämter.

BRENNAUER, Thomas

Dr. oec. publ., Hauptgeschäftsführer IHK Regensburg - Heimberger Str. 1, 8411 Hillohe (T. 09404-86 35) - Geb. 30. März 1928 Peiting/Obb., kath., verh. s. 1966 m. Luise, geb. Bauer - Städt. Wirtsch.aufbausch. m. Abschl. Regensburg., 1946-48 Wirtsch.obersch. München, 1948-52 Univ. München (Dipl.-Volksw.), Promot. 1954 Univ. München - 1952-54 wiss. Mitarb. Dt. Wirtschaftswiss. Inst. f. Fremdenverkehr Univ. München, 1955-57 wiss. Mitarb. IHK Regensburg, ab 1957 Abt.sleit. ebd. (Verkehr u. Außenwirtsch.), 1967 Syndikus, ab 1967 Hptgeschäftsf. IHK Regensburg - 1975 BVK a. Bde.

BRENNBERGER, Ulrich

Dr. jur. - Erbecksfeld 18, 4330 Mülheim/Ruhr - Geb. 4. Febr. 1927 Eningen/Baden-Württ. - Vorst.-Mitgl. Stinnes AG, Mülheim/Ruhr; AR-Vors. Rhenus, Dortmund, Bayerischer Lloyd AG, Regensburg, Stinnes Reederei AG, Duisburg, Midgard Dt. Seeverkehrs AG, Nordham; AR-Mitgl. Industrieverwaltungs AG, Bonn-Bad Godesberg, Aluminiumhütte Rheinfelden GmbH, Rheinfelden, Frachtkontor Junge & Co, Hamburg; Verwaltungsratmitgl. Ahlers N. V., Antwerpen; Landesbeirat Dresdner Bank AG, Rheinland; Vize-Präs. Dt.-Belgisch-Luxemburg. Handelskammer, Brüssel.

BRENNECKE, Jochen

Schiffahrts- u. Marinehistoriker, Chefredakteur - Hauptstr. 41, 2432 Harmsdorf/Holst. (T. 04363 - 8 41) - Geb. 12. April 1913 Dessau, ev., verh. - Nautische Ausb.; n. Unfall Stud. Volkswirtsch. in Leipzig - Volontärzeit PZ, Stettin; Redakt., dan. Schiffahrtsredakt. N. 1945: Kulturref. BdV, Bonn; Chefredakt. VDI techn. wiss. Bildungswerk, Düsseldorf; Geschäftsf. DGSM; Chefredakt. Schiff u. Zeit Düsseldorf u. Herford - BV: Schwarze Schiffe - Weite See, Dt. Blockadebrecher, 1958; Schlachtschiff Bismarck - Höhepunkt u. Ende e. Epoche, 1960; Ostd. Nobelpreisträger, 1964; Windjammer, 1968; Tanker (u. Tankermultis) Entwicklungsgesch., 1975; Viermastbark Pamir im Hurrikan Carrie, 1977; Gesch. d. Schiffahrt, 1981; Enzyklopädie d. Schiffahrt u. Marine, Ozeanographie, Meerestechnik, Laufende Veröff. in Schiff u. Zeit. Üb. 25 Buchveröff. u. zahlr. Sach- u. Fachpubl. - 1978 Médaille d'Argent L'Académie Nationale des Sciences Belles Lettres et Arts de Bordeaux; 1984 Med. Hommage des Capitaines Cap-Horniers St. Malo - Inter.: Seefahrtsgesch., Schiffbautechn. - Spr.: Engl., Franz., Lat.

BRENNECKE, Ralph

Dr. rer. pol., Prof. - Wartburgstr. 17, 1000 Berlin 62 - Geb. 22. Juni 1944 Jena/Thür. (Vater: Alfred B., Kaufm.; Mutter: Sidy, geb. Gerecke), ev., verh. s. 1967 m. Christiane, geb. Schneider - Dipl.-Volksw. 1971 Frankfurt/M.; Promot. 1975 - 1972-78 Mitarb. u. Geschäftsf. in d. Forschergr. SPES, Frankfurt; 1979-80 Projektleit. Sonderforschungsber. 3 Frankfurt/Mannheim; 1981ff. Prof. FU Berlin, Inst. f. Soz. Med. - Spez. Interessen: Sozialpolitik, Soz. Sicher., Gesundheitsökon., Sozialmed., Modellentw./Informatik.

BRENNECKE, Ruprecht

Reedereidirektor - Strandweg 48, 2000 Hamburg 55 - Geb. 2. Aug. 1925 - Geschäftsf. Dt. Afrika-Linien GmbH. & Co., Woermann-Linie Afrikan. Schiffahrtsges. mbH., Dt. Ost-Afrika-Linie GmbH., Dt. Süd-Afrika-Linie GmbH., alle Hamburg.

BRENNECKE, Wilfried

Dr. phil., Rundfunkredakteur - Alteburger Str. 331a, 5000 Köln 51 (T. 38 56 51) - Geb. 1. Febr. 1926 Flensburg (Vater: Wilhelm B., Berufsschullehrer; Mutter: Käte, geb. Ewald), ev., verh. s. 1956 m. Gisela, geb. Dost, 2 Söhne (Andreas, Klaus) - 1946 b. 52 Stud. Musikwiss., Lit., Psych. Promot. 1952 Kiel - Schriftleiter MGG (D. Musik in Geschichte u. Gegenwart, 1956-64), Redakt. f. Kammermusik u. Neue Musik im WDR (s. 1964), Vorst.-Mitgl. (Vize-Präs. 1974-77) Ges. f. Neue Musik (Sekt. BRD d. IGNM), Mitgl. d. Presidential Council d. IGNM (1977-79), Programmgest. Wittener Tage f. n. Kammermusik (1969-89), Vorst.-Mitgl. Verein z. Dokumentation u. Erforsch. d. Kultur Osteuropas (s. 1986). Herausg.: Neue Musik in d. BRD 1971-75, Bd. 15-18, 1974 u. 1976 - 1972 Gold. Sportabz.; 1977 Marathon-Abz.; 1986 BVK - Liebh.: Graphiksammeln, Bildende Kunst, Lit., Wandern, Langstreckenlauf - Spr.: Engl., Franz.

BRENNEKE, Walter

Direktor - Am Wünnesberg 36, 4300 Essen - Geb. 18. Nov. 1912 - 1955-73 Vorstandsmitgl. Verkaufsvereinig. f. Teererzeugnisse AG., Essen, s. 1973 Geschäftsf. Verkaufsges. f. Teererzeugnisse mbH., Essen.

BRENNER, Günter

Dr. jur., Generalsekretär Akad. d. Wiss. u. d. Lit., Mainz, Geschäftsf. d. Konferenz d. Akademien d. Wissenschaften in d. Bundesrep. Deutschl. - Am Marienpfad 3, 6500 Mainz-Bretzenheim (T. 3 53 43; Büro: 577-28) - Geb. 27. Febr. 1928 Mainz, verh. s. 1964 m. Dr. rer. pol. Ruth, geb. Höhle, 2 Söhne (Björn, Lutz) - Promot. 1956; Ass.ex. 1958 - Fachveröff. insbes. üb. med. Recht u. Medizintechnik-Recht.

BRENNER, Hildegard

Dr., Prof., Publizistin, Verlegerin - Lebt s. 1950 in Berlin, s. 1985 in Berlin u. Frankr. - Geb. 1927 Bonn - Stud. Lit.-wiss., Phil., Kunstgesch. u. Politikwiss. Bonn, Hamburg, FU Berlin, Madrid, Paris, Freiburg/Br.; Promot. 1952 Berlin - 1954ff. Theater- u. Kunstkritik (spez. DDR); Mitarb. d. Münchner Inst. f. Zeitgesch.; 1964-82 Verlegerin, Herausg. u. Redaktionsmitgl. d. Ztschr. Alternative; 1971-78 Lehrst. f. Lit.theorie u. - soziol. Univ. Bremen; 1983 Gastprof. Univ. Pisa; 1986/87 Mitarb. b. Aufbau sozialökol. Forsch.inst. b. Hess. Min.-präs. - BV: Üb. d. Verfahrungsweise d. poet. Geistes. Z. Dichtungstheorie Hölderlins, 1952; D. Kunstpolitik d. NS, 1963 (ital. 1965, franz. 1980); Nachr. a. Dtschl., Anthol. d. neueren DDR-Lit.: Lyrik, Prosa, Dramatik, 1967; Asja Lacis - Revolutionär im Beruf, Ber. üb. prol. Theater, üb. Meyerhold, Brecht, Benjamin, Piscator, 1971 (ital. 1976, franz. 1988); Ende e. bürgerl. Kunstinstitution, D. Polit. Formierung d. Preuß. Akad. d. Künste 1933, 1972. Übers. a. d. Ital. u. Franz. Herausg. d. lit.theoret. Buchreihe Collection Altern. (1970-75); Ztschr.-Aufs., Hörspiele - Bek. Vorf.: Nikolaus Simrock, Musikverleger Bonn (Vater von Karl Simrock) - Lit.: D. Fall Brenner, Univ. Hamburg (1972).

BRENNER, Lothar

Chefredakteur u. Theaterdirektor - Preussenallee 33, 1000 Berlin 19 - Geb. 22. Febr. 1926 Würbenthal, kath. - Stud. Wirtschaftswiss. u. Jura - Theaterleitung

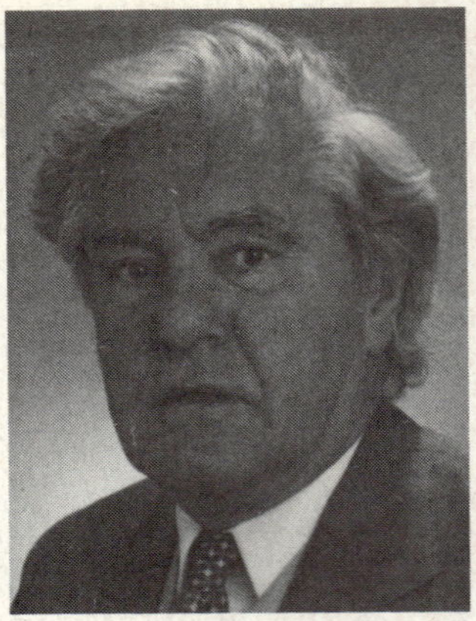

- Mitgl. Akad. MIDI u. Maison Intern. d. Intellekt. MIDI-Paris.

BRENNER (FELSENSTEIN), Peter

Dr., Intendant Staatstheater Darmstadt (s. 1984) - Im Mühlfeld 21, 6104 Seeheim 3 - Geb. 8. Mai 1930 (Vater: Walter Felsenstein), verh. s. 1959 m. Cató, geb. Brink - Stud. Rechtswiss. Wien; Promot. 1952 Wien; Musikstud. Staatsakad. f. Musik u. darst. Kunst Wien (b. Prof. Witt, Duhan u. Moeller); Reifeprüf. Opernschule 1957 - S. 1952 Tätigk. b. Wiener Gerichtshöfen u. Rechtsanw.; 1961-65 Schausp. u. Sänger Städt. Bühnen Krefeld-Mönchengladbach; 1964 Assist. Salzburger Festsp. (b. G. Rennert); 1965-69 Assist. u. Abendspielleiter Dt. Oper am Rhein; 1969-73 Oberspielleiter Oper Städt. Bühnen Freiburg; 1973-84 Oberspielleiter Oper Fr. Hansestadt Bremen. Lehrtätigk.: 1968/69 Doz. Opernsch. Folkwang Hochsch. Essen, 1970-73 Szen. Leit. Opernsch. Staatl. MHS Freiburg, 1977-83 Doz. f. Musiktheater-Regie Univ. u. MHS Hamburg. Übers.: D. Türke in Italien (Rossini), D. Italienerin in London (Cimarosa), D. eingeb. Sokrates (Paisiello), André Chénier (Giordano), D. verliebte Bruder (Pergolesi), Cosi fan tutte, Don Giovanni, La finta semplice (Mozart). Gastinz. Bayer. Staatsoper (1974, 75 u. 79), Hamburg. Staatsoper (1974 u. 75), San Francisco Opera (1981 u. 86), Welsh National Opera (1979), Schwetzinger Festsp. (1986), Opernhaus Zürich (1988), u.a.; 1988 Eröffnung Salzburger Festsp. - Ehrenmitgl. Theater Bremen - Spr.: Engl., Franz., Ital., Afrikaans.

BRENNER, Rolf

Dipl.-Ing., Regierungsdirektor a. D., Vors. Verb. d. Beamten u. Richter d. Patentbehörden im Dt. Beamtenbd., München (1972-84, Ehrenvors. s. 1984), u. Hauptpersonalrat Bundesjustizmin., Bonn (1979-83) - Scharfreiterpl. 6, 8000 München 90 - Geb. 8. Nov. 1918 Gera/Thür. (Vater: Ernst B., Oberpostinsp. †1943 als Feldpostm.; Mutter: Elfriede, geb. Schulz), ev., verh. s. 1948 m. Irene, geb. Jahr, T. Franziska - Rutheneum Gera; TH Berlin, Stuttgart, Hannover (Dipl. 1951) - 1950-62 Continental Gummiwerke AG., Hannover, 1962-83 Dt. Patentamt, München (Gummi- u. Kunststoffverarb.); s. 1984 stv. Vors. Ortsverb. München Bund d. Ruhestandsbeamten u. Hinterbliebenen; 1984-88 Leit. Arbeitskr. Ost I Seniorenbeirat d. LHS München, s. 1984 Deleg. - 1944 Verwundetenabz.; 1983 BVK I. Kl.

BRENNER, Walter

Dr. med., Prof., Obermedizinalrat, Chefarzt i. R. - Erlenstr. 29, 4352 Herten 6 (We) (T. 0209 - 3 56 50) - Geb. 14. Mai 1908 Augsburg, verh. m. Annemarie, geb. Morawa, 6 Kd. - Promot. 1933 Bonn - S. 1933 Assist., Doz. (1943) u. apl. Prof. (1950) Univ. Bonn; s. 1955 Chefarzt Städt. Kinderklinik Gelsenk.; 1968-83 fr. Praxis als Kinderarzt, Gelsenk.-Buer - BV: Medica-Taschenb. d. Kinderheilkd., 1965. Üb. 50 Einzelarb.

Umfassende Abh. üb. Enzephalographie im Kindesalter bzw. Eisen- u. Kupferstoffwechsel. Erg. inn. Med. u. Kinderh., Bd. 6I bzw. N.F. Bd. 4.

BRENNER, Wolfgang
Dr. med., Medizinaldirektor, Geschäftsf. Bayer. Akad. f. Arbeits- u. Sozialmed. - Pfarrstr. 3, 8000 München 22.

BRENNICKE, Thomas
Musikredakteur - Zu erreichen üb.: Bayer. Rundfunk, Rundfunkpl. 1, 8000 München 2 - Geb. 1. Nov. 1946 München (Vater: Helmut B., Regiss.; Mutter: Rosemarie, geb. Lang), verh. s. 1971 m. Sylvia, geb. Kloss - Stud. German., Musik- u. Theaterwiss.; Ausbild. Schausp., Flöte, Gesang. S. 1974 BR (auch Moderator) - BV: Hitmacher + Mitmacher, 1982. Übers.: D. schöne Helena (1970) - Spr.: Ital., Engl., Franz.

BRENSCHEDE, Wilhelm
Dr. rer. nat., Chemiker - Bahnhofstr. 30, 4047 Dormagen/Ndrh. (T. 4 97 27) - Geb. 24. Febr. 1910 Hamm/W (Vater: Hugo B.), ev., verh. m. Ingeborg, geb. Herrmann, 3 Kd. - Oberrealsch.; Univ. Bonn, Leipzig, Berlin, Frankfurt/M. Promot. 1935 Berlin; Habil. 1938 Frankfurt - Zul. Vorst.-Mitgl. Bayer AG (Werksleit. Dormagen).

BRENTANO, von, Margherita
Dr. phil., Prof. f. Philosophie FU Berlin (gf. Dir. Inst. f. Phil.) - Winklerstr. 14, 1000 Berlin 33.

BRENTANO, von, Peter
Prof., Gf. Direktor Institut f. Kernphysik Univ. Köln - Zülpicher Str. 77, 5000 Köln 41 (T. 0221 - 470 34 56) - Geb. 22. Mai 1935 Zürich, (Vater: Bernhard von B., Schriftst., z.B. Theodor Chindler), ev., verh. s. 1965 m. Tremezza, geb. Kunzel, Malerin - Stud. Univ. Frankfurt (Dipl. 1959 b. Prof. E. Schopper); Promot. 1963 b. Prof. W. Gentner, MPI f. Kernphysik, Heidelberg; Habil. 1969 Univ. Heidelberg - S. 1971 Prof. f. Experimentalphysik (Kernphysik) Univ. Köln, s. 1975 gf. Dir. Inst. f. Kernphysik; 1981-85 Chairman Nuclear Physics Division, European Physical Soc. - Rd. 150 wiss. Veröff. in wiss. Ztschr. (Physical Review, Nuclear Physics, u. a.).

BRENZEL, Heinz
Dr. jur., Vorstandsvorsitzender i.R. Haftpflichtverb. d. Dt. Industrie V. a. G., Hannover (1967-82) - Pirmasenser Str. 18, 3000 Hannover 71 - Geb. 2. Jan. 1917 Hannover, verh. m. Gisela, geb. Brandt - Univ. Göttingen u. Freiburg/Br. Gr. jurist. Staatsprüf. - S. 1948 Versich.-wesen; Beirat Haftpflichtverb. d. Dt. Ind. VaG, Hannover.

BREPOHL, Klaus
Dr. phil., Prof., Mitglied d. Geschäftsfg., Leit. Zentrale f. neue Medien, Köln - Inst. d. dt. Wirtschaft, Gustav-Heinemann-Ufer 84-88, 5000 Köln 51 (T. 0221 - 370 83 26) - Geb. 6. Juni 1930 (Vater: Prof. Dr. Dr. h. c. Wilhelm B.), verh. s. 1960 m. Hedy, geb. Schlepphorst, Sohn Michael - Promot. 1956 Innsbruck - Leit. Aussch. Wirtschaft u. Technik in d. Wiss. Begleitkommiss. f. d. Pilotprojekt Ludwigshafen/Vorderpfalz; Geschäftsf. d. Stiftg. f. Kommunikationsforsch. im Stifterverb. f. d. dt. Wiss. - BV: D. neuen Medien, 1974; Lexikon d. neuen Medien, 4. A. 1985; Telematik, 2. A. 1984 - Liebh.: Kultursoziol., Afrikan. Kunst - Spr.: Engl.

BRESCH, Carsten
Dr. rer. nat., o. Prof. f. Genetik - Kreuzkopfsteige Nr. 1A, 7800 Freiburg (T. 40 58 18) - Geb. 5. Sept. 1921 Berlin - S. 1957 (Habil.) Lehrtätigk. Univ. Göttingen, Köln (1957; ao. Prof.), Freiburg (1964 o. Prof.) Aufg. USA (Graduate Research Center, Dallas) - BV: Klass- u. Molekulare Genetik, 1964; Zwischenstufe Leben, 1977; D. Teufels neue Kleider, 1978.

BRESGEN, Cesar
Prof., Komponist, Mitgl. Österr. Kunstsenat u. a. - A-5084 Großgmain/Salzburg (Österr.) - Geb. 16. Okt. 1913 Florenz (Vater: Prof. August B., Maler; Mutter: Maria, geb. Podhorsky, Pianistin), kath., verh. in 2. Ehe s. 1956 (Ehefr.: Eleonore) - Akad. d. Tonkunst München (Kompos., Orgel, Klavier) - Dzt. o. Prof. Hochschule f. Musik Mozarteum Salzburg (Kompos.). Vortrags- u. Konzertreisen (auch Übersee u. Asien). Zahlr. Orchester-, Orgel- u. Chorwerke, Märchenopern Igel als Bräutigam u. Mann im Mond, Ballett D. verlorene Gewissen, Oratorien Surrexit Dominus, 1971 u. De Tempore, 1974. Oper: Der Engel von Prag, 1978; D. Krabat, 1983. Szen. Oratorium: D. Spiel v. Menschen, 1982 - BV: D. Improvisation; Musikerziehung?, 1975; Im Anfang war d. Rhythmus, 1976. Herausg.: Folklore-W. - 1954 u. 69 Österr. Staatspreis, Münchner u. Salzbg. Musikpreis, Ehrenring Land Salzburg, 1976 Gr. Österr. Staatspreis - Liebh.: Folklore, Pilzkd., Alpinismus - Spr.: Engl.-Lit.: Dino Larese, Lebensskizze C. B., 1968; Rudolf Lück, C. B.

BRESINSKY, Andreas
Dr. rer. nat., Prof. f. Botanik - Waldstr. 46, 8411 Sinzig/Opf. - Geb. 19. Jan. 1935 Reval (Estl.) - Promot. 1960 - S. 1965 (Habil.) Lehrtätigk. Univ. München (1971 apl. Prof.) u. Regensburg (1973 Ord.). Üb. 50 Fachveröff. Mithrsg.: Ztschr. f. Pilzkd. (1965 ff.).

BRESS, Ludwig
Dr. rer. pol., Prof. f. Wirtschaftspolitik GH Kassel (s. 1975) - Espenauer Str. 28, 3502 Vellmar/Oberhessen - Geb. 25. Febr. 1933 Gelsenkirchen - Promot. 1970 Marburg - Zul. Prof. Bremen - BV: Kommunismus bei Karl Marx, 1972; Wirtschaftssysteme d. Sozialismus im Experiment - Plan od. Markt?, 1972 (m. K. P. Hensel).

BRESSER, Klaus
Chefredakteur ZDF (s. 1988) - Zu erreichen üb. ZDF, 6500 Mainz-Lerchenberg - Geb. 22. Juli 1936 Berlin, verh. in 2. Ehe (Ehefr.: Evelyn) - S. 1962 Kölner Stadt-Anzeiger, Neue Illustrierte, WDR u. ZDF (s. 1978; HEUTE-Journal, Hauptredaktionsleit. Innenpolitik) - 1963 Theodor-Wolff-Preis; 1986 Gold. Kamera.

BRESSER, Paul Heinrich
Dr. med., Dr. phil., Prof., ehem. Leiter Abt. f. gerichtl. Psych. u. Psychiatrie Univ. Köln - Ehringhausen 34, 5630 Remscheid (T. 02191 - 34 14 37) - Geb. 23. März 1921 Düsseldorf (Vater: Emil B., Ing.-Kaufm.; Mutter: Paula, geb. Becker), ev., verh. s. 1949 m. Erika, geb. Schröder, 2 Kd. (Regina, Wolf Peter) - Dr. med. 1946, Dr. phil. 1950 - 1952-72 Univ.-Nervenklinik Köln - BV: Grundl. u. Grenzen d. Begutacht. jugendl. Rechtsbrecher, 1965; Gerichtl. Psychiatrie, 4. A. (m. A. Langelüddeke), 1976; Med. Psych., 1979 - Spr.: Engl., Franz.

BRESSLER, Hellmut
Dipl.-Ing., em. o. Prof., Architekt - Wintererstr. 2, 7800 Freiburg/Br. (T. 3 57 28) - Geb. 5. Jan. 1907 - S. 1950 o. Prof. TU Berlin (Baukonstruktionen u. Einf. in d. Entwerfen).

BRESTEL, Heinz
Finanzjournalist, Finanzredakt. Frankfurter Allg. Zeitung, Zürich - Löwenstr. 40, CH-8001 Zürich (T. 01 - 211 99 15) - Geb. 12. Juni 1922 Landsberg/W. - Mitgl. Wirtschaftsredaktion d. FAZ s. Gründung 1949. Kürzel: b. Arbeitsschwerpunkte: Geld, Devisen, Edelmetalle, Euromärkte, priv. Vermögensanlage - BV: Weh dem, d. spart?, 1967; E. Konto in d. Schweiz, 1975; Vermögen in Amerika, 1978; Zukunftsbilder aus d. Vergangenheit, 1979; Heimcomputer f. priv. Börsengesch., 1981. Herausg.: Jahrbuch f. Kapitalanleger.

BRETH, Andrea
Regisseurin - Parkstr. 4, 8035 Gauting (T. 089 - 850 70 12) - Geb. 31. Okt. 1952 (Vater: Dr. Ing. Prof. H. Breth), led. - 1970 Abitur Darmstadt, b. 1972 Stud. d. Germanistik, Anglistik Univ. Heidelberg - Liebelei, Bremen; Vater, Wiesbaden; Zur schönen Aussicht, Hamburg; Emilia Galetti, Berlin; Proper Operation, Zürich; Eisenherz, Bochum; Bernarda Alba, Freiburg (Theatertreffen 1985); Kabale u. Liebe, Freiburg - 1986 Kritikerpreis; 1987 Korner Preisträgerin; 1987 Förderpreis Ld. Nordrh.-Westf. - Liebh.: Theater, Malerei, Lit., Musik - Spr.: Engl.

BRETH, Herbert
Dr.-Ing., o. Prof. f. Bodenmechanik u. Grundbau TH Darmstadt (s. 1961) - Hobrechtstr. 57, 6100 Darmstadt - Geb. 29. Juni 1913 Wien.

BRETON, Otto
Dipl.-Ing., Vorstandsmitglied Thüringer Gas AG., München - Am Hochwald 11, 8130 Starnberg - Geb. 29. Mai 1924 Saarbrücken.

BRETSCHNEIDER, Giorgio
Dr. phil., Verleger - Via Crescenzio 43, I-00193 Roma (T. 65 93 61) - Geb. 20. Jan. 1920 Rom (Vater: Max B., Verlagsbuchhändler; Mutter: Maria, geb. Hefner) - Liebh.: Musik - Bek. Vorf.: Joseph Anton Koch, Maler (1768-1839); Gaetano Koch, Architekt (1849-1910).

BRETSCHNEIDER, Hans
Dr.-Ing., Prof., Wasserwirtschaftler - Alt-Tegel 45f, 1000 Berlin 27 (T. 433 54 59) - Geb. 13. März 1926 Berlin, ev., verh. s. 1949 m. Marianne, geb. Fröhlich, S. Hans-Joachim - Promot. 1961; Habil. 1968 Berlin - Vizepräs. DNK d. Intern. Kommiss. f. gr. Talsperren; Vors. d. Landesgruppe Berlin im Deutschen Verb. f. Wasserwirtschaft u. Kulturbau - BV: Taschenb. d. Wasserwirtsch., 6. A. 1982; Hilfstafeln z. Lösung wasserwirtschl. u. wasserbaul. Aufgaben, 11. A. 1981 - 1968 Gold. Sportabz.; 1976 Prof. h. c - Spr.: Engl.

BRETSCHNEIDER, Hans Jürgen
Dr. med., Dr. med. h. c., o. Prof. f. Physiologie - Kolberger Str. 10, 3406 Bovenden - Geb. 30. Juli 1922 Neubrandenburg/Meckl. (Vater: Dr. med. Martin B., prakt Arzt; Mutter: Gertrud, geb. Scharck), ev., verh. s. 1953 m. Helga, geb. Leube, 3 Kd. (Martin, Cornelia, Stephan) - TH Berlin (Schiffbau), Univ. Göttingen (Math., Med.). Med. Staatsex. 1952; Promot. 1952; Habil. 1958 (alles Göttingen) - 1964 ao. Prof. Univ. Köln; 1968 o. Prof. Univ. Göttingen (Dir. Physiol. Inst.), 1974-76 Dekan Mediz. Fak. 1971-86 Sprecher d. SFB 89; 1986/87 Vors. Dt. Ges. f. Herz- u. Kreislaufforsch. - Kardiologie Göttingen. 1981 Ablehnung e. Rufes an d. Univ. Düsseldorf. S. 1987 Sprecher SFB 330 - Organprotektion. Spez. Arbeitsgeb.: Koronardurchblut. u. Herzstoffw., Kardioplegie u. Myokardprotektion, sow. Protektion d. Niere u. and. Organe. Fachveröff. - 1960 Artur-Weber-Preis Dt. Ges. f. Kreislaufforsch.; 1972 Mitgl. Akad. d. Wiss. Göttingen; 1982 Hellmut-Weese-Med. Dt. Ges. f. Anaesthesiol. u. Intensivmed.; 1983 Ernst-Jung-Preis f. Med.; 1986 Ehrenmitgl. Dt. Ges. f. Anaesthesiol. u. Intensivmed.; 1987 Ehrenmitgl. Dt. Ges. f. Thorax-, Herz- u. Gefäßchir.; 1988 Ehrendoktor d. Med. Fak. d. Univ.-GH Essen.

BRETT, Reinhard
Dr. med., Dermatologe, Prof. f. Haut- u. Geschlechtskrankh. Univ. Mainz - Neuer Wall 46, 2000 Hamburg 36 - Geb. 17. Febr. 1916 - S. 1948 (Habil.) Lehrtätigk. Mainz; zeitw. Dir. Univ.s-Hautklin. Kabul (Afgh.).

BRETTEL, Hans-F.
Dr. med., Arzt, Prof. f. Rechtsmedizin Univ. Frankfurt/M. (Fachbereich Humanmed.) - Taunusstr. 31a, 6070 Langen - Geb. 10. Nov. 1936 Heidelberg (Vater: Heinrich B., Kapt.; Mutter: Erika, geb. Ebinger), ev., verh. s. 1963 m. Dr. Hede, geb. Bruns, 4 Kd. (Wiebke, Malte, Hauke, Frauke) - Promot. 1963 Kiel; Habil. 1970 Frankfurt/M. - BV: Blutalkohol u. -wassergehalt, 1972 - Liebh.: Klass. Lit., Musik (Symphonik, mod. Jazz) - Spr.: Engl., Franz.

BRETTHAUER, Karlheinz
Dr.-Ing., em. Univ.-Prof., Inst. f. Elektr. Energietechnik d. TU Clausthal - Berliner Str. 45, 3392 Clausthal-Zellerfeld (T. 13 38) - Geb. 5. März 1922 Hannover (Vater: Carl B., Kaufm.; Mutter: Paula, geb. Dost), ev. verh. s. 1951 m. Irmgard, geb. Burkhardt, 3 Kd. (Cornelia, Achim †, Jutta) - Realgymn. (Tellkampf-Sch.) Hannover; 1946-49 TH Hannover (Elektrotechnik, bes. Starkstrom). Promot. 1952 - 1949-62 Siemens-Schuckertwerke, Essen u. Erlangen (zul. Obering.); s. 1962 Bergakad. bzw. TU Clausthal (Ord. u. Inst.sdir.); s. 1985 Mitgl. Braunschweig. Wiss. Ges.- BV: Walzenstraßen, in: Handb. d. Regelungstechnik, 1961; Elektrotechnik, in: Dubbel, 16. A. 1987 - Spr.: Engl. - Rotarier.

BRETTSCHNEIDER, Wolf-Dietrich
Dr. paed., Prof. f. Erziehungswissenschaft unt. bes. Berücks. d. Sportdidaktik Univ. Hamburg (s. 1977) - v.-Melle-Park 8, 2000 Hamburg 13; priv.: Rochusweg 53, 4790 Paderborn.

BRETZ, Heinz
Werbeberater - Veilchenweg 23, 4005 Meerbusch-Strümp - Geb. 7. Juni 1937 Köln (Vater: Wilhelm B.; Mutter: Maria, geb. Thelen), kath., verh. s. 1964 m. Gisela, geb. Rausch, 2 Kd. (Claudia, Carsten) - Realsch., Ind.kfm., Werbefachsch. - Zun. Marktforscher, anschl. Marketingleit., s. 1975 Agenturgf. (CPV-GFA/acon), 1977 Werbeleiter bei Dujardin GmbH & Co., 1984-87 Management Supervisor u. Prok. Acon, Repräsentant f. DAS BESTE. Mitgl. Prüf.-aussch. IHK Köln, Ber. Werbefachwirt RTE - BV: D. Beruf d. Werbefachmanns in d. Welt von morgen, 1971. Div. Veröff. in d. Fachpresse.

BRETZ, Karl-Fritz
Kaufmann, Geschäftsf. Bretz Wohnträume GmbH, Polstermöbelfabrik, Gensingen - Am Eichborn 7, 6531 Gensingen (T. 06727 - 88 70) - Geb. 21. Nov. 1932 Bad Kreuznach, ev., verh. m. Erika, geb. Hartmann, 3 Kd. (Hartmut, Volker, Norbert) - Tätigk. Bretz Wohnträume GmbH.

BREU, Josef
I. Bürgermeister (s. 1966) - Rathaus, 8221 Tacherting/Obb. - Geb. 23. März 1929 Tacherting - Zul. Verwaltungsangest. CSU.

BREUCKER, Katrin,
geb. Hauswirth
Schriftstellerin - Isenbergstr. 13, 4300 Essen 1 - Geb. 12. April 1932 Essen (Vater: Heinrich Hauswirth, Techniker; Mutter: Elisabeth, geb. Hüsken), (Ehemann: Walter B. †1975, Western-Autor, Ps.: Uwe Breck Larret), 2 Töcht. (Marion, Doris) - Realschulabschl. (MTA-Ausbild.) - S. 1976 38 Heftromane (med. Bereich), Erika-Roman-Reihe Kelter-Verlag unter Ps., bisher 8 Romanheftchen. Verlags-Ps. - Liebh.: Bücher, Antiquitäten, Katzen.

BREUCKER, Oscar Herbert
Schriftsteller (Ps. Ralph Garby, Cliff Clure, Frank Wolter, Unus Nobody) - Isenbergstr. 13, 4300 Essen - Geb. 16. März 1908 Essen, altkath., led. - Volkssch.; kaufm. Lehre - S. 1929 etwa 250 Kriminal-, Abenteuer- u. Wildwestromane - Liebh.: Antiquitäten, Klaviersp., Hunde - Spr.: Franz.

BREUEL, Birgit,
geb. Münchmeyer

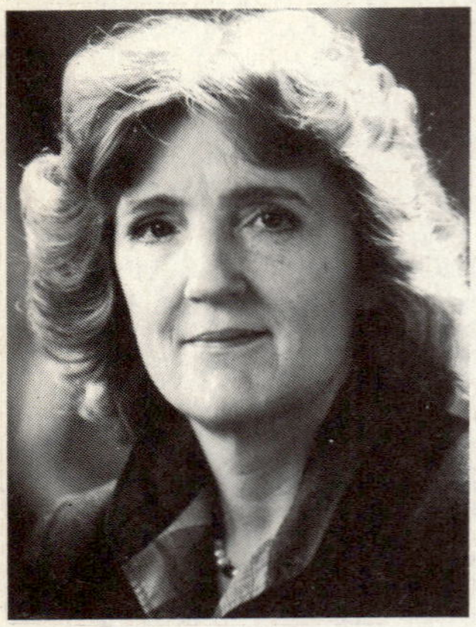

Niedersächsische Ministerin d. Finanzen - Am Schiffgraben 10, 3000 Hannover (T. 120 81 01) - Geb. 1937 (Eltern: Alwin Münchmeyer, Hbg. Bankier [s. dort], u. Gertrud, geb. Nolte), verh., 3 Söhne - Ehem. Nieders. Ministerin f. Wirtsch. u. Verkehr; s. 1986 Finanzmin. Versch. Mand., u. a. AR-Vors. Dt. Messe- u. Ausstellungs-AG, u. Nord/LB; AR-Mitgl. Volkswagenwerk AG, Salzgitter AG u. Bremer LB; Beirat Hamburg-Mannheimer Versich. AG; Vors. Tarifgem. dt. Länder. CDU (s. 1978 Landesvorst., s. 1982 Bundesvorst.; 1983 Vors. MIT-Nieders. u. Mitgl. MIT-Bundesvorst.) - BV: Es gibt kein Butterbrot umsonst, 1976; D. Amtsschimmel absatteln, 1979; Perspektiven d. Aufbruchs, 1983 - Bruder: Hans-Hermann Münchmeyer, Geschäftsf.

BREUER, Bert
Dr.-Ing., Prof. f. Fahrzeugtechnik TH Darmstadt (s. 1978) - Im Metzger 7, 6104 Seeheim-Malchen - Geb. 7. April 1936 Köln (Vater: Hans B., Kaufm.; Mutter: Irmgard, geb. Dickoff), kath., verh. s. 1964 m. Elke, geb. Haffke, 2 S. (Jörg, Ulf) - Apostel-Gymn. Köln (Abit. 1955); TH Aachen (Dipl.-Ing. 1963; Promot. 1970) - 1963-70 Wiss. Assist. TH Aachen; 1970-76 Entwicklungsleit. Klöckner-Humboldt-Deutz AG., Köln; 1976-77 Fachbereichsleit. TÜV Rhld. ebd.

BREUER, Franz
Vorsitzender d. Christl. Gewerkschaft Bergbau-Chemie u. Energie (s. 1976) - Daniel-Schweber-Str. 28, 5100 Alsdorf (T. 02404-2 47 25) - Geb. 25. Dez. 1930, kath., verh. s. 1952 m. Gertrud, geb. Lentzen, 2 T. (Maria, Karin) - Im Bergbau v. Schlepper-Lehrhauer-Hauer z. Fahrhauer u. Techn. Angest. Mehr als 35 Jahre b. Eschweiler Bergwerks-Verein - S. 1978 Vorstandsmitgl. Christl. Bergarbeiter Internationale; s. 1972 Stadtrat Alsdorf u. ab 1981 MdK Kr. Aachen - BVK.

BREUER, Fritz
Dr. jur., Rechtsanwalt, Hauptgeschäftsf. Verband Dt. Adreßbuchverleger (s. 1968) - Kaiserstr. 50, 4000 Düsseldorf - Geb. 5. Febr. 1929 Glehn üb. Neuss (Vater: Fritz B., Landw.; Mutter: Martha, geb. Goebels), kath., verh. s. 1956 m. Ursula, geb. Weber, 2 S. (Frank, Peter) - Spr.: Engl.

BREUER, Hans
Geschäftsführer Jost-Werke GmbH., Neu-Isenburg - Fasanenstr. 13, 6078 Neu-Isenburg - Geb. 28. Febr. 1924.

BREUER, Hans
Oberbürgermeister, Vorstandsmitgl. Bayer. Städteverb. (s. 1972) - Maximilianstr. 4, 8900 Augsburg (T. 32 41) - S. 1972 Oberbgm. Augsburg. SPD - 1976 Gold. Telefon (Augsburger Tagespresse u. Rundf.).

BREUER, Hans Dieter
Dr. rer. nat., Prof. f. Physikal. Chemie Univ. Saarbrücken - Waldwiese 7a, 6600 Saarbrücken - Geb. 29. Aug. 1939 Troisdorf/Rhld., verh. s. 1967 m. Liesellotte, geb. Engels, T. Barbara - Stud. Aachen u. Bonn. Promot. 1969; Habil. 1972.

BREUER, Heinz
Dr. rer. pol., Dipl.-Kfm. - Parlerstr. 59, 7000 Stuttgart 1 - Geb. 5. Okt. 1914 - Kaufm. Gf.: Süddt. Kühlerfabr. Julius Fr. Behr GmbH & Co. KG, Stuttgart-Feuerbach, Behr-Thomson Dehnstoffregler GmbH, Kornwestheim.

BREUER, Helmut W.
Dr. rer. nat., o. Prof. f. Angew. Geographie RWTH Aachen (s. 1974) - Am Rosenhügel 23, 5100 Aachen-Laurensberg - Geb. 3. Nov. 1940 Aachen (Vater: Dr. Joseph B., s. dort; Mutter: Dr. Else, geb. Heyer), kath., verh. s. 1965 m. Ursula, geb. Hahn, 2 Kd. (Klaus, Achim) - Stud. d. Geogr. u. Math. TH Aachen u. Univ. Paris; Promot. 1968; Habil. 1974 - BV: D. Maas als Schiffahrtsweg, 1969; D. Aachener Raum im Luftbild, (I) 1976, (II) 1982; Fr. u. geplante Entw. v. Ersatzind., 1984 - Spr.: Engl., Franz.

BREUER, Horst
Dr. phil., Prof. f. Engl. Philologie (Literaturwiss.) - Schloßstr. 11, 7809 Denzlingen (T. 07666 - 33 98) - Geb. 15. Juni 1943 Wien, verh., 2 Kd. - 1969 Assist. Univ. Freiburg (Promot. 1971, Habil. 1977) - 1979 Prof. TU Berlin, 1980 Prof. Univ. Marburg - BV: Samuel Beckett: Lernpsych. u. leibliche Determination, 1972; Vorgesch. d. Fortschritts: Studien z. Historizität u. Aktualität d. Dramas d. Shakespearezeit, 1979; D. Klassiker d. engl. Lit. (Hermes Handlexikon), 1985 (m. U. Böker u. R. Breuer); Hist. Lit.-psych.: V. Shakespeare b. Beckett, 1989.

BREUER, Josef
Dr. rer. nat., Chemiker, apl. Prof. f. Klin. Chemie u. Biochemie Univ. Bonn/Med. Fak. (s. 1976) - Oberer Eickeshagen 2c, 5620 Velbert 11 - Geb. 20. Aug. 1932 Eitorf/Sieg (Vater: Anton B., Lehrer; Mutter: Elisabeth, geb. Stein), kath., verh. s. 1965 m. Friederike, geb. Menzen, 2 S. (Marcus, Andreas) - Gymn.; Univ. Bonn. Promot. (1964) u. Habil. (1971) Bonn - 1971-76 Abteilungsleit. Merck, Darmstadt; s. 1976 Laborleit. Marienhospital, Gelsenkirchen; s. 1984 gf. Schriftführer Dt. Ges. f. Klinische Chemie. Üb. 40 Fachveröff.

BREUER, Jürgen-Heinrich
Unternehmer, Vors. d. Verwaltungsrats Verb. Dt. Küstenschiffseigner, Hamburg (s. 1986) - Tönsfeldtstr. 38, 2000 Hamburg 50 - Geb. 23. Okt. 1915 - 1959-86 Vors. Verb. Dt. Küstenschiffseigner.

BREUER, Manfred
Dr. rer. nat., o. Prof. f. Mathematik (Lehrstuhl II) Univ. Marburg (s. 1971) - Gründeberg 7, 3550 Marburg/L. (T. 3 54 41) - Zul. Univ. of Kansas, Lawrence (USA).

BREUER, Matthias
Vorstandsmitglied Rhein.-Westf. Elektrizitätswerk AG. (RWE), Essen - In der Goldkuhl 30, 5169 Heimbach 2/Eifel - Geb. 26. Jan. 1920 - Zahlr. Mandate (AR u. VR).

BREUER, Paul
Prof., Dozent f. Kontrabaß u. Theorie Musikhochschule Köln - Zu erreichen üb. Musikhochsch., Dagobertstr. 38, 5000 Köln 1.

BREUER, Paul
Hauptschullehrer a.D., MdB (s. 1980) - Spechtweg 8, 5900 Siegen 21 - Geisweid (T. 0271-8 48 22) - Geb. 25. Juni 1950 Berghausen (Vater: Adolf B., Kaufm.; Mutter: Ursula, geb. Kubon), kath., verh. s. 1972 m. Karin, geb. Scheffel - Gymn. (Abit. 1968); PH, Univ., GH (1. Staatsex. 1973, 2. 1975) - Liebh.: Hist. Lit., Sport - Spr.: Engl., Ital.

BREUER, Richard
Dr. jur., Generalkonsul a. D. - Wielinger Str. 30, 8133 Feldafing - 1977 Gr. BVK - 1969-73 Botschafter in Afghanistan; s. 1977 i. R.

BREUER, Rolf
Dr. phil., Prof. f. Anglistik Univ. Paderborn - Universität, Fachbereich 3, 4790 Paderborn - Geb. 13. Okt. 1940 Wien - Stud. Bonn u. Göttingen; Promot. Göttingen 1967, Habil. Regensburg 1975 - S. 1979 Prof. f. engl. Lit. Paderborn - BV: D. Stud. d. Angl. (m. R. Schöwerling), 1980; Altengl. Lyrik (m. R. Schöwerling), 1981; D. Kunst d. Paradoxie. Sinnsuche u. Scheitern b. Samuel Beckett, 1976; Lit. - Entw. e. kommunikationsorient. Theorie d. sprachl. Kunstwerks, 1984; English Romanticism: The Paderborn Symposium (m. W. Huber u. R. Schöwerling), 1985; D. Klassiker d. engl. Lit. (m. U. Böker u. H. Breuer), 1985; Beckett Criticism in German: A Bibliography (m. H. Gundel u. W. Huber), 1986; Tragische Handlungsstrukturen. E. Theorie d. Tragödie, 1988.

BREUER, Rolf E.
Dr. jur., Vorstandsmitglied Deutsche Bank AG - Taunusanlage 12, 6000 Frankfurt/M. - AR-Vors., stv. AR-Vors. u. AR-Mitgl. e. Reihe namh. Ges.

BREUER, Rüdiger
Dr. jur., Prof. f. Staats- u. Verwaltungsrecht Univ. Trier (s. 1979) - Heinr.-Brauns-Str. 4, 5500 Trier - Geb. 9. Okt. 1940 Erkelenz (Vater: Kurt B., Studiendir.; Mutter: Dr. phil. Hiltrud, geb. Haag) - 1970-71 Rechtsanw.; 1971-75 Wiss. Assist.; 1975-79 Wiss. Rat u. Prof. Univ. Bielefeld - BV: D. hoheitl. raumgestalt. Planung, 1968; Kreisentwicklungsplanung, 1974 (m. a.); D. Bodennutzung im Konflikt zw. Städtebau u. Eigentumsgarantie, 1976; Öfftl. u. priv. Wasserrecht, 1976, 2. A. 1987; Komment. z. Bundesbaugesetz, 1980 (m. a.); D. Planfeststellung f. Anlagen z. Endlagerung radioaktiver Abfälle, 1984; D. Abgrenzung zw. Abwasserbeseitigung, Abfallbeseitigung u. Reststoffverwertung, 1985; Bauplanungsrechtl. Instrumente z. Schutz d. Sozialstruktur, 1985; Verw.rechtl. Prinzipien u. Instrumente d. Umweltschutzes, 1989.

BREUER, Walter
Dr.-Ing., Prof. f. Techn. Mechanik u. Strömungslehre Univ.-GH Siegen (Fachbereich Maschinentechnik II/ Gummersbach) - Hermannsburgstr. 35, 5270 Gummersbach 1 - Geb. 9. April 1931 Kohlscheid (Vater: Reiner B.; Mutter: Maria, geb. Paffen), kath., verh. s. 1959, 2 Kd. (Claudia, Ralf) - Kaiser-Karls-Gymn. u. TH Aachen (Maschinenbau; Dipl.-Ing. 1957, Promot. 1963) - B. 1971 Oberbaurat, dann Hochschullehrer - BV: Laminare Grenzschicht b. stärk. Wandkrümmung, 1963 (Diss.) - Liebh.: Musik, Naturschutz - Spr.: Engl.

BREUNIG, Walter
Dr. phil., Prof. f. Psychologie Päd. Hochsch. Heidelberg - Haydnstr. 10, 6940 Weinheim/Bergstr. - Geb. 3. Mai 1923 Lampertheim, verh. m. Helmi, geb. Schick, 3 Söhne (Hans-Werner, Martin, Christian) - Univ. Heidelberg (Päd., Psych., Soziol.). Beide Lehrerprüf.; Promot. 1958 - 1947-55 Lehrer; 1956-60 Schulpsychologe; s. 1960 Hochschullehrer - BV: Schuleintrittsalter u. Reifedifferenz, 1964; Gestaltauffassung u. -wiedergabe im Kindesalter, 1967. Herausg.: D. Zeitproblem im Lernprozeß (1973); Techn. Grundbildung f. Schüler m. Lernschwierigkeiten (1977) - Dt. Ges. f. Psych.

BREUNING, Wilhelm
Dr. theol., em. o. Prof. f. Dogmatik Univ. Bonn (s. 1968) - Bleichgraben 16, 5300 Bonn - Geb. 15. Mai 1920 Sobernheim, kath. - 1960-68 ao. u. o. Prof. Theol. Fak. Trier, 1985 emerit. - BV: Erhebung u. Fall d. Menschen nach Ulrich v. Straßburg, 1959; D. hypost. Union in d. Theol. Wilhelms v. Aurerre, Hugos v. St. Cher u. Rolands v. Cremona, 1962; Jesus Christus, d. Erlöser, 1968; Gemeinschaft m. Gott in Jesu Tod u. Auferweckung, 1971; Communio Christi, 1980 - Lit.: Festschr. Im Gespräch m. d. Dreieinen Gott (hg. Michael Böhnke u. Hanspeter Heinz) (1985).

BREVERN, von, Bernhard
Dr. rer. pol., Bankdirektor a.D. - Hockenheimer Str. 40, 6703 Limburgerhof (T. Büro: 06236 - 6 73 96) - Geb. 24. Okt. 1932 - B. 1971 stv., 1971-86 o. Vorst.-Mitgl. Pfälz. Hypothekenbank - Spr.: Engl. - Rotarier.

BREVIS, Carl August
s. Kurz, Carl Heinz

BREY, Bernhard
Zeitungsverleger, Gesellsch. Fränkischer Tag GmbH, Bamberg - Viktor-v.-Scheffel-Str. 30, 8600 Bamberg - Geb. 16. Dez. 1928.

BREYCHA, Ottokar W.
Pers. haft. Gesellschafter u. Partner Peat, Marwick, Mitchell & Co., Frankfurt (1978-87), Vorst. Dt. Treuhand-Ges. AG Wirtschaftsprüf.ges., Geschäftsf. KPMG Peat Marwick Treuhand GmbH Wirtschaftprüf.ges. - Pfahler Str. 54, 6200 Wiesbaden - Geb. 17. Sept. 1927, verh. s. 1950 m. Helga, geb. Ebner, 3 Kd. (Arnim, Ingeborg, Astrid) - Dipl.-Kfm. 1953, Wirtschaftsprüf. 1959 - B. 1967 Vorst. Allg. Revision- u. Verw. AG Wirtschaftsprüfungsges.

BREYER-PFAFF, Ursula
Dr. med., Dr. rer. nat., Prof., Oberassistentin Inst. f. Toxikologie/Univ. Tübingen - Wildermuthstr. Nr. 32, 7400 Tübingen 1 - S. Habil. Privatdoz. u. apl. Prof. Tübingen (Biochem. Pharmak.).

BREZINKA, Wolfgang
Dr. phil., o. Prof. f. Erziehungswissenschaft - Jakobstr. 45, 7750 Konstanz/B. (T. 3 14 71) - Geb. 9. Juni 1928 Berlin (Vater: Dipl.-Ing. Josef B.), verh. m. Dr. Erika, geb. Schleifer, 3 Kd. (Christof, Veronika, Thomas) - S. 1954 (Habil.) Lehrtätigk. Univ. Innsbruck, Würzburg (1958 ao. Prof.), Innsbruck (1960 o. Prof.), Konstanz (1967 o. Prof.). Forschungstätigk. Columbia u. Harvard Univ. (USA), Gastprof. Univ. Fribourg/Schweiz (1984), Univ. of South Africa, Pretoria (1985) - BV: u. a. Erziehung als Lebenshilfe, 1957, 8. A. 1971 (ital. 1972); Erziehung. Kunst d. Möglichen, 1960, 3. A. 1988; Metatheorie d. Erziehung, 1971, 4. A. 1978 (ital. 1980); Grundbegriffe d. Erziehungswiss., 1974, 4. A. 1981 (ital. 1976, jap. 1980); D. Pädagogik d. Neuen Linken. Analyse u. Kritik, 1972, 6. A. 1981 (ital. 1974, jap. 1975, norweg. 1977, span. 1988); Erziehungsziele, -mittel, -erfolg, 1976, 2. A. 1981; Erziehung in e. wertunsicheren Ges., 1986 (ital. 1989); Tüchtigkeit. Analyse u. Bewertung e. Erziehungszieles, 1987; Aufklärung üb. Erziehungstheorien, 1989. Zahlr. päd. Einzelarb. - 1984 Tiroler Adler-Orden in Gold; 1989 Österr. Ehrenkreuz f. Wiss. u. Kunst I. Kl.

BREZNAY, Aranka
Lehrerin, Autorin - Ehenfeld 11, 8452 Hirschau (T. 09622-1409) - Geb. 31. Juli 1938 Mähr. Ostrau/CSSR, kath., ledig, T. Ruth - PH Regensburg - Mitgl. Schriftstellergr. intern., Regensburg - BV: Prosa: Fluchtskizzen, 1977; Milch u. Honig, 1983; Lyrik: Ich lehn mich in d. Garten bei d. Nacht, 1981 - Spr.: Ungar.

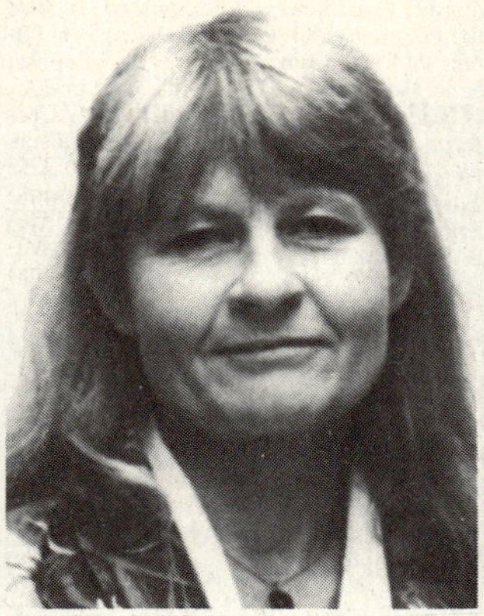

- Bek. Vorf.: Breznay, Imre, Päd. u. Autor (Bruder d. Urgroßv.).

BRICHTA, Emil
Dr., Oberbürgermeister a. D. - 8390 Passau - Geb. 26. Sept. 1915 - B. 1984 Oberbürgerm. Passau - CSU.

BRICKENKAMP, Rolf
Dr. rer. nat., Dipl.-Psych., o. Prof. f. Psychologie - v.-Leibniz-Str. 22, 5042 Erftstadt 1 - Geb. 9. Sept. 1929 Hannover (Vater: Kurt B., Bundesbahnamtm.; Mutter: Hedwig, geb. Klemme), verh. in 2. Ehe (1974) m. Hildegard, geb. Loewe, 2 Kd. (Frank, Ina) - Tellkampf-Sch. Hannover (Abit.); Univ. Erlangen, Innsbruck, Göttingen (1956 Dipl.-Psych.). Promot. 1959 Göttingen; Habil. 1970 Berlin (TU) - B. 1970 Prof. TU Berlin, 1973 Ord. PH Rheinland/Abt. Köln (Dir. Sem. f. Psych., Soziol. u. Wirtschaftswiss.); s. 1980 Univ. Köln; (Dir. Inst. f. Psych. Ezw. Fak.); 1979 Mitherausg. Diagnostica - BV: Test d 2 - Aufmerksamkeits-Belastungs-Test, 7. A. 1981 (auch franz.). Herausg.: Handb. psych. u. päd. Tests (1975), 1. Ergänzungsb. 1983; Handb. app. Verfahren in d. Psychol. (1986)- Wiss. Beirat Verlag f. Psych. Hogrefe, Göttingen, Toronto, Zürich - Liebh.: Kunst, Lit., Klass. Musik.

BRICKENSTEIN, Rudolf
Geschäftsführer W. Brügmann & Sohn GmbH & Co., Dortmund; W. Brügmann & Sohn GmbH, Papenburg, u. Brügmann Frisoplast GmbH, Dortmund - Hermann-Löns-Str. 7, 4600 Dortmund 1 - Geb. 1. Juni 1929 Bremen - B. 1984 Präs. IHK Dortmund. Vorst. Arbeitgeberverb. Holzbearb. u. -hdl. NRW, Düsseldorf. Div. Mandate.

BRIEBACH, Ferdinand
Bankdirektor, Vorstandsmitglied Volksbank Hannover eG - Güntherstr. 16, 3000 Hannover 1 (T. 0511-3108-201) - Geb. 15. März 1938 Kassel, ev., verh. s. 1962 m. Anneliese, geb. Vockeroth - 1956-59 Lehre Commerzbank AG - 1959-72 Commerzbank AG (zul. Abt.-Dir.); 1972-75 Dir. u. Mitleit. BHF-Bank, Filiale Kassel - Liebh.: Golf, Tennis.

BRIECHLE, Michael Matthias
Journalist (Ps. mibri), Ex-Pressechef AvD, Schatzmeister Frankf. Presse-Club (FPC), Promotor Ball d. IAA (1987 + 89) - Platenstr. 71, 6000 Frankfurt/M. 1 (T. 560 24 22) - Geb. 27. Dez. 1921 Holzgünz (Vater: Mattias B., Bürgermeister u. Landwirt; Mutter: Centa, geb. Weiß), kath., verh. s. 1951 m. Carola, geb. Kümmel - Agrar-Schule. Graphikerdipl. - Präs. Club Dauphine - Erfind. AvD Gymkhana (bundesweiter Geschicklichkeitswettb. f. Autofahrer).

BRIEFS, Ulrich
Dr. rer. pol., Dipl.-Volksw., MdB (s. 1987) - Hoofdstraat 34A, NL-6061 CD Posterholt (T. 0031 - 47 42-35 88) - Geb. 21. Febr. 1939 - Stud. Volks- u. Be-

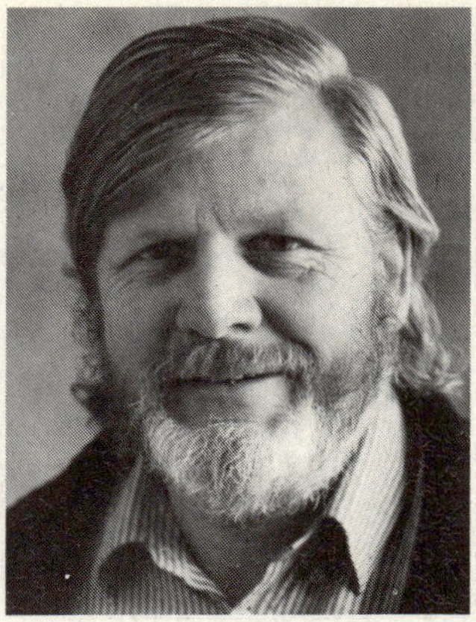

triebswirtschaft, Sozialwiss., Sprachen, Orientalistik Univ. München, Berlin, Köln, Osnabrück, Tunis; Dipl.-Volksw. 1966 Köln; Promot. 1981 Osnabrück - Ausb. u. Tätigk. z. Systemanalytiker IBM; EDV-Planer Thyssen; wiss. Ref. WSI d. DGB; Gastprof. u. Lehrauftr. in Informatik u. Sozialwiss. Paris, Kopenhagen, Bremen, Konstanz u. and. Hochsch.; EDV-Berater u. Instruktor. S. 1987 MdB Die Grünen, Mitgl. Bundestagsaussch. f. Forsch. u. Technol., f. d. Post- u. Fernmeldew. - BV: Arbeiten ohne Sinn u. Perspektive?, 1980, 3. A. 1986; Informationstechnologien u. Zukunft d. Arbeit, 1984, 3. A. 1986; Anders produzieren, anders arbeiten, anders leben, 1986. Mithrsg.: Systems Design For, With and By the Users (1983); Computerization and Work (1985) - Mitgl. zahlr. Fachges., Aussch., gewerkschaftl. Gremien. 1986 Silver Core Award d. Intern. Federation f. Information Processing.

BRIEGER, Nicolas
Prof. Hochsch. d. Künste Berlin, Regisseur, Schausp. - Ismaninger Str. 102, 8000 München 80 (T. 98 78 62) - Geb. 23. März 1943 Berlin (Vater: Herbert B., Kulturfilmprod.; Mutter: Hilde-Margarete, geb. Quander) - Abit. 1962 Berlin; Stud. Theater- u. Lit.wiss. FU Berlin; Schauspielstud. b. Marlise Ludwig - S. 1988/89 Schauspieldir. Nationaltheater Mannheim (Eröffnung m. Kleists: Käthchen v. Heilbronn) - Regie: D. zerbrochene Krug (Basel); Maria Stuart (Bremen); Amphitryon (München); Trilogie der Ferienzeit (Berlin) u.a. Opernregie: Geburtstag d. Infantin, Figaros Hochzeit (bde. Nationalth. Mannheim). Rollen: Astrow in Onkel Wanja (Frankfurt), Jupiter in Amphitryon (München); Fernsehhauptrollen in D. Wollands, Reise nach Wien, D. Rückkehr d. weißen Götter usw. Filmhauptrollen: Welcome in Vienna (Österr. 1986), Chaos am Gotthard (Schweiz 1987), Rudolfo (Dtschl. 1987) - 1979/80 Berliner Theatertreffen; 1980 Honorarprof. HdK Berlin - Liebh.: Tennis, Musik - Spr.: Engl., Franz., Span., Ital.

BRIEGER, Norbert
Journalist - Zu erreichen üb.: ZDF, Postf. 4040, 6500 Mainz 1 - Geb. 3. Febr. 1932 Breslau - U. a. ZDF-Korresp. Tel Aviv, Singapur, Wien (1985).

BRIEGLEB, Günther
Dr. phil., o. Prof. f. Physikal. Chemie (emerit.) - Scheffelstr. 4, 8700 Würzburg - Geb. 9. April 1905 Wilhelmshaven - 1937 Privatdoz., 1938 ao., 1953 o. Prof. Univ. Würzburg (Inst.-Vorst.). Arbeitsgeb.: Reaktionsmechanismen u. Gleichgewichte Chem. Reaktionen im Gaszustand b. versch. Temperaturen. Grundl. Arb. üb. intermolekularen Elektronenaustausch zw. Neutralmolekülen m. Meth. d. spektrokop. Absorption- u. Emission - BV: Lichtzerstreuung, Kerreffekt u. Molekülstruktur, 1931 (m. K. L. Wolf); Zwischenmolekulare Kräfte u. Molekülstruktur, 1937; Atome u. Ionen, 1942; Elektronen-Donator-Acceptor-Komplexe, 1961. Buch- u. Ztschr.beitr. Herausg.: Molekül- u. Koordinationsverbind. in Einzeldarstell.; Ztschr. f. Physikal. Chemie. Berichte d. Bunsenges. f. Physikal. Chemie, Angew. Chemie, Chemical Physics Letters etc.

BRIEGLEB, Klaus
Dr. phil., o. Prof. f. Neuere dt. Literaturgeschichte Univ. Hamburg (s. 1972) - von Melle-Park 6, 2000 Hamburg - Geb. 21. Jan. 1932 - Zul. Univ. München. Herausg.: Heinrich Heine: Sämtl. Schriften (7 Bde. 1968-76); Publik. üb. Lessing, F. Schlegel, Heine, Sprachpolitik u. zur Theorie u. Sozialgesch. d. neueren Lit., zul. Literatur u. Fahndung, (1979), Opfer Heine? (1986); Unmittelbar z. Epoche d. NS-Faschismus (1989).

BRIELMAIER, Hermann Josef
Dr., Vorstandsvorsitzender Val. Mehler AG, Fulda - Schwalbenstr. 6, 6411 Künzell 6 - Geb. 3. Sept. 1930.

BRIESEMEISTER, Joachim Dietrich
Dr. phil., Prof. f. Iberoroman. Philologie, Freie Univ. Berlin (s. 1987), Direktor Ibero-Amerikanisches Inst. Preußischer Kulturbesitz, Berlin (s. 1987) - Hildegardstr. 1, 1000 Berlin 31 (T. 030 - 854 45 59) - Geb. 12. Mai 1934 Altena, verh., 3 Kd. - Stud. Univ. München, Rennes (Roman. u. Mittelalt. Philol., Phil.). Promot. 1959, Ex. f. d. höh. Bibl.dst. 1961, Habil. 1966, smtl. München - 1959-71 Bay. Staatsbibl. München, 1971-87 Univ. Mainz - Spr.: Span., Port., Franz., Engl.

BRIESKORN, Carl-Heinz
Dr. rer. nat., em. o. Prof. f. Pharmazie u. Lebensmittelchemie - Trautenauerstr. 45, 8700 Würzburg (T. 7 15 35) - Geb. 10. Nov. 1913 Königsberg/Pr. (Vater: Herbert B., Kaufm.; Mutter: geb. Schuchardt), verh. s. 1942 m. Elfriede, geb. Endrich - Promot. 1941; Habil. 1944 - S. 1951 Prof. Univ. Istanbul, Tübingen (ao.), Würzburg (1960 o. u. Inst.dir.). Fachveröff.

BRIESKORN, Egbert
Dr. rer. nat., Prof. - Greescheider Siefen, 5208 Bitze - Zul. o. Prof. Univ. Göttingen, s. 1975 o. Prof. Univ. Bonn.

BRIESSEN, van, Fritz
Dr. phil., Schriftsteller - Titurelstr. 2, 8000 München 81 (T. 98 86 63) - Geb. 16. Juli 1906 Colmar/Els. (Vater: Carl van B., Hotelier; Mutter: Lina, geb. Trefz), ev., verh. s. 1962 m. Christiane, geb. v. Mosing - Stud. Angl., Amerik., Kunstgesch. Heidelberg, Rochester (USA), München, Berlin, Gießen, Paris (Sorbonne) - 1940-49 Asienkoresp. Köln. Ztg. (China, Japan), 1951-55 Reisekorresp. NWDR u. Presse, 1955-63 Presseref., Botschaftsrat, Geschäftsträger a. i. Dt. Botsch. Tokio, 1963-71 Leit. Programmredaktion Asien Dt. Welle. Inu. ausl. Mitgliedsch. - BV: Lafcadio Hearn - Stil u. Form, 1935; The Way of the Brush, 1962 (Tokio); Chines. Maltechnik, 1964; Was ist e. Zen-Gemälde?, 1964; So sehen sie sich - China, 1965; Japan, d. lächelnde Dritte, 1970; China - Fakten/Daten/Dokumente, 1972; Schanghei Bildzeitung, 1977; Grundzüge d. dt.-chines. Beziehungen, 1977. Fernsehserien: Reich d. Mitte - Reich d. Zukunft? (1969), Japan (1971) - 1962 Orden d. aufgeh. Sonne III. Kl.; 1972 BVK I. Kl., 1976 Gr. BVK - Liebh.: Asiat. Kunst, bes. Malerei - Spr.: Engl., Franz., Wort: Chines., Jap.

BRIEST, Eckart
Botschafter a. D. - Zu erreichen üb.: Schloss Thürnhofen, 8805 Feuchtwangen/Mittelfranken - Geb. 21. April 1909 Berlin (Vater: Dr. med. Eckhardt B., Arzt; Mutter: Lucie, geb. Buchholz), ev., verh. s. 1957 m. Barbara, geb. Hilgenstock, 2 Kd. (Luise, Patricia, Eckart) - Univ. Greifswald u. Berlin (Rechts- u. Staatswiss., Volksw.). Refer.ex. 1932 KG Berlin; gr. Diplomat.-konsular. Prüf. 1937 - Ab 1935 AA Berlin (Attaché), 1936-37 Gesandtschaft Helsinki, 1937-41 Botschaft Nanking (Legationssekr.) u. Gesandtsch. Hsinking (1940), 1941 Vizekonsul New York u. Cleveland, dann Wehrdst., ab 1956 AA Bonn (Legationsrat I. Kl.), 1957-59 Gesandtsch. Dublin, s. 1959 Botschafter Paraguay, Uruguay, Neuseeland - 1969 BVK I. Kl., 1974 Gr. BVK - Liebh.: Kunst, Sport - Spr.: Franz., Engl., Span., Chines.

BRIGGS, Curtis
Musik- u. Filmproduzent - Kunigundenstr. 48a, 8000 München 40 - Geb. 23. Aug. 1950, ev., verh. s. 1983 - Abit. Sch. Salem; Stud. Publiz. u. Theaterwiss.; Volontärz. ZDF - Regieassist. b. Dr. F. Furtwängler, W. Klein, u.a.; Mangement E. Schoener; div. Konzerte, Tourneen u. Filme, u.a. auch in Hollywood; 1980 Orchesterprodukt. f. d. Alan Parsons Projekt; 1985 Autor d. Sp. Senkrechtstarter; 1986 Red. u. Managem. d. Bambi-Verleihung u. Bambi-Gala; Red. Baden-Badener Roulette; Musikprod. olymp. Bewerbungsfilm Berchtesgaden; Musikprod. Spielfilm Feuer u. Eis v. Willy Bogner - Wichtige Veranstaltungen: 81 u. 82 Eurovisionssendung Klassik-Rock-Nacht m. E. Schoener; künstl. Neugestaltung d. BMW-Museums m. E. Schoener u. Prof. W. Minks; Künstl. Neugestaltung d. Villeroy u. Boch Museums unt. d. Leitung F. Burger; Tatort Musik Produkt. m. H. Weindorf, 1984 Denkmal f. d. unbekannten Baum - Höchste Ausz. f. d. Musikprodukt. d. Ausstellung Villeroy u. Boch-Keravision d. ITVA (Intern. Television a. Video Assoc.) - Liebh.: Hunde - Spr.: Engl., Franz. - Bek. Vorf.: Hans Bollmann, Opernsänger (Großv.), Hannelore Bollmann, Schauspielerin (Tante); d. Gebr. Wright (Urgroßonkel).

BRILL, Dieter
Dr.-Ing., Prof. f. Techn. Mechanik u. Strömungslehre Fachhochsch. Köln/Abt. Gummersbach (s. 1983) - An d. Baumschule 5, 5277 Marienheide - Geb. 28. Nov. 1932 Köln (Vater: Dr. Franz B., Museumsdir.; Mutter: Louise, geb. Kalenbach), kath., verh. s. 1961 m. Dorothee, geb. Hessler, 2 Kd. (Roland, Henrike) - TH Aachen (Dipl.-Ing. 1959, Promot. 1966) - Baudir.; 1973-83 Univ.-GH Siegen - Spr.: Engl.

BRINCKMANN, Christian
Dr. rer. pol., Bankier, Mitinh. M. M. Warburg-Brinckmann, Wirtz & Co. - Ferdinandstr. 75, 2000 Hamburg 1 (T. 3 28 21) - Geb. 24. Sept. 1927 Hamburg (Vater: Dr. Rudolf B., Bankier), verh. m. Gudula, geb. Sager - Johanneum Hamburg; Univ. Basel u. Cambridge - S. 1961 Bankier (s. oben); Administrateur Bank M. M. Warburg-Brinckmann, Wirtz International S. A., Luxemburg; ARsmitgl. AKA Ausfuhrkredit-Ges. mbH, Frankfurt; Vors. Beirat Vereinig. f. Bankbetriebsorg. e.V. (vbo), Frankfurt; stv. Vors. Vereinig. für Bankberufsbildung e. V. (vbb), ebd.; Präs. Dt.-Iran. Handelskammer, Hamburg; Mitgl. Plenum Handelskammer Hamburg; Vors. d. Vorst. „Pro Honore" Verein f. Treu u. Glauben im Geschäftsleben e. V., Hamburg; stv. Vors. d. Bankenverb. Hamburg; Mitgl.des Ehrengerichts Bundesverb. dt. Banken, Köln.

BRINCKMANN, Hans
Dr. jur., Dipl.-Ing., Prof. f. Öfftl. Recht GH Kassel (s. 1973) - Weimersgasse 23, 3500 Kassel - Geb. 19. Juni 1934 Hamburg - Promot. 1969 - Vors. Ges. f. Rechts- u. Verw.-Informatik - BV: D. entscheidungserhebl. Gesetz, 1970. Mitverf.: Verwaltungsautomation (1974); Weiterbildungsinformationssystem (1974); Automatisierte Verw. (1981); Formulare im Verw.verfahren (1986); Computerbürokratie (1989). Aufs. z. Verhältnis v. Technik u. polit.-administrativen System; Arbeitsberichte z. Planungsrecht u. insb. aus d. Forsch.-gruppe Verw.automation an d. GHK.

BRINCKMANN, Hans-Heinrich
Landwirt Equipenchef d. dt. Springreiter (1968ff.) - Kolkhagen 7, 2121 Barnstedt - Geb. 1911 Lübeck - Bek. Reiter u. Parcourseinrichter.

BRINCKMANN, Herbert
Präsident d. Amtsgerichts - Turmstr. 91, 1000 Berlin 21 (T. 39 02-1) - Geb. 21. Juli 1923 Hannover, verh. s. 1955 m. Helene, geb. Pramer, T. Marion - Stud. Freie Univ. Berlin - S. 1955 Justizdst. (1955 Ass., 1959 LG.rat, 1963 LG.dir., 1971 Senatspräs., 1977 Vizepräs. d. KG, 1983 Präs. d. AG) - Spr.: Engl., Franz., Span.

BRINCKMANN, Paul
Dr. rer. nat., Prof., Wiss. Rat u. Prof. Orthopäd. Universitätsklinik Münster - Rinscheweg 3, 4400 Münster/W. - S. Habil. Privatdoz. u. apl. Prof. Münster (Biomechanik).

BRINGMANN, Jürgen

Oberstleutnant Planungsstab d. Bundesmin. d. Verteidigung - Hauptstr. 148, 5305 Alfter 3 (T. 0228 - 64 56 43) - Geb. 4. Okt. 1937 Hannover, kath., verh. s. 1959 m. Marie Luise B., 2 Kd. (Michael, Beatrix) - Abit. 1957 Jesuitenkolleg St. Blasien; Ausb. z. Berufssoldaten d. Bundeswehr (Panzerjägertruppe) - Tätigk. in d. Truppe u. im Bundesmin. d. Verteidigung, Presseoffz. b. Oberbefehlshaber d. Alliierten Streitkräfte in Europa in Shape/Belgien. Mitgl. Dt. Strategie-Forum, Bundesgeschäftsf. Gemeinsch. Kath. Soldaten (GKS), Mitgl. Apostolat Militaire Intern. (AMI) - BV: Dem Frieden dienen? Wozu Bundeswehr?, 4. A. 1984; Frieden in Freiheit. Beitr. v. Manfred Wörner, 1987 (Hrsg.) - Ritter päpstl. Silvesterorden - Spr.: Engl., Franz., Ital., Span.

BRINGMANN, Karl
Dr. phil., Verlagsdirektor i.R., Honorarprof. f. Journalistik Univ. Dortmund - Mendelweg 2A, 4000 Düsseldorf 13 - Geb. 26. Dez. 1912 Düsseldorf (Vater: Ignaz B.; Mutter: Selma, geb. Wittgens), kath., verh. s. 1939 m. Martha, geb. Schüßler, 3 Kd. - Univ. Köln u. Berlin (Promot. 1937); Dt. Hochsch. f. Politik, Berlin - 1937-38 Redakt. Germania, Berlin; 1947-52 Kulturredakt. Rhein. Post, Düsseldorf; 1953-58 Chefredakt. u. Geschäftsf. Kath. Nachrichten - Agentur (KNA), Bonn (mitbegr.); 1959-78 Verlagsdir. Rhein. Post. 1951-53 Vors. Rhein.-Westf. Journalistenverb.; 1950-57 Vizepräs. Fédération Internationale des Journalistes Catholiques; 1949-64 2. Vors. Ges. Kath. Publizisten Dtschl.; Ehrenmitgl. Union Catholique Intern. de la Presse (UCIP); 1951-71 Vors. zeitungsfachl. Fortbildungskurse D'ordf; 1970/78 Vorstandsmitgl. Ver. rhein.-westf. Ztg.verleger; 1971-82 stv. Vors. Ges. f. publizist. Bildungsarbeit; 1972-1974 Mitgl. Dt. Presserat; 1972ff. Vors. Stiftervereinig. d. Presse; 1973-80 Vizepräs. Bundesverb. dt. Ztg.verleger; 1973-82 Ausbildungsbeauftr. BDZV - BV: D. konfessionellpolit. Tagespresse d. Nie-

derrheins im 19. Jh., 1937. Herausg.: Journalismus (Schriftenreihe); 1. u. 2. Festschr. f. Anton Betz - 1959 Komturkreuz päpst. Gregorius-Orden, 1972 Stern dazu; 1973 Gr. BVK; Komtur d. Ritterord. v. Hl.-Grabe.

BRINGMANN, Klaus
Dr. phil., Prof. f. Alte Geschichte - Am Sandacker 5, 6104 Seeheim 2 - Geb. 28. Mai 1936 Bad Wildungen - Promot. 1962; Habil. 1969 - 1971 Prof. Univ. Marburg, 1972 TH Darmstadt, 1981 Univ. Frankfurt - BV: Unters. z. spät. Cicero, 1971; Hellenist. Reform u. Religionsverfolgung in Judäa, 1983.

BRINGMANN, Michael
Dr. phil. habil., Univ.-Prof. f. Mittlere u. Neuere Kunstgeschichte Univ. Mainz (s. 1978) - Binger Str. 26, 6500 Mainz (Inst.); priv.: Lindenstr. 22, 6500 Mainz 1 - Geb. 21. Mai 1940 Hannover, kath., verh. s. 1968 m. Ursula, geb. Nieting, T. Carola - BV: D. Mosbrugger. D. Konstanzer Maler Wendelin, Friedrich u. Joseph Mosbrugger, 1974; Friedrich Pecht (1814-1903), Maßstäbe d. dt. Kunstkritik zw. 1850 u. 1900, 1982 (= Habil.-Schrift, bei Gebr. Mann Berlin, Studio-Reihe).

BRINGMANN, Peter F.
Filmregisseur - Trogerstr. 15, 8000 München 80 (T. 089 - 470 71 17) - Geb. 1. Aug. 1946 Hannover, verh. m. Gabi Kubach-B. - 1968-72 Hochsch. f. Fernsehen u. Film, München - Regie: Kein Grund z. Unruhe (FS-Film, 1974); Aufforderung z. Tanz (FS-Film, 1976); Paul kommt zurück (FS-Film, 1977); D. Tag, an d. Elvis nach Bremerhaven kam (FS-Film, 1978); Theo gegen d. Rest d. Welt (Kinofilm, 1980); D. Heartbreakers (Kinofilm, 1982); D. Schneemann (Kinofilm 1984); Gambit (FS-Film 1985/86); African Timber (Kinofilm 1988/89) - 1980 Bayer. Filmpreis u. 1981 Gold. Leinwand (f.: Theo gegen d. Rest d. Welt); 1983 Bundesfilmpreis in Silber (f.: D. Heartbreakers); 1984 Gilde-Preis.

BRINK, Hans-Josef
Dr. rer. oec., Dipl.-Ing., Dipl.-Kfm., o. Prof. f. Betriebswirtschaftslehre (s. 1977) - Universität, 7800 Freiburg/Br.; Herrgasse, 7801 Sölden b. Freiburg - Zul. Prof. Univ. Saarbrücken. Arbeitsgeb.: Unternehmensführung, Controlling, Organis., Prod., Ind. Rohstoff- u. Energiew.

BRINK, Jürgen
Dr. rer. pol., Vorstandsvorsitzer WIVEDA eG/Pharmaz. Großhandel, Planegg - Regerstr. 25, 8032 Gräfelfing/Obb. - Geb. 1. Mai 1937 Neuwied/Rh., kath., verh. s. 1962 m. Erika, geb. v. Götz, 2 T. (Susanne, Marion) - Gymn. Neuwied; Univ. Bonn u. Wien (Volksw.) - Dipl.-Volksw. (1962) u. Promot. (1965) Bonn - AR-Vors Andreae-Noris Zahn AG, Frankfurt; Beiratsmitgl. Dt. Apotheker- u. Ärztebank eG, Düsseldorf, u. Dt. Bank Berlin AG, Berlin.

BRINKE, Rudolf
Schmiedemeister, Ehrenpräsident Handwerkskammer Hannover (s. 1984) - Mergenthalerstr. 12, 3014 Laatzen 1 (T. 82 10 36/37) - Geb. 26. Mai 1918 Hannover (Vater: Rudolf B., Schmiedem.; Mutter: Sofie, geb. Rudolph), ev., verh. s. 1949 m. Helene, geb. Spellauge, 2 Kd. (Rudolf, Helga) - Oberrealsch.; Lehre; Meistersch. - 1968-71 Oberm., 1971 b. 74 Landesinnungsm.; s 1972 Vors. Heinz-Piest-Inst. - Spr.: Engl., Franz.

BRINKER, Klaus
Dr. phil., Prof. f. Linguistik d. Deutschen - Carsten-Meyn-Weg 48, 2000 Hamburg 65 - Geb. 1. Aug. 1938 Brackwede - Promot. 1966 - S. 1972 (Habil.) Lehrtätig. TH Aachen (Wiss. Rat u. Prof.) u. Univ. Hamburg (1974 o. Prof.). Bücher u. Einzelarb.

BRINKER, Klaus
Vorstandsmitglied A. Friedr. Flender AG, Bocholt (1978ff.), Geschäftsf. Flender-Himmelwerk GmbH, Tübingen (1982ff.) - Alfred-Flender-Str. 77, 4290 Bocholt; u. Bahnhofstr., 7400 Tübingen.

BRINKER, Udo H.

Dr. rer. nat., Prof. f. Organische Chemie, Department of Chemistry, State Univ. of New York at Binghamton, Binghamton, N.Y. 13901, USA (s. 1988) - 416 Denal Way, Vestal, N.Y. 13850 (T. 607 - 798 78 20) - Verh. s. 1973 m. Dr. Gisela, geb. Gabler, S. Kai - Chemie-Stud. 1965-73 Univ. Köln; Dipl. 1971; Promot. 1973, Habil. 1982; 1973-75 Postdoktorand Univ. of Florida, Gainesville/USA; 1976 Wiss. Assist. Univ. Bochum; 1986 Prof. Univ. Bochum - Ca. 50 Fachveröff., bes. z. d. Themen: Carben-Umlagerungen, gespannte Verbindungen, Synthese.

BRINKHUES, Josef
Em. Bischof - Oberdorf 18, 5305 Impekoven/Alfter (T. 0228 - 64 33 01) - Geb. 21. Juni 1913 Aachen (Vater: Heinrich B., Kaufm.; Mutter: Cläre, geb. Führen), altkath., verh. s 1946 m. Dr. Ilse, geb. Volckmar, 2 Kd. (Cornelia, Olaf) - Realgymn. Aachen; Stud. Theol. Frankfurt/M. u. Bonn - 1937 Vikar; 1946 Pfarrer; 1964 Generalvikar; 1966-86 Bischof Kath. Bistum d. Altkatholiken Dtschl. - Spr.: Franz., Engl.

BRINKMANN, Albert
Versicherungsdirektor - Himpendahlweg 11, 4600 Dortmund 1 (T. 41 30 68) - Geb. 10. Sept. 1916) Lütgendortmund, verh., 2 Kd. - 1. Lehre Versich.wesen (u. a. Prokurist u. Filialdir.); dazw. 10 J. Wehrdst. u. sowjet. Gefangensch. 1952-70 Ratsmitgl. Stadt Dortmund (1964 Fraktionsvors.); 1964-66 Mitgl. Landschaftsvers. Westf.-Lippe; 1966-80 MdL Nordrh.-Westf. CDU s. 1949 - 1962 Ehrenring Stadt Dortmund, 1977 Stadtplakette Stadt Dortmund, 1977 BVK I. Kl.

BRINKMANN, Curt
Dr.-Ing., Prof. f. Werkstoffe d. Elektrotechnik TH Darmstadt - Schönbornring 24, 6078 Neu-Isenburg - Geb. 11. März 1910 Berlin - Stud. u. Promot. TH Aachen - Ind.tätig. nach Rückkehr bzw. Techn. Dir. - BV: D. Isolierstoffe d. Elektrotechnik, 1975; Elektrotechn. Z. Bd. 106 (1985) S. 306 - Spr: Engl., Franz., Span.

BRINKMANN, Ernst Reinhart
Dipl.-Volksw., Hauptgeschäftsführer Bundesinnungsverb. d. Glaserhandwerks, Hadamar - Eichenweg 1, 6253 Hadamar 1 (T. 06433 - 27 15) - Geb. 13. April 1929 Mühlhausen/Thür. (Vater: Dr. phil. Ernst B., Stadtarchivar; Mutter: Anita, geb. Kabus), ev., verh. s. 1965 m. Doris, geb. Schulte, 2 Kd. (Malte, Gunther) - Stud. d. Staats- u. Wirtsch.swiss. Berlin u. Frankfurt/M. 1955-63 Ind.tätigk. (Mineralölind.). 1963-67 Gf. Zentralverb. d. Bäcker-

handw. - Liebh.: Geschichte, insbes. neuere Geschichte - Spr.: Engl. (Dolmetsch.ex.), Franz.

BRINKMANN, Friedrich W.
Bekleidungsfabrikant, Präs. Verb. d. Herrenbekleidungs-Ind., Köln, u. a. - Eibenweg 16, 4900 Herford/W. - Geb. 8. Juni 1920 Exter/W. - 1977 BVK, 1983 BVK I. Kl.

BRINKMANN, Gerhard
Dr. rer. pol., Dipl.-Kfm., Univ.-Prof. f. Volkswirtschaftslehre (Lehrst. III) Univ.-GH Siegen (s. 1973) - Am Siegerberg 23, 5910 Kreuztal - Geb. 1. Dez. 1935 Paderborn - Dipl.-Kfm. 1964, Promot. 1967 u. Habil. 1970 (alles Köln) - BV: D. Ausbild. v. Führungskräften in d. Wirtsch., 1967; Berufsausbild. u. Arbeitseinkommen, 1967; Berufsanford. u. -ausbild., 1970; D. Tätigkeitsfelder d. höh. Verw.sdst., 1973 (m. W. Pippke u. W. Rippe); Aufg. u. Qualifik. d. öfftl. Verw., 1976; Bildungsökonomik u. Hochschulplanung (m. and.) 1976; Ökonomik d. Arbeit, Bd. I: Grundl., 1981, Bd. II: D. Allokation d. Arbeit, 1981; Führungskräfte kleinerer Unternehmen, Arbeitsanforder. u. Ausbildungsbedarf, 1982 (m. B. Knoth u. W. Krämer); Ökonomik d. Arbeit, Bd. III: D. Entlohn. d. Arbeit, 1984.

BRINKMANN, Günther
Dipl.-Kfm., Inh. Fa. Günther Brinkmann, Außenhandel - Retbergweg 8, 2800 Bremen 33 - Geb. 13. Juli 1923 Bremen - Konsul e. h. der Republik Haiti.

BRINKMANN, Hans W.
Dipl.-Ing., Geschäftsführer Stolberger Metallwerke GmbH. & Co. KG., Stolberg - Oststr. 39, 5190 Stolberg/Rhld. - Geb. 5. Mai 1935.

BRINKMANN, Hans-Egbert
Hauptgeschäftsführer Bundesverb. obst- u. gemüseverarb. Industrie, Geschäftsf. Bundesverb. kartoffelverarb. Ind., Fachverb. Back- u. Puddingpulverindustrie, Verb. d. Sauerkonserven-Ind. - Von-der-Heydt-Str. 9, 5300 Bonn 2 - Geb. 18. Okt. 1935.

BRINKMANN, Heinrich
Dr. phil., em. o. Prof. f. ev. Theologie u. ihre Didaktik Univ. Münster - Im Freudental 49, 4516 Bissendorf-Schledehausen (T. 83 82) - Geb. 15. Dez. 1911 Bochum, verh. m. Gisela, geb. Karrasch, 4 Kd. (Johannes, Klaus, Tobias, Katharina).

BRINKMANN, Heinz
Fabrikant, gf. Gesellsch. Gebr. Brinkmann GmbH., Detmold, Kommand. Gebr. Brinkmann GmbH. & Co. KG. ebd. - Remminghauser Str. 85, 4930 Detmold - Geb. 9. Nov. 1919 - Stud. Maschinenbau (Ing.).

BRINKMANN, Horst

Dr. rer. nat., Chemiker, Vorstandsmitgl. Hüls AG, Marl - Zu erreichen üb. Hüls

AG, Paul-Baumann-Str. 1, 4370 Marl - Geb. 2. Juli 1934 Sagan/Schles. (Vater: Martin B., Rektor; Mutter: Elfriede, geb. Dreyer), ev., verh. s. 1962 m. Wilma, geb. Rogalski, 2 Söhne (Dirk, Jörg) - 1955-62 Chemiestud. TU Braunschweig; Promot. 1962 (b. Prof. H. H. Inhoffen) - 1962-64 wiss. Assist. b. Prof. Inhoffen. AR-Vors. Phenolchemie GmbH, Gladbeck; AR Röhm GmbH, Darmstadt, Daicel/Hüls Ltd., Tokio; Beirat GAF/Hüls-Chemie GmbH, Marl - Liebh.: Klass. Musik, Bücher, Wandern, Skilauf - Spr.: Engl.

BRINKMANN, Karl

Dr.-Ing., Dr.-Ing. E. h., Prof. - Nonnendammallee Nr. 101, 1000 Berlin 13 (T. 3 86-1) - Geb. 30. April 1911 Meine/Hann. (Vater: Carl B.), verh. s. 1937 m. Emmy, geb. Leggemann - TH Braunschweig (Elektrotechnik). Promot. (1941) u. Habil. (1951) Braunschweig - 1954-71 Vorst. Kabelwerk Vohwinkel AG., Wuppertal, u. Continental Elektroind. AG., Frankfurt/M.; 1971-77 Generalbev. Dir. Siemens AG, Zentrale Berliner Ltg. (ZBL), Berlin. 1951 Privatdoz. u. apl. Prof. (1957) TH bzw. TU Braunschweig (Elektr. Energiew.). Fachveröff. - 1971 Ehrendoktor TU Hannover; 1976 Ehrenbürger Tierärztl. Hochsch. Hannover.

BRINKMANN, Karl

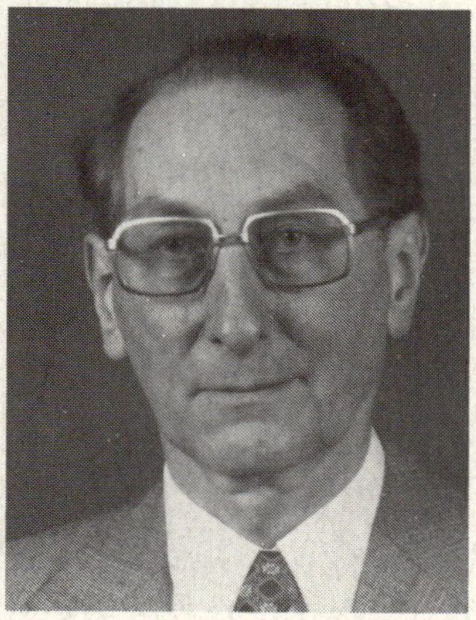

Dr. jur. utr., Univ.-Prof. i. R. (Ps. Carl Brink) - Leutkirch 11, 7777 Salem 3 (T. 07553 - 12 80) - Geb. 7. Dez. 1918 Gelsenkirchen, ev., verh. s. 1955 m. Dr. Eva, geb. Hartwig - Realgymn. Essen; Univ. Berlin, Bonn, Köln (Althphilol., Phil., Rechtswiss.); 1937-45 Arbeits- u. Wehrdst. (zul. Oblt., verw.); Promot. Köln 1955, Habil. Köln 1964 - S. 1964 Lehrer Univ. Köln - BV: D. Rechts- u. Staatslehre Schopenhauers, 1958; Grundleg. d. Rechtsphil. Allg. Wertphil. (Lehrb. d. Rechtsphil. I), 1960; Freiheit u. Verfassung, 1963; Grundrecht u. Gewissen im Grundgesetz, 1965; System d. Rechtsphil. (Lehrb. d. Rechtsphil. II), 1975; Heinrich, Drama (Carl Brink), 1977; Zu Zeit u. Raum - Gegen d. Relativitätstheorie, 1984; Grundfehler d. Relativitätstheorie, 1988. MV u. H: Grundrechts-Kommentar z. Grundgesetz, 1967ff. Abh.: D. Staatsauffassung Rousseaus (Festschr. f. E.v. Hippel), 1965; Physikalischer u. jur. Positivismus. E. Versuch üb. Einstein u. Kelsen (Philosophia Naturalis, Bd. 23, 1986/87).

BRINKMANN, Karl-Heinz

Dr. phil., Journalist - Bartschweg 5, 1000 Berlin 22 (T. 365 31 81) - Geb. 1. Sept. 1927 Berlin (Vater: Wilhelm B., Kaufm.; Mutter: Edith, geb. Stahlschmidt), ev., verh. s. 1959 m. Margot, geb. Wolter, 2 Töcht. (Judith, Bianca) - 1949ff. FU Berlin (Gesch., Phil., Publ.). Promot. 1956 - 1956-57 Volontär u. Redakt. BZ, 1958-59 Redakt. Berliner Morgenpost, s. 1960 verantw. Redakt. f. Politik u. Leitartikler D. Tagesspiegel. Spez. Arbeitsgeb.: Außenpolitik. 1970ff. Mitgl. Berliner Presse-Club - BV: D. Entstehung u. Entwickl. d. franz. Nachkriegspresse, 1956 (Diss.); D. Zeitung: Außenpolitik, in: Handb. f. Publizistik, Bd. III 1969 - 1970 Ehrenbürger El Paso/Texas (USA); 1971 BVK - Liebh.: Bergsteigen (Mitgl. Dt. Alpenverein), Skilaufen - Spr.: Engl., Franz.

BRINKMANN, Norbert

Dr. jur., Minister a. D., Fabrikant, Vorstandsvors. Feuer- u. Lebensversicherungsanstalten Saarland, Saarbrücken (s. 1960) - Birkenstr. 8, 6600 Saarbrücken - Geb. 6. April 1912 Trier - Univ. München, Bonn, Köln (Rechtswiss., Volks- u. Betriebsw.; Promot.). Gr. jurist. Staatsprüf. - Justizdst. Euskirchen, Bonn, Koblenz, b. 1938 Oberfinanzpräsid. Nürnberg (Devisenst.), dann wiss. Hilfsarb., Ref. u. Reg.srat Reichswirtschaftsmin. Berlin (Devisen- u. Handelspolit. Abt.), s. 1946 gf. Gesellsch. mittelständ. Familienbetrieb m. Tochterfirmen, 1956-57 Saarl. Min. f. Wirtschaft, Verkehr, Ernährung u. Landw. sow. stv. Min.präs. 1960-65 u. 1966-70 MdL Saarl. CDU.

BRINKMANN, Oswald

Senator f. Häfen, Schiffahrt u. Verkehr Bremen (s. 1971) - Auf d. Hellen 19, 2800 Bremen 2 (T. 48 01 72; Amt: 36 11) - Geb. 17. März 1930 Barnstorf Kr. Diepholz - Volkssch.; Lehre techn. Zeichner u. Maschinenschlosser - 1951-71 Kranführer Bremer Lagerhaus-Ges. 1963-71 Mitgl. Brem. Bürgerschaft. SPD s. 1951.

BRINKMANN, Richard

Dr. phil., em. o. Prof. f. Dt. Philologie - Im Rotbad 30, 7400 Tübingen (T. 6 26 35) - Geb. 16. Juni 1921 Elberfeld (Vater: Richard B., Kaufm.; Mutter: geb. Kloos), kath., verh. s. 1947 m. Ursula, geb. Roser, 3 Kd. - Univ. Göttingen, Münster, Tübingen (Stud. durch Kriegsdst. unterbr.; Promot. 1948, Habil. 1955) - S. 1955 Privatdoz. u. Ord. (1959) Univ. Tübingen u. Univ. Berkeley/California (USA) - Gastprof. New Zealand 1963, Austin/Texas 1963, Columbia U., New. York 1964 - 1975-80 Vizepräs. d. Intern. Ver. f. German. Sprach- u. Lit.-wissensch., 1976-80 Vors. Senatskommission f. germanist. Forschung d. Dt. Forschungsgemeinschaft, 1983ff. korr. Mitgl. Österr. Akad. d. Wiss., 1986ff. o. Mitgl. Phil.-hist. Klasse d. Heidelberger Akad. d. Wiss. - BV: Wirklichkeit u. Illusion - Studien üb. Gehalt u. Grenzen d. Begriffs Realismus f. d. erzählende Dichtung d. 19. Jh.s, 1957, 2. A. 1966, 3. A. 1977; Expressionismus - Forschungsprobleme 1952-60, 1961; Nachtwachen v. Bonaventura - Kehrseite d. Frühromantik, 1966; Theodor Fontane - Üb. d. Verbindlichkeit d. Unverbindl., 1967, 2. A. 1977; Expressionismus. Intern. Forsch. z. e. intern. Phänomen, 1980; Wirklichkeiten - Ess. z. Lit., 1982. Herausg.: Dichter üb. ihre Dichtungen - Theodor Fontane, 2 Bde. 1973, 2. A. 1977. Dt. Vierteljahrsschr. f. Lit.wiss. u. Geistesgesch. Mithrsg. Germanistik, Stud. z. dt. Lit.

BRINKMANN, Ulrich

Lehrer, MdL Baden-Württ. (Wahlkr. 48, Breisgau) - Schubertstr. 35, 7805 Bötzingen (T. 07663 - 15 55) - Geb. 16. Okt. 1942 Essen - SPD.

BRINKMANN, Wilhelm L. F.

Dr. rer. nat., Prof. f. Hydrologie Univ. Frankfurt/M. - Drosselstr. 8, 5300 Bonn 3.

BRINKMANN, Wolf

Dr. med., o. Prof. f. Chirurgie Univ. Bochum, Dir. Chir. Klinik Marienhospital, Herne - Hohenrodtstr. 1, 4690 Herne 1 - Geb. 14. Aug. 1924 Bonn - Facharztprüf. Chir. (1957) u. Urol. (1959); Habil. 1961.

BRINKMANN, Wolfgang

Dr.-Ing., Prof. f. Landtechnik - Beethovenstr. 56, 5300 Bonn (T. 65 88 18) - Geb. 4. Febr. 1920 - S. 1967 (Habil.) Lehrtätigk. Univ. Bonn (1969 apl., 1970 o. Prof.; Dir. Inst. f. Landtechnik; emerit. 1985) - 210 Fachveröff. - 1974 silb. Max-Eyth-Denkmünze dt. Landwirtsch.-ges.; 1984 gold. Plak. Landwirtschaftskammer Rhld.; 1987 Max-Eyth-Gedenkmünze Max-Eyth-Ges. im VDI - Spr.: Franz.

BRINSA, Ulrich

Reg.-Amtmann, MdA Berlin (s. 1975) - Zobeltitzstr. 101, 1000 Berlin 52 - Geb. 20. Sept. 1938 Berlin - CDU.

BRINTZINGER, Ottobert L.

Dr. iur., Ministerialdirigent, Leit. Abt. Städtebauförderung u. Wohnungswesen im Innenmin. Schlesw.-Holst. - Klinkerwisch 51, 2300 Kiel 1 (0431 - 31 36 03) - Geb. 6. Dez. 1929 Tübingen (Vater: Prof. Dr. Walter B., Chemiker), ev., verh. s. 1958 m. Gisela, geb. Edle v. Peter, 3 T. (Ursula, Irmela, Susanne) - Stud. Rechtswiss., Volksw. u. Gesch.; Promot. 1957 Basel, Ass. 1958 Stuttgart - 1958 Wiss. Ref. Präsid. d. Bd. d. Steuerzahler Stuttgart; 1959-65 Wiss. Ref. Inst. f. Intern. Recht Univ. Kiel; s. 1965 Ref. u. Abteilungsleit. Innenmin. u. Min. f. Arbeit, Soziales u. Vertriebene Schlesw.-Holst. Vorstandsvors. Arbeitsgem. f. zeitgem. Bauen, Kiel; AR Wohnungsbauges. Schlesw.-Holst. mbH Kiel u. Sanierungs- u. Entwicklungsges. Schlesw.-Holst. mbH, Kiel; stv. Vors. Kurat. Otto-Benecke-Stiftg., Bonn, Kurat.-Mitgl. Lorenz-v.-Stein-Inst. f. Verwaltungswiss. Univ. Kiel; Mitgl. Justizprüfungsamt b. Schlesw.-Holst. Oberlandesgericht, Schleswig; Vors. Schiedsgericht d. Dt. Roten Kreuzes, Landesverb. Schlesw.-Holst., Kiel; Mitgl. Rechtsaussch. Dt. Rotes Kreuz, Bonn; Vors. Beirat Verbraucherzentrale Schlesw.-Holst., Kiel, d. Dt. Siedlerbundes, Gesamtverb. f. Kleinsiedlung u. Eigenheim, Köln; Vors. Arbeitsgemeinsch. Wohnungsfürsorge d. Länder u. d. Bundes, Kiel; 2. Vors. Verb. Alter Herren d. Coburger Convents (AHCC), Coburg - Spr.: Engl.

BRISCH, Klaus

Dr. phil., Hon.prof. f. Islamische Archäologie u. Kunstgeschichte FU Berlin, Museumsdirektor a. D. - Salzbrunner Str. 29, 1000 Berlin 33 (T. 825 46 84) - Geb. 7. Febr. 1923 Oppeln/OS. (Vater: Josef B., Oberbürgerm. a. D.; Mutter: Gertrud, geb. Kutsche), kath., verh. 1964 (Jerusalem/Jordanien) m. Jeannette, geb. Kur - Promot. 1955 Bonn - 1958-60 Spanien-Stip. Dt. Forschungsgem.; 1960-66 Ref. f. Islam. Archäol. Dt. Archäol. Inst. Kairo; 1966-88 Dir. Staatl. Museen Berlin/Stiftg. Preuß. Kulturbesitz. Ausgrabungsleit. Omayyad. Schloß Djebel Seis/Syrien (1962-64) - BV: D. Fenstergitter u. verw. Ornamente d. Hauptmoschee v. Córdoba, 1966. Grabungsberichte u. Fachaufs. - Mitgl. DAI, korr. Mitgl. Inst. d'Egypte, Kairo, korr. Mitgl. Real Academia de Bellas Artes de San Fernando, Madrid - Spr.: Engl., Franz., Span., Arab.

BRISKORN, Friedrich

Geschäftsführer Klöckner-Silesiastahl GmbH., Duisburg - Oemberg 61, 4330 Mülheim/Ruhr-Saarn - Geb. 28. Nov. 1912.

BRITZE, Martin

Dipl.-Kfm., Geschäftsführer, Vorst. Neukölln-Mittenwalder-Eisenbahn-Ges. AG, Berlin - Schloßstr. 67a, 1000 Berlin 19 (T. 030 - 341 67 34) - Geb. 25. April 1947 Berlin, ev., verh. s. 1981 m. Beate, geb. Diemar, Sohn Oliver Max - Abit.; 1967-69 Banklehre; Stud. Betriebsw. Univ. Göttingen u. Berlin; Dipl.-Kfm. 1972 - Geschäftsf. Britze Beteiligungs GmbH u. div. Tochterges. Ehrenamtl. Richter Finanzgericht u. Arbeitsgericht Berlin - Liebh.: Tennis, Reisen - Spr.: Engl., Franz.

BRIX, Peter

Dr. rer. nat., em. Prof. f. Physik - Kastellweg 7, 6900 Heidelberg 1 - Geb. 20. Okt. 1918 Kappeln/Schlei (Vater: Heinrich B.; Mutter: Magda, geb. Brink), ev., verh. s. 1945 m. Ilse, geb. Brinke - 1936-40 Stud. Physik Kiel, Berlin, Rochester. Promot. (1946) u. Habil. (1952) Göttingen - 1952-53 National Research Council Ottawa; 1953-57 Doz. Univ. Heidelberg (I. Physikal. Inst.); 1957-72 Ord. u. Dir. Inst. f. Techn. Kernphysik TH Darmstadt; s. 1972 Mitgl. Direktorenkoll. Max-Planck-Inst. f. Kernphys., Heidelberg (1973-75 Geschäftsf. Dir.); Hon.Prof. TH Darmstadt; o. Prof. Univ. Heidelberg (s. 1987 emerit.); 1980-83 Vizepräs. Dt. Forsch.gemeinsch.; 1973 ord. Mitgl. Heidelb. Akad. d. Wiss.; 1975 Mitgl. Dt. Akad. d. Naturforscher Leopoldina Halle/S.; 1988 Dr. rer. nat. h. c. Physik FU Berlin. Fachveröff.

BRIX, Wolfgang

Dr. jur., Oberbürgermeister a.D., Staatssekretär a. D., Präs. Landesrechnungshof v. Rhld.-Pfalz (1984ff.)- Klausenbergweg 1, 6730 Neustadt/Weinstr. (T. 74 01) - Geb. 25. Juni 1930 Insterburg/Ostpr., ev., verh., 3 Kd. - Univ. Münster u. Heidelberg (Rechtswissensch., Volksw.). Promot. 1955; Ass.ex. 1958 - 1959-60 Arb. u. Bankangest. USA; 1960-61 Wiss. Hilfsarb. Bundesverw.gericht Berlin (Wirtschaftssenat); 1961-62 Stud. Harvard Univ. Cambridge (Verw. u. Recht d. USA); 1962-65 Reg.rat Landratsämter Ahrweiler u. Bernkastel; s. 1965 Oberbürgerm. Neustadt. MdL Rhld.-Pfalz (1967-71). AR-Vors. Nürburgring GmbH Nürburg, Hafenbetr. Ludwigshafen/Rh. GmbH u. Hafenbetr. Rhld.-Pfalz GmbH, Ludwigshafen; AR-Mitgl. Saar Ferngas AG, Saarbrücken u. Nassauische Sparkasse, Wiesbaden; Beauftr. d. Landes Rhld.-Pfalz bei d. Société Electrique de l'Our, Luxemburg - Zeitw. Vors. Landesverb. Rhld.-Pf./Dt. Parität. Wohlfahrtsverb. CDU (1965 stv. Bezirksvors. Pfalz bzw. Rheinhessen-Pfalz) - Spr.: Engl., Franz.

BROAD, Charles Robin

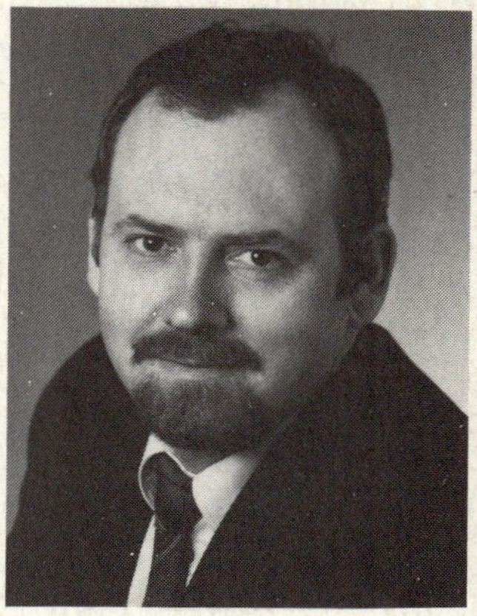

Chordirektor u. Kapellmeister Theater Hagen (s. 1989) - Beckergrube 49, 2400 Lübeck (T. 0451 - 70 57 03) - Geb. 22. Mai 1943 Ayr/Schottl. (Vater: Charles William, Kaufm.; Mutter: Margaret Thomas, geb. Robertson), verh. s. 1980 m. Sopranistin Deborah Broad-Klugt, S. Oliver - Stud. Gesang, Kompos., Dirig., Dipl. Guildhall School of Music and Drama, London. Auslandsstip. Salzburg Mozarteum, Hochsch. München, Vacanze Musicale Venedig; Konservat. Zürich - 1969-74 Sänger u. Repetitor Stadttheater St. Gallen; Musikdir. Bürgli Knabenschule St. Gallen; 1974-76 Gesangsdoz. Konservat. Queensland Australien; 1977-78 Solorepetitor Nationaltheater Mannheim, 1978-89 Bühnen d. Hansestadt Lübeck; 1983-89 Dirig. Feierabendchor, Ratzeburg. Spielt Klarinette, Saxophon, Klavier, Orgel; arrangiert u. komp. Musik, ausgeb. Tenor (Konz., Waterkant Duo). Darst. Lord Barrat in Henze's Junger Lord (Lübeck 1987 u. Aachen 1988). Begleiter u. Darst. in Lola Blau (Janne Schulte als Lola) v. Georg Kreisler (Lübeck 1987/88) - Insz.: Bühnenmus. Kammersp. Mannheim u. Lübeck Gr. Haus, D. Widerspenst. Zähmung, Mannheim, 1978-79; Die Räuber, 1980; Jim Knopf, 1981-82, Lübeck - 1988 L.R.A.M. in Kompos.

(Dipl.) Royal Acad. of Musik, London; Ehrenmitgl. F.T.C.L. Trinity College of Music, ebd. - Liebh.: Schriftst. u. Kompos., Reisen, Schlaraffia, Ein-Mann-Theater - Spr.: Ital., Franz., Span., Niederl.

BROCHIER, Paul Eugen

Senator E.h., Bau-Ing., Präsident Bayer. Bauindustrieverb., Vizepräs. Hauptverb. d. Dt. Bauind., Bundesvereinig. d. Dt. Arbeitgeberverb., VR-Vors. Brochier-Bau-GmbH, Nürnberg - Ebenseestr. 2, 8500 Nürnberg - Geb. 1. Okt. 1918 Nürnberg (Vater: Hans B., Bauuntern.; Mutter: Margarete, geb. Issmayer), ev., verh. s. 1941 m. Hanne, geb. Kinzelbach, 3 Kd. (Doris, Michael, Hannes) - Ing.-stud. - 1973 Bayer. VO.; 1976 BVK I. Kl.; 1978 Staatsmed. f. bes. Verd. um d. bayer. Wirtsch.; 1980 Gr. BVK, 1987 Stern dazu; 1987 Staatsmed. f. soz. Verdienste, Freistaat Bayern - Liebh.: Segeln, Ski, Golf - Spr.: Engl.

BROCK, Franz

Stadtdirektor a. D. - Theaterstr. 24, 5300 Bonn - Stadtdir. Beuel; b. 1982 Beigeordn. u. kaufm. Leit. Stadtwerke Bonn.

BROCK, Gert

Schneidermeister, MdL Nordrh.-Westf. (s. 1970) - Grüner Heideberg 12, 4190 Kleve (T. 46 73) - Geb. 10. April 1922 Kleve, verh., 4 Kd. - 1956 ff. MdK; 1961-69 Stadtvertr. (1963-69 Fraktionsf.). 1961 ff. Landrat. CDU s. 1952.

BROCK, Norbert

Dr. med., Dr. med. h.c., Prof., Arzt f. Pharmakologie - A.-Ladebeck-Str. 128-152, 4800 Bielefeld 14 (T. 1 45 20) - Geb. 26. Mai 1912 Dorsten/W. (Vater: Johannes B., Schulrat; Mutter: Franziska, geb. Hunecke), kath., verh. s. 1944 m. Edith, geb. Priske, 5 Kd. (Barbara-Annette, Gabriela, Jürgen, Ulrich, Stephan) - Gymn.; Med.stud. Freiburg/Br., Münster/W., Graz, Düsseldorf (Promot. 1936). Habil. 1940 Berlin - 1942-45 Doz. Univ. Berlin; s. 1949 Leit. Pharmak. Abt. Asta-Werke AG., Chem. Fabrik, Bielefeld, s. 1979 Abt. Exp. Tumorforschung. S. 1954 Honorarprof. Univ. Münster. Mitgl. Dt. Pharmakol. Ges., Dt. Ges. f. innere Med., Dt. Biometr. Ges., American Ass. for Cancer Research, Dt. Krebsges. Arbeiten üb. Pharmakotherapie, Chemotherapie d. Krebses u. d. Zellstoffwechsels - 1977 Gerhard-Domagk-Pr., 1977 Johann-Georg-Zimmermann-Pr., 1982 Pr. d. Dt. Therapiewoche, 1987 Dt. Krebspreis; 1988 Cain Memorial Award; 1978 Ehrendoktor Techn. Univ. München; 1979 Ehrenmitgl. Dt. Pharmakol. Ges., 1985 Ehrenmitgl. Dt. Krebsges. - Spr.: Engl., Franz., Ital.

BROCK, Peter

Prof. Hochsch. f. Musik u. Darst. Kunst Frankfurt, Flötist - Riefstahlstr. 12, 7500 Karlsruhe 1 (T. 0721 - 84 56 02) - Geb. 2 Okt. 1932 Brünn (Vater: Prof. Robert B., Chefdirig.; Mutter: Mia, geb. Weller, Opernsängerin), kath., verh. s. 1963 m. Zdenka, geb. Zoul, 2 T. (Simone, Susanne) - Stud. Akad. d. Mus. Künste Prag (Dipl.) - 1956-66 Soloflötist Prager Kammerorch.; 1960 Prof. Konservat. Prag; 1970-77 Vizedir. ebd.; 1977 Übersiedl. in d. BRD, 1977-80 Musikhochsch. Freiburg; ab 1980 Musikhochsch. Frankfurt/M., Konservat. Karlsruhe - Konz. in fast allen Staaten Europas, USA u. Kanada; üb. 150 Rundfunkaufn. u. 10 Schallpl. - Schallplattenpr. Wiener Flötenuhr f. Mozart Einspielungen.

BROCK, Rustan

Dr. med., Dr. phil., Arzt f. Psychiatrie, Neurologie, Psychotherapie, Psychoanalyse, Arbeitsmedizin, Psychologe, Prof. f. psychosoz. (Arbeits-) Medizin, Univ. Klinik Frankfurt/M - Theodor-Stern-Kai 7, 6000 Frankfurt/M. - Geb. 8. Sept. 1927 - Promotionen in Heidelberg; Habil. Mainz 1971; apl. Prof. 1972 u. B. Ord. Univ. Frankf., Zahlreiche Facharbeiten, 2 wiss. Preise.

BROCKARD, Erich

I. Bürgermeister Stadt Wolfratshausen - Rathaus, 8190 Wolfratshausen/Obb.

BROCKDORFF, Cay, Baron

Aufsichtsrat Loewe Opta GmbH., Berlin/Kronach - Oberer Pelzhügel 10a, 8630 Coburg-Ketschendorf - Geb. 25. Aug. 1923 Berlin - Spez. Arbeitsgeb. Marketing u. Vertrieb - Prior d. Deutsch. Tempelherren-Ordens O.M.C.T.

BROCKE, Erwin

Dr. jur., Prof., Vizepräsident des BSG a.D. - Auf'm Gebrande 3, 3550 Marburg 1 - Geb. 20. Jan. 1921 - 1954 Sozialgerichtsrat Marburg; 1956 Sozialgerichtsdir. ebd.; 1961 Bundesrichter b. BSG; 1973 Vors. Richter am BSG. Hon.-Prof. Univ. Marburg - Gr. BVK m. Stern.

BROCKE, Werner

Dipl.-Ing., Prof., Vorstandsmitglied Saarbergwerke AG., Saarbrücken (s. 1978) - Trierer Str. 1, 6600 Saarbrücken - Geb. 12. Juli 1928 - Zul. Umweltbundesamt Berlin - Vorst.-Mitgl. Untern.-verb. Saarbergbau, Saarbrücken, Vereinigung Ind. Kraftwirtsch., Essen, Vereinig. d. Großkraftw.betreiber, Essen, Erw. Vorst. Verein Wasser-, Boden- u. Lufthygiene, Berlin; AR-Vors. Fernwärme-Verbund-Saar GmbH, Saarbrücken; AR-Mitgl. Dt. Ges. z. Bau u. Betrieb v. Endlagern f. Abfallstoffe mbH, Peine, Saar-Ferngas AG, Saarbrücken; Beiratsvors. Ges. z. Energiegewinnung aus Müll u. Kohle mbH, Berlin, Ges. z. Kohleverflüss. mbH, Saarbrücken, Saarberg-Fernwärme GmbH, Saarbrücken, Saarberg-Hölter-Umwelttechnik GmbH, Saarbrücken, Saarberg-Interplan-Engineering GmbH, Saarbrücken; Präsid.-Mitgl. Bergbau-Elektrizitäts-Verbundgemeinsch., Essen; zahlr. Aussch.- u. Beiratsmitgl.sch. - 1976 Duisburg-Preis f. Umweltschutz - Spr.: Engl. - Rotarier -

BROCKE, Wolfgang

Dipl.-Ing., Geschäftsführer i. R. Vereinigung Industrielle Kraftwirtschaft - Henri-Dunant-Str. 93, 4300 Essen (T. 26 53 43) - Geb. 11. Jan. 1913.

BROCKER, Hildegard

Schriftstellerin (Ps.: Sybille Ferré, Bernarda Ried) - Hagenstr. 39, 1000 Berlin 33 (T. 030 - 825 76 65) - Geb. 10. Dez. 1920 Köln, kath., led. - Oberlyzeum, Priv. Handelssch., Berufssch. - 1938-39 Sekr., Buchhalterin, Berlin; 1939-45: Stenotypistin, Berlin; 1946-48: Fototechn., Berlin; 1951-80 Sekr., Sachbearb. (öfftl. Dienst) - BV: u.a. Ged. in Feierabend-Anthol. (Bde. I-VII), 1966-69; Ged. vertont Schlager-Party u. Quer, Lyrik u. Anthol., 1967; Ged. Unser Boot heißt Europa, 1967; Ged. u. Aphorismen Bde. I-III, 1970-72; Zeitgenöss. Poesie, 1975; Märchen Es war einmal, 1978; Bunte Kristalle I-II, 1979; Licht u. Schatten, 1980; Sternschnuppen, 1982-84; Massenstift, Ged. u. Aphorismen 1985; div. Veröff. - Liebh.: Kunst, Sprachen, Handarb., Reisen, Musizieren (Kleviersp., Komposit.) - Spr.: Engl., Franz.

BROCKHAUS, Christoph

Dr. phil., Direktor Wilh.-Lehmbruck-Museum Duisburg - Zu erreichen üb. Wilh.-Lehmbruck-Museum, Düsseldorfer Str. 51, 4100 Duisburg 1 - Geb. 24. Aug. 1944 Lübeck, verh. s. 1971 m. Robbi, geb. Juday, 2 T. (Laura, Sara) - Stud. Kunstgesch. Hamburg, Wien, Heidelberg u. USA - 1975-79 Wilh.-Hack-Mus., Ludwigshafen; 1979-84 Mus. Ludwig, Köln - BV: Zahlr. Publ. z. Kunst d. 20. Jh., u.a. Alfred Kubin, 1977; Jiri Tichý, 1980; Dt. Zeichn. d. Gegenw., 1982; D. Zeichner Franz Bernhard, 1985; Claus Bury, 1986; Dani Karavan, 1986; Emil Schumacher, 1987.

BROCKHAUS, Lutz

Prof. Hochschule f. Gestalt. Aachen, Bildhauer - Jahnstr. 111, 6100 Darmstadt (T. 06151 - 4 39 15) - Geb. 14. Sept. 1945 Berlin (Vater: Willibald B., Revisor; Mutter: Charlotte, geb. Hesse), verh. s. 1975 m. Sabine, geb. Petersen, 4 Kd. (Johannes, Anna-Maya, Anika, Lisa) - 1966-71 Stud. (Staatsex. 1971, Meisterschüler) - 1972-74 Assist. TH Darmstadt (b. W. Grzimek); 1974-76 Lehrauftr. TH; 1977-81 Lehrer ebd.; 1981 Prof. Hochsch. f. Gestalt., Aachen - Bild. Kunst: Plastiken - 1979 Villa Massimo-Preis, Rom; 1979 1. Preis im intern. Wettb.: Kunst u. Brunnen im Fußgängerbereich Zeil, Frankf. - Spr.: Engl., Franz.

BROCKHAUS, Rudolf

Dr.-Ing., Prof., Inst. f. Flugführung TU Braunschweig (s. 1968) - Am Schiefen Berg 63A, 3340 Wolfenbüttel (T. 7 28 82) - Geb: 16. April 1933 Plettenberg - Stud. Regelungstechnik TU Berlin, TH Darmstadt (Diplom 1959), Promot. TU Braunschweig (1967) - BV: Flugreglung I + II, 1977/79 - Spr.: Franz., Engl.

BROCKHAUS, Wilhelm

Em. o. Prof. f. Didaktik d. engl. Sprache u. Lit. Univ./GH Paderborn - Am Laugrund 16a, 4790 Paderborn - Geb. 4. Juli 1923, verh. m. Marietheres, geb. Meyer, 3 Kd. (Dirk, Katharina, Johannes) - Veröff. in Fachztschr.

BROCKHOFF, Ernst

Dr. oec. publ., berat. Volks- u. Betriebswirt - Schemelsbruch 26, 4330 Mülheim/Ruhr 1 (T. 5 13 46) - Geb. 7. Aug. 1916 Duisburg (Vater: Ernst B., Rechtsanw.; Mutter: Hildegard, geb. Höfling, beide †), ev., verh. in 2. Ehe (1950) m. Hanneliesel, geb. Ostermann, 5 Kd. (Barbara, Wolfgang, Ursula, Dorothea, Georg) - Dipl.-Kfm. (1948) u. Promot. (1953) München - B. 1945 Berufsoffz. (Kdr. Gebirgsartl.; Major); 1956-73 Vorstandsmitgl. Duisbg. Verkehrsges. AG; b. 1981 Geschäftsf. Verkehrsverbund Rhein-Ruhr GmbH - BV: Kooperation im öfftl. Personennahverkehr - Tarifgemeinsch./Verkehrsgem./ Verkehrsverb., 1973 - 1946 Gold. u. Silb. Sportabz. f. Schwerversehrte; 1981 BVK I. Kl.; Vorst.-Mitgl. d. Soc. e.V., Duisburg; Ehrenvors. Rhein. Briefmarkensammler-Verein, Duisburg; Dt. Kreuz in Gold (Kriegsauszeichnung) - Liebh.: Gesch., Politik, Philat. - Spr.: Engl., Franz.

BROCKHOFF, Klaus

Dr. rer. pol., Dipl.-Kfm., Dipl.-Volksw., o. Prof. f. Betriebswirtschaftslehre - Barstenkamp 20, 2300 Molfsee-Rammsee - Geb. 16. Okt. 1939 - B. 1970 Univ. Bonn (Privatdoz.), dann Univ. Kiel (Ord.) - BV: Unternehmenswachstum u. Sortimentsänder., 1966; Forschungsprojekte u. Forschungsprogramme - ihre Bewert. u. Ausw., 2. A. 1973; Prognoseverfahren..., 1977; Delphi Prognosen im Computerdialog, 1979; Produktpolitik, 1981, 2. A. 1988; Forschung u. Entw., 1988, 2. A. 1989; Marketing d. Kundeninformationssysteme, 1987; Schnittstellen-Management, 1989; ca. 150 Aufs.

BROCKHOFF, Maria Elisabeth

Dr.-Ing., Prof., Wiss. Rätin - Königsberger Str. 136, 4400 Münster/W. (T. 24 77 05) - Geb. 2. April 1922 Ludwigsburg/Württ. - S. 1956 (Habil.) Lehrtätigk. Univ. Münster (Musikwiss.). Fachveröff.

BROCKHOFF, Victoria

Dr. phil., Dr. med., Chirurgin, Ltd. Ärztin Krankenhaus Herdecke - Hohensyburgstr. 83b, 4600 Dortmund (T. 0231-774737) - Geb. 25. Mai 1925 Norderney, kath., ledig - Abit. 1944; Dr. phil. 1948 Münster/W. (Musikwiss., Altorientalistik, Archäol.); 1951 Studienaufenth. Paris, 1952 Irak; med. Staatsex. u. Promot. 1958 Münster; Facharzt f. Chir. 1965, f. Neurochir. 1967 Erlangen. S. 1970 Ltd. Ärztin Herdecke; s. 1983 Lehrbeauftr. Univ. Münster, Phil. Fak.; s. 1981/82 nebenberufl. Stud. kath. Theol.; Lehrbeauftr. Hochsch. Witten-Herdecke - BV: Als d. Götter noch mit d. Menschen sprachen, 1981; Botschaft aus Träumen, 1983; Kreativität u. Therapien, 1985 (m.a.) - Liebh.: Sumerisch, Kirchenmusik v. d. Gregorianik b. z. Barock, Reisen - Spr.: Franz., Engl., Lat., Griech., Hebräisch, Akkad., Sumerisch, Arabisch.

BROCKMANN, Hans Hinrich

Dr. rer. nat., Prof. f. Organ. Chemie Univ. Bielefeld - Saturnstr. 2, 4800 Bielefeld 15 - Geb. 23. Aug. 1936 Göttingen (Vater: Hans B., Hochschullehrer; Mutter: Gertrud, geb. Stein), verh. s. 1967 m. Dr. Gisela, geb. Jeckel, 4 Kd. (Johannes, Dietrich, Doris, Susanne) - Gymn. Göttingen; Chemiestud. Univ. Freiburg/Br. (1955-58) u. Göttingen (1958-63). Dipl.-Chem. 1960; Promot. 1963 - S. 1970 Hochschull. (b. 1975 Braunschweig, dann Bielefeld). Üb. 60 Fachveröff.

BROCKMANN, Theodor

Dr. jur., Ministerialdirektor a. D. - Liegnitzer Str. 29, 5300 Bonn (T. 66 98 84) - Geb. 5. Okt. 1914 Iburg Kr. Osnabrück, kath., verh. s. 1943 m. Christine, geb. Berlage, 2 Kd. - Gymn. u. Realgymn. Münster/W.; Univ. ebd., Freiburg/Br., Königsberg/Pr. (Rechts- u. Staatswiss.). Gr. jurist. Staatsprüf. 1943 - 1943-53 Dt. Reichs- bzw. Bundesbahn, dann Bundesinnenmin. (1961 Leit. Personal- u. Haushaltsabt., 1963 Abt. Beamten- u. sonst. Personalrecht d. öfftl. Dienstes) - 1974 Gr. BVK - Spr.: Engl., Franz. - Rotarier.

BROCKMANN, Willibert

Schlosser, Mitgl. Brem. Bürgerschaft (s. 1971) - Dithmarscher Freiheit 9, 2800 Bremen 1 - Geb. 13. Juni 1925 Verden/Aller, ev., verh., 2 Kd. - Volkssch.; 1939-42 Schlosserlehre - 1943-48 Kriegsdst. u. -gefangensch.; s. 1949 Schlosser (1965 Betriebsrat, 1970 Kollegenbetreuer AG. Weser). SPD s. 1959.

BROCKMEIER, Hubert

Geschäftsführer Bundesverb. d. Dt. Tankstellen- u. Garagengewerbes - Stiftstr. 35, 4950 Minden/W. - Geb. 8. Sept. 1935.

BROCKMEIER, Peter

Dr. phil., o. Prof. f. Allgem. u. vgl. Literaturwiss. FU Berlin (s. 1980) - Regensburgerstr. 4, 1000 Berlin 30 - Geb. 12. April 1934 Kassel - Promot. 1960; Habil. 1970 - 1960-64 Lektor Univ. Venedig; 1964-70 Wiss. Assist. TH Darmstadt; 1971-80 o. Prof. Univ. Mannheim. Fachveröff.

BROCKMEYER, Heinz

Dr.-Ing., Geschäftsführer Cronauer-Beratung-Planung, Berat. Ing. GmbH, München - Auenstr. 16, 8012 Ottobrunn-Riemerling - Geb. 11. Sept. 1938 - Stud. Maschinenbau; Promot. TH Braunschweig - Vorstandsmitgl. VDI-Ges. Techn. Gebäudeausrüst. - VDI-Ehrenring.

BROCKSTEDT, Hans

Kunsthändler, Inh. Galerie (s. 1957) - Magdalenenstr. 11, 2000 Hamburg 13 (T. 040 - 410 40 91/92) - Geb. 30. Nov. 1930 Hamburg (Eltern: Hans u. Hedwig B.), ev., verh. s. 1963 m. Jutta, geb. Kügel, 2 Kd. (Julia, Boris) - Abit.; Verlagslehre; Stud. Betriebsw. Hamburg u. München - Spez. Arbeitsgeb.: Kunst Jh.wende, 20er J., Gegenw. - Spr.: Engl., Franz., Span.

BRODACH, Hans-Georg

Dr. iur., Rechtsanwalt, Präsidialgeschäftsf. Bundesverb. Luft- u. Raumfahrtindustrie - Konstantinstr. 90, 5300 Bonn 2 (T. 0228 - 8 49 07-00) - Geb. 4. April 1947, verh. s. 1974 m. Suzanne, geb. Daspet, S. Frédéric - Stud. Rechts- u. Staatswiss. Göttingen, Madrid, Münster u. Toulouse; Ass.ex. 1977 Hannover; Promot. 1974 Univ. Münster - Spr.: Engl., Franz., Span.

BRODAUF, Hans Heinrich
Dr. med. vet., Prof., Tierarzt - Neuhäuser Str. 44, 7815 Kirchzarten/Schwarzw. - Geb. 23. Juni 1914 Chemnitz/Sa. (Vater: Johannes B., Studienrat; Mutter: Johanna, geb. Meinhold), verh. s. 1941 m. Hiltraut, geb. Müller, 3 Kd. (Sabine, Wolf, Henning) - Staatsgymn. Chemnitz (Abit. 1934); landw. Lehre; 1935-40 Stud. Veterinärmed. Leipzig, Wien, Hannover. Promot. 1941; Habil. 1954 - Zul. Prof. f. Dokumentation Tierärztl. Hochsch. Hannover (s. 1976 i. R.) - BV: Dokumentationssprache u. Deskriptorenliste f. d. Thesaurus d. Veterinärmed., 1976; 600 J. Familie Brodauf - e. Sippenreg. ab 1350, 1980 (Selbstverl.). Mithrsg.: Informationsdst. Vet.-med (1972-78) - Liebh.: Musik, Malerei - Spr.: Engl. - Bek. Vorf.: Ernestus Brotuff, Historiker Merseburg (1497-1565).

BRODEHL, Johannes
Dr. med., Abteilungsvorsteher, Prof. f. Kinderheilkunde Med. Hochschule Hannover (s. 1970) - Muthesiusweg 21, 3000 Hannover 61 - Geb. 20. Okt. 1931 Berlin - Promot. 1956; Habil. 1967 - BV: D. renale Transport v. Aminosäuren im Säuglings- u. Kindesalter, 1969; Paediatric Nephrology, 1983.

BRODERSEN, Klaus
Dr. phil.; o. Prof. f. Anorgan. u. Analyt. Chemie - Schwalbenweg 2, 8520 Erlangen (T. 4 14 43) - Geb. 12. Aug. 1926 Dessau (Vater: Dr. Karl B., Chemiker; Mutter: Elisabeth, geb. Arndt), ev., verh. s. 1951 m. Dr. Gertraude, geb. Kirchübel, 2 Söhne (Kai Nikolaus, Kilian Arne) - Goethe-Sch. Dessau; n. Kriegsdst. Univ. Kiel u. Greifswald (Dipl.-Chem. 1949). Promot. 1951 Greifswald; Habil. 1957 Tübingen - S. 1957 Lehrtätigk. Tübingen, TH Aachen (1961 ao. Prof.)., Erlangen-Nürnberg (1964 o. Prof. u. Leit. Inst. f. Anorgan. Chemie; 1966/67 Dekan Naturwiss. Fak.). Spez. Arbeitsgeb.: Röntgenogr. Strukturbestimmungen, Spektroskop. Unters., Hg-N-Verbind., Hg-Hg-Verbind. - Üb. 120 Fachaufs. - Spr.: Engl.

BRODOWSKY, Horst
Dr. rer. nat., Prof. f. Techn. Chemie - Lantziusstr. Nr. 44 - Geb. 24. Febr. 1933 Treuburg/Ostpr. - Stud. Chemie. Promot. 1960 - S. 1968 (Habil.) Lehrtätigk. Univ. Münster (1971 Wiss. Rat u. Prof.) u. Kiel (1972 Prof.). Aufenth. Japan (1960-62, 1968-69, 1981-82) u. USA (1968-69). Üb. 50 Facharb.

BRODT, Bodo
s. Gaulke, Heinz-Bruno

BRÖCKER, Fritz
Geschäftsführer Bröcker Ladenbau KG., Wuppertal, Vors. Dt. Ladenbau-Verb., Herford - Zur Waldesruh 74, 5600 Wuppertal 11 - Geb. 27. Sept. 1916.

BRÖCKER, Ludwig G.
Dr. rer. nat., Wiss. Rat., Prof. f. Mathematik Univ. Münster - Roxeler Str. 64 (Math. Inst.), 4400 Münster/W. - Zul. Doz. Univ. Kiel.

BRÖCKER, Richard
Dr., Geschäftsführer Zentralverb. D. Dt. Geflügelwirtschaft - Niebuhrstr. 53, 5300 Bonn.

BROECKX, Jan
Solo-Tänzer Bayer. Staatsoper (s. 1985) - Kinkstr. 4, 8000 München 80 - Geb. 18. April 1961 Antwerpen/Belg., ledig - Ausb. Stedelijk Inst. voor Ballett, Antwerpen - 1982-85 Dt. Oper Berlin. Gastsp. London Festival-Ballet u. Ballet de Marseille - Prix de Lausanne - Liebh.: Fotografieren - Spr.: Franz., Deutsch, Niederl., Engl.

BRÖDEL, Walter
Dr. phil. (habil.), o. Prof. f. Mathematik - Ludwig-Thoma-Str. 18, 8230 Bad Reichenhall/Obb. (T. 44 10) - Geb. 26. April 1911 Leutersdorf/Sa. - Lehrtätigk. Univ. Jena (1948 Prof. m. Lehrstuhl) u. Würzburg (1966 o. Prof.). Fachveröff.

BRÖDER, Ernst-Günther
Dr. rer. pol, Präsident Europ. Investitionsbank (EIB), Luxemburg, u. VR-Präs. EIB (s. 1984) - Zu erreichen üb. Europ. Investitionsbank, 100, boulevard Konrad Adenauer, L-2950 Luxemburg (T. 43 79-1; Fax 43 77 04) - Geb. 6. Jan. 1927 Köln - Stud. Natur- u. Staatswiss. Köln, Mainz, Freiburg (Promot. 1956), Paris - 1956-61 Vorstandsstab Bayer AG, Leverkusen; 1961-64 Projects Department Weltbank; 1964-84 Kreditanst. f. Wiederaufbau (1969-75 Dir., 1975-84 Vorst.-Mitgl., 1980-84 Vorst.-Sprecher). Zahlr. Mand.

BRÖGER, Achim
Schriftsteller - Wilhelm-Raabe-Weg 3, 3300 Braunschweig/Bienrode (T. 05307 - 64 83) - Geb. 16. Mai 1944 Erlangen, verh. m. Elisabeth, geb. Zeeck, 3 Kd. (Jonas, Gunda, Olaf) - Ausb.: Schriftsetzerlehre - 1970-80 Hersteller, Texter, Gestalter in e. Schulbuchverlag; stv. Vors. Nieders. Schriftstellerverb. in d. IG Druck u. Papier; s. 1981 Mitgl. PEN-Zentr. BRD u. Intern. PEN - BV: D. Ausredenerfinder, 1972, übers. engl., jap., span.; Kurzschluß, 1976, übers. engl.; Mensch, wär' d. schön, 1977, übers. norw., span.; Moritzgesch., 1979, übers. engl. u. franz.; Meyers Gr. Kinderlexikon, 1981; Pizza u. Oskar, 1981, übers. engl., span., niederl.; Mein 24. Dez., 1985; Ich mag dich, 1986, übers. schwed., jap., dän.; Oma u. ich, 1986, übers. niederl., engl., jap., span., schwed., dän., franz.; Mama, ich hol' Papa ab, 1988. S. 1973 div. Bilderb. m. d. Grafikerin G. Kalow; Ausg. in 14 Ländern; versch. Fernsehfilme, Hörsp., e. Theaterstück, u.a. - 1975 Dt. Schallplattenpr.; 1977 u. 79 D. schönsten Bücher; mehrf. Bestliste Dt. Jugendbuchpreis; 1987 Dt. Jugendliteraturpreis; 1989 Ehrenliste z. Österr. Kinderbuchpreis - Bek. Vorf.: Karl Bröger, Schriftsteller (Großvater) - Lit.: Lexikon d. Jugendlit., 1981; Meyers Enzyklopäd. Lex., Bd. 26, 1985; u.a.

BRÖKER, Werner
Dr. theol., Dr. rer. nat., Prof. f. Kathol. u. Systemat. Theologie - Überwasserstr. 29, 4402 Greven-Gimbte - Geb. 23. März 1929 - Promot. 1962 (r. n.) u. 67 (t.); Habil. 1970 (t.) - S. 1971 Ord. GH Paderborn u. Univ. Osnabrück - BV: u. a. D. Sinn v. Evolution, 1967; Politische Motive naturwissensch. Argumentation gegen Religion u. Kirche, 1973.

BRÖLL, Heinrich
Vorstandsmitglied Wayss & Freytag AG, Frankfurt/M. - Theodor-Heuss-Allee 110, 6000 Frankfurt 90 - Geb. 21. Juni 1930.

BROELL, Werner
Dipl.-Volksw., Ltd. Angestellter, Schriftst. - Kirschenstr., 8028 Taufkirchen - Geb. 20. Febr. 1942 Kempten/Allg., verh., 1 Tochter - Stud. Wirtsch.- u. Gesellschaftswiss. Univ. München - BV: Fachb. u. -aufs. z. Thema DDR, - Ost-West-Handel, Plan- Markt- Wirtsch.; 2 Gedichtbde. in bair. u. dtsch. (Isarkiesel 1981, So ko ma si daischn, 1982); Kurzgesch. - Liebh.: Lit., Kunst, Gesellschaftspolitik, Kleinkunstszene, Musik - Spr.: Franz., Engl., Russ.

BRÖMER, Herbert
Dr. rer. nat., Prof. f. Physik TU Braunschweig (s. 1970) - Sauerbruchstr. 39, 3300 Braunschweig - Geb. 26. April 1928 Braunschweig.

BRÖMMELHAUS, Helmut
Gewerkschaftssekretär a. D., MdL Nordrh.-Westf. (s. 1966) - Kupfergraben 32, 4407 Emsdetten (T. 5 32) - Geb. 23. Mai 1927 Emsdetten, verh., 3 Kd. - Volkssch.; Akad. d. Arbeit (1 J.) - Weber; Sekr. Gewerksch. Textil-Bekleid.; gegenw. Bezirkssekr. Münster-Arnsberg ebd. 1960-65 Ratsmitgl. Rheine; s. 1965 MdK Steinfurt. CDU s. 1947 (div. Funktionen).

BRÖMSE, Peter
Dr. phil., o. Prof. Inst. f. Musikwiss./ Musikpäd. Univ. Gießen (s. 1966), em. - Steinbreite 17b, 3400 Göttingen (T. 0551 - 79 21 93) - Geb. 16. März 1912 Prag (Vater: Prof. August B., Maler), verh. m. Katharina, geb. Lanz - BV: u. a. Z.Musikrezeption Jugendlicher, 1971 (m. Eberhard Kötter). Musikgesch. d. Deutschen in d. Böhmischen Ländern. Div. Einzelärb. Kompositionen (ca. 140 Titel) - Mitgl. d. Sudetendt. Akad. d. Wiss. u. Künste.

BROER, Franz
Dr.-Ing., Dipl.-Ing., Ehrenvorsitzender Vereinig. d. Verb. d. dt. Zentralheizungswirtsch., Ehrenvors. Landesfachgruppe NRW d. Fachverb. Sanitär-Heizung-Klima u. Ehrenmitgl. Fachverb. Sanitär-Heizung-Klima - Kanzler-Wippermann-Str. 13, 4790 Paderborn - Geb. 26. März 1912 Büren/W. (Vater: Franz B., Schlosserm.; Mutter: Maria, geb. Brintrup), kath., verh. s. 1939 m. Gerda, geb. Verfarth, 5 Kd. (Bernd, Vera, Peter, Eva, Inge) - Stud. TH Hannover, Dipl.ex. 1936; Promot. 1939 - Rotarier.

BROER, Ingo
Dr. theol., Prof. f. Exegese d. Neuen Testaments Univ.-GH Siegen - Klosterstr. 2, 5901 Wilnsdorf-Niederdielfen - Geb. 3. Febr. 1943 - Promot. 1970, Habil. 1972 - BV: D. Urgemeinde u. d. Grab Jesu. E. Analyse d. Grablegungsgesch. im Neuen Testament, 1972; Freiheit v. Gesetz u. Radikalisierung d. Gesetzes. E. Beitrag z. Theol. d. Evangelisten Matthäus, 1980; Friede durch Gewaltverzicht? Vier Abhandl. z. Friedensproblematik u. Bergpredigt, 1984; D. Seligpreis. d. Bergpredigt. Stud. zu ihrer Überlief. u. Ausleg., 1986. Zahlr. Beitr. in Sammelwerken u. Ztschr. z. bibelwiss. Themen. Mitherausg. D. Wirtsch. d. Siegerlandes - Krise u. Chance; Auf Hoffnung hin sind wir gerettet (Röm. 8,24). Bibl. u. system. Beitr. z. Erlösungsverständnis heute (1987); D. Herr ist wahrhaft auferstanden (LK 24,34). Bibl. u. system. Beiträge z. Entstehung d. Osterglaubens (1988); Siegerland - Region im Wandel. E. Bestandsaufnahme (1989).

BROER, Jochen
Dr. rer. pol., Dipl.-Kfm., Kaufmann - Zeisigweg 11, 5407 Boppard (T. 06742 - 21 01) - Geb. 22. Okt. 1931 Boesperde (Vater: Wilhelm B., Ing.; Mutter: Bertha, geb. Köhle), ev., verh. s. 1960 m. Helga, geb. Queck, 2 Kd. (Eva, Jan) - Stud. d. Betriebswirtsch. Univ. Köln; Promot. 1965 - 1956-59 Abt.leit. EDV Kaufhof AG, Köln; 1959-62 kfm. Leit. Großbaustelle Kuweit; 1963-64 Ausl.abt.leit. Dr.-Ing. Trapp & Co., Wesel; s. 1965 Geschäftsf. BOMAG-MENCK GmbH, Boppard; AR-Vors. RICOMAG, Ribnica na Dolenjskem, Jugosl.; Vorst. AOK Rhein-Hunsrück-Kr., Simmern, Krankenkassenverb., Koblenz - Spr. Engl., Franz.

BRÖSSE, Ulrich
Dr. rer. pol., Dipl.-Wirtsch.-Ing., Univ.-Prof. TH Aachen - Templergraben 64, 5100 Aachen (T. 80 61 55) - Geb. 25. Nov. 1934 Essen (Vater: Dr. Wilhelm B., Chemiker; Mutter: Lotte, geb. Apel), ev., verh. s. 1964 m. Mathilde, geb. Lau, 2 Kd. (Frank, Andreas) - Stud. TH Darmstadt; Promot. 1965; Habil. 1970 Aachen - BV: Wirtschaftsordnung u. Arbeitsrecht in Spanien, 1965; Ziele in d. Regionalpolitik, 1973; Raumordnungspolitik, 1982; Bevölkerungsrückgang u. Umwelt, 1983; Volkswirtschaftslehre, 1987 - 1986 o. Mitgl. Akad. f. Raumforschung u. Landesplanung - Liebh.: Musik, Botanik, Zoologie - Spr.: Engl., Span., Franz.

BROGLIE, Max(imilian)
Dr. med., Prof., Chefarzt i. R. - Rheinstr. 19, 6200 Wiesbaden (T. 37 33 84) - Geb. 28. Juni 1909 Nordhalden/Baden (Vater: Karl B.; Mutter: Frieda, geb. Weltin), verh. s. 1935 m. Irmgard, geb. Gropp, 2 Kd. - TH Darmstadt (Chemie), Univ. Tübingen, Marburg, Kiel, Leipzig (Med.; Staatsprüf. 1933). Promot. München; Habil. Gießen - 1935-45 Wiss. Assist. u. Oberarzt Med. Univ.sklinik Gießen u. Kiel; s. 1947 Chefarzt Landeskrkhs. Schleswig, Friedrich-Ebert-Krkhs. Neumünster (1950), Kliniken Landeshauptstadt Wiesbaden (Med. Klinik II; 1959); Ltd. Arzt Klinik am Kurpark Wiesbaden (1974). S. 1943 Lehrtätigk. Univ. Kiel (1955 apl. Prof.) u. Mainz (1968 apl. Prof.; Inn. Med.). Ehrenpräs. Berufsverb. dt. Internisten u. Gemeinschaft fachärztl. Berufsverb. Zahlr. Fachveröff. (bes. Rheumatol. u. Diabetol.) - 1974 BVK I. Kl. - Rotarier.

BROGLIE, Maximilian Guido
Rechtsanwalt (FA f. Sozialrecht), Hauptgeschäftsf. Berufsverb. Dt. Internisten - Riederbergstr. 98, 6200 Wiesbaden (T. 06121 - 52 37 66) - Geb. 22. Nov. 1943 Gießen (Vater: Prof. Dr. med. Maximilian B., Arzt; Mutter: Irmgard, geb. Gropp), alt-kath., verh. s. 1982 m. Barbara, geb. Lepiorz, 2 Söhne (Daniel Maximilian, Christian) - 1962-65 Maschinenschlosserlehre (Opel AG); Abit. 1967 (Stiftg. Louisenlund); 1967-72 Stud. Jura u. BWL Univ. Marburg, Mannheim, Freiburg, Heidelberg u. Adelaide/Austr. (1. jurist. Ex. 1972; 2. Ex. 1976) - S. 1976 Rechtsanw.; 1977-80 ESÜDRO eG (Leit. Personal- u. Rechtsabt., Geschäftsf.), 1980ff. Berufsverb. Dt. Internisten (Hptgeschäftsf.). Div. jurist. Fachveröff. - Liebh.: Ski, Surfen, Golf, Essen u. Trinken - Spr.: Engl., Franz. - Rotarier.

BROHM, Winfried
Dr. jur., o. Prof. f. öff. Recht (Staats-, Verwaltungs-, Wirtschafts- u. Planungsrecht) u. Verwaltungswissensch. Universität Konstanz - Wydenmööslistr. 11, CH-8280 Kreuzlingen - 1969 Dozent Univ. Freiburg/Br., dann Ord. Univ. Bielefeld, Rufe 1979 Univ. Marburg, 1985 Hochsch. f. Verwaltungswiss. - BV: Rechtsschutz im Bauplanungsrecht, 1959; Landeshoheit u. Bundesverw., 1968; Strukturen d. Wirtschaftsverw., 1969; Sachverständige u. Politik, 1971; D. Dogmatik d. Verw.srechts vor d. Gegenwartsaufg. d. Verw., 1972; Mitverf.: Neue u. modifizierte Rechtsformen d. Bodennutzung (Münchener Gutachten, hrsg. v. BStBM), 1977; Entwicklung im Raum- u. Stadtplanungsrecht, 1979 (auch poln.); Staatl. Straßenplanung u. gemeindl. Bauleitplanung, 1979; Drittes dt.-poln. Verwaltungssymposion. D. Innenrecht d. Verwaltung, (Hrsg.) 1983; Verkehrsberuhig. in Städten, Rechtsprobl. d. Einricht. v. Wohnstraßen, 1985; zahlr. Beitr. in Fachztschr., Sammelbd. u. Handb.

BROICH, Franz
Dr.-Ing., Dr. rer. nat. h. c., Dr. Ing. E. h., Prof., Chemiker - Lindenstr. 7, 8224 Chieming/Obb. - Geb. 15. Okt. 1906 Trier/Mosel, verh., 3 Kd. (dav. 2 S.) - Promot. 1931 München (b. Nobelpreisträger Prof. Dr. Hans Fischer); 1932/33 Forschung-Stip. Univ. Halle (b. Prof. Emil Abderhalden) - 1933-72 IG Farbenindustrie AG., Frankfurt/M. (Betriebsleit. Schkopau), u. Chem. Werke Hüls AG., Marl/W. (1945; 1958 Vorstandsmitgl., 1961 stv., 1965 -vors.). S. 1960 Lehrbeauftr. u. Honorarprof. (1966) Univ. Münster (Organ.-Chem. Technologie). ARsmandate - 1967 Ehrendoktor TH Aachen; Ehrenbürger Univ. Münster; 1969 Normann-Med. Dt. Ges. f. Fettforsch.; 1972 Award of International Inst. of Synthetic Rubber Producers - 1972 Gr. BVK; 1987 Ehrendoktor Univ. Dortmund - Lit.: Ferdinand Simoneit, D. Neuen Bosse (1966); Kraenzlein, Chemie im Revier (1980) - Spr.: Engl. - Rotarier - Nichtraucher.

BROICH, Josef
Schriftsteller - Kurfürstenstr. 18, 5000 Köln 1 (T. 0221 - 32 34 82) - Geb. 23. Okt. 1948 Batenhorst/Westf., ev., ledig -

Ausb.: Dipl.-Betriebsw., Dipl.-Päd. - Vors. d. Rhein. Ag. Spiel u. Theater im Reg.-Bez. Köln - BV: Rollensp. m. Erwachsenen, 1981; Erwachsenwerden ..., 1983; Anwärmsp., 1989; Körper- u. Bewegungssp., 1989.

BROICH, Ulrich

Dr. phil., o. Prof. f. Anglistik - Kufsteiner Str. 24 a, 8012 Riemerling - Geb. 30. Mai 1932 Köln (Vater: Dr. Karl B.), verh. m. Christine, geb. Hett - Univ. Köln, Freiburg/Br., Bonn. Promot. 1957 Bonn; Habil. 1966 Erlangen - S. 1966 Lehrtätigk. Univ. Erlangen-Nürnberg (Wiss. Rat), Bochum (1967 Ord.) u. München (1976). 1984-86 1. Vors. Verb. dt. Anglisten - BV: Ironie im Prosawerk W. M. Thackerays, 1957; Heinrich II. als Patron d. Lit., 1962; Stud. z. kom. Epos, 1968; Gattungen d. mod. engl. Romans, 1975; Intertextualität, (m. M. Pfister) 1985.

BROICHER, Heinz

Dr. med., Prof., Internist u. Gastroenterologe, Chefarzt u. Ärztl. Dir. i. R. Kreiskrkhs. Grevenbroich - Am Ziegelkamp 1, 4048 Grevenbroich/Rhld. (T. 10 17) - Geb. 3. Juni 1919 - S. 1955 (Habil.) Privatdoz. u. apl. Prof. (1961) Univ. Bonn. Fachveröff. - Spr.: Franz., Engl. - Rotarier.

BROICHER, Paul

Rechtsanwalt, Europabeauftr. Industrie- u. Handelstag, Bonn (s. 1968) - Peter-Fix-Str. 25, 5483 Bad Neuenahr-Ahrweiler 1 - Geb. 24. März 1914 Duisburg (Vater: Adolf B., Landgerichtspräs.; Mutter: Maria, geb. Boller), kath., verh. s. 1941 m. Fridel, geb. Büttner, 2 Töcht. (Eva-Maria, Brigitta) - Gr. jurist. Staatsprüf. - RA; 1963-68 Hgf. IHK Koblenz, später Hptgeschäftsf. Ind.- u. Hdlstag Bonn. Mitgl. Wirtsch.- u. Sozialaussch. EG, Brüssel; . V. Ges. f. reg. Strukturentwickl.; Präsident d. dt.-ivorischen Wirtschaftsvereinigung - 1969 BVK I. Kl.; 1974 Gr. BVK - Spr.: Franz. - Rotarier.

BROICHHAUSEN, Josef

Dr.-Ing., Prof. - Lütticher Str. 186, 5100 Aachen - Geb. 9. Okt. 1917 - Promot. 1946 - S. 1969 (Habil.) Lehrtätigk. TH Aachen (1970 Prof. Werkstofftechnik/Inst. f. Werkstoffkd.). Rd. 80 Facharb. 1 Buchveröff.

BROICHMANN, Peter

Dr. rer. pol., Dipl.-Kfm., Geschäftsführer Zeno-Zeitungsverlagsges. mbH u. ZGW-Medien GmbH, bde. Münster - Markgrafenstr. 35, 4290 Bocholt (T. 02871 - 3 31 13 priv.; 0251 - 7 72 22 gesch.) - Geb. 5. Aug. 1931 Bocholt (Vater: Dr. med. H. J. B., Facharzt f. Inn. Med.; Mutter: Hilde, geb. Lefert), kath., verh. s. 1960 m. Renate, geb. Gass, 6 Kd. (Helena, Hildegard, Peter-Wilhelm, Bärbel, Margit, Susanne) - Stud. d. Volks- u. Betriebswirtsch. Univ. Münster, München, Graz - Spr.: Engl., Franz.

BROK, Elmar

Journalist, Mitgl. Europ. Parlament (II. Wahlp.) - Thomas-Mann-Str. 15, 4800 Bielefeld 17/W. - CDU.

BROKMEIER, Peter

Dr. phil., Dipl.-Pol., Prof. f. Polit. Wissenschaft Univ. Hannover - Meraner Str. 8, 3000 Hannover 81 (T. 0511 - 83 02 72) - Geb. 2. März 1935 Brebach-Fechingen/Krs. Saarbr. (Vater: Friedrich B., Bürgerm.; Mutter: Marga, geb. Lohfing), verh. s. 1962 m. Ulrike, geb. Straßer, T. Katharina - 1955-57 Buchhändlerlehre; 1960-66 Stud. Politikwiss., Phil., Gesch. u. German. Univ. Frankfurt/M. u. Berlin; 1966 Dipl.-Polit. Otto-Suhr-Inst. FU Berlin; Promot. 1971 Hannover - 1971-80 Akad. Rat Univ. Hannover; 1974 Priv.-Doz. (nach Habil.); s. 1980 Prof. Inst. f. Polit. Wiss. Univ. Hannover (1985-87 Vors. Fak. f. Geistes- u. Sozialwiss.). Mithrsg. u. Mitverfg. Beitr. z. Sozialismusanalyse, Band I-III, 1978-81 - Liebh.: Kunstgesch. - Spr.: Franz. u. Altgriech. - Bek. Vorf.: Max Lohfing, Opernsänger Hamburg (Großv. ms.).

BROLL, Werner

Direktor Bundesinst. f. ostd. Kultur u. Gesch. - Achtermöhlen 21a, 2900 Oldenburg - Geb. 22. Mai 1932 Hannover, kath., verh., 4 Kd. - Gymn. Hannover, Salzgitter, Cloppenburg; Univ. München u. Münster (Gesch., German.). Staatsex. 1956 u. 58 - S. 1958 Schuldst. MdB (8.-20. Wahlp., innenpolit. Sprecher CDU/CSU-Fraktion); 1968-77 Ratsherr Oldenburg. CDU (1970-87 Kreisvors. Oldenburg).

BROMANN, Peter

Dr., Mitglied d. Unternehmensleitung Vorwerk & Co. - Mühlenweg 17-37, 5600 Wuppertal 2 (T. 0202 - 5 64-0) - Geb. 1. Febr. 1947.

BROMBACH, Helmut

Dipl.-Kfm., Vorstandsmitglied Bertrams AG., Siegen - Hardenbergstr. 41, 5900 Siegen (T. 4 39 57) - Geb. 30. Nov. 1929 Weidenau, verh. m. Heidi, geb. Fuchs.

BROMKAMP, Alois

Gesellschafter u. Aufsichtsratsvors. d. Fa. Löhr & Bromkamp GmbH, Offenbach/M. - Heinr.-v.-Kleist-Str. 32-34, 6380 Bad Homburg - Geb. 24. Juni 1912, verh. m. Keiko, geb. Kanagawa.

BROMM, Burkhart

Dr. med., Dr. rer. nat., o. Prof. f. Physiologie - Jungmannstr. 16, 2000 Hamburg 52 - Geb. 30. Juni 1935 Wilhelmshaven, ev., verh. s. 1966 m. Dr. Thussi, geb. Klemm, 2 Kd. (Karen, Boris) - S. 1969 (Habil.) Univ. Kiel, Bochum (1973 Wiss. Rat u. Prof.), Hamburg (1974 Ord., s. 1977 gf. Dir. Physiol. Inst.). Veröff. üb. Neuro- u. Sinnesphysiol. Ca. 220 Publ., überwieg. engl. Hauptarb.-geb.: Physiol. d. Schmerzes.

BROMM, Wilfried P.

Dr., Vorstand AGAB Aktienges. f. Anlagen u. Beteiligungen, Frankfurt (s. 1986) - Am Pflanzgarten 5, 3550 Marburg (T. 06421-1 38 68) - Geb. 27. Juni 1931 Anzefahr/Oberhessen - 1957-68 Dt. Bank AG, Frankfurt/M. (zul. Prok.); 1968-69 Vorst.-Mitgl. Eichbaum-Werger-Brauereien AG, Worms; 1969-85 Vorstandsvors. WMF, Geislingen; 1982-85 Vorst.-Mitgl. Rheinmetall Berlin AG. Spez. Arbeitsgeb.: Marketing u. Vertrieb - Spr.: Engl., Franz., Span. - Rotarier.

BROMMER, Frank

Dr. phil., o. Prof. f. Klass. Archäologie - Karl-Härle-Str. 1-5, 5400 Koblenz (T. 0261 - 4 84 63) - Geb. 8. Sept. 1911 Berlin (Vater: Dipl.-Ing., Friedrich B., Ministerialdirig.; Mutter: Editha, geb. Hagemann), ev., verw., 2 Kd. - Promot. 1937 München; Habil. 1944 Berlin - 1946 Privatdoz., 1951 apl. Prof. Univ. Marburg, 1958 Ord. Univ. Mainz. 1957 b. 1958 u. 1965/66 Member Inst. for advanced Study Princeton, N. J. (USA); Gastprof. Univ. Aberdeen 1978; Visiting Scholar J. P. Getty Museum Malibu 1981 - BV: Satyroi, 1937; Satyrspiele, Bilder, griech. Vasen, 2. A. 1959; Herakles, 1953, 4. A. 1976; Antike Kleinkunst, 1955; Vasenlisten z. griech. Heldensage, 1956, 3. A. 1973; Corpus vasorum antiquorum - Schloß, Fasanerie, 2 Bde. 1956/59; Athena Parthenos, 1957; D. Giebel d. Parthenon, 1959; D. Skulpturen d. Parthenongiebel, 1963; D. Metopen d. Parthenon, 1967; Denkmälerlisten z. griech. Heldensage, I 1971, II 1974, III, IV 1976; D. Gott Vulkan a. provinzialröm. Reliefs, 1973; D. Parthenonfries, 1977; Hephaistos. Der griech. Schmiedegott, 1978; D. Skulpturen d. Parthenon, 1979; D. Akropolis, 1985.

BROMMER, Hans-Dieter

Dr. oec., Geschäftsführer Verband d. Mineralfarbenindustrie, Verb. d. Druckfarbenind., Verb. d. Siebdruckfarbenind. u. The European Manufacturers of Lead Chromate and Lead Molybdate Pigments - Karlstr. 21, 6000 Frankfurt/M. 1 - Geb. 6. April 1933.

BROMMUNDT, Eberhard

Dr. rer. nat., Dipl. Math., Prof. f. Techn. Mechanik u. Schwingungen Univ. Braunschweig - Kauzwinkel 3, 3300 Braunschweig - Geb. 22. Jan. 1932 Halbstadt/Westpr.

BRONDER, Dietrich

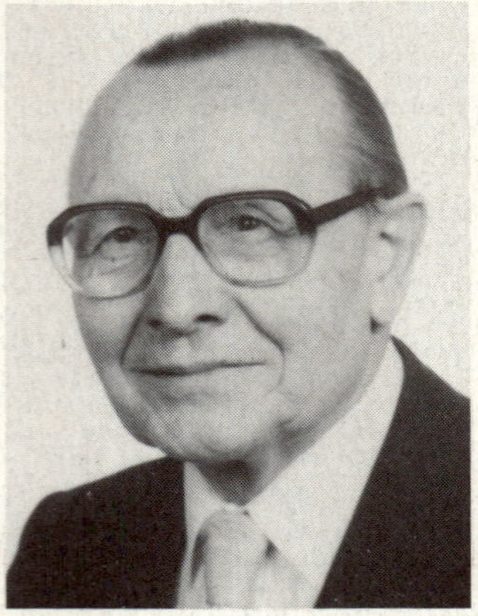

Dr. phil, Freireligiöser Landessprecher i.R. (s. 1983) - Moritzstr. 41a, 3353 Bad-Gandersheim (T. 05382 - 48 18) - Geb. 22. Febr. 1921 Berlin (Vater: Max B., Hauptverw.dir. Ehrensenator TH Berlin; Mutter: geb. Dölz), verh. s. 1974 m. Winnie, geb. Kutzner, Stiefs. Günter Wisch - Stud. Recht, Wirtsch., Med., Theol., Phil. Berlin, Nottingham, Sheffield, Göttingen (Promot. 1952) - 1940-46 Wehrdst. (verw.) u. Kriegsgefangensch. - 1961-76 Ratsherr u. Beigeordn. d. Stadt Laatzen; 1961-80 Generalsekr. Bd. Freirelig. Gden. Dtschl. - BV: u. a. D. Klerikalismus im Angriff, 5. A. 1954; Christentum in Selbstauflösung, 3. A. 1956; Freiheit u. Bindung, 1957; Freies Bekennen, 5. A. 1959; Zeugen fr. Religion, 2. A. 1963; Bevor Hitler kam, 3. A. 1989; Humanistische Antworten, 2. A. 1978; Bronders Weltpanorama 1921-88, 1989 - 40 Ausz. (Landes VO., Kavalier d. Straße u. ä.); 1980 Mitgl. Intern. Akad. f. Schrifttum, Kunst u. Wiss., Neapel - Liebh.: Musik (Klavier, Orgel), Garten, Malen, baute in Bad Gandersheim d. Intern. Ordensmus. Dr. B. auf, d. größte Fachsamml. i. d. BRD - Spr.: Engl., Franz., Span.

BRONGER, Arnt

Dr. rer. nat., Prof. Geograph. Inst. Univ. Kiel - Drosselhörn 1, 2305 Heikendorf (T. 0431 - 23 13 10) - Geb. 24. Febr. 1938 Nordhausen/Thür. - Univ. Kiel: Stud. Geogr., Math. (Staatsex. 1966); Geol. (Promot. 1965); Habil. 1974 - BV: Lösse, ihre Verbraunungszonen u. fossilen Böden, 1966; Quartäre Klima- u. Landschaftsentw. d. Karpatenbeckens, 1976; Intern. Bibl. on Paleopedology (Ed.) - Mitt. Dt. Bodenkdl. Ges., Bd. 35, 1982 - Spr.: Engl.

BRONGER, Dirk

Dr. phil., Geograph, Prof. f. Geogr. - Ruhr-Universität (Abt. f. Geowiss.) Auf dem Backenberg 7, 4630 Bochum - Promot. 1966, Habil. 1973 - 1975-79 Gastprof. f. Regional Planning in Developing Countries Univ. of the Philippines, Quezon City/Philippinen - BV: D. Kampf um d. sowjet. Agrarpolitik 1925-1929, Köln 1967; Formen räuml. Verflechtung v. Regionen in Andhra Pradesh/Indien als Grundlage e. Entwicklungsplanung, Paderborn 1976. Mithrsg. u. Hauptautor d. Bandes 2 d. Fischer Länderkunde: Südasien, Frankfurt 1976; Die Industrie d. Philippinen, Hamburg 1979; Philippinen. Raumstrukturen-Entwicklungsprobl. - Entwicklungsplan., Hamburg 1987.

BRONGER, Welf

Dr. rer. nat., o. Prof. f. Anorgan. u. Analyt. Chemie - Eburonenwinkel 2, 5100 Aachen - Geb. 2. Juli 1932 Hamburg - 1966 Privatdoz. Münster, 1969 o. Prof. TH Aachen (Dir. Inst. f. Anorg. Chem.)

BRONISCH, Friedrich Wilhelm

Dr. med., Prof., Medizinaldirektor i. R., ehem. Vorst. Psychiatr. u. Nervenklinik Städt. Krankenanstalten Nürnberg - Gluckstr. 8, 8500 Nürnberg 20 (T. 59 25 40) - Geb. 4. Febr. 1912 Barmen, verh. s. 1939 m. Elsa Freiin von Ketelhodt, 3 T. (Astrid, Regine, Ulrike) - S. 1950 (Habil.) Lehrtätigk. Univ. Heidelberg (1955 apl. Prof.) u. Erlangen-Nürnberg (apl. Prof.). Zahlr. Veröff., darunt. D. Reflexe u. ihre Unters., 5. A. (auch engl., jap., poln., ung.), Hirnatroph. Prozesse im mittleren Lebensalter u. ihre psych. Erscheinungsbilder, D. psych. Störungen d. älteren Menschen (auch span.). Herausg.: Multiple Sklerose (3. A. 1975). Fachaufs. - 1961 korr. Mitgl. Arbeitsgem. f. Neuroradiologie u. Weltvereinig. Neurol.

BRONISCH, Matthias

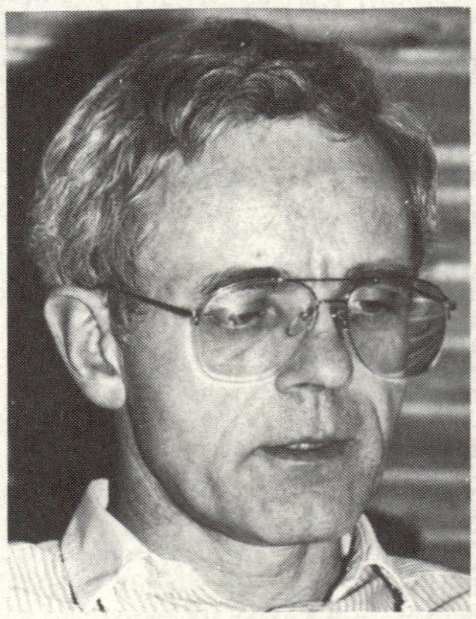

Lehrer, Schriftst. - Reichenberger Str. 22d, 4800 Bielefeld 1 - Geb. 17. März 1937 Stettin, verh. m. Nina, geb. Bela, 2 S. (Goran, Boris) - Stud.; Staatsex. 1963 Hamburg - BV: Mit anderen Augen, Erz. 1976; Aus e. südl. Landsch., Ged. 1978; Makedonien, Erz. (übers. aus Makedon.) 1976; Mod. makedon. Lyrik (Hrsg., Übers.), 1978; Blaže Koneski, Unter d. weißen Kalkstein d. Tage, Ged. (Hrsg., übers. aus Makedon.), 1986; Flaschenpost, Texte jg. Autoren, 1987; D. Lärm d. Straße dringt herein, Kurzprosa 1989 - Grigor Prličev-Preis f. Übers. - Spr.: Makedon.

BRONISCH, Paul

Bildhauer - Osternacherstr. 70, 8210 Prien/Chiemsee (T. 08051 - 21 08) - Geb. 3. Juli 1904 Comptendorf, ev., verw., 4 Kd. - Ausbild. Kunstakad. Breslau u. München - W: u. a. Wächterfiguren Hindenburggruft Tannenberg, Denkmal In Memoriam Parlament Wien, Sigmarkapelle Wels (Oberösterr.), Sitzender Knabe (Bronze) Kassel (Treppenstr.), Monumentalfigur Gravelotte/Frankr., Mahnmal Herford, Mahnstätte Union-Brauerei Dortmund, Dekorative Wände Kassel (Stadtsparkasse), Karlsruhe (Bad. Beamtenbank), Hannover (Lind. Volksbank), Grabmal Herb. Günther - Elena Glasunow. Büsten: Hans Pfitzner (Staatsgal. Stuttgart), Claire Waldoff, Mechtilde Lichnowsky, Obgm. Schomburg (Rathaus Kassel), Prof. K. Schneider (Psychiatrie Heidelberg), Prof. Paul Matussek u. a. Werke i. Museen (Berlin Museum, Wallraf-Richartz-Museum Köln, Städt. Kunstsamml. Kassel, Staatl. Münzsamml. München) - 1970 Ehrensold Freistaat Bayern; 1976 u. 77 Ehrengast Villa Massimo Rom.

BRONNEN, Barbara

Dr. phil., Schriftstellerin - Zentnerstr. 19, 8000 München 40 - Geb. 19. Aug. 1938 Berlin (Vater: Arnolt B., Schriftst.,

s. XIII. Ausg.) - BV: Ich bin Bürger d. DDR u. lebe in d. Bundesrep., Ess. 1970; Wie mein Kind mich bekommen hat, Jugendb. 1977; Mütter ohne Männer, Ess. 1978; D. Tochter, R. 1980; D. Diebin, R. 1982; D. Überzählige, R. 1984; D. Marmorengel, Hörsp. 1984; D. Briefstellerin, R. 1986; Liebe um Liebe, R. 1989 - Versch. Ausz.

BRONNER, Rolf

Dr. rer. pol., Dipl.-Kfm., o. Prof. f. Betriebswirtschaftslehre, insb. Organisation, Univ. Paderborn - Paul-Michels-Weg 5, 4970 Paderborn.

BRONSCH, Kurt

Dr. med. vet., Dr. med. vet. h.c., o. Prof. u. gf. Dir. Inst. f. Tierzucht u. -ernährung Freie Univ. Berlin/Veterinärmed. Fachb. (s. 1961) - Hüningerstr. 1a, 1000 Berlin 33 (T. 831 31 69) - Geb. 7. Okt. 1924 Stettin, ev., verh. s. 1953 m. Irmintrud, geb. Hildmann, 2 Kd. (Christine, Tobias) - Univ. München, Promot. u. Habil. München - 1950-61 Assist., Privatdoz. u. apl. Prof. Univ. München/ Tierärztl. Fak. (Veterinärphysiol. u. physiol. Chemie) - 1959 Henneberg-Lehmann-Preis Univ. Göttingen (Landw. Fak.) - Spr.: Engl. - Rotarier.

BROSCHE, Peter

Dr. rer. nat., Astronom, Prof. Univ. Bonn (s. 1982) - Hembrich 14, 5569 Schalkenmehren - Geb. 7. Dez. 1936 Reichenberg - Promot. 1965; Habil. 1969 (Heidelberg) - 1974 apl. Prof. Sternw. Bonn. Üb. 150 Facharb.

BROSCHWITZ, Johannes

Dr. rer. pol., Geschäftsführer Messerschmitt-Bölkow-Blohm GmbH., Ottobrunn - Haydnstr. 5, 8021 Sauerlach/ Obb. - Geb. 14. Mai 1926 - ARsmand.

BROSER, Fritz

Dr. med., Prof., Arzt f. Neurol. u. Psychiatrie - Tilsiterstr. 31, 6703 Limburgerhof/Pfalz (T. 06236 - 6 09 68) - Geb. 30. Okt. 1918 Neutitschein (Vater: Lic. Arpad B., Pfarrer; Mutter: Elisabeth, geb. Röthler), ev., verh. m. Alfonsa, geb. Böll, 3 Kd. - Kirschner-Realgymn. Berlin (Abit. 1937); 1939-44 Univ. Berlin, Leipzig, Greifswald, München (Med. Staatsex. 1944). Habil. 1957 - 1947-68 Univ.-Nervenklinik Würzburg (zul. Oberarzt); 1968-83 Dir. Neurol. Klinik Ludwigshafen; 1983-87 Chefarzt Neurol. Abt. Marcusklinik Bad Driburg. S. 1957 Lehrtätigk. Würzburg (1963 apl. Prof.) u. Heidelberg (1970 apl. Prof.). Mitgl. Physico-Medica Würzburg, Dt. Neurol. Ges., Gesamtverb. d. Neurol. u. Psych. - BV: D. zerebralen vegetativen Anfälle, 1958; D. Behandl. d. nichtepilept. Anfälle, in: Therapie d. Nervenkrankh., 1968; D. vegetativen Anfälle, in: Klin. Pathol. d. vegetativen Nervensystems, 1977; Topische u. klin. Diagnostik neurologischer Krankh., 2. erw. A. 1981; Cerebrale u. meningeale Syndrome, in: Lehrb. d. Neurologie, 1988. 70 Einzelarb. - Liebh.: Kunst, Lit. - Spr. Engl.

BROSER, Immanuel

Dr.-Ing., Prof., z. Zt. geschäftsf. Dir. d. Inst. f. Festkörperphysik Techn. Univ. Berlin, Ausw. wiss. Mitgl. Fritz-Haber-Inst./MPG ebd. - Miquelstr. 13, 1000 Berlin 33 (T. 823 64 20) - Geb. 11. März 1924 Schaulen/Lit. (Vater: Miron B., Gymnasialdir.; Mutter: Agnes, geb. Moser), verh. s. 1952 m. Dr. Ruth, geb. Warminsky - Dipl.-Ing. (1945), Promot. (1948), Habil. (1956) Berlin (TH bzw. TU) - S. 1945 MPG (Assist., 1955 Oberassist., 1960 Abt.sleit.); s. 1956 TU Berlin (Privatdoz., 1962 apl., 65 ao., 66 o. Prof.). Üb. 100 Fachveröff. - Spr.: Engl., Franz.

BROSEY, Dieter

Landrat Werra-Meißner-Kr. (s. 1988) - Baumhofstr. 4, 3432 Großalmerode (T. 05604 - 16 26) - Geb. 12. Mai 1942 Chemnitz, ev., verh. s. 1974 m. Gudrun, geb. Lücker, 3 Kd. (Stefan, Dagmar, Axel) - Abit. 1962; 1. jurist. Staatsex.

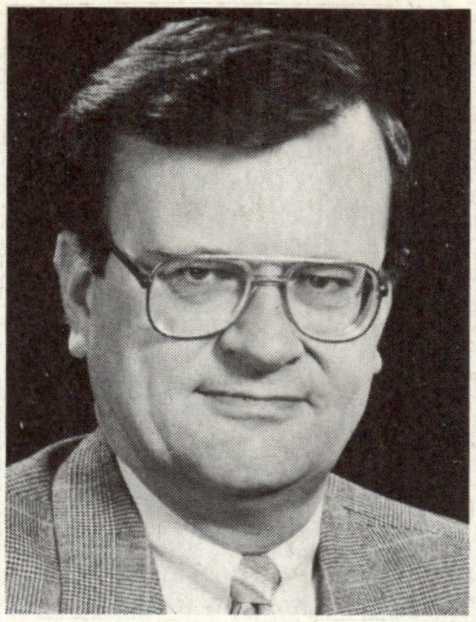

1967, 2. jurist. Staatsex. 1970 - 1975-88 Bürgerm. Großalmerode. Schatzmeister d. SPD Bez. Hessen Nord.

BROSIG, Wilhelm

Dr. med., o. Prof. f. Urologie - Rüsternallee 5, 1000 Berlin 19 (T. 302 34 00) - Geb. 27. Nov. 1913 St. Nikolaus, verh. s. 1941 m. Edda, geb. Loew, 2 Töcht. - Dt. Univ. Prag. Promot. 1937 Prag; Habil. 1953 Frankfurt/ M. - S. 1953 Lehrtätigk. Univ. Frankfurt/ M. u. FU Berlin (1959); 1960 ao., 1966 o. Prof.; Dir. Urol. Klinik; emerit. 1984). 1965ff. Vors. Dt. Ges. f. Urol. - BV: Nierentransplantation, 1965 (m. R. Nagel); Nierenstein - Leiden, Ursachen, Vorbeugung u. Heilung, 1966 (m. A.-A. Kollwitz). Zahlr. Einzelarb. - 1967 Ehrenmitgl. Österr. u. Jap. Ges. f. Urol., 1978 Berufsverb. d. d. Urol., S.W.D. Ges. f. Urol., u. 1980 D. Ges. f. Urol., Berliner Urol. Ges.; Korr. Mitgl. Americ. Assoc. Genito Urinary Surgeons, Chil. Ges. f. Urol., u. 1980 Americ. Urol. Ass.; 1983 BVK.

BROSIUS, Dieter

Dr. phil., ltd. Archivdirektor Hauptstaatsarchiv Hannover - Delpweg 15, 3000 Hannover 91 - Geb. 20. Nov. 1936 Visselhövede, verh., 2 Kd. - Stud. Gesch. u. German. Univ. Hamburg, Tübingen u. Göttingen; Staatsex. u. Promot. 1964 - S. 1985 Vors. Histor. Verein f. Nieders.; s. 1986 stv. Vors. Histor. Kommiss. f. Nieders. u. Bremen. Zahlr. Schriften u. Quellenedit. z. niedersächs. Landesgesch.

BROSOWSKI, Bruno

Dr. rer. nat., Prof. f. Informatik Univ. Frankfurt (s. 1975) - Kleiststr. 23, 6200 Wiesbaden (T. 84 36 95) - Geb. 14. Dez. 1930 Düsseldorf (Vater: August B., Kaufm.; Mutter: Amalie, geb. Stricker), verh. s. 1955 m. Godelinde, geb. Blankerts, T. Britta - Max-Planck-Gymn. D'dorf (Abit.); Stud. d. Math., Phys., Astronomie Univ. Köln, Bonn, München; Promot. 1964 München; Habil. 1967 ebd. - 1960-69 wiss. Mitarb. Max-Planck-Inst. f. Phys. u. Astrophys. u. (1967) Privatdoz. Univ. München, 1969 b. 1975 o. Prof. f. Numer. u. angew. Math. Göttingen, 1970-75 wiss. Gf. Ges. f. wiss. Datenverarb. mbH., ebd., 1972-77 Mitgl. Wiss. Beirat Hahn-Meitner Inst. f. Kernforschg. Berlin GmbH., 1976-81 Sekr. u. 1982-84 Vizesekr. d. Ges. f. Angew. Math. u. Mechanik. In- u. ausl. Fachmitgliedsch. - BV: Nichtlineare Tschebyscheff-Approximation, 1969; Einführung in d. Numer. Math. I u. II, 1975/76 (m. R. Kreß); Parametric Semi-Infinite Optimization, 1982. Herausg.: Meth. u. Verfahren d. math. Phys., Bd. 1-35, 1969-88 (m. E. Martensen); Mathematical Methods in the Applied Sciences 1979ff. (m. G. Roach); Parametric Optimization and Approximation, 1985 (m. F. Deutsch) - Spr.: Engl.

BROSOWSKI, Egbert

Dipl.-Ing., Prof. f. Meßtechnik Gesamthochschule Siegen (Fachbereich Elektrotechnik) - Im Oberen Marktfeld 14, 5912 Hilchenbach.

BROSS, Christine

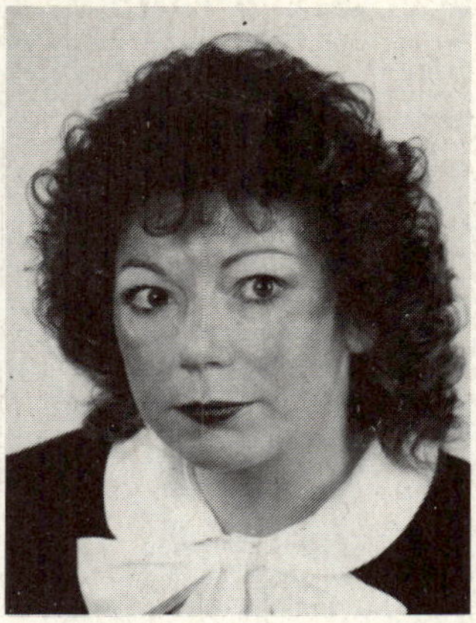

Geschäftsführerin Bund Dt. Schauwerber - Otto-Lilienthal-Str. 9, 7030 Böblingen (T. 07031 - 22 78 77) - Geb. 26. Jan. 1944 Breslau, kath., gesch., T. Alexandra - Werbekauffrau.

BROSS, Helmut

Dr. rer. nat., o. Prof. f. Theoret. Physik - Schillerstr. 2, 8012 Ottobrunn/Obb. (T. München 601 81 07) - Geb. 23. Mai 1931 Mühlacker/Württ., ev. - Obersch. Mühlacker; 1951-56 TH Stuttgart (Dipl.-Phys. 1956). Promot. (1958) u. Habil. (1962) Stuttgart - 1963 Privatdoz. TH Stuttgart; 1965 Ord. Univ. München (Sektion Physik) - BV: Elektronentheorie d. Metalle, in: A. Seeger, Moderne Probl. d. Metallphys. (VI. Kap.). Zahlr. Fachaufs.

BROSSEDER, Johannes

Dr. theol., o. Prof. f. Systemat. Theologie Rhein.-Friedr.-Wilh.-Univ. Bonn (s. 1980) - Rauschendorfer Str. 74, 5330 Königswinter 21 (T. 02244 - 64 41) - Geb. 10. Dez. 1937 Leverkusen, kath. - Humanist. Gymn. (Abit. 1958); 1958-64 Univ. Bonn u. München (Phil., Theol.) - 1965-71 Assist. Inst. f. Ökumen. Theol. Univ. München, 1971-80 o. Prof. f. System Theologie Päd. Hochschule Rhld. Abt. Bonn - BV: Ökumen. Theol. - Gesch., Probleme, 1967; Luthers Stellung zu d. Juden im Spiegel seiner Interpreten, 1972; Hrsg. der Internationalen Ökumenischen Bibliographie, Bd. 10 ff., 1976 ff.

BROSSMER (ß), Max

Dipl.-Ing., Geschäftsführer Dienes-Honeywell GmbH., Mühlheim - Westerwaldstr. 14, 6540 Hanau/M. - Geb. 16. Sept. 1930.

BROST, Erich

Verleger - Zeißbogen 28, 4300 Essen-Bredeney (T. 71 12 35) - Geb. 29. Okt. 1903 Elbing (Vater: Gustav B., Mechaniker; Mutter: Maria, geb. Hohmann), ev., verh. s. 1975 m. Anneliese, geb. Brinkmann, Sohn - Oberrealsch. u. Buchhändlerlehre - B. 1936 Redakt. Danziger Volksstimme u. Mitgl. Volkstag Danzig, dann Journ. Engl., Polen, Schweden u. Finnl., n. Kriegsende Essen u Berlin, s. 1948 Herausg. Westd. Allg. Ztg., Essen (b. 1970 Chefredakt.) - 1963 Gr. BVK, 1983 Stern u. Schulterbd. dazu, 1986 VO Land Nordrh.-Westf. - Spr.: Engl., Schwed. - Rotarier.

BROSZAT, Martin

Dr. phil., Institutsdirektor - Mauerkircher Str. 146, 8000 München 18 (T. 98 80 64) - Geb. 14. Aug. 1926 Leipzig (Vater: Postinsp.), verh. s. 1953 m. Alice, geb. Welter, 2 Kd. (Tilmann, Gabriele) - Gymn. Leipzig; 1946-52 Univ. Leipzig u. Köln (Geschichte; 1949) - S. 1955 wiss. Mitarb., stv. u. Dir. (1972) Inst. f. Zeitgeschichte, München - BV: Nationalsozialist. Polenpolitik, 1960; 200 J. dt. Polenpolitik, 1963; D. Staat Hitlers, 1969; m. a.; D. kroat. Ustascha-Staat, 1964; D. Anatomie d. SS-Staates, 1965 - 1973 Mitgl. PEN-Zentrum BRD.

BROSZINSKI, Hartmut

Dr. phil., Akad. Direktor, Leiter der Hss.-Abt. GHB Kassel - Mönchebergstr. 19, 3500 Kassel (T. 0561 - 804 73 41) - Geb. 21. Juni 1935 Fulda (Vater: Dr. Johannes B., Stud.R.; Mutter: Emmy, geb. Lehmann), ev., verh. s. 1959 m. Ursula, geb. Winter, 2 Kd. (Bettina, Karin) - Humanist. Gymn. Hersfeld, Musikhochsch. u. Univ. Heidelberg; Promot. 1968. 1958-68 Cellist, Musiklehrer, 1970 b. 1974 DFG Handschriftenkatalogis.; 1974 Bibliothekar - Liebh.: Musik - Spr.: Lat., Engl., Niederl.

BROTZMANN, Fritz Karl

Dr.-Ing. E. h., Dr.-Ing., Dipl.Phys., Vorsitzender d. Geschäftsfg. d. Klöckner Stahlforsch. GmbH, Duisburg (s. 1984; 1980-84 Geschäftsf.), Vorst.-Mitgl. Klöckner Stahl GmbH, Duisburg (s. 1986) - von-Scheffel-Str. 34, 8450 Amberg (T. 09621 - 2 41 47) - Geb. 21. Nov. 1927 Harras (Vater: Albin B., Reichsbahnangest.; Mutter: Alma, geb. Schmidt), ev., verh. 1954-85 m. Adelheid, geb. Kühne †, in 2. Ehe s. 1987 m. Christa, geb. Lüdecke, 2 Kd. aus 1. Ehe (Petra, Birgit) - Stud. d. Physik Univ. Würzburg; Promot. 1959 Clausthal - Erf.: DH-Stahlentgasungs- u. OBM-Stahlherstellungsverfahren (m. a.). 1954-64 Leit. d. Abt. Verfahrenstechnik in d. Versuchsanstalt d. Werkes Dortmund d. Dortmund-Hörder-Hüttenunion; 1964-80 Dir. d. Forsch. u. Qualitätsstellen d. Eisenwerk-Ges. Maximilianshütte mbH, Sulzbach-Rosenberg. Mitgl. Fachbeirat Max-Planck-Inst. f. Eisenforsch. GmbH, Düsseldorf, Max-Planck-Ges. z. Förd. d. Wiss., München, d. Betriebsforsch.inst. d. Verein Dt. Eisenhüttenleute, Düsseldorf. S. 1983 Hon.-Prof. TU Clausthal - 1976 Mitgl. Kgl. Schwedische Akad. f. Ing.wiss.; 1978 Bessemer Gold Metal durch Metals Soc., London; 1982 BVK; 1983 Aachener u. Münchener Pr. f. Technik u. angew. Naturwiss. durch Dr. Carl-Arthur Pastor-Stiftg.; 1987 Howe Memorial Lecture, AIME Annual Meeting, Pittsburgh; 1988 Carl-Lueg Denkmünze durch Verein Dt. Eisenhüttenleute b. Eisenhüttentag.

BROX, Hans

Dr. jur., Prof., Bundesverfassungsrichter a. D. - Klausenerstr. 40, 4400 Münster/ W. (T. 7 52 82) - Geb. 9. Aug. 1920 Dortmund, kath., verh. s. 1952 m. Ida-Maria, geb. Knust - Realgymn. (Abit. 1938); n. 1945 Univ. Bonn (Promot. 1949). Habil. 1959 Münster/W. - 1938-45 Arbeits- u. Wehrdst.; 1950-60 Gerichtsass., Landgerichts- (Dortmund) u. Oberlandesgerichtsrat (Hamm; 1957); 1959 Privatdoz. Univ. Münster; 1961-62 ao. Prof. Univ. Mainz; s. 1962 o. Prof. (Bürgerl. Recht, Handels-Arbeits-, Zivilprozeßrecht); s. 1964 Mitgl. Landesverf. GH NRW; 1967-75 BVerfG - BV: D. Einrede d. nichterfüllten Vertrages b. Kauf, 1948; D. Einschränk. d. Irrtumsanfecht., 1960; Arbeitskampfrecht, 1965, 2. A. 1982; Erbrecht, 1966, 11. A. 1988; Grundbegriffe d. Arbeitsrechts, 1967, 8. A. 1987; Allg. Schuldrecht, 1969, 16. A. 1988; Bes. Schuldrecht, 1970, 14. A. 1988; Allg. Teil d. Bürgerl. Gesetzbuchs, 1976, 12. A. 1988; Handelsrecht u. Wertpapierrecht, 1978, 7. A. 1988; Zwangsvollstreckungsrecht, 1986, 2. A. 1988. Mithrsg. Ztschr. f. d. ges. Familienrecht u. Jur. Arbeitsblätter.

BROX, Norbert

Dr. theol., Prof., Lehrstuhlinh. f. Alte Kirchengeschichte u. Patrologie - Sonnenstr. 21, 8411 Lorenzen/Opf. - Geb. 23. Juni 1935 Paderborn/W., kath. - Promot. 1961; Habil. 1966 - S. 1969 Prof. Univ. München (1971 o.) u. Regensburg (1973). Bücher u. Einzelarb. - 1965 Kardinal-Innitzer-Preis.

BROY, Manfred

Dr. rer. nat., Prof. f. Informatik Univ. Passau - Dr.-Ritter-v.-Scheuring-Str. 24, 8390 Passau (T. 0851 - 69 05) - Geb. 10.

Aug. 1949 Landsberg/Lech, verh., 3 Kd. (Verena, Julian, Nora) - Stud. Math. u. Informatik TU München (Dipl. 1976, Promot. 1980, Habil. 1982) - S. 1983 o. Prof. f. Informatik Passau - Spr.: Engl.

BRUCH, Erhard

Landesrat, Vors. Bundesarbeitsgem. d. überörtl. Träger d. Sozialhilfe - Zu erreichen üb.: Warendorfer Str. 26, 4400 Münster/W.

BRUCH, Gerhard

Rechtsanwalt, MdL Hessen (s. 1978) - Untere Weinbergstr. 9, 6209 Aarbergen - Geb. 6. März 1936 Kirberg, ev., verh., 3 Kd. - Univ. Freiburg/Br. u. Frankfurt/M. (Rechts- u. Staatswiss.). Beide jurist. Staatsex. - Tätigk. Regierungspräs. Wiesbaden, Landrat Untertaunuskr., Hess. Kultusmin.; s. 1972 RA, MdK Untertaunus (1968-77 Vors. SPD-Frakt.). Parteieintr. 1963.

BRUCH, Walter

Dr.-Ing. E. h., Dipl.-Ing., Prof., Direktor i. R., Fernsehpionier - Menschingstr. 13, 3000 Hannover - Geb. 2. März 1908 Neustadt/Weinstr., verh. - Ab 1935 m. Unterbrech. Telefunken bzw. AEG-Telefunken (Leit. Fernsehentwickl.). Lehrbeauftragter Techn. Univ. Hannover. Erf.: PAL-Fernsehsystem (inzw. in rd. 60 Länder eingeführt) - BV: D. Fernsehstory, 1969; Kl. Gesch. d. dt. Fernsehens - Prof.-Titel saarl. Landesreg.; Ehrendoktor TH Hannover; Geoffrey-Parr-Preis; Gold-Kamera HÖR ZU; Gr. BVK m. Stern; Honorary Fellow Institution of Electronic and Radio Engineers (London); David Sarnoff Goldmed. d. SMPTE (USA); Kulturpr. d. Dt. Photograph. Ges.; Goldmed. d. Royal Television Soc. (London); Niedersächs. Verdienstmed. u. Nieders. VK; Medalha de Merito da Radiodifusão (Brasil.); 1976 Werner-v.-Siemens-Ring; 1979 Gold. Ehrenz. m. Stern d. Rep. Österr.; 1980 Zworyken-Preis; 1982 Niedersachsen-Preis; 1986 Bayer. Maximiliansorden.

BRUCHHÄUSER, Klaus

Dr. rer. pol., Dipl.-Kfm., Geschäftsführer LTU, Düsseldorf - Treptower Str. 1, 5090 Leverkusen - Geb. 3. Sept. 1937 Opladen - AR-Mand.

BRUCHHAUSEN, von, Franz

Dr. med., Dipl.-Chem., Prof. f. Pharmakologie u. Toxikol. FU Berlin (I. stv. Dir. Inst. f. Pharmak.) - Königstr. 53 E, 1000 Berlin 39 - Geb. 2. Sept. 1929 Münster/W. - S. 1967 (Habil.) Lehrtätigk. Berlin.

BRUCHMANN, Ernst-Erich

Dr. rer. nat., Dipl.-Chem., Prof. f. Techn. Biochemie Univ. Hohenheim (s. 1966) - Garbenstr. 25, 7000 Stuttgart 70 - Geb. 20. Aug. 1923 Berlin (Vater: Karl B., Reg.s-Insp.; Mutter: Helene, geb. Sander), ev., verh. s. 1958 m. Herta, geb. Broder, 3 Kd. (Matthias, Clemens, Karsten) - Stud. d. Chemie Univ. Berlin; Promot. 1950; Habil. 1963 - 1950-66 TU Berlin - BV: Biochem. Praktikum, 1966; Angew. Biochemie, 1976 (span., russ.).

vom BRUCK, Hermann

Vorstandsmitglied Stinnes AG, Member of the Board of Stinnes Corp., New York, AR-Vors. Brenntag AG u. Stinnes Interoil AG - Kesselbruchweg 77, 4330 Mülheim/R.-Speldorf - Geb. 27. Febr. 1925.

BRUCKERT, Emil

Dr. oec., Dipl.-Kfm., Marktforscher, Inh. Mafo-Institut, Schwalbach - Altkönigstr. 2, 6231 Schwalbach (T. 06196 - 30 22); priv.: Altkönigstr. 41 (T. 10 72) - Geb. 17. Juni 1925 Heidelberg (Vater: Emil B., Photo-Kfm.; Mutter: Maria, geb. Haas), kath., verh. s. 1955 m. Hannelore, geb. Bausch, 3 Kd. (Stephan, Andreas, Christiane) - Stud. WH Mannheim (Dipl.ex. 1949); Promot. 1954 Nürnberg - Spez. Arb.geb.: Markt-, Meinungs- u. Absatzforschg. - BV: Handb. d. prakt. Marktforschg., 1972 (m. a.).

BRUCKMANN, Peter

Dr. rer. pol., Geschäftsf. Gesellschafter Geiger-Plastic GmbH, Garmisch-Partenkirchen - Königstandstr. 6, 8100 Garmisch-P. - Geb. 3. April 1926 Heilbronn, ev., verh. s. 1960 m. Eva, geb. Wissmath, 2 Kd. (Beatrix, Peter) - Univ. Tübingen (Promot. 1953) - U. a. Geschäftsf. Fa. Reckziegel Formenbau GmbH, Kaufbeuren, Geiger Plastics USA Portage (Mich.); stv. Vors. Arbeitgeberverb. Kunststoffverarb. Ind. in Bayern (KVJ); Präs. Kunststoff-Museumsverein (KMV).

BRUCKNER, Helmut

Dr.-Ing., Vorstandsmitglied Thosti Bau-AG., Augsburg - Haunstetter Str. 135 1/2, 8900 Augsburg - Geb. 27. Okt. 1936.

BRUCKNER, Werner

Dipl.-Ing./Wirtschaftsing., Vorstandsmitglied Thosti Bau-AG., Augsburg, Geschäftsf. Betz GmbH., Kempten - Böheimstr. 8, 8900 Augsburg - Geb. 4. Nov. 1937 - Vorst. Bayer. Bauind.-Verb. München.

BRUCKNER, Wilhelm

Dr. phil., Publizist, Geschäftsführer Bayer. Philologen-Verb., Mitbegr. u. Vorstandsmitgl. Landsmannsch. d. Siebenbg. Sachsen in Dtschl., München - Bacherstr. 39, 8000 München 90 - Geb. 23. Jan. 1921 Hermannstadt, verh.m. Maria, geb. Sporrer, Sohn Ernst - Stud. German., Gesch. u. Ztg.wiss. Univ. München - Nach Kriegsende Lehrer u. Leit. Privatgymn. München, Unterr. an versch. Bildungseinricht.; s. 1967 Bayer. Philol.-Verb. (zeitw. Geschäftsf. Dt. Philologenverb.); 1977-83 Bundesvors. Landsmannsch. d. Siebenbg. Sachsen in Dtschl. Zahlr. Facharb. (ca. 100 Aufs. u. Reden über siebenbg. Themen, Rundf.-send. u.a.) - Liebh.: Musik, Theater - Spr.: Franz., Rumän.

BRUCKS, Eberhardt

Maler u. Graphiker - Cecilienstr. 8, 1000 Berlin 46 (T. 030 - 772 21 34) - Geb. 29. Nov. 1917 (Vater: Friedrich B., Unternehmer; Mutter: Martha, geb. Schönfelder), ev. - Mode- u. Kunsthochsch. Berlin - S. 1945 freischaff. Arbeiten zeitkrit. Inhalts. Herausg.: Neue Graphik/Kunstmappe (1946); Kunstmappe: Brucks sieht E. T. A. Hoffmann (1947); Farbige Original-Grafik-Mappe zu E. T. A. Hoffmann (1984); Farbige Grafik-Mappe zu Fontane Herr v. Ribbeck (1985); Katalog Brucks-Ausst. Bamberg (1986). Buchillustr. - 1984 arte factum; 1985 Les Arts en Europe, Monte Carlo; 1986 Anthol. d. Dessin contemporain, Monte Carlo; 1987 Rotr. Schöne Intermezzo, Berlin; 1987/88 Brucks-Ausst., Frankfurt/M. - Liebh.: Lit., Musik, Radf.

BRUCKSCHEN, Hans-Hermann

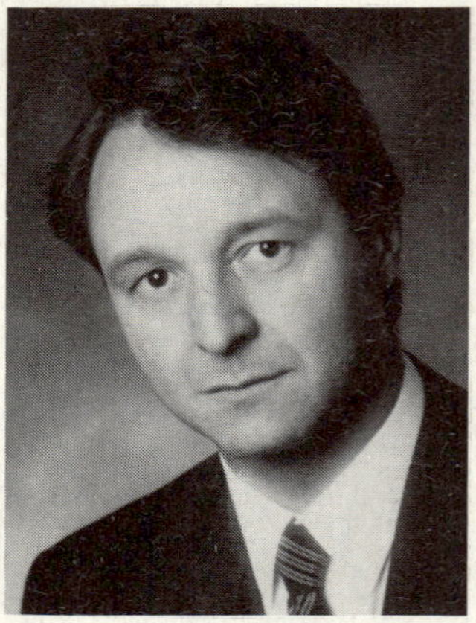

Dr. rer. pol., Dipl.-Ing., Dipl.-Wirtschaftsing., Prof. FH Düsseldorf (s. 1983), Kommanditist D.A.I.S. GmbH Export KG (s. 1983), Mehrheitsgesellsch. Prof. Dr. Bruckschen & Partner GmbH Ingenieure (s. 1986) - Kranzerhof, 4130 Moers 2 (T. 02841 - 6 14 17) - Geb. 19. Sept. 1949, ev., verh. s. 1979 m. Lieselette A., geb. Bestendonk - 1969-74 Maschinenbaustud. TH Aachen, 1973-75 Wirtschaftsstud. TH Aachen, 1975-76 Management Graduate School of Management UCLA, Los Angeles, Promot. 1979 TH Aachen - 1979-83 Geschäftsf. u. Mitinh. Fa. Henkelhausen, Krefeld - BV: Verrechnungspreise in Spartenorg., 1981 - Springorum-Denkmünze d. TH Aachen - Spr.: Engl., Franz.

BRUDER, Leopold

Dr., Dolmetscher-Übersetzer, Honorarkonsul in Italien (s. 1976) - Priv.: Via Solmi Nr. 10, I-09100 Cagliari, Italia; dienstl.: Via R. Garzia Nr. 9, Italia - Geb. 18. Okt. 1937 Berghaupten, kath., verh. s. 1965 m. Dr. Musu Lucia (Lehrerin), 3 Kd. (Francesca, Alexandra, Christian) - Stud. Fremdspr. u. Fremdsprachenlit. Univ. Cagliari; Promot. 1975 - Spr.: Ital., Engl., Holländ.

BRUDER, Reinhart

Dr.-Ing., Werksdirektor Thyssen Stahl AG - Kaiser-Wilhelm-Str. 100, 4100 Duisburg 11.

BRÜCHER, Hildegard

s. Hamm-Brücher, Hildegard

BRÜCHER, Horst

Dr. jur., Rechtsanwalt u. Notar, Aufsichtsratsvors. Flohr Otis GmbH, Berlin, Flohr Otis Aufzugs-GmbH, Stadthagen, Dunlop AG, Hanau, Kraft GmbH, Eschborn - Bockenheimer Landstr. 51, 6000 Frankfurt/M. - Geb. 30. Okt. 1928 (Vater: Hugo B., Bankdir.; Mutter: Else, geb. Wüsthoff), ev., verh. s. 1963 m. Karin, geb. Hammer, 2 Kd. - Univ. Frankfurt/M., Paris (Sorbonne), Washington (Georgetown). Diplome de droit compare; D. C. - Zeitw. Direktionsassist. AR-Mitgl.: Lingner + Fischer GmbH, Bühl, TRW Thompson GmbH, Barsinghausen, Waldrich Siegen Werkzeugmasch. GmbH, Burbach, Otis Europe S.A., Paris. Versch. Beiräte - BV: Doing Business, 8. A. 1978 (m. Mueller u. Stiefel); Auslands-Investment-Gesetz, 1970 (m. Pulch) - Spr.: Engl, Franz.

BRÜCHERT, Erhard

Oberstudienrat, Autor - Distelweg 14, 2905 Edewecht (T. 04486 - 5 72) - Geb. 25. März 1941 Schlönwitz (Pommern), ev., verh. s. 1968 m. Hailke, geb. Zimmering, 2 Kd. (Ilka, Martin) - Stud. German. u. Gesch. 1962-68 Marburg, Berkeley (Calif.) u. Göttingen; 1. Staatsex. Göttingen; Refer. Oldenburg; 2. Staatsex. 1970 Oldenburg - S. 1979 Mitgl. Schriever-Kring, s. 1982 Bevensen-Tagung; Fr. Mitarb. hist. Magazin Damals (s. 1982 sieben hist. Ess.); Fr. Mitarb. Nordwest-Zeitung, Oldenburg - BV: Robitur, Jugendtheaterstück 1978; Nun sag's doch endlich, Schauspiel 1980; Tanker up Schiet, Kindertheaterst. 1980; E. Tag im Leben v. Martina u. Volker, Jugendtheaterst. 1982; So'n Theater um de Schohkoperee!, Kindertheaterst. 1983; Sneewittchen un de Rockers, Kindertheaterst. 1983; Unser neues Haus, Schausp. 1985; D. schwarze Brack, Hist. Erz. 1987. Bearb. v.: Ut mien Hollwäger Jungenstiet, Niederdt. Lebenserinnerungen v. Georg Willers, 1980. Herausg.: Snacken un Verstahn (Bd. 3 1983). Mithrsg.: Snacken un Verstahn (Bd. 1 u. 2 1982 u. 84). Hörsp.: Een Stedinger Mönk (1982); Wenn Mudder op Arbeit geiht (1983); Dat nie Huus (1983); De Negerpaster (1983); Marathon (1986); Ick, Wilhelmine (1987); Wilhelmshaben 1918 (1988). Regionalgeschichtl. Beitr. im Norddt. Rundf. - 1979 Preis d. Oldenburg. Landschaft f. niederd. Kindertheaterstück; 1982 Preis d. Schlesw.-Holst. Heimatb. f. niederdt. Kindertheaterstücke - Liebh.: Joggen, Tennis, Segeln - Spr.: Engl., Franz., Lat.

BRÜCK, Alwin

Journalist, MdB (s. 1965), Parlam. Staatssekr. a. D. - Am Westfeld 27, 6601 Heusweiler/Holz (T. Heusweiler 89 39) - Geb. 23. Sept. 1931 Holz (Vater: Friedrich B., Bergmann; Mutter: Juliane, geb. Pörtner), ev., verh. s. 1957 m. Margot, geb. Reidenbach, 2 Kd. (Sabine, Heike) - Mittelsch. (Mittl. Reife); Redaktionsvolontär - 1951-65 (m. Unterbr. weg. Meinungsversch. in d. Saarfrage) Redakt., Chef v. Dienst (1960) u. stv. Chefredakt. (1963) Saar-Volksstimme u. Saarbrücker Allgemeine; 1960-73 Gemeinderatsmitgl.; 1974-82 Parlam. Staatssekr. Bundesmin. f. wirtschaftl. Zus.arbeit. SPD (s. 1960 Mitgl. Landesvorst. Saarl.) - Ehrensenator Univ. Saarland; Gr. BVK, Saarl. VO - Liebh.: Sport - Spr.: Engl., Franz.

BRÜCK, Inge

Sängerin, Schauspiel., Texterin, Komp. - Postfach 1213, 5227 Windeck 1 - Geb. 12. Okt. 1936 Mannheim (Vater: Hans B.; Mutter: Luise B.), kath. - Stud. Musik u. Schausp. - Hauptrollen (FS): u.a. Miss Molly Mill (13teil. ZDF-Serie), Im Rampenlicht (eig. FS-Show), Annie get your gun, Iduna in Feuerwerk usw., z.Zt. in Prod. Brückenschlag (akt. monatl. Magazinsend.) - 1966 Gold. Hahn v. Rio de Janeiro - Liebh.: Poesie, Zeichnen - Spr.: Engl.

BRÜCK, Kurt

Dr. med., Prof. f. Physiologie - Aulweg 129, 6300 Gießen (T. 702 45 50) - Geb. 6. Nov. 1925 Köln, ev., verh. m. Dr. Monika, geb. Oschatz, 2 Kd. (Martina, Marianne) - 1946-51 Med.Stud., Promot. 1951 Heidelberg - 1951-60 Wiss.Ass. Physiol. Inst. Heidelberg, Marburg; Univ.-Kinderklinik Hamburg, 1959 Habil. (Physiol.), 1960-61 Dept. f. Pediatrics, UCLA Los Angeles, USA. Lehrtätigk. Univ. Marburg (1966 apl. Prof.; Wiss. Rat Physiol. Inst.) u. Gießen (1970 Ord. (Lehrstuhl II) u. Inst.dir.), 1982 Vors. Dt. Physiol. Ges. Arbeitsgeb.: Physiol. d. Temperaturregelung, physiol. Adaptation, Leistungsphysiol. Buch- u. Ztschr.beitr., u. a. Mitarb. Temperature and Life (1973); Perinatal Physiology (1978); Beitr. z. Physiol. d. Menschen.

BRÜCK, Kurt-Herbert

Maler u. Graphiker - Bülowstr. 49, 1000 Berlin 30 (T. 030 - 215 51 78) - Geb. 26. Nov. 1908 Danzig (Vater: Gottfried B., Kfm.; Mutter: Wanda Kochanowski, Sängerin, Schausp.), verh. in 2. Ehe (1963) m. Käte, geb. Weidner - 1936-37 École des Beaux Arts Paris; 1938 Kunstakad. Düsseldorf; 1941-43 Meistersch. f. Graphik u. Buchgew. Berlin - Arb. Impressionismus u. Naturalismus (Aquarell, Öl, Kupferstich, Holzschnitt) - 1953 I. Preis Berliner Plakatwettbew.; 1969 Palme d'Or de Monaco - Spr.: Engl., Franz.

BRÜCK, Wilhelm

Direktor, Gf. Vorstand Raiffeisen-Waren-Zentrale Rheinl. eG - Hubert-Vallender-Str. 12, 5350 Euskirchen - Geb. 26. Jan. 1927 Euskirchen (Vater: Josef B.; Mutter: Gertrud, geb. Schmitz), verh. s. 1960 m. Annemie, geb. Schneider, 2 S. (Josef, Dieter) - Volkssch., Obersch., Fachhochsch. - Gf. Vorst., Vorst.-Sprecher, Mitgl. in versch. Gremien d. Ernährungswirtsch. u. d. dt. Raiffeisen-Organis. auf region. u. auf Bundesebene - Spr.: Engl.

BRÜCK, Wolfram

Oberbürgermeister d. Stadt Frankfurt am Main (b. 1989) - Römerberg 23, 6000 Frankfurt am Main 1 (T. 069 - 2 12-31 00) - Geb. 27. Febr. 1937 Köln-Mühlheim, kath., verh. s. 1966 m. Marianne, geb. Müller, S. Michael - Stud. Univ. Köln, Freiburg (Rechtswiss.); 1. Ex. 1961, 2. Ex. 1965 - B. 1970 Staatsanwalt; b. 1977 Min.beamter; 1977-86 Dezern. f. Personal u. Recht d. Stadt Frankfurt - BVK am Bde. - Spr.: Engl.

BRÜCKEL, Kurt W.

Dr. med., Chefarzt i. R. - Kernenblickstr. 2, 7000 Stuttgart 75 (T. 47 56 86) - Geb. 6. März 1920 Hausen/Hessen (Vater: L. B., Regierungsrat), ev., verh. s. 1945 m. Dr. rer. nat. Priska, geb. Edle v. Jaschke, 3 Kd. (Rolf, Petra, Joachim) - Realgymn. Gießen u. Bad Nauheim; Univ. Jena u. Gießen (Promot. 1944). Röntgenausbild. - 1937-39 Militärdst.; 1944 b. 1945 Truppen- u. Lagerarzt; 1945-53 Assistenz- u. Titularoberarzt (1953) I. Med. Univ.klinik Frankfurt/M. (Prof. Volhard u. Hoff); 1954-59 ltd. Oberarzt Innere Klinik Berg Städt. Krkhs. Stuttgart-Bad Cannstatt (Prof. Beckmann u. Schettler); 1959-85 Ärztl. Dir. u. Chefarzt Bürgerhospital Stuttgart, Med. Klinik III - BV: Grundzüge d. Geriatrie, 1974; 20 J. Kalziumantagonismus als therapeut. Prinzip, 1985; üb. 100 Fachveröff. - Liebh.: Motorsport, Fotogr.

BRÜCKER, Christian

Vorsitzender Landsmannschaft d. Donauschwaben aus Jugoslawien - Goldmühle 30, 7032 Sindelfingen/Württ.

BRÜCKER, Diethelm

Kommandeur im Bundesgrenzschutz u. d. Grenzschutzkommandos Küste - Raaberg 6, 2357 Bad Bramstedt - Geb. 22. April 1933.

BRÜCKLE, Wilhelm

Dipl.-Kfm., Aufsichtsratsvorsitzender Kulmbacher Spinnerei AG, Kulmbach (1984-88) - Friedrich-v.-Schiller-Str. 7, 8580 Bayreuth - Geb. 23. April 1920 München (Vater: Franz B., Beamter; Mutter: Maria, geb. Bergmaier), kath., verh. s. 1947 m. Marga, geb. Kühl, 3 Söhne (Wolfgang, Klaus, Bernhard) - Gymn. u. Univ. München (Betriebsw.). Dipl.-Kfm. 1948 - B. 1945 Bayer. Treuhand, 1955 Kulmbacher Spinnerei AG. Vorst.: Finanzen, Personal, Allg. Verw., Mitgl. d. Beir. Gerling-Konzern, JLO Assekuranzgeschäft Joh. Leonh. Orth GmbH, Nürnberg - 1985/86 Past-District-Governor Lions-Club - Liebh.: Reisen, Theater, Antiquitäten - Spr.: Franz.

BRÜCKMANN, Walter

Journalist, Hauptabteilungsleiter Öffentlichkeitsarbeit d. CDU-Bundesgeschäftsst., Chefredakt. Dt. Monatsblatt - Zu erreichen üb. CDU Deutschl., Fried.-Ebert-Allee 73-75, 5300 Bonn - Geb. 23. Sept. 1934 Velbert, ev., verh. s. 1960 m. Lilo, geb. Broich, 2 Kd. (Guido, Gitta) - Univ. Münster, München, Berlin (Gesch., Psych., Publiz.) - Bis 1976 Chefredakt. Berliner Morgenpost, 1976-81 Chefredakteur Berliner Rundschau.

BRÜCKMANN, Willi

Dr. rer. pol., Unternehmer, Aufsichtsratsvors. Schunk Industrieverwaltung GmbH (SIV), Heuchelheim, Lahn-Gießen - Professorenweg 29, 6300 Lahn-Gießen - Geb. 17. Dez. 1914.

BRÜCKNER, Alfred

Prof., Hochschullehrer - Mörikeweg 5, 7987 Weingarten/Württ. - U. a. Prof. f. Gesch. PH Weingarten.

BRÜCKNER, Christine,

geb. Emde

Schriftstellerin - Hans-Böckler-Str. 5, 3500 Kassel - Geb. 10. Dez. 1921 Schmillinghausen/Waldeck (Vater: Carl E., Pfarrer), ev., verh. I) m. Werner Brückner, Keramiker, II) Otto-Heinrich Kühner, Schriftst. (s. dort) - Schule Kassel (Abitur); Büchereisch. Stuttgart (Dipl.-Bibliothekarin 1946); Univ. Marburg (4 Sem. Kunst- u. Lit.gesch.) - 1947-50 wiss. Mitarb. Forschungsinst. f. Kunstgesch., Marburg; 1951 Redakt. Frauenwelt, Nürnberg - BV: Ehe d. Spuren verwehen, R. 1954 (I. Bertelsmann-R.preis); Katharina u. d. Zaungast, R. 1957; E. Frühling im Tessin, R. 1960; D. Zeit danach, R. 1961; Bella Vista, Erz. 1963; Letztes Jahr auf Ischia, R. 1964; D. Kokon, R. 1966; D. glückl. Buch d. a. p., R. 1970; Wie Sommer u. Winter, Jugendb. 1971; Momoko u. d. Vogel, Bildb. 1972; Überlebensgeschichten, Erz. 1973; Momokos Geburtstag, 1973; Momoko u. Chibi, Bildb. 1974; Lewan, sieh zu!, Erz. 1974; Jauche u. Levkojen, R. 1975; Nirgendwo ist Poenichen, R. 1977; E. Bruder f. Momoko, Bildb. 1977; Erfahren u. erwandert (zus. m. O. H. Kühner), 1979; D. eine sein, d. andre lieben, R. 1981; Mein schwarzes Sofa, Aufzeichnungen, 1981; Momoko ist krank, Bildb., 1980; Wenn du geredest hättest, Desdemona, Ungehaltene Reden ungehaltener Frauen, 1983; Was ist schon e. Jahr, Erz. 1984; Lachen, um nicht zu weinen, Leseb.; Die Quints, R. 1985; Deine Bilder - meine Worte, (zus. m. O.H. Kühner) 1987; Hat d. Mensch Wurzeln?, Autobiogr. Texte 1988. Herausg.: Botschaften d. Liebe (1960); An mein Kind (1962); Lesezeit (1986) - Mitgl. PEN-Zentrum BRD (1980-84 Vize-Präs.; 1982 Goethe-Med. Land Hessen, 1987 Ehrenbürgerin Stadt Kassel.

BRÜCKNER, Hardo

Dr. jur., Botschafter a. D. - Schreinerbauerweg 2, 8390 Passau 16 (T. 8 87 19) - Geb. 11. Nov. 1910 Abbazia (Vater: Prof. Ernst B.; Mutter: Johanna, geb. Hufsky), kath., verh. s. 1956 m. Irmgard, geb. Erdmann - Theresianum, Alte Handelsakad. u. Univ. Wien (Rechtswiss.). Dr. beider Rechte - S. 1934 Finanzverw. 1950 Ausw. Dienst (1954 Vortr. Legationsrat I. Kl., 1964 Leit. Handelsvertr. Budapest; 1971-74 Botschafter Kongo bzw. Zaire) - 1968 BVK - Liebh.: Kunstgesch. - Spr.: Franz., Engl.

BRÜCKNER, Helmut

Dr. rer. nat., Prof. f. Mathematik - Perelstr. 2, 2000 Hamburg 80 - B. 1977 Doz. (Wiss. Oberrat), dann Ord. Univ. Hamburg (gf. Dir. Math. Sem.).

BRÜCKNER, Herbert

Senator a. D., MdBB, Vorsitzender SPD Bremen (s. 1987) - Paul-Singer-Str. 152, 2800 Bremen 41 - Geb. 8. Okt. 1938 Schwarme/Grafsch. Hoya, ev., verh., 2 Kd. - N. Mittl. Reife Fachsch. f. soz. Berufe; 1953-56 kaufm. Lehre Ind.; 1957-63 Diakonenfachsch. Hannover (Stephansstift) u. Kirchl. Hochsch. Bethel - B. 1967 Jugenddiakon Bremen-Vahr (Heiliggeist-Gde.), dann Landesjugendwart Ev. Kirche Bremen. B. 1987 Senator f. Gesundh. u. Sport Bremen. SPD (1971-75 u. 1987ff. MdBB).

BRÜCKNER, Jürgen B.

Dr. med., Prof. f. Anaesthesiologie, Reanimation u. Intensivmed., Vizepräs. f. d. Bereiche Human-, Veterinär- u. Zahnmed. FU Berlin - Keithstr. 16, 1000 Berlin 30 - Geb. 16. März 1937 - Promot. 1963; Habil. 1970 - S. 1970 Prof. FU Berlin (gegenw. Leit. Arbeitsgr. f. Kreislaufforsch./Inst. f. Anaesthes.); s. 1985 Vizepräs. FU. Fachaufs.

BRÜCKNER, Klaus

Dr.-Ing., Vorstandsmitglied Mannesmann Demag AG (1981ff.) - Wolfgang-Reuter-Pl., 4100 Duisburg.

BRÜCKNER, Rolf

Dr.-Ing., Dipl.-Phys., o. Prof. f. Nichtmetall.-Anorgan. Werkstoffe - Hagenstr. 17, 1000 Berlin 33 - Geb. 10. März 1928 Urnshausen/Thür. (Vater: Fritz B., Lehrer; Mutter: Gertrud, geb. Nennstiel), ev., verh. s. 1956 m. Elisabeth, geb. Doepke, S. Gerd - Promot. 1961, Habil. 1964 - 1957-73 Wiss. Mitarb. MPI u. Fraunhofer Ges. (1971); s. 1971 Prof. TU Clausthal (apl.) u. 1973 o. Prof. Berlin - BV: Glastechn. Fabrikationsfehler, 1980. Üb. 160 Facharb. Regional Herausg. J. Non-Crystalline Solids u. Mitherausg. Glastechn. Ber. - 1969 Industriepreis u. 1989 gold. Gehlhoff Ring d. dt. Glastechn. Ges. - Liebh.: Musik, Ski, Tennis - Spr.: Engl.

BRÜCKNER, Walter

Vertriebsdirektor, Vors. Fachverb. Flachglasind., Düsseldorf, Vorst.mitgl. Flachglas AG. DELOG/DETAG, Fürth/Gelsenkirchen - Schottstr. 3, 5810 Witten/Ruhr - Geb. 5. Okt. 1926.

BRÜCKNER, Wolfgang

Dr. phil., o. Univ.-Prof. u. Vorst. Inst. f. dt. Philologie Univ. Würzburg (s. 1973) - Bohlleitenweg 59, 8700 Würzburg (T. 4 25 66) - Geb. 14. März 1930 Fulda (Vater: Dr. Heinrich B., OStudR.; Mutter: Annemarie, geb. Heiduschka), kath., verh.s. 1958 m. Dr. Annemarie, geb. Schmitt, 2 Kd. (Elisabeth, Michel) - Promot. 1956; Habil. 1964 - 1968-73 Dir. Inst. f. Volkskd. Univ. Frankfurt/M.; Verwalt.ratsmitgl. d. German. Nat. Museums Nürnberg - BV: Strukturwandel barocken Wallfahrtens, 1958; Bildnis u. Brauch, 1966; Populäre Druckgraphik Europas: Dtschl., 2. A. 1975 (auch ital., franz); Frankfurter Wörterbuch, 1971-85; D. Bilderfabrik, 1973; Volkserz. u. Reformation, 1974; Bayer. Bll. f. Volkskunde, 1974ff.; Elfenreigen, 1974; Mithg. Enzyklopädie d. Märchens (1975ff.); Gnadenbild u. Legende, 1978; Jb. f. Volkskd., 1978ff.; Maria-Buchen, 1979; Fränkisches Volksleben im 19. Jh., 1985; Hinterglas-Künste, 1988 - Korrespond. Mitglied d. Wiss. Gesellsch. a. d. Univ. Frankfurt, d. Österr. Akad. d. Wissensch., Wien, Vetenscapssocieteten Lund/Schwed., d. Königl. Gustav Adolfs-Akad. Uppsala/Schw. - Lit.: Bibliographie W. B. zum 14. März 1980.

BRÜCKNER-LACOMBE, Marie M.

Schriftstellerin, Übers. - Bahnhofstr. 90, 8032 Gräfelfing (T. 089-852538) - Geb. 25. Okt. 1913 Ilmsdorf/Ostpr., kath., gesch., 2 S. (Wolfgang, Hans Hermann) - Abit. 1934 Allenstein/Ostpr.; Sprachenstud. Königsberg/Pr. - BV: 27 Jugendb. (u.a. Du bist reizend, Christine; D. Gesch. mit Nora, Maria u. Nico; Heike, 15, Schülerin; Heiml. Freundsch.), z.T. auch in Franz., Portug. u. Finn.; Romane (u.a. Geh nicht nach Nizza, Josephien?; E. Mann wie Marcel); Krimis, hist. Serien, alle 1958-82; s. 1984 haupts. Erz. in Anthol. - 1974 Gold. Schneider-Buch - Spr.: Engl., Franz., Ital.

BRÜDERLE, Rainer

Dipl.-Volksw., stellv. Ministerpräsident, Minister f. Wirtschaft u. Verkehr Rhld.-Pfalz (s. 1987), MdL, FDP-Landesvorsitzender Rhld.-Pfalz (s. 1983) - Am Huhlchen 13, 6500 Mainz-Weisenau (T. 06131 - 83 24 61) - Geb. 22. Juni 1945 Berlin, ev., verh. s. 1980 m. Angelika, geb. Adamzik - Abit. Landau; Stud. Volksw., Rechtswiss., Polit. Wiss., Publiz. Univ. Mainz; Dipl. 1971 - Wirtschaftsdezern. Landeshauptstadt Mainz - Spr.: Engl., Franz.

BRÜDERLIN, Heinz

Dr.-Ing., Prof., Vorstandsvorsitzender Techn. Werke d. Stadt Stuttgart AG, Stuttgart - Blauer Weg 7, 7000 Stuttgart 1 - Geb. 13. März 1928 - Honorarprof. f. Elektr. Energieversorg. u. Elektrizitätsw. Univ. Stuttgart. Div. Mand.

BRÜGELMANN, Gerd

Kaufmann, Gesellsch. F. W. Brügelmann Söhne, Köln, Ehrenvors. Gesamtverb. d. Dt. Textilgroßhandels, Köln - Am neuen Forst 16, 5000 Köln 50 - Geb. 26. Sept. 1913 Köln - Kurat.-Mitgl. Univ. Köln - 1973 BVK I. Kl.; Ehren-AR-Vors. Ev. Krkhs. Weyerthal, Köln; Ehrenmitgl. IHK Köln.

BRÜGELMANN, Hans

Dr. lic. rer. soc., Prof. Univ. Bremen - Beim Rumpsmoore 35, 2803 Weyhe-Leeste (T. 0421 - 89 27 67) - Geb. 29. Dez. 1946 Berlin (Vater: Hermann B., Beigeordn.; Mutter: Eva, geb. Wollmann), verh. s. 1971 m. Karin, geb. Loos, 2 Kd. (Matthias, Benjamin) - BV: Strategien d. Curriculumreform, 1975; The Teachers' Centre, 1975; Curriculum - e. Einf., 1979; Kinder auf d. Weg z. Schrift, 1983, 3. A. 1988; D. Schrift entdecken, 1984, 2. A. 1986; ABC u. Schriftsprache, 1986, 2. A. 1987; Welten d. Schrift in d. Erfahrung d. Kinder, 1987; Regenbogen-Lesekiste, 1987, 2. A. 1989; Jeder spricht anders, 1989.

BRÜGELMANN, Jan

Geschäftsleit. F. W. Brügelmann Söhne, Köln, Präs. Dt. Golf-Verb., Wiesbaden - Am neuen Forst 26, 5000 Köln 50 - Geb. 12. Juli 1921 - AR-Mand.

BRÜGGEMANN, Bernhard

Dipl.-Ing., Oberbaudirektor a. D., Prof. f. Techn. Mechanik Univ. Duisburg - Robert-Koch-Str. 8, 4130 Moers 2.

BRÜGGEMANN, Gerd

Dipl.-Volksw., Wirtschaftskorrespondent USA Zeitung D. Welt - Zu erreichen üb. D. Welt, Godesberger Allee 99, 5300 Bonn - Geb. 25. Jan. 1933 Hamburg, verh., 2 Kd. - Zul. Leit. Wirtschaftsressort Zentralredakt. D. Welt, Bonn; s. 1986 Washington.

BRÜGGEMANN, Theodor

Dr. phil., o. Prof. f. Didaktik d. deutschen Sprache u. Literatur Univ. Köln (Erziehungswiss. Fak.) - Wupperstr. 9, 5000 Köln 40 (T. 0221 - 430 17 39) - Geb. 15. März 1921 Werne/L. - Gymn. Münster (Abit. 1939); ab 1940 Stud. Philol. Univ. Münster u. nach Kriegsdst. (1941-45) Univ. Göttingen, Lehrerausb. PA Emsdetten; ab 1947 wieder Univ. Münster (Promot. 1954) - 1947-59 Schuldst. Senden/W. u. Münster; 1960/61 Assist. Päd. Inst. Weilburg u. PA Köln; s. 1962 Prof., s. 1970 o. Prof. PH, ab 1980 Univ. Köln (Lehrst. f. Dt. Sprache u. Lit. sowie deren Didaktik. Schwerp.: Kinder- u. Jugendlit.); Leit. v. Forschungsprojekten zur Geschichte d. Kinder- u. Jugendlit.; s. 1970 Mitgl. Intern. Forschungsges. f. Kinder- u. Jugendlit.; 1976 Gründ.-Mitgl. Dt. Akad. f. Kinder- u. Jugendlit., Volkach; 1984 Mitbegr. Rhein. Kinderbuchges.; 1985 Arbeitsst. f. Kinder- u. Jugendliteraturforsch. Univ. Köln - BV: 14 selbst. Veröff., u. a. Kinder- u. Jugendlit. 1498-1950, 1975; Handb. z. Kinder- u. Jugendlit. v. 1750-1800 (m. H.-H. Ewers), 1982; Handb. z. Kinder- u. Jugendlit. V. Beginn d. Buchdrucks bis 1570 (m. O. Brunken), 1987; zahlr. Aufs. u. Lex.-Beitr. Mitherausg.: Intern. Unters. z. Kinder- u. Jugendlit., 8 Bde. (1969-74) - 1987 Med. f. Verdienste um die Jugendlit. d. Dt. Akad. f. Kinder- u. Jugendlit. Volkach.

BRÜGGEMANN, Wolfgang

Dr. phil., Univ.-Prof., MdL Nordrh.-Westf. (1966-85) - Im Brauke 25, 4630 Bochum (T. 38 12 29) - Geb. 4. März 1926 Bochum, verh., 3 Kd. - Gymn. Bochum; Stud. Gesch., Phil., Theol., German. Münster u. Lund (Schweden) - Gymnasiallehrer Bochum; Fachleit. Staatl. Studiensem. ebd.; o. Prof. Univ. Dortmund (Polit. Bildung u. Didaktik d. Gesch.). 1952ff. Vors. Ring christl.-demokr. Studenten. Vors. d. Aussch. f. Wissenschaft u. Forsch. Landtag NRW - CDU s. 1946 - BV: D. Mensch in d. mod. Demokratie (1971), Bildung oder Indoktrination? (1974), A. d. Wege z. e. a. Republik? (1974), Polit. Bildung im Umbruch (Hrsg., 1976), Arbeitsmat. f. d. polit. Unterr. (Hrsg., 1976), Anmerkungen z. polit. Sprache (2/1977) - Ehrenring Stadt Bochum; Gr. BVK.

BRÜGGEN, Hinrich

Dr. jur., gf. Gesellschafter H. & J. Brüggen, Lübeck, stv. Vors. Verein Dt. Reis- u. Schälmühlen e. V., 5300 Bonn - Gertrudenstr. 15, 2400 Lübeck.

BRÜGGEN, Jochen

Kaufmann, pers. haft. Gesellsch. H. & J. Brüggen, Lübeck, Präses Kaufmannschaft, ARsvors. Handelsbank ebd. - Gertrudenstr. 13b, 2400 Lübeck - Geb. 25. Sept. 1929.

BRÜGMANN, Henry

Techn. Angestellter, Mitgl. Hbg. Bürgerschaft (s. 1978) - Hastedtpl. 17, 2100 Hamburg 90 - Geb. 16. Aug. 1933 Hamburg, verh. s. 1958, 2. Söhne - Volks-, Berufs- u. Fachsch. Hamburg; Maurerlehre; n. Meisterprüf. Ausbild. z. Hochbautechn. ebd. - S. 1963 Techn. Angest. Baubeh. Hamburg. 1970 b. 1978

Mitgl. Bezirksvers. Harburg. SPD s. 1967.

BRÜGMANN-EBERHARDT, Lotte

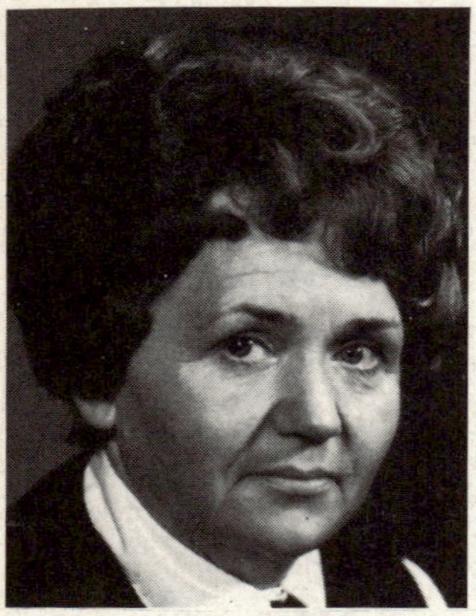

Journalistin, Schriftst. (Ps. Droste) - Schillerstr. 3, 2300 Kiel (T. 0431 - 55 31 91) - Geb. 1. Febr. 1921 Dortmund, ev., wiederverh. s. 1971 (Ehem. Hans B.), 3 Kd. (Ursel, Brigitte, Carola) - Obersch., kaufm. Ausbildg. - Landesschatzmeisterin Verb. Schriftsteller in Schlesw.-Holst. - BV: E. Licht entzünden, 1984; E. bunter Kranz, 1985; D. Tag ist nicht nur grau, 1987. Üb. 90 Unterhaltungsr., 43 Rom. in Fremdspr. übers., Mitarb. an Anthologien u. Sammelbänden, Ztg.- u. Ztschr.beiträge; Zeig mir einen Narren - Lit.: Schriftst. in Schlesw.-Holst. - heute; Kürschners dt. Lit.-Kalender u. a. Nachschlagewerke; Lebendige Lit. in Schlesw.-Holst.

BRÜHANN, Willfried

Dr. med. vet., Dr. h. c., Prof., Ministerialdirektor a. D. - Ossietzkystr. 14, 5300 Bonn 1 (T. 0228 - 62 18 34) - Geb. 19. Juni 1916 Stendal, ev., verh. s. 1942 m. Sigrid, geb. Pflüger, 2 Kd. (Bernd, Maja) - Gymn. Stendal, Stud. Vet. med. Berlin u. Hannover, Staatsex. u. Promot. 1940 Hannover, Prüf. f. d. tierärztl. Staatsdst. 1950 - 1952 Eintritt Bundesdst, zul. Leit. d. Abt. Lebensmittelw., Vet. med. u. Verbraucherschutz BMJFG. S. 1968 Lehrtätigk. Tierärztl. Hochsch. Hannover (1971 Honorarprof. f. Intern. Lebensmittelrecht) - BV: D. öfftl. Veterinärwesen, 1983. Mitautor: Großklaus, D.: Geflügelfleischhyg. 1979 (auch in span.) - 1976 Gr. BVK, 1980 Ehrenz. Dt. Tierärztesch. u. Robert-v.-Ostertag-Plak; Ehrenmitgl. Dt. Vet. med. Ges. u. Bundesverb. Beamt. Tierärzte; Ehrendoktor TiäH Hannover.

BRÜHL, Carlrichard

Dr. phil., o. Prof. f. Mittelalterl. Geschichte - Wodanstr. 7, 4000 Düsseldorf 11 (T. 57 27 64) - Geb. 23. Febr. 1925 Frankfurt/M. (Vater: Dr. Carl B.; Mutter: Friedel, geb. Walter), verh. m. Eva, geb. Wiemer - Univ. Frankfurt, Paris (Sorbonne), Bonn - S. 1961 (Habil.) Lehrtätigk. Univ. Köln u. Gießen (1966 Ord.) - BV: Fodrum, Gistum, Servitium regis, 2 Bde. 1968; Codice diplomatico langobardo, t. III 1974; t. IV/1 1982; Palatium u. Civitas, t. I 1975, t. II 1989; Urkunden u. Kanzlei König Rogers II. v. Sizilien, 1978, (ital. Übers. als 2. A. 1984); Codex Diplomaticus Regni Siciliae, Ser. Ia, t. II/1: Rogerii Regis Diplomata Latina, 1987 - 1978 Commandeur de l'Ordre des Arts et Lettres; 1975 Corresp. de l'Inst., Socio stran. Acc. di Palermo; 1980 Fellow of the Royal Philatelic Soc.; 1981 Lindenberg-Med.; 1985 Roll of Dist. Phil. - Spr.: Engl., Franz., Ital. - Liebh.: Philatelist - Rotarier.

BRÜHL, Gisela

Dr. phil., Prof. f. Schulpädagogik u. Allg. Didaktik PH Karlsruhe (s. 1973) - Gretelweg 4, 7500 Karlsruhe-Rüppurr - Geb. 17. Jan. 1937 Mainz - Promot. 1968 - BV: D. Schule im Urteil ihrer Lehrer v. ausgehenden 16. b. z. ausg. 19. Jh., 1969; Päd., Psych., Soziol. im Stud. d. Lehrer (m. and.), 1975; Schul. Sozialisation konkret, 1980; Hochschullehrer als Lehrende u. Lernende. E. Beitrag z. Didaktik d. Allg. Didaktik, 1984; u. a. Facharb.

BRÜHL, Hanskarl

Dr. rer. nat., Prof. f. Angew. Geologie FU Berlin (Hydrogeol. u. Ingenieurgeol.) - Ostpreußendamm 19d, 1000 Berlin 45.

BRÜHL, Heidi

Schauspielerin - Zu erreichen üb. Agentur Alexander, Lamontstr. 9, 8000 München 80; priv.: 8131 Berg/Starnbg. See - Geb. 30. Jan. 1942 München, gesch. 1976, 2 Kd. (Clayton A., geb. 1967; Nicole, 1970) - Ballett- u. Gesangsausbild. - Bühne: u. a. Annie Get Your Gun (Dt. Erstauff. 1963 Berlin). Film (üb. 40 Spielf.); Fernsehen (üb. 350 FS-R.); s. 1978 eig. FS-Show - 2 x Gold. Bildschirm (zul. 1961); Gold. Schallpl. - BV: E. kühle Blonde, bitte, 1976 - Liebh.: Reiten, Tanzen, Schwimmen, Skilaufen, Musik.

BRÜHL, Peter

Dr. med., Univ.-Prof. f. Urologie/Kinderurologie Bonn, Leiter Abt. f. Kinderurologie Urol. Univ.-Klinik Bonn - Paracelsusstr. 57, 5300 Bonn 2 (Bad Godesberg) - Geb. 30. Aug. 1932 Göttingen (Vater: Prof. Dr. med. Robert B. (s. Ausg. XVII.); Mutter: Maria, geb. Brühl), kath., verh. s. 1959 m. Elis., geb. Korff, 4 Kd. (Dr. med. vet. Matthias, Annette, Susanne, Stefanie) - Stud. Univ. Wien u. Bonn; Promot. 1958; Habil. u. Priv.-Doz. 1970 Univ. Saarbrücken (Klin. Bakteriol. u. Serol.), 1971 (Urologie), 1971 Prof. ebd.; Dipl. Med. Fachmikrobiol. DGHM; 1971 ltd. Oberarzt Urol.-Univ.-Klinik Bonn; 1974 apl. Prof. Univ. Bonn; 1984 Univ.-Prof. f. d. Fach Urologie/Kinderurologie ebd. Entd.: Reverse Osmosis Spülautomat f. op. Endoskopie - BV: Diagnostik u. Verlaufskontrolle maligner Tumoren d. Urogenitaltraktes, 1979. Mitarb.: Urol. in Klinik u. Praxis, 1982; Urol. Geschwulstkrankheiten in: Therapiehandb. Inn. Med. u. Allgemeinmed., 1983, 2. A. 1987, 3. A. 1989; Krankenhaushygiene, 1983, 3. A. 1988; Hygiene u. Infekt. an Urol. Abt., 1983; Harnsteinerkrankungen im Kindesalter - Ätiologie, Diagnostik, Therapie u. Metaphylaxe, 1987; Neurourologische Syndrome, 1989; Infektionsprophylaxe im Krankenhaus, 1989. Zahlr. Filme üb. operat. u. diagnost. Verf. in d. Urologie u. Kinderurol. TV: Krebs b. Mann - Vorsorge u. Früherkennung (m. Dtsch. Krebshilfe), 1982 - 1981 F. of the Royal Soc. of Med., London; 1982 Ritter v. Hl. Grab Jerusalem; 1984 Düsseldorfer Hygienepreis.

BRÜHNE, Heinrich

Gf. Gesellschafter H. Brühne GmbH, Dortmund u.a. - Wilhelmsruh 8, 4773 Möhnesee-Neuhaus (T. 024295666) - Geb. 9. März 1948, verh., 3 Kd. - Gf. Gesellsch. Warsteiner Kalkwerk, Blaukalk Steinbruchbetrieb GmbH, Warstein, Kalkvertriebsges. mbH (KVG) Dortmund.

BRÜLLE, Karl-Heinz

Sonderschullehrer, MdL Nordrh.-Westf. (s. 1985) - Chalybäusstr. 5a, 4780 Lippstadt (T. 02941 - 6 02 56) - Geb. 23. Okt. 1949 Lippstadt, ev., verh., 2 S. - 1968-73 Lehramtsstud. PH Münster (1. u. 2. Staatsex.); 1981-84 Aufbaustud. Sonderpäd. Fernuniv. Hagen (Abschl.) - S. 1981 MdK Soest (Vors. Schul- u. Kulturaussch.).

BRÜMANN, Klaus

Kammerdirektor, Leit. LK Weser-Ems - Mars-la-Tour-Str. 1-13, 2900 Oldenburg/O. (T. 80 12 02) - Geb. 28. Febr. 1926.

BRÜMMER, Gerhard

Dr. agr., Prof. f. Bodenkunde - Wischhof 34, 2308 Postfeld - B. 1974 Doz., dann Prof. Univ. Kiel.

BRÜMMER, Karl H.

Dipl.-Ing., Ass. d. Bergfachs, Vors. d. Geschäftsfg. Deilmann-Haniel GmbH (s. 1986), AR-Vors. Gebhardt & Koenig - Gesteins- u. Tiefbau GmbH, Recklinghausen (s. 1987) - Böckelmannweg 8, 5758 Fröndenberg-Strickherdicke (T. 02378 - 22 78) - Geb. 21. Febr. 1933 Westerholt (Vater: Heinrich B., Verwaltungsrat; Mutter: Elisabeth, geb. Neukirchen), ev., verh. s. 1962 m. Christine, geb. Fehrensen, 2 Kd. (Greta, Stefanie) - Stud. TH Clausthal (Dipl.ex. 1958; Ass.ex. 1961 Bonn) - Spr.: Engl., Franz. - Lions-Club Lünen.

BRÜNIG, Eberhard F.

Dr. forest., Prof. f. Weltforstwirtschaft - Vor den Hegen 3, 2055 Aumühle (T. 04104 - 2097) - Geb. 16. Mai 1926 Schöningen (Vater: Otto B., Off./Angest.; Mutter: Anneliese, geb. Kuthe), ev., verh. s. 1962 i. 2. Ehe m. Birgit, geb. Mahr, 2 Kd. (Stephanie, Alexandra) - Stud. Univ. Göttingen, Freiburg u. Oxford, Promot. 1953 Göttingen, Habil. 1967 Hamburg. 1954-63 Brit. Kolonialforstdst., 1964-67 Wiss. Asst. Univ. Hamburg, 1967 Doz., 1968/69 Prof. Univ. New York State, s. 1973 Prof. Univ. Hamburg, 1983 nebenamtl. Dir. Inst. f. Weltforstwirtschaft, Bundesforschungsanst. Hamburg - BV: Forstl. Produktionslehre, 1971; Grundsätze f. d. umweltger. Wiederaufbau sturmgeschäd. Wälder, 1975; Ecological studies in the Kerangas forests of Sarawak and Brunei, 1974. Mitarb. a. versch. Fernsehfilmen über Waldökologie u. Wald und Umwelt - Ehrenritterkreuz d. Johanniterordens - Liebh.: Ostasiat. Bild. Kunst u. Dicht. - Spr.: Engl., Malayisch-Indon. - Bek. Vorf.: Prof. Dr. Hans Spemann, Zoologe, Nobelpreisträger (Großonkel).

BRÜNING, Jochen

Dr., Prof. f. Mathematik, Lehrst. f. Reine Math. II Univ. Augsburg - Breslauer Str. 34, 8902 Neusäss (T. 0821 - 46 92 50) - Geb. 29. März 1947 Bad Wildungen/Kr. Waldeck, ev., verh. s. 1972 m. Hannelore, geb. Petereit, 2 Töcht. (Karin, Eva) - Abit. Kassel 1966; Stud. Math. u. Physik Univ. Marburg; Dipl. 1969, Promot. 1972, Habil. 1977, alles Marburg - 1969-78 wiss. Mitarb. bzw. Doz. Marburg; 1978/79 Prof. Univ. München; 1979-83 Prof. Univ. Duisburg; s. 1983 Prof. Univ. Augsburg; 1986-88 Dekan Nat. Fak. S. 1980 Ausw. Aussch. Studienst IFTG. 1977 u. 87 Gastprof./Gastforsch. Univ. Bonn, 1982 u. 85 Northeastern Univ., 1984 Univ. Göteborg, 1985/85 Visiting Prof. Hauptarbeitsgeb.: Spektraltheorie elliptischer Operatoren. Üb. 30 Arb. z. Reinen Math. in wiss. Ztschr. - 1967-69 Stip. Stud.stiftg.; 1978 Heisenberg-Stip.; 1988 Akad.-Stip. - Liebh.: Phil., Lit., Ornithol., Gesang - Spr.: Engl., Ital.

BRÜNING, Rolf

Dr. rer. pol., Dipl.-Kfm., Vorstand Ges. f. soz. Wohnungsbau, Berlin - Opitzstr. 1, 1000 Berlin 41 - Geb. 13. Okt. 1937 Bremen, ev., verh. s 1966 m. Irmgard, geb. Bergmann, T. Kathrin - 1959-65 Stud. Univ. Hamburg; Promot. 1972 - 1973-82 Geschäftsf. Brem. Ges. f. Stadterneuerung, Stadtentw. u. Wohnungsbau GmbH; s. 1982 Vorst. Ges. f. soz. Wohnungsbau; Beiratsmitgl. Dt. Hypothekenbank Frankfurt/Bremen, Fernheizwerk Märkisches Viertel GmbH, Berlin, Ges. f. Öffentlichkeitsarbeit in Berlin mbH; AR-Mitgl. Wohnungsbau-Rechenzentrum Berlin GmbH.

BRÜNING, Walther

Dr. phil., Prof., Philosoph - Am Gonsenheimer Spieß 6, 6500 Mainz - Geb. 12. April 1927 Darmstadt (Vater: Dr. med. Walther B., Arzt), ev., verh. s. 1958 m. Katrin, geb. Goecke, 2 Kd. (Agnete, Stefan) - Gymn. Darmstadt; Univ. Frankfurt/M. u. Mainz (Phil.). Promot. u. Habil. Mainz - Lehrtätigk. Univ. Córdoba/Argent. (1956 Ord.) u. Univ. Mainz (1968 Wiss. Rat u. Prof.) - BV: D. Gesetzesbegriff im Positivismus d. Wiener Schule, 1954 (auch span.); Phil. Anthropologie, 1960 (auch span. u. jap.); Geschichtsphil. d. Gegenw., 1961 (auch span.). Etwa 80 Fachaufs. - Spr.: Span., Engl.

BRÜNNECK, von, Alexander

Dr. jur., Prof. f. Öffentl. Recht, Allg. Staatslehre, Verfassungsgesch. FB Rechtswiss. d. Univ. Hannover - Blumenhagenstr. 5, 3000 Hannover - Geb. 13. Juni 1941 Hermersdorf/Kr. Lebus, ev., verh. s. 1976 m. Martina, geb. Hoffmann, S. Friedrich - Stud. Univ. München, London, Paris, Berlin (Rechtswiss., Polit. Wiss.); 1. jurist. Staatsex. 1968 Berlin, 2. jurist. Staatsex. 1971 Wiesbaden; Promot. 1976 Frankfurt/M., Habil. 1984 Hannover - 1971 Wiss. Assist., 1974 Akad. Rat Univ. Hannover - BV: Politische Justiz gegen Kommunisten in d. BRD 1949-1968, 1978; D. Eigentumsgarantie d. Grundgesetzes, 1984 - Spr.: Engl., Franz., Lat., Griech.

BRÜNNER, Friedrich

Dr. agr., Minister, MdL Baden-Württ. (s. 1956, CDU) - Löwenbreitestr. 24, 7960 Aulendorf/Württ. (T. 87 37) - Geb. 2. Nov. 1910 Heidelberg, kath., verh., 6 Kd. (dar. 3 S.) - Realgymn. Buchen/Odenw.; 2 J. prakt. Tätigk. Landw.; 1932-37 Stud. Landw. Hohenheim u. Berlin - Ab. 1937 Sachbearb. Landesbauernschaft Rhld., Bonn, 1939-45 Wehrdst., 1946-49 Ref. Min. f. Ernährung u. Landw., Tübingen, dann Leit. Versuchsanst. f. Grünlandw. u. Futterbau, Aulendorf, 1960-68 Dir. Beratungsinst., Donaueschingen, 1968-76 Min. f. Ernährung, Landw. u. Umwelt Baden-Württ. - Gr. Verdienstkreuz m. Stern, 1975; Verdienstmed. d. Landes Bad.-Württ., 1978; Ehrensenator der Univ. Hohenheim; Dt. Sportabz. i. Gold (10mal).

BRÜNNER, Hubertus

Dr. med., Prof. f. Chirurgie Univ. Mainz u. Direktor Chir. Klinik Städt. Krankenanst. - Haydnstr. 14, 4150 Krefeld 1 - Geb. 19. Juni 1932 Bad Mergentheim - Promot. (1958) u. Habil. (1968) Mainz - S. 1971 Prof. - BV: Taschenb. f. Chir., 1974. Üb. 250 Einzelarb. u. Buchbeiträge.

BRÜNNER, Thea

Dr., Vorsitzende Verbraucherschutzverein Berlin e. V., Geschäftsführerin Verbraucherzentrale Berlin e. V. - Bayreuther Str. 40, 1000 Berlin 30 (T. 030 - 213 15 91).

BRÜSSAU, Werner

Dr. phil., Journalist, Leiter ZDF-Büro DDR, Ost-Berlin - Leipziger Str. 65, 1080 Berlin (DDR) (T. (0)0372 - 208 07 85) - Geb. 28. Juni 1935 Berlin, kath., gesch., 1 Kd. - Stud. Publiz., Betriebsw., Amerikan.; Promot. 1964 FU Berlin - Redakt. SFB; Presseref. FU Berlin; Mitarb. Bundesgeschäftsstelle CDU; s. 1974 ZDF (versch. Posit.) - BV: Fernsehen - e. Medium sieht sich selbst (Mitautor u. Mithrsg., 1976); Keine Angst vor Alternativen (Mitautor, 1983) - Spr.: Engl., Franz.

BRÜSTER, Herbert

Dr. med., Prof., Kinder- u. Laborarzt - Grünewaldstr. 6, 4040 Neuss/Rh. - Geb. 24. Dez. 1928 Neuss - S. 1962 (Habil.) Lehrtätigk. Med. Akad. bzw. Univ. Düsseldorf (1968 o. Prof. Dir. d. Inst. f. Blutgerinnung u. Transfusionsmedizin Univ. Düsseldorf). 180 Wiss. Veröff. - 1965 Wilmar-Schwabe-Preis. 1982/83 Dekan der Med. Fakultät.

BRÜTT, Peter

Dr.-Ing., Dipl.-Ing., Vorstandsmitglied MAN Roland Druckmaschinen AG - Stadtbachstr. 1, 8900 Augsburg 1 - Geb. 19. Mai 1935 Dorfmark.

BRÜTTING, Georg

Rektor a.D., Ehrenpräsident Dt. Aero-Club - Baltenweg 2, 8630 Coburg - Geb. 27. April 1913 (Eltern Hans u. Anna B.), kath., verh. m. Gretl, geb. Baumgardt,

Sohn Rolf - Oberstudienrat - 1960-75 Lehrer u. Rektor Coburg. 1977-83 Präs. Dt. Aero-Club - BV: u.a. Segelflug u. Segelflieger, 1934; Segelflug erobert d. Welt, 1939; Wagnis am Himmel (Gesch. d. Kunstfluges), 1943; Mit d. Segelflugzeug in d. Stratosphäre, 1954; Handb. f. d. Motorflieger, 1959; Gesch. d. Segelfluges, 1973; D. berühmtesten Segelflugzeuge, 1974; D. waren d. dt. Kampfflieger-Asse 1939-45, 1974; D. waren d. dt. Stuka-Asse 1939-45, 1976; D. Buch d. dt. Fluggesch., 1979; Fliegen ist unser Sport, 1986 - Gr. BVK - Liebh.: Fliegen, Wandern, Musik - Spr.: Engl.

BRUG, Erwin

Dr. med., Prof., Oberarzt Chirurg. Universitätsklinik Münster - Schulte-Bernd-Str. 55, 4400 Münster/W. - S. Habil. Privatdoz. u. apl. Prof. Münster (Unfall- u. Handchir.).

BRUGGENCATE ten, Gerrit

Dr., o. Prof. u. Vorst. Physiol. Inst. Univ. München - Pettenkoferstr. 12, 8000 München 2 - Geb. 3. Febr. 1934 Greifswald (Vater: Paul t. B.; Mutter: Margarethe, geb. Sachs), ev., verh. s. 1961 m. Ursula, geb. Schenkel, 2 Kd. - Stud. d. Med. Univ. Göttingen u. Freiburg/Br. - BV: Experimentelle Neurophysiologie, 1972; Med. Neurophysiologie, 1984.

BRUGGER, Peter

Dr. phil., Journalist, Hauptabteilungsleit. Kultur/FS Saarl. Rundf. - Zu erreichen üb. Saarl. Rundfunk, Postf. 10 50, 6600 Saarbrücken - Geb. 12. März 1935 Freiburg/Br. (Vater: Ernst B., Rundfunkstudioleit.; Mutter: Gladys, geb. Bergmann), verh. m. Hannelore, geb. Appler - Stud. Dt. u. Roman. Philol., Phil. u. Gesch. Univ. Freiburg u. München; Staatsex. 1961, Promot. 1971 - S. 1955 fr. Mitarb. f. Ztg. u. Hörf.; 1964 Fernsehredakt. Bayer. Rundf.; 1969 Koordinator 3. FS-Progr. Saarl. Rundf., s. 1973 zugl. Hauptabteilungsleit. Kultur/FS; 1985 Gastprof. Univ. New Mexico (USA) - Dokumentarfilme, z.B. Lamento Siciliano, Triptychon m. Claude Simon, Schauplatz d. Gesch. (Petrograd, Jerusalem, Algier, Rio Grande u.a.) - Spr.: Engl., Franz., Ital.

BRUHN, Christian

Dr. agr., Diplom-Gärtner, Direktor - Elvirasteig 30, 1000 Berlin 38 (T. 801 78 61; Büro: 468 22 20) - Geb. 22. Mai 1930 Berlin (Vater: Wolfgang B., Kunsthistoriker; Mutter: Marianne, geb. Rubner), verh. s. 1957 m. Ruth, geb. Blaich, 3 Kd. (Michael, Matthias, Kristin) - Stud. Phytopathologie u. Pflanzenschutz Humboldt-Univ. Berlin, TU Berlin, Cornell Univ. New York, Erwerbsgartenbau TU Berlin - S. 1955 Schering AG. (1972 o. Vorstandsmitgl.) - Spr.: Engl., Span., Franz. - Bek. Vorf.: Prof. Max. Rubner, Physiologe u. Hygieniker (ms.).

BRUHN, Christian

Komponist, Produzent - Postf. 71 02 05, Irmgardstr. 11, 8000 München 71 (T. 089 - 79 57 18) - Geb. 17. Okt. 1934 Wentorf b. Hamburg, verh. s. 1976 m. Erica, geb. Götz, 2 S. (Sebastian, Johannes aus 2. Ehe) - Musikstud. (u.a. b. Prof. E. G. Klussmann, Hamburg) - 1981 AR GEMA, Berlin-München - Werke: Liederzyklen: James Tierleben; Heinrich-Heine-Lieder; Wilhelm-Busch-Zyklus; u.a.; Musicals: D. Sängerkrieg d. Heidehasen; Florian auf d. Wolke; Wibbel; Fernsehmusiken: Timm Thaler; Jack Holborn; Patrick Pacard; Oliver Maass; u.v.a.; Schlager: Zwei kl. Italiener; Mitsou; Monsieur Dupont; Akropolis adieu; Heidi, u. üb. 2000 weitere Lieder - 1962 u. 64 1. Platz Dt. Schlagerfestsp.; div. 2. u. 3. Plätze; Gold. Schallpl. u. and. Ausz. - Spr.: Engl., Franz., Span. - Lit.: Friedr. Torberg: Apropos.

BRUHN, Gerhard

Dr. rer. nat., Prof. f. Mathematik (s. 1970) - Techn. Hochschule, 6100 Darmstadt - Geb. 31. Mai 1931 Berlin - Promot. 1960; Habil. 1965 - Zul. Hahn-Meitner-Inst. Berlin. Fachaufs.

BRUHN, Hans-Dietrich

Dr. med., Prof. f. Innere Medizin - Möltenorter Weg 28, 2305 Heikendorf - Geb. 18. Juni 1937 Hamburg (Eltern: Dr. med. Carl u. Eva B.) - Promot. 1962; Habil. 1972 - S. 1977 apl. Prof. Univ. Kiel (gegenw. Oberarzt Abt. Allg. Inn. Med./Zentrum Konservative Med. I) - BV: D. antithrombot. Therapie d. Fibrinolyse u. Hemmung d. Gerinnung, 1972 - 1983 Silbermed. Dt. Ges. f. Blutgerinnung.

BRUHN, Herbert

Dr. phil., Prof. f. Musik u. ihre Didaktik PH Kiel (s. 1989) - Kyreinstr. 8, 8000 München 70 - Geb. 16. Juni 1948 Hamburg, verh. m. Christine, geb. Gömann, Textchefin Ztschr. freundin - Dipl. als Dirigent; Dipl. als Psych.; Promot. Psych., Musikwiss. u. Musikpäd. - 1972-84 Kapellmeister u. Pianist an versch. Musiktheatern d. BRD (München, Hamburg, Stuttgart, Bielefeld, Kaiserslautern, Bremerhaven); 1987/88 Assist. psych. Inst. Univ. München; 1988/89 Musikdir. Univ. d. Saarlandes. 1985/86 Gastprof. GH Kassel - BV: Musikpsych. (m. R. Oerter u. H. Rösing), 1985; Harmonielehre als Grammatik d. Musik, 1988 - Spr.: Engl., Franz., Ital.

BRUHN, Jochen

Geschäftsführer Rheinbraun Handel Nord GmbH, Gelsenkirchen, Wilkens + Senker, Zwg.-Ndrl. d. Rheinbraun Handel Nord GmbH, Osnabrück - Stegerwaldstr. 7, 4512 Wallenhorst (T. 05407 - 27 68) - Geb. 30. Jan. 1937 Hamburg, verh., 2 Kd.

BRUHN, Jörn

Prof., Pädagoge - Roggenweg 6, 2200 Elmshorn - O.St.Dir., s. 1974 Prof. Univ. Hamburg (Erziehungswiss. unt. bes. Berücks. d. Physikdidaktik) - BV: Physik in Stichworten, 2 Bd. 1966/67; Festkörperphysik, 1982; (m. E. Töpfer †): Methodik d. Physikunterr., 1979; (m. H. Athen): Trigonometrie u. Kugelgeometrie, 1968; Mengenlehre, 1971; Logik, 1972; Taschenrechner, 1974 (übers. in zahlr. Spr.); Mathematik z. Nachschlagen, 1974, 10. A. 1981; Lexikon d. Schulmath., 4 Bd. 1976/78; Stochastik, 1980; Mitarb. am Schulbuchwerk: Math. heute; Hrsg. d. Reihe: Physikalische Arbeitsbücher.

BRUHN, Klaus

Dr. phil., o. Prof. f. Indologie Freie Univ. Berlin (s. 1966) - Cimbernstr. 3, 1000 Berlin 38 (T. 803 54 67) - Geb. 22. Mai 1928 Hamburg - 1964 Privatdoz. Univ. Hamburg - BV: The Jina-Images of Deogarh, 1969.

BRUHN, Manfred

Dr. jur., Bürgermeister - Am Kommandantengraben 6a, 2208 Glückstadt (T. 64 82) - Geb. 17. Mai 1930 Eckernförde (Vater: Christian B., Verw.beamter; Mutter: Ella, geb. Pohlmann), ev., verh. s. 1960 m. Waltrud, geb. Raschke, 3 Kd. (Christine-Elisabeth, Claus-Christian, Hans-Ulrich) - Gymn. Eckernförde; Stud. Rechtswiss. Freiburg, Bonn, Kiel, Speyer - Ass. schlesw.-holst. Innenmin.; Bürgerm. Glückstadt - Liebh.: Klass. Musik - Spr.: Engl., Franz.

BRUHN, Peter

Wiss. Leiter Bibliothek u. Dokumentation Osteuropa-Inst. FU Berlin - Bartschweg 10, 1000 Berlin 22 (T. 030 - 838 40 34) - Geb. 3. Sept. 1926 Wernigerode, verh. s. 1955 m. Hannelore, geb. Schultz, 2 Kd. (Eike, Klaus) - Staatsex. (Slawistik, Bibl.-Wiss.) 1951 Univ. Halle-Wittenberg; Bibl.-Fachprüf. 1956 - 1952 Lehrbeauftr., 1953 Univ.-Lektor Halle-Wittenberg; s. 1956 Osteuropa-Inst. Berlin. Begr. d. Dokumentationszentrums f. d. Schrifttum aus u. üb. Rußland/UdSSR - BV bisher 14 Bde., u.a.: Gesamtverz. russ. u. sowjet. Periodika u. Serienw. in Bibl. d. Bundesrep. Deutschl. u. West-Berlin, 1962-76; Russ. f. Bibliothekare. Leitfaden f. d. Bearb. v. russ. Schrifttum in wiss. Bibl., 1968; Rußland u. d. Sowjetunion im dt.-spr. Schrifttum. Bibliogr. Jahrb., 1974, 1978ff.; Russika u. Sowjetika unter d. dt.-spr. Hochsch.-schriften 1961-73, 1975ff.; D. sowjet. Schrifttum üb. d. Bundesrep. Deutschl. nebst Berlin (W.). Bibliogr. Jahrb. 1971/72, 19766ff.; Heinrich Böll in d. Sowjetunion. Bibliogr. d. in d. UdSSR in russ. Spr. erschienenen Schriften v. u. üb. Heinrich Böll, 1980.

BRUHN, Wolfgang

Dr. phil., Geschäftsführer Biltons GmbH u. Biltons TV Kößlarn - Zul. Gem. Wittibrent - Geb. 23. Juni 1928 Berlin, ev., verh. s. 1957 m. Gisela, geb. Pispers - Humboldt- u. Freie Univ. Berlin (Gesch., German., Publiz.). Promot. 1952 - 1950-69 Hochschulassist., Redakt. Hbg. Fremdenbl., stv. Pressechef FDP Bonn, Korresp. Hbg. Anzeiger, pers. Ref. Kultusmin. NRW (auch Presseref.), wiss. Ref. Bredow-Inst. f. Rundfunk- u. Fernsehkd. Univ. Hamburg, Leit. Hauptabt. Dokumentalspiel ZDF (1965), 1969-73 Leit. Bereich Elektronik Axel Springer & S., s. 1973 Geschäftsf. Biltons u. s. 1978 Geschäftsf. Biltons TV Kößlarn. Hauptschriftl.: Intern. Handb. f. Rundf. u. Ferns. (1958-64), div. Drehbücher.

BRUHNS, Felix

Vorstandsvorsitzender Duravit AG, Hornberg, Geschäftsf. Duravit GmbH, Heidelberg - Im Buchenbronn 5, 7746 Hornberg/Schwarzw. - Geb. 10. Juni 1926 - Président Directeur Génerale Ceramique de Bischwiller S.A., Bischwiller/Elsaß.

BRUMM, Gernot

Dr. rer. pol., Dipl.-Kfm., Geschäftsführer Hermal Kurt Herrmann - Scholtzstr. 3, 2057 Reinbek (T. 040 - 72 70 40).

BRUMM, Ursula

Dr. phil., o. Prof. f. Amerikanistik - Bismarckstr. 1, 1000 Berlin 37 (T. 801 40 14) - Geb. 24. Okt. 1919 Berlin (Vater: Willi B., Kaufm.; Mutter: Cläre, geb. Dillenseger), ev. - Droste-Hülshoff-Obersch. Berlin; Univ. ebd. u. Tübingen (Gesch., German., Kunstgesch., Phil.). Promot. 1943 (Neuere u. mittelalterl. Gesch. u. German.) - 1943-45 wiss. Mitarb. Monumenta Germaniae Historica, Berlin u. Redaktion Dt. Archiv f. Gesch. d. Mittelalters ebd.; 1947-53 Mitarb. United States Information Centers (zul. Chefbibliothekarin); 1953-55 Stud. Harvard Univ. (USA); s. 1956 Lektorin, 1961 Habil., ao. (1963; Dir. Abt. f. Amerik. Kultur John-F.-Kennedy-Inst.) u. o. Prof. (1966) Freie Univ. Berlin. 1967 Gastprof. Rutgers Univ. (USA) - BV: D. religiöse Typologie im amerik. Denken, 1963 (auch engl. 1970); Puritanismus u. Lit. in Amerika, 1973; Gesch. u. Wildnis in d. amerik. Lit., 1980. Zahlr. Einzelarb. - Spr.: Engl., Franz.

BRUMMACK, Jürgen

Dr. phil., Prof., Philologe - Schützenstr. 21, 7400 Tübingen 5 - Geb. 22. Mai 1936 Bomlitz - Promot. 1964 - S. 1971 (Habil.) Lehrtätigk. Univ. Tübingen (gegenw. Prof. f. Dt. Philol.) - BV: D. Darst. d. Orients in d. dt. Alexander-Geschichten d. Mittelalters, 1966; Sat. Dichtung. Stud. z. Fr. Schlegel, Tieck, Jean Paul u. Heine, 1979; Heinrich Heine. Epoche - Werk - Wirkung, 1980 (Hrsg.).

BRUMME, Kurt

Sportjournalist, Sportchef Hörfunk WDR - Zu erreichen üb. Westd. Rundfunk, 5000 Köln 1 - Geb. 4. Febr. 1923, verh. I) ü. 30 J. m. Hanne Frese (Schausp. †1981), II) s. 1982 m. Gerrit v. Kautz (Werbeberat.) - S. Jahrzehnten Sportübertrag. WDR, dar. viele Fußball-Ländersp. - Gr. BVK; 1958 Dt. Fernseh-Preis.

BRUMMER, Rudolf

Dr. phil., o. Prof. f. Roman. Philologie (emerit.) - Kemptener Str. 23, 8000 München 71 (T. 75 06 23) - Geb. 23. April 1907 Radebeul/Sa. (Vater: Max B., Verleger; Mutter: geb. Zimmermann), verh. s. 1938 m. Ella, geb. Janke, † 1985 - Univ. Leipzig, Breslau, Paris. Promot. 1932 - 1943 Privatdoz. Univ. Breslau, 1946 ao., 1948 o. Prof. Univ. Rostock, 1959-72 Univ. Mainz (1959-68 Dir. Auslands- u. Dolmetscher-Inst. Germersheim) - BV: Grundzüge e. Bibliogr. f. d. Studium d. franz. Philol., 1928, 3. A. 1948; Studien z. franz. Aufklärungslit. im Anschluß an J.-A. Naigeon, 1932; D. erzählende Prosadicht. in d. roman. Lit. d. 13. Jh.s, Bd. I 1948; Katalan. Sprache u. Lit., 1975; Bibliographia Lulliana, Ramon-Llull-Schrifft. 1870-1973, 1976 - 1968 Rudolf-v.-Habsburg-Plak. Stadt Germersheim; 1969 Offz. franz. Orden Palmes académiques; 1983 Ehrenpräs. d. Deutsch-Katalanischen Gesellsch. - Spr.: Franz., Ital., Span., Katalan.

BRUN, Dominik

Mittelschullehrer, Schriftst. - Erlenbächli, CH-6390 Engelberg (T. 041-941855) - Geb. 21. Aug. 1948 Entlebuch, verh. s. 1975 m. Elisabeth, geb. Portmann, 2 T. (Sidonia Alena, Andrina Rosalia) - Gymn.; lic. phil. 1975 Univ. Bern - BV: u.a. D Abtriibig, Hörsp. 1972; Puurechrieg, Stück m. Dok. 1978; Notland. im Entlebuch, R. 1982; D. Höhlenfrau, R. 1987 - 1979 Luzerner Literaturförderungspreis; 1981 Ingeborg Bachmann-Verlegerpreis - Spr.: Engl., Franz.

BRUNCKHORST, Hinrich

Landwirt u. Kaufmann, Landrat Kr. Rotenburg (s. 1949) - 2131 Bartelsdorf/Hann. (T. Scheeßel 2 45) - Geb. 9. Juli 1903 Bartelsdorf, ev., verh. - Volkssch. - B. 1925 elterl. Landw., dann Steinsetzer, s. 1934 selbst. (Großhandel m. Straßenbaumaterialien, gegenw. Inh. landw. Betrieb). 1940-45 Wehrdst. 1959-63 MdL Nieders. DP/GDP).

BRUNE, Günter

Dr. med., Univ.-Prof. f. Neurologie, Direktor d. Klinik u. Poliklinik f. Neurol. d. Westf. Wilh.-Univ. - Albert-Schweitzer-Str. 33, 4400 Münster.

BRUNE, Hans-Albert

Dr. rer. nat., o. Prof. f. Chemie - Heckenbühl 4, 7900 Ulm/Donau - Geb. 8. Jan. 1922 Hamburg - Promot. 1960; Habil. 1965 - S. 1969 Ord. Univ. Ulm. Üb. 200 Facharb. Mithrsg.: Chem. Berichte (1964ff.).

BRUNE, Heinrich

Dr. rer. nat. (habil.), o. Prof. u. Direktor Inst. f. Tierernährung Univ. Gießen (s. 1960) - Albert-Schweitzer-Str. 17, 6301 Leihgestern (T. Großen-Linden 30 64) - Zul. apl. Prof. Univ. Göttingen - 1957 Justus-Liebig-Preis.

BRUNE, Pit Jürgen

Gf. Gesellsch. Luftbefeuchtung GmbH., Ludwigshafen - Am Kohlbach, 6945 Großsachsen - Geb. 26. Aug. 1928.

BRUNE, Wilfried

Geschäftsführer VDMA-Landesgruppe Nord, VDMA - Arbeitsgemeinschaft Schiffbau- und Offshore-Zulieferindustrie - Schlebuschweg 23a - Schlebuschweg 23a, 2050 Hamburg 80 - Geb. 10. Aug. 1934.

BRUNHÖLZL, Franz

Dr. phil., o. Prof. f. Lat. Philologie d. Mittelalters u. Institutsvorstand (s. 1964) - Seybothstr. 16, 8000 München 90 - Geb. 12. Juni 1924 Neumarkt-St. Veit, kath., verh. s. 1952 - Promot. (1951) u. Habil. (1961) München - S. 1961 Lehrtätigk. Univ. München (Privatdoz.), Erlangen (1963 ao. Prof.), Marburg (1964 o. Prof.), ab 1975 München.

BRUNK, Manfred

Dr.-Ing., Prof. Lehrstuhl f. Nachrichtentechnik Univ. Erlangen-Nürnberg (s. 1974) - Am Veilchenberg 1, 8521 Spardorf - Geb. 8. Juni 1933.

BRUNKHORST, Wilhelm
Schneidermeister, MdL Nieders. (s. 1970) - Am Markt 8, 2732 Sittensen (T. 04282 - 14 07) - CDU.

BRUNN, Anke
Dipl.-Volksw., Ministerin f. Wissenschaft u. Forschung von Nordrh.-Westf. (s. 1985) - Sielsdorfer Str. 29, 5000 Köln 41 (T. 43 36 86) - Geb. 17. Sept. 1942 Behlendorf Kr. Lauenburg, verh., (Ehemann Hochschulprof.), 1 Kd. - Stud. Wirtschafts- u. Sozialwiss. Hamburg, Paris, Köln (Dipl.-Volksw. 1966) - Wiss. Mitarb. Rechenzentrum Univ. Köln; SPD s. 1967 (MdL Nordrh.-Westf. 1970-81 u. ab 1985); 1981 Senatorin f. Jugend, Familie u. Sport in Berlin, 1981-83 MdA von Berlin.

BRUNNACKER, Karl
Dr. phil. nat., em. o. Prof. f. Eiszeitforschung Univ. Köln (s. 1963) - Buchenweg 4, 8531 Dietersheim/Mfr. - Geb. 3. Nov. 1921 Castell/Ufr., ev., verh. s. 1979 m. Ursula, geb. Boenigk - Stud. Geol. - 1958-63 Privatdoz. TH München. Emerit. 1988. Zahlr. Fachveröff.

BRUNNER, Edgar
Dr. rer. nat., Univ.-Prof. f. Medizin. Statistik - Lotze Str. 53a, 3400 Göttingen - Geb. 13. Juli 1943 Roetgen/Eifel (Vater: Emil B., Orgelbaum.; Mutter: Justine, geb. Reims) - Einhard-Gymn. u. TH Aachen (Dipl. 1969). Stud. Math. Promot. 1971 Aachen - S. 1973 (Habil.) Lehrtätigk. TH Aachen u. Univ. Göttingen (1976 Ord. Med. Fak.). BV (Mitverf.): Biomath., 1975 - Spr.: Engl., Franz.

BRUNNER, Georg
Dr. jur., Prof. f. öffentl. Recht u. Ostrecht Univ. Köln - Zu erreichen üb. Rechtswiss. Fak. Univ. Köln, 5000 Köln - Geb. 2. Juni 1936 Budapest (Vater: Prof. Dr. Wilhelm B.; Mutter: Senta, geb. Krippendorf), kath., verh. s. 1961 m. Ursula, geb. Gutzeit - Jurist. Staatsprüf. 1959 u. 1963 Tübingen; Promot. 1963 ebd.; Habil. 1970 Köln - 1964-71 wiss. Ref. Bundesinst. f. ostwiss. u. intern. Stud., Köln; 1971-84 Prof. Jurist. Fak. Univ. Würzburg (1973-75 Dekan, 1975/76 Konrektor); 1989-91 Dekan Univ. Köln - BV: D. Grundrechte im Sowjetsystem, 1963; D. Parteistatut d. KPdSU 1903-1961, 1965; D. Sowjet. Kolchosordn., 1970 (m. Klaus Westen); D. Problematik d. soz. Grundrechte, 1971; Kontrolle in Dtschl., 1972; Einführ. in d. Recht d. DDR, 2. A. 1979; Polit. Soziol. d. Sowjetunion, 1977; Vergl. Reg.lehre, 1980; Minderheiten in d. Sowjetunion u. d. Völkerrecht, 1988 - Spr.: Engl., Franz., Ungar., Russ.

BRUNNER, Gotthard
Präs. a. D. Bayer. Oberster Rechnungshof, München (1967-76) - Böhmerwaldpl. 11, 8000 München 80 (T. 98 19 51) - Geb. 1911 Rosenheim - Univ. München u. Würzburg (Rechtswiss.) - Ab 1938 bayer. inn. Verw. (10 J. Leit. Personalabt. Innenmin.; zul. Ministerialdirig.) - 1973 Bayer. VO.

BRUNNER, Guido
Dr. jur., Drs. h. c., Bürgermeister u. Senator a. D., Botschafter d. Bundesrep. Deutschl. in Madrid (s. 1982) - C./Fortuny, 8, Madrid-4/Span. (T. 419 - 91 00) - Geb. 27. Mai 1930 Madrid (Vater: AEG-Dir.), ev., verh. s. 1958 m. Christa, geb. Speidel - Stud. Rechtswiss. Madrid, Heidelberg, München - S. 1955 AA: u. a. 8 J. New York (UN), Sprech. d. AA 1970; Leit. Planungsstab/Ministerialdir., Leit. Deleg./Botschafter b. Konf. f. Sicherheit u. Zusammenarbeit in Europa in Helsinki u. Genf 1972; Mitgl. d. Kommiss. d. Europ. Gemeinschaften 1974 (Energiekommissar), 1980 MdB, 1981 ff. MdA Berlin (Bürgerm. u. Senator f. Wirtsch. u. Verkehr) - BV: Bipolarität u. Sicherheit, 1965; Friedenssicherungsaktionen d. Vereinten Nationen, 1968; Stolz wie Don Rodrigo, 1982 - Ehrendoktor d. Univ. Patras/Griechenland (1977) u. Edinburgh/Großbritannien, (1977), Univ. London (1980); Melchett-Med. Inst. of Energy, London. S. 1985 Korr. Mitgl. d. Span. Akad. d. Geschichte - Spr.: Franz., Engl., Ital., Span.

BRUNNER, Hans Peter
Dr. med. vet., Dr. med., Prof. f. Allg. Pathologie u. pathologische Anatomie Erlangen, Chefarzt Path. Inst., Aschaffenburg - Zu erreichen üb. Lamprechtstr. 2, 8750 Aschaffenburg - Geb. 20. Sept. 1932, verh. m. Dr. med. vet. Sigrid, geb. Fiedler - Stud. Veterinärmed. Humboldt-Univ. u. FU Berlin; Stud. Medizin Erlangen; Habil. 1977.

BRUNNER, Heinz
Syndikus i. R. d. Industrie- u. Handelskammer Düsseldorf (Außenwirtsch.) - Novalisstr. 14, 4000 Düsseldorf 30 (T. 435 09 82) - Geb. 11. Aug. 1929 München (Vater: Heinrich B., Ministerialdir. (s. XIII. Ausg.); Mutter: Johanna, geb. Rapsch), ev.-luth., verh. s. 1963 m. Helga, geb. Schröder, T. Caroline - Jura-Stud. Univ. München u. Cambridge (Fitzwilliam College) - 1958-65 Dt. Industrie- u. Handelstag, Bonn; 1965-85 IHK Düsseldorf; 1979-85 Geschäftsf. Außenhandelsstelle f. d. mittelständ. Wirtsch. NRW; stv. Vors. d. German Cambridge Society; Vorst.-Mitgl. Dt.-Tschechoslowakische Ges. f. d. Bundesrep. Dtschl.; Beirats-Mitgl. Dt.-Israelische Wirtschaftsvereinig. - 1964 Officier de l'Ordre du Mérite de la République du Sénégal; 1971 Gr. Ehrenz. f. Verdienste um d. Republ. Österr.; 1979 Chevalier dans l'Ordre d. Palmes Académiques; Ehrenritter d. Johanniter-Ordens; 1984 Ritter I. Kl. Kgl. Schwed. Nordstern-Orden; 1985 BVK - Liebh.: Bibliophilie, Gesch., Porzellan - Spr.: Engl., Franz.

BRUNNER, Heinz-Rudi
Dr. phil., M.A., Prof. f. Medienpäd. u. Kommunikationswiss. FH Mannheim (s. 1975) - Hausackerweg 21, 6900 Heidelberg (T. 06221 - 2 00 09) - Geb. 29. Mai 1943 Darmstadt, ev. - Zeitungsvolont., Regieausb.; Stud. Univ. Frankfurt/M. (Polit. Wiss., Phil., German., Soziol., Päd., Kulturanthropol./Volkskd., Gesch.); Staatsex. (Phil., Polit. Bildung u. Päd.) 1964; Magister Artium (M.A.) 1968; Promot. 1972 - 1971-73 Wiss. Mitarb. u. Lehrbeauftr. Univ. Frankfurt/M.; 1974 Doz., s. 1975 Prof. FHS Mannheim - BV: Stud. z. Folklorismus d. Gegenw., 1974; J. W. v. Goethe 1749-1832 - E. Erinner. z. 150. Todesj., 1982 (auch engl., franz., span.); J. W. v. Goethe: FAUST - I. T. - Ausgew. Insz. auf Bühnen d. BRD, 1982 (auch engl., franz.); Audiovis. Medien in d. polit. Bildungsarb., 1982; E. Bündel Geheimnis, 1985 u. 1988 (2. erw. Auflage); Spüre d. Hauch d. Lebens, 1986. 8 Kataloge zu intern. Kunstausst., 1974-82. 23 Aufs. in Wiss. Ztschr. u. Handb. Mitarb. an Funksendungen. Autor u. Mitarb. v. 8 wiss. Filmen (1974-85). 95 Vortragsmanuskr. zu Medien- und Kultur-Themen (1971-89) - Spr.: Lat., Engl., Franz., Ital.

BRUNNER, Hellmut
Dr. phil., D. theol. h. c., em. o. Prof. f. Ägyptologie - Bei d. Ochsenweide 8, 7400 Tübingen (T. 6 12 96) - Geb. 11. Mai 1913 Höchst/M. (Vater: Dr. Arnold B., Chemiker; Mutter: Sophie, geb. Wimpf), verh. 1937 m. Dr. phil. Emma, geb. Traut - Promot. (1936) u. Habil. (1942) München - S. 1950 Lehrtätigk. Univ. Tübingen (1956 apl., 1960 ao., 1964 o. Prof.) - BV: u. a. Altägypt. Erzieh., 1957; D. Geburt d. Gottkönigs, 2. A. 1986; Hieroglyph. Chrestomathie, 1965; Grundzüge e. Gesch. d. altägypt. Lit., 4. A. 1986; D. südl. Räume d. Tempels v. Luxor, 1978; Grundzüge der ägypt. Relig., 3. A. 1989 - Altägypt. Weisheit, 1988 - 1954 o. Mitgl. Dt. Archäol. Inst.; 1978 Mitgl. Explorers Club, New York.

BRUNNER, Hellmut
Dr. med., Prof., Pharmakologe u. Toxikol. - Im Kirschgarten 8, CH-4106 Therwil (Schweiz) - Geb. 19. Aug. 1922 Außig - U. a. Leit. Biol. Labor. Ciba-Geigy AG., Basel. S. 1959 (Habil.) Lehrtätigk. Univ. Mainz (1967 apl. Prof.). Etwa 80 Fachveröff.

BRUNNER, Helmut

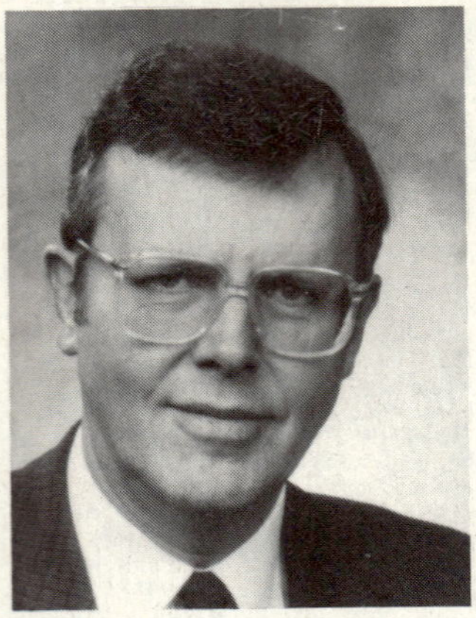

Dr. med., Prof. f. Med. Mikrobiologie u. Infektionsimmunologie Univ. Düsseldorf (s. 1977), Leiter Abt. f. Infektionsabwehr Fa. Bayer AG, Wuppertal (s. 1980) - Am Rohm 111, 5600 Wuppertal - Geb. 13. März 1939 Essen, kath., verh. s. 1969 m. Helga, geb. Zander, 2 Kd. (Stefan, Annika) - Gymn. Rheinhausen; Univ. Freiburg u. Hamburg (1959-64 Med., 1960-64 Psych.). Promot. 1966 Hamburg; Habil. 1974 Gießen - Zul. Univ. Gießen. Üb. 100 Facharb. - 1978 Ludwig-Schunk-Preis.

BRUNNER, Horst
Dr. phil., o. Prof. f. Dt. Philologie Univ. Würzburg - Pilziggrundstr. 36, 8700 Würzburg (T. 0931 - 27 41 40) - Geb. 2. Nov. 1940 Braunschweig, ev., verh. s. 1967 m. Roswitha, geb. Wimmer, 2 Kd. (Bernd, Bettina) - Stud. Univ. Erlangen u. Zürich; Promot. 1966 Erlangen, Habil. 1971 ebd. - 1972 Doz., 1973 Wiss. Rat, 1976 Wiss. Rat u. Prof., 1978 apl. Prof. Erlangen; s. 1981 Ord. Univ. Würzburg - BV: D. poet. Insel, 1967; D. alten Meister, 1975; Walther v. d. Vogelweide, 1977 (m. a.); Repertorium d. Sangsprüche u. Meisterlieder, 1986ff. (Mithrsg.).

BRUNNER, Josef
Landwirt, MdB (s. 1983; Landesliste Bayern) - Zu erreichen üb. Arbeitsgemeinsch. Dt. Kartoffelwirtsch., Godesberger Allee 142-148, 5300 Bonn 2 - Geb. 1937 Schwandorf, verh., 8 Kd. - Div. Funktionen, u.a. Vors. Arbeitsgem. d. Dt. Kartoffelw. CSU.

BRUNNER, Karl
Dr. oec., Dipl.-Kfm., Vorstandsmitglied Patrizier-Bräu AG., Nürnberg (Finanz- u. Rechnungswesen, Controlling - Einkauf) - Würzburger Str. 488, 8510 Fürth/Bay. - Geb. 23. Sept., ev., verh. s. 1951 m. Lisl, geb. Geißendörfer, 2 T. (Ursula, Carola) - Hochsch. f. Wirtschafts- u. Sozialwiss. Nürnberg.

BRUNNER, Oskar
Dr. oec. publ., Dipl.-Kfm., Direktor, Vorstandsmitglied Erlus Baustoffwerke AG., Neufahrn - Industriestr. 25, 8305 Ergoldsbach/Ndb. - Geb. 8. Febr. 1930 Lindau/B. - Geschäftsf. Ergo GmbH.

BRUNNER, Rudolf
Geschäftsführer Nürnberger Hercules-Werke GmbH., Nürnberg - Friedrichsthaler Str. 39, 8500 Nürnberg - Geb. 6. Aug. 1928 - Ing.

BRUNNSTEIN, Klaus
Dr. rer. nat., Prof. f. Anwendungen u. Wirkungen d. Informatik Univ. Hamburg (s. 1973) - Sülldorfer Kirchenweg 251, 2000 Hamburg 55 - Geb. 25. Mai 1937 Köln (Vater: Alfred B., Kaufm.; Mutter: Hildegard, geb. Vietze), kath., verh. m. Gunda, geb. Biel, 2 Kd. (Anke, Jochen) - Staatl. Gymn. Bochum (Abit. 1957); 1957-62 Physikstud. Marburg, Münster, Hamburg (Dipl.Phys. 1962); Promot. (Angew. Math.). Spezialgeb.: Rechnersicherheit, Anwendungen v. Expertensystemen, Wirk. d. Informatik - FDP Landesvors. Hamburg (1980-83) - Liebh.: Segeln, Klass. Musik - Spr.: Engl., Franz.

BRUNS, Hans-Jürgen
Dr. jur., o. Prof. f. Strafrecht, Straf- u. Zivilprozeßrecht (emerit.) - Krippenhof 6, 7570 Baden-Baden - Geb. 28. März 1908 Düren/Rhld. (Vater: Hayo B.; Mutter: geb. Beumer), ev., verh. m. Dr. Helga, geb. Wolff - 1938 LGsrat Reichsjustizmin., Berlin, 1939 ao. Prof. Univ. Greifswald, 1941 o. Prof. Univ. Posen, 1952 Univ. Erlangen - BV: u. a. Strafzumessungsrecht, 1967. Div. Einzelarb.

BRUNS, Heiner
Intendant - Städt. Bühnen, 4800 Bielefeld - Geb. 12. Aug. 1935 Düsseldorf - 1957 Ruhrfestsp. Recklinghausen, 1958 Landestheater Darmstadt, 1960 Bühnen d. Hansestadt Lübeck (Chefdramaturg), 1962 Städt. Bühnen Freiburg (Chefdramaturg u. Regisseur), 1968 Lübeck (pers. Ref. Int. Karl Vibach), 1970 Bühnen Stadt Essen (pers. Ref. Generalint. Dr. Erich Schumacher), 1971-74 Stadttheater Pforzheim (Int.). Ab 1975 Bühnen der Stadt Bielefeld (Int.). VR-Mitgl. Dt. Bühnenverein (DBV), im Tarifausschuß d. DBV u. d. Bayer. Versich.-Kammer.

BRUNS, Herbert
Dr. rer. nat., Prof., Hochschullehrer, Biologe (Zoologe) - Schloßallee 10a, 6229 Schlangenbad 5 (T. 87 47) - Geb. 11. Juli 1920 Wilhelmshaven (Vater: August B., Bauing.; Mutter: Berta, geb. Brost), ev., verh. s. 1949 m. Margarete, geb. Kraut, 1 Kd. - Univ. Göttingen u. Berlin. Promot. 1950 Göttingen - 1952-56 Assist. Univ. Würzburg (Inst. f. Angew. Zool.); 1957-62 Leit. Staatl. Vogelschutzwarte Hamburg; 1965ff. Präs. Bund f. Lebensschutz; s. 1972 Prof. PH Berlin; s. 1980 TU Berlin; 1985 Biol. Station List auf Sylt - BV: Warn- u. Tarntrachten im Tierbereich, 1952; Schutztrachten im Tierreich, 1958; 400 Ratschläge z. umwelt- u. lebensschutzgerechten Verhalten, 1972, 2. A. 1974; Ullstein Vogelb., 1975; Sylt - Natur, Erhol., Umwelt, Forsch., 1974. Herausg.: Ornithol. Mitt. (1948ff.), Biol. Abh. (1948ff.), Angew. Ornithol. (1961ff.), Leben u. Umwelt/Intern. Ztschr. f. Biol., Umwelt u. Lebensschutz (1964ff.), Vögel d. Wattenmeeres (1987) - Silb. Ehrennadel Bund f. Vogelschutz.

BRUNS, Johann
Dozent, MdL Nieders. (s. 1970) - Heidestr. 9, 2970 Emden (T. 5 15 22) - SPD (stv. Vors. Landtagsfraktion).

BRUNS, Josef
Geschäftsführer Mühlenwerke Küppers & Werner KG., Duisburg, Vors. Getreide- u. Produktenbörse ebd. - Friesenweg 16b, 4133 Neukirchen-Vluyn - Geb. 6. Febr. 1930.

BRUNS, Jürgen
Dr. rer pol., Vorstandsmitglied Europa Carton AG. (s. 1979) - Spitalerstr. 11, 2000 Hamburg 1 (T. 040 - 30 90 10) - Geb. 1. Sept. 1943 Oldenburg, verh. s. 1969, 3 Kd. - Dipl.-Kfm. 1969 Univ. Hamburg, Promot. 1973 Hamburg.

BRUNS, Klaus-Peter
Landesminister a. D., MdL Nieders. (s. 1963), u. a. - Knüllstr. 30, 3401 Gleichen (T. Bremke 6 47) - Geb. 28. Nov. 1913 Krefeld, verh., 3 Kd. - N. Abit. Landw.-lehre, spät. -stud. (Bonn) - Wehrdst. (Inf.); Landw. (1960 ff. Domänenpächt. Reinhausen); Bürgerm. Gde. Gleichen, Landrat Kr. Göttingen; 1970-76 Landw.min.; SPD s. 1946 (u. a. 1970ff. stv. Vors. Bezirksvorst. Hannover, 1984ff. Landesvors. SPD Nieders.) - 1969 Gr. BVK, 1975 Gr. BVK m. Stern.

BRUNS, Martin
Dr. rer. nat., Prof. f. Didaktik d. Mathematik FB 17, Univ. Paderborn - Erich Bögerstr. 27, 5300 Bonn 1 - Geb. 5. Febr. 1945 Salisbury/Rhodesien (Vater: Wilhelm B., Realschullehrer; Mutter: Christina, geb. Karthaus), ev., verh. 1970-77 m. Waltraud, geb. Rams, 4 Kd. (Christian, Stefan, Ulrike, Ingo) - 1961-64 Gymn. Petershagen; 1964-68 TH Aachen (Math., Phys., Phil.; Staatsex. 1968). Promot. 1972; Habil. 1975 PH Rhld. - BV: Netzplantechnik - Math.unterr., 1979; D. Schulbuch im Mathematikunterr., 1981 - 1972 Borchers-Plak. - Spr.: Engl. - Bek. Vorf.: Dr. Werner Karthaus (Onkel).

BRUNS, Werner
Dr., Unterabteilungsleiter Abt. Nachr. im Presse- u. Informationsamt d. Bundesreg. - Welckerstr. 11, 5300 Bonn 1 - Geb. 1937 Westfalen - Stud. Betriebsw. - Zeitungsvolontär, Industriekfm., Projektleit. Dt. Entwicklungsges., Bereich Süd-Europa u. Afrika, zul. Leiter d. Büros d. Bundeskanzlers im Bundeskanzleramt (1979-82).

BRUNS, Wolfgang
Dr., Dipl.-Chem., Prof. Techn Univ. Berlin (s. 1972; Makromolekulare u. Theoret. Chemie) - Franzensbader Str. 28, 1000 Berlin 33 (T. 825 86 49) - Geb. 11. März 1931 Artern (Vater: Bernard B., Justizamtm.; Mutter: Lilli, geb. Rühr), verh. s. 1959 m. Wendula, geb. Kempf, S. Kersten - Stud. d. Chemie FU Berlin; Promot. 1963; Habil. 1970 ebd. - 1963-72 wiss. Assist. Fritz-Haber-Inst. (MPG); 1975-77 Vors. Forschungskommiss. Fachber. Chemie TU Berlin; 1978-82 Gf. Dir. I.N.-Stranski-Inst. TU Berlin; 1983-84 Sprecher FB f. Physik. u. Angew. Chemie TU; 1986-89 Vors. d. Auswahlkommiss. z. Vergabe d. Tiburtius-Preises - BV: Monte Carlo Applications in Polymer Science, Springer-Verlag 1981 - Liebh.: Klavier, Segeln, Tennis - Spr.: Engl.

BRUNSWIG, Heinrich
Dr.-Ing., Prof. f. Hochfrequenztechnik (entpfl.) - Saalbaustr. 9, 6100 Darmstadt - Geb. 17. Dez. 1907 Neubabelsberg - Promot. 1960; Habil. 1966 - B. 1973 (Ruhest.) Lehrtätigk. TH Darmstadt - BV (m. Zinke): Hochfrequenz-Meßtechnik, Hochfrequenz-Meßgeräte, Lehrb. d. Hochfrequenztechnik. Üb. 40 Einzelarb. - 1973 Hans-Bredow-Med.

BRUNTSCH, Karl H.
Dr. med., Chefarzt Frauenklinik/Stadtkrkhs. Offenbach (s. 1967), Honorarprof. f. Geburtshilfe u. Gynäk. Univ. Frankfurt/M. - Tulpenhofstr. 46, 6050 Offenbach/M. - Geb. 15. Okt. 1920 Königswusterhausen - Ab 1955 (Habil.) Privatdoz. u. apl. Prof. (1961) FU Berlin - BV: Taschenb. d. Frauenheilkd. d. Geburtsh., 1964.

BRUSIS, Ilse
Gewerkschafterin, Mitgl. DGB-Bundesvorst. (1982ff.) - Hans-Böckler-Str. 39, 4000 Düsseldorf 30 - Geb. 1937 Wattenscheid - Volksschullehrerin. 12 J. stv. bzw. Vors. (1975) GEW/Landesverb. Nordrh.-Westf. SPD (1982 Vorst.-Mitgl.).

BRUST, A.
Dipl.-Ing., Prof. f. Prakt. Informatik Studiengang Med. Informatik Univ. Heidelberg/Fachhochsch. Heilbronn (Leit. Rechenzentrum) - Hauffstr. 6, 7101 Nordheim.

BRUSTEN, Manfred
Dr. soz. wiss., Dipl. Soz., Prof. f. Soziologie - Parsevalstr. 13, 5600 Wuppertal 2 (T. 0202 - 8 57 22) - Geb. 29. Juni 1939 Anrath/NRW (Vater: Clemens B., Buchh.; Mutter: Maria, geb. Derichs), verh. s. 1969 m. Annelie, geb. Metzler, 1 Kd. (Hinrich, Stiefs.) - Abit. Mönchengladbach 1959; 1959/60 Bundeswehr; Dipl. Soz. Münster 1969; Promot. 1974 Bielefeld; Prof. f. Soziologie 1975 Wuppertal - Wiss. Beirat d. Kriminolog. Journals, Vorst. d. Sektion Soz. Probleme/soz. Kontrolle in d. Dt. Ges. f. Soz. (DGS), Präs. Research Committee f. the Sociology of Deviance a. Social Control Intern. Ges. f. Soziol. (ISA) - BV: Abweichendes Verhalten in d. Schule, Bericht üb. e. empirische Forsch., 1973 (3. A. 1976 m. K. Hurrelmann) - Liebh.: Gesteine, Kristalle, Fossilien - Spr.: Engl.

BRUTSCHIN, Gerhard
Gesellschafter u. Geschäftsführer AFT-Automatisierungs- und Förderanlagen GmbH, Rheinfelden - Blasistr. 24a, 7860 Schofheim/Baden - Geb. 10. April 1943 Schopfheim (Vater: Walter B., Kaufm.; Mutter: Emmy, geb. Eichin), ev., verh. s. 1963 m. Heidi, geb. Quietzsch, 2 Kd. (Uwe, Elke) - Volkssch.; Maschinenschlosserlehre; Technikersch. - 1965 Verkaufsing.; 1970 Verkaufsleit./Prok.; 1977 Geschäftsf. - Liebh.: Sport (Tennis, Fußball, Ski).

BRUYCKER, de, Volker E. J.
Regisseur, Produzent - Klingerstr. 9, 8000 München 70 (T. 089 - 769 13 45) - Geb. 6. Okt. 1943 Schneverdingen/Hann. (Vater: Allda de B., Kunstmaler; Mutter: Els-Maria, geb. Pienig), verh. in 2. Ehe (1977) m. Dagmar, geb. Jausel, 3 Kd. (Geraldine, Daniel, Roman) - Ausbild. Kamera/Schnitt - Regieassist. Herbert Seggelke (Bundesfilmpreisträger) u. R. v. Gottberg, s. 1970 Regiss., Drehbuchautor, Prod. (1982). Zahlr. Industriefilme u. Fernsehbeitr. - Div. Preise Europa u. Übersee - Spr.: Engl. - Bek. Vorf.: Francois (18. Jh.) u. Hermann de B. (Großv.), beides Kunstmaler.

BRYDE, Brun-Otto
Dr. jur., Univ.-Prof. f. öffentl. Recht u. Wiss. v. d. Politik - Zu erreichen üb. Justus-Liebig-Univ. Gießen, 6300 Gießen - Geb. 12. Jan. 1943 Hamburg - 1962-66 Stud. Rechtswiss. Univ. Hamburg u. Tübingen; 1. u. 2. jurist. Staatsex.; Promot. 1971 Hamburg; Habil. 1980 - 1971-73 Visiting Prof. Fak. of Law Univ. Addis Abeba, Äthiopien; 1982-87 Univ.-Prof. Univ. d. Bundeswehr München - BV: Zentrale wirtschaftspolit. Beratungsgremien, 1972; The Politics and Sociology of African Legal Development, 1976; Verfassungsentwicklung, 1982.

BSCHOR, Friedrich
Dr. med., Prof. f. Gerichtl. u. Soziale Medizin - Matterhornstr. 16, 1000 Berlin 37 (T. 801 69 54) - Geb. 8. Febr. 1921 Nördlingen - S. 1956 (Habil.) Lehrtätigk. FU Berlin (1964 apl. Prof.). Fachveröff.

BUB, Lothar
Bauunternehmer - Zur Brüche 1, 5910 Kreuztal 4 - Geb. 12. April 1927 Kreuztal (Eltern: Ferdinand u. Minna B.), ev., verh. s. 1950 m. Ortrud, geb. Feige, 2 Kd. (Anneliese, Dirk Ferdinand) - N. Abit. Maurerberuf (Meisterprüf.) - Div. Ehrenstell., u. a. Präs. Handwerkskammer Arnsberg - Gold. Ehrennadel HWK Arnsberg, BVK - Liebh.: Musizieren, Wandern - Spr.: Lat., Engl. - Erf.: Mech. Reibbrett m. Gummikuppl.

BUBECK, Hermann
Modellbauermeister, Ehrenpräs. Dt. Modellbauerhandw. - Tunnelstr. 16, 7000 Stuttgart 30 - Geb. 29. April 1922 Stuttgart - B. 1982 Bundesinn.meister Dt. Modellbauerhandw. - BVK; Handwerksabz. in Gold.

BUBENHEIMER, Ulrich
Dr. theol., Prof. f. Ev. Theologie u. Religionspäd. - Berggasse 104, 7410 Reutlingen (T. 07121 - 29 03 10) - Geb. 30. Sept. 1942 Budapest/Ung. (Vater: Peter B., Journ.; Mutter: Edith, geb. Lindenschmidt, Apothekerin), ev. - 1962-67 Univ. Tübingen u. Göttingen (Ev. Theol.). Promot. 1971 - Wiss. Assist. Univ. Tübingen u. GH Wuppertal; s. 1973 Doz. u. Prof. (1977) PH Reutlingen; 1987 Prof. PH Heidelberg - BV: Consonantia Theologiae et Jurisprudentiae, 1977; Religionsunterr. u. Spielpäd. in d. Grundsch., 1979; Thomas Müntzer: Herkunft u. Bildung, 1989. Film: Spielen im Religionsunterr., 1980 - Liebh.: Märchen - Spr.: Engl., Franz., Finn.

BUBENIK, Gernot
Maler u. Graphiker - Konstanzer Str. 8, 1000 Berlin 31 (T. 883 32 15; Atelier: 618 19 20) - Geb. 30. April 1942 Troppau (Vater: Otto B., Genossenschaftsrevisor; Mutter: Erika, geb. Kunz), verh. s. 1963 m. Erika, geb. Giese, 2 Kd. (Wolf, Ev) - Mittelsch. Pfaffenhofen; Gärtnerlehre Weihenstephan; Kunststud. Stuttgart u. Berlin (Meisterschüler) - S. 1966 freiberufl. Tätigk. Didakt. Bilder, Schautafeln, Funktions-, Begriffsbilder, Demonstrationsobjekte - BV: d. komplexe gedicht, 1965; Image u. Funktion, 1967 (m. W. Aue) - 1968 Dt. Kritikerpreis 1967 (Bild. Kunst) - Spr.: Engl.

BUBLITZ, Gunter
Dr. med., Prof., Chefarzt Inst. f. Röntgendiagnostik u. Nuklearmed./Städt. Klinikum Braunschweig (s. 1971) - Salzdahlumer Str. 90, 3300 Braunschweig - Geb. 4. April 1927 Berlin - Promot. 1953 - S. 1969 (Habil.) Privatdoz. u. apl. Prof. f. Med. Strahlenkd. Univ. Tübingen (1969-71 Oberarzt Strahleninst.). Vors. Nieders. Röntgen-Ges. (1984/85), jetzt stv. Vors. - BV: Morpholog. u. biochem. Unters. üb. d. Verhalten d. Bindegewebes b. strahlenbedingter Lungenfibrose, 1973. Üb. 100 Einzelarb.

BUBLITZ, Karl-Adolf
Dr. med. dent., Zahnarzt, Präs. Zahnärztekammer Hamburg a.D., Vizepräs. Bundesverb. Dt. Zahnärzte a.D., Vors. Bundesarbeitsgem. Zahngesundh. - Glissmannweg 9, 2000 Hamburg 61 - Geb. 22. Aug. 1923 Hagenow (Vater: Dr. med. dent. Walther B., Zahnarzt), ev., verh. s. 1949, 3 S. (Dr. Rolf, Dr. Axel, Klaus) - BVK I. Kl.; Gold. Sportabz.; Ehrenmitgl. Americ. Dental Assoc. - Spr.: Engl.

BUBNER, Rüdiger
Dr., Prof. Univ. Tübingen - Bursagasse 1, 7400 Tübingen - Geb. 9. Mai 1941 Lüdenscheid (Vater: Dr. Karl B., Landrat; Mutter: Dr. Margarete, geb. Herbolz) - BV: Theorie u. Praxis - e. nachhegelsche Abstraktion 1971; Dialektik u. Wiss., 1973; Handlung, Spr. u. Vernunft, 1976; Z. Sache d. Dialektik, 1980; Geschichtsprozesse u. Handlungsnormen, 1984.

BUCERIUS, Gerd
Dr. jur., Senator a. D., Verleger, AR-Mitgl. Bertelsmann AG, Gütersloh (s. 1971), AR-Mitgl. Druck- u. Verlagshaus Gruner + Jahr AG, Itzehoe (s. 1973) - Postfach 10 68 20 (DIE ZEIT), 2000 Hamburg 1 - Geb. 19. Mai 1906 Hamm/W. (Vater: Walter B.; Mutter: Maria, geb. Rump), ev., verh. s. 1947 m. Gertrud (gen. Ebelin), geb. Müller - Realgymn. Essen, Hannover, Hamburg; Univ. Berlin, Hamburg, Freiburg/Br. - Richter Kiel u. Flensburg, RA Hamburg, n. Kriegsende 1945 Senator das. (Baubehörde), s. 1946 Verleger (Die Zeit), 1947-49 Mitglied Frankfurter Wirtschaftsrat, 1949-62 (Austritt CDU) MdB (b. 1953 Vors. Berlin-Aussch.), 1952-57 Bundesbeauftr. f. d. Förd. d. Berliner Wirtsch. - BV: D. angeklagte Verleger, Notizen zur Freiheit d. Presse, 1973; D. Adenauer, Subjekt. Beobachtungen e. unbequemen Weggenossen, 1976; Zwischenrufe u. Ordnungsrufe, 1984 - 1956 Gr. BVK m. Stern; 1986 Ehrenbürger Stadt Hamburg; 1986 BVK m. Schulterband.

BUCH, Aloys Joh.
Dr. phil., Dipl.-Theol., Generalsekretär MISSIO (s. 1986), Doz. f. Moraltheol. am Priesterseminar Lantershofen - Stettiner Weg 2, 5309 Meckenheim/Rh. (T. 02225 - 34 19) - Geb. 17. Juli 1951 Offenbach/Main, kath., verh. s. 1976 m. Petra, geb. Lebkücher, 3 Kd. (Daniel, Teresa, Raphael) - Stud. Theol., Phil., Päd. Univ. Mainz; Dipl. 1976, Promot. 1981 - 1976-80 Wiss. Assist. Univ. Mainz; 1981-86 Geschäftsf. Bischöfl. Studienförd. Cusanuswerk; 1982-86 Lehrbeauftr. RWTH Aachen; s. 1986 stv. Vors. Missionswiss. Inst. MISSIO Aachen; s. 1988 Mitgl. d. Dt. Kommiss. Justitia et Pax - BV: D. Frage n. Gott (m. H. Fries), 1981; Wert - Wertbewußtsein - Wertgeltung, 1982; Wiss. - Technik - Humanität (m. J. Splett), 1982. Herausg.: Nicolai Hartmann 1882-1982 (2. A. 1987).

BUCH, Werner
Assessor, Vors. Landesverkehrswacht Baden-Württ. - Kantstr. 3, 7105 Leingarten - Geb. 26. Sept. 1923 - Stud. Rechtswiss.

BUCHBINDER, Albert
Brauereidirektor i. R., Vorstandsmitglied Brauhaus Amberg AG, Geschäftf. Frischgetränke GmbH, beide Amberg - Am Schiederberg 7, 8450 Amberg/Opf. - Geb. 12. April 1919.

BUCHBORN, Eberhard
Dr. med., o. Prof. f. Innere Medizin - Ziemssenstr. Nr. 1, 8000 München 2 (T. 5 16 01) - Geb. 20. Sept. 1921 Breslau - Univ. Breslau u. Frankfurt. Promot. 1948 Frankfurt; Habil. 1957 München - S. 1966 Ord. u. Klinikdir. Univ. Köln u. München (1971); Vizepräs. Dt. Forschungsgem.; Vors. Dt. Ges. f. Innere Med. (1979/80). Üb. 100 fachwiss. Arbeiten (u. a. Klin. Pathophysiol. d. Nierenkrankheiten b. Menschen) - 1986 Mitgl. Dt. Akad. d. Naturforscher Leopoldina.

BUCHENROTH, Günter
Rechtsanwalt, Hauptgeschäftsf. Hauptverb. d. Dt. Bauindustrie, Wiesbaden - Ölbergstr. 9, 5300 Bonn-Holzlar - Geb. 16. Dez. 1931.

BUCHER, Alexius Jakob
Dr. phil., Dipl.-Theol., Prof. f. Prakt. Philosophie u. Gesch. d. Phil. Theol. Fakultät Univ. Eichstätt (s. 1982), Priester - Zu erreichen üb. Kath. Univ. Eichstätt, P.-Philipp-Jeningen-Pl. 6, 8078 Eichstätt - Geb. 16. Sept. 1938 Herzogenaurach (Vater: Konrad B., Ltd. Reg.Dir.; Mutter: Anny, geb. Schramm), kath. - Univ. Bamberg, Mainz, Theol. Hochsch. St. Georgen/Frankf., Dipl.-Theol. Frankf. 1964, Promot. 1970, Habil. 1975 - 1976/77 Gastprof. Ankara, 1978 Prof. Mainz, 1965-68 Pfarrei, Kant-Ges. Mainz, Rabanus Maurus Akad. - BV: M. Heidegger-Metaphysikkritik als Begriffsproblematik, 1972, 2. A. 1983; Freude, d. nicht vergeht, 1973; Modellbegriffe, 1974; Erkenntnisgegenstand u. Gegenstandserkenntnis, 1980; Bewußt sein 1975; Warum sollen wir gut sein ? 1984; Ethik - E. Hinführung, 1988 - Ehrenmitgl. ACIF, Mexiko.

BUCHER, Ernst
Dr. sc. nat., Prof. f. Physik Univ. Konstanz - Wolfackerstr. 27, CH-8280 Kreuzlingen (Schweiz).

BUCHER, Ewald
Dr. jur., Bundesminister a. D. - 7075 Mutlangen - Geb. 19. Juli 1914 Rottenburg/Neckar (Vater: Josef B., Lehrer; Mutter: Frida, geb. Fischer), kath., verh. s. 1940 m. Ruth, geb. Haas, S. Hanno-Thomas - Realgymn. Schwäb.-Gmünd; Univ. Tübingen u. München (dazw. Wehrdst.). Promot. 1941 - 1940 u. 1941-45 Kriegsteiln. (zul. Batteriechef) u. amerik. Gefangensch., spät. Rechtsanwalt Schwäb. Gmünd, 1951-56 Geschäftsf. u. Vorstandsmitgl. Landesverb. Württ. Gewerbe- u. Handelsvereine ebd., 1953-69 MdB (1956 parlam. Sekr., 1961 stv. Vors. FDP-Fraktion), ab 1956 Mitgl. Bundesvorst. FDP (1964 stv. Vors.), 1962-65 (Rücktr.) Bundesmin. d. Justiz, 1965-66 (Rücktr.) f. Wohnungswesen u. Städtebau. Zul. Generalbevollm. Dr. Koppe & Co. KG, Mainz. Ehrenvors. Kurat. Inst. f. Städtebau, Wohnungsw. u. Bausparwesen, Bonn, stv. Vors. Verb.rat Dt. Verb. f. Woh-

nungswesen, Städtebau u. Raumplanung, Köln. 1964 Kandidat f. d. Bundespräsidentenwahl. Parteiaustr. 1972. 1984 Eintr. CDU - EK I; Narrenorden wider d. tier. Ernst u. a. - Liebh.: Wandern, Musik (Klavier, Flöte), Lyrik. Spr.

BUCHER, Josef

Prof., Dozent f. Orgel u. Kirchenmusik Musikhochschule Ruhr/Folkwang-Hochsch. - Folkwang Hochschule, 4300 Essen 16 - Geb. 14. Aug. 1929 - Kirchenmusikdirektor Liebfrauenkirche Zürich - Konzerte in allen europ. Ländern u. in Nord- u. Südamerika.

BUCHER, Werner

Schriftsteller, Verleger, Journ. - Restaurant Kreuz, CH-9429 Zelg/Wolfhalden - Geb. 19. Aug. 1938 Zürich, gesch. - Gymn. St. Clemens, Ebikon; versch. Lehren - Verleger orte-Verlag; Herausg. Literaturzschr. orte; Gründ. Vera Piller-Preis u. Zürcher Poesie-Tel. (01 - 47 26 26), Poesie-Agenda - BV/Romane: Schweizer Schriftst. im Gespräch, I u. II 1970/71; Nicht solche Ängste, du ..., Ged. 1974; Eigentlich wunderbar, d. Leben ..., Ged. 1976; & jetzt d. Glas, d. Beton, Ged. 1976; Tour de Suisse, 1977; Die Wand, 1978; E. anderes Leben, 1981; Lyrik: Noch allerhand z. erledigen, 1980; D. bessere Ende, 1983; Dank an d. Engel, Ged. 1987; Was ist mit Lazarus?, Roman; Fellini würde vollends überschnappen, Ged. 1989; u.a. - Werkpreis Kanton Luzern - Liebh.: Sport, Sportjourn., Poesie.

BUCHHEIM, Hans (Johannes)

Dr. phil., o. Prof. Univ. Mainz (s. 1966) - Weidmannstr. 35, 6500 Mainz - Geb. 11. Jan. 1922 Freiberg/Sa. (Vater: Prof. Dr. phil. Karl B., Historiker †1982; Mutter: Johanna, geb. Böhme), kath., verh. s. 1952 m. Bernhild, geb. Weinheimer, 2 Söhne (Christoph, Thomas) - Thomassch. Leipzig (Abit. 1940); Univ. Leipzig u. Heidelberg (Klass. Philol., Phil.). Promot. 1950 - 1951-63 Mitarb. Inst. f. Zeitgesch. München; 1963-66 Forsch.auftr. Bundeskanzleramt. CDU - BV: D. III. Reich - Grundl. u. polit. Entwickl., 1958 (auch engl.); D. Orientpolitik d. Triumvirn M. Antonius, 1960; Anatomie d. SS-Staates, 1965 (auch engl.); Aktuelle Krisenpunkte d. dt. Nationalbewußtseins, 1967; Theorie d. Politik, 1981; Deutschlandpolitik 1949-72, 1984 - 1969 BVK; 1986 BVK I. Kl.; Mitgl. PEN-Zentrum BRD; Mitgl. Zentralkomit. dt. Katholiken (Vors. Kommiss. Politik, Verfassung, Recht) - Spr.: Engl.

BUCHHEIM, Klaus

I. Bürgermeister a.D. - Gallerberg 14, 8133 Feldafing/Obb. - Geb. 15. Juni 1920 Pankow, verh. (Ehefr.: Rosemarie) - Architekt. CSU. 15 J. Gemeindetätigk. (b. 1984 I. Bgm.).

BUCHHEIM, Lothar-Günther

Dr. phil. h.c., Prof., Verleger, Maler, Schriftst. - 8133 Feldafing - Geb. 6. Febr. 1918 Weimar, verh. m. Diethild, geb. Wickboldt, 2 Kd. (Yves, Nina) - Abit.; Stud. Kunstakad. Dresden u. München - BV: D. Boot, R. 1973 (verfilmt u. FS-Spiel in 3 T.). Veröff. üb. mod. Kunst, bes. Expressionismus - 1983 BVK; 1985 Ehrendoktor Univ. Duisburg - Vielf. Sammler (u. a. Express.).

BUCHHEIT, Harriet

Schriftstellerin - Theaterstr. 9, 6791 Hütschenhausen 1 (T. 06372 - 1667) - Geb. 17. April 1963 Landau (Vater: Dr. Gert B., Studienprof.; Mutter: Anneliese, geb. Lutz), ledig - Stud. (Übers. u. Dolmetsch.) Saarbrücken 1982-85 - S. 1985 Flugbegleiterin Dt. Lufthansa AG - BV: insges. 19 Titel, 6 Sonderbde. u.a. E. Pferd u. e. Freundin, 1978 u. 80; Schöne Zeit m. Koralle, 1979; Alle Liebe f. e. Pferd, 1980; Sehnsucht nach Rosette, 1981; Wer redet v. Glück, 1982; Mein Pferd gehört Anja, 1984; Träume um e.

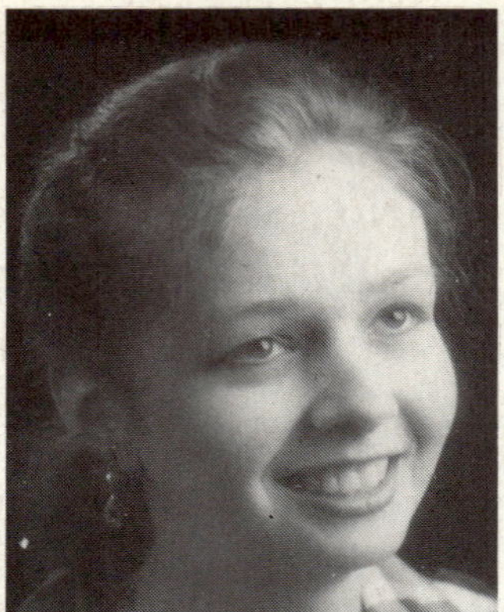

Pferd, 1984; Kein Pferd f. zwei, 1985; Aus Gabi wird doch eine Reiterin, 1986; Galopp im Sommerwind, 1987; Traumpferd Lucky Star, 1987; Pferdesommer in Schweden, 1988; Beinahe e. Wildpferd, 1988; Pferdeverrückt, 1989; D. Pferd Gitana, 1989 - Liebh.: Reiten, Musik (ital. Oper), Reisen (bes. Italien, Rom), Kunst - Spr.: Engl., Ital., Span. - Bek. Vorf.: Dr. Gert B., Schriftst. u. Historiker †1978 (Vater).

BUCHHEIT, Vinzenz

Dr. phil. (habil.), o. Prof. f. Lat. Philologie Univ. Gießen (s. 1963) - Am Zollstock 15, 6300 Gießen (T. 2 16 90) - Geb. 5. Okt. 1923 Neualtheim - 1957-62 Doz. Univ. Saarbrücken; 7 Rufe an dt. Univ. Bücher u. Fachaufs.

BUCHHOFER, Ekkehard

Dr. rer. nat., Prof. f. Geographie Univ. Marburg - Seekante 29, 2300 Kiel-Schilksee; dstl.: Deutschhausstr. 10, 3550 Marburg/L.

BUCHHOLTZ, Christiane

Dr. rer. nat., Prof. f. Zoologie u. Tierphysiol. Univ. Marburg - Auf d. Hofstatt 12, 3555 Fronhausen- Oberwalgern - Geb. 25. Febr. 1926 Goldap/Ostpr. - S. 1966 Lehrtätigk. Marburg.

BUCHHOLTZ, Stefan

Direktor Klöckner & Co., Duisburg - Bockumer Str. 133, 4000 Düsseldorf 31 - Geb. 23. Febr. 1929 - B. 1978 Geschäftsf. L. Possehl & Co. mbH., Lübeck u. Possehl Eisen u. Stahl GmbH., Mannheim.

BUCHHOLZ, Bruno

Dipl.-Ing., Geschäftsführer Verbraucherzentrale d. Landes Bremen - Carl-Ronning-Str. 2, 2800 Bremen 1.

BUCHHOLZ, Detlev

Dr. rer. nat., Prof. f. Theoret. Physik Univ. Hamburg (s. 1978) - Hudenbarg 33, 2081 Prisdorf.

BUCHHOLZ, Edwin H.

Dr. rer. pol., o. Prof., Direktor Inst. f. Ökonomie im Gesundheits- u. Sozialwesen Univ. Witten/Herdecke - Waldburgstr. 47, 5480 Remagen 1 - Geb. 20. Jan. 1930 Bessarabien - Promot. 1963 Tübingen - S. 1968 (Habil.) Lehrtätigk. Univ. Tübingen (1973 apl. Prof. f. Volkswirtschaftslehre); Ruhr-Univ. Bochum (s. 1975) u. Witten/Herdecke (Ord. s. 1986); 1971-77 Dir. Zahnärztekammer u. Kassenzahnärztl. Vereinig. Nordrh. Düsseldorf; 1977-84 Dir. Bundesverb. d. Ortskrankenkassen Bonn - BV: D. Wirtschaftsverb. in d. Wirtschaftsges., 1969; Interessen - Gruppen - Interessentengr., 1970; Zwang z. Freiheit, 1977; D. Gesundheitswesen in d. Bundesrep. Dtschl., 1988; Unser Gesundheitswesen, 1988.

BUCHHOLZ, Ernst Wolfgang

Dr. phil., em. o. Prof. f. Soziologie Univ. Bochum (s. 1977) - 2215 Beldorf - Geb. 15. Juli 1923 Grenzhausen, ev., verh. s. 1947 m. Stefanie, geb. Lelonek, S. Dr. habil. Friedrich - Zul. Privatdoz., Wiss. Rat u. Prof. LH bzw. Univ. Hohenheim. Bücher u. Einzelarb.

BUCHHOLZ, Fritz

Dr. jur., Bundesrichter BGH a. D. (b. 1978) - Steigenhohl 23, 7505 Ettlingen - Geb. 6. Juni 1911 - Zul. Senatspräs. OLG Celle.

BUCHHOLZ, H. E.

Dr. sc. agr., Dr. phil., Prof., Direktor Inst. f. landw. Marktforschung Bundesforschungsanst. f. Landwirtschaft - Bundesallee 50, 3300 Braunschweig - Geb. 22. März 1933 Sonnenburg, verh. s. 1969 m. Erika, geb. Lindecke, 2 Kd. - Landwirtsch. Lehre; Stud. Landwirtsch. Univ. Göttingen (Dipl. 1960) u. Univ. of Illinois (M.A. 1961); Univ. Göttingen; Promot. 1964 u. 1965, Habil. 1968 Univ. Göttingen - S. 1967 Institutsleit.; 1976-77 Präs. d. Bundesforschungsanst. f. Landw. - BV: Üb. d. Bestimmung räuml. Marktgleichgewichte, 1969; Landw. u. Markt (hg. m. G. Schmitt u. E. Wöhlken), 1982. Mitherausg. u. Schriftleit. Ztschr. Agrarw. (s. 1969).

BUCHHOLZ, Hanns Jürgen

Prof. Dr. rer. nat. (habil.), Prof. f. Geographie Univ. Hannover/Fachb. Erdwissenschaften- Siecum 18, 3005 Hemmingen - Promot. 1968, Habil. 1975 - BV: Formen städt. Lebens im Ruhrgebiet, 1970; Bevölkerungsmobilität u. Wohnverhalten im sozialgeographischen Gefüge Hong Kongs, 1978.

BUCHHOLZ, Hans-Günter

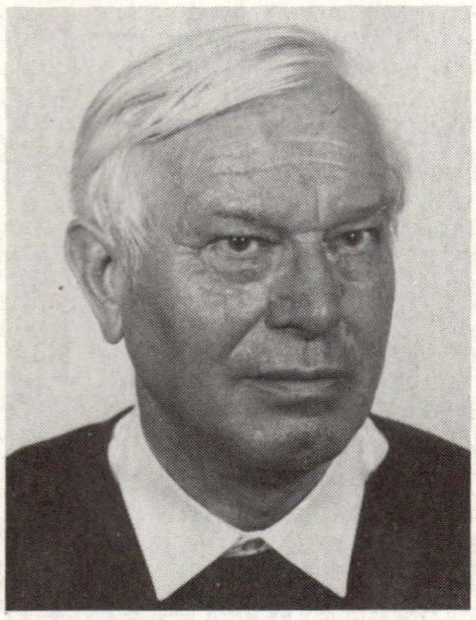

Dr. phil., em., o. Prof., Direktor Inst. f. Klass. Archäologie Univ. Gießen (1969-85), Dekan d. Fachber. Geschichtswiss. (1978/79) - Otto-Behaghel-Str. 10 D, 6300 Gießen (T. 702 54 68); priv.: Espenstr. 10, 6306 Langgöns (T. 06403 - 33 91) - Geb. 24. Dez. 1919 Fürstenwalde/Spree (Vater: Paul B.), verh. m. Maria, geb. Mohr - 1. u. 2. Staatsex. f. d. höh. Schuldienst; Promot. Kiel, Habil. Berlin - U. a. Wiss. Oberrat Dt. Archäol. Inst. Berlin (Zentraldir.) u. Wiss. Rat, Prof. Univ. Saarbrücken (Inst. f. Alte Geschichte); Priv.-Doz. FU Berlin; Ausgräber v. Tamassos, Zypern (s. 1970); Gastprof. Univ. München (1970) - BV: Vor- u. Frühgesch. d. Alten Welt in Stichworten, 1966; Altägäis u. Altkypros (m. Vassos Karageorghis), 1971, weit. A. 1972, engl. Ausg. Preehistoric Greece and Cyprus, 1973; Archaeologia Homerica: Jagd u. Fischfang, 1973 (m. G. Jöhrens u. I. Maull, Mitbegr. u. Hrsg. 24 Monogr.); Kriegswesen I, 1977 (m. J. Wiesner † u. a.); II, 1980 (m. St. Foltiny u. O. Höckmann); Methymna, Archäol. Beitr. z. Topographie u. Gesch. v. Nordlesbos, 1975; Nisyros, Giali, Kos, 1982 (m. E. Althaus); Sport u. Spiel, 1987 (m. S. Laser); Ägäische Bronzezeit, 1987 (m. zahlr. Mitarbeitern). Ca. 200 Facharb. Übers. u. Herausg.: V. Karageorghis, Zypern (1968); D. C. Kurtz, J. Boardman, Thanatos (1985); H. H. Scullard, Röm. Feste (1985) - 1968 Ord. Mitgl. DAI; 1974 Ehrenmitgl. Archäol. Ges. Athen; 1978 Mitgl. Soc. for the Promotion of Hellenic Studies. Vertrauensdozent der Studienstift. d. Dt. Volkes (1972-85). Fulbright Senior Scholarship u. Mitgl. Institute for Advanced Study, Princeton/USA (1979/80). Präs. Dt. Orientges. (1985-87) - Lit.: P. Åström, Who's who in Cypriote Archaeology, 1971; Kürschners Gelehrtenkal., 1987; Who's who in Europe, 1979; Who's who in the World, 1980; Men and Women of Distinction, 1982 u. a. intern. Werke.

BUCHHOLZ, Horst

Schauspieler - CH-7078 Lenzerheide/ Chur - Geb. 4. Dez. 1933 Berlin, verh. s. 1958 m. d. Schausp. Miriam Bru (Künstleragentin Paris), 2 Kd. (Christopher, Beatrice) - Ausbild. Marlise Ludwig - Gastsp. Berliner Bühnen. 1981 Leit. Astro-Show (ARD, 5 Send.). Film: Marianne, Himmel ohne Sterne, Regine, D. Halbstarken, Herrscher ohne Krone, Robinson soll nicht sterben, Bekenntnis d. Hochstaplers Felix Krull, Monpti, Endstation Liebe, Nasser Asphalt, Auferstehung, Tiger Bay, D. Totenschiff, The magnificent seven, Fanny, 1, 2, 3; 9 Hours to Rama (Ghandi-Mörder), The Empty Canvas, Im Reich d. Kublai Khan, Operation Istanbul, Marco Polo, Cervantes, Jonny Banco (Geliebter Taugenichts), Astragal Jonny, D. große Walzer (Johann Strauß, 1973) - 1956 Bundesfilmpreis (f. d. Darst. d. russ. Sold. Mischa, in: Himmel o. Sterne) u. Preis Jg. Generation d. Stadt Berlin; 1957 u. 58 Bambi-Preis Film-Revue; 1984 Bundesfilmpreis (f.: Wenn ich mich fürchte) - Liebh.: Malen, Golf - Spr.: Engl., Franz., Span., Ital., Russ.

BUCHHOLZ, Peter

Prälat, Geschäftsführer Caritasverband f. d. Bistum Aachen - Kapitelstr. 3, 5100 Aachen - Kath.

BUCHHOLZ, Quint

Maler u. Illustrator - Sudetenstr. 5, 8012 Ottobrunn (T. 089 - 609 15 16) - Geb. 28. Juli 1957 Stolberg/Rhld., verh. s. 1983 m. Ulrike, geb. Kreß, 2 Kd. (Sebastian, Nina) - Stud. Kunstgesch. 1976-79 Univ. München; Stud. d. Malerei u. Grafik 1981-86 Kunstakad. München (b. Prof. Gerd Winner) - Freiberufl. Tätigk. als Maler (zahlr. Ausst.) u. Illustrator f. intern. Ztschr. u. Buchverlage - Veröff.: Illustrationen f. zahlr. Bücher u. Umschläge im Suhrkamp Verlag u. Verlag Sauerländer, Otto Maier Verlag. Zeichnungen f. DIE ZEIT - Kunstrichtung: Magischer Realismus - 1977 Plakatpreis III. Internat. Russell-Tribunal, 1985 Förderpreis Augsburg, 1989 Ausz. durch d. Stiftg. Buchkunst.

BUCHHOLZ, Rudolf

Dr. med. (habil.), o. Prof. u. Direktor Univ.s-Frauenklinik u. Hebammenlehranstalt Marburg (s. 1964) - An der Haustatt 60, 3550 Marburg/L. (T. 6 83 03) - Geb. 13. Mai 1914 Glogau/Schles. (Vater: Gerhard B., Bankdir.), verh. m. Herta, geb. Geldbach - Univ. Jena u. Münster, Med. Akad. Düsseldorf. Promot. (1942) u. Habil. (1955) Düsseldorf - 1955-64 Privatdoz. u. apl. Prof. (1961) MA Düsseldorf. 1968 ff. Vors. Mittelrhein. Ges. f. Geburtshilfe u. Gynäk. Fachaufs. - Spr.: Engl., Franz. - Rotarier.

BUCHHOLZ, Wolfgang

Dipl.-Physiker, Generalbevollm. Direktor Siemens AG, München - Hofmannstr. 51, 8000 München 70 - Geb. 7. Sept. 1930 Berlin - Physik-Stud. TU Berlin - Max-Planck-Inst. f. Zellphysiol. - Gemeinschaftl. Veröff. m. Prof. Warburg.

BUCHINGER, Otto

Dr. med., Leiter Klinik Dr. Otto Buchinger/Sanatorium f. biol. Therapie (gegr. 1920) - Forstweg 39, 3280 Bad Pyrmont (T. 16 60) - Geb. 19. März 1913 Flensburg (Vater: Dr. med. Otto B. †1966 (s. Brockhaus-Enzyklopädie); Mutter: Elisabeth, geb. Sander), ev. (Quäker), verh. s. 1944 m. Marieluise, geb. Drinkuth-Schmidt, 5 Kd. (Andreas, Cornelia, Nicolai, Thomas, Susanna) - BV: u. a. Heilfastenkur, 6. A. 1968; Vegetar. Kost als Heil- u. Dauernahrung, 5. A. 1960; Älter werden ohne zu altern, 1974 (m. Prof. Baden); Geist. Vertiefung durch Fasten u. Meditation, 1967 - 1975 BVK a. Bde. - Liebh.: Segelfliegen, Musik, Oriental. u. Islam. - Gold. Sportabz. - Mitgl. Lions - Spr.: Engl., Franz.

BUCHKREMER, Hansjosef

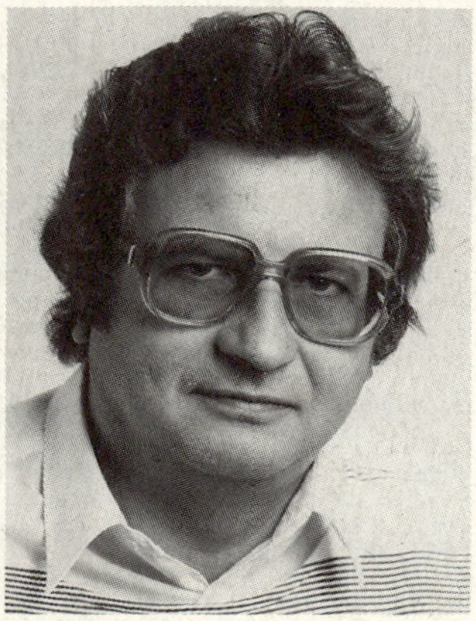

Dr. phil., o. Prof. f. Allg. Heil- u. Sozialpädagogik - Barthelstr. 62, 5000 Köln - Geb. 22. Febr. 1940 Lindern (Vater: Karl B., Maurer; Mutter: Josefine, geb. Claßen), kath., verh. s. 1965 m. Gisela, geb. Hamacher (geb. 1940), 2 Kd. (Thomas, Miriam) - Gymn. Rheydt (Abit.); PH Rhld.; TH Aachen (Promot.) - 1962-70 Lehrer Grund-, Haupt- u. Sondersch.; 1970-75 Wiss. Assist.; s. 1975 Wiss. Rat u. Prof. PH Ruhr, Dortmund; 1979 o. Prof. PH-Rhld., jetzt Univ. Köln - BV: Ehrgeiz, 1972; Verständnis f. Außenseiter, 1977; Einf. in d. Sozialpäd., 1982. Mithrsg.: Jugend '85 (1985); Umwelterz. in Schulen (1986); Ausländerkinder (1987) - 1972 Borchers-Plak. TH Aachen - Liebh.: Kinderlit. u. Gedichte (auch Selbstschreiben) - Spr.: Engl., Holl.

BUCHLER, Johann

Dr. rer. nat., Prof. f. Anorgan. Chemie TH Darmstadt (s. 1979) - Richard-Wagner-Weg 93, 6100 Darmstadt - Geb. 24. Sept. 1935 Braunschweig, ev., verh. s. 1965 m. Gisela, geb. Reinecke, 2 Kd. (Maja, Florian) - Promot. 1963; Habil. 1971 - 1971-79 Privatdoz. u. apl. Prof. f. Anorgan. Chemie (1973) TH Aachen (zul. Studienprof. Fachabt. Chemie); 1976/77 Gastprof. TU München; 1983/84 Gastprof. Univ. Strasbourg. Etwa 90 Facharb.

BUCHLER, Walther Hartwig

Dr. oec., Dipl.-Kfm., Geschäftsführer, Beirat Deutsche Bank AG. - Im Ziegenförth 40, 3300 Braunschweig (T. 0531 - 35 04 12) - Geb. 3. Juni 1926 Braunschweig (Vater: Walther B.; Mutter: Irmgard, geb. Clemen), ev., gesch. (s. 1980), S. Lorenz - Betriebsw. Hochsch. f. Wirtsch.s- u. Sozialwiss., Dipl.-Kfm. 1953, Promot. 1957 Nürnberg, s. 1968 Mitgl. Ind.-Aussch. IHK Braunschweig; s. 1973 Handelsrichter LG Braunschweig - Liebh.: Musik, Golf, Skifahren - Spr.: Engl.

BUCHLOH, Günther

Dr. rer. nat., em. Prof. f. Obst- u. Gemüsebau - Emil-Wolff-Str. 23, 7000 Stuttgart 70 - Geb. 27. Aug. 1923 Oberhausen - S. 1959 (Habil.) Lehrtätigk. Univ. Bonn, Univ. Heidelberg. LH bzw. Univ. Hohenheim (1962 Ord.).

BUCHMANN, Ewald

Dr. phil., Physiker - Elektrastr. 5, 8000 München 81 (T. 91 16 57) - Geb. 12. Febr. 1906 Vörde/Ndrh. (Vater: Johann B.; Mutter: Friederike, geb. Weyer), verh. s. 1934 m. Klara, geb. Neumann, 3 Kd. (Erika, Renate, Eckhart) - Univ. Bonn, Wien, Berlin (Physik; Promot. 1929) - 1930-71 Siemens & Halske bzw. Siemens AG., Berlin/München (zul. Generalbevollm.). Spez. Arbeitsgeb.: Nachrichtenübertragungstechnik. Fachveröff. - Liebh.: Sport - Spr.: Engl.

BUCHMANN, Hansmartin

Dr. phil., o. Prof. f. Didaktik d. Engl. Sprache - Heidemannstr. 128, 5000 Köln-Neuehrenfeld (T. 55 57 87) - Geb. 27. Juni 1920 Köln (Vater: Alfred B., Dolmetscher; Mutter: Maria, geb. Braun), kath., verh. s. 1951 m. Erika, geb. Knickenberg, 4 Kd. (Brigitte, Johannes, Markus, Barbara) - Realgymn. Köln-Deutz; Univ. Köln u. Marburg (German., Angl., Phil., Roman., Gesch.). Staatsex. 1950; Promot. 1951 - Ab 1951 Studienass., -rat (1954) u. Oberstudienrat (1962) Köln; 1954/55 Gastprof. New York Univ. (Dt.) u. 1973 State Univ. New York; s. 1964 Prof. Päd. Hochsch. Hamm u. Rhld./Abt. Bonn (1965; 1966 o. Prof.; 1968-74 Dekan u. Prodekan) - Mitarb.: Begegnung m. d. amerik. Erziehungswesen, 1961; Schulfunk z. Didaktik u. Methodik, 1971; Fremdspr. i. Schulfunk, 1971; Gesamtsch. in d. didakt. Planung, 1973. Übers.: Wighton, Meisterspione d. Welt; Dawson, Abendl. Bildung in d. Krise (auch Herausg.) - Spr.: Engl., Franz. - Fachdidakt. Berat. u. Mitarb. b. Schulfunk- u. Schulfernsehsendungen d. WDR.

BUCHMANN, Jürgen

Dr. phil., Akad. Rat Univ. Bielefeld, Schriftst. - Borgholzhausener Str. 103, 4803 Werther - Geb. 29. Okt. 1945 Obernkirchen - Stud. Klass. Philol., Allg. Lit.wiss., Phil. u. Linguistik; M.A. 1970, Promot. 1974 Konstanz - 1973 Assist. Univ. Konstanz; s. 1975 Doz. Oberstufen-Kolleg Land NRW, Univ. Bielefeld - BV: Logbuch v. Meer d. Finsternis, 1984; Phantast. Topogr. d. Stadt Lüneburg, 1986; Warten auf d. Atombombe. Satiren z. Landesverteidigung, 1986; Grammatik d. Sprachen v. Babel, 1987; Einschiffung n. Cythera, 1989. Übers.: Aloysius Bertrand, Gaspard de la Nuit (aus dem Franz.), 1978.

BUCHNER, Edmund

Dr. phil., Prof., Präsident d. Dt. Archäol. Instituts - Podbielskiallee 69, 1000 Berlin 33 - Geb. 22. Okt. 1923 Ittilirg (Vater: Gotthard B., Bauer; Mutter: Anna, geb. Sesselmeier), kath., verh. s. 1951 m. Kordula, geb. Grunwald (†1987), 3 Kd. (Bernhard, Roswitha, Ursula) - Staatsex. 1950, Promot. 1953 Erlangen - 1969 Dir. Kommiss. f. Alte Gesch. u. Epigraphik; 1980 Präs. Dt. Archäol. Inst. - BV: D. Panegyrikos d. Isokrates, 1958; Solarium Augusti u. Ara Pacis, Röm. Mitt. 1976; Horologium solarium Augusti, Röm. Mitt. 1980; D. Sonnenuhr d. Augustus, 1982 - Mitgl. Dt. Archäol. Inst. u. Österr. Archäol. Inst.; Korr. Mitgl. Pontificia Accad. Romana di Archeologia; Goldmed. Ai benemeriti della cultura d. ital. Staatspräs.

BUCHNER, Hans

Dr. phil., Prof., Oberstudiendir. i. R. - Löfftzstr. 3, 8000 München 19 - Geb. 6. Okt. 1906 Augsburg (Vater: Hans B., Kaufm.; Mutter: Barbara, geb. Ludwig), kath., verh. s. 1937 m. Edeltraud, geb. Hartmann, 2 Söhne (Hans-Gustav, Klaus) - Univ. München (Biol., Chemie, Erdkd.) - Höh. Schuldst. München; Ref. Bayer. Unterrichts- u. Kultusmin.; wiss. Tätigk. Kaiser-Wilhelm-Inst. f. Biol. Berlin, Univ. Basel u. München (1949 Privatdoz., 1958 apl. Prof.; Zool.). Spez. Arbeitsgeb.: Physiol. d. Fortplfanz. Fachveröff.

BUCHNER, Klaus

Dr., Prof. f. Mathematik - Straßbergerstr. 16, 8000 München 40 (T. 351 61 14) - Geb. 6. Febr. 1941 München (Vater: Dr. Hans B., Prof.; Mutter: Edeltraud, geb. Hartmann), kath., verh. s. 1970 m. Rosemarie, geb. Schmidt-Pauly, 4 Kd. (Martin, Ruth-Maria, Hanna, Rita) - Gymn. München (Abit. 1960), 1960-63 Univ. München, 1963-64, TH München, 1964-65 Univ. Edinburgh; Dipl. Edinburgh 1965, Promot. (Experimentalphysik) Univ. München 1970, Habil. (Mathematik) TU München 1976 - 1965-70 Max-Planck-Inst. f. Physik, München, 1971-72 Staatl. Univ. Kyoto/ Japan, 1972 Univ. Chandigarh (Indien), 1973 ff. TU München, S. 1978 Korresp. Mitgl. d. wiss. Academia Peloritana dei Pericolanti, Messina.

BUCHNER, Norbert

Dr.-Ing., Entwicklungsleiter, Honorarprof. f. Verpackungstechnik Univ. Hohenheim - Seehaldenweg 68, 7057 Winnenden-Höfen.

BUCHNER, Robert

Dr. rer. pol., o. Prof. f. Betriebsw.slehre Univ. Mannheim - Schloß, 6800 Mannheim 1 (T. 292 56 23) - Zul. o. Prof. Univ. Gießen (s. 1967).

BUCHRUCKER, Armin-Ernst

Dr. theol., Prof. f. Systemat. Theologie - Hubertusallee 9, 5600 Wuppertal 1 - Geb. 29. Jan. 1923 Wuppertal (Vater: Oscar B.; Mutter: Margarethe, geb. Otto), ev.-luth. - Gymn.; Stud. Theol., Phil., Kunstgesch. Promot. 1948 Göttingen; Habil. 1964 Halle - S. 1971 Prof. Univ. Frankfurt/M. - BV: D. ev. dt. Abendmahlslied v. Luther b. zur Gegenwart, 1952; Apostolat u. Amt, 1954; D. Repräsentation d. Opfers Christi im Abendmahl, 1967; D. regula atque norma in d. Theologie Luthers, 1968; Luthers Anthropologie in s. gr. Genesisvorlesung, 1972; Wort, Kirche u. Abendmahl b. Luther, 1972; D. Bedeutung d. Teufels f. d. Theologie Luthers, 1973; D. Apologie d. Confessio Augustana als Antwort auf d. Confutation 1981; Z. Theol. mod. Glaubensbekenntnisse, 1982; Abendmahl u. Opfer, 1984; Theol. d. evangelischen Abendmahlslieder, 1987; Zur theol. u. symbolischen Deutung des Isenheimer Altars, 1989 u. zahlr. kunsthist. Veröffentl. - Spr.: Engl., Franz.

BUCHRUCKER, Hasso

M.A., Botschafter d. Bundesrep. Deutschl. in Maputo/Mosambik - Zu erreichen üb. Ausw. Amt, Adenauer-Allee 99-103, 5300 Bonn - Geb. 15. März 1935 Hannover (Vater: Ernst B., Oberstlt. a.D.; Mutter: Charlotte, geb. Wittstock), ev., verh. s. 1974 m. Christine, geb. Gräfin Maltzan, 3 Kd. (Ernst, Sophie, Georg) - Master of Arts 1957 Oxford, Ass. jur. 1966 München - S. 1966 AA; Ausl.posten in Den Haag, UNO New York, Tel Aviv u. Mosambik - Bek. Vorf.: Ernst B., Gründer d. Schwarzen Reichswehr (Vater).

BUCHSTALLER, Werner

Geschäftsführer, MdB (s. 1961) - Dessauer Str. 23, 5400 Koblenz 1 (T. 4 51 28) - Geb. 4. Nov. 1923 Rosenheim/Obb., verh., 2 Kd. - Volkssch.; kaufm. Ausbild. (Sägewerk) - Kriegsteiln. (schwer verwundet); holzverarb. Ind.; Verlagswesen. 1949-61 Bundesgf. Jungsozialisten Dtschl.s; 1954-61 Mitgl. Präsid. Intern. Union sozialdemokr. Jugendverb. Mitbegr. Ring Polit. Jugend. SPD s. 1946 (gegenw. Vors. Bezirk Rhld.-Hessen-Nassau; b. 1976 Vors. Verteidigungsaussch.) - 1976 Gr. BVK.

BUCHTALA, Victor

Dr. med., Prof., Chefarzt a. D. - Netzstuhl 3a, 8447 Windberg (T. 09962 - 22 30) - Geb. 23. Febr. 1915 Graz/Steierm. (Vater: Prof. Dr. med. Johann B., Ord. f. Physiol. Chemie; Mutter: geb. Rosmann), kath., verh. s. 1944 m. Hildegard, geb. Schmack (Malerin), 2 Kd. (Wolfgang, Cornelia) - Univ. Pressburg, Graz, Frankfurt/M., Prag - Assist. Frankfurt/M., Oberarzt Prag, Radiologe Würzburg (Chir. Klinik; 1950 Privatdoz.) u. Münster/W. (Med. Klinik; 1957 apl. Prof.), s. 1956 Chefradiol. München (Krankenanst. Rotes Kreuz) - BV: D. Ultraschall in d. Med. Zahlr. Einzelarb. - Ehrenmitgl. Argentin. u. Brasilian. Radiol. Ges. - Liebh.: Jagd - Spr.: Tschech., Engl., Span.

BUCHWALD, Gerhard

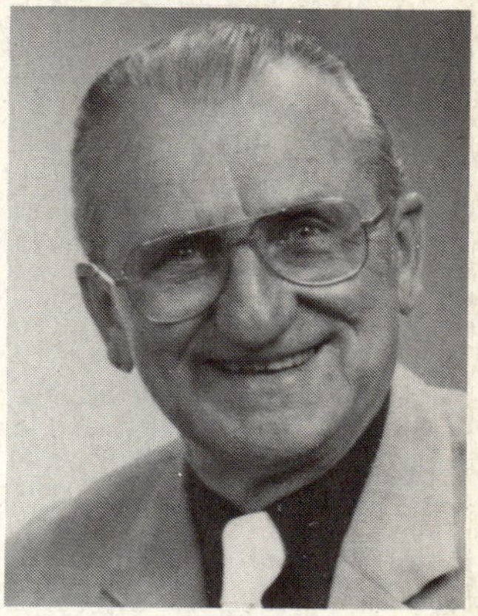

Dr. med., Medizinaldirektor a. D., Chefarzt Klinik am Park Bad Steben - Obersteben 75, 8675 Bad Steben (T. priv. 09288 - 83 28, dstl. 7 35 09) - Geb. 15. Febr. 1920 Eisenberg/Thür. (Vater: Edmund B., Druckereibes.; Mutter: Else, geb. Eichner), verh. s. 1948 m. Barbara, geb. Kratzert (Ärztin), 3 Kd. (Angelika, Sigrid, Hans-Bernhard) - Abit. 1939; Wehrdst. (1939-45), Med.-Stud. Univ. Königsberg, Danzig (Physikum) u. Jena (Staatsex. 1948); Promot. 1950 Hamburg - 1956 Facharzt f. Lungenkrankh. Hannover; 1970 Facharzt f. Inn. Med. Frankfurt; 1982 Badearzt München (Naturheilverfahren). Spez. Arbeitsgeb.: Erforschung d. Schädigungsmöglichk. durch Impfungen, Anlage e. Fragestellungs-Lochkartenkartei m. rd. 1.200 ausgewerteten wiss. Arb. u. 50 Inaugural-Dissert.; rd. 150 eig. Veröff. üb. Impfungen u. Impfschäden; ärztl. Berater Schutzverb. f. Impfgeschädigte, Verbindungsst. z. d. amerik., brit. u. franz. Elternverb. impfgeschäd. u. impfgetöteter Kinder; Teiln. an Diskuss. in Rundf. u. Fernsehen (Report 1970, Pro u. Kontra 1970, D. Stich gegen d. Seuche 1974; Macht impfen krank?, 1989 (ORF 2); Impfen-Nutzen oder Schaden?, 1989 (Bayern 3); Tätigk. als gerichtl. Sachverst. in rd. 150 Impfschadensproz., s. Aufheb. d. Pockenimpfpflicht (1983) auch Gutachter b. Schäden nach Impfungen gegen Keuchhusten, Tetanus, Mumps, Masern, Kinderlähmung, usw.; Vortragstätigk. im In- u. Ausl.

BUCHWALD, Konrad

Dr. rer. nat., em. o. Prof. f. Landschaftsökologie, Landschaftsplanung, Naturschutz - Große Heide 33, 3000 Hannover 51 (T. 65 07 22) - Geb. 16. Febr. 1914 Jena (Vater: Prof. Dr. phil. Reinhard B., Schiller-Biograph; Mutter: Elisabeth Leo), verh. s. 1944 m. Martha Ausserer, 5 Kd. (Monika, Jutta, Christoph, Verena, Rainer) - Stud. d. Geogr., Biol., Geol. Univ. Heidelberg - 1955-60 Dir. Landesstelle f. Naturschutz u. Landschaftspfl. Bad.-Württ., 1960-79 Dir. Inst. Landschaftspflege u. Naturschutz Univ. Hannover - O. Mitgl. Akad. f. Raumforschg. u. Landespflege, Akad. f. Städtebau u. Landespl., Dt. Rat f. Landschaftspfl. u. Rat d. Sachverst. f. Umweltfragen b. BMI (b. 1981) - BV: Handb. f. Landschaftspfl. u. Naturschutz, 4 Bde. 1968/69. Herausg.: Landschaftspfl. u. Naturschutz in d. Praxis (1973 m. W. Engelhardt; Poln. 1974); Handb. f. Planung, Gestaltung u. Schutz d. Umwelt, 4 Bde. 1978/80 (m. W. Engelhardt).

BUCHWALD, Manfred Harald

Dr. phil., Fernsehjournalist, Intendant Saarländischer Rundfunk (s. 1989) - Zu erreichen üb. Schloß Halberg, 6600 Saarbrücken (T. 0681 - 602 20 00) - Geb. 31. Juli 1936 Oberhausen (Vater:

Wilhelm B., Berging.; Mutter: Maria, geb. Klocke) - Stud. Gesch., Lit.wiss. Univ. Münster, Kiel; Promot. 1964 ebd. - 1971-78 Vors. Journalistenverb. Rhld.-Pfalz - 1978-81 Vors. Dt. Journalistenverb.; 1981-83 Chefredakt. ARD-Tagesthemen, 1983-88 Chefredakt. Fernsehen Hess. Rundfunk, Frankfurt/M. - Spr.: Engl.

BUCHWALD, Werner

Dipl.-Ing., Geschäftsführer Postreklame GmbH - Wiesenhüttenstr. 18, 6000 Frankfurt 1 (T. 069 - 26 82-0) - Geb. 15. Nov. 1934 Breslau, ev., verh.

BUCHWALD, Wolfgang

Dr. med., Prof., Chefarzt Radiolog. Klinik/Friedrich-Ebert-Krkhs., Neumünster - Friesenstr. 11, 2350 Neumünster - Geb. 28. Aug. 1930 - Promot. 1956 - S. 1969 (Habil.) Lehrtätigk. Univ. Mainz (1971 apl. Prof.) u. Kiel (1978 apl. Prof.). Üb. 40 Fachaufs.

BUCHWALDT, von, Wolf

Landwirt, Kreispräs. v. Plön - Gut, 2322 Neudorf/Holst. - Geb. 15. Nov. 1906 - Stud. Rechtswiss. - Gerichtsass. - 1970 BVK I. Kl.

BUCK, August

Dr. phil., Dr. h. c., em. o. Prof. f. Roman. Philologie - Georg-Voigt-Str. 5, 3550 Marburg/L. (T. 6 73 13) - Geb. 3. Dez. 1911 Delitzsch/Sa. (Vater: August B.; Mutter: Herma, geb. Pauser), ev., verh. s. 1941 m. Riccarda, geb. Kraus, 2 Kd. - Univ. Wien, Berlin, Paris, Leipzig (Promot. 1936). Habil. 1942 Kiel - Ab 1936 Lektor Univ. Kiel, Neapel u. Hochsch. Venedig, 1945-57 Privatdoz. u. apl. Prof. (1949) Univ. Kiel, s. 1957 Ord. Univ. Marburg (1966/67 Rektor). 1972 ff. Vors. Dt. Dante-Ges. - BV: D. Platonismus in d. Dichtung Lorenzo de Medicis, 1936; Grundzüge d. ital. Geistesgesch., 1947; Dante als Dichter d. christl. Mittelalters, 1949; Ital. Dichtungslehren, 1952; D. Geschichtsdenken d. Renaissance, 1957; D. Orpheus-Mythos in d. ital. Renaissance, 1961; D. Kultur Italiens, 1964; D. Einfluß d. Platonismus auf d. volkssprachl. Literatur im Florentin. Quattrocento, 1965; D. humanist. Tradition in d. Romania, 1968; Renaissance u. Barock - D. Emblematik, 1971; D. Querelle des Anciens et des Modernes im ital. Selbstverständnis, 1973; D. Rezeption d. Antike i. d. roman. Lit. d. Renaissance, 1976; Renaissance: Krise u. Neubeg., 1977; Forschungen zur Roman. Barocklit., 1980; Machiavelli, 1985; D. Humanismus. S. europ. Entwicklung in Dokumenten u. Darstellungen, 1987. Herausg.: Ital. Sonette (m. Einleit., 1954); J. C. Scaliger, Poetices libri septem (1964); G. Budaeus, De Philologia, De studio litterarum (1964); E. Tesauro, Il Cannocchiale Aristotelico (1968); Begriff u. Problem d. Renaissance, 1969; N. Boileau, L'Art Poétique (1970); Rabelais, 1973; Petrarca, 1976 - 1982 Dante-Preis Stadt Florenz u. Premio Internazionale Galileo Galilei. 1964 Socio Straniero Accad. Letteraria Italiana Arcadia, Rom; 1973 o. Mitgl. Wiss. Ges. Frankfurt/M.

BUCK, Jürgen

Bürgerschaftsabgeordneter (s. 1974) - Willebrandstr. 21, 2000 Hamburg 50 - CDU.

BUCK, Lothar

Prof. f. Geographie PH Ludwigsburg - Behringweg 4, 7145 Markgröningen - Geb. 22. Dez. 1926.

BUCK, Paul

Prof., Pianist, Klavierkl. Staatl. Hochsch. f. Musik u. Darstell. Kunst Stuttgart emerit. - Bildstr. 2, 7257 Ditzingen (T. 71 13) - Geb. 29. März 1911 Aalen - 5 Kd. (Peter, Susanne, Barbara, Katharina, Johannes) - Schuldst. Musikhochsch. (Diplom 1934) - Duo m. Sohn Peter (Cellist Melos-Quartett u. Irene Leuze) - Liebh.: Lit., Phil., Mykologie u. Schriftstell. Arbeiten (Musik) - Spr. Engl., Franz.

BUCK, Peter

Dr. rer. nat., Prof. f. Chemie u. ihre Didaktik PH Heidelberg - Rohrbacher Str. 56, 6900 Heidelberg 1 - Geb. 20. Jan. 1939 Bandung (Indonesien).

BUCK, Siegfried

Prof. f. Schulpädagogik PH Karlsruhe - Rechbergstr. 25a, 7850 Lörrach-Hauingen - BV: Texte u. Fragen, Leseb. f. d. Primarstufe, 3 Bde. (Mithrsg.) 1974ff.; Lesen, lesen, lesen, 1980; Bausteine Deutsch (Leseb. u. Sprachb. f. d. Grundsch.), 6 Bde., 1983ff.

BUCK, Theo

Dr. phil., Prof., Lehrstuhlinh. f. Neuere dt. Literatur TH Aachen (s. 1979) - Templergraben 55 (German. Inst.), 5100 Aachen - Geb. 3. Okt. 1930 Tübingen, verh. s. 1958 m. Daniele, geb. Pinède, S. Bertolt - 1973-78 Wiss. Rat u. Prof. Univ. Göttingen. Gastprof. Sorbonne Paris, Hebrew Univ. Jerusalem, Middleburg College, Univ. Antwerpen.

BUCK, Udo

Dr. rer. nat., Prof. f. Physik Univ. Göttingen, Abteilungsleiter Max-Planck-Inst. f. Strömungsforschung Göttingen (s. 1976) - Zur Scharfmühle 7, 3400 Göttingen - Geb. 29. Juni 1938 Kamen, verh. m. Hannelore, geb. Spatschek, 2 Kd. (Bettina, Arndt) - 1958-65 Physikstud. Univ. Göttingen u. Bonn; Dipl. 1965 Bonn; Promot. 1969 Bonn; Habil. 1976 Göttingen - 1968 wiss. Assist. Bonn; 1969 MPI f. Strömungsf. Göttingen; 1971 Gast Univ. Genua; s. 1980 apl. Prof. Univ. Göttingen; Gast Univ. Jerusalem, Illinois, Urbana, Canberra - Üb. 95 Fachveröff., Arbeitsgeb.: Molekülstreuung, Cluster - Spr.: Engl., Franz.

BUCKA, Hans

Dr. rer. nat., Prof., Hochschullehrer, Direktor Inst. f. Kernphysik TU Berlin - Garystr. 92, 1000 Berlin 33 - Geb. 24. Jan. 1925 (Vater: Johann B., Kaufm.; Mutter: Frida, geb. Remus), ev., verh. s. 1955 m. Margrit, geb. Schreyer, 2 S. (Martin, Christoph) - Dipl-Phys. Univ. Göttingen (1951), Dr. rer. nat. Univ. Göttingen (1954), Privatdoz. Univ. Heidelberg (1961), visiting associate Professor Columbia University New York (1962/63), o. Prof. TU Berlin (1963); Intensity Pumping an Na-Atomen - BV: Atomkerne u. Elementarteilchen (1973), Nukleonenphysik (1981). Herausg.: Concise Nuclear Isobar Charts (1986). Fachveröff. üb. Atomphysik, Kernmomente, Mechanismen v. Kernreaktionen - Liebh.: Musik - Spr.: Franz., Engl., Ital.

BUCKEL, Werner

Dr. phil. nat., Drs. h. c., em. o. Prof. f. Experimentalphysik - Allensteiner Str. 11, 7500 Karlsruhe-Waldstadt (T. 68 45 91) - Geb. 15. Mai 1920 Nördlingen/Schwaben (Vater: Gottfried B., Oberstudienrat; Mutter: Luise, geb. Bissinger), verh. s. 1944 m. Maria, geb. Hiebel - TH München u. Univ. Erlangen (Physik; Promot. 1948) - 1954 Privatdoz. Univ. Göttingen, 1959 ao. Prof. TH Aachen, 1960 o. Prof. u. Dir. Physikal. Inst. TH, jetzt Univ. Karlsruhe. 1971 Präs. Dt. Physikal. Ges.; 1986-88 Präs. Europ. Physikal. Ges. Arbeitsgeb.: Erforsch. d. festen Körpers u. s. Eigenschaften b. sehr tiefen Temperaturen, Unters. d. Supraleitung. Fachveröff. - 1968 o. Mitgl. Heidelbg. Akad. d. Wiss., 1972 korresp. Mitgl. Österr. Akad. d. Wiss., 1975 Dt. Akad. d. Naturforscher Leopoldina, Halle/S., 1988 Mitgl. Akad. d. Wiss. d. DDR; 1982 Ehrendoktor Naturwiss. Fak. d. Univ. Giessen; 1985 Ehrendoktor Naturwiss. Fak. Univ. Göttingen.

BUCKEL, Wolfgang

Dr., Prof. f. Mikrobiologie Univ. Marburg (s. 1987) - Am Köppel 8, 3550 Marburg (T. 06421 - 4 15 10; dstl.: 06421 - 28 34 83) - Geb. 22. Nov. 1940 München, ev., verh. s. 1969 m. Burgi, geb. Edle v. Hayek, 2 Kd. (Celine, Amalie) - Stud. Chemie u. Biol. München; Dipl. (Chemie) 1965; Promot. (Biochemie b. H. Eggerer) 1968 München; Habil. (Biochemie) 1975 Regensburg - 1970-71 Stud.aufenth. b. H.A. Barker, Berkeley/USA. 40 Veröff. in in- u. ausl. Ztschr. - Liebh.: Bergwandern - Spr.: Engl.

BUCKPESCH, Walter

Oberbürgermeister, MdB (s. 1983; Landesliste Hessen) - Stadthof 15 (Rathaus), 6050 Offenbach/M. - SPD.

BUDÄUS, Dietrich

Dr. rer. pol., Dipl.-Kfm., o. Prof. f. Betriebswirtschaftslehre m. d. Schwerp. Öffentl. Unternehmen u. Verwaltungen - Von-Melle-Park 9, 2000 Hamburg 13 - Abit. 1963, b. 1965 Bundeswehr; Dipl.-Kfm. 1969, Promot. 1973, Habil. 1979 - Lehre u. Forsch. auf d. Gebiet Betriebswirtschaftslehre Öfftl. Untern. u. Verw.; Mitgl. einschläg. wiss. Fachverb. u. -kommiss. u. a. Mitgl. wiss. Beirat Ges. f. öfftl. Wirtsch. u. Gemeinwirtsch.; Vors. d. Wiss. Kommiss. Öfftl. Untern. u. Verw. im Verb. d. Hochschullehrer f. Betriebswirtsch.

BUDCZIES, Michael

Dr. jur., Vorstandsmitglied Spar-Handels AG, Hamburg - Düsseldorf - München - Heinrich-Plett-Str. 21, 2000 Hamburg 52 - Geb. 3. Febr. 1933 Berlin (Vater: Wolfgang B.; Mutter: Hildegard, geb. Ehrhardt), verh. m. Eva-Maria, geb. Schieweck - Schule (Abit.); Banklehre; Stud. Rechtswiss. Gr. jurist. Staatsprüf. - 1962-70 August-Thyssen-Hütte AG; 1970-86 Vorst.-Mitgl. Blohm + Voss AG, Hamburg (s. 1980 Vorst.-Sprecher).

BUDDE, Hans-Jürgen

Dr. rer. pol., Dipl.-Ing., Dipl.-Kfm., Geschäftsführer Vereinig. industrielle Kraftwirtschaft - Bodelschwinghstr. 18, 4300 Essen 1 -Geb. 29. Aug. 1935.

BUDDE, Ludwig

Dr. phil., Prof., Wiss. Rat - Schützenstr. 7, 4400 Münster/W. (T. 4 23 46) - Geb. 10. Sept. 1913 Werne/Lippe, ev., verh. m. Erika, geb. Barthel, 2 Söhne - Univ. Münster u. Berlin (Promot. 1939) - 1937 Wiss. Hilfsassist. Archäol. Sem. Univ. Berlin, 1939 wiss. Ref. Archäol. Inst. d. Dt. Reiches ebd., 1943 wiss. Assist. Dt. Archäol. Inst. Athen, 945 Inst. f. Altertumskd. Univ. Münster, 1947 Privatdoz., 1962 apl. Prof. 1947/48 Gastvorlesungen Univ. Cambridge. Ausgrab.: 1951-54 Sinope/Schwarzes Meer (m. Prof. Akurgal, Ankara); 1955-58 Misis-Mopsuhestia/Kilikien (m. Prof. Bossert, Istanbul); s. 1958 Aphrodisim i. Kilikien. Forsch.: Tunesien (1968 ff.). Vorsitzender DTG Münster - BV: D. att. Kuroi, 1939; Jugendbildn. d. Caracalla u. Geta, 1951; Severisches Relief in Palazzo Sacchetti, 1955; Vorl. Bericht über d. Ausgrab. in Sinope, 1956 (m. Akurgal); D. Entsteh. d. antiken Repräsentationsbildes, 1957; Göreme, Höhlenkirchen in Kappadokien, 1958; Türkei, 1963; Istanbul, 1964; D. Tierkampfgruppe aus Sinope, 1963 (Antike Plastik); A. Catalogue of the Greek and Roman Sculpture in the Fitzwilliam Museum Cambridge, 1964; Imago Clipeata d. Kaisers Traian in Ankara, 1965 (Ant. Plastik); D. frühchristl. Mosaiken v. Misis-Mopsuhestia, 1968; Antike Mosaiken in Kilikien, 2 Bde. 1970/72 - Liebh.: Fotogr. - Spr.: Engl., Franz., Türk.

BUDDE, Otto

Vorstandsmitglied i.R. Demag Bagger u. Kran GmbH u. Duiglerwerke AG, Beirat Una-DAT Unternehmensberat. GmbH, Köln, AR Sächs. Revisions- u. Treuhand AG, München - Gneisenaustr. 15, 5000 Köln 50 - Geb. 9. Juli 1916 Bochum.

BUDDE, Rainer

Dr., Direktor Wallraf-Richartz-Museum - Bischofsgartenstr. 1, 5000 Köln 1 (T. 0221 - 221 23 72).

BUDDE, Walter

Dr.-Ing., o. Prof. f. Physik u. ihre Didaktik PH Rheinland/Abt. Aachen - Karl-Marx-Allee 154, 5100 Aachen - Zul. Ord. GH Duisburg.

BUDDE, Wolfgang Dieter

Dr. jur., Rechtsanwalt, Wirtschaftsprüfer, Steuerberater, Vorstandssprecher Treuhand-Vereinig. AG, Frankfurt, Vorst.-Mitgl. Dt. Revisions- u. Treuhand-AG, Frankfurt - Wöhlerstr. 6-10, 6000 Frankfurt 1 (T. 069 - 7 11 00); priv.: Oberfeldstr. 62, 6000 Frankfurt 50 (T. 069 - 58 31 07) - Geb. 25. Febr. 1929 Mannheim, kath., verh. s. 1957 m. Dr. iur. Helga B., Rechtsanw., Fachanw. f. Steuerrecht, S. Dr. rer. nat. Florian - 1. jurist. Staatsprüf. 1954, 2. jurist. Staatsprüf. 1956, Promot. 1958; Stud. Betriebsw. - Geschäftsf. Coopers & Lybrand Wirtschaftsprüfungsges. GmbH u. Karoli-Wirtschaftsprüf. GmbH. Präs. Wirtschaftsprüferkammer Landesvertr. Hessen; Beiratsvors. Wirtschaftsprüferkammer - 1982 BVK - Spr.: Engl.

BUDDECKE, Eckhart

Dr. med., o. Prof. f. Physiol. Chemie - Waldeyerstr. Nr. 15, 4400 Münster/W. - Geb. 15. Juli 1923 Greifswald - Promot. 1952 Göttingen; Habil. 1957 Gießen - S. 1957 Lehrtätigk. Univ. Gießen, Tübingen (1962 apl. Prof. u. Wiss. Rat Physiol.-Chem. Inst.), Münster (1966 Ord. u. Dir. Physiol.-Chem. Inst.) - BV: Grundriß d. Biochemie, 7. A. 1985; Pathobiochemie, 2. A. 1983. Üb. 200 Einzelarb. Mitherausg. wiss. Ztschr. - Mitgl. New York Acad. of Sciences.

BUDDECKE, Wolfram

Dr. phil., Prof. f. Germanistik - Kuhweg 21, 3549 Diemelstadt 1 (T. 05694 - 2 82) - Geb. 16. Okt. 1926 Greifswald - Promot. 1958 Göttingen; Habil. 1969 Karlsruhe - S. 1973 Prof. GH Kassel - BV: u. a. C. M. Wielands Entwicklungsbegriff u. D. Gesch. d. Agathon, 1966; D. deutschsprachige Drama s. 1945, 1981; Fernsehunterh. im Literaturunterr., 1986; Phantastik in Literatur u. Film, 1988 - 1958 Fakultätspreis Göttingen - Spr.: Engl., Span.

BUDDEMEIER, Heinz

Dr. phil., o. Prof. f. Kommunikationstheorie, Medienwissenschaft u. Ästhetik Univ. Bremen - Saarbrückener Str. 36, 2800 Bremen 1 - Geb. 22. März 1938 Köln - Abit.; Stud. Germanist., Romanist., Philosoph.; postdoctoral studies i. Kanada. S. 1975 Prof. f. Medien- u. Kommunikationswissensch. Univ. Bremen - BV: Panorama, Diorama, Photographie, 1970; Kommunikation als Verständigungshandl., 1973; D. Foto. Gesch. u. Theorie d. Fotografie als Grundl. e. neuen Urteils, 1981; Illusion u. Manipulation. D. Wirkung v. Film u. Fernsehen auf Individuum u. Ges., 1987.

BUDDENBERG, Hellmuth

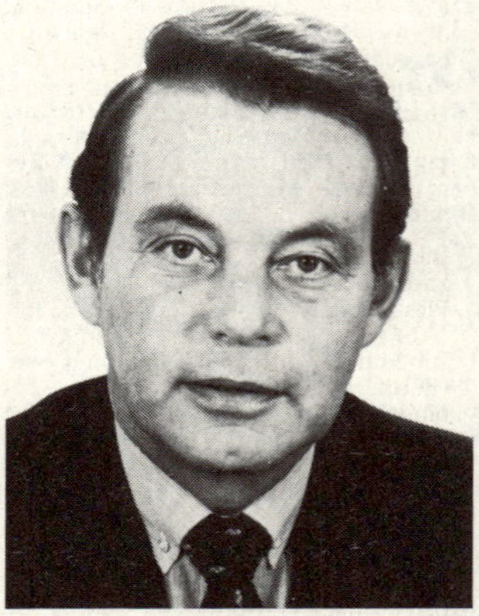

Dr. rer. pol., Dipl.-Kfm., Vorstandsvorsitzer Dt. BP AG, Hamburg; u. Mineralölwirtschaftsverb. - Zu erreichen üb. Dt. BP AG, Überseering 2, 2000 Hamburg 60 - Geb. 5. Mai 1924 Bünde/W. (Vater: Beamter), verh. m. Hildburg, geb. Röhr - S. 1949 Dt. BP AG, Hamburg (1965 stv. Vorst.-Mitgl., 1967 o. Vorst.-Mitgl., 1972 stv., 1976 Vorst.-Vors.); 1989 stv. AR-Vors. Deutsche BP AG; AR-Vors. Gelsenberg AG; AR-Mitgl. Thyssen Edelstahlwerke AG, NCR GmbH, EC Erdölchemie GmbH, Ruhrgas AG; VR-Mitgl. Dresdner Bank AG, Hamburgische Landesbank; Beiratsmitgl. Allianz Versich.-AG, Ruhrgas AG; Präsid.-Mitgl. Verkehrsforum Bahn; Vors. d. Kurat. The Entrepreneurial Group; Präs. d. British Chamber of Commerce in Germany - Lit.: Karl Günther Simon, D. Kronprinzen, 1969.

BUDDENBERG, Wilhelm

Rektor a. D., Bürgerm. a. D., Landrat a. D., MdL Nieders. (s. 1967) - Bahnhofstr. 22, 4460 Nordhorn (T. 05921 - 52 64) - CDU.

BUDDENBERG, Wolfgang

Bundesrichter (b. 1978) - Herrenstr. 45a, 7500 Karlsruhe - Geb. 13. Nov. 1911, verh. (Ehefr.: Gerta) - B. 1970 OLG Hamm (OLGsrat), dann BGH (BR).

BUDDENSIEK, Heinrich

Dipl.-Ing., Präsident eines Bundesbahn-Zentralamtes a. D., Honorarprof. f. Beschaffung u. Materialw. im Eisenbahnwesen TU Berlin - Magister-Koller-Str. 1, 3060 Stadthagen.

BUDDRUSS, Georg

Dr. phil., Dr. h. c., o. Prof. Sem. f. Indologie Univ. Mainz (s. 1963) - Am Judensand 45, 6500 Mainz (T. 3 25 00) - Geb. 30. Nov. 1929 Lappienen/Ostpr., ev., verh. s. 1985 m. Dr. Karin, geb. Zippel, 2 Kd. (Eckhard, Konstanze) - Univ. Frankfurt/M. (Vergl. Sprachwiss. u. Orientalistik). Promot. 1954 Frankfurt; Habil. 1961 Tübingen - Teiln. Dt. Hindukush-Expedition 1955/56. Studien z. Sprachgeogr. Hindukush u. Sprach- u. Kulturgesch. Indiens.

BUDELL, Berthold

Dr. rer. nat., Studiendirektor, Minister f. Umwelt, Raumordn. u. Bauwesen a.D., MdL Saarland (1965-70 u. s. 1973) - An der Merburg 2, 6650 Homburg/Saar (T. 6 50 55) - Geb. 23. Nov. 1929 Miesenbach/Pfalz., kath., verh., 3 Kd. - Realsch. Landstuhl u. Oberrealsch. Kaiserslautern; Univ. Freiburg/Br. (Biol., Chemie, Physik). Promot. 1956 - S. 1957 saarl. Schuldst.; b. 1985 Umweltminister. Vorst.-Mitgl. Dt. Bund f. Vogelschutz-Saarland. CDU.

BUDELMANN, Claus G.

Bankkaufmann, pers. haft. Gesellschafter Berenberg Bank, Hamburg (s. 1988) - Moevenstr. 8, 2000 Hamburg 60 - Geb. 13. Dez. 1944, ev. (Vater: Prof. Dr. G. B., Arzt), verh. s. 1970 m. Annegret Friesecke, Sohn Till Christian - S. 1965 Bankhaus Joh. Berenberg, Gossler + Co. - Berenberg Bank - 2. Vors. Club an d. Alster; Vorst.-Mitgl. Anglo German Club, Hamburg, British Chamber of Commerce - Liebh.: Klass. Musik, Hockey, Tennis, Wandern - Spr.: Engl.

BUDER, Johannes

Dr. phil., Prof. f. Bibliotheks- u. Buchwesen FU Berlin - Steinstr. 29a, 1000 Berlin 49 - Geb. 28. Febr. 1935 Berlin, kath., verh. s. 1972 m. Gisela, geb. v. Plessen, 3 Kd. (Martin, Ulrich, Friederike) - S. 1974 Prof. FU Berlin/Inst. für Bibliothekswiss. u. Bibliothekarausb. (Formal- u. Sachkatalogisierung, Fachbibliogr., Geogr., Politologie u. Geschichte f. Bibliothekare) - BV: D. Inhaltserschließung v. Zeitungen, 1978; D. Reorganisation d. preuß. Polizei, 1986.

BUDINGER, Hugo Ernst

Dr., Dipl.-Sportlehrer, Dozent, Olympiagewinner - Stüttgerhofweg 8, 5000 Köln 40 (T. 0221 - 48 17 84) - Geb. 10. Juni 1927 Düsseldorf, kath., verh. s. 1955 m. Lydia, geb. Strauch - 1948-51 Sporthochschule Köln, Ex. 1951, Promot. ebd. 1974 - Leit. Trainerakad. Köln e.V., Sportwart DHB, Pers. Mitgl. NOK - BV: Hockey-Technik, Hockey-Taktik, Hockey-Training (Technik-Taktik) - 1957 Silb. Lorbeerblatt; 1969 Sportplak. NRW; 1984 Ehrenplak. Dt. Sporthochsch. Köln - Liebh.: Musik, Lit. - Sportl. Leist.: 1952, 56 u. 60 Teiln. an Olymp. Spielen (Hockey-Mannschaft), 1956 Bronzemed. - Spr.: Engl., Span.

BUDKE, Gudula

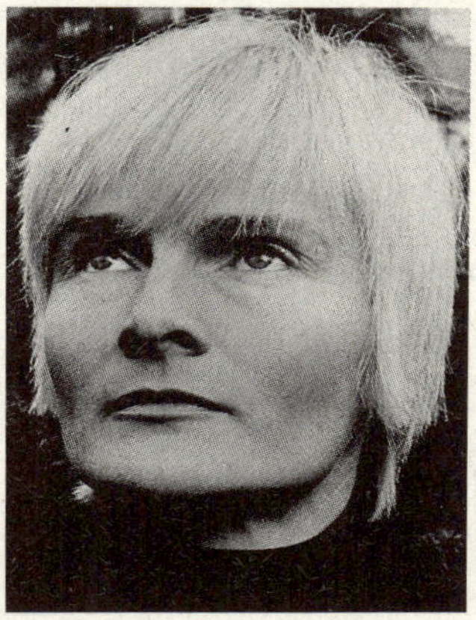

Schriftstellerin, fr. Journ. - Meller Str. 27, 4500 Osnabrück (T. 0541 - 57 26 20) - Geb. 16. Febr. 1926 Osnabrück, ev., verh. s. 1953 m. Dr. Wilhelm B., S. Michael - Abit.; Volont. b. Ztg. u. Ztschr. - Vorstandsmitgl. Verb. dt. Schriftst. (VS) Nieders.; 1971-80 Gründ. u. Vors. Lit. Gr. Osnabrück, jetzt Ehrenvors.; s. 1978 Jurymitgl. Schles. Kulturpreis; 1985 Gründ. u. Vors. Ges. f. Medienkultur (Kunst, Foto, Lit., Musik u. Tanz) - BV: Rückspiegel, 1970/72; M. meinem langen Haar, 1973; Engel, d. Sekt trinken, 1974; Auch Sterben wird Gewohnheit, 1975; Hilfe, mein Mann ist Lehrer, 1976/77; In deinen Wohnungen, Israel 1978; Schreibfreiheit, 1980; Ballspiele, 1982; Bilderstürmer, 1983; D. Löwenadler, 1985; Mutterhände, 1986 - 1974/75 Literaturpreis; 1978 Lyrikpreis Stadt Osnabrück; 1979 Stadtschreiberin v. Soltau; 1985 Dr. Mock-Med. München; 1987 Nieders. Künstlerstip. f. Lit. - Spr.: Engl. - Lit.: Dr. Gerhard Rademacher in: d. horen, Heft 94, 98, 114, 128.

BUDZIKIEWICZ, Herbert

Dr. phil., o. Prof. f. organ. Chemie - Guldenbachstr. 11, 5000 Köln 41 - Geb. 20. Febr. 1933 Wien (Vater: Dr. Alfred B., Bankbeamt.; Mutter: Maria, geb. Hoffmann), kath., verh. s. 1970 m. Renate, geb. Metzker, 2 Kd. (Christine, Peter) - Promot. 1959 Univ. Wien, Habil. 1966 TH Braunschweig - 1958-60 Univ. Wien, 1960-65 Stanford Univ. (Calif. USA), 1965-69 TH Braunschweig, s. 1970 Univ. Köln (Dekan math.-naturwiss. Fak. 1972-74, 1980/81 u. 1988/89) - BV: Mehrere Bücher üb. organ. Massenspektroskopie, z. T. übers. ins Russ. u. Jap. - Ehrenmitgl. Jugosl. Ges. f. Massenspektrometrie - Spr.: Engl., Franz.

BUDZINSKI, Klaus

Journalist, Schriftsteller - Schellingstr. 101, 8000 München 40 (T. 523 32 62) - Geb. 6. Dez. 1921 Berlin (Vater: Fredy B., Sportjourn. †1970; Mutter: Erna, geb. Grau †1973), verh. s. 1961 m. Renate, geb. Rasp, Schriftst. (s. dort) - Gymn. Berlin (Abit.); 4 Sem. Gesch. u. German. Berlin u. München - S. 1946 Journ. Presse, Rundfunk, Fernsehen. 1972 b. 1975 Leit. Bund-Länder-Projekt z. Erstellung e. Deutschunterrichtsw. f. Kinder ausländ. Arbeiter - BV: D. Muse m. d. scharfen Zunge - V. Cabaret z. Kabarett, 1961; D. öfftl. Spaßmacher - D. Kabarett in d. Ära Adenauer, 1966. Anthol. (1966-70): Soweit d. scharfe Zunge reicht, Linke Lieder, Liederl. Lieder, Was gibt's denn da zu lachen?; Vorsicht - d. Mandoline ist geladen; Witz als Schicksal - Schicksal als Witz (Bildbiographie Werner Finck), 1966. Hurra - wir sterben! (sat. Revue; Urauff. 1976); D. Hptm. v. Köpenick, 1978; (Satirische Musicals); Pfeffer ins Getriebe - So ist u. wurde d. Kabarett, 1982; D. Kabarett - 100 Jahre lit. Zeitkritik - gesprochen, gesungen, gespielt (Hermes Handlexikon), 1985 - Liebh.: Schach, Radfahren - Spr.: Franz., Engl. - Bek. Vorf.: Victor Barnowsky, Regiss. u. Theaterdir. (ms.).

BUEB, Eberhard

Textilingenieur, MdB (s. 1985; Landesliste Bayern) - Ebersbach 11, 8651 Ködnitz - Geb. 27. Juni 1938 Berlin, verh., 2 Kd. - Fachhochsch. - Weber, Textiling., selbst. Kaufm. Mitgl. Bund Naturschutz Bay. Parlam. Geschäftsf. Frakt. d. Grünen (s. 1985).

BUEBLE, Benno

Ministerialdirektor Finanzmin. Baden-Württ. (s.1984) - Neues Schloß, 7000 Stuttgart 1 (T. 2072 - 2193-1) - Geb. 19. März 1935 Tettnang - Zul. Min.dir. Innenmin.

BÜCH, Robert

Dipl.-Volksw., Vorstandsmitglied Deutsche Beamten-Versicherung Öfftl.-rechtl. Lebens- u. Renten-Versich.sanstalt u. Allg. Versich.s-AG. d. DBV, Berlin/Wiesbaden - Alban-Köhler-Str. 11, 6200 Wiesbaden - Geb. 5. Okt. 1919 Hannover.

BÜCH, Rudolf

Senator a. D., Präs. DRK-Landesverb., Hamburg u. Vizepräs. DRK, Mitgl. Hbg. Bürgerschaft (s. 1946, SPD) - Vizelinstr. 35, 2000 Hamburg 54 (T. 56 26 13) - Geb. 28. Nov. 1904 Hamburg (Vater: Wilhelm B.; Mutter: geb. Jacobs), verh. 1933 m. Elisabeth, geb. Hart - Volkssch.; Maschinenbauerlehre; Abendsch. (alles Hamburg), Meisterprüf. - 1931-50 Dt. Shell-AG., Hamburg (zul. Oberm.); 1950-53 u. 1957-66 Leit. Baubehörde Hamburg. ARsmandate.

BÜCHEL, Karl Heinz

Dr. rer. nat., Dr. agr. h. c., Dr. rer. nat. h. c., Prof., Vorstandsmitglied Bayer AG, Sprecher d. Forschung, Leverkusen - Dabringhausener Str. 42, 5093 Burscheid - Geb. 10. Dez. 1931 Beuel, verh., 2 Kd. (Jochen, Vera) - Stud. Chemie Univ. Bonn - 1975 Honorarprof. TH Aachen (Organische Chemie), 1987 Hon.-Prof. Univ. Bonn, Arbeitsgeb.: Entw. v. Pharmazeutika u. Fungizide. Zahlr. Arb. üb. umweltschonende Chemikalien. Vors. Kurat. Fonds d. Chemie, Mitgl. Ges. Dt. Chemiker u. Kurat. Intern. Dokumentationsges. f. Chemie. Zahlr. Arb. üb. umweltschonende Chemikalien - 1981 Ehrendoktor TH München f. Leist. im chem. Pflanzenschutz; 1984 Burdick and Jackson Intern.-Preis (USA), 1985 Ehrendoktor Univ. Bielefeld.

BÜCHEL, Wolfgang

Dr. phil., Prof. f. Naturphilosophie Univ. Bochum, Inst. f. Philosophie (s. 1968) - Stiftsstr. 34, 5401 Münster-maifeld - Geb. 23. März 1920 Trier - Promot. 1954 - BV: Phil. Probleme d. Physik, 1965; Gesellschaftl. Bedingungen d. Naturwiss., 1975; D. Macht d. Fortschritts, 1981.

BUECHELER, Kurt

Prof., Schauspieler - Florentiner Str. 20, 7000 Stuttgart 75 (T. 0711 - 47 02 40 70) - Geb. 7. Juli 1915 Frankfurt/M. (Vater: Dr. Anton B., Arzt; Mutter: Eisabeth, geb. Schnelle), verh. s. 1943 m. Anneliese, geb. v. Capelle, T. Marlis - Schule (Abit.) u. Theaterhochsch. Frankfurt/M. Bühnenreifezeugnis 1936 - S. 1936 Schausp. Remscheid, Hamburg, Frankfurt/M., Berlin (1951 Schiller-Theater). S. 1951 Lehrtätigk. Max-Reinhardt-Sch. bzw. Hochsch. f. Musik u. Darstell. Kunst Berlin (gegenw. Prof.); 1958-67 Lehrbeauftr. FU Berlin; b. 1980 Hochsch. d. Künste. Regie: Vaganten-Bühne (1958-60) u. Kabarett D. Bedienten (1963). Bühne: Posa, Faust, August Keil, Orest, Sprecher (D. Milchwald), Einsame Menschen (Vockerat); Film: D. Ehe d. Herrn Mississippi (Generalstaatsanw.), O Jonathan, o Jonathan (Butler); Fernsehen: D. Geschwister (Wilhelm), Letzter Punkt d. Tagesordnung (Pleydon), In aller Stille (Vater Kindler), E. Duft v. Blumen (Vater), Reichstagsbrandprozeß (Torgler); Tod im Studio (Prof. Grasshoff), E. gr. Familie (Ziegler), Einmal im Leben mein Eigenheim (Schweiger), D. Pueblo-Affaire (Admiral), D. 21. Juni (Hölderlin-Sprecher), Tribunal 82 (Dr. Bernstorf), Sie kommen aus Agarthi (Waterhouse), D. Kunstfehler (Prof. Stüfen), Tadellöser u. Wolf (Dr. Krause), Stumme Zeugen (Haubert), Gesucht wird Arn Hermann (Arn Hermann), Hotel z. schönen Marianne (Robert), Elise (Burmester), Lessing (Lessing), Mit Gewissenhaftigkeit u. Würde (Brandstätter), Dippegass Nr. Deckel (Joe) - 1961 Silb. Ehrenz. GDBA, 1964 Silb. Ehrennadel Volksbd. Dt. Kriegsgräberfürsorge - Bek. Vorf.: Prof. Franz B., Altphilologe, Bonn (Großv.).

BÜCHER, Theodor Karl

Dr. rer. nat., Dr. med. h. c., em. Prof. d. Physiol. Chemie - Hermelinweg 7, 8000 München 90 (T. 690 01 37) - Geb. 10. Jan. 1914 Oberhof/Thür. (Vater: Wirkl. Legationsrat a. D. Dr. phil. Hermann B., Vorstandsvors. AEG †1951; Mutter: Ella, geb. Freiesleben †1957), ev., verh. m. Frida, geb. Milde †1987, 2 Kd. (Hermann, Christiane) - Paulsen-Realgymn. Berlin; 1932-38 Univ. München, Kiel, Berlin (Chemie). Promot. 1942 Berlin; Habil. 1951 Hamburg - 1938-39 u. 1940-45 Assist. Kaiser-Wilhelm-Inst. f. Zellphysiol. Berlin (Prof. Otto Warburg); 1949-53 Assist. u. Privatdoz. (1951) Univ. Hamburg (Krkhs. Eppendorf); 1953-63 Ord. u. Inst.sdir. Univ. Marburg; s. 1963 Ord. u. Vorst. Inst. f. Physiol. Chemie u. Physikal. Biochemie Univ. München. Mitgl. div. Fachges. Fachveröff. - 1961 Ehrendoktor Univ. Marburg; 1974 Otto-Warburg-Med. Ges. f. Biol. Chemie; 1979 Bayer. VO; 1981 Gabor-Szasz-Preis f. klin. Enzymologie; 1986 Dr. Robert Pfleger Preis; Ehrenmitgl.: Comité Semana Médica Buenos Aires, Soc. italiana di Biologia sperimentale, Ges. f. Biol. Chemie. Europ. Federation of Biochemical Societies, Int. Soc. Clin. Enzymology; Mitgl. Dt. Akad. d. Naturforscher/Leopoldina (1964) u. Bayer. Akad. d. Wiss. (1968) - Bek. Vorf.: Karl Bücher, Nationalök. (Großonkel).

BÜCHERL, Emil Sebastian

Dr. med., o. Prof. f. Chirurgie - Wangenheimstr. 26, 1000 Berlin 33 (T. 886 14 25) - Geb. 6. Nov. 1919 Furth (Vater: Alois B., Beamter; Mutter: Burga, geb. Dimpfl), kath., verh. s. 1957 m. Dr. med. Rosemarie, geb. Koch, Kd.: Anja Sabine - Univ. München, Rom, Heidelberg. Med. Staatsex. 1944 Heidelberg - S. 1944 Chir. Univ.sklinik Heidelberg, Chir. Abt. Städt. Krkhs. Amberg (1945), Pathol. Inst. Univ. München (1948), Physiol. Univ. Göttingen (1948), Chir. Univ.sklinik Göttingen (1952, Privatdoz.) u. Berlin/FU (1957; 1962 apl., 1968 o. Prof. u. Klinikdir.); 1964-68 Ärztl. Dir. Krkhs. Neukölln (Chefarzt Chir. Abt.). Mitgl. American Soc. for Artificial Intern. Organs, Soc. Intern. de Chirurgie, Österr. Ges. f. Unfallchir., Dt. Ges. f. Chir., Nordwestd. Ges. f. Chir., Berliner chir. Ges., Dt. Ges. f. Naturforscher u. Ärzte; 1974 Gründ. European Society for Artificial Organs - BV: Lunge u. kl. Kreislauf, 1957; Lungenfunktionsprüf., 1959 (engl. 1963); D. Wiss. u. d. Zukunft d. Menschen, 1965; Postoperative Störungen d. Elektrolyt- u. Wasserhaushaltes, 1968; D. postoperative Verlauf, 1969; D. Totalersatz d. Herzens m. künstl. Blutpumpen, 1974. Zahlr. Einzelarb. - 1976 Ernst-Reuter-Plak. in Silb., 1984 Gr. BVK, 1985 Targa Europea - Liebh.: Belletristik, Malerei, Plastik - Spr.: Engl., Ital.

BÜCHLER, Franz

Dr. phil., Schriftsteller - Maximilianstr. 112, 7570 Baden-Baden - Geb. 10. Febr.

1904 Straßburg/Els. (Vater: Franz B., Stationsvorst.; Mutter: Melani, geb. Sartorius), freirelig., verh. s. 1928 m. Käthe, geb. Frahm, 7 Kd. - Univ. Heidelberg, München, Freiburg (Promot. 1928). Lehrer, Bildhauer, Theaterkritiker - W: Licht v. Innen, Ged. 1934; August d. Starke, Trag. 1937; Herzog Bernhard, Trag. 1939; Sunanda, Trag. 1942; Üb. d. Tragische, Ess. 1942; Theseus, Trag. 1952; Ananias, Trag. 1953; Balk, Trag. m. Ess.; Üb. d. neuen Menschen, 1953; Dramen d. Zeit (Ree, Wina, Iris), Trag. 1960; Erde u. Salz, Ged. 1960; Wasserscheide zweier Zeitalter, Ess. 1970; Schizoid, Erz. 1972; Strandgut, Ged. 1972; Stück-Werk, Dr. 1972; D. Niemandsweg od. d. Geeinten, R. 1975; Grenzlichter, Ess. 1975; Weg nach Delphi, Ged. 1979; D. geistige Jahr, Ged. 1982; Wieder ist Frühe d. Zeit, Ged. 1983; Die Schwelle, Erz. 1984 - 1952 Ehrengabe in Würdig. d. Gesamtwerks durch Bundespräs. Prof. Theodor Heuss - Bek. Vorf.: Johannes B. (Püchler), geb. 1612 Linz, Chirurg, Begr. d. Mikrographie; Philipp B. (P.), gen. Rotmantel, geb. 1653 Augsburg, Kupferstecher - 1968 Erwin-v.-Steinbach-Preis (Frankfurt/M.); 1985 Verdienstmed. Land Baden-Württ.

BÜCHLER, Hans

Ing. (grad.), Abteilungsleiter, MdB (s. 1971, SPD; 1972 Wahlkr. 226/Hof) - Eppenreuther Str. 46, 8670 Hof/Saale - Geb. 2. Febr. 1940 Ebersbach/Mfr., ev., verh., 2 Kd. - 1956-58 landw. Lehre; 1958-61 Höh. Ackerbausch./Ing.sch. f. Landbau Triesdorf/Mfr.; 1961-62 Praktikantenaustausch Großbritannien; 1962-63 Carl-Duisberg-Programm Univ. of Minnesota (USA); 1964-65 Inst. f. trop. u. subtrop. Landw. Witzenhausen. Staatl. gepr. Landw. u. Ing. f. trop. u. subtrop. Landw.; Präs. Bundesverb. Dt. Gartenfreunde; Mitgl. Gewerksch. Gartenbau, Land u. Forsten - S. 1966 Ref. SPD-Landesverb. Bayern.

BÜCHLER, Hans-Joachim

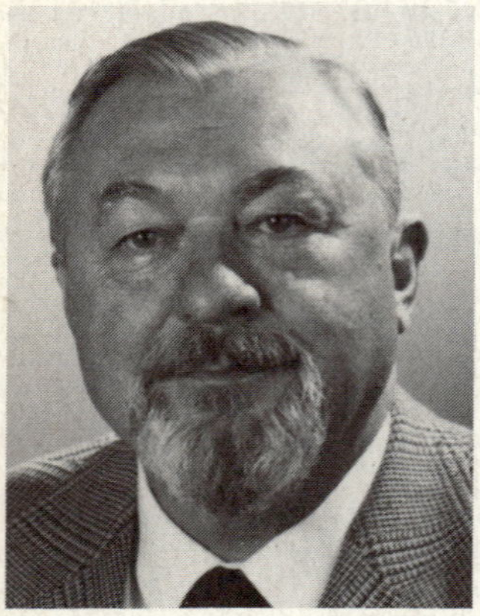

Dr. h. c., Univ.-Prof., Direktor Forschungsstelle f. alpenländische Geschichte - Steinbruchstr. 4, 8128 Polling (T. 0881 - 22 42) - Geb. 29. Jan. 1924 Rastatt (Vater: Gustav-Adolf B., Hochschullehr. u. Inst.-Dir.; Mutter: Luise, geb. Lehmann), verh. m. Gertrud, geb. von den Hoff, 3 Kd. (Barbara, Gertrud, Ursula) - Stud., US-Graduierungen; s. 1950 Inst.-Dir.; Ehrenpräs. Verb. bayr. Heime, Mitgl. Europ. Erzieherring, Ehrenmitgl. Albert-Schweitzer-Ges., USA, Prof. Emérito, Univ. Unisinos - Schrifttum: D. Situation d. 13-14jährigen, Inwieweit kann ein Heim erziehen?, Jahrhundert d. Kindes, Freizeit nicht nur ein Jugendproblem, Rauschmittelsucht u. d. Veränderung d. Gesellschaft, Jugend u. Industriegesellschaft, Zivilisationsgefährung d. Jugend, Jugend ist Wagnis u. Chance, Rebellen d. Gesellschaft, Wege u. Grenzen d. Erziehung, Gibt es noch Autorität?, Sport, ein Teil d. Menschenbildung, Kreativität i. d. Erziehung, Fernsehkinder - Reflexion zur Schule, D. Bildungskatastrophe - Hintergründe u. Aussichten, D. pädagog. Auftrag, Internate - nicht nur f. Versager, Analyse üb. d. moralischen Grundlagen, Rationale Erziehungsform, Tarifgespräche im Kinderzimmer, Ganz der Vater - ein Generationsproblem; Dtschl., Deine Schulen; Dtschl., Deine Erzieher; Wege u. Grenzen; Wie soll es weitergehen? Bd. I, 1982/Bd. II; Ist unsere Jugend politisch?; Alexander v. Humboldt, Lebensgesch.; Irrwege menschl. Entw.; Lateinamerika, Band I; Lateinamerika, Band II; Was Europa Südamerika verdankt; Bayern; D. Wittelsbacher; D. dritte Welt; D. Papst u. Südamerika; Ist Humboldts Geist tot?; Lebensgesch. e. Genies; Rationelle Erziehungsform, Bd. II; Chance d. Abendlandes; Geist d. Zeit; A. v. Humboldt, Leitbild u. Erzieher; Zauberformel d. Lebens; Revolution in Ungarn; Jugend zw. Resignation u. Hoffnung; D. Glück in d. Entfaltung Elite Begriffsbestimm.; Bürgerpflicht u. Freiheit; Dt. Forsch.politik; Wertwandel u. Erzieh.; Polit. Bild. d. Jugend; Wieder Lust z. Leistung; Unisinos, eine Univers. z. Anfassen; Probleme d. Bildungsw.-Zukunft; Interessengr. u. Forsch.; Dt. u. Österreicher in Chile; Advent im Voralpenland; Entw.-träger (Staatl. Nichtstaatl.); Entw.politik v. d. Wende; Glück d. Lernens; St. Georgslegende u. Ausbreit.; Rochus Dedler, Komp. u. Lehrer; Prognosen z. Entw.; Zeitgeist in Zitaten; Skizzenmappe Südtirol, Illustrationen z. Büchern. d. Zeitgesch.; Literatur heute in Lateinamerika; Deutschtum in Brasilien; D. Land Werdenfels; Ludwig Thoma, s. Herkunft; Decadencia da Sociedade Ocidental; Hans Lindinger, e. Maler unserer Zeit; Vergleiche zw. dt. u. engl. Schulbüchern; Kaiserin Leopoldina v. Brasilien; Brasilien d. neue Welt (Mitautor); Musikgesch. d. Klosterdorfs Polling; Befreiungstheol., Glaube od. Politik? u. a. - Gastprof. Javeriana/Bogota u. Poona (Indien); Commendatore de Grazia Magistrale; Lehrst. an d. Universidade do Vale do Rio dos Sinos; Senator const. academia cosmologica nova; Ehrenmitgl. The Alexander v. Humboldt Society of the Americas; Ehrendoktor San Juan Bosco/Argent. Univ. u. Mitgl. St. Georgsritter; Komtur von Polling; St. Georgskreuz; Großkreuz z. Stern d. Friedens in Gold; Großoffizier d. St. Georg-Ritter-Ordens; Bundesverdienstmed.; Cavaliere Ufficiale; Mitgl. u. Berufung z. academia cosmologica noca; Bürgermed. v. Weilheim; Commandeur d. Ordens Cordone bleu de St. Esprit; Commandeur d. Ordens Croce Lateranense; Commandeur d. Ordens Croix de merite; Sportabz. in Gold; Ehrenmitgl. Albert-Schweitzer-Ges. USA; Laterankreuz Rom; Bürgermed. v. Polling; St. Ulrichsorden - Liebh.: Malen, Sport.

BÜCHLER, Klaus Jürgen

Gymnasialdirektor, Präs. Bundesverb. Schulen in freier Trägerschaft - Am Schloßberg, 7570 Baden-Baden (T. 07221 - 2 38 62) - Geb. 14. März 1923 Baden-Baden (Vater: Otto B., Prof.; Mutter: Maria, geb. Pfuller), ev., verh. s. 1955 m. Marion, geb. Strunk, 3 Kd. (Andreas, Michael, Susanne) - Abit. 1941; Stud. Lehramt (1. Staatsex. 1954, 2. Staatsex. 1956) - Leit. Pädagogium B.-Baden (Internatssch. f. Mädchen u. Jungen). Präs. Bundesverb. Schulen in fr. Trägerschaft; Stadtrat in B.-Baden - Päd. u. erziehungspolit. Aufs. u. Veröff. (s. 1962) - BVK - Spr.: Franz., Engl.

BÜCHNER, Christoph

Dr. med., Prof. f. Innere Medizin u. Kardiologie - Wiesenstr. 88c, 7830 Emmendingen/Br. - Geb. 31. Mai 1930 Freiburg/Br. - B. 1966 (Habil.) Lehrtätigk. Univ. Freiburg (1972 Prof.). Mitverf.: Herzrhythmusstörungen. Fachaufs.

BÜCHNER, Ernst

Dipl.-Kfm., Geschäftsführer Bundesverb. Glas, Porzellan, Keramik Groß- u. Außenhandel - Ostlandstr. 76, 5000 Köln 40 - Geb. 25. Aug. 1928 Köln.

BÜCHNER, Ernst-Eberhard

Dr. phil. (habil.), Prof. f. Treibmitteltechnik i. R. TU München (s. 1980) - Schlesierstr. 9, 8037 Olching/Obb. - S. 1971 apl. Prof., s. 1978 C-3 Prof. - 1978 gold. Hermann-Oberth-Med.

BÜCHNER, Franz

Dr. med., Dr. med. h. c., o. Prof. f. Pathologie (emerit.) - Holbeinstr. 32, 7800 Freiburg/Br. (T. 7 31 52) - Geb. 20. Jan. 1895 Boppard/Rh., kath., verh. m. Elisabeth, geb. Noelke, 6 Kd. - Promot. 1925 Gießen - 1922 Mitarb. Ludwig Aschoff, Freiburg, 1933 Dir. Pathol. Inst. Krankenhs. Friedrichshain, Berlin, 1936 Ord. u. Inst.sdir. Univ. Freiburg. Vors. Dt. Ges. f. Kreislaufforsch. (1952/53), Ges. dt. Naturforscher u. Ärzte (1953-54), Dt. Ges. f. Pathol. (1957/58). Grundleg. Beitr. z. Entsteh. d. Magen- u. Zwölffingerdarmgeschwürs, Entwickl. d. allg. Pathol. d. Koronarinsuffizienz u. d. allg. Sauerstoffmangels, Mißbild. durch Sauerstoffmangel, Pathol. d. Virushepatitis u. ihrer Folgen, Morphol. u. Cytochemie d. Entwickl., Regeneration u. Kanzerisierung - BV: D. Histologie d. pept. Veränderungen, 1927; D. Pathogenese d. pept. Veränderungen, 1931; Koronarinfarkt u. -insuffizienz, 1935 (m. A. Weber u. B. Haager); D. Koronarinsuffizienz, 1939; Allg. Pathol., 6. A. 1975; Spez. Pathol., 4. A. 1965; D. Herzmuskel bei akuter Koronarinsuffizienz im elektronenmikroskop. Bild, 1968 (m. S. Onishi); D. Insuffizienz d. hypertrophierten Herzmuskels im Lichte s. Narbenbilder, 1968 (m. R. Weyland); D. Koronarinsuffizienz in alter u. neuer Sicht, 1970; Herzhypertrophie u. Herzinsuffizienz in d. Sicht d. Elektronenmikroskopie, 1970 (m. S. Onishi); Herzinfarkt, Koronarthrombose u. akuter Herztod, 1973 - 1965 Ehrendoktor Univ. Würzburg; 1971 Paracelsus-Med., 1972 Carl-Ludwig-Ehrenmünze, 1975 Romano-Guardini-Preis d. kath. Akad. in Bayern; Ehrenmitgl. Société d'Anatomie, Paris (1954), Schweizer Akad. d. Med. Wiss. (1957), New York Acad. of Sciences (1960), Jap. Ges. f. Pathol. (1963), Van Swieten-Ges. (1971); Mitgl. Dt. Akad. d. Naturforscher (Leopoldina), Halle/S. (1952), u. Heidelbg. Akad. d. Wiss. (1965); korr. Mitgl. Schweizer. Kardiolog. Ges. (1957); 1973 Komtur d. Gregoriusorden m. Stern, 1964 Jap. Orden d. Aufgeh. Sonne III. Kl., Gr. BVK, 1981 Rudolf-Virchow-Med.

BÜCHNER, Georg

Dr. jur., Vorstandsvorsitzer Württ. Feuerversicherung AG., Stuttgart (s. 1978), Vizepräs. IHK ebd., 1979 Präs. Gesamtverb. d. Dt. Versicherungsw. - Im Steingarten 35, 7000 Stuttgart 80 - Geb. 28. Juli 1931 - ARsmandate (z. T. Vors.).

BÜCHNER, Hermann

Dr. med., Prof., Chefarzt - Radiolog. Institut Städt. Krankenanstalten, 7730 Villingen - Geb. 2. Okt. 1919 - 1961-68 Lehrtätigkeit Univ. Erlangen u. München (zul. apl. Prof. f. Med. Radiologie) - BV: Radiometrie - Theorie u. Praxis röntgenol. Meßmeth., 1963. Handb. u. Lehrb.beiträge, 1959-65. Üb. 40 Einzelarb. - 1968 Holthusenring Dt. Röntgenges.

BÜCHNER, Michael

Dr. med. (habil.), Prof., Chefarzt (Innere Abt.) - Kreiskrankenhaus, 7840 Müllheim/Baden - B. 1972 apl. Prof. Univ. Düsseldorf u. Freiburg/Br. (Inn. Med.).

BÜCHNER, Otto

Violinvirtuose, Prof. Musikhochsch. München (S. 1961) - Zul. Fasanenstr. 165, 8025 Unterhaching/Obb. (T. München 61 69 62) - Geb. 10. Sept. 1924, verh. m. Maria Magdalena, geb. Hiltl - Konservat. Nürnberg; Akad. d. Tonkunst München (Vasa Prihoda) - S. 1946 I. Konzertm. Bamberger Symphoniker u. Bayer. Staatsoper München (1957); 1952-57 Lehrer Konservat. Nürnberg (1955 Studienrat).

BÜCHNER, Peter

Lehrer, MdB (s. 1971; 1972 Wahlkr. 160/ Neustadt-Speyer) - Gutenbergstr. 11, 6720 Speyer/Rh. (T. 7 58 50) - Geb. 5. März 1943 Heidelberg, ev., verh. s. 1968 m. Hilde, geb. Kern - Gymn. Speyer (Abit. 1962); 1962-64 Päd. Hochsch. Kaiserslautern. Lehramtsprüf. 1964 u. 68 - S. 1964 Schuldst. Speyer. 1969-71 Mitgl. Stadtrat Speyer. 1967-71 Bezirksvors. Jungsozialisten Pfalz. 1968-74 Mitgl. DGB-Kreisvorst. S. 1986 Kreisvors. Europa-Union. SPD s. 1964 (1969 Mitgl. Bezirksvorst. Pfalz u. Landesvorst. Rhld.-Pf., 1979-86 stv. Vors. SPD-Bez. Pfalz). Sportpolit. Sprecher SPD-Bundestagsfrakt. S. 1973 Mitgl. Parlam. Vers. d. Europarates.

BÜCHNER, Peter

Dr. rer. soc., Prof. f. Erziehungswiss. Univ. Marburg (s. 1979) - Eichweg 7, 3550 Marburg (T. 06421 - 7 84 16) - Geb. 31. Dez. 1941 Glauchau, verh., 2 Kd. - Dipl. 1968 Saarbrücken (Übersetzungswiss. Engl./Franz.), Promot. 1972 Konstanz; Habil. 1977 Berlin (Soziol. d. Erziehung u. d. Bildungswesens) - 1969-73 Wiss. Mitarb./Projektleit. Zentrum f. Bildungsforsch. Univ. Konstanz; 1974-79 Ass. Prof. FU Berlin, FB Erziehungswiss. - Zahlr. Buch- u. Ztschr.veröff., zul. Einf. in d. Soziol. d. Erziehung u. d. Bildungswesens, 1985.

BÜCHNER, Thomas

Dr. med., Prof. f. Innere Med. u. Hämatologie Univ. Münster, Internist - Besselweg 28, 4400 Münster (T. 86 38 01) - S. Habil. Privatdoz., apl. Prof. - 1971 Theodor-Frerichs-Preis.

BÜCHS, Hubertus

Dr. med. dent., Prof. f. Zahn-, Mund- u. Kieferheilkunde, Lehrstuhlinhaber Zahnerhaltung Poliklinik f. ZMK Univ. Witten/Herdecke (s. 1986) - Im Erlenbusch 3, 5300 Bonn-Venusberg (T. 28 16 73) - Geb. 15. Febr. 1921 Frankfurt/O. - S. 1963 (Habil.) Lehrtätigk. Univ. Bonn (1969 apl. Prof.; 1971 planmäßiger Prof.), Leit. d. Abtlg. f. Präventive Zahnheilkunde. Zahlr. Fachveröff.

BÜCHTING, Carl-Ernst

Dr. agr. - Auf der Trumpe, 3352 Einbeck - Geb. 6. Sept. 1915 Kleinwanzleben - AR-Vors. KWS Kleinwanzlebener Saatzucht AG, Einbeck, Beir. Dt. Bank AG; Ehrenpräs. ASSINSEL intern; Ehrenvors. GFP (Gem. z. Förderung d. priv. dt. landwirtschaftl. Pflanzenzüchtung, Bonn); Ehrenmitgl. BDP (Bundesverb. Dt. Pflanzenzüchter, Bonn), u. FIS (Fédération Intern. du Commerce des Semences, Nyon/Schweiz); Ehrenbürger Univ. Göttingen.

BÜCKER, Horst

Dr. rer. nat., Physiker, Honorarprof. f. Bio- u. Experimentalphysik Univ. Frankfurt/M. - Zu erreichen üb. Dt. Forschungsanst. f. Luft- u. Raumfahrt (DLR), Inst. f. Flugmedizin, Abt. Biophysik, Linder Höhe, 5000 Köln 90 - Geb. 27. März 1926 - Promot. 1952; Habil. 1960 - S. 1965 Leit. Arbeitsgr. f. biophysikal. Weltraumforsch. Üb. 200 Facharb. - 1976 Medal for Exceptional Scientific Achievement NASA.

BÜCKER, Joseph

Dr. med., Prof., Röntgenologe - Bergstedter Markt 9, 2000 Hamburg 65 (T. 604 78 22) - Geb. 6. Dez. 1910 Dortmund (Vater: Josef B.; Mutter: Mathilde, geb. Kuhlmann), kath., verh. s. 1938 m. Dr. med. Elisabeth, geb. Finkener - Realgymn. Dortmund; Univ. Freiburg, München, Münster, Kiel, Med. Akad. Düsseldorf - Assist. Pathol. Inst. Med. Klinik Dortmund u. Zentralröntgeninst. Univ.skrankenhs. Hamburg-Eppendorf, 1946-75 Chefarzt a.D. Röntgenabt. Allg. Krkhs. Heidberg, Hbg.-Langenhorn, 1949 apl. Prof. Univ. Hamburg - BV: Anat. u. Physiol. f. ärztl. Hilfspers., 23. A. 1988; D. Diagnose d. kl. Magenkrebses, 1944; Gastritis, Ulcus u. Carcinom, 1950; D. Erkrank. d. Magens u. Zwölffingerdarmes (Handb. d. Med. Radiologie. Band XI. Teil 1) 1969 - 1943 Martini-Preis Univ. Hamburg.

BÜCKMANN, Detlef
Dr. rer. nat., o. Prof. f. Zoologie - Julius-Leber-Weg Nr. 46, 7900 Ulm/Donau - Geb. 4. Nov. 1927 Helgoland - Promot. 1952 - S. 1957 (Habil.) Lehrtätigk. Univ. Mainz, Göttingen (1963 apl. Prof.), Gießen (1965 Ord.) Ulm (1969 Ord., 1979-1983 Rektor). Fachveröff.

BÜCKMANN, Walter
Dr. jur., Rechtsanwalt, Prof. TU Berlin (s. 1981) - Nassauische Str. 42, 1000 Berlin 31 (T. 030 - 861 15 97) - Geb. 25. Juli 1932 Mönchengladbach, ev., verh. m. Karin, geb. Siebert - Human. Gymn. Mönchengladbach; Jurist. Staatsex. 1957 u. 1961 (Düsseldorf), Promot. 1958 Köln, 1959 Hochsch. f. Verwaltungswiss. Speyer - 1964-76 Stadtdir.; s. 1977 RA Berlin - BV: Kommunalverf. im Ld. Nordrh.-Westf., 1965; Verfassungsfragen b. d. Reformen im örtl. Bereich, 1972; Gebietsreform n. Entwicklungsplanung in Nordrh.-Westf., 1973; Stadt u. Umwelt, 1979; Stadterneuerungsrecht in d. Diskussion, 1985; Informationsgrundl. f. d. Bodenschutz, 1987; Bausteine eines Informationskonzepts z. Erfassung bodenschutzspezifischer Daten, 1988. Üb. 100 Veröff. - Liebh.: Kunst, Kultur - Spr.: Engl., Lat., Griech.

BÜDELER, Werner
Fachjournalist, Publizist f. Luft- und Raumfahrt, Vorst.mitgl. Dt. Ges. f. Luft- u. Raumfahrt - Zu erreichen üb. DVA, Neckarstr. 121-125, 7000 Stuttgart 1; priv.: 8153 Thalham/Obb. (T. 08025 - 82 67) - Geb. 20. Mai 1928 Berlin - Fernsehautor f. wiss. Sendungen ARD u. ZDF (u. a. Berichterstatt. aller Apollo-Flüge aus Kap Canaveral u. Houston), Filmproduzent u. Autor zahlr. Bestseller, Mitarb. in- u. ausländ. Ztschr. u. Ztg. - BV u. a.: Aufbruch in d. Weltraum, 1968, 2. A. 1969; Projekt Apollo - D. Abenteuer Mondlandung, 1969; Spacelab, Europas Labor im Weltraum, 1976; Blick ins Weltall, 1978; Geschichte d. Raumfahrt, 1979; Faszinierendes Weltall, 1981 - Mitgl. Intern. Astronaut. Akad.; 1970 Jules-Verne-Med., Frankreich; 1977 Goldmed. Acad. Cosmologica Nova f. Weltraum-Publ. in Dtschl.

BÜGLER, Gerhard
Dipl.-Kfm., Wirtschaftsberater u. Sachverst. f. Unternehmensfragen (selbst.) - Bismarckstr. 29, Berlin 12 (T. 030-342 43 38) - Geb. 7. Nov. 1923 - Stud. Betriebsw. - B. 1979 Vorst. H. Klammt AG., Berlin.

BÜHL, Helmut
Rechtsanwalt, stv. Aufsichtsratsvors. Nürnberger Messe- u. Ausstell.-Ges., AR-Mitgl. Flughafen Nürnberg GmbH - Neudörferstr. 3-7, 8500 Nürnberg (T. 0911 - 46 80 41) - Geb. 19. Aug. 1932 Nürnberg (Vater: Leonhard B., Buchh.; Mutter: Grete, geb. Schütz), kath., verh. s. 1957 m. Marianne, geb. Lochner, 2 Kd. (Susanne, Charlotte) - Jura-Stud. Univ. Erlangen - Rechtsanw., Stadtrat in Nürnberg, AR s. o.

BÜHLER, Achim-Ernst
Dr. rer. nat., Prof. f. Chemie PH Reutlingen - Schulstr. 17/1, 7441 Wolfsschlugen - Geb. 10. Jan. 1938 - Promot. 1965 - S. 1972 Prof. - BV: Molekülmassenbestimmung hochpolymerer Stoffe im Unterr., 1972; Strukturen u. Lernziele d. Chemie, 1973.

BÜHLER, Hans
Dr. rer. pol., Aufsichtsratsvorsitzender i. R. - Steinplattenweg 95, 8500 Nürnberg - Geb. 25. Nov. 1903, verh. m. Marianne, geb. Schnock - 1929-70 AEG-Telefunken (1965 o. Vorst.smitgl., 1966 -vors.), 1970-75 Vors. d. AR AEG-Telefunken - 1969 Gr. BVK - Liebh.: Jagd - Rotarier.

BÜHLER, Hans-Eugen
Dr.-Ing., Dipl.-Ing., apl. Prof., Direktor u. Generalbevollm. Didierwerke AG, Wiesbaden - Kastanienweg 3c, 6240 Königstein 3 - Geb. 18. Aug. 1936 Dortmund (Vater: Prof. Dr.-Ing. Dr. rer. nat. habil. Hans B.; Mutter: Else, geb. Kolb), ev., verh. s. 1961 m. Edelgard, geb. Rosar, 2 Kd. (Claudia, Stefan) - Stud. RWTH Aachen, Dipl.-Ing. 1960, Promot. 1964, Habil. 1974 - Prof. RWTH Aachen u. Univ. Hannover, Honorarprof. North-East Univ. Shenyang, VR China - BV: Atlas d. Interferenzschichten-Metallographie, 1979 (deutsch), 1980 (engl.); Gesch. d. Amtes Allenbach, 1984/85; Kupferschmelzen u. Kupferbergbau an d. oberen Nahe u. an d. Mosel v. Mittelalter b. 1800, 1987 - Liebh.: Scharfrichterforsch., Technikgesch. - Spr.: Engl., Franz.

BÜHLER, Jörg
Rechtsanwalt, Hauptgeschäftsführer Verb. Nord-Westdt. Bekleidungsind., Geschäftsf. Industrieverb. Wäsche u. Hausbekleidung - Detmolder Str. 12, 4800 Bielefeld 1 (T. 0521 - 17 30 94) - Geb. 5. Mai 1942 Mannheim, verh. s. 1969 m. Marion, geb. Rödiger, 2 S. (Ralf Jörg, Thomas Ulrich) - Stud. Rechtswiss., Volksw.; Refer. Heidelberg; 1970 Ass. Stuttgart - Gesellsch. Kaiser-Friedrich-Quelle GmbH, Offenbach; Mitgl. Vertretervers. Textil- u. Bekleidungs-Berufsgenoss., Augsburg, AOK Bielefeld, LVA Münster.

BÜHLER, Klaus
Referent, MdB (Wahlkr. Karlsruhe-Land), stv. Vors. Aussch. f. d. Post- u. Fernmeldewesen - Alter Unteröwisheimer Weg, 7520 Bruchsal - Mitgl. Parlam. Vers. d. Europarates u. d. Westeurop. Union. CDU.

BÜHLER, Liselotte
Hausfrau, MdL Baden-Württ. - Kernenblickstr. 31, 7000 Stuttgart 75 - Geb. 6. Juni 1922 Fürth/Bay., verh., 2 Töcht. - Frauenfach- u. Handelssch. - B. 1955 Angest. 1948-55 Stadträtin Fürth; 1962-65 Bezirksbeirätin Cannstatt; 1965-76 Gemeinderätin Stuttgart; s. 1976 Landtagsabgeordnete. SPD s. 1946.

BÜHLER, Otto-Peter A.
Ing., Direktor Inst. f. Techn. Werbung, Ulm (1961-89) - Lerchenweg 8, 7919 Bellenberg - Geb. 31. Juli 1921 Stuttgart (Vater: August B., Ing.; Mutter: Emma, geb. Dingler), vd., verh. s. 1944 m. Clarita, geb. Wappler - Gymn. (Abit.); Maschinenbaulehre; Ing.sch. Eßlingen u. Berlin; Univ. Frankfurt/M. (Phil., Ztg.swiss.) - U. a. Redakt. Stuttgart, Ressortleit. Berlin, Pressechef Klöckner-Humboldt-Deutz AG Ulm (1954), Presse- u. Werbechef Zahnradfabrik Friedrichshafen AG, F'hafen (1958). Präs. Verb. d. Motorjourn. (1963-71); Beiratsmitgl. Dt. Verkehrswiss. Ges. (1963-71). Initiator techn. Fortbild. f. Fachjourn. u. Berufsausbild. f. techn. Werbekaufleute. Erf.: TobiMat 61 DBGM (Kombinationsgerät z. automat. Vorführung vertonter DIA-Reihen) - BV: 1. Jahrhundert Automobiltechnik, 1986; 100 J. Nutzfahrzeug (Daimler-Benz 1886-1986); Inufa Katalog 1980-89. Herausg. techn.-wiss. Informationen (tpi) - Diesel-Med., Ehrenzeichen i. Silb. d. Dt. Verkehrswacht - Spr.: Engl., Franz., Span.

BÜHLER, Wilhelm
Dr. rer. pol., Dipl.-Hdl., o. Prof. f. Allg. Betriebswirtschaftslehre u. Direktor Inst. f. Bankbetriebslehre Wirtschaftsuniv. Wien (s. 1979) - Reimersgasse 16/C 1, A-1190 Wien - Geb. 28. Jan. 1935 Göppingen, verh. s. 1966 m. Christa, geb. Pitsch, T. Birgit - 1972-78 o. Prof. u. Inst.dir. Univ. Mannheim - BV: Kreditdisposition d. Banken, 1970 (Wien/New York); Securitization (m. Feuchtmüller u. Vogel), 1987; Kreditinformations- u. Kreditüberwachungssysteme (m. Schuster), 1988. Mithrsg.: Financial Futures (m. Feuchtmüller u. Vogel, 1985); Finanzmarktinnovationen (m. Feuchtmüller u. Vogel, 1985); KWG u. Bankbetrieb (m. Raab u. Strobl, 1987); Kreditmanagement (m. Schmoll, 1987).

BÜHLER, Winfried
Dr. phil., o. Prof. f. Klass. Philol., Leiter Thesaurus Linguae Graecae Univ. Hamburg (s. 1967) - Oberstr. 89, 2000 Hamburg 13 (T. 44 33 66) - Geb. 11. Juni 1929 Münster/W. (Vater: Prof. Dr. jur. Ottmar B., Rechtswissenschaftler †1965 (s. XIV. Ausg.); Mutter: Maria, geb. Michels), verh. s. 1958 m. Maria, geb. Fisser, S. Diethard - Univ. Bonn, Tübingen, Hamburg, München (Klass. Philol.). Promot. (1957) u. Habil. (1962) München - 1962-65 Privatdoz. Univ. München; 1964-65 Forschungsfreijahr Oxford; 1966-67 Associate Prof. Univ. Los Angeles (USA) - O. Mitgl. Göttinger Akad. d. Wiss., Joachim Jungius-Ges. Hamburg; Corr. Fellow Brit. Acad.; korr. Mitgl. Bayer. Akad. d. Wiss.; Mitgl. Mommsen-Ges., Egypt Exploration Soc. - BV: D. Europa d. Moschos, 1960; Beiträge z. Erklärung d. Schrift v. Erhabenen, 1964; Zenobii Athoi proverbia, vol. 4, 1982, vol. 1, 1987 - Liebh.: Musik, Tennis - Spr. Engl., Franz.

BÜHLER, Wolfgang
Dr. jur., Vorstandsvorsitzender Gustav u. Grete Schickedanz Holding KG, Fürth, Vors. Stiftungsrat Gustav u. Grete Schickedanz Stiftg., Fürth, Vors. aller weit. Konzernleit.- u. Aufsichtsgremien d. Schickedanz-Unternehmensgr. - Nürnberger Str. 91, 8510 Fürth - Geb. 10. Okt. 1932 (Vater: Dr. rer. pol. Hans B., AR-Vors. i. R.; s. dort) - 1970 stv. Vorst.-Mitgl., 1973 o. Vorst.-Mitgl. AEG-Telefunken; 1976 Vorst.-Mitgl. Schickedanz-Unternehmensgr.; Mitgl. zahlr. Aufsichtsgremien - Liebh.: Jagd, klass. Musik.

BÜHLER-KISTENBERGER, Traute
Lyrikerin, Malerin, Illustratorin - Schmid-Schneider-Str. 3, 8036 Herrsching (T. 08152-84 16) - Geb. 7. April 1926, verw. s. 1968 (war verh. m. Robert B. Jur.), 3 Kd. (Henry-Peter, André René, Yvonne-Denise) - 1940-45 Kunstsch. Würzburg (Prof. Dickreiter u. Gerstner) - 1946-50 Zeichn. f. Simplizissimus, München u. Wespennest, Stuttgart; 1950-65 fr. Mitarb. Mainpost; 1956 Mitbegr. Dauthendey-Kreis Würzburg; s. 1980 Lyrik u. Illustr. f. div. Ztg., Zeitschr. u. Bücher - Liebh.: Musik, Lesen, d. lebend. Gespr. m. Mensch, Natur u. Tier.

BÜHLING, Reinhard
Magistratsdirektor a. D., Rechtsanwalt, MdB (Berliner Vertr.: s. 1965) - Anna-Siemsen-Weg 13, 1000 Berlin 47 (T. 603 22 03) - Geb. 21. Jan. 1926 Erfurt/Thür., verh. - B. 1944 Schule Erfurt; 1947-51 Univ. Jena u. Berlin (Rechtswiss.) - 1955-57 Amtsrichter Kreuzberg; 1957-60 Justitiar Senator f. Volksbild. Berlin; 1960-65 Magistratsdir. Bezirksamt Schöneberg. 1944-47 Kriegsdst. u. Gefangensch. S. 1974 Präs. Kurat. d. Dt. Stiftg. f. intern. Entwicklg. 1958-63 Bezirksverordn. Wilmersdorf (1961 Fraktionsf.); 1963-65 MdA Berlin. SPD s. 1949.

BÜHMANN, Hubertus
Forstwirt, Arbeitsrichter, Vors. Nordwestd. Forstverein, Hann. Landforstverband u. a. 3106 Schelploh - Geb. 6. März 1921 Bremervörde, ev., verh., 5 Kd. - Obersch. (Reifezeugnis); 1945-47 land- u. forstw. Ausbild.; einige Sem. Betriebsw. - 1939-45 Kriegsdst. (zul. Oblt. z. See); s. 1947 selbst. 1966 ff. Landrat Kr. Celle. 1952 ff. Ratsmitgl. u. Bürgerm. (1955) Gde. Dalle; 1956 ff. MdK Celle (1961 Fraktionsf.); 1963-74 MdL Nieders. (Mitgl. Fraktionsvorst.). CDU s. 1947.

BÜHR, Siegfried
Regisseur, Spielleiter Schauspiel Köln - Brüsseler Str. 96, 5000 Köln 1 - Geb. 23. März 1943 Hamburg - 1970-78 Int. Westf. Kammerspiele, Paderborn; 1979-84 Leit. Tübinger Zimmertheater - Letzte Insz. Schausp. Köln: Molière, Tartuffe, Wertmüller, Liebe + Magie; Thalia Theater Hamburg: Garonen: Ich bin nicht Rappaport. Staatstheater Stuttgart: Linie 1, Akerman: Südafrik. Roulette.

BÜHRING, Richard
Geschäftsführer Hünnebeck GmbH., Lintorf - Am Rennbaum 22, 4033 Hösel - Geb. 9. März 1927 Hamburg - B. 1972 Vorstandsmitgl. Peiner Maschinen- u. Schraubenwerke AG., Peine; s. 1973 Gf. Hünnebeck GmbH. (Ressort Vertrieb, Marketing).

BÜHRING, Wolfgang
Dr. rer. nat., Prof. f. Physik Univ. Heidelberg - Happelstr. 16, 6900 Heidelberg - Geb. 26. Jan. 1932 Hannover - Promot. (1959) u. Habil. (1967) Heidelberg - 1974 ff. apl. Prof. Heidelberg.

BÜHRING-UHLE, Peter
Unternehmensberater - Erwin-v.-Witzleben-Str. 11, 4000 Düsseldorf-Golzheim - Geb. 27. Juni 1926.

BÜHRINGER, Heinz
Bürgermeister a. D. (1964-80 Vors. SPD-Fraktion), VR-Vors. Südd. Rundfunk u. a. - Mühlweingärten 43, 7050 Waiblingen-Bittenfeld (T. Waibl. 54 98) - Geb. 5. Mai 1927 Waiblingen, ev., verh. s. 1952 m. Erna, geb. Haar, 2 Kd. (Gert, Claudia) - Obersch. (Abit. 1946); Verw.ausbild. - Wehrdst. (40prozentige Kriegsbesch.). 1953ff. Bürgerm. Bittenfeld SPD s. 1959 (1968-73 Vors. Landesverb. BW) - 1972 BVK I. Kl., 1980 Gr. BVK m. Stern.

BÜHRMANN, Rolf
s. Bührmann, Werner

BÜHRMANN, Werner
Regisseur u. Filmemacher (Ps. Rolf Bührmann) - Pfälzerstr. 40, 5000 Köln 1 (T. 23 78 00) - Geb. 2. Okt. 1945 Gau-Algesheim, (Vater: Josef B.), ledig - Konditorlehre - 8 J. Jobs in d. Schweiz (Konditor, Werkzeugmacher, Galvaniseur); Polizist in Dtschl.; 1970 zus. m. Walter Bockmayer (s. dort) Garderobier Bühnen Köln; ab 1976 Gastwirt (m. Bockmayer). Filmemacher ab 1970: Zun. Super 8-Filme, ab 1977 Spielfilme (Jane bleibt Jane, intern. Kritikerpreis, außergewöhnlichster ausl. Film [London]; Flammende Herzen, 1977/78, Bundesfilmpreis in Gold u. Silber; Looping, 1980/81, 4 Bundesfilmpreise Gold u. Silber u. bester Film d. J. Intern. Filmfestsp. Cannes u. Manila; Kiez, 1982; D. Chance, 1982) u.v.a. Fernsehen: Viktor, Rockoper 1979 (ZDF) - Bühneninsz.

BÜLLESBACH, Alfred
Dr. jur., Dipl. sc. pol., Landesbeauftragter f. Datenschutz Bremen - Zu erreichen üb. Konferenz d. Datenschützer, Arndtstr. 1, 2850 Bremerhaven 1 - Geb. 1942, kath., verh. m. Birgit, geb. Steuler, 3 Kd. - Handelssch.; Verwaltungslaufbahn; Abit. 2. Bildungsweg; Stud. Recht, Phil., Volksw., polit. Wiss.; Dipl. polit. Wiss. (phil. Fak. d. Univ. München); 1. u. 2. jurist. Staatsex. München; Promot. Dr. jur. München - Landesbeauftr. f. d. Datenschutz Land Bremen; 1983 Vors. d. Konfz. Datenschutzbeauftr. Bund/Länder; Lehrtätigk. Univ. Bremen FB Jura, Math., Informatik - BV: Informationstechnol. u. Datenschutz, 1985; Rechtswiss. u. Sozialwiss., Systemtheoret. Ansätze, in: Hassemer/Kaufmann, Einf. in Rechtsphil. u. Rechtstheorie d. Gegenwart, 4. A. 1985 (1. A. jap. übers.); versch. Aufs. z. Rechtssoziol., Rechtsinformatik u. Fortentw. d. Datenschutzrechtes - Liebh.: Musik - Spr.: Engl.

BÜLOW, von, Andreas
Dr. jur., Bundesminister a. D., MdB (s. 1969) - Hesselbergstr. 15, 7460 Balingen 14/Württ. - Geb. 17. Juli 1937 Dresden (Vater: Georg-Ulrich v. B., Musiker; Mutter: Susanne, geb. Haym), ev., verh. s. 1961 m. Anna-Barbara, geb. Duden, 4 Kd. (Hans, Susanne, Philipp, Alice) - Univ. Heidelberg, Berlin, München, Paris (Rechtswiss.). Ass.ex. 1964 - S. 1966 höh. Verw.sdst. Baden-Württ. (u. a. Reg.spräsid. Tübingen u. Landratsamt Balingen). 1964-65 Mitarb. Inst. for Intern. and Foreign Trade Law Washington

(USA). 1980-82 Bundesmin. f. Forsch. u. Technol. SPD s. 1960 - BV: D. Überwachung d. Erdgasindustrie durch d. Federal Power Commission als Beispiel d. Funktionen d. unabhäng. Wirtschaftsüberwachungskommissionen d. amerik. Bundesverw., 1967 (Diss.); Gedanken z. Weiterentw. d. Verteidigungsstrategien in West u. Ost, 1984; Alpträume West gegen Alpträume Ost. E. Beitrag z. Bedrohungsanalyse, 1984; Skizzen e. Bundeswehrstruktur d. 90er Jahre, 1985; D. eingebildete Unterlegenheit. D. Kräfteverh. West-Ost, wie es wirklich ist, 1985 - Spr.: Engl., Franz.

BÜLOW, von, Bernd

Dr. jur., Rechtsanwalt u. Notar, Präs. Rechtsanwaltskammer Braunschweig - Bismarckstr. 2, 3300 Braunschweig - Geb. 13. Nov. 1936, verh.

BÜLOW, von, Eberhard

Landespfarrer, Dir. Diakonisches Werk - Peter-Joseph-Krahe-Str. 11, 3300 Braunschweig (T. 0531 - 7 28 43) - Geb. 16. Okt. 1927 Lübeck - 1956-79 Pfarrer Goslar; s. 1979 Dir. Diakon. Werk. S. 1971-83 Mitgl. Kirchenreg. Landeskirche Braunschweig, s. 1973 Mitgl. Synode d. EKD u. s. 1976 Diakon. Konfz. d. EKD - Spr.: Engl.

BÜLOW, Erhard

Vorstandsmitglied Elsflether Werft AG, Parkstr. 3, 2887 Elsfleth - Geb. 15. Dez. 1936, verh. m. Edith, geb. Meister, 2 S. (Stefan, Christian) - Vorstandsmitgl. AOK Wesermarsch; Mitgl. Vollvers. IHK Oldenburg.

BÜLOW, Erich

Dr. jur., Ministerialdirektor Bundesmin. d. Justiz Bonn (Ref. Völker- u. Europarecht) - Heinemannstr. 6, 5300 Bonn 2 - Geb. 14. Sept. 1925, ev., 2 Söhne (Wolfgang, Peter) - 1948/49 Stud. Volksw. TH Stuttgart, Rechtswiss. Univ. Tübingen; 1. Staatsex. 1952, 2. Staatex. u. Promot. 1956 - Richter LG Stuttgart; s. 1960 BMJ Bonn; 1972-75 Menschenrechtsbeauftr. d. Bundesreg., Unterabt.-Leit. Öfftl. Recht u. Zivilrecht; s. 1982 Abt.-Leit. Öfftl. Recht - BV: Praxis d. Gesetzgebung, 1984 (m.a.). Mitherausg. Ztschr. f. Gesetzgebung - Vors. d. Bonner Rechtspolitischen Vereinigung; Mitgl. d. Kurat. d. MPI f. ausl. öffentl. Recht u. Völkerrecht, Heidelberg - Liebh.: Sport, Lit., Musik - Spr.: Engl.

BÜLOW, Peter

Dr. iur., Univ.-Prof. f. Bürgerl. Recht, Handels- u. Wirtschaftsrecht Univ. Trier (s. 1982) - Finkenhofstr. 29, 6000 Frankfurt 1 (T. 069 - 55 33 35) - Geb. 14. März 1941 Berlin, Atheist, verh. m. Rechtsanwältin Brigitte Buschbeck-Bülow, 2 Kd. (Margret, Konrad) - Stud. Univ. Frankfurt, München (Rechtswiss.); 1. Staatsex. 1969 Frankfurt, 2. Ex. 1972 Wiesbaden; Promot. 1972 Frankfurt, Habil. 1981 Saarbrücken - 1972 selbst. Rechtsanwalt in Frankfurt; 1977 Fachanwalt f. Steuerrecht; Korvettenkapitän d. Reserve - BV: D. psychol. Kaufzwang, 1972; Gleichförmiges Unternehmensverhalten ohne Kommunikation, 1982; Handelsrecht, Lehrb. 1986; Recht d. Kreditsicherheiten, Lehrb. 2. A. 1988; Werbung u. Kennzeichnungsrecht, 1989; Wechsel- u. Scheckrecht nebst Allg. Geschäftsbed., Kommentar 1989; Konsumentenkredit, 1989; ca. 60 rechtswiss. Beitr. - Liebh.: Kunstgesch., Wandern - Spr.: Engl., Franz., Span., Lat.

BÜLOW, von, Vicco

Cartoonist, Schriftsteller, Regisseur, Schauspieler (Ps.: Loriot) - Höhenweg 19, 8193 Ammerland/Starnberger See - Geb. 12. Nov. 1923 Brandenburg/Havel (Vater: Johann-Albrecht v. B., Berufsoffizier, zul. Major; Mutter: Charlotte, geb. v. Roeder), ev., verh. s. 1951 m. Romi, geb. Schlumbom (Modezeichnerin), 2 Töcht. (Bettina, Susanne) - Gymn. Berlin u. Stuttgart; 1947-49 Kunstakad. Hamburg - S. 1953 fr. Mitarb. stern, ARD, ZDF (1967 ff.). 1968-72 Autor u. Moderator satir. Fernseh-

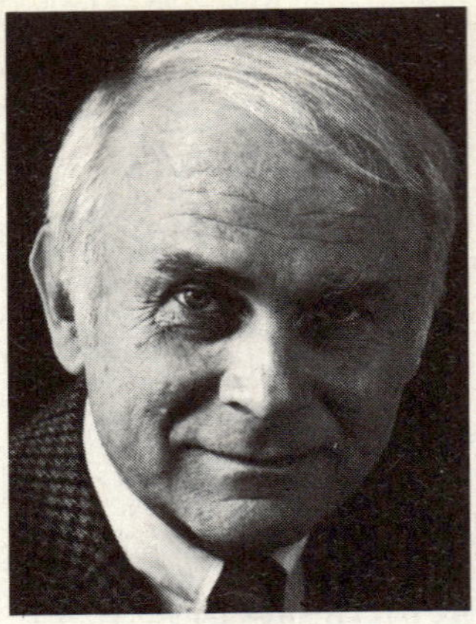

reihe: Cartoon; 1974 Autor, Regisseur u. Hauptdarsteller Fernsehend.: Loriots Telecabinet. Bek. Fernsehtiere, darunter seit 1971 Hund Wum; 1985 Aachen Insz. Dramat. Werke; 1986 Stuttgart Opernnsz. Martha (Regie, Bühnenbild u. Kostüme) - BV/Cartoon-Bände (1954-73; GA. etwa 3 Millionen): Auf den Hund gekommen, D. gute Ton, Für d. Fall, Reinhold d. Nashorn, D. Weg zum Erfolg, D. gute Geschmack, Neue Lebenskunst, Nimm's leicht, Wahre Geschichten, Umgang m. Tieren, Loriots großer Ratgeber, Loriots heile Welt, Loriots Tageb., Loriots dramatische Werke, Möpse u. Menschen. 1. Spielfilm: Ödipussi - U. a. 1969 u. 77 Gold. Kamera, 1973 Adolf-Grimme-Preis in Silber, Gold. Europa u. Gold. Schallpl.; 1974 Karl-Valentin-Orden; 1974 Gr. BVK; 1976 Dt. Schallplattenpreis; 1979 Mitgl. PEN; 1980 Bayer. VO; 1984 Erich-Kästner-Preis; 1985 Kasseler Literaturpreis; 1986 Telestar-Preis WDR; 1989 Bayer. Filmpreis Ernst-Lubitsch-Preis - Liebh.: Klass. Musik, naive Bilder Anf. d. 19. Jh.s - Spr.: Engl.

BÜLTMANN, Burkhard

Dr. med. (habil.), Prof. f. Allg. u. Spez. Pathologie u. Exper. Cytopathol. Univ. Ulm - Fichtenweg 3, 7911 Obereichingen üb. Neu-Ulm - Zul. Privatdoz. Ulm.

BÜLTMANN, Elmar L.

Dr. jur., Generalbevollmächtigter Karl Danzer Furnierwerke (s. 1976) - Königssträßle 153, 7410 Reutlingen (T. 07121 - 30 71) - Geb. 15. Okt. 1935 Heringhausen (Vater: Josef B., Beamter; Mutter: Anne, geb. Becker), kath., verh. s. 1964 m. Brigitte, geb. Schäfer, 3 Kd. (Dominik E., Esther B., Barbara J.) - 1964-66 RA Frankfurt; 1966-68 Justitiar DEG Köln; 1968-72 Gf. DHG Köln, 1972-76 Afrika-Dir. DEG Köln - BV: D. Abschluß völkerrechtl. Verträge nach d. Grundgesetz - Liebh.: Tennis, Ski - Spr.: Engl., Franz.

BÜNAU, von, Günther

Dr. rer. nat., o. Prof. f. Physikal. Chemie Universität Siegen (s. 1973) - Am Kornberg 8, 5900 Siegen 21 - Geb. 26. April 1930 Bischheim (Vater: Rudolf v. B., Landw.; Mutter: Mathilde, geb. v. Freytag-Loringhoven), verh. s. 1962 m. Ulrike, geb. v. Massow, 3 Kd. (Gela, Rudolf, Adele) - 1949 b. 1957 Univ. Göttingen (Promot.) - 1958-60 Research Fellow Univ. of Notre Dame (USA); 1960-73 Wiss. Mitarb. MPI f. Strahlenchemie Mülheim - Spr.: Engl.

BÜNCK, Bernhardt

Spediteur, Präs. Bundesverb. Spedition u. Lagerei, Bonn; Mitgl. Vollversamml. IHK Duisburg-Wesel-Kleve zu Duisburg; 1. Vors. Fachvereinig. Spedition u. Lagerei Nordrh., Düsseldorf u. Rhein-Ruhr Hafenbetriebsverb., Duisburg; Vorst. Schifferbörse Duisburg-Ruhrort - Werthauser Str. 5, 4100 Duisburg 14 - Geb. 9. Mai 1924 - Verbandsämter; Handelsrichter; Vizepräs. F.I.A.T.A. Zürich - BVK I. Kl.

BÜNEMANN, Edmund

Kaufmann, Inh. Natermann & Hurm u. Gerhard Freysoldt (Rohtabakimport), Bremen, Vors. Wirtschaftsvereinig. Groß- u. Außenhandel Nordsee ebd. - Rilkeweg 58, 2800 Bremen 33 - Geb. 29. Juli 1926.

BÜNEMANN, Gerhard

Dr. phil., Prof. f. Obstbau u. Baumschule - Herrenhäuser Str. 2, 3000 Hannover - Geb. 8. Febr. 1926 Hamburg (Vater: Hermann B., Kaufm.; Mutter: Louise, geb. Redicker), ev., verh. s. 1962 m. Katrin, geb. Löhmer, 4 Kd. (Toni, Arnd, Ernst, Else) - TH Hannover (Gartenbau; Diplomprüf. 1953); Michigan, State Univ. (M. S. 1956, Ph. D. 1958). Habil. 1964 Hannover - 1958-64 Assist. u. Oberassist. TH Hannover (Inst. f. Obstbau u. Baumsch.); s. 1964 Ord. TU Berlin u. Hannover (1972). 1969/70 Hon. Res. Fellow Univ. of Tasmania (Australien); Mitgl. Dt. Gartenbauwiss. Ges., 1986 Fellow American Soc. f. Hort. Science, Intern. Soc. Hort. Science (Council) - BV: D. Obstbau auf d. Insel Fünen, 1954; D. ökolog. u. wirtschaftl. Grundl. d. nordital. Obstbaus, 1955; Frucht- u. Gemüselagerung, 1973. Herausg.: Gartenbauwiss. in 6 Heften jährl. - Spr.: Engl., Dän., Ital., Franz.

BÜNGER, Karl

Dr. jur. (habil.), Dr. phil., Botschafter a. D., Honorarprof. f. Sinologie Univ. Bonn (s. 1969) - Lukas-Cranach-Str. 14, 5300 Bonn 2 - Geb. 28. März 1903 Coswig - Banklehre; Stud. Rechtswiss. u. Philol. Berlin. Diplomprüf. Franz. u. Chines. - Tätigk. Kaiser-Wilhelm-Inst. f. ausl. öfftl. Recht Berlin, Justitiar, ab 1941 Ref. dt. Botschaft Peking, 1945 b. 1948 Prof. f. Vergl. europ. u. Völkerrecht Univ. Shanghai, dann Privatdoz. Univ. Tübingen, 1952 b. 1968 AA Bonn (u. a. Botschafter Korea u. Generalkonsul Hongkong).

BUENKER, Robert J.

Ph. D., B. S., Prof. f. Theoret. Chemie Univ.-GH Wuppertal - Kurfürstenstr. 40, 5357 Swisttal-Buschoven.

BÜNNING, Erwin

Dr. phil., Drs. h. c., o. Prof. f. Botanik (emerit.) - Waldhäuser Str. 20, 7400 Tübingen (T. 6 26 08) - Geb. 23. Jan. 1906 Hamburg (Vater: Hinrich B., Lehrer; Mutter: Hermine, geb. Winkler), verh. s. 1935 m. Eleonore, geb. Walter, 4 Kd. Klaus †, Ilse, Otto, Ingrid - 1931 Privatdoz., 1938 apl. Prof. Univ. Königsberg, 1942 ao. Prof. Univ. Straßburg, 1945 o. Prof. Univ. Köln, 1946 Univ. Tübingen (Dir. Botan. Inst. u. Botan. Garten) - BV: u. a. D. physiol. Uhr, 1958 NA. 1964 u. 77 (russ. 1961, engl. 1964 NA. 1967 u. 73, chin. 1965, jap. 1978 - Reisen: 1936-39 u. 1951 Java u. Sumatra, 1949-50 Pakistan u. Bengalen - Dr. jur. h. c., Drs. rer. nat. h. c.; Ehrenmitgl. Dt. Botan. Ges., Jap. Botan. Ges. (1957) u. Am. Soc. Plant Physiol.; Mitgl. Dt. Akad. d. Naturforscher (Leopoldina), Halle/S. u. Akad. d. Wiss. Heidelberg; akt. Mitgl. New York Acad. of Sciences; korr. Mitgl. Akad. d. Wiss. Göttingen, München, Berlin (Dt.), Heidelberg, American Botanical Soc.; ausw. Mitgl. National Acad. of Sciences, Washington; Hon. Member Indian Acad. of Sciences.

BÜNSOW, Robert

Dr. rer. nat., Prof., Botaniker i. R. - Wilhelmshöher Allee 320, 3500 Kassel (T. 0561 - 31 30 19) - Geb. 6. Juni 1919 Estland - S. 1960 (Habil.) Forschungs- u. Lehrtätigk. Univ. Göttingen (1966 apl. Prof., 1974 wiss. Rat, 1978 Prof. C 3), ab 1982 im Ruhest.

BÜNSTORF, Jürgen

Dr. phil., Prof. f. Geographie (Schwerp. Wirtschaftsgeogr.) u. ihre Didaktik Univ. Münster (FB 19) - Mersmanns Stiege 8, 4417 Altenberge/W. - Geb. 24. Jan. 1936 Lüneburg - Promot. 1965 - S. 1972 Prof. PH Esslingen u. Münster (1973 Ord.). Facharb.

BÜNTE, Carl-August

Dirigent, Ehren-Prof. d. National University Tokyo - Halmstr. 10, 1000 Berlin 19 - Geb. 23. Sept. 1925 Berlin (Vater: Prof. Charles B., Konzertpianist; Mutter: Hertha, geb. Lackner), verh. I) 1957 m. Brigitte, geb. Grothum, Schausp. (gesch. 1965), II) 1971 m. Marianne, geb. Tietz (gesch. 1977) - Konserv. Klindworth-Scharweuka u. Intern. Musikinst. (Dirigieren, Sergiu Celibidache), bde. Berlin - 1946-49 Dirig. versch. Berliner Orch.; 1949-67 Chefdirig. Berl. Symph. Orchester. 1967-73 Symphon. Orch. Berlin. Gastdir. Bundesrep., Engl., Frankr., Span., Griechenland, Schweden, Dänemark, Japan, Chile, Uruguay, Argentinien. 1962 Musikpreis Verb. d. dt. Kritiker; 1982 Ehrendirig. Kansai Philharmonic Orchestra Osaka; 1987 Lehrauftr. f. Dirigieren Hochschule d. Künste Berlin.

BÜNTE, Hermann

Dr. med., o. Prof. f. Chirurgie - Alsenstr. 8, 4400 Münster/W. - Geb. 8. Okt. 1930 Nürnberg - Promot. 1957 - S. 1964 (Habil.) Lehrtätigk. (1973 Ord. u. Dir. Chir. Klinik/Univ. Münster). Zahlr. Buchveröff., üb. 250 Einzelarb. aus d. Allg. Chir.

BÜNTING, Karl-Dieter

Dr. phil., Prof. f. Linguistik d. dt. Sprache Univ.-GH Essen - Charlottenhofstr. 60, 4300 Essen 18 - Geb. 5. Juli 1939 Witzenhausen/Werra (Vater: Heinrich B., RA u. Notar; Mutter: Gerda, geb. Witte, Studienrätin), ev., verh. s. 1963 m. Ingeborg, geb. Meis, 2 S. (Hans Friedrich, Heiner) - 1. Staatsex. 1964 Univ. Marburg, Promot. 1968 Univ. Bonn, Habil. 1971 FU Berlin - 1972 o. Prof. f. Linguistik d. dt. Sprache Univ. Essen (1974-79 Konrektor f. Stud. u. Lehre) - BV: Einf. in d. Linguistik, 1971, 12. A. 1987 (übers. Japan. u. Poln.); Grammatik d. dt. Gegenwartssprache (m. W. Eichler), 1976, 4. A. 1989; D. ABC d. dt. Grammatik (m. W. Eichler), 1982; Auf gut deutsch, 1985; Schreiben u. reden - gar nicht so schwer, 1988; Computer im Deutschunterricht (zus. m. Schaeder, Schardt, Willé), 1989; Sprachspiele (m. D. Ader); mehrere Schulbücher. Forschungsprojekte z. Sprachprobl. türk. u. griech. Schüler; Kooperation m. Ain Shams Univ. Kairo z. Deutschlehrerausb. (s. 1978); Kooperation m. d. Univ. Warschau zu Deutsch als Fremdsprache.

BÜRCK, Werner

Dr.-Ing., Prof., Wiss. Rat - Eichholzweg 1, 8031 Neu-Gilching/Obb. (T. Gilching 95 22) - Geb. 11. März 1911 München (Vater: Paul B., Maler u. Graphiker; Mutter: Clara, geb. Gerson), ev., verh. s. 1939 m. Ursula, geb. v. Sivers, 4 Kd. (Jochen, Ewe, Monika, Claudia) - Theresien-Gymn. u. TH München (Elektrotechnik; 1934 Dipl.-Ing.) - 1934 b. 1945 Telefunken GmbH. (Obering.), 1945-48 Bayer. Wirtschaftsmin. (stv. Abt.sleit.), 1948-67 Rohde & Schwarz (Meßgerätebau; Betriebsleit.); s. 1949 TU München (Lehrbeauftr., 1957 Honorarprof., 1967 Wiss. Rat u. Prof.; Techn. u. Elektroakustik, Elektron. Mess- u. Regelungstechnik). Bau d. ersten rauscharmen dm-Wellenverstärker (1942). Zahlr. Patente - BV: Akust. Rückkopplung u. Rückwirkung, 1938; Grundl. d. prakt Elektroakustik, 1954; D. Schallmeßfibel f. d. Lärmbekämpfung, 4. A. 1968. Üb. 100 Einzelveröff. - Spr. Engl. - Nachkomme in 10. Generation v. P. P. Rubens, Maler (1577-1640).

BÜRGEL, J. Christoph

Dr. phil., o. Prof. f. Islamwissenschaft (s. 1970) Universität, Bern (Schweiz) - Lilienweg 123, CH-3322 Mattstetten - Geb. 16. Sept. 1931 Gottesberg/Schles., verh. s. 1960 m. Magdalena, geb. Kluike, 2 Kd. - BV: D. Hofkorrespondenz 'Adud ad-Daulas, 1965; D. ekphrast. Epigramme d. Abu Talib al-Ma'muni, 1965; Averroes contra Galenum, 1968; Hafis

Gedichte aus d. Diwan (Hrsg.), 1972; Rumi Licht u. Reigen (übers.), 1974; Drei Hafis-Stud., 1975; Nizami: Chosrou u. Schirin (übers.), 1980; Iqbal u. Europa (hrsg.), 1980; Iqbal: Steppe im Staubkorn (übers.), 1983; Im Lichtnetz, Ged. 1983; D. Islam im Spiegel zeitgenössischer Lit. d. islam. Welt (Hrsg.), 1985; The Feather of Simurgh. The Licit Magic of the Arts in Medieval Islam, 1988. Aufsätze in div. Sprachen - 1983 Rückert-Preis d. Stadt Schweinfurt - Liebh.: Klavier, Orgel, Lyrik - Spr.: Engl., Franz., Arab., Pers., Türk.

BÜRGEL, Ursula

Dr. phil., Prof. f. Englisch u. Franz. (Didaktik u. Methodik d. Fremdsprachenunterr.) PH Karlsruhe - Benedikt-Schwarz-Str. 10, 7505 Ettlingen - Geb. 12. Juni 1919 Breslau (Vater: Prof. Dr. Erich Schmidt; Mutter: Martha, geb. Freund), verh. s. 1942 m. Ernst B. (gefallen 1942 in Rußland), 1 Sohn - 1938-42 Stud. Angl., Roman., German. Univ. Breslau, Wien u. Marburg. Staatsex. u. Promot. - Ref. im Päd. Austauschdienst, Kultusmin.konfz. Bonn; Lehrtätigk. Frankfurt/M., London, San Francisco, Karlsruhe - Spr.: Engl., Franz., Ital.

BÜRGER, Alfons

Werbekaufmann, gf. Gesellsch. FACTA Werbeagentur GmbH & Co. KG., Köln - Dürener Str. Nr. 260, 5000 Köln 41 - Geb. 17. Sept. 1919.

BÜRGER, Christa, geb. Müller

Dr. phil., Prof. Univ. Frankfurt - Hans-Thoma-Str. 25, 2800 Bremen - Geb. 20. Mai 1935 Frankfurt/M. (Eltern: Gustav (Bundesbahnangest.) u. Paula M.), ev., verh. s. 1964 m. Prof. Dr. phil. Peter B. (s. dort) - Univ. Frankfurt (Dt., Franz., Phil.). Staatsex. 1961 u. 65; Promot. 1973 - 1965-73 Studienrätin - BV: Deutschunterricht - Ideologie od. Aufklärung?, 2. A. 1974; Textanalyse als Ideologiekritik, 1973; D. Ursprung d. bürgerl. Institution Kunst im höf. Weimar, 1977; Tradition u. Subjektivität, 1980. Herausg.: Zerstörung, Rettung d. Mythos durch Licht (1985); Postmoderne: Alltag, Allegorie u. Avantgarde (1987); Bettina v. Arnim. E. Lesebuch (1987) - Spr.: Franz., Engl.

BÜRGER, Hans

Dr. rer. nat., o. Prof. f. Anorgan. Chemie Univ./GH Wuppertal (s. 1974) - Kruppstr. 230, 5600 Wuppertal 1 - Geb. 9. April 1937 Aachen - Promot. 1962; Habil. 1966 - Zul. apl. Prof. TU Braunschweig. Üb. 250 Facharb.

BÜRGER, Lothar

Dr. med., Chefarzt Chirurg. Abt. Krankenhaus Bethesda, Privatdoz. Univ. Erlangen-Nürnberg (s. 1973) - Hainstr. 35, 5600 Wuppertal-Elberfeld.

BÜRGER, Otto

Dipl.-Ing., Generalbevollm. Deutsche Babcock AG. (s. 1948) - Rügenstr. 28, 4200 Oberhausen 11 (T. 60 11 07) - Geb. 6. Aug. 1921 Finsterwalde (Vater: Alfred B., Prokurist; Mutter: Frieda, geb. Bürger), ev., verh. s. 1948 m. Inge, geb. Voigt, 3 Kd. (Alf, Christiane, Big) - Obersch., Kriegsdst. (Ritterkreuz); Stud. TH Berlin, Stuttgart, Braunschweig (Dipl.ex. 1948) - 1970 Gold. Sportabz. - Spr.: Engl., Franz.

BÜRGER, Peter

Dr. phil., Prof. Univ. Bremen (s. 1971) - Hans-Thoma-Str. 25, 2800 Bremen - Geb. 6. Dez. 1936 Hamburg (Vater: Dr. Fritz B., Bildhauer; Mutter: Elsbeth, geb. Baack), ev., verh. s. 1964 m. Dr. Christa, geb. Müller (s. dort) - Stud. German. u. Roman.; Promot. 1959 München; Habil. 1970 Erlangen; 1971 Prof. Bremen - BV: D. frühen Komödien P. Corneilles, 1971; D. franz. Surealismus, 1971; Stud. z. franz. Frühaufklärung, 1972; Theorie d. Avantgarde, 1974; Aktualität u. Geschichtlichkeit, Stud. z. ges. Funktionswandel d. Lit., 1977; Vermittl.-Rezeption-Funktion. Ästh. Theorie u. Methodol. d. Lit.wiss., 1979; Z. Kritik d. idealist. Ästhetik, 1983; Prosa d. Moderne, 1988. Herausg.: Z. Funktionswandel d. Literatur (1983); Postmoderne: Alltag, Allegorie u. Avantgarde (1987) - Spr.: Franz., Ital., Engl. - W. M. Lüdke (Hrsg.), Theorie der Avantgarde. Antworten auf P. Bürgers Bestimmungen von Kunst u. Gesellsch., 1976.

BÜRGER, Rudolf

Dr. oec. publ., Dipl.-Kfm., Wirtschaftsprüfer u. Steuerberater, Vorstandsmitgl. Südd. Treuhand-Ges. AG., München - Treufer Str. 8, 8500 Nürnberg - Geb. 15. Juli 1924 Augsburg - Spr.: Engl., Franz., Ital.

BÜRGER, Wolfgang

Dr. rer. nat., Dipl.-Phys., o. Prof. u. Leiter Inst. f. Theor. Mechanik Univ. Karlsruhe (s. 1975) - Kaiserstr. 12, 7500 Karlsruhe - Geb. 12. Juli 1931 Dresden (Vater: Dr. rer. techn. Kurt B., Meteorol.; Mutter: Else, geb. Dierig), verh. m. Linde, geb. Frommherz, 5 Kd. (Silke, Steffen, Götz, Meike, Hanno) - Stud. Phys. Univ. Hamburg u. Göttingen; Dipl.ex. 1961 Göttingen; Promot. 1967 u. Habil. 1971 TH Darmstadt - 1969-75 TH Darmstadt (1972 Prof. f. Mechanik); fr. Mitarb. Bild d. Wiss. - BV: Kontinuumsmechanik, Leitfäden d. angew. Math. u. Mechanik, 1975 (m. E. Becker) - Spr.: Engl., Franz.

BÜRKI, Peter

Schriftsteller (Ps.: Peter Bandi) - Zul. Eigerstr. 12, CH-3007 Bern (Schweiz) (T. 5 18 65) - Geb. 6. April 1915 Bern, reform., verw. - Gymn. Bern; Univ. Lausanne (Lic. rer. pol. 1938) - Kaufm. Tätigk. - BV: D. Gesch. d. jg. Bettina Moll, R. 1941; Herz im Aufbruch, R. 1950. Bühnenst.: D. fremde Gesicht, E. Frau ohne Tadel, D. Probe d. Jahre, D. Schloß am Meer, D. Glück d. Narren, Pension Latouche, Träumereien, Fragen Sie Onkel Ernest, D. Stichtag, Spiel im Schatten, American Bar; Weit. Veröff. unter d. richt. Namen: D. Mondfrau, Bluff im Schloss, D. Abrechnung, Serenade f. Miss Wings, Engel m. Knax, Indiskretionen, D. zerbrochene Bacchus, Villa Semiramis, Mörderische Liebe - 1960 Preis Ges. schweiz. Dramatiker - Liebh.: Pferde, Hunde, Wandern, Tennis, Theater - Spr.: Franz., Engl., Ital.

BÜRKLE, Friedrich Franz

Komplementär Friedrich Bürkle KG, Frankenthal - Bgm.-Horlacher-Str. 35, 6700 Ludwigshafen-Rheingönheim (T. 0621-542344) - Geb. 12. Dez. 1926 Mannheim, verh. s. 1950 m. Margarete, geb. Martini, 2 Kd. (Friedrich Robert, Marion) - Kaufm. Lehre - Geschäftsf. Friedrich Bürkle KG - Liebh.: Motorbootsport, Wandern.

BÜRKLE, Horst

Dr. theol., o. Prof. f. Missions- u. Religionswissenschaft - Waldschmidstr. 7, 8130 Starnberg/Obb. (T. 1 36 55) - Geb. 9. Juni 1925 Niederweisel/Hessen (Vater: Alfred B., Techn. Direktor; Mutter: Hanna, geb. Zehme), ev., verh. s. 1963 m. Dorothea, geb. Geißler, 3 Tocht. (Juliane, Britta, Anja) - Stud. Bonn, Tübingen, Köln, New York (Mag. theol. 1952). Promot. 1957 Hamburg; Habil. 1964 Hamburg - 1954-56 Studieninsp. Predigersem. Wuppertal, 1956-59 Studentenpfarrer Stuttgart, 1959-65 Studienleit. Missionsakad. Hamburg, 1965-68 Doz. Univ. Kampala (Uganda), s. 1968 o. Prof. u. Inst.-Vorst. Univ. München; 1973-74 Prorektor Univ. München; 1978-85 Vors. Fachgr. Religions- u. Missionswiss. Ges. f. Theol. - BV: Dialog m. d. Osten, 1965; D. Reaktion d. Religionen auf d. Säkularisierung, 1969; Einf. i. d. Theol. d. Religionen (1977); Missionstheologie (1979). Herausg.: Ind. Beitr. z. Theol. d. Gegenw. (1966), Theol. u. Kirche in Afrika (1968); Theol. Beitr. a. Papua Neuguinea (1978) - Mitgl. Johanniter-Orden - Spr.: Engl., Franz. - Rotarier.

BÜRKLE, Klaus

Elektromeister, Geschäftsführer Fa. Bürkle u. Schöck KG Elektroanlagen - Gewerbestr. 38, 7000 Stuttgart 80 (T. 0711 - 780 04 21); Egelhaafstr. 15, 7000 Stuttgart 80.

BÜRKLE, Wolfgang

Dr., Dipl.-Kfm., Gf. Gesellsch. SIMONA GmbH. Kunststoffwerke, Kirn - Geb. 24. Jan. 1928 Karlsruhe, verh. m. Anita, geb. Herlan - Stud. TH Karlsruhe, WH Mannheim; Dipl. 1950; Promot. Freiburg 1952 - Beiratsvors. RHIAMER GmbH., Ringsheim; AR-Präs. SIMONA S.A., Domont/Frankr.; Präs. VR SIMONA S.r.l., Segrate/Ital. - Liebh.: Jagd - Spr.: Engl. - Lions-Club.

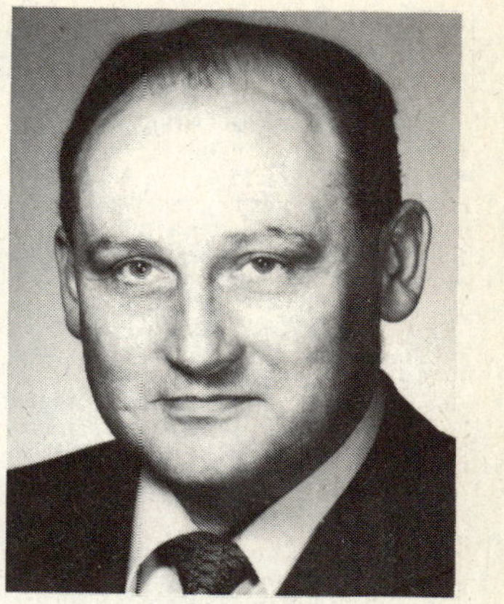

BÜRKNER, Günther

Rechtsanwalt, Hauptgeschäftsf. Wirtschaftsvereinig. Groß- u. Außenhandel Schlesw.-Holst. - Tiroler Ring 382, 2300 Kiel (T. 0431 - 9 44 12) - Geb. 18. Febr. 1911.

BÜRRIG, Karl-Heinz

Bürgerschaftsabgeordneter (s. 1974) - Moosberg Nr. 44, 2000 Hamburg 80 - FDP.

BÜRSCH, Joachim

Dr. med. (habil.), Prof. f. Kinderkardiologie - Schloßgarten 12, 2300 Kiel - B. 1978 Privatdoz., dann apl. Prof. Univ. Kiel (gegenw. stv. Leit. Abt. Kinderkardiol./Zentrum Konservative Medizin II).

BUERSCHAPER, Margret

M.A., Lehrerin, Renga-Meisterin (1988) - Tannenweg 17, 2848 Vechta (T. 04441 - 8 11 77) - Geb. 22. April 1937 Wissen/Sieg (Vater: Heinz Buerschaper, Schriftst.), kath., gesch., 3 Kd. (Barbara, Sabine, Stephan) - Stud. German., Theol., Gesch Univ. Osnabrück; 1. u. 2. Staatsex. 1963 u. 66, MA 1987 - 1988 1. Vors. d. Dt. Itaiku-Ges.; Mitgl. Intern. Autorenkreis Plesse - BV: D. dt. Kurzged. in d. Tradition jap. Gedichtformen Haiku, Sennju, Tanka, Renga, 1987. Herausg. Vierteljahresschr. Dt. Haiku-Ges.; 1979-88 mehrere Lyrikbde. - 1985 A. G. Bartels-Gedächtnisehrung; 1986 Dr. H. Mock-Med.; 1987 Senryu-Preis zur Flußweide - Liebh.: Dt. Kurzlyrik nach jap. Vorbild - Spr.: Engl.

BUERSTEDDE, Wilhelm

Dr. jur., Oberstadtdirektor (s. 1984) - Rathaus, 3200 Hildesheim - Geb. 1928 - Zul. Schul- u. Kulturdezern. Hildesheim. CDU.

BÜRZLE, Erwin

1. Bürgermeister (s. 1971) - Rathaus, 7914 Pfaffenhofen/Roth (Schwaben) - Geb. 29. Aug. 1922 München - Zul. Verwaltungsbeamter.

BUES, Werner

Dr. rer. nat. (habil.), Prof. f. Anorgan. Chemie - Am Turmhof 2, 3392 Clausthal-Zellerfeld - Lehrtätigk. TH Stuttgart (Privatdoz.), Univ. Tübingen (1953 apl. Prof.; 1965 Abt.svorsteher u. Prof.), TU Clausthal (1968 Ord.). Facharb.

BÜSCH, Otto

Dr. phil., Prof., Historiker - Berliner Str. 14, 1000 Berlin 37 (T. 811 43 02) - Geb. 30. April 1928 Wien (Vater: Otto B., Verbandsgeschäftsf.; Mutter: Margarete, geb. Krendelberger), verw. (Ehefr.: Dorit Rosemarie, geb. Klimas † 1982) - Oberschule; Humboldt- (1947-48) u. Freie Univ. Berlin (1948 b. 1952; Gesch., Politol., Publiz.). Promot. 1952; Habil. 1969 - 1953-56 Assist. Inst. f. Polit. Wiss. FU Berlin; 1957-59 Forschungsbeauftr. Senatsverw. f. Wirtschaft u. Kredit; 1959-69 Ref., Abt.leit. u. Mitgl. gf. Vorst. (1963), Vors. (1978-81) der Histor. Kommission zu Berlin; Wiss. Rat s. 1963; s. 1970 o. Prof. PH Berlin; s. 1980 o. Prof. FU Berlin - BV: Geschichte u. Gestalt d. Sozialist. Reichspartei, in: Rechtsradikalismus im Nachkriegsdtschl., 1957; Gesch. d. Berliner Kommunalwirtsch. in d. Weimarer Epoche, 1960; Militärsystem u. Sozialleben im alten Preußen, 1962 (Neuaufl. 1981); Garnisonen u. Garnisonsorte in Brandenburg (b. 1806) u. Gewerbe um 1849, beide in: Histor. Handatlas v. Brandenburg u. Berlin, 1966; Industrialisierung u. Geschichtswiss., 1969 (Neuaufl. 1979); Industrialis. u. Gewerbe, 1971 (Habil.-Schr.); Z. Rezeption u. Revision d. preuß.-dt. Gesch., Ausg.-Beiträge 1988. Herausg.: Unters. z. Gesch. d. frühen Industrialis. (1971); Wählerbewegung in d. dt. Gesch. (1978); D. Preußenbild in d. Geschichte (1980); Wählerbewegung in d. europ. Geschichte (1980); Moderne Preuß. Geschichte (1981); Preußen u. d. Ausland (1982). Mithrsg.: Hist. u. päd. Stud. (s. 1971); Jahrb. f. d. Gesch. Mittel- u. Ostdtschl. (s. 1982); Otto Hintze u. d. mod. Gesch.wiss. (m. Michael Erbe, 1983); Vgl. europ. Wahlgesch. (m. Peter Steinbach, 1983); D. Rolle d. Nation in d. dt. Gesch. u. Gegenw. (m. James J. Sheehan, 1985); Berliner Demokratie, Bd. 1 (m. Wolfgang Haus, 1987); Wissenschaft u. Stadt. Publ. d. FU Berlin (s. 1987) - 1961 Prämie Stiftg. d. dt. Gemeinden u. Gemeindeverb. (f.: Gesch. d. Berliner Kommunalw....); Festschr. z. 60. Geb.: Geschichte als Aufgabe (1988) - Spr.: Engl.

BÜSCH, Wilhelm

Dr. rer. nat., Prof. f. Mineralogie FU Berlin (gf. Dir. Inst. f. Mineral.) - Berner Str. 47, 1000 Berlin 45.

BÜSCH, Wolfgang

Senator a. D., Rechtsanwalt u. Notar - Glockenturmstr. 20a, 1000 Berlin 19 (T. Büro: 324 36 61) - Geb. 24. Sept. 1929 Breslau, ev., verh. s. 1958 m. Karin, geb. Lüttich, 2 Kd. - Univ. Berlin, Mainz, Marburg (Rechtswissensch., Gesch., German., polit. Wiss., Phil.). Jurist. Staatsex. 1956 u. 60 - 1962 b. 1967 Fraktionsgeschäftsf. Abgeordnetenhaus v. Berlin; 1967 (Rücktr.) Senator f. Inneres v. Berlin. 1958-71 MdA, Vors. Bund Demokr. Studentenvereinig. (1954-55) u. Sozialist Dt. Studentenbund (1957-58). SPD - Spr.: Engl.

BÜSCHER, Friederike

Hausfrau, Bürgerschaftsabgeordn. a. D. - Theodor-Körner-Weg 2, 2000 Hamburg 61 (T. 551 14 93) - Geb. 13. März 1913 Hamburg, verh. s. 1939 - Volks- u. Handelssch. - B. z. Eheschließ. Buchhalterin. S. 1945 kommunalpolit. tätig (16 J. Ortsaussch., 20 J. Bezirksvers., 1966-78 MdHB). SPD s. 1931 - 1979 BVK.

BÜSCHER, Otto

Dipl.-Kfm., gf. Vorstandsmitgl. Bundesverb. d. Dt. Schuheinzelhandels (1956 ff. Hauptgeschäftsf.) - Untergründemich, 5060 Bensberg-Immekeppel (T. Overath 12 41; Büro: Köln 31 51 21) - Geb. 18. Febr. 1923, ev. - Kaufm. Lehre; Reifeprüf. als Externer Wirtschaftsoberschule Stuttgart; Univ. Freiburg (Volksw.s-) u. Köln (Betriebsw.slehre) - U. a. Ref. Verb. d. Textileinzelhandels (1947 ff.) - Liebh.: Mod. Graphik (Sammler), Malen, Holzschnitzerei, Tonplastik.

BÜSCHGEN, Hans E.

Dr. rer. pol., Dipl.-Kfm., o. Prof. f. Betriebswirtschaftslehre u. Dir. Inst. f. Bankwirtschaft und -recht Univ. Köln (s. 1966) - Birkenweg 83, 5000 Köln 50 (T. 02233 - 2 36 17) - Geb. 11. Nov. 1932 Schwelm - 1965-66 Privatdoz. Köln - BV: u. a. Wertpapieranalyse, 1966; Betriebl. Finanzpolitik im Hinblick auf d. Konjunkturabschwung, 1967; D. dt. Geldmarkt, 1969; D. Unternehmen im Konjunkturwandel, 1971; D. Universalbankensystem, 1971; Rentabilität u. Risiko d. Investmentanlage, 1971; Universalbanken od. spezialis. Banken als Ordnungsalternativen, 1972; Bankbetriebslehre, 1972; Grundriß d. Bankbetriebslehre, 1973; Einführung in d. Bankbetriebslehre, 1976; Bankbetriebslehre, 1978; Grundl. betriebl. Finanzwirtsch., 2. A. 1979; Bankbetriebslehre, 1979; Betriebl. Finanzwirtsch., 1981; Bankunternehmensführung, 1981; D. Großbanken, 1983; Intern. Finanzmanagement, 1986; D. kleine Börsenlexikon, 17. A. 1987; Zinstermingeschäfte, 1988. Herausg.: Geld, Kapital u. Kredit - Festschr. z. 70. Geburtstag v. Heinrich Rittershausen (1968); Handwörterbuch d. Finanzwirtschaft, 1976. Mithrsg.: Zeitschr. f. Betriebswirtsch.; bank und markt.

BÜSCHGENS, Hans

Generalstaatsanwalt b. Oberlandesgericht Düsseldorf - Harleßstr. 1a, 4000 Düsseldorf 1 - Geb. 9. Juli 1933.

BÜSCHGES, Günter

Dr. rer. pol., Dipl.-Kaufm., o. Prof. f. Soziologie, Dir. Inst. f. Freie Berufe Univ. Erlangen-Nürnberg, u. Inst. f. emp. Soziologie, Nürnberg - Urlasstr. 38c, 8560 Lauf/Pegnitz (T. 09123 - 1 38 79) - Geb. 4. Sept. 1926 Weidenau/Sieg, kath., verh. s. 1954 m. Gretel, geb. Felix, 3 Kd. (Beatrix, Birgitta, Ansgar) - BV: Prakt. Organisationsforsch. (m. P. Lütke-Bornefeld), 1977; Einführung in d. Organisationssoziol., 1983; Privater Haushalt u. Neue Armut (m. J. Wintergest-Gaasch), 1988. Herausg.: Aspekte d. Berufswahl in d. mod. Ges. (m. U. Lange, 1975); Organisation u. Herrschaft (m. W. Raub, 1976); Soz. Bedingungen, individ. Handeln, soz. Konsequenzen (1985).

BÜSING, Arthur

Rechtsanwalt u. Notar - Marktstr. 3, 2800 Bremen (T. 32 53 37) - Geb. 14. Febr. 1928 Bremen, ev.

BÜSSE, Helmut

Dr. theol., o. Prof. f. Liturgiewissenschaft u. Pastoraltheol. Univ. Freiburg (s. 1975) - Werthmannpl. 3, 7800 Freiburg/Br. - Geb. 20. Febr. 1930 Düsseldorf.

BÜSSELBERG, Wolfgang

Rechtsanwalt, Direktor Deutsche Bank AG, Fil. Hannover - Georgsplatz 20, 3000 Hannover 1 (T. 0511 - 125-215) - Geb. 2. April 1934 Berlin - AR-Vors., stv. AR-Vors. sowie AR-Mitgl. b. e. Reihe v. namhaften Ges.

BÜSSER (ß), Friedrich-Wilhelm

Dr. rer. nat., Prof. f. Experimentalphysik - v.-Suttner-Str. 20, 2000 Wedel/Holst. - Geb. 7. Juni 1939 Hamburg, ev., verh. s. 1967 m. Margot, geb. Kopmann, 2 Kd. (Heike, Karsten) - B. 1977 Doz. (Wiss. Oberrat), dann Prof. Univ. Hamburg.

BÜSSER, Heinz

Dipl.-Kfm., Generaldirektor - Schubertring 54, 2940 Wilhelmshaven (T. 6 00 89) - Geb. 16. Juni 1908 Leipzig, ev., verh. s. 1939 m. Sybille, geb. Jauerneck, 2 Töcht. (Sabine, Susanne) - Dipl.-Kfm. 1932 Berlin - S. 1932 AEG-Bereich (1964 Vorstandsmitgl., 1968 -vors., 1973 ARsmitgl. Olympia Werke AG., Wilhelmshaven). Vors. Verband der Metallindustriellen d. nordwestl. Nieders.s (1968 ff.) u. a. - Liebh.: Jagd - Spr.: Engl. - Rotarier.

BÜSSOW, Hans-Jürgen

Dipl.-Pädagoge, Referent, MdL Nordrh.-Westf. SPD-Fraktion (s. 1975; Wahlkreis 47/Düsseldorf IV) - Zu erreichen üb. Landtag Nordrh.-Westf., Postf. 11 43, 4000 Düsseldorf 1 - Geb. 1. April 1946 Bad Godesberg, verh., 1 kd. - Volkssch., Lehre, Gesellenprüf. Orthopädiemechaniker; 1968 Bildungsreifeprüf., Stud. d. Erziehungswiss. (Dipl.-Päd.) - 1975-77 Studienleit. Inst. Erwachsenenbild.: s. 1977 Ref. Hans-Böckler-Stiftg., s. 1981 beurlaubt - Mitgl. Gewerkschaft ÖTV u. d. Arbeiterwohlfahrt, s. 1985 Mitgl. Rundfunkrat WDR; s. 1964 SPD (Mitgl. 1968-71 Landesvorst. Sozialdemokr. Hochschulbund, 1972-74 Landesvorst. Jungsozialisten, 1972-76 Parteirat d. SPD, s. 1971 Unterbezirksvorst. SPD Düsseldorf, s. 1976 Landesaussch. NRW d. SPD, s. 1984 Medienkommiss. b. d. Parteivorst. d. SPD auf Bundes- u. Landesebene.

BÜTIKOFER, Reinhard

Mitglied Beirat LKB Baden-Württ., Kuratorium Steinbeis-Stiftung, MdL Baden-Württ. - Schröderstr. 14, 6900 Heidelberg - Geb. 26. Jan. 1953 Mannheim.

BÜTOW, Carl-Hans

Dr. jur., Generalkonsul d. Bundesrep. Deutschl. in Barcelona/Spanien (b. 1988, dann Ruhest.) - Zul. Barcelona - Geb. 16. Dez. 1923 Landsberg/Warthe (Vater: Carl B., Forstmeister; Mutter: Anne Marie, geb. Sander), ev., verh. s. 1958 m. Odila, geb. Pape, 3 Kd. (Markus, Rainer-Boris, Susanne) - Jura-Stud. Univ. Berlin, Erlangen u. Göttingen; 1. Jurist. Staatsprüf. 1953 Göttingen, Promot. 1955 ebd., Gr. jurist. Staatsprüf. 1959 Hannover - Ab 1959 Ausw. Amt; Ausl.-Posten 1959-63 Moskau, 1966-70 Bern, 1970-72 Tokio, 1975-79 Madrid (Generalkonsul), 1979 Nicaragua (Botschafter) 1980-84 Generalkonsul Johannesburg/Südafrika; 1963-66 u. 1972-75 AA Bonn (Handelspol. bzw. Rechtsabt.) - BV: D. gegenw. sowj. Außenhandelsrecht unt. Berücks. d. intern. Bezieh., 1955 - 1943 EK II, 1944 EK I; 1979 Encomienda de la Orden de Isabel la Católica - Spr.: Engl., Franz., Russ., Span.

BÜTOW, Hans

Dr. phil., Journalist, Schriftst. - Heegbarg 97, 2000 Hamburg 65 (T. 602 47 18) - Geb. 27. Nov. 1900 Osnabrück (Vater: Erwin B., Major; Mutter: Lilian, geb. Heaton), ev., verh. s. 1926 m. Hedwig, geb. Uter, 3 Kd. (Belinde, Bettina, Thomas) - Univ. Frankfurt u. Hamburg (Anglistik, Kunstgesch., Archäol.) - Buchhändler, ab 1935 Redakt. Frankfurter Ztg. (dazw. 1939-40 Wehrdst.), 1943-44 Illustriertes Blatt, 1947-50 Allg. Ztg., Mainz, dann stv. Chefredakt. Frankf. Neue Presse, 1953-57 Dir. Staatl. Pressestelle Hamburg, dann pers. Ref. d. I. Bürgerm., 1962 ff. Geschäftsf. Übersee-Club ebd. - BV: Aus d. Tageb. e. Reservisten, 1940; Herzklopfen, 4 Erz. 1942; Schlafende Gorgo, 4 Erz. 1947; H. B. erzählt, 1960; Hände üb. d. See - E. Leben m. England, 1961; Alle Träume dieser Welt - R. e. Familie, 1969; D. Harfe i. Grünen Feld, R. e. Freiheitskampfes, 1978; Am Fuße des Leuchtturms ist es dunkel, Erz. 1980; D. Mädchen m. d. Männerhut u.a. Erzählungen, Privatdruck 1987; Imaginäre Interviews, Privatdruck 1987. Zahlr. Übers. Herausg.: D. engl. Geist, Ess. v. Bacon b. z. Gegenw. (1939); Wie es d. Engländer sehen (1965) - Mitgl. Deutschschweiz. PEN-Club; o. Mitgl. Fr. Akad. d. Künste Hamburg (zeitw. Vizepräs.); 1977 A.-Zinn-Lit.preis Stadt Hamburg - Spr.: Engl., Franz. - Rotarier.

BÜTOW, Hellmuth G.

Dr. phil., Prof. f. Soziologie u. Vizepräsident FU Berlin (s. 1983) - Rilkepfad 4, 1000 Berlin 37 - Geb. 24. Jan. 1925 Weitramsdorf - Promot. 1962; Habil. 1970 - S. 1970 Prof. FU Berlin. Bücher u. Aufs.

BÜTTNER, Gisela

Richterin a. D., MdL Rhld.-Pfalz (s. 1971); Vizepräs. Landtag Rhpf. - St. Quentinring 79, 6750 Kaiserslautern/Pf. - Geb. 27. April 1927 Halle/S. - Obersch. Francke'sche Stiftg. (Abit. 1945) u. Univ. Halle (Rechts- u. Staatswiss.). Beide jurist. Staatsprüf. (Ost u. West) - S. 1961 Land- u. Amtsgerichtsrätin (1962). CDU Halle (1945) u. Kaiserslautern (1966; 1971 Kreisvors.).

BÜTTNER, Hans Wolfgang

Dr. rer. pol., Dipl.-Kfm., Geschäftsführer Rationalisierungs-Kuratorium d. Dt. Wirtsch., Frankfurt/M. - Brückenstr. 46, 6239 Hofheim-Lorsbach (T. Büro: Ffm. 256 52 01) - Geb. 10. Febr. 1922 Berlin (Vater: Max B., Werkmstr.; Mutter: Ida, geb. Ristau), ev., verh. s. 1946 m. Christa, geb. Rieger, 2 Töcht. (Franziska, Gisela) - WH Berlin - 1950 DGB (Bundesvorst.); 1961 RKW (Geschäftsfg.) - BV: Betriebsw. u. Mitbestimmung, 1966 - Spr.: Engl., Franz., Ital.

BÜTTNER, Helmut

Dr. phil. nat., o. Prof. f. Theoret. Physik Univ. Bayreuth (s. 1975) - Havelstr. 3, 8580 Bayreuth - Geb. 3. Jan. 1939 Kiel (Vater: Karl-Alexander B., Baurat; Mutter: Margrit, geb. Peine), ev., verh. s. 1966, T. Birke - Goethe-Gymn. u. Univ. Frankfurt (Dipl.-Phys. 1964; Promot. 1966) - 1967-71 Wiss. Mitarb. Battelle-Inst. Frankfurt; 1971-75 Wiss. Rat u. Prof. Univ. Dortmund. Üb. 40 Facharb. - Spr.: Engl., Franz.

BÜTTNER, Karl

Ltd. Regierungsdirektor, Präsident Landeskriminalamt Rheinland-Pfalz - Valenciaplatz 1-7, 6500 Mainz.

BÜTTNER, Kurt H. J.

Dr. med., Hauptgeschäftsführer Byk Gulden Lomberg Chem. Fabrik GmbH., Konstanz (s. 1974), Mitgl. d. Gf. Vorst. Bundesverb. d. Pharmazeut. Industrie, Frankfurt/M. (s. 1978), Beiratsmitgl. Dt. Bank AG. ebd. (s. 1976) - Zu erreichen üb. Byk Gulden Chem. Fabrik GmbH, Postf. 65 00, 7750 Konstanz - Geb. 28. Aug. 1926 Neunkirchen/Saar - 1946-52 Univ. Mainz u. Tübingen. Promot. 1952 - 1954-57 Arzt Indonesien; 1957-58 Boehringer Ingelheim; 1958-74 Aufbau Pharmageschäft Boehringer Ingelheim Osaka (Jap.), Area Manager Far East - 1976 Ehrensenator Univ. Konstanz - Spr.: Engl., Jap.

BÜTTNER, Manfred

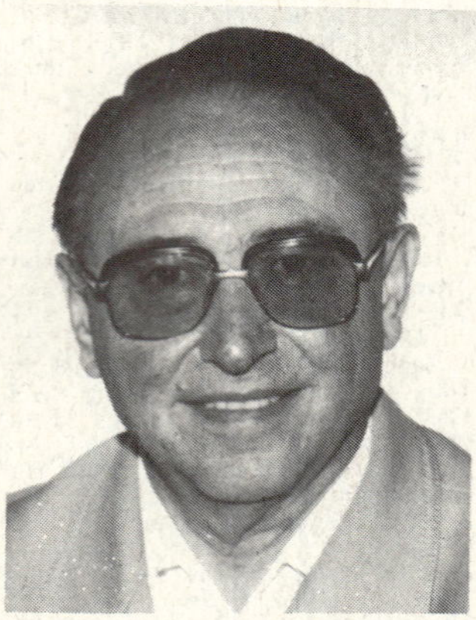

Dr. rer. nat., Dr. phil., Dr. theol., Prof. f. Kulturgeographie u. Gesch. d. Geogr. Univ. Bochum/Abt. f. Geowiss. - Kiefernweg 40, 4630 Bochum - Geb. 29. Juni 1923 Osterfeld/W. - Univ. Münster; Landesmusiksch. ebd.; Folkwang-Sch. Essen. Promot. 1954 (ph.), 58 (r. n.), 64 (th.) Münster; Habil. 1970 Bochum - Privatmusiklehrer; Leit. Gelsenkirchner Kantorei; Assist. Univ. Münster (Theol.) u. Bochum (Geogr.) - Leit. Forschungsst. z. Geschichte d. Geographie Geograph. Instit. Ruhr-Univ. u. d. Arbeitsgruppe d. Bundesrep. d. IGU-Commission on the History of Geographical Thought; Chairman Intern. Working Group on the Geography of Belief-Systems/Geogr. d. Geisteshaltung; Leit. Forsch.stelle z. Religionsgeogr. Bochum; gf. Leit. Bundesdt. Arbeitsgr. z. Gesch. d. Geowiss.; Vors. Arbeitskr. Religionsgeogr. Zentralverb. d. Dt. Geographen, u. Ges. z. Förd. d. Religion/Umwelt-Forsch., Bochum; Vorst.-Mitgl. Arbeitskr. Religionsgeogr. in d. Dt. Vereinig. f. Religionsgesch.; Mitgl. Koordinationsteam Interdiszipl. Arbeitsgr. z. Religion-Umwelt-Forsch./Interdisciplinary Working Group on Religion-Environment-Research; Geschäftsf. interdiszipl. Arbeitskreis z. Umwelttheol. - Ehrenmitgl. Working Group on the History of Geographical Thought of the Intern. Geographical Union and the Intern. Union of the History and Philosophy of Science - BV: u. a. D. Geographia generalis vor Varenius, 1973; Regiert Gott d. Welt?, 1975. Herausg.: Abhandlungen u. Quellen z. Gesch. d. Geographie u. Kosmologie (1979ff.); Geographia religionum (1985ff.); Abhandlungen z. Gesch. d. Geowiss. u. Religion/Umwelt-Forsch. (1988ff.).

BÜTTNER, Rudolf

Dr. rer. nat., Prof. f. Didaktik d. Chemie - Herrenweg 20, 6944 Hemsbach - Geb. 17. Juli 1936 Viernheim (Vater: Dr. med. Walter B., Arzt; Mutter: Erna, geb. Rudershausen), kath. - Gymn. Viernheim; Univ. Innsbruck u. Heidelberg (Chemie, Psych., Päd.). Staatsex. 1961 (Heidelberg) u. 65 (Karlsruhe); Promot. 1963 Heidelberg - 1964-68 Stud. Ass., 1968-69 Wiss. Assist. PH Karlsruhe; s. 1969 Doz. u. Prof. (1972) PH Heidelberg - Liebh.: Geographie - Spr.: Engl., Franz., Ital. - Bek. Vorf.: Seelmann, Coburg (um 1300).

BÜTTNER, Walter

Fabrikant, Geschäftsf. Büttner Stahl- u. Maschinenbau GmbH. u. MAN-Büttner Lager- u. Systemtechnik GmbH., München - Luitfriedstr. 1, 8000 München 50 - Geb. 14. Juni 1931.

BÜTTNER, Wolfgang

Schauspieler - Schulerstr. 4, 8031 Stockdorf/Obb. (T. München 89 73 85) - Geb. 1. Juni 1912 Rostock (Vater: Prof. Dr. med. Otto B., Gynäkologe), verh. m. Eleonore, geb. Noelle, 2 Kd. (Angela; Matthias †1971) - 1930-32 Univ. Rostock u. Göttingen (German., Theaterwiss., Roman., Angl.); 1932-34 Max-Reinhardt-Sch. Berlin - Ab 1934 Bühnen Berlin, Hamburg, Frankfurt/M., München (1948-60 Mitgl. Bayer. Staatsschauspiel). Gastspieltätigk. Film, Rundfunk, Fernsehen (u. v. a. Maler Nansen (D. Deutschstunde) u. Bischof Galen (Nicht Lob - noch Furcht).

BUGARCIC, Helmut

Dr.-Ing., o. Prof. f. Spurgebundene Fahrzeuge TU Berlin (s. 1975) - Salzufer 17-19 (Inst.), 1000 Berlin 10; priv.: Kurfürstendamm 92, 31 - Geb. 3. Febr. 1931 Mokrin/Jugosl. (Vater: Lazar B.; Mutter: Helene, geb. Kreuter), kath., verh. s. 1957 m. Margot, geb. Meier - 1950 Kraftfahrzeug-Handw.; 1954 Ing./grad. (Maschinenbau); 1959 Dipl.-Ing. (Maschinenbau); Promot. 1965 (Spez. Arbeitsgeb.: Stadtschnellbahntechnik) - 1964-75 Abt.leit., Hauptabt.leit. u. Prok. U-Bahn-Fahrzeugtechnik bei d. Hamburger Hochbahn AG, zusätzl. Leit. Fahrzeugentwickl. u. -instandhaltung sow. Prok. bei d. Eisenbahnges. Altona-Kaltenkirchen-Neumünster (AKN).

BUGGISCH, Werner

Dr. rer. nat., Prof. f. Geologie Univ. Erlangen - Zu erreichen üb.: Inst. f. Geologie u. Mineralogie, Universität, Schloßgarten 5, 8520 Erlangen (T. 09131 - 85 26 16) - Geb. 2. Dez. 1943 Bensheim-Auerbach - Stud. Geol. TH Darmstadt (Dipl. 1968, Promot. 1971, Habil. 1976) - 1972-80 Doz. TH Darmstadt, 1980-82 Heisenbergstip., s. 1982 Lehrst. f. Geol. in Erlangen. Zahlr. Fachaufs. in wiss. Ztschr.

BUGGLE, Franz
Dr. phil., Dipl.-Psych., o. Prof. f. Psychologie - Selzenstr. 13, 7800 Freiburg/Br. Au - Geb. 18. Aug. 1933 Freiburg - Univ. Freiburg u. München - S. 1969 Lehrtätigk. Univ. Hamburg (Doz.), Regensburg (1970 Prof.), Freiburg (1974 Ord.) - BV: Heutige dt. Univ.studenten, 1965; Hamburger Neurotizismusskala f. Kinder u. Jugendl., 1972; Psych.-Gegenst., Method., soz. Rahmenbeding., 1974; Veränd. v. Schülerverhalten, 1976; Entwicklungspsychologie J. Piagets, 1985 - Spr.: Engl., Franz.

BUGGLE, Wilhelm
Direktor, MdL Baden-Württemberg (s. 1964) u. a. - Bertholdstr. 4, 7200 Tuttlingen/Württ. (T. 36 53) - Geb. 13. Febr. 1915 Freiburg/Br., kath., verh., 6 Kd. - Höh. Schule Rottweil - S. 1932 (Lehre) AOK Rottweil, Göppingen, Bad Waldsee, Bad Mergentheim, Homburg/Saar, Nürtingen, Tuttlingen (1948; gegenw. Geschäftsf.); 1940-47 Wehrdst. u. Kriegsgefangensch. S. 1959 Ratsmitgl. Tuttlingen (1962 Fraktionsf.). Vor 1933 Windhorstbd. CDU s. 1950.

BUGL, Josef
Dr. phil., Physikochemiker, Direktor, MdB (1980-87) - Elisabeth-von-Thadden-Str. 7, 6800 Mannheim 1 - Geb. 24. Dez. 1932 Weiden/Opf., kath., verh., 2 Kd. - Gymn. Weiden; Univ. Innsbruck (Physik, Chemie). Promot. 1960 - 1960-65 Battelle Memorial Inst. Columbus/USA (wiss. Arb. i. A. EURATOM); 1966-70 EURATOM (wiss. Ref. u. Leit. Projektabt. Petten/Niederl.); 1971-80 BBC Mannheim (Leit. Stabsabt. Kraftwerke/Nukleartechnik); 1976-80 MdL Bad.-Württ.; 1980-87 MdB. Obmann d. CDU-CSU/Bundestagsfrakt. im Aussch. f. Forsch. u. Technol; s. 1987 stv. Vors. Bundesfachaussch. Forsch. u. Technol. d. CDU; Vors. im Energieaussch. im LVI, u. d. Enquete-Kommiss. Technologiefolgenabschätzung; Mitgl. im Energiebeirat Baden-Württ. - BVK I. Kl.

BUGLA, Gerhard
Syndikus, Mitgl. Brem. Bürgerschaft (s. 1967), Vizepräs. d. Brem. Bürgersch. (s. 1970), Aufsichtsr.-Mitgl. Stadthallen GmbH - Gustav-Deckwitz-Str. 72, 2800 Bremen 61 - Geb. 22. Mai 1921 Breslau, verh., 1 Kd. - Volkssch. Breslau; 1935-38 Lehre Anwaltsb.; 1956 Akad. d. Arbeit Frankfurt/M., 1938-45 Wehr- u. Kriegsdst.; 1945-56 Chemiefacharb.; s. 1957 Angest. DGB Kreis Bremen (1960 Leit. Rechtsst.); SPD s. 1955. S. 1968 Syndikus d. Wirtschaftskammer Bremen.

BUHL, Wolfgang
Dr. phil., Prof., Redakteur, Leiter Studio Nürnberg Bayer. Rundf., 1. Vors. Geschäftsf. Aussch. d. Kultur-, Wirtsch.- u. Sozialbeirates d. Stadt Nürnberg - Schnaittacher Str. 10, 8500 Nürnberg (T. 50 23 44) - Geb. 15. April 1925 Reinsdorf/Sa. (Vater: Fritz B., Lehrer; Mutter: Else, geb. Schäfer), ev., verh. s. 1959 m. Renate, geb. Thume - Obersch. Zwickau/Sa.; German., Gesch., Theatergesch., Philos. Univ. Erlangen. Promot. 1950 - 1953-63 Redakt. Feuilleton Nürnb. Nachr., dann b. 1978 Leit. Abt. Wort Studio Nürnberg BR - BV: Äpfel d. Pegasus, 1953; Franken, e. dt. Miniatur, 1978; Lob d. Provinz, 1984; Pflaumen d. Pegasus, 1985; Schneller als Schmerz, 1985; Überall ist Franken, 1989. Herausg.: Barock in Franken (1969), Fränkische Städte (1970), Fr. Klassiker, Poetisches Fr. (1971), 7 x Nürnberg (1972), Karoling. Fr. (1973), Kleine Städte am Main (1975), D. Nürnberger Christkindlesmarkt (1976), Bäder in Franken, Michael Mathias Prechtl (1981), Macht när su weida (1983), Panorama Franken (1984), Fr. Reichsstädte (1987); Rokoko in Franken (1989) - Honorarprof. f. Publiz. Univ. Erlangen-Nürnberg; Mitgl. PEN, Kästner-Ges. (München) - Spr.: Engl.

BUHLMANN, Günther
Lic. jur., Stadtdirektor Mönchengladbach - Aachener Str. 2, 4050 Mönchengladbach 1 - Geb. 2. Nov. 1929 Duisburg (Vater: Otto B.; Mutter: Magdalena, geb. Fabry), kath., verh. s. 1956 m. Evamarie, geb. Hückstedt, 2 Kd. (Urs, Bettina) - Univ. Tübingen, Bonn, Münster, Hochsch. f. Verwaltungswiss. Speyer, Univ. Bern (Gr. jurist. Staatsprüf., 1. u. 2. jurist. Prüf. Bern) - 1960-66 Dezern. u. Ref. Reg. Düsseldorf, Innenmin. NW, Finanzmin. NW, zul. Regierungsdir., s. 1966 Kommunaldst. Vors. Kurat. Dt. Altershilfe-Wilhelmine-Lübke-Stiftg., Sozial- u. JugendA Städtetag NW; Mitgl. in Gremien d. Städtetags, d. Bundes u. fr. Träger - Bek. Vorf.: Dr. Franz Heinrich v. Fabry, Kurköln. Hofkammerpräs. (†1702).

BUHMANN, Hans
Dipl.Ing. (agr.), Dipl.-Finanzwirt (FH), MdL Schlesw.-Holst. (s. 1975; Wahlkr. 17) - Moorlandsweg 17, 2216 Schenefeld (T. 0431 - 5 96-21 88; priv.: 04892 - 2 52) - Geb. 21. März 1936 Schenefeld (Eltern: Otto u. Anne B.), ev., verh. s. 1963 m. Helga, geb. Kriszun, 2 Kd. (Imke, Volker) - Gymn.; landw. Lehre; Landw.sch.; Höh. Landbausch. Gehilfen- u. Meisterprüf.; Dipl.-Ing. (agr.), Vorb.dst. Finanzverw., Steuerinsp.; Betriebsprüfer, Dipl.-Finanzwirt (FH) - S. 1967 Geschäftsf. u. Dir. (1974) Kreisbauernverb. Steinburg. 1970ff. Gemeinderatsmitgl. u. Bürgerm. (1974) Schenefeld; 1970ff. Kreisrat, 1980-87 Kreisvors. Vorst. Zweckverb. Landspark. Schenefeld, VR-Vors. CDU s. 1960.

BUHR, Gerhard
Dr. phil., Prof. f. Neuere deutsche Literaturgeschichte - Goethestr. 25, 6901 Wiesenbach (T. 06223 - 4 67 17) - Geb. 15. Okt. 1940 Bremen (Vater: Hans B., kaufm. Angest.; Mutter: Elisabeth, geb. Gloatz) - Stud. German. u. Angl. Freiburg u. Glasgow - BV: Hölderlins Mythenbegriff, 1972; Celans Poetik, 1976 - Spr.: Engl.

BUHR, Lothar
Dipl.-Kfm., Wirtschaftsprüfer u. Steuerberater Bayer. Treuhand AG - Zu erreichen üb. Oskar-von-Miller-Ring 35, 8000 München; u. Am Höfle 57, 8912 Kaufering - Geb. 12. Juni 1929 Neuwied, ev., verh. s. 1956 m. Lieselene, geb. Monreal, T. Christine - Univ. Köln (Dipl.-Kfm.) - 1971-74 Gf. Plettenberger Drahtges. mbH., Brambauer, u. Deckenwerk Schlewecke Werke GmbH., Schlewecke; 1974-75 Gf. Dt. Gerätebau GmbH., Salzkotten (Vors.); 1974-82 Vors. d. Geschäftsfg. Bayer. Flugfabrik GmbH, Landsberg/Lech.

BUHR, Walter
Dr. rer. pol., Univ.-Prof. f. Volkswirtschaftslehre (Lehrst. II) Univ.-GH Siegen (s. 1973) - Am Schieferberg 9, 5900 Siegen 1 - Geb. 27. Aug. 1938 Bremen (Vater: Hans B., kaufm. Angest.; Mutter: Elisabeth, geb. Gloatz), ev., verh. s. 1967 m. Inge, geb. Kaden, 3 Kd. (Kerstin, Jan, Henning) - 1949-57 Obersch. Hermann-Böse-Str. u. Wirtschaftsobersch. Bremen (ab 1954); 1957-61 Univ. Glasgow (UK) u. Freiburg/Br. Promot. 1965 Freiburg; Habil. 1972 Kiel - Zul. Wiss. Assist. Univ. Kiel. 1968-70 USA-Aufenth. (Berkeley) - BV: Dualvariablen als Kriterien unternehmer. Planung, 1967; D. Rolle d. materiellen Infrastruktur im regionalen Wirtschaftswachstum, 1975; Konkurrenz zw. kl. Regionen, 1978 (hrsg. m. P. Friedrich); Stadtentwicklungsmodelle, 1981 (m. R. Pauck); Lectures on Regional Stagnation, 1981 (hrsg. m. P. Friedrich); Regional Development under Stagnation, 1981 (hrsg. m. P. Friedrich); Wirtschaftstheoret. Aspekte d. Isolierten Staates. Beitr. z. 200. Wiederkehr d. Geb. v. Johann Heinrich v. Thünen, Heft 6 Ztschr. f. Wirtsch.- u. Soz.wiss., 103. Jg., 1983 (hrsg. m. A. Woll) - Spr.: Engl., Franz.

BUHSE, Günter
Dr. rer. nat., Prof. (Fischereikunde) Univ. Göttingen (s. 1968) - Riedwiesen 49A, 3500 Kassel-Kirchditmold (T. 0561 - 6 84 35) - Geb. 5. Dez. 1911 Neustettin (Vater: Gustav B., Arch.), verh. s. 1942 m. Ursula, geb. Leschke, Apoth. - Stud. Chemie, Physik, Biol. Greifswald Baton Rouge, La, USA u. Berlin; Promot. - Hon.-Prof. Univ. Göttingen. Üb. 100 Veröff. - Ca. 14 Ehrungen, u.a. 1984 BVK am Bde.

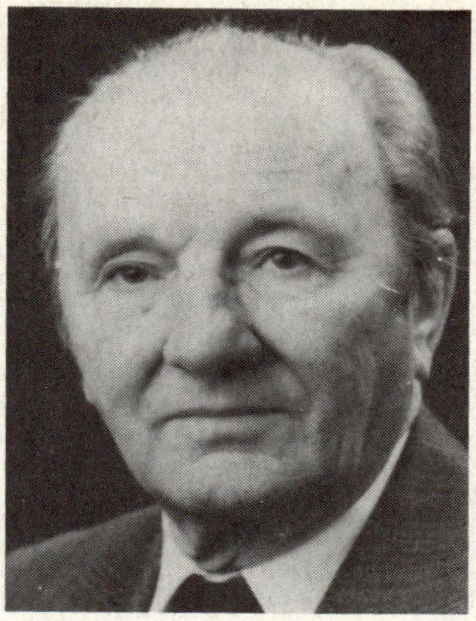

BUHSE, Karl-Heinrich
Vorstandsmitglied SCHLESWAG AG, Rendsburg - Esmarchstr. 63, 2240 Heide - Geb. 3. Okt. 1932 Kiel, verh. m. Karen, geb. Ströh.

BUISSON, Ludwig
Dr. phil., Dr. h. c., em. o. Prof. f. Mittlere u. Neuere Geschichte Univ. Hamburg - Mövenstr. 1, 2000 Hamburg 60 (T. 47 25 14) - Geb. 12. Juni 1918 Karlsruhe (Vater: Prof. Dr. phil. Erich B., Oberstud.dir.; Mutter: Emilie, geb. Brand), ev., verh. s. 1976 m. Prof. Dr. phil. Inge, geb. Wolff - Promot. 1951 Freiburg; 1957 Privatdoz. Univ. Freiburg; 1957 Univ.-Doz. Univ. Marburg/Lahn; o. Prof. 1961 Univ. Saarbrücken; 1967 Univ. Hamburg - BV: König Ludwig IX., d. Heilige, u. d. Recht, 1954; Potestas u. Caritas, D. päpstl. Gewalt im Spätmittelalter, 2. A. 1982; D. Bildstein Ardre VIII auf Gotland, 1976; Erobererrecht, Vasallität u. byzantin. Staatsrecht auf d. ersten Kreuzzug, 1985; Lebendiges Mittelalter. Aufs. z. Gesch. d. Kirchenrechts u. d. Normannen, 1988 - 1969 Korr. Mitgl. d. Académie Nationale des Sciences, Belles-Lettres et Arts de Bordeaux; 1974 Croix de Chevalier dans l'Ordre des Palmes Académiques; 1975 Docteur h. c. Univ. Bordeaux; 1983 o. Mitgl. Joachim-Jungius-Ges. d. Wiss., Hamburg.

BULHOF, Francis
Dr., Prof. f. Niederlandistik Univ. Oldenburg - Herbartstr. 15, 2900 Oldenburg - Geb. 19. Sept. 1930 Den Haag (Vater: Henri B., Beamter; Mutter: Antoinette, geb. Textor), verh. I.) 1957 m. Ilse, geb. Rutgers, II.) 1983 m. Elizabeth, geb. Daverman, 4 Kd. (Anton-Rutger, Justus, Hanno, Fransijn) - Gymn. Apeldoorn (Abit. 1949); 1949-56 Univ. Groningen (Roman. Spr.); Promot. Univ. Utrecht 1966 - 1953-66 Studienrat Groningen u. Den Haag; 1966-81 Prof. Univ. of Texas; s. 1981 Prof. f. Niederlandistik in Oldenburg - BV: Transpersonalismus u. Synchronizität, 1966; Wortindex z. Th. Manns Zauberberg, 1976; Nijhoff, Van Ostaijen, De Stijl, 1976; Over Ter Braaks Politicus zonder partij, 1980; Over Du Perrons Land van herkomst, 1980; Ter Braak, de artikelen over emigrantenliteratur, 1981; E. unfreiwillige Seereise, 1984; Country of Origin, 1984; Anarchismus in Kunst u. Politik, 1985 - Mg. Maatschappij der Ndl. Letterkunde.

BULIRSCH, Roland
Dr. rer. nat., o. Prof. f. Höh. u. Numerische Mathematik - Paul-Hey-Str. 22, 8035 Gauting/Obb. - Geb. 10. Nov. 1932 Reichenberg/B. - Promot. (1961) u. Habil. (1966) München - 1967-69 Prof. Univ. of Calif., San Diego (USA); 1969-73 o. Prof. Univ. Köln, s. 1973 TU München; 1977-78, 1982/83, 1986/87 Visiting Prof. Univ. of Calif. (USA); 1980-82 Dekan Fak. f. Math. u. Informatik TU München; 1980-88 Fachgutachter u. Vors. Fachgutachter-Aussch. Math. d. DFG Bonn, 1983-87 Mitgl. Auswahlaussch. A.v. Humboldt-Stiftg., Bonn, s. 1985 Mitgl. wiss. Beirat d. Math. Forsch.inst. Oberwolfach. Zahlr. Facharb., Fachb. (m. Übers. in Engl., Ital., Poln., Chin.).

BULL, Bruno Horst
Journalist u. Schriftst. - Bergstr. 7, 8000 München 90 (T. 089 - 691 14 08) - Geb. 17. März 1933 Stülow/Meckl. (Vater: Bruno B., Landw.) - Univ. München (German., Zeitungswiss.) - U. a. Mitarb. Kinderfunk. Üb. 90 Kinderb., dar. Kreativer Kinderalltag, D. Mäuse v. Rom (Übers. z. T. in Holl., Ital., Jap., Portugies. u. Poln.) - Spr.: Engl., Ital.

BULL, Hans Peter
Dr. jur., o. Prof. d. Rechte, Innenminister Schlesw.-Holst. (s. 1988) - Düsternbrooker Weg 92, 2300 Kiel - Geb. 17. Okt. 1936 Lübben/Spreew. - S. 1972 (Habil.) Lehrtätigk. Univ. Hamburg (1973 Ord. f. Staats- u. Verw.recht), 1978-83 Bundesbeauftr. f. d. Datenschutz - BV: Verw. durch Masch., 2. A. 1964 (Diss. 1963); D. Staatsaufg. n. d. Grundgesetz, 3. A. 1977 (Habil.schr. 1972); Allg. Verw.recht. E. Lehrb., 2. A. 1986; Datenschutz oder D. Angst vor d. Computer, 1984. Herausg.: Verw.politik (1979); Sicherheit durch Gesetze? (1987).

BULLA, Hans Georg
Dr. rer. soc., Schriftsteller, Kritiker, Erwachsenenbildung - Hellendorfer Kirchweg 54, 3002 Wedemark 1 (T. 05130 - 3 92 58) - Geb. 20. Juni 1949 Dülmen/Westf. ledig - Stud. Angl./Linguistik, Päd. u. German. Univ. Münster u. Konstanz; Promot. 1981 Konstanz - BV: Landschaft m. langen Schatten, 1978; Weitergehen, 1980; D. Schwimmer, 1982; Nachtaugen, 1983; Auf d. Landrücken, 1985; Kindheit u. Kreide, 1986; Verzögerte Abreise (m. Zeichn. v. Rolf Escher), 1986; Vogels (dt./niederl.), 1987 (alles Gedichtbde.) - 1982 Marburger Förderpreis f. Lit.; 1983 Förderpreis f. Lit. Stadt Konstanz; 1985 Annette-von-Droste-Hülshoff-Preis.

BULLA, Josef S.
Kaufmann, Geschäftsf. Wohnungsbaugesellschaft mbH Salzgitter - Schloenbachstr. 31, 3320 Salzgitter 51 (T. 05341 - 3 48 45) - Geb. 27. Okt. 1921 Zeltweg/Österr., kath., verh. s. 1949 m. Hilde, geb. Bachler, 2 Kd. (Michael, Christine) - Offz. d.R. - Zahlr. Ehrenstell., u.a. Vors. Verbandsaussch. u. Hauptaussch. Verb. nieders.-brem. Wohnungsuntern., Hannover; stv. AR-Vors. NT Nordwestd. Treuhandges. mbH, Hannover; 1. Vors. Verkehrsverein Salzgitter - 1977 BVK; 1981 Ehrenmed. gemeinn. Wohnungswirtsch. - Spr.: Franz., Engl. - Mitgl. Lions Club Intern.

BULLING, Burchard
Dipl.-Bibl., stellv. Direktor Hamburger Öffl. Bücherhallen (1974-88) - Paul-Sorge-Str. 49, 2000 Hamburg 61 (T. 551 61 65) - Geb. 23. Jan. 1926 Bremen (Vater: Burchard B., Komponist; Mutter: Cäcilie, geb. Betke, Gesangslehrerin), ev., verh. s. 1951 m. Rotraut, geb. Müller, 3 Kd. (Klaudia, Petra, Wolf Burchard) - Fachhochsch. Hamburg (Dipl.ex. 1962) - 1947-58 Musiker Radio Bremen, 1963-72 Gründer u. Leit. Musikbibl. Bremen, 1972-74 Leit. Zentralbibl.; 1969-76 Vors. Arb.skr. Öffl. Musikbibl., 1970-76 Generalsekr. dt. Verein. d. Musikbibl. - BV: Tonkünstlerlexikon (2 Bde. 1974-78); Fagott-Bibliogr. (2 Bde. 1989).

BULLING, Manfred
Dr. jur., Regierungspräsident, Leit. Regierungsbezirk Stuttgart (s. 1977) - Breitscheidstr. 4, 7000 Stuttgart 10 - Geb. 1930, kath., verh., 5 Kd. - 1949-53 Univ. Tübingen (Rechtswiss.; Promot.

1954) - 1957-77 Landratsämter Böblingen u. Ludwigsburg, Bundesinnenmin., Regierungspräsid. Südbaden, Landesreg. BW (1969 Abt.leit. f. Landespolit. Angelegenh.) - BV: Kommentar z. Bundesärzteordnung, 1963; Komm. z. Wassergesetz f. BW, 1968 u. 81. Zahlr. Fachaufs. - BVK I. Kl. - Spr.: Engl.

BULLINGER, Hans-Jörg

Ordinarius f. Arbeitswissenschaft Univ. Stuttgart, Leit. d. Fraunhofer-Inst. f. Arbeitswirtsch. u. Org. - Nobelstr. 12, 7000 Stuttgart 80 (T. 0711 - 68 68 04) - Geb. 13. April 1944 Stuttgart, verh. s. 1966 m. Margarita, geb. Jäger, 3 Kd. (Alexander, Alexandra, Angelika) - 1959-62 Lehre Daimler-Benz, Stuttg., 1960-62 Gew. Berufs- u. Fachsch. Stuttgart; 1963-66 TO Stuttg.; 1966-71 Stud. Fertigungstechn. Univ. Stuttgart; Dipl.-Prüf. 1971; Dr.-Ing. Promot. 1974, Habil. 1978, Stuttg. - 1962-64 Betriebsmech. Daimler-Benz, Stuttg., 1968-79 Assist. industrienahe Forschung; s. 1979 Dir. d. Fraunhofer-Inst. f. Produktionstechn. u. Automatisier.; s 1980 Prof. f. Arbeitswiss. Fernuniv. Hagen; s. 1981 geschäftsf. Dir. Fraunhofer-Inst. - BV: Integrierte Bürosysteme; Menschengerechte Arbeitsmittel, Verf.: Bullinger, Solf; Testanwendung in d. Arbeitswelt: Verf.: Bullinger, Stenzl, Kohl; Systemat. Montageplanung (Hrsg. Bullinger); Toward the Factory of the Future; Wettbewerbsvort. d. Informationsmanagement; D. CIM-fähige Fabrik - 1966 Scheffel-Preis Volksbd. f. Dichtung; 1978 Otto-Kienzle-Gedenkmünze Hochschulgruppe Fertigungstechn.; 1980 VDI-Ehrenring in Gold; 1986 Human Factors Society's Distinguished Foreign Colleauque Award - Spr.: Engl.

BULLINGER, Martin

Dr. jur., Prof. d. Rechte Univ. Freiburg i. Br. - Altschlössleweg 4, 7801 Au - Geb. 5. April 1930 Pforzheim - BV: D. Mineralölfernleitungen, 1962; Öffentl. Recht i. Privatrecht, 1968; Kommunikationsfreiheit im Strukturwandel d. Telekommunikation, 1980 u. a.

BULST, Neithard

Dr. phil., Prof. f. Allg. Geschichte m. bes. Berücks. d. Sozial- u. Verfassungsgesch. d. Späten Mittelalters u. d. Frühen Neuzeit Univ. Bielefeld (s. 1978) - Trakehnerweg 8, 4800 Bielefeld - Geb. 14. Juli 1941 Berlin (Vater: Prof. Dr. phil. Walther B., Ord. f. Lat. Philol. (s. XVII. Ausg.); Mutter: Dr. Marie-Luise, geb. Thiele), ev., verh. s 1966 m. Helga, geb. Beer, S. Friedrich - BV: Untersuch. z. d. Klosterreformen Wilh. v. Dijon (962-1031), 1973. Hrsg. Familie zw. Tradition u. Moderne, 1981. Herausg.: Bevölker., Wirtsch. u. Ges., 1983; Medieval Lives and the Historian, 1986; Ville, bourgeoisie et la genèse de l'État moderne, 1988; Maladies et société (XIIe-XVIIIe s.), 1988.

BULST, Werner, S. J.

Prof., Dr. theol. - Nieder-Ramstädter Str. 30, 6100 Darmstadt (T. 40 61 73) - Geb. 9. Okt. 1913 Berlin, kath. - Luisen-Gymn. Berlin; Phil. u. theol. Studien München, Breslau, Frankfurt, Rom, Innsbruck, Lic. phil. 1937; Promot. 1952 - S. 1932 Jesuitenorden - BV: D. Grabtuch v. Turin - Forschungsberichte u. Unters., 2. A. 1959 (engl. (Milwaukee) 1957); Vernünftiger Glaube - D. geschichtl. Grundl. d. Glaubens an Christus, 1957; Offenbarung - Bibl. u. theol. Begriff, 1960 (engl. (New York) 1965); D. Turiner Grabtuch u. d. Christusbild, Bd. 1: D. Grabtuch, Forschungsberichte u. Unters., 1988, Bd. 2: Prof. H. Pfeiffer (Rom), 1989 - Spr.: Engl., Franz., Ital., Griech., Latein.

BULTMANN, Klaus

Dipl.-Kfm., Rückversicherer - Vollmannstr. 25b, 8000 München 81 - S. 1972 FRANKONA München, stv. Vorst.-Vors. Rückversich. AG.

BUMKE, Joachim

Dr. phil., o. Prof. f. Deutsche Philologie - Grünstr. 2, 5176 Inden (T. 02423 - 46 46) - Geb. 31. März 1929 Berlin (Vater: Dr. med. Erich B., prakt. Arzt; Mutter: Irmgard, geb. Günther), ev., verh. s. 1954 m. Sylvia, geb. Meyer-Wolde, 2 Kd. (Ulrike, Christian) - Stud. German. u. Gesch. Univ. Heidelberg, Uppsala, Hamburg (Staatsex. 1952), Paris, Promot. (1953) u. Habil. (1958) Heidelberg - 1954-58 Assist. Univ. Heidelberg, 1958-61 Assistant Prof. Johns Hopkins Univ. Baltimore, 1961-65 Assoc. u. Full Prof. (1964) Harvard Univ. Cambridge, s. 1965 Ord. Freie Univ. Berlin (Dir. German. Inst.) u. Univ. Köln (1969; Dir. Inst. f. Dt. Sprache u. Lit.) - BV: Wolframs Willehalm, 1959; Wolfram v. Eschenbach, 1964; Studien z. Ritterbegriff im 12. u. 13. Jh., 1964; D. roman.-dt. Literaturbeziehn. im Mittelalter, 1967; D. Wolfram-v.-Echenbach-Forsch. s. 1945, 1970; Ministerialität u. Ritterdichtung, 1976; Mäzene im Mittelalter, 1979; Höfische Kultur, 1986.

BUMM, Karl Ernst

Dr. jur., Vorstandsmitgl. i.R. ARAG Rechtsschutzversicherung AG. - Rathsberger Str. 7, 8520 Erlangen - Geb. 26. Mai 1915 München (Vater: Karl B., Reg.rat; Mutter: Ada, geb. Ruzzini), kath. - Promot. 1952 Göttingen - Spr.: Ital.

BUND, Elmar

Dr. jur., Prof. f. Röm. u. Bürgerl. Recht, Rechtsinformatik - Spechtweg 1, 7800 Freiburg/Br. (T. 13 15 26) - Geb. 13. März 1930 Konstanz/B. - S. 1963 (Habil.) Lehrtätig. Univ. Freiburg (1969 Prof.). Facharb.

BUND, Karlheinz

Dr.-Ing., Dr. rer. pol., Dr.-Ing. E. h., Vorsitzender d. Geschäftsfg. EVG GmbH - Huyssenallee 82-84, 4300 Essen 1 (T. 0201 - 23 36 00, 23 36 07-09) - Geb. 18. März 1925 Saarlouis, verh. m. Anni, geb. Kronenberger - Stud. TH Darmstadt (Elektrotechnik); Assist u. Doz. TH Darmstadt 1951-56; AEG Frankfurt 1956-60; Dir. AEG Berlin 1961-63; Vorst. Steag 1963-73 (ab 1966 Vorstandsvors.); Vorstandsvors. Gesamtverb. d. deutschen Steinkohlenbergbaus u. Ruhrkohle AG 1973-85 - 1975 Gr. BVK - Spr.: Franz., Engl.

BUNDKE, Werner

Dr. phil. nat., Akad. Direktor (Rechenzentrum), Honorarprof. f. Grundlagen u. Datenverarb. Univ. Frankfurt/M. (s. 1972) - Im Hasenwinkel 12, 6070 Langen - Geb. 22. März 1926 Neiße/OS. - Facharb.

BUNDSCHU, Hans-Dieter

Dr. med., Prof., Internist (Chefarzt) - Am Hang 2, 6990 Bad Mergentheim - Geb. 15. Febr. 1938 - S. 1973 Privatdoz., 1978 apl. Prof. RWTH Aachen/Med. Fak. (Lehrstuhlvertr. f. Inn. Med. II), s. 1980 Chefarzt Med. Klinik Caritaskrkhs. Mergentheim, Lehrkrkhs. d. Univ. Heidelberg.

BUNGARTEN, Frank

Konzertgitarrist - Hammersteinstr. 1, 3000 Hannover 1 (T. 0511-62 46 02) - Geb. 6. Mai 1958 Köln (Vater: Gerhard B., Verwaltungsdir.; Mutter: Margarete, geb. Darmstadt), kath. - Abit. 1976; 1975-82 Stud. Staatl. Hochsch. f. Musik/Rheinl., Köln; 1982 Künstl. Reifeprüf. - s. 1982 Doz. Staatl. Hochsch. f. Musik u. Theater, Hannover - 1981: 2. Preis im Bundeswettb. d. Musikhochsch. u. 1. Pr. im IV. Concurso de Interpretacion Musical Granada/Span.

BUNGARTEN, Hermann-Josef

Dipl.-Kfm., Vorstandsmitglied Landesbank Rheinl.-Pfalz (s. 1980), Große Bleiche 54/56, 6500 Mainz 1 - Geb. 15. März 1934 Freilingen.

BUNGE, Hans-Joachim

Dr. rer. nat., Dr. h. c., o. Prof. f. Metallkunde u. -physik u. Institutsdir. TU Clausthal - Ahornweg 15, 3392 Clausthal-Zellerfeld - Geb. 29. Juli 1929 Zerbst/Anh. (Vater: Otto B., Lehrer; Mutter: Ida, geb. Friedrich), verh. m. Helga, geb. Steinmetz, S. Peter - Obersch.; Maschinenschlosserlehre; Stud. Physik Halle (Dipl.-Phys. 1953). Promot. 1955 Halle; Habil. 1964 Berlin (Humboldt) - 1954 Assist. Verkehrshochsch. Dresden; 1955 Wiss. Mitarb. Inst. f. Strukturforsch. Berlin (AdW); 1968 Zentralinst. f. Festkörperphys. u. Werkstofforsch. Dresden; 1976 Stip. DFG; 1977 Prof. TU Clausthal - BV: Math. Meth. d. Texturanalyse, 1969; Quantitative Texture Analysis, 1982; Texture Analysis in Materials Science, 1982; Experimental Techniques of Texture Analysis, 1986; Theoretical Methods of Texture Analysis, 1987 - 1981 Ehrendoktor Univ. Metz - Spr.: Engl., Franz.

BUNGENSTOCK, Wilfried

Dr. jur., Rechtsanwalt, Verbandsdirektor, Geschäftsf. Genossenschaftsverb. Niedersachsen (s. 1973) - Kaiserallee 9, 3000 Hannover 1; priv.: Fritz-Schwerdtfeger-Weg 1, 51 - Geb. 1. Okt. 1938 Aerzen/Hameln (Vater: Hermann B., Bankdir.; Mutter: Ellen-Margrete, geb. Marcussen), verh. s. 1968 m. Grietje, geb. Hansen, 2 Kd. (Dietke, Ansgar) - Schiller-Gymn. Hameln; Univ. Göttingen u. Marburg (Rechtswiss.). 2. Staatsex. 1967 - B. 1971 Dt., dann Nds. Genoss.sverb. - BV: Heergewäte u. Gerade, 1966 (Diss.). Div. Einzelarb. - Liebh.: Musik, Angeln - Spr.: Engl., Neugriech.

BUNGERT, Hans

Dr. phil., Dipl. rer. pol., Prof. f. Angl. u. Präsident Univ. Regensburg - Rennweg 29, 8400 Regensburg - Geb. 8. März 1930 Mülheim/R. (Vater: Wilhelm B., kfm. Angest.; Mutter: Julie, geb. Ufers), ev., verh. s 1960 m. Dr. Heide, geb. Hackenberg, 2 Kd. (Hartwin, Heike) - Stud. Univ. Bonn, Freiburg, Yale/USA; Promot. 1957 Freiburg; Habil. 1969 ebd. - 1969-71 Doz. Freiburg, 1971-74 Prof. Mannheim, s. 1974 Regensburg. Vorst.-Mitgl. Dt. Ges. f. Amerikastud. (1972 b. 1975 Vors.), Vorst.-Mitgl. European Assin for American Studies, Präs. Univ. Regensburg - BV: Formen d. Einsamkeit im zeitgenöss. amerik. R., 1970; William Faulkner u. d. humorist. Tradition d. amerik. Südens, 1971; D. amerik. Short Story, 1972; D. amerik. Lit. d. Gegenwart, 1977 - Liebh.: Musik, Wandern - Spr.: Engl. Franz.

BUNGERT, Klaus

Oberbürgermeister Düsseldorf (s. 1984) - Kaiserswerther Str. 226, 4000 Düsseldorf - Geb. 18. Febr. 1926 - AR-Vors.: Rhein. Bahngesellsch. AG, Düsseldorf u. Stadtwerke Düsseldorf AG; stv. AR-Vors. Düsseldorfer Messeges. NOWEA; AR: Flughafen Düsseldorf GmbH; Neue Heimat NRW, Düsseldorf, Bundesgartenschau 1987 GmbH Düsseldorf; VR Stadtspark. Düsseldorf; VdVR: Theatergemeinschaft Düsseldorf - Duisburg (Vors. im jährl. Wechsel).

BUNGERT, Wilhelm

Kaufmann, Ref. f. Spitzensport Dt. Tennis-Bund - Zu erreichen üb. DTB, Zeißstr. 13, 3000 Hannover 81 - Geb. 1939 - Zahlr. Tenniserfolge, dar. Meistersch. u. 2. Platz Wimbledon.

BUNK, Gerhard P.

Dipl.-Kfm., Dipl.-Hdl., Dr. rer. oec., o. Prof. f. Arbeits-, Berufs- u. Wirtschaftspädagogik Univ. Gießen - Schillerstr. 40, 6302 Lich 1 - Geb. 1926 - Stud. Cottbus, Berlin, Innsbruck - Lehrtätigk. an Volks-, Berufs- u. Fachhochschulen; Industrietätigk. im Personal-, Sozial- u. Ausbildungswesen; Assist. TH Aachen. Vors. REFA-Grundsatzausch. - Arbeitspäd. (1985) - BV: Erzieh. u. Industriearbeit, 1972; Revision d. kaufm. Berufsausb., 1974; REFA-Buch Arbeitsunterweisung, 1975 (Hauptautor); Untersuchungen z. Berufsgrundbildungsjahr, 1974/76/77/78/88; Berufseingl. u. Berufsausb. Jugendlicher ohne Hauptschulabschl. (DHKT-Mod.), 1979/80/81/83/84; Ausbildungsverzicht - Ausbildungsabbruch - Ausbildungsversagen (m. A. Schelten), 1980; Einf. in d. Arb., Berufs- u Wirtschaftspäd., 1982; Neue Meth. u. Konzepte berufl. Bildung (m. R. Zedler), 1986; REFA-Buch Arbeitspädagogik, 1989 - 1971 Hans-Constantin-Paulssen-Preis (f. d. Habil.-Schr.: D. Modellanalyse als Grundl. betriebs- u. industriepäd. Theoriebildung, 1970 TH Aachen). Herausg: Schriftenreihe Beiträge z. Arbeits-, Berufs- u. Wirtschaftspäd. (1979). Mithrsg.: Ztschr. Päd. Rundschau (1982). Chefredakteur d. Ztschr.: REFA Aus- u. Weiterbildung (1989) - BVK am Bde.

BUNTROCK, Annemarie

Lyrikerin u. Malerin - Frohnhauser Str. 142, 4300 Essen 1 (T. 0201 - 74 46 98) - Geb. 19. April 1923 Mülheim, ledig - Mittelsch., Höh. Handelssch. - B. 1980 kaufm. Angest. im soz. Wohnungsbau; dann freisch. Arbeitsgeb.: Lyrik u. Prosa, Malerei u. Graphik, Herausgebertätigk. - BV: Und läßt das Saumtier trinken, Ged. m. Graphiken d. Autorin 1978; Stadien z. Stillwerdung, Ged. 1980; Unnahbar nah, Ged. 1981. Herausg.: Kennwort Schwalbe, Lyrik u. Prosa m. Bildbeilagen (1981); D. Ohr an d. Wurzel, Ged. m. Graphiken d. Autorin (1984); Im Sanddorn verfangen üb ich Widerstehen, Ged. m. Graphiken d. Autorin (1987) - Liebh.: Literaturkritik, Musik, Meditatives Leben, Briefl. Gedankenaust., Wandern, Schwimmen, Radfahren.

BUNZ, Werner
Prof., Maler, Dozent f. Schrift u. -graphik Kunsthochsch. Hamburg - Zu erreichen üb.: Lerchenfeld 2, 2000 Hamburg 22 - Geb. 1926 - 1972 Edwin-Scharff-Preis.

BURANDT, Ernst
Dr., Generalsekretär Dt. Reiterl. Vereinigung - Freiherr-von-Langen-Str. 13, 4410 Warendorf (T. 63 62 01).

BURAU, Werner
Dr. phil., o. Prof. f. Mathematik - Brahmsallee 13, 2000 Hamburg 13 (T. 45 73 79) - Geb. 31. Dez. 1906 Allenstein/Ostpr. (Vater: Regierungssekr.; Mutter: geb. Schablowski), ev. - Gymn. u. Univ. Königsberg. Promot. 1931 Königsberg; Habil. 1943 Hamburg; emerit. 1975 - 1936 Wiss. Angest. Dt. Seewarte Hamburg (b. 1944), 1943 Privatdoz., 1949 apl. Prof., 1965 Wiss. Rat u. Prof., 1970 Ord. Univ. ebd. Div. Fachveröff., dar. Mehrdimensionale projektive u. höhere Geometrie u. Algebraische Kurven u. Flächen (beide 1961).

BURCHARD, Christoph
Dr. theol., o. Prof. f. Neutestamentl. Theologie Univ. Heidelberg - Am Pferchelhang 29, 6900 Heidelberg - Geb. 19. Mai 1931 Göttingen - Promot. 1963 Göttingen - S. 1969 (Habil.) Lehrtätig. Göttingen u. Heidelberg (1971 Ord.). Bücher u. Einzelarb.

BURCHARD, Joachim F.
Vorsitzender d. Geschäftsführung Oberpfälz. Schamotte- u. Tonwerke GmbH, Ponholz, Maxhütte-Haidhof - Amselstieg 14, 3220 Alfeld/Leine - Geb. 14. März 1935 Berlin - Spr.: Engl., Franz.

BURCHARD, Johann M.
Dr. med., Prof., Psychiater u. Neurologe - Martinistr. 52, 2000 Hamburg 20 - Geb. 7. Jan. 1927 - Promot. 1956; Habil. 1963 - S. 1970 Prof. Univ. Hamburg (Ltd. Oberarzt Psychiatr. u. Nervenklin.) - BV: Struktur u. Soziol. d. Transvestitismus u. -sexualismus, 1961; Unters. z. Struktur symptomat. Psychosen, 1965; Lehrb. d. systemat. Psychopathol. 1980, 1987 (3 Bde.).

BURCHARD, Walther
Dr. rer. nat., Prof. f. Physikal. Chemie d. Polymeren Inst. f. Makromolekulare Chemie Hermann Staudinger-Haus, Freiburg - Fichtenstr. 13a, 7803 Gundelfingen - S. 1972 apl. Prof. bzw. Prof. Univ. Freiburg.

BURCHARD, Wilhelm-Günther
Dr.-Ing., Dipl.-Phys., Akad. Direktor RWTH Aachen - Ziegelweg 2, 5100 Aachen (T. 0241-6 25 44) - Geb. 7. Nov. 1932 Wassenberg (Vater: Anton B., Tierarzt; Mutter: Josefine, geb. Schabsky), kath., verh. s. 1965 m. Gudrun, geb. Hages, 2 T. (Susanne Elvira, Vera Antonia) - 1953-63 Univ. Bonn Physik u. Meteorol.; 1963 Dipl.-Phys.; 1969 Dr.-Ing. RWTH Aachen - 1963-71 Assist. u. wiss. Mitarb. RWTH Aachen; 1971 Leitung u. Ausbau d. Gemeinschaftslaborat. f. Elektronenmikroskopie RWTH Aachen - Zahlr. Fachveröff.

BURCHARDI, Hilmar
Dr. med., Abteilungsvorsteher Inst. Anaesthesiologie/Abt. I, Prof. f. Anaesthes. Univ. Göttingen (s. 1973) - Am Weinberg 18, 3406 Bovenden - Geb. 29. April 1937 Tondern (Dänem.), ev., verh. s. 1967 (Ehefr.: Antje), 2 S. (Jan-Erik, Kai).

BURCHARDT, Lothar
Dr. phil., Prof. f. Geschichte Univ. Konstanz - Zur Breite 18, 7753 Allensbach/B. - Geb. 7. Febr. 1939 Frankfurt/O. (Vater: Hans B., Studiendir.; Mutter: Ruth, geb. Bergenthum), ev., verh. s. 1966 m. Monika, geb. Müller-Pilgram, 3 S. (Christian, Ulrich, Erik) - Höh. Schule Eberbach/N. u. Modesto (Cal./USA) Univ. Heidelberg u. Tübingen. Promot. 1966; Habil. 1973 - 1965 Wiss. Angest.; 1969 Assist.; 1973 Doz.; 1979 Prof.; 1987 Gastprof. Univ. of Massachusetts - BV: Friedenswirtschaft u. Kriegsvorsorge, 1968; Wissenschaftspolitik im Wilhelmin. Dtschl., 1976; Hitler u. d. histor. Größe, 1979 - Liebh.: Schreinern, Bergsteigen, Skilaufen, Schwimmen - Spr.: Engl., Franz., Lat.

BURCHHARDT, Hellmuth
Dr. phil., Prof. f. Erziehungswissenschaft, insbes. Pädagogik d. Sozialarbeit, Sozialpädagogik u. Jugendhilfe Fachhochschule Dortmund - Brockhauser Str. 105, 4630 Bochum-Stiepel.

BURCK, Erich
Dr. phil., Drs. phil. h.c., em. Prof. Univ. Kiel - Goethestr. 24, 2300 Kiel (T. 55 43 55) - Geb. 30. Nov. 1901 Grimma/Sa. (Vater: August B., Postsekr.; Mutter: Anna, geb. Lossack), ev., verh. s. 1932 m. Erika, geb. Hoppe, 2 S. (Hans-Christian, Gerhard) - Promot. 1925 Leipzig, Staatsexs. 1926, Studienass. 1928 - 1932 Priv.-Doz. in Münster; 1935 ao. Prof. in Kiel; 1938 o. Prof. ebd. (1942 Dekan phil. Fak., 1945-46 u. 1961/62 Rektor) - BV: D. Erz.kunst des T. Livius, 1934; Einf. in d. dritte Dekade d. Livius, 1950; D. Frau in d. griech.-röm. Antike, 1969; V. röm. Manierismus, 1971; D. röm. Epos, 1978; Silius Italicus, 1983; V. Menschenbild in d. röm. Lit. I 1966, II 1981 - 1962 Ehrendoktor Univ. Athen, 1964 Rennes; 1967 Officier des Palmes Académiques; 1980 Carl-Diem-Plak.; 1986 Gr. BVK - Liebh.: Lit. u. bild. Kunst - Spr.: Franz., Ital., Engl.

BURCKHARDT, Jürgen
Dr., Staatssekretär Hess. Min. f. Wiss. u. Kunst - Zu erreichen üb. Hess. f. Wiss. u. Kunst, Luisenplatz 10, 6200 Wiesbaden - Geb. 12. Febr. 1936 Greifswald, ev., verh. s. 1958 m. Inge, geb. Wolf, 2 S. (Jérôme, Markus) - Abit. 1954; Stud. Rechtswiss. FU Berlin (1955-57) u. Univ. Bonn (1957-60); Staatsprüf. 1961 u. 1966, Promot. 1969 - 1966-69 Wiss. Assist. Univ. Bonn; 1969 Bundesmin. f. Bildung u. Wiss., Leit. Ministerbüro K. v. Dohnanyi; zul. Ministerialdir., Leit. d. Grundsatzabt.; 1983 Rechtsanwalt in Bonn.

BURCKHARDT, Lucius
Dr. phil., f. sozioökonom. Grundlagen d. Städtebaues - Emilienstr. 18, 3500 Kassel; Angensteiner Str. 31, CH-4052 Basel (Schweiz) - Geb. 12. März 1925 Davos/Schweiz (Vater: Dr. med. Jean Louis B.; Mutter: Jenny, geb. Hoffmann), ev., verh. s. 1955 m. Annemarie, geb. Wackernagel - Univ. Basel (Promot. 1955) - 1961-72 Redakt. Ztschr. WERK; s. 1973 Prof. GH Kassel. 1976-83 Vors. Dt. Werkbund, Darmstadt - BV (Mitverf.): Achtung, d. Schweiz (1955), Reise in ihr Risorgimento (1959), Bauen in Prozeß (1968), D. Werkbund (1978), Grün in d. Stadt (1981); D. Kinder fressen ihre Revolution, 1985 - Korr. Mitgl. Dt. Akad. f. Städtebau u. Landesplanung, Hannover; Chevalier dans l'Ordre des Arts et des Lettres - Spr.: Franz., Engl., Ital.

BURCKHART, Theo
Dr. med., Prof., Ärztl. Direktor u. Chefarzt Chir. Abteilung - Stadtkrankenhaus, 6090 Rüsselsheim - Geb. 19. Jan. 1916 Bad Homburg v.d.H. - S. 1949 (Habil.) Privatdoz. u. apl. Prof. Univ. Mainz (u. a. Chefarzt Chir. Klin.). Div. Fachveröff.

BURCZYK, Klaus
Dr. rer. nat., Prof. f. Anorg. u. Allg. Chemie Bergische Univ.-GH Wuppertal

- August-Jung-Weg 35, 5600 Wuppertal 1 - Geb. 11. Nov. 1942 Glogau/Schles. (Vater: Karl B., Beamter; Mutter: Elisabeth, geb. Richter), kath., verh. s. 1970 m. Dr. Ulrike, geb. Wollany, 2 Kd. (Claudia, Christian) - TH Braunschweig (Dipl.-Chem. 1968; Promot. 1970) - 1970-71 Res. Ass. Univ. Oxford (Engl.); 1971-75 Mineralölind.; 1975-76 Akad. Rat, s. 1976 Hochschullehrer Wuppertal - Liebh.: Briefm. - Spr.: Engl., Franz.

BURDA, Aenne

Verlegerin, Leit. Verlag Aenne Burda GmbH + Co (Modezeitschr.) - Am Kestendamm 2, 7600 Offenburg/Baden - Geb. 28. Juli 1909 Offenburg, kath., war s. 1931 m. d. 1986 verstorbenen Senator Dr. Franz Burda verh., 3 Söhne (Franz, Frieder, Dr. Hubert) - Klostersch.; kaufm. Lehre. Ztschr. burda moden (s. 1987 auch in russ. Spr.), Burda Intern., Carina, Verena - 1974 Gr. BVK; 1979 Ehrenring d. Stadt Offenburg; 1984 Bayer. VO; 1989 Fugger-Med. - Liebh.: Malen - Lit.: Frankf. Allg. Magazin, Heft 57, 1981.

BURDA, Hubert

Dr. phil., Verleger, alleiniger Gesellsch. u. Vors. d. Geschäftsfg. Burda GmbH, Offenburg, München, Co-Verleger ELLE-Verlag GmbH, München, Mitgesellsch. Verlag Aenne Burda GmbH & Co., Offenburg - Arabellastr. 23, 8000 München 81 - Geb. 9. Febr. 1940 Heidelberg (Vater: Dr. Franz B., Verleger; Mutter: Aenne, geb. Lemminger, Verlegerin), kath. - Abit. 1959 Offenburg, 1960-65 Univ. München (Soziol., Archäol., Kunstgesch.), Promot. 1965 - 1966-74 Verlagsleit. Bild + Funk, 1974ff. gf. Gesellsch. Burda GmbH, 1976-85 Chefredakt. Bunte. S. 1979 Vorst. Dt. Journ.schule München - Herausg.: PAN (s. 1986) - Stifter: s. 1975 Petrarca-Preis (Lyrik); u. s. 1977 Preis f. Kommunikationsforsch.

BURDA, Wolfgang A.
Dipl.-Volksw., Vorstandsmitglied Westd. Landesbank Girozentrale Münster/Düsseldorf - Zu erreichen üb. Westd. Landesbank Girozentrale, Herzstr. 15,

4000 Düsseldorf - Geb. 17. Aug. 1931 Köln - Gymn. Eitorf/S. u. Siegburg (Abit. 1951); Stud. Univ. Bonn (Volkswirtschaftslehre). 1954 Dipl.ex. Bonn, 1959 Verbandsprüferex. Dt. Sparkassen- u. Giroverb., Bonn - 1956-58 Kreissparkasse Bonn, 1958-65 Rhein. Spark.- u. Giroverb., D'dorf (Verbandsprüfer), 1965-68 Vorst.-Mitgl. Kreisspark. Münster, s. 1968 Westd. Landesbank (u. a. Geschäftsleit. Landes-Bauspark. u. 1975ff. Vorst.-Mitgl.).

BURDE, Gerhard
Dr. rer. nat., Prof. f. Mathematik Univ. Frankfurt/M. - Meisenstr. 22, 6078 Neu-Isenburg 2 - Arbeitsgeb.: 3-dimensionale Topologie, Knoten - BV: Knots (m. H. Zieschang), 1985.

BURDE, Klaus-Friedrich
Dr. rer. nat., Prof. f. Mathematik TU Braunschweig - Steinkamp 16, 3302 Cremlingen 2 - Geb. 5. März 1935 Berlin (Vater: Rudolf B., Oberstudienrat; Mutter: Agnes, geb. Sperhake), ev., verh. s. 1968 m. Eleonore, geb. Gebauer - Obersch. Brake; Univ. Göttingen (Math.). Promot. 1964 Göttingen; Habil. 1970 Braunschweig - S. 1966 Braunschweig (Wiss. Assist., 1970 Doz., 1972 Wiss. Rat u. Prof.). Stip. DFG.

BURDE, Wolfgang
Dr., Prof. f. Musikwiss. Hochschule d. Künste Berlin - Kaiser-Friedrich-Str. 3a, 1000 Berlin 10 - Geb. 18. Okt. 1930 Berlin - BV: Heinz Friedrich Hartig, 1967; Studien z. Mozarts Klaviersonaten, 1969; Igor Strawinsky, 1984. Herausg.: Aspekte d. Neuen Musik (1968); Igor Strawinsky, Schriften u. Gespräche I/II (1984/86); Weltmusik Korea (1985). Fernsehfilm: Gruppe Neue Musik Berlin (SFB 1985) - Spr.: Engl., Franz.

BURDENSKI, Wolfhart
Dr. jur., Bundesrichter a. D., Rechtsanwalt - Am Hohlacker 61, 6000 Frankfurt 50 (T. 069 - 54 60 60) - Geb. 12. April 1915 Königsberg/Pr., verh. I) m. Susi, geb. Winterer †, II) m. Dr. med. Gudrun, geb. Wickmann, 3 Kd. (Dr. rer. nat. Siegfried, Dr. jur. Wolfhart, Jürgen) - Zul. Senatspräs. LSG Hamburg.

BURG, von der, Detlev
Mitglied d. Geschäftsleitung Allianz Versich.-Gruppe - Königinstr. 28, 8000 München 44 - Geb. 24. April 1935 - Managing Dir. and General Manager Allianz Europe Plc, Amsterdam; General Manager Europ. Division Allianz AG; stv. VR-Vors. Riunione Adriatica di Sicurtà, Mailand/Spanien, Allianz France S.A. d'Assurances IARDT, Paris, La Protectrice Cie d'Assurances AIAR, Paris, La Protectrice Vie, Paris; stv. AR-Vors. Intern. Unfall- u. Schadenversich. AG, Wien; VR Adriatica S.A. de Seguros, Madrid, Allianz Pace Assicurazioni e Riassicurazioni, Mailand, Montedison, Mailand, La Fondiaria, Florenz, Uniorias, Rom.

BURG, Günter
Dr. med., Prof. f. Dermatologie, Direk-

tor Univ. Hautklinik - Josef-Schneider-Str. 2, 8700 Würzburg (T. 0931 - 201-2701) - Geb. 5. Febr. 1941 Mayen/Eifel (Vater: Peter B., Beamter; Mutter: Maria, geb. Deutscher), kath., verh. s. 1968 m. Dr. Doris, 2 S. (Andreas, Thomas) - Abit. Koblenz, Univ. Bonn, Marburg, s. 1969 München. Div. Publ. (Fachpresse) - Spr: Engl., Franz., Span.

BURG, Klemens

Dr.-Ing., Prof. f. Mathematik f. Technikwissenschaften GH Kassel - Am Krümmershof 23, 3500 Kassel - Zul. Wiss. Rat u. Prof. Univ. Karlsruhe.

BURGARD, Horst

Dr., Vorstandsmitglied Deutsche Bank AG - Taunusanlage 12, Frankfurt/M. - Geb. 28. Jan. 1929 - AR-Vors., stv. AR-Vors. u. AR-Mitgl. e. Reihe größ. Ges.

BURGER, Hans

Dr. med., Prof., Chefarzt Städt. Frauenklinik Eßlingen i. R. - Geb. 3. Okt. 1920 Göppingen - Habil. 1956 - S. 1956 Privatdoz., apl. Prof. (1968) LM-Univ. München. Fachveröff.

BURGER, Heinz Otto

Dr. phil., o. Prof. f. Dt. Philologie (emerit.) - Vogtshaldenstr. 54, 7400 Tübingen - Geb. 25. August 1903 Stuttgart (Vater: Max B., Oberbaurat; Mutter: Eugenie, geb. Lilienfein), ev., verh. m. Dr. med. Ruth, geb. Mayer-List, 4 Kd. (Doris Metzger; Dr. theol. Christoph; Dr. rer. nat. Dietrich; Agnes Klumpp) - Karlsgymn. Stuttgart; Univ. Tübingen - 1927 württ. Studienass., 1929 Lektor Univ. Bologna, 1935 Doz. Univ. Tübingen, 1937 Doz. (Lehrstuhlvertr.), 1939 ao. Prof. TH Danzig, 1944 Univ. Erlangen, 1948 o. Prof. (1959/60 Rektor). 1961 Univ. Frankfurt. 1966 Gastprof. Univ. Lawrence/Kansas (USA). 1942-47 Wehrdst. u. Gefangensch. 1963-75 stv. Vors. in V. A. Freies Dt. Hochstift - BV: Schwäb. Romantik, 1928; Schwabentum in d. Geistesgesch., 1933; D. Kunstauffas. d. frühen Meistersinger, 1936; Gedicht u. Gedanke, 1942; D. Gedankenwelt d. gr. Schwaben, 1952, 2. A. 1978; Annalen d. dt. Lit., 1952, 2. A. 1971; Kaiser Maximilians I. Weisskunig, 1957; Schiller-Nationalausg., Bd. V 1957; Evokation u. Montage, 1961; Dasein heißt e. Rolle spielen - Studien z. dt. Literaturgesch., 1963; Renaissance, Humanismus, Reformation, 1969. Herausg.: Begriffsbestimmung d. Klassik u. d. Klass. (1971, japan. 1978); German.-Roman. Monatsschr. Mitherausg.: Hugo v. Hofmannsthal, sämtl. Werke - krit. A. (1975/80) - Lit.: Lit. u. Geistesgesch., Festgabe (1968).

BURGER, Helmut

Kaufmann, Vors. Frankfurter Getreide- u. Produktenbörse, Geschäftsf. Agrarhandel Hessen GmbH, Frankfurt - Schönblick 7, 6000 Frankfurt 56.

BURGER, Hermann

Dr. phil., Schriftsteller - Schloss Gut, CH-5505 Brunegg - Geb. 10. Juli 1942 Burg (Schweiz) - Redakt. - BV: u. a. Rauchsignale, Ged. 1967; Inspektorenkonfz., R. 1976; Diabelli, Erz. 1979; D. künstl. Mutter, R. 1982; E. Mann aus Wörtern, 1983 - Zahlr. Ehrungen, dar. Conrad-Ferdinand-Meyer- (1980) u. Friedrich-Hölderlin-Preis (1983).

BURGER, L.

Geschäftsführer Drachen-Propangas GmbH. - Roßmarkt 12, 6000 Frankfurt/M. 1 - Geb. 18. Mai 1930.

BURGER, Norbert

Oberbürgermeister Stadt Köln, MdL Nordrh.-Westf. - Belvederestr. 38, 5000 Köln 41 (T. 497 12 46; Büro: Köln 221 - 20 22) - Geb. 24. Nov. 1932 Köln (Vater: Friedrich B., Baumeister; Mutter: Elfriede, geb. Getz), kath., verh. s. 1963 m. Annemarie, geb. Pfeifer, 3 Kd. (Christopher, Klaus, Miriam) - Schule (Abit. 1953) u. Univ. Köln (Rechtswiss.). Jurist. Staatsex. 1957 u. 61 - 1961-63 Repetitor; 1963-73 Stadtverw. Köln (Rechtsrat, 1965 Dir. Schulverwaltungsamt, 1970 Beigeordn. f. Jugend u. Soziales); 1973-74 stv. Chef Presse- u. Informationsamtes Bundesreg.; 1974-80 Ministerialdir. im Min. f. wirtsch. Zusammenarbeit; Rechtsanw. s. 1983 - Spr.: Engl.

BURGER, Walter

Dipl.-Kfm., Dipl.-Volksw., Vorstandsmitglied H. Maihak AG., Hamburg 60 - Lüdemannstr. 3, 2000 Hamburg 52 - Geb. 29. Mai 1940.

BURGERT, Hans-Joachim

Prof., Bildhauer u. Grafiker - Lassenstr. 22, 1000 Berlin 33 (T. 030 - 826 43 48) - Geb. 8. Sept. 1928 Berlin (Vater: Dr. Helmuth B., Verlagslektor; Mutter: Margarete, geb. Fröbel), ev., verh. s. 1965 m. Benita, geb. v. Hennings, 2 Kd. (Tilman, Jonas)- S. 1954 freisch. Künstler; s. 1977 Prof. - Bild. Kunst: Skulpturen, fr. Graphik, s. 1962 Burgert Handpresse, Edition f. Handpressendrucke, Kalligraphien. Einzelausst. In- u. Ausl. - Spr.: Engl.

BURGEY, Franz

Prof. f. Grenzfragen zw. Theol. Phil. u. Naturwiss. Kath. Univ. Eichstätt (s. 1972) - Linden 21, 8157 Dietramszell (T. 08027 - 8 06) - Geb. 5. Febr. 1927 Landshut, kath. - 1947-52 Stud. d. Phil. u. Theol. Freising/München; 1952-73 tätig in Seelsorge u. Unterr. 1989 im Ruhestand - BV: Technik u. Hl. Kosmos, 1985; Dein Wort, Herr, 1988; versch. Artikel.

BURGHARD, Peter

Vorstandsmitglied Nürnberger Lebensversicherung AG., Nürnberg - Röthenbachstr. 49, 8503 Altdorf/Mfr. - Geb. 12. Jan. 1934 - Stud. (Dipl.-Phys.).

BURGHART, Heinz

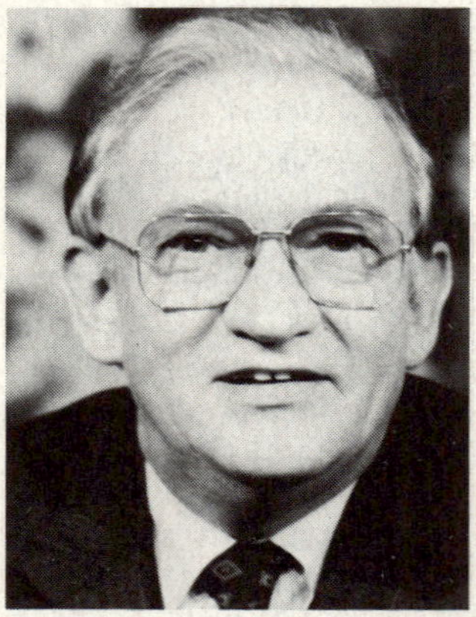

Journalist - Zu erreichen üb. Bayer. Rundfunk, Rundfunkpl. 2, 8000 München 2 - Geb. 29. Dez. 1925 Fürth/Bay. - Stud., u. a. German., Kunst- u. Zeitungsw. - S. 1950 Münchner Merkur, s. 1964 BR-Fernsehen, s. 1983 Leit. Programmber. Bayern-Inform, s. 1987 Chefredakt. Fernsehen. 1983 Vors. Freundeskr. Ev. Akad. Tutzing - 6 Bücher, u.a.: Kommunalpolitik d. Reformzeit u. Heimat im Oberland - Bayer. VO, BVK, Med. um bes. Verdienste f. d. kommunale Selbstverw., Bayer. Verfassungsmed., Med. München leuchtet.

BURGTORF, Cornel

Rechtsanwalt, Geschäftsführer J. H. Benecke GmbH., Vinnhorst (s. 1970) - 3000 Hannover - Geb. 23. Jan. 1937, verh. - Stud. Rechtswiss. Gr. jurist. Staatsprüf.

BURHENNE, Wolfgang E.

Dr., Dr. h. c., Geschäftsführer Interparlament. Arbeitsgemeinschaft (s. 1953) - Bundeshaus, Postf. 12 01 10, 5300 Bonn 1 (T. 0228 - 269 22 12) u. Alter Marxhof, 5330 Königswinter-Oelinghoven - Geb. 27. April 1924 Hannover (Vater: Adolf B., Leit. Landeskulturamt; Mutter: Dr. phil. Clara, geb. Ditges), verh. m. Dr. jur. Françoise, geb. Guilmin, 3 Kd. (Nicolas, Falk, Raphaella) - B. 1941 Höh. Sch.; Soldat; Stud. Polit. Wiss. - 1948 Ref. Bayer. Staatsmin. f. Ernähr., Landw. u. Forsten; 1949-53 Schriftleit. Verlag; 1977 Vors. IUCN-Aussch. f. Umweltrecht, -politik u. -verwaltung; Executiv Governor Intern. Council of Envir. Law; Vors. Dt. Abwärmekomm. (1974-82); Vizepräs. Centre Intern. pour l'Environnement Alpin, Chambéry/France - Herausg.: Parlamentsspiegel (1957-64), Recht u. Organisation d. Parlamente, Umweltrecht, EDV-Recht, Recht gemeinn. Organisationen, Umweltrecht der EG, Multilaterale Verträge, Denkmalrecht, Gründer d. Buchreihe Beiträge z. Umweltgestaltung (123 Bde.) - Kriegsausz.; Gr. BVK; Prix Elizabeth Haub Univ. Bruxelles - Liebh.: Jagd, Technik - Spr.: Engl., Franz.

BURIAN, Peter

Dr. phil., Prof. f. Neuere u. neueste Geschichte - Bachemer Str. 103, 5000 Köln 41 (T. 40 74 26) - Geb. 7. Aug. 1931 Mähr.-Ostrau (Vater: Anton B., Dipl.-Ing.; Mutter: Felicitas, geb. Arnold), kath. - Gymn., Univ. Köln, Tübingen, Wien; Promot. Köln 1960; Habil. Köln 1973 - 1961 wiss. Angest. Herder-Inst. Marburg, 1965 wiss. Assist. Univ. Köln, 1973 Priv.doz., 1976 apl. Prof., 1980 Prof. - BV: D. Nationalitäten in Cisleithanien u. d. Wahlrecht d. Märzrevolution 1848/49; 1962 - Spr.: Engl.

BURK, Michael

Schriftsteller - Habermannstr. 6, 8022 Grünwald/Obb. - Geb. 7. Sept. 1928 Erlangen, verh. s. 1966 m. Gabriele, geb. Bastian, 2 S. (Daniel, Marcel) - Div. Romane, zul. Keine Stunde ist zuviel, 1975; Träume haben ihren Preis, 1976; D. gold. Karussell, 1979; Nimm wenigstens d. Liebe, 1980; Aller Menschen Sehnsucht, 1981; B. auf d. nackte Haut, 1981; Silbern strahlt d. Horizont, 1982; Auf einmal ist Hoffnung, 1982; Nur d. Schöne zählt, 1984; E. Geheimnis braucht d. Mensch, 1985; Du hast vielleicht nur e. Chance, 1986.

BURKARD, Rainer Ernst

Dr. phil., o. Prof. f. Mathematik - St. Peter Pfarrweg 8a, A-8010 Graz/Österreich (T. 0316 - 4 53 77) - Geb. 28. Jan. 1943 Graz/Österr. (Vater: Otto B., Univ.Prof.; Mutter: Herta, geb. Waidbacher), kath., verh. s. 1969 m. Dr. Heidemarie, geb. Knobloch, 3 Kd. (Michael, Reinhild, Thomas) - Univ. Graz u. Wien - 1973-81 o. Prof. Univ. Köln, s. 1981 o. Prof. TU Graz (Österreich). 1981-85 stv. Vors. Ges. f. Math., Ökonomie u. Operations Research; 1986-88 Präs. Österr. Ges. f. Operations Research; s. 1985 Editor in chief Ztschr. f. Operations Research - BV: Methoden d. ganzzahligen Optimierung, Wien 1972; Assignment and Matching Problems: Solution methods with FORTRAN routines, 1980 - 1971 Förderpreis Österr. Math. Ges.

BURKARDT, Friedrich

Dr. rer. nat., Dipl.-Psych., Prof. f. Arbeitspsychologie Univ. Frankfurt/M. (s. 1973) - Gneisenaustr. 97, 4330 Mülheim/Ruhr-Heißen - Geb. 4. Aug. 1929 Castrop-Rauxel (Vater: Wilhelm B., Lehrer; Mutter: Adele, geb. Seebohm), kath., verh. s. 1957 m. Hedwig, geb. Kunigk, S. Albrecht - Univ. Erlangen u. St. Andrews (Schottl.), Köln (Promot. 1955) - 1962-69 Salzgitter AG, Salzgitter (Leit. Arbeitsschutz); 1970-73 Ruhrkohle AG, Essen (Leit. Arbeitsmed.). 1971ff. Honorarprof. Univ. Göttingen - BV: Psych. d. Arbeitssicherheit, 3. A. 1973.

BURKARDT, Hans Eugen

Prof., Grafik-Designer - Fuchsklint 65, 3004 Isernhagen 1 (T. 0511-61 27 82) - Geb. 25. Mai 1930 Stuttgart, kath. - 1951-56 Stud. Akad. d. bild. Künste Karlsruhe; 1960 Beruf. an d. Werkkunstsch. Hannover; s. 1973 Prof. FH Hannover, Fachbereichsleit.; 1980 Dekan FB Kunst u. Design; 1981 Rektor FH Hannover; Juror b. Design-Wettbew.; Einzel- u. Gruppenausst. - BV: Alphabete u. kalligraphische Skizzen, 1984, Engl.; div. Fachveröff. - Spr.: Engl., Franz. - Lit.: Heiderhoff: Kontrollierte Virtuosität; Lange: Kein Tag ohne Linie; Blobelt: D. neue alte Kunst - üb. d. Kalligraphen Hans Burkardt u. sein Werk.

BURKART, Erika

Schriftstellerin - CH-5649 Althäusern b. Muri (Schweiz) - Geb. 8. Febr. 1922 Aarau, verh. m. Ernst Halter (Schriftst.) - BV: D. dunkle Vogel, 1953; Sterngefährten, 1955; Bann u. Flug, 1956; Geist d. Fluren, 1958; D. gerettete Erde, 1960; Mit d. Augen d. Kore, 1962; Ich lebe, 1964; D. weichenden Ufer, 1967; Moräne, R. 1970; D. Transparenz d. Scherben; Fernkristall, Anthol. 1972; Rufweite, Prosa 1975; D. Licht im Kahlschlag, Lyrik 1977; Augenzeuge, Ausgew. Ged. 1978; D. Weg zu d. Schafen, R. 1979; D. Freiheit d. Nacht, Ged. 1982; Sternbild d. Kindes, Ged. 1984; D. Spiele d. Erkenntnis, R. 1985; Schweigeminute, Lyrik 1988 - Lions-Club, 1958 Droste-Preis Meersburg, 1959 Preis Schweizer. Schiller-Stiftg., 1961 Conrad-Ferdinand-Meyer-Preis, 1964 Kulturpreis Argovia, 1971 Ida-Dehmel-Preis; 1978 Johann-Peter-Hebel-Pr.; 1980 Lit.pr. d. Kantons Aargau.

BURKART, Rolf A.

Verleger, Zeichner, Autor - Obentrautstr. 54, 1000 Berlin 61 - Geb. 1952 Worms, verh. s. 1982 - Gaststud. Klagenfurt u. Berlin (Literaturwiss., Phil.); Ausb. in Zeichnen u. Malerei b. Gregor Alexis Tamaroff, Serge Angel, Marcel Zapf (Augsburg) - BV: Hoffnung - Oasen m. vereister Quelle, 1982; Prismen; O-Stimmen aus d. Sprachlosigkeit, 1985. Herausg.: Lit.-Almanach wider d. korsettierten Geist: Tabula Rasa. D. ersten deutschspr. Werkausg. Saint-Pol-Roux u. Werkausg. (Ess. u. Textsamml.) R. A. Behrendsohn; Wort-Kristall, Anth. (1986); Hulisser - Hommage z. Zoten v. Walter Hilsbecher (1987). Übers.: Saint-Pol-Roux, Bd. 12 RES POEMCA od. die Republik d. Poesie (1989) - Liebh.: Schrift, Sprache, Lit., Kunst - Spr.: Franz., Engl.

BURKEI, Ria,

geb. Hilmer

Abteilungsleiterin, MdL Bayern (s. 1978) - Jakob-Böhme-Str. 8, 8000 München 80 - Geb. 28. Jan. 1935 München (Eltern: Karl (Mechaniker) u. Maria Hilmer), verh. m. August B. (Ing.) - Volks- u. Handelssch.; Bayer. Verwaltungssch. Mittl. Reife 1952 - S. 1952 Stadtverw. (Angest.) u. städt. Wohnungsges. München (1966 Abt.sleit.). 1966-78 Stadträtin München. SPD s. 1960 - BVK; Goldmed. München leuchtet; Gold. Ehrennadel VdK Bayern.

BURKERT, Martin

Schriftsteller, Dramat. Westf. Landestheater Castrop-Rauxel - Salzweg 11, 4320 Hattingen (T. 02324-3 05 90) - Geb. 5. Febr. 1951 Braubach, verh. m. Dr. Dagmar Goch, VHS-Leit. Hattingen, 2 Kd. (Cosima, Tilman) - Stud. Theater- u. Sozialwiss.; M.A. 1976 Köln, Journ., Autor v. Rundf.- u. Fernsehsend. WDR, Regieassist., Theateranimateur, Lehrer, Jugendpfleger - BV: Leben in Köln, 1977; Unsere Zukunft, 1979; Ich steh vor m. Plastikbaum, 1980; Morgen beginnt heute (Hg.), 1980; Ab in d. Orient-Express, (hg. m. H. Böseke) 1984. Theaterst.: Ab in d. Orient-Express (m. H. Böseke, UA 1983 Castrop-Rauxel); Besuch b. d. verbannten Dichtern (UA 1984 Lüdenscheid). Theaterfass. v. Romanen: Vorstadtkrokodile v. Max v. d. Grün (UA 1981 Castrop-Rauxel); Wir pfeifen auf d. Gurkenkönig, v. Christine Nöstlinger (UA 1982 Castrop-Rauxel); D. war d. Hirbel v. Peter Härtling (UA 1984 Castrop-Rauxel); D. Geheimnis d. Brunnens v. Luise Rinser (UA 1985 Castrop-Rauxel).

BURKERT, Walter

Dr. phil., Dr. h. c., o. Prof. f. Klass.

Philologie - Wildsbergstr. 8, CH-8610 Uster b. Zürich (Schweiz) - Geb. 2. Febr. 1931 Neuendettelsau/Mfr. (Vater: Dr. phil. Adolf B., Pfarrer; Mutter: Luise, geb. Großmann), ev., verh. s. 1957 m. Maria, geb. Bosch, 3 Kd. (Reinhard, Andrea, Cornelius) - Univ. Erlangen u. München (Klass. Philol., Phil., Gesch.). Promot. (1955) u. Habil. (1961) Erlangen - S. 1966 Ord. TU Berlin u. Univ. Zürich (1969). Spez. Arbeitsgeb.: Altgriech. Religion u. Phil. - BV: Weisheit u. Wissenschaft - Studien zu Pythagoras, Philolaos u. Platon, 1962 (auch engl.); Homo necans - Interpretationen altgriech. Opferriten u. -mythen, 1972 (auch ital. u. engl.); Griech. Religion d. archaischen u. klass. Epoche, 1977 (auch ital. u. engl.); Structure and History in Greek Mythology and Ritual, 1979 (auch ital.); D. orientalisierende Epoche in d. griech. Religion u. Lit., 1984; Ancient Mystery Cults, 1987 - 1982 Carl-Friedrich-Gauss-Medaille Braunschweig. Wiss. Ges.; 1988 Dr. h. c. Univ. of Toronto - Spr.: Lat., Griech., Engl., Franz., Ital.

BURKHARD, Wolfgang

Dr., Dipl.-Volksw., Geschäftsf. IHK Duisburg (s. 1968) - Postf. 10 15 08, 4100 Duisburg - Geb. 22. Febr. 1928 Trier (Vater: Wilhelm B., Ing.; Mutter: Johanna, geb. Keller), kath., verh. s. 1955 m. Marietheres, geb. Esser, T. Dorothee - Stud. d. Nationalökonomie Univ. Köln, Bonn - IHK-Gf. Aschaffenburg (1954), Dortmund (1960); Lehrauftr. Gesamthochsch. Duisburg (Strukturfragen d. Ruhrgebietes); Gf. Volks- u. Betriebswirtschaftl. Vereinig. i. Rhein.-Westf. Ind.-Geb. - BV: Wirtsch. a. Niederrh. - Strukturen u. Entwicklungen, 1973; D. Hüttenwerke d. Ruhrgeb., 1974; Abriß e. Wirtschaftsgesch. d. Niederrh., 1977; D. Niederrhein - Wirtschafts- u. Lebensraum, 1987.

BURKHARDT, Arthur

Dr.-Ing., Dr. rer. nat. h. c., Prof. Vorstandsvorsitzer i.R. (b. 1970) - Augustinum/Florentinerstr. 20, 7000 Stuttgart 75 (T. 0711 - 47 02-41 19) - Geb. 10. März 1905 Freiburg/Br., verh. s. 1930 m. Cläre, geb. Haehl (gest. 1981), 3 Kd. (Peter, Hannelore, Brigitte) - Promot. 1928 TH Stuttgart - 1928-29 Hochschulassist., 1929-35 wiss. Mitarb. Metallges., Frankfurt/M., 1935-41 Leit. Metallabt. Georg v. Giesches Erben, Magdeburg/Berlin, 1941-70 Vorstandsmitgl. u. -vors. (1950) Württ. Metallwarenfabrik (WMF), Geislingen. S. 1957 Honorarprof. TH, dann Univ. Stuttgart. Ehrenämter. Erf. zahlr. Werkstoffe - BV: Technol. d. Zinklegierungen (2. A.), Blei u. s. Legierungen, D. mechan.-technol. Eigensch. d. reinen Metalle. Üb. 50 fachwiss. Einzelarb. - 1962 Ehrenbürger Geislingen; Ehrensenator TH Stuttgart (1955) u. Univ. Tübingen (1961); stv. Vors. Institutsgem. Univ. Stuttgart; Kurat.-Ehrenvors. Max-Planck-Inst. f. Werkstoffwiss., Stuttgart, Forschungsinst. f. Edelmetalle u. Metallchemie, Schwäb. Gmünd, u. Forschungsinst. f. Umformtechnik, Stuttgart; Kurat.-Mitgl. Ges. z. Förderung Münchner Opernfestsp. u. Arthur-Burkhardt-Stiftg. f. Wissenschaftsförder.; Ehrenmitgl. Dt. Ges. f. Metallkd. u. Dt. Inst. f. Blechbearbeit., Düsseldorf, u. a. - 1955 Gr. BVK, 1966 Stern dazu, 1967 Bayer. VO. - Liebh.: Musik - Spr.: Engl., Franz. - Rotarier - Bek. Vorf.: Fahr, Gottmadingen (ms.).

BURKHARDT, Dietrich

Dr. rer. nat., o. Prof. f. Zoologie u. Neurophysiologie Univ. Regensburg (s. 1970 Lehrstuhl Biologie VI) - Universitätsstr. 31, 8400 Regensburg - Geb. 17. Mai 1928 Wiesbaden (Vater: Rudolf B., Ingenieur; Mutter: Hildegard, geb. Neudeck) - Humboldt-Sch. Berlin (Tegel); Univ. Berlin u. Göttingen (Naturwiss.). Promot. (1953) u. Habil. (1958) Würzburg - 1953-65 Univ. Würzburg u. München (Assist., Konservator Zool. Inst.; Doz.); 1965-70 Dir. Zoolog. Inst. Univ. Frankfurt/M. Spez. Arbeitsgeb.: Sinnes- u. Nervenphysiol. - BV: Lexikon d. Neurophysiol., 1968/69; Mithrsg.: Signale d. Tierwelt, 1965. Div. Einzelarb. - 1961 Preis Bayer. Akad. d. Wiss. - Spr.: Engl.

BURKHARDT, Georg

Dr.-Ing. E.h., em. o. Prof. f. Tunnelbau u. Baubetriebslehre TU München (s. 1956) - Jahnstr. 24, 8133 Feldafing/Obb. (T. 12 76) - Geb. 29. Dez. 1911 Serpuchow (Vater: Ernst B.; Mutter: Barbara, geb. Turizyna), verh. s. 1937 m. Susanne, geb. Pusch - Dipl. TU München 1935 - BV: Kostenprobl. d. Bauproduktion, 1963; Numer. Ablaufplanung e. Baustelle, 2. A. 1968 - Prakt. Tätigk.

BURKHARDT, Hermann

Prof., Hochschullehrer (Kunsterzieher) - Wunnensteinstr. 28, 7140 Ludwigsburg-Eglosheim - Geb. 24. Juli 1928 - 1962 Doz. PI Stuttgart; 1962 Prof. PH Ludwigsburg - BV: Grundschul-Praxis d. Kunstunterrichts, 5. A. 1977; Z. visuellen Kommunikation in d. Grundschulprax., 1974; Bildtexte - narrative Strukturen im Kunstunterr., 1977.

BURKHARDT, Joachim

Dr. phil., Journalist, Schriftsteller, HA-Leiter im Fernsehbereich der Deutschen Welle - Heinrich-Heine-Str. 22, 5000 Köln 50 - Geb. 21. Jan. 1933 Borna/Sa. (Vater: Dr. jur. Rudolf B.; Mutter: Hildegard, geb. Scholl), ev., verh. m. Gisela, geb. Vollert - Stud. Theol., Publizistik, German. - Zul. Leit. Kulturabt. im SFB - BV: Wie e. bitterer Kern, R. 1960; Wer sammelt d. Stunden?, Erz. 1961; D. Krisis d. Dichtung, Ess. 196[illegible] Zum Beispiel im Juni, R. [illegible] D. K[illegible]mödiant, Erz. 1969. Mei[illegible] mein[illegible] Stadt, Lit. Sachbuch (198[illegible]nw[illegible] D. neue Robinsonade ([illegible]96[illegible] Saarbrücken); Lassalle ([illegible] 19[illegible] Wuppertal). Fernsehfea[illegible] u. -dokumentationen, u. a. Ansichten e. A[illegible] Heinrich Böll (1969), Ich brau[illegible] Werkstatt - Max Frisch (1970)[illegible] sollst die graue Farbe lieben - Günt[illegible] (1972), Ferdinand Lasalle od. d. dritte Weg in d. Zukunft (1975). Fernsehfeauture: Von Frankfurt nach Weimar - Joh. Wolfg. v. Goethe 1749-1786, WDR 1982; In e. neues Jahrhundert - Joh. Wolfg. v. Goethe 1786-1832, WDR 1982 - Enkel d. Verlagsbuchhändlers Dr. Werner Scholl.

BURKHARDT, Karl

Staatssekretär a. D., Regierungspräs. v. Mittelfranken a. D. - Bischof-Meiser-Str. 12, 8800 Ansbach (T. 21 45) - Geb. 9. Jan. 1910 Ansbach, ev., verh. - Gymn.; Univ. Würzburg u. Köln. Gr. jurist. Staatsprüf. 1937 - Ab 1938 bayer. innere Verw., Reg. Mittelfranken, Innenmin., Landratsämter Ansbach u. Dinkelsbühl, 1950-57 Rechtsrat u. Oberbürgerm. Ansbach, 1957-58 Staatssekr. Bayer. Unter.- u. Kultusmin. - 1962 Bayer. Verdienstorden; 1967 Ehrensenator Univ. Erlangen-Nürnberg; 1973 Gr. Verdienstkreuz d. VO d. Bundesrep. Deutschl.; 1975 Ehrenbürger Stadt Ansbach.

BURKHARDT, Klaus

Dr. med., Prof., Chefarzt Chirurg. Klinik/Reinhard-Nieter-Krkhs. - 2940 Wilhelmshaven (T. 04421 - 80 12 70) - Geb. 21. Aug. 1934 Aschersleben - Stud. Georg-August-Univ. Göttingen (Med. Fak.) 1960, Promot. 1960, Habil. 1970. Etwa 60 wissenschaftl. Veröff. - Spr.: Engl.

BURKHARDT, Ludwig

Dr. med., Prof., Vorst. Patholog. Inst. TH München/Klinikum r. d. Isar (ab 1955; jetzt emerit.) - Adalbert-Stifter-Str. 29, 8000 München 81 (T. 98 30 66) - Geb. 31. Okt. 1903 Würzburg (Vater: Prof. Dr. med. Ludwig B., Chirurg; Mutter: Margarete, geb. Schroeder), verh. s. 1940 m. Ilse, geb. Zenneck - Gymn. Nürnberg; Univ. Würzburg - S. 1938 Privatdoz. u. apl. Prof. (1949) Univ. München. Arbeitsgeb.: Erb- u. Konstitutionspathol., Tbc., Histopathol. d. Skeletts - BV: Pathol. Anatomie d. Schädels, 1970 (Handb. d. Spez. Pathol. Anatomie u. Histol. Bd. 9/7) u. a. Fachveröff.

BURKHARDT, Ole

Dr.-Ing., Dipl.-Ing., Prof. f. See- u. Hafenbau Univ. Hannover - Alleestr. 28, 3000 Hannover 1 (T. 0511 - 70 25 02) - Geb. 26. März 1935 Schleswig (Vater: Dr. med. Hans B., Facharzt f. Nervenu. Geisteskrankh.; Mutter: Maria, geb. Weber), verh. s. 1965 m. Monika, geb. Bisping, 3 Kd. (Antje, Jan, Gretel) - Staatl. Domsch. Schleswig (Hum. Gymn.; Abit. 1954); Stud. Bauing.wesen, Wasserbau u. -wirtsch. TH München u. Hannover; Dipl.ex. 1960 u. Promot. 1967 Hannover - 1960ff. Versuchsing., wiss. Assist., Obering., Prof. (s. 1975) Franzius-Inst. Univ. Hannover; 1968-71 Chefbauleit. Rep. Senegal; 1971-74 Sachverst. f. Wasserbau u. -wirtsch. Kreditanst. f. Wiederaufbau, Frankfurt/M.; Fachmitgl.sch. - Liebh.: Segeln - Spr.: Franz., Engl.

BURKHARDT, Otto

Dr. oec., Dipl.-Kfm., Geschäftsführer Eisenwerk Hensel Bayreuth/Dipl.-Ing. Burkhardt GmbH, Bayreuth - Schwindstr. 4, 8580 Bayreuth - Geb. 30. Aug. 1922 Bayreuth.

BURKHARDT, Rudolf

Dr.-Ing., em. o. Prof. Fachg. Photogrammetrie u. Kartographie TU Berlin (s. 1954) - Boelckestr. 12, 1000 Berlin 42 (T. 786 76 67) - Geb. 23. Febr. 1911 Seidenberg/OL. (Vater: Otto B., Dir.; Mutter: geb. Gareiss), verh. 1938 m. Wilma, geb. Buschmann, 3 Söhne (Hans, [illegible] Lutz) - TH Berlin - 1936-45 Hansa [illegible]ild GmbH., Berlin; s. 1946 TU [illegible]lin (1952 Prof.). Fachveröff.

[illegible]HOLZ, Richard

[illegible] Vorsitzender des Vorstandes der [illegible]rkasse Frankfurt - Tiberiusstr. 42, [illegible] Frankfurt/M. (T. 57 86 86; Büro: 21 70-1) - Geb. 15. Nov. 1929.

BURMANN, Hans-Wilhelm

Dr. rer. nat., Prof., Mathematiker - Roedererstr. 8, 3400 Göttingen (T. 5 99 32) - Geb. 29. Aug. 1936 Norden (Vater: Bernhard B., Spark.ang.; Mutter: Luise, geb. Thiele), verh. s. 1973 m. Ingrid, geb. Kullmann, 2 Kd. (Marc, Gerd) - Abit. 1956; Staatsex. 1962, Promot. 1965, Habil. 1971 (Univ. Göttingen). S. 1972 Wiss. Rat u. Prof. Univ. Göttingen (Math. Inst.).

BURMEISTER, Peter

Dr. rer. nat., Prof. f. Mathematik TH Darmstadt - An d. Fuchsenhütte 78, 6101 Roßdorf 1 (T. 06154 - 98 17) - Geb. 16. Juli 1941 Berlin (Vater: Paul B., Verkehrsmstr i. R.; Mutter: Gertrud, geb. Winkelmann), ev., verh. s. 1967 m. Hildegund, geb. Hüner, 2 Kd. (Johannes, Martin) - Ulrich-von-Hutten-Schule (Abit.), Stud. FU Berlin, Univ. Münster (Diplom 1965) u. Bonn (Promot. 1966, Habil. 1971); 1964-66 wiss. Hilfskr., 1966-68 wiss. Assist., 1968-69 DFG-Stip., 1969-71 wiss. Assist. Univ. Bonn, ab 1971 Prof. TH Darmstadt - BV: A Model Theoretic Oriented Approach to Partial Algebras, 1986 - Liebh.: Wandern - Spr.: Engl., Franz.

BURMEISTER, Walther

Dr. med., o. Prof. f. Kinderheilkd. (Körperzusammensetz. währ. d. Wachstums) - Deutschherrenstr. 51, 5300 Bonn-Bad Godesberg (T. 0221 - 33 04 77) - Geb. 18. Jan. 1924 Neuenkirchen N. Dithm. (Vater: Dr. med. Walther B.; Mutter: Elli, geb. Harbeck), ev., luth., verh. m. Anita, geb. Steppuhn; 2 Kd. (Eva-Maria, Karsten) - Univ. Kiel, 1961 (Habil.); Univ. Saarbrücken (1967 apl. Prof.); 1974 Univ. Bonn o. Prof. f. Kinderheilkd.; Dir. d. Univ. Kinderkl. - 1963 Adalbert-Czerny-Preis, 1966 Claude-Bernard-Preis, 1970 Pädologie-Preis.

BURMESTER, Albert

Schriftsteller (Ps.: Axel Berger, Geo Barring) - Heinrich-Goebel-Str. 1, 2800 Bremen 33 - Geb. 11. März 1908 Bremen, ev., verh. m. Alwine, geb. Geils, 3 Kd. - Volkssch. Bremen; Bootsbauerlehre - Bootsbauer u. Betriebsleit. Schiffswerft - S. 1931 üb. 250 Abenteuer - (unt. Ps.) u. techn. Zukunftsromane (unt. eig. Namen) - Liebh.: Bau histor. Schiffsmodelle.

BURMESTER, Friedrich

Dr. med., Oberstabsarzt a.D., Facharzt f. Augenkrankheiten - Pfalzgrafenweg 20, 7410 Reutlingen - Geb. 11. Okt. 1909 Metz (Vater: Friedrich B., Oberstlt. a.D.; Mutter: Hansine, geb. Laß), verh. s. 1950 m. Gisela, geb. Murawski, 3 Kd. (Andreas, Eike, Gesine) - Ab 1929 Jurastud.; ab 1930 Med.stud.; 1933 Sanitätskorps Heer; Promot. 1938 - 1939-46 Krieg u. Gefangensch.; 1952-83 Augenarzt in Reutlingen - 1970-82 Vors. Dt. Erfinderverb.; 1980-84 Vorst.-Vors. Ges. z. Förd. d. Erfindungswesens in d. Bundesrep. Dtschl. (s. 1985 Ehrenvors.); 1974-78 Präs. Intern. Federation of Inventors Associations (IFIA), derzeit Stockholm; 1978 Ehrenmitgl. Svenska Uppfinnareförening (SUF), Stockholm, u. Erfinder- u. Patentinhaberverb. d. Schweiz (EVS). Patente - Kriegsausz. (EK 1 u. a.); 1975 Dieselmed. in Gold; 1978 S.A. Andrée-Med. SUF; 1980 BVK; 1983 Goldmed. World Intellectual Property Org. (UNO-Org.) - Spr.: Engl., Franz., Schwed.

BURNHAUSER, Wolfgang

Rechtsanwalt, Mitgl. Bayer. Senat - Höhenkircher Str. 6, 8000 München 60; Büro: Destouchesstr. 14/0, 40.

BURR, Wolfgang F.V.

Dr. jur., Ministerialdirigent - Weißdornstr. 16, 5309 Meckenheim (T. 02225 - 37 23) - Geb. 28. Dez. 1939 Tübingen (Vater: Viktor B., Univ.-Prof.; Mutter: Emma, geb. Neukamm), kath., verh. s. 1966 m. Anja, geb. Nevanlinna, 3 S. (Kai, Christian, Johannes) - 1962-66 Stud. Rechtsw. u. Gesch. Univ. München u. Bonn; Staatsex. 1966 u. 1969; Promot. 1968 Univ. Bonn - 1969 Bundeswirtsch.min.; 1973-77 Botsch. New Delhi (Wirtsch.-Ref.); 1977-82 CDU/CSU Bundestagsfrakt.; s. 1982 Bundeskanzleramt - Spr.: Engl., Franz., Finn.

BURREN, Ernst

Lehrer, Schriftst. - Reckholderweg 24, CH-4515 Oberdorf/Solothurn - Geb. 20. Nov. 1944 Oberdorf - Vornehml. Mundartlyrik u. -gesch. - 1981 Alemann. Literaturpreis.

BURRICHTER, Clemens

Dr. phil., Institutsdirektor Gesellschaft u. Wissenschaft Univ. Erlangen-Nürnberg - Ringstr. 32, 8551 Kirchehrenbach - Geb. 28. Mai 1932 Legden/W. - Abit. Abendgymn. Duisburg; Stud. Univ. Münster u. Berlin. Veröff. üb. Wissenschaftstheorie, Deutschlandpolitik u. Ost/West-Beziehungen - 1987 BVK I. Kl.

BURRICHTER, Ernst

Dr. rer. nat., Prof., Botaniker - Langeworth 73, 4400 Münster/W. - Geb. 7. Juni 1921 Andervenne/N. - Promot. 1952; Habil. 1969 - S. 1955 Lehr- u. Forschungstätigk. Univ. Münster (1966 Oberkustos, 1970 Studienprof. Botan. Inst. u. Bot. Garten; außerd. apl. Prof. f. Geobotanik); 1981 Prof f. Geobotanik. Hefte u. Einzelarb.

BURSCHEID, Hans Joachim

Dr. rer. nat., o. Prof. f. Mathematik u. ihre Didaktik Univ. Köln - Elisabeth-Breuer-Str. Nr. 28, 5000 Köln 80 - Geb. 20. Mai 1938 Köln - Promot. 1967; Habil. 1972 - Zul. Wiss. Rat u. Prof. GH Wuppertal. Fachaufs.

BURSCHEL, Peter

Dr. forest., o. Prof. f. Waldbau u. Forsteinricht. - Amalienstr. 52, 8000 München 40 (T. 21 80 31 59) - Geb. 16. Sept. 1927 Kassel - S. 1961 (Habil.) Lehrtätigk. Univ. Göttingen (1967 apl. Prof.), 1966 Universidad Austral de

Chile, Valdivia (Ord. u. Vorst. Inst. f. Waldbau), u. 1972 Univ. München (Ord. u. Vorst. Lehrstuhls für Waldbau u. Forsteinrichtung). Üb. 50 Fachveröff.

BURSKA, Ottmar

Dipl.-Volksw., Hauptgeschäftsführer Bundesverb. d. Dt. Milch- u. Lebensmittelhandels u. Verb.dir. Zentralverb. Dt. Milchwirtschaftler - Baumschulallee 6, 5300 Bonn 1 (T. 02221 - 63 76 05) - Geb. 10. März 1929 Steingruben/Rhpf.

BURTH, Jürg

Ballettdirektor , Chefchoreograph - Wielandstr. 17, 1000 Berlin 12; u. Schoffelgasse 10, CH-8001 Zürich - Geb. 28. Febr. 1944 , ledig - Stud. Zürich; Tanzausb. b. Rosella Hightower Cannes, Martha Graham, George Balanchine/ New York - Choreogr., Regie, Mitbegr. Tanzforum Köln (1968); Chefchoreogr. Opernhaus Zürich (1975-78). Lehrtätigk. New York Univ. (s. 1978) - Ballettdir. u. Regisseur Theater d. Westens; Bühnenbild. u. Maler.

BURZLAFF, Hans

Dr. rer. nat., o. Prof. f. Kristallographie Univ. Erlangen-Nürnberg (s. 1971) - Robert-Koch-Str. 4a, 8525 Uttenreuth/ Mfr. - Geb. 19. Febr. 1932 Schlawe/Pom. (Vater: Walter B.), verh. s. 1957 m. Karin, geb. Schroeder, 4 Kd. - Univ. Kiel. Promot. 1961 Kiel; Habil. 1968 Marburg - Zul. Wiss. Rat Univ. Erlangen-Nürnberg (Mineral.Inst.). Fach- u. Buchveröff. - 1967 Ernst-Abbé-Preis.

BUS, Heiner

Dr. phil., Prof. f. Engl. Philologie m. bes. Berücks. d. Amerikanistik Univ. Mainz - Jahnstr. 22, 6509 Wahlheim - Geb. 13. Mai 1941 Bydgoszcz/Bromberg (Vater: Ernst B., Metzger; Mutter: Elisabeth, geb. Fünfhaus), ev., verh. s. 1964 m. Margareta, geb. Böger, 4 Kd. (Joachim, Daniel, Esther, Gabriel) - Gymn. Landau; Univ. Mainz. Promot. (1970) u. Habil. (1978) Mainz - 1970 Wiss. Assist.; 1972 Assistenzprof.; 1979 Prof. - BV: D. Figur d. Helden in Saul Bellows Roman, 1970; Stud. z. Reiseprosa Washington Irvings, 1981 - Liebh.: Amerikanistik - Spr.: Engl., Franz.

BUSACKER, Karl-Heinz

Dipl.-Kfm., Vorstand Allgem. Dt. Philips Industrie GmbH - Alldephi; Geschäftsf. Philips GmbH; AR Berliner Handels- u. Frankfurter Bank, Bauknecht Hausgeräte GmbH, Clouth Gummiwerke AG, BTS Broadcast Television Systems GmbH; VR Hamburgische Landesbank Girozentrale; Beirat Dresdner Bank AG, Westdeutsche Landesbank Girozentrale, Colonia Versich. AG; Vorst. Hanseatische Wertpapierbörse Hamburg - Steindamm 94, 2000 Hamburg 1 - Geb. 17. Mai 1930 Chemnitz.

BUSAK, Margot,

geb. van den Heuvel

Konsulin, Kauffrau, Vorsitzende d. Geschäftsfg. Busak + Luyken Dichtungen GmbH & Co, Stuttgart (s. 1987) - Handwerkstr. 5-7, 7000 Stuttgart 80 (T. 0711 - 78 64-6 15) - Geb. 28. Nov. 1911 Osberghausen (Vater: Hugo-Konrad v. d. H., Kaufm.; Mutter: Margarete Mathilde, geb. Sack), verh. s. 1939 m. Robert Busak - Höh. Schule; kaufm. Ausbild. - Tätigk. Kupferrohrwerk (Lehrfa.) u. Wirtschaftsprüfungsges.; s. 1939 Robert Busak KG bzw. Busak + Luyken GmbH & Co (1954; 1955 Teilh., 1970 Geschäftsf., 1978 gf. Gesellsch.). Vors. Dt.-Nepal. Ges. f. BW (1978) u. Dt.-Nepal. Hilfsgemeinsch. - 1983 Honorarkons. Königr. Nepal; BVK I. Kl.; Ehrenmitgl. Nepal Jaycees u. Carl Duisberg Soc. Nepal - Liebh.: Reisen (25 x Nepal), Ski - Spr.: Engl., Franz.

BUSCH, Dieter

Dipl.-Kfm., Direktor i. R. - Berghalde 31g, 6900 Heidelberg 1 - Geb. 6. Mai 1922 Dessau - 1977-86 Vorstandssprecher Kraftanlagen AG, Heidelberg; AR Fehling, Hannover.

BUSCH, Dieter

Dr. med., Prof., Chefarzt Inn. Abt. I Städt. Krkhs. Bietigheim - Riedstr. 12, 7120 Bietigheim-Bissingen; priv.: Löchgauer Str. 91 - Geb. 8. April 1930 Leipzig (Vater: Dr. jur. Rudolf B.), verh. m. Annegret - Promot. 1955 Leipzig; Habil. 1966 Freiburg - S. 1972 apl. Prof. Univ. Freiburg (Inn. Med.). Fachveröff.

BUSCH, Eberhard

Dr. theol., Prof. f. reformierte Theologie Univ. Göttingen - Lindenstr. 13, 3403 Friedland 4 (T. 05504 - 13 03) - Geb. 22. Aug. 1937 Witten, ev., verh. s. 1967 m. Beate, geb. Blum, 4 Kd. (Karl Emanuel, Christian Johannes, Sara Henriette, Friedrich Nathanael) - Städt. Gymn. Witten; Stud. Univ. Wuppertal, Göttingen, Heidelberg, Münster, Basel; Promot. 1977 Basel - 1965-68 Assist. b. Prof. Karl Barth in Basel; 1969-86 Pfarrer in Uerkheim/Schweiz; 1986 Prof. Univ. Göttingen - BV: Karl Barths Lebenslauf, 1975 (Übers. engl., ital., holl., japan.); Karl Barth u. d. Pietisten, 1978; Juden u. Christen im Schatten d. Dritten Reiches, 1979 - Spr.: Engl.

BUSCH, Ernst Werner

Dr. med., Forschungsleiter Boehringer Mannheim GmbH., Mannheim, Honorarprof. f. Biochemie Univ. Gießen (Bereich Humanmed.) - Sandhofer Str. 116, 6800 Mannheim 31 - Geb. 16. Mai 1928 Köln - Habil. 1967 Hamburg - Zul. Chem. Staatsinst. Hamburg.

BUSCH, Franz

Gewerkschaftssekretär a.D., MdL Nordrh.-Westf. (s. 1970) - Mählerweg 13, 4300 Essen (T. 28 88 29) - Geb. 7. Juni 1922 Essen, verh., 1 Kd. - Volkssch.; 1950-51 Sozialakad. - Bergmann; b. 1982 Vors. DGB Essen. Landessozialrichter. 1964 ff. Ratsherr Essen. SPD s. 1947.

BUSCH, Frieder

Dr. phil., Prof. f. Engl. Phyilologie m. bes. Berücks. d. Amerikanistik - Starenweg 3, 6200 Wiesbaden - Geb. 24. März 1932 Bochum (Vater: Willi B., Schausp.; Mutter: Margarethe, geb. Thelemann), ev. - Univ. Mainz (Angl., Amerik., German.). Promot. 1966 - S. 1971 (Habil.) Lehrtätigk. Univ. Mainz - BV: Natur in Neuer Zeit, 1974; Satire, 1977.

BUSCH, Friedrich W.

Dr. phil., o. Prof. f. Erziehungswissenschaft Univ. Oldenburg - Schilfweg 5, 2902 Rastede/O. 1 - Geb. 5. Juli 1938, kath., verh. s. 1964, 2 Kd. - Stud. Päd., Phil., kath. Theol. u. Kunstgesch. Univ. Münster, Berlin, Bochum; Promot. 1971 (Vergl. Erz.Wiss.) - 1963-67 Lehrer an versch. Schulformen; 1974 o. Prof. Univ. Oldenburg (1976-79 Vizepräs.) - 1981-83 Präs. Assoc. for Teacher Education in Europe, Brüssel - BV: Familienerz. in d. DDR, 1972/1980; Vgl. Erziehungswiss., 1975; Lehrerausbild., 1978; J. F. Herbart, 1976; Lehren u. Lernen in d. Lehrerausb., 1981; Schulleben heute, 1984; Suche n. Identität, 1985; Perspektiven gesellschaftl. Entw. in beiden dt. Staaten, 1988. Mithrsg. u. verantw. Redakt.: Ztschr. Päd. u. Schule in Ost u. West. Zahlr. Aufs. u. Stud. z. Vgl. Erziehungswiss. u. Lehrerausb.

BUSCH, Günter

Dr. med., Prof. f. Neurochirurgie, Chefarzt Neurochir. Abt. Barbara-Klinik Hamm - Zu erreichen üb. St.-Barbara-Klinik, 4700 Hamm-Heessen (T. 02381 - 68 14 76) - Geb. 14. Juli 1936 Aachen - Promot. 1963; Habil. 1973 - 1974ff. Univ. Mainz (Oberarzt Neurochir. Abt.); s. 1980 Chefarzt Hamm - BV: Verletzungen d. Halswirbelsäule, 1975.

BUSCH, Günter

Dr. phil., Prof., Kunsthistoriker i.R. - Kurfürstenallee 92, 2800 Bremen - Geb. 2. März 1917 Bremen (Vater: Wilhelm B., Kaufm.; Mutter: Wilhelmine, geb. Dröge), verh. m. Ruth, geb. Palm - Univ. Berlin u. Prag (Promot. 1944) - 1943-44 Assist. Graph. Samml. Prag; s. 1945 Kustos u. Dir. (1950) Kunsthalle Bremen - BV: u. a. Max Beckmann, Monogr. 1960; Gerhard Marcks, 1964. Herausg.: Paula Modersohn-Becker, Handzeichnungen, 1950; Manet, Un Bar aux Folies-Bergère, 1956; Emil Nolde, Aquarelle, 1957; Delacroix, D. Freiheit auf d. Barrikaden, 1960; Macke, Zeichnungen, 1966; Hinweis z. Kunst, Aufs. 1977; Max Liebermann. D. Phantasie in d. Malerei (Hrsg.), 1978; Paula Modersohn-Becker. Briefe u. Tageb. (Hrsg.), 1980; Paula Modersohn-Becker. Malerin - Zeichnerin, 1981; Félix Vallotton, 1982; Hans Wimmer, Zeichn. 1983; Gerhard Marcks, Holzschnitte 1984; Max Liebermann, Maler, Zeichner, Graphiker, 1987 - 1967 Bremer Med. f. Kunst u. Wiss., 1974 Sigmund-Freud-Preis f. wiss. Prosa d. Dt. Akad. f. Sprache u. Dichtung; 1970 Officier de l'Ordre des Arts et des Lettres, 1977 Mitgl. d. Deutsch. Akad. f. Sprache u. Dichtung - Spr.: Engl., Franz. - Rotarier.

BUSCH, Gustav

Assessor, Hauptgeschäftsf. Handwerkskammer Mannheim - B 1, 1-2, 6800 Mannheim - Stud. Rechtswiss.

BUSCH, Hans-Dieter

Einzelhandelskaufmann, MdL Rhld.-Pfalz (1977-79, 1981) - Wormser Str. 1/3, 6710 Frankenthal/Pf. - Geb. 3. Sept. 1938 Mannheim, ev., verh., 1 Kd. - Obersekundareife; 1959 Kaufmannsgehilfenprüf.; 1962 Opernreifeprüf. - S. 1964 selbst. CDU s. 1974.

BUSCH, Hans-Günter

Dipl.-Ing., Geschäftsführer Dt. Verbundgesellschaft - Ziegelhäuser Landstr. 5, 6900 Heidelberg.

BUSCH, Hans-Heino

Dipl.-Ing., Univ.-Prof. f. Baubetrieb Berg. Univ.-GH Wuppertal - Faunastr. 27, 4000 Düsseldorf 1 - Geb. 11. Okt. 1925 Berlin, verh. s. 1962 m. Ursula, geb. Pyczak - Abit. 1947; 1947-54 TU Berlin; 1954-69 Bauindustrie; 1970 Baurat; s. 1973 Prof.

BUSCH, Helmut

Dr. med., Prof. f. Transfusionsmedizin - Martinistr. 52, 2000 Hamburg 20 - S. 1971 Prof. Univ. Hamburg (Dir. Abt. f. Transfusionsmed./Chir. Klin.).

BUSCH, Hermann J.

Dr. phil., Prof. f. Musikwissensch. u. Organist - Heinrich-Schütz-Str. 27, 5900 Siegen (T. 0271 - 31 14 34) - Geb. 20. Febr. 1943 Monheim, verh. s. 1980 m. Songrid Hürtgen-B., geb. Pohle - Staatsex. Schulmusik 1968 Mainz, Staatsex. Kirchenmusik 1969 ebd., Promot. 1970 Mainz - 1969 Wiss. Assist. PH Weidenau; s. 1981 Prof. Univ.-GH Siegen; s. 1983 Lehrbeauftr. Musikhochsch. Köln - BV: Georg Poss, 1971; D. Orgeln d. Kr. Siegen, 1974; Orgeln in Paris, 1978; Musik - gedeutet u. gewertet, 1983; Z. Interpretation d. franz. Orgelmusik, 1986; Z. Interpretation d. Orgelmusik M. Regers, 1988. Schriftleit. Ztschr. Ars Organi. 4 Schallpl. - 1978 Ehrenmitgl. Assoc. Cavaillé-Coll - Spr.: Engl., Franz., Niederl.

BUSCH, Horst

Direktor d. Auskunftsstelle über d. Versicherungsaußendienst (AVAD) - Martinistr. 12, 2800 Bremen 1 - Geb. 8. Sept. 1925 - Stud. Rechtswiss. Gr. jurist. Staatsprüf.

BUSCH, Johannes

Pfarrer, Leit. Bodelschwinghsche Anstalten Bethel (1980ff.) - 4800 Bielefeld 13-Bethel/W. - Stud. Wuppertal, Tübingen, Basel, Münster - 1969-79 Brüderpfr. Westf. Diakonenanstalt Nazareth, Bethel.

BUSCH, Karl

Dr. Ing., Dipl. Ing., Unternehmer - Schauinslandstr. 2, 7867 Maulburg (T. 07622 - 40 13) - Geb. 20. Aug. 1929 Loerrach (Vater: Hanns B., Ing.; Mutter: Elly, geb. Wittig), islam., verh. s. 1963 m. Ayhan, geb. Gökay, 3 Kd. (Ayla, Sami, Kaya) - TU München, Promot. 1957 - Liebh.: Radfahren (in 14 Tagen m. d. Rad Basel-Istanbul, 1978) - Spr.: Engl., Franz., Türk. - Bek. Vorf.: Karl Wittig, Erfinder d. Rotation-Kompressors (Großv.).

BUSCH, Kurt

Oberstadtdirektor Stadt Essen (s. 1981) - Beckmannsbusch 39, 4300 Essen 1 - Geb. 5. Juni 1930 Bünde/Westf., verh. s. 1958 m. Rotraud, geb. Meinert, Sohn Michael (Jurastud.) - Jurastud., gr. jurist. Staatsprüf. 1959 - 1960-66 Amtsdir. Herford-Hiddenhausen; 1966-68 Verbandsdir. Städte- u. Gde.-Verb. NRW Düsseldorf; 1968-80 Oberstadtdir. Göttingen - Liebh.: Barockmusik, Lit., Wandern.

BUSCH, Kurt

Dr. jur., Rechtsanwalt u. Wirtschaftsprüfer - Leinpfad 18, 2000 Hamburg 60 - Geb. 19. Mai 1924 - B. 1986 stv. AR-Vors. Dt.-Iran. Bank AG, Hamburg.

BUSCH, Manfred

Dr. med., Prof. f. Radiologie (Strahlentherapie) - Brachtstr. 8, 4300 Essen-Bredeney (T. 0201 - 41 25 01) - Geb. 9. Dez. 1925 Marienburg (Vater: Reinhold B., Stud.rat; Mutter: Käthe, geb. Wiens), ev., verh. s. 1950 m. Signe, geb. Ehlers, 2 Kd. (Karin, Martin) - Univ. Berlin, Göttingen; Ex. u. Promot. 1952, Habil. 1966 - 1970 Wiss. Rat u. Prof. Klinikum Marburg, 1975 Prof. Klinikum Essen - Entd.: Optimier. intracavitärer Strahlentherapie, Naturwiss. Grundl. v. Nutzen u. Risiken d. Strahlentherapie - BV: Dosierungsatlas f. d. intracavitäre Strahlentherapie nach d. Kurzzeit-Afterloading-Verfahren in 7 Bd. - Liebh.: Fotogr., Mikroelektronik, Math. u. Physik - Spr.: Engl.

BUSCH, Rolf

Regisseur - Balger Hauptstr. 120, 7570 Baden-Baden (T. 07221 - 6 52 72) - Geb. 15. Juni 1933 Hamburg, verh. m. Ursula, geb. Langrock - Stud. German./ Roman. Univ. Hamburg u. Poitiers - 1961-66 Dramat./Regiss. NDR Fernsehspiel; ab 1966 fr. Regiss. 1978/79 Gastdoz. Austral. Film and Television School in Sydney - Drehb. u. Übers. Rd. 30 Filme u. Fernsehspiele.

BUSCH, Ulrich

Dr. phil. (habil.), o. Prof. f. Slavistik Univ. Kiel (s. 1961) - Klosterhof 24, 2308 Preetz/Holst. (T. 31 34) - Geb. 10. Sept. 1921 - 1958-61 Privatdoz. Univ. Münster - BV: D. Seinssätze in d. russ. Sprache, 1960. Fachaufs.

BUSCH, vom, Werner

M.A., Chefredakteur Ring Nordbayerischer Tageszeitungen (RNT) (s. 1985) - Postfach 10 09 54, 8580 Bayreuth; priv.: Rheingoldstr. 10, 8580 Bayreuth - Geb. 2. Mai 1946 Mellrichstadt - Stud. Politik, German., Gesch. - 1974-79 Bayer. Rundf.; 1979-81 Journ. Consultant d. Times of Papua New Guinea Port Moresby; 1981-84 Nürnberger Ztg.; 1984/85 Inter Nationes Bonn.

BUSCH, Wolfgang

Dr., Kanzler d. Johann Wolfgang v. Goethe-Univ. Frankfurt/M. (s. 1981) - Senckenberganlage 31, 6000 Frankfurt/ M. 11 - Geb. 12. Okt. 1941 Rendsburg (Vater: Helmut B., Hauptlehrer i. R.; Mutter: Ruth, geb. Liepert), ev., verh. s. 1967 m. Dr. Christiane, geb. Hail (Kinderärztin), 2 Kd. (Stefanie, Barbara) - Max-Planck-Gymn. Kiel; Stud. Christian Albrechts-Univ. Kiel u. Philipps-Univ. Marburg; Jurist. Staatsprüf. 1966 Marburg u. 1972 Kassel - 1972 Rechtsref. Univ. Marburg; 1973 Ref. f. Finanzen u. Personal ebd.; 1978 Personalref. Hess. Kultusmin. - Spr.: Engl., Franz.

BUSCH-MEINERT, Rotraud

Malerin (Ps. Rotraud Meinert) - Beckmannsbusch 39, 4300 Essen 1 - Geb. 20. Mai 1938 Bielefeld (Vater: Dr. Hermann M., Tierarzt; Mutter: Margarete, geb. Harms), ev., verh. s. 1958 m. Kurt B., Oberstadtdir. Essen, S. Michael - Aquarelle, Öl u. Plastiken; Ausst. - 1968 Preis f. gute mus. Leist.

BUSCHBECK, Bernhard

Dr. theol., M. A., o. Prof. f. Ev. Theologie einschl. Didaktik Erziehungswiss. Hochschule Rheinland-Pfalz/Abt. Landau - Kolmarer Str. 11, 6740 Landau - Geb. 2. Juni 1934 Reichenbach - Promot. 1968; M. A. 1972 - 1968-72 Leit. Religionspäd. Amt Mainz; 1972-74 Doz. Fachhochsch. Darmstadt; s. 1974 Prof. EWH Rhld.-Pf. (zuerst Abt. Worms). Facharb.

BUSCHBECK, Heinz

Dr. rer. nat., Ing., Chemiker, Vorstandsmitglied Hoffmann-La Roche AG, Grenzach-Wyhlen - Uhlandweg 11, 7888 Rheinfelden (T. 07623 - 6 26 02) - Geb. 7. Febr. 1932 Berlin (Vater: Dr.-Ing., Dr.-Ing. E.h. Werner B.), ev. - Promot. 1961, Pharmazeut. Inst. Univ. Bonn - Spr.: Engl., Russ.

BUSCHBECK, Jochen

Dipl.-Volksw., Vorstandsvors. Doornkaat AG - Neuer Weg 35-40, 2980 Norden 1 (T. 04931-18 52 00) - Geb. 19. März 1937 Würzburg, ev., verh., T. Kristina - Abit. Bad Harzburg, Stud. Volksw. München u. Hamburg (Diplom) - Marktforscher B.A.T. Hamburg; Produkt Manager General Foods Elmshorn; Account Supervisor Werbeagentur Masius Hamburg; Hauptabt.leit. Marketing, Service u. Konzernplan. (zuv. Produkt Manager) Reemtsma Hamburg; Geschäftsf. Tuborg, Vertriebsges. Hamburg u. Dt. Brau GmbH Hamburg - Spr.: Engl., Franz.

BUSCHBECK, Malte

Journalist, Chef v. Dienst d. Süddeutschen Zeitung - Bruno Frank Weg 5, 8000 München 50 - Geb. 27. Nov. 1939 Stettin, ev., verh. s. 1963 m. Stephanie, geb. Dübell, 4 Kd. (Marlene, Bettina, Fabian, Anna) - Stud. Univ. München (Zeitungswiss., Soziol., Phil.) - Lange J. bildungspolitischer Kommentator u. Berichterstatter - 1976 Theodor Wolff Preis.

BUSCHBOM, Helmut

Richter a. D., MdB/Vertr. Berlins - Lohengrinstr. 12, 1000 Berlin 30 (Wannsee) (T. 030 - 803 44 47) - CDU.

BUSCHE, Jürgen

Journalist - Zu erreichen üb.: Frankfurter Allg. Zeitung, Postf. 2901, 6000 Frankfurt/M. 1 - Geb. 9. Okt. 1944 Belzig/Mark Brandenburg - Schulen Bad Lippspringe, Paderborn, Fulda; 2 J. Militärdst.; Univ. Münster (Alte Geschichte, Phil., Literaturwiss.) - S. 1972 FAZ (Mitgl. Polit. Redakt./Innenpol.-Report).

BUSCHE, Manfred

Dr. rer. pol., Dipl.-Volksw., Vorsitzender d. Geschäftsführung AMK Berlin Ausstellungs-Messe-Kongress-GmbH (s. 1970), Vorstandsmitgl. Dt. Handelskammer Österr. - Messedamm 22, 1000 Berlin 19 - Div. ehrenamtl. Funkt., u.a. Vors. Ges. z. freiw. Kontrolle v. Messe- u. Ausst.zahlen, Köln/Berlin; Geschäftsf. Kongreß u. Ausst. Wasser, Berlin; AR-Mitgl. Zool. Garten, Berlin, Beirat Dt. Zentrale f. Tourismus, Frankfurt, Arbeitsgem. Entw.länder b. Dt. Ind.- u. Handelstag, Bonn, u. Deutschl-Beirat Dt. IHK Großbritannien, London; Mitgl. Direktionskomitee Union des Foires Intern., Paris; Kurat.-Mitgl. Bundesverb. Dt. Groß- u. Außenhandel (BGA), Bonn u.a.m. - 1980 Komturkreuz Commendatore del'Ordine al Merito della Republica Italiana; 1985 Preis Vereinig. Dt. Reisejourn. (f. ITB-Bestreb.); 1987 Gr. Silbernes Ehrenz. d. Rep. Österreich.

BUSCHFORT, Hermann

Beauftragter d. Bundesreg. f. d. Belange d. Behinderten, MdB (s. 1965), Vors. Arbeiterwohlfahrt (1983ff.) - Bundeshaus, 5300 Bonn - Geb. 25. Juni 1928 Bocholt, kath., verh., 3 Söhne - Volkssch.; Feinmechanikerlehre; Arbeits- u. sozialrechtl. Sem. - Facharb. Ind. (1951-59 Betriebsratsmitgl.); s. 1959 I. Bevollm. IG Metall, Verw.-Stelle Bocholt. S. 1958 Stadtverordn. Bocholt; 1965 ff. MdB (1976-82 Parlam. Staatssekr. Bundesmin. f. Arbeit u. Sozialordnung); Arbeitsricht. SPD s. 1948 - 1983 Gr. BVK.

BUSCHHORN, Gerd

Dr. rer. nat., Prof., Direktor Max-Planck-Inst. f. Physik u. Astrophysik Werner-Heisenberg-Inst. f. Physik (s. 1972) - Föhringer Ring 6, 8000 München 40 (T. 3 23 08-1) - Zul. Prof. Univ. Hamburg (II. Inst. f. Experimentalphysik).

BUSCHHORN, Hans-Reinhard

Dr.-Ing., Messerschmitt-Bölkow-Blohm GmbH, Bremen, Honorarprof. Inst. f. Luft- u. Raumfahrt TU Berlin - Robert-Bosch-Str. 38, 2800 Bremen 33.

BUSCHINGER, Alfred

Dr. rer. nat., Prof. f. Zoologie TH Darmstadt (s. 1973) - Roßbergring 18, 6107 Reinheim 5 - Geb. 6. Juni 1940 Würzburg (Vater: Friedrich B., Beleuchtungsm.; Mutter: Maria, geb. Dornberger), ev., verh. s. 1967 m. Renate, geb. Roedig, 3 Kd. (Bernhard, Christian, Barbara) - Stud. d. Biol., Chemie, Geogr. Univ. Würzburg; Promot. 1967 ebd. - 1967-73 wiss. Assist. Univ. Bonn - Spr.: Engl., Franz.

BUSCHMANN, Heinrich

Dr.-Ing., Dipl.-Phys., Prof. f. Elektromechan. Konstruktionen TH Darmstadt - Im Wiesengrund 9, 6105 Ober-Ramstadt (T. 06167 - 2 35) - Arbeitsgebiete: elektr. Kleinmotoren, Messtechnik, Entwicklungswiss., künstl. Intelligenz.

BUSCHMANN, Lothar

Dipl.-Kfm., Dipl.-Ing., Geschäftsführer Dt. Bobinet Industrie, Trier - Osbüsch 12, 5500 Trier-Kernscheid - Geb. 16 Juli 1948, ev., verh. s. 1976 m. Monika, geb. Niemann, 2 T. (Silke, Gesa) - Ausb.: Dipl.-Ing., Dipl.-Kfm., Aachen/Köln.

BUSCHMANN, Peter

Immobilien- u. Vermögensberatung - Distelfinkweg 5, 8000 München 60 - Geb. 17. Jan. 1936.

BUSCHMANN, Werner

Dr. med., Prof. f. Augenheilkunde - Mohnstr. 11, 8700 Würzburg - Geb. 5. Sept. 1931 Geithain/Sa. - Promot. 1956 Leipzig; Habil. 1964 Berlin - S. 1978 Prof. Univ. Würzburg. Rd. 100 Veröff. - 1965 Rudolf-Virchow-Preis.

BUSCHSCHLÜTER, Siegfried

Hörfunkdirektor RIAS Berlin - Kufsteiner Str. 69, 1000 Berlin 62 (T. 030 - 850 31 60) - Geb. 4. Okt. 1942 Dülmen/Westf., kath., verh. m. Christine, geb. Rouget, 2 Kd. (Vanessa, Nicholas) - Abit. 1962; 1962-66 Stud. Auslands- u. Dolmetscherinst. Univ. Mainz, Germersheim; Dipl.-Dolmetscher f. Engl. u. Span. - 1967-74 BBC German Service London; 1974-82 Redakt. Hess. Rundf. Frankfurt/M.; 1982-87 ARD-Korresp. Madrid - BV: 5-Sprachen-Silmultanwörterb.

BUSCHULTE, Winfried

Dr.-Ing., Wissenschaftler Dt. Forschungsanstalt f. Luft- u. Raumfahrt, Hardthausen, Honorarprof. f. Strahltriebwerke TU Braunschweig (s. 1966) - Herzog-Friederich-Str. 14, 7106 Neuenstadt a. K. - Geb. 10. Aug. 1929 Hamm/W. (Vater: Karl B., Kaufm.; Mutter: Elisabeth, geb. Klaus), kath., verh. s. 1959 (Ehefr.: Edith, geb. 1937), 3 S. (Thomas, Jürgen, Rainer) - Obersch. Hamm; TH Braunschweig (Dipl.-Ing. 1956); 1956-57 College of Aeronautics Engl. - S. 1956 DFVLR. Spez. Arbeitsgeb.: Raketen-, Energie-, Verbrennungstechnik - 1966 Johann-Maria-Boykow-Preis (Dt. Ges. f. Flugwiss.); 1984 Technologie-Transfer-Preis (Bundesmin. f. Forsch. u. Technologie) - Liebh.: Tennis, Futurologie - Spr.: Engl., Franz.

BUSE, Gerhard

Dr. rer. nat., Prof. f. Biochemie u. Molekularbiologie TH Aachen (s. 1973) - Nordhoffstr. 29, 5100 Aachen (T. 8 29 22) - Geb. 7. Okt. 1935 Neumünster (Vater: Otto B., Tierarzt; Mutter: Elisabeth, geb. Ahting), verh. s. 1969 m. Karin, geb. Pfitzer, 2 Kd. (Katharina, Friederike) - Stud. d. Biol., Chemie, Phil. Univ. Marburg, Mainz, Kiel; Promot. 1965; Habil. 1971 - 1967-69 Inst. f. Biochemie (MPG), München. Fachveröff. (Ztschr.), Buchbeitr. üb. respiratorische Proteine - Spr.: Engl.

BUSE, Kurt

Dipl.-Ing., Prof. f. Automatisierungstechnik, insb. Datenverarb., Univ.-Gesamthochschule Wuppertal (Fachbereich Elektrotechnik) - Dellbusch 91, 5600 Wuppertal 2 - Geb. 30. Juni 1928 Kleve - 1946 Abit. Realgymn. Bremen, 1953 Dipl.-Ing. TH Aachen.

BUSELMAIER, Werner

Dr. rer. nat. habil., Dipl.-Biol., Prof. f. Humangenetik - Ahornstr. 45, 6800 Mannheim 71 - Geb. 5. Sept. 1946 Mannheim (Vater: Heinrich B., Obering.; Mutter: Else, geb. Vögelen), ev., verh. s. 1969 m. Dr. Barbara, geb. Freyer, S. Marcus Daniel - Dipl. 1973, Promot. 1973, Habil. 1978, Ernennung z. Prof. 1982 Inst. f. Humangenetik u. Anthropol. Univ. Heidelberg - 1978 u. 1979 Vorst.mitgl. Ges. f. Anthropol. u. Humangenetik; 1974-76 Vorst-Mitgl. Ges. f. Umweltmutationsforsch. - Rd. 70 wiss. Publ. üb. Faktoren v. Mutationen, Bez. v. Mutagenese u. Cancerogenese, Genet. Grundl. d. Verhaltens, u. genet. Fehlsteuerungen bei Trisomien d. Menschen - BV: Biologie f. Mediz., 5. A. 1985; Biologia Medica (Lizenzausg. portug.) 1978 - 1965 Landespreis: Jugend forscht; 1979 Heisenberg-Stip.; 1981 Hans-Nachtsheim Preis - Spr. Engl.

BUSELMEIER, Michael

M.A., Schriftsteller, Publizist - Kühler Grund 58, 6900 Heidelberg - Geb. 25. Okt. 1938 Berlin, verh. s. 1969, 2 Kd. - Ausb. als Schausp.; Regieassist.; Stud. German., Kunstgesch. Univ. Heidelberg; Magisterex. 1967. 1972-76 Lehrtätigk. an versch. Univ. (Medienth. u. Literaturwiss.); publiz. Arb. f. Rundf. u. Zeitschr. (Die Zeit, Theater heute etc.). Mitbegr. alternat. Heidelberger Stadtztg. Communale - BV: D. glückl. Bewußtsein, Anleitungen z. materialist. Medienkritik, 1974; Nichts soll sich ändern, Ged. 1978; D. Rückkehr d. Schwäne, Ged. 1980; D. Untergang v. Heidelberg, R. 1981; Radfahrt gegen Ende d. Winters, Ged. 1982; Monologe üb. d. Glück, Kl. Prosa 1984; Heidelberger Reportagen (Hrsg. m. E. Bohn), 1984; Heidelberg-Leseb., Stadt-Bilder v. 1800 b. heute, 1986; Auf, auf, Lenau!, Ged. 1986.

BUSHART, Bruno

Dr. phil., Dr. phil. h.c., Prof., Direktor i. R. Städt. Kunstsammlungen Augsburg - Burgkmairstr. 2, 8900 Augsburg (T. 15 24 45) - Geb. 11. Sept. 1919 Ellwangen/Jagst, kath., verh. s. 1952 m. Annemarie, geb. Merkenschlager, 4 Kd. - Gymn. Ellwangen; Univ. München (Kunstgesch.). Promot. 1950 - 1952-64 Staatsgalerie Stuttgart, s. 1964 Augsburg; Hon.-Prof. Univ. München; Lehrauftrag Univ. Augsburg - Bücher u. Aufs. üb. altdt. Malerei, dt. Barockmalerei, mittelalterl. schwäb. Arch. - Spr.: Ital., Franz., Engl.

BUSHE, Karl-August

Dr. med., o. Prof. u. Direktor Neurochir. Univ.-Klinik i. Kopfklinikum - Lerchenweg 8, 8700 Würzburg (T. 8 44 22) - Geb. 16. Dez. 1921 Göttingen (Vater: Dr. W. B., Rechtsanw. u. Notar; Mutter: Dora, geb. Nolte), ev., verh. s. 1952 m. Eva-Christa, geb. Neumann-Blindow, 3 Kd. (Jürgen, Karin, Christoph) - Univ. Berlin, Freiburg, Göttingen - S. 1962 Lehrstuhlinh. Göttingen (1966/67 Dekan Med. Fak.). 1967/68 Vors. Dt. Ges. f. Neurochir.; 1969 Chairman 4. Intern. Kongreß World Federation of Neurosurgical Soc. New York; 1970/71 Präs. Europ. Ges. f. Pädiatr. Neurochir.; 1981/83 Dekan Med. Fak. Univ. Würzburg - BV: Zahlr. Veröff. aus d. Gebiet d. Neurochir. Hrsg. u. Schriftleit. mehrerer Fachzeitschr. - 1975 Silb. Med. f. wiss. Film Cannes; 1968 Mitgl. Soc. for Research into Hydrocephalus a. Spina, Bifida; 1971 korr. Mitgl. Americ. Assoc. of Neurological Surgeons, 1973 Americ. Acad. of Neurological Surgeons u. 1974 British Neurol. Surgeons; 1975 Präs. Intern. Soc. for Paediatric Neurosurgery, 1981 BVK, 1981 Honorary Pres. of the World Feder. of. Neurosurg. Societies, 1982 Ehrenmitgl. Dt. Ges. f. Neurochirurgie; 1984 Mitgl. Dt. Akad. d. Wiss. Leopoldina - Spr.: Engl., Franz. - Mitgl. Lions Club; Präs. d. Int. Congr. d. World Federation of Neurosurgical Societies (1977-81).

BUSKE, Waldemar

Dipl.-Ing., Aufsichtsratsvorsitzender Dt. Fernsprecher Ges. mbH., Marburg (DFG) - Am Buchenwald 2, 3550 Marburg (T. 06421 - 7 86 03) - Geb. 20. Aug. 1927 Tütz/Pom. (Vater: Georg B., Kaufm.; Mutter: Martha, geb. Niklarz), kath., verh. s. 1967 m. Bernadette, geb. Damberg, 3 Kd. (Stefan, Andreas, Simon) - Obersch.; Chemiel.; Stud. Elektrotechn. TH Aachen - B. 1970 Betriebsdir.; 1971 Vors. d. Geschäftsfg. d. DFG; Vorst.-Vors. LVA Hessen; Altern. Vors. Mitgl.-Vers. VDR; Landesarbeitsrichter, Handelsrichter - BVK am Bde.; Ehrenbrief Land Hessen - Spr.: Engl. - Lions-Club.

BUSS, Otto-Michael

Studienrat a. D., MdL Hessen (s. 1970) - An der Ringmauer 85, 6000 Frankfurt/M. 50 (T. 57 04 52) - Geb. 24. Febr. 1939 Frankfurt/M., verh. - Univ. Frankfurt (Dipl. 1965) - Dipl.-Hdl. 1968 ff. Stadtverordn. Frankfurt. CDU (Vors. Bezirksgr. Frankfurt-Eschersheim).

BUSS, Peter

Dipl.-Ing., Hauptgeschäftsführer d. Hauptverb. d. gew. Berufsgenossenschaften - Postf. 20 52, 5205 St. Augustin 2 - Geb. 15. Sept. 1928 Offenburg - 1955 Dipl. TU Karlsruhe - 1967-86 Leit. Zentralstelle f. Unfallverh. u. Arbeitsmed.; 1976-80 Hauptgf. f. Berufsgen. Arbeitsmed.Dienst (BAD). Präsidiumsmitgl. d. DIN - 1979 BVK am Bde., u. 1988 I. Kl.

BUSS, Walter

Dr. jur., Vorsitzender Richter BSG a.D. - Zul. 3500 Kasser-W'höhe - Geb. 24. März 1920 Dornheim/Hessen (Vater: Wilhelm B., Rektor a. D.; Mutter: Auguste, geb. Hefermehl), ev., verh. s. 1943 m. Margot, geb. Koch, 4 Töcht. (Bärbel, Ute, Gabriele, Martina) - Ludwig-Georgs-Gymn. Darmstadt; 1941-44 Univ. Heidelberg - 1950-61 Amts- u. Landessozialgerichtsrat (1954).

BUSS, Wilm Harro

Dr. med., apl. Prof., Ltd. Arzt Pathol. Inst. Rheinhard-Nieter-Krankenh. Wilhelmshaven u. St. Willehad-Hosp. Wilhelmshaven (s. 1979), Ärztlicher Direktor - Friedrich-Paffrath-Str. 100, 2940 Wilhelmshaven - Geb. 25. Mai 1938 Bremen (Vater: Hermann B., Holzkfm.; Mutter: Ilse, geb. Petersen), ev. - Stud. Med. Univ. Berlin (Freie), Hamburg; Promot. 1965; Habil. 1973 - S. 1967 TH Aachen. In- u. ausl. Fachmitgl.sch. Üb. 50 Veröff. wiss. Ztschr. - Liebh.: Gesch./

Genealogie, Ornithol., Fotogr., Glasmacherkunst - Spr.: Engl.

BUSSCHE, van den, Hendrik

Dr. med., Prof. f. Hochschuldidaktik d. Medizin Interdisziplinäres Zentrum f. Hochschuldidaktik/Univ. Hamburg (s. 1976) - Fischers Allee 67, 2000 Hamburg 50.

BUSSCHE-HADDENHAUSEN, Freiherr von dem, Julius

Land- u. Forstwirt - Rittergut Dötzingen, 3139 Hitzacker (T. 3 14) - Geb. 10. März 1906 Döbeln/Sa. (Vater: Georg Frhr. v. d. B.-H., zul. Oberst; Mutter: Gabriele, geb. Freiin v. d. Bussche-Ippenburg), ev. verh. s. 1929 m. Anna-Elisabeth, geb. v. Pfuel, 2 Söhne (Georg-Heino, Christoph) - Stud. Land- u. Forstw. Göttingen u. Eberswalde - B. 1945 Bewirtschaft. meckl. Güter Lützow u. Camin (enteignet), dann Rittergut Dötzingen - Rotarier.

BUSSCHE-IPPENBURG, Freiherr von dem, Albrecht

Stellvertretender Aufsichtsratsvors. CG/LFZ Hannover, Aufsichtsratsmitgl. Zegeno Osnabrück - 4515 Bad Essen 1 (Ippenburg) - Geb. 14. Febr. 1921 - Zul. Präs. Raiffeisen-Genoss.verb. Weser Ems, Oldenburg.

BUSSE, Brigitte

Prof., Hochschullehrerin - In den Etzmatten 5, 7813 Staufen-Grunern/Br. - Geb. 20. März 1940 Berlin (Vater: Richard B., Kaufm.; Mutter: Herta, geb. Rahn), ev. - N. Mittl. Reife (1956) Lette-Verein Berlin; 1961-63 Berlin-Kolleg (Reifeprüf.); 1963-66 PH Berlin. Staatl. anerk. Hauswirtschaftsleit. 1961; Staatsprüf. f. d. höh. Lehramt an Berufssch. 1966 u. 68 - B. 1970 Viktoria-Fachsch. Berlin, dann PH Freiburg (1973 Prof. f. Sozioökonomie d. Haushalts) - BV: D. priv. Haushalt, 7. A. 1980; Haushaltsplanung, 4. A. 1980; Wohnen, 5. A. 1984; Leben im Haushalt, 3. A. 1986, dazu Lehrerhandb., 2. A. 1988; Kochen f. Anfänger, 1987.

BUSSE, von, Hans Busso

Dipl.-Ing., M.Arch., Architekt, o. Prof. f. Entwerfen u. Baukonstruktion Univ. Dortmund (s. 1975) - Nederlinger Str. 4, 8000 München 19 - Geb. 1930 Oppeln/Schles., verh. m. Waltraud, geb. Kaiser, T. Alexandra - Stud. Architektur TH München - 1952 Mitgl. Studienstiftg. d. Dt. Volkes, 1955 M.Arch. Massachusetts Inst. of Technology, M.I.T., Cambridge, Mass., s. 1956 freiberufl. Architekt (Bauten: Kirchen, Sozialbauten, Flughafen München 2), 1971-75 Präs. Bund Dt. Architekten - Veröff. im In- u. Ausland üb. Bauten, Projekte, Forschungsergebnisse.

BUSSE, Heinrich-Gustav

Dr. habil., Dr. rer. nat., Prof., Dipl.-Physiker - Olshausenstr. 40-60, 2300 Kiel (T. 0431 - 880-28 99) - Geb. 10. Nov. 1938 Celle, T. Monika - Dipl. Physik 1965, Promot. Phys. Chemie 1967, Habil. biophys. Chemie u. Molekularbiologie 1978.

BUSSE, Heribert

Dr. phil., o. Prof. f. Orientalistik Univ. Kiel (s. 1973) - Barkauer Str. 64, 2300 Kiel - Geb. 26. April 1926 Duderstadt - Promot. 1956 Mainz; Habil. 1965 Hamburg - Zul. apl. Prof. Univ. Bochum. 1964-65 Aufenth. Beirut, 1970-71 Univ. Bordeaux, 1979-80 Hebr. Univ. Jerusalem. Bücher u. Einzelarb. z. Gesch. d. Islams u. d. islam. Länder.

BUSSE, Holger

Dr. med., Prof., Direktor Klinik u. Poliklinik f. Augenheilkunde Univ. Münster (s. 1986) - Domagkstr. 15, 4400 Münster - Geb. 1. April 1945 Jena (Vater: Dr. med. Ernst B., Prof.; Mutter: Ilse, geb. Trumpff), ev., verh. - Staatsex. 1970 Univ. Münster, Promot. 1972, Habil. 1977 - S. 1980 apl. Prof.; Oberarzt Univ.-Augenklinik Münster; 1984 Dir. Augenklinik Ludwigshafen; 1986 Dir. Univ.-Augenklinik Münster - Erf.: 1976 Druck- u. distanzvariabler Indentationstrichter, 1978 hydrophile Tränenwegsprothese - BV: Erkrank. d. ableitenden Tränenwege (m. Hollwich), 1978; Taschenb. d. Augenheilkd. (m. Küchle), 1978 (span. 1981); Augenerkrankungen im Kindesalter (m. Küchle), 1985 - Liebh.: Musik, Sport - Spr.: Engl., Holländ., Franz.

BUSSE, von, Markus

Generalkommissar Verein Dt. Werkzeugmaschinenfabriken (VDW), Frankfurt - Birkenweiher 66, 5650 Solingen - Geb. 19. Juli 1913, ev., verh. m. Christine, geb. Dietz, 5 Kd. (Christian-Gebhard, Franz-Georg, Daniel, Anne-Marie, Cristina) - Abit., kfm. Lehre - Generalkommiss. f. d. europ. u. intern. Werkzeugmasch.-Ausst. (Organisator); Europ. Komitee f. d. Zusammenarb. d. Werkzeugmaschinenind. (CECIMO); Hauptvorst. Verb. dt. Masch.- u. Anlagenbau (VDMA); Bundesvorst. Dt. Ind. (BDI); Beirat Ausst. u. Messeaussch. d. Dt. Wirtsch. (AUMA) - 1967 Gr. Verdienstkreuz Nieders.-Orden, Gold. Brief VDW; 1973 Gr. BVK, 1984 Stern dazu; 1983 Gr. Verdienstmed. VDMA - Spr.: Engl.

BUSSE, Michael

Publizist - Zu erreichen üb.: Fischer Taschenbuch-Verlag, Geleitstr. 25, 6000 Frankfurt/M. 70 - BV: Arbeit ohne Arbeiter - Wem nutzt d. technolog. Fortschritt?, 1978.

BUSSE, Otto

Dr. med., Prof., Chefarzt Neurologische Klinik, Klinikum Minden - Marienstr. 56a, 4950 Minden/Westf. - Geb. 13. April 1940 Heidelberg, verh. s. 1967 m. Bärbel, geb. Kober, 3 Töcht. (Anne-Kristin, Britta, Pia) - Stud. Univ. Marburg, Hamburg, Wien, Heidelberg; Promot. 1966; Habil. 1981 - 1983 Prof. Univ. Gießen.

BUSSE, Peter

Regisseur - Stromstr. 18-20/6/7, A-1200 Wien (T. 0222 - 331 78 03) - Geb. 19. Sept. 1935, ev. - Ausb. Folkwang-Hochsch. Essen (Prof. H. Kenter) - Fr. Regisseur, künstl. Koordinator Salzburger Festsp.; Gründer u. künstl. Leit. Salzburger Opernstudio; Gründer Neues Züricher Ballettforum (m. A. Wild); Lehrer Hochsch. Mozarteum Salzburg; Kommiss.-Mitgl. Interlakner Festwochen - Inszenierungen: Meistersinger (Toulouse); Medea (Wiesbaden); Carmen (Toulouse-Athener Festsp.); Parsifal (Rom u. Turin); Fidelio (Turin); Adriana Lecouvreur (Gießen); Bohème (Augsburg); Lucia di Lammermoor (Augsburg); Tosca (Turin); Rosenkavalier (Santiago di Chile); Maskenball (Straßburg); u.a.m. - Spr.: Franz., Ital., Engl.

BUSSE, Rudi Franz

Dr. med., Prof., Kreislaufphysiologe Univ. Freiburg - Anemonenweg 2, 7800 Freiburg (T. 0761 - 5 61 22) - Geb. 21. Nov. 1943 Bayreuth (Vater: Dr. Gustav B., Arzt; Mutter: Christiana, geb. Biedermann), ev., verh. s. 1969 m. Dr. Ingrid, geb. Bauer, 1 Kd. - Staatsex./Med. u. Promot. 1971, Habil. 1976 - 1980 Prof. Univ. Erlangen; 1981 Freiburg - BV: The arterial system, (Mithrsg.) 1978; Cardiovascular system dynamics (Mithrsg. Plenum) 1982; Kreislaufphysiol. (Hrsg.) 1982 - 1983 Fraenkel-Preis (Dt. Ges. f. Herz- u. Kreislauf).

BUSSE, Ulrich Günter

Pädagoge d. Klass. Tanzes (Methode: russ., engl., Balanchine) - Püntenstr. 4, CH-8152 Opfikon/ZH - Geb. 25. Juni 1955 Berlin - kath., led. - Kath. Hochsch. Hamburg - Div. Filme, u.a. 1978 m. Maria Rabenalt als Azor in Karibia. 1983 Teiln. an d. Salzburger Festsp. als Orpheus im gleichn. Ballett v. Armin Wild - 1978 Ausz. als bester dt. Nachwuchstänzer, Heinz-Bosl-Stiftg. in München - Liebh.: Musik, Gesch., Phil., Spr. u. dt. Lit.

BUSSE, Wolfgang

Dr.-Ing., Dipl.-Ing., Geschäftsf. Rhenania Chem. Ges. mbH., Wevelinghoven - Fasanenweg 1, 4048 Grevenbroich - Geb. 2. Aug. 1925.

BUSSE von COLBE, Walther

Dr. rer. pol., Dr. rer. oec. h. c., Prof. f. Betriebswirtschaftslehre - Löwenzahnweg 51, 4630 Bochum - Geb. 17. Febr. 1928 Gleiwitz/OS. (Vater: Herbert v. Colbe, Oberst; Mutter: Gertud, geb. Schneider), ev., verh. s. 1951 m. Charlotte, geb. Meynköhn, 4 Töcht. (Sabine, Isabel, Beatrix, Friederike) - Schulen (Gymn.) Eberswalde, Berlin, Templin, Itzehoe (Abitur 1946 Kaiser-Karl-Sch.); Univ. Mainz (Wirtschaftswiss.; Dipl.-Volksw. 1953). Promot. 1957 Mainz; Habil. 1962 Köln - 1953-62 Assist. Univ. Mainz u. Köln (1960); s. 1962 Ord. Univ. Kiel u. Bochum (1965) - BV: D. Zukunftserfolg - D. Ermittl. d. künft. Unternehmenserfolges u. s. Bedeut. f. d. Bewert. v. Industrieunternehmen, 1957; D. Planung d. Betriebsgröße, 1964; Betriebswirtschaftstheorie, Bd. 1, 3. A. 1986, Bd. 2, 2. A. 1985, Bd. 3, 2. A. 1986 (japan. Übers. 1979/81); Konzernabschlüsse, 5. A. 1984 (japan. Übers. 1973).

BUSSFELD, Klaus

Dr. iur., Ministerialdirigent, Min. f. Stadtentwicklung, Wohnen u. Verkehr Nordrh.-Westf. - Breite Str. 27, 4000 Düsseldorf 1 - Geb. 4. Juni 1947, verh., 2 Kd. - Abit.; Stud. Rechts- u. Polit. Wiss. Münster, Lausanne u. Tübingen - 1968/69 ASTA-Vors. Tübingen; AR-Mitgl. Landesentwicklungsges. u. THS; AR-Vors. LEG Wohnen - Spr.: Engl., Franz.

BUSSHOFF (ß), Heinrich

Dr. phil., o. Prof. f. Politische Wissenschaften Univ. Würzburg (s. 1972) - Schellingstr. 32, 8700 Würzburg (T. 7 78 81) - Geb. 4. März 1936 Rhede (Vater: Josef B., Handwerksm.; Mutter: Anna, geb. Tekampe), kath. - Lehre (techn. Zeichner), Aufbaugymn., Stud. - Nach Habil. (1970) Doz. - BV: Politikwiss. u. Päd., 1968; D. Dollfuß-Regime in Österr., 1968; Zu einer Theorie d. polit. Identität, 1970; Zu einer Theorie d. polit. Stils, 1972; Systemtheorie als Theorie d. Politik, 1975; Kritische Rationalität u. Politik, 1976 (span. 1980); Methodologie d. Politikwissensch., 1978; D. polit. Code. Soziale Evolution u. polit. Steuerung, 1980; Politikwiss. u. d. Problem d. Freiheit, 1983; Politikwiss. Theoriebild., 1984; Anwendbarkeit politikwiss. Theorien, 1987; Komplementarität u. Politik, 1989 - Spr.: Engl.

BUSSLER, Wolfgang

Dr. rer. nat., Prof. - Gregor-Mendel-Str. 4, 1000 Berlin 33 (-Dahlem) (T. 824 15 86) - Geb. 23. Nov. 1925 Berlin (Vater: Wilhelm B., Amtsrat; Mutter: Charlotte, geb. Reißle), ev., verw. s. 1978, 2 Kd. (Elke, Jo), in 2. Ehe verh. s. 1981 m. Astrid, geb. v. Puttkamer, 1 T. (Maria El-Safti) - Dipl.-Biol. 1952 (Humboldt-Univ.); Promot. 1955 (FU Berlin); Habil. 1961 (TU Berlin) - S. 1961 Lehrtätigk. TU Berlin (1965 apl. Prof. f. Pflanzenernährungslehre; gegenw. Prof. i. Fachgeb. Pflanzenernährung FB 15, TUB). Spez. Arbeitsgeb.: Ernährungsstörungen b. höh. Pflanzen, optim. Nährstoffangebote, Qualität. Fachmitgliedsch., 1971-75 Vors. Dt. Ges. f. Pflanzenernährung, s. 1982 Gf. Dir. Inst. f. Nutzpflanzenforschung, 1983/84 Sprecher FB Intern. Agrarentwicklung; 1984 Gastprof. im Department of Horticulture, Taichung, R.O.C. - BV: Vergl. Unters. an Kali-Mangelpflanzen, 1962 (auch engl.). Zahlr. Einzelarb. - 1959 Paul-Wagner-Preis; 1963 Preis Intern. Kali-Inst. (Bern) - Liebh.: Pflanzenernährung in d. Malerei - Spr.: Engl., Franz.

BUSSMANN (ß), Bernhard

Dr., Generalsekretär - Im Marienfried 12, 5202 Hennef/Sieg (T. 43 84) - Geb. 1. Juli 1929 Essen (Vater: Wilhelm B., Kaufm.; Mutter: Sophia, geb. Peitz), ev., verh. s. 1969 m. Margret, geb. Jäde, 5 Kd. (Hans, Lutz, Henning, Nina, Eva) - 1948 Abit., Promot. Dr. phil. 1955 - 1956-61 Assist. Univ. Kiel, 1961-65 Abt.-leiter Dt. Ges. f. auswärt. Politik; 1965-69 Wiss. Referent SPD-Bundestagsfraktion. 1969-80 MdB. 1976-80 Stv. Vors. Haushaltsausschuß; 1982 Generalsekr. Komitee f. europ. u. Intern. Zusammenarbeit, Bonn - BV: Schrifttum üb. Deutschland 1945-62, Bibliographie, Bonn 1963; Wege nach Gesamteuropa, kommentierte Dokumentation, Bonn 1965; D. Haushaltsausschuß. - Eine Einführung, Bonn 1975.

BUSSMANN (ß), Friedhelm

Dr., Unternehmensberater - Feldhauserweg 16, 4018 Langenfeld-Wiescheid - Geb. 10. Juli 1924 - Handelsrichter, Beiratsmand. - 1982 BVK.

BUSSMANN (ß), Heiko

Dipl.-Ing., Vorstand Honeywell Europe S.A. Holding KG - Kaiserleistr. 39, 6050 Offenbach (T. 069 - 8 06 40) - AR: Honeywell AG, Offenbach, Honeywell Regelsysteme GmbH, Offenbach, Honeywell Braukmann GmbH, Mosbach, Centra-Bürkle GmbH, Schönaich, Honeywell Austria Ges. mbH, Wien.

BUSSMANN, Johann Friedrich

Dr. med., Prof., Chefarzt Chirurg. Abt. Ev. Krankenhaus, Herne, Lehrbeauftr. Univ. Bochum - Mont-Cenis-Str. 346, 4690 Herne 1 - Zul. Privatdoz. Univ. Heidelberg.

BUSSMANN, Karl Ferdinand

Dr. rer. pol. (habil.), Dipl.-Kfm., o. Prof. f. Allg. u. industrielle Betriebswirtschaftslehre - Zellerweg 22b, 8016 Irschenhausen (T. 08178 - 41 64) - Geb. 9. Febr. 1915 Elberfeld (Vater: Dr. Ferdinand B., Physiker; Mutter: geb. Plum), kath., verh. s. 1958 m. Elfriede, geb. Binder - Gymn.; HH Leipzig, Univ. ebd., Neuchâtel, Köln. WH Berlin, TH u. Univ. Prag - S. 1955 Ord. u. Inst.sdir. TH Darmstadt u. TH München. Gastprof. St. Antony's College Oxford - BV: D. nach preisrechtl. Grundsätzen erstellte Bilanz u. ihre Bedeut. f. d. Wirtschaftsleben, 1944; Kaufm. Rechnen u. Finanzmath., 2. A. 1956; Grundlagen u. Verfahren d. industriellen Rechnungswesens, 1953; Finanzierungsvorgänge, 1955; D. betriebsw. Risiko, 1955; Kostenrechnungsrichtlinien f. Wirkereien u. Strickereien, 1955; Produktivitätsvergl. in d. Flachstrumpfwirkerei, 1959; - in d. Strumpfstrickerei, 1959; - in d. Unterwäschewirkerei, 1960; Betreuung u. Prüfung d. Unternehmungen, 1960 - Liebh.: Sportangeln - Spr.: Engl., Franz., Ital.

BUSSMANN, Walter

Dr. phil., em. o. Prof. f. Geschichte - Kurpromenade 11, 7506 Bad Herrenalb/Schwarzw. (T. 21 66) - Geb. 14. Jan. 1914 Hildesheim (Vater: Erdwin B.; Mutter: Frieda, geb. Graf) - Univ. Heidelberg u. Göttingen. Promot. u. Habil. Göttingen. S. 1949 Lehrtätigk. Univ. Göttingen (zul. apl. Prof.), FU Berlin (1959 Ord.), Univ. München (1966 Ord.) u. Univ. (TH) Karlsruhe (1970 Ord.) - BV: u. a. Treitschke - S. Welt- u. Geschichtsbild, 2. A. 1981; D. Zeitalter Bismarcks, in: Leo Just, Handb. d. Dt. Gesch., 4. A. 1968; D. innere Entwickl. d. dt. Widerstandes gegen Hitler, in: Beitr. zu Zeitfragen, 1964. Herausg.: Staatssekr. Graf Herbert v. Bismarck - Aus s. polit. Privatkorrespondenz (1964); Europa v. d. Franz. Rev. zu den nationalstaatl. Bewegungen des 19. Jh. (= Handb. d. Europ. Geschichte 5, 1981) -

1969 o. Mitgl. Bayer. Akad. d. Wiss., s. 1970 korr. Mitgl., Leit. Abt. Dt. Gesch.squellen im 19. u. 20. Jhr.; s. 1977 Hauptthrsg. d. Akten z. dt. Auswärtigen Politik.

BUTENANDT, Adolf

Dr. phil., Dr. h. c., Prof., Ehrenpräs. Max-Planck-Ges. z. Förd. d. Wiss., Göttingen bzw. München (s. 1972) - Marsopstr. 5, 8000 München 60 (T. 88 54 90) - Geb. 24. März 1903 Bremerhaven-Lehe (Vater: Otto B., Kaufm.; Mutter: Wilhelmine, geb. Thomfohrde), ev., verh. s. 1931 m. Erika, geb. v. Ziegner, 7 Kd. - Oberrealsch. Bremerhaven-Lehe; Univ. Marburg u. Göttingen (Promot. 1927 b. A. Windaus) - Assist., 1931-33 Privatdoz. f. Biol. Chem. Univ. Göttingen, 1933 o. Prof. u. Dir. Organ.-chem. Inst. TH Danzig, Dir. Kaiser-Wilhelm- bzw. Max-Planck-Inst. f. Biochemie, Berlin (1936), Tübingen (1944), München (1956), 1945-71 zugl. o. Prof. u. Inst.dir. Univ. Tübingen u. München (1956). 1960-72 Präs., dann Ehrenpräs. Max-Planck-Ges. z. Förd. d. Wiss. Arbeitsgeb.: Konstitutionsermittl. u. Synthese d. Sexualhormone, biochem. Wirk. d. Erbfaktoren, Wirkstoffe d. Insektenreichs. - Ehrendoktor Univ.Tübingen (1949 u. 56), München (1950), Graz (1957), Leeds (1961), Saloniki (1963), Madrid (1963), Wien (1965), St. Louis (1965), TU Berlin (1966), Univ. Cambridge (1966), Med. Akad. Bukarest (1970), Univ. Rene Descartes, Paris (1972), Yonsey Univ., Seoul (1973); Ehrenbürger TH Danzig (1943), Stadt Bremerhaven (1961) u. München (1985); 1935 Emil-Fischer-Denkmünze, Gold. Rienäcker-Med. Univ. Würzburg, 1936 Pasteur-Med., 1937 Scheele-Med., 1939 Nobel-Preis f. Chemie, 1942 A.-W.-v.-Hofmann-Denkmünze, 1943 Carus-Med., 1944 Justus-Liebig-Preis, 1953 Paul-Ehrlich-Preis, 1961 Normann-Med., 1962 Sir-Henry-Dale-Med., 1966 Wilhelm-Bölsche-Med. in Gold, 1973 Adolf-Harnack-Med., 1983 in Gold (höchste Ausz. MPG), 1974 Weigmann Gedenkmünze in Gold; 1978 Verd.-Med. d. Deutschen Akad. d. Naturforscher Leopoldina, Halle; 1978 Univ.-Med. d. Eberhard-Karls-Univ. Tübingen. 1967 Kultureller Ehrenpreis Stadt München, 1970 Ernst-Hellmut-Vits-Preis (erster Träger); 1962 Ritter-Orden Pour le mérite Friedenskl.; Ehrenmitgl. Dt. Akad. d. Naturforscher (Leopoldina), Halle/S. (1955-60 Vizepräs.), Österr. Akad. d. Wiss., Wien, Jap. Akad., Tokio, Bayer. Akad. d. Bild. Künste, München, Consejo Superior de Investigaciones Cientificas, Madrid, Chem. Ges. Japans, Tokio, Ges. d. Ärzte, Wien; 1978 Ges. Dt. Naturforscher u. Ärzte; 1978 Jap. Ges. f. Agrikulturchemie; 1968 ausl. Mitgl. Royal Soc., London, s. 1974 Acad. des Sciences, Paris; Gr. BVK m. Stern (1959) u. Schulterbd. (1964), 1962 Bayer. VO., 1963 jap. Orden d. aufgeh. Sonne II. Kl., österr. Ehrenz. f. Wiss. u. Kunst, 1969 Kommandeur Ehrenlegion (Frankr.), 1972 Kommandeur Orden Palmes academiques (Frankr.); 1981 Bayer. Maximiliansorden f. Wiss. u. Kunst; 1983 Gold. Ehrenmünze Stadt München; 1985 Großkreuz d. VO d. Bundesrep. Dtschl.

BUTENANDT, Otfrid

Dr. med., Prof. f. pädiatrische Endokrinologie, Kinderarzt - Nördl. Seestr. 35, 8193 Ammerland (T. 08177 - 85 44) - Geb. 31. März 1933 Göttingen (Vater: Dr. Adolf B.; Mutter: Erika, geb. von Ziegner), ev., verh. s. 1968 m. Dagmar, geb. Diekmeier, 4 Kd. (Karen, Jens, Dirk, Silke) - Human. Gymn. Tübingen, Univ. Göttingen, Tübingen, München (Med.); Ex. München 1958, Habil. München 1970 - Ben May Laboratory, Univ. Chicago (Stip. 1961), Johns Hopkins Hospital (Fellow in Pediatrics 1962), s. 1963 Univ. Kinderklinik München, z. Z. ltd. Oberarzt - BV: Genetischer u. endokriner Minderwuchs, 1975; Humanes Wachstumshormon, 1974; Wachstumsstörungen rechtzeitig erkennen, 1987; ca. 100 Publ., vorzugsw. üb. pädiatrische Endokrinologie, insb. Wachstums-Störung - Spr.: Engl. - Bek. Vorf.: Prof. Dr. Adolf Butenandt, ehem. Präs. Max-Planck-Ges. (Vater).

BUTENSCHÖN, Hinrich-Timm

Dipl.-Ing., Direktor i. R. - Oskar-Graemer-Str. 21, 4050 Mönchengladbach 2 (T. 4 79 16) - Geb. 25. Sept. 1916 Kiel (Vater: August B., Obering.; Mutter: Gertrud, geb. Jerzembeck), ev., verh. s. 1947 m. Ilsabe, geb. v. Lowtzow, 2 Kd. (Hinrich-Timm, Christa-Luise) - Stud. TH Berlin (Dipl.ex. 1943) - 1945-51 Sachbearb. f. Hochspannungsanlagen (AEG, Kiel, Bielefeld), 1951-65 Leit. Planungsabt. Elektromark, Hagen, b. 1982 Dir. u. Vorst.-Mitgl. Niederrh. Licht-Kraftw. AG, Mönchengladbach. AR-Mand. - Liebh.: Theater, Musik, Sport - Spr.: Engl., Franz.

BUTENSCHÖN, Rolf

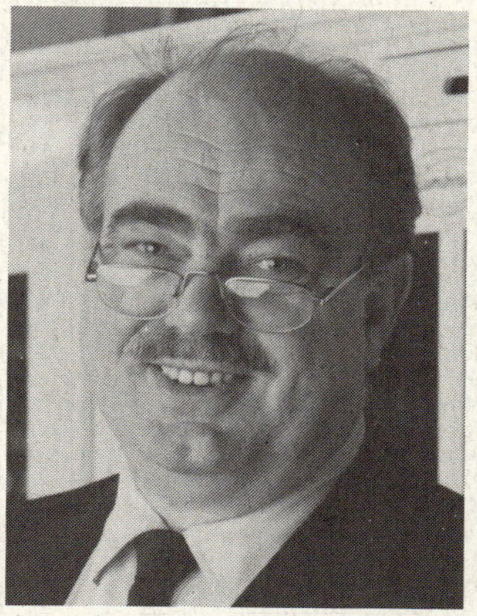

Kaufmann, Unternehmer - Elbchaussee 191, 2000 Hamburg 52 (T. 040 - 880 14 71) - Geb. 11. Jan. 1933, ev., verh. s. 1955 m. Brigitte, geb. Hummel, 4 Kd. (Birger Wilhelm, Gunnar, Anja, Arne) - Kaufm. Lehre - 1962-81 Inh. R. Butenschön Großkücheneinrichtungen Hamburg; s. 1983 GIVAG GmbH; s. 1988 Chambrair GmbH Hamburg - Erf. Chambrair Weinpflegesystem - 1987 FBMA Preis f. Chambrair Weinpflege.

BUTENUTH, Hans-Hellmuth

Kaufmann, Geschäftsf. u. Kompl. Autohaus H. Butenuth KG, Berlin - Philipp-Franck-Weg 25, 1000 Berlin 39 (T. 030 - 805 12 89) - Geb. 9. Juli 1929, ev., verh. s. 1954 m. Gisela, geb. Fasse, 3 Kd. (Dinah, Hendrik, Hellmuth-Andreas) - Mitgl. Präsid. IHK Berlin; 1. Vors. Verb. d. Kraftfahrzeughandels Berlin, Handelsrichter LG Berlin, Präs. Golf- u. Land-Club Berlin-Wannsee - Liebh.: Golf - Spr.: Engl.

BUTENUTH-MANI, Claudia

Schauspielerin, Malerin - Zu erreichen üb.: ZBF München, Leopoldstr. 19, 8000 München 40 (T. 381 70 70) - Geb. 20. Sept. Göttingen, S. Oliver - Hochsch., Schauspielstud., Heilprakt.ausb. München - Film- u. FS-Rollen, u.a. in: Silent Night (m. James Mason), Brass Target (m. John Casavettes u. Sophia Loren), Protokoll e. Verdächtg. (m. Martin Lüttge), E. Mord, d. jeder begeht, 1983 Film in Frankr., Battling le tenebreux (m. Manuel Gelin, Roger Carel u.a.). Üb. 100 FS-Spiele - Bilder in Öl u. Aquarell, 1980 Malerei-Ausst. München - 1981 Greater-Cup, Tennis - zu Gunsten d. dt. Krebshilfe - Liebh.: Malen, Schreiben, Stud. d. Psych. u. Heilpraktiker - Spr.: Franz., Engl., Ital. - Lit.: Nachschlagew. v. München u. im Zeitgen. Nachschlagew. Italien, Who is Who, Women, Engl. Cambridge.

BUTH, Matthias

Dr. jur., Beamter, Lyriker - Zul. Köln - Geb. 25. Mai 1951 Wuppertal-Elberfeld, verh. s. 1980 m. Irmgard Christine, geb. Schumacher, 2 Kd. (Daniel Sebastian, Theresa Sophie) - 1. jurist. Staatsex. 1978 Köln, 2. Staatsex. 1981, Promot. 1985 - BV: Geizeitet, Ged. 1974; Ohne Kompaß, Ged. 1984; Rheinblick (Hg.), Ged. aus Neues Rheinl. 1958-1984, 1984 - 1982 Literaturförderpreis Land Nordrh.-Westf.

BUTIN, Heinz

Dr. rer. nat., Prof., Direktor Inst. f. Pflanzenschutz im Forst Biolog. Bundesanstalt f. Land- u. Forstw., Braunschweig (s. 1969) - Messeweg 11/12, 3300 Braunschweig - Geb. 13. April 1928 Bad Godesberg - Promot. 1954 - S. 1964 (Habil.) Privatdoz. u. apl. Prof. (1969) Univ. Göttingen (Mykologie) - BV: Forstpathologie, 1973 (m. Herbert Zycha); Krankheiten d. Wald- u. Parkbäume, 1983. Zahlr. Einzelarb.

BUTKUS, Guenther

Verleger Pendragon-Verlag - Karl-Eilers-Str. 24, 4800 Bielefeld 1 (T. 0521 - 6 96 89) - Geb. 18. Nov. 1958, led. - Staatl. anerk. Erzieher - BV: Gedichte, 1981 - Spr.: Engl., Franz.

BUTLER, Charlotte

s. Butler-Skuratowicz, Charlotte.

BUTLER, von, Georg Ruprecht

Generalmajor, Befehlshaber Wehrbereich V - Wehrbereichskommando , 7000 Stuttgart - Geb. 28. Dez. 1924 (Vater: Carl v. B.; Mutter: Johanna, geb. v. Bergmann), verh. s. 1949 m. Marion, geb. Gräfin Hasslingen, 4 Kd. - Milit. Ausb. u. abgeschl. landw. Berufsausb. - S. 1981 Befehlshaber Wehrbereich V - Intern. Turnierrichter, stv. Vors. Vielseitigkeitsaussch. im Dt. Olymp. Komitee f. Reiterei (DOKR) - Spr.: Engl.

BUTLER-SKURATOWICZ, Charlotte

Solotänzerin Dt. Oper Berlin (Ps. Charlotte Butler) - Laubenheimer Str. 19, 1000 Berlin 33 - Geb. 27. Mai 1951 La Valetta (Malta), verh. s. 1982 m. Marek Skuratowicz, T. Sophia Lara - Ausb. in England (Arts Educational Trust School u. College) - 1971-73 Städt. Bühnen Freiburg; 1973-74 Wuppertaler Bühnen; s. 1974 Dt. Oper Berlin, s. 1979 Solotänzerin - Solorollen: Giselle, Schwanensee, Coppelia, Dornröschen, La Fille mal Gardee, Romeo u. Julia u. in Choreogr. v. Balanchine, Béjàrt, Christe, Kylian, van Manen, Petit, Forsythe, Bournonville/Schaufuss, Panov, u. a.

BUTSCH, Claus-Ferdinand

Assessor, Geschäftsf. Fachvereinig. Präzisionsrohrwerke - Graf-Adolf-Pl. 1, 4000 Düsseldorf (T. 1 04 17) - Stud. Rechtswiss.

BUTTENBENDER, Horst

Dipl.-Päd., Hauptabteilungsleiter Fernsehen, SWF Mainz - Pestalozzistr. 9, 6501 Wörrstadt - Geb. 15. März 1929 Offenbach/Main - Journ.-Ausb., Stud. Univ. Frankfurt, Freiburg, Mainz, Köln, Aachen - Verantw. Redakt. f. d. FS-Regionalprogr. d. SWF in Rhld.-Pfalz.

BUTTERFASS (ß), Theodor

Dr. rer. nat., Prof. f. Botanik - Siesmayerstr. 70, 6000 Frankfurt/M. - Geb. 1926 Ulm/D. - Promot. 1956 Münster/W.; Habil. 1964 Heidelberg - 1957-73 MPI f. Pflanzengenetik Ladenburg; s. 1970 Prof. Univ. Heidelberg (apl.) u. Frankfurt (1973, o.) - BV: Wachstums- u. Entwicklungsphysiol. d. Pflanze, 1973 (auch Ndl.); Patterns of Chloroplast Reproduction, 1979 (Springer Wien/New York).

BUTTGEREIT, Dieter

Geschäftsf. Gesellsch. plettac GmbH Plettenberg, Geschäftsf. Franz Mayer GmbH - Postfach 5242, 5970 Plettenberg 5; priv.: Randstr. 38, 5970 Plettenberg 2 (T. 02391 - 5 20 20) - Geb. 28. Nov. 1932 Eiringhausen - AR-Mitgl. Märk. Eisenbahn AG Lüdenscheid u. Stadtw. Plettenberg; VR-Mitgl. Sparkasse Plettenberg-Werdohl; Mitgl. Stadtrat Plettenberg.

BUTTING, Hannshermann

Dr. jur., Gf. Gesellschafter Metallwerk H. Butting, Wittingen - Gifhorner Str. 59, 3120 Wittingen-Knesebeck (T. 05834 - 5 00) - Geb. 25. Juli 1925 Crossen/O., ev., verh. s. 1957 m. Ingeborg, geb. Schäfer, 5 Kd. (Eva, Klara, Johanna, Hermann, Katharina) - 1945-48 Jurastud. Göttingen; Promot. 1952 Göttingen, Ass. 1953, Anwalt 1957 - Geschäftsf. Metallwerk H. Butting; Rechtsanw. (nebenberufl.) Hankensbüttel - BVK - Liebh.: Forstwirtsch., Rudern - Spr.: Franz.

BUTTJES, Dieter

Dr. phil., Prof. f. Anglistik u. Amerikanistik Univ. Dortmund (s. 1985) - Auf dem Königsberg 4, 5800 Hagen 1 - Geb. 6. Okt. 1945 Oldenburg in O., verh. s. 1972 m. Elke, geb. Weitzmann (Dipl.-Psych.), 2 T. (Andrea, Stefanie) - Stud. d. Philol. 1965-70 Univ. Marburg; Promot. 1975 (Amerikanistik); Habil. 1984 Dortmund (Angl.) - 1975 Wiss. Berater f. WDR-Schulfernsehen Köln; 1973 Intern. Schüleraustausch, Hamburg - BV: Theorie u. Praxis d. Übers. (Übers. 1968); Proletarischer Roman in d. USA, 1975; Landeskundl. Lernen im Engl.-Unterr., 1981; Fremdsprache u. fremde Ges., 1984; Panorama, 1987; Mediating Languages and Cultures, 1989. Drehbücher f. Dokumentarfilme u. Sprachkurse d. WDR (Kanada, USA, Australien, Neuseeland, Großbritannien).

BUTTLAR, von, Adrian

Dr. phil., Prof. f. Kunstgeschichte Univ. Kiel - Fußsteigkoppel 19, 2300 Kronshagen (T. 0431 - 54 15 61) - Geb. 12. Sept. 1948 Marburg, ev., verh. s. 1977 m. Madelaine, geb. Niester (M.A., Politologin), 3 S. (Moritz, Raban, Johannes) - 1968 Abit. Wilhelms-Gymn. Hamburg; 1968-77 Stud. Kunstgesch., Archäol., Soziol., Jura (München u. London); Promot. 1977 München; Habil. 1984 Augsburg - 1977-82 wiss. Assist. München, 1982-85 Univ. Augsburg - BV: D. Landschaftsgarten, 1980; D. Engl. Landsitz 1715-60. Symbol e. lib. Weltentwurfs, 1982 - Spr.: Engl., Ital., Franz., Lat.

BUTTLAR, von, Haro

Dr. rer. nat., Prof. f. Experimentalphysik (Lehrstuhl III) - Schinkelstr. 69, 4630 Bochum 1 (T. 70 10 55) - Geb. 27. Okt. 1926 Frankfurt/M. (Vater: Dipl.-Ing. Hans v. B., Dir. Kasseler Verkehrsges.; Mutter: Eva, geb. Wussow), ev., verh. I) 1953 m. Liselotte, geb. Weidlich (†1966), 3 Söhne (Manfred, Hans, Armin), II) 1967 Ilselore, geb. Gerstberger, 2 Töcht. (Silvia, Almut) - Univ. Göttingen (Physik; Diplomex. 1950). Promot. 1952 Göttingen; Habil. 1959 Darmstadt - 1952-54 Research Associate Univ. of Chicago, 1954-58 Assistant u. Assoc. Prof. New Mexico Inst. of Mining and Technology, Socorro, 1959-66 Dozent u. apl. Prof. TH Darmstadt, seither Prof. Univ. Bochum, s. 1984 Vorst.-Mitgl. Univ. Verein Witten/Herdecke - BV: Einf. in d. Grundl. d. Kernphysik, 1964. Etwa 90 Einzelarb. - Spr.: Engl. - Rotarier - Bek. Vorf.: Friedrich Wussow, Generaldir. BVG Berlin (Großv. ms.).

BUTTLER, Friedrich

Dr. rer. pol., Prof., Direktor Inst. f. Arbeitsmarkt- u. Berufsforschung d. Bundesanstalt f. Arbeit - Regensburger Str. 104, 8500 Nürnberg - Geb. 1941.

BUTZ, Manfred

Dr. med., Prof., Chefarzt Urol. Abt. St. Josefskrankenhaus Paderborn (s. 1983) - Zu erreichen üb. St. Josefskrankenhaus, Husener Str. 46, 4790 Paderborn 1 - Geb. 5. Jan. 1941 Stuttgart, kath., verh. s. 1968 m. Erika Gross, 2 S. (Christian, Matthias) - Med. Staatsex. 1967 Mainz, Promot. 1968 ebd., Habil. 1981 Klinikum Steglitz, FU Berlin, apl. Prof. 1986 ebd. - S. 1977 Arzt f. Urol. u. Oberarzt Urol. Klinik, Klinikum Stegliz FU Berlin.

Entd.: Prophylaxe v. Kalziumharnsteinen m. Alkalizitrat - BV: Zitrat u. Urolithiasis, 1988. 65 Publ. - Liebh.: Musik (Ausb. als Geiger), bild. Kunst, Fotogr. - Spr.: Engl., Franz.

BUTZ, Michael-Andreas

Dr. jur., Jurist, Ministerialrat, Pressesprecher u. Leit. Presseref. im Bundesmin. d. Innern - Graurheindorfer Str. 198, 5300 Bonn 1 (T. 0228 - 681-52 03/ 52 06) - Geb. 5. Aug. 1948 Brüggen/ Hannover, ev., verh., 2 Söhne (Andreas, Benjamin) - Stud. Rechtswiss. Göttingen; 1. u. 2. Staatsex. 1974, 1977 Göttingen, Hannover, 1978 Promot. - 1981/ 83 abgeordn. z. NATO-Defence College Rom - BV: Rechtsfragen z. Zonenrandförderung - Liebh.: Sport, Theater, Malerei - Spr.: Engl., Franz.

BUTZ, Peter Eckehard

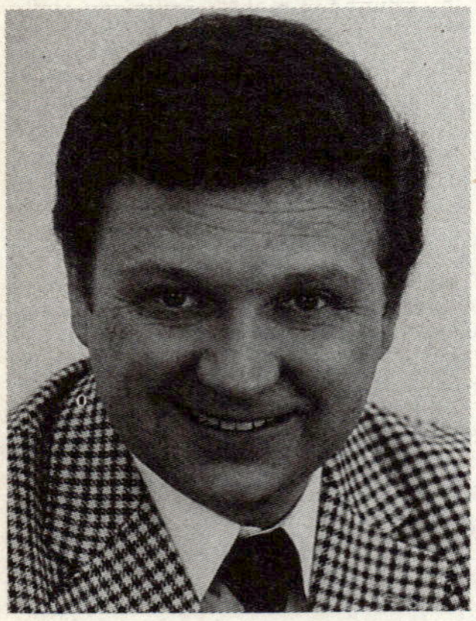

Dr. rer. pol., Dipl.-Kfm., Geschäftsf. Mann GmbH u. Kauf- u. Handels-Centren GmbH (s. 1979) - Memelweg 4, 4837 Verl 1 (T. 30 39) - Geb. 10. Mai 1939 Berlin (Vater: Hermann B., Dipl.-Fahrmeister, Dipl.-Reitlehrer; Mutter: Erika, geb. Wolf), ev., verh. s. 1968 m. Ingeborg, geb. Bode, 2 Kd. (Christoph, Matthias) - Dipl.ex. 1965; Promot. 1968 Münster - 1967-69 Geschäftsf. Inst. f. Kreditwesen Univ. Münster; 1974-79 alleinverantw. Geschäftsf. Bertelsmann Reinhard Mohn oHG; 1974-78 AR-Mitgl. Bertelsmann AG - BV: D. Anpassung d. techn.-organisator. Bereichs von Kreditinst., 1969 - Liebh.: Bücher, Musik, Pferdesport - Spr.: Engl., Franz., Span., Latein.

BUTZENGEIGER, Karl H.

Dr. med., Prof., Facharzt f. Inn. Med., Ärztl. Dir. d. St. Marien-Hospit. a.D., Mülheim - Leonhard-Stinnes-Str. 47, 4330 Mülheim/Ruhr (T. 3 31 15) - Geb. 27. Juli 1912 (Vater: Prof. Dr. med. Otto B. †1969; Mutter: Marlis, geb. Daumenlang), verh. s. 1950 m. Dr. med. Annele, geb. Reichert, 4 Söhne (Peter, Georg, Michael, Thomas) - S. 1948 Habil. (Privatdoz.), s. 1954 apl. Prof. f. Inn. Medizin Univ. Bonn - Div. Fachveröff. - Rotarier.

BUTZER, Paul L.

B. Sc., M. A., Ph. D., o. Prof. f. Mathematik - Lohmühlenstr. 34, 5100 Aachen (T. 7 28 33) - Geb. 15. April 1928 Mülheim/Ruhr - Loyola College Montreal u. Univ. Toronto (Math., Phys.). Doctor of Phil. 1951 Toronto - S. 1952 Lehrtätigk. Univ. McGill Montreal (Lecturer, 1953 Assistant Prof.), Univ. Mainz (1955 Gastprof.), TH Aachen (1958; 1959 apl., 1961 ao., 1962 pers. Ord., 1968 o. Prof.). 1964-67 Vorstandsmitgl. Dt. Mathematiker-Vereinig. Mitgl. American Math. Soc., Ges. f. Angew. Mathematik u. Mechanik; Dt. Math.-Vereinig., Österr. Math. Ges. Spez. Arbeitsgeb.: Approximationstheorie, Funktionalanalysis - BV: Semi Groups of Operators and Approximation, 1967 (m. Prof. H. Berens); Approximationsprozesse u. Interpolationsmethoden, 1968 (m. Prof. K. Scherer); Hilberttransformation, gebrochene Integration u. Differentiation, 1968 (m. Prof. W. Trebels); Fourier Analysis and Approximation, I 1971 (m. Prof. R. J. Nessel); E. B. Christoffel, The Influence of his Work on Mathematics and the Physical Sciences, 1981 (m. Doz. Dr. F. Fehe-;r). Zahlr. Einzelarb. Mithrsg.: Üb. Approximationstheorie (1964); Abstract Spaces and Approximation (1969); Linear Operators and Approximation (I 1972, II 1974); Linear Spaces and Approximation (1978); Functional Analysis and Approximation (1981); Anniversary Volume on Approximation Theory and Functional Analysis (1984); 5. Aachener Kolloquium: Mathem. Meth. in d. Signalverarb. (1984). Jahresberichte Dt. Math. Vereinig. (1964ff.); Journal of Approximation Theory (1968ff.); Applicable Analysis (1971ff.); Numerical Functional Analysis and Optimization (1978ff); Resultate der Mathematik-Mathematical Results (1978ff.); Zeitschr. f. Analysis u. ihre Anwend. (1982ff.). Approximation Theory and its Applications (1984ff.); Applied Mathematics Letters (1988) - Sir Joseph Flavelle-Preis Toronto - Korr. Mitgl. Sociéte Royale d. Sciences de Liége; Jurymitgl. Dr. A. DeLeeuw-Damry-Bourlart Preis 1981-85 Brüssel; 1987 Dr. h.c. Liége - Spr.: Engl., Franz.

BUTZKAMM, Wolfgang

Dr. paed., o. Prof. f. Engl. Sprache u. ihre Didaktik RWTH Aachen - Meischenfeld 79, 5100 Aachen - Geb. 11. Nov. 1938 - BV: Aufgeklärte Einsprachigkeit, 1978; Klassengespräche (m. Colin Black), 1977; Praxis u. Theorie d. bilingualen Methode, 1980; Psycholinguistik d. Fremdsprachenunterrichts, 1989.

BUWITT, Dankward

Kaufmann, MdA Berlin (s. 1975, b. 1984 stv., dann Vors. CDU-Fraktion) - Wünsdorfer Str. Nr. 68, 1000 Berlin 49 (T. 745 56 36) - Geb. 6. Juli 1939 Berlin (Vater: Gerhard B., Sozialrat; Mutter: Dorothea, geb. Bonus), ev., verh. s. 1969 m. Christel, geb. Bader, 2 Kd. (Alexandra, Katja) - Realsch.; Ind.-Kfm.-Lehre.

BUX, Kuno

Präsident u. Amtsleiter Landeskriminalamt Baden-Württ. - Rebenweg 8, 7250 Leonberg - Geb. 9. Okt. 1928, verh. - B. 1952 Polizeiausb.; Stud. Rechtswiss. Univ. Tübingen (1. Staatsex. 1955, 2. Staatsex. 1959) - S. 1959 Staatsanwalt LG Ellwangen u. Stuttgart; ab 1964 stv. Leit. Landeskriminalamt Baden-Württ./Stuttgart, s. 1970 dessen Amtsleiter u. Präs.

BUXBAUM, Otto

Dr.-Ing., Prof., Direktor Fraunhofer-Institut f. Betriebsfestigkeit - Bartningstr. 47, 6100 Darmstadt - Geb. 12. Aug. 1935 Düren (Vater: Franz B., Dipl.-Kfm.; Mutter: Hedwig, geb. Schaff) - Hum. Gymn., 1954-58 Stud. Maschinenbau TH München (Dipl.-Ing.), 1967 Promot. 1959-60 Berechnungsing. Messerschmitt AG., 1960-62 Lt. d. Werkstoff-Forschung, ebd.; s. 1963 Fraunhofer-Inst. f. Betriebsfestigkeit (s. 1974 gf. Dir.); s. 1973 dt. Deleg. b. Intern. Comm. on Aeronautical Fatigue (ICAF) - BV: Betriebsfestigkeit, 1986 (erster Nachdr. 1988). Rd. 90 Fachveröff. - 1977 ASTM Ehrenpreis; 1981 Plantema Med. - Spr.: Engl.

BUXMANN, Joachim

Dr.-Ing., Prof. f. Energietechnik, Wärmetechnik, Kraftwerkstechnik TU Hamburg-Harburg (s. 1982) - Haselhain 11A, 2100 Hamburg 90 - Geb. 19. Aug. 1933 Gerdauen/Ostpr., ev., verh. m. Verena, geb. Frenkel, 2 T. - B. 1957 Stud. Maschinenbau TH Hannover - B. 1974 Industrietätigk. - Ab 1974 Prof. Univ. Hannover; s. 1982 s. o.

BUYER, Karl

Dipl.-Ing., Direktor - Rochusstr. 13, 8022 Gräfelfing/Obb. (T. München 8 51 55) - Geb. 7. Juli 1926 Ebingen/Württ. - B. 1963 Vorstandsmitgl., dann Vorstandsvors. Heilmann & Littmann Bau-AG., München, zul. b. 1981 Vorstandsvors. Heilit & Woerner Bau AG., ebd. 1981 aus ges. Gründen in vorz. Ruhestand getr.

BYDLINSKI, Franz

Dr. jur., o. Prof. f. Zivilrecht - Hohe-Wand-Str. 46, A-2344 Maria Enzersdorf am Gebirge (Österr.) - Geb. 20. Nov. 1931 Rybnik (Vater: Leo B., Ing. †; Mutter: Margarete, geb. Cellbrot †), kath., verh. s. 1954 m. Leopoldine, geb. Leitner, 5 Söhne (Georg, Michael, Peter, Andreas, Martin) - Realgymn. Knittelfeld; Univ. Graz (Promot. 1954) - 1955-57 Hochschulassist. u. Gerichtspraxis; 1957-63 Dozent u. ao. Prof. (1960) Univ. Graz; 1963-67 o. Prof. Univ. Bonn; s. 1967 o. Prof. Univ. Wien. Spez. Arbeitsgeb.: Österr. Zivil- u. Arbeitsrecht, jur. Methodenlehre - BV: D. Gleichheitsgrundsatz im österr. Privatrecht, 1961; Probleme d. Schadensverursach., 1964; Privatautonomie u. objektive Grundl. d. verpflichtenden Rechtsgeschäfts, 1967; Arbeitsrechtskodifikation u. allg. Zivilrecht, 1969; Klang-Kommentar z. ABGB 2 IV/2, 1971-76; Jur. Methodenlehre u. Rechtsbegriff, 1982; D. Recht d. Superädifikate, 1982; Einf. in d. österr. Privatrecht, 2. A. 1983; Risikohaftung d. Arbeitgebers, 1985; Rechtsgesinnung als Aufgabe, 1987; Recht, Methode u. Jurisprudenz, 1988; Fundamentale Rechtsgrundsätze, 1988. 99 Abhandl. Herausg.: Jurist. Blätter, Wien (1963ff.), Rechts- u. Staatswiss. (Springer-Vg.) - 1976 Kardinal-Innitzer-Würdigungspreis; 1985 korr. Mitgl. Österr., 1989 Göttinger Akad. d. Wiss.; 1986 Dr. jur. h. c. Salzburg - Liebh.: Tennis - Spr.: Engl., Poln.

BYDLINSKI, Georg

Schriftsteller - Hohe Wand-Str. 9/2, A-2346 Südstadt (T. 02236 - 2 27 04) - Geb. 30. Mai 1956 Graz, verh. s. 1977 m. Birgit, geb. Wegerth, 3 Kd. (David, Gabriel, Lukas) - Stud. Angl.- u. Religionspäd. Univ. Wien (Mag. Phil.) - Vorst.-Mitgl. Interessengem. Österr. Autoren, u. Grazer Autorenvers.; Mitbegr. Autorenverlag edition umbruch, Mödling b. Wien (österr. Kleinverlagsprämie 1987) - BV: Lyrik: D. Sprache bewohnen, 1981; Distelblüte, 1981 (2. A. 1982); Hinwend. z. d. Steinen, 1984; Landregen, 1988. Prosa: Kopf gegen Beton, 1986; Satellitenstadt, 1988. Kinderlit.: Pimpel u. Pompel aus Limonadien, 1980; D. Mond heißt heute Michel, 1981; D. Wünschelbaum, 1984; ... weil wir Heinzelmännchen sind, 1984, 2. A. 1986 (engl. Übers., 'The Midnight Visitors', 1985); D. Himbeerrote Drache, 1988, 2. A. 1988. Übers. (Mithg., m. Käthe Recheis): Weißt du, daß d. Bäume reden. Weisheit d. Indianer (1983; 15. A. 1987); Freundschaft m. d. Erde. D. indian. Weg (1985, 2. A. 1987); Auch d. Gras hat e. Lied. Indianertexte d. Gegenwart (1988, 2. A. 1988); D. Erde ist e. Trommel. Indianerweisheit aus Gegenw. u. Vergangenh. (1988) - 1981 u. 1984 Buchprämien Bundesmin. f. Unterr. u. Kunst; 1982 Anerkennungspreis Land Niederösterr.; 1982 u. 1987 Theodor Körner-Pr. f. Lit.; 1984 Ehrenliste z. Österr. Kinder- u. Jugendbuchpr.; 1985 Ehrenliste z. Kinder- u. Jugendbuchpr. Stadt Wien; 1985 Förderungspreis Land Niederösterr.; 1988 Übersetzerprämie Bundesmin. f. Unterr. u. Kunst - Lit.: D. Barke (Lehrerhandb. d. Österr. Buchklubs d. Jugend, 1982); Kürschners Dt. Lit.-Kal. (1988) u.a.

BYLANDT-RHEYDT, Graf von, Bernhard

Prof., Bildhauer - Am Höhweg 5, 8731 Aschach üb. Bad Kissingen (T. 4 16) - Geb. 3. Jan. 1905 Magdeburg (Vater: Alexander Graf v. B.-R.; Mutter: Marie-Dorothea, geb. Dreyer), ev., verh. in 2. Ehe (1953) m. Ilse, geb. Josten (Pianistin) - 1920-24 Kunstakad. Breslau (Malerei); als Bildh. Autodid. - 1958-70 Prof. Hochsch. f. bildende Künste, Kassel. Zahlr. Werke aus Stein - BV: Vision im Stein, 1981 - Liebh.: Komponieren.

BYSTŘINA, Ivan

Dr. jur., o. Prof. f. Kommunikationswissenschaft u Semiotik - Caspar-Theyß-Str. 14a, 1000 Berlin 33 - Geb. 8. Okt. 1924 Nový Jicin - Promot. (1949) u. Habil. (1954) Prag - B. 1969 Vizedir. Inst. f. Staats- u. Rechtswiss. Prag, dann Gastprof. Univ. Mannheim, Heidelberg u. Bochum, s. 1972 Ord. FU Berlin. Bücher u. viele Einzelarb.

C

CABANIS, Detlef

Dr. med., Prof. f. Forens, Psychiatrie u. Med. Kriminol. - Prausestr. 36, 1000 Berlin 45 - Geb. 28. Febr. 1921 Berlin - S. 1967 (Habil.) Privatdoz. u. Prof. FU Berlin (Dir. Inst. f. Forens. Psych.).

CADUFF, Sylvia

Prof., Generalmusikdirektorin, Orchesterdirigentin - Argonnerweg 21, 5650 Solingen - Geb. 7. Jan. 1938 Chur (Vater: Dr. phil. Gian C.; Mutter: Clara, geb. Rich), ev. - Matura 1958 Chur; Dipl. f. Klavier u. Theorie 1961 Konservat. Luzern; 1962-65 Karajan-Praktikum Berlin - 1966-67 Assist. Conductor New Yorker Philharmoniker; 1972-76 Prof. f. Dirig. Bern; 1977ff. GMD Solingen - 1966 1. Preis Mitropoulos-Competition New York; 1973 Kunstpreis Luzern - Spr.: Engl., Franz., Ital.

CAESAR, Knud

Dr. agr., Prof. f. Acker- u. Pflanzenbau - Endestr. 41, 1000 Berlin 39 - Geb. 24. Mai 1925 Steinsdorf - Promot. 1954 Hohenheim (LH); Habil. 1966 Göttingen - S. 1971 Prof. TU Berlin - BV: Einf. in d. tropischen u. subtropischen Pflanzenbau, 1986.

CAESAR, Peter

Justizminister Rhld.-Pfalz (s. 1987) - Ernst-Ludwig-Str. 3, 6500 Mainz (T. 06131 - 1 61) - Geb. 30. Nov. 1939 Oldenburg, ev., verh. s. 1977 m. Irmgard Margarete, geb. Mühlbeyer, 2 Kd. (Jan, Martin) - Gymn. Oldenburg, Bonn u. Kelkheim; Abit. 1960; Stud. Rechtswiss. Berlin u. Bonn; Referendarex. 1966; gr. jurist. Staatsprüf. 1969 - 1969 Rechtsanwalt in Idar-Oberstein. FDP (s. 1970).

CAESAR, Rolf Julius

Dr. rer. pol., Univ.-Prof. Ruhr-Univ. Bochum - Lucas-Cranach-Str. 12d, 5000 Köln 50 (T. 0221 - 35 42 98) - Geb. 7. Mai 1944 Ahrweiler (Vater: Julius C., Kaufmann; Mutter: Mia C., geb. Pasman), ev., verh. s. 1968 m. Christa, geb. Distelkamp, 2 Kd. (Christoph, Bettina) - Univ. München, Köln (Wirtschaftswiss.); Promot. 1970 Köln, Habil. 1979 Köln - BV: D. Intern. Zusammenhang d. Löhne, 1970; Steuerquoten, Steuerstrukturen u. Steuerharmonisierung in d. Europ. Gemeinschaft, 1980; D. Handlungsspielraum v. Notenbanken, 1981 - Spr.: Engl., Franz. - Bek. Vorf. Julius Caesar, röm. Konsul.

CAESAR-WOLF, Beatrice

Ph. D., Dipl.-Soz., Prof. f. Sozialisation u. Sozialpsych. Univ. Hannover - Hanomagstr. 8, 3000 Hannover; priv. Treuchtlinger Str. 8, 1000 Berlin 30.

CAHN, Herbert Adolph

Dr. phil., Archäologe u. Numismatiker, Honorarprof. f. Antike Numismatik Univ. Heidelberg (s. 1971) - Rütimeyerstr. 12, CH-4054 Basel (Schweiz) - Geb. 28. Jan. 1915 Frankfurt/M. (Vater: Ludwig C., Numismat.; Mutter: Johanna, geb. Neuberger), isr., verh. in 2. Ehe (1949) m. Mathilde, geb. Vögeli, 2 Kd. (Miriam, David) - Goethe-Gymn. Frankfurt (Abit. 1932); Univ. Frankfurt

u. Basel (Promot. 1940) - 1942-87 Dir. u. Verwaltungsratdeleg. Münzen u. Medaillen AG, Basel - BV: D. Münzen d. sizil. Stadt Naxos, 1944; Knidos - D. Münzen d. 6. u. 5. Jh. v. Chr., 1970; Kl. Schriften z. Münzkd. u. Archäol., 1975; D. spätröm. Silberschatz v. Kaiseraugst (Mitautor u. Herausg.), 1984; Antikenmuseum Basel u. Sammlg. Ludwig: Münzen (Katalog, Mitautor u. Herausg.), 1988 - 1971 Med. Royal Numism. Soc.; 1972 Soc. française de numism.; 1983 American Numismatic Society; 1988 Ehrenmitgl. Schweiz. Numismatische Ges. - Spr.: Franz., Engl., Ital.

CALBERT, Joseph (Josse) P.

Ph. D., Prof. f. Anglistik (Konstrastive Sprachwiss.) Univ. Oldenburg (s. 1974) - Häherweg 5, 2905 Edewecht-Friedrichsfehn/O. - Geb. 28. Aug. 1938 Brüssel/Belg. (Vater: Henri C., Landw.; Mutter: Marie, geb. Debremaeker), verh. s. 1964 m. Marie-Thérèse, geb. Ocreman, 4 Kd. - Univ. Löwen (1958-63; Lic. en Philol. German.) u. Indiana/USA (1968-72; Ph. D.) - Zul. 1971 bis 1973 Assist. Prof. Univ. Ontario/Kanada. Fachb.

CALDER, Clement Barrie

Komponist, Übers., Englischdoz. - Levetzowstr. 16, 1000 Berlin 21 (T. 030-393 44 72) - Geb. 29. Sept. 1936 Philadelphia/USA, ledig - Assoc. in Arts 1956 Valley Forge M.A., USA; Bachelor of Music 1959 Michigan State Univ. USA; Master of Music Michigan State Univ. USA; Hochsch. d. Künste FU Berlin; Lehrauftr. Techn. FH Berlin - Fr. Komp.; Englischdoz. in d. Erwachsenenbildung; Gerichtsdolmetscher; fr. Übers. 1967-68 Gast d. Berliner Künstlerprogramms - Spr.: Engl., Ital., Franz.

CALLIESS, Rolf-Peter

Dr. jur., o. Prof. f. Strafrecht Univ. Hannover (s. 1974) - Deisterstr. 5, 3005 Hemmingen-Hannover - Geb. 21. März 1935 Berlin, ev. - 1945-54 Gymn. Berlin; Univ. ebd., Bonn u. Köln (Rechts- u. Sozialwiss.). Jurist. Staatsex. 1959 u. 64. Promot. 1961 Berlin; Habil 1973 Bielefeld. Div. Mitgliedsch. - BV: Eigentum als Institution, 1962; Kirche u. Demokr., 1966; Strafvollzug - Instit. im Wandel, 1970; Alternativ-Entw. e. Strafvollzugsges., 1973 (Mitverf.); Theorie d. Strafe im demokr. u. soz. Rechtsstaat, 1974; D. Begriff d. Gewalt im Systemzush. d. Straftatbestände, 1974; Kommentar z. Strafvollzugsges., 3. A. 1982 (Mitverf.); Lehrb. d. Strafvollzugsrechts, 2. A. 1981; Lehrb. d. Strafrechts, 1981/82. Alternativ-Entw. e. Strafprozeßordn. (Mitverf.) 1980.

CALMEYER, Peter

Dr. phil., apl. Prof. Univ. München; Wiss. Direktor Deutsches Archäologisches Inst. Abt. Teheran - Postf. 33 00 14, 1000 Berlin 33 - Geb. 5. Sept. 1930 Halle/Saale, verh. m. Ursula, geb. Seidl - Promot. 1965 Berlin; Habil. 1969 München - BV: Datierbare Bronzen aus Luristan u. Kirmanshah, 1969; Reliefbronzen in babyl. Stil, 1973; Art. z. Archäol. u. Gesch. d. Achaimeniden.

CAMAJ, Martin

Dr. phil. (habil.), Prof., Albanologe - Tiefenweg 3, 8172 Lenggries/Obb. (T. 8833) - B. 1971 Doz., dann apl. Prof. Univ. München (Albanol.).

CAMBEIS, Hansjörg Philipp

Maler, Schriftst. - Maier-Leibnitz-Str. 14, 8046 Garching (T. 089-320 14 73) - Geb. 1. Mai 1938 Speyer, Sohn Paul Martin - Schriftsetzer - BV: Mutmaß, Ged. 1981; u.a. - 1983 Gold. Amöbe Freundeskr. d. schönen Künste, München - Lit.: Oswald Collmann, H. Cambeis allein gegen alle(s).

CAMBEIS, Ludwig

Dr.-Ing., Prof. f. Allg. Elektrotechnik u. Qualitätssicherung Gesamthochschule Paderborn (Fachbereich Elektrotechnik/Elektronik) - Kleinenberger Weg 12, 4790 Paderborn.

CAMMANN, Helmuth

Dr. rer. pol., Dipl.-Kfm., Hauptgeschäftsführer Bundesverb. dt. Banken (s. 1966) - Mohrenstr. 35-41, 5000 Köln (T. 166 32 15) - Geb. 8. Febr. 1927 Düsseldorf (Vater: Carl C., Kaufm. †; Mutter: Maria, geb. Döpp †), kath., verh. s. 1957 m. Helga, geb. Herweg, 2 Kd. (Cornelia, Oliver) - Univ. Köln (Dipl.-Volksw. u. Dipl.-Kfm. 1950, Promot. 1953) - 1951-53 Leit. Referat f. Außenw. Rhein.-Westf. Inst. f. Wirtschaftsforsch., Essen; 1953-56 Wirtschaftsexperte Dt. Deleg. b. d. OEEC u. Berat. d. Präs. Europ. Zahlungsunion, Paris; 1956-61 Abt.leit. in d. Wirtschaftsabt. Hohe Behörde d. Europ. Gemeinsch. f. Kohle u. Stahl, Luxemburg; 1957-61 Leit. Wirtschaftsabt. Deleg. d. EGKS, London; 1961-66 Leit. Deleg. d. EWG-Kommiss. b. d. OECD, Paris; 1970-86 Mitgl. Wirtschafts- u. Sozialaussch. d. EG - Spr.: Engl., Franz.

CAMMENGA, Heiko K.

Dr. rer. nat., Chemiker, Prof. f. Physikal. Chemie TU Braunschweig (beamtet; s. 1977) - Johanniterstr. 7A, 3300 Braunschweig - Geb. 30. Juli 1938 Bremen (Vater: Karl C., Bäckerm.; Mutter: Henriette, geb. Müller), verh. s. 1965 m. Ingrid, geb. Potthoff, 2 Kd. (Anne, Jörg) - Friedrich-Paulsen-Gymn. Niebüll; TH Braunschweig u. Helsinki. Promot. 1967; Habil. 1973 - 1970/71 Gastdoz. Rochester Inst. of Technol. USA - BV: Evaporation Mechanisms of Liquids; Methoden d. Thermischen Analyse. Üb. 80 Einzelarb. - 1987 Preis d. Schweiz. Ges. f. Thermonalytik u. Kalorimetrie - Spr.: Engl., Franz.

CAMMERER, Walter Friedrich

Dr. rer. nat., Dipl.-Phys. - Monatshauserstr. 14, 8132 Tutzing (T. 08158 - 16 14) - Geb. 26. März 1920 München (Vater: Franz C., Oberforstmeister; Mutter: Adelheid, geb. Hutter), kath., verh. s. 1947 m. Dr. med. Ursula, geb. Erber, 7 Kd. (Johannes, Christiane, Stefan, Michael, Dominik, Birgit, Marius) - Oberrealsch.; TH (Techn. Physik). Dipl. u. Promot. TH München - 1950-58 Wiss. Assist., 1959-85 Wiss. Leit. Forsch.sheim bzw. -inst. f. Wärmeschutz; Mitgl. Sachverständigenaussch. Inst. f. Bautechnik, Berlin; Mitarb. DIN - Dt. Inst. f. Normung u. VDI-Verein Deutscher Ingenieure - Kriegsausz; BVK 1. Kl.; Ehrenmed. d. VDI.

CAMP, Anne

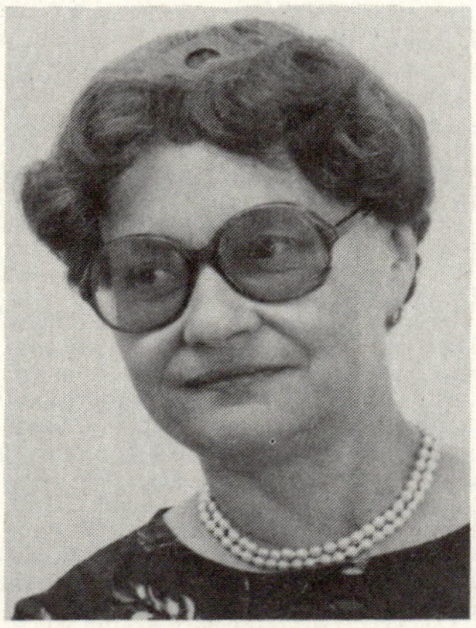

(eigentl. Gänßle-Pfeuffer, Cäcilie Anne), Dr. phil., Schriftstellerin - Im Breiten Wingert 11, 6915 Dossenheim b. Heidelberg (T. 06221 - 86 09 32) - Geb. 24. Febr. 1925 Würzburg (Vater: Friedrich Pfeuffer; Mutter: Anna, geb. Röder), kath., verh. s. 1957 m. Dr. Gerhard Gänßle, geb. Pfeuffer, verw. 1983 - Stud. Roman.; Promot. 1950 Würzburg (Thema: Jean Anouilhs Bühnendichtungen) - 1957-62 Wiss. Assist. am Sem. f. Roman. Philol. Univ. Würzburg; 1963-65 Lehrauftr. f. Altfranz. Univ. Würzburg - BV: Anne Camp: Schmierentheater u. and. Stücke, 1984; Zwei Berühmtheiten a. d. Kopf gestellt, Doña Quijote u. d. Herr v. Stein, 1985; D. Katze d. Papstes u. and. Katzengesch., 1988 (Illustration Dorothee Söder); Salieri, d. Mörder Mozarts?, 1989 - 1987 Lit. Förderpreis - Liebh.: Lit., Musik, Opern, Theater - Spr.; Lat., Engl., Franz., Ital., Span. - Lit.: Franz Rauhut, E. neue Autorin f. d. Theater, Anne Camp in: Neues Europa (1985).

CAMPE-KEIL, von, Annelie

s. Keil, Annelie

CAMPENHAUSEN, Freiherr von, Christoph Johann

Dr. rer. nat., o. Prof. f. Allg. Zoologie u. Biophys. Univ. Mainz (s. 1972) - Bebelstr. 50, 6500 Mainz (T. 34411) - Geb. 4. April 1936 Göttingen (Vater: Prof. Hans Frhr. v. C. (s. dort); Mutter: Dorothee, geb. v. Eichel), ev., verh. seit 1961 mit Gabriele, geborene Sartorius, 5 Kd. (Dorothee, Otto, Ruth, Peter, Marie) - Promot. 1963 Tübingen, Habil. 1969 Köln - 1963-65 Res. Fell. Cal. Inst., Pasadena/Cal., 1965-71 Wiss. Assist. u. 1969 Wiss. Rat u. Prof. Zool. Inst. Univ. Köln; s. 1972 Prof. f. Zool. u. Biophysik Mainz - BV: D. Sinne d. Menschen, 2 Bde., 1981 - Spr.: Engl. - Bek. Vorf.: S. Hans v. C.

CAMPINGE, Josef

Dr., Prof., Dipl.-Kfm., Dipl.-Volksw., Dipl.-Ing., Präsident Zentralverb. d. Ingenieurvereine ZBI, Bonn - Im Kalkfeld 10, 5204 Lohmar 21 Durbusch - Geb. 26. April 1930.

CANARIS, Claus-Wilhelm

Dr. jur., o. Prof. d. Rechte - Prof.-Huber-Pl. 2 (Jurist. Fak.), 8000 München - Geb. 1. Juli 1937 Liegnitz/Schles. (Vater: Dr. Constantin C., Versich.jurist, † 1983; Mutter: Ilse, geb. Krenzer), verh. s. 1963 m. Rena, geb. Günther, 2 Kd. (Leander, Afra) - Stud. Rechtswiss., German., Phil. München, Genf, Paris - S. 1967 (Habil.) Lehrtätigk. Univ. München, Graz (1968 Ord.), Hamburg (1969 Ord.), München (1972) - BV: D. Feststellung v. Lücken im Gesetz, 1964, 2. A. 1983; Systemdenken u. -begriff in d. Jurisprudenz, 1969, 2. A. 1983; D. Vertrauenshaftung im Dt. Privatrecht, 1971, 2. A. 1981; Großkomm. z. Handelsgesetzb. Bd. III, 1973ff.; Bankvertragsrecht, 1975, 3. A. 1988; Wertpapierrecht, 12. A. 1986; Handelsrecht, 21. A. 1989 - 1988 Leibniz-Preis d. Dt. Forschungsgemeinsch. - Spr.: Engl., Franz.

CANCIK, Hubert

Dr. phil., Prof. f. Klass. Philologie, Gesch. d. antik. Relig. - Haußerstr. 89, 7400 Tübingen - Geb. 7. Dez. 1937 Berlin (Vater: Dr. Josef C., Lungenfacharzt; Mutter: Rosemarie, geb. Hardegen), verh. s. 1963 m. Dr. Hildegard, geb. Lindemaier - Gymn. Canisius-Colleg, Berlin; Stud. FU Berlin, Münster, Manchester, Tübingen (Klass. Phil., Archäol., Orientalist., Theol.); Promot. 1964, Habil. 1969, bde. Tübingen - BV: Unters. z. lyr. Kunst d. P. Papinius Statius, 1965; Mythische u. histor. Wahrheit, 1970; Grundzüge d. hethit. u. alttestamentl. Geschichtsschreib., 1976; Rausch, Ekstase, Mystik (Hrsg.), 1978, Gesch. d. Klass. Philol. u. d. altsprachl. Unterr. (Mithrsg.), I, 1982; II, 1984; Relig.- u. Geistesgesch. d. Weimarer Rep. (Hrsg.), 1982; Markus-Philol. (Hrsg.), 1984; Mithrsg. d. Reihe „D. Relig. d. Menschheit"; Handb. religionswissensch. Grundbegriffe (1988ff.).

CANDLER, Norman

s. Narholz, Gerhard

CANETTI, Elias

Dr. phil., Schriftsteller (dt. Sprache) - 8, Thurlow Rd., London NW3 - Geb. 25. Juli 1905 Rustchuk (Bulg.) - Stud. Chemie - Aufgew. in Engl. u. Dtschl.; lebt s. 1938 in London - BV/R.: D. Blendung, 1935; Hochzeit, 1964; D. Befristeten, 1964; D. Ohrenzeuge, 1974; D. Überlebende, 1975; Ess.: Fritz Wotruba, 1955; Masse u. Macht, 1960; D. andere Prozeß, 1969; D. vergeudete Verehrung, 1970; Macht u. Überleben, 1972; D. gespaltene Zukunft, 1972; D. Gewissen d. Worte, 1975; Aufz.: D. Reise n. Marrakesch, 1948; D. Provinz d. Menschen, 1973; Autobiogr.: D. gerettete Zunge, 1977; D. Fackel am Ohr, 1980. Bühnenst.: Komödie d. Eitelkeit (1950). Herausg.: Welt im Kopf (Anthol., 1962) - Zahlr. Literaturpreise, dar. 1981 Nobel-Pr., u. Mitgliedsch. (u. a. Orden Pour le mérite f. Wiss. u. Künste); 1983 Gr. BVK.

CANINENBERG, Hans

Schauspieler - Maria-Eich-Str. 43, 8032 Gräfelfing (T. 089-85 32 17) - Geb. in Duisburg (Vater: Wilhelm C., Lehrer; Mutter: Adele, geb. Melcher), verh. m. Lola Mühtel, S. Andreas, T. Angelika (aus 1. Ehe) - Abit.; Folkwangsch. Essen - Bühnen: Krefeld, Gießen, Wuppertal, Stuttgart, München, Berlin, Frankfurt; Fernsehen u. Film.

CANISIUS, Peter

Dipl.-Ing., Prof., Direktor Bundesanst. f. Straßenwesen - Brüderstr. 53, 5060 Bergisch Gladbach 1 - Geb. 17. Okt. 1929 Peine (Vater: Peter C., Präs. a. D.; Mutter: Gretel, geb. Feist), kath., verh. s. 1961 m. Renate, geb. Peschko, 2 Kd. - Abit. 1949 Minden, Dipl.-Ing. (Bauing.-wesen) Univ. Karlsruhe 1960 - S. 1983 Mitgl. Dt. UNESCO-Kommiss.; s. 1985 Mitgl. d. Rates d. Fédération Internationale de l'Information et de la Documentation (FID); s. 1987 Schatzmeister FID - 1986 BVK am Bd.; 1986 DIN-Ehrennadel - Spr.: Engl., Franz.

CANONICA, Marco-Maria

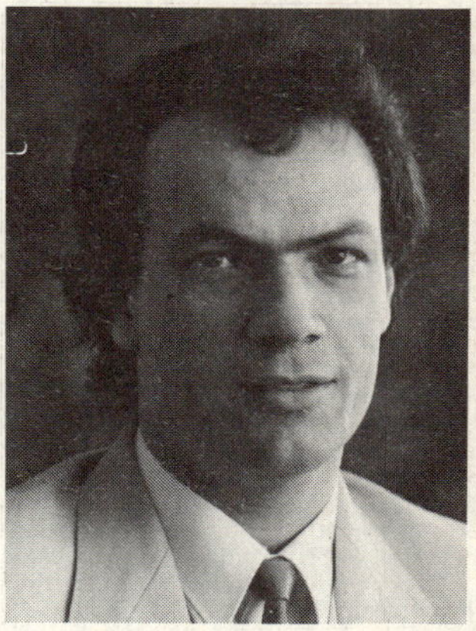

Dirigent, Künstlerischer Direktor Opernfestspiele Heidenheim (s. 1983) - Schloßstr. 89, 7920 Heidenheim (T. 07321 - 4 35 35) - Geb. 13. Mai 1950 Köniz b. Bern, verh. s. 1981 m. Agnes, geb. Habereder (Opern- u. Konzertsängerin), 3 Kd. (Natalie, Maddalena, Aureliano) - Abit. Collège St. Michel, Fribourg Schweiz; Stud. German., Musikwiss. Univ. Bern; musikal. Ausb. Conservatoire et Accadémie de musique Fribourg/Schweiz; 1973 Dirigentenkurs unter Igor Markevitch; Kapellmeistersch. Konservat. u. Musikakad. Zürich (Prof. F. Leitner) - 1973-75 Städtbundtheater Biel/Solothurn; 1975-81 Kapellm. u. Assist. d. Operndir. Städt. Bühnen Augsburg - Zahlr. Funkaufn. Gastdirig. Schweiz, Frankr., Ital. - Div. Prod. Städt. Bühnen Augsburg; s. 1985 künstler. Dir. d. Opernfestspiele Heidenheim; Konz. m. Solisten (J. Frantz, C. D. Reinhart, Boris Bloch, Ulf Hoelscher u.a.m.) - Liebh.: Lit., Kunst d. Jugendstils, antiquarische Bücher u. Noten, Computer - Spr.: Ital., Franz., Engl., Span.

CANSTEIN, Freiherr von, Ludolf

Dipl.-Kfm., Geschäftsführung Musikverlag B. Schott's Söhne, Mainz -

Odenwaldstr. 5 A, 6500 Mainz 42 (T. 06131 - 83 17 39) - Geb. 22. Juli 1925 Düsseldorf (Eltern: Oberst a. D. Richard. Frhr. u. Elisabeth Frfr. v. C.), kath., S. Bernhard - Stud. Univ. Köln u. München (Dipl.ex. 1953) - Rotarier.

CANTOW, Hans-Joachim

Dr. rer. nat., o. Prof. f. Physikal. Chemie d. molekularen Substanzen - Schlehenrain 14, 7800 Freiburg/Br. (T. 5 64 92) - Geb. 2. März 1923 Oberhausen (Vater: Richard C., Lehrer; Mutter: Hedwig, geb. Sabel); kath., verh. s. 1953 m. Ilse, geb. Knickenberg, 3 Kd. (Ronald, Andreas, Bettina) - Gymn. Wiesbaden; Univ. Frankfurt, Mainz, TH Darmstadt (Dipl.-Chem. 1946). Promot. (1950) u. Habil. (1964) Mainz - 1956-65 Chem. Werke Hüls AG., Marl (Leit. Polymeranalyt. Gruppe); s. 1965 Univ. Freiburg (b. 1967 ao., dann o. Prof.; Dir. Inst. f. Makromolekulare Chemie). Mitgl. Ges. Dt. Chemiker, Dechema u. Bunsen-Ges. Zahlr. Fachveröff., darunt. Handbuchbeitr. Mithrsg.: Advances i. Polymer Science, Polymers-Properties and Applications, Makromolekulare Chemie, Polymer Bulletin - Rotarier - Spr.: Engl., Franz.

CANZLER, Bertram Georg

Dipl.-Ing., Berat. Ing. VBI, Prüfing. u. Sachverst., Geschäftsf. Canzler Ingenieure GmbH - Viehgasse 10, 4330 Mülheim a. d. Ruhr 13 (T. 0208 - 48401-0) - Geb. 30. Nov. 1920 Dresden - Spez. Arbeitsgeb.: Techn. Ausrüstung, Energie- u. Automatisierungstechnik, Umweltschutz (Forsch., Systementw., Stud., Berat., Planung, DV-Service).

CANZLER, Helmut

Dr. med., (Leit. Arbeitsgr. f. Klin. Diätetik), Prof. f.Stoffwechselkrankheiten u. Klin. Diätetik Med. Hochschule Hannover (s. 1974), Honorarprof. Univ. Hannover (s. 1987), Facharzt f. Innere Medizin - Konstanty-Gutschow-Str. 8, 3000 Hannover 61 - Geb. 21. Jan. 1929 Chemnitz/Sa. - Abit. 1947; Staatsex. 1954 (Göttingen); Promot. 1955 (ebd.); Habil. 1970 (Hannover).

CAPELL, Manfred

Prof., Kammersänger, Opernsänger Ulmer Theater, Doz. f. Gesang Meistersinger-Konservat. Nürnberg - Johann-Wanner-Str. 10, 7918 Illertissen 3 (T. 07303 - 4 19 29) - Geb. in Lübeck, ev., verh. s. 1961 m. Maria, geb. Merkel, 2 Töcht. (Claudia Marina, Ariane Leonore) - Abit. Johanneum Lübeck; Schauspielausb. Dt. Theater-Inst. Weimar, u. Hebbeltheater-Schule, Berlin; Musikstud. Hochsch. f. Musik Berlin, Academy of Vocal Arts Philadelphia/USA, u. Univ. of Illinois/USA - Engagem. Theater Nürnberg (1957-60), Osnabrück (1960-62), Köln (1962/63), Dortmund (1963-66), Krefeld (1966-73), Ulm (s. 1973, 1976-79 pers. Ref. d. Int.). Prof. f. Gesang Landeskonservat. Vorarlberg. Konz., Kirchenkonz., Liederabende - Partien: Golem, Pizarro, Escamillo, Agamemnon, Thoas, Mephisto, Tonio, Boris (Godunow), Figaro, Almaviva, Dappertutto, Schicchi, Scarpia, Basilio, Tell, Mandryka, Jochanaan, Onegin, Posa, Falstaff, Jago, Malbeth, Rigoletto, Holländer, Telramund, Wolfram, Wotan, Kurwenal u.a. Opernregie: Faust (Gounod), D. Kluge (Orff). Gastspiele im In- u. Ausl. (Warschau, Barcelona, Nizza, Linz, u.a.) - 1954 1. Preis Meistersinger-Wettstreit Nürnberg; 1981 Kammersänger-Titel - Liebh.: Sport, Reisen - Spr.: Engl. Ital.

CAPELLE, Heinz

Dr. jur., Rechtsanwalt, Ehrenvors. d. AR Düsseldorf Intercont. Hotel GmbH, Ehrenpräs. d. VR Bergbahnen Disentis AG, CH-Disentis/GR; Ehrenvors. Düsseldorfer Ruderverein 1880, Ehrenmitgl. Verkehrsverein Disentis/GR - Holbeinstraße 16, 4000 Düsseldorf (T. 660424) - Geb. 9. Februar 1914 Duisburg (Vater: Landger.-Dir.; Mutter: geb. Klostermann), verh. mit Gerda, geb. Thünte, 2 Töchter (Annegret, Verena) - 1942-47 Richter Düsseldorf, dann RA - Carl-Gayer-Med. d. Forstwiss. Fak. Univ. München - Liebh.: Rudern.

CAPELLE, Torsten

Dr. phil., Prof., Prähistoriker - Rüschhausweg 129 d, 4400 Münster/W. - Geb. 11. Okt. 1939 Hamburg - Promot. 1966; Habil. 1969 - S. 1970 Prof. f. Ur- u. Frühgesch. Univ. Münster - BV: 15 Monogr., u. a. D. Goldzeitalter, 1976. Üb. 100 Einzelarb.

CAPELLMANN, Herbert

Ph. D., Prof., Physiker - Akenerstraat 20, NL-Vaals - S. 1980 Prof. TH Aachen (Lehrgeb. Physik).

CAPELLMANN, Kurt

Fabrikant, pers. haft. Gesellschafter u. Geschäftsf. Waggonfabrik Talbot, Aachen, Vorst.-Vors. DUEWAG AG, Krefeld-Uerdingen - Haaler Str. 146 (Gut Heidchen), 5102 Würselen - Geb. 25. März 1923 Haaren (Vater: Dr. Paul C.), verh. m. Helga, geb. Schirmer, 2 Kd. (Gina, Nadine) - Präs. Dt. Reiter- u. Fahrer-Verb., Vizepräs. Aachen-Laurensberger Rennverein, Ehrenpräs. Marketing-Club Aachen - 1983 BVK - Liebh.: Reiten (1948 Reiterabz. in Gold, 1966 Mannschaftssieger Dressur-Europameistersch.) - Spr.: Engl., Franz.

CAPIZZI, Carmelo

Dr. phil., Lic. theol., Prof. f. byzantin. Geschichte - Via di Porta Pinciana, 1, I-00187 Roma (T. 679 83 51) - Geb. 14. Juli 1929 Piazza Armerina (Vater: Biagio C., Bauer; Mutter: Giuseppa, geb. Correnti), kath. - 1941-50 Gymn. Piazza Armerina u. Bagheria (Abit.); Stud. Philol. Univ. Palermo, Stud. Phil. Univ. Messina, Stud. Theol. Istituto Ignatianum Messina, Stud. Byzantinistik Univ. Köln - S. 1951 Prof. d. byzantin. Gesch., Dekan d. Fak., Forscher u. Schriftst.; Kath. Priester - BV: Pantokrator, 1964; Anastasio I, 1969; Storia dell'Impero bizantino (aus d. franz.), 1977; Callinico, Vita di Ipazio (aus d. Griech.) 1981. Zahlr. Beitr. Fachzeitschr. - Mitgl. d. Assoc. ital. di Studi Bizantini; Società Romana di Storia Patria, Società Dalmata di Storia Patria, Deputazione di Storia Patria per la Calabria - Liebh.: Klass. Musik - Spr.: Deutsch, Franz., Engl., Span., Neugriech.

CAPPELLER, Ulrich

Dr. rer. nat. (habil.), Prof., Physiker - An der Haustatt 2, 3550 Marburg/L. (T. 66063) - Geb. 28. Okt. 1917 - 1961 Doz., 1971 Prof. Univ. Marburg.

CAPRA, Ingeborg,

geb. Teuffenbach

Schriftstellerin (Ps.: Ingeborg Teuffenbach) - Hinterwaldnerstr. 19, Innsbruck-Hötting/Tirol (T. 7 06 84) - Geb. 1. Okt. 1914 Wolfsberg/Kärnt. (Vater: Johannes Reichsfrhr. v. Teuffenbach), verh. m. Dr. Heinz C. (Innsbruck), 2 Söhne - BV: Kärntner Heimat, Ged. 1938; Saat u. Reife, 1938; Du Kind, 1939; Verpflichtung, 1941; Verborgenes Bildnis, Ged. 1943; D. gr. Gesang, Ged. 1953. Hörsp.: Heute ohne Morgen, Mosaik d. Momente, Regentage, Feriengrüße, Ich bin, wie Du mich haben willst, Wie geht's denn d. Sophie?, Erfüll. e. Wunsches, 5 mal ER SELBST, Schatten u. Licht (Fernsehsp.). Mitarb. Radiotelevisione Ital., Mitveranst. Österr. Jugendkulturwoche - 1941 Raimund-Preis Stadt Wien, 1944 Lyrikpr. Land Kärnten, 1956 Lyrikpr. Stadt Innsbruck, Torberg-Pr. Stadt Wien, 1987 Hörspielpr. Landesstudio Vorarlberg u. Vorarlberger Landesreg. - Spr.: Engl., Franz., Ital.

CARD, June

Kammersängerin, Opernsängerin, Regiss. - Arabellastr. 5/1411, 8000 München 81 (T. 92 32 34 11) - Geb. 10. April 1939 New York (Vater: Clifford C., Immobilienmakler; Mutter: Elsie, geb. Beal), ev., verw. - Univ. of Florida (BS Dipl.); Graduate Stud., Mannes College of Music, New York - Bayer. Kammersängerin, München; auch tätig: Wiener Staatsoper, Metropolitan Oper, in Paris, London, Barcelona, Teheran, an vielen dt. Bühnen - Insz.: Fidelio in Frankr. - Spr.: Engl. (als amerik. Mutterspr.), Deutsch, etwas Ital. u. Franz.

CARDAUNS, Burkhart

Dr., Prof. f. Klass. Philologie Univ. Mannheim - v.-Schilling-Str. 32, 5024 Pulheim-Brauweiler - Geb. 18. Juli 1932 Gelsenkirchen (Vater: Dr. med. Franz C., Mutter: Dr. med. Martha, geb. Franken), kath. - Stud. Klass. Philologie Univ. Köln, Tübingen, München, Promot. 1958, Staatsex. 1959, Habil. 1967. 1959-69 Assist. Univ. Erlangen, 1969 Wiss. Rat, s. 1974 o. Prof. Univ. Mannheim - BV: Varros Logistoricus üb. d. Götterverehr. (Curio de cultu deorum), 1960; M. Terentius Varro, Antiquitates Rerum Divinarum, 1976; Stand u. Aufgaben d. Varroforschung (Bibliogr. 1935-1980), 1982 - Bek. Vorf.: Prof. Dr. Hermann Cardauns, kath. Publizist (1847-1925), Großv.

CARDONA, Manuel

Prof., Direktor Max-Planck-Inst. f. Festkörperforschung - Knappenweg 21 c, 7000 Stuttgart 80 - Geb. 7. Sept. 1934, ev., verh. m. Inge, geb. Hecht, 3 Kd. (Michael, Angela, Steven) - Dipl. 1955 Barcelona; D.Sc. 1958 Madrid; Ph.D. 1959 Harvard - BV: Modulation Spectroscopy, 1969; Light Scattering in Solids I-V, 1975-89; Photoemission in Solids, I 1978, II 1979 - Zahlr. Ausz. u. Preise, u.a.: 1984 Frank Isakson Prize American Physical Soc.; 1985 Dr. h. c. Univ. Antónoma Madrid u. Univ. Antónoma Barcelona; 1986 Member Nat. Acad. of Sciences USA; 1988 Span. Preis Principe de Asturias.

CARIUS, Kay

Dr. phil., Schauspieler, Chefdramaturg, Regisseur Theater Lüneburg GmbH - Dorfstr. 54 G, 2126 Adendorf (T. 04131 - 18 74 49) - Geb. 29. März 1944 Kellinghusen (Vater: Dr. jur. Hellmut C., VG-Dir. †; Mutter: Hildegard, geb. Timm), verh. s. 1977 m. Heidy, geb. Wildhirth, 2 S. (Christian, Sven) - Promot. 1976 Univ. Wien.

CARL, Bruno

s. Kuss, Bruno C.

CARL, Konrad

Bundesvorsitzender IG Bau-Steine-Erden (s. 1982, vorher stv.) - Bockenheimer Landstr. 73-77, 6000 Frankfurt/M. (T. 7 43 70).

CARL, Wolfgang

Dr. phil., Prof., Philosoph - Hanssenstr. 26, 3400 Göttingen - Geb. 24. Sept. 1941 Berlin - Promot. 1966 Heidelberg - S. 1972 (Habil.) Privatdoz. u. apl. Prof. (1976) Univ. Göttingen (Phil.) - BV: Existenz u. Prädikation, 1974.

CARLBERG, Michael

Dr. rer. pol., Prof. f. Theoret. Volkswirtschaftslehre Univ. Bundeswehr Hamburg - Lerchenweg 2d, 2000 Barsbüttel - Geb. 26. Sept. 1945 Hamburg, verh. s. 1972 m. Aloysia, geb. Wanstrath, 2 Töcht. (Ruth, Esther) - Stud. Volkswirtschaftslehre, Soziol., Math.; Dipl.-Volksw. 1971; Promot. 1974; Habil. 1977 - 1971 Wiss. Assist. Univ Hamburg; 1978 Prof.vertr. u. 1980 Prof. Univ. Bundeswehr Hamburg - BV: Simulationsmodell, 1974; Ordnung d. Städte, 1977; Stadtökonomie, 1978, Wachstumsmodell, 1979; Public Debt, Tax and Gov. Exp., 1988; Theorie d. Arbeitslosigkeit, 1988; Makroökonomik d. offenen Wirtschaft, 1989 - Spr.: Engl., Franz., Latein. Span.

CARLÉ, Walter

Dr. rer. nat., Prof., Dipl.-Geol., Oberregierungsdir. a. D. - Florentiner Str. 20/4133, 7000 Stuttgart 75 - Geb. 23. Juni 1912 Stuttgart (Vater: Georg C., Oberingenieur; Mutter: Elisabeth, geb. Kunz), ev., verh. s. 1941 m. Ruth, geb. Neuhaus († 1978), 2 Töcht. (Ursula, Margot) - Univ. Tübingen, Kiel, Berlin (Geol.). Promot. Berlin; Habil. Stuttgart - Ab 1936 Assist. Univ. Berlin u. Hamburg (1937), 1938-40 Montangeologe Spanien, 1941-45 Reichsamt f. Bodenforsch. (Bezirksgeol.). 1946-75 Geol. Landesamt Baden-Württ. (Oberreg. Dir.). S. 1950 Doz. u. apl. Prof. TH bzw. Univ. Stuttgart - BV: Bau u. Entwickl. d. südwestd. Großscholle, 1955; D. Mineral- u. Thermalwässer v. Mitteleuropa, 1975; Vulkanismus u. Thermalphänomene: Island, Neuseeland, 1980; Geologen-Stammbaum, 1988; 250 Fachveröff. - 1966 Ehrenmitgl. VHS Korntal, 1971 Oberrh. Geol. Verein, 1981 Ges. f. Naturkd. in Württ., 1983 Hans-Stille-Med. Dt. Geol. Ges. - Lit.: Prof. Dr. W. C. 60 J. alt (K. Fricke in: Heilbad u. Kurort '72); W. C. im Ruhest. (F. Nöring in: Heilbad u. Kurort '75); Prof. Dr. C. wird 70 Jahre alt (K. Fricke in: Heilbad u. Kurort '82).

CARLEIN, Walter

Dipl. rer. pol., Dr. jur. utr., Oberbürgermeister Baden-Baden, Vors. d. Verw.rates Bäder- u. Kurverwaltung u. d. AR-Rates Spielbank BB, Vors. DAL u. Vizepräs. DGWohnmedizin, Vors. Aussch. mittl. Städte im Dt. Städtetag u. Vors. Aussch. Umweltschutz und Kurortgestalt. im Dt. Bäderverband - Verf. umfangr. Fachliteratur.

CARLS, Fritz

Vorstandsmitglied Wohnstätte Krefeld Gemeinn. Wohnungs-AG., Krefeld - Germaniastr. 77, 4150 Krefeld - Geb. 13. Jan. 1911 - Arch.

CARLSBURG, von, Gerd-Bodo

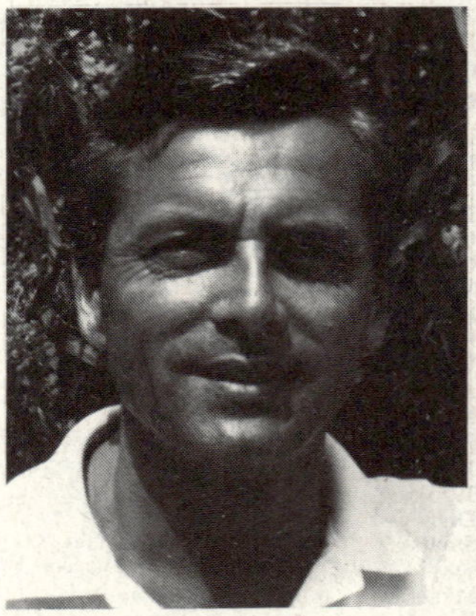

Dr. phil., Prof. f. Erziehungswissenschaften Heidelberg, (Ps. Reinert) - Mauternstr. 41, 6920 Sinsheim - Geb. 18. Aug. 1942 Dresden, ev., verh. s. 1985 m. Gisela, geb. Soffner, 3 Kd. (Stefanie, Nina, Christian) - Stud. Erziehungswiss., Chem., Med. Univ. Hamburg; 1. Staatsprüf. 1970; 2. Staatsprüf. 1972; Promot. 1972 Hamburg - Lehrauftr. Univ. Hamburg, Wuppertal, Univ. d. Bw Hamburg (Lehrstuhlvertr.) u. Heidelberg; Wiss. Beirat Bildungswerk d. Wirtsch. Nordrh.-Westf.; Mitgl. Landesfachaussch. Wiss. u. Forsch. Baden-Württ., Mitgl. Kommiss. Bildungsforsch. m. d. Dritten Welt u. Mitgl. d. Wiss. Arbeitsgr. Päd. u. Psychoanalyse d. Dt. Ges. f. Erziehungswiss., Mitgl. Weltbund f. Erneuerung d. Erziehung, Oberstlt. d. Res. u. stv. RgtKdr, stv. Erster Sprecher AG Kommandeure d. Res. d. Heeres d. Bw, Mitgl. d. Aussch. Reservisten u. Wirtschaft d. Verb. d. Reservisten d. Bw - Zahlr. Buchpubl., Buch- u. Lexikonsow. Ztschr.beiträge in engl. u. span. Herausg.: Buchreihe Erziehungskonzeptionen u. Praxis. Mithrsg.: Reihe Scriptor Ratgeber Schule; Ztschr. Education (engl.) u. Educacion (span., portug.) - 1973 Aulis Förderpreis f. Chemie; 1987 kooptiertes Mitgl. Inst. f. wiss. Zusammenarb. in Tübingen.

CARNAP, Günter

Dr. rer. pol., Dipl-Wirtschaftsing. - Zu erreichen üb. Ernst Leitz Wetzlar

GmbH, 6330 Wetzlar - Geb. 1. Aug. 1927 Wuppertal - Geschäftsf. (Finanz- u. Rechnungswesen). Vorst.-Mitgl. Schott Glaswerke Mainz.

CARRELL, Rudi
Schauspieler, Quizmaster Radio Bremen - 2819 Wachendorf b. Syke - Geb. 19. Dez. 1934 Alkmaar/Holland, verh. in 2. Ehe (1974) m. Anke, geb. Bobbert, S. Alexander, T. Annemieke u. Carolin (aus 1. Ehe) - Quizmaster u. Moderator Fernsehsend.: Am laufenden Band (b. 1979), Rudis Tagesschau, D. verflixte 7 - BV: Gib mir mein Fahrrad wieder, Erinn. 1979 - 1979 u. 80 Bambi-Preis (Bild + Funk/Bunte); 1983 Gold. Kamera HÖRZU; 1985 BVK I. Kl.

CARRIÈRE, Mathieu
Schauspieler - Zu erreichen üb. Agentur Alexander, Lamonstr. 9, 8000 München; wohn. in Paris u. New York - Geb. 2. Aug. 1950 Hannover (Vater: dt. Psychiater hugenottisch. Herkunft), verh., 1 T. - Abit. 1969 Lübeck; ab 1972 Stud. Phil. Paris - Filmt s. 1966 - Rollen in: D. junge Törless (nach Musil, 1966); India Song (nach Marguerite Duras); D. Indianer sind noch fern (nach Patricia Moraz); Dantons Tod (St. Just, 1981 Salzburg); D. flambierte Frau (m. Gudrun Landgrebe, 1983). Auftritt als Transvestit im Alcazar, Paris (m. e. Parodie auf Hamlet u. Goebbels, 1974) - BV: f. e. lit. d. krieges, kleist, Ess. 1981.

CARSTEN, Peter-Michael
Dr. med., Prof. f. Geburtshilfe u. Gynäk. - Miquelstr. 12a, 1000 Berlin 33 - Geb. 17. Sept. 1933 Berlin - Promot. 1959 - S. 1970 (Habil.) Privatdoz. u. Prof. FU Berlin (Frauenklin. Charl.).

CARSTENS, Karl
Dr. jur., Dr. h. c. mult., LL.M., Prof., Bundespräsident a.D. - Bundeshaus, 5300 Bonn 1 (T. 0228 - 16 74 44) - Geb. 14. Dez. 1914 Bremen (Vater: Dr. Karl C., Oberlehrer; Mutter: Gertrud, geb. Clausen), ev., verh. s. 1944 m. Dr. med. Veronica, geb. Prior - Stud. Rechtswiss. in Dtschl., Frankr., USA; Promot. 1937 Hamburg, LL.M. 1949 Yale-U. - 1939-45 Wehrdst. (Flak.-Offz.), dann Rechtsanwalt Bremen, 1949-54 brem. Bevollm. b. Bund, 1950-73 Lehrtätigk. Univ. Köln (1960 o. Prof. f. Staats- u. Völkerrecht), 1954-55 Gesandter beim Europarat, 1955-66 Min.-Dirig. (stv. Abt.leit. 1958), Dir. u. Leit. polit. Abt. West I u. Staatssekr. (1960) AA; 1966-67 Staatssekr. Bundesverteid.min., 1968-69 Staatssekr. Bundeskanzleramt; 1969-72 Dir. Forsch.inst. d. Dt. Ges. f. Ausw. Politik; 1972-79 MdB (1973 Vors. CDU/CSU-Frakt.; 1976 Bundestagspräs.); 1979-84 Bundespräsident - BV: Grundgedanken d. amerik. Verfass. u. ihre Verwirklich., 1954; D. Recht d. Europarats, 1956; Polit. Führung, 1971; Bundestagsreden u. Zeitdokumente, 1978; Reden u. Interviews, 1981ff.; Wanderungen in Deutschland, 1985. Herausg.: Dt. Ged., Anthol. (1983) - 1979 Sonderstufe Großkreuz BVK; 1981 Gold. Ehrennadel Dt. Leichtathletik-Verb.; 1984 Karlspreis Stadt Aachen; Ehrendoktor Univ. Tokio, Coimbra, St. Louis, Dijon, Speyer; Ehrenbürger Univ. Köln; Ehrensenator Univ. Bonn; 1984 Ehrenbürger Bonn u. Berlin; 1984 Bremer gold. Senatsmed.; Concord-Preis d. Ges. f. dt.-amerik. Beziehung Krefeld; 1985 Ehrenpräs. Verb. dt. Gebirgs- u. Wandervereine; Ehrenmitgl.: Dt. Seglerverb., Stifterverb. f. d. Dt. Wiss., Dt. Hochschulverb., DLRG, Volksbund Dt. Kriegsgräberfürsorge (m. Ehrenplak.); Ehrengovernor Lions District 111; Richard Schirmann-Med.; Ehrenring d. Dt. Handw.; Robert-Schuman-Preis; Stresemann-Med.; 1986 Lucius D. Clay-Med. (Verb. dt.-amerik. Clubs); 1987 Gold. Ehrenkreuz d. Bundesw.; Gold. Med. Humboldt-Ges. Mannheim; H.-M.-Schleyer-Preis; 1988 Gold. Verdienstmed. d. Eifelvereins - Liebh.: Wandern, Segeln, Musik - Spr.: Engl., Franz. - Lit.: Wolfgang Wiedemeyer, Im Dienste unseres Staates (1980).

CARSTENS, Manfred
Sparkassendirektor, Parlam. Staatssekr. Bundesmin. d. Finanzen (s. 1989), MdB (s. 1972; Wahlkr. 27/Cloppenburg) - Markt 2, 4593 Emstek (T. 04473 - 3 30) - Geb. 23. Febr. 1943 Molbergen, kath., verh., 2 Kd. - Volkssch.; Handelssch.; Banklehre - Mehrj. Angestelltentätigk. Cloppenburg, Oldenburg, Lohne; 1967ff. Dir. Zweigst. Emstek Landessparkasse Oldenburg. CDU s. 1962.

CARSTENS, Veronica,
geb. Prior

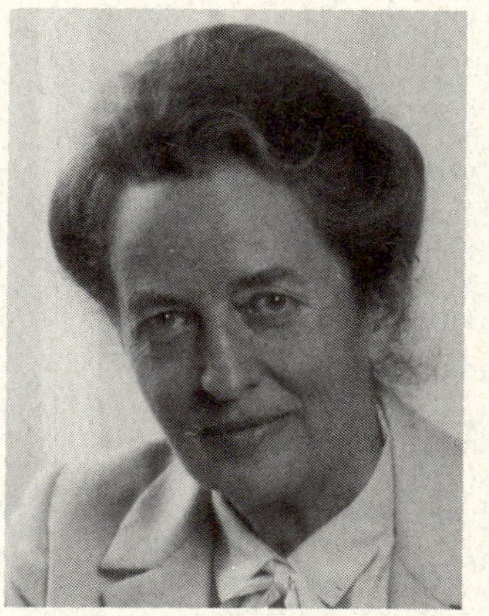

Dr. med., Ärztin f. inn. Krankheiten, Vorst. Stiftg. z. Förderung d. Erfahrungsheilkd. - 5309 Meckenheim - Geb. 18. Juni 1923 Bielefeld (Vater: Wilhelm P., Dipl.-Ing.; Mutter: Auguste, geb. Maute), ev., verh. s. 1944 m. Prof. Dr. Karl Carstens, Altbundespräsident (s. dort) - 1942-1944 Med.-Stud. Univ. Freiburg, 1956-59 in Bonn (Promot. 1960) - 1960-68 Fachausb. in versch. Krankenh.; s. 1968 eigene Praxis. S. 1979 Schirmherrsch. Dt. Multiple Sklerose Ges., Vorst. Stiftg. z. Förder. d. Erfahrungsheilkd., Gründungsmitgl. Natur u. Medizin, Fördergemeinsch. f. Erfahrungsheilkd. - Liebh.: Musik, bild. Kunst, Wandern, Gartengestaltg.; Interessen auf med. Gebiet: Biol. Med. (insb. Homöopathie) - Spr.: Engl., Franz.

CARSTENSEN, Broder
Dr. phil., o. Prof. f. Anglistik - Corveyer Weg 22, 4790 Paderborn - Geb. 27. Mai 1926 Bredstedt - 1958-60 Privatdoz. Univ. Kiel; 1960-63 ao. Prof. Univ. Marburg; 1963-69 o. Prof. Univ. Hamburg; 1969-72 o. Prof. Univ. Mainz; 1972-76 Gründungsrekt. u. ff. o. Prof. Univ.-Ges.-Hochsch. Paderborn - BV: Studien z. Syntax d. Nomens, Pronomens u. d. Negation in d. Paston Letters, 1959; Amerikanismen d. dt. Gegenwartssprache, 3. A. 1975 (m. H. Galinsky); Engl. Einflüsse auf d. dt. Sprache n. 1945, 1965; D. neue Grammatik u. ihre prakt. Anwendung im Engl., 2. A. 1969; Spiegel-Wörter - Spiegel-Worte / Z. Sprache e. dt. Nachrichtenmagazins, 1971; Die Behandlung grammat. Probl. in Lehrwerken f. d. Engl.Unterr., 1972 (m. W. D. Bald u. M. Hellinger); Beim Wort genommen: Bemerkens-wertes in d. dt. Gegenwartssprache, 1986. Zahlr. Einzelarb.

CARSTENSEN, Erhard
Dr. med., Prof., Chefarzt Chirurg. Abt./ Krankenhaus Malente-Mühlenberg - Forstweg 11, 2427 Malente-Gremsmühlen/Holst. - Geb. 16. Dez. 1921 Nordstrand üb. Husum - S. 1960 (Habil.) Privatdoz. u. apl. Prof. (1967) Univ. Hamburg (Chir.) - BV: Parenterale Ernährung u. Infusionstherapie in d. Chir., 1964. Etwa 50 Einzelarb.

CARSTENSEN, Geerd
Dr. med., Prof., Chefarzt Chirurg. Abt. Städt. Krankenhaus, Mülheim - Bleichstr. 5, 4330 Mülheim/Ruhr - Geb. 11. April 1922 - S. 1960 (Habil.) Privatdoz. u. apl. Prof. (1966) Univ. Würzburg. Üb. 80 Fachveröff.

CARSTENSEN, Peter Harry
Bundestagsabgeordneter (s. 1983; Wahlkr. 2/Nordfriesl.-Dithmarschen-Nord) - Bundeshaus, 5300 Bonn 1 - CDU - Präs. Dt. Fischereiverb., Hamburg.

CARTANO, Werner
Schauspieler - Müllerstr. 47, 2000 Norderstedt 2 (T. 040 - 524 19 76) - Geb. 14. Juni 1929 Karlsruhe, verh. m. Gerlinde, geb. Franke - Theaterakad. Karlsruhe - Bühnen-, Film- u. Fernsehrollen (u. a. Fernsehgericht, Tatort) - Liebh.: Reiten.

CASDORFF, Claus Hinrich
Journalist, Chefredakt. FS-Landesprogramme d. WDR, Beauftr. f. Regionalisier. im Hörfunk/Fernsehen (s. 1982) - Frankenstr. 68, 5000 Köln 40 (T. 0221 - 220 45 10) - Geb. 6. Aug. 1925 Hamburg (Vater: Hartwig C., Werbekaufm.; Mutter: Lieselotte, geb. Lühmann), ev., verh. s. 1958 m. Ursel, geb. Zehnpfenning, 2 Kd. (Stephan-Andreas, Caroline) - Abitur 1946 n. Rückkehr aus Kriegsgefangensch. - S. 1947 NWDR, Hamburg (polit. Redakt.) u. WDR, Köln (1956 Chef v. Dienst u. Redakt. Nachrichtenabt., 1961 Moderator Hier- u. Heute-Sendung, 1963 Redakt. u. Leit. Fernsehmagazin Report, 1965 Chef Fernsehmagazin Monitor, 1972 Leit. Programmgruppe Fernsehmagazine, 1977 stv. Chefredakt. u. Leit. d. PG Innenpolitik-FS.). FDP s. 1950 - BV: D. Kreuzfeuer, 1972; Weihnachten 45, 1981; Demokraten-Profile unserer Rep., 1983 - 1979 BVK I. Kl. - Liebh.: Reiten, Golf - Spr.: Engl.

CASPARI, Fritz
Dr. phil., M. Litt., Prof., Botschafter a. D. - Casa das Nogueiras, Malveira da Serra, 2750 Cascais, Portugal (T. 00351-1-285 02 93) - Geb. 21. März 1914 Baden (Schweiz), evangelisch, verheiratet seit 1944 m. Elita Galdós, geb. Walker, 4 Kd. (Hans Michael †, Conrad, Elisabeth, Andrea) - Gymn. Heidelberg: Univ. ebd., Oxford (Diploma of Economics and Political Science 1934, Bachelor of Letters 1936), Hamburg (Promot. 1939) - 1939 Doz. Scripps College Cal./USA, 1943 Bibliothekar Newberry Library, Chicago, 1946 Doz., 1948 ao. Prof. University of Chicago, 1954 AA Bonn, 1955 Honorarprof. Univ. Köln (Neue engl. Lit. u. Geistesgesch.), 1973 Honorary Fellow d. St. John's College, Univ. Oxford - 1958 Botsch.rat London, 1963 Vertr. d. Dt. Beobachters b. d. Vereinten Nationen New York (1967 Gesandter), 1968 Min.dirig. Bonn, 1969 Min.dir. u. stv. Chef Bundespräsidialamt ebd., 1974-79 Botschafter der Bundesrep. Deutschl. in Lissabon - BV: Humanism and the Social Order in Tudor England, 1954 (NA 1968); dt. Ausg.: Humanismus u. Gesellschaftsordnung im England d. Tudors, 1988 - 1974 Gr. BVK, 1973 Großkreuz d. Hl. Sylvester, 1979 Großkreuz d. Christus-O. (Portugal); 1972 Ritter d. Kgl. Victoria-O. (Großbrit.), u. a. - Bek. Vorf.: Prof. Jakob Nöggerath, Mineral. Univ. Bonn (Ururgroßv.); Prof. Eduard Schönfeld, Astronom Univ. Bonn (Urgroßv.).

CASPARI, Tina
s. Eitzert von Schach, Rosemarie

CASPARY, Roland Alfred
Dipl.-Volksw., Vorstandsmitglied Filmförderungsanstalt (Bundesanst.), s. 1968 - Budapester Str. 41, 1000 Berlin 30 (T. 2616006) - Geb. 5. Aug. 1931 Nohfelden/ Saar (Vater: Hugo C., Justizbeamter; Mutter: Paula, geb. Müller), ev., verh. s. 1959 m. Ursel, geb. Emmerich, 2 Kd. (Bettina, Roman) - Dipl.-Volksw. 1957 Mainz - 1958-62 Ref. Filmselbstkontrolle; 1963-67 Hauptgeschäftsf. Filmproduzentenverb. Zahlr. Artikel in Film u. Recht - Mitgl. Dt. UNESCO-Kommiss. - Ritter d. Ordens f. Kunst u. Lit. d. franz. Rep. - Liebh.: Rennsport, Garten - Spr.: Engl., Franz.

CASPER, Bernhard Josef
Prof., Ordinarius f. Christl. Religionsphil. Univ. Freiburg - Werthmannplatz 1, 7800 Freiburg/Br. (T. 0761 - 2 03/20 13) - Geb. 24. April 1931 Trier (Vater: Heinrich C., Präs. Wasser- u. Schiffahrtsdir. Mainz; Mutter: Johanna, geb. Lanninger), kath. - Abitur 1949, Stud. Philos. u. Theol. Freiburg u. Rom, Dr. theol. 1959 Freiburg, Habil. 1967 ebd.; 1971 Prof. Univ. Augsburg, 1979 Prof. Univ. Freiburg - BV: D. dialogische Denken, 1967; Sprache u. Theologie, 1975. Aufs. z. jüdischen Religionsphilosophie d. 20. Jh. (Rosenzweig, Levinas).

CASPER, Walther
Dr. h. c., Vorstandsmitglied Metallges. AG., Frankfurt/M. - Rombergweg 8, 6240 Königstein/Ts. - Geb. 30. Juli 1915 Frankfurt/M. - S. 1934 Metallges. (1956 stv., 1963 o. Vorstandsmitgl.). ARsmandate u. a. - 1964 Ehrendoktor Marquette Univ. Milwaukee (USA); 1965 BVK I. Kl.; 1976 Gr. BVK.

CASPER, Werner
Rechtsanwalt, Vorstandsmitgl. coop AG - Hahnstr. 72, 6000 Frankfurt/M. 71 (T. 069 - 66 83-0) - Geb. 28. April 1944 Landsweiler/Reden/S., verh. s. 1968 m. Marlene, geb. Kolling, 3 Kd. - Jura-Stud. - Div. AR- u. Beiratsmand.

CASPERS, Albert
Vorstandsmitglied Ford Werke AG. (1981 ff.; Bereich Karosseriefertig. u. Montage) - Ottopl. 2, 5000 Köln 21.

CASPERS, Heinz
Dr. med., o. Prof. f. Physiologie - Alsenstr. 5, 4400 Münster - Geb. 22. Sept. 1921 Husbäke - S. 1955 (Habil.) Privatdoz., apl. Prof. (1961), Wiss. Rat u. Prof. (1963), o. Prof. (1966) Univ. Münster (Dir. Physiol. Inst.). Fachveröff. - 1960 Hans-Berger-Preis; 1975 Preis d. Stift. Michael f. Verd. a. d. Geb. d. Epilepsieforsch.; Mitgl. New York Acad. of. Sciences u. Royal Soc. of Med., London.

CASPERS, Hubert
Dr. rer. nat., Prof., Abteilungsdirektor Inst. f. Hydrobiol. u. Fischereiwiss., Hamburg-Altona (S. 1965) - Zeiseweg 9 (T. 38 07 26 00); Sülldorfer Kirchenweg 38, 2000 Hamburg 55 (T. 86 58 05) - Geb. 1. Nov. 1913 Berlin (Vater: Josef C., Ing; Mutter: Hedwig, geb. Gebhardt), verh. s. 1950 m. Else, geb. Ohse, 2 Kd. - Univ. Berlin u. Hambg. (Promot. u. Habil.) - 1945-65 Abt.sleit. Zool. Staatsinst. u. Mus. Hamburg; s. 1947 Privatdoz. u. apl. Prof. (1952) Univ. ebd. (Zool., insb. Hydrobiol.). Zahlr. Facharb. Mithrsg.: Intern. Revue d. ges. Hydrobiol.

CASSEL, Dieter
Dr. rer. pol., o. Prof. f. Volkswirtschaftslehre, insb. Wirtschaftspolitik, Univ. Duisburg-GH (s. 1977) - Eichenstr. 5, 5620 Velbert 15 - Geb. 25. Sept. 1939 Kassel, ev., verh. s. 1967, 2 Töcht. - Wilhelm-Sch. Kassel; Univ. Marburg u. München. Promot. 1968 Marburg - 1969-71 Wiss. Assist. u. Akad. Rat Univ Gießen; 1971-77 o. Prof. Univ. Wuppertal-GH - BV: Methodolog. Systeme d. Wirtschaftswiss., 1968; Grundbegriffe d. Makroökonomik, 1974; Kreislaufanalyse u. VGR, 1975; Einkommenspolitik, 1977; Mitautor v. Vahlens Kompendium d. Wirtsch.theorie u. Wirtsch.polit., 1980/81; Wirtschaftspolitik im Systemvergleich, 1984; Möglichkeiten u. Grenzen d. Wettbewerbs in d. GKV, 1987; Japan: Pharma-Weltmacht d. Zukunft, 1987. Herausg.: Forsch. im Dienste d. Gesundheit (1988) - Spr.: Engl.

CASSEL, Hans
Dr. phil., Prof., Chemiker - 7101 Collins Ave. Apt. 612, Miami Beach/Florida (USA) - B. z. Emerit. o. Prof. TU Berlin.

CASSELMANN, Karl-Heinz

Dr. jur., Ltd. Verwaltungsdirektor a.D., Fachautor - Am Lindenbaum 9, 6240 Königstein 4 (T. 06174 - 49 32) - Geb. 23. Nov. 1923 Großalmerode (Vater: Franz C., Stadtkämmerer; Mutter: Luise, geb. Marci), ev., verh. s. 1955 m. Ingeborg, geb. Vigna - Abit. 1944 Trier; 1945-51 Stud. Rechtswiss. Univ. Göttingen u. Hamburg (1. jurist. Staatsex. 1948, Promot. 1951, 2. jurist. Staatsex. 1953) - 1953-56 Ass., Rechtsanw. in Kassel; 1956-84 Justitiar Landesversich.-Anstalt Hessen, Frankfurt - 1976 Vorst. Frankf. Jurist. Ges.; 1980-86 Lehrbeauftr. Verw.-FHS Wiesbaden. Miterausg. Standard-Komment. z. Angest.-Versich.gesetz (AVG) Bd. V u. V a (1967); Komment. z. Sozialgesetzb. (1975) - BV: Rentenberat. u. mündl. Verhandeln vor d. Sozialgerichten, 1967, 1970 u. 1978, Ergänzungsbd. 1982; Kl. Rechtskd.; Kl. Verwaltungskd. (mehrere Aufl.); Fachkomment. im Hess. Rundf., ca. 100 Veröff. in Fachztschr., Beiträge z. Festschr.; zahlr. Besprech. v. Urteilen d. Bundessozialgerichtes - Liebh.: Heimatschriftst., Familienforsch. - Spr.: Engl., Franz. - Lit.: Festgabe d. Asgard-Verlages z. 60. Geb., 1983.

CASSENS, Johann-Tönjes

Dr. jur., Nieders. Minister f. Wiss. u. Kunst (1981ff.) - Prinzenstr. 14, 3000 Hannover (T. 12 01) - Geb. 30. Okt. 1932 Aurich-Oldendorf (Vater: Kaufm.), ev., verh. (Ehefr.: Sigrid, Journ.) - Gymn. Aurich; Univ. Freiburg u. Kiel (Rechts- u. Staatswiss.). Ass.ex. 1961 Hamburg - 1961-62 Mitgl Geschäftsf. Vereinig. d. Arbeitgeberverb. im Lande Bremen; 1962-67 CDU-Landesgeschäftsf. u. Leit. Verlag f. Staatsbürgerkd., Bremen; 1962-81 Rechtsanw. u. Notar, Bremen. 1963-81 MdBB (1971-81 stv. Fraktionsvors. CDU) - Liebh.: Klavierspielen, Radfahren.

CASSIRER, Eva
B. A., Ph. D., Honorarprof. f. Philosophie TU Berlin - Wildpfad 28, 1000 Berlin 33.

CASTANO-ALMENDRAL, Alfonso
Dr. med., Frauenarzt, Honorarprof. f. Frauenheilkunde, Geburtsh. u. Gynäk. Radiol. Univ. Frankfurt/M. (s. 1971) - Universitätskliniken, CH-4000 Basel - Geb. 13. Jan. 1933 Zamora (Span.) - Promot. 1959; Habil. 1966 - Rd. 100 Facharb.

CASTELL-CASTELL, Fürst zu, Albrecht
Land- u. Forstwirt, Mitinh. Fürstl. Castell'sche Bank (Credit-Casse), AR-Mitgl. Südd. Bodencreditbank, Beiratsmitgl. Bayer. Vereinsbank u. Bayer. Versich.bank AG, Ehrenvors. Verb. d. Reit- u. Fahrvereine Frankens u. Univ.-bund Würzburg - Schloß, 8711 Castell/Ufr. - Geb. 13. Aug. 1925 Castell (Vater: Carl Fürst zu C.C.; Mutter: Anna, geb. Prinzessin zu Solms-Hohensolms-Lich), ev., verh. s. 1951 m. Marie-Louise, geb. Prinzessin zu Waldeck u. Pyrmont, 8 Kd. - 1984ff. Präsidiumsmitgl. Bayer. Bauernverb. - 1951 Ehrenritter Johanniter-Orden.

CASTELL-RÜDENHAUSEN, Fürst zu, Siegfried
Land- u. Forstwirt, Mitinh. Fürstl. Castell'sche Bank (Credit-Casse) - 8711 Rüdenhausen/Ufr. - Geb. 16. Febr. 1916 Rüdenhausen (Vater: Casimir Fürst zu C.-R.; Mutter: Mechthild, geb. Gräfin v. Bentinck), ev., verh. s. 1946 m. Irene, geb. Gräfin zu Solms-Laubach, 8 Kd.

CASTENHOLZ, Anton
Dr. med., Prof. f. Humanbiologie GH Kassel - Heinrich-Plett-Str. 40, 3500 Kassel; priv.: Jenaer Str. 2, 3501 Emstal 1 - Geb. 25. April 1930 Bonn - Promot. 1957 Bonn; Habil. 1969 Marburg - Zul. Prof. Univ. Marburg - BV: Unters. z. funkt. Morphol. d. Endstrombahn, 1971. Zahlr. Arb. üb. d. Struktur d. Auges, Blut- u. Lymphgefäßsystem.

CASTROP, Helmut
Dr. phil. habil., B.Litt., apl. Prof. f. Engl. Philologie - Ainmillerstr. 29a, 8000 München 40 (T. 089 - 39 96 71) - Geb. 11. Sept. 1936 Bochum (Vater: Walter C., Kaufm.; Mutter: Luise, geb. Schiereck), ev., verh. s. 1968 m. Ingrid, geb. Ehmcke-Kasch, 2 Kd. (Wolf Hayo, Jens Florian) - 1957-62 Stud. Angl., German. u. Hispanistik Univ. München, Promot. (Dr. phil.) ebd. 1964, Promot. (B.Litt.) Oxford 1967, Habil. München 1977 - 1963-1966 Lektor Oxford, 1967-78 Wiss. Assist., 1979-87 Lehrstuhlvertr. Univ. Paderborn, Trier, Augsburg, Münster, München - BV: Shakespeares Verserzählungen, 1964; D. varronische Satire in England 1660-1690, 1983; Aufsätze z. Shakespeare, z. Klassizismus u. z. Moderne - Liebh.: Kunstgesch. - Spr.: Engl., Span.

CATENHUSEN, Wolf-Michael
Studienrat, MdB (s. 1980) - Breslauer Str. 71, 4400 Münster - Geb. 13. Juli 1945 Höxter (Vater: Wolfram C.; Mutter: Ursula, geb. Säger), ev., verh. s. 1970 m. Lore, geb. Thedieck, 2 Kd. (Wolfram, Inga) - Stud. Latein, Gesch., Sozialwiss. (1. Staatsex. 1971, 2. Ex. 1977) - 1977-80 Studienrat. SPD: s. 1975 Vors. Unterbez. Münster, 1976 Mitgl. Bezirksvorst. Westl. Westf, s. 1980 Mitgl. d. Dt. Bundestages, 1984-87 Vors. d. Enquête-Kommiss. Chancen u. Risiken d. Gentechnol.; s. 1987 Vors. d. Bundestagsausch. f. Forsch. u. Technol.).

CAUDMONT, Jean
Prof. f. Roman. Sprachwissenschaft Univ. Gießen - Waldstr. 41, 6301 Heuchelheim - Geb. 3. März 1925 St. Denis (Frankr.) - Zul. Doz.

CECCATO, Aldo
Dr. h. c., Prof., Dirigent - Hochallee 51, 2000 Hamburg 13 (T. 410 24 00) - Geb. 18. Febr. 1934 Mailand (Vater: Anton C., Ing.; Mutter: Elena, geb. Bertini), kath., verh. s. 1966 m. Eliana, geb. de Sabata, 2 Kd. (Christiana, Francesco) - 1956-59 Verdi-Konservat. Mailand; Hochsch. f. Musik Berlin - 1973-77 Musikdir. Detroit; 1975-83 GMD Hamburg - 1976 Ehrendoktor Univ. Michigan; 1981 Commendatore Rep. Ital. - Spr.: Deutsch, Ital., Engl., Franz., Japan. - Bek. Vorf.: Antonio Cotogni, Bariton (Onkel), Victor de Sabata (Schwiegerv.).

CECH, Klaus
Prof., Fachhochschullehrer - Talsperrenstr. 93, 5600 Wuppertal 21 - Gegenw. Lehrtätigk. Gesamthochsch. Wuppertal (Objekt-, Produkt- u. Raumdarstell.).

CEDERBAUM, Srulek M.
Dr. rer. nat. habil., o. Prof. f. Chemie - Zu erreichen üb. Fakultät f. Chemie, Inst. f. Physikal. Chemie, Im Neuenheimer Feld 253, 6900 Heidelberg - Geb. 26. Okt. 1946 Braunschweig (Vater: Samuel C., Kaufm.; Mutter: Esther, geb. Klugmann), verh. m. Dr. habil. Mila E. Majster-C. (o. Prof. f. Informatik) - Dipl.-Phys. 1970 (Univ.), Promot. (Chemie) 1972, Habil. (Theoret. Phys.) 1976 (TU), alles München, 1976-79 Prof. (Physik) Univ. Freiburg - Rd. 180 Facharb.

CELIBIDACHE, Sergiu
Prof., Generalmusikdirektor, Chefdirig. Münchener Philharmoniker (1979ff.) - Zu erreichen üb. Münchener Philharmoniker, Rindermarkt 3-4, 8000 München 2 - Geb. 28. Juni 1912 Roman (Rumän.), verh. (Ehefr.: Joana, Malerin) - Stud. Mathematik, Phil., Musik (Komposition und Dirigieren) Jassy (Rumän.) u. Berlin - 1946-51 Dirig. u. künstler. Leit. Berliner Philharmoniker, s. 1961 Leit./Schwed. Radio-Symph.-Orch. Gastsp. - 1953 Preis Verb. d. dt. Kritiker, 1954 Gr. BVK, 1955 Kunstpreis Stadt Berlin, 1970 Leonie-Sonning-Kulturpreis (Dänemark), 1979 Mitgl. Akad. d. Schönen Künste München

CEN, Medeni
Dr. med., Prof., Medizinaldirektor a. D. - Nordhoffstr. 3, 5100 Aachen - Geb. 9. Dez. 1929 Istanbul (Türkei) - Promot. 1954 - S. 1964 (Habil.) Lehrtätigk. Univ. Istanbul u. TH Aachen/Med. Fak. (1970 Wiss. Rat u. Prof.; 1974 apl. Prof.).

CERHAK, Jochen M.

Film- u. Fernsehregisseur - Im Schwalbennest 6, 5063 Overath - Geb. 10. Okt. 1939 - Ausb. Dt. Inst. f. Film u. Fernsehen Univ. München, Bavaria-Film München; Mitgl. im Bundesverb. d. FS u. Filmregisseure Dtschl. - Kurz- u. Trickfilme, Dok., Dokumentarspiel- u. Fernsehspielfilme f. Kinder (D. Sendung m. d. Maus); PR-, Ind.- u. wiss. Filme f. privatwirtsch. Untern. u. öfftl. Inst. - Zahlr. Ausz., u. a. 1985 Gold Award New York u. 1988 Dt. Wirtsch.filmpreis.

CERVENY, Anneliese, geb. Matzke
Lehrerin i.R., Schriftst. u. Malerin - Gebauergasse 16/19, A-1210 Wien (T. 0222-38-50-012); u. Geyersberg 2, A-3122 Gansbach/Niederösterr. - Geb. 16. März 1933 Wien, verh. s. 1953 m. Prof. Wilhelm C., Oberstudienrat, Bild. Künstler, T. Martina - Matura 1952; Bundeslehrerinnenbildungsanst., Lehramtsprüf. 1955 - BV: fremde heiße erde Korsika, Lyrikbildbd. 1980; Tage, aus denen Brot wird, Lyrik u. Prosa 1981; Mensch in d. Zeit, Lyrik u. Prosa 1982; Wenn auch d. Regen fallen, Ged. 1982; sand knirscht mir im schuppenkleid, Ged. 1985 - Malerei: Arb. in Öl, Acryl, Tempera, Mischtechnik. Entw. d. Aquatypie (Themen: Ausdruck in Farbe, Imaginäre Landsch.). Ausst. Wien u. Niederösterr.

CERVOS-NAVARRO, Jorge
Dr. med., Dr. h.c., o. Prof. f. Neuropathologie - Hindenburgdamm 30, 1000 Berlin 45 (T. 798 23 39) - Geb. 9. Jan. 1930 Barcelona/Span. (Vater: Enrique Cervós, Kaufm.; Mutter: Celestina, geb. Navarro), kath. - Med. Staatsex. 1952 Saragossa; Promot. 1956 Madrid; Habil. 1961 Bonn - S. 1961 Lehrtätigk. Univ. Bonn u. Berlin/Freie Univ. (1968 o. Prof.), Vizepräs. (1974-77) d. FU Berlin - Spez. Arbeitsgeb.: Hirntumoren, Durchblutungsstörungen, Gefäßkrank. u. senile Veränd. i. Nervensystem - BV (Madrid): Encefalitis granulomatosa reticulohistiocitaria, 1958; Estudio al microscopio electronico del ganglio raquideo normal y despues de la Ciaticotomia, 1966. Etwa 300 Fachaufs. u. Hrsg. v. 8 Büchern - Ehrenmitgl. Span. Ges. f. Pathol. (1967), Brasil. Ges. f. Anat. (1971) u. Argent. Ges. f. Neurol., Psych. u. Neurochir. (1971); korr. Mitgl. Ital. Ges. f. Neuropathol. (1970); 1968 Marinescu-Plak. Rumän. Akad. d. Wiss.; 1978 Orden „del Merito Civil" v. Spanien; Korr. Mitgl. Akad. d. Wiss. Saragossa - Spr.: Span., Dt., Franz., Engl., Ital.

CESARO, Ingo
s. Hümmer, Ingo

CESCOTTI, Roderich
Generalmajor a.D., Schriftsteller - Kastanienweg 7, 8080 Fürstenfeldbruck (T. 08141 - 2 68 20) - Geb. 4. Mai 1919 Bad Herrenalb (Vater: Egidio C., Tiefbauing.; Mutter: Luise, geb. Dammhahn), ev., verh. s. 1945 m. Otti, geb. Hemmerling, 3 Kd. (Rüdiger-Peter, Viola-Petra, Roderich-Oliver) - Abit. 1937, 1937-39 Offz.-Ausb., 1938-40 Flugzeugführersch.; 1945-46 Fremdsprachenpäd.; 1965 Nato-Verteidig.Akad. Paris - 1940-45 Kriegsteiln. (Flugzeugf.), 1946-50 Reg.-Dolmetscher, 1951 Volont. Stahlind., 1952 Exportleit. 1952-55 Verteid.-Min. (Amt Blank: Planung Luftwaffe, 1955-80 Bundesluftwaffe, davon 13 J. in Canada, USA, Belg., Großbrit., Portugal, Dänemark - Als Schriftst. spez. Arbeitsgeb.: Lexikographie - BV: Luftfahrtwörterb. (Dtsch.-Engl./Engl.-Dtsch.), 1954-57; Luftfahrtdefinit. (Engl.-Dtsch./Dtsch.-Engl.), 1956, 69 u. 87; Übers. aus d. Amerik. u. Engl.: Angriffsziel Berlin, 1982; Kampfflugzeuge u. Aufklärer - v. 1935 b. heute, 1989 - Kriegsausz.; 1976 BVK - Spr.: Engl. (Dolmetcherex.), Franz. - Bek. Vorf.: G. Cescotti, Südtiroler Arch. u. Ing., Cavaliere (Großh.) - Lit.: Marquis Who's Who in the World.

CETTO, von, Gitta
s. Seuffert, Brigitta

CEZANNE, Wolfgang
Dr. rer. pol., Prof. f. Volkswirtschaftslehre TU Berlin (s. 1977) - Geb. 22. Sept. 1943 Erbach/Odenw. (Vater: Daniel C., Kaufm.; Mutter: Katharina, geb. Schulmeyer) - Univ. Frankfurt/M. u. Saarbrücken (Volksw.), Dipl. 1969, Promot. 1972) 1970-74 Univ. Saarbrücken; 1974-75 Univ. Bielefeld (Zentr. f. interdisz. Forsch.); 1976-77 Westd. Landesbank Düsseldorf - BV: Gleichgewichtstheorien u. Wechselkurse, 1974; D. Europ. Union als Währungsunion,

1979 (m. H. Möller); Grundzüge d. Makroökonomik, 1982, 4. A. 1988; Volkswirtschaftslehre - E. Einf. 1983 (m. J. Franke), 4. A. 1988.

CHAILLY, Riccardo

Chefdirigent Radio-Symphonieorchester Berlin (1982/89), Teatro Communale Bologna (s. 1986), u. Concertgebouw Orchester Amsterdam (s. 1988) - Zu erreichen üb. Teatro Communale Bologna, Largo Respiqhi 1, 40126 Bologna/Italen - Geb. 20. Febr. 1953 Mailand (Vater: Luciano Ch., Komp.) - Musik- u. Kompos.-Stud. in Italien - 1972-74 Assist. Scala Mailand; s. 1974 USA (Oper Chicago) u. Engl. 1979 Konzertdebüt im Covent Garden, 1979 m. London Symphony-Orch. u. b. Edingburgh Festival; 1980 USA Konzertdebüt m. Los Angles Philharm.-Orch.; dann Dirig. Philharm. Berlin, Wien, Paris, Cleveland (USA), 1982 Chef-Dirig. Berlin (s. o.) u. Dirig. Met. New York, 1983 auch Wiener Staatsoper, 1984, 85 u. 86 Salzburg-Festival; 1982-85 1. Gastdirig. London Philharm.-Orch. Exkl. Aufnahmevertrag m. Decca London.

CHALUPA, Gustav

Journalist - Zu erreichen üb. Verlag Der Tagesspiegel, 1000 Berlin 30 - Geb. 1925 Budweis/Böhmen - Univ. Wien (Slavistik) - S. 1953 Journ. (1965ff. Balkan-Korresp. Tagesspiegel) - BV: Unbekannter Nachbar Jugoslawien. Autor d. TV-Filme: Titos fünf Nationen, Abseits v. Mamaia, Gehn od. bleiben.

CHANDRA, Prakash

Dr. phil. nat., F.R.S.C. (London), Prof. u. Leit. Abt. f. Molekularbiol. (Zentrum d. Biol. Chemie, Klinikum d. Univ. Frankfurt - Breitlacher Str. 45 A , 6000 Frankfurt/M.90 - Geb. 16. Okt. 1936 Kalkutta (Ind.) - Promot. 1965) u. Habil. (1971) Frankfurt - S. 1973 Prof. u. Abt.-leit.- BV: Methoden d. Molekularbiol., 1973 (Mitverf.); Autiviral Mechanisms in the Control of Neoplasia (Hrsg.) Plenum Press, N.Y. 1979; Biochemical and Biological Markers of neoplastic transformation (Hrsg.) Plenum Press, N.Y., 1983. Üb. 180 Einzelarb.

CHANG, Tsung-tung

Dr. phil., Dr. rer. pol., B. A., Prof. f. Sinologie Univ. Frankfurt - Parlamentspl. 2b, 6000 Frankfurt/M. - Geb. 26. Sept. 1931 - Promot. 1961 (r.p.) u. 70 (ph.) - S. 1972 Prof. Frankfurt (Dir. China-Inst.) BV: D. chines. Volksw., 1965; D. Kult d. Shang-Dynastie im Spiegel d. Orakelinschr., 1970; Metaphysik, Erkenntnis u. prakt. Phil. im Chuang-tzu, 1982.

CHANTRAINE, Heinrich

Dr. phil. (habil.), o. Prof. f. Alte Geschichte Univ. Mannheim (s. 1967) - Troppauer Str. 1, 6834 Ketsch - Geb. 10. Februar 1929 Betzdorf/Sieg - 1965-67 Privatdoz. Univ. Mainz - BV (1959 ff.): Unters. z. röm. Gesch. am Ende d. 2. Jh.s, D. Fundmünzen d. röm. Zeit in Dtschl. (Pfalz), Freigelassene u. Sklaven im Dienst d. röm. Kaiser, D. röm. Fundmünzen d. Ausgrab. in Neuss. Zahlr. Einzelarb. - 1967 korr. Mitgl. DAI.

CHAPCHAL, George

Dr. med., o. Prof. f. Orthopädie (emerit.) - Bächtenbühlstr. 15, Meggen Post CH-6006 Luzern - Geb. 30. Okt. 1911 (Vater: Jacques C.; Mutter: Margarethe, geb. Bernhof, beide Kunstmaler), russ.-orthodox, verh., 6 Kd. (Boris, Jaques-Christian, Sylvia, Veronica, Zita, Lydia) - Dt. Oberrealsch. Den Haag; Med.stud. Leiden, München, Frankfurt/M. Staatsex. München (1939) u. Leiden (1941) - B. 1959 Privatdoz. Univ. Utrecht (Dir. Orthop. Abt.), dann Ord. Univ. Saarbrücken (Dir. Orthop. Klinik), Basel (1964; Vorst. Orthop. Klin.), 1970 Nijmegen, Vorst. d. orthop. Klinik, 1972 Berater d. Winterthur „Unfallversich." - BV: Zahlr. Monograph., 12 Verhandlungs-Bd., Int. Symposien f. spez. Fragen d. Orthopädie. Ca. 200 Handbuch- u. Fachztschr.beitr., Jb. f. Wiederherstellungschir. u. Traumatol.; Mithrsg.: Ztschr. D. chir. Praxis, Wien (1962ff.) - Mitgl. in- u. ausl. Fachges.; Honor. Member ICS, Ges. f. Orthop. Jugoslavien, DDR, Polen, Bulgarien - Liebh.: Bild. Kunst - Spr.: Niederl., Franz., Engl., Russ., Span.

de CHAPEAUROUGE, Donat

Dr. phil., o. Prof. f. Kunstgeschichte Univ.-Gesamthochschule Wuppertal (s. 1978) - Augustastr. 112, 5600 Wuppertal 1 - Geb. 20. Okt. 1925 Reinbek (Vater: Donat de Ch., Kaufm.; Mutter: Gertrud, geb. Hayn), ev., verh. s. 1956 m. Felicitas, geb. v. Nippold, 2 Kd. - Gelehrtensch. d. Johanneums Hamburg; Univ. Hamburg u. Bonn. Promot. 1953 Bonn; Habil. 1973 Tübingen - Museen Mainz, Karlsruhe, Tübingen (1962 Konserv.) - BV: D. Stilleben Chardins in d. Karlsruher Galerie, 1955; Wandel u. Konstanz in d. Bedeut. entlehnter Motive, 1974. Ausstellungskat. Tübingen 1965, 74 u. 76 (Druckgraph. 16. - 19. Jh.); D. Auge ist e. Herr, d. Ohr e. Knecht, 1983; Einf. in d. Gesch. d. christl. Symbole, 1984.

CHARCHUT, Werner

Dipl.-Ing., Prof. f. Maschinenbau, insb. Werkzeugmaschinen, Hydraulik u. Pneumatik, Gesamthochschule Wuppertal (Fachbereich Maschinentechnik) - Rennbaumer Str. 78a, 5600 Wuppertal 12.

CHARELL, Marlene

(eigtl. Angela Pappini, geb. Miebs) Tänzerin, Sängerin, Moderatorin - La Romalina le Castellet, F-06650 Le Rouret (T. 93-77 32 04) - Geb. 27. Juli 1944 Winsen/Luhe, ev., verh. s. 1971 m. Roger Pappini, T. Angelina - Liebh.: Tanz, Gesang, Show, Sport, Malerei, Mode - Spr.: Franz., Ital., Engl.

CHASSÉE, Wilhelm

Prof. f. Musik u. ihre Didaktik - Lützowstr. 34, 4040 Neuss (T. 8 25 47) - Geb. 21. März 1910 Erkrath b. D'dorf (Vater: Wilhelm Ch.; Mutter: Elisabeth, geb. Korn), verh. s. 1938 m. Elisabeth, geb. Finke, 6 Kd. (Winfried, Gisela, Ute, Michael, Elisabeth, Christiane) - Päd. Akad. Bonn, Musikhochsch. Köln, Volksschullehrer, Schulrat, Doz. f. Musikerz. PH Aachen; ab 1961 PH Rheinl., Abt. Neuss; 1962 ao. Prof., 1970 o. Prof., 1978 emerit., 1980 Univ. Düsseldorf.

CHATTERJEE, Niranjan Deb

Dr. rer. nat., Prof. f. Mineralogie u. Petrologie Ruhr-Univ. Bochum - Geb. 5. Nov. 1932 Allahabad (Indien), verh. - S. 1965 Dr. med. Gudrun, geb. Haschenburger, T. Nina - Promot. Göttingen 1957, Habil. Bochum 1968, Prof. f. Mineralogie Ruhr-Univ. Bochum s. 1980 - Mitherausg. v. „Advances i. physical Geochemistry". Üb. 50 Veröff. i. Fachztschr. - Fellow Mineralogical Soc. of America.

CHERDRON, Eberhard

Dipl.-Volksw., Pfarrer, Landespfarrer f. Diakonie - Diakonisches Werk d. Evang. Kirche d. Pfalz, Roßmarktstr. 3a, 6720 Speyer - Geb. 7. Nov. 1943.

CHERNIAVSKY, Vladimir

Prof. f. Informatik TU Braunschweig - Einsteinstr. 16, 3300 Braunschweig - Geb. 21. Dez. 1924 Moskau (Vater: Solomon C., Finanzfachm.; Mutter: Regina, geb. Haritonowa), verh. s. 1954 m. Maja, geb. Hoffmann - Univ. Moskau (Dipl. in Math. 1956, Promot. 1961) - S. 1978 Prof. in Braunschweig.

CHERUBIM, Dieter

Dr. phil., Prof. f. germanistische Linguistik Univ. Göttingen - Magnitorwall 3, 3300 Braunschweig (T. 0531 - 4 48 22) - Geb. 22. Jan. 1941 Dresden (Vater: Wolfram Ch.; Mutter: Lieselotte, geb. Wiegand), verh. s. 1970 m. Brigitte, geb. Aue, 2 T. (Melanie, Katharina) - Stud. Klass. Philol. u. German. Univ. München u. Marburg (1. Staatsex. f. Höh. Lehramt [Griech., Lat., Dtsch.] 1967/68, Promot. 1971), Habil. 1980 Univ. Braunschweig - 1971-80 Wiss. Assist. Marburg u. Braunschweig, s. 1980 Prof. f. germanist. Linguistik - BV: Grammat. Kategorien. D. Verhältnis v. tradit. u. mod. Sprachwiss., 1975. Herausg.: Sprachwandel (1975), Fehlerlinguistik (1980), Neben-Kommunikationen (1981), Gespr. zw. Lit. u. Alltag (1984).

CHILL, Hugo

Dipl.-Kfm., Direktor Dresdner Bank AG., Frankfurt - Parkstr. 32, 6232 Bad Soden am Taunus – Geb. 17. März 1929.

CHMIELEWICZ, Klaus

Dr., Dipl.-Kfm., Prof. f. Betriebswirtschaftslehre Univ. Bochum (s. 1971) - Im Kempken 34, 4630 Bochum 1 (T. 0234 - 7 41 05) - Geb. 14. Juli 1935 Berlin (Vater: Paul C., Malerm.; Mutter: Berta, geb. Lüders), verh. s. 1965 m. Gerda, geb. Kieckbusch, 3 Kd. (Gerhard, Marianne, Barbara) - Kaufm. Lehre; Stud.; Dipl.ex. 1965; Promot. 1967 Berlin; Habil. 1970 Freiburg - 1965-71 Assist. U. a. Mitgl. Schmalenbach-Ges. - BV: Grundl. d. industriellen Produktgestaltung, 1968; Forschungskonzeptionen d. Wirtsch.s-wiss., 2. A. 1979; Integrierte Finanz- u. Erfolgsplanung, 1972; Betriebl. Rechnungswesen, 2 Bde. 3. A. 1982; Arbeitnehmerinteressen u. Kapitalismuskritik in d. Betriebswirtsch.slehre, 1975; Betriebl. Finanzwirtsch. Bd. I: Finanzierungsrechnung, 1976 (Samml. Göschen Bd. 2026). Zahlr. Fachveröff. in wiss. Ztschr., Handbuchbeitr.

CHMILL, Heinz

Vorstandsmitglied Plettenberger Kleinbahn AG. (vorher ARsvors.), MdL Nordrh.-Westf. (1966) - Ratscheller Weg 54, 5970 Plettenberg/W. (T. 1 03 23) - Geb. 26. Aug. 1915 Plettenberg, verh., 2 Kd. - Volkssch. - Ab Lehre Werkzeugschlosser. 1964 ff. Landrat Kr. Altena. 1952 ff. Ratsmitgl. Plettenberg (1956-61 Bürgerm.); 1961 ff. MdK Altena. SPD s. 1947 (u. a. 1955-66 stv. Vors. Unterbez. Altena-Lüdenscheid).

CHMURA, Gabriel

Dirigent, Generalmusikdirektor Aachen u. Bochumer Symphoniker, Musikdir. National Art Centre Orchestra, Ottawa/Canada (s. 1987) - Zul. 5100 Aachen - Geb. 7. Mai 1946 Breslau (Vater: Jechiel C., Opernsänger; Mutter Zlata, geb. Litwak), mosaisch, verh. s. 1978 m. Mareile Chmura, geb. Hinterholzinger - 1971 I. Preis Karajan-Wettb. Berlin; Gold. Med. Cantelli-Wettb. (Scala, Mailand) - Spr.: Poln., Hebr., Engl., Dt., Franz., Ital.

CHOBOT, Manfred

Schriftsteller - Yppengasse 5, A-1160 Wien - Geb. 3. Mai 1947 Wien, verh. s. 1968 m. Dagmar, geb. Höfer, S. Simon Tobias - Stud. Kulturtechnik - Vorst.-Mitgl. Grazer Autorenvers. u. Literaturkr. Podium u. Intern. Dialektinst. - Inst. f. regionale Sprachen u. Kulturen - BV: projekte, 1973; D. Gruftspion, Sat. Prosa 1978; Krokodile haben keine Tränen, Ged. 1985; Lesebuch, 1987; Spreng-Sätze, Sat. 1987; u. a. Hörsp. u. Features f. ORF, Hess. Rundf., SDR, RAI - 1976 Preis Theodor Körner-Stiftungsfond; 1981 Preis Arbeiterkammer; 1986/87 Staatsstip. Bundesmin. f. Unterr., Kunst u. Sport - Spr.: Engl. - Lit.: Walter Kratzer in: morgen, 11/80, Wien (1980).

CHOINSKI, Andrzej

Solo-Tänzer Theater Stadt Koblenz - Nagelsgasse 5, 5400 Koblenz - Geb. 23. Juli 1957 Gdansk (Polen), kath., verh. s. 1978 m. Hanna Bartnicka, T. Magdalena - 1976 Ballettsch. Gdansk - 1976-82 Solo-Tänzer Gdansk, 1982/83 Warschau, 1983-86 Koblenz - Hauptrollen in Schwanensee u. Giselle (Gdansk); Hauptrollen in Koblenz: Romeo u. Julia, Undine, Schwanensee - Spr.: Deutsch, Engl., Russ., Poln.

CHOLEWA, Werner

Beigeordneter u. Leiter Bonner Büro d. DStGB - Augustastr. 29a, 5300 Bonn 2 - Dezernent f. Raumordn., Landesplan., Städtebau, öffentl. u. priv. Baurecht u. Gemeindeentwickl. Dt. u. Nordrh.-Westf. Städte- u. Gemeindebund, Mitgl. d. Beirates f. Raumordnung beim BMBau, Gf. Vorstandsmitgl. Dt. Volksheimstättenwerk; Vors. d. Preisgerichts K.-Adenauer-Preis f. Kommunalpolitik; Korr. Mitgl. Akad. f. Raumforsch. u. Landesplanung.

CHOLLET, Hans-Joachim

Realschullehrer, Kinderbuchautor (Ps. Hans-Joachim Wolter) - Jahnplatz 6a, 4790 Paderborn (T. 05251-33116) - Geb. 1. Sept. 1933, ev., verh. s. 1970 m. Hilde, geb. Plath, 2 Kd. (Andreas, Anke) - 1952-55 Ausb. f. d. mittl. Postdst.; 1960-63 Päd. Stud. Dortmund, Zusatzstud. - 1955-60 Postassist. Rüthen (Möhne); 1963-69 Leit. VS Hövelhof; s. 1969 Realschullehrer; s. 1973 Vorstandsmitgl. Volksbildungswerk Hövelhof; s. 1975 vortragsdst. Börsenverein d. dt. Buchhandels; s. 1975 Leitg. Vorlesewettbew. d. Buchh. - BV: In 80 Ged. um d. Welt, 1982; D. König-Elf u. d. Warenhausdieb, 1973; D. König-Elf u. d. tote Briefkasten, 1970 - 1977 Erzähler-Preis Stadtbibl. Paderborn - Liebh.: Studienreisen in alle Kontinente, (Schmal-)Filmen, Lesen - Spr.: Engl.

CHONÉ, Karl

Dipl.-Berging., Techn. Direktor, Vorstandsmitgl. Rhein.-Westf. Kalkwerke AG. (s. 1972) - 5601 Dornap/Rh. - Geb. 1922 - Zul. Dir. Bergbau AG. Herne-Recklinghausen.

CHOPRA, Virendra

Dr. rer. nat., Prof., Anthropologe - v.-Melle-Park 10, 2000 Hamburg 13 - S. 1976 Prof. Univ. Hamburg (stv. Dir. Anthropol. Inst.).

CHORY, Werner

Staatssekretär Bundesmin. f. Jugend, Familie, Frauen u. Gesundheit - Ringstr. 1, 5469 Stockhausen (T. dstl. 0228 - 3 08-29 00; priv. 02683 - 4 23 90) - Geb. 5. Nov. 1932 Gogolin/Oberschles. (Vater: Josef Ch., Apotheker; Mutter: Hildegard, geb. Rößler), kath., verh. s. 1960 m. Gerda, geb. Pfau, T. Catharina - Abit. 1953 Coesfeld, dann Jura-Stud. Univ. Münster (dazw. 1954-55 landw. Lehre); 1. jurist. Staatsprüf. 1958 OLG Hamm, 2. jurist. Staatsprüf. 1963 Düsseldorf - 1963-65 Wiss. Mitarb. BAG Kassel; 1965-70 Hilfsref. Bundesmin. f. Arbeit u. Sozialordn. (Ref. Eigentums- u. Vermögensbild., Betriebl. Sozialpolitik/Verb. z. d. Gewerksch., fr. Berufe/Verbind. z. d. Arbeitg.verb. u. Haushaltsref.); 1970-76 Ref. Vertr. Land Rhld.-Pfalz b. Bund, Bonn (Sozialpolitik u. Umweltschutz); 1976-78 Leit. Zentralabt. Min. f. Soz., Gesundh. u. Sport Rhld.-Pfalz; 1978-82 Staatssekr. Nieders. Sozialmin. Hannover; jetzt Staatssekr. im Bundesmin. f. Jugend, Familie, Frauen u. Gesundh. - 1985 BVK I. Kl.

CHOU, John Tung-Yang

Dr. phil., Prof. f. Biochemie u. Zytologie d. Innenohres Univ. Frankfurt - Theodor-Stern-Kai 7, 6000 Frankfurt/M. - Geb. 6. März 1926 Peking (China) - Stud. National Tsing-Hua Univ. Peking; B.Sc. 1948; s. 1952 Hong-Kong Univ.; Promot. 1958 Magdalen College, Oxford Univ. - S. 1965 Bedford College, London Univ., British Council Scholar, Inter-Univ. Council Scholar.

CHRIST, Günter

Dr. phil., o. Prof. f. Rhein. Landesgeschichte u. Didaktik d. Gesch. Univ. Köln - Bodelschwinghstr. 15, 5000 Köln 40 - Geb. 20. März 1929 Aschaffenburg - Stud. Würzburg u. Wien, Promot. 1957 Würzburg, Habil. 1973 München. - BV: Aschaffenburg. Grundz. d. Verw. d. Mainzer Oberstifts u. d. Dalbergstaates,

1963; Praesentia Regis, 1975; zahlr. Aufs. u. Beiträge in Fachztschr. u. Sammelw. z. Themen d. Reichs- u. Landesgesch.

CHRIST, Herbert
Dr. phil., Prof. f. Didaktik d. Franz. Sprache u. Lit. (gf. Inst.dir.) Univ. Gießen - Karl-Glöckner-Str. 21, 6300 Gießen - priv.: Im Heidkamp 2, 4000 Düsseldorf 31.

CHRIST, Horst Walter
Dr., Regierungsdirektor, Vors. Verb. Dt. Meteorologen u. Förd.verein Meterologenarb., Schatzm. Arbeitsgem. d. Verb. d. höh. Dienstes u. Verb. d. Bundesbeamten d. höh. Dienstes - Zu erreichen üb. Kaiserleistr. 42, 6050 Offenbach/M..

CHRIST, Hubertus
Dr.-Ing., Prof., Vorstandsmitglied Zahnradfabrik Friedrichshafen AG - Löwentaler Str. 100, 7990 Friedrichshafen (T. 07543 - 77-23 84) - Maschinenschlosserlehre; Stud. Allg. Maschinenbau; Promot. 1966; Habil. 1969 Univ. Karlsruhe - AR-Mitgl. Hertel AG, Fürth, ZF Getriebe GmbH, Saarbrücken, Zahnradfabrik Passau GmbH, Passau; Beirat Vorwerk & Co., Wuppertal; Vors. Forschungskurat. Maschinenbau, Mitgl. Kurat. Jugend forscht.

CHRIST, Karl
Dr. phil., o. Prof. f. Alte Geschichte - Rotenberg 26 1/2, 3550 Marburg/L. (T. 3 23 54) - Geb. 6. April 1923 Ulm/D. (Vater: Karl C., Getreidekfm.; Mutter: Rosa, geb. Sterk), kath., verh. s. 1954 m. Gisela, geb. Hartmann, 3 Kd. (Thomas, Susanne, Elisabeth) - Gymn. Ulm; Univ. Tübingen u. Zürich - S. 1959 (Habil.) Lehrtätig. Univ. Marburg (1965 Ord. u. Dir. Sem. f. Alte Gesch.) - S. 1966 Hist. Komiss. f. Hessen - BV: Drusus u. Germanicus, 1956; Antike Münzfunde Südwestdtschl., 2 Bde. 1960; Fundmünzen d. röm. Zeit in Dtschl. Baden-Württ., 4 Bde 1963/64; Antike Numismatik, 2. A. 1972; D. Römer in Dtschl., 3. A. 1967; Untergang d. Röm. Reiches 2. A. 1986; Von Gibbon zu Rostovtzeff, 2. A. 1979; Röm. Gesch., 3. A. 1980; D. Röm. Weltreich, 3. A. 1980; Hannibal, 1974; Die Römer, 2. A. 1984 (auch engl.); Krise u. Untergang d. Röm. Republik, 2. A. 1984; Römische Gesch. u. Wissenschaftsgesch., 3 Bde. 1982ff.; Römische Geschichte in d. dt. Geschichtswissenschaft, 1982; Sparta, 1986; Geschichte d. röm. Kaiserzeit, 1988. Div. Einzelarb. - 1957 korr. Mitgl. Dt. Archäol. Inst.; 1984 Accad. di Scienze Morali e Politiche, Napoli.

CHRIST, Liesel

Schauspielerin, Leiterin Volkstheater Frankfurt - Leerbachstr. 12c, 6000 Frankfurt am Main 1 (T. 72 63 46) - Geb. 16. April 1919 Frankfurt a. M. (Vater: Karl, Werkmeister; Mutter: Marie, geb. Brühmann), ev., gesch. 2 Töcht. (Gisela, Bärbel) - 1933-36 Hochsch. f. Musik u. Theater Frankfurt - Zahlr. Bühnen- u. Fernsehrollen, u. a. in d. FS-Serie Familie Hesselbach - 1973 Ehrenring Stadt Frankfurt (z. 50. Bühnenjubiläum); 1976 BVK I. Kl.

CHRIST, Paul
Dr. med., Prof. - Eschenbachstr. 24, 6000 Frankfurt 70 (T. 63 53 30) - Geb. 5. Febr. 1916 Frankfurt/M. (Vater: Philipp C., Stukkateur; Mutter: Katharina, geb. Hörsch), kath., verh. s 1942 m. Hildegard, geb. Vellenzer (†1986), 2 Söhne (Klaus, Rainer) - Gymn. Mainz; Univ. Frankfurt (Med. Staatsex. 1940). Promot. (1941) u. Habil. (1958) Frankfurt - S. 1958 Lehrtätigkeit Univ. Frankfurt (1967 apl. Prof. Innere Med.). Spez. Arbeitsgeb.: Rheumatol., Klin. Bakt. - BV: Infektionskrankheiten - Krankh. d. Atmungsorgane - Krankh. d. Bewegungsorgane, in: Ferdinand Hoff, Behandlung innerer Krankh., 6. - 10. A. 1962; Arzneimittelallergie - Infektionswechsel u. Superinfektion - Hospitalismus - Atmungsorgane (m. H. Michel u. P. Rosenthal), in: Robert Heintz, Erkrankungen durch Arzneimittel, 1., 2. u. 3. A. 1966, 78, 84; Serologie d. Streptokokken- u. Staphylokokken-Infektionen b. rheumat. Erkrankungen, in: Schön/Böni/Miehle, Klinik d. rheumat. Erkrank., 1970 - Liebh.: Gartenpflanzen - Spr.: Engl., Franz.

CHRIST, Wolfram
Dr. rer. nat., Prof., Direktor Abt. Pharmakologie u. Toxikol. sow. Labor./Inst. f. Arzneimittel Bundesgesundheitsamt, Berlin 65 - Nassauische Str. 20, 1000 Berlin 31 - Prof. f. Biochem. Pharmak. FU Berlin.

CHRISTA, Karl
Ing., Maurermeister, Bauuntern. - Große Allee 32, 8880 Dillingen/D. - Geb. 24. Juli 1931 Dillingen, kath., verh. s. 1959 m. Gisela, geb. Gebhard, 3 Kd. (Andreas, Dorothee, Arnulf) - 20 J. Stadtrat gr. Kreisstadt Dillingen, Wirtschaftsref.

CHRISTADLER, Marieluise
Dr. phil., Prof. Univ.-GH Duisburg - Klöcknerstr. 190, 4100 Duisburg (T. 0203 - 35 90 81) - Geb. 27. März 1934 Düsseldorf, verh. s. 1960 m. Martin, geb. Lex, T. Maike - Stud. Gesch., Politikwiss., Roman., German.; Promot. 1977 Frankfurt - BV: Kriegserziehung im Jugendbuch 2. A., 1979; Dtschl.-Frankr. Alte Klischees - Neue Bilder, 1981; D. geteilte Utopie, 1985.

CHRISTADLER, Martin
Dr. phil., o. Prof. f. Amerikanistik Univ. Frankfurt (s. 1968) - Kettenhofweg 130, 6000 Frankfurt/M. - Geb. 13. Okt. 1930 - Zul. Privatdoz. Univ. Tübingen. Facharb. - BV: Der amerikanische Essay, 1720-1820 (Heidelberg 1968); Natur u. Geschichte i. Werk v. William Faulkner (Heidelberg 1962).

CHRISTBAUM, Wilhelm
Journalist - Tannenstr. 20, 8044 Lohhof - Geb. 11. Jan. 1942 Bukovica, verh. s. 1967 - Stud. Zeitungswiss., Politische Wiss., Germanistik - S. 1972 Münchener Merkur (Redakt. f. Außenpolitik, 1977 stv., 1978 Ressortchef Politik).

CHRISTE, Alexander
Dr. med., Bezirksstadtrat a. D. - Bocksfeldstr. 24b, 1000 Berlin 20 (T. 3685145) - Geb. 30. März 1913 Hanau/M. (Vater: Josef Christe-Christean, Hundfunkint.; Mutter: Hedwig, geb. Patschinske), ev., verh., 8 Kd. (Michael, Joachim, Eva, Viktor, Gabriele, Alexander, Stefanie, Jacqueline) - Gymn. Breslau u. Königsberg; Stud. Med. Approb. 1939; Promot. 1940 - B. 1946 Landarzt, dann Kreisarzt Osthavelland, 1950-56 Medizinalrat Gesundheitsamt Reinickendorf, Bez.-stadtrat (1956-74) u. stv. Bürgerm. Spandau. CDU s. 1946 (1967 ff Kreisvors.).

CHRISTEL, Oswin
Geschäftsf. ORMIG Organisationsmittel GmbH, Berlin, Präsident Verwaltungsrat d. ORMIG Organisations-Mittel AG, Muri/Schweiz - Am Albanusweinberg 15, 6450 Hanau 7 - Geb. 19. Juni 1926.

CHRISTENSEN, Erik Martin
Dr. phil., o. Prof. f. Neuere Skandinavistik Freie Univ. Berlin (s. 1973) - Habelschwerdter Allee 45, 1000 Berlin 33 (T. 8384444) - Geb. 5. April 1931 Sonderburg/Dänem. (Vater: Aage M. C.; Mutter: Eva M., geb. Kruuse), S. Peter Sophus - Ordrup Gymn. (Abit. 1949); Stud. Univ. Kopenh. u. Aarhus; M. A. 1962 Aarhus; Promot. 1972 Odense - 1949-54 Kaufm. Det. Ostas. Komp. Kopenhagen/New York/Cali (Kolumb.) - BV: Om Ibsens Vildanden, 1969 (m. Lars Nilsson; auch engl.); Verifikationsproblemet ved litteraturvidenskabelig meningsanalyse, 1971 (auch engl.); Henrik Ibsens realisme: illusion katastrofe anarki, 1985 - 1961 Goldmed. Univ. Aarhus - Spr.: Dänisch, Schwed., Norweg., Engl., Franz., Span.

CHRISTENSEN, Helmuth
Dr. jur., Bürgermeister a. D. - Westerallee 17, 2390 Flensburg (T. 5 13 23) - Geb. 17. Sept 1918 Flensburg (Vater: Jes. C., Rektor i. R.; Mutter: Katharina, geb. Paulsen), luth. (Dän. Kirche), verh. s. 1951 m. Else, geb. Fonager, 4 Kd. (Anne, Inge, Anders, Ulla) - Gymn. Flensburg; 1946-49 Univ. Kiel (Rechtswiss.; Promot. 1951) - 1955 Rechtsanw. Flensburg; 1956 Bürgerm. das. - 1971 Dt. Feuerwehrkreuz in Silber; 1978 BVK; 1979- Ritter d. Danebrogordens 1. Kl. (dän.); 1981 Dt. Feuerwehrkreuz in Gold; 1982 BVK I. Kl. - Spr.: Dän., Engl.

CHRISTES, Johannes
Dr. phil., apl. Prof., Akad. Direktor Sem. f. klass. Philol. Univ. Freiburg - Schloßgasse 46, 7800 Freiburg - Geb. 18. Okt. 1937, kath., verh. s 1965 m. Doris, geb. Masanneck, 3 Kd. (Anke, Tatjana, Martin) - Stud. Univ. Münster, Freiburg (Klass. Philol.); Ex. 1965, Promot. 1970, Habil. 1977, alle Freiburg - BV: D. frühe Lucilius, 1971; Bildung u. Ges., 1975; Sklaven u. Freigelassene als Grammatiker u. Philologen im antiken Rom, 1979 - 1971 Preis d. Wiss. Ges. Freiburg.

CHRISTIAN, Paul
s. Hubschmid, Paul

CHRISTIAN, Ulrich
Dr. rer. nat., Prof., Mathematiker - Wilhelmspl. 1, 3400 Göttingen - Geb. 18. Aug. 1932 Stettin/Sa. - S. 1961 (Habil.) Lehrtätig. Unv. Göttingen (1967 apl. Prof.; 1970 Wiss. Rat u. Prof.). Fachaufs.

CHRISTIAN, Walter
Dr. med., Prof., Ärztl. Direktor Abt. Klin. Neurophysiologie u. Epileptologie/Univ. Heidelberg - Tischbeinstr. 15, 6900 Heidelberg - Geb. 9. Mai 1922 - S. 1966 (Habil.) apl. Prof. f. Neurol. Heidelberg.

CHRISTIAN, Walter
Geschäftsführer Burmah Oil (Deutschland) GmbH, Deutsche Castrol Vertriebsgesellschaft mbH., bde. Hamburg, u. Tabbert Wohnwagenwerke GmbH., Bad Kissingen - Brookweg 3, 2071 Klein-Hansdorf - Geb. 10. März 1925 - S 1954 Castrol (1970 Gf.).

CHRISTIANI, Klaus
Dr. med., Prof., Nervenarzt - Fritz-Reuter-Weg 8, 2301 Strande (T. 04349 - 8365) - Geb. 11. Aug. 1936 Kiel (Vater: Edmund C., Nervenarzt †; Mutter: Anneliese, geb. Goeken), kath., verh. s. 1963 m. Ingeborg, 2 Kd. (Anja, Jan-Michael) - Stud., Promot., Habil. - Z. Zt. Leit. Oberarzt Neurol. Univ.-Klinik Kiel - S. 1978 Schrift f. d. Dt. Migränegesellsch. - Liebh.: Sport, Segeln.

CHRISTIANS, Clemens
Oberstudiendirektor, Vors. Bund Freiheit der Wissenschaft - Marker Allee 32, 4700 Hamm (T. 02381 - 2 51 44) - Geb. 11. Okt. 1923, kath., verh. s. 1957 m. Dr. Monika, geb. Reidick, 3 Kd. (Anno, Daniel, Ingo) - Stud. Marburg, Freiburg, Paris, Münster - Gr. BVK - Spr.: Franz.

CHRISTIANS, F. Wilhelm
Dr. jur., Aufsichtsratsmitglied Deutsche Bank AG - Königsallee 51, 4000 Düsseldorf - Geb. 1. Mai 1922 - AR-Mand. (auch Vors. u. Stellv.) namhafter Ges. - 1984 Goldmed. Amerik. Wirtschaftsmagazin FORTUNE (Disziplin Unternehmensführung).

CHRISTIANS, Hans-Willi
Geschäftsführer Vorwerk & Co. Elektrowerke KG - Blombacher Bach 3, 5600 Wuppertal 2 (T. 0202 - 60 93 -0) - Geb. 2. Mai 1925.

CHRISTIANS, Ludwig
Dipl.-Ing., Prof. f. Planen u. Bauen in Entwicklungsländern TU Berlin - Waldschulallee 27, 1000 Berlin 19.

CHRISTIANSEN, Annemarie
Dr. phil., Dr. h. c., Prof. f. Dt. Sprache u. Lit. Päd. Hochsch. Reutlingen - Haußerstr. 150, 7400 Tübingen (T. 6 56 40).

CHRISTIANSEN, Ejner C.
Aufsichtsratsmitglied Vereinigte Schmirgel- u. Maschinen-Fabriken AG, Hannover - Zilleweg 5, 3000 Hannover 91 (T. Hannover 46 12 70) - Geb. 13. März 1922 Hamburg - Spr.: Dän., Engl., Franz. - Rotarier.

CHRISTIANSEN, Günther
Buchhändler, Vorst. Börsenverein d. Dt. Buchhandels e.V. (1980-89) - Bahrenfelder Str. 79, 2000 Hamburg 50 (T. 040 - 390 20 72) - Geb. 27. Nov. 1926 Hamburg (Vater: Theodor C., Buchhändler; Mutter: Käthe, geb. Sodemann), ev., verh. s 1951 m. Lieselotte, geb. Sahlmann, 2 Kd. (Ruth, Sönke) - Buchhändler-Lehre - Liebh.: Reiten, Segeln - Spr.: Engl., Franz.

CHRISTIANSEN, Jens
Dr. rer. nat., o. Prof. f. Experimentalphysik u. Vorst. Physikal. Inst. Univ. Erlangen-Nürnberg (s. 1970) - Hahnemannstr. 2, 8520 Erlangen (T. 52961) - Geb. 4. Juni 1926 Hamburg (Vater: Paul C., Gymnasiallehrer), s. 1962 m. Wibke, geb. Clausen, 2 Kd. - Univ. Hamburg. Promot. 1955 Hamburg; Habil. 1967 Berlin - Zul Privatdoz. TU Berlin. Facharb.

CHRISTIANSEN, Sabine, geb. Frahm
Journalistin, Moderatorin ARD Tagesthemen - Geb. 20. Sept. 1957, verh. s. 1986 m. Dr. Uwe Christiansen.

CHRISTIANSEN, Waldemar
Bankdirektor - Ohlendorffs Tannen 37, 2000 Hamburg 67 (T. 6034924) - Geb. 3. Okt. 1920 Hamburg, verh. - Oberrealsch. (Mittlere Reife) u. Banklehre Hamburg - 1940-45 Wehrmacht (1944 b. Caen als Artl.offz. schwer verwundet; Oberschenkelamputation); s. 1949 wied. Bankfach (1964 Vorst. Hamburg-Afrika-Bank AG.). 1953-56 Bezirksabg. Elmsbüttel. FDP (1958 Mitgl Landesvorst. Hamburg).

CHRISTIER, Holger
Dr. phil., Studienrat, Mitgl. Hbg. Bürgersch. (s. 1982) - Warnemünder Weg 28 d, 2000 Hamburg 73 - Geb. 12. April 1948 Hamburg, verh. s 1977 m. Margrit, geb. Jante, S. Carsten - 1. u. 2. Staatsex. höh. Lehramt 1972 u. 75. Promot. 1975 - BV: Sozialdemokratie u. Kommunismus, 1975 - Spr.: Engl., Franz.

CHRISTMANN, Alfred
Dr. rer. pol., Präsident Bundesversicherungsamt - Reichpietschufer 72-76, 1000 Berlin 30 - Geb. 1. März 1927 Falkenburg/Bromberg, ev., verh. s. 1958 m.

Ingrid, geb. Völler, T. Petra - Obersch.; Univ. - U. a. Abteilungsleit. Wirtschaftswiss. Inst. u. Ministerialdir. BMA - BV: Gewerkschaftstheorie u. -praxis, 1961; Mitbestimmung im Meinungsstreit.

CHRISTMANN, Hans Helmut

Dr. phil., o. Prof. u. Direktor Romanist. Inst. Univ. Saarbrücken (s. 1965), s. 1974 Rom. Seminar d. Univ. Tübingen - Erlenweg 50, 7400 Tübingen (T. 6 23 05) - Geb. 28. Aug. 1929 Mainz - Promot. u. Habil. Mainz - BV: Idealist. Philologie u. mod. Sprachwissensch., 1974; Sprachwissensch. d. 19. Jahrh., 1977; Frau u. 'Jüdin' a. d. Univ.: D. Romanistin Elise Richter, 1980; Romanistik u. Anglistik an d. dt. Univ. im 19. Jh., 1985; Ernst Robert Curtius u. d. dt. Romanisten, 1987. Herausg.: Deutsche u. österr. Romanisten als Verfolgte d. Nationalsozialismus (1989) - Div. Facharb. - 1972 Officier de l'Ordre d. Palmes Acad.

CHRISTMANN, Hansjörg

Landrat Kr. Dachau (s. 1977) - Schleißheimer Str. 52, 8060 Dachau/Obb. - Geb. 20. Mai 1947 Dachau - Rechtsanw. CSU.

CHRISTMANN, Helmut

Dr. phil., Prof., Hochschullehrer - Sonnenhalde 9, 7070 Schwäbisch Gmünd-Bettringen (T. 8 25 01) - Geb. 12. Febr. 1924 Berlin (Vater: Dr. Curt C., Oberstudiendir. †; Mutter: Frieda, geb. v. Kiesling auf Kieslingstein †), verh. s. 1955 m. Liselotte, geb. Mayr - Gymn.; Lehrerbildungsanstalt Freising; Univ. München (Geschichte, Dt., Erdkd.), TH Stuttgart - 1950-55 Volks- u. Berufsschullehrer; 1960-62 Studienrat; s. 1962 Dozent Päd. Hochsch. München u. Schwäb. Gmünd (Geschichte) - Zahlr. Buch- u. Ztschr.-Veröff. z. Kolonial-, Technik- u. württ. Landesgesch., sowie z. hist. Didaktik - Liebh.: Mod. Lit., Reisen - Spr.: Engl., Franz., Ital., Span., Serbokroat., Griech., Lat.

CHRISTOFF, Daniel

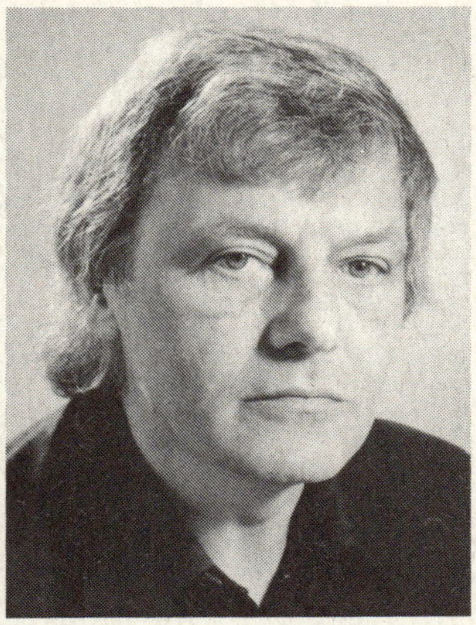

Schriftsteller, Fernsehautor u. Regisseur - Mühlstr. 22, 6501 Stadecken-Elsheim 2 - Geb. 31. Okt. 1926 Bonn, verh. s. 1978 m. Christina, geb. Hoynacki, S. Christoph Michael - Grafikstud. - S. 1970 fr. Schriftst., s. 1976 Filmregiss. - Bühnenwerke u. Preise: Noah ist tot, 1961 (Dramatikerpreis); Rückkehr v. Elba, 1963; Exilregierung; Passagiere f. Garganos, 1965; Kille, kille, kill, 1970. Prosa u. Preise: Schaukelstühle, R. 1964 (Dt. Erzählerpreis). Fernsehfilme (Autor) u. Preise: Rückkehr v. Elba, 1967 (ZDF); Umschulung, 1969 (WDR, tz-Rose); D. Musterschüler, 1970 (WDR); Kennwort gute Reise, 1971 (HR); Altersheim, 1972 (ZDF); Gladiatoren (WDR); Finito l'amor (ZDF, Fernsehsp. d. Monats); Sechs Wochen im Leben d. Brüder G., 1974 (SFB, Fernsehsp. d. Monats, Adolf-Grimme-Preis Gold 1975); Haus ohne Hüter, 1975 Fernsehbearb. nach Heinrich Böll (ZDF); Stumme Zeugen (HR); D. Tod vor d. Sterben (SFB, Film- u. Fernsehpreis d. Hartmannbundes 1975, Silbermed. d. Siebten Intern. Filmfestspiele Varna 1977); D. Wahl, 1976 (ZDF, Fernsehsp. d. Monats); Moosmacher macht Millionen, 1977 (ZDF); Rückfälle (WDR); Adoptionen, 1978 (ZDF, tz-Rose); Fallstudien, 1979 (ZDF); Jeans, 1981 (ZDF, DAG-Preis Silber 1982); D. Zubringer, 1982 (ZDF, Fernsehsp. d. Monats); Heimat, die ich meine, 1983 (ZDF, Zweiteiler); Kunstfehler (WDR); Liddl 17, 1987 (ZDF); Gegen d. Regel, 1987 (WDR); Crash, 1988 (WDR); E. unheimliche Karriere, 1989 (ZDF); Mich will ja keiner, 1989 (ZDF). FS-Filme (Autor u. Regiss.) u. Preise: Georg u. Martha, 1977 (ZDF); Protokoll e. Verdachts, 1979 (ZDF, Fernsehsp. d. Monats); Direktmandat, 1981 (ZDF); Wir haben uns doch mal geliebt, 1982 (ZDF); Datenpanne, 1983 (ZDF); D. Spur d. anderen, 1985 (ZDF); Totschweigen, 1986 (ZDF). Serien: Sprungbrett (3 Folgen), Hauptsache, d. Kohlen stimmen (2. F.), Aus Liebe z. Sport (6 F.), Auf d. Suche nach d. Glück (2 F.), Hamburg Transit (3 F.), Jean-Christophe (3 F.), St. Pauli-Landungsbrücken (2 F.), Wie würden Sie entscheiden? (2 F.), Telefonseelsorge (2. F.), Kollege Betriebsrat (6 F.) - Lit.: Peter v. Rüden, D. Fernsehspiel.

CHRISTOPEIT, Joachim

Dr. jur., Vorstandssprecher AVIA Mineralöl AG, München - Zu erreichen üb. Einsteinstr. 169, 8000 München 80 - Geb. 16. Dez. 1936, verh. m. Gabriele, geb. v. Witzleben, 4 Kd. - Stud. Rechts- u. Volkswirtsch.; Ass.-Ex. 1967; Promot. 1966 - Geschäftsf. Dt. AVIA Mineralöl-GmbH, AVIA Beteiligungsges. mbH, München; VR Euravia AG, Zürich - BV: Hermes-Deckungen, 1967 - Liebh.: Golf, Jagd - Spr.: Engl., Franz.

CHRISTOPEIT, Ulrich

Dr. jur., Assessor a. D., geschäftsf. Gesellschafter A. Mall GmbH & Co KG, Mall Baustoffhandel GmbH & Co KG, Donaueschingen, Mall Bauges. mbH & Co, Fahrdorf b. Schleswig, Geschäftsf. Heibus Intern. Bauuntern. GmbH, Donaueschingen - Osterberg 4, 4444 Bad Bentheim 1 - Geb. 19. Dez. 1933 Berlin (Vater: Dr. Kurt C., Diplom-Landwirt; Mutter: Irmgard, geb. Sievert), ev., verh. s. 1974 m. Adelheid, geb. Engelmann, 4 Kd. (Maximilian, Vera, Otto, Frauke) - Abit. 1953 Viersen; Jurist. Staatsprüf. 1956 (Tübingen) u. 61 (Düsseldorf); Promot. 1960 Tübingen - 1961-62 Dt. Werft AG, Hamburg; 1963-66 Haniel Lueg GmbH, Tripolis (Lib.); 1967 Dt. Entwicklungsges., Köln; 1968 Dt. Lufthansa AG, Köln; 1968-87 Vorst.-Mitgl. Dt. Tiefbohr AG (DEUTAG), Bentheim - Liebh.: Landwirtsch. - Spr.: Engl., Franz.

CHRISTOPHERS, Enno

Dr. med., o. Prof. f. Dermatologie u. Venerol., Präsident d. Dt. Dermatol. Ges. - Schloßgarten 12, 2300 Kiel - Geb. 7. April 1936 - Promot. 1965 Kiel; Habil. 1969 München - S. 1974 Prof. Univ. München (apl.) u. Kiel (1975 o.) - BV: Praxis d. Haut- u. Geschlechtskrankh., 1974. Mitherausg.: The epidermis in disease, 1981; Lymphoproliferative diseases of the skin, 1982.

CHRISTOU, Andreas

Dr.-Ing., Dipl.-Ing., Direktor, Techn. Geschäftsf. Heidelberger Versorgungs- u. Verkehrsbetriebe GmbH. (HVV, s. 1975), Vorstandsmitgl. Stadtwerke Heidelberg AG. (s. 1971), Vorstands-Vors. Heidelberger Straßen- u. Bergbahn AG (s. 1981) - Berghalde 78, 6900 Heidelberg 1 (T. 38 37 91) - Geb. 4. Dez. 1936 (Vater: Achilles C., Ing.), verh. s. 1961, 2 Kd. - 1954-60 Stud. TH Braunschweig; Dipl.ex. 1960; Promot. 1967 ebd. - 1963-67 wiss. Tätigk. Braunschweig; 1968-70 Abt.sleit. u. Handlungsbevollm. Stadtwerke Wolfsburg AG.; s. 1971 Heidelberg.

CHROBOG, Jürgen

Ministerialdirigent, Sprecher Ausw. Amt (s. 1984) - Forstweg 4, 5307 Wachtberg-Pech - Geb. 28. Febr. 1940 Berlin, verh. m. Dr. Magda Gohar-Ch., 3 Kd. - Stud. Rechtswiss.; Ass.-Ex. - Spr.: Engl., Franz.

CHROMY, Werner

Dipl.-Betriebsw., Verwaltungsdirektor Düsseldorfer Schauspielhaus - Biesenwiese 45, 4100 Duisburg 11 - Geb. 11. Aug. 1946 Duisburg.

CHRONZ, Horst, Bruno

Oberfinanzpräsident - Vörnste Esch 13, 4400 Münster (T. 0251 - 6 23 34) - Geb. 24. Sept. 1922 Gleiwitz (Vater: Bruno C. †; Mutter: Hedwig, geb. Kopietz †), kath., verh. s. 1954 m. Hildegard, geb. Skrzidlo, S. Harald Andreas - Abit. 1941; Jura-Stud. Univ. Köln u. Bonn; 1. jur. Staatsprüf. 1949, Ass. 1953 - 1953 Finanzverw. NRW; 1954-69 Sachgebietsleit. b. versch. Finanzämtern, Vorst., Ref. Oberfinanzdir. Münster; 1970-78 Ref., Gruppenleit. Finanzmin. NRW; s. 1979 Oberfinanzpräs. u. Leit. d. Oberfinanzdirektion Münster.

CIBIS, Bernd

Schriftsteller - Bolderbergweg 24, 4000 Düsseldorf 12 (T. 0211-29 95 59) - Geb. 1. Mai 1922 Bad Salzbrunn/Schles. (Vater: Amand C., Studienr., bek. Ornithol. u. Biol.), kath., verh. in 3. Ehe s. 1984 m. Inge, geb. Steffen, OSTR', T. Veronika aus 1. Ehe OSTR' - Human. Gymn.; Lehre Industriekaufm. - 1941-45 Soldat (4x verw.) - Korrektor u. Doz. d. Akad. f. Fernstud. Bad Harzburg; bild. Künstler (Zeichnungen, Holzschnittreien); s. 1979 fr. Schriftst.; Arbeitsgeb.: Abenteuer-, Natur-, Tier-, Jugendb., Roman, Lyrik, Essays, Aufs., Art. Mitgl. VS-Bezirksgr. Dortmund/Düsseldorf; Autorenkreis Ruhr-Mark; Künstlergilde; Leit. d. Fachgruppe Literatur in NRW d. Künstlergilde Esslingen - BV: Mein Freund Asso, d. gelbweiße Collie, 1966; Gefiederte Pflegekinder, 1976; Findelkinder aus Wald u. Flur, 1980; Im Reich d. weißen Wölfe, 1981; Treff, d. Jagdteckel, 1982; Heimliche Herrscher in Wald u. Flur, 1982; Heimatlose Tiere finden e. Zuhause, 1983; D. Försterkinder u. ihre Schützlinge, 1984; Wido d. Elch, 1985; Bojar d. Luchs, 1986; Matto d. Bär, 1987. Herausg.: Natur+Liebe+-Schmerz+Tod (Ged. 1987, selbst illustr.); Ich gebe dir noch drei Minuten, 1988; Sina d. Elefant, 1988. Zahlr. Aufs., Art. u. Ess. (z.T. selbst illustr.). MA in Anthologien - 1980/81 u. 86/87 Buch d. Jugend; 1983 AWMM-Buchpreis Brügge/Belg.; 1984 Lyrikpr. d. Wittener Künstlers K. Urban; 1985 Kinderbuchpreis, Züricher Kinderbuchpreis; Verdienstmed. z. BVK - Interessen: Ornithol., Jagd, Naturbeobachtungen, Pflege kranker Wildtiere, Zeichnen, Holzschnitzen, Studienreisen.

CICHON, Bruno W.

Chefredakteur DIE HARKE, Nienburger Ztg., Regionalztg. f. d. Mittelwesergebiet - An der Stadtgrenze 2, 3070 Nienburg; priv.: Lichtenhorst 9, 3071 Steimbke - Geb. 1. Okt. 1942 Frankenstein (Schlesien) - Akad. f. Welthandel, Frankf.

CILLIEN, Ursula

Dr. phil., Prof. f. Allg. Pädagogik - Am Gottesberg 65, 4800 Bielefeld 1 - Geb. 21. April 1925 Zellerfeld/Clausthal - Promot. 1959 - S. 1960 Prof. PH Nieders./Abt. Lüneburg u. Univ. Bielefeld - BV: u. a. D. Erziehungsverständnis i.Päd. u. Ev. Theol., 1961; Johann Gottfried Herder - Christl. Humanismus, 1972.

CIMIOTTI, Emil

O. Prof f. Bildhauerei Hochsch. f. Bild. Künste Braunschweig (s. 1963) - H.-v.-Fallersleben-Str. 32, 3340 Wolfenbüttel (T. 05331 - 4 44 31) - Geb. 19. Aug. 1927 Göttingen - 1949-53 Stud. Univ. Stuttgart, Berlin u. Paris - Zahlr. Veröff. üb. eig. Arbeit (Bibliogr. in WVZ Brusberg-Documente 10 u. 13) - Zahlr. Plastiken in Mus. u. öfftl. Besitz - Kunstpreise.

CIPLEA, Alexander-Georg

Dr. med., Prof. f. Allg. Pathologie u.

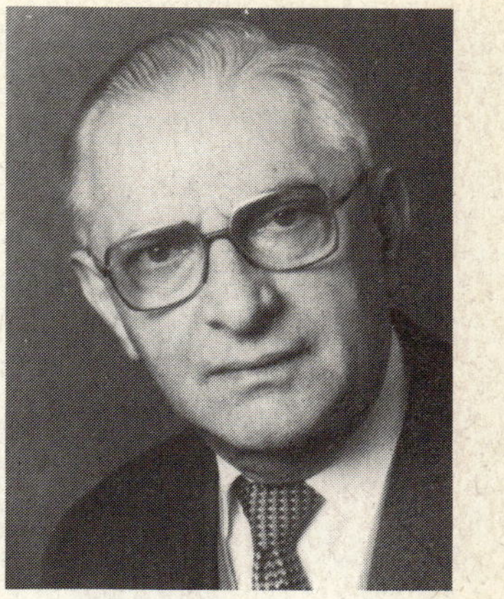

pathol. Anatomie Univ. Münster - Kastanienstr. 10a, 4670 Lünen (T. 02306 - 5 38 63) - Geb. 9. Okt. 1917 Sarasau (Siebenb./Rumänien), kath., verh. s. 1943 m. Katharina, geb. Gräfin Wassilko, T. Alexandra - 1935 Univ. Klausenburg/Siebenb. u. Bukarest (Med.; Habil. 1978) - Ober- u. Chefarzt f. inn. Med. in Bukarest u. Ober- u. Chefarzt f. Pathol. Univ.-Inst. Cantacuzino; 1973-82 Leit. d. Pathol. Fa. Dr. Thiemann GmbH, Lünen; Angeh. d. med. Fak. Gerhard-Domagk-Inst. f. Pathol. Univ. Münster; s. 1982 apl. Prof. f. Pathol. Univ. Münster - BV: Kursus f. Histologie (D. Histologie d. Atemorgane), 1948; Cardiologia, 1963; Biol. d. Verbrennungen, 1970. Zahlr. Publ. auf d. Geb. Pathol., Zyto- u. Histochemie, Hämatol. u. quantitat. Histoenzymol. Entd.: D. atypische homozygote Manifestat. d. Pelger-Anomalie; neue Histochem. Meth. f. d. Quantifizierung knochenmarkschädigender Substanzen; Modifizierte Meth. z. Bestimmung d. Lage implantierter Elektroden im Gehirn; D. Mikrophotometrie d. Enzymhistochemie v. Isoproterenolnekrosen; D. Lokalisierung d. Lamblia im Lebergewebe; D. Zytochemie d. Plasmodium bergei; Experiment. Nachweis d. Pathogenität v. autochtonen Stämmen im Vergl. m. virulenten tropischen Stämmen v. E.dysenteriae; Beweis d. histochem. Veränderungen im Neuro-Cortex b. geimpften Tieren m. B. pertussis; Modifizierte Aspekte d. Nucleinsäuren u. d. oxidativen mitochondrielen Enzymaktivität in Leber u. Nieren b. experimenteller Leishmianasis; Mikrophotometrische Quantifizierung d. enzymatischen Aktivität in d. Riesenzellen d. Knochentumors. - Mitgl. Intern. Akad. f. Pathol. Dt. Ges. f. Pathologie, Hämatologie, Pharmakol. u. Ges. f. Histochemie; s. 1988 Mitgl. Dt. Ges. f. Neuropathologie - 1988 BVK - Spr.: Franz., Rumän., Ungar., Engl.

CITRON, Anselm

Dr. rer. nat., o. Prof. f. Exper. Kernphysik Univ. Karlsruhe (s. 1965), Leit. Inst. f. Kernphysik Kernforschungszentrum Karlsruhe (1965-88), Beschleunigertechnik, Mittelenergiephysik - Erasmusstr. 2, 7500 Karlsruhe 1 (T. 68 31 99) - Geb. 27. März 1923 Stettin (Vater: Curt C., Reichsgerichtsrat; Mutter: Eva, geb. Stäckel), ev., verh. s. 1951 m. Renate, geb. Lais, 5 Töcht. (Sabine, Cornelia, Aglaia, Katharina, Thaddäa) - Gymn. Leipzig, Freiburg/Br. Zutphen (Niederl.); MTS (Technikum) Dordrecht (Ndl.); Univ. Freiburg/Br. u. Basel (Physik). 1953 Stip. Cambridge (Engl.). Promot. (1952) u. Habil. (1958) Freiburg - 1953ff. CERN, Genf; s. 1985 Mitgl. Akad. Leopoldina - Spr.: Engl., Franz., Niederl., Russisch.

CITRON, Klaus

Dr., Ministerialdirektor im Ausw. Amt, Leit. Planungsstab (s. 1988) - Adenauerallee 99-103, 5300 Bonn 1 (T. 0228 - 1 71) - Geb. 16. Mai 1929 Berlin, ev., verh. s. 1961 m. Karin, geb. Hansen - Stud. German., Roman. Univ. Kiel, Lyon, Paris; Promot. 1954 Kiel - 1955/56 Lektor Ecole Centrale, Paris; 1956-59

Lektor Univ. Bologna; 1959 Diplomat. Dienst, Auslandsposten: San Francisco, New Delhi, Kuala Lumpur, Brüssel, 1984-86 Leit. KVAE-Deleg. Stockholm, 1987 Leit. Deleg. b. Mandatsgesprächen üb. KRK Wien.

CIUCIURA, Theodore Bohdan

Dr., Prof. f. Jurisprudenz u. Politologie, Rektor Ukrainische FU München (s. 1986) - Pienzenauerstr. 15/III, 8000 München 80 (T. 089 - 98 69 28) - Geb. 10. Jan. 1919 Kobaky/Ukraine, kath., verh. s. 1988 m. M.A. Maria Theresia, geb. Szuflat - 1937-41 Stud. Univ. Lwiw (Ukraine), 1945-48 Univ. München u. Ukrainische FU, 1952/53 Columbia New York, 1959-62 Rechts-, Staats- u. Wirtsch.wiss.); Promot. 1947; Habil. 1949; M.A. (Publ. Law & Government) 1953; Doctoral Examination (Polit. Phil.) 1962 - 1949/50 Doz. Ukrain. FU München; 1962-69 Assoc. Prof., 1969-86 Prof. u. Abt.-Vorst. Saint Mary's Univ. of Nova Scotia, Kanada. S. 1970 Mitgl. Canadian Council on Intern. Law - BV: Lenin's Idea of a Multi-National Commonwealth, 1963. Zahlr. Aufs. in wiss. Ztschr. (Völkerrecht, Vergl. Rechts- u. Staatslehre, Arbeitsrecht, Ökologie) - 1970 Memorial medal Intern. Law Assoc. - Canadian Section - Spr.: Ukrain., Engl., Russ., Poln.

CLAAR, Egon

Techn. Direktor, Geschäftsf. Cellux GmbH., Lindau - Schachener Str. 60, 8990 Bad Schachen/B. - Geb. 2. April 1921.

CLAAS, Günther

Fabrikant, Mitinhaber Claas oHG, Harsewinkel - Münsterstr. 56, 4834 Harsewinkel (T. 05247 - 31 91) - Geb. 23. Sept. 1931 Harsewinkel (Eltern: Ehel. Franz u. Christine C.), kath., verh. - Abit.; Stud. Betriebswirtsch. (6 Sem.) - Mitinh. GF Claas Guss GmbH & Co. KG, Bielefeld, Max Frost KG, Berlin, Bohmte, Präzi Flachstahl GmbH, Raestrup-Everswinkel, G. Claas Ind. Technik, Bohmte (G. Claas Gruppe), Gut Arenshorst, Herringhausen - Großkreuz al merito Ritterorden v. Hl. Grabe zu Jerusalem - Spr.: Engl., Span.

CLAASSEN, Günther

Geschäftsführer d. Messe Essen GmbH, Essen - Messehaus, Norbertstr., 4300 Essen 1 (T. 0201 - 72 44-0) - Geb. 18. Mai 1929, kath., verh. m. Ursula C., 2 Söhne (Jürgen, Oliver) - B. 1971 Leit. d. Amtes f. Wirtschaftsförderung d. Stadt Essen - 1986-89 Vors. d. IDFA, Interessengemeinsch. Dt. Fachmessen u. Ausstellungsstädte - 1988 BVK (f. d. Ausbau

d. Messe z. intern. Messe- u. Handelsplatz).

CLAASSEN (ß), Jürgen

Dipl.-Math., Vorstandsmitglied Sparkassen-Versicherung AG. u. Zentraleurop. Versicherung AG., beide Stuttgart 50 - Glaserweg 2a, 7000 Stuttgart 21 - Geb. 9. März 1929.

CLAES, Fritz

Dr.-Ing., Prof. f. Planung u. Zuschnitt im Steinkohlenbergbau - Waldesrand 42, 4630 Bochum-Linden - Geb. 22. Okt. 1923 - B. 1978 Privatdoz., dann apl. Prof. TH Aachen.

CLAESGES, Ulrich

Dr. phil., Prof. f. Philosophie Univ. Köln - Am Serviesberg 17, 5000 Köln 41 - BV: Edmund Husserls Theorie d. Raumkonstit., 1964; Gesch. d. Selbstbewußtseins, 1974; Darst. d. ersch. Wissens, 1981.

CLAESSEN, Herbert

Dr., Oberkirchenrat - Rutenbergstr. 17, 3000 Hannover-Kirchrode - Geb. 26. Juli 1938 Düsseldorf (Vater: Georg C., Kaufm.; Mutter: Liesel, geb. Schwartner), ev. verh. s. 1971 m. Margrit, geb. Noell, 3 S. (Rolf, Bernd, Max).

CLAESSENS, Dieter

Dr. phil., o. Prof. f. Soziologie - Baseler Str. 51, 1000 Berlin 45 (T. 833 70 93) - Geb. 2. Aug. 1921 Berlin - S. 1960 (Habil.) Lehrtätig. Univ. Münster (1962 Ord.) u. Berlin/FU (1966 Ord.), Rektor d. FHSS Berlin (1974-78) - BV: Beginn in Gemeinschaftsdiensten, 1957 (m. D. Danckwordt); Arbeiter u. Angest. in d. Betriebspyramide, 1959 (m. G. Hartfiel, J. Fuhrmann, H. Zirwas), Familie u. Wertsystem, 4. A. 1979; Status als entwicklungssoziol. Begriff, 1965; Sozialkunde d. Bundesrep. Dtschl., 15. A. 1989; Instinkt - Psyche - Geltung, 2. A. 1970; Rolle u. Macht, 3. A. 1974; Nova Natura, 1970; Kapitalismus als Kultur, 2. A. 1979 (m. K. Claessens); Raeder z. Familiensoziologie, 5. veränd. A. 1980 (hg. m. P. Milhoffer); Jugendlexikon Gesellschaft, 1976 (m. K. Claessens u. B. Schaller); Gruppe u. Gruppenverbände, 1978; D. Konkrete u. d. Abstrakte, 1980; Gruppenprozesse, 1982 (m. W. v. Baeyer-Katte, H. Feger, F. Neidhardt u.a.) - Lit.: Festschr. z. 60. Geb., Schau unter jeden Stein (hrgs. v. B. Schaller, H. Pfütze, R. Wolff).

CLAMER, Harry W.

Dr., Geschäftsführer Dt. Total GmbH, Düsseldorf, Dt.-Übersee Petroleum GmbH, Hamburg - Brühler Weg 20, 4005 Meerbusch 1 - Geb. 16. März 1932 - Div. Mandate.

CLAPHAM, Ronald

Dr. rer. pol., Dipl.-Kfm., o. Prof. Wirtschaftswissenschaft Univ. Siegen (s. 1976) - Begonienweg 13, 5910 Kreuztal 1 - Geb. 6. Febr. 1935 Berlin, verh. s. 1968 m. Gisela, geb. Guischard - Stud. Wirtschaftswiss. Univ. Köln u. Bristol (GB); Dipl.-Kfm. 1961 Köln; Promot. 1964, Habil. 1972 - Zul Doz. Univ. Köln.

Fachmitgl.sch. Aussch. Entw.länder u. Aussch. Industrieökonomik d. Vereins f. Socialpolitik; Präsid. Arbeitskr. Europ. Integration e.V., Bonn; Wiss. Beirat Ges. z. Stud. Strukturpolit. Fragen e.V., Bonn - BV: Marktw. in Entwicklungsländern, 1973; Sozioökonom. Verantw. ausl. Unternehmer in Entwicklungsländern, 1976; World Economic Order - Liberal Views, 1983 (hrsg. m. H. Kammler); Small and Medium Entrepreneurs in Southeast Asia, 1985.

CLARIN, Hans

Staatsschauspieler - Moserhof, 8213 Aschau/Chiemgau (T. 08052 - 23 68) - Geb. 14. Sept. 1929 Wilhelmshaven (Vater: Johann C., Beamter; Mutter: Henriette, geb. Kloker), ev., verh. s. 1969 in 2. Ehe m. Bebs Freiin v. Cramer-Klett, 5 Kd. (Angela, Manuela, Irene [1. Ehe]; Philipp, Anna [2. Ehe]) - Abit. - Zahlr. Rollen, rd. 150 Bühnenst., u. a. Sommernachtstraum, Michael Kramer, Portugies. Schlacht, Revisor, Konzert, D. Weg ins Freie; üb. 100 Fernsehspiele, u. a. Fels im roten Meer, Irland, Paquito; 49 Schallplatten (f. Kinder), u. a. Meister Eder u. sein Pumuckl (12 Mill.), Hui Buh d. Schloßgespenst (18 Mill.) - Gold. Schallplatten - Liebh.: Pferdezucht - Spr.: Engl.

CLASEN, Sigvard

Dr.rer. pol., Vorstand Allg. Gold- u. Silberscheideanst., Pforzheim - Zu erreichen üb.: Allg. Gold- u. Silberscheideanst., Kanzlerstr. 17, 7530 Pforzheim - Geb. 11. April 1936 Hamburg - Stud. TU Karlsruhe (Masch.bau), FU Berlin (Wirtsch.wiss.) u. Univ. Hamburg (Promot.) - BV: Flexibilität d. volksw. Produktionsstruktur, 1966; Gleichgewicht - E. Zielbegriff d. Unternehmensführ., 1979; Schlüsselthemen uns. Gegenw., 1985. - Spr.: Engl., Franz.

CLASING, Martin

Dr. rer. nat., Prof. Univ. Mainz, Abt.-Leiter - Fürstenbergstr. 21, 6450 Hanau 9 - Geb. 24. Dez. 1923 Leipzig - Promot. 1952, Habil. 1956 Halle/Saale - 1957-58 Leit. Forsch.abt. Isotope in Metallkde. TH Dresden; s. 1964 Leit. Forsch.abt. Metallkde. Degussa-Konzern; s. 1975 Prof. Univ. Mainz. Spez. Arbeitsgeb.: Festkörperphysik u. anorgan. Chemie d. Metalle - BV: Handb. d. Chemikers, 3. A. 1959; 37 Aufs. z. Metallkde.

CLASS, Richard H.

Vorsitzender d. Geschäftsfg. Hobart GmbH - Am Holderstock 4, 7600 Offenburg; Brucknerstr. 46, 7600 Offenburg - Geb. 24. Okt. 1937 Darmstadt (Vater: Dr. jur. Hans C., RA; Mutter: Aenne, geb. Ringer), verw. s. 1985, S. Thomas - Salem Abit. Lausanne (Schweiz) u. Georgetown, D. C. USA, u. Ohio State, Columbus Ohio/USA. 1958 Hobart Corporation Troy Ohio; 1962 Hobart Masch. GmbH Offenburg; 1964-86 AR-Mitgl. Hobart AG, Birsfelden/CH (European Advisory Council - EAC), 1986 Hobart Europe SA Rueil-Malmaison, Frankreich (Executive Committee Europe); 1985 Präs. d. VR Hobart (Swiss) AG; 1976-80 Vorst.-Sprecher Kabelgeberverb. d. Bad. Eisen- u. Metallind., Freiburg (s. 1968 Vorst.-Mitgl., s. 1974 Schatzm.); s. 1980 Vorst.-Vors. Vereinigte Bad. Untern.verb. (VBU); s. 1980 Vorst.-Mitgl. Bildungswerk d. Südbad. Wirtsch.; s. 1982 Vorst.-Mitgl. Landesvereinig. Bad.-Württ. Untern.verb., Stuttgart; s. 1983 Beiratsmitgl. Albert-Ludwig Univ. Freiburg - S. 1968 Rotarier (Offenburg).

CLASSEN, Carl Joachim

Dr. phil., D. Litt., o. Prof. f. Klass. Philologie - Am Brachfelde 7, 3400 Göttingen-Nikolausberg (T. 2 29 51) - Geb. 15. Aug. 1928 Hamburg (Vater: Erwin C., Oberlandesgerichtsrat; Mutter: Erika, geb. Petersen), ev., verh. s. 1959 m. Roswitha, geb. Rabl, 3 Söhne (Claus Dieter, Carl Friedrich, Hans Christoph) - Gelehrtensch. d. Johanneums Hamburg; Univ. Hamburg, Göttingen, Oxford. Promot. 1952 Hamburg; B. Litt. 1956, D. Litt. 1988 Oxford; Habil. 1961 Göt-

tingen - 1956 Studienass. Hamburg; 1956-59 Lecturer Univ. Ibadan (Nigeria); 1960-66 Lektor (b. 1963), Privatdoz. (1961) u. Doz. (1963) Univ. Göttingen; 1964-65 Lehrstuhlvertr. Univ. Tübingen; s. 1966 Ord. u. Inst.dir. TU Berlin, Univ. Würzburg (1969) u. Univ. Göttingen (1973), 1967/68 Gastprof. Univ. of Texas, Austin (USA), 1975 Member Inst. Advanced Study Princeton, 1980 Vis. Fellow All Souls College Oxford, o. Mitgl. Akad. d. Wiss. Göttingen, Mitgl. Mommsen-Ges. (1983-87 1. Vors.), Classical Assoc., American Philol. Assoc.; Intern. Soc. Hist. Rhetoric (1987-89 Präs.) - BV: Sprachl. Deutung als Triebkraft platon. u. sokrat. Philosophierens, 1959; Unters. zu Platons Jagdbildern, 1960; Sophistik (ed.) 1976; D. Stadt i. Spiegel d. Descriptiones u. Laudes urbium, 1980; Recht-Rhetorik-Politik, 1985; Ansätze, 1986; div. Einzelarb. - Liebh.: Afrikan. Kunst, Kulturgesch. u. Politik - Spr.: Engl., Ital.

CLASSEN, Hans-Georg

Dr. med., Arzt f. Pharmakologie u. Toxikologie, Prof. Univ. Hohenheim, apl. Prof. Univ. Freiburg/Br. (s. 1977) - 7000 Stuttgart-Hohenheim (Fachgeb. Pharmakologie u. Toxikologie) - Geb. 20. Juli 1936 Schatensen - Promot. 1962 Göttingen; Habil. 1971 Freiburg - Üb. 120 Facharb.

CLASSEN, Harold

Dr. rer. pol., Dipl.-Volksw., Verleger (Fachtzschr. u. Fachbücher) - Alte Höhe 43, 5628 Heiligenhaus (T. 02056 - 6563) - Geb. 9. Dez. 1926 Essen (Vater: Wilhelm C., Verleger; Mutter: Luise, geb. Weber), verh. s. 1976 m. Karin Classen, geb. Huck, 3 Töchter (Susanne, Gaby, Pamela) - 1951-57 Stud. Betriebs- u. Volksw. Univ. Köln.

CLASSEN, Meinhard

Dr. med., o. Prof. f. Innere Medizin Klinikum Rechts der Isar d. TU München - Ismaninger Str. 22, 8000 München 80 - Zul. Chefarzt Med. Klinik Hamburg-Barmbek u. o. Prof. f. Innere Med. d. Univ. Frankfurt.

CLAUDE, Dietrich

Dr. phil., Prof. f. Mittelalterl. Geschichte Univ. Marburg (s. 1971) - Heinrich-Heine-Str. 50, 3550 Marburg/L. - Geb. 12. Okt. 1933 Düsseldorf (Vater: Edmund C., Studienrat; Mutter Johanna, geb. Thal), verh. s. 1962 m. Gisela, geb. Schönrock - Heese-Gymn. Berlin (Abit. 1953); Stud. Gesch. u. Roman. Tübingen (1953), Berlin (FU, 1953-57 u. 1958-60), Toulouse (1957-58). Promot. 1960 Berlin; Habil. 1969 Marburg - B. 1964 Univ. Frankfurt/M., dann Marburg - BV: Topogr. u. Verfass. d. Städte Bourges u. Poitiers b. ins 11. Jh., 1961; D. byzantin. Stadt im 6. Jh., 1969; Gesch. d. Erzbistums Magdeburg b. d. 12. Jh., 2 Bde. 1972/75; Gesch. d. Westgoten, 1970; Kirche, Adel u. Königtum im Westgotenreich, 1971; D. Handel im westl. Mittelmeer während d. Frühmittelalters, 1985.

CLAUS, Günther

Dipl.-Math., Versicherungsdirektor - Bismarckallee 53c, 2070 Ahrensburg/Holst. - Geb. 4. Juli 1930 - Vorst. DT. RING Leben/Kranken/Sach.

CLAUS, Willi

Dipl.-Ing., Prof., Architekt - Rüsternallee 23, 1000 Berlin 19 (T. 3044081) - Geb. 27. Juli 1909 Mannheim - M. Charlotte, geb. Fleischer - Lessingsch. Mannheim; Univ. Heidelberg u. TH Karlsruhe (Dipl.-Ing.) - AB 1936 angest. Arch. f. Behördenbauvorhaben Berlin (Siedlungen u. Ind.bauten); s. 1945 fr. Arch.; s. 1950 Prof. f. Bauformen d. Mittelalters Hochsch. f. bild. Künste Stud.reisen: Holl., Frankr., Ital., Griech.l., Türkei.

CLAUSEN, Heinrich

Dipl.-Ing., Senator E.h., Vorstandsmitglied Hannover-Braunschweig. Stromversorgungs-AG i.R. (1947-75) - Adolf-

Ey-Str. 16, 3000 Hannover - Geb. 12. Juli 1909 Holstein - S. 1946 HASTRA (1947 stv., 1949 o. Vorst.-Mitgl.). Stv. Vors. Vereinig. Dt. Elektrizitätswerke u. Vorst.-Mitgl. VDE. AR-Mand. S. 1978 Ehrenmitgl. im VDE - Liebh.: Gartengestaltung.

CLAUSEN, Lars

Dr. sc. pol., Univ.-Prof., Soziologe - Wehlbrook 30, 2000 Hamburg 73 (T. 040 - 677 33 30) - Geb. 8. April 1935 Berlin, verh. s. 1964, 1 Kd. - Abit. 1955, Dipl.-Kfm. 1960, Dr. sc. pol. 1963, Habil. (Soziologie) 1967. S. 1970 Dir. Inst. f. Soziol. u. 1987 Katastrophenforsch.stelle Univ. Kiel. Präs. Ferd.-Tönnies-Ges. (s. 1978) - BV: Elemente e. Soziologie d. Wirtschaftswerb., 1964; Industrialis. i. Schwarzafrika, 1968; Jugendsoziologie, 1976; Tausch, 1978; Siedlungssoziologie (m. V. v. Borries, K. Simons), 1978; Einf. in d. Soziol. d. Katastrophen (m. W. R. Dombrowsky), 1983; Zu allem fähig, Sozio-Biogr. Leopold Schefer (m. B. Clausen), 1985; Produktive Arbeit, destruktive Arbeit, 1988. Herausg.: Ankunft bei Tönnies (m. F. U. Pappi, 1981); Tönnies heute (m. V. v. Borries, W. R. Dombrowsky, H.-W. Prahl, 1985); Spektrum d. Literatur (m. B. Clausen, 13. A. 1988) - 1982 BVK.

CLAUSEN, Manfred

Kaufmann, Vorstandsmitglied Dt. Lloyd - Dianastr. 60, 8013 Haar b. München - Geb. 17. April 1928 Tinningstedt, verh. s. 1957 m. Erna, geb. Schulze, 5 Kd. (Christian, Heinrich, Maren, Norbert, Dietmar) - 1943-48 kaufm. Lehre - 1982-85 Vorst.-Mitgl. Dt. Bausparkasse, 1956-82 Leonberger Bauspark. (1978-82 Dir. Hannover).

CLAUSEN, Rolf

Dr.-Ing., Prof. Univ. Hamburg (s. 1975) - Glashütter Damm 71, 2000 Norderstedt - Geb. 20. April 1934 Hamburg - Abit. 1953, Lehre, 1956 TU Braunschweig b. 1962, b. 1966 Ind., Promotion 1969 Berlin, b. 1975 TU Berlin - Spez. Arb.gebiet: Fertigungstechnik u. Werkzeugmaschinen.

CLAUSEN, Wolfgang

Staatssekretär im Kultusministerium Schlesw.-Holst. i. R. (b. 1988) - Düsternbrooker Weg 64-68, 2300 Kiel (T. 59 61).

CLAUSERT, Horst

Dr.-Ing., Prof. TH Darmstadt (FB Regelungs- u. Datentechnik) - Im Seegraben 20, 6109 Mühltal - Geb. 1. Dez. 1936 Magdeburg (Vater: Ernst C., Ing.; Mutter: Gertrud, geb. Hußlein), ev., led. - TH Darmstadt (Dipl.-Ing. 1961; Promot. 1966) - 1962-66 TH Darmstadt; 1967-70 Siemens AG.; 1970-74 TU Clausthal; 1974-82 Univ./GH Wuppertal - BV: Grundgeb. d. Elektrotechnik, Bd. I 1978, Bd. II 1980 (bde. m. G. Wiesemann).

CLAUSS, Armin

Minister a. D., MdL Hessen - Geb. 16. März 1938 Lauffen/N. - Volkssch., 1952-60 Bundespost; 1960-1961 Akad. d. Arbeit, Frankfurt; 1962-72 Gewerkschaftssekr. IG Metall, 1972-76 DGB-Landesvors.; s. 1970 MdL, 1974-76 Vors. SPD-Landtagsfrakt.; s. 1976 Hess. Sozialmin. (1984-86 Min. f. Arbeit, Umwelt u. Soziales). SPD s. 1959 (Mitgl. Bezirksvorst.), Vors. Bundesratsausschuß f. Arbeit u. Sozialpol.

CLAUSS, Günther

Dr.-Ing., o. Prof. f. Meerestechnik - Schlangenbader Str. 73, 1000 Berlin 33 - Geb. 31. Dez. 1939 München - Promot. 1968 - S. 1971 (Habil.) Lehrtätigk. TU Berlin (1973 Prof.). Üb. 20 Facharb.

CLAUSS, Volkmar

Dr. phil., Generalintendant Bühnen Landeshauptstadt Kiel - Postf., 2300 Kiel 1 (T. 0431 - 910 28 92) - Geb. 7. Jan. 1942 Meißen (Vater: Rolf C., Bundesrichter a.D. (s. XX. Ausg.); Mutter: Hildegard, geb. Nakoinz), ev., verh. s. 1988 m. Sibylle, geb. Schleicher - 1962-68 Univ. Berlin, Köln, Wien (Theaterwiss., German., Publiz.); Promot. 1968 Wien - 1969-71 Dramat. u. Regiss. Esslingen; 1971-73 Chefdramat. u. Regiss. Ulm; 1973-75 Chefdramat. Heidelberg; 1975-78 Dramat. Wuppertal; 1978-79 Komm. Leit. Schausp. ebd.; 1979-85 Int. Ulm; 1985-90 Generalint. Kiel; ab 1990 gv. Direktor d. Staatl. Schauspielbühnen Berlin.

CLAUSSEN, Carsten P.

Dr. jur., Prof., Bankier, Vorstandsmitgl. Nordd. Landesbank, Präs. Nieders. Börse zu Hannover - Am Wäldchen 5, 3000 Hannover 51 - Geb. 13. Mai 1927 (Vater: Bruno C., Dr. jur., Staatssekr.; Mutter: Elsbeth, geb. Brandt), ev., verh. s. 1957 m. Erika M., geb. Dose, 4 Kd. (Carsten jun., Johann, Jakob, Marie-Theres) - Jurastud., 1. Staatsex. Berlin, 2. Staatsex. Düsseldorf, Promot. - Vorst. d. Wirtschaftsrats d. CDU e. V., Bonn, u. d. Schwed. Handelsk. in d. BRD - BV: Publizität u. Gewinnverteilung im neuen Aktienrecht, Mitverf. Kölner Kommentar u. a. - Liebh.: Bergsteigen.

CLAUSSEN, Claus Frenz

Dr. med., Prof. f. Neurootologie, Vorstand Neurootologisches Forschungsinst. d. Ges. z. Erforschung v. Geruch-, Geschmack-, Gehör- u. Gleichgewichtsstörungen, Bad Kissingen (s. 1982) - Kurhausstr. 12, 8730 Bad Kissingen - Geb. 28. Mai 1939 Husum - Promot. 1965 Hamburg; Habil. 1970 Berlin (FU) - S. 1978 Ord. Univ. Würzburg. 1974ff. Präs. Ges. f. Neurootol. u. Äquilibriom.; 1. Vors. Ges. z. Erforsch. v. Geruch-, Geschmack-, Gehör- u. Gleichgewichtsstör. e.V. Vorles. üb. d. Zus.hänge zw. Wiss. u. Kunst; Kunstausst. v. eig. Stahlplastiken; Plastikgruppe: D. hl. Kilian u. D. beiden guten Vögel (erworben v. Stadt Würzburg 1981) - BV: Üb. d. Aufz. u. Auswert. ausgew. quantit. Gleichgewichtsfunktionsprüf., 1970; Feuer, Stahl u. Logik, Kunstb. 1980; Monogr.: Equilibriometria Practica (span), 1973; Study of the Human Equilibrium (engl.), 1978; D. Elektronystagmogramm u. d. neurootologische Kennliniendiagnostik, 1976; D. Schwindelkranke u. s. neurootologische Begutachtung, 1976; Schwindel - Symptomatik, Diagnostik, Therapie, 1981; Presbyvertigo, Presbyataxie, Presbytinnitus, 1985; Atlas d. Elektronystagmographie, 1986; Oftalmootoneurologia (span.), 1988. Üb. 200 Einzelarb.

CLAUSSEN, Georg W.

Aufsichtsratsmitglied Beiersdorf AG - Joachimstr. 24, 2000 Hamburg 52 (T. 80 34 36) - Geb. 5. Juni 1912 Hamburg (Vater: Carl C., Fabrikdir.) - Kaufm. Lehre; mehrj. Auslandsaufenth. - S. 1938 Beiersdorf AG, Hamburg (1952 Vorst.-Mitgl., 1957 Vorst.-Vors., b. 1987 AR-Vors.) - Spr.: Engl. - Rotarier.

CLAUSSEN, Heinz-Helmut

Oberstudiendirektor, Präsident Landessportbund Bremen, Vors. Rundfunkrat Radio Bremen - Vahrer Str. 244 A, 2800 Bremen 44 (T. 0421-46 10 46) - Geb. 9. Febr. 1929 Bremen (Vater: Gerhard C., Elektroschweißer; Mutter: Martha, geb. Mindermann), ev.-luth., verh. s. 1953 m. Edith, geb. Böhme, 3 T. (Cornelia, Birgit, Annette) - Univ. Hamburg (1. Staatsex. German. u. Angl. 1959), 1960/61 Studiensem. - 1965-73 Vors. Bremer Landesarbeitsgem. f. Spielen in d. Schule; 1969-72 2. Vors. Bundesarbeitsgem.; 1972-78 Vizepräs. Landessportbd. Bremen, s. 1978 2. Bundesvors. Ring d. Abendgymn.; s. 1978 Präs., s. 1980 2. Vors. Rundfunkrat Radio Bremen, Fachmitgl.sch. - Spr.: Engl.

CLAUSSEN (ß), Hermann

Bankdirektor - Posener Str. 29, 2300 Altenholz-Stift - Geb. 1. Sept. 1929 - Geschäftsf. SKV Kredit-Bank GmbH., Kiel.

CLAUSSEN, Karl Eduard

Innenminister d. Landes Schlesw.-Holst. a. D. (1983-88), MdL Schlesw.-Holst. - Buchenweg 19, 2072 Bargteheide (T. 04532 - 82 23) - Geb. 20. Sept. 1930 Kappeln/Schlei (Vater: Valentin C.; Mutter: Helene, geb. Diederichsen), ev., verh. m. Helga, geb. Wünsche, 4 Kd. (Andrea, Claus Christian, Cornelia, Carl Christoph) - Stud. Univ. Marburg u. Hamburg (Rechtswiss.); Verw.hochsch. Speyer. Gr. jurist. Staatsprüf. 1959 - Reg.ass. schlesw.-holst. Innenmin., 1962-71 Bürgerm. Bargteheide, 1971-79 Sozialmin., 1979-83 Justizmin.; 1983-88 Innenminister; 1966-67 MdK Krs. Stormarn; s. 1967 MdL Schlesw.-Holst. CDU s. 1957 (1973-85 Kreisvors. Stormarn, s. 1985 Ehrenkreisvors., Mitgl. Landesvorst. d. CDU) - 1979 Gr. BVK m. Stern.

CLAUSSEN, Reimer

Designer, Modeschöpfer - Xantener Str. 6, 1000 Berlin 15 - Geb. 1951 - Debüt 1983; Winter 1986/87 fünfte eig. Kollektion (klass. Stil) - 1986 Gold. Spinnrad, Krefeld (gilt als europ. Mode-Oscar).

CLAUSSEN, Uwe

Dr.-Ing., Prof., Leiter Inst. f. Konstruktionstechnik Univ. Bundeswehr München - Werner Heisenbergweg 39, 8014 Neubiberg (T. 089 - 60 04-21 24/21 12) - Geb. 25. März 1935, ev. - Dipl.-Ing. (Maschinenbau) 1959 TU München, Dipl.-Wirtschafts-Ing. 1963 TU München, Dr.-Ing. (Maschinenbau) 1965 TU Braunschweig - Mitgl. bzw. Obmann in Aussch. VDI, REFA, IFIP, GI - Pat.: Antriebstechnik, Maschinenelemente, Meßtechnik - BV: Konstruieren m. Rechnern, 1971; Method. Auslegen, 1973; Techn.-wirtsch. Konstruieren, 1984ff.

CLAUSSEN, Uwe

Dr. med. habil., Prof., Arzt, Akad. Oberrat - Buchenweg 11, 8520 Erlangen (T. 09131 - 2 22 30) - Geb. 30. April 1945, ev., verh. s. 1967 m. Edith, geb. Binnen, 3 Kd. (Anne, Jan, Neele) - 1966-72 Univ. Düsseldorf (Med.); Staatsex. u. Promot., Habil. 1980 Düsseldorf (Humangenetik); 1985 apl. Prof. Düsseldorf, 1986 Erlangen - Leit. d. Pränatallabors (Zytogenetik), genet. Berat. - Entw. d. Dottersackmethode (1974) u. d. Pipettenmethode (1980) - Ballonsportlehrer (Gas u. Heißluft); 1984 u. 87 Dt. Meister im Heißluftballonsport; Rekorde in Höhe und Strecke - Liebh.: Schach - Spr.: Engl.

CLEFFMANN, Günter

Dr. rer. nat., o. Prof. f. Zoologie - Waldstr. 27, 6305 Buseck (T. 6408-33 87) - Geb. 27. Jan. 1928 Bochum, ev., verh. s. 1957 (Ehefr.: Dr. Rosemarie), 3 Kd. - Univ. Göttingen u. Bonn. Promot. 1952 Bonn; Habil. 1960 Marburg - 1966 Wiss. Rat u. Prof. Univ. Marburg; 1971 Ord. u. Dir. Inst. f. Tierphysiol. Univ. Gießen. Veröff. z. Stoffwechselphysiol. d. Tiere u. z. Physiol. d. Zellteilung.

CLEMEN, Harald

Regisseur - Hildegardstr. 5, 8000 München 22 - Geb. 23. Jan. 1947 Forchheim (Vater: Wolfgang C., Prof.; Mutter: Ursula C., Übersetzerin), verh. s. 1968 m. Andrea, geb. Reck-Malleczewen, S. Florian - B.A. Univ. Bristol - Regiss. in Berlin, München, Düsseldorf, Chicago usw. Doz. Univ. München. Bisher 25 Insz., 1 Fernsehsp. SR.

CLEMEN, Wolfgang

Dr. phil., Dr. h. c., o. Prof. f. Anglistik (emerit.), Vorstand Shakespeare Bibliothek, München - Hofhamer Weg 3, 8207 Endorf/Obb. (T. 93 26) - Geb. 29. März 1909 Bonn (Vater: Geh. Regierungsrat Dr. phil., Dr.-Ing. E. h. Paul C., Kunsthistoriker; Mutter: Lilli, geb. v. Wätjen), ev., verh. s. 1943 m. Ursula, geb. Gauhe, 3 Kd. - 1938 Privatdoz. Univ. Köln. 1940 ao., 1943 o. Prof. Univ. Kiel, 1946 Univ. München, Gastprof. Columbia-Univ. New York (1953) u. Univ. Bristol/Engl. (1964). 1949 Vizepräs. Dt. Shakespeare-

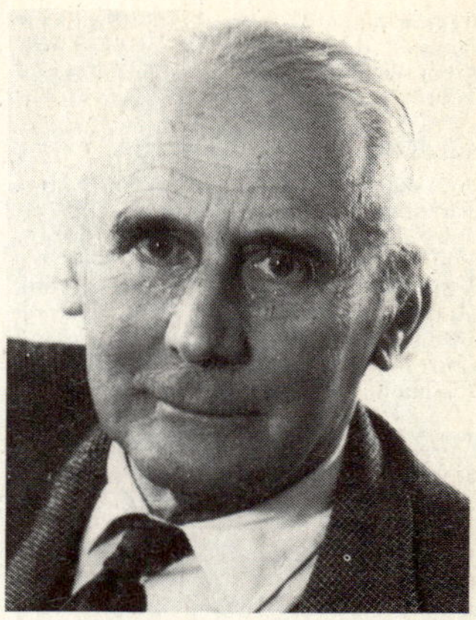

Ges.; 1963 Mitgl. Kulturpolit. Beirat AA; 1964 Präs. Modern Human. Research Assoc. - BV: Shakespeares Bilder, ihre Entwickl. u. ihre Funktionen im dramat. Werk; D. jg. Chaucer; Shelleys Geisterwelt; The Development of Shakespeare's Imagery, 1951, 9. A. 1977 (m. neuer Einltg., Engl. u. USA); D. Tragödie vor Shakespeare, 1955, engl. 1961; Kommentar zu Shakespeares Richard III., 1957, engl. 1967; Chaucers frühe Dichtung, 1963, engl. 1964; Spensers Epithalamion, 1964; Shakespeares Monologe, 1964; D. Problem d. Stilwandels in d. engl. Dichtung, 1968; D. Drama Shakespeares, 1969; Shakespeare's Dramatic Art, 1972; G. M. Hopkins, Ged. engl.-dt. (m. U. Clemen), 1974; Originalität u. Tradition in d. engl. Dichtungsgesch., 1978; Shakespeares Monologe, Zugang zu seiner dramatischen Kunst, 1985; Shakespeare's Soliloquies, 1987 - Ehrendoktor Univ. Birmingham (Litt., 1964), Rouen (phil. 1967) u. Upsala (phil. 1977); 1963 Ehrenmitgl. Modern Language Assoc. of America; 1948 o. Mitgl. Bayer. Akad. d. Wiss.; 1964 korr. Mitgl. Brit. Acad.; 1969 Gr. BVK; CBE (Commander of the British Empire); 1977 Life Trustee Shakespeare Birthplace Trust; 1981 Orden Pour le Mérite f. Wiss. u. Künste; 1983 Gr. BVK m. Stern; 1985 Bayer. VO.; 1988 Bayer. Maximiliansorden - Liebh.: Kammermusik - Spr.: Franz., Ital. - Bek.Vorf.: Benjamin Vautier (Urgroßv.) - Lit.: Anglia, Bd. 97, 1979.

CLEMENS, Adolf

Prof., Bildjournalist, Dozent f. Bildjournalismus FHS, Dortmund - Schildstiege 7, 4400 Münster/W. - Geb. 17. Sept. 1942 Köln (Vater: Adolf C., Komp.; Mutter: Gertrud, geb. Fieger), kath., verh. s. 1970 m. Ingrid, geb. Lossau (geb. 1943), 2 Kd. (Julia, Caspar) - N. Schule Laboranten- u. Fotografenlehre; 1961 ff. Stud. b. Prof. Dr. Otto Steinert/Folkwangsch. Essen (1966-67 Meisterschüler). S. 1980 Vorst.mitgl. Dt. Lichtbildner (GDL) - Div. beruf. Mitgliedsch. Zahlr. Bildporträts namh. Kulturschaff. (BRD u. Ostblock) - BV: § 8, Bildbd. üb. geist. behind. Menschen, 1971 - 1960 Photokina-.Plak.; 1963 u. 68 Obelisk; Grand Prix intern. (Foto-)Wettbewerb Budapest; 1982 Perle d. Donau, Budapest.

CLEMENS, Hans-Joachim

Dr. med., o. em. Prof. f. Anatomie - Zul. 8021 Hohenschäftlarn - Geb. 18. April 1921 Berlin - S. 1954 (Habil.) Privatdoz., apl. (1961) u. o. Prof. (1967) FU Berlin (Dir. III. Anat. Inst.), 1971-73 Lektor Verlag Walter de Gruyter, Berlin, 1974-82 Lektor Verlag Urban u. Schwarzenberg, München, s. 1982 Planer Springer-Verlag, Büro München; s. 1987 1. Vors. d. Dt. Med. Fach- u. Standespresse; Fr. Fachjourn., Redakt. Klin. Wochenschr. - BV: D. Venensysteme d. menschl. Wirbelsäule - Morphologie u. funktionelle Bedeut., 1961; Medizin f. Buchhändler, 2. A. 1979. Film: D. Venensystem d. Wirbelsäule, Neue röntgenanat. Unters., D. trans-ossale Phlebogr. d. Wirbelsäule u. d. Spinalkanals, m. H.

Vogelsang (16 mm. Farbtonf., 1968; Verleih: SANDOZ AG., Basel) - 1965 Georg-Schmorl-Preis Ges. f. Wirbelsäulenforsch.

CLEMENS, Helmut

Journalist - Zu erreichen üb. Hess. Rundfunk, 6000 Frankfurt/M. - Geb. 24. Juli 1928 Gelsenkirchen - Stud. Soziol., Phil., Politol. Frankfurt u. Marburg. Verlagslektor - S. 1962 Hess. Rundfunk, Redakt. Fernsehen, Schwerp.: Ostpolitik, sozialist. Länder - ARD-Auslandkorresp. (FS u. HF) in Prag, Moskau, Lissabon, Belgrad. S. 1985 fr. Autor.

CLEMENS, Joachim

Rechtsanwalt, MdB (s. 1980; Wahlkr. 45/ Braunschweig) - Böcklinstr. 1, 3300 Braunschweig (T. 0531 - 33 53 38) - 1952 Abit.; Stud. Rechts- u. Staatswiss. Göttingen; 1956 I. jur. Staatsex., 1960 II. jur. Staatsex. 1961-80 Geschäftsf. Allg. Arbeitg.verb. Braunschweig; s. 1974 Rechtsanwalt; b. 1984 Kommanditist Fa. Clemens & Vogl GmbH & Co. KG, Braunschweig - CDU (s. 1967); s. 1977 stv. Vors. CDU-Landesverb. Braunschweig; 1977-83 Mitgl. Bundesfachaussch. Sport; Vors. CDU-Mittelstandsvereinig., Kreisverb. Braunschweig; 1968-80 Ratsherr; 1975-80 Mitgl. Bundesvorst. d. Kommunalpolit. Vereinig. d. CDU/CSU.

CLEMENT, Bernd

Dr. rer. nat., Prof. f. Pharmazeutische Chemie Univ. Marburg (s. 1986) - Leckergäßchen 2, 3550 Marburg (T. 06421 - 6 39 93) - Geb. 15. Juni 1948, kath. - Stud. 1970-76 Univ. Marburg (Pharmazie, Chemie); Staatsex. 1973; Dipl. 1976; Promot. 1978 Marburg; Habil. 1985 Freiburg - 1978/79 Univ. London: 1980-85 Hochschulassist. Freiburg - BV: The biol. N-oxidation of amidines a. guanidines, in biol. oxid. of nitrogen in org. molecules, ed. by J. W. Gorrod a. L. A. Damani, 1985 - Spr.: Engl., Franz., Latein.

CLEMENT, Danièle

Docteur ès Lettres, Prof. f. Germanistik u. Linguistik - 32-34, Rue Blondel, F-75002 Paris - Geb. 24. Okt. 1943 - Berg. Univ.-GH Wuppertal.

CLEMENT, Wolfgang

Journalist, Staatssekretär, Chef Staatskanzlei Nordrh.-Westf. (s. 1988) - Mannesmannufer 1a, 4000 Düsseldorf (T. 8 37 01) - Jurist, Ausb. z. Redakt. Westf. Rundschau, Dortmund - Stv. Chefredakt.; Chefredakt. Hamburger Morgenpost - 1981-86 (Rücktr.) SPD-Vorst.-Sprecher u. stv. Bundesgeschäftsf.

CLEMENZ, Manfred

Dr. phil., Prof. f. Soziologie d. Erziehung Univ. Frankfurt/M., Leit. Zentrum f. psychosoziale Forschung u. Beratung (m. Prof. A. Combe, s. 1984) - Rheinstr. 22, 6000 Frankfurt 1 - Geb. 6. Dez. 1938 Stuttgart - Promot. 1969 - S. 1972 Prof. - BV: Soziol. Reflexion u. sozialwiss. Methode, 1970; Gesellschaftl. Ursprünge d. Faschismus, 1972; Erzieh. in d. Klassenges., 3. A. 1973 (m. a.); D. soziale Codierung d. Körpers, 1986.

CLEVÉ, Bastian

Autor, Regisseur, Prod. - Zu erreichen üb. Sanderskoppel 16, 2000 Hamburg 65 (T. 040 - 536 20 71) - Geb. 1. Jan. 1950 München, verh. s. 1971 m. Marlies, geb. Giersiepen (Malerin), T. Marietta Celine - 1970-76 Hochsch. f. bild. Künste, Hamburg, u. San Francisco Art Institute - Autor, Regiss., Prod. v. künstler. Kurzfilmen, Langfilmen, Spielfilmen, Fernsehserien, Ind.- u. Dokumentarfilmen; Gastdoz., Gastprof. f. Film, USA, Canada, BRD - Werke: u.a. Schau ins Land, 1975; Nachtwache, 1976; Lichtblick, 1976; Empor, 1977; Am Wegesrand, 1978; Zenith, 1981; Kaskaden, 1982; Echo, 1982; D. Sheriff aus Altona, 1983 (ZDF); D. blinde Glück, 1985 (ZDF). Filme: Lehrfilm d. FWU, 1984; D. Reise aus d. 23. Jh., 1988/89. Prod.-leitg. f. dt. u. US-amerik. Kinofilme, u.a. Out of Rosenheim - 1976, 78, 79 Dt. Filmpreis - Liebh.: Lit., Kunst, Reisen - Spr.: Engl., Franz.

CLEVE, Hartwig

Dr. med., o. Prof. f. Anthropologie u. Humangenetik Univ. München (Inst. f. Anthropologie u. Humangenetik) - Richard-Wagner-Str. 10/I, 8000 München 2 (T. 52 03/3 81) - Geb. 9. Juni 1928, verh., 2 Kd. - Stud. Göttingen, Dr. med. (1953), Assist. Med. Klinik Göttingen, Med. Poliklinik Marburg, Inst. Pasteur Paris, Rockefeller Inst. New York, Habil. f. Inn. Med. (1963) u. f. Humangenetik (1966) Univ. Marburg, Assoc. Prof. (1967), Prof. Cornell Univ. Med. College New York (1973), s. 1973 o. Prof. Univ. München - BV: D. gruppenspezifischen Komponenten d. menschl. Serums, 1965. 170 Fachveröff.

CLEVER, Peter

Dipl.-Volksw., Abteilungsleiter f. Intern. Sozialpolitik Bundesmin. f. Arbeit u. Sozialordnung - Rochusstr. 1, 5300 Bonn 1 (T. 0228 - 527 28 00) - Geb. 5. Jan. 1955 Frechen, kath., verh. s. 1977 m. Birgit Over-C., geb. Over, 2 S. (Christian, Andreas) - Stud. Univ. Köln (Volksw., Politikwiss., Soziol.); Dipl.-Volksw. 1979 - 1979-81 Büroleiter d. stv. Vors. d. CDU-CSU Bundestagsfrakt. Dr. Blüm; 1981/82 Büroleiter u. Pressespr. d. Senators f. Bundesangelegenheiten d. Ld. Berlin; 1982-85 Leiter Min.büro im Bundesmin. f. Arbeit u. Sozialordnung (BMA); s. 1986 Abt.-Leiter f. Intern. Sozialpolitik im BMA.

CLOER, Ernst Ludwig

Dr. phil., o. Prof. f. Allg. Pädagogik, Univ. Hildesheim (s. 1977) - Comblouxstr. 10, 3201 Diekholzen - Geb. 6. Juni 1939 Neheim (Vater: Ernst C., Schreinermst.; Mutter: Gertrud, geb. Hickfang), verh. s. 1964 m. Hannelore, geb. Welling, 2 Kd. (Thomas, Eva) - Stud. PH Dortmund u. Univ. Bochum - 1961-66 Schuldst., 1966-69 Lehrerfortbild., 1969-74 Wiss. Assist. PH, 1974-77 Prof. Univ. Gießen - BV: Sozialgesch., Schulpolit. u. Lehrerfortbild. d. kath. Lehrerverb. im Kaiserreich u. in d. Weimarer Rep., 1975; Disziplinieren u. Erziehen, 1982; D. Dritte Reich im Jugendb. Zwanzig neue Jugendbuchanalysen, 1988. Herausg.: Familienerziehung (1979); Disziplinkonfl. in Schule u. Erziehung (1982); D. Dritte Reich im Jugendb. Fünfzig Jugendbuchanalysen u. e. theoret. Bezugsrahmen (1983, 2. A. 1985).

CLOERKES, Günther

Dr. soz. wiss., Prof. f. Soziologie d. Behinderten PH Heidelberg (s. 1981) - Beethovenstr. 5, 6920 Sinsheim (T. 07261-1 22 28) - Geb. 23. April 1944, verh. m. Angelika, geb. Thiel, 2 Kd. (Christian, Anne-Cathrin) - Stud. in Köln u. Münster; Dipl. (Soziol.) 1972 Münster; Promot. 1979 Bielefeld - Tätigk. in Forsch. u. Lehre: 1977-79 Univ. Köln, 1979-81 Zentralinst. f. Seelische Gesundheit Mannheim - BV: Einstellung u. Verhalten gegenüber Behinderten. E. kritische Bestandsaufnahme d. Ergebnisse intern. Forsch., 1979; Behinderung u. Behinderte in verschiedenen Kulturen. E. vergleichende Analyse ethnol. Studien, 1987 (m. D. Neubert).

CLOOS, Karl-Günther

Geschäftsführer Baubedarf Wetzlar GmbH, Vorst. Verb. d. Baustoffhändler Hessen/Rheinl.-Pfalz., Bund dt. Fliesengesch., Landesverb. dt. Fliesengeschäfte Hessen/Rheinl.-Pf., DIHT Finanz- u. Steueraussch. - Dilichstr. 3, Postf. 1242, 6330 Wetzlar (T. 06441 - 37 77-11) - Geb. 4. Dez. 1937 Gießen (Vater: Karl C., Geschäftsf.; Mutter: Anna, geb. Rupp), ev., verh. s. 1964 m. Renate, geb. Gissel, 3 S. (Karl-Christian, Matthias, Michael) - Jurist. Staatsex. 1966 - 1975-82 AR Raiffeisenbank Wetzlar (stv. Vors.); 1982 Vors. Steueraussch. Bundesverb. Groß- u. Außenhdl.; 1978 Mitgl. Vollvers. IHK Wetzlar; 1978 Arbeitsrichter; Mitgl. Vorst. Steueraussch. Dt. Ind.- u. Handelstag Bonn.

CLOPPENBURG, Ferdinand

Generalstaatsanwalt b. OLG Oldenburg (s. 1987) - Mozartstr. 5, 2900 Oldenburg - Geb. 1931 Friesoythe - Univ. Köln (Rechts- u. Staatswiss.). Gr. jurist. Staatsprüf. - S. 1957 nieders. Justizdst. (1976 Ltd. Oberstaatsanw. OLG Oldenburg, 1984-87 Generalstaatsanw. OLG Celle).

CLOSS, Heinz

Dr. jur., Vorstandsmitglied Karlsruher Lebensversich AG., Karlsruhe (s. 1952) - Wichtelmännerweg 11, 7500 Karlsruhe (T. 31119) - Geb. 29. Sept. 1910 Berlin, ev., verh. s. 1938 m. Annemarie, geb. Greuel - Siemens-Reformgymn. Berlin-Charl.; Ausbild. Berliner Hypotheken-Bankverein; Univ. Berlin u. Göttingen, Promot. 1935; Ass.ex. 1936 - Assist. Wirtsch.sprüfungsges. Price Waterhouse & Co., 1936-38 Prokurist, 1938-45 Bankprok. Wien, 1945-48 Rechtsanw. u. Notar Göttingen, 1948-51 Bankrat Bank dt. Länder, Frankfurt/M. Veröff. üb. Währungsreform u. Steuerfragen - Mitgl. Lions-Club - Spr.: Engl., Franz.

CLURE, Cliff

s. Breucker, Oscar Herbert

CLUSEN, Helmut

Dipl.-Kfm., Vorstandmitgl. Rathgeber AG. (s. 1973) - Elsterweg 7, 8033 Krailling (T. 089 - 8572193) - Geb. 16. Juli 1931 Rheydt (Vater: Heinrich C.; Mutter: Gertrud, geb. Tillmann), kath., verh. s. 1962 m. Elsbeth, geb. Wolter, 3 Kd. (Thomas, Andrea, Monika) - Stud. Univ. Köln - S. 1956 Ind-tätigk.

COBAN, Ismail

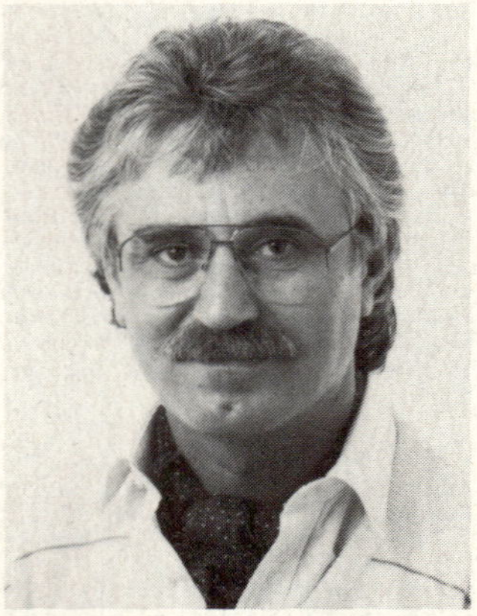

Bildender Künstler - Atelier: Taunusweg 9, 5600 Wuppertal 12 (T. 0202 - 40 15 25) - Geb. 1. Jan. 1945 Corum/Türkei (Vater: Halil C., Landw.; Mutter: Emine, geb. Celik), verh. s. 1973 m. Doris, geb. Petrick - Abit.; Volksschullehrer-Ex. 1965; 1965-68 Hochsch. f. angew. Werkkunst Istanbul; 1969-71 Werkkunstsch. Wuppertal (Staatsex. 1971) - 1968 Fotograf u. Berichterstatter in d. Osttürkei; s. 1971 freiberufl. Tätigk. als bild. Künstler - BV: Z. Beispiel oder e. oriental. Anti-Märchen, m. 10 Farbradierungen 1976; D. Lied v. Roten Fluß, m. 7 Farbholzschnitten 1978; Hommage à Pablo Neruda, m. 3 Farbradierungen 1982 - S. 1973 bevorzugte Techniken: Öl, Aquarell, Zeichnung, Holzschnitt, Radierung. Themen: Zwischenmenschl. Bezieh.; Hauptthema s. 1979 Fegefeuer unseres Jh. S. 1973 üb. 240 Radierungen u. Holzschnitte. S. 1965 zahlr. Ausst. in Museen u. Galerien d. In- u. Ausl.; Teiln. an Biennalen - Interessen: Humanitäres Engagement f. d. Menschenrechte - Lit.: u.a. Katalog Ismail Coban/interma-orb (1980); Butzbacher Künstler-Interviews III (1982); Katalog d. Kunsthalle Recklinghausen (1985); In zwei Welten - Migration u. Kunst (1988; Eva Weber).

COBET, Justus

Dr. phil., Prof. f. Alte Geschichte - Schloßstr. 67, 4300 Essen 11 (T. 0201 - 67 36 48) - Geb. 25. Mai 1939 Frankfurt (Vater: Heinrich C., Buchhändl.; Mutter: Grete, Bibliothekarin) - Gymn. Frankf.; Stud. Tübingen, Frankf., Haverford; Promot. Frankf. 1968, Stip. DAI 1970/71 - 1969/70 wiss. Assist. Univ. Frankf., 1971-1979 wiss. Mitarb. ebd., s. 1979 o. Prof. Univ. Essen GH u. s. 1989 Leit. Museum Altenessen f. Archäologie u. Gesch. - BV: Herodots Exkurse u. d. Frage d. Einheit s. Werkes, 1971.

COBURN-STAEGE, Ursula

Dr. phil., Prof. f. Erziehungswiss. u. Allg. Päd. PH Schwäb. Gmünd - Schubertstr. 5, 7071 Ruppertshofen.

COENEN, Elmar

Dipl.-Ing., Betriebsleiter, Prok., MdA Berlin (s. 1982) - Sakrower Kirchweg 5 L, 1000 Berlin 22 - Geb. 3. Juni 1935 Düsseldorf (Vater: Wilhelm C., Arch.; Mutter: Emma, geb. Tigges), kath., verh. s. 1964 m. Monika, geb. Uther, 2 Kd. (Patrick, Astrid) - Gymn. (mittl. Reife); 1952-55 Lehre Masch.Schlosser, Berufsaufbausch.; Gesellenprüf. 1955, Fachschulreife 1956; nach Ausl.tätigk. (1956-62) Akad. f. Angew. Technik München; Ing. (grad.) 1965, Dipl.-Ing. (FH) 1981 - S. 1965 Fa. Papierw. Waldhof Aschaffenburg AG, Mannheim, s. 1974 Berlin. CDU s. 1971 (Parteifunkt. in Hessen u. Berlin, u.a. 1979-82 Bez.-verordn. Spandau). S. 1982 stv. Vors. Dekanatsrat d. Katholiken Spandau; s. 1978 Arbeitsrichter - Liebh.: Reisen, Wandern, Umweltschutz - Gold. Sportabz. (5 ×); Rettungsschwimmer (DLRG) - Spr.: Engl.

COENEN, Erich

Dr. jur., Vorstandsmitglied Commerzbank AG - Breite Str. 25, 4000 Düsseldorf (T. 82 71) - Geb. 23. April 1942.

COENEN-MENNEMEIER, Brigitta

Dr. phil., Prof. f. Neuere franz. Literatur - Rudolfstr. 15, 4400 Münster/W. - Geb. 3. Okt. 1930 Paderborn - Promot. 1956; Habil. 1971 - 1970 Studienprof.; 1975 apl. Prof., 1981 Prof. Univ. Münster - BV: u. a. D. Roman im Zeitalter d. Mißtrauens - Unters. zu Nathalie Sarraute, 1974. Übers.: Führer durch d. franz. Lit. d. Mittelalters (1968).

COENENBERG, Adolf Gerhard

Dr. rer. pol., Dipl.-Kfm., Prof. Univ. Augsburg (s. 1971) - Beim Dürren Ast 20, 8900 Augsburg (T. 575862) - Geb. 8. Okt. 1938 Düsseldorf (Vater: Adolf C.; Mutter: Margarete, geb. Korfmacher), kath., verh. s. 1966 m. Gisela, geb. Wiedemann, 2 Kd. (Marc, Oliver) - Promot. 1966; Habil. 1970 - BV: Jahresabschluß u. Jahresabschlußanalyse, 1974, 8. A. 1985; Betriebswirtschaftl. Entscheidungslehre, 1974, 3. A. 1981; Unternehmensrechnung, 1976; Mithrsg. D. Betriebswirtschaft (DBW); HW d. Revision (HWRev.), 1983; Handb. d. Abschlußprüf., 1985 - Spr.: Engl.

COERS, R. Otto

Dr.-Ing., Fabrikant, Geschäftsf. Herkules-Werk GmbH. - Bahnhofstr. 17-21, 6330 Wetzlar - Geb. 4. Nov. 1919 Gießen (Vater: Otto C.), verh. m. Sieglinde, geb. Engel - TH.

COESTER, Franz

Dr., Ministerialdirektor, Leit. Abt. III (Berufl. Bildung) Bundesmin. f. Bildung u. Wiss. a.D. - Zul. 5300 Bonn-Bad Godesberg.

CÖSTER, Oskar

Dr. phil., Schriftsteller, Publiz., Werber - Elbchaussee 118, 2000 Hamburg 50 (T. 040 - 39 52 07) - Geb. 16. Juli 1949 Breitenheim, ev., verh. m. Regine, geb. Bondick, S. Till Nikolaus - Banklehre; Stud. Phil., German., Politol. u. Theol.;

Promot. 1982 Univ. Hamburg - Autor liter. u. wiss. Arb. u. div. Ess.; fr. Journ. (Dt. Allg. Sonntagsblatt, Stern, Rundf.); Creative Director b. TEAM/BBDO Hamburg Werbeagentur GWA/TEAM DIRECT - BV: Kämpfe m. Engeln, Ged. 1979; Hegel u. Marx, Diss. 1983 - 1980 Literaturpreis Story '80 f. d. beste dt. Kurzgesch. (Assuan).

COHEN, Rudolf

Dr. phil., Dipl.-Psych., Prof. f. Psychologie Univ. Konstanz - Im Baumgarten 6, 7750 Konstanz 16 - Geb. 13. Juni 1932 München - Promot. 1961; Habil. 1968 - S. 1969 Ord. - BV: Systemat. Tendenzen b. Persönlichkeitsbeurt. 2. A. 1973 (auch engl.). Zahlr. Einzelarb. Klin. Psych. Neuropsych. u. Psychophysiol.; Mithrsg.: Ztschr. f. Klin. Psych.

COHNEN, Georg

Dr. med., Prof., Chefarzt (Inn. Med.) - Ronheider Berg 259 a, 5100 Aachen (T. 7 80 11) - Geb. 24. Okt. 1937 Dresden (Vater: Dipl.-Ing. Georg C.; Mutter: Ruth, geb. Meding), kath., verh. s. 1965 m. Astrid, geb. Mathes, 5 Kd. (Mathias, Bernhard, Joachim, Sebastian, Astrid) - 1957 Abit., 1963 Med. Staatsex. u. Promot., 1973 Habil., 1978 apl. Prof. Univ. Aachen. S. 1972 Facharzt f. Inn Med., Oberarzt Med. Univ.-Klinik Essen, s. 1976 Chefarzt Abtlg. Inn. Med Marienhospital Aachen. Zahlr. Fachveröff. - Spr.: Engl., Franz.

COHNEN, Karl

Kunsthändler (Kunsthaus am Niederrhein) - Priv.: Bismarckstr. 95, 4050 Mönchengladbach 1, Galerie: Hindenburgstr. 160 - Geb. 5. Mai 1917 Mönchengladbach, kath., verh. s. 1943 m. Elisabeth, geb. Thomsen, 2 Kd.

COHORS-FRESENBORG, Elmar

Dr. rer. nat., Prof. f. Didaktik u. Grundl. d. Mathematik Univ. Osnabrück - Felix-Nußbaum-Str. 11, 4500 Osnabrück (T. 0541 - 67897) - Geb. 19. Mai 1945 Nordkirchen (Vater: Georg C., Reg.sdir.; Mutter: Elisabeth, geb. Sengpiel), kath., verh. s. 1972 m. Renate, geb. Anhut - Stud. 1964-72 Univ. Münster u. Fribourg (Math., Physik, Volkswirtsch.), promot. 1971. 1972 Assist. Münster, 1973 Wiss. Rat u. Prof. Flensburg, 1975 ff. o. Prof. Osnabrück - BV: Mathematik m. Kalkülen u. Maschinen, 1977 - Spr.: Engl.

COING, Helmut

Dr. jur., Dr. h. c. mult., o. Prof. f. Röm. u. Bürgerl. Recht sowie Rechtsphil. - Holzhecke 14, 6000 Frankfurt/M. (T. 67 40 27) - Geb. 28. Febr. 1912 Celle (Vater: Hermann C., Offz.; Mutter: geb. Krüger), ev., verh. s. 1941 m. Hilde Knetsch, 1 Kd. - Ratsgymn. Hannover; Univ. Kiel, München, Göttingen, Lille (Promot. 1935, Habil. 1938 Frankf.) - S. 1940 ao. u. o. Prof. (1948) Univ. Frankfurt (1955-57 Rektor). 1964-80 Dir. Max-Planck-Inst. f. Europ. Rechtsgesch., Frankfurt (Neugründ.). 1955-58 Mitgl. Hess. Staatsgerichtshof; 1956/57 Präs. Westd. Rektorenkonfz.; 1958-61 Vors. Wiss.rat; VR-Mitgl. Stifterverb. f. d. Dt. Wiss.; s. 1961 Vors. Wiss. Beirat Fritz-Thyssen-Stiftg; 1976 Vors. Wissenschaftl. Beirat Gerda Henkel-Stiftg.; 1978-84 Vizepräs. Max-Planck-Ges. z. Förd. d. Wiss.; 1984 Kanzler d. Ordens Pour le Mérite; 1984 Ehrensenator d. Max-Planck-Ges. z.F.d.W.; 1986 Ehrensenator J.W. Goethe-Univ. Frankfurt; Gastprof. in USA - BV: D. Rezeption d. röm. Rechts in Frankfurt/M., 1939; D. obersten Grundsätze d. Rechts, 1948; Neubearb.: Kipp, Erbrecht, 1959/65/76; Staudinger, Allg. Teil BGB, 1957 u. 1978-80; Röm. Recht in Dtschl., 1964; Epochen d. Rechtsgesch. in Dtschl., 1967; Rechtsformen d. priv. Vermögensverwaltg., 1967; Grundzüge d. Rechtsphil., 4. A. 1985; D. Treuhand kraft priv. Rechtsgeschäfts, 1973; Handbuch d. Quellen u. Lit. d. neueren europ. Privatrechtsgesch. (Hrsg.) I, 1973; II/1 u. II/2 1976; III/1 1982; Wiss. u. Kodifikation d. Privatrechts im 19. Jahrh. (Mithrsg.) I 1974; II u. III. 1976; IV 1979; V 1980; Europ. Privatrecht 1500-1800, Bd. I 1985 - Dr. h. c. Univ. Lyon, Montpellier, Uppsala, Wien, Aberdeen, Brüssel; Mitgl. Acad. Intern. de Droit, Compare, Inst. Intern. de Phil. Politique, Paris, Acad. delle Scienze dell Inst. Bologna; British Acad. London; Accad. Nazionale di Scienze Lettere e Arti, Modena; Sociedad Mexicana de Filosofia, Mexico; korr. Mitgl. Inst. Brasileiro de Filosofia, Rio de Janeiro, Acad. of Arts and Science of Uppsala, Bayer. Akad. d. Wiss., München, Accad. Nazionale dei Lincei, Rom; 1958 Goethe-Plak. Frankfurt/M. u. Komturkreuz VO. Rep. Italien, 1962; Ausz. Malteser-Orden; 1965 Officier dans l'Ordre National de la Legion d'Honneur; 1973 Mitgl. d. Ord. Pour le mérite, 1974 Gr. BVK m. Stern d. VO.; 1980 Premio Galileo Galilei - Spr.: Engl., Franz., Ital. - Rotarier.

COLBE, von, Walther

s. Busse v. Colbe, Walther

COLBERT, Helga

s. Boscheinen, Helga

COLEMAN, Mac Gregor of Inneregny, Charles Joachim

Verleger, Buch- u. Ztschr.verlag, Lübeck - Elsässer Str. 26, 2400 Lübeck (T. 0451 - 64574) - Geb. 15. Juni 1927 Lübeck (Vater: Robert C., Verleger; Mutter: Marianne, geb. Brehmer), ev., verh. s. 1954 m. Marlene, geb. Werner, 2 Kd. (Gabriele, Charles Oliver) - Abit.; Redakt.volont.; Verlagskfm. - Spr.: Engl.

COLEMAN, Jürgen

Verleger (Lübecker Nachrichten), Pers. haft. Ges. Lübecker Zeitung KG., Lübeck - Königsstr. 55-57, 2400 Lübeck - Geb. 24. Febr. 1931.

COLLA-MÜLLER, Herbert Ernst

Dr., Prof. f. Sozialpädagogik Inst. f. Sozialpäd. Hochschule Lüneburg - Köthner Heide 2, 2126 Adendorf - Geb. 18. Jan. 1941 Koblenz - Promot. 1972 Tübingen - S. 1974 Prof. in Lüneburg - BV: D. Fall Frank, 1973; Heimerziehung, 1981; Suizid, Handb. d. Sozialpäd., 1982; Rd. 60 Aufs. in soz.päd. Ztschr. z. Heimerz., Obdachlosigk., Armut, weibl. Dissozial., Suizid.

COLLANDE, von, Volker

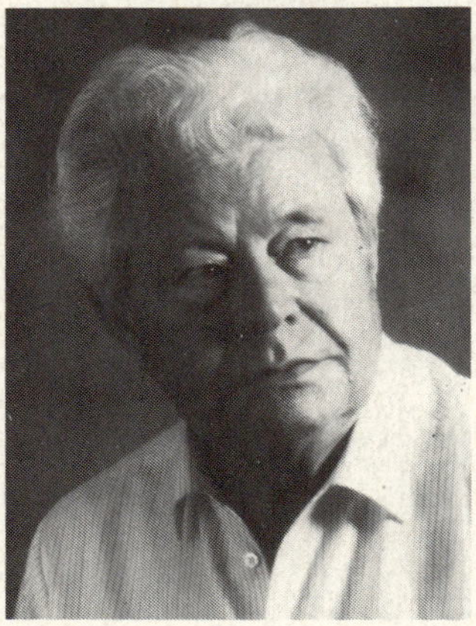

(eigtl. v. Mitschke-Collande) Intendant a.D. - Gumpensteige 21, 7800 Freiburg (T. 0761 - 5 41 11) - Geb. 21. Nov. 1913 Dresden (Vater: Constantin v. M.-C., Kunstmaler, Mitgl. Sezession Dresden, zul. Nürnberg; Mutter: Hilde-Marie, geb. Wiecke), ev., verh. m. Irene, geb. Nathusius (Sprecherieherin), 3 Kd. - Realgymn. u. Staatsbausch. Dresden (Staatsex. Architektur 1932); Maurerlehre; Schausp.- u. Gesangsausbild. - 1932-33 Regieassist. u. Sprecher Radio Stuttgart, 1933-42 Schausp. u. Regiss. Berliner Bühnen (1934-35 Dt. Theater, ab 1936 Pr. Staatstheater), 1942-45 Wehrdst. 1947-49 Oberspiell. u. Schausp. Stadttheater Saarbrücken, dann Hamburg (Film, Theater, Funk, Fernsehen), 1957-59 Leit. Fernsehfilm-Abt. UFA, Berlin, spät. Produktionschef Riva, München, 1965-75 Int. Stadttheater Regensburg u. Städt. Bühnen Freiburg (1969), 1975-83 Dir. Theater Stadt Wolfsburg, dann Tourneegastst. Viele Bühnen- (allein am Pr. Staatstheater Berlin etwa 100 Premieren) u. Filmrollen. Filmregie: Zwei in e. gr. Stadt, Bad auf d. Tenne (2. dt. Farbfilm) - Bek. Vorf.: v. Mitschke-Collande, Jurist, leitete 1782 d. 2. Teilung Polens; ms.: Paul Gerhard, Komp. kirchl. Lieder; Paul Wiecke, Schausp. (Großv.); Schwester: Gisela, Schausp. (†1960).

COLLAS, Karlheinz

Generalvikar Bistum Aachen, Prälat, Domkapitular - Klosterpl. 7, 5100 Aachen - Geb. 22. Mai 1931 Aachen, kath. - Abit. 1951 Couven-Gymn. Aachen; Stud. Theol. Frankfurt-St. Georgen u. Priesterseminar Aachen; Priesterweihe 1957 - Kaplan in Düren; 1969-79 Pfarrer St. Katharina Aachen-Forst; 1973-78 Regionaldekan Aachen-Stadt; s. 1978 Generalvikar.

COLLATZ, Lothar

Dr. phil., Drs. h. c., o. Prof. f. Mathematik - Eulenkrugstr. 84, 2000 Hamburg 67 - Geb. 6. Juli 1910 Arnsberg (Vater: Carl C.; Mutter: geb. Maske), ev., verh. m. Martha, geb. Togny, 1 Kd. - Promot. 1935 Berlin; Habil. 1937 Karlsruhe - 1938 Doz. TH Karlsruhe, 1943 Ord. TH Hannover, 1952 o. Prof. Univ. Hamburg - BV: Eigenwertprobleme u. ihre numer. Behandl., 1945, 2. A. 1949 unt d. Titel: Eigenwertaufg. m. techn. Anwend. (tschech. 1965); Numer. Behandl. v. Differentialgleich., 1951, 3. A. 1960 (auch russ., engl., poln.); Funkt. Analysis u. Numer. Math. 1964 (auch russ., engl., poln.); Optimierungsaufgaben (m. W. Wetterling, auch engl., bulg.), 2. A. 1971; Approximationstheorie (m. W. Krabs, auch russ.), 1973; Differentialgleich., 6. A. 1981 - Ehrendoktor Univ. Sao Paulo (1956), TH Wien (1967), Univ. Dundee (1974), Brunel U. London (1977), Hannover (1981), Augsburg (1985); 1966 Ehrenmitgl. Akad. d. Wiss., Modena (Ital.); 1978 Ehrenmitgl. Akad. d. Wiss. Bologna (Ital.); 1962 Mitgl. Dt. Akad. d. Naturforscher (Leopoldina), Halle/S.; 1980 Ehrenmitgl. Ges. Angew. Math. u. Mechanik - Liebh.: Bergsteigen, Aquarellmalerei.

COLLET, Hugo

Geschäftsführer, MdB (s. 1965) - Alleestr. 60, 6780 Pirmasens (T. 74007) - Geb. 15. Sept. 1921 Völklingen/Saar, verh., 2 Kd. - Abitur - Jan. 1941 bis Dez. 46 Kriegsmarine u. Gefangensch. Engl. u. Kanada (durch Schiffsversenk. Dez. 1941 b. Narvik); spät. Dolmetscher, Personalchef Geschäftsf. Zeitw. DGB-Kreisvors. Westpfalz. S. 1960 Stadtratsmitgl. Pirmasens (1964 Fraktionsf.), Mitbegr. Europa-Union Pirmasens, SPD.

COLLETTE, Gerard Robert

Dr. oec. publ., Vorstandsmitglied Automobil-AG., Köln - Titusstr. 14, 5000 Köln - Geb. 17. Okt. 1922 Bensberg (Vater: Robert C. †), verh. m. Mary, geb. McIsaac - Univ. Cambridge (Harvard) u. Zürich - S. 1960 Automobil - Liebh.: Golf - Spr.: Engl.

COLLINS, Hans-Jürgen

Dr.-Ing., Prof. f. Landw. Wasserbau TU Braunschweig (s. 1972) - Im Sieke 45, 3300 Braunschweig - Geb. 8. Sept. 1936 Wilhelmshaven (Eltern: Hans-Joachim (Kapt. z. S.) u. Ilse C.), verh. s. 1964 m. Gisela, geb. Buhr, 2 Kd. - Stud. Braunschweig - Gold. Sportabz. - Spr.: Engl.

COLLINS, Michael

Dirigent Bayer. Staatsoper München - Parkstr. 9, 8011 Forstinning (T. 08121-4 11 91) - Geb. 16. Okt. 1948 Sydney/Austr., kath., verh. s. 1971 m. Lynette Jennings, 2 S. (David, Anthony) - Abit. 1965 Sydney; Ausb. (Klavier) in Sydney (Alexander Sverjensky); 1973-75 Dirigentenkl. Hochsch. f. Musik u. Darst. Kunst Wien (Prof. Hans Swarowsky) - 1968-70 Klavierlehrer Conservat. Sydney; 1970-73 Dirig. u. Korepetitor Austral. Oper, Sydney; 1974-77 Korepetitor Wiener Staatsoper; 1977-79 Dirig. u. Korepetitor Württ. Staatsoper Stuttgart; 1979-84 Chefdirig. Stuttgarter Ballett; s. 1984 Dirig. Bayer. Staatsoper - Liebh.: Fotogr., Briefmarken - Spr.: Engl. (Mutterspr.), Ital.

COLMANT, Hans Joachim

Dr. med., Prof. f. Neuropathologie - Curschmannstr. 10, 2000 Hamburg 20 - Geb. 21. Juni 1922 Bonn - Promot. 1945; Habil. 1962 - S. 1962 (Habil.) Lehrtätigk. Univ. Hamburg (1967 Ord. u. ehem. Dir. Abt. f. Neuropathol. u. Exper. Hirnforsch./Univ. Krhs. Eppendorf) - BV: Encephalopathien b. chron. Alkoholismus, 1965; Zerebrale Hypoxie, 1966 u. Einzelarb. i. Fachztschr.

COLPE, Carsten

Dr. theol., Dr. phil., o. Prof. f. Allg. Religionsgesch., Hist. Theologie - Schützallee 112, 1000 Berlin 37 (T. 832 69 94) - Geb. 19. Juli 1929 Dresden (Vater: Dr. med., Dr. jur. Carl C., Psychiater; Mutter: Helge, geb. Paech), verh. s. 1965 m. Gisela, geb. Asteroth, 1 Tocht. (Gabriele) - S. 1948-1955 Univ. Mainz u. Göttingen (Theol., Oriental. Spr., Phil.) - Univ. Göttingen (1960 Priv.-Doz., 1962 o. Prof.), Hamburg u. FU Berlin (1969 o. Prof.); Visiting Prof. 1963/64 Yale Univ. New Haven, 1974 u. 1975 British Acad. London u. Univ. of Chicago; 1970ff. Honorarprof. Univ. Göttingen - BV: D. religionsgesch. Schule, 1961. Buch- u. Ztschr.beitr. Mithrsg.: Handb. d. Religionsgesch. 3 Bde. 1971-75; Theol. Ideol. Religionswiss., 1980; Altiran. u. zoroastr. Mythol., 1982.

COLPET, Max

s. Kolpe, Max

COLSMAN, Erich

Unternehmer, Vors. Industrieverb. Dt. Bandweber u. Flechter - Zu erreichen üb.: v.-Beckerath-Str. 11, 4150 Krefeld.

COLSMAN, Rolf

Dipl.-Kfm., Gf. Gesellschafter Gebr. Colsman GmbH & Co., Essen - Bogenstr. 62, 5620 Velbert 15 (Neviges) (T. 02053 - 51 51) - Geb. 6. März 1931 Langenberg, verh., 3 Kd. (Alexander, Verena, Guido) - Ausb. Chemielaborant; Stud. Chemie u. Betriebsw. Univ. Tübingen u. Köln - Harvard-Business-School Boston; Dipl. 1957 Köln - Beirat: Dresdner Bank AG, Gerling, Gelsenwasser; G.A.: Pfeifer & Langen - 1989 BVK I. Kl. - Spr.: Engl., Franz.

COMBERG, Dietrich Wilhelm

Dr. med., Prof. f. Ophthalmologie FU Berlin, Augenarzt - Praxis: Drakestr. 32, 1000 Berlin 45 - Verh. m. Dr. med. Sabine, geb. Berg, 2 Kd. (Kai, Ute) - Univ.-Augenklinik (Charité), Humboldt-Univ. Berlin; Klinikum Steglitz FU Berlin.

COMES, Franz Josef

Dr. rer. nat., Prof. f. Physikal. Chemie - Schlesienstr. 27, 6231 Schwalbach a. Ts. (T. 8 22 54) - Geb. 18. Juli 1928 Bad Neuenahr (Vater: Peter C.; Mutter: Margarethe, geb. Müller), verh. m. Margot, geb. Korn, 3 Kd. (Barbara, Elisabeth, Joachim) - Univ. Mainz, Max-Planck-Inst. f. Chemie, Mainz - S. 1964 (Habil.) Lehrtätigk. Univ. Bonn (1969 apl. Prof.). Univ. Ffm. (1972 o. Prof.) - 1971-74 Vors. Fa Molekülphysik DPG, 1973-79 Secr. Mol. Physica Section EPS, 1983-85 Dir. Inst. f. Physikal. Chemie Univ. Ffm. - BV: Spectroscopy in Chemistry and Physics: Modern Trends Elsvier (m. and.), 1980; rd. 100 Fachveröff.

- 1970 Haber-Preis d. Dt. Bunsenges. f. Physik. Chemie.

COMPES, Peter Const.

Dr.-Ing. (habil.), o. Prof. f. Allgem. Sicherheitstechnik, Berg. Univ. - GH Wuppertal (Sicherheitswissensch. Methodik u. Systematik) - Falkenberg 19 d, 5600 Wuppertal 1 (T. 0202 - 71 54 81) - Geb. 7. März 1930 Köln (Vater: Dr. rer. pol. Dipl.-Ing. Eduard C., Messedir.; Mutter: Mimi, geb. Steinberg) - kath., verh. 1960, gesch. 1982, 5 Kd. (Georg, Monika, Thomas, Christoph †, Constanze); wiederverh. s. 1984 m. Marlene C., geb. Eßer, 2 Kd. (Tania, Natascha) - 1951 naturw. Abit. Köln; 1956 Dipl.-Ing. Maschinenbau TH Aachen; 1963 Dr.-Ing. Arbeitswiss./Unfallkosten TH Aachen; 1970 Privatdoz. f. Sicherheitstechn. (1. Habil. i. d. Fachgeb.) TH Aachen; 1963-70 Leiter Schutz-Ressort d. KHD-AG, Köln; 1970-74 Dir. Inst. f. Unfallforsch. TÜV Rheinland, Köln, 1972 Ord. f. Sicherheitstechn. TU Hannover; s. 1972 Ord. f. Sicherheitstechn. Univ.-GH Wuppertal u. Mitgl. d. Gründ.-Senats u. d. Ständ. Kommiss. f. Lehre u. Stud. u. f. Forsch.; 1975/78 Gründungs-Dekan d. (weltweit ersten) Fachber. f. Sicherheitstechn.; 1974-78 Konzept. d. Integr. Studieng., d. Promot. O (Dr. rer. sec.) u. Habil. O Sicherheitstechn.; s. 1972 Gastprof. u. a. TH Aachen, TU Hannover, Kath. Univ. Leuven/Belgien, 1979/80 v. BCAE in Ballarat/Victoria, Austral., 1984 NITIE, Bombay, Indien. 1975-76 Inh. Intern. Francqui-Lehrst. Belgien (Kath. Univ. Leuven); s. 1977 European Coordinator of System Safety Society, USA; 1978 Gründer d. Ges. f. Sicherheitswissensch., Wuppertal, Vizepräs.; s. 1979 Vice-Pres. of World Safety Organization; 1981 Lecturer of the Year (1. Ausz. dieser Art d. System Safety Soc. USA); 1983 u. 84 als ILO-Experte (Genf) u. 1987 als UNIDO-Experte (Wien) in Indien. Üb. 100 Publ. (Bücher, Aufs. dt., engl., franz.), üb. 200 Refer. auf intern. Kongr.; Redaktions-Beirat in intern. Zeitschriften - Spr.: Engl., Franz.

CONEN, Peter R.

Dr. jur., Senatsdirektor Senatsverw. d. Innern v. Berlin (1981-89) - Fehrbelliner Pl. 2, 1000 Berlin 31 - Geb. 5. Juli 1936 - 1971-79 MdA Berlin/CDU. Zul. Leit. Bezirksamt W'dorf - BVK.

CONERT, Hans-Georg

Dr. rer. pol., Prof. f. Politikwissenschaft einschl. Polit. Bildung u. Arbeiterbild. Univ. Bremen - Uhlandstr. 55, 2800 Bremen.

CONNERT, Winfried

Dr.-Ing., Hüttendir. i. R. - Gustav-Fünders-Weg 20, 4150 Krefeld - Geb. 26. April 1913 Pilsen - S. 1938 Dt. Edelstahlwerke AG., Krefeld (b. 1970 Vorstandsmitgl., dann -vors.). Div. Mandate.

CONRAD, Bastian

Dr. med., Abteilungsdirektor Nervenkliniken/Abt. d. Klin. Neurophysiologie, Prof. f. Neurol. u. Klin. Neurophysiol. Univ. Göttingen (s. 1977) - Zul. 3406 Bovenden - Geb. 18. März 1941 Marburg/L. (Vater: Prof. Dr. med. Klaus C., ord. f. neurologie u. Psychiatrie; Mutter: Martha, geb. Klein), verh. s. 1970 m. Birgit, geb. Müller-Elmau, 4 Kd. (Christian, Colin, Carolin, Cornelius) - Gymn. Homburg/S. u. Göttingen; Univ. Göttingen u. Freiburg/Br. Habil. 1975 Ulm - 1974-77 Oberarzt Univ. Ulm (Neurol. Abt.). Aufenth. Südostasien (6 Mon.) u. Kanada (2 J.) - Liebh.: Musik, Biol. - Spr.: Engl., Franz.

CONRAD, Carl-August

Dr. jur., gf. Vorstandsmitgl. Landkreistag Schlesw.-Holst. - Reventlouallee 6, 2300 Kiel (T. 56 75 62-56 55 99).

CONRAD, Diethelm

Dr. theol., Prof. f. Hebräische Sprache, Landeskd. u. Archäol. Palästinas Univ. Marburg (Fachbereich Ev. Theol.) - Friedrichstr. 5, 3550 Marburg/L. - Geb. 26. Sept. 1933 Ludwigshafen/Rh., ev., verh. s. 1959, 3 Kd. - Stud. z. Altargesetz Ex 20 : 24 - 26, 1968 - Spez. Arbeitsgeb.: Altes Testam.

CONRAD, Ferdinand

Flötist, Prof. f. Blockflöte u. Leiter Studio f. Alte Musik Staatl. Hochschule f. Musik u. Theater Hannover (b. 1977), Lehrauftr. (b. 1978) - Lange Feldstr. 21, 3000 Hannover 71-Kirchrode (T. 0511 - 52 02 82).

CONRAD, Hans Günter

Dipl.-Ing., Bergass. a. D., Geschäftsführer Westfälische Berggewerkschaftskasse - Herner Str. 45, 4630 Bochum 1; priv.: Girondelle 20 - Geb. 9. Dez. 1931.

CONRAD, Hans-Werner

Dr., Programmdirektor Fernsehen Hessischer Rundfunk, Koordinator f. d. Familienprogr./Dt. Ferns. (ARD) - Bertramstr. 8, 6000 Frankfurt/M. 1.

CONRAD, Jochen F.

Geschäftsführer Gradco Systems Europe GmbH - Teilfeld 5, 2000 Hamburg 11, priv.: Erlenweg 2, 2000 Wedel/Holst. (T. 04103-33 26) - Geb. 5. Juni 1932 Dresden, verh. s. 1957 m. Helen, geb. Cemin, S. Markus - Abit., Kfm. Lehre, Marketing Akad. Zürich. Praxis i. Werbung u. Ind., 1956-75 Geschf. Fabrikation u. Marketing v. Diktiergeräten, 1976 Aufb. u. Geschf. VYDEC (Dtschl.) GmbH, EXXON OFFICE SYSTEMS GmbH - Liebh.: Barock-Musik, Tennis - Spr.: Engl.

CONRAD, Klaus

Dr. rer. pol., Prof. f. Volkswirtsch. Univ. Mannheim - Zu erreichen üb. Univ., FB Wirtschaftstheorie u. Ökonometrie, Schloß, 6800 Mannheim - Geb. 4. Okt. 1940 Halle/S. (Vater: Heinz C., Arzt; Mutter: Karin, geb. Rusche), verh. s. 1970 m. Ute, geb. Vöpel, 2 S. (Moritz, Felix) - Univ. München (Dipl.-Math. 1966), Promot. 1970 Univ. Tübingen; 1972-1973 Res. Fellow Harvard Univ./ USA; Habil. 1975 Univ. Tübingen u. Bonn 1977 - 1976-79 Priv.-Doz. Tübingen u. Bonn - BV: D. quadrat. Zuweisungsproblem, 1971; Simulation u. Optimier. ..., 1975; Measuring Performance of the FRG ..., 1975; Produktivitätslücken n. Wirtschaftszweigen im intern. Vergleich, 1985; 50 Art. in nat. u. internat. Ztschr. - Liebh.: Tennis - Spr.: Engl.

CONRAD, Klaus

Dipl.-Ing., Vorstandsmitglied Münchener Rückversicherungs-Ges., AR-Mitgl. Munich Reinsurance Co of Canada, Toronto, MAN Nutzfahrzeuge AG, München, Techn. Beirat Germ. Lloyd AG, Hamburg - Königinstr. 107, 8000 München 40 - Geb. 26. Sept. 1932.

CONRADI, Ellen

s. Schmidt-Bleibtreu, Ellen

CONRADI, Heinz

Geschäftsführer Hoberg & Driesch, Düsseldorf, u. Chiron-Werke GmbH, Tuttlingen - Beethovenstr. 49, 5657 Haan/Rhld. - Geb. 17. Dez. 1933.

CONRADI, Peter

Oberregierungsbaudirektor, MdB (s. 1972; Wahlkr. Stuttgart-Nord) - Im Haurer 1, 7302 Ostfildern 4/Württ. (T. 0711 - 454102) - Geb. 10. Dez. 1932 Schwelm/W. (Vater: Helmuth C. †, Bundesbahndir., Arch.; Mutter: Sylvia, geb. Grassauer), ev., verh. s. 1961 m. Jutta, geb. Prinz, 3 Kd. (Katharina, Valentin, Urban) - Obersch. Vorder-Hindelang, Odenwaldschule, Stuttgart; Zimmererpraktikum; 1953-61 TH Stuttgart (Arch.; Dipl.-Ing.) - S. 1967 Staatl. Hochbauamt Reutlingen, Oberfinanzdir. Stuttgart, Finanzmin., Staatl. Hochbauamt ebd. (1969). SPD s. 1959 - BV: Für e. soziales Bodenrecht, 1972 (m. H. Dieterich u. V. Hauff); Boden zw. Markt u. Lenkung, 1976 - Liebh.: Musik (Gitarre) - Spr.: Engl. (einj. Studienaufenthalt USA).

CONRADS, Ulrich

Dr. phil., Journalist - Hainbuchenstr. 56, 1000 Berlin 28 (T. 4014141) - Geb. 27. Okt. 1923 Bielefeld, verh. in 2. Ehe (1954) m. Renate, geb. Schuppel, T. Corinna - Univ. Marburg (Kunstgesch., Literaturwiss., Archäol.). Promot. 1951 - 1951-52 Mitarb. D. Kunstwerk, Baden-Baden; 1952-57 Redakt. baukunst u. werkform, Frankfurt/Darmstadt; 1957-88 Chefredakt. Bauwelt, Berlin, u. s. 1981 Daidalos, Architektur Kunst Kultur - BV: Phantast. Architektur, 1960 (m. Hans-G. Sperlich; auch engl., franz., jap.); Neue dt. Arch. 1955-60, 1962; Berlin Philharmonie, 1964; Programme u. Manifeste z. Arch. d. 20. Jh., 1964; Architektur - Spielraum für Leben, 1972. Herausg.: Bauwelt - Fundamente (Quellenwerk z. Gesch. d. mod. Arch.) - 1967 Preis f. Arch.-Kritik (BDA) - spr.: Franz., Engl.

CONRADT, Marcus

Schriftsteller - Neue Weinsteige 61, 7000 Stuttgart 1 (T. 0711 - 24 30 66) - Geb. 22. Okt. 1935 Mühlhausen/Enz - Univ. Heidelberg u. Berlin/FU (Theaterwiss., German., Kunstgesch.) - BV: D. Geschichte v. Doktor Faust, 1980 (m. Felix Huby); 5 1/2 Jahre unt. Menschen - Armer Kaspar Hauser, 1983; D. Eugen, (m. Felix Huby) 1987. TV/Serien: Sehsack, Menschenskinder, D. Eugen; Dokument.: Heino - E. dt. Sänger, Auf Teufel komm raus!, Liselotte v. d. Pfalz, Armer Kaspar Hauser, Paracelsus.

CONRADT, Max

Dr. rer. techn., Dipl.-Kfm., Fabrikant, Mitinh. G. Conradt & Sohn, Hautleim- u. Gelatinefabrik, Vaihingen - Goethestr. 21, 7143 Vaihingen/Enz (T. 60 11) - Geb. 28. Okt. 1905.

CONRADY, Karl Otto

Dr. phil., o. Prof. f. Neuere dt. Literaturgeschichte - Fröbelstr. 16, 5064 Rösrath - Geb. 21. Febr. 1926 Hamm/W. (Vater: Otto C., Rektor; Mutter: Luise, geb. Schröder), verh. s. 1956 m. Jördis, geb. Beckert, 1 Kd. - Promot. 1953, Habil. 1957 - S. 1957 Lehrtätigk. Univ. Münster/W., Göttingen (1958), Saarbrücken (1961 ao. u. o. Prof.), Kiel (1962 o. Prof.), Köln (1969 o. Prof.) - BV: Lat. Dichtungstradition u. dt. Lyrik d. 17. Jh.s, 1962; Einf. in d. Neuere dt. Lit.-wiss., 1966; Lit. u. Germanistik als Herausforderung, 1974; Das gr. dt. Gedichtbuch, 1977; Dt. Lit. zur Zeit d. Klassik, 1978; Jahrb. f. Lyrik, 1979 u. 1980; Gedichte d. dt. Romantik, 1979; Goethe. Leben u. Werk, 2 Bde. 1982/85. Fachaufs., Rezensionen.

CONRADY, Peter

Dipl.-Päd., Dr. päd., Univ.-Prof. f. Dt. Sprache u. Lit. u. ihre Didaktik Univ. Dortmund (s. 1981) - Am Fiskediek 29c, 4402 Greven (T. 02571 - 4 07 58) - Geb. 5. Mai 1944 Bad Oeynhausen, kath., verh. s. 1968 m. Mariele, 2 Kd. (Janna, Max Philipp) - Lehrerstud.; Dipl.-Päd. 1972, 1. u. 2. Staatsex., Promot. 1975; Habil. 1979 - Mitgl. DGLS; Mitgl. Wiss. Beirat abc-Ges. u. d. Ztschr. Grundschule - BV: Schüler b. Umgang m. Texten, 1976; Anfangsunterr. u. Sprachunterr. 2-4, Deutschunterr. 5-10, Literaturunterr. 5-10 (1980/81; Z. Lesen verlocken, 2 Bde., 1985 u. 87; Fibeln im Gespräch, 1987; Bücher u. Aufs. z. Lit. u. Spr. (Deutsch); Herausg. v. Kinderb. (s. 1982).

CONSTANTIN, Rudolf

Opernsänger (Bariton) - Feldbergstr. 10, 6246 Schloßborn - Gymn. u. Gesangsstud. in Zürich (Konservatorium u. Accad. di Canto) - Gastsp. London, Paris, Wien, München, Dresden, Salzburger Festsp. (Hoffmanns Erzählungen). Partien u. a.: Wotan, Holländer, Mandryka, Rigoletto, Macbeth, Jago, Don Giovanni u. a. FS: ZDF E. Maskenball; Span. FS: Arabella, Pelléas u. Mélisande; Belg. FS: Luisa Miller - Ehrenmitgl. Rencontres Wagneriennes - Liebh.: Lit., Kunst,

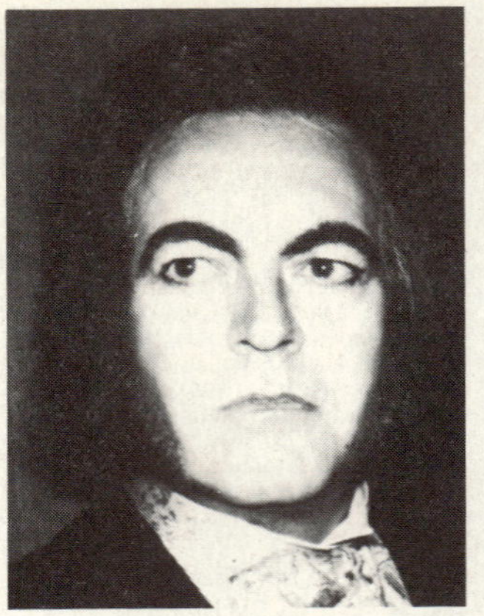

Sprachforsch. - Spr.: Franz., Ital., Engl., Lat.

CONSTEN, Eleanor

s. Erdberg, von, Eleanor

CONTA, von, Manfred

Journalist, Schriftst. - Zu erreichen üb.: Diogenes-Verlag, Zürich (Schweiz) - BV: D. Totmacher, R.; Schloßgeschichten, Erz.; Reportagen aus Lateinamerika.

CONTZEN, Heinz

Dr. med., Prof., Chirurg - An d. Wolfsweide 15, 6000 Frankfurt/M. (T. 545873) - Geb. 7. Juni 1925 Dortmund - S. 1963 (Habil.) Privatdoz. u. apl. Prof. (1968) Univ. Frankfurt - BV: Grundl. d. Alloplastik m. Metallen u. Kunststoffen, 1967 (m. Straumann u. Paschke). Zahlr. Einzelarb.

CONZE, Helmut

Kaufmann, gf. Gesellsch. Gebr. Schniewind GmbH., Neviges, Vizepräs. IHK Wuppertal, Vorstandsmitgl. Verb. d. Dt. Seiden- u. Samtind. - Lucasstr. 3, 5604 Neviges/Rhld. (T. 2051) - Geb. 5. Juni 1904 - Spr.: Engl., Franz. - Rotarier.

CONZE, Wolfgang

Textilkaufmann, gf. Teilh. Conze & Colsman AG, Langenberg, Vorstandsmitgl. Concordia Spinnerei u. Weberei, Wassenberg - Herwarthstr. 2, 5600 Wuppertal 1 - Geb. 5. Januar 1935 Langenberg, ev., verh. seit 1960, 5 Kd. - Spez. Arbeitsgeb.: Marketing u. Verkauf.

CONZELMANN, Hans

Komponist (Ps. Hans Eric, Walter Menzing), Vors. d. Sektion Bayern d. DKV (Dt. Komponisten-Verband), stv. AR-Mitgl. d. GEMA - Im Wismat 39, 8000 München 60 (T. 089-811 13 92/ 811 12 31) - Geb. 2. März 1920 Stuttgart, verh. m. Tessie, geb. Schröder - Oberrealsch., Konservat. u. Stuttgarter Musiksch. (Klavier, Cello, Kompos., Dirig.) - Eig. Orch.; 1946-53 Leit. Abt. Unterhaltungsmusik b. SDR; 1948 Gast Columbia-Univ. New York; 1953-58 Leit. Abt. Leichte Musik b. BR; Gastdirig. an Europ. Rundfunkanst.; div. Schallpl.; 1958 Gründg. DEHACE Musikverlag u. DEHACE Musikprod.-Ges. - Werke: Orchesterwerke, Suiten, Walzer. Komp. d. Mainzelmännchen (ZDF); Leo-Löwen (BR); Prof. Balthazar (WDR); Neuvertonung v. üb. 400 amerik. Spielfilmen (ARD u. ZDF); Erstvertonung berühmter Stummfilme m. H. Lloyd; 120 Filme Klamottenkiste (ARD); D. Doktor u. d. liebe Vieh; Lydia, Robins Nest, u.a.; zahlr. Fernsehwerbespots u. Industriefilme.

CONZELMANN, Paul

Geschäftsf. Gesellschafter Gebr. Conzelmann Wirk- u. Strickwarenfabrik Tailfingen; Außenbetr. Meßstetten, Hartheim, Heinstetten, Schwenningen, Hechingen, Rangendingen u. Deisslingen; Zweigbetr. Spinnerei & Weberei Wannweil, Wannweil Alber & Co., Magstadt; Oberndorfer Präzisionsw.

GmbH., Oberndorf/Neckar - Geb. 27. Sept. 1912 Tailfingen (Vater: Karl C, s. XIX. Ausg.), verh. m. Gerda, geb. Maier, 3 Kd. (Ingrid, Dipl.-Volksw., Brigitte, Karl-Stefan).

CONZELMANN, Paulwalter
Dr. rer. pol., Dipl.-Kfm., Geschäftsf. EBG Elektroblechges. mbH (s. 1982), stv. Vorst.-Mitgl. Stahlwerke Bochum Aktiengesellschaft, Bochum (s. 1988) - Castroper Str. 228, 4630 Bochum 1; priv.: Lindenstr. 60, 5778 Meschede (T. 0291 - 42 41) - Geb. 22. Dezember 1931 Tailfingen/Württ. (Vater: Walter C., Kaufm.; Mutter: Ruth, geb. Gminder), ev., verh. s. 1957 m. Irmtraud, geb. Erbe, 3 Söhne (Reimer, Rütger, Enno) - Gymn. Ebingen; Univ. Bonn, München, Köln (Dipl.-Kfm. 1955). Promot. 1959 Köln - B. 1971 Rosenkaimer GmbH, Leichlingen (zul. Geschäftsf.), b. 1981 Vorst.-Mitgl. Honsel-Werke AG, Meschede - Spr.: Engl., Franz.

CONZEN, Friedrich G. (Fritz)
Dr. h. c., Kaufmann, Inh. F. G. Conzen, Kunsthandlungen, u. Rahmen-Leistenwerkst., bde. Düsseldorf, Kunst-Amendt, Aachen, Ehrenpräs. Hauptgemeinsch. d. Dt. Einzelhandels, Köln (s. 1969), Ehrenpräs. IHK Düsseldorf (1984ff.; 1974-83 Präs.) u. Offizielle Dt.-Franz. IHK u. a. - Poststr. 2/3, 4000 Düsseldorf (T. 13 30 66) - Geb. 2. April 1913 Düsseldorf, kath., 5 Kd. (Verena, Friedrich Georg, Mechthild, Ursula, Brigitte) - Stud. Kunstgesch. (W. Pinder, P. Clemen), Gesch., Betriebsw., Okt. 79 Dr. h. c. Wirtschafts- und Sozialwissenschaftl. Fak. d. Univ. Köln - S. 1941 pers. haft. Ges. väterl. Fa.; s 1975 Ordre National du Mérite, Paris/Frankr. - 1978 Gr. silb. Ehrenz. Rep. Österr.; 1983 Gr. BVK m. Stern; Ritter z. hl. Grab v. Jerusalem (Komtur m. Stern) - Sammelt mod. Kunst, Originalrahmen u. Düsseldorfer Ansichten - Spr.: Engl., Franz., Ital.

CONZEN, Hermann W.
ehem. Geschäftsführer CLAAS SAULGAU GMBH - Schloßbergstr. 5, 7968 Saulgau/Württ. - Geb. 13. Okt. 1920.

COPER, Helmut
Dr. med., o. Prof. f. Neuropharmakologie - Roonstr. 1a, 1000 Berlin 37 (T. 841709) - Geb. 30. Dez 1925 Frankfurt/M. (Vater: Alexander C.), verh. m. Ingrid, geb. Betke, 2 Kd. (Detlev, Karin) - Stud. Berlin - S. 1960 (Habil.) Lehrtätigk. FU Berlin (1967 Ord.). Üb. 60 Fachveröff.

COPPIETERS, Francis
Pianist, Komponist, Dirig. u. Doz. f. Jazz Musikhochsch. Köln - Auenweg 32a, 5000 Köln 50 (T. 0221-39 18 42) - Geb. 7. Sept. 1930 Etterbeek/Belg., verh. s. 1971 m. Liselotte, geb. Hoppe, 3 Kd. (Pascal, Valérie, Boris) - Conservatoire de Musique, Brüssel - Fr. Pianist, Komp. u. Dirig. - BV: Anleitung z. Improvisation - Werke: Suite Spiegelungen in 3 Sätzen; Suite Metamorphose in 2 Sätzen; Ritmo Pizzicato, Walzer f. gr. Orch. - Liebh.: Musik, Tischtennis - Spr.: Franz., Deutsch, Engl., Niederl.

COPPIK, Manfred
Rechtsanwalt, MdB (1972-83; Wahlkr. 142/ Offenbach) - Bürgeler Str. 37, 6050 Offenbach/M. (T. 86 18 08) - Geb. 1. Nov. 1943 Bromberg (Vater: Alfred C., Oberstudienrat; Mutter: Helene, geb. Kamyczek), verh. s. 1968 m. (Jürgen, Nina) - Univ. Frankfurt/M. Jurist. Staatsprüf. 1968 u. 71 - S. 1971 RA. 1968-72 ehrenamtl. Stadtrat, 1972-73 Stadtverordn. Offenbach. SPD 1961-82; D. Grünen s. 1986 - Spr.: Poln., Engl., Franz.

CORDES, Eilhard
Dr. rer. nat., Direktor Universitätsbibliothek Osnabrück - Alte Münze 16, Postf. 44 69, 4500 Osnabrück - Geb. 14. Juli 1938 Hamburg - Stud. Univ. Kiel (Geol.).

CORDES, Günther
Dr., Geschäftsführer Byk Gulden Lomberg GmbH., Konstanz - Seestr. 1, 7751 Wallhausen/.

CORDES, Hans (Johann Friedrich)
Dr. rer. nat., Honorarprof. u. Leiter Laborat. f. Chem. Technologie Univ. Mannheim (s. 1967 bzw. 1973) - Im Kästenbusch 9, 6730 Neustadt/Weinstr. 19 - Geb. 25. März 1923 Otterstedt (Vater: Johann C., Kaufm.; Mutter: Sophie, geb. Ahlers), ev., verh. s. 1954 m. Inge, geb. Leverenz, 3 Kd. (Siegried, Lothar, Detlev) - 1946-52 Univ. Göttingen (1952 Dipl.-Chem.; 1954 Promot.) - 1955-87 BASF-Forsch. - BV: Allg. Chemie - Struktur u. Bindung, 1978 - Liebh.: Wirtschaftsgesch. - Spr.: Engl.

CORDES, Hans
Dr. phil., Prof., Bibliotheksdirektor i. R. - 7761 Schienen b. Radolfzell/B. - Geb. 21. Juni 1905 Bielefeld (Vater: Friedrich C., Kaufm.), kath., verh. s. 1936 m. Anne, geb. Wegmann, T. Angela - Gymn.; Univ. Münster/W. (Neuphilol.; Promot. 1930). Staatsex. Dt., Franz., Engl. 1930 Münster; Fachprüf. f. d. höh. Dienst an wiss. Bibl.en 1933 Leipzig - 1933-40 Bibl.sass. u. -rat Dt. Bücherei Leipzig, 1940-47 Wehrdst. u. Gefangensch. 1948-51 Übers. u. Schriftl. Konstanz, 1951 bis 1956 Bibl.srat TH Karlsruhr, 1956-57 Leit. Zentralkatalog BW Stuttgart, 1957-70 Bibl.sdir. Univ. Saarbrücken. S. 1961 Honorarprof. Univ. Saarbrücken (Wiss. Dokumentation). 1968 ff. Vors. Bibl.sausch. DFG - Spr.: Engl., Franz.

CORDES, Hermann
Dr. rer. nat., Prof. f. Biologie (m. d. Schwerp. Ökologie/Vegetationskunde, Naturschutz) Univ. Bremen (s. 1972) - Butlandsweg 10, 2800 Bremen 33 - Geb. 18. April 1931 Bremen (Vater Hermann C., Angest.; Mutter: Dora, geb. Graumann), verh. s. 1961 m. Inge, geb. Geerken, 4 Kd. (Margarethe, Anne, Sonja, Hermann) - 1951-54 PH Bremen; 1956-61 Univ. Göttingen, Tübingen, Kiel. Promot. 1966 - 1970/71 PH Bremen, s. 1972 Univ. Bremen. 1987ff. Vors. Naturwiss. Verein Bremen; 1975ff. Vizepräs. Wittheit zu Bremen; 1980ff. Sprecher Naturschutzbeiräte Land u. Stadt Bremen; 1986 Konrektor f. Forsch. u. Auslandsangelegenh.

CORDES, Walter
Dr. oec., Dr. rer. pol. h.c., Prof., Direktor i. R. - Büro: Fahrner Str. 133, Postf. 11 01 50, 4100 Duisburg 11 (T. 0203 - 555 97 20); priv.: Am Samberg, Postf. 7, 5401 Rhens (T. 02628 - 720) - Geb. 21. März 1907 Dortmund (Vater: Hermann C., Ingenieur; Mutter: geb. Holtschmidt), ev., verw. - Univ. Köln; HH Berlin - 1933-46 Vereinigte Stahlwerke AG, Rhein. Armaturenfabrik A. Sempell (1946), Thyssen AG (1951-73 Vorst.-Mitgl., Finanzbereich). S 1967 Honorarprofessor TU Berlin (Wirtschaftliche Probleme d. Hüttenind.); Vors. Ev. u. Johanniter Krkhs. Duisburg-Nord/Oberhausen; Vorst. Verb. Ev. Krankenanst. Rheinl. - AR-Mand. u. a. - Ehrenmitgl. Schmalenbach-Ges./Dt. Ges. f. Betriebswirtsch.; Ehrenvors. Schutzgem. Dt. Wald, LV NRW - Spr.: Engl.

CORDES, Werner
Senator a. D., Großhandelskaufmann Frerichs Glas GmbH - Siemensstr. 17, 2810 Verden/Aller; priv.: Bgm.-Urban-Str. 15, 2810 Verden/Aller (04231 - 102-0) - Geb. 31. Dez. 1914 - Hauptgeschäftsführer Frerichs-Unternehmsgr. (Gebr. Frerichs KG); 1. Vors. ev. Alten- u. Pflegeheim St. Johannis, Verden/Aller - BVK am Bde.

CORDEWENER, Friedrich
Dipl.-Kfm, Vorstandsvorsitzender Wolfgang-Ritter-Stift., Bremen - Feldmannstr. 10, 2800 Bremen 33 (T. 0421 - 25 45 37) - VR-Mitgl. Gerling-Konzern

Versich.-Beteiligungs AG, u. D. Sparkasse in Bremen; Mitgl. Kurat. u. gf. Aussch. Inst. Finanzen u. Steuern, Bonn.

CORDIER, Dieter
Dipl.-Ing., Geschäftsführer Robert Cordier GmbH., Bad Dürkheim, u. Papierfabrik Cordier GmbH. ebd., Vorstandsmitgl. Knoeckel Schmidt Cie, Papierfabriken AG, Lambrecht - 6702 Bad Dürkheim-Jägerthal - Geb. 9. April 1936.

CORDIER, Peter
Dipl.-Ing., Geschäftsführer Robert Cordier GmbH, Bad Dürkheim (Sprecher d. Gfg.), Papierfabrik Salach GmbH, Salach, Illig'sche Papierfabrik GmbH, Darmstadt - Rheinstr. 38, 6109 Mühltal - Geb. 20. Aug. 1931.

CORDTS, Jürgen

Hauptabteilungsleiter im Vorstandsbereich Materialwirtschaft der Daimler Benz AG, ehem. Vors. Bundesverb. Materialwirtsch. u. Einkauf, Frankfurt/M. - Zu erreichen üb. Daimler-Benz AG, Mercedesstr. 136, 7000 Stuttgart 60 (T. 0711 - 17-5 56 79) - Verf.: Materialwirtschaftskosten, 1983. Mitverf.: Einkaufsleiter-Handb., 1974, Integrierte Materialwirtschaft, 1984, Materialmanagement, 1985, u. a. m. Ref. b. d. Baden-Badener-Unternehmergespr. u. BME-Akad. u. a. m.

CORDUA, Klaus-Otto
Dipl.-Ing., Architekt, Fachwirt Grundstücks- u. Wohnungswirtschaft Hamburg - Klaus-Groth-Str. 13, 2085 Quickborn (T. 04106 - 7 31 96) - Geb. 19. Sept. 1939 Hamburg, verh. s. 1963 m. Elke, geb. Hoffmann, 3 Kd. (Urs, Jördis, Gwendolin) - AR- u. Betriebsratsmand. - Spr.: Engl.

CORDUA, Rudolf
Versicherungsdirektor - Sierichstr. 135, 2000 Hamburg 60 - Geb. 20. Sept. 1934 Hamburg (Vater: Prof. Dr. med. Rudolf C.; Mutter: Alice, geb. Greayer), ref., verh. s. 1962 m. Gabriele, geb. Möring, 2 T. (Melanie, Daniela) - S. 1968 Vorstandsmitgl. Dialog Versich.-AG, Hamburg - Spr.: Engl.

CORINO, Elisabeth,
geb. Albertsen
Dr. phil., Schriftstellerin - An der Au 34, 6368 Bad Vilbel 3 (T. 06101-42372) - Geb. Breitenberg/Holst., ev., verh. m. Dr. Karl C. (s. dort), 2 Kd. (Carsten, Eva) - Stud. German. Univ. Hamburg, Freiburg, München u. Tübingen; Promot. 1966 Tübingen - BV: u.a. Ratio u. Mystik im Werk Robert Musils, 1968; D. Dritte, 1977.

CORINO, Karl
Dr. phil., Abteilungsleiter f. Literatur Hess. Rundfunk - An der Au 34, 6368 Bad Vilbel 3 (T. 06101 - 4 23 72) - Geb. 12. Nov. 1942 Ehingen (Mittelfranken), verh. m. Elisabeth, geb. Albertsen (s. dort), 2 Kd. (Carsten, Eva) - Promot. 1969 Univ. Tübingen - BV: Robert Musil - Thomas Mann. E. Dialog, 1971; Robert Musils Vereinigungen. Stud. z. e. hist.-krit. Ausg., 1974; Tür-Stürze. Ged. 1981; Genie u. Geld. V. Auskommen dt. Schriftsteller, 1987; Musil. Leben u. Werk in Bildern u. Texten; Gefälscht! Betrug in Lit., Kunst, Musik, Wiss. u. Politik, 1988 - 1974 Kurt-Magnus-Preis d. ARD.

CORMEAU, Christoph
Dr. phil., Prof. Univ. Bonn - Hardtweg 32, 5330 Königswinter 41 - Geb. 3. Febr. 1938 München (Vater: Alfred C., Bauing.; Mutter: Clara, geb. Allié) - Promot. 1964, Habil. 1974, beides München - 1975 Wiss. Rat Univ. München; 1980 Prof. ebd.; 1981 o. Prof. Bonn - BV: Hartmanns v. Aue Armer Heinrich u. Gregorius. Stud. z. Interpret. m. d. Blick auf d. Theol. z. Zeit Hartmanns, 1966; Wigalois u. Diu Crône. Zwei Kapitel z. e. Gattungsgesch. d. nachklass. Aventiureromans, 1977; (m. W. Störmer) Hartmann v. Aue, Werk Epoche, Wirkung 1985.

CORNEHL, Peter
Dr. theol., Prof. f. Prakt. Theologie - Siriusweg 1, 2000 Hamburg 65 - B. 1976 Privatdoz., dann Prof. u. gf. Seminardir. Univ. Hamburg/Fachber. Ev. Theol., s. 1977 Univ. Prediger.

CORNELISSEN, Josef
Dr. jur., Hauptgeschäftsführer Bundesverb. Dt. Kornbrenner e.V. (s. 1977) - Heerener Str. 45c, 4750 Unna-Mühlhausen Geb. 20. Juni 1934 Essen, verh. s. 1967 m. Barbara, geb. Eckle, 2 S. (Jan, Nils) - Abit. 1955 Essen; Stud. Bonn, Berlin u. München; Promot. 1963 Bonn, 2. jurist. Staatsex. Düsseldorf - Tätigk. in nationalen u. intern. Gremien d. Alkohol- u. Spirituosenwirtsch.; s. 1981 Schatzmeister Europ. Alkoholunion; s. 1982 Geschäftsf. Arbeitsgem. Dt. Agraralkoholerzeuger u. -bearbeiter (Dachorganis. aller dt. Verb. d. Bereichs). Zahlr. Veröff.; Herausg. u. Verf.: Brennereiinform.

CORNELIUS, Ingeborg
Schauspielerin - Denninger Str. 98, 8000 München 81 (T. 91 44 05) - Geb. 4. Jan. 1929 Wien, kath., verh. s. 1952 m. Erich Scholz (früher Schausp., jetzt Kaufm.) - Obersch. u. Reinhardt-Sem. Wien (1945-48) - Bühnen Linz, Zürich, Graz u. a.; Rollen: Julia, Gretchen, Hero, Pützchen, Inken, Peters, Rautendelein, Luise u. a.; Film (u. a. D. Geigenmacher v. Mittenwald u. D. schöne Tölzerin), Rundfunk- u. Fernsehtätig. - Liebh.: Bücher - Spr.: Engl.

CORNELIUS, Karl
Dr., Fabrikant, Beiratsvors., Unternehmensleit. elektr.-techn. Fabriken - Landhaus-Vöckenberg, 5810 Witten-Annen - Geb. 21. Aug. 1911 Bochum (Eltern: August u. Katharina C.), kath., verh. s. 1964 m. Marlies, geb. Schmidt - Promot. 1936 Köln - Spr.: Engl.

CORNELIUS-LUND, Werner
Kaufmann (Fa. W. Cornelius, Damenkonfektion, Flensburg), Vizepräs. IHK Flensburg - Timm-Kröger-Weg 6, 2390 Flensburg.

CORNELSEN, Franz

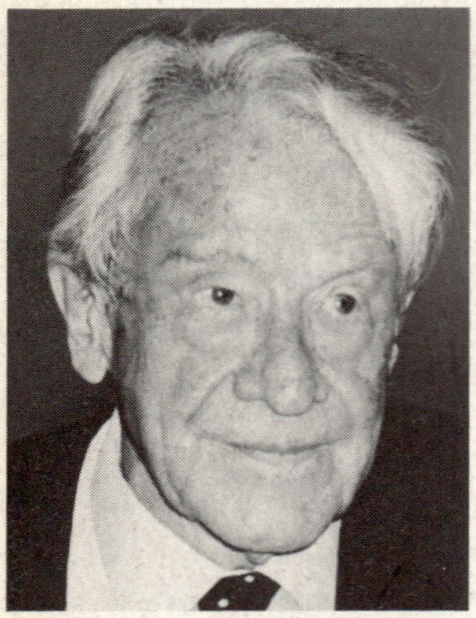

Dipl.-Ing., Dr. phil. h.c., Prof. e. h., MA h. c. (Oxford), Buchverleger, Vorst. Franz-Cornelsen-Stiftung - Schlangenbaderstr. 69, 1000 Berlin 33 (T. 030 - 823 30 54) - Geb. 22. Juli 1908 Minden/W. (Vater: Dr. Franz C., Landrat; Mutter: Emily, geb. Gaedeke), ev., verh. I) 1938-81 m. Hildegard, geb. Friedrichs †, S. Dirk; II) s. 1984 m. Ruth, geb. Bremecker, Tocht. Andrea - Gymn.; Stud. Sprachen, Wirtschaftswiss. u. Elektrotechnik München, Hannover, Berlin. Dipl.-Ing. 1933 - 1933-45 Siemens, Berlin (Auslandsabt.); s. 1946 Franz Cornelsen Verlag u. Velhagen & Klasing (1954); Cornelsen & Oxford University Press (1971) 1956-60, 1974-76 Vors. Verb. d. Schulbuchverlage in d. Bundesrep.; 1956-65 Vors. d. Verb. kartogr. Verlage u. Inst. - 1978 Ernst-Reuter-Plakette; Gold. Sportabz., zuletzt 1969 - Spr.: Engl., Franz., Span.

CORNIDES, Thomas
Dr. jur., Geschäftsführer R. Oldenbourg Verlag GmbH., München 80 (s. 1972) - Denninger Str. 8, 8000 München 80 - Geb. 11. Sept. 1938 Berlin (Vater: Dr. Karl C., Verleger; Mutter: Dr. Walburga, geb. Doblhoff), kath., verh. s. 1966 m. Dr. Eleonore, geb. Kinsky, 2 Kd. - Promot. 1961 Wien; Habil. 1976 Graz - BV: Ordinale Deontik, 1974 - Spr.: Engl., Franz., Ital. - Bek. Vorf.: Dr. Friedrich List, Nationalökonom, 1789-1846 (Dt. Zollverein).

CORRELL, Werner
Dr. phil., o. Prof. f. Päd. Psychologie - Am Alten Turm 16, 6310 Grünberg (T. 66 86) - Geb. 29. Juni 1928 Wasseralfingen/Württ. (Vater: Friedrich C., Kaufm.; Mutter: Katharina, geb. Bantel), ev., verh. s. 1967 m. Erika, geb. Wostyn - Univ. Tübingen (Päd., Psych., Phil., Angl.; Promot. 1957) - 1949-53 Lehrer (1952-53 USA); ab 1961 Prof. Päd. Hochsch. Flensburg; 1963-64 Prof. m. Forschungsauftr. Harvard Univ. (USA); s. 1964 ao. u. o. Prof. (1970) Univ. Gießen/Fachb. Psych. (1966 Dir. Inst. f. Programmiertes Lernen). Präs. Forschungsgem. f. Techn. Lernmittel (1967ff.); Vorstandsmitgl. u. Beirat Bundesakad. f. öffentl. Verw. Bonn; Wiss. Unternehmensberater. Mitarb.: Visuelle Leselernmaschine (1961ff.) - BV: Lernpsych., 16. A. 1978 (auch ital., poln., tschech., span.); Lernstörungen, 6. A. 1978 (auch ital., poln., tschech., span.); Einf. in d. Psych., 8. A. 1974; Progr. Lernen u. schöpfer. Denken, 4. A. 1968; Denken u. Lernen, 1967; Lesetreppe - Lesekurs f. kl. Kinder, 1977; Lernpsych. progr., 1968; Motivation u. Überzeugung in Führung u. Verkauf, 4. A. 1987; Menschen durchschauen u. richtig behandeln, 8. A. 1987; Verstehen u. lernen, 1987 - Spr.: Engl.

CORSTEN, Hans
Dr. habil., Univ.-Prof., Lehrst. f. Produktionswirtschaft Univ. Kaiserslautern (s. 1988) - Hildegardstr. 2, 6750 Kaiserslautern (T. 0631 - 9 96 04) - Geb. 30. Mai 1949, kath., verh. s. 1974 m. Hilde, geb. Dreeßen, 3 Kd. (Martina, Johannes, Marcus) - Stud. Betriebswirtsch.lehre Univ. Aachen u. Köln; Dipl.-Kfm.; Promot. 1981; Habil. 1985 Braunschweig - 1981-88 Hochschulassist. TU Braunschweig; 1986/87 Ltg. e. Forschungsprojektes b. d. Kommiss. d. EG - BV: D. nationale Technologietransfer, 1981; Z. Bedeutung v. Forschung u. Entwicklung (m. K.-O. Junginger), 1983; Partizipation in d. Unternehmung (m. P. Brose), 1983; D. Produktion v. Dienstleistungen, 1985; Betriebswirtsch.-Lehre d. Dienstleistungsunternehmungen, 1988. Herausg.: D. Gestaltung v. Innovationsprozessen (1989) - Spr.: Engl.

CORSTEN, Severin
Dr. phil., Prof., Ltd. Bibliotheksdirektor a. D., Leit. Universitäts- u. Stadtbibl. Köln (1971-85) - Breslauer Str. 14, 5300 Bonn 2 - Geb. 8. Dez. 1920 Heinsberg/Rhld. (Vater: Leo C. Bürgerm.; Mutter: Gertrud, geb. Heusch), kath., verh. s. 1952 m. Dr. Margret, geb. Loenartz, 3 Kd. (Angela, Beate, Severin) - Univ. Bonn (Gesch., Dt.; Promot. 1951). Staatsprüf. 1951 u. 54 (höh. Bibl.dst.) - S. 1975 Honorarprof. Univ. Köln, 1978-81 Vors. Verb. d. Biblioth. NW eV., s. 1979 Vors. Hist. Verein f. d. Niederrh. - BV: D. Domanialgut im Amt Heinsberg, 1953; D. Anfänge d. Kölner Buchdrucks, 1955; D. Kölnische Chronik v. 1499, 1982; Studien z. Kölner Frühdruck, 1985; Untersuchungen z. Buch- u. Bibliothekswesen, 1988. Herausg.: Annalen d. Hist. Vereins f. d. Niederrh. (1966-79); D. Buchdruck im 15. Jh. (m. R. W. Fuchs), E. Bibliogr., Bd. 1 (1988) - 1985 Ritter d. päpstl. St. Gregorius-Ordens; 1986 BVK am Bde. - Liebh.: Musik.

CORTERIER, Peter
Dr. jur., Assessor, Staatsminister a.D., MdB a.D. (1969-1983, 1984-87), MdEP a.D. (1973-77), Generalsekr. d. Nordatlantischen Versammlung, Brüssel (s. 1987) - Nordatlantische Versammlung, 3 Place du Petit Sablon, B-1000 Brüssel (T. 513 28 65) - Geb. 19. Juni 1936 Karlsruhe (Vater: Fritz C., vereid. Bücherrevis., 1953-69 MdB; Mutter: Dipl.-Kfm. Maria, geb. John), ev., verh. s. 1972 m. Waltraut, geb. Teßmer, T. Julia - Goethe-Gymn. Karlsruhe; Univ. Heidelberg, Freiburg, Bonn (Rechtswiss.), Verwaltungshochsch. Speyer. 1981-82 Staatsmin. im Ausw. Amt - Spr.: Engl., Franz.

CORTESI, Mario

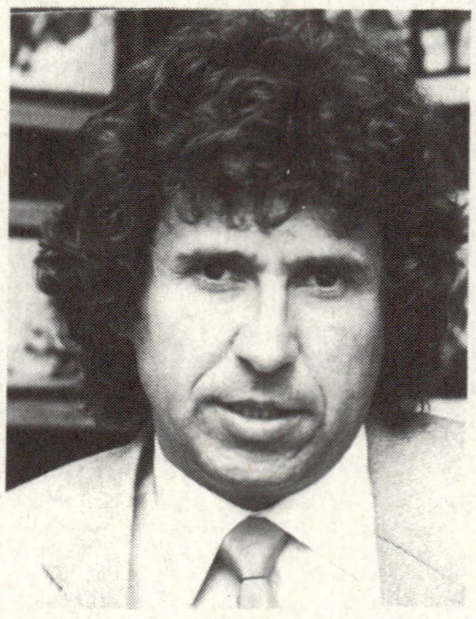

Journalist u. Filmrealisator, Verleger u. Publiz. - Neuenburgstr. 140, 2505 Biel (T. 032 - 22 09 11) - Geb. 22. Nov. 1940, ev., ledig - Sekundarsch., Handelssch. - Leiter Presse- u. Filmbüro Cortesi Biel (50 Mitarb.). Herausg. Wochenztg. Biel-Bienne - BV: Hollywood, Hollywood, 1983; James Bond, Belmondo & Co, 1984; Mensch u. Medien, 1985; Abenteuerliche Flucht m. Luzifer, 1989 - Filme: 20 Tage in China, Claudia oder wo ist Timbuktu?, Yesterday when I was young, D. Duft d. gr. weiten Welt, Wie wild war d. Wilde Westen?, Peppino, Flucht m. Luzifer, La Rose des Temps, The World is Yours, Significant Moments - Div. Filmpreise, dar. Prix Jeunesse 1976, 1986 Goldmed. Film/TV Festival New York, 1988 Erste Preise Filmfestivals v. Houston u. New York - Spr.: Franz., Ital., Engl.

CORTI, Walter Robert
Dr. phil. h. c., Leiter Archiv f. Genet. Philosophie - Römerstr. 29, CH-8400 Winterthur (Schweiz) - Geb. 11. Sept. 1910 Zürich, protest. - Stud. Med. (o. Abschluß) - 1942-57 Redakt. Ztschr. DU. Gründ. Kinderdorf Pestalozzi, Trogen (1946); Initiator 1. intern. Kinderdorf (urspr. f. Kriegswaisen Europas gedacht), d. heute Kinder aus Palästina, Libanon, Aetiopien, Korea, Kambodscha, Tibet, Italien u. Finnl. betreut; Gründ. Bauhütte d. Akademie, Zürich (1955) - BV: D. Mythopoese d. werdenden Gottes, 1953; D. Weg z. Kinderdorf Pestalozzi, 1955; Plan d. Akad., 1956; Heimkehr ins Eigentliche, 1979; Hilfe an Ort; Kinderh. in d. dritten Welt - 1954 Ehrendoktor Univ. Tübingen; 1956 Ehrenbürger Kinderdorf Pestalozzi; 1975 Albert Schweitzer-Preis, Brüssel - Spr.: Engl., Franz., Ital.

CORYLLIS, Peter

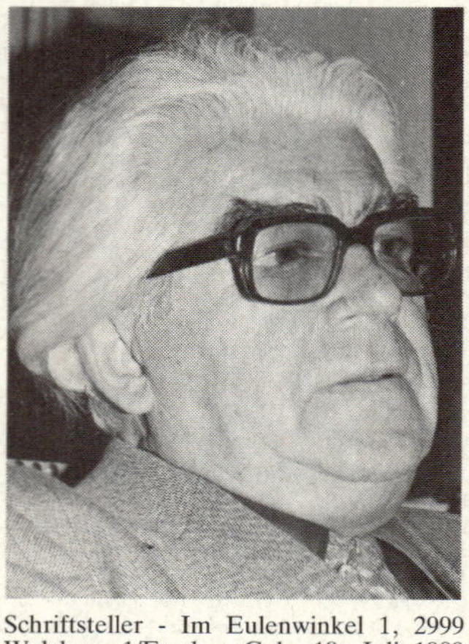

Schriftsteller - Im Eulenwinkel 1, 2999 Walchum 1/Emsl. - Geb. 19. Juli 1909 Hainichen/Sachs. - Gründ. u. Init. intern. Autorengem. KREIS D. FREUNDE um Peter Coryllis - BV: Üb. 80 Bücher, Broschüren u. Hefte, meist Lyrik, Aphorism., Ess., Kurzprosa, Lieder, Liederzyklen u. ganze Chorwerke (vertont v. versch. Komponisten, auch intern. aufgef.), Bücher u. Einzeltexte (auch zwei- u. mehrspr., insges. in mehr als 60 Spr. u. Idiome übers. u. übertr.). Herausg. auch fremder Bücher u. vieler Anthol.; beteiligt an mehr als 200 Anthol. (dt. u. andersspr.) - 18 Lit.Preise u. Ausz. - Lit: Prof. Dr. Carl Heinz Kurz: Grenzgänge. Aus Leben u. Werk d. P. C. (1977); Prof. Dr. Wilhelm Bortenschlager: Zw. Stille u. Lärm - d. Mensch, Leben u. Werk d. streitb. Humanisten P. C. (1979); Wo d. Ems vorüberfließt...., Abendstunden e. reichen Lebens - D. späte Weg d. P. C. (1989).

COSER, Lewis Alfred
Prof. State Univ. New York - Stony Brook N. J. 11794/USA - Geb. 27. Nov. 1913 Berlin, jüd., verh. s. 1943 m. Rose, geb. Laub, 2 Kd. - Univ. Paris (Sorbonne), u. New York (Columbia; PH. D. 1953) - 1941-45 Dienst amerik. Reg.; s. 1948 Lehrtätigk. Univ. of Chicago (b. 1950), Brandeis Univ. (1951-68) u. Gastprof. Univ. of Cal. (1957/58), s. 1968 dist. Prof. SUNY at St. B. - BV: Zahlr. Veröff., dar. 20 Bücher, u. a. The Functions of Social Conflict, 1956 (Glencoe/III. u. London); Sociological Theory, m. Bernard Rosenberg 1957 (New York); A History of the Communist Party, m. Irving Howe 1958 (Boston); Men of Ideas, 1965 (New York); Georg Simmel, 1965 (New York); Continuities in the Study of Social Conflict, 1967 (New York); The Culture and Commerce of Publishing (m. W. Powell u. Ch. Kadushin), 1981 (New York); Refuge Scholars in America: Their impact and their experiences; 1984 (New Haven); Buchbeitr., Ztschr.-Artikel. Herausg.: Modern Review (1945-47), Dissent (s. 1954) - Zahlr. Ehrungen u. Mitgliedsch., u. a. 1974-75 Pres. Americ. Soc. Assoc. - Spr.: Dt., Franz.

COSERIU, Eugenio
Dr. phil., LL. D., Dr. phil. h. c., Prof. f. Roman. Philologie u. Allg. Sprachwiss. - Sonnenhalde 27, 7402 Kirchentellinsfurt - Geb. 27. Juli 1921 Mihaileni/Rumän. (Vater: Ion C., Sanitätsbeamter; Mutter: Zinaida, geb. Spanu), kath., verh. in 2. Ehe (1953) m. Adele, geb. Pisani, 4 Kd. (Annamaria, Laura, Hans Victor, Paul Adrian) - Stud. Jasi, Rom, Padua, Mailand. Promot. Rom (1944) u. Mailand (1949) - S. 1951 Ord. Univ. Montevideo u. Tübingen (1963; Dir. Roman. Sem.).

COSIN, Catharina
Kunstmalerin - Friedbergstr. 29, 1000 Berlin 29 (T. 030 - 322 73 45) - Geb. 24. Sept. 1940 Potsdam (Vater: Willy Deuble, Bankier; Mutter: Johanna, geb. Aßmann), ev., verh. s. 1966 m. Prof. Joachim Schmettau, Bildhauer - 1960-64 Hochsch. d. Bild. Künste Berlin - 1977 u. 79 (DAAD-Stip.) Arbeitsaufenth. New York. Mitgl. Dt. Künstlerbd. (s. 1974) u. Künstlergr. (Gründ.) E 43, Berlin; 1974/75 Gründ.mitgl. Interdiszipl. Künstlergr. f. Kunst im Öfftl. Raum, Künstlerhaus Bethanien, Berlin; 1978 Zus.arb. m. Rick Cluchey f. s. Theaterstück The Wall is Mama, Schaubühne Berlin; 1979 Vorles. Visual School of Arts, New York; 1981 Org. v. Art & Exchange, Budapest/Berlin; 1983 Vorl. an d. Kunstsch. u. Kunsthochsch. Santo Domingo, Dominik. Rep.; Arb. u. a.: Wandgestalt. m. Bild Fachsch. f. Erzieher, Berlin-Charl., Wandbild f. U-Bahn-Station Broadway/Lafayette-/Houston St., New York City, Banner f. d. Disarmament Art Show anläßl. d. UNO Abrüstungskonfz. 1988, New York City, Wandbild Berühmte Persönlichk. in d. Bronx (Duke Ellington). Bronx River Art Center & Gallery, New York City. Zahlr. Ausst.-Beteil. u. Einzelausst. in Neumünster, Textilmus., 1965; Dortmund, Galerie am Wall, 1976; New York, Brewster Gallery uptown, 1977; Bergkamen, Städt. Galerie, 1977; Offenbach, Kunstverein 1978; Berlin, Haus am Lützowplatz, Fördererkr. Kulturzentrum Berlin e.V., 1978; Göttingen, Kunstverein, 1978; New York. PS I, The PS I-Slates-Series (Schieferpl.-Install.), 1980; Galerie-Bar Komma, Berlin, 1982; La Romana. Altos de Chavon. (Dominik. Republ.), 1983; Hairfriends, 1983; The Corner Gallery World Trade Center, New York, 1988; Individuals Gallery, New York, 1988 - Spr.: Engl., Franz., Ital., Span. - Lit.: Zahlr. Ausst.-Kataloge, Programmhefte, Ztschr.-Beitr.

COSTABEL, Ulrich
Dr. med., Privatdozent, Chefarzt Abt. f. Pneumologie/Allergologie Ruhrlandklinik Essen-Heidhausen (s. 1987) - Tüschener Weg 22a, 4300 Essen 16 - Geb. 31. Jan. 1950 Schramberg, ev., verh. s. 1982 m. Josune, geb. Guzman-Rotaeche - Abit. 1968; Med. Staatsex. 1974 Freiburg; Ausb. z. Internisten u. Pneumologen - 1985-87 Oberarzt Abt. Pneumologie Univ. Freiburg - Hauptforschungsgeb.: Immunologie u. Allergie d. Lunge. Ca. 120 Publ. in med. wiss. Fachztschr., sow. 15 Buchbeitr. - 1987 Karl-Hansen-Gedächtnispreis Dt. Ges. f. Allergie u. Immunitätsforsch. - Spr.: Engl., Franz., Span.

COSTEDE, Jürgen
Dr., Prof. f. Zivilrecht, Prozeßrecht, Steuerrecht - Nikolausberger Weg 9a, 3400 Göttingen - Geb. 8. Okt. 1939 Memel (Vater: Helmut C., LG.dir.; Mutter: Hedwig, geb. Tiedtke), ev., verh. s. 1964 m. Hermine, geb. Brause, 2 Kd. (Susanne, Judith) - 1969 Rechtsanwalt, 1970 wiss. Ass., 1978 Prof., 1981 Kurat. Dt. Musikinstrumentenstiftg. - BV: Stud. z. Gerichtsschutz, 1977;

Dogmat. u. Methodolog. Überlegungen z. Verständn. d. Bereicherungsrechts, 1977. Herausg.: Umsatzsteuerkongreßbericht (1985).

COSTER, Rudolf de
Vorstandsvorsitzender DAS Dt. Automobil Schutz Allgemeine Rechtsschutz-Versicherungs-AG., München - Farchanter Str. 12, 8000 München 70 - Geb. 21. März 1935 - Stud. Rechtswiss. Ass. ex.

COTTA, Horst
Dr. med., o. Prof. u. Direktor Orthopäd. Klinik u. Poliklin. Univ. Heidelberg - Am Schlierbachhang 45, 6900 Heidelberg - Geb. 15. Juli 1928 - Habil. 1961 Berlin - In- u. ausl. Fachveröff. Herausg. mehr. Fachztschr. u. Lehrbücher.

COUBIER, Heinz
Schriftsteller - Haus Langewiesche, 8026 Ebenhausen/Isartal - Geb. 25. Mai 1905 Duisburg (Vater: Max C., Direktor; Mutter: Edith, geb. Weber), verh. s. 1935 m. Marianne, geb. Langewiesche, Schriftst. (s. dort) - Univ. München, Berlin, Köln, Freiburg - Regiss. u. Dramat. Gladbach-Rheydt, Regensburg, Köln, Berlin - BV: D. falsche Zar, R. 1959, Bühnenw.: u. a. Aimee (UA. 1938 Bremen), D. Kommandant (UA. 1953 Berlin), D. Lorbeermaske (UA. 1957 Celle). Mithrsg.: Psalter u. Harfe - Lyrik d. Christenheit, 1955.

COURTH, Franz
Dr. theol. habil., o. Prof. f. Dogmatik u. Dogmengesch. Theol. Hochsch. d. Pallottiner in Vallendar (s. 1977) - Pallottistr. 3, 5414 Vallendar/Rhld. - Geb. 30. Dez. 1940 Weeze, kath. - 1963-69 Stud. Phil. u. Theol. Phil.-Theol. Hochsch. d. Pallottiner in Vallendar; Promot. 1973 Univ. München; Habil. 1977 ebd. - 1973 Doz., 1977 o. Prof. - BV: D. Leben-Jesu d. D. Fr. Strauß in d. Kritik Johann Ev. Kuhns, 1975; D. Wesen d. Christentums in d. Lib. Theol., 1977; Trinität in d. Scholastik, 1985; Trinität in d. Schrift u. Patristik, 1988 - Spr.: Lat., Griech., Engl., Ital., Franz.

COURTH, Paul

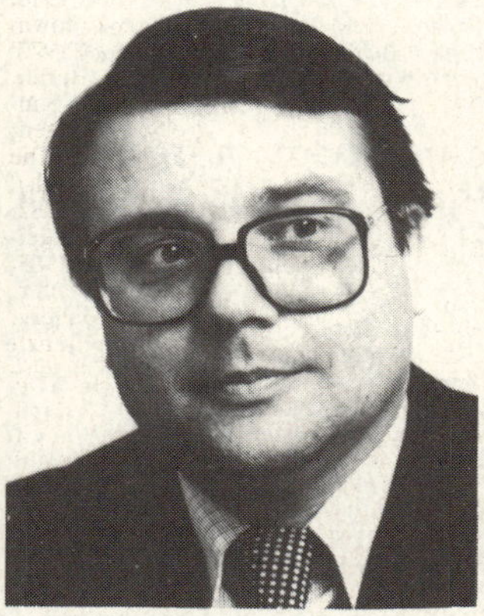

Dr. jur., Bundesgeschäftsführer Dt. Steuer-Gewerksch. (s. 1970) - Zu erreichen üb. Dt. Steuer-Gewerksch., In der Raste 14, 5300 Bonn 1 - Geb. 5. Febr. 1939 Hannover, kath. - Aloisius-Kolleg Bad Godesberg (Abit. 1959); Univ. Bonn u. Köln (Rechtswiss.); Bankausbild. Köln u. New York. Staatsex. 1963 u. 67; Promot. 1969 - Spr.: Engl.

COURTOIS, Horst
Dr. oec. publ., Dipl.-Forsting., Univ.-Prof. f. Forstwissenschaft (Holzpathologie) - Werderring 8, 7800 Freiburg/Br. - Geb. 27. Juli 1926 Bad Freienwalde/Oder - Promot. 1963 München - 1971 (Habil.) Lehrtätigk. Univ. Freiburg (1974 Prof.).

COX, Heinrich Leonard
Dr., o. Prof. f. europ. Ethnol. Univ. Bonn (s. 1975) - Zur Tomburg 18, 5308 Rheinbach-Todenfeld (T. 02226 - 34 54) - Geb. 15. Aug. 1935 Geleen/Niederl. (Vater: Peter Heinrich C., Schlosser; Mutter: Maria Elisa, geb. Mainz), verh. s. 1964 m. Anita, geb. Leick - Stud. d. German., Volkskd., Entwicklungspsychol. Univ. Nijmegen u. Bonn - 1964-65 wiss. Mitarb. Univ. Bonn (Atlas d. dt. Volkskd.); 1965-70 Doz. u. Prof. (1967) Univ. Nijmegen; 1970-75 o. Prof. f. dt. Spr. u. Lit. d. Mittelalters Univ. Utrecht; 1978 Ltr. d. Koord. St. West d. Ethnolog. Atlas Europas u. s. Nachbarländer. In- u. ausl. Fachmitgl.sch. - BV: D. Bezeichn. d. Sarges im Kontinental-Westgerman., 1967; Märchen aus d. Niederl., 1977; Van Dale Groot Woordenboek Duits-Nederlands, 1983; Van Dale Groot Woordenboek Nederlands-Duits, 1986; Spreekwoordenboek in vier talen, 1988.

COX, Helmut
Dr. rer. pol., Dipl.-Kfm., o. Prof. f. Volkswirtschaftslehre, Wirtschaftspolitik u. Didaktik d. Wirtschaftslehre Univ. Duisburg - Fasanenring 22, 4030 Ratingen (T. 02102 - 6 89 44) - Geb. 1. Jan. 1938 Aachen, kath. - Dipl.-Kfm. 1963, Promot. 1966 - S. 1970 o. Prof. f. Wirtschaftswiss. u. Volkswirtsch. Univ. Duisburg (1975-80 Konrektor, 1980 Senatsmitgl.) - BV: Handb. d. Wettbewerbs; Veröff. auf d. Geb. Wettbew., Verteil., Öfftl. Wirtsch. u. Arbeitsmarkt.

COY, Wolfgang
Dr. rer. nat., Prof. f. Informatik Univ. Bremen (s. 1980) - Feldstr. 14, 2800 Bremen 2 - Geb. 3. Nov. 1947 Frankfurt/M. - 1966-72 Stud. Math. TH Darmstadt; Dipl.-Ing. (Math.) 1972; Promot. 1975 - 1972-75 wiss. Mitarb. TH Darmstadt u. 1976-79 Univ. Dortmund; 1977 Université de Paris VI - BV: Industrieroboter, 1985; Aufbau u. Arbeitsweise v. Rechenanlagen, 1988.

CRAEMER, Heiner
Dr. phil. (habil.), Prof., Philosoph - Königshügel 20, 5100 Aachen - Geb. 27. Juni 1938 Birkesdorf/Düren - S. Jahren Lehrtätigk. TH Aachen (1978 apl. Prof. f. Phil.; gegenw. Wiss. Rat u. Prof. f. Phil.) - BV: D. skept. Zweifel u. s. Widerlegung, 1974; F. e. neues skept. Denken, 1983.

CRAILSHEIM, Freiherr von, Hanns-Jürgen
Präsident d. Bayer. Verwaltung d. staatl. Schlösser, Gärten u. Seen (s. 1975) - Schloß Nymphenburg, 8000 München 38 - Geb. 24. Juli 1932 Ansbach (Vater: Hanns v. C., Generalmajor; Mutter: Eleonore, geb. Ruthardt), ev., verh. s. 1966 m. Ursula, geb. Schodere, 2 Kd. (Wolfgang, Irma) - Zul. 12 J. Bayer. Finanzmin.

CRAM, Kurt-Georg
Dr. phil., Verleger (wiss. Bücher u. Ztschr.) - Braschzeile 12-14, 1000 Berlin 39 - Geb. 2. Jan. 1920 Berlin (Vater: Herbert C., Verleger; Mutter: Clara, geb. de Gruyter), ev., verh. s. 1955 m. Gisela, geb. Hanckel, 3 Kd. (Georg-Martin, Hans-Robert, Renate) - Schiller-Gymn. Berlin-Lichterfelde; Univ. Göttingen (Mediävistik). Promot. 1952. 1955-58 New York Univ. School of Business Administration - S. 1963 pers. haft. Gesellsch. W. de Gruyter & Co., Berlin, s. 1971 Präs. W. de G. Inc., New York, s. 1980 Geschäftsf. Arthur Collignon GmbH, Berlin (Druckerei), s. 1981 Geschäftsf. J. Schweitzer Verlag KG - W.d.G., Berlin; 1965-68 Vorst.-Mitgl. Börsenverein d. dt. Buchhandels - BV: Iudicium belli. Zum Rechtscharakter d. Krieges im dt. Mittelalter (Beihefte z. Archiv f. Kulturgesch. 5), 1955 - BVK I. Kl. - Spr.: Engl., Franz. - Bek. Vorf.: Walter de G., Verleger (Großv.).

CRAMER, Arno
Dr., stv. Vors. d. Geschäftsleitung Pfanni-Werke Otto Eckart KG - Grafinger Str. 6, 8000 München 80 - Geb. 4. Sept. 1930 Stuttgart - WH Mannheim (Betriebsw.). Promot. Nürnberg - S. 1958 Nestle-Bereich (1970 stv., 1973 Gf. Maggi).

CRAMER, Detlev
Prof. f. Sonderpädagogik FU Berlin (s. 1973) - Cimbernstr. 11/0, 1000 Berlin 38 - Geb. 13. April 1926 Stettin (Vater: Dr. Friedrich C., Arzt; Mutter: Ruth, geb. Lauterbach), ev., verh. s. 1958 m. Prof. Jeannette, geb. Chemin-Petit, S. Sebastian - 1949-51 Ausb. als Möbeltischler, 1951-54 Stud. Berufspäd. Berlin - 1954-73 Lehrer an Berliner Berufs-, Sonder- u. Hauptsch.; mitbeteiligt an d. Entw. d. Berliner Rahmenplanes Arbeitslehre f. d. Sek. I; beauftr. v. Senator f. Schulen/Berlin m. d. Erst. d. Arbeitsgrundl. Arbeitslehre in d. Schule f. Lernbehinderte; Durchf. zweier Modellvorhaben z. Sonderpäd. im Auftr. d. Bundesministeriums f. Bild. u. Wiss.; s. 1978 fr. Mitarb. d. Christl. Jugenddorfwerkes Dtschl. f. Sonder-/Berufspäd. Vortr. u. Sem. im Bundesgeb. Veröff. in Fachztschr.

CRAMER, Ernst
Journalist, Herausgeber WELT am SONNTAG - Waldmeisterstr. 9, 1000 Berlin 33 - Geb. 28. Jan. 1913 Augsburg, jüd., verh. s. 1948 m. Marianne, geb. Untermayer, 2 Kd. (Claire Barbara, Martin Tom) - Gymn.; kaufm. Lehre; landwirtsch. Volontariat; Stud. USA - 1948-54 stv. Chefredakt. D. Neue Ztg.; 1954-58 UPI; s. 1958 Verlag Axel Springer, derz. AR-Mitgl. u. Vors. d. Axel Springer Stiftg. - 1979 BVK I. Kl., 1987 Bayer. VO. - Liebh.: Wandern - Spr.: Engl., Franz.

CRAMER, Friedrich
Dr. rer. nat., Prof., Biochemiker, Direktor Abt. Chemie/Max-Planck-Inst. f. Exper. Medizin (s. 1962) - Jakob-Henle-Str. 18, 3400 Göttingen (T. 30 32 23) - Geb. 20. Sept. 1923 Breslau (Vater: Dr. Johannes C., Arzt; Mutter: Ilse, geb. Kriebitzsch), ev., verh. s. 1947 m. Marie-Luise, geb. Erdel, 7 Kd. - 1944-49 Univ. Breslau u. Heidelberg (Promot. 1949) - 1953-54 Gastdoz. Univ. Cambridge (Engl.); 1954-58 Privatdoz. Univ. Heidelberg; 1959-62 ao. Prof. TH Darmstadt; gegenw. Honorarprof. TU Braunschweig u. Univ. Göttingen; 1976-1979 Vors. d. biol.-med. Sektion der Max-Planck-Ges.; 1980 Mitgl. poln. Akad. d. Wiss., Mitgl. d. Akad. d. Wiss. zu Göttingen, u. zu Heidelberg - BV: Papierchromatographie, 1953 (4. A., auch engl., ital., span., bulgar.); Einschlußverbindungen, 1954 (auch russ.); Forscher zwischen Wissen u. Gewissen, 1974; Fortschritt durch Verzicht, 1975; Chaos u. Ordnung - D. komplexe Struktur d. Lebendigen, 1988. Ca. 400 Abhandlungen in Fachztschr. - Spr.: Engl., Franz., Ital.

CRAMER, Hans
Dr. med., Prof., Facharzt f. Inn.- u. Nuklear-Medizin, Doz. f. Inn. Med. u. Röntgenologie, Nuklearmed. Maria-Hilf-Krankenhaus, Warstein - Jagdhaus, 4788 Warstein 1 - Geb. 15. April 1918 Warstein/Sauerl. (Vater: Albert C., Brauereibes.; Mutter: Josefine, geb. Bergenthal) - Univ. Wien, Halle/S., Freiburg/Br., München (Promot. 1942). Habil. München (1951 Innere Med.) u. Münster/W. (1962 Radiol.) - S. 1951 Lehrtätigk. Univ. München u. Münster/W. (1959; apl. Prof.) - Liebh.: Jagd.

CRAMER, Hans-Georg
Konsul, Kaufmann - Pferdmengesstr. 3, 5000 Köln 51 (T. 213270) - Geb. 29. Juli 1902 Köln, kath., verh. s. 1949 m. Helene, geb. Hart, 1 Kd. (Mandy) - N. Abitur elterl. Fa. (Johannes Cramer) - Konsul d. Rep. Liberia - BVK.

CRAMER, von, Heinz
Schriftsteller, Regiss. - Via Titta Scarpetta 1, Rom (Ital.) - Geb. 12. Juli 1924 Stettin (Vater: Wilhelm v. C., Landw.; Mutter: Jenny, geb. v. Samson-Himmelstjerna) - Abit.; Musikstud. Boris Blacher - 1947-52 Regiss. RIAS Berlin, daneb. b. 1950 Kritiker D. Welt. Lfd. Rundfunkinsz. (BR, NDR, SDR, WDR, SFB, RIAS) - BV: D. Kunstfigur, D. Konzess. d. Himmels; Leben wie im Paradies, 10 Erz. 1964; D. Paralleldenker, R. 1968. Hörsp. Opernlibretti: D. Flut, Preuß, Märchen, D. Prozeß, König Hirsch, Zwischenfälle b. e. Notlandung - 1960 Preis d. Jg. Generation (Berliner Fontane-Preis), 1964 Georg-Mackensen-Lit.preis (m. M. L. Kaschnitz), 1968 DAG-Fernsehpreis in Gold (f.: Dieser Mann u. Dtschl.); 1966 Mitgl. Dt. PEN-Zentrum d. Bundesrep. - Liebh.: Reisen, Schwimmen, Schiffsmodellbau - Spr.: Ital., Engl., Franz.

CRAMER, Hinrich
Dr. med., Prof. f. Neurologie u. Neurophysiol. Univ. Freiburg (s. 1973), Neurol. Univ.-Klinik Freiburg - Hanstr. 9, 7800 Freiburg/Br. - Geb. 17. Aug. 1932, verh. m. Dr. med. Marie-Lena, geb. Körnig, 3 Kd. - Stud. Univ. Heidelberg, Paris, München - Neurol. Univ.Klinik Paris (Salpêtrière) u. Freiburg; Nat. Inst. of Health Bethesda/USA - Arbeitsgeb.: Klin. u. poliklin. Neurol.; Grundl. d. chem. Neurotransmission, Hirnstoffwechsel, insb. zyklische Nukleotide u. Neuropeptide b. Nervenkrankh. - BV: u. a. Cyclic 3', 5'-Nucleotides: Mechanisms and Actions (m. and.), 1977 .

CRAMER, Ingo

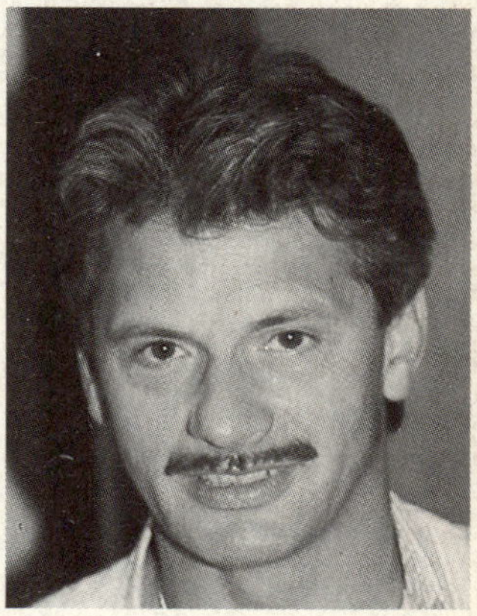

Gitarrist, Komponist, Arrangeur - Paulsborner Str. 92, 1000 Berlin 31 (T. 030-891 62 92) - Geb. 1. Febr. 1946, ledig - Musikstud. Berlin - Gitarrist Studioorch. u. Soloplatten, eig. Prod., Begleitung intern. Künstler (u.a. E. + A. Ofarim, Surpremes, V. Leandros, R. Kaiser, Dionne Warwick, G. O'Sullivan, Wall Street Crash) - Filmmusiken, Fernsehmusiken, Schallpl. - Gold. Schallpl. in Mexiko, Brasilien, Japan - Spr.: Engl., Span.

CRAMER, Jeannette,
geb. Chemin-Petit
Prof., Flötistin - Cimbernstr. 11/0, 1000 Berlin 38 - Geb. 22. Sept. 1932 Göttingen (Vater: Prof. Hans C.-P., Komp. u. Dirig. †1981 (s. XX. Ausg.); Mutter: Helene, geb. v. Hippel), ev., verh. s. 1958 m. Prof. Detlev C. (Pädagoge), S. Sebastian - Musikhochsch. Berlin (Schulmusik) - S. 1977 Prof. f. Blockflöte Hochsch. d. Künste Berlin. Konzertreisen u. Kurse In- u. Ausl.

CRAMER, Konrad Niklas
Dr. phil., o. Prof. f. Philosophie Univ. Göttingen - Keplerstr. 10, 3400 Göttingen (T. 48 63 86) - Geb. 6. Dez. 1933 (Vater: Wolfgang C., Philosoph), ev., verh. s. 1969 m. Sunna, geb. Klausing, 2 Töcht. (Anne Karoline, Agnes Valentine) - Stud. Phil., Soziol. u. Jura Univ. Innsbruck, München, Tübingen, Frankfurt/M., Wien, Heidelberg; Promot. 1967 Univ. Heidelberg, Habil. 1975 das. - 1967-74 wiss. Assist. Phil. Sem. Univ. Heidelberg, 1975-77 Univ.-Doz.; 1977-82 o. Prof. f. Phil. PH Westf.-Lippe, Abt. Münster; s. 1982 o. Prof. f. Phil. Univ. Göttingen - BV: Nicht-reine synthet. Urteile a priori, 1985; Begriffsanalyt. Unters. z. Ontol. d. Rationalismus (Wolff u. Spinoza), 1990. Mithrsg. Neue Hefte f. Phil. - 1983 Ehrenmitgl. Zen-

trum f. ethische Forsch. Dr. Rizieri Frondizi, Buenos Aires - Liebh.: Gesch., Lit., span. u. iberoamerikan. Kultur - Spr.: Engl., Franz., Span., Lat., Griech.

CRAMER, Peter

Dr. jur., Prof. f. Straf- u. -prozeß- u. Verkehrsrecht Univ. Gießen - Erfurter Str. 2, 6301 Fernwald-Steinbach (T. 06404 - 6 15 20) u. F-06620 Le Bar's/ Loup, Chemin des Vergers, Villa Le Plaqueminier (T. 93 42 52 33) - Geb. 13. Jan. 1932 Böblingen/Württemberg (Vater: Dr. jur. Fritz C.; Mutter: Maria, geb. Hilsenbeck), verh. m. Dr. jur. Ortrud, geb. Seifert, 2 Kd. (Christina, Steffen) - Univ. Tübingen u. München (Rechtswiss.). Promot. (1960) u. Habil. (1966) Tübingen - 1966 Privatdoz. Univ. Tübingen; 1967 o. Prof. Univ. Bochum; 1968 zugl. OLGrat Hamm - BV: D. Vollrauschtatbestand als abstraktes Gefährdungsdelikt, 1962; Vermögensbegriff u. -schaden im Strafrecht, 1968; Polit. Strafrecht, 1968; D. Zeugnisverweigerungsrecht v. Presse u. Rundfunk, 1968; D. Rechtsbeschwerde n. d. Gesetz üb. Ordnungswidrigkeiten, 1969; D. Neue Straßenverkehrsordnung, 2 T. 1970/71; Grundbegriffe d. Rechts. d. Ordnungswidrigkeiten, 1971; Unfallprophylaxe durch Strafen u. Geldbußen?; Straßenverkehrsrecht, Komm. 2. A. 1977; Schönke-Schröder, Strafgesetzb., Komm. (Mitaut.). Herausg.: Dt. Autorecht, Jur. Ausb. (Mitarb.).

CRAMER, Thomas

Dr. phil., Prof. f. Ältere deutsche Philol., Inst. f. dt. Philol. TU Berlin - Retzdorffpromenade 3, 1000 Berlin 41 - Geb. 19. März 1938, verh. s. 1965 m. Sibylle, geb. Büttner, S. Florian - Prof. f. Ält. dt. Philol. Univ. Heidelberg, Aachen, TU Berlin - Publ. z. Lit. d. dt. Mittelalters.

CRAMER, Ulrich

Rechtsanwalt - Schafjückenweg 23, 2900 Oldenburg/O. (T. 6 05 08; Büro 2 76 21) - Geb. 25. Aug. 1921 Ratibor/ OS. (Vater: Dr. jur. Wilhelm C., Landgerichtsdir.; Mutter: Wilma, geb. Roscher), ev., verh. s. 1948 m. Ingeborg, geb. v. Rosainsky, S. Wolfgang - 1931-39 Ratsgymn. u. Gymn. Carolinum Osnabrück (Reifezeugnis 1941 Obersch. Schloß Bischofstein); 1939-41 Maschinenbauerlehre Klöckner-Werke Osnabrück; 1946-49 Univ. Marburg u. Göttingen (Rechtswiss.). Gr. jurist. Staatsprüf. 1953 - 1953-55 Nieders. Landesverw. (Reg.rat); 1957-60 Verw.gericht Oldenburg (VGrat); 1960-65 Oberverw.gericht f. d. Länder Nieders. u. Schlesw.-Holst., Lüneburg (OVGrat); 1965-81 Hauptgeschäftsf. Handwerkskammer Oldenburg. Oberstlt. d. R. d. Bundeswehr.

CRAMER, Winfrid Herbert

Dr. theol., Prof. (Pater Winfrid OSB) - Beverstrang 37, 4410 Warendorf 4 (T. 02584 - 12 38) - Geb. 3. Dez. 1933 Hamminkeln (Vater: Albert C.; Mutter: Josefine, geb. Brockmann), kath. - Dr. theol. Rom 1965; Lic. hist. philol. orient. Löwen 1967; Habil. Münster 1976 - 1968 Prof. extraordin. Rom; 1980 Prof. Münster - BV: D. Engelvorstellungen b. Ephräm d. Syrer, 1965; D. Geist Gottes u. d. Menschen im frühsyrischer Theologie, 1979 - Spr.: Ital., Engl., Franz., Span., Sprachen d. frühchristl. Orients.

CRAMER, Wolfgang-Dietrich

Dipl.-Ing., Bankkaufmann, Geschäftsf. Dipl.-Ing. Eduard Schmieg KG., Schwäb. Gmünd - Stuifenstr. 7, 7070 Schwäbisch Gmünd - Geb. 12. Febr. 1929 Pasing (Vater: Otto C., Oberstlt. a. D.; Mutter: Elisabeth, geb. Goettgens), kath., verh. s. 1958 m. Eleonore, geb. Jaeger, 2 Kd. (Martin, Ursula) - Gymn.; Bankkaufm.slehre; Stud. Maschinenbau TH München - Liebh.: Briefmarken, Münzen - Spr.: Engl.

CRAMON-TAUBADEL, von, Detlev Yves

Dr. med., Prof. Chefarzt - Daphnestr. 9/ 5, 8000 München 81 - Geb. 21. Juli 1941 Pahl (Weilheim), verh. m. Gabriele, geb. Matthes - Stud. Univ. München, Gießen (Med.); Promot. 1970, Habil. 1979 - 2. Vors. Dt. Ges. f. Neurotraumatologie u. Klin. Neuropsychol. - BV: Zerebrale Sehstörungen (2. Autor), Neuropsychol. Rehabilit. (Herausg. u. Autor). Mithrsg. d. Ztschr. Brain, Journ. of Neurology, Klin. Psychol. - Liebh.: Musik d. frühen 20. Jh., Gesch. (Antike), Geogr. - Spr.: Engl., Ital. - Bek. Vorf.: Breitenbach, Preuß. Eisenbahnmin. (Urgroßv.); v. Kaufmann: o. ö. Prof. zu Berlin.

CRASEMANN, Hans-Joachim

Dr.-Ing., Unternehmensberater - Kapellenweg 16, 5300 Bonn 2 - Geb. 25. Jan. 1928 - B. 1981 Vorst.-Mitgl. Bremshey AG, Solingen.

CRAUER, Pil

Schriftsteller, Regiss. - Zumhof, CH-6048 Horw-Luzern (T. 041 - 41 50 25); od. Sur Gougeas, F-84580 Oppède (T. 90 - 76 87 80) - Geb. 7. Jan. 1943 - Med., Publiz., Dramat. - BV: Lesestücke f. Nichtleser, 1976; D. Leben u. Sterben d. Paul Irniger, 1981; Les Dissidents, 1984; Schiebung Schiebung, 1986; Bubenberg, 1988. Theater: Rolland Laporte begegnet Minister Colbert, 1979; Wer braucht da Drogen, Schwester Stahl?, 1982 (auch Insz.); Oh, schwarze Blume..., 1985. Insz.: Albee Zoogeschichte, Luzern; Oh, schwarze Blume ..., Mannheim - 1979 Werkjahr Schweiz. Eidgenoss.; 1981 Luzerner Literaturpreis; 1983 Schweiz. Dramatikerpr.; 1985 Turmstip. Mannheim - Spr.: Franz.

CRAUS, Mauriciu

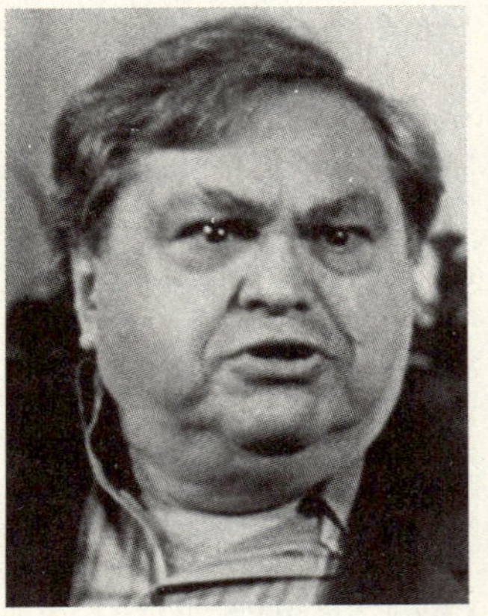

Schauspieler, Komiker (Ps.: Mircea Krishan) - Wingertstr. 42, 6457 Maintal 1 (T. 06181 - 43 21 22) - Geb. 1924 Bukarest (Vater: Simon C., Schausteller; Mutter: Carola C., Schaustellerin), verh. s. 1979 in 2. Ehe m. Ruth, geb. Goldstein, 1 Kd. (Tedi) - 1941-45 Theater-Conserv. Bukarest - S. 1941 Schauspieler u. Autor - Rollen u.a.: Schweijk, Sancho-Pansa, Tewije; zahlr. Auftritte, bes. auch FS - 1960 Volkskünstler Bukarest - Spr.: Rumän., Franz., Engl., Russ., Deutsch.

CRAUSHAAR, von, Götz

Dr. jur., Prof. f. Bürgerl. Recht u. Zivilprozeßrecht - Am Kohlbach 2, 7815 Kirchzarten-Burg/Br. - Geb. 15. Jan. 1932 Dresden - Promot. 1961; Habil. 1968 - S. 1969 Doz., 1973 apl. Prof., 1978 Prof., 1977 Dir. Abt. Priv. Baurecht Inst. f. Baurecht e.V. Univ. Freiburg. Fachveröff.

CREDNER, Karl

Dr. med., Pharmakologe Honorarprof. f. Arzneimittelprüfung u. -gesetz Univ. Düsseldorf - Leipziger Str. 24, 3512 Reinhardshagen.

CREMER, Drutmar

Pater, Benediktinermönch, Schriftsteller - 5471 Abtei Maria Laach üb. Andernach (T. 02652 - 59-1) - Geb. 26. Jan. 1930 Koblenz, kath. - Gymn. Andernach u. Jesuitenkolleg Bad Godesberg (Abit. 1952); Eintr. in d. Benediktinerabtei Maria Laach; phil. u. theol. Stud.; Priesterweihe 1958 - 1960-67 Jugendseels. in Maria Laach; s. 1971 Leit. Kunstverlag u. Kunstwerkst. d. Abtei Maria Laach; Schriftst., Lyriker; pastorale Aufg. - BV/ Werke: Frohe Legenden d. Heiligen Nacht, 9. A. 1964; Maria Laach, Landschaft, Baukunst, Plastik, 3. A. 1971; Mensch, wo bist du? Bildmeditat. zu Plastiken aus Autun, 9. A. 1972; Du siehst mich an, 4. A. 1973; Öffne meine Augen, Bildmeditat. z. Christussäule in Hildesheim, 3. A. 1974; Ich komme zu euch, z. Bronzetür d. Basilika San Zeno in Verona, 1975, 3. A. (auch Ital.); Laacher Impressionen, Landschaft u. Münster am See, 1976; Preisen sollen dich alle Völker, Betrachtungen zu Plastiken d. Holztür v. St. Maria im Kapitol Köln, 1977; Zisternen, zu Bildern v. Ernst Alt, 2. A. 1979; Benedikt v. Nursia, 1980; Aber einmal fällt Stille ein, 2. A. 1981. Anthol.: Wohin, Herr? 9. A. (auch franz., ital., niederl.); Sing mir d. Lied meiner Erde (auch franz. u. engl.), 1978; Malaika, d. Schwarze Engel, Weihnachtserz. 1977, (auch als Schallpl.); Ged.: Denn Sterne wollen stets geboren sein, 1982; Leichter schweben als d. Albatros, 1985; Dein Atemzug holt Zeiten heim, Ged. zu Bildern v. Marc Chagall, 1984; Leise seinem Lobpreis nahen, Gedanken u. Ged. zu Plastiken v. Santo Domingo de Silos, Nordspan., 1985; Ich preise dich, Herr. Darum hüpfe ich, 1986; Randgefüllt mit Liedern voll Lavendel, 1987; Bei mir piept es, Herr - Vögel beten - jenseits Eden, 1988; Heimwehstraßen - eingebrannt ins Windgehäuse Welt; Ged. zu europ. Landschaft u. Kultur, 1988; Gerufen u. Feuerwolken, Wege d. Gottesmutter n. Bildern d. Romanik, Gedanken u. Ged. 1989; Maria Laach, Münster u. Mönche am See m. Fotos v. G. u. B. Seinicke, Text-Bildbd. 1989; Da d. Zeit erfüllt war, Frohe Legenden z. Weihnacht, m. Holzschnitten v. Robert Wyss, 1989. Versch. Radiosendungen u. Mitarb. in Ztschr. - Spr.: Engl.

CREMER, Hans-Diedrich

Dr. med., o. Prof. f. Menschl. Ernährungslehre (emerit.) - Rob. Sommerstr. 21, 6300 Gießen (T. 2 12 86) - Geb. 14. Febr. 1910 Kiel (Vater: Georg C., LGsdir.; Mutter: Ilse, geb. Thomsen), ev., verh. s. 1937 m. Margot, geb. Mehrens, 4 Kd. - Domgymn. Naumburg/S.; Univ. Bonn, Kiel, Innsbruck, Köln (Promot. 1933). Habil. 1944 Berlin - S. 1944 Lehrtätigk. Univ. Innsbruck, Heidelberg (1945), Mainz (1946; 1950 apl. Prof.), Gießen (1956 ao. 1960 o. Prof.; Dir. Inst. f. Ernährungswiss.). 1961-63 FAO. Herausg. (1958 ff.): Beitr. z. Ernährungslehre (4 Bde; I auch engl.), Handb. d. Landw. u. Ernährung in Entwicklungsländern (5 Bde.) - 1953 Mitgl. Dt. Ges. f. Ernährung. (Ehrenmitgl.) New York Acad. of Sciences, 1970 Am. Inst. of Nutrition (Ehrenmitgl.).

CREMER, Lothar

Dr.-Ing., em. o. Prof. f. Techn. Akustik - Immanuel-Kant-Str. 12, 8160 Miesbach - Geb. 16. Aug. 1905 München (Vater: Prof. Dr. med. Max C.; Mutter: Elsbeth, geb. Rothmund), verh. m. Lydia, geb. Richter - 1940 Doz. TH Berlin, 1949 Univ. München. 1951 apl. Prof., 1954 o. Prof. TU Berlin Dir. Inst. f. Techn. Akustik u. Abt.leit. Heinrich-Hertz-Inst. Akust. Berater: Liederhalle Stuttgt., Herkulessaal u. Nationaltheater München, Dt. Oper, Philharmonie, SFB-Sendesaal, Intern. Kongreß Zentrum, Berlin; Aud. Manuel de Falla, Granada; De Vos Hall, Grand Rapids/USA, Aud. Apollon, Nice, u. a. - BV: D. wiss. Grundl. d. Raumakustik, 1949, 1950, 1961 (2. A. m. H. A. Müller, 1977, 1978); Körperschall, 1967 (m. H. Heckl); Vorlesung üb. Techn. Akustik 1971; Physik d. Geige, 1981; ca. 100 Einzelarb. - Mitgl. Göttinger Akad. d. Wiss.; W. C. Sabine Award u. d. Golden Medal d. Acoustical Society of America.

CREMER, Michael

Dr.-Ing., Prof. f. Meß-, Regelungs- u. Automatisierungstechnik TU Hamburg-Harburg (s. 1982) - Krabbenhöhe 15, 2057 Reinbek - Geb. 17. Jan. 1942 Berlin (Vater: Prof. Dr.-Ing. Lothar C., Ord. f. Techn. Akustik/emerit. (s. dort); Mutter: Lydia, geb. Richter), kath., verh. s. 1968 m. Gabriele, geb. Conrad, 3 Söhne (Markus, Florian, Claudius) - Gymn. u. TU Berlin (Dipl.-Ing. 1967) - 1967-69 Wiss. Angest. TU Berlin; 1969-72 Wiss. Assist. Univ. Bochum; 1972-78 Oberíng. TU München; 1978-82 Prof. Univ. Hamburg - BV: D. Verkehrsfluß auf Schnellstr., 1979; Regelungstechnik, 1984 - Liebh.: Kammermusik, Botanik, Bergsteigen - Spr.: Engl. - Bek. Vorf.: Dr. August v. Rothmund (Ururgroßv.); Prof. Dr. Max C. (Großv.); Prof. Dr. Dr. h. c. Erika C. (Tante).

CREMER, Peter

Dipl.-Kfm., Geschäftsführer Privatbrauerei Thier GmbH., Dortmund - Tewaagstr. 20, 4600 Dortmund 1 - Geb. 4. Aug. 1943, kath. - Stud. Betriebsw. Univ. Münster - Beiratsmitgl. Vitamalz GmbH., Dortmund; stv. AR-Mitgl. Tremonis, Dortmund. Handelsrichter - Liebh.: Jagd, Golf - Spr.: Engl., Franz.

CREMER, Peter E.

Geschäftsführer Elektro Spezial GmbH. u. Philips Industrie Elektronik GmbH., beide Hamburg - Bismarckstr. 8, 2057 Reinbek - Geb. 25. März 1911.

CREMER-BARTELS, Gertrud

Dr. rer. nat., Dipl.-Chem., Prof. Wiss. Assistentin Universitäts-Augenklinik Münster - Horstmarer Landweg 142, 4400 Münster/W. - Geb. 10. Juni 1921 Oldenburg i. O. (Vater: Dr. med. Heinrich B., Augenarzt; Mutter: Elisabeth, geb. Wehrbein), gesch., S. Dr. rer. nat. Cornelius - apl. Prof. Münster (Exper. Ophthalmologie); Lehrbeauftr. f. exper. Ophtalmol. u. Netzhautdegenerationen.

CREMER-HUNZINGER, Stefani

Verlegerin, Vors. Verb. Dt. Bühnenverleger - Zu erreichen üb. Bismarckstr. 17, 1000 Berlin 12; u. Hunzinger-Bühnenverlag, Kaiser-Friedrich-Promenade 43, 6380 Bad Homburg (T. 06172 - 2 40 19-10).

CREMERIUS, Johannes

Dr. med., o. Prof. f. Psychosomatik, Ärztl. Dir. Abt. Psychosomat. Med. u. Psychother. - Schneeburgstr. 24, 7800 Freiburg (T. 48 25 81) - Geb. 16. Mai 1918 Moers/Rh. (Vater: Johann C.; Mutter: Hertha, geb. Jahn), ev., verh. s. 1946 m. Annemarie, geb. Stolz, T. Janine - Realgymn. Krefeld; Univ. Gießen, Leipzig, Freiburg/Br., Pavia (Ital.). Med. Staatsex. 1944 Freiburg - 1950-60 Leit. Psychomat. Beratungsst. Univ. München; s. 1965 (Habil.) Lehrtätigk. Univ. Gießen (1968 Wiss. Rat u. Prof.) u. Freiburg (1972 Ord.); emerit. 1986. Berat. Fischer-Verlag (Reihe: Conditio Humana). Mitgl. Intern. Psychoanalyt. Vereinig. u. Dt. Ges. f. Psychotherapie u. Tiefenpsych. - BV: Psychotherapie als Kurzbehandlung in d. Sprechstd., 1951; D. Beurt. d. Behandlungserfolges in d. Psychotherapie, 1962; Was ist Süchtigkeit?, 1962 (Zürich); D. Prognose funktioneller Syndrome, 1968; Z. Theorie u. Praxis d. Psychosomat. Med., 1978; Psycha., Über-Ich u. soziale Schicht, 1979; V. Handwerk d. Analytikers, 1984; Neurose u. Genialität - Psychoanalyt. Biogr., 1971; Psychoanalyt. Erziehg.spr., 1971; Psychoanalyt. Textinterpret., 1975. Hrsg.: K. Abraham, Psychoanal. Stud., 2 Bde. 1969/71; D. Rezeption d. Psychoanalyse i. d. Soziologie, Psychologie, Theologie b. 1940 - 1969 Pr. Schweizer Ges. f. Psychosomat. Med. - Spr.: Engl., Ital., Franz.

CREMERS, Armin B.

Dr. rer. nat., Dipl.-Math., Prof. f. Informatik Univ. Dortmund - Elverfeldstr.

24, 4600 Dortmund 30 - Geb. 7. Juni 1946 Eisenach, ev., verh. s. 1973 m. Sylvia, geb. Schultz, 3 Kd. - Univ. Karlsruhe (Dipl.-Math. 1971, Promot. 1972, Habil. 1974) - 1973-76 Assist. Prof. Univ. of Southern Calif./Los Angeles; s. 1976 Prof. Univ. Dortmund; s. 1985 Prorektor Univ. Dortmund. Erf.: Grammatikformen, (m. S. Ginsburg) 1974; Datenraum-Masch., (m. T. N. Hibbard) 1978 - BV: Context-Free Grammar Forms, J. Computer and System Sciences 11, (m. S. Ginsburg) 1975; Formal Modelling of Virtual Machines, IEEE Trans. Software Engineering, (m. T. N. Hibbard) 1978 - Spr.: Engl., Franz., Russ.

CREMERS, Hartwig

Dr. jur., Kanzler d. Univ. d. Saarl. - Im Stadtwald, 6600 Saarbrücken.

CRETIUS, Konstantin

Dr. med., Prof., Ärztl. Direktor Städt. Frauenklinik Stuttgart - Gustav-Siegle-Str. 36, 7000 Stuttgart 1 (T. 636 69 00) - Geb. 18. Mai 1920 Nürnberg (Vater: Otto C., Kaufm.; Mutter: Henriette, geb. Schultze), ev., verh. s. 1954 (Heidelberg) m. Inge, geb. Albrecht - 1941-45 Stud. Med. Promot. 1945 Heidelberg; Habil. 1958 Mainz - S. 1946 Univ. Heidelberg (Assist. Med. Klinik u. Frauenkl.), Mainz (Assist. u. Oberarzt Frauenkl.; 1958 Privatdoz.) u. Würzburg (1959; I. Oberarzt u. stv. Dir. Frauenkl.; 1964 apl. Prof.). Üb. 100 Fachveröff., darunt. d. Handbuchbeitr.: D. Geburt (1984), Adaptive Vorgänge an d. Genitalorganen (1982) - Liebh.: Lit. - Spr.: Engl., Franz. - Bek. Vorf.: Prof. Konstantin C., Maler (1814-1901).

CREUTZ, Helmut

Architekt, Schriftst., Wirtschaftspubl. - Monheimsallee 99, 5100 Aachen - Geb. 8. Juli 1923, verh. m. Barbara Krüger (Schriftst.) - Erf.: Kindermöbel-Baukastenprogr. (BRD- u. US-Pat.) - BV: Gehen od. kaputtgehen; D. System - Ende e. Zeitalters; Haken krümmt man beizeiten; Bauen, Wohnen, Mieten - Welche Rolle spielt d. Geld?; Wachstum b. z. Krise; div. Anthol. - 1971 Sonderpreis Werkkr. Lit. d. Arbeitswelt.

CREUTZENBERG, Hermann

Landwirt, MdL Nieders. (s. 1970, CDU) - 2943 Hartsgast (T. Esens 378).

CREUTZFELDT, Otto

Dr. med. Prof. Neurologe, Direktor MPI f. Biophysikal. Chemie/Karl-Friedrich-Bonhoeffer-Inst., Göttingen (s. 1972). Honorarprof. f. Neurophysiol. u. -biol. Univ. ebd. (s. 1977) - Am Faßberg, 3400 Göttingen-Nikolausberg - Geb. 1. April 1927 Berlin - Zul. 1962-71 MPI f. Psychiatrie, München, 1960/61 USA-Aufenth. Üb. 180 Facharbeiten - Autor: Cortex cerebri., Herausg. u. Mitautor v. mehreren Büchern - 1966 Fritz-Berger-, 1968 Fritz-Merck-, 1980 Michael-Preis.

CREUTZFELDT, Werner

Dr. med., Dr. med. h.c., o. Prof. f. Innere Medizin - Senderstr. 47, 3400 Göttingen (T. 39 63 01) - Geb. 11. Mai 1924 Kiel (Vater: Prof. Dr. med. Hans-Gerhard C., Ord. f. Psychiatrie u. Neurol. Univ. Kiel † 1964; Mutter: Cläre, geb. Sombart), ev., verh. s. 1962 m. Dr. Cora, geb. Glees, 4 Kd. (Nikolaus, Cornelius, Nils David, Naomi) - 1943-50 Univ. Freiburg/Br., Kiel, Tübingen. Promot. 1950 Kiel; Habil. 1957 Freiburg - S. 1957 Lehrtätigk. Univ. Freiburg (1962 apl. Prof.) u. Göttingen (1964 Ord. u. Klinikdirektor); Fellow Royal College of Physicians (FRCP) 1977 - BV: Orale Diabetestherapie u. ihre expl. Grundl., 1960 (engl.: Oral Treatment of Diabetes, 1961). Herausg. zahlr. Monogr. Üb. 500 Einzelarb. - Mitgl. Royal Soc. of Med. London, Europ. Assoc. Study of Diabetes (1971-74 Präs.), Dt. Diabetes-Ges. (1967 Präs.), Dt. Ges. f. Inn. Med., Dt. Ges. f. Verdauungs- u. Stoffwechselkrankh. (1977 Präs.), Dt. Ges. f. Endokrinol., Schweizer Ges. f. Gastro-Enterol., European Soc. for Clinical Investigation (1968 Vizepräs.), Editor-in-chief Digestion (s. 1978) - 1974 Paul Langerhans-Plak. d. Dt. Diab. Ges.; 1978 Claude Bernard Med. d. EASD; 1983 Ehrenmitgl. Brit. Soc. Gastroent.; 1983 Ehrendoktor Univ. Krakow; 1988 Ehrenmitgl. Am. Soc. Surgery Aliment. Tract - Spr.: Engl. - Bek. Vorf.: Geheimrat Prof. Dr. phil., Dr. h. c. Werner Sombart, b. 1931 Ord. f. Nationalök. Univ. Berlin, † 1941 (Großv. ms.).

CREUTZIG, Jürgen

Dr., Hauptgeschäftsführer Zentralverb. d. Kraftfahrzeuggewerbes (s. 1973) - Franz-Lohe-Str. 21, 5300 Bonn 1 (T. 0228 - 2 60 01-0).

CREUZBURG, Heinrich

Prof., Kapellmeister u. Komponist - Mozartstr. 41, 4930 Detmold (T. 2 18 52) - Geb. 4. März 1907 Leipzig, ev., verh. s. 1932 m. Margarete, geb. Mügge, 3 Kd. (Maria, Carl Eberhard, Martin) - Landeskonservat. Leipzig - 1928-32 Korrepetitor Opernhaus Leipzig, 1932-33 Kapellm. Halle/S., 1933-42 Städt. Bühnen Essen, 1942-44 Dt. Theat. Oslo, s. 1945 Lehrtätigk. Musikhochsch. Weimar u. Nordwestd. Musik-Akad. Detmold (1950; Leit. Opernsch.). Aufgef. Werke: Melodramen f. Sprecher u. Kammerbesetz. (jap. Lyrik), Trio f. Klarinette, Bratsche, Violoncello, 5 Streichquartette, 2 Klarinettenquintette, Streichtrio, Bläserquartett, Bläsersextett, Bratschenkonzert, Orgelwerke, Lieder u. a. - BV: Partiturspiel (Übungsbuch), 4 Bde. (auch franz., engl.). Div. Aufs. zu Opernübers., u. a. Fachgeb.

CREZELIUS, Georg

Dr. iur., o. Univ.-Prof. Univ. Bamberg (s. 1985) - Treustr. 59, 8600 Bamberg (T. 0951 - 1 46 46) - Geb. 11. April 1948 Dortmund, kath., verh. s. 1976 - 1969-73 Stud. Rechtswiss.; 1. Staatsex. 1973, 2. Staatsex. 1976; Promot. 1978 Bielefeld, Habil. 1982 ebd. - 1983-85 Prof. Mainz - BV: Erbschaft- u. Schenkungsteuer in zivilrechtl. Sicht, 1979; Steuerrechtl. Rechtsanwendung u. allg. Rechtsordnung, 1983; Neuzeitliche Gesellschaftsverträge, 1987; Bilanzrecht, 1988; Handb. d. Personenges. (Steuerrecht), 1989.

CRIEGEE, Friedrich C.

Dr., Dipl.-Kfm., Fabrikant, pers. haft. Gesellsch. Schlicker & Söhne, Baumwollspinnerei u. -weberei, Schüttorf (b. 1981) - Rosenstr. 6, 4443 Schüttorf - Geb. 2. Sept. 1934 - Vorstandsmitgl. Fachverb. Baumwollweberei Nieders. Mitgl. Vollvers. IHK Osnabrück, Betriebswirtschaftl. Aussch. Hauptverb. Baumwollweberei, Frankfurt.

CRIEGERN von, Axel

Dr. phil., Prof. f. Kunsterziehung PH Reutlingen - Zu erreichen üb.: PH (FB Kunsterzieh.), Am Hohbuch, 7410 Reutlingen - Geb. 23. Aug. 1939 Berlin (Vater: Friedrich v. C., Oberstlt. i. G. a. D., Studienprof.; Mutter: Rosemarie, geb. Wallenstein), ev., verh. s. 1964 m. Gudrun, geb. v. d. Weppen (geb. 1940), 2 Kd. (Annette, Marc) - N. Abit. 1959 Göppingen Kunstakad. Stuttgart, TU ebd. (Politikwiss.) u. Univ. Tübingen (Kunstgesch., Politik, Archäol.). Beide Staatsex. - S. 1972 Prof. Reutlingen. 1981-82 Foreign Visiting Prof. a. d. Valparaiso Univ. USA - Schriftl. Ztschr. f. Kunstpäd. (1979 ff.) - BV: Struktur u. Politik - Grenzwerte d. Kunstpäd., 1975; Fotodidaktik als Bildlehre, 1976; Kitsch u. Kunst, 1977; D. Lernbereiche d. Kunsterz.unterr. in d. Hauptsch., 1978; Bilder interpretieren, 1981; Skizzieren u. Zeichnen v. A-Z, 1982 - Einzel- u. Gruppenausstell.; Buchillustr. - Spr.: Engl.

CROISSANT, Michael

Bildhauer, Prof. u. Leit. Bildhauerkl. Städelsch./Staatl. Hochsch. f. bild. Künste Frankfurt - Schwanthalerstr. 58, 6000 Frankfurt/M. (T. 622510) - Geb. 7. Mai 1928 Landau/Pf. (Vater: Hermann C., Maler; Mutter: Ursula, geb. Hirschberg), ev., verh. s. 1953 m. Christa, geb. v. Schnitzler - Kunstakad. München.

CROIX, de la, Rolphe

Schauspieler, Regiss., Theaterleit. - Pfinztalstr. 24, 7500 Karlsruhe 41 (T. 0721 - 4 11 56) - Geb. 15. Dez. 1925, verh. s. 1969 m. Angela, geb. Koschel - Mittl. Reife 1941; Landwirtschaftsprüf. 1942; 1943-45 Reichsarbeitsdienst, Soldat (verw.); 1946-48 Schule d. Dt. Theaters, Berlin - 1948-53 versch. Theater in Berlin; 1953-56 Torturmtheater (Luigi Malipiero), Sommerhausen; s. 1956 Mitgl. d. Theaters D. Insel, Karlsruhe; 1960-61 SR; 1961-62 Landestheater Linz/Donau; 1971-82 Mitgl. d. Theaters Altstadt Stuttgart; s. 1982 Schloßfestsp. Ettlingen; 1971-84 Gesamtleitg. Heidenheimer Musiktheater. Arbeit f. Ferns., Hörf. u. Film - Üb. 250 Klass. u. mod. Rollen, u.a.: General Harras/Teufels General (Zuckmayer); Kürmann/Biogr. E. Spiel (M. Frisch); Oberst Pickering/My Fair Lady (Loewe/Lernert/Gilbert); Kardinal Zampi/Bacchus (Corteau); Faust/Don Juan u. Faust (Grabbe); Major/Fast e. Poet (O'Neill); Präs./Kabale u. Liebe (Schiller); Tod/Jedermann (Hofmannsthal) - Üb. 200 Insz., u.a.: D. Zimmerschlacht (Walser); Duett f. e. Stimme (Kempiski); Tote ohne Begräbnis (Sartre); Wie es euch gefällt (Shakespeare); Woyzek (Büchner); Kabale u. Liebe (Schiller); Wallenstein (Schiller); u.a. Oper: D. Entf. aus d. Serail (Mozart); D. Gärtnerin aus Liebe (Mozart); Don Pasquale (Donizetti); Idomeneo (Mozart); D. Barbier v. Sevilla (Rossini); Don Giovanni (Mozart); D. lustigen Weiber v. Windsor (Nicolai) - EK I u. EK II; Silb. Verw. Abz.; Silb. Sturmabzeichen - Spr.: Engl.

CROLL, Willi

Bürgermeister - Höhenweg 5, 3520 Hofgeismar (T. 23 11) - Geb. 2. Dez. 1924 Calden, Kr. Kassel - Volks- u. Aufbausch.; 1948 Hess. Knappschaft, Kriegsdienst (2 × verwundet), 1968-1976 I. Stadtrat Hofgeismar (ehrenamtl.), 1970-76 MdL Hessen, s. 1976 Bürgerm. Hofgeismar, Mitgl. SPD-Bezirksaussch. Hessen-Nord u. SPD-Unterbez. Vorst. Kassel-Land.

CROLL, Willi

Präsident Dt. Raiffeisenverb. - Adenauerallee 127, 5300 Bonn 1 (T. 0228 - 1 06-0) - Geb. 1. Sept. 1926 Simtshausen/Kr. Marburg/Lahn.

CROME, Peter

Dr. phil., Journalist u. Buchautor - Zu erreichen üb. Kiepenheuer + Witsch Verlag, Köln - Geb. 1938 Japan (Vater: Werner C., Journ. † 1971, s. XV. Ausg.) - Stud. Westdtschl. - S. 1968 Japan- u. Fernost-Korresp. Frankf. Rundschau, Tagesspiegel, D. Spiegel, u. a.; s. 1983 Köln - BV: Symbol u. Unzulänglichkeit d. Sprache, 1970; D. Tigergrill, R. 1984; D. Ungeheuer v. Akiya, R. 1987; D. Tenno, Biogr. 1988.

CROMME, Franz

Dr. jur., Dipl.-Volksw., Staatssekretär Nieders. Umweltministerium (s. 1988) - Archivstr. 2, 3000 Hannover - Geb. 9. Okt. 1939 Vechta (Vater: Franz C., Mutter: Agnes, geb. Wingbermühle), kath., verh. s. 1975 m. Angelika, geb. Dressler, 2 S. (Felix, Rasmus) - Gymn. Vechta (Antonianum); Univ. Freiburg/Br., Berlin, Münster (Rechts- u. Wirtschaftswiss.). Jurist. Staatsprüf. 1963 u. 68. Dipl.-Volksw. 1965; Promot. 1966 - 1968-71 Rechtsanw. Vechta. 1971-1977 Stadtdir. Delmenhorst, 1977-86 Oberstadtdir. 1967-71 MdL Nieders. CDU s. 1959 (1969-71 Kreisvors. Vechta), 1973-86 Mitgl. Rundfunkrat NDR, 1983-86 Vors. Wirtsch.- u. Verkehrsaussch. Dt. Städtetag; 1986-88 Staatssekr. Nieders. Min. d. Justiz, Febr.-Nov. 1988 im Nieders. Min. d. Innern.

CRONE-ERDMANN, Hans-Georg

Ass., Hauptgeschäftsführer Vereinig. d. Industrie- u. Handelskammern NRW - Steffenstr. 43, 4000 Düsseldorf 11 (T. 5 33 88) - Geb. 18. Juni 1942 Düsseldorf, kath., verh. s. 1977 m. Inge, geb. Klein - Stud. Rechts- u. Staatswiss. Univ. Heidelberg u. Münster; Ex. 1968 u. 72 - 1973-77 Dt. Industrie- u. Handelstag; 1977-84 IHK Berlin; s. 1984 s. o. - BV: Handb. f. Städtebau u. Handel (m.a.), 1976; Kaufvertrag u. Werkvertrag, 1975; Berechnung d. Unternehmenswertes (m.a.), 1983 - Liebh.: Gesch., Kunst, Politik - Spr.: Engl., Franz.

CRONE-MÜNZEBROCK, Alfred-Adolf

Dr. med., Chirurg, Chefarzt Chir.-Urol. Abt. Pius-Hospital Oldenburg (s. 1957) - Kärntner Str. 40, 2900 Oldenburg/O. (T. 0441/502779) - Geb. 16. Juni 1918 Freiburg/Br., kath., verh. s. 1947 m. Dr. med. Gottfriede, geb. Jaspers, 2 Söhne (Klaus, Wolfgang) - Med. Staatsex. 1944 Hamburg; Promot. 1944 Berlin; Habil. 1956 Göttingen - S. 1956 Privatdoz. Univ. Göttingen (Chir.). Üb. 60 Fachveröff.

CRONE-RAWE, Bernard Gerhard

Textil-Ing., Beirat, Gesellschafter B. Rawe & Co., Nordhorn (s. 1954), Präs. Ind.verb. Garne, Frankfurt, Bremer Baumwollbörse - van Delden-Str. 34, 4460 Nordhorn (T. 05921 - 93225; priv.: 93325) - Geb. 16. Aug. 1924 Berlin (Vater: Dr. August C.-Münzerock; Mutter: Elisabeth, geb. Rawe), kath., verh. in 2. Ehe m. Renate, geb. Diersch, 3 Kd. (Barbara, Bernhard, Alexander) - Obersch. Osnabrück; 1947-48 Staatl. Technikum Reutlingen - 1942-45 Wehrmacht (Ltn. d. Res.); 2. 1948 Gesellsch. B. Rawe & Co., Nordhorn; Präs.mitgl. Gesamttextil/Gesamtverb. Textil-Ind. i. d. BR Dtschl.; Präs. Intern. Textil Manufacturers Federation, Zürich; Member Baumw.-Standard-Comm. USDA, Washington; Vors. Textilbüro, Bez. Osnabrück; Vors. REFA-FA Textil, Darmstadt; Vizepräs. AvD-Club Bremen, Mitgl. Sportkommiss. AvD Frankfurt u. Berufungsgericht Dt. Automobil-Sport ebd. - Liebh.: Motorsport - Lions Club - Spr.: Engl.

CRONENBERG, Dieter Julius

Unternehmer, Bundestagsvizepräs. (s. 1984), MdB - Friedrich-Naumann-Str. 1a, 5760 Arnsberg 1 (T. 02932 - 4 77 21) - Geb. 8. Febr. 1930 Neheim (Vater: Dipl.-Kfm. Franz-Julius C.; Mutter: Lucie, geb. Westermann), kath., verh. s. 1961 m. Marie-Luise, geb. Riecks, 3 Kd. (Carl-Julius, Friederike, Constantin) - Stud. Lausanne, Aix-en-Provence, Münster (1954/55 Vorst. VDS); 1. jurist. Staatsex. 1958 OLG Hamm - S. 1960 Fa. Julius Cronenberg oH. AR Ind.verw.ges. mbH Bonn-Bad Godesberg, Beirat Gothaer Versich.bank VVaG. S. 1976 MdB. FDP s. 1961 (1973 Mitgl. Landesvorst.; 1974 Bez.vors.

CRONSHAGEN, Eberhard

Regisseur, Autor - Kyllmannstr. 15 E, 1000 Berlin 39 (T. 030-805 23 49) - Geb. 25. Juni 1913 Berlin-Friedrichshagen, ev., gesch., T. Swantje - Max Reinhardt Schauspielsch. u. Regiesem. Berlin - Werke f. Film u. Fernsehen - Spr.: Engl.

CROONENBROECK, Hans

Dipl.-Volksw., Hauptgeschäftsführer Industrieverb. Steine u. Erden, Baden-Württemberg - Gammertinger Str. 4, 7000 Stuttgart 80 - Geb. 8. April 1948.

CROPLEY, Arthur J.

Ph. D., Prof. f. Psychologie u. Päd. Psych. Univ. Hamburg (1978ff.) - Zul. 2000 Hamburg 60 - Geb. 31. Dez. 1935 Marree/Austr. (Vater: William C., Lehrer; Mutter: Phyllis, geb. Stubbs), Angl., verh. s. 1962 (Ehefr.: Alison), 2 S. (Andrew, David) - Univ. Adelaide/Austr. u. Alberta/Kan. - 1956-62 Lehrer Austr., Engl., Kan.; s. 1965 Hochschull. Austr., Kan., BRD. Div. Bücher, zu.: Kinder zw. zwei Welten (1979) - Spr.: Engl., Franz.

CROPP, Wolf-Ulrich

Dr. rer. oec., Dr. rer. oec. h.c., Bau-Ing., Dipl.-Kfm., Vorsitzender d. Geschäftsleitung Carl W. Kopperschmidt GmbH, Plexiglas (Kunststoffe), Hamburg (s. 1980), Schriftst. - 2000 Hamburg 65 - Geb. 25. Juli 1941 Hamburg, ev. (Vater: Jürgen C., Dipl.Ing.; Mutter: Hildegund, geb. Scheuermann), verh. s. 1970 m. Christiane, geb. Moritz,, 2 S. (Marc-Ulrich, Leif Christian) - 1962 Lehre Strabag Bau-AG, Hamburg; Stud. Ing.-Wiss.; Bau-Ing. (grad.) 1965; Stud. Wirtschaftswiss.; Dipl.-Kfm. 1969 Köln; Promot. 1983 University of Ottawa - 1978 kaufm. Dir. Kueppers Ltd., Nigeria; 1977 Geschäftsfg. ISS GmbH, Hamburg - BV: Heiße Pfade, 1977; Ölrausch in d. Arktis, 1977; Iditarod-Hetzjagd durch Alaska, 1981; Fangtage, 1981; Alaska-Fieber, 1982; wiss. Studie: Exportfähigk. v. Industriestaaten im Verhältnis z. Importabhängigk. v. Drittländern, 1983; Galapagos - D. Drachen leben noch, 1984; Im Herzen d. Regenwaldes, 1984; Schwarze Trommeln, 1985; Tunesien, 1987; Äthiopien, 1987 - 1982 Ehrendoktor Univ. München; 1982 Bandera-Kreuz München; 1983 Ausz. Buch d. Monats Dez. Dt. Akad. f. Jugendlit., Volkach - Interessen: Reisen in ethnol., geogr., hist. wenig erschlossene Geb.; Beobachten u. Forschen unt. aussterb. Naturgem.; Überleben in menschenfeindl. Umwelt; Unternehmensführ.; mod. Management, Menschenführ., Betriebspsych., Organisationssysteme, Marketing, Außenhandel - Spr.: Engl., Franz. - Lit.: Kürschners dt. Literatur-Kalender, Allg. Dt. Sonntagsblatt, D. Zeit, Mannheimer Morgen, Kieler Nachrichten, Christ u. Welt.

CROSECK, Hans-Henning
Dipl.-Ing., Vorstandsmitgl. Laeis-Werke AG., Trier - Robert-Koch-Str. 2, 5503 Konz - Geb. 1. Dez. 1929 Berlin - Zul Geschäftsf. Hydraulik GmbH, Duisburg.

CROUS, Helmut A.
Publizist, Ehrenpräs. Federation Intern. des Journalistes, Brüssel, Ehrenpräs. Aachener Karnevals-Verein (Orden „wider den tierischen Ernst") - Arndtstr. 28, 5100 Aachen (T. 7 22 96) - Geb. 15. Nov. 1913 Aachen (Vater: Rudolf C., Bankbeamter; Mutter: Auguste, geb. Vopel), ev., verh. s. 1939 m. Barbara, geb. Beckers, 2 Töcht. (Liesel, Elena) - Kaiser-Wilhelm-Gymn. Aachen - 1932-36 fr. Journ.; 1936-39 Mitarb. Droste-Verlag, Düsseldorf; 1946-78 Ressortltr. Aachener Volksztg.; 1969-75 Vors. Dt. Journ.-Verb.; 1975-78 Pres. Feder. Intern. d. Journ., Brüssel; 1966-78 Fernsehrat ZDF - BV: Närr. Kur s. 1133 - Karneval in Aachen, 1959. Einleit. u. Texte Bildbde.: Aachen (1961 u. 62), Eifel - Ardennen (1963), J. A. Mayersche Buchhandl. Aachen - 1817-1967 (1967), Aachen, wie war 1971, Alte Aachener Stadtansichten 16. - 19. Jh. 1976, Aachen, wie war, Bd. 2, 1979 - Impress. e. Zeitgen. 1978; Wider d. tierischen Ernst, Reden aus d. Aachener Käfig, 1980; D. Fastnacht in Aachen im Lauf d. Jhe., 1984; Anfänge d. journalist. Verbandsbildung in Pioniere d. Nachkriegs-Publiz., 1986 - 1971 BVK I. Kl., 1980 Gr. BVK - Liebh.: Kupferstiche, alte Landkarten - Spr.: Franz.

CROY, Herzog von, Carl

Forst- u. Landwirt - 4408 Merfeld/W. (T. Dülmen 36 34) - Geb. 11. Okt. 1914 Düsseldorf (Vater: Carl Herzog v. C., Landw. † 1974; Mutter: Nancy, geb. Leishman, Tocht. d. amerik. Botschafters in Berlin), kath., verh. s. 1953 m. Gabrielle, geb. Prinzessin v. Bayern (geb. 10. Mai 1927), 3 Kd. (Marie-Therese, Rudolf, Stefan) - Univ. Fribourg (Rechtswiss.) - Ritter d Souveränen Malteser-Orden, Mitgl. Lions Club - Liebh.: Wildpferde - Spr.: Franz., Engl.

CRÜGER, Gerd
Dr., Prof. u. Direktor Institut f. Pflanzenschutz im Gartenbau/Biol. Bundesanstalt f. Land- u. Forstw., Braunschweig - Messeweg 11/12, 3300 Braunschweig.

CRÜWELL, Berndt
Dr. jur., Direktor Industriekreditbank AG - Dt. Industriebank - Zeppelinalle 38, 6000 Frankfurt/M. 90 (T. 069-79 50 91 65); priv.: Frauenlobstr. 57, 6000 Frankfurt/M. 90 (T. 069-77 15 33) - Geb. 1. April 1935 Münster (Vater: Ludwig C., General), ev., verh. , 3 S. (Ludwig, Christoph, Ulrich) - Banklehre u. Jura-Stud.; Ass. 1965, Promot. 1966 - Spr.: Franz.

CRULL, Christina,
geb. Schmitt
Ballett-Tänzerin Lüneburg - Mohnweg 19, 2121 Vögelsen (T. 04131 - 12 12 81) - Geb. 2. März 1963 Königstein/Ts., kath., verh. s. 1987 m. Ralf-Peter C. - Ausb. an d. Staatsoper München - Hauptrolle in Coppelia (1988).

CRUMMENERL, Klaus
Beigeordneter Stadt Lüdenscheid - Worthstr. 26A, 5880 Lüdenscheid (T. 02351-86 04 26) - Geb. 10. Okt. 1939 Lüdenscheid (Vater: Erich C., städt. Oberbaurat; Mutter: Irene, geb. Brüninghaus), ev., verh. s. 1967 m. Doris Paskert - Gymn. Lüdenscheid; Stud. Rechtswiss. Univ. Marburg u. Münster; 1. jurist. Staatsprüf. 1964, 2. jurist. Staatsprüf. 1967 - 1967-69 Gerichtsass.; s. 1969 Stadt Lüdenscheid; s. 1973 Beigeordneter. S. 1980 Vorst. Lüdenscheider Wohnstätten AG; s. 1983 Vors. Ständ. Konf. d. Kultursekr. nordrh.-westf. Städte Gütersloh. Zahlr. Beiträge u. Aufs., insb. z. kulturpolit. Themen - Liebh.: Zeitgenöss. Kunst, Kulturgesch. - Spr.: Engl.

CRUTZEN, Paul
Dr. phil., Dr. h. c., Prof. f. Meteorologie, Direktor Max-Planck-Inst. f. Chemie, Mainz - Zu erreichen üb. Max-Planck-Inst., Saarstr. 23, Box 3060, 6500 Mainz - Geb. 3. Dez. 1933 Amsterdam (Vater: Josef C., Kellner; Mutter: Anna, geb. Gurk), verh. s 1958 m. Terttu, geb. Soininen, 2 Töcht. (Ilona, Sylvia) - Promot. (Meterol.) 1973 Univ. Stockholm/Schweden - 1973-74 Assist. Univ. Stockholm; 1974-77 Wiss. u. 1977-80 Forschungsdir. NCAR, Boulder/USA; s. 1980 Dir. MPI f. Chemie, Mainz. Mitgl. Max-Planck-Ges. - BV: Environmental Consequences of Nuclear War, Bd. I, Physical, 1985; Schwarzer Himmel, 1986 - 1984 Discover; 1984 Scientist of the Year; 1985 Leo Szilard Award, American Physical Soc.; 1986 Dr. h. c. York University, Canada; ausl. Ehrenmitgl. American Acad. of Arts and Sciences, Cambridge/USA; Ehrenmitgl. American Geophysical Union; 1989 Tyler Prize - Spr.: Holländ., Schwed., Engl.

CSIKY, Franz
M. A., Dramaturg u. Spielleit., Mitinh. Werbeagentur REGE - Moltkestr. 34, 7520 Bruchsal (T. 07251 - 8 36 23) - Geb. 8. Okt. 1950 Mediasch/Siebenbürgen (Rumän.), verh. s. 1974 m. Margrit, geb. Abalasei, T. Ava Marion - 1969-73 Stud. German. u. Roman. Univ. Temeschburg (Rumän.; M.A.); 1975-81 theaterwiss. Lehrg. Bukarest - 1973-78 Dramat. Dt. Staatstheater Temeschburg; 1978-82 Dramat. dt. Abt. Staatstheater Hermannstadt; 1982-83 Kulturgesch. Art. in dt., rumän. u. ungar. Ztg. u. Ztschr. aus Rumän.; Theatergesch. Hermannstadts. Übers. rumän. Theaterst. ins Deutsche: 3x Liebe, 1x Tod, v. Theodor Mazilu (Premiere 1979); Tausche Haifisch gegen Kamel, v. Dumitru Solomon (Premiere 1980); Urlaub am Meer, (in e. Sammelbd., UA 1984). Stücke in Dt.: Brettener Gauklerspiel - 1504 (UA in Bretten 1986); Souvenirs, Souvenirs (m. Rolf P. Parchwitz, UA in Bruchsal 1986, veröffentl. 1987); D. Kuckucksbraten (UA in Eberbach 1988); D. Mosbacher Befreiungsspiel (UA 1988) - Spr.: Engl., Ungar., Rumän.

CUBE von, Felix
Dr. rer. nat., o. Prof. f. Erziehungswiss. - Kirchstr. 15, 6903 Neckargemünd. Geb. 13. Nov. 1927 Stuttgart - S. 1963 ao. Prof., s. 1968 Ord. PH Berlin, 1970 PH Rheinland/Abt. Bonn, 1974 Univ. Heidelberg. Dir. Erz. wiss. Sem. - BV: Allg. Bildung o. produktive Einseitigkeit, 1960; Üb. d. Entropie v. Gruppen (m. R. Gunzenhäuser), 1963; Kybernet. Grundl. d. Lernens u. Lehrens, 1965; Was ist Kybernetik?, 1967; Technik d. Lebendigen, 1970; Gesamtschule - aber wie?, 1972; Ausb. zw. Automation u. Kommunikation, 1976; Erziehungswiss. - Möglichkeiten, Grenzen, polit. Mißbrauch, 1977; Recht in d. Ges., 1978 (m. Hadding, Hrsg.); Fordern statt Verwöhnen - d. Erkenntnisse d. Verhaltensbiol. in Erziehung u. Führung, 1986 (m. D. Alshuth); Besiege deinen Nächsten wie dich selbst - Aggressionen im Alltag, 1988.

CÜPPERS, Curt

Dr. med., em. o. Prof. f. Augenheilkunde - Lindenallee 57, 5000 Köln 51 (T. 38 48 07) - Geb. 18. März 1910 Köln, verh. m. Lotte, geb. Schütte, T. Mechthild - S. 1954 (Habil.) Lehrtätig. Univ. Gießen (1958 apl., 1963 ao., 1966 o. Prof.; Dir. Augenklinik, 1976 emerit.). 1954 Gründer u. Leit. d. Schule f. Orthoptistinnen Univ. Gießen (Leitg. b. 1975), 1958 Überführt. d. Lehranst. z. ersten Staatl. Schule f. Orthoptistinnen in d. BRD - 1964-75 Hess. Landes-Arzt f. Sehbehinderte; 1969-77 Präs. d. CESSD. 140 Fachveröff. - 1957 Leonhard-Simonon-Preis (Belgien), 1962 Medaille Med. Fakultät Univ. Nancy, 1974 Bergmann Plakette, 1975 von Graefe Preis, 1976 BVK, 1977 Ehrendoktor Med. Fakultät Univ. Nancy, 1977 Gold. Medaille Stadt Nancy, Ehrenpräs. d. CESSD; Mitgl. od. Ehrenmitgl. zahlr. europ. od. intern. Fachges.

CULLMANN, Hans-Jürgen
Dr. jur., Rechtsanwalt, Aufsichtsratsvorsitzender Naumann Beteiligungs- und Verwaltungs AG, stv. AR-Vors. Artur Naumann Stahl AG, Kommanditist Naumann Stahl AG & Co. KG - Marienstr. 10, 4000 Düsseldorf 1 (T. 35 40 02) - Geb. 1. Dez. 1918 Düsseldorf (Vater: Hugo C. (Kaufm. Dir. Gerresh. Glashüttenwerke); Mutter: Irene, geb. v. Steimker), ev., 2 Kd. (Peter, Petra) - Hindenburggymn. (Abit. 1938) Düsseldorf; Rechtsstud. Bonn, München, Köln, Freiburg/Br. Staatsex. 1941 u. 44; Promot. 1944 - Liebh.: Tanz, Jagd, Orgelspiel - Spr.: Engl., Franz.

CULMANN, Herbert
Dr. jur., Präsident Dt. Aero-Club (s. 1983), Vorstandsvorsitzer a.D. Dt. Lufthansa AG., Köln (b. 1982) - Neuer Traßweg 30, 5060 Bergisch-Gladbach - Geb. 15. Febr. 1921 Neustadt/Weinstr. (Vater: Wilhelm C; Mutter: Cornelia, geb. Fuchs), verh. s. 1949 m. Angelika, geb. Küstner, 3 Kd. (Harald, Joachim, Astrid) - Univ. Heidelberg (Rechtswiss.). Promot. 1951 (Prof. Walter Jellinek); Ass.ex. 1952 - 1939-45 Wehrdst. (Marine, Luftw.; Offz. u. Flugzeugf.; s. 1953 Luftag bzw. Lufthansa (1954); Vicepres. Federation Aeronautique Intern. (FAI); Präs. Kuratorium Stiftg. Dt. Segelflugmuseum - Ehrenmitgl. Luftfahrt-Presse-Club; 1969 Gold. Daidalos-Med. Dt. Aero-Club; 1981 Gr. BVK - Liebh.: Musik, Lit., Filmen, Skilaufen.

CUNIS, Reinmar
Dr. rer. pol., Dipl.-Soz., Schriftsteller u. Dramaturg - Stadtbahnstr. 78, 2000 Hamburg 65 (T. 040 - 601 92 84) - Geb. 8. Aug. 1933 Bremen (Vater: Clemens C., Komp., Autor; Mutter: Charlotte, geb. Tholen, Sängerin), verh. in 1971 in 2. Ehe m. Ursula, geb. Gnaß, Filmcutterin, 4 Kd. (Roman, Ragnar, Malte, Janning) - Stud. Soziol., Psych. u. Wirtschaftswiss. FU Berlin (b. Otto Stammer, Dipl.) u. Univ. Köln (b. René König, Promot.) - 1949-52 Regieassist.; s. 1950 Schriftst., 1953-55 Bankkaufm.; 1956ff. Journ. u. Moderator, Fernsehredakt., Dramat. u. Lektor - BV: Livesend., R. 1978; Zeitsturm, R. 1979; D. Mols-Zwischenfall, R. 1981; Ende d. Alltags, Erz. 1983; Wenn d. Krebsbaum blüht, R. 1987; Keiner v. uns, FS-Spiel 1987. Mehr. Fernsehfeatures z. polit., wirtsch. u. soz. Themen - 1986 Kurd-Lasswitz-Preis - Liebh.: Reisen - Bek. Vorf.: Clemens Cunis, Autor v. Bühnenw. u. Hörsp. (Vater) - Lit.: Alpers u. Loock, Leseb. d. dt. Science Fiction, 1984; Iwoleit: D. Dt. Science Fiction u. ihre Autoren, 2. in: D. SF-Jahr 1987.

CUNITZ, Maud
Kammersängerin - Kirchenweg 8, 8011 Baldham/Obb. (T. Zorneding 8377) - Geb. 3. April 1916 London (Vater: Fritz C.; Mutter: Franziska, geb. Unertl), kath., verh. s. 1957 m. Kammers. Albrecht Peter (Bariton) - Inst. d. Engl. Fräulein - Mitgl. Bayer. Staatsoper. Gastsp. intern. Bühnen. Partien: Elisabeth, Butterfly, Aida, Octavian, Dorabella, Arabella, Ariadne, Gräfin, Eva, Jenufa, Elsa u. a. - 1955 Bayer. Kammers.; 1959 Bayer. VO.

CUNO, Otto
Dipl.-Ing, Direktor i. R. - Rödersteinweg 13, 6328 Hofheim/Ts. - Geb. 10. Mai

1908 - B. 1963 Telefonbau u. Normalzeit, Frankfurt (zul. pers. haft. Gesellsch.).

CURDES, Gerhard

Prof., Ordinarius f. Städtebau u. Landesplanung u. Institutsdir. TH Aachen (s. 1971) - Ahornstr. 74, 5100 Aachen - 1979 Ruf TU Berlin.

CURDT, Lothar

Geschäftsführer, MdB (s. 1976; Wahlkr. 49) - Gleichenweg 2, 3400 Göttingen (T. 91715) - Geb. 8. Juni 1928 Nikolausberg - Schriftsetzerlehre; b. 1964 Schriftsetzer; anschl. Bezirkssekr. IG Druck u. Papier; 1973-76 Geschäftsf. SPD-Unterbez. Göttingen; Geschäftsf. Weender Druckerei GmbH, Göttingen. S. 1946 Mitgl. IG Druck u. Papier (1961-73 Bezirksvors.) - SPD (s. 1955). Ratsherr in Krone u. Göttingen, s. 1964 Kreistag Göttingen; 1970-73 Landrat, b. 1976 stv. Landrat.

CURILLA, Wolfgang

Senator Fr. u. Hansestadt Hamburg (1976-86 Umweltsenator, s. 1986 Justizsenator) - Drehbahn 36, 2000 Hamburg 36 (T. 34 97-6 00/6 01) - AR-Vors. Fischmarkt Hamburg-Altona GmbH; AR-Mitgl. Hamburger Wasserwerke GmbH; VR-Vors. Hamburger Feuerkasse, Hamburger Mobiliarfeuerkasse. SPD.

CURIO, Eberhard

Dr. rer. nat., Prof. f. Zoologie, Ruhr-Univ. Bochum/Fak. f. Biol. (s. 1971) - Schattbachstr. 4, 4630 Bochum - Geb. 22. Okt. 1932 Berlin (Vater: Otto C., Studienrat; Mutter: Dorothea, geb. Clouth), verh. s. 1965 m. Dorothea, geb. Mohr, 2 Kd. (Cristóbal, Isabéla) - Friedrich-Ebert-Sch. u. FU Berlin. Promot. 1957 Berlin; Habil. 1968 Bochum - BV: Verhaltensstud. am Trauerschnäpper, 1959; The Ethology of Predation, 1976 - Spr.: Engl., Ital. - Bek. Vorf.: Gajus Tribonius Curio (Legat Cäsars) - Entd.: Vielkanaltheorie d. Feindwahrnehmens v. Singvögeln.

CURTIUS, Carl Friedrich

Dr. jur., Universitätskanzler - Universitätsstr. 1, 4000 Düsseldorf (T. 311 24 30) - Geb. 1928 Bonn (Vater: Prof. Dr. med. Friedrich C., Internist (s. XVII. Ausg.), verh. s. 1953 m. Dr. rer. nat. Annette, geb. Roth, 3 Kd. (Dr.-Ing. Friedrich, Cornelie Curtius-Schaffert, Irene Bach) - Univ. Bonn, Freiburg, Köln (Rechtswissensch.) - S. 1957 Univ.-verw. Köln, Freiburg (1959 Univ.rat), Düsseldorf (1969 Kanzler) - 1969 Ehrensenator Univ. Freiburg.

CURTIUS, Mechthild,
geb. Wittig

Dr. phil., Privatdozentin f. Lit., Schriftst., Journ., Funk- u. Filmautorin - Vogtstr. 74, 6000 Frankfurt/M. 1 (T. 069 - 59 59 45) - Geb. in Kassel, 2 Kd. (Birgitta, Boris) - Abit.; Stud. German., Ethnosoziol., Kunstgesch.; Promot. 1971 Marburg, Habil. 1982 - Forschungsschwerp.: schöpfer. Proz. b. Dichtern, Erotik, Landsch. - BV: Mode u. Ges., 1971 u. 74; Kritik d. Verdinglichung in Canettis Blendung, 1973; Theorien d. künstler. Produktivität, 1976; Wasserschierling, Gesch. 1979; Je länger je lieber, R. 1983; Erot. Phantasien b. Thomas Mann, 1984; Vater u. Gott b. Ernst Weiß, 1988; Gespr. m. Autoren üb. d. Arb. d. Schreibens, 1989. Filme: (Reihe) Hess. Landschaftsbilder, 1985-89; Marquis de Sade, 1986; Glockenjahr, 1986. Drehb.: D. Rüschhausjungfrau (1988 Drehbuchpreis d. Kultusmin. Nordrh.-Westf.) - Bek. Vorf.: Josef Wittig, Breslau, Prof. d. Theol. u. Schriftst.

CURTIUS-HARTUNG, Rudolf

Dr. rer. pol., Wirtschaftsprüfer u. Steuerberater, Honorarprof. f. Betriebsw. Steuerlehre Univ. Bochum - Stesemannstr. 15, 4000 Düsseldorf 1.

CURZI, Cesare

Opernsänger - Max-Reger-Str. 14, 8501 Schwaig b. Nürnberg (T. 0911 - 50 54 20) - Geb. 14. Okt. 1926 San Francisco, kath., verh. seit 1950 m. Rosemarie, geb. Ginocchio, 4 Kd. (Gina Marie, Mario, John, Paul) - Liebh.: Ital. Küche - Spr.: Deutsch, Ital., Franz., Span.

CUSTODIS, Reiner

Assessor, Geschäftsf. Bundesverb. Kunststoff- u. Schwergewebekonfektion - Worringer Str. 99, 4000 Düsseldorf - Stud. Rechtswiss.

CVIKL, Ernst

Ing., Architekt, Vorstandsmitgl. DEV, Nürnberg - Felbigergasse 58, A-1140 Wien (T. 42 93 27) - Geb. 19. Nov. 1910 Graz/Steierm. (Vater: Ignaz C., Techn. Rat; Mutter: Johanna, geb. Stadler), verh. s. 1933 m. Grete, geb. Plank, 3 Söhne (Ernst, Walter, Herbert) - Maurerlehre; HTL Graz, Bauhaus u. Verw.-sakad. Dessau - B. 1957 Dtschl. (1946 ff. Westerland/Sylt, Kiel, Kaiserslautern, Homburg/Saar), dann Wien. Fabrikations-, Lager-, Sport- u. Turn- sowie Flugzeughallen (Bundesrep., Frankr., Österr., Spanien, Südamerika). Üb. 80 Patente im Stahlleichtbau - 1962 Diesel-Med. in Gold, Staatspreis Bundesmin. f. Wissensch. u. Forschg. Wien 1973 u. a.; 1963 Ehrenmitgl. Österr. Erfinder-Verb., Ehrenpräs. Österr. Patentinhaber- u. Erf.-Verb. - Liebh.: Schäferhundezucht (Zwinger v. d. Wickenburg).

CYCON, Dieter

Freier Journalist - Hochbrückenstr. 16, 8000 München (T. 295803) - B. 1969 außenpolit. Redakt. Stuttgarter Ztg., dann (b. 1976) DIE WELT - BV: Es geht um d. Bundesrep. - E. krit. Wertung d. Außenpolitik Willy Brandts, 1971.

CYFFER, Norbert

Dr. phil., Prof. f. Afrikan. Philologie Univ. Mainz - Probststr. 11, 6500 Mainz 1 (T. 06131 - 3 51 72; dstl.: 39 24 14) - Geb. 16. Mai 1943 Dortmund, ev.-luth., verh. s. 1980 m. Marita Cyffer, geb. Palonen - 1965-71 Stud. Afrikanistik, Allg. Sprachwiss., Ethnol., Soziol.; Promot. 1973 Hamburg - 1974-81 Ahmadu Bello Univ. Zaria (Res. Fellow) u. Univ. of Maiduguri (Senior Lecturer; bde. Nigeria); 1982-84 Lehrstuhlvertr. Univ. Mainz; ab 1984 Prof. f. Afrik. Philol. Mainz. Vorstandsmitgl. Vereinig. v. Afrikanisten in Deutschl. - BV: Syntax d. Kanuri, 1973; The Standard Kanuri Orthography, 1979 - Liebh.: Jogging - Spr.: Engl., Franz., Hausa, Kanuri.

CYPRIAN, Rolf Friedrich

Richter, Amtsgerichtsdirektor, Bürgermeister Wettringen - Grüner Weg 5, 4441 Wettringen (T. 02557-239) - Geb. 26. Jan. 1935 Herten/Westf. (Vater: Fritz C., Brotkutscher; Mutter: Anna Martha, geb. Kruk), kath., verh. s. 1959 m. Franzis, geb. Sandmann, 4 Kd. (Charlotte, Friederike, Ulrich, Uta Maria) - 1955-59 Stud. Rechts- u. Staatswiss. Univ. Münster, 1. u. 2. Staatsprüf. - S. 1964 Ratsmitgl. Wettringen (CDU-Fraktionsvors.); s. 1975 Bürgerm. - Liebh.: Lit., Musik.

CYRAN, Eberhard

Schriftsteller - Mombertstr. 13, 6900 Heidelberg 1 (T. 06221 - 38 38 03) - Geb. 1. Febr. 1914 Breslau (Vater: Dr. Georg C., Mutter: Erna, geb. Troost) - Gymn. Breslau; Kunstgewerbesch. ebd.; Kunstakad. Berlin; Filmakad. Babelsberg (UFA) - Graphiker; Cutter u. Regieassist.; s. 1948 Schriftst.; 1961 Redakt. SFB (Fernsehen); TV-Berat. afrikan. u. asiat. Länder; 2. Vors. Goethe-Ges. Heidelberg; Dozent - BV: D. Knabe m. d. Flöte, R. 1948; Du trägst d. Zeichen, R. 1949; Horde Harro, Jgdb. 2. A. 1952 (auch franz.); Wolken üb. weißen Segeln, Jgdb. 1957 (auch franz.); Auch d. Dieb greift n. Gott, R. 1954; Marco u. d. Herr d. Welt, Jgdb. 1961 (auch ital. u. franz.); Sanssouci, 1959; D. Insel, Jgdb. 1960; Tor z. Tag, N. 1961; D. Schloß an d. Spree, 1962; D. tödl. Krone, Erz. 1968; Preußisches Rokoko, 1979; D. König, R. 1981; D. Lebensgesch. d. Frhr. v. d. Trenck, 1983; Roman d. letzten Staufer, 1985; Begegnung in Bari, 1986; Bachstelzenburg, R. 1987; D. Borgia, R. 1988; Lucrezia Borgia, 1989. Hör- u. Fernsehsp. - 2 × Dt. Jugendbuchpreis, 1966 Adolf Grimme Preis, 1981 Eichendorff-Lit.-Preis.

CYRAN, Walter

Ministerialrat, Honorarprof. Pharmazeut. Inst./Univ. Tübingen - Haußerstr. 140, 7400 Tübingen 1.

CZAJA, Herbert

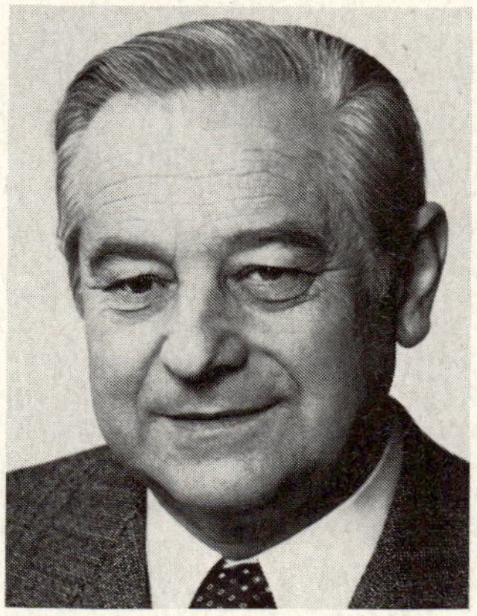

Dr. phil., Oberstudienrat i. R., MdB - Nachsommerweg 31, 7000 Stuttgart-Freiberg (T. 84 11 15) - Geb. 5. Nov. 1914 Teschen/OS. (Vater: Albert C., Notar; Mutter: Luise, geb. Smekal), kath., verh. s. 1948 m. Eva-Maria, geb. Reinhardt, 9 Kd. (Christine, Thomas, Andreas, Eva-Luise, Sabine, Johannes, Katharina, Rudolf, Karl-Albert) - Dt. Staatsgymn. Bielitz; Univ. Krakau (German., Gesch., Phil.; Promot. 1939) - Assist. Univ. Krakau, 1940-42 Lehrer Dt. Obersch. Generalgouvernement, 1942-45 Kriegsdst., ab 1946 Lehrer Obersch. Stuttgart (1948 Studienrat), 1947-53 Stadtrat, s. 1952 Vors. Union d. Vertriebenen in d. CDU Nord-Württ., s. 1953 MdB, 1964-69 Bundesvors. Landsmannsch. d. Oberschlesier, s. 1967 Mitgl. Zentralkomitee d. dt. Katholiken, s. 1969 LdO-Sprecher Union d. Vertriebenen. CDU s. 1946, s. 1970 Präs. Bund d. Vertriebenen - Publ.: Wie kommt man zu e. Familienheim?, 4. A. 1962; Ausgleich m. Osteuropa, 2. A. 1969; Materialien zu Oder-Neiße-Fragen, 2. A.; Dok. d. Menschenrechtsverletz. gegenüb. Deutschen, 2. A. - Liebh.: Phil., Theol. - Spr.: Poln., Engl.

CZAYKA, Lothar

Dr. rer. pol., Prof. f. Hochschuldidaktik d. Wirtschaftswiss. Univ. Frankfurt/M. - Herrzehntenweg 10, 6903 Neckargemünd-Dilsberg.

CZELL, Gernot

Dr. theol., Dipl.-Psych., Leiter Ev. Studienwerk (s. 1976), Vorstandsmitgl. Dt. Ges. f. Pastoralpsych. (1976ff.) - Iserlohner Str. 24 Haus Villigst, 5840 Schwerte 1 - Geb. 26. April 1943 Hermannstadt/Siebenb. (Vater: Albert C., Lehrer; Mutter: Emma, geb. Bretz, Lehrerin), ev., verh. s. 1968 m. Dr. Maria, geb. Prall, 2 Kd. (Astrid, David) - Schule Alsdorf (Abit.); 1962-68 Stud. Theol. Wuppertal, Heidelberg, Bonn, 1968-73 Psych. u. Soziol. Heidelberg. I. Theol.ex. 1968; Dipl.-Psych. 1973.

CZEMPER, Karl-Achim

Prof. f. Industrial Design - Hofweg 21, 2000 Hamburg 76 (T. 040 - 229 65 33) - Geb. 4. Nov. 1935 Potsdam - Stud. TH Stuttgart, Hochsch. f. Gestaltg. Ulm, Dipl. 1961 - 1962-66 Studiengruppe f. Systemforsch. Heidelberg; 1967-70 Design Research Unit, Royal College of Art, London; 1970 Master of Design (RCA), 1971-73 Assist. Prof. School of Architecture, Univ. of Virginia (USA); s. 1973 Prof. Hochsch. f. bild. Künste, Hamburg.

CZEMPIEL, Christa

Dr., Staatssekretärin a. D. - 6200 Wiesbaden - 1983/84 MdB; b. 1987 Staatssekr. b. d. Bevollm. d. Landes Hessen b. Bund. SPD.

CZEMPIEL, Ernst-Otto

Dr. phil., o. Prof. f. Wiss. Politik Univ. Frankfurt (s. 1970) - Senckenberganlage 13-17, 6000 Frankfurt/M. - Geb. 22. Mai 1927 Berlin - Schiller-Gymn. Berlin (L'felde); 1947-48 Humboldt-Univ. Berlin (Phil., Gesch.), 1948-53 Univ. Mainz (Neuere Gesch., Angl., Phil.). Promot. 1956 Mainz; Habil. 1964 Darmstadt (TH) - 1957-64 Assist. TH Darmstadt (Lehrstuhl f. Polit. Wiss.), 1966-70 o. Prof. Univ. Marburg. 1965-66 Gastforscher Columbia Univ. New York, Forschungsgruppenleiter Hess. Stiftg. f. Friedens- u. Konfliktforsch., Frankfurt. Spez. Arbeitsgeb.: Außenpolitik d. USA, Probleme d. intern. Org. u. d. Ausw. Politik, Friedensforschung - BV: u. a. Macht u. Kompromiß - D. Bezieh. d. BRD zu d. Vereinten Nationen 1956-70, 1971; Schwerp. u. Ziele d. Friedensforsch., 1972; Friedenspolit. i. Südl. Afrika, 1976; Amerikan. Außenpolit., 1979; Intern. Politik, 1981; Weltpolitik d. USA nach 1945 - Einf. u. Dokum., 1984 (m. Carl-Christoph Schweitzer); Friedensstrategien, 1986; Machtprobe, 1989. Herausg.: Amerikanische Außenpolitik im Wandel (1982) - Spr.: Engl.

CZERNETZKY, Günter

Filmregisseur u. Dozent, fr. Filmemacher (s. 1988), Gesellschafter Fa. Rubicon Film GbR - Sperlstr. 42, 8000 München 71; priv.: Theobaldgasse 15/17, A-1060 Wien (T. 0222 - 587 02 60) - Geb. 27. März 1956 Schäßburg/Siebenbürgen, ev., verh. s. 1987 m. J. Achmedowa - Hochsch. f. Fernsehen u. Film München - 1984-88 wiss. u. künstler. Assist. HFF München; Doz. Univ. Eichstätt u. Akad. d. bild. Künste München; s. 1988/89 Doz. Univ. München (Inst. f. Thwi) - Filme: Sabbat (1981/82); Liebesblut (1983/85); Yma Sumac - Spuren e. Sonnenjungfrau im Neonhimmel (in Fertigstellung) - Liebh.: Sammlung v. Plakaten u. Prospekten, Videosammlung - Spr.: Engl., Rumän.

CZERNIK, Inge

Verlegerin - Zollernstr. 4, 7298 Loßburg (T. 07446 - 22 17) - Geb. 3. Juni 1941 Hockenheim, verh. s. 1960, T. Esther - Mithrsg. Lit.ztschr.: Lit. aktuell; Stifterin Förderpreis f. Lyrik: Lyrischer Oktober; Mitgründ. d. lit. Vereinig. Lyrischer Oktober.

CZERNIK, Theodor Peter

Verleger, Schriftsteller, Graphiker - Zollernstr. 4, 7298 Loßburg (T. 07446 - 22 17) - Geb. 22. Nov. 1929 Hruschau (CSSR), kath., verh. s. 1960 m. Inge, geb. Metzger, T. Esther - Stud. Malerei, Grphik, Bühnenbildnerei in Wien u. Mannheim - Verleger m. Schwerpunkt Lyrik (Anthol., Einzelausg., Dokument.); Herausg. Lit.ztschr.: Lit. aktuell; Initiator u. Veranst. Lyrikertagung: Lyrischer Oktober; Stifter Lit.preis: Lyrischer Oktober. Veröff. v. Romanen, Hörsp., Erzähl. u. e. Theaterstück.

CZERSKI, Alexander

Bergbauing., Schriftsteller, Journ. - Aharon David Str. 8, Tel-Aviv 63407, Israel (T. 009723-22 64 69) - Geb. 6. Dez. 1920 Kattowitz, jüd., verw., 2 T. (Eva, Ilana) - 1945-49 Stud. Bergbau, Taschkent u. Gliwice - 1949-57 Dir. Planabt. Buntmetallind., Polen (1954 erblindet); s. 1957 fr. Journ., Schriftst. u. Redner, Tel-Aviv - BV: Farben im Nebel, 1961; Flamme, Asche u. Rauch, 1963; Niesmiertelni, 1965; Banale Gesch., 1972 u. 86; Lehavot ashan weefer, 1976; D. Umweg, 1980; Un éclair de liberté, 1982 - 1960 Dishon-Preis, Tel-Aviv; 1975 Literaturpr. Jewish Braille Inst. of America, New York; 1985 BVK I. Kl. - Liebh.: Politik, Lit., Kunst - Spr.:

Poln., Russ., Engl., Hebr., Jiddisch - Lit.: Desider Stern, Jüd. Schriftst. im Exil; Dov Amir, Biogr. deutschschreibender Schriftst. in Israel; Kürschner's Literaturkalender 1984.

CZERWENKA, Gerhard

Dr.-Ing., em. o. Prof. - Eichenstr. 23, 8014 Neubiberg (T. 089 - 60 28 74) - Geb. 12. Nov. 1909 Rydultau/OS - 1962-64 Priv.-Doz. TU Berlin; 1964-78 o. Prof. TU München. Mitgl. d. Dt. Ges. für Luft- u. Raumfahrt, d. Sudet. Akad. d. Wiss. u. Künste (Abt. Naturwiss.) - BV: Einf. in d. Rechenmethoden d. Leichtbaus (Mitverf.).

CZERWENKA, Hans

Bankdirektor - Elsterstr. 6, 8025 Unterhaching b. München (T. München 61 67 64) - Geb. 10. Mai 1927 Reichenberg (Vater: Johann C.; Mutter: Marie, geb. Steffl), kath., verh. s. 1960 (Ehefr.: Hannelore), T. Heike - Handelsakad.; Kaufm. Lehre (Industriekfm.) - S. 1949 Bankfach (Dir. Bankhaus Reuschel & Co., München), AR-Mitgl. WKV Bank GmbH, u. GBS-Schule, bde. München, AR-Mitgl. u. Stiftg.rat Sabel-Schulen, München u. Nürnberg.

CZERWENSKY, Gerhard

Dr. rer. pol., Herausgeber v. Czerwensky intern u. Bonner Welle Kronberger Verlagsges. mbH, Frankfurt/M. - Oberer Lindenstruthweg 8, 6242 Kronberg/Ts. (T. 79618) - Geb. 25. Sept. 1920 Hindenburg/OS. (Vater: Max C., Mehlgroßkfm.; Mutter: Martha, geb. Pixa), kath., verh. s. 1949 m. Amalie, geb. Stapfer, 2 Töcht. (Claudia, Cornelia) - Oberrealsch. Hindenburg; Univ. Würzburg, Freiburg, Wien, München (Dipl.-Volksw. 1947). Promot. 1948 b. Prof. Adolf Weber - 1946-47 Ref. Bayer. Wirtschaftsmin. u. STEG; 1949-53 Redakt. D. Neue Zeitung; 1953-57 fr. Journ.; 1957-69 Wirtschaftskorresp. Südd. Ztg. Mitgl. Frankfurter Sportclub Sachsenhausen (1961) u. Reitstall Kronberg - BV: Anlageland USA; Plato(w)tüden; Scherzeraden (bde. Zitatenb.) - BVK am Bde. - Liebh.: Reiten, Tennis - Spr.: Engl., Franz.

CZERWONKA, Evamaria

Dr. phil., Prof. f. Dt. Philologie (Ältere dt. Sprache u. Lit.) - Rüdesheimer Str. 10, 1000 Berlin 33 - Geb. Berlin (Vater: Kaufm.) - S. Jahren Prof. FU Berlin.

CZICHON, Günther

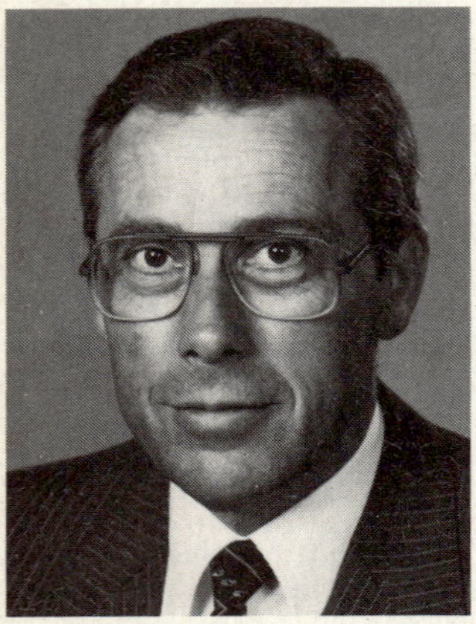

Dr.-Ing., Senator a. D., Vorstandsmitgl. Stadtwerke Bremen AG, schwed. Konsul - Wullweide 2, 2800 Bremen-Oberneuland (T. 25 94 64) - Geb. 19. Mai 1930 Bremen, verh., 2 Kd. - Mittelsch. Bremen; Maschinenschlosserlehre; Ingenieursch. Bremen (Maschinenbau; Ing.); 1952-55 TH Karlsruhe (Dipl.-Ing.). Promot. 1961 - 1956-69 Maschinenfabrik Friedrich Kocks GmbH, Bremen (1965 Techn. Dir., 1966 Geschäftsf.). 1970-77 Dir. Fried. Krupp GmbH, 1978/79 Chef d. Staatskanzlei Bremen, 1975-77 Konsul, 1979-83 Senator Bremen. 1967-75 u. 1983/84 MdBB. SPD s. 1947 - 1957 Redtenbacher-Med. TH Karlsruhe, 1967 VDI-Ehrenring.

CZOK, Georg

Dr. med., Prof. f. Biochem. Pharmakologie - Oderfelder Str. 12, 2000 Hamburg 13 - Geb. 5. Dez. 1916 Görlitz/Schl. - Promot. 1944 Breslau - S. 1966 Lehrtätigk. Univ. Mainz u. Hamburg (1967 Prof.) - BV: Unters. üb. d. Wirkungen v. Kaffee, 1966; Physiolog., pharmak. u. klin. Wirk. d. Kaffees, 1972 (Mitverf.). Etwa 100 Einzelarb. üb. Wirk. v. Kaffee u. Kaffeeinhaltstoffen, Wechselwirk. zw. Ernähr. u. Arzneimitteln, Ausscheid. v. Fremdst. üb. d. Galle.

CZURDA, Elfriede

Dr. phil., Schriftstellerin - Bonhoeffer Ufer 15, 1000 Berlin 10 (T. 030 - 344 35 41); u. Joh.-Strauß-G. 10-14, 1040 Wien (T. 0222 - 657 92 62) - Geb. 25. April 1946 Wels (Ob.-Österr.) - Stud. Kunstgesch. u. Archäol. Univ. Salzburg u. Paris; Promot. 1974 - BV: Diotima oder D. Differenz d. Glücks, 1982; Signora Julia, 1985; Kerner, 1987 - Spr.: Engl., Franz.

CZWIKLITZER, Christoph

Kunstsammler, Kunsthändler u. Verleger - Postf. 22 09, 7570 Baden-Baden (T. 07221 - 6 71 58) - Geb. 18. Mai 1914 Breslau, ev. - Univ. Berlin u. Heidelberg (Volks- u. Betriebsw., Kunstgesch.) - 13 J. Paris.

CZYGAN, Franz-Christian

Dr. phil., o. Prof. f. Pharmazeut. Biologie (s. 1972), Vorst. d. Inst. f. Botanik u. Pharmazeut. Biol. d. Univ. Würzburg - Mittlerer Dallenbergweg 64, 8700 Würzburg (T. 7 30 85) - Geb. 25. Okt. 1934 Königsberg/Pr. (Vater: Wilhelm C., Kaufm.; Mutter: Gertrud, geb. Weyher), ev., verh. s. 1962 m. Apothek. Isolde, geb. Wehner, 3 Kd. (Michael, Martin, Markus) - Stud. Univ. Marburg; Promot. 1963 ebd.; Habil. 1967 Erlangen - 1968 Doz. Erlangen u. 1969 Wiss. Rat u. Prof. Würzburg; s. 1985 Chefredakt. d. Ztschr. f. Phytotherapie - Arbeitsgeb.: pflanz. Zell- u. Gewebekulturen, Carotinoide, Arzneipflanzen. Ca. 130 Publ. in Fachztschr. - Herausg.: Pigments in Plants, 1980; Biogene Arzneistoffe, 1984. Mitautor: Trends d. mod. Biol. (Hg. m. M. Winkler); Teedrogen (Hg. M. Wichtl), 1984; Blattwerk, alte u. neue Arzneipflanzen in Aquarell u. Lyrik (1989, zus. m. J. Kaiser) - Spr.: Engl.

D

DAAMS, Hans

Journalist - Nauenstr. 17, 4600 Dortmund-Brackel - Geb. 9. Okt. 1913 Emmerich, verh. s. 1946 m. Brigitte, geb. Ziem, Tocht. Brigitte - Stud. Phil., Theol., Soziol. - S. 1946 Redakt. (Wiss., Technik, Reiseseiten) - 1956 Diesel-Med. - Bek. Vorf.: de Wit, niederl. Freiheitskämpfer, spät. Admiral.

DABS, Otto

Kürschnermeister, Inh. Dabs Pelze, Lübeck - Dr. Julius-Leber-Str. 3/7, 2400 Lübeck (T. 0451-7 14 11/12) - Geb. 7. Juni 1929 Demmin, ev., verh. m. Hannelore, geb. Holznagel, 3 Kd. (Thomas, Annette, Katja) - Kürschnerm. - Präs. Zentralverb. d. Dt. Kürschnerhandwerks, Vors. Artenschutzkreis d. Kürschner Deutschl., Vors. Verein f. Wirtsch. u. Kultur zu Lübeck - 1978 Freiherr v. Stein Gedenkmed. Land Schlesw.-Holst., Senatsplak. d. Hansestadt Lübeck.

DACH, Günter

Redakteur - Britzer Str. 84 H, 1000 Berlin 42 - Geb. 27. Aug. 1915 Berlin, ev., verh. s. 1944 m. Brigitte, geb. Radke, 3 Söhne (Michael, Wolfgang, Thomas) - N. mittl. Reife Drogistenlehre; Ausbild. als techn. Fotogr. u. Bildberichter - 1936-38 u. 1939-45 Wehrm. (Luftw.); 1946-47 Angest. Zentralverw. f. Handel u. Versorg. SBZ; 1948-49 fr. Bildberichter u. Journ.; s. 1949 Angest. DAG Berlin (Redakt. u. Leit. Abt. Presse - Werbung - Rundfunk) u. Bundesversich.sanstalt f. Angestellte (1965 Leit. Pressest.); 1974-78 Mitgl. Geschäftsleit. DAK; s. 1980 Mitgl. Vorst. DAK; MdA Berlin (1959-75, s. 1963 stv. Vors. CDU-Fraktion) - 1968 BVK, 1981 Stadtältester von Berlin.

DACH, Hans E.

Konsul, Geschäftsführer Hansen, Neuerburg & Co. GmbH., Essen - Grashofstr. 84, 4300 Essen-Bredeney - Geb. 7. Sept. 1906 Mülheim/Ruhr - Niederl. Konsul f. d. Ruhrgebiet.

DACHS, Hans

Dr. rer. nat., o. Prof. f. Festkörperphysik - Glienicker Str. 100, 1000 Berlin 39; priv.: 12, Leibnizstr. 58 - Geb. 30. Juni 1927 Regensburg - Promot. u. Habil. München - S. 1967 Ord. Univ. Tübingen u. TU Berlin (Hahn-Meitner-Inst.). Facharb.

DACHS, Joachim

Dr. rer. nat., Prof. f. Astronomie Univ. Bochum (s. 1971) - Haarholzer Str. 31, 4630 Bochum-Stiepel - Geb. 2. Febr. 1930 Berlin (Vater: Erich D., Wirtschaftsprüfer; Mutter: Elisabeth, geb. Hürthle), ev., verh. s. 1960 m. Dr. med. Doris, geb. Mergenthaler, 2 Kd. (Katrin, Christoph) - Univ. Tübingen (Dipl.-Phys. 1956) u. Paris. Promot. (1960) u. Habil. (1967) Tübingen - 1962-67 Akad. Rat Univ. Tübingen. 1974-83 Rendant Astronom. Ges. - Spr.: Engl., Franz.

DADELSEN, von, Georg

Dr. phil., em. o. Prof. f. Musikwissenschaft - Denzenbergstr. 43, 7400 Tübingen (T. 212781) - Geb. 17. Nov. 1918 Dresden (Vater: Dr. jur. Hans v. D., Bankier; Mutter: Margarethe, geb. Boessneck), ev., verh. s. 1947 m. Dr. Dorothee, geb. Dovifat, 5 Kd. (Johannes-Christian, Andreas, Bernhard, Katharina, Margarete) - Gymn. Berlin-Zhldf.; Univ. Kiel u. Berlin (Humboldt u. Freie). Promot. 1951 FU Berlin; Habil. 1958 Tübingen - 1952-58 Assist. (Musikwiss. Inst.) u. Doz. (1958) Univ. Tübingen; s. 1960 Ord. u. Inst.dir. Univ. Hamburg u. Tübingen. 1959ff. Leit. Denkmälerpubl. D. Erbe dt. Musik; 1962ff. Leit. Johann-Sebastian-Bach-Inst. Göttingen 1971ff. Hrsg. d. Ausgew. musikal. Werke E. T. A. Hoffmanns - BV: Alter Stil u. alte Techniken in d. Musik d. 19. Jh., 1951 (Diss.); Bemerk. z. Handschr. J. S. Bach, s. Familie u. s. Kreises, 1957; Beitr. z. Chronol. d. Werkes J. S. Bachs, 1957; Editionsrichtlinien musikal. Denkmäler u. Gesamtausg., 1967; Üb. Bach u. a., 1983. Mitarb.: Neue Bach-Ausg., Festschrift Georg v. Dadelsen, 1978.

DADELSEN, von, Hans-Christian

Komponist - Magdalenenstr. 50, 2000 Hamburg 13 - Geb. 1948 Berlin - 1986 Doz. Intern. Ferienkurse f. Neue Musik, Darmstadt (Kabbala u. Musik); fr. Mitarb. versch. Ztschr. - Werke f. Ensemble, Orch., Oper. Zahlr. Ess. im Ber. d. Musikästhetik u. Musikphil. - 1979 Berliner Kunstpreis (Musik); 1981 Wilfried-Steinbrenner-Preis (f. Ernste Musik); 1982 u. 84 Villa Massimo, Rom.

DAECKE, Sigurd

Dr. theol., o. Prof. f. Ev. Theologie u. ihre Didaktik RWTH Aachen (s. 1972) - Flandrische Str. 36, 5100 Aachen - Geb. 22. Nov. 1932 Hamburg; verh. m. Rosemarie, geb. Seeger, 2 Kd. (Dirk, Nils) - Zul. gf. Redakt. Monatsschr. Ev. Kommentare, Stuttgart - BV: Teilhard de Chardin u. d. ev. Theol., 1967; Mythos v. Tode Gottes, 2. A. 1970; Grundl. d. Theol. (zus. m. Pannenberg, Sauter, Janowski), 1974 - Straßburg-Preis d. Univ. Straßbg. 1967.

DÄHLER, Helmut

Direktor, Geschäftsführer Energieversorgung Mittelrhein GmbH - Schlachthofstr. 16-30, 5400 Koblenz; priv.: Lohrweg 12, 5403 Mülheim-Kärlich - Ing. (grad.).

DÄHMCKE, Olaf

Dipl.-Ing., Prof. f. Baustofflehre u. Massivbau Univ.-GH Siegen (Fachbereich Bautechnik) - Hölderlinstr. 56, 5900 Siegen 21- Spr.: Franz. - Bek. Vorf.: Heinrich Lhotzky, Schriftst. (Großv.).

DÄHN, Herbert W.

Alleinvorst. Steinheil-Lear Siegler AG. - Osterfeldstr. 82, 8045 Ismaning b. München - priv.: Meisenweg 6, 8033 Krailling/Obb. (T. 089/8571535) - Geb. 21. Sept. 1922 Hamburg - Handelsrichter a. LG München.

DÄHNE, Erwin

Dr. rer. pol., Bankier, Vorstandsmitgl. i. R. Bankhaus Neelmeyer AG, Bremen - Heinrich-Heine-Str. 85, 2800 Bremen - Geb. 12. Sept. 1916 - Zul. Vorstandsmitgl. Bankhaus Neelmeyer AG, Bremen.

DÄHNERT, Burkhard

Verleger, Geschäftsführer Johannes Verlag Freiburg i. Br. (s. 1989) - Bürgerwehrstr. 15, 7800 Freiburg/Br. - Geb. 12. Sept. 1929 Bremen (Vater: Carl D.; Mutter: Käthe, geb. Thewes), kath., verh. s. 1952 m. Ursula, geb. Fielitz, T. Christiane - 1949-74 Buchhändler Bremen, Münster, Aachen; 1974-83 Geschäftsf. Walter-Verlag GmbH, Freiburg; 1984-89 Verlagsleit. Schwabenverlag AG, Ostfildern. Aufs. in Fachztschr. - Liebh.: Bibliophilie, Wandern, Griech. Antike - Spr.: Engl., Niederl.

DAELEN, Reiner F. M.

Geschäftsführer Glyco-Metall-Werke Daelen & Loos GmbH, Geschäftsl. Glyco-Metall-Werke Daelen & Hofmann KG, Wiesbaden-Schierst., AR Braunschweiger Hüttenwerk GmbH, VR Glyco do Brasil Industria Metalurgica Ltda. - Poststr. 2, 6274 Görsroth/Ts. - Geb. 31. Aug. 1927 Wiesbaden (Vater: Vital D.; Mutter: Amalie, geb. Bonati), verh. m. Adele, geb. Buccellati.

DÄMMRICH, Klaus

Dr. med. vet., Prof. f. Allg. Pathologie u. Pathol. Anat. sow. Histol. - Bergstr. 17 c, 1000 Berlin 39 - Geb. 15. Mai 1932 Crimmitschau - Promit. 1958 - S. 1966 (Habil.) Lehrtätigk. FU Berlin (gegenw. Prof. u. stv. Dir. Inst. f. Veterinärpathol.). Üb. 80 Fachaufs.

DÄNIKEN, von, Erich

Schriftsteller - Baselstr. 1, CH-4532 Feldbrunnen - Geb. 14. April 1935 Zofingen (Schweiz) - BV (1968-88, b. zu 36 Übers.): Erinnerungen an d. Zukunft, Zurück zu d. Sternen, Meine Welt in Bildern, Aussaat u. Kosmos, Erscheinungen, Besucher aus d. Kosmos, Beweise, E. v. D. im Kreuzverhör, Prophet d. Vergangenheit, Reise nach Kiribati, D. Strategie d. Götter, Habe ich mich geirrt?, D. Tag, an dem d. Götter kamen, Ich liebe d. ganze Welt, Wir alle sind Kinder d. Götter. Fernsehvortr. Erinnerungen an d. Zukunft u. Botsch. d. Götter auch als Videofilm.

DÄNZER-VANOTTI, Wolfgang

Dr. jur., Richter am Bundesfinanzhof (s. 1974) - Ismaningerstr. 109, 8000 München 80 (T. 923 12 34) - Geb. 20. März 1926 Karlsruhe (Vater: August D., Richter; Mutter: Hedda, geb. Seeck), kath., verh. s. 1953 m. Hildegard, geb. Quennet, 2 Kd. (Christoph, Matthias) - Human. Gymn., Stud. Rechtswiss. - Ref. OFD Freiburg; 1958-74 Hilfsref. u. Ref. Bundesmin. d. Finanzen.

DAERR, Eberhard
Dr. med., Generaloberstabsarzt a. D., Bundesarzt d. DRK (1973-86) - Weißdornweg 122, 5300 Bonn 2 (T. 32 23 24) - Geb. 11. Juli 1912 Frankenstein/Schles. (Vater: Dr. med. Johannes D., Arzt; Mutter: Magdalena, geb. Herting), ev., verh. s. 1941 m. Katharina, geb. Wingenfeld, 4 Kd. (Hans Joachim, Christiane, Elisabeth, Gundula) - Gymn. Frankenstein; Univ. Greifswald, München, Tübingen, Breslau (Med. Staatsex. 1937; Promot. 1939). Facharzt f. Chirurgie 1951 - 1939-45 Kriegsdst. (Sanitätsoffz.), 1945-51 Chirurg Univ.klinik Kiel u. Stadtkrkhs. Schleswig, 1951-53 Regierungsarzt Liberia/Westafrika (Chirurg), 1954-56 DRK-Hospital Pusan/Südkorea (Chirurg), s. 1956 Bundeswehr (Sanitätsoffz. u. a. SHAPE, Paris); 1969-72 Inspekteur d. Sanitäts- u. Ges.-Wesens d. Bundeswehr - Kriegsausz. (EK I, Sturm- u. Verwundetenabz.); 1971 Ehrenritter Johanniter-Orden, 1971 Order of National Security-Gug Seon Medal, Südkorea; 1972 Gr. BVK m. Stern; Dr. med. E. h. d. Chonam National University/Südkorea; Ehrenzeichen d. DRK - Liebh.: Cello, Reiten, Tennis - Gold. Sportabz. - Spr.: Engl., Franz.

DÄUBLER, Wolfgang
Dr. jur., Prof. f. Arbeits-, Handels- u. Wirtschaftsrecht Univ. Bremen (s. 1971) - Geierweg 20, 7409 Dußlingen (T. 07072 - 77 70) - Geb. 5. Mai 1939 Berlin (Vater: Helmut D., Senatspräs. OLG; Mutter: Hanne, geb. Wagner), ev., verh. s. 1969 m. Herta, geb. Gmelin, 2 Kd. (Monika, Wolf-Peter) - BV u. a.: Streik im öfftl. Dienst, 2. A. 1971; Negative Koalitionsfreiheit; 1971 (m. Mayer-Maly); D. Grundrecht auf Mitbestimmung u. s. Realisierung d. tarifvertragl. Begründung von Beteiligungsrechten, 3. A. 1975; D. soz. Ideal d. Bundesarb.gerichts, 1975; Eigentum u. Recht, 1976 (m. a.); D. Arbeitsrecht, Bd. 1, 8. A. 1986, Bd. 2, 4. A. 1986; Koalitionsfreiheit, 1976 (m. Hege); Tarifvertragsr. (m. Hege), 2. A. 1981; Gewerkschaftsrechte im Betrieb, 5. A. 1987; Privatisierung als Rechtsproblem, 1980; Stationier. u. Grundgesetz, 3. A. 1983; Arbeitskampfrecht (m. a.), 2. A. 1987; Gläserne Belegschaften? Datenschutz f. Arbeiter, Angest. u. Beamte, 1987; Haftung f. gefährl. Technol., 1988 - Spr. Franz., Ital., Engl., Span., Russ.

DÄUBLER-GMELIN, Herta, geb. Gmelin
Dr. jur., Rechtsanwältin, MdB (s. 1972) - Geierweg 20, 7401 Dußlingen - Geb. 12. Aug. 1943 Bratislava (CSSR), verh. m. Prof. Dr. jur. Wolfgang D., 2 Kd. - Neusprachl. Gymn. (Abit.) - Stud. Rechtswiss. u. Volksw. Tübingen u. Berlin - 1968-72 Gerichtsrefr. 2. Staatsex. 1974 - S. 1972 Bundestag (s. 1983 stv. Fraktionsvors., b. 1982 Vors. Rechtsausssch.). SPD s. 1965 (1971 Vors. Arbeitsgem. sozialdemokr. Frauen Baden-Württ.) - Div. arbeitsrechtl. u. wirtschaftsrecht. Veröff.

DÄUMEL, Gerd
Dr. rer. hort., Prof., Leiter d. Instituts f. Gartenarchitektur u. Landschaftspflege d. Forschungsanstalt f. Weinbau, Gartenbau, Getränketechnologie u. Landespflege i.R.; 1968 Lehrauftr. Univ. Gießen - Rebenweg 10, 6222 Geisenheim/Rhg. - Geb. 8. Jan. 1913 Neustadt/Orla, ev., verh. s. 1955 m. Irmela, geb. v. Kannewurff, S. Wolfram - Univ. Berlin, TH Hannover. Diplom 1950; Promot. 1960 - BV: Üb. d. Landesverschönerung, 1961; Beton i. Garten, 1968; zahlr. Fachartikel - 1978 Hon.-Prof.

DÄUMLER, Klaus-Dieter
Prof. FH Kiel, Fachber. Wirtschaft - Lärchenweg 12, 2301 Felde-Jägerslust (T. 04340 - 3 68) - Geb. 17. Dez. 1943 - Stud. Univ. Tübingen, Kiel (Wirtschaftswiss.), Dipl. 1969 - BV: Finanzmath. Tabellenwerk f. Praktiker u. Studierende, 3. A. 1989; Unterjährige Zinsperioden - Finanzmath. Tabellenw., 1984; Kostenrechn. 1 Grundl., 3. A. 1988, Kostenrechnung 2 Deckungsbeitragsrech., 3. A. 1989 (m. J. Grabe); Kostenrechnung 3 Plankostenrechn., 2. A. 1988 (m. J. Grabe); Kalkulationsvorschr. b. öffentl. Auftr., 1984 (m. J. Grabe); Betriebl. Finanzwirtsch., 4. A. 1989; Grundl. d. Investitions- u. Wirtschaftlichkeitsrechn., 6. A. 1989; Praxis d. Investitions- u. Wirtschaftlichkeitsrechn., 2. A. 1988.

DAFFINGER, Wolfgang
Bürgermeister Stadt Weinheim, MdL Baden-Württ. (s. 1962) - Schollstr. 1, 6940 Weinheim/Bergstr. (T. 1 22 98) - Geb. 28. Dez. 1927 Weinheim, ev., verh., 2 Kd. - Volkssch.; Maschinenschlosserlehre; 1953-54 Cornell Univ. Ithaka (USA) - 1944-45 Wehrdst., dann Werkzeugmacher u. Lehrlingsausbilder (1952-56 Betriebsrat e. Grußuntern.), s. 1956 Vors. DGB Kr. Weinheim. 1953-82 Stadtrat Weinheim; s. 1959 MdK SPD (1958) Vors. Weinheim.

DAFFNER, Hans
Erster Bürgermeister - Rathaus, 8304 Mallersdorf-Pfaffenberg, Ndb., Landkr. Straubing-Bogen - Geb. 7. Dez. 1939 Mallersdorf - Angest. Notarkasse A.d.ö.R.

DAHEIM, Hansjürgen
Dr. rer. pol.,, Dipl.-Kfm., Prof. f. Soziologie (s. 1979) Univ. Bielefeld - Schöneberger Str. 5, 4800 Bielefeld 1 - Geb. 16. Dez. 1929 Essen - Beethoven-Gymn. Bonn; Univ. Bonn (1950-52; Theol.) u. Köln (1952-57; Betriebsw., Soziol., Sozialpolitik). Dipl. 1955, Promot. 1957, Habil. 1966 (alles Köln) - 1962-66 Lehrbeauftr., 1966/67 Research Associate Univ. of California, Berkeley (USA), 1967-79 o. Prof. d. Soziologie Univ. Regensburg, 1971-72 Visit. Prof. Univ. of Calgary, 1977 Univ of Connecticut, Storrs. Mitgl. Dt. Ges. f. Soziol. u. American Sociol Assoc. - BV: D. Beruf in d. mod. Gesellschaft, 1967; D. Diplomlandwirte, 1972 (m. W. Kaupen), Soziol. d. Arbeit u. d. Berufe, 1981 (m. U. Beck u. M. Brater), Bleibe- u. Rückkehrperspektiven korean. Arbeitsemigranten i. d. BRD, 1986 (m. J.-H. Choe), König-Festschr., 1973 (hg. m. G. Albrecht u. F. Sack); Sozialisationsprobl. arbeitender Jugendl., 1978 (hg. m. a.); Perspektiven d. Soziologielehre, 1987 (m. G. Schönbauer) - Spr.: Engl.

DAHESCH, Keyvan

(Ps.: Wilhelm Unverzagt, Kay Saturn), Journalist, Pressesprecher Landesversorgungsamt Hess. - Homburger Landstr. 693, 6000 Frankfurt/M. 56 (T. priv.: 069 - 50 37 28; dstl.: 069 - 15 35-381) - Geb. 26. Dez. 1941 Teheran/Iran (von Geburt an blind), verh. s. 1966 m. Anni, geb. Westerweller - Blindensch.; Stud. Akad. d. Arb. Univ. Frankfurt u. Hess. Verwaltungsschulverb., dpa - Mitgl. Frankfurter Presseclub u. DJU; Autor: D. Zeit, dpa, FR, DLF, DW, HR u. WDR; ehrenamtl. Richter am Sozialgericht Frankfurt; s. 1975 nebenamtl. Doz. f. d. Fächer Soz.-Politik, Mitbest.-Fragen, Public Relation a. d. Heimvolkshochsch. d. Friedrich-Ebert-Stiftg.; s 1982 Jurymitgl. b. Bundesentscheid im Vorlesewettbewerb d. Börsenvereins d. dt. Buchhandels - Ehrenbrief Land Hessen, Ehrenteller Reichsbund d. Kriegsopfer, Behinderten, Sozialrentner u. Hinterbliebenen; Ehrenplak. VdK Hessen in Silb.; 1986 Medienpreis Bundesarbeitsgem. d. fr. Wohlfahrtspflege; 1988 Ehrenplak. Stadt Frankfurt, Gold. Ehrennadel VdK-Deutschland, Journalistenpreis Bundesvereinigung Lebenshilfe f. geistig Behinderte - Liebh.: Musik, Lit., Reisen, Wandern u. Tandemfahren - Lit.: div. Art. in Ztg. u. Ztschr., u.a. FAZ, FR, FNP, dpa, Stars & Stripes, D. erfolgr. Weg.

DAHL, Edwin Wolfram

Lyriker - Kidlerstr. 39, 8000 München 70 (T. 089 - 76 64 51) - Geb. 17. Juni 1928 Solingen, verh. s. 1980 m. Gertrud Therese, geb. Rochelsberg - Handelssch.; akad. Lehrg. in Phil. u.a. - BV: Zw. Eins und Zweitausend, Ged. 1970; Gesucht wird Amfortas, Ged. u. Prosa 1974; Außerhalb d. Sprechzeit, Ged. 1978; Z. Atmen bleibt noch Zeit, Ged. 1984; V. Staunen einen Rest, Ged. 1989 - 1973 Arbeitsstip. Land Nordrh.-Westf. - Liebh.: Musik, Theater, Kunst, Studienreisen - Spr.: Engl., Franz.

DAHL, Winfried
Dr. rer. nat., o. Prof. u. Direktor Inst. f. Eisenhüttenkunde TH Aachen (s. 1969) - Eburgweg 53, 5100 Aachen - 1947-53 Stud. d. Phys. Univ. Göttingen - MPI Eisenforsch. Düsseldorf, TU Berlin, Mannesmann Forsch.sinst. Duisburg-Huckingen.

DAHLE, Wendula
Dr. phil., Prof. f. Sprach- u. Literaturwissenschaft sowie Didaktik d. Dt. Sprache - Bauernstr. 3a, 2800 Bremen - Geb. 15. Dez. 1937 Hamburg (Vater: Wilhelm Weiß; Mutter: Jutta, geb. Sikorski), verh. s. 1983 m. Wolfgang Leyerer, S. Jakob - Abit. 1956; Staatsex. 1962 u. 69; Promot. 1968 Berlin (FU) - S. 1971 Prof. Univ. Bremen - BV: D. Einsatz e. Wiss., 1970; Deutschunterricht u. Arbeitswelt, 2. A. 1973; Arbeit u. Reichtum, 1974 (Mitverf.); Madeira - Du Mont Landschaftsführer, 1978; Deutsch-Israel. Ges, Jury DAG-Fernsehpreis. FDP - BV: Notstandsrecht u. Demokratie, 1963; Liberale in d. Verantwort.,

DAHLHAUS, Horst
Dipl.-Kfm., Direktor Bundeszentrale f. polit. Bildung - Zaubernußweg 22, 5205 St. Augustin 1 (T. priv.: 02241 - 33 04 85; dstl.: 0228 - 51 51 00/1 01) - Geb. 30. Juli 1927 Voerde, ev., verh. s. 1958 m. Hanna, geb. Berndt, S. Frank - Kaufm. Lehre; Stud. Wirtschaftswiss. Univ. Köln, Dipl.-Kfm. 1955. 1955-60 Geschäftsf. Ges. d. Freunde ev. Akad.-Arb., 1961-67 Sozialref. Ev. Kirche, 1967-70 Leit. Theodor-Heuss-Akad., 1970-73 Sozialamt Ev. Kirche v. Westf., Kurat. Wolfg.-Döring-Stiftg., Beirat Friedr.-Naumann-Stiftg., Präs. Deutsch-Israel. Ges, Jury DAG-Fernsehpreis. FDP - BV: Notstandsrecht u. Demokratie, 1963; Liberale in d. Verantwort.,

1976; Ev. Soziallexikon, 1980 - Spr.: Engl.

DAHLHEIM, Werner
Dr. phil., o. Prof. f. Alte Geschichte TU Berlin (s. 1972) - Mörchinger Str. 52, 1000 Berlin 37 - Geb. 2. Juni 1938 - Promot. 1965; Habil. 1970 - BV: Struktur u. Entwickl. d. röm. Völkerrechts, 1968.

DAHLHOF, Herbert
Schulrat a. D., MdL Nordrh.-Westf. (s. 1975) - Hasselstr. 150, 5650 Solingen 1 (T. 53434) - Geb. 10. April 1925 - SPD.

DAHLINGER, Erich
Dipl.-Volksw., Handelskammersyndikus i. R. - Heimhuder Str. 61, 2000 Hamburg 13 (T. 040 - 410 28 27) - Geb. 9. Febr. 1921 Lahr, ev., verh. s. 1951 m. Barbara, geb. Ostermayer - Univ. Hamburg (Dipl. 1950).

DAHLINGER, Werner
Dr., Oberfinanzpräsident, Leit. OFD Stuttgart - Zeppelinstr. 91, 7320 Göppingen .

DAHLKE, Jürgen
Dr. phil., Wiss. Rat u. Prof. f. Geographie TH Aachen (s. 1971) - Templergraben 55, 5100 Aachen - Zul. Privatdoz. Univ. Freiburg/Br.

DAHLKE, Walter
Dr. phil., Physiker, Honorarprof. f. Spezialprobleme d. Elektronenröhren u. Halbleiterbauelemente TH bzw. Univ. Karlsruhe (s. 1961), Bethlehem, PA. USA (s. 1965) - 2425 S. Howard Street, Allentown, Pa. 18103 (USA) - Geb. 24. Aug. 1910 Berlin, ev., verh. 1973 m. Ruth, geb. Brand - Stud. Physik u. Math. Promot. 1936 Berlin; Habil. 1939 Jena - Fellow Inst. Electric. Electron. Engineers.

DAHLKE-KOHNEN, Heidrun
Dramaturgin - Kaiser-Friedrich-Ring 7, 4000 Düsseldorf (T. 0211 - 66 46 08) - Geb. 21. März 1948 Mönchengladbach, verh. s. 1982 m. Arno Kohnen, T. Oana - 1973-76 Stud. Betriebsw. FH f. Wirtschaft (Dipl.); 1976-82 Stud. FU Berlin (Kunstgesch. u. Theaterwiss., M.A.) - 1983-85 Dramat. Rhein. Landestheater Neuss - BV: Death Destruction & Detroit, Magisterarb. üb. Robert Wilsons 1982 - Spr.: Engl.

DAHLMANN, Alfred
Dr. jur., Oberstadtdirektor Stadt Krefeld (1086-88) - Carl-Wilhelm-Str. 31, 4150 Krefeld 1 - Geb. 14. Nov. 1933 Essen, verh. m. Margarete, geb. Horstmann, 2 S. (Alfred, André) - Gymn. Essen (Abit.); Stud. Univ. Freiburg, Münster, Saarbr., Paris u. Speyer - 1963 Staatsex. Köln; 1965 1. Beigeordn. Stadt Ratingen, 1971-86 Stadtdir. ebd.

DAHLMANNS, Gerhard J.
Dr. jur., M. C. L., Direktor Frankfurter Inst. f. wirtschaftspolit. Forschung, Bad Homburg - Am Jägerwäldchen 12, 3551 Marburg-Wehrda - Geb. 29. Dez. 1937

Mönchengladbach (Vater: Josef D.; Mutter: Franziska, geb. Schmitter), kath., verh. s. 1964 m. Marita, geb. Kühn, 2 Kd. (Claudia, Guido) - Gymn. Krefeld; Univ. Freiburg/Br., Ann Arbor/Mich., Harvard. 1964 M. C. L., 1964-66 Research Associate Harvard Law School. 1969 Gr. jurist. Staatsprüf. u. Promot. - S. 1969 Univ. Marburg (1972-76 Doz., s. 1977 Lehrbeauftr. f. Bürgerl. Recht, Verfahrensrecht, Rechtsvergl. u. Intern. Privatrecht); 1977-85 Beigeordn. u. Bürgermeister (ab 1983) Stadt Marburg - 1971-74 Secretary Intern. Assoc. of Law Libraries, 1974-77 Präs. ebd.; 1972ff. Mitgl. Consultative Committee Intern. Federation of Library Assoc., 1973ff. Auswärt. Mitgl. American Assoc. of Law Libraries - BV: D. Strukturwandel d. dt. Zivilprozesses im 19. Jh., 1971; Neudrucke zivilprozessualer Kodifikationen u. Entwürfe, 2 Bde. 1971-72 (Hrsg.); Beiträge, in Coing, Handb. d. Quellen u. Lit. d. neueren europ. Privatrechtsgesch., Bd. 3, 1982 - Spr.: Engl., Franz.

DAHLSTRÖM, Hermann Norbert
Pers. haft. Gesellsch. Freudenberg & Co., Mitgl. d. Unternehmensltg. Freudenberg & Co. u. Carl Freudenberg, Weinheim/Bergstr., Präs.-Mitgl. Gesamttext.-Gesamtverb. Text.Ind. Bundesrep. Deutschl., u. EDANA, European Disposables and Nonwovens Assoc., Brüssel - Lützelsachsenerstr. 24, 6940 Weinheim - Geb. 3. Aug. 1936 Hamburg.

DAHM, Bernhard
Dr. phil., o. Prof. f. Südostasienkd. Univ. Passau (s. 1984), Vorstandsmitgl. Dt. Ges. f. Asienkd. - Innstr. 53, 8390 Passau 53 (T. 0851 - 5 09-4 74) - Geb. 30. Aug. 1932 Kirchen/Sieg (Vater: Wilhelm D., Pfarrer; Mutter: Grete, geb. Beisenherz), ev., verh. s. 1961 m. Dr. Elke, geb. Vieth, 2 Töcht. (Annette, Julia) - Stud. Geisteswiss. Univ. Marburg u. Kiel; Promot. 1964, Habil. 1972 - 1973-83 Lehrtätigk. Univ. Kiel. Wiederh. USA-Aufenth. (zul. Gastprof. Yale) - BV: Sukarnos Kampf um Indonesiens Unabhängigkeit, 1966 (amerik. Ausg. 1969); Emanzipationsversuche v. kolonialer Herrschaft in Südostasien - Philippinen u. Indonesien im Vergleich, 1974; Indonesien. Gesch. e. Entwicklungslandes 1945-71, 1978; José Rizal. D. Nationalheld d. Filipinos, 1988. Mithrsg.: Asean-EG, Partnerschaft u. Perspektiven (1988); Culture and Technol. Development in Southeast Asia (1988) - Spr.: Engl., Indon., Niederl.

DAHM, Claus
Dr. rer. nat., Prof. f. Heimatkunde u. Didaktik d. Geographie Univ. Göttingen - Aussiger Wende 6 c, 3000 Hannover-Kirchrode (T. 0511 - 520343).

DAHM, Helmut

Dr. phil. habil., Prof., Leiter Abt. Gesellschaftspolitik Bundesinst. f. ostwiss. u. intern. Studien, Köln (s. 1962) - Im Tannenbusch 26, 5300 Bonn (T. 66 01 55) - Geb. 8. Juli 1925 Remagen/Rh. (Vater: Hans D., Großhandelskfm.; Mutter: Helene, geb. Schwamm), kath., verh. s. 1955 m. Dr. med. Annemarie, geb. Hermann, Sohn Andreas - 1946-54 Theol. Fak. Trier u. Univ. Mainz (Theol., Philos., Slav. Philol., Osteurop. Gesch.; Promot. 1954; Habil. 1974; Prof. 1983) - Arbeitsgeb.: Marxist. Phil. u. Militärdoktrin - BV: Vl. Solov'ev u. Max Scheler - Versuch e. vergl. Interpretation, 1955; erweitert 1971, engl. 1975; D. Dialektik im Wandel d. Sowjetphil., 1963; Abschreckung oder Volkskrieg - Strateg. Machtplanung d. Sowjetunion u. Chinas im intern. Kräfteverhältnis, 1968; Meuterei auf d. Knien - D. Krise d. marxist. Welt- u. Menschenbildes, 1969; Demokratischer Sozialismus, - D. tschechoslowakische Modell 1971; D. Technik der Macht (m. Frits Kool), 1974; Studien zum sowjetischen Denken, 1974; Wissenschaft u. Ideologie, 1975; Grundzüge russischen Denkens, 1979; D. gescheiterte Ausbruch. Entideologisierung u. ideol. Gegenreformation in Osteuropa (1960-1980), 1982; Ethik-Kritik d. kommunist. Rechtfertigung d. Guten, 1986; Sozialistische Krisentheorie. D. sowjetische Wende - u. Utopie, 1987; D. nichtmarxist. Philosophie Osteuropas im 20. Jh. (in Vorber.). Mithrsg.: SOVIETICA Series (1961ff.); Sammlung Wissenschaft u. Gegenwart (1961ff.); Edition Dokumente d. Weltrevolution (1964-1978); D. Menschenbild in Ost u. West - 4 Studien (m. W. Grottian, † G. Möbus, G. A. Wetter, 1963); Philosophical Sovietology. The Pursuit of a Science (m. G. L. Kline, Th. J. Blakeley, 1988), Ztschr. Ost-Probleme (1955-69); Studies in Soviet Thought (1961ff.); Asian Thought and Society (1976ff.). Mitarb.: A. Böhm, Häresien d. Zeit - E. Buch z. Unterscheid. d. Geister (1961); John T. Noonan Jr, Natural Law Forum (1963); Adorno/Zick/Jaspers/Leifer/Ralfs/Pieper/Binkowski/Löwith, Man and Philosophy - German Opinion on Problems of Today (1964); D. marxistische Idee der Parteilichkeit, in: Jahrbuch f. Psychologie (1965); E. Boettcher/H.-J. Lieber/B. Meissner, Bilanz d. Ära Chruschtschow (1966); D. Geyer, Wiss. in kommunist. Ländern (1967); P. Modesto, 100 anni dalla nascita di Lenin (1969); B. Meissner, Grundfragen der sowjet. Außenpolitik (1970); E. Oberländer, Rußlands Aufbruch ins 20. Jh., 1894-1917 (1970); engl. u. amerik. 1971; B. Meissner, Elemente des Wandels in der östlichen Welt (1976); E. Kroker, D. Gewalt in Politik, Religion u. Gesellschaft (1976); Sowjetunion - Innenpolitik, Wirtschaft, Außenpolitik - Analyse und Bilanz, Jahrbuch BIOst, bisher 9 Ausgaben (Mithrsg. u. Mitarb. 1974 - 1987), auch engl.; H. Vogel, D. sowjet. Intervention in Afghanistan (1980); S. D. Cioran, W. Smyrniw, G. Thomas, Stud. in Honour of Louis Shein (1983); James J. O'Rourke, Thomas J. Blakeley, Friedrich J. Rapp, Contemporary Marxism. Ess. in Honor of J. M. Bocheński (1984) - 8 Beiträge in Enzyklopädien; 50 Aufsätze in Ztschr.; üb. 300 Textübers.; 55 Quellenkomment. - 1968 Gold. Sportabz.; 1980 BVK a. Bde. - Spr.: Russ., Bulg., Tschech., Poln., Engl., Franz., Lat., Griech., Hebr.

DAHM, Helmut Walter
Dr. phil., Leitender Ministerialrat a.D. - Schumann-Str. 68, 4000 Düsseldorf 1 (T. 0211 - 67 28 28) - Geb. 30. Aug. 1913 Wuppertal-Elberfeld (Vater: Bernhard D., Arch.; Mutter: Selma, geb. Priestersbach), ev.-luth., verh. s. 1942 m. Erika, geb. Schlüter, 3 Söhne (Bernhard, Heinz-Günther, Herbert) - Abit. Kassel 1932, Univ. Kiel, München, Berlin, Marburg (Promot. u. Staatsex. 1939/42), Ausb. wiss. Archivar Marburg u. Paris, Gr. Staatsex. 1950 - 1948-65 Hauptstaatsarchiv Düsseldorf, 1965-78 Leit. Staatl. Archivverw. Nordrh.-Westf. (Kultusmin.) - BV: Veröff. z. mittelalterl. u. neueren Gesch., insbes. rhein.-westf. Landesgesch. (in Sammelw., Lexika, Ztschr.) u. z. Archivwesen (Hrsg. BVK, Rheinlandtaler, Lacomblet-Plak.; Ehrenmitgl. Intern. Council on Archives, Verein dt. Archivare, Ges. f. Westf.

Wirtschaftsgesch., Düsseldorfer Gesch.-verein; korr. Mitgl. Verb. österr. Archivare; Membre de l'Institut Grand Ducal de Luxembourg; Mitgl. Ges. f. Rhein. Geschichtskd. u. Aussch. f. Rhein. Kirchengesch.; Vors. Verein f. Rhein. Kirchengesch. - Liebh.: Gesch., Geogr. - Spr.: Engl., Franz.

DAHM, Herbert

Unternehmer, Komplementär d. dahm-Firmengruppe (Datensysteme KG, Messebau KG, Unterhaltungselektronik KG), Gesellsch. dahm intern. GmbH u. Modul GmbH - Am Bonneshof 30, 4000 Düsseldorf 30 - Geb. 16. April 1929 Düsseldorf (Vater: Peter D.; Mutter: Maria, geb. Hillesheim), kath., verh. s. 1953 m. Margot Irene, geb. Gallon, 2 Kd. (Claudia, Axel) - Liebh.: Segeln, Schwimmen, Tauchen, Filmen - Intern. Preise b. Segelregatten - Spr.: Engl.

DAHM, Karl-Wilhelm

Dr. phil., o. Prof. u. Direktor Institut f. Christl. Gesellschaftswiss. Univ. Münster - Universitätsstr. 13-17, 4400 Münster (T. 83 25 55); priv.: , Langeworth 99 (T. 21 33 90) - Geb. 3. Aug. 1931 Kirchen/Sieg (Vater: Wilhelm D., Pfarrer; Mutter: Margarete, geb. Beisenherz), ev., verh. s. 1960 m. Anne, geb. Schneider, 3 Kd. (Annegret, Christoph, Nikola) - Stud. d. Theol. (1. u. 2. Ex.), Soziol., Gesch., Sozialpsychol. - Zun. Assist. Univ. Münster, 1967 Prof. Theol. Seminar Herborn u. 1969 Univ. Marburg (Spez. Arb.sgeb.: Theol. Ethik, Religions- u. Kirchensoz., Sozialpsychol. kirchl. Handlungsfelder) - BV: Pfarrer u. Politik zw. 1918 u. 1933, 1965; Ökumene in d. Gemeinde, 1971; Beruf Pfarrer, 1971, 3. A. 1974 (teilw. auch engl. u. franz.); Religion - System u. Sozialisation, 1972 (m. Luhmann u. Stoodt); Gruppendynamik in d. kirchl. Praxis, 1974; D. Jenseits d. Ges. (m. Drehsen), 1975; Polit. Theorie d. Johannes Althusius, 1988; Beiheft 7 d. Rechtstheorie (m. Krawietz u. Wyduckel); D. Zukunft d. Wochenendes (m. Mattner, Rinderspacher, Stober), 1989. Unternehmensbezogene Ethikvermittlung, Heft 2 1989 (d. Ztschr. f. Evang. Ethik). Zahlr. Fachveröff. in Ztschr.

DAHME, Erwin
Dr. med. vet., o. Prof. u. Vorst. Inst. f. Allg. Pathologie u. Neuropathol. Univ. München/Tierärztl. Fak. (s. 1965) - An d. Markung 21, 8034 Germering/Obb. (T. München 842657) - Geb. 30. Juni 1926 (Vater: Josef D., zul. Generalmajor; Mutter: Margarethe, geb. Treubel), verh. m. Ingeborg, geb. Decker, 2 Kd. (Christoph, Eva) - S. Habil. Lehrtätigk. München. Mitgl. versch. wiss. Ges. Fachveröff. Lehr- u. Handb.

DAHMEN, Günter
Dr. med., o. Prof. f. Orthopädie - Barkenkoppel 22, 2000 Hamburg 65 (T. 5366078) - Geb. 20. Juli 1928 Düren/Rhld. (Vater: Dr. phil. Peter D., Studienrat; Mutter: Cilly, geb. Pinell), kath., verh. s. 1957 m. Dr. med. Mechthild, geb. Happe, 5 Kd. (Georg, Uta, Norbert, Angelika, Ursula) - Schule Borken; Univ. Münster (Med.). Promot. (1955) u. Habil. (1963) Münster - S. 1958 Univ. Münster (1966 gf. Oberarzt, 1968 gf. Oberarzt Orthop. Klinik; 1968 apl. Prof.) u. Hamburg (1971 Ord. u. Ärztl. Dir. Orthop. Klinik). Spez. Arbeitsgeb.: Bindegewebsforsch. Knorpel- u. Knochentransplantation. Fachmitgliedsch. - BV: Krankhafte Veränderungen d. Bindegewebes, 1966; D. operierte Kranke, 1969; Kinderorthopädie, 1976; Entzündungen d. Wirbelsäule, 1987; Erkrankungen d. Bewegungsapparates, 1985 - Spr.: Engl.

DAHMEN, Hans
Studiendirektor a. D., Staatssekretär a. D., MdL (1976-86), stv. Fraktionsvors. CDU (s. 1987) - Schulstr. 8a, 5342 Rheinbreitbach - Geb. 2. Nov. 1929 Schiedam/Ndl., verh., 3 Kd. - Gymn.; Univ. Bonn (Phil., Alte Spr.). Staatsex. 1956 u. 58 - S. 1958 höh. Schuldst. (1971 Studiendir.). 1956-58 u. 1969ff. MdK; b. 1987 Staatssekr. Kultusmin. Rhld.-Pfalz. CDU (div. Parteiämter, u. a. 1970 Kreisvors. Neuwied).

DAHMEN, Karl

Bundesvorsitzender d. Bundes dt.

Hirnbeschädigter (s. 1964) - Langeoogstr. 8, 4000 Düsseldorf 30 (T. 0211 - 42 23 27) - Geb. 5. Okt. 1920 Düsseldorf (Vater: Franz D.; Mutter: Maria, geb. Paulzen), kath., verh. s. 1945 m. Anneliese, geb. Ewertz, S. Richard - 1936-39 kaufm. Lehre - 1946-70 Versorgungsamt Düsseldorf. Landesvors. BDH-Landesverb. NRW (1971); Vors. Arbeitsgem. Kriegsopfer- u. Kriegsteilnehmerverb., Vors. Aktionsgem. Kriegsopfer u. Sozialrentner, 1. Schriftf. Dt. Komitées f. Europ. Zusammenarb. d. Kriegsteiln. u. Kriegsopfer (CEAC); Vorst. Dt. Rat d. Europ. Beweg.; Vors. Kurat. ZNS f. Unfallverletzte d. Zentralen Nervensystems - 1971 BVK I. Kl.; 1980 Gr. BVK, 1985 Stern dazu u. sonst. Ausz. In- u. Ausl.

DAHMEN, Wolfgang

Dr., Univ.-Prof. FU Berlin, FB Mathematik (s. 1987) - Grolmanstr. 56, 1000 Berlin 12 (T. 030 - 313 67 78) - Geb. 19. Okt. 1949, kath., verh. s. 1973 m. Therese Jansen, S. Marc - Abit. 1968 Human. Kreisgymn. Heinsberg; Stud. 1970-74 RWTH Aachen (Math. u. Physik); Dipl. 1974, Promot. 1976, Habil. 1981 Bonn - 1974-76 wiss. Mitarb. Lehrst. f. Math. RWTH Aachen; 1976-81 wiss. Assist. Inst. f. Angew. Math. Univ. Bonn; 1979-80 IBM Forschungsstip. Thomas J. Watson Res. Center Yorktown Heights, New York; 1981-87 Univ.-Prof. Fak. f. Math. Univ. Bielefeld; 1987 Ruf an e. C4-Stelle f. Math. (m. Schwerp. Numerische Math.) FU Berlin - Zahlr. Länderkämpfe als Nationalmannschaftsmitgl.; 1974 u. 75 Dt. Meister Taekwondo; 1974 Gewinn d. offenen Europameistersch. in Paris; 1974 Europacup Brüssel; 1975 Vizeweltm. Seoul/Korea (2. offiz. Taekwondo-Weltmeistersch.); 1976 3. Platz Europameistersch. Barcelona (sämtl. Wettk. im Federgewicht 60-64 kg) - Liebh.: Taekwondo, Malerei.

DAHMER, Helmut

Dr. phil., Prof. f. Soziologie TH Darmstadt - Friedrichstr. 50, 6000 Frankfurt/M. 1 - Wiss. Beirat Hamburger Inst. f. Sozialforsch. - BV: Libido u. Ges., 2. A. 1982. Mitherausg. Ztschr. Psyche.

DAHMER, Jürgen

Dr. med., Dr. rer. nat., Dipl.-Psych., Prof. f. Didaktik d. Medizin Med. Hochschule Hannover (s. 1974) - Jägerstieg 43, 3000 Hannover 51 - Geb. 10. Mai 1927 Danzig - Promot. 1954 (r. n.) u. 63 (m.); Habil. 1970 - BV u. a.: ärztl. Unters., 1967; Anamnese u. Befund, 6. A. 1988 (jap. Übers.); Ausbildungsziel: Arzt, 1973; Lernziele operational definieren, 1975; Effektives Lernen, 2. A. 1979; Diagnostisch-therapeutisches Denken - Ein ärztl. Problemlösungsmodell, 1980; Gesprächsführung, 1982; Computer in d. ärztl. Diagnostik, 1987

DAHMS, Hellmuth Günther

Dr. phil., Studiendirektor i. R. - Böblinger Str. 9, 7400 Tübingen-Bebenhausen - Geb. 19. April 1918 Brandenburg/H. (Vater: Max D., Offz., spät. Verw.-beamter), ev., verh. s. 1944 m. Charlotte, geb. Maján †, 2 Kd. (Angelika, Clemens) - 1945-47 Journ.; 1947-52 Verlagsleit. u. Herausg. Schriftenreihe Geschichte u. Politik; s. 1952 höh. Schulst. - BV (1944-60 s. XVIII. Ausg.): D. Span. Bürgerkr., 1962 (auch span. u. portugies.); Gesch. d. II. Weltkr., 1965 (auch franz., span., portug.); D. II. Weltkr., 1976 (Ullstein-Tb., 5. A. 1988); Grundzüge d. Gesch. d. Vereinigten Staaten, 1972 (2. A. 1982); Gesch. d. Zweiten Weltkrieges, 1983; Litauen zw. d. großen Mächten, 1989. Buchbeitrag: D. Weltanschauungskr. gegen d. Sowjetunion (D. II. Weltkr. - Bilder, Daten, Dokumente); Franco - Sold. u. Staatschef, 1972 (auch span.); D. Gesch. d. 2. Weltkr., 1983. Herausg.: 50 J. dt. Gesch. in Berlin (Bildbd. 1963); Übers.: Langer, D. Innenseite d. amerik. Außenpolitik (1956); May, D. Ferne Osten als Spannungsfeld zw. USA u. d. UdSSR 1940-45 (1956). Buchbeitr.: George Washington (Bd. IV. Enzyklop. D. Großen d. Weltgesch.) - Ehrenbürger New Orleans; Mitgl. Military History Soc. of Ireland; 1974 Comendador de la Ordén de Isabel la Católica - Spr.: Engl., Franz., Span.

DAHMS, Kurt

Dr. phil., Prof., Dozent f. Philosophie u. Psychologie - Am Pannesbusch 56, 5600 Wuppertal-Barmen (T. 700389) - Geb. 15. Nov. 1911 Altenderne (Vater: Gustav. D., Bergmann), ev., verh. s. 1944 m. Angelika, geb. Seyferth, 4 Kd. (Joachim, Annette, Christoph, Gundula) - Reform-Realgymn. Castrop-Rauxel; Univ. Münster, Göttingen, Erlangen (Promot. 1941), Rostock (Theol., Psych., Phil.). Theol.ex. 1935 u. 38 Münster - 1935-40 Vikar u. Pastor Westf. Landeskirche; 1946-47 Psychologe Berufsberat. Gelsenkirchen; 1947-49 Doz. Sonderkurse f. Lehrerbild.; s. 1949 hauptamtl. Doz. Päd. Akad. u. 1972 o. Prof. Gesamthochsch., bde. Wuppertal - BV: Nietzsches Esthetica, 1944; Üb. d. Führung, 1964 - Liebh.: Musik - Spr.: Franz., Engl., Holl., Ital., Span.

DAHR, Wolfgang

Dr. med., Prof., Heisenberg-Stip. d. Dt. Forschungsgem., Inst. f. Immunologie u. Serologie Univ. Heidelberg - Wilckensstr. 21, 6900 Heidelberg 1 (T. 06221 - 41 27 64) - Geb. 8. Sept. 1947 Düsseldorf (Vater: Prof. Dr. med. Peter D.), verh. m. Ursula, geb. Steiner, Krankengymnastin - Stud. Univ. Köln u. München; Med. Staatsex. 1972, Promot. 1973, Habil. (Immunol.) 1979 Köln - 1974-78 wiss. Assist. Med. Klinik; 1978-83 wiss. Mitarb. Abt. f. Transfusionswesen Univ. Köln; 1984ff. Heisenberg-Stip. DFG, Abt. f. Transfusionswesen u. Inst. f. Genetik Univ. Köln, Inst. f. Immunologie u. Serologie Univ. Heidelberg; 1985 apl. Prof. Univ. Köln. S. 1982 Mitgl. Nomenklaturkommiss. f. Blutgruppenantigene d. Int. Soc. of Blood Transfusion. Rd. 90 Fachveröff. in Ztschr. u. Büchern. Rd. 110 Vortr., bes. z. Thema d. Biochemie u. Immunologie d. Erythrocytenmembran, Strukturaufklärung zahlr. Blutgruppenantigene auf d. Glykoproteinen d. Erythrocytenmembran - 1973 Dissertationspreis Med. Fak. Univ. Köln; 1982 Fritz-Schiff Preis Dt. Ges. f. Transfusionsmed. u. Immunhämatologie; 1984 Jean-Juillard Award Int. Soc. of Blood Transfusion - Liebh.: Windsurfen, klass. u. Flamenco-Gitarre, Reisen - Spr.: Engl., Franz.

DAHRENDORF, Frank

Rechtsanwalt - Neuer Wall 86, Hamburg 36 (T. 040 - 36 13 07-0) - Geb. 1934 Berlin - Stud. Rechtswiss. Hamburg, München u. Frankfurt/M. - Rechtsanw. Hamburg; 8 J. Staatsrat ebd. (6. J. Innen-, 2 J. Schulbeh.); 1979 Justizsenator Hbg.; Rechtsanw. ebd.; 1981 Senator f. Inneres Berlin. SPD; s. 1988 Präs. DRK Hamburg - Bruder Ralf D.

DAHRENDORF, Ingo

Dipl.-Ing., Techn. Direktor Westd. Rundfunk (WDR) Köln (s. 1972) - Bertolt-Brecht-Str. 82, 5042 Erftstadt - Geb. 22. Sept. 1927 Hamburg, verh. m. Gerda, geb. Manté, 2 Kd. - Kirchenpauer-Gymn. Hamburg, 1948-53 Stud. Elektrotechn. TH München - 1954 NWDR Hamburg, 1957 Inst. f. Rundfunktechn. Hamburg, 1958 WDR Köln, 1968 Leit. Hauptabt. Hörfunktechnik, 1971 Chefing. u. Stv. d. Techn. Dir.

DAHRENDORF, Malte

Dr. phil., Prof. f. Erziehungswissenschaft unt. bes. Berücks. d. Dt. Sprache u. Literatur - Witts Park 16, 2000 Hamburg 55 - Geb. 2. Okt. 1928 Hamburg, verh. s. 1954 m. Ilse, geb. Springer, 3 Kd. (Susanne, Matthias, Katharina) - Promot. 1954 Hamburg - S. 1970 Prof. PH Kiel u. Univ. Hamburg (1976). Mitgl. d. Intern. Forsch.-Ges. f. Kinder- u. Jugendlit. (1976-83 Vorstand). 1983 Gastprof. Macquarie-Univ. Sidney/Austr. - BV: Wozu Lit. in d. Schule?, 1970 (m. A. C. Baumgärtner); Zeitschr. z. Lit.-Unterr.?, 1977; D. Mädchenb. u. s. Leserin, 4. A. 1980; Literaturdidaktik im Umbruch, 1975; Kinder- u. Jugendlit. im bürgerl. Zeitalter, 1980; Jugendlit. u. Politik, 1986; D. Darstellung d. Dritten Reiches im Kinder- u. Jugendbuch (m. Z. Shavit), 1988. Herausg.: Informationen Jugendlit. u. Medien (GEW), s. 1972.

DAHRENDORF, Ralf

Dr. phil., Ph. D., Drs. h. c., Prof. St. Antony's College, Oxford (s. 1987), Vors. Friedr.-Naumann-Stiftg. (1982-87) - Warden, St. Antony's College, Oxford OX2 6JF - Geb. 1. Mai 1929 Hamburg (Vater: Gustav D., zul. Vors. Zentralverb. dt. Konsumgenoss. † 1954; Mutter Lina, geb. Witt), verh. m. Ellen, geb. Krug - Univ. Hamburg, 1947-52 (Phil., Klass. Philol.), Graduiertenstud. Soziol. London School of Economics, (1952-54). Wiss. Assist. Univ. Saarl. (1954-57), Habil. u. Privatdoz. 1957 Saarbrücken. Fellow Center f. Adv. Study i. the Behavioral Sciences, Palo Alto (1957/58). 1958 o. Prof. f. Soziologie Hamburg, Univ. Tübingen 1960, Univ. Konstanz 1966, 1. Dekan Sozialwiss. Fak. Konstanz 1966-67, Gastprof. an mehr. europ. u. nordamerik. Univ., 1986 Besuchsprof. Univ. Basel - Berat. Landesreg. Baden-Württ. f. Bildungsfragen 1964-68, 1964-66 st. Vors. Gründungsaussch. Univ. Konstanz, 1967-68 Vors. Arbeitskreis Hochsch.-Gesamtplan, 1966-68 Mitgl. Dt. Bildungsrat; Mitgl. in zahlr. Kommiss., Beiräten u. Ges. Mitgl. FDP 1967 u. Bundesvorst. 1968-74; Mitgl. Landtag v. Bad.-Württ. u. stv. Vors. FDP/DVP-Frakt. 1968-69; Mitgl. Dt. Bundestag u. Parlam. Staatssekr. Bundesmin. d. Ausw. 1969-70. Mitgl. Komm. EG f. Ausw. Beziehung. u. Außenhandel 1970-73; f. Forschung, Wiss. u. Bildung b. 1974; Dir. London School of Economics 1974-84. 1967-70 Präs. Dt. Ges. f. Soziol.; 1971ff. Vors. Dt. Komitee f. kultur. Zusammenarb. in Eur., 1976-82 Vors. Aussch. f. wiss. u. techn. Forsch. (Europ. Wiss.stiftg.) - BV: 26 Bücher, u. a. Marx in Perspektive, 1953; Industrie- u. Betriebssoziol., 2. A. 1961 (auch jap., ital., span., chin., holl.); Soziale Klassen u. Klassenkonflikt, 1957 (auch engl., span., ital., jap.); Homo Sociologicus - E. Versuch z. Gesch., Bedeut. u. Kritik d. Kategorie d. sozialen Rolle, 10. A. 1971; Üb. d. Ursprung d. Ungleichheit, 1961; Gesellschaft u. Freiheit, 1961; D. angewandte Aufklärung; Pfade aus Utopia, 1967; Essays in the Theory of Soc., 1968; Konflikt u. Freiheit, 1972; Plädoyer f. d. Europ. Union, 1973; D. neue Freiheit, 1975 (auch engl., ital., portug., urdu, arab., jap.); Lebenschancen, 1979 (engl., span., ital.); Chancen d. Krise - Üb. d. Zukunft d. Liberalismus, 1983; Reisen n. innen u. außen, 1984; Law and Order, 1985. Mithrsg.: Europ. Archiv f. Soziol. u. American Journal of Sociol.; Theodor Heuss, Politiker u. Publizist (1984) - 1967 Mitgl. PEN-Zentrum BRD; Mitgl. Ehrenpräsid. Dt.-Engl. Ges. (s. 1973); 1975 Senator Max-Planck-Ges.; 1976 Trustee Ford Foundation; 1966 Journ. Fund Award of Learned Public.; 1971 Gr. Croix de l'ordre du Mérite du Sénégal; 1974 Gr. BVK m. Stern u. Schulterbd.; 1975 Gr. Croix de l'ordre de Léopold II; 1975 Gr. gold. Ehrenz. f. Verdienste u. d. Rep. Österr., 1974 Grand croix de l'ordre du Mérite du Luxembourg; 1981 Knight Commander of the Order of the Brit. Empire; Ehrendoktorate: D. Litt. (Reading 1973 u. Dublin 1975); Ll. D. (Manchester 1973, Wagner College New York 1977, York Univ. Ontario 1979); D. Sc. (Ulster 1973, Bath 1977); D. Univ. (Open Univ. 1974, Surrey 1978); D. H. L. (Kalamazoo 1974, Maryland 1978, Johns Hopkins 1982); Hon. Dr. (Louvain 1977); D. SSc. (Queen's Univ. Belfast 1984); 1977 Fellow of the Royal Society of Arts; 1977 Fellow of the British Academy; 1977 Foreign Associate of the National Academy of Sciences, Washington D. C.; 1977 Foreign Member, American Philosophical Society, Philadelphia - Spr.: Engl., Franz. - Lit.: Karl Günther Simon, D. Kronprinzen, 1969.

DAIBER, Hans

Journalist, Schriftst. - Hausacker 17, 5064 Rösrath/Rhld. - Geb. 9. Mai 1927 - Redakt. - BV: Theater, e. Bilanz, 1965; Argumente f. Lazarus, Erz. 1966; Vor Dtschl. wird gewarnt, Kurzbiogr. 1967; Doppelspiel, R. 1969; Gerhart Hauptmann, Biogr. 1971; Dt. Theater, 1976. Herausg.: Wie ich anfing . . . 24 Autoren berichten v. ihren Anfängen (1979). Versch. Fernsehsend.

DAIBER, Karl-Fritz

Dr. phil., Prof., Pastor - Böttcherstr. 4, 3000 Hannover - Geb. 6. Aug. 1931 Ebingen/Württ., ev. - Promot. 1967 - S. 1972 (Habil.) Lehrtätigk. Univ. Göttingen (1975 apl. Prof. f. Prakt. Theologie); Leit. Pastoralsoziol. Arbeitsstelle Ev.-luth. Landeskirche Hannover; S. 1988 Prof. f. Praktische Theologie Philipps-Univ. Marburg. Bücher u. Einzelarb.

DAISENBERGER, Gert

I. Bürgermeister - Rathaus, 8938 Buchloe/Schw. - Geb. 10. Aug. 1940 Lengenwang, Landkreis Ostallgäu - Zul. Regierungsoberinsp.

DALHOFF, Willi

Dr.-Ing., Dipl.-Ing., Prof., Vorsitzender d. Geschäftsfg. Krupp Kantex Maschinenbau GmbH, Bonn u. Mitgl. d. Geschäftsber.leitg. Krupp Kunststoff- u. Kautschuktechnik (s. 1989), Vors. d. Geschäftsfg. d. Battenfeld Extrusionstechnik, Bad Oeynhausen (s. 1985), Generalbevollm. d. Heinrich Oltmanns Unternehmensgr., Edewecht, Techn. Leit. u. Prok. Klaus Esser KG, Neuss (s. 1973) - Baumschulenweg 2, 2905 Edewecht - Geb. 23. Juni 1939 Waldhausen/W. (Vater: Wilhelm D., Landw.; Mutter: Josefine, geb. Kühle), kath., verh. s. 1970 m. Maria, geb. Mendelin, 2 Töcht. (Daniela, Isabel) - Stud. Maschinenbau u. Verfahrenstechn. TH Aachen - S. 1969 Obering., s. 1975 Lehrbeauftr. Univ./GH Wuppertal. 20 Patentanmeld. - BV: Systemat. Extruderkonstruktion, 1974 - 1969 Borchers-Plak. TH Aachen - Liebh.: Lit., Sport - Spr.: Engl.

DALICHAU, Harald

Dr. med., Prof., Chirurg - Grotefendstr. 48, 3400 Göttingen - Geb. 19. Nov. 1934 Dresden (Vater: Otto D., Zahnarzt; Mutter: Margarete, geb. Richter), ev., verh. s. 1962 (Ehefr.: Anneliese), 3 S. (Mark, Jörg, Dirk) - Univ. Berlin u. Frankfurt/M. (Staatsex. 1959). Promot. 1959 Frankfurt; Habil. 1973 Hannover - 1976 o. Prof. u. Klinikdir. Univ. Köln; 1986 Prof. u. Klinikdir. Univ. Göttingen. 1970-71 Forschungsaufenth. London. Spez. Thorax- u. Kardiovaskularchir. Üb. 120 Facharb.

DALL, Carl

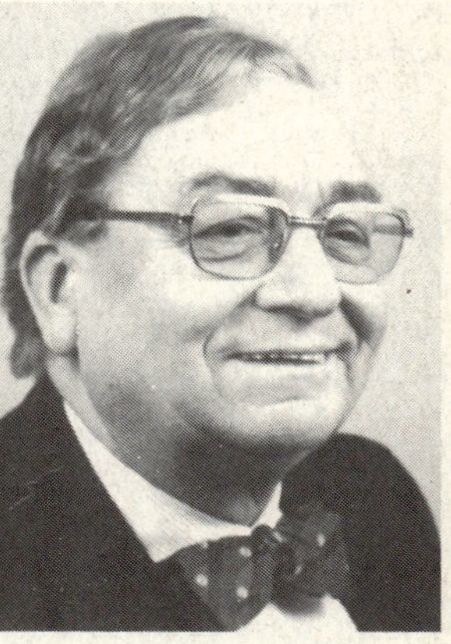

Dipl.-Kfm., Bankdirektor, selbst. Unternehmens- u. Finanzierungsberat. (s. 1985) - Kronsberg 2, 2300 Kiel-Altenholz (T. 0431 - 32 29 22) - Geb. 29. Febr. 1920 Flensburg, ev., verh. s. 1954 m. Lisa, geb. Denecke, 6 Kd. - Gymn.; Abit. Kiel; Stud. Wirtsch.- u. Sozialwiss. Kiel u. Königsberg - 1959-67 Tätigk. im Finanzmin. Schlesw.-Holst., Verw. d. Beteiligungen d. Landes u. Umstellungsrechnung d. Banken sowie entsprechende Mitgl.schaften auf Bundesebene; 1967-74 Tätigk. im Wirtsch.min. Schlesw.-Holst., Leitg. d. betriebswirtsch. Großreferats, Erteilung d. Landesbürgschaften, Mitgl.schaften in Bankengremien; 1975-84 Vorst. d. Wirtsch.aufbaukasse Schlesw.-Holst. AG; AR-Vors. Beamtenbank Kiel eG; Beiratsmitgl. Nordrohr GmbH, Elmshorn u. Agro GmbH, Osdorf; Wirtsch.- u. Mittelstandsvereinig. d. CDU: Mitgl. im Landesvorst. Schlesw.-Holst. u. Kreisvorst. Kiel.

DALLACKER, Franz

Dr. rer. nat., Prof., WRat u. Prof., Leiter d. Abt. Chemie für Mediziner TH Aachen - Weberstr. 5, 5120 Herzogenrath - Geb. 29. Juni 1925 Alsdorf - S. 1963 (Habil.) Lehrtätigk. Aachen. Üb. 80 Fachaufs.

DALL'ASTA, Eberhard R.

Dr. sc. pol., Prof., Hochschullehrer, MdL Schlesw.-Holst. (s. 1979), 1. Vizepräs. Landtag Schlesw.-Holst. - Lärchengrund 8, 2300 Kronshagen - Geb. 3. Febr. 1940 Berlin/Spd. (Vater: Paul D.'A., Gewerkschaftssekr.; Mutter: Helene, geb. Rüstow), verh. m. Hiltrud, geb. Dose, 2 T. (Dorothee, Nicole) - Univ. Kiel (Dipl.-Volksw. 1965; Promot. 1969) - S. 1971 Prof. f. Wirtschaft u. Politik PH Kiel. Div. Ämter, u. a. CDA-Landesvors. (1974ff.), NDR Programmbeirat (1977-80), NDR Rundfunkrat (1981ff.). CDU (1975ff. Mitgl. Landesvorst., stv. Landesvors. s. 1981) - BV: Ansatzpunkte f. e. realist. Lohntheorie, 1969; Theorie d. Lohnpolitik, 1971 - Liebh.: Mod. Kunst, Fußball - Spr.: Engl., Franz.

DALLENBACH, Gisela,

geb. Hellweg

Dr. med., Prof. f. Gynäkolog. Morphologie - Ludolf-Krehl-Str. 57, 6900 Heidelberg - Geb. 22. Juni 1926 Iserlohn (Vater: Albrecht Hellweg, Stadtbaurat; Mutter: Elisabeth, geb. Steinborn), verh. s. 1957 m. Prof. Dr. med. Frederick D., 3 Kd. (Christian, Friederike, Ingrid) - 1944-50 Univ. Danzig u. Marburg (Med. Staatsex. 1950). Promot. 1950 Marburg; Habil. 1957 Bonn - Wiss. Tätigk. Univ. Marburg, Bonn, Harvard u. Dartmouth Med. School/USA (1961-66), 1967-83 Wiss. Rätin/Leit. Morphol. Abt./Univ.-Frauenklin. Mannheim. 1970ff. apl. Prof. Univ. Heidelberg; s. 1983 eig. Inst. 1975-80 Stadträtin Heidelberg (CDU) - BV: Gynäk. Zytologie, 1968; Endometrium - Pathol. Histologie in Diagnostik u. Forsch., 1969 (auch engl.), Neuaufl. 1975, 1981 u. 1987. Rd. 200 Einzelarb. - Spr.: Engl.

DALLIBOR, Klaus

Chefredakteur Ärzte Zeitung - Heidberg 23, 2000 Hamburg 60 - Geb. 25. Jan. 1936, verh. m. Karin, geb. Hilbig, 2 Kd. (Katja, Kostja) - Abit.; Stud. Univ. Frankfurt u. Berlin (Gesch. u. German.); Staatsex. - Colloquium Verlag Berlin; RIAS Berlin; Intern. Atomenergie-Org. Wien; Dt. Presse-Agentur Hamburg - Umschau-Preis; Upjohn-Fellowship; Walter-Trümmer-Med. - Spr.: Engl., Franz., Span.

DALLINGER, Peter

Dr., Ministerialdirektor im Bundesmin. f. Bildung u. Wiss. (s. 1967) - Pützstr. 7, 5307 Wachtberg-Niederbachem (T. 0228 - 34 48 65) - Geb. 19. März 1933 Stuttgart, ev., verh. s. 1966 m. Felicitas, geb. Klym - 1952-56 Stud. Univ. Tübingen, Berlin, München, Dijon; Promot. (jurist. Fak.) 1959 Tübingen; 1. u. 2. jurist. Staatsprüf. 1956 u. 1961 - 1961 Landratsamt Heidelberg; 1962-67 Staatsmin. Stuttgart; 1967-69 Kanzleramt Bonn - BV: Kommentar z. HRG, 1978; zahlr. Aufs. in Ztschr. - Verdienstorden f. d. Österr. Rep. - Liebh.: Musik (u.a. Mitgl. Niederbachemer Flötenquartett).

DALMA, Alfons

Prof., Journalist (Ps. f. Stefan Tomicic) - Braciano (Rom), Via del Lago 14 - Geb. 26. Mai 1919, kath., gesch., 2 Kd. (Sylvia, Stefan) - 1945-52 Chefredakt. Salzbg. Nachr., 1953-62 Chefredakt. Münch. Merkur, dann diplomat. Korresp. D. Presse Wien, Chefredakt. Fachztschr. Wehrkunde, München, stv. Herausg. Bayern-Kurier ebd. (1964). 1961-66 Lehrbeauftr. Hochsch. f. Polit. Wiss., München (Politik u. Strategie). 1967-75 Chefredakt. Österr. Rundfunk/Hörfunk u. Fernsehen, s. 1975 Auslandskorr. ORF in Rom u. Leitartikler u. a. f. D. Presse (Wien), D. Welt (Bonn), D. Weltwoche (Zürich), s. 1988 Mitarb. ORF u. d. Standard, bde. Wien - BV: Hintergründe d. Berlin-Krise, 1962, De Gaulle, d. Deutschen, Europa, 1963; Eurokommunismus, 1977 - 1961 Gr. Ehrenz. Rep. Österr., 1979 Ritterkreuz Ehrenlegion u. a. - Spr.: Franz., Engl., Ital., Span., Kroat.

DALTROZZO, Ewald

Dr. rer. nat., Dipl.-Chem., o. Prof. Univ. Konstanz (s. 1973) - Postf. 5560, 7750 Konstanz (T. 882088) - Geb. 24. Okt. 1937 Kempten/Allg. (Vater: Johann D.; Mutter: Therese, geb. Wachter), kath., verh. s. 1967 m. Heike, geb. Ebert, T. Anke - Obersch. Kempten; Stud. d. Chem. TH München; Promot. u. Habil. ebd. - Zun. wiss. Assist. TU München. Entd. auf d. Geb. d. Polymethine u. Borchelate. GDCh - Spr.: Engl., Franz., Ital.

DAM, van, Henry

s. König, Hans H.

DAMBACH, Kurt A.

Prof., Senator E. h., gf. Gesellsch. Dambach-Werke GmbH Gaggenau (m. 5 Zweigbetrieben), Franz Lünenschloss GmbH, Unkel, Dambach-Industrieanl. GmbH, Gaggenau, Dambach-Templin GmbH & Co. Werbemittel KG, Gaggenau - Tulpenweg 4, 7560 Gaggenau/Baden (T. 3330) - Geb. 25. Juni 1919 Germersheim, ev., verh. m. Hannelore, geb. Dittes - Div. Ehrenstell., dar. 1972ff. Ehrenpräs. Wirtschaftsverb. Ind. Untern. Baden, Freiburg; stv. Vors. Landesverb. Baden-Württ. Ind., Stuttgart; Ehrenbürger Gaggenau; Gr. BVK; Verdienstmed. Land Bad.-Württ.; Gold. Nebenius Med. IHK Karlsruhe.

DAMERAU, Rudolf

Dr. theol. (Lic. theol.), Pfarrer i. R. - Höhenweg 5, 3550 Marburg (T. 06421 - 3 19 66) - Geb. 28. Dez. 1911 Hohenstein/Westpr., ev., verh. s. 1961 m. Liselotte, geb. Kölzow, 4 Kd. - Human. Gymn.; Abit.; 1. theol. Ex. 1935, 2. theol. Ex. 1936 Gießen u. Marburg, Promot. 1939 Gießen - S. 1936 Pfarrdst. Stadtkirche Gießen, Kriegsheim, Wallenrod; Dekanatsvertr. f. Öffentlichkeitsarb. - BV: Autor u. Herausg. d. Studien zu d. Grundl. d. Reformation, Bd. 1-21: D. Abendmahlslehre d. Nominalismus, insbes. d. d. Gabriel Biel, Bd. 1 1964; D. Laienkelch, Bd. 2 1965; D. Herrengebet. Nach e. Kommentar d. Gabriel Biel, Bd. 3 1966; D. Herrengebetskommentar e. Unbekannten, Bd. 4 1966; D. Demut in d. Theol. Luthers, Bd. 5 1967; Texte z. Probl. d. Laienkelchs: Nik. v. Dinkelsbühl a.) Contra errores, b.) Sub utraque, Bd. 6 1969; D. Galeterbriefkommentar d. Nik. v. Dinkelsbühl Textausg., Bd. 7; Übers. dazu, Bd. 8 1970; D. Quästionen d. N. v. Dinkelsbühl z. Galaterbriefkommentar, Bd. 9 1970; D. Herrengebetskommentar d. N. v. Dinkelsbühl, Textausg., Bd. 10 dazu D. Übers. in Deutsch, Bd. 11 1971; Luthers Gebetslehre b. 1515, I. T. 1975/76, II. T. 1976, Bd. 12; D. Gutachten d. Theol. Fak. Erfurt anno 1452 üb. d. Hl. Blut v. Wilsnak, Bd. 13 1976; D. Sentenzenkommentar d. Heinrich v. Langenstein, lat. textkrit. Ausg. u. Übers., Bd. 15-18 1980; D. Offenbarung d. Johannes, N. e. Kommentar d. Reformtheol. Johannes Hagen. E. Beitr. z. Burisfelder Reformtheol. u. d. Mönchstheol. Luthers, Bd. 19-21 1984 - 1934 Hess. Staatspreis f. wiss. Arbeit - Liebh.: Theol., Musik, Sport - Spr.: Lat., Griech., Hebr., Franz.

DAMEROW, Reinhard

Dr. med., Prof., Ltd. Medizinaldirektor a. D., ehem. Chefarzt Städt. Kinderklinik Fürth - Gluckstr. 8, 8510 Fürth-Dambach (T. 0911 - 72 02 72) - Geb. 6. Juli 1921 Berlin, ev., verh. s. 1946 m. Dr. Gudrun, geb. Streit, S. Holger - Abit. 1939 Berlin; 1940-45 Med.-Stud. (Promot. 1945); Habil. 1958 - S. 1965 Prof. 1945-51 Assistenzarzt Univ.-Kinderkl.; 1951/52 Hygiene-Inst. Univ. Berlin; 1952-59 Oberarzt Univ.-Kinderkl. Berlin; 1959 Serol. Inst. Univ. Heidelberg; 1959-68 Ltd. Oberarzt Univ.-Kinderkl. Erlangen; 1969-86 Chefarzt Städt. Kinderkl. Fürth - BV: Klinik u. Praxis d. Immunhaematol., 1959; Handb. f. Kinderheilkd.; Beitr. in Fachztschr. - Spr.: Engl.

DAMIAN, Josef

Kaufmann, Ehrenvors. AR Lemmerz-Werke KGaA (Autoräderfabrik, Stahl- u. Walzwerk) - 5330 Königswinter/Rh. - Geb. 23. Jan. 1903 - S. 1919 Lemmerz-Werke (Weg v. kaufm. Lehrling z. Direktor).

DAMKOWSKI, Wulf

Dr. jur., Assistent, Mitgl. Hbg. Bürgerschaft (s. 1970) - Wülpensand 33, 2000 Hamburg 56 (T. 812262) - Gegenw. Wiss. Assist. Univ. Hamburg (Sem. f. Verwaltungslehre). SPD.

DAMM, Bernhard

Dr. rer. nat. (habil.), Prof. f. Geologie u. Paläontol., Präs. Geol. Landesamts Baden-Württemberg - Albertstr. 5, 7800 Freiburg - Geb. 6. Juni 1930 Königsberg/Pr. (Vater: Erwin D., Bürgerm. Elbing/Westpr.; Mutter: Gerda, geb. Sabinski).

DAMM, Carl

Rektor, MdB (s. 1965) - Heinrich-Goebel-Str. 5, 2000 Hamburg 67 (T. 6039868) - Geb. 20. Febr. 1927 Hamburg - Obersch.; 1943-46 Luftwaffenhelfer (Flak), Arbeitsdst., Fronteinsatz (an d. Oder), 1945 schwer verwundet u. sowj. Gefangensch.; 1946-49 Univ. Hamburg (Päd., Phil., Psych., Gesch.) - S. 1959 Leit. Kath. Schule Wilhelmsburg. 1953-65 Mitgl. Hbg. Bürgerschaft. CDU.

DAMM, Carlhanns

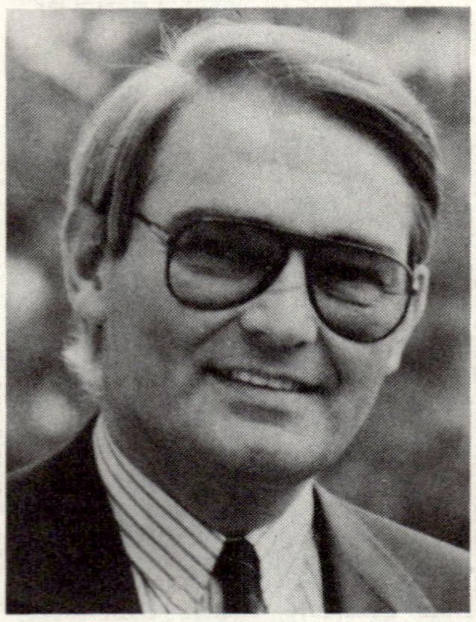

Marketing-Fachmann, Inh. INEX-Agentur f. Marketing u. Kommunikation GmbH, Carlhanns Damm Unternehmensberat., CD Communication GmbH, Generalbevollm. AEG Frankfurt - Simrockstr. 5, 5400 Koblenz-Oberwerth - Geb. 9. März 1936 Aachen (Eltern: Carl u. Margarete D.), kath., verh. s. 1962 m. Gretel, geb. Schneider, 2 S. (Carsten, Dirk) - 1975-78 Mitgl. AGMA (Arbeitsgem. Media Analyse); 1975-79 Präs. BDW (Dt. Kommunikationsverb.); 1975-79 Präsidialmitgl. Dt. Werberat ZAW, Bonn; u. a. Ehrenämter - BV: 25 individuelle Reisen in 5 Erdteile; Kinder sind Rätsel v. Gott; Corporate Identity. Vom Stilder Werbung (m.a.) - 1978 Dr. Kurt Neven du Mont-Med.

DAMM, von, Jürgen

Direktor, Mühlenkaufmann - Hannoversche Str. 60, 3300 Braunschweig (T. 0531 - 5 20 80) - Geb. 14. Sept. 1919 Reckershausen (Vater: Dr. Georg v. D., Rechtsanw.; Mutter: geb. Sievers), verh. s. 1944 m. Christa, geb. Pastors, 2 Söhne (Hans-Wilhelm, Tile) - B. 1945 akt. Offz. Dzt. Funktionen. Vorst.-Vors. AOK Braunschweig, AR Mühle Rüningen AG - Div. genealogische Arbeiten - Div. Kriegs-Ausz.; Gold. Sportabz.; BVK am Bde., BVK I. Kl. - Liebh.: Genealogie, Bergwandern, Sammeln v. alten Kinderbüchern - Spr.: Franz., Engl. - Rotarier.

DAMM, Renate,

geb. Schünhoff

Rechtsanwältin, 1. Vors. Dt. Juristinnenbund, Hamburg (s. 1983) - Kortenland 4, 2000 Hamburg 65 - Geb. 27. Sept. 1935 Wandsbek/Pr., S. Ulrich - Jurastud. Univ. Hamburg, 1. jurist. Staatsex. 1959, 2. Staatsex. 1963 - Leit. Stabsabt. Recht Axel Springer Verlag AG Hamburg; Lehrauftr. Univ. München - BV: Presserecht - Journalismus v. heute, 2. A. 1985 - Spr.: Engl., Franz.

DAMM, Walter

Dr. phil., Generalbevollmächtigter Sal. Oppenheim jr. & Cie., Köln - Unter Sachsenhausen 4, 5000 Köln 1 (T. 0221 - 1 45 01) - Geb. 14. März 1931 Berlin, ev., verh. m. Dr. Isabelle, geb. Frey - Dipl.-Dolmetscher (Univ. Mainz) 1954; Master of Arts 1956, Promot. 1958 (Univ. of Chicago) - 1962-69 Sekr. EG-Bankenvereinig. - BV: D. Bankwesen im Gemeinsamen Markt, (Mitverf.) 1962. Mitherausg.: The Multinational Corporation in the World Economy (1970).

DAMMANN, Anna

Schauspielerin - Ainmillerstr. 24, 8000 München 40 (T. 34 77 12) - Bühnen Stuttgart (Staatstheater), Düsseldorf (Schauspielhaus), Berlin (Dt. Theater), n. 1945 Residenztheater München. Zahlr. Gastsp. (u.a. Hersfelder Festsp.). Filme (u. a. D. Reise n. Tilsit, Johannisfeuer, Nacht ohne Abschied). S. 1973 ausschl. umfangr. Vortragstätigk.

DAMMANN, Günter

Dr. phil., Prof. f. Neuere Dt. Literaturwissenschaft Univ. Hamburg (s. 1978) - Ludwig-Uhland-Str. 31, 2153 Neu-Wulmstorf - Geb. 27. Mai 1941 Bliedersdorf/Stade (Vater: Albert D., Lehrer; Mutter: Margareta, geb. Poppe), verh. s. 1971 m. Ursula, geb. Kraft, S. Stefan - Gymn. Harburg; Univ. Hamburg (Staatsex. 1967; Promot. 1971) - BV: Antirevolutionärer Roman u. romant. Erzählung, 1975; Georg Heyms Gedicht D. Krieg, 1978 (m. K. L. Schneider u. J. Schöberl).

DAMMANN, Heinrich

Fabrikant, Pers. haft. Gesellsch. Vereinigte Kreidewerke Dammann KG, Söhlde - Bockmühlenstr. 21, 3201 Söhlde (T. 05129 - 78 11) - Geb. 3. Sept. 1924 Söhlde, ev., verh. s. 1952 m. Ortrud, geb. Bode - BVK - Spr.: Engl.

DAMMANN, Klaus

Dr. jur., Univ.-Prof. f. Öfftl. Verwaltung Univ. Bielefeld (s. 1973) - Schumannstr. 9, 4800 Bielefeld 1 - Geb. 5. Okt. 1939 Itzehoe (Eltern: Karl (Kaufm.) u. Gertrud D.), gesch., 4 Kd. (Daniel, Catherine, Arvid, Gerrit) - Univ. Freiburg/Br., Rabat (Marokko), Tübingen, Hamburg. Assessorex. u. Promot. 1969 - 1972 Prof. FU Berlin - Fraktionsmitgl. DIE GRÜNEN, Landschaftsverb. Westf.-Lippe.

DAMMANN, Rolf

Dr. phil., Prof., Musikwissenschaftler - Weinstr. 14, 7818 Oberrotweil am Kaiserstuhl - Geb. 6. Mai 1929 Celle/Aller, verh. s. 1963 m. Martha, geb. Krieger (Zahnärztin), T. Sibylle - Promot. 1952; Habil. 1958 - 1953-64 Doz. Musikhochsch. Freiburg/Br. (Geschichte d. ev. Kirchenmusik u. Hymnol., 1958ff. zusätzl. Musikgeschichtl. u. theoret. Fächer); s. 1958 Privatdoz., apl. Prof. (1967), Prof. (1979) Univ. Freiburg (Musikwiss.). Zahlr. Mitgliedsch. - BV:

D. Musikbegriff im dt. Barock, 1967, 2. A. 1984; J. S. Bachs Goldberg-Variationen, 1986. Aufs. in: Archiv f. Musikwissenschaft s. 1953; Dufays Florentiner Domweihmotette (1436), 1964, überarb. Fass. 1983; Bachs Capriccio B-Dur - Nachahm. um 1700, in: Festschr. f. H. H. Eggebrecht, 1984.

DAMMERS, Claus

Direktor, Buchenstr. 76, 6670 St. Ingbert/Saar - Geb. 20. Okt. 1937 - Ing. (grad.) - Geschäftsf. Precismeca Ges. f. Fördertechnik mbH., Sulzbach, u. Prescismeca S/A., Saverne (Frankr.).

DAMMEYER, Manfred

Dipl.-Sozialw., Dr. paed., Direktor Volkshochsch. Oberhausen a.D., MdL Nordrh.-Westf. (s. 1975) - Mühlenstr. 94, 4200 Oberhausen 1 (T. 86 08 05) - Geb. 1939 Hausberge/Porta Westfalica - Stud. Sozial- u. Erziehungswiss.; Dipl. 1963, Promot. 1979 - Tätigk. in d. gewerkschaftl. Bildungsarb. u. kommunalen Erwachsenenbildung; 1966-75 Dir. VHS Oberhausen; Lehrbeauftr. f. Politikwiss. Univ. Düsseldorf u. GH Duisburg. SPD (bildungspolit. Sprecher d. SPD-Frakt. im Landtag, Bundesvors. Arbeitsgem. f. Sozialdemokraten im Bildungsbereich, stv. Vors. Kommiss. f. Bildungspolitik b. SPD-Parteivorst.) - Zahlr. Veröff., u.a. D. altern. Bildungskonzept, 1980.

DAMRAT, Anna

Dipl.-Volksw., Dipl.-Handelslehrerin, Berufsschullehrerin u. Dozentin f. Wirtschaftsfächer, MdA (s. 1989) - Lauenburger Str. 9, 1000 Berlin 41 - Geb. 18. Juli 1945 Staats/Krs. Gardelegen (Vater: Franz D.; Mutter: Hanna, geb. Voß), ev., led. - Stud. Volkswirtsch.lehre u. Wirtsch.-Päd. FU Berlin; Dipl.-Prüf. 1972 u. 73 - 1973 wiss. Angest. Senat v. Berlin; 1974-82 wiss. Assist. PH bzw. TU Berlin; s. 1983 (m. Unterbrechungen) im Schuldst. u. Doz. Polit. Ämter in d. SPD, u.a. 1975-78 stv. Landesvors. d. Berliner Jungsozialisten, s. 1988 stv. Landesvors. AsF Berlin) - Spr.: Engl., Franz., Norw.

DAMRATH, Helmut

Dipl.-Ing., Prof. Ltd. Baudirektor, Fachhochschule Nordostniedersachsen (s. 1971) - Am Tannenrähm 3, 3113 Suderburg Kr. Uelzen (T. 05826 - 10 15) - Geb. 12. Juni 1917 Allenstein/Ostpr. (Vater: Bruno D., Baumeister; Mutter: Agnes, geb. Wiemer), ev., verh. s. 1948 m. Marianne, geb. Gibbels, 2 Söhne (Joachim, Jörg) - Oberrealsch. Allenstein; TH Danzig u. Hannover. Diplom-Hauptprüf. 1950 - 1950-54 Planungsing. Fa. Fr. Kocks, Koblenz; 1954-56 Dozent Vereinigte Techn. Lehranstalten (Ing.sch.), Koblenz; 1956-59 Kreisbaurat, Doz. Ing.sch. f. Bauwesen, Siegen, 1959-71 Leiter Staatl. Ingenieurakad. f. Wasserwirtschaft u. Kulturtechnik, Suderburg, 1974-76 Rektor Fachhochsch. Nordostniedersachsen - BV: Wasserversorgung - 1987 BVK.

DAMRAU, Jürgen

Dr. jur., Richter a. D., Prof. f. Rechtswiss., insb. Erb- u. Familienrecht, Univ. Konstanz (s. 1977) - Stifterstr. 33a, 7750 Konstanz/B. - Geb. 22. Dez. 1937 Koblenz (Vater: Dr. Siegfried D., Oberpostpräs.; Mutter: Ilse, geb. Frodermann), 2 Kd. - Univ. Marburg, Genf, Mainz - 1966-77 Richter - BV: Erbverzicht als mittelzweckmäß. Vorsorge f. d. Todesfall, 1966; D. Entwickl. einz. Prozeßmaximen s. d. Reichszivilprozeßordnung v. 1877, 1975.

DAMS, Theodor

Dr. agr., Dres. h.c., o. Prof. f. Wirtschaftspolitik u. Direktor Inst. f. Entwicklungspolitik Univ. Freiburg (s. 1965) - Wertmannplatz 1, 7800 Freiburg/Br. (T. 0761 - 203 35 26) - Geb. 6. Mai 1922 Ginderich Kr. Moers - Univ. Bonn (Volksw.lehre, Agrarpolitik). Promot. 1951; Habil. 1959 - 1959-65 Abt.leit. EWG-Kommiss. Brüssel. Mitgl. Dt. Bildungsrat 1966-75; o. Mitgl. Akad. f. Raumforsch. u. Landesplanung, Hannover; Mitgl. Wiss. Beir. Bundesmin. f. Wirtschaftl. Zusammenarb. u. d. Bundesmin. f. Landwirtsch.; Vors. d. Beirats f. Ausbildungsförd. Bundesmin. Bildung u. Wiss. - Mitgl. SWF-Rundfunkrat s. 1973, Präs. Intern. Assoc. of Agricultural Economists (1979-82) - BV: Marginalität-Motiv. u. Mobilisierung v. Selbsthilfegruppen als Aufg. d. Entwicklungspolitik, 1970; Berufl. Bildung - Reform in d. Sackgasse, 1973; Entwicklungshilfe Hilfe z. Selbsthilfe?, 1974; Kontroversen in d. intern. Rohstoffpolitik (m. G. Grohs), 1977; Weltwirtschaft im Umbruch, 1978; Integrierte ländl. Entwickl.-Theoret. Grundl. u. prakt. Erfahrungen, 1980 (Hrsg.); Integrated Rural Regional Develeopment, 1982 - 1982 Ehrendoktor Univ. Gießen; 1982 Membre Étranger de l'Académie d'Agriculture de France; 1986 Ehrendoktor Univ. Nagoya/Japan - Spr.: Franz., Engl., Niederl.

DAMUS, Martin

Dr. phil. habil., apl. Prof., Kunsthistoriker - Gertkenstr. 15, 4512 Wallenhorst 2 (Rulle) (T. 05407-64 70) - Geb. 7. April 1936 Guben, verh. s. 1966 m. Prof. Dr. Renate D. - Stud. Kunstgesch., Phil. u. Gesch., Promot. 1972 FU Berlin - 1972-74 Gastdoz. PH Berlin - 1977/78 SHfBK Braunschweig, s. 1978 Lehrtätigk. Univ. Osnabrück, freischaff. Kunsthist. - BV: Freiheit d. Kunst u. staatl. Kunstpreise, 1972; Üb. d. Zusammenhang zw. d. autonomen u. gebrauchten Kunst, 1973; Funktionen d. Bild. Kunst im Spätkapitalismus, 1973; Fuchs im Busch u. Bronzeflamme, 1979 (m. and.); Sozialist. Realismus u. Kunst im Nationalsozialismus, 1981; D. Rathaus. Architektur- u. Sozialgesch. v. d. Gründerzeit zur Postmoderne, 1988.

DAMUS, Renate

Dr. phil., Prof. f. Politikwissenschaft Univ. Osnabrück - Gertkenstr. 15, 4512 Wallenhorst 2 - Geb. 19. Febr. 1940 Karlsruhe, verh. s. 1966 - Stud. Polit. Wiss., Phil., Gesch. Freiburg, Zürich, FU Berlin; Promot. 1968 - Wiss. Assist. bzw. Assist. Prof. Otto-Suhr-Inst. FU Berlin; 1972-73 Gastdoz. Univ. Erlangen-Nürnberg; s. 1974 Univ. Osnabrück (Arbeitsgeb.: Planwirtschaft. Systeme). S. 1989 Mitgl. d. Bundesvorst. Die Grünen - BV: Entscheidungsstrukturen u. Funktionsprobl. in d. DDR-Wirtsch., 1973; D. Reale Sozialismus als Herrschaftssystem am Beispiel d. DDR, 1978; RGW. Wirtschaftl. Zusammenarb. in Osteuropa, 1979; D. Legende v. d. Systemkonkurrenz. Kapitalismus u. Realer Sozialismus, 1986.

DANCO, Armin

Dr. jur., Ministerialdirigent, Abteilungsleiter Min. f. Wissensch. u. Forschung Nordrh.-Westf. (s. 1981) - Flachskampstr. 67, 4000 Düsseldorf 12 - Geb. 4. Nov. 1927 Naugard/Pom. (Vater: Dr. Helmuth D., Kaufm.; Mutter: Irmgard, geb. Bahls), ev., verh. s. 1960 m. Barbara, geb. Leuze, 3 Kd. (Cordula, Carl-Ulrich, Ursula) - Stadtgymn. Dortmund; Stud. d. Rechtswiss. Univ. Münster; 1. u. 2. jur. Staatsex. 1950 u. 54; Promot. 1961 Münster - 1957- 65 Dezern. Bez.reg. Aachen u. D'dorf; 1965-71 Ref. Innenmin. NRW; s. 1971 Min. f. Wiss. u. Forsch. NRW - BV: D. Entstehung d. BR Dtschl. u. d. Inkrafttr. d. GG, 1961 (Diss.) - BVK I. Kl. - Liebh.: Geschichte, Musik.

DANELLA, Utta

geb. Denneler

(eigentl. Utta Schneider), Schriftstellerin - Zu erreichen üb. Franz-Schneekluth Verlag, Widenmayerstr. 34, 8000 München 22 - Geb. Berlin (Vater: Beamter) - BV/R. (1956ff.): Alle Sterne v. Himmel, Regina auf d. Stufen, D. Frauen d. Talliens, Alles Töchter aus guter Familie, D. Reise n. Venedig, Stella Termogen od. D. Versuch d. Jahre, Tanz auf d. Regenbogen, D. Sommer d. glückl. Narren, D. Maulbeerbaum, D. Mond im See, Vergiß, wenn Du leben willst, Quartett im September, Jovana, Niemandsland, Gestern od. d. Stunde n. Mitternacht, D. blaue Vogel, D. Hochzeit auf d. Lande, 2 Tage im April, Gespräche m. Janos, D. Schatten d. Adlers, Familiengeschichten, Jacobs Traum; Jugendb.: Tränen v. vergangenen Jahr (1978); u.a. insges. 45 Bücher, Aufl. üb. 50 Mill.

DANERT, Günter

Dr. rer. pol., ehem. Vorstandsmitglied Standard Elektrik Lorenz AG./SEL (Bereich: Finanzen, b. 1979) - Hellmuth-Hirth-Str. 42, 7000 Stuttgart-Zuffenhausen - Geb. 11. Aug. 1913 Aachen - Stud. Volksw. - Zul. 1963-68 Vorstandsmitgl. Industrie-Werke Karlsruhe AG., Karlsruhe (stv. Vorst.-Vors.). Geschäftsf. ITT Ges. f. Beteiligungen mbH. Div. AR-, VR- u. Beiratsmand. - 1982 Hon.-Prof. Univ. Stuttgart.

DANGELMAIER, Paul

Dipl.-Kfm., Geschäftsführer Kernkraftwerk Obrigheim GmbH. (s. 1969) - Meisenweg 2, 6951 Obrigheim/Baden (T. 06261 - 7655) - Geb. 15. Juni 1932 Wiesensteig/Württ. (Vater: Karl D.), verh. m. Erna, geb. Decker - Stud. Betriebsw. - Spr.: Engl., Franz. - Rotarier.

DANGELMAYER, Horst

Direktor - Reutäckerstr. 5, 7537 Remchingen-Singen - Geb. 8. Juni 1939 Esslingen (Vater: Hugo D., Justizinsp. a. D.; Mutter: Lina, geb. Herre), verh. s. 1961 m. Elfriede, geb. Arold, 2 Kd. (Michael, Marcella) - U. a. Vorst.-Mitgl. Porta Micromechanic AG, Pforzheim, Geschäftsf. Rodi & Wienenberger GmbH, PDG d. FOREVER S.A., Brunstatt (Frankr.); div. weit. Mandate - Spr.: Engl.

DANIEL, Günter

Vorstandsmitglied Simonbank AG., Düsseldorf - Am Damm 3a, 4000 Düsseldorf 31 - Geb. 30. Okt. 1923 - Stud. Rechtswiss. Ass.ex. - ARsmand.

DANIEL, Helmut

Dr. rer. nat., Prof., Chemiker (Leitg. Pharmachemie C. H. Boehringer Sohn, Ingelheim) - Frankenstr. 21, 6507 Ingelheim/Rh. - Geb. 8. Aug. 1930 Ludwigshafen/Rh. - Promot. 1958; Habil. 1965 - S. 1971 apl. Prof. f. Org. Chemie TU München. Facharb.

DANIEL, Helmut

Diplom-Ingenieur, Vors. Normenaussch. Chem. Apparatebau - Kamekestr. 2-8, 5000 Köln 1.

DANIEL, Herbert

Dr., Dipl.-Phys., o. Prof. u. Direktor Inst. f. Kernphysik u. Nukleare Festkörperphysik TU München (s. 1968) - Taxetstr. 37, 8045 Ismaning (T. 089 - 969696) - Geb. 30. März 1926 Treptow (Vater: Herbert D., Lehrer; Mutter: Marie, geb. Rottschalk), ev., verh. s. 1971 m. Gisela, geb. Bähre, 2 Kd. (Dirk, Silke) - Stud. d. Physik Univ. Heidelberg (Lehrer Prof. Bothe); Promot. 1954 u. Habil. 1961 ebd. - 1954-58 Max-Planck-Inst. f. medizin. Forschung, Heidelberg; 1958-59 Iowa State Univ.; 1959-65 Max-Planck-Inst. f. Kernphysik, Heidelberg; 1966-68 CERN, Genf; 1974, 76, 80, 84 u. 86 Los Alamos National Labor., Neu-Mexiko/USA; 1979 Inst. Laue-Langevin, Grenoble, Frankreich; 1978 Int. Atom. Energy Agency, Wien (Berater) - BV: Beschleuniger, 1974 - Spr.: Engl., Franz., Ital., Latein.

DANIEL, Jens

s. Augstein, Rudolf

DANIELMEYER, Hans Günter

Dr. rer. nat., Prof., Physiker, Leiter Zentralabt. Forsch. u. Technik Siemens AG, München - Otto Hahn Ring 6, 8000 München 83 - Geb. 5. März 1936 Nürnberg (Vater: Hans Erich D., Prokurist; Mutter: Lieselotte, geb. Fricke), verh. (Ehefr.: Antonia), 3 Kd. (Birgit, Inka, Hendrik) - Dipl.-Phys. 1962, Promot. 1965, Habil. 1974, alles Stuttgart; MBA 1971 Rutgers/USA - 1966-71 Bell Labs/USA, 1972-74 MPG; 1974 MIT/USA; 1975-86 Univ. Hamburg (Ord. f. Exper. Festkörperphysik). 1978-86 Gründungspräs. TU Hbg.-Harburg; 1986 Generalbev. Dir. Siemens AG, zentr. Forsch. u Entwickl.; s. 1987 Vorst.-Mitgl. Siemens AG - Entd.: Festkörper- u. Miniaturlaser.

DANIELS, Hans

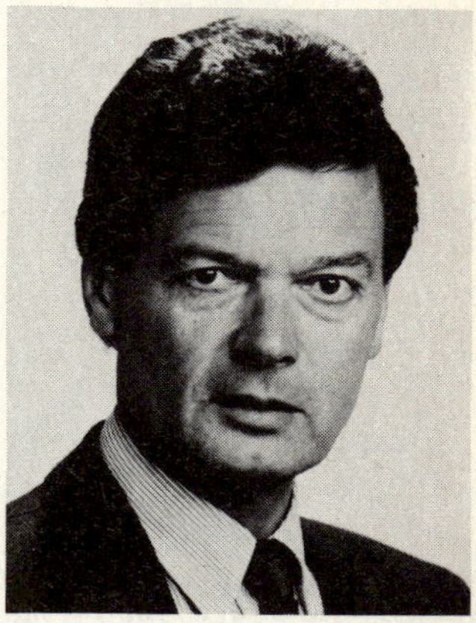

Dr. rer. pol., Notar, Oberbürgermeister, MdB (s. 1983; Wahlkr. 63/Bonn) - - Rathaus, 5300 Bonn 1 (T. 77 34 00) - Geb. 11. Dez. 1934 Düsseldorf (Vater: Dr. Wilhelm D., Oberbürgerm. a. D.; Mutter: Hedwig, geb. Mosler), kath., verh. s. 1966 m. Ursula, geb. Blanke, 4 Kd. (Zoe, Florian, Severin, Esther) - Gymn. (Abitur 1952); Stud. (Jura, Volksw. Math.); Promot. 1957; 1. u. 2. jur. Staatsex. 1955, bzw. 1959 - 1960 Ass., 1962 Notar Bonn; 1970 MdL Nordrh.-Westf.; 1975 OB Bonn. CDU (1961 Mitgl. Stadtrat, 1974 Vors. CDU-Fraktion). 1975 Mitgl. d. Präsidiums d. Dt. Städtetages - BV: Ausscheidungsprozesse in d. Marktwirtsch. u. i. Lenkung durch d. Rechtsordn., 1958) - Spr.: Engl., Franz.

DANIELS, Karl

Dipl.-Kfm, Geschäftsf. Madau-Beteiligungsges. mbH., ARsvors. Kolbermoor-Konzern - 8208 Kolbermoor/Obb. (T. 08031 - 9 10 61) - Geb. 1. Sept. 1915 - Spr.: Engl., Franz. - Rotarier.

DANIELS, Karlheinz

Dr. phil., Prof. f. Didaktik d. Dt. Sprache u. Lit. Univ. Bonn - Landskronweg 17, 5308 Rheinbach 12 - Geb. 23. Nov. 1928 Neuss/Rh. (Vater: Karl D.; Mutter: Josefine, geb. Szymanski), kath., verh. s. 1956 m. Eva, geb. Schrankel, 2 Kd. (Dieter, Karen) - Stud. Allg. Sprachwiss. Promot. 1960 Bonn; Habil. 1966 Stockholm - S. 1968 Ord. Bonn - BV: Substantivierungstendenzen in d. dt. Gegenwartssprache, 1963. Herausg.: Üb. d. Sprache (1966), Mensch u. Maschine (1981), Konzepte emotionellen Lernens in d. Deutsch-Didaktik (1985) - Spr.: Engl., Franz., Neugriech.

DANIELS, Will-Hubertus

Bergass., Geschäftsführer Vereinig. d. Bergbau-Spezialgesellschaften - Rüttenscheider Str. 14, 4300 Essen 1.

DANKERT, Hans-Jürgen

Dipl.-Ing., Berat. Ingenieur f. Bauwesen - Rickfeldsweg 9, 4150 Krefeld-Verberg (T. 02151-5 68 10) - Geb. 28. Juni 1927 Rostock (Vater: Rudolf D., Oberamtsrat DB-Hauptverwaltung Frankfurt/Main; Mutter: Grete, geborene Lange), ev., verh. s. 1954 m. Renate, geb. Hein, T. Susanne - Herder-Obersch. (Abit. 1947) u. TU Berlin (Bauing.wesen; Dipl.-Ing. 1953) - U. a. Direktionsassist. u. Hauptabt.leit. Fried. Krupp Maschinen u. Stahlbau GmbH., Rheinhausen (1963 Prokurist), Neusser Eisenbau Bleichert KG., Neuss, u. Eikomag Eisenkonstruktionen u. Maschinenfabrik GmbH., Düsseldorf (Geschäftsf.), Hauptgeschäftsf. Intercontract Ges. f. techn.

Planungen u. Baudurchführung, Hannover (1971/72), danach Berat. Ing., 1976-83 Geschäftsleit. Krupp Industrie- u. Stahlbau, Duisburg-Rheinhausen. Präs. Dt. Stahlbauverb. DStV, Köln - Liebh.: Musik - Spr.: Engl.

DANKOWSKI, Konrad

Dr. agr., Hauptgeschäftsführer Verein d. Zuckerindustrie u. Wirtschaftl. Vereinig. Zucker (s. 1975) - Am Hofgarten 8, 5300 Bonn 1 - Geb. 11. April 1923 Dietrichswalde/Ostpr. (Vater: Alfred D., Landw.; Mutter: Erna, geb. Schwark), kath., verh. s. 1958 m. Frieda-Maria, geb. Kloppenburg, 2 Töcht. (Astrid, Karen-Wiebke) - 1936-41 Obersch. Stuhm/Westpr.; 1941-45 Wehrm.; 1945-49 landw. Lehre u. Gehilfe Nieders.; 1949-55 LH Stuttgart-Hohenheim (Dipl.-Landw. u. Promot. - B. 1962 Bund d. Dt. Landjug. (Hgf.), dann WVZ (1965 Gf.) - Spr.: Engl.

DANN, Gerhard
Regierungsdirektor a. D., MdL Hessen (s. 1978, Wahlkr. 18/Limburg-Weilburg-O. u. Lahn-Dill III sow. Lahn II) - Imkerweg 13, 6200 Wiesbaden-Bierstadt - Geb. 26. Juni 1935 Gießen, ev., verh., 3 Kd. - Volkssch.; Uhrmacherlehre; Heim VHS Friedrich-Ebert-Stiftg. Meisterpruf. 1958 - B. 1971 Parteitätigk. (zul. Bezirksgeschäftsf. Hessen-S.), dann Ref. Hess. Staatskanzlei u. Kultusmin. (1976). 1968 ff. MdK Wetzlar. SPD s. 1954 (1978 stv. Vors. Unterbez. Limburg-Weilburg).

DANN, Heidemarie
Dipl.-Päd., Lehrbeauftragte Ev. FHS Hannover, MdB (s. 1985; Landesliste Nieders.) - Zu erreichen üb. Bundeshaus, 5300 Bonn 1 - Geb. 27. März 1950 Ludwigshafen - 2. Bildungsweg; Stud. PH Hannover (Abschl. f. d. Lehramt an Grund- u. Hauptsch. u. Dipl.-Päd.) - 1977-81 Dipl.-Pädagogin im autonomen Frauenhaus Hannover; 1981-85 Lehrauftr. Ev. FHS Hann. S. 1972 polit. Engagem. F. d. Grünen (kein Parteimitgl.) im Bundestag (Mitarb. im Fraktionsvorst.).

DANN, Otto
Dr. rer. nat., em., o. Prof. f. Angew. Chemie - Louis-Störzbach-Str. 5, 6930 Eberbach/Neckar (T. 06271-3583) - Geb. 20. Febr. 1914 Baden-Baden (Vater: Christian D.; Mutter: Paula, geb. Fuchs), verh. s. 1976 m. Ilse, geb. Bansbach - Univ. Freiburg/Br., Edinburgh, Heidelberg, Erlangen, Colorado (USA), Approb. Apoth.; Dipl.-Chem - 1939 Assist. Kaiser-Wilhelm-Inst. f. Med. Forsch., Heidelberg b. Richard Kuhn, 1947 Privatdoz., 1950-1982 Ord. u. Inst.vorst. Univ. Erlangen bzw. Erlangen-Nürnberg. Fachveröff.

DANN, Otto
Dr. phil., Prof. f. Geschichte d. Neuzeit Univ. Köln - Stumbshof-Str. 40, 5030 Hürth-Alstädten - Geb. 24. Aug. 1937 Gersdorf (Vater: Landwirt), ev., verh. s. 1965 m. Antje, geb. Markert, 3 Kd. - Stud. Gesch., Phil., Ev. Theol., landw. Lehre - BV: Nationalismus u. soz.

Wandel, 1978; Gleichheit u. Gleichberecht., 1980; Leseges. u. bürgerl. Emanzipation, 1980; Köln nach d. Nationalsozialismus, 1981.

DANNECKER, Walter
Dr. rer. nat., Dipl.-Chem., Prof. f. Anorgan. u. Angew. Chemie Univ. Hamburg - Heidewisch 21, 2000 Hamburg 56 (T. 040 - 81 88 71 bzw. 41 23-31 11) - Geb. 23. März 1934 Bad Säckingen - Prof. u. Leit. Staatshüttenlaborat. Univ. Hamburg (Abt. Angew. Analytik). Zahlr. Fachveröff. üb. angew. analyt. Themen, üb. Emissions- u. Immissionsunters., Rauchgasreinig. an Großfeuerungsanl. u. üb. Umweltschutzprobl.

DANNEEL, Ilse
Dr. rer. nat., Prof. f. Allg. Biologie u. Didaktik d. Biol. Univ. Duisburg - Lotharstr. 1, 4100 Duisburg 1 - Geb. 21. Mai 1931.

DANNENBERG, Peter
Chefdramaturg Hamburger Staatsoper - Brunsberg 12, 2000 Hamburg 54 (T. 34 40 35) - Geb. 21. Mai 1930 Potsdam (Vater: Friedrich D.; Mutter: Maria, geb. Hoffmann), ev., verh. s. 1977 m. Susanne, geb. Nieß - Stud. Rechtswiss.; Musikwiss., 1. jur. Staatsex. - Lit. Musikredakt. u. Musikkrit. D.e Welt u. Stuttg. Zeitung (u.a.) - BV: Robert Schumann, 1979; Primadonnen u. Gaukler, 1981; Jahrbuch d. Hamburg. Staatsoper V – VIII, 1978-81 - Spr.: Engl., Franz.

DANNENBERGER, Manfred
Journalist - Prinz-Handjery-Str. 48, 1000 Berlin 37 (T. 815 18 71) - Geb. 24. Aug. 1923 Essen, verh. s. 1951 m. Vera, geb. Maertin, 2 Kd. - Gymn.; journalist. Ausbild. S. 1946 Tagesspiegel - Vater: Erik Reger (Ps. f. Hermann Dannenberger), Schriftst. (1931 Kleist Preis f. d. R.: Union d. festen Hand), Mitbegr. u. Chefredakt. Tagesspiegel, Berlin (1893-1954).

DANNENBRING, Fredo
Dr. jur., Botschafter u. Leit. d. Ständ. Vertretung d. Bundesrep. Deutschl. b. Sitz d. Vereinten Nationen sow. d. Generalkonsulats, Genf - Zu erreichen üb. Case postale 1 91, 28c, Chemin du Petit-Saconnex, CH-1211 Geneve 19 - Geb. 1926 Bremen - Stud. Rechts- u. Staatswiss. sow. Volksw. - S. 1955 Ausw. Amt (Auslandsposten in Tokio, Ottawa, Ankara, 1979-82 Ständ. Vertr. d. Botsch. in Washington); 1982-86 stv. Generalsekr. f. polit. Angelegenh. b. NATO-Generalsekretariat Brüssel.

DANNENMANN, Arnold

Prof., Pfarrer, Ehrenpräs. u. Gründer d. Christl. Jugenddorfwerkes Dtschl., Stuttgart (s. 1965) - Panoramastr. 55, 7320 Göppingen - Geb. 4. Jan. 1907 Faurndau (Vater: Wilhelm D., Fabr.; Mutter: Luise, geb. Wolfangel), ev., verh. s. 1965 m. Rosemarie, geb. Funk - Stud. Univ. München, Greifswald,

Marburg, Tübingen (Phil., Theol.) u. Wichermed. EKD. - 1967 Gr. BVK m. Stern; Adenauer-Med.; 1979 Verdienstmed. Bad.-Württ.; u.a. Ausz.

DANNER, Max
Dr.-Ing., Prof., Versicherungsdirektor (Leit. ALLIANZ-Zentrum f. Technik) - Krausstr. 14, 8045 Ismaning/Obb. - Geb. 31. Mai 1930 Haselbach - Promot. 1958 München (TH) - S. 1972 Honorarprof. TU Berlin u. München (1976; Unfallforsch.). Üb. 30 Facharb. Mithrsg.: D. Verkehrsunfall (Ztschr.) - 1981 Bayer. VO.

DANNHEIM, Reinhard
Dr. med., Prof., Augenarzt - Daimlerstr. 12, 7000 Stuttgart-Bad Cannstatt - Geb. 8. Aug. 1936 Breslau - Promot. 1960 - S. 1971 (Habil.) Lehrtätigk. Univ. Tübingen. Üb. 30 Aufs.

DANNOWSKI, Hans Werner
Pastor, Stadtsuperintendent Hannover - Hanns-Lilje-Pl. 2, 3000 Hannover 1 (T. 0511 - 32 69 16) - Geb. 22. Juni 1933 Petershagen (b. Berlin), ev., verh. s. 1964 m. Edith, geb. Ruddies, Sohn Christoph - Abit. 1953 Hamburg-Harburg; Theol.-Stud. Bethel, Heidelberg, Göttingen u. Hamburg; 1. Theol. Ex. 1959, 2. Theol. Ex. 1962 - 1962/63 Insp. Uhlhorn-Konvikt Göttingen; 1963-69 Pastor Göttingen; 1969-74 Studiendir. Predigersem. Imbshausen; 1974-80 Superintend. Kirchenkr. Hannover-Linden; s. 1980 Stadtsuperintend. Marktkirche Hannover. S. 1985 Filmbeauftr. Rat d. EKD - BV: Kompendium d. Predigtlehre, 1985. Mitherausg.: Ztschr. f. Gottesdienst u. Predigt, homilet. Werke. Ständ. Mitarb. d. Filmztschr. epd Film.

DANOVSKY, Vladimir
Regisseur Landestheater Schwaben - Bismarckstr. 40, 8940 Memmingen - Geb. 8. Sept. 1945 Sofia (Vater: Bojan D., Regiss.; Mutter: Wessela D., Schausp.), verh. s. 1970 m. Krassimira D. (Pianistin), S. Bojan - Stud. Klavier u. Musikwiss. Musikhochsch. Sofia, Staatsex. 1970; 1070-73 Regiehospitanz Staatsoper Ost-Berlin - 1973-81 Fr. Regiss. in Bulgarien; 1973-81 Doz. f. Schauspielunterr. Musikhochsch. Sofia; 1981-85 Oberspielleit. Landestheater Memmingen - üb. 35 Insz. in Bulgarien u. Dtschl. - Spr.: Engl., Russ.

DANZ, Max

Dr. med., Internist, Ehrenvors. Dt. Leichtathletik-Verb. (s. 1970; 1949-70 Vors.), Ehrenpräs. u. Präsid.-Mitgl. (1949-77 Vizepräs.) Nationales Olymp. Komitee, Vizepräs. Olympian Intern. (Weltorg. ehem. Olympiateiln.) - Ochsenallee 1, 3500 Kassel (T. 0561 - 6 77 09) - Geb. 6. Sept. 1908 Kassel, verh. m. Elisabeth, geb. Prinz - 1945 Mitgründ. Kasseler Sportverein (Vorst.- u. Ehrenmitgl.), 1950 Mitgründ. Dt. Sportärztebd., Gründungs- u. Präsid.-Mitgl. Dt. Sportbund (ab 1970 Ehren- u. Hauptaussch.-Mitgl.), Gründungs- u. Präsid.-Mitgl. Dt. Olymp. Ges. (ab 1978 Ehrenmitgl.), 1956-81 Ratsmitgl. IAAF

(Intern. Leichtathl.-Verb., 1964-84 IAAF-Vors. Med. Kommiss., 1976-81 Vizepräs., seitd. Ehren-Vizepräs.), Gründg. d. Kurat.-Mitgl. Stiftg. Dt. Sporthilfe - 1931 dt. Meister 3 x 1000m-Staffel, Teiln. an d. Olymp. Spielen 1932 Los Angeles - 1967 Gr. BVK, 1973 Stern dazu; 1970 Ehrenplak. d. Olymp. Akad. in Griechenl. (Olympia); 1976 Dr. Hans-Heinr.-Sievert-Preis; 1978 DLV-Ehrenring; 1979 Gold. Wappenring d. Stadt Kassel; 1982 Olymp. Orden; 1983 Ehrennadel Hartmannbd. u.a.; 1986 Gold. Ehrenplak. d. Ld.ärztekammer Hessen; 1988 BVK m. Stern u. Schulterbd.; 1988 Gold. Ehrenring KSV Hessen/Kassel; 1989 Ehrenbürger Stadt Kassel - Liebh.: Sport, Musik.

DANZ, Werner
Dr. phil., Stadtdirektor, MdL Rhld.-Pfalz a.D. (1967-83) - Heinrichstr. 14, 6550 Bad Kreuznach/N. - Geb. 3. Juni 1923 Koblenz, ev., verh., Sohn - Univ. Berlin und Mainz (Soziol., Phil., Politik) - Ab. 1953 Geschäftsf. Wirtschafts- u. Sozialpolit. Vereinig. Bonn/Geschäftsst. Mainz; 1959-65 Hauptref. FDP-Landesverb. Rhld.-Pf.; ab 1966 Pers. Ref. Minister f. Finanzen u. Wiederaufbau ebd. 1942-46 Wehrdst. (Kriegsmarine; zul. Ltn. z. See; gegenw. Oblt. z. S. d. R. Bundesmarine) u. Gefangensch. 1961-65 MdB FDP s. 1953 (Mitgl. Landesvorst.), 1969-82 Vors. FDP Landtagsfraktion, 1982/83 Landtags-Vizepräs.; 1974-83 stv. Landesvors. - Gr. BVK.

DANZER, Bruno
I. Bürgermeister (s. 1960) - Rathaus, 8047 Karlsfeld/Obb; priv. Frühlingsweg 6 - Geb. 1. März 1924 Horosedl/CSSR (Vater: Rudolf D., Landw.; Mutter: Maria, geb. Schwarz), kath., verh. in 2. Ehe (i. 1. 1970 verw.) s. 1976 (Ehefr.: Anna, geb. 1939), s. Gerald - 1935-39 Gymn. Duppau; 1939-43 Höh. Landw. Landessch. Kaaden - 1946-59 Landratsamt Dachau (zul. Verwaltungsoberinsp.). SPD - Liebh.: Reiten, Ski - 1975 BVK, 1980 BVK I. Kl.

DANZER, Karl
Kaufmann, Ehrensenator Univ. Karlsruhe - Postf. 1452, 7410 Reutlingen 1 - Geb. 28. Dez. 1906 Reutlingen - Vors. Beirat Furnierwerk Winsen GmbH & Co., Winsen/Luhe, Karl Danzer Furnierw., Reutlingen u. Kehl. AR-Vors. COPLAC N.V., Erembodegem/Belgien - Gr. BVK; Bürgermed. u. Ehrenbürger Stadt Reutlingen, La Croix de Commandeur de l'Ordre National de Côte d'Ivoire.

DANZER, Ludwig W.
Dr. rer. nat., Prof. f. Mathematik - Stortsweg 4, 4600 Dortmund - Geb. 15. Nov. 1927 München (Vater: Dr. Paul D.), verh., 4 Kd. - 1946-51 Stud. Math. u. Physik. Promot. 1960 München (TH). Habil. 1963 Göttingen - 1952-56 höh. Schuldst.; 1956-59 Math. Forschungsinst. Oberwolfach (Assist.); 1960/61 Univ. of Washington Seattle/USA (Visiting Assistant Prof.); 1963 Univ. Göttingen (1965 Wiss. Rat u. Prof. Math. Inst.); s. 1969 Univ. Dortmund (Ord.). Spez. Arbeitsgeb.: Diskrete Geometrie, hochsymmetrische Strukturen, Quasiperiodizität. Fachveröff.

DARDENNE, Michael Ulrich
Dr. med., Prof., Facharzt f. Augenheilkunde - Graf-Stauffenberg-Str. 36, 5300 Bonn - S. Habil. Lehrtätigk. Univ. Bonn (1966 apl. Prof.).

DARNHOFER-DEMAR, Benno
Dr. phil., Prof. f. Zoologie Univ. Regensburg - Geberichstr. 20, 8401 Pentling.

DARSCHEID, Karl
Ass. Dipl.-Kfm., Hauptgeschäftsführer IHK Koblenz (s. 1973) - Schloßstr. 2, 5400 Koblenz (T. 1 06 - 1) - Stud.

Rechtswiss. u. Betriebsw. Gr. jurist. Staatsprüf.

DAS, Arabindo

Dr.-Ing., Abteilungsleiter DFVLR/Inst. f. Aerodynamik, Braunschweig (s. 1970), apl. Prof. f. Strömungsmechanik TU Braunschweig (s. 1975) - Dornstr. 2, 3300 Braunschweig - Geb. 17. Aug. 1925 Ranchi (Ind.) - Promot. (1959) u. Habil. (1968) Braunschweig - Fachveröff.

DASCHNER, Franz

Dr. med., Prof. f. Kinderheilkunde u. Klinikhygiene - Universität, 7800 Freiburg/Br. - Geb. 18. Mai 1940 - Promot. 1966; Habil. 1975 - S. 1974 Lehrtätigk. Univ. München u. Freiburg (1976 Prof.). Üb. 400 Fachveröff.

DASSANOWSKY-HARRIS, von, Robert

Schriftsteller, Redakt. - 4346 Matilija Avenue, Sherman Oaks, California 91423-USA - Geb. 28. Jan. 1956 New York, kath. - Theaterstud. American Acad. of Dramatic Arts; B.A. Politik u. Gesch., M.A., Germanistik, Univ. of California, Los Angeles - S. 1985 Redakt. b. Rohwedder Intern. Ztschr. f. Lit. u. Kunst; s. 1986 Redakt. New German Review, Los Angeles - BV: Telegrams from the Metropole, Ged. 1989; Tristan im Winter, Drama 1984; Lieder e. fahrenden Gesellen, Drama 1987. Zahlr. Ged. u. Ess. in versch. Ztschr. u. Ztg. in d. Bundesrep. Dtschl., USA, Großbritannien, Österr., Italien, Canada, Indien, Australien u. Japan - Mitgl. PEN, MLA, Goethe Ges. v. Nord Amerika; Ehrenmitglied d. Accad. Culturale d'Europa (Italien) - Liebh.: Heraldik, Sport, Musik - Spr.: Engl., Deutsch, Holl., Franz. - Bek. Vorf.: Elfriede v. Dassanowsky (Mutter), Opernsängerin u. Pianistin.

DASSEL, Hans-Joachim

Kaufmann, Inh. August Kahr Nachf., Hamburg, stv. Vors. Bundesverb. d. Süßwaren-Groß- u. Außenhandels, München, ARsvors. GES/Großeinkaufsring d. Süßwaren- u. Sortimentshandels eG., Nürnberg - Quadenweg 69, 2000 Hamburg 61 - Geb. 23. April 1926.

DASSLER, Armin A.

Fabrikant, Vorstandsvors. PUMA AG Rudolf Dassler Sport (s. 1987) - Würzburger Str. 13, 8522 Herzogenaurach/Mfr. - Geb. 15. Sept. 1929 Herzogenaurach - Abit., Praktikum im elterl. Betrieb (Puma Sportschuhfabr. Rudolf Dassler KG), Dt. Schuhfachsch. Pirmasens (Meister) - 1952 Betriebs- u. Geschäftsltg. Puma (1953 Prok.); 1964 Kompl. (zus. m. Vater Rudolf Dassler b. Austria PUMA); 1967 AR-Mitgl. PUMA France; 1972 Kompl. PUMA Herzogenaurach; 1974 Vorst.-Vors. PUMA France, Vorst.-Mitgl. Bayer. Schuhvereinig., Alleiniger Kompl. in Herzogenaurach u. Salzburg; 1975 stv. Vors. Bundesverb. Sportartikel-Ind. (BSI), s. 1981 Präs.; 1975 Fachbeiratsvors. Intern. Sportartikelmesse München (ISPO); 1977 Dir. PUMA Austria, Kurat.-Mitgl. Dt. Sporthilfe; 1980 Vors. Mittelständ. Untern., Vorst. Intern. Sportmode-Inst.; 1986 Präs. Weltverb. Sportartikel-Ind. (WFSGI) - 1978 First Vice Pres. Weltverb. Sportartikel Ind., Chairman of the Comitee Free and Fair Trade; 1979 Bayer. VO; 1982 BVK; 1983 Gr. Ehrenz. f. Verdienste um d. Rep. Österr.; 1984 Senator Univ. Bayreuth, Ritter d. Christoph-Columbus-Ordens d. Dominikan. Rep.; 1985 BVK I. Kl.

DASSMANN, Ernst

Dr. theol. (habil.), o. Prof. f. Alte Kirchengeschichte, Patrologie u. Christl. Archäologie Univ. Bonn (s. 1969) - Herzogsfreudenweg 25, 5300 Bonn 1 (T. 25 26 51) - Geb. 30. Jan. 1931 Coesfeld/W., kath. - Zul. Univ. Münster; 1972 Dir. F. J. Dölger-Inst. z. Erforsch. d. Spätantike, Bonn - Fachveröff. - 1980 o. Mitgl. Rhein.-Westf. Akad. d. Wiss., Düsseldorf.

DATHE, Johannes Martin

Dr.-Ing., Prof., Geschäftsführer Industrieanlagen-Betriebsges. mbH, Ottobrunn - Einsteinstr. 20, 8012 Ottobrunn (T. 089 - 60 88 - 25 67) - Geb. 10. Aug. 1930 Habelschwerdt/Schles., ev., verh. - 1950-54 Stud. Maschinenbau München u. Stuttgart; Promot. 1962 Karlsruhe - 1954-58 wiss. Mitarb. Dt. Studiengem. Hubschrauber, Stuttgart; 1958-65 Dornier GmbH, Friedrichshafen; s. 1965 Industrieanl.-Betriebsges. mbH, Ottobrunn; 1968 Abteilungsleit. Operations Res., 1970 Dir. Studienber., s. 1978 Geschäftsf. -Buch Mod. Projektplanung in Technik u. Wiss - 1982 Th. v. Karman-Med. AGARD; 1985 Honorarprof. f. Operations Research TU München.

DATUM, Ursus

Geschäftsführer Hauptverband d. Dt. Holzindustrie u. Verb. d. Dt. Möbelind. - An d. Quellen 10, 6200 Wiesbaden.

DAU, Herbert

Generaldirektor i. R., Bürgerschaftspräs. a. D. - Georg-Bonne-Str. 14, 2000 Hamburg 52 (T. 826382) - Geb. 8. Dez. 1911 Hamburg (Vater: Heinrich D.; Mutter: geb. Dannel), verh. s. 1939 m. Margarete, geb. Liesche, 3 Kd. - Oberrealsch.; Lehre Versich.sfach - 1931-50 Angest. Volksfürsorge Lebensversich.s-AG. u. Hamburg-Mannheimer Versich.s-AG. (zul. Prokurist), 1950-67 Vorstandsvors. Deutscher Ring Lebensversich.s-AG., Dt. Ring Krankenversich.s-verein a. G. u. Dt. Ring Sachversich.s-AG., 1967-75 Vorstandsvors. Hamburg-Mannheimer Versich.s-AG. ebd. ARsmand. 1946-78 Mitgl. Hbg. Bürgersch.; 1960-78 Präs. d. Hbg. Bürgersch. (SPD). 1972-74 Vors. Verb. d. Lebensversich.suntern. S. 1978 Richter am Verfassungsger. Hamburg u. Ehrenbürger d. Freien u. Hansestadt Hamburg - Spr.: Engl.

DAUB, Jörg

Dr. rer. nat., Prof. f. Organ. Chemie Univ. Regensburg (s. 1973) - Frauenzellstr. 16, 8400 Regensburg (T. 0941 - 66280) - Geb. 10. Febr. 1940 Lauffen/Neckar (Vater: Friedrich, Lehrer; Mutter: Marie, geb. Herzog), ev., verh. s. 1966 m. Hannelore, geb. Mehrmann, 2 Kd. (Henrik, Kristian) - Stud. Univ. Stuttgart, Princeton University, Princeton N. J. USA, Habil. 1973. 1973 Privatdoz. Univ. Stuttgart, s. 1973 Prof. Univ. Regensburg.

DAUBERTSHÄUSER, Klaus

Industriekaufm. Oberregierungsrat a. D., MdB (s. 1976; Wahlkr. 130) - Rodheimer Str. 33, 6301 Wettenberg 1 (T. 0641 - 8 29 20; dstl. 0228 - 16 79 17) - Geb. 16. Okt. 1943 Krofdorf-Gleiberg, ev., verh. s. 1967 m. Gabriele, geb. Stoffel, 3 Kd. (Kai, Antje, Kira Kim) - VR-Mitgl. Dt. Bundesbahn - SPD (Vorst.-Mitgl. Bundestagsfraktion, Verkehrspolit. Sprecher Bundestagsfraktion) - BVK I. Kl.

DAUENHAUER, Alois

Oberamtsrat a. D., Bürgermeister Stadt Rodalben (s. 1982), MdL Rhld.-Pfalz (s. 1975) - Am Hilschberg 26, 6782 Rodalben - Geb. 17. Juli 1929 Rodalben, kath., verh. s. 1956 m. Marlene, geb. Trauth, 2 Kd. (Andreas, Sabine) - Gymn. (Abitur). Verw.sakad. - 1950ff. CDU (Kreisvors.) - Spr.: Engl., Franz.

DAUENHAUER, Erich

Dr., Univ.-Prof., Ord. f. Wirtschaftswiss.- u. Arbeitslehre - Fritz-Claus-Str. 23, 6785 Münchweiler (T. 06395/8265) - Geb. 9. März 1935 (Vater: Oskar D., Schuhfacharb.; Mutter: Emilie, geb. Brödel), kath., verh. s. 1965 m. Bärbel, geb. Forster, 2 Kd. (Ute, Sigrun) - B. 1955 Banktätigk. - Stud. Univ. München, Nürnberg (Dipl.-Hdl. 1959); Promot. 1964 - Zun. empir. Forsch.sarb. (i. A. Bund-Länder-Kommiss.); 1975 Sachverst. im Anhörverf. d. Bundestages z. Berufsbild.sgesetz. Mitgl d. Dt. Ges. f. Erziehungswiss. (s. 1969) - BV: Kategoriale Didaktik, 1970; Wissenschaftstheorie, 1973; Einf. in d. Arbeitslehre, 1974; Curriculumforsch., 1976; Berufskundeunterr., 1976; Anfangsunterr. im Rahmen d. berufl. Grundbild., 1976; ... u. kamen nach S. Domingo, R. 1980; Berufsbildungspolitik, 1981; D. Abordnung, R. 1982; Helles Geleit, R. 1984; Arbeit, Beruf, Wirtsch. u. ihre Päd., Heft 1-6 1984ff., WALTHARI, Ztschr. f. Lit., ab 1983.

DAUER, Alfons

Dr. phil., Prof. Hochschule f. Musik u. Darstell. Kunst Graz, Honorarprof. Univ. Mainz (Ethonologie, insb. Musikethnol.) - Leonhardtstr. 15, A-8010 Graz (Österr.).

DAUER, Anton

Dr. theol., o. Prof. f. Kath. Religionslehre u. -päd. Univ. Bayreuth - 8571 Trockau 22 - Geb. 26. Juni 1933 Weismain - Promot. 1969 - S. 1973 Ord. Bayreuth - BV: D. Passionsgesch. i. Johannes-Evangel., 1972.

DAUER, Hanspeter

Geschäftsführer PFAFF Haushaltsmaschinen GmbH., Karlsruhe - Weierstr. 41, 7520 Bruchsal/Baden - Geb. 1. Okt. 1928.

DAUFENBACH, Wilhelm

Spediteur, Unternehmer - Roitzheimer Str. 28-36, 5350 Euskirchen (T. 02251 - 81 40) - Geb. 29. Sept. 1923 Euskirchen, kath., verh. s. 1953 m. Dorothea, geb. Brendt, T. Gabriele - 1972 Vorst. Adekra (Arbeitsgemeinsch. Dt. Kraftwagensped.), Bonn; s. 1978 Vorst. Vereinig. Dt. Kraftwagenspediteure, Bonn.

DAUGS, Reinhard

Dr. phil., Prof. f. Sportwissenschaft (Bewegungs- u. Trainingswiss.) Univ. d. Saarlandes - Im Flürchen 75, 6601 Saarbrücken-Scheidt - Geb. 15. Dez. 1946 Berlin (Vater: Erwin D.; Mutter: Ursula, geb. Bartel), konfessionsl., verh. s. 1979 m. Christina Benesch-Daugs, Dipl. Psych., 3 Töcht. (Daniela, Lisa, Anna) - Abit. 1966 Berlin, Staatsex. (Math./Leibeserzieh.) 1971 Berlin, Promot. 1979 Bremen - Rd. 100 wiss. Veröff., insbes. z. motor. Lernen u. z. Trainingstechnol. d. Sports - Liebh.: Sport (20mal Fußball-Juniorenauswahl Berlin, 4 J. Fußball-Lizenzspieler b. Blau-Weiß 90 Berlin), insbes. Radsport - Spr.: Engl.

DAUM, Friedrich

Geschäftsführer DRK-Landesverb. Bremen - Wachmannstr. 9, 2800 Bremen.

DAUM, Josef

Dr. rer. nat., Prof., Ltd. Bibliotheksdirektor a. D. - Abt-Jerusalem-Str. 8, 3300 Braunschweig (T. 33 40 47) - Geb. 8. Febr. 1924 Merzig/Saar (Vater: Nikolaus D., Tischlerm. †; Mutter: Ida, geb. Billig), kath., verh. s. 1970 m. Hella, geb. Bauer, T. Pia - Gymn. Merzig; Univ. Saarbrücken (Naturwiss.). Promot. 1954 - S. 1954 Univ. Saarbrücken (Wiss. Assist. Biol. Inst.), TH Aachen (1961 Bibl.oberrat), TU Braunschweig (1967 Bibl.dir., 1971 Honorarprof.). 1970ff. Präs. Wilhelm-Raabe-Ges. Zahlr. Fachaufs. - Liebh.: Europ. Volkskunst - Spr.: Engl., Franz. - Mitgl. Lions-Club.

DAUM, Roland

Dr. med., o. Prof. f. Kinderchirurgie - Tischbeinstr. 48, 6900 Heidelberg - Geb. 3. April 1929 - Promot. 1955 - S. 1967 (Habil.) Lehrtätigk. Univ. Heidelberg (1974 Ord.). Etwa 200 Facharb.

DAUM, Rudi

Regierungsoberinspektor, MdL Bayern (s. 1970) - Kronacher Str. 1, 8641 Stockheim (T. 09265 - 431) - Geb. 1925 - CSU - 1980 Bayer VO.

DAUME, Erhard

Dr. med. (habil.), Prof., Leiter Abt. f. Gynäkol. Endokrinol. u. Reproduktion im Zentrum f. Frauenheilkd. u. Geburtshilfe Univ. Marburg - Auf'm Gebrande 10, 3550 Marburg (T. 3 29 30) - Geb. 16. Mai 1929 Kreuz/Ostbahn (Vater: Erich D., Mutter: Else, geb. Knuth), ev., verw., 3 Kd. (Christopher, Ulrike, Jens-Mathias) - 1956-58 Assist. Inst f. Experiment. Endokrinol. Charité Berlin (Prof. Hohlweg); 1958-61 Frauenklinik Krkhs. am Friedrichshain Berlin (Prof. Pschyrembel); 1961-66 I. Univ.-Frauenklinik München (Prof. Bickenbach); 1966 Univ.-Frauenklinik Marburg (Prof. Buchholz); s. 1972 Prof., s. 1979 Abt.-leit.

DAUME, Willi

Dr. h. c., Prof., Fabrikbesitzer, Inh. Eisengießerei Wilhelm Daume, Dortmund, Ehrenpräs. Dt. Sportbund (s. 1970; 1950-70 Präs.), Präs. Nationales Olymp. Komitee f. Dtschl. (s. 1961), Vizepräs. Intern. Olymp. Komitee/IOC (1972-76, s. 1956 Mitgl.), 1979 Präs. DOG, Präs. Erich Kästner-Ges. - Gesch.: Lindenhorster Str. 106-116, 4600 Dortmund (T. 85 00 11); Whg.: 8133 Feldafing - Geb. 24. Mai 1913 Hückeswagen/Rhld. (Vater: Wilhelm D., Fabr.; Mutter: Emilie, geb. Radermacher), verh. s. 1949 m. Rosemarie, geb. Kredel, 2 Kd. (Kay, Doreen) - Univ. Leipzig, München, Köln (Betriebs-, Volksw. u. Rechtswiss.; Stud. weg. Tod d. Vaters u. Eintritt in d. väterl. Untern. o. Abschluß) - AR-Mitgl. Agrippina Lebensversich. AG, Köln, Boehringer GmbH, Göppingen. B. 1955 Vors. Dt. Handball-Bd. - 1936 Olympia-Teiln. (Basketball) - 1973 Ehrendoktor Univ. Köln (Sportwiss.); 1969 Gr. BVK, 1973 Stern dazu, 1972 Offz. Ehrenlegion, Bayer. VO, Gold. Schlüssel New York, Plak. Stadt Dortmund, Olymp. Flamme in Gold Panathlon Intern., Gold. Ehrennadel m. Brillanten Verb. Dt. Sportpresse, VO Rep. Ital., 1975 Kult. Ehrenpr. Stadt München, 1982 Gold. Ehrenmed. Baden-Baden, 1983 Gold. Ehrennadel Dt. Sporthilfe, 1986 Gr. BVK - Spr.: Engl., Franz. - Rotarier.

DAUN, Anne-Marie

Dr. rer. pol., Dipl.-Kfm., Geschäftsführerin Dt.-Belg.-Luxembg. Handelskammer/Chambre de Commerce belgoluxembourgeoise-allemando, Brüssel (1957-70) - Schillerstr. 27, 5485 Sinzig-Bodendorf - Geb. 30. März 1913 Köln (Vater: Mathias D., Beamter Stadt Köln; Mutter: Margarete, geb. Nelles), kath., led. - Kaiserin-Augusta-Sch. Köln; kaufm. Lehre; Univ. Köln (Wirtschaftswiss.). Dipl.-Kfm. 1947; Promot. 1948 - 1935-40 Industrietätigk. (Export); 1948-70 DBLH - 1968 Ritterkreuz belg. Orden d. Krone - Liebh.: Bücher - Spr.: Engl.

DAUN, Claas E.

Dipl.-Kfm., Vorstandsvorsitzender Daun & Cie AG, Rastede u. Mech. Baumwoll-Spinnerei & Weberei Bayreuth AG - Bahnhofstr. 21, 2902 Rastede - Geb. 26. Jan. 1943 Borgstede/Friesl., ev., verh. s. 1971 m. Marlies, geb. Petersen, 3 Kd. (Deike, Malte, Deetje) - Univ. Köln; Dipl.-Ex. 1969; Steuerberater 1972, Wirtschaftsprüfer 1976 - Gf. Gesellsch. Firmengr. Daun (Tuchfabrik Peter Irmen GmbH, Korschenbroich, Daun & Cie AG [Holding], Rastede, Nobilis-Textil GmbH, Stadtlohn, Mech. Baumwoll-Spinnerei & Weberei Bayreuth AG, Bayreuth, Max Richter Kammgarnspinnerei GmbH & Co, Stadtallendorf, Zoepprytz GmbH, Heidenheim, Webatex GmbH,Bayreuth, KKK Klaus Koch GmbH, Köln.

DAUN, Heribert

Dr. med., Prof. Psychiatr. Klinik Univ. Erlangen-Nürnberg (s. 1984) - Hintberg 29, 8378 Kirchberg - Geb. 4. März 1925 Köln - Promot. 1952; Habil. 1971 - Ltd. Oberarzt 1973, apl. Prof. 1978, Extraord. 1978, 1980-82 komm. Dir. Nervenklinik, 1982-84 komm. Dir. Neurol. Klinik Univ. Erlangen - Fachveröff.

DAUNER, Iris

Dr. med., Prof., Ltd. Medizinaldirektorin, Klinik f. Kinder- u. Jugendpsychiatrie Lahnhöhe LWV Hessen - Cappeler

Str. 98, 3550 Marburg/L. - Geb. 4. Mai 1937 - B. 1978 Doz., s. 1978 Prof. Univ. Marburg. Facharb.

DAUS, Richard

Persönlich haft. Gesellschafter Richard Daus & Co. Vermögensverw., Honorarkonsul der Rep. Österreich f. d. Land Hessen, AR-Vors. BVT München - Hubertusweg 8-9, 6072 Dreieich - Geb. 20. Nov. 1917 Hamburg-Othmarschen.

DAUS, Ronald

Dr. phil., Prof. f. Hispanistik, Lusitanistik u. Lateinamerikanistik - Joseph-Haydn-Str. 1, 1000 Berlin 21 - Geb. 12. Mai 1943 Hannover, verh. m. Ursula, geb. Opitz, 2 Kd. - Promot. 1967 Kiel - S. 1970 (Habil.) Lehrtätigk. FU Berlin (1971 Prof.). Gastprof. Mexico (1971-73), Singapur (1978/79 u. 1987/88) u. Manila (1983/84). Bücher u. Aufs.

DAUSCH, Helmut

Dipl.-Volksw., Syndikus Bundesverb. d. Schmuck-Großhdl.s (s. 1963), Syndikus Dt. Groß- u. Außenhandelsverb. Optik-Feinmechanik e. V., Generalsekr. Europ. Verein f. d. opt. Fachgroßhandel (s. 1965), alle Stuttgart, Landesarbeitsrichter, s. 1969 Treuhänder u. Dir. v. Industrieverb. - Eduard-Spranger-Str. 3, 7400 Tübingen (T. 61755; Büro: Stuttgart 766098/99) - Geb. 5. April 1926 Salzstetten/Schwarzw. (Vater: Eugen D., Bürgerm.; Mutter: geb. Schmid), verh. s. 1957 m. Prof. Dr. med. dent. Dorothea, geb. Neumann (s. unt. Dausch-Neumann), T. Nadja - Univ. Tübingen - (Rechts- u. Wirtschaftswiss.; Diplomex. 1950) - 1950-52 Sachbearb. württ.-baden bzw. baden-württ. Wirtschaftsmin.; 1952-53 Ref. f. Volksw. Fragen baden-württ. Arbeitsmin.; 1953-63 Hauptgeschäftsf. Installateur- u. Heizungsbaugewerbe, Bonn - Spr.: Engl.

DAUSCH-NEUMANN, Dorothea, geb. Neumann

Dr. med. dent., Prof. f. Kieferorthopädie - Eduard-Spranger-Str. 3, 7400 Tübingen - Geb. 11. März 1924 Naunhof, verh. s. 1957 m. Dipl.-Volksw. Helmut Dausch (s. dort), T. Nadja - Promot. 1944 Leipzig; Habil. 1953 Halle - S. 1953 Lehrtätigk. Univ. Halle, Bonn (1954; 1959 apl. Prof.), s. 1962 Univ Tübingen (Abt.vorst., Ord., ärztl. Dir. d. Kfo Abt. d. Zahnklinik). Üb. 80 Fachveröff.

DAUSCHA, Peter

Kaufmann, Vorstandsvors. ZANDERS Feinpapiere AG., Berg. Gladbach (s. 1973) - Margaretenhöhe 31, 5060 Bergisch Gladbach 2 - Geb. 26. April 1929 Wien (Vater: Dr. Anton D., Ministerialrat, zul. Rechtskonsulent Neusiedler AG; Mutter: Johanna, geb. Darlang), kath., verh. s. 1953 m. Marlies, geb. Hoffmann, T. Andrea - Gymn. m. Matura - 1949-73 Neusiedler AG., Wien (zul. Vorstandsmitgl.) - Liebh.: Musik, Ski, Tennis - 1970 Goldenes Ehrenz. f. Verd. um d. Rep. Österr. - Spr.: Engl. - Bek. Vorf.: Industrie- u. Ärztefamilie Skoda (Ur- u. -urgroßeltern).

DAUTZENBERG, Dirk

Schauspieler u. Regisseur - Friesenstr. 26, 2949 Wangerland 3, Hooksiel (T. 04425 - 6 66) - Geb. 7. Okt. 1921 Meiderich (Vater: Wilhelm D., Modelltischl.; Mutter: Margarete, geb. Hettkamp) - Immermannschule Düsseldorf u. Hess. Landesmusikschule Darmstadt. S. 1943 Bühnentätigk., 1947 Mainz, 1951-54 Baden-Baden, 1954-57 Kiel, 1957-58 Wuppertal - 1958-59 Köln, 1959-62 Frankfurt/M., ab 1962 freischaffend; Gastsp. in Stuttgart, Dortmund, Hamburg, Berlin (Fr. Volksb.), Düsseldorf; mehrere Theatertourn. in Deutschl., Österr., Schweiz; ca. 240 Bühnen-, weit üb. 350 Fernseh- u. ca. 30 Filmrollen - Gastregiss. Komödie im Marquardt, Stuttgart; 1979 Gast bei d. Ruhrfestsp. Recklinghausen - Liebh.: Bildhauerei - Spr.: Engl., Franz., Ital., Holl.

DAUTZENBERG, Gerhard

Dr. theol., Theologe, Prof. f. Bibelwissenschaft Univ. Gießen (s. 1973) - Löberstr. 9, 6300 Gießen - Geb. 30. Jan. 1934 Köln (Vater: Leo D., Schneiderm.; Mutter: Elisabeth, geb. Bergmann), kath. - Gymn. Euskirchen; Johannes-Duns-Skotus-Akad. Mönchengladbach; Univ. Würzburg. Promot. 1964; Habil. 1972 - BV: u. a. Was hat die Kirche m. Jesus zu tun?, 1969 (auch span. u. ital.); Christusdogma ohne Basis?, 1972; Urchristl. Prophetie, 1975. Mithrsg.: Gestalt u. Anspruch d. Neuen Testaments (1969, m. J. Schreiner, auch span. u. ital., 2. A. 1979); Mithrsg.: Z. Gesch. d. Urchristentums, 1979; D. Frau im Urchristentum, 1983, 2. A. 1986.

DAUZENROTH, Erich

Dr. phil., Prof. f. Erziehungswissenschaft Univ. Gießen - Eichendorffring 42, 6300 Lahn-Gießen - Geb. 5. Mai 1931 Fulda (Vater: Heinrich D., Schlosser; Mutter: Maria, geb. Desch), kath., verh. s. 1960 m. Johanna, geb. Vonderau, 3 Kd. (Marie-Elisabeth, Sebastian, Johannes) - Gymn. Päd. Inst., Univ. Promot. 1957 Frankfurt/M. - Lehrer, Assist., Oberstudienrat/Hochschuldst., Prof. - BV: Janusz Korczak - D. Pestalozzi aus Warschau, 1978 - Vors. Dt. Korczak-Ges.; Mitgl. Intern. Korczak-Komitee; Beauftr. Univ. Gießen f. Univ. Lodz - 1986 Med.: D. Univ. Lodz im Dienste d. Wiss. u. d. Ges. - Spr.: Lat., Griech., Engl., Poln.

DAVI, Hans Leopold

Buchhändler, Schriftst. u. Übers. - Hünenbergstr. 76, CH-6006 Luzern (T. 041 - 36 67 26) - Geb. 10. Jan. 1928 Santa Cruz/Teneriffa (Vater: Leopold D., Architekt; Mutter: Pia, geb. Hübscher), kath., verh. s. 1964 (London) m. Silvia, geb. Lüscher, Sohn Stefan, Töchter Nicole, Barbara - Primar- u. Mittelsch.; Buchhändlerlehre (Zürich) - BV: Gedichte e. Jugend, 1952; Spuren am Strand, 1956 (span.-dt.); Kinderlieder, 3. A. 1981 (span.-Dt.); Stein u. Wolke, 1961 (span.-Dt.); Aphor.: Distel- u. Mistelworte, 2. A. 1976. Hsg./Übers.: J. R. Jiménez, Herz stirb oder singe (Auswahl, 5. A. 1987); Span. Lyrik d. Gegenwart (Ausw. 1960); Span. Erzähler d. Gegenw. (1968; Reclam); Stadtbuch Luzern (zus. m. Eugen Bachmann, Illustr. - Kunstkr. Luzern 1972); Es steigt d. Wasserspiegel d. Flüsse (Lyrik, Span.-Dt. 1975); A. M. Matute, El salvamento/ D. Rettung (zweispr., 1977; Reclam); J. P. Jolote, Tzotzil (zus. m. Silvia Davi, 2. A. 1988); D. Herzmaler u. a. Erz., 1982; Neue Distel- u. Mistelworte, (Aphorismen) 1984; Xavier Güell, Antoni Gaudí, 1987 - 1959 Ehrengabe Schweiz. Schiller-Stiftg., 1961 Anerkennungspreis Stadt Luzern - Liebh.: Reisen, Musik - Spr.: Dt., Span., Franz. - Lit.: Emil Lerch, D. Lyriker H. L. D., Schweizer Rundschau 1962.

DAVID, Ernst W.

Dipl.-Volksw., Pressechef u. PR-Berater Württ. u. Bad. Versich. AG, Heilbronn (WÜBA, s. 1985) - Winterfeldtstr. 83, 1000 Berlin 30; u. Panoramaweg 28, 6973 Boxberg/Baden (2. Wohnsitz) - Geb. 25. März 1908 Königsberg/Pr., ev. verh. m. Gretl, geb. Hensel, Tocht. Heidemarie - Dorotheenstädt. Realgymn. Berlin; Univ. Hamburg u. Berlin - 1926-47 Angest. Siemens-Schuckertwerke, Berlin/ Hamburg, u. Allianz Versich.-AG., Berlin (1930 Innen- u. Außendienst), 1947-53 Redakt. (Ressortleit.) D. Neue Ztg. ebd., s. 1954-73 Leit. Pressest. Gesamtverb. d. Versicherungswirtsch. Köln. Vorstandsmitgl. Presseverb. Berlin (1951-53), Mitgl. Komit. Intern. Filmfestsp. Berlin (1952 u. 53) u. SFB-Rundfunkrat (1953). 1973-83 Leit. Presse- u. Informationsabt. Gerling-Versich.-Konzern - BV: Lebensversich. u. Kapitalbild., 1930; PR-Richtig u. falsch gesehen, 1972 - Liebh.: Musik, Garten.

DAVID, Peter

Dr. rer. nat., Physiker, Prof. Univ. Bonn (s. 1976) - Stationsweg 4, 5300 Bonn - Geb. 24. Juni 1938 Breslau (Vater: Walter D.; Mutter: Gertrud, geb. Trautmann), ev., verh. s. 1981 m. Ines D., geb. von Seydlitz-Kurzbach - Arndt- u. Ebert-Gymn. Bonn; Univ. ebd. (Physik; Dipl. 1965). Promot. 1967 - MPI Heidelberg; Habil. 1973 . Üb. 40 Facharb. - Liebh.: Musik, Theater, Fischen - Spr.: Engl., Franz., Ital., Russ.

DAVID, Peter

Landesverbandsleiter DAG Schlesw.-Holst. - Sophienblatt 74-78, 2300 Kiel 1 u. Sandlid 14, 2422 Bosau - Geb. 4. Okt. 1941 (Vater: Heinrich D., Kaufm.; Mutter: Anneliese, geb. Borchert), ev., verh. s. 1964 m. Ingrid, geb. Klawitter, 2 Kd. (Karen, Frank) - 1958-61 kaufm. Lehre Groß- u. Außenhandel Eutin; 1965-68 Stud. Betriebsw. (Dipl. FH) - 1961-63 Bundeswehr (Hauptmann d. Res.); 1963-65 Gewerkschaftssekr. DAG; s. 1968 Gewerkschaftssekr. in wechselnden Funkt. DAG. VR-Mitgl. Provinzial Versich., Kiel; AR GKSS, Geesthacht u. Aachener u. Münchener Versich. AG, Aachen; Vizepräs. Anstaltsvers. Unabhängige Landesanst. f. d. Rundfunkwesen Schlesw.-Holst., Kiel.

DAVIDSON, von, Erik

Geschäftsführer Boehringer Mannheim GmbH - Sandhofer Str. 116, 6800 Mannheim 31 - Geb. 19. Juni 1926.

DAWEKE, Helmut

Dr. med., Prof., Internist, Chefarzt Knappschaftskrankenh. Universitätsklinik Bochum-Langendreer (Abt. Inn. Med.), Ordinarius Inn. Med., Ruhr-Univ. Bochum - Klinikstr. 61, 4630 Bochum (T. 590150) - Geb. 1. April 1928 Aachen (Vater: Dr. jur. Wilhelm D., RA; Mutter: Dr. med. Elli, geb. Kaubes), ev., verh. m. Dr. med. Gertrud D.-Pickardt, 2 Kd. (Claudia, Achim-Walter) - Stud. Münster, Freiburg, Düsseldorf; Promot. 1954; Habil. 1965, bde, D'dorf - Nach Habil. apl. prof. Univ. D'dorf, 1972 ff. Chefarzt - BV: Diätkatalog, 1976 (m. Haase u. Irmscher). Zahlr. Fachveröff. üb. Diabetol., Endokrinol., Gastroenterol., Pharmakol. - 1968 Ferdinand-Bertram-Pr. Dt. Diabetes-Ges. - Spr.: Engl.

DAWEKE, Klaus

Dipl.-Hdl., B. A., gf. Gesellsch. Fa. Stoffhaus Daweke, Lemgo (s. 1970), MdB (s. 1976) - Pöstenweg 30, 4920 Lemgo (T. 13 54 5) - Geb. 14. Mai 1943 Lemgo (Vater: Helmut D., Kaufm.; Mutter: Martha, geb. Niebuhr), ev., verh. s. 1974 m. Vlasta, geb. Benesch, 2 Kd. - Engelbert-Kämpfer-Gymn. Lemgo; Stud. d. Wirtsch.wiss. Univ. Köln u. Brunswick/USA - Doz. f. Wirtsch.wiss. Fachhochsch. Lippe; AR-Mitgl. Wesertal Elektrizitätswerke GmbH, Hameln; Präsid.-Mitgl. Bundesverb. d. Textileinzelhdl. (BTE). CDU (s. 1969 Mitgl. Kreistag; 1971-76 Stadtrat Lemgo) - Liebh.: Musik - Spr.: Engl., Franz. - Rotarier.

DAXELMÜLLER, Christoph

Dr. phil., M.A., Univ.-Prof. f. Volkskunde Univ. Freiburg i. Br. (s. 1985) - Pütterweg 9, 3400 Göttingen (T. 0551 - 4 53 35) - Geb. 19. April 1948 Bamberg, kath., verh. s. 1986 m. M.A. Marie-Louise, geb. Thomsen - 1967-74 Stud. Univ. Würzburg, Rom u. München; M.A. 1974; 1974-79 Stud. Univ. Würzburg; Promot. 1979 Würzburg - 1975-82 wiss. Assist. Univ. Würzburg; 1982-85 Hochschulassist. Univ. Göttingen - BV: Krippen in Franken, 1978; Disputationes curiosae, 1979 - Spr.: Engl., Franz., Ital., Dän.

DAXNER, Michael

Dr. phil., Prof. f. Hochschuldidaktik, Präsident Univ. Oldenburg - Haareneschstr. 43, 2900 Oldenburg - Geb. 27. Okt. 1947 Wien - Stud. 1966-72 Univ. Wien, Freiburg; Promot. 1972 - 1971-74 Bundesmin. f. Wiss. u. Forschung; 1974 Prof. f. Hochschuldidaktik Univ. Osnabrück. 1972 Kommiss. f. Hochschulplanung b. BMWF, Vertr. b. OECD-CERI Projekt IMTEC (Paris) u. b. EUDISED (Europarat, Straßburg); 1978-83 Vertr. d. DGB Ständ. Kommiss. f. d. Studienreform Nieders.; 1983-85 Forschungsaufenth. USA; 1985/86 Dekan FB Erziehungs- u. Kulturwissenschaftler Univ. Osnabrück; 1985 Sachverst. b. d. Anhörungen d. Bundestagsaussch. f. Bildung u. Wiss.; Versch. Funktionen im Referat Hochsch. d. Gewerksch., Erziehung u. Wiss.; Mitgl. in wiss. Vereinig. u. Fachverb. - Zahlr. Buchveröff., u.a. Hochsch. auf d. Rechten Weg (m. Barbara Kehm), 1985; D. Erfolg d. Überlebenden. In: neue samml., 26 Jg., 1986, H. 1. Herausg.: Studierfähigkeit, in: Kellermann: Univ. u. Hochschulpolitik (1986) - Forschungsarb. u.a.: Gutachten: Empfehlungen z. Förd. hochschuldidaktischer Aktivitäten, 1978; Forschungsprojekt HPR: Projektleitg. 1978-80, Rückwirkungen d. Prüfungssystems... (m. Kellersmann, Kievel u.a.), 1980 (Auftrag MWK/VW-Stiftg.); D. jüd. Waldsch. Kaliski in Berlin (DFG-Projekt m. Wißmann u. Klattenhoff), 1989.

DAZERT, Franz Josef

Dr. rer. pol., stv. Vorstandsvorsitzender Salamander AG, Kornwestheim - 7972 Neutrauchburg/Allgäu - Geb. 26. Jan. 1925 - 1969-73 Vorst.-Mitgl. Württ. Metallwarenfabrik, zul. Sprecher. BDI/ Landesverb. d. Baden-Württ. Ind., Ostfildern.

DEBELIUS, Jörg

Dr. jur., Rechtsanwalt, Geschäftsf. Gemeinschaftsausschuß d. Technik, gf. Vorst.-Mitgl. d. Dt. Verb. techn.-wiss. Vereine - Graf-Recke-Str. 84, 4000 Düsseldorf 1.

DEBON, Günther

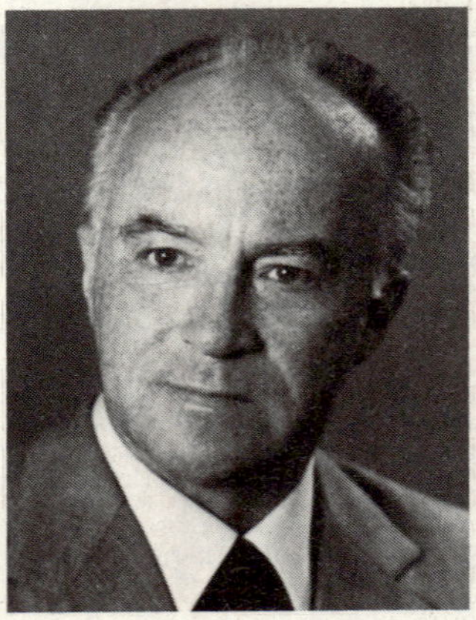

Dr. phil., o. Prof. f. Sinologie - Im Rosengarten 6, 6903 Neckargemünd - Geb. 13. Mai 1921 (Vater: Dr. Kurt D., Fabrikdir.; Mutter: Isa, geb. Bestehorn), ev., verh. s. 1960 m. Gertraude, geb. Eisemann, 2 Kd. (Bettina, Reinhard) - Univ. München (Sinol.). Promot. 1953 München; Habil. 1959 Köln - S. 1959 Lehrtätigk. Univ. Köln (1964 apl. Prof.) u. Heidelberg (1968 o. Prof.) - BV (Auswahl): Lao Tse: Tao Te-King, 1961; Li Taibo: Ged., 1962; Ts'ang-lang's Gespräche üb. d. Dichtung, 1962; Lob d. Naturtreue, 1969; Grundbegriffe d. chin. Schrifttheorie u. ihre Verbind. zu Dichtung u. Malerei, 1978; Schiller u. d. chines. Geist, 1983; Mein Weg verliert sich fern in weißen Wolken. Chin. Lyrik aus drei Jahrts., 1988; Mein Haus liegt menschenfern, doch nah d. Dingen. Dreits. J. chin. Poesie, 1988; Chin. Dichtung. Gesch., Struktur, Theorie (Handb. d. Orientalistik IV, II, 1), 1988. Herausg.: D. Literaturen Ostasiens (neues Handb. d. Lit.wiss., Bd. 23, 1984); Oscar Wilde u. d. Taoismus. Oscar Wilde and Taoism (1986) - Spr.: Engl., Franz., Chines., Jap. u. a.

DEBRUCK, Jürgen

Dr., Dipl.-Landw., Privatdozent - Ostpreußenstr. 24a, 6200 Wiesbaden - Rauisch-Holzhausen - Geb. 12. Okt. 1938 Berlin, ev., verh. s. 1966 m. Astrid, T.

Ines - Abit. Saalfeld/Thür., Stud. Halle u. Gießen (Landw.), Dipl. 1962, Promot. 1964, Habil. 1976, alles Gießen - 1963-78 wiss. Assist., Doz. u. Leit. Forsch.station Rauisch-Holzhausen Univ. Gießen, s. 1978 Gastprof. Witzenhausen u. Türkei; s. 1984 Ref. f. ökol. Landbau Hess. Min. f. Landwirtsch. u. Forsten - BV: Strohdüngung u. Bodenfruchtbarkeit, 1978; Getreidebau aktuell, 1980; Wohin mit d. Stroh?, 1980; Lehrb. Ackerbau, 1981; Anleit. z. Biol. Landbau, 1985; rd. 150 Arb. u. 300 Vortr. im In- u. Ausl. - Liebh.: Reiten, Jagd - Spr.: Engl., etwas Russ.

DEBUCH, Hildegard

Dr. med., em. o. Prof. f. Physiol. Chemie - Brauweiler Weg 10, 5000 Köln 41 (T. 48 63 28) - Geb. 19. Sept. 1919 Frankfurt/M. (Vater: Dr.-Ing. Carl D., Dir.; Mutter: Liesel, geb. Essers) - Univ. Frankfurt/M., Berlin, Tübingen, Med. Akad. Düsseldorf, Promot. 1948 D'dorf; Habil. 1956 Köln - S. 1956 Lehrtätigk. Univ. Köln (1962 apl., 1964 ao., 1968 o. Prof., 1984/85 emerit.). Beitr. üb. Lipide in dt., engl. u. amerik. Fachb.

DEBUS, Friedhelm

Dr. phil., o. Prof. f. Dt. Philologie - 2301 Schierensee b. Kiel (T. 04347 - 5 05) - Geb. 3. Febr. 1932 Oberdieten/Hessen (Vater: Ludwig D., Volksschullehrer; Mutter: Elisabeth, geb. Kamm), ev., verh. s. 1961 m. Heidelind, geb. Behrens, 3 Söhne (Sebastian, Otfried, Rüdiger) - Univ. Marburg, Tübingen, Dijon, Paris (German., ev. Theol., Psych., Roman.). Promot. (1957) u. Staatsex. (1959) Marburg - S. 1965 o. Prof. Univ. Groningen (Niederl.) u. Kiel (1970) - BV: D. dt. Bezeichnungen f. d. Heiratsverwandtschaft, 1958; Aspekte z. Verhältnis Name-Wort, 1966, 1977; Reclams Namenbuch, 1987 - 1982 Mitgl. Joachim Jungius-Ges. d. Wiss. Hamburg; 1985 Mitgl. Akad. d. Wiss. u. d. Lit. Mainz - Liebh.: Musik - Spr.: Lat., Griech., Franz., Engl., Niederl.

DEBUS, Kurt

Dr., Oberstudiendirektor i. R., Verleger, Publizist - Zu erreichen üb. Wochenschau Verlag, Adolf-Damaschke-Str. 103-105, 6231 Schwalbach-Limes - Geb. 19. Sept. 1911 Höchst, St. Bernward - Buchhändler-Lehre; Lehrer-Stud. (Ex.) - Schuldienst (Mitarb. Hauptaussch. Landesschulbeirat, Vors. Deutschaussch.); Mitbegr. Volksbildungsverein Frankfurt/M. u. Höchst (Vorgänger d. heut. VHS); 1956 Gründ. 1. Gymn. Main-Taunus-Kr. m. Tagesheimschule, Aufbau weit. Gymn.; 1954 Gründ. Wochenschau Verlag; Redakt. Ztschr. Päd. Provinz. Herausg.: Ztschr. tagesheimschule, D. Bücherschiff, Wochenschau (Publ. im Bereich d. polit. Bildung).

DECAMILLI, José Leopoldo

Dr. Fil. Univ. Madrid, Prof. f. Span. Sprache u. Literatur TU Berlin - Zu erreichen üb. TU, FB 1, Ernst-Reuter-Platz 7, 1000 Berlin 10 - Geb. 15. Juni 1926 Asunción (Paraguay) (Vater: Abelardo D., RA; Mutter: Leopoldina, geb. Achinelli), kath., verh. s. 1956 m. Eloísa, geb. Aguilera, S. Abelardo - Abit., Stud. Rechtswiss. u. Phil. Asunción, Madrid (Promot.), Paris, Berlin - Vors. Intern. Arbeitsgem. Freih. u. Demokr., München u. Dt.-Iberoamerik. Kulturkreis, Berlin - BV: Reflejos de Sombras, Ged. 1964; Latinoamérica entre hoy y mañana, 1966; Hispanoamérica y las Guerrillas, 1969; Desarrollo y subdesarrollo en Hispanoamérica, 1971; Kuba-Modell f. Lateinamerika?, 1981; u. zahlr. weit. Bücher in span. u. dt. Sprache.

DECHAMPS, Bruno

Dr. phil., M. A., Mitherausgeber Frankfurter Allgemeine Zeitung - Hellerhofstr. 2-4, 6000 Frankfurt/M. (T. 7 59 11) - Geb. 4. April 1925 Aachen (Vater: Paul D., Tuchfabrikant; Mutter: Kitty, geb. Herman), kath., verh. s. 1952 m. Annemarie, geb. Rueben, 4 Kd. (Claudius, Nicola, Daniel, Madeleine) - Univ. Bonn, Fordham Univ. New York (Soziol.; M. A.), Univ. Heidelberg (Polit. Wiss.; u. a. Prof. Alfred Weber u. Alexander Rüstow; Promot. 1952) - 1952-56 Polit. Redakt. Dt. Ztg. u. Wirtschafts-Ztg.; s. 1956 Polit. Redakt. u. Mithrsg. (1966-88) FAZ - BV: Macht u. Arbeit d. Ausschüsse, 1954; Üb. Pferde, 1957 - Spr.: Engl.

DECHEND, von, Hertha

Dr. phil., Prof. f. Geschichte d. Naturwissenschaften - Senckenberganlage 31, 6000 Frankfurt/M. - Geb. 5. Okt. 1915 Heidelberg (Vater: Dr. Alfred v. D.; Mutter: Elsbeth, geb. Krohn) - Univ. Frankfurt (Ethnol., Phil., Archäol.; Promot. 1939) - S. 1960 (Habil.) Lehrtätigk. Univ. Frankfurt (1966 apl. Prof.; Oberassist. Inst. f. Gesch. d. Naturwiss.). Zeitw. USA-Aufenth. (Cambridge). Facharb.

DECHER, Hellmuth

Dr. med., Prof., Chefarzt Hals-Nasen-Ohrenklinik St. Elisabeth-Krankenhaus, Köln (s. 1969; Ohrmikrochirurgie, plast. Chirurgie) - Werthmannstr. 1, 5000 Köln 41 (T. 467 75 55) - Geb. 22. März 1927 Frankfurt/M. (Eltern: Paul u. Katharina D.), verh. m. Dr. med. Erika, geb. Prinz - Stud. Eichstätt, Würzburg, Frankfurt (Promot. 1952) - S. 1963 (Habil.) Lehrtätigk. Univ. Bonn (1969 apl. Prof.), Lehrauftr. Univ. Köln (1978). Fachveröff., dar. 2 Monographien - 1969 Mitgl. Intern. Barany Soc. Uppsala - Ruf Freie Univ. Berlin (Lehrstuhl f. HNOheilkd.) 1970 abgelehnt.

DECHERT, Hans-Wilhelm

Dr. phil., Prof. f. Anglistik GH Kassel - Finkenstr. Nr. 29, 3507 Baunatal - Geb. 8. Jan. 1929 Gießen - Promot. 1954 Frankfurt/M. - Zul. Prof. Univ. Gießen (1972 ff.). Facharb.

DECK, Ernst

Dipl.-Ing., Senator E. h., Direktor, Honorarprof. f. Baumaschinen TH München (s. 1970) - Romanstr. Nr. 105, 8000 München 19 (T. 170608) - Geb. 24. Juni 1905 Mannheim (Vater: Peter D.; Mutter: Anna, geb. Spiegel), verh. 1939 m. Dr. Else, geb. Deci - TH Karlsruhe - S. 1939 Dyckerhoff & Widmann KG., München (zul. Dir. Maschinenverw.).

DECKEL, Michael

Kaufmann, Geschäftsf. Gesellsch. M. Deckel GmbH - Am Öferl 17-19, 8120 Weilheim/Obb. - Stv. AR-Vors. Friedrich Deckel AG - Geb. 1. Mai 1941.

DECKEN, Christian

Fabrikant (G. E. Habich's Söhne); Präs. IHK Kassel (s. 1983) - Landhaus, 3512 Reinhardshagen (T. 05544 - 7 91 55) - Geb. 10. Dez. 1920 Berlin (Vater: Friedemann D., Fabrikant; Mutter: Lilli, geb. Seeberger), verh. m. Hilde, geb. Habich, 3 Töcht. (Carola, Petra, Corinna) - Hum. Gymn. (Abit.); Wirtschaftshochsch. Berlin - Mitgl. Vollversamml. IHK Kassel u. Hauptaussch. Chem. Ind. - 1985 BVK I. Kl. - Liebh.: Porzellan, Kunstgesch., Jagd.

DECKEN, von der, Christoph

Dr. jur., Bankdirektor, Vorstandsmitgl. Dresdner Bank AG - Jungfernstieg 22, 2000 Hamburg 36 - Geb. 23. Okt. 1925 Washington D.C. (USA) - Div. Mand.

DECKEN, von der, Claus-Benedict

Dr. rer. nat., o. Prof. f. Reaktorkomponenten u. Reaktorsicherheit TH Aachen (s. 1975); Dir. Inst. f. Reaktorbauelemente Kernforschungsanlage Jülich (s. 1969) - Zul. 5100 Aachen - Geb. 28. Aug. 1927 Stuttgart (Vater: MinDir. Benedict v. d. D.; Mutter: Helene, geb. Liebold), ev., verh. s. 1975 m. Hiltrud, geb. Frey, 4 Kd. (Sabine, Godele, Cay, Nikolaus) - Stud. d. Math., Physik, Chemie Univ. Hamburg, Göttingen, Heidelberg; Dipl.ex. 1951; Promot. 1956 - 1956-69 Hauptabt.leit. Brown, Boveri - Krupp Reaktorbau; 1971ff. Mitgl. Reaktor-Sicherheitskommiss.; 1978ff. Mitgl. d. Wirtschafts- u. Sozialaussch. d. Europ. Gemeinsch. - Spr.: Engl.

DECKER, Alexander

Kaufm. Direktor, Geschäftsf. Hüttensauerstoff GmbH., Düsseldorf, u. Oxysaar Hüttensauerstoff GmbH. Saarbrücken, Dir. Messer Griesheim GmbH. Industriegase, D'dorf - Kaiser-Friedrich-Ring 30, 4000 Düsseldorf-Oberkassel - Geb. 13. Nov. 1915.

DECKER, Franz

Dr. rer. pol., Prof. f. Wirtschaftswiss., Wirtschafts- u. Berufsprädagogik PH Weingarten - Karl-Erb-Ring 112, 7980 Ravensburg/Württ..

DECKER, Franz-Paul

Dr. h. c., Generalmusikdirektor - Kronenburger Str. 2, 5000 Köln 41, u. 486 B Mt. Pleasant, Montreal, Que. Canada - Geb. 22. Juni 1923 Köln (Vater: Caspar D.; Mutter: Elisabeth, geb. Scholz), kath., verh. s. 1969 m. Christa, geb. Terka, 2 Töcht. (Arabella, Ariadne) - Musikhochsch. u. Univ. Köln (Staatsex.) - 1944 Chordir. Stadttheater Gießen, 1945 Kapellm. Opernhaus Köln u. Dirig. Kölner Männer-Gesangverein, 1946 städt. Musikdir. Krefeld, 1950 Dirig. Hess. Staatstheat. Wiesbaden, 1953 städt. Musikdir. das., 1956 GMD Bochum, 1962 Chefdirig. Rotterdamer Phil. Orch., 1967 Chefdirig. u. künstler. Dir. Montreal Symphony Orch. - Gastdirig. In- u. Ausl. (auch BBC), 1980 principal guest New Zealand Symphony - Spr.: Franz., Engl., Holl., Span.

DECKER, Hans

Dipl.-Kfm., Vorstandsvorsitzender Thuringia - Seidingerstr. 2, 8153 Weyarn - Geb. 1. Sept. 1930 Ingolstadt/D. - B. 1970 stv., dann o. Vorstandsmitgl. Thuringia Versich.-AG., München.

DECKER, Karl

Dr. rer. nat., o. Prof. f. Biochemie - Maria-Theresia-Str. 14, 7815 Kirchzarten/Br. (T. 53 25) - Geb. 14. Febr. 1925 München (Vater: Dr. jur. h. c. Albert D., Senatspräs.; Mutter: Mathilde, geb. Breiling), kath., verh. s. 1953 m. Eva-Maria, geb. Hopf, 3 Kd. (Susanne, Thomas, Sheila) - S. 1962 (Habil.) Lehrtätigk. Univ. Freiburg (1968 Ord. u. Mitdir. Biochem. Inst.); 1972-77 Prorektor f. Forsch. Univ. Freiburg; 1976-82 Senator Dt. Forsch.-Gemeinsch.; Vorstandsmitgl. Dr. Mildred Scheel Stiftg. f. Krebsforsch. - Mitgl. Dt. Akad. d. Naturforscher (Leopoldina) Halle, Mitgl. Akad. d. Wissensch. Berlin - BV: D. aktivierte Essigsäure, 1959. Zahlr. Einzelarb. - Spr.: Engl.

DECKER, Rudolf

Dipl.-Ing., Berat. Ingenieur, MdL Baden-Württ. (s. 1968, CDU) - Bunsenstr. 82, 7030 Böblingen/Württ. (T. 07031 - 2 30 67) - Geb. 22. Mai 1934 Schwäb. Hall, ev., verh. - Obersch. Ulm u. Böblingen (Mittl. Reife); Abendgymn. Stuttgart (Abit.); TH Stuttgart u. Hannover (Bauing.wesen; Dipl.-Ing.) - Maurer; Stahlbaumonteur; Ing.; s. 1963 eig. Ing.büro; s. 1972 Prüfing. f. d. Bauwesen.

DECKER, Werner

Dipl.-Ing., Geschäftsführer VDI/ADB-Ausschuß Schmieden u. FNA Schmiedetechnik (s. 1970) - Goldene Pforte 1, 5800 Hagen/W.; priv.: Berninghauser Str. 44, 5828 Ennepetal - Geb. 22. Juni 1932 Ründeroth (Vater: Dr. jur. Kurt D., Notar; Mutter: Annemarie, geb. Hollmann), ev., verh. s. 1976 m. Erika, geb. Schliep - Gymn. Solingen; TH Aachen (Maschinenbau/Fertigungstechnik; Dipl. 1958) - Zul. Industrietätigk.

DECKER, de, Wilfried

Dr. med., Prof. f. Augenheilkunde - Eiderstede 24a, 2352 Bordesholm - Geb. 7. Juli 1935 Hamburg - Promot. (1962) u. Habil. (1970) Kiel - S. 1974 Prof. Univ. Kiel (Leit. Abt. Orth- u. Pleoptik/Zentrum Operative Medizin II). Üb. 50 Facharb.

DECKER-HAUFF, Hansmartin

Dr. phil., o. Prof. f. Mittlere u. Neuere Geschichte - Wilhelmstr. 36, 7400 Tübingen (T. 29 23 87); priv.: Humboldtstr. 12, 7000 Stuttgart (T. 60 27 05) - Geb. 29. Mai 1917 Oberjettingen (Vater: Eberhard D., Stadtpfarrer Stuttgart † 1965; Mutter: Johanna, geb. Doelker), ev., verh. s. 1951 m. Ruth, geb. Lemppenau, 3 Kd. (Eberhard, Franziska, Regina) - Eberhard-Ludwigs-Gymn. Stuttgart; Univ. Tübingen, München, Wien (Gesch., Kunstgesch., Klass. Philol.). Promot. 1946 Wien - 1945-47 Wiss. Hilfskraft Wien; 1948-56 Staatsarchivrat Stuttgart; s. 1956 ao. u. o. Prof. (1961) Univ. Tübingen (Dir. Inst. f. geschichtl. Landeskd. u. histor. Hilfswiss.). Vorstandsmitgl. Kommiss. f. geschichtl. Landeskd. in Baden-Württ., Stuttgart - BV: Gesch. d. Stadt Stuttgart, 1966 - 1967 Schiller-Preis Stadt Marbach; Mitgl. Inst. f. Österr. Geschichtsforsch. Wien - Spr.: Franz., Engl.

DECKERS, Manfred

Dr.-Ing., Prof. f. Geo- u. Abfalltechnologie Univ.-GH Siegen (Fachbereich Bauingeneurwesen) - Hoheroth 52, 5901 Wilnsdorf 1 - Geb. 16. Febr. 1934 Duisburg - Ratsgymn. Bielefeld; TH Aachen (Bergbau, Studienstiftg. d. Dt. Volkes); Promot. 1964 - Wiss. Mitarb. TH Aachen (Inst. f. Aufbereitung); Ind.-Tätigk. - Springorum Denkmünze; Borchers Plak.

DECKERS, Peter-Josef

Dr. rer. pol., Dipl.-Kfm., Geschäftsführer Indugas Gesellschaft für industrielle Gasverwendung mbH., Essen, u. Fernheizgesellschaft Bochum-Ehrenfeld mbH., Bochum - Ruhrland 21, 4300 Essen-Werden (T. 491304) - Geb. 23. März 1912 Dinslaken - 1963-75 Vorst. Ruhrgas. ARsmandate u. a. - Spr.: Engl., Franz., Niederl. - Rotarier.

DECKWER, Wolf-Dieter

Dr. rer. nat., Prof., Bereichsleiter Bioverfahrenstechnik Ges. f. Biotechn. Forschung (GBF) mbH, Braunschweig - Olmsweg 56, 2900 Oldenburg (T. 0441 - 5 37 74) - Geb. 3. Aug. 1941 Herzberg, ev., verh. s. 1964 m. Monika, geb. Holborn, 2 S. (Marc, Roland) - Stud. Chemie TU Berlin (Studienstiftg. d. Dt. Volkes); Promot. 1973, Habil. 1975 TU Berlin - 1976-81 Prof. f. Techn. Chemie Univ. Hannover; 1981-86 Prof. f. Techn. Chemie Univ. Oldenburg; s. 1986 Prof. TU Braunschweig (beurl.) - BV: Reaktionstechnik in Blasensäulen, 1985. Ca. 160 Fachveröff. (bes. z. Thema Mehrphasenreaktionstechnik) - Spr.: Engl., Russ.

DEDECIUS, Karl

Dr., Dr. phil. h. c., Direktor Dt. Polen-Inst. Darmstadt, Herausgeber, Essayist, Übersetzer - Reichsforststraße 16, 6000 Frankfurt/M. (T. 666 26 21) - Geb. 20. Mai 1921 Lodz (Vater: Gustav D., Beamter; Mutter: Martha, geb. Reich), ev., verh. s. 1950 m. Elvira, geb. Roth, 2 Kd. (Octavia, Clemens) - Abitur - Kriegsdst. u. 7 J. Gefangensch. (1943 Stalingrad), dann wiss. Redakt. u. Oberassist. Dt. Theater-Inst., Weimar, s. 1952 Angest. Allianz AG., Frankfurt (Prok.) - BV: Deutsche u. Polen - Botschaft d. Bücher, 1971/1973; Überall ist Polen, 1974; Polnische Profile, 1975; Z. Lit. u. Kultur Polens, 1981; V. Übersetzen, 1986; V. Polens Poeten, 1988. Herausg. u. Übers. poln. Lyrik u. Prosa (s. XVIII. Ausg.) S. 1982 Herausg. d. Poln. Bibliothek im Suhrkamp-Verlag, Frankfurt (30 Bde.) - 1962 Förd.pr. Künstlergilde, 1961 Ehrengabe Kulturkr. Bundesverb. d. Dt. Ind. u. Intern. Übersetzerpreis poln. PEN-Club, 1967 Übersetzerpreis Dt. Akad. f. Sprache u. Dicht., 1968 Übers.-preis Polish Inst. of Arts and Sciences (New York); 1976 Godlewski-Pr. d. Exilpolen Zürich; 1979 Lit.pr. d. Poln. Autorenverb., Warschau; 1967 Mitgl. PEN-Zentrum BRD; 1969 o. Mitgl.

Bayer. Akad. d. Schönen Künste; 1977 o. Mitgl. d. Deutschen Akad. f. Sprache u. Dichtung Darmstadt; 1974 L'ordre du Merite Culturel des poln. Min. f. Kultur u. Kunst, Warschau; 1985 Gr. BVK u. Wieland-Übersetzerpreis; 1986 Hess. Kulturpreis - Liebh.: Musik - Spr.: Poln., Russ.

DEDERICHS, Peter Heinz
Dr. rer. nat., Prof., Physiker - Preyerstr. 76, 5180 Eschweiler/Rhld. - B. 1971 Doz., dann Prof. TH Aachen.

DEDERING, Heinz
Dr. rer. pol., Univ.-Prof. (arbeitsorientierte u. polit. Bild., Integration v. Berufs- u. Allgemeinbild.) - Heerstr. 40, 4986 Rödinghausen - Geb. 1939 - Abit.; Kaufm. Lehre; Stud. Wirtsch.- u. Sozialwiss.; Promot. 1967; Habil. 1973 - Sozialwiss. Tätigk., Lehr- u. Forsch.- tätigk. an Hochsch. - BV: Innovationen im Spannungsfeld berufl. u. allg. Lernens in d. Sek. II, 1982 (m. A. Bojanowski u. G. Heidegger); Qualifikationsforsch. u. arbeitsorientierte Bildung, 1984 (m. P. Schimming); Projekt Neue Bildungsoffensive, 1986. Herausg.: Ansätze u. Perspektiven e. neuen Qualität v. Bildung (1983).

DEDI, Hans (Johannes)
Kaufmann - Zu erreichen üb. Quelle, Nürnberger Str. 91, 8510 Fürth - Geb. 11. Dez. 1918 Basel/Schweiz (Vater: Josef D., Fabrikbes.), verh. s. 1952 m. Louise, geb. Schickedanz, 3 Kd. (Roland, Martin, Margarete) - AR-Vors. Goldzack Werke AG; stv. AR-Vors. Quelle Investitions AG, Patrizier Bräu AG, Nürnberg; Vorst.-Vors. Gustav u. Grete Schickedanz Stiftg., Fürth u. Gustav u. Grete Schickedanz Holding KG, Fürth; stv. VR-Vors. Großversandhaus Quelle Gustav Schickedanz KG; VR-Mitgl. Quelle S.A., Saron (Orléans); Beiratsvors. Foto Quelle Schickedanz & Co OHG, Nürnberg; AR-Mitgl. Quelle AG, Linz, Vereinigte Papierwerke AG Nürnberg, u. Noris Verbraucherbank GmbH, ebd. - Liebh.: Jagd.

DEDNER, Burghard
Dr. phil., Prof. f. Neuere Dt. Literatur Univ. Marburg, Leit. Forschungsst. Georg Büchner - Schülerhecke 34, 3550 Marburg/L. - Geb. 3. Juni 1942 Berlin, verh. s. 1967 m. Doris, geb. Smith - Promot. 1967 Tübingen - 1969-76 Prof. Vasser College u. Indiana Univ. (1969) - BV: Topos, Ideal u. Realitätspostulat, 1968; Carl Sternheim, 1982; Georg Büchner: Leonce u. Lena, 1987; Einleitungen zu Büchner, 1987. Fachveröff. zu Theorie d. Komödie, H. Heine, F. Wedekind, Th. Mann. Hörsp. u.a.m. - Spr.: Engl., Franz., Latein.

DEEG, Peter Franz
Dr. med., Prof., Chefarzt Deegenberg-Kurklinik f. Innere Krankh. u. d. Bewegungsapparates AHB-Klinik f. Herz- u. Kreislauferkrankungen, Bad Kissingen - Burgstr. 21, 8730 Bad Kissingen (T. 0971 - 82 11) - Geb. 25. Aug. 1942 Lemberg, kath., verh. s. 1978 m. Jadwiga, geb. Angielska, 3 Kd. (Maria, Peter, Dorothea) - 1972 Med. Staatsex. Würzburg, Promot. 1972, 1981 Priv.-Doz., 1988 apl. Prof. - Mitgl. Dt. Ges. f. Herz- u. Kreislaufforsch. u. Dt. Ges. f. Innere Med., Mitgl. Wiss. Beirat d. Dt. Herzstiftg. - BV: Herz in: Untersuchungsmeth. u. Funktionsprüf. in d. Inneren Med., 1983; Erkrankungen d. Herz-Kreislauf-Systems, in: Klinik d. Frauenheilkd. u. Geburtsh., Bd. 5 1986. Weitere zahlr. Veröff. - Spr.: Engl., Franz.

DEEGEN, Eckehard
Dr. med. vet., Abteilungsvorsteher (Klinik f. Pferde) u. Prof. f. Pferdekrankheiten Tierärztl. Hochschule Hannover (s. 1978) - Schützenstr. 2, 3000 Hannover 73 (T. 0511 - 523966) - Geb. 11. Sept. 1941 Gera/Thür. (Vater: Walter D., Gärtnerm.; Mutter: Irmgard, geb. Storck), ev., verh. s. 1967 m. Barbara, geb. Lange, 2 Kd. (Christian, Olaf) - Stud. Tierärztl. Hochsch. Hannover, Wien, Examen 1966, Promot. 1967, Priv.-Doz. 1976, Prof. 1978. S. 1978 Leit. Abt. f. Inn. Med. d. Pferde TiäHochsch. Hannover - BV: Klin. Elektrokardiographie b. Pferd unt. Berücks. d. Muskelmassenvert. a. Herzen, 1977.

DEENEN, van, Bernd

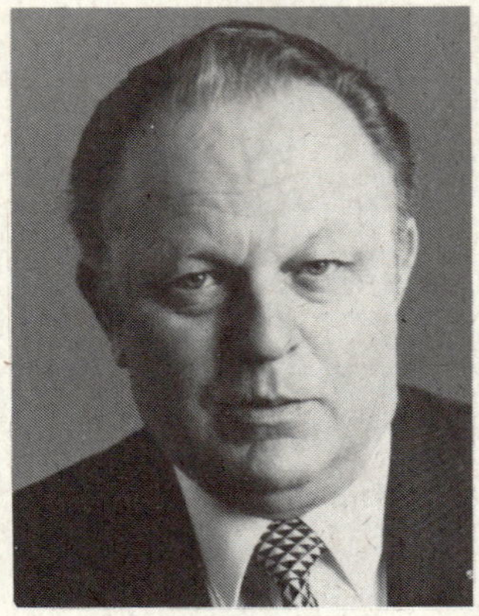

Dr. agr., o. Prof. u. Direktor d. Seminars f. Soziologie Univ. Bonn - Kaufmannstr. 46, 5300 Bonn - Geb. 14. Okt. 1925 Düsseldorf (Vater: Robert D.; Mutter: Josefine, geb. Tillmanns), kath., verh. s. 1956 (Ehefr.: Elisabeth, geb. 1934), 2 Kd. (Bernd, Angelika) - N. Abit. Landw.lehre; Univ. Bonn (Schüler v. Prof. Niehaus; Dipl.-Agraring. 1954). Promot. (1957) u. Habil. (1969) Bonn - 1972ff. apl. Prof. Univ. Bonn.; Präs. d. Vereinig. Dt.-Franz. Ges. in Dtschl. u. Frankr. - BV: Arbeitnehmer in ländl. Räumen, 1958; D. ländl. Familie unt. d. Einfluß v. Industrienähe u. -ferne, 1961; Agrarstrukturelle Entwicklung in NRW, 1967; Bäuerl. Familien im soz. Wandel, 1970; Wandel im Verhalten, in d. Einstellungen u. Meinungen westd. Landw. zu Beruf, Familie u. Ges., 1971. Herausg.: Lebensverhältnisse in kleinbäuerl. Dörfern (1952 u. 74); Europ. Landfrauen im soz. Wandel, (1981 u. 82); Bäuerliche Ehe u. Familie auf d. Wege z. Partnerschaft (1986) - BVK am Bde., Europakreuz Ring dt. Soldatenverb.

DEFANT, Friedrich
Dr. rer. nat., o. Prof. f. Meteorologie - Wehdenweg Nr. 65, 2300 Kiel-Wellingdorf (T. 72 25 96) - Geb. 14. April 1914 Wien (Vater: Prof. Dr. phil., Dr. rer. nat. h. c. Albert D., Ozeanograph (s. dort); Mutter: Mimi, geb. Krepper), kath., verh. s. 1950 m. Dr. phil. (1984) Christine, geb. Schmoll v. Eisenwerth, 5 Kd. (Beate, Mimi, Andreas, Martin, Wolfgang) - Stud. Univ. Berlin, 1946-61 Hochschulass. u. Dozent Univ. Innsbruck, Ltr. öst. Wetterdst. in Tirol/Vorarlberg, zeitw. (1950/51) Gastprof. USA, 1952 tit. öst. Univ. Prof., 1956-60 Prof. am int. meteorol. Inst. Stockholm, 1961 ao. Prof. Univ. Kiel, 1966 o. Prof. Univ. Kiel, 1968-72 Gesch. Dir. d. Inst. f. Meereskunde, Kiel, 1979 emerit.o. Prof. Univ. Kiel - BV: Physik. Dynamik d. Atmosph., 1958, wiss. Arb. üb. Probl. d. Allgem. atmosph. Zirk. u. atmosph. Synoptik, Teiln. an vielen ozeanogr. u. meteorol. Forschungsfahrten in See - 1982 BVK I. Kl. - Spr.: Engl. (in Wort und Schrift), Franz.

DEFFNER, Hans
Altbürgermeister - Kurt-Sittler-Str. 7, 8011 Poing/Obb. (T. 08121 - 8 21 74) - Geb. 15. Nov. 1913 Mönchsdeggingen - Zul. Regierungsamtm. SPD. Ehrenbürger Gde. Poing/Obb.

DEFFNER, Jakob
DGB-Landesvorsitzender, Senator (s. 1983) - Freybergweg 16, 8000 München 50 (T. 141 09 25) - Geb. 8. Dez 1929 Penzberg (Vater: Heinrich D.; Mutter: Maria, geb. Mudra), verh. m. Edith, geb. Raunick - 1981 Bayer. VO.

DEFFNER, Peter
Ing., Geschäftsführer Energieversorgung Kleinwalsertal GmbH., Riezlern - Unterwestegg 32, 8984 Riezlern - Geb. 15. Juni 1927 - Ing.

DEFREGGER, Matthias
Weihbischof, Bischofsvikar f. d. Ordensleute Erzdiözese München-Freising - Maxburgstr. 2, 8000 München 33 - Geb. 18. Febr. 1915 München, kath. - Stud. Phil. u. Theol. Priesterweihe 1949 durch Kardinal Faulhaber - S. 1949 Kirchendst. München (1953 Sekr. Kardinal Wendel, 1962 Domkapitular, 1962 Generalvikar, 1968 Weihbischof). Kriegsteiln. (zul. Major) - Päpstl. Geheimkämmerer u. Hausprälat - Bek. Vorf.: Franz D., Maler (Tirol, Großv.).

DEGE, Eckart
Dr. rer. nat., Prof. Univ. Kiel - Schaarberg 3, 2308 Wielen (T. 04342 - 8 18 01) - Geb. 7. Jan. 1942 Elbing (Vater: Prof. Dr. Wilhelm D.; Mutter: Liselotte, geb. Zwingmann), ev., verh. s. 1965 m. Katherine, geb. Peterson, 3 Kd. (Michael, Erik, Mia) - 1961-69 Stud. Geogr., Geol., Meteorol. Univ. Bonn; Promot. 1969 Bonn; Habil. 1980 Kiel - 1969-70 wiss. Assist. TH Aachen; 1970-84 wiss. Assist. Univ. Kiel; s. 1984 apl. Prof. Univ. Kiel. 1974-76 Gastdoz. Kyung Hee Univ. Seoul/Korea - BV: Ostasien (m. P. Schöller u. H. Dürr), 1978; Entwicklungsdisparitäten d. Agrarregionen Südkoreas, 1982 - Liebh.: Fotogr. - Spr.: Engl.

DEGELER, Friedrich
Küfermeister, Präs. Handwerkskammer Ulm, MdK Heidenheim u. a. - Grabenstr. 3, 7920 Heidenheim/Brenz - Geb. 2. Aug. 1902 - Gr. BVK; Ehrenring baden-württ. Handw.; Verdienstmed. Ld. BW.

DEGEN, Dieter
Bundesvorsitzender VaB e.V., Berufskraftfahrer - Hünefeldstr. 5, 4250 Bottrop 1 (T. 02041 - 2 21 21/2 02 60 - Geb. 9. Sept. 1938 Weibern, kath., verh. s. 1959 m. Gerda, geb. Vehling, 3 Kd. (Ulrich, Barbara, Markus) - 1953-56 Steinmetz Weibern/Mayen, 1977 Kraftfahrer Dekra Essen - 1980-84 Sachbearbeiter, Verkehrs- u. Rechtsfragen, Verb. anerk. Berufskraftfahrer, s. 1984 Bundesvors. - Spr.: Ital., Franz.

DEGEN, Heide
Juristin, MdL Hessen (s. 1978, Wahlkr. 39/Ffm. VIII) - Frauenlobstr. 38, 6000 Frankfurt/M. - Geb. 13. Okt. 1937 Düsseldorf, verh., 2 Kd. - Univ. Heidelberg, Würzburg, München. Refer.ex. - 1972 ff. Stadtverordn. Ffm.; 1973 ff. Vors. CDU-Stadtbez. Ffm.-Bockenheim.

DEGEN, Helmut
Prof., Komponist - Beethovenstr. 2, 7218 Trossingen/Württ. (T. 8580) - Geb. 14. Jan. 1911 Aglasterhausen b. Heidelberg (Vater: Erwin D., Pfarrer), verh. m. Maria, geb. Höfer, 2 Kd. (Udo, Dietmar) - Musikhochsch. Köln, Rhein. Musiksch. u. Musikhochsch. Univ. Bonn (Musikwiss.) - S. 1954 Prof. Hochsch. f. Musik Trossingen. Zahlr. Kompos., darg. Symphon. Werke, Konzertw., Kammermusik, 2 Schallpl. (Chorw.) - BV: Handb. d. Formenlehre.

DEGEN, Michael
Schauspieler - Zu erreichen üb. Fr. Volksbühne, Schaperstr. 24, 1000 Berlin 15 - Geb. 1928 - U.a. Schiller-Theater Berlin. Film u. Ferns. (zul. Julia). Insz.: Urfaust (1972) - 1969 Hersfeld-Preis (f. d. Hamlet-Darstell.).

DEGEN, Rolf
Dr. med., Prof., Leiter EEG-Abt./Epilepsie-Zentrum Bethel - Telgter Str. 42, 4800 Bielefeld 1 (T. 0521 - 10 16 03) - Geb. 25. Juli 1926 Chemnitz (Vater: Paul D., lt. Angest.; Mutter: Petronella, geb. Vogel), ev., verh. s. 1955 m. Dr. D., geb. Schulz, 2 Töcht. (Angela, Heike) - Stud. Med. Leipzig, Promot. 1954, Ha-

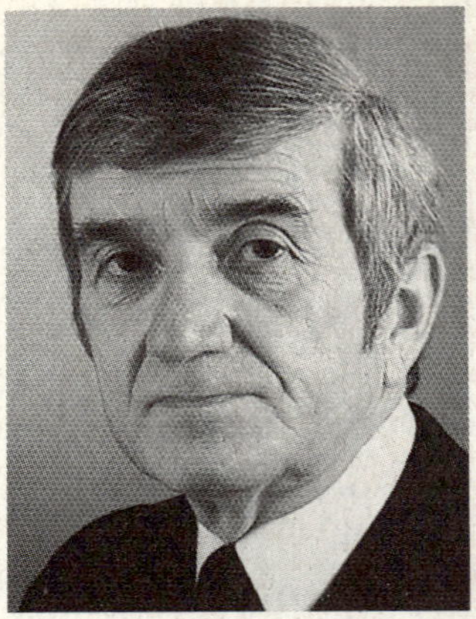

bil. 1964 Leipzig, Prof. 1976 Münster. B. 1973 Abt.-Leit. Univ.-Kinderkl. Leipzig, 1973ff. Lt. EEG-Abt. u. Anfallsambul. Epilepsie-Zentrum Bethel - BV: D. kindlichen Anfallsleiden, 1976; Beitr. in Niebeling Einf. in d. Elektroenzephalogr., 1968; Examensfragen Med., Pädiatrie, 1980; Anästhesie b. zelebralen Krampfanfällen u. Intensivtherapie d. Status epilepticus (m. A. Opitz), 1980; Anästhesie b. Epileptikern u. Behandl. d. Status epilepticus (m. A. Opitz u. J. Kugler),1982; Epilepsy, sleep and sleep deprivation (m. E. Niedermeyer), 1984; D. cerebralen Anfallsleiden - Epilepsien, 1988; The Lennox - Gastaut Syndrome (m. E. Niedermeyer), 1988 - Liebh.: Klass. Musik, Psychol. - Spr.: Engl.

DEGEN, Wendelin
Dr. rer. nat., o. Prof. f. Mathematik u. Direktor Math. Inst. B. Univ. Stuttgart (s. 1967) Rosenrotweg 18, 7000 Stuttgart 80 (T. 714282) - Geb. 11. Aug. 1932 Freiburg/Br. (Vater: Dr. Rudolf D., Diplom-Volkswirt, † (gef.); Mutter: Elisabeth, geb. Blum), kath., verh. s. 1958 m. Gertrud, geb. Rottler, 2 Söhne (Stefan, Michael) - Rotteck-Gymn. u. Univ. Freiburg (Math., Physik). Promot. (1958) u. Habil. (1962) Freiburg - 1957-62 Assist. Univ. Kiel u. Freiburg (1958); 1962-63 Doz. Univ. Freiburg; 1964-67 Wiss. Rat. TH Karlsruhe; 1967 o. Prof. Univ. Stuttgart u. Dir. d. Math. Inst. B; 1984-86 Dekan d. Fak. Math. u. Informatik Univ. Stuttg. Spez. Arbeitsgeb.: Projektive Differentialgeometrie, math. Symbolmanipulation, Computergeometrie - BV: Aufgabensamml. z. Differential- u. Integralrechnung m. Lösungen, 2 Bde. 1969 ff. (m. K. Böhmer; B. I.-Hochschultaschenb.); Grundl. d. affinen u. enklidischen Geometrie (m. L. Profke, B. G. Teubner Stuttgart), 1976. Zahlr. Fachaufs. - Spr.: Engl., Franz.

DEGENER, Volker W.
Schriftsteller, 1. Vors. Verb. dt. Schriftst. (VS) in NRW, Mitgl. d. WDR-Rundfunkrates, Vorstandsmitgl. d. Li.rates NRW - Bochumer Str. 48, 4690 Herne 1 (T. 02323 - 4 01 09) - Geb. 12. Juni 1941 Berlin, ev. - BV: Heimsuchung, 1976; Einfach nur so leben, 1978; Geht's uns was an?, 1981; D. Reporter aus d. 4. Kl., 1981; No future?, 1984; Katrin, 15 ... u. eigentlich gehör' ich mir, 1985; Dann nehmt doch mich!, 1988 - 1978 Lit.-Förderpreis Land NRW f. junge Künstler d. Jahres - Lit.: Krit. Lexikon z. deutschsprach. Gegenwartslit.; edition text u. kritik (hg. v. Heinz Ludwig Arnold); Kürschners Literaturkalender 1988.

DEGENHARDT, Franz Josef
Dr. jur., Rechtsanwalt, Schriftst. u. Musiker - Jahnstr. 39, 2085 Quickborn/Holst. - Geb. 3. Dez. 1941 Schwelm/W. - BV: u. a. Zündschnüre, R. 1973; Brandstellen, R. 1975; D. Mißhandlung, 1980; D. Liedermacher, R. 1982; D. Abholung, R. 1984 - 20 LP (s. 1963). Hörsp. u. a. - 1983 Dt. Kleinkunstpreis; 1983 korr. Mitgl. Akad. d. Künste d. DDR, Berlin (Ost).

DEGENHARDT, Hermann

Geschäftsführer Niedersachsen GmbH., Vorstandsmitgl. Wohnstätten-AG., Braunschweig. Gemeinn. Wohnungsuntern., beide Braunschweig - Richterstr. 11, 3300 Braunschweig - Geb. 10. März 1908 Oschersleben/Bode - ARsmandate.

DEGENHARDT, Johannes-Joachim

Dr. theol., Erzbischof v. Paderborn - Kamp 38, 4790 Paderborn (T. 20 73 27) - Geb. 31. Jan. 1926 Schwelm, kath. - Theologiestud. Paderborn, München, Münster, Würzburg - Studentenpfarrer Päd. Hochsch. Paderborn u. Bezirksdekan Hochstift Paderborn, s. 1968 Weihbischof, 1973 Kapitularvikar ebd., 1974 Erzbischof, Vors. d. Komm. Schule u. Erziehung d. Deutschen Bischofskonferenz - BV: Lukas-Evangelist d. Armen, 1966 (Diss.); E. Segen sollt ihr sein - Zu Ehe, Familie, Erziehung, 1984; Ermutigung z. Glauben, 1989.

DEGENHARDT, Karl-Heinz

Dr. med., o. Prof. f. Humangenetik u. vergl. Erbpathol. Univ. Frankfurt/M. (1961-83), Vors. Kommission f. teratolog. Fragen Dt. Forschungsgem. (1963-80) u. Ges. f. Anthropologie u. Humangenetik (1965-67) - Rhönstr. 7, 6231 Schwalbach/Ts. (T. 06196 - 17 56) - Geb. 12. Sept. 1920 Mönchengladbach (Vater: Karl D.), verh. m. Carla, geb. Seche, 5 Kd. (Martina, Isabel, Beatrice, Regin, Markus) - 1947-57 Assist. Univ. Kinderklinik Bonn, 1950-51 M. P. Inst. f. Vergl. Erbbiologie u. Erbpathologie Berlin-Dahlem; 1957-61 Privatdoz. Inst. f. Humangenetik u. Anthropologie Univ. Münster/W.; 1959/60 Assoc. Staff Scientist am Roscoe B. Jackson Memorial Labor. Bar Harbor, Maine, USA - BV: Experimentelle u. vergl. Teratogenese axialer Fehlbildungen, 1956 - S. 1973 korr. Mitgl. World Assoc. of Neurological Commission, s. 1986 Ehrenmitgl. d. Japanese Teratology Society.

DEGENHART, Bernhard

Dr., Dr. h. c., Museumsdirektor i. R. - Meiserstr. 10, 8000 München 2 (T. 559 14 97) - Geb. 4. Mai 1907 München (Vater: Dr. Max D.; Mutter: Mathilde, geb. Raila) - Univ. München, Berlin, Wien - Ab 1931 Assist. Bibliotheca Hertziana, Rom; 1939-46 Kustos Albertina-Museum, Wien; 1949-70 Konservator u. Dir. (1965) Staatl. Graph. Sammlung, München - BV: Graphologie d. Handzeichnung, 1937; Pisanello, 1941 (ital. 1945); Europ. Handzeichnungen, 1943; Ital. Zeichnungen d. 15. Jh., 1949 (Basel); Marées-Zeichnungen, 1953; Dante, Leonardo, Sangallo, 1955; Ital. Zeichner d. Gegenw., 1956; Marées D. Fresken in Neapel, 1958; Gentile da Fabriano i. Rom u. d. Anfänge d. Antikenstud., 1960; Dante Altonensis, 1965; Marino Sanudo u. Paolino Veneto ... in Venedig, Avignon u. Neapel, 1973 Corpus d. ital. Handzeichnungen 1300-1450, Teil I 1968, T. II/1-3 1980, II/4 1982; Jacopo Bellini, D. Zeichnungsbd. d. Louvre (m. A. Schmitt), 1984 - Bayer. VO; 1976 Premio Intern. Galileo Galilei; 1984 Bayer. Maximiliansorden f. Wissenschaft u. Kunst; 1989 Gr. BVK.

DEGISCHER, Vilma

Kammerschauspielerin - Gregor-Mendel-Str. 2-4/I/10, A-1180 Wien - Geb. 17. Nov. 1911 Wien, verh. m. Kammerschausp. Hermann Thimig, 2 Töcht. - Reinhardt-Seminar Wien - Vornehml. Wiener Bühnen (s. 1939 Mitgl. Theater in d. Josefstadt). Gastsp., u. a. Komödie Berlin. Bek. Rollen: Mizzi (Schnitzler, Komtesse Mizzi), Irene Herms (Schnitzler, D. einsame Weg), Marie (Bahr, D. Konzert), Gräfin Rosmarin (Frey, D. Dunkel ist licht genug), Lola (Inge, Komm zurück kl. Sheba), Essie Miller (O'Neill, Oh Wildnis), Laura (Douglas, D. lb. Familie) - Filme: D. 20. Juli, Liebste Freundin, Sissy (2. T.), D. veruntreute Himmel u. a.

DEGKWITZ, Eva Gertrud

Dr. rer. nat., Dipl.-Biol., Prof. f. Biochemie Biochem. Inst. d. Justus-Liebig Univ. Gießen - Friedrichstr. 24, 6300 Gießen - Geb. 31. Juli 1926 Greifswald (Vater: Rudolf D., Ord. f. Kinderheilkd.; Mutter: Eva, geb. Jacobs) - 1946-53 Stud. Zool., Botanik u. Chemie Univ. Hamburg; Dipl. Biol. 1953, Promot. Dr. rer. nat. 1955, Habil. Biochemie 1970, Prof. 1971; s. 1971 Leit. e. Arbeitsgr. im Biochem. Inst. Fachber. Humanmedizin.

DEGKWITZ, Rudolf

Dr. med., o. Prof. f. Psychiatrie u. Neurol. - Waldhofstr. 64, 7800 Freiburg/Br. (T. 6 52 27) - Geb. 20. Juni 1920 München (Vater: Prof. Dr. med. Rudolf D., Kinderarzt, vorm, Hamburg), kath., verh. s. 1950 m. Regina, geb. Renner, Kd.: Andreas, Michael, Maria, Johanna - 1939-43 Stud. Baltimore, Hamburg, Berlin, München. Habil. 1959 Frankfurt/M. - Univ.skliniken München, Hamburg, Würzburg, Frankfurt (1956 Oberarzt Nervenklinik; 1964 apl. Prof.), 1967/68 Ärztl. Dir. Akadem. Krankenhaus Weißenau/Ulm, Freiburg (1968 o. Prof. u. Dir. Nervenklinik). 1970/71 Vors. Dt. Ges. f. Psychiatrie u. Nervenheilkd. - BV: Leitf. d. Psychopharmakologie, 1967; Psychisch krank, 1982. Zahlr. Einzelarb. - Spr.: Engl. - Rotarier.

DEGN, Christian

Dr. phil., Prof., Historiker u. Geograph - Niemannsweg 30, 2300 Kiel (T. 56 21 78) - Geb. 13. Dez. 1909 Bremen, verh. i. 2. Ehe m. Antje, geb. Voß - Univ. Freiburg/Br., Kopenhagen, Kiel (Gesch., Geogr., lat. Philol.; Promot. 1932) - U. a. Prof. f. Gesch. Päd. Hochsch. Kiel (1967-69 Rektor); 1974-78 o. Prof. f. schlesw.-holstein. Gesch. Univ. Kiel - BV: Orla Lehmann u. d. nationale Gedanke, Eiderstaat u. nord. Einheit, 1936; Arrondieren o. Kollektivieren? - Wandl. d. Agrarstruktur, 1962; D. Schimmelmanns im Atlant. Dreieckshandel - Gewinn u. Gewissen, 1974. Mithrsg.: Seydlitz, Geogr. Unterrichtswerk (1951ff.); Landeskundl. Atlanten v. Schlesw.-Holst. - Ehrensenator Päd. Hochsch. Kiel - Liebh.: Segeln - Bek. Vorf.: August u. Johanne Kippenberg, Begr. Kippenberg-Gymn. Bremen (Großelt.).

DEGNER, Harald

Dr. jur., Syndikus Hanseat. Wertpapierbörse Hamburg - Beim Riesenstein 8, 2000 Hamburg 65.

DEGNER, Helmut

Schriftsteller (Ps. Helmut Anders) - St. Pauls-Platz 4, 8000 München 2 (T. 089 - 53 58 34) - Geb. 24. März 1929 Wien, 2 Kd. (Julia, Florian) - BV: Graugrün u. Kastanienbraun, R. 1979; Ca. 120 Buchübers. a. d. Engl. u. Amerik. - 1980 Förderpreis Münchner Lit.-Jahr, 1980 Staatsstip. f. Lit. d. Rep. Österr., Mitgl. Grazer Autorenvers.

DEGNER, Joachim

Dr., Dipl.-Volksw., Hauptgeschäftsführer Verb. d. Priv. Bausparkassen - Dottendorfer Str. 82, 5300 Bonn 1 (T. 0228 - 23 90 41) - Geb. 30. Juni 1929 Beuthen/OS. - Stud. Univ. Kiel. Köln u. Nürnberg; Dipl. Kiel, Promot. Nürnberg - B. 1959 Rhein. Girozentrale u. Provinzialbank, 1959 Gemeinsch. z. Schutz d. Deut. Sparer, 1973-77 Mitgl. d. Geschäftsf. Verb. d. Priv. Bauspark. (1977 alleinig. Gf.) - Dissert.: D. Rolle d. Sparkassen im Giralgeldschöpfungsprozeß. Mitaut. d. Art. Bausparkassen i. Handbuch d. Realkredits.

DEGNER-DECKELMANN, Hasso

Spielleiter u. Schausp. (Ps. Hasso Degner) - Rosenheimer Weg 3, 4044 Kaarst 1 (T. 02101 - 6 86 93) - Geb. 8. Sept. 1924 Berlin (Vater: Georg D.-D., Finanzbeamter; Mutter: Ella, geb. Piestert), verh. s. 1962 m. Ursula, geb. Bredin, Schausp., T. Andrea - 1941-43 Schauspielsch. Preuss. Staatstheater Berlin; 1948-52 Med.-Stud. Univ. Marburg - Spielleiter, Oberspielleiter u. Schauspieldir. - Bisher 110 Insz. in der BRD, Schweiz u. Österr. an 30 Theatern - Rollen: alle aus d. guten Rollenrepertoire; Üb. 400 × Higgins (Fair Lady) an 6 Theatern - Liebh.: Foto, Film, Reisen - Spr.: Engl.

DEHE, Hans Günther

Direktor, Geschäftsf. Landkreistag Rhld.-Pfalz a. D. - Kaiser-Wilhelm-Str. 14, 6550 Bad Kreuznach - Geb. 2. Nov. 1921 Koblenz (Vater: Hans D.; Mutter: geb. Litzenberger), verh. 1945 m. Margarete, geb. Weber - Stud. Rechts- u. Wirtschaftswiss. - Mitherausg. u. Schriftleiter: D. Gemeindeverw. in Rheinl.-Pfalz - BVO I. Kl.

DEHLER, Klaus

Dr. med., Internist, Vorsitzender Arbeitsgem. Berufsständ. Versorgungseinricht., Köln - Hallplatz 37/IV, 8500 Nürnberg 1 - Geb. 15. Sept. 1926 Erlangen - Stv. Vors. Kassenärztl. Vereinig. Bay., München; Vors. Verw.aussch. Bayer. Ärzteversorgung. Herausg.: Ärztl. Mitteilungsblatt Mittelfranken. 1954-66 MdL Bayern - VO Freistaat Bayern; Gr. BVK.

DEHM, Richard

Dr. phil., o. Prof. f. Paläontologie u. Histor. Geologie - Stiftsbogen 74, App. 956, 8000 München 70 (T. 709 69 56) - Geb. 6. Juli 1907 Nürnberg (Vater: Wilhelm D., Metzgerm.; Mutter: Margarete, geb. List), ev., verh. s. 1940 m. Antonia, geb. Grill, 2 Söhne (Peter, Christian) - Univ. Erlangen u. München - (Naturwiss., bes. Geol. u. Paläontol.). Promot. (1930) u. Habil. (1935) München - Studienass., 1932 Assist., spät. Konservator Bayer. Staatssamml. f. Paläontol. u. histor. Geol. München, 1936 Privatdoz. Univ. ebd., 1941 ao. Prof. Univ. Straßburg/Els., 1946 Lehrbeauftr. u. Hauptkonserv. Univ. Tübingen, 1950 Ord. Univ. München (Dir. Inst. u. Bayer. Staatssamml. f. Paläontol. u. Histor. Geol.), 1976 emerit. - BV: Vorzeit u. Leben - Münch. Univ.sreden 1967 - o. Mitgl. Bayer. Akad. d. Wiss., Korresp. Mitgl. Österr. Akad. d. Wiss. - Spr.: Engl. - R. D. z. 70. Geburtstag. Mitt. Bayer. Staatsslg. Paläont. hist. Geol. 17:5-13, München 1977. 1976 emeritiert.

DEHMLOW, Eckehard Volker

Dr. rer. nat., Dipl.-Chem., Univ.-Prof. f. Org. Chemie Univ. Bielefeld (s. 1979) - Fakultät f. Chemie, Universitätsstr., 4800 Bielefeld 1 (T. 0521 - 106 20 51) - Geb. 25. Mai 1933 Berlin (Vater: Friedrich D., Mittelschullehrer; Mutter: Melitta, geb. Goede), ev., verh. s. 1958 m. Dr. Sigrid, geb. Möhl, 3 Kd. (Henrietta, Marvin, Carola) - Stud. Earlham Coll. Richmond, Indiana/USA, FU u. TU Berlin; Promot. 1961; Habil. 1968 - 1969-79 Prof. TU Berlin - BV: Phase Transfer Catalysis, 1979, 2. erw. A. 1983 (russ. Übers. 1987); New Synthetic Methods, Vol. 1 u. Vol. 6 (1975 u. 79), Mitautor; ca. 150 wiss. Originalveröff. - Spr.: Engl.

DEHN, Mechthild,

geb. Kasdorff

Dr. phil., Prof. f. Erziehungswissenschaft unt. bes. Berücks. d. Didaktik d. dt. Sprache u. Lit. Univ. Hamburg (s. 1978) - v.-Melle-Park 8, 2000 Hamburg 13; priv. Rarsrott 10, 2300 Kiel - Geb. 16. Febr. 1941 Stettin (Vater: Dr. Hans K., Studiendir.; Mutter: Hilde, geb. Schmeling), verh. s. 1962 m. Dr. Wilhelm D. (geb. 1936), 4 Kd. (Silke, Ulrich, Jochen, Henning) - Stud. Kiel. Promot. 1974 - 1962-77 Lehrerin u. Hochschulmitarb. (1970) - BV: Texte in Fibeln, 1975; Johannes Bobrowski, Prosa (zus. m. W. Dehn), 2. A. 1977; Lesen- u. Schreibenlernen in d. Schule (m. K. H. Castrup), 1980; Zeit f. d. Schrift. Lesenlernen u. Schreibenkönnen, 1988.

DEHN, Wolfgang

Dr. phil., em. o. Prof. f. Vorgeschichte - Weintrautstr. 12, 3550 Marburg/L. (T. 2 42 96) - Geb. 6. Juli 1909 Wesel, ev., verh. m. Gerda, geb. Geib, 2 Kd. - Gymn. Kreuznach; Univ. Marburg (Promot. 1934), Kiel, Berlin, Göttingen, Wien. Habil. 1941 Marburg - 1934 Assist., spät. Abt.sdir. Landesmuseum Trier (1935 Reisestip. Dt. Archäol. Inst.), 1943 Doz., ao., 1952 o. Prof. Univ. Marburg. Bearb.: Katalog Kreuznach (Vorgeschichtl. Mus.) 1941. Zahlr. Aufs. z. rhein. u. kelt. Vorgesch. - 1953 o. Mitgl. Dt. Archäol. Inst.; 1956 Honorary Corresp. Member Prehistoric Soc. (Großbrit.); 1960 Membro Istituto Italiano di Preistoria e Protostoria - Spr.: Franz., Engl. - Rotarier.

DEHNEN, Heinz

Dr. rer. nat. (habil.), Dipl-Phys., o. Prof. f. theor. Physik Univ. Konstanz (s. 1970) - Kornblumenweg 1, 7750 Konstanz 16 - Geb. 25. Jan. 1935 Essen - Zul. Doz. Univ. Freiburg. Mitgl. DPG u. Astron. Ges.

DEHNHARD, Fritz

Dr. med., FIAC, Chefarzt, Prof. f. Geburtshilfe u. Frauenheilkd. Univ. Gießen - Kreiskrankenhaus, 6430 Bad Hersfeld (Frauenklinik) - Geb. 12. Febr. 1940 - 1977 Forschungspreis Dt. Ges. f. Zytologie.

DEHNHARDT, Hans-Georg

Dr. med., Facharzt f. innere Krankheiten, ehem. Chefarzt Rhön-Klinik d. BfA im Klinikum Bad Kissingen u. d. Privatklinik Kurländer Haus - Gutenbergstr. 9, 8730 Bad Kissingen - Geb. 10. März 1913 Breslau (Vater: Karl D., Dir.; Mutter: Frieda, geb. Voigt), ev., verh. s. 1949 m. Marina, geb. v. Ditmar, (ehem. Schausp. b. Klöpfer & Hilpert, 24 Filme), 2 Kd. (Sebastian, Marina Nathalie) - Zahlr. wiss. Veröff. - 10 J. persönl. Arzt d. ehem. Bundespräs. Heinrich Lübke u. Frau - Langjähr. Präs. Golfclub Bad Kissingen, s. 1972 Ehrenpräs.

DEHNICKE, Diether

Dr. jur., Präsident Kammergericht Berlin (s. 1976) - Witzlebenstr. 4, 1000 Berlin 19 (T. 30791) - Geb. 22. Febr. 1925 Berlin (Vater: Dipl.-Ing. Johannes D.; Mutter: Katharina, geb. Tormann), ev., verh. s. 1954 m. Beate, geb. Bechter, 2 Kd. (Martine, Christoph) - Treitschke-Obersch. Berlin; Humboldt-Univ. ebd., Univ. of Washington, Seattle, Freie Univ. Berlin (Promot. 1957) - 1954 Gerichtsass., 1957 Land-, 1962 Kammergerichtsrat. 1965 Generalstaatsanw. LG (alles Berlin). S. 1983 Präs. d. Jurist. Ges. Berlin - Spr.: Engl. - Rotarier.

DEHNICKE, Kurt

Dr. rer. nat., o. Prof. f. Anorgan. Chemie (Lehrstuhl II) u. Direktor Inst. f. Anorg. Chemie Univ. Marburg (s. 1968) - 3551 Bauerbach b. Marburg/L. (T. Inst.: Marburg 282031) - Zul Privatdoz. Univ. (TH) Stuttgart.

DEICHER, Helmuth

Dr. med., Abteilungsleiter, Prof. f. Inn. Med. u. Immunologie Med. Hochschule Hannover (s. 1969) - Liebrechtstr. 22, 3000 Hannover 81 - Geb. 31. Juli 1929 Berlin - Promot. 1955; Habil. 1964 - 1957-59 Rockefeller Inst. New York; 1959-64 med. Univ.-Poliklin. Marburg; s. 1965 MH Hannover. Viele Fachveröff., auch Buchbeitr. Herausg.: Immunobiology (1972ff.), Ztschr. f. Rheumatol. (1974ff.).

DEICHL, Klaus

Dr.-Ing. (habil.), Prof. f. Anstronom. u. Physikal. Geodäsie TU München (s. 1978) - Fischerstr. 1, 8060 Dachau/Obb. - Zul. apl. Prof. u. Wiss. Rat u. Prof. TUM.

DEICHMANN, Friedrich Wilhelm

Dr. phil., D., Prof., Wiss. Dir. i. R. Dt. Archäol. Inst. Rom - Via Amalfi 6, I-00013 Mentana (Ital.) (T. Rom 909 00 65) - Geb. 17. Dez. 1909 Jena (Vater: Geheimrat Ernst D.; Mutter: Josephine, geb. Piltz), ev. - Univ. Graz,

München, Jena, Halle (Promot. 1934) - 1954 ff. Honorarprof. Univ. Bonn (Frühchristl. Archäol.) - BV: Frühchristl. Kirchen in Rom, 1947; Studien z. Architektur Konstantinopels, 1956; Bauten u. Mosaiken v. Ravenna, 1958; Ravenna - Hauptstadt d. spätantiken Abendlandes, 1969, 1974, 1975, 1989; Einf. in d. frühchristl. Archäol., 1982; Rom, Ravenna, Konstantinopel, Naher Osten, Ges. Studien, 1982 - 1957 Theol. Ehrendoktor Univ. Bonn; 1969 korr. Mitgl. Bayer. Akad. d. Wiss; 1975 Soc. corr. Pont. Acc. Romana di Archeol.; 1985 phil Ehrendr. München.

DEICHMANN, Michael

Prof., Dozent f. Klavier Musikhochschule Ruhr/Folkwang-Hochsch. - Abtei, 4300 Essen 16.

DEICHSEL, Alexander

Dr. phil., Prof. f. Soziologie Univ. Hamburg (s. 1977) - Allende Platz 1, 2000 Hamburg 13 (T. 41 23/38 29).

DEIKE, Tassilo

Bankdirektor, Dir. Dresdner Bank AG., Frankfurt am Main, Vorst.-Mitgl. NKK Bank AG Hannover (s. 1982) - Zul. 6392 Neu-Anspach - Geb. 4. April 1932 Löbau/Sachsen (Vater: Alfred D., Berufsoffz.; Mutter: Ella, geb. Matthäus), verh. m. Rosemarie, geb. Zeller, Sohn Andreas - Abit. 1950; Banklehre 1950-52 - Liebh.; Ampelograph, Mitgl. Ambassador-Club - Spr.: Engl., Russ.

DEIKE, Wolfgang

Verleger u. Journalist, Inh. Verlag Horst Deike, Konstanz u. Kreuzlingen (Schweiz) - Schützenstr. 11, 7750 Konstanz (T. 07531 - 6 50 61) - Geb. 27. Juli 1930 Berlin, ev., verh. s. 1962 m. Heiderose, geb. Klein, 2 Kd. (Lars [Juniorchef], Antina) - Vater: Horst D. †, Gründ. u. Herausg. d. Verlagserzeugn. Deike Press Unterhaltungsbilder, Deike Press Intern. Inseratenbilder, Gedenktage Text- u. Bilderarchiv.

DEILE, Volkmar

Pfarrer ev. Kirche Berlin-Brandenburg (Berlin-West) - 19, Chemin des Palettes, CH-1212 Grand-Lancy (Genf) - Geb. 25. Jan. 1943, ev., verh. s. 1967 m. Monika, geb. Kraemer, 4 Kd. (Renate, Joachim, Stefan, Christian) - 1963-70 Stud. ev. Theol. Wuppertal, Mainz, Berlin - 1970-74 Vikar; 1974/75 Pfarramt f. Ind.- u. Sozialarb.; 1975-84 Geschäftsf. Aktion Sühnezeichen/Friedensdienste; 1985 Forschungsarb. b. d. Forschungsstätte d. ev. Studiengemeinsch. (FEST), Heidelberg; 1986 Arbeitsst. Konzil d. Friedens b. d. Leitg. d. Dt. Ev. Kirchentages (DEKT); s. 1987 Konferenz Europ. Kirchen, Genf, Schweiz; Mitarb. im Kirchl. Aussch., u. im Koordinierungsaussch. d. Friedensbewegung (1980-84); Mitarb. d. Ztschr. Junge Kirche - BV: Zumutungen d. Friedens. Kurt Scharf z. 80. Geb., 1982.

DEILMANN, Hans-Carl

Dipl.-Berging. - Am Berghang 71, 4444 Bad Bentheim 1 (T. 24 46) - Geb. 3. März 1923 Dortmund (Vater: Dr.-Ing. E. h. Bergass. a. D. Carl D. † 1985; Mutter: Claire, geb. Weidner † 1967), ev., verh. s. 1953 m. Nora, geb. v. Derenthall, Sohn Carl-Joachim - Obersch. Bad Godesberg (Abit. 1941); 1946-51 TH Aachen (Dipl.-Berging.) - Zahlr. AR-Mandate, dar. Vors. Deilmann-Haniel GmbH, Dortmund; Vors. Bundesverb. Torf- u. Humuswirtsch. - Liebh.: Jagd - Spr.: Engl., Franz. - Rotarier - Bruder: Jürgen D.

DEILMANN, Harald

Dipl.-Ing., Architekt u. Städteplaner, em. o. Prof. f. Bauplanung u. Städtebau Univ. Dortmund (s. 1968) - Jessingstr. 11-13, 4400 Münster/W. (T. 0251 - 29 35 95) - Geb. 30. Aug. 1920 Gladbeck/W. - Architekt; 1963-68 o. Prof. f. Gebäudekd. TH bzw. Univ. Stuttgart (Dir. Inst. f. Gebäudekd.). Zahlr. Realisierungen u. Geb. aller Art. Mitgl. Verb.rat Intern. Verb. f. Städteb. u. Wohnungsw. Üb. 300 Fachveröff. - 1962 Gr. Kunstpreis Nordrh.-Westf.; 1966 o. Mitgl. Akad. d. Künste Berlin; 1969 Mitgl. Dt. Akad. f. Städtebau u. Wohnungswesen; 1971 BVK I. Kl.; 1977 Gr. BVK - Spr.: Engl., Franz. - Rotarier.

DEILMANN, Jürgen

Dr. rer. pol., Dipl.-Volkswirt, Vorstandsvorsitzender C. Deilmann AG, Bad Bentheim - Osterberg 6, 4444 Bad Bentheim (T. 05922 - 25 67) - Geb. 9. Aug. 1927 Dortmund, ev., verh. s. 1969 m. Frauke, geb. Wilhelmi, S. Carl-Gerrit - 1948-54 Univ. Bonn, Tübingen, Bern - AR-Vors. Dt. Tiefbohr AG, Bad Bentheim, Braunschweigische Maschinenbauanst. AG, Braunschweig; AR-Mitgl. Deilmann-Haniel GmbH, Dortmund, Erdgas-Verkaufs-GmbH, Münster; Vizepräs. Inst. d. dt. Wirtsch., Köln; Vizepräs. u. Schatzm. Bundesvereinig. d. dt. Arbeitg.verb. Köln; div. weitere Mand. - Liebh.: Jagd, Reiten - Spr.: Engl. - Rotarier - Eltern s. Hans-Carl D. (Bruder).

DEIMER, Josef

Dipl.-Ing. (FH), Oberbürgermeister Stadt Landshut (s. 1970) - Rathaus, 8300 Landshut (T. 8 82 15) - Geb. 29. Mai 1936 Landshut - 1966-70 Stadtrat u. 3. Bürgerm. Landshut; 1970 Oberbürgermeister ebd., 1973 Vors. Regional. Planungsverb., s. 1975 Vors. Bayer. Städtetag, Mitgl. Bayer. Senat, Mitgl. Präsid. Dt. Städtetag, stv. Landesvors. Bayer. Büchereiverb., Präs. d. Bayer. Volkshochschulverb.

DEIMLING, Gerhard

Dr. phil., o. Univ.-Prof. f. Soziologie u. Sozialpädagogik Univ.-GH Wuppertal - Freiligrathstr. 99, 5600 Wuppertal 2 - Geb. 23. April 1934 Barmen - Promot. 1967 Bonn - S. 1970 Ord., 1972-83 Gründungskonrektor u. Mitgl. d. Gründungssenats Univ. Wuppertal. Mitgl. Wiss. Beirat Walter-Raymond-Stiftg.; 1976-86 Vors. Ev. Berg. Gefängnisgde. - BV: Theorie u. Praxis d. Jugendstrafvollzugs in päd. Sicht, 1969; Recht u. Moral, 1972; Straffälligenpäd. u. Delinquenzprophylaxe, 1979; Erziehung u. Bildung im Freiheitsentzug, 1980; Angst u. Einsamkeit, 1980; Cesare Beccaria (1738-94) u. d. Anfänge mod. Strafrechtspflege in Europa, 1988; Erziehung u. Recht, 1989. 120 Ztschr.Art. - 1979 Kulturpreis Stadt Wuppertal.

DEIMLING, Klaus

Dr. rer. nat., o. Prof. f. Mathematik Univ.-GH Paderborn - Eckworth-Str. 13, 4791 Schwaney - Geb. 18. Juli 1943 - Promot. (1969) u. Habil. (1971) Karlsruhe - Zul. Prof. Univ. Kiel - BV: Nichtlineare Gleichungen u. Abbildungsgrade, 1974; Ordinary Differential Equations in Banachspaces, 1977; Nonlinear Functionalanalysis, 1985.

DEIMLING, von, Otto

Dr. rer. nat., Prof. f. Biochemie u. Exper. Pathologie - Fillibachstr. 6, 7800 Freiburg/Br. - Geb. 13. Nov. 1929 - S. 1966 Lehrtätigk. Freiburg (Doz., Wiss. Rat u. Prof. bzw. Prof.).

DEINERT, Wilhelm

Dr. phil., fr. Schriftsteller - Wilhelmstr. 18, 8000 München 40 (T. 089 - 39 62 25) - Geb. 29. März 1933 Oldenburg - Stud. d. klass. Philol., German. u. Kunstgesch. Münster, Freiburg u. München; Promot. 1958 - 1958-63 Lehrbeauftr. f. dt. Sprache u. Lit. Univ. München; dann fr. Schriftst. (Lyrik, Kurzprosa, Rezens. u. Aufs., Sprachspiele) - BV: u.a. Ritter u. Kosmos im Parzival, 1960; Triadische Wechsel, Lyrik 1963; Gedrittschein in Oden, Lyrik 1964; D. Tausendzüngler, E. Wortkartenspiel 1970; Missa Mundana, 1972; Bricklebrit, E. Lügenmärchenlegespiel 1979; D. Gnomenstaffel, E. Steckspielkalender 1979; Mauerschau, 1982. Übers. - 1981 u. 83 Turmschreiber Rilketurm Muzot; 1984 Stip. Palazzo Barbarigo, Venedig (erster Schriftst.); 1984 Ehrengabe Stiftg. z. Förderung d. Schrifttums; 1986 Ehrengast Villa Massimo, Rom; Villa-Waldberta-Stip. Stadt München - Lit.: Paul Konrad Kurz, Gott u. Welt im Ged., in: D. Neuentd. d. Poetischen (1975).

DEINHARDT, Erich

Generaldirektor a. D., Aufsichtsratsvors. Gummiwerke Fulda GmbH - Kohlgrunderstr. 31, 6411 Künzell OT Dirlos - Geb. 13. Nov. 1912 - Ehrenpräs. IHK Fulda, Vors. Arbeitgeberverb. Osthessen e. V., Fulda.

DEININGER, Jürgen

Dr. phil., Prof. f. Alte Geschichte - Düererstr. 6, 2000 Hamburg 52 (T. 89 24 60) - Geb. 10. Juni 1937 Schwäb. Gmünd (Vater: Wilfried D., Kaufm.; Mutter: Berta, geb. Körber), ev., verh. s. 1970 m. Dr. phil. Helga, geb. Dücker - Promot. 1961 Tübingen; Habil. 1969 Freiburg i. Br. - 1969-76 o. Prof. FU Berlin, 1976 o. Prof. Univ. Hamburg - BV: D. Provinziallandtage d. röm. Kaiserzeit von Augustus b. z. Ende d. 3. Jh.s n. Chr., 1965; D. politische Widerstand gegen Rom in Griechenland 217-86 v. Chr., 1971; Herausg.: Max Weber, D. römische Agrargesch. in ihrer Bedeutg. f. d. Staats- u. Privatrecht (Max Weber-Ges.-Ausg. I/2, 1986; Stud.-Ausg., 1988). Div. sonst. Fachveröff. - 1979 Ord. Mitgl. Dt. Archäol. Inst.; 1979-80 Member Inst. for Advanced Study, Princeton, N. J. (USA); 1981-82 Gastprof. Bordeaux.

DEININGER, Oskar

Dipl.-Ing., Direktor, Vorst. Porzellanfabrik Waldsassen Bareuther & Co. AG., Waldsassen, Vize-Präs. IHK Regensburg, Vors. Verb. d. Keramischen Ind., Selb - Mitterteicher Str. 31, 8595 Waldsassen/Opf. - Geb. 11. Mai 1933 Salzburg - BVK; Gold. Ehrennadel DRK Bayern.

DEINLEIN, Adam

Dr. jur., Regierungspräsident i. R. (1962-74), Anwalt - Marstallstr. 8/, 8000 München 22 (T. 29990507); priv.: 90, Theodolindenstr. 99 (T. 64 43 75) - Geb. 27. Dez. 1909 Hammelburg/Unterfr., verh. (Ehefr. Helene), 2 Kd. (Doris, Claus) - Univ. München - Stadtverw. München; Reg. v. Oberbayern - Bayer. VO., Gr. BVK. - Spr.: Engl. - Rotarier.

DEINZER, Willi

Dr. rer. nat., Prof., Vorsteher Abt. f. Theoret. Sonnenphysik/Univ.s-Sternwarte Göttingen (s. 1969) - Geismarlandstr. 11, 3400 Göttingen (T. 395044) - Zul. Privatdoz. Univ. Heidelberg (Theoret. Astrophysik). Facharb.

DEIPENBROCK, Norbert

Dr. rer. pol., Dipl.-Kfm., Wirtschaftsprüfer u. Steuerberater, ARsvors. Mr. Wash-Auto-Service AG., Düsseldorf (s. 1965), Vorstandsmitgl. Steuerberaterkammer (s. 1967), ehrenamtl. Richter OLG, alle Düsseldorf - Viersener Str. 355, 4050 Mönchengladbach - Geb. 22. Febr. 1929 Werne (Vater: Joseph D., Versicherungskaufm.; Mutter: Maria, geb. Waßmann), kath., verh. s. 1957 m. Margot, geb. Müller († 1977), 2 Töcht. (Uta, Dorit), verh. s. 1980 m. Marie-Luise, geb. Schmitz - Gymn.; Univ. Mainz, Köln - Liebh. Schwimmsport, Stud. Ges.spolit., Golf - Spr.: Engl.

DEIRING, Hugo

Journalist, gf. Chefredakt. Südd. Zeitung München i.R. - Schulerstr. 28, 8035 Stockdorf/Obb. (T. 089 - 8 57 38 09) - Geb. 25. Juli 1920 Grönenbach.

DEISENROTH, Karl A.

Kurdirektor, Vors. Verb. Hess. Heilbäder, Wiesbaden - Richard-Wagner-Str. 55, 6200 Wiesbaden - Geb. 2. Febr. 1913 - Langj. Leit. Kurbetriebe Wiesbaden.

DEISSLER, Alfons

Dr. theol., em. Prof. f. Alttestamentl. Literatur - Reinhold-Schneider-Str. 5, 7800 Freiburg/Br. (T. 67886) - Geb. 2. April 1914 Weitenung/Baden (Vater: Franz D.; Mutter: Marie, geb. Lorenz), kath. - Promot. 1939 Freiburg/Br. - S. 1951 Doz. (März) u. Ord. (Okt.) Univ. Freiburg - BV: Fürstabt Martin Gerbert v. St. Blasien u. d. theol. Methode, 1939; D. 119. Psalm u. s. Theol., 1955; Kommentare zu Hosea, Obadja, Micha, Sephanja, Haggai u. Meleachi, in: Pirot-Clamer, La Sainte Bible, Bd. VIII/1 u. 2, 1961/64 (Paris); D. Alte Testament u. d. neuere Kath. Exegese, 1963; D. Psalmen - Welt d. Bibel, 3 Bde. 1963/1965; D. Priestertum im AT, 1970; D. Grundbotsch. d. AT, 10. A. 1987; Ich bin d. Gott, d. dich befreit hat, 1975; Biblisch Glauben, 1982; Wer bist Du, Mensch? D. Antwort d. Bibel, 1985; Hosea, Joël, Amos, 1981; Obadja, Jona, Micha, Habakuk, 1984; Dann wirst du Gott erkennen. Grundbotschaft d. Propheten, 1987; Zefanja, Haggai, Sacharja, Maleachi, 1987 - Spr.: Franz., Hebr. - Rotarier.

DEISTLER, Manfred

Dr., Dipl.-Ing., o. Prof. f. Ökonometrie u. Operations Research TU Wien - Argentinierstr. 8, A-1040 Wien; priv. Eichendorffstr. 16, A-3100 St. Pölten (T. 7 75 75) - Geb. 23. Sept. 1941 St. Pölten (Vater: Josef D., Mutter: Antonia, geb. Vopalenski), kath., led. - Stud. Elektrotechnik TU Wien; Promot. (Angew. Math.) TU Wien - 1965-66 Entwicklungsing. (Regeltechnik), 1968-73 Assist., 1973-78 Wiss. Rat u. Prof. f. Statistik u. Ökonomie Univ. Bonn, s. 1978 o. Prof. TU Wien (Ökonometrie, Lineare dynam. Systeme, Zeitreihen).

DEITERS, Hugo Carl

Kommanditist Crespel & Deiters Weizenstärkefabr., Ibbenbüren - Groneralle 85, 4530 Ibbenbüren (T. 05451-50 00-38) - Geb. 27. Juli 1912 Bremen (Vater: Ulrich D.; Mutter: Frida, geb. Stadtländer), verh. s. 1942 m. Eva, geb. Contag - Ehrenvors. Fachv. d. Stärke-Ind. e. V., Bonn - Spr.: Engl. - Lions.

DEITERS, Jürgen

Dr. rer. nat., Prof. f. Wirtschaftsgeographie Univ. Osnabrück - Wilhelm-von-Euch-Str. 71, 4500 Osnabrück (T. 0541 - 6 27 29) - Geb. 27. Dez. 1938 Hess. Oldendorf (Vater: Hermann D., Buchhalter; Mutter: Elisabeth, geb. Tregel), ev., verh. s. 1971 m. Gertrud, geb. Futschik, S. Ulrich - 1962-69 Stud. Geogr., Geol. u. Volksw. Univ. Berlin u. Bonn (Promot. 1975 Bonn) - 1959-61 Ing. f. Kartogr. Berlin; 1970-76 Wiss. Assist. Geogr. Inst. Univ. Karlsruhe; 1976-80 Ltd. Planer f. d. Region Trier b. d. Bezirksreg. Trier; ab 1980 Prof. (C4) Univ. Osnabrück (Leit. Forschungsgr. öfftl. Personennahverkehr) - BV: Z. empir. Überprüfbark. d. Theorie zentraler Orte, 1978; Verkehrsverhalten im ländl. Raum, 1984; Öfftl. Nahverkehr im Rahmen d. städt. Verkehrsmobilität, 1985; Stand u. Perspektiven d. Forsch. üb. d. ländl. Raum: Themenfeld Verkehrserschließung u. Infrastrukturversorg., 1988; Verkehrsnachfrage u. Mögl. z. Verbess. d. ÖPNV-Bedienung im Einzugsbereich d. Stadt Mainz, 1989.

DEJA, Achim Georg

Dr.-Ing., Vorstandsmitglied AESCULAP AG, Bereich Produktion u. Technik - Hochbergstr. 11, 7200 Tuttlingen-Nendingen (T. 07461 - 52 74) - Geb. 12. März 1948 Koblenz, kath., verh. s. 1973 m. Charlotte, geb. Weilandt, 5 Kd. (Eva Charlotte, Maren Christine, Christian Georg, Laura Elisabeth, Hella Dorothe) - RWTH Aachen; Dipl.-Ing., Promot. (Eisenhüttenkd.) - Tokyo Inst. of Technol.; Chiba Inst. of Technol.; Nippon Kokan Technical Res. Center; Werkleiter Mannesmann Achs- u. Röhrenwerk Brackwede; Vorst. Produktion u. Technik AESCULAP AG - Chairman of Board AESCULAP Scientific Tools, AESCULAP Scientific Instruments, Penang/Malaysia - Liebh.: Malerei, Elektron. u. klass. Musik, Sport - Spr. Engl., Franz.

DEJON, Bruno

Dr. rer. nat., o. Prof. u. Mitvorstand

Inst. f. Angew. Mathematik Univ. Erlangen-Nürnberg (s. 1970) - Lerchenstr. 19, 8520 Erlangen-Dechsendorf/Mfr. - Zul. Leit. Gruppe f. Angew. Math. IBM-Forschungslabor., Rüschlikon b. Zürich.

DEKKEN, von, Helmuth J. B.
Wirtsch.-Ing. (grad.), Ltd. Direktor, Geschäftsf. mehrerer Kliniken - Hünxer Str. 23, 4224 Hünxe 2 (T. 02858 - 61 42) u. Hammerberg 1, 6619 Nonnweiler (T. 06873 - 882) - Geb. 13. Jan. 1932 Bocholt (Vater: Gerhard v. D., Ing. u. Kaufm.; Mutter: Maria, geb. Eich), kath., verh. s. 1959 m. Mery, geb. Towara, S. Ingo - Abit., Stud. TH Darmstadt, Polytechn. München, Akad. f. Führungskräfte in d. Wirtsch. Bad Harzburg (Maschinenbau, Betriebswirtsch.slehre, 4 Sem. Med., Psychol.) - Zun. 8 J. Unternehmensberatung (Bauing.-techn. u. Arch.), s. 1973 Leit. eig. Sanatorium u. Klinik. Patentinh. Fachveröff. (vornehml. im Ausl.) - Liebh.: Jagd, Fliegen, Motoryacht - Spr.: Engl., Niederl., Afrikaans - Rotarier - Bek. Vorf.: Graf Johannes B. H. v. D. (Urgroßv.).

DELANK, Heinz Walter
Dr. med., o. Prof. f. Neurologie, Direktor d. Neurol. Univ.-Klinik Berufsgenoss. Krankenanstalten Bergmannsheil, Bochum - Dahlhauser Str. 77 a, 4320 Hattingen - Geb. 26. August 1923 Wanne-Eickel - Promot. 1951; Habil. 1971 - S. 1962 Chefarzt - BV: D. Eiweißbild d. Liquor cerebrospinalis, 1965; Grundriß d. Unfallneurol., 1970; Neurologie, 1978, 5. A. 1988. Mithrsg.: Checkliste Neurolog. Notfälle (1988); Neurolog. Therapie (1988).

DELBRÜCK, Axel
Dr. med., Abteilungsvorst., Prof. f. Klin. Chemie Med. Hochschule Hannover (s. 1969) - Prießweg 10, 3000 Hannover 51 - Geb. 26. Okt. 1925 - Promot. 1952; Habil. 1964 - Facharb.

DELBRÜCK, Christian
Dipl.-Volkswirt, Verlagsleiter Zeitungsgruppe Hamburg - Rothenbaumchaussee 148, 2000 Hamburg 13 (T. dstl.: 040 - 347 23 30) - Geb. 25. Sept. 1944 Lörrach, ev., verh. s. 1977 m. Christel, geb. Helms, T. Johanna - 1966-71 Stud. Volkswirtschaftslehre Univ. Hamburg; 1972/73 Ausb. z. Redakt. in d. Wirtschaftsredakt. Hamburger Abendblatt - 1974-76 Assist. u. Ref. b. Vors. d. Geschäftsführungsber. Ztg. Axel Springer Verlag; 1977 stv. Verlagsleit. Hamburger Abendblatt; 1986 Verlagsleit. Zeitungsgr. Hamburg - Liebh.: Mod. Kunst, Fliegen - Spr.: Engl., Franz.

DELBRÜCK, Jost
Dr. jur., LL.M., o. Prof. f. Öfftl. Recht, Richter OVG Lüneburg - Schoolredder 20, 2300 Kiel 17 - Geb. 3. Nov. 1935 Pyritz/Pom. - Promot. 1964; Habil. 1971 - S. 1972 Ord. Univ. Göttingen u. Kiel; 1985-89 Präs./Rektor Univ. Kiel; Mitgl. Haager Schiedshof - BV: D. Rassenfrage als Problem d. Völkerrechts u. nationaler Rechtsordnungen, 1971; Menschenrechte u. Grundfreiheiten im Völkerrecht, 1972; Direkter Satellitenrundfunk u. nationaler Regelungsvorbehalt, 1982; Friedensdok. aus fünf Jh. - Abrüst.-Kriegsverhüt.-Rüst.kontrolle (Hrsg.), 2 Bde., 1984; D. Rundf.hoheit d. dt. Bundesländer im Spannungsfeld zw. Regelungsanspruch d. EG u. nat. Verfassungsrecht (Dehm, Delbrück, Wolfram), 1986; Völkerrecht, Bd. I 1., 2. A. 1989.

DELCOURT, Victor
Schriftsteller - Charles-Arendt-Str. 31, Luxembourg (T. 44 59 95) - Geb. 28. Jan. 1919 Koerich/Lux. (Vater: August D., Zimmermann; Mutter: Marie, geb. Kass), kath., verh. s. 1948 m. Alice, geb. Thill, 3 Kd. (Colette, Claude, Christian) - Mittelsch., Univ.Kurse Luxemburg. Fr. Schriftst. - BV/Ged. (z. T. in 2 u. mehr A.): Dunkele Glut, 1953; Segnung, 1953; D. Tat, 1953; Stunde d. Seele, 1954; Aus Herzens Innen, 1954; Gewalten, 1954; In heißer Quelle Überfließen, 1955; Schwur u. Gebärde, 1956; Glaube u. Gral, 1961; Gesetz d. Unbegrenzten, 1964; Maß d. Mächte, 1980; Wie Segen u. wie Kern, 1981; Als wäre Leben leben Filigran, 1981; D. Lied d. Phidias, 1981; Adel u. ewige Zeit; Brigitte; Gabriele; Venus am See; Attributivisch reflektiert, 1982; Nicht immer d. Sosein, 1982; F. e. Narbe Zeit, 1983; Wie Fragen gespart, 1984; Geliebter Teenager, 1984; E. Twen f. Kai, 1984; Assistent Dr. Stalling, 1985; Besternen d. zeitlosen Vorgänge, 1985; D. Aufgabe, 1986; D. sieben Tage d. Tröstung, 1987; Luxemburg unt. d. Hakenkreuz, 1988; Trinken den Schmerz v. d. Tränen, 1988 - Liebh.: Bücher, Reisen, Filmen.

DELDEN, van, Hendrik E.
Textiling., Geschäftsf. Gerrit van Delden & Co., Geschäftsführungsges. mbH., Gronau, ARsvors. Eilermark AG., Gronau, Mitgl. Verwaltungsbeirat VEW - Haus Sieringhoek, 4444 Bentheim 2 (T. 447) - Geb. 15. Aug. 1925 Gronau (Vater: Dipl.-Ing. Gerrit van D., Mitinh. Gerrit van Delden & Co., †; Mutter: Inge, geb. Strohmeyer), verh. s. 1951 m. Ingrid, geb. Schneberger - S. jg. Jahren Familienuntern. - Liebh.: Landw., Jagd, Reiten - Rotarier.

DELEKAT, Lienhard
Dr. theol., Prof., Theologe - Nipkowstr. 7, 5300 Bonn 1 (T. 255 166) - Geb. 9. Jan. 1928 Berlin (Vater: Prof. Dr. phil. Dr. theol. D. Friedrich D., Theologe † 1970 (s. XVI. Ausg.); Mutter: Dr. Hedwig, geb. Bickel), ev., verh. s. 1953 m. Irmgard, geb. Köhler, 3 Kd. (Marliese, Cornelia, Friedrich) - 1939-43 Kreuz-Gymn. Dresden, 1943-44 Eberhard-Ludwigs-Gymn. Stuttgart; n. Abit. (Blaubeuren) 1946-50 Univ. Tübingen, Mainz, Theologieex. 1950 u. 52, Dr. 1956 Heidelberg - Pfarrvikar Offenbach/M., Gymnasiallehrer Düsseldorf-Benrath, 1958-63 Wiss. Assist. Univ. Erlangen u. Bonn, s. 1964 (Habil.) Privatdoz., Doz. (1965) u. apl. Prof. (1969) Univ. Bonn (Altes Testament) - BV: Katoche, Hierodulie u. Adoptionsfreilass., 1964; Asylie u. Schutzorakel am Zion-Heiligtum, 1967; Phönizier in Amerika, 1969 - Spr.: Engl., Franz.

DELISLE, Heinrich
Kaufmann, Inh. Fa. Ernst Straub, Konstanz, Vizepräs. IHK Konstanz - Franz-Liszt-Str. 3, 7750 Konstanz/B. - Geb. 17. Jan. 1910 München.

DELIUS, Ernst-August
Fabrikant, gf. Gesellschafter C. A. Delius & Söhne, Bielefeld - Goldstr. 16-18, 4800 Bielefeld - U. a. Vors. Verb. Nordwestd. Textilind., Vizepräs. Landesvereinig. d. Arbeitgeberverb. Nordrh.-Westf., Vizepräs. Gesamttextil.

DELIUS, Günther
Vorstandsmitglied Bremer Woll-Kämmerei AG., Bremen, Vors. Arbeitsgem. Lohn-Wäscherei u. Kämmerei ebd. - Borchshöher Str. 145a, 2820 Bremen 70 - Geb. 11. Okt. 1927.

DELIUS, Harald
Dr. phil., B. Phil., Ord. f. Phil. Univ. Mannheim (s. 1966) - Hans-Thoma-Str. 72, 6900 Heidelberg-Handschuhsheim (T. 45562) - Geb. 4. Aug. 1925 Göttingen (Vater: Dr. med. Kurt D., Neurologe u. Psychiater; Mutter: Franziska, geb. Bünsow), ev. - Univ. Göttingen (1946-50) u. St. Andrews/Schottl. (1950-52; B. Phil. 1952). Promot. (1951) u. Habil. (1961) Göttingen - 1961-65 Doz. Univ. Göttingen. 1965-66 Gastprof. Brown Univ. Providence (USA) - BV: Unters. z. Problematik d. sog. synthet. Sätze apriori, 1963; Self-Awareness. A. Semantical Enquiry, 1981 - Spr.: Engl. - Bek. Vorf.: Nikolaus (Shakespeare-Forscher) u. Frederic D. (Komp.).

DELIUS, Juan D.
Dr. rer. nat., Prof. f. Allg. Psychologie Univ. Konstanz, Fak. Sozialwiss. (s. 1987) - Wetzsteinstr. 32, 7750 Konstanz 19 - Geb. 14. Mai 1936 Essen (Vater: Pablo D., Farmverwalter; Mutter: Linda, geb. Hammerschmidt), verh. s. 1962 m. Ute, geb. Beissenhirtz, 2 Kd. (Julia, Tobias) - Colegio Nacional Buenos Aires; Univ. Bonn, Freiburg, Göttingen, Oxford. Promot. 1961 Göttingen - 1962-66 Senior Research Assistant Univ. Oxford; 1967-74 Lecturer Univ. Durham; 1974-87 Prof. Univ. Bochum. 1968 u. 69 Gastprof. Univ. San Diego - Div. Fachveröff., dar. Komplexe Informationsverarbeitung bei Tauben (1986); Naturgesch. d. Kulturgesch. (1989) - Liebh.: Polarforsch. - Spr.: Span., Engl., Dt. - Argentin. Staatsbürger.

DELIUS, Nikolaus
Prof. Staatl. Hochsch. f. Musik Freiburg, Flötist - Bahnhofstr. 52a, 7815 Kirchzarten - Geb. 6. April 1926 Karlsruhe (Vater: Dr. Helmut D., Archit.; Mutter: Antonie, geb. Sackur), ev., verh. s. 1956 m. Ingeborg, geb. Gerke, 3 Kd. - Ausb. b. G. Müller, Berlin (1944) u. 1950-55 Musikhochsch. Freiburg (b. G. Scheck) - 1955 Musikhochsch. Karlsruhe; s. 1965 Doz. Freiburg, 1971 Prof. Juror intern. Wettb. Mitherausg.: Ztschr. TIBIA; zahlr. Aufs. in Fachztschr. - Schallpl., Funk - Spr.: Engl., Franz.

DELIUS, Wolfram
Dr. med., Prof., Internist/Kardiologe, apl. Prof. TU München, Chefarzt I Med. Abt. (Kardiol. u. Pneumol.) Krankenhs. München-Bogenhausen - Englschalkingerstr. 77, 8000 München 81.

DELKESKAMP, Claus
Dipl.-Kfm., Gf. Gesellschafter Delkeskamp KG - Hauptstr. 9, 4577 Nortrup - Stv. Vors. ind. Arbeitgeberverb. Osnabrück-Emsl. u. Verb. Wellpappenind. Darmstadt; Vorstandsmitgl. AOK Bramsche; Mitgl. Vollvers. IHK Osnabrück.

DELLER, Karlheinz
Dr. phil., Prof. f. Assyriologie Univ. Heidelberg (s. 1967) - Am Hirschwald 6, 6901 Wilhelmsfeld (T. 06220 - 87 27); dstl.: Sandgasse 5/7, 6900 Heidelberg 1 (T. 54 - 2964) - Geb. 21. Febr. 1927 Nürnberg, kath., verh. s. 1962 m. Ilga-Maria, geb. Bretterbauer, 2 Kd. (Bernadette, Patrick) - 1953-59 Univ. Göttingen u. Wien (Assyriol.) - 1963-67 Prof. f. Assyriol. Pontificium Institutum Biblicum Rom. Fachveröff. Herausg.: Keilschriftbibliogr. (1962 ff.).

DELLING, Rudolf Manfred
Fernstudienfachmann, Wiss. Referent Dt. Inst. f. Fernstudien Univ. Tübingen (s. 1971) - Autenriethstr. 3, 7400 Tübingen 1 (T. 31982) - Geb. 10. Sept. 1937 Burgstädt/S. (Vater: Rudolf D.; Mutter: Elisabeth, geb. Emmrich), verh. s. 1961 m. Angelika, geb. Johannsen, 2 Kd. (Christiane, Martin) - Obersch. Burgstädt (Abit. 1955); Univ. Hamburg (Päd.) u. Tübingen (Gesch., Volkskd.) - 1965-71 Forschungsref. Hamburger Fernlehrinst., 1968, 1970, 1978 u. 1984 Leit. wiss. Symposia üb. Fernstud.; 1983ff. Liaison Officer Intern. Council for Distance Education (ICDE) f. d. Gebiet d. Bundesrep. Deutschl. Mitbegr., 1963ff. Herausg. u. 1962-68 Schriftl. Ztschr. Epistolodidaktika; 1962-68 Herausg. Schriftenr. Hamburger Fernlehrinst. - BV: Fernstud. - Fernunterr. (Bibliogr.), Bd. 1 1977; Bd. 2 1982. Zahlr. Fachveröff. - Fachmitgl.sch. - Liebh.: Musik, Homöopathie.

DELLMANN, Klaus
Dr. rer. oec., o. Prof. f. Unternehmensrechnung u. Dir. Inst. f. Untern.rechnung und Controlling Univ. Bern (s. 1989) - Eichenweg 66, CH-3028 Spiegel b. Bern - Geb. 19. Mai 1938 Berlin - 1960-65 Univ. Saarbrücken. Promot. 1969; Habil. 1973 - Wiss. Rat u. Prof. Univ. Bonn; 1978-89 o. Prof. Univ. Kiel - BV: u. a. D. Bestimmung optimaler Bedienungssysteme b. Mehrstellenarb., 1971; Entscheidungsmodelle f. d. Serienfertig., 1975; Betriebswirtschaftl. Produktions- u. Kostentheorie, 1980 - Spr.: Engl., Franz.

DELLWEG, Hanswerner
Dr. rer. nat., Prof. f. Biotechnologie d. TU Berlin - Heiligendammer Str. 15, 1000 Berlin 33 (T. 8238909) - Geb. 19. Febr. 1922 Aschaffenburg (Vater: Christian D., Verwaltungsangest.), kath., verh. s. 1951 (Ehefr.: Veronika), 4 Söhne (Hans-Georg, Thomas, Andreas, Stephan) - Univ. Heidelberg (Dipl.-Chem. 1950). Promot. 1952 Heidelberg; Habil. 1966 Frankfurt/M. - 1952-59 Wiss. Mitarb. Aschaffenburger Zellstoffwerke, Stockstadt (Biochem. Forschungslab.); 1960-67 Wiss. Rat Univ. Frankfurt (Inst.f. Therapeut. Biochemie); s. 1967 Prof. TU Berlin (1968 Wiss. Dir. Inst. f. Gärungsgewerbe u. Biotechnol.); 1976 Chairman 5th Int. Fermentation Symposium, Berlin, 1977-79 Vors. Fachber. Lebensmitteltechnolog. u. Biotechnologie, TU Berlin. 1977 auswärt. Mitgl. Finn. Akad. d. Techn. Wissenschaften. Fachmitgliedsch., auch USA - Spr.: Engl.

DELORME, Karl
Bürgermeister a. D., MdB (1983-87) - Niklas-Vogt-Str. 3, 6500 Mainz (T. 8 21 67) - Geb. 23. Jan. 1920 (Vater: Karl D., Spengler; Mutter: Anna, geb. Polti), kath., verh. m. Käte, geb. Primsch, 2 Söhne (Peter, Klaus) - Volkssch.; Schriftsetzerlehre (Mainz) - 1934-57 Schrifts.; 1957-83 Sozialdezern. u. Bürgerm. SPD - Rotarier.

DELP, Ludwig
Dr. jur., Dipl.-Volksw., Rechtsanwalt, Leiter Dt. Bucharchiv München/Inst. f. Buchwiss. (s. 1948; begr.) - Erhardtstr. 8, 8000 München 5 (T. 201 60 64) - Geb. 25. Nov. 1921 Darmstadt (Vater: Friedrich D., Amtsrat; Mutter: Frieda, geb. Erbes), ev., verh. s. 1954 m. Irmgard, geb. Roters, 3 Kd. (Joachim †, Gisela, Peter) - 1946-49 Univ. München (Rechts- u. Staatswiss.); Promot. 1951 - Anwaltspraxis. 1949ff. Sachverst.; 1988 Lehrbeauftr. Univ. Erlangen - BV: D. Verlagsvertrag, 1949, 4. A. 1978; D. Kulturabgabe, 1950. Herausg.: D. ges. Recht d. Publizistik/Losebl.-Ausg. (m. Dr. jur. P. Lutz, 3. A. 1987ff.); wiss. Beiträge in Fachb. - Liebh.: Frühgesch. u. Archäol.

DELSEIT, Elisabeth
Konzertdirektorin, Präs. d. Konzerte Jg. Künstler, Gesangslehrerin - Emmastr. 3, 5000 Köln 41 (T. 0221 - 41 67 53 u. 41 83 37) - Geb. 8. Jan. 1906 Köln (Vater: Edmund Tillmannss, Immob.Makler; Mutter: Auguste, geb. Schätte), ev., verh. s. 1933-71 m. Karl D., Konz.Pianist †, S. Joachim - Reifeprüf. ev. Lyz.; Stud. Meisterkl. Staatl. Hochsch. f. Musik Köln (b. Maria Philippi); Reifeprüf. u. Konzertex. - 1930-52 Konzerttätigk. als Sängerin (Sopran) u. Oper; Gründ. Gemeinsch. d. Künstler u. Kunstfreunde Konz. Junger Künstler Köln (s. 1949 Präs.), 1959 Gründ. Konzertdir. Elisabeth D. - 1980 BVK - Liebh.: Malerei - Spr.: Franz., Engl., Ital., Span.

DELVENDAHL, Werner
Generaldirektor i. R., Berater in Außenhandelsfragen - Huyssenallee 85, 4300 Essen 1 (T. 0201 - 231538); priv.: Bosselberg 3 (T. 44 01 90) - Geb. 21. Juli 1908 St. Johann/Saar - B. 31. Dez. 1975 Vorst.svors. Ferrostaal AG., Essen.

DEMANDT, Alexander
Dr. phil., o. Prof. f. Alte Geschichte - Bülowstr. 33, 1000 Berlin 37 - Geb. 6. Juni 1937 Marburg, ev. - BV: Gesch. als Argument, 1972; Metaphern f. Gesch., 1978; D. Fall Roms, 1984; Ungeschehene Gesch., 1984; D. Spätantike, 1989 - Liebh.: Exlibris - Bek. Vorf.: Dr. Karl Demandt, Hess. Landeshistoriker.

DEMARREZ, Erik
Dipl.-Volksw., Geschäftsführer Bundesverb. d. obst- u. gemüseverarbeit. Ind. e. V., Fachverb. d. Back- u. Puddingpulverind. e. V., Bundesverb. d. kartoffelverarbeitenden Ind. e. V., Verb. d. dt. Sauerkonservenind. e. V. - Vonder-Heydt-Str. 9, 5300 Bonn 2; priv.:

Junesrotstr. 11, 5020 Frechen-Königsdorf - Geb. 8. Okt. 1939.

DEMBOWSKI, Hermann

Dr. theol., Prof. f. Systemat. Theologie Univ. Bonn/Ev.-Theol. Fak. (s. 1970) - Luisenstr. Nr. 31, 5300 Bonn - Geb. 20. Nov. 1928 Carlshof/Ostpr. (Vater: Heinrich D., Pfarrer; Mutter: Christel, geb. Besch), ev., verh. s. 1955 m. Hiltrud, geb. Brock, T. Ulrike - 1947-52 Univ. Marburg, Göttingen, Basel. Theol.Ex. 1952 u. 55; Promot. 1952 (Göttingen); Habil. 1967 (Bonn) - 1955 ff. Pfarramt; 1960 ff. Lehrauftr. TH Aachen - BV: Initium Sancti Evangeli, 1959; Grundfragen d. Christologie, 2. A. 1971; Einf. in d. Christol., 1976; Karl Barth/Rudolf Bultmann/Dietrich Bonhoeffer, 1976; Menschl. Leiden u. d. Dreiein. Gott, 1979; Gott im Wort, 1982 - Liebh.: Musik, Lit., Bild. Kunst, Wandern - Spr.: Engl. - Lit.: J. E. Gutheil/S. Zoske (hg.) Daß unsere Augen aufgetan werden.... Festschr. f. H. D. z. 60 Geb. (1989).

DEMISCH, Karl-Dieter

Dr. jur., allein. Geschäftsführer Mode-Woche-München GmbH - Theresienhöhe 15, 8000 München 12 - Geb. 1936 Stettin - 1981ff. Geschäftsf. Münchener Messe- u. Ausst. Ges. mbH/MMG; 1983ff. Chef Münchener Mode-Woche.

DEMKE, Claus

Staatssekretär im Hess. Finanzministerium - Friedrich-Ebert-Allee, 6200 Wiesbaden (T. 06121 - 32 24 58) - Geb. 18. Juni 1939 Frankfurt/M. - Stud. Rechtswiss. FU Berlin u. Univ. Frankfurt - 1971-80 Rechtsanwalt u. Fachanwalt f. Steuerrecht; 1980-83 Beigeordn., u. 1983-88 gf. Dir. Hess. Städtetag. 1970-88 MdL Hessen. CDU.

DEML, Friedrich

Prof., Schriftsteller - Artur Landgraf-Str. 25, 8600 Bamberg - Geb. 15. Febr. 1901 Ebrach/Ofr. (Vater: Martin D.; Mutter: Eva, geb. Ullrich), kath., verh. m. Cläre, geb. Winz, 3 Kd. - Gymn.; Univ. München u. Wien - Studienrat, Seminarleit., Studienprof., Oberstudienrat - BV: Sprache d. Dinge, Ged. 1932 (auch tschech.); Rupertiwinkel, Erz. 1934; Regensburg, d. steinerne Sage, 1935; D. ird. Abenteuer, Erz. 1937; D. Maler u. d. Meer, Erz. 1941; D. Antlitz d. Sibylle, Erz. 1946; Die Sonnenmaske, Abenteuerb. 1960; Sol invictus - Unbesiegl. Sonne, R. 1967; Im Kern d. Atome, Ged. 1975. Oper; Die Barke d. Odysseus; Zeugnis vor d. dt. Jugend (Zeitporträt); Drama: D. Frau d. Ostens, Hör- u. Laiensp. - Max-Dauthendey-Plak., Eichendorffmed., BVK a. Bde.; Ritter d. Ordens v. San Yuste.

DEMLER, Otto

Komponist, Texter, Prod. (Ps. Bert Olden, Fred Gordoni, F. Volauven) - Vossmoorweg 4, 2084 Rellingen (T. 04101-2 37 12) - Geb. 1. Nov. 1922 Wien, ev., verh. s. 1980 m. Gisela, geb. Coch, 2 Kd. (Frederic, Claudia) - Abit. Mähr. Trübau (CSSR); Instrumentalausb. Geige, Klavier u.a. Mozarteum Salzburg, Ausb. z. Verlagskaufm. Hamburg u. Köln - 1952-58 Musikredakt. Radio Salzburg; 1962-68 Artist-Promotion-Dir. EMI-Electrola, gleichz. Managing-Dir. Edition Accord, Köln; 1968-72 General Manager Intersongmusikverlage Hamburg; 1961-81 Free-lanced Producer dt.spr. Schallpl., u.a. v. Marlene Dietrich, The Beatles, Cliff Richard, Gilbert Becaud, Alma Cogan, Karel Gott, Julio Iglesias - Kompos.: u.a. Frag d. Abendwind (m. Francoise Hardy 1963); Santo Domingo (m. Wanda Jackson, Audrey Landers, Heino 1963); D. Glück ist rosarot (m. Cliff Richard 1966) - 1969 Gold. Schallpl. (LP): D. gold. Stimme aus Prag - Liebh.: Gartengestalt., Sport (Handball), Management - Spr.: Engl., Franz., Ital., Span., Tschech.

DEMMEL, Luis

Geschäftsführer Schutzverb. Bild. Künstler/Gewerksch. Kunst im DGB - Sophienstr. 7a, 8000 München 2.

DEMMER, Johannes H.

Dr. jur., Rechtsanwalt, Hauptgeschäftsf. Dt. Anwaltsverein, Bonn - Friedrichstr. 181, 5620 Velbert/Rhld. - Geb. 23. März 1943 Velbert (Vater: Dr. J. D. Kreisdir. a. D.) - Universitätsassist. - BV: Verfassungsrechtl. Grenzen staatl. Regelungsbefugnis im Bereich d. Wirtschaftsrechts - untersucht am Beisp. d. Zusammenschlußkontrolle (Diss.) - Spr.: Engl., Franz.

DEMMER, Klaus

Dr. theol., o. Prof. f. Moraltheologie - Gregoriana, Rom /Italien - Geb. 27. Mai 1931 Münster/W. - S. 1962 Lehrtätigk. Ordenssch. Oeventrop, Theol. Fak. Paderborn (1966), Gregoriana Rom (1970). Wiss. Veröff. - 1987 BVK I. Kl.

DEMMING, Alfons

Weihbischof Bistum Münster (s. 1978) - Dompl. 27, 4400 Münster/W. - Zul. Dechant Borghorst.

DEMPEWOLF, Klaus W.

Geschäftsführer Wilhelm Dempewolf Zahnräder- u. Getriebe-Fabrik GmbH, Köln 41 - Immermannstr. 24, 5000 Köln 41 - Geb. 24. Mai 1935 - Dipl.-Ing. (FH).

DEMPWOLF, Gertrud

Landfrau, MdB (s. 1984) - Zu erreichen üb. Bundeshaus, 5300 Bonn 1 - Geb. 3. Febr. 1936 Mönchengladbach, kath., verh., 1 T. - Lehre Zahnarztassist. - Bewirtsch. e. landwirtsch. Betriebs; AR-Mitgl. Kreiswohnbauges. Osterode; s. 1965 Mitgl. d. Landfrauenvereinig. Osterode - CDU (s. 1970).

DEMSKI, Eva

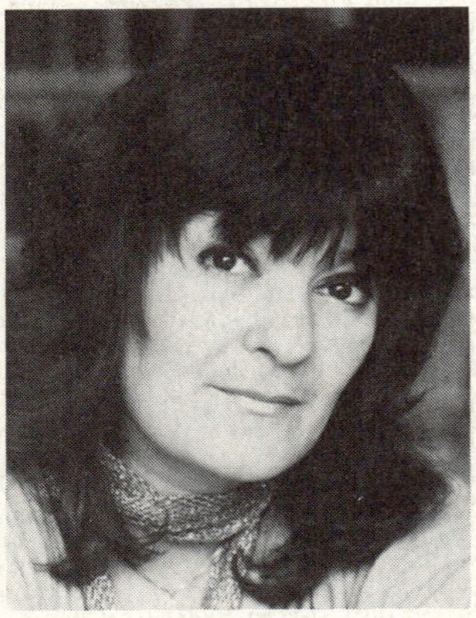

Schriftstellerin - Fallerslebenstr. 31, 6000 Frankfurt/M. - Geb. Regensburg - 1988/89 Stadtschreiberin v. Bergen-Enkheim - BV: Goldkind, R. 1978; Karneval, R. 1981; Scheintod, R. 1984; Hotel Hölle, Guten Tag..., R. 1987; Unterwegs, Erz. u. Ess. 1988. Zahlr. Fernsehfilme, u. a. üb. Joseph Roth, Eleonora Duse, Adolf Wölfli, Hans Neuenfels, Gottfried Benn. Zahlr. Ess. f. FAZ-Magazin, Kursbuch, u.a. Publ. - 1981 Preis d. Klagenfurter Jury (f. R. Karneval), 1987 Kulturpreis Stadt Regensburg.

DEMTRÖDER, Wolfgang

Dr. rer. nat., Prof. f. Physik Univ. Kaiserslautern (s. 1970) - Am Harzhübel 80, 6750 Kaiserslautern - Geb. 5. Sept. 1931 Attendorn - Promot. 1961 Bonn; Habil. 1970 Freiburg - Üb. 80 Facharb., 2 Bücher.

DEMUS, Jörg

Dr. h.c., Prof., Konzertpianist - Döblinger Hauptstr. 77a, A-1190 Wien - Geb. 2. Dez. 1928 St. Pölten/Österr. (Vater: Dr. Otto D., Kunsthist.; Mutter: Erika, geb. Budik, Violonistin) - Gymn., Staatsakad. f. Musik Wien, im Ausl. b. Yves Nat (Paris), Gieseking (Saarbrücken), Sommerkurse b. Kempff, Benedetti-Michelangeli, Fischer - 1950 Debut in London u. Zürich, s. 1951 Konzert-Tourneen in alle Welt (außer Rußl. u. China), Ständ. Gast b. intern. Festsp. - Zahlr. Schallpl. (350 LP) - BV: Abenteuer d. Interpretation, 1970; D. Klaviersonaten v. L. v. Beethoven (m. P. Badura-Skoda), 1970 - Kompos.: Franckiana - 1956 Busoni Preis Bozen; 1977 Beethoven-Ring Wien; 1977 Ernennung z. Prof.; 1979 Mozart-Med. d. Wr. Mozartgde. - Liebh.: Antiquitäten, Rosen - Spr.: Franz., Engl., Ital., Span.

DEMUTH, Hans-Jörg

Dr. rer. oec. publ., gf. Gesellschafter Demuth GmbH., Ludwigshafen, Präs. IHK f. d. Pfalz ebd. u. a. - Defreggerstr. 15, 6700 Ludwigshafen/Rh. - Geb. 3. Sept. 1931.

DENCKER, Klaus Peter

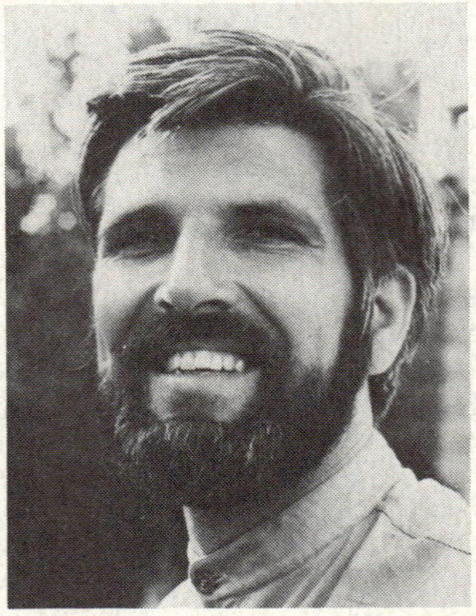

Dr. phil., Prof. - Sieker Landstr. 77, 2070 Großhansdorf 1 (T. 04102 - 6 11 86) - Geb. 22. März 1941 Lübeck (Vater: Friedrich D.; Mutter: Charlotte, geb. Wegener), ev., verh. s. 1971 m. Gisela, geb. Böckmann, 2 Kd. (Andreas, Angelika) - Univ. Hamburg u. Erlangen (Dt. Literaturwiss. u. Japanol.). Promot. 1970 - 1965-74 Assist. u. Lehrbeauftr. Univ. Erlangen-Nbg.; 1974-75 Autor u. Filmemacher; 1975-85 1. Redakt. Saarl. Rundf./Ferns. 1976ff. Lehrauftr. Univ. Saarbrücken u. Univ. Trier; s. 1985 LRD Kulturbehörde Hamburg - 14 Bücher; 80 Dokumentar- u. Experimentalfilme ARD/ZDF - 1972 Erlanger Kulturpr., 1979 Buchpr. Kulturzentr. Stockholm, 1982 Förderpr. z. Berliner Kunstpr., s. 1985 Honorarprof. f. Medientheorie u. Medienpraxis Univ. Trier - Liebh.: Jazz/ Banjo (1981 Gründ. Rabbit Mountain Ramblers).

DENCKER, Norman

Botschafter d. Bundsrepb. Dtschl. in Ungarn (Budapest) - Izso útca 5, PF. 40, 1440 Budapest XIV, Ungarn.

DENDEN, Ahcène

Dr. med., Prof., Augenarzt - Eckenbornweg 5 H, 3400 Göttingen (T. 0551 - 2 24 21) - Geb. 21. Juni 1929 Jemmapes, Algerien - 1949 Abit.; Med.-Stud. Montpellier, Paris; Promot. 1958 Paris u. 1961 Göttingen; Habil. 1966 ebd. Lehrtätigk. Univ. Göttingen (1971 apl. Prof. f. Augenheilkd.). Rd. 100 Publ.

DENECKE, Hans-Joachim

Dr. med. (habil.), Facharzt f. Hals-, Nasen- u. Ohrenheilkd., apl. Prof. Univ. Heidelberg (s. 1950) - Moltkestr. 20, 6900 Heidelberg (T. 48 03 55) - Geb. 2. Okt. 1911 Prenzlau/Uckerm. (Vater: Konrad D., Förster; Mutter: Emmi, geb. Gottschalk), ev., verh. m. Dr. med. Maria-Ursula, geb. Kreplin (HNO-Ärztin), 2 Kd. - Univ. Greifswald, Marburg, Berlin, Heidelberg - 1945-54 Oberarzt Univ.-Hals-, Nasen- u. Ohrenklinik Heidelberg - BV: D. oto-rhinolaryngolog. Operationen, 1953 (Bd. V Kirschner: Operationslehre; span. 1962); Plast. Operationen an Kopf u. Hals, Bd. I 1964 (m. R. Meyer; engl. 1967); Besonderheiten b. Schnittführ. u. Narbenkorrektur im Ber. v. Gesicht u. Hals (Beitr. 19 in Handb. Plast. Chir., 1972); Plast. u. rekonstruktive Chir. d. Halses (Beitr. 41 ebd., 1973); D. otorhinolaryngol. Operationen im Mund- u. Halsber., 1980 (Bd. V, 3 Kirschner: Operationslehre); Die Operation an d. Nase u. im Nasopharynx, 1984 (Bd. V, 1 Kirschner: Operationslehre, m. W. Ey). 125 wiss. Publ. in Fachztschr., dar. Chir. Behandl. v. Stenosen u. Altresien d. oberen Luft- u. Speisewege (1962), Unfallchir. d. Gesichtes u. Halses (1968) - Redakteur u. Mithrsg.: Intern. Zentralbl. f. HNO-heilkd. (1948ff.); Mithrsg.: Arch. Ohren- usw. Heilkd. (1968ff.) - 1968 Ludwig Haymann-Preis - Ehrenmitgl. Österr. Ges. f. Hals-Nasen-Ohrenkeilkd., Dt. Ges. f. Hals-Nasen-Ohrenheilkd.; Dt. Ges. Plast. u. Wiederherstell. Chirurg.; korr. Mitgl. Griech. Oto-Neuro-Ophthalmol. Ges., Schweiz. Oto-Rhino-Laryngol. Ges., Österr. Oto-Laryngol.-Ges., American Acad. of Facial Plastic and Reconstructive Surgery, Schweiz. Ges. Plast. u. Wiederherst. Chirurg.

DENECKE, Hans-Joachim

Geschäftsführer Stadtwerke Braunschweig GmbH., Vorstandsmitgl. Braunschweiger Verkehrs-AG. - Wilhelmstr. 62-69, 3300 Braunschweig; priv.: Herzogin-Elisabeth-Str. 28 - Geb. 24. Okt. 1923.

DENECKE, Kurt

Dr. med., Prof., Medizinaldirektor a. D., Chirurg - Hardstr. 56, 8510 Fürth/Bay. (T. 731666) - Geb. 3. Febr. 1903 Helmstedt (Vater: Friedrich D., Chirurg), ev., verh. m. Mildred, geb. Marcello, 4 Kd. - Gymn. Helmstedt; Univ. Göttingen, Würzburg, München. Promot. 1929 Freiburg/Br.; Habil. 1940 Erlangen - Langj. Chefarzt Chir. Klinik u. Ärztl. Dir. Stadtkrkhs. Fürth. S. 1940 Lehrtätigk. Univ. Erlangen bzw. Erlangen-Nürnberg (1952 apl. Prof.). 1966 Präs. Bayer. Chirurgen-Kongreß. Zahlr. Fachveröff. - Liebh.: Orchideen, Malerei, Jagd - Rotarier.

DENECKE, Ludwig

Dr. phil., Dr. phil. h. c., Bibliotheksdirektor i. R. - Am Krughof 10, 3510 Hann. Münden (T. 05541 - 23 27) - Geb. 26. Febr. 1905 Hameln, verh. s. 1969 in 2. Ehe m. Irmgard, geb. Reisse, 4 Kd. (Albrecht, Dietrich, Utta, Gisela) - Stud. Dt. u. Klass. Phil., Gesch., Archäol., Urgesch., Leibesübungen Halle, Freiburg, Greifswald, Leipzig; Promot. 1929; Staatsex. 1932 Greifswald - 1930-33 Mitarb. am Dt. Wörterb.; b. 1968 wiss. Bibl.dst. Berlin, Göttingen, Kassel; 1959-69 Erster Leiter Brüder-Grimm-Mus. Kassel - BV: Ritterdichter u. Heidengötter, 1930; D. Brüder Grimm in Bildern ihrer Zeit, 1963, 2. A. 1980; D. Nachlässe in den Bibl. d. Bundesrep. Deutschl., 1969; Jacob Grimm u. s. Bruder Wilhelm, 1971; Bibl. im mittelalterl. Fritzlar, 1974; Bibliogr. d. Briefe v. u. an Jacob u. Wilhelm Grimm, 1983; D. Bibl. d. Brüder Jacob u. Wilhelm Grimm (m. I. Teitge), 1988. Herausg.: Brüder Grimm Gedenken (s. 1963) - 1985 Kulturpreis Land Hessen; 1985 Dr. phil. h. c. Kassel; 1985 Gr. Preis Akad. f. Kinder- u. Jugendlit.; 1985 Brüder Grimm-Med. Akad. d. Wiss. Göttingen; 1987 Ehrenring Stadt Hann. Münden.

DENEFFE, Peter J.

Dr. rer. pol., Staatsrat i. R., Honorarprof. f. Statistik Univ. Hamburg (s. 1964) - Wulksfelder Weg 6, 2000 Tangstedt (T. Hamburg 6070258) - Geb. 17. Juli 1909 Frankfurt/M.

DENEKE, Diether

Dr. h.c., Minister f. Ernährung, Landw. u. Forsten v. Nordrh.-Westf. a. D. (1966-79; Rücktritt) - Flurgasse 32, 5330 Königswinter-Oberdollendorf - Geb. 27. Okt. 1918 Berlin, ev., verh., 2 Kd. - Gymn.; Gärtnerlehre, Reifeprüf. als Nichtschüler - 1947-66 Verw. d. Vereinigten Wirtschaftsgeb. u. Bundesmin. f. Ernährung, Landw. u. Forsten (zul. Reg.dir.). MdL (b. 1985). S. 1980 stv. Präs. Schutzg. Deutscher Wald Bvd.; s. 1981 Landesvors. NW; s. 1982 Präs. Verb. Dt. Naturparke, Hamburg; s. 1986

Präs. Verb. Dt. Sportfischer, Offenbach; Mitgl. Syn. an Rhein u. Sieg u. d. soz.-ethischen Aussch. d. rhein. Kirche; Präs. d. Nordrh.-Westf. Stiftung Naturschutz, Heimat- u. Kulturpflege - 1973 Gr. BVK m. Schulterbd. u. Stern; gold. Plak. Landwirtschaftsk. Rhld. u. Westf.; gold. Verdienstmed. Zentralverb. Gartenbau; 1984 Ausz. Silb. Landsch. Bundesverb. Garten- u. Landschaftsbau; Landesverdienstord. v. Nordrh.-Westf.

DENEKE, J. F. Volrad

Prof., Journalist, Präs. Bundesverb. d. Fr. Berufe, Bonn (1984ff.) - Axenfeldstr. 16, 5300 Bonn-Bad Godesberg (T. 31 40 75; Büro: 37 66 35) - Geb. 8. März 1920 Wernigerode/Harz (Vater: Dr. phil. Günther D., Archivdir.; Mutter: Käthe, geb. Sprondel), ev., verh. s. 1943 m. Elisabeth, geb. Grumbrecht, 2 Kd. (Gabriele, Jochen) - Schulen Wernigerode, Berlin, Schwiebus, Davos/Schweiz (humanist. Abitur); Buchhändlerlehre Magdeburg (Gehilfenprüf. 1940); Stud. Sozialwiss. Berlin - 1940-43 Verlagsbuchh., 1943-45 Kriegsteilnahme, 1945-48 fr. Publizist, 1948-51 Chef v. Dienst u. stv. Chefredakt. Aachen, 1951-55 Bonner Korresp. Zeitungen u. Ztschr., 1955-64 Hauptschriftl. D. geist. Kapital/Blätter f. d. Fr. Berufe, 1958-64 Hauptschriftl. Dt. Ärztebl., dann fr. Publizist; 1971-74 Hauptgeschäftsf. Verb. d. Ärzte Deutschlands (Hartmannbund), 1974-84 Hauptgeschäftsf. Bundesärztekammer u. Dt. Ärztetag, Köln; 1981-83 Dir. Inst. f. Fr. Berufe Univ. Erlangen-Nürnberg. S. 1961 Lehrtätigk. Düsseldorf, Erlangen u. Mainz. Div. Ehrenstell., dar. Vors. Landesverb. d. Fr. Berufe in NRW; 1963-65 MdB. Präsid.-Mitgl. Dt. Ärztetag; stv. Vors. Vereinig. ehem. Mitgl. d. Dt. Bundestages; AR Dt. Apotheker- u. Ärztebank; Beirat Bundesaufsichtsamt f. d. Versicherungswesen. FDP (1969-71 [Rücktr.] Bundesgeschäftsf.) - BV: u. a. D. freien Berufe, 1956; Gesundheitspolitik, 1957; Augenprothetik als Heilberuf, 1968; Klassifizierung d. Fr. Berufe, 1969; Arzt und Medizin in d. Tagespublizistik d. 17. u. 18. Jahrhunderts, 1969; Haben d. fr. Berufe noch eine Chance?, 1973; Aspekte u. Probl. d. Medizinpubliz., 1985; Individuelle Freiheit in soz. Sicherheit, 1985; D. Berufsbild d. Vermögensberaters, 1987 - 1965 Ehrenz. Dt. Ärzteschaft; 1975 BVK I. Kl.; 1977 Gold. Sportabz.; 1975 Gr. BVK, 1986 Stern dazu; Cav. Uff. Ital.; 1980 Ludw. Sievers Preis - Liebh.: Ztschr. (18. Jh.), Skat - Spr.: Engl.

DÉNES, István

Dirigent Bremer Theater, 1. Kapellmeister (s. 1987) - Osterdeich 101, 2800 Bremen (T. 0421 - 49 06 75) - Geb. 13. Aug. 1954 Budapest/Ung., verh. s. 1978 m. Júlia Kukely, T. Diana - Ausb. Klavier, Dirigieren, Kompos.lehre Akad. Franz Liszt - Dirigent Staatsoper Budapest. Gastsp. in Tschechosl., Polen, Bregenzer Festsp., Wiener Volksoper, Flensburg, Groningen - Kompos. u.a.: Fuga f. zwei par Timpani, Trio in memoriam B. Bartok, Mohács 1526 f. gr. Orch., Hommage à Beethoven f. gr. Orch., Bearbeitung u. Neuinstrumentation János Vitéz v. Kacsoh.

DENFFER, von, Dietrich

Dr. rer. nat. habil., em. Prof. f. Botanik - Senckenbergstr. 15, 6300 Gießen (T. 34470) - Geb. 8. Febr. 1914 Rostock (Vater: Otto v. D.; Mutter: Dorothea, geb. Pannenborg), ev., verh. s. 1940 m. Brunhild, geb. Henke, 3 Kd. (Margrit, Enno, Christiane) - Stud. Univ. Göttingen u. Greifswald, Promot. (1939) u. Habil. (1944) Göttingen - 1948 apl. Prof. Univ. Göttingen; 1951 o. Prof., Dir. Botan. Inst. u. Bot. Garten Univ. Gießen, 1976 emerit. - Mitgl. Dt. Botan. Ges., Soc. botanique de France, Intern. Soc. of Plant. Physiol. Zahlr. Fachveröff. Mithrsg.: Lehrb. d. Botanik f. Hochsch. (27.-32. A.; auch engl., ital., span., poln., serbo-kroatisch); Beiträge z. Biologie d. Pflanzen (Bd. 46-60, 1970-85).

DENGEL, Dieter

Dr.-Ing., Prof. f. Werkstofftechnik u. gf. Institutsdir. TU Berlin - Frankenallee 12, 1000 Berlin 19.

DENGEL, Georg

Kaufmann, Ehrenpräs. Fachverb. Dt. Eisenwaren- u. Hausrathändler - Hagenauer Str. 37, 6200 Wiesbaden.

DENGLER, Hans J.

Dr. med., o. Prof. f. Innere Medizin - Med. Univ.-Klinik Bonn-Venusberg, 5300 Bonn - Geb. 16. Nov. 1925 Straubing/Niederbay. (Vater: Josef D.), verh. m. Gertrud, geb. Traub - S. 1961 (Habil.) Lehrtätigk. Univ. Heidelberg, Gießen (1968 Ord. u. Klinikdir.), Bonn (1973 Ord. u. Klinikdir.). Fachveröff. - Spr.: Engl. (1959-60 USA).

DENGS, Udo

Dipl.-Kfm., Geschäftsf. REWE Leibbrand, Eching b. München, Konzerngeschäftsf. Großh. REWE Leibbrand, Bad Homburg - Am Hang 18, 8045 Ismaning - Geb. 14. Sept. 1937, verh. m. Angelika, geb. Heisterberg, 3 Kd. (Gero, Yvo, Arno) - Beirat Carl Breiding; AR-Mitgl. Röders AG Soltau.

DENGSCHERZ, Helmar

Oberlehrer, Vors. Arbeiterwohlfahrt/Bezirksverb. Ober- u. Mittelfranken, Mitgl. Bayer. Senat - Bodelschwinghweg 14, 8532 Bad Windsheim/Mfr..

DENIG, Friedrich

Dr. rer. nat., Dipl.-Psych., Wiss. Rat, Prof. f. Sprachlehrforschung (Schwerp. Sprachpsych.) Univ. Bochum/III. Abt. (s. 1973) - Auf dem Aspei Nr. 51, 4630 Bochum.

DENINGER, Johannes

Dr. phil., Lic. theol., Prof. f. Religionsphil. u. Dogmengesch. Univ. Frankfurt - Im Bangert 10, 6546 Argenthal (T. 06761 - 36 40) - Geb. 27. Juli 1926 Hofheim/Taunus (Vater: Walther D., kaufm. Dir.; Mutter: Anna, geb. Landler), kath., verh. s. 1971 m. Prof. Dr. Gertrude Deninger-Polzer, 2 S. (Anselm, Gregor) - Abit. 1946; Stud. Philos., Theol., Soziol., Klass. Philol. (Lizentiat Theol. 1952 Rom, Promot. 1959 Frankfurt) - 1962-69 Prof. f. Kath. Theol. u. Didaktik, 1966-67 Präs. d. Hochsch. f. Erz. Frankfurt; s. 1969 Prof. FB Religionswiss. Univ. Frankfurt/M. - BV: Wahres Sein, 1961; Denkender Glaube, 1966; Religionskritik I, 3. A. 1981; Religionskritik II, 1979.

DENINGER-POLZER, Gertrude

Dr. phil., Prof. f. Religionsphänomenol. u. Religionsgesch. Univ. Frankfurt/M. - Im Bangert 10, 6546 Argenthal (T. 06761 - 36 40) - Geb. 4. Mai 1936 Hof/Ostsud. (Vater: Ferdinand P., Med.-Statistiker; Mutter: Helene, geb. Kunz), kath., verh. s. 1971 m. Prof. Dr. Johannes D., 2 Kd. (Anselm, Gregor) - Abit. 1957, Stud. Philos., Theol., German., Promot. 1964. S. 1972 Prof. Fachber. 6 Religionswissensch.) - J.-W.-Goethe-Univ. Frankfurt/M. - BV: Kritik d. Lebens, 1965 (Diss.); Bender, Wolfgang, Deninger-Polzer, Gertrude: Ethik, 1976 - Spr.: Franz., Engl., Ital., Span., Griech., Lat.

DENK, Bohdan

Regisseur, Künstl. Leiter Schauspiel Staatstheater Braunschweig (1977-88) - Eidelstedter Weg 207, 2083 Halstenbek - Geb. 24. Juni 1925 Zavidov (ČSSR), kath., verh. s. 1949 m. Marketa, geb. Stohl, 2 Kd. (Bohdan, Marketa) - Stud. Esthetik u. Kunsthistorie Univ. Prag; priv. Schauspielunterr. - Schausp. u. Regiss. in Aussig, Prag, Olmütz; Regiss. Tschechosl. Rundf.; Mitgründ. d. Theaters v. d. Tor; 1968 (während d. Prager Frühlings) Mitgl. Koord.-Aussch. Brünn. 1969 Emigration in d. Bundesrep. Deutschl.; freischaff. Regiss. Rundf. u. Theater. Lehrauftr. Otto Falckenberg Schule - Kunstrichtung: Psych. Realismus (Insz. d. Werke v. Ibsen, Hauptmann, Gorkij; dt. Erstauff. v. D. Wassermann's Bühnenfassung Einer flog üb. d. Kuckucksnest - 1952 Staatl. Schauspielerpreis Theater d. Jugend Prag - Spr.: Deutsch, Franz., Tschech., Kroat. - Lit.: Art. üb. d. Tschech. Theater 1918-68 (D. Waage, 1973).

DENK, Friedrich

Studiendirektor Gymnasium Weilheim - Kaltenmoserstr. 34, 8120 Weilheim/Obb. (T. 0881 - 14 41) - Geb. 16. Dez. 1942 Wohlau/Schles., kath., verh. s. 1970 m. Gerda, geb. Schlick, 3 Kd. (Barbara, Wolfgang, Franziska) - Stud. German., Roman., Philos. Univ. München u. Bordeaux - S. 1969 Gymnasiallehrer München, Weilheim, London - BV: D. verborgenen Nachrichten, Versuch e. Pressekritik, 1977; Gründer u. verantw. Redakt. Weilheimer Hefte z. Lit. (s. 1980) u. Londoner Lesehefte (1983-85) - 1982 Silbergriffel f. bes. Verdienste um Vermittl. v. Lit.; 1986 BVK.

DENK, Liselotte

Journalistin, Autorin, Redakt. Magazin Haper's Bazaar (Ltg. Ressort Reise u. Interviews) - Hohenzollernstr. 46, 8000 München 40 (T. 39 73 78) - Geb. 10. Mai München, kath., verh., S. Ingo - Vorm. ADAC Buchverlag, Illustrierte Quick (Wiss.ressort), Münchner Merkur (Interviews, Porträts, Hintergrundreportagen) - BV: Auf d. Suche n. Morgen - Begegnungen m. Prominenten, 1981; Marie Louise Fischer - d. Autorin u. ihr Werk, 1982; Fernseharb.: D. Kinder v. Aichach, 1983; Biogr. Fanny Elßler, Tänzerin e. Jh. Legende u. Wirklichk., 1984/85; Familiensaga 1880-1980 (in Vorber.) - Liebh.: Theater, Malerei, Städte.

DENK, Rolf

Dr. med., apl. Prof., Arzt f. Haut- u. Geschlechtskrankh. - Rathausstr. 55, 6090 Rüsselsheim - Geb. 28. Juni 1935 Düsseldorf - Promot. 1962; Habil. 1969 - S. 1972 apl. Prof. Mainz. Üb. 65 Facharb.

DENK, Rudolf

Dr. phil., Prof. f. Didaktik d. dt. Sprache u. Literatur - Am Birkenrain 21, 7811 St. Peter/Schw. - Geb. 7. Febr. 1944 Brünn (Vater: Rudolf D., Verw.angest.; Mutter: Johanna, geb. Gruber, Lehrerin), kath., verh. s. 1970 m. Christel, geb. Kellner, 2 Kd. - Univ. Wien u. München; Kunstakad. Wien - Doz. FHS f. Sozialarb., Studienrat Ludwigsburg, Doz. u. Prof. PH Freiburg - BV: Erziehung z. Umgang m. Medien, 1977; Musica getutscht. Unters. Dt. Fachprosa im Ber. d. Musik, 1981. Herausg.: Texte z. Poetik d. Films (1978); Spiel u. Alltag. Szenen u. Stücke d. 70er J. (1982); Spieltexte 8.-10. Schulj. (1984).

DENK, Viktor

Dr.-Ing., o. Prof. f. Mechanik TU München (s. 1976) - Buchenstr. 12, 8051 Kranzberg/Obb. - Geb. 23. Okt. 1930 Prag (Vater: Dr. Viktor Denk-Czurda, Univ.-Prof.; Mutter: Wilhelmine, geb. Krombholz), verh. s. 1961 m. Martha, geb. Köttinger, 1 Kd. - Stud. Physik TH München; Promot. 1957 - 1959-76 Industrietätigk. (Prok., techn. Geschäftsf.); 1976 o. Prof. TU München.

DENKER, Hans-Werner

Dr. med., Dr. rer. nat., Prof., Hochschullehrer - Zu erreichen üb. Univ.-Klinikum, Inst. f. Anatomie, Hufelandstr. 55, 4300 Essen 1 - Geb. 4. Jan. 1941 Erfurt/Thür., verh. s. 1976 m. Dr. med. Ulrike, geb. Michel, 2 Kd. (Sebastian, Annette) - Heinrich-Mann-Obersch. Erfurt; Stud. Med. u. Zool. Hamburg u. Marburg. Promot. 1969 (r. n.) u. 70 (m.) Marburg; Habil. 1976 (Anat. u. Reproduktionsbiol.) Aachen - 1978-88 Prof. TH Aachen/Med. Fak. (Lehrgeb. Anat. u. Reproduktionsbiol.), s. 1989 Univ.-Prof. Univ.-Klinikum Essen (Lehrst. Anat. u. Entwicklungsbiol.).

DENKER, Manfred

Dr. rer. nat., Prof. f. Mathematik Inst. f. Math. Stochastik Univ. Göttingen - Goerdeler Weg 15, 3400 Göttingen - Geb. 20. Juni 1944 Breslau, verh. s. 1971 m. Tillu, geb. Heidinger, S. Michael - 1966-70 Stud. Univ. Erlangen u. Warwick (Studienstiftg. d. Dt. Volkes), Promot. 1972, Habil 1974 Erlangen - 1970 Assist. Univ. Erlangen, 1973 Attaché de Recherche Univ. Rennes, s. 1974 Prof. Univ. Göttingen. Zahlr. Gastprof. in Europa u. USA - BV: Ergodic Theory on Compact Spaces, 1975; Ergodic Theory, 1979; Asymptotic Distribution Theory in Nonparametric Statistic, 1985. Ca. 50 Fachveröff. in Dynamischen Systemen, Ergodentheorie, Funktionalanalysis, Wahrscheinlichkeitstheorie, Statistik.

DENKER, Rolf

Dr. phil., Prof. Univ. Tübingen - Griesstr. 26/I, 7417 Pfullingen (T. 07121 - 7 76 93) - Geb. 20. Juni 1932, verh. s. 1982 m. Dr. phil. Gabriele, geb. Röttger - Stud. Phil., Kunstgesch., German. u. Psychoanalyse; Promot. 1961, Habil. 1979, bde. Tübingen - BV: Natur als Gegenstand d. Malerei, 1961; Goethes Schriften z. Kunst, 2 Bde., Auswahl u. Nachwort, 1962; Aufklärung üb. Aggression, 1966, 5. erw. A. 1975 (Übers. niederl. u. span.); Individuum u. mündige Ges., 1967 (Übers. jap.); Grenzen liberaler Aufklärung b. Kant u. a., 1968; Angst u. Aggression, 1974; Aggression im Spiel (m. a.), 1976 (Übers. ital.); Selbst-Bild als Fremdentwurf. Aufs. z. Phil. v. Kant b. Bloch, 1985 - Liebh.: Friedenspolitik, Reisen, Wandern, Segeln, Malen - Spr.: Engl., Franz., Ital., Latein.

DENKERT, Kurt

Beigeordneter, MdL Nordrhein-Westf. (1962-70 u- s. 1975) - Bismarckstr. 45, 4670 Lünen (T. 1 32 93) - Geb. 23. Dez. 1929 - SPD.

DENKLER, Horst

Dr. phil., Prof. f. Neuere Dt. Lit. FU Berlin (s. 1973) - Lotosweg 8, 1000 Berlin 28 - Geb. 18. Sept. 1935 Thale/Harz - Obersch. Goslar; Stud. Univ. Berlin u. Münster - 1964-67 Wiss. Assist. Frankfurt u. Mannheim; 1968-73 Assoc. Prof. u. Prof. (1970) Amherst/USA - BV: Drama d. Expressionismus, 1967; Restauration u. Revolution. Polit. Tendenzen im dt. Dr. zw. 1815 u. 1850, 1973; Wilhelm Raabe, 1989. Zahlr. Herausg., Sammelbde. u. Anthol. - Spr.: Engl., Franz.

DENNERLEIN, Paul

Ing., Fabrikant, pers. haft. Gesellsch. Aufzugfabrik Schulte & Co., Wuppertal-E., Vorstandsmitgl. Beck & Henkel Maschinenbau AG., Kassel - Am Krähhahn 15, 3500 Kassel-W'höhe - Geb. 7. Jan. 1909 Nürnberg.

DENNINGER, Erhard

Dr. jur., Prof. Universität Frankfurt/M. - Am Wiesenhof 1, 6240 Königstein 3 (T. 06173 - 7 89 32) - Geb. 20. Juni 1932 Kortrijk/Belgien (Vater: Dr. Ing. Edgar D., Chemiker; Mutter: Almita, geb. Bauer), verh. s. 1961 m. Linda, geb. Valli-Ferri, T. Daniela, Fabia - Univ. Tübingen, Lausanne, Mainz. Gr. jurist. Staatsprüf. - S. 1966 (Habil.) Lehrtätigk. Univ. Mainz u. Frankfurt (1967 Ord. f. Öff. Recht u. Rechtsphilosophie), 1970/71 Rektor Univ. Frankfurt/M., 1973/74 Leit. Abt. Hochsch. u. Kunstpfl. Hess. Kultusmin. - BV: Traditionsfunktion d. Seekonnossements im intern. Privatrecht, 1959; Rechtsperson u. Solidarität, 1967; Polizei in d. freiheitl. Demokratie, 1968; Das Hochschulrahmengesetz - Kernstück einer Bildungsreform?, 1972; Staatsrecht 1, 1973; Bd. 2, 1979; Polizei u. Strafprozeß i. demokr. Rechtsstaat, 1978 (m. K. Lüderssen) - Spr: Ital., Franz., Engl.

DENNINGHAUS, Friedhelm

Dr. phil., Prof. f. Sprachlehrforschung Univ. Bochum - Heinrich-Sträter-Str. 14, 4600 Dortmund-Lücklemberg - Lehrwerke f. Engl., Russ., Chines.: Engl. for Today, Russ. Heute, Lesekurse Russ. u. Chines. f. polit. Texte, Kommuniaktionskurs Chines. - BV: D. dramat. Konzeption G. B. Shaws, 1972. Übers. ins Russ., teilw. auch ins Engl. Herausg. zahlr. Kommunikat.-Kurse u. solche z. Methodik d. Fremdspr.unterr.

DENSCHEL, Helmut

Berater f. wiss. Ausstell. u. Kongresse, Vorstandsmitgl. Förderkr. Künstl. Herz e. V. - Mansfelder Str. 27, 1000 Berlin 31 (T. 87 66 43) - Geb. 28. Nov. 1915 Berlin, ggl., verh. s. 1944 m. Helga, geb. Jacob, T. Uta - Gymn. Berlin (Goethe); kaufm. Lehre (Einzelhandelsgroßbetrieb); n. Externen-Abitur WH Berlin, FU Berlin, Univ. Graz (Wirtschafts- u. Sozialwiss.) - Wehrdst. (Artl., zul. Oblt.); 1952 Referent Förd. wirtschaftsnaher Forsch. (ERP-Mittel) b. Senator f. Wirtsch. v. Berlin; 1970 Abt.leit. Wiss. u. Sonderaufg. AMK Berlin. CDU - Liebh.: Klass. Musik - 1983 10. Gold. Sportabz. - Spr.: Franz., Engl.

DENSCHLAG, Johannes (Hans) Otto

Dr. rer. nat., Dipl.-Chem., Prof. f. Kernchemie Univ. Mainz (s. 1973) - Höhenweg 30, 6501 Nieder-Olm (T. 06136 - 4 43 03) - Geb. 1. Juli 1937 Worms (Vater: Dr. med. Johannes D., Chir.; Mutter: Dr. med. Hiltrud Karla, geb. Schildhauer), kath., verh. s. 1965 m. Ilse, geb. Schlüter, 3 Kd. (Marie Karoline, Johannes Peter, Gabriele Gisela) - Hum. Gymn. (Abit. 1955); Stud. Univ. Mainz ; Promot. 1965 u. Habil. 1972 ebd. - 1966-72 Forsch.s- u. Lehrtätigk. Univ. Michigan u. California/USA, s. 1972 Mainz (apl. Prof.). 1974 Gastprof. Kyoto/Japan. Fachveröff., Fachmitgliedsch. - Spr.: Engl., Franz.

DENSO, Jochen

Journalist, Leit. Landesstudio Köln WDR - Hohle Gasse 13, 5300 Bonn 2, (T. 32 20 05) - Geb. 20. Juli 1934 Berlin (Vater: Manfred D., Oberstltn.; Mutter: Victoria, geb. Kessler), verh. s. 1970 m. Annette, Freiin v. Villiez, S. Christian - Ratsgymn. Bielefeld; Schriftsetzerlehre; Stud. Polit. Wiss. Univ. Berlin u. Bonn - S. 1983 Leit. Landesstudio Köln WDR (Hörf. u. Fs); Herausg. u. Chefredakt. polit. Monatsztschr. CIVIS (1960-69) - 1975-83 Bonner Korresp. WDR - BV: Schale ohne Kern, 1983; Verw.motivation u. Effizienz, 1976; D. Jugend - e. verlassene Generation (in: Keller, D. Jahrz. d. Utopisten, 1979); div. akt. Berichte - Liebh.: Gesch., Reisen, Kochen.

DENTLER, Theodor

Theaterleiter, Regiss., Schausp. - Riedweg 16, 7900 Ulm (T. 0731 - 38 14 73) - Geb. 17. Sept. 1930 Pforzheim (Vater: Max D., Musiker; Mutter: Emma, geb. Löhner), ev., verh. s. 1953 m. Christiane, geb. Peinert, 4 Kd. (Markus, Ulrike, Thomas, Michaela) - Ausb. Landsberger Bühne - 1952 Leit. Wanderbühne D. Boten; 1958 desgl. Mannheimer Kellertheater; 1963 Leit. theater in d. westentasche. Erf. d. Publikumsspiele - Insz.: D. Ulmer Sklavenmarkt, Ganz Ulm spielt, D. Ulmer Wand. Zahlr. Rollen in konvent. u. unkonvent. Stücken - Liebh.: Denken u. Angeln - Lit.: Christiane Peinert, Westentaschen-Schausp., u. Theodor Dentler, Merke Intendant.

DENZEL, Siegfried

Kaufmann, pers. haft. Gesellsch. Holzgroßhandl. u. Sägewerk Denzel KG - Mühlwinkel 14, 8857 Wertingen (T. 08272-2021) - Geb. 22. Aug. 1931, kath., verh. s. 1963 m. Elfriede, geb. Utz, 2 S. (Christoph, Peter) - Holzwirtsch. u. kaufm. Ausb. - Tätigk. in versch. Fachverb. u. Kammern - Liebh.: Kultur u. Geschichte.

DENZER, Karl-Josef

Landtagspräsident Nordrh.-Westf. - Zu erreichen üb. Ständehausstr. 1, 4000 Düsseldorf; priv.: Am Petristift 22, 4800 Bielefeld 17 - Geb. 23. März 1925 Trier, verh. s. 1946 m. Ruth, geb. Liese, 2 Kd. - Verwaltungslehre, 1. u. 2. Verwaltungsprüf.; Stud. d. Verw.- u. Sozialwiss. Verw.-Akad. Münster (Dipl. 1966) - B. 1975 Abt.Leit. d. AOK Bielefeld, 1980-85 Vors. SPD-Landtagsfrakt. Nordrh.-Westf., s. 1980 Landtagspräs., SPD s. 1950, Landtagsmitgl. s. 1970; 1954-64 Ratsmitgl. Gemeinde Werl-Aspe, 1969-84 Ratsmitgl. Stadt Bielefeld - Gr. BVK m. Stern.

DENZLER, Georg

Dr. theol. habil., Prof. f. Kirchengesch. Univ. Bamberg - Seestr. 34, 8036 Breitbrunn/Ammersee (T. 08152 - 61 27) - Geb. 19. April 1930 Bamberg, röm.-kath., verh. s. 1973 m. Irene, geb. Nützel, 2 Kd. (Paul, Pia) - Priesterweihe 1955 - S. 1967 (Habil.) Lehrtätigk. Univ. München u. Univ. Bamberg (1971 Prof.) - BV: Kardinal Guglielmo Sirleto (1514-1585), 1964; D. Propagandakongregat. i. Rom u. d. Kirche i. Deutschl. i. 1. Jahrz. nach d. Westf. Frieden, 1969; Papsttum u. Amtszölibat, 2 Teilbde., 1973-76; (m. Carl Andresen) dtv-Wörterb. d. Kirchengesch., 1982; (m. Volker Fabricius) D. Kirchen im Dritten Reich. Christen u. Nazis Hand in Hand?, 2 Bde., 1984; Widerst. oder Anpassung? Kath. Kirche u. Drittes Reich, 1984; D. verbotene Lust. 2000 J. christl. Sexualmoral, 1988 - Herausg.: Päpste u. Papsttum (Wiss. Reihe, bish. 25 Bde.); Bamberger Hochschulschriften (bish. 10 Hefte); Papsttum - heute u. morgen. 57 Antworten auf e. Umfrage, 1975; Kirche u. Staat auf Distanz. Hist. u. aktuelle Perspektiven, 1977; Priester f. heute. Antworten auf d. Schreiben Papst Johannes Pauls II. an d. Priester, 1980; Weshalb Priester?, 1982; Lebensberichte verh. Priester. Autobiogr. Zeugnisse z. Konflikt zw. Zölibat u. Ehe, 1989.

DEPARADE, Klaus Adolf

Dr.-Ing., Prokurist u. Abt.-Direktor Hauptabt. Energiewirtsch. Hastra, Hann. (s. 1979), Oberstleutnant d. R. - Waldstr. 19, 3007 Gehrden 5 (Northen) (T. 05108 - 24 69) - Geb. 9. Juni 1938 Hildesheim, ev., verh. s. 1968 m. Elke, geb. Frühbrodt, 2 Kd. (René, Nicole) - Staatl. Obersch. Buenos Aires (Abit. 1956); kaufm. Lehre; Stud. d. Elektrotechn. TU Braunschweig u. Hannover; Dipl.ex. 1967 ebd.; Promot. 1974 Braunschweig - Geschäftsf. Verb. d. Energie-Abnehmer VEA (1970-79) u. Inst. f. Energieeinsparung (1978-79), Vorst.-Vors. VDE Hann. (1976-77), div. Aussch. VDEW. CDU Gehrden-Nord (Vorst.-Vors. 1979-81); Wirtschaftsrat CDU (s. 1975); Fachbeirat Fachztschr. ENERGIE (s. 1980). Präs. Lions Club Steinh. Meer (1981-82) - BV: Netz- u. Anschlußkosten in d. Elektrizitätswirtsch. d. Bundesrep. Dtschl., 1975; Energiekosten senken!, 1977 - Spr.: Span., Engl.

DEPENBROCK, Manfred

Dr.-Ing., o. Prof. f. Erzeugung u. Anwend. elektr. Energie Univ. Bochum (s. 1968) - Lupinenweg 1, 4630 Bochum-Stiepel (T. 79 19 68) - Geb. 11. Jan. 1929 - Stud. Elektrotechnik TH Hannover - Brown, Boveri & Cie AG, Mannheim, zul. Leit. Zentr. Entwicklungsber. f. elektron. Geräte u. Anlagen - S. 1979 Mithrsg. etz Archiv - 1969 Verleihung VDI-Ehrenring; 1982 Mitgl. Rhein. Westf. Akad. d. Wiss.; 1985 Förderpreis Innovation; 1987 Verleihung Heinrich-Hertz-Preis.

DEPENHEUER, Helmut

Dr., Hauptgeschäftsführer Arbeitgeberverb. Dt. Eisenbahnen/Eisen-, Berg- u. Seilbahnen, Kraftverkehrsbetriebe; gf. Vorst.-Mitgl. Pensionskasse Dt. Eisenbahn u. Straßenbahnen - Volksgartenstr. 54a, 5000 Köln (T. 31 39 80) - Geb. 23. Nov. 1932.

DEPNER, Frank A.

Romanautor, Hotelier - Hotel St. Pierre, Hauptstr. 138-142, 5462 Bad Hönningen (T. 02635-2091-92) - Geb. 9. Mai 1922 Zeiden/Siebenb., verh. s. 1968 m. Gerti, geb. Miersch, 3 T. (Michaela, Susanne, Brigitte) - Kaufm. Lehre - Ausl.-Aufenth. Balkan, Rußland, Argent., Bahamas, USA (Chicago, Miami u. Texas). Hotelleit., Ölfeldmanager, Reiseleit. - BV: Romane; u.a. Barrakudas, 1984 - Liebh.: Verhaltensforsch., Naturbeobacht., Jagd - Spr.: Rumän., Engl., Franz.

DEPPE, Erich

Dr., Stadtkämmerer, Geschäftsf. Versorgungs- u. Verkehrsges. Hannover mbH., Hannover - Klewertweg 54, 3005 Hemmingen 1.

DEPPE, Frank

Dr. phil., o. Prof. f. Politikwissenschaften Univ. Marburg (s. 1972) - Wilhelm-Röpke-Str. 6, 3550 Marburg/L. (T. 284388) - Mithrsg.: D. neue Arbeiterklasse - Techn. Intelligenz u. Gewerkschaften im organisierten Kapitalismus, 1970; Verschwörung, Aufst., Revolution, 1970; Kritik d. Mitbestimmung, 1969; D. Bewußtsein d. Arb., 1971; Europ. Wirtschaftgem., 1975; Arbeiterbeweg. u. westeurop. Integration, 1976; Geschichte d. dt. Gewerkschaftsbeweg., 1977; Autonomie u. Integration, Materialien z. Gewerkschaftsanalyse, 1979; Einheit u. Spaltung d. Arbeiterklasse, 1981.

DEPPE, Hans

Dr. rer. pol., o. Prof. f. Betriebswirtschaftslehre unter bes. Berücks. d. betriebsw. Steuerlehre Freie Univ. Berlin (s. 1973), Wirtschaftsprüfer, Steuerberater - Altensteinstr. 58, 1000 Berlin 33.

DEPPE, Hans-Ulrich

Dr. med., Prof. f. Med. Soziologie Univ. Frankfurt (s. 1972) - Theodor-Stern-Kai 7, (Klinikum) 6000 Frankfurt/M. - Geb. 20. März 1939 Frankfurt/M. - Stud. Med. (1959 b. 64) u. Soziol. (1965-72). Promot. 1965 Würzburg - BV: Industriearb. u. Med., 1973; Med. Soziol., 1978; Vernachlässigte Gesundheit, Z. Verhältnis v. Gesundheit u. Staat, Ges. in d. BRD, 1980. Mithrsg.: Med. u. gesellschaftl. Fortschr. (1973); Med.-Ges.-Gesch. (1975); Med. Soziol., Jahrb. 1 (1981).

DEPPE, Heinz

Dr. jur., Ministerialdirektor, Sprecher d. Geschäftsfg. Dt. Postreklame GmbH (s. 1984) - Wiesenhüttenstr. 18, 6000 Frankfurt/M. (T. 069 - 26 82-0) - Geb. 1. Nov. 1929 ev., verh. - Stud. Rechtswiss.

DEPPE-WOLFINGER, Helga

Dr., Prof. - Neuhaußstr. 5, 6000 Frankfurt/M. (T. 55 64 69) - Geb. 1940 Tabriz/Iran - Spez. Arb.geb.: Sonder- u. Heilpäd. 1986-88 DFG-Forschungsprojekt Integration behind. Kinder im Primarber.; 1986-90 Wiss. Begleitung integrativer Klassen in vier hess. Grundsch. (m. H. Reiser) - BV: Gewerkschaftl. Jugendbild. u. polit. Bewußtsein, 1971; Arbeiterjugend - Bewußtsein u. polit. Bild., 1972; Behindert u. abgeschoben. Z. Verhältnis v. Behinder. u. Ges., 1983.

DEPPERMANN, Klaus

Dr. phil., Prof. f. Neuere Geschichte Univ. Freiburg - Erlenweg 9, 7820 Titisee-Neustadt - Geb. 28. Mai 1930 Gadderbaum, ev. - S. 1977 Prof. Univ. Freiburg - BV: D. hall. Pietismus. u. d. pr. Staat unter Friedrich III., 1961; Melchior Hoffman - Soz. Unruhen u. apokalypt. Visionen im Zeitalter d. Reformation, 1979; Edingburgh, 1987 (engl. Übers.). Mithrsg.: Pietismus u. Neuzeit (Jahrb.) - Mitgl. Histor. Kommiss. zur Erforsch. d. Pietismus.

DEPPERT, Fritz

Dr. phil., Oberstudiendirektor, Schriftst. - Viktoriastr. 50a, 6100 Darmstadt (T. 06151 - 2 16 53) - Geb. 24. Dez. 1932, ev., verh. s. 1966 m. Gabriella, geb. Döhner, 2 S. (Alexander, Matthias) - Stud. Univ. Frankfurt (German., Gesch., Phil.); Promot. 1966 Frankfurt - S. 1974 Leit. d. Bertolt-Brecht-Schule; s. 1979 Lektor d. Liter. März in Darmstadt; s. 1985 Präs. d. Kogge in Minden - BV: Holzholen, 1970; Atemholen, 1974; Atempause, 1981; Zeitged., 1983; M.

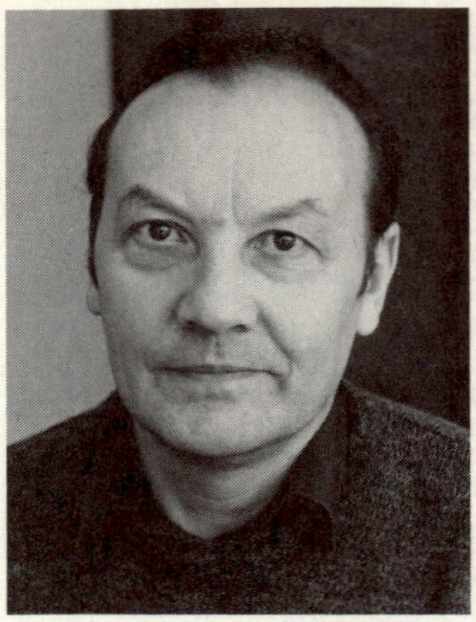

Haut u. Haar, 1987; Linien, 1987; Bewegte Landschaft, 1988.

DEPPING, Friedhelm

Dr.-Ing., Wiss. Rat, Prof. f. Prozeßrechentechnik Univ. Bochum/Abt. f. Elektrotechnik (s. 1972) - Girondelle 43, 4630 Bochum 1 - Geb. 1. Juni 1930 Bochum - Promot. 1961 Aachen - 1962 Siemens, Erlangen; 1967 CERN, Genf. Zeitw. USA. Facharb.

DERBEN, Hans

Verwaltungsangest., MdL Nieders. (s. 1967) Niggemannweg 7c, 3000 Hannover (T. 652272) - Geb. 24. Sept. 1927 Danzig (Vater: prakt. Arzt), kath., verh., 3 Kd. - Gymn. (n. Arbeits-, Kriegsdst. u. sowjet. Gefangensch. beendet) - S. 1948 Angest. nieders. Versorgungsverw. (Betriebs- bzw. Personalratsvors. nds. Sozialmin.). 1961 ff. Ratsherr Hannover (stv. Vors. Sozialaussch.). CDU (u. a. Mitgl. Landesvorst.).

DERCLAYE, François

Dipl.-Ing., Geschäftsführer Vereinigte Glaswerke GmbH., Aachen, Vorstandsmitgl. Glas- u. Spiegel-Manufactur AG., Schalke - 24, rue François Stroobant, 1060 Ixelles-Bruxelles (Belgien) -

DERES, Karl

Dipl.-Hdl., Studiendirektor i. R., MdB (s. 1980; Wahlkr. 147 Ahrweiler) - Rolandstr. 6, 5485 Sinzig (T. 42346) - Geb. 13. Febr. 1930 Sinzig (Vater: Hermann D., Oberlokomotivführer; Mutter: Agnes, geb. Becker), kath., verh. s. 1969 m. Anita, geb. Ley, 4 Kd. (Christhild, Franz Hermann, Claudia, Christian) - Stiftsgymn. Andernach; Banklehre Dt. Bank, Andernach; Univ. Köln (Wirtschaftspäd.) - 1960-65 Studienrat Berufsbild. Schulen Kr. Ahrweiler; 1965-75 Studiendir. u. stv. Schulleit. Berufsbild. Schulen Mayen-Andernach u. Ahrweiler-Sinzig (1969). 1970 Tätigk. Min. f. Unterr. u. Kultus Mainz. I. Kreisdeputierter Landkr. Ahrweiler; 1975-80 MdL Rhld.-Pfalz. CDU (Vors. Kreisverb. Ahrweiler) - Liebh.: Sport, Musik - Spr.: Engl.

DERFUß, Alfred

1. Bürgermeister - Rathaus, 8524 Neunkirchen am Brand/Ofr. - Geb. 3. Mai 1931 Neunkirchen a. Brand - Dipl.-Finanzwirt FH, Wirtsch.-Dipl. u. Betriebsw. (VWA). CSU.

DÉRIAZ, Philippe

Dipl.-Ing. (ETH), Regisseur - Fleischerstr. 12, 8000 München 2 (T. 089 - 76 16 34) - Geb. 6. Juni 1930 Genf (Vater: Georges D., Dipl.-Ing., Patentanw.; Mutter: Renée, geb. Bonnet), ev., gesch., 2 Kd. (Christine, Frédéric) - 1948-55 ETH Zürich; Dipl. 1955 - 1972-73 Oberspielleit. Städt. Bühnen Heidelberg - 36 Bühneninsz.; ca. 100 Filme. Einige Auszeichnungen - Spr.: Franz. (Mutterspr.), Deutsch, Italien., Engl.

DERICHS, Alfred

Dipl.-Ing., Unternehmer, Geschäftsf. Derichs Ges. f. Verfahrenstechnik GmbH, Kompl. Derichs GmbH + Co.

KG Masch.- u. Mühlenbau - Daimlerstr. 27, 5132 Übach-Palenberg - Geb. 4. Juli 1930 Palenberg (Vater: Josef D., Ing.; Mutter: Maria, geb. v. d. Driesch), kath., verh.s. 1960 m. Hubertine, geb. Schreinemachers, 3 Kd. (Hanno, Ulrike, Uta) - Stud. RWTH Aachen - Verwaltungsaussch. Arbeitsamt Aachen u. a. - Spr.: Engl.

DERICHS, Heinz-Josef

Dipl.-Ing., Unternehmer, Geschäftsführer Derichs Ges. f. Verfahrenstechn. GmbH - Daimlerstr. 25, 5132 Übach-Palenberg - Geb. 2. Juli 1927 Palenberg (Vater: Josef D., Ing.; Mutter: Maria, geb. von den Driesch), kath. - Stud. RWTH Aachen - Spr.: Engl.

DERICUM, Christa

Dr. phil., Schriftstellerin - Ortsstr. 100, 6943 Birkenau/Hornbach (T. 06201 - 3 42 11) - Geb. 21. Mai 1932 Rheinberg (Niederrh.), verh. s. 1988 m. Prof. Dr. Philipp Wambolt v. Umstadt (Geb.name: Dericum), 2 Adoptivsöhne aus 1. Ehe - Stud. (Gesch., Kunstgesch., Soziol.) Univ. Heidelberg u. Ann Arbor/Michigan, USA; Promot. 1961 Heidelberg - 1960/61 Redakt. b. Südd. Rundf.; 1961-64 Verlagslekt.; 1964-68 Polit. Redakt. Radio Bremen; dan. fr. Schriftst. u. Übers. - BV: Burgund u. seine Herzöge, 1966 u. 80; Belgien-Luxemburg, 1970; Holland, 1972; Fritz u. Flori-Tageb. e. Adoption, 1976 u. 80; Florian Geyer u. d. dt. Bauernkrieg, 1979 u. 87; Maximilian I, Biogr. 1980; Spiegelbilder, 1989. Zahlr. Aufs. zu Demokratiegesch. u. Kultursoziol. 6 Buchübers. aus d. Engl. Herausg.: Alfred Weber, Haben wir Deutschen s. 1945 versagt? (1979 u. 83) - Liebh.: Musik, Natur, Wandern - Spr.: Engl., Franz. Ital. - Lit.: Kürschners Lit.kalender.

DERINGER, Arved

Prof., Rechtsanwalt - Heumarkt 14, 5000 Köln 1 (T. 20 50 70); priv.: Freibadstr. 93, 7000 Stuttgart-Vaihingen (T. 73 33 44) - Geb. 4. Juni 1913 Neustuttgart/Ukraine, ev., verh. s. 1950 m. Erika, geb. Stapff, 5 Kd. - Gymn.; Univ. Tübingen, Kiel, Genf, Berlin (Theol. u. Rechtswissensch.) - 1938-39 Leiter Studentenwerk, 1939-47 Wehrdienst (Marineoffizier) und bis 1947 franz. Gefangensch., Dolmetscher, Jugendleit., Versich.vertr. u. Rechtsanw. (1952). 1957-69 MdB; 1958-69 Mitgl. Europ. Parlament (1966 Vors. Rechtsaussch.). CDU s. 1953 (div. Funktionen) - BV (1937ff.): Aktuelle Grundsatzfragen d. Kartellrechts (m. Biedenkopf u. Callmann); Kommentar z. EWG-Wettbewerbsrecht - 1977 Ehrenprof. baden-württ. Landesreg. - Liebh.: Fotogr., Garten - Spr.: Russ., Engl., Franz.

DERIX, Christoph Hermann

Dr., Botschafter - Zu erreichen üb. Ausw. Amt, Zul. 5300 Bonn 1 - Geb. 11. Juni 1939 Goch (Vater: Josef D. †, Goldschmiedem.; Mutter: Hildegard, geb. Köster), kath., verh. s. 1970 m. Pierette, geb. Azouz, T. Claudia Bernadette - Hum. Gymn. (Abit. 1959); Stud. Univ. Frankfurt u. Marburg; Promot. 1967 - Spr.: Engl., Franz. - Rotarier - Zul. Botsch. d. BRD im Kongo.

DERLEDER, Peter

Dr. jur., Prof. f. Bürgerl. Recht Univ. Bremen - Orleansstr. 74b, 2800 Bremen - Geb. 3. März 1940, verh., 2 Kd.

DERLIEN, Hans-Ulrich

Dr. rer. pol., Prof., Lehrstuhlinh. f. Verwaltungswiss. Univ. Bamberg (s. 1978) - Feldkirchenstr. 21, 8600 Bamberg - Geb. 20. Juli 1945 Lübeck - Katharineum Lübeck; 1966-72 Univ. Berlin (FU) u. Leicester/Engl. - B. 1977 Wiss. Assist., dann Prof. Bundeswehr-Hochsch.; s. 1978 o. Prof. f. Verwaltungswiss. Univ. Bamberg; 1978ff. Vorst. Ges. f. Programmforsch. in d. öfftl. Verw. - BV: D. Erfolgskontrolle staatl. Planung, 1976; Mitverf.: Kommunalverfass. u. Kommun. Entscheidungssystem, 1976; Vollzugsprobleme d. Umweltpolitik, 1978; Verwaltungslexikon, 1985; Kommunalpolitik im geplanten Wandel, 1986; Innere Struktur d. Landesministerien in Baden-Württ., 1988.

DERMIETZEL, Friedrich

Dr. jur., Rechtsanwalt, Vorstandsmitgl. Zusatzversorgungskasse d. Baugewerbes VVaG (ZVK-Bau), Geschäftsf. Urlaubs- u. Lohnausgleichskasse d. Bauwirtschaft (ULAK), alles Wiesbaden - Graf-Gerlach-Str. 3, 6200 Wiesbaden (T. 06121 - 54 05 51) - Geb. 18. Dez. 1935 Berlin (Vater: Karl D., Oberlandesgerichtsrat; Mutter: Lucie, geb. Engler), ev., verh. m. Paula, geb. Rompel, S. Jan - Abit. human. Gymn. Ernestinum Celle; Stud. Rechts- u. Staatswiss. Univ. Würzburg, Hamburg, Göttingen; 1. jurist. Staatsex. 1961 Würzburg, Referendarausb. Celle, Bayern, USA, Berlin; Ass.ex. 1965 Hannover, Promot. 1967 Würzburg - B. 1968 Rechtsanw. Celle, Banktätigk. Merck, Finck & Co. München (1971 Prok.); 1972 Vorstandsmitgl. Bankenunion Frankfurt AG; 1974 stv., s. 1975 o. Vorstandsmitgl. ZVK-Bau, s. 1977 auch Geschäftsf. ULAK, alle Wiesbaden - Hauptmann d. R.; Ehrenkreuz der Bundeswehr.

DERSCHAU, Christoph

Schriftsteller, Textdok. - Gödersenweg 23, 2000 Hamburg 65 - Geb. 13. Febr. 1938 Potsdam, verh. - Mitgl. PEN-Club u. VS - BV: D. Kopf voll Suff u. Kino, Ged. 1976; D. Ufer d. salzlosen Karibik, Ged. 1977; So e. Theater!, Theater- u. Hörst., Feature 1977; D. guten Wolken, Haikus 1980; Grüne Rose, E. Poem 1981; Monolog in d. Küche, Ged. u. Lieder 1982; So hin u. wieder d. eigene Haut ritzen ..., Ausgew. Ged. 1986; Bei den Schakalen, Prosa 1989. Div. Theaterst., Hörsp., e. Film, Tonbandkassetten u. e. Schallpl. Herausg.: Schreibheft 25, anl. d. 50. Geb. v. Hubert Fichte (1985); Lehrtätigkeit an amerik. Univ. (1988).

DERWALD, Walter

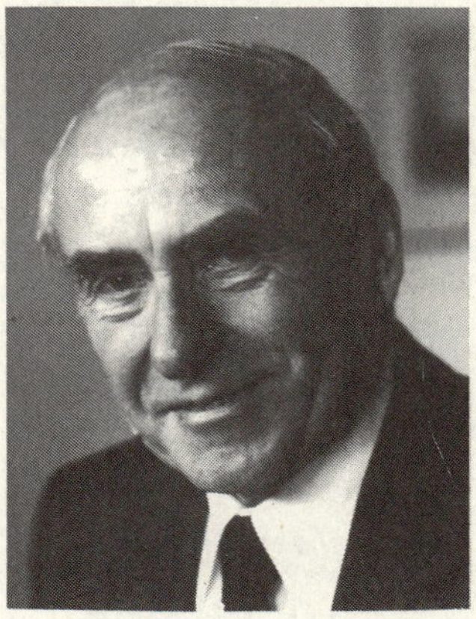

Baumeister, Präs. Handwerkskammer Dortmund (1961-84), Ehrenpräs. (s. 1984), Präsid. Zentralverb. d. Dt. Handwerks (1967-87), Vors. Bundesverb. d. Innungskrankenkassen (1957-81), d. Landesverbandes Westfalen d. Innungskrankenkassen (1955-80) u. d. VR d. Kreditgarantiegemeinschaft d. nordrh.-westf. Handwerks (1973-87); Vors. Hauptaussch. f. Sozialversich. d. Zentralverb. d. Dt. Handwerks (1967-87) - Patroklusweg 23, 4600 Dortmund 50 - Geb. 27. April 1911 Dortmund - AR-Mitgl. Iduna (1969-88); AR-Vors. Dortm. Volksbank (1971-84) u. Ehrenvors. (s. 1984); Stv. AR-Vors. Verlagsanstalt Handwerk GmbH (1972-84); SIGNAL Krankenversich. (1980-85) u. SIGNAL Unfallvers. (1985-87).

DERWALL, Josef (Jupp)

Dipl.-Sportl., Bundestrainer a. D. (1979-84; Rücktr.), Fußballtrainer Galatasaray Istanbul/Türkei (1984-88) - Winterbachsroth 12a, 6602 Dudweiler - Geb. 10. März 1927 Würselen (Vater: Johann D., Bundesbahn-Obersekr.; Mutter: Maria), kath., verh. s. 1963 m. Elisabeth, geb. Beck, 2 Kd. (Manuela, Patrick) - Realsch. Aachen, Eidgen. Turn- u. Sportsch. Schweiz. 1948-61 Spieler u. Spielertrainer Dtschl. u. Schweiz, 1962ff. Vereins- bzw. Verbandstrainer; 1984-88 Techn. Dir. b. Galatasaray Isanbul - 4 × Dt. Pokalendsp. (1954/57/58/62), 1 × Schweiz. Cupfin. (1961), 1960 Schweiz. Vizem., 1965 Südwestd. Meister, 1980 Europam., 1982 Vizeweltm., 1985 Pokalsieger, 1986 2. Platz, 1987 u. 88 Türk. Meister u. Super-Cup - 1985 Orden Mérite et Dévonement Française; 1989 BVK - Liebh.: Golf, Musik - Spr.: Engl.

DESCH, Heinz

Fabrikant, gf. Gesellsch. J. Desch, Herrenkleiderwerke, Aschaffenburg, Vizepräs. IHK Aschaffenburg - Kirchnerstr. 4, 8750 Aschaffenburg (T. 53081) - Geb. 31. Juli 1921 Frankfurt/M. - 1971 BVK, 1975 Bay. VO. - Spr.: Engl., Franz. - Rotarier.

DESCHAUER, Alfred

Dr. med., Chefarzt i. R. Neurol.-Psych. Abt. Städt. Viktoria-Krkhs., Berlin - Im Gehege 12, 1000 Berlin 33 (T. 8324844) - Geb. 22. Febr. 1917 Geisa/Thür., kath., verh. s. 1952 m. Ilse, geb. Jung, T. Nikola - Gymn. Fulda; Univ. Frankfurt/M. u. Jena (Med. Staatsex. 1941) - Liebh.: Musik - Spr.: Lat., Griech., Franz.

DESCHNER, Karlheinz

Dr. phil., Schriftsteller - Goethestr. 2, 8728 Haßfurt/M. (T. 81 59) - Geb. 23. Mai 1924 Bamberg (Vater: Karl D., Forstoberamtm.; Mutter: Grete, geb. Reischböck), verh. s. 1951 m. Elfi, geb. Tuch, 3 Kd. (Katja, Bärbel, Thomas) - BV: D. Nacht steht um mein Haus, R. 1956 (auch serbokroat., engl. u. franz.); Kitsch, Konvention u. Kunst - E. literakrit.Streitschr., 1957; Florenz ohne Sonne, R. 1958 (auch franz.); Abermals krähte d. Hahn - E. krit. Kirchengesch., 1962 (auch holl. u. norweg.); Talente, Dichter, Dilettanten - Über- u. unterschätzte Werke in d. dt. Lit. d. Gegenw., 1964; Mit Gott u. d. Faschisten - D. Vatikan im Bunde m. Mussolini, Franco, Hitler u. Pavelic, 1965; Kirche d. Unheils. Argumente, um Konsequenzen z. ziehen, 1974; D. Kreuz m. d. Kirche. Eine Sexualgesch. d. Christentums, 1974 (auch holl.). Herausg.: Was halten Sie v. Christentum?, 1957; D. Jh. d. Barbarei, 1966; Jesusbilder in theol. Sicht, 1966; D. Christentum im Urteil s. Gegner, 2 Bde. 1969/71; Kirche u. Krieg oder D. christl. Weg z. Ewigen Leben, 1970; Warum ich aus d. Kirche ausgetreten bin, 1970; Warum ich Christ, Atheist, Agnostiker bin, 1977; Abermals krähte der Hahn, 1980; E. Jahrhundert Heilsgesch. - D. Politik d. Päpste im Zeitalter d. Weltkr./ V. Leo XIII. 1878 b. zu Pius XII. 1939, 1982 - Mitgl. PEN-Zentrum BRD, Ehrenmitgl. Bund f. Geistesfreiheit, Nürnberg.

DESELAERS, André

Dr. jur., Rechtsanwalt, Vorstandsmitgl. Kaiser's Kaffee-Geschäft AG., Viersen - Bismarckstr. 36, 4060 Viersen/Rhld. - Geb. 27. März 1921 Pont/Rhld.

DESELAERS, Johannes

Geschäftsführer Rhein. Sparkassen- u. Giroverb. - Kirchfeldstr. 60, 4000 Düsseldorf 1.

DESELAERS, Josef

Dr. jur., Prof. f. Tierzuchtrecht Univ. Bonn, Ministerialdirigent - Kissbergweg 35, 4000 Düsseldorf 12 (T. 0211 - 28 96 17) - Geb. 23. März 1923 Geldern (Vater: Hermann D., Landw.; Mutter: Henrika, geb. Smitmans), kath., verh. s. 1953 m. Elisabeth, geb. Otten, 2 Kd. (Vera, Wolfgang) - 1933-40 Gymn. Geldern; nach Wehrdst. (1940-45 Ltn. d.R.) 1945-49 Stud. Rechtswiss. Univ. Köln (1. Staatsprüf. 1949, Promot. 1950), 1949-53 Refer., 2. Staatsprüf., 1953-55 Anwaltsass. u. Rechtsanw. Düsseldorf; 1955-58 Verw. f. Flurbereinig. u. Siedl., Bonn (zul. Rechtsdez.); s. 1958 Min. f. Ernähr., Landw. u. Forsten, Düsseldorf (1958-72 Gr. Recht u. Gesetzgeb., s. 1967 Leit. ders.; 1972 Gr. Tier. Erzeugn. in d. Abt. Agrarwirtsch., 1976 Übern. Abt. als Ministerialdirig.). S. 1974 Lehrauftr. Univ. Bonn üb. Tierzuchtrecht. - Zahlr. wiss. Vortr. u. Veröff. - 1983 Honorarprof. Univ. Bonn - Liebh.: Gesch. - Spr.: Franz. (Latein u. Griech.).

DESNITSKY, Ivan

Schauspieler (Ps. Ivan Desny) - Via Monescia 20, Casa al Sole, 6612 Ascona, TI, Schweiz (T. 093 - 352005) - Geb. 28. Dez. 1922 Peking/China (Vater: Jean D., Diplomat; Mutter: Olga, geb. Lopatkine) - Stud. Ecole des Sciences Politiques Paris (Jura) - Üb. 100 Rollen in Filmen u. im Fernsehen - Liebh.: Malerei, Kochen, Golf, Reisen - Spr.: Franz., Engl., Deutsch, Ital., Russ.

DESNY, Ivan

s. Desnitsky, Ivan

DESSAUER, Guido

Dr. techn., Dipl.-Physiker, Honorarprof. TU Graz - Martelsgraben 2, 8132 Tutzing - Geb. 7. Nov. 1915 Aschaffenburg, verh. m. Dr. Gabrielle, geb. v. Keller - Stud. Physik - ARs- u. Beiratsmand. - Spr.: Engl., Franz., Ital. - Rotarier.

DESSOI, Willy

Kaufmann (selbst.), AR-Vors. Getränke-Ring eG., Frankfurt (s. 1961), AR-Mitgl. Kronland-Marken GmbH, ebd. (s. 1964) - Röntgenstr. Nr. 13, 6454 Bruchköbel - Geb. 8. Jan. 1917 Wiesbaden, verh. s. 1949 m. Lydia, geb. Desoi, 3 Kd. (Bernhard, Klaus, Ulrike) - Oberreal-, Höh. Handels- u. Verw.sch. - 1977 BVK.

DETALLE, Michel-Pierre

Dr., Geschäftsführer Saarland Raffinerie GmbH., Völklingen - Zu erreichen üb. Saarland Raffinerie GmbH, Kokereistr., Postf. 10 20 80, 6620 Völklingen - Geb. 21. April 1932.

DETAMBEL, Alfred J.

Vorsitzender Dt. Beamtenbund/Landesbd. Saar - Saaruferstr. 16, 6600 Saarbrücken.

DETERING, Heinrich

Schriftsteller - Fäutlingsgasse 4, 3400 Göttingen - Geb. 1. Nov. 1959 Neumünster, ev., verh. s. 1984 m. Christine, geb. Trinter, S. Jakob - Promot. 1988 Univ. Göttingen - BV: Zeichensprache, Ged. 1978; D. Jahreszeiten, Ged. 1978; In mag. Kreisen: Goethe u. Lippe, Monogr. 1984. Herausg.: Alexander v. Blomberg (Ged. 1986); Christian Wilhelm v. Bohm (Ausgewählte Schriften 1988) - 1977 Lipp. Kulturpreis; 1983 2. Preis f. Prosa Nordrh.-Westf. Autorentreffen.

DETERING, Klaus

Dr. phil., o. Prof. f. Englisch u. Didaktik u. Meth. d. Englischunterr. PH Kiel (s. 1975; 1976 Vizepräs., 1978 Präs.) - Rönkoppel 3, 2300 Altenholz-Klausdorf - Geb. 5. Nov. 1935 Senne I/W., ev., verh. s. 1963 m. Annelore, geb. Mößbauer.

DETERMANN, Helmut

Dr. phil. nat., Chemiker Honorarprof. Univ. Frankfurt/M. (s. 1970) - Panoramastr. 15, 6940 Weinheim - Geb. 25. Aug. 1932 Würzburg - Promot. (1959) u. Habil. (1964) Frankfurt - Industrietätigk. (GeschF. Boehringer Mannheim GmbH) - BV: Gelchromatogr., 1967 (div. Übers.). Zahlr. Einzelarb.

DETERS, Heiko

Dipl.-Psych., Schriftsteller, Übers. - Metzerstr. 24, 5000 Köln 1 - Geb. 31. Jan. 1944, ledig - Stud. Psych. (Dipl. 1970) u. Phil. - 1980 Ständ. Mitarb. Stadtztg. Köln - BV: Hier stehe etwas an d. Wand, 1970; Tageb. e. in Köln Exilierten, in: Notizbuch - neun Autoren, Wohnsitz Köln, 1972. Herausg.: Psychologie (1972-78); Gläserne Herzen (1988; Pfeifer u. Deters). Übers. wiss. Texte (1972-80), lit. Texte (1971-83); Bearb. Forschungsauftr. NRW (1976-78).

DETERS, Rolf
Dr.-Ing., Prof., Geschäftsführer Teerbau Ges. f. Straßenbau mbH., Essen, Lehrbeauftr. f. Technologie bituminöser Baustoffe TU Braunschweig (s. 1973) - Selbachstr. 32, 4300 Essen-Überruhr - Geb. 5. Okt. 1933 - 1980 Honorarprof. TU Braunschweig.

DETERT, Günther
MdL Nordrh.-Westf. - Wylackstr. 6, 4230 Wesel 1 (T. 0281 - 25678) - Geb. 6. Jan. 1929 - Zul. Hauptgf. Kreishandwerkersch. Wesel; VR-Vors. Verb.sparkasse Wesel. CDU.

DETERT, Klaus
Dr.-Ing., o. Prof. f. Maschinen- u. Werkstofftechn. Gesamthochsch. Siegen (Fachber. Maschinentechnik I) - Breslauer Str. 8, 5901 Wilnsdorf 5 - Geb. 29. Nov. 1926 Berlin - Zul. Industrietätigk. AEG-Telefunken, Frankfurt/M. (Forsch. u. Entwickl.). Ab 1961 (Habil.) Privatdoz. u. apl. Prof. (1967) TU Berlin. Facharb.

DETHLEFFS, Ursula
Malerin u. Graphikerin - 7972 Isny/Allgäu - Geb. 6. Juli 1933 Ottersweier/Baden (Vater: Arist D., Wohnwagenfabr. Mutter: Fridel, geb. Edelmann, Malerin, ev. - Autodidakt - Bilder im Besitz d. Museen Konstanz, Ulm, Stuttgart, München, Dortmund, Friedrichshafen u. a.; Chorfenster Nikolaikirche u. 2 Glasbetonfenster Friedhofshalle Isny - 1956 Oberschwäb. Kunstpreis der Jugend, 1968 Kunstpr. d. Stadt Kempten - Lit.: D. Mädchen U. D. (Simon-Koch-Verlag, 1955); Farb- u. Fernsehfilm U. D. i. Folkwangmuseum, 1960.

DETHLEFSEN, Harald
Rechtsanwalt, Hauptgeschäftsführer Bund d. Arbeitgeber, Kiel, u. Nordmetall Arbeitgeberverb. d. Metallind. Hamburg-Schleswig-Holst., Hamburg - Groten Diek 30, 2070 Großhansdorf - Geb. 14. Aug. 1927 Itzehoe.

DETHLOFF, Hans
Dr., Staatssekretär a. D., Geschäftsführer Messe Frankfurt GmbH - Ludwig-Erhard-Anlage 1, 6000 Frankfurt/M. (T. 069 - 75 75 63 29/63 28) - Geb. 9. Mai 1934.

DETHLOFF, Walter
Kaufmann, Honorarkonsul d. Rep. Indonesien (s. 1976) - Sophie-Dethleffs-Str. 37, 2240 Heide (T. 0481-6 44 33) - Geb. 4. Sept. 1904 - Mitgl. Außenwirtsch. Integr.aussch. DIHT, Bonn; Mitgl. Präsid. Dt.-Indones. Ges. Schleswig-Holstein, Vorst.-Mitgl. Carl Duisberg-Ges. Schleswig-Holstein - 1970 BVK I. Kl., 1977 Gr. BVK - Spr.: Engl. - Rotarier.

DETJEN, Claus
Hauptgeschäftsführer Bundesverband Dt. Zeitungsverleger - Riemenschneiderstr. 10, 5300 Bonn 2; priv.: Strundener Str. 166, 5000 Köln 80 - Geb. 24. Mai 1936 Würzburg, verh. m. Ursula, geb. Vogel, 2 Kd. (Stephan, Anne) - Univ. Basel u. München - 1960-67 polit. Redakt. u. stv. Chefred. Zeitungsring Oberfranken, Bayreuth; 1967-76 Chef v. Dienst Dt. Welle, Köln; 1976ff. Geschäftsf. Ber. Elektron. Medien, Bundesverb. Dt. Ztg.verleger, 1982-85 Geschäftsf. Anstalt f. Kabelkommunikation Ludwigshafen/Rh.

DETLEFSEN, Jörgen
Skandinavien-Korrespondent Hörfunk d. NDR/WDR/SDR (s. 1983) - Rödstügüvägen 24, S-18131 Lidingö/Schweden (T. 0046 - 8-7672130) - Geb. 14. Nov. 1940 Berlin, vd., verh. s. 1964 m. Ann, geb. Wolfsberg, 2 Kd. (Rikke Susanne, Lars Christian) - 1961-64 Stud. FU Berlin (Publiz., Politologie, Nordistik) - 1964-67 Redakt. Flensborg Avis, Flensburg; 1967-73 Deutschlandfunk Köln; 1973-83 NDR Studio Flensburg - Spr.: Engl., Dän., Schwed.

DETLEFSEN, Jürgen
Dr.-Ing., Prof. f. Funkortung u. Funknavigation TU München - Bachstr. 12, 8137 Berg - Geb. 3. Okt. 1943 Dresden (Vater: Erich D., kaufm. Revisor; Mutter: Margareta, geb. Niederauer), ev., verh. s. 1969 m. Gisela, geb. Hitzler, 3 Kd. - Dipl.-Ing. Elektrotechnik 1967, Dipl.-Wirtschaftsing. 1968, Promot. 1971, Habil. 1978 - 1968-74 Wiss. Assist.; 1974-80 Obering.; 1980 ff. Prof. f. Funkortung u. Funknavigation - BV: Abbild. m. Mikrowellen, 1979 - 1980 NTG-Preis - Spr.: Engl., Franz.

DETLEFSEN, Max Werner
Landwirt, MdL Schlesw.-Holst. (Wahlkr. 8/Schleswig) - Lindaunis 12, 2347 Boren - Geb. 12. Jan. 1928 Lindaunis - CDU.

DETMERING, von, Wolf-Dieter
Kanzler FU Berlin (s. 1984) - Altensteinstr. 40, 1000 Berlin 33 (T. 030 - 838 60 00) - Geb. 12. Juli 1941 Posen (Vater: Wolfgang v. D., Landw.; Mutter: Ingeborg, geb. Bitter), ev., verh. s. 1973 m. Monika, geb. Löer, 2 Kd. (Ilka Juliane, Yorck Alexander) - Abit. 1964 Großburgwedel; 1. jurist. Prüf. 1968 OLG Schleswig; 2. jurist. Prüf. 1973 OLG Hamburg - 1973-76 Syndikus Univ. Kiel; 1976 Kanzler FHS Dortmund; 1976-84 Kanzler Med. Hochsch. Lübeck - Spr.: Engl.

DETRICH, Tamas
Solotänzer Württ. Staatstheater Stuttgart - Heslacherwand 18, 7000 Stuttgart 1 (T. 640 63 03) - Geb. 25. Juli 1959 New York (Vater: Kalman D., Inh. e. Klaviergesch.; Mutter: Kormos Palinkas) - Ballett-Hauptrollen: Romeo, Onegin, Tames - Spr.: Engl., Ungar., Deutsch.

DETTE, E.
Dipl.-Ing., Geschäftsführer Hermann Zanker GmbH./Waschmaschinen - Zu erreichen üb. Zanker Hausgeräte Vertriebs GmbH, Beim Kupferhammer 5, 7400 Tübingen; priv.: Kälteräckerstr. 15, 7407 Rottenburg/N. - Geb. 27. Febr. 1929.

DETTE, Gerhard
Dr. phil., Generalsekretär Dt. Akademie f. Sprache u. Dichtung (s. 1978) u. Geschäftsf. Dt. Literaturfonds (s. 1981) - Alexandraweg 23, 6100 Darmstadt (T. 06151 - 4 48 23) - Geb. 11. Nov. 1940 Lüneburg - Stud. Göttingen, Hamburg u. Wien (Literaturwiss., Klass. Philol., Musikwiss.) - S. 1968 Lehrbeauftr. Univ. Göttingen u. s. 1971 Leiter Presse- u. Informationsbüro ebd.; 1977/78 Wiss. Mitarb. Herzog August Bibl. Wolfenbüttel - Literatur- u. Musikkritiker f. versch. Ztg.

DETTENHOFER, Günther
Dipl.-Brauereiing., Vorstandsmitgl. Patrizier-Bräu AG. - Schwabacher Str. 106, 8510 Fürth/Bay.; priv.: Holzstr. 5 - Geb. 3. Febr. 1924 Schwandorf.

DETTLOFF, Werner Rainer
Dr. theol., em. o. Prof. f. Geschichte d. Theologie s. d. Ausgang d. Väterzeit (s. 1963) u. Vorst. Grabmann-Inst. z. Erforsch. d. mittelalterl. Theol. u. Phil. Univ. München (1965-85). Gründ. Bonaventura-Inst. Tokio - Ringstr. 57, 8200 Oberwöhr/Obb. (T. 08031 - 4 15 67) - Geb. 12. Okt. 1919 Schwientochlowitz/OS. (Vater: Anton D.; Mutter: Maria, geb. Schloßarzyk), kath., led. - Gymn.; Stud. Phil. u. Theol. Promot. (1952) u. Habil. (1961) München - BV: D. Lehre v. acceptatio divina bei Johannes Duns Scotus m. bes. Berücks. d. Rechtfertigungslehre, 1954. D. Entwickl. d. Akzeptations- u. Verdienstlehre v. Duns Scotus bis Luther m. bes. Berücks. d. Franziskanertheologen, 1963.

DETTMANN, Günther
Dipl.-Ing., Prof., berat. Ing. - Eppendorfer Landstr. 27, 2000 Hamburg 20 (T. 481679) - Geb. 16. Sept. 1924 Hamburg, ev., verh. s. 1954 m. Helene, geb. Grotkasten (Dekorateurin), 3 Kd. (Christian, Susanne, Frauke) - 1934-43 Obersch. Eppendorf; 1945-51 TH Braunschweig - S. 1952 berat. Ing. f. Bauwesen; s. 1957 Dozent Kunsthochsch. Hamburg (Tragkonstruktionen); s. 1961 Prüfing. f. Baustatik. Div. Brücken- u. Industriebauwerke, zul. Kaispeicher A Hamburg - Liebh.: Reiten - Spr.: Engl., Franz.

DETTMANN, Klaus
Dr. rer. nat., o. Prof. f. Kulturgeographie Univ. Bayreuth - Heinrich-Schütz-Str. 22, 8580 Bayreuth.

DETTMAR, Werner
Dekan KR, Präses d. Ev. Landessynode Kurhessen-Waldeck, Schriftleit. d. Dt. Pfarrerblattes - Baunsbergstr. 37, 3500 Kassel - Geb. 21. April 1929 Kassel (Vater: Hermann D., Modellschreiner; Mutter: Anna, geb. Dettmar), ev., verh. s. 1955 m. Mechthild, geb. Maass, 3 Kd. (Erika, Ines, Kerstin) - Univ. Marburg u. Göttingen (Theol.) - S. 1955 Pfarrer u. Dekan (1968).

DETTMER, Albrecht
Schauspieler, Regiss. - Voltmerstr. 27, 3000 Hannover 1 - Geb. 25. Mai 1949, ev., ledig - Gründung d. rambazammbaff-theater - Vors. Heimrat Freizeitheim Linden; Vorst.-Mitgl. Naturheilverein Prießnitz v. 1890, Verein z. Förd. d. lit. Straßentheaters u. d. Kinder- u. Jugendtheaters - Spr.: Engl.

DETTMER, Hans A.
Dr. phil., o. Prof. f. Geschichte Japans - Universität, 4630 Bochum - Geb. 23. Jan. 1927 Behnsdorf/Altm. - Promot. 1958 München; Habil. 1970 Frankfurt/M. - B. 1971 Prof. Frankfurt, dann Bochum - BV: u. a. D. Steuergesetzgeb. d. Nara-Zeit, 1959; D. Urkunden Japans v. 8. b. ins 10. Jh., Bd. 1 D. Ränge, 1972; Grundzüge d. Gesch. Japans, 4. A. 1985; E. Japan-Karte aus d. Edo-Zeit. Beschreibung d. Manuskriptes, 1984; Einf. in d. Stud. d. japan. Gesch., 1987; Ainu-Grammatik, Teil I, 2 Bde., 1989.

DETTMER, Horst-Wolfgang
Generalkonsul d. Dominikan. Republik f. Hessen u. Rheinl.-Pfalz - Fuchshohl 59, 6000 Frankfurt/M. 50 (T. 069 - 52 10 35) - 1985 BVK I. Kl.

DETTMERING, Wilhelm Heinrich

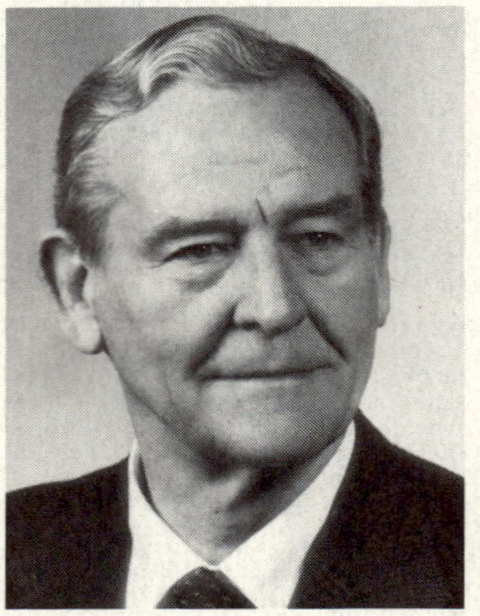

Dr.-Ing., Prof., Vorstandsmitglied i. R. Fried. Krupp GmbH. (1970-77; Ress. Forsch. u. Entwickl.) - Luxemburger Ring 26, 5100 Aachen - Geb. 19. Jan. 1912 Aumund b. Bremen (Vater: Wilhelm D.; Mutter: Anna, geb. Oentrich), ev., verw., S. Wilhelm - Abit., 1930-35 Stud. Maschinenbau TH Berlin, Braunschweig, Aachen; Dipl.-Ing., Promot. - 1935-41 Forschungsing. Erprobungsstelle Luftwaffe Travemünde u. Peenemünde, 1948-61 Obering. TH Aachen, 1962-69 o. Prof. u. Dir. Inst. f. Strahlantriebe u. Turboarbeitsmaschinen TH Aachen; Mitgl. d. Rhein.-Westf. Akad. d. Wissensch. (Kl. f. Natur-, Ing.- u. Wirtschaftswissensch., 1971); Mitgl. d. Vorst. d. DGLR, 1969; 1975-77 Präs. VDI, jetzt Ehrenmitgl. - BV: D. Nahverkehr. Probleme u. Lösungsansätze, 1976. Zahlr. Fachveröff. - 1982 Ehrenmitgl. Dt. Ges. f. Luft- u. Raumfahrt, Köln, 1987 BVK I. Kl. - Liebh.: Segelsport (Hochsee); 1936-39 Regatta-Preise - Lit.: Techn. Mitt. Krupp, Jan. 1977; VDI-Ztg. 119, 1977.

DETTMERS, Jürgen
Rechtsanwalt, Mitinh. C. Melchers & Co., Bremen - Schlachte 39, 2800 Bremen 1; priv.: Friedrich-Mißler-Str. 5a - Geb. 21. Juli 1924.

DETTWEILER, Christian Friedrich
Dr. phil., Apotheker. Psychotherapeut, Graphologe - Erlenweg 14, 7000 Stuttgart 70 (T. 0711 - 76 29 23; Fax 0711 - 765 41 57) - Geb. 5. Sept. 1915 Rostock (Vater: Prof. Dr. Friedrich D., Landestierzuchtinsp.; Mutter: Luise, geb. Janentzky), verh. s. 1949 m. Anneliese, geb. Pfisterer, 2 Kd. (Gabriele, Helmut) - Gymn. Abit. Staatsex. (Pharmaz.), Psychoanalyse/Tiefenpsych., Graphol. Promot. - Vorstand Intern. Ges. f. Dynamische u. Klin. Schriftpsychol. (DKS). Intern. Ausbild.kurse, Sem., Tagungen - Erfindung: Verfahren z. Keimungshemm. d. Kartoffel (Pat. 1943) - BV: Jugend in Not, 1974 - Spr.: Engl., Schwed.

DEUBEL, Franz
Dipl.-Kfm., Geschäftsführer Armco GmbH., Voer-de, u. Armco-Thyssen GmbH., Dinslaken - Rheydter Weg 11, 5025 Stommeln/Rhld. - Geb. 20. Juli 1930.

DEUBER, Walter
Dr. sc. math., Prof. f. Mathematik Univ. Bielefeld - Wildhagen 54, 4800 Bielefeld 1 - Geb. 6. Okt. 1942 Bern/Schweiz (Vater: Alfred D.; Mutter: Ruth, geb. Pflüger), verh. s. 1967.

DEUBLEIN, Otmar
Dr.-Ing., Geschäftsführer Kernkraftwerk Lingen GmbH., Lingen, u. Betriebs-Dir. d. VEW-Kraftwerks Emsland - Zu erreichen üb. Kernkraftwerk Lingen GmbH, Schüttdorferstr. 100, 4450 Lingen/Ems - Geb. 18. April 1921 - Spr.: Engl. - Rotarier.

DEUBLER, Alois
Prof. - Hoher Weg 10, 8864 Fremdingen - Geb. 21. März 1919 Seglohe (Vater: Gregor D., Landwirt; Mutter: Maria-Anna, geb. Kapeller - Hum. Gymn. Nördlingen u. Dillingen/Do, Abit. 1938; b. 1945 Arb.dst. u. Wehrdst.; Stud. Phil. u. kath. Theol. Univ. München - 1950-56 Kaplan in Augsburg; 1956-68 hauptamtl. Relig.lehrer Peutinger- und St. Annagymn. Augsburg; nebenamtl. Reiseseelsorger u. Studentenpfarrer; 1968-82 Doz. u. Prof. f. kath. Theol./Relig.-Päd. PH Schwäb. Gmünd; 1977 Gründ. RPI Schwäb. Gmünd; s. 1979 Mitgl. einer Komm. d. Dt. Bischofskonfz.; 1982/83 Mitarb. am Lehrplan f. d. kath. Relig.-unterr. SI f. Baden-Württ. (bibeltheol. Grundlegung) - S. 1968 Doz. Prof. f. Kath. Theol. u. Religionspäd. PH Schwäb. Gmünd - Veröff. v. Facharb. - Spr.: Lat., Griech., Franz., Engl., Ital. - Liebh.: Reiseführungen, Bergsteigen, Klettern, Skifahren.

DEUBLER, Siegfried
I. Bürgermeister - Rathaus, 8961 Durach/Schw. - Geb. 17. April 1930 Durach - Zul. Angest.

DEUBNER, Franz-Ludwig
Dr. rer. nat., Dipl.-Phys., o. Prof. - Inst. f. Astronomie u. Astrophysik, Am Hubland, 8700 Würzburg - Geb. 2. Juni 1934 Berlin (Vater: Alexander D., Phys.; Mutter: Carla Louise, geb. Wegener), verh. s. 1959 m. Esther, geb. Schaarschmidt, 2 Kd. (Maacha Caroline, Rahel Sabine) - Stud. TU Berlin u. Freiburg

(Phys., Math.); Promot. 1968 Freiburg - Astrophys. Fraunhofer-Inst., Freiburg (insb. Phys. d. Sonne), 1979 Univ. Würzburg - Liebh.: Kammermusik (Cello), Bild. Kunst - Spr.: Engl., Ital. - Bek. Vorf.: Ludwig D., Altphil., Religionshistor. (Großvater).

DEUCHLER, Werner
Dr. jur., Dr. rer. pol., Rechtsanwalt, Vorstandsmitgl. Intern. Bar Assoc./Intern. Anwaltsverein - Poststr. 2, 2000 Hamburg 36 (T. 35 26 41) - Geb. 21. Juni 1916 Tübingen (Vater: Prof. Dr. Gustav D., Univ.-Prof.; Mutter: Ilse, geb. Krauß), verh. s. 1951 m. Dr. jur. Maria, geb. Schmarje, 2 Kd. (Wolfgang, Astrid) - 1937-40 Stud. Jura u. Volkswirtsch. Univ. Hamburg, Genf u. München - 1970-74 Präs. Dt. Anwaltsverein; 1974-78 Präs. Intern. Bar Assoc. - 1976 Gr. BVK; 1978 Gr. Silb. Ehrenz. d. Rep. Österr.

DEUFLHARD, Peter
Dr. rer. nat., o. Prof. f. Mathematik u. Angew. Informatik Konrad-Zuse-Zentrum f. Informationstechnik, Berlin - Heilbronner Str. 10, 1000 Berlin 31 - Geb. 3. Mai 1944 Dorfen/Obb. (Vater: Dr. Karl Ludwig D., Arzt; Mutter: Charlotte, geb. Reese) - 1963-68 Stud. Physik TU; Promot. 1972; Habil. 1977 (jeweils Math.) - 1969-73 Univ. Köln; 1973-78 TU München; 1978 Univ. Heidelberg - Spr.: Engl., Franz.

DEURINGER, Hubert
Kapellmeister, Komp., Doz. - Brunnenstr. 7, 7246 Empfingen - Geb. 18. Jan. 1924, kath., verh. m. Ulla, geb. Günther, 3 Kd. (Maria, Tobias, Tilman) - Musikhochsch. Stuttgart (Klarinette) u. Musiksch. Trossingen (Akkordeon) - Freisch. Kapellmeister, Komp., Arrangeur u. Akkordeonsolist SWF Baden-Baden, Gastsp. im In- u. Ausl., Fernsehen; Doz. Musiksch. Trossingen (mod. Akkordeonstilistik) - 40 Langspielpl., üb. 1500 Kompos. (u.a. Unterhaltungsmusik, Schlager, Instrumentals, Volksmusik) - 1974 Herrmann-Schittelhelm-Med. Dt. Harmonika-Verb. - Liebh.: Volkskd., Zeitgesch., Volkskunst, Wandern.

DEUSEL, P. M.
s. Berthold, Will

DEUSER, Hermann
Dr. theol., Prof. f. Ev. Theologie Univ.-GH Wuppertal - Kriemhildenstr. 5, 5600 Wuppertal 2 (T. 0202 - 59 56 69) - Geb. 19. Febr. 1946 Wetzlar - Univ. Tübingen (1. u. 2. Staatsex. 1970 u. 73 in Ev. Theol., German., Phil.), Promot. 1973, Habil. f. Syst. Theol. 1978 - 1974-78 Wiss. Assist.; 1978-81 Privatdoz. f. Syst. Theol. Univ. Tübingen, dann Univ. Bochum; 1978-81 Doz.; s. 1982 Prof. Univ. Wuppertal - BV: Sören Kierkegaard, 1974; Dialekt. Theol. Stud. z. Adornos Metaphysik u. z. Spätwerk Kierkegaards, 1980; Ernst Blochs Vermittl. z. Theol., (Mithrsg.) 1983; Kierkegaard, (Erträge d. Forschung) 1985.

DEUSS, Walter
Dr. jur., Vorstandsvorsitzender Karstadt AG, Essen - Föhrenkamp 23, 4330 Mülheim 13 - Geb. 1. Mai 1935 - B. 1969 stv., dann o. Vorst.-Mitgl. Karstadt AG (Chef Finanz- u. Rechnungswesen); 1982 AR-Vors. Neckermann-Versand AG; AR: NUR TOURISTIC GmbH, RHEINHYP, Gerling-Konzern Allg. - Spr.: Engl., Franz.

DEUSSEN, Giso
Dr., Leiter Abteilung Presse u. Information RIAS BERLIN - Carl-Schurz-Str. 53, 1000 Berlin 20 (T. 030 - 333 87 98) - Geb. 5. Aug. 1940 Mönchengladbach, kath., verh. s. 1972 m. Ulla, geb. Bennent, 2 Töcht. (Tanja, Nadine) - 1969-72 Stud. Phil., Theol., Soziol. u. Publiz.; Staatsex.; Promot. - 1972/73 Volont. u. Redakt. Aachener Volksztg.; 1974-83 Pressespr. Konrad-Adenauer-Stiftg.; 1984/85 Spr. d. Intendanz NDR; 1986/87 Medien- u. Programmref. RIAS BERLIN (s. 1987 Pressechef). Mitgl. u. wiss.

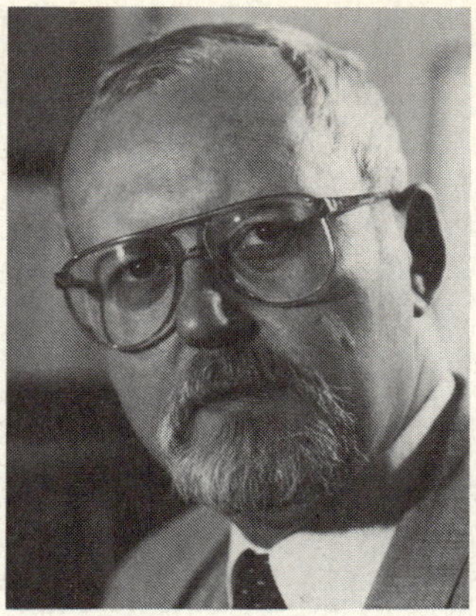

Beirat Redakt. Communicatio Socialis; Gründ.-Mitgl. u. Beirat Kommunikationswiss. Vereinig. Communicatio Socialis; Mitgl. Dt. Ges. f. Publiz. u. Kommunikationswiss. - BV: Ethik d. Massenkommunikation, 1972; Wahrheit u. öffentl. Meinung, 1979 - Liebh.: Sammeln v. Antiquitäten u. Büchern, zeitgenöss. Kunst, Lesen, Musik hören (insbes. Jazz, mod. Musik) - Spr.: Engl., Lat., Griech., Hebr.

DEUSTER, Gerhard
Dr., Prof., Vorstandsvorsitzender Energieversorgung Oberhausen AG u. Stadtwerke Oberhausen AG, Oberhausen - Leibnizstr. 9, 4300 Essen-Kettwig - Geb. 18. Okt. 1929 Ludwigshafen/Rh. - Präs. d. Union Intern. des Distributeurs de Chaleur (Unichal), Mitgl. VR RWE, AR Dt. Babcockw. AG, Bundesvorst. VKU u. Nuclear Cycl. Commit. d. Americ. Soc. of Mechanic. Engineers (ASME).

DEUTELMOSER, Otto Karl
Dr. rer. pol., Bankdirektor, Vorstandsmitgl. Baden-Württ. Bank AG, Stuttgart, stv. Vors. d. AR Württ. u. Bad. Versicherungs-Aktienges., Heilbronn; stv. Vors. d. AR Kur- u. Bäderverw. Bad Krozingen GmbH AR Brauerei Cluss, Heilbronn - Menzelstr. 20, 7000 Stuttgart 1 - Geb. 28. März 1927 München (Vater: Wilhelm D., Kaufm.), kath., verh. m. Doris, geb. Vogt, 3 Kd. - Dipl.-Volksw. u. Promot. Univ. Tübingen.

DEUTICKE, Bernhard
Dr. med., Prof. f. Physiologie - Eupener Str. 240, 5100 Aachen - Geb. 24. Nov. 1933 - Promot. 1959 - S. 1967 (Habil.) Lehrtätigk. Univ. Freiburg/Br. u. RWTH Aachen/Med. Fak. (1971 Wiss. Rat u. Prof./Leit. Lehrgeb. Physiol.) - Spez. Arbeitsgeb.: Struktur u. Funktion biol. Membranen - Üb. 100 Facharb. u. Buchbeitr.

DEUTSCH, Erwin
Dr. jur., M. C. L., o. Prof. f. Zivilrecht (bes. Haftungs- u. Arztrecht), Handelsrecht, Intern. Privatrecht, Rechtsvergl. - Höltystr. 8, 3400 Göttingen (T. 4 16 55) - Geb. 6. April 1929 Greifswald (Vater: Joseph D., Dir. Univ.bibl. Heidelberg, †; Mutter: Elisabeth, geb. Jungebloed), kath., verh. m. Dr. med. Marita, geb. Allerbeck - Matthias-Gymn. Breslau, Obersch. Papenburg; Univ. Heidelberg u. New York (Columbia). Habil. 1960 München - S. 1961 Ord. Univ. Kiel u. Göttingen (1963) - BV: Wettbewerbstatbestände m. Auslandsbezieh.; Fahrlässigk. u. erforderl. Sorgfalt; Haftungsrecht I; Medizin u. Forschung vor Gericht; Arzt- u. Arzneimittelrecht; Versich.vertragsrecht - Spr.: Engl., Franz.

DEUTSCH, Hans Robert
Leiter Referat Presse u. Information d. Dt. Aero Clubs (s. 1977), DAeC-Bundesgeschäftsst. - Lyoner Str. 16, 6000 Frankfurt/M. 71-Niederrad (T. 069 - 66 30 09-28); priv.: Pappelweg 10, 6080 Groß-Gerau (T. 06152 - 5 51 47) - Geb. 19. Mai 1928 Frankfurt/M., verh. s. 1965 m. Lieselotte, geb. Tesdorff, Sohn Nils - Luftfahrt-Fachschriftleit. - Liebh.: Motor- u. Segelflug (1955 Silb. Ehrennadel Dt. Aero-Club; 1983 Silb. Ehrennadel Dt. Ges. f. Luft- u. Raumfahrt) - Spr.: Engl., Franz.

DEUTSCH, Karl W.
Dr. jur., Dr. phil., Dr. h.c. mult., Prof., Direktor - Zu erreichen bei Prinzessin zu Löwenstein, Holsteinische Str. 31, 1000 Berlin 31 - Geb. 21. Juli 1912 Prag - U.a. Prof. Yale u. Harvard, 1977-85 Dir. Intern. Inst. f. Vergl. Gesellschaftsforsch., Wiss.zentrum Berlin (WZB), 1985-87 Direktor Programmentw., Gastprof. Univ. Mannheim, Forschungsst. f. gesellschaftl. Entw. (1988); Prof. u. Fellow, Pres. Carter Center, Emory Univ., Atlanta/USA - BV: Nationalism and Social Communication, 1953 (erw. Ausg. 1966); Political Community at the Intern. Level, 1954; The Nerves of Government, 1963, 3. A. 1987. Übers. in deutsch: Polit. Kybernetik, 1969; The Analysis of International Relations, 1968 (rev. Ausg. 1978); Nationalism and Its Alternatives, 1969; Politics and Government, 1970 (3. rev. u. erw. Aufl. 1980); D. Schweiz als e. paradigmat. Fall polit. Integration, 1976; Tides Among Nations, 1979; Decentralization (m. Kochen), 1980; Advances in the Social Sciences, 1986 (m.a.) - 1977 Gr. Sudetend. Kulturpreis; 1979 Intern. Preis f. Kommunikationsforsch.; 1982 Prix de Talloires; 1982 Gr. BVK m. Stern; 1983 Ehrendoktor TU Berlin - Lit.: R.L. Merritt u. B.M. Russett, From National Communication to Global Community: Essays in Honor of K.W. Deutsch.

DEUTSCH, Michael
Dr. rer. nat., Prof. f. Mathematik, Logik u. Grundlagen Univ. Bremen (s. 1976) - Postf. 34 70 52, 2800 Bremen - Geb. 31. März 1944 Schneidemühl/Grenzm. (Vater: Maximilian D., Realschullehrer; Mutter: Anna-Marie, geb. Peters), verh.

DEUTSCH, Richard
Dipl.-Kfm., Vorstandsmitglied Dt. Apotheker- u. Ärztebank, Düsseldorf - Falkenweg 25, 4005 Meerbusch - Geb. 17. März 1932.

DEUTSCHMANN, Martin
Dr.-Ing., o. Prof. f. Experimentalphysik - Höfchensweg 51, 5100 Aachen - Geb. 20. Juli 1917 Mallnitz - S. 1957 (Habil.) Doz., ao. Prof. (1959), pers. Ord. (1966), o. Prof. (1968) TH Aachen. Fach-arb.

DEUTZ, Josef
Dr. Generalkonsul a.D. - Reuterstr. 155, 5300 Bonn 1 (T. 22 06 87) - Geb. 1919 Bonn, verh. m. Helena Katharina, geb. Klingler, 1 S. - Stud. d. Gesch., Neuphilol., Phil.; Promot. (phil.) 1950; Ex. f. d. Höh. Ausw. Dst. 1951 Speyer - Anschl. AA (Auslandsp. in Chicago, Ottawa, New York, Paris, Cleveland, London, Rotterdam, Detroit) - BV: A. Stegerwald - Gewerkschafter, Politiker, Min., 1952 - Ausz.: Ritterkr. d. Ehrenlegion, Ritterkr. Ord. Isabel la Católica, Offs.kr. Most Disting. Order of the Realm K.M.N., Komturkr. Ord. Leopold II, Komturkr. Kgl. Nordsternord., Komturkr. VO von Niger u. Komturkr. Ord. Oranje-Nassau.

DEVIN, Heinz
Dr., Vorstandsmitglied Kurfürsten-Bräu AG. - Bornheimer Str. 42-52, 5300 Bonn - Zul. Vorstandsmitgl. Brauhaus Nürnberg J. G. Reif A. G.

DEVIN, Marius
s. Landau, Edwin M.

DEVRIENT, Ludwig
Geschäftsführer Giesecke & Devrient GmbH. - Vogelweidepl. 3, 8000 München 80 - Geb. 11. April 1935.

DEW, John Roland
Opernregisseur - Zu erreichen üb. Bühnen d. Stadt Bielefeld, Postf. 2 20, 4800 Bielefeld - Geb. 1. Juni 1944 Santiago/Cuba, ledig - 1965 Bühnenbildner Pratt-Inst. New York; s. 1972 Opernregiss. u.a. in Dortmund, Bielefeld, Kiel, Krefeld, Hannover, Stuttgart, Düsseldorf, Berlin, Antwerpen, Gent - Insz.: Troubadour (Stuttgart 1982), Maschinist Hopkins (Bielefeld 1984), Ring d. Nibelungen (Krefeld 1985), Salome (Dortmund 1986), Transatlantik (Bielefeld 1986), Ruh u. Frieden (Bielefeld 1987), Hugenotten (Berlin 1987), Margarethe (Düsseldorf 1987); mehrjähr. Zyklus in Bielefeld: Entartete Kunst (Oper d. 20er Jahre).

DEWALL, von, Christoph
Dipl.-Kfm., Steuerberater Beethovenstr. 27, 5410 Höhr-Grenzhausen - Geb. 30. Dez. 1910.

DEWIES, Heinz
Fabrikant, Kompl. C. A. Baldus & Söhne KG., Strickerei u. Wirkerei, 5252 Osberghausen b. Köln - Moltkestr. 23, 5270 Gummersbach - Geb. 3. Dez. 1911 Gummersbach/Rhld. (Vater: Ferdinand D., Fabr. †), kath., verh. s. 1942 m. Liesel, geb. Pape - Färberei- u. Textilfachsch. - Pers. haft. Ges. C. A. Baldus & Söhne KG (s. 1945), ehem. Vorst. Arbeitg.verb. Gummersbach, Verw.richter Köln, Arbeitsamtrichter Siegburg u. stv. Bürgerm. Bielstein, Soz. Richter, Köln - 1974 BVK.

DEXHEIMER, Hermann
Chefredakteur - Zu erreichen üb. Mainzer Verlagsanstalt, Große Bleiche 46-48, 6500 Mainz (T. 14 41) - Geb. 18. Juni 1930 Albig/Rhh., ev., verh. m. Christa, geb. Göbel, 4 Kd. - S. 1950 Alzeyer Beobachter (Lokalredakt.), Allg. Zeitung/Alzeyer Anzeiger (1952 Lokalredakt.), Allg. Ztg., Mainz (1956 Nachrichtenredakt., 1962 Ressortchef Politik, 1964 stv. Chefredakt.), Ztg.sgruppe Allg. Ztg., Mainz/Wormser Ztg./Wiesbadener Tagbl. (1965 Chefredakt.); Mitgl. Publiz.-Kammer d. Ev. Kirche in Dtschl. (EKD); Vors. d. Kurat. d. Joh.-Gutenberg-Univ. Mainz; Vorst. d. Intern. Gutenberg-Ges. - 1972 BVK am Bde., 1976 BVK I. Kl., 1978 Gutenberg-Plak. Stadt Mainz (höchste kulturelle Ausz. d. Gutenberg-Stadt), 1978 Europa-Med.

DEYHLE, Albrecht Ludwig
Dr. rer. pol., Dipl.-Kfm., Inh. Management Service Verlag, Gauting (s. 1969), gf. Gesellsch. Controller Inst. GmbH., u. Chefdoz. Controller-Akad. Gauting/München (s. 1971) - Untertaxetweg 74, 8035 Gauting (T. 089 - 8506013 oder 8503551) - Geb. 12. Mai 1934 Tübingen (Vater: Walter D., Reg.-dir.; Mutter: Gertrud, geb. Welz), konf., verh. s. 1969 m. Hannelore, 2 Töcht. (Dorothee, Barbara) - Wirtsch.abit. 1953 Stuttgart. Dipl.-Kfm. 1956 München; Promot. 1961 Tübingen - 1959-67 Dt. Inst. f. Betriebsw., Frankfurt (zul. stv. Gf.); 1968 Chefredakt. Verlag Moderne Ind., München - Erf.: Controlling-System - BV: Gewinn-Management, 1967; Controller-Praxis, 1971; Controller-Handb., 1975. Zahlr. Fachaufs. Hrsg. Controller-Magazin (s. 1976) - Spr.: Engl., Franz., Ital.

DEYM, Graf von, Carl Ludwig
Generaldirektor, Vorstandsvors. Papierfabrik Oberschmitten W. & J. Moufang GmbH., Nidda 19 (Oberschmitten), Geschäftsf. KOPAFOL Eletrofolien GmbH., ebd.; Beiratsmitgl. Dt. Bank, Präsident Verb. Dt. Papierfabriken, Bonn (s. 1974), stv. Vors. d. Arbeitgeberverb. d. Papier-, Pappen-, Zellstoff- u. Holzstoff-Ind. f. d. Land Hessen e. V. Wiesbaden; Mitgl. d. Vorst. d. Vereinig. d. Arbeitgeberverb. d. Dt. Papier-Ind. e. V. Bonn; Präsidialmitgl. d. BDI, Köln; Vors. Verein d. Zellstoff-, Holzstoff-, Papier- u. Pappenfabriken v. Hessen u. Vereinig. Pergamyn, beide Darmstadt - Haus am Kirschberg, 6478 Nidda/Hessen (T. 2676) - Geb. 22. Aug. 1930 Mariakirch.

D'HEIN, Werner P.

Journalist, Direktor d. Presse- u. Werbeamtes u. Sprecher d. Stadt Bonn (s. 1983) - Alfred-Bucherer-Str. 103, 5300 Bonn 1 (T. 0228 - 62 44 48) - Geb. 20. Aug. 1939 Bonn, kath., verh. s. 1962 m. Annie, geb. Jax, 2 Söhne (Michael, Christoph) - Univ. Bonn (Phil., Gesch., Polit., Engl.) - 1962 Redakt. General-Anzeiger Bonn; Ltd. Redakt. Express; Bonner Rundschau; 1970 Parlamentskoresp. STERN Bonn - BV: Parteien - Wähler - Parlamente, 1980; Bonn ist 2000, 1989 - Spr.: Engl.

DHOM, Georg

Dr. med., o. Prof. f. Allg. Pathologie u. Pathol. Anatomie - Am Webersberg 20, 6650 Homburg/Saar (T. 3813) - Geb. 16. Mai 1922 Endorf/Obb. (Vater: Arzt), verh. m. Dorothee, geb. Springer - Univ. Berlin, Würzburg, München (Promot.) - S. 1954 (Habil.) Lehrtätigk. Univ. Würzburg (1960 apl. Prof.) u. Saarbrücken (1965 o. Prof. u. Inst.sdir.) - BV: D. Nebenniere im Kindesalter, 1965. Etwa 80 Einzelarb. - Mitgl. Dt. Akad. d. Naturforscher (Leopoldina), Halle/S.

DHOM, Günter

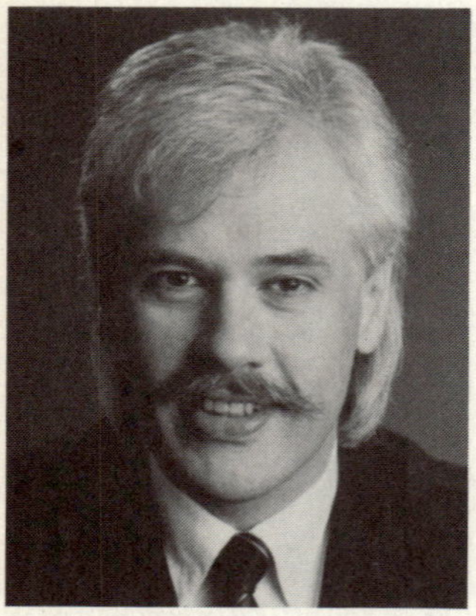

Dr. med. dent., Zahnarzt f. Oralchirurgie, Managementtrainer - Bismarckstr. 27, 6700 Ludwigshafen (T. 0621 - 51 40 45) - Geb. 30. Okt. 1950 Ludwigshafen, verh. m. Dr. Ingrid Hauser-D. - Stud. Polit. Wiss., Soziol., Angl., Zahnmed.; Staatsex. 1975 Mannheim u. 1982 Mainz - Tätigk. zahnärztl. Gemeinschaftspraxis (f. Oralchirurgie); Wiss. Leit. Management-Inst. Med. u. Zahnmed. Tätigk. in wiss. u. berufspolit. Gremien (z. T. als Vors.); AR-Mitgl. Compudent AG. Div. Veröff., Vortr., Seminare, Workshops.

DHOM, Robert

Dipl.-Volksw., Vorstandsmitglied Commerzbank AG, Frankfurt/M. - Am Wacholderberg 11, 6240 Königstein 2 (Falkenstein) (T. Büro: 0611 - 13621) - Geb. 16. Dez. 1919 Ströbing/Obb. (Vater: Dr. med. Heinrich D.; Mutter: Barbara, geb. Heim), verh. s. 1944 m. Irmentraut, geb. Bluhm †1988 - N. Stud. Bankwesen ARsmand., dar. -vors.

DIALER, Kurt

Dr. phil., em. o. Univ.-Prof. f. Techn. Chemie - Spalatinstr. 41, 8000 München 83 - Geb. 15. Sept. 1920 Zell am See (Vater: Dr. Felix D., Richter; Mutter: Margherita, geb. Kraft), verh. 1969 m. Gertrud, geb. Vierrath, 2 Kd. (Harald, Irmela) - Univ. Wien u. Innsbruck (Chemie). Promot. 1947 Innsbruck; Habil. 1953 Hannover - U. a. Chemiker Hoffmann-La Roche, Basel (1948ff.) u. Farbwerke Hoechst, Frankfurt/Main (1956ff.); s. 1964 Ord. u. Inst.dir. TH Stuttgart u. 1970 TU München. Div. Fachmitgliedsch. - BV: Chem. Reaktionstechnik, 1975 (m. A. Löwe); Grundz. d. Verfahrenstechn. u. Reaktionstechn. (m. U. Onken u. K. Leschonski), 1986.

DIAMANTSTEIN, Tibor

Dr. rer. nat. (habil.), Prof. f. Immunologie u. stv. Dir. Hals-Nasen-Ohrenklinik/FU Berlin - Platanen-allee 24, 1000 Berlin 19 - Zul. Privatdoz. u. Wiss. Rat Berlin.

DIBBERN, Detlef

Dr.-Ing., Vorstandsmitglied BASF AG - Geb. 1929 Berlin - Stud. TH Hannover; Dipl. Maschinenbau 1956, Promot. Techn. Thermodynamik 1963 - 1956-63 Assist. Inst. f. Thermodynamik u. Verfahrenstechnik TH Hannover; 1963ff. BASF AG.

DIBBERN, Harald

Dr. phil., Dipl.-Kfm., Dipl.-Hdl., Prof. f. Wirtschaft PH Flensburg - Itzenbütteler Str. 77, 2112 Jesteburg.

DIBELIUS, Günther

Dr.-Ing., o. Prof. u. Dir. Inst. f. Dampf- u. Gasturbinen TH Aachen (s. 1963) - Fichthang 11, 5100 Aachen - Geb. 13. Jan. 1923 Heidelberg (Vater: Prof. Dr. Dr. Martin D., Theologe; Mutter: Dorothea, geb. Wittich), ev., verh. s. 1954 m. Annette, geb. Böttcher, 3 Kd. (Thomas, Olivia, Matthias) - Kurfürst-Friedrich-Gymn. Heidelberg; TH Darmstadt (Maschinenbau; Dipl.-Ing. 1951, Promot. 1953), Harvard Univ. (Mechanical Engineering; 1951 Master of Science u. of Engineering) - 1953-63 wiss. Mitarb. Brown, Boveri & Cie. AG., Baden (Schweiz) - Liebh.: Musik - Spr.: Engl., Franz.

DICHANZ, Horst

Dr. phil., o. Prof. f. Pädagogik - Marktallee 11a, 4400 Münster - Geb. 19. April 1937 Gelsenkirchen - Volksschulausbild.; Promot. 1969 Münster - Assist. PH Münster; 1970-73 Refer. Dt. Inst. f. Fernstud. Tübingen; 1974 Wiss. Rat u. Prof. Univ. Bielefeld; s. 1975 Ord. Fern-Univ. Hagen; 1983/84 Gastprof. in Milwaukee/USA - BV: Medien im Unterrichtsproz., 1974. Mithrsg.: Quellentexte z. Unterr.technol. (2 Bde. 1975/76; m. G. Kolb); Übers. (USA): Unterr.vorb. (1976); Unterr. - E. Einf. (1978; m. Mohrmann); D. Methodenrepertoire d. Lehrers (1985; m. a.).

DICHGANS, Johannes

Dr. med., o. Prof. f. Neurologie - Bei der Ochsenweide 6, 7400 Tübingen - Geb. 27. Juni 1938 Wuppertal - Promot. 1963 - S. 1970 (Habil.) Lehrtätigk. Univ. Freiburg (Doz. u. Oberarzt) u. Tübingen (Ord. u. Dir. Neurol Klinik). 1971/72 USA-Aufenth. Üb. 200 Facharb.

DICHLER-APPEL, Maria Magdalena,

geb. Freiin von Appel

Dr. phil., Mag. phil., Schriftstellerin - Johann Strauß-Gasse 28, A-1040 Wien - Geb. 30. April 1906 Wien, kath., verh. s. 1933 m. Prof. Dr. phil. Gustav Carl Dichler, Oberstudienrat - Gymn.; Univ. Wien (Angl., German., Vgl. Sprachwiss.) - Lehrtätigk. an Gymn. u. Hochsch. f. Musik u. Darst. Kunst Wien; Vorbereit. Erwachsener auf Staatsprüf.; Lehrbuchautorin - BV: Engl. f. d. Kaufmann, 3 Bde.; English, Gate to the World, 2 Bde.; Engl. Sprachüb.; Engl. Stilüb.; u.a. Blütenzweige, Erz.; Solange d. Kerze brennt, Legenden; Schuhu Mandrill, Märchen; Vögel, Blumen, Hände, Ged.; Und deswegen! Nov.; Mischwald, Ged. u. Erz.; u.a. - 1980 Goldenes Doktorat Univ. Wien; 1985 Albert-Rotter-Lyrikpreis - Spr.: Engl., Ital., Franz., Lat., Alt-Griech.

DICHMANN, Dieter W.

Dipl.-Kfm., Geschäftsführer Wiessner GmbH, Luft- u. Wärmetechn. Anlagen, Bayreuth - Heidloh 15a, 8581 Hummeltal - Geb. 26. März 1939.

DICK, Alfred

Minister f. Landesentwickl. u. Umweltfragen, MdL Bayern (s. 1962) Lilienthalstr. 8, 8440 Straubing (T. 09421 - 3 21 76) - Geb. 6. Dez. 1927 Passau (Vater: Franz D., Schreiner; Mutter: Juliane D.), kath., verh. s. 1957 m. Christine, geb. Stockinger, 3 Kd. (Christine, Alfred, Andreas) - Lehrerbildungsanstalten Zangberg, München-Pasing u. Straubing; Ausbild. Plakat- u. Schriftmalerei, Lehramtsprüf. 1949 u. 52 - Arbeits-, Wehrdst. u. engl. Gefangensch. (1/2j. Lazarettaufenth.); Malergehilfe; Schriftsetzer; 1949-53 niederbayer. Volksschuldst.; 1953-70 Heimerzieher, stv. (1956) u. Heimleit. (1959) Lehrerbildungsanst. Straubing m. angeschl. Schülerheim; 1970-78 Staatssekr. Bayer. Min. f. Landesentwicklung u. Umweltfragen. S. 1956 Stadtratsmitgl. Straubing (1960 Fraktionsf.). 1957 ff. Bezirksvors. Jg. Union, CSU (1957 ff. stv. bzw. Bezirksvors. Niederbay.; 1965 ff. Vors. Straubing) - 1982 Ehrenbürger Straubing, 1971 Bayer. VO., 1981 Gr. BVK m. Stern; 1978 Silb. BLSV-Plak.; 1985 Komturkreuz päpstl. Sylvester-Orden.

DICK, Klaus

Dr. theol., Weihbischof Köln (s. 1975) - Marzellenstr. 32, 5000 Köln (T. 0221 - 16 42-7 11) - Geb. 27. Febr. 1928 Köln (Vater: Dr. Max D., Oberstudienrat; Mutter: Dr. Elisabeth, geb. Winkel), kath. - Stud. Univ. Bonn u. München; Promot. 1958 - 1957-63 Studentenpf. Bonn, 1963-69 Dir. Alberti-num Bonn, 1969-72 Pfarrer St. Michael ebd., 1972-75 Pfr. St. Antonius, Wuppertal.

DICK, Rolf

Architekt i.R., b. 1980 MdL Bad.-Württ. - Julius-Leber-Weg 36, 7900 Ulm/Donau (T. 26 55 64) - Geb. 30. April 1926 Ulm, verh., 4 Kd. - Realsch. Ulm; Chemigraphenlehre; Stud. Architektur (autodid.) - SPD s. 1966, Stadtrat Ulm. Vors. Pensionärskameradsch. IVECO-Magirus u. KHD AG - 1968 Gold. Sportabz.; 1978 BVK; 1987 Med. d. Univ. Ulm.

DICK, Werner

1. Vorsitzender Gewerkschaft Leder - Ulmer Str. 27, 7146 Tamm-Hohenstange - Geb. 30. Mai 1936 Bedesbach/Kr. Kusel, verh. s. 1959 m. Hella D., 2 Kd. (Thomas, Sabine) - Mitgl. DGB-Bundesvorst., Vizepräs. Intern. Textil-, Bekleidungs- u. Lederarbeiter-Vereinig.

DICKE, Gerd

Dr., Weihbischof d. Bistums Aachen (s. 1970) - Klosterplatz 7, 5100 Aachen - Geb. 1928 - Zul. Religionslehrer Krefeld.

DICKEL, Gerhard

Dr. rer. nat., Prof., Chemiker - Karwendelstr. 15, 8023 Großhesselohe/Obb. (T. München 7911575) - Geb. 28. Okt. 1913 Augsburg (Vater: Studienprof. Dr. Otto D.), verh. m. Hertha, geb. Lindner - TH u. Univ. München (Chemie) - S. 1950 (Habil.) Privatdoz., apl. Prof. (1957), Abt.svorsteher u. Prof. (1966) Univ. München (Physikal.-Chem. Inst.); Extraordinarius (1978) Univ. München. Div. Publ. - 1957 Fritz-Haber-Preis Dt. Bunsen-Ges. Trennrohr zur Isotopentrennung.

DICKENSCHEID, Werner

Dr. rer. nat., Prof., Physiker - Danziger Str. 5, 6600 Saarbrücken 3 (T. 812406) - Geb. 1. April 1922 Butzbach/Hessen (Vater: Peter D., Obering.; Mutter: Maria, geb. Fuisting), verh. s. 1953 m. Christine, geb. Fischer, 3 Kd. (Martina, Roswitha, Wolfgang) - Univ. Frankfurt u. Berlin, TH Berlin, Univ. Bonn (Dipl.-Phys. 1952). Promot. (1957) u. Habil. (1962) Saarbrücken - S. 1962 Privatdoz. u. Prof. (1966) Univ. Saarbrücken (Fachber. Ing.wiss.). Fachveröff.: Metallphysik u. Metallkunde - Spr.: Engl., Franz.

DICKER, Günther

Dipl.-Kfm., Geschäftsführer Hannen Brauerei GmbH., Willich - Schaffhauser Str. 118, 7701 Busingen/Hochrh. - Geb. 23. Aug. 1923 Willich (Vater: Heinrich D., Geschäftsf. †; Mutter: Elise, geb. Lesmeister), kath., verw., 2 Kd. (Thomas, Stefanie).

DICKERHOF, Urs

Kunstmaler, Buchautor, Dir. Kantonale Schule f. Gestaltung, Biel, Präs. Kunst-Kommiss. Stadt Biel - Unionsgasse 1, CH-2502 Biel (T. 032 - 22 88 70); u. Mas du Titten, Boisset et Gaujal, F-30140 Anduze - Geb. 14. Dez. 1941 Zürich, verh. s. 1962 m. Irms Humer, 2 Kd. (Mischa, Anja) - Ausb. Atelier Oscar Bölt, Locarno/Ticino, in Zürich, Bochum u. Amsterdam; Schule f. Gestalt., Bern - S. 1970 öfftl. Auftr. Schweiz u. Deutschl., u.a. Wandmalereien Mus. Bochum; Wand- u. Farbgestalt.; Org. v. Ausst. (Tell 73 in 5 Schweizer Mus., Tatort Bern in Bochum u.a.); zahlr. eig. Ausst. im In- u. Ausl., u.a. 1987 in Berlin. Werke in versch. Samml. im In- u. Ausl. - BV: 10 Bücher, s. 1969; zahlr. Kataloge u. Lexikon-Beiträge - Künstler. Tätigk.: Malerei, Zeichn., Book Art, Lithogr., Siebdruck, Collage, Objekt, Multiples, Wandbild, Baugestalt. - 1964-71 vierzehn schweizer. Kunststip. u. Preise; 1970 Lit.preis Kanton Bern. Zahlr. Ehrenstell., u.a. Mitgl. in versch. Kunst-Kommiss., Präs. Bernische Kunstges. - Spr.: Franz., Ital.

DICKERTMANN, Dietrich

Dr. rer. pol., Univ.-Prof. f. Volkswirtschaft (Finanzwiss.) Univ. Trier - Kreuzflur 111, 5500 Trier - Geb. 11. Dez. 1941 Verden/Aller - Kaufmannsgehilfenprüf. Bankkaufm. 1964; Dipl.-Kfm. 1968; Promot. 1971; Habil. 1978 - BV: D. Finanzier. v. Eventualhaushalten durch Notenbankkredit, 1972; Öfftl. Finanzierungshilfen, 1980; Instrumentarium d. Geldpolitik (m. A. Siedenberg), 4. A. 1984; Möglichkeiten f. e. Reform d. Einheitsbewertung u. ihre Auswirkungen a. d. einheitswertabh. Steuern (m. U. Pfeiffer), 1985; Grundlagen u. Grundbegriffe d. Volks- u. Finanzwirtsch. (m. K. D. Diller), 1986; D. öfftl. Kredit II - D. Staat als Finanzier (m. K. H. Hansmeyer), 1987; Geld- u. Finanzpolitik (m. K. D. Diller), 1988.

DICKFELD, Carl

Bezirksstadtrat, Leit. Abt. Sozialwesen BA Tempelhof (s. 1969) - Tempelhofer Damm 165, 1000 Berlin 42 (T. 750261) - Geb. 5. Febr. 1934 Unruhstadt/Schles., verh., Tochter - Volkssch.; kaufm. Lehre - Kommunalpolit. Praxis. 1963-69 Bezirksverord. T'hof (1967 Fraktionsf.). SPD s. 1954.

DICKHUT, Johann

Polsterer u. Dekorateur, Mitgl. Brem. Bürgerschaft (s. 1963) - In d. Tränke 3, 2800 Bremen-Arsten - Geb. 27. Juli 1912 Arsten - Volkssch.; Lehre Polsterhandw. - B. 1953 Geselle, dann selbst. SPD s. 1931.

DICKLER, Erich

Dr. agr., Prof., Entomologe, Direktor Inst. f. Pflanzenschutz im Obstbau d. Biol. Bundesanst. f. Land- u. Forstwirtsch. - Kolbenzeil 23, 6900 Heidelberg (T. 06221 - 30 09 95) - Geb. 14. Sept. 1937 Darmstadt, ev., verh. s. 1967 m. Gertraud, geb. Nies, 5 Kd. (Wolf, Ulla, Christoph, Dorothee, Sophie) - Landwirtschaftl. Lehre; 1960-63 Stud. d. Landwirtsch.; Dipl.-Landw.; Promot. 1967 Giessen - 1967-68 Postdoctorate Michigan State Univ. USA; s. 1985 Leit. Intern. Arbeitsgr. Integrierter Pflanzenschutz im Obstbau (IOBC/WPRS); s. 1986 Leit. BBA-Inst. f. Pflanzenschutz im Obstbau, Dossenheim - Publ.: The use of integrated control and the sterile insect technique for control of the codling moth, Mitt. Biol. Bundesanst., 180, 1978; VII. Symposium integrated plant protection in orchards, IOBC/WPRS Bulletin, 1986 - Liebh.: Musik, Wandern - Spr.: Engl., Franz.

DICKMANN, Barbara,

geb. Kremmin

Runkfunk- u. Fernsehjournalistin, Chef-Redakt. Dt. Funkprogramm Service (DFS), Ufa Film- u. Fernseh-GmbH - Mittelweg 177, 2000 Hamburg 13 - Geb. 21. Juni 1942 Kattowitz (Vater: Kurt K., Transportuntern.; Mutter: Elfriede, geb.

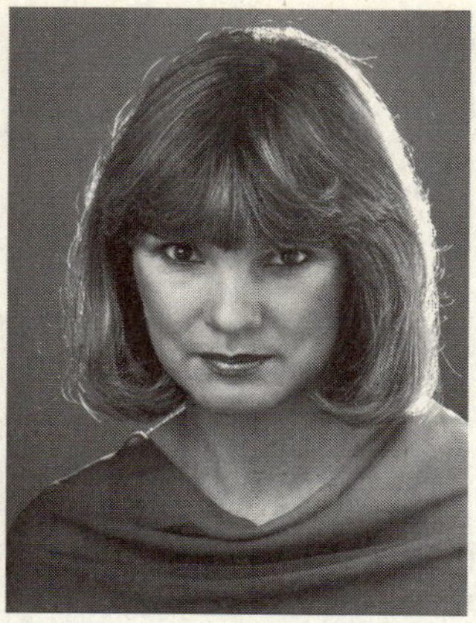

Schippan), ev., verh. s. 1962 m. Hansgeorg D., 2 Kd. (Ralf, Claudia) - Realsch., Sportstud. (abgebr.), Volont. Neue Presse Frankfurt/M. - S. 1965 Lokalredakt. Neue Presse, s. 1970 Hess. Rundf., s. 1978 Tagesthemen, ARD-aktuell; 1985 Chefredakt. Ufa-Radio München u. Berlin, Rundf. Programm Service (RPS) - 1975 Regionalfilmpreis f. krit. Reportage; 1981 Bambi f. Moderation Politik - Liebh.: Pferde, Reiten (1963 silb. Reitabz.) - 1956 Südd. Meistersch. 100 m. Rückenschwimmen - Spr.: Engl.

DICKMANN, Herbert

Dr. jur. utr., Ass. iur., Regierungsdirektor a. D., Beigeordn. Landeshauptstadt Düsseldorf a. D. - Lessingstr. 25, 4040 Neuss/Rh. (T. 4 26 33) - Geb. 19. Juli 1920 Düsseldorf (Vater: Hubert D., Dipl.-Ing.; Mutter: Emma, geb. Flieger), kath., verh. s. 1952 m. Ruth, geb. Tamborini - Versch. Hochsch. (Natur-, Rechts-, Wirtschaftswiss.). Promot. 1951 Köln; Gr. jurist. Staatsprüf. 1952 Düsseldorf - 1938-45 Wehrdst. (Reserveoffz.; Taktiklehrer); 1952 Notarvertr.; 1953-65 Finanzmin. NRW (1957 Oberreg.rat, 1964 Reg.dir.); 1965-77 Beigeordn. d. Landeshauptstadt D'dorf (Soz.- u. Sport-, s. 1970 Rechtsdezern. m. Ausgleichsverw., Statistik u. Wahlen, Standesämter, Einw.melde- u. Ausl.wesen, Verteidig.lasten, Versicherungswesen; Vorst-Vors. Eigenunfallvers. Stadt D'dorf) - S. 1968 nebenberufl. Diakon, s. 1979 Domdiakon Köln, s. 1977 Notarvertr. u. Beis. d. Bundesprüfst. f. jugendgefährd. Schriften, Bonn; div. Ehrenämter, dar.: S. 1968 Vorst. Kath. LAG Jugendschutz Nordrh.-Westf., Beirat Kath. Sozialeth. Arbeitsst. Dt. Bischofskonfz. Hamm, b. 1977 Präs. Dt.-Frz. Kreis Düsseldorf, b. 1984 Vorst. Caritasverb., Düsseldorf, u. Bundesvorst. Aktion Jugendschutz Mainz, u. Vors. Altherrensch. kath. Dt. Burschensch. Saxonia Köln. CDU s. 1950 - BV: D. Rechtsnatur d. Energieversorgungsvertrages, 1952; D. Beseitigung behördl. Bewilligungen durch Aufhebung oder Widerruf, 1957 - EK I u. Erdkampfabz. d. Luftw. - 1936 Silb. Leistungsabzeichen Dt. Lebensrettungs-Ges.; 1966 Gold. Sportabz.; 1977 Ehrenabz. d. Dt. Verkehrswacht in Gold m. Eichenkranz, 1988 als gold. Lorbeerblatt; 1981 BVK am Bde.

DICKMANN, Wilhelm G.

Dipl.-Kfm., Geschäftsführer Autohaus Jacob Fleischhauer GmbH & Co. KG, Köln - Am Siegershof 23, 4005 Meerbusch 3 - Geb. 17. Juli 1932.

DICKOPP, Gerhard

Dr.-Ing., o. Prof. f. Nachrichtengeräte u. -anlagen Univ.-GH Duisburg - Lotharstr. 63, 4100 Duisburg; priv.: Zu den Tannen 19, 4150 Krefeld.

DICKOW, Hans-Helmut

Staatsschauspieler - Abraham-Wolf-Str. 51b, 7000 Stuttgart 70 (T. 764968) - Geb. 14. April 1927 Dresden, verh. m. Dr. Constanze Neumann-Dickow - Schauspielausbild. Dresden (Konservat.) - S. 1945 Staatstheater Dresden, Städt. Bühnen Köln (1947), Schauspielhaus Zürich (1951), Staatstheater Stuttgart (1955). Rundfunk; Fernsehen. Hauptrollen: Mephisto, Franz Moor, Dorfrichter Adam u. v. a. - Liebh.: Musik, Kochen, Gärtnerei, sämtl. Werke v. Arno Schmidt - Spr.: Engl., Russ.

DICKS, Walter

Kammersänger - Zu erreichen üb.: Richard-Wagner-Str. 10 (Deutsche Oper), 1000 Berlin 10 - 1980 ff. Vors. Landesverb. Berlin GDBA.

DIEBOLD, Klaus

Dr. med., Prof. f. Psychiatrie u. Neurologie - Falltorstr. 19, 6903 Neckargemünd - Geb. 4. Aug. 1933 Zweibrücken - Promot. 1961 - s. 1971 (Habil.) Privatdoz. u. apl. Prof. Univ. Heidelberg (1972 Oberarzt Psychiatr. Klinik) - BV: D. erbl. myoklon.-epilept.-dementiellen Kernsyndrome, 1973. Zahlr. Einzelarb. - 1965 Preis Michael-Stiftg.

DIECK, Heindirk tom

Dr. rer. nat., Prof. f. Anorgan. Chemie - Garleff-Bindt-Weg 1, 2000 Hamburg 65 - Geb. 17. Okt. 1939 Berlin - Promot. 1966 München; Habil. 1971 Frankfurt - S. 1972 Prof. Univ. Frankfurt u. Hamburg (1977 Ord. u. gf. Dir. Inst. f. Anorgan. u. Angew. Chemie); 1988 stv. Mitgl. dtsch.-franz. Hochschulkolleg - BV: Einf. in d. Chemie (m. V. Buss), Bd. I 1975; Bd. II 1977; Bd. III 1979; Bd. IV 1981 - 1985 A. v. Humboldt-Preis d. franz. Forschungsmin.

DIECK, Leopold E.

Dr.-Ing., Dipl-Phys., Unternehmer - Bayernweg 39, 4790 Paderborn/W. (T. 4 91 16) - Geb. 24. Juli 1940 Eisenach/Thür. (Vater: Dr. med. E. Leopold D., Arzt; Mutter: Ilse, geb. Grasshoff), ev., verh. s. 1966 m. Rotraud, geb. Wiesener - Dipl. (1966) u. Promot. (1968) Aachen - 1963-68 Wiss. Mitarb. Kernforschungsanlage Jülich; 1969-70 Projektleit. Dornier GmbH, Friedrichshafen (Uran-Anreicherungsanl.); 1971-72 Geschäftsf. Sprague Elektronik, Rheydt/Mailand/Galashiels; 1973-74 Vorstandsbevollm. Bertelsmann AG, Gütersloh (f. Druckereien Span. u. Port.); 1975-76 Dornier (verantw. f. Diversifikation u. Beteilig.); s. 1977 Inh. Dr. E. Leopold Dieck Industriebeteiligungs-KG, Paderborn, zusätzl. 1981/82 u. ab 1983 Vors. d. Geschäftsfg. Pelikan Informationstechnik GmbH. & Co. KG, Hamburg; 1983 AEG AG, Konstanz (Sprecher d. Leitung Geschäftsber. Informationstechnik); s. 1988 Vorst.-Vors. AEG Olympia AG Frankfurt u. Wilhelmshaven. Zahlr. Fachveröff. - Liebh.: Motorflug, Segeln - Spr.: Engl., Franz., Span. - Div. Patente (Kerntechnik Uran-Anreich., Elektronenstrahlvernetz.).

DIECK, tom, Tammo

Dr. rer. nat., Prof. f. Mathematik - Am Winterberg 48, 3400 Göttingen - Geb. 29. Mai 1938 Sao Paulo (Brasil .) - Promot. 1964 Saarbrücken; Habil. 1969 Heidelberg - S. 1970 Ord. Univ. Saarbrücken u. Göttingen (1975). Zahlr. Facharb. Mithrsg.: Math. Ztschr. (1970ff) - 1984 o. Mitgl. Akad. d. Wiss. Göttingen (Math.-Naturwiss. Kl.).

DIECK, Walter

Dr. jur., Bankdirektor - Roseggerstr. 25, 8013 Haar/Obb. - Geb. 20. Mai 1932 - Vorst. Bayer. Handelsbank AG, München.

DIECKELMANN, Hermann

Generaldirektor i. R. - Tiergartenstr. 89, 3000 Hannover - Geb. 6. Jan. 1906 Lübeck - Schule u. Lehre (Spar- u. Anleihekasse) Lübeck - U. a. 1949-71 Sparkasse Hannover (1959 Generaldir.) - 1971 Gr. Verdienstkreuz nieders. VO.

DIECKERHOFF, Werner

Geschäftsführer Pechiney-Aluminium-Halbzeug GmbH., Düsseldorf, ALMET Metall-Halbzeug-Vertriebsges. mbH ebd. - Merkurstr. 10, 4044 Kaarst/Rhld - Geb. 5. Jan. 1923.

DIECKERT, Jürgen

Dr. phil., Prof. f. Sportwiss. Univ. Oldenburg - Kaspersweg 107a, 2900 Oldenburg/O. (T. 0441 - 5 49 46) - Geb. 10. Juni 1935 Gumbinnen/Ostpr. (Vater: Kurt D., Oberreg.baurat; Mutter: Christel, geb. Tiedemann), ev., verh. s. 1957 m. Barbara, geb. Zigan, 4 Kd. (Jochen, Ulrich, Kurt Georg, Susanne) - Univ. Göttingen (1955-60; German. Leibeserzieh.; 1. u. 2. Staatsex. 1960/62) u. Saarbrücken (1964-68; Päd. Soziol., German.; Promot. 1968) - 1960-68 Assist. u. Akad. Rat Univ. Saarbrücken; s. 1968 Prof. f. Sportwissensch. PH Oldenburg, jetzt Univ. Oldenburg; 1980-83 Gastprof. Univ. Santa Maria (Brasilien). 1962-66 Bundesjugendwart Dt. Turner-Bund, 1970-74 Präsidialmitgl. d. Dt. Sportbd., 1971-74 Präsidialmitgl. d. Dt. Ges. f. Freizeit - BV: Was kannst Du?, 1968 (m. Preiß); Turnerjugendbewegung, 1968; Probleme d. Sports u. d. Leibeserziehung, 1970 (Hrsg.); Turnen - Sport - Spiel, 3. A. 1979, Übers. ins Span., Portugies., Japan. (m. Kreiß/Meusel Hrsg.); Methodische Übungsreihen im Geräteturnen, 6. A. 1984, Übers. ins Portugies. (m. K. Koch); D. große Trimmbuch, 1973 (Red.); D. Trimm-Park - Baumustermappe, 1973 (m. Palm/Roth); Eugen Eichhoff, 1974; Trimm-Tips f. jedermann, 1975; Theorie - Praxis - Modelle im Sport, 1976 (m. K. H. Leist, Hrsg.); Freizeitsport, 2. A. 1978, Übers. ins Portugies. (Hrsg.); Spielen im städt. Naherholungsgeb., 1979 (m. Schottmayer, Wocelka); Sportmehrzweckhallen, 1980-82 (m. Altekamp, Koch, Winkler); Parque de Lazer e de Esporte para todos, 1983 (m. Monteiro); Elementos e Principios da Educação Fisica, 1986 (m. Kurz, Brodtmann). ZDF-Dokumentarfilm üb. brasilianische Canela-Indianer (16.3.89) - Liebh.: Sport (Dt. Juniorenmeister Zwölfkampf, 1956), bild. Kunst - Spr.: Engl., Franz., Portug.

DIECKHEUER, Gustav

Dr. rer. pol., Prof. f. Allg. Volkswirtschaftslehre Univ. Bamberg - Weide 18, 8600 Bamberg (T. 0951 - 5 70 09); priv.: Adalbertstr. 6, 8600 Bamberg - BV: Wirk. u. Wirkungsprozeß d. Geldpolitik, 1975; Staatsverschuld. u. wirtschaftl. Stabilisier., 1978.

DIECKHÖFER, Klemens

Dr. med., Prof. f. Geschichte d. Medizin u. Psychiatrie - Poppelsdorfer Allee 84, 5300 Bonn 1 (T. dstl.: 02824 - 17 21; priv.: 0228 - 63 20 92) - Geb. 14. Sept. 1938 Bonn (Vater: Dr. Clemens D., Internist; Mutter: Maria-Christine, geb. Heinen), kath., verh. s. 1968 m. Dr. Sigrid, geb. Telle, 2 Söhne (Gunther, Roland) - Univ. Bonn, Münster (Med.); Staatsex. 1965, Promot. 1968; Facharzt f. Nervenkrankh. 1972, Psychotherapie 1973, Habil. (Neurol. u. Psych.) 1974, Habil. (Gesch. d. Med.) 1975 - 1974 Oberarzt Univ. Nervenkl. Bonn, 1979 apl. Prof., 1982-86 Prof. a. Z. Univ. Bonn, 1987/88 Leit. Ärztl. Dienst WBGA III Düsseldorf; s. 1988 Ltd. Arzt Psychiatr. Abt. St. Nikolaus-Hospital, Kalkar - BV: D. Niederländ. Arzt Daniel Voet, 1970; El Desarrollo de la Psiquiatría en España, 1984; Kleine Gesch. d. Naturheilkunde, 1985 - Liebh.: Philatelie, Numismatik, Sport - 1983 Gold. Sportabz. (25) - Spr.: Engl., Span., Niederl., Franz.

DIECKHOFF, Dieter

Dipl.-Ing. agr., Kaufmann, Landwirt, MdL Nieders. (s. 1974; CDU Wahlkreis 55 Verden), Vors. d. Aussch. f. innere Verwaltung, u. Mitgl. CDU-Fraktionsvorst. (s. 1982) - Bahnhofstr. 1, 2817 Dörverden (T. priv.: 04234 - 13 03, Büro: 04234 - 13 77) - Geb. 30. April 1929 Bremen, verh. 2 Söhne - Volkssch. Dörverden, Domgymn. Verden u. Albrecht-Thaer-Sem. Celle; Landwirtsch. Lehre Kreis Uelzen; Landwirtschaftsmeister; Dipl.-Ing. agr. - Ab 1950 selbst. Landwirt, s. 1968 selbst. Kaufm. im Brennstoffhandel; Tätigk. in versch. örtlichen u. überörtlichen Einrichtungen; stv. Vors. CDU-Kreisverband Verden; s. 1961 Ratsherr u. Fraktionsvors.; 1964-68 u. s. 1972 Kreistagsabgeordn., 1975-81 Vors. CDU-Kreistagsfraktion, 1981-86 Landrat Lkr. Verden, 1981-86 Bürgerm. Gemeinde Dörverden; stv. VR-Vors. Kreissparkasse Verden, Mitgl. Stiftg.-Rat Nieders. Sparkassenstiftg. - Ehrenvors. Kreisschützenverb. Verden, Ehrenmitgl. Nieders. Sportschützenverb.

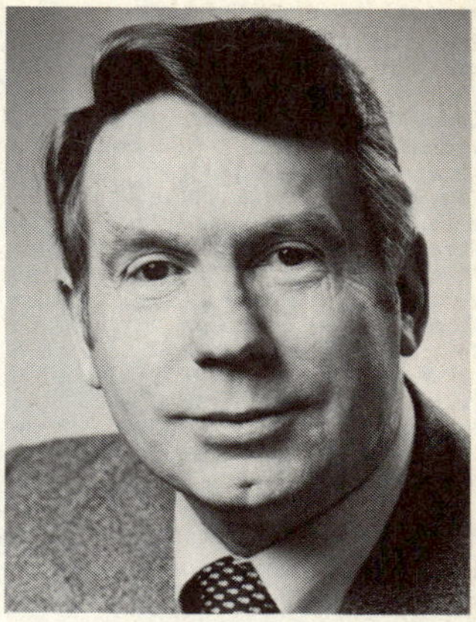

DIECKHOFF, Peter

Regisseur, Autor, Prod., Redakt. - Schlüterstr. 60, 2000 Hamburg 13 (T. 040-410 13 96) - Geb. 30. Nov. 1936 Hamburg, verh. s. 1968 m. Karin Bauer, T. Alice - Abit. Johanneum 1956 Hamburg; B. 1963 Theater, dann Film u. Fernsehen. Div. Drehb. - Liebh.: Sport (Tennis, Hockey, Ski) - Spr.: Engl., Franz.

DIECKHUES, Bernhard

Dr. med., Prof. Abteilungsvorsteher Univ.s-Augenklinik Münster (s. 1965) - Klausenerstr. 49, 4400 Münster/W. (T. 73265) - Geb. 1. Aug. 1923 Bleicherode (Vater: Hermann D., Werksdir.; Mutter: Else, geb. Wolff), kath., verh. s. 1950 (Ehefr.: Dr. Margot), 3 Kd. (Antje, Matthias, Roland) - Ärztl. Approb. 1950 - S. 1966 Privatdoz., Doz., apl. Prof., Wiss. Rat u. Prof., Abt.svorst. u. Prof. Univ. Münster (Augenheilkd.) - BV: Allergie u. Auge, 1967. Etwa 150 Fachaufs. - Spr.: Engl.

DIECKMANN, Albrecht

Dr. jur., o. Prof. f. Bürgerl. Recht, Zivilprozeß u. Intern. Privatrecht - Europaplatz, 7800 Freiburg/Br. - Geb. 18. Mai 1926 Liegnitz/Schles. - S. 1965 (Habil.) Lehrtätigk. Univ. Frankfurt, Gießen (1966 Ord.), Freiburg (1972 Ord.). Fachveröff.

DIECKMANN, Bernhard

Dr. rer. pol., o. Prof. f. Empirie in d. Sozialwissenschaften u. in d. Pädagogik TU Berlin (s. 1980) - Straße des 17. Juni 135, 1000 Berlin 12; priv. Matterhornstr. 106, 1000 Berlin 38 - Geb. 10. Juli 1938 Heimburg (Vater: Adolf D., Saatzüchter; Mutter: Anna Marie, geb. Klamroth), ev., verh. s. 1967 m. Karin, geb. Koderisch, 2 Kd. (Annika, Jörg) - Stud. Sozialpäd. u. Volksw. Hamburg, Heidelberg, Berlin. Dipl.-Volksw. 1966 Berlin; Promot. 1969 Heidelberg - B. 1974 Geschäftsf. Arbeitsgr. f. Empir. Bildungsforsch. Heidelberg; 1983 Mitgl. Akad. Senat TU Berlin - BV: Z. Strategie d. systemat. intern. Vergleichs, 1970; Gesellschaftsanalyse u. Weiterbildungsziele, 1973; Weiterbildung in d. Verw., 1975; Berufsgruppenspezif. Weiterbildungsprobleme, 1975; Nebenberufl. Kursleit. in d. Volkshochsch. v. Berlin, 1981; Gewerksch. u. nebenberufl. Mitarb. in kultur. Einricht., 1983.

DIECKMANN, Hans

Dr. med., Psychoanalytiker (eig. Praxis), Präsident Intern. Ges. f. Analyt. Psych. (s. 1983) - Schützallee 118, 1000 Berlin 37 (T. 030 - 831 10 69) - Geb. 13. Sept.

1921 Berlin (Vater: Dr. med. Max D., Internist; Mutter: Frieda, geb. Hinze), ev., verh. s. 1949 m. Ute, geb. Bermbach, 4 Kd. (Kai, Jan, Sabine, Kathrin) - Univ. Berlin, Leipzig, Jena, Halle, Wien, Kiel (Med.). Ausbild. Psychotherapie - U. a. Doz. FU Berlin u. C. G. Jung-Inst. ebd. - BV: Träume als Sprache d. Seele, 1972; Umgang m. Träumen, 1978; Gelebte Märchen, 1978; Meth. d. Anal. Psych., 1979; Archetyp. Symbolik in d. mod. Kunst, 1981. Herausg.: Übertrag. - Gegenübertrag. in d. Anal. Psych. C. G. Jungs (1980); Weltzerstörung - Selbstzerstörung (1988) - 1982 Ehrenpräs. Österr. Ges. f. Anat. Psych., 1983 Präs. Intern. Ges. f. Analyt. Psych. u. Ehrenpräs. Dt. Ges. f. Analyt. Psych. - Spr.: Engl., Franz.

DIECKMANN, Heinz

Fernseh-Redakteur, Schriftst. - Alwinenstr. 10, 6200 Wiesbaden (T. 06121-371320) - Geb. 18. Mai 1921, verh. m. Vera, geb. Lehoczky, S. Pascal - Stud. Kunstgesch. - Fernsehredakt., Schriftst. (üb. 100 Rundfunksend., üb. 100 Fernsehfilme, e. Dutzend Bücher, u.a. Literaturbrevier, 1948; D. Kunst, poetisch zu küssen, 1962; Hahnrei im Korb, 1964; M. M. Prechtl, 1971; Narrenschaukel, 1984) - Liebh.: Reisen - Spr.: Engl., Franz.

DIECKMANN, Johann

Dr. phil., o. Prof. f. Soziologie PH Kiel - Wannseebogen 17, 2300 Kiel 1 - Geb. 15. Mai 1927 Tüttendorf (Vater: Gustav D., Maurer; Mutter: Käte, geb. Schlotfeldt), ev., verh. s. 1953 m. Traute, geb. Albrecht, 3 Töcht. (Gesche, Gisel, Birte) - Gelehrtensch. Kiel; PH Kiel; Univ. Kiel, Frankfurt/M., Köln - 1950-62 Lehrer; s. 1963 Hochschull. (1968 Prof., 1971 Ord.) - BV: Päd. Soziol., 1970; Mitverf.: Spezialis. im Lehrerberuf (m. P. Lorenz), 1968; Gesellschaftswiss. Unterr. (m. D. Bolscho) 1975; Konfliktregulierung durch Dialoge, 1989 - Liebh.: Garten-, Hausarb., Wandern - Spr.: Lat., Griech., Engl.

DIECKMANN von LAAR, Günther-August

Geschäftsführer Ferienpark Kur + Sport Aparthotel GmbH, Bischofsmais, Geschäftsf. Vorst. DAM Treuhand u. Unternehmensberat. AG, Essen (DAM-Gr.), Präs. Bundesverb. VRW. Rechtsu. Wirtschaftsdienst, Bonn. Vizepräs. Verb. Auskunfteien, Detekteien u. zugl. Inkasso-Untern., Mannheim, u. a. - Hindenburgstr. 6, 4300 Essen 1 - Geb. 26. Sept. 1932 Coppenbrügge (Vater: Heinz, Kaufm.; Mutter: Martha, geb. Wulf), verh. s. 1964 m. Liselotte, 3 S. (Dietmar, Thorsten, Lars) - Alte niederd. Familie.

DIEDERICH, Helmut

Dr. rer. pol., Univ.-Prof. f. Betriebswirtschaftslehre - Alfred-Mumbächer-Str. 26, 6500 Mainz - Geb. 15. Juli 1928 Mainz - Promot. u. Habil. Mainz - S. 1963 Ord. Univ. Hamburg, 1970 Univ. Mainz; wiss. Leit. Forschungsinst. f. Wirtschaftspolitik, Vorst. Institut f. Verkehrswissenschaft; Mitgl. Wiss. Beirat Bundesmin. f. Verkehr; AR-Vors. Bausparkasse Mainz AG - BV: D. Kostenpreis b. öfftl. Aufträgen, 1961; Allg. Betriebsw.lehre, 6. A. 1989; Verkehrsbetriebslehre, 1977. Div. Einzelarb.

DIEDERICH, Jürgen

Dr. phil., Prof. f. Schulpädagogik Univ. Frankfurt - Senckenberganlage 13-15, 6000 Frankfurt/M.; priv.: Kapellenweg 23, 3572 Amöneburg - Geb. 29. Jan. 1936 Berlin - Promot. 1971 - S. 1973 Prof. Frankfurt - BV: Fördern im Kernunterr., 1973; Didaktisches Denken, 1988. Mitverf.: Erziehungswiss., 1970ff.; Handlungsprobl. d. Lehrers, 1979; Gesamtschulalltag - D. Fallstud. Kierspe, 1979.

DIEDERICH, Klas

Dr. rer. nat., Prof. f. Reine Mathematik Gesamthochschule Wuppertal - Ingeborgstr. 38, 5600 Wuppertal 2 - Geb. 26. Okt. 1938 Wuppertal - Promot.- 1967 Göttingen; Habil. 1972 Münster - Zul. Wiss. Rat u. Prof. Univ. Münster. wiederh. Gastprof. USA, 1978 Gastprof. Paris, 1980 Florenz - BV: Funktionentheorie, 1972 (m. Reinhold Remmert); Konvexität in d. komplexen Analyses, 1981 (m. Ingo Lieb). Herausg.: Aspekte d. Mathematik/Aspects of Mathematics (1981 ff.); Mathemat. Ztschr. (s. 1984).

DIEDERICH, Nils

Dr. rer. pol., Dipl.-Volksw., Univ.-Prof. Zentralinst. f. sozialwiss. Forsch. FU Berlin (Fach Politische Soziologie) - Babelsberger Str. 14, 3000 Berlin 31 (T. 85 002 209) - Geb. 24. Mai 1934 Berlin (Vater: Ludwig D., Diplomat; Mutter: Clara, geb. Schirner), verh. s. 1958 m. Ana, geb. de Pablo), 3 Kd. (Michel, Gabriel, David) - Stud. d. Volkswirtsch. FU Berlin; Dipl.ex. 1960; Promot. 1964; Habil. 1970 - 1960-71 Assist., Akad. Rat, Abt.leit., Gf. Zentralinst. f. Sozialwiss. u. Prof. FU Berlin; 1971-76 Leit. Planungsstelle b. Reg. Bürgerm. Berlin; 1976-87 MdB (SPD); s. 1985 Mitgl. gf. Landesvorst. Berlin (verantwortl. f. Finanzen). S. 1988 1. stv. Vors. Arbeitsgem. Soz.wiss. Inst.; VR-Mitgl. Informationszentrum Soz.wiss. Bonn; Beiratsmitgl. Wissenschaftszentrum Soz.wiss. Berlin - BV: Empirische Wahlforschung, 1964 - In- u. ausl. Fachmitgl.sch.; Mitgl. Verein Villa Vigoni - Liebh.: Judo, Gitarrenspiel - Spr.: Engl., Franz., Niederl. - Bek. Vorf.: Dr. Franz D., Schriftst. (Großv.).

DIEDERICH, Toni

Dr. phil., Hon.-Prof., Direktor Hist. Archiv d. Erzbistums Köln (s. 1979) - Prinz-Albert-Str. 50, 5300 Bonn 1 (T. 0228 - 21 91 95) - Geb. 16. Nov. 1939 Eveshausen/Krs. St. Goar, kath. - Stud. Univ. Bonn, Köln (Gesch., Hist. Hilfswiss., Lat., Phil.); Promot. 1965; 1. Staatsex. 1966; Assessorex. f. d. Höh. Archivdst. 1968 - 1968-79 Stadtarchiv Köln; s. 1975 Lehrauftr. Hist. Hilfswiss.; 1985 Hon.-Prof. Univ. Köln - BV: D. Stift St. Florin zu Koblenz, 1967; Revolutionen in Köln 1074-1918, 1973; D. alten Siegel d. Stadt Köln, 1980; Rhein. Städtesiegel, 1984. Aufs. z. Landesgesch. u. Siegelkd.

DIEDERICHS, Claus Jürgen

Dr.-Ing., Dipl.-Ing. f. Bauingenieurwesen, Dipl.-Wirtschaftsing., Prof. FB Bautechnik Univ.-GH Wuppertal - Frühlingstr. 8, 8031 Eichenau (T. 08141 - 86 19) - Geb. 14. Juni 1941 Neustrelitz/Mecklenb. (Vater: Heinz D., Landw.; Mutter: Annfriede, geb. Thormann), ev., verh. s. 1967 m. Dorothea Carola, geb. Frommer, 2 Kd. (Tatjana, Wolf-Stephan) - Stud. TU München (Dipl.-Ing. Bau 1967, Promot. 1969, Dipl.-Ing. Wirtsch. 1970) - 1970-78 Geschäftsf. Prof. Burkhardt KG München; 1978 selbst. (Untern.- u. Projektberat.) Puchheim/München; s. 1981 o. Prof. f. d. Lehr- u. Forschungsgeb. Bauwirtsch., FB Bautechnik, Univ.-GH Wuppertal - BV: Rationalisier. v. Baugenehmigungsverf. d. Standardisier., 1979; Gleichgewicht Bauvolumen, Planer- u. Unternehmenskapazität, 1981 - Bek. Bauwerke: Kulturzentrum Am Gasteig München (Projektsteuerung) - Spr.: Engl., Franz.

DIEDERICHS, Eugen Peter

Dr. phil., Verlagsbuchhändler, Mitinh. Verlag Eugen Diederichs, Köln (gegr. 1896) - Merlostr. 8, 5000 Köln 1 - Geb. 16. Nov. 1904 Jena, ev., verh. m. Ursula, geb. Helf, 6 Kd. - Univ. Freiburg, München, Heidelberg (Promot. 1931) - S. 1931 Leitg. väterl. Verlagsfa. (gegr. 1896 Florenz, verlegt 1904 n. Jena, 1949 Düsseldorf, 1983 Köln) - BV: Maximilian I. als polit. Publizist, 1931.

DIEDERICHS, Henning

Dr. rer. pol., Dipl.-Volkswirt, Geschäftsführer Fachverb. Techn. Teile im Gesamtverb. kunststoffverarb. Industrie e.V. (GKV) - Am Hauptbahnhof 12, 6000 Frankfurt/M. - Geb. 9. Juli 1933 Berlin.

DIEDERICHSEN, Uwe

Dr. jur. (habil.), o. Prof. f. Bürgerl. Recht, Handels- u. Zivilprozeßrecht - Wilhelmspl. 1, 3400 Göttingen - Geb. 18. Juli 1933 - S. 1967 Ord. Univ. Köln u. Göttingen (1970) - BV: D. Recht z. Besitz aus Schuldverhältnissen, 1965; D. Haftung d. Warenherstellers, 1967; s. 33. A. Kommentierung d. gesamten Familienrechts b. Palandt, BGB (z. Zt. 48. A.).

DIEDERIX, Frits

Dipl.-Kfm., Konsul a. D., Maschinenfabrikant, Mitinh. u. Geschäftsf. C. F. Scheer & Cie., Stuttgart 30 - Heiligenbergstr. 80, 7000 Stuttgart 30 - Geb. 10. Mai 1926 Den Haag/Holl. (Vater: E. J. A. F. D., Fabrikant; Mutter: Gertrud, geb. Mescher), verh. in zw. Ehe (1965) m. Brigitte, geb. Haid, 4 Kd. (Peter, Arlette, Ralph, Claudia) - Hochsch. f. Wirtschafts- u. Sozialwiss. Nürnberg (Dipl. 1949) - 1961-1982 Kgl.-Niederl. Kons. f. Baden-Württ.; Orden Ridder van Oranien-Nassau, BVK I. Kl. - Liebh.: Golf, Tennis - Spr.: Holl., Engl.

DIEDRICH, Karl-Heinz

Vorstandsmitglied Nürnberger Allg. Versicherungs-AG u. Nürnberger Beamten Allg. Versich. AG, Hauptbevollm. Assitalia Le Assicurazioni d'Italia, Rom - Rathenaupl. 16-18, 8500 Nürnberg 20.

DIEDRICH, Waldemar

Schriftsteller - Hesselnberg 23, 5600 Wuppertal 2 (T. 0202 - 8 48 23) - Geb. 6. Sept. 1919 Stettin, ev., verh. s. 1953 m. Walli, geb. Lehmann, 3 S. (Wolfgang, Holger, Thorsten) - BV: Handvoll Hoffnung zw. d. Schläfen, 1978; Opus f. Hauklotz u. Klavier, 1979; ... daß sich d. Mensch drin wohlig strecke (Kulturgesch. d. Bades), 1984; Frag mich nach Pommern, 1987; Dünnhäuter du, so leicht verwundbar, 1989 - 1978 Förderprämie Stadt Wuppertal - Lit.: Sie schreiben zw. Goch u. Bonn, 1975.; Profile v. Schriftst. aus Ost- u. Mitteldtschl. in Nordrh.-Westf., 1979.

DIEGEL, Georg

Inhaber Kölner Fettschmelze, Vors. Bundesverb. d. Dt. Talg- u. Schmalzind. - Markt 9, 5300 Bonn 1 (T. 0221 - 1 79 52-0; u. 0228 - 65 04 54) - Geb. 20. Febr. 1928.

DIEGEL, Helmut

Jurist, MdL Nordrh.-Westf. (s. 1985) - Auf dem Birnbaum 39, 5800 Hagen - Geb. 30. März 1956 Hagen, verh., 1 Kd. - S. 1983 Bezirksvors. Junge Union Westf. Ruhrg.; 1980-84 Kreisvors. Junge Union Hagen; Gesellsch. eines Autozubehörgroßhdl. - Liebh.: Tischtennis, Politik - Spr.: Engl.

DIEGRITZ, Theodor

Dr., Univ.-Prof. f. Didaktik d. dt. Sprache u. Lit. Univ. Erlangen-Nürnberg - Burgsalacher Str. 48, 8500 Nürnberg 60 (T. 0911-67 26 97) - Geb. 4. Juli 1939, ev., verh. s. 1966 m. Inge, geb. Kränzlein, 2 T. (Uta, Sabine) - Promot. (german. Linguistik) 1970 Univ. Erlangen - BV: Kommunikation zw. Schülern (m. Heinz Rosenbusch), 1977. Herausg.: Diskussion Grammatikunterr. (1980) - Liebh.: Kunstliedgesang - Spr.: Altgriech., Lat., Engl., Franz.

DIEHL, Anton

Maschinenschlosser, MdL Rheinland-Pfalz (s. 1979) - Laubenheimer Str. 8, 6500 Mainz 1 - Geb. 10. Jan. 1928 - SPD.

DIEHL, Fred

Journalist, Ltd. Redakt. Bild + Funk (Ps. Peer Dongen) - Waldhüterstr. 21, 8000 München 70 (T. 089 - 70 68 40) - Geb. 1. Mai 1925 Heßheim (Vater: Fritz D., Textilkaufm.; Mutter: Katharina, geb. Hüther), ev., verh. m. Helga Viktoria, geb. Eckl, 3 Kd. (Heidrun, Dagmar, Falk) - Redakt. BILD + FUNK; zahlr. Komment. z. Medium Fernsehen - 3 Preise in Wettb. f. Werbegrafik u. Schaufensterwerb. - Liebh.: Bergsteigen, Grafik, neue Medien.

DIEHL, Günter

Dipl.-Volksw., Staatssekretär a.D., Botschafter a. D., Vors. Dt. Ges. f. Asienkunde - Ölbergweg 2, 5480 Remagen 2 - Geb. 8. Febr. 1916 Köln, verh. s. 1939 m. Helga, geb. v. Rautenstrauch, Kd. - Gymn. u. Univ. Köln u. Bordeaux - 1939-45 AA (Berlin, Brüssel, Vichy); Journ. (u. a. Außenpol. Hbg. Abendblatt), s. 1950 Bundesreg. (Presse- u. Inf.-Amt); 1952 Pressesprecher AA, 1956 Botschaftsrat Chilé, 1960 Leit. Auslandsabt. Presse- u. Informationsamt, 1966 Leit. Planungsstab AA; 1967 Bundespressechef; 1968 Staatssekr., 1970-77 Botschafter Indien; 1977-81 Botsch. Japan; 1981-87 Präs. d. Dt. Ges. f. Ausw. Politik, Vors. d. Dt. Ges. f. Asienkunde - BV: Denken u. Handeln, Planung in d. Außenpolitik, 1970; Ferne Gefährten, Erinnerungen an e. Botsch. in Japan, 1987 - 1986 Gr. BVK m. Stern u. Schulterband - Lieb.: Jagd.

DIEHL, Heidelotte

Schauspielerin - Krusauerstr. 74, 1000 Berlin 49 (T. 030 - 742 70 58) - Geb. 30. April 1940 Berlin (Vater: Wilhelm D., Kaufm.; Mutter: Charlotte, geb. Riek), ev., verh. m. Rolf Sander, S. Mathias - Ausbild. Max-Reinhardt-Sch. Berlin - Zahlr. Theaterrollen, dar. Ophelia (Hamlet) - Liebh.: Reisen, Golf - Spr.: Engl.

DIEHL, Heinz Georg

Bürgermeister a.D., MdL Rhld.-Pfalz (s. 1983) - Göttelmannstr. 24, 6500 Mainz - Geb. 30. Mai 1935, kath., verh., 2 Kd. - 1972-83 Bürgerm. u. Beigeordn. Stadt Mainz. Stv. Kreisvors. DRK; AR-Mitgl. Stadtwerke Mainz AG, Kraftwerke Mainz-Wiesbaden (KMW) u. Mainzer Aufbauges. (MAG). CDU (1984 Fraktionsvors. Mainzer Stadtrat, 1986 Kreisvors. Mainz, medienpolit. Sprecher d. Landtagsfraktion).

DIEHL, Herbert

Dipl.-Kfm., Generalbevollm. Direktor Siemens AG - Werner-v.-Siemens-Str. 50, 8520 Erlangen - Geb. 27. April 1930 Essen.

DIEHL, Horst Alfred

Dr. rer. nat., Dipl.-Phys., Prof. Univ. Bremen (s. 1971) - Bergiusstr. 93, 2800 Bremen 33 - Geb. 22. Okt. 1938 Wetzlar (Vater: Karl D., Arb.; Mutter: Anna, geb. Saltenberger), ev., verh. s. 1964 m. Doris, geb. Fürle, 2 Kd. (Goesta, Henning) - 1964-71 Phys. u. Biochem. Inst. Univ. Gießen. Spez. Arb.sgeb.: Biophysik. Fachmitgl.sch.

DIEHL, Johannes Friedrich

Dr. rer. nat., Prof., Ltd. Direktor Bundesforschungsanst. f. Ernährung, Karlsruhe - Wildbader Str. 6, 7500 Karlsruhe 41 - Geb. 18. Juni 1929 Ilbesheim/Pfalz (Vater: Dr. med. Heinrich D.; Mutter: Gertrud, geb. Linn), ev., verh. m. Eva, geb. Müller, 4 Töcht. (Margaret, Annette, Jennifer, Susan) - Master of Science Univ. of Kentucky (1953), Dipl.-Chem. (1955) u. Promot. (1957) Univ. Heidelberg - 1957-65 Research Associate, Assistant (1958) u. Associate Prof. of Biochemistry (1963) Univ. of Arkansas; 1965 Dir. Inst. f. Strahlentechnol. Bundesforschungsanst. f. Lebensmittelfrischhalt.; s. 1976 Dir. Inst. f. Biochemie d. Bundesforschungsanst. f. Ernährung. S. 1971 Honorarprof. Univ. (TH) Karlsruhe (Lebensmittelkd.). Üb. 180 Fachveröff. - 1963 Mitgl. American Inst. of Nutrition, 1989 Fellow Inst. of Food Technologist, Vizepräs. d. Intern. Union f. Lebensmittelwiss. u. -technologie - Spr.: Engl., Franz.

DIEHL, Klaus

Dipl.-Volksw., Geschäftsführer Verb. d. Dt. Lederwaren- u. Kofferindustrie u. Offenbacher Messe GmbH. - Kaiserstr. 108, 6050 Offenbach/M.

DIEHL, Wolfgang

Studienrat, Schriftst., Kunsthist. - Schlettstadter Str. 42, 6740 Landau (T. 06341 - 3 01 28) - Geb. 8. Aug. 1940 Landau, ev., verh. m. Margot, geb. Müller - Stud. German., Phil., Kunstgesch., Gesch. u. Polit. Wiss. Univ. Heidelberg, Wien, Berlin u. Mainz; Staatsex. in German., Gesch. u. Polit. Wiss. - B. 1978 Redakt. (Redaktionsleit.) u. fr. Journ.; s. 1979 Schuldst. 1. Vors. Lit. Verein d. Pfalz - BV: Linksrhein., Ged. 1975; Saigon gesehen - gestorben, Erz. 1980; D. Gesch. d. Landkr. Alzey-Worms, 1981; auswärts-einwärts, Ged. 1983; Helwig Goldfang (Ps.): D. wahre Gesch. d. altpfälz. Nationalvogels Elwetritsche, 1985; Heimatliebe-Heimattrauer, Pfalzged., 1987; Hermann Croissant. Maler zw. Tradition u. Moderne, Monogr. 1987; Konrad Krez. Freiheitskämpfer u. Dichter in Dtschl. u. USA, 1988 - 1979 Förderpreis Rhld.-Pfalz f. Lit.; 1980 Pfalzpreis f. Lit.; 1982 Hambach-Preis.

DIEHM, Walter

Dr., Bankdirektor a. D. - Lerchenfeldstr. 5, 8000 München 22 (T. 292649) - Geb. 30. Juli 1912 - Zul. 1967-71 Dir. Bayer. Staatsbank.

DIEKMANN, Achim

Dr. rer. pol., Geschäftsführer Verband d. Automobilindustrie (VDA) - Westendstr. 61, 6000 Frankfurt/M. 17 - Geb. 12. April 1930.

DIEKMANN, Eduard

Botschaftsrat I. Kl. Wirtschaftsref. Botschaft d. BRD in Rom - Via Po 25c, I-00198 Rom (Ital.).

DIEKMANN, Hans

Dr. rer. nat., Prof. f. Mikrobiologie (Biochemie) Univ. Hannover (s. 1974) - Lothringer Str. 26e, 3000 Hannover 71 - Geb. 15. Mai 1931 Bornum/Harz - Dipl.-Chem. 1958, Promot. 1962 Freiburg/Br.; Habil. 1969 Tübingen - 1969-74 Doz. Univ. Tübingen. Fachaufs.

DIEKMANN, Heinrich

Dipl.-Ing., Vorstandsmitglied R. Stock AG. - Zu erreichen üb. Stock AG, Präzisionswerkz., Fritz-Werner-Str. 56, 1000 Berlin 48 - Geb. 26. Juni 1938.

DIEKMANN, Horst

Dipl.-Volksw., Geschäftsführer Kalksandstein-Information GmbH., Bundesverb. Kalksandsteinind. e.V. u. Güteschutz Kalksandstein e.V. - Entenfangweg 15, 3000 Hannover 21 - Geb. 5. Jan. 1931.

DIEKMANN, Manfred

Dipl.-Ing., Prof. f. Konstruktiven Ingenieurbau Univ.-GH Paderborn (Fachbereich Bauing.wesen) - Gartenstr. 32, 4939 Steinheim 1 (T. 05233 - 84 86 od. 77 54).

DIEKMANN, Wilhelm

Bauing., Dachdeckermstr., Präs. Zentralverb. d. Dt. Dachdeckerhandwerks/ Fachverb. Dach-, Wand- u. Abdichtungstechnik, Köln - Wagnerstr. 13, 4690 Herne - Geb. 8. Juli 1913.

DIEKWISCH, Stefan

Dr., Staatssekretär Nieders. Ministerium des Innern (s. 1988) - Calenberger Str. 2, 3000 Hannover 1 (T. 0511 - 12 01) - Geb. 26. Dez. 1946 - 1986-88 Staatssekr. Nieders. Min. f. Bundes- u. Europaangelegenh.

DIEL, Alfred

Journalist - An der Hexeneiche 8, 6451 Großkrotzenburg (T. 06186 - 3 36) - Geb. 10. April 1924 Mainaschaff, verh. s. 1957 m. Maria, geb. Römmelt, 2 Kd. (Roland, Brunhilde) - Redakt. b. Tagesztg.; 1956-86 Chefredakt. Dt. Schachblätter; 1971-86 Ref. f. Öffentlichkeitsarbeit Dt. Schachbund - BV: Schach in Deutschl., 1977; 8×8=64 (m. H.W. Geissler), 1979; D. Schachweltmeister (m. K. Lindörfer), 1979; D. Spiel d. Könige, 1983 - Goldene Ehrennadel Dt. Schachbund; Ehrenmitgl. Unterfränk. Schachverb. u. Bayer. Schachbund - Spr.: Engl., Franz.

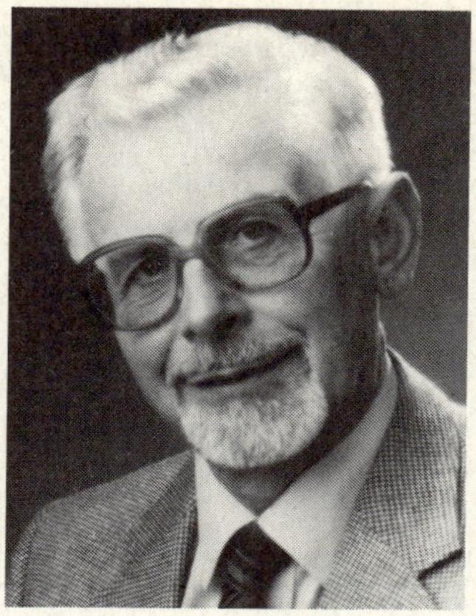

DIEL, Herbert

Dr. rer. pol., Dipl.-Kfm., Versicherungsdirektor - Tiergartenstr. 137, 3000 Hannover - Geb. 6. Dez. 1926 Neuss (Vater: Franz D.; Mutter: Josefine, geb. Struwe), kath., verh. s. 1954 m. Therese, geb. Huber, Tocht. Gabriele - Obersch.; Stud. Betriebsw. Dipl.-Kfm., Promot. Köln.

DIEL, Rolf

Vorstandsmitglied Dresdner Bank AG. - Theodor-Andersen-Str. 1, 4000 Düsseldorf (T. 432723) - Geb. 20. Sept. 1922 Bochum - ARsmandate - Spr.: Franz. - Rotarier.

DIEL, Ulrich

Dipl.-Ing., Vorstandsmitglied DLW AG. - Moltkestr. 43, 7120 Bietigheim/Württ. - Geb. 20. Dez. 1928.

DIEL, Willi

Dipl.-Verw.-Wirt (FH), Bürgermeister Verbandsgemeinde Bad Ems - Römerstr. 97, 5427 Bad Ems (T. 02603 - 33 11) - Geb. 10. Mai 1928 Koblenz (Vater: Alois D., Bundesbahnbeamter; Mutter: Katharina, geb. Schmidt), kath., verh. s. 1951 m. Anneliese, geb. Klein, T. Heike - 1942-44 Eisenbahn-Junghelfer-Ausb.; Wehrdienst, Kriegsgefangensch. (b. 1945); 1950/51 Sozialakad. Dortmund, Assist.Prüf. 1957 - 1945-54 Bundesbahngehilfe, 1954-60 Bundesbahnbetriebswart, 1960 Stadtassist. Koblenz, 1963 Stadtsekr. ebd., 1964 Stadtinsp. ebd., 1965 Bürgerm. Kamp-Bornhofen, 1972ff. Verbandsbürgerm. Bad Ems - Div. Mand. u. Mitgl.sch. (teilw. Vors.), u.a. MdL (1963-75), Vors. DRK-Kreisverb. Rhein-Lahn (s. 1982), Schöffe u. Sozialricht., Vorst. Landesfremdenverk.-verb. Rhld.-Pfalz, AR. SPD (s. 1947), Beirat d. EVE Bad Ems (1980) - 1971 BVK am Bde., 1975 BVK I. u. II. Klasse.

DIEM, Kurt

Geschäftsführer Alcan Metall GmbH., Frankfurt/M. - Huserstr. 13, 6380 Bad Homburg v. d. H. - Geb. 25. Jan. 1922 - Zul. Gf. Alcan Aluminiumwerke GmbH., Göttingen.

DIEM, Liselott,
geb. Bail

Dr. h. c., Prof., Sportpädagogin - Blumenallee 24, 5000 Köln 40 (T. Köln 48 69 60) - Geb. 18. Sept. 1906 Wiesbaden (Vater: Ernst Bail, Ministerialdir.; Mutter: Minz, geb. Goerlach), ev., verh. s. 1930 m. Prof. Dr. h. c. Carl D. † 1962, (s. XIV. Ausg.), 4 Kd. (Gudrun, Irminhilt, Carl-Jürgen, Karin) - Bismarck-Lyz. u. Dt. Hochsch. f. Leibesüb. Berlin (Diplomex. 1927 m. Ausz.). Staatl. Gymnastiklehrerprüf. 1935 - B. 1933 Itd. Lehrkraft DHfL (entlassen), dann priv. Tätigk., Gastlehrgänge Türkei u. Bulg., 1939-45 Kaiserin-Augusta-Obersch. Potsdam u. Waldobersch. Berlin, s. 1946 Leit. Frauenausb. u. Prof. (1965) Dt. Sporthochsch. Köln (Lehrstuhl f. Didaktik u. Methodik d. Leibeserzieh.; 1967/68 Rektor). Präs. Intern. Assoc. of Physical Education and Sports for Girls and Women (1965); Exe-kutivmitgl. Weltrat f. Sport u. Leibeserzieh.; Mitgl. Organisationskomitee f. d. Spiele d. XX. Olympiade München 1972. Gastvortr. Süd-, Nordamerika, Asien - BV: Vernünft. Leibeserzieh., D. Spiel-Spiegel d. Menschl., Wer kann ...? (6 A., auch engl. (USA), span., port., jap., isl.), Ausgleichsgymnastik u. Schulsonderturnen (auch engl., span.), Kind u. Beweg., Mädchen b. Turnen in rhythm. Spiel (6 A., auch span.), Aktiv bleiben - Lebenstechnik ab 40, 1974, Kinder lernen Sport, Bd. 1-5 1974. Herausg. Autobiogr.: Leben als Herausforderung - 1967 Doctor of Humanics Springfield College (USA); 1927 August-Bier-Plak., 1955 Corr. Fellow American Acad. of Physical Education; 1967 BVK I. Kl., 1976 Gr. BVK; Gold. Sportabz.; 1980 Sportorden Venezuela u. Ehrenpreis Brasilien; 1985 Noël-Baker-Preis Weltrat f. Sportwiss. u. Leibeserzieh.; 1986 Olymp. Orden - Liebh.: Freizeitsport u. Kindersp. in aller Welt - Spr.: Engl., Franz. - Lit.: Auf d. ersten Lebensj. Kommt es an; Frau u. Sport, Fliehen oder bleiben - 1983 Namenshalle Monheim/Rhld. (in Würdig. pers. Leistungen).

DIEM, Max

Dr. phil. nat., em. o. Prof. f. Meteorologie - Wolfweg 8, 7500 Karlsruhe 41 (T. 40 89 92) - Geb. 8. Febr. 1913 Karlsruhe (Vater: Johann D., Mutter: Margarethe, geb. Marx), verh. s. 1939 m. Elisabeth, geb. Buggisch, 3 Kd. - Realgymn.; TH Karlsruhe, Darmstadt, Univ. Frankfurt/M. (Promot. 1937), Habil. 1945 München - 1938-39 Assist. Univ. Jena, Göttingen, TH Darmstadt. 1939-45 wiss. Mitarb. Dt. Forschungsanst. f. Segelflug ebd., s. 1943 Lehrtätigk. TH bzw. Univ. Karlsruhe (1953 apl., 1962 o. Prof.; Dir. Meteorol. Inst.; em. 1978). Entwickl. v. Instrumenten. Beitr. z. Wolkenphysik u. Staubausbreit. - Liebh.: Fotogr.

DIEMANN, Ekkehard

Dr. rer. nat., Dipl.-Chem., Akad. Direktor Univ. Bielefeld - Vilsendorfer Str. 3A, 4800 Bielefeld 15 (T. 05206 - 54 58) - Geb. 12. Jan. 1944 Langenwalde, ev., verh. s. 1975 m. Renate, geb. Bauernfeind, 2 S. (Andreas, Frank) - 1963-68 Stud. Univ. Göttingen (Chemie); Promot. 1971 Dortmund - 1971-77 wiss. Assist. Univ. Dortmund; 1977 Akad. Rat; 1979 Akad. Oberrat; 1985 Akad. Dir. Univ. Bielefeld. 1980 Gastprof. Univ. La Plata/Argent. - BV: Transition Metal Chemistry, 1981.

DIEMER, Erwin Ludwig

Generalvikar, Domkapitular, Lt. d. Bistumsverw. Speyer - Maximilianstr. 3, 6720 Speyer (T. 06232 - 102349 priv.) - Geb. 6. Mai 1923 Rodenbach (Vater: Georg D., Fabrikarb.; Mutter: Rosa, geb. Pahl), kath. - Human. Gymn. Speyer u. Ludwigshafen/Rh., Stud. Kath. Theol. Fak. Univ. Mainz (1946-50), Priestersem. Speyer (1950/51). 1951-60 Kaplan u. Pfarrer; 1960-68 Diözes.-Arb.- u. Betriebsseelsorger; 1968 ff. Generalvik.; 1986 Domdekan - 1973 BVK a. Bd., 1979 Ehren-Konventual-Kapl. d. Souv. Malteserord. - Spr.: Franz.

DIEMINGER, Walter

Dr. rer. techn., Prof., Flugbaumeister - Berliner Str. 14, 3412 Nörten-Hardenberg (T. priv.: 05503 - 26 89); dienstl.: 05556 - 4 12 12) - Geb. 7. Juli 1907 Würzburg (Vater: Ludwig D., Staatsbankdir.; Mutter: Anna, geb. Kraus), kath., verh. s. 1935 m. Dr. Ilse, geb. Günther, 3 Kd. (Günter, Waltraud, Lothar) - Gymn. Würzburg; TH München (Techn. Physik; Diplomprüf. 1931). Promot. 1935 - 1934-43 Wiss. Mitarb. Erprobungsst. d. Luftw. Rechlin, 1943-45 Leit. Zentralst. f. Funkberat. Leobersdorf, 1945-50 Leit. Inst. f. Ionosphärenforsch. Verw. Kaiser-Wilhelm- bzw. Max-Planck-Ges., 1950-56 Dir. MPI f. Ionosphärenforsch., 1956-75 Dir. Max-Planck-Inst. f. Aeronomie. S. 1948 (Habil.) Lehrtätigk. Univ. Göttingen (1956 apl. Prof.; Geophysik). S. 1950 Vors. bzw. Ehrenvors. (1967) Dt. URSI-Landesaussch.; 1958-60 Vors. Dt. Geophysikal. Ges.; 1969-72 Präs. (1963-69 Vizepräs.) Union Radio Scientifique Intern.; 1966-72 Senator MPG. üb. 120 Fachveröff. - 1959 ausw. Mitgl. Finn. Akad. d. Wiss.; 1968 Mitgl. Dt. Akad. d. Naturforscher (Leopoldina); 1978 Auswärt. Mitgl. Österr. Akad. d. Wiss.; 1975 Ehrenmitgl. Dt. Geophys. Ges.; 1978 Ehrenpräs. Union Radio Scientifique Intern.; 1972 C. F. Gauss-Med.; 1975 Ehrenbürger Katlenburg-Lindau; 1975 BVK a. Bd. - Liebh.: Amateurfunk (s. 1926) - Spr.: Engl., Franz., Lat., Griech. (klass.).

DIENETHAL, Friedrich

Dipl.-Volksw., Bankdirektor - Mangoldweg 4, 6100 Darmstadt - Geb. 4. März 1936 - Generalbevollm. Hess. Landesbank/Girozentrale Frankfurt/ Main; Aufsichts- u. Beiratsmand.

DIENST, Karl

Dr. theol., Prof. Hochsch. f. Musik u. Darst. Kunst u. Univ. Frankfurt, Pfarrer, Oberkirchenrat - Pfungstädter Str. 78, 6100 Darmstadt (T. 06151 - 569 91) - Geb. 24. Jan. 1930 Weisel (Vater: Fritz D., Lehrer; Mutter: Elly, geb. Engel), ev., verh. s. 1958 m. Ellen Ruth, geb. Günther, 4 Kd. (Bernhard, Renate, Markus, Thomas) - 1949-53 Stud. Ev. Theol. Univ. Mainz; Stud. Phil. u. Päd. Univ. Giessen; Promot. 1955 Mainz - 1955-70 Pfarrer Wiesbaden u. Giessen; 1959-63 Doz. Theol. Sem. Herborn; s. 1970 Oberkirchenrat Darmstadt; s. 1972 Lehrbeauftr. Frankfurt (FB Kirchenmusik); s. 1984 Lehrbeauftr. Univ. Frankfurt (Ev. Theologie) - BV: Gesch. d. Luth. Gottesdienstes d. Fr. Reichsstadt Frankfurt/M., (Diss.) 1955; Mod. Formen d. Konfirmandenunterr., 1973; D. Lehrbare Religion, 1978; Glaube, Erfahrung, Relig. Erzieh., 1979; Luther, 1983 (m.a.) - 1984 u. 85 Honorarprof. - Liebh.: Eisenbahn - Spr.: Engl., Franz., Latein, Griech., Hebräisch.

DIENSTL, Erika

Vizepräsidentin Dt. Sportbund, Frankfurt (s. 1982) - Otto-Fleck-Schneise 12, 6000 Frankfurt 71 - B. 1982 Vors. Dt. Sportjugend, s. 1986 Präs. Dt. Fechter-Bund.

DIEPENBROCK, Franz-Reinhold

Dr. rer. nat., Prof. f. Angew. Mathematik, Statistik, Datenverarbeitung - Am Sandholz 17, 5600 Wuppertal 1 (T. 0202 - 42 59 60) - Geb. 29. Nov. 1944 Nesselwang (Vater: Franz D., Stud.-Dir.; Mutter: Ida, geb. Gardemann), kath., verh. s. 1985 m. Irmgard, geb. Riediger - Gymn. Paulinum Münster, Univ. Münster (Math.), Dipl. 1969, Promot. 1971 (b. Prof. Dr. Witting) - 1971-79 Labor-ing., Laborleit. u. Gruppenleit. b. Siemens AG, München, 1980 Prof. FHS Dortmund, s. 1981 Prof. GH Wuppertal - Bek. Vorf.: Melchior Diepenbrock, Kardinal in Breslau, 1798-1853.

DIEPGEN, Eberhard

Rechtsanwalt, Regierender Bürgermeister von Berlin (1984-89), Fraktionsvors. CDU - Rathaus Schöneberg, 1000 Berlin 62 (T. 783 33 00) - Geb. 13. Nov. 1941 Berlin, verh., 2 Kd. - FU Berlin; 1963 Asta-Vors., dann stv. Vors. Verb. dt. Studentensch. - 1971ff. MdA Berlin (s. 1980 Fraktionsvors.). CDU s. 1962 (vorher Junge Union; Landesvorst., s. 1983 Vors. dass.; s. 1983 Bundesvorst.) - 1985 Silb. Ehrenschild Reichsbund d. Kriegsopfer, Behinderten, Sozialrentner u. Hinterbliebenen - Liebh.: Fußball.

DIEPOLD, Peter

Dr. theol., M. A., Prof. Seminar f. Wirtschaftspädagogik/Univ. Göttingen (s. 1975) - Platz d. Göttinger Sieben 7,

DIERGARTEN, Hans Heinrich
Dr.-Ing. (habil.), Dr.-Ing. E. h., Prof., Direktor i. R., Honorarprof. f. Metallkd. Univ. Würzburg (s. 1956) - Elsa-Brändström-Str. 48, 8720 Schweinfurt/Ufr. (T. 3 10 34) - Geb. 13. Nov. 1901 Wetter/Ruhr (Vater: Heinrich D.; Mutter: Maria, geb. Storck), ev., verh. s. 1932 m. Ann-Margret, geb. Wendt, 3 Kd. - Realgymn. Essen-Bredeney; TH Aachen (Dipl.-Ing.). Promot. 1929 TH Aachen; Habil. 1939 TH München - Dir. i. R. SKF Kugellagerfabriken GmbH., Schweinfurt. Zahlr. Fachveröff. (Metallurgie) - 1966 Ehrendoktor TU Berlin; 1968 Ehrenbürger Univ. Würzburg; Kurator d. Bundesanst. f. Materialprüf. Berlin; Vors. Beirat d. VHS, Schweinfurt; Vorst.Ehrenmitgl. DVM; 1971 BVK I. Kl.

DIERIG, Christian G.
Vorstandsvorsitzer Dierig Holding AG, Augsburg, Vors. d. Geschäftsführung Dierig Textilwerke GmbH, Augsburg, VR-Präs. Dierig AG, Wil (Schweiz), u. Cede Finanz- u. Verw. AG, Zürich (Schweiz) - Kirchbergstr. 23, 8900 Augsburg 1 - Geb. 12. Okt. 1923 Langenbielau/Schles.. - AR-Vors. Christian Dierig GmbH, Augsburg, F. H. Hammersen GmbH, Bocholt, Kottern Textil GmbH, Kempten; AR Gerling-Konzern Standard Versicherungs AG, Köln; Beiratsvors. Haunstetten Textil GmbH, Prinz Textildruck GmbH, S-Modelle Damenkleider GmbH, Riedinger Textil GmbH, Ernst Mallinckrodt GmbH, sämtl. Augsburg, stv. Beiratsvors. Martini Textil GmbH, Augsburg; Beirat Dt. Bank AG, München - Spr.: Engl. - Rotarier.

DIERKER, Egbert
Dr. rer. pol., o. Prof. f. Wirtschaftstheorie Univ. Wien - Reisnerstr. 22/5, A-1030 Wien - Geb. 2. Jan. 1941 Mönchen-Gladb., verh. s. 1970, 1 Kd. - Dipl.-Math. 1966 u. Promot. 1969 Heidelberg; Habil. 1973 Bonn - BV: Topological Methods in Walrasian Economics, 1974.

DIERKES, Gerhard
Dr.-Ing., Dipl.-Chem., Prof., Präs. Vereinig. d. Textilveredlungsfachleute - Carl-Schurz-Str. 11, 4150 Krefeld (T. 750321) - Geb. 18. Jan. 1909 Lingen/Ems, kath., verh. s. 1942 m. Stephanie, geb. Wiesner - Herausg.: Intern. Veredler-Jahrb. (1976).

DIERKES, Josef
Steuerrat a. D., MdL Nieders. (s. 1974) - Ina-Seidel-Str. 28, 2900 Oldenburg (T. 46044) - CDU.

DIERKES, Meinolf
Dr. rer. pol., Direktor Forschungsabt. Organisation u. Technikgenese d. Forsch.schwerp. Technik-Arbeit-Umwelt am Wissenschaftszentr. Berlin f. Sozialforschung gGmbH - Zu erreichen üb. Wissenschaftszentrum Berlin f. Sozialforsch., Reichpietschufer 50, 1000 Berlin 30 (T. 030 - 2 54 91-0) - Geb. 24. Sept. 1941 Hagen, verh. s. 1966 m. Sigrun, geb. Wolberg, 2 Söhne (Ansgar, Julian) - 1952-61 Gymn., 1961-65 Stud. Betriebsw. Univ. Köln u. Würzburg, Dipl.-Kfm. 1965 Köln, Promot. 1970 ebd. - 1966-71 Forsch.stelle f. empir. Sozialforsch., Köln (zul. Geschäftsf.); 1967-71 Lehrauftr. Univ. Köln; 1971-73 Res. Fellow Battelle Seattle Res. Center, Washington; 1971-73 Assoc. Prof. Univ. Washington; 1973-75 Adjunct Prof. Univ. Pittsburgh; 1973-76 Leit. Abt. Angew. Sozial- u. Verhaltensforsch. Battelle-Inst., Frankfurt/M.; 1973-81 Wiss. Dir. Stiftg. Ges. u. Untern., Frankfurt/M.; 1975-79 Adjunct Prof. Europ. Inst. f. Unternehmensführung, Fontainebleau; 1976-80 Dir. Intern. Inst. f. Umwelt u. Ges. Wiss.zentr. Berlin f. Sozialforsch.; 1979 Gast-Prof. Univ. of Missouri, Columbia; 1980-87 Präs. Wiss.zentr. Berlin; 1987/88 Prof. f. Business and Public Policy, Schools of Business Administration, Univ. of Calif. Berkeley - Zahlr. Mitgliedsch. in wiss. Vereinig., u. a. Aussch. f. Grundlagenforsch. in d. Verhaltens- u. Sozialwiss. b. National Research Council, Washington, D. C.; Enquête-Kommiss. Einschätzung u. Bewert. v. Technikfolgen - Gestaltung v. Rahmenbeding. d. techn. Entwickl. d. Dt. Bundestag - BV: 16 Bücher (z.T. m. a.) u. a.: Kapitalbedarf u. Finanzierungsquellen mittl. Kaufhausunternehmen, 1965; D. Beitrag d. franz. Mittelstandes z. wirtschaftl. Wachstum, 1969 (auch franz.); Produktivität u. Expansion - e. Beitr. z. mikro-ökonom. Theorie d. Wirtschaftswachstums u. d. Unternehmensverhalten, 1971; Wirtschaftstheorie als Verhaltenstheorie (Hrsg.) 1969; D. Sozialbilanz, 1974; Soz. Daten u. polit. Plan. - Stand u. Perspektiven d. Sozialindikatorenforsch. in d. Bundesrep. Deutschl. u. d. USA, (Hrsg.) 1975; Bürgerinitiativen im Bereich v. Kernkraftwerken, 1975; Künftige Bezieh. zw. Untern. u. Ges., (Hrsg.) 1976; Unternehmenspolitik u. ges. Wandel - Aufg., Vorstell. u. Herausforder., (Hrsg.) 1980; Wenig Arbeit - aber viel zu tun. Neue Wege d. Arbeitsmarktpolitik, (Hrsg.) 1985; Technik u. Parlament. Technikfolgenabschätzung: Konzepte, Erfahrung, Chancen (Hrsg. zus. m. Thomas Petermann u. Volker v. Th.), 1986; Comparative Policy Research-Lerning from Experience (Hrsg. zus. m. Hans N. Weiler, A. Berthoin-Antal), 1987; Macht u. Verantwortung - z. polit. Rolle d. Untern., 1987; Umweltbewußtsein - Umweltverhalten (zus. m. Hans-Joachim Fietkau), 1988; üb. 50 Beitr. in Büchern - Liebh.: Segeln, Golf - Spr.: Engl., Franz.

DIERKS, Klaus
Dr.-Ing., Dipl.-Ing., Prof. f. Tragwerkslehre u. Baukonstruktion TU Berlin - Trabener Str. 21, 1000 Berlin 33 (T. 892 87 01) - Geb. 2. März 1932 Osnabrück (Vater: Hans D., Kaufm.; Mutter: Henriette, geb. Mäck), ev., verh. s. 1957 m. Marianne, geb. Zieger, 2 Kd. (Karsten, Arne).

DIERS, Lothar
Dr. rer. nat., o. Prof. f. Biologie u. ihre Didaktik Univ. Köln - Kirchdaun, 5483 Bad Neuen-ahr-Ahrweiler - Geb. 26. März 1932 Bonn - Promot. 1961; Habil. 1967 - S. 1970 Ord. Üb. 60 Facharb.

DIERS, Paul
Landwirt, Vors. Arbeitsgem. Dt. Rinderzüchter, Bonn - Hentrup 3, 4725 Liesborn üb. Beckum/W..

DIERSCHKE, Hartmut
Dr. rer. nat. (habil.), Prof. (Systemat.-Geobotan. Inst.) - Gottlieb-A.-Richter-Weg 5, 3400 Göttingen - Geb. 11. Juli 1937 - B. 1976 Privatdoz., dann apl., s. 1980 o. Prof. Univ. Göttingen (Botanik); 1. Vors. Florist. soziol. Arb.gemeinsch. e.V.; Generalsekr. Intern. Assoc. for Vegetation Science.

DIERSE, Walter
Assessor, Geschäftsführer DRK-Landesverb. Westfalen-Lippe - Sperlichstr. 25, 4400 Münster/W. - Stud. Rechtswiss.

DIESCH, Jörg
Dr. med., Arzt, Segelsportler - Metzstr. 8, 7990 Friedrichshafen/B. (T. 07541 - 2 17 12) - Geb. 29. Sept. 1951 Friedrichshafen (Vater: Dr. med. dent. Bruno D., Zahnarzt; Mutter: Antonie, geb. Schuck), kath., verh. s. 1984 m. Jutta, geb. Schieffer, 2 Kd. (Carolin, Constantin) - Med. Staatsex. Freiburg/Br.; Promot. Klinikum Essen - U. a. 1972 Weltmeister Kl. Fireball u. Shark, 1977, 78, 81, 83 u. 85 Vizeweltm., 1986 Welt- u. Europameister Kl. FD, 1976 Olymp. Goldmed. Kl. FD Montreal (m. Bruder Eckart); 1984 5. Pl. Olympiade Los Angeles. 1982/83 Weltumsegl. - 1x Silb. Lorbeerbl. d. Bundespräs. - Liebh.: Parapsych. - Spr.: Engl., Franz., Span. (mäßig).

DIESFELD, Hans Jochen
Dr. med., Prof., Internist u. Tropenmediziner, Präs. Dt. Tropenmed. Ges. (1979-81), Mitgl. Wiss. Beirat Bundesmin. f. Wirtschaftl. Zusammenarbeit - Am Mühlwald 50, 6903 Neckargemünd-Rainbach - Geb. 18. April 1932 Berlin (Vater: Dipl.-Kfm. Walther D.; Mutter: Gerda, geb. v. Bressendorf), ev., verh. s. 1957 m. Ingeborg, geb. Schnorrenberg, 2 Kd. (Angelika, Nikolaus) - Obersch. Starnberg; 1951-57 Univ. München (Med.), 1965-66 London (Tropenhyg.). Promot. München; D. T. P. H. London; Habil. Heidelberg - Internist: 1966 Wiss. Assist., -Rat, Privatdoz. u. apl. Prof., s. 1975 Ärztl. Dir. Inst. f. Tropenhyg. u. Öffentl. Gesundheitswesen Südasien-Inst./Univ. Heidelberg.

DIESING, Heinz G.

Schauspieler - Zu erreichen üb. ZBF Agentur, Kurfürstendamm 215, 1000 Berlin 15; priv.: Galvanistr. 13, 1000 Berlin 10 - Geb. 28. Jan. - Stud. Staatstheater Danzig, Städt. Bühnen Zoppot - Staatsschausp.: Haus d. Kultur, Dt. Theater, Hebbel Theater, Komödie Kurfürstendamm, alle Berlin. Film: Defa-Film; CCC Film; Societe Film Paris; Rosselini Film Rom. Ferns.: Film- u. Fernsehakad. Berlin; SFB; WDR; ZDF; SWF; NDR. Fr. Mitarb. Sender Freies Berlin; Windrose Dumont Time Hamburg; Bavaria München; Ufa Bertelsmann Berlin; Dt. Buchgemeinsch. Berlin - Filme u. a.: Make Love Not War; Post aus Ottava; D. Macht d. Finsternis; E. neuer Start; D. Hochhaus; Meister Timpe; Fallstudien; D. Pfarrer in Kreuzberg; Derrick; Mein Gott Willi; Manni d. Libero; Ich heirate e. Familie; H. v. Kleist; Teufels Großmutter; E. Heim f. Tiere; D. Wicherts v. Nebenan; Justitias kl. Fische (f. Sat 1). Kinofilme s. 1986: D. Schwarzfahrer; Nessi, d. verrückteste Monster d. Welt; Palace Prod. Wonderland Paris; Fatherland Prod. Franco Anglaise; Ödipussi; Kismet (v. Enis Günay u. Rasmin Konyar, Türkei) - Lit.: Presse In- u. Ausland, Hör zu, Funk Uhr, Gong, Film Fernseh Fachverlag, Fachlit., Nachschlagewerke.

DIESINGER, Walter Helmut
Dr.-Ing., Prof. f. Chem. Raketenantriebe TH Aachen (apl.; s. 1978) - Pützweg 7, 5060 Berg. Gladbach 2 - Geb. 19. Dez. 1935 Saarbrücken - Promot. 1966; Habil. 1974 - Bücher u. Einzelarb. - 1967 Borchers-Plak.

DIESNER, Jürgen
Redakteur, Feuilletonchef Darmstädter Echo - Am Braunen Berg 8, 6104 Seeheim-Jugenheim 1 (T. 06257 - 8 15 12) - Geb. 13. Juli 1942 Königsberg - Liebh.: Theater-, Film-, Literaturkritik - Spr.: Engl.

DIESSELHORST (ß), Malte
Dr. jur., Prof. - Ludwig-Beck-Str. 7, 3400 Göttingen - Geb. 18. Aug. 1928 Essen - Promot. 1955; Habil. 1966 - S. 1971 Prof. Univ. Göttingen (Bürgerl. Recht, Neuere Rechtsgesch. u. Allg. Rechtstheorie). Bücher u. Einzelarb.

DIESTEL, Horst-Gunther
Dr., Prof., Leiter der Abteilung Akustik der Phys.-Tech. Bundesanstalt, 3300 Braunschweig; priv.: Ostwaldstr. 6, 3300 Braunschweig.

DIESTELKAMP, Bernhard
Dr. jur., o. Prof. f. Dt. Rechtsgeschichte Univ. Frankfurt (s. 1967) - Kiefernweg 12, 6242 Kronberg-Oberhöchstadt - Geb. 6. Juli 1929 Magdeburg (Vater: Adolf D., Bundesoberarchivrat; Mutter: Irene, geb. Funck), ev., verh. s. 1958 m. Gisela, geb. Grimm, 2 Kd. (Antje, Michael) - Promot. 1960 Freiburg; Habil. 1966 ebd. - BV: D. Städteprivilegien Herzog Ottos d. Kindes (1204 bis 1252), 1961; D. Lehnrecht d. Grafschaft Katzenelnbogen (13. Jh. - 1479), 1969; Gibt es e. Freiburger Gründungsurkunde?, 1973; Urkundenregenten z. Tätigk. d. dt. Königs- u. Hofgerichts bis 1451, Bd. 1, 1988. Fachveröff. - Spr.: Engl.

DIETEL, Arno
Dipl.-Ing. (FH), Geschäftsführer Ottmar Reich GmbH & Co., Lindenberg - Säntisweg 41, 8998 Lindenberg (T. 08381 - 14 03) - Geb. 3. Juli 1918 Auerswalde (Vater: Kurt D., Betriebsleit.; Mutter: Frieda, geb. Ulmann), ev., verh. s. 1943 m. Alma, geb. Dick, 5 Kd. (Totila, Volkmar, Bernd, Claudia, Carmen) - Höh. Textilfachsch. Chemnitz, Staatl. Technikum Reutlingen (Staatsex. z. Textil-Ing.) - 1958-61 Managing-Dir. Staatl. Textilw. IRAN; 1962ff. Geschäftsf. Ottmar Reich GmbH & Co., Lindenberg. 1963-82 Vors. Arbeitg.-Verb. Soz. Vereinig. d. Dt. Hutind., München; s. 1963 Vorst.-Vors. AOK Lindau; Landesarbeitsrichter LAG Bayern - 1982 BVK am Bde. - Liebh.: Franz. Gesch., Bergwandern - Spr.: Engl., Franz.

DIETEL, Klaus-Günter
Dr., Landrat Kr. Bayreuth (s. 1978) - Landratsamt, 8580 Bayreuth/Ofr. - Geb. 9. Sept. 1940 Bayreuth, verh., 2 Kd. - Abit. 1959; Stud. Rechtswiss. u. Volkswirtsch. Univ. Würzburg; Promot. 1967 - Wiss. Assist. Univ. Würzburg; 1969 Reg. v. Ufr. (Kommunalref.); 1970-78 pers. Ref. d. Staatssekr. f. Landwirtsch., Er-

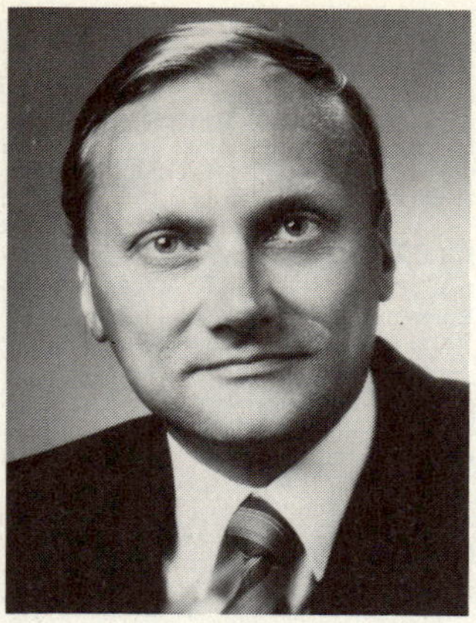

nährung u. Forsten; zul. Ministerialrat; s. 1978 Landrat, CSU; s. 1982 Mitgl. Bezirkstag Ofr.; Vors. Zweigverb. Ofr.; Vorst.-Mitg. Ld.-Kreisverb.; s. 1984 Vors. Reg. Planungsverb. Ofr./Ost.; Vors. Zweckverb. Fränkische Schweiz-Museum.

DIETER, Ludwig

Bundesbahndirektor a. D., Präs. Verb. Dt. Amateurfotografen-Vereine - Tiroler Str. 12A, 6000 Frankfurt/M. 70 (T. 069 - 63 24 83) - Geb. 24. Febr. 1916 Windesheim, ev., verh. s. 1941 m. Friedel, geb. Thiele, 2 T. (Marieluise, Cornelia) - Abit.; Ausb. z. gehob. m. spät. Übern. in d. höh. Dst. Dt. Bundesbahn - Bundesbahndir. DB-Hauptverw.; Hauptbeauftr. Hauptvorst. d. Bundesbahn-Sozialw. f. d. Foto-, Film- u. Tonbandgr. - Ehrenbrief Land Hessen; Médaille d'Honneur d'Argent franz. Société Nationale d'Encouragement au Bien; Honoraire Excellence FIAP d. Fédération Intern. de l'Art Photographique (FIAP); Gold. Ehrennadel, Gold. Verdienstmed. u. Gold. Ehrenring Verb. Dt. Amateurfotografen-Vereine (vdav); BVK am Bde.

DIETER, Werner H.

Vorstandsvorsitzender Mannesmann AG, Düsseldorf - Zu erreichen üb. Mannesmann AG, Mannesmannufer 2, Postf. 55 01, 4000 Düsseldorf 1 - Geb. 23. Sept. 1929 - AR Allianz AG, Berlin u. München.

DIETERICH, Fritz

Vorstandsmitglied Sparkassen-Versich. Lebensversich. AG u. Sparkassen-Versich. Allg. Versich. AG - Löwentorstr. 65, 7000 Stuttgart 50; priv.: Reichertshalde 105, 7140 Ludwigsburg - Geb. 3. Sept. 1926.

DIETERICH, Hans Jost

Dr. med., Univ.-Prof. (Anatomie u. Elektronenmikroskopie) Univ. Münster (s. 1973) - Julius-Leber-Str. 6, 4400 Münster/W. - Geb. 3. Dez. 1933 Gießen (Vater: Hans D., Univ.-Prof.; Mutter: Erna, geb. Escher) - Stud. Medizin Marburg, Würzburg u. Gießen. Promot. 1961 Gießen; Habil. 1971 Münster - Wiss. Assist. Anat. Inst. Univ. Gießen u. Münster; s. 1973 Prof. - Arbeitsgeb.: Blutgefäß- u. Tubulussystem d. Säugerniere, Vogel- u. Reptilienauge, Struktur d. Herzklappen. Üb. 40 Facharb.

DIETERICH, Hartmut

Dr. jur., Prof. f. Vermessungswesen u. Bodenordnung Univ. Dortmund - Crispinstr. 50, 4600 Dortmund 50 (T. 0231 - 733255) - Geb. 19. Aug. 1931, verh. m. Beate, geb. Buchwald, 4 Kd. - Stud. Pacific Univ., Forest Grove, Oregon, Univ. Tübingen u. Kiel, 1. u. 2. jur. Staatsprüf. 1956-60, 1966-73 Amt f. Boden-ordnung Stadt Stuttgart (Amtslt.), 1973-77 Minist. f. Raumordng., Bauw. u. Städtebau, Bonn (Ref.), s. 1977 Univ. Dortmund - BV: Dieterich-Farenholtz, Städtebauförderungsgesetz f. d. Praxis, 1972; Conradi-Dieterich-Hauff, Für e. soziales Bodenrecht, 1972; Dieterich-Koch, Bauleitplanung, 1977, (jap. Ausg. 1981); Baulandumlegung, 1985 - Spr.: Engl.

DIETERICH, Michael

Dr. phil., Prof. f. Erziehungswiss. Univ. Hamburg - Grüntorstr. 26, 7053 Kernen 2 (T. 07151 - 4 45 80) - Geb. 13. Jan. 1942 Stuttgart (Vater: Karl D., kaufm. Angest.; Mutter: Margarete, geb. Krebser), ev., verh. s. 1966 m. Hilde Luise, geb. Schweikert, 3 Kd. (Eva Maria, Jörg, Rebekka) - 1962-65 FH Esslingen (Ing. grad. [Dipl.-Ing. FH]); 1965-66 Berufspäd. Hochsch. Stuttgart (Lehramt an gewerbl. Schulen); 1969-72 Univ. Hohenheim (Höh. Lehramt); 1973-77 Univ. Stuttgart (M.A. Päd./Berufspäd.); 1977-80 Promot. (Berufspäd. u. Psych.) ebd. - 1966-76 Berufsschullehrer; 1976-80 Assist. Univ. Stuttgart; 1980-82 Fachleit. u. Studiendir. f. Psych. Studiensem. Stuttgart; s. 1982 Prof. Univ. Hamburg. Erf. Testverf.: Handwerkl.-motor. Eignungstest HAMET - BV: Berufsausb. lernbehinderter Jugendl., 1978; Diagnostik u. Förder. motor. Fertigkeiten als Elemente d. Berufsreife, 1980; Vorbereit. auf d. Beruf, 1982; Geschicklichkeitserprob. m. MTM, 1983; Randgruppen in d. Berufl. Schulen, 1983; Z. Denken unserer Zeit, 1983; Psych. contra Seelsorge?, 1984; Förderdiagnostik f. Behinderte, 1984 - 1979 Preis d. Freunde d. Univ. Stuttgart f. bes. wiss. Leist.; 1982 Nürnberger Trichter Bundesanst. f. Arbeit - Liebh.: Vorträge in Kirchen u. Gemeinsch. z. päd. u. psych. Fragen - Spr.: Engl., Franz., Span.

DIETERICH, Rudolf

Dr.-Ing., Vorstandssprecher Bremshey AG, Solingen - Theodorstr. 90, 4000 Düsseldorf 30.

DIETERICH, Thomas

Dr. jur., Richter Bundesverfassungsgericht, Hon.-Prof. Univ. Göttingen - Schloßbezirk 3, 7500 Karlsruhe - Geb. 19. Juni 1934 - B. 1972 Landesarbeitsgerichtsdir. LAG Baden-Württ., dann Richter am BAG.

DIETERICH, Wilhelm

Dr. rer. pol., Dipl.-Kfm. - Düsseldorfer Str. 101, 4000 Düsseldorf-Oberkassel - Geb. 29. April 1909 Ratingen (Vater: Wilhelm D., Ing.; Mutter: Emilie, geb. Wagner), ev., verh. m. Gerda, geb. Wiesner - Univ. Köln (Schüler v. Prof. Schmalenbach; Dipl.-Kfm. 1931, Promot. 1933) - 1933-39 Wirtschaftl. Prüfungs- u. Treuhandwesen; 1939-45 Ferngas Schlesien AG., Breslau (stv. Vorstandsmitgl.); 1945-75 Hauptgeschäftsf. d. Wirtschaftsprüfer-Berufsorganisationen Düsseldorf; 1975-78 Generalsekr. u. Int. Accountance-Kongress, München 1977 - Spr.: Franz., Engl. - 1970 BVK I. Kl.; 1979 Gr. BVK.

DIETERLE, Friedrich

Prof., Hochschullehrer i. R. - Im Brühl 14, 7306 Denkendorf - Zul. Prof. f. Schulpäd. PH Esslingen.

DIETERLE, Peter

Dr. med., Prof., Chefarzt Krankenhaus Neuperlach, München - Forststr. 39b, 8012 Riemerling - Geb. 8. März 1935 Leisnig, ev., verh. s. 1963 m. Barbara, geb. v. Kutzschenbach, 2 S. (Florian, Christoph) - Promot. 1960 München, Habil. 1970 - 1976 apl. Prof. München - BV: Diabetes (Handb. Inn. Med.); Diät f. Zuckerkranke - Spr.: Engl.

DIETHEI, Paul

MdL Bayern (CSU; s. 1966), stv. Fraktionsvorsitzender - Oertelweg 5, 8960 Kempten/Allgäu - Geb. 26. Juni 1925 Reimlingen Kr. Nördlingen (Vater: Landw.), verh., 2 Kd. - Gymn.; Verwaltungs- u. Wirtschaftsakad. München (7. Sem.; Diplomabschl.) - Wehrdst. u. engl. Kriegsgefangensch. (4 J. Ägypten u. Libyen); s. 1950 Landratsamt Kempten. S. 1956 Mitgl. Stadtrat Kempten.

DIETHELM, Lothar

Dr. med., Prof. (emerit.) - Weichselstr. 53, 6500 Mainz - Geb. 3. April 1910 Gutsch (Eltern: Adolf (Kaufmann) und Margarete D.), kath., verh. s. 1934 m. Hildegard, geb. Staab, 5 Kd. (Lothar, Helga, Jürgen, Gisela, Marianne) - Schule Marienwerder; Univ. Zürich, München, Königsberg, Kiel (Promot. 1933) - 1934 Assistenzarzt Med. Akad. Danzig, 1938 Oberarzt Robert-Koch-Krkhs. Berlin, 1939 Charité-Krkhs. Berlin, 1941 Chefarzt Städt. Krkhs. Bromberg, 1946 ltd. Arzt Röntgen-Abt. Chir. Univ.klinik Kiel (1947 Privatdoz., 1953 apl. Prof.), 1961 o. ö. Prof. Dir. Inst. f. Klin. Strahlenkunde, Univ.-Kliniken Mainz. Zahlr. Facharb., u. a. Handb. d. Med. Radiol. - Ehrenmitgl. Kgl.-Belg., tschechoslow. u. ung. Röntgen-Ges.; Alber-Schönberg-Med. - Liebh.: Musik, Wassersport - Spr.: Franz., Engl.

DIETL, Annelies,

geb. Bachl

Schriftstellerin - Theresienstr. 67, 8000 München 2 (T. 089-52 46 80) - Geb. 28. Sept. 1926 Regensburg, kath., verh. s. 1951 m. Eduard D., Schriftst. (s. dort), 2 Kd. (Erhard, Renate) - Kinderb., Relig. Kinderb., Hörsp., Fernsehsp.

DIETL, Eduard

Schriftsteller - Theresienstr. 67, 8000 München 2 (T. 089-52 46 80) - Geb. 9. Okt. 1927 Regensburg, kath., verh. s. 1951 m. Annelies, geb. Bachl (s. dort), 2 Kd. (Erhard, Renate) - Redakt., Lektor - BV: Clowns, 1968; Traumstraßen Italiens, 1973; Traumstraßen Südtirols, 1979; Bayer. Städtebilder, 1981; Südtirol, Reiseland zw. Brenner u. Salurner Klause, 1982; Franken, 1985.

DIETL, Erhard

Fr. Illustrator u. Kinderbuchautor - Ottobrunn b. München - Geb. 22. Mai 1953 Regensburg, verh. m. Judith Winstel, Psych., 2 Kd. - Akad. f. d. graph. Gewerbe u. Akad. d. bild. Künste, München (Dipl.) - Illustr. f. Ztschr. u. Bücher, haupts. im Ber. Kinder- u. Jugendb., humorist. Zeichner. Veröff. b. versch. Verlagen - Spr.: Engl., Franz.

DIETL, Max

Bekleidungsfachmann, Präs. Dt. Mode-Inst. München - Residenzstr. 16, 8000 München 2 - Geb. 20. Juni 1914 München (Vater: Zuschneider), verh. m. Traudl, geb. Bücherl, 2 Kd. (Angelika, Maxi) - 1928-31 Schneiderhandw. Meisterprüf. 1937 - B. 1945 Zuschneider, dann selbst. Zahlr. Ausz., dar. 1953 Wanderpreis d. Dt. Schneiderhandw.; 1973 Modepreis Stadt München, 1977 Silb. Rose Baden-Baden; 1980 BVK I. Kl.; 1984 Gr. BVK; 1986 Bayer. VO.

DIETL, Wolfgang

Dr. rer. pol., Dipl.-Kfm., Hauptgeschäftsführer Gesamtverb. d. Einzelhandels, ARsmitgl. Berliner Volksbank (West) eGmbH., Landesarbeitsrichter - Am Volkspark 15, 1000 Berlin 31 (T. 874172; Büro: 8543011) - Geb. 28. Mai 1905 Hermannstadt (Vater: Anton D., Artl.hptm.; Mutter: Wilhelmine, geb. Lode), ev., verh. s. 1935 m. Hildegard, geb. Ulrichs - Gymn.; Stud. Wirtschaftswiss. Dipl.-Kfm. 1932; Promot. 1935 (beides HH Berlin) - S. 1951 Gf. - Liebh.: Farbfotogr.

DIETLEIN, Max

Dr. iur., Präsident Verfassungsgerichtshof u. Oberverwaltungsgericht f. Nordrh.-Westf. (s. 1987) - Aegidiikirchplatz 5, 4400 Münster (T. 0251 - 50 52 51) - Geb. 8. Jan. 1931 Köln, kath., verh. s. 1959 m. Jutta, geb. Bönner, 3 S. (Markus, Johannes, Thomas) - 1951-54 Stud. Univ. Freiburg u. Köln; Promot. 1958; Gr. jurist. Staatsprüf. 1959 Düsseldorf - Tätigk. Oberverw.gericht; Bundesjustizmin.; 1980 Ministerialdir. u. stv. Amtschef d. Bundesrates; Geschäftsf. Vermittlungsaussch. v. Bundestag u. Bundesrat - Verfassungs-, verwaltungs- u. zivilrechtl. Fachbeitr. - Spr.: Engl.

DIETRICH, Albert

Dr. phil., em. o. Prof. f. Arabistik - Benfeyweg 7, 3400 Göttingen (T. 5 52 07) - Geb. 2. Nov. 1912 Hamburg (Vater: Albert D., Lehrer; Mutter: Caroline, geb. Schmitz), ev., verh. s. 1947 m. Gertrud, geb. Bendixen, 4 Söhne (Holger, Rango, Hartmut, Enno) - Univ. Hamburg u. Tübingen (Semit. Sprach-, Islamwiss., Klass. Philol., Alte Gesch.) - Assist. Univ. Berlin (Orient-Inst.; 1938-39) u. Hamburg (Sem. f. Gesch. u. Kultur d. Vorderen Orients; 1948-49); 1949-56 Privatdoz. f. Semistik u. Islamkd. Univ. Heidelberg; 1956-59 Ref. Dt. Archäol. Inst./Abt. Istanbul; s. 1959 Ord. Univ. Göttingen; emerit. 1981 - BV: Phöniz. Ortsnamen in Spanien, 1936; Arab. Papyri aus d. Hbg. Staats- u. Univ.bibl., 1937; Z. Drogenhandel im islam. Ägypten, 1954; Arab. Briefe aus d. Papyrussamml. d. Hbg. Staats- u. Univ.bibl., 1955; D. arab. Studien in Dtschl., arab. 1962, 2. A. 1968; D. arab. Version e. unbek. Schrift d. Alexander v. Aphrodisias üb. d. Differentia specifica, 1964; Islam u. Abendl., 1964; Medicinalia arabica, 1966; Gesch. Arabiens vor d. Islam, 1966; 'Ali ibn Ridwān Üb. d. Weg z. Glückseligkeit durch d. ärztl. Beruf, 1982; Dioscurides triumphans. E. anon.arab. Kommentar z. Materia medica, 2 Bde., 1988 - 1961 o. Mitgl. Göttinger Akad. d. Wiss.; 1958 korr. Mitgl. Ges. f. wiss. Forsch. Aleppo (Syrien); 1974 ausw. Mitgl. Accademia Nazionale dei Lincei, Rom; 1976 korr. Mitgl. Indische Akad. d. Wiss. Aligarh; 1979 Irak. Akad. d. Wiss. Baghdad; 1982 o. Mitgl. Accad. Mediterranea Catania - Spr.: Franz., Engl., Ital., Arab., Türk.

DIETRICH, Anton

Dr., Oberregierungsrat, MdL Bayern (s. 1974) - Friedrich-Zoepfl-Str. 8, 8880 Dillingen (T. 09071 - 3234) - Geb. 1943 - CSU.

DIETRICH, Bruno

Schauspieler (Film, Fernsehen, Theater) - Zu erreichen über: Agentur Alexander, Lamontstr. 9, 8000 München 80 - Geb. 3. April 1939 Düsseldorf (Vater: Erich D., Kaufm.; Mutter: Helga, geb. Jenssen), ev. - Max-Reinhardt-Sch. Berlin - Rollen u.a.: ES; Film v. U. Schamoni; D. Revolution entläßt ihre Kinder, FS-Serie - 1966 Bundesfilmpreis f. ES. - Spr.: Engl., Franz.

DIETRICH, Fred

Schriftsteller - Mühlbaurstr. 34, 8000 München 80 - Geb. 11. Okt. 1921 Zürich, ev., verh. s. 1949 m. Marianne, geb. Bauernfeind, 3 Kd. - Seemann, Journalist; Generalsekretär Dt. Motoryachtverb. (1956-83), Verlagsleitung, Geschäftsf. ADAC Verlag GmbH, München (1966-83); Landwirt - Autor: Sach-, Jugendb., belletrist. Lit., Hör- u. Fernsehsp., Übers. - Spr.: Franz.

DIETRICH, Georg

Dr. phil., Prof. f. Psychologie Univ. München - Parkstr. 6, 8139 Bernried - Geb. 1. Nov. 1928 Nürnberg - BV: Allg. Beratungspsychol., 1983; Pädagogische Psychol., 1984; Erziehungsvorstellungen v. Eltern, 1985; Spezielle Beratungspsychol., 1986.

DIETRICH, Georg

Oberbürgermeister i. R. - Oppelner Str. 7, 6050 Offenbach/M. (T. 855138; Rathaus: 8065212) - Geb. 19. Sept. 1909 Karlshorst b. Berlin (Vater: Hermann D., Geschäftsm.; Mutter: Else, geb. Möbius), verh. s. 1940 m. Ilse, geb. Frühling - Univ. Leipzig u. Jena - B. 1945 Allianz, dann Stadtverw. Magdeburg u. Offenbach (1951; 1957-74 Oberbürgerm.). ARsmandate - 1971 Gr. BVK, 1974 Gr. BVK m. Stern, Ehrensenator d. Dt. Ledermuseums - Liebh.: Ostasiat. Kunst - Rotarier.

DIETRICH, Gerhard

Dr. jur., Prof. f. Zivil-, Arbeits-, Wettbewerbs-, Steuer- u. Verw.srecht Gesamthochschule Paderborn - Warburger Str. 100, 4790 Paderborn; priv.: Am Felskamp 5, 3490 Bad Driburg-Neuenheerse.

DIETRICH, Hanns

Kaufmann, Direktor, Generalbevollm. Grillo Handelsges., Duisburg-Hamborn - Saarner Str. 497, 4330 Mülheim (T. 54282) - Geb. 21. Febr. 1917 Frankfurt/M. (Vater: Heinrich D., Bankier; Mutter: Mathilde, geb. Köhler), kath., verh. s. 1944 m. Else, geb. Schilling, 2 Kd. (Renate, Angelika) - Abit.; kaufm. Lehre (Metallges. Frankfurt/M.) - Spr.: Engl., Franz., Span.

DIETRICH, Hans

Dr. rer. nat., Prof., Chemiker - Limastr. 21a, 1000 Berlin 37 - Geb. 30. Mai 1923 Asch/Böhmen - Promot. 1956 Heidelberg; Habil. 1971 Berlin (FU) - 1959-88 Wiss. Tätigk. Fritz-Haber-Inst. d. Max-Planck-Ges., Berlin (u. a. Oberassist.). S. 1971 Privatdoz. u. apl. Prof. FU Berlin (Kristallogr.). Fachveröff.

DIETRICH, Hans J.

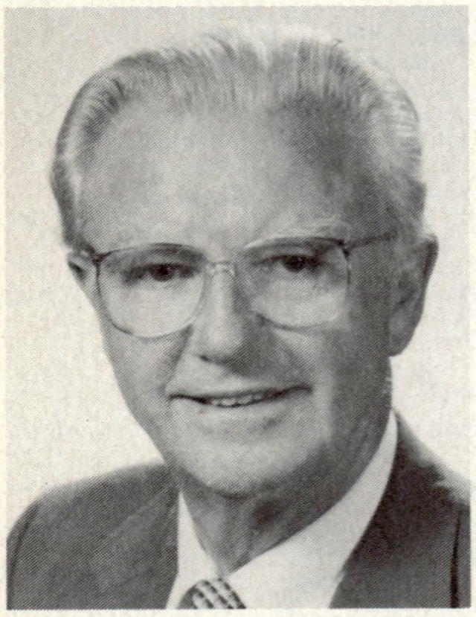

Dr. jur. utr., Generalkonsul a. D. - Alte Hecke 3, 5307 Wachtberg-Pech - Geb. 2. März 1918 Flensburg (Vater: Erich D., Oberregierungsrat †; Mutter: Margarethe, geb. v. Ahlefeld †), ev., verh. s. 1942 m. Borgny, geb. Hanisch, 5 Kd. (Jürgen, Birgit, Eva, Stephan, Désirée) - Ausb. z. Seeoffz. Panzerschiff Graf Spee, Schnellbootskdt., 1944 US-Gefangenschaft - 1946 Univ. Heidelberg, 1. Staatsex. 1949, Promot. 1951, Attaché-Ex. 1951 Speyer - Ausw. Dienst: 1953ff. Gesandtsch. Wellington/Neuseel., 1957ff. u. 1968ff. AA Bonn, 1960ff. Botsch. Addis Abeba/Äthiopien, 1963ff. Botsch. Washington/USA, 1973ff. Botschafter Singapur, 1977ff. Generalkonsul Hongkong u. Macau; 1983 i. R.; 1984 Gastdoz. f. Intern. Beziehungen Univ. of East Asia/Macau, 1985 Peking Univ./China - 1981 BVK I. Kl. - Interessen: Entw. d. ostasiatisch-westpazif. Raumes, Segeln, Wandern - Spr.: Engl., Franz., Norw.

DIETRICH, Hans-Walter

Geschäftsführer Niederrh. Stahlbau GmbH., Wesel - Giselastr. 5, 4230 Wesel - Geb. 1. Febr. 1938.

DIETRICH, Heinz

Dr. med., Prof., Neurologe u. Psychiater - Zul. 8000 München 70 - Geb. 8. Juli 1918 Berlin (Vater: Dr. jur. Kurt D., Landgerichtsrat), ev., verh. s. 1951 m. Dr. med. Gisela, geb. Seiler, 3 Söhne (Franz, Felix, Fridolin) - Gymn.; Univ. Innsbruck, Zürich, Berlin, Med. Staatsex. 1941 Berlin - 1945-58 Univ.s-Nervenklinik Charité Berlin (1951 Privatdoz., 1957 Prof. m. Lehrauftr.); s. 1958 Univ.s-Nervenklinik München (1959) apl. Prof.; gegenw. Ltd. Oberarzt) - BV: Abnorme Reaktionen u. ihre sozialversich.smed. Begutacht., 1956; D. essentielle Kopfschmerz, 2. A. 1954; Neuro-Röntgendiagnostik d. Schädels, 2. A. 1959; Manie, Monomanie, Soziopathie u. Verbrechen, 1968; Psychiatrie in Stichworten, 1968. Etwa 90 Einzelarb. - Bek. Vorf.: Geheimrat Prof. Heinrich Brunner, Prof. Karl Landsteiner (Nobelpreisträger).

DIETRICH, Klaus

Dr. rer. nat., o. Prof. f. Theoret. Physik TU München (s. 1972) - Mahirstr. 12, 8000 München 81 - Geb. 30. März 1934 München - Promot. 1961; Habil. 1965 - Zul. Prof. Univ. Heidelberg. Fachveröff.

DIETRICH, Klaus W.

Dr., Vorstandsvorsitzer Hoffmann-La Roche AG. - Emil-Barell-Str. 1, 7889 Grenzach/Baden; priv.: St.-Alban-Anlage 25, CH-40 Basel (Schweiz) - Geb. 31. Aug. 1924.

DIETRICH, Manfried Leonhard

Dr. phil., Prof., Keilschriftforscher - Droste-Hülshoff-Str. 9b, 4417 Altenberge/M. - Geb. 6. Nov. 1935 China (Vater: Hans D., Pfr. i. R.; Mutter: Maria, geb. Wehrheim), ev., verh. m. Gisela, geb. Berherhoff - Promot. 1958; Habil. 1969 - S. 1974 Prof. Univ. Münster (Ugarit-Forschergr.). Vizepräs. d. Dt. Religionsgeschichtl. Studienges., Saarbrücken, d. Forschergruppe f. Anthropol. u. Religionsgesch. u. dt.-ostasiat. Vereinig. f. Forsch. üb. Relig., Anthropol. u. Kultur. Spez. Arbeitsgeb.: Sprachen, Gesch. u. Kultur Alt-Syriens, Religionsgesch. d. Vorderen Orients im Altertum u. Asiens - Bücher u. Einzelarb. Mithrsg. Serie Alter Orient u. Altes Testamt u. Jb. Ugarit-Forschungen. Mitbegr. Ugarit-Verlag Münster.

DIETRICH, Rainer

Dr. phil., Prof. Univ. Heidelberg - Zu erreichen üb. Inst. f. Deutsch als Fremdsprachenphilol., Plöck 55, 6900 Heidelberg 1 (T. 06221 - 54 75 45); priv.: Am Petrus 9, 6915 Dossenheim - Geb. 16. Aug. 1944 Freiburg/B. - Stud. ältere u. neuere Geman., Phil., Sprechkde. Univ. Saarbrücken; Promot. 1971 Saarbrücken, Habil. 1974 Heidelberg - 1971-73 wiss. Mitarb. Univ. Saarbrücken, s. 1973 Univ. Heidelberg (angew. Sprachwiss., Dt. als Fremdspr.); 1983-85 Prorektor Univ. Heidelberg; 1987 Ehrenprof. d. Shanghai Intern. Studies Univ. - BV: Automat. Textwörterbücher, 1973; Computerlinguistik, 1973; Generat. Linguistik f. Psychol., 1976; Learner, Language and Control, 1983; Language Processing in Social Context, 1989 - Spr.: Engl., Franz., Eborisch.

DIETRICH, Richard

Dr. phil., Prof., Historiker - Sachsenstr. 17, 3500 Kassel (T. 311762) - Geb. 2. Jan. 1909 Freiberg/Sa. (Vater: Johannes D., Oberregierungsrat; Mutter: Adelgunde, geb. Heisterbergk), ev., verh. s. 1939 m. Ilse, geb. Kassow, S. Eberhard - Gymn. Albertinum Freiberg; Univ. Kiel, Leipzig, Berlin (Geschichte, Phil., German., Geogr.; Promot. 1933). Habil. 1953 Berlin - 1933-38 fr. Wiss.ler, 1938-45 wiss. Sachbearb. Kriegsgeschichtl. Abt. Luftwaffe u. Archivkommiss. AA, 1945-47 Tutor u. Lehrbeauftr. Univ. Hamburg, 1947-48 Lehrer, s. 1948 Lehrb., Privatdoz. (1953) u. apl. Prof. (1959) FU Berlin (Neuere Geschichte). Fachmitgliedsch. - BV: D. Tripoliskrise u. d. Erneuerung d. Dreibundes 1911-12, 1933; Unters. z. Frühkapitalismus im mitteld. Erzbergbau u. Metallhandel, 1958/60; Kl. Gesch. Preußens, 1966. Herausg.: Forsch. zu Staat u. Verfass. (Festg. f. Fritz Hartung, 1958), Berlin - 9 Kap. s. Gesch. (1960), Preußen - Epochen u. Probleme s. Gesch. (1964), Histor. Theorie u. Geschichtsforsch. d. Gegenw. (1964; span. 1966), Europa u. d. Nordd. Bund (1967), D. Städte Brandenburgs im 16. Jh. D. Städtewesen Sachsens um d. Wende v. Mittelalter z. Neuzeit, 1980. Mitarb. zahlr. Lehrb. f. d. Geschichtsunterr. - Liebh.: Musik, bild. Kunst, Lit., Reisen - Spr.: Franz., Engl. - Bek. Vorf. ms.: Jacobus (Hannoverscher Vizekanzler, Vertr. Westf. Friedenskongr.; 1593 - 1649) u. Wilhelm August Lampadius (Chemiker, ab 1794 Prof. Bergakad. Freiberg; 1772 - 1842) - Lit.: Histor. Stud. zu Politik, Verfass. u. Ges. Festschr. z. 65. Geburtstag, 1976.

DIETRICH, Theo

Dr. päd., Prof. f. Erziehungswissenschaft - Kösseinestr. 19, 8580 Bayreuth (T. 0921 - 9 92 71) - Geb. 19. Febr. 1917 Löbichau/Thür. (Vater: Paul D., Oberpostinsp.; Mutter: Paula, geb. Ulbrig), ev., verh. s. 1949 m. Elfriede, geb. Zetzsche, 4 Töcht. (Ulrike, Ute, Ursula, Annette) - 1936-38 Hochsch. f. Lehrerbild. Bayreuth; 1940-46 m. Unterbr. Univ. Jena (Promot. 1946) - 1937-40 Volksschullehrer; 1946-49 Assist. Univ. Jena; 1949-51 Lehrer Landerziehungsheim Odenwaldsch.; 1952-75 Prof. Univ. Bremen; s. 1975 Univ. Bayreuth (emerit. 1985) - BV: Wie Kinder sich Erwachsene wünschen, 1953; Eltern, laßt uns spielen, 1956 (franz. 1958); Peter Petersen - Leben u. Werk, 1958, 4. neubearb. u. erw. A. 1986; Mensch u. Erziehung in der Pädagogik Christian Gotthilf Salzmanns, 1963; Sozialist. Päd. - Ideologie ohne Wirklichkeit, 1966, Paris 1973, Madrid 1975; Geschichte d. Päd. in Beispielen, 18. - 20. Jh., 1970; Zeit- u. Grundfragen d. Päd. (1983), 4. A. 1987. Herausg.: Klinkhardts päd. Quellentexte (m. A. Reble): Didakt. Grundrisse; Fachdidaktische Texte (m. J.-G. Klink u. H. Netzer) - 1985 BVK a. Bd. - Spr.: Engl.

DIETRICH, Walter

Dr.-Ing., Wiss. Rat, Prof. f. Stahlbeton- u. Massivbau TU Braunschweig (s. 1962) - Sudetenstr. 59, 3302 Cremlingen.

DIETRICH, Werner

Dipl.-Kfm., Vorstand Kurhessische Molkereizentrale eG, Kassel (s. 1976), Geschäftsf. Milchwerke Fulda-Lauterbach, Milchverwertungs-Ges. mbH, Fulda-Lauterbach u. Schwalm-Milch GmbH, Neukirchen - Tegeler Str. 19, 6420 Lauterbach (T. 06641 - 80 60) - Geb. 1. Jan. 1931 Alsfeld (Vater: Georg D., Kaufm.; Mutter: Käthe, geb. Kalbfleisch), ev., verh. s. 1960 m. Karin, geb. Rockemer, 2 Kd. (Jörg, Kathrin) - Gymn. (Abit.); Molkereilehre; Stud. d. Betriebswirtsch. (Dipl.ex. 1958 Frankfurt/M) - Verbandsprüfer Frankfurt/M., Rhein.-Westf. Dauermilchges., Krefeld (Kaufm. Leit.). AR- u. VR-Mand.

DIETRICH, Wolf

Dr. phil., o. Prof. f. Roman. Philol. Univ. Münster (s. 1973) - Coesfeldweg 43, 4400 Münster (T. 86 33 83) - Geb. 9. Okt. 1940 Mülheim (Vater: Dr. med. Herbert D., Chirurg; Mutter: Anneliese, geb. Steil), ev., verh. s. 1969 m. Marta, geb. Kreppel, 4 Kd. (Sebastian, Julia, Johannes, Agnes) - Univ. Münster, Montpellier, Tübingen (Roman., Lat.); Promot. 1971 Tübingen; Habil. 1973 ebd. - 1967-73 Assist. Sem. f. vergl. Sprachwiss. Tübingen, 1973 Gastprof. Univ. de Navarra, Pamplona/Sp. - BV: D. periphrast. Verbalaspekt in d. roman. Spr., 1973 (span. Übers. 1983); Bibliografia da língua portuguesa do Brasil, 1980; El idioma chiriguano, 1986. Fachveröff. bes. z. Grammatik d. roman. Sprachen u. d. Tupi-Guarani.

DIETRICH, Wolfgang

Dr. theol., Prof. f. Theol. u. Religionspäd. Univ. Hannover - Mendelssohnstr. 49, 3000 Hannover 1 (T. 0511 - 809 38 36) - Geb. 6. Febr. 1925 Berlin/Birkenstein (Vater: Gerhard D., Pfarrer; Mutter: Hanna, geb. Heinig), ev., verh. s. 1953 m. Irmgard, geb. Dörmer, 2 S. (Siegfried, Christoph) - 1. Theol. Ex. 1952 Marburg, 2. Theol. Ex. 1958 Hofgeismar, Promot. 1975 Marburg - 1955-69 Berufsschulpfarrer Marburg; 1970-79 Doz. Kronberg/Ts.; s. 1979 Prof. Hannover - BV: D. Anstoß - Bl. f. d. Relig.-unterr., 3 Ringb., 1968-77, 2. A.; Elemente f. Relig.unterr. u. Sem., 1971; Exemplar. Bilder - Didakt. Bildwerk m. 3 Kommentarbde., 1973-80, 2. A.; Provokation d. Person-Nikolai Berdjajew in d. Impulsen s. Denkens, 4 Bde. 1975; Zitate-Tafeln - Wortkompos., 1978; Ich spiele, also bin ich, 1981; V. Mut, sanft zu sein, 1983; Gegensätze-Antithesen im Sinne Jesu, 1984; U. Mirjam nahm d. Pauke in d. Hand, 1985; In d. Welt geboren, 1986; Sabbat halten - Arbeit loslassen, 1987; Gott ehren - d. Freiheit folgen, 1988; Zeit f. Schmetterlinge, 1989.

DIETTER, Ernst

Ing., Techn. Direktor, Geschäftsf. Linde Hausgeräte GmbH. (s. 1971) - Am Steeg 16, 6203 Hochheim - Geb. 30. Okt. 1926.

DIETZ, Albrecht

Dr. rer. pol., Dipl.-Kfm., Vorstandsvorsitzer Dt. Leasing AG, Bad Homburg v.d. Höhe (s. 1971), AR-Vors. Dt. Objekt-Leasing GmbH u. LGS Leasingges. d. Sparkasse GmbH, ebd. - Johann-Usener-Str. 1, 6000 Frankfurt/M. 60 - Geb. 11. März 1926 Dresden, ev., verh. s. 1954 m. Elisabeth, geb. König, 3 Kd. (Micaela, Matthias, Simone) - TH Dresden, Univ. Jena (Dipl. 1947) u. Frankfurt (Promot. 1949) - 1949 Treuarbeit; 1953 Olivetti (Finanzdir. u. Geschäftsf.); 1962 Maschinen-Miete GmbH (gf. Gesellsch.). B. 1982 Vorst.-Vors. Bundesverb. Dt. Leasing-Ges., Köln - Liebh.: Zeichnen u. Malen - Spr.: Engl., Franz.

DIETZ, Armin

Dr. med., Prof., Chefarzt Intern. Abt. Kreiskrankenhaus Burghausen - Zu erreichen üb. Kreiskrankenhaus, Krankenhausstr. 1, 8263 Burghausen - Geb. 17. Okt. 1941, kath., verh. s. 1969 m. Gudrun, geb. Fleischmann, 3 Söhne (Christopher, Sebastian, Johannes) - Med. Staatsex. 1967, Promot. 1967, Habil. 1977, alles Univ. Würzburg - Liebh.: Sport, Lit. - Spr.: Engl.

DIETZ, Ernst

Studienrat, MdL Bayern (s. 1970) - Marktredwitzer Str. 6, 8595 Mitterteich/Opf. (T. 09633 - 636) - Geb. 1943 - CSU.

DIETZ, Georg Jorge

Dr. med. dent., Prof. f. Zahnmedizin - Residenzstr. 7, 8000 München, priv.: Mauerkircherstr. 120, 8000 München - Geb. 24. Dez. 1934 Concepcion (Vater: Georg D., Dipl.-Ing.; Mutter: Marga, geb. Vogel), ev.luth., verh. s. 1962 m. Gerda, geb. Winkler, S. Georg-Herbert - Univ. de Concepcion/Chile (b. 1959), Univ. München (b. 1980) - Lebensl. Mitgl. d. Lehrkörper Univ. München - Entd.: Endodontische enossale Stiftimplantat (FS-Stift n. Dietz), Endodontische Gangraena-Merz-Paste - BV: Stiftimplantate, 1978; Mod. Endodontie, 1981 - Nationalpreis f. zahnärztl. Forsch./Chile 1973 - Spr.: Span.

DIETZ, Helmut

Dr., Dipl.-Kfm., Dipl.-Ing., Geschäftsf. BTR Industries GmbH, Hanau, Vorstandsvors. Peter-BRT Gummiwerke AG., Klein-Auheim/Hanau - Mellenseestr. 73, 6450 Hanau/M. - Vorst. Arbeitgeberverb. dt. Kautschukind., Hannover u. WDK Wirtschaftsverb. dt. Kautschukind., Frankfurt.

DIETZ, Hermann

Dr. med., Dipl.-Psych., o. Prof. f. Neurochirurgie Med. Hochschule Hannover (s. 1970) - An d. Trift Nr. 10b, 3000 Hannover 71 - Geb. 15. Febr. 1925 - Promot. 1953; Habil. 1966 - Zul. Univ. Mainz - BV: D. frontobasale Schädelhirnverletz., 1970. Etwa 100 Einzelarb.

DIETZ, Klaus

Dr. rer. nat., o. Prof. f. Medizin. Biometrie - Hirschauer Str. 31, 7400 Tübingen 4 - Geb. 26. Aug. 1940 Ludwigshafen/Rh. - Promot. 1966 Heidelberg - Assist. Freiburg, Doz. Sheffield, Statistiker WHO, s. 1976 Ord. u. Institutsdir. Tübingen. Üb. 80 Facharb. Mithrsg.: Theoretical Population Biology (1973ff.); Biometrics (1980-84); Statistics in Medicine (1982ff.); Parasitology Today (1985ff).

DIETZ, Peter
Dr.-Ing., Prof. f. Maschinenwesen - Robert-Koch-Str. 32, 3392 Clausthal-Zellerfeld (T. 05323-72 22 70) - Geb. 27. Mai 1939 Darmstadt (Vater: Prof. Dr. Heinrich D.; Mutter: Dorothea, geb. Schütt), kath., verh. s. 1968 m. Elsbeth, geb. Niedermaier, 3 Kd. (Margit, Martin, Stefan) - Gymn. Rüsselsheim (Abit. 1957), TH Darmstadt (Masch.bau, Dipl.-Ing. 1964, Promot. 1971) - 1964-71 Assist., 1971-74 Doz., 1974-80 Pittler Masch.fabrik AG, Langen (Vorst.assist. b. 1976, Abt.Leit. b. 1977, Bereichsleit. Konstrukt. u. Entwickl. b. 1980), s. 1980 Prof. u. Institutsdir. (Masch.wesen) TU Clausthal - Zahlr. Patente - BV: Div. Veröff. auf d. Gebiet d. Masch.elemente u. Werkzeugmasch. - Liebh.: Musik, Skifahren - Spr.: Engl., Span.

DIETZ, Rüdiger
Ltd. Landesgeschäftsführer d. SPD Landesorg. Hamburg - Kurt-Schumacher-Allee 10, 2000 Hamburg 1 - Geb. 15. Juni 1944 Soltau, verh. m. Inge, geb. Bauke, 2 Töcht. - 1961-66 Verwaltungsausb. - Pers. Ref. Bürgerm. Peter Schulz u. Hans-Ulrich Klose; Ortsamtsleiter; b. 1988 ltd. Regierungsdir. im Organisationsamt d. FHH.

DIETZ, Sigrid Antonia,
geb. Rehm
Malerin, Schriftst. - Götzfriedstr. 1, 8948 Mindelheim (T. 08261-26 82) - Geb. 3. Aug. 1932 Laupheim/Württ., kath., verh. s. 1954 m. Georg Dietz, 3 Kd. (Bernhard, Georg, Gudrun) - Autodidaktin - VHS-Doz. f. Malerei. Kunstricht.: Porträt, Akt, Landschaft, Tiere - BV: D. Psychophysische Realismus; D. Psychonaut; mehrere Lyrikbde., u.a. Nachricht an d. Farben, 1978; Gras stirbt/Gras kann gerettet werden, 1981. Ausst. in amerik. Galerien u. in Europa - Preis f. zeitgenöss. Kunst, Spoletto/Ital. - Spr.: Engl., Ital. - Lit.: Sigmund Bonk, D. Psychonaut; Bernhard Mayer, D. Psychonauten d. Malerin Sigrid Dietz.

DIETZ, Walter
Vorstandsmitglied Nord-West-Deutsche Hefe- u. Spritwerke AG., Hameln - Hastenbecker Weg 10, 3250 Hameln/Weser - Geb. 17. Mai 1925 - S. 1945 ob. Fa.

DIETZ, Werner
Dr. med., Prof., Radiologe - Im Vogelbach 2, 7801 Wittnau-Biezighofen (T. Freiburg/Br. 403251) - Geb. 27. Juli 1914 Pirmasens (Vater: Philipp D., Kaufm.; Mutter: Emma, geb. Fuchs), verh. s. 1962 m. Inge, geb. Wiecker - Promot. 1940; Habil. 1954 - Klin. Ausbild. Univ. Freiburg u. Würzburg; s. 1954 Privatdoz. u. apl. Prof. f. Med. Strahlenkd. (1959) Univ. Freiburg (zeitw. Oberarzt). Fachveröff.

DIETZ, Werner
Dipl.-Kfm., Finanzvorstand J. F. Adolff AG, Backnang - Eibenweg 8, 7150 Backnang (T. 07191 - 8 57 31) - Kath., verh. s. 1966 m. Gerhild, geb. Eder, S. Markus - 1963-67 Stud. Betriebswirtsch. (Dipl.-Kfm. 1967) - 1967-71 Assist.; Abteilungsleiter; 1972-77 Leit. Finanz- u. Rechn.wesen; 1978-79 kaufm. Leit., s. 1980 Finanzvorst. - Liebh.: Geschichtl. Lit., Politik - Spr.: Engl., Franz.

DIETZE, Horst
Bezirksstadtrat a. D., Journalist - Forstweg 58, 1000 Berlin 28 (T. 401 28 58) - Geb. 19. Okt. 1927 Berlin (Vater: Carl D., Koffermacher; Mutter: Emmi, geb. Lieber), ev., verh. in 2. Ehe (1961) m. Hildegard, geb. Näther, Tocht. Johanna - Max-Planck-Obersch. Berlin, 1947-50 Humboldt- u. Freie Univ. Berlin (1948; Rechtswiss.). Gr. jurist. Staatsprüf. 1955 - 1960 Senat v. Berlin; 1960-64 Leit. Rechtsamt Wedding; 1964-75 Bezirksstadtrat f. Volksbild. u. stv. -bürgerm. (1971) Reinickendorf (alles Berlin); 1975-77 Kirchentagsbeauftr. Ev. Kirche Berlin/Brandenburg. Begr. Graphothek, Artothek Berlin u. Intern. Archiv f. Kunstverleih u. Bildereien; Mitbegr. Verb. Berliner Verw.jur. u. Neuer Berliner Kunstverein. SPD s. 1949 - BV: u. a. Erfahrungen m. d. Berliner Verw.reorganisation, 2 T. 1958/64 (m. a.); Z. Gesch. d. Berliner Bez.reform 1966-71, 1974; Über Kunstleihe u. Bildereien (Hrsg.), 1982; Aspekte d. Kunstverleihs (Hrsg.), 1986 - 1978 BVK a. Bd.

DIETZE, Horst-Dietrich
Dr. rer. nat., em. o. Prof. Theoret. Physik RWTH Aachen - Templergraben 55, 5100 Aachen - Geb. 24. Juli 1920 Salzwedel - Dipl. 1949 u. Promot. 1951 Göttingen; Habil. 1959 Aachen - 1965 apl. Prof., 1952-58 Friedr. Krupp Widia-Fabrik Essen; 1958-66 Inst. f. Reaktorwerkstoffe Kernforsch.-Anl. Jülich; 1963-64 Gastwiss. Oak Ridge Nat. Lab. (USA); 1967-71 o. Prof.Univ. Saarbrücken; s. 1971 o. Prof. RWTH Aachen - BV: Grundkurs in Theor. Physik I u. II.

DIETZE, Lutz
Dr. jur., Dr. phil., Prof. f. Öfftl. Recht, Bildungs- u. Rehabilitationsrecht Univ. Bremen (s. 1973) - Brauereiweg 14, 2804 Lilienthal - Geb. 19. Juni 1940 Berlin (Eltern: Dr. Ernst (Rechtsanw. u. Not.) u. Irmgard D.), verh. s. 1962 m. Ingrid, geb. Hölzel, 3 Kd.

DIETZEL, Adolf
Dr.-Ing., Dr.-Ing. E.h., Prof. f. Chemie - Gerhart-Hauptmann-Str. 5, 8745 Ostheim v. d. Rhön (T. 09777 - 5 10) - Geb. 3. Febr. 1902 Pforzheim (Vater: Adolf D., Chemiker; Mutter: Emilie, geb. Hasenmayer), ev., verh. s. 1930 m. Margarethe, geb. Madlener, verw. - S. 1920 TH Karlsruhe (Dipl.-Ex. 1926, Promot. 1928); Habil. 1938 TH Berlin - S. 1943 apl. Prof. TH Berlin; 1951ff. Dir. Max-Planck-Inst. f. Silikatforsch. Würzburg; 1971 emerit. - BV: Emaillier., 1981. Zahlr. Veröff. (b. 1989) - 1952 Gold. Gehlhoff-Ring Dt. Glastechn. Ges.; 1957 Seger-Med., Dt. Keram. Ges.; 1960 BVK I. Kl.; 1962 Ehrenmitgl. d. Americ. Ceram. Soc.; 1962/63 Präs. Intern. Commiss. on Glass; 1963 Louis-Vielhaber-Med. Verein Dt. Emailfachl.; 1964 Otto-Schott-Med. Dt. Glastechn. Ges., Rieke-Ring Dt. Keram. Ges.; 1965/66 Präs. Intern. Enamellers Inst.; 1969 Ehrenmitgl. Dt. Keram. Ges.; 1970 Ehrenvors. Verein Dt. Emailfachl.; 1972 Ehrenmitgl. Soc. Ital. per la Ceramica; 1979 Ehrendoktor TU Clausthal-Zellerfeld; 1987 Ehrenmitgl. Dt. Glastechn. Ges.; 1987 Goldene Ehrennadel Dt. Keram. Ges.; 1987 Balthasar-Neumann-Plak. Stadt Würzburg - Liebh.: Foto, Schach - Spr.: Engl., Franz., Span., Schwed. (etwas Russ.) - Lit.: Beiträge in: Ber. Dt. Keram. Ges. 39/1962, Dt. Glastechn. Ges. 35/1962 u. Verein Dt. Emailfachl. 10/1962.

DIETZEL, Armin
Dr. theol., Bibliotheksdirektor i. R. - Lerigauweg 12, 2900 Oldenburg (T. 50 19 49) - Geb. 10. Juni 1926 Bayreuth (Vater: Emil D.; Mutter: Else, geb. Paschold), ev.-freik., verh. s. 1954 m. Gretchen, geb. Müller, 4 Kd. (Ursula, Barbara, Andreas, Martin) - 1945-54 Univ. Erlangen, Tübingen, Hamburg (Theol. Seminar), Mainz (Theol., Bibliothekswiss.). I. theol. Ex. 1950 Tübingen; Promot. 1955 Mainz; Bibl.-Fachpr. 1958 BSB München - 1958-68 Univ.bibl. Erlangen (zul. Oberreg.-Bibl.-Rat); 1968-88 Landesbibl. Oldenburg (Leit.) - BV: Martin Luther: De kleene Catechismus Oldburg 1599, Faks.-Ausg. 1970 (Hrsg.). Mitarb.: O. Pültz, D. dt. Handschr. d. UB Erlangen (1973); Schr. d. LB Oldenburg (1973-87) - 1986 Landschaftsmed. d. Oldenburg. Landsch. - Liebh.: Humaniora - Spr.: Lat., Griech., Hebr.

DIETZEL, Ernst
Dr. rer. nat., Vorstandsmitglied Behringwerke AG., Marburg - Paul-Ehrlich-Weg 17, 3550 Marburg/L. - Geb. 14. Okt. 1914.

DIETZEL, Günther
Dr. jur., Bankdirektor (Dt. Bank AG., Fil. Freiburg) - Beethovenstr. 22, 7800 Freiburg/Br. (T. 74650) - Geb. 5. Dez. 1919 - ARsmandate - Spr.: Franz. - Rotarier.

DIETZEL, Werner
Dr. med., Prof., Chefarzt Anaesthesie-Abt./Städt. Krankenhaus Leverkusen - Dhünnberg 60, 5090 Leverkusen - Geb. 9. Juni 1937 - Promot. 1962 - S. 1970 (Habil.) Lehrtätigk. Univ. Heidelberg (1974 apl. Prof. f. Anaesthesiologie). Üb. 50 Facharb.

DIEZEL, Paul Bernd

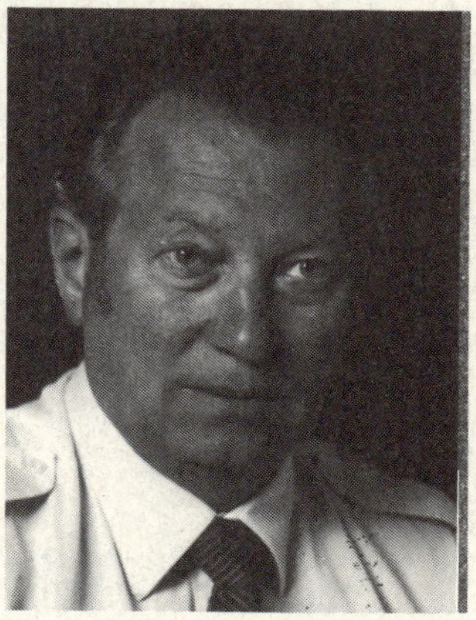

Dr. med., Prof, Chefarzt Pathol.-Bakt.-Serol. Inst. - Büchenbronner Str. 68, 7530 Pforzheim - Geb. 13. März 1923 Bad Homburg v. d. H. (Vater: Paul D., Ing.; Mutter: Elisabeth, geb. Gubelt), ev., verh. s. 1965 m. Dr. med. Sibylle, geb. Arndt - Fürsten u. Landessch. St. Augustin Grimma; Stud. Med. u. Chemie Med. Staatsex. 1946 Tübingen - S 1957 (Habil.) Lehrtätigk. Univ. Heidelberg (1962) apl. Prof.). S. 1983 Vors. Ärzteschaft Pforzheim/Enzkr. - BV: D. Stoffwechselstörungen d. Sphingolipoide, 1957. üb. 100 Einzelarb. - Liebh.: Musik, Alte Kunst - Spr.: Engl.

DIGEL, Helmut
Dr., Prof. f. Sportwissenschaft TH Darmstadt - Albert-Schweitzer-Str. 20, 6107 Reinheim 5 - Geb. 6. Jan. 1944 Aalen, ev. - Stud. Univ. Tübingen (Promot. 1974) - 1978-82 Prof. Univ. Frankfurt; 1982-85 Prof. Univ. Tübingen; s. 1985 Prof. TH Darmstadt - BV: Sprache u. Sprechen im Sport, 1977; Sport verstehen u. gestalten, 1982; Lehren im Sport, 1982; Probl. d. modernen Hochleistungssports, 1987; Sport im Verein u. im Verband, 1988.

DIGESER, Andreas

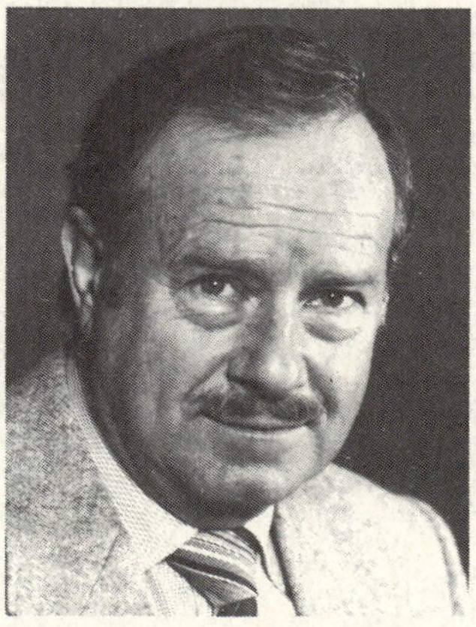

Dr. phil., Prof. f. Englisch PH Freiburg - Meisenweg 6, 7860 Schopfheim - Geb. 13. Juli 1925 Breslau - Stud. Engl., Franz., Dt. Beide Staatsex. Diss. üb. Eugene O'Neill - BV: Phonetik u. Phonol. d. Engl. - E. Lernb. m. Übungen, 1978; Fremdspr.did. u. ihre Bezugswiss. - Einf., Darst., Kritik, Unterr.-Modelle, 1983. Herausg.: Groß- u. Kleinschreibung? - Beitr. z. Rechtschreibreform (1974) - Liebh.: Lit. (bes. Dramen) - Spr.: Engl., Franz.

DIHLE, Albrecht
Dr. phil., theol. h.c., phil. h. c., Prof. f. Klass. Philologie - Marstallhof 4, 6900 Heidelberg - Geb. 28. März 1923 Kassel (Vater: Hermann D., Kammerpräs.; Mutter: Frieda, geb. v. Reden), ev., verh. s. 1949 m. Marlene, geb. Meier, 5 Kd. - Univ. Göttingen (Promot. 1946) u. Freiburg/Br. (Archäol., Klass. Philol.) - S. 1950 (Habil.) Lehrtätigk. Univ. Göttingen (1957 apl. Prof.) u. Köln (1958 Ord.), Heidelberg (Ord. 1974). 1963 Gastprof. Cambridge, 1965/66 Harvard, 1968 Stanford, 1973/74 Berkeley, 1974 Sidney, 1983 Princeton, 1984 Durban, 1989 Perugia - BV: Studien z. griech. Biogr., 1956; D. goldene Regel, 1962; Umstrittene Daten, 1965; Griech. Literaturgesch., 1967; Homer-Probleme, 1970; Euripides' Medea, 1977; D. Prolog d. Bacchen, 1981; The Theory of Will, 1982 - 1966 Mitgl. Akad. Rhein. Westf., 1975 Heidelberger Akad. d. Wiss., 1986 Inst. de France Acad. d. Inscriptions et Belles Lettres, Brit. Acad.

DIKAU, Joachim
Dr. rer. pol., Dipl.-Hdl., o. Prof. f. Wirtschaftspädagogik - Rolandstr. 6, 1000 Berlin 38 - Geb. 3. Aug. 1929 Königsberg/Pr. (Vater: Adolf D., Geschäftsf.; Mutter: Emma, geb. Weinert), verh. s. 1961 m. Jutta, geb. Walbert, T. Simone - 1946-49 Lehre Einzelhandelskfm.; 1952-54 Abiturkurs Braunschweig-Kolleg; 1954-59 Univ. Hamburg u. Berlin (FU). Dipl.-Hdl. 1959; Promot. 1967 - 1949-52 Angest.; 1959-63 Lehrer; 1963-68 Wiss. Assist. FU Berlin; 1968-71 Akad. Rat TU Berlin; s. 1971 Ord. PH (Erwachsenenbild.) u. FU Berlin (1974 gf. Dir. Inst. f. Wirtschaftspäd.) - BV: Wirtschaft u. Erwachsenenbild., 1968; Mitbestimmung in d. Wirtsch., 1979 (m. Barthel); Weiterbildungsaufg. d. Hochschulen, 1982; Berufsausbg. ausländ. Jugendlicher in Berlin, 1984 - Spr.: Engl.

DILCHER, Gerhard
Dr. jur. (habil.), Prof. f. Dt. Rechtsgeschichte, Kirchen- u. Zivilrecht - Senckenberganlage 31, 6000 Frankfurt - Geb. 14. Febr. 1932 Schlüchtern (Vater: Dr. Fritz D.; Mutter: Inge, geb. Hassenstein), ev., verh. s. 1961 m. Ellen, geb. Müller, 2 Söhne (Roman, Sebastian) - Stud. Rechtswiss. Gr. jurist. Staatsprüf., Stip. Dt. Hist. Inst. Rom, 1961/63 - S. 1967 Ord. FU Berlin u. Univ. Frankfurt (1972), dort Dekan 1969/70 u. 1981/82 - BV: D. Entsteh. d. lombard. Stadtkommune, 1967; D. dt. Juristentag, 1980; u.a. Herausg.: Rechtsgesch. als Kulturgesch., Festschr. A. Erler, 1976; Christentum, Säkularisation u. mod. Recht, 1982 u. a. Zahlr. Veröff. z. mittelalterl. Rechtsgesch., insbes. Stadtrechtsgesch., u. z. Rechts- u. Verfassungsgesch. d. Neuzeit, z. Zivilrecht u. z. Juristenausbildung - Mitgl. Berliner Wiss. Ges. u. a. wiss. Vereinig. 1985 wiss. Vortragsreise Jap. u. Ostasien. 1986 Gastprof. Univ. of Florida (USA) - Spr.: Engl., Franz., Ital.

DILCHER, Hermann
Dr. jur., o. Prof. f. Rechtsgeschichte d. Neuzeit u. Bürgerl. Recht - Ruhr-Universität, 4630 Bochum-Querenburg - Geb. 24. Nov. 1927 Frankfurt/M. - Gymn. u. Univ. Frankfurt (Phil., Gesch., Altphilol., Rechtswiss.). Jurist. Staatsprüf. 1952 u. 57. Promot. (1953) u. Habil. (1960) Frankfurt - S. 1962 Ord. Univ. Kiel u. Bochum (1965) - BV: D. Vollstreckung d. Abgabe v. Willenserklärungen, 1954; D. Typenzwang im mittelalterl. Vertragsrecht, 1960; D. Theorie d. Leistungsstörungen bei Glossatoren, Kommentatoren u. Kanonisten, 1960; Rechtsgeschäfte auf verfassungswidr. Grundl. 1963; Normann. Assisen u. röm. Recht im sizil. Stauferreich, 1966.

DILG, Peter
Dr. rer. nat., Prof. f. Geschichte d. Pharmazie Univ. Marburg - Haselhecke 30, 3550 Marburg - Geb. 6. Okt. 1938 Landshut/Bay. (Vater: Paul D., Apotheker; Mutter: Emilie, geb. Reber), kath., verh. s. 1967 - Stud. Pharmazie München, Gesch. d. Pharm. Marburg - BV: Pharmazeut. Terminologie - D. Fachspr. d. Apothekers, 2. A. 1975 (m. G. Jüttner); Perspektiven d. Pharmaziegeschichte, 1983 (Hrsg.).

DILGER, Bernhard
Dr. phil., Univ-Prof. Univ. Bochum - Universitätsstr. 150, 4630 Bochum 1 (T. 0234 - 700 27 37/27 38) - Geb. 1. März 1931 Dresden, kath., verh. m. Ilse, geb. Maschmeier, 3 Kd. (Bettina, Nikolaus, Alexander) - Lehrerprüf.; Stud. Univ. FU Berlin, Bonn, Wien, Leningrad; Staatsex. (Gesch., Deutsch) 1963 Berlin; Promot. 1968 FU Berlin - 6 J. Lehrer in versch. Schulformen; s. 1963 Univ. in versch. Posit. - BV: D. politischen Anschauungen A.D. Gradovskijs, 1970; D. Erziehungs- u. Bildungswesen d. VR China s. 1969 (m. J. Henze), 1978; Vergl. Bildungsforsch. (Anweiler-Festschr. hg. m. F. Kuebart u. H.-P. Schäfer), 1986. Fachaufs. insb. z. Erziehungspolitik in China - Spr.: Engl., Franz., Russ.

DILGER, Friedrich
Vorstandsvorsitzender Elektrizitätswerk Mittelbaden AG., Lahr - Schutterlindenbergstr. 44, 7630 Lahr/Schwarzw. - Geb. 28. Nov. 1926 - Zul. I. Bürgerm..

DILGER, Willibald
Generalkonsul d. Bundesrep. Deutschl. in d. Türkei - Atatürk Caddesi 260, 35220 Izmir (Türkei) - Geb. 4. Juni 1925.

DILL, Peter
Dipl.-Ing., Vorsitzender d. Geschäftsfg. Sulzer-Escher Wyss GmbH, Ravensburg - Altdorfstr. 6, 7987 Weingarten/Württ. - Geb. 11. Febr. 1930.

DILL, Richard
Dr. phil., Programmkoordinator Ausland d. ARD - Tattenbachstr. 10, 8000 München 22 - Geb. 23. Juli 1932 - 1951-56 Stud. Gesch. u. Öfftl. Recht Norfolk/USA, München, Bonn u. Erlangen; 1953/54 Werner-Friedmann-Inst. (Dt. Journ.sch.) München; Promot. 1956 Erlangen - 1954-61 Redakt. u. Programmgestalter BR (Ferns.); 1961-63 Fachref. Abt. Massenkommunik. UNESCO Paris; 1963-65 Hauptabt.-Leiter u. Stellv. d. Programmdir. b. Aufbau d. Dritten Programms in Bayern; s. 1965 Programmkoord. Ausl. u. Festivals in d. Programmdir. ARD München.

DILL, Rolf
Dipl.-Kfm., Direktor - Silcherweg 4, 6940 Weinheim/Bergstr. - Vorst. Bilfinger + Berger Bau-AG., Mannheim.

DILLER, Hans-Jürgen
Dr. phil., o. Prof. f. Anglistik (s. 1969) - Virchowstr. 18, 4630 Bochum (T. 70 43 77) - Geb. 1. Jan. 1934 (Vater: Hans D. († 1977); Mutter: Inez, geb. Sellschopp († 1981)), verh. s. 1962 m. Leticia, geb. Saavedra, 3 Kd. (Ines-Maria, Monika, Hans-Michael) - Kieler Gelehrtenschule; Stud. d. Angl., Roman. Univ. München - BV: Redeformen d. engl. Misterienesp., 1973; Engl. Metrik u. Verslehre, 1979; Linguist. Probleme d. Übers., 1978 (m. J. Kornelius) - 1986-89 Vors. Anglistentag.

DILLER, Justus
Dr. rer. nat., o. Prof., Inst. f. math. Logik u. Grundlagenforsch. Univ. Münster (s. 1973) - Braseweg 8, 4400 Münster (T. 0251 - 23 38 73) - Geb. 8. Juni 1936 Hamburg (Vater: Hans D., Univ.prof.; Mutter: Inez, geb. Sellschopp), ev., verh. s. 1963 m. Dorothea, geb. Blättner, 3 Töcht. (Ricarda, Caroline, Irene) - Kieler Gelehrtenschule. (1946-55); Stud. Kiel, Middletown, Conn./USA, Hamburg (Math.). Promot. 1963 Kiel; Habil. 1969 München - 1963-70 Wiss. Assist. Kiel u. München, 1970-73 Wiss. Rat München - BV: Grundlagen d. Geometrie, 1967 (n. G. Hessenberg); Differential- u. Integralrechnung I u. II, 1973 (m. A. Breitkopf).

DILLER, Karl
Lehrer a. D., MdL Rheinland-Pfalz (1979-87), MdB (s. 1987) - Schulstr. 82, 5508 Hermeskeil - Geb. 27. Jan. 1941 - SPD.

DILLER, Werner Felix
Dr. med., Prof. f. Arbeitsmedizin Univ. Düsseldorf (apl.; s. 1978) - Elisabeth-Langgässer-Str. 8, 5090 Leverkusen (T. 0214 - 30 78 80) - Geb. 2. Dez. 1929 Bautzen/Sa. (Vater: Prof. Dr. Hans D., Lebensm.chem.; Mutter: Hede, geb. Vibrans), kath., verh. s. 1958 m. Karin, geb. Pommerenke, 3 Kd. (Hans-Peter, Martin, Charlotte) - Stud. Med. Ithaca (USA), Erlangen u. Heidelberg. Staatsex. u. Promot. 1958. S. 1963 Leit. Inst. f. Röntgendiagn. Werksärztl. Abt. Bayer, Leverkusen; s. 1974 habil. Univ. Düsseldorf; s. 1978 apl. Prof. - BV: Radiolog. Unters. z. verbesserten Frühdiagn. v. industriellen Inhalationsvergift. m. verzög. Wirkungseintr., 1975; D. Arbeitsmed. i. d. EG-Ländern - 1979 Baader-Preis, 1976 Agfa-Gevaert-Preis - Liebh.: Klass. Musik (akt. Pianist) - Spr.: Engl., Franz., Ital. - Bek. Vorf.: Prof. Hans Diller (verst. Vater).

DILLING, Horst
Dr. med., Prof., Klinikdirektor Med. Univ. Lübeck - Ratzeburger Allee 160, 2400 Lübeck (T. 0451 - 500 24 40) - Geb. 4. März 1933 Lübeck, ev. - 1964-71 Assist. Max-Planck-Inst. f. Psychiatrie München; 1971-78 Oberarzt Psychiatr. Klinik München; 1978 Komm. Dir. Psychiatr. Klinik TU München; s. 1978 Dir. Klinik f. Psychiatrie Med. Univ. Lübeck - BV: Epidemiol. psych. Störungen u. psychiatr. Versorgung, 1978 (m. Weyerer); Psych. Erkrank. in d. Bevölkerung, 1984; Psychiatrie in Lübeck: 19. Jh. Veröff. z. Gesch. d. Hansestadt Lübeck, Reihe B, Bd. 11 1984 (ersch. b. Schmidt-Römhild, m. Reger) - 1974 Hermann-Simon-Preis f. Sozialpsychiatrie.

DILLMANN, Roland
Dr. rer. pol., Dipl.-Math., Prof. f. Volkswirtschaftslehre, insb. math. Verf. in Planung u. Org., Gesamthochsch. Wuppertal - Am Hochsitz 4, 5600 Wuppertal 1.

DILSCHNEIDER, Otto A.
Dr. theol., Prof. f. Systemat. Theologie (emerit.) - Ringstr. 12, 1000 Berlin 45 (T. 8335533) - Geb. 24. Jan. 1904 Berlin, ev., verh. s. 1937 m. Elisabeth, geb. Bombe, 4 Kd. (Gerhard, Irmgard, Christiane, Martin) - Univ. Berlin, Freiburg, Greifswald, Tübingen (Rechts- u. Staatswiss., Theol.) - Studentenpfarrer Jena; 1941-59 Pfr. Berlin-Zhldf.; 1941-60 Prof. Kirchl. Hochsch. Berlin (Ord.; 1958/59 Rektor). 1963-1967 MdA Berlin (CDU) - BV: Ev. Offenbarung, 1939; D. Ev. Tat, 1940; Gegenw. Christi, 2 Bde. 1948; D. christl. Weltbild, 1951; Gefesselte Kirche, 1953; Christus Pantokrator, 1962; Ich glaube a. d. Heilg. Geist, 1969; Geist als Vollender d. Glaubens, 1978 - 1979 BVK; 1983 Exodus d. Christentums, 1984 BVK I. Kl.

DIMITROV, Nikola Spassov
Dr.-Ing., Dr.-Ing. E.h. em. o. Prof. f. Tragwerkslehre u. konstruktives Entwerfen - Universität (TH) Stuttgart, Keplerstr. 11; priv.: Kaiser-Wilhelm-Str. 2, 7570 Baden-Baden (T. 2 91 80) - Geb. 29. April 1921 Plovdiv/Bulg. (Vater: Spass D., Kaufm.; Mutter: Petra, geb. Ovtscharova), orthodox, verh. s. 1956 m. Irmtraut, geb. Schill, S. Nikola - Dt. Schule Plovdiv; Univ. Sofia, TH Berlin, Breslau, München, Karlsruhe (Dipl.-Ing. 1946) - S. 1955 (Habil.) Lehrtätigk. TH Karlsruhe u. Univ. (TH) Stuttgart (o. Prof.) - BV: Festigkeitslehre, 1971 u. 1972 Bd. 1 u. 2 (m. Dr.

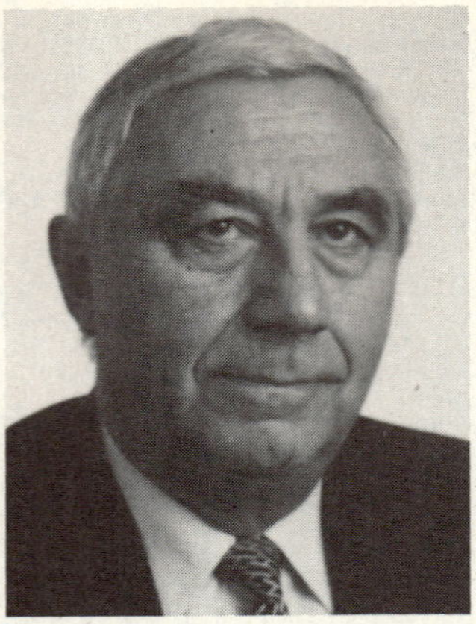

Herberg). Herausg.: Lexikon d. Bautechnik (Bd. X u. XI 1966) - 1965 Freudenberg-Preis TH Karlsruhe; 1986 Ehrendoktor TU Berlin; Werner-Heisenberg-Med. d. Alexander-v.-Humboldt-Stiftg. - Liebh.: Bridge.

DIMITROVA, Margarita
Solo-Tänzerin, Ballettpäd., Choreogr. - Fliederbogen 24, 2390 Flensburg - Geb. 26. Juli 1935 Varna/Bulg., orth., verh. m. Simeon D., 2 Kd. (Simeon, Maria) - Ballettausbild. Varna/Bulg. u. Sofia - Solotänzerin Linz, Ballettpäd. Ulm Stadttheater, Landestheater Flensburg - BV: Exercisen f. Klass. Ballett - Hauptrollen: Feuervogel; Coppelia; Springbrunnen v. Bachschisaray; Carmen; D. Dreispitz; Gershwin-Story - Liebh.: Kreuzfahrten u. Reisen - Spr.: Russ., Bulg.

DIMITROV, Simeon
Ballettmeister - Fliederbogen 24, 2390 Flensburg (T. 0461 - 3 97 73) - Geb. 16. Juni 1935 Varna/Bulg., orth., verh. m. Margarita D., 2 Kd. (Simeon, Maria) - Ballettausbild., Tanzpäd. - Solotänzer Varna/Bulg., Weimar/DDR, Linz; Ballettm. Linz, Ulm, Baden b. Wien, Flensburg - BV: Exercisen f. Klass. Ballett. Ballettabende, Choreogr. - Liebh.: Kunst, Reisen - Spr.: Russ., Deutsch.

DIMLER, Hans
Dipl.-Wirtsch., Geschäftsführer Gallus Herrenschuhfabrik, Viersen (s. 1983) - Diergardtplatz 13, 4060 Viersen 1 - Geb. 9. Okt. 1932 Bischofswerda (Vater: Fritz D., Lederhändler; Mutter: Ilse, geb. Fischer), verh. s. 1957 (Ehefr.: Barbara (Bärbel), geb. 1938), 3 T. (Petra, Heike, Katrin) - 1943-51 Obersch. Bischofswerda; 1951-55 Univ. Leipzig (Wirtschaftswiss.) - 1955-60 Staatl. Schuhgroßhdl. Leipzig; 1961-65 Elefantenschuh Kleve; 1966-83 Sprecher d. Geschäftsfg. Schuhfabrik Ferdinand Rinne GmbH, Hess.-Oldendorf - Spr.: Engl.

DIMMEK, Ernst
Bankdirektor - Dorstener Str. 534, 4690 Herne 2 (T. 02325-73706) - Geb. 9. Mai 1926 Gelsenkirchen, ev., verh. s. 1950 m. Inge. geb. Block, 2 Kd. Gymn.; Sparkassenfachsch. - AR-Mand. - Liebh.: Tennis, Reiten, Basteln - Spr.: Engl., Franz.

DIMPFL, Gottlieb
I. Bürgermeister - Rathaus, 8492 Furth im Wald/Opf. - Geb. 24. März 1923 Furth - Zul. Stadtamtsrat.

DIMPKER, Alfred
Präsident Bundesakademie f. öfftl. Verwaltung (s. 1984) - Friedrich-Ebert-Str. 1, 5300 Bonn 2 - Geb. 14. Okt. 1925 Tsinanfu (China), ev., verh., 3 Kd. - Stud. Univ. Hamburg; Staatsprüf. 1950 u. 1955; Anwaltsass. u. RA Kiel - 1956 Eintritt i. d. Bundesmin. d. Innern, u.a. Ref.-Leit. in d. Abt. Öffentl. Sicherheit; Pers. Ref. d. Ministers; Personalref.; 1977 Leit. Unterabt. Verw.-Org., Datenverarb.; 1982 Leit. Unterabt. Personal, Haushalt, Organisation.

DIMROTH, Karl
Dr. phil., em. Prof. f. Organ. Chemie - Glammbergweg 1, 3550 Marburg/L. (T. 2 68 59) - Geb. 18. Aug. 1910 Bad Tölz/Obb. (Vater: Prof. Otto D.; Mutter: geb. Bayer), verh. 1939 m. Charlotte, geb. Grußdorf - Habil. 1941 Göttingen - 1944 Doz., 1949 ao. Univ. Tübingen, 1952 o. Prof. u. Inst.dir. Univ. Marburg. Üb. 200 Veröff. in Fachbl.

DINCKLAGE, von, Hans-Bodo
Geschäftsführer SFB Werbung GmbH - Kaiserdamm 80-81, 1000 Berlin 19 (T. 30 31-49 00) - Geb. 9. April 1929.

DING, Herbert
Dr. phil., M. A., Prof. f. Schwerhörigenpädagogik PH Heidelberg - Peter-Wenzel-Weg 8, 6900 Heidelberg.

DING, Siegfried
Dr. rer. pol., Vorstandsmitglied Prakla-Seismos AG, Hannover - Dudweilerstr. 6, 3000 Hannover 71 - Geb. 19. Mai 1930 Hannover (Vater: Hermann D.; Mutter: Martha, geb. Cordes), ev., verh. s. 1957 m. Martha, geb. Friese, 3 Kd. (Karolin †1983, Christin, Birgit) - Gymn. (Abit.); Handwerkslehre; Stud. TU Hannover u. Univ. Frankfurt/M.; Dipl.ex. 1956 ebd.; Promot. 1957 Würzburg - 1957ff. Geschäftsf. Prakla-Seismos - Spr.: Engl.

DINGEL, Joachim
Dr. phil., Prof., Klass. Philologe - Taunusstr. 3, 7410 Reutlingen 28 - Geb. 7. Febr. 1938 Gotha/Thür. - Promot. 1965 Tübingen - S. 1972 (Habil.) Privatdoz. u. apl. Prof. Univ. Tübingen (gegenw. Akad. Oberrat Philol. Sem.) - BV: Seneca u. d. Dichtung, 1974; Scholastica materia, 1988.

DINGELDEY, Ronald
Dipl.-Ing., Präsident Fernmeldetechn. Zentralamt, Darmstadt (s. 1973) - Im Strenger 4 A, 6146 Alsbach/Bergstr. (T. 06257 - 4671) - Geb. 15. April 1930 Alsbach/Bergstr., ev., verh. s. 1955 m. Rosemarie, geb. Refardt, 3 Söhne (Randolf, Rüdiger, Reinhard) - Altes Kurfürstl. Gymn. Bensheim, TH Darmstadt. Dipl. 1955 - 1955-57 Postrefer. OPD Frankfurt/M., 1957-61 Forsch.Inst. Fernmeldetechn. Zentralamt, 1961-63 im Ref. f. Nachrichtensatelliten d. FTZ, 1964-68 im Ref. f. Weltraumfunkdienst Bundespostmin., 1968-73 Refer. f. Fernsprechvermittl. Techn. u. -Endgeräte ebd. - 1986 BVK I. Kl. - Spr.: Engl., Franz.

DINGENS, Peter
Botschaftsrat, Wirtschaftsref. Botschaft d. BRD in Ankara - PK 54 Cankaya Atatürk Bulvari 114, Ankara (Türkei).

DINGER, Hans-Georg
Präsident Landessozialgericht Berlin - Trautenaustr. 13, 1000 Berlin 31 (T. 87 98 89) - Geb. 17. Jan. 1924 verh. (Ehefr.: Evelyn) - 1957-72 Arbeitsgericht Berlin (1962 Dir., 1968 Präs.).

DINGES, Hermann
Dr. rer. nat., Prof. f. Math. (Wahrscheinlichk.stheor. u. math. Statist.) Univ. Frankfurt (s. 1966) - Beethovenstr. 48, 6000 Frankfurt/M. (T. 746206) - Geb. 15. Nov. 1936 - Stud. Math. Habil. München - Fachaufs. u. didakt. Aufs.

DINGES, Karl
I. Direktor, Vors. d. Gfg. Landesversicherungsanstalt f. d. Saarland, Saarbrücken - Dr.-Schoenemann-Str. 33, 6600 Saarbrücken 3 - Geb. 25. Sept. 1924 - ARsmand.

DINGES, Rainer
Journalist, Vors. Landespressekonfz. Hessen - Zu erreichen üb.: Hessischer Rundfunk - Studio Wiesbaden - (T. 06121 - 16 90).

DINGLER, Emmi
Dr. med., Prof., Anatomin - Candidstr.

22, 8000 München 90 - Geb. 31. Juli 1918 Berlin (Vater: Dipl.-Ing.), verw., 2 Kd. - Univ. München u. Innsbruck - S. 1956 (Habil.) Lehrtätigk. Univ. München/ Anat. Inst. (1963 apl. Prof.; 1968 Konservatorin, 1969 Oberkonserv., 1970 Akad. Oberrätin, 1971 Akad. Dir.). Üb. 30 Fachveröff. - Liebh.: Bildhauerei, Kammermusik (spielt Geige), Bücher (sammelt Märchen).

DINGWORT-NUSSECK, Julia

Dr. rer. pol., Präsidentin Landeszentralbank Nieders. i. R. (1976-88) - Georgsplatz 5, 3000 Hannover - Geb. 6. Okt. 1921 Altona (Vater: Julius N., Malerm.; Mutter: Carla, geb. Vagt), ev. verh. s. 1951 m. Carl-Wolfgang D., 3 Kd. (Cay, Maren, Silke) - Abit. - Dipl.-Volksw. - 1946-76 Rundfunk u. Fernsehen (zul. Chefredakt. WDR) - 1975 Adolf-Grimme-Preis u. zahlr. and. Rundfunk- u. Fernsehpreise - Spr.: Engl., Franz.

DINKELBACH, Werner

Dr. rer. pol., o. Prof. f. Betriebswirtschaftslehre, insb. Unternehmensforsch. Univ. Saarland - 6600 Saarbrücken 11 (T. 3022137) - Geb. 5. Febr. 1934 Witten/ Ruhr (Vater: Josef D., Kaufm.; Mutter: Adele, geb. Koch), verh. s. 1976 m. Christa, geb. Tasche; T. Angela - Fachveröff.

DINSE, Klaus

Landrat i. R. - Oberstr. 11, 6220 Rüdesheim/Rh. (T. 06722 - 3558) - Geb. 30. April 1912 Schwerin/Warthe (Vater: Dr. jur. Bernhard D., Rechtsanw. u. Notar † 1946; Mutter: Anna, geb. Anders † 1972), verh. s. 1940 m. Gerda, geb. Geißler, 3 Kd. (Klaus-Peter, Jutta, Gabriele) Gymn.; Stud. Rechts- u. Staatswiss. - 1938-41 Regierungsass. u. -rat (1941) Höchst/M., Imst, Bludenz, 1941-45 Wehrdst., 1945-46 Kriegsgefangensch., 1949-51 Verw.sangest. Höchst, 1951-65 Bürgerm. Stadt Rüdesheim, 1965-76 Landrat Rheingau-Kreis. 1962-65 Vizepräs. Hess. Städtebund. 1952-65 MdK Rheingau. CDU s. 1949 - BVK I. Kl., 1974 - Liebh.: Geschichte, Musik - Spr.: Engl., Franz. - Mitgl. Lions-Club.

DINSLAGE, Patrick

Dr. phil., Prof. f. Musiktheorie Hochsch. d. Künste Berlin - Regensburger Str. 2, 1000 Berlin 30 (T. 030 - 211 99 78) - Geb. 2. Aug. 1950 - Stud. Schulmusik, Math., Tonsatz, Musikwiss., German.; Promot. 1986 (Prof. Dr. Dr. Carl Dahlhaus †, TU Berlin); Habil. 1988 - S. 1976 Hochschullehrer f. Musiktheorie; 1989 Prodekan Fachber. Musik Hochsch. d. Künste Berlin. Konz. (Klavier) in Berlin (West), Bundesrep. Dtschl., Ital. - BV: Stud. z. Verhältnis v. Harmonik, Metrik u. Form in d. Klaviersonaten Ludwig van Beethovens, 1987 - Liebh.: Interdisziplinäre Forsch. z. Kunst, Lit. u. Musik.

DINTELMANN, Klaus

Dr. jur., Direktor Dt. Bank AG. Filiale Köln - Othegravenstr. 4, 5000 Köln 41 - Geb. 18. Dez. 1935 Ober-Ramstadt/ Hessen, ev., verh. s. 1970 m. Heike, geb. Hübsch, T. Tanja - Realgymn. Saarbrücken; Stud. Rechtswiss. u. Volksw. Saarbr. u. Paris. Beide Jurist. Staatsex. Saarbrücken; Promot. Köln - S. 1966 DB - Spr.: Engl., Franz., Span., Ital., Russ.

DINZELBACHER, Peter

Dr. phil. habil., apl. Univ.-Prof., Mediävist - Ziegeleistr. 10, A-4020 Linz - Geb. 14. Juli 1948, kath. - Univ. Graz, Wien, Stuttgart - BV: D. Jenseitsbrücke im Mittelalter, 1973; Judastraditionen, 1977; Vision u. Visionslit. im Mittelalter, 1981; Mittelalterl. Visionslit., 1988; An d. Schwelle z. Jenseits. Sterbevisionen im interkultur. Vergleich, 1989. Herausg. d. Ztschr. Mediaevistik.

DIPPEL, Edler u. Ritter von, Dietmar

Rechtsanwalt u. Notar, Hauptgeschäftsf. Wirtschaftsvereinig. d. Berliner Groß- u. Außenhandels, Arbeitgeberverb. d. Berliner Großhandels u. a. - Knesebeckstr. 30, 1000 Berlin 12 - Geb. 23. Febr. 1943 Berlin - Stud. Volksw. u. Rechtswiss. - Stv. Vorstandsmitgl. AOK Berlin u. LVA Berlin; VR Landesarbeitsamt Berlin - 1983 BVK - Liebh.: Ethnol. - Spr.: Engl., Span. - Bek. Vorf.: Grafen v. Hirschberg/oberpfälz. Linie (1223ff.); ms.: Louis Spohr, Komp. (1784-1859).

DIPPELL, Jürgen

Dr. med., Prof., Arzt, Ärztlicher Direktor Clementine-Kinderhospital Frankfurt - Theobald-Christ-Str. 16, 6000 Frankfurt 1 (T. o69 - 40 58 07 65) - Geb. 20. Juni 1938, ev., verh., 3 Kd. (John, Anne, Katharina) - 1958-63 Med.-Stud. Univ. Frankfurt u. München; Staatsex. 1964; Promot. 1966; Habil. 1975 - 1969-82 Kinderarzt Zentr. d. Kinderheilkunde Frankfurt; 1971 wiss. Arb. New York Medical College, Spezialisierung z. Kindernephrologen u. - Rheumatologen; 1981 Prof. Univ. Frankfurt. 1981 Präs. Dt. Arbeitsgemeinsch. f. pädiatrische Nephrologie - Ca. 25 Originalarb. üb. klin. immunolog. Themen, u. a. experimentelle Nephritis. Beitr.: Pädiatrische Intensivbehandlung (hg. v. Loewenich), 1974; Klin. Nephrologie (Losse-Renner), 1982 - Liebh.: Klaviermusik, Radsport - Spr.: Engl., Franz.

DIRCKS, Walter-Jürgen

Geschäftsführer i.R. Maizena Ges. mbH., Hamburg, AHAG Außenhandelsges. mbH., Heilbronn, NIO Nährmittel GmbH., Heilbronn - Heilwigstr. 61, 2000 Hamburg 20 (T. Büro: 2884 - 1) - Geb. 3. Okt. 1918 Hamburg (Vater: Erwin D., Generaldir. u. EhrenARsvors. Maizena † 1971), verh. m. Beatrice, geb. Husseindjian. - Üb. 35 J. Maizena - 1983 BVK.

DIRKS, Marianne,

geb. Ostertag

Musiklehrerin, Mitgl. Synode d. Bistümer in d. BRD - Hasenbuckweg 7, 7801 Wittnau (T. 0761 - 40 99 86) - Geb. 26. Aug. 1913 Stuttgart (Vater: Hans Ostertag, Kaufm.; Mutter: Herta, geb. Wingler), kath., verh. s. 1941 m. Walter D., 4 Töcht. (Clara, Elisabeth, Maria, Theresia) - Musiksem. Freiburg/Br., Staatsprüf. 1937 Karlsruhe - 1951-72 Präs. Zentralverb. Kath. Frauengemeinsch.; 1951-73 Mitgl. gf. Aussch. Zentralkomit. d. Dt. Katholiken, 1968-72 Vizepräs. - BV: Konkrete Wünsche an d. Konzil; D. Ehe, 1970; Mein Gott, Theol. v. Nichttheol., 1979; Sie prägten d. Antlitz d. Kirche, (Hrsg.) 1982; Glauben Frauen anders? (Hrsg.) 1983; F. e. neue Liebe zu Maria, 1984 - Gr. BVK - Liebh.: Musik, Theol. (Pastoral), Wandern, Päd. - Spr.: Franz., Engl.

DIRKS, Walter

Dr. theol., h. c., Prof., Schriftsteller - Hasenbuckweg 7, 7801 Wittnau/Br. - Geb. 8. Jan. 1901 Dortmund, kath., 4 Kd. - Zeitschr.- u. Rundfunkjourn.; Mithrsg. Ztschr. Frankfurter Hefte (s. 1986 Frankf. Hefte/D. neue Gesellschaft. Zahlr. Buchveröff., zul. Sozialismus od. Restauration. Ges. Schriften, Bd. 4 (1987); Sagen was ist. Ges. Schriften, Bd. 5 (1988) - 1971 Prof.-Titel Landesreg. Nordrh.-Westf., 1966 Ehrendoktor Univ. Münster; 1969 Gr. DGB-Kulturpreis; Gr. BVK; 1983 Geschw.-Scholl-Preis Stadt München; Mitgl. PEN-Zentrum BRD; 1986 Ehrenbürger v. Dortmund u. Wittnau, 1986 Staatspreis Land NRW; 1986 Reinhold-Schneider-Preis Stadt Freiburg - Liebh.: Musik.

DIRKSEN, Gebhard

Dr. jur., Bankdirektor - Westpreußenufer 4, 3000 Hannover 51 - Geb. 29. Juni 1929 - Stv. Vorstandsvors. Norddeutsche Landesbank Girozentrale.

DIRLMEIER, Ulf

Dr. phil., Prof. f. Mittlere u. Neuere Geschichte Univ.-GH Siegen - Eckenweg 31, 5905 Freudenberg-Alchen - Geb. 18. Jan. 1938 München (Vater: Franz D., Univ.-Prof.; Mutter: Camilla, geb. Scharold), kath., verh. s. 1967 m. Cornelia, geb. Sarre - Promot. 1964 Heidelberg; Habil. 1977 Mannheim - 1965 Geschäftsf. Heidelberger Akad. d. Wiss.; 1966 wiss. Assist. TU Berlin; 1968 Oberassist. TU Berlin; 1969 desgl. Univ. Mannheim; 1977 Univ.-Doz. Mannheim; 1981 apl. Prof. ebd.; 1981 Prof. Univ.-GH Siegen - BV: Mittelalterl. Hoheitsträger im wirtsch. Wettb., 1966; Unters. z. Einkommensverh. u. Lebenshaltungskosten in oberdt. Städten d. Spät-MA, 1978. Herausg. u. Übers. aus d. Franz. (m. Cornelia Dirlmeier): Pierre Riché, D. Welt d. Karolinger (1981); D. Karolinger. E. Familie formt Europa (1987).

DIRSCHERL, Klaus

Dr. phil., Prof. f. Roman. Literaturwiss. Univ. Passau - Innstr. 25, 8390 Passau (T. 0851 - 509-259) - Geb. 13. Dez. 1940 - Lehrstuhlinh.; Dekan Phil. Fak.; stv. Vors. Dt. Hispanistenverb. - BV: Z. Typologie d. poetischen Sprechweisen b. Baudelaire, 1975; D. Roman d. Philosophen. Diderot-Rousseau-Voltaire, 1985.

DIRSUWEIT, Lothar

Kaufmann, Kreistagsabgeordneter, AR-Mitgl. Stadtwerke Hameln - Papengösenanger 5, 3250 Hameln 1 - Geb. 8. April 1943 Landsberg/W. (Vater: Artur D., Kaufm.; Mutter: Waltraud, geb. Wendt), ev. - S. 1973 Ratsherr, s. 1977 MdK - Spr.: Engl.

DIRX, Ruth

Sachbuchautorin - Auf dem Brahm 11, 5600 Wuppertal 2 (T. 0202 - 70 01 74) - Geb. 25. Okt. 1913 Siegen, ev., verh. m. Willi D., 2 Söhne (Axel, Bastian) - Lyz.; Kindergärtnerinnensem. - BV: D. Kind, d. unbekannte Wesen, 1964; Kinder brauchen gute Eltern, 1970; Kinder brauchen gute Schulen, 1971; E. Tages, als d. Schule abgeschafft wurde, 1975; D. Buch v. Spiel, 1981; Utopia, 1982; Kinderreime, 1987 - Liebh.: Reisen - Bek. Vorf.: August Sander, Fotograf (Onkel).

DIRX, Willi

Graphiker, Maler, Plastiker - Auf dem Brahm 11, 5600 Wuppertal 2 (T. 0202 - 700174) - Geb. 24. Sept. 1917 Recklinghausen, kath., verh. s. 1942 m. Ruth, geb. Jung (Verf.: Kinder brauchen gute Eltern, 1971), 2 Söhne (Axel, Bastian) - Kunstakad. Düsseldorf (Prof. Kersting) - Holzschnitte zu relig. u. soz. Themen, Hinterglasbilder, Glasfenster, Plastiken, Buchillustr. (u. a. Tolstoi: Herr u. Knecht, 1949; Dostojewski: D. Sanfte, 1965) - 1963 Eduard-v.-d.-Heydt-Preis Stadt Wuppertal.

DISCH, Friedrich J.

Dr. phil., Prof. f. Geographie u. ihre Didaktik - Lettenweg 14, 7850 Lörrach/ Baden - Geb. 20. März 1926 Elzach - 1946-48 Päd. Akad.; Univ. Basel (Geogr., Gesch., Päd.). Promot. 1967 - 1948-65 Grund-, Haupt- u. Realschullehrer BW; 1965-68 Hochschulassist.; 1968-69 Abteilungsleit. Inst. FWU München; s. 1969 Doz. u. Prof. (1971) PH Heidelberg.

DISCHNER, Gisela

Dr. phil., Prof. f. neuere u. neueste dt. Lit. Univ. Hannover (s. 1973) - Königsworther Str. 22, 3000 Hannover 1 (T. 0511 - 32 06 88) - Geb. 3. Nov. 1939 Steinhöring, verh. - Promot. 1968 Frankfurt; Habil. 1972 Gießen u. 1973 Hannover - BV: Poetik d. mod. Gedichts. Z. Lyrik v. Nelly Sachs, 1970; Ursprünge d. Rheinromantik in England z. Gesch. d. romant. Ästhetik, 1972; Bettina. E. weibl. Sozialbiogr. aus d. 19. Jh., 1977 (ital. Ausg. Bettina Brentano. Una Biografia Romantica, 1979); Caroline Schlegel-Schelling. E. Leben zwischen bürgerl. Vereinzelung u. romant. Geselligkeit, 1979; Friedrich Schlegels Lucinde u. Materialien zu e. Theorie d. Müßiggangs, 1980; Üb. d. Unverständlichkeit. Aufs. z. neuen Dichtung, 1982; E. stumme Generation berichtet, Frauen d. 30er + 40er Jahre, 1984.

DISDORN, Hannspeter

Botschafter d. Bundesrep. Deutschland in Angola (1985ff.) - Avenida 4 de Fevreiro 120, Luanda - Geb. 22. Aug. 1934 Mannheim, verh., 2 Kd. - Abit. Karlsruhe, kaufm. Lehre, jurist. Stud. Heidelberg u. München; 1963 Ass.-Examen; 1963/64 Stud. Dijon (Stipend. d. Stiftg. Volkswagenwerk); 1964 Regierungsass. in d. Bundesfinanzverw. - 1965 Ausw. Dienst, 1965/66 Botsch. Dublin, 1967-70 Tokyo, 1971-74 Belgrad, 1974-77 Zentrale, 1977-80 Kabul, 1980-84 Zentrale, 1984/85 Nato Defense College Rom, s. 1985 Botsch. in Luanda, zugl. São Tomé.

DISSELNKÖTTER, Hermann

Rechtsanwalt, Geschäftsführer Kraft GmbH, Eschborn (Arbeitsber. Personal) -Diesteinwiesen 4, 6380 Bad Homburg - Geb. 19. Dez. 1931 Sensweiler (Vater: Walther D., Pfarrer, zul. Kirchenrat; Mutter: Antia, geb. Haas), ev., verh. s. 1959 m. Annelotte, geb. Kohnen, 2 Kd. (Barbara, Andreas) - Jurist. Staatsex. 1955 u. 60 - 1960-62 Feldmühle AG.; 1962-67 Nestlé AG. (Vevey/Schweiz); 1967-76 B. Sprengel & Co. (stv. Geschäftsf.); 1976-82 Vorst.-Mitgl. Dt. Renault - Liebh.: Musik, Reiten, Tauchen - Spr.: Engl., Franz.

DISSMANN (ß), Theodor

Dr. med., Prof., Internist - Ilsensteinweg 1, 1000 Berlin 38 - Gegenw. Lehrtätigk. FU Berlin (Med. Poliklinik).

DISTEL, Franz Josef

Prof. a.D., Dozent f. Grundschuldidaktik u. Schulkunde Päd. Hochsch. Weingarten, Leit. d. Alamannen-Museums u. d. Heimatkundl. Samml. d. Stadt Weingarten - Am Rebhang 6, 7987 Weingarten/Württ. (T. 0751 - 4 48 16) - Geb. 4. Febr. 1905 - 1985 BVK am Bde.

DISTLER, Armin

Dr. med., Prof., Leiter Abt. f. allg. Inn. Med. u. Nephrologie Klinikum Steglitz FU Berlin - Hindenburgdamm 30, 1000 Berlin 45 (T. 798 24 41) - Geb. 8. Jan. 1935 Nürnberg (Vater: Fritz D., Bankkfm.; Mutter: Martha, geb. Hesse), ev., verh. s. 1961 m. Heide, geb. Hagen, 2 T. (Madeleine, Kathrin) - Med.stud.; Staatsex. 1960 Erlangen; Habil. 1969 Mainz. 1981 Beruf. n. Berlin.

DISTLER, Harry

Dr. rer. nat., Chemiker - In den Hahndornen 5, 6719 Bobenheim a. Berg - Geb. 12. April 1923 Gottmannsgrün/ČSR (Vater: Josef D., Kaufm.; Mutter: Paula, geb. Pleßgott), ev., verh. s. 1947 (Ehefr.: Gerty), 3 Kd. (Henry, Ellen, Gernot) - Univ. Erlangen (Chemie, Lebensmittelchemie; Promot. 1952) - The Chester Beatty/Research Inst., London; s. 1956 BASF, Ludwigshafen (Forsch.). Spez. Arbeitsgeb.: Synthet. Organ. Chemie, Chemotherapie, insb. Schwefelchemie. üb. 400 in- u. ausl. Patente bzw. Patentanmeld. Zahlr. Fachveröff. - 1968 Premio Tensiochemica 1967 (Italien) - Liebh.: Phil. - 1964 Gold. Sportabz. - Spr.: Tschech., Ital., Engl.

DISTLER, Hubert

Maler u. Grafiker - 8082 Grafrath/Amper - Geb. 1919 - 1980 Kunstpreis d. Ev.-Luth. Kirche in Bay.

DISTLER, Wolfgang

Ing. grad., Direktor, Geschäftsf. Liebherr Hydraulik-Bagger GmbH, Kirchdorf (s. 1960) - Birkenweg 5, 7951 Kirchdorf (T. 07354 - 4 48) - Geb. 17. Dez. 1928 Augsburg (Vater: Dr. med. Hans D.; Mutter: Marga, geb. Steinbrenner), kath., verh. s. 1959 m. Ingeborg, geb. Bauer, 2 Kd. (Michael, Gabriele) - Obersch. Augsburg (Mittl. Reife); Lehre als Maschinenbauer- u. -schlosser; Ing.-schule Oskar-v.-Miller-Polytechnikum München - 1951-52 Betriebsing. Drahtwarenfabr. O. Neumaier, 1952-60 Betriebsassist. Eisenwerk Gebr. Frisch KG, bde. Augsburg - Liebh.: Klass. Musik, Kunstgesch.

DISTLER-BRENDEL, Gisela

Cembalistin, Prof. i. R. f. Musikpädagogik Univ. Gießen - Zur Lutherlinde 41, 6301 Pohlheim - Geb. 11. Jan. 1919 (Vater: Dr. phil. Robert B., Stud.-Rat u. Schriftst.; Mutter: Dr. phil. Xenia, geb. Bernstein) - Fachveröff. bes. z. Thema Musikhören - Mitgl. d. Bfgr. Musikpäd., EPTA Ges. f. Christl.-jüd. Zusammenarb. - Liebh.: Lit., Kunst, Spr.

DITFURTH, v., Hoimar

Dr. med., Prof., Schriftsteller - 7813 Staufen - Geb. 15. Okt. 1921 Berlin (Vater: Hans Otto v. D., Mutter: Thilde, geb. v. Wrisberg), verh. s. 1949 m. Heilwig, geb. v. Raven, 4 Kd. (Jutta, Christian, Donata, York) - Gymn.; Stud. Berlin u. Hamburg (Med., Psych., Phil.) - S. 1959 (Habil.) Lehrtätigk. Univ. Würzburg (1967 apl. Prof.) u. Heidelberg (1968 apl. Prof.; Psychiatrie u. Neurol.). Fr. Mitarb. WDR/Fernsehen (1963 ff. Vortr.), ZDF (1969-83 Sendereihe Querschnitt (58), 1981 Umwelt-Mensch) - BV: Kinder d. Weltalls, 1970; Im Anfang war d. Wasserstoff, 1972; Zusammenhänge, 1974; D. Geist fiel nicht vom Himmel, 1976; Wir sind nicht nur v. dieser Welt, 1981 (alle in zahlr. Spr. übers.); So laßt uns denn e. Apfelbäumchen pflanzen - es ist soweit, 1985; Innenansichten e. Artgenossen, 1989 - 1980 Kalinga-Preis d. Unesco, außerd. mehrere Fernsehpreise, dar. 1967 Gold. Kamera, 1968 u. 1974 Sonderpreis Stifterverb. f. d. Dt. Wiss.; 1973 Wilhelm-Boelsche-Med. in Gold, 1974 Gold. Bildschirm - Liebh.: Naturwiss., Barockmusik - Spr.: Engl.

DITHMAR, Reinhard

Dr. phil., o. Prof. f. Literaturdidaktik FU Berlin - Jägerstr. 12, 1000 Berlin 45 (T. 030 - 772 77 52) - Geb. 2. Juni 1934 Kassel, verh. s. 1962 m. Anneliese, geb. Plückelmann, 2 Kd. (Ulrike, Volker) - Stud. German., ev. Theol. u. Erzieh.-wiss. Univ. Marburg, Freiburg Berlin u. Heidelberg; Promot. 1965 Heidelberg - 1962-65 Stud. Ass., 1965-66 Wiss. Assist., 1966-71 Doz., 1971-81 o. Prof. PH Berlin - BV: u.a. Dt. Dramaturgie zw. Hegel u. Hettner, 1966; Fabeln, Parabeln u. Gleichnisse, 7. A. 1983; D. Fabel, 7. A. 1988; G. Wallraffs Ind.reportagen, 1973; Ind.lit., 2. A. 1977; Fachdidaktik u. fächerübergreifender Unterr. (m. J. Willer), 1976; Deutsch in d. Sek. I, 2 Bde., 1976; Lit.unterr. in d. Diskussion, 2 Bde., 1973/74; Schule zw. Kaiserr. u. Faschismus (m. J. Willer), 1981; Martin Luthers Fabeln u. Sprichwörter, 1989; Schule u. Unterricht im Dritten Reich, 1989.

DITSCHE, Manfred

Dr. rer. pol., Rechtsanwalt, Geschäftsf. Milchindustrie-Verb. - Schedestr. 11, 5300 Bonn 1; priv.: 3, Ringstr. 12 - Geb. 20. Dez. 1931 Waldenburg/Schles., kath., verh. s. 1962 m. Dr. Uta, geb. Ziegler.

DITSCHUNEIT, Hans

Dr. med. (habil.), Internist, o. Prof. f. Inn. Medizin, Gastroenterologie, Stoffwechsel u. Ernährungswiss., Ärztl. Direktor Univ. Ulm - Albert-Schweitzer-Str. 13, 7906 Blaustein - 1985ff. Präs. Dt. Ges. f. Adipositas-Forsch./Fettsucht (Neugründ.).

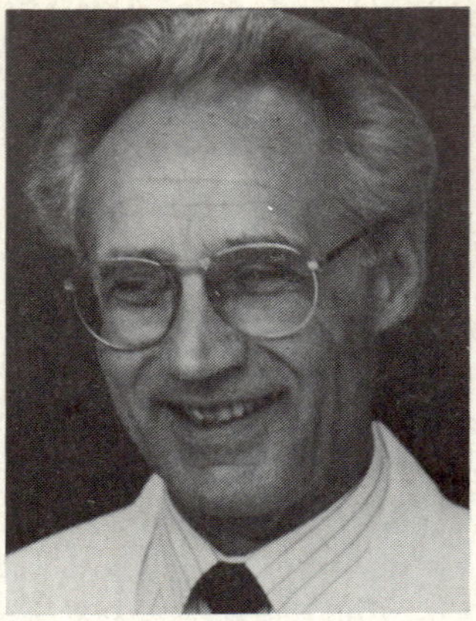

DITT, Egon

Senatsrat, Hauptabteilungsleit. Wiss. u. Kunst b. Senator f. Bildung, Wiss. u. Kunst, Bremen, 1. Vizepräs. Dt. Schachbund - Meißener Str. 18, 2800 Bremen 1 (T. 0421 - 35 42 78) - Geb. 29. Mai 1931 Bremen, ev. - Schach: FIDE-Meister, Intern. Fernschachm.

DITTBERNER, Hugo

Dr. phil., Schriftsteller - Hauptstr. 54, 3355 Kalefeld 7/Nds. (T. 05553 - 15 50) - Geb. 16. Nov. 1944 Gieboldehausen - BV: Passierscheine, Ged. 1973; Heinrich Mann, Ess., 1974; D. Internat, R. 1974; Kurzurlaub, Erz. 1976; D. Biß ins Gras, Ged. 1976; Draußen im Dorf, Erz. 1978; Jacobs Sieg, R. 1979; Ruhe hinter Gardinen, Ged. 1980; D. gebratenen Tauben, Erz. 1981; Drei Tage Unordnung, Erz. 1983; Wie man Provinzen erobert, Erz. 1986; D. Tisch unter d. Wolken, Ged. 1986; D. Wörter, d. Wind, Ged. 1988 - Mitgl. dt. PEN-Zentrum; 1979 Förderpreis Kulturkreis im BDI; 1981/82 Villa Massimo-Stip.; 1984 Niedersachsenpreis f. Publiz.

DITTBERNER, Jürgen Erwin

Dr. rer. pol., Prof. f. Polit. Soziol. (s. 1974), Staatssekretär b. Senator f. Schulwesen, Berufsausbildung u. Sport (ab 1989) - An der Bastion 46, 1000 Berlin 22 (T. 030 - 365 11 30) - Geb. 1. Dez. 1939 Berlin (Vater: Erwin D., Beamter; Mutter: Irmgard, geb. Dammer), verh. s. 1965 m. Elke, geb. Birkigt, 2 Kd. (Maren, Jan) - Dipl.-Soz. 1965; Promot. 1969; Habil. 1974 - 1965-69 Wiss. Assist., 1969-74 Assistenzprof. FU Berlin; 1974-86 Prof. FH f. Verw. u. Rechtspflege Berlin, dort zul. Rektor; 1986-89 Staatssekr. b. Senator f. Jugend u. Familie. 1971-75 FDP-Fraktionsvors. W'dorf; 1975-85 MdA. B. 1981 (Rücktr.) stv. FDP-Landesvors. Berlin - BV: Parteiensystem in d. Legitimationskrise, 1973 (hrsg. m. Rolf Ebbighausen); FDP - Partei d. zweiten Wahl, 1986 - Liebh.: Hobbygärtner - Spr.: Engl.

DITTBRENNER, Arnold

Mitglied der Geschäftsführung STEAG Fernwärme GmbH, Geschäftsf. d. WSG Wärmezähler-Service GmbH, bde. Essen - Bismarckstr. 54, 4300 Essen 1; priv.: Scharpenhang 58A, 4300 Essen 15 - Geb. 15. Sept. 1937 - Dipl.-Ing.

DITTMANN, Armin

Dr. jur., o. Univ.-Prof. f. Öfftl. Recht Univ. Stuttgart-Hohenheim - Karl-Brennenstuhl-Str. 11, 7400 Tübingen 9 (T. 07071 - 8 24 56) - Geb. 14. Aug. 1945 Uelzen, ev., verh. s. 1971 m. Anne-Gret, geb. Adler, 2 Kd. (Tobias, Barbara) - Abit. 1965 Uelzen; Stud. Univ. Hamburg u. Tübingen; jurist. Staatsex. 1969 u. 73, Promot. 1974 u. Habil. 1982 Univ. Tübingen - Wiss. Assist.; 1982 Priv.-Doz. Univ. Tübingen; 1983 Prof. Univ. Hamburg; dann o. Prof. Univ. Stuttgart-Hohenheim - BV: Bildungsplanung als Gemeinschaftsaufg., 1975; Schulträgerschaft zw. Kreisen u. Gemeinden, 1978; D. Bundesverw., 1983 - Liebh.: Bild. Kunst, Sport, Neuere Gesch. - Spr.: Engl., Franz.

DITTMANN, Heinz Wilhelm

Dr. oec. publ., Botschafter d. Bundesrep. Deutschl. in Brasilien - Zu erreichen üb. Botsch. Bundesrep. Deutschl., Caixa Postal 07-0752, 70.415 Brasilia - Geb. 2. Aug. 1925 Berlin (Vater: Wilhelm D.; Mutter: Anna-Gertrud, geb. Bagienski), verh. s. 1958 m. Ursula, geb. Huttenlocher, 3 Kd. (Claudia, Gabriele, Axel) - 1943-45 Wehrdst.; 1945-50 Stud. Volks- u. Betriebsw.; Promot. Univ. Zürich - 1951-52 Bank Dt. Länder; s. 1953 Ausw. Amt; 1968-72 Stv. Generaldir. GATT; 1979-83 Botsch. in Chile; 1983-87 Botsch. in Mexiko; s. 1987 Botsch. in Brasilien - Spr.: Engl., Franz., Span., Portug.

DITTMANN, Jürgen

Dr. phil. habil., Prof. f. Germanische Philologie - Häge 18, 7800 Freiburg (T. 0761 - 49 44 04) - Geb. 22. Febr. 1947 Meinerzhagen (Vater: Werner D., Bauuntern.; Mutter: Margarethe, geb. Gautrein), ev., verh. s. 1972 m. Doris, geb. Walz, 2 Kd. (Katharina, Stephanie) - Stud. Univ. Freiburg (Phil., German., Politikwiss.); Promot. 1974; Habil. 1977, Freiburg - 1980 Prof. Univ. Freiburg, Dt. Seminar (1985/86 Dekan). Ca. 40 sprachwiss. Veröff., Feuilletonbeitr.

DITTMANN, Lorenz

Dr. phil., o. Prof. f. Kunstgesch. Univ. d. Saarlandes (s. 1977) - Mecklenburgring 31, 6600 Saarbrücken (T. 81 87 51) - Geb. 27. März 1928 München, kath., verh. s. 1965 m. Marlen, geb. Nebendahl, 2 Kd. (Christina, Christoph) - Stud. d. Kunstgesch., Archäol., Phil. Univ. München; Promot. 1955; Wiss. Rat u. Prof. TH Aachen (1970-77) - BV: D. Farbe b. Grünewald, 1955; Stil/Symbol/Struktur, 1967; Farbgestaltung u. Farbtheorie in d. abendländischen Malerei. E. Einführung, 1987. Schriftltg. Ztschr. f. Ästhetik u. allg. Kunstwiss. (s. 1988).

DITTMANN, Werner

Dr. rer. soc., Dipl.-Psych., Prof. f. Geistigbehindertenpädagogik u. Psych. PH Ludwigsburg, Leit. FB Sonderpäd. d. PH Ludwigsburg m. Sitz in Reutlingen (s. 1987) - Drosselweg 57, 7417 Pfullingen - Geb. 4. Nov. 1941 Stuttgart, ev., verh. s. 1970 m. Karin, geb. Hain, 2 Kd. (Götz, Katharina) - Albert-Schweitzer-Gymn. Leonberg; PH Stuttgart; Univ. Tübingen u. Hamburg (Psych.) - Gastprof. 1985 Appalachian State Univ. Boone, N.C., USA - BV: Intelligenz b. Down-Syndrom, 1982; Herausg. (zus. m. M. Hahn, E. Ruoff u. H. Sautter): Neue Richtlinien f. d. Unterricht in d. Schule f. Geistigbehinderte (1983); Z. Problem d. päd. Förderung schwerstbehinderter Kinder u. Jugendlicher (zus. m. S. Klöpfer u. E. Ruoff). Versch. Fachveröff.

DITTMANN, Wolfgang

Dr. phil., o. Prof. f. Ältere dt. Sprache u. Literatur FU Berlin (s. 1970) - Stanzer Zeile 26, 1000 Berlin 45 - Geb. 14. Juni 1933 Hamburg - Promot. 1960; Habil. 1969 - Fachveröff.

DITTMAR, Friedrich W.

Dr. med. (habil.), Prof., Internist - Badstr. 27, 7847 Badenweiler (T. 266) - Geb. 25. Juni 1906 Schöller/Rhld. (Vater: Friedrich W. D., Pfarrer; Mutter: Auguste, geb. Fischer), ev., verh. s. 1935 m. Ilse, geb. Gleißenberg, 2 Kd. (Jürgen, Ursula) - Stud. Musik u. Med. Kapellmeister-Staatsex. 1927 München; Med. Staatsex. 1933 Leipzig - 1941-53 Chefarzt Riesa, Leipzig-Zwenkau (1945), Halle/S. (1949); 1955-71 Chefarzt Weserberglandklinik, Höxter. 1949 ff. Doz. u. Prof. (1951) Univ. Halle, 1959 ff. Vors. Dt. Med. Arbeitsgem. f. Herdforsch. u. -bekämpf. Entd.: Kutiviszeral. Reflex, allerg. Reaktionen b. Krebskrankh. u. Rheumatismus, wachstumsfördernde Wirkstoffe in d. Frischzellen - BV: D. diätet. Behandl. d. Nahrungsmittelallergien, 1942; D. Unters. d. reflektor. u. alget. Krankheitszeichen, 1949; Diätetik, 1956; D. neurotop. Diagnose u. Therapie d. inneren Krankh., 1961 (auch jap.); Zivilisation u. Nervenkrankh., 1969; Umweltschäden regieren uns, 1971; D. selbstmörder. Zukunft, 1972; Phasentherapie, 1979; Schlaflosigkeit, 1981. Üb. 300 Einzelarb. - Liebh.: Musik (Klav.), Malerei, schöne Lit. - Spr.: Engl., Franz., Ital. - Rotarier.

DITTMAR, Friedrich-Wilhelm

Dr. med., Prof., Chefarzt Gynäkolog. Abt./Kreiskrankenhs. Starnberg (s. 1977) - Oßwaldstr. 1, 8130 Starnberg/Obb. - Geb. 29. Mai 1935 Homburg/Saar - Promot. 1960 München - S. 1968 (Habil.) Lehrtätigk. (1973 apl. Prof. f. Geburtsh. u. Gynäk. Univ. Kiel). Buchbeitr. u. Aufs. (etwa 100).

DITTMEIER, Josef

Bundesbahnobersekretär i. R., MdL Bayern (s. 1970) - Mühlfeldweg 10, 8350 Plattling (T. 09931 - 2803) - Geb. 1919 - SPD.

DITTMER, Wilhelm Gustav

Prof. Dr. jur., Hochschullehrer, Leiter Fachbereich Versich.swesen Fachhochsch. Köln, Leit. Sozialblatt-Verlag, Vorstandsmitgl. Terra Allgem. Vers. AG., ARsmitgl. VIA, Beiratsvors. Terra, Prokurist Eisenbahnvers.skasse - Sperberweg 16, 5060 Bensberg-Refrath (T. 02204 - 6 26 01) - Geb. 26. Febr. 1923 Hamburg (Vater: Wilhelm D., Postbeamter; Mutter: Cläre, geb. Müller), verh. s. 1964 m. Brigitte, geb. Michel - B. 1939 Versich.slehre, 1949-53 Feuill.redakt. d. Welt - BV: Sachenrecht, Grundriß 1970; Handelsrecht, G. 1972; Grundstücksrecht, G. 1972; Les Suretes Immobieres, G. 1974; Rechtslehre Teil 3 (Studientexte f. Betriebsw.), 1978; Rechtslehre, 1980 - Liebh.: Hundezucht (vereid. Sachverst. f. Kynologie), Lit. - Spr.: Engl., Span.

DITTRICH, August

Geschäftsführer Flensburger Zeitungsverlag GmbH. - Nikolaistr. 7, 2390 Flensburg.

DITTRICH, Günter

Dr.-Ing., o. Prof. u. Direktor Inst. f. Getriebetechnik u. Maschinendynamik TH Aachen (s. 1972) - Eilfschornsteinstr. 18, 5100 Aachen.

DITTRICH, Helmut

Abgeordneter - Westerdeich 14, 2800 Bremen - S. 1971 Mitgl. Brem. Bürgerschaft. SPD.

DITTRICH, Herbert

Dr. med., o. Prof. u. Direktor Chirurg. Universitätsklinik Münster (s. 1973) - Zu erreichen üb.: Albert-Schweitzer-Str. 33, 4400 Münster - Geb. 26. Febr. 1930 Klingenberg - S. 1966 (Habil.) Privatdoz. u. apl. Prof. (1972) Univ. Erlangen-Nürnberg; Dekan Med. Fak. Westf. Wilhelms-Univ. Münster (1982/83); Präs. Dt. Ges. f. Thorax-Herz- u. Gefäßchirurgie (1984/85); s. 1985 Vorst. Dt. Herzstiftung - 22 Fachbuchbeitr., üb. 300 Einzelarb. - Jubil. Preis d. Dt. Ges. Chirurgie; BVK.

DITTRICH, Joachim

Dr. med., Prof. Univ.s-Kinderklinik Marburg - Ernst-Lemmer-Str. 12, 3550 Marburg-Wehrda - Geb. 15. Mai 1921 Breslau (Vater: Max D., Kaufm.; Mutter: Luise, geb. Fröhlich), verh. s. 1948 m. Renata, geb. Forchheim, 3 Kd. (Matthias, Christiane, Gabriele) - Oberrealsch. Breslau, Univ. Leipzig, Breslau, Hamburg - S. 1957 (Habil.) Lehrtätigk. Leipzig u. Marburg (1959; 1965 apl. Prof.). Spez. Arbeitsgeb.: Röntgenol. im Kindesalter, Pädol.; Fachveröff.

DITTRICH, Lothar

Dr. rer. nat., Prof., Direktor Zool. Garten Hannover (s. 1961) - Adenauerallee 3, 3000 Hannover 1 (T. 0511 - 28 07 40) - Geb. 20. April 1932, verh., 2 Kd. (Dr. Iris, Falk) - Stud. Biol., Chemie, Parasitol.; Dipl. Biol. 1955; Promot. 1960 Leipzig - 1954-61 wiss. Assist.; wiss. Direktorialassist. im Zoo Leipzig - BV: Lebensraum Zoo, Tierparadies od. Gefängnis?, 1977 - Spr.: Engl.

DITTRICH, Marie-Luise
Dr. phil. (habil.), em. o. Prof. f. Ältere Germanistik - Schloßstr. 3, 6120 Michelstadt-Steinbach/Odw. (T. 06061 - 3979) - Geb. 18. Nov. 1911 Leipzig (Vater: Prof. Dr. phil. Ottmar D., Extraord. Univ. Leipzig; Mutter: Marie, geb. Birch-Hirschfeld) - Realgymn. Leipzig; Univ. ebd., Königsberg, Berlin, Göttingen (Dt. u. roman. Philol., Phil.; Promot. 1937) - 1937-45 Pr. u. Göttinger Akad. d. Wiss. (1939; Aufbau d. Archivs); 1946-65 Assist. (Dt. Sem.; b. 1948), Privatdoz. (1945), apl. Prof. f. Dt. Philol. (1953) u. Wiss. Rätin (1960) Univ. Frankfurt/M.; s. 1965 Ord. Univ. Münster, s. 1. 10. 1974 em. - BV: D. Eneide Heinrichs v. Veldeke, Bd. I 1966 - Lit.: Festschr. z. 65. Geb., 1976.

DITTRICH, Walter
Dr. rer. nat., Prof., Physiker - Zwehrenbühlstr. 56, 7400 Tübingen 1 - Geb. 24. Nov. 1935 Kiel - Promot. 1968 München - S. 1973 (Habil.) Lehrtätigk. Univ. Tübingen (gegenw. 3 Prof. f. Theoret. Physik). Mehrj. USA-Aufenth. Üb. 30 Fachveröff.

DITTRICH, Wolfgang
Dr. med., o. Prof. f. Strahlenbiologie - Am Krug 10, 4400 Münster/W. (T. 74351) - Geb. 11. März 1914 Zuckmantel - S. 1955 (Habil.) Lehrtätigk. Univ. Hamburg (1961 apl. Prof.), Heidelberg (1962), Münster (1963 Ord. u. Inst.sdir.). Buch- u. Ztschr.beitr.

DITTRICH, Wolfgang
Dr., Direktor Nieders. Landesbibl. Hannover (s. 1986) - Waterloostr. 8, 3000 Hannover 1 (T. 0511-32 68 72) - Geb. 23. Mai 1938 Breslau, ev., verh. m. Ilona, geb. Haase, 2 Kd. (Claudia, Clemens) - Stud. German. u. Gesch. Univ. Berlin u. Bonn; Promot. 1971 - 1967 Bibliothekar Staatsbibl. Preussischer Kulturbesitz Berlin; 1979 Herzog August Bibl. Wolfenbüttel - BV: Erzähler u. Leser in C. M. Wielands Versepik, 1974. Herausg.: Bundesblatt d. Gr. National-Mutterloge zu d. drei Weltkugeln (1985ff).

DITTRICH van WERINGH, Kathinka
Dr., Abteilungsleiterin Goethe-Inst., Zentralverw. München (s. 1986) - Postfach 20 10 09, 8000 München 2 - Geb. 26. Juni 1941 Mittenwald, verh. m. Prof. Dr. Jacobus van Weringh - Stud. Gesch., Polit. Wiss., Angl.; Dolmetscherdipl. 1964 München; Staatsex. 1966 München; Promot. 1987 Amsterdam - 1967-69 Goethe-Inst. im Inland, 1969-75 Goethe-Inst. Barcelona, 1975-79 Goethe-Inst. New York, 1979-86 Leit. Goethe-Inst. Amsterdam. 1976-86 Korresp. d. Börsenblattes - BV: D. niederl. Spielfilm d. dreißiger J. u. d. dt. Filmemigration, 1987, sow. zahlr. Art. z. Europapolitik, Kulturpolitik u. Film. Mithrsg.: D. Niederl. u. d. dt. Exil (1982); Berlin-Amsterdam 1920-40 (1982); Beitr. z. Geschiedenis van de Nederlandse Film en Bioscoop tot 1940 (1986) - Spr.: Engl., Franz., Span., Niederl.

DITTUS, Erich
Dr. rer. oec., Hauptgeschäftsführer Handwerkskammer Ulm - Grüntenweg 44, 7910 Neu-Ulm (T. Büro 0731 - 14 25-0) - Geb. 6. Jan. 1930, kath., verh., 2 Kd. - Stud. Volksw. (Dipl.-Volksw.).

DITZE, Karl H.
Fabrikant, geschäftsf. Gesellsch. rotringwerke Riepe KG, Hamburg - Schrödersweg 7, 2000 Hamburg 61 (T. Büro: 5 49 61).

DITZEN-BLANKE, Joachim
Dr. jur., Herausgeber u. Verleger (Nordsee-Zeitung, Bremerhaven, Kreisztg. Wesermarsch, Nordenham), pers. haft. Gesellsch. Druckhaus Ditzen KG, Bremerhaven, Ditzen-Blanke KG, ebd., gf. Gesellsch. Ditzen Druck u. Verlags-GmbH, Bremerhaven, Gesellsch. Nordwestdt. Verlagsges. mbH, ebd., Wirtschaftsverlag NW GmbH ebd., gf. Gesellsch. J. Ditzen-Blanke GmbH, ebd., Verlag Wilhelm Böning, Verlag d. Kreisztg. Wesermarsch GmbH & Co. KG, Nordenham - Brinkmannstr. 3 a, 2850 Bremerhaven - Geb. 13. Dez. 1925 Bremen (Vater: Kurt D., Verleger; Mutter: Marie, geb. Büter), ev., (1979) m. Roswitha, geb. Jung, 2 Kd. (Jutta, Tom) - Gymn. Bremen; Univ. Würzburg u. Kiel (Rechtswiss., Volksw.); B. 1954 Rechtsanw. Bremen, dann Verbandsgf. Remscheid, s. 1970 Verleger u. Herausg. Nordsee-Ztg. - U. a. Stadtrat u. 2. Bürgerm. (1961-63) Remscheid; Richter LAG Bremen (s. 1976); Landesverb. Druck Bremen (s. 1975), Verb. Nordwestd. Zeitungsverleger (s. 1977) - Rotarier.

DIVERSY, Lothar
Steuerberater - Bahnhofstr. 10a, 6605 Friedrichsthal - Geb. 19. April 1932 Maybach, verh., 2 Kd.- CDU s. 1960 (Mitgl. Landesparteivorst.); 1975-82 Mdl Saarl.

DIWALD, Hellmut
Dr. phil., Historiker, apl. Prof. f. Mittlere u. Neuere Geschichte, bes. Geistesgesch., Univ. Erlangen-Nürnberg (s. 1965) - Gut Neue Welt, 8700 Würzburg - Habil. Erlangen - BV: D. Anerkennung - Bericht z. Klage d. Nation, 1970; Gesch. d. Deutschen, 1978; Wallenstein, 1978; D. Kampf um d. Weltmeere, 1980; Mut z. Gesch., 1983. Herausg.: Im Zeichen d. Alters - Porträts berühmter Preußen, 1981; Lebensbilder Martin Luthers, 1982.

DIZIOĞLU, Bekir
Dr.-Ing., o. Prof. f. Getriebelehre u. Maschinendynamik - Marienburgweg 36, 3340 Wolfenbüttel (T. 72816) - Geb. 13. Dez. 1920 Corlu/Türkei (Vater: Abdullah D.; Mutter: Remziye, geb. Salihani), Islam, verh. s. 1964 m. Maria, geb. Freytag - Schule Istanbul; 1938-42 TH Dresden (Dipl.-Ing. 1943). Promot. 1945 Dresden (TU) - 1946-60 Assist., Doz. u. Prof. Univ. Istanbul; s. 1960 Prof. TH bzw. TU Braunschweig (1965 Ord. u. Inst.sdir.) - BV: Getriebelehre, 4 Bde. 1965-68 - 1967 Türk. Staatspreis f. Wiss. u. Technik - Liebh.: Musik, Kunstgesch. - Spr.: Türk., Dt., Engl.

DLUGOS, Günter
Dr. rer. pol., Dipl.-Kfm., o. Prof. f. Betriebswirtschaftsl. FU Berlin (s. 1970) - Schopenhauerstr. 81, 1000 Berlin 38 (T. 030 - 8038510) - Geb. 26. Nov. 1920 Berlin - Techn.-kaufm. Ausbild., lt. Stell. i. d. Ind., Promot. 1961, Habil. 1969, o. Prof. s. 1970 - Fachveröff. z. Kostentheorie, Wiss.theorie, Unternehmungspolitik, Konfliktforsch. - Spr.: Engl.

DOBBECK, Otto D.
Geschäftsf. PRO HONORE, Verein f. Treu u. Glauben im Geschäftsleben, Hamburg - PRO HONORE, Chilehaus C, 2000 Hamburg 1 (T. 040 - 32 78 19) - Geb. 12. März 1949 Frankfurt/M., verh., 2 Kd. - Mitautor d. Lexikon d. Wettbewerbshüter, Dok. u. Inform., 1. A. 1982 u. D. Wettbewerbs-Berater, Loseblatt-Handb., 1983.

DOBE, Hans-Jürgen
Prof., Bildhauer, Hochschullehrer - Ulmenweg 1, 3501 Ahnatal - Gegenw. Prof. f. Kunstdidaktik u. Plast. Gestalten GH Kassel.

DOBENECK, Freiherr von, Henning
Dr.-Ing., habil., Prof., Berat. Chemiker, ehem. Abt. Vorst. TU München (Heterocyclen-Chemie) - Wenzberg 6, 8021 Icking/Obb. (T. 53 41) - Geb. 9. April 1912 (Vater: Friedrich v. D., Offz.; Mutter: Ida, geb. Spengelin), verh. 1946 m. Dr. Ilse, geb. Klebe, 2 Söhne (Götz, Jan) - TH München u. Massachusett State College Amherst; Promot. u. Habil. München - S. 1948 Lehrtätigk. TH München (1955 apl. Prof. f. Organ. Chemie). Patente, Fachveröff.

DOBERAUER, Wolfgang
Dr. jur., Rechtsanwalt, Direktor - 8501 Rückesdorf/Mfr. - Geb. 15. Juli 1921 Groß-Pawlowitz, verh. s. 1949 m. Ruth, geb. Nissen, 2 Kd. (Michael, Carola) - 1940 Abit.; 1952 Gr. jurist. Staatsprüf., 1953 Promot. - 1953-65 Dt. Unilever-Gruppe (1958 Vorstandsmitgl. Schmitz & Loh AG., Geschäftsf. Lebensmittelwerk Effka GmbH. u. Westd. Nahrungsmittelwerke GmbH., 1963 Geschäftsf. Dt. Lebensmittelwerke GmbH.); 1966-83 Vereinigte Papierwerke Schickedanz & Co. (1968 stv. Vors. d. Geschäftsltg.), Mitgl. d. Holding-Beirats d. Schickedanz-Gruppe, Geschäftsf. d. Schickedanz Holding GmbH, Fürth, 1972 ff. Vorstandsmitgl. Verb. Dt. Papierfabriken, 1973 Vors. d. Gesch.-Ltg., Generalbevollm. Vereinigte Papierwerke - 1984 Bayer. VO - Spr.: Tschech., Engl., Franz. - Rotarier.

DOBERER, Kurt K.
Dipl.Ing., Schriftsteller - Regenbogenstr. 189, 8500 Nürnberg (T. 48 22 89) - Geb. 11. Sept. 1904 Nürnberg (Vater: Johann D.; Mutter: geb. Reichel), verh. 1939 m. Ilse, geb. Hartmeyer - Staatl. Akad. f. angew. Technik, Nürnberg, Hochsch. f. Wirtschafts- u. Sozialwiss. ebd. u. Hochsch. f. Politik, Berlin - BV: Republik Nordpol, R. 1936; Elektrokrieg, 1937; United States of Germany, 1944; D. Schiene, Ged. 1948; The Goldmakers, 1949; Sinn u. Zukunft d. Automation, 1958; Goldsucher - Goldmacher / Welt zwischen Tat u. Traum, 1960; Essais u. Probedrucke altd. Staaten, 1963; Schwarze Einser - rote Dreier / Kulturgesch. d. Briefmarke, 1967; Weise Narren - närr. Weise, 1968; Schiffbruch, 1969; Philatelie f. Kenner, 1970; Drachenschlacht, 1970; Wunder im Mond, 1971; The Goldmakers, USA 1972; Republik Nordpol, 1979; Auf d. Suche n. d. Unteilbaren, 1981; Alte Briefmarken, 1983; D. Goldmacher, 1987. Übers. aus d. Engl.: John Diebold, D. automat. Fabrik (1954); Daniel Defoe, D. Pirat (1977); Kapitän Viaud, Untergang der „Tiger" (1978) - Mitgl. PEN-Zentrum BRD - Kalckhoff-Med. 1972, BVK a. Bd. 1974 - Spr.: Engl. - Liebh.: Briefmarken.

DOBIAS, Peter
Dr. rer. pol., o. Prof. f. Volkswirtschaftslehre insb. Wirtschaftspolitik Univ.-GH Paderborn - Von-Bodelschwingh-Str. 29, 4792 Bad Lippspringe - Geb. 8. Mai 1937 - BV: D. jugoslaw. Wirtschaftssystem, 1969; Theorie u. Praxis d. Planwirtsch., 1977; Wirtschaftspolitik, 1980; Wirtschaftssysteme Osteuropas, 1986.

DOBIESS, Berthold
Dipl.-Volksw., Leiter Goethe-Institut Amsterdam - Herengracht 470, NL 1017 CA Amsterdam, Niederl. - Geb. 18. Dez. 1930 Essen (Vater: Franz D., Schulrektor; Mutter: Änne, geb. Holte), kath., verh. s. 1957 m. Jutta, geb. Haas, 3 Kd. (Cornelie, Andrea, Christof) - Abit. Human. Burggymn. Essen; Stud. Wirtschaftswiss. Univ. München u. FU Berlin; Dipl.-Ex. 1956, Wirtschaftsprakt. 1956/57, Res. Scholar Delhi School of Economics 1958/61 - S. 1961 Mitarb. Goethe-Inst. München; 1962 Dozenturleit. New Delhi; 1966-71 Referatleit. Zentralverw. München; 1971/80 Institutsleit. Dublin, 1980/86 Helsinki, s. 1986 Amsterdam - 1980 M.A. honoris causa Univ. Dublin (Trinity College) - Liebh.: Gärtnern - Spr.: Latein, Griech., Engl.

DOBLER, Carl
Landwirt, Präs. Bauernverb. Württ.-Baden, Stuttgart, Vors. Bundesmarktverb. f. Vieh u. Fleisch, Bonn - 7251 Hemmingen/Württ. - Geb. 4. Jan. 1930 - Stud. Landw. (Dipl.-Landw.) - 1980 BVK I. Kl.; Ehrensenator Univ. Hohenheim u. Fachhochsch. Nürtingen.

DOBLER, Paul
Verleger (Herausg. Alfelder Ztg.), Verlagsgr. M. & H. Schaper, bde. Alfeld - Ravenstr. 42, 3220 Alfeld/Leine; priv.: Am Knick 52, 3211 Eime - Geb. 13. Febr. 1920.

DOBLHOFER, Ernst
Mag. et Dr. phil., em. o. Prof. f. Klass. Philologie Univ. Kiel (1971-84) - Gartenstadtstr. 77, A-8010 Graz - Geb. 2. Sept. 1919 Eferding (Österr.) (Vater: Leopold D., Beamt.; Mutter: Katharina, geb. Habl), kath., verh. s. 1960 m. Magda, geb. Spielhofer, 2 Kd. (Stefan, Georg) - Stud. Univ. Graz u. Wien, Lehramtspr. 1947, Dr. phil. 1948, Habil. 1964, Graz. 1948-71 Gymnasiallehrer, 1964-71 Doz. u. Lehrbeauftr. Univ. Graz, s. 1971 Ord. Kiel - BV: Byzantin. Diplomaten, 1955; Zeichen u. Wunder, 2. A. 1964 (ersch. i. 10 Spr.); D. Augustuspanegyrik d. Horaz, 1966; Rutilius Claudius Namatianus, I 1972, II 1977; Horaz. Ausgewählt u. kommentiert, 1984; Exil u. Emigration. D. Erlebnis d. Heimatferne i. d. röm. Lit., 1987 - 1959 u. 68 Theodor-Körner-Preis Wien; 1979 Österr. Ehrenkreuz f. Wiss. u. Kunst I. Kl. - Spr.: Engl., Franz., Ital.

DOBMAIER, Walter
Dipl.-Ing., Geschäftsführer Wacker-Chemie GmbH. - Prinzregentenstr. 22, 8000 München 22 - Geb. 2. Juni 1927 Leverkusen.

DOBMEIER, Anton
Ltd. Forstdirektor, MdL Bayern (s. 1974) - Weiher 15, 8562 Hersbruck (T. 09151 - 43 39) - Geb. 1921 - CSU.

DOBNER, Eberhard
Dr.-Ing., Vorstandsmitglied Mannesmann Demag AG, Duisburg - Kohlstr. 31, 4030 Ratingen-Hösel - Geb. 27. Mai 1929.

DOBNER, Reinhold
Sprecher d. Geschäftsführung PFAFF Industriemaschinen GmbH, stv. Vorst.-Mitgl. GM Pfaff AG, AR-Vors. J. Sandt AG Pirmasens - Königsstr. 154, 6750 Kaiserslautern/Pf.; priv.: Dresdener Str. 6 - Geb. 22. Jan. 1928 - Obering.

DOBROSCHKE, Horst
Dr. med., Inhaber Mewis-Film (wiss. Dok.) u. IHD-Inst. Dr. med. Horst Dobroschke, München - Isartalstr. 80, 8000 München 70; Hasenstr. 2 u. Schwalbenstr. 10, 4019 Monheim (T. 02173 - 5 84 11) - Geb. 22. April 1926, verh. s. 1945 m. Hilla, geb. Kaul (Medizinerin) - Prod. v. Filmen u. Videos aus d. wiss.-med. Bereich; als spezif. Kenner d. Pharma-Branche auch Berat. u. Unterweiser; vorher Geschäftsf. Pharma Schwarz GmbH, Düsseldorf, Sanol-Arzneimittel Dr. Schwarz GmbH, Monheim (f. d. Bereich wiss. Forschung u. Marketing).

DODEN, Wilhelm
Dr. med., em. o. Prof. u. Direktor Universitätsklinik f. Augenkrankh. Frankfurt (1967-87) - Bertha-von-Suttner-Ring 24, 6000 Frankfurt/M. (T. 68 42 62) - Geb. 20. April 1919 Leer - 1957-67 Privatdoz. u. apl. Prof. (1962) Univ. Freiburg (Oberarzt Augenklinik). Zahlr. Fachveröff.

DODENBERG, Henning
Dr., Botschafter d. Bundesrep. Deutschl. in d. Rep. El Salvador - 3a, Calle Poniente 3831, Colonia Escalón, San Salvador/El Salv., Ap. postal 693 (T. 00503 - 23 61 40 u. 23 61 73) - Zul. Botsch.rat u. Wirtsch.ref. in Zaire.

DODENHOFF, Wilhelm J.
Dr. jur., Bundesrichter, Honorarprof. - Messelstr. 43, 1000 Berlin 33 (T. 823 31 41) - Geb. 10. Jan. 1920 Sottrum Bez. Bremen, ev., verh. I.) s. 1945 m. Ursula, geb. Leeb † 1975; II.) s. 1985 m.

Ursula, geb. Kuchenbecker, 3 Kd. (Karin, Jutta, Carsten) - Stud. Rechts- u. Staatswiss. Univ. Hamburg u. Vanderbilt Univ. Nashville/Tenn. (USA) - Vors. Richter a. Bundesverw.gericht Berlin a. D., Mitgl. u. Vizepräs. d. Staatsgerichtshofs d. Freien Hansestadt Bremen.

DODERER, Klaus

Dr. phil., Prof. f. Germanistik, Direktor Inst. f. Jugendbuchforsch. Univ. Frankfurt/M. - Rodinghweg 5, 6100 Darmstadt - Geb. 20. Jan. 1925 Wiesbaden (Vater: Otto D., Schriftst. †; Mutter: Else, geb. Mathes †), ev. verh. s. 1954 m. Ingrid, geb. Flössner, 3 Töcht. (Claudia, Christiane, Beatrix) - 1945-52 Univ. Marburg (German., Phil., Kunstgesch., Päd.). Promot. 1953; beide Lehrex. - 1954 Lektor Univ. Birmingham (Engl.), dann Volksschullehrer, Assist. u. Doz. f. Dt. (1959) Päd. Inst. Darmstadt, s. 1963 Prof. u. Inst.dir. Univ. Frankfurt. Präs. Intern. Forschungsges. f. Kinderlit. (1970-74) - BV: Kurzgesch. in Dtschl., 1953, 6. A. 1980; Wege in d. Welt d. Sprache, 1960; D. Sachbuch als literaturpäd. Problem, 1962; D. Reimschmiede - So dichten Kinder, 1966; Klass. Kinder- u. Jugendb. - Krit. Betracht., 1969, 3. A. 1975; Fabeln - Formen/Figuren/Lehren, 1970, 2. A. 1977; Das Bilderbuch, Geschichte und Entwicklung, 1973, 2. A. 1975; Gotthelf Schlotter - Einkreisungsversuche, 1977; Lit. u. Schule - Ess. üb. e. schwieriges Verhältnis, 1983; D. dt. Jugendliteraturpreis, e. Wirkungsanalyse (m. C. Riedel), 1988; Zw. Trümmern u. Wohlstand. Lit. d. Jugend 1945-60, 1988. Herausg.: Reihe Jugendlit. heute (1965ff.); Lexikon d. Kinder- u. Jugendlit. (Bd. I-IV, 1975-82); Ästhetik d. Kinderlit. (1981); Üb. Märchen f. Kinder v. heute (1982); Neue Helden in d. Kinder- u. Jugendlit. (1986); Walter Benjamin u. d. Kinderlit. (1988) - 1987 Intern. Brüder Grimm-Preis, Osaka; 1983 Friedrich Bödecker-Preis - Liebh.: Samml. alt. Kinderbücher u. mod. Kunst, Reisen - Spr.: Engl. - Lit.: Kinderwelten, Festschr. f. Klaus Doderer, (1985).

DODERER, Siegfried

Sparkassendirektor, Vorstandsvors. Kreisspark. Ostalb - Einhornstr. 1/ Hochhaus, 7070 Schwäbisch Gmünd-Strassdorf - Geb. 9. Okt. 1928.

DODT, Eberhard

Dr. med., Prof., Direktor II. Physiolog. Abt. Max-Planck-Inst. f. Physiol. u. Klin. Forschung, W. G. Kerckhoff-Inst. - Parkstr. 1, 6350 Bad Nauheim (T. 6015) - Geb. 22. Febr. 1923 Bielefeld (Vater: Dr. phil. M. D.; Mutter: geb. Pfeiffer), verh. 1974 m. Elke, geb. Schwerdtfeger - Univ. Freiburg/Br., Erlangen, Marburg. Promot. (1950) u. Habil. (1954) Freiburg - S. 1954 Lehrtätigk. Univ. Freiburg (Privatdoz.) u. Gießen (1960 apl. Prof.; gegenw. Honorarprof.) Mitgl. in- u. ausl. wiss. Ges. Fachveröff. - 1967 Fanceschetti-Liebrecht-Preis Dt. Ophthamol. Ges.; 1955 Fellow Rockefeller Foundation; 1962 Wiss. Mitgl. Max-Planck-Ges.; 1965 Mitgl. Scientific Council New York Acad. of Sciences; Fellow Optical Society of America; 1980 Ernst-Jung-Preis; 1983 Ehrenmitgl. rumän. physiol. Ges.; 1985 dt. Ophthamol. Ges.; 1987 Mitgl. Dt. Akad. Naturf. Leopoldina.

DOEBEL, Günter

Journalist, Schriftsteller - Peter-v.-Fliesteden-Str. Nr. 6, 5000 Köln 41 (T. 495776) - Geb. 17. Sept. 1905 Königsberg/Pr. (Vater: Dr. med. Ernst D., Arzt; Mutter: Käthe, geb. Gilde), ev., verh. s. 1934 m. Luise, geb. Krecker, 3 Kd. (Peter, Jochen, Ursula) - Gymn.; Stud. German., Dt., Musik-, Kunstgesch., Astron. - BV: D. Mensch lebt nicht allein im All, 1966 (ital. 1968); D. Weltall u. s. Entdeckung, 1968, 2. erg. A. 1970; Dem roten Planeten auf d. Spur, 1971; D. Sonne, Stern des Lebens, 1975; Johannes Kepler, 1983 - 1966 Med. f. hervorrag. journalist. Leistungen u. f. Weltraumforsch. u. Raumfahrt (Kurat. D. Mensch u. d. Weltraum); 1984 Copernicus-Med. (Acad. Cosmologica Nova).

DOEBEL, Peter

Redakteur d. Magazins Studio 1 (s. 1988) - Danziger Str. 61, 6200 Wiesbaden (T. 06121 - 54 27 26) - Geb. 6. Nov. 1935 Gumbinnen/Ostpr. (Vater: Günter D., Red.; Mutter: Luise, geb. Krecker), led. - Jurastud. Köln, 2. jur. Staatsex. 1966. 1962-66 Referendar NRW u. Berlin, 1960-67 Fr. Mitarb. Kölner Stadt-Anz., s. 1970 Redakt. ZDF; 1985-87 Korresp. ZDF-Studio Bonn - 1979 Adolf-Grimme-Preis - Liebh.: Musiz. (Cello).

DÖBEREINER, Wolfgang Ernst

Astrologe - Agnes-Bernauer-Str. 129, 8000 München 21 - Geb. 28. Febr. 1928 München (Vater: Ernst D., Musiker; Mutter: Kunigunde, geb. Kraus), kath., verh. s. 1986 in 5. Ehe m. Petra D., T. Bettina Maria (aus 4. Ehe) - Abit. München, Astrologie-Sch. München - Begründ. Münchner Rhythmenlehre; Entd. u.a. Astrol. Wetterprognose, Gruppenschicksale - BV: Horoskop f. jeden Tag, 1972; Heyne Tierkreisbücher, 1974; Astrol. Lehr- u. Übungsbuch, Bd. I, II, III, IV, V u. VI, ab 1978 (Bd. I, II, III auch engl.); Astrol.-med.-Diagnose, Bd. I u. II (Bd. I auch engl.); Hamburger Vortr., 1987; Berliner Vortr. - Weg d. Aphrodite, 1988; Astrol. definierb. Verhaltensweisen in d. Malerei, 1988; Maler-Horoskope zu astrol. definierb. Verhaltensweisen in d. Malerei, 1988; Flumserberger Sem. - Weg d. Aprodite (in Vorbereitung; 10 Bde.) - Liebh.: Garten, Musik.

DÖBERTIN, Winfried

Dr. phil., Wiss. Oberrat, Dozent f. Erziehungswiss. unt. bes. Berücks. d. Didaktik d. Politik Univ. Hamburg/Fachbereich Erziehungswiss. (s. 1968) - Blutbuchenweg 18, 2000 Hamburg 55 (T. 87 67 96) - Geb. 28. Nov. 1932 Magdeburg (Eltern: Paul (Masseur) u. Lisa D.), kath., verh. s. 1959 m. Ursula, geb. Garsche, 4 Kd. (Ansgar, Birgitta, Johannes, Ruth) - Univ. Hamburg, München, Münster (Gesch., Polit. Wiss., Päd.). Promot. 1964 Hamburg - Schuldst. - BV: Adolf v. Harnack, Theologe, Pädagoge, Wiss.-Politiker; Antworten auf d. Sinnfrage; Jesus, Albert Schweitzer, Johannes XXIII. Marx, Lenin, Hitler; Albert Schweitzer, Gespräche üb. d. Neue Testament (hg.).

DÖBLER, Hannsferdinand

Schriftsteller - Yorckstr. 1, 3000 Hannover - Geb. 29. Juni 1919 Berlin - Bibliothekar - BV: E. Achtel Salz - D. Geschichte e. jg. Ehe, 1955; Gez. Coriolan, R. 1957; Keine Anhaltspunkte, R. 1958; D. Preisträger, R. 1962; Kultur- u. Sittengeschichte d. Welt, Bd. 1-10, 1971-74; Germanen A-Z, 1975; Hexenwahn, 1977; Kein Alibi. E. dt. R. 1919-1945; Exners Glück, R. 1988; Nie wieder Hölderlin, R. 1989.

DOEBNER, Heinz-Dietrich

Dr. rer. nat., Prof. f. Theoret. Physik - Schieferweg 21, 3380 Goslar/Harz (T. 2 66 82) - Geb. 11. Mai 1933 - S. 1965 (Habil.) Lehrtätigk. Univ. Marburg (Wiss. Rat u. Prof.) u. TU Clausthal (1970 o. Prof. u. Dir. Inst. f. Theoret. Physik II). 1971-74 Mitgl. Gründungsaussch. u. Rektor Univ. Osnabrück. S. 1977 Vors. Studien- u. Studentenberat. d. Landes Nieders., 1979-83 Vors. Studentenreformkommiss. Physik in Nieders., s. 1981 Vors. Math.-Naturw. Fak. TU Clausthal - Herausg. v. Ztschr. u. Monogr. auf d. Gebiet d. mathem. Physik. Fachaufs.

DÖDING, Günter

Gewerkschaftsvorsitzender (b. 1989) - Gertrudenstr. 9, 2000 Hamburg 1; priv.: 52, Zickzackweg 2a - Geb. 4. Sept. 1930 Isenstedt (Vater: Hermann D., Schneider; Mutter: Dorothee, geb. Hucke), ev., verh. s. 1953 m. Ilse, geb. Klostermann - 1953-56 Gewerksch.sekr. Wuppertal; NGG-Landesjugendvors. NRW; 1956-58 Bundesjugendsekr. b. Hpt.vorst. Hamb.; 1958-66 Leit. Ref. Tabakwirtsch.; 1966-78 2. Vors. Gewerksch. Nahrung, Genuß, Gastst., 1978-89 Vors. - Mitgl. DGB-Bundesvorst.; Präs. Intern. Union Lebensmittelarb. - Gewerksch., u. a. div. Ehrenämter, AR-Mand. - 1987 BVK m. Stern - Liebh.: Lesen, Wandern - Spr.: Engl.

DOEGE, Eberhard

I. Beigeordneter u. Bürgermeister - Rathaus, 7400 Tübingen - Geb. 18. Aug. 1910 - Parteilos.

DOEGE, Eckart

Dr.-Ing., Prof. f. Umformtechnik u. - masch. Univ. Hannover (s. 1974) - Lindenweg 40, 3005 Hemmingen - Geb. 18. Febr. 1936 Bad Polzin/Pom. (Vater: Erich D., Landw.; Mutter: Alma, geb. Jahnke), ev., 2 T. (Corinna, Vanessa) - Obersch. Brandenburg, West-Berlin, Ulm; TH Stuttgart (Allg. Maschinenbau; Promot.) - Langj. Industrietätigk. (u. a. Prok. Schuler GmbH.) - Liebh.: Schach, Tennis, Ski - Spr.: Engl.

DOEHLER, Christian

Abteilungsleiter Inst. f. Auslandsbezieh., Stuttgart, Präs. Dt.-Japan. Ges. Baden-Württ. - Hieberstr. 47 A, 7000 Stuttgart-80-Möhringen (T. 0711 - 71 33 02) - Geb. 2. Jan. 1924 Kaufungen/Kr. Rochlitz, Sachsen (Vater: Gotthard D., Pfarrer; Mutter: Margarete, geb. Ebert), ev., verh. s. 1957 m. Torborg, geb. Hellsten, 4 Kd. (Stephan, Christine, Andreas, Margarete) - Stud. Theol. u. Psych. - S. 1953 Inst. f. Auslandsbezieh. Stuttg. - 1977 BVK - Liebh.: Völker-Länderkd., Reisen, Fotogr. - Spr.: Engl., Schwed.

DÖHLER, Christian

Betriebswirt, Vorstandsmitglied Fränk. Unternehmerverb. u. Arbeitgeberverb. Bayern - Ketschendorfer Str. 15, 8630 Coburg (T. 09561-10091) - Geb. 30. Nov. 1923 Neustadt b. Coburg, verh. m. Margot, geb. Greiner, 3 T. (Angelika, Evi, Uli) - Betriebswirt, Wirtschaftstreuhänder 1940.

DÖHLER, Gottfried

Dr., Prof., Lehrstuhl f. Halbleiterphysik, Inst. f. Techn. Physik Univ. Erlangen-Nürnberg (s. 1986) - Erwin-Rommel-Str. 1, 8520 Erlangen (T. 09131 - 85 72 94) - Geb. 26. Dez. 1938, verh. s. 1969 m. Karin, geb. Brand, 3 Kd. (Sebastian, Franziska, Felix) - Dipl. (Physik) 1966, Promot. (Theoret. Physik) 1968, bde. München - 1970-73 u. 1975-83 wiss. Mitarb. Max-Planck-Inst. f. Festkörperforsch. Stuttgart; 1973-75 Gastforsch. b. IBM, Yorktown Heights, USA; 1982 Gastprof. Joh. Kepler Univ. Linz, Österr.; 1983-86 Gastforsch. u. Mitarb. Hewlett-Packard Laboratories Palo Alto, USA. Entw. d. Konzeption, theoret. u. experimentelle Unters. v. Dotierungsübergittern (n-i-p-i-Kristalle). Mithrsg.: Fachztschr. Superlattices and Microstructures. 103 wiss. Veröff. - 1984 Walter-Schottky-Preis Dt. Physikal. Ges.

DÖHLER, Günter

Dr. phil. nat., Prof. f. Botanik Univ. Frankfurt - Feldgerichtstr. 20, 6000 Frankfurt/M. - Geb. 17. März 1933 Naumburg/S., ev., verh. s. 1956 m. Eleonore, geb Boden, 2 Kd. - Gymn. Naumburg; Stud. Univ. Jena, Hamburg, Frankfurt/M. (Biologie u. Chemie); Dipl.-Biol. 1959, Promot. 1960, Habil. 1969 - 1960 Wiss. Assist., 1969 Oberassist., s. 1971 Prof., Gastforscher in Dundee (Schottl.) u. Orsay (Frankr.) - Üb. 75 Fachveröff. bes. z. Thema Photosynthetische CO 2 Fixierung u. Stickstoffmetabolismus b. Algen u. Cyanobakt. Spez. Arbeitsgeb.: Auswirkg. d. Ozonabbaus u. s. Streßfaktoren auf d. Stickstoffhaushalt d. Phytoplanktons. Teilnahme an Antarktis-Exped. (EPOS 3).

DÖHLER, Klaus-Dieter

Dr. rer. nat., M.A., B.A., apl. Prof. f. Experiment. Endokrinologie Bissendorf Peptide GmbH, 3002 Wedemark 2, Im Kamp 24, 3000 Hannover 51 (T. 0511 - 65 03 51) - Geb. 29. Dez. 1943 Weilburg/Lahn (Vater: Richard D., Polizeim.; Mutter: Emma, geb. Sauter), ev., verh. s. 1972 m. Ursula, geb. Han-Hua FANG - 1964-69 Stud. Biol. u. Chemie Univ. Marburg; 1969-72 Stud. Biol., Psych. u. Psychobiol. Univ. Calif. Berkeley, Irvine u. Calif. State Univ. Fresno (B.A. 1971, M.A. 1972); 1972-74 Univ. Göttingen (Promot. 1974); Habil. 1978 Hannover - 1974-78 wiss. Assist. Med. Hochsch. Hannover; 1978-80 wiss. Assist. Tierärztl. Hochsch. Hann.; 1980-81 Assoc. Res. Anatomist Univ. Calif. Los Angeles (USA); s. 1983 apl. Prof. Med. Hochsch. Hannover. S. 1985 wiss. Leit. Bissendorf Peptide GmbH - Zahlr. wiss. Veröff. in Büchern u. intern. Fachztschr. Herausg. Progress in Neuropeptide Research (1989) - 1977 Schöller-Junkmann-Preis f. Endokrinol.; 1978 Heisenberg-Stip. - Interesse: Intern. Beziehungen - Spr.: Engl.

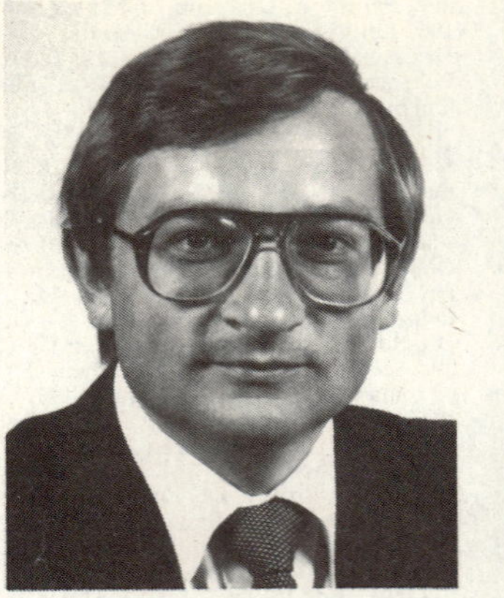

DÖHMER, Klaus

Dr. phil., Bibliothekar, Schriftst. - Alte Post 1, 4630 Bochum - Geb. 25. Mai 1941 Troisdorf, verh. m. Annemarie, geb. Schulte - Fachref. Universitätsbibl. Dortmund - BV: In welchem Style sollen wir bauen?, 1976; Leda u. Variationen, 1978; Merkwürd. Leute, 1982; D. Affixe d. Hebräischen, 1988.

DÖHN, Hans

Dr. phil., Prof., Hochschullehrer - Straußstr. 9, 6520 Worms (T. 5036) - Geb. 29. Mai 1920 Worms (Vater: Wilhelm D., Oberbauinsp.; Mutter: Margarete, geb. Hartkopf), ev., verh. s. 1952 m. Erika, geb. Huf, 2 Töcht. (Ursula, Ingrid) - Gymn. Worms; Univ. Heidelberg (Rechtswiss.) u. Mainz (Geschichte, Kunstgesch., Päd.) - S. 1957 Doz. u. Prof. Päd. Hochsch. Worms (Mittlere u. Neuere Geschichte) - BV: Eisenbahnpolitik u. -bau in Rheinhessen 1835-1914, 1957; Erkunden u. Erkennen - Geschichte, 3 Bde. 1966 ff.; D. Geschichtsunterr. in Volks- u. Realsch., 1967; Kirchheimbolanden - D. Geschichte d. Stadt, 1968 - Spr.: Engl., Franz.

DÖHN, Lothar

Dr. phil., Prof. f. Politikwissenschaft GH Kassel (s. 1972) - Druseltalstr. 82, 3500 Kassel - Geb. 7. April 1937 Kassel - Promot. 1968 - Assist. Gießen - BV: Politik u. Interesse - D. Interessenstruktur d. Dt. Volkspartei, 1970; Medienlexikon, 1979 (m. Klöckner).

DÖHNER, Hans-Jürgen

Dipl.-Ing., Prof. f. Massiv-, Spannbeton- u. Ingenieurholzbau sow. d. fachbezog. Datenverarb. Univ.-GH Siegen (Fachbereich Bauingenieurwesen) - Gerhart-Hauptmann-Weg 20, 5900 Siegen - Geb. 8. Juli 1930 Deutsch-Krone - Öfftl. bestellter u. vereid. Sachverständ. f. Bauschäden IHK Siegen.

DOEHRING, Carl

Sparkassendirektor a. D. - Am Südbahnhof 2, 3000 Hannover (T. 0511 -

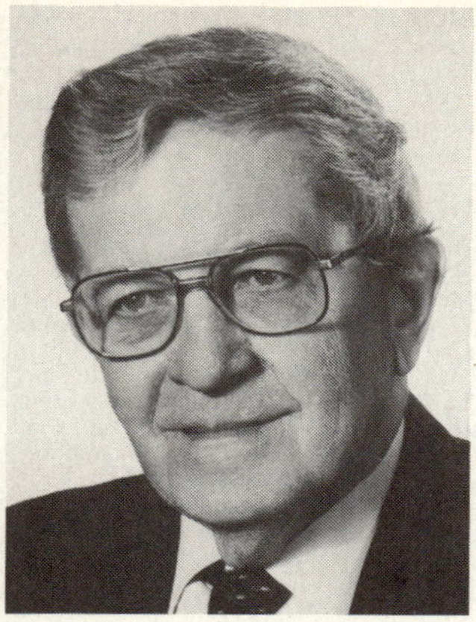

81 09 06) - Geb. 9. Juni 1909 Allenstein/ Ostpr., ev.-luth., verh. m. Elfriede, T. Sabine (Gymn.Lehrerin f. German. u. Gesch.) - Oberrealsch. Königsberg/ Ostpr. - Ab 1951 Gründ. u. Leit. versch. Ges. im Raum Hannover (u.a. Dt.-Kanad., Steuben-Schurz, Arbeitskr. d. Dt. Atlant., Intern. Club v. Hannover); s. 1951 Aktion: Mehr Kontakt m. ausl. Mitbürgern u. Alliierten Soldaten; Vors. d. 4 Lindrath Ges. (gegr. 1960) - Fachlit. Tätigk. Insolvenzgeschehen - BV: Koordinierte Bankenstatistik als Grundl. europ. Währungspolitik im J. 1962 - 1975 Nato-Verdienst-Med. u. Gold. Ehrenz. Rep. Österr.; Silb. Friedensmed. UN; 1984 BVK I. Kl.; 1985 Silbermed. d. Europ. VO d. Fondation du Mérite Européen, Luxemburg; Ehrenbürger Lubbock/Texas; Ehrenmitgliedsch.; Gold. Ehrennadel Europa Union Deutschl.

DOEHRING, Karl

Dr., Prof. f. öfftl. Recht u. Völkerrecht Univ. Heidelberg, Direktor Max-Planck-Inst. f. ausl. öff. Recht u. Völkerrecht, Membre de l'Inst. de Droit Intern. - Mühltalstr. 117, 6900 Heidelberg (T. 06221-4 58 80) - Geb. 17. März 1919 Berlin, ev., verh. m. Dr. med. Eva-Maria, geb. Borchart - Promot. 1957, Habil. 1962 Heidelberg - 1981-85 Vors. d. Dt. Ges. f. Völkerrecht - BV: Staatsrecht d. BRD, 3. A. 1984; Pflicht d. Staates z. Gewähr. diplomat. Schutzes, 1958; Allgem. Regeln d. völkerrechtl. Fremdenrechts, 1962; Selbstbestimmungsrecht als Grundsatz d. Völkerrechts, 1973 - Spr.: Franz., Engl.

DÖHRING, Sieghart

Dr. phil., Prof., Leiter Forschungsinstitut f. Musiktheater Univ. Bayreuth - Schloß Thurnau, 8656 Thurnau (T. 09228-669) - Geb. 12. Dez. 1939 Bischofsburg, ev., verh. s. 1982 m. Dr. Sabine Henze-Döhring - Stud. Musikwiss., ev. Theol., Phil. Univ. Hamburg u. Marburg; Promot. (Musikwiss.) 1969 Univ. Marburg; Habil. (Musikwiss.) 1986 TU Berlin - 1971 Wiss. Assist., 1973 Doz., 1980 Prof. Univ. Marburg - BV: Gesch. d. Arienform v. Ausgang d. 18. b. z. Mitte d. 19. Jh., 1975.; Pipers Enzyklopädie d. Musiktheaters in 8 Bde., 1986ff. (Hrsg.).

DOEKER, Günther

LL.M., Ph. D., Prof. f. Intern. Politik - Winklerstr. Nr. 15, 1000 Berlin 33 - Geb. 30. Aug. 1933 Bottrop/W. - Ausbild. USA - S. 1970 (Habil.) Lehrtätigk. FU Berlin. Engl. Fachb.

DÖKER, Klaus

Dipl.-Kfm., Bundesbankdirektor - Mäuerchen 12, 5600 Wuppertal 1 (T. 45 90 00) - Geb. 29. Juni 1936 Köln (Vater: Dipl.-Hdl. Herbert D.; Mutter: Grete, geb. Falkenstein), kath., verh. s. 1965 m. Marion, geb. Hänsel, S. Thomas - Stud. Univ. Köln Dipl.ex. 1960) - 1960-62 Sparkasse Stadt Köln, 1962-64 Fa. Rhenag AG., ebd., s. 1964 Landeszentralbank Nordrh.-Westf., z. Z. II. Dir. Wuppertal - Spr.: Engl.

DOEKER, Werner

Dipl.-Ing., Vorstandsmitgl. C. Baresel AG./Bauuntern. - Nordbahnhofstr. 135, 7000 Stuttgart 1.

DÖLCKER, Hansheinrich

Dipl.-Kfm., Geschäftsführer Deutsche Star GmbH - Ernst-Sachs-Str. 90, 8720 Schweinfurt 1/Ufr. - Geb. 7. April 1929 Kiel - Mitgl. d. Geschäftsfg. d. Mannesmann Rexroth GmbH, Lohr/Main.

DÖLKER, Helmut Bernhard

Dr. phil., Prof., Hauptkonservator i.R. - Hegensberger Str. 118, 7300 Esslingen (T. 0711 - 37 25 68) - Geb. 5. Aug. 1904 Stuttgart (Vater: Bernhard D., Oberpostinsp.; Mutter: Sophie, geb. Schwämmle), ev., verh. s. 1941 m. Ilse, geb. Krohmer, 3 Kd. (Ursula, Bernhard, Albrecht) - Human. Gymn. Stuttgart, Stud. Univ. Tübingen, Berlin, London (Deutsch, Gesch., Engl.), Promot. Tübingen 1928, Staatspr. f. d. höh. Lehramt 1929/30 ebd. - 1930-45 Stud. Ass., 1945-47 Stud.R. (Württ. Landesamt f. Denkmalspfl.), 1947-69 Hpt.konservator b. Staatl. Amt f. Denkmalspfl. Stuttgart (Amtsvorst.), s. 1952 Hon.prof. f. Volkskunde u. Mundartforsch. Univ. Tübingen; Schriftsachverst., Vors. Württ. Gesch.- u. Altert.vereins (1948-69) u. Dt. Ges. f. Volkskd. (1951-61), Vorst.smitgl. Kommiss. f. gesch. Landeskd. - BV: D. Flurnamen d. Stadt Stuttgart, 1933 (Reprint 1982); volkskundl. Aufs. - Ehrenmitgl.sch., 1979 Med. f. Verd. u. d. Heimat Bad.-Württ., 1984 Ehrenplak. d. Stadt Esslingen a. N. u. Verdienstmed. d. Landes Baden-Württ. - Spr.: Engl., Franz. - Bek. Vorf.: Jakob Andreä d. Ae., Kanzler Univ. Tüb., Verf. Konkordienformel (1528-90) - Lit.: Helmut Dölker z. 60. Geb., Hrsg. Hermann Bausinger Volksleben, 1964.

DÖLL, Alfred

Kaufmann, vereid. Sachverständiger, Niedersächs. Gast-Spielbüro GmbH KG, Musica GmbH, Pro Musica GmbH & Co., Braunschweiger Konzertdir. W. E. Schmidt GmbH + Co. - Schmiedestr. 8, 3000 Hannover 1 (T. 0511 - 1 66 07-20) - Geb. 28. Sept. 1924 Halle/Saale (Vater: Dr. Alfred D., Phil., Kaufm.; Mutter: Gertrud, geb. Spitzer), ev. - Human. Gymn. (Abit. 1942) - 1943-47 Wehrmacht u. Gefangensch.; 1967-71 Präs. Verb. Dt. Klavierhändler, Präs. Gesamtverb. Dt. Musikfachgesch.; 1. Vors. Akad. f. Musikpäd. Mainz - Spr.: Engl., Russ.

DÖLL, Martin

Geschäftsf. Vorstand Deutsches Grünes Kreuz, Marburg, Geschäftsf. Die Med. Verlagsges. mbH, Marburg - Schuhmarkt 4, 3550 Marburg (T. 06421 - 2 40 44) - Präs. Intern. Green Cross, Geneva.

DÖLLE, Wolfgang

Dr. med., o. Prof. f. Inn. Med. - Auf d. Schnarrenberg, 7400 Tübingen (Med. Klinik; T. 712712) - Geb. 19. Nov. 1923 Berlin (Vater: Prof. Dr. jur. D. h. c. Hans D., emerit. Ord. Univ. Hamburg; Mutter: Else, geb. Vorwald) - S. 1963 (Habil.) Lehrtätigk. Marburg (1969 apl. Prof.) u. Tübingen (1972 Ord. u. Vorst. Abt. Inn. Med. I). Üb. 80 Fachveröff. - Spr.: Engl. - Rotarier.

DÖLLINGER, Kurt Eugen

1. Bürgermeister Windischeschenbach - Friedhofstr. 4, 8486 Windischeschenbach - Geb. 25. Mai 1946 Windischeschenbach, kath., verh. s. 1968 m. Celsa Alvarez Graua, 2 S. (Harald, Stefan) - Postbeamter. Vorstandsmitgl. Feuerwehr, Spielvereinig. Fußball u. Schützenverein. SPD.

DÖLP, Reiner

Dr. med., Prof., Chefarzt Klinik f. Anaesthesiologie Städt. Kliniken Fulda - Pacelliaallee 4, 6400 Fulda - Zul. gf. Oberarzt Department Anaesthesiol./ Univ. Ulm - 1979 Förderungspreis Jacques-Pfrimmer-Stiftg., Erlangen.

DÖLVERS, Horst

Dr. phil., Prof. f. Engl. Sprache u. Lit. - Güntzelstr. 23, 1000 Berlin 31 - Geb. 22. Juni 1937 Kiel (Vater: Dietrich D., Betriebsing.; Mutter: Irmgard, geb. Lewandowski), verh. s. 1969 m. Heidemarie, geb. Gervelmeyer - Univ. Kiel, Göttingen, Edinburgh (Engl., Dt., Skand. Philol.). Promot. 1966 - 1960 Lektor Univ. Stockholm; 1966 Wiss. Assist., 1969 Akad. Rat Univ. Freiburg; 1971 Ord. PH Berlin, 1980 TU Berlin.

DOEMMING, von, Klaus-Berto

Staatssekretär - Mendelssohnstr. 21-23, 5400 Koblenz (T. 6 16 92; dstl.: Mainz 2 39 73) - Geb. 3. Aug. 1915 Koblenz, ev., verh. - Gymn. Koblenz; Univ. Bonn u. Heidelberg - 1949-54 Stellv. d. Bevollm. v. Rhld.-Pfalz b. Bund, Bonn; ab 1954 Ministerialdirig., -dir. (1955), Staatssekr. (1963) Min. f. Unterr. u. Kultus Rhld.-Pfalz (Stellv. d. Min.); dazw. zeitw. Staatssekr. Innenmin.; gegenw. Staatssekr. Justizmin. - 1970 BVK I. Kl.

DÖNGES, Johannes

Dr. rer. nat., Prof. Zoolog. Inst. Univ. Würzburg - 8716 Neuses am Berg - Geb. 10. Okt. 1925 Stuttgart (Vater: Ernst Heinrich D., Missionar; Mutter: Gertrud, geb. Klinger), ev., verh. s. 1948 m. Walburg, geb. Bretschneider, 2 Kd. (Angelika, Claudia) - 1957-67 Helminthol. Tropenmed. Inst. Univ. Tübingen, dann Prof. (spez. Arb.geb.: Parasitol.) Würzburg - BV: Parasitologie m. besond. Berücks. d. Parasiten d. Menschen, 2. A. 1988 - Liebh.: Ornithol. d. trop. Afrika.

DÖNHARDT, Axel

Dr. med., Prof. - Blankeneser Landstr. 68, 2000 Hamburg 55 (T. 86 20 24) - Geb. 18. April 1920 Hamburg - Promot. u. Habil. Hamburg - S. 1955 Privatdoz. u. apl. Prof. (1961) Univ. Hamburg (Inn. Med.). Vorst. Nordwestd. Ges. f. Inn. Med. - Etwa 200 Fachveröff. (Kardiol., Klin. Toxikol.). Herausg.: Kongreßberichte Nordwestdt. Ges. f. Inn. Med.

DÖNHOFF, Graf von, Christoph

Dr. jur., Präsident Dt.-Südafrikan. Ges. (1968-80) - Schloß Schönstein, 5248 Wissen (Sieg) (T. 02247 - 34 23) - Geb. 24. Juli 1906 (Vater: Graf August D., Landhofmstr. i. Kgr. Preußen; Mutter: Maria, geb. v. Lepel), ev., verw., 3 Kd. (Andreas, Isabel, Hubertus) - Human. Gymn. Königsberg/Pr., Univ. Bonn, Königsberg, Göttingen, Referend., Dr. jur. - 1929-39 selbst. i. Kenya, 1940-45 Kriegsverwend., 1946-48 Redakt. DIE ZEIT, 1948-50 Generalsekr. d. DJV, 1951-60 selbst. i. Südafrika, 1961-65 Dir. S.A.-Stiftg., 1966-73 Kammerdir. d. Fürstl. Hotzfeldt'schen Verwalt., s. 1973 i. R. - Liebh.: Jagd - Spr.: Engl., Franz., Ital., Swahili - Bek. Vorf.: Bei jed. Generat. Soldaten u. Diplomaten i. u. f. Preußen.

DÖNHOFF, Gräfin, Marion

Dr. rer. pol., Journalistin - Zu erreichen üb. Die Zeit, Postfach 10 68 20, 2000 Hamburg 1 - Geb. 2. Dez. 1909 Friedrichstein/Ostpr. (Vater: August Graf D., Fideikommißbesitzer, Mitgl. Preuß. Herrenhaus; Mutter: Ria, geb. v. Lepel) - Univ. Frankfurt/M. u. Basel (Promot.) - S. 1946 Wochenztg. D. Zeit (Ressortleit. Politik u. stv. Chefredakt., 1968 Chefredakt., 1972 Herausg.) - BV: Namen, d. keiner mehr nennt/Ostpr. - Menschen u. Gesch., 1962; D. Bundesrep. in d. Ära Adenauer - Kritik u. Perspektiven, 1963; Welt in Beweg. - Berichte aus 4 Erdteilen, 1965; D. Außenpolitik v. Adenauer b. Brandt - 25 J. miterlebt u. kommentiert, 1970; Menschen, d. wissen, worum es geht, 1976; Von Gestern n. Übermorgen - Z. Gesch. d. Bundesrep. Dtschl., 1981; Amerik. Wechselbäder, 1983; Weit ist d. Weg nach Osten, Berichte u. Betrachtungen, 1985; Südafrikanischer Teufelskreis, 1987; Preussen - Mass u. Masslosigkeit,

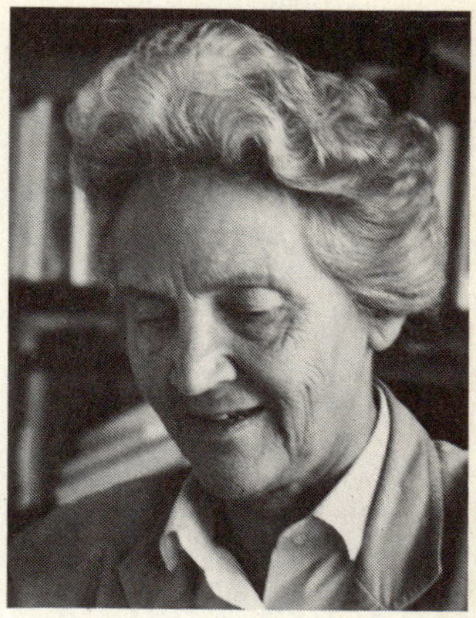

1987; Kindheit in Ostpreussen, 1988 - 1962 Ehrendoktor Smith-College (USA); 1964 Joseph-E.-Drexel-Preis, 1966 Theodor-Heuss-Pr., 1971 Friedenspr. d. Dt. Buchhandels; 1982 Ehrendoktorwürde Columbia Univ. New York; 1984 Wolfgang-Döring-Med.; 1985 Preis Louise-Weiss-Stiftg., Paris; Ehrenmitgl Dt. Ges. f. Ausw. Politik, Bonn; Honorary Trustee Aspen Inst. for Humanistic Studies, Aspen C. USA; 1987 Ehrendoktor New School for Social Res. New York.

DÖNHUBER, Sebastian

Landrat Kr. Altötting (s. 1970) - Am Bärenbach 14, 8265 Neuötting/Obb. - Geb. 14. Jan. 1934 Neuötting, kath., verh. - Volkssch.; Schriftsetzer- u. Ztg.-metteurlehre - 1958-61 Jugendsekr. IG Chemie, Papier u. Keramik, 1961-66 gf. Vors. DGB Kr. Mühldorf-Altötting; 1966-70 I. Bürgerm. Stadt Neuötting. 1960-70 Stadtrat Neuötting u. Kreisrat Altötting; 1962-66 Mitgl. Bezirkstag Oberbayern; 1966-70 MdL Bayern. 1961-64 Landesvors. Bayer. Jungsozialisten. SPD, Schatzm. Landeskreisverb. Bayern, stv. Vors. bayer. komm. Arbeitgeberverb., stv. Landesvors. Bayer. Arbeiterwohlfahrt; Kreisvors. d. Bayer. Roten Kreuzes u. d. VDK - BVK am Bde.

DÖPKE, Oswald

Regisseur - Osterwaldstr. 57, 8000 München 40 (T. 3613186) - Geb. 26. Juni 1923 Eldagsen/Hann., ev., verh. m. Rotraud, geb. Küster, 2 Kd. (Daniela, Manuel) - Real- u. Schauspielsch. - 1942-45 Wehrdst., dann Schausp. Hannover u. Bielefeld, 1949-63 Sprecher, Regiss., Chefdramat. u. Leit. Hörspiel-u. Fernsehspielabt. (1953) Radio Bremen, s. 1963 ltd. Regiss. ZDF, Gastdoz. a. Mozarteum Salzburg. Fernsehinsz.: Lorca, Giraudoux, T. Williams, Ibsen, Claudel, Dostojewski, Marcel, O'Neill, Gorki, Tschechow u. a. Autor: D. Feind (Hörsp.); E. Brief aus Jerusalem (Hörsp.); Ramon Yendias Flucht (Fernsehfilm); Hausverkauf (Hörsp.); D. Gräber oder d. Freiheit (Bühnenst.). Herausg.: Hörspiel-Anthol. - Bremer Beitr. (1961) - 1957 Prix Italia (Hörspielinsz.: Wovon wir leben u. woran wir sterben), 1965 I. Preis 8. Intern. Fernsehfestival Monte Carlo (Verkündigung), 1966 Kriegsblindenpreis (Miserere), 1967 I. Preis Intern. Hörspielfestival d. Tschechosl. Rundfunks (Miserere, in tschech.), 1970 Silb. Maske, Krit.Prs. f. beste Inszen. d. Spielz. „König Johann" (Thalia-Th., Hamburg), 1978 DAG-Preis i. Gold f. „Ernst Niekisch" - Liebh.: Malerei.

DÖPP, Dietrich

Dr. phil., o. Prof. f. Organ. Chemie - Ludwig-Richter-Ring 66, 4130 Moers 1 - Geb. 18. Juli 1937 Moers/L. (Vater: Prof. Dr. phil. Walter D., Botaniker † 1963; Mutter: Dr. Anna-Berta, geb. Woesler), ev., verh. s. 1964 (Ehefr.: Dr. Heinrike), 2 Kd. - Univ. Marburg (Dipl.-Chem. 1963). Promot. 1964 Marburg; 1965-67 Forsch. Univ. Wisconsin, USA; Habil. 1971 Karlsruhe - S. 1976 Ord.

Univ. Duisburg. Üb. 70 Facharb. - Spr.: Engl.

DÖPP, Klemens
Dr. rer. nat., Prof. f. Mathematik, insb. Automatentheorie u. Formale Sprachen, Univ. Bremen - Kugelfangtrift 150, 3000 Hannover 51.

DÖPP, Siegmar
Dr. phil., o. Prof. f. Klassische Philol. Univ. Bochum - Roomersheide 69, 4630 Bochum 1 (T. 0234 - 47 49 75) - Geb. 10. Dez. 1941 Marburg (Vater: Walter D., Prof.; Mutter: Aenne, geb. Woesler), ev., verh. s. 1973 m. Elisabeth, geb. Wilmes, T. Ulrike - Staatsex. 1966, Promot. 1968, Habil. 1977 - 1980 Prof. München, s. 1987 o. Prof. Bochum - BV: Virgilischer Einfluß im Werk Ovids, 1968; Zeitgesch. in Dicht. Claudians, 1980.

DÖPP-WOESLER, Aenne
Dr. phil., Prof. f. Biologiedidaktik (emerit.) - Hans-Sachs-Str. 9, 3550 Marburg/L. - Geb. 17. Jan. 1908 Reigersfelde/OS. - Promot. 1933 Marburg - Lehrtätigk. Univ. Marburg, PI Darmstadt, Univ. Frankfurt/Hochsch. f. Erzieh. u. Gießen (1972 Prof.) - BV: Unterrichtsverf. in d. Biol., 1953.

DÖPPER, Walter
Dr.-Ing., Prof., Vorstand Fichtel & Sachs AG - Zu erreichen üb. Fichtel & Sachs AG, Ernst-Sachs-Str. 62, 8720 Schweinfurt - AR-Mitgl. Mecano-Bundy GmbH, Heidelberg, Kronprinz AG, Solingen, Nürnberger Hercules Werke GmbH, Nürnberg, Fette GmbH, Hamburg, Hertel AG, Fürth, Zahnradfabrik Friedrichshafen AG, Friedrichshafen.

DÖPPNER, Lothar
Dipl.-Kfm., Gf. Gesellschafter Leopold Feuerstein Holzwerke GmbH & Co. KG, Dipperz/Krs. Fulda - Lindenbieberstr. 21, 6409 Dipperz - Geb. 23. Juli 1940 Fulda, kath., verh. m. Lieselotte, geb. Feuerstein, Sohn Michael - Vorstandsmitgl. Wirtschaftsvereinig. Sägeind. Hessen, Wiesbaden; Mitgl. Vollvers. IHK Fulda - Spr.: Engl. - Rotarier.

DÖRDELMANN, Paul
Dr. med., Prof., Direktor Frauenklinik Städt. Krankenanst. Karlsruhe - Moltkestr. 14, 7500 Karlsruhe (T. 597345) - Geb. 29. Juni 1927 Witten/Ruhr, verh. s. 1956 m. Dr. med. Marie-Luise, geb. Linder, 3 Kd. - S. Habil. Lehrtätigk. Univ. Münster u. Erlangen-Nürnberg (1968 apl. Prof. f. Geburtshilfe u. Frauenheilkd.). Fachverb.

DÖRENMEYER, Walter
Kurdirektor, Geschäftsf. Heilbäderverb. Nordrh.-Westf. (1970 ff.) - Parkstr. 15, 4934 Horn-Bad Meinberg 2 - Geb. 11. April 1929 Detmold (Vater: Heinrich D., Angest.; Mutter: Auguste, geb. Sielemann), ev., verh. s. 1959 m. Irene, geb. Krüger, 2 Kd. (Axel, Ulrich) - Obersch. (Abit.); Verwaltungsakad. (Dipl.-Kfr.) 1964 stv. u. 1969 Kurdir. Staatsbad Meinberg - Liebh.: Theater, Lit. - Spr.: Engl.

DÖRFEL, Helmut
Dr. rer. nat., Prof., Dipl.-Chemiker, Vorstandsmitgl. BASF AG, Ludwigshafen - Zu erreichen üb. BASF AG, 6700 Ludwigshafen (T. 0621 - 604 31 30) - Geb. 28. Jan. 1928 Schima/Sudetenland (Vater: Emil D., Landw.; Mutter: Auguste, geb. Schramedei), kath., verh. s. 1961 m. Dr. Ursula, geb. Töbing - S. 1948 Chemie-Stud. Univ. Würzburg (Dipl.-Hauptex. 1953, Promot. 1954) - 1953-56 wiss. Assist.; s. 1956 BASF AG (1976 Abt.-Dir., 1978 Dir., s. 1980 Vorst.-Mitgl., s. 1982 Leit. Forsch.). Kurat.-Mitgl. Fonds d. Chem. Ind., Stifterverb. f. d. Dt. Wiss., MPI f. Pflanzenzücht. Köln u. f. Festkörperforsch. Stuttgart, Zentrum f. Molekulare Biol. Univ. Heidelberg u. IDC Intern. Dok.-Ges. f. Chemie mbH.

DOERFER, Gerhard
Dr. phil., o. Prof. Univ. Göttingen - Ludwig-Beck-Str. 13, 3400 Göttingen (T. 0551 - 2 27 42) - Geb. 8. März 1920 Königsberg/Pr., verh. s. 1957 m. Ingeborg, geb. Bluethner, 2 S. (Achim, Matthias) - Promot. 1954 FU Berlin, Habil. 1960 Göttingen - S. 1970 o. Prof. - BV: Türk. u. mongol. Elemente im Neupersischen, 1963-75; Anatomie d. Syntax, 1973; Mongolo-Tungusica, 1985 - 1978 Ehrenmitgl. Türk Dil Kurumu, Körösi Csoma Ges., Societas Uralo-Altaica.

DÖRFFLER, Wolfgang
Präsident Oberverwaltungsgericht f. d. Länder Niedersachsen u. Schlesw.-Holst., Lüneburg; Präs. Nieders. Staatsgerichtshof, Bückeburg - Geb. 28. Okt. 1923.

DOERFLER, Walter
Dr. med., o. Prof. f. Genetik Univ. Köln - Inst. f. Genetik, Univ. Köln, Weyertal 121, 5000 Köln 41 (T. 0221 - 470 23 86) - Geb. 11. Aug. 1933 Weissenburg/Bay. (Vater: Dr. Walter D., Arzt; Mutter: Hermine, geb. Kreuter), ev., verh. s. 1960 m. Helli, geb. Schleich, S. Markus - Abit. Weissenburg/Bay. 1952; Med.-Stud. Erlangen, Hamburg, München; Staatsex. München 1958, Promot. 1959 - 1959/60 Intern. Mercer Hospital Trenton, N.J./USA (Exchangee d. Ventnor Foundation); 1961-63 Wiss. Mitarb. Max-Planck-Inst. f. Biochemie München 1962 ECFMG d. Americ. Med. Assoc.; 1963-66 Postdoctoral Fellow Dept. Biochem. Stanford Univ.; 1966-69 Assist. Prof. Rockefeller Univ. New York; 1969-71 Assoc. Prof.; 1971-72 Gastprof. Uppsala-Univ., Uppsala/Schweden; s. 1972 o. Prof. Univ. Köln. 1978 Gastwiss. Stanford-Univ. Stanford/Calif.; 1986 Gastprof. Princeton Univ., Princeton, N.J.; 1988 Gastprof. Kawasaki Med. Sch., Japan; 1978-88 Sprecher SFB 74 d. Dt. Forschungsgem.; s. 1985 Senator DFG. Entd.: Integrat. viraler DNA im Säugerzellgenom; DNA Methylier. u. Regulation d. eukaryontischen Genexpression - Ca. 225 Veröff. in Fachztschr. u. Büchern (meist in Engl.), 1959-89; 1984 Robert Koch Preis - 1981 Aronson-Preis; 1969/71 Career Scientist, City of New York - BV: The Mol. Biol. of Adenoviruses, Bd 1-3, 1983-84; Develop. Molec. Virol., Bd. 8, 1986; The Mol. Biol. of Baculoviruses, 1986 - Liebh.: Linguistik, Gesch., Musik - Spr.: Engl., Franz., Schwed., Russ. - Rotary Intern.

DÖRFLINGER, Werner Georg
Bürgermeister a. D., MdB (Wahlkr. 192/ Waldshut) - Hauptstr. 103, 7890 Waldshut-Tiengen - CDU.

DÖRGE, Friedrich-Wilhelm
Dipl.-Volksw., em. Univ.-Prof. f. Wirtschaftswissenschaften u. Didaktik d. Wirtschafts- u. Sozialwiss. Univ. Bielefeld - Werther Str. 69, 4800 Bielefeld 1 - Geb. 1. März 1921 Haldensleben - BV z. Wirtschafts- u. Sozialpolitik. Schulbücher. Aufs. z. Wirtschaftspolitik, Konsumökonomie u. Wirtschaftsdidaktik. Mithrsg.: Ztschr. Gegenwartskunde (1966ff.).

DÖRICH, Wolfgang
Regisseur u. Schauspieler - Appenzeller Str. 125, 8000 München 71 - Geb. 2. Mai 1918 Wien (Mutter: Fine Reich-Dörich, Kammersängerin), kath., gesch., S. Wolfgang - Abit.; Reinhardt-Sem. Wien - 1953-55 Oberspielleiter Klagenfurt, 1955-59 St. Gallen; Schausp. u. Regiss. in Zürich, Wien u. München - Besuch d. alten Dame, Maria Stuart, Don Carlos, Fra Diavola, D. Medium (Insz. in St. Gallen), D. Fee (Volkstheater München). Letzte Rollen: Gloster (Lear), Miller (Kabale), Parker (Elvis), Ohm

Ollrich (Strom) - Liebh.: Reisen, Musik. Auff., Lesen, Platten - Spr.: Franz.

DÖRING, Ernst
Dr. phil., Kaufmann (Fa. E. F. Döring GmbH, Hanau), Präs Handelskette IFA, Osnabrück, stv. Vors. d. Vorst. Bund f. Lebensmittelrecht u. -kunde, Bonn - Friedrich-Ebert-Anlage 9, 6450 Hanau/M. (T. priv.: 06181 - 3 26 04, Fa.: 06181 - 3 27-94) - Geb. 2. Sept. 1913 Hanau/M. (Eltern: Bernhard (Großkfm.) u. Otti D.), verh. s. 1941 (Ehefr.: Hildegard), S. Klaus - Univ. Marburg u. Bonn (Chemie; Diplomprüf. 1937) - Chemiker Stinnes-Konzern; s. 1949 Familienuntern. (5. Generation in direkter Folge) - Liebh.: Golf, Ski, Schwimmen.

DÖRING, Gerhard Karl

Dr. med., Prof., Chefarzt i. R. Frauenklinik Städt. Krkhs. München-Harlaching (1965-85) - Seeleite 9, 8031 Seefeld 2 (T. 08152 - 74 47) - Geb. 18. Juni 1920 Schleiz/Thür. (Vater: Fritz D.; Mutter: Else, geb. Kösser), ev., luth., verh. s. 1943 m. Ruth, geb. Brill, 3 Söhne (Gert, Klaus, Hans) - Gymn. Schleiz; Univ. Göttingen (Promot. 1945) u. Münster/W. - Wiss. Assist. bzw. Oberarzt Univ. Frauenklin. Münster, Tübingen (1953 Doz.), München (1959 apl. Prof.) - BV: D. extragenitalen zykl. Veränderungen im Organismus d. gesunden Frau, 1953 (Habil.schr.); D. Temperaturmethode zur Empfängisverhütung, 10. A. 1989 (auch span., schweiz., ital., argentin. u. holl. Ausg.); D. Sterilität d. Frau, 4. A. 1969 (m. W. Bickenbach) (auch span. u. ital. Ausg.); D. Physiol. d. Fortpflanzung, 2. A. 1976 (m. C. Hoßfeld); Empfängnisverhütung, 11. A. 1988 (auch span. u. ital. Ausg.); D. gesunde Frau, 1975; D. Kind von 0 bis 6, 4. A. 1988 (m. Th. Hellbrügge). Zahlr. Fachaufs. - Mitgl. Dt. Ges. f. Endokrinol., Intern. Ges. f. Sterilität u. Fertilität, Intern. Ges. f. biol. Rhythmusforsch., Dt. Ges. f. Gynäkologie, The New York Academy of Sciences, Amerik. Academy for the Advancement of Sciences, Fertility Soc. - Liebh.: Fotogr.

DÖRING, Hans-Werner
Dr. rer. nat., Prof. f. Pflanzenernährung TU Berlin - Krottnauerstr. 27, 1000 Berlin 38 - Geb. 15. März 1926 - Stud. Chemie - Promot. 1957 - Zeitw. Prof. FU Berlin.

DÖRING, Heinrich
Dr. theol., Prof. f. Fundamentaltheol. u. ökum. Theol. Univ. München - Meindlstr. 5, 8000 München 70 (T. 089 - 77 43 35) - Geb. 12. Okt. 1933 Schierschwende/Thür. kath. - Stud. Phil. u. Theol. Univ. Bonn, Fulda, Würzburg; Priesterweihe 1962 Fulda, Promot. 1968, Habil. f. Fundamentaltheol. u. vergl. Religionswiss. 1971 Fulda, Würzburg - 1971 Privatdoz. Würzburg, dann Prof. f. ökumen. Theol., vergl. Religionswiss. u. Religionspsych. Phil.-Theol. Hochsch. Fulda; 1972 Prof. f. Fundamentaltheol. Phil.-Theol. Hochsch. Passau, 1977 Univ. Passau; s. 1979 Ord. f. Fundamentaltheol. u. ökumen. Theol. Univ. München - BV: Kirchen - unterwegs z. Einheit, 1969; Abwesenheit Gottes, 1977; Grundkurs ökumen. Information, 1978; Grundriß d. Ekklesiologie, 1986. Mitherausg. Ztschr. Catholica, Una Sancta, Münchener Theol. Ztschr.

DÖRING, Herbert
Dr.-Ing., em. o. Prof. f. Hochfrequenztechnik (bes. Mikrowellen) TH Aachen (s. 1952) - Hofweg 11, 5100 Aachen (T. 0241 - 1 24 89) - Geb. 10. Febr. 1911 Wien (Vater: August D.; Mutter: geb. Schultz), ev., verh. s. 1938 m. Gerda, geb. Pompe, 2 Kd. - TH Wien (Diplomprüf. 1934, Promot. 1936). Habil. 1949 TH Stuttgart - Industrietätigk. (Siemens, AEG, Lorenz). 1967ff. Vors. Nachrichtentechn. Ges. - BV (1943 ff.): Z. Theorie geschwindigkeitsgesteuerter Laufzeitröhren, D. Anschwingen v. Triftröhren, D. Reflexionstriftröhre, Resonanzleit., Mikrowellentechnik, Ferrite, Laser - 1967 o. Mitgl. Rhein.-Westf. Akad. d. Wiss., 1971 korr. Mitgl. Österr. Akad. d. Wiss.; 1974 Fellow Inst. of Electrical a. Electronics Engin.; 1972 VDE-Ehrenring; 1975 Wilh.-Exner-Med. Österr. Gewerbeverein - Liebh.: Musik, Bergsteigen, Tennis - Spr.: Engl., Franz.

DÖRING, Karl
Dr., Botschafter - Zu erreichen üb. Ausw. Amt, Adenauerallee 99-103, 5300 Bonn - Zul. Neuseeland, Papua, Neuguinea, Tonga u. Samoa.

DÖRING, Klaus
Dr. rer. pol., Dipl.-Kfm., Geschäftsführer Gossen GmbH, Nägelsbachstr. 25, 8520 Erlangen - Geb. 27. Okt. 1942 Essen (Vater: Dipl.-Chem. Ernst D.; Mutter: Hilde, geb. Depenbusch), verh. s. 1977, 3 Kd. - Univ. Freiburg/Br. u. München - Spr.: Engl., Franz.

DÖRING, Klaus W.
Dr. phil., o. Prof. f. Erziehungswissenschaft m. Schwerp. Mediendid. u. Erwachsenenbild. TU Berlin - Otto-v.-Wollank-Str. 22, 1000 Berlin 22 - Zul. Prof. PH Rhld./Abt. Köln - BV: u.a. Lehrerverhalten: Forsch., Theorie, Praxis, 1980; Lehren in d. Erwachsenenbild., 1983.

DÖRING, Kurt
Wirtschaftsjournalist - Wangenheimstr. 15, 3000 Hannover-Kleefeld (T. 55 24 34) - Geb. 29. April 1924 Boitzenburg (Vater: Hermann D., Elektromonteur; Mutter: Anna, geb. Döring), ev., verh. s. 1980 m. Ingeborg, geb. Welzel - 1940-42 Redaktionsausbild. Eberswalde - Wehrdst. Pioniere (1945-46 Ltn. Minensuchkomp. Belg.); 1947-48 Herausg. Kriegsgefangenenztg. (Brüssel); 1949-53 korresp. Deutsche Ztg. u. Wirtschaftsztg.; 1953-56 Korresp. FAZ; 1956-68 Wirtschaftsjourn. NDR (Kommentator); 1968-85 Leit. Hauptabt. Presse u. Information Salzgitter AG. Vors. Verein z. Eigentumsbild. - BV: D. Land Nieders. als Unternehmer, 1955. Autor zahlr. Hörfunk- u. Fernsehsend. Drehb. zu d. Dokumentarfilmen: Treffpunkt Zukunft (1967) u. Stabile Fun-

damente (1969) - 1963 Karl-Bräuer-Preis Bund d. Steuerzahler - Spr.: Engl., Holl. - Rotarier.

DÖRING, Martin

Dr. jur., Staatssekretär a.D. Nordrh.-Westf. - Erwin-v.-Witzleben-Str. 36, 4000 Düsseldorf - Geb. 20. März 1924 Niedersachswerfen - AR-Mand.

DOERING, Paul

Dr. med., Prof., Chefarzt Inn. Abt. Krkhs. d. Barmherzigen Brüder (s. 1969) - Traberweg 2, 8400 Regensburg - Geb. 7. Mai 1924 Uder/Eichsfeld (Vater: Hans D.), verh. s. 1960 m. Adelheid, geb. Burgdorf, 3 Kd. - S. 1958 (Habil.) Lehrtätigk. Univ. Göttingen (1964 apl. Prof.) - BV: Biochem. Befunde in d. Differentialdiagnose innerer Erkrank., 1961 (auch engl., ital., span.).

DÖRING, Ulrich

Dr. rer. oec., o. Prof. f. Betriebswirtschaftslehre Univ. Lüneburg (s. 1985) - Hermann-Löns-Weg 11, 2121 Deutsch Evern (T. 04131 - 7 95 79) - Geb. 17. Mai 1945 Lindau/Anhalt (Vater: Gustav-Adolf D., Kaufm.; Mutter: Ruth, geb. Krumbach), verh. m. Margitta, geb. Kolvenbach - Stud.; Promot. 1976 u. Habil. 1982 Saarbrücken - 1983 Prof. Univ. Konstanz - BV: Veräußerungsgewinne u. steuerl. Gerechtigkeit, 1977; Kostensteuern, 1984; Übungsbuch z. Allg. Betriebswirtsch.-Lehre (m. G. Wöhe u. H. Kaiser), 5. A. 1986; Buchhaltung u. Jahresabschluß (m. R. Buchholz), 1988.

DÖRING, Walter

Dr. phil., Studienrat, MdL Baden-Württ. (s. 1988), Fraktionsvors. (s. 1988), Landesvors. FDP Baden-Württ. (1985-88) - Schwabenweg 13, 7170 Schwäbisch Hall (T. 0791 - 4 26 60) - Geb. 15. März 1954 Stuttgart, verh. - Univ. Tübingen (Angl. u. Gesch.); Promot. 1981 - S. 1981 FDP-Kreisvors. Schwäb. Hall; 1984 Kreisrat u. Stadtrat - BV: Mediatisier. d. ehemals fr. Reichsstadt Hall durch Württ., 1982 - Liebh.: Politik, Sport, Musik - Spr.: Engl., Franz.

DÖRING, Werner

Dr.-Ing., emer. Prof. f. Theoret. Physik - Waldstr. Nr. 25, 2055 Aumühle Bez. Hamburg (T. 2024) - Geb. 2. Sept. 1911 Berlin, ev., verh. m. Maria, geb. Junghans, 5 Kd. - TH Stuttgart u. Berlin - 1935 Assist. TH Berlin, 1936 Univ. Göttingen (u. 1945), 1940 Doz., 1942 ao. Prof. Univ. Posen, 1946 Diätendoz. TH Braunschweig, 1949 o. Prof. u. Inst.sdir. Univ. Gießen, 1963 Univ. Hamburg - BV: Ferromagnetismus, 1939 (m. R. Becker); Einführung in d. Quantenmechanik, 1955/60/62; Einf. in d. theoret. Physik, 5 Bde. 1954/57, 3. A. 1965/68 (Göschen; span. 1960); Atomphysik u. Quantenmechanik, 1973/80.

DÖRING, Willi

Landrat, Kaufmann, MdL Niedersachsen (s. 1967) - Postwinkel 5, 3429 Gieboldehausen (T. 05528 - 12 27) - Geb. 5. Dez. 1924 Gieboldehausen, kath., verh., 2 Kd. - Volkssch.; 1939-42 kaufm. Lehre - 1942-46 Wehrdst. (2 × verwundet) u. Kriegsgefangensch. (1944), 1946-48 kaufm. Angest., dann selbst., 1963-72 Landrat Kr. Duderstadt u. s. 1973 Kr. Göttingen. Kurat.-Mitgl. Harzwasserwerke Nds. 1952-81 Mitgl. Gemeinderat Gieboldehausen (1964-81 Bürgerm., s. 1984 Ehrenbürgerm.); 1956ff. MdK Duderstadt. CDU (1960 Ortsvors.) - Gr. BVK, Nieders. VO I. Kl.

DÖRING, Wolfgang

Dipl.-Ing., Arch. BDA, o. Prof. f. Baukonstruktion u. Entwerfen TH Aachen (s. 1973) - Rheinallee 112, 4000 Düsseldorf - Geb. 31. März 1934 Berlin-Dahlem - Stud. TH Karlsruhe u. München (Dipl.ex. 1959) - Zun. Büro Eiermann, dann Chefarch. Schneider-Esleben, s. 1964 eig. Büro, Erf. im Bereich d. Bau-Industrialisierung, Kunststoffhäuser Bausystem FP 300. Vortragsreisen USA, Syrien, UdSSR, Japan, Mexiko - BV: Perspektiven e. Architektur, 1970 - Liebh.: Segeln - Spr.: Engl.

DÖRING-VITT, Wilma

Geschäftsführerin Dt. Volksheimstättenwerk/Landesverb. Rhld.-Pf. - Simmerner Str. 97, 5400 Koblenz.

DOERK, Klaus

Dr. rer. nat., Prof. f. Mathematik Univ. Mainz - Am Marienpfad 63, 6500 Mainz 22 - Geb. 9. Dez. 1939 - Promot. 1968; Habil. 1971 - S. 1972 Prof. Mainz. Fachveröff.

DÖRKEN, Ewald

Vorstandsmitglied Ewald Dörken AG, Herdecke - Wetterstr. 53, 5804 Herdecke/Ruhr - Geb. 9. April 1929.

DÖRKEN, Klaus

Dipl.-Kfm., Gesellschafter Carl Dan. Peddinghaus GmbH & Co. KG - Postf. 14 42, 5828 Ennepetal 1 (T. 02333 - 7 96-0) - Geb. 13. Mai 1933.

DOERKEN, Wilhelm

Dr.-Ing., Dipl.-Ing., Bereichsleiter REFA-Verb., Darmstadt - Wittichstr. 2, 6100 Darmstadt (T. 880 11 42) - Geb. 4. Sept. 1943 Hildesheim (Vater: Wilhelm, Prokurist; Mutter: Sophie, geb. Walther), ev., verh. s. 1971 m. Ute, geb. Brüggemann, 2 Söhne (Jens Uwe, Ulf) - 1971-75 Lehrbeauftr. Fachhochsch. f. Wirtsch., Schriftl. D. Arbeitsvorbereitung u. Doz. TU Berlin, REFA u. AWF. 1973-75 Mitgl. Akad. Senat; s. 1978 Lehrbeauftr. Univ. Mannheim - BV: Grundlagen d. betriebl. Ablauforg., 1974; D. arb.swiss.l. Gesichtspunkte d. Betriebsverfassungsgesetzes, 1974 - Spr.: Engl., Franz.

DOERMER, Christian

Schauspieler - Türkenstr. 80, 8000 München 13 (T. 282217) - Geb. 5. Juli 1935 Rostock (Vater: Dr. med. Hartmut D., Arzt; Mutter: Ruth, geb. v. Zerboni), ev., verh. s. 1968 m. Eleonore, geb. Schmidt-Polex, 3 Kd. (Christiane, Philipp, Moritz) - Lietz-Sch. Neubeuern; Univ. Frankfurt/M. (Soziol.) - Filme: u. a. D. Halbstarken, Brot d. frühen Jahre, Joanna; Fernsehen: D. Revolution entläßt ihre Kinder u. a. Eig. Fernsehfilme - 1961 Bundesfilmpreis (bester Nachwuchsdarsteller; Flucht n. Berlin) - Spr.: Engl.

DÖRN, Manfred

Assessor, Geschäftsführer Bundesverb. d. Holz- u. Kunststoffverarb. Handwerks - Abraham-Lincoln-Str. 32, 6200 Wiesbaden - Stud. Rechtswiss.

DÖRNER, Claus S.

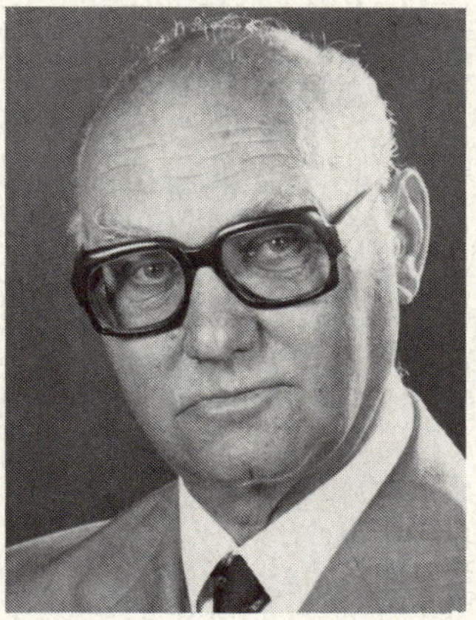

Publizist, Autoren- u. Verlagsberater (Ps.: Claus Silvester) - Silker Weg 1, 2057 Reinbek b. Hamburg (T. 040 - 7222227) - Geb. 31. Dez. 1913 Hamburg (Vater: Carl D., Großkaufm.), ev., verh. s. 1938 m. Hilde, geb. Gothe, 4 Kd. - Lichtwarcksch. Hamburg; Redaktionsvolontär - 1933 Feuilletonredakt., Journ., 1936 Verlagslektor, 1948 -leit., 1951 Inh. Dörnersche Verlagsges. Pressebüro Li-t.Agt., Reinbek - BV: D. Mann ohne Gestern, R. 1948; Ihr Sohn, N. 1948; D. Dunkle, Krim.r., 1949; Als keine Antwort kam, R. 1957; Steine waren ihr Bett, R. 1958; Feste feiern wie sie fallen, 1978; D. feine hanseat. Art, Speisen zu bereiten, 1985 - Liebh.: Kochen (Grandmaitre CC Club Koch. Männer Brudersch. Marmite) - Bek. Vorf.: Dr. Joh. Moltmann, Religionsphilosoph, Begr. Monotheismus, Hamburg Großv. ms.).

DÖRNER, Dietrich

Dr., Dipl.-Psych., Prof. Univ. Bamberg (s. 1979) - Am Ziedergraben 1, 8605 Hallstadt-Dörfleins (T. 0951 - 7 55 26) - Geb. 28. Sept. 1938 Berlin (Vater: Claus D., Verlagskfm.; Mutter: Hilde, geb. Gothe), ev., verh. s. 1969 m. Sigrid, geb. Hirsemann, 2 Töcht. (Stephanie, Jessica) - Dipl.ex. 1965 Kiel; Promot. 1969; Habil. 1972 - Zun. wiss. Assist., 1973-74 ao. Prof. Univ. Düsseldorf, 1974-79 o. Prof. Univ. Gießen. Fachmitgl.sch. - BV: D. kognitive Organisation b. Problemlösen, 1974; Problemlösen als Informationsverarbeitung, 1976; Lohhausen: Vom Umgang m. Unbestimmtheit u. Komplexität, 1983; D. Logik d. Mißlingens, 1989 - Spr.: Engl., Franz., Schwed.

DÖRNER, Friedrich Karl

Dr. phil., Prof., Althistoriker, Leit. Dt. Ausgrabungen in Kommagene (Türkei) - Schultheiss-Allee 55/IV, 8500 Nürnberg 30 (T. 0911 - 40 61 62) - Geb. 28. Febr. 1911 Gelsenkirchen, ev., verh. s. 1938 m. Dr. Eleonore, geb. Benary, Tochter - Promot. Univ. Greifswald - 1935 Wiss. Ref. Dt. Archäol. Inst. Berlin u. Istanbul, 1941 Wiss. Beamter Akad. Wiss. Wien, 1945 Lehrbeauftr. Univ. Tübingen, 1949 Privatdoz. Univ. Münster, 1963 Prof. u. Wiss. Rat. Entd.: Königsresidenz v. Arsameia in Kommagene/ Kleinasien (1951) - BV: Forsch. in Kommagene (m. R. Naumann), 1939; Inschr. u. Denkmäler aus Bithynien, 1941; Bericht üb. e. Reise in Bithynien, 1952 (Österr. Akad. d. Wiss., Phil.-Hist. Kl., Denkschr. Bd. 75, 1); Arsameia am Nymphaios - D. Ausgrab. 1953-56 (m. Th. Goell), 1963; Kommagene - e. wiederentdecktes Königreich, 3. A. 1971; Tituli Asiae Minoris (TAM) IV 1: Paeninsula Bithynia, 1978; V. Bosporus z. Ararat, 2. A. 1984; Kommagene-Götterthrone u. Königsgräber am Euphrat, 2. A. 1987; D. Thron d. Götter auf d. Nemrud Dağ, 3. A. 1987; Von Pergamon z. Nemrud Dağ. D. archäologischen Entdeckungen Carl Humanns (m. Eleonore Dörner), 1989 - 1963 o. Mitgl. Dt. Archäol. Inst.; korr. Mitgl. Österr. Akad. d. Wiss. (1959) u. Österr. Archäol. Inst. (1955) - Liebh.: Reisen, Fotogr. - Spr.: Lat., Griech., Engl., Franz., Türk., Ital.

DÖRNER, Hans-Jürgen

Richter am Bundesarbeitsgericht - Rutenbergstr. 19, 3000 Hannover 71 - Geb. 9. Sept. 1944, ev.-luth., verh. m. Reinhild, geb. Salzer, 3 Kd. (Sabine, Martin, Christian) - BV: Kommentar z. Schwerbehindertengesetz.

DÖRNER, Joseph

Dr. med., Prof., Ärztl. Direktor u. Chefarzt (Inn. Abt.) Marien-Krkhs. Kassel - Bürgermeister-Brunner-Str. 2, 3500 Kassel (T. 62674) - Geb. 29. Dez. 1921 Betzdorf/Sieg - S. 1953 (Habil.) Privatdoz. u. apl. Prof. (1959) Univ. Gießen (Pharmak. u. Toxikol.). Fachveröff.

DÖRNER, Otto

Dr. phil., o. Prof. Deutsche Sprache u. ihre Didaktik, Univ. Osnabrück, Abt. Vechta - Driverstr. 22, 2848 Vechta/ Oldbg (T. 0541 - 44 34 35) - Geb. 7. Okt. 1924.

DOERNER, Wolfgang

Generalmusikdirektor Hansestadt Lübeck - Zu erreichen üb. Bühnen d. Hansestadt Lübeck, Fischergrube 5-21, 2400 Lübeck - Geb. Wien - Musikhochsch. Wien (b. Prof. K. Österreicher); Meisterkurse (b. Franco Ferrara u. Sir Charles Mackerras) - Konzert- u. Operntätigk. in Frankr., Luxemb., Österr., Deutschl. u. and. Ländern; Rundf.- u. FS-Aufz. - 1984 1. Preis 34. Intern. Dirig.-Wettbew. Besançon/ Frankr.

DÖRNHÖFER, Alfred

Geschäftsführer Becker Autoradiowerk GmbH - Im Stöckmädle 1, 7516 Karlsbad 2; priv.: 1, Goethestr. 18 - Geb. 15. Sept. 1927 - Wirtschaftsing. (grad.).

DOERPER, Reinhard

Präsident Dt. Keglerbund - Zu erreichen üb. Dt. Keglerbund, Wilhelmsaue 20, 1000 Berlin 31.

DÖRR, Anton

Geschäftsführer Groß- u. Außenhandelsverb. Saarland - Hindenburgstr. 9, 6600 Saarbrücken 1.

DÖRR, Friedrich

Dr. rer. nat. (habil.), o. Prof. f. Physikal. Chemie - Riesheimer Str. 41, 8032 Lochham/Obb. (T. 855375) - Geb. 13. Dez. 1921 Landsberg - S. 1959 Lehrtätigk. TU München (1965 apl., 1966 o. Prof.). Fachveröff.

DÖRR, Friedrich

Dr. phil., Dr. theol., o. Prof. f. Philosophie - Residenzpl. 3, 8078 Eichstätt/ Bay. - Geb. 7. März 1908 Wolframs-Eschenbach, kath. - Gymn. Eichstätt; Phil.-Theol. Hochsch. ebd. u. Gregorian. Univ. Rom (Promot. 1930 u. 1935) - 1935 Seelsorge (1940-45 Kriegspfarrer), 1945 ao., 1951 o. Prof. Phil.-Theol. Hochsch. Eichstätt (1964-68 Rektor). Spez. Arbeitsgeb.: Altchristl. Mystik - BV: Diadochus v. Photike u. d. Messalianer - E. Kampf zw. wahrer u. falscher Mystik im 5. Jh., 1937. Übers.: Emilianos Timiadis, Lebend. Orthodoxie, 1966. Verf. v. Kirchenliedern i. „Gotteslob" (1975), Verf. u. Übers. v. Hymnen i. kirchl. „Stundenbuch" (1978).

DOERR, Hans Wilhelm

Dr. med., Prof. Abt. f. Med. Virologie Univ. Frankfurt - Zul. 6000 Frankfurt - Geb. 15. Jan. 1945 Arnstadt (Vater: Wilhelm D., Prof. f. Pathol.; Mutter: Eva, geb. Neuroth), ev., verh. s. 1975 m. Silvia, geb. Middeldorf, 2 Kd. (Andrea, Simon) - Med. Staatsex., Promot. u. ECFMG-Prüf. München 1971; Habil. 1978 - 1972-77 wiss. Assist. Univ.-Hygiene-Inst. Freiburg, 1977-81 Univ.-Inst. f. Med. Virol. Heidelberg. 1978-80 Laborarzt u. Med. Mikrobiol. 1981 C2-Prof.; s. 1985 C4-Prof. Univ. Frankfurt/ M. - Entd.: Röteln-IgM-Nachweis m. Mikroimmobeads - BV: Beitr. z. Epidemiol. v. Infektionskrankh. am Mod. d. human. Herpesviren, 1978 - Inter.: Gesch. - Spr.: Latein, Griech., Engl.

DÖRR, Herbert

Präsident Schwaben International - Charlottenplatz 6, 7000 Stuttgart 1; priv.: Höhenweg 13, 7411 Sonnenbühl 2 (Erpfingen) - Geb. 20. Okt. 1912.

DÖRR, Johannes

Dr.-Ing., emer. Prof. (bis 1979, Direktor Inst. f. Angew. Mathematik Univ. Saarbrücken) - Hellwigstr. 17, 6600 Saarbrücken (T. 62213) - Geb. 14. Juli 1912 Dorsten/W. (Vater: Lorenz D., Bergmann; Mutter: geb. Kowalski), luth., verh. s. 1947 m. Hildrun, geb. Genzmer, 4 Kd. - Obersch. Bethel; TH Darmstadt (Dipl.-Ing. 1939, Promot. 1942). Habil. 1954 TH Darmstadt - 1939-45 Versuchsing. Junkers Flugzeugwerke, Dessau; 1947-50 Forsch.sing. O.N.E.R.A., Paris; 1950-56 Forsch.sstip., Assist. u. Privatdoz. (1954) TH Darmstadt, Fachaufs. - Liebh.: Musik - Spr.: Franz., Engl.

DÖRR, Manfred August

Dr. phil., Prof. f. Politikwiss. Univ. Gießen (s. 1972; 1974-75 u. 1979-80 Dekan, 1977-79 Konventsmitgl.) - Gießener Weg 4, 6301 Biebertal 1 (T. 06409

- 316) - Geb. 23. März 1936 Kassel (Vater: Georg D., Feinmechaniker; Mutter: Elisabeth, geb. Köhler), ev., verh. s. 1963 m. Inge, geb. Müller, 4 Kd. (Asta, Ina, Ulla, Peter) - Stud. Univ. Marburg; Promot. 1964 - BV: D. Deutschnationale Volkspartei 1925-28, 1964; Fachveröff. - Liebh.: Klass. Musik - Spr.: Engl., Franz.

DÖRR, Rudolf

Regierungspräsident v. Schwaben (s. 1984) - Fronhof 10, 8900 Augsburg - Geb. 1928 Buchloe/Schw. - Stud. Rechte Univ. München - 1956 Eintritt Höh. Verw.dst., zul. Ministerialdirig. Bayer. Innenmin. (Leit. Abt. Haushalt/Personal/Org.).

DÖRR, Walter M.

Dr. med., Prof., Chefarzt (Orthopäde) - Walther-Dobbelmann-Str. 60, 5190 Stolberg/Rhld. - B. 1974 Privatdoz., dann apl. Prof. TH Aachen/Med. Fak. (Orthop.).

DOERR, Wilhelm

em. o. Prof. d. Allg. Pathologie u. Pathol. Anatomie - Ludolf-Krehl-Str. 46, 6900 Heidelberg (T. 40 15 50) - Geb. 25. Aug. 1914 Langen/Hessen, ev., verh. 1. s. 1939 m. Eva, geb. Neuroth †1981, 3 Kd. (Monika, Prof. Dr. Hans, Dr. Renate); verh. 2. s. 1982 m. Doris, geb. Glaser - Stud. Univ. Heidelberg, Marburg, Heidelberg; Promot. 1939 - 1942 Privatdoz., 1948 apl. Prof. Univ. Heidelberg, 1953 o. Prof. u. Inst.dir. FU Berlin, 1956 Univ. Kiel, 1963 Univ. Heidelberg (s. 1983 emerit.); 1972-74 Präs. Heidelberger Akad. d. Wiss. - Entd. d. Heterochronie als pathogenet. Prinzip gr. Herzkrankheiten - BV: Allg. Pathol. d. Organe d. Kreislaufs (Hb. Allg. Pathol.), 1970; Atlas d. pathol. Anat. (m. Ule u. Schumann), s. 1973 mehrf. Herausg.: Spez. Path. Anat. (Doerr-Seifert-Uehlinger, s. 1966, z. Zt. 27 Bde.); mehr als 330 Einzelarb. - Ehrendoktor (mehrf.); Paracelsus-Med. d. Dt. Ärzteschaft; Rudolf Virchow-Med. d. Dt. Ges. f. Pathol. - Lit.: G. Seifert Virchows Arch. A 404: 1-5 (1984).

DÖRRENBERG, Hans

Fabrikant (Ed. Dörrenberg Söhne KG., Ründeroth, u. a.), Vorstandsmitgl. Edelstahlvereinig., Düsseldorf - Bellingrother Str. 2, 5250 Engelskirchen-Ründeroth.

DÖRRENBERG, Peter E.

Ing., Kaufmann, Rechtsbeistand, gf. Kommand. Paul Aschenbrenner PAN-Apparatebau GmbH & Co. KG, Mehrzweckhallen KG Zentrale GmbH Verw.Büro, Beratung, Vermittlung & Co., gf. Gesellsch. Zentrale GmbH Verw.Büro, Beratung, Vermittlung, Vors. d. Beirates IGOH-GmbH, alle Mönchengladbach - Friedrich-Ebert-Str. 49/51, 4050 Mönchengladbach 2 (T. 02166 - 4 70 86) - Geb. 26. April 1937 Düsseldorf (Vater: Dipl.-Ing. Eduard H. D.; Mutter: Alice, geb. Kaiser, ev., verh. s. 1968 m. Karin, geb. Eß, 2 Kd. (Maike Maria, Walter Ben) - Jacobi-Gymn. Düsseldorf, Inst. Montana, Zugerberg (Schweiz); n. Praktikum Textil-Technikum Reutlingen - 1961-63 kaufm. Tätigk. Osaka (Japan); s. 1963 Familienuntern.; s. 1976 Rechtsbeistand. Div. Ehrenämter, dar. 1967-73 Vors. Industrieverb. Gewebe aus Baumwolle u. a. Fasern; s. 1982 Mitgl. d. Vorst. Bundesverb. Dt. Rechtsbeist., München. F.D.P. - Liebh.: Sport, insb. Reiten (Silb. Reiterabz.) - Spr.: Engl., Franz.

DÖRRENBERG, Richard

Dr.-Ing., Dipl.-Ing., Geschäftsführer May-Dörrenberg Maschinenbau GmbH - Zu erreichen üb. May-Dörrenberg, Hansa-Allee 108, 4000 Düsseldorf-Oberkassel 11 (T. 58 99 96) - Geb. 7. Nov. 1940 Düsseldorf (Vater: Dipl.-Ing. Eduard H. D.; Mutter: Alice, geb. Kaiser), verh. s. 1967 m. Beatrix, geb. Wolff, 3 Kd. (Eduard Richard, Anita Beatrix, Michael Georg) - Stud. Masch.-Bau TH Karlsruhe, Hannover; Dipl-ex. 1965 Karlsruhe; Promot. 1973 TU Berlin - Erf.: Verf. z. Herst. von Spiralbohrern - Liebh.: Sportfliegerei, Curling - Spr.: Engl., Franz.

DÖRRHÖFER-TUCHOLSKI, Heide

Staatssekretärin b. Minister f. Bundesangelegenh. Land NRW (s. 1985) - Dahlmannstr. 2, 5300 Bonn 1 - Geb. 4. April 1944 Alzey, ev., verh. - Abit.; Ausb. z. Journ. - 1980-85 stv. Regierungssprecherin NRW.

DÖRRIE, Klaus

Dipl.-Sozialwirt, Hauptgeschäftsführer Dt. Paritätischer Wohlfahrtsverband - Gesamtverband e.V. - Heinrich-Hoffmann-Str. 3, 6000 Frankfurt/M. 71 (T. 069 - 670 62 15) - Geb. 3. Jan. 1936 Göttingen, verh. s. 1962, 2 Kd. - Gymn. Alfeld/Leine, Stud. Sozialwiss. Berlin u. Nürnberg (Dipl. 1960) - S. 1961 Mitarb. Dt. Parität. Wohlfahrtsverb. - Gesamtverb. e.V.

DOERRIES, Reinhard R.

Dr. phil., M.A., M.F.A., M.B.A., Prof. f. Neuere Geschichte, Lehrst. f. Auslandswiss. Univ. Erlangen-Nürnberg - Zu erreichen üb. Wirtschafts- u. Sozialwiss. Fak., Univ. Erlangen-Nürnberg, Lange Gasse 20, 8500 Nürnberg - Geb. 25. Sept. 1934 Berlin (Vater: Prof. Dr. Hermann A. D., Kirchenhistoriker u. Patristiker; Mutter: Annemarie, geb. Kochendörffer), verh. m. Elaine, geb. Sulli, T. Chantal-Aimée - Stud. Gesch., Kunstgesch., Betriebsw.; B.A. 1958 Concordia College; M.F.A. 1960 Ohio Univ.; 1960-61 Wayne State Univ.; M.A. 1962 Yale Univ.; M.B.A. 1965 Inst. Européen d'Administrat. des Affaires; Promot. 1971 Univ. Bochum; Habil. 1982 Univ. Hamburg - 1965-68 Intern. Management Consultant, Booz Allen Hamilton Intern.; 1970-73 u. 1975-83 Wiss. Assist. Univ. Hamburg; 1983-86 Prof. Univ. Hamburg. 1986 Gastprof. Southampton Univ./Engl.; 1986-88 Prof. GH Kassel; s. 1988 Prof. Univ. Erlangen-Nürnberg - S. 1987 1. Vors. Dt. Ges. f. Amerikastud. - BV: Washington-Berlin 1908/1917, 1975; Iren u. Deutsche in d. Neuen Welt, 1986; Imperial Challenge, 1989 - 1961 Danforth Fellow Yale Univ.; 1973 u. 74 American Council of Learned Societies Fellow, New York - Spr.: Engl., Franz.

DÖRRSCHEIDT, Frank

Dr.-Ing., Prof. f. Regelungstechnik Gesamthochsch. Paderborn (Fachber. Elektrotechn./Elektronik) - Tegelweg 27, 3940 Bad Driburg.

DOERRY, Gerd

Dr. phil., Prof. f. Erziehungswiss. m. Schwerp. Erwachsenenbild. FU Berlin (s. 1980) - Salzbrunner Str. 29, 1000 Berlin 33 - Geb. 2. Mai 1929 Berlin (Vater: Hans D., Verlagsvertr.; Mutter: Erna, geb. Huppert), verh. s. 1971 (Ehefr.: Hannelore, geb. Krabs), Stiefs. Tim-Owe Georgi - 1948-53 Stud. Phil., Psych., Soziol. FU Berlin u. Ohio State Univ. (USA). Promot. 1957 Berlin - 1958-64 u. 1967-76 FU Berlin (1971 Prof.), 1976-80 PH Berlin (o. Prof.) - 1. Sprecher Sektion Erwachsenenbild. d. Dt. Ges. f. Erziehungswiss. (1978-82) - BV: Metakommunikation in Lerngruppen, 4. A. 1982; Bewegl. Arbeitsformen in d. Erwachsenenbildung, 1981 (m. Gabriele Kallmeyer u. a.) - Spr.: Engl., Franz., Span. - Bek. Vorf.: Kurt D., Dt. Meister 100 m 1896, 200 m 97, Sportjourn. (Großv.).

DÖRSCHEL, Alfons

Dr. phil., Dipl.-Psych., Prof. (emerit. 1978) f. Wirtschafts- u. Sozialpädagogik - Universität, 5000 Köln-Lindenthal - Geb. 17. Nov. 1912 - 1959-61 Privatdoz. Freie Univ. Berlin; s. 1961 Ord. Univ. München u. Köln (1964) - BV: Arbeit u. Beruf in wirtschaftspäd. Betracht., 1960; Einf. in d. Wirtschaftspäd., 1960, 4. A. 1975; Kindl. Schaffen - psych. u. päd. gedeutet, 1961; D. Berufsschule in unserer Zeit, 1967; Geschichte der Erz., 1972, 2. A. 1976; Arbeitspäd., 1972; Betriebspäd., 1975 - Spr.: Engl., Franz., Lat.

DÖRTELMANN, Friedrich W.

Dipl.-Kfm., Vorstandsvorsitzender Rheuma-Heilbad AG, Bad Kreuznach - Kurhausstr. 16, 6550 Bad Kreuznach - Geb. 24. April 1931 Oberhausen - AR Kinderkurklinik Viktoriastift, Bad Kreuznach; Vorstandsmitgl. Gütegem. Diätverpflegung, Düsseldorf; 1. Vors. Fritz-Gabler-Schulverein, Heidelberg. Handelsrichter am LG Bad Kreuznach.

DÖSER, Alfons

Verleger, Mithrsg. Münchner Merkur u. tz (1982ff.) - Pressehaus Bayerstraße, 8000 München 2; priv.: Langbehnstr. 14, 8200 Rosenheim - Geb. 22. Jan. 1938 - U. a. gf. Gesellsch. Oberbayer. Volksblatt GmbH & Co. KG u. Wendelstein Verlags-GmbH, bde. Rosenheim; Geschäftsf. Radio Charivari, München.

DOETSCH, Heinz Josef

Dr. jur., I. Bürgerm. a. D., Industrieberater - Knietschstr. 16, 6710 Frankenthal/Pfalz - Geb. 14. Aug. 1927 Essen (Vater: Josef D., Bundesbahnrat), kath., verh. m. Dr. Renate, geb. Mayer, 4 Kd. - Gymn. Köln u. Essen; Univ. Kiel (Rechtswiss.). Promot. 1952; Ass.ex. 1954 - S. 1954 Stadtverw. Mönchengladbach (Stadtrechtsrat) u. Frankenthal (1959 Stadtrechts-, 1962 -oberrechtsrat, 1964 I. Bürgerm.); ARsmitgl. Dt. Ring, Krankenvers. V.a.G.

DOETSCH, Karl H.

Dr.-Ing., o. Prof. u. Direktor Inst. f. Flugführung TU Braunschweig (s. 1962) - Am Rübenberg 14, 3301 Schapen (T. Braunschw. 360370) - 1972 Gr. BVK.

DOETSCH, Richard Peter

Dipl.-Ing., Vorstandsmitgl. Strabag Bau-AG. - Ochtendunger Str. 39, 5473 Kruft - Geb. 26. Sept. 1929 Kruft, verh. s. 1959 m. Erika, geb. Drehsen, 2 Kd. (Annette, Peter).

DOETSCH, Werner

Dr. jur., Rechtsanwalt, stv. Hauptgeschäftsf. Bundesvereinig. d. Dt. Arbeitgeberverb., Vors. Verb. Dt. Rentenversicherungsträger, Vorstandsmitgl. Bundesversich.anst. f. Angest. - Rurseeallee 17, 5000 Köln 40 - Geb. 16. Juni 1926 - AR- u. VR-Mand. - Gr. BVK.

DOETSCH, Wilhelm

Dipl.-Ing., Reg.sbauassessor a. D., Geschäftsf. Rhein-Lippe-Wohnstättenges. mbH. - Fendelweg Nr. 2, 4300 Essen - Geb. 15. April 1915.

DÖTTINGER, Fritz

Vorstandsmitglied Calwer Decken- u. Tuchfabriken AG., Calw - Eichertstr. 42, 7261 Calw-Alzenberg/Württ. - Geb. 31. Okt. 1929.

DOETZ, Jürgen

Journalist, Geschäftsführer SAT 1-Satelliten-Fernsehen GmbH, u. PKS Programmges. f. Kabel- u. Satellitenrundfunk - Hegelstr. 61, 6500 Mainz - Geb. 9. Okt. 1944 Heidelberg, ev. - Stud. polit. Wiss., Gesch., Soziol. Univ. Heidelberg; Zeitungsvolon. - B. 1971 Redakt.; 1971-76 Pressesprecher Kultusmin. Rhld.-Pfalz; 1976-82 stv. Regierungssprecher Landesreg. Rhld.-Pfalz (Ministerialrat). S. 1985 Vors. Bundesverb. Kabel u. Satellit.

DOHM, Gaby

Schauspielerin - Trogerstr. 17, 8000 München 80 - Geb. 23. Sept. 1943 Salzburg (Mutter: Heli Finkenzeller, Schausp. [s. dort]; Vater: Nill Dohm, Schausp. †), verh. - Zahlr. klass. Rollen an Theatern, z.B. Düsseldorf, München (Residenztheater 15 Jahre); weibl. Hauptrolle in ZDF-Serie Schwarzwaldklinik. M. Ingmar Bergman Tartuff-Hedda Gabler usw. - Preis als beste Schausp. München f. Yvonn-Prinzessin v. Burgund, Mehr. TZ Rosen, 1986

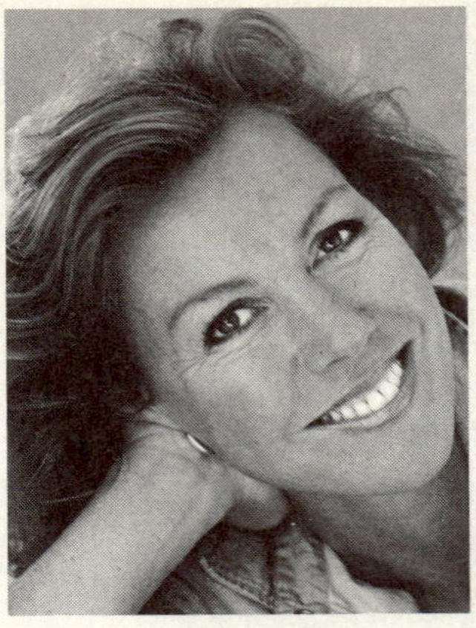

Gold. Kamera (HÖRZU),1986 Ital. TV-Preis il Gatto (Gold. Katze).

DOHMEN, Günther

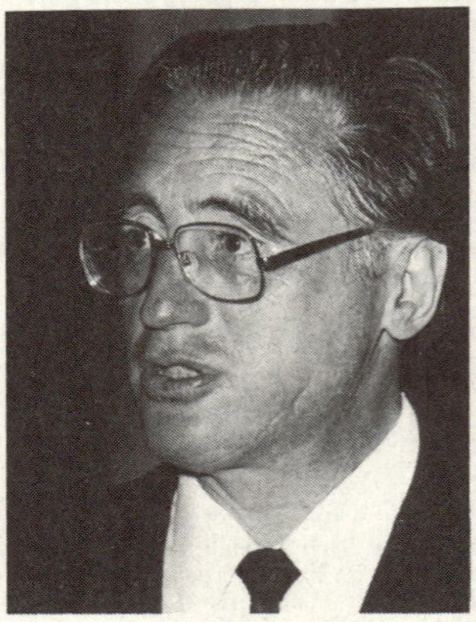

Dr. phil., Dr. h. c., o. Prof. f. Erziehungswissenschaft - Falkenweg 72 , 7400 Tübingen (T. 6 38 28) - Geb. 8. April 1926 Heidelberg (Vater: Dr. med. Hugo D., Arzt; Mutter: Elisabeth, geb. Fraunerath), ev., verh. s. 1956 m. Dr. rer. nat. Karin, geb. Schulze (Biologin), 4 Kd. (Martin, Renate, Stefan, Christiane) - Stud. German., Gesch., Angl., Phil. Promot. 1951 Heidelberg; Habil. 1963 Tübingen - 1952-56 Studienass. u. -rat; 1956-62 Doz. f. Didaktik; s. 1963 Prof. f. Päd.; 1966-79 Leit. Dt. Inst. f. Fernstudien an d. Univ. Tübingen; s. 1967 Ord. Päd. Univ. Tübingen; Vors. Dt. Ges. f. Fernstud.; s. 1968 Vors. VHS-Verb. Baden-Württ.; s. 1987 Vors. Dt. VHS-Verb. - BV (z. T. übers. in Engl., Franz., Span., Jap.); Bildung u. Schule, 2 Bde. 1964/65; D. Fernstud., 1967; D. Aufbau d. Hochschulfernstud. in d. BRD, 1968; Fernstud. im Medienverbund, 1970; Forschungstechniken f. d. Hochschuldidaktik, 1971; Offenes Lernen u. Fernstud., 1976; Externenstud. 1978; Erwachsenenbildung, 1986. Mitherausg.: Unterricht - Aufbau u. Kritik (1968), Unterrichtsforsch. u. didakt. Theorie (1970), Baukasten gegen Systemzwänge (1970), Hochschulunterr. im Medienverbund (2 Bde. 1971); Wiss. Perspektiven z. EB (1982); Weniger Arbeit - mehr Weiterbildung? (1984); Was heißt Bildung?, Bildung u. Technik (1988) - 1954 UN-Preis; 1977 BVK; Ehrendoktor O.U.; 1983 Ehrennadel d. Landes Baden-Württ.; 5 Ehrenbürgerschaften - Spr.: Engl.

DOHMEN, Hubert

Generaldirektor, Präs. IHK Saarbrücken (1971-75), vorher Vizepräs.) u. Saar-Pfalz-Kanal-Verein, Saarbrücken, Vorstandsmitgl. DIHT, Bonn - Kieselpfad 21, 6600 Saarbrücken (T. 63010) - Geb. 21. März 1907 Mönchengladbach (Vater: Franz D., Industriemeister; Mutter: Maria, geb. Leppers), kath., verh. s. 1934 m. Elfriede, geb. Bley, 2 Töcht. (Ruth, Ingrid) - Oberrealsch. u. Banklehre

(Kreisbank AG.) Mönchengladbach; Rhein.-Westf. Sparkassensch. Düsseldorf (IIS-Prüf.) u. a. - B. 1927 Angest. Lehrbank, dann Buchhaltungsleit. Kreissparkasse, Schleiden, 1931-41 Abt.sleit., stv. u. gf. Dir. (1936) Kreissparkasse, Saarbrücken, 1941-74 Vorstandsvors. Landesbank Saar u. Girozentrale Saarbrücken, s. 1951 Vorstandsvors. Saarl. Investitionskreditbank AG., Saarbrücken. Mehrere ARsmandate. Div. pers. Mitgliedsch., dar. Lions Club Saarbrücken - 1969 Gr. BVK; Frhr.-v.-Stein-Plak. - Liebh.: Musik, Golf - Spr.: Franz.

DOHMEN, Ludwig

Stv. Chefredakteur WDR-Hörfunk (s. 1978) - Am Reiferbusch 1, 5060 Bergisch-Gladbach 2 (T. 02202 - 3 21 55) - Geb. 27. Aug. 1935 Mönchengladbach, verh. s. 1964 m. Hannelore, geb. Hützen, 3 Kd. (Felix, Caspar, Agnes) - Dipl.-Volksw. 1963 Köln - 1963-64 Wirtsch.-Redakt. Kölner Stadt-Anzeiger; 1965-69 Wirtsch.-Redakt. WDR; 1969-81 Leit. Abt. Wirtsch. u. Verkehr WDR; s. 1981 Leit. Programmgr. Kommentare u. Feature WDR - Ernst-Schneider-Preis - Liebh.: Musik - Spr.: Engl.

DOHNA, Graf zu, Lothar

Dr. phil., Prof. f. Mittelalterl. Geschichte TH Darmstadt - Rodinghweg 22, 6100 Darmstadt - Geb. 4. Mai 1924 Seepothen - Promot. 1957 Göttingen - S. 1972 Ord. Darmstadt - BV: Reformatio Sigismundi, 1960.

DOHNÁNYI, von, Christoph

Chefdirigent Cleveland-Orchestra/USA (s. 1984/85 - Zu erreichen üb. Severence Hall, 44106 Cleveland, Ohio/USA - Geb. 8. Sept. 1929 Berlin (Vater: Hans v. D., Reichsgerichtsrat, Widerstandskämpfer, 1945 hingerichtet; Mutter: Christine, geb. Bonhoeffer), verh. 1956-78 m. Renate, geb. Zillessen (Schausp.), gesch., 2 Kd. (Katja, Justus); jetzt verh. m. Anja Silja (Opernsängerin), 3 Kd. (Julia, Benedikt, Olga) - Gymn., zul. St. Ottilien (Abit. m. 16 J.); Univ. (4 Sem. Rechtswissenschaft) u. Musikhochsch. München - 1957-66 Generalmusikdir. Lübeck (jüngster d. Bundesrep.) u. Kassel (1963); 1964-68 Chefdirig. Sinfonieorch. WDR; 1968-77 GMD u. Operndir. (1972-1977) Städt. Bühnen Frankfurt/M.; 1977-84/85 Int. u. GMD Hamburgische Staatsoper; jetzt Cleveland-Orch. (1986 Deutschl.-Tournee: München, Bonn, Berlin, Hamburg, Frankfurt). Intern. Gastdirig. Schallpl.-Aufn. - 1951 Richard-Strauss-Preis Stadt München; 1979 Frankfurter Goethe-Med.; 1982 Ung. Bartók-Med. - Beherrscht mehrere Sprachen - Bek. Vorf.: Ernst v. D., Komp. (Ungarn); Geheimrat Prof. Dr. med. Karl Bonhoeffer, Psychiater u. Neurologe (Berlin; Großv. ms.), Dietrich Bonhoeffer (Berlin; Onkel) - Bruder Klaus v. D. (Erster Bürgerm. Fr. u. Hansestadt Hamburg) - Lit.: Karl Günter Simon, D. Kronprinzen, 1969.

DOHNANYI, von, Klaus

Dr., Erster Bürgermeister u. Senator Senatskanzlei u. Staatsarchiv Fr. u. Hansestadt Hamburg (1981-88, zurückgetr.) - Rathaus, 2000 Hamburg 1 (T. 36 81-1) - Geb. 23. Juni 1928 Hamburg (Vater: Hans v. D., Reichsgerichtsrat, Widerstandskämpfer, 1945 hingerichtet; Mutter: Christine, geb. Bonhoeffer), ev., verh. I) 1951 m. Renée, geb. Illing († 1958), II) 1966 Christa, geb. Groß, 3 Kd. (Johannes, Jakob, Babette) - Stud. Rechtswiss. Univ. München, Columbia, Stanford u. Yale Univ. (USA). LL. B. 1953 Yale - 1952-53 New Yorker Anwaltsfa. u. Ford Motor Company; 1954-60 Ford-Werke AG., Köln (1956 Leit. Planungsabt.); 1960-68 Wirtschafts- u. Sozialforschungsinst. INFRATEST (gf. Gesellsch.); 1968-69 Bundeswirtschaftsmin. (Staatssekr.); 1969-72 Bundesmin. f. Bildung u. Wiss. (Parlam. Staatssekr.); 1972-74 Bundesminister f. Bildung u. Wissenschaft; 1976-81 Staatsmin. u. parlam. Staatssekr. im Ausw. Amt; 1969-81 MdB. SPD s. 1957 - BV: Jap. Strategie oder D. dt. Führungsdefizit, 1969; Notenbankkredite an d. Staat?, 1986; Hamburg - Mein Standort, 1986. Herausg.: D. Schulen d. Nation - Z. Bildungsdebatte: Fakten, Forderungen, Folgen (1971) - 1988 Theodor-Heuss-Med.; Humanitarion Award v. B'nai B'rith - Spr.: Engl. - Bek. Vorfahren s. Christoph v. D. (Bruder) - Lit.: Karl Günter Simon, D. Kronprinzen, 1969.

DOHR, Günter

Prof. f. Objekt-Design u. Objekt-Systeme FHS Niederrh., Krefeld - Dorfstr. 135, 4100 Duisburg 25 (T. 0203 - 78 69 27-8) - Geb. 7. Juli 1936 Münster - 1957-62 Stud. Univ. Münster u. Hochsch. f. bild. Künste, Kassel; 1. u. 2. Staatsex. f. d. Lehramt an Höh. Schulen, 1978 Beruf. an d. FHS Niederrh. - 1964-78 Tätigk. als Kunsterzieher u. Arb. im Ber. freie Kunst. Ausstell. s. 1965, dar. Einzelausst. Museen Ludwigshafen, Dortmund, Bonn, Oberhausen, Hagen u. Hannover. Arb. im Ber. Kunst u. Archit. u.a. Ferrostaal, Essen, Kunstmuseum Hannover u. Bundesarchiv Koblenz. Mitbegründ. Künstlergruppe B 1. Mitgl. Westdt. u. Dt. Künstlerbd. - 1976 Arbeitsstip. Kulturkreis im Bundesverb. d. Dt. Ind.; 1988 Atelierstip. Djerassi Foundation, Woodsicle Californien - Spr.: Engl.

DOHR, Roman

Dr., Dipl.-Chem., Mitglied d. Geschäftsltg. Henkel KGAA Düsseldorf (s. 1973) - Mozartstr. 10, 5657 Haan - Geb. 2. Jan. 1931 Wadern/Saar - Mehrj. Ausl.-Aufenthalte (Südamerika, Spanien) - Mitgl. Board of Directors, Loctite Corp., Hartford. Con. - Spr.: Engl., Franz., Span.

DOHRMANN, Jürgen

Dr. rer. nat., Dipl.-Chem., Prof. am Inst. f. Physikal. u. Theor. Chemie der FU Berlin (s. 1987 gf. Direktor) - Takustr. 3, 1000 Berlin 33 - Geb. 11. Juni 1938 Landsberg/Warthe - Prom. 1968, Habil. 1971 - S. 1971 Prof. f. Physikal. Chemie.

DOHRMANN, Rolf

Dr. med., Prof., Ärztl. Direktor u. Chefarzt i.R. Chir. Abt. Städt. Behring-Krkhs. - Camphausenstr. 25, 1000 Berlin 37 (T. 8012617) - Geb. 29. Dez. 1918 Oderberg/Mark (Vater: Franz D., Beamter; Mutter: Claire, geb. Lotze), ev., verh. s. 1950 m. Dr. Ingelotte, geb. Zimmermann, Sohn Peter - 1939-45 Univ. Gießen u. Göttingen - Ärztl. Tätigk. Humboldt- (1948-51) u. Freie Univ. Berlin (1952-60); s. 1959 (Habil.) Privatdoz. u. apl. Prof. (1966) FU (Chir.); 1960-84 Ärztl. Dir. u. Chefarzt Chir. Abt. Behring-Krkhs. Fachveröff. - Spr.: Engl., Franz. - Rotarier.

DOHRMANN, Rolf Erich

Dr. med., Prof., Ärztl. Direktor u. Chefarzt Innere Abt./Ev. Waldkrankenhaus Spandau, Berlin 20 - Kaiserstr. 24, 1000 Berlin 20 - Geb. 14. Nov. 1926 Braunschweig - Promot. 1952; Habil. 1961 - S. 1968 apl. Prof. Univ. Bonn u. FU Berlin - BV: ß-Glucuronidase u. Entgiftungsstoffwechsel, 1968; Leber- u. Gallenleiden, 1971; Diätrichtlinien f. Leber- u. Gallenkranke, 1971; Neue Therapie d. Herzinfarktes u. coronarer Herzkrankh., 1978-83.

DOHRN, Klaus

Dr. rer. pol., Bankier - Hofgut Staudach, 8152 Feldkirchen (T. 08063 - 79 97) - Geb. 23. Mai 1905 Breslau (Vater: Dr. Georg D., Leit. Schles. Philharm; Mutter: Hedwig, geb. Commichau), verh. m. Katharina, geb. Engel - Univ. Berlin u. Breslau - U. a. Vorst.-Mitgl. Bayer. Hypotheken- u. Wechsel-Bank, München, u. Kreditanst. f. Wiederaufbau, Frankfurt; 1960-72 Geschäftsinh. BHG bzw. BHG/Frankf. Bank - Ehrensenator Max-Planck-Ges., VR German. Nationalmus. Nürnberg - BV: Bürger u. Weltbürger. E. Familiengesch., 1983 - 1970 Komturkreuz finn. Löwen-Orden; Gr. BVK m. Stern.

DOHRN, Tobias

Dr. phil., Prof., Klass. Archäologe - Kardorfer Str. 45, 5000 Köln 51 (T. 38 63 80) - Geb. 23. Dez. 1910 Berlin, ev., verh. s. 1938 m. Gerda, geb. Lensing - Bismarck-Gymn. Berlin; Univ. Freiburg/Br., München (Promot. 1935; Habil. 1943) - S. 1944 Privatdoz. u. apl. Prof. (1951) Univ. Köln (1960 Wiss. Rat, 1964 Wiss. Rat u. Prof.) - BV: D. schwarzfigur. etrusk. Vasen aus d. 2. Hälfte d. 6. Jh., 1937; Grundzüge etrusk. Kunst, 1948; Att. Plastik v. Tode d. Phidias b. z. Wirken d. gr. Meister d. IV. Jh., 1957; Tyche v. Antiochia, 1960. Zahlr. Aufs. z. griech. u. etrusk. Kunst. Mitarb.: Helbig, Führer durch d. klass. Altertümer v. Rom (Bd. I 1964) - 1960 Socio straniero Istituto di Studi Etruschi ed Italici; socio corrispondente della Pontificia Accademia Romana di Archeologia (26-VI-1969).

DOHSE, Richard

Kaufmann (selbst.) - Beethovenstr. 14, 4800 Bielefeld (T. 58 41) - Geb. 25. Febr. 1926 Bielefeld (Vater: Wilhelm D., selbst. Kaufm.; Mutter: Wilhelmine, geb. Schwarz), ev., verh. 1951 m. Gertrud, geb. Baumhöfener, 4 Kd. (Renate, Friedrich-Wilhelm, Ferdinand, Richard-Ludwig) - Gymn., kaufm. Lehre - S. 1972 Präs. Hauptverb. Papier, Pappe u. Kunststoffverarb. Ind.; b. 1986 Präs. IHK Ostwestfalen, Bielefeld - Spr.: Engl.

DOLAINSKI, Klaus

Dipl.-Kfm., Geschäftsführer Handelsblatt GmbH, Ges. f. Wirtschaftspubliz. GWP mbH, Verlag Wirtsch. u. Finanzen GmbH, alle Düsseldorf, Schäffer Verlag f. Wirtsch. u. Steuern GmbH, Stuttgart - Kasernenstr. 67, 4000 Düsseldorf 1 - Vorher 13 J. Tätigk. in Verlagen: Jul. Springer, Berlin, Heidelberg, Vereinigte Motor-Verlage GmbH & Co. KG, Stuttgart u. Unternehmensber.

DOLATA, Werner

Bundestagsabgeordneter/Vertr. Berlins (s. 1981) - Mansteinstr. 5, 1000 Berlin 30 (T. 2164796) - Geb. 23. Febr. 1927 Brandenburg (Vater: Paul D.; Mutter: Elisabeth, geb. Menzel), kath., verh., 3 Kd. (Bernhard, Birgitta, Burkhard) - Dentistenausbild. Staatsex. als Dentist 1950; Approb. als Zahnarzt 1953 - 1958-67 Bezirksverordn. Schöneberg (zul. stv. Fraktionsvors.), b. 1981 MdA (jugendpolit.-Sprecher, Fraktionsvorst., Aussch.vors. Familie u. Jugend). Mitgl. Freiw. Selbstkontr. d. Filmwirtsch. (FSK). CDU s. 1946 - 1974 BVK a. Bd.

DOLD, Albrecht

Dr. rer. nat. (habil.), o. Prof. u. Direktor Math. Inst. Univ. Heidelberg (s. 1963) - Türkenlouisweg 14, 6903 Neckargemünd - Geb. 5. Aug. 1928 Triberg/Schwarzw. - 1958-62 Privatdoz. u. apl. Prof. (1960); 1960-62 Prof. Columbia Univ. New York; 1962-63 Ord. Univ. Zürich - Fachaufs. - S. 1974 o. Mitgl. Heidelberger Akad. d. Wissensch. u. 1985 Dt. Akad. d. Naturforscher Leopoldina; 1983 Dr. rer. pol. h. c. Univ. Karlsruhe.

DOLDE, Klaus-Peter

Dr. jur., Honorarprof. Univ. Tübingen, Rechtsanwalt - Holbeinweg 32, 7000 Stuttgart 1 (T. 0711 - 85 91 94) - Geb. 19. Febr. 1944 Schöntal, verh. s. 1970 m. Dr. Gabriele, geb. v. Düsterlho - 1963-65 u. 1966-68 Univ. Tübingen; 1965-66 FU Berlin; 1. jurist. Staatsex. 1968 Tübingen; 2. jurist. Staatsex. 1971 Baden-Württ.; Promot. 1971 - 1970-71 Wiss. Mitarb. b. Prof. Dr. O. Bachof; s. 1972 Rechtsanw. - BV: D. polit. Rechte d. Ausländer in d. Bundesrep., 1972; Mitarb. an: D. Recht d. Bebauungsplans, 2. A. 1980; Städtebaul. Entwicklungsplanung in d. Praxis, 1981 - 1984 Honorarprof. Univ. Tübingen.

DOLDI, Günther

Dr. jur., Rechtsanwalt, Fachanwalt f. Steuerrecht, öfftl. best. u. vereid. Sachverst. f. Unternehmensbewert. IHK München u. Obb. - Leitnerstr. 6a, 8162 Schliersee (T. 08026 - 68 88) - Geb. 4. Aug. 1922 München.

DOLEZAL, Richard

Dr. techn., Prof. f. Verfahrenstechnik u. Dampfkesselwesen Univ. Stuttgart - Pfaffenwaldring 23, 7000 Stuttgart 80 - Geb. 26. Mai 1921 Kostelec n. O. (Vater: Bretislav D.; Mutter: Marie, geb. Cerny), verh. s. 1947 m. Vladimira, geb. Podrazil, 2 Kd. (Richard, Petronilla) - Stud. TH Prag - Mitgl. VDI; insg. 52 Patente - BV: Großkesselfeuerungen, 1961; Durchlaufkessel, 1962; System Dynamics, 1970; Vorgänge b. Anfahren von Dampferzeugern, 1977 - Spr.: Tschech., Franz., Engl., Russ.

DOLEZALEK, Gero

Dr. jur., Prof. f. röm. Recht, Rechtsvergleichung u. Rechtstheorie - Univ. of Cape Town, SA 7700 Rondebosch - Geb. 18. Jan. 1943 Posen, ev. - Stud. Gesch. u. Rechtswiss. Univ. Kiel, Florenz, Modena, Frankfurt; Promot. 1967 - BV: Verz. d. Handschriften z. römischen Recht, 1972 (4 Bde.); Repertorium Codicis Justiniani, 1985 - Spr.: Engl., Franz., Ital., Niederl., u. a.

DOLEZICH, Norbert

Maler, Graphiker u. Schriftst. - Händelstr. 28, 4350 Recklinghausen (T. 02361 - 2 25 63) - Geb. 16. Febr. 1906 Bielschowitz/Oberschl., kath., verw. s. 1977, 3 Kd. - Hilfsschlosser; Abit. 1928; Stud. Kunstgesch., Kunstpäd., Phil.; Staatsex. 1941 Berlin - Malerei u. Graphik; Schriftst. Tätigk.: Lyrik u. Prosa; Kunstpäd. Tätigk.; Ausb. v. Kunstpäd. - BV: 3 Lyrikbde., 1960, 73 u. 75; Wiesufer (Erzählbd.), 1976; Johannes Standorfer, Künstler-R. 1986 - 1940 Preis Kunstverein Königsberg; 1943 Kunstpreis Prov. Oberschlesien; 1949 Kunstpreis Westf. Heimatbund; 1979 BVK; 1985 Ehrengabe Lovis Corinth-Preis Regensburg - Lit.: u. a. Vollmer, Allg. Lexikon d. bild. Künstler (1953); G. Ott: Künstlerprofile (1980); W. Timm u. R. Schreiner: N. Dolezich, D. druckgraph. Werk (1982).

DOLEZOL, Theodor

Schriftsteller u. Journ. - Schanzenbachstr. 11, 8000 München 70 - Geb. 18. Aug. 1929 Duisburg, kath., verh. s. 1966 m. Hannelore, geb. Fritsch - Gymn. Breslau u. Düsseldorf; Stud. Theaterwiss., Neue Dt. Lit., Psych. u. Phil. Univ. Marburg, Bonn u. München - BV: Feature, Sachb., Science-Fiction; Aufbruch zu d. Sternen, 1969 (TB 1977); Delphine - Menschen d. Meeres, 1973; Planet d. Menschen, 1975; Adam zeugte Adam, 1979. Hörbilder, Hörfunkreihen: Lucy im Diamantenhimmel (1967); Keine Antwort v. Antares (1968); Wenn d. Eiszeit wiederkommt (1970); Unsere Freunde - d. Delphine (1972); Erdbeben (1976); Allein im Kosmos? (1981); Woher wir kommen (1983); Bekanntschaft m. d. Erde (1984); D. Außerirdischen (1987); Geschichte u. Zukunft d. Weltalls (1988). Artikelserien: D. neue Bild d. Evolution (1986); D. schwere Weg v. Tier z. Menschen (1987) - 1976 Dt. Jugendbuchpreis f.: Planet d. Menschen; PEN-Mitgl.

DOLL, Erich

Dr. med., Prof., Chefarzt (Internist) - Kurklinik Sinnighofen, 7812 Bad Krozingen/Br. - Geb. 25. Febr. 1927 Schramberg/Württ. - S. 1963 (Habil.) Lehrtätigk. Univ. Freiburg/Br. (1969 apl. Prof. f. Inn. Med.) - 1964 Theodor-Frerichs-Preis.

DOLL, Gary

s. Doll, Wolfram Gary

DOLL, Hans Karl

Ing., Geschäftsführer Rapistan Lande GmbH Fördersystematik, Mönchengladb., Vorstands- u. Beiratsvors. VDI-Gesellsch. Fördertechnik Materialfluß u. Logistik (FML), Kurator Fraunhofer-Inst. f. Transporttechn. u. Warendistribution (ITW), Dortmund - Pollerbäumchen 23, 4050 Mönchengladbach 6 (T.

02161 - 55 75 60) - Geb. 28. Sept. 1933 Offenbach.

DOLL, Hans-Peter

Prof., Generalintendant a. D., Landesbeauftr. f. d. künstler. Bühnennachwuchs Baden-Württ. (s. 1985) - Wohnh. in 7000 Stuttgart - Geb. 21. Febr. 1925 Offenbach/M., kath., verh. s. 1959 m. Peggy, geb. Thorndike - Mittel- u. Obersch. - Univ. Frankfurt/M. (Literatur- u. Theatergesch.) - 1946 Dramat. Städt. Bühnen Frankfurt/M., 1951 Gelsenkirchen, 1952 Chefdramat. Staatstheater Braunschweig, 1953 Schauspielhaus Bochum, 1959 Landestheater Hannover, 1962 Theater d. Fr. Hansestadt Bremen, 1963 Int. Städt. Bühne Heidelberg, 1968 Generalint. Staatstheater Braunschweig, 1972 Staatstheater Stuttgart. Zahlr. Übers. u. Bearb. engl., amerik. u. franz. Bühnenstücke u. -märchen n. d. Brüdern Grimm - BV: Theater (zus. m. Erken); Skizzen aus d. Ballettsaal; Mein erstes Engagement.

DOLL, Wolfram G.

Volkswirt, Geschäftsf. Diversey GmbH., Frankfurt/M. - Zul. Am Forsthaus Gravenbruch 49, 6078 Neu-Isenburg - Geb. 13. Okt. 1936 Legau, kath., verh. s. 1966, 2 Töchter (Barbara, Claudia) - Spr.: Engl.

DOLL-HEGEDO, Hannelore,
geb. Weist

Journalistin, Verlegerin pro-info-Verlag (Sylt-Lit. u. Nordd. Lit.) - Postf. 150, 2055 Aumühle (T. 04104 - 26 12) - Geb. 18. April 1925 Stettin, verh. s. 1944 m. Herbert Gerhard Doll, 2 S. (Dirk-Rainer, Torsten) - Abit.; Ing.schule Stettin - Stv. Chefredakt. Sylt Verlag Heinrich Möller Söhne, Rendsburg - BV: Kochbuch Sylt, Amrum, Föhr, 1981; Kochbuch Lüneburger Heide, 1983. Herausg.: Kl. Bettlektüre, Sylt u. Hobbyköche, Kochkunst d. Frauen. Hörspiele (Kinderf.); FS-Spiele (Kinderf.).

DOLLICHON, Uwe

Schriftsteller - Meller Str. 285, 4500 Osnabrück (T. 0541-571933) - Geb. 20. Dez. 1953 Osnabrück, kath. - Angest. Neue Osnabrücker Ztg. - BV: Anfang u. Ende, 1974; In d. Pfanne gehauen, 1983; u.a.

DOLLINGER, Hans

Publizist, Schriftst. - Hochweg 6, 8031 Wörthsee-Etterschlag (T. 08153 - 76 09) - Geb. 5. Febr. 1929 Biberach/Riß - Buchhändler - Journ., Redakt. (Ztschr. D. Kultur, Desch, 1958-62), Schriftst., Lektor - BV: u. a. D. totale Autoges., 1972; Lachen streng verboten, 1972; Schwarzbuch d. Weltgesch., 1973; D. Himmel hat Grenzen, 1974; Bayern - 2000 Jahre in Bildern u. Dokumenten, 1976; Preußen - E. Kulturgesch. in Bildern u. Dokumenten, 1980; Kain, wo ist dein Bruder? - Was d. Mensch im Zweiten Weltkrieg erleiden mußte, 1983; Friedrich II. v. Preußen. S. Bild im Wandel v. 2 J., 1986. Div. Herausg. - 1972 Mitgl. PEN-Zentrum BRD u. VS i. d. IG Druck u. Papier.

DOLLINGER, Heinz

Dr. phil., Prof., Prorektor f. Struktur, Planung u. Bauangelegenh./Histor. Seminar Univ. Münster - Dompl. 20-22, 4400 Münster/W. - Geb. 30. Juni 1929 Ingolstadt - Promot. 1963 München, Habil. 1972 Münster - 1973 H. apl. Prof. f. Neuere u. Neueste Geschichte - BV: Stud. z. Finanzreform Maximilian I. v. Bay. in d. J. 1598-1618, 1968.

DOLLINGER, Karl

I. Bürgermeister - Rathaus, 8073 Kösching/Obb. - Geb. 26. Aug. 1914 Kösching - Fuhruntern. SPD.

DOLLINGER, Werner

Dr. rer. pol., Bundesminister a.D., MdB - Hampfergrundweg 30, 8530 Neustadt/ Aisch (T. 2494) - Geb. 10. Okt. 1918 Neustadt/Aisch (Vater: Richard D., Großhändler; Mutter: geb. Hösch), ev., verh. s. 1945 m. Herta, geb. Dehn, 3 Kd. (Magdalena, Walter, Annemarie) - Realsch. Neustadt, WH Nürnberg, Univ. Frankfurt/M., TH München, Dipl.-Kfm. 1940; Promot. 1942 - 1942-43 Außenhandelsst. f. Nordbay. u. Südthür., Nürnberg, dann Wehrdst., s. 1945 Leit. Dampfziegelei A. Dehn, Neustadt, Mitgl. Stadt- u. Kreisrat, s. 1948 Vors. Industrie- u. Handelsgremium Neustadt-Scheinfeld, s. 1951 Kreisvors., Mitgl. Landesausch. u. stv. Vors. CSU, s. 1952 Vors. Bayer. Tonind.verein, Bez. Mittelfranken, s. 1953 MdB (Mitgl. Fraktionsvorst., 1961 Landesgruppenleit. CSU, s. 1956 Mitgl. Gemeins. Vers. Europ. Gemeinschaft f. Kohle u. Stahl, 1962-69 Bundesschatz- u. Bundesminister f. d. Post- u. Fernmeldewesen (1966), 1982-87 Bundesmin. f. Verk. - BV: Post 2000, 1969 - 1969 Gr. BVK m. Stern u. Schulterband, Gr. Gold. Ehrenz. Rep. Österr. - Liebh.: Landw. (eig. Bauernhof), Tennis, Schwimmen, Wandern.

DOMAGK, Götz F.

Dr. med., Dipl.-Chem., Prof., Abteilungsvorsteher Physiol.-Chem. Inst. Univ. Göttingen (s. 1969) - Ebelhof 20, 3400 Göttingen (T. 33306) - Geb. 14. Aug. 1926 Münster/Westf. (Vater: Prof. Dr. med. Drs. h. c. Gerhard D., Pathologe, Nobelpreisträger 1939, † 1964; Mutter: Gertrud, geb. Srübe), ev., verh. s. 1962 m. Dr. Jutta, geb. Herrmann, 3 S. (Kai, Dirk, Klaus) - 1945-51 Stud. Med. Univ. Göttingen; 1952-56 Stud. Chemie Univ. Göttingen u. TH Braunschweig; Habil. 1964 Göttingen - 1964 Privatdoz., 1969 Prof. Univ. Göttingen, 1970 Dir. Biochem. Inst./Univ. Louvain (Belg.), 1972 Leit. Abt. f. Enzymchemie Univ. Göttingen. 1956-57 u. 1965-66 USA-Aufenth. (30 Mon.). Spez. Arbeitsgeb.: Zuckerstoffw. - BV: D. Nucleinsäuren, 1966 (m. E. Harbers; auch Engl.). Zahlr. Fachveröff.

DOMARUS, von, Dietrich

Dr. med., Prof. f. Augenheilkd. Univ. Hamburg, Ophthalmologe - Zu erreichen üb. Univ.-Augenklinik, Martinistr. 52, 2000 Hamburg 20 - Geb. 1. Nov. 1941 Lübeck, verh., 3 Kd. - 1961-67 Stud. Univ. Marburg u. Hamburg - Ltd. Oberarzt Univ.-Augenklinik Hamburg, Ophthalmopathol. Labor - BV: Rd. 110 wiss. Publ., Mitarb. Handb.: Pathol. d. Auges v. G.O.H. Naumann) 1980 (Engl. 1986, Jap. 1987 u. Span. in Vorb.).

DOMBROWSKI, Harald

Dr., Kaufmann, Geschäftsf. Einkaufskontor Frankfurt - 6240 Königstein (T. 06174 - 54 38) - Geb. 6. Febr. 1940 Frankfurt/M., ev., verh. s. 1965 m. Gisela, geb. Rosenberg, 2 T. (Ines, Angela) - Jura-Stud., Promot. - Stv. Beiratsvors. Mainzer Verlagsanst. Mainz, Vorst.-Mitgl. Landesausch. Groß- u. Außenhdl. f. Hessen, Frankfurt, Beiratsmitgl. Commerzbank AG f. Hessen - BV: Mißbrauch d. Verwaltungsmacht - Spr.: Franz., Engl.

DOMBROWSKI, Heinz Dieter

Dr. rer. nat., Prof. f. Mathematik - Bauernreihe 4A, 2862 Worpswede - Geb. 3. Nov. 1936 Kallenau - Promot. 1962; Habil. 1966 - S. 1971 Prof. Univ. Bremen. Fachaufs.

DOMBROWSKI, Horst

Dr. med., Prof. f. Röntgendiagnostik, Leiter Abt. f. Strahlendiagnostik Med. Zentrum f. Radiol. Univ.-Klinikum Marburg - Am Grassenberg 23, 3550 Marburg - Geb. 22. Nov. 1924 Berlin, verh. s. 1953 m. Dr. med. Gisela, geb. Forster, 3 Kd. - Habil. 1972 Marburg - 1975 C3-Prof. Arb. üb. gastrointest. Angiogr., Dünndarm- u. Dickdarmdiagnostik.

DOMBROWSKI, Lothar

Chefsprecher WDR - Zum Waschbach 12, 5060 Bergisch Gladbach 2 (T. 02202 - 8 50 50) - Geb. 22. Dez. 1930 Bromberg, verh. s. 1984 in 2. Ehe m. Dr. Erika, geb. Sauer von Aichried, 2 Kd.

(Dr. Thomas, Andrea) - Abit.; 3 Semester Humanmed. Humboldt-Univ. Berlin; Musikstud. Hochsch. f. Musik Berlin, Hauptfach Gesang; nach Examen HFM - Konzertsänger (Bariton), Engagements an versch. Provinzbühnen, u.a. 5 J. Pfalztheater Kaiserslautern. 1965 Sprecher b. SWF, Moderator versch. Funkmagazine, Reporter, 1967 Sprecher Tagesschau Hamburg NDR, Fr. Mitarb. als Moderator b. and. ARD-Anstalten u.a. Mittagsmagazin WDR-Hörf., Schaukelstuhl WDR-FS, 1973 Sprecher/Moderator WDR, 1974 Chefsprecher u. Leit. Sendebüro d. Hörf.sendeleitg. WDR - 1975 Wilhelmine-Lübke-Preis.

DOMENJOZ, Robert

Dr. med., o. Prof. f. Pharmakologie u. Toxikol. - Rüdigerstr. 42, 5320 Mehlem/Rh. (T. Bad Godesberg 12042) - Geb. 23. Dez. 1908 Lausanne (Schweiz) - S. 1950 Ord. u. Inst.sdir. Univ. Saarbrücken u. Bonn (1958).

DOMES, Jürgen Otto

Dr. phil., o. Prof. Univ. d. Saarl., Leiter Arbeitsstelle Politik Chinas u. Ostasiens (s. 1975) - Kleeweg 2a, 6603 Sulzbach-Hühnerfeld - Geb. 2. April 1932 Lübeck (Vater: Alfred D., Prof. u. Schriftst.; Mutter: Freiea, geb. Johannsen) - Stud. Marburg 1952-54, Heidelberg 1954-60. Promot. 1960 Heidelberg - 1960-62 Forsch.sassist. Heidelberg; 1963-64 Akad. Rat, 1969-75 Prof. FU Berlin - BV: Mehrheitsfraktion u. Bundesreg. - Aspekte d. Verhältn. d. CDU/CSU-Bundestagsfraktion z. Kabinett Adenauer in 2. u. 3. Dt. Bundestag, 1964; Politik d. Herrschaft in Rotchina, 1965 (m. anderen); Kulturrevolut. u. Armee - D. Rolle d. Streitkräfte in d. chines. Kulturrevolut., 1967; D. Kuomintang-Herrschaft in China, 1970; Vertagte Revolut. - D. Politik d. KMT in China 1923-37, 1969; D. Ära Mao Tse-tung - 2 Jahrzehnte Innenpolit. in d. VR China, 1972 (auch engl.); D. Außenpolit. d. VR China - E. Einf., 1972 (m. Marie-Luise Näth); China n. d. Kulturrevolut. - Polit. zw. zwei Parteitagen, 1975; Sozialismus in Chinas Dörfern, 1977; Pol. Soziol. d. VR China, 1980; Taiwan im Wandel, 1981; The Government and Politics of the PRC: A Time of Transition, 1985; P'eng Te-huai, 1985 - 1973 Sophie-Charlotte-Plak. f. Kunst u. Wiss. - Liebh.: Klass. europ. u. chines. Musik, österr.-ungar. Gesch. - Spr.: Engl., Franz., Latein, Chines.

DOMES, Rainer

Geschäftsführer MAN Lager- u. Systemtechnik GmbH., München - Wagnerstr. 5, 8031 Puchheim/Obb. - Geb. 20. März 1939.

DOMEYER, Friedrich

Dipl.-Ing., Bezirksstadtrat a. D. - Löwenbrucher Weg 35, 1000 Berlin 49 (T. 7445015) - Geb. 9. Dez. 1912 Duderstadt, verh., 7 Kd. - TH - S. 1947 öffl. Dienst Berlin (u. a. Leit. Vermessungsamt Tempelhof u. 1965-72 (Rücktr.) Bezirksstadt u. Leit. Abt. Bauwesen Neukölln), s. April 1974 v. d. IHK Berlin öff. best. u. vereidigt. Sachverst. f. Grundstücks- u. Gebäudebewertung. SPD s. 1946 - Liebh.: Gärtnerei, Imkerei, Musik (spielt Querflöte) - Spr.: Engl., Franz., Russ.

DOMIN, Hilde

Dr., Schriftstellerin - Graimbergweg 5, 6900 Heidelberg (T. 1 25 45) - Geb. 27. Juli 1912 Köln, verh. s. 1936 m. Prof. Dr. phil. Erwin Walter Palm †1988, Kunsthistoriker u. Hispanist - Gymn. Köln; Stud. Jura, Soziol., Phil. Heidelberg, Köln, Berlin, Rom, Florenz. Promot. 1935 (Dott. in scienze politiche) - 1939-40 Sprachlehrerin England; 1947-52 Lektorin f. Deutsch Univ. Santo Domingo. Lyrik s. 1951 - BV/Lyrik: Nur e. Rose als Stütze, 1959; Rückkehr d. Schiffe, 1962; Hier, 1964; Höhlenbilder (Hundertdr. m. Graph. v. Mack), Ged. 1968; Ich will dich, Ged. 1970; Gesamm. Ged., 1987; R.: D. zweite Paradies, 1968 u. 86; Erz.: D. andalus. Katze, 1971, Wozu Lyrik heute? - Dichtung u. Leser in d. gesteuerten Gesellschaft (1968), Para qué la lírica hoy? v. Juan Faber u. Rafael Gutiérrez Girardot, 1986; V. d. Natur nicht vorgesehen (Autob.) 1974; Aber d. Hoffnung (Autobiogr. aus u. üb. Dtschl), 1982 (alle B. lfd. neu aufgel. b. 1982/83/84/85); D. Gedicht als Augenblick v. Freiheit, 1988. Frankf. Poetik-Vorlesungen. Übers.: Numai o floare ca sprijin, v. Lidia Staniloae, Gheorghe Pitut. Einleit. Gerhard Cscjka. Ed. Univ. Bukarest (1978); Four German Poets: Eich, Domin, Fried, Kunert, v. Agnes Stein, 1979. Herausg.: Spanien erzählt (1963; Fischer-Bücherei); D. zeitgenöss. dt. Gedicht zwischen Autor u. Leser - Doppelinterpretationen (1966); J. Rochow, D. leise Krieg (Nachl.) Ged. 1988, Nachkrieg u. Unfrieden - Ged. als Index 1945-70 (1970); Nelly Sachs, Ged. (1977) - 1968 Ida-Dehmel-Preis GEDOK (1. Träger), 1971 Droste-Preis, 1972 Ehrenplak. Heinrich-Heine-Ges./Bronzeplak. (2. Träger n. Max Brod), Literaturpreis d. Stadt Bad Gandersheim (Roswithaplak.) 2. Träger, 1976 Rilkepreis (2. Träger), 1982 Richard-Benz-Med. Stadt Heidelberg, 1983 Nelly-Sachs-Preis Stadt Dortmund; 1983 BVK I. Kl.; Mitgl. Dt. Akad. f. Spr. u. Dicht.

PEN-Zentrum BRD (1964ff.) - Spr.: Engl., Franz., Ital., Span. - Lit.: Heimkehr ins Wort. Materialien zu Hilde Domin. Herausg. B. v. Wangenheim, 1982.

DOMKE, Helmut

Dr.-Ing., Prof. f. Konstruktive Gestaltung - Gut Steeg 15, 5100 Aachen - Geb. 15. Sept. 1912 Aachen (Vater: Prof. Dr.-Ing. E. h. Oskar D., Ord. TH Aachen; Mutter: Elisabeth, geb. Hirsch), ev., verh. s. 1939 m. Elisabeth, geb. Blauhöfer, 3 Töcht. (Karin, Birgit, Jutta) - Realgymn.; TH (Bauing.wesen). Dipl.-Ing. (1936) u. Promot. (1940) Hannover - B. 1963 berat. Ing., dann Ord. TH Aachen (Konstruktive Gestaltung, 1969 zusätzl. Holz- u. 1972 Kunststoffbau). Entwurf zahlr. Großbauvorhaben f. d. Brücken-, Wasser- u. Industriebau. Erf.: Taucherströmungsschutz (1946), Hydraul. Doppelauslegerkran (1947), Wellenspundwand (1953) - BV: Grundl. konstrukt. Gestaltg., 1971; Kunststoffbau, 1981; Aktive Verformungskontrolle im Bauwesen, 1981 - 1975 o. Mitgl. Rhein.-Westf. Akad. d. Wiss. - Liebh.: Segeln - Spr.: Engl., Franz. - Bek. Vorf.: Geheimrat Prof. August Hirsch (ms.).

DOMKE, Karl

Dr. theol., Dr. phil., Prof., Ministerialdirektor a.D. - Am Staden 30, 6600 Saarbrücken (T. 0681 - 6 33 06) - Geb. 10. März 1909 Hagen, ev., verh. s. 1935 m. Dr. Grete Meyer zu Spradow, S. Karl-Dietrich - Zul. Rektor Comenius-Hochsch. Saarbrücken (1959), dann ständ. Vertr. d. saarl. Kultusmin., s. 1973 Ruhest. (s. auch XIX. Ausg.).

DOMM, Ulrich

Dr.-Ing., Direktor, o. Vorstandsmitgl. Klein, Schanzlin & Becker AG., Frankenthal, Vors. Fachgem. Pumpen/VDMA, Frankfurt/M. - Heinrich-Bärmann-Str. 17, 6702 Bad Dürkheim - Geb. 17. Mai 1923.

DOMRICH, Hermann

Dr. med., Prof., Chirurg - Kudowastr. 14, 1000 Berlin 33 (T. 825 30 87) - Geb. 18. Juni 1901 Sonneberg/Thür., ev., verh. s. 1946 m. Eva, geb. Bareis - Gymn. Meiningen; Univ. Jena, München, Berlin, Würzburg - Ab 1926 Chir. Univ.sklinik Berlin (Ziegelstr.), 1945-51 Elisabeth-Krkhs. (b. 1948 komm., dann Ärztl. Dir. u. Chefarzt Chir. Abt.), 1952-70 Martin-Luther-Krkhs. ebd. (Chefarzt Chir. Abt. u. Ärztl. Dir.). 1954-58 Mitgl. Ev. Kirchenleit. Berlin-Brdbg., s. 1962 Deleg. d. Ärztekammer Berlin - S. 1971 Ehrenmitgl. Berliner Chir. Ges.; 1980 Ehrenmitgl. Berliner Ärztekammer.

DOMRICH, Ottomar

Rechtsanwalt u. Notar, Präs. Hertha BSC Berlin (b. 1979) - Tauentzienstr. 4, 1000 Berlin 30 (T. 030 - 781 70 31) - Geb. 3. Juni 1937 Berlin (Vater: Prof. Dr. Hermann D., Chirurg; Mutter: Barbara, geb. Nobiling), ev., verh. s. 1978 m. Ulrike, geb. Borchert, 5 Kd. (Dirk, Julia, Hans-Florian, Angelika, Judith) - Jura-Stud. - 1976-79 Präs. Hertha BSC e.V., s. 1979 Kurat.smitgl. Fürst Donnersmarck-Stiftg. Berlin - Spr.: Engl.

DOMRÖS, Manfred

Dr. rer. nat., o. Prof. u. Direktor Geograph. Inst. Univ. Mainz (s. 1974); Region. Geogr. v. Monsunasien, allg. u. angew. Klimatologie - Kirschblütenweg 16, 6500 Mainz 33 - Geb. 7. März 1940 Essen (Vater: Willi D., Ing.; Mutter: Friedel, geb. Kohlberg), ev., verh. s. 1966 m. Gisela, geb. Knippscheer, 3 Kd. (Joachim, Martin, Jörg). Stud. d. Geogr., Meteorol., Math. Univ. Münster, Bonn; Promot. 1965; Habil. 1972 Heidelberg - 1972-74 Wiss. Rat u. Prof. TH Aachen - BV: Luftverunreinig. u. Stadtklima i. Rhein.-Westf. Industriegeb., 1966; The Agroclimate of Ceylon, 1974; Sri Lanka - D. Tropeninsel Ceylon, 1976; The Climate of China, 1988 - 1988 Honorarprof. Acad. Sinica, Beijing.

DOMRÖSE, Lothar

Generalleutnant a. D., s. XX. Ausg. - Präs. Clausewitz-Ges.; Gf. Vors. Dt. Strategie-Forum - Herausg.: Ulrich de Maizière - Stationen e. Soldatenlebens, Herford 1982.

DOMSCH, Klaus

Dr. rer. nat., Prof. - Bundesallee 50, 3300 Braunschweig (T. 51996) - Geb. 28. Jan. 1926 Chemnitz (Vater: Heinz D., Kunsthist.; Mutter: Margarete, geb. John), ev., 4 Kd. (Albrecht, Ulrike, Martin, Bettina) - Stud. Humboldt-Univ. Berlin u. Univ. Göttingen; Promot. 1953 Göttingen - Nach Habil. (1967) Privatdoz. Landwirtschaftl. Hochsch. Hohenheim (bis 1978), s. 1967 Dir. Inst. f. Bodenbiol. a. d. Bundesforschungsanst. f. Landwirtsch. Zahlr. Fachmitgl.sch. - BV: Pilze aus Agrarböden, 1970; Fungi in agricult. soils, 1972; Compendium of soil fungi, 1980. Herausg.: Umweltschutz in Land- u. Forstwirtsch. (1972) - Spr.: Engl., Franz.

DOMSCH, Michel

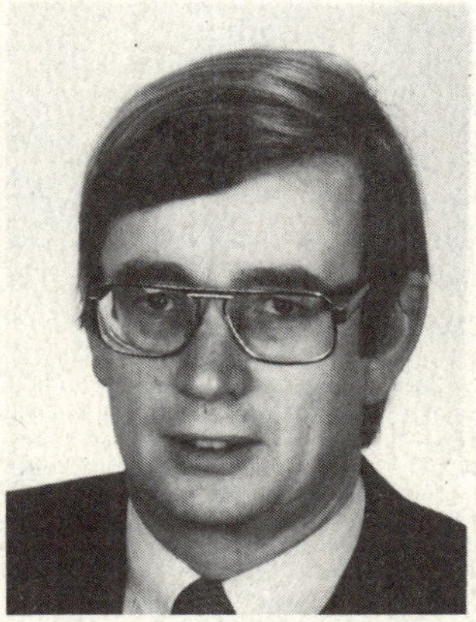

Dr. rer. oec., Prof., Vorsitzender I.P.A. Inst. f. Personalwesen u. Arbeitswiss. Univ. d. Bundeswehr Hamburg, Geschäftsf. F.G.H. Forschungsgr. Hamburg (s. 1979), Board-Member Intern. Assoc. for the Study of Interdisciplinary Research, USA (s. 1984) - Bauernvogtkoppel 35e, 2000 Hamburg 65 (T. 040 - 601 28 15) - Geb. 27. Mai 1941 Dresden, verh. s. 1968 m. Silke, geb. Ebsen, 3 Kd. (Martin, Matthias, Miriam) - Dipl.-Volksw., Promot. 1968 Univ. Bochum, Habil. 1974 ebd. - S. 1978 Wiss. Seminarleit. USW Univ.seminar d. Wirtsch., s. 1981 Erftstadt; s. 1981 Vorst.-Vors. Zentrale f. Fallstudien, Erftstadt; s. 1983 Chairman Intern. Study Group of Organizational Studies, Brüssel - BV: Systemgestützte Personalarbeit, 1980; Personal-Management in Forschung u. Entw., 1984; Berufschancen v. Offizieren in d. Wirtschaft, 1984 u. 1987; Offizier u. Studium, 1988; Unternehmungserfolg, 1988 - Liebh.: Tennis, Segeln, Reisen, Lesen.

DOMSCHEIT, Arthur

Beamter i. R., MdBB (1959 (2 Mon.), 1963-67 u. 1971 ff.) - Borchshöher Str. 116, 2820 Bremen 70 - Geb. 30. Juli 1914 Königsberg/Pr., ev., verh., 4 Kd. - Abendgymn. (Mittl. Reife); Bäckerhandw. - 1934 ff. preuß. Staatsdst.; n. 1945 Stadt- u. Polizeiamt Bremen. CDU (div. Funktionen).

DONAT, Helmut

Dr. phil., em. Univ.-Prof. f. Psychologie - Wörther Str. 42, 2800 Bremen (T. 44 78 83) - Geb. 21. Okt. 1909 Schmölln/Thür. (Eltern: Alfred u. Valeska D.), ev., verh. s. 1938 m. Hilde, geb. Runge, S. Hans-Jürgen - Univ. Leipzig, Wien, Berlin, Jena (German., Gesch., Phil., Psych.). Promot. 1935 - 1935-36 Volksschullehrer, 1936-37 Leit. höh. Privatsch., 1938-45 Studienrat höh. Schulen u. Lehrerbild., 1945-46 Leit. Ausbildungslehrgänge f. Volksschullehrer, s. 1947 Doz. u. Prof. (1949) Päd. Hochsch. Bremen, 1972-78 o. Prof. Univ. Bremen - BV: Kl. Charakterkd. f. d. Schulpraxis, 3. A. 1956; Persönlichkeitsbeurteil. Methoden u. Probleme d. Charaktererfass., 2. A. 1970 - Spr.: Engl., Franz.

DONAT, Klaus

Dr. med., Prof. Univ. Hamburg, Chefarzt I. Medizinische Abt. Allg. Krankenhs. Harburg (s. 1969) - Eißendorfer Grenzweg 48a, 2100 Hamburg 90 (T. 7603013) - Geb. 5. Dez. 1924 - S. 1959 (Habil.) Lehrtätigk. Univ. Hamburg (1966 apl. Prof. f. Innere Med.) Zahlr. Facharb.

DONATH, Helen

Opern- u. Konzertsängerin - Bergstr. 5, 3002 Wedemark 1 - Geb. 10. Juli 1940 Corpus Christi (Texas/USA) (Vater: Jimmy Erwin; Mutter: Helen Philpo, geb. Hamauei), griech.-orth., verh. s. 1965 m. Klaus Donath, S. Alexander - 1954-62 Ausb. z. Opern- u. Konzertsängerin, 1958-61 Musikstud. - Engag. f. Oper, Konzert, Lied, Funk, Fernsehen, Schallpl., u.a. Oper Köln (1962-63), Opernhaus Hannover (1963-68) u. München (1968-72), seith. intern. Auftritte - Medaille v. Papst Paul VI; Dt. Schallplattenpreise - Spr.: Deutsch, Arab., Engl., Ital., Span.

DONATH, Klaus

Dirigent, Pianist, Dozent - Bergstr. 5, 3002 Wedemark 1 - Geb. 14. Dez. 1936 Hannover (Vater: Erich D., Betriebs-Ing.; Mutter: Elisabeth, geb. Tanner), verh. s. 1965 m. Helen, geb. Erwin, Opern- u. Konzertsängerin, Sohn Alexander - 1953-60 Musikstud. Hochsch. f. Musik u. Theater Hannover - 1960-67 Korrepetitor u. Kapellm. Nieders. Staatstheater Hannover; 1967-71 I. Kapellm. Staatstheater Darmstadt; s. 1981 Doz. Hochsch. f. Musik u. Theater Hannover - Zahlr. Rundf.- u. Fernsehprod., Schallpl. - Spr.: Engl., Franz., Ital.

DONGES, Juergen B.

Dr. rer. pol., Dipl.-Volksw., Prof. u. Direktor Institut f. Weltwirtsch. Univ. Kiel - Fuchsgang Nr. 8, 2300 Kronshagen (T. 0431 - 58 24 84; dstl. 884-237) - Geb. 24. Okt. 1940 Sevilla, verh. s. 1966 m. María-Cruz, geb. Gutiérrez, 2 Kd. (Daniel, Martín) - Dt. Gymn. Madrid; kaufm. Lehre Heidenheim; Stud. Univ. Saarbrücken (Volksw.) - S. 1969 Inst. f. Weltwirtsch. Univ. Kiel (1972 Leit. Abt. Entwicklungsländer; 1983 Leit. Abt. Strukturforsch. u. Stv. d. Präs.); 1979 Hon.-Prof. Univ. Kiel; 1973ff. Mitgl. Wiss. Beirat Bundesmin. f. wirtschaftl. Zusammenarb.; 1978-83 Mitgl. Wiss. Beirat Centro de Estudios y Comunicación Económica, Madrid; 1981ff. Mitgl. Wiss. Beirat European Inst. of Public Administration, Maastricht; 1983ff. Mitgl. Studiengr. Weltw. Zusammenarb. d. Dt. Ges. f. ausw. Politik; 1984ff. Wiss. Berat. Inst. de Estudios Económicos, Madrid; 1986ff. Mitgl. Wiss. Beirat Inst. for Intern. Economics, Washington, D. C.; 1988ff. Wiss. Beirat Research Inst. of Intern. Trade and Industry, Tokio; 1988ff. Vors. d. Deregulierungskommiss. d. Bundesreg.; Berat. intern. Wirtschaftsorgan.; in- u. ausl. Fachmitgliedsch. - BV: (teilw. m.a.): Übertrag. von Technolog. an Entwicklungsländer, 1975; Protek. u. Branchenstruktur d. westd. Wirtsch., 1972; La Industrialización en España, 1976; Außenwirtschaftsstrategien u. Industrialisierung in Entwicklungsländern, 1978; Außenwirtschafts- u. Entwicklungspolitik, 1981; España Año Cero, 1982; The Second Enlargement of the European Community, 1982; La industria española en la transición, 1985; Mehr Strukturwandel f. Wachstum u. Beschäftigung, 1988; zahlr. Fachaufs. - Spr.: Engl., Span.

DONGUS, Hansjörg

Dr. phil., o. Prof. f. Geographie Univ. Marburg (s. 1968) - Am Hasenküppel 31, 3550 Marburg/L. (T. 3 15 16) - Geb. 9. Febr. 1929 Öhringen/Württ. - Zul. Wiss. Rat Geogr. Inst. Univ. Saarbrücken (1966 apl. Prof.; Arbeitsgeb.: Geomorphologie, Europa).

DONHAUSER, Siegfried

Dr., Prof. TU München - Eggendobl 22, 8390 Passau (T. 0851 - 5 72 16) - Geb. 1. Juli 1927 Amberg - TH München (Dipl. 1952, Promot. 1964, Habil. 1978) - 1982 BVK am Bde., 1986 Bayer. VO.

DONHAUSER, Toni

Rektor, MdL Bayern (s. 1975) - Kaiser-Wilhelm-Ring 29, 8450 Amberg (T. 41676) - Geb. 1921 - CSU.

DONIKE, Manfred

Dr. rer. nat., Dipl.-Chem., Leiter Inst. f. Biochemie, Prof. f. Biochemie Dt. Sporthochschule Köln - Zu erreichen üb. Dt. Sporthochsch. Köln, Carl Diem Weg 6, 5000 Köln 41 - Mitgl. Med. Kommiss. IOC u. IAAF; Beauftr. f. Dopinganalytik d. Bundesinst. f. Sportwiss.

DONNEPP, Bert

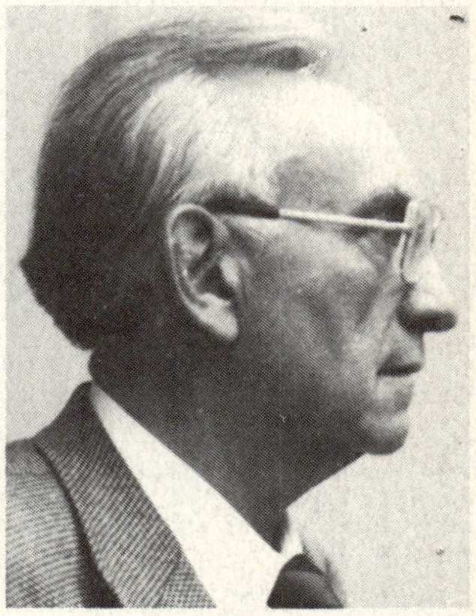

(Ps.: Heinz Wendland), Dr., Direktor i. R. - Eduard-Weitsch-Weg 23, 4370 Marl (T. 02365 - 1 53 05) - Geb. 22. April 1914 Roßlau a. d. Elbe (Vater: Albert D., Bürgermeister; Mutter: Betty, geb. Lüdemann), ev., verh. s. 1943, 2 Söhne (Burkhard, Jochen) - Stud. Univ. Leipzig, Münster - 1949 Gründer u. Verantw. Redakt. Ztschr. Volkshochsch. im Westen, b. 1988 Sprecher d. Redakt.; 1955 Gründ. d. ersten Hauses f. Kommun. Erwachsenenbild. in d. Bundesrep.: d. insel, Marl (b. 1979 Dir.); 1955-70 Mitgl. Rundfunkrat WDR; 1959 Gründ. u. Verantw. Redakt. Korrespondenz VHS u. FS; 1961-77 Gründ. u. Leit. Fernsehwettbewerb Adolf-Grimme-Preis (erst. Leit. Adolf-Grimme-Pr. v. 1964-77); 1965-76 Vorst.-Mitgl. Dt. VHS-Verb.; 1972-74 u. s. 1980 Beis. FBW (Filmbewert.st. Wiesbaden); 1974-85 Vors. Kurat. Adolf-Grimme-Inst. (erst. Leit. Adolf-Grimme-Inst. 1973-74) - SPD s. 1950 - BV: D. dt. Presse 1946 - Ztg. u. Ztschr. v. heute, 1946; Dt. Presse 1947, 1947; Fernsehen - Hinweise f. d. Erwachsenenbild., 1955; D. Adolf-Grimme-Preis. Möglichk. u. Grenzen e. Kooperation Erwachsenenbild. - Fernsehen, 1973; 25 J. Erwachsenenbild. im Spiegel e. Ztschr., 1974; Zeitzeugen befragt - Interviews u. Gespr., 1984; Rückblicke nach vorn, 1988 - 1973 BVK I. Kl.; 1976 Stadtplak. Marl; 1984 Gr. BVK; 1989 VO Ld. Nordrh.-Westf.; 1989 25. Adolf Grimme-Preis: D. Besondere Ehrung - Liebh.: Musik, Lit., Reisen, Fußball, Rudern - Spr.: Engl., Franz.

DONNEPP, Inge

Landesministerin a.D. - Martin-Luther-Platz 40, 4000 Düsseldorf 1 - Geb. 13. Dez. 1918 Unna/Westf., ev., verh. s. 1943 m. Dr. Bert D., 2 Kd. (Burkhard, Joachim) - Gymn. (Abitur 1937); Stud. Neuphilol. Univ. Heidelberg (Dolmetscherex.) u. Rechtswiss.; 1942 u. 47 I. u. II. jurist. Staatsex. - 1947-54 Ass. u. RA in Anwaltssoz., 1954ff. Richterin Soz.-gerichte Münster u. Gelsenkirchen. 1973ff. Landesvors. Arbeitsgemeinsch. Sozialdemokr. Frauen, 1975-83 Min. f.

Bundesangelegenheiten u. d. Justiz (1978) Nordrh.-Westf. MdL NRW. Mitgl. Frauenrechtskommiss. d. Vereinten Nationen (s. 1977). SPD - Liebh.: Musik - Spr.: Engl., Franz.

DONNER, Herbert

Dr. theol., Dr. phil., o. Prof. f. Altes Testament - Goethestr. 25, 2300 Kiel (T. 55 12 75) - Geb. 16. Febr. 1930 Reichstädt/Sa. (Vater: Bruno D., Angest.; Mutter: Katharina, geb. Hayn), ev., verh. s. 1956 m. Charlotte, geb. Werner †, s. 1977 m. Ingeborg, geb. Skrodzki, 3 Kd. (Christian, Georg, Katharina) - Stud. Theol. u. oriental. Spr. Univ. Leipzig. Promot. 1957 u. 58 Leipzig; Habil. 1960 Göttingen - S. 1960 Lehrtätigk. Univ. Göttingen (1963 Ord.), Tübingen (1968) u. Kiel (1980), Vors. Dt. Verein z. Erforsch. Palästinas; Mitgl. Heidelberg. Akad. d. Wissensch., Wissenschaftl. Ges. a. d. Johann Wolfgang Goethe-Univ. Frankfurt, Südafrikan. Akad. d. Wiss. u. Kunst Berlin, Dt. Archäol. Inst. - BV: Kanaanäische u. aramäische Inschriften, I - III 3. A. 1971/73 (m. W. Röllig); Israel unt d. Völkern, 1964; Herrschergestalten i. Israel, 1970; D. lit. Gestalt d. alttestamentl. Josephsgesch., 1976; Einführung in d. bibl. Landes- u. Altertumskde., 1976; D. Mosaikkarte v. Madeba, 1977; Pilgerfahrt ins Hl. Land, 1979; Gesch. d. Volkes Israel u. s. Nachbarn in Grundzügen, 1987; Gesenius, Hebr. u. Aram. Handwörterb. z. Alten Testament, 18. A. 1987 - Spr.: Engl., Franz., Hebr.

DONNER, Wolf

Dr. phil., Journalist - Droysenstr. 6, 1000 Berlin 12 (T. 323 60 33) - Geb. 1939 - B. 1969 Hess. Rundf. (FS-Magazin Titel, Thesen, Temperamente), b. 1976 Die Zeit (Feuilleton), b. 1979 Intern. Filmfestsp. Berlin (Leit.), 1979-80 Der Spiegel (Kulturredaktion), s. 1981 fr. Autor u. Journ.

DONTENWILL, Walter

Dr. med., Prof., Pathologe, Chefarzt a. Allgem. Krankenhs. Hamburg-Barmbek - Agathe-Lasch-Weg 25, 2000 Hamburg 52 - Geb. 24. März 1922 Freiburg/Br. - S. 1954 (Habil.) Lehrtätigk. Univ. Kiel u. Hamburg (gegenw. apl. Prof. f. Allg. Pathol. u. Pathol. Anat.). Fachaufs.

DONUS, Bruno

Schriftsteller - Meranierring 65, 8580 Bayreuth (T. 0921-41732) - Geb. 18. April 1921 Fellbach, verh. s. 1947 m. Gertrud, geb. Mundstock, S. Herbert - Stud. Verw.-Akad. (Verw.-Dipl.) - Mitgl. im VS, RSGI, ADA, IGdA, Senryu-Zentrum - BV: Theaterst., 2 Lyrikbde.: Rusterwein m. Smyrnafeigen, 1980; V. Zeiten, 1981. Zahlr. Veröff. in Ztg., Ztschr., Lit.-Ztschr., Rundf., Lyrik-Telefon im In- u. Ausl. - Liebh.: Japan. Gedichtformen.

DOORNKAAT KOOLMAN, ten, Gerhard

Stv. Vorsitzender d. Aufsichtsrates Doornkaat AG, Norden, Ehrenmitgl. IHK f. Ostfriesl. u. Papenburg, Emden, VR-Mitgl. Ostfries. Landschaftl. Brandkasse, Aurich, Beiratsmitgl. Bundesbahndir., Hannover - Doornkaatlohne 14a, 2980 Norden (T. 04931 - 18 50) - Geb. 2. Juni 1916 Hannover, led. - 1953-76 Vorst.-Mitgl., zul. (s. 1976) Vorst.-Vors. im Familienuntern.

DOOSE, Hermann

Dr. med., Prof. - Holländerey 5c, 2300 Kiel-Kronshagen (T. 582276) - S. 1963 (Habil.) Lehrtätigk. Kiel (1969 apl. Prof. f. Kinderheilkd. u. Abt.sleit. f. Neuropädiatrie).

DOPATKA, Bernhard

Dr. jur. utr., Bundesrichter i. R. - Oettingerstr. 50, 8000 München 22 (T. 223289) - Geb. 13. Mai 1907 Breslau (Vater: Dr. jur. Max D., kgl. pr. Major), ev., verw., S. Alexander - Gymn.; Univ. Breslau u. Königsberg - Assist., wiss. Mitarb. Univ. Breslau u. Münster, Beamter u. Richter (zul. Bundesfinanzhof) - BV: D. Rechtssprechung d. BFH in d. Jahren 1955-60, 1964; Entscheidungssammlungen - Auswahl StRK, 1966. Ständ. Mitarb.: Höchstrichterl. Finnzrechtsprechung.

DOPPEL, Karl

Dr. phil., Prof. f. Mathematik FU Berlin - Arnimallee 2-6, 1000 Berlin 33 - Geb. 14. Dez. 1941 Wien, ev. freik., verh. s. 1966 m. Helga, geb. Reif, 3 Kd. (Julia, Sebastian, Anna) - 1959 Kaufmann, Abit. Realgymn. f. Berufstätige Wien 1964, 1965 Lehrerausbildungsanst. Krems/Donau, Österreich - 1965-70 Stud. Math. u. Physik; Promot. 1970 Univ. Wien. 1970-73 Assist. Univ. u. TU Wien, 1973 DFG-Stip. TU Hannover u. Univ. Dortmund, Habil. 1974 TU Wien. 1974-76 Doz. TU Wien, 1977 Prof. FU Berlin - 1973 Förderungspreis d. Theodor Körner Stiftungsfonds Wien.

DOR, Karin

Schauspielerin - Zu erreichen üb. Theater Die kleine Komödie, Neuer Wall 54, 2000 Hamburg 36 - Geb. 22. Febr. 1938 Wiesbaden (Eltern: Franz (Kaufm.) u. Sophie Derr), kath., verh. I) 1954 m. Dr. Harald Reinl, Filmregiss. (gesch. 1968), S. Andreas, II) 1972 Günther Schmucker, Kaufm. - Realgymn. (Schloßparksch.) Wiesbaden, Schauspielausbild. - Filme: u. a. D. blaue Meer u. du, So angelt man keinen Mann, D. Bande d. Schreckens, D. grüne Bogenschütze, Im schwarzen Rößl, D. Teppich d. Grauens, Topas (Regie: A. Hitchcock), D. Chef, You only live twice, Al Mundy - Liebh.: Schwimmen, Skilaufen, Kochen - Spr.: Engl.

DOR, Milo

s. Doroslovac, Milutin

DORA, Georg

I. Bürgermeister - Rathaus, 8622 Burgkunstadt/Ofr. - Geb. 21. Nov. 1925 Nürnberg - Stellv. d. Landrats. CSU.

DORFF, Gerth

Dr. jur., Rechtsanwalt (spez. Hochschulrecht), Geschäftsf. Dt. Hochschulverb. (s. 1957) - Rheinallee 18, 5300 Bonn 2; priv.: Gneisenaustr. 3 - Geb. 6. Mai 1925 Coburg (Vater: Hans D.; Mutter: Gretel, geb. Heckel), ev., led. - Gymn.; Stud. Rechtswiss. Staatsex. 1952 u. 56; Promot. 1957.

DORFMEISTER, Gregor

s. Gregor, Manfred

DORFMÜLLER, Joachim

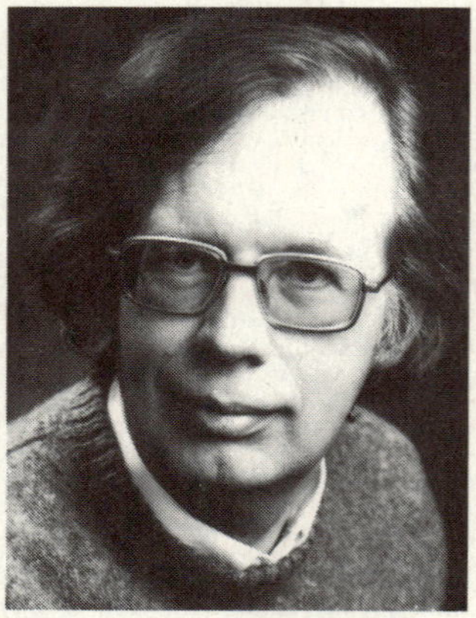

Dr. phil. habil., Prof. f. Musikwissenschaft, Organist, Pianist, Cembalist - Ringelstr. 22, 5600 Wuppertal 2 (T. 0202 - 62 15 91) - Geb. 13. Dez. 1938 Wuppertal (Vater: Ewald D., Musikpäd.; Mutter: Meta, geb. Kläber), ev., verh. s. 1976 m. Ursula, geb. Petschelt, 3 Kd. (Birte, Helge Christian, Ann-Kristin) - Musikhochsch. Köln, Univ. Köln u. Marburg (Musikwiss. b. H. Hüschen, Orgel b. W. Stockmeier, Promot. 1967, Orgeldipl. 1969, 1. u. 2. Phil. Staatsex., Habil. 1982) - B. 1978 Oberstudienrat; b. 1984 Univ. Duisburg, seither Univ. Münster u. Musikhochsch. Köln. Begründg. u. Künstler. Leitg. Wuppertaler Orgeltage u. Akad. Orgelkonz. d. Univ. Münster - BV: Stud. z. norweg. Klaviermusik d. 20. Jh. (Diss.), 1968; 300 J. Orgelbau im Wuppertal, 1979; Zeitgenöss. Orgelmusik 1960-82 (Habil.-Schr.), 1983; Wuppertaler Komponistenbiographien I, 1986; 125 J. Sinfonieorch. Wuppertal, 1987; Heinrich Reimann, Leben u. Werk, 1989; Hans Knappertsbusch - E. dokument. Biogr., 1989. Üb. 400 Fachaufs. - Internat. Konzerttätigkeit (20 europ. Länder, NW-Afrika u. USA; 1000. Konzert am 12. März 1988), üb. 60 Urauff. - Musikw.: Transkriptionen; 16 LPs u. CDs m. Orgelmusik sowie als Liedbegleiter; Funkaufnahmen - Spr.: Engl., Lat., Norw.

DORFMÜLLER, Thomas

Dr. rer. nat., Prof. f. Chemie - Grewenbrink 38, 4800 Bielefeld 1 - Geb. 23. Sept. 1928 Berlin - Promot. 1965 Bonn; Habil. 1971 Hannover - S. 1973 Ord. Univ. Bielefeld. Fachveröff.

DORMANN, Elmar

Dr. rer. nat., Prof. f. Experimentalphysik Univ. Bayreuth - Schleienweg 15, 8580 Bayreuth - Geb. 15. April 1942 Berlin (Vater: Adolf D.; Mutter: Elfriede, geb. Gehrke), verh. s. 1972 m. Adelheid, geb. Betz, 3 Kd. - Stud. Physik 1961-66 TH Darmstadt; Promot. 1969; Habil. 1975 - S. 1977 Prof. Univ. Bayreuth.

DORMEYER, Detlev

Dr. theol., Lic. theol., Prof. f. Bibelwiss. u. Didaktik Kath.-Theol. Fak. Univ. Münster - Bahnhofstr. 56b, 4403 Senden-Bösensell/W. - Geb. 5. Dez. 1942 Leoben/Österr. (Vater: Robert D., Lt. Regierungsdir.; Mutter: Marga, geb. Fuhlrott), kath., verh. s. 1972 m. Hildegard, geb. Wiemers, T. Julia, Sophia - Univ. Freiburg, Kirchl. Hochsch. Frankfurt/M., Univ. Münster/W. (Kath. Theol., Dt.) - S. 1970 Lehrerbild. - BV: D. Passion Jesu als Verhaltensmodell, 1974 (Diss.); Relig. Erfahrung u. Bibel, 1975 (Habil.schr.); Begegnung und Konfrontation - Analysen 1975; D. Bibel antwortet - Einf., 1978; D. Sinn d. Leidens Jesu, 1979; Evangelium als lit. u. theol. Gattung, 1989.

DORN, Bernhard

Dr., Dipl.-Kfm., Rechtsanwalt - Steinplattenweg 55, 8500 Nürnberg - Geb. 20 Febr. 1927 - Chefsyndikus Schickedanz Gruppe, AR-Mandate - 1981 Bayer. VO; 1987 BVK I. Kl.

DORN, Dieter

Regisseur, Intendant Münchner Kammerspiele (s. 1983) - Postf. 22 16 13, 8000 München 22 (T. 23 72 10) - Geb. 31. Okt. 1935 Leipzig - Abit. 1954; b. 1956 Stud. Theaterwiss. Leipzig; 1956-58 Schauspielausb. Max-Reinhardt-Schule Berlin (b. Hilde Körber u. Lucie Höflich) - 1958-68 Schausp., Dramat. u. Regiss. in Hannover; 1968-70 Regiss. in Essen u. Oberhausen; 1971 Dt. Schauspielhaus Hamburg; 1972-75 Burgtheater Wien u. Staatl. Schauspielbühnen Berlin; 1976-83 Oberspielleit. Münchner Kammersp.; s. 1983 Int. ebd. 1974, 82 u. 86 Salzburger Festsp. - Zahlr. Insz., u. a. D. Menschenfreund (Hamburg), Lessing: Minna von Barnhelm (München), Shakespeare: Ein Mittsommernachtstraum, Was ihr wollt (München), Botho Strauß: Groß u. klein (München), Thomas Bernhard: D. Jagdgesellschaft (Berlin), D. Ignorant u. d. Wahnsinnige (Berlin), D. Macht d. Gewohnheit (Salzburg). Letzte Insz.: Tankred Dorst: Merlin o. D. wüste Land; Goethe: Iphigenie auf Tauris (München), Torquato Tasso (Salzburger Festspiele); Georg Büchner: Leonce u. Lena, Dantons Tod; Peter Weiss: D. neue Prozeß; Shakespeare: Troilus u. Cressida (München); J. W. Goethe: Faust I (München); Heinr. v. Kleist: D. zerbrochne Krug (Salzburg). Operninsz.: Mozart: D. Entführung aus d. Serail (1979 Staatsoper Wien); R. Strauß: Ariadne auf Naxos (1979 Salzburger Festsp.); Peter Michael Hamel: E. Menschentraum (1981 Staatstheater Kassel UA); Alban Berg: Wozzeck (1982 Bayer. Staatsoper München); Mozart: Cosi fan tutte (1984 Ludwigsburger Festsp.); Mozart: Figaros Hochzeit (1987 Ludwigsburger Festsp.); Faust-Film (1988 München); Botho Strauß: Besucher (1988 UA); Botho Strauß: Sieben Türen (1988 UA) - 1972 Josef-Kainz-Med. Stadt Wien; 1973 Theaterpreis Verb. dt. Kritiker, 1977 Münchner Künstler d. J. 1976 - 1979 Mitgl. Akad. d. Künste Berlin u. d. Bayer. Akad. d. Schönen Künste (s. 1986 Dir. Abt. Darst. Kunst).

DORN, Gertrud

s. Fussenegger, Gertrud

DORN, Martin

Dr. rer. pol., Dipl.-Volksw., kaufm. Angest., MdL Baden-Württ. (1975-84) - Heiligenbergstr. 88, 7000 Stuttgart 30 (T. 85 08 87) - Geb. 8. Mai 1935 Herrenberg (Vater: Heinrich D., Pastor; Mutter: Brunhilde, geb. Schneider), ev., verh. s. 1964 m. Gertrud, geb. Karpp, 4 Kd. (Wolf-Dieter, Eckhard, Monika, Albrecht) - Abit.; Banklehre; Stud. Univ. Frankfurt, Erlangen, Bonn; Dipl.ex. 1962 Erlangen - Präs. AG Heimat- u. Volkstumspflege Bad.-Württ.; AR-Vors. Gemeinn. Wohnungsbaugen. f. Bedienstete d. Polizei u. d. Stadt Stuttgart; Vors. Heimattag Baden-Württ. CDU - BV: Z. Problematik e. gemeinsamen Konjunktur u. Wachstumspolitik d. EWG, 1968; Z. Tarifproblematik v. Fernmeldediensten, 1987. Mithrsg.: 900 J. Feuerbach (1975).

DORN, Wolfgang-Erich

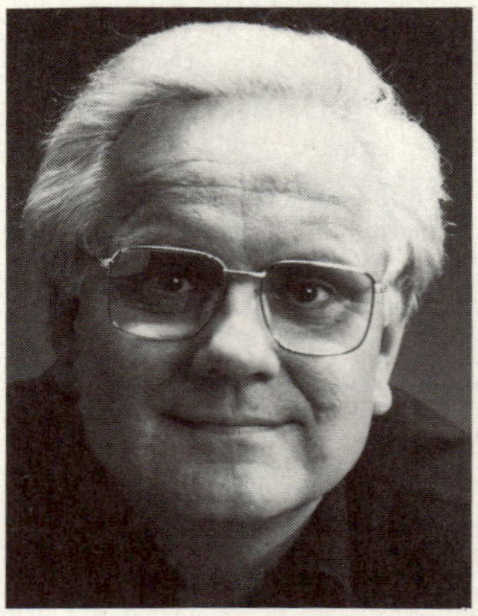

Werbeberater, Chefredakteur, Ehrenpräs. Wirtschaftsvereinigung Werbung - Lützowstr. 23, 5000 Köln 1 - Geb. 27. Jan. 1932 Berlin - 1949-52 Schriftsetzerlehre, Meisterprüf. 1962 - 1960 Ausbildungsleit.; b. 1963 Werbeleiter; s. 1963 Marketingtrainer, 1966 Gründ. eig. Fa. wolfgang dorn werbe GmbH + Co KG; Chefredakt. Ztschr. Print Dtschl.; freier Mitarb. div. Druck- u. Werbefachztschr. im In- u. Ausl. Fachbuchautor.

DORN, Wolfram

Parlam. Staatssekr. a. D., MdL Nordrh.-Westf. (s. 1985) - Am Zinnbruch 6, 5300 Bonn (T. 23 91 55) - Geb. 18. Juli 1924 Altena/W., ev., verh., 2 Kd. - Volks- u. Rektoratssch.; Landw. u. Kolonialausbild. - Wehrdst. u. Gefangensch.; Industriekfm.; ab 1962 Geschäftsf. Dt. Architekten- u. Ingenieur-Verb.; 1969-72 (Rücktr.) Parlam. Staatssekr. Bundesinnenmin. 1951-65 Ratsherr Werdohl (1953-56 Bürgerm.); 1961-72 MdB (1968-69 stv. Fraktionsvors.). 1950-54 Landesvors. Dt. Jungdemokr. FDP (Mitgl. d. Landesvorst. NRW). 1981-82 stv. Vorst.-Vors. Forschungs- u. Beratungsinst. DATUM, Bonn; s. 1983 Leit. d. Büros Bonn d. Westdt. Landesbk.; Vors. Ges. f. Lit. i. NRW - BV: NPD - Neuer Anfang e. furchtbaren Endes?, 1969; Vergessen d. Zeit, Ged. 1974; D. Freiheit gehört d. Zukunft, Biogr. W. Döring

1974; Geschichte d. Dt. Liberalismus, 1976; Thomas Dehler - Begegnungen - Gedanken - Entscheidungen, 1977; Grundz. d. Entscheidungsproz. im Sparkassenwesen, 1979; 100 J. Sparkasseneinheit, 1980; 1000 J. sind wie d. gestrige Tag, 1986 - Liebh.: Tischtennis, Skat.

DORNBUSCH, Carl

Wäschefabrikant (Fa. Dornbusch & Co.) - Feilenstr. 31, 4800 Bielefeld (T. 61311); priv.: Lönsweg Nr. 19 - Geb. 1911 Bielefeld (Vater: Carl D., Fabr.; Mutter: geb. Sydow), ev., verh. s. 1942 m. Ruth, geb. Dieterle, 6 Kd. - Realgymn. Bielefeld; kaufm. Lehre Bielefelder Aussteuer-Ind. - Div. Ehrenstell., dar. 1950-62 u. 1964 ff. Vors. Fachverb. Wäsche u. Weibl. Berufsbekleidungsind.

DORNDORF, Eberhard

Dr. jur., Prof. f. Zivil- u. Arbeitsrecht Univ. Hannover (s. 1975) - Ringstr. 22, 3005 Hemmingen 4 - Geb. 26. April 1934 Berlin - Promot. (1968) u. Habil. (1975) Frankfurt/M. - BV: Rechtsbeständigk. v. Entscheid. u. Wiederaufn. d. Verf. in d. freiw. Gerichtsbark., 1969; Sozialplan im Konkurs, 1978; Fr. Arbeitsplatzwahl u. Recht am Arbeitsergebnis, 1979; Kreditsicherungsrecht u. Wirtschaftsordn., 1986. Zeitschr.aufsätze z. Arbeitsrecht und z. Ökonom. Analyse d. Rechts.

DORNDORF, Maria

Dr. phil., o. Prof. f. Psychologie Univ. Dortmund - Nerscheider Weg 180, 5100 Aachen-Schleckheim.

DORNDORF, Wolfgang

Dr. med., Prof. f. Neurologie, Direktor Neurol. Univ.-Klinik Gießen - Am Steg 14, 6300 Gießen - Geb. 17. April 1929 Berlin (Vater: Dr. med. Georg D., Arzt; Mutter: Hildegard, geb. v. Kalinowski), verh. s. 1956 m. Ingeborg, geb. Richter, 2 Kd. (Dinah, Harald) - Univ. Mainz u. Frankfurt/M. Promot. 1956; Habil. 1967 - 1971 apl. Prof. Bochum; 1973 Wiss. Rat u. Prof. Univ. Heidelberg; 1977 Ord. u. Dir. Neurol. Klinik Univ. Gießen (sez. Arbeitsgeb.: Hirngefäßkrankh.).

DORNEMANN, Michael

Dr., Vorstandsmitglied Bertelsmann AG, Gütersloh, Pres. Bertelsmann Music Group - Zu erreichen üb. Bertelsmann Music Group, 1133 Avenue of the Americas, New York, N. Y. 10036, USA, u. Steinhauser Str. 3, 8000 München 80 - Geb. 3. Okt. 1945.

DORNER, Mirko

Cellist, Prof. f. Violoncello u. Kammermusik Folkwang Hochsch., Essen-Werden - Haraldstr. 19, 4300 Essen-Bredeney (T. 413822) - Spr.: Serbokroat., Engl., Franz., Ital. - Rotarier.

DORNER, Rudolf

Dr. oec. publ., Dipl.-Kfm., Bankkaufm., Geschäftsf. Norddt. Treuhand- u. Kreditges. f. d. Wohnungsbau m.b.H., Hamburg - BV: Vermögensverwaltung d. Kreditinst., 1970 - Spr.: Engl., Franz., Ital., Span., Dän.

DORNFELD, Georg

Musiker, Komponist u. Arrangeur (Ps. Salwik) - Stettiner Str. 67, 4000 Düsseldorf 13 (T. 0211-70 56 17) - Geb. 29. Juli 1929 Hindenburg, kath., verh. s. 1954 m. Edeltraud, geb. Cieslik, 2 Kd. (Ingrid, Helmut) - Pianist. Ausbild. 1944 in Hindenburg - 1946-79 Orchesterleit., Komp. u. Arrangeur b. Rundfunk - Liebh.: Musik, Videographie, Reisen - Spr.: Engl., Poln.

DORNIER, Peter

Dipl.-Ing., Geschäftsführer Lindauer Dornier GmbH, Lindau (s. 1950) - Schachener Str. 97, 8990 Lindau/B. (T. 3296) - Geb. 31. Jan. 1917 Friedrichshafen/B., ev., verh. s. 1959 m. Maya, geb. Zimmermann, 4 Kd. (Peter, Kersti, Karin, Aimée) - Realgymn.; TH München (Dipl.-Ing. 1944) - 1944-62 Geschäftsf. Dornier-Werke. Erf.: Senkrechtstarter Do 31 - 1943 Preis Lilienthal-Ges. f. Luftfahrt (Do 335); 1983 Bayer. VO; 1987 Ehrensenator d. Ruprecht-Karl Univ. Heidelberg - Liebh.: Segeln, Kunst - Spr.: Engl., Franz. - Eltern s. Claudius D. (Bruder).

DORNIER, Silvius

Dipl.-Ing., Gesellschafter Dornier GmbH, Friedrichshafen - Gustav-Werner-Weg 27, 7990 Friedrichshafen/B. - Geb. 12. April 1927.

DOROSLOVAC, Milan

Regisseur (Ps.: Milan Dor) - Fleischmarkt 16, Wien I/Österr. (T. 513 27 10) - Geb. 25. Juni 1947 Wien, serb.-orthod., gesch. - Dipl. Hochsch. f. Film u. FS (Fach Regie) Wien - Filmprod. (Dokumentarfilme): Ich bin Kolaric-Wer bist Du?, Istrien, Divertimento, D. veruntreute Landschaft, Venedig, Zw. Abend u. Morgen, Toskana, Am eisernen Tor, Mein Belgrad, D. Josefstadt. Spielfilme: Malambo, Pink Palace Beach - 1984 Gr. Preis d. Stadt Mannheim u. zugl. 1985 Interfilmpreis Saarbrücken f. Malambo; 1989 Würdigungspreis f. Filmkunst d. Rep. Österr. f. 1985 - Spr.: Engl., Serb.

DOROSLOVAC, Milutin

Schriftsteller (Ps.: Milo Dor) - Pfeilgasse 32, Wien VIII (T. 42 73 57) - Geb. 7. März 1923 Budapest (Vater: Dr. Milan D., plast. Chirurg Belgrad), griech.-orthod., verh. s. 1955 m. Elisabeth, geb. Prückner, 1 Kd. aus 1. Ehe - Univ. Wien (Theaterwiss.) - BV: Unterwegs, Erz. 1947; Tote auf Urlaub, R. 1952; Nichts als Erinnerung, R. 1959; Salto Mortale, Erz. 1960; D. weiße Stadt, R. 1969; Meine Reisen n. Wien, Erz. 1974; Alle meine Brüder, R. 1978; D. letzte Sonntag, R. 1982; Auf d. Suche nach d. größeren Heimat, Ess. 1988; Auf d. falschen Dampfer, Autobiogr. 1988; in Zus.arbeit m. Reinhard Federmann: Romeo u. Julia in Wien, R. 1954 (verfilmt 1956 unter: Nina); Othello v. Salerno, R. 1956. Herausg.: D. Gesicht unseres Jh. (Bildbd., 1960), D. Verbannten (Anthol., 1962); Mithrsg.: Gemordete Lit. - Dichter d. russ. Revolution (1963), D. polit. Witz (1964), D. groteske Witz (1968), Schreib wie du schweigst (1984) - 1962 Österr. Staatspreis f. Literatur (Nichts als Erinnerung); 1972 Anton-Wildgans-Preis; 1977 Preis d. Stadt Wien; 1980 Österr. Würdigungspreis; 1989 Österr. Staatspreis f. Verd. um d. österr. Kultur im Ausl.; Mitgl. Österr. PEN-Club; Präs. Interessengem. Österr. Autoren - Liebh.: Autofahren, Schwimmen - Spr.: Serb., Franz.

DORPUS, Karl

s. Lange, Karl-Heinz

DORSCH, Bernhard

Dr.-Ing., o. Prof. f. Netzwerk- u. Signaltheorie TH Darmstadt - Merckstr. 25, 6100 Darmstadt (T. 06151 - 16 28 13) - Geb. 25. April 1938 Hockenheim (Eltern: Alfred u. Maria D.), kath., verh. s. 1965 m. Renate, geb. Walchhofer, 3 S. (Thaddäus, Stephan, Gregor) - 1958-64 Univ. Karlsruhe (Promot. 1968) - 1964-82 Wiss. Mitarb. DFVLR Oberpfaffenhofen; 1968-69 NASA/USA; 1977-82 Ltg. Abt. Nachrichtentheorie (DFVLR-Inst. f. Nachrichtentechnik, Oberpfaffenhofen); 1982ff. Seniorwiss. DFVLR. 1971-81 Lehrauftr. Univ. Karlsruhe; 1982ff. o. Prof. TH Darmstadt. Üb. 30 Facharb. üb. Informationstheorie u. Codierung - 1974 Erich-Regener-Preis DFVLR - Spr.: Engl.

DORSCH, Walter

Verwaltungsrat, MdL Bayern (s. 1975) - Hirschenstr. 19, 8510 Fürth (T. 772809) - Geb. 1922 - SPD.

DORSCHNER, Roland

Vorstandsvorsitzender Hutschenreuther AG, Selb - Ludwigsmühle 1, 8672 Selb/Ofr. - Geb. 10. Aug. 1926 Grünlas - Ing. (grad.) - S. 1946 Hutschenreuther (1963 Vorstandsmitgl., 1970 -sprecher) - Präs. d. Arbeitsgemeinsch. d. Keramischen Ind., Frankfurt - BVK I. Kl.; Bayer. VO; Staatsmed. f. bes. Verd. um d. Bayer. Wirtsch.; Goldene Bürgermed. Stadt Selb; Böttger-Plak. d. Dt. Keramischen Ges.

DORST, Tankred

Schriftsteller - Schleißheimer Str. 218, 8000 München 40 (T. 300 64 32) - Geb. 19. Dez. 1925 Sonneberg/Thür. (Vater: Max D., Ing.; Mutter: Elisabeth, geb. Lettermann), ev. - Stud. German., Theaterwiss., Kunstgesch. (o. Abschluß) - Theaterst. (1960-80): Gesellschaft im Herbst, D. Kurve (etwa 100 Bühnen; 20 Übers.), Große Schmährede an d. Stadtmauer (150 Bühnen; 20 Übers.), D. Mohrin, Auf d. Chimborazo, Toller, Eiszeit, D. Villa. Opernlibretti f. Wilhelm Killmayer: La Buffonata, Yolimba oder D. Grenzen d. Magie, Günter Bialas: Aucassin u. Nicolette. Bearb.: Ludwig Tieck, D. gestiefelte Kater oder Wie man d. Spiel spielt. Filmdrehb.: Piggies (1969); Fernsehsp.: Rotmord (1970) - BV: Dorothea Merz, R. 1976, Stücke I/II/III/IV, Klaras Mutter (auch Fernsehfilm); Merlin od. d. wüste Land; D. verbotene Garten, Fragmente üb. d'Annunzio Korbes - Autor u. Regiss. d. Filme Mosch u. Eisenhaus - 1960 Preis Nationaltheater Mannheim (f. d. erste Stück), 1964 Preis Stadt München u. Gerhart-Hauptmann-Preis FVB, 1969 Preis Tukan-Kr. München, 1970 Preis Stadt Florenz (m. Peter Zadek); Lit.-Preis d. Bayer. Akad. d. schönen Künste; 1971 Mitgl. PEN-Zentrum BRD, Mitgl. Bayr. Akad. d. Schönen Künste, Dt. Akad. d. darst. Künste, Dt. Akad. f. Sprache u. Dichtung.

DOSCH, Günter

Dr. rer. nat., o. Prof. f. Theoret. Physik - Uferstr. 50, 6900 Heidelberg - Geb. 16. Juli 1936 Heidelberg - Promot. 1963 - S. 1966 (Habil.) Lehrtätigk. Univ. Heidelberg (1969 Ord.). Fachaufs.

DOSCH, Hilmar

Dr. rer. pol., Vorstandsmitgl. Heidelberger Druckmaschinen AG. - Neurottstr. 21, 6909 Walldorf - Geb. 12. Okt. 1929 Freudenberg/W.

DOSE, Volker

Dr. phil., Wissenschaftliches Mitglied Max-Planck-Ges., Dir. Max-Planck-Inst. f. Plasmaphysik, Garching - Boltzmannstr. 2, 8046 Garching - Geb. 16. Febr. 1940 Bad Segeberg - Physikstud. Univ. Freiburg/Br., Zürich u. Belfast; Promot. 1968; Habil. 1970 - 1971-85 Prof. f. Experimentalphysik Univ. Würzburg.

DOSS, Hansjürgen

Architekt, MdB (Landesliste Rhld.-Pfalz) - An der Favorite 18, 6500 Mainz 1 (T. 06131 - 8 26 02 u. 8 26 22) - CDU.

DOSS, Manfred

Dr. med., Prof. f. Klin. Biochemie - Deutschausstr. 17 1/2, 3550 Marburg/L. - Geb. 2. Juli 1935 Zwickau/Sa. - Univ. Jena u. Köln. Promot. 1959 Köln; Habil. 1969 Marburg - S. 1971 Prof. Univ. Marburg (Leit. Abt. f. Klin. Biochemie) - BV: Regulation of Porphyrin and Heme Biosythesis, 1974 (Karger, Basel); Porphyrins in Human Diseases, 1976 (ebd.); Diagnosis and Therapy of Porphyrins and Lead Intoxication, 1978 (Springer, Berlin/Heidelberg/New York). Zahlr. Original- u. Übersichtsarb., Lehr- u. Handb.-Beitr.; u. a. in Progress of Liver Diseases, 1982 (Grune & Stratton, New York); im Lehrb. d. Inneren Med., 1987 (Schattauer, Stuttgart); sowie intern. Vorträge.

DOST, Klaus

Dr. med., Prof., Chefarzt Chirurg. Abt. Marien-Hospital Steinfurt-Borghorst - Hangenkamp 22, 4430 Steinfurt 2 - Geb. 26. Febr. 1932 Lyck/Ostpr. (Vater: Wilhelm D., Volksschullehrer † 1970; Mutter: Käte, geb. Borries † 1950), ev., verh. s. 1960 m. Gisela, geb. Gömann, 3 Kd. (Philipp, Clemens, Nina) - Gymn. Schwenningen; Univ. Heidelberg, Freiburg/Br., München (Med. Staatsex. 1956). Promot. 1956 Heidelberg; Habil. 1966 Freiburg - 1959-68 Chir. Univ.klinik Freiburg i. Br., 1968-70 Chir. Univ.Klinik Tübingen; 1972 apl. Prof. - 1968 Erich-Lexer-Preis Dt. Ges. f. Plast. u. Wiederherstellungschir.

DOTT, Wolfgang

Dr., Univ.-Prof., Leiter FG Hygiene, FB Umwelttechnik TU Berlin - Amrumer Str. 32, 1000 Berlin 65 (T. 030 - 31 42 75 32) - Geb. 23. April 1949 Koblenz, verh. s. 1970 m. Elke, geb. Caspari, 3 Kd. (Christiane, Andrea, Susanne) - Stud. Biol. u. Chemie Univ. Bonn; Dipl. 1975; Promot. (Mikrobiol.) 1977; Habil. (Umwelthyg.) 1982 - 1983-85 Prof. a. Z. f. Umwelthyg. Univ. Bonn; s. 1985 Univ.-Prof. TU Berlin - 70 Publ., 73 Vortr. zu Themen: Bakterienphysiol., Schwefelstoffwechsel, Bakterientaxonomie, Umwelthyg. (Wasser), Krankenhaushyg., Biotechnol. - Spr.: Engl.

DOTTER, Hans Erich

Fabrikant, Geschäftsf. Goldwell GmbH./Haarpflegemittelfabrik - Zerninstr. 10 - 18, 6100 Darmstadt-Eberstadt - Geb. 12. Febr. 1920.

DOTTERWEICH, Georg

Dr. jur., Landgerichtspräsident - Landgericht, 8600 Bamberg/Ofr. - Geb. 30. März 1909 - Zul. LGsdir. Bamberg.

DOTZAUER, Günther

Dr. med., em. o. Prof. f. Rechtsmedizin Univ. Köln - Fichtenweg 16, 5358 Bad Münstereifel - Geb. 13. April 1913 Hamburg - 1951-61 Privatdoz. u. apl. Prof. (1958) Univ. Hamburg (Oberassist. Inst. f. Gerichtl. Med. u. Kriminalistik); 1961-81 Ord. u. Dir. Inst. f. Rechtsmed. d. Univ. Köln. Rd. 200 wiss. Veröff.

DOTZAUER, Josef Anton

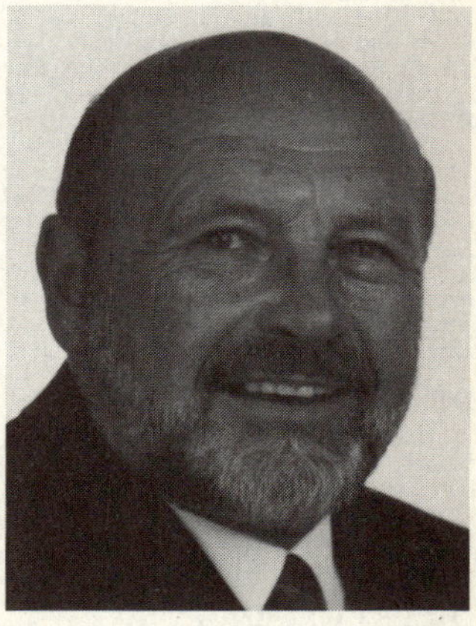

Dr. rer. pol., Gesellsch. Engelskinder-Plastikwerk GmbH & Co. KG, Aichach, Verlag Moderne Industrie Publikationsges. Landsberg/Lech, Verlag Industrie-Magazin, München, Dynacord Elektronik u. Gerätebau-KG, Straubing, P-H-Matik GmbH, München; stv. AR-Vors. Verlag Moderne Industrie AG, Landsberg/Lech - Spitzingweg 2, 8022 Grünwald/Obb. (T. München 641 16 72) - Geb. 28. März 1925.

DOTZAUER, Winfried

Dr. phil., Prof. f. Neuer Geschichte u. Geschichtl. Landeskunde Univ. Mainz - Am Taubertsberg 2, 6500 Mainz - Geb. 31. März 1936 Bad Kreuznach/N. - Promot. 1962; Habil. 1973 - S. 1966 Mainz - BV: Dt. Studenten an d. Univ. Bourges, 1971.

DOTZENRATH, Wolfgang

Vorstandsmitglied Dt. Continental-Gas-Ges., Düsseldorf - Stübbenhäuser Str. 40, 4021 Metzkausen - Geb. 2. Febr. 1926 Düsseldorf - Zul. stv. Vorstandsmitgl. DCGG. ARsmandate u. a.

DOUTINÉ, Heike

Dr. phil., Schriftstellerin - Ohnhorststr. 26, 2000 Hamburg 52 - Geb. 3. Aug. 1945 Zeulenroda/Thür. - BV (1965ff.): In tiefer Trauer (Ged.), D. Herz auf d. Lanze (Ged.), Wanke nicht, mein Vaterland (R.), Dt. Alltag - Meldungen üb. Menschen (Erz.); 1965-87: Berta (R.), Wir Zwei (R.), Die Meute (R.), Der Hit (R.), Kunstedition Cicero (m. Diether Kressel), 1985 u. 89, Blumen begießen, bevor es anfängt zu regnen, Erz. u. Ged. 1986, Im Lichte Venedigs (m. August Ohm), 1987 - Übers.: In Frankreich, Polen, Holland, Belgien, Spanien, Pakistan, Ungarn, Jugoslawien und den USA - Roman-Preis Neue Lit. Ges.; 1973/74 Rom-Preis Villa Massimo; Lit.preis Soltau; Gastprof. Univ. Los Angeles u. Ford Foundation.

DOUTREVAL, André

Ballettmeister, Choreograph, Tanztheaterleit. Ballett Arena Kassel - Königstor 14a, 3500 Kassel (T. 0561-1 66 46) - Geb. 5. Jan. 1942 Wien/Österr., verh. s. 1965, 2 Kd. (Silvana, André) - Ausb. Staatsoper Wien, Paris, London, New York - 1960 Solotänzer Köln, 1963 Wuppertal u. Düsseldorf, 1967 Berlin, 1969 Ballettm. u. stv. Ballettdir. Frankfurt, 1970-76 Ballettm. u. Choreogr. Staatstheater Kassel, s. 1970 Leit. Ballettschule, 1978 Gründer Tanztheater Ballett-Arena Kassel - 1985 Revue Souvenirs; Choreogr. Schwanensee, Dornröschen, Coppélia, zeitgenöss. Werke; Klass. Ballett, Jazz-Dance, Step-Dance - Mitgl. Kiwanis Intern. - Liebh.: Angeln, Fischen, Lesen, Tennis - Spr.: Engl., Fachfranz.

DOYÉ, Peter

Prof., Hochschull. - Blumenstr. 23, 3302 Cremlingen (T. 05306 - 4393) - Geb. 28. Mai 1927 Berlin (Vater: Alfred D. †; Mutter: Margarethe, geb. Pankau), ev., verh. s. 1954 (Ehefr.: Gisela), 2 Söhne (Frank, Lutz) - Realgymn. Berlin; Stud. Engl., Franz., Päd., Psych. Univ. Berlin, Päd. Hochsch. Berlin, College of S. Mark and S. John, London - 1950-60 Lehrer Berliner Schulen; 1960-66 Assist. u. Doz (1962) PH Berlin; 1966 Prof. PH Braunschweig, s. 1978 TU Braunschweig - BV: Frühbeginn d. Englischunterr., 1966; System. Wortschatzvermittlg. i. Englischunt., 1971; Untersuch. z. Englischunterr. i. d. Grundschule, 1977; The Language of Education 1981; D. Feststellung v. Ergebnissen d. Englischunterrichts, 1981; Typol. d. Testaufg. f. d. Englischunterricht, 1986 - Liebh.: Musik, amerik. Lit. - Spr.: Engl., Franz., Ital.

DRABE, Joachim

Dr. med. (habil.), Prof., Chefarzt Hals-, Nasen- u. Ohrenabt. Kreiskrkhs. Lüdenscheid - Jahnstr. 3, 5880 Lüdenscheid - Geb. 25. Mai 1919 Gumbinnen/Ostpr. - S. 1958 Lehrtätigk. Univ. Gießen (1965 apl. Prof. f. HNOheilkd.). Facharb.

DRABEK, Kurt

Komponist - Konstanzer Str. 64, 1000 Berlin 15 (T. 030 - 881 24 65) - Geb. 25. März 1912 Berlin (Vater: Karl D., Uhrmacherm.; Mutter: Elisabeth, geb. Bartsch), ev., verh. s. 1934 m. Gerda, geb. Czasch, S. Ulrich - Abit. 1931 - 1931-39 Musiker; 1945-72 eig. Ensemble. 1953-80 Vorst. Vereinig. Dt. Musikbearb. Vornehml. Unterhaltungsmusik. Zahlr. Auftragskompos. (viels. Filme).

DRACH, Hans

Oberingenieur, Vors. Normenaussch. Dichtungen - Kamekestr. 2 - 8, 5000 Köln 1.

DRACHE, Heinz

Schauspieler, Regisseur - Selchowstr. 11, 1000 Berlin 33 (T. 823 71 18) - Geb. 9. Febr. 1926 Essen, kath., verh. s. 1957 m. Rosemarie, geb. Nordmann, 3 Kd. (Christian, Angelika, Nicole) - Gymn. Essen u. Mülheim/Ruhr (Abit.); keine Schauspielausbild. - 1943-45 Mitgl. Schauspielhaus Nürnberg u. Düsseldorf, 1946 Dt. Theater Berlin, 1947-54 Düsseldorf (unt. Gustaf Gründgens); s. 1954

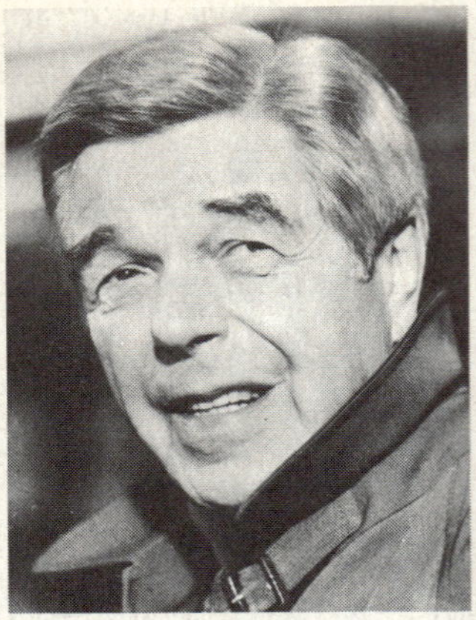

freigastier. u. a. Berlin, Wien, München, Hamburg, Frankfurt u. Tourneen. Bühne: Snob, Räuber (Franz Moor), Helden, Plötzlich u. unerwartet, Ornifle, Hokuspokus, Ein idealer Gatte, Ländliche Werbung, Minna Magdalena, Duett f. e. Stimme, Halb auf d. Baum. Film: Rest ist Schweigen, D. Frau am dunklen Fenster, D. Zinker, D. indische Tuch, D. Hexer, Neues vom Hexer, Bittere Kräuter; Fernsehen: D. Halstuch, D. Snob, Tatort - Spr.: Engl., Franz.

DRACHSLER, Hans

Verleger, MdL Bayern (s. 1970) - Griechenstr. 14, 8000 München 90 (T. 646350) - Geb. 10. März 1916 Plöß/Böhmen, kath., verh., 2 Kd. - Gymn. Mies; Univ. Prag, München, Würzburg (Gesch., Altphilol., Zeitungswiss.); Redaktionsausbild. München - Journ. bayer. Presse, 1939-45 Wehrdst., dann polit. Redakt. Isar-Post u. dpa, ab. 1952 Chefredakt. u. Verlagsleit. Bayern-Kurier. S. 1957 MdB. CSU - 1965 Bayer. VO., 1965 Gold. Bürgernadel München, 1972 BVK I. Kl.

DRAECKER, Claus Friedemann

Dr. h. c., Ministerialdirigent a. D., Leiter Inst. f. Bodenkultur Univ. Erlangen, Vorstandsvors. Fränk. Kabelges. mbH, Nürnberg - Meisenweg 5b, 8500 Nürnberg - Geb. 1. April 1943 Rotterdam, ev., verh. s. 1969 m. Hella, geb. Schulze, 2 Kd. (Benjamin, Isabelle) - Human. Gymn.; Abit. 1964; Stud. Wirtschafts- u. Rechtswiss. Univ. München; Stip. Konrad-Adenauer-Stiftg.; konsular.-diplomat. Prüf. Ausw. Amt 1977 - S. 1974 Staatsdienst Baden-Württ.; 1976 Hilfsref. Büro Arbeits- u. Sozialmin. ebd.; ab 1977 auf versch. Dienstposten in London, Rom u. Neu Delhi, zul. Ministerialdirigent im AA (Zentrale), 1985 Ausscheiden auf eig. Wunsch. Sonderkorresp. engl. Ztschr. Wild and Hunt - BVK I. Kl.; Friedensmed. Univ. Prag; Ehrenmandeur d. Orden tunes. Rep.; Ehrendoktor Nansen-Akad. Prag; Ehrensenator United Nations Univ., Delhi.

DRÄGER, Christian

Dr., Vorstandsvorsitzer Drägerwerk AG - Moislinger Allee 53-55, 2400 Lübeck - Geb. 13. Juli 1934 Berlin (Vater: Dr. Heinrich D. †).

DRAEGER, Jörg

Dr. med., Prof., Ärztl. Direktor Univ.-Augenklinik Hamburg - Zu erreichen üb. Augenklinik, Martinistr. 52, 2000 Hamburg 20 (T. 040 - 468 23 01) - Geb. 29. Nov. 1929, ev., verh. s. 1955 m. Dr. med. Brigitte, geb. Altenstein, 3 Kd. (Annette, Ulrike, Frank) - Human. Gymn.; Med.-Stud. Innsbruck u. Heidelberg (Staatsex. u. Promot. 1955); Klin. Ausb. Univ.-Augenklinik Bern (Prof. Goldmann) u. Univ.-Augenklinik Hamburg (Prof. Sautter); Habil. 1962 Hamburg - 1968-81 Dir. Augenklinik Bremen; C-4 Prof. Ophthalmol. Univ. Hamburg; s. 1981 Ärztl. Dir. Univ. Augenklinik ebd. - BV: Handapplanationstonometer, 1963; Mikrochir. Op.-Einheit, 1966; Mikrochir. Op.-Tisch, 1967; Elektron.-opt. Aesthesiometer, 1975; Tonometrie, 1961 (engl. Ausg. 1965); Corneal Sensitivity, 1985; Opthalmic Mikrosurgery, Instrumentat., Mikroskops, Technik, 1986 - 1967 Martini-Preis Hamburg; 1976 Graefe d'ORO; 1981 Preis d. Wiss. Kontaktlinsenvereinig. - Liebh.: Luft- u. Raumfahrt - Spr.: Engl. (Franz., Ital., Latein, Griech.).

DRAEGER, Jürgen

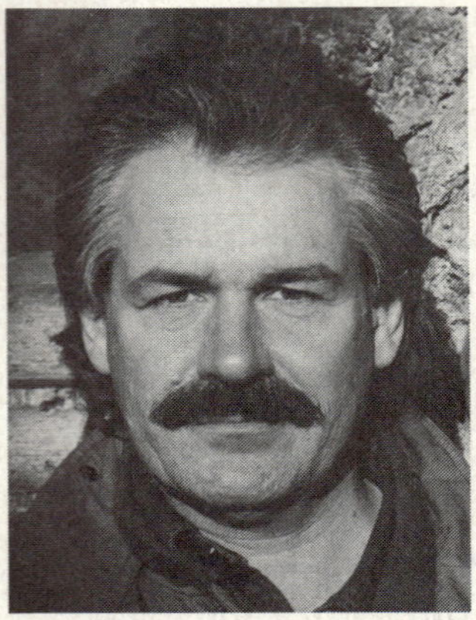

Schauspieler, Maler - Hohenzollerndamm 11, 1000 Berlin 31 (T. 030 - 881 33 60) - Geb. 2. Aug. 1940 Berlin (Vater: Julius D., Gastwirt †; Mutter: Käthe D. †) - Mittelsch., Schauspielsch., Intern. Akad. Salzburg - BV: Querelle-Zyklus (nach R. v. Jean Genet u. letztem Fassbinder-Film), 1982; D. Reise z. Regenbogen, Circus-Roncalli-Zyklus, 1983. 3 Kunstb. üb. Draegers Zeichnerisches Werk unter d. Titel Trilogie d. Masken erschienen. Teil I: Querelle Zyklus, Teil II: Circus Roncalli Zyklus, Teil III: E. Käfig voller Narren - Ca. 15 Filme u.a. Polizeirevier Davidswache, D. 3. Generation, Lilli Marleen; ca. 100 FS-Spiele. FS-Serie Rivalen d. Rennbahn (ZDF, 1989) - Bild. Kunst: D. neue Sensibilität; Realismus. 1990 gr. Ausstellung z. 50. Geb., Titel: Lebensläufe - Kunstpreis Berlin u. d. Dt. Buchhandels, 1. Preis d. Berliner Festwochen f. Plakat: Tag d. Kindes (Preis d. Berliner Festwoch.), 1. Preis f. E. Berliner sieht Berlin; 1981 Nomin. f. d. Grand Prix Intern. d'Art Contemporain de Monte Carlo - Spr.: Engl., Ital.

DRÄGER, Theo

Dipl.-Kfm., Vorstandsmitglied Drägerwerk AG, Lübeck - Moislinger Allee 53-55, 2400 Lübeck (T. 0451-882-2476).

DRAF, Wolfgang

Dr. med., Prof. Chefarzt Städt. Klinik f. HNO-Krankheiten u. Plastische Gesichtschirurgie, Fulda - Pacelliallee 4, 6400 Fulda - Geb. 29. Nov. 1940 Bonn (Vater: Dr. med. Heinz D., HNO-Arzt; Mutter: Adele, geb. Winter), kath. - Stud. Würzburg u. Berlin; Promot. 1966 Würzburg, Habil. 1974 Mainz - 1975 a.o. Prof., 1975-76 kommiss. Leit Univ.-HNO-Kl. Mainz; s. 1979 Chefarzt Fulda - Üb. 100 Veröff., u. a. Endoskopie d. Nasennebenhöhlen, 1981 (engl. Übers.) - Spr.: Engl.

DRAGUHN, Werner

Dr., Direktor Inst. f. Asienkunde - Rothenbaumchaussee 32, 2000 Hamburg 13.

DRAHEIM, Heinz

Dr.-Ing., Dr. h. c., Prof. f. Geodäsie - Parkring 29, 7516 Karlsbad-Spielberg (T. 07202 - 80 99) - Geb. 5. Nov. 1915 Schönfeld/Pom. (Vater: Bernhard D., Kaufm.; Mutter: Ottilie, geb. Watter), ev., verh. s. 1942 m. Ursula, geb. Schaub, S. Joachim - TH Berlin - S. 1958 (Habil.) Lehrtätigk. TU Berlin (Obering.), TH bzw. Univ. Karlsruhe (1959 ao., 1960 o. Prof. u. Dir. Geodät. Inst.; 1968-83 Rektor). 1970-72 Präs. Fédération Intern. des Géomètres. 1971-76 Mitgl. Wiss.rat. 1966 b. 78 Vors. Fachbeirat Zentralf. Dokumentation MPG - BV: u. a. Aposphären als geodät. Rechenflächen, 1959, Zahlr. Einzelarb. Herausg.: Samml. Wichmann; Hauptschriftl.: Allg. Vermessungs-Nachr.; 1972 Ehrenmitgl. d. Royal Institution of Chartered Surveyors, London; 1973 Ehrendoktor (Dr. h. c.) d. Techn. Univ. Budapest; 1974 Ehrenpräs. d. Fédération Intern. des Géomètres (FIG); Ehrenmitgl. Dt. Verein f. Vermessungsw., u. Dt. Ges. f. Photogrammetrie u. Fernerkundung - 1981 BVK I. Kl.; 1982 Ehrenmed. Stadt Karlsruhe; 1984 Verdienstmed. Land Baden-Württ.; 1987 Commandeur Orden Palmes Académique - Lit.: D. Hochsch. in d. Herausford. d. 70er J., Festschr. z. 65. Geb., 1980.

DRAHEIM, Joachim

Dr., Gymnasiallehrer, Musikwissenschaftler - Rhodter Str. 27, 7500 Karlsruhe 1 - Geb. 26. Juli 1950 Berlin-Schmargendorf, ev., verh. s. 1989 m. Susanne, geb. Hoy - Stud. (Klass. Philol., Gesch., Musikwiss.) Univ. Heidelberg; 1. Staatsex. 1973/74; Promot. u. 2. Staatsex. 1978 - Archivleit. d. Vertonungen antiker Texte im Sem. f. Klass. Philol. Univ. Heidelberg - Brahms, Lied D. Müllerin; R. Schumann, Violinfassung d. Cellokonz. op. 129 - BV: Vertonungen antiker Texte v. Barock b. z. Gegenwart, 1981; Johannes Brahms u. seine Freunde - Werke f. Klavier, 1983. S. 1973 zahlr. Rundf.aufnahmen (SDR, SWF) u. einige Schallplattenaufn. als Pianist (Liedbegleiter). Herausg.: Reihe Breitkopf Archiv - Liebh.: Musik (Klavier spielen), Lit. - Spr.: Engl., Lat., Altgriech.

DRATH, Jürgen

Dr. jur., Geschäftsführer Verband bergbaul. Unternehmen u. bergbauverw. Organisationen - Zitelmannstr. 9-11, 5300 Bonn 1 (T. 0228 - 540 02 71.

DRAWE, Hans

Regisseur, Autor - Schwarzburgstr. 21, 6000 Frankfurt 1 (T. 069-591687) - Geb. 31. Juli 1942 Königgrätz/CSSR - Lehrerausb.; Dipl. Literaturinst. Johannes R. Becher, Leipzig - Fr. Mitarb. f. Dramat. Dt. Hochsch. f. Filmkunst, Babelsberg; Szenarist, Dramat. u. Regiss. DEFA (f. Kurzfilme Babelsberg), jetzt Regiss. Hess. Rundf. - BV: Kopfstand, R.; Lit. im Film, Ess.; Literaturgesch.; Drehb.: Gelegenheitsarb. e. Sklavin (Mitarb.); Fluchtgedanken; Kneipenbekanntsch.; Mädchen aus zweiter Hand; Car-Napping (Mitarb.). Lyrik: Auswahl 66.

DRAWER, Klaus

Dr. med. vet., Tierarzt, Direktor d. Schlacht- u. Viehhofes Stadt Bochum, Leiter Veterinäramt Bochum, Amtstierarzt Bochum u. Herne - Freudenbergstr. 43 a, 4630 Bochum (T. 0234-52 10 34) - Geb. 10. Febr. 1926 Berlin (Vater: Willy D., Lehrer; Mutter: Hildegard, geb. Schönrock), ev., verh. s. 1957 m. Hannelore, geb. Hochkirch, 2 S. (Thomas, Dirk) - Obersch. Berlin, Univ. Berlin (Veterinärmed., Staatsex. 1952), 1981 Vors. Landestierschutzverb. NRW - BV: Taschenb. d. Turnierreiters, 1958; Turnierreiter u. Reitturniere, 1976; Tierschutzpraxis, 1977; Tierschutz in Dtschl., 1980 - 1983 BVK.

DRAWERT, Friedrich

Dr. phil. nat. (habil.), o. Prof. f. Chem.-techn. Analyse u. chem. Lebensmitteltechnol. - Am Ringelsberg 26, 6741 Frankweiler/Pf. - Geb. 7. April 1925 Reilsheim - 1954-58 Assist. MPI f. med. Forschung, Heidelberg; 1958-68 Abteilungsleit. Bundesforschungsanst. f. Rebenzücht. (Biochemie u. Physiol.), Geilweilerhof; 1966-68 Privatdoz. TH Karlsruhe; s. 1968 Ord. TU München.

DRECHSEL, Ewald

Bürgermeister - Klingelbrunnenstr. 27, 8594 Arzberg/Ofr. (T. 09233 - 1093) - Geb. 25. Juni 1926 Arzberg, ev., verh. - Kaufm. Ausbild. - 1944-45 Wehrdst. u.

sowjet. Gefangensch.; Mitarb. elterl. Geschäft; ab 1946 Parteigeschäftsf. Kr. Wunsiedel-Marktredwitz; Bezirksrat; MdL Bayern (v. 1954-70); s. 1956 Bürgerm. Stadt Arzberg - 1965 Bayer. VO.

DRECHSEL, Reiner

Dr. rer. pol., Dipl.-Hdl., Prof. f. Erziehungswissenschaften (Schwerp.: Theorie u. Praxis Berufsbildungspolitik u. -recht) Univ. Bremen - Am Dobben 109, 2800 Bremen.

DRECHSLER, Friedrich

Dr.-Ing. E. h., Dipl.-Ing., Regierungsbaumeister, Vizepräs. a. D. - Johann-Traber-Str. 1, 8850 Donauwörth (T. 0906 - 48 48) - Geb. 19. März 1906 Weiden/Opf. - 1967 Ehrendoktor TU München.

DRECHSLER, Fritz

Dr., Dr., MU., Prof., Neurologe u. Psychiater, Leit. Fachgeb. Psychiatr. Neurophysiologie u. Elektroenzophalogr. Univ. Würzburg - Kaiserstr. 2, 8700 Würzburg - Geb. 23. Nov. 1915 Budapest/Ung. (Vater: Rudolf D., Ing.; Mutter: Frieda, geb. Kraus), isr. - Gymn. Iglau; Univ. Prag/Tschechosl. (Med.). Promot. u. Habil. Prag - B. 1968 Univ. Prag, dann Univ. Chicago/USA, s. 1971 Univ. Würzburg (Nervenklin.) - BV: Elektromyographie, 1964. Üb. 200 Einzelarb. - Spr.: Ungar., Tschech., Engl., Franz.

DRECHSLER, Hanno

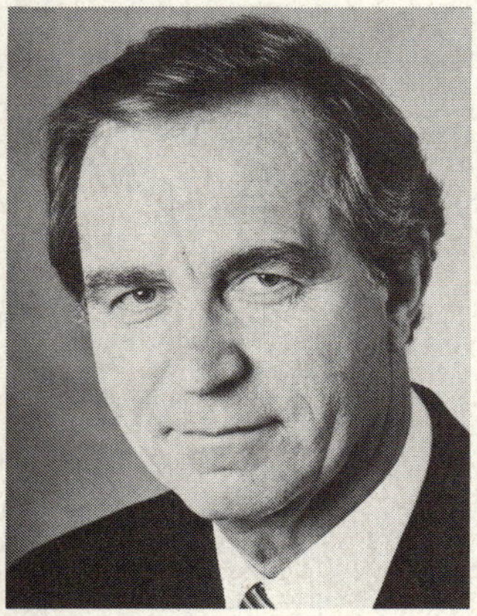

Dr., Oberbürgermeister - Rathaus, 3550 Marburg (T. 06421 - 20 12 01) - Geb. 24. März 1931 Schönheide/Erzgeb. (Vater: Max D., Reichsbahnbeamter; Mutter: Minna, geb. Oschatz), verh. s. 1950 m. Gisela, geb. Streller, S. Dr. Wolfgang - 1949-55 Lehrerausb. Auerbach/Vogtl., 1955-61 Stud. Univ. Marburg - 1949-55 Lehrer in Auerbach u. Falkenstein/Vogtl., 1961-63 wiss. Ass. Univ. Marburg, 1963-70 Doz. Univ. Gießen u. Lehrbeauftr. Univ. Marburg, s. 1970 Oberbürgerm. Stadt Marburg. Vors. d. Sozialdem. Gemeinschaft f. Kommunalpolitik Hessen e.V., Mitgl. SPD-Landesvorst. Hessen, Mitgl. Präsid. d. Hess. u. d. Hauptaussch. d. Dt. Städtetages, VR-Vors. Stadtsparkasse Marburg, VR-Mitgl. Hess. Landesbk. u. Vorst. d. Hess. Sparkassen- u. Giroverb. - BV: D. Sozialist. Arbeiterpartei Dtschl. (SAPD), 1965; Ges. u. Staat, Lexikon d. Politik, 7. A. 1989 - 1971 Dt. Jugendbuchpr., 1981 Gold. Ehrennadel d. Univ.stadt Marburg u. Ehrenz. d. DRK, 1983 BVK I. Kl.

DRECHSLER, Hans-Alexander

Postamtmann a. D., MdL Nieders. (s. 1963) - Eckermannstr. 37, 3110 Uelzen (T. 0581 - 52 39) - Geb. 26. Okt. 1923 Danzig, ev. - Conradinum, Kronpr.-Wilh.-Realgymn. Danzig, Abitur, 1943-44 TH edenda. 1944-45 Soldat (schwerkriegsbesch.). Postdienst. S. 1955 Kreistag Uelzen (Fraktionsvors.), s. 1956 Ratsherr u. Beigeordn. Stadt Uelzen. SPD s. 1949, s. 1962 Vors. SPD-Unterbez. Uelzen, Lüchow-Dannenberg. Mitgl. Rundfunkrat NDR u. AR von NWF (stellv. Vors.).

DRECKMANN, Hans-Josef

Dr. phil., Journalist, ARD-Korresp. in Afrika - P.O.Box 47021, Nairobi/Kenya - Geb. 17. Sept. 1938 Oberhausen (Vater: Wilhelm D., Elektriker; Mutter: Elisabeth, geb. Lanius), kath., verh. s. 1972 in 2. Ehe m. Dr. Heidegret, geb. Klöter, Sohn Daniel - 1958-64 Stud. German. u. Latein Univ. Münster u. München; Promot. 1966 - 1964-72 Redakt. Ruhr-Nachrichten, Dortmund; 1972-73 WDR, Köln; 1974-80 ARD-Korresp. Brüssel, s. 1981 Afrika.

DREDEN, von, Wolfgang

Rechtsanwalt, Vorstandsmitgl. Steedener Kalkwerke AG., Runkel - Wiedener Str. 5, 5600 Wuppertal 11 - Geb. 23. Febr. 1936 - VRsmand.

DREES, Bernhard

Präsident Landgericht Düsseldorf, Vors. Dt. Richterbund (v. 1967-73), Mitgl. d. Zentralrats d. Intern. Richtervereinigung u. d. Landesjustizprüfungsamtes NRW - Wirmerstr. 13, 4000 Düsseldorf - Geb. 4. Okt. 1912 Warendorf (Westf.) - Gymn. Warendorf; Univ. Münster. Jurist. Staatsprüf. Hamm (1935) u. Düsseldorf (1939) - V. 1940-45 Soldat. 1946 LGsrat Münster, 1952 OLGsrat Hamm, 1958 Senatspräs. Hamm, s. 1960 LGspräs. D'dorf. Mitverf. e. Kommentars z. BGB u. Kommentar z. Straßenverkehrsrecht.

DREES, Gerhard

Dr.-Ing., o. Univ.-Prof. u. Direktor Inst. f. Baubetriebslehre Univ. Stuttgart (s. 1963), Mitinh. Ingenieurges. DREES & SOMMER, Ingenieurges. f. Projektmanagem., Mitgl. VBI, VDI, VUBI, REFA - Pfaffenwaldring 7, 7000 Stuttgart 80 - Geb. 6. Aug. 1925, verh. m. Jutta Rohrmann, 4 Kd. (Verena, Alexa, Joachim, Philipp) - Stud. Bauing.wesen TH Hannover, Dipl. 1953, Promot. 1956 TH Aachen - 1956-58 Ingeco Gombert, berat. Ing. f. Produktionsorg. (Belgien, Spanien); 1959-63 Obering., Techn. Geschäftsleit. Carl Brandt, Düsseldorf; s. 1963 Univ. Stuttgart, Lehr- u. Forschungsgeb. Baubetriebslehre (Kostenrechnung, Fertigungsplanung u. Fertigungssteuerung, Projektmanagement, Organisation u. Betrieb v. Bauuntern., Vertragswesen) - Üb. 100 Veröff., 11 Fachb. z. Baubetriebslehre.

DREES, Heinz

Dr. rer. nat., Ministerialrat a. D. - Sigmund-Freud-Str. 18, 5300 Bonn 1 (T. 28 27 90) - Geb. 6. Aug. 1912 Oldenburg/O., ev., verh. m. Erna, geb. Krämer, 1 Kd. - Obersch. Oldenburg; Univ. Hamburg, Köln, Jena (Naturwiss.) - LK Westf., Kriegsmarine, Zentralamt f. Landw. u. Ernährung f. d. brit. Zone, Hamburg (1946), Länderrat, Stuttgart (1947), Wirtschaftsrat, Frankfurt/M., u. Bundesmin. f. Ernährung, Landw. u. Forsten, Bonn (1950) - Ehrenmitgl. Pflanzenschutzorganis. f. Europa u. d. Mittelmeerraum, Paris; Ausz. aus 12 Ländern.

DREES, Oskar

Dr. med., Prof., Direktor Heinrich-Pette-Inst. f. Exper. Virologie u. Immunol. Univ. Hamburg - Husumer Str. 32, 2000 Hamburg 20 - Geb. 5. Mai 1925 - S. 1960 (Habil.) Lehrtätigk. Hamburg (1967 apl. Prof. f. Virol.). Üb. 50 Facharb.

DREESEN, Johannes

Textilwareneinzelhändler, Vizepräs. IHK f. Ostfriesl. u. Papenburg - Hafenstr. 8, Emden-Aurich (T. 3037).

DREESKAMP, Herbert

Dr. rer. nat., Dipl.-Phys., o. Prof. f. Physikal. Chemie TU Braunschweig (s. 1975) - Birkenheg 37, 3300 Braunschweig - Geb. 7. Juli 1929 Mülheim/Ruhr (Vater: Heinrich D., Realschullehrer; Mutter: Elisabeth, geb. Kneisel) - Univ. Bonn, Paris, Notre Dame (USA). Promot. 1956 Bonn; Habil. 1965 Stuttgart - 1965-75 Doz. TU Stuttgart.

DREESMANN, Bernd

Geschäftsführer, Generalsekretär Dt. Welthungerhilfe - Adenauerallee 134, 5300 Bonn (T. 0228 - 2 28 80) - Geb. 15. Juni 1936 Düsseldorf (Vater: Franz D., Kaufm.; Mutter: Odilia, geb. Laufer), kath., verh. s. 1966 m. Jutta, geb. Hilger, 2 Kd. (Daniel, Monica) - 1947-56 Gymn.; 1956-60 Jurastud.; 1960-61 Johns Hopkins Univ.; 1962-65 Refer.zeit, Ass. - 1962/63 EG-Kommiss. Brüssel; 1966-69 Dt. Stiftg. f. Entw.; s. 1969 Dt. Welthungerhilfe - 1979 BVK - Liebh.: Malen, Wandern, Sammeln v. Spazierstöcken - Spr.: Engl., Franz., Ital.

DREESMANN, Ewald

Postbeamter, MdL Nieders. (s. 1974) - Stettiner Str. 8, 2952 Weener (T. 500) - SPD.

DREGER, Wolfgang

Dr.-Ing., Prof. - Sorauer Str. 22, 5900 Siegen 1 (T. 0271 - 31 53 61) - Geb. 1. Juni 1934 Berlin (Vater: Heinz D., Lehrer; Mutter: Luise, geb. Kahre) - Gymn. u. TU Berlin (Dipl.-Ing. 1957). Promot. (1959) u. Habil. (1963) Berlin - S. 1963 Lehrtätigk. TU Berlin (1968 apl. Prof. f. Automation). S. 1978 o. Prof. f. Systemtechnik Univ. Siegen - BV: Netzplantechnik f. d. Materialfluß, 1968. Mitarb.: Unternehmensführung auf neuen Wegen (1968); Management-Informations-Systeme (1973); Projekt-Management (1974). Herausg. d. Materialien zu d. wehrtechn. Seminaren: Möglichk. d. Absicherung v. Projekten gegen Risiken u. Pannen, Bd. 1 (1985); Wie läßt sich d. tatsächliche Kampfwert v. Waffensystemen bestimmen?, Bd. 3 (1985); Was kostet e. System wirklich (Life Cycle Cost als neue Management-Aufg.), Bd. 4 (1986), Bd. 5; Künstl. Intelligenz auf d. Gefechtsfeld (1988) - Liebh.: Klass. Musik, bes. Opern - Spr.: Engl. - Rotarier.

DREGGER, Alfred

Dr. jur., Oberbürgermeister a. D., MdB (s. 1972), Vors. CDU/CSU-Bundestagsfraktion (s. 1982) - Elisabethenstr. 1, 6400 Fulda - Geb. 10. Dez. 1920 Münster/W. (Vater: Alfred D., Verlagsdir.; Mutter: Änne, geb. Sasse), kath., verh. s. 1952 m. Dipl.-Volksw. Dagmar, geb. Hillenhinrichs, 3 Söhne (Wolfgang † 1972, Meinulf, Burkard) - Gymn. Werl (Abit. 1939); 1946-49 Univ. Marburg u. Tübingen (Rechts- u. Staatswiss.). Promot. 1950; Gr. jurist. Staatsprüf. 1953 - 1939-45 Wehrdst. (zul. Hptm.; 4 × verwundet); 1954-56 Ref. Bundesverb. d. Dt. Ind., Dt. Städtetag; 1956-70 Oberbürgerm. u. Kämmerer Fulda; 1970-83 Vorst.-Mitgl. Überlandwerk Fulda AG. (vorher AR-Vors.). 1960-70 Präsidialmitgl. Dt. Städtetag (1965 Präs., 1967 Vizepräs.). 1962-72 MdL Hessen (1970 Fraktionsvors.). S. 1972 MdB (1976 stv. Fraktionsvors.; s. 1982 Fraktionsvors.). CDU (1967-82 Landesvors. Hessen; 1969 Mitgl. Bundesvorst., s. 1977 Mitgl. d. Präsid.) - BV: Haftungsverhältnisse in d. Vorgesellschaft, 1950 (Diss.); Systemveränderung - Brauchen wir e. andere Republik?, 1972; Freiheit in unserer Zeit, 1980; D. Preis d. Freiheit, 2. A. 1986; Der Vernunft e. Gasse, 2. A. 1987 - 1977 Gr. BVK, 1980 Stern, 1984 Schulterbd., 1985 Großkreuz dazu - Liebh.: Sport (Schwimmen, Reiten, Wandern), Kunstgesch. (Malerei, Plastik).

DREHER, Anton

Dipl.-Ing., Präsident d. Vorstandes Dt. Boots- u. Schiffbauer-Verb. - Jungiusstr. 13, 2000 Hamburg 36 - Geb. 2. März 1942.

DREHER, Arno

Dr. phil., Dipl.-Volksw., Direktor stv. Vorst. Deutsche Babcock AG., Oberhausen, HVorst. VDMA e. V. Ffm., Vorst. Arbeitsgem. Großanlagenbau i. VDMA Ffm., Vors. Rumänien-Kr. i. Ost-Aussch. d. Dt. Wirtsch. Köln - Waldheideweg 10, 4224 Hünxe-Bucholtwelmen - Geb. 13. April 1914 Bochum.

DREHER, Erich

Dipl.-Kfm., Vorstandsmitglied Hessische Landesbank - Girozentrale, Junghofstr. 18-26, 6000 Frankfurt/M. - Geb. 12. April 1931 Nürnberg - Div. AR-Mandate.

DREHER, Heinz

Dr. jur., Vorstandsmitgl. i.R. (s. 1982) Badenwerk AG., Karlsruhe - Steinmannstr. 14, 7500 Karlsruhe-Rüppurr - Geb. 12. Dez. 1919 Karlsruhe - Gr. jurist. Staatsprüf.

DREHER, Heinz

Direktor, Hauptgeschäftsf. Diakon. Werk d. Ev.-luth. Landeskirche/Innere Mission u. Hilfswerk - Ebhardtstr. 3a, 3000 Hannover.

DREHER, Herbert Emil

Dr. jur., Botschafter a. D. - Basler Str. 6, 7800 Freiburg - Geb. 8. Aug. 1916 Ettlingen (Vater: Friedrich D., Beamter; Mutter: Lina, geb. Lebert), ev., verh. s. 1944 m. Hella, geb. Spangenberg - S. Wolfgang, Richter LSG Stuttgart - Promot. 1950 Freiburg; 2. Jurist. Staatsex. 1951 - S. 1952 Ausw. Amt, Bonn (Ausl.posten: b. 1956 Teheran; 1960-63 Washington; 1963-66 Brüssel), 1976-79 Botsch. in d. Niederlanden), 1966-76 Bonn (Leit. Rechtsabt.) - Offz.-kreuz d. Leopold-Ordens; Komturkr. d. Ordens Leopold II; Gran Uffiziale VO. Ital. - Liebh.: Musik, Sport - Spr.: Engl., Franz.

DREHER, Klaus

Journalist - Bismarckallee 4, 5300 Bonn 2 - Geb. 2. Mai 1929 Mannheim (Vater: Rudolf D.; Mutter: Erna, geb. Clauss), ev., verh. s. 1968 m. Gisela, geb. Kagel, 2 Kd. (Isabelle, Jan-Claudius) - Ausbild. NDR - S. 1961 Frankfurter Allg. u. Südd. Ztg. (1966; 1973 Leit. Bonner Redakt.). Zeitw. Vors. Dt. Presseclub - BV: D. Weg z. Kanzler - Adenauers Griff n. d. Macht, 1972; Rainer Barzel - Z. Opposition verdammt, 1973; E. Kampf um Bonn, 1979.

DREHER, Peter

Maler u. Graphiker, Prof. Staatl. Akad. d. bild. Künste Karlsruhe (s. 1965; Leit. Malklasse Außenst. Freiburg) - Fuchsstr. 7a, 7800 Freiburg/Br. (T. 7 27 25) - Geb. 26. Aug. 1932 Mannheim (Eltern: Dr. med. Rudolf u. Erna D.), ev., verh. s. 1962 m. Brigitte, geb. v. Canstein, 3 Kd. (Valeska, Stefan, Felix) - Kunstakad. Karlsruhe (Hubbuch, Schnarrenberger, Heckel) - U. a. bauverbund. Arbeiten (Reliefs in Stein, Beton, Metall, Glasfenster, Wandmalerei) Hamburg, Heidelberg, Ludwigshafen, Gladbeck, Lübeck, Oeritalien u. a. Ausstell. BRD (Kunsthalle Mannheim, Landesmus. Oldenburg, Folkwang-Mus. Essen, Kunstverein Freiburg, staatl. Kunsthalle Baden-Baden, Mus. Leverkusen, Schloß Morsbroich, v. d. Heydt-Mus. Wuppertal), Österr., Frankr. Mitgl. Dt. Künstlerbund, Vorst.smitgl. Künstlerbund Bad.-Württ. - 1958 Kunstpreis d. Jugend, 1965 Rom-Preis Villa Massimo; Reinhold-Schneider-Kulturpr.; Hans-Thoma-Staatspr. - Spr.: Engl., Franz., Ital.

DREIBUS, Heinz

Geschäftsf. Direktor Landkreistag Rheinland-Pfalz - Am Hechenberg 20, 6500 Mainz-Hechtsheim (T. 06131 - 50 81 95; dstl.: 23 20 21) - Geb. 17. Jan. 1938 Mainz-Hechtsheim (Vater: Heinrich D., Bürgerm.; Mutter: Anna, geb. Fürst), kath., verh. s. 1967 Gerlind, geb. Kapp, T. Alexandra - Abit.; Sparkassenvolont.; 1957-62 Stud. Rechts- u. Staatswiss., Finanzwiss., Volkswirtsch.lehre Mainz; 1. jurist. Staatsex. 1962, 2. jurist. Staatsex. 1966 Rhld.-Pfalz - 1962-64 Assist. Univ. Mainz; 1966-69 Ref. Kommunalabt. Innenmin. Rhld.-Pfalz; 1969-70 Dezern. Kreisverwaltung Mainz-Bingen; 1970-85 stv. Geschäftf. Landkreistag Rhld.-Pfalz; s. 1985 Ge-

schäftsf. Landkreistag Rhld.-Pfalz. S. 1970 Lehrbeauftr. Hochsch. f. Verwaltungswiss. Speyer. S. 1979 Stadtsratsmitgl. Mainz, 1985-88 stv., s. 1989 Fraktionsvors.; Mitgl. Regionalvertretung Rheinhessen-Nahe (Fraktionsvors.); s. 1976 stv. Bezirksvors. Kommunalpolit. Vereinig. d. CDU Rheinhessen-Pfalz; Vorst.-Mitgl. Kommunaler Arbeitgeber-Verb. Rhld.-Pfalz; Vors. THW Mainz - BV: Kommunalgesetz f. Rhld.-Pflaz (Kommentar z. Kommunalverfassungsrecht), s. 1975; Handb. d. kommunalen Wiss. u. Praxis (Bürgermeisterverfassung), b. 1982 - 1987 Hochschulmed. Hochsch. f. Verwaltungswiss. Speyer - Liebh.: Politik, Gesch., Musik.

DREIDOPPEL, Emil

Dr. jur., Oberstadtdirektor - Helenenbergweg 8, 5810 Witten/Ruhr (T. 12066) - Geb. 26. Jan. 1920 Linkenbach/Westerw. (Vater: Gustav D.; Mutter: Katharina, geb. Kalbitzer), ev., verh. s. 1948 m. Ilse, geb. Heidtkamp - Abitur 1942 (als Nichtschüler); Promot. (Köln) u. Gr. jurist. Staatsprüf. 1957 - 1934-39 Verw.lehrling u. -angest. Bürgermeisteramt Puderbach/Westerw., dann Anwärter u. Beamter d. gehobenen Dienstes Stadtverw. Mülheim/Ruhr, 1957-59 städt. Rechtsrat ebd., s. 1959 Oberstadtdir. Witten.

DREIER, Erich

Fabrikbesitzer, Geschäftsf. Dreier-Werk GmbH. u. a. - Im Defdahl 201 - 03, 4600 Dortmund - Geb. 24. Okt. 1919.

DREIER, Franz-Adrian

Dr. phil., Prof., Direktor Kunstgewerbemuseum/Staatl. Museen Pr. Kulturbesitz i. R. (1969-87) - Bayernallee 47, 1000 Berlin 19 - Geb. 11. Juli 1924 Bremen - Promot. 1952 - Museumstätig. Hamburg, Frankfurt/M., Kassel - BV: Glaskunst in Hessen-Kassel, 1968. Div. Einzelarb.

DREIER, Joachim

Dr. rer. pol., Dipl.-Kfm., Industrieller, Geschäftsf. Gelco-Bekleidungswerke, Gelsenkirchen/Wien/Amsterdam, u. a. - Pöppinghausstr. 24, 4660 Gelsenkirchen-Buer - Geb. 17. Dez. 1930 Gütersloh (Eltern: Friedrich (Finanzdir. Miele-Werke) u. Regina D.), kath., verh. s. 1963 (Ehefr.: Renée, geb. Gütersloh) (Jörn, Dirk, Dorle) - Gymn. Gütersloh; Univ. Münster u. Köln. Dipl.-Kfm. 1954; Promot. 1957 - BV: D. Mode als betriebsw. Problem, 1957 - Spr.: Engl.

DREIER, Josef

Dipl.-Volksw., Oberstudiendirektor, MdL Baden-Württ. (Wahlkr. 68, Wangen) - Altmannweg 3, 7988 Wangen (T. 07522 - 45 33) - Geb. 28. Aug. 1931 Egelsee - CDU.

DREIER, Ralf

Dr. jur., Prof. f. Allg. Rechtstheorie Univ. Göttingen (s. 1973) - Wilhelm-Weber-Str. 4, 3400 Göttingen (T. 5 91 14) - Geb. 10. Okt. 1931 Bad Oeynhausen (Vater: Heinrich D., Kaufm.; Mutter: Martha, geb. Volkmann), ev. - Stud. Univ. Hamburg, Freiburg, Münster; Promot. 1963 Münster; Habil. 1970 ebd., s. 1980 Mitgl. Akad. d. Wiss. Göttingen - BV: Zum Begriff d. Natur d. Sache, 1965; D. kirchl. Amt, 1972; Was ist u. wozu Allg. Rechtstheorie?, 1975; Probleme d. Verf.-Interpretation (Hrsg., m. F. Schwegmann), 1976; Recht - Moral - Ideologie, 1981 - Spr.: Engl., Franz.

DREIER, Wilhelm

Dr. theol., Dr. rer. pol., Prof. f. Christl. Sozialwissenschaft - Lerchenweg 15, 8700 Würzburg - Geb. 17. Febr. 1928 Wattenscheid - Promot. 1958 (r. p.) u. 64 (th.); Habil. 1967 - S. 1968 Ord. Univ. Würzburg (Mitvorst. Inst. f. Prakt. Theol.) - BV: u. a. Soll die Kirche Werbung treiben?, 1967.

DREIKORN, Kurt

Dr. med., Prof., Arzt f. Urologie, Direktor d. Urolog. Klinik, Zentralkrkhs. (s. 1986) - St.-Jürgen-Str., 2800 Bremen 1, priv.: Stadtländer Str. 58, 2800 Bremen 33 - Geb. 16. Mai 1942 Cuxhaven (Vater: Kurt D. †; Mutter: Magda, geb. Lengsfeld), ev., verh. m. Ilga, geb. Rambaks - Abit. 1961 Cuxhaven, Stud. Univ. Heidelberg u. Lausanne, Staatsex. Univ. Heidelberg 1967, 1968-70 Schweden u. Dänemark, Habil. 1974, Prof. s. 1977 - 1970-86 Urolog. Univ.-Klinik Heidelberg - Liebh.: Segeln, Golf - Spr.: Engl., Franz., Schwed., Dän.

DREITZEL, Hans P.

Dr. phil., o. Prof. f. Soziologie FU Berlin (s. 1969) - Goethestr. 69, 1000 Berlin 12 (T. 3124219) - Zul. New York.

DREIZLER, Helmut

Dr. rer. nat., o. Prof. u. Leiter Abt. Chem. Physik/Inst. f. Physikal. Chemie Univ. Kiel (s. 1969) - Klausdorfer Str. 139, 2300 Altenholz (T. 32 27 22) - Geb. 30. März 1929 Mannheim - Zul. Doz. Univ. Freiburg. Etwa 250 Fachaufs.

DREIZLER, Reiner

Ph. D., Prof. f. Theoret. Physik Univ. Frankfurt/M. - Sodener Weg 32, 6232 Bad Soden.

DRENCKHAHN, Detlev

Dr. med., Prof. Inst. f. Anatomie u. Zellbiologie Univ. Marburg - Univ., Robert-Koch-Str. 6, 3550 Marburg - Geb. 26. Nov. 1944 Göhren/Rügen (Vater: Dr. Detlev D., Arzt; Mutter: Christa, geb. Schmidt, Ärztin), ev., verh. s. 1969 m. Helga, geb. Wittich, 3 Kd. (Detlev, Anne, Frank) - 1965-71 Med.-Stud. Kiel u. Heidelberg. Promot. 1971, Habil. 1981 Kiel - S. 1981 Prof. (C4) f. Anat. u. Zellbiol. Univ. Marburg. Forschungsgeb.: Zellbiol. - BV: Vogelwelt Schlesw.-Holst., 1974 - Liebh.: Ornithol., Ökol.

DRERUP, Heinrich

Dr. phil., o. Prof. em. f. Archäologie - Wilhelm-Busch-Str. 53, 3550 Marburg/L. (T. 23817) - Geb. 23. Aug. 1908 München (Vater: Prof. Dr. phil. Engelbert D., Altphilologe † 1941; Mutter: Maria, geb. Hecking), verh. 1941 m. Martha, geb. Hömberg - Promot. 1933 Bonn; Habil. 1948 Münster - 1938-40 Ref. Dt. Archäol. Inst. Berlin; 1940-48 Wehrdst. u. Kriegsgefangensch.; s. 1948 Lehrtätigk. Univ. Münster u. Marburg, o. Mitgl. Dt. u. Österr. Archäolog. Inst. Publ. in Buchform u. in Fachztschr., vor allem z. griech. u. röm. Arch. sowie antikes Porträt.

DRESCHER, Joachim

Dr. med., o. Prof. f. Virologie u. Seuchenhygiene - Husarenweg 6, 3167 Burgdorf-Ehlershausen - Geb. 8. Juli 1930 Reichenbach/Schles. - S. 1962 (Habil.) Lehrtätigk. FU Berlin (1967 Abteilungsvorst. u. Prof.) u. Med. Hochsch. Hannover (1970 Ord.). Üb. 80 Fachveröff. - 1964 Aronson-Preis.

DRESCHER, Jürgen

Dr. med. (habil.), Prof., Kinderarzt - Cloppenburger Str. 363, 2900 Oldenburg/O. - B. 1977 Privatdoz., dann apl. Prof. Univ. Kiel (Kinderheilkd.).

DRESCHER, Julius

Geschäftsführer, MdL - An den Galmeibäumen 3, 5790 Brilon (T. 8640) - Geb. 20. Mai 1920 Brilon, verh., 2 Kd. - Gymn. - 1938-45 Wehrdst.; spät. Tätigk. elterl. Vermessungsgeschäft. S. 1948 Ratsmitgl. Brilon (1952-56 I. stv., 1956-62 Bürgerm.) u. MdK ebd. (Fraktionsvors.); 1956-62, 1963-66 u. s. 1968 MdL Nordrh.-Westf. SPD s. 1946 (div. Funktionen).

DRESCHER, Philipp

Fabrikant - Florentiner Str. 20, 7000 Stuttgart 75 - Geb. 9. Febr. 1906 Freiburg/Br. - Gilt als Schöpfer u. Pionier d. mod. Vermessungsdruckind.

DRESCHER, Wilfried H.

Direktor, Vorst. BASF Farben + Fasern AG., Hamburg 70, Administrateur: Couleur-Paris S. A., Paris, Kast + Ehinger France S. A., ebd., Kast + Ehinger S. A., Brüssel, Sindaco: Kast + Ehinger Italiana S. p. A., Milano, Raad v. Commissarissen: Remmert B. V., Apeldorn, B. V. Drukinktfabr. Falck-Roussel, Varsseveld - Kuehnstieg 12, 2000 Hamburg 70 - Geb. 1. Juni 1927 Bernsdorf (Vater: Walter D.), verh. m. Ruth, geb. Schaarschmidt.

DRESE, Claus Helmut

Dr. phil., Direktor Opernhaus Zürich - Seehaldenstr. 16, CH-8802 Kilchberg - Geb. 25. Dez. 1922 Aachen (Vater: Karl D.; Mutter: Helene, geb. Schüller), kath., verh. s. 1950, 2 Kd. - Dramat., Regiss., Int. in Marburg, Osnabrück, Mannheim, Heidelberg, Wiesbaden, Köln, Zürich. Div. Ztschr.veröff., Hörspiele.

DRESEN, Adolf

Regisseur, Schauspieldir. Städt. Bühnen Frankfurt - Paul-Ehrlich-Str. 8, 6000 Frankfurt 70 - Geb. 31. März 1935 Eggesin, ev., verh. s. 1977 m. Christiane Krätschell, 4 Kd. (Andreas, Anja, Martin, Elisabeth) - Stud. German.; Staatsex. 1958 Univ. Leipzig - Regiss. Dt. Theater Berlin (DDR), Burgtheater Wien; Schauspieldir. Frankfurt/M. - Insz.: Hamlet (Greifswald); Faust (Berlin); Prinz v. Homburg u. D. Zerbrochene Krug (Berlin); O'Casey-Übers. u. insz. (Berlin); Maß f. Maß (Kiel); Zemlinsky, D. Geburtstag d. Infantin (Oper Hamburg) - Banner der Arbeit (DDR) - Spr.: Engl., Russ.

DRESEN, Lothar

Dr. rer. nat. (habil.), Univ.-Prof. f. Seismik, insb. Regional- u. Modellseismik, 1987-89 Dekan Fak. f. Geowiss., Ing. u. Bergbaugeophys. Univ. Bochum Fak. f. Geowiss. - Platanenweg 11, 4630 Bochum 1 - Geb. 16. Nov. 1939 - Präs. Ambassador-Club Bochum, Wiss. Leit. dt. Mintrop-Sem. - 55 Publ. in Monogr. u. Ztschr.

DRESIA, Heinrich

Dr. rer. nat., Prof., Hochschullehrer - Helmertweg 4, 4300 Essen 1 - Geb. 4. Juli 1923 Oidtweiler b. Aachen (Vater: Johann D.; Mutter: Sybilla, geb. Clemens), kath., verh. s. 1948 m. Maria, geb. Neuhausen, 4 Kd. (Wolfgang, Angelika, Hildegard, Maritta) - Stud. Physik. Dipl.-Phys. 1951 Univ. Göttingen; Promot. 1955 TH Aachen - 1953 Wiss. Assist. TH Aachen; 1956 Doz. Staatl. Ing.sch. Essen; 1972 Prof. Univ. ebd. (Kernphys. u. -techn.). Üb. 30 Fachveröff. (Kerntechn., Strahlen- u. Umweltschutz). Div. pat. Erf.

DRESKE, Klaus-Dieter

Industriekaufmann - Breimerwinkel 4, 3012 Langenhagen 1 - Geb. 3. Juni 1944 Hannover, ev., verh. s. 1966 m. Helen, geb. Port, 3 Kd. (René, Nadja, Bianca) - Gymn., Handelsschu. - 1971 Deleg. Bundesverb. Druck im REFA-Fachaussch. Druckind., 1979 Vors. 1974 Prüfungsaussch.-Vors. f. Ind.-Kaufleute Hannover-Hildesheim; 1980 Handelsrichter LG Hannover.

DRESS, Andreas W. M.

Dr. rer. nat., o. Prof. f. Mathematik Univ. Bielefeld - Bremer Str. 33a, 4800 Bielefeld 1 - Geb. 26. Aug. 1938 Berlin (Vater: Prof. Walter D., Kirchenhistoriker (s. XVIII. Ausg.); Mutter: Susanne, geb. Bonhoeffer), verh. s. 1963 m. Heidemarie, geb. Luther, 2 S. (Jochen, Ruprecht) - Arndt-Sch. Berlin; FU Berlin, Univ. Tübingen u. Kiel. Promot. (1962) u. Habil. (1965) Kiel - 1965-69 Wiss. Rat FU Berlin. Üb. 100 Facharb. z. reinen u. angew. Mathematik - Spr.: Engl. - Bek. Vorf.: Dietrich u. Karl Friedrich (Onkels), Karl Bonhoeffer (Großv.); Karl v. Hase (Ururgroßv.).

DRESSEL, Helmut

Dr. jur., Ltd. Regierungsdirektor Freie u. Hansestadt Hamburg, Geschäftsf. Hamburger Ges. f. Beteiligungsverw. mbH (HGV), Bayerisch-Hamburgische Beteiligungsges. mbH, Hamburg, AR-Vors. P+R Betriebsges. f. Parken + Reisen GmbH, Hamburg; AR-Mitgl. Hamburger Gaswerke GmbH, Hamburg, Zentral-Omnibus-Bahnh. ZOB GmbH, Hamburg. Staatl. Treuhänder Dt. Schiffsbeleihungsbank AG - Begel 6, 2000 Hamburg 67 (T. 603 64 62) - Geb. 21. Nov. 1926 Hamburg (Eltern: Wilhelm (Oberschulrat a. D. u. Hertha B.), ev., verh. s. 1971 m. Jutta, geb. La Ruelle, Sohn Andreas - Jurist. Stud. Hamburg (2. Jurist. Staatsprüf.) - Vorstandsvorsitzender Dt.-Franz. Ges. Cluny - Spr.: Franz., Engl.

DRESSEL (ß), Horst

Verleger, Geschäfts. Gesellsch. d. Schlüterschen Verlagsanst. u. Druckerei GmbH & Co., Hannover, Geschäftsf. Kommunikation u. Wirtsch. GmbH, Oldenburg u. d. Medienges. Nieders. mbH, Hannover, Vorstandsmitgl. Verb. Dt. Zeitschriften-Verleger e.V., Verb. d. Zeitschriftenverlage Nieders.-Bremen E.V., Verb. Dt. Adressbuch-Verleger E.V., Verb. d. Druckind. Nieders. E.V., Vors. Fachgr. Fachztschr. im VDZ u. Fachgr. GELBE SEITEN im VDAV - Zu erreichen üb.: Schlütersche Verlagsanst. u. Druckerei - Postfach 5440, 3000 Hannover 1 - Geb. 7. Febr. 1931 Coburg, ev., verh. s. 1957, 1 Kd.

DRESSLER, Fritz

Dr. med. (habil.), Prof., Chefarzt Kinderklinik am Mariendorfer Weg (s. 1981) - Bredtschneiderstr. 14, 1000 Berlin 19 (T. 3027602) - Geb. 1930 (?) - Zul. Oberarzt Kaiserin-Auguste-Viktoria-Kinderklinik Charl. (zugl. Univ.s-Kinderklinik). Privatdoz. u. apl. Prof. FU Berlin. Fachveröff.

DRESSLER, Otto

Bild. Künstler - Osteranger 4, 8019 Moosach/Obb. (T. 08091-97 16) - Geb. 1. Nov. 1930 Braubach (Vater: Otto D., Arch.; Mutter: Berta, geb. Friedrich), verh. m. Hildegard, geb. Langemeier - Ausb. Steinmetz; Staatsdipl. f. Bildhauerei - Mitgl. Freie Akad. Mannheim, Dt. Künstlerbd., Intern. Künstler-Gremium, Künstlerhaus Wien - Volksausst., Objekte-Aktionen-Reaktionen, (Unser Land, Dt. Verfassungswirklichk.); Ausst. u. Kunstaktionen in 196 Städten Europas, u.a. Moskau, New York, Paris, Berlin, Sofia, Wien, München, Seoul, Tokio, Bonn, Budapest, Madrid, Brüssel, Hamburg, Stockholm, Kopenhagen, Frankfurt, Luxemburg, Neapel, Nijmegen, Hannover, Sao Paulo - Spr.: Engl. - Lit.: Gerd Winkler, D. Verfremder O. D. u. s. Aktionen.

DRESSLER (ß), Rudolf

Schriftsetzer, MdB (Wahlkr. 69/Wuppertal 1) - Auf dem Scheidt 15, 5600 Wuppertal 1 (T. 0202 - 71 01 71) - Geb. 17. Nov. 1940 - B. 1982 Parlam. Staatssekr. Bundesmin. f. Arbeit u. Sozialordn., Bundesvors. Arbeitsgem. f. Arbeitn.fragen. SPD. (1984 Vorst.-Mitgl., s. 1987 stv. Vors. SPD-Bundestagsfraktion, Vors. Arbeitskr. Sozialpolitik).

DRESSLER (ß), Siegfried

Dr. med., Prof., Chirurg - Meisenstr. 1, 1000 Berlin 33 - Gegenw. Lehrtätigk. FU Berlin.

DRESSLER (ß), Willi

Dr. med., Prof., Chefarzt Chirurg. Klinik - Stadtkrankenhaus, 8670 Hof/S. - Geb. 27. Febr. 1913 - S. 1952 (Habil.) Privatdoz. u. apl. Prof. (1958) Univ. Erlangen (Chir. u. Neurochir.) Üb. 50 Fachveröff.

DREVS, Gustav

Kreisvorsitzender des Kuratoriums „Unteilbares Deutschland" u. d. Paneuropa-Union d. Kreise Herzogtum Lauenburg - Stüvkamp 16, 2418 Ratzeburg (T. 04541 - 3234) - Geb. 16. April 1907 Neu-Steinbeck/Meckl., ev., verh., 3 Kd. - Gutsbes. Siedkow/Pom. - 1948-74 Mitgl. Kreistag, 1951-74 Kreispräsident, 1956-73 Kreisvors. CDU; 1954-75 MdL, 1958-67 Parlamentar. Vertr. d. Sozial-Minist., 1967-75 Parlament. Vertr. d. Innenminist. - Gr. BVK, Ehrenkreispräs. Kreis Herzogtum Lauenburg u. Ehrenbürger Stadt Ratzeburg.

DREVS, Merten

Dr. jur., Regierungsdirektor, Vorst. Finanzamt Eutin, Bundesvorst. Paneuropa-Union Deutschl. - Marquardplatz 2, 2400 Lübeck 1 (T. 0451-4 41 57) - Geb. 27. Juli 1934 Köslin/Pommern, (Vater: Gustav D., lauenburg. Kreispräs.; Mutter: Susanne, geb. Jansen), ev., verh. s. 1963 m. Ursula, geb. Stehr, 2 Kd. (Kirstin, Jan Hinrik) - Abit. 1954 Ratzeburg; Stud. Rechtswiss. Univ. Bonn, Tübingen, Zürich, Kiel; bde. Staatsprüf., Promot. Univ. Paris; zahlr. Ausl.-Aufenth. - Landesvorsitzender Schleswig-Holstein der Paneuropa-Union - 1985 Bismarck-Med. - Liebh.: Natur, Jagd, Judo, Foto/Film - Spr.: Franz., Engl., Schwed., Ital.

DREWANZ, Hans

Prof., Dirigent, Generalmusikdirektor Darmstadt - Niebergallweg 1, 6100 Darmstadt - Geb. 2. Dez. 1929 Dresden (Vater: Hans D., Kapellmeister; Mutter: Charlotte, geb. Friebel), ev., verh. s. 1959 m. Christiane, geb. Lang, 2 T. (Katja, Viola) - Gymn. u. Musikhochsch. Frankfurt/M. - 1952-59 Studienleit. Frankfurt/M., 1959-63 1. Kapellm. Wuppertal; s. 1963 GMD Darmstadt; s. 1985 Prof. Musikhochsch. d. Saarlandes - 1980 Joh. H. Merck-Ehrung - Liebh.: Schmalfilmen - Spr.: Engl., Franz.

DREWES, Joseph

Dr. med., Prof. f. Chirurgie Univ. Düsseldorf (s. 1966) - Wettiner Str. 15, 4000 Düsseldorf 11 - Geb. 14. Aug. 1917 Gelsenkirchen - S. 1962 (Habil.) Lehrtätigk. D'dorf (1957 Leit. Chir. Poliklin.) - BV: D. Phlebographie d. oberen Körperhälfte, 1963 - 1962 v.-Haberer-Preis Ndrh.-Westf. Chirurgenvereinig. - Liebh.: Mineralogie, Botanik.

DREWS, Dietrich Eckhard

Prof. f. Mathematik, Physik u. Lerntechnik FH Ostfriesl. - Schlehenweg 39a, 2950 Leer - Geb. 21. April 1935 Gumbinnen (Vater: Friedrich D., Studienrat; Mutter: Käthe, geb. Hartwig), ev., 2 S. (Kai Holger, Till Martin) - 1. Staatsex. 1958 Berlin, 2. -Ex. Göttingen, Sprecherzieherex. 1962 Frankfurt; Ass. 1963 - Doz. FH Ostfriesl. (1973-85 Dekan, 1974-76 Rektor) - Gold. Sportabz.

DREWS, Gerhart

Dr. rer. nat., o. Prof. f. Mikrobiologie - Schloßweg 27b, 7802 Merzhausen/Br. (T. Freiburg 402442) - Geb. 30. Mai 1925 Berlin (Eltern: Wilhelm (Lehrer) u. Hilma D.), ev., verh. s. 1960 (Ehefr.: Christiane) - Stud. Biol., Chemie, Geogr. Staatsex. (1951), Promot. (1953) u. Habil. (1960) Halle/S. - 1952 Assist. Botan. Inst. Univ. Halle, 1953 wiss. Mitarb. Inst. f. Mikrobiol. u. Exper. Therapie Akad. Wiss. Jena, 1961 Doz. Univ. Freiburg, 1964 o. Prof. ebd. Hrsg. Arch. Microbiol. 240 Fachaufs. u. Buchbeiträge insb. z. Thema Biochemie u. Molekularbiol. v. Membranproteinen (Funktion, Struktur, Biosynthese, Regulation). Mikrobiol. Praktikum, 4. A. 1983 - Spr.: Engl.

DREWS, Hans-Jürgen

Dr. rer. pol., Vorstandsmitglied HUK-Coburg Versicherungsgruppe (s. 1963), Vizepräs. IHK Coburg (1983ff.) - Oberer Pelzhügel 10, 8630 Coburg/Ofr. (T. 09561 - 96 28 30) - Geb. 9. Febr. 1930 Kiel, ev., verh. s. 1955 m. Doris, geb. Auschel, 2 T. (Kerstin, Anke) - Univ. München u. Hamburg (Dipl.-Volksw.). Promot. TU Berlin - 1952-62 Ref. Bundesaufsichtsamt f. d. Versich.wesen - Spr.: Engl.

DREWS, Hellmuth

Vorstandsmitgl. Triton-Belco AG. - Alter Teichweg 15 - 25, 2000 Hamburg 76 - Geb. 21. Dez. 1923.

DREWS, Jörg

Dr. phil., Literaturwissenschaftler, Schriftst. - Gaisbergstr. 16, 8000 München 80 (T. 473371) - Geb. 26. Aug. 1938 Berlin - Stud. German., Angl., Gesch. Heidelberg, London, München. Promot. 1966 - 1969ff. Mitarb. Südd. Ztg. (Feuilletonred., Literaturkrit.), 1973ff. Prof. Fak. Ling. u. Lit.wiss. (Univ. Bielefeld) - BV: Goethe anekd., 1969; Freud anekd., 1970; D. Solipsist i. d. Heide, 1974; Wie die Grazer auszogen, d. Literatur z. erobern, 1975; Wie bin ich vorgespannt d. Kohlenwagen meiner Trauer (hrsg., Gedichte von Albert Ehrenstein), 1977; Ich bin an meinen Punkt gebannt, 1978; Zynisches Wörterbuch, 1978; V. Kahlschlag zu movens. Üb. d. langsame Auftauchen experimenteller Schreibweisen in d. westd. Lit. d. fünfziger J., 1980; D. Tempo dieser Zeit ist keine Kleinigk. Z. Lit. um 1918, 1981; Gebirgslandsch. m. Arno Schmidt. D. Grazer Symposion, 1982; Lilienthal od. d. Astronomen. Hist. Materialien zu e. Projekt Arno Schmidts; James Joyce. Materialien z. Vermessung s. Universums, 1985. Herausg.: Bargfelder Bote. Fernsehf.: Esoterik u. Marxismus - E. Porträt Walter Benjamins (1972); Lebensgeschichte als Zeitgeschichte: Gershom Scholem (1976) - 1972 Mitgl. PEN-Zentrum BRD.

DREWS, Jürgen

Dr. med., Prof., Vorsitzender d. Forschungsleitung u. Mitgl. d. Konzernleitung F. Hoffmann-La Roche & Co. Aktiengesellschaft, Basel (s. 1985) - Buchenrain 6, CH-4106 Therwil (T. 061 - 73 81 66) - Geb. 16. Aug. 1933 Berlin (Vater: Walter D., Kaufm. Direktor; Mutter: Lotte, geb. Grohnert), verh. s. 1963 m. Dr. med. Helga, geb. Eberlein, 3 T. (Ulrike, Karoline, Bettina) - Promot. 1959 Berlin (FU) - S. 1968 (Habil.) Privatdoz. u. apl. Prof. (1973) Univ. Heidelberg (Inn. Med.); 1979 Dir. Sandoz-Forsch.-Inst. Wien; 1982-84 Dir. Pharmaforsch. u. Entwickl. Sandoz AG, Basel - BV: Grundl. d. Chemotherapie, 1979; Immunpharmakologie, Grundl. u.

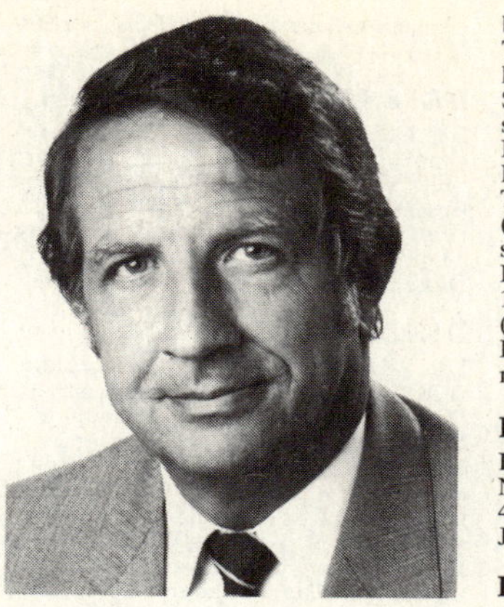

Perspektiven, 1986. Etwa 170 Facharb.; zahlr. Artikel in d. Tages- u. Fachpresse zu forsch.- u. wissensch.politischen Fragen.

DREWS, Paul

Dr.-Ing., Prof. TH Aachen (s. 1972) - Korneliusmarkt 54, 5100 Aachen - Geb. 16. April 1934 Ahlen/W. (Vater: Paul D., Soldat; Mutter: Elisabeth, geb. Middelkötter), kath., verh. s. 1964 m. Doris, geb. Bergs, 2 Kd. (Claudio, Frank) - Erf. a. d. Geb. d. Schweißtechn. Mitgl. in- u. ausl. Fachges.

DREXELIUS, Günter

Dr., Präsident Bundesamt f. Ernährung u. Forstwirtschaft - Adickesallee 40, 6000 Frankfurt/M. 18 - Geb. 25. Febr. 1939.

DREXHAGE, Karl-Heinz

Dr. phil., o. Prof. f. Physikal. Chemie (Lehrst. II) Univ.-GH Siegen (s. 1978) - Schanzenweg 50, 5900 Siegen - Geb. 25. Febr. 1934 Herford, verh. s. 1961 m. Elisabeth, geb. Plaas, 2 Kd. (Kirsten, Andreas) - 1945-54 Leopoldinum Detmold; 1954-60 Univ. Marburg (Dipl.-Chem. 1960). Promot. (1964) u. Habil. (1967) Marburg - Forschungsleit. USA (1968-69 IBM San José; 1969-78 Kodak Rochester) - Liebh.: Laufen - Spr.: Engl.

DREXLER, Erich

Kaufmann, Vors. Großhandelsverb. Schreib-, Papierwaren u. Bürobedarf - Am Weißen Turm 27, 6000 Frankfurt/M. 60.

DREYBRODT, Wolfgang

Dr. rer. nat., Prof. f. Exper. Physik, insb. Festkörperphysik, Univ. Bremen (s. 1974) - Bekassinenstr. 86, 2800 Bremen 33 - Geb. 10. Jan. 1939 Annaberg/Sa. (Vater: Johannes D., Oberstudienrat; Mutter: Irene, geb. Meinhold), ev., verh. s. 1964 m. Marion, geb. Fischer, 2 Kd. (Jörg, Anja).

DREYER, Ernst Adolf

Verleger, Schriftst. - Schmüserstr. 12, 2000 Hamburg-Wandsbek - Geb. 25. Nov. 1907 Rostock - Univ. Rostock, Berlin, Zürich (Literatur-, Kunstwiss., Religionsphil., Gesch., Volksw.) - BV: Egon Tschirch, Hans Friedrich Blunck, Julian Klein v. Diepold, D. Vieweg-Verlag in 150 J. dt. Geistesgesch., Werner Peiner, D. Hermann-Eris-Busse-Buch, E. Stickelberger, F. v. Unruh, E. Barlach u. a. Herausg.: Welt d. Bühne - Welt d. Films, D. Erdöl-Bücherei, Dt. Geist u. a.

DREYER, Ernst-Jürgen

Dr. phil., Schriftsteller u. Lehrer - Anton-Mangold-Weg 4, 8120 Weilheim (T. 6 18 74) - Geb. 20. Aug. 1934 Oschatz (Vater: Ernst D., Lehrer), verh. in 2. Ehe s. 1983 m. Geraldine, geb. Gabor, 2 Kd. (Alma, Armin) - Musikhochsch. Weimar, Univ. Jena, Leipzig (Musikwiss.), Promot. 1958 - 1961-72 Lehrer Goethe-Inst., s. 1973 Lehrer Bildungszentr. Murnau (Deutsch f. Ausl.) - BV: Kleinste Prosa d. dt. Sprache, 1970; Versuch, e. Morphologie d. Musik zu begründen, m. e. Einleit. üb. Goethes Tonlehre, 1976; Entwurf e. zusammenhängenden Harmonielehre, 1977; D. Spaltung, R., 1979; E. Fall v. Liebeserschleichung, Erz. 1980; D. Goldene Brücke, Schausp. 1983/85 (UA. Münchner Kammersp. 1985); Goethes Ton-Wissenschaft 1985; Robert Gund (Gound) 1865-1927, e. vergessener Meister d. Liedes, 1988; Hirnsfürze, 1988 - D. Double (UA Staatstheater Kassel 1988); D. Nacht v. d. Fahrt n. Bukarest (UA Städt. Bühnen Münster 1988) - 1980 Hermann-Hesse-Preis; 1983 Preis Autorenstiftg. Frankfurt/M. - Spr.: Engl.

DREYER, Heinrich

Bundesbahnamtmann a. D., MdL Nordrh.-Westf. (s. 1975) - Im Felde 26, 4972 Löhne 4 (T. 05732 - 7672) - Geb. 8. Juli 1935 - CDU.

DREYER, Horst

Dr. theol., Propst d. Kirchenkreises Eutin (s. 1978) - Wasserstr. 6, 2420 Eutin/Holst. - Geb. 21. Mai 1928 Lübeck (Vater: Friedrich D., Beamter; Mutter: Katharina, geb. Vieillard), ev.-luth., verh. s. 1953 m. Elisabeth, geb. Meltz, 2 Kd. (Christiane, Mathias) - Johanneum Lübeck; Univ. Kiel u. Göttingen (Ev. Theol.). Promot. 1952 Kiel - 1954-78 Pastor Lübeck u. Westerland - Spr.: Engl.

DREYER, Jürgen

Dr. med., Prof., Ltd. Arzt Ev. Diakonissen-Anstalt, Bremen - Rotdornallee 64, 2820 Bremen-Lesum - S. Habil. Lehrtätigk. Univ. Heidelberg (gegenw. apl. Prof. f. Orthopädie).

DREYER, Nicolaus

Fruchtgroßhändler, MdB (1972-80; Wahlkr. 25/Stade) - Flethweg 14, 2160 Stade-Bützfleth (T. 04146 - 5469) - Geb. 21. April 1921 Butzfleth, verh. s. 1944, 5 Kd. - Mittelsch.; kaufm. Ausbild. - 1939-45 Wehrdst. (Frankr., Rußl.; zul. Ltn. d. R.); s. 1946 selbst. S. 1956 Bürgerm. Gde. Butzfleth; s. 1961 MdK Stade; 1963-70 MdL Nieders. B. 1969 (Austr.) FDP; s. 1969 CDU.

DREYER, Paul Uwe

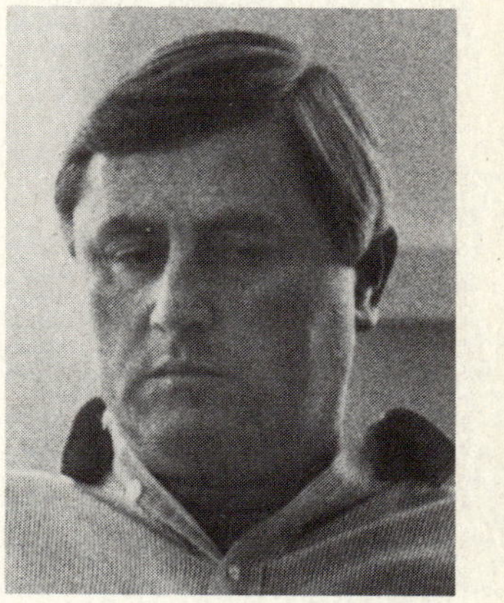

Prof., Maler, Rektor Staatl. Akademie d. bild. Künste - Am Weissenhof 1, 7000 Stuttgart 1 - Geb. 22. Sept. 1939 Osnabrück - 1958-61 Stud. Werkkunstsch. Hannover, 1961/62 Hochsch. f. Bild. Künste Berlin - 1968 Stip. Villa Serpentara Olevano/Romano, 1970 Mitgl. Dt. Künstlerbund, 1970/71 Preis u. Aufenth. Villa Massimo Rom, 1972 Berufung an d. Staatl. Akad. d. Bild. Künste Stuttgart, 1974 Prof., s. 1987 Rektor Staatl. Akad. d. Bild. Künste Stuttgart - Bilder: Konstruktive ornamentale Malerei, große u. wicht. Einzelausst. im nat. u. intern. Bereich - 1985 1. Preis f. Druckgraphik Landesbank Stuttgart - Liebh.: Sport.

DREYER, Wolfgang

Dr. rer. nat., Dipl.-Phys., Prof. TU Clausthal (s. 1969) - Berliner Str. 11, 3392 Clausthal-Zellerfeld (T. 05323 - 1592) - Geb. 29. April 1920 Konstanz (Vater: Paul D., Ing.; Mutter: Johanna, geb. Moll), ev., verh. s. 1951 m. Ursula, geb. Bahl, 2 Kd. (Angelika, Detlev) - Stud. Berlin, München, Göttingen, Zürich, Braunschweig; Promot. 1955 - Erf. u. a.: Zeitwaage, Gebirgsdruckmeßpatrone - BV: D. Festigkeitseigensch. natürlicher Gesteine, 1967; The Science of Rock Mechanics, 1971; Materialverhalten anisotroper Festkörper, 1974; Gebirgsmechanik im Salz, 1974; Underground Storage, 1979 - Spr.: Engl., Franz.

DREYER-EIMBCKE, Oswald

Konsul, Kaufmann - Waldstr. 5, 2055 Wohltorf (T. 04104 - 20 46; Büro: 040 - 33 66 96) - Geb. 12. Nov. 1923 Hamburg (Vater: Generalkonsul a. D. Ernst D.-E. †); Mutter: Susanne, geb. Heermann), verh. s. 1954 m. Erika, geb. Ohle - Teilh. Senator Reisedienst GmbH, Hamburg; Vors. Freundeskreis f. Cartographie in Stiftg. Preuß. Kulturbesitz, Berlin; Vorst.-Mitgl. Ges. d. Freunde Islands, Freunde d. Tropeninst., Ibero-Amerika Verein, alle Hamburg. 1958 Chilen. Konsul f. Schlesw.-Holst. (Sitz Kiel), 1973 Konsul v. Island i. Hambg.; Vizepräs. Aktionsgem. Wirtschaftl. Mittelst. - Liebh.: Kartographie - Spr.: Engl., Span. - Rotarier.

DREYHAUPT, Franz Joseph

Dr.-Ing., Ministerialdirigent a. D., Honorarprof. Univ. Kaiserslautern (Fachbereich Maschinenwesen) - Am Sinnenbüsch 19, 5532 Feusdorf/Jünkerath - Geb. 15. Febr. 1925 Düren - Mitgl. im Rat v. Sachverst. f. Umweltfragen.

DRIBBUSCH, Friedrich

Dr. jur., Direktor - Julius-Leber-Str. 4, 6800 Mannheim - Geb. 1915 Berlin - Stud. Berlin u. Göttingen; Promot. 1947 - 1969-77 Vorst.-Mitgl. BASF AG.

DRIEHAUS, Hans-Joachim

Dr. jur., Prof., Bundesrichter - Hardenbergstr. 31, 1000 Berlin 12 - Geb. 28. Sept. 1940 (Vater: Dr. Walter D., Arzt, Mutter: Sigrid, geb. Harnisch), ev. verh. m. Christa, geb. Richardt, 2 T. - Stud. Univ. Münster, Innsbruck, London u. Bonn - B. 1981 Richter Oberverwaltungsgericht Lüneburg, 1981 Bundesrichter - Mitverf. v. Komment. u. Veröff. z. Bundesbaugesetz, Kommunalabg. u. Disziplinarrecht.

DRIESCH, von den, Günther

Studiendirektor, Präs. Kath. Pädagogenarbeit Deutschlands (s. 1980) - Beethovenstr. 24, 5205 Sankt Augustin 2-Hangelar - Geb. 4. Febr. 1928, kath., ledig - Stud. kath. Theol., Gesch., Kunstgesch.; Staatsex. als Realschullehrer u. Gymnasiallehrer - 1971-75 Präs. Ring Kath. Dt. Burschensch.; 1972-76 Vizepräs. Kath. Akademikerschaft Deutschl. (KDA) - Spr.: Latein, Griech., Hebr., Engl., Ital., Span.

DRIESCH, von den, Karlheinz

Dr., Dipl.-Volksw., Ministerialrat - Lotharstr. 46, 5300 Bonn 1 (T. 21 98 64) - Geb. 27. Nov. 1934 Olzheim (Vater: Josef v. d. D., Lehrer; Mutter: Elisabeth), kath., verh. s. 1962 m. Mari-Ann, geb. Kolbenschlag, 2 Kd. (Alexander, Barbara) - Hum. Gymn.; Stud. Univ. Bonn, Graz, Berlin - 1960-61 Redakt. Wirtschaftsbild. 1961-69 dpa-Bundesbüro, Bonn, 1969-79 Korresp. Frankfurter Neue Presse, Badische Ztg., Nürnberger Nachrichten, 1979-81 Presseref. Bayer. Vertr. Bonn, 1981-83 Pressesprecher CDU-Landtagsfraktion Nordrh.-Westf., Düsseldorf, s. 1983 Leit. Presse u. Information d. Bundesmin. d. Finanzen (Pressesprech.) Bonn - Liebh.: Briefmarken, Ofenplatten, Jugendstilkeramik - Spr.: Engl., Ital., Span.

DRIESEN, Gerd

Dr. phil., Dipl.-Chem., Apotheker, Geschäftsf. Cassella-Riedel Pharma GmbH. - Hanauer Landstr. 526, 6000 Frankfurt/M. 61.

DRIESEN, Werner

Geschäftsf. d. Eduard Wille Verw. GmbH, Vors. d. Geschäftsltg. d. Eduard Wille GmbH. & Co., Wuppertal - Am Buschkamp 5, 5620 Velbert - Geb. 17. Febr. 1925 Duisburg - Zul. Vorstandsmitgl. Losenhausen Maschinenbau AG., Düsseldorf (s. 1970).

DRIESSEN, Hans

Dr., Marktforscher, Gf. Gesellschafter ASK Ges. f. Sozial- u. Konsumforschung Dr. H. Driessen mbH, Hamburg - Mönckebergstr. 10, 2000 Hamburg 1 (T. 33 94 85) - Geb. 17. Febr. 1926 Tegelen (Niederl.), verh. m. Dr. med. Hedwig, geb. Evers, 2 S. (Dirk-Jan, Ralf-Peter) - Ausb. Inst. f. Weltwirtsch. Kiel (Dipl. 1952), Promot. 1956 Köln. - Liebh.: Alt-China, Porzellan, Wandern.

DRIESSEN van der LIECK, Theo

Vorstand Herta AG Fleischw.- u. Konservenfabriken a. D., AR-Mitgl. Neusser Ölmühlen AG, Ratio Handel, Münster; Beirat Bedford Fleischw. GmbH, Osnabrück; Consultant; Ehrenpräs. d. Kurat. DIL (dt. Inst. f. Lebensmitteltechnik, Quakenbrück) - Dorfstr. 6, 8171 Wackersberg - Geb. 11. Okt. 1921 - Spr.: Engl., Holl. - Rotarier

DRIESSLER, Johannes

Prof., Komponist - Mozartstr. 36, 4930 Detmold - Geb. 26. Jan. 1921 Friedrichsthal/Saar (Vater: Oskar D., Bergmann; Mutter: Bertha, geb. Doll), verh. s. 1958 m. Monika, geb. Quistorp - Konservat. Saarbrücken, Musikhochsch. u. Univ. Köln - S. 1946 Doz. u. Prof. f. Kompositionslehre u. Theorie Nordwestd. Musik-Akad. Detmold (jahrel. stv. Dir.). U. a. weltl. u. geistl. Oratorien u. Kantaten, Konzerte, Sinfonien (3), Chor- u. Kammermusik - Westf. (1959) u. Saarl. Kunstpreis (1962); 1971 BVK I. Kl.

DRIESSLER-QUISTORP, Monika

Prof., Dozentin f. Gehörbildung Musikhochsch. Westf.-Lippe/Nordwestd. Musikakad. - Zu erreichen üb. Musikhochsch., Allee 22, 4930 Detmold 1.

DRIEST, Burkhard

Schriftsteller, Regiss., Schausp. - 2732 Kuhmühlen - Geb. 28. April 1939 - BV: D. Verrohung d. Franz Blum, 1974; Mann ohne Schatten, 1981; ca. 30 Drehb., 2 Theaterst. - 4 Hauptrollen, 2 Nebenrollen. Regie: Film Annas Mutter - Spr.: Engl.

DRINGENBERG, Rainer

Dr. rer. soc., Prof. f. Gerontologie, Sozialforschung - Göndellenstr. 5, 4300 Essen 1 - Geb. 31. Aug. 1945 Essen (Vater: Reinhard D., Kaufm.; Mutter: Hedwig, geb. Baumgärtner), ev., verh. s. 1971 m. Gerlinde, geb. Gräf, 2 Kd. (Daniela, Raimund) - Abit. Essen 1965, 1965-71 Univ. Köln u. Bochum (Wirtsch.-, Sozial.- u. Erziehungswiss., Ex. 1971, Promot. 1977) - 1971 Assist., Lehrauftr., 1973 Geschäftsf., 1975 FHS Bochum, s. 1977 Prof. f. Soziol. u. Soziale Gerontol. FHS Bochum (s. 1981 Dekan), s. 1970 Forsch.arb. u. Gutachtertätigk., insbes. Wohnwiss. u. Gerontol. (Dt. Ges. f. Gerontol. Dt. Ges. f. Soziol.) - BV: u.a. Wohnstandard, 1974; Z. Situation d. Alters in d. Ges., 1977; Jugendtheater, 1982 - Spr.: Engl., Franz.

DRINGS, Peter

Dr. med., Prof., Internist - Furtwänglerstr. 10, 6900 Heidelberg - Geb. 27. März 1939 Greifswald - Promot. 1964; Habil. 1973 - S. 1976 apl. Prof. f. Inn. Med. Univ. Heidelberg (1975-79 Oberarzt Med. Klinik). S. 1979 Chefarzt Onkolog. Abt. Krkhs. Rohrbach, Klinik f. Thoraxerkrank., Heidelberg - BV: Standardisierte Krebsbehandlung, 1974 (m. Ott u. Kuttig), 2. A. 1982; D. Bronchialkarzinom, 1986 (m. Vogt-Moykopf u. U. Schmähl); Therapy of Lung Metastases (m. Vogt-Moykopf). Üb. 200 Einzelarb. m. Schwerpunkt in d. Onkologie u. Hämatologie.

DRISSNER, Jürgen

Dipl.-Kfm., Geschäftsführer Brüninghaus & Drissner GmbH, Hilden - Itterstr. 14, 4010 Hilden (T. 02103-5 20 89) - Geb. 5. April 1950 Hilden, ev., verh. m. Marita, geb. Breuer, T. Monika - Stud. Betriebsw.; Dipl. 1978 - Liebh.: Bergsteigen, Segeln, Skifahren - Spr.: Franz., Engl.

DRIVER, Winfried

Dr. rer. pol., Dipl.-Volksw., Vorstandsmitglied a.D., selbst. Unternehmensberater - Kaiser-Friedrich-Ring 47, 4000 Düsseldorf 11 (T. 0211 - 57 80 91) - Geb. 27. Nov. 1934 Köln, verh. m. Marga, geb. Herbrandt, 3 Kd. - 1954-59 Univ. Köln (Volksw.) - 1976-82 Vorst. Girmes-Werke AG, seither Untern.berat. m. Partner Dr. Jochen Zschocke.

DROBEK, Franz K.

Dipl.-Ing., Direktor, Vorstandsmitgl. Lech-Elektrizitätswerke AG. - Schaezlerstr. 3, 8900 Augsburg.

DROBESCH, Karl Heinz

Direktor u. Regisseur Stadttheater Baden u. d. Sommerarena in Baden b. Wien (s. 1989) - Bechardgasse 25/3/12, A-1040 Wien (T. 0222 - 75 61 10) - Geb. 5. Sept. 1942 Murau/Steiermark, verh. s. 1974 m. Diana Bennett (Sängerin) - Gymn., Handelssch., Hochsch. f. Musik u. Darst. Kunst Graz (Abt. Regie u. Schausp.) - Vereinigte Bühnen Graz (1966-70 Regieassist., Abendspielleit., Schausp.; 1970-76 Regiss.; 1976-81 Chefdisp. u. Regiss.); 1981-86 Salzburger Landestheater (Betriebsdir. u. Regiss.), 1987/88 freischaff. Regiss., Gastsp. in d. Bundesrep., Barcelona, Festival d. Kanar. Inseln, Haydnfestsp. Schloß Esterhazy. 10 J. Mitarb. Seefestsp. Mörbisch (1965-75) - Liebh.: Tennis, Schwimmen, Lesen, Sammeln v. Jugendstilgegenst. - Spr.: Engl., Ital.

DROBNIG, Ulrich

Dr. jur., M. C. J. (New York Univ.), Prof., Direktor MPI f. Ausl. u. Intern. Privatrecht - Mittelweg 187, 2000 Hamburg 13 - Geb. 25. Nov. 1928 Lüneburg (Vater: Walter D., Offz.; Mutter: Margarete, geb. Chales de Beaulieu), ev., verh. s. 1957 m. Isa, geb. v. Klitzing, 5 Kd. - Univ. Tübingen (Rechtswiss.). 2. Staatsex. u. Promot. 1959 - S. 1967 Wiss. Mitgl. u. Dir. (1979) MPI. 1975 ff. Prof. f. Rechtsvergl., Recht d. DDR u. Intern. Privatr. Univ. Hamburg - BV: Haftungsdurchgriff b. Kapitalges., 1959; American-German Private Intern. Law, 2. A. 1972 - Spr.: Engl., Franz.

DRÖGE, Franz

Dr. phil., Prof. f. Kommunikationswiss. Univ. Bremen - Lindhornstr. 27, 2800 Bremen (T. 0421 - 70 14 24) - Geb. 1. Nov. 1937 Münster (Eltern: Franz u. Wilhelmine D.), verh. s. 1967 m. Dr. Ilse Dröge-Modelmog - 1960-64 Stud. Univ. Münster (Soziol., Publiz., German.); Promot. 1965, Habil. 1969 - 1970-71 Prof. in Münster; ab 1971 Prof. Univ. Bremen - BV: Publiz. u. Vorurteil, 1967; Wirk. d. Massenkommunikation 1969, 1973; D. zerredete Widerstand, 1970; Wissen ohne Bewußtsein, 1972; D. alltägl. Medienkonsum, (m. a.) 1979; D. Kneipe. Z. Soziol. e. Kulturform, (m. a.) 1986.

DROEGE, Georg

Dr. phil., o. Prof. f. Mittelalterl. u. Neuere Geschichte sow. Rhein. Landesgesch. - Am Römerlager 29, 5300 Bonn - Geb. 25. März 1929 Krefeld - Promot. 1953; Habil. 1965 - S. 1970 Ord. Univ. Trier u. Bonn (1975) - BV: u. a. Dt. Wirtschafts- u. Sozialgesch., 1971.

DRÖGE, Heinz

Dr. rer. pol., Botschafter a. D. - Leibnizstr. 39, 5300 Bonn 2 - Geb. 15. April 1922 Essen, ev., verh. s. 1951 m. Gerda, geb. Dobbert, 4 Kd. (Christoph, Markus, Renate, Donata) - N. Kriegsdienst und Gefangenschaft Studium Volksw. Köln u. London. Promot. 1951 - S. 1951 Auswärt. Dienst (1951-53 Generalkons. New York, 1953-62 Botsch. Washington, 1962-66 UNO-Referat AA, 1966-70 Ständ. Vertr. NATO, 1970-74 Bundeskanzleramt, 1974-75 Botschafter Saigon, 1975-79 Botschafter Lagos, 1979-83 Unterabt.leit. AA, 1983-87 Botschafter Algier) - BV: D. Mensch als wirtschaftl. Datum, 1952; D. Bundesrep. Dtschl. u. d. Vereinten Nationen, 1966 (m. Münch u. Puttkamer) - BVK I. Kl.; Kriegsausz.; ausl. Orden.

DROEGE, Herbert

Bankkaufm., Direktor, Leit. ZPK - Zentrale Privatkundenabt. Commerzbank AG, Frankfurt/M. - Biebricher Allee 14, 6200 Wiesbaden (T. 06121 - 80 88 54) - Geb. 7. Nov. 1930 Bielefeld, kath., verh. s. 1953 m. Margrit, geb. Tornow, 3 Kd. (Gabriele, Michael, Angelika) - AR Petrus-Werk Berlin - Liebh.: Jagd, klass. Musik, Schach.

DROEGE, Herbert

President Schindler Kanada, Pickering/Ontario - Finkeneck 39, 2080 Pinneberg (T. 04101 - 6 57 38) - Geb. 6. März 1936 Frankfurt/M. (Eltern: Heinrich D. u. Gretel, geb. Wissenbach), ev., verh. s. 1958 m. Margit, geb. Lammel, 2 Kd. (Evelyne, Wolfgang) - Stud. Betriebswirtsch. Univ. Darmstadt - S. 1954 Schindler GmbH, 1972-74 Geschäftsf. Würzburg, 1974-81 Hamburg, 1981-87 Berlin, 1988ff. Kanada. Spezialgeb.: Fördertechnik (Kundendienst) - Liebh.: Wassersport, Segeln - Spr.: Engl.

DRÖGE, Wulf

Dr. rer. nat., Wiss. Rat (Inst. f. Immunologie u. Genetik/Dt. Krebsforschungszentrum), Prof. f. Mikrobiologie Univ. Heidelberg - Mittlerer Rainweg 2/1, 6900 Heidelberg (T. 802687) - Geb. 17. Dez. 1939 Hamburg (Vater: Dr. Werner D., Arzt; Mutter: Eleonore, geb. Michel), led. - Promot. 1967, Dipl.-Chem. 1964. 1974 Doz. Freiburg, s. 1976 Lt. Abt. Immunchemie Deutsches Krebsforsch.s-Zentrum, Heidelberg. Entdeck. v. Immun-Suppressor-Zellen (1970/71).

DRÖSCHER, Vitus B.

Tierschriftsteller - Zu erreichen üb. Rasch u. Röhring Verlag, Hoheluftchaussee 95, 2000 Hamburg 20 - Geb. 15. Okt. 1925 Leipzig (Vater: Dr. Gustav D., Stadtbibliotheksdir.; Mutter: Frida, geb. Plate), ev., verh. s. 1955 m. Helga, geb. Oppermann, 4 Kd. (Lutz, Nicola, Ariane, Till) - 1948-52 TH Hannover - 1952-54 Ing. Atlas-Werke AG, Bremen (Elektron. Entwicklungslabor.); s. 1954 Tierschriftst. u. Journ. (ständ. Mitarb. D. Zeit, Welt am Sonntag, div. Ztschr. u. Rundfunksender). Spez. Arbeitsgeb.: Verhaltensforsch. b. Tieren - BV (m. Einzelaufl. b. zu üb. 100 Ts. u. 17 Übers.): Klug wie d. Schlangen - D. Erforschung d. Tierseele, Magie d. Sinne im Tierreich, D. freundl. Bestie - Neueste Forschungen üb. d. Tierverhalten, D. freundl. Bestie im Zoo, Zärtlich wie e. Krokodil, Sie töten u. sie lieben sich - Naturgeschichte sozialen Verhaltens, Überlebensformel - wie Tiere Umweltgefahren meistern, 1979; Fernsehserien: Afrikan. Tierwelt, Tiere hint. Zäunen (Unnatur oder Rettung?), Auf d. Suche n. d. letzten Wildtieren Europas, D. Erforschung d. Tierverhaltens; Nestwärme - Wie Tiere Familienprobleme lösen, 1982; Wiedergeburt - Leben u. Zukunft bedrohter Tiere, 1984; Wie menschl. s. Tiere?, 1985; Geniestreiche d. Schöpfung, 1986; D. Tierwunder d. Bibel, 1987; Tiere in ihrem Lebensraum, 1988 - 1965 Theodor-Wolff-Preis - Liebh.: Tennis - Spr.: Engl.

DROESE, Werner

Dr. med., Prof., ehem. Direktor Forschungsinst. f. Kinderernährung, Dortmund-Brünninghausen (s. 1966) -

Nordstr. 8, 3163 Sehnde 1 (T. 05138 - 83 98) - Geb. 1. Nov. 1913 Hannover - Univ. Hamburg (Med. Staatsex. 1937). promot. 1939 Hamburg; Habil. 1951 Kiel - 1939-45 Kaiser-Wilhelm-Inst. f. Arbeitsphysiol., Dortmund (Assist.); 1945-54 Univ. Kinderklinik Kiel; 1954-66 Univ. Kinderklinik München (1958 apl. Prof., 1962 Diätendoz.). 1971 ff. apl. Prof. Uiv. Münster (Kinderheilkd.). 1952/53 Fellow WHO New York Univ. (Bellevue Medical Center). Spez. Arbeitsgeb.: Zusammenhänge zw. Ernährung u. Körperfunktionen b. Säuglingen u. Kleinkindern. Zahlr. Veröff., dar. Vitamintabellen d. gebräuchl. Nahrungsmittel - Spr.: Engl. - Rotarier.

DRÖSLER, Jan

Dr. phil., o. Prof. u. Direktor Inst. f. Psychologie Univ. Regensburg - Nürnberger Str. 204, 8400 Regensburg (T. 0941 - 8 42 35) - Geb. 16. Mai 1934 Berlin - Habil. 1965 Göttingen.

DROGULA, Karl-Heinz

Dr. med., Orthopäde, Chirotherapie/ Arzt f. Physik. Therapie, Inh. Belegklinik West-Klinik Dahlem, u. Krkhs. Neustadt b. Coburg - Düppelstr. 16, 1000 Berlin 37 - Geb. 14. Juni 1925 Mittenwalde/M., verh., 2 Kd. - Obersch.; Stud. Med., Staatsex. (1952) u. Promot. (1954) Kiel - U. a. Ass.-Arzt u. Oberarzt Univ.-Klinik Berlin u. Gießen; 1970-81 Chefarzt Klinik Prof. Sandmeyer, Berlin-Zehlendorf. Jahrel. Bezirksverordn. Charlottenburg (1959ff.); 1971-75 MdA. SPD s. 1945, ausgetreten 1974, b. 1984 Vors. Verb. d. Berliner Privat-Krankenanst., s. 1979 Präs. Bundesverb. Dt. Privatkrankenanst., s. 1986 2-maliger Präs. dt. Ges. f. Manuelle Med. (Chirotherapie).

DROMMER, Wolfgang

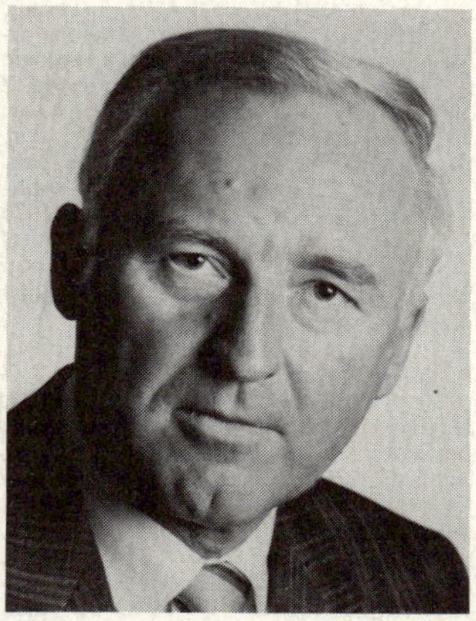

Dr. med. vet., Dr. h. c., Prof. f. Allg. Pathologie u. pathol. Anat. d. Haustiere - Sophienkamp 6, 3004 Isernhagen 4 - Geb. 24. April 1938 Mittweida (Vater: Herbert D.; Mutter: Dora, geb. Eulitz), ev., verh. s. 1965 m. Gudrun, geb. Goerzen, 2 Töcht. (Anja, Sandra) - Staatsex. 1964, Promot. 1964, Habil. 1972 - S. 1972 Privatdoz., apl. (1977) u. o. Prof. (1980) Tierärztl. Hochsch. Hannover (Leit. Elektronenmikroskop. Abt., Inst. f. Pathol. 1986, Vorst.-Vors.). Üb. 169 Facharb. Mithrsg. Lehrb. d. Allg. Pathol. f. Tierärzte u. Studierende d. Tiermed. (1982, übers. ins Span. 1985), Pathologie d. Haustiere (1985; m. L. Cl. Schulz) - 1969 E.-W.-Bader-Preis; 1986 Ehrendoktor Univ. Cordoba/Spanien; 1987 Vice Pres. of the World Assoc. of Veterinary Pathologists; 1987 Gedenkplak. d. Veterinärmed. Univ. Budapest, Ungarn - Spr.: Engl.

DROSDOWSKI, Günther

Dr. phil., Prof., Leiter DUDEN-Redaktion/Bibliogr. Inst. AG - Dudenstr. 6, 6800 Mannheim - Stud. German., Angl., Nordistik, Indogerman. u. allg. Sprachwiss. - 1953-61 Mitarb. an d. Dt. Akad. d. Wiss. Berlin; 1974 Mitgl. Wissenschaftl. Rat Inst. f. dt. Sprache; 1979 o. Mitgl. Dt. Akad. f. Sprache u. Dicht., Darmstadt; 1984 Prof.-Titel - Wiss. Arb. z. Orthographie u. Lexik, Bearb. u. Herausg. v. Wörterbüchern u. Grammatiken.

DROSS, Reinhard

Dr. theol., o. Prof. f. Ev. Theologie u. Didaktik d. Religionsunterr. Techn. Univ. Braunschweig - Howaldtstr. 3, 3300 Braunschweig - Geb. 22. Febr. 1931 Osche - S. 1964 Prof. Braunschweig. Fachveröff., auch Bücher.

DROSSNER, Heinz

Komponist u. Texter, Sänger v. d. Waterkant (Ps. Kai Andersen) - Vosshörn 4, 2190 Cuxhaven (T. 04721 - 4 87 41) - Geb. 27. Okt. 1934 Dortmund, kath., verh. s. 1962 m. Ute, geb. Müller, 2 Kd. (Ralf, Ina) - Städt. Konservat. u. Privatunterr. - S. 1952 Tätigk. in Tanz- u. Unterhaltungsorch.; ab 1958 Berufsmusiker (1960 Gründ. e. eig. Combo, 1975 Trio Maris, 1981 12-Mann-Tanzorch.). S. 1968 fr. Redakt. Musikztschr. artist. 1966 GEMA-Mitgl. S. 1958 Kompos.: rd. 200 Verlagstitel (Seemannslieder, Lieder d. Berge, Instrumentalst., zul. Weihnachtslieder: Selige Weihnacht, Frohe Weihnachtszeit, Wiehnacht an de Waterkant). S. 1981 singender Seemann. Schallpl., öfftl. Auftritte, Rundf.-Hafenkonz. Autor d. plattdt. Singsp. As de Leev so speelt.

DROST, Volker C. A.

Rechtsanwalt, Geschäftsf. Zentralorg. d. Automatenunternehmer (ZOA) u. Federation of European Coin-Machine Assoc., Vors. Aktionsgem. Wirtschaftl. Mittelstand (AWM)/Landesverb. Hamburg, Vorst. Bundesvereinig. d. Musikveranstalter, Präsidialratsmitgl. AWM Dtschl. - Radekoppel 9, 2000 Hamburg 65 - Geb. 20. Juli 1938 Hannover, verh. s. 1964 - Stud. Jura u. Betriebsw.

DROST, Wolfgang

Dr. phil., o. Prof. f. Romanistik franz. u. ital. Literaturwiss. - Im Hainchen 1, 5900 Siegen - Geb. 16. Aug. 1930 Danzig (Vater: Prof. Dr. phil. Willi D., Kunsthistoriker † 1964; Mutter: Erna, geb. Wollschon), ev., verh. s. 1962 m. Dorothea, geb. Döhner, 3 Kd. (Andreas, Cornelia, Sebastian) - 1950-58 Stud. German., Roman., Angl., Kunstgesch. Tübingen, Paris, Leeds, St. Ander, Perugia. Promot. 1957 - S. 1969 Ord. Univ. Stuttgart u. Univ.-GH Siegen (1973) - BV: Aus d. franz. Kultur- u. Geistesgesch. (zus. m. W. Dierlamm), 1971; Strukturen d. Manierismus in Lit. u. bild. Kunst - E. Studie zu d. Trauersp. Vicenzo Giustis (1532-1619), 1977; Vicenzo Giusti. Dramatische Werke. Mit e. Essay üb. Giustis Fortunio, 1980; Rodolphe Toepffer. Essay z. Physiognomonie (zus. m. D. Drost u. K. Riha), 1982; La Photosculpture, Gazette des Beaux-Arts, 1985; Imaginäre Welten in d. poln. Kunst d. 1980er J., 1986; Mai 1968 - une crise de la civilisation française. Anthol. (zus. m. I. Eichelberg), 1986. Herausg.: Fortschrittglaube u. Dekadenzbewußtsein im Europa d. 19. Jh. (1986); Le Regard et l'objet - La Critique d'art de Diderot (2. Kolloquium Univ. Orléans-Siegen) (m. Michel Delon, 1989). Mithrsg. (zus. m. Fr. Kemp u. Cl. Pichois u. Kommentator): Baudelaire. Werke-Briefe in 8 Bden. (1975) - Liebh.: Graphik, Numismatik - Spr.: Engl., Franz., Ital.

DROSTE, Hans

Dr. jur., Rechtsanwalt, Geschäftsf. Brauerbund Hessen-Mittelrhein - Gartenstr. 107, 6000 Frankfurt/M. 70 (Tel. 63 73 53) - Geb. 11. März 1922.

DROSTE, Herbert

Oberkreisdirektor Landkreis Hannover (s. 1974) - Am Waldhof 7, 3013 Barsinghausen (T. 05105 - 21 52) - Geb. 17. Mai 1934, ev., verh. s. 1959 m. Helga, geb. Nordsiek, 2 Kd. - Gymn.; Jurastud.; 1. Staatsex. 1957; 2. Staatsex. 1961 - S. 1962 im Kommunaldst.

DROSTE, Josef

Generalvikar Erzdiözese Paderborn - Dompl. 3, 4790 Paderborn/W. (T. 23731) - Päpstl. Hausprälat.

DROSTE, Karl-Heinz

Bildhauer - Sybelstr. 5, 1000 Berlin 12 (T. 3122835) - Geb. 3. März 1931 Benneckenstein/Harz (Vater: Heinrich D., Schuhmacher), ev., verh. s. 1954 m. Susanne, geb. Haiduga, T. Ute-Angela - Kunsthochsch. Halle/S., Leipzig, Berlin (Meisterschüler v. Prof. B. Heiliger) - Werke in öfftl. (Museum Leverkusen, Kunsthallen Mannheim, Bremen, Recklinghausen, Nationalgalerie Berlin, Landesmus. Hannover, Märk. Mus. Witten, Mus. of modern Art u. Metropolitan Mus. New York, Mus. Baltimore, Mus. d'art Contemporian Skopje) u. priv. Besitz d. In- u. Ausl. (Lyr. Abstraktion); s. 1959 Ausstell. Dtschl., Österreich, Belg., Schweiz, USA - 1960 Dt. Kunstpreis d. Jugend, 1961 Preis Verb. d. dt. Kritiker, 1964 Preis Jg. Generation Stadt Berlin - Liebh.: Künstler. Fotogr. - Bek. Vorf.: Annette v. Droste-Hülshoff - Würdig. U. Kultermann, Jg. dt. Bildh., Gertz, Plastik d. Gegenw. (2. Folge), D. Kunstwerk (1963 u. 1964), O. Schindler, Neue dt. Graphik (1965).

DROSTE, Manfred

Dr. phil., Verleger, Gesellsch. d. Rheinisch-Bergischen Druckerei- u. Verlagsges. mbH (Rhein. Post), Droste Verlag GmbH, Geschäftsf. Gesellsch. d. Düsseldorfer Pressevertrieb GmbH & Co., Inh. d. Reisebüro Droste - Niederrheinstr. 6b, 4000 Düsseldorf-Lohausen (T. Büro: 505 14 70) - Geb. 27. Mai 1927 Düsseldorf (Vater: Heinrich D., Verleger † (s. XVIII. Ausg.); Mutter: Gertrud (Trude), geb. Otten), ev., verh. s. 1961 m. Gisela, geb. Roeber, 5 Kd. - Schulen Düsseldorf u. Salem/B.; Univ. Göttingen (Gesch., Geman., Kunstgesch., Phil., Volksw., Ethnol., Völkerrecht; Promot.); Redaktionsvolontär Handelsblatt u. D. Mittag - 1953-58 Dt. Bücherbund (Geschäftsf.); s. 1954 Droste-Verlag (Werbeleit., Prok., 1959 gf. Gesellsch.) u. a. - BV: D. Ruhrbergbau in Staat u. Ges. 1850-1918, 1954 (Diss.).

DROSTE, Wilfried

Oberkreisdirektor (Kr. Altena) - Zul. Graf-Adolf-Str. 8, 5990 Altena/W. - Geb. 12. Mai 1928 - ARsmandate u. a.

DROSTE, Wilhelm

Konditormeister, MdL Nordrh.-Westf. (s. 1970) - Eggerscheidter Str. 60, 4030 Ratingen 6-Hösel (T. 02102 - 60335) - Geb. 9. März 1933 Altena, verh., 4 Kd. - Gymn.; Konditorenhandw. Meisterprüf. 1957 - S. 1960 selbst. Hösel (Konditorei-Café-Betrieb), Obermeister Konditoreninnn. Kr. Mettmann, 1964-74 Bürgerm. Hösel, 1972-74 Amtsbürgerm. Angerland; s. 1970 MdL; s. 1975 Rat Stadt Ratingen. CDU s. 1956 - 1966 Ehrenbürger Quesnoy.

DROSTEN, Robert

Dipl.-Kfm., Geschäftsführer Hugo Kern & Liebers & Co. - Industriestr., 7230 Schramberg-Sulgen; priv.: Goethestr. 39 - Geb. 23. Febr. 1927 - Stud. Frankfurt/M. u. Saarbrücken - AR-Vors. Volksbank Schramberg, AR Dr. Karl Thomae GmbH, Biberach/Riss; Kurat.-Mitgl. Landesgirokasse Stuttgart; Vorst. Verb. Metallind. Südwürtt.-Hohenzollern, Reutlingen u. VDMA Fachgemeinsch. Textil-Masch., Frankfurt.

DROTSCHMANN, Manfred

Unternehmer, Vors. Hauptaussch. f. Landwirtsch. u. Gartenbau Hamburg, Bürgerschaftsabg. - Billwerder Billdeich 356, 2050 Hamburg 80.

DROTT, Karl

Verleger - Goethestr. 43, 6050 Offenbach/M. (T. 87630) - Geb. 18. Febr. 1906 Pfungstadt/Hessen, freirelig., verh. in 3. Ehe, 1 Kd. - Volkssch.; Dreherlehre - Dreher, Journ., b. 1933 Jugendsekr., dann selbst. Kaufm. u. techn. Angest., n. 1945 Verleger. 1946-54 MdL Hessen; 1956-68 Stadtverordn. Offenbach. SPD. Verf. (Ps. Dora Otto): Friedrich Ebert, Staatsmann u. Politiker; Mitverf.: Carl-Ulrich-Erinnerungsb., Gesch. d. Farben Schwarz-Rot-Gold; Bearb.: SPD u. Wehrfrage.

DRUBE, Hans

Dr. med., Chefarzt i. R. - Am Klößberg 9, 8720 Schweinfurt/Ufr. (T. 2 23 44) - Geb. 29. Juni 1919 Trier (Vater: Albert D., Gastwirt), verh. s. 1955 m. Dr. Herta, geb. Knauer, Sohn Reinhard - Neues Gymn. Nürnberg; 1939-44 Univ. Erlangen, Innsbruck, Graz - 1950 Assist. Städt. Kinderklinik Nürnberg; 1954 Oberarzt Kinderklinik St. Elisabeth Neuburg/D., 1959-84 Chefarzt Kinderklinik Leopoldina-Krkhs. Schweinfurt - Liebh.: Fotogr. - Spr.: Franz., Russ.

DRUBE, Hans-Joachim

Dr. med., Prof., Chefarzt Innere Abt. Städt. Friedrich-Ebert-Krkhs. Neumünster - Ricarda-Huch-Str. 3, 2350 Neumünster/Holst. (T. 41310; Krkhs.: 5232) - Geb. 19. Mai 1924 - S. 1961 (Habil.) Lehrtätigk. Univ. Kiel (1967 apl. Prof. f. Inn. Med.). Fachveröff.

DRUBIG, Hans Bernhard

Dr. phil., o. Prof. f. Anglistik Univ. Tübingen (s. 1974) - Eichenweg 1, 7400 Tübingen - Geb. 2. Febr. 1939 Halle/S. (Vater: Heinz D., Baukfm.), verh. s. 1969 m. Dr. Margaret A., geb. Howard, T. Sarah Alexandra - Stud. Univ. Erlangen, Kiel, Dublin; Promot. 1970 Stuttgart - 1967-68 Lecturer Queens Coll., New York; 1968-70 wiss. Angest. Univ. Kiel u. Stuttgart; 1970-71 Prof. adj. Univ. Laval, Quebec; 1971-74 Assist. Prof. City Univ., New York - In- u. ausl. Fachmitgl.sch. - Spr.: Engl.

DRUCKREY, Hermann

Dr. med. (habil.), Prof., Pharmakologe - Reinhard-Booz-Str. 18, 7802 Merzhausen/Baden - Geb. 27. Juli 1904 Greifswald - Promot. 1932 Leipzig - Ab 1936 Doz. u. Prof. (1942) Univ. Berlin; 1948-64 Laborleit. Chir. Univ.sklin. Freiburg; 1964-73 Leit. Forschungsgr. Präventivmed. - BV: Dosis u. Wirkung, 1949 (m. Küpfmüller). Etwa 500 Einzelarb. - Div. Anerk., dar. Scheele-Med. (1955) u. Saltzer-Preis (1973). Ehren Mgl. Japan. (1973) u. U.S. Americ. Ass. Cancer Res. (1979); Dr. med. h.c. (1984, Hamburg).

DRÜCK, Helmut

Dr., Hauptabteilungsleiter Sendeleitung u. Zentrale Aufgaben WDR-Fernsehen - Graseggerstr. 152, 5000 Köln 60 - Geb. 21. Jan. 1932 Maulbronn/Württ., verh. m. Almut, geb. Pfeifer, Dipl.-Psych., 4 Kd. (Heitmar, Julia, Eike, Constanze) - Stud. Rechtswiss., Polit. Wiss.; 1. jurist. Staatsex. 1955 Freiburg; Promot. 1960 Univ. Göttingen; Master of Laws, LL.M. Harvard Law School, USA, 1963; 2. jurist. Staatsex. 1964 Hannover - 1957-62 Inst. f. Völkerrecht, Univ. Göttingen; 1965 Planungsabt. Mobil Oil, Hamburg; 1965-71 Ref. WDR Köln; 1972-80 Leit. Intendanz; s. 1975 AR-Mitgl. Transtel GmbH Köln; s. 1978 e-te-s GmbH Köln; s. 1981 Beiratsvors. Film/Fernsehen/ Hörfunk Goethe-Inst. München - BV: D. intern. Zusammenarbeit b. d. friedl. Verwendung d. Atomenergie innerhalb Europas, 1959; Gemeinsame Unternehmen in Staatenverbindungen. Mitbearb.: Göttinger Atomrechtskatalog (Bd. 1-7, 1960-63) - S. 1984 Fellow Univ. of Manchester - Spr.: Engl.

DRÜCKE, Paul

Prof. f. Kunst u. ihre Didaktik Univ. Dortmund - Im Eichenwald 5, 5800 Hagen - Geb. 7. Juni 1930, kath. - Stud. Kunstpäd. u. Bildhauerei - Lehrer an e. Volkssch. u. am Gymn.; Doz. u. Studienprof. an Päd. Hochsch. - Skulpturen in Stein u. Holz, Bronzen (Plaketten).

DRÜE, Hermann

Dr. phil., Dipl.-Psych., o. Prof. f. Psychologie, Dir. Inst. f. Psych. Univ. Köln (s. 1974) - v.-Hessen-Str. 1, 5040 Brühl (T. 02232/2 34 48) - Geb. 17. Mai 1933 Bad Godesberg (Vater: Josef D., Küsterorganist; Mutter: Anna, geb. Rinken, †), kath., verh. s. 1960 m. Dr. phil. Elisabeth, geb. Schurff, S. Clemens - Aloisius-Kolleg Godesberg; 1953-57 Stud. Psych. (Dipl.), 1958-60 Phil. (Promot.), 1961-63 Klass. Philol. u. Gesch. (Philol. Staatsex.) - 1964-66 Stip. DFG, 1967-70 Leit. Schulpsych. Dienst Stadt Bonn, 1970-73 Wiss. Assist. u. Ass.-Prof. Univ. Mainz (Habil.), 1973-74 Privatdoz. u. apl. Prof. Univ. Mainz - BV: Edmund Husserls System d. phänomenolog. Psych., 1963; Psych. aus d. Begriff - Hegels Persönlichkeitstheorie, 1976. Theol., phil. u. psych. Fachaufs. - Liebh.: Klavierspiel - Spr.: Griech., Lat., Engl., Franz.

DRÜLL, Wolfgang D.
Rechtsanwalt, Geschäftsf. Wirtschaftsvereinig. Bauind., Dortmund (s. 1973) - Rathenaustr. 10, 4600 Dortmund 1 - Geb. 18. Juli 1939 Bielefeld (Vater: Dr. Alfred D., RA u. Notar; Mutter: Maria Magdalena, geb. Lippelt), ev., verh. - Stud. Univ. Köln (Rechtswiss.), Univ. Bonn (Kunstgesch.) - 1970-73 Justitiar u. Personalleit.; Vorst.-Mitgl. AOK Dortmund; Mitgl. Verwaltungsaussch. d. Arbeitsämter Bochum u. Dortmund - Spr.: Latein, Engl., Franz.

DRÜPPEL, Adolf
Dipl.-Ing., Vorstandsmitglied Eichbaum-Brauereien AG, Mannheim (s. 1985) - Käfertaler Str. 170, 6800 Mannheim (T. 39 03 - 1) - Geb. 1. Okt. 1934 Guben (Vater: Bernhard D., Verb.sdir.; Mutter: Elsa, geb. Valentin), ev., verh. s. 1976 m. Gabriele, geb. Hanfland - Stud. TU Berlin - S. 1972 I. Ratsmitgl. Europ. Brewery Convention - Spr.: Engl.

DRUKARCZYK, Jochen
Dr. rer. pol., Prof. f. Betriebswirtschaftslehre - Rehfeld 12, 8401 Pentling - Geb. 2. Nov. 1938 Stettin (Vater: Hans D., Kaufm.; Mutter: Elsa, geb. Mangold) - Abitur, kaufm. Lehre, Studium, Diplom 1966, Promot. 1969, Habil. 1973 (Univ. Frankfurt). S. 1975 o. Prof.; Senator Univ. Regensburg - BV: Investitionstheorie u. Konsumpräferenz, 1970; Probleme individ. Entscheidungsrechnung, 1975; Betriebswirtschaftslehre, 1977; Finanzierungstheorie, 1980; Finanzierung, 4. A. 1989; Mobiliarsicherh. - Arten, Verbreit., Wirksamk. (zus. m. J. Duttle u. R. Rieger), 1985; Untern. u. Insolvenz, 1987; ca. 40 wiss. Beitr. in anges. Ztschr. Rufe an d. Univ. Hagen, Trier, Augsburg u. Linz - 1971 Preis IHK Frankfurt - Liebh.: Fotogr., Segeln, Tennis - Spr.: Franz., Engl.

DRUMM, Hans-Jürgen
Dr. rer. pol., o. Prof. f. Betriebswirtschaftslehre - Karl-Stieler-Str. 47, 8400 Regensburg - Geb. 6. Mai 1937 Saarbrücken - Promot. 1968 Berlin; Habil. 1972 Saarbrücken - S. 1974 Ord. Univ. Regensburg, 1977-79 Dekan; 1983 Univ. d. Saarlandes, 1988 Univ. zu Köln - BV: u. a. Automation u. Leitungsstruktur, 1970; Personalplanung (m. Ch. Scholz), 2. A. 1988; Personalwirtschaftslehre, 1989. Zahlr. Facharb. - Spr.: Engl., Franz.

DRUX, Rudolf
Dr. phil., Prof., Dozent Inst. f. Deutsche Sprache u. Lit. Univ. Köln - Münstereifeler Str. 28, 5000 Köln 41 - Geb. 2. Mai 1948 Rosenheim (Vater: Dr. Herbert D., Univ.-Musikdir.) - Abit. 1966; Stud. German., Latinistik, Hist.-Vergl. Sprach- u. Lit.wiss.; Staatsex. 1973, Promot. 1976, Habil. (Neuere dt. Phil.) 1984, alles Köln - 1976-85 wiss. Assist. Köln; 1977-79 Sprecher d. Assist.; 1985 Prof. auf Zeit. Lehr- u. Forsch.tätigk. auf d. Gebiet d. Neueren dt. Lit.gesch. u. Allg. Lit.wiss. - BV: Martin Opitz u. s. poetisches Regelsystem, 1976; Marionette Mensch. E. Metaphernkomplex u. s. Kontext, 1986; Herausg.: D. lebendige Puppe. Erz. aus d. Zeit d. Romantik (1986); Menschen aus Menschenhand. Z. Gesch. d. Androiden - Texte v. Homer b. Asimov (1988).

DRUXES, Herbert
Dr. rer. nat., o. Prof. f. Experimentalphysik u. Didaktik d. Physik Erziehungswiss. Hochsch. Rheinland-Pfalz/Abt. Koblenz (s. 1971) - Alexanderstr. 28, 5400 Koblenz - Geb. 11. Aug. 1937 Kempen/Ndrh. (Vater: Hans D., Oberbaurat a. D.; Mutter: Maria, geb. Kloth), kath., verh. s. 1972 m. Cornelie, geb. Dockhorn - Thomaeum Kempen; TH Aachen (Physik; Dipl. 1963) - Promot. 1966 - 1966-71 Forschungsaufg. Plasmaphysik (Wiss. Leitg.). 1970 Gastvorles. Tokio - BV: Zur Erzeugung stationärer Plasmaströmungen, 1968; Theory of Electric Arcs with Radial Mass Inflow, 1969; Curriculum f. d. physikal. Sachunterr., 1973; Kybernetik I, Lehrerb. 1978 - Liebh.: Tennis.

DRYGAS, Hilmar
Dr., Dipl.-Math., Prof. Gesamthochsch. Kassel (s. 1976) - Berliner Str. 14, 3501 Körle (T. 05661 - 61 54) - Geb. 21. Okt. 1937 Wigandsthal/Schl. (Vater: Gerhard D., Augenoptiker; Mutter: Erna, geb. Schäl), ev., verh. s. 1972 m. Gertraud, geb. Rumpf, 2 Kd. (Robert, Wolfgang) - Gymn. Mosbach; Stud. Univ. Heidelberg; Promot. (1968) u. Habil. (1972) Heidelberg - 1969/70 Gastprof CORE, Leuven/Belg., 1979 Gastprof. New Delhi; 1982 Gastprof. Univ. Pittsburgh/USA. S. 1974 Prof. Marburg, dann Frankfurt, 1976 Prof. GH Kassel - BV: The coordinate free approach to Gauss-Markov estimation, 1970 - Liebh.: Schach (1957 bad. Jugendm.; 1969 Meister Univ. Leuven) - Spr.: Engl.

DUBBE, Daniel
Dr. phil., Schriftsteller - Breitenfelder Str. 13D, 2000 Hamburg 20 - Geb. 18. Aug. 1942 - Promot. 1975 Hamburg - BV: Szene, 1973; Schrittweise Annäherung, 1977; Wilde Männer, wenig Frauen, 1984; Schmerzgrenze, Schmucknarbe, 1988; Gr. Insel fernsüdl., 1989. Drehb. zu Kanakerbraut (m. Uwe Schrader), 1983 - Liebh.: Reisen (Madagaskar, Costa Rica, Kamerun, Philippinen, Süd-Korea), dazu jew. lit. Reiseberichte f. HR, NDR, WDR.

DUBBER, Carsten Th.
Geschäftsführer - Zul.: Sedanstr. 22, 3070 Nienburg/Weser (T. EA: Loccum 81-0) - Geb. 1. Aug. 1921, verh. s. 1950 m. Dr. Doris, geb. Dracker - U. a. Vorstandsmitgl. Zeiss Ikon AG., Stuttgart, Geschäftsf. Himly, Holscher & Co. Glasfabrik Wilhelmshütte, Nienburg, u. landeskirchl. Beauftr. Ev. Tagungsstätte Loccum - Rotarier.

DUBE, Wolf-Dieter
Dr. phil., Prof., Generaldirektor Staatl. Museen/Preuß. Kulturbesitz (1983ff.) - Stauffenbergstr. 41, 1000 Berlin 30 - Geb. 13. Juli 1934 Schwerin/Meckl. - 1955-61 Stud. Kunstgesch., Klass. Archäol., Ur- u. Frühgesch. Göttingen, Freiburg/Br., München. Promot. 1961 Göttingen (Diss.: Südd. Bronzemörser) - 1966-82 Bayer. Staatsgemäldesamml., München (zul. stv. Leit.).

DUBINA, Peter
Schriftsteller - Albert-Schweitzer-Str. 2, 7918 Illertissen (T. 07303-5362) - Geb. 1. Juli 1940 Iglau/Tschechosl. (s. 1945 in Bayern ansäss.) (Vater: Karl D., Steuerbevollm.; Mutter: Maria, geb. Kasamas), ledig - BV: Zahlr. Western- u. Science-fiction-Jugendb., u.a.: D. schwarze Mustang, Texas-Rangers, Entscheidung im Weltraum; Übers. ersch. in USA, Engl., Schweden, Dänemark, Holland, Tschechosl., Belgien, alle 1968-78 - Liebh.: Gesch., Lit., Phil., Sport (ausüb. Schießen) - Spr.: Engl., Span.

DUCHROW, Ulrich
Dr. theol., Pfarrer, Regionalbeauftragter f. Mission u. Ökumene u. Prof. f. systemat. Theol. Heidelberg (s. 1979) - Hegenichstr. 22, 6900 Heidelberg (T. 06221 - 78 07 18) - Geb. 13. Juni 1935 Hannover, ev., verh. s. 1963 m. Ulrike, geb. Scharmer, 3 Kd. (Johannes, Anselm, Julia) - Stud. Univ. Tübingen, Heidelberg, Zürich, Basel, Paris; 1. Staatsex. 1960, 2. Staatsex. 1964; Promot. 1963; Habil. 1968 Heidelberg - 1963-70 wiss. Assist./Ref. Forschungsstätte d. Ev. Studiengem. (F.E.S.T.) Heidelberg; 1970-77 Dir. Studienabt. Lutherischer Weltbund; 1977/78 Gastprof. Ökum. Inst. Bossey; 1978/79 Pfarrvikar in Denzlingen/Freiburg - BV: Sprachverständnis u. bibl. Hören b. Augustin, 1965; Christenheit u. Weltverantwortung, 1970; Konflikt um d. Ökumene, 2. A. 1980; Weltwirtschaft heute - E. Feld f. bekennende Kirche, 1986; Schalom - D. Schöpfung Befreiung, d. Menschen Gerechtigkeit, d. Völkern Frieden (m. G. Liedke), 1987, 2. A. 1988; D. Bundeswehr im Schulunterr. E. Prozess gegen Indoktrinierung (m. R. Eckertz), 1988; Totaler Krieg gegen d. Armen. Geheime Strategiepapiere d. amerik. Militärs (m. G. Eisenbürger u. J. Hippler) - Liebh.: Bergsteigen, Skilaufen - Spr.: Engl., Franz., Griech., Hebr., Latein, Portug.

DUCKWITZ, Wolfdieter
Dipl.-Ing., Prokurist, Vors. Normenaussch. Schmuck - Schillerstr. 8, 7536 Ispringen (T. 07231 - 8 90 76); gesch.: Allg. Gold- u. Silberscheideanstalt AG., Kanzlerstr. 17, 7530 Pforzheim (T. 07231 - 6 10 61) - Geb. 25. Okt. 1933 Aue/Sachs. (Vater: Dr. Ludwig D., Ing.; Mutter: Erna, geb. Sachse), ev., verh. s. 1961 m. Clara, geb. Oelschläger - Beirat Forschungsinst. f. Edelmetalle u. Metallchemie, Schwäbisch Gmünd.

DUDA, Seweryn Jozef
Dr. phil., Prof. f. Geophysik, insb. Seismologie, Univ. Hamburg (s. 1974) - Bundesstr. 55, 2000 Hamburg 13 - Geb. 20. April 1933 Königshütte/OS. (Vater: Josef D., lt. Ang.; Mutter: Hedwig, geb. Hammerling), kath., verh. s. 1955 m. Theresia, geb. Mrziglod († 1979), 3 Kd. (Chrysanth-Caesar, Laurent-Claudius, Marcel-Titus) - 1955 Dipl.-Geoph. Univ. Warschau, 1961 Dr. Phil. Univ. Uppsala, 1967 Habil. ebd.; 1955-74 Assist. u. Prof. in ausl. Univ. bzw. Untern., u. a. 1970 UNESCO-Expert i. Seismology, Intern. Inst. of Seismology and Earthquake Enrineering, Tokio (Japan), s. 1974 Prof. d. Geophysik Univ. Hamburg u. gleichz. Adjunct Prof. of Geophysics Saint Louis Univ., Saint Louis (USA) - 1966 Gastprof. Saint Louis Univ., 1979 Univ. of Roorkee, India. 1979 Ehrenmitgl. Ges. f. Angew. Geophysik (Indien) - Liebh.: Wandern, Reisen - Spr.: Engl., Poln., Schwed. - Lit.: Leaders i. American Science Dictionary of International Biography Who is Who in the World - Marquis u. a.

DUDDA, Waldemar
Bürgermeister, MdL Schlesw.-Holst. (s. 1967) - Theodor-Storm-Allee 60, 2082 Uetersen (T. 2700) - Geb. 28. Mai 1925 Hamburg, verh., 2 Kd. - Volks- u. Abendsch. (z. Vorb. f. d. Ing.ausbild.) - Torpedomechaniker, n. Umschul. 1945 Verw.sangest., 1957-64 Außenstellenleit. Wohnungsw., seith. Bürgerm. Stadt Uetersen. ARsvors. Pinnau Baugenoss. u. Uetersener Eisenbahn AG. S. 1955 MdK. SPD s. 1947.

DUDDECK, Heinz
Dr.-Ing., Dr. Ing. E.h., o. Prof. u. Direktor Inst. f. Statik TU Braunschweig (s. 1966) - Greifswaldstr. 38, 3300 Braunschweig (T. 6 32 47) - Geb. 14. Mai 1928 Sensburg/Ostpr., verh. s. 1956 m. Marianne, geb. Lindhofer, 2 Kd. (Beat, Fabian) - TH Hannover (Bauing.wesen; Dipl.-Ing. 1955). Promot. 1959; Habil. 1963 - 1959-61 Stanford Univ. USA (Research Associate); 1961-63 Ing.büro Emch + Berger, Bern/Schweiz; 1963-65 Beton- u. Monierbau AG, Düsseldorf; 1988 Ehrenpromot. Univ. Karlsruhe; 1978-84 DFG-Senat u. Hauptaussch.. Beton-Kalender (Beitr. Statik d. Stab-Tragwerke, Traglastverf.). Fachgeb.: Bauingenieurwesen, Konstruktiver Ingenierbau, Baustatik, Tunnelbau; fachübergr. Grundlagen.

DUDECK, Lothar
Journalist - Gartenstr. 32, 7101 Löwenstein (T. 07131 - 6134) - Geb. 12. Juli 1926 Elsterwerda (Vater: Arthur D., Kaufm.; Mutter: Camilla, geb. Hänisch), ev., verh. s. 1978 m. Wilma, geb. Kraemer - Stud. d. Publizistik, Gesch., German. Univ. München - 1960-69 Redakt., 1969-74 Pressechef VW-Porsche, 1974-76 Presseabt. Daimler Benz AG, 1976-81 Pressechef Dt. FIAT AG; s. 1987 fr. Journalist. Spezialgeb.: Militär- u. Sozialgesch., Reisen, Gastrokritik - Liebh.: Reisen - Spr.: Engl.

DUDEL, Josef
Dr. med., Physiologe, o. Prof. u. Leiter Inst. f. Physiol. TU München (s. 1971) - Waldparkstr. 35b, 8012 Riemerling - Geb. 14. April 1930 Küstrin (Vater: Hermann D., Ing.; Mutter: Elisabeth, geb. Mossiers), kath., verh. s. 1958 m. Erika, geb. Schäfer, 4 Kd. - Stud. Univ. Heidelberg, Freiburg; Promot. 1957 - Privatdoz. (1962) Univ. Heidelberg - Spr.: Engl.

DUDEN, Fritz-Christoph
Beamter, Mitgl. Hbg. Bürgerschaft (s. 1982) - Raawisch 29, 2000 Hamburg 70 - Geb. 20. Sept. 1939 Schneverdingen (Vater: Heinrich D., Kaufm.; Mutter: Anna, geb. Schlumbohm), ev., verh. s. 1960 m. Karin, geb. Mildner, 3 Kd. (Ulrike, Manuela, Andreas) - Fahrlehrer-Ausb. m. Abschl.; Kfz.-Mechaniker-Meisterprüf., Kfz.-Elektriker-Meisterprüf. SPD.

DUDEN, Hans-Herdin
Kaufmann, 1. Geschäftsführer u. Mitgesellsch. WK-Ges. f. Wohnkultur GmbH, Echterdingen (s. 1983) - Zu erreichen üb. WK-Ges. f. Wohnkultur GmbH, Postf., 7022 Leinfelden-Echterdingen 2 - Geb. 1937 - Zul. Market.-Leit. in Gehrden. S. auch XIX. Ausg.

DUDENHAUSEN, Joachim Wolfram
Dr. med., Prof., Ltd. Arzt Univ.-Spital Zürich (s. 1987) - Frauenklinikstr. 10, CH-8091 Zürich (T. 0041/1 - 255 11 11) - Geb. 28. Febr. 1943 Werdohl/Altena, ev., verh. s. 1969 m. Dr. Ria, geb. Bury, 2 Kd. (Hanna, Wolfram) - Staatsex. 1968 Berlin, Approb. 1970 Berlin; Promot. 1970, Habil. 1977, bde. FU Berlin - 1978-87 stv. Abt.-Leit. Frauenklinik Berlin-Neukölln; 1982 apl. Prof. Berlin; s. 1987 s. o. S. 1983 Editor-in-Chief Journal of Perinatal Medicine - BV: Grundriß d. Perinatalmed., 1972; Praxis d. Perinatalmed., 1982; Prakt. Geburtshilfe, 16. A. 1989 - 1981 Maternité-Preis - Liebh.: Musik, Segeln - Spr.: Engl., Latein.

DUDERSTADT, Günter
Fotokaufmann, Geschäftsf. Ringfoto Schattke GmbH - Pferdemarkt 14, 2160 Stade (T. 04141 - 4 60 05) - Geb. 4. Mai 1940, ev., verh. s. 1975 m. Jutta, geb. Hamacher, 2 Kd. (Claus, Christina) - Abit. Stade; Lehre - Vizepräs. IHK Stade; Vors. Schulverein Fotoschule Kiel - Liebh.: Fotografie - Spr.: Engl., Franz.

DUDZIK, Peter
Journalist (1982 ff. ARD-Korresp. in Israel) - Zu erreichen üb.: Bayer. Rundfunk, 8000 München 2.

DÜCHTING, Helga
Hausfrau, MdL Rheinland-Pfalz (s. 1979) - Elisenhöhe 11, 6530 Bingen/Rh. - Geb. 3. Febr. 1937 - SPD.

DÜCHTING, Reinhard
Dr. phil., Prof. f. Mittellateinische Philologie - Kopernikusstr. 12, 6902 Sandhausen (T. 06224-5 27 38) - Geb. 13. März 1936 Witten-Ruhr (Vater: Emil D., Ing.; Mutter: Bertha, geb. Höper), ev., verh. s. 1964 m. Doris, geb. Hartenstein, 2 Kd. (Susanne, Oliver Moriz) - Gymn. Witten-R. (Abit. 1957), 1957-63 Stud. German., Ev. Theol. u. Mittellatein Heidelberg u. Göttingen - BV: Sedulius Scottus (Diss.), 1968; Bibliogr. W. Bulst, 1969 - Spr.: Engl. (Franz.).

DÜCHTING, Werner
Dr.-Ing., o. Prof. f. Regelungstechnik Univ.-GH Siegen (Fachber. Elektrotechn.) - Zum Söhler 68, 5900 Siegen 21 - Geb. 28. Dez. 1933 Witten/Ruhr (Vater: Emil D., Obering.; Mutter: Bertha, geb. Höper), ev., verh. s. 1960 m. Helga, geb. Kauhaus, 2 T. (Anke, Karin) - Promot. 1961 Darmstadt - S. 1972 Ord. Siegen. S. 1985 Beirat Fa. Demig Microcomputer. Zahlr. Publ. üb. Regelungstechn. Modellbildung u. Computer-Simulation v. Tumorwachstum u. -behandlung - BV: Mod. Elektrotechnik, 2 Bde. 1970.

DÜCKER, Gertrud Franziska
Dr. rer. nat., Prof., Zoologin - Hüfferstr. 56, 4400 Münster/W. (T. 8 12 06) - Geb. 9. Febr. 1928 Coesfeld (Vater: Bernhard D., Fabrikant; Mutter: Gertrudis Franziska, geb. Höping), kath. - Abit. 1949; Promot. 1956; Habil. 1965 - 1957-62 Wiss. Assist. Zool. Inst. Univ. Münster; 1962-70 Kustodin; 1965-70 Priv.-Doz.; s. 1970 Prof. u. Leit. Abt. Verhaltensforsch. - BV: Biologie II, Fischer Lexikon (m. B. Rensch) 6. A. 1976 (ital., niederländ., portugies. übers.). 60 wiss. Veröff.

DÜCKER, Helmut
Rechtsanwalt, Domsheide 3, 2800 Bremen; priv.: Saarbrückener Str. 50 - Geb. 21. Sept. 1936 Leipzig (Vater: Dipl.-Ing. Erich D.; Mutter: Ruth, geb. Bannicke), vd., verh. - N. Abit. Bremen - 1955-59 Stud. Rechtswiss. Marburg u. Göttingen. Gr. jurist. Staatsprüf. 1963 - B. 1965 Rechtsanw. Bremen, dann Senatsverw. f. Bild. ebd. (1975-83 Senatsdir., 1975 Vertr. d. Senators).

DÜCKER, Karl-Heinz
Generaldirektor, Vorstandsvors. AMISIA Versicherungs-AG., Köln, u. Hauptbevollm. Neu Rotterdam Versich.sges. f. Dtschl. - Efeuweg 22, 5020 Frechen (Königsdorf) - Geb. 19. Dez. 1927 Wuppertal.

DÜHMKE, Eckhart
Dr. med., Prof. f. Radiotherapie u. Onkologie - Robert-Koch-Str. 40, 3400 Göttingen (T. 39 61 81) - Geb. 22. Juli 1942 Berlin (Vater: Martin D., Physiker; Mutter: Christa, geb. Horrer), ev.-luth., verh. s. 1970 m. Eva, geb. Bagge, 4 Kd. (Anna Katharina, Elisa Maria, Rudolf Martin, Victoria Christina) - Abit. Braunschweig 1962, Med.stud. Marburg u. Kiel, Staatsex. 1968 Kiel, Promot. 1969, Habil. 1980 ebd. - 1975-85 Oberarzt, Radiologische Univ.-Klinik Kiel; 1984 Visit. Prof. Department of Radiation Oncology and Nuclear Medicine, Hahnemann Univ., Philadelphia/USA; s. 1985 Vorst. Abt. Strahlentherapie Univ. Göttingen - BV: Med. Radiographie m. schnellen Neutronen, wiss. Monogr., 1980 - Spr.: Engl.

DÜHRSSEN, Annemarie
Dr. med., o. Prof. FU Berlin (Lehrst. f. Psychotherapie u. Psychosomatische Med.), Ltd. Ärztin Inst. f. psychoanalyt. Forsch. u. Ausbild. - Barstr. 24a, 1000 Berlin 31 - Geb. 22. Nov. 1916 Berlin (Vater: Dr. jur. Rudolf D., Verbandsdir.; Mutter: Elfriede, geb. Brandt), ev. - Univ. Berlin, Bonn, München. Approb. (1940) u. Promot. (1942) Berlin - Fachärztin f. Inn. Med. (1945) u. Neurologie u. Psychiatrie (1950) Berlin. 1965 ff. Honorarprof. Univ. Kiel (Psychoanalyse) - BV: Psychogene Erkrank. b. Kindern u. Jugendl., 1954, 7. A. 1968; Heim- u. Pflegekinder in ihrer Entwickl., 1958, 2. A. 1964; Psychotherapie b. Kindern u. Jugendl., 1960, 3. A. 1967; Z. Problem d. Selbstmordes b. jg. Mädchen, 1968; Analyt. Psychother. in Theor., Praxis u. Ergebn., 1972 - Mitgl. Acad. of Psychoanalysis - Spr.: Engl., Franz. - Großv.: Prof. Dr. med. Alfred D., Gynäkologe (erster vaginaler Kaiserschnitt 1895 u. erste sterile Uterusstamponade).

DÜLFER, Eberhard
Dr. rer. pol., o. Prof. f. Betriebswirtschaftslehre - Carl-Strehl-Str. 5, 3550 Marburg/L. (T. Inst.: 28 37 40) - Geb. 14. März 1924 Elberfeld, ev., verh. s. 1957 m. Helga, geb. Grimm, 2 S. (Christian, Bernd) - Gymn.; Univ. Marburg (Dipl.-Volksw. 1953). Promot. (1956) u. Habil. (1961) Marburg - S. 1962 Lehrtätigk. Univ. Marburg, TH Darmstadt (1963; 1965 Ord. u. Dir. Inst. f. Allg. Betriebsw.slehre sowie Industrie u. Treuhandwesen), Univ. Marburg (1967 Ord., Dir. Staatswiss. Sem. u. Inst. f. Kooperation in Entwicklungsländern), ITESM Mexico City (1977 Gastprof.), 1961/62 ILO-Experte Obervolta (Westafrika); 1965-68 OECD-Consultant Südspanien; 1968-81 FAO-Research-Consultant; 1975-77 Berater BMZ; 1980-82 Vors. Wiss. Kommiss. Intern. Management; 1986-88 Vors. Wiss. Komm. Organisation - BV: D. Aktienunternehmung, 1962; Introduction à la Comptabilité, 1965 u. 68 (Franz., Arab. u. Vietn. Ausg.); OECD-Development Study - Andalusia, 3 Bde. 1968; Training facilities for co-operative personnel in African Countries, 1971 (Franz. Ausg. 1971); Operational efficiency of agricultural cooperatives in developing countries, 1974 (Franz. u. span. Ausg. 1975, arab. 1977); Zur Krise d. Genossensch. i. d. Entwicklungspolit. (Hrsg.) 1975; Leitf. f. d. Evaluier. Kooperativer Org. in Entwicklungsländern, 1979 (engl. 1981); Projektmanagement - International, (Hrsg.) 1982; Personelle Aspekte im Intern. Management, (Hrsg.) 1983; Betriebswirtschaftslehre d. Kooperative, 1984; Organisationskultur, (Hrsg.) 1988 - Spr.: Franz., Engl.

DÜLFFER, Jost
Dr. phil., Prof. f. Neuere Geschichte, Histor. Seminar Univ. zu Köln - Albertus-Magnus-Platz, 5000 Köln 41; u. Lochnerstr. 20, 5000 Köln 1 (T. 0221 - 24 99 90) - Geb. 24. Febr. 1943 Siegen/Westf., ev., verh., 1 T. - Promot. 1972 Freiburg; Habil. 1979 Köln - BV: Weimar, Hitler u. d. Marine, Reichspolitik u. Flottenbau 1920-39, 1973; Hitlers Städte, Baupolitik im Dritten Reich, 1978 (Mitverf.); Regeln gegen d. Krieg? D. Haager Friedenskonfz. 1899 u. 1907 in d. intern. Politik, 1981; Nationalsozialismus u. tradit. Machteliten, 1984; Deutschl. als Kaiserreich 1871-1914 (Rassow-Handb. d. dt. Gesch.), 1987. Mithrsg.: Ploetz-Gesch. d. Weltkriege (1981); Inseln als Brennpunkte intern. Konflikte (1986, Verf.); Bereit z. Krieg. Kriegsmentalität im wilhelminischen Deutschl. 1890-1914 (1986). Herausg.: Betrachtungen z. Weltkriege (1989, m. Theobald v. Bethmann Hollweg).

DÜLL, Helmut
Geschäftsführer Dr. Bernhard Beyschlag Apparatebau GmbH., 2240 Heide/Holst. (s. 1974) - Hans-Sierks-Str. 52, 2240 Heide/Holst. (T. 0481 - 8070) - Geb. 14. Mai 1926 Nürnberg (Vater: Wilhelm D., kaufm. Angest.; Mutter: Frida, geb. Fleischmann), ev., verh. s. 1950 m. Isabella, geb. Diener, S. Siegbert - Obersch. (Abit.) - 1945-47 Rundfunktechn.; 1947-49 Chefassist. Groß- u. Einzelhdl.; 1950-59 Entwicklungsing.; 1959-63 -leit. Mitgl. VDI - Liebh.: Datenverarb., Fotogr. - Spr.: Engl.

DÜLL, Ruprecht
Dr. rer. nat., Dipl.-Biol., Prof. f. Botanik Univ.-GH Duisburg - Hochend 62, 4137 Rheurdt - Geb. 1931 Weimar - Biol.-Stud. Univ. Jena (Dipl.) u. Tübingen (Promot.) - BV: u. a. Botan.-Ökol. Exkursionstaschenb., 1976; Punktkartenflora v. Duisburg, 1980 (m. H. Kutzelnigg); D. Moose (Bryophyta) d. Rheinl., 1981 - Liebh.: Bryol., Pflanzenökol., Zeichnen u. Malen.

DÜLMEN, van, Richard
Dr. phil., Prof. f. neuere Gesch. Univ. d. Saarlandes - Schultze-Kathrin-Str. 1, 6600 Saarbrücken - Geb. 3. Mai 1937, verh. - Stud. Gesch., Phil. u. Relig.wiss. Münster, Würzburg, München, Paris; Promot. 1966, Habil 1973 - B. 1981 wiss. Mitarb. Bayer. Akad. d. Wiss., München. Priv.-Doz., Prof. in München - BV: Geheimbund d. Illuminaten, 1975; Reformation als Revolution, 1977; D. Utopie e. christl. Ges., 1978; Entstehung d. frühzeitl. Europa, 1982; Volkskultur (zus. m. N. Schindler), 1984; Theater d. Schreckens, 1985; D. Ges. d. Aufklärer, 1986; Hexenwelten, 1987; Religion u. Gesellschaft, 1989.

DÜNFRÜNDT, Werner
Dr. jur., Oberfinanzpräsident, Leit. OFD Bremen - Contrescarpe 67-71, 2800 Bremen 1; priv.: Bulthauptstr. 1a - Geb. 25. Sept. 1919 Altona (Vater: Richard D., Verwaltungsbeamter; Mutter: Emma, geb. Barlösius), ev., verh. s. 1952 m. Ursula, geb. Dölling, 2 T. (Gabriele, Beate) - Abit. 1939 (Schlee-Sch. Altona); jurist. Staatsprüf. 1948 (Köln) u. 51 (Hamburg); Promot. 1949 (Köln) - S. 1952 Bundesfinanzverw.

DÜNGEMANN, Hans
Dr. med., Prof. f. Dermatologie u. Venerol., Internist u. Arbeitsmediziner - Biedersteiner Str. 29, 8000 München 40 - Geb. 22. März 1928 Salzgitter (Ehefrau: Vesna, geb. Schlicht, Dipl.-Dolm.) - Promot. 1956 Marburg; Habil. 1970 München - 1964 ltd. Arzt Asthma-Klinik Davos, ab 1967 Allergie-Poliklinik Dermatol. Klinik/TU München (1976 apl. Prof., 1978 a. o. Prof.). Mitgl. (teilw. Vorst.) in 24 dt., europ. u. intern. Wiss. Ges. Üb. 200 Facharb.; 4 wiss. Filme - 1986 Ernst-v.-Bergmann-Plak. d. Bundesärztekammer.

DÜNISCH, Oskar
Dr. med. h. c. - Platenstr. 16, 8520 Erlangen (T. 842220) - Geb. 21. Mai 1912 Maßbach/Unterfranken (Vater: Johann D., Landw.; Mutter: Johanna, geb. Weisensee), ev., verh. s. 1937 m. Emmi, geb. Hammerbacher - Stud. Elektrotechn.; Ing. (grad.) - 1969 Dr. med. h. c. Univ. Erlangen - Spr.: Engl.

DÜNNEBACKE, Hans-Georg
Kaufmann, Landwirt u. Gärtner, Präsident Union Fleurs - Bergstr. 41, 4350 Recklinghausen - Geb. 1. Nov. 1924 Herten/Westf. (Vater: Albert D., Kommunalbeamt.; Mutter: Elisabeth, geb. Koch), kath., verh. s. 1950 m. Anne, geb. Bertlich, 4 Kd. (Angelika, Peter, Ulrike, Marlis) - Gymn., Landwirtsch.lehre u. -schule - Präs. Intern. Blumengroßhandelsverb. Union Fleurs, Düsseldorf (s. 1972); Präs. Verb. d. Dt. Blumen-Groß- u. Importhandels e.V., D'dorf (s. 1979) - Liebh.: Lit., Golf, Landwirtsch. - Spr.: Engl.

DÜNNEBIER, Anna
Schriftstellerin, Fernsehautorin - Mühlengasse 5, 5000 Köln 1 (T. 0221 - 21 78 03) - Geb. 21. Jan. 1944, verh. s. 1975 m. Gert v. Paczensky (s. dort) - Stud. Lit.wiss. Berlin u. London; M.A. 1970 - BV: Berlinfresser, 1969; Lindhoops Frau, 1981 u. 83; Eva u. d. Fälscher, 1989. Rd. 10 Hörsp., 40 Fernsehfilme - 1968 Kurt-Magnus-Preis ARD - Spr.: Engl., Franz.

DÜNNER, Hans-Wilhelm
Dipl.-Volksw., Bundesgeschäftsführer Bundesverb. d. Selbständigen e.V., Dt. Gewerbeverb. - Coburger Str. 1a, 5300 Bonn 1 - Geb. 18. Febr. 1950 Leverkusen (Vater: Heinrich-Peter D., Spediteur; Mutter: Ruth, geb. Finkler †), kath., verh. s. 1983 m. Kunigunde, geb. Wulf, T. Gwendolyn - Univ. Münster (Dipl.-Volksw. 1981) - 1973-76 u. 1978-80 gf. Tätigk. in mittelst. Untern. (Bereich Verkehr u. Touristik); 1976-80 fr. Mitarb. in e. wiss. Inst.; Vorstandsmitgl. Europ. Gruppe f. kl. u. mittl. Untern. u. d. Handwerk in Brüssel; Polit. Sekr. Europmi - Europ. Komitee f. kl. u. mittl. Untern., Brüssel. Herausg.: D. Selbständige - offizielles Organ Bundesverb. d. Selbst.; Dt. Gewerbeverb. u. D. Selbständige in d. Binnenschiffahrt - offizielles Organ Abt. Binnenschiffahrt d. BDS, Bonn - BV: D. Wettbewerbssituation auf d. Güterverkehrsmärkten d. Bundesrep. Dtschl. - unter bes. Berücksicht. mittelst. Verkehrsuntern., 1980; D. Wettbewerbssituat. mittelständ. Binnenschiffahrtsuntern. in d. Bundesrep. Deutschl., 1981; Unternehmensnachwuchs u. Zukunftschancen mittelständ. Untern. - e. Ausbildungsproblem?, 1982 - Liebh.: Fotografie, Wandern - Spr.: Engl.

DÜNNINGER, Eberhard
Dr. phil., Generaldirektor d. Bayer. Staatl. Bibliotheken, München - Rossinistr. 46, 8011 Baldham (T. 08106-81 68) - Geb. 26. Juni 1934 Würzburg, kath., verh. s. 1962 m. Renate, geb. Schöfer, 4 Kd. (Ulrich, Dorothea, Leonhard, Veronika) - Gymn. Regensburg (Abit. 1953); Stud. Gesch., German. u. Angl. Univ. München, Dublin (Trinity College) u. Würzburg; Staatsex. Lehramt an Gymn. 1958; Promot. 1961; 1959-61 Ausb. z. Bibliothekar - S. 1961 wiss. Bibliothekar Bayer. Staatsbibl. München; 1965 Mitarb. u. Ref. Bayer. Staatsmin. f. Unterr. u. Kultus; 1986 s. o. - BV: D. christl. Frühzeit Bayerns, 1966; Begegnung m. Regensburg, 1972; Johannes Aventinus, 1977; Erlebtes Bayern, 1978; Bayer. Bibliothek, Bd. 4, 1980 - 1984 Nordgau-Kulturpreis - Liebh.: Lit., Bienenzucht.

DÜNNWALD, Rolf
Dr. jur., Rechtsanwalt, Geschäftsf. Ges. z. Verwertung v. Leistungsschutzrechten mbH u. Dt. Orchestervereinig. e.V., bde. Hamburg (s. 1978) - Schöner Blick 11, 2000 Hamburg 55 (T. 040 - 86 97 02) - Geb. 7. Okt. 1937 - BV: D. Rechtsstellung d. Theaterint., Diss. 1964.

DÜNSCHEDE, Elmar
Dr. jur., Oberkreisdirektor a. D., Diözesan-Caritasdir. - Unterm Wolfsberg 18, 5500 Trier - Geb. 24. Mai 1925.

DÜNSCHEDE, Hans
Prof., Violinvirtuose - Guerickestr. 1, 1000 Berlin 10 (T. 349919) - Geb. 18. Nov. 1907 Düsseldorf, kath., verh. s. 1946 m. Friedel, geb. Weihe, S. Hans-Wolfgang - 1925-30 Musikhochsch. Köln (Violine, Klavier, Kompos., Theorie) - Langj. Lehrtätigk. Musikhochsch. Berlin (Prof.).

DUENSING, Christoph
Rechtsanwalt, Geschäftsf. Dt. Beamtenbund, Landesbd. Nieders. (s. 1971) - Gr. Packhofstr. 28, 3000 Hannover - Geb. 7. Dez. 1937 Hannover - Stud. d. Rechte Univ. Göttingen u. Freiburg - Schriftleit. d. Beamten-Warte.

DÜRBAUM, Hans-Jürgen
Dr. rer. nat., Geophysiker, Dir. u. Prof., Bundesanstalt f. Geowiss. u. Rohstoffe Hannover, Honorarprof. u. Lehrbeauftr. f. Geohydraulik Univ. Münster, Projektleit. DEKORP, stv. Vors. Nat. Komitee Geodäsie/Geophysik - Waldstr. 8, 3004 Isernhagen 4.

DÜRBECK, Karl
Dipl.-Kfm., Inh. Anton Dürbeck (Fruchtimport/Großmarkt), Frankfurt, Vors. Zentralverb. d. Dt. Früchte-Import- u. -Großhandels, Bonn - Großmarkthalle, 6000 Frankfurt/M..

DÜRIG, Gerhard
Ministerialdirektor a. D. - Am Buchacker 4, 5300 Bonn-Bad Godesberg (T. 310387) - Geb. 2. April 1910 Breslau (Vater: Paul D., Telegrapheninsp.; Mutter: Elisabeth, geb. Hentschel), kath., verh. s. 1939 m. Johanna, geb. Burghardt, 3 Kd. (Michael, Irmtraud, Christian) - Gymn. u. Univ. Breslau (Rechtswiss.). Ass.ex. 1937 Berlin - Ab 1938 Postass. Reichspostdir. Frankfurt/O., 1939-49 Kriegsdst. u. sowjet. Gefangensch., 1950-58 Post- u. Oberpostrat Oberpostdir. Braunschweig, s. 1958 Ref. u. Leit. Zentralabt. (1968) Bundespostmin. (zugl. Leit. Postakad. Schloß Kleinheubach u. Hauptschrift. Archiv f. d. Post- u. Fernmeldewesen), 1974 i. Ruhest. - 1972 Gr. BVK - Brüder: Günter u. Walter D.

DÜRIG, Günter
Dr. jur., em. o. Prof. f. Öfftl. Recht -

Staufenstr. 9, 7400 Tübingen (T. 82508) - Geb. 25. Jan. 1920 Breslau - Promot. (1949) u. Habil. (1953) München - 1953-55 Privatdoz. Univ. München; 1955ff. ao. u. o. Prof. (1956) Univ. Tübingen (Dir. Völkerrechtl. Sem.), emerit. 1985 - Richter Verw.gerichtshof Baden-Württ. - BV: u. a. Kommentar z. Grundgesetz, 6. A. 1983 (m. Maunz) - 1982 Gr. BVK; VO Bad.-Württ.; St. Martinusord. Diöz. Rottenburg - Bruder Walter D.

DÜRIG, Walter

Dr. theol., Dr. phil., Prof. Univ. München 1960 - Prof.-Huber-Pl. 1, 8000 München 22 - Geb. 17. März 1913 Breslau (Vater: Paul D., Telegrapheninsp.; Mutter: Elisabeth, geb. Hentschel), kath. - Gymn.; Univ. Breslau; Promot. 1941 (phil.) u. 1944 (theol.) Breslau - 1937 Kaplan, 1939 Subregens, 1946 Pfarrer, 1960 Regens Georgianum München - BV: D. Zukunft d. liturg. Erneuer., 1962; D. christl. Fest, 2. A 1978; D. Cherubinische Wandersmann, 3. A. 1977; Maria, Mutter der Kirche, 2. A. 1982 - 1966 Päpstl. Hausprälat; 1976 Bayer. VO.

DÜRING, Jochen

Rundfunkredakteur NDR, Studio Lübeck - Dorfstr. 28, 2061 Sierksrade (T. 04501 - 5 85) - Geb. 24. Dez. 1928 Lübeck (Vater: Friedrich D., Telegrafenbaubeamter; Mutter: Bertha, geb. Busch), verh. s. 1967 m. Ulla, geb. Beyermann, 2 Söhne (Tobias, Ulrich) - 1949-54 Stud. German. u. Theol. Univ. Hamburg - 1955-68 Redakt. Lübecker Freie Presse/Lübecker Morgen; 1969-71 Stormarner Tageblatt; 1969/70 u. s. 1985 Schriftleit. d. Vaterstädt. Blätter Lübeck (Text u. Gestaltg. d. Kastorfer Chronik 1186-1986 u. and. Ortschroniken); s. 1971 NDR-Studio Lübeck, s. 1955 Vors. Fr. Pfadfindersch.; s. 1982 2. Vors. d. Vaterstädtischen Vereinig. Lübeck; s. 1986 Vorst.-Mitgl. Lübecker Volksfestkomit.; Aussch.-Mitgl. d. Otto-Friedrich-Schulze-Stiftg. d. Ges. u. Beförderung gemeinn. Tätigk. in Lübeck v. 1789. Div. Veröff. in Fachlit. z. Fragen d. Jugendpolitik u. -kultur sowie z. Kulturgesch. u. Gesch. d. dt. Jugendbewegung s. 1900.

DÜRINGER, Annemarie

Schauspielerin - Hawelgasse 17, Wien XVIII (T. 474423) - Geb. 26. Nov. 1925 Basel (Vater: Heinrich D., Kaufm.; Mutter: Marie, geb. Roider), protest., led. - Schauspielausbild. René Simon, Paris, u. Reinhardt-Sem. Wien. S. 1949 Mitgl. Burgtheater Wien. Bühne: u. a. Hermia, Titania (D. Sommernachtstraum), Euphorion (Faust II), Recha (Nathan d. W.), Eve (D. zerbrochene Krug), Marie (Armut), Inken (Sonnenuntergang), Abigail (Hexenjagd), Isabella (Maß f. Maß), Sarah (Fast e. Poet), Lavinia (Trauer muß Elektra tragen), Dona Elvira (Don Juan), Amalie (D. Räuber), Andromache (D. trojan. Krieg findet n. statt;d. letzt. 5 Berlin); Film: D. Feldherrnhügel, Du bist d. Welt f. mich, Gefangene d. Liebe, Ew. Walzer, D. Stadt ist voller Geheimnisse, E. mann vergißt d. Liebe, D. 20. Juli, Oberwachtm. Borck, Vor Sonnenuntergang, Nachts, wenn d. Teufel kam, Count five and die u. a. - 1958 Bundesfilmpreis u. Preis Jg. Generation Stadt Berlin (f.: Nachts, wenn d. Teufel kam); 1963 österr. Kammerschausp. - Spr.: Franz., Engl., Ital.

DÜRINGER, Werner

Vorstand Stolberger Zink AG - Cockerillstr. 69, 5190 Stolberg/Rhld. - Geb. 10. Dez. 1923.

DÜRK, Theo

Ing. grad., Bauunternehmer, Vors. Bund Güteschutz u. Fertigteilwerke Bonn, Vors. Güteschutz Beton- u. Fertigteilw. Land Bayern, München, Vizepräs. Bund Dt. Beton- u. Fertigteilw. - Luitpoldstr. 9, 8230 Bad Reichenhall/Obb. - Geb. 22. Juni 1924 - Schatzmeister ADAC Gau Südbayern.

DÜRKES, Hanns-Peter

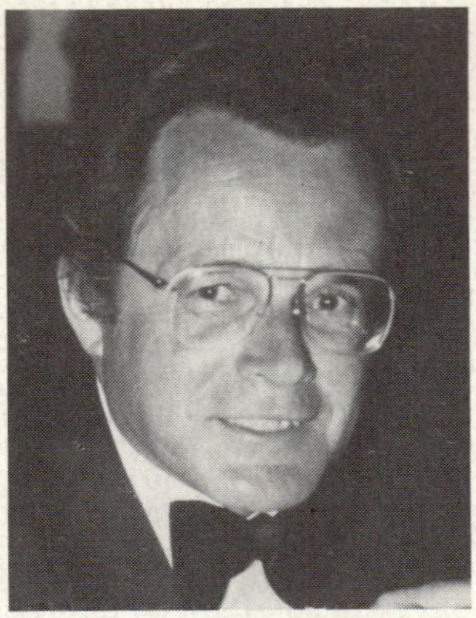

Rechsanwalt, Geschäftsführer Schonlau-Werke, Maschinenfabrik u. Eisengießerei Geseke, Vors. Mittelstandsaussch. d. Dt. Gießereiverb., Rechts- u. Steueraussch. d. IHK Arnsberg, Vertretervers. AOK Lippstadt-Soest, Vorst.-Mitgl. Dt. Gießereiverb. Mittelstandsaussch. d. BDI - Auf den Strickern 52, 4787 Geseke (T. 02942 - 50 50) - Geb. 9. Jan. 1935 Leipzig (Vater: Dr. Karl D., Chemiker; Mutter: Magda, geb. Naundorf), ev., verh. s. 1966 m. Giselheid, geb. Bartscher, S. Markus-Peter - Ass. 1966.

DÜRKES, Werner

Dr., Rechtsanwalt (Fachanw. f. Steuerrecht), AR Kronenbrauerei Offenburg GmbH u. OBG-Ortenauer Brauerei-Ges. Nitze & Co., bde. Offenburg - Nietzschestr. 13, 6800 Mannheim 1 (T. 0621 - 41 50 27) - Geb. 12. Febr. 1912 (Vater: Wilhelm D., Kaufm.; Mutter: Anna, geb. Klauß), ev., verh. s. 1939 m. Irmgard, geb. Fath, 3 Töcht. - 1931-34 Univ. Freiburg/Br. u. Heidelberg; 8 J. Militär- u. Kriegsdst. - BV: Wertsicherungsklauseln, 10. A. 1989.

DÜRKOP, Klaus A.

Dipl.-Ing., Geschäftsf. Gesellschafter WESER Bauelemente-Werk GmbH, Rinteln - Die Drift 19, 3260 Rinteln 1 (T. 05751 - 29 89) - Geb. 3. Dez. 1936 Duisburg (Vater: Fritz D., Ltd. Reg.-baudir. a. D.; Mutter: Martha, geb. Lange), ev., verh. s. 1965 m. Waltrud, geb. Böhnke, 2 Kd. (Frank, Timm) - Gymn.; TU Berlin - Vorst.-Vors. Fachvereinig. Faserbeton, Heidelberg; Vorst.-Mitgl. Verb. Beton- u. Fertigteilind. Nord, Burgwedel/Hannover, AdU, Hameln, Info B/Wiesbaden; AR-Vors. WESER S.A. in Mazieres/Frankr.; AR-Mitgl. Sogali S.A. Savigné-sur-Lathan, Frankr.

DÜRR, Ernst

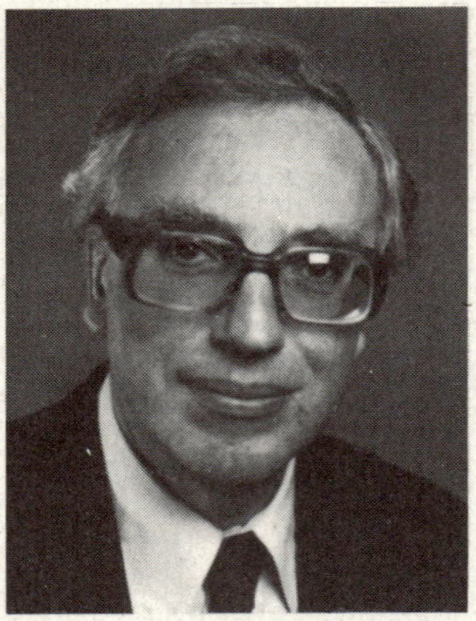

Dr. rer. pol., Dipl.-Kfm., o. Prof. f. Volkswirtschaftslehre u. Direktor d. Volkswirtsch. Inst. Univ. Erlangen-Nürnberg (s. 1965) - Buchenstr. 13, 8501 Feucht (T. 09128 - 44 90) - Geb. 2. Juni 1927 Köln, verh. s. 1959 - 1950-55 Univ. Köln (Volks- u. Betriebswirtsch.) - 1943-50 Tätigk. Versich.w.; 1955-63 Assist. (Inst. f. Wirtschaftspolitik), 1963-65 Doz. Univ. Köln; 1965 Dt. Vertr. im Expertenaussch. OECD z. Überprüf. d. Meth. z. Berechnung d. Entwicklungshilfebedarfs, 1968 Projektanalyse in Pakistan, 1969-73 Vors. Wirtschaftspolit. Aussch. d. Ges. f. Wirtsch.- u. Sozialwiss., 1972-73 Dekan Wirtsch.- u. Sozialwiss. Fak. Univ. Erlangen-Nürnberg. S. 1973 Mithrsg. „Handwörterbuch d. Wirtschaftswiss.", s. 1974 Mitgl. d. Senats Adolf-Weber-Stiftg., s. 1975 Mitgl. d. Wissenschaftl. Beirats beim Bundeswirtschaftsministerium; s. 1984 Vortragsreisen n. Paraguay, Chile, Argentinien, Bolivien, Taiwan u. Zimbabwe, 1984 Prof. Extraordinario de La Univ. Austral de Chile (Valdivia); 1987 Prof. Honorario de la Univ. Nac. de Asunción (Paraguay) - BV: D. Liberalisierung des intern. Versich.verkehrs, 1956; Konjunkturpolitik bei Konvertibilität, 1961; Wirkungsanalyse d. monetären Konjunkturpolitik, 1966; Probleme d. Konjunkturpolitik, 1968; Währungspolitik - Konjunktur- u. Beschäftigungspolitik (zus. m. G. Neuhauser), 1975; Wachstumspolitik, 1977; Política de crecimiento en una economía social de mercado, 1979; Spanien u. d. Europ. Gemeinschaften (m. R. Biskup u. S. García Echevarría), 1982; Spanien a. d. Weg nach Europa? (m. H. Kellenbenz u. W. Ritter), 1985; Orden económico y política económica, 1986; Paraguay hacia una economía social de mercado, 1987; La economía social de mercado y la política economica de Chile, 1988; El empresario frente a los problemas nacionales e intern., 1988. Herausg. Geld- u. Bankpolitik (1968), Wachtumstheorie (1978). Zahlr. Einzelarb. - Mitgl. Ges. f. Wirtschafts- u. Sozialwiss., List-Ges., American Economic Assoc. - Spr.: Engl., Span. - Rotarier.

DÜRR, Fritz

I. Bürgermeister (s. 1978) - Rathaus, 8411 Sinzing/Opf. - Geb. 22. Mai 1926 - Zul. Stadtamtm. CSU.

DÜRR, Hans-Peter

Ph. D., Prof., Physiker - Rheinlandstr. 14a, 8000 München 40 (T. 089 - 323 08-280) - Geb. 7. Okt. 1929 Stuttgart (Vater: Rupert D., Lehrer; Mutter: Eva Kraepelin), verh. s. 1956 m. Carol Sue Durham, 4 Kd. (Rosemarie, Michael, Carolyn, Peter) - Physik-Stud. Univ. Stuttgart (Dipl. 1953), Ph.D. 1956 Berkeley, Habil. 1962 Univ. München - 1971 Dir. Max-Planck-Inst. f. Physik; 1980 Mitgl. Dt. Akad. d. Naturforscher Leopoldina, Halle; 1980 Vorst.-Mitgl. Vereinig. Dt. Wiss.; 1983 Mitgl. Pugwash Conferences on Science and World Affairs; 1985 Vorst.-Mitgl. Greenpeace Dtschl.; 1987 Mitgl. d. Pugwash Council - 1987 Right Livelihood Award (Altern. Nobelpreis) - Lit.: Üb. 90 Veröff. - Spr.: Engl.

DÜRR, Heinz

Vorstandsvorsitzender AEG Aktiengesellschaft Frankfurt u. Berlin, Vorstandsmitgl. Daimler-Benz AG, Stuttgart - Theodor-Stern-Kai 1, 6000 Frankfurt/M. 70 - Geb. 16. Juli 1933, verh., 3 T. - Gesellsch. Dürr Beteiligungs-GmbH, Stuttgart-Zuffenhausen; AR- u. VR-Mand. - Liebh.: Theater, Sportl. Betätig. (Tennis, Golf).

DÜRR, Hermann

Rechtsanwalt - Uhlandstr. 14, 7262 Althengstett Kr. Calw/Württ. - Geb. 7. Jan. 1925 Konstanz/B. (Vater: Dr. h. c. Ludwig D., Luftschiffkonstrukteur), ev. - Obersch. Friedrichshafen; Wehrm. u. Kriegsgefangensch.; Univ. Tübingen (Rechtswiss.). Ass.ex. 1954 Stuttgart - 1957-58 Bundesvors. Dt. Jungdemokraten. 1957-65 u. 1969-80 MdB (1961-64 Geschäftsf. FDP-Fraktion). B. 1966 (Austritt) FDP, dann SPD.

DÜRR, Otto

Dr. phil., Prof. - Achalmsteige 24, 7410 Reutlingen 26 (T. 66234) - Geb. 2. Okt. 1912 Gammesfeld (Vater: Georg D., Maurermeister; Mutter: Pauline, geb. Leyh), ev., verh. s. 1950 m. Rosemarie, geb. Paul, 3 Kd. (Hans-Michael, Christa, Martin) - Lehrersem. Künzelsau; Univ. Tübingen u. München (Päd., Psych., Phil., Engl.). Promot. 1948 Tübingen - 1934-38 Volks- u. Blindenschullehrer; 1948-62 Dozent Päd. Inst. Schwäb. Gmünd; 1962ff. Prof. Päd. Hochsch. Reutlingen (zeitw. Rektor), jetzt Ruhest. S. 1953-83 Mitgl. Landessynode Ev. Kirche v. Württ.; Vors. Freundeskr. Ev. Erzieher in Württ. - BV: Probleme d. Gewissens- u. Gesinnungsbild., 2. A. 1962; üb. d. Heimatkd. z. Geschichtsunterr., 1959; Ist gehorchen so schwer?, 3. A. 1966; Erzieh. z. Freiheit in Selbstverantw., 1963; Memorieren ja - aber wie?, 1964 (m. G. Wipf); Autorität / Vorbild / Strafe - Hindernisse neuzeitl. Erziehens?, 1970; Frieden - Herausforderung an die Erziehung, 1971. Mitarb.: K. Strunz, Päd. Psych. f. höh. Schulen (4. A. 1966); Mithrsg.: Reihe Arb. z. Päd. (Buch) - Spr.: Engl. - Mitgl. Lions Club.

DÜRR, Rolf

Studienrat, Doz., Schriftst. - Wangerooger Steig 10, 1000 Berlin 33 (T. 030 - 823 14 14) - Geb. 20. Dez. 1933 Berlin, verh. m. Ellen Buchert, 2 T. (Margrit, Elke) - Stud. Berlin u. Toulouse (German., Roman.); 1. u. 2. Staatsex. - Doz. Goethe-Inst. (1964-72 Leitg. Sprachabt. Dt. Bibl. Rom); s. 1974 FU Berlin (Studienkolleg) - BV: Ist Krosigk e. Faschist?, R. 1978; V. Tobias u. a. Männern, Ged. 1981; Lebenszweige, Son. 1985; Ewald Traugott Dombski, Auswahl aus d. Werk, (Hrsg.) 1987; Moralische Gesch., 1988; Namenlos, Erz. 1989.

DÜRR, Walter

Dr. rer. pol., o. Prof. f. Wirtschaftspädagogik u. stv. Institutsdir. FU Berlin - Sophie-Charlotte-Str. 27, 1000 Berlin 37; Specksaalredder 17a, 2000 Hamburg 65 - Geb. 5. Aug. 1936 Hamburg - Promot. 1968 - Zul. Doz. Univ. Hamburg - BV: Wiedereinglied. weibl. Angest. in d. Berufsleben, 1972.

DÜRR, Walter

Dr. med., Prof., Chirurg (Chefarzt) - Eichendorffweg 16a, 5411 Urbar b. Koblenz - Gegenw. Lehrtätigk. FU Berlin (Chir.).

DÜRR, Walther

Dr. phil., Editionsleiter, Honorarprof. Fak. f. Kulturwissenschaften/Univ. Tübingen - Hausserstr. Nr. 140, 7400 Tübingen 1 - Geb. 27. April 1932 Berlin (Vater: Dagobert D., Meteorologe; Mutter: Hannah, geb. Schneider), verh. s. 1960 m. Vittoria, geb. Bortolotti, 2 T. (Renate, Silvia) - Stud. Musikwiss. FU Berlin u. Univ. Tübingen (Promot. 1956) - 1957-62 Lektor Univ. Bologna; 1962-65 Assist. u. Lekt. Univ. Tübingen; s. 1965 Editionsleit. Neue Schubert-Ausg. (8 Bde.) - BV: Franz Schuberts Werke in Abschr. - Liederalben u. Samml., 1975; D. dt. Sololied d. 19. Jh., 1984.

DÜRR, Wolfgang

Dr. rer. pol., Dipl.-Kfm., Konsul, Vorstandsmitgl. Bundesverb. Dt. Eisen- u. Metallwarengroßhandel, Hbg. - Gellertstr. 8, 7000 Stuttgart 1 (T. 24 70 42) - Geb. 3. Juli 1916 Bad Boll (Vater: Hermann D., Dekan; Mutter: Anna, geb. v. Graffen), ev., verh., 4 Kd. - Daimler-Gymn. Stuttgart; 3j. Lehre; n. Abitur Univ. Berlin u. Frankfurt, WH Berlin, HH Nürnberg (Dipl.Kfm., Dipl.-Volksw., Dipl.-Vers. Verst.), Assist. Univ. Frankfurt a. M. (1940-41) - BV: D. Umsatzsteuer im Einzelhandel, 1955, 2. A. 1959 - Wahlkonsul v. Malta f. Baden-Württ. - Liebh.: Reitsport - Spr.: Engl., Franz.

DÜRRE, Günter

Dr. jur., Ministerialdirigent u. Präs. Bundesaufsichtsamt f. d. Kreditwesen a. D. - Am Hirschsprung 12, 1000 Berlin 33 - Geb. 1. April 1910 Berlin, verh. m. Martha, geb. Schleif - Spr.: Engl.

DÜRRENFELD, Eva

Dr. phil., Schriftstellerin - Alte Ziegelei 11, 6554 Meisenheim (T. 06753 - 48 58) - Geb. 15. Nov. 1928 Berlin, ev., ledig - Abit. Flensburg; Stud. German., Angl. u. ev. Theol. Univ. Heidelberg, Marburg u. Tübingen (Promot. Tübingen) - B. 1964 Lektorin Univ. Tübingen; 1966-71 wiss. Assist. Univ. München; 1971-87 Oberstudienrätin in Meisenheim - BV: Paul Fleming u. Johann Christian Günther. Motive-Themen-Formen, 1963 (Diss.); Risse in d. Luft, Ged. 1979; Verschlüsselte Wahrheit, Ged. 1987 - 1965 Stip. Fritz-Thyssen-Stiftg.; 1980 AWMM-Lyrikpreis (Luxemburg).

DÜRRENMATT, Friedrich

Dr. h. c., Schriftsteller - 34 Pertuis du Sault, CH-2000 Neuchâtel - Geb. 5. Jan. 1921 Konolfingen Kt. Bern (Vater: Reinhold D., Pfarrer; Mutter: Hulda, geb. Zimmermann), protest., verh. I) 1946-83 m. Lotti, geb. Geißler †, 3 Kd. (Peter, Barbara, Ruth), II) s. 1984 m. Charlotte Kerr (Schausp.) - Studium Literatur, Philosophie - S. 1947 freier Schriftst.; 1969ff. Mithrsg. Wochenzeitg. Sonntags-Journal - BV: Pilatus, Erz.; D. Nihilist, Erz.; D. Richter u. s. Henker, R.; D. Stadt - Frühe Prosa; D. Verdacht, R.; Grieche sucht Griechin, Prosakom.; D. Panne, Erz. (auch Hörsp. u. Kom.); D. Versprechen, R.; D. Sturz, Erz.; Theaterschr. u. Reden I, II; Theaterprobleme, Essay; Monstervortrag üb. Gerechtigkeit u. Recht, 1968; Friedrich Schiller, Rede; Sätze aus Amerika, 1970; Zusammenhänge, Essay über Israel, 1976; D. Mitmacher, ein Komplex, 1976; Dürrenmatt-Lesebuch, 1978; Albert Einstein, Rede, 1979; Stoffe Bd. I-III, 1981; Komödien I, II, III; Hörsp., Sammelbd.; Bühnenw. (1947ff.); Es steht geschrieben; D. Blinde, Romulus d. Gr., D. Ehe d. Herrn Mississippi (verfilmt Dtschl.), E. Engel kommt n. Babylon, D. Besuch d. alten Dame (verfilmt USA), Frank V. - Oper e. Privatbank (verfilmt Dtschl.), D. Physiker, Herkules u. d. Stall d. Augias (auch Hörsp.), D. Meteor, D. Wiedertäufer, König Johann (n. Shakesp.), Play Strindberg, Titus Andronicus (n. Shakesp.), Porträt e. Planeten, D. Mitmacher, Kom. 1973, Die Frist, Kom. 1977; Achterloo, Kom. 1983; Minotaurus, Ballade 1985; Justiz, R. 1985; D. Auftrag, Nov. 1986; Rollenspiele (m. Charlotte Kerr), 1986; Versuche, Ess. u. Reden 1988. Hörsp.: D. Doppelgänger, D. Prozeß um d. Esels Schatten, Nächtl. Gespräch m. einem verachteten Menschen, Stranitzky u. d. Nationalheld, D. Unternehmen d. Wega, D. Panne, Abendstunde im Spätherbst; Drehb.: Es geschah am hellichten Tag; Insz.: Urfaust (Zürich 1970) - 1957 Hörspielpreis d. Kriegsblinden (D. Panne), 1958 Prix Italia/Intern. Rundfunkpreis, 1959 Schiller-Preis Mannheim u. Preis New Yorker Theaterkritik, 1960 Gr. Preis Schweizer. Schiller-Stiftg., 1968 Grillparzer-Preis Österr. Akad. d. Wiss., 1969 Gr. Lit.-Preis Kanton Bern, 1977 Buber-Rosenzweig-Med. (Ges. Christl.-Jüd. Zusammenarb.); fünf Ehrendoktortitel (Neuchâtel, Jerusalem, Philadelphia, Nizza, Zürich); 1985 Bayer. Lit.preis (Jean-Paul-Preis); 1986 Schiller-Gedächtnis-Preis Land Baden-Württ. u. Büchner-Preis - Liebh.: Malen, Musik - Lit.: Bänzinger, Frisch u. D.: Joseph Strelka, Brecht - Horváth - D./Wege u. Abwege d. mod. Dramas; Elisabeth Brock-Sulzer, F. D. - Stationen s. Werkes; Manfred Durzak, Dürrenmatt - Frisch - Weiss - Dt. Drama d. Gegenw. w. Kritik u. Utopie, 1972, Jan Knopf, F. D., 1976.

DÜRRSON, Werner

Dr. phil., Schriftsteller, Übersetz. - 7940 Neufra/Donau, Schloß (T. 07371 - 42 42) - Geb. 12. Sept. 1932 Schwenningen/N. (Vater: Hermann D., Montageinsp.; Mutter: Emmy, geb. Pfründer), kath. - 1952 Musikstud. Trossingen; 1957 Externenabit.; Stud. d. German., Roman., Musikwiss. Univ. München u. Tübingen; Promot. 1962 ebd. - 1957-68 Doz. Musiklehrersem. Trossingen u. Univ. Poitiers (1962) - BV: Dreizehn Gedichte,

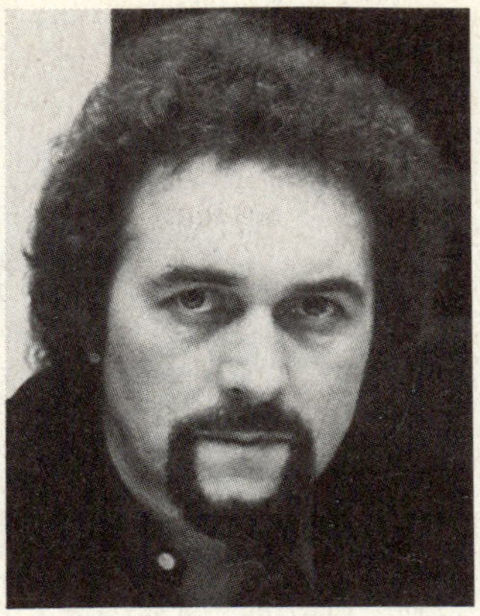

1965 (mit 4 Farbholzschnitten v. Klaus Staeck); Schattengeschlecht, Ged. 1965; Flugballade, 1966 (m. 6 Farbholzschnitten v. HAP Grieshaber; s. dort); Drei Dichtungen (Flugballade/Schneeharfe/Glas-Stücke), 1970; mitgegangen mitgehangen, Ged. 1970-75, 1975; Schubart-Feier - E. dt. Moritat, 1980; Schubart, Christian Friedrich Daniel, Drama 1980; Zeit-Ged., 1981; Stehend bewegt. E. Poem, 1982; D. Luftkünstler - 13 Stolpergesch., 1983; Das Kattenhorner Schweigen, Ged. 1984; Feierabend, Ged. 1985; Blochaden - Sprüche u. Zusprüche, 1986; Wie ich lese?, Aphorist. Ess. 1986, Denkmal fürs Wasser, lyr. Fragment 1987; Kosmose - Ged. in zwölf Vorgängen, 1987; Ausleben - Ged. aus 12 J., 1988; Katzen-Suite, Ged. 1989; D. unbeleuchtete Seite d. Worts, Aphorismen 1989. Übers. u. teils Herausg.: Wilhelm v. Aquitanien. Ges. Lieder (1970; zweispr.), Arthur Rimbaud. E. Zeit in d. Hölle (1970; zweispr.), Yvan Goll. Triumphwagen d. Antimons (1973), Margarete von Navarra. D. Liebesgedichte (1974; zweispr.); Henri Michaux, Eckpfosten (1982); Momente (1983); René Char, Auf e. trocken gebautes Haus (1982). Schallplatte: W. D. liest Lyrik u. Prosa (1978) - 1953 Lyrikpreis Südwestpresse; 1973 u. 1983 Dt. Kurzgeschichtenpreis; 1978 Literaturpr. d. Stadt Stuttgart; Schubart-Lit.preis 1980; 1980 Arbeitsstip. Land NRW; 1982 Literaturförderpreis New York: abgelehnt; 1985 Literaturpreis Stadt Überlingen; Mitgl. Dt. Schriftstellerverb. u. PEN-Zentrum - Spr.: Franz., Engl. - Lit.: Ulrich Keicher, W. D. (1976); Ich bleib dir auf d. Versen - W. D. z. 12. Sept. (1982); Manfred Fuhrmann, D. Kattenhorner Schweigen, Allmende 12 (1986); Manfred Durzak, D. Kunst d. Kurzgesch. (1989).

DÜRRWÄCHTER, Gerhard

Dr. phil., Prof., Fachleiter Sem. f. Schulpäd. Freiburg - Hochfirststr. 10, 7800 Freiburg (T. 0761 - 49 10 04) - Geb. 22. Dez. 1928 Sulzbach/Murr, ev., verh. s. 1958 m. Hildegard, geb. Koepp, 3 Kd. (Andreas, Martin, Ute) - Stud. Univ. Freiburg (Biol., Geogr., Sport); Promot. 1956 Freiburg - S. 1971 Vors. Südbad. Volleyballverb. - BV: Methodik d. Volleyballspiels; div. Titel; Übers. in 6 Spr. - 1954-57 Badische Rekorde u. Meistersch. im Zehnkampf; 1958 Volleyballnat.mannsch.

DUESBERG, Carl

Geschäftsführer Stahlwerke Brüninghaus GmbH., Westhofen - Hohe Str. 20, 5980 Werdohl/W. - Geb. 23. Okt. 1909 Werdohl - Zeitw. Vors. Fachvereinig. Waggonbeschlag.

DÜSING, Klaus

Dr. phil., Prof. f. Philosophie Univ. Köln - Berghausener Str. 22a, 5720 Gummersbach-Elbach - Geb. 3. Sept. 1940 Köln - Promot. 1967; Habil. 1975 - S. 1975 Lehrtätigk. Bochum, Siegen, Köln - BV: Hegel u. d. Gesch. d. Phil., 1983; D. Problem d. Subjektivität in Hegels Logik, 2. A. 1984; D. Teleologie in Kants Weltbegriff, 2. A. 1986; Schellings u. Hegels erste absol. Metaphysik, 1988.

DÜSING, Wolfgang

Dr. phil., Prof. f. Neuere Dt. Literaturwissenschaft - Goethestr. 2, 6501 Zornheim - Geb. 14. Nov. 1938 Köln (Vater: Dipl.-Ing. Walter D.; Mutter: Hildegard, geb. Schulze), ev., verh. s. 1972 m. Ingeborg, geb. Eisen, 2 Kd. (Christian, Ulrike) - Stud. Univ. Köln u. Zürich (German., Phil., Angl.). Promot. 1967 Köln; Habil. 1975 Mainz - S. 1976 Prof. Univ. Trier; 1983 Univ. Mainz - BV: Schillers Idee d. Erhabenen, 1967 (Diss.); Schiller: Üb. d. ästhet. Erzieh., 1981; Erinner. u. Identität. Unters. z. e. Erz.probl. b. Musil, Döblin u. Doderer, 1982. 20 Aufs. u. Rezensionen z. dt. Lit. v. Herder b. M. Walser.

DÜSTERFELD, Peter

Dr. theol., Prof. f. Pastoral-Theol. Univ. Bonn (b. 1984), Pastor, Sekr. Publiz. Kommiss. u. Leit. Zentralstelle Medien d. Dt. Bischofskonfz. Bonn - Geb. 5. Nov. 1942 Neurode/Schles., kath. - Homiletiker - BV: Didaktik d. Predigt (m. H.B. Kaufmann), 1975; Predigt u. Kompetenz, 1978. Herausg.: Neue Wege d. Verkündig. (1983).

DÜSTERLOH, Diethelm

Dr. phil., Univ.-Prof. f. Geographie u. ihre Didaktik Univ.-GH Paderborn - Rudower Str. 37, 4800 Bielefeld 1 - Geb. 29. April 1933 Sprockhövel/W. (Vater: August D., Oberbürgerm.; Mutter: Herta, geb. Würtz), ev., verh. s. 1960 m. Ursula, geb. Schmiedel, 4 Kd. (Sigrid, Uwe, Jürn, Switgart) - Promot. 1966 Göttingen - Zul. Doz. PH Ruhr/Abt. Dortmund, Prof. PH Westf.-Lippe (s. 1971), Univ. Bielefeld (s. 1980) u. Univ.-GH Paderborn (s. 1984). Facharb.

DÜTTING, Dieter

Dr. rer. nat., Prof., Biologe - Hans-Geiger-Weg 16, 7400 Tübingen 1 - Geb. 31. Okt. 1932 Essen - Promot. 1960 München; Habil. 1967 Tübingen - Wiss. Mitarb. MPI f. Virusforsch. Tübingen; apl. Prof. f. Genetik Univ. ebd. Fachveröff. u. Veröff. z. Entziff. d. Hieroglyphenschr. d. Maya.

DÜTZ, Wilhelm

Dr. jur., o. Prof. f. Bürgerl. Recht, Prozeßrecht, Arbeits- u. Handelsrecht - Am Schönblick 17, 8901 Aystetten - Geb. 29. Juni 1933, kath., verh., 2 Kd. - Gr. jurist. Staatsprüf. (1961); Promot. (1965) u. Habil.(1969); 1961-70 Richter (1961-63 beurl. z. Tätigk. i. BGH-Anw. Kanzl.); 1963-69 wiss. Assist. a. Inst. Arb. u. Wirtsch. Recht Univ. Münster; s. 1970 o. Prof. FU Berlin u. Univ. Augsburg (1973) - Zahlr. Fachveröff. insbes. z. indiv. u. kollekt. Arbeitsrecht, kirchl. Arbeitsrecht, Zivilverfahrensrecht, Verbands- u. Erbrecht.

DÜVEL, Dietrich

Dr. rer. nat., Prof. f. Botanik bzw. Angew. Bot. - Marseiller Str. 7, 2000 Hamburg 36 - Geb. 24. Juli 1919 Stade - Promot. 1954 - S. 1962 (Habil.) Lehrtätigk. Univ. Hamburg (1970 Prof.). Üb. 20 Facharb.

DÜWEL, Klaus

Dr. phil., Prof., Philologe - Sertürnerstr. 14, 3400 Göttingen - Geb. 10. Dez. 1935 Hannover - Promot. 1965 - S. 1972 (Habil.) Lehrtätig. Univ. Göttingen (1978 Prof. f. Dt. Philol.) - BV: Runenkunde, 2. A. 1983; Werkbezeichnungen d. mhd. Erzähllit. (1050-1250), 1983; D. Opferfest v. Lade. Quellenkrit. Unters. z. germ. Religionsgesch., 1985. Herausg.: Epochen d. dt. Lyrik, Bd. 3, Ged. 1500-1600 (1978); D. Reinhart Fuchs d. Elsässers Heinrich (1984); Unters. z. Handel u. Verkehr in Mittel- u. Nordeuropa I/V (m. a., 1985/87); D. Goldbrahteaten d. Völkerwanderungszeit I/III (m. a., 1985/89).

DÜWEL, Peter

Dr., Staatsrat a. D. Kulturbehörde Fr. u. Hansestadt Hamburg - Hamburger Str. 45, 2000 Hamburg 76 - Zul. Staatsrat Schulbehörde.

DÜWELL, Henning

Dr., Prof. f. Didaktik Französisch - Alte Uslarer Str. 2, 3414 Hardegsen (T. 05505 - 54 77) - Geb. 3. April 1939 Krefeld (Vater: Willi D., Verkaufsleit.; Mutter: Else, geb. Schröder), ev., verh. s. 1968 m. Hanne, geb. Arnold, 2 Kd. (Matthias, Katja) - Abit. 1959 Krefeld; Stud. Univ. Köln, Lyon, Bonn, Gießen (Anglistik u. Romanistik); 1. Staatsex. 1966; Promot. 1969; 2. Staatsex. 1970; Habil. 1977 - 1970-72 wiss. Assist. Univ. Gießen, 1972-80 Doz. ebd., s. 1980 Prof. Univ. Göttingen - BV: E. altfranz. Übers. d. Elucidarium, Edition d. Elucidaire d. Handschrift Lambeth Palace 431, 1974; Zus. m. K. Gerhold u. K. Lindemann: D. informelle Test im Franz.unterr., 1975; Fremdsprachenunterr. im Schülerurteil, 1979; Comprendre les panneaux, 1983 u. Comprendre la vie à travers la chanson, 1985 (m. H. Rüttgens); Où trouver?, 1985 (m. J.-L. Pépin); Se débrouiller en France, 1987 (m. H. Rüttgens) - Spr.: Engl., Franz.

DÜWELL, Kurt

Dr. phil., o. Prof. f. Neuere u. Neueste Geschichte Univ. Trier (s. 1977) - Im Sarkberg 15, 5500 Trier/Mosel (T. 0651 - 1 64 23) - Geb. 28. Juli 1937 Düsseldorf (Vater: Wilhelm D., Ing.; Mutter: Elise, geb. Rückels), ev., verh. s. 1964 m. Ilse, geb. Rothermund, 2 T. (Ulrike, Charlotte) - Stud. München, Bonn, Köln; Promot. 1966 Köln; Wiss. Assist. TH Aachen, Univ. Köln; Habil. 1974 Köln - BV: D. Rheingebiete in d. Judenpolitik d. Nationalsozialismus vor 1942, 1968; Grundl. d. Stud. d. Gesch., 1973, 3. A. 1981 (m. E. Boshof u. H. Kloft); Dtschls. auswärtige Kulturpolitik 1918-1932, 1976; V. Staat d. Ancien Régime z. modernen Parteienstaat (m. Helmut Berding, Lothar Gall u.a.), 1978; Entsteh. u. Entwickl. d. BRD (1945-1961), 1981; Dt. Ausw. Kulturpolitik s. 1871, Gesch. u. Struktur, 1981; Rhld.-Westf. im Ind.zeitalter, 4 Bde., 1983/85 (m. W. Köllmann); Kontinuität u. Fortschritt 1986 (m. Diether Breitenbach u. M. Werth); Wiss. in Berlin, 3 Bde., 1987 (m. T. Buddensieg u. K.-J. Sembach); Emigration. Dt. Wissenschaftler nach 1933, 1987 (m. T. Buddensieg u. H. A. Strauss). Mithrsg. Ztschr. Archiv f. Kulturgesch., Hrsg. d. Reihe Beitr. z. Gesch. d. Kulturpolitik, Aufs. in Gesch.ztschr. u. Sammelwerken - Spr.: Engl., Franz., Span., Ital.

DÜX, Anton

Dr. med. (habil.), Röntgenologe, apl. Prof. f. Röntgenol. u. Strahlenheilkd. Univ. Bonn (s. 1969) - Kaesbachstr. 1, 4050 Mönchengladbach.

DUFKOVÁ, Jarmila

Dr. med., Prof. f. Rechtsmed. Univ. Frankfurt (Fachber. Humanmed.) - Kennedyallee 104, 6000 Frankfurt/M..

DUFNER, Franz Xaver

Dr. rer. oec., Dipl.-Kfm., Textilkaufm. - Hauptstr. 14, 7807 Elzach (T. 07682 - 444) - Geb. 19. Okt. 1930 Elzach (Vater: Xaver D.; Mutter: Amalia, geb. Becherer), kath., verh. s. 1957 m. Inge, geb. Schülli - Gymn. Kolle St. Blasien, Univ. Freiburg, Mannheim (Dipl.-Kfm.), Innsbruck (Dr. rer. oec.) - Verb.-Tätigk., ehrenamtl. Richter Bundessoz.gericht u. Arbeitsgericht Freiburg. CDU (Sektionsspr. Wirtschaftsrat) - Spr.: Engl., Franz.

DUFNER, Hubert

Dipl.-Ing., pers. haft. Gesellschafter Elza-Textilwerk Gebr. Dufner KG - Bahnhofstr. 3a, 7807 Elzach - Geb. 25. Nov. 1941.

DUFNER, Wolfram

Dr. rer. pol., Dipl.-Volksw., Botschafter d. Bundesrepr. Deutschl. in d. Schweiz (s. 1989) - Willadingweg 83, 3006 Bern/Schweiz; Brachsengang 14, 7750 Konstanz/B. - Geb. 7. Aug. 1926 Konstanz, verh. m. Brigitte, geb. Schäfer, 2 Kd. (Odilia, Linnéa) - Stud. Rechts- u. Wirtsch.wiss. Univ. Zürich, Bern, Cambridge, Freiburg/Br.; Dipl.-Volksw. 1949, Promot. 1951 - S. 1952 Ausw. Dienst Bern, Helsinki, Ottawa, Stockholm, Ankara; 1977-80 Botsch. in Lusaka, 1980-84 Botsch. in Singapur, Brunei, 1984-88 Botsch. in Kuala Lumpur - BV: Schwed. Portraits, 1963; Geschichte Schwedens, 1967; Politik im 20. Jh.: Entwicklungspolitik, 1973; Frühe Wegweisungen, Chronik e. alemannischen Jugend 1926-50, 1982; Botschafter in Sambia, 1988 - Finn. Löwe; Vasa-Orden; 1973 Kommandeur Nordstern; 1979 BVK.

DUGE, Walter

Direktor - Bebelallee 61h, 2000 Hamburg 60 - Geb. 22. März 1911 - S. 1947 Ascalia GmbH./früher Teerchemie (üb. 20 J. Geschäftsf.). Vor d. II. Weltkr. Tätigk. Südamerika.

DUHM, Erna

Dr. phil. (habil.), Dipl.-Psych., o. Prof. f. Klinische Psychologie - Senderstr. 8, 3400 Göttingen - 1963 Wiss. Rätin u. Prof., dann Abt.vorsteherin u. Prof., 1974ff. Ord. Univ. Göttingen; s. 1969 in Gremien d. DFG (Senat, S.-Kommiss., Schwerpunktprogr., Fachgutachter) - Fachveröff. zu Beratung u. Therapie - 1985 Hugo-Münsterberg-Med. d. BDP.

DUHM, Hans Heinrich

Dr. rer. nat., Prof. f. Experimentalphysik Univ. Hamburg (s. 1974) - Bismarckstr. 40 2ooo Hamburg 19. - Zul. Privatdoz. Univ. Heidelberg.

DUHM, Jochen

Dr. med., Prof. f. Physiologie - Pettenkoferstr. 12, Physiol. Institut, 8000 München 2 (T. 089 - 599 63 92), priv.: Amselweg 2, 8011 Vaterstetten b. München (T. 08106 - 3 28 08) (Vater: Dr. Bernhard D., Phys.; Mutter: Greta, geb. Hörlein), ev., verh. s. 1965 m. Dr. med. Heltrud, geb. Hüneke, 3 Kd. (Hans Joachim, Ulrike Domenika, Boris Andreas) - Gymn. Wuppertal, Med.stud. Göttingen, Berlin, Innsbruck u. Freiburg, Staatsex. 1965 Freiburg - 1971 Priv.-Doz. Aachen, 1977 apl. Prof. München - BV: ca. 70 Publ. in Fachztschr. (z.B. Pflügers Archiv-Europ. J. Physiol.) - Spr.: Engl. - Bek. Vorf.: Bernhard Duhm, Theologe (Urgroßv.).

DULCE, Hans-Joachim

Dr. med., o. Prof. f. Physiologische u. Klin. Chemie - Marchandstr. 9, 1000 Berlin 46 (T. 775 51 92) - Geb. 6. Juni 1927 - S. 1959 (Habil.) Privatdoz., ao. Prof. (1965) u. o. Prof. (1966) FU Berlin. S. 1985 Landesverb.-Vors. Hartmannbund Berlin; 1987 Dekan FB Klinikum Steglitz FU Berlin. Ca. 80 Fachveröff. - 1960 Karl-Thomas-Preis - BV: Klin.-chem. Diagnostik, 2. A. 1974.

DULLENKOPF, Peter

Dr.-Ing., Wiss. Rat, Prof. f. Schaltungstechn. Univ. Bochum/Abt. f. Elektrotechnik - Friedr.-Geissel-Str. 5, 4630 Bochum 7 - Geb. 3. März 1938 Heilbronn/N. (Vater: Dr. rer. nat. Walter D.; Mutter: Hilde, geb. Keller), verh. s. 1964 m. Barbara, geb. Kästner - 1957-63 TH Aachen (Dipl.-Ing.). Promot. 1968 Aachen - 1963 Wiss. Assist.; 1968 Obering.; 1976 Wiss. Rat u. Prof. Spez. Elektronik - BV: Werkstoffe d. Elektrotechnik, 1967 (m. Wijn).

DULOG, Lothar

Dr. Dipl.-Chem., Prof. u. Direktor Inst. II. f. Techn. Chemie Univ. Stuttgart, Leit. Forschungsinst. f. Pigmente u. Lacke, ebd. - Sulzer Weg 44, 7277 Wildberg-4 (T. 07054 - 79 56) - Geb. 13. Mai 1929 Döbern/Schles. (Vater: Maximilian D., Rektor; Mutter: Katharina, geb. Hedderich), kath., verh. s. 1959 m. Fränzi, geb. Werner, 2 Kd. (Christine, Claudia) - Stud. Univ. Mainz; Dipl.ex. 1956; Promot. 1958; Habil. 1964 - 1966-75 Assist. Manager Productdevelopm. Texaco Belgium Ghent Res. Labor.; Inh. v. 8 Patentrechten - Mithrsg.: Ztschr. D. Makromolekul. Chemie; Farbe u. Lack s. 1977 - 1965 Pr. GdCh - Liebh.: Bergsteigen, prähistor. Funde - Spr.: Engl.

DUMA, Andrei

Dr. rer. nat., Prof. f. Mathematik, Lehrstuhl Komplexe Analysis Fernuniv. Hagen (s. 1981) - Ahornstr. 18, 5000 Köln 71 - Mitgl. d. Akad. v. Messina (Ital.).

DUMANN, Manfred

Verwaltungsangestellter, MdL Bayern (s. 1974) - Schimmelleite 35, 8078 Eichstätt (T. 08421 - 42 40) - Geb. 1936 - CSU.

DUMKE, Dieter

Dr. rer. nat., o. Prof. f. Psychologie Päd. Fak. Univ. Bonn - Römerstr. 164, 5300 Bonn; priv.: Im Cäcilienbusch 5, 5309 Meckenheim - Geb. 8. Juni 1936 Kolberg.

DUMKE, Isolde

Dr. phil., Wiss. Bibliothekarin, Leit. Ev. Bibliothek Köln (s. 1979) u. Verb. Kirchl.-Wiss. Bibliotheken (1986-87) - Peter-Bauer-Str. 7, 5000 Köln 30 (T. 0221 - 52 47 48) - Geb. 7. Aug. 1944 Berlin-Lichterfelde-West, ev., ledig - 1963-72 Stud. franz. Philol., Bibliothekswiss. u. lat. Philol. FU Berlin; Promot. 1972 - 1973-75 Bibliotheksrefer. (1973-74 Prakt. Staatsbibl. Preuß. Kulturbesitz, Berlin); 1974-75 theoret. Ausb. Bibliothekar-Lehrinst. d. Landes NW (jetzt FH f. Bibl.- u. Dokumentationswesen, Köln); Assessorex. 1975 - 1975-79 Handschriftenkatalogisier. Württ. Landesbibl. Stuttgart; 1979ff. Leit. Ev. Bibl. Köln. 1980-86 Mitgl. Leitg. Verb. kirchl.-wiss. Bibl. (VkwB) in d. Arbeitsgem. d. Archive u. Bibl. ev. Kirche (AABevK), 1986/87 Leit. d. VkwB. 1983-87 u. s. 1989 Deleg. VkwB im Conseil Intern. des Assoc. de Bibliothèques de Théol. (C.I.); 1980-87 Ref. Aus- u. Fortbildungsveranst. d. VkwB - BV: Voltaire als Religionskritiker im Spiegel d. Forschung (1956-1969), Diss. 1972; zahlr. weit. wiss. Veröff. in Fachb. u. Fachztschr. - Liebh.: Franz. u. lat. Kultur; Lit. (bes. Lyrik), Gesch., Theol., Asiatica, Stickerei (bes. Gobelin) - Spr.: Engl., Franz., Latein, Altgriech.

DUMMER, Wolfgang

Herausgeber Industriemagazin - Kaiser-Ludwig-Platz 5, 8000 München 2 (T. 53 01 64) - Inh. Vlgsgr. Mod. Ind.

DUMMEYER, Norbert

Selbst. Makler, Landesvors. Schleswig-Holst. im Verb. Dt. Makler (VDM) - An der Kirche 1, 2357 Bad Bramstedt (T. 04192 - 45 80 u. 59 85) - Geb. 13. Juli 1946 Bremerhaven, verh. - 1. Vors. Kulturkreis Musik u. Theater Bad Bramstedt; Kreischorleiter im Sängerbund Schleswig-Holst.

DUNCKER, Hans-Rainer

Dr. rer. nat., Dr. med., Prof. f. Anatomie Univ. Gießen (1971 ff.) - Eichendorffring 36, 6300 Gießen - Geb. 1. Juli 1933 - Promot. 1964 (Kiel) u. 67 (Hamburg) - S. 1969 (Habil.) Lehrtätigkeit. Facharb. z. Vergl. Anat. d. Wirbeltiere, spez. Atemapparat.

DUNDE, Siegfried Rudolf

Dr. phil., Dipl.-Theol., Dipl.-Psych., Referent, Schriftst. - Coburger Str. 10, 5300 Bonn 1 (T. 0228 - 23 23 47) - Geb. 19. März 1953 Idstein/Ts., ev. (b. 1983 kath.) - Dipl.-Theol. 1976, Dipl.-Psych. 1979, Promot. 1981 (Soziol.), alles Mainz - Lehrer u. Schulpsych.; 1981-85 Ref. Bundespräsidialamt (Ghostwriter-Team); Ref. Bundesmin. f. Jugend, Familie, Frauen u. Gesundh. (u.a. Min.büro). 1973-76 Mitgl. Diözesanleitg. BDKJ Bistum Limburg; s. 1987 Vorst. Dt. Aids-Stifg. Positiv leben - BV: Kath. u. rebellisch, 1984; Auf d. Weg z. Ich, 1984; Neue Väterlichkeit, 1986; Neue Spiritualität, 1986; Aids - Was e. Krankheit verändert, 1986; Geschlechterneid - Geschlechterfreundschaft, 1987; Positiv weiterleben, 1988; Spirituelles Erleben d. Natur, 1989; Andere haben es gut, 1989; Gesundheit aus d. Seele schöpfen, 1989; Aids u. Moral, 1989.

DUNKEL, Winfried

Dipl.-Ing., Oberst i.G., Leiter Informations- u. Pressestab Bundesmin. d. Verteidigung - Postf. 13 28, 5300 Bonn 1 (T. 0228 - 12 94 06/07) - Geb. 21. Okt. 1942 Mühlhausen/Thür., verh., 2 Kd. (Christina, Michael) - Berufssoldat; 1963 Bundeswehr; 1965-70 Stud. Masch.bau - 17. Generalstabslehrgang an d. Führungsakad. d. Bundeswehr; 1976/77 Generalstabsausb. d. amerik. Heeres in Fort Leavenworth, Kansas; Ref. Ber. d. Leitg. BMVg; Chef Stab I. Gebirgsdivision, Garmisch-Partenkirchen - Liebh.: Bergsteigen, Ski, Jagd, Zeitgesch. - Spr.: Engl.

DUNKER, Hans Joachim

Dr., Generalkonsul d. Bundesrep. Deutschl. in Rio de Janeiro - Rua Presidente Carlos de Campos, 417 - 22.231 Rio de Janeiro/Brasilien (T. 021 - 2 85-23 33) - Zul. Botsch. in Angola u. Generalkonsul in New York.

DUNKER, Heinz Joachim

Dipl.-Ing., Direktor, Vorstandsmitglied Zuckervertriebsges. Baltischer Rübenzuckerfabr. (ZVG), u. Zuckerfabrik Süderdithmarschen AG - Klaus-Groth-Str. 28, 2220 St. Michaelisdonn (T. 5 55) - Geb. 3. April 1926 Halberstadt (Vater: Karl D., Beamter; Mutter: Edith, geb. Schlichting), kath., verh. s. 1951 m. Christa, geb. Haedecke, 2 Kd. (Klaus-Holger, Petra) - 1947-53 TU Berlin (Zuckertechnol.; Dipl.-Ing.) - Div. Mitgliedsch., dar. Beirat Verein d. Zuckerind. u. Vorst. Unternehmensverb. Westküste IHK - Liebh.: Jagd - Spr.: Engl.

DUNSCHE, Franz

Direktor, Mitgl. Geschäftsleit. Baukeramik Gail, Gießen - Eichendorffring 127, 6300 Gießen (T. 43537) - Geb. 9. März 1915 Köln (Vater: Karl D., Rechnungsrat; Mutter: Magdalene, geb. Schäfer), kath., verh. s. 1940 m. Sophie, geb. Wiegand, 2 Kd. (Marianne, Lieselotte) - Gymn. (Mittl. Reife); Höh. Handelssch.; kaufm. Lehre Mauserwerke, Köln.

DUNST, Erwin

Landesverbandsleiter DAG/Nieders.-Bremen, Vors. DAG-Bildungswerk Nieders., Mitgl. Rundfunkrat d. NRD - Hildesheimer Str. 17, 3000 Hannover - Geb. 14. Jan. 1929 - Verdienstkreuz I. Kl. d. Nieders. VO; Gr. BVK.

DUNTZE, Wolfgang

Dr. med., Wiss. Rat, Prof. f. Physiolog. Chemie Univ. Bochum/Abt. f. Naturwiss. Med. (s. 1972) - Am Steinknapp 13, 4630 Bochum 1 - Geb. 11. Okt. 1937 - Promot. 1962; Habil. 1970 - Zul. Doz. Univ. Freiburg/Br. Fachveröff.

DUPPACH, Josef

Ing., Geschäftsführer Vulkan-Werk f. Industrie- u. Außenbeleuchtung GmbH, Köln - Im Ahlefeld 20, 5206 Neunkirchen-Seelscheid 2 - Geb. 1. Jan. 1928 Köln (Vater: Johann D., Werkm.; Mutter: Gertrud, geb. Hellendahl), kath., verh. s. 1950 m. Margarete (Gretl), geb. Stockhausen, 2 Kd. (Gabriele, Ralph) - Obersch.; prakt. Lehre; Fachsch. - Erf. in d. Masttechnik.

DUPRÉ, Frank

Lic. rer. pol., Dipl.-Kaufm., Komplementär u. Geschäftsführer Dupré Bau GmbH Co KG, u. Baustoff-Recycling-Speyer GmbH & Co. KG, bde. Speyer - Sophie-de-la-Roche-Str. 6, 6720 Speyer (T. 06232 - 7 10 61) - Geb. 11. Okt. 1954 Speyer, ev., verh. s. 1986 m. Conny, geb. Neubeck, S. Jean Philippe - Stud. Schweiz - Geschäftsf. Heizstoffwerk Speyer GmbH, Speyer; gf. Gesellsch. Sägewerk Steiner, Speyer; Obermeister Baugewerbe- u. Zimmererinnung, Speyer; stv. Vors. Verb. Dt. Baustoff-Recycling-Untern., u. Gütegemeinschaft Recycling Baustoffe, bde. Bonn; AR Bamaka AG, Einkaufs-AG f. Bauuntern., Düsseldorf. Mitgl. Stadtrat Speyer - Spr.: Engl., Franz.

DUPUIS, Gregor

Dr. phil., Prof. f. Erziehungswissenschaft Univ. Dortmund - Kiefernweg 6, 5758 Fröndenberg - Geb. 10. Dez. 1942 Graz - Lehrerex. 1966, Sonderschullehrerex. 1970, Dipl. 1973, Promot. 1977 - 1966 Lehrer u. Sonderschullehrer; 1972 Wiss. Assist.; 1974 Akad. Rat/Oberrat; s. 1980 Prof. in Dortmund.

DUPUIS, Heinrich

Dr. agr., Prof., Akad. Direktor (Arb.s-gruppenleit. Anthropotechnik-Ergonomie) - Holbeinstr. 85, 6650 Bad Kreuznach/N. (T. 0671 - 23 02) - Geb. 30. Juni 1927 Halle/S. (Vater: Max D., Beamt.; Mutter: Henriette, geb. Hoefer), ev., verwitwet, 3 Kd. (Barbara, Susanne, Ursula) - Stud. Landbauwiss. Göttingen, Dipl.-Ing. (agr.) 1953, Dr. agr. 1955, Habil. 1968. 1955-69 Wiss. Mitarb., 1969-78 Arbeitsgruppenlt. MPG, 1979ff. Akad. Dir. Inst. f. Arbeits- u. Sozialmed. Univ. Mainz - Fachbeitr. - 1970 Fritz-Giese-Preis Ges. f. Arbeitswiss.; Max-Eyth-Gedenkmünze - Spr.: Engl.

DURAND, Raymund

Staatsanwalt a. D., Oberbürgerm. Stadt Völklingen - Neues Rathaus, 6620 Völklingen/Saar - Geb. 4. Febr. 1924 Völklingen, kath., verh., T. - 1. u. 2. jur. Staatsex. - SPD (Vors. Ortsverein V.) - Spr.: Engl., Franz.

DURBEN, Maria-Magdalena, geb. Block

Dr. h. c., Schriftstellerin - Schulstr. 8-10, 6645 Beckingen 1 (T. 74 40) - Geb. 8. Juli 1935 Berlin (Vater: Bernhard B., Berufsoffz.; Mutter: Eva, geb. Klein), verh. in 2. Ehe (1967) m. Wolfgang D. (Autor) - Abit. 1954; Staatsex./Fachlehrerin f. Dt. (Erfurt) 1956 (anerk. 1958 Berlin-West) - 1968-82 Redaktionsvorst. Lit.-Union - BV (z.T. m. Ehemann): E. Stückchen v. Gott, Gruß an Taiwan, Wenn d. Schnee fällt, Da schrie d. Schatten fürchterlich, Schaukle am blauen Stern, Unterm Glasnadelzelt, Roter Rausch u. weiße Haut, Wenn d. Feuer fällt, Wenn d. Asche fällt, Lichtrunen, Zw. Knoblauch u. Chrysanthemen (Reiseb. Südkorea), Haiku m. Stäbchen (Jap.) u. weit. sieben Publ. (Lyrik, Prosa) - 5f. Ehrendoktor (Ph. 1977 Univ. Danzig, New York; Litt. 1978 Univ. Libre, Karachi; Litt. 1978 World Acad. of Languages and Lit., São Paulo; Human. 1979 Bodkin Bible Inst., Crafton; Litt. 1979 World Acad. of Arts and Culture, Taipei); div. Buchpreise u. Ausz.

DURBEN, Wolfgang

Dr. h. c., Oberstudienrat a. D., Schriftst. - Schulstr. 8-10, 6645 Beckingen 1 - Geb. 12. Aug. 1933 Koblenz (Vater: Hans D., Konrektor; Mutter: Hedwig, geb. Nauert), verh. in 2. Ehe (1967) m. Maria-Magdalena, geb. Block (Autorin unt. M. M. Durben), 3 Kd. (Roman, Claudia, Friederike) - 1953-59 Stud. Univ. Saarbrücken, Sorbonne Paris, Kings College Cambridge, Univ. Saarbr. - 1956-82 Präs. Lit.-Union (begr.); ab 1983 Präs. Intern. Cultural Council (ICC) - BV: Harte Lichter, Ged. 1956; Was ist e. Gedicht?, Ess. 1971; Récolte de Patatas et d'Etoiles, Ged. 1975; Serien: Schüler schreiben ... freiwillig; Elèves écrivains. 14 lit. Kunstmappen m. dt., hebr., chin. u. jap. Texten. Div. Bücher m. Ehefr. (s. dort) - 6f. Ehrendoktor u. div. Ehrungen ausl. Einricht.; 1964 Saarl. Erzählerpr. - Spr.: Engl., Franz.

DURCHLAUB, Wolfgang

Dr. jur., Rechtsanwalt, Wirtschaftsprüfer, Steuerberater - Katernberger Str. 110, 5600 Wuppertal 1 (T. 0202-31 54 80) - Geb. 7. April 1939 Ravensburg (Vater: Karl D., Finanzbeamter;

Mutter: Elisabeth, geb. Hoppé), ev., verh. s. 1967 m. Ursula, geb. Borcherding, 3 Kd. (Markus, Ilka, Tilman) - Gymn. (Abit. 1958), 1958-63 Stud. Rechtswiss. Tübingen, Bonn u. Köln, 1963-66 Stud. Betriebsw. Hamburg (1. Jur. Staatsprüf. 1963 Köln, Gr. Jur. Staatsprüf. 1969 Hamburg), Promot. 1971, Steuerberater-Ex. 1973 Düsseldorf, Wirtschaftsprüf.Ex. 1977 ebd. - BV: D. Rechtstellung d. Komplementärs in d. halbstaatl. Betrieben in d. DDR, 1973; Bibliogr. d. dt.spr. Schrifttums z. Ostrecht, 1969; zahlr. Publ. in Fachztschr.

DUREK, Inge

Direktorin Theater am Dom, Köln - Glockengasse 11, 5000 Köln 1 (T. 0221-21 99 23).

DURGELOH, Heinz

Dipl.-Volksw., Dr. rer. pol., Geschäftsf. Bundesverb. d. dt. Binnenschiffahrt e. V. - Verbindungsweg 20a, 4600 Dortmund 30 - Geb. 29. Okt. 1926 Detmold, ev.ref., verh. s. 1958 m. Ursula, geb. Zschepank, 2 Kd. (Vera, Christa) - Stud. Münster, Promot. 1956/58. 1958-63 Assist. Univ. Münster, 1963-65 Schiffahrtsverb. f. d. westd. Kanalgeb., 1965-72 Dt. Übersee-Inst. Hamburg. 1972 ff. Schiff.-Verb. f. d. westd. Kanalgeb. u. Bundesverb. d. dt. Binnenschiffahrt e.V., Duisburg. Div. Veröff. - Liebh.: Archäologie, Briefmarken, Wandern - Spr.: Engl.

DURNIOK, Manfred

Film- u. Fernsehproduzent - Zu erreichen üb. Manfred Durniok Prod., Hausotterstr. 36, 1000 Berlin 51 (T. 030 - 491 80 45) - Geb. 1934 Berlin - Jurastud. FU Berlin u. Harvard Univ. - BV: People, Fotob. 1972; Faces of China, Fotob. 1979; China ändert s. Gesicht, Fotob. 1981; Bangkok, Fotob. 1983 - S. 1957 Prod. v. mehr als 350 Filmen, ausgez. m. üb. 50 dt. u. intern. Preisen (u. a. 7 dt. Filmpreise, 1982 Academy Award (Oscar) f. Mephisto, 1985 Dt. Filmpreis u. Prix de Jury Cannes f. Oberst Redl, Nominier. Golden Globe Award u. Oscar); 1986 BVK am Bde.

DURST, Franz

Gf. Gesellschafter Dur Wohnungsbauges. Ernst Leenen GmbH & Co. KG, Wuppertal - Waldhof 31, 5600 Wuppertal - Geb. 23. Nov. 1907.

DURST, Jürgen

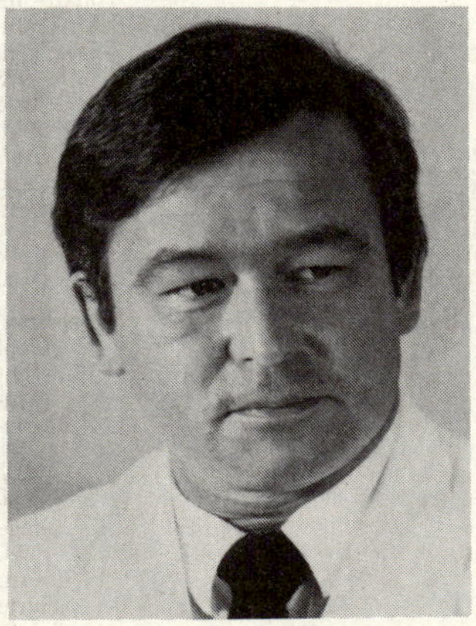

Dr. med., apl. Prof., Direktor Chirurg. Klinik Städt. Krkhs. Süd, Lübeck (s. 1978) - Städt. Krankenhaus Süd, 2400 Lübeck 1 - Geb. 14. März 1937 Köslin (Vater: Dr. med. Alfred D., Augenarzt; Mutter: Hilde, geb. Härle), verh. s. 1963 m. Brigitte Durst, 3 Kd. (Andrea, Matthias, Nicola) - Stud. Univ. Berlin, Hamburg, Tübingen; Promot. 1962; Habil. 1971; apl. Prof. 1977 Tübingen - 1964-66 Biochem. Inst. Univ. Tübingen; 1971 Facharzt f. Chir. (Teilgeb. Unfallchir., 1974); 1976 ltd. u. geschäftsf. Oberarzt Chir. Univ.klinik Tübingen, 1978 Ern. z. C 3 Prof. - BV: D. posttraumatische Fettembolie; Nichtthrombotische Embolien; D. oper. Beh. d. Brustdrüsenerkrankungen; D. Fettembolie; Repetitorium f. Chirurgie; Mammakarzinom, Akt. Therapie; OP-Lehren: Bauchchirurgie, Chir. OP-Lehre in e. Band; ca. 70 Fachveröff. u. 80 wiss. Vorträge einschl. Leit. v. nationalen u. intern. Symposien.

DUSCH, Hans Georg

Präsident Bundesamt f. Zivilschutz - Deutschherrenstr. 93, 5300 Bonn 2 - Geb. 31. Juli 1936 Düsseldorf (Vater: Alfons D., Dipl.-Ing.; Mutter: Liselotte, geb. Piper), ev., verh. s. 1966 - Stud. Rechts- u. Staatswiss. Univ. Köln, Würzburg u. Münster (1. Staatsprüf. 1962 Hamm, 2. Staatsprüf. 1966 Düsseldorf) - 1967-70 Wehrbereichsverw. III Düsseldorf; 1970-78 Bundesmin. d. Innern; 1978-82 Dir. Bundesamt f. d. Anerkennung ausl. Flüchtlinge; 1982-85 Bundesmin. d. Innern; s. 1985 Präs. Bundesamt f. Zivilschutz - BV: Einwanderungsland Bundesrep. Deutschl., 1982.

DUSCH, Richard

Brauereidirektor - Hochstr. 75, 8000 München 95 - Vorst. Paulaner-Salvator-Thomasbräu AG.

DUSCHL, Mathias

Landrat a. D. - Roggensteiner Str. 21, 8031 Olching/Obb. - Geb. 10. Aug. 1916 Olching (Vater: Fabrikarb. u. Kleinlandw.) - Volkssch. - Landw. Tätigk., 1936-45 Arbeits-, Militär- u. Wehrdst. (1944 beinamputiert), dann Angest. u. Bürgerm. (1952) Olching, 1956-72 stv. u. Landrat (1964) Kr. Fürstenfeldbruck. 1954-58 Mitgl. Bezirkstag Oberbayern; 1960-66 MdL Bayern. B. 1972 (Austr.) SPD.

DUSKE, Jürgen

Dr. rer. nat., Prof. f. Informatik Univ. Hannover (s. 1974) - Osterwalder Str. 151, 3008 Garbsen 2 - Geb. 8. Mai 1943 Neustettin/Pommern (Vater: Gerhard D., Lehrer; Mutter: Edith, geb. Müller), ev., verh. s. 1979 m. Anna Maria, geb. Ibel - Stud. Math., Dipl. u. Promot. 1967 Kiel, Habil. 1972 Kiel - BV: (m. H. Jürgensen) Codierungstheorie, 1977. Div. Fachaufs. z. theor. Informatik.

DUSPIVA, Franz

Dr. phil., o. Prof. f. Zoologie - Hermann-Löns-Weg Nr. 16a, 6900 Heidelberg (T. 25655) - Geb. 12. Juli 1907 Wien, kath., verh. s. 1940 m. Marianne, geb. Hering, 2 Kd. - Doz. u. apl. Prof. Univ. Heidelberg u. Freiburg (1955; Abt.leit. Pathol. Inst.); s. 1959 Ord. u. Dir. Zool. Inst. u. Museum Heidelberg (emerit. s. 1970).

DUSSMANN (ß), Peter

Buchhändler, geschäftsf. Gesellsch. P. Dußmann GmbH & Co. KG, Pedus Service, Kursana Residenzen, München (Tochterges. Wien, Treviglio, Luxemburg u. Los Angeles) - Pilotystr. 4, 8000 München 22 (T. 089 - 23 03 50) - Geb. 5. Okt. 1938 Rottweil/N., kath., verh. s. 1982 m. Catharine, geb. v. Fürstenberg - Mittl. Reife; Buchhändlerlehre; Kaufm. Ausb. Arbeitsgem. Selbst. Unternehmer, Bonn - 1988 BVK - Liebh.: Lit., Reisen - Spr.: Engl., Franz., Portugies.

DUTTENHÖFER, Klaus

Geschäftsführer Peter Kaiser GmbH./ Schuhfabrik - Lemberger Str. 46, 6780 Pirmasens/Pf.; priv. Hohenzollernstr. 33.

DUTTI, Klaus

Dr., Hauptgeschäftsführer Arbeitgeberverb. d. priv. Bankgewerbes - Mohrenstr. 35-41, 5000 Köln 1.

DUUS, Peter

Dr. med. (habil.), Prof. (em.), Direktor Neurol. Klinik Krankenhs. Nordwest, Frankfurt (s. 1963) - Thorwaldsenstr. 33, 6000 Frankfurt/M. (T. 637728) - Geb. 29. Sept. 1908 Guderup (Dänem.), ev., verh. m. Erika, geb. Müller, 2 Kd. - Gymn. Sonderborg; Univ. Kiel, Berlin, Frankfurt (Med. Staatsex.) - Zul. 1958-63 Leit. Neurol. Abt. St.-Markus-Krkhs., Frankfurt. S. 1944 (Habil.) Privatdoz. u. apl. Prof. (1950) Univ. Frankfurt (Psychiatrie u. Neurol.) - BV: Neurologisch-topische Diagnostik, 1976, 4. A. 1987. Übers. in 7 Spr. Veröff. neuer Erkenntnisse üb. d. Wirbelsäule als Krankheitsfaktor auf Grund anat., klin. u. röntgenol. Unters.; neurol. u. psychiatr. Arbeiten.

DUVE, Freimut

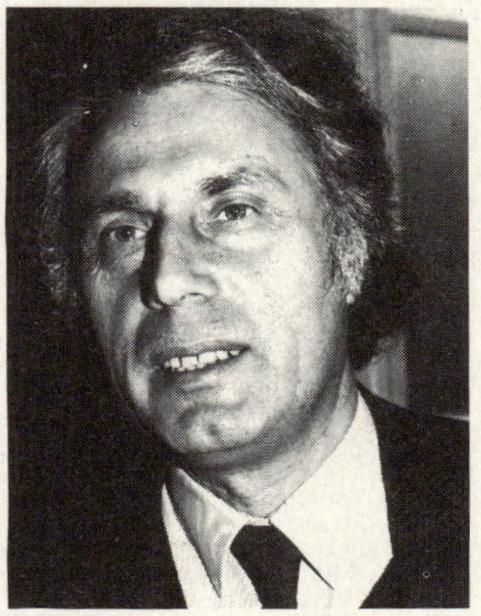

Verlagslektor, MdB (s. 1980) - Wellingsbütteler Landstr. 154, 2000 Hamburg 63 (T. 500 02 09) - Geb. 26. Nov. 1936 Würzburg (Vater: Bruno Herzl, Journ.; Mutter: Hildegard Duve, Steuerberat.), verh. m. Karin, geb. Weber, 3 Töcht. (Tamara, Miriam, Sarah) - Stud. Gesch., Engl. u. Soziol. - 1965 Auslandsamt Univ.; 1966-69 pers. Ref. Hbg. Senator f. Wirtsch.; 1969-70 STERN-Redakt. S. 1980 Mitgl. d. Dt. Bundestags, Kulturpolit. Sprecher d. SPD-Fraktion, Mitgl. Ausw. Aussch. Herausg. rororo-aktuell (s. 1970), Begr. Ztschr.: Technol. u. Politik (1975) - BV: u. a. Kap ohne Hoffnung, (Hrsg.) 1965; D. Rassenkrieg findet nicht statt, 1970; Briefe z. Verteid. d. Rep. (m. H. Böll u. Klaus Staeck), 1977 (auch dän., schwed.) - Spr.: Engl., Span., Franz.

DUWENDAG, Dieter

Dr. rer. pol., Dipl.-Kfm., Prof. f. Volkswirtschaft Hochsch. f. Verw.-Wiss. Speyer - Talstr. 231, 6730 Neustadt (T. 06321 - 22 68) - Geb. 28. Jan. 1938 Hamburg - Dipl.-Kfm. 1962, Promot. 1965, Habil. 1970 Univ. Münster - 1963-70 Wiss. Assist. Univ. Münster; 1971/72 Prof. Univ. Köln; s. 1973 o. Prof. Hochsch. Speyer (1979-81 Rektor) - BV: Liberalisier. Sozialwohnungsbestand, 1965; Wohnungsbedarfs- u. Mietprognose, 1970; Macht u. Ohnmacht d. Bundesbank, 1973; Geldtheorie u. Geldpolitik, (Mitverf.) 3. A. 1985; Staatssektor in d. Marktwirtsch., 1976; Politik u. Markt (Mitverf.), 1980; Capital flight from Developing Countries, 1987. Herausg.: Schriften z. monetären Ökon. (s. 1976); Staatsverschuld. (1983); Europa-Banking (1988). Mithrsg.: Geld- u. Währungspolitik (1984).

DUX, Eckart

Schauspieler (Gast Landesbühne Hannover) - Försterweg 20, 3177 Sassenburg 5 - Geb. 19. Dez. 1926 Berlin (Vater: Eugen D., Versicherungskfm.), verh. s. 1970 (Ehefr.: Marlies), S. Moritz - Gymn. (Abit.); Schauspielsch. - Zahlr. Rollen Theater, Film, Fernsehen - Liebh.: Malerei, Uhren, Musik.

DUX, Günter Ernst Karl

Dr. jur., Prof. f. Soziologie u. Sozialphil. Univ. Freiburg (s. 1973) - Erlenweg 8, 7820 Titisee-Neustadt - Geb. 23. Juni 1933 Blomberg/Lippe - Stud. Rechtswiss.; anschl. Soziol. u. Phil. Promot. Bonn, Habil. Konstanz (Soz. u. Soz.-phil.) - BV: Strukturwandel d. Legitimation, 1976; Rechtssoziologie, 1977; D. Logik d. Weltbilder, 1982; D. Zeit in d. Geschichte. Ihre Entwicklungslogik v. Mythos z. Weltzeit, 1989.

DVORAK, Felix

TV-Film- u. Bühnenautor, Schriftst., Schausp. u. Entertainer - A-2293 Marchegg (Österr.) - Geb. 4. Nov. 1936 Wien (Vater: Heinrich D.; Mutter: Adela, geb. Braza),. verh. s. 1961 m. Elisabeth, geb. Haindl, 2 T. (Daniela, Katja) - Zahlr. Bühnenrollen u. -insz.; zahlr. Schallplatten - BV: Über Dicke, Humor kennt keine Grenzen, Humor kennt keine Grenzen; Küß d. Hand, Herr Hofrat - Goldene u. Bronzene Rose v. Montreux; Chaplin-Preis (2×); Prix de la Presse; Hollywood Prize; Silb. Ehrenz. f. Verdienste um d. Stadt Wien - Bek. Vorf.: Anton(in) Dvořák, tschech. Komponist (1841-1904).

DWORATSCHEK, Sebastian

Dr. rer. pol., Dipl.-Wirtschaftsing., Dipl.-Ing., Prof. f. Wirtschaftswiss. (Schwerp.: Leitung, Org., EDV) Univ. Bremen - Trupe 12, 2804 Lilienthal - Geb. 26. Nov. 1941 Jugoslawien - Tätigk. Unternehmensforsch., Beratungsges., Management-Akad., Vorst. Ges. f. Projektmanagement - Internet Deutschl. - BV: Einf. in d. Datenverarb., 1969, 7. A. 1986 (Grundl. d. DV); Management-Informationssysteme, 1971; Wirtschaftsanalyse v. IS, 1972 (m. H. Donike). FS-Serien: EDV (1970), Management (1972), Org. (1977).

DYBA, Johannes

Dr. jur., Dr. jur. can., Erzbischof, Bischof v. Fulda - Michaelsberg 1, 6400 Fulda (T. 0661 - 8 72 11) - Geb. 15. Sept. 1929 Berlin (Vater: Felix D., Studienrat; Mutter: Johanna, geb. Brüll), kath. - Univ. Heidelberg (Promot. 1954), Dr. iur. can. 1962 Rom - 1962-79 Päpstl. Staatssekr.; 1979-83 Apostol. Delegat Westafrika; s. 1983 Bischof v. Fulda - BVK u div. a. Ehr. Niederl, Ägypten u. Liberia - Liebh.: Schach, Philatelie - Spr.: Engl., Franz., Ital., Span., Niederl.

DYCK, Joachim

Dr. phil., o. Prof., Lehrstuhl f. Literaturtheorie Univ. Oldenburg - Elsasser Str. 93, 2800 Bremen (T. 0421 - 44 77 09) - Geb. 24. März 1935 Hannover - Promot. (1965) u. Habil. (1969) Freiburg - Lehrtätigk. USA (1967-69 UW Seattle; 1975 UM Ann Arbor; 1984 OSU, Columbus); 1970 Prof. Univ. Freiburg; s. 1981 o. Prof. Univ. Oldenburg - BV: Ticht-Kunst. Dt. Barockpoetik u. rhetor. Tradition, 1966; Rhetorik in d. Schule, 1974; Athen u. Jerusalem - D. Tradition d. argumentat. Verknüpfung v. Bibel u. Poesie im 17. u. 18. Jh., 1977; Minna v. Barnhelm od. d. Kosten d. Glücks, 1981; Rhetorik-Topik-Argumentation. Bibl. z. Redelehre u. Rhetorikforsch. im deutschsprach. Raum 1945-1979/80 (m. R. Jamison), 1983; D. Nichts u. d. Herr am Nebentisch - G. Benn, 1986 - Spr.: Engl., Franz.

DYCKERHOFF, Gert

Dipl.-Kfm., Gf. Gesellschafter Sauerländer Papiersackfabrik Gustav Dyckerhoff GmbH & Co. - Hagener Str. 4, 5962 Drolshagen (T. 02761 - 7 02 35) - Geb. 18. Okt. 1941 Troppau (Vater: Gustav W.; Mutter: Lieselotte, geb. Gütermann), ev., verh. s. 1971 m. Petronella, geb. Gordon, 5 Kd. (Wilhelm, Henriette, Louise, Gabriele, Johanna) - 1957/58 Austauschschüler in USA; High School Dipl. 1958 Conneaut Lake-Area High School Pennsylvania (USA); Abit. 1961 Spiekeroog, Univ. Würzburg (Dipl. 1968) - 1968 Assist. GL-SCA Sundsval/ Schweden; ab 1971 Geschäftsf. Sauerländer Papiersackfabr.; 1980-84 Geschäftsf. Herpol Ind. Projects Export GmbH & Co. 1984/85 Vorst. Beirat HIP; 1975/76 Bundesvors. BJU; ab 1976 Beirat Arbeitgeberverb.; ab 1978 Vorst. Arbeitsmed. Zentrum; ab 1983 Vorst. Sem. f. Staatsbürgerkd. - BV: Pro u. Contra - D. Antwort d. Unternehmers; Investitionslenkung (Hrsg. W. Roth) - Spr.: Engl., Franz. - Bek. Vorf.: Gustav W.

Dyckerhoff, Gründ. Dyckerhoff Zementwerke AG (Ururgroßv.).

DYCKERHOFF, Harald

Kaufmann, Fabrikant i. R. - Rheingaustr. 135, 6200 Wiesbaden-Biebrich (T. 67 62 51) - Geb. 13. Sept. 1912 Amöneburg (Vater: Otto D., Zementfabr.; Mutter: Juanita, geb. Valentiner), ev., verh. m. Johanna, geb. Euler - Realgymn. (Abit.); prakt. Ausbild. Rabbow & Co., Hamburg - S. 1935 Dyckerhoffw.; jetzt AR-Ehrenvors. das. 1964ff. Präs. Bundesverb. Steine u. Erden (1981 Ehrenpräs.) - Liebh.: Jagd - Bek. Vorf.: Wilhelm Gustav D., Begr. Dyckerhoff-Zementfabrik (Urgroßv.).

DYCKERHOFF, Klaus

Dr.-Ing., Industrieberater, Aufsichtsrat Dyckerhoff AG Wiesbaden - Feldstr. 63, 4000 Düsseldorf 30 (T. 0211-49 20 39) - Geb. 1927 Mainz, verh., 4 Kd. - Stud. Univ. Clausthal; Promot. 1957 - B. 1979 Vorst. Fried. Krupp GmbH. Beiratsvors. EGS-Datic; AR-Vors. Mauser Waldeck AG; stv. AR-Vors. Hannover Finanz GmbH; AR-Mitgl. Bilfinger + Berger Bauaktienges.; Beirat Haftpflichtverb. d. Dt. Ind. a.G.; Präs. Dt.-Kolumbianischer Freundeskreis, Düsseldorf - Spr.: Engl., Franz., Span.

DYCKERHOFF, Peter

Direktor Dyckerhoff AG, Geschäftsf. Zement-Vertrieb Rhld. GmbH & Co. KG - Am Weidenstück 6, 5300 Bonn-Beuel - Geb. 10. März 1933.

DYGA, Marko

Landrat Kr. Bad Kissingen (s. 1978) Landratsamt, 8730 Bad Kissingen/Ufr. - Geb. 21. Febr. 1924 Hindenburg/OS. - Zul. Rektor. CSU.

DYHRENFURTH, Norman Günter

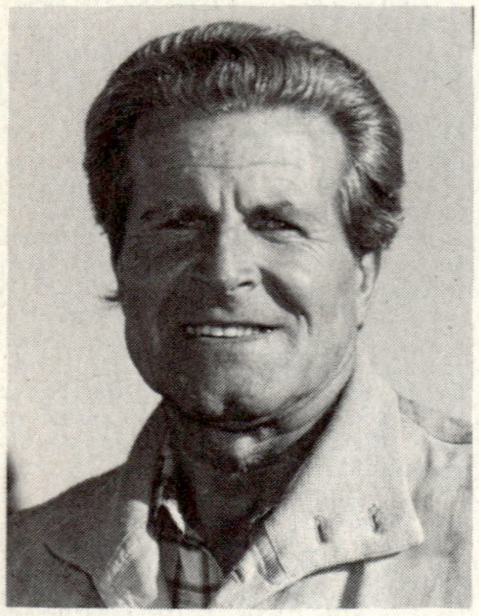

Univ.-Prof., Filmproduzent u. Regisseur - Weiserstr. 6, A-5020 Salzburg (T. 0662 - 7 33 71) - Geb. 7. Mai 1918 Schloß Carlowitz b. Breslau (Vater: Prof. Dr. Günter O. D., Geologe u. Himalayaforsch. (1886 - 1975); Mutter: Hettie (1892 - 1972), ev. - Realgymn. u. Handelssch. Zürich; 1935-37 Hilfsoperateur Schweiz u. Deutschland, dann Skilehrer New Hampshire u. Bergführer Tetons, Wyoming/USA; 1939-44 Kameramann, Regisseur, Willard Pictures, Inc., New York; 1944-46 Offz. amerik. Armee; 1948-53 Prof. f. Kinematographie u. Filmkunde u. Leit. d. Filmabt. Univ. of California, Los Angeles. Alaska- (1938) u. 2. schweiz. Mount-Everest-Exp. (1952), Intern. Himalaya- (1955, Leit.), schweiz. Dhaulagiri- (1960), Amerik. Everest-Überschreit. (1963, Leit.), Intern. Himalaya-Exped., Everest-Südwestwand (1971, Leit.). Fulbright Research Grant, Filmstud. in Italien (1953/54) - Hubbard Medaille (Nat. Geog. Soc.) v. Präs. John F. Kennedy, Elisha Kent Kane Medaille (Geogr. Soc. of Philadelphia); Ehrenmitgl.: Amer. Alpine Club, L. A. Adventurers Club, Appalachian Mount. Club, The Explorers Club, New York, Golden Plate Award, Amer. Acad. of Achievement. Zahlr. 1. Preise, Filmfestspiele Berlin, Trient, Cortina, New York, San Francisco, Washington, Columbus - Liebh.: Skifahren (dipl. Skilehrer), Bergsteigen, Tennis, Golf, Tischtennis (Int. schweiz. Doppelmeister 1936). Erreichte 8600 m am Mt. Everest (1963) als Exped.Leit. u. Filmschaff. - BV: Americans on Everest, Everest: West Ridge, D. Welt d. Gebirge, Bergsteigen Heute, Als Arzt am Everest (dt. Übers.), Nanga Parbat. Techn. Berat. u. Regiss.: 2. Aufnahmeteam, Fred Zinnemann's Am Rande d. Abgrunds (Fünf Tage e. Sommers, 1982). Techn. Berat. u. Koordinator: Clint Eastwood, The Eiger Sanction (1974) - 1981 Preis f. Dok.film Tibet. Totenfeier; silb. EnzianTrento Film Festival; Grand Prix Festival Les Diablerets - Spr.: Engl., Franz., Ital. - Vorf.: Eltern (Prof. Dr. G. O. u. Hettie Dyhrenfurth) erhielten olymp. Goldmed. (Berlin 1936), Prix d'Alpinisme f. ihre intern. Himalaya-Exped. 1934 - Lit.: Who's Who in America, Who's Who in the World, Current Biography (April 1965), Who's Who in the West, Dictionary of Intern. Biography 1975, Intern. Who's Who of Intellectuals, 1978.

DYK, van, Peter

Tänzer, Choreograph, Ballettdir. - Trierer Str. 80, 5300 Bonn 1 - Geb. 21. Aug. 1929 Bremen (Vater: Wilhelm van D., Kaufm.; Mutter: Käthe, geb. Prager) - M. 7 J. Tanzunterr. Berlin, m. 12 J. Schule v. Tatjana Gsovsky - 1946 Berliner Staatsoper; 1951-52 Ltg. Ballett Staatstheater Wiesbaden (m. Komp. Hans-Werner Henze); Tournéen m. Ballett de France; 1955 1. Tänzer Pariser Oper (1. Deutscher als Premier Danseur Etoile, Gastsp. in Moskau); dann Gastsp. Hamburg, hier 1962-70 Ballettdir. Hbg. Staatsoper (Gastsp. in Berlin, München, Venedig, Zürich, Barcelona); ab 1970 nur noch Päd. u. Choreogr.; 1974 Gründ. Ballet du Rhin Straßburg; dann Ballettdir. Genf; 1981 Dir. Ballett Bonn - Fast alle gr. Rollen als Tänzer, viele choreogr. Kreationen, Gastsp. In- u. Ausl. - Tanzpreis Dt. Kritik; Prix Nijinsky Paris; Kritikerpreis Frankr. (f. beste Choreogr. 1959: Unvollend. Symph.); 1965 Etoile d'or Paris; 1979 Univ. de la Danse de Paris; 1985 Chevalier dans l'ordre des Arts et des Lettres; 1987 BVK I. Kl. - S. 1988 freischaffend.

DYKE, van, Peter

s. Waizenhöfer, Udo

DYLLICK, Paul

Dipl.-Kfm., Wirtschaftsberater u. Steuerbevollm. - Ruhlebener Str. 13, 1000 Berlin 20 - Geb. 26. Nov. 1908 Posen, verh., 2 Kd. - Gymn., Univ. u. HH Berlin (Volks-, Betriebsw., Versich.lehre). Diplomprüf. - 1933-47 AEG (zul. Fabrikleit.); s. 1947 selbst. Div. Funktionen. CDU s. 1945 (1955ff. MdA) - 1968 BVK; 1985 Stadtältester v. Berlin.

DYSERINCK, Hugo

Dr. phil., Prof., Lehr- u. Forschungsgebiet Komparatistik TH Aachen (s. 1967) - Templergraben 55, 5100 Aachen; priv.: Sjesjeslaan Nr. 6, Lanaken (Belgien) - Geb. 5. Aug. 1927 Brügge - S. 1962 (Habil.) Lehrtätigk. Univ. Erlangen, Groningen, Aachen. Fachveröff.

DZIEMBOWSKI, von, Constantin

Generalkonsul a. D. - Nördliche Münchner Str. 35, 8022 Grünwald - B. 1974 Generalkonsul Los Angeles/Cal. - 1970 BVK I. Kl.

DZIEMBOWSKI, von, Constantin

Dipl.-Phys., Vorsitzender d. Geschäftsführung TVM Techno Venture Management, München u. Boston - v. Dziembowski-Str. 3, Söcking 8130 Starnberg (T. 08151 - 1 23 82) - Geb. 17. März 1942 München (Vater: Constantin v. D., Generalkonsul a. D., s.o.; Mutter: Eva, geb. Freiin v. Miltitz), kath., verh. s. 1967 m. Stephanie, geb. v. Frankenberg, 3 Kd. (Tatjana, Alexis; Jelena) - Human. Gymn. Ettal/Obb.; Univ. Wien, Freiburg, München - Dipl.-Phys. 1969 München - Spr.: Engl., Franz.

DZWILLO, Michael

Dr. rer. nat., Prof. f. Zoologie - Haldesdorfer Str. Nr. 116e, 2000 Hamburg 71 - S. 1971 Prof. Univ. Hamburg (stv. Dir. Zool. Inst. u. Mus.).

E

EBBEN, Heinz-Adolf

Dr. jur., Hauptgeschäftsführer d. Dt.-Niederländ. HK Düsseldorf/Den Haag (s. 1984) - Jan-de-Beyer-Str. 10, 4240 Emmerich (T. 02822 - 6 83 35) - Geb. 26. April 1929 Kleve (Vater: Heinz E., Amtsgerichtsdir), kath., verh. s. 1957 m. Gertrud, geb. Zimmermann, 3 Kd. (Jan, Sybil, Susan) - 1949-52 Univ Köln (Rechtswiss.). Promot. 1956; Ass.ex. 1957 - 1957-62 Reg.ass. u. -rat Bezirksreg. Detmold u. Kultusmin. Nordrh.-Westf.; 1962-84 Stadtdir. Emmerich.

EBBERT, Fritz

Dr. rer. pol., Dipl.-Kfm., Geschäftsführer i.R. Zahnradfabrik Passau GmbH, Passau, Senator a. D. u. a. - Adalbert-Stifter-Str. 15, 8390 Passau (T. 0851 - 5 70 91)- Geb. 22. Sept. 1914 - 1974 BVK I. Kl.; 1979 Bayer. VO; 1981 gr. BVK; 1984 Bürgermed. d. Stadt Passau.

EBBERT, Hans-Jürgen

Gf. Gesellschafter Middel u. Bülling GmbH, Hagen, Geschäftsf. Middel u. Bülling, Gummersbach, Middel u. Nüchel, Wuppertal - Rehbecke 15, 5800 Hagen 8 (T. 02337 - 12 28) - Geb. 28. Mai 1952 Völlinghausen, kath., verh. s. 1977 m. Birgitta, geb. Koch.

EBBIGHAUSEN, Rolf

Dr. rer. pol., Prof. - Jänickestr. 56, 1000 Berlin 37 (T. 030 - 817 67 10) - Geb. 2. März 1937 Seesen/Harz - Promot. 1968, Habil. 1972 - S. 1972 Prof. Inst. f. Soziol.; s. 1973 am Zentralinst. f. sozialwiss. Forsch. FU Berlin - BV: u. a. D. Krise d. Parteiendemokr. u. d. Parteiensoziol., 1969; Monopol u. Staat, 1974 (dän. 1975); Bürgerl. Staat u. polit. Legitimation, 1976; Polit. Soziol., 1981.

EBBIGHAUSEN, Walter

Direktor Nieders. Landeszentrale f. polit. Bildung a.D. - Stenhusenstr. 33, 3000 Hannover 61 (T. 55 33 48) - Geb. 1. Jan. 1918 New York, ev., verh. s. 1945 m. Johanna, geb. Felkner, 2 Kd. (Frank, Ulrike) - Abit. 1937; S. 1937 Berufssoldat (zul. Major u. Generalstabsoffz.). S. 1946 Tätigk. in d. Erwachsenenbildung. 1947-49 Stipend. d. kgl. schwed. Reg. z. Ausbildung als Volkshochschullehrer in Schweden. 1949-53 Geschäftsf. d. Landesverb. d. VHS Nieders. 1953-56 Geschäftsf. d. Dt. VHS-Verb., Bonn, 1963-84 Vorst.-Mitgl. u. ehrenamtl. Auslandsref. d. Dt. VHS-Verb., Bonn. 1956-81 Dir. d. Nieders. Landeszentrale f. polit. Bildung. S. 1970 stv. Vors., s. 1980 Vors. Landesausschuß f. Erwachsenenbildung; s. 1980 Vors. Nieders. Bund f. fr. Erwachsenenbildung - Ehrenbürger d. Stadt Lubbock/Texas, 1983 VK I. Kl. d. Nieders. VO - Spr.: Engl., Franz., Schwed.

EBBRECHT, Günter

Dr. theol., Prof., Leiter Ev. Akademie Iserlohn (s. 1985) - Zu erreichen üb. Ev. Akad. Haus Ortlohn, Berliner Platz 12, 5860 Iserlohn (T. 02371 - 3 52 42) - Geb. 23. Sept. 1943 Gera/Thür., verh. s. 1969 m. Helene, geb. Grote, 2 S. (Tobias, Sebastian) - Stud. Theol. Univ. Göttingen u. Heidelberg; 1. Staatsex. 1969, 2. Staatsex. 1972; Promot. 1979 Heidelberg - 1969-71 Vikarsassist. Kirchl. Hochsch. Bethel; 1974-85 Fachhochschullehrer Ev. Fachhochsch. Rheinl./Westf./Lippe.

EBEL, Friedrich

Dr. jur., o. Prof. f. Dt. Rechtsgesch. u. Privatrecht FU Berlin - Limastr. 11, 1000 Berlin 37 - Geb. 18. Juli 1944 Göttingen (Vater: Prof. Dr. Wilhelm E.; Mutter: Elisabeth, geb. Nix), verh. s. 1970 m. Helga, geb. Waffenschmidt, 2 Töcht. (Heike, Anne) - Univ. Tübingen, Heidelberg u. Bonn (Promot. 1973, Habil. Bürgerl. Recht, Dt. Rechtsgesch., Neuere Privatrechtsgesch. u. Versich.-recht 1977) - 1977 Privatdoz. Tübingen; 1978 Wiss. Rat u. Prof. Bielefeld; 1981 o. Prof. FU Berlin - BV: Üb. Legaldefinitionen, 1974; Berichtung, transactio u. Vergleich, 1978; 200 J. preuß. Zivilprozeß, 1981; Magdeburger Recht I, 1983; Savigny officialis, 1987; Römisches Rechtsleben im Mittelalter, 1988; Rechtsentw. in Berlin, 1988; Rechtsgeschichte, 1989.

EBEL, Gerhard

Dr. phil., Direktor Dt. Bildungsgemeinschaft Urania Berlin - Droysenstr. 18, 1000 Berlin 12 - Geb. 17. März 1936 Berlin (Vater: Rudolf E., Kaufm.; Mutter: Eva, geb. Pflug), ev., verh. s. 1958 m. Renate, geb. Schmidt, 2 T. (Christine, Alice) - Abit. 1956; Stud. Phil., Publiz. u. German. Univ. Berlin u. München; Promot. 1965; Stud. Dt. Inst. f. Film u. Fernsehen, München - 1963-67 Assist. d. Dir. VHS München; 1967-77 Dir. VHS Göttingen. Vorst. Nieders. VHS-Verb.; Deleg. Dt. VHS-Verb.; 1977-80 Auslandstätigk. Saudi-Arabien - Herausg.: Achtzehn Philosophen sehen unsere Welt, 1973; versch. Arb. z. Erwachsenenbild. - Liebh.: Phil., Theater, Lit. - Spr.: Engl., Franz.

EBEL, Hans

Dr. med., Prof. f. Physiologie, Pathophysiol. u. Physiol. Chemie - Oberhaardter Weg 27, 1000 Berlin 33 - S. Habil. Privatdoz. u. apl. Prof. FU Berlin (gegenw. Hochschullehrer Inst. f. Klin. Physiol.).

EBEL, Hans Friedrich

Dr. rer. nat. habil., Dipl.-Chem., Prokurist u. Cheflektor VCH Verlagsges. mbH, Weinheim/Bergstr. (1972ff.) - Zu erreichen üb. VCH Verlagsges. mbH, Weinheim/Bergstr. - Geb. 10. März 1933, ev., verh. s. 1960 m. Inge, geb. Hipp, 2 Kd. (Thomas, Birgit) - 1952-58 Stud. Univ. Tübingen (Chemie), 1959-60 Heidelberg; Promot. 1960 (b. Prof. Wittig), Habil. (Org. Chemie) 1967, bde. Heidelberg - 1969ff. Verlag Chemie GmbH, Weinheim/Bergstr. (1969-72 Lektor, s. 1972 s. o.) - BV: D. Acidität d. CH-Säuren, 1969; D. naturwiss. Manuskript (m. C. Bliefert), 1982; The Art of Scientific Writing (m. C. Bliefert u. W.E. Russey), 1987 - Spr.: Engl.

EBEL, Heinz

Dr.-Ing., Dipl.-Ing., Prof. f. konstruktiven Ingenieurbau TH Darmstadt (s. 1972) - Westring 6, 6107 Reinheim 1 (T. 06162 - 37 80) - Geb. 20. Sept. 1931 München (Vater: Rudolf E., Kaufm.; Mutter: Eva, geb. Pflug), ev., verh. s. 1959 m. Fatma, geb. Sarhan, 2 Kd. (Nora, Susanne) - Abendgymn. (Abit. 1951); Zimmergesellenprüf. 1952; Stud. TH Darmstadt (Dipl.ex. 1958); Promot. 1967; Habil. 1971. Dekan Fachber. Konstr. Ingenieurbau 1976-78 - Fachveröff. - Spr.: Engl.

EBEL, Manfred Artur

Mitglied d. Europa-Parlaments (s. 1984) - Wohnh. in Bremerhaven; zu erreichen üb. Europ. Parlam., Europazentrum, Kirchberg, Postf. 16 01, Luxemburg (T. 00352 - 4 30 01) - CDU.

EBEL, Siegfried

Dr., Prof. f. Pharmazeut. Chemie Univ. Würzburg - Am Hubland, 8700 Würzburg - Geb. 3. Febr. 1934 Schmölln/Thür. (Vater: Siegfried E., Bankbeamter; Mutter: Lotte, geb. Adolph), ev., verh. s. 1964 m. Dr. Uda, geb. Oberg, 4

Kd. (Rainer, Renate, Annegrit, Brigitte) - Univ. Marburg (Pharmazie, Chemie, Lebensmittelchemie). Promot. u. Habil. Marburg - S. 1969 Prof. - BV: Synthet. Arzneimittel, 1979. Herausg.: Handb. d. Arzneimittelanalytik (1977); parat Jahrb. Pharmalabor; Lexikon d. Pharmazie - Spr.: Engl.

EBEL, Volker

Dipl.-Psych., Präsident a. D. Berufsverb. Dt. Psychologen (BDP) - 4460 Nordhorn (T. 05921 - 3 38 58) - Geb. 9. Dez. 1933 Berlin (Vater: Dr. Gerhard E.; Mutter: Elsbeth, geb. Wehling) - 1953-58 Stud. Psych. u. Päd. FU Berlin - S. 1959 Arbeits- u. Betriebspsych., s. 1971 eigene Praxis, Spezialgeb.: Diagnostik u. Therapie v. Lernstör.; 1974-75 stv. Bundesvors. Bundesverb. Legasthenie, 1975-80 Bundesvors. - FDP (1974-80 Landesvorst. Nieders.), s. 1972 Ratsherr, 1974-86 2. stv. Bürgerm. Stadt Nordhorn, s. 1977 Sachverst. Bundesfachaussch. f. Soziales, Jugend, Familie u. Gesundh.; FDP 1978-83 Präs. BDP - BV: Legasthenie - Ursachen, Diagnose, Behandl. rechtl. u. ges. Problematik, 1977; Legasthenie, 1979 (bde. Hrsg.); Psych. Diagnostik, Kongreßbericht 3 Bde., 1985 (Mithrsg.) - 1974 Theodor-Heuss-Med.; 1981 Ehrenring u. 1986 Ehrenbeigeordn. Stadt Nordhorn - Liebh.: Musik (Klassik u. Jazz), Fotografie, Schach- u. Go-Spiel.

EBEL, Walter

Dr. phil., Journalist - Am Wohld 27a, 2300 Kiel 1 (T. 52 31 40) - Geb. 11. Okt. 1921 Dortmund (Vater: Wilhelm E., Schulrat; Mutter: Maria, geb. Feldheim), kath., verh. s. 1953 m. Eva, geb. Schulte, 2 Kd. (Sabine, Matthias) - Realgymn. Dortmund; Univ. Münster u. München (Publizistik, Gesch., German.). Promot. 1953 - 1953-61 Volontär u. Redakt. (1954) Ruhr-Nachr. (b. 1959 Feuill., dann Politik); 1961-67 Chefredakt. Fränk. Volksbl., Würzburg; 1968-86 Presseref. Landesreg. Schleswig-Holst. - BV: D. Feuill. d. Köln. Volksztg. währ. d. I. Weltkr., 1953 - Liebh.: Reisen, Wandern, Schwimmen, Klass. Musik.

EBELING, Gerhard

Dr. theol., D., Dr. theol. h. c., Litt. D. h. c., D. D., o. Prof. f. Fundamentaltheologie u. Hermeneutik - Mühlehalde 5, CH-8032 Zürich (T. (01) 53 64 56) - Geb. 6. Juli 1912 Berlin, ev., verh. m. Kometa, geb. Richner, 1 Kd. - Univ. Marburg, Zürich (Promot. 1938), Berlin. Habil. 1946 Tübingen - 1938-45 Pfarrer; s. 1946 Ord. Univ. Tübingen, Zürich (1956), Tübingen (1965), Zürich (1968) - BV: Ev. Evangelienausleg. - E. Unters. z. Luthers Hermeneutik, 1942; Kirchenzucht, 1947; Kirchengesch. als Gesch. d. Ausleg. d. Hl. Schrift, 1947; D. Geschichtlichkeit d. Kirche u. ihrer Verkündig. als theol. Problem, 1954; Was heißt Glauben?, 1958; D. Wesen d. christl. Glaubens, 1959; Wort u. Glaube, ges. Aufs. 1960; Theol. u. Verkündig. - E. Gespräch m. Rudolf Bultmann, 1962; V. Gebet - Pred. üb. d. Unser-Vater, 1963; Luther - Einf. in s. Denken, 1964; Wort Gottes u. Tradition - Stud. z. e. Hermeneutik d. Konfessionen, 1964; Gott u. Wort, 1966; Verstehen u. Verständig. in d. Begegnung d. Konfessionen, 1967; Frei aus Glauben, 1968; Psalmenmeditationen, 1968; Wort u. Glaube, Bd. II, 1969; Einf. in theol. Sprachlehre, 1971; Lutherstud., Bd. I, 1971; Kritischer Rationalismus? Zu H. Alberts „Traktat über kritische Vernunft", 1973; D. zehn Gebote i. Predigten ausgelegt, 1973; Studium d. Theologie. Eine enzyklopädische Orientierung, 1975; Wort und Glaube Bd. III, 1975; Lutherstud., Bd. II. Disputatio de Homine, 1. T.: Text u. Traditionshintergr., 1977; Dogmatik d. christl. Glaubens, Bd. I-III, 1979; D. Wahrheit d. Evangeliums. Eine Lesehilfe z. Galaterbrief, 1981; Lutherstud., Bd. II, 2. Disputatio de homine, 2. T.: D. phil. Def. d. Menschen. Kommentar zu Th. 1-19, 1982; Umgang m. Luther, 1983; Lutherstud., Bd. III: Begriffsunters. - Textinterpretat. - Wirkungsgeschichtl., 1985 - Mitherausg.: Ztschr. f. Theol. u. Kirche, Hermeneut. Unters. z. Theol., Martin Luthers Werke, Kritische Gesamtausg., Weimar, Archiv z. Weimarer Ausg. d. Werke Martin Luthers; M. Luther, Ausgew. Werke, 6 Bde. 1982; M. Luther, Sein Leben in Bildern u. Texten, 1983. F.D.E. Schleiermacher, Krit. Gesamtausg.; Schleiermacher-Archiv. - Ehrendoktor Univ. Bonn (1952), Uppsala (1970), Litt. D. h. c. St. Louis University (1971), DD. Univ. Edinburgh (1981), Sigmund-Freud-Preis f. wiss. Prosa, Dt. Akad. f. Sprache u. Dichtung, Darmstadt (1987).

EBELING, Hans

Dr. phil., Prof. f. Philosophie Univ. Paderborn - Am Waldplatz 17, 4790 Paderborn 1 (T. 05251 - 7 24 63) - Geb. 8. Aug. 1939 Braunschweig - Promot. 1967 u. Habil. 1975 Freiburg i. Br. - 1978-79 Lehrst.-Vertr. FU Berlin; 1980-81 desgl. Univ. Frankfurt/M., s. 1981 Ord. Univ. Paderborn. 1982 Gastprof. Univ. Klagenfurt (Österr.) - BV: Selbsterhalt. u. Selbstbewußtsein, 1979; D. Tod in d. Moderne, 1979; Freiheit, Gleichheit, Sterblichk., Phil. nach Heidegger, 1982; D. ideale Sinndimension. Kants Faktum d. Vernunft u. d. Basis-Fiktionen d. Handelns, 1982; Gelegentl. Subjekt. Gesetz: Gestell: Gerüst, 1983; Rüstung u. Selbsterhaltung. Kriegsphil., 1983; Neue Reden an d. Dt. Nation? V. Warencharakter d. Todes, 1984; Vernunft u. Widerstand. D. beiden Grundl. d. Moral, 1986; D. Verhängnis. Erste Philosophie, 1987; Ästhetik d. Abschieds, Kritik d. Moderne, 1989.

EBELING, Hans-Wolfgang

Kaufmann u. Pädagoge, Ehrenvors. Dt.-Skandinav. Verein, Hamburg, Ehrenmitgl. Dt.-Finn. Ges., Arbeitsgem. dt.-skand. Ges. - Zu den fünf Bäumen, Eulenkrugstr. 96, 2000 Hamburg 67 (T. 603 42 13) - Geb. 6. Dez. 1905 Hamburg (Vater: Oberbaurat J. A. Wilh. E.; Mutter: Margarete, geb. Müller), chr., 4 Kd. (Ingrid, Gudrun, Gunnar, Brigitte) - Abit. (Gelehrtensch. d. Johanneums) 1924, Lehre u. Tätigk. Import u. Großh., Stud. Univ. Hamburg (1. Ex. 1931, 2. Ex. 1935 Hamburg) u. Lund 1939 - Ritterkreuz d. weißen Rose/Finnland, Kriegsauszeichnungen - Liebh.: Länder d. Nordens, Garten - Spr.: Schwed., Engl., Franz.

EBENHÖH, Wolfgang

Dr., Dipl.-Phys., Prof. Univ. Oldenburg (s. 1975) - Schlehenweg 7, 2900 Oldenburg (T. 5 83 98) - Geb. 7. Sept. 1939 Warnsdorf/ČSR (Vater: Dipl.-Ing. Heinrich E., Berufssch.dir.; Mutter: Ernestine, geb. Ludwig), verh. s. 1968 m. Mechthilde, geb. Schwarz, 2 Kd. (Oliver, Eva Katarina) - Stud. d. Physik Univ. Leipzig u. Heidelberg; Dipl.ex. 1963; Promot. 1966; Habil. 1972 - 1972-75 Doz. Univ. Heidelberg - BV: Math. f. Biol. u. Mediziner, Lehrb. 1975 - Spr.: Engl., Schwed.

EBENROTH, Carsten-Thomas

Dr. jur. (habil.), Dr. rer. pol., Prof. f. Rechtswissenschaft (spez. Intern. Wirtschaftsrecht) Univ. Konstanz - Letziweg 6, CH-8006 Zürich - Geb. 10. Dez. 1943 Pleschen (Vater: Dr. med. Günther E., Arzt; Mutter: Ursula, geb. Janicke), ev., verh. s. 1977 m. Rut, geb. Hotz - Albert-Schweitzer-Sch. Nienburg u. Leibniz-Sch. Hannover; 1963-67 Stud. Rechtswiss., Betriebs- u. Volksw. Berlin (FU/TU). Promot. 1969 (r. p., TU) u. 71 (j., FU) Berlin - Wirtschaftsprüf.; Studien- u. Forschungsaufenthalte USA u. Brasil.; s. 1972 Prof. Berlin, Kiel, Gießen, Konstanz. S. 1978 Senior Consultant Center Transnational Corp./UN New York; Member of the Board, Baurs - Krey Assoc. Inc., New York; s. 1981 Counsellor Whitman & Ransom, New York; 1982 Richter OLG Karlsruhe; Vize-Präs. Heinz Hotz-AG, Flims; s. 1984 Mitgl. Kurat. d. Exportstiftg. Baden-Württemberg; Vorst. Stiftg. f. Spitzenbegabte - BV: Fusionskontrolle b. Auslandszus.-schlüssen, 1984; Zu d. Grenzen d. Besteuer. v. Banken im Eurokreditgeschäfte, 1984; Winning or Losing by Default, 1985; Banking on the Act of State, 1985; Leasing im grenzüberschreit. Verkehr - Internat. privatrechtl. Aspekte d. Leasing, Rechtsvergl., Rechtsvereinheitlichung, in: Neue Vertragsformen d. Wirtsch., 1985; Rechtl. Probleme b. d. Bewältig. d. Schuldenkrise, 1985; Auswirkungen d. Waiver by Conduct-Konzepts auf d. grenzüberschreitenden Wirtschaftsverkehr, 1985; Einkaufkoop. u. Kartellverbot, 1985; Z. Durchgriff im schweizer. Aktienrecht, 1985; Wirtschaftsrechtl. Rechtstatsachenforsch. unt. bes. Berücksichtig. d. intern. Wirtschaftsrechts, 1986; D. Vertragsrecht d. intern. Konsortialkredite u. Projektfinanzierungen, 1986; EDV-gestützte Gestalt. intern. Verträge, 1986; Intern. Vertragsgestaltg. im Spannungsverhältnis zw. ABGB, IPR-Gesetz u. UN-Kaufrecht, 1986; Codes of Conduct - Ansätze z. vertragl. Gestaltg. intern. Investitionen, 1987; D. Verhältnis zw. joint venture-Vertrag, Ges.satzung u. Investitionsvertrag, 1987; Z. Bedeut. d. Multilateral Investment Guarantee Agency f. d. intern. Ressourcentransfer, 1987; Konzernbildungs- u. Konzernleitungskontrolle - E. Beitrag zu d. Kompetenzen v. Vorst. u. Hauptvers., 1987; Globale Herausford. durch d. Verschuldungskrise, 1987; Überlegungen z. Ausgestalt. transnat. Investitionsverträge, 1987; Mittelständ. Untern. u. globale Herausford., 1987; Neue Instrumente in d. Umschuldung, 1987; Intern. Investment Contracts and the Debt Crisis, 1988; D. Kompetenzen d. Vorst. u. d. Aktionärsschutz in d. Konzernoberges., 1988; Neuere Entw. im dt. intern. Ges.-recht, 1988; Inlandswirkungen d. ausl. lex fori concursus b. Insolvenz e. Ges., 1988; D. Beteilig. ausl. Ges. an e. inländ. Kommanditges., 1988; Rechtliche Hindernisse auf d. Wege z. Goffex, 1988; Code of Conduct, Intern. Investment Contracts, the Debt Crisis and the Development Process, 1988; Intern. Handels- u. Gesellschaftsrecht, Münchener Kommentar, 1988; Konkurr. institutionelle Vereinbarungen u. Internationalisierung d. Wirtsch., 1988; D. vorzeit. Beendigung v. Zins- u. Währungsswaps b. Eintritt v. Vertragsverletzungen aufgr. vertragl. Lösungsklauseln, 1988; Inhalt u. Grenzen v. Rechtswahlklauseln n. New Yorker Recht, 1988; D. Qualifikation d. action en comblement du passif n. Art. 180 d. neuen franz. Insolvenzrechts, 1988; Système expert en matière de contrats internationaux, 1988 - Spr.: Engl., Franz., Span., Portug.

EBERBACH, Wolfgang Dietrich

Dr. rer. nat., Prof. f. Organ. Chemie - Rötebuckweg 66, 7800 Freiburg - Geb. 14. Nov. 1937 Dessau, verh. m. Ursula, geb. Pfisterer - Dipl. Chemie 1964 Univ. Freiburg, Promot. 1967, Habil. 1975, Prof. 1979 ebd. - S. 1975 Lehrtätigk. u. Forsch. Univ. Freiburg.

EBERHARD, Rudolf

Dr. med. h. c., Staatsminister a. D. - Unterbrunner Str. 39, 8035 Gauting/Obb. (T. München 850 10 47) - Geb. 1. Nov. 1914 Nürnberg (Vater: Johann E., techn. Beamter; Mutter: Elise, geb. Engelhardt), ev., verh. s. 1942 m. Irmgard, geb. Schuh, 2 Kd. (Ulla, Jörg) - Oberrealschule Nürnberg; 1935-39 Studium Rechts- u. Staatswissensch. I. jurist. Staats- u. Diplomprüf. f. Volksw. - 1939-45 Wehrdst. (zul. Hptm. d. R., Inf.; 1963 Major d. R. Bundeswehr), 1945-47 Tätigk. Landratsamt Kronach u. Ebermannstadt, 1947-57 Landrat Ebermannstadt, 1950-74 MdL Bayern (1951-58 stv. Fraktionsvors.), 1957-64 bayer. Finanzmin. u. stv. Min.präs. (1958 ff.) sowie Mitgl. Bundesrat (1960 ff. Vors. Finanzaussch. u. Länderfinanzmin.-konfz.); s. 1964 Präs. Bayer. Staatsbank, München; 1968-71 Vors. Steuerreformkommiss. Zahlreiche Ehrenstellungen, darunter Präs. Dt. Fremdenverkehrsverb. u. Dt. Zentrale f. Tourismus sow. Schatzm. Org.skomitee d. XX. Olymp. Spiele München 1972 - Zahlr. ARsmandate, u.a. Bayer. Vereinsbank, CSU (1954-64 stv. Landesvors.) - Bayer. VO., Gr. BVK m. Stern u. Schulterbd., Gr. Österr. Ehrenz. in Silb., Med. Bene merenti in Gold Bayer. Akad. d. Wiss., Gr. Staatsmed. in Gold, Med. München leuchtet in Gold, Ehrenring Bayreuth, Gold. Bürgermed. Bad Kissingen, Orden Wider d. tier. Ernst Aachener Karnevalsverein, 1984 Bayer. Verfassungsmed. in Gold - Spr.: Engl. - Rotarier.

EBERHARD, Walter

Dr. rer. nat., o. Prof. f. Mathematik - Mergelskull 25, 4150 Krefeld 1 (T. 02151-56 25 83) - Geb. 15. Febr. 1936 Nieder-Weisel (Vater: Walter E., Amtsgerichtsrat; Mutter: Maria, geb. Reichel), kath., verh. s. 1968 m. Brigitte, geb. Witt, 2 Kd. (Barbara, Christian) - 1955-60 Stud. Math. u. Physik Univ. Gießen; Staatsex. 1960, Promot. 1964; Habil. 1969 - S. 1971 Prof. Univ. Marburg u. GH Duisburg (Ord. 1976). Fachveröff.

EBERHARD, Wolfram

Dr. phil., em. Prof. f. Soziologie University of California, Berkeley - 496 Gravatt drive, Berkeley 4, Calif. 94705, USA (T. (415) 845 38 23) - Geb. 17. März 1909 Potsdam (Vater: Prof. Dr. Gustav E., Astronom (s. X. Ausg.); Mutter: Gertrud, geb. Müller), verh. 1934-69 m. Alide, geb. Roemer, 2 Kd. - Promot. 1933 Berlin - 1929-34 Museum für Völkerkunde Berlin (wissenschaftlicher Hilfsarbeiter), 1934-35 National Univ. Peking, Peiping Municipal Univ. u. Hopei Provincial Medical College (Lehrbeauftr. f. Dt. u. Lat.), 1936 Grassi-Mus. Leipzig (Abt.sleit.), 1937-48 Univ. Ankara (Prof. f. Chines.) - BV: u. a. Geschichte Chinas, 1947 (Bern; auch engl., amerik., franz. u. türk. Ausg.); Chinese Festivals, 1952 (New York); Conquerors and Rulers, 1953 (Leiden); Erzählungsgut aus Südost-China, 1966 (Berlin); Settlement and Social Change in Asia, 1967 (Hongkong); Guilt and Sin in Traditional China, 1967 (Berkeley); Sternkunde & Weltbild i. alten China, 1970 (Taipei); Moral & Social Values of the Chinese, 1971 (Taipei); Studies in Hakka Folktales, 1974 (Taipei); China u. s. westl. Nachbarn (1978); Life and Thought of the Ordinary Chinese, 1982. Herausg.: Lexikon chines. Symbole (1982) - Korr. Mitgl. d. Wiss. u. d. Lit., Mainz, d. Bayerischen Akademie, München; Fellow, Am. Folklore Association - 1980 Ehrendoktor Univ. Lund - Spr.: Engl., Chines., Türk. - Groß- u. Urgroßv. Hofarch. Gotha.

EBERHARDT, Cornelius

Generalmusikdirektor, Dirigent, o. Prof. f. Dirigieren Hochsch. f. Musik München (s. 1977) - Darmstädter Str. 11, 8000 München 50 (T. 15 42 30) - Geb. 3. Jan. 1932 Oberaudorf (Vater: Dr. jur. Cornelius E., Notar; Mutter: Annie, geb. Horn), kath., verh. s. 1957 m. Ursula, geb. Schade, T. Claudia - Stud. Univ. München, Hamburg, Hochsch. f. Musik München, Accad. Chigiana Siena - 1969-77 Generalmusikdir. Stadt Regensburg, s. 1975 Music Dir. Corpus Christi Symphony Orch. Texas, s. 1978 Music Dir. American Inst. of Musical Studies Dallas, 1979-82 u. 1984-87 Gastprof. USA - Gastdirig. In- u. Ausl. - 1969 Staatspreis Bayern f. jg. Künstler - Spr.: Engl., Ital., Franz.

EBERHARDT, Dietrich

Dr. jur., Kanzler d. Universität Ulm - Oberer Eselsberg, 7900 Ulm/Donau.

EBERHARDT, Gotthilf

Fabrikant, Geschäftsf. Maschinenfabrik G. L. Eberhardt GmbH., Gräfelfing - Am Zwinger 12, 8031 Gilching/Obb. (T. 08105 - 40 38) - Geb. 13. Juni 1927 (Eltern: Gotthilf (Fabr. †1971) u. Charlotte E.), verh. (Ehefr.: Hannelore), 1 Sohn (Gotthilf) - Handelsrichter LG München.

EBERHARDT, Helmut

Apotheker, Vorstandsmitgl. Dt. Apotheker-Verein, Frankfurt/M. - 7858 Weil/Rh.

EBERHARDT, Lotte
s. Brügmann-Eberhardt, Lotte

EBERHARDT, Ludwig
Geschäftsführer u. Gesellsch. H. Hassenzahl Sohn GmbH & Co. KG - Am Alten Berg 46, 6104 Seeheim-Malchen - Geb. 28. Juni 1924 Pfungstadt (Vater: Jakob E. †; Mutter: Katharine, geb. Schmidt †), ev., verh. s. 1948 m. Margot, geb. Krichbaum, 4 Kd. (Fritz, Rosemarie, Gabriele, Christiane) - 1946-52 Stud. Bauing.wesen TH Darmstadt, 1952-60 techn. Angest. Heinr. Hassenzahl Sohn, Kunstst.verarb., Pfungstadt, 1960-69 Prok., 1966-69 Geschf., s. 1969 gf. Gesellsch. haso-Verw.-GmbH (1967), u. haso-Werkzeugbau (1981) - Stv. Vors. Arbeitg.verb. Südhessen, Darmstadt; Vors. AOK-Vertr.vers. ebd.; Vorst.-Mitgl.: Arbeitg.verb. Chemie u. verw. Ind. Hessen, Wiesbaden, Berufsgenoss. chem. Ind. Heidelberg u. Forsch.Ges. Kunstst. Darmstadt; Präs. Gesamtverb. kunstst.verarb. Ind., Frankfurt/M. - Liebh.: Reisen, Sport.

EBERHART, Adolf
Vortragender Legationsrat Auswärtiges Amt, Bonn - Geb. 13. Mai 1935 Wertingen/Bay., verh. m. Lieselotte, geb. Jung, 6 Kd. - Stud. d. Rechte Univ. München; Ass.ex. 1962; Prüf. Höh. Ausw. Dienst 1967 - Ausl.posten, u.a. Kulturref. Botsch. Teheran, Leit. Wirtsch.dienst Botsch. Santiago/Chile u. Buenos Aires.

EBERITSCH, Otto
Verleger, geschäftsf. Gesellsch. Condor-Verlag - Frankfurter Str. 108, 6050 Offenbach/M. (T. 069 - 81 45 68) - Geb. 19. Jan. 1912 Krölpa/Thür., verw.

EBERLE, Martin
Geschäftsführer Eberle GmbH, Kompl. Eberle Anlagen KG - Oedenberger Str. 55-65, 8500 Nürnberg - Fachmitgl.sch., Vorst.-Mitgl. ZVEI, Vors. ZVEI-Fachverb. Schaltanlagen, Schaltgeräte, Industriesteuerungen; Mitgl. Vollvers. IHK Nürnberg.

EBERLE, Raimund
Regierungspräsident v. Oberbayern (s. 1975) - Maximilianstr. 39, 8000 München 22 - Geb. 3. April 1929 Rottau/Chiemgau (Vater: Anton E., Oberverwalter; Mutter: Marie, geb. Edelmann), kath., verh. s. 1958 m. Gertrud, geb. Willenbacher - Gymn. m. Oberrealsch. Traunstein; 1949-53 Univ. München (Rechtswiss.) - 1957 Reg. v. Oberbayern (Reg.sass.); 1958 Bayer. Innenmin. (zul. Presseref.); 1962-74 Leit. Pressestelle Bayr. Staatsreg. (Min.dirig.) - 1975 BVK I. Kl.; 1980 Bayer. VO - Liebh.: Gesang, Zeichnen - Spr.: Engl.

EBERLE, Rudolf
Oberlehrer, MdL Bayern (s. 1966, SPD) - Frankestr. 13, 8312 Dingolfing/Ndb. - Geb. 24. April 1925 Komotau-Sporitz (Vater: Emil E., Elektrotechniker; Mutter: Franziska, geb. Sachs) - Oberrealsch.; 1947-48 Lehrbildungsanst. Bamberg. Lehramtsprüf. 1948 u. 51 - 1943-45 Kriegsdst. (zul. Ltn.); s. 1946 Schuldst. (1953 ff. Dingolfing).

EBERLEIN, Gerald L.
Dr. phil., Prof. f. Soziologie - Fr.-Günther-Str. 11, 8134 Pöcking (T. 08157 - 8632) - Geb. 5. Mai 1930 Berlin (Vater: Kurt Karl, Kunsthistoriker; Mutter: Alice, geb. Seiffermann), verh. s. 1972 m. Almut, geb. Keller, T. Viviane - Schulbesuch: Berlin, Rom, Salem, Konstanz; Stud. Freiburg, München, Paris; Promot. 1962 Stuttgart, Habil. 1970 Berlin; Lehrtätigk. FU/TU; 1971 Univ. Saarbrücken, 1975 TU München, s. 1977 Gastprof. Univ. München - Zahlr. Fachveröff. - Spr.: Ital., Franz., Engl., Span., Port.

EBERLEIN, Gregor
I. Bürgermeister - Rathaus, 8602 Burgebrach/Ofr. - Geb. 2. Juni 1921 Burgebrach - Landw.

EBERLEIN, Hans Joachim
Dr. med., em. o. Prof. f. Anaesthesiologie FU Berlin - Ulmenallee 38, 1000 Berlin 19 (T. 030 - 305 49 50) - Geb. 20. Aug. 1919 Frankfurt/M., verh. s. 1947 m. Lore, geb. Tarnow - 1966 Langenbeck-Preis d. Dt. Ges. f. Chirurgie.

EBERS, Erich
Reedereidirektor - Jochim-Wells-Weg 11, 2000 Hamburg 63 - Geb. 19. Okt. 1930 - Geschäftsf. Seereederei FRIGGA GmbH, Hamburg 1.

EBERSBACH, Harry
Dr. jur., Prof. - Greifswalder Str. 19, 3406 Bovenden - Geb. 29. Jan. 1921 Leipzig - Promot. 1949; Habil. 1971 - S. 1974 Prof. u. Dir. d. Jur. Sem. Univ. Göttingen (Forst- u. Agrarrecht) - BV: Stiftg. d. öfftl. Rechts, 1961; Handb. d. dt. Stiftungsrechts, 1972; Rechtl. Aspekte d. Landverbrauchs am ökol. falschem Platz, 1985.

EBERSOLDT, Franz
Dr. rer. nat., o. Prof. f. Mathematik u. Math. Physik Univ. Duisburg (s. 1979) - Artilleriestr. 72, 5170 Jülich - Geb. 20. Dez. 1935 Münster/W. - Zul. Wiss. Rat u. Prof. Hauptforsch.geb.: Math. Physik, Biomath., Ozeanol.

EBERSPÄCHER, Hans
Dr. rer. nat., Dipl.-Psych., Wiss. Rat, Prof. f. Sportwissensch. Univ. Heidelberg - Silbershohl 14a, 6901 Dossenheim.

EBERSPÄCHER, Helmut
Dipl.-Ing., Beiratsvorsitzender u. Gesellsch. d. Firma J. Eberspächer, Vorst.-Vors. Hanns-Martin-Schleyer-Stiftg. (s. 1982) - Eberspächerstr. 24, 7300 Eßlingen (Neckar), Postfach 289 - Geb. 18. Nov. 1915 Tübingen (Vater: Dr. Paul E.), verh. m. Riccarda, geb. Anderhub - Spr.: Engl., Franz. - Rotarier.

EBERT, Achim
Dipl.-Kfm., Geschäftsführer Dt. Krebshilfe u. Dr. Mildred Scheel Stiftg. f. Krebsforsch. - Thomas-Mann-Str. 40, 5300 Bonn 1 (T. 0228 - 72 99 00) - Geb. 8. Mai 1940 Wuppertal-Ronsdorf - Stud. Wirtsch.- u. Sozialwiss. Univ. Köln, Dipl. 1967 - 1967-82 Tätigk. in d. Ind. Ehrenamtl. AR-Vors. Ev. Altenhilfe gGmbH Wuppertal.

EBERT, Alfred
Dr. phil., Chemiker - Weinbergstr. 1b, 8763 Klingenberg-Röllfeld - Geb. 22. Febr. 1912 Altruppin, verh., 2 Kd. - Gymn. Neuruppin; Stud. München, Berlin, Greifswald - 1937-72 Chemiefaserind. (IG Farbenind. AG., Premnitzu u. Preßburg; 1949 Vereinigte Glanzstoff-Fabriken bzw. Glanzstoff AG., Wuppertal, 1959-72 Vorstandsmitgl.). ARsmandate.

EBERT, Bernhard
Konzertpianist, Prof. f. Klavier u. Mitwirk. Ensemble Neue Musik Staatl. Hochsch. f. Musik u. Theater Hannover - Walderseestr. 100, 3000 Hannover.

EBERT, Dieter
Dipl.-Kfm., Hauptgeschäftsführer Messeges. Köln (s. 1971), Vizepräs. UFI - Intern. Messervereinig. (s. 1982) - Zu erreichen üb. Messe- u. Ausstellungs-GmbH, Postf. 21 07 60, 5000 Köln 21 - Dipl.-Kfm. 1957; Prüf. Steuerbevollm. - 1957-70 Düsseldorfer Messeges.; zul. Geschäftsf. - Spr.: Engl.

EBERT, Eike
Vorstandsvorsitzer Stadt- u. Kreissparkasse Darmstadt - Mangoldweg 29, 6100 Darmstadt - Geb. 11. Jan. 1940.

EBERT, Franz
Dipl.-Kfm., MdL Nordrh.-Westf. (s. 1975) - Rote-Haag-Weg 50, 5100 Aachen - Geb. 11. Nov. 1940 - CDU.

EBERT, Fritz
Dr.-Ing. (habil.), Prof. f. Mechan. Verfahrenstechnik Univ. Kaiserslautern - Herrenwiesenthal 16, 6750 Kaiserslautern.

EBERT, Georg
Dr. med., Prof., Chefarzt Chirurg. Abt. - Krankenhaus Neu-Bethlehem, 3400 Göttingen - Geb. 27. Sept. 1920 Eisenach/Thür. - S. 1961 (Habil.) Lehrtätigk. Göttingen (1967 apl. Prof.). Facharb.

EBERT, Gotthold
Dr. rer. nat., Dipl.-Chem., Prof. f. Polymere Univ. Marburg (s. 1971) - Pestalozzistr. 2, 3550 Marburg/L. (T. 06421 - 48 16 95) - Geb. 13. April 1925 Chemnitz (Vater: Erich, Verw.Beamt.; Mutter: Johanna, geb. Großer), verh. s. 1979 m. Hideko, geb. Tezuka - Chemie-Stud. Univ. Leipzig (Promot. 1959); Dipl.-Chem. 1956, Dr. rer. nat. 1959; Habil. 1968 Marburg; 1974/75 u. 1981/82 Dekan; 1976/77 Univ. of Hokkaido u. Tokyo Inst. of. Technology; 1983/84 Award d. Japan Soc. for the Promotion of Science - BV: Kalor. Unters. an Wolle, 1966 (m. F. H. Müller), Biopolymere, 1980. Üb. 90 Einzelarb. - Liebh.: Japanologie - Spr.: Engl., Jap.

EBERT, Günter

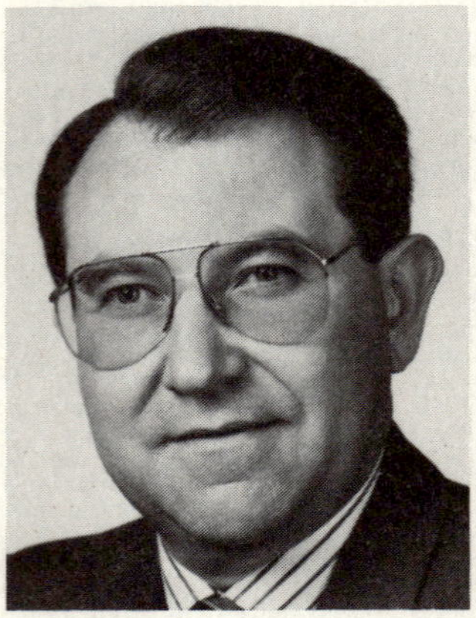

Dr. rer. pol., Prof., Leiter Inst. f. Controlling FH Nürtingen - Paul-Gerhardt-Str. 25, 7440 Nürtingen (T. 07022 - 4 32 30) - Geb. 2. Febr. 1939 Heidelberg, ev., verh. s. 1965 m. Elke, geb. Heinold, T. Anja - 1961 Industriekaufm. Erlangen; Dipl.-Kfm. 1965, Promot. 1968, bde. Mannheim - 1969-71 Leit. d. kaufm. Aus- u. Weiterbildung in e. AG; 1971-73 Geschäftsleit.funkt. in e. GmbH - BV: Verbraucherspiel Wettbewerb, 1983; Controlling in d. Praxis, 1986; Kosten- u. Leistungsrechnung, 5. A. 1989; Unternehmensspiel Wettbewerb, 5. A. 1988; Unternehmensführung in: Kompendium d. BWL, 4. A. 1988. Ca. 30 Fachaufs. Autor d. ersten funktionstüchtigen Verbraucherplanspiels sowie d. größten Marktwirtsch.spiels in d. BRD - Liebh.: Sport, Wanderungen - Spr.: Engl., Franz., Latein - Bek. Vorf.: Friedrich Ebert, 1. Reichspräs. (weitläufig).

EBERT, Karen
Dr. phil., Prof. f. Linguistik/Anglistik Univ. Marburg - Barfüßertor 17, 3550 Marburg - Geb. 31. Jan. 1945 Insel Föhr - Univ. Kiel u. Kopenhagen; Promot. 1970 Kiel (Vergl. Sprachwiss.) - S. 1974 Prof. Marburg. Sprachwiss. Feldforschung im Tschad u. in Nepal - BV: Sprache u. Tradition d. Kera (Tschad), 3 Bde.; Marburger Stud. z. Afrika- u. Asienkd.

EBERT, Klaus
Dr. phil., o. Prof. f. Angew. Physikal. Chemie Univ. Heidelberg (s. 1969) u. Direktor Inst. f. Heiße Chemie d. Kernforschungszentrums Karlsruhe (s. 1980) - Andreas-Hofer-Weg 33, 6900 Heidelberg - Geb. 15. Juli 1928 Berlin - Promot. 1954 Wien; Habil. 1963 München - Üb. 100 Facharb. - 1963 Zsigmondi-Preis - Spr.: Engl.

EBERT, Kurt
Dipl.-Volksw., Fabrikant, gf. Gesellsch. Staedtler Schreib- u. Zeichengeräte-Fabriken, Nürnberg, Gesellsch. Mahle GmbH, Stuttgart - Lerchenstr. 21, 8520 Erlangen - Geb. 19. Sept. 1918 - Vors. Rudolf- u. Clara-Kreutzer-Stiftg., beide Nürnberg.

EBERT, Kurt Wilhelm
Präsident i.R., Bundesschuldenverwalt. Bad Homburg v. d. H. - Zu erreichen üb.: Hindenburgring 54, 6380 Bad Homburg v. d. H. - Geb. 26. Juni 1917 Eichen/Westerwald (Vater: Wilhelm E., Hauptlehrer; Mutter: Katharina, geb. Zimmermann), ev., verh. s. 1945 m. Gerda, geb. Weber, Tocht. Helga - Human. Gymn.; Univ. Gießen, Marburg, Graz. 1. u. 2. jurist. Staatsprüf. - 1950-51 richterl. Tätigk. AG Frankfurt u. LG Wiesbaden, s. 1951 Bundesschuldenverwalt. - BV: Technik d. öfftl. Kredits, in: Handb. d. Finanzwiss. Bd. III; D. gesamte öfftl. Dienstrecht, Handb., Loseblatt 2. A.

EBERT, Kurt-Hanns
Dr. jur., Rechtsanw. u. Notar, Honorarprof. f. Genossenschaftswesen u. Kooperation in Entwicklungsländern Univ. Frankfurt/M., Privatdoz. Univ. Zürich - Am Hahnwald 14, 6272 Niedernhausen/Ts. - Geb. 21. Dez. 1913 Mainz - Promot. 1937; Habil. 1973 - Bücher u. Aufs.

EBERT, Rolf
Dr. rer. nat., o. Prof. f. Theoret. Physik u. Vorst. d. Inst. f. Astrophysik Univ. Würzburg (s. 1967) - Otto-Hahn-Str. 22a, 8702 Gerbrunn - Geb. 2. Sept. 1926 Lychen/Mark, verh. - Stud. Physik. Promot. 1954; Habil. 1957 Frankfurt - Fachveröff. - Spr.: Engl. (1 J. Princeton Univ.).

EBERT, Theodor
Dr. phil., Prof. f. Innenpolitik (Konfliktu. Friedensforsch.) FU Berlin - Im Dohl 1, 1000 Berlin 22 - Schriftl. Gewaltfreie Aktion, Vierteljahresh. f. Frieden u. Gerechtigkeit - BV: Gewaltfreier Aufstand. Alternative z. Bürgerkrieg, 1978; Soziale Verteidigung, 2 Bde. 1981; Ziviler Ungehorsam, 1984.

EBERT, Udo
Dr. jur., Prof. f. Strafrecht, -prozeßrecht u. Römisches Recht - In den Neun Morgen 20, 6500 Mainz 32 - Geb. 18. Febr. 1940 Berlin (Vater: Friedrich E., Ministerialrat; Mutter: Hanna, geb. Güssow), ev., verh. s. 1964 m. Ulrike, geb. Merkel, 3 Kd. (Johannes, Bertram, Katrin) - Schule Lüneburg (Abit. 1959); Jurastud. Hamburg, Berlin, Heidelberg, Göttingen. Staatsex. 1964 (Heidelberg) u. 68 (Stuttgart); Promot. 1967 Heidelberg; Habil. 1973 Mainz - 1974 Ord. Univ. Bielefeld; s. 1980 Univ. Mainz; 1979 Richter OLG Hamm; 1981-87 OLG Koblenz - BV: D. Geschichte d. Edikts de hominibus armatis coactisve, 1968; D. Überzeugungstäter in d. neueren Rechtsentw., 1975; Strafrecht, Allg. T., 1985 - Liebh.: Musik (Organistenprüf. 1959 Hannover) - Spr.: Alte u. neue.

EBERT, Wolfgang
Journalist, Schriftsteller - Volpinistr. 72, 8000 München 19 - Geb. 10. Febr. 1923 Düsseldorf (Vater: Kapellm. u. Komp.) - Univ. München u. Berlin/Freie - Mitarb. Kölner Stadtanz., Zeit, stern - BV: Ich kann wirkl. nichts dafür, 1961; Soraya u. ich, 1963; Wolfgang Eberts Partyschule, 1968; Auf mich hört ja keiner, 1969; Vor uns d. Sintflut, 1974; D. Porzellan war so nervös, 1976; E. ganz normaler Neurotiker, 1980; Taschen-Theater, 1980; D. Blattmacher, 1983; Was steht uns noch ins Haus?, 1985; Herr Bellheim, 1987; D. Deutsche Verkehr, Scherz beiseite, 1989. Bühnenst.: D. Gangster v. Valence, D. Mord z. Sonntag. Hör- u. Fernsehsp. - 1973 Mitgl. PEN-Zentrum BRD; 1984 Schwabinger Lit.preis; 1985 Klagenfurter Publiz.preis; 1987 Ernst-Hoferichter-Preis, München.

EBERTIN, Reinhold Robert
Kosmobiologe, Schriftsteller - Lortzingstr. 4, 7257 Hirschlanden (T. 07156-3 20 71) - Geb. 16. Febr. 1901 Görlitz/Schles. (Vater: Fritz E., Versich.Math.; Mutter: Elsbeth, geb. Schmidt), ev., verh. s. 1929 m. Lisa, geb. Engert, S. Baldur - Realgymn., Lehrerausbild. Greiffenberg u. Reichenbach - 1923-28 Lehrtätigk., 1928 Verlags- u. Ztschr.gründ. - Entd.: Grundl. d. Kosmobiol. - BV: Kombination d. Gestirneinflüsse, 1941; üb. 60 weit. Bücher (davon 20 übers. Engl., Franz., Schwed., Ital.) - Ehrenpräs. Kosmobiol. Akad. Aalen u. Cosmobiology Resarch Center, Canada, Ausz. Melbourne Acad. of Cosmobiol., Australien - Bek. Vorf.: Elsbeth E., Schriftst. (Mutter).

EBERWEIN, Alfred Christian
Dr. med., Ministerialrat a. D., Präsid. Akad. f. öfftl. Gesundheitswesen, Düsseldorf (1974-78), Präs. Europ. Vereinig. d. Ausbildungsstätten f. öfftl. Gesundheitswesen (1977-79) - August-Lämmle-Str. 9, 7295 Dornstetten/Aach - Geb. 15. Jan. 1914 Ulm/D., ev., verh. s. 1941 m. Lies, geb. Majer, 4 Kd. (Heinz, Wolf-Dieter, Doris, Fritz Peter) - Progymn. Calw; Ev.-Theol. Sem. Schöntal u. Urach, Univ. Tübingen, Leipzig, München, Berlin, Ann Arbor. Med. Staatsex. 1941; Staatsärztl. Prüf. 1948; Master of Public Health 1951 (USA) - 1947-52 Öfftl. Gesundheitsdst. Stuttgart u. Bonn; 1952-74 Ref. u. Abteilungsleit. WHO Genf, Alexandria, Kopenhagen - 1978 BVK I. Kl. - Liebh.: Kammermusik (aktiv) - Spr.: Engl., Franz., Latein, Griech., Hebr.

EBHARDT, Gisela
Dr. med., Prof. f. Neuropathologie FU Berlin - Ferdinandstr. 24, 5300 Bonn 1 (T. 0228 - 28 47 50) - Geb. 17. Sept. 1931 Hannover - ev. - Med.-Stud. FU Berlin; Staatsex. 1965, Promot. 1968, Habil. 1979 - 1966-70 Inst. f. Pathol. FU Berlin; 1971-80 Inst. f. Neuropathol. ebd.; 1980-83 Max-Planck-Inst. f. Neurol. Forschung Köln; ab 1983 Sektion Neuropathol. Inst. f. Pathol. d. Krankenanst. Köln, Köln-Merheim; ab 1984 apl. Prof. FU Berlin.

EBI, Erich
Dipl.-Ing., Vorstandsmitgl. Dt. Hoffmann-La Roche AG. - Rebgasse 41, 7887 Grenzach/Br. - Geb. 13. März 1910 Bonndorf.

EBING, Winfried
Dr.-Ing., Prof., Direktor, Leiter Abt. f. ökologische Chemie/Biol. Bundesanst. f. Land- u. Forstw. - Königin-Luise-Str. 19, 1000 Berlin 33; priv.: 31, Trautenaustr. 8 - Geb. 1. Juli 1930 (Vater: Curt E., Kaufm.; Mutter: Johanna, geb. Berthold), verh. s. 1960 m. Ruth, geb. Velten - 1951-60 TU Berlin (Chemie) - S. 1961 BBfLuF (1968 kommiss., 1973 Leit. ob. Inst.) - BV: Gaschromatogr. d. Pflanzenschutzm. (Vg. Parey, Berlin/Hamburg) - Liebh.: Kunst - Spr.: Engl.

EBINGER, Blandine
Schauspielerin, Diseuse - Pücklerstr. 6, 1000 Berlin 33 (T. 832 81 44) - Geb. 4. Nov. Berlin, verh. s. 1965 m. Dr. Helwig Hassenpflug (Verleger) - Bühne (üb. 200 Rollen), Film, Funk u. Fernsehen. Lit. Chansons m. eig. Vortragsabenden - BV: Blandine v. u. m. Blandine Ebinger, d. gr. Diseuse d. Zwanziger Jahre u. kongenialen Muse v. Friedrich Hollaender, Autobiogr. 1985 - Bundesfilmpreis (Filmband in Gold); 1961 f. d. beste weibl. Nebenrolle in: D. letzte Zeuge, 1983 f. langj. bes. Verdienste um d. Film; 1983 BVK I. Kl. - Liebh.: Mod. Malerei, Musik, Lyrik d. 15. u. 16. Jh.s - Spr.: Engl., Franz.

EBLE, Franz
Kraftfahrzeugmeister (Fa. Franz Eble & Co.), Präs. Handelskammer Hamburg, Oberm. Innung d. Kfz.-Handwerks ebd. u. a. - Mozartstr. 4, 2000 Hamburg 76 - Geb. 14. Okt. 1918.

EBLÉ, Thea (Dorothea),
geb. Kortlang
Schriftstellerin (Ps. Thea Torsten) - Bürgermeister-Müller-Str. 13, 2880 Brake/Weser (T. 04401 - 48 41) - Geb. 8. Okt. 1918 Brake (Vater: Fritz Kortlang, Kapitän, Seelotse u. Cap Hornier), kath., verh. m. Dr. med. Friedr. E. (†1971) - 27 J. Tätigk. als med. Assist. d. Ehemanns - BV: Runzis wundersame Reise, 1. Kinderb. 1964; Doris u. d. Lustig-Kd. (Ps. Thea Torsten), 1965; D. fliegende Heinzelmann, 1972; Neuaufl. Doris-Bücher; Runzi u. d. Zauberring, Weihnachtsmärchen, 1984 (1973 Theaterstück). Lyrik, Erz., Kurzgesch. - Diploma Di Merito Univ. Di Arti Ital. - Liebh.: Malen, Schreiben, Tanzen - Spr.: Engl.

EBNER, Franz
Oberstudiendirektor i. R., Ehrenvors. Dt. u. Bayer. Philologen-Verb. (s. 1980) - Tassilostr. 16, 8035 Gauting/Obb. (T. 089 - 850 24 41) - Geb. 16. April 1915 München, kath., verh. s. 1955 m. Dr. Ilse, geb. Limmer, Tocht. Bärbel - Gymn. u. Univ. München (Dt., Gesch., Erdkd.). Staatsex. 1940 - Lehrb. f. Gesch. u. Dt. - Mitgl. d. Dt. Unesco-Kommiss. - 1971 Bayer. VO, 1980 BVK 1. Kl.

EBNER, Fritz

Dr. med., Mitarb. Fa. E. Merck, Darmstadt (s. 1951) - Frankfurter Str. 250, 6100 Darmstadt (T. 06151 - 722475); priv.: Frankfurter Landstr. 18, 6100 Darmstadt-Arheilgen (T. 06151 - 37 21 22) - Geb. 15. Dez. 1922 Friedberg/Hessen (Vater: Franz E.; Mutter: Anna, geb. Mayer), ev., verh. m. Ursula, geb. Gallenbeck (Schauspielerin) - Aufbausch. Friedb. (Abit. 1941); Univ. Gießen u. Marburg (Medizin, Lit.wiss. Gesch.). Staatsex. 1948 Marburg; Promot. 1949 (Diss.: Über e. neuen Stereoeffekt) - BV: Georg Büchner - e. Genius d. Jugend; 2 Bildbde. üb. Darmst.; Musenwohl, doch auch Politik - Lebensbilder aus Darmstadts Vergangenheit, 1982. Neuherausg.: Erasmus v. Rotterdam, Lobrede a. d. Med. (1960); Carl Vogel, Goethes letzte Krankh. (1961); Rudolf Virchow, Goethe als Naturforscher (1962); (Johann Wolfgang Goethe), Götz v. Berlichingen m. d. eisernen Hand - E. Schausp., Faksimile d. Erstausg. v. 1773 (1982); Hermann Bräuning-Oktavio, Luise Merck - Geschichte e. Ehe, (1982); Hermann Pfeiffer, Goethe u. Merck in Silhouetten (1984); E.T.A. Hoffmann D. goldne Topf, m. 38 Zeichnungen v. Hans Kohl (1984); Albertine v. Grün - E. Frauenleben im Umkreis d. jungen Goethe - Briefe, Biogr., Würdigung (1986). Zahlr. Veröff. u. a. z. Med.- u. Pharmaziegesch., über Ernährungsprobleme, Altersvorbeug. Mitarb. wiss. Filme (Ein langer Weg; 2 ccm Leben; D. unbekannte Kontinent) - Mitgl. mehr. lit. Ges.; 1. Vors. d. Darmstädter Goethe-Ges., 2. Vors. d. Ges. Hess. Lit.freunde, Vorst.- u. Ehrenmitgl. d. Ges. Liebig-Museum, Gießen, Vorst.-Mitgl. d. Merckschen Ges. f. Kunst u. Wissensch. d. Darmst. Kunstvereins, d. Aktion Theaterfoyer u. d. Rilke-Ges. Basel -

1973 Johann Heinrich Merck-Ehrung; 1983 Plak. Freundsch. in Frieden u. Freiheit d. Stadt Darmstadt.

EBNER, Heinrich
Dr.-Ing., Prof. f. Photogrammetrie - Ferdinand-Kobell-Str. 9, 8013 Haar/Obb. - Promot. 1969 - S. 1972 (Habil.) Lehrtätigk. (1977 Ord. TU München). Üb. 60 Facharb. - 1972 Otto-v.-Gruber-Preis.

EBNER, Peter
Schriftsteller - Linke Wienzeile 40/32, A-1060 Wien - Geb. 27. Juni 1932 Wien, verh. s. 1957 m. Grit E., 2 S. (Hans-Peter, Martin) - Abit. - BV: D. Erfolgreiche, R. 1982; D. Schaltjahr, R. 1983; Schnee im November, Franz Schubert Romanbiogr. 1984; Am Ende d. Hoffnung beginnen d. Wege, R. 1988; zahlr. Erz. in versch. Ztschr., Ztg.

ECCARIUS, Franz Heinz
Kaufmann, Le Président Bourse de Commerce Europeenne, Strasbourg, Präs. Bayer. Warenbörse, München, Vors. Produktenbörse, Landshut, u. d. Groß- u. Außenhandels im LHV Bayern - Moniberg 2, 8300 Landshut/Bay. (T. 0871 - 8 93 59); u. Occamstr. 13, 8000 München 40 (T. 089 - 34 83 51) - Geb. 8. Okt. 1923 - BVK.

ECHTERNACH, Jürgen
Parlamentarischer Staatssekretär b. Bundesmin. f. Raumordnung, Bauwesen u. Städtebau, Vorst.-Mitgl. Hbg. Wohnungsbau-Kreditanst. (s. 1970), MdB (s. 1980; Landesliste Hamburg) - Appuhnstr. 3, 2000 Hamburg 52 (T. Büro: 040 - 460 10 11) - Geb. 1. Nov. 1937 Lauenburg/Pom. (Vater: Dr. theol. Dr. phil. Helmut E., Pastor (s. dort); Mutter: Margarete, geb. Benecke), ev., verh., 2 Kd. (Sven-Hendrik, Julia-Melanie) - Johanneum Hamburg; Univ. ebd. u. Bonn. Jurist. Staatsex. 1962 u. 67 Hamburg - 1966-81 Mitgl. Hbg. Bürgersch. (1970-81 Fraktionsvors.), CDU (1974 Landesvors., 1969 Mitgl. Bundesvorst.). 1969-73 Bundesvors. Junge Union - BVK I. Kl. - Liebh.: Schach, Bücher, Tischtennis - Spr.: Engl.

ECK, Werner
Dr. phil., o. Prof. f. Alte Geschichte - Am Milchbornsberg 16, 5060 Bergisch Gladbach 1 (T. 02204 - 12 57) - Geb. 17. Dez. 1939 Nürnberg (Vater: Josef E., Postinspektor; Mutter: Therese, geb. Herteis), kath., verh. s. 1964 m. Christa, geb. Kleiner, S. Wolfgang - 1959-60 Human. Gymn. Bamberg u. Nürnberg; 1959-66 Stud. Gesch., Lat., Griech., German., Archäol. Univ. Erlangen; Promot. 1968 - 1967-75 wiss. Assist., 1975/76 wiss. Rat u. Prof., 1976-79 o. Prof. Saarbr.; s. 1979 Köln (1985-89 Dekan Phil. Fak.); o. Mitgl. Dt. Arch. Inst.; Mitgl. Kommiss. f. Alte Gesch. u. Epigraphik, München - Diss.: Senatoren v. Vespasian b. Hadrian, 1970; Habilschr.: Staatl. Org. Italiens in d. hohen Kaiserzeit, 1979; D. Statthalter d. german. Provinzen v. 1.-3. Jh., 1985 - Spr.: Engl., Ital.

ECKARD, Max
Schauspieler - Zu erreichen üb. Bayer. Staatsschauspiel, Marstallplatz 4, 8000 München - Außer Berliner Bühnen Düsseldorf u. Hamburger Schauspielhaus (unt. Gustaf Gründgens). Bek. Rollen: Orlando, Ritter Hans, Wilhelm Tell, Maryk, falscher Prinz.

ECKARDSTEIN, von, Dudo
Dr. oec. publ., o. Univ.-Prof. f. Betriebswirtschaftslehre an d. Wirtsch.-Univ. Wien, Vorst. d. Inst. f. angewandte Personal- u. Betriebsforschung, Hannover - Im Haspelfelde 3, 3000 Hannover 1 - Geb. 21. Nov. 1939 - 1975-88 Prof. f. Betriebswirtschaftslehre Univ. Hannover.

ECKARDT, Wolfram
Sprecher d. Vorstandes d. Gewerbekreditbank AG - Am Damm 3, 4000 Düsseldorf 31 - Geb. 4. Juli 1950, ev., verh. -

Liebh.: Motorjacht, Golf - Spr.: Engl., Franz.

ECKART, Karl

Dr. rer. nat., Prof. f. Angew. Geographie Univ.-GH Duisburg - An der Kornbecke 16a, 4250 Bottrop (T. 02041 - 2 97 21) - Geb. 16. Febr. 1939 Brakelsiek (Vater: Hans E., Rentner; Mutter: Minna, geb. Klaus), ev., verh. s. 1968 m. Ingrid, geb. Müller - 1964-71 Stud. Geol., Geogr. u. Physik Univ. Münster (Promot. 1972) - 1968-73 Schuldienst; s. 1973 Hochsch. u. Univ. (1973-78 Wiss. Assist., 1978-81 Doz., s. 1981 Prof.) - BV: D. Entw. d. Wirtsch.- u. Sozialstruktur im äußersten lipp. Südosten, 1975; Landwirtsch. Kooperationen in d. DDR, 1978; D. DDR. E. Landeskd., 1981; Zur Agrarstruktur in d. Ländern Ostmitteleuropas - e. Analyse ausgew. landwirtsch. Daten amtl. statist. Jahrb., 1982; Polen, 1983; Veränder. in d. Bodennutzungsstruktur in d. beiden Staaten in Deutschl., 1986; Regionale u. strukturelle Veränder. in d. Eisen- u. Stahlind. in d. beiden Staaten - Spr.: Engl., Latein.

ECKART-BÄCKER, Ursula
Dr. phil., Prof. f. Histor. Musikwissensch., Musikpädagogik - Muffeter Weg 22, 5100 Aachen (T. 0241 - 83 895) - Geb. 2. März 1936 Remscheid (Vater: Gerhard B., Kaufm.; Mutter: Käthe, geb. Lemp), ev., verw., T. Katrin - Stud. Univ. Köln, Promot. 1961 - 1969-73 Lehrerin, s. 1973 wiss. Hochschuldienst - BV: Frankreichs Moderne v. Cl. Debussy b. P. Boulez, Zeitgesch. im Spiegel d. Musikkritik, 1962; Frankreichs Musik zw. Romantik u. Moderne, 1965 - Spr.: Engl., Franz.

ECKE, Hermann

Dr. med., Prof. f. Chirurgie u. Unfallchir. - Kliniktstr. 29, 6300 Giessen - Geb. 22. Jan. 1927 - Promot. 1953; Habil. 1966 - S. 1966 Lehrtätigk. Univ. Gießen (1968 Wiss. Rat u. Prof.; 1971 Prof. Justus Liebig-Univ. u. Leit. Unfallchir. Abt., 1981 ltd. Arzt d. Unfallchir. Klinik am Zentr. f. Chir. d. Justus Liebig-Univ. in Gießen). Ehem. Präs. d. Dt. Ges. f.

Unfallheilkunde - BV: D. Transplantation d. Epiphysenfuge, 1967. Mitverf.: Chirurgie histor. gesehen, 1973; Palliative Eingr. b. malignen Tumoren, 1973. Mitverf. d. Lehrb.: Unfallchir. (Heidelberger Taschenb.) 1973, 1976 u. 1982 (span. u. ital. Übers.); Lehrb. Innere Medizin u. Chirurgie, 1979 u. 1981; Lehrb. d. Chir. v. Vossschulte, Kümmerle, Peiper u. Weller, 1982; Mitverf. d. Chir. Operationslehre v. Breitner, Bd. IV/2 - D. operative Behandlung d. Oberschenkelschaftes u. d. Kondylen. Herausg.: Ztschr. Unfallchirurgie (s. 1975). Üb. 200 Einzelpubl. Hauptarbeitsgeb. d. letzten 10 J.: Beckenchirurgie u. zementfreie Hüftendoprothetik - Korr. Mitgl. d. Österr. Ges. f. Unfallchirurgie.

ECKE, Wolfgang

Schriftsteller - 8110 Murnau am Staffelsee - Geb. 24. Nov. 1927 Radebeul/Sa. - BV: Flucht - Gesch. e. Reise v. Dtschl. n. Dtschl., R. 1966. 50 Jugendbücher. Etwa 600 Hörspiele/Kriminalhörsp.

ECKEL, Karl

Dr. phil., Prof. f. Unterrichtsinformatik u. Empirische Pädagogik Univ. Frankfurt/M. (s. 1974) - Am Pfarrain 14, 6472 Altenstadt 1/Hessen - Geb. 21. April 1929 Altenstadt (Vater: Heinrich E., Landw.; Mutter: Emma, geb. Stroh), verh. s. 1952 m. Ruth, geb. Heister, 2 T. (Isis, Angela) - Gymn. Büdingen, Nidda, Wetzlar, Frankfurt; Univ. Mainz, Gießen, Frankfurt. Promot. 1973 Tübingen - 1954-74 Gymn.lehrer (dav. 3 J. Valencia/Span.; 1963 ff. Wiss. Projektleit. Dt. Inst. f. Intern. Päd. Forsch., Frankfurt). Spez. Naturwiss. orient. Politik - BV: Unterr. m. d. Computer, 3 Bde. 1973/75; Didaktiksprache, vorges. 1983 - Spr.: Engl., Span.

ECKER, Günter

Dr. rer. nat., o. Prof. f. Theoret. Physik - Am Roswitha-Denkmal 21, 4320 Hattingen-Blankenstein (T. 3 34 44) - Geb. 12. Juni 1924 Siegburg - Promot. u. Habil. Bonn - Assist. Univ. Bonn, Scholar Royal Soc. London an d. Queen's Univ. Belfast, Visit. Prof. Univ. of Oklahoma, Diätendoz. u. apl. Prof. Univ. Bonn, Prof. Univ. of California, Ord. Univ. Bochum (1963 ff.; 1967/68 Dekan Abt. Physik). Geschäftsf. Dir. Inst. f. Theor. Physik Bochum. Sprecher Sonderforschungsbereich Plasmaphysik Bochum/Jülich, Mitgl. Wiss. Rat KFA Jülich (1963ff.), Dt. Physikal. Ges., American Physical Soc. u. Soc. of Sigma Xi. Üb. 92 Fachveröff. In- u. Ausl. Monographie: Theory of Fully Ionized Plasmas, 1972, Academic Press New York and London, russ. Ausgabe 1974, Verlag Mir; Unters. d. Plasmatrons, 1977; Vacuum Arc Theory, Wiley and Sons, 1980; Editor Springer Series on Atoms and Plasmas, Assoc. Editor: IEEE-Transactions on Plasma Science; Advisory Board, Beitr. aus d. Plasmaphysik; Chairman of the Plasmatechnology Board.

ECKER, Rudolf

Dipl.-Ing., Gesellsch. Bauuntern. Seb. Moser GmbH & Co., u. SF-Bau Moser GmbH & Co., Freiburg, Vize-Präs. Verb. d. Bauwirtsch. Südbaden - Klöckelsberg 11, 7570 Baden-Baden (T. 7 18 53) - Dipl.ex. 1951 TU Karlsruhe - S. 1951 Ind.tätigk. - Spr.: Engl. - Rotarier.

ECKERLAND, Günther

Kaufm. Ang., MdB (1965-76) - Mövenweg 18, 4370 Hamm/W. (T. Marl 43600) - Geb. 14. Nov. 1919 Kreidelwitz/Schles., ev., verh. 1 Kd. - Volkssch.; kaufm. Lehre - 1937-45 Arbeits- u. Wehrdst., 1945-1947 Hilfsarb., 1947-48 Angest. Arbeitsamt Wernigerode, 1948-57 Bergmann, seith. kaufm. Ang. Mitgl. Gemeinde- (1956; 1961 Bürgerm.) u. Amtsrat Marl (1962). SPD (1957 Vors. Ortsverein Hamm).

ECKERT, Alexander

Assessor, Geschäftsführer Vauen, Vereinigte Pfeifenfabriken Nürnberg GmbH, u. Prokurist Vauen, Adolf Eckert KG - Wertingerstr. 18, 8500 Nürnberg 60 - Geb. 30. Okt. 1951 Nürnberg, ev., verh. s. 1981 m. Helga, geb. Mangelsdorf, 2 T. (Anne, Julia) - Stud. Univ. München, Nürnberg (Jura); 1. u. 2. jurist. Staatsex. - Liebh.: Sport, Musik, Fotogr. - Spr.: Engl., Franz.

ECKERT, Alfred

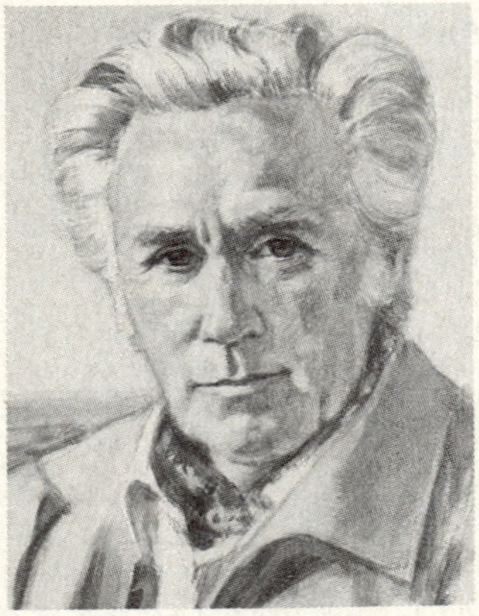

Aeronautik-Historiker, Ballon-Pilot, Redaktion Der Freiballon, Reprotechnikmeister, Graphiker, Maler, Vorstandsmitgl. im Berufsverb. bild. Künstler, Inh. Graph. Kunstanst. Eckert GmbH u. Co. Augsburg - Drentwettstr. 3, 8900 Augsburg (T. 0821 - 41 76 52) - Geb. 18. Mai 1916, verh., T. Ursula - S. 1933 Aktiver i. Widerstand, Gruppe W. v. Knöringen, Rev. Sozialisten, Gestapo Verfolgter - Fachbeirat i. Dt. Museum München. Im 1. Dt. Ballonmuseum in Gersthofen m. üb. 1000 Exponaten vertreten - Erf.: Sicherheitsreißbahn b. Ballonen - BV: Am Himmel ohne Motor; Im Ballon. ZDF-Film: Im Ballon üb. d. Alpen. Pilotenrolle i. Adalb. Stifter-Film Der Condor - Alle nat. u. intern. Ausz. im Ballonsport; die meisten Ballonfahrten in d. Luftfahrtgesch. (900). 1. totale Alpenüberquerung; 2× üb. d. Kanal - Ehrenmitgl. Ballonclub of America; Int. Ges. Leichter als Luft; Traditionsges. Alte Adler; Gold. Ehrennadel d. Stadt Augsburg; Verdienstmed. Stadt Gerothofen.

ECKERT, Dieter

Dr. jur., Ministerialdirigent Bundesmin. f. Jugend, Familie, Frauen u. Gesundheit, Bonn, Honorarprof. f. Lebensmittelrecht Univ. ebd./Landw. Fak. (s. 1977; vorh. Lehrbeauftr.) - Birkenweg 15, 5307 Wachtberg-Niederbachem - Geb. 24. Febr. 1926 Erfurt/Thür. (Vater: Kurt E., Rechtsanw. u. Notar; Mutter: Hildegard, geb. Lederle), ev., verh. s. 1962 m. Elga, geb. Wagner, 2 Kd. (Karin-Sue, Henning) - Univ. Heidelberg u. Berkeley/USA (Rechtswiss.). Promot. 1952 Heidelberg; LL.M. 1957 Berkeley - 1954-59 Justizdst. (1957 LGsrat); s. 1959 Ministerialdst. (gegenw. Leit. Abt. Lebensmittelwesen, Veterinärmedizin BMJFFG) 1979-83 Präs. FAO/WHO Codex Alimentarius Commission; Ehrenmitgl. European Food Law Assoc. - Liebh.: Golf - Spr.: Engl.

ECKERT, Ernst

Dipl.-Ing, Fabrikant, pers. haft. Gesellsch. VAUEN Adolf Eckert KG, Nürnberg - Landgrabenstr. 12, 8500 Nürnberg 70 (T. 42 20 14) - Geb. 6. Juli 1921 Nürnberg. FH (Diplom).

ECKERT, Gerhard

Dr. phil. habil., Schriftsteller - Melusinenhof, 2440 Kükelühn (T. 04382 - 2 65)- Geb. 12. Febr. 1912 Oberlössnitz (Vater: Richard E., Chemiker u. Apoth.; Mutter: Margarethe, geb. Wangemann), verh. s. 1973 in 3. Ehe m. Anneliese, geb. Borchers, 3 Kd. (Peter, Barbara, Heiner) - Promot. 1936 Berlin; Habil. 1941 ebd. - 1936-41 Assist. Inst. f. Ztgswiss. Berlin, 1960 Chefdramat. Freies Fernsehen. 1981 1. Vors. Schriftst. in Schlesw.-Holst. - BV: Üb. 120 Bücher, davon ca. 100 Sachb. (Reisen, Kochen, Tiere), Kunstreiseführer, Erste dt. Fernsehdramat. (1953), D. Kunst d. FS - Liebh.: Tennis, Kochen, Gastron., Sport, Tiere - Spr.: Engl., Franz.

ECKERT, Karl

Elektriker, Bürgermeister - Tannenweg 11, 6613 Eppelborn/Saar (T. 06881 - 6473) - Geb. 15. Febr. 1928 Uchtelfangen/Saar, kath., verh. - Obersch. Lebach; 1945-47 Elektroinstallationslehre, Meisterprüf. Elektroinst. (1957) u. -mech. (1963) - B. 1955 opt. Ind. (Betriebsratsvors.), dann Univ. d. Saarl. (Inst. f. Metallforsch. bzw. -physik; 1960 Personalratsvors.). 1965-75 MdL Saarl. S. 1948 CVP (Ortsvors.) bzw. CDU (1958 stv. Orts-, 1964 Bezirksvors. Amtsverb. Eppelborn).

ECKERT, Kurt

Dr.-Ing., Dipl.-Ing., Direktor, Vorstandsmitgl. Dortmunder Stadtwerke AG - Deggingstr. 40, 4600 Dortmund 1 (T. 0231 - 5 55-33 30) - Geb. 14. Nov. 1934 Rheydt, ev., verh. s. 1958 m. Martha, geb. Truß, 2 Kd. (Ralf, Ellen) - Human. Gymn. Rheydt-Odenkirchen (Abit. 1955); Stud. Bauing.wesen RWTH Aachen (Dipl. 1962); Promot. 1968 RWTH Aachen - Forschungsing.; 1966-68 Hauptabt.leit. Aachener Straßenbahn- u. Energieversorgungs-AG; s. 1969 Dortmunder Stadtwerke AG (1969 Abt.leit., 1970 Prok., 1975 Betriebsdir., 1983 Dir. u. Vorst.-Mitgl.) - Liebh.: Hochseesegeln - Spr.: Engl., Niederl.

ECKERT, Oskar

Vorstandsmitgl. Bayer. Landesanst. f. Aufbaufinanzierung, München - Klementinenstr. 9, 8000 München 23 (T. 348845) - Geb. 24. Febr. 1917 Saal.

ECKERT, Theodor

Dr. rer. nat., o. Prof. f. Pharmaz. Technologie - Birkenweg 45, 4400 Münster/W. (T. 31868) - Geb. 29. März 1924 Frankfurt/M. - Promot. u. Habil. Frankfurt - S. 1961 Lehrtätigk. Univ. Frankfurt u. Münster (1968 Ord. u. Inst.sdir.). Fachaufs.

ECKERT, Walter Ludwig

Steuerberater, Rechtsbeistand (RAK), Gf. Gesellsch. WIRTSCHAFTSPRÜFUNG Treuhand-, Revisions- u. Unternehmensberat.-Ges. mbH Wirtschaftsprüfungsges. u. Steuerberatungsges. Heidelberg u. Stuttgart (s. 1969), Gf. Gesellsch. STEUERBERATUNG Treuhand-, Revisions- u. Berat.-Ges. f. Steuerrecht mbH Steuerberat.-Ges. Heidelberg, Pforzheim u. Stuttgart (s. 1977) - Seitzstr. 23-25, 6900 Heidelberg 1 (T. Sa.-Nr. 4 99 66, Telex 46 16 70, Telefax 06221 - 4 30 10) - Geb. 16. Juli 1924 Mainz (Vater: Ludwig E., Beamter; Mutter: Sophia, geb. Deller), 3 Kd. (Michael, Jutta, Kristine) - S. 1962 Präs. Steuerberaterkammer Nordbad., Heidelberg u. Vizepräs. Bundessteuerberaterk., Bonn, s. 1967 Stv. Vorst.-Vors. DATEV, Nürnberg; Präs. d. VR WPG WIRTSCHAFTSPRÜFUNG Treuhand-AG, Zürich; VR-Mitgl. Verw.- u. Wirtsch.-Akad. Bad., Karlsruhe; s. 1979 VR-Mitgl. Öfftl. Versich.-Anst. d. Bad. Spark. (ÖVA), Mannheim - Herausg.: Kommentar Steuerberatergebührenverordnung. Mithrsg.: D. steuerliche Betriebsprüfung, Dt. Steuerrecht u. DSWR - 1984 Gr. BVK - Liebh.: Golf - Spr.: Engl.

ECKERT, Willi

Vorsitzender Dt. Rugby-Verband - An der Christuskirche 17, 3000 Hannover 1 (T. 0511 - 701 00 10) - Geb. 7. Jan. 1937, verh. s. 1964 m. Margret, geb. Linke, 2 T. (Natascha, Andrea).

ECKES, Konrad

Dr. phil., Prof. f. Allg. Didaktik u. Grundschulpädagogik Erziehungswiss. Hochschule Rheinl.-Pf./Abt. Landau (s. 1972) - Am Tanneneck 21, 6551 Spabrücken - Geb. 5. Mai 1917 Sommerloch - Promot. 1959 Mainz - Zul. Doz. PH Landau - BV: D. Weg aus d. Verwahrlos. bei Father Flanagan u. A. S. Makarenko, 1959; Schule zw. Auslese u. Fördern, 1971.

ECKEY, Horst

Ltd. Regierungsdirektor, gf. Dir. Dt. Oper Berlin - Richard-Wagner-Str. 10, 1000 Berlin 10.

ECKEY, Wilfried

Dr. theol., o. Prof. f. Ev. Theologie u. ihre Didaktik Univ./GH Wuppertal (s. 1972) - Zur Kaisereiche 8c, 5600 Wuppertal-Cronenberg (T. 40 01 42) - Geb. 9. Juni 1930 - S. 1961 PH Wuppertal, 1965-72 PH Rheinl. (1968/69 Rektor), 1973-83 Konrektor f. Stud. u. Lehre, 1977-84 stv. Leit. Staatl. Prüf.amt f. 1. Staatsprüf. f. Lehrämter an Schulen in Düsseldorf, s. 1977 Mitgl. Landessynode d. ev. Kirche im Rhld.

ECKHARD, Fred

Dr. phil., Geschäftsführer Ruhrfestspiele Recklinghausen GmbH, Recklingh. (s. 1977), Mitgl. Abt. Medien, Kultur, Freizeit, DGB-Bundesvorst., Düsseldorf - Haynstr. 19, 2000 Hamburg - Geb. 3. Okt. 1936 - Tanzpädagoge, Präs. d. Tanzkomitees f. d. Bundesrep. Dtschl.

ECKHARDT, Albrecht

Dr. phil., Ltd. Archivdirektor Staatsarchiv Oldenburg - Damm 43, Staatsarchiv, 2900 Oldenburg (T. dstl. 0441 - 2 54 64 u. 2 61 67) - Geb. 3. Nov. 1937 Bad Godesberg (Vater: Dr. Karl August E., Univ.-Prof.; Mutter: Ilse, geb. Thiel), ev., verh., 2 Kd. - Stud. Gesch., Latein Univ. Göttingen, Freiburg, Marburg; Staatsex. f. höh. Lehramt u. Promot. 1962 Göttingen, 2. Staatsprüf. 1964 Marburg (Archivass.) - 1965-77 Staatsarchiv Darmstadt; 1977 Oldenburg (Archivdir.); 1981 Ltd. Archivdir. - BV: D. Lüneburger Kanzler B. Klammer u. s. Compendium juris, 1964; D. oberhess. Klöster, Regesten u. Urkunden, Bd. 2 1967; Bd. 3, 1-2 1977/88; Arbeiterbew. u. Sozialdemokr. im Großherzogtum Hessen, 1976; Univ.archiv Gießen, Urkunden 1976; D. Hess. Staatsarchiv u. d. Stadtarchiv in Darmstadt, 1969 u. 1975; Oldenburger Landtagsreden 1848-1946, 1978; Brake - Gesch. d. Seehafenstadt an d. Unterweser, (Hrsg.) 1981; Werksverz. Karl August Eckhardt, 1979; Lex Frisionum, 1982; Birkenfelds Weg vom oldenburg. Landesteil z. preuß. Landkr., 1983; Oldenburg u. d. Gründ. d. Landes Nieders., 1983; D. Deichatlas d. Joh. Conr. Musculus v. 1625/26, 1985; Gesch. d. Landes Oldenburg, (Hrsg.) 1987, 1988; Veröff. zahlr. Repertorien u. Findb. d. Staatsarchive Darmstadt u. Oldenburg - Mitgl. v. fünf hist. Kommiss. in Hessen u. Nieders.

ECKHARDT, Andreas

Dr., Generalsekretär Dt. Musikrat/Sektion BRD im Intern. Musikrat, Geschäftsf. Arbeitsgem. Musikerziehung u. -pflege d. Dt. Musikrates - Zu erreichen üb. Deutscher Musikrat, Am Michaelshof 4a, 5300 Bonn 2.

ECKHARDT, Bernd

Schauspieler, Autor, Musikverleger, Songwriter, Regisseur - Elisabethstr. 39, 8000 München 40 (T. 089 - 271 32 53) - Geb. 30. Dez. 1944 Neuwied, ev., gesch., Tocht. Leoni - Stud. Theaterwiss. u. German. Univ. Berlin-Tübingen, Filmhochsch. München - Theaterregie - BV: Monogr. üb. Brigitte Bardot, R. W. Fassbinder, Kl. Kinski, Ingrid Bergman, John Wayne, Romy Schneider, Mae West, John Huston, Dustin Hoffman, alle ersch. 1982/83; Chavez d. Flieger, R. 1961; Gesch. v. kindgebliebenen Erwachsenen, Erz. 1969; D. Zerreissprobe, R. 1984; Drehb., Erz., Lyrik, Übers. - Rollen in folg. Filmen: Hostage; D. As d. Asse; La piscine; Le coup; D. Clan d. Sizilianer; La route de Corinth; Corridor of Fear; D. Spider Murphy Gang u. a. Rollen im FS: Verkehrsgericht; D. Alte; Tegtmeier klärt auf; Leutersbronner Gesch.; E. Stück Himmel; D. Hausschaf;

Rosowski u. a. Div. Rollen b. Bühne u. Kabarett.

ECKHARDT, Franz-Jörg
Dr. phil. nat., Prof. u. Direktor Bundesanst. f. Geowissenschaften u. Rohstoffe, Hannover-Buchholz, apl. Prof. f. Mineral. Univ. Hannover - Weimarer Allee 32, 3000 Hannover – Geb. 29. März 1929 Elbing (Vater: Conrad E.; Mutter: Margarete, geb. Schiller), ev., verh. s. 1954 m. Erika, geb. Dorn, 3 Kd. - Dipl.-Mineral. 1953 Univ. Frankfurt, Promot. 1957 ebd., Habil. 1968 Univ. Hannover - 1953 Amt f. Bodenforsch. Hannover (heute Bundesanst. f. Geowiss. u. Rohst.); 1972 Leit. Abt. Lagerstättenprospekt., Mineral. u. Petrogr.; s. 1975 apl. Prof. Univ. Hannover.

ECKHARDT, Fritz
Prof., Schauspieler, Autor - Peter-Rosegger-Str. Nr. 30, A-3400 Klosterneuburg (Österr.) - Geb. 30. Nov. 1907 Linz/D. (Eltern: Viktor u. Helene E., beide Schausp.), verh. s. 1945 m. Hilde, geb. Eder - Gymn.; Kunstakad. - Viele Theaterengagements (u. a. Volkstheater u. Theater in d. Josefstadt Wien, Kammersp. München). Spez. heitere Charakterrollen. Üb. 25 aufgef. Theaterst.; div. Filme; viele Fernsehsp. u. -serien - 1973 Österr. Prof.-Titel - Spr.: Engl.

ECKHARDT, Hanskarl
Dr.-Ing., Abteilungsvorsteher, Prof. f. Berechnung u. Konstruktion elektr. Maschinen TU Braunschweig (s. 1968) - Stettinstr. 27, 3300 Braunschweig.

ECKHARDT, Juliane
Dr. phil., Prof. f. Germanistik Univ. Oldenburg - Glatzer Str. 5, 2857 Langen (T. 04743 - 67 12) - Geb. 15. Aug. 1946 Langen (Vater: Rolf E., techn. Angest.; Mutter: Marianne, geb. Elfers), ledig - 1969 u. 1972 1. u. 2. Staatsprüf. f. Lehramt an Hauptsch.; 1973-78 Stud. German. (Promot.); Habil. 1981 - 1969-73 Lehrerin Langen; 1978-81 Lehrbeauftr. Univ. Oldenburg; 1981-82 Privatdoz.; s. 1982 Prof. Univ. Oldenburg - BV: D. Lehrplan d. Deutschunterr. Lernbereichskonstruktion u. Lernzielbestimm. unt. ges.-hist. Aspekt, 1979; Theorien d. Deutschunterr., (Mithrsg.) 1980; Reform d. Aufsatzunterr., Rezeption u. Prod. pragmat. Texte als Lernziel, (m. a.) 1980; Kurt David. D. Überlebende, (Hrsg.) 1980; Zeitgenöss. Lit. im Deutschunterr., (Hrsg.) 1981; D. ep. Theater, 1983; Kinder- u. Jugendlit., 1987.

ECKHARDT, Ulrich
Dr. rer. nat., Prof. f. Mathematik, insb. Angew. Funktionalanalysis, Univ. Hamburg (s. 1978) - Isestr. 23, 2000 Hamburg 13 - Geb. 31. Dez. 1939 Niederpöllnitz (Vater: Alfred E., Pfarrer; Mutter: Elsa, geb. Vent), verh. s. 1965 m. Karin, geb. Rosenfeldt, 2 T. (Karin, Susanne) - 1959-67 Univ. Gießen u. Hamburg (Astronomie, Math.). Promot. (1972) u. Habil. (1978) Aachen - 1972-78 wiss. Mitarb. KFA Jülich; 1978 Prof. f. Math. Univ. Bayreuth; 1982-88 Dir. Regionales Rechenzentrum Univ. Hamburg - Spr.: Engl., Russ.

ECKHARDT, Ulrich
Dr. jur., Intendant u. Geschäftsf. Berliner Festspiele GmbH (s. 1973) - Zu erreichen üb. Berliner Festsp., Budapester Str. 50, 1000 Berlin 50 - Geb. 1934 Rheine/W. - Stud. Dirigieren u. Jura - 1969-72 Kulturref. Stadt Bonn - 1984 Beauftr. 750-Jahrfeier Berlins 1987.

ECKHARDT, Wolfgang
Dr. rer. pol., Prof. f. Schulpädagogik u. Allg. Didaktik PH Karlsruhe - Friedrichstr. 5, 7148 Remseck 2 - Geb. 29. Juni 1942 Sigmaringen - Dipl.-Hdl. (1968) u. Promot. (1971) Mainz - BV: Bildungsökonomie - Entwicklung/Modelle/Perspektiven, 1978.

ECKHARDT, Wolf-Rüdiger
I. Bürgermeister - Rathaus, 8805 Feuchtwangen/Mfr. - Geb. 22. Dez. 1941 Gelnhausen - Jurist.

ECKMANN, Friedrich
Dr. med., Prof., Ltd. Medizinaldirektor, Ärztl. Dir. Landeskrkhs. Schleswig-Stadtfeldt - Oldensworth 24, 2380 Schleswig - Geb. 20. April 1926 Schlangenfließ/Ostpr. - B. 1975 Privatdoz., dann apl. Prof. Univ. Kiel (Psychiatrie). Facharb.

ECKMANN, Hans-Heinrich
Oberkreisdirektor (Landkr. Schaumburg) - Martin-Luther-Str. 8, 3060 Stadthagen (T. 05721 - 703359) - Geb. 22. Dez. 1927 - Mitgl. AR Elektrizitätswerk Minden-Ravensberg GmbH - Rotarier.

ECKSTEIN, Brigitte
Dr. rer. nat., Prof., Kristallphysikerin - Brückstr. Nr. 32, 5100 Aachen - Geb. 31. Okt. 1926 - S. 1965 (Habil.) Privatdoz., Doz., apl. Prof., Wiss. Rätin u. Prof. TH Aachen. Facharb., Arb. a. d. Geb. d. Hochschuldidaktik, u. a. Einmaleins der Hochschullehre, 1978; Individualpsych. Beraterin, 1976; einschlägige Publ.

ECKSTEIN, Charlotte
Dr. jur., Bundesrichterin am Bundesverwaltungsgericht (s. 1971) - Hardenbergstr. 31, 1000 Berlin 12 - Geb. 17. Jan. 1926 - 1946-49 Univ. Leipzig (Promot. 1950) - Zul. Ministerialr. Bundesinnenmin.

ECKSTEIN, Friedrich
Dr.-Ing., Prof. f. Fertigungstechnik u. Werkzeugmaschinen - Jahnstr. 6, 6101 Fränkisch-Crumbach - Geb. 26. Dez. 1933 Darmstadt - Promot. 1964; Habil. 1968 - S. 1968 Doz. u. Prof. (1971) TH Darmstadt - BV: Gleichartigkeit mechan. Trennvorgänge, 1969. Üb. 30 Einzelarb.

ECKSTEIN, Fritz
Dr. rer. nat. (habil.), Prof., Wiss. Mitarb. MPI f. Exper. Medizin, Göttingen - Hermann-Rein-Str. 3, 3400 Göttingen - B. 1975 Privatdoz., dann apl. Prof. Univ. Göttingen (Organ. Chemie).

ECKSTEIN, Klaus
Dr., Fernsehjournalist, Redakt. Abt. Kultur u. Ges. ZDF, Mainz - Zu erreichen üb. ZDF, 6500 Mainz-Lerchenberg - Geb. 1927 München - Stud. München - Regiss. Peter-v.-Zahn-Prod., dann ZDF-Korresp. Washington u. Rio de Janeiro (1966).

ECKSTEIN, Wolfgang
Hauptgeschäftsführer Verb. d. Bayer. Bekleidungsind., Verb. Dt. Lederbekleidungsind., Modekreis München, Verb. Dt. Mode-Designer, Vorst.-Vors. Förderverein d. Staatl. Fachsch. f. Bekleidungsind. Naila, Geschäftsf. Bekleidungsind.-Service GmbH (B.I.S.) - Gewürzmühlstr. 5, 8000 München 22 (T. 29 33 81) - Geb. 15. Febr. 1927 (Vater: August E., Kaufm.; Mutter: Kläre, geb. Schwabacher), verh. s. 1954 m. Renate, geb. Beck - Univ. Erlangen, Würzburg, München (Rechtswiss., Nationalök., Psych.). Öfftl. best. u. vereid. Sachverst., 1967ff. Hgf. Verb. d. bayer. Bekleidungsind. - BV: Mit der Welt auf Du und Du, 1987 - 1969 Gold. Stecknadel Club Mode- u. Textilpresse, 1983 Ehrenbürger v. Orlando - Florida, 1984 BVK, 1987 Ehrenplak. Bayer. Ind.

ECKSTEIN, Wolfram
Dr. rer. pol., Dipl.-Kfm., Geschäftsführer Bundesverb. Dt. Leasing-Gesellschaften/BDL (1982ff.) - Heilsbachstr. 32, 5300 Bonn 1 (T. 0228 - 64 10 33) - Geb. 12. Nov. 1937 Bremen (Vater: Eugen E., Metallbildh.; Mutter: Auguste, geb. Zirkler), ev., verh. s. 1964 m. Erika, geb. Jenssen, 3 Kd. (Wiebke, Ellen, Niels) - Stud. Betriebsw. Hamburg u. Saarbrücken. Dipl.-Kfm. 1961; Promot. 1965 - 1968-69 Forschungsaufenth. Univ. of Michigan, dann ltd. Tätigk. Daimler-Benz, ab 1974 Generalsekr. Monopolkommiss. Veröff. z. Kartell- u. Konzentrationspolitik sow. Leasing - Spr.: Engl.

ECKSTRÖM, Wilhelm
Senator - Goosacker 25, 2000 Hamburg 53 - Geb. 9. Febr. 1921 Hamburg, verh. - Mittelsch.; Schlosserhandw. - 1941-45 Kriegsmarine; Kranführer; Werkzeugkontrolleur; ab 1953 Schlosser Hbg. Wasserwerke; 1966-75 Senator f. Ernährung u. Landw., 1975 ff. f. Vermögen u. Öff. Untern. 1953-1970 Mitgl. Hambg. Bürgerschaft (zeitw. Fraktionsgeschäftsf.). SPD.

EDDING, Friedrich
Dr. phil., em. Prof. f. Bildungsökonomie TU Berlin, Mitgl. Max-Planck-Inst. f. Bildungsforschung, Berlin - Beerenstr. 49b, 1000 Berlin 37 (T. 802 77 57) - Geb. 23. Juni 1909 Kiel, ev., verh. s. 1938 m. Irmgard, geb. Kohrs, 2 Kd. (Cornelia, Thomas) - Gymn. Kiel; Univ. Bonn, Berlin, Kiel (Promot. 1934) - Ab 1936 Mitarb. Statist. Reichsamt, Berlin, 1948-59 wiss. Dezern. Inst. f. Weltw. Univ. Kiel, 1959-64 o. Prof. Hochsch. f. Intern. Päd. Forsch., Frankfurt/M., seith. wie oben - BV: Intern. Tendenzen in d. Entwickl. d. Ausgaben f. Schulen u. Hochschulen, 1958 (Kieler Studien Nr. 47); Ökonomie d. Bildungswesen - Lehren u. Lernen als Haushalt u. Investition, 1963 (Freiburger Studien zu Politik u. Soziol.); Methods of Analysing Educational Outlay, 1966 (UNESCO, Statistical reports and studies, ST/S/11, Paris), Auf d. Wege z. Bildungsplanung, 1970; Reform d. Reform (m. H. Hamm-Brücher), 1973; Pädagogik i. Selbstdarstellungen (Beitrag), 1978. (Mithrsg.) Kosten u. Finanzierung d. außerschulischen berufl. Bildung - Liebh.: Gärtnerei - Spr.: Engl., Franz. - Lit.: Festschr. z. 60. Geburtstag (Bildungsökonomie - E. Zwischenbilanz, dt./engl.); E. Lämmert u. a.: Was heißt Bildungsökonomie? in: Neue Sammlung, hg. 1980 (Reden anl. d. Verleihung d. Dr. rer. pol. h. c. durch d. FU Berlin).

EDEL, Elmar
Dr. phil., em. o. Prof. f. Ägyptologie Univ. Bonn (s. 1965) - Blücherstr. 8, 5300 Bonn (T. 21 99 33) - Geb. 12. März 1914, kath., verh. s. 1948 (Ehefr.: Angelika) - Univ. Heidelberg u. Berlin (Promot. 1941), Habil. 1947 Heidelberg; emerit. 1982 - BV: Altägypt. Grammatik, 2 Bde. 1955/64 (Rom); D. Inschriften a. d. Jahreszeitenreliefs der „Weltkammer“ aus dem Sonnenheiligtum des Niuserre 1961/3; D. Felsengräber d. Qubbet el Hawa b. Assuan, 5 Bde. 1967, 1970, 1971, 1975, 1980; D. Ortsnamenlisten aus d. Totentempel Amenophis III., 1966; D. Ägypt. Ärzte u. ägypt. Med. am hethit. Königshof, 1976; Mitverf.: Textb. z. Gesch. Israels (3. A. 1979); D. Jahreszeitenreliefs a. d. Sonnenheiligtum des Königs Ne-userre (1 Bd.) 1974 - Korr. Mitgl. Dt. Archäol. Inst. Berlin (1953), Korr. Mitgl. Akad. d. Wiss. Göttingen (1960), o. Mitgl. Dt. Archäol. Inst. Berlin (1960), o. Mitgl. Rhein.-Westf. Akad. d. Wiss. Düsseldorf (1970); Korr. Mitgl. d. Inst. d'Egypte, Kairo (1977), Korr. Mitgl. Österreich. Akad. d. Wiss. Wien (1979), o. Mitgl. Accademia Mediterranea delle Scienze in Catania (1982).

EDEL, Gottfried
Dr. phil., Journalist, Schriftst. - Postfach 1867, 6500 Mainz (T. 23 16 53 u. 4 23 34) - Geb. 14. Febr. 1929 Adlerhorst/OS. (Vater: Goetz-Gernot E., landw. Sachverst.; Mutter: Elfriede, geb. Scheurich), ev., verh. m. Mechthild, geb. Krebs, 2 Töcht. (Sabine, Susanne) - Relig. u. Kunstwiss., Phil. u. Gesch., Mitarb. Inst. Europ. Gesch. Mainz 1955-61, Lehrer Goethe-Inst. Rothenburg o. d. T. 1961-63, Kulturredakt. ZDF Mainz, s. 1963 - Vors. Akad. f. Weltkultur; Moderator Leibniz-Forum Mainz; Sekr. Europa-Begegn. Mainz; Herausg.: Areopag-Jahrb. f. Kultur u. Kommunik.; Christl. Musterreden - BV: D. gem.-kath. Erbe b. jg. Luther, 1962; Zyklus m. Sternen, Ged., 2. A. 1963; Amadeus, Ess. 1963; Erziehg. z. Freiheit d. Freiheitsentzug, 1969; Zyklus u. Torso, Ged. 1971; Mehr Tierliebe f. d. Menschen, Aphor., 2. A. 1974; Prosa heute, 1975; D. Rettung d. Dinge. Einblicke in d. Kosmol., Ess. 1975; D. Geburt d. Erkenntnis aus d. Gestalt des Poems. Zwanzig J. Akad. f. Weltkultur, 1987. Fernsehfilme: u. a. Jan Hus, Calvin, Erasmus, Jacob Böhme, Dostojewskij, Nietzsche, Reformation, Luther, Schleiermacher, Christoph Blumhardt, Nathan Söderblom, Heinrich Schütz, Riemenschneider, Grünewald, Holbein, Cranach, Dürer, Chagall, Barlach, Augustinus, Pascal, Franz. Revolution, Christen in China, Gott in Rußland, ... in Amerika, ... in Griechenland, ... in Asien, ... in Afrika, ... in Lat.-Amerika, ... in Australien, ... in Israel. D. Nachtgespräch: FS-Dialoge m. Walter Jens, Manès Sperber, Luise Rinser, Gabriele Wohmann, Joseph Pieper, Will Quadflieg, Karl Barth, Werner Heisenberg, Martin Niemöller u. a. - 1. UNDA/WACC-Preis f. Fernseh-Orator. „Genesis“ 1969 Monte Carlo, Jakob-Boehme-Ehrengabe 1974 Görlitz - Spr.: Engl., Franz., Russ.

EDEL, Otto
Sachbearbeiter, MdA Berlin (s. 1985) - Regensburger Str. 30A, 1000 Berlin 30 (T. 030 - 211 87 74) - Geb. 26. Juni 1943 Pegau/Sachsen, verh. s. 1967 m. Ute, geb. Dmoch, T. Heike - Mittl. Reife; Lehre als Schaufenstergestalter; Umschul. z. Programmierer; Verwaltungsdipl. 1976 Verwaltungsakad. Berlin - Sachbearb. Dt. Inst. f. Urbanistik (b. 1985, beurl.). 1979-85 Mitgl. Bezirksverordnetenvers. Berlin-Schöneberg. SPD s. 1972 (Vors. Schöneberg s. 1980) - Spr.: Engl.

EDELBROCK, Karlheinz
Ing. (grad.), MdL Nordrh.-Westf. (s. 1975) - Velsenstr. 18, 4660 Gelsenkirchen/Buer (T. 6022328; priv. 65971) - Geb. 10. Okt. 1928 - SPD.

EDELING, Curt
Dr.-Ing., Ehrenpräs. IHK Essen - Waldsaum 37, 4300 Essen-Stadtwald (T. 44 16 81) - Geb. 14. Nov .1913 Wilhelmshaven (Vater: Carl E.; Mutter: Martha, geb. Goldschmidt), verh. 1944 m. Irmgard, geb. Schleiermacher - S. 1943 Th. Goldschmidt AG., Essen (1955 Vorstandmitgl., 1968-81 Vors.; 1981-83 AR; 1983 ff. Vors. AR); Vors. Haus Industrieform, Essen - Spr.: Franz., Engl. - Rotarier - Bek. Vorf.: Urgroßväter: Begründ. ob. Chemieuntern. u. Begründ. Hoffmann's Stärke, Bad Salzuflen.

EDELSTEIN, Wolfgang
Dr., Prof., Direktor am Max-Planck-Inst. f. Bildungsforsch. - Malvenstr. 1, 1000 Berlin 45 - Geb. 15. Juni 1929 Freiburg/Br., verh. s. 1980 m. Dr. Monika, geb. Keller, 2 Kd. (Anna Lilja, Benjamin Tomas) - Schulb. u. Abit. in Reykjavik/Island; Stud. Univ. Grenoble, Paris; licence ès-lettres 1953, Promot. 1962 Heidelberg - 1961-63 Studienleit. Odenwaldsch.; 1966-69 Mitgl. d. Experimentalaussch. d. Dt. Bildungsrats; 1966-84 Chief Scientific Advisor d. isländ. Kultusmin.; 1973 Wiss. Mitgl. d. Max-Planck-Inst. f. Bildungsforsch.; 1981 Mitgl. d. Kolleg. u. Dir. am MPIfB; 1983 Hon.-Prof. FU Berlin; 1980 u. 1983/84 Gastwiss.ler Harvard Univ. - BV: Eruditio u. Sapientia. Weltbild u. Erzieh. in d. Karolingerzeit, 1965; Explorations in Social Inequality. Stratification Dynamics in Social and Individual Development in Iceland (m. S. Björnsson), 1977; Skóli, nám og samfélag (Schule, Lernen u. Ges.), 1988 - Spr.: Engl., Franz., skandinav. Sprachen.

EDEN, Allrich
Chefredakteur Trierischer Volksfreund Trier - Tannenweg 50, 5500 Trier (T. 0651 - 6 68 83) - Geb. 27. Okt. 1924, ev., verh. s. 1951, 2 Kd. (Katja, Patrick) - Stud. Volkswirtsch. u. Gesch. - S. 1951 journ. tätig, 2 J. in USA u. Kanada; Ressortleit. u. Chefredakt. an dt. Tageszgt. - BVK I. Kl. u. Ausz. v. mehre-

ren Berufsverb. - Liebh.: Lit., Tennis - Spr.: Engl.

EDEN, Haro
Dr. jur., Dipl.-Kfm., Hauptgeschäftsführer Handelskammer Deutschl.-Schweiz - Rütistr. 6, CH-8702 Zollikon (T. 00411 - 391 78 47) - Geb. 24. Febr. 1941 Lübeck, verh. m. Nikoleta, geb. Kravarovic, 3 Kd. (Irena, Marko, Philipp) - Stud. Rechtswiss., Sprachen u. Betriebwirtsch. Marburg, München, Freiburg, Hamburg u. Nürnberg; 1. jurist. Staatsex. 1965, 2. jurist. Staatsex. 1970, Promot. 1967 alle Hamburg, Dipl.-Kfm. 1970 Nürnberg - 1970-82 Rechtsanwalt, 1970-76 kaufm. Prokurist H. Maihak AG, Hamburg; 1976-78 im Auftr. d. DEG Köln Berater b. tunes. Wirtschaftsmin., Amt f. Investitionsförd.; 1979 Gründ. Dt.-Tunes. IHK in Tunis u. Leitg. b. 1984. S. 1984 Hauptgeschäftsf. d. Handelsk. Dtschl.-Schweiz in Zürich - 1984 Commandeur d. VO. d. Rep. Tunesien - Liebh.: Reisen, Malerei, Jazzmusik (aktiv).

EDENHOFER, Peter
Dr.-Ing., Prof. f. Antennen Univ. Bochum/Abt. f. Elektrotechnik (s. 1976) - Unterfeldstr. 21, 4630 Bochum 1 - Geb. 15. Jan. 1938 Leipzig, ev., verh. s. 1962 m. Sigrid, geb. Siegrist, 2 Kd. - Rupprecht-Oberrealsch. u. TU München (Dipl.-Ing. 1963; Promot. 1967) - 1963-76 Wiss. Mitarb. DFVLR, Oberpfaffenhofen.

EDER, Franz Xaver
Dr. h.c., Bischof v. Passau (s. 1984) - Residenzpl. 9, 8390 Passau - Geb. 1925 - Regens Priestersem. St. Stephan u. Domkapitular Passau; 1977-84 Weihbischof Diözese Passau.

EDER, Franz Xaver
Dr.-Ing., Prof., Direktor i.R. Zentralinst. f. Tieftemperaturforsch. Bayer. Akad. d. Wiss., München (s. 1960), Honorarprof. TH München (s. 1962) - Halmstr. 15a, 8000 München 70 (T. 781502) - Geb. 1. Febr. 1914 München (Vater: Franz E., Bahnbeamter; Mutter: Maria, geb. Ertl), ev., verh. s. 1954 m. Rosemarie, geb. Reinhardt, 2 Töcht. (Monika, Christiane) - Oberrealsch. u. TH München (Physik; Diplomprüf. 1937). Promot. 1941; Habil. 1947 - U. a. Prof. m. Lehrstuhl Humboldt-Univ. Berlin (1953); s. 1960 Honorarprof. TU München; Korr. Mitgl. Österr. Akad. d. Wiss. (s. 1972) - BV: Moderne Meßmethoden d. Physik, 3 Bde. 1952/56/72; Arbeitsmeth. d. Thermodynamik, Bd. I, 1981, Bd. 2, 1983 - 1984 BVK - Liebh.: Tischlern, Malen, Musizieren - Spr.: Engl., Franz., Ital.

EDER, Fritz
Fabrikant (Mitinh. Brauerei Eder oHG., Großostheim), Präs. IHK Aschaffenburg - Aschaffenburger Str. 3, 8754 Großostheim/Ufr. (T. 06026 - 801, 802, 4007) - Geb. 6. März 1922 Großostheim (Vater: Jakob E., Brauereibes.; Mutter: Berta, geb. Schwind), kath., verh. s. 1952 m. Ingrid, geb. Pein, 2 Kd. (Friedbert, Christina).

EDER, Gustav
Gastronom - Hilssteig 4, 1000 Berlin 37 (T. 8134591) - Geb. 25. Dez. 1907 Bielefeld/W. (Vater: Gustav E., Bauunternehmer; Mutter: Anna, geb. Stölting), gottgl., verh. in 2. Ehe s. 1942 m. Eva-Maria, geb. Graetz, S. Peter - 1928-49 Berufsboxer (162 Kämpfe im Weltergewicht, dav. 121 Siege (59 durch k. o.) u. 25 Unentschieden; 19 J. Dt. Meister, 1934-36 Europam., Titel 9 × verteidigt, durch USA-Aufenth. aberk.) - 1967 Gold. Ehrennadel Bund Dt. Berufsboxer.

EDER, Heinz
Dr. med. vet., Prof. f. Veterinärphysiologie - Finkenweg 38, 6301 Linden-Leihgestern - Geb. 8. Dez. 1925 - Promot. (1953) u. Habil. (1967) Gießen - S. 1970 Ord. u. Institutsdir. Univ. Gießen. Üb. 50 Facharb.

EDER, Josef
Geschäftsführer ERMA-Werke Waffen- u. Maschinenfabrik GmbH - Johann-Ziegler-Str. 13-15, 8060 Dachau/Obb.; priv.: Anton-Burgmeier-Str. 3a - Geb. 18. März 1929 - Obering.

EDER, Max
Dr. med., o. Prof. f. Allg. Pathologie u. Pathol. Anatomie - Emil-Dittler-Str. 8, 8000 München 71 (T. Inst.: 266023) - Geb. 17. März 1925 Landshut/Isar (Vater: Dr. Friedrich E., Reg.-Dir.; Mutter: Berta, geb. Wirth), verh. s. 1945 m. Karen, geb. Schjerning, T. Ingrid - Gymn.; Univ. Berlin, Marburg, München (Med.). Promot. (1949) u. Habil. (1956) München - 1956-66 Privatdoz. u. apl. Prof. (1962) Univ. München (zul. Konservator Pathol. Inst.); 1966-70 Ord. u. Inst.dir. Univ. Köln; s. 1970 Ord. u. Inst.vorst. Univ. München - 1983 BVK I. Kl.

EDER, Rolf
Dipl.-Volksw., Geschäftsführer Bundesverb. Sonderabfallwirtsch. (BPS), Bonn - Am Weiher 11, 5300 Bonn 3 - Geb. 31. März 1936 - Geschäftsf. CEADS Europ. Vereinig. d. Sonderabfallwirtsch., Brüssel; Vorst.-Mitgl. EICA Europees Informatiecentrum Chemische Afvalstoffen, Rotterdam, VDG Vereinig. Dt. Gewässerschutz, Bonn.

EDER, Walter
Dr. phil., M. A., Prof. f. Alte Geschichte FU Berlin - Sponholzstr. 26, 1000 Berlin 41 - Geb. 2. April 1941 - Promot. 1969, Habil 1978 - 1971ff. Prof. - BV: D. vorsullan. Repetundenverfahren, 1969; Servitus publica, 1981 - 1981/82 Fellow am Center for Hellenic Stud. d. Harvard Univ., Washington, D.C.; 1988/89 Member am Inst. for Advanced Study, Princeton, N.J.

EDERLEH, Jürgen
Dr., Geschäftsführer Hochsch. Informations System GmbH, Hannover (s. 1986) - Helweg 5, 3017 Pattensen 1 (T. 05101 - 1 38 08) - Geb. 22. Nov. 1940, ev., verh. s. 1970 m. Christel, geb. Rueckert, 2 S. (Lars, Lennart) - 1958-60 Lehre als Bankkfm.; 1960-65 Stud. Betriebsw. Univ. Hannover u. Göttingen; Promot. 1969 Göttingen - 1968-69 wiss. Assist. Univ. Göttingen - BV: Nicht-numerische Informationsverarbeitung, 1969 - Spr.: Engl., Franz.

EDINGER, Ludwig
Dipl.-Kfm., Dipl.-Hdl., Univ.-Prof. f. Betriebswirtschaftslehre, insb. Finanzierung u. Investition sow. Betriebswirtschaftl. Steuerlehre, Univ. Wuppertal - GH - Akazienweg 3, 5628 Heiligenhaus - Geb. 7. Sept. 1921 Kaiserslautern (Vater: Philipp E.; Mutter: Elisabeth, geb. Schluckebier), neuapost., verh. s. 1946 m. Irmgard, geb. Fanselau, 4 Kd. (Brigitte, Hannelore, Reinhard, Winfried) - Wittelsbach-Obersch. München (Abit.); Banklehre; Univ. Köln (Wirtschafts- u. Sozialwiss.). Beide Dipl. Köln (1949 Hdl. u. 50 Kfm.) - B. 1970 Studiendir., dann Hochschullehrer - BV: Betriebl. Steuerlehre, 4. A. 1989 - Liebh.: Reisen, Wandern, Lesen, Musik.

EDLER, Arnfried
Dr. phil., Prof. f. Musikwiss. Hochsch. f. Musik u. Theater Hannover (s. 1989) - Ihmer Str. 29, 3000 Hannover 91 - Geb. 21. März 1938 Lüdenscheid - Stud. Saarbrücken u. Kiel (Schul- u. Kirchenmusik, Musikwiss., Dt. Lit., Phil.); Promot. 1968, Habil. 1978 - 1979-89 Prof. Univ. Kiel - BV u. a.: D. nordelbische Organist, 1982; Robert Schumann u. s. Zeit, 1982. Mithrsg.: Musikpäd. u. Musikwiss. (1987).

EDWIN, Kurt
Dr. techn., o. Prof. f. Elektr. Anlagen u. Energiewirtschaft - Am Sandberg 8, 5102 Würselen-Bardenberg - S. 1970 Ord. u. Inst.sdir. TH Aachen.

EDYE, Eckart
Dr.-Ing., Vorsitzender DGMK Dt. Wiss. Ges. f. Erdöl, Erdgas u. Kohle - Steinstr. 7, 2000 Hamburg 1 (T. 040 - 32 15 12) - Geb. 16. Mai 1925 - Vorst. Ges. f. prakt. Energiekde., München; Beirat a. d. Industrie d. Kernforschungsanlage Jülich, u. Schiffshypothekenbank zu Lübeck, Kiel. Handelsrichter LG Hamburg.

EDZARD, Dietz O.
Dr. phil. (habil.), o. Prof. f. Assyriologie - Engertstr. 2, 8035 Stockdorf/Obb. - Geb. 28. Aug. 1930 Bremen - S. 1961 Privatdoz. u. Ord. (1963) Univ. München (Vorst. Inst. f. Assyriol.). 1961/62 Gast Harvard Univ. (USA), 1979/80 u. 1984 Univ. of Chicago - BV: Sumer, Rechtsurkunden d. III. Jts., 1968 - Korr. Mitgl. Kgl. Niederl. Akad. d. Wiss.; Honorary Member American Oriental Soc.

EEKHOFF, Johann
Dr., Ministerialdirektor, Abteilungsleiter Wohnungswesen im Bundesbaumin. - Vulkanstr. 47, 5300 Bonn 2 (T. 0228 - 34 93 23) - Geb. 25. Juli 1941, verh., 2 Kd. - Promot. 1971 Bochum; Habil. 1979 Saarbrücken - BV: Wohnungs- u. Bodenmarkt, 1987.

EFFENBERGER, Ernst
Dr. med. (habil.), Dr. rer. nat., em. o. Prof. f. Hygiene Univ. Hamburg, ehem. Direktor Anstalt f. Hygiene Fr. u. Hansestadt Hamburg - Gazellenkamp 38, 2000 Hamburg 54 (T. 549 94 97/498); priv.: Weg am Sportplatz 23a, 2000 Norderstedt 1 - Geb. 26. Aug. 1916 Krönau/Mähren, kath., verw., 2 Söhne (Thomas, Andreas) - Stud. Naturwiss. u. Med. Prag, Leipzig, Greifswald, Kiel. Promot. 1940 (rer. nat., Leipzig) u. 50 (med., Kiel) - Assist. Univ. Prag, Kiel, Hamburg, Bonn, München; 1959-61 Lehrstuhl f. Allg. Hyg. Med. Akad. Erfurt; s. 1964 Lehrstuhl f. Arbeitsmed. u. Industriehyg. bzw. Hyg. (1969) Univ. Hamburg. Üb. 150 Fachveröff. 1954/55 Rockefeller-Stip. U. a. Minensuch- u. Blockadebrecher-Abz. (II. Weltkr.), 1975 Gold. Sportabz., s. 1975 Mitgl. Bundesgesundheitsrat - Liebh.: Musik (ausüb. Violine) - Spr.: Engl., Franz., Tschech., Span.

EFFERT, Gerold
Schriftsteller - Biedenbachstr. 16, 6400 Fulda (T. 0661 - 6 36 20) - Geb. 12. Nov. 1932 Bausnitz (Riesengeb.), kath., verh. m. Ursula, geb. Schimmer, 2 Kd. (Susanne, Martin) - Stud. German., Angl. - Studiendir. f. d. Lehramt an Gymn. - BV: u.a. Üb. d. Grenze, 1965; Schattengefecht, 1981; Treffen d. Zauberer, 1982; Spiegelwelt, 1984; Im böhm. Wind, 1985; An meinen Sohn, 1986; Flugsand, 1987 - 1969 Sudetendt. Kulturpreis; 1977 Hörspielpreis SFB; 1983 Poetenmünze; 1987 Goldmed. Recherche de la qualité; 1988 Gryphius-Preis - Liebh.: Druckgraphik - Spr.: Engl., Span.

EFFERT, Sven
Dr. med., em. o. Prof. f. Inn. Med. TH Aachen/Med. Fak. (s. 1966) u. Direktor Helmholtz-Inst. f. Biomed. Technik ebd. (s. 1970) - Rotbendenstr. 14, 5100 Aachen (T. 6 10 58) - Zul. Univ. Düsseldorf (apl. Prof. u. Oberarzt I. Med. Klinik) - 1981 Präs. Dt. Ges. f. Herz- u. Kreislaufforsch. Fachveröff. - Spr.: Engl., Franz. - Rotarier.

EFFERTZ, Friedrich Heinz
Dr. rer. nat., o. Univ.-Prof. f. Physik u. ihre Didaktik Univ. Köln - Kiefernweg 27, 5030 Hürth-Efferen - Geb. 14. Jan. 1924 Simmerath (Vater: Paul E., Lehrer; Mutter: Therese, geb. Vandenhirtz), verh. m. Rita, geb. Pinsch, 3 Töcht. (Ursula, Hildegund, Irmtrud) - TH Aachen (Physik, Math., Erziehungswiss.; Promot. 1952) - 1955 Assist. Prof. Univ. Philadelphia; 1977 wie oben - BV: Einf. in d. Dynamik selbstätt. Regelungssysteme, 1963; Computerunterstützter Unterr. in Schule, Betrieb u. Univ. - Ziele/Erfahrungen/Möglichk., 1974; 52 Beitr. u.a. in: ZAMM, Math. Ann., Arch. Math., Arch. Elektrotechn., Proc. IEEE, Verh. DPG, Naturwiss. i. Unt., Praxis Naturwiss. - 1956 Mary S. Kahl Memorial Award Univ. of Pennsylvania - Liebh.: Skilauf, Segeln - 1972 Gold. Sportabz. - Spr.: Engl. - Erf.: Hydraul.-takt. Feedback-System f. Prothesen u. Teleoperatoren.

EFFHAUSER, Erich
Dipl.-Kfm., Sprecher d. Vorstandes Allgäuer Brauhaus AG, Kempten; Vors. Industrie- und Handelsgrem. Kempten/Oberallgäu, Vors. Arbeitgeberverb. Kempten/Allgäu, Beir. Bayer. Brauerbund - Zu erreichen üb. Allgäuer Brauhaus, Beethovenstr. 7, 8960 Kempten - Geb. 16. April 1927.

EFFINGER, Hans
Dipl.-Kfm., gf. Gesellschafter Greiling-Werke GmbH., Mannheim - Furtwänglerstr. 52, 6800 Mannheim-Freudenheim - Geb. 15. Mai 1924.

EGBRING, Rudolf
Dr. med., Prof. f. Inn. Krankheiten Univ. Marburg - Goethestr. 5, 3554 Cappel.

EGE, Günter
Dr. rer. nat. (habil.). Wiss. Rat, apl. Prof. f. Organ. Chemie Univ. Heidelberg - Fliederstr. 16, 6800 Mannheim 71 - Geb. 16. Dez. 1929 - Arb.geb.: Synthesen u. Ringspaltungsreaktionen heterocycl. Verbind., Cycloreaktionen u. Präparative Photochemie.

EGE, Richard
Vorstandsmitglied Westfalenbank AG., Bochum/Düsseldorf - Huestr. 21-25, 4630 Bochum - Geb. 16. Febr. 1924 Worms - AR: Küppersbusch AG, Gelsenkirchen (stv. Vors.); BASF Düngemittelwerke Victor, Ges. m. beschr. Haftung, Castrop-Rauxel; VR Westfalenbank Intern. S.A., Luxemburg (stv. Vors.); Beirat Düngerhandel Kassel GmbH (stv. Vors.), u.a. Mand.

EGELER, Wolfgang
Dr. rer. pol., Dipl.-Kfm., Geschäftsf. Dujardin & Co. vorm. Gebr. Melcher, Krefeld-Uerdingen - Jentgesallee 29, 4150 Krefeld - Geb. 20. Jan. 1926 Mühlhausen.

EGELHAAF, Albrecht
Dr. rer. nat. (habil.), o. Prof. f. Zoologie, ins. Exper. Morphologie, Univ. Köln (s. 1966) - Franz-Lenders-Str. 15, 5020 Frechen 4 (T. Frechen 82885) - Geb. 8. Dez. 1922 Schwäb. Hall - Zul. Privatdoz. Univ. Tübingen (Zool.). Fachveröff.

EGELKRAUT, Klaus
Dipl.-Phys., Bundesbahndirektor Dt. Bundesbahn, Versuchsanst. Minden - Postf. 29 60, 4950 Minden/Westf. (T. 0571 - 393 54 27) - Geb. 9. Aug. 1935 Berlin, verh. m. Ortrud, 2 Kd. - Stud. Physik Univ. Hamburg u. Heidelberg - Vors. Dt. Ges. f. Zerstörungsfreie Prüfung, Berlin - 1974 Berthold-Preis d. DGZfP.

EGEN, Peter
Dr. rer. soc., Dipl.-Kfm., Hauptgeschäftsführer Verb. d. Dt. Heimtextilien-Ind. e.V., Wuppertal (b. 1988) - Hügelstr. 156, 5620 Velbert-Neviges (T. 02053 - 25 65) - Geb. 12. Aug. 1936 Wuppertal (Vater: Dr. Fritz E., Vereid. Buchprüfer; Mutter: Lore, geb. Bickenbach), ev., verh. s. 1969 m. Heida, geb. Umbreit, 3 Kd. (Cornelia, Daniela, Michaela) - Stud. Betriebsw. (Dipl.-Kfm.) Univ. Köln u. Würzburg; Promot. Ruhr-Univ. Bochum - 1968-79 Bundesgeschäftsf. d. Ev. Arbeitskr. d. CDU/CSU; 1979-88 Hauptgf. Verb. d. Dt. Heimtextilien-Ind. e.V., Wuppertal.

EGERMANN, Hans-Joachim
Geschäftsführer Vorwerk Intern. AG - Hauptstr. 19, CH-8832 Wollerau (T. 00411 - 784 69 11) - Geb. 16. Jan. 1952.

EGERT, Jürgen
Amtsrat a.D., Parlam. Staatssekretär a. D. b. Bundesmin. f. Arbeit u. Sozialordn. (b. 1982), MdB - Rochusstr. 1, 5300 Bonn 1 - Geb. 23. Okt. 1941 Berlin, verh., 2 Söhne - Naturwiss. Gymn. Berlin (Abit. 1960); 1964-65 Verwaltungsakad. ebd. - S. 1963 Bezirksamt Charlottenburg (u. a. 1965-69 pers. Ref. Bürgerm.); MdB/Vertr. Berlins (s. 1972); 1969-71 Vors. Berliner Jungsozialisten. SPD s. 1963, 1975-82 Obmann SPD-Frakt. Aussch. f. Arbeit u. Sozialordn., 1985-86 Landesvors. d. Berliner SPD - Spr.: Engl., Franz.

EGGEBRECHT, Arne
Dr. phil., Ltd. Direktor Roemer- u. Pelizaeus-Museum Hildesheim - Zu erreichen üb. Roemer-Pelizaeus-Mus., 3200 Hildesheim - Geb. 12. März 1935 München (Vater: Dr. Jürgen E., Schriftst.; Mutter: Elfriede, geb. Stiehr), verh. s. 1966 m. Dr. Eva E., Ägyptologin, Sohn Julian - Abit. 1955 Helmstedt; Stud. German., Gesch., Kunstgesch. u. Ägyptol., Klass. Archäol.; Promot. 1966 München - 1966-68 wiss. Mitarb. Handb. d. Archäol.; 1968-70 wiss. Mitarb. Staatl. Samml. ägypt. Kunst, München; Forschungsauftr. Dt. Forschungsgem. (DFG) (D. Keramik aus Nubien in d. Staatl. Samml. ägypt. Kunst, München); s. 1972 wiss. Mitarb. Dt. Archäol. Inst., Kairo (Teiln. an Grabungen in El-Tarif, Ber. Theben-West); s. 1974 Dir. Ägypt. Samml. Roemer- u. Pelizaeus-Mus. Hildesheim; s. 1984 Ltd. Dir. dass. S. 1975 Exekutivsekr. Intern. Org. Komitee Intern. Loseblatt-Katalog z. Erforschung ägypt. Altertümer (CAA); s. 1976 Veranst. intern. bedeut. Sonderausst. (Echnaton - Nofretete - Tutanchamun, Götter u. Pharaonen, Kunstschätze aus China, Lascaux - Höhle d. Eiszeit, Ägypten - Faszination u. Abenteuer, Kunstschätze aus Alt-Nigeria, Sumer, Assur, Babylon u. Gold d. Thraker, Nofretete, D. Schöne, Ägyptens Aufstieg z. Weltmacht, Glanz u. Untergang d. Alten Mexiko); s. 1978 Chairman Sektion Mus. u. Samml. Intern. Ägyptologen-Verb. (IAE); s. 1979 Projektleit. Ausgrab. d. bibl. Ramsesstadt in Kantir im ägypt. Ostdelta; s. 1981 Berater b. d. Planung e. Nationalmus. in Kairo, Auftrag d. Ägypt. Altertümerverw. m. d. Planung e. Echnaton-Mus. in El-Minia (Mittelägypten); s. 1983 Präs. Intern. Komitee f. Ägyptol. im Intern. Museumsbd. (ICOM). Herausg. wiss. Reihe Hildesheimer Ägyptol. Beitr. (1977ff.); Kulturgesch. z. Thema D. Alte Ägypten (1984, auch Mitverf.). Mitarb. Lexikon d. Ägyptol., (1975ff.) u. Propyläen Kunstgesch.; sow. an zahlr. wiss. Katalogen u. Ztschr. Übers., Rundf.- u. Fernsehautor.

EGGEBRECHT, Axel
Schriftsteller - Maria-Louisen-Stieg 15, 2000 Hamburg 60 - Geb. 10. Jan. 1899 Leipzig (Vater: Ernst E., Arzt) - BV: 10 Bücher, u. a. Katzen, 1927; D. halbe Weg, 1975 - Zahlr. Ehrungen, dar. 1983 Gerrit-Engelke-Lit.preis Hannover.

EGGEBRECHT, Hans Heinrich
Dr. phil., em. o. Prof. f. Musikwissenschaft - 7801 Ehrenkirchen 2 (T. 07633 - 8 29 33) - Geb. 5. Jan. 1919 Dresden - Hochsch. f. Musikerzieh. u. Univ. Berlin, 1945-49 Hochsch. f. Musik, Weimar, u. Univ. Jena. Promot. 1949 Halle/S. - 1955-61 Privatdoz. u. apl. Prof. (1961) Univ. Erlangen; s. 1961 Ord. Univ. Freiburg (emerit. 1987) - BV: Studien z. musikal. Terminologie, 1955, 2. A. 1968; Heinrich Schütz - Musicus poeticus, 1959, 2. A. 1984; D. Orgelbewegung, 1967; Ad organum faciendum, 1969 (m. F. Zaminer); Schütz u. Gottesdienst, 1969; Versuch üb. d. Wiener Klassik, 1972; Zur Geschichte d. Beethoven-Rezeption, 1972; Musikalisches Denken, 1977; Sinn u. Gehalt, 1979; D. Musik Gustav Mahlers, 1982, 2. A. 1986; Bachs Kunst d. Fuge, 1984, 3. A. 1988. Herausg.: Sachteil Riemann-Musiklex. (12. A. 1967); Archiv f. Musikwiss. (1962ff.), Beihefte z. Archiv f. Musikwiss. (1966ff.), Schriftenreihe Walcker-Stiftg. f. Orgelwiss. Forsch. (1967ff.); Freiburger Schriften z. Musikwissenschaft (1970ff.); Handwörterbuch d. musikalischen Terminologie (1972ff.); Brockhaus Riemann Musiklexikon (m. C. Dahlhaus), 1978/79; Meyers Taschenlexikon Musik, 3 Bde., 1984 - 1965 o. Mitgl. Akad. d. Wiss. u. d. Lit. Mainz; 1984 korr. Mitgl. Österr. Akad. d. Wiss.; 1987 Dr. h. c. d. Univ. Bologna.

EGGER, Herwig
Dr. med., Prof. f. Gynäkologie Univ. Erlangen-Nürnberg, Ltd. Oberarzt Univ.-Frauenklinik - Bonhoefferweg 10, 8520 Erlangen (T. 09131 - 6 55 10) - Geb. 2. Okt. 1943 - Ex- u. Promot. 1968, Habil. 1979 - S. 1976 Facharzt; s. 1980 Prof. - Spr.: Engl.

EGGER, Kurt Ludwig
Kaufmann, pers. haft. Gesellsch. Bassermann & Co. Chemikalien, Import-Export, Mannheim, Geschäftsf. Bassermann & Grolman GmbH, Düsseldorf, Porphyr-Werke GmbH, Freihung, Baco-Mineralien GmbH, Mannheim - E 4, 4-6, 6800 Mannheim 1 - Geb. 22. März 1920 Mannheim (Vater: Ludwig E., Kaufm.; Mutter: Hedwig, geb. Willet), kath., verh. s. 1950 m. Wilma, geb. Stegmüller, 2 Töcht. (Margot, Christiane) - Abit., kaufm. Lehre - 1974 Komturorden v. St. Silvester - Liebh.: Mod. u. Afrik. Kunst - Spr.: Engl., Franz.

EGGER, Norbert
Dr. jur., Erster Bürgermeister Stadt Mannheim (s. 1989) - Rathaus E 5, 6800 Mannheim (T. 0621 - 293 42 32) - Geb. 11. Okt. 1939 Weinheim (Vater: Hans E., Hausmeister; Mutter: Anna, geb. Oswald), ev., verh. s. 1961 m. Margarete, geb. Söhner, 2 S. (Hans-Jürgen, Norbert) - Promot. Heidelberg.

EGGER, Rosemarie
Schriftstellerin, Objektkünstlerin - Scheuchzerstr. 1, CH-8006 Zürich - Geb. 30. Aug. 1938 Wien, kath., ledig - BV: u.a. V. draußen träumen; Interviews m. Strafgefangenen, 1981; Es ist etwas geschehn, 1979; E. Inselsommer, Erz. m. 13 Fotos, 1988.

EGGER, Willy
Filmproduzent, Executivprod. - Charlottenstr. 12, 1000 Berlin 46 (T. 030 - 774 45 26 u. 774 10 25) - Geb. 8. März 1929 Wien (Vater: Hans E., Steuerberater, Wirtschprüf.; Mutter: Eva, geb. Welter), ev., verh. I) m. Magda E., gesch.; II) m. Bärbele Z. †, 3 Kd. (Gerhard u. Susanna aus 1. Ehe, Michael aus 2. Ehe) - Zahlr. Filme, u. a. D. Prozeß, 1948; Erzherzog Johanns gr. Liebe, 1950; Sauerbruch, 1954; Teufel in Seide, 1955; D. veruntreute Himmel, 1958; D. brave Soldat Schwejk, 1960; Walt-Disney-Filme. Operett.-Prod. f. WDR, Fernseh-Filme f. ZDF, u. a.: D. Band; Zauberflöte; Peter-Alexander-Show; Herrenpartie, 1963; Schatz d. Azteken, 1965; Lorimar Avalance-Express, 1978; Formular, 1980; Fedora (Billy Wilder), 1981; Satan ist auf Gottes Seite (Wolfgang Staudte), 1982; Berlin Tunnel 21, 1983; Wildgeese II, 1984; Hemingway, 1985; Aurikel-Komplott, 1986; Otto II, 1987; Ödipussi, 1987; Beim nächsten Mann wird alles anders, 1988; The Package, 1988; Recovery, 1988; Otto III, 1989 - Liebh.: Theater, Oper, Schmalfilmen - Spr.: Engl.

EGGER-BÜSSING, Klaus
Hauptgeschäftsführer Allg. Arbeitgeberverb., Braunschweig - Schwetzingenstr. 4, 3300 Braunschweig (T. 0531 - 31 13 58) - Geb. 29. Jan. 1927 Braunschweig (Vater: Dr.-Ing. E.h. Rudolf E.; Mutter: Ilse, geb. Büssing), 3 Kd. (Christoph, Martina, Daniel) - 1979 BVK am Bde. - Liebh.: Reiten - Spr.: Engl., Franz. - Bek. Vorf.: Dr.-Ing. E.h. Heinrich Büssing (Urgroßv.).

EGGERER, Hermann
Dr. rer. nat., o. Prof. f. Physiol. Chemie TU München (s. 1977) - Egenhofenstr. 21b, 8033 Planegg (T. München 8598263) - Zul. o. Prof. f. Biochemie Univ. Regensburg.

EGGERS, Christian
Dr. med., Prof. f. Kinder- u. Jugendpsychiatrie - Zeißbogen 43, 4300 Essen-Bredeney (T. 41 34 47) - Geb. 15. Sept. 1938 Geislingen/Steige (Vater: Dr.-Ing. Hans E., Chemiker; Mutter: Gertrud, geb. Schmidt-Lauenstein), ev. - Univ. Freiburg, Montpellier, Marburg; Stip. Studienstift. d. dt. Volkes, Habil. 1974 (Pädiatrie) - S. 1979 o. Prof. f. Kinder- u. Jugendpsychiatrie Essen - BV: Verlaufsweisen kindlicher u. präpuberaler Schizophrenien, 1973; Prä-, peri- u. postnatal-bedingte Schwachsinnformen, 1974; Kinder- u. jugendpsychiatrische Pharmakotherapie, 1984; Bindungen u. Besitzdenken b. Kleinkind, 1984; Emotionalität u. Motivation im Kindes- u. Jugendalter, 1985; Kinder- u. Jugendpsychiatrie (zus. m. R. Lempp, G. Nissen, P. Strunk), 1989 - Liebh.: Phil., Musik - Spr.: Engl., Franz. - Bek. Vorf.: C. C. Lauenstein (Ur-Urgroßv.).

EGGERS, Erich
Assessor, Geschäftsf. Vereinigung d. am Drogen- u. Chemikalien-Groß- u. Außenhandel beteiligten Firmen u. Verein d. Dt. Einfuhrgroßhandels v. Harz, Terpentinöl u. Lackrohstoffen - Gotenstr. Nr. 21, 2000 Hamburg 1 - Stud. Rechtswiss.

EGGERS, Ernst
Staatssekretär im Ministerium f. Wirtschaft u. Verkehr Rhld.-Pfalz - Bauhofstr. 4, 6500 Mainz (T. 06131 - 16 21 50) - Geb. 2. Sept. 1939 Jeserig/Brandenburg, kath., verh., 1 Kd. - Dipl.-Kaufm. Köln - Stv. Vors. FDP-Landesverb. Rhld.-Pfalz.

EGGERS, Gerhard M. F.
Prof., Senat. Dt. Forsch. u. Versuchsanst. f. Luft- u. Raumfahrt e.V. (Ber. Wirtsch. u. Ind.) - Zu erreichen üb. Dt. Forsch. u. Versuchsanst., Postf. 90 60 58, Linder Höhe, 5000 Köln 90 - Geb. 6. Juli 1912 Rostock (Vater: Louis E., Postbeamter; Mutter: Margarete, geb. Gerwe), ev., verh. s. 1939 m. Hildegard, geb. Koch, 3 Kd. (Karsten, Birgit, Heidrun) - Realgymn. Rostock; Univ. Rostock, Wien, Hamburg (Math., Physik, Chemie). Staatsex. 1936 (m. Ausz.) - 1936-1945 Versuchsing. u. wiss. Direktionsassist. Ind., 1945-50 Ing. Gruppe 0 (Frankr.), 1950-59 Leit. Hauptabt. Aerodynamik u. Triebwerkseinbau SNECMA, Paris, 1959-64 Gf. Focke-Wulf GmbH., Bremen, 1964-70 Gf. Vereinigte Flugtechn. Werke Fokker mbH. Bremen u. Düsseldorf. 1964 ff. Honorarprof. TU Berlin (Technik d. Vertikalfluges). Mehrere Patente üb. Strahlsteuerdüsen u. Staustrahltriebw. Veröff. z. Senkrechtstarttechnik - Med. de l'Aéronautique - Liebh.: Segeln, Schwimmen, Radsport, Musik - Spr.: Franz., Engl.

EGGERS, Hans Joachim
Dr. med., o. Prof. f. Virologie - Fürst-Pückler-Str. 56, 5000 Köln 41 (T. 4 78-44 81) - Geb. 26. Juli 1927 Baumholder/N. - B. 1961 Assist. Prof. Rockefeller Inst. New York u. Abt.leit. MPI f. Virusforsch. Tübingen, dann Ord. Univ. Gießen (1966) u. Köln (1972). Mitgl. versch. amerik. Fachges. Dt. Akad. d. Naturforscher Leopoldina, Halle. Üb. 150 Fachveröff. Mithrsg. d. Buchreihe Conditio humana.

EGGERS, Karl
Senator a. D. - Bahnhofspl. 29, 2800 Bremen - Geb. 14. Okt. 1919 Lehe, verh., 3 Kd. - Volkssch.; Schmiedehandw. - 1948-54 Sekr. Gewerksch. ÖTV; 1954-59 Leit. Außenst. Bremerhaven Wohnungsbauges. Neue Heimat; 1959-70 (Rücktr. aus Gesundheitsrücks.) Senator f. Wirtschaft u. Außenhdl. Bremen. Ab 1947 Stadtverordn. B'haven (1949 Fraktionsf.). B. 1933 Sozialist. Jugendbeweg. (danach jahrel. illegal tätig). SPD (b. 1968 (Rücktr.) Vors. Ortsverein Bremerhaven u. 2. Vors. Landesverb. Bremen).

EGGERS, Klaus
Dr. rer. nat., em. Prof. f. Angew. Mechanik - Horstlooge 16, 2000 Hamburg 67 (T. 603 54 03) - Geb. 14. Jan. 1922 - S. 1963 (Habil.) Lehrtätigk. Univ. Hamburg/Inst. f. Schiffbau (emerit. 1987). Gast Univ. Notre Dame (USA) u. Univ. of Tokyo, Japan - 1986 Honorarprof. HSEI in Harbin, China.

EGGERS, Philipp Bernhard
Dr. phil. habil., Dr. jur utr., Dr. h.c., o. Univ.-Prof., Direktor d. Inst. f. Erziehungswissenschaft Univ. Bonn/Phil. Fak. (s. 1972) - Am Hof 3-5, 5300 Bonn 1 (T. 0228 - 73 78 03) - Geb. 9. Juli 1929 Bochum (Vater: Friedrich Karl E., Kaufm.; Mutter: Elisabeth Theresia, geb. König), kath., led. - Stud. Kath. Theol., Erziehungs-, Rechts- u. Sozialwiss. Bochum, Bonn, Heidelberg, Münster, Würzburg - 1961 Wiss. Assist. Univ. Heidelberg; 1966 apl. Doz. Univ. Bonn/Päd. Fak.; 1969 Doz. RWTH Aachen/Päd.Fak. u. PDoz. Univ.Amsterdam; 1970 Wiss. Rat u. Prof. RWTH Aachen/Päd.Fak.; Umhabil. u. 1972 apl. Prof. Univ. Heidelberg; 1973 o. Prof. Univ. Bonn/Phil. Fak., 1989 zugl. Kath. Univ. Eichstätt (Phil.-Päd. Fak.) - BV: D. Persönlichkeitsbegriff bei Karl Marx u. in d. Kath. Soziallehre, 1961; Gesellschaftspolit. Konzeptionen d. Gegenw. - Sozialdemokr., Marxismus, Kath. Soziallehre, Neoliberalismus, 1969; Erzieh. u. Ges., 1970; Sexualpäd., 1976; Soziol. d. Erwachsenenbild., 1977; Päd. Soziol., 1979; D. Entw. d. Jugendwohlfahrtsgesetzgeb. in d. Bundesrep. Deutschl. unter bes. Berücksicht. d. Ordnungsprinzipien Subsidiarität u. Solidarität, 1979; Bergpredigt u. Volksbildung, 1985. Mithrsg.: Hochschulgesetze d. Bundes u. d. Länder (1972ff.); Schriften z. Christl. Erziehung u. Bildung (1983ff.); Bund transparent (1984); Training - Aus- u. Weiterbild. in Wirtsch., öffentl. Verwaltung u. Schule (1984ff.); Ztschr. f. Vormundschafts- u. Sozialarb. (1986ff.); Recht u. Rechtsbesinnung - Ged.Schr. f. G. Küchenhoff (1987). Mitarb.: D. Bildungsbegriff im interkulturellen Vergl., Festschr. f. H. Röhrs (1981); D. Verwaltungsgesch., Bd. IV (1985); Erzieh. z. Gerechtigk. u. Recht, Festschr. f. F. Pöggeler (1986); Gerechtigk. u. Recht, Ged.Schr. f. G. Küchenhoff (1987); Entwickl. d. Polytech. Bild. in d. DDR b. z. Bildungsgesetz v. 1965, Festschr. f. H. E. Wittig (1987); Religion u. Glaube in ihrer Bedeutung f. Erzieh. u. Bildung (MV), Festschr. f. E. E. Geißler (1988); D. sozialwiss. Orientierung d. Päd. (MV); D. Bedeutung v. Bildungseinr. im 19. u. 20. Jh. f. d. Kommunikation (1989). Zahlr. Beitr. in Ztschr. (s. 1961) - 1969 St.-Hedwigs-Med. d. Bistum Berlin; 1980 St.-Bonaventura-T-Med. d. St.-Bonaventura-Univ. Bogotá; 1985 Pontificia-Universidad-Javeriana-Med. d. Päpstl. Javeriana Univ. Bogotá; 1985 Ehrenmitgl. d. Pontificia Javeriana - Liebh.: Musik, Lit., antike Uhren.

EGGERT, Almut
Schauspielerin - Eichkampstr. 10, 1000 Berlin 19 (T. 030 - 302 65 10) - Geb. 7. Juni 1937 Rostock (Eltern: Walther, Regiss., u. Agnes E.), verh. 1959-64 m. Wolfgang Spier, 2 Töcht.(Bettina, Nana) - 1957-60 Schauspielstud. in Berlin - Zahlr. Rollen b. Funk, FS, Theater u. Synchron; Moderation - Liebh.: Musik, Lit., Sport, Bild. Kunst - Spr.: Engl., Franz., Ital.

EGGERT, Hartmut
Dr. phil., Prof. f. Neuere dt. Literatur FU Berlin - Vopeliuspfad 6, 1000 Berlin 37 (T. 030 - 811 35 41) - Geb. 31. Mai 1937 Essen - Stud. German. u. Geogr. Univ. Freiburg u. Berlin (Promot. 1970, Habil. 1975 Neuere dt. Philol.) - S. 1964 Lektor (USA), Assist. (FU Berlin), Studienrat (Insel Scharfenberg), 1981 Prof., 1980-83 Mitherausg.: Deutschunterr. - BV: Veröff. z. Lit.gesch. d. 19. u. 20. Jh., Jugendlektüre, Deutschunterr. an

Gymn.; u. a. Stud. z. Wirkungsgesch. d. dt. hist. Romans 1850-1875, 1971; Schüler im Lit.unterr. E. Erfahrungsbericht (m. Hans-Christoph Berg u. Michael Rutschky), 1975; D. deutschspr. Lit. in d. BRD. Vorgesch. u. Entw. Tendenzen (m. Bernd Balzer, Horst Denkler, Günter Holtz), 1988. Herausg.: Romantheorie. Dok. ihrer Gesch. in Dtschl. (m. Eberhard Lämmert, Karl-Heinz Hartmann u. a., Bd. I: 1820-1880, Bd. II: 1880-1970, 1975); Lit. Rollenspiel in d. Schule (m. M. Rutschky, 1978); westermann texte deutsch. Leseb. f. d. Sekundarstufe I (m. a., 4 Bde. (Kl. 7-10) incl. Lehrerhefte, 1978/79).

EGGERT, Rolf W.

Werbekaufmann, Vizepräs. Industrie- u. Handelskammer Düsseldorf - Hans-Sachs-Str. 54, 4000 Düsseldorf (T. 0211 - 68 47 86) - Geb. 9. Febr. 1925 Schwerin, verw. - Liebh.: Rudern (Vorst. Dt. Ruderverein 1880 e.V.).

EGGLI, Ursula

Schriftstellerin - Wangenstr. 27, CH-3018 Bern - Geb. 16. Nov. 1944 Dachsen, ref. - Heimsch. - Gründ. Riurs-Verlag (m. Rita Hubrich); Mitarb. Film: Behinderte Liebe, div. Vortr.- u. Arbeitsgr.; Gründ. Club Behinderter u. ihre Freunde; Radio- u. Fernsehsend. - BV: Herz im Korsett; Freakgesch., Fortschritt im Grimmsland; D. Blütenhexe u. d. blaue Rauch; D. Zärtlichkeit d. Sonntagsbratens.

EGGS, Ekkehard

Dr. phil., Prof. f. Romanistik (Linguistik) Univ. Hannover (s. 1979) - Rosskampstr. 8a, 3000 Hannover 81 - Geb. 10. Okt. 1943, verh. s. 1970 m. Ulrike, geb. Lunkwitz, 2 Kd. (Frederike, Florian) - Stud. Roman., Phil., German. Univ. Saarbrücken u. Aix-en-Provence; Promot. 1971 Saarbrücken; Habil. 1978 - 1971-79 Assist.-Prof. FU Berlin; Vertretungsprof. Marburg u. Hamburg - BV: Möglichkeiten u. Grenzen e. wissenschaftl. Semantik, 1971; D. Rhetorik d. Aristoteles, 1984; D. Kehrseite d. Medaille. Napoleon - Karikaturen (m. H. Fischer), 1986; Napoleon: Europ. Spiegelungen in Mythos, Gesch. u. Karikatur (m. H. Fischer), 1986.

EGGSTEIN, Manfred

Dr. med., o. Prof., Direktor Abt. f. Inn. Med. IV Med. Univ.klinik u. Poliklinik Tübingen - Gottl.-Olpp-Str. 2, 7400 Tübingen (T. 07071/292804) - Geb. 28. Jan. 1927 Weingarten/Württ. - S. 1961 (Habil.) Lehrtätigk. Univ. Marburg u. Tübingen (1962; 1967 Prof.). Üb. 200 Fachveröff. - 1966 Homburg-, 1967 Haffner-, 1969 Hufeland-Preis - Diagnost. Informat.-System 1970; Massenspektrometrie u. kombin. Techn. in Medizin, Klin. Chemie u. Biochemie, 1977 - Spr.: Engl. (USA-Aufenth.).

EGIDY, von, Hans

Dr. med. (habil.), Prof., Internist, Chefarzt Med. Klinik, Abt. A Kliniken d. Landeshauptstadt Wiesbaden - Annabergstr. 28, 6500 Mainz 1 (T. 5 43 32) - Geb. 24. März 1933 Flensburg (Vater: Fritz v. E., Apotheker; Mutter: Hertha, geb. Rossow), ev., verh. s. 1958 m. Hedwig-Charlotte, geb. Marth, 3 Töcht. (Martina, Isabel, Ann-Marie) - Hum. Gymn. Flensburg (Abit. 1953); Stud. Univ. München, Marburg, FU Berlin, Tübingen, Heidelberg; Promot. 1958 ebd.; Habil. 1968 - Apl. Prof. (1971), Wiss. Rat u. Prof. (1974). Cardiol. - BV: Phonocardiographie in Klinik d. Gegenwart Bd. 2, 1972; Herz- u. Gefäßerkrankungen in König, D. Allgemeinmed., 1988 - Spr.: Engl.

EGIDY, von, Till

Dr. rer. nat., Prof. f. Experimentalphysik - Zur Deutschen Einheit 11, 8000 München 81 - Geb. 23. Dez. 1933 München (Vater: Dr. jur. Holm v. E., AG-Rat; Mutter: Elsbeth, geb. Kübel), ev., verh. s. 1965 m. Maria, geb. v. Koppenfels, 3 Söhne (Holm, Hans, Max) - Dipl. 1958 Univ. München; Promot. 1961 TU München; Habil. 1969 ebd. - S. 1961 Assist. u. Hochschull. TU München (1970 Wiss. Rat, 1976 apl. Prof., 1978 Prof.); 1962-63 IAEA-Berater in Südkorea; 1967-68 Univ. Rochester, New York; 1972-73 CERN, Genf; 1976-79 Senior Scientist, Inst. Laue-Langevin, Grenoble; 1989 Visiting-Prof., Triumf, Vancouver/Kanada - Ca. 180 Facharb. üb. Kernphysik u. exot. Atome - Spr.: Engl., Franz.

EGLI, Hans

Dr. med., o. Prof. f. Exper. Hämatologie u. Bluttransfusionen - Sachsenstr. 1, 5300 Bonn-Bad Godesberg (T. 75110) - S. Habil. Lehrtätigk. Univ. Bonn (1966 apl., 1970 o. Prof.). Facharb. - Spr.: Engl., Franz. - Rotarier.

EGLI, Urs

Dr. phil., Prof. f. Allg. Sprachwissenschaft Univ. Konstanz - Eichhornstr. 2b, CH-8280 Kreuzlingen (Schweiz) - Geb. 6. Juli 1941 Niederbipp (Schweiz). Promot. (1967) u. Habil. (1974) Bern (Schweiz) - S. 1976 Konstanz. Bücher u. Aufs.

EGLI, Werner J.

Schriftsteller - Marktpl. 25, 7290 Freudenstadt/Schwarzw. - BV: u. a. Im Sommer als der Büffel starb, R. 1974; Als d. Feuer erloschen, R. 1977; Heul' doch d. Mond an, R. 1978; Die Siedler, R. 1983; Wenn ich Flügel hätte, R. 1982; Bis ans Ende d. Fährte, R. 1984; Samtpfoten auf Glas, R. 1985; D. Nacht als d. Kojote schwieg, R. 1986; D. schwarze Reiter, R. 1987; Martin u. Lara, R. 1988; D. Gold d. Amazonas, R. 1988; D. Land ihrer Träume, R. 1988; D. Geheimnis d. Kröteneches, R. 1988; D. Stunde d. Skorpions, R. 1989; Schnee im Sommer, R. 1989.

EGLOFF, Walter

Elektroing., Geschäftsführer Schindler Aufzügefabrik GmbH, Berlin 48 - Im oberen Boden, CH-8049 Zürich - Geb. 30. Juli 1922.

EGNER, Erich

Dr. rer. pol., em. Prof. Univ. Göttingen - Tuckermannweg 13, 3400 Göttingen (T. 0551 - 5 83 07) - Geb. 19. Juni 1901 Ferdinandshof/Pommern (Vater: Rudolf E., Arzt; Mutter: Martha, geb. Schütt), ev., verh. s. 1933 m. Liselotte, geb. Amann, 4 Kd. (Henning, Peter, Christoph, Dorothee) - Promot. 1924; Habil. Leipzig 1931 - 1936 ao. Prof. Frankfurt; 1941 o. Prof. Königsberg; 1945 o. Prof. Göttingen - BV: Blüte u. Verfall d. Wirtsch., 1935; D. Haushalt, 1952, 2. A. 1976; Hauswirtsch. u. Lebenshalt., 1974; D. Verlust d. alten Ökonomik, 1985 - Spr.: Engl., Franz., Span.

EGNER, Henning

Dr. rer. oec., Dipl.-Kfm., Prof. f. Betriebsw. Prüfungswesen - Rauentaler Str. 16, 1000 Berlin 28 - Geb. 17. Jan. 1934 Leipzig (Vater: Prof. Dr. Erich E.; Mutter: Lieselotte, geb. Amann), ev., verh. s. 1967 m. Hannelore, geb. Schneider, 3 Kd. (Katrin, Daniel, Tobias) - Schule Göttingen (Abit. 1954); kaufm. Lehre Bremen; Univ. Saarbrücken (1961 Dipl.-Kfm.; Promot. 1968) - 1962-65 kaufm. Angest.; 1965-72 Wiss. Assist.; s. 1972 Prof. Univ. Saarbrücken (Ass.) u. FU Berlin (1975; Leit. ob. Fachricht.) - BV: D. Belastung dt. u. franz. Kapitalges. m. gewinnabhäng. Steuern, 1969; Bilanzen, Lehrb. 1974; Einf. in d. betriebsw. Prüfungslehre, 1979 - Spr.: Engl., Franz.

EHHALT, Dieter H.

Dr. rer. nat., Prof. f. Geophysik Univ. Köln, Direktor Inst. f. Luftchemie d. KFA Jülich - Peter-Stommen-Str. 21, 5170 Jülich - Geb. 11. Mai 1935 Heidelberg (Vater: Hans Konrad E.; Mutter: Else, geb. Knoerr), verh. s. 1957 m. Ingeborg, geb. Kaulbach, 2 Kd. (Barbara, Peter Hans) - Univ. Heidelberg (Dipl.-Phys. 1959, Promot. 1963, Habil. 1969) - 1964-67 visiting scientist; 1969-74 sen. scientist, National Center for Atmospheric Res. Boulder, Colorado/USA; 1974 Dir. Inst. f. Luftchemie KFA Jülich, Lehrst. f. Geophysik Univ. Köln.

EHLEN, Karl J.

Dr., Geschäftsf. Westd. Elektrogerätebau GmbH. - Windmühlenweg 27, 4770 Soest/W.

EHLER, Hans Jörg

Dr., gf. Vorstandsmitglied, Verbandsdir. Verb. d. Lebensversich. Unternehmen - Eduard-Pflüger-Str. 55, 5300 Bonn 1 - Geb. 15. Jan. 1936 Flensburg - AR-Mitgl. PSVaG.

EHLERS, Carl-Christian

Bankdirektor u. Vorstandsmitgl. Kieler Volksbank, Vorstandsvors. Volksbanken Gewinnsparverein Schlesw.-Holst. u. Hamburg, Vorst.-Mitgl. Presse- u. Informationsdienst d. Volksbanken u. Raiffeisenbanken (PVR) - Zu erreichen üb. Kieler Volksbank, Postf. 2840, 2300 Kiel 1 - Geb. 29. Jan. 1948, verh., 2 Söhne (Lennart-Christian, Achim) - Banklehre; Verbandsprüferex.

EHLERS, Carl-Theo

Dr. med., o. Prof. f. Med. Dokumentation u. Datenverarb. Univ. Göttingen (s. 1972) - Wilhelm-Raabe-Str. 16, 3400 Göttingen - Geb. 16. Sept. 1925 - Promot. 1954 Göttingen; Habil. 1967 Tübingen - Üb. 50 Facharb.

EHLERS, Christian

Rechtsanw., Hauptgeschäftsf. Landesverb. Gaststätten- u. Hotelgewerbe Nordrh.-Westf. - Liesegangstr. 22, 4000 Düsseldorf.

EHLERS, Eckart

Dr. phil., o. Prof. u. Direktor d. Inst. f. Wirtschaftsgeogr. Univ. Bonn (s. 1986) - Meckenheimer Allee 166, 5300 Bonn 1 (T. 73 72 32) - 1972 o. Prof. Univ. Marburg - BV: D. nördl. Peace River Country/Alberta/Kanada, 1965; Südkaspisches Tiefland u. Kasp. Meer, 1970; Tradit. u. moderne Formen d. Landwirtsch. im Iran, 1975; Iran, Grundz. e. Landeskunde, 1980; Iran. E. bibl. Forsch.bericht, 1980; Ernährung u. Ges. (Herausg.), 1983; D. agraren Siedlungsgrenzen d. Erde, 1984; Bevölkerungswachstum - Nahrungsspielraum - Siedl.-grenzen d. Erde, 1984. Etwa 80 Zeitschriftenaufs.

EHLERS, Henning Carsten

Dr. jur., stv. Vorstandsmitglied Gerling Konzern Allg. Versich. AG - Zu erreichen üb. Postf. 10 08 08, 5000 Köln 1 - Geb. 11. Sept. 1943 Flensburg, ev., verh., 1 Kd. - Stud. Univ. München u. Hamburg; Promot. Hamburg.

EHLERS, Joachim

Dr. phil., o. Prof. f. Mittelalterl. Geschichte FU Berlin (s. 1989) - Sprottaustr. 1, 3300 Braunschweig (T. 60 28 78) - Geb. 31. Mai 1936 Leipzig (Vater: Walter E., Landw.; Mutter: Hildegard, geb. Hoffmann), ev., verh. s. 1963 m. Barbara, geb. Budde, S. Caspar - Stud. d. Gesch., Phil., German.; Promot. 1964 Hamburg; Habil. 1972 Frankfurt; Prof. 1972 Frankfurt, 1980 TU Braunschweig - BV: D. Wehrverfass. d. Stadt Hamburg, 1966; Hugo v. St. Viktor, 1973; Frankreich im Mittelalter, 1982; Geschichte Frankreichs im MA, 1987 - 1974 o. Mitgl. Frankfurter Hist. Kommiss.; 1982 o. Mitgl. Braunschw. Wiss. Ges.; 1986 o. Mitgl. Hist. Kommiss. f. Nieders. u. Bremen.

EHLERS, Jürgen

Dr. rer. nat., Prof., Physiker, Wiss. Mitgl. Max-Planck-Inst. f. Physik u. Astrophysik, München - Riedenerweg 50, 8130 Starnberg/Obb. (T. 8498) - Geb. 29. Dez. 1929 Hamburg - Promot. u. Habil. Hamburg - S. 1971 Honorarprof. Univ. München (Theoret. Physik); Mitgl. d. Akad. d. Wissensch. u. Lit., Mainz, u. d. Deutsch. Akad. d. Naturforscher Leopoldina, Halle, u. d. Intern. Astron. Union. Facharb. - 1963 Preis Akad. d. Wiss. u. Lit., Mainz.

EHLERS, Karl-Heinz

Bürgerschaftsabgeordn. (s. 1970) - Kiesbarg 16a, 2104 Hamburg 92 (T. 7014700; dstl. CDU Harburg: 773804).

EHLERS, Paul Nikolai

Dr. med., Prof. - Richard-Strauß-Allee 22a, 5600 Wuppertal 2 (T. 62 17 00) - Geb. 20. Nov. 1920 Riga (Vater: Dr. iur. Herbert E., Ministerialdir.; Mutter: Zoe, geb. v. Kowaleff), ev., 2 S. (Dr. med., Dr. iur. Alexander, Dr. iur. Peter Nikolai) - Dt. Klass. Gymn. Riga (Abit. 1939); Univ. ebd., Wien, Berlin, Erlangen. Approb. 1947; Promot. 1947 Erlangen; Habil. 1959 Heidelberg - S. 1959 Privatdoz. u. apl. Prof. (1965) Univ. Heidelberg (b. 1962 Oberarzt Chir. Univ.-Klinik Heidelberg); 1962-85 Dir. Chir. Klinik, Klinikum Barmen, Wuppertal. Mitgl. in- u. ausl. Fachges. Fachveröff. u. Vortr. In- u. Ausl. - BVK I. Kl. - Spr.: Lett., Russ., Engl., Franz., Ital.

EHLERS, Peter

Dr. jur., Prof., Präsident Dt. Hydrograph. Inst. - Zu erreichen üb. Bernhard-Nocht-Str. 78, 2000 Hamburg 36 - Geb. 30. Aug. 1943.

EHLERS, Reinhard

Kirchenbeamter, Mitgl. Brem. Bürgerschaft (s. 1959, s. 1971 Vizepräs., CDU) - Sielwall 74, 2800 Bremen 1 (T. 71746) - Geb. 18. Juli 1928 Bremen, ev., verh., 2 Kd. - Obersch.; Sem. f. Psychohyg. u. Sozialwiss.; Jugendpfleger-Lehrgang - 1950-54 Angest. Amt f. Jugendförd. Bremen (zul. Heimleit.); s. 1955 Geschäftsf. Landesjugendpfarramt u. d. Brem. Ev. Kirche (s. 1975 a. Mandatstr. beurl.).

EHLERS, Widu-Wolfgang

Dr. phil., o. Prof. f. Klass. Philologie FU Berlin - Zu erreichen üb. Sem. f. Klass. Philologie, Ehbergstr. 35, 1000 Berlin 33 - Geb. 12. April 1941 Hamburg, verh. s. 1968 m. Monika, geb. Hermann, S. Raimund - Promot. 1967 Hamburg; Habil. 1979 - 1981 Prof. (1982-84 gf. Dir., 1985-87 Dekan Fachber. Geschichtswiss.), 1989 o. Prof. FU Berlin - BV: Unters. z. Überl. d. Argonautica d. Val. Flaccus, 1970; C. Valeri Flacci libros VIII, 1980. Herausg.: U. Knoche, Ausgew. Kl. Schriften (1986).

EHLERT, Claus Paul Ernst

Dr. med., Prof., Chirurg, Chefarzt Landeskrankenhaus Sanderbusch (s. 1976) - Landeskrankenhaus, 2945 Sanderbusch - Geb. 22. Sept. 1935 Berlin (Vater: Prof. Dr. Hermann E. (s. d.); Mutter: Käte, geb. Zantonella), ev., verh. s. 1964 m. Gertraud, geb. Fischer, 3 Kd. (Susanne, Kathrin, Thomas) - Stud. Heidelberg, Hamburg, Wien, Freiburg - 1963-71 Wiss. Assist. Gießen u. Mainz, 1971-75 Oberarzt ebd. Zahlr. Fachveröff. im In- u. Ausl. - 1953 Gold. Jugendsportabz. - Liebh.: Klass. Musik, mod. Grafik - Spr.: Engl.

EHLERT, Hermann

Dr. med. habil., Prof. Obermed.-Direktor a. D. - Bleichweg 18, 6104 Malchen/Berstr. - Geb. 1907 Danzig, verh., 2 Kd. - Gymn. (Abit.); Stud. Med. Heidelberg, Berlin, Hamburg. Habil. München - 1939-47 Kriegsdst. Dann Oberarzt Chir. Univ.sklinik München, 1949 ao. Prof., 1953-72 Dir. Chir. Klinik Darmstadt - Rotarier.

EHLERT, Tamara

Schriftstellerin - Weichselstr. 5, 8080 Fürstenfeldbruck (T. 08141-9 12 37) - Geb. 28. Dez. 1921 Königsberg/Pr., ev., 2 T. (Diana, Tatjana) - Schauspielunterr.; Dolmetscherprüf. - BV: D. Dünenhexe, Erz. 1957; Spröder Wind v. Ost, Lyrik 1970; Kleiner alter Mann geht durch d. Wind, Lyrik 1975; D. silb. Fräulein, Lyrik u. Prosa 1978 - 1955 Lyrikpr. d. Brentano-Verlags, Nicolaus-

Copper-Theater; 1967 Andreas-Gryphius-Förderpr.; 1970 Nicus-Preis - Spr.: Engl., Franz.

EHLERT, Trude

Dr. phil., M.A., Prof. f. Ältere Germanistik Univ. Bonn - Frankenstr. 15, 5300 Bonn 2 - Geb. 11. Okt. 1946, ledig - Stud. German., Roman. u. Komparatistik Univ. Hamburg, Freiburg/Br., Grenoble u. Bonn (Promot. 1976, Habil. 1984) - 1972/73 wiss. Hilfskraft u. 1973-84 wiss. Assist. German. Sem. Univ. Bonn (1973-76 mdVb); 1984/85 Vertr. e. Prof. Sem. f. Dt. Philol. Univ. Mannheim - BV: Konvention-Variation-Innivation. E. struktureller Vergleich v. Liedern aus D. Minnesangs Frühling u. v. Walther v. d. Vogelweide, 1980; Gerhard Meissburger: Einf. in d. mediävist. German. (Hrsg. u. erw.), 1983; Essen u. Trinken in MA u. Neuzeit (Gießener interdisziplinäres Symposion), 1987 (Mithrsg.) - Preis d. Phil. Fak. (f. d. Diss.) - Liebh.: Fotogr., Segeln, Skifahren - Spr.: Engl., Franz., Span.

EHLICH, Hans-Georg

Dipl.-Ing., Geschäftsführer Sartorius GmbH, Göttingen (s. 1988), Geschäftsf. WIKA/Alexander Wiegand GmbH & Co., Armaturen- u. Manometerfabrik, Klingenberg/M. (s. 1973) - Diebshohl 9, 8760 Miltenberg/Ufr. - Geb. 5. Juni 1936 Hannover (Vater: Georg E., Hotelier; Mutter: Gertrud, geb. Bölling), ev., verh. s. 1963 (Ehefr.: Christa, geb. 1940), 2 S. (Rüdiger, Andreas) - Abit. Wernigerode/Harz; Dipl.-Ing. Freiberg/Sa. (Bergbaumaschinen) - 1961-67 Abteilungsleit. Krupp, Essen; 1967-73 Betriebsleit. Babcock, Oberhausen - Liebh.: Musik, Ski, Tennis, Schach - Spr.: Engl., Russ.

EHLICH, Hartmut

Dr. rer. nat., Dr. h.c., o. Prof. f. Mathematik Ruhr-Univ. Bochum (s. 1966) - Schattbachstr. 2, 4630 Bochum-Querenburg (T. 70 19 25) - Geb. 19. April 1931 Wuppertal-Barmen, verh. s. 1958 m. Elfriede, geb. Knoll (Hauswirtschaftsleiterin), 4 Kd. - Univ. Köln u. Tübingen (Math., Physik). Promot. (1959) u. Habil. (1962) Tübingen - Zul. Wiss. Rat Univ. Tübingen (Rechenzentrum), Dir. d. Rechenzentrums Ruhr-Univ. Bochum (s. 1966), Mitgl. ADV-Kommiss. d. Min. f. Wiss. u. Forschung NW (s. 1971) u. d. Gründungsaussch. d. Fernuniv. Hagen (s. 1974); 1981 Ehrenprom. FU Hagen. Facharb.

EHMANN, Dieter

Generaldirektor, Vorstandsvors. Sparkassen-Versicherung Lebensversich. AG u. Sparkassen-Versicherung Allgem. Versich. AG, bde. Stuttgart - Lerchenbergstr. 11, 7251 Weissach 2 - Geb. 12. März 1931.

EHMANN, Horst

Dr. jur. habil., o. Prof. f. Bürgerl. u. Arbeitsrecht Univ. Trier (s. 1976), Richter OLG Koblenz - Zu erreichen üb. Univ., Postf. 38 25, 5500 Trier - Geb. 7. Febr. 1935 Heilbronn (Vater: Emil E.; Mutter: Johanna, geb. Spindler), ev., verh. in 2. Ehe s. 1969 m. Katrin, geb. Schultze, Richterin a. LG, 2 Kd. (Erik u. Timo) - 1956-60 Stud. Univ. Heidelberg (Rechtswiss.); Promot. 1971; Habil. 1973, bde. Heidelberg - 1975 Wiss. Rat u. Prof. Göttingen - BV: Gesamtschuld, 1972; Betriebsstillegung u. Mitbestimmung, 1978; Betriebsrisikolehre u. Kurzarbeit, 1979; Arbeitsschutz u. Mitbestimmung, 1981 - Liebh.: Tennis (1951-53 württ. Juniorenmeister).

EHMKE, Horst

Dr. jur., Prof., Rechtsanw., MdB (s. 1969; Wahlkr. 063/Bonn/s. 1980) - Bundeshaus, 5300 Bonn 1 - Geb. 4. Febr. 1927 Danzig (Vater: Dr. med. Paul E., Chirurg; Mutter: Hedwig, geb. Hafften), ev., verh. I) 1952 m. Theda, geb. Baehr, 3 Kd. (Sabine, Cornelia, Hannspeter), II) 1972 Maria, geb. Hlavacova (Journ.) - Gymn. Danzig; Kriegsdst. (Fallschirmjäger); 1946-51 Univ. Göttingen u.

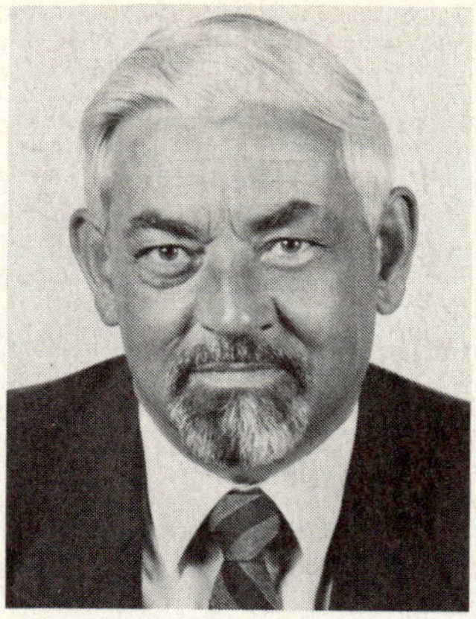

Princeton/USA (Rechtswiss., Polit. Wiss., Gesch.). Jurist. Staatsprüf. 1951 Celle u. 56 Düsseldorf. Promot. 1952 Göttingen; Habil. 1960 Köln - S. 1961 ao. u. o. Prof. Univ. Freiburg/Br. (Öfftl. Recht), 1967-69 Staatssekr. Bundesjustizmin., 1969-74 Bundesmin. d. Justiz, f. bes. Aufgaben u. Leit. Bundeskanzleramt (1969), f. Forschung und Technologie u. f. d. Post- u. Fernmeldewesen (1972). Stv. Vors. SPD-Bundestagsfrakt. (1977) - BV: Grenzen d. Verfassungsänderung, 1953; Ermessen u. unbestimmter Rechtsbegriff, 1960; Wirtschaft u. Verfass., 1961; Karl v. Rotteck, 1964; Politik d. prakt. Vernunft - Aufsätze u. Referate, 1969. Herausg.: Perspektiven - Sozialdemokr. Politik im Übergang zu d. 70er Jahren (1969); Politik als Herausforder. - Reden, Vortr., Aufs. (1974); Politik als Herausforderung II (1979); D. Portrait, Reden u. Beiträge (1980); D. Macht d. gr. u. d. kleinen Tiere (1980); Beitr. z. Verfass.theorie u. Verfass.politik (1981) Mithrsg.: Archiv d. öfftl. Rechts (1964ff.) - Liebh.: Mod. Malerei, Lit. - Spr.: Engl. - Lit.: Karl Günter Simon, D. Kronprinzen, 1969.

EHNES, Georg

Landwirt, Landrat (s. 1972), Mitgl. Bayer. Senat u. Präs. Bezirksverb. Mittelfranken/Bayer. Bauernverb. (1967ff.) - Landratsamt, Crailsheimstr. 1, 8800 Ansbach/Mfr. - CSU.

EHNI, Jörg

Dr. phil., Prof. f. Dt. Sprache u. Lit. PH Esslingen - Im Grund 3, 7799 Illmensee 2.

EHRBAR, Herbert

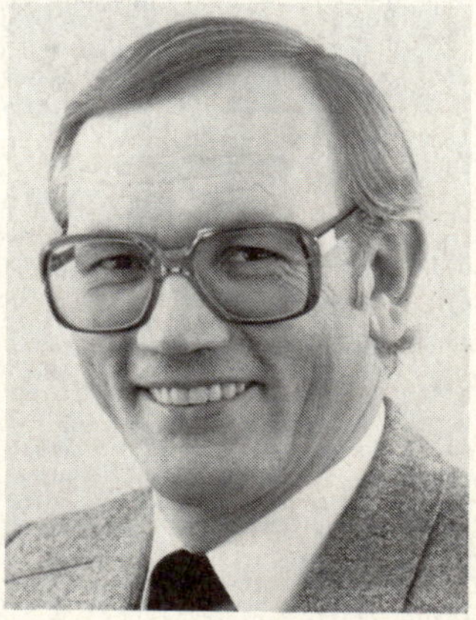

Dipl.-Verwaltungswirt (FH), Bürgermeister - Eichendorffstr. 14, 6906 Leimen (T. 06224 - 70 42 03) - Geb. 7. Juli 1933 Heidelberg, ev., verh. s. 1957 m. Doris, geb. Fetzer, 2 Kd. (Christiane, Alexander) - Mittl. Reife, fachgeb. Hochschulreife, Insp.-Laufbahn Versorgungsverw.; Stud. Volkswirtsch. - 1952-66 Beamter; zul. Reg.-Amtmann; Arb.-Min. Baden-Württ.; s. 1966 Bürgerm. St. Ilgen (1973 Wiederw.); 1976 durch Zusammenschluß m. Leimen Wahl z. Bürgerm. (1984 Wiederw.) - Stv. AR-Vors. Volksbank Kurpfalz; Vors. Wasserversorgungsverb. Hardtgruppe; Mitgl. Zulassungsaussch. f. d. gehob. Dienst (Dipl.-Verwaltungswirte), stv. Mitgl. Prüfungsaussch. f. Verwaltungsfachangest., Sozialaussch. Bad. Sportbund, Leistungsaussch. Bad. Sportbund; Präs. Bad. Tischtennisverb., Gewichtheberverb. Baden-Württ., Bundesverb. Dt. Gewichtheber; Vizepräs. Europ. Gewichtheberverb.; Kurat.-Mitgl. Olympiastützpunkt Rhein-Neckar; Mitgl. Landesvorst. VDA Baden-Württ.; stv. Mitgl. Landesbeirat f. Katastrophenschutz Baden-Württ., Jagdbeirat Baden-Württ.; Mitgl. VEDEWA Beirat Baden-Württ., Personalaussch. VEDEWA, Klärwärteraussch. VEDEWA; Vorst.-Vors. Spar- u. Kreditbank St. Ilgen (b. z. Fusion); Vors. DRK Leimen; stv. Vors. DRK St. Ilgen, DRK Gauangelloch; Ehrenvors. Aeskulap; stv. Kurat.-Mitgl. FH Öfftl. Verw., Kehl; Oberst d. Res. (Teilstreitkraft Luftwaffe); Begründer v. div. Städtepartnerschaften u. Übern. v. Patenschaften -1971 Verdienstnadel Gold Vdk Baden-Württ.; 1974 Ehrenbürger Gemeinde St. Ilgen, Ehrenring Gemeinde St. Ilgen, Dt. Sportabzeichen in Gold; 1976 Verdienstnadel Bad. Sportschützenverb. in Gold; 1977 Feuerwehrehrenz. Land Baden-Württ., Ehrenurkunde f. 25 j. Dienstjub., Treue-Abzeichen in Silber d. VdK Dtschl.; 1979 Dt. Feuerwehrmed., BVK am Bd., DLRG Leistungsabzeichen in Silber; 1980 Dt. Feuerwehrkreuz in Silber, ADAC Gauehrennadel in Bronce; 1981 Ehrenmed. Kreisfeuerwehrverb., Dt. Feuerwehrkreuz in Gold; 1982 Spielerehrennadel Bad. Fußballverb.; 1983 Staufermed. Land Baden-Württ.; 1984 Konrad-Adenauer-Med., Ehrennadel in Gold Bad. Tischtennisverb.; 1985 Bundeswehrehrenkreuz in Silber; 1986 Ehrenmed. Gemeindetag f. zwanzigj. Tätigk. als Bürgerm.; 1987 Landesehrennadel Land Baden-Württ. f. Verd. im Ehrenamt. Ausl. Ehrungen: 1982 Ehrenmitgl. Assoc. of the United States Army, Scroll of Appreciation, Army Europe; 1985 Outstanding Civilian Service Medal, Department of the Army, Ehrennadel Dtsch. Portug. Ges., Chevalier Ordre des Coteaux de Champagne; 1986 Scroll of Appreciation, Army Europe; 1988 Army Commendatio Medal; 1988 Kronenkreuz d. Diakonie - Liebh.: Gesch., Sport - Spr.: Engl., Franz., Lat. (Schulkenntn.).

EHRBAR, Udo

Bundestagsabgeordneter (s. 1983; Wahlkr. 178/Heidelberg) - Bundeshaus, 5300 Bonn 1 - CDU.

EHRECKE, Siegfried

Dipl.-Kfm., Dipl.-Brau-Ing., Vorstand Erste Kulmbacher Actien-Brauerei, Vorst.-Vors. Tucher Bräu AG, Nürnberg - Zu erreichen üb. Tucher Bräu AG, Schillerplatz 10, 8500 Nürnberg - AR Hofer Bierbrauerei AG Deininger Kronenbräu, Hof, Brauhaus Amberg AG, Amberg, Henninger-Bräu AG, Frankfurt, Eichbaum-Brauereien AG, Mannheim, u. Brauerei Moninger AG, Karlsruhe; AR-Vors. Frankenthaler Brauhaus AG, Frankenthal.

EHRENBERG, Hans

Dr. rer. nat., o. Prof. u. Direktor Inst. f. Kernphysik Univ. Mainz (s. 1961) - Alfred-Mumbächer-Str. 38, 6500 Mainz - Geb. 13. Sept. 1922 Bonn - 1952 Promot. Univ. Göttingen - 1958-61 Privatdoz. Univ. Bonn - 1967 o. Mitgl. Akad. d. Wiss. u. d. Lit., Mainz - 1975 ausw. wiss. Mitgl. Max-Planck-Ges.

EHRENBERG, Hellmut

Dipl.-Ing., Oberbaurat a. D., Vorst. Normenaussch. Kommunaltechnik i. DIN, Berlin, Vorst. d. Steinbeis-Stiftg. f. Wirtschaftsförd., Stuttgart, Vorst. d. Stiftg. Kos (Eßlingen) z. Förd. allgemeinärztl. Vorsorge-Untersuchungen, Kurat.: Inst. d. Dt. Wirtsch., Köln, Geschäftsf. Verb. d. Aufbau- u. Gerätetreind. f. Kommunalzwecke - Lenzhalde 25, 7300 Eßlingen/Neckar (T. 371385) - Bek. Vorf.: Prof. Dr. med. Dr. h. c. Christian-Gottfried E., Arzt u. Zoologe, Begr. Infusorienkd. (Ehrenbergstr. Berlin 33), 1795-1876 (Urgroßv.).

EHRENBERG, Henry

Senator h.c., Industrieller, Präs. Neumo-Ehrenberg-Gruppe (Neumo GmbH, Armaturenfabrik, Apparatebau aus Edelstahl, Knittlingen, Gebr. Rieger GmbH, Masch.fabrik u. Leichtmetallgießerei, Aalen, hema GmbH, Masch.-fabrik, Leichtmetallgießerei, Schwaigern, Herrli AG, Masch.fabrik, Apparatebau aus Edelstahl, Hartmetallwerkzeuge, Kerzers/Schweiz, Precitube AG, Röhrenwerk, Kerzers/Schweiz, Damstahl Edelstahlzentrum, Langenfeld, Damstahl A/S, Skanderborg/Dänemark, Damstahl AB, Malmoe/Schweden, Damstahl A/S, Oslo/Norwegen, VNE Corp.) - Bahnhofstr. 44, 7134 Knittlingen (T. 07043 - 3 60).

EHRENBERG, Herbert

Dr. rer. pol., Bundesminister a.D., MdB (s. 1973; Wahlkr. 21/Wilhelmshaven; 1983ff. stv. Vors. SPD-Fraktion) - Görresstr. 15, Bundeshaus, 5300 Bonn (T. 1 61) - Geb. 21. Dez. 1926 Collnischken, verh. - Schule; Wehrdst. u. Kriegsgefangensch. (b. 1947); Polizist; n. Hochschulreife/Begabtenprüf. (1952). Stud. Wilhelmshaven u. Göttingen (Dipl.-Volksw., Promot.) - Ltd. Tätigk. Wirtsch., Doz. Höh. Fachsch. f. Sozialarb., 1968-69 Leit. Unterabt. Strukturpolitik Bundeswirtschaftsmin., 1969-71 Ministeraldir. Bundeskanzleramt, 1971-72 Staatssekr. Bundesarbeitsmin. 1973ff. MdB (dir. Funkt.), 1977-82 Bundesarbeitsmin. SPD (b. 1984 Vorst.) - BV: Die Erhard-Saga, 1965; Durchbruch zum sozialen Rechtsstaat, 1969; Vermögensbildung f. d. siebz. Jahre, 1971; Zwischen Marx u. Markt, 1973; Blick zurück nach vorn, 1975; Sozialarbeit u. Freiheit, 1980 (m. Anke Fuchs) 1986 Gr. BVK.

EHRENBERG, Joachim

Direktor i.R. - Corinthstr. 17, 5650 Solingen 19 (Wald) (T. 0212 - 31 41 61) - Geb. 11. Dez. 1914 Emden - Zul. Vorst. Ver. Schlüsselfabr. - Spr.: Engl. - Rotarier.

EHRENBERG, Maria

Dr. rer. nat., Prof., f. Botanik - Keesburgstr. 38, 8700 Würzburg (T. 0931-7 41 70) - Geb. 4. Nov. 1919 Göttingen (Vater: Rudolf E., Prof. f. Physiol.; Mutter: Helene, geb. Frey), kath. - Promot. 1949 - S. 1961 (Habil.) Lehrtätigk. Univ. Würzburg (1968 apl. Prof., 1978 Prof.). Spez. Pflanzenphysiol. Fachaufs. - Bek. Vorf.: Rudolf v. Ihering (Urgroßv.).

EHRENBRAND, Friedrich

Dr. med., Prof., Abt. Vorst. Anat. Inst. Univ. Mainz - Thüringerstr. 11, 6500 Mainz-Finthen (T. Mainz 472409) - Geb. 28. Jan. 1925 Landau/Pfalz - S. 1961 (Habil.) Lehrtätigk. Mainz. Fachveröff.

EHRENFORTH, Karl Heinrich

Dr. phil., Prof., Leiter Abt. Schulmusik u. Doz. f. Musikpädagogik u. Didaktik d. Musik Hochschule f. Musik Detmold - Allee 22, 4930 Detmold 1 - Geb. 13. Nov. 1929 Breslau - Promot. 1960 Hamburg - Studiendir.; s. 1980 Bundesvors. Verb. Dt. Schulmusikerzieher - BV: Form u. Ausdruck - Arnold Schönbergs Durchbruch z. Atonalität, 1963; Verstehen u. Auslegen, 1971 - Herausg.: Musikerziehung als Herausforderung d. Gegenw. (1981); Humanität-Musik-Erziehung (1981); Schulische Musikerzieh. u. Musikkultur (1982); Medieninvasion (1985); Arbeit-Freizeit-Fest (1987); Spiel-Räume fürs Leben (1989). Div. Aufs. in Fachztschr.

EHRENSCHWENDNER, Josef

Dipl.-Ing., Direktor - Lindenstr. 35, 8080 Fürstenfeldbruck/Obb. - Geb. 20. Febr. 1925 - Mitgl. Geschäftsfhg.

Teves-Thompson GmbH., Barsinghausen/Hann.

EHRENSTEIN, von, Dieter
Dr. rer. nat., Dipl.-Phys., Prof. Univ. Bremen (s. 1972; Kernphysik, Atomtechnik) - Feldmannstr. 9, 2800 Bremen 33 (T. 252226) - Geb. 4. Febr. 1931 Hannover (Vater: Erich v. E., RA u. Notar; Mutter: Margot, geb. Kleinebrecht), ev., verh. s. 1957 m. RA u. Notarin Dr. jur. Iselin, geb. Horst, 2 Kd. (Florian, Ondine) - Phys.stud. Univ. Göttingen, Paris, Heidelberg; Dipl.ex. 1957 Heidelberg; Promot. 1960 Heidelberg; 1961-72 Phys. Argonne National Labor. USA; 1969-72 Prof. Northern Ill. Univ; s. 1979 Mitgl. Enquete-Kommiss. d. Dt. Bundestages: zukünftige Kernenergie-Politik - Spr.: Engl., Franz.

EHRENSTEIN, Gottfried
Dr.-Ing., Prof. f. Polymerwerkstoffe, Direktor Institut f. Werkstofftechnik Univ.-GH Kassel - Schwarzenberg Str. 60, 3500 Kassel - Üb. 60 Fachaufs., 6 Bücher.

EHRENWIRTH, Franz
Verleger (Ehrenwirth Verlag GmbH., München) - Buchenstr. 4, 8022 Lochham/Obb. (T. München 851494) - Geb. 12. März 1904 München (Vater: Franz E.; Mutter: Maria, geb. Krembs), kath., verh. s. 1932 m. Ellen, geb. Petsch, 3 Kd. (Irmengard, Monika, Martin) - S. 1945 Verlagswesen. Zeitw. Vors. Bayer. Verleger- u. Buchhändlerverb. - 1963 Bayer. VO.; 1969 Friedrich-Perthes-Med.; 1975 Gr. BVK.

EHRHARDT, Helmut
Dr. rer. nat., o. Prof. f. Experimentalphysik Univ. Kaiserslautern (gegenwärtig Leitung) - Pfaffenbergstr. 95, 6750 Kaiserslautern/Pfalz - Geb. 28. April 1927 Darmstadt - S. 1966 (Habil.) Lehrtätig. Univ. Freiburg/Br., Mainz (1968 Ord.), Trier-Kaiserslautern. Präs. Intern. Conference on the Physics of Electronic and Atomic Collisions (1971-73), Univ. Trier-Kaiserslautern (1970-75), Univ. Kaiserslautern (1975-81); Wiss. Rat (1983-86). Facharb.

EHRHARDT, Helmut E.

Dr. med., Dr. phil., Dr. jur. h. c., em. Prof. f. Gerichtl. u. Sozial-Psychiatrie - Stresemannstr. 39, 3550 Marburg/L. (T. 06421 - 1 34 33) - Geb. 24. März 1914 Kassel (Vater: Stephan E., Kaufm.; Mutter: Susanne, geb. Bourgeois), verh. s. 1952 m. Dr. med. Ruth, geb. Fiege, Sohn Alexander - Realgymn. Kassel (Abit. 1934), Univ. München, Berlin, Breslau (Psych., Phil., Med.). S. 1950 (Habil.) Lehrtätig. Univ. Marburg (1964 ao. Prof., 1966 Inst.-Dir., 1967 o. Prof.), Landesarzt (Hessen) f. geist. u. seel. Behinderte (1970/83), Member WHO Expert Advisory Panel on Mental Health (1963/84), Committee-Member World Psychiatric Ass. (1966/77), Member Exec. Board World Fed. f. Mental Health (1966/77), Mitgl. Wiss. Beirat Bundesärztekammer (s. 1969); Ehrenamtl. Richter, Landesberufsgericht f. Heilberufe, Hess. Verwaltungsgerichtshof (s. 1972); Präs.: Dt. Ges. f. Psychiatrie u. Nervenheilkd. (1969/71), Europ. Liga f. Psych. Hygiene (1970/71), Ges. f. d. ges. Kriminol. (1972/73); Mitgl. Internat. Narcotics Control Board-UN (1977/80), Mitgl. Bundesgesundheitsrat (1977-85) - BV (1960ff): Forensische und adm. Psychiatrie (1961), Euthanasie (1965), Rauschgiftsucht (1967), Psychiatr.-Psychopathol.-Begutacht. (1971), Perspekt. d. heutig. Psychiatr. (1972), 130 Jahre Dt. Ges. f. Psychiatr. (1972), Kriminol. Gegenwartsfrag. H. 11 (1974), Aggressivität - Dissozialität - Psychohygiene (1975), Wiss. Fortschr. u. ärztl. Praxis (1981). Zahlr. Einzelarb. - 1969 Ehrenmitgl. Hellen. Ges. f. Neurologie u. Psychiatrie; 1970 Corresp. Fellow Royal College of Psychiatr., London; 1971 Distinguished Fellow American Psychiatric Assoc.; 1971 Prés. d'Honneur Ligue Europ. d'Hygiène Mentale; 1974 Ehrenmitgl. Dt. Ges. f. Psychiatr. u. Nervenheilkd.; 1977 Ehrenmitgl. World Psychiatr. Assoc.; 1978 Ehrenmitgl. Tschechoslowak. Med. Ges. J.E. Purkinje; 1980 Mitgl. Dt. Akad. d. Naturforsch. LEOPOLDINA; 1980 Ehrenplak. d. Landesärztekammer Hessen; 1981 Ernst-v.-Bergmann-Plak. Bundesärztekammer; 1983 Ehrenmitgl. Dt. Ges. f. Kinder- u. Jugendpsychiatrie; 1983 Ehrenplak. in Gold, Landeswohlfahrtsverb. Hessen; 1986 Paracelsus-Med. d. Dt. Ärzteschaft - Spr.: Engl., Franz.

EHRHARDT, Marie-Luise, geb. Harder
Dr., Prof., Hochschullehrerin Univ. Hannover - Saarstr. 9, 3000 Hannover 1 - Geb. 28. Okt. 1935 Hamburg, ev., S. Thormen - Promot. 1962 Freiburg - BV: Meister Krabat, 1973; Schr. z. Volksüberlieferung u. Jugendlit.

EHRHARDT, Max
Dr. phil., Geschäftsführer Frankfurter Presse-Club - Gellertstr. 24, 6000 Frankfurt 60 (T. 069 - 45 16 31) - Geb. 7. Aug. 1919, verh. - Promot. 1950 Hamburg - 1950-82 PR-Abt. ESSO AG; Mitgl. DSV, Teli, MPC, DPRG - Spr.: Engl.

EHRHARDT, Otto
Geschäftsf. Liebherr-Werke Biberach GmbH. - Memminger Str. 72, 7950 Biberach/Riß; priv.: Schlehenhang 12 - Geb. 6. Nov. 1916.

EHRHARDT, Ulrich
Verbandsdirektor, Geschäftsf. Fremdenverkehrsverb. Bodensee-Oberschwaben (s. 1975) - Schützenstr. 8, 7750 Konstanz/B.; priv.: Zum Lerchental 25, 7760 Radolfzell 18 - Geb. 19. Mai 1934 Halle/S. (Vater: Arno E., Pfarrer; Mutter: Martha, geb. Bormann), ev., verh. s. 1968 m. Dorothee, geb. Ernst, 4 Kd. (Stefanie, Mathias, Christofer, Daniel) - Tellkampf-Sch. Hannover u. Waldorf-Sch. Stuttgart (Abit. 1952); College Montreux (Schweiz) - 1954-65 Dolmetscher; 1965-70 Reisemanager Beverly Hills (USA); 1970-75 Verkehrsdir. Ulm - Liebh.: Tourismus, engl. Krimis - Spr.: Engl., Franz.

EHRHARDT, Wolfgang
Direktor - Gellertstr. 41, 2000 Hamburg 60 - Geb. 7. Nov. 1925 - Mitgl. Geschäftsfg. Trelleborg Gummiwerke GmbH, Wasbek/Neumünster.

EHRHARDT-LEEGAARD, Alf, s. Leegaard, Alf

EHRHART, Karl Josef
Dipl.-Kfm., Direktor Ludwig-Richter-Str. 40, 7920 Heidenheim/Brenz-Schnaitheim - Geb. 11. Jan. 1933 - Mitgl. Geschäftsfhg. Carl Edelmann GmbH./Papierwarenfabrik, Heidenheim, u. ARsvors. Gummiwerke Becke AG. ebd.

EHRICH, Wulf
Dr. med., Prof. Augenklinik Univ. Saarbrücken (s. 1969), spez. biol. Verträglichk. v. Kunststoffen - Hiltebrandtstr. 2, 6650 Homburg/Saar (T. 06841 - 43 63) - Geb. 11. Nov. 1926 Eutin (Vater: Dr. phil. Walter E., OStudDir.; Mutter: Lucie, geb. Drückhammer), ev., verh. m. Gesa, geb. Wolgast - Promot. 1951 Kiel; Habil. 1972 Homburg/Saar - 1961-69 prakt. Augenarzt Kiel, Vorst. ECLSO; 1979 Begründ. u. dt. Hrsg. v. Contactologia - BV: D. Funktionsprüf. b. dichten Medientrübungen d. Auges, Lehrb. 1972 (m. D. Comberg); Grundl. u. klin. Bedeutung entoptischer Funktionsprüfungen, 1972; D. Kopftrauma aus augenärztl. Sicht, 1976 (m. O. Remler); Atlas der Kontaktlinsenanpassung, 2. A. 1985, (engl. Ausg. 1988) - 1985 Wiss. Preis d. ECISO (Fick-Kalt-Müller-Med.); 1986 Verdienstmed. Berufsverb. Augenärzte Dtschl. - Liebh.: Theater, 1949 dt. Hochsch.meister im Rudern/Doppelzweier.

EHRIG, Hartmut
Dr. rer. nat., Prof. f. Automatentheorie u. Formale Sprachen TU Berlin - Ambossweg 19, 1000 Berlin 26 - Geb. 6. Dez. 1944 - Promot. (1971) u. Habil (1974) Berlin - 1977-81 u. s. 1986 gf. Dir. Inst. f. Software u. theoret. Informatik; 1981-82 Sprecher FB Informatik TU Berlin; 1979 u. 1982 6 monat. Forsch.aufenth. in USA; s. 1978 Leit. v. DFG-Forsch.proj. in Theorie u. Softwareber.; s. 1985 Beteiligung an mehreren ESPRIT-Projekten. Rd. 150 Veröff., 120 Vortr.

EHRIG, Wolfgang
Versicherungsdirektor - Weißbirkenkamp 19, 2000 Hamburg 64 - Geb. 23. Nov. 1927 - Vorst. IDUNA Allg. Versich. AG. u. Vorst. IDUNA Ver. Lebensversich. aG. f. Handw., Handel u. Gewerbe, beide Hamburg 36.

EHRING, Franz

Dr. med., Prof., Dermatologe - Pröbstingstr. 45, 4400 Münster-Handorf (T. 3 23 46) - Geb. 19. Mai 1921 Dillingen/Saar (Vater: Eduard E., Obering.; Mutter: Sophie, geb. Marx), kath., verh. s. 1957 m. Dr. Marielis, geb. Wessels, 4 Kd. (Barbara, Georg, Rudolf, Hanno) - Univ. Münster, München, Göttingen (Med. Biol.) - S. 1956 (Habil.) Lehrtätig. Univ. Münster (1962 apl. Prof.) - 1950-1971 leit. Oberarzt u 1971-1984 Ärztl. Dir. Fachklinik Hornheide f. Tumoren, Tuberkulose u. Wiederherstell. an Gesicht u. Haut, Münster. Entw. e. Histol. d. lebenden menschl. Haut, Rehabilitation d. Gesichtsversehrten - 1960 Franz-Redeker-Preis, Ehrenmitgl. d. ungarischen dermatol. Ges. - Liebh.: Alte dermatol. Fachlit. - Spr.: Franz., Engl.

EHRISMANN, Otfrid
Dr. phil., Prof. f. dt. Sprache u. ältere dt. Lit. Univ. Gießen (s. 1972) - Händelstr. 13, 6301 Staufenberg 1 (T. 06406 - 24 82) - Geb. 16. Juni 1941 Mainz (Vater: Prof. Dr. Otfrid E.; Mutter: Ursula, geb. Janota), ev., verh. s. 1968 m. Elke, geb. Hirschmann, 2 Kd. (Agnes, Katja) - Stud. d. German., Gesch., Phil. Univ. Mainz; Promot. 1968; Habil. 1972 - BV: Volk. e. Wortgesch., 1970; D. Weingartner Liederhandschrift, 1970; D. Nibelungenlied, 1973; D. Nibelungenlied in Dtschl., 1975; Lit. u. Gesch. im Mittelalter, 1976; Mittelhochdeutsch. E. Einführung, 1976; D. mittelhochdeutsche Reinhart Fuchs, 1980; Nibelungenlied 1755-1920. Regesten u. Kommentare z. Forsch. u. Rezeption, 1986; Nibelungenlied. Epoche - Werk - Wirkung, 1987 - Spr.: Engl., Franz., Ital., Latein.

EHRKE, Franz
Direktor a. D., MdA (1955-81) - Ernemannzeile 8, 1000 Berlin 20 (T. 363 42 84) - Geb. 20. Sept. 1921 Prenzlau, verh., 1 Kd. - Volkssch. Swinemünde; Handelssch. u. kaufm. Lehre Stettin - 1941-45 Wehrdst. u. Gefangensch., seit 1946 kaufm. Angest. Berlin, 1960 Abt.leit., 1965-84 Vorst.-Mitgl. Dt. Klassenlotterie ebd. SPD s. 1949 (1967 Kreisvors. Spandau; 1968 Beis. Landesvorst.; 1977 Frakt.vors. SPD-Frakt.) - 1975 Silbermed. Abgeordnetenhaus v. Berlin; 1983 Ernst-Reuter-Plak.; 1986 Stadtältester Senat Berlin.

EHRLEIN, Hans-Jörg
Dr. med. vet. (habil.), Prof. f. Physiologie Univ. Hohenheim (s. 1984, Fachbereich Biol.) - Schloß, 7000 Stuttgart 70; priv.: Hermann-Hesse-Str. 22, 7024 Filderstadt 3 - Geb. 20. Sept. 1933 Stuttgart (Vater: Hans E., Kaufm.; Mutter: Gertrud, geb. Plocher), ev., verh. s. 1962 m. Ingeborg, geb. Balz, 2 Kd. (Jörn, Antje) - Helmholtz-Gymn. Essen; Stud. Veterinärmed. Hannover u. München.

EHRLER, Walter
Regisseur - Landgrafenallee 9, 3588 Homberg (T. 05681 - 55 28) - Geb. 18. Aug. 1941 Zürich - Insz. u. a.: Urfaust, Emilia Galotti, Maria Magdalena, Andorra, D. Physiker - Spr.: Franz., Engl.

EHRLICH, Bernd
Verleger, gf. Gesellsch. Nordd. Verlagsges. mbH. u. Ehrlich & Sohn GmbH & Co. - Dr.-Julius-Leber-Str. 3-7, 2400 Lübeck; priv.: Lothringer Str. 46 - Geb. 26. Mai 1939.

EHRLICH, Hans
Ass., Journalist u. Schriftst. - Liegnitzer Gasse 2, 6834 Ketsch am Rh. (T. 06202-65158) - Geb. 20. Juni 1931 Kuchen/Kr. Göppingen, ev., verh. s. 1967 m. Gerlinde, geb. Wohlfarth, 2 Kd. (Max, Stella) - Gymn., Stud. Rechtswiss., Phil., German. Univ. Heidelberg; bde. jurist. Staatsprüf. B. 1976 Rechtsanw.; seither fr. Journ. u. Schriftst.; Leit. Kultur. Gesprächskr. Heidelberg - BV: D. letzte Nacht, e. Gedichtkreis, 2. A. 1983; Wandlung, kl. lyr. Drama, zwei Märchen 1966 - Liebh.: Klass. u. romant. Musik, Wandern u. Radwandern - Spr.: Engl., Franz., Lat., Altgriech., bibl. Hebräisch.

EHRLICH, Jürgen
Verleger, Präs. Bundesverb. d. Dt. Briefmarkenhandels-APHV - Peter-Berchem-Str. 3, 5000 Köln 41 (T. 0221-43 29 22) - Geb. 29. Dez. 1921 - Vizepräs. Intern. Federation of Stamp Dealers' Assoc. IFSDA - 1984 BVK.

EHRLICH, Peter
Schauspieler - Farlifangstr. 45, CH-8126 Zumikon/Zürich (T. 00411- 918 06 06) - Geb. 25. März 1933 Leipzig - Schauspielsch. Berlin, Stud. Theaterwiss., Publiz. u. German. FU Berlin - Zahlr. Rollen b. Bühne, Film u. Fernsehen, u.a. Theater: Macbeth, Falstaff, Götz, Woyzeck, Hoederer, Jedermann, Orgon (Ponnelle), D. eingebildete Kranke (Ponnelle), Volpone, Leicester; Film: D. Moral d. Ruth Halbfaß (Schlöndorff), Emil and the detectives (Walt Disney), Berlinger (Sinkel/Brustellin); FS: Wie einmal aus d. Blechnapf frißt (Fallada), Harry Brent (Durbridge), Vidocq, Derrick, Kommissar, E. Volksfeind (Ibsen), D. wilde Flamme (Steinbeck), Wilhelm Busch - Spr.: Engl. - Lit.: Div. Theaterbücher.

EHRLICHER, Werner
Dr. rer. pol., em. o. Prof. f. Finanzwissensch. - Beethovenstr. 23, 7800 Freiburg/Br. (T. 7 28 84) - Geb. 22. Febr. 1920 Effelter/Ofr. (Vater: Karl E., Forstm.; Mutter: geb. Sporrer), kath., verh. s. 1954 m. Dr. Christel, geb. Karaschewski, 2 Töcht. (Alexandra, Verena) - Promot. (1950) u. Habil. (1955) Erlangen - 1949-58 Assist. u. Privatdoz. Univ. Erlangen; Lehrstuhlvertr. Univ. Heidelberg (1956/57) u. Erlangen (1958/59); s. 1959 Ord. Univ. Freiburg, Hamburg (1963; Dir. Inst. f. Finanzwiss. u. Inst. f. d. Spar-, Giro- u. Kreditwesen; 1967/69 Rektor), Freiburg (1972; Dir. Inst. f. Finanzwiss. u. Inst. f. d. Spar-, Giro- u. Kreditwesen). 1962 Mitgl. Wiss. Beirat Bundesfinanzmin. - BV: D. Problematik d. Zeitmoments in der Theorie d. Sparens u. Investierens, 1950; Geldkapitalbildung u. Realkapitalbild., 1956; D. dt. Finanzpolitik s. 1924, 1961; Kommunaler Finanzausgleich u. Raumordnung, 1967; Grenzen d. steuerl. Belastbark. d. Produktivvermögens, 1977. Mithrsg.: Kompendium d. Volksw.lehre (2 Bde. 1967/68); Ztschr. Kredit u. Kapital (1968ff.); Schriften d. Vereins f. Socialpolitik Band 99, 111, 120 u. 138; Geld- u. Währungspolitik in d. Bundesrep. Dtschl., Festschr. z. 25-jährigen Bestehen d. Dt. Bundesbank, 1982; D. volkswirtschaftl. Sparprozeß, 1985 - Lit.: Öfftl. Finanzen, Kredit u. Kapital, Festschr. f. W. E. (1985).

EHRMANN, Walter
Dr.-Ing., Prof. u. Direktor Univ. Hannover - Im Brande 13, 3016 Seelze 6 - Geb. 5. März 1939 Tauberbischofsheim (Vater: Adolf E., selbst. Mühlenbauer; Mutter: Elsa, geb. Volkert) - Abschl. Lehre als Bau- u. Möbelschreiner 1956; Abschl. Lehre als Bauzeichner 1963; Univ. Stuttgart (Dipl.-Ing. Hochbau [Arch.] u. Dipl.-Gewerbelehrer [Hochbau] 1972, Promot. 1975) - 1956-60 Bau- u. Möbelschreiner; 1961-62 Wehrdienst; 1962-64 Bauzeichner u. Baupraкt.; 1974-80 Lehrer an e. Berufsu. Fachsch. Stuttgart; s. 1980 Prof. u. Dir. Univ. Hannover - BV: Fachkd. f. Schreiner, Fachb. (u. a.) 1980.

EHRT, Robert
Dr. rer. pol., Vorstandsmitglied Degussa AG, Frankfurt/M. - Klettenbergstr. 8, 6000 Frankfurt 1 (T. 069-55 11 41) - Geb. 21. Sept. 1936, ev., verh. s. 1963 m. Antje, geb. Frass, 2 Kd. (Manuel, Mila) - Stud. Betriebsw. Univ. Frankfurt u. Mannheim; Dipl. 1959 Univ. Frankfurt; Promot. 1967 Univ. Mannheim - 1959-64 wiss. Assist. Univ. Frankfurt u. Mannheim; s. 1964 Degussa AG (s. 1979 Ressort Finanzen u. Vorst.-Mitgl.) - Liebh.: Wandern, klass. Musik - Spr.: Engl., Franz.

EIBERGER, Peter
Dipl.-Kfm., Geschäftsf. - Kaiser-Friedrich-Str. 11, 3200 Hildesheim - Geb. 16. Mai 1932 Stuttgart (Vater: Otto E., Friseurm.; Mutter: Antonie, geb. Frohberg), ev., verh. s. 1959 (Ehefr.: Elfriede), 3 Söhne (Hans-Peter, Frank, Bernd) - Oberrealsch. Stuttgart; kaufm. Lehre Robert Bosch GmbH., Stuttgart; TH Stuttgart, Univ. München (Dipl.-Kfm. 1959) - 1959-67 Robert Bosch GmbH. (Assist. Kaufm. Werkltg. Nürnberg, 1961 Abt.sleit. das., 1966 Kaufm. Werkleit. Bamberg); s. 1967 Blaupunkt-Werke GmbH., Hildesheim (Kaufm. Geschäftsf.) - Liebh.: Sport, bes. Skisport - Spr.: Engl., Franz.

EIBL, Karl
Dr. phil., Prof. f. Neuere dt. Literaturwissenschaft Univ. Trier - Auf der Au 6, 5500 Trier (T. 0651 - 1 61 91) - Geb. 28. Jan. 1940 Neumarkt/Oberpf. - Publ. z. dt. Lit. d. 18. b. 20. Jh. sowie zu theoret.-methodol. Probl.

EIBL-EIBESFELDT, Irenäus
Dr. phil., Prof., Zoologe - Fichtenweg 9, 8135 Söcking/Obb. (T. Starnberg 66 07) - Geb. 15. Juni 1928 Wien (Vater: Prof. Dr. Anton E.-E.), verh. s. 1950 m. Dr. phil. Eleonore, geb. Siegel, 2 Kd. (Bernolf, Roswitha) - Univ. Wien (Biol., Zool.). Promot. Wien; Habil. München - S. 1951 Mitarb. Max-Planck-Inst. f. Verhaltensphysiol. (1970 Leit. Forschungsst. Humanethol.). S. 1963 Lehrtätigk. Univ. München (1970 apl. Prof.) - BV: Galapagos - D. Arche Noah im Pazifik, 1960; Im Reich d. tausend Atolle, 1964; Grundriß d. vergl. Verhaltensforsch., 1967; Liebe u. Haß - Z. Naturgesch. elementarer Verhaltensweisen, 1970; D. Iko-Buschmanngesellschaft, Aggressionskontrolle u. Gruppenbindung, 1972; D. Vorprogrammierte Mensch, D. Ererbte als bestimmender Faktor im menschl. Verhalten, 1973; Krieg und Frieden aus der Sicht der Verhaltensforschung, 1975; Menschenforsch. a. neuen Wegen, 1976; Kurth, G. u. Eibl-Eibesfeldt, I. (Hrsg.): Hominisation u. Verhalten, 1975; Hass, H. u. Eibl-Eibesfeldt, I.: D. Hai, Legende eines Mörders, 1977; Eibl-Eibesfeldt, I. (Hrsg.): Konrad Lorenz, D. Wirkungsgefüge d. Natur u. d. Schicksal d. Menschen, 1978; D. Biol. d. menschl. Verhaltens-Grundriß d. Humanethol., 1984, 2. A. 1986; D. Mensch - d. riskierte Wesen. Zur Naturgesch. d. menschlichen Unvernunft, 1988 - 1971 Wilhelm Bölsche-Med. in Gold; 1980 Burda-Preis f. Kommunikationsforsch. (In medias res); 1988 Philip Morris Forsch.pr. (Projektentw. d. neuen Fachgeb. Humanethol.; 1977 korr. Mitgl. Deutsche Akad. d. Naturforscher Leopoldina; Korr. Mitgl. Senckenberg. Naturforschende Ges.; Fellow of the American Assoc. for the Advancement of Science; Pres. of the Intern. Soc. f. Human Ethol.; Mitgl. Charles Darwin Foundation.

EICH, Eckart
Dr. rer. nat., Prof. f. Pharmazeut. Biologie Univ. Mainz - Rosmerthastr. 84, 6500 Mainz 21 - Geb. 14. Jan. 1938 Landsberg/Warthe - Spezialgeb.: Arzneistoffe aus u. durch Mikroorganismen; biogene Zytostatika, Chemotaxonomie d. Convolvulaceen.

EICH, Ludwig
Geschäftsführer, MdL Rhld.-Pfalz - Hauptstr. 106, 5464 Buchholz (Westerwald) - Geb. 18. Aug. 1942 - SPD.

EICHBAUER, Fritz
Dipl.-Ing., Bauunternehmer, Präs. Zentralverb. d. Dt. Baugewerbes (s. 1978) - Kölner Str. 99, 5300 Bonn 1; priv.: 8000 München - Geb. 24. Jan. 1928 München, verh. s. 1966 (Ehefr. Sigrid), 3 Kd. (Bettina, Alexa, Felix) - N. Maurerlehre Stud. - Inh. väterl. Baugeschäft - U. a. Vors. Landesverb. Bayer. Bauinnungen u. Verb. baugewerbl. Unternehmer Bayerns; AR Vereinigte Haftpflicht-Versich. Hannover - 1984 Bayer. VO.

EICHBORN, Franz-Karl
Vorstandsmitglied Landesbank Rhld.-Pfalz - Große Bleiche 54/56, 6500 Mainz - Geb. 10. Jan. 1945.

EICHBORN, von, Wilfried
Deutscher Botschafter in Daressalam/Tansania - NIC-Investment House, Independence Avenue, Daressalam (T. 23286, 26417) - Geb. 14. Mai 1915 Breslau (Vater: Dr. Eduard v. E., Bankier; Mutter: Meta, geb. v. Wedel), ev., gesch., Tocht. Verena - Abit. Baltensch. (Human. Gymn.) Misdroy; Banklehre - S. 1952 Auslandsposten in Indonesien, Ghana, Vereinte Nationen New York, Jordanien, Somalia, Costa Rica, Indien - 1969 BVK - Liebh.: Lit., Gesch., Reiten, Tennis - Spr.: Engl., Span., Franz.

EICHEL, Hans
Oberbürgermeister, 1 Vizepräs. Hess. Städtetag, Präsid.-Mitgl. Dt. Städtetag, Kommunalpolit. Sprecher SPD-Bundesvorst. - Rathaus, 3500 Kassel; priv.: Wurmbergstr. 14 - Geb. 24. Dez. 1941 Kassel (Vater: Dipl.-Ing. Rudolf E., Architekt; Mutter: Marie, geb. Kepper), ev. - Wilhelm-Sch. Kassel; 1961-68 Stud. German. Politol., Phil., Gesch., German. Marburg u. Berlin. Staatsex. 1968 (Marburg) u. 70 (Kassel) - S. 1975 Obgm. Kassel. 1969-72 stv. JUSO-Vors.; 1970-75 SPD-Fraktionsvors. Stadtparlam. Kassel. Div. Mandate, u. a. AR-Vors. documenta GmbH. SPD (1984ff. Vorstandsmitgl.) - Liebh.: Architektur/Städtebau, mod. Kunst, Lit. - Spr.: Engl., Franz.

EICHENAUER, Walter
Dr. rer. nat., Prof., f. Physikal. Chemie TH Darmstadt i. R. - Waldkolonie 27, 6101 Bickenbach/Bergstr. - Geb. 11. Sept. 1921 Darmstadt (Vater: Friedrich E., Kriminalkommissar; Mutter: Margarete, geb. Kraft), verh. s. 1948 m. Greta, geb. Teichmann, 2 S. (Wolfram, Gerald) - Promot. 1953 - S. 1972 Prof. Üb. 50 Facharb.

EICHENBERG, Klaus
Dr.-Ing., Prof., Dozent u. Leit. Lehrgeb. Zeichnen u. Malen TH Aachen - Am Chorusberg 11, 5100 Aachen - B. 1978 Privatdoz., dann apl. Prof. Aachen.

EICHENSEER, Joseph Anton

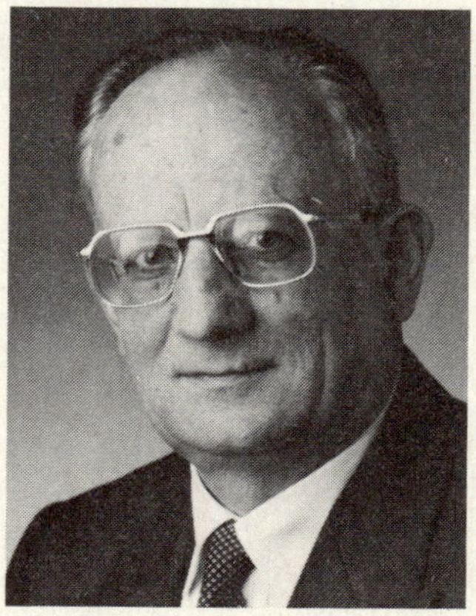

Dr. theol., Wiss. Mitarbeiter Univ. Saarbrücken, Lateinschriftsteller (P. Caelestis), Arb.st. f. Lat. d. Neuzeit (s. 1983) - Universität, FR 6.3, 6600 Saarbrücken 11 (T. 0681 - 302-33 92) - Geb. 1. Juli 1924 Schöllang (Vater: Johann E., Bahnbeamter; Mutter: Regina, geb. Fink), kath., ledig - Human. Gymn.; Stud. Phil., Theol., Latein; Promot. 1955 Univ. München - S. 1959 Lateinschriftst., s. 1965 Schriftleit. Lateinztschr. VOX LATINA. Mitgl. Intern. Röm. Lateinakad.; Lateinsprechkurse in d. Bundesrep., Frankr., Engl., Italien, Belgien, Schweiz u. Holland (1973ff.), s. 1976 Präs. intern. Vereinig. VOX LATINA (1978 in SOCIETAS LATINA umben.), Saarbrücken - BV: D. Symbolum Apostolicum b. Augustinus (Diss.), 1960; De lacu Brigantino congelato - Bodenseegefröne, 1965; Latinitas Viva, vierteil. Unterrichtsw.: Einf., Bildteil (m. lat. Beschrift.), sechsspr. Lexikonteil, 2. A. 1982 bzw. 1984; Liederband, 1986; Lucere ubique lucernas caelestes (lat. Übers. d. Spanienreiseerz. v. René Saksa), 1982; De Insula Nigra (lat. Übers. d. L'île noire v. Hergé), 1987. Veröff. in intern. Lateinztschr.; Lat. Ref. üb. Antike, Mittellatein, Neuzeit; m. Spr. Prof. Dr. M. Mangold Tonkassette: Lat. Phonetik 1983; Latein aktiv, Latein. Sprachführer, 2. A. 1985; Erasmus-Dialoge-Kassette m. Sprecherin I. Pessarra-Grimm, 1985; 5 weit. lat. Kassetten: Mk.-Ev. -Aussprache - Weihn., 1987; lat. Neuzeit-Dialog m. Sprecherin Dr. S. Albert, 1989 - Liebh.: Bergsteigen, Eisenbahn, Tonband.

EICHER, Albert
Kaufmann, ARsmitgl. Traktoren- u. Landmaschinenwerke Gebr. Eicher GmbH., Forstern/Dingolfing (s. 1972, voher Mitinh.) - Hauptstr. 1a, 8011 Forstern/Obb. - Geb. 1. Aug. 1907 Forstern - BVK - Bruder: Josef E.

EICHER, Heinz
Rechtsanwalt, Fachanwalt f. Sozialrecht - Schulstr. 50, 5357 Swisttal-Buschhoven - Geb. 19. Aug. 1924 Mannheim, verh., 3 Kd. - Abit., 1. jur. Staatsex. 1948, 2. jur. Staatsex. 1952 - Zul. Staatssekr. Bundesmin. f. Arbeit u. Sozialordnung.

EICHER, Peter
Dr. phil., Dr. theol., o. Prof. f. Kath. Theologie Universität-Gesamthochschule Paderborn (s. 1977) - Friedrich-Ebert-Str. 28, 4790 Paderborn/W. - Geb. 5. Jan. 1943 Winterthur/Schweiz (Vater: Josef E., Gewerbelehrer; Mutter: Rosa, geb. Ditzler), kath., verh. s. 1970 m. Lisette, geb. Klaus, 5 Kd. (Karin, Brigitte, Christoph, Manuela, Benjamin) - Kantonale Lehranst. (Gymn.) Sarnen; Univ. Fribourg (Dr. phil. 1969) u. Tübingen (Dr. theol. 1977) - U. a. Wiss. Mitarb. DFG (1971-74) - BV: D. anthropolog. Wende, 1970; Solidar. Glaube, 1975; Offenbarung - Prinzip neuzeitl. Theol., 1977; Im Verborgenen offenbar, 1978; Theologie, 1980; D. Herr gibts d. Seinen im Schlaf, 1980; Bürgerliche Religion, 1983; D. gute Widerspruch, 1986. Herausg.: Gottesvorstell. u. Gesellschaftsentwickl. (1979); D. Evanglium d. Friedens (1982); Neues Handb. theol. Grundbegriffe (4 Bde. 1984ff.); Theologie d. Befreiung im Gespräch (1985); D. reiche Jüngling (1986); Neue Summe Theologie (3 Bde. 1988ff.) - Liebh.: Ethnol., Volkskd., Musik, Politik - Spr.: Engl., Franz.

EICHER, Wolf
Dr. med., Prof. f. Gynäkologie u. Geburtshilfe Diakonissenkrankenhaus, Mannheim (s. 1983) - Speyerer Str. 91, 6800 Mannheim (T. 0621 - 810 22 98) - Geb. 11. April 1940, ev., verh. - Stud. Med. Univ. München, Lausanne, Strasbourg u. Heidelberg; Promot. 1965, Habil. 1974 Heidelberg - 1980 Prof. f. Gynäkologie u. Geburtshilfe, Psychosomatik Univ. München; s. 1983 Diakonissenkrankenh. Lehrkrankenh. Univ. Heidelberg, Mannheim. Spezialgeb.: Plast. Chirurgie, Psychosomatik - BV: D. sexuelle Erlebnisfähigkeit u. d. Sexualstörungen d. Frau, 2. A. 1977; Prakt. Sexualmed. E. kurzes Handb., 1980; Transsexualismus - Möglichk. u. Grenzen d. Geschlechtsumwandlung, 1984; Sexology, 1988; Plastic Surgery in the sexually handicapped, 1988 - Pres. 8th World Congress for Sexology - Spr.: Engl., Franz.

EICHHOFF, Hans-Joachim
Dr. phil. nat., Prof. f. Anorgan. Chemie u. Spektrochemie Univ. Mainz - Herminenstr. 1, 6200 Wiesbaden - Geb. 2. Juni 1912 Dautphe/Oberhessen - S. 1961 (Habil.) Lehrtätig. Univ. Mainz (b. 1969 apl. Prof., dann Wiss. Rat u. Prof.). Üb. 40 Fachaufs.

EICHHOLZ, Armin
Journalist, Theaterkrit. - Über d. Klause 7a, 8000 München 90 (T. 64 31 24) - Geb. 19. Dez. 1914 Heidelberg - U. a. 1957-79 Feuilletonleit. Münchner Merkur - BV: Ich traute meinen Augen, 1976 - 1981 Ernst-Hoferichter-Preis; Bayer. VO.

EICHHOLZ, Reinhold E.
Dipl.-Volksw., Dipl.-Kfm., Prof., Hochschullehrer - Bodo-Karcher-Str. 12, 7050 Waiblingen (T. 07151 - 5 94 75) - Geb. 15. Nov. 1930 (Vater: Wilhelm E., Mutter: Anna, geb. Schmidt), verh. s. 1959 m. Anneliese, geb. Krüger, S. Rüdiger - 1953 Wirtschaftsabit., 1953-58 Stud. Wirtschafts- u. Sozialwissenschaften Stuttgart u. Nürnberg, 1957 Dipl.-Volksw., 1958 Dipl.-Kaufm. (bde. Nürnberg) - BV: D. Untern. auf d. Markt, 1985; D. Unternehmenserfolg sichern, 1984 (m.a.); Erfolgreiche Verkaufsförderung in d. Praxis, 1987 (m.a). Zahlr. Veröffentl. in wissenschaftl. u. Fachzeitschr. - 1973-77 Vors. Werbefachverb. Südwest Stuttgart, 1975-80 Vizepräs. Dt. Werbewiss. Ges., s. 1976 Vors. Prüfungsaussch. f. Bilanzbuchhal-

ter IHK Mittl. Neckar, Stuttgart - Spr.: Engl.

EICHHORN, Egon

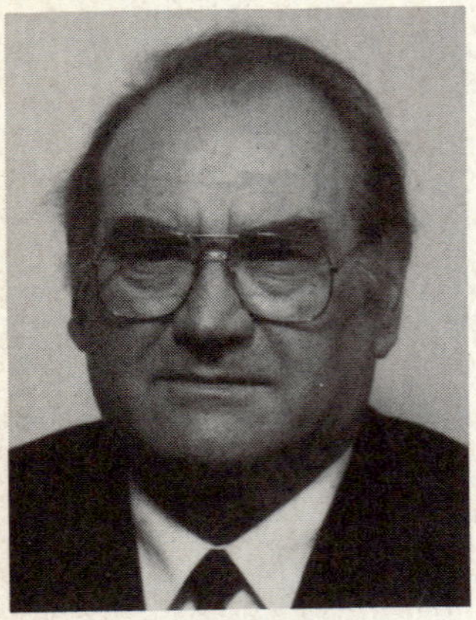

Dr. med. vet., Veterinärdirektor i. R. - Veilchenweg 79, 6200 Wiesbaden-Freudenberg - Geb. 14. Mai 1924 Limburg an d. Lahn, kath., verh. s. 1956 m. Berta, geb. Zöberlein, Lehrerin, 4 Kd. (Dr. med. Luitgard, Florian, Stefanie, Barbara) - Univ. Gießen, München; Tierärztl. Prüf. 1953; Promot. 1953 München - 1957-66 Schlachthof-Tierarzt; s. 1966 Amtstierarzt in Wiesbaden; 1977-88 Veterinärdir. u. Leit. d. Staatl. Veterinäramtes Wiesbaden. 1980 Betreuung v. vet. med. hist. Diss. - BV: St. Jakob Lindenholzhausen - St. Alban Rübsangen, Gesch. d. Kirchen u. d. Pfarrei Lindenholzhausen, 1967; Gesch. v. Lindenholzhausen (m. H. Gensicke, J. Jung), 1972; Gesch. v. Oberbrechen (m. H. Gensicke), 1975. Zahlr. Veröff. a. d. Gesch. d. Vet.med. u. d. Landes-, Orts-, Kirchen- u. Familiengesch. v. Nassau - 1945 EK II; 1972 Ehrenteller d. Gde. Limburg-Lindenholzhausen; 1974 Ehrenbrief u. Silb. Ehrenplak. Ld. Hessen; 1981 Bürgermed. d. Stadt Wiesbaden; 1982 BVK; 1984 Ehrenplak. d. Bundesverb. d. beamt. Tierärzte; 1988 Gold. Verdienst- u. Ehrennadel d. hess. Fleischerhandwerks - Liebh.: Musik, Lit., Gesch. - Spr.: Franz. - Lit.: Gisela Schuldt, Gesch. d. staatl. Vet.verw. im Geb. d. ehem. Reg.bez. Wiesbaden (1987).

EICHHORN, Ernst

Dr. phil., Bezirksheimatpfleger, Lehrbeauftr. f. Fränk. Kunstgesch. Univ. Erlangen-Nürnberg - Hermundurenstr. 32, 8500 Nürnberg 40 (T. 44 96 80) - Geb. 7. Febr. 1921 - Bezirksvors. Frankenbund f. Mittelfranken - 1956 Förderpreis Stadt Nürnberg; 1966 Gr. Gold. Bundesabz. Frankenbund; 1966 VK a. Bd. Verdienstorden d. BRD.

EICHHORN, Franz-Ferdinand

Dr. jur., Rechtsanwalt, Generalbevollm. Immobilienges. Dr. Görtmüller u. Dr. Menard - Beckbuschstr. 15, 4000 Düsseldorf (T. 43 32 82) - Geb. 23. Juni 1915 (Vater: Dr. Walter E., Wirtsch.-prüfer; Mutter: Else, geb. Liskow), ev., verh. s. 1943 m. Liselotte, geb. Gentzsch, 3 Kd. (Christian, Barbara, Bettina) - Stud. theol., Rechts- u. Betriebsw., Univ. Tübingen, Königsberg, Berlin, Köln, Innsbruck; 2. Staatsex. Gera, Promot. Innsbruck; Gf. Ges. ORGANA Wirtschaftsprüfungsges. mbH.; Gesch. f. Grundstücksanlagefonds Ges. mbH; Vors. Beir. Finanzmin. NRW, alle Düsseldorf; stv. Vorst.-Vors. Dt. Anwaltsinst. e. V., Bochum, u. stv. Vorst.-Vors. Arbeitsgem. Fachanwälte f. Steuerrecht; geschäftsf. Vorst. Deutsch-Schweiz. Wirtschaftsvereinig. Düsseldorf e. V.; Vors. Deutsch-Finn. Stiftg. z. Förd. d. Kultur u. Völkerverständ. e. V., Düsseldorf; Mitgl. in- u. ausl. AR-, VR- u. Beiratsmand. - 1964 Ehrenring Stadt Düsseldorf; 1971 Gold. Ehrenz. Rep. Österr., 1978 Komturkr. Kommand. Ritter d. Ord. d. finn. Löwen; 1978 BVK I. Kl. - Liebh.: Moderne Kunst, Golf - Spr.: Engl. - Lions-Club.

EICHHORN, Friedrich

Dr.-Ing., o. Prof. u. Direktor Inst. f. Schweißtechn. Fertigungsverfahren TH Aachen (s. 1965) - Fichthang 2, 5100 Aachen - Geb. 30. März 1924 Stuttgart, ev., verh. s. 1957 m. Evamaria, geb. Kieß, 2 Kd. (Christoph, Friederike) - TH Stuttgart (Dipl.-Ing. 1952, Promot. 1959) - 1962-65 Wiss. Rat TH Stuttgart; 1973 o. Mitgl. d. Rhein.-Westf. Akad. d. Wissensch. - BV: Schweißen (Kröner-Verlag, Stuttgart) - Rotarier.

EICHHORN, Gerhard

Dr.-Ing., Univ.-Prof. u. Direktor Inst. f. Geodäsie TH Darmstadt (s. 1966) - Ostpreußenstr. 57, 6100 Darmstadt-Eberstadt (T. 5 19 57) - Geb. 8. Jan. 1925 Steinach/Thür. (Vater: Otto E., Beamter; Mutter: Ida, geb. Morgenroth), ev., verh. s. 1949 m. Karoline, geb. Eichhorn, S. Dr. Johannes - Stud. TH München; Promot. 1952; Habil. 1964, bde. München - Ehrenmitgl. Fédération Intern. d. Géomètres, Dt. Verein f. Vermessungsw., Royal Inst. of the Chartered Surveyors, l'Union Belge des Géomètres Experts en Immeubles; Med. de l'Ordre des Géomètres-Experts (Frankreich); BVK I. Kl. - Spr.: Engl.

EICHHORN, Helmut

Dr. phil., Museumsdirektor, Lehrbeauftr. f. bild. Kunst/Arch. Univ. Oldenburg - Pitsdamer Str. 1, 2971 Emden.

EICHHORN, Kurt

Dirigent - Candidstr. 24, 8000 München 90 (T. 652828) - Geb. 4. Aug. 1908 (Vater: Peter E., Kunstmaler; Mutter: Elise, geb. Meier), verh. m. Senta, geb. Wagemann - Konservat. Würzburg - U. a. Dresdener Philharmoniker, Staatstheater am Gärtnerpl., München (Chefdirig.), Bayer. Rundfunk (1967 ff.). Honorarprof. Musikhochsch. München - Liebh.: Malerei.

EICHHORN, Ludwig

Elektroschweißer, MdL Nordrh.-Westf. (s. 1975) - Hortensienstr. 23, 4100 Duisburg 28 - Geb. 24. März 1924 - SPD.

EICHHORN, Otto

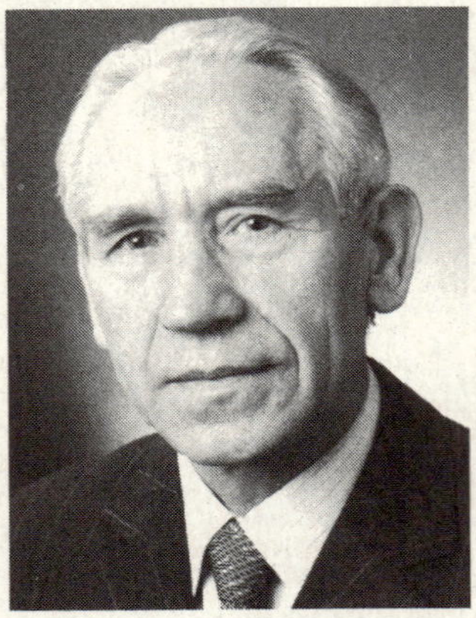

Dr. rer. nat., Prof. f. Forstzoologie - Johanniterstr. 41 a, 7843 Heitersheim (T. 28 21) - Geb. 23. Nov. 1918 Giessübel (Vater: Hermann E., Holzwarenfabr.; Mutter: Lina, geb. Voigt), ev., verh. s. 1953 m. Mathilde, geb. Mohr, 2 Töcht. (Gabriele, Eva-Maria) - Stud. Forstwiss. Eberswalde, Göttingen u. Freiburg, Staatsex. 1953, Promot. 1952, Habil. 1962 - 1953-61 wiss. Assist. Freiburg u. Göttingen, 1961-78 Entomologe Commonwealth Inst. of Biological Control Delémont Schweiz, 1980-83 Lehrstuhl f. angew. Zool. Univ. München - Fachaufs. z. biol. Schädlingsbekämpf. u. z. Biol. u. Ökologie d. Adelgidae, Formicidae, Diprionidae u. Pamphiliidae. Mitarb.: D. Forstschädlinge Europas, Bd. 3 1978, Bd. 4 1982 - Spr.: Engl., Franz.

EICHHORN, Peter

Dr. rer. pol., Dipl.-Kfm., Prof. Ord. f. Betriebswirtschaftslehre Univ. Mannheim (s. 1981) - L 5,4 am Schloß, 6800 Mannheim; priv.: Stuhlbrudergasse 5, 6720 Speyer - Geb. 30. Juli 1939 Berlin (Vater: Dipl.-Ing. Max E.; Mutter: Lotte, geb. Geldner), ev., verh. s. 1967 m. Dorothee, geb. Weiske, 3 Kd. (Maximilian, Friedemann, Stephanie) - Schule Hof (Abit.); 1959-64 Stud. Wirtschaftswiss. Würzburg, Berlin (FU), Erlangen-Nürnberg (Dipl.-Kfm. 1964, Promot. 1967); 1967/68 Stud.-Aufenth. Harvard Business School, Cambridge/Mass., u. Univ. of California, Berkeley; Habil. 1972 Münster (Betriebsw.lehre, Priv.-Doz.) - 1968-72 Wiss. Assist. Univ. Münster; 1972 Prof. FU Berlin, 1972-78 o. Prof. Hochsch. f. Verwaltungswiss. Speyer (1976/77 Rektor), 1978-81 Prof. Univ. Erlangen-Nürnberg. Vors. Kunstverein Speyer (s. 1976); Vizepräs. Landessynode d. Ev. Kirche Pfalz (1979-85); Vors. Bundesverb. Dt. Verw.- u. Wirtsch.Akad. (s. 1981); Mitgl. d. Beratungskr. Verwaltung 2000 beim IM BaWü (s. 1988) - BV: Struktur u. Systematik kommunaler Betriebe, 1969; Kommunale Regiebetriebe u. Budgetkreislauf, 1970; Unters. üb. d. Nutzen komm. Wirtschaftsförderungsmaßn., 1970 (m. Peter Friedrich); Liquiditätsplanung u. Gelddisposition in öfftl. Haushalten, 1974; Grundl. e. gemeinw. Erfolgsrechnung f. Unternehmen, 1974; Gesellschaftsbezog. Unternehmensrechnung, 1974; Verwaltungsök. (m. P. Friedrich), 1976; Effizienzeffekte d. Verwaltungsreform (m. H. Siedentopf), 1976; Auftrag u. Führ. öfftl. Untern. (Hrsg.), 1977; Public Enterprise in the EEC: Federal Republic of Germany, 1978; Verwaltungshandeln u. -kosten, 1979; Finanzier. öfftl. Untern. (Hrsg. m. Theo Thiemeyer), 1979; Aufg. öfftl. u. gemeinwirtschaftl. Untern. im Wandel (Hrsg. m. Paul Münch), 1983; Leistungssteigerung in d. öfftl. Verwaltung, 1984; Betriebswirtsch. Erkenntnisse f. Regierung, Verw. u. öfftl. Untern., (Hrsg.) 1985; Rationalisierungsreserven in öfftl. Verw. u. öfftl. Untern. (Hrsg. m. Günter Sieben), 1985; Verwaltungslexikon, (Chefhrsg.) 1985; Verbände öfftl. Untern. (m. P. Kalusche), 1985; Erfolgskontrolle b. d. Verausgabung öfftl. Mittel (Hrsg. m. Gert v. Kortzfleisch), 1986; Untern. u. Beteiligungen d. Landkr. (m. E. Schneider), 1986; Kaufm. Wirtschaftsförderung f. staatl. Einrichtungen, insb. Studentenwerke (Hrsg.), 1986; Forsch. u. Entwickl. in öfftl. Untern., 1986; Doppik u. Kameralistik (Hrsg.), 1987; Aspekte d. Wirtschaftsreform in China (Hrsg. m. Wolfgang Klenner), 1988; Untern.verfassung in d. priv. u. öfftl. Wirtschaft (Hrsg.), 1989. Mithrsg. d. Schr. z. öfftl. Verw. u. öfftl. Wirtsch. (s. 1974) u. d. Ztschr. f. öfftl. u. gemeinwirtschaftl. Untern. (s. 1978) - Spr.: Engl.

EICHHORN, Rolf

Vorstand - Bergstr. 1, 8630 Coburg (T. 09561-9 40 88) - Geb. 11. Aug. 1925 Gotha/Thür., ev., verh. s. 1956 (Ehefr.: Gerda, geb. 1927), 2 S. (Jürgen, Jochen) - Gymn.; Fachhochsch. (Keramiking.) - B. 1955 Berater Südamerika (4 J.), dann Direktionsassist. u. Vorst. Annawerk Keram. Betriebe GmbH., Rödental - Spr.: Portugies., Span., Engl.

EICHHORN, Siegfried

Dr. rer. pol., Dipl.-Kfm., Prof. f. Medizinorg. u. Krankenhausökonomie Univ. Düsseldorf (s. 1976), Vorstand Dt. Krankenhausinstitut, Prof. f. Betriebswirtschaftslehre d. Gesundheitsw. TU Berlin - Brucknerstr. 73, 4010 Hilden - Geb. 28. Dez. 1923 Wuppertal - Promot. 1954; Habil. 1972 - BV: Krankenhausbetriebslehre, 3 Bde. 1967/76/87 (mehr. Aufl.). Üb. 200 Einzelarb.

EICHHORN, Wolfgang

Dr. rer. nat., Dipl.-Volksw., o. Prof. f. Volkswirtschaftslehre Univ. Karlsruhe - Im Kennental 8, 7500 Karlsruhe 41 - Geb. 18. Aug. 1933 Ansbach (Vater: Max E., Dipl.-Ing.; Mutter: Lotte, geb. Geldner), ev., verh. s. 1964 m. Heidrun, geb. Tiedmann, 2 Kd. (Christian, Saskia) - 1953-59 Univ. München u. Würzburg (Dipl.-Math. 1959, Promot. 1962, Dipl.-Volksw. 1964, Habil. in Math. 1966) - 1959-66 Wiss. Assist.; 1966-69 Univ.-Doz. Würzburg; 1969ff. o. Prof. Univ. Karlsruhe (1969-71 Dekan Fak. f. Geistes- u. Sozialwiss.). 1967ff. Gastprof. Univ. Waterloo (CDN), Southern California (LA), Bonn, California (Berkeley), Lissabon, British Columbia (Vancouver), Rio de Janeiro - BV: Verallgem. d. Funktionentheorie, 1962; Theorie d. homogenen Prod.funktionen, 1970; Mod. d. vertikalen Preisbild., 1973; Theory of the Price Index, (m. J. Voeller), 1976; Functional Equations in Economics, 1978. Mithrsg.: Production Theory (1974); Theory and Applications of Economic Indices (1978); Economic Theory of Natural Resources (1982); Quantitative Studies on Production and Prices (1983), Math. Systeme in d. Ökon. (1983); Measurement in Economics (1988) - Spr.: Engl.

EICHINGER, Bernd

Filmproduzent (Neue Constantin Film) - Kaiserstr. 39, 8000 München 40 - Geb. 11. April 1949 Neuburg/Donau (Vater: Dr. Manfred E., Arzt; Mutter: Inge, geb. Berkmann), T. Nina - N. Abit. Hochsch. f. Film u. Fernsehen München - S. 1974 (Gründ. Solaris Film) Prod. Bek. Filme: Christiane F. - Wir Kinder v. Bahnhof Zoo, D. Boot, D. unendl. Geschichte, Der Name d. Rose, Ich und Er - 1970/77/78/80 Bundesfilmpreise; 1982 Diplom Jury Karlsbad u.a. Auszeichn.

EICHLER, Günter

Uhrmachermeister, Honorarkonsul d. Seychellen - Dt. Honorarkonsulat, P.O. Box 132, Victoria/Mahe, Rep. of Seychelles - Geb. 24. Nov. 1936 Niederscheden (Vater: Erich E., Techn. Leit.; Mutter: Erna, geb. Winkelbach), ev., verh. s. 1969 m. Maryse, geb. de St. Jorre, 2 Kd. (Gersende, Henri) - Uhrmacherm. 1972-76 Fußballnationaltrainer d. Seychellen (1975 Gewinn d. Unabhängigkeitscup) - 1987 BVK am Bde. - Spr.: Engl., Franz., Creol (Eingeborenenspr. d. Seychellen).

EICHLER, Hans Joachim

Dr.-Ing., o. Prof. f. Experimentalphysik - Zu erreichen üb. TU Berlin, Optisches Inst., Str. d. 17. Juni 135, 1000 Berlin 12 - Geb. 9. Nov. 1940 Berlin (Vater: Hans E., Volksw.; Mutter: Lydia, geb. Wagner), kath., verh. s. 1966 m. Renate, geb. Bubel, 2 T. (Katharina, Stephanie) - Stud. TU Berlin, 1965-69 Assist. TU Berlin, Habil. 1969 - 1970-78 Vors. d. Fachber. Physik d. TU Berlin; 1982 Vors. Arbeitsgem. Quantenoptik DPG u. DGAO. Erste Experimente zu lichtinduzierten Gitterstrukturen - Mithrsg. opto-elektronischer Ztschr., Fachwissensch. Beitr. in Ztschr., Aufs. üb. Laserphysik. Mitverf. v. drei Büchern.

EICHLER, Joachim

Dr. med., Prof., Chefarzt Orthopäd. Klinik Wiesbaden (s. 1973) - Gabelsbornstr. 28, 6200 Wiesbaden - Geb. 17. Febr. 1931 Laufenburg/Schweiz (Vater: Johannes E., Ing.; Mutter: Johanna, geb. Liss), ev., verh. s. 1976 m. Marianne, geb. Reuter, 2 S. (Jens-Olaf, Mark) - Stud. Univ. Leipzig; Promot. 1955 ebd.; Habil. 1967 Gießen - 1962-73 Oberarzt u. Doz. Univ. Gießen - Bundespatente: Hüftstützring, 1972; Fußbeheschiene, 1973; Rückenstützbandage, 1978; Spreizschiene, 1979 - BV: Inaktivitätsosteoporose, 1970; Hüftfibel, 1970; Wirbelsäulenfibel, 2. A. 1974. Schriftl. Med.-orthopäd. Technik - 1967 Heine-Preis Dt. Ges. f. Orthopädie u. Traumatologie.

EICHLER, Jörg

Dr. rer. nat., o. Prof. f. Theoret. Physik FU Berlin (Dir. Inst. f. Kernphysik) - Zu erreichen üb. Hahn-Meitner-Inst., Glienicker Str. 100, 1000 Berlin 39 - Geb. 1. Jan. 1934 Gießen, verh. s. 1968 m. Midori, geb. Kawashima, 2 Kd. (Taro, Nosomi) - Promot. 1960 Heidelberg -

EICHLER, Johannes

Dr. med., Prof., ehem. Direktor Inst. f. Anaesthesiologie Med. Univ. zu Lübeck - Narzissenweg 3, 2406 Stockelsdorf - Geb. 19. April 1920 Gelenau/Erzgeb. (Vater: Paul E., Stickereiinh.; Mutter: Linda, geb. Harzer), ev., verh. s. 1957 m. Hanna, geb. Schuback, 5 Kd. (Maren, Inga, Anke, Sünne, Klaus) - Med. Staatsex. u. Promot. 1952 Kiel; Habil. 1965, Prof. 1970, alles Kiel - 1960-63 Leit. Anaesthesie-Abt. Chir. Univ.-Klinik Kiel; s. 1964 Dir. Inst. f. Anaesthesiol. Med. Univ. zu Lübeck, s. 1985 pens. - BV: Kompendium d. Anaesthesiol., 1973, 2. A. 1979; Grundl. d. apparativen Beatmung, 1976; Beitr. üb. Anaesthesie in: Enfinger, kl. Chir. (1960-78), 6 dt., 1 span. A., Kunz, Operationen im Kindesalter (1973), Brandt-Nissen-Kunz, Intra- u. Postop. Zwischenfälle (1974) - 1959 Silb. Med. Intern. Med. Filmfestsp. Cannes; 1968 o. Mitgl. Dt. Ges. f. Photographie (DGPh); 1975 Silb. Ehrenteller Stadt Kiel; 1977 Silb. Ehrennadel Landesverb. Schleswig-Holst. Luftsportvereine; 1978 Ehrenmitgl. Akad. Fliegergr. Univ. Kiel; 1978 Silb. Daidalos-Med.; 1983 Verdienstabz. in Bronze d. DLRG u. Silb. Ehrennadel Lübecker Verein f. Luftfahrt; 1985 Ehrennadel in Gold d. Landesverb. Schleswig-Holst. Luftsportvereine - Liebh.: Motor- u. Segelfliegen, Fotografie u. Kinematographie, Modelleisenbahn - Spr.: Engl., Franz.

EICHLER, Martin

Dr. sc. nat., o. Prof. f. Mathematik (emerit. 1979) - 27, im Lee, CH-4144 Arlesheim/Schweiz - Geb. 29. März 1912 Pinnow/Pom., ev., verh. m. Erika, geb. Paffen, 2 Kd. - Gymn. Gütersloh; Univ. Königsberg, Zürich, Halle (Promot. 1936) - 1939 Privatdoz., 1947 apl. Prof. Univ. Göttingen, 1949 Univ. Münster, 1956 Ord. Univ. Marburg, 1958 Univ. Basel (emerit. 1979) - BV: Quadrat. Formen u. Orthogonale Gruppen, 1952; Einf. in d. Theorie d. algebra. Zahlen u. Funktionen, 1963 (engl. Übers. 1966); The Theory of Jacobi Forms (m. Don Zagier), 1985 - 1982 Dr. h.c. Münster.

EICHLER, Norbert Arik

Schriftsteller, Verleger, Inh. u. Geschäftsf. Hermes Verlag, Creative Consultant, Konzeptkünstler - Hammarskjöldring 100, 6000 Frankfurt 50 (T. 069-58 88 38) - Geb. 7. Juli 1950 Gmunden/Österr., led., T. Asiri Michaela - Abit. 1968; 1968-72 Stud. Phil., Soziol., Sozialpsych., Linguistik Univ. Frankfurt/M.; 1972 Consultant-Training (Spencer, Stuart & Ass.); 1975 Stud. d. Sufismus (b. Pir Vilayat Inayat Khan); 1978 Stud.-Aufenth. im tibet. Kloster Samye Ling (Theorie u. Praxis d. tibet. Buddhismus) - 1973/74 Werbetexter Frankfurt/M.; 1974-80 fr. Schriftst. in München, Port

Grimaud, Paris, Amsterdam, London; 1980-85 Creativ Dir. in Frankfurt, Paris, Düsseldorf; 1983 Gründung Hermes Verlag (sd. Aufbau u. Ltg.); s. 1987 fr. Schriftst., Verleger, Creative Consultant in Frankfurt/M. Erf.: Semiotisches Quadrat (auf Semiotik basierendes Kommunikationsmodell f. alle Ber. d. Kommunikationswirtsch., wird ab Herbst 1989 an d. Werbefachsch. u. Akad. f. Marketing-Kommunikation Düsseldorf gelehrt). S. 1982 Arb. am Tao-Projekt, bestehend aus üb. 24.000 einzelnen Originalkunstwerken (Bildern, Objekten, etc.) inkl. e. Tao-Tempel genannten Museum - BV: Sonnenstadt im Nebel, 4. A. 1983; D. Buch d. Wirklichkeit, 3. A. 1987; Himmel u. Erde, 1988; D. Erleuchtung ist gratis, 1989 - 1968 Lyrikpreis; 1970 Lyrik- u. Prosapreis Stadt Frankfurt (b. Frankfurter Wettbew.); ADC-Ausz.; Gold. Reisekutsche; 1982 u. 84 Ausz. Ztschr. art f. künstler. Werbung - Spr.: Engl., Franz., Hebr. (Schrift) - Bek. Vorf.: Andreas Hofer (Linie d. Großmutter vs.) - Lit.: Louis v. Zschock, in: Zu neuen Seinsdimensionen (1986, Kap. 13).

EICHLER, Richard W.

Prof., Schriftsteller - Steinkirchner Str. 15, 8000 München 71 (T. 75 42 61) - Geb. 8. Aug. 1921 Liebenau/Sudetenl. (Vater: Richard H. E., Drucker; Mutter: Maria, geb. Schwarz), unitar., verh. s. 1944 m. Elisabeth, geb. Mojr, 7 Kd. - Obersch. Reichenberg (Abit. 1940) - B. 1945 Kriegsmarine (Ltn. d. R.); Vorst.-Mitgl. Dt. Kunststift. u. Wirtsch.; Gründungsmitgl. Sudetendt. Akad. d. Wiss. u. Künste; Mitgl. d. Humboldt-Ges. - BV: Könner - Künstler - Scharlatane, 1960, 7. A. 1978 (46. Tsd.); Künstler u. Werke, 1962, 3. A. 1968; D. gesteuerte Kunstverfall, 1965, 3. A. 1968 (22 Ts.); D. tätowierte Muse - Kunstgesch. in Karikaturen, 1965; Viel Gunst f. schlechte Kunst, 1968, 2. A. 1969 (20 Ts.); Verhexte Muttersprache, 1974; D. Wiederkehr d. Schönen, 1984, 2. A. 1985; Kunstkritiken (Malerei, Plastik) - 1969 Schiller-Preis München; 1982 Adalbert-Stifter-Med. - Liebh.: Genealogie.

EICHLER, Wolfgang

Dr. phil., o. Prof. f. Germanistik, Didaktik u. Linguistik - Am Hirtenberge 12, 3401 Waake-Bösinghausen - Geb. 11. Juni 1940 Köslin/Pom. (Vater: Friedrich E., Studiendir.; Mutter: Anneliese, geb. Neubert), ev., verh. s. 1967 m. Heidegard, geb. Sudhaus, 3 Kd. (Maren, Gyde, Jörn) - Gymn. Heide; 1960-66 Univ. Kiel u. Würzburg. Promot. 1966 - S. 1970 Prof. PH Ludwigsburg u. Univ. Göttingen (1976 Ord.); s. 1985 Univ. Oldenburg - BV: Sprachdidaktik Deutsch, 2. A. 1979; Sprach-, Schreib- u. Leseleistung, 1977; Dt. Grammatik, 2. A. 1978; Rechtschreib. u. -unterr., 1978; Abc d. dt. Grammatik, 1982; Grundregeln d. Rechtschreibung, 1989 - Liebh.: Segeln - Spr.: Engl.

EICHMANN, Klaus

Dr. med., Prof., Direktor Max-Planck-Inst. f. Immunbiol., Freiburg - Stübeweg 51, 7800 Freiburg (T. 0761-5 10 81) - Geb. 5. März 1939 Kassel, verh. 1964 m. Barbara, geb. Scharf, 3 Kd. (Anne, Frank, Michael) - Med.-Stud.: Staatsex. 1965, Promot. 1966 Univ. Marburg, Habil. 1979 Heidelberg.

EICHMEIER, Joseph

Dr.-Ing., Prof. f. Techn. Elektronik - Adelheidstr. 29, 8000 München 40 - Geb. 11. Febr. 1934 Straubing - Promot. 1962; Habil. 1967 TU München - BV: Endogene Bildmuster, 1974; Mod. Vakuumelektronik, 1981; Med. Elektronik, 1983; Elektrotechnik f. Studienanfänger, 1985; Mod. Relaistechnik, 1988. Herausg.: Handb. d. Vakuumelektronik (1989).

EICHNER, Der

Freischaffender Künstler - Endenicher Allee 6, 5300 Bonn 1 - Geb. 13. Mai 1946, kath., verh. s. 1976 m. Gabriele, geb. Elmendorff, 3 Kd. (Vanessa, Marcel, Nikolaus) - Kunstakad. Düsseldorf; Meisterschüler 1975 - Neue Figuration. Wichtige öfftl. Ankäufe d. Postmin., Arbeitsministerium Bonn. Kunst u. Arbeit, keine Gegensätze, 6 x 2 m Triptychon, d. Westd. Landesbk. Düsseldorf, Hauptverb. d. Berufsgenoss. St. Augustin, Gedo-Ges. f. Datenverarb. - Spr.: Engl. - Lit.: H. Tuchel, D. Eichner od. d. Frage n. d. Wirklichkeit (1986).

EICHNER, Dietrich

Dr. med., em. Prof., Anatom - Isolde-Kurz-Str. 69, 4400 Münster/W. (T. 02533-19 20) - Geb. 16. März 1922 Seelow/M. (Vater: Martin E., Volksschullehrer; Mutter: Käthe, geb. Brand), ev., verh. s. 1952 m. Dr. med. Friederike, geb. Ulisch, 2 Kd. (Ulrich, Ulrike) - Stadtgymn. Halle/S. (Abit. 1940); 1945-50 Univ. Kiel. Promot. 1950; Habil. 1957 - S. 1957 Lehrtätig. Univ. Münster (ab 1963 apl. Prof., dann Wiss. Rat u. Prof., 1968ff. Abt.vorsteher u. Prof. Anat. Inst., 1974 Lehrstuhl f. Anatomie), emerit. 1987. Spez. Arbeitsgeb.: Histochemie, Endokrinol., Netzhaut, Karyometrie. Mitarb.: Handb. d. Histochemie (Bd. VII/2) - Spr.: Engl., Franz., Latein., Griech.

EICHNER, Karl

Dr. med. dent., o. Prof. f. Zahnärztl. Prothetik Freie Univ. Berlin - Schopenhauerstr. 42, 1000 Berlin 38 (T. 803 20 37) - Geb. 9. Febr. 1926 Berlin - S. 1961 (Habil.) Lehrtätig. FU Berlin (1967ff. apl. u. o. Prof.). Üb. 140 Fachaufs. Div. Bücher üb. Zahnärztl. Prothetik, Werkstoffkunde (5. A.); Metallkeramik - 1978 Hermann-Euler-Med. d. DGZMK; 1982 Preis Int. Ass. of Dent. Research (IADR) f. Prothetik; 1989 Ehrenmitgl. d. Dt. Ges. zahnärztl. Prothetik u. Werkstoffkd.

EICHNER, Karl

Dr. rer. nat., Prof. Univ. Münster (Inst. f. Lebensmittelchemie), Dipl.-Chemiker - Am Schütthook 64, 4400 Münster - Geb. 13. Aug. 1936 Burghausen/Salzach, kath., verh. s. 1964 m. Roswitha, geb. Heiss, 2 T (Monika, Angelika) - Chemiestud. u. Promot. 1965 TU München,

Habil. 1979 das. - B. 1981 wiss. Mitarb. Fraunhofer-Inst. f. Lebensmitteltechnol. u. Verpackung; s. 1982 Prof. Univ. Münster - BV: Haltbarmachen v. Lebensmitteln, (m. R. Heiss) 1984 - Liebh.: Klaviermusik, Gesch., Biogr. Darst. - Spr.: Engl.

EICHNER, Walter

Dr. phil., Regisseur, Leiter Kulturamt u. Städt. Bühnen Villingen-Schwenningen - Romäusring 2, 7730 Villingen-Schwenningen (T. 07422 - 2 02 05) - Geb. 17. Sept. 1926 München (Vater: Benedikt E., †; Mutter: Maria, geb. Müller, †), kath., verh. s. 1975 in 2. Ehe m. Uta, geb. Nothdorff, S. Alexander - Stud. Phil., Theater- u. Musikwiss. Univ. München (Promot. 1951) - 1948-51 Dramat. Staatsoper München, 1951-59 Pressechef Festsp. Bayreuth, 1959-67 Oberspielleit. u. stv. Generalint. Krefeld-Mönchengladbach, 1968-75 Operndir. Kgl. Fläm. Oper Antwerpen/Belg., s. 1975 Kulturamt u. Bühnen Villingen-Schwenningen, s. 1982 Präs. Stadtmusik Villingen u. Geschäftsf. Sinfonieorch. Villingen-Schwenningen, s. 1984 Präs. Interessengemeinsch. d. Städte m. Theatergastspielen (INTHEGA) - BV: Weltdiskussion um Bayreuth, 1951; Bayreuther Festspielb., 1952-55; Jahresalmanach Bayreuther Festsp., 1955-59; Blätter d. Bühnen Krefeld-Mönchengladbach, 1959-65; Hrsg.: Monatsztschr. Im Scheinwerfer (s. 1975) - als Regiss. ca. 280 Insz., u.a.: Bühnen Düsseldorf, Wuppertal, Bremen, Kiel, Salzburg, Wien, Graz, Brüssel, Antwerpen, Lüttich, Amsterdam, Lyon, Bordeaux, Strasbourg, Triest, Rom, Neapel, Madrid, Lissabon, Ankara, Teheran (s. 1953, meist Musiktheater) - 1975 Belg. Ehrenmed. - Spr.: Franz., Niederl.

EICHSTÄDT, Hermann Werner

Dr. med., Prof., Arzt f. Innere Med. u. Kardiologie, Sektionsleiter - Konstanzer Str. 61, 1000 Berlin 15 (T. 030 - 882 59 20) - Geb. 15. Febr. 1948 Altenbuseck/Krs. Gießen, kath., verh. s. 1971 m. Regina, geb. Altmann, 3 Kd. (Björn, Kerstin, Bastienne) - 1968-71 Stud.

Humanmed. Univ. Mainz u. 1971-74 Univ. Düsseldorf; Staatsex. 1974 Düsseldorf, Promot. 1974 - 1972-74 wiss. Hilfsassist. SFB Kardiologie Düsseldorf; 1975-77 wiss. Assist. Herzzentrum Bad Krozingen; 1977-79 wiss. Assist. Univ. Tübingen; s. 1979 FU Berlin. Erstbeschreiber d. circumferenziellen Impulsquantifizierung am Herzen u. Gadoliniumdarst. d. akuten Myokardinfarktes - BV: Quantitative Myokardszintigraphie, 1984; Nuklearkardiologie, 1984 (amerik. Ausg. 1985). 6 kardiol. Bücher; 3 Fortbildungsfilme als Regiss.; üb. 300 Publ. in Fachztschr. - 1982 Wahl z. aktiven Mitgl. New Yorker Akad. d. Wiss. - Liebh.: Violinspiel, klass. Musik, Fotogr., Film, aktiver Regiss. - Spr.: Engl., Franz., Latein, Span.

EICHWEDE, Günther

Dipl.-Ing., Unternehmensberater, spez. f. Unternehmensorganis., Fabrikplanung, Produktpl. u. Technologie-Transfer. Öffentl. best. u. vereid. Sachverst. f. Fabrikanlagen u. Fertigung i. d. metallverarb. Industrie - Steigenhohlstr. 33, 7505 Ettlingen (T. 07243 - 3693) - 1951-60 Geschäftsf. Zahnradfabrik GmbH Karlsruhe, 1960-69 Vorstandsmitgl. Maschinenfabr. Lorenz AG. u. Beiratsmitgl. Verzahntechn. Lorenz GmbH & Co., Ettlingen. Mitgl. Bildungsausschuß DIHT Bonn, Kuratorium d. Dt. Wirtschaft f. Berufsbildung Bonn u. Berufsbildungsaussch. IHK Mittl. Oberrhein, Karlsruhe.

EICK, Horst

Dr.-Ing., Honorarprof. f. Hydraul. Bindemitttel TU Berlin - Hünefeldzeile 6, 1000 Berlin 46 (T. 030 - 774 76 42) - Geb. 7. Mai 1923 Berlin (Vater: Paul E., Hotelier; Mutter: Frieda, geb. Senf), ev., verh. s. 1946 m. Gerda, geb. Lehmann, 2 Kd. (Dirk, Dina) - Abit. 1941, 1942-46 Marine (Ltn. z. See), Stud. TU Berlin 1946, Dipl.-Ing. 1950, Dr. 1952, 1953 Chefchem. Deutsche Eternit AG, 1963 Direktor, 1965 Lehrauftr. TU Berlin (1971 Honorarprof.) - Zahlr. Veröff. - 1968 D'Ans Med. - Liebh.: Geschichte d. Baukunst - Spr.: Engl., Franz.

EICK, Jürgen

Dr. rer. pol., Wirtschaftsjournalist - Zu erreichen üb. Frankfurter Allgemeine Zeitung, Hellerhofstr. 2-4, 6000 Frankfurt/M. (T. 7 59 10) - Geb. 24. März 1920 Dresden (Vater: Prof. Heinrich E.; Mutter: Hedwig, geb. Jürgens), ev., verh. s. 1947 m. Elisabeth, geb. Durchleuchter, 2 Kd. (Christoph, Katrin) - Vitzthum-Gymn. Dresden; Univ. Berlin (Nationalök.; Dipl.- Volksw. 1944). Promot. 1946 Erlangen - 1946-49 Wirtschaftsredakt. Wirtschafts-Ztg. Stuttgart u. Allg. Ztg. Mainz (1948); s. 1949 Leit. Wirtschaftsteil u. Mithrsg. (1963) FAZ - BV: D. wirtschaftl. Folgen d. Zonengrenzen, 1948; Angina Temporis - Zeitnot, d. Krankheit unserer Tage, 1955 (100 Ts.; 4. Übers.); Wenn Milch u. Honig fließen, 1958; D. Jahrhundert d. kl. Mannes, 1960; Wirtschafts-Quiz - D. dt. Wirtschaft in Frage u. Antwort, 1970; So nutzt man d. Wirtschaftsteil e. Tagesztg., 1971 (100 Ts.); Wie man e. Volksw. ruinieren kann, 1974 (90 Ts.); D. Regime d. Ohnmächtigen, 1976 (30 Ts.); Als noch Milch u. Honig flossen - Erinn an d. Marktw., 1982 - 1974 Med. d. Gold. Merkur (Ital.); 1976 BVK; 1977 Gr. Silb. Ehrenzeichen Rep. Österr.; Ludwig-Ehrhard-Preis f. Wirtschaftspublizistik; 1980 BVK I. Kl. - Liebh.: Jagd - Spr.: Engl., Span.

EICKE, Ruth

Dr. rer. nat., Prof., Wiss. Rätin Inst. f. Anorgan. u. Analyt. Chemie TU Berlin - Albiger Weg 9, 1000 Berlin 38 - Geb. 25. Mai 1914 Berlin - S. 1956 (Habil.) Privatdoz. u. apl. Prof. (1962) TU Berlin (Allg. Botanik). Facharb.

von EICKE und POLWITZ, Ernst

Dr. jur., Generalsekretär Dt. Ges. f. Osteuropakunde, Berlin 15 (s. 1959) - Nikischstr. 3, 1000 Berlin 33 (T. Büro: 030 - 24 41 72) - Geb. 9. Okt. 1929 Polwitz/Schles. (Vater: Ernst v. E. u. P., Landw.; Mutter: Katharina, geb. Rehm), verh. s. 1977 m. Marianne, geb. Schmidt, 2 S. (Ernst, Frederick) - 1950-54 Stud. Rechtswiss. u. 1957-59 Osteuropakd. Promot. 1955 (Agrarrecht) - Zahlr.Aufs., bes. aktuelle Fragen Osteuropas - Liebh.: Gesch., Mus., Arch. - Spr.: Engl., Franz., Russ. - Bek. Vorf.: Emil Ernst v. E. u. P., Landrat, Reichstagsabg./Vertrauter Bismarcks (Urgroßv.).

EICKEL, Jürgen

Dr. rer. nat., o. Prof. f. Informatik TU München (s. 1971) - Fasanenweg 5d, 8031 Gröbenzell/Obb..

EICKELBAUM, Friedhelm

Großkaufmann, gf. Gesellsch. Backring Rhein-Ruhr GmbH. u. Flagrant GmbH., beide Duisburg, ARsvors. Back-Ring Union GmbH., Köln, Vors. Bach-Europe e. V. ebd. u. a. - Waldbachtal 6, 4330 Mülheim-Ruhr - Geb. 7. Juni 1923.

EICKELPASCH, Rolf

Dr. phil., Prof. f. Soziologie Univ. Münster - Vikar-Tümler-Str. 23, 4722 Ennigerloh (T. 02528 - 83 88) - Geb. 27. Dez. 1940 Beckum/Westf. (Vater: Hans E., Volksschulrektor; Mutter: Käthe, geb. Hammer), kath., verh. s. 1963 m. Rosida, geb. Reuter, 3 Kd. (Jutta, Kathrin, Max) - Promot. 1972 Univ. Münster (Ethnol., Soziol., Phil.), Habil. 1975 - 1972-76 Wiss. Assist., 1976-79 Doz. PH Münster; 1978 Lehrstuhlvertr. Univ. München; 1980 Prof. Univ. Münster - BV: Mythos u. Sozialstruktur, 1973; Fam. in d. Ges., Unterr.mod. f. d. Erwachsenenbild., 1978 (m.a.); Soziol. ohne Ges.?, 1983 (m. B. Lehmann); zahlr. Beitr. in Fachztg.

EICKENBERG, Karl Heinz

Vorstandsmitglied AGROB AG - Münchner Str. 101, 8045 Ismaning; priv.: Wörnbrunner Str. 19, 8022 Grünwald - Geb. 1. Nov. 1935 - Geschäftsf. Rosenthal-AGROB Wohn- u. Objekt GmbH, München. Div. Mand.: u. a. Vorst. Agrob Wessel Servais AG, Witterschlick/Bonn; AR Ceramique Nationale, Welkenraedt/Belgien.

EICKER, Edmund

Dipl.-Kfm., Vorstandsvorsitzender Krefelder Verkehrs-AG, Geschäftsf. Krefelder Versorgungs- u. Verkehrs GmbH - Menzelstr. 7, 4044 Kaarst (T. 02101-51 46 93) - Geb. 14. Juli 1928 Willich, kath., verh. s. 1957 m. Gertrud Schopen, 3 T. (Dorothee, Monika, Marion) - Landwirtschaftslehre; Stud. Landw. u. Betriebsw. (Dipl.-Landw., Dipl.-Kfm.); Ex. als Steuerberat. u. Wirtschaftsprüf. - 1972-77 Niederlassungsleit. WIBERA, Wirtschaftsberat. AG, Wirtschaftsprüf.- u. Steuerberat.-Ges., Saarbrücken u. Düsseldorf; s. 1977 Vorst. Stadtwerke Krefeld AG; s. 1979 s. o. 1975-79 Ratsmitgl. Kaarst - Liebh.: Kunstausst., Musik, Wandern, Langstreckenlauf - Spr.: Engl., Niederl.

EICKER, Friedhelm

Dr. rer. nat., Prof. f. Mathem. Statistik Univ. Dortmund - Zu erreichen üb. FB Statistik Univ. Dortmund, Postfach 500500, 4600 Dortmund 50 - Geb. 5. April 1927 Radevormwald (Vater: Friedr. Wilh. E.; Mutter: Hildegard, geb. Wiegand), ev., verh. s. 1957 m. Renate, geb. Konrad, 4 T. (Erdmute, Annette, Henrike, Rebekka-Ellinor) - Stud. Math. u. Physik Univ. Mainz (Dipl.Math. 1953, Promot. 1956); Habil. 1964 Univ. Freiburg - 1964-69 Doz. u. apl. Prof. Univ. Freiburg; 1959-61 Res. assoc. Univ. of North Carolina; 1965-67 Gastprof. Columbia Univ. New York; 1971ff. o. Prof. Univ. Dortmund.

EICKHOF, Norbert

Dr., Prof. f. Volkswirtschaftspolitik Ruhr-Univ. Bochum, Sem. f. Wirtschafts- u. Finanzpolitik - Postf. 10 21 48, 4630 Bochum (T. 0234 - 700 29 00) - Geb. 22. Jan. 1943 Dortmund - BV: E. Theorie d. Gewerkschaftsentw., 1973; Kooperat., Konzentrat. u. funktionsfäh. Wettb., 1975; Strukturkrisenbekämpf. durch Innovat. u. Kooperat., 1982; Energieversorgung, 1983.

EICKHOFF, Ekkehard

Dr. phil. (habil.), Botschafter d. Bundesrep. Deutschl. in Ankara, Türkei, Privatdoz. f. mittelalterl. u. neuere Gesch. Univ. Stuttgart - Atatürk Bulvari 114, Ankara (Türkei) - Geb. 8. Juni 1927 Berlin, verh. m. Heidi E., geb. Gengenbach, 3 Kd. - S. 1953 Ausw. Dienst (b. 1983 Botsch. in Pretoria, b. 1984 Botsch. in Dublin, 1984-88 Botsch. z.b.V. im Auswärtigen Amt, Deleg.leit. bei d. KSZE-Folgekonferenz in Wien - BV: Seekrieg u. Seepolitik zw. Islam u. Abendland, 1966; Venedig, Wien u. d. Osmanen, 3. A. 1988; Friedrich Barbarossa im Orient, 2. A. 1979; Macht u. Sendung. Byzantinische Weltpolitik, 1981 - 1976 o. Mitgl. Dt. Archäolog. Inst.; korr. Mitgl. Türk. Histor. Inst. u. a.

EICKHOFF, Ernst-Wilhelm

Dr. jur., Präsident u. Vorstandsvorsitzender Versorgungsanstalt d. Bundes u. d. Länder - Hans-Thoma-Str. 19, 7500 Karlsruhe 1 - Geb. 4. Nov. 1928 Marienheide (Oberberg. Kr.) - Volljurist - VR-Mitgl. Dt. Pfandbriefanst.; AR-Mitgl. Dt. Bau- u. Bodenbank; Beiratsmitgl. Bayer. Hypotheken- u. Wechselbk., Südwestdt. Landesbank; Vorst.-Mitgl. Arbeitsgem. f. betriebl. Altersversorgung (ABA). Lehrbeauftr. Univ. Karlsruhe.

EICKHOFF, Wilhelm, Karl

Dr. med., Prof. i. R. (s. 1974), Leit. Pathol. Inst. Bethesda-Krankenhaus, Duisburg (s. 1950) - Kalkstr. 26, 4030 Ratingen 4-Lintorf (T. 02102 - 31568) - Geb. 26. April 1909 Balve - S. 1939 (Habil.) Privatdoz. u. apl. Prof. (1949) Univ. Münster/W. - BV: Pathol.-anat. Grundl. d. Allergie, 1948; Schilddrüse u. Basedow, 1949; D. Schilddrüse, 1965; D. Lymphbahnen d. menschl. Schilddrüse, 1968 - Spr.: Engl., Franz., Portug.

EICKMEIER, Gerhard

Dr. jur., Oberstadtdirektor - Weserstr. 80, 2940 Wilhelmshaven (T. 297211) - Geb. 9. Mai 1931 Eidinghausen (Vater: Gustav E., Kaufm.; Mutter: Minna, geb. Schürmann), ev., verh. s. 1958 m. Annemarie, geb. Bohlender, 3 Söhne (Lars, Frank, Jens) - 1952-55 Univ. Heidelberg, Berlin (Freie), Kiel (Rechts- u. Staatswiss.). Gr. jurist. Staatsprüf. Düsseldorf - 1960-65 Kreisrechts- u. -oberrat Landkr. Gießen, 1965-66 Reg.sdir. Hess. Finanzmin.; 1966-68 Stadtrat Gießen; s. 1968 Oberstadtdir. Wilhelmshaven. SPD s. 1960 - Spr.: Engl.

EICKMEYER, Horst

Dr. jur., Oberbürgermeister Konstanz - Rathaus, Kanzleistr. 15, 7750 Konstanz - Geb. 9. Febr. 1935 Herford, 4 Kd. (Birgit, Wolfgang, Frank, Cornelia) - 1955-59 Stud. Rechts- u. Staatswiss. Univ. Bonn, Freiburg, München; Promot. 1961 Bonn, 2. jurist. Staatsex. 1963 Düsseldorf - 1969-80 Bürgerm. Meersburg/Bodensee; s. 1980 OB Stadt Konstanz - BV: D. strafrechtl. Behandlung d. Heranwachsenden nach § 105 d. Jugendgerichtsges., 1963; Sparpolitik - Wirtschaftsflaute - Politikflaute?, 1983 - Liebh.: Musik, Segeln, Bergsteigen.

EICKMEYER, Karl-Arnold

Rektor a. D., MdB (s. 1977) - Karkweg 108, 2190 Cuxhaven 13 - Geb. 7. Juni 1925 Lüdingworth/Nds., ev., verh., 3 Töcht. - Volkssch.; 1939-41 Aufbaulehrg. Lehrerbildungsanst.; 1946-48 PH Lüneburg (Gesch., Dt., Psych.) - S. 1948 Schuldst. Grünendeich, Gudendorf (1957 Leit.), Franzenburg (1967 Rektor). 1968-76 Ratsherr Altenwalde (Fraktionsf.) u. Cuxhaven (1972). 1943-45 Arbeits- u. Wehrdst. (Fallschirm-Panzerdiv.). SPD s. 1968 - Liebh.: Imkerei.

EID, Ursula

Dipl.-Haushaltswissenschaftlerin, MdB (s. 1985; Landesliste Baden-Württ.) - Max-Liebermann-Str. 16, 7440 Nürtingen - Geb. 18. Mai 1949 Landau/Pfalz, ledig - Gymn. Landau (Abit. 1969); 1969-76 Stud. d. Haushaltswiss. Univ. Hohenheim, Landbouwhogeschool Wageningen/Niederl. u. Oregon State Univ./ USA; Dipl. 1975 - S. 1976 wiss. Angest. Inst. f. Haushalts- u. Konsumökon. Univ. Hohenheim. Mitgl. ÖTV. S. 1976 Mitarb. in entwicklungspolit. Aktionsgr. Mitgl. im Aussch. f. wirtschaftl. Zusammenarb. u. U-Boot-Untersuchungsaussch. Dt. Bundestag. Grüne s. 1980.

EID, Volker

Dr. theol., Prof. f. Moraltheologie Univ. Bamberg - Untere Seelgasse 5, 8600 Bamberg (T. 0951 - 5 74 03) - Geb. 10. Mai 1940 Kirchheimbolanden (Vater: Ludwig E., Lehrer; Mutter: Hedwig, geb. Klein), kath., Hum. Gymn. Speyer; Univ. München (Theol.). 1972 o. Prof. f. Moraltheol.; 1974-77 u. 1981-83 Dekan Kath.-theol. Fak.; 1977-80 Vizepräs. Univ. Bamberg - BV: D. Kunst i. christl. Daseinsverantwortung n. Theod. Haecker, 1968; Jesus v. N. u. e. christl. Moral (m. P. Hoffmann), 3. A. 1979; Euthanasie, 1975, 2. A. 1985 (Hrsg.); Sterbehilfe, 1978 (Mithrsg.); Wandel d. Familie, 1982 (Mithrsg.); Begleit. v. Schwerkranken u. Sterbenden, 1984 (Mithrsg.) - Liebh.: Kunstgesch., Musik - Spr.: Franz., Ital., Engl.

EIDEN, Fritz

Dr., Prof. f. Pharmazie u. Chemie, Vorst. Inst. f. Pharmazie u. Lebensmittelchemie München - Hartnagelstr. 11, 8032 Gräfelfing (T. 854 39 01) - Geb. 29. Aug. 1925 Trier (Vater: Dr. jur. Karl E.; Mutter: Hedwig, geb. Fülles), kath., verh. s. 1958 m. Helge, geb. Dabelow, 3 Kd. (Jan, Till, Antje) - Stud. Pharmazie (Staatsex. 1952), Chemie (Dipl. 1955, Promot. 1955, Habil. 1962) - 1965-70 Dir. Pharmaz. Inst. Berlin, dann Vorst. Inst. f. Pharmaz. u. Lebensmittelchemie München. Untersuchung üb. Synthese u. Analyse v. Arzneistoffen - 1983 Mitgl. Akad. Leopoldina, 1986 Mannich-Med.

EIDEN, Hans

Kaufm. Dir. i. R. - Holzgraben 1-3, 5100 Aachen - Geb. 17. Febr. 1910 Köln - 1929-75 Eschweiler Bergwerks-Verein (s. 1958 Vorstandsmitgl.).

EIDEN, Reiner

Dr. rer. nat., Prof., Leit. Abt. f. Meteorologie Fachgruppe Geowiss. Univ. Bayreuth - Geranienweg 4, 8580 Bayreuth - Geb. 26. Juli 1932 Hermeskeil/Hunsrück, kath., verh. m. Renate, geb. Morsch, 4 Kd. (Martin, Andreas, Ruth, Ethel) - Physikstud. Univ. Mainz, Dipl. 1961, Promot. 1966 - 1967-73 Wiss. Assist., 1973-74 Forschungsaufenth. National Center f. Atmospheric Research Boulder USA, 1975 Prof. Mainz (Meteorol.), s. 1981 Prof. Univ. Bayreuth. Teiln. u. Leit. Wiss. Exped.: Grönland, Inlandeis (1962), Maui, Hawaii (1964 u. 1965), White Sands, New Mexico (1967), Atlant. Exped. d. Meteor (1969) - Fachveröff. üb. atm. Strahl., atm. Aerosol u. atm. Spurenstoffe.

EIFF, von, August Wilhelm

Dr. med., Prof., Internist - Haagerweg 18a, 5300 Bonn-Venusberg (T. 28 28 47) - Geb. 15. Aug. 1921 Darmstadt (Vater: Dr. jur. Friedrich v. E., Staatsrat hess. Justizmin.; Mutter: Elisabeth, geb. Sticksel), kath., verh. s. 1950 m. Dipl.-Chem. Rita, geb. Kercher, 5 Kd. (Adelheid, Michael, Barbara, Gabriel, Christof) - Ludwig-Georgs-Gymn. Darmstadt; Univ. Marburg, Frankfurt/M., Heidelberg, Tübingen - S. 1945 Univ. Frankfurt (b. 1947 Med. Klinik), Heidelberg (1949-52 Physiol. Inst.), Bonn (1953 Med. Klinik; 1962 apl. Prof.), 1973 o. Prof. u. Direktor d. Med. Univ.klinik Bonn. Emerit. 1987. Erf.: Elektromyointegrator - BV: Grundumsatz u. Psyche, 1957; Klin. Aspekte d. Muskeltonus, in: Med. Grundlagenforsch., 1960; D. vegetative Nervensystem, in: Heilmeyer, Pathol. Physiol., 11. A. 1968, in: Holtmeier, Pathol. Physiol. 1974; Essentielle Hypertonie, 1967, 1971: japanische Ausgabe; Fluglärmwirkungen, 1974; Das Gedächtnis, biologische Grundlagen eines psychophysiol. Phänomens, 1975; Die Regulation d. Sexualtriebs in Sexualität u. Gewissen, 1973; Seel. u. körperl. Störungen durch Stress, 1976; Stress - unser Schicksal, 1978; Stress, 1980; Neurogenic hypertension, 1981; Schutz d. Lebens u. personale Würde d. Menschen als Grundl. d. Geburtenkontrolle, 1982; Pathophysiol. u. Ätiol. d. essentiellen Hypertonie, 1984; Tod, Sterben u. d. Aporie d. Med., 1984; Risikofaktoren d. Umwelt, 1984; The importance of puberty for the sex-specific blood pressure regulation, 1984; Anthropol.-biol. Grundl. e. interdisziplinären Diskussion üb. Sexualität, 1985; The protective mechanism of estrogen on high blood pressure, 1985; Schulstreß - Beisp. e. Urphänomens d. Evolution, 1985; Health effects of environmental noise on man. Results of a prospective study, 1985; Yin u. Yang u. d. Harmonie d. Seins in d. Medizin, 1986; D. Natur d. Menschen, insbes. s. Sexualität unt. biol. Aspekten, 1987; D. Mensch - Höhepunkt u. Ende d. Evolution, 1987; AIDS, 1987; AIDS, 1988; Bonner Kinderstudie, 1989. Zahlr. Fachbuchbeiträge - Mitgl. Interdisziplinäres Inst. Görres-Ges., New York, Acad. of Science, Internat. Soc. Hypertension. Gastvorlesungen in Schweden, Italien, USA, Canada, UdSSR, Japan, Ägypten, Rumänien, Thailand, CSSR - 1988 Hippokrates Med.; 1989 Ehrenmitgl. Intern. Anoe. Interdisc. Study Higher Nervous System - Liebh.: Musik, Lit., Theater, Fotogr. - Spr.: Engl.

EIFF, Hansjörg

Dr. jur., Botschafter d. Bundesrep. Deutschl. in Jugoslawien (s. 1988) - Ulica Kneza Miloša 74-76, YU-11000 Belgrad - Geb. 21. März 1933 Frankfurt/M., verh., 3 Kd. - 1952-56 Stud. Rechtswiss. Univ. Tübingen u. Bonn, 1957-61 Aix-en-Provence u. Turin; bde. jurist. Staatsex.; Promot. - 1961 Eintr. Ausw. Dienst; 1963-70 Botsch. Abidjan u. Tel Aviv; 1970-73 AA; 1973-78 Botsch. Belgrad u. Wien (MBFR-Delegation); 1978-82 Haushaltsref. AA; 1982-84 Botsch. Washington; 1984-87 Leiter Unterabt. Verw. AA.

EIFINGER, Franz

Dr. med. dent., o. Prof., Direktor Zahn- u. Kieferklinik Univ. Köln - Zu erreichen üb. Univ.-Zahn- u. Kieferklinik, Kerpener Str. 32, 5000 Köln 41 (T. 0221 - 478 47 10) - Geb. 20. Febr. 1931, ev., verh. s. 1960 m. Brigitta, geb. Radtke, 4 Kd. (Wolfgang, Marguerite, Frank, Julia) - Univ. Bonn; Promot. 1956, Habil. 1968 - 1956-59 praktiz. Zahnarzt; 1971 apl. Prof., 1972 Wiss. Rat u. Prof., s. 1972 o. Prof. Univ.-Klinik Köln - BV. Mikromorphol. d. menschl. Pulpa, 1970 - 1963 Certificate of Merit American Soc. Dentistry f. Children - Spr.: Engl.

EIFLER, Horst

Redakteur - Nestorstr. 22, 1000 Berlin 31 (T. 8914126) - Geb. 3. Jan. 1928 Berlin, ev. - 1948-54 FU Berlin (German., Phil.) - S. 1956 RIAS Berlin (Hochschulfunk, Kulturpolitik, 1963 Leit. Hauptabt. Kulturelles Wort). Rezensionen, Essays, Funkfeatures.

EIFRIG, Bernd

Dr., Prof. f. Mathematik Univ. Oldenburg - Bismarckstr. 30, 2900 Oldenburg/O.

EIGEN, Karl

Landwirt, Vizepräs. Landesbauernverb. Schlesw.-Holst., MdB (1972-76), Vors. Schlesw.-Holst. Bauernverb., Rendsburg (1984 ff.) - 2407 Klein-Parin üb. Bad Schwartau (T. 04505 - 336) - Geb. 3. Nov. 1927 Lübeck (Vater: Hermann E., Landw.; Mutter: Dora, geb. Peters), ev., verh. s. 1951 m. Heidi, geb. Höft, 2 Kd. (Dirk-Hermann, Sabine) - Gymn. (Abgang Prima weg. Einberuf.); n. 1945 landw. Lehre u. Schule. Meisterprüf. - S. 1951 (Übern. elterl. Hof) selbst. CDU s. 1958 (u. a. Mitgl. Landesaussch. SH) - Liebh.: Jagd.

EIGEN, Manfred

Dr. rer. nat., Drs. h. c., Prof., Direktor Abt. f. Biochem. Kinetik, Max-Planck-Inst. f. biophys. Chemie, Honorarprof. TU Braunschweig - Georg-Dehio-Weg 14, 3400 Göttingen - Geb. 9. Mai 1927 Bochum (Vater: Ernst E., Kammermusiker; Mutter: Hedwig, geb. Feld), verh. m. Elfriede, geb. Müller, 2 Kd. (Angela, Gerald) - Univ. Göttingen - S. 1953 MPI. 1971 ff. Honorarprof. Univ. Göttingen, 1982 Präs. Studienstiftg. d. Dt. Volkes - BV: D. Spiel - Naturgesetze steuern d. Zufall, 1975 - Ehrendoktor Washington Univ., St. Louis, Harvard Univ. Cambridge, Univ. of Nottingham, Hebrew Univ. Jerusalem u. TU München (1983); Bodenstein- (1956), Otto-Hahn- (1967), Nobel- (1967, f. Chemie), Carus-Preis (1968); Paracelsus- u. Carus-Med.; 1972 franz. Orden Palmes académiques, 1973 Kapitelmitgl. Orden Pour le Mérite f. Wiss. u. Künste; 1969 Ehrenmitgl. Weizman-Inst. Rehovoth (Israel); Mitgl. National Acad. of Sciences (USA), American Acad. of Arts and Sciences, Dt. Akad. d. Naturforscher (Leopoldina), Akad. d. Wiss. Göttingen, 1976 Österreich. Ehrenzeichen f. Kunst u. Wissensch.; Österr. Akad. d. Wiss., Royal Danish Acad. of Sciences, Royal Soc., London, Acad. of Sciences UdSSR, Bayer. Akad. d. Wiss. (korr.), Ehrenmitgl. Indian Chem. Soc., Päpstl. Akad. d. Wiss. - Liebh.: Kammermusik (spielt Klavier).

EIGENFELD, Rolf

Dr. phil., Prof., Mineraloge u. Petrograph - Arndtstr. 37, 8700 Würzburg - S. 1949 (Habil.) Privatdoz. u. apl. Prof. (1955) Univ. Würzburg (Mitvorst. Mineral. Inst.). Fachveröff.

EIGNER, Gerd-Peter

Schriftsteller - Zu erreichen üb. Carl Hanser Verlag, Kolbergerstr. 22, 8000 München 86 (T. 089 - 9 26 94-0) - Geb. 21. April 1942 Malapane/Oberschles. - Gymn. Wilhelmshaven, PH Oldenburg, Univ. Hamburg (Soziol., Volkswirtsch., Gesch.) - 1969-71 Lehrer f. verhaltens- u. entwicklungsgestörte Kinder Bremen; langj. Aufenthalte in Spanien, Griechenland, Frankreich, Nordafrika u. Vorderasien - BV: Golli, R. 1978; Brandig, R. 1985; Mitten entzwei, R. 1988. Traktate, Choreograph. Theaterstück, 1972. Hörsp. u. Stücke: Sweet-Water-Beach (1976), Kastration, mehr oder weniger sanft (1977), Abel & Luise (1978), D. Herz d. Musik oder d. Onkel kommt, d. Onkel geht (1980), Barfuß in Stiefeln - D. einzige Begegnung zw. Dostojewskij u. Flaubert (1982), Aragons Traum (1982), D. langen zwölf Stunden d. Kindheit (1983, auch als Buch), Sechs unbiograph. Angaben üb. Mozart u. üb. d. Schnee (1983), Im Notfall kann man immer noch alles wieder mit Gewinn verkaufen (1988) - 1978 Hörspielpreis d. Österr. Rundfunks; 1978 Kulturpreis u. Stadtliterat d. Stadt Bocholt; 1979/80 Villa-Massimo-Preis Rom; 1982 Stadtschreiber auf Burg Kniphausen b. Wilhelmshaven; 1983 Förderpreis d. Kulturpreises Schlesien d. Landes Nieders.; 1985 Stip. d. Dt. Literaturfonds - Liebh.: Terrassenbau, Oliven - Spr.: Engl., Franz., Ital., Span.

EIKELBECK, Heinz

Handwerksmeister, Oberbürgermeister, Stadt Bochum - Kellermannsweg 61, 4630 Bochum (T. 0234 - 47 60 14) - Geb. 17. Febr. 1926 Kamp-Lintfort (Vater: Bergmann), verh. s. 1948 m. Gerda, geb. Schmidt, 2 T. (Heide-Marianne, Petra) - Haupt- u. Fachschule - AR-Vors. Bochum-Gelsenkirchener Straßenbahnen AG., Stadtwerke GmbH u. Stadtbahn-Ges. Rhein-Ruhr - 1979 Ehrenring Stadt Bochum.

EIKEMEIER, Dieter

Dr. phil., Prof. f. Koreanistik - Engelfriedshalde 105, 7400 Tübingen (T. 07071-6 28 26) - Geb. 10. Okt. 1938 Berlin, verh. m. Martha, geb. Ummenhofer, 2 Kd. - Gymn. Göttingen, Univ. Göttingen, Hamburg, Leiden, Münster, Bochum (Sinologie, Japanologie, Koreanistik, Rechtswiss., Phil.) - 1984/86 Präs. Assoc. for Korean Studies in Europe (AKSE) - BV: Elemente im polit. Denken d. Yŏn'am Pak Chiwŏn, 1970; Documents from Changjawa-ri, 1980; Getanzte Karikaturen (m. M. Gööck), 1988 - Liebh.: Brettspiele, Skisport, Bergwandern - Spr.: Korean., Engl., Franz., Niederl.

EIKENBUSCH, Gerhard

Autor - Robert-Koch-Str. 15, 5840 Schwerte - Geb. 3. Sept. 1952 - BV: Noch eben befriedigend, R. 1982; Eingemacht u. durchgedreht, R. 1983; Jahrhundertglück, R. 1985; U. jeden Tag e. Stück weniger v. mir, R. 1986 - 1986 Förderungspreis Land Nordrh.-Westf.

EIKMEIER, Hans

Dr. med. vet., o. Prof. f. Innere u. Gerichtl. Veterinärmed. - Frankfurter Str. 126, 6300 Gießen (T. 7024764) - 1958 Habil., 1964 Prof., 1970 Lehrstuhl I f. Innere u. Gerichtl. Veterinärmed. Univ. Gießen. Facharb.

EILENBERGER, Gert

Dr. rer. nat, Prof. f. Physik Univ. Köln (s. 1970) u. Inst.-Leit. KFA Jülich - Mühlenweg 8, 5170 Jülich - Geb. 21. Juli 1936 Hamburg - 1955-61 Stud. Physik Univ. Göttingen; Dipl. 1960, Promot. 1961, Habil. 1965 - 1961-65 wiss. Assist. Univ. Göttingen; 1965-67 wiss. Assist. Cornell Univ. ITHACA/New York; 1967-69 Doz. Univ. Köln; 1969-70 Visit. Prof. Univ. Helsinki - BV: Solitons - Math. Meth. for Physicists, 1981.

EILENDER, Hans Jürgen

Dipl.-Kfm., Geschäftsf. Standard-Messo Duisburg Ges. f. Chemietechnik mbH. & Co. - Friedenstr., 4150 Krefeld 11; priv.: Friedenstr. 219, 4150 Uerdingen - Geb. 5. Febr. 1929.

EILERS, Elfriede

Jugendwohlfahrtspflegerin, MdB a.D., Senioren-Beauftragte d. SPD, stv. Bundesvors. Arbeiterwohlfahrt - Am Balgenstück 17, 4800 Bielefeld (T. 8 16 85) - Geb. 17. Jan. 1921 Bielefeld (Eltern: Karl u. Lina E.), led. - Real- u. Frauensch.; kaufm. Lehre; 1950-52 Sem. f. Sozialberufe, Mannheim (Ex. 1953) - 1941-49 Maschinen- u. Bilanzbuchh. Stadtwerke Bielefeld; ab 1954 Fürsorgerin Jugendamt ebd.; 1957-80 MdB. SPD (Parlamentar. Geschäftsf. SPD-Frakt.) - Gr. BVK m. Stern - Liebh.: Lit. - Spr. Engl.

EILERS, Franz-Josef

Dr. phil., Prof. Päpstl. Univ. Gregoriana, Rom, Kommunikationswissenschaftler, Dir. Intercultural Communication Research Unit SVD, St. Augustin - Arnold-Janssen-Str. 30, 5205 St. Augustin 1 - Geb. 11. Mai 1932 Emsdetten, kath. - Stud. Phil. u. Theol.; Missionspriestersem. St. Augustin; Stud. Missionswiss. (Dipl.), Publiz. u. Kommunikationswiss. Univ. Münster (Promot.) - 1967-71 Leit. Ref. f. Publiz. SVD, Rom; 1970-71 Ass. Secretary Sodepax, Weltrat d. Kirchen, Genf; 1971-85 Geschäftsf. Catholic Media Council, Aachen; s. 1983 Prof.; Lehrauftr. Divine Word Seminary, Tagaytay City (Philippinen) - BV: Christl. Publiz. in Afrika, 1964; Z. Publiz. schriftloser Kulturen in Nordost Neuguinea, 1967; Kirche u. Publiz., 1973; Christian Communication Directory Africa, Asia, 1980 u. 1982; Communicating between Cultures, 1987. Herausg.: Communicatio Socialis, Ztschr. f. Publiz. in Kirche u. Welt (s. 1968) - Spr.: Engl., Ital., Niederl., Franz., Span.

EILERS, Ingo

Dipl.-Ing., Geschäftsführer Transferon Bremen Wäschereimaschinen GmbH., Vors. Fachgemeinschaft Wäschereimaschinen und Chem. Reinigungsmaschinen, Frankfurt a. Main - Freiligrath Str. 23, 2800 Bremen 1 - Geb. 29. Sept. 1926.

EILERS, Jan

Dipl.-Volksw., Landesminister a. D., Vizepräs. Dt. Olymp. Ges. - Alte Osenberge 20, 2900 Hatten-Sandkrug (T. 04481 - 4 10) - Geb. 16. Mai 1909 Varel/Friesl., ev., verh. m. Rica, geb. Lüning, Sohn Hans-Uwe - Stud. Wirtsch.- u. Sozialwiss. (Dipl.-Volksw.) - B. 1939 Geschäftsf. in Wirtschaftsorg.; 1939-45 Kriegsdst. (Art.-Offz., mehrf. schwer verw.); 1945-50 Leit. Hauptarbeitsamt Oldenburg; 1950-63 Oberstadtdir. Oldenburg; 1963-65 Finanzmin. Land Nieders. (Rücktr.); 1965-76 Dir. AEG-Telefunken-Olympia-Gr. Mitgl. Präsid. Dt. Städtetag (1950-63); Präs. Kommunal. Arbeitgeberverb. Nieders.; Mitgl. Präsid. Vereinig. Kommunal. Arbeitgeberverb. 1957-61 u. 1972-76 MdB - Präsid.-Mitgl. Nat. Olymp. Komitee f. Deutschl.; Ehrenpräs. Verb. Dt. Bürgervereine; Gr. BVK; Gr. Verdienstkreuz Land Nieders.; Gold. Ehrenplak. Dt. Olymp. Ges. - Liebh.: Lit., Gesch., Sport - Spr.: Engl., Niederl.

EILERS, Johannes

Vorsitzender d. Vorstandes Midgard Dt. Seeverkehrs-AG(s. 1972) - 2890 Nordenham - Geb. 5. Juni 1929 - Direkt.- Mitgl. Stinnes AG, Mülheim/Ruhr; Vorst. Zentralverb. dt. Seehafenbetriebe, Hamburg; Mitgl. Vollvers. IHK Oldenburg.

EILERS, Karl-Heinz

Geschäftsinhaber, Aufsichtsratsvors. Dugena Uhren u. Schmuck eG, Darmstadt (s. 1984) - Osterstr. 12-13, 2986 Norden (T. 04931-54 32/33) - Geb. 10. Okt. 1937 Norden, verh. s. 1960 m. Etta, geb. Zeeden, 4 Kd. (Hilke, Karsten, Ralf, Udo) - Meisterprüf. Uhrmacher 1961 Aurich, Meisterprüf. Augenoptiker 1964 Berlin, Meisterprüf. Hörgeräteakustiker 1971 Mainz - S. 1985 Vorstandsvors. Dugena Leistungsgemeinsch. eG; AR Dugena AG. S. 1983 F.D.P.-Fraktionsvors. Landkr. Aurich - Liebh.: Segeln - Spr.: Engl.

EILERS, Wilhelm

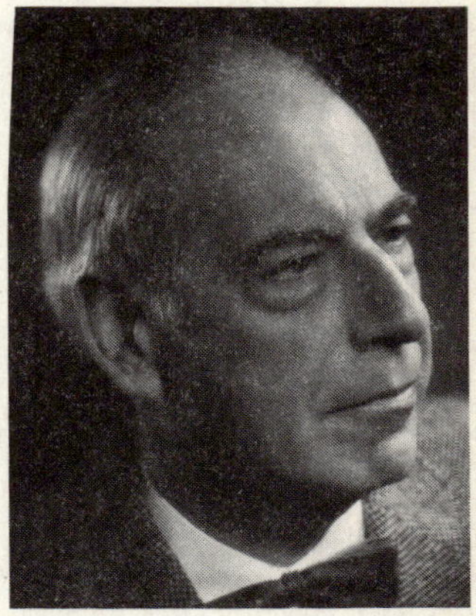

Dr. jur., Dr. h. c., o. Prof. f. Oriental. Philologie (emerit.) - Theodor-Körner-Str. 6, 8700 Würzburg (T. 7 24 36) - Geb. 27. Sept. 1906 Leipzig (Vater: Prof. Dr. Wilhelm E., Oberstudiendir.; Mutter: Elly, geb. Pescheck), ev., verh. s. 1936 m. Erika, geb. Böhling, 2 Söhne (Wilhelm, Wolfhart) - Univ. Freiburg, München, Leipzig (Promot. 1931), Berlin (Rechtswiss., Orientalistik). Habil. 1938 Berlin - 1936-45 Dt. Archäol. Inst. (zul. Leit. Stützpunkt Isfahan/Iran); 1947-52 Doz. Univ. Sydney/Austral.; 1952-58 Doz. Univ. Marburg; 1958-74 Ord. u. Vorst. Oriental. Sem. Univ. Würzburg - BV: Gesellschaftsformen im altbabyl. Recht, 1931; D. Gesetzesstele Chammurabis, 1932; Iran. Beamtennamen in d. keilschriftl. Überlieferung, I 1940; Hafis. Vierzeilen, 1940; Irak. Vierzeiler, 1942; D. alte Name d. pers. Neujahrsfestes, 1953; Semiramis, 1971. Verf.: Dt.-Pers. Wörterb., 1959ff.; Festgabe dt.

Iranisten z. 2500-Jahrfeier Irans, 1971; Über Sprache aus d. Sicht von Einzelsprachen, 1973; D. vergleichend semasiologische Methode i. d. Orientalistik, 1974; D. Mundart von Chunsar, 1976; Sinn u. Herkunft d. Planetennamen, 1976; D. Mundart von Gäz, 1979; Schiitische Wasserheilige, 1979; D. Āl, e. pers. Kindbettgespenst, 1979; Geogr. Namengeb. in u. um Iran, 1982; Iranische Ortsnamenstudien, 1987; D. Mundart v. Sīvänd, 1988; D. Name Demawend, 1988 - 1963 Ehrenmitgl. Kgl. Akad. Cordoba (Span.), 1973 ord. Mitgl. Bayer. Akad. d. Wiss., München, Mitgl. DAI, Dt.-Morgenl. Ges.; Acta Iranica, Teheran-Liège; Encyclopaedia Iranica, New York; Mitarb. Cambridge History of Iran; Mitgl. d. Iran. Komm. d. Österr. Akad. d. Wiss., Wien - Festschr. (1967); 1981 BVK I. Kl.

EILERS-MECHTEL, Angelika, s. Mechtel, Angelika

EILERT-OVERBECK, Brigitte

Journalistin, Ressortleiterin Zeitschrift TV Hören u. Sehen - Abendrothsweg 71, 2000 Hamburg 20 (T. 040 - 8 71 94) - Geb. 15. Febr. 1947 Nordhausen (Vater: Heinz O., Kaufm.; Mutter: Erika, geb. Vollberg), verh. s. 1973 m. Fred Eilert - Lehre Verlagsbuchhändl. Düsseldorf (Abschl. 1966); ab 1967 Zeitschriftenredaktions-Volont. Düsseldorf - Ab 1969 Redakt.; s. 1979 Ressortleit. Frau u. Fam. TV Hören u. Sehen - BV: D. neue Katzenbuch, 1978; Katzen, 1980 - Spr.: Engl., Franz.

EIMER, Gerhard

Dr., Dr., Prof. u. Direktor Kunstgeschichtl. Inst. Univ. Frankfurt (s. 1973) - Hof Frhr. v. Stein Bubenheimer Str. 3, 6257 Hünfelden 1 - Geb. 5. April 1928 Marburg (Vater: Prof. Dr. med. Karl E., Intern.; Mutter: Dr. med. Ilse, geb. Reuter), ev., verh. s. 1962 m. Dr. Birgitta, geb. Lundgren - Promot. 1953 Kiel u. 1961 Stockholm; Lic.-Examen u. Habil. ebd. - 1956-58 Assist. Nationalmuseum Stockholm, 1961-62 Stip. Kunsthist. Inst. Florenz. Fachmitgl.sch. - BV u. a.: Casp. David Friedrich u. d. Gotik, 1964; La Fabbrica di S. Agnese in Navona Bd. I u. II, 1970-71; C. D. Friedrich, 4. A. 1980; Bernt Notke, 1985; Quellen z. polit. Ikonographie d. Romantik, 1987. Herausg.: Frankfurter Fundamente d. Kunstgesch. I-V (ab 1982). Zahlr. Übers. aus d. Schwed. - 1985 Pommerscher Kulturpreis - Spr.: Schwed., Engl., Ital.

EIMER, Manfred

Dr. sc. agr., Dipl.-Ing.mach., Prof., Akad. Oberrat - Südring 12, O.T. Obernjesa, 3405 Rosdorf 2 (T. 05509 - 602) - Geb. 20. Aug. 1933 Marburg/Lahn (Vater: Prof. Dr. med. Karl E.; Mutter: Dr. med. Ilse, geb. Reuter), ev., verh. s. 1966 m. Charlotte, geb. Brase, T. Frauke - Mittelsch. Lauenburg/Elbe, Schiffbauer-Lehre, Lauenb.; 1953-57 Ingenieursch. Hamburg (Schiffbau), ab 1963 TH Karlsruhe (allg. Masch.bau), Promot. 1971 Göttingen, Habil. f. Agrartechn. 1973 ebd. - 1957-59 Schiff- u. Masch.bau AG Mannheim, 1963-66 Forsch.-Anst. f. Landwirtsch. Braunschweig, s. 1966 Univ. Göttingen. 1978 Doz. Univ. Kumasi, Ghana (Entw.proj.) - Spr.: Engl.

EIMER, Norbert

Ing. (grad.), MdB (s. 1976) - Zaunkönigweg 16, 8510 Fürth (T. 76 34 20) - Geb. 19. März 1940 Trautenau (Vater: Richard E.; Mutter: Adele, geb. Bittner), ev., verh. s. 1971 m. Irmtraud, geb. Hüttel, 3 Kd. - FDP-Kinderbeauftragter Dt. Bundestag.

EIMERN, van, Josef

Dr. sci. math. nat., Dipl.-Meteorol., ehem. Prof. f. Bioklimatologie Univ. Göttingen - Gartenstr. 23, 8050 Freising - Geb. 16. März 1921 Till - Promot. 1948 Bonn; Habil. 1964 München - S. 1956 Leit. Agrarmeteorol. Forschungsst. d. Dt. Wetterdst., Weihenstephan, u. Wetteramt München (1972). 1970-80 apl. Prof. TU München (Meteorol.). 1979-81 Vors. Dt. Meteorol. Ges. - BV: Wetter- u. Klimakunde f. Landw., Garten- u. Weinbau, 4. A. 1984. Üb. 160 Einzelarb.

EIMERS, Enno

Journalist - Homburger Str. 21, 1000 Berlin 33 (T. 822 48 68) - Geb. 15. Dez. 1908 Hengsterholz/O. (Vater: Gerhard E., Rektor; Mutter: Sophie, geb. Ahlers), reform., verh. s. 1942 m. Dr. Margret, geb. Hillmann, 2 Kd. (Gerd, Helge) - Reform-Realgymn. Wilhelmshaven; 1928-33 Univ. Jena u. Göttingen (Dt., Gesch., Geogr., Phil.); 1935-36 Volontär Oldenbg. Nachr. - S. 1938 (m. kriegsbedingter Unterbr.) Berliner Lokal-Anzeiger, D. Nachtausgabe, German News Service, dpa (1946), D. Neue Ztg. (1947; Leit. Büro Hamburg), Hbg. Anz. (1953; Ressortleit. Politik), Braunschweiger Ztg. (1957; Kommentator), Bremer Nachr. 1958; stv. Chefredakt.), D. Kurier (1959; stv. Chefredakt. u. Chef v. Dienst, Presse- u. Informationsamt/Vertr. Berlin (1968). Freier Journalist (1974).

EIMICKE, Alfried

Dr., Vorstandsmitgl. Holsten-Brauerei, Hamburg/Kiel - Holtenauer Str. 121, 2300 Kiel.

EIMÜLLER, Hermann-Josef

Schriftsteller, Illustrator, Verleger, Fotograf, Grafiker, Regiss. (Ps. Klaus Mathis-Zilcher, Gert Serdhausen) - Schützenstr. 6, 8900 Augsburg 1 - Geb. Augsburg - BV: Menschenkreuzweg, 9 Stationsfragmente 1981; Losgelassen, Text- u. Bilderbuch 1982; Wendspiele in Sachen Schöpfung, 1984; V. Gleichgewicht d. Zärtlichkeit, 1985; Oskar Maria Graf zu Ehren, 1987; D. lechslavische Liederb., 1988; Berd Brehds Moridad fom Megi Meser auf Lehslaviš, 1989. Zahlr. Langspielpl. nach Liedern u. Theaterst., u.a.: Menschenkreuzweg (1982); Spielball Schöpfung (1983); Erbarmen unserer Zeit (1984); Kreuzfahrt nach Ninive (1984). Aufführ. im In- u. Ausl. - Liebh.: Lechslavische u. bairische Provinzkultur.

EINBRODT, Hans Joachim

Dr. med., o. Prof. f. Hygiene u. Arbeitsmed. RWTH Aachen - Geb. 12. Juli 1927 - S. 1968 Prof. Univ. Münster (1969 Abt.vorst. u.Prof. Inst. f. Staublungenforsch. u. Arbeitsmed.) u. TH Aachen (1969 Ord.). Vorst. Wiss. Ges. f. Umweltschutz. Herausg.: Wiss. u. Umwelt. Üb. 240 Fachveröff.

EINEM, von, Gottfried

Prof., Komponist - Nikolaigasse 1/2/5, A-1010 Wien- Geb. 24. Jan. 1918 Bern, ev., verh. I) Lianne, geb. v. Bismarck, S. Caspar, II) Lotte Ingrisch - Gymn. Ratzeburg; 1941-43 Musikstud. B. Blacher, Berlin - 1938-44 Kapellm.korrepetitor Staatsoper Berlin, 1938 u. 39 musikal. Assist. Bayreuther Festsp., 1944-45 Direktionsassist. Staatsoper Dresden, s. 1946 Lektor u. Dir.mitgl. (1965) Konzerthausges. Wien, 1948-62 Dir.mitgl. Salzbg. Festsp., em. o. Prof. Hochsch. f. Musik u. darstell. Kunst Wien. Zeitw. Präs. Österr. Musikrat UNESCO. Opern: Dantons Tod, D. Prozeß, D. Zerrissene (n. Nestroy), D. Besuch d. alten Dame (n. Dürrenmatt), Kabale u. Liebe (Schiller), Jesu Hochzeit (Ingrisch), D. Tulifant (Ingrisch). Ballette, Medusa, Prinzessin Turandot, Rondo v. goldenen Kalb, Pas de Coeur, Glück, Tod u. Traum; Konzertst.: Capriccio f. Orch., Concerto f. Orch., Serenade f. dopp. Streichorch., Hymnus f. Altsolo, Chor u. Orch., Symphon. Szenen, Meditationen, Wandlungen, Ball. f. Orch., Philadelphia Symphony, Hexameron und Bruckner Dialog, Klavier- u. Violinkonz., Konz. f. Orgel u. Orch.; Orat. a. d. Nachgeborenen, D. Stundenlied; Wiener Symphonie, Ludi Leopoldini f. Orch.; Hunyady László, Drei Gaben f. Orch., Münchner Symph., 4. Symphonie; Kammermus.: 4 Stücke f. Klaviersolo, 2 Sonaten f. Klaviersolo, Sonate f. Klav. u. Geige, 4 Streichquart., 1 Bläserquint., Sonate f. Violine, f. Bratsche, f. Kontrabass Solo, Sonate f. Cello u. Klavier: Gute Ratschläge a capella, Chor, Missa Clara Vallensisi, Unterwegs a capella Chöre; Lieder - 1965 Gr. Österr. Staatspreis; 1960 o. Mitgl. Akad. d. Künste Berlin; Präs. Alban-Berg-Stiftg. - Liebh.: Mod. Malerei u. Stahlwerke - Spr.: Engl.

EINERM, Hans

s. Gerlach, Rolf

EINERT, Günther

Minister f. Bundesangelegenheiten Nordrh.-Westf., MdL Nordrh.-Westf. (1966-70 u. s. 1971) - Dahlmannstr. 2, 5300 Bonn 1 (T. 26 99-1) - Geb. 12. Okt. 1930 Langenöls, verh., 3 Kd. - Realsch.; Schlosserlehre; Hochschulreife; Stud. Univ. Hamburg u. in d. USA (Volkswirtsch.) - 1946-53 Schlosser u. Schweißer; 1958-60 Rechtsschutzsekr. b. DGB; 1960-80 gf. Vors. d. DGB Kr. Mark; 1964-74 Oberbürgermeister Stadt Iserlohn; 1975-80 Vors. SPD-Stadtratsfraktion; 1980-83 Parlam. Geschäftsf. d. SPD-Landtagsfraktion.

EINSELE, Gerhard

Dr. rer. nat., o. Prof. f. Geologie (Exogene Dynamik) - Bohnenbergerstr. 31, 7400 Tübingen - Geb. 17. März 1925 Kirchheim/Teck - S. 1962 (Habil.) Lehrtätigk. Univ. Tübingen (Wiss. Rat u. Prof.), Kiel (1968 Ord. f. Geol.), Tübingen (Ord. f. Exog. Dynamik). Fachaufs. üb. Sedimentologie u. Meeresgeologie, Hydrogeologie u. Ingenieurgeologie.

EINSELE, Helga

Dr. jur., Regierungsdirektorin a. D., Honorarprof. f. Strafvollzugsrecht u. - wiss. Univ. Frankfurt - Savignystr. 59, 6000 Frankfurt/M..

EINSELE, Martin

Dipl.-Ing., o. Prof. f. Städtebau u. Entwerfen Inst. Orts-, Regional- u. Landesplan. Univ. Karlsruhe, Architekt (BDA, SRL, DASL) - Am Künstlerhaus 32, 7500 Karlsruhe - Geb. 11. April 1928.

EINSELE, Theodor

Dr.-Ing., em. Univ.-Prof. Techn. Informatik - Taxisstr. 23, 8000 München 19; Wengertstr. 25, 7032 Sindelfingen - Geb. 11. Aug. 1921 Kirchheim/Teck - Dipl.-Ing. 1950, Dr.-Ing. 1953 TH Stuttgart - 1953-66 IBM-Deutschland; Lehrauftr. TH Stuttgart (1956-70) u. TH Karlsruhe (1960-66); Lehrst. f. Datenverarb. TU München s. 1966; emerit. 1986.

EINSLE, Hans

Verlagsbuchhändler, Schriftst. - Schwabenstr. 1a, 8901 Königsbrunn - Geb. 2. Dez. 1914 Kempten/Allg. - Zahlr. Romane u. Sachb. (zul.: D. Abenteuer d. bibl. Forsch. - V. d. Arche Noah b. zu d. Schriftenrollen v. Qumran, Sie glaubten an d. ew. Leben - Bibl.Forsch. v. Bethlehem b. z. Grab Petri); D. Bayern-Lexikon; D. Ungarnschlacht auf d. Lechfeld im Jahre 955 - Ursachen u. Wirk.; D. Nachtbäume v. Kreta; Ich warte auf Dich in Ischia; E. Reise durch d. schwäb.-alemann. Land; Ich, Minos, König v. Kreta; Sophia Schliemann.

EINSTEIN, Siegfried

Schriftsteller, Doz. f. dt. Lit. - Richard-Wagner-Str. 79, 6800 Mannheim (T. 44 17 52) - Geb. 30. Nov. 1919 Laupheim/Württ. (Vater: Max E., Warenhausbes.; Mutter: Fanny, geb. Marx), isr., verh. s. 1967 m. Ilona, geb. Sand, 3 Kd. (Claire-Caroline, Marion, Daniel-Siegfried) - HH St. Gallen (Dipl. 1940); Sprachstud. (Engl., Franz., Span.). B. 1945 Arbeitslager Schweiz, Mitarb. Presse u. Rundf. In- u. Ausl., s. 1945 Mitgl. ISDS - BV: Melodien in Dur u. Moll, Ged. 1946, 2. A. 1948; Sirda, N. 1948; Thomas u. Angelina, Erz. 1949; D. Schilfbuch, Erz. 1949; D. Wolkenschiff, Ged. 1950; Legenden, 1951; Eichmann - Chefbuchhalter d. Todes, 1961. Übers.: Dostojewskij, D. Frau e. anderen, N. 1947; Roger Mauge, D. Gesch. v. Goldfisch, Erz. 1961; Eichmann - Chefbuchhalter d. Todes, 1961 (auch russ.) - 1955 Stipend. Bertelsmann-Verlag, 1956 TH. Mann-Spende, 1964 Kurt-Tucholsky-Preis Kiel - Liebh.: Franz. u. span. Lit., europ. Lyr., Expressionismusdebatte, jidd. Schallplatten, Bummeln in Augsburg, Ascona u. Annecy - Mit d. Nobelpreisträger Albert E. weitläuf. verwandt. Lit.: Prof. E. L. Kerkhoff, i.: „Kl. dt. Stilistik“ u. L. Ginsburg (Moskau) „Preis d. Asche, Dt. Marginalien“ (beide 1962).

EINWAG, Alfred

Dr., Bundesbeauftragter f. d. Datenschutz - Stephan-Lochner-Str. 2, 5300 Bonn 2 (T. 0228 - 81 99 50) - Geb. 18. März 1928 Ebern/Unterfr., verh. s. 1953 m. Gertrud, geb. Gagel, 6 Kd. (Johannes, Angela, Heribert, Michael, Matthias, Annette).

EIRICH, Raimund

Dr. rer. pol., Dipl.-Ing., Dipl.-Wirtsch.-Ing., pers. haft. Gesellschafter Firma A. & A. Eirich, Hardheim, Inh. Eirich-Verlag - Jahnstr. 22, 6969 Höpfingen - Geb. 12. Aug. 1931, verh. s. 1965 m. Pauline, geb. Moll, 2 Töcht. - Diplome u. Promot. 1956-72 München - BV: Memmingens Wirtsch. u. Patriziat 1347-1551, 1972; D. Imhof in d. oberschwäb. Städten, 1976 - Liebh.: Wirtsch. u. Patriziatsgesch. d. Allgäuer Reichsstädte - Spr.: Engl.

EISCH, Erich

Geschäftsführer - Degenberger Ring 16, 8377 Frauenau (T. 09926-708) - Geb. 15. Sept. 1928 Frauenau, kath., verh. s. 1957 m. Gertraud, geb. Rammel, 4 Kd. (Brigitte, Renate, Albrecht, Eberhard) - Abit.; 1951/52 Fachsch. f. Glashüttentechnik Zwiesel - S. 1952 Geschäftsf. elterl. Glashütte in Frauenau, s. 1963 Mitinh. - 1985 Med. f. Umweltschutz - Liebh.: Musik - Spr.: Engl.

EISEL, Horst

Direktor im Bundesgrenzschutz - Grenzschutzdirektion, Hohenfelder Str. 16, 5400 Koblenz 1 - Geb. 29. Jan. 1935.

EISELE, Erwin

Dr.-Ing., Prof. f. Kraftfahrzeuge u. Fahrzeugmotoren - Zul. 7000 Stuttgart - Geb. 14. Mai 1916 Stuttgart, ev., verh., 2 Kd. - Reform-Realgymn. u. TH Stuttgart (1940 Dipl.-Ing.) - S. 1940 Tätigk. TH Stuttgart (b. 1950; 1951 Doz., 1962 apl. Prof.) u. Daimler-Benz AG. ebd. (1951 ff.).

EISELE, Jürgen

Hotelgeschäftsführer (selbst.), MdL Bad.-Württ. - Waldring 3a, 7517 Waldbronn (T. 07248-17 65) - Geb. 9. Juni 1951 Busenbach, kath., verh. s. 1978 m. Ruth, geb. Mannel, 2 Kd.

EISELE, Wolfgang

Dr. rer. pol., Dipl.-Kfm., o. Prof. f. Betriebswirtschaftslehre Univ. Hohenheim (s. 1975) - Uhlbacher Str. 39/1, 7300 Esslingen a. N. - Geb. 25. Febr. 1938 Stuttgart (Vater: Alfons E., Polizeikommiss. i. R.; Mutter: Berta, geb. Salch), kath., verh. s. 1968 m. Carla, geb. Kellermann, 2 Kd. (Florian, Silke) - Stud. Univ. Tübingen, München, Würzburg; Promot. (1965) u. Habil. (1972) ebd. - 1972 Doz. Univ. Würzburg. Fachmitgl.sch. - BV: Return on Investment. D. Rückfluß d. investierten Kapitals, 1965; Betriebswirtschaftl. Kapitaltheorie u. Unternehmensentwickl., 1974; Technik d. betriebl. Rechnungswesens. Buchführ., Kostenrechn., Sonderbilanzen, 3. A. 1988 - Spr.: Engl.

EISENBACH, Joachim

Dr. med., apl. Prof., f. Chir. Univ. Erlangen, Chefarzt I. Chir. Klinik Klinikum Bamberg - Buger Str. 80, 8600 Bamberg.

EISENBERG, Johannes

Dipl.-Volksw., Filmproduzent, Drehbuchautor - Kellerwaldstr. 5, 3550 Marburg (T. 06421 - 4 77 73) - Geb. 19. April 1947 Reichenbach, ev., verh. s. 1976 m. Elke, geb. Appaly, 4 Kd. (Diana, Florian, Benjamin, Raphael) - Stud. Volkswirtschaft; Dipl. 1974 Marburg - Prod. wiss. Informationsfilme (Schwerpunktber. Med.) u. Industriefilme - Spr.: Engl.

EISENBERG, Peter

Dr., Dipl. Ing., Prof. f. Linguistik - Walter-Flex-Str. 20, 3000 Hannover 1 (T. 0511 - 69 43 85) - Geb. 18. Mai 1940 Strausberg/Mark, verh. m. Gabriele, geb. Hänsel, 2 T. (Sonja, Johanna) - Stud. Nachrichtentechn. u. Musik Berlin; Stud. Linguistik Berlin u. Cambridge/USA - 1971-75 wiss. Assist. Berlin, 1975-80 akad. Rat Univ. Hannover, s. 1980 Prof. FU Berlin (Fachber. German) - BV: Oberflächenstruktur u. logische Struktur, 1976; Grundriß d. dt. Grammatik, 1986 - Bek. Vorf.: Dr. Johannes Andreas Eisenbarth.

EISENBERG, Ulrich

Dr. jur., o. Prof. FU Berlin (s. 1976) - Neuchâteller Str. 7, 1000 Berlin 45 - Geb. 5. März 1939 Hanau/M. - Stud. Rechtswiss. Jurist. Staatsprüf. 1964 u. 67 Hessen. Promot. 1967; Habil. 1974 - BV: Strafe u. freiheitsentzieh. Maßnahme, 1967; Einf. in Probleme d. Kriminol., 1972; Lehrb. d. Kriminol., 2. A. 1985; Minderjährige in d. Ges., 1980; Komment. z. Jugendgerichtsgesetz, 3. A. 1988; Bestreb. z. Änder. d. JGG, 1984; Kriminol., Jugendstrafrecht, Strafvollzug - Fälle u. Lösungen, 2. A. 1989; Aussetzung d. Strafrestes z. Bewährung (Mitverf.), 1987; Verkehrsunfallflucht (Mitverf.), 1989.

EISENBERG, Ursula

Studienrätin, Schriftst. - Waldseeweg 23, 1000 Berlin 28 (T. 030-4049947) - Geb. 21. Aug. 1945 Spornitz/Meckl., T. Katharina - 1965-70 Stud. Musik u. German. Berlin - BV: Da kommt noch was nach, 1981; Und wo bleib ich?, 1986. Div. Beiträge f. Ztschr. u. Rundf.

EISENBERGER, Herbert

Dr. phil., Prof. f. Klass. Philologie Univ. Frankfurt/M. (s. 1971) - Blücherstr. 5, 6501 Budenheim (T. 06139 - 3 38) - Geb. 14. Aug. 1930 Wiesbaden (Vater: Friedrich E., Kaufm.; Mutter: Maria, geb. Braun), kath., verh. s. 1976 m. Renate, geb. Nickerl - Gymn. Wiesbaden; 1951-57 Univ. Frankfurt (Klass. Philol., Angl., Alte Gesch., Phil.; Lehrer u. a. Karl Reinhardt, Matthias Gelzer u. Carlo Schmid). Promot. (1956) u. Habil. (1968) Frankfurt - BV: D. Mythos in d. äol. Lyrik, 1956; Studien z. Odyssee, 1973. Zahlr. Fachaufs. u. Rez. - Spr.: Engl., Franz., Ital.

EISENFÜHR, Franz

Dr. sc. pol., Prof., Betriebswirtschaftler - Merowingerstr. 48, 5100 Aachen - Geb. 18. Okt. 1936 Berlin (Vater: Hansjoachim E., Kaufm.; Mutter: Hildegard, geb. Meys), verh. s. 1966 m. Jutta, geb. Richter, 2 Kd. (Harald, Astrid) - Gymn.; Banklehre; Stud. Wirtschaftswiss. Dipl.-Volksw. (1962) u. Promot. (1966) Kiel - S. 1974 Wiss. Rat u. Prof. TH Aachen Lehrgeb. Allg. Betriebsw.slehre.

EISENFÜHR, Gottfried W.

Dr., Rechtsanwalt, Vors. Rechtsaussch. u. Präsidialrat Landesjagdverband Hamburg (LJV), Vorst.-Mitgl. Spitzenorg. d. Filmwirtsch. (SPIO), Chairman i-Kreis, Kurat.-Mitgl. Kommunikations-Akad. Hamburg, Mitgl. Fachaussch. Werberecht ZAW, gf. Vorst.-Mitgl. Fachverb. Film- u. Diapositiv-Werbung - Oberhafenstr. 1, 2000 Hamburg 1 - Geb. 21. März 1925 Berlin - Zahlr. Mitgliedsch., u. a. Ges. Hamburger Juristen, Verein Werbefachschule Hamburg, Dt. Vereinig. f. gewerbl. Rechtsschutz u. Urheberrecht, Dt. Versuchs- u. Prüfanst.

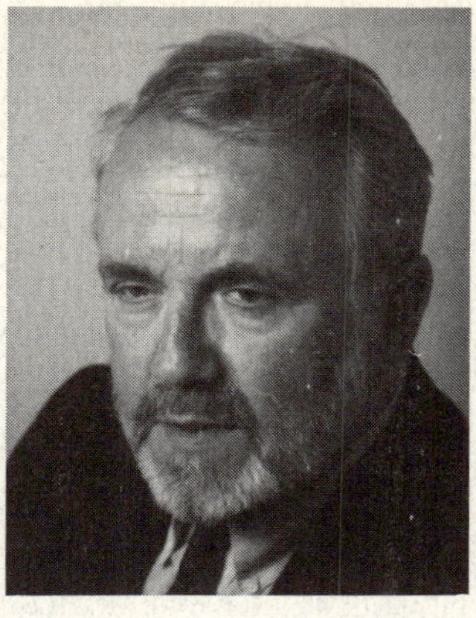

f. Jagd- u. Sportwaffen (DEVA), Norddt. Gebrauchshunde-Verb.

EISENHARDT, Thilo

Dr. rer. nat., Dipl.-Psych., Prof. f. Kriminologie Gesamthochsch. Siegen - Lessingstr. 21, 6500 Mainz.

EISENHUT, Werner

Dr. phil., Prof. f. Klass. Philologie - Brüderstr. 7, 1000 Berlin 45 - Geb. 30. Jan. 1922 Nürnberg (Vater: Philipp E., Bankkfm.; Mutter: Anna, geb. Pöllath), verh. s. 1957 m. Reinhilde, geb. Böhm, 2 Kd. (Corinna, Marcus) - Neues Gymn. Nürnberg (Abit. 1940); Univ. München (Klass. Philol.). Promot. 1949 München; Habil. 1968 Berlin - B. 1957 Wiss. Assist. Univ. Erlangen, dann Akad. bzw. Wiss. Rat (1969) FU Berlin; jetzt Prof. (1971) FU Berlin - BV: Properz-Stud., 1948 (Diss.); Catull, 1956; Dictys Cretensis, 1958; Virtus Romana, 1973 (Habil.schr.); D. lat. Sprache, 1959; Einf. in d. antike Rhetorik u. ihre Gesch., 1974; Catullus, 1983. Herausg.: Ars interpretandi (1970), Properz (Wege d. Forsch. 1975) - Socius h. c. Intern. Ovid-Ges. - Liebh.: Hochseesegeln - Spr.: Engl., Franz. u. a.

EISENKRÄMER, Kurt

Dipl.-Landw., Dr. agr., Staatssekretär Bundesmin. f. Ernährung, Landwirtsch. u. Forsten (s. 1989) - Rochusstr. 1, 5300 Bonn-Duisdorf - Zul. Ministerialdir., Leit. Abt. II (Planungskoordination u. Wirtschaftsbeob.) Bundesmin. f. Ernährung, Landwirtsch. u. Forsten.

EISENLOHR, Horst H.

Dr. rer. nat., Dipl.-Physiker, Ltd. Regierungsdirektor i. R. bei d. intern. Atomenergie-Org. Wien, ehem. Sektionschef - Gießhüblerstr. 19, A-2344 Maria Enzersdorf b. Wien - Geb. 12. Okt. 1926 Altdorf/Baden-Württ., ev., verh. s. 1957 m. Anneliese, geb. Papenfuß, T. Christine - Initiator u. erster Sekr. d. IAEA/WHO Netzes v. Sekundärstandard-Labor. f. Strahlendosimetrie. Mehrere Fachb. u. Fachveröff. - Spr.: Engl - Mitgl. Lions-Club.

EISENLOHR, Ulrich

Musiker, Pianist - Schützenhausstr. 9, 6903 Neckargemünd (T. 06223 - 7 14 20) - Geb. 11. Sept. 1954 Eppingen (Vater: Hermann E., Studiendir.; Mutter: Ilse, geb. Oberndörfer), kath., ledig - Stud. Schulmusik Heidelberg, 1. Staatsex.; Liedgestaltung b. Prof. Richter, Stuttgart - S. 1980 Lehrauftr. f. Liedgestalt. u. Korrepetitor Staatl. Musikhochsch. Heidelberg/Mannheim; 1983-86 Lehrauftr. f. Klavier Ev. Kirchenmusik-Inst. Heidelberg; 1984-87 Lehrauftr. f. Korrepetition Staatl. Musikhochsch. Frankfurt/M.; s. 1986 Lehrauftr. f. Liedgestaltung Staatl. Musikhochsch. Karlsruhe. Konzerttätigk. als Solist, Kammermusiker u. Liedbegleiter.

EISENMANN, Hellmut

Dr. jur., Vizepräs. Notarkammer Stuttgart - Bopserstr. 17, 7000 Stuttgart 1 - Geb. 21. März 1919 Stuttgart (Vater: Dr. Alfred E., Landtagsdir.; Mutter: Hedwig, geb. Streicher), ev., verh. s. 1944 m. Lore, geb. Storz, S. Dr. Frank - 1. u. 2. jurist. Staatsprüf. 1949 u. 1951, Promot. 1951 Univ. Tübingen - Beirat Feinmetall GmbH Herrenberg, BEG Bürkle Entw. GmbH.

EISENMANN, Josef

Dr.-Ing., o. Prof. f. Bau v. Landverkehrswegen - Meindlstr. 18b, 8000 München 70 - Geb. 9. Juli 1928 - Promot. 1958; Habil. 1964 - S. 1969 Ord. TU München (Lehrstuhl u. Prüfamt f. Bau v. Landverkehrswegen). Bücher u. Aufs.

EISENMANN, Otto

Landesminister a. D. - Karlstr. 8, 2210 Itzehoe (T. 33 65) - Geb. 26. Febr. 1913 Alpirsbach/Württ., ev., verh. s. 1940 m. Marianne, geb. Frähmcke, 3 Kd. - Realsch.; Reifeprüf. n. Selbststud.; autodidakt. Stud. Wirtschafts- u. Sozialwiss. S. 1948 Versicherungskfm. (selbst.); 1967-69 Min. f. Arbeit, Soziales u. Vertriebene v. Schlesw.-Holst. I. Stadtrat u. stv. Bürgerm. Itzehoe. MdK Steinburg; MdL Schlesw.-Holst. (1954-57, 1967-68); MdB (1957-67). B. 1958 DP, dann FDP (1963-69 (Rücktr.) Landesvors. SH), n. Parteiaustr. 1970 CDU. 1940-47 Wehrdst. (Inf.; 1942 Ltn. d. R.) u. engl. Gefangensch. - 1971 Bayer. Naturschutzpreis; 1956 Silb. Ehrennadel Turnverb. Schlesw.-Holst. u. Leichtathletik-Verb. - Liebh.: Turnen, Sport (vor d. Kriege Speerwurfm. Württ. u. Pom., Teiln. versch. Länderkämpfe, Zehnkämpfer; üb. 15 mal Gold. Leistungsabz., letzte Ergebn.: 75-m-Lauf 9,8 sek., Kugelstoßen 11,28 m. Diskuswerfen 39,17 m, Speerwerfen 47,82 m, Weitsprung 5,08 m), Skilauf, Theater - Spr.: Franz.

EISENMANN, Peter

Lic. oec. publ., gf. Gesellschafter Eisenmann Maschinenbauges. mbH, Böblingen - Tübinger Str. 81, 7030 Böblingen/Württ. - Geb. 3. Nov. 1942 (Vater: Eugen E., Gründ. d. Fa., s. o. u. XXII. Ausg.).

EISENMENGER, Wolfgang

Dr. med., Prof. f. Rechtsmedizin - Wilhelm-Humser-Str. 2, 8022 Grünwald/Obb. - Geb. 4. Febr. 1944 Waldshut/Baden (Vater: Dr. Horst, Tierarzt; Mutter: Paula, geb. Studinger), kath., verh. s. 1971 m. Gertrud, geb. Cigolla, 2 T. (Simone, Irene) - Hochrhein-Gymn. Waldshut; 1963-68 Univ. Freiburg/Br. u. Wien - S. 1977 (Habil.) Lehrtätigk. Univ. München (1978 Wiss. Rat u. Prof.). Üb. 30 Facharb. - Spr.: Franz., Engl.

EISENREICH, Franz

Dr. med., Prof., Chefarzt Chirurg. Klinik - Städt. Krankenhaus, 8070 Ingolstadt/Donau - Geb. 4. März 1921 - S. 1961 (Habil.) Privatdoz. u. apl. Prof. (1967) Univ. Gießen (Chir.; zul. Oberarzt Chir. Klinik). Facharb.

EISENTRAUT, Martin

Dr. rer. nat., Prof. f. Zoologie, Museumsdirektor i.R. - Buschstr. 45, 5300 Bonn - Geb. 21. Okt. 1902 Großtöpfer (Vater: Johannes E., Pfarrer; Mutter: Anna, geb. Bischoff), ev., verh. 1930-81 m. Johanna, geb. Rißmann †, T. Hannelore - Latina d. Franckeschen Stiftung, Halle/Saale; Stud. Zoolog., Botan., Geolog. Halle/S., Promot. 1925 - 1926 Museums-Assist., 1939 Kustos, 1950 Hauptkonservator, 1957-77 Dir. - BV: D. dt. Fledermäuse, 1937; Eidechsen d. span. Mittelmeerinseln, 1950; Überwinterung im Tierreich, 1955; D. Winterschlaf, 1956; Aus d. Leben d. Fledermäuse u. Flughunde, 1957; D. Wirbeltiere d. Kamerungebirges, 1963; Wirbeltierfauna v. Kamerun u. Fernando, Poo, 1973; Gaumenfaltenmuster d. Säugetiere, 1976; Im Schatten d. Mongo-ma-loba, 1982; Im Land d. Chaco-Indianer, 1983 - 1972 Ehrenmitgl. d. Ges. f. Säugetierkunde; 1972 Gr. BVK - Spr.: Engl., Span.

EISERMANN, Gottfried

Dr. rer. pol., Dr. sc. pol. h.c. (Padova); Dr. rer. soc. h. c., Prof. d. Soziologie - Am Quirinusbrunnen 6, 5300 Bonn (T. 23 89 00) - Geb. 6. Nov. 1918 Berlin, ev., verh. in 2. Ehe (1955) m. Nora, geb. Herwald, 4 Kd. (David-Gottfried, Tobias, Daniel, Jessica) - Stud. Soziol., Nationalök., Rechtswiss., Phil., German. Berlin, Perugia, Rom - 1957 Doz. Univ. Heidelberg; 1962 Ord. Univ. Bonn. 1967 Gastprof. Istituto Luigi Sturzo Univ. Rom, Indiana Univ. Mitgl. zahlr. Fachges. - BV: D. Grundl. in d. dt. Nationalök., 1956; D. Lehre v. d. Ges. - E. Lehrb. d. Soziol. 1958, 3. A. 1973; Vilfredo Paretos System d. allg. Soziol., 1962; Wirtsch. u. Ges., 1964; Trattato di Sociologia Generale, 1965; D. gegenw. Lage d. Soziol., 1967. Herausg.: Soziol. d. Entwicklungsländer (1968); D. Krise d. Soziol. (1976); D. dt. Sprachgemeinsch. in Ostbelgien (2. A. 1980); D. dt. Sprachgemeinsch. in Südtirol (1981); La montagna del Sole, (2. A. 1982); Vilfredo Pareto (1987); Pareto u. Max Weber (1988); Bonner Beitr. z. Soziol., 21 Bde. - 1965 Mitgl. Assoc. Italiana di Scienze Sociali; Ehrenmitgl. Istituto Luigi Sturzo u. Assoc. Intern. des Sociol. de Langue Francaise; Cavaliere dell'Ordine al Merito della Reppublica Ital.; Ehrendoktor Univ. Bochum - Liebh.: Lit., Film, Theater, Malerei - Spr.: Ital., Engl., Franz.

EISERMANN, Walter

Dr. phil., em. o. Prof. f. Allg. Pädagogik - Tiergarten 95, 3300 Braunschweig-Lamme (T. 51 12 30) - Geb. 5. April 1922 Hamburg (Vater: August E., städt. Angest.; Mutter: Auguste, geb. Nackenhorst), ev., gesch., 2 Söhne (Lorenz, Gundolf) - Mittelsch.; Gymn.; kaufm. Lehre (Ind.); Univ. Hamburg u. Tübingen (Erziehungswiss.; Promot. 1958) - Ab 1958 Volks- u. Mittelschullehrer, 1960-64 Doz. Päd. Inst. Stuttgart u. Päd. Hochsch. Ludwigsburg (1962), s. 1964 Prof. PH Braunschweig (1965 Prorektor) u. Nieders./Abt. Braunschweig (1970 o. Prof., s. 1978 TU Braunschweig). Emerit. 1989 - BV: Üb. d. Möglichkeit e. Gewissenserzieh., Diss. 1958. Beitr. z. päd. Anthropol., Gesch. d. Päd., Bildungstheorie u. -politik, Sammelw. u. Festschr. Herausg.: Psych. u. Menschenbildg., Bd. IV d. Gesammelt. Schriften Eduard Sprangers (1974). Mithrsg.: E. Spranger, Ges. Schriften (11 Bde. 1969ff.); Maßstäbe - Perspektiven d. Denkens v. E. Spranger (m. H. J. Meyer, H. Röhrs, 1983); Festschr. f. W. E. (1987): Z. Kritik u. Neuorientierung d. Päd. im 20. Jh. (hg. v. Hein Retter u. Gerhard Meyer-Willner) - Liebh.: Wandern, Fotogr., Musik - Spr.: Engl., Span.

EISERT, Wolfgang G.

Dr. rer. nat., Dr. med., Dr. rer. hort. habil., Dipl.-Phys., Arzt, Prof. f. Biophysik Univ. Hannover, Leiter Pharm. E/F Dr. K. Thomae GmbH u. Leiter A. Zytometrie GSF München - Friedrich Goll Weg 5, 7950 Biberach/Riss - Geb. 5. Febr. 1947 Hannover, verh. m. Dr. med. Roswitha M., geb. Ostertag, S. Christian - 1966-71 Stud. Physik Univ. Hannover u. 1971-77 Stud. Humanmed. Med. Hochsch. Hannover; Promot. (Dr. rer. nat.) 1973 Hannover, Promot. (Dr. med.) 1978, Approb. 1977, Habil. (Biophysik) 1981 Hannover; Facharztausbild. Pharmakol. (Thomae, Univ. of California San Francisco) - S. 1973 Ges. f. Strahlen- u. Umweltforsch. (GSF) München; 1976-78 Bell Laboratories, Murray Hill, N.J., USA; 1980-81 Memorial Sloan Kettering Cancer Center, New York, USA; 1983 Univ. of Calif. San Francisco. Div. Patente üb. zytometrische Meßsysteme - BV: Biological Dosimetry, 1983. Mehr als 50 Fachveröff. - 1980 Wiss.-Preis Dt. Ges. f. Biomed. Technik.

EISFELD, Fritz

Dr.-Ing., Prof. f. Kraft- u. Arbeitsmaschinen Univ. Kaiserslautern (s. 1973) - Rousseaustr. 10, 6750 Kaiserslautern - Geb. 5. März 1925 - Promot. 1960 - 1963-73 Abteilungsleit. DFVLR. Bücher u. Einzelarb.

EISFELD, Rainer
Dr. rer. pol., Prof. f. Politikwissensch. Univ. Osnabrück - Werderstr. 5, 4500 Osnabrück (T. 0541 - 43 08 45) - Geb. 4. April 1941 Berlin, verh. s. 1985 m. Marion Roitzheim-E. - Univ. Saarbrücken (Dipl.-Volksw. 1966), Univ. Frankf. (Promot. 1971) - 1968 Wiss. Ass. Univ. Frankf., 1972 Doz., 1974 o. Prof. Univ. Osnabrück - BV: Pluralismus zw. Liberalismus u. Sozialismus, 1972 (ital. 1976); Souveränität u. Supranationalität, 1976; Mitteleuropa - Paneuropa, 1980; Sozialist. Pluralismus in Europa, 1984. Aufs. zu Demokratietheorie, Parteien- u. Interventionsstaat, westeurop. Integr. u. Hochschulfragen in dt., amerik., engl., ital., portug. u. jugosl. Fachztschr. u. Sammelw. Herausg.: Null-A (1986, Polit. Science Fiction v. A. E. van Vogt); Ischer (1989, Polit. Science Fiction v. A. E. van Vogt); Frau im Mond (1989, R. v. Thea v. Harbou); Barrieren gegen die Barberei (1989, m. Ingo Müller) - 1984 IPSA Research Comm. on Socio-Pol. Pluralism.

EISHOLZ, Lutz
Autor, Regiss., Prod. - Großbeerenstr. 55, 1000 Berlin 61 (T. 030 - 785 92 55) - Geb. 1940 Dessau/Anh. - N. Abit. Buchhändlerlehre; Folkwangsch. Essen (Fotogr.); 1966-69 Film- u. Fernsehakad. Berlin - S. 1973 eig. Fa. Spielfilme: Bruno d. Schwarze (1970), Liebe d. Leben (1977). Fernsehsp. u. a.: Mannheimer Filmdukaten (f. Bruno ...) - Spr.: Engl., Franz., Span., Holl.

EISINGER, Walther
Dr. theol. (habil.), o. Prof. f. Prakt. Theologie Univ. Heidelberg (s. 1965) - Beethovenstr. 62, 6900 Heidelberg (T. 42362) - BV: 28. Febr. 1928 Freiburg/Br. - Fachveröff.

EISMANN, Josef
I. Bürgermeister (s. 1970), Kreisrat, Kreisvors. Bayer. Gdetages. - Rathaus, 8557 Eggolsheim/Ofr. - Geb. 13. Juni 1936 Kauernhofen - Zul. Lehrer. CSU.

EISNER, Stefan
s. Ferrari, Gustav

EISSLER, Heinrich
Dipl.-Ing., Prof. f. Architektur (Entwerfen/Baukonstrukt.) Univ. Kaiserslautern - Ludwig-Erhard-Str. 20, 6750 Kaiserslautern.

EISTERT, Michael Armin
Dipl.-Ing., Geschäftsf. Wirth Maschinen- u. Bohrgeräte-Fabrik GmbH - Kölner Str. 71-78, 5140 Erkelenz 1/Rhld. - Geb. 4. Juli 1936 Beuthen/OS.

EISTERT, Ulrich
Prof. Staatl. Hochsch. f. Musik Stuttgart, Chordirektor u. Kapellm. Württ. Staatstheater Stuttgart - Finkenstr. 11, 7024 Filderstadt (T. 0711-77 51 40) - Geb. 30. Dez. 1935 Weißwasser, verh. s. 1964 m. Sigrid Heuss, 2 Kd. (Torsten, Birgit) - Staatl. Hochsch. f. Musik Köln (Dirig., Kompos., Klavier); Bühnenengagem. in Köln, Braunschweig, Hannover, Stuttgart - Liebh.: Sport - Spr.: Engl., Franz.

EITEL, Karl
Dr., pers. haft. gf. Gesellschafter Vorwerk & Co. Elektrowerke KG - Mühlenweg 17-37, 5600 Wuppertal 2 - Geb. 27. Sept. 1938.

EITH, Ule J. R.
Regisseur, Autor, Produzent - Elbdeich 3, 2162 Steinkirchen - Geb. 7. Mai 1916 Koblenz, verh. s. 1954 m. Rosemarie, geb. Boehlke, T. Nicole - Stud. German., Ztgswiss., Theaterwiss. in Berlin, München, Paris - Zahlr. Drehb., Fachart.; üb. 300 Filme u. Fernsehprod. - Prix Femina, Unda-Preis u. a. Filmpreise - Liebh.: Malen, Hochseesegeln - Spr.: Engl., Franz.

EITING, Aloys
Sparkassendirektor, Vorstandsmitgl. Stadtsparkasse Bocholt - Markgrafenstr. 25, 4290 Bocholt (T. 02871-9 72 00) - Geb. 21. Febr. 1945 Heiden, kath., verh. s. 1969 m. Antonia, geb. Twieling, 4 Kd. (Bernd, Ralf, Rita, Mike) - Sparkassenlehre (Fachprüf.); Verbandsprüferex. Spark.-Akad. Bonn; Spark.-Betriebsw. - Mitgl. Prüf.-Aussch. Spark.-Akad. Münster; div. AR-Mandate - Liebh.: Sport, Politik, Wirtsch.-Politik - Spr.: Engl.

EITNER, Hans-Jürgen
Publizist, Chinaexperte - Beethovenstr. 3, 6000 Frankfurt/M. 1 (T. 74 86 36) - Geb. 17. Febr. 1925 Stettin (Vater: Willy E., Bankdir. u. Stadtkämmerer Stettin; Mutter: Elsa, geb. Grünberg), Gymn. (Abit. 1943) - S. 1954 Publizist u. Ref. f. weltpolit. Analyse; s. 1958 Chinaforsch.: Mitarb. in- u. ausl. Ztschr. u. Rundfunkanst.; 1964-69 China-Komment. Tageszt. DIE WELT; 1962-73 Gründ. u. Leit. d. monatl. wiss. Informat. CHINA-ANALYSEN, seitdem Beratertätigk. - BV: Erzieh. u. Wiss. in d. VR China - Dokument. u. Analyse, 1962; D. Führer. Hitlers Persönlichk. u. Charakter, 1981 - Liebh.: Klass. Musik - Spr.: Engl., Franz.

EITNER, Klaus
Kaufmann, Honorarkonsul d. Bundesrep. Deutschl. in Arica/Chile (s. 1970) - Casilla 907, Arica/Chile - Geb. 6. Aug. 1925 Hamburg (Vater: Georg E., Lehrer; Mutter: Elisabeth, geb. Landahl), ev., verh. s. 1958 m. Norma, geb. Delgado, 4 Kd. (Eckart, Dietram, Carolina, Claudia) - Abit. 1944 Human. Gymn. Hamburg - Spr.: Span.

EITZERT von SCHACH, Rosemarie
Schriftstellerin, Schausp. (Ps. Tina Capari, Claudia Jonas) - Am Steinberg 63, 8031 Steinebach-Wörthsee (T. 08153 - 74 18) - Geb. 25. Jan. 1939 Berlin (Vater: Erich Sch. v. Wittenau, Kaufm.; Mutter: Erika, geb. v. Schultz), kath., verh. s. 1963 in 2. Ehe m. Peter Kurt Eitzert, 2 Kd. (Thomas, Nina) - Handelssch.; Dolmetscher (engl.), Ballett- u. Schauspielausb. Hamburg - 1957-63 fest. Theaterengagem.; ab 1964 fr. Schausp.; ab 1972 Schriftst. - BV: Kurzgesch., insges. 70 Jugendb., 2 Romane, Übers., Drehbuchbearb. - Zahlr. Rollen b. Bühne und FS, Synchron, Funk, Moderation - Spr.: Engl., Franz.

EKLÖH, Hartmut
Vorstandsmitgl. Hussel Holding AG., Hagen - Karl-Halle-Str. 10, 5800 Hagen/W. - Geb. 17. Sept. 1936.

EKMAN, Bo
Hauptgeschäftsf. 3 M Deutschland GmbH. - Carl-Schurz-Str. 1, 4040 Neuss/Rh. - Geb. 30. Mai 1933.

EL GAMMAL, Tarek
Dr.-Ing., Wiss. Rat, Prof. f. Metallurgie d. Eisenhüttenprozesse TH Aachen (s. 1971) - Auf d. Schönauer Höhe 4, 5100 Aachen-Richterich.

EL-MAGD, Essam Abou
Dr.-Ing., Prof. RWTH Aachen, Lehr- u. Forschungsgeb. Werkstoffkd. - Augustiner Bach 4, 5100 Aachen (T. 80 53 20) - Geb. 30. Okt. 1941 Kairo, Islam, verh. s. 1964 m. Dr.-Ing. Atiat, geb. El-Schennawi, 2 Kd. (Mona, Hazem) - Kairo-Univ. (B.Sc. mech. Eng. 1963), TH Aachen (Dipl.-Ing. 1967), Promot. 1971, Habil. 1974, Doz. 1975, apl. Prof. 1977, Prof. 1980 - Zahlr. Veröff. in Fachztschr., insb. üb. d. mechan. Verh. metall. Werkst. - Spr.: Arabisch, Engl.

EL-SHAGI, El-Shagi
Dr., Prof. f. Volkswirtschaft Univ. Trier - Kirchstr. 29a, 5511 Kanzem - Geb. 13. Jan. 1941 Sohag/Ägypten (Vater: Tawfik E., Untern.; Mutter: Simonda, geb. Alexander), kopt., verh. s. 1971 m. Hannemarie, geb. Hedtke, Kd. Makram - Univ. Hohenheim (Dipl.-Landw. 1964), Promot. 1968, Habil. 1978 Ruhr-Univ. Bochum - S. Sommer 1981 Prof. f. Volksw. (insb. Außenwirtsch. u. Entwicklungsländer) Univ. Trier. Zahlr. Veröff. z. Entwicklungstheorie u. -politik u. Außenwirtsch., u. a.: Strategie d. wirtsch. Integration, 1980 - Spr.: Deutsch, Engl. (Mutterspr.: Arabisch).

ELBEL, Matthias
Dr. phil., Prof. f. Experimentalphysik Univ. Marburg (s. 1971) - Huteweg 14, 3557 Ebsdorfergrund-Beltershausen - Geb. 1. März 1935 Hanau/M. (Vater: Dr.-Ing. Arnold E. †1983) - Promot. 1963; Habil. 1969 - BV: Praktikum d. Physik, 1966 (m. W. Walcher). Üb. 30 Einzelarb.

ELBERN, Victor H.
Dr. phil., Hauptkustos i. R., Leit. Frühchristl.-Byzantin. Sammlung/Staatl. Museen Pr. Kulturbesitz, Berlin 33, Honorarprof. f. Kunstgesch. FU ebd. (s. 1970) - Ilsensteinweg 42, 1000 Berlin 38 (T. 801 44 61) - Geb. 9. Juni 1918 Düren (Vater: Heinrich E., Kond.; Mutter: Maria, geb. Seifer), kath., verh. s. 1952 m. Theres, geb. Schager, 3 Kd. (Martina, Stephan, Benedikt †) - Humanist. Gymn., Univ. Bonn, Pont. Univ. Gregor. Rom (Bacc. Phil.), Univ. Bonn, Univ. Zürich (Dr. phil. 1950). 1950-54 Assist. Univ. Bonn; 1954-58 Gen.Sekr. Ausstell. Essen/Brüssel, Stipend. NRW 1958/59, s. 1960 Ass., Kustos, Hauptkustos Staatl. Museen Preuß. Kulturbes. Berlin; Dir. Inst. d. Görres-Ges., Jerusalem - BV: D. karoling. Goldaltar v. Mailand, 1952; St. Liudger u. d. Abtei Werden, 1962; D. erste Jahrtausend (3 Bde.), 1962-64; D. eucharistische Kelch im früh. Mittelalter, 1964; D. Hildesheimer Domschatz (m. H. Reuther), 1969; Der Hildesheimer Dom (m. H. Reuther), 1974; D. Ikonenkabinett, 1979; D. Goldschmiedekunst im früh. Mittelalter, 1988, u. a. - 1958 Chev. Couronne de Belgique, 1961 Korr. Mitgl. Soc. Antiqu.Quest, 1977 Komtur Hl. Grab zu Jerusalem, 1980 Korr. Mitgl. Dt. Archäol. Inst., 1983 Wiss. Ges. Braunschweig; 1981 Komturkreuz päpstl. Gregoriusorden; 1988 Accademico dei Lincei Rom - Liebh.: Ikonenkunst - Gold. Sportabz. (12-fach) - Spr.: Lat., Ital., Engl., Span., Niederl., Franz.

ELBERS, Doris
Dr., o. Prof. f. Berufspädagogik f. Behinderte PH Ruhr - Lindemannstr. 66-68, 4600 Dortmund 1; priv.: Güntzelstr. 48, 1000 Berlin 31.

ELBRACHT, Dietrich
Dr.-Ing., o. Prof. f. Fertigungstechnik Univ. Duisburg (s. 1977) - Ringstr. 1, 4300 Essen 18 (Kettwig) - Geb. 9. Mai 1934 Arnstadt/Thür. (Vater: Dr. jur. Karl E., Rechtsanw. u. Notar; Mutter: Edith, geb. Neuse), verh. s. 1978 m. Dr. Marie-Luise, geb. Müller, 3 Kd. (Carl-Markus, Christian, Uta) - Gymn.; Maschinenschlosserlehre; TU Hannover (Fertigungstechnik; 1959 Dipl.-Ing.), Promot. 1968 Darmstadt - 1959-65 Verlag Axel Springer & Sohn, Hamburg; 1968-76 Mitgl. Betriebsltg. u. Geschäftsf. (1968) Maschinenfabr. H. Jungheinrich & Co.; 1984 Gastprof. Univ. of Washington, Seattle, USA; 1988/89 Gastprof. Univ. Melbourne, Australien - Veröff. üb. Zeitschriften- u. Zeitungsdruck, Fließarb., Mobile Industrieroboter u. Automat. d. Kleinserienfertigung u. Montage - Liebh.: Segeln, mod. Kunst - Spr.: Engl.

ELENZ, Helmut
Dr.-Ing., Industrieberater - Taunusbogen 12, 4300 Essen-Bredeney (T. 42 02 31) - Geb. 19. Febr. 1929 Saarburg, verh. s. 1959 m. Annelies, geb. Plötner, 2 S. (Thomas, Stephan) - Masch.baustud. Univ. Stuttgart, Promot. 1956 - 1970-79 Vorst.-Mitgl. Fried. Krupp GmbH.

ELFE, Horst
Vorstandsmitglied Dt. Eisenhandel AG., Berlin, Präs. IHK Berlin (1976-85), Präs. Dt. Weltwirtschaftl. Ges., Berlin (s. 1979) - Burenstr. 46, 1000 Berlin 37 - Geb. 23. April 1917 Allenstein/Ostpr. (Vater: Karl E., Dir.; Mutter: Anneliese, geb. Köllner), verh. m. Gertraud, geb. Abshagen, S. Constantin - AR-Mandate, Beiratsmitgl.sch. u. Präsidiumsmitgl.sch. versch. Ges. - Gr. BVK u. 1983 Offz. Kreuz Order of the British Empire; 1984ff. Ehrenpräs. IHK Berlin; 1984 Ernst-Reuter-Plak. - Spr.: Engl., Franz., Dän. - Rotarier.

ELFENBEIN, Josef
Dr., Prof. Seminar f. Vergleichende Sprachwissenschaft Univ. Mainz - Eschenweg 17, 6370 Oberursel 4 (T. 06172 - 3 20 62) - Geb. 9. März 1927 Kalifornien/USA, verh. s. 1988 m. Heide Strauß, geb. Asendorf, 2 Kd. - MA; Ph.D.; M.Phil.; 1949/59 Indo-German. Sprachwiss. Princeton Univ. USA; 1969 Math. Statistik Univ. of London - 1965-78 Senior Lecturer in Math., London Univ.; 1979-82 Prof. of Statistics Univ. of Baluchistan, Pakistan; 1986/87 Stip. Stiftg. Volkswagenwerk; 1988-90 Forscher (DFG) - Veröff. u.a.: Balūčistān, B: Language, Encyc. Islam, 1958; Balōčī Mss. in the British Museum, Trudy XXV Mežd. Kong. Vostok. II, Moskwa, 1960; A Vocabulary of Marw Baluchi, Naples, 1963; The Baluchi Language, a Dialectology, London RAS Monograph 27, 1966; Landa zor! Arch. Orientální 35, 1967; Notes on the Baluchi-Brahui Commensality, TPS, Oxford, 1982; A Baluchi Miscellany of Erotica and Poetry: Cod. Or. Add. 24048 of the British Library, 1983; The Wanetsi Connexion I, II, JRAS, 1984; Mythologie d. Balutschen, Klett-Cotta, Wörterb. d. Myth., 1985; Baluchistan III: Lang. & Lit., Encyc Iranica, 1988; Brāhūī, Encyc. Iranica (im Druck); Balōčī Anthology, Texts, Translation, Notes, Glossary (im Druck) - 1979-83 Fellow of Churchill College, Cambridge; 1989 Hon.-Prof. Univ. Mainz - Liebh.: Musik, Gärten - Spr.: Div.

ELFERT, Josef
Dipl.-Ing., Prof. f. Umformungstechnik/Hüttenmaschinen Gesamthochsch. Duisburg - Grünstr. Nr. 47, 4230 Wesen.

ELFRING, Helmut
Redakteur, MdL Nordrh.-Westf. - August-Schlüter-Str. 29, 4408 Dülmen (T. 02594 - 34 44) - Geb. 17. Jan. 1933 Bilerbeck (Vater: Franz E., Amtsdir., † 1976; Mutter: Maria, geb. van Lay, † 1984), kath., verh. s. 1963 m. Gisela, geb. König, 3 Kd. (Ruth, Kristin, Claus) - Gymn. (Abit. 1953), Stud. Rechts- u. Politikwiss., 1. Jur. Staatsprüf. 1960, s. 1961 Mitgl. polit. Redakt. Ruhr-Nachrichten, Dortmund, s. 1962 MdL NRW, s. 1987 stv. Vors. Rundfunkkommiss. d. Landesanstalt f. Rundf. NRW - 1988 Gr. BVK.

ELGER, Ferdinand
Geschäftsführer Elektrizitätswerk Wesertal GmbH., Gasversorg. Mittelweser GmbH., Kraftverkehrsges. Hameln mbH., alle Hameln - Flemesstr. 28, 3250 Hameln 1 - Geb. 15. Juli 1923 - AR-Mand. Gemeinschaftskraftwerk Weser GmbH, Porta Westfalica, Ferndampfversorg. Hameln GmbH; Müllverbrenn. Hameln GmbH; Verkehrsbetriebe Extertal Extertalbahn GmbH; Beirat Dt. Bank Berlin AG.

ELGETI, Klaus
Dr.-Ing., apl. Prof., Leiter Fachbereich Verfahrenstechnik Bayer AG - 5090 Leverkusen-Bayerwerk - Geb. 11. Juli 1934 Stralsund - B. 1972 Privatdoz., dann apl. Prof. TH Aachen (Thermodynamik u. Verfahrenstechnik) - 1972 Arnold-Eucken-Preis.

ELIAS, Horst
Dr. rer. nat., Dipl.-Chem., Prof. f. anorganische Chemie TH Darmstadt - Scribastr. 7, 6107 Reinheim 1 - Geb. 14. Juli 1932 Bremen - 1952-67 Chemiestud. Univ. Darmstadt u. Tübingen (Promot.

1957, Habil. f. anorg. Chemie u. Kernchemie 1963) - 1967-70 mehrf. USA-Aufenth.; 1970 a.o. Prof. Univ. Innsbruck; 1971 o. Prof. f. anorg. Chemie TH Darmstadt. Zahlr. Publ. z. kinet. Verh. v. Metallkomplexen in Lösung - Spr.: Engl.

ELISEIT, Horst
Journalist, Schriftst., Asienspezialist - 1000 Berlin-Frohnau u. Finkenstr. 3, 2150 Buxtehude - Geb. 19. Okt. 1913 Berlin, verh. s. 1940 (Ehefr.: Käthe) - Stud. Geschichte, Kunstgesch., Ztg.s-wiss. - Redakt. u. Auslandskorrespondent u. a. amerik. Neue Zeitung; Kurier, Berlin; ab 1961 Chefreporter Welt am Sonntag, Hamburg; ab 1976 Internat. Korresp. Asia-Agentur, Hongkong. Zahlr. Artikelserien in in- u. ausländ. Blättern. Rd. 200 polit. u. kulturelle Sendungen im SFB, Rias, NDR. S. 1950 insges. elf Jahre in Asien (in rd. 30 Ländern, zumeist mehrf., z. B. üb. 20 mal in Korea, Japan, indochin. Staaten), außerd. Afrika, Australien, Ozeanien, Nordamerika - BV: Halbmond um Israel, 1955; Vom Pfauenthron z. Dach der Welt, 1957; Im Schatten d. großen Drachen, 1966; Japan - e. Herausforderung, 1969/71; Korea - d. zerrissene Lächeln, 1978; Verse e. Jahrtausends, 1979; Japan - abseits d. breiten Straßen, 1981 - Ausz. Rep. Korea u. Nationalchina; Ehrenmitgl. korean. Presseverb. - Liebh.: Asiat. Kunst, Musik, Literatur; Nachdichtung fernöstl. Lyrik.

ELITZ, Ernst

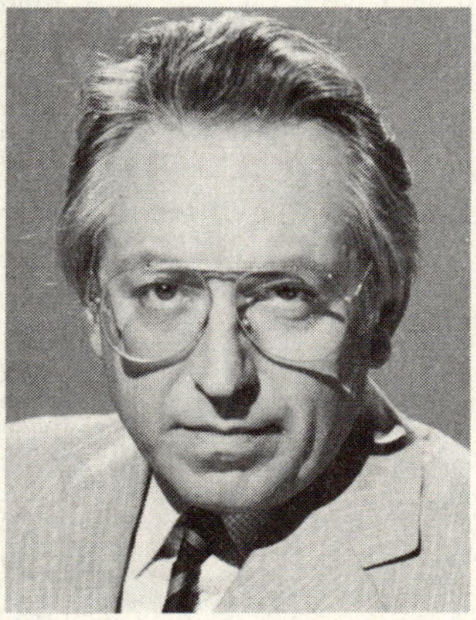

Chefredakteur-Fernsehen SDR Stuttgart (s. 1985), Kommentator/Moderator Pro u. Contra u. Weltspiegel - Zu erreichen üb. SDR, Neckarstr. 230, 7000 Stuttgart 1 (T. 0711 - 288 27 20) - Geb. 24. Juli 1941 Berlin, verh. s. 1982 m. Inge, geb. Weber - Stud. German., Theaterwiss. u. Phil. FU Berlin; M.A. 1968 - 1966-68 Reporter u. Redakt. Hauptabt. Kulturelles Wort RIAS Berlin; 1969-74 Redakt. D. Spiegel Hamburg; 1974-85 Redakt. u. Moderator ZDF (Kennz. D u. heute-journal). Buch- u. Ztschr.-Veröff. zu kultur- u. medienpolit. Fragen - Gustav-Heinemann-Bürgerpreis f. d. Arbeit b. Kennz. D - Liebh.: Aktiver Sportler - Spr.: Engl.

ELIZONDO, Oscar-Luis
Solotänzer, Designer, Choreograph - Paulsborner Str. 88A, 1000 Berlin 31 (T. 030 - 892 34 27) - Geb. 22. Okt. 1949 Mexico, ledig - Stud. Kunst u. Tanz Univ. Texas, Austin/Texas - Tänzer, Maskenbildner, Designer, Choreograph. Tänzer: Austin Ballett Theater, Nds. Staatstheater Hannover, Dt. Oper Berlin - Rollen als Solotänzer: Dante, Façade, Gemini (1970-73 Texas), Dornröschen, Pulcinella, Abraxas, Remontage (1974-78 Hannover), 5 Tangos, Symphonie in C (1978-82 Berlin). Maske: Gespenster-Sonate, Heimliche Ehe, Bruchstücke (1983-86 Berlin). Choreogr. u. Maske: Weißt du wohin?, Zwergnase (1983-86 Berlin). Ballettkostüm-Design: Schneewittchen (1983-86 Berlin). Regie: Iguels Frauen (1985 Berlin) - Spr.: Span., Engl., Franz.

ELKAR, Fritz
Dr. jur. utr., Rechtsanw. - Rothenburger Str. 50, 8507 Oberasbach - Geb. 15. Juli 1911 Altenberg/Mfr. (Vater: Georg E., Wagnermeister; Mutter: Margarete, geb. Fischer), verh. s. 1943 m. Else, geb. Balbach, S. Rainer - Univ. Erlangen u. München - BV: 100 J. Produktenbörse Nürnberg - 1866-1966 (Festschr.).

ELL, Norbert
Dipl.-Volksw., Geschäftsführer Bundesverb. Glasind. u. Mineralfaserind., Düsseldorf - Stresemannstr. 26, 4000 Düsseldorf; priv.: Grenzstr. 8, 4005 Meerbusch 2 - Geb. 7. Dez. 1929.

ELLEGAST, Peter
Dipl.-Kfm., Vorsitzender d. Geschäftsfg. F. W. Woolworth Co. GmbH - Lyoner Str. 52, 6000 Frankfurt/M. 71 - President Rutail Company of Germany, Inc., Wilmington/Delaware.

ELLENBERG, Heinz
Dr. rer. nat., Dr. agr. h.c., Dr. rer. nat. h.c., Dr. phil. nat. h.c., em. Prof. f. Geobotanik - Hasenwinkel 22, 3400 Göttingen - Geb. 1. Aug. 1913 Harburg/Elbe (Vater: Hermann E., Mittelschullehrer; Mutter: Ella, geb. Harms), ev., verh. s. 1940 m. Charlotte, geb. Metelmann, 4 Kd. (Hermann, Ludwig, Renate, Almut) - Oberrealsch.; Stud. Botanik, Zool., Chemie, Geol. Promot. 1938 Göttingen; Habil. 1948 Hohenheim - S. 1948 Lehrtätigk. LH Hohenheim, Univ. Hamburg (1953 apl. Prof.), Zürich (1958 ao. Prof.), Göttingen (1965 o. Prof.) u. Dir. Systemat.-Geobotan. Inst.). Zahlr. Fachmitgl.sch. - BV: Vegetation Mitteleuropas m. d. Alpen, 1963, 78, 82 u. 86; Integrated Experimental Ecology, 1972; Ökosystemforsch., 1973; Vegetation Südosteuropas, 1974 (m. Horvat u. Glavac); Aims a. Methods of Vegetation Ecology, 1975 (m. Müller-Dombois); Ökosystemforsch. Ergebn. d. Solling-proj., 1986 (m. R. Mayer u. Schauermann); Vegetation Ecology of Central Europe, 1988 - Ehrenmitgl. Tschechosl. Akad. d. Wiss., Prag; Brit. Ecol. Soc., Ges. f. Ök. u. zahlr. andere; 1978 Umweltschutzpr. d. Friedr. Flick-Stiftung - Spr.: Franz., Engl., Span.

ELLENDORFF, Franz
Dr. sc. agr., Dr. habil., Direktor u. Prof. Inst. f. Tierzucht u. -verhalten/FAL, Mariensee - 3057 Neustadt 1 - B. 1977 Privatdoz., dann apl. Prof. Univ. Göttingen (Fortpflanzungsbiol. u. Endokrinol.), 1979 Privatdoz. Tierärztl. Hochsch. Hann. (Endokrinol. u. Neuroendokrinol.).

ELLER, Joachim
Geschäftsführer Eller-Montan-Comp. GmbH., Duisburg, Vors. Bundesverb. mittelständ. Mineralölunternehmen, Hamburg - Mercatorstr. 13, 4100 Duisburg; priv.: Hammerstein 13, 4330 Mülheim/Ruhr.

ELLER, Roland
Landrat Kr. Aschaffenburg (s. 1972) - Landratsamt, 8750 Aschaffenburg/Ufr. - Geb. 28. Juni 1936 Aschaffenburg.

ELLERBROCK, Olav C.
Wahlgeneralkonsul, Kaufmann, gf. Gesellsch. Hälssen & Lyon GmbH, Hamburg 11 (s. 1968; zus. m. Bruder Horst-Jürgen E.), Vors. Verb. d. Tee-Einfuhr-Fachgroßhandels (s. 1974) u. European Tea Committee (s. 1977) - 2000 Hamburg 60 - Geb. 8. Jan. 1931 Hamburg (Vater: Carl E., Kaufm.; Mutter: Adele, geb. Klatte), verh. s. 1963 (Ehefr.: Annemarie, geb. 1942), 2 Kd. (Pia, Olivier) - 1974ff. Wahlgeneralkonsul Sri Lanka f. Hamburg u. Schlesw.-Holst. S. 1984 Gesellsch. Koffeinfrei Kaffee GmbH, Hamburg; s. 1986 Kommanditist Kaffee-Veredelungs-Werk Koffeinfrei Kaffee GmbH & Co., Hamburg; Board of Management Intern. Tea Committee - Spr.: Engl., Franz. - Lit.: Otto Hintze, D. Holst.-Pinnebergsche Bauerngeschl. Ellerbrock (1938).

ELLERKAMM, Käthe
Geschäftsf. Verein d. Textilchemiker u. Coloristen - Rohrbacher Str. 76, 6900 Heidelberg.

ELLERMANN, Jochen
Dr. rer. nat., Univ.-Prof. Inst. f. Anorgan. Chemie/Bereich f. Komplexchemie Univ. Erlangen-Nürnberg - Rennesstr. 38, 8520 Erlangen - Geb. 25. Dez. 1933 Berlin - Promot. 1963 München (TH) - S. 1969 (Habil.) Lehrtätigk. Erlangen. Üb. 130 Facharb.

ELLGER, Dietrich
Dr. phil., Landeskonservator v. Westfalen-Lippe i. R., Honorarprof. f. Denkmalpflege u. Architekturgeschichte Univ. Münster - Niedersachsenring 32, 4400 Münster/W. - Geb. 30 März 1922.

ELLIGER, Sigurd
Dr. rer. nat., Prof. f. Mathematik Univ. Bochum (s. 1973) - Laerholzstr. 25, 4630 Bochum - Geb. 13. Jan. 1935 Kiel (Vater: Prof. D. Walter E., Kirchenhistoriker (s. XVIII. Ausg.); Mutter: Else, geb. Zurmühl), ev., verh. s. 1965 m. Monika, geb. Barnewitz, S. Elmar - Gymn. (Steglitz) u. FU Berlin. Promot. 1963 Berlin; Habil. 1971 Bochum - 1965-69 Stip. DFG. Üb. 30 Facharb. Bek. Vorf.: Prof. D. Dr. theol. h. c. Karl E., Ord. f. Altes Testament Univ. Tübingen/s. XVIII. Ausg. (Onkel).

ELLINGER, Alfred J.
Schriftsteller - Salierigasse 1/7, A-1180 Wien (T. 0222-472 75 33) - Geb. 23. März 1917 Wien, kath., verh. s. 1939 m. Leopoldine, geb. Eulenhaupt, 5 Kd. - BV: Klass. Wienerisch, Bänkellieder, Epigramme, Lyrik in Prosa, Veronika u. d. Schächer, 1965; D. Bilderb. v. Hernalser Kalvarienberg, Bänkellied 1974; Dialognovellen, 1978; Großmutter, e. Lebensbeschreibung, 1986; Klass. Wien; D. Kräutlerbub, e. Traktat 1988 - 1974 Gold. Verdienstzeichen Land Wien.

ELLINGER, Theodor
Dr.-Ing., Dr. rer. pol., em. o. Prof. f. Industriebetriebslehre - Am Waldhang 15, 5064 Rösrath 1 - Geb. 14. Juni 1920 Stuttgart (Vater: Otto E., Notar), ev., verh. s. 1951 m. Hedwig, geb. Lang, 5 Kd. - TH Stuttgart (Maschinenbau, Dipl.-Ing. 1948; Wirtschaftswiss., Dipl.-Volksw. 1950). Promot. Stuttgart (1950) u. Tübingen (1953); Habil. 1958 Frankfurt - S. 1960 Ord. Univ. Mainz u. Köln (1967) - BV: Rationalisierung durch Standardkostenrechnung, 1954; Ablaufplanung, 1959; D. Informationsfunktion d. Produktes, 1966; Ind. Wechselprod., 1971 u. 85; D. Produktionssteuer., 1972; Marktperiode, 1974; Humane Gestalt. v. Arbeitsplätzen in d. ind. Prod. 1979; . Einsatz v. OR-Methoden im Ber. d. ind. Produktionsplan., 1980; Kostensenk. durch erfolgr. Einsatz v. Operations Res. (10 Fallstud.), s. 1980; Prod.- u. Kostentheorie (m. R. Haupt), 1982; Operations Research, 1984; Übungen z. Produktions- u. Kostentheorie (m. R. Haupt), 1986. Beitr. in Sammelw.: Ind. Einzelfertig. u. Vorbereitungsgrad, 1963.

ELLINGHAUS, Gert
Dr. phil., Journalist, Gf. Gesellschafter Telefilm GmbH Berlin - Kantstr. 46, 1000 Berlin 12 - Geb. 1946 - Stud. Sozialwiss. Stuttgart u. Tübingen - Tätigk. WDR, SDR, RB.

ELLMERS, Detlev
Dr. phil., Prof., Ltd. Museumsdirektor - Oldenburger Str. 24, 2850 Bremerhaven - Geb. 12. März 1938 Vegesack/Bremen (Vater: Diedrich E., Maschinenbauing.; Mutter: Annemarie, geb. Walter), ev., verh. s. 1965 m. Renate, geb. Sander, 3 Kd. (Ute, Christoph, Dorothee) - Univ. Tübingen, München, Kiel (German., Gesch., Kunst- u. Vorgesch.). Promot. 1968 Kiel (Diss.: Schiffsarchäol.) - 1963 Assist. Inst. f. Ur- u. frühgesch. Univ. Kiel; 1966 Assist. Röm.-German. Museum Mainz; 1971 gf. Dir. Dt. Schiffahrtsmus. B'haven. Buchbeitr. - 1968 Fakultätspreis Univ. Kiel - Spr.: Engl.

ELLWANGER, Albert
Dipl.-Volksw. - Ehrenvors. Interessengem. Dt. Fachmessen- u. Ausstellungsstädte; Mitgl. Präsidialrat ZAW.

ELLWANGER, Wolfgang
Verleger, Mithrsg., Geschäftsf. u. Verlagsleit. Nordbayer. Kurier GmbH & Co, Zeitungsverlag KG, Bayreuth - Maxstr. 58/60, 8580 Bayreuth (T. 0921 - 5 00-0) - Geb. 18. Aug. 1942 Bayreuth - Stud. Betriebsw. u. graph. Betriebstechnik; Dipl.-Ing. (FH) - Vollhaft. Gesellsch. u. Geschäftsf. Druckerei u. Verlagsges. Lorenz Ellwanger KG, Bayreuth; Geschäftsf. Buch- u. Offsetdruckerei Emil Mühl Bayreuth GmbH, Bayreuth; Inh. Mühl'scher Univ.-Verlag Werner Fehr, Bayreuth; vollhaft. Gesellsch. Paul Kölbel KG, Graph. Kunstanst., Offsetdruck, Buchdruck, Hof - Bek. Vorf.: Albert Ellwanger (†), Verleger, Gründungsgesellsch. u. gf. Verlagsleit. Nordbayer. Kurier (Vater).

ELLWANGER, Wolfram
Dr. phil., Dipl.-Psych., Prof. f. Psychologie (Leiter d. Forschungsst. Unterrichtsfilm u. Schulfernsehen), PH Karlsruhe (s. 1969) - Klotzbergstr. 23, 7582 Bühlertal - Geb. 19. Febr. 1928 Baden-Baden - Promot. 1960 - BV: Märchen - Erziehungshilfe oder Gefahr?, (Mitautor) 1977; Handpuppenspiel in Kindergarten u. Grundschule, (Mitautor) 1978; Seelische Entwickl. d. Schulkindes, 1979; D. Zauberwelt unserer Kinder, 1980; Bosselnacht, 1983; Üb. 40 Facharb., Drehbücher, Musik zu Schulfernsehsend.

ELLWEIN, Thomas
Dr. jur., o. Prof. f. Polit. Wissensch. Univ. Konstanz (s. 1976) - 8162 Schliersee / Obb. - Geb. 16. Juli 1927 Hof/S. (Vater: Prof. Theodor E., Oberkonsistorialrat † 1962; Mutter: Magdalene, geb. Uebel), ev., verh. s. 1970 m. Ingrid, geb. Prinz, 3 Töcht. - Promot. 1950 - 1952-54 Cheflektor u. Hochschuldoz.; 1955-58 Leit. Bayer. Landeszentrale f. pol. Bild.; 1962-70 o. Prof. u. Seminardir. Univ. Frankfurt/M.; 1968-73 Präs. Dt. Studentenwerk; 1970-74 Dir. Sozialwissensch. Inst. d. Bundeswehr, München; 1974-76 Präs. Hochsch. d. Bundeswehr, Hamburg. SPD - BV: Bürgerkunde f. d. Politik, 5. A. 1966; Einf. in d. Reg.- u. Verw.lehre, 1966; Politik u. Planung, 1968; Reg. als polit. Führung, 1970; Polit. Verhaltenslehre, 7. A. 1972; D. Reg.system d. BRD, 6. A. 1987; Berufsbeamtentum - Anspruch u. Wirklichk., 1973 (gem. m. R. Zoll); D. Entw. d. öfftl. Aufgaben, 1973; Regieren u. Verwalten, 1976; D. dt. Univ. v. Mittelalter b. z. Gegenw., 1985. Mitherausg.: Polit. Verhalten (12 Bde. s. 1969); Erziehungswiss. Handb. (s. 1969); D. Bundesrep. Deutschl.; Daten, Fakten, Analysen (1984, m. W. Bruder).

ELM, Kaspar
Dr. phil., o. Prof. f. Mittelalt. Gesch. Freie Univ. Berlin (s. 1974) - Habelschwerdter Allee 45, 1000 Berlin 33; Hittorfstr. 10, 1000 Berlin 33 (T. 030 - 832 73 81) - Geb. 23. Sept. 1929 Xanten (Vater: Kaspar E.; Mutter: Euphemia, geb. Rüther), kath., verh. m. Ingeborg, 4 Kd. (Susanna, Caspar-Veit, Eva, Dorothee) - Promot. Münster; Habil. Freiburg/Br. - 1967-70 Privatdoz. Freiburg; 1970-74 o. Prof. Bielefeld. Fachveröff. - Mitgl. v. Akad., Kommiss., Ges. u. Vereinen.

ELM, Theo
Dr. phil., Prof. Univ. Erlangen-Nürnberg - Holzleite 19, 8521 Effeltrich (T. 09133 - 27 09) - Geb. 11. Juli 1944 Grafenau, kath., verh. s. 1973, 2 Kd. (Cornelia, Alexander) - Stud. German., Angl. u. Päd. Univ. Erlangen-Nürnberg u. Coleraine/N.-Irland (Staatsex. 1971, Promot. 1972, Habil. 1980) - BV: Siegfried Lenz, 1974; D. mod. Parabel, 1982; Z. Geschichtlichk. d. Moderne (Mithrsg.), 1982; D. Parabel, (Mithrsg.), 1986; D. westdt. Nachkriegsroman, 1988 - Spr.: Engl.

ELMENDORF, Knut

Fabrikant, Inh. Kornbrennerei Friedrich Elmendorf - Haller Str. 105, 4830 Gütersloh 12 - Geb. 4. Nov. 1937, ev., verh. s. 1964 m. Ulrieke, geb. Rottwinkel, 4 Kd. - Techn. Dipl.-Betriebsw. 1964 Karlsruhe - Präs. Bundesverb. Dt. Kornbrenner Dortmund; Vors. Verb. Westf. Kornbrenner Dortmund; AR-Mitgl. Dt. Kornbranntwein-Verwertungsst. GmbH Münster.

ELMENDORFF, Freiherr von, Harald

Dr. med., Prof., Chefarzt St. Vinzenz Hospital Köln (s. 1974) - Spitzwegstr. 6, 5000 Köln-Müngersdorf; priv.: 5043 Schloß Lechenich - Geb. 17. Jan. 1928 Bonn (Vater: Dr. med. Hans Frhr. v. E., Chefarzt; Mutter: Gerda, geb. Frfr. v. Schorlemer), kath., verh. s. 1967 m. Dr. Renate, geb. Kurig, 2 Kd. (Corinna, Alexander) - Stud. Frankfurt, München; Promot. 1951 ebd.; Habil. 1967 Düsseldorf - Prof. f. Unfallchirurgie Univ. Düsseldorf - BV: Fußverletzungen, 1976 - Liebh.: Denkmalschutz - Spr.: Engl., Franz., Ital., Span.

ELMER, Wilhelm

Dr., Prof. Univ. Dortmund - Am Gardenkamp 44, 4600 Dortmund 50 - Geb. 13. Mai 1944 Zürich (Vater: Wilhelm E., Restaurateur; Mutter: Anna, geb. Saxer) - Promot. (1971) u. Habil. (1978) Univ. Basel - Ab 1980 Lehrtätigk. Univ. Freiburg, Essen u. Dortmund; ab 1982 o. Prof. Univ. Dortmund - BV: The Terminology of Fishing, 1973; Atlas of English Sounds, (m. a.) 1979; Diachronic Grammar, 1981 - Spr.: Engl., Franz., Isländ., Span.

ELSÄSSER (ß), Alice

Prof., Hochschullehrerin - Pädagogische Hochschule, 6900 Heidelberg - Gegenw. Prof. f. Kunsterzieh.

ELSÄSSER, Günter

Dr. med. (habil.), Prof., Obermedizinalrat, Psychiater u. Neurologe - Schwarzwaldstr. 57, 7583 Ottersweier - Geb. 24. April 1907 Halle/S. (Vater: Gustav E., Goldschmied; Mutter: Antonie, geb. Schuchard), verh. s. 1935 m. Irmgard, geb. Brunner, 1 Kd. - Frankesche Stiftg. Halle; Univ. Freiburg/Br., Wien, Göttingen, Berlin (Med. Staatsex. 1933) - Klin. Tätigk. Berlin, Frankfurt/M. u. Bonn (1943 Doz., 1949 apl. Prof.). Kurat.smitgl. Inst. f. analyt. Psychotherapie im Rhld.; Mitgl. Dt. Ges. f. Psychotherapie u. Tiefenpsych. - BV: Die Nachkommen geisteskranker Elternpaare, 1952; Hirntrauma u. Psychose, in: E. Rehwald, D. Hirntrauma, 1956; Meditation v. Traumsymbolen, in: W. Bitter, Meditation in Religion u. Psychotherapie, 1958; Erfahrungen an 1400 Kriegsneurosen, in: Psychiatrie d. Gegenwart, Bd. III 1961; G. Elsässer (Autobiogr.), in: L. J. Pongratz (Hrsg.), Psychiatrie in Selbstdarst., 1977 - Liebh.: Musik, Alpinistik.

ELSÄSSER, Hans

Dr. rer. nat. (habil.), o. Prof. f. Astronomie Univ. Heidelberg (s. 1962) u. Dir. Max-Planck-Inst. f. Astronomie, Heidelberg (s. Neugründ. 1969) - Königstuhl, 6900 Heidelberg - Geb. 29. März 1929 Aalen (Vater: Jakob E., Beamter; Mutter: Margarete, geb. Vogelsang), verh. s. 1953 m. Ruth, geb. Abele - Stud. Astron., Physik, Math. - 1959-62 Privatdoz. Univ. Göttingen; 1962-75 Dir. Landessternwarte Heidelberg - BV: Physik d. Sterne u. d. Sonne, Lehrb. 1974 (m. H. Scheffler); Bau u. Physik d. Galaxis, Lehrb. 1982 (m. H. Scheffler); Weltall im Wandel. D. neue Astronomie, 1985. Fachveröff. - 1972 Mitgl. Heidelberger Akad. d. Wiss.; 1980 Comendador de la Orden Isabel la Católica; 1981 korr. Mitgl. Österr. Akad. d. Wiss.; 1984 Mitgl. Dt. Akad. d. Naturforscher/Leopoldina, Halle/S.

ELSÄSSER, Klaus

Dr. rer. nat., Prof. f. Theoret. Physik Univ. Bochum - Heckertstr. 27, 4630 Bochum 1 (T. 0234-50 12 73).

ELSÄSSER, Martin

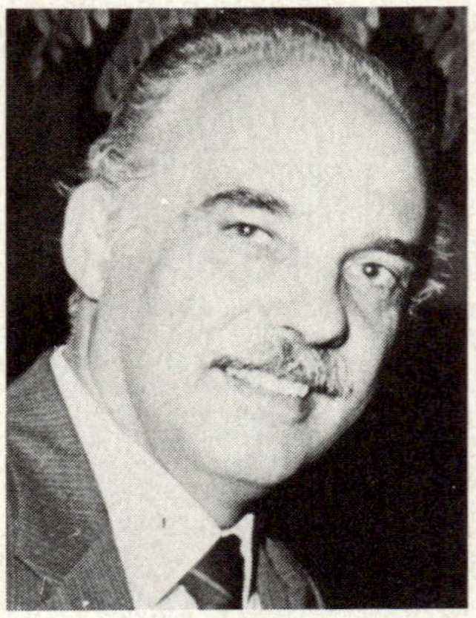

Dr. jur., Botschafter d. Bundesrep. Deutschl. in Kairo - Zu erreichen üb. Botschaft d. Bundesrep. Deutschl., 8 B, Sharia Hassan Sabri, Kairo-Zamalek (Ägypten) - Geb. 29. Jan. 1933 Konstanz, kath., verh., 3 Kd. - Stud. Jura u. Volksw. Univ. München, Heidelberg, London u. Paris; Promot. 1956 Heidelberg; Ass. 1959 - 1960 Ausw. Amt; Auslandstätigk. London, Algier, Hongkong, Paris, Kairo; 1978-81 Generalinspekteur UNESCO Paris; versch. Verwend. in AA-Zentr. u. Bundeskanzleramt.

ELSCHENBROICH, Christoph

Dr. rer. nat., Prof. f. Anorgan. Chemie Univ. Marburg - Savignystr. 11, 3550 Marburg/L. - Geb. 28. April 1939 - 1988 Literaturpreis d. Fonds d. Chem. Ind. - Amateurmusiker (Saxophon, Flöte).

ELSCHNER, Bruno

Dr. rer. nat. (habil.), o. Prof. f. Experimentalphysik am Inst. f. Festkörperphysik d. TH Darmstadt (s. 1963) - Breslauer Pl. 3, 6100 Darmstadt (T. 47205) - Geb. 20. Mai 1924 Schleiz-Oschitz/Thür. - Zul. Prof. m. vollem Lehrauftr. Univ. Jena (1960).

ELSCHNER, Egmont

Intendant Rheinisches Landestheater Neuss - Drususallee 8, 4040 Neuss (T. 02101 - 2 69 90) - Geb. 11. Jan. 1947 Jena - Regiss. u. Schausp. - BV: Übers. Shakespeare, Lope de Vega u. Aristophanes.

ELSENHANS, Hartmut

Dr. phil., o. Prof. f. Politikwissenschaft Univ. Konstanz (s. 1980) - Holländer Str. 12b, 7500 Konstanz - Geb. 13. Okt. 1941 Stuttgart (Vater: Wilhelm E., Sparkassendir.; Mutter: Anne, geb. Mayer) - Univ. Tübingen, Berlin, Paris (Politik, Soziol., Gesch.). Dipl.-Polit. 1967; Promot. 1973; Habil. 1976 - 1970-75 Wiss. Assist. Berlin; 1975-76 Doz. Frankfurt.; 1976-80 Prof. Univ. Marburg; 1978 Gastprof. Univ. Montreal u. 1986/87 Univ. Salzburg; 1987 Univ. de Dakar - BV: Frankreichs Algerienkrieg 1954-62, 1974; Erdöl f. Europa, 1974; Algerien- u. postkoloniale Reformpolitik, 1977; Ungleichh. u. Unterentwickl., 1978; Migration u. Wirtschaftswachstum, 1978; Agrarreform in d. Dritten Welt, 1979; Staatskapitalismus oder bürokrat. Entwicklungsges., 1981; Nord-Süd-Bezieh., 1984 - Liebh.: Franz., Lit., Arch., Segeln - Spr.: Franz., Engl., Ital., Span., Russ.

ELSHORST, Günter

Ing. grad., Obering., Vorsitzender d. Geschäftsführung Klöckner Pentaplast GmbH - Industriegebiet Heiligenroth, 5430 Montabaur; priv.: Nassauer Ring 32, 5432 Wirges/Westerw. - Geb. 8. Febr. 1930 Frankfurt/M. (Eltern †), verh. s. 1955 m. Ingeborg, geb. Rossmann, 2 Töcht. (Felicitas, Claudia) - Vors. Beirat Klöckner Pentapack, Ranstadt; Beirat Klöckner-Pentapack Benelux N.V., Hamont, Klöckner Datentechnik GmbH, Duisburg, Klöckner-Penta (UK Holdings) Ltd., Reading/Engl.; Vors. Board Klöckner-Pentaplast Ltd., Theale/Reading/Engl., Klöckner Pentaplast S.A.R.L., Paris/Frankfurt; Board Klöckner-Pentaplast of America, Inc., Gordonsville/USA, Klöckner Contract Packaging, Inc., Richmond/USA; Vorst.-Vors. Gütegemeinschaft Kalandrierte PVC Hart-Folien f. Verpackungszwecke e.V., Wiesbaden; VR Arbeitsamt Montabaur - Liebh.: Hochseesegeln, Jagd - Spr.: Engl.

ELSHORST, Hansjörg

Dr. phil. M.A., Geschäftsführer Dt. Gesellschaft f. techn. Zusammenarb. (GTZ) - Sossenheimer Weg 47, 6231 Schwalbach a. Ts. - Geb. 27. Sept. 1938 Bochum (Vater: Hans E., Dipl. Ing., Bauuntern.; Mutter: Marianne, geb. Thomas), kath., verh. s. 1967 m. Anna Maria, geb. Mariano, 4 Kd. (David, Tanya, Tai, Hal) - Abit. Gymn. Castrop-Rauxel, Univ. Freiburg u. München, Master of Arts (in Soziol. u. Economics) Louisiana States University, USA - B. 1965 journ. Tätigk., 1965-69 Doz. f. dt. Lit. u. Soziol. in USA u. Santiago del Estero, Argent., 1970-74 Bundesmin. f. wirtsch. Zus.arb., s. 1974 GAWI, dann GTZ - Spr.: Engl., Span.

ELSNER, Bertram Georg

Assessor, Geschäftsf. Nass. Heimstätte - Schaumainkai 47, 6000 Frankfurt/M. (T. 0611 - 6069207) - Geb. 17. Jan. 1939 Stuhm/Westpr. (Vater: Waldemar, Stud.dir.; Mutter: Christine, Lehr.), ev., verh. s. 1968 m. Beate, geb. Kries - Andreanum, Hildesheim, Max-Planck-Gymn., Göttingen, Univ. Berlin, Göttingen, Wien, 1. Jurist. Staatspr. b. OLG Celle, 2. Jurist. Staatspr. i. Hess. Min. d. Justiz. 1968 Assess. RP Darmstadt, 1970 Justitiar, 1974 Gf. Nass. Heimstätte - Spr.: Engl., Lat., Griech.

ELSNER, Gisela

Schriftstellerin - 8000 München 40 - Geb. 2. Mai 1937 Nürnberg (Vater: Richard E., Dir. Siemens; Mutter: Gertrud, geb. Buch), zeitw. verh. m. Klaus Roehler, Sohn - Realgymn./Schule d. Engl. Frl. Nürnberg (Abit. 1956); 1958-59 Univ. Wien (Phil., German., Theaterwiss.) - BV: D. Riesenzwerge, R. 1964; D. Berührungsverbot, R. 1970; Herr Leiselheimer u. weitere Versuche, d. Wirklichkeit zu bewältigen, Erz. 1973; D. Punktsieg, R. 1977; Abseits, R. 1982; D. Zähmung - Chronik e. Ehe, R. 1984; D. Windei, R. 1987; Gefahrensphären, Aufs. 1988; Fliegeralarm, R. 1989 - Mitgl. PEN-Zentrum BRD; 1988 Gerritt-Engelkepreis d. Stadt Hannover.

ELSNER, Günter

Versicherungskaufm., MdA - Methfesselstr. 45, 1000 Berlin (T. 7855545) - Geb. 17. März 1916 Stettin - Realgymn.; Versich.slehre - Arbeits- u. Wehrdst.; Angest. berufsständ. Kranken- u. Lebensversich. (Abt.sleit.). Zeitw. Bezirksverord. Kreuzberg; 1959-63 u. s. 1971 MdA. CDU (Kreisschatzmeister).

ELSNER, Ilse,

geb. Künzel

Dr. rer. pol., Senatorin a. D. - Ringstr. 241, 2000 Hamburg 73 (T. 678 08 30) - Geb. 25. Nov. 1910 Berlin (Vater: Paul K., Holzbildhauer; Mutter: Martha, geb. Kron), gesch., T. Gine - N. Fremdenabit. Univ. Hamburg (Promot. 1936) - Kaufm. Angest. Berlin u. Hamburg (zul. Dt.-Amerik. Petroleum-Ges.); 1946-61 Redakt. Hbg. Echo (b. 1950 Ressortleit. Wirtschaftspolitik) u. D. Welt (ab 1951 Ressortleit. Sozialpolitik); 1970-74 Senatorin Hamburg (b. 1972 Bevollm. b. Bund, dann Gesundheitsbeh.). 1961-70 MdB., gleichz. Mitgl. Europ. Parlament (1964ff. Vors. Wirtschafts- u. Finanzaussch.). SPD. Zahlr. Veröff. Übers. - Spr.: Engl., Franz.

ELSNER, Kurt

Dr. rer. pol. (habil.), Dipl.-Kfm., o. Prof. u. Direktor Inst. f. Angew. Wirtschaftstheorie u. Ökonometrie FU Berlin (s. 1965) - Kurfürstenstr. 80, 1000 Berlin 30 (T. 2612791) - Geb. 19. April 1932 Breslau (Vater: Wilhelm E., Verwaltungsbeamter; Mutter: Ida, geb. Geister), ev. - 1952-56 Stud. Wirtschaftswiss. Dipl.-Kfm. (1956) u. Promot. (1958) WH Mannheim - 1956-65 Assist. u. Doz. (1962) WH Mannheim - BV: Instrumentale Integration - Kreislauftheorie-Experiment u. Berechnung, 1959 (Diss.); Mehrstuf. Produktionstheorie u. dynam. Programmieren, 1964. Mitarb.: Waffenschmidt u. Forschungsgruppe, Dt. Volksw. Gesamtrechnung u. ihre Lenkungsmodelle, Einkommenserhöh. in d. dt. Volksw. (beide 1959) - Spr.: Engl.

ELSNER, Ludwig

Dr. rer. nat., Prof. f. Mathematik - Schultenstr. 14, 4802 Halle/W. - Geb. 17. Jan. 1939 Gr. Strehlitz/OS. - Promot. 1965 - S. 1970 (Habil.) Lehrtätigk. Univ. Hamburg, Erlangen (1971 Wiss. Rat u. Prof.) u. Bielefeld (gegenw. Ord.). Üb. 30 Facharb.

ELSNER, Norbert

Dr., o. Prof. f. Zoologie/Lehrst. I (s. 1978) - Universität, 3400 Göttingen - Geb. 11. Okt. 1940 - Arbeitsgeb.: Neurobiol. u. Verhaltensphysiol. b. Insekten.

ELSNER, Reinhard

Regisseur - Kastanienallee 21, 1000 Berlin 19 (T. 302 56 88) - Geb. 8. Febr. 1914 Berlin (Vater: Wilhelm E., Buchdruckereibes.; Mutter: Edeltraut, geb. Schmaußer), verh. s. 1935 m. Ingeborg, geb. Schläfer, 2 Kd. (Edeltraut, Reinhard) - Grunewald-Gymn. Berlin; techn. u. kaufm. Lehre graph. Gewerbe ebd. (Otto Elsner KG); Univ. Jena, Berlin, München (Med.), 1952-54 pers. Referent Kult.-Senator Prof. Tiburtius/Maßgebl. bet. a. Gründung u. Entwickl. d. SFB., Doz. an d. Ausbildungsstätte f. Fernsehfachkräfte d. Entwickl.sländer; üb. 2000 Live-Sendungen, dar. je 8 Literatur im techn. Zeitalter, Musik im techn. Zeitalter, Mod. Theater auf kl. Bühnen. Wesentl. Fernsehinsz.: Kennen Sie die Milchstr. (Wittlinger), Ges. d. Gänseblümchen (Wunderlich), Und das am Montagmorgen (Priestley), D. hl. Flamme (Maugham), D. Doppelgänger (Dürrenmatt), Theater (Ernst Schröder) - Liebh.: Sport (5 Landesmeistersch. Leichtathletik; Dt. Sportkrone (5. Träger im Bundesgeb.), Gold. Sportabz.), Träger d. Adolf-Grimme-Preises, Fotogr. - Mitgl. DOG, Tennis-Club Rot-Weiß, Ges. f. Christl.-Jüd. Zusammenarb. - Spr.: Engl., Franz.

ELSNER, Rudolf

Dr.-Ing., Prof., Abteilungsvorst. Inst. f. Nachrichtentechnik TU Braunschweig - Schapenbruch 7, 3300 Braunschweig (T. 36 02 57) - Habil. Braunschweig.

ELSTER, Hans-Joachim

Dr. phil. nat., o. Prof. em. f. Zoologie, Limnol. u. Fischereiwiss. - Limnol. Inst. d. Univ. Konstanz, Mainaustr. 212, 7750 Konstanz-Egg (T. 07531 - 88 29 16); priv.: Im Grün 7, K-16 - Geb. 6. Mai 1908 Bernburg/S. (Vater: Carl E., Kaufm. †; Mutter: Elsa, geb. Schwerdtfeger), ev., verh. s. 1949 m. Elisabeth, geb. Buhrfeind, 2 Kd. (Heidi, Christian) - Gymn. Bernburg; Univ. Leipzig, Freiburg/Br., München (Zool., Botanik, Chemie; Promot. 1931) - Habil. 1951 Freiburg - 1931 Assist. Univ. München, 1931-45 wiss. Leit. Inst. f. Seenforsch. Langenargen/Bodensee; ab 1948 wiss. Leit. Hydrobiol. Station Falkau; s. 1951 Privatdoz., apl. (1957), ao. (1962) u. o. Prof. (1966) Univ. Freiburg (Dir. Limnol. Inst. Konstanz-Egg). 1956-58 Fischereiexperte Ägypten (FAO). Etwa 150 Fachaufs. 1959ff. Herausg. Archiv f. Hydrobiol., Ergebnisse d. Limnol., D. Binnengewässer (m. W. Ohle), s. 1983 Schriften d. Ges. f. Verantwortung in d. Wiss. - 1966 Ehrenmitgl. Venezulan. Ges. z. Förd. d. Wiss.; 1980 (Kyoto):

Naumann-Thienemann-Med. Soc. Limnologorum; 1981 Kolkwitz-Plak. - Spr.: Engl.

ELSTER, Kurt

Dr. med., Prof., Direktor Patholog. Inst. Städt. Krankananstalten Bayreuth - Ermreus 27, 8551 Kunreuth/Ofr. - Geb. 15. März 1918 - S. 1955 (Habil.) Lehrtätigk. Univ. Erlangen bzw. Nürnberg (1961 apl. Prof. f. Allg. Pathol. u. Pathol. Anat.). Fachveröff. Endoskopie u. Biopsie d. Speiseröhre u. d. Magens (m. Demling u. Ottenjann), Farbatlas 1972 coed - 5 Sprachen.

ELSTER, Peter

Oberkreisdirektor Landkr. Leer (1955-78), Präs. Ostfries. Landschaft (s. 1964) - Mörkenstr. 9, 2950 Leer (T. 0491-6 44 42) - Geb. 22. Dez. 1913 Riepe (Vater: Theodor E., Landessuperint.; Mutter: Hannah, geb. Siemens), ev., verh. s. 1944 m. Anneliese, geb. Saathoff, 3 Kd. (Maria, Theodor, Hille) - Univ. Berlin (Rechtswiss.) - B. 1955 Reg.srat Verw.sbez. Oldenburg - 1973 Joost-van-den-Vondel-Preis F.V.S.-Stiftg. Hamburg.

ELSTNER, Erich

Dr. rer. nat., Prof. f. Biochemie - Wildmoosstr. 18, 8038 Gröbenzell/Obb. - Geb. 19. Sept. 1939 Neustadt a.T., verh. s. 1966 m. Helga, geb. Stange, 2 Söhne (Marcus, Matthias) - 1959-64 Stud. Chemie u. Biol. Univ. München; Promot. 1967 Univ. Göttingen, Habil 1975 - 1967-70 Wiss. Assist. Göttingen; 1970-72 Post Doc. Fellow A. Einstein Med.-Center Philadelphia/USA; 1972-76 Akad. Rat Ruhr-Univ. Bochum; s. 1976 Prof. TU München, Inst. f. Botanik u. Mikrobiol. Spez. Arbeitsgeb.: Sauerstofftoxikol., biochem. Phytopathol - BV: Ann. Rev. Pl. Physiol., 1982; The Biochem. of Plants-Acad. Press, 1987. Herausg.: Reaktive Sauerstoffspezies in d. Medizin-Springer V. (1987); Schadwirkungen auf Pflanzen (1988). 130 wiss. Publ.

ELSTNER, Frank

Journalist, Moderator, Inh. Frank Elstner Productions - Postf. 2424, 1024 Luxembourg; u. ZDF, Essenheimer Landstr., 6500 Mainz-Lerchenberg - Geb. 19. April 1942 Linz/Österr. (Vater: Schauspieler; Mutter: Tänzerin), verh. s. 1969 m. Sylvie, geb. Kayser, 2 Söhne (Andreas, Thomas) - 1965-83 Sprecher u. langj. Dir. Dt. Programm Radio Luxemburg; Moderator ARD-Fernsehsend. D. Montagsmaler; 1981-87 ZDF-Show Wetten, daß . . .?; s. 1986 ZDF-Serie üb. Nobelpreisträger: D. stillen Stars; s. 1988 ZDF-Show Nase vorn - 1978 Gold. Kamera Ztschr. HÖRZU; 1979 BVK; 1981 Bambi Ztschr. Bild & Funk; 1982 Ehrenlöwe Radio Luxemburg; 1983 Silb. Kamera HÖRZU.

ELSTNER, Helga,

geb. Kurz

Dipl.-Volksw., Senatorin a. D., Präsidentin Hambg. Bürgerschaft (s. 1987), Vorst.-Mitgl. Wirtsch.- u. Sozialaussch. Europ. Gem., Brüssel - Sanderskoppel 4, 2000 Hamburg 65 - (Vater: Kaufm.), verh. - Univ. Frankfurt (1947ff.) - U. a. Mitgl. d. Präsid. d. DNA; 1971-76 Min.-dir. Bundesmin. f. Jugend, Familie u. Gesundheit (Leit. Abt. Lebensmittelwesen, Veterinärmed., Verbraucherschutz); 1976ff. Senatorin f. Gesundh., Hbg., 1978ff. 2. Bürgerm.

ELTEN, Thomas

s. Fuchs, Anton

ELTERMANN, Heinz

Dr. rer. nat., Prof., Wiss. Rat Inst. f. Mathematik A TU Braumschweig (s. 1960) - Im Gettelhagen 45, 3300 Braunschweig (T. 350239) - Habil. Braunschweig.

ELTGEN, Horst

Dr. rer. nat., Dipl. Geol., Prof. TU Clausthal - Baumhofstr. 41, 3360 Osterode/Harz (T. 21 86) - Geb. 4. Febr. 1932 - Realgymn. Karlsruhe; Stud. Geol. u. Paläontol. Heidelberg; Promot. (1966) u. Habil. (1973) Clausthal - Prof. Abt. f. Paläontologie am Inst. f. Geol.-Path. d. TU Clausthal.

ELTING, Theodor

Erster Beigeordneter - Kleine Rosenstr. 16, 4620 Castrop-Rauxel (T. 12144) - Geb. 10. April 1930 Borken/W. (Vater: Theodor E., Sparkassenangest.; Mutter: Johanna, geb. Wilmers), kath. - Obersch.; Univ., Hochsch. f. Verw.swiss. Jurist. Staatsprüf. 1956 u. 61 - 1961-63 Assist. Bischöfl. Kommissariat Niederrh., Wesel; 1963-64 Ass. Landkr. Rees; 1964-66 Kreisdir. u. -kämmerer Rees; s. 1966 I. Beigeordn. (Stadtdir.) Castrop-Rauxel. 1. stv. Landesvors. Kommunalpolit. Vereinig. d. CDU v. Nordrh.-Westf.; 1968ff. Mitgl. Bundesvorst. Kommunalpolit. Vereinig. d. CDU/CSU. CDU s. 1953 - Liebh.: Niederl.-fläm. Literatur, Judaica - Spr.: Engl., Niederl.

ELWERT, Georg

Dr. phil., Univ.-Prof. f. Ethnologie FU Berlin (s. 1985) - Königsallee 14 L, 1000 Berlin 33 - Geb. 1. Juni 1947 München (Vater: Wilhelm Theodor E.), verh. s. 1975 m. Karola, geb. Kretschmer, 2 Kd. (Felix, Sarah Francesca) - Stud. Ethnol., Soziol.; Promot. 1973 Heidelberg - Wiss. Assist. Univ. Heidelberg u. Bielefeld. S. 1980 Priv.-Doz. Bielefeld; s. 1983 Heisenbergstip.; Prof. f. Soziol. Univ. Bielefeld - BV: Bauern u. Staat in Westafrika, 1983 - 1986/87 Fellow Wiss.-Kolleg Berlin - Liebh.: Paddeln, Spr. erlernen, Fotografieren - Spr.: Engl., Franz., Ital., Türk., Fongbe - Bek. Vorf.: Philipp Elwert (1621-99, Urahn).

ELWERT, Gerhard

Dr. rer. nat., o. Prof. f. Theoret. Astrophysik - Bohnenbergerstr. 3, 7400 Tübingen (T. 61780) - Geb. 15. Mai 1912 Hohengehren (Vater: Gotthilf E., Pfarrer; Mutter: Maria, geb. Schimpf), ev., led. - Univ. Tübingen u. München (Promot. 1938). Habil. 1953 Tübingen - S. 1953 Dozent, apl. Prof. (1959), Wiss. Rat u. Prof. (1963), o. Prof. (1968) Univ. Tübingen. Mitgl. Intern. Astronom. Union u. Intern. Wiss. Radiounion Cospar. Zahlr. Fachveröff.

ELWERT, W. Theodor

Dr. phil., o. Prof. f. Roman. Philologie - Oberer Laubenheimer Weg 13, 6500 Mainz (T. 8 27 73) - Geb. 20. Dez. 1906 Stuttgart (Vater: Wilhelm E.; Mutter: Theodora, geb. Lush), ev., verh. s. 1942 m. Erika, geb. Geitel, 3 Kd. - Univ. Lausanne, Freiburg/Br., München - 1933 Lektor Univ. Pisa, 1935 Assist. Biblioteca Hertziana, Rom, 1938 Univ. München, 1941 Privatdoz. das., 1951 apl., 1953 o. Prof. Univ. Mainz, 1967 Gastprof. Univ. Innsbruck, 1969 Gastprof. Univ. Cambridge (Engl.). 1975/76 Präs. Assoc. Intern. per gli Studi di Lingua e Letteratura Italiana - BV: Geschichtsauffass. u. Erzählungstechnik in d. histor. Romanen F. D. Guerrazzis, 1935; D. Mundart d. Fassatals, 1943; Z. Charakteristik d. ital. Barocklyrik, 1950; Studi di letterat. veneziana, 1958; D. zweisprach. Individuum, 1959; Franz. Metrik, 1961 (franz. 1965); D. franz. Übers. im Staatsex., 1963; La Poesia lirica ital. del Seicento, 1967; Ital. Metrik, 1968 (ital. 1973); Studien zu d. roman. Sprachen u. Literaturen, 10 Bde. 1968/89; D. roman. Spr. u. Lit., e. Überblick, 1979; D. ital. Lit. d. Mittelalters, 1980. Herausg.: Probleme d. Semantik (1968); Problemi di lingua e lett. italiana del Settecento, 1965 - Mitgl. Accad. Ital. Lett. Arcadia; 1956 Komturkreuz ital. VO; 1963 Offz. Orden Palmes Academiques; 1964 Ehrenmitgl. Rumän. Forschungsinst. Freiburg/Br.; 1966 Gold. Med. Rep. Ital. u. Silb. Med. Freundschaftskr. Rhld.-Pfalz/Burgund; 1969 Ehrenmed. Univ. Dijon, Gold. Ehrennadel d. Manzoni-Stadt Lecco; 1978 BVK; 1982 Mitgl. Inst. Lombardo Scienze e Lettere - Liebh.: Fotogr. - Spr.: Engl., Franz., Ital., Span.

ELZE, Reinhard

Dr. phil., Prof., Direktor Dt. Historisches Inst. in Rom (1972-88) - Münchener Freiheit 16, 8000 München 40 (T. 39 91 27) - Geb. 28. Juni 1922 Rostock (Vater: Prof. Dr. med. Curt E. († 1972); Mutter: Annemarie, geb. Keil), verh. m. Annemarie, geb. Kießhauer - Promot. 1944 Göttingen; Habil. 1958 Bonn; 1961 Ord. FU Berlin (Mittlere u. Neuere Geschichte, insb. Verfassungsgesch.). Fachveröff.

ELZE, Thomas

Dr. rer. nat., Prof. f. Kernphysik Univ. Frankfurt/M. - Schöne Aussicht 28, 6233 Kelkheim-Fischbach.

ELZER, Bertold

Dipl.-Volksw., Dipl.-Versicherungsverständiger, Aufsichtsratsmitgl. Veritas Lebensversicherung AG. - Odinweg 25, 5060 Bergisch Gladbach 1 (T. 02204 - 5 27 80) - Geb. 5. Sept. 1912 Karlsruhe (Vater: Hermann E., Verw.soberinsp.; Mutter: Marie, geb. Weber), kath., verh. s. 1939 m. Margarete, geb. Schildhorn, 2 Söhne (Hans, Reinhard) - 1931-35 Univ. München - B. 1952 Karlsruher, dann Kölnische (1962 Vorst.), Gutachter f. betriebl. Altersversorg. (IVS) - Liebh.: Fotogr., Musik, Garten.

EMANUEL, Isidor Markus

Dr. phil., Dr. theol. Altbischof v. Speyer (s. 1968) - Maria Rosenberg, 6757 Waldfischbach/Pfalz (T. 1041) - Geb. 7. Okt. 1905 Merzalben/Pfalz (als 11. Kind, Vater: Gg. Heinrich E., Arbeiter; Mutter: Klara, geb. Laux), kath. - Gymn. Speyer; Univ. Innsbruck u. Gregoriana Rom (Phil. u. Theol.; Promot. 1927 u. 1931). Priesterweihe 1930 Rom - 1931-33 Kaplan Dudenhofen u. Speyer, dann Subregens u. Doz. f. Moraltheol. Priestersem. Maria Rosenberg, 1939-41 Pfarrer Hohenecken, 1941-50 Rektor Diözesanexerzitienwerk Maria Rosenberg, 1950-52 Domkapitular u. 1952-68 (Rücktr. aus Gesundheitsgründen) Bischof v. Speyer - BV: Psalter meiner fr. J. 1967; Sieben J. im roten Talar (Röm. Erinner.), 1970; Meine Bischofsjahre, 1974; Aus meinem Dienst am Wort Gottes, 1984 - 1976 Offz. VO. d. Rep. Frankr.; 1968 Gr. BVK m. Stern.

EMBACHER, Gudrun

Dr. phil., Schriftstellerin - Arlbergstr. 67/8, A-6900 Bregenz (T. 05574 - 24 40 52) - Geb. 14. Aug. 1931 Feldkirch (Österr.) (Vater: Dr. Erich E., Jurist; Mutter: Rosy, geb. Hutter), kath., led. - Realgymn., Handelsakad.; Stud. German. u. Angl. Univ. Innsbruck (Promot. 1954, Akad. Übers.-Prüf. 1955) - 1955-81 Verlagslektorin, Wirtsch.-Sachbearb., Bedienstete Land Vorarlberg; Schriftstellerin (Gegenw.-Romane) - BV: Sperling auf meiner Hand, R. 1978; Berliner Hochzeit, R. 1979; Ich nenne dich Eurydike, R. 1980; D. Narr Wohlgemuth, R. 1982; D. Wolf ist los u. and. Erz., 1982; Antigone u. ihre Brüder, R. 1984; E. Handbreit Hoffnung. E. Südafrika-R. v. heute, R. 1987 - 1983 Ehrenring d. Dt. Lit.; 1986 Dichterschild Offenhausen - Liebh.: Musik, Schach, Bergsport - Spr.: Ital., Engl., Franz., Span.

EMBORG, Henrik

Kaufmann, Dir., Honorarkonsul d. Bundesrep. Deutschl. in Aalborg/Dänemark (b. 1989), VO, Vors. d. Dänischen Tiefkühlrates (b. 1989) - Daimlerstr. 3, 6374 Steinbach/Taunus - Geb. 2. Okt. 1921 Odense/Dänemark (Vater: Harald E., Postdir.; Mutter: Martha, geb. Nielsen), luth., verh. s. 1963 m. Christa, geb. Gallé, 2 Kd. (Torben, Esben) - B. 1947 Jurist Univ. Kopenhagen - 1948 Mitgr. u. Dir. Emborg Foods Aalborg A/S u. Emborg Foods GmbH Steinbach/Taun. - Spr.: Engl., Deutsch, skandinav. Spr.

EMDE, Hans-Georg

Dr. rer. pol., Staatssekr. a. D., Mitgl. Direktorium Dt. Bundesbank i. R. - Wilhelm-Epstein-Str., 6000 Frankfurt/M.; priv.: Borngasse 2a, 5238 Hachenburg/Ww. - Geb. 28. Juli 1919 Elberfeld, ev., verh., 3 Kd. - Hohe Schule; Banklehre; Univ. Wien u. Berlin (Volksw.). Promot. 1948 München - B. 1956 Banktätigk. (Großbank u. LZB); 1956-57 Reg.rat Finanzmin. NRW; 1957-68 Landesoberverw.rat Landschaftsverb. Rhld.; 1968-69 Stadtdir. Gummersbach; 1969-72 Staatssekr. Bundesfinanzmin. 1952-56 MdK Oberberg. Kr. 1961-69 MdB. FDP - 1972 Großkreuz niederl. Orden v. Oranien-Nassau; Gr. BVK m. Stern u. Schulterbd.; VO Land Rhld.-Pfalz.

EMDE, Heinrich

Dr. med., Radiologe u. Nuklearmediziner, Leit. Diagnostik Zentrum Robert Janker, Robert Janker Klinik, Bonn - Adenauerallee 11F, 5300 Bonn 1 (T. 0228 - 21 17 35) - Geb. 24. Febr. 1942 Korbach, verh. s. 1971 m. Dr. med. Brigitte, geb. Braun-Feldweg - Gymn. Korbach; Stud. FU Berlin; Facharztausb. FU u. Univ.-Kliniken Homburg/S.; Promot. 1973 FU Berlin - Ab 1980 Oberarzt Neuroradiol. Univ.-Kliniken Homburg/S.; ab 1984 Leit. Diagnostik Zentrum Robert Janker, Robert Janker Klinik (Fachklinik f. Tumorerkrank.) - Beitr. in Handb., u. a. Lymphszintigraphie, in: Handb. d. med. Radiol., 1979; Ektodermale Tumoren, in: Kranielle Computertomogr., 1980; div. Einzelbeitr. in Fachztschr. - Spr.: Engl.

EMDE, Helmut

Dr. rer. nat., Prof. f. Mathematik f. Architekten u. Geometr. Informationsverarb. - Pützerstr. 6a/212, 6100 Darmstadt (T. 44820) - Geb. 12. Mai 1926 Arolsen (Vater: Karl E., Bürgerm.; Mutter: Frieda, geb. Schluckebier), Chr. gem., verh. s. 1951 m. Gerda, geb. Petri, 3 Kd. (Michael, Gabriele, Daniel) - Promot. 1958 - S. 1972 Prof. TH Darmstadt.

EMDE, von der, Jürgen

Dr. med., Prof., Leiter d. Herchirurgischen Abt. Univ. Erlangen-Nürnberg - Atzelsberger Str. 17, 8521 Marloffstein.

EMEIS, Carl-Christian

Dr. rer. nat., o. Prof. f. Angew. Biologie u. Institutsdir. TH Aachen (s. 1973) - Landgraben 105, 5100 Aachen-Richterich.

EMEIS, Dieter

Dr. theol., Dr. rer. nat., Wiss. Rat u. Prof. f. Pastoraltheol. Univ. Münster - Gut Leye, 4500 Osnabrück-Atter (T. 0541 - 6 15 59) - Zun. Ref. f. Theol. Erwachsenenbild. Diözese Münster u. Osnabrück, dann o. Prof. Univ. Bochum.

EMENDÖRFER, Dieter

Dr. rer. nat., Dipl.-Phys., Prof., Abteilungsleit. Inst. f. Kernenergetik u. Energiesysteme Univ. Stuttgart - Weinbergweg 62A, 7000 Stuttgart 80 (T. 0711-68 32 10) - Geb. 20. Juli 1927 Heidenheim/Brenz, ev., verh. s. 1955 m. Krista, geb. Neufert, 2 T. (Veronika, Angelika) - 1947-53 Physik-Stud. TH Stuttgart, Promot. 1955, Studienaufenth. Univ. North Carolina 1957, Habil. Kerntechn. 1964, apl. Prof. 1969, Prof. 1978 - 1974-76 Vorst. Fachgr. Reaktorphysik d. Kerntechn. Ges. (Vorstandsmitgl. d. Ges. 1974-77), 1975-77 VR-Mitgl. d. Dt. Atomforums; 1984-86 Advisory Editor d. Ztschr. Nuclear Science and Engineering - Buch: Theorie d. Kernreaktoren (m. K.-H. Höcker), 2. A. 1982. 60 wiss. Veröff.

EMGE, Richard Martinus

Dr. phil. (habil.), em. o. Univ.-Prof., Soziologe - Eduard-Otto-Str. 37, 5300 Bonn 1 (T. 21 28 53) - Geb. 20. Jan. 1921 Gießen (Vater: Prof. Dr. jur. Dr. phil. Carl August E., Rechtsphilosoph † 1970 (s. XVI. Ausg.); Mutter: Lona, geb. Küch), verh. m. Hilda, geb. v. Barton gen. v. Stedman, 3 Kd. (Andus, Daniela, Richard) - Univ. Genf, Berlin, Heidelberg, College d'Europe Brügge - 1950/51 Mouvement Europeen, Paris;

EMIG, Günter
Diözesancaritasdirektor, Geschäftsf. Caritasverb. f. d. Diöz. Mainz - Holzhofstr. 8, 6500 Mainz.

EMIG, Günther
Schriftsteller, Bibliothekar (stv. Leiter d. Stadtbücherei Heilbronn) - Egerer Weg 9, 7102 Weinsberg (T. 07134 - 26 43) - Geb. 8. Febr. 1953, verh. s. 1974 m. Hanna, geb. Seidel, 2 Kd. (Christian, Dorothea) - 1971-76 Stud. German. u. Polit. Wiss. Univ. Heidelberg; Staatsex.; 1977-80 FH f. Bibliothekswiss. Stuttgart (Dipl.) - S. 1972 publiz. tätig; Gründg. e. Kleinverlags. 1975 Mitbegr. Arbeitsgem. d. Kleinverlage u. 1979 d. IG Lit.ztschr. u. d. Projekts Lit.ztschr. - Herausg.: Jules Michelet, D. Hexe (1977); Erich Mühsam, Gesamtausg. (4 Bde. 1977-83); Verz. deutschspr. Lit.schr. (3 Ausg., 1979-84); Neuerscheinungsindex Lit.ztschr. (2 Bde. 1979-80); Materialien z. Werk v. Elisabeth Alexander (1986ff). Mithrsg.: D. Alternativpresse (1980) - Lit.: Th. Daum, D. 2. Kultur (1981).

EMIG, Karl
Kaufmann, Vors. Verb. d. Dt. Fruchtsaft-Industrie, Bonn - Pleutersbacher Str. 30, 6930 Eberbach/N. - Geb. 28. Juli 1930.

EMMANUELE, Eric Louis
Régisseur, Choreograph, Produzent - Spaldingstr. 41, 2000 Hamburg (T. 040 - 23 39 81) - Geb. 15. Aug. 1955 New York, ledig - Point Park College; American Ballett Theater New York; Joffrey Ballett New York; Mudra, Brüssel (Dir: Maurice Béjart) - Tätigkeit als Tänzer: Eglevsky Ballett, New York; Pittsburgh Ballett Theater; Béjart Ballett, Brüssel; Hamburg. Staatsoper-Ballett; Ballett der Frankfurter Oper; Washington Ballett; Thalia-Theater, Hamburg. Haus-Choreograph v. R.C.A. u. Polydor; Dir. u. Gründ. Portable Movement Productions u. Portable Movement Troup (1978); Dir. Center Stage Productions Halifax, Kanada - Klass. Choreogr.: Pyramis & Thysbe, Eglevsky Ballett, New York (1970); Zeitspanne, Hamburgische Staatsoper, Washington Ballett (1976-78); Carmen, Hamburg. Staatsoper (1979); Sprachenfalle, Hamburg. Staatsoper (1977); L'Histoire du Soldat, Hamburg. Staatsoper (1978); Encounter u. Rave, Ballett Nuevo Mondo de Caracas/Venezuela u. Manuela (1983); VI. Internat. Theater Festival, Caracas/Venezuela (1983). Musicals (Tanzregie u. Prod.): Joseph & his Technicolor Dreamboot, Halifax/Kanada (1982); Grease, Halifax (1985); This can't be love, Halifax (1985); Dames at Sea, King's Theater, Halifax (1985); American Royal, Kanada (1985). FS (Artist Styling u. Choreogr.) f. Gitte Henning, Irene Cara, Taco, Vivian Reed, Chilly, Kelly Family, Gillian Scali, Robert Kreis im ZDF, ARD, SWF, WDR, SR, C.B.C. (Kanada). Filme (Tanzregie): Mary & Gordy auf d. Lande (1982); Hamburg wir Gratulieren (NDR, 1989); Frauen, Frauen, Frauen. Choreogr. u. Regie f. Musical: Swett Charity - HH 1988/89, Gastsp. Leningrad 89, Galas, Tagungen, Sales Presentations (Choreogr., Regie, Prod.) f. Pan Am, Texaco, IBM, Effem, Unilever, VW, Hapag-Lloyd Kreuzfahrten, Eckes, Colgate, Palmolive, Reestma - Liebh.: Design, Fotogr., Reisen - Spr.: Deutsch, Engl., Franz.

EMMERICH, Erika
Präsidentin Verband d. Automobilindustrie (s. 1989) - Westendstr. 61, 6000 Frankfurt/M. 1 - Geb. 1934 - Stud. Rechtswiss. - 18 J. Bundesverkehrsmin. (zul. Ref.); 1983-88 Präs. Kraftfahrt-Bundesamt.

EMMERICH, Gerhard
Dr. rer. pol., Dipl.-Kfm., Wirtschaftsprüfer u. Steuerberater, Honorarprof. f. Betriebl. Finanzwirtschaft u. Bankbetriebslehre Univ. Göttingen (s. 1978) - Grenzweg 33, 3011 Laatzen-Grasdorf.

EMMERICH, van, H. Rolf
Dipl.-Ing., gf. Gesellschafter H. Neumann Intern. Management Consultant, Düsseldorf (s. 1989), Personalberater, Vorst. Knight Wendling AG, Düsseldorf - Friesenstr. 15, 4330 Mülheim - Geb. 11. Aug. 1926 Oberhausen, ev., 2 Kd. (Gaby, André) - 1952 Konstrukt.-Ing. Dt. Babcock; 1955 Projektmanager in USA; 1958 Leit. Org. Dt. Babcock; s. 1960 Untern.-Berater Knight Wegenstein (jetzt Knight Wendling AG, 1968 Leit. Personalberat., s. 1974 Vorst.-Mitgl.

EMMERICH, Helmut
Direktor, Vors. Geschäftsfg. Bundesknappschaft - Pieperstr. 14-28, 4630 Bochum.

EMMERICH, Kurt
Sportredakteur/-reporter (Hörfunk) NDR - Zu erreichen üb.: NDR, 2000 Hamburg 13 (T. 040 - 41 31) - Geb. 31. Jan. 1930, ev., verh. s. 1955, 3 Kd. - Teiln. an 3 Fußball-WM, 5 Handball-WM - 1982 Gold. Mikrophon d. Rundf. u. FS.Zeitschr. HÖR ZU.

EMMERICH, Marilone
Pädagogin, Bundesvorsitzende Verein kath. dt. Lehrerinnen, Hauptschriftleit. Ztschr. Kath. Bildung - Hedwig-Dransfeld-Pl. 4, 4300 Essen 1 (T. 0201-62 30 29).

EMMERICH, Volker
Dr. jur., Prof. f. Bürgerl. Recht, Handels- u. Wirtschaftsrecht Univ. Bayreuth - Postf. 3008, 8580 Bayreuth, priv.: Walchenseestr. 4 - Lehrst.-Inh.

EMMERICH, Wolfgang
Dr. phil., Prof. f. Neuere dt. Literaturgeschichte, bes. d. 20. Jh., unt. bes. Berücks. d. Kulturgeschichte u. -theorie Univ. Bremen (s. 1978) - Oberneulander Landstr. 98, 2800 Bremen - Geb. 30. März 1941 Chemnitz/Sa. (Vater: Heinrich E., Rechtsanw.; Mutter: Charlotte, geb. Seidel, Lehrerin), verh. s. 1971 m. Silke, geb. Dahm, 3 Kd. (Niels, Julia, Johann) - Zul. Assistenzprof. Bremen; Gastprof. Univ. of Wisconsin (Madison), Indiana (Bloomington), Paris VIII - BV: Z. Kritik d. Volkstumsideol., 1971; Proletar. Lebensläufe, 2 Bde. 1974/75; Kl. Lit.gesch. d. DDR, erweit. Ausg. 1989; Lyrik d. Exils, 1985; D. Bremer Literaturpreis 1954-87, 1988.

EMMERICK, Ronald E.
Ph. D., B. A. M. A., Prof. f. Iranistik - Waidmannsring 7, 2085 Quickborn - Geb. 9. März 1937 Sydney (Australien) - S. 1964 Lehrtätig. London u. Hamburg (1971 Ord. u. Abt.sleit.); 1967/68 Gastprof. Chicago (USA). Bücher u. Aufs.

EMMERIG, Ernst
Dr. jur., Prof., Regierungspräsident a. D., Vorstandsvors. Ostbayer. Technol.-Transfer-Inst. Regensburg - Oberfeldweg 8, 8400 Regensburg - Geb. 9. März 1916, kath., verh. m. Maria, geb. Käß, 5 Kd. - Stud. Rechtswiss. Univ. Würzburg u. München; Promot. 1948; 2. jurist. Staatsex. 1949 - 1962-81 Regierungspräs. d. Oberpfalz Regensburg - BV: Komment. z. bayer. Sicherheits- u. Polizeirecht, 1979 u. 83; Unbekannte Oberpfalz, 1982; Regensburger Almanach, 1985, 86, 87, 88 u. 89; Begegnung mit d. Welt, 1987 - 1964 Bayer. VO.; 1978 Honorarprof. f. Verwaltungsrecht Univ. Regensburg; 1981 Gr. BVK - Liebh.: Fotogr. - Spr.: Engl., Ital. - Lit.: Lebendige Oberpfalz, Festschr. (1981).

EMMERLICH, Alfred
Dr. jur., Richter, MdB (s. 1972; Wahlkr. 33/Osnabrück) s. 1983 stv. Fraktionsvors. SPD) - Ellerstr. 114b, 4500 Osnabrück (T. 2 50 34) - Geb. 10. Mai 1928 Osnabrück, verh., 4 Kd. - Mittelsch.; Lehrerbildungsanst.; Stud. Rechtswiss. Ass.ex. 1957 - U. a. OLG-Rat Oldenburg (1970ff).

EMMERLING, Peter
Dr. med., Prof. f. Med. Mikrobiologie - Seinsheimstr. 12, 8700 Würzburg - S. 1978 Prof. Univ. Würzburg (vorh. Privatdoz. u. Akad. Rat).

EMMERT, Karl

Laborleiter i.R., Schriftst. - Obere Seestr. 59, 7994 Langenargen - Geb. 10. März 1922 München, verh. s. 1949 m. Anni, geb. Döring, 2 Kd. (Alexander, Annegret) - Konditor, Koch, Baustoffprüfer (üb. 1300 Veröff. in Ztg. u. Ztschr.), Brückenschlag, 1966, Heitere Gesch. d. Straßenbaus, 1957, Bodensee-Zyklus, 1970; Brevier z. Stillen Zeit, 1982; Im Jahresring, 1983; U. es geschah z. jener Zeit, 1984; Wia's hoid so is, 1986; Wia Gott no mit de Menschen g'red't, 1988 - 1941 Dichterpreis d. II. Armee; 1970 Ehrenring: D. Dt. Gedicht; 1984 Preis Soli Deo Gloria; 1987 2. Preis Ältere Menschen schreiben (Sozialmin. v. Baden-Württemb.); 1988 Dichtersteinschild Offenhausen O.Ö. u.a. Ehrungen, Ehrenmitgliedsch.: Dt. Kulturwerk e.G., Dt. Akad. f. Bild. u. Kultur, Künstlervereinig. Katakombe, Ernst Lyrikkr. München.

EMMERT, Werner
Dr. rer. nat., Prof. f. Zoologie - Kopernikusstr. 11, 8702 Gerbrunn/Ufr. - Geb. 8. Okt. 1938 Würzburg - Promot. 1966 - S. 1972 (Habil.) Lehrtätig. Univ. Würzburg (1974 Wiss. Rat u. Prof., 1978 Prof.). Spez. Entwicklungsbiol.

EMMINGER, Eberhard
Dr. med. habil., Pathologe - Karmelitengasse 10, 8900 Augsburg - Geb. 13. Dez. 1907 Augsburg (Vater: Senatspräs. Erich E., 1923-24 Reichsjustizmin.; 1913-18 u. 1920-33 MdR (Lex E., Aufwertungsgesetz n. 1923, Zollunion m. Österr. 1928); Mutter: Maria, geb. Scharff), kath., verh. s. 1939 m. Elisabeth, geb. Buchin, 8 Kd. (Adelheid, Volker, Brigitte, Eckhard, Gudrun, Angelika, Christoph, Ulrike) - Gymn. Augsburg (St. Stephan); Univ. Berlin, Hamburg, Freiburg, München. Promot. 1931 München; Habil. 1943 Wien - B. 1934 Assist. Univ. München, dann Wehrmachtpathologe (akt. Sanitätsoffz.), n. Kriegsende Amtsarzt Gesundheitsamt Deggendorf, ab 1947 Ärztl. Dir. Pathol. Inst. Städt. Krankenanstalten Augsburg. Entd. d. Zusammenhänge v. Bau u. Funktion d. kl. Wirbelgelenke, 1973-87 wiss. Mitarb. Krebsinst. Prof. Mohr Med. Hochsch. Hann., 1977-85 auch ärztl. Dir. u. Doz. MTA-Schule Augsburg; 1947 Mitgl. u. ltd. Arzt Wasserwacht im BRK; 1973 Chefarzt Bezirksverb. Schwaben im BRK - BV: Wirbelgelenk u. Bandscheibe, 2. A. 1960 (m. Zukschwerdt). Zahlr. Einzelarb. (Porphyrine, Säuglingspathol., Wirbelsäule) - Liebh.: Eiszeitforsch., Bergsteigen, Skilauf - Bruder: Otmar E. († 1986 in Manila).

EMMRICH, Johannes
Dr. med. (habil.), Prof., Radiologe, Lt. Arzt d. Röntgenabt. Diakonissenkrkhs. - Rosenbergstr. Nr. 38, 7000 Stuttgart - Geb. 16. Mai 1923 Dresden, ev., verh. s. 1953 m. Johanna, geb. Beyer († 1976), verh. s. 1979 m. Anita, geb. Wolf - Hum. Gymn. Dresden (Kreuzsch.), München (Theresiengymn.), Güstrow/Meckl. (Domschule) - Stud.: Univ. Posen, Würzburg, Kiel, Freiburg; Habil. 1966 Göttingen (Abt.-Vorst. u. Prof.), apl. Prof. 1971 Göttingen; 1975 Tübingen - Etwa 80 Fachaufs.

EMONS, Rudolf
Dr. phil. habil., Prof. f. Engl. Sprachwissenschaft Univ. Passau - Innstr. 51, 8390 Passau (T. 0851 - 5 09-2 62) - Geb. 18. Febr. 1945 Bad Nenndorf (Vater: Karl-Heinz E., Musiker; Mutter: Ange, geb. Strothmann), verh. s. 1980 in 2. Ehe m. Christa, geb. Claus, Sohn Dominik - Abit. 1964 Bielefeld, 1964-70 Stud. Angl. u. German. Univ. Marburg, Tübingen, Exeter u. Heidelberg (Staatsex. in Engl. u. Dtsch. 1970, Promot. in Engl. Sprachwiss., Engl. Lit.wiss., Allg. Sprachwiss. 1973, Habil. 1980 in Angl.) - 1970-73 Univ. Heidelberg; 1970-81 Wiss. Assist. ebd.; 1981 Privatdoz.; 1981 Prof. (C 4) Univ. Passau - BV: Valenzen engl. Prädikatsverben, 1974; Valenzgramm. f. d. Engl. - E. Einf., 1978; Engl. Nominale: Konstituenz u. syntagmat. Semantik, 1982.

EMPACHER, Hans
Rechtsanwalt - Pullacher Str. 22d, 8023 Großhesselohe (T. 089 - 797549) - Geb. 11. Mai 1928 Königsberg i. Pr., 2 S. (Helmut, Rainer) - Gymn.; Univ. Erlangen (Jura) 1946-49 - 1954-57 Carl Zeiss, Oberkochen; s. 1957 Bölkow GmbH. bzw. Messerschmitt-Bölkow-Blohm GmbH. - Liebh.: Segeln - Spr.: Engl.

EMPT, Wilhelm
Prof., Dozent f. Tonsatz Musikhochschule Köln - Grafenmühlenweg 80, 5000 Köln 80.

EMRICH, Dieter
Dr. med., o. Prof. f. Nuklearmed. - Jupiterweg 7, 3400 Göttingen 1 - Geb. 21. Okt. 1929 Münster/W., Promot. 1957 Freiburg/Br. - S. 1965 (Habil.) Lehrtätigk. Univ. Göttingen (1974 Ord.). Bücher, Facharb.

EMRICH, Ernst
Dr., Hauptabteilungsleiter (Erziehung u. Gesellschaft) Bayer. Rundfunk (s. 1973) - Rundfunkpl. 1, 8000 München 2 (T. 5900-1) - Geb. 15. April 1930 Mainz, kath., verh. s. 1957 m. Dr. Agnes, geb. Niebecker, 3 Kd. (Ruth, Christoph, Wolfgang) - Gymn. Mainz; Univ. Innsbruck u. Mainz (Promot. 1955) - S. 1959 BR (u. a. Projektgruppenleit. Fernseh-Familienprogramm). 1972 ff. Generalsekr. Stiftg. Prix Jeunesse - BV: Vergessene Wege zu Glaube u. Kult, 1962; Wir schalten ein - Fernsehen/Wer es macht u. wie es gemacht wird, 1965; Priesterbild. in d. Diskussion, 1967; Üb. Gott u. d. Welt, 1970; D. entscheid. Jahre, 1977; Leben wir was wir glauben?, 1985.

EMRICH, Fritz
Unternehmer, pers. haft. Gesellsch. Rieco KG, Grünstadt - Beim Bergtor 6, 6718 Grünstadt (T. 06359-50 34) - Geb. 30. Jan. 1936, ev., verh. s. 1970 mit Gabriele, geb. Jentzsch, 2 Kd. (Thomas Friedrich, Christine Charlotte) - Ausb. Buchdruck, Gehilfen- u. Meisterprüf.; Akad. f. d. graph. Gewerbe München (Abschlußdipl.) - Geschäftsf. Rieco KG. 1969-82 1. Vors. Lebenshilfe Grünstadt; s. 1979 Mitgl. Presbyt. u. Bezirkssynode, s. 1985 stv. Mitgl. Landessynode; 1982-85 stv. Vors. Arbeitsgem. Partnersch. - Spr.: Franz., Engl.

EMRICH, Hinderk M.
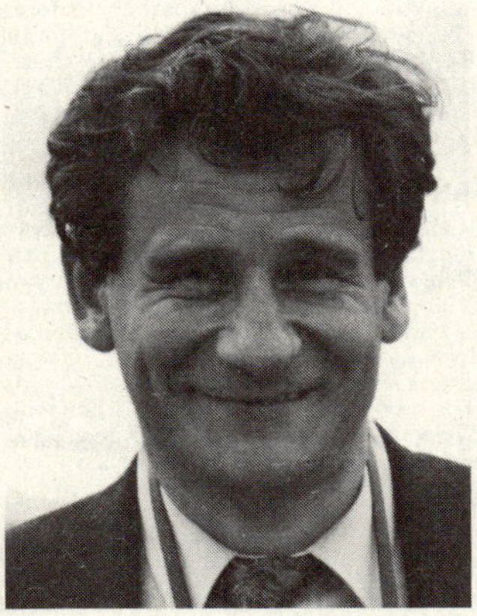

Dr. med., Dr. med. habil., Prof., Nervenarzt, Abt.-Leit. f. Psychiatrie u. Psychopharmakologie, stv. Dir. Max-Planck-Inst. f. Psychiatrie München - Theodolindenstr. 6, 8000 München 90 (T. 089 - 642 11 55) - Geb. 2. Juli 1943 Witzenhausen b. Kassel - Habil. (Molekulare Neurobiol.) 1972 TU Berlin u. (Psychiatrie) 1987 München - 1978 apl. Prof. f. Physiologie Univ. München. S. 1988 Psychotherapeut - BV: The Role of Endonphins in Psychiatry, 1982; Anticonvulsants in Affective Disorders, 1985. Ca. 180 wiss. Veröff. in Physiol., Pharmakol., Psychiatrie u. Psychoanalyse - Lieb.: Phil.

EMRICH, Ortwin
Dr. rer. pol., Prof. f. Mathematik Univ. Oldenburg (s. 1974) - Bremersweg 37, 2900 Oldenburg/O. - Geb. 12. März 1940 Kaiserslautern - Stud. Math.; Promot. 1971; Habil. 1973 - Üb. 20 Facharb.

EMRICH, Wilhelm
Dr. phil., Prof. f. Dt. Philologie - Witzlebenpl. 4, 1000 Berlin 19 - Geb. 29. Nov. 1909 Nieder-Jeutz b. Diedenhofen - 1929-33 Univ. Frankfurt/M. (German., Phil., Gesch.) - Mehrere J. Auslandsaufg. f. d. Dt. Akad.; s. 1949 (Habil.) Lehrtätigk. Univ. Göttingen, Köln (1953 ao., 1956 o. Prof.), Berlin/Freie (1959 o. Prof.) - S. 1956 Ord. Univ. Köln u. FU Berlin (1959) - BV: Symbolik v. Faust II (3 A.); Franz Kafka (7 A.); Protest u. Verheiß. (2 A.); Geist u. Widergeist; Polemik - Streitschriften Pressefehden u. krit. Essays um Prinzipien, Methoden u. Maßstäbe d. Literaturkritik (1968); Poet. Wirklichk. Stud. z. Klassik u. Moderne (1979); Dt. Lit. d. Barockzeit (1981) - o. Mitgl. Akad. d. Wiss. u. d. Lit., Mainz; Mitgl. PEN-Zentrum BRD.

ENBERGS, Heinrich
Dr. med. vet. apl. Prof., Leiter Abt. Anatomie u. Physiol. Institut f. Anatomie, Physiologie u. Hygiene d. Haustiere Univ. Bonn - Am Kottenforst 69, 5300 Bonn 1 - Geb. 24. März 1937 - Promot. 1963; Habil. 1973 - B. 1963 Gießen, dann Bonn - BV: D. Feinstruktur d. Leukozyten d. Hausgeflügels, 1975. Üb. 40 Fachaufs.

ENCARNACAO, José
Dr.-Ing., Prof. f. Graph.-interakt. Systeme TH Darmstadt (s. 1975) - Wilhelminenstr. 7, 6100 Darmstadt - Stud. Elektrotechnik TU Berlin - Heinrich-Hertz-Inst.; 1972 Assist.-Prof. Univ. Saarbrücken. S. 1984 Vorst.-Vors. d. Darmstädter Zentr. f. Graph. Datenverarb., s. 1987 Leit. Fraunhofer Arbeitsgr. Graph. Datenverarb. in Darmstadt - Autor u. Herausg.: Versch. Werke auf d. Geb. Graph. Datenverarb. u. CAD.

ENCKE, Warnfried
Journalist - Jürgensallee 18, 2000 Hamburg-Nienstedten - Geb. 1927 - Stud. - B. 1954 D. Welt, dann Welt am Sonntag (Chef v. Dienst, stv. Chefredakt., 1969 gf. Redakt., 1971-76 Chefredakt.). Danach Chefredakteur z. b. V. im Axel Springer Verlag, s. 1979 Verlegerbüro Axel Springer.

ENDE, vom, Hans
Dipl.-Phys., Prof. f. Experimental- u. Astrophysik Univ.-GH Paderborn (1973ff.) - Schäferweg 24, 4790 Paderborn - Geb. 8. Jan. 1925 Plön/Holst. - S. 1968 Fachhochschullehrer; s. 1973 Prof.

ENDE, Michael
Schriftsteller - Zu erreichen üb. K. Thienemanns Verlag, Blumenstr. 36, 7000 Stuttgart - Geb. 12. Nov. 1929 Garmisch/Obb. (Vater: Edgar E., Maler, Vertr. d. Surrealismus) - Maximilians-Gymn. München; Fr. Waldorf-Sch. Stuttgart; Otto-Falkenberg-Schauspielsch. München (Abschlußprüf.) - 1951-53 Schausp. Provinzbühnen, dann schriftst. Tätigk. f. Kabarett, Funk u. Fernsehen, s. 1957 fr. Mitarb. Bayer. Rundfunk (haupts. Filmkritik) - BV (Millionenaufl.): u.a. Jim Knopf u. Lukas d. Lokomotivführer, Kinderb. 1960; Momo - E. Märchen-R., 1973; D. unendl. Geschichte, 1979 (verfilmt); D. Spiegel im Spiegel, 1984 - 1961 Dt. Kinderbuchpreis, 1980 Wilhelm-Hauff-Preis.

ENDE, Werner
Dr. phil., Prof. f. Islamkunde - Hansastr. 10, 7800 Freiburg/Br. - Geb. 22. Sept. 1937 Wittenberg/Elbe (Vater: Karl E.; Mutter: Else, geb. Posselt), verh. s. 1963 m. Doris, geb. Schaffernicht - Schule Eilenburg/Sa. (Abit. 1955); Buchhandelslehre; Univ. Halle/S., Hamburg, Kairo. Promot. 1965; Habil. 1974 - S. 1977 Univ. Hamburg; s. 1983 Univ. Freiburg (Oriental. Sem.) - BV: Arab. Nation u. islam. Gesch., 1977. Herausg.: D. Islam in d. Gegenwart (1984, 2. A. 1989).

ENDEMANN, Jürgen
Bürgermeister Stadt Bonn - Wielandstr. 1, 5300 Bonn 2 (T. 0228 - 36 25 09) - Geb. 4. Mai 1940, ev., verh. s. 1965 m. Ursula, geb. Janke, 2 T. (Britta, Christiana) - Immobilienmakler (RDM).

ENDERLE, Peter
Vorstandsmitglied Adam Opel AG (s. 1989) - Bahnhofsplatz 1, Postfach 17 10, 6090 Rüsselsheim - Geb. 2. Juli 1935 Frankfurt/M. - Dipl.-Ing. 1962 TH Darmstadt - 1962 Methoden-Ing. Industrial Engineering; 1973 Ltg. Industrial Engineering; 1981 Produktionsleit. Karosseriewerk Rüsselheim, 1983 Leit. Material- u. Produktionskontrolle; 1985 Leit. Bochumer Opel-Werke; Vorst.-Mitgl. (Bereich Fertigung) Adam Opel AG.

ENDERLE-MOLLIER, Lore
Journalistin, Schriftst. - Mauerkircherstr. 54, 8000 München 80 (T. 980544) - Verh. m. Dr. phil. Hans Mollier, Kunsthistoriker † 1971 (s. XVI. Ausg.) - Mitarb. Südd. Ztg. - 1969 Intern Journalistenpreis Palermo-Cefalu (f. e. Bericht üb. Sizilien).

ENDERLEIN, Hinrich
Historiker, MdL Baden-Württ. (1972-88; Wahlkr. 62/Tübingen; 1976-84 stv. Fraktionsvors., 1985-88 Fraktionsvors. FDP) - Carlo-Steeb-Straße 1, 7400 Tübingen (T. 8 19 60) - Geb. 9. Mai 1941 Luckenwalde/Mark, ev., verh., 3 Kd. - 1954-61 Gymn. Gummersbach; n. 1 1/2 j. Bundeswehrdst. Univ. Marburg u. Tübingen (Gesch., Politik, Russ.). Staatsex. 1967 Tübingen - 1970-73 wiss. Assist. (Inst. f. Osteurop. Gesch. u. Landeskd./Univ. Tübingen); FDP/DVP (1973-84 stv. Landesvors.).

ENDERS, Eduard
Dipl.-Ing., Prof. Kolbenmasch. u. Techn. Wärmelehre Gesamthochsch. Paderborn (Fachbereich Maschinentechnik II/Meschede) - Josef-Künsting-Str. 12, 5778 Meschede.

ENDERS, Franz-Karl
Dr. phil., Dipl.-Kfm., Prof. f. Betriebswirtschaftslehre, insb. Betriebsw. Steuerlehre u. Produktionsw., Univ. GH Siegen - Steinstr. 67, 5900 Siegen 1 - Geb. 21. Juni 1928 Fulda (Vater: Franz E., Bankdir.), kath., verh. s. 1958 m. Anneliese, geb. Düsterbeck, 3 Kd. - Univ. Köln (Betriebsw.) u. Univ. Würzburg (Soziol., Promot.) - BV: Katholiken in Wirtsch. u. Verw., 1984.

ENDERS, Gisela
Dr. med., Regierungsmedizinaldirektorin, Leit. Virusabt. med. Landesunters.samt, Stuttgart, Honorarprof. f. Klin. Virol. Univ. Marburg - Am Gähkopf 21a, 7000 Stuttgart.

ENDERS, Hubertus
Dipl.-Kfm., Vorstandsmitglied Maschinenfabrik Lorenz AG., Ettlingen - Steinfeldstr. 7, 7560 Gaggenau-Freiolsheim/Baden - Geb. 2. Febr. 1927.

ENDERS, Kurt
Dipl.-Kfm., Unternehmensberater - Ahornweg 14, 6270 Idstein (T. 06126 - 62 78) - Geb. 17. April 1927 Wiesbaden (Vater: Christian E., Ehrenbürger Stadt Idstein), ev., verh., 2 S. (Kurt, Wolfgang) - Nach Kriegsabit. (Luftwaffenhelfer) Abit. Limburg; Stud. Rechtswiss. u. Betriebswirtschaft; Dipl.-Kfm. 1954 - 1954-76 Tätigk. b. Treuarbeit AG, zul. Hauptabteilungsleit. (Dir.), zust. f. d. Hauptabt. Org. u. Unternehmensberat.; s. 1976 selbst. Unternehmensberater (Managementberat., Karriereberat.). 1977-81 Schatzm. u. 1981-85 Generalsekr. Dt. Aero Club - Interessen: Gesch. d. Luftf. - Spr.: Engl. (versch. Auslandsaufenth. in Nord- u. Südamerika).

ENDERS, Rolf
Botschafter d. Bundesrep. Deutschl. in Jamaika, d. Bahamas u. Belize, Generalkonsul f. d. brit. Überseegebiete Kaimaninseln, Turks- u. Caicosinseln - 10 Waterloo Road, Kingston 10, Jamaika (T. 926-5665; 926-6728; 926-6729) - Geb. 13. Sept. 1924 Frankfurt/M. (Vater: Richard E., Maler u. Grafiker †; Mutter: Gabriele, geb. Herrlein †), ev., verh. s. 1961 m. Ilse, geb. Hauschildt † 1976, 3 Kd. (Ulrike, Tilman, Arvid) - Abit. 1943 Frankf./M., 1. jur. Staatsprüf. 1950, 2. 1954, bde. Frankfurt/M. Gr. Dipl. Staatsprüf. 1957 Bonn - S. 1956 Auswärtiges Amt; 1958-63 Botschaft Kairo; 1963-65 Dar-es-Salaam; 1968-72 Generalkonsul bzw. Geschäftsträger in Dacca (Ostpakistan bzw. Bangla Desh); 1972-75 Botschaftsrat I. Kl. in Algier; 1975-79 Botschafter in Jaunde; 1980-83 Botsch. in Kampala; 1983-86 Botsch. in Tripolis - 1969 BVK, 1974 BVK I. Kl.; 1979 Grand Officier Ordre de la Valeur, Kamerun - Spr.: Engl., Franz., Ital., Span., Arab.

ENDERS, Wendelin
Dr. phil., Oberstudienrat, MdB (s. 1967; Wahlkr. 130/Hersfeld) - Harthstr. 5, 6431 Hauneck-Eitra (T. 06621 - 2848) - Geb. 20. Okt. 1922 Langenberg/Rhön, kath., verh., 2 Kd. - Aufbausch. Fulda (Abit.); Arbeits-, 1941-45 Wehrdst. (zul. Ltn. d. R.; 6 × verwundet); 1945-50 Univ. Göttingen u. Marburg - S. 1950 Hermann-Lietz-Sch. Bieberstein, Liebfrauen-Sch. Bensheim, Päd. Fachinst. Fulda (1964 Oberstudienrat), Studienreisen West-, Osteuropa, Nordafrika, Vorderer Orient, USA. Mitgl. Gemeindevertr. Petersberg (Fraktionsf.). SPD.

ENDL, Kurt
Dr. rer. nat. (habil.), Prof., Mathematiker - Bergstr. Nr. 7, 6300 Gießen-Biebertal (T. Inst.: 7022942) - S. 1965 Prof. Univ. Gießen (Reine u. Angew. Math.).

ENDLER, Roland
Ing., Hauptgesellschafter u. Geschäftsf. GST Ges. f. Steuerungs- u. Fertigungs-Technik Beratungsges. mbH & Co. KG - Reismühlenstr. 28, 8000 München 71 (T. 089 - 785 46 85) - Geb. 18. Juni 1913 - Ehrenbürger TH München.

ENDRES, Alfred
Dr. rer. pol., Prof. f. Volkswirtschaftslehre TU Berlin - Lauenburger Str. 106, 1000 Berlin 41 (T. 030-796 01 99) - Geb. 16. Febr. 1950 Frankfurt/M., kath., verh. s. 1972 m. Heide, geb. Gebauer, T. Evelyn - Stud. Volkswirtschaftslehre Univ. Bonn; Dipl. 1973; Promot. 1976 Univ. Dortmund; Habil. 1981 Univ. Konstanz - BV: D. pareto-optimale Internalisierung externer Effekte, 1976; Umwelt- u. Ressourcenökonomie, 1985. Herausg.: Environmental Auditor (s. 1988).

ENDRES, Elisabeth
Journalistin (vor allem Literaturkrit.), Schriftst. - Fafnerstr. 12, 8000 München 19 (T. 178 13 59) - Geb. 13. Juni 1934 München - Stud. German. u. Gesch. München, Fribourg, Zürich, Promot. b. Emil Staiger - 1967-69 Kulturkorresp. London - BV: Jean Paul - D. Struktur s. Einbildungskraft, 1961; Autorenlexikon d. dt. Gegenwartslit. 1945-75, 1975; D. Literatur d. Adenauerzeit, 1980; Edith Stein, christl. Philosophin u. jüd. Märtyrerin, 1987; Erzabt Walzer, 1988. Herausg.: Pathos u. Ironie, Üb. Martin Gregor-Dellin (1986). Mithrsg.: PEN-Schriftst.lexikon Bundesrep. Deutschl (1982) - 1972 Mitgl. PEN-Zentrum BRD u. d. VS in der IG Druck u. Papier - Spr.: Engl.

ENDRES, Günther
Dr. phil. (habil.), Prof., Chemiker - Inselstr. 23, 2000 Hamburg 20 (T. 5116889) - Geb. 21. Juli 1905 Mannheim, ev., verh. s. 1933, 2 Kd. - Promot. u. Habil. München - 1930-37 Assist. Bayer. Akad. d. Wiss. u. Chem. Staatsinst. München, 1937-45 Vorstandsmitgl. Schülke & Mayr AG., Hamburg, s. 1946 Teilh. Desitin-Werk Carl Klinke GmbH. ebd. Ab 1937 Doz. u. apl. Prof. (1946) Univ. Hamburg - Spr.: Engl. - Rotarier.

ENDRES, Heinz
Prof., Violinist - Byecherstr. 1, 8000 München 42 (T. 560663) - Geb. 14. Aug. 1925 Wiesbaden (Vater: Adolf E., Musiker; Mutter: Maria, geb. Riess), kath. - 1940-43 Musikstud. (m. Reifeprüf.) Musikhochsch. München - 1948-52 solist. u. kammermusikal. Tätigk. In- u. Ausl. (1950 Gründ. Endres-Quartett); 1952-55 Konzertm. Bayer. Staatsorch.; 1955-63 Lehrer Staatskonservat. Würzburg; s. 1963 Prof. Musikhochsch. München - 2 × Grand Prix du Disque (1959 Schubert, Streichquartette u. -quintett; 1962 Brahms, Klarinettenquintett) - Sammelt südd. u. Tiroler Bauernmöbel u. Plastiken sow. präkolumbian. Kunst (Mexico, Peru) - Spr.: Engl.

ENDRES, Michael
Dr., stv. Vorstandsmitglied Deutsche Bank AG, Frankfurt - Taunusanlage 12, 6000 Frankfurt/M. - Geb. 28. Okt. 1937 - Stv. AR-Vors. u. AR-Mitgl. mehrerer gr. Ges.

ENDRES, Ria
Dr., Schriftstellerin - Lersnerstr. 7, 6000 Frankfurt 1 - Geb. 12. April 1946 Buchloe - BV: Am Ende angekommen, 1980; Milena antwortet. E. Brief, 1982; Am Anfang war die Stimme. Z. S. Becketts Werk, 1986. Ged., Hörsp., Ess. Theaterst.: D. Kongress, Acht Weltmeister, Aus deutschem Dunkel.

ENDRES, Walter
Dr. Dipl.-Kfm., em. Prof. f. Betriebs-

wirtschaftslehre - Limastr. 16, 1000 Berlin 37 (T. 8018345) - Geb. 4. Jan. 1917 Feldkirch/Vorarlberg (Österr.), verh. m. Gertrud, geb. Göschka - S. 1966 (Habil.) Lehrtätigk. Univ. Frankfurt/M., Münster, Berlin/Freie (1969 Ord.). 1969-83 Wiss. Dir. Forschungsst. f. Handel Berlin; 1985 emerit. - BV: D. erzielte u. ausschüttbare Gewinn d. Betriebe, 1967; Unternehmen verschied. Wirtschaftsbereiche, 1979; Theorie u. Technik d. betriebswirtschaftl. Vergl., 1980.

ENDRES, Werner

Dr. rer. nat., Ltd. Oberpostdirektor, Honorarprof. f. Akustik in d. Nachrichtentechnik TH Darmstadt (s. 1971) - Hölderlinweg 27, 6100 Darmstadt - Geb. 20. Mai 1915 Recklinghausen - Promot. 1939; Habil. 1966 - S. 1959 Fachgruppenleit. DBP-Forschungsinst. Facharb.

ENDRESS (ß), Gerhard

Dr. phil., o. Prof. f. Arabistik u. Islamwissenschaft Ruhr-Univ. Bochum (s. 1975) - Postf. 10 21 48, 4630 Bochum 1 - Geb. 23. Okt. 1939 Friedrichsdorf/Ts. - Stud. d. Orientalistik, Arabistik, Islamwiss. Univ. Frankfurt/M., Tübingen, Paris; Promot. 1965; Habil. 1972 - 1966-75 Wiss. Assist. u. Prof. (1972) Univ. Frankfurt/M.- BV: D. arab. Übersetzungen v. Aristoteles' Schrift De Caelo, 1966; Proclus Arabus, 1973; The works of Yahya b. Adi, 1977; Einf. in d. islamische Geschichte, 1982; Islam: an historical introd., 1987 - O. Mitgl. Rhein.-Westf. Akad. d. Wiss.

ENDRISS, Günter

Geschäftsführer C. Endriß Waldhornbrauerei KG., Plochingen - Im Burris 10, 7310 Plochingen (T. Büro: 07153/21026 - 29) - Geb. 6. Juni 1911 - Dipl.-Brauing. - Div. Ehrenstell., dar. Vizepräs. Dt. Brauerbund u. Vors. Baden-Württ. Brauerbd. (b. 1981, dann Ehrenpräs.) - 1971 BVK I. Kl.

ENDRISS, Walter

Handelskammergeschäftsf. i.R. - Beutenmüllerstr. Nr. 17, 7570 Baden-Baden - Geb. 17. März 1907 Neckarsulm (Vater: Wilhelm E., Direktor; Mutter: geb. Mann), verh. m. Erika, geb. Vogel - Stud. Rechtswiss. u. Nationalök. Gr. jurist. Staatsprüf. - S. 1946 IHK Baden-Baden (Hauptgf.). - 1972 BVK I. Kl. - Spr.: Engl., Franz. - Rotarier.

ENDRÖS, Hermann

Dr. phil., Oberstudiendirektor a. D., Honorarprof. f. Landes- u. Volkskunde sow. Gesch. d. Päd. Augsburg (s. 1971) - Peißenbergstr. 5, 8900 Augsburg - Geb. 9. März 1910 Augsburg (Vater: Max E., Postbeamter; Mutter: Juliana, geb. Lindinger), kath., verh. s. 1938 m. Amalie, geb. Thoma, 3 Kd. (Juliane, Michael †, Thomas) - Univ. München (Alte Spr., Dt., Gesch.). Staatsprüf. 1933 u. 34 München; Promot. 1933 ebd. - 1933-65 Lehramt Augsbg. Gymn.; 1965-75 Univ. Augsburg. Publ. z. schwäb. Gesch. u. bayer. Volkssage. Übers. antiker Autoren.

ENDRUWEIT, Günter

Dr. jur., Ordinarius f. Soziol. Univ. Stuttgart (s. 1980) - Friedrichstr. 10, 7000 Stuttgart 1 - Geb. 24. Juli 1939 Tilsit/Ostpr. (Vater: Max E., Landw.; Mutter: Meta, geb. Windszus), 2 Töcht. (Christina, Maja) - Gymn. Marne/Holst.; Univ. Kiel, Saarbrücken, Berlin, Tübingen - Univ. Saarbrücken (1971 Assistenzprof.; 1975 Vizepräs.). 1972 Gastprof. USA; 1979 Prof. TU Berlin; 1979 Univ. Bochum - BV: D. Wahlfeststellung, 1973; Struktur u. Wandel d. Polizei, 1979. Dreisprach. Wörterb. d. Soziol., 1975; Organisationssoziol., 1981; Kommunalreform, 1982; Handb. d. Arbeitsbezieh., 1985; Gastarbeiter als Eltern, 1985; Elite u. Entw., 1986; Sozialverträglichkeit v. Energiesystemen, 1987; Dreibänd. Wörterb. d. Soziol., 1989.

ENGASSER, Quirin

Schriftsteller - 8214 Bernau/Chiemsee (T. Prien 7480) - Geb. 4. Nov. 1907 Neubreisach/Els. (Vater: Quirin E., Landw.; Mutter: Margarete, geb. Bayer), freiprotest., verh. in 2. Ehe (1949) m. Elisabeth, geb. Vogl, 3 Kd. (dav. 1 Kd. aus d. 1948 verw. 1. E.) - Univ. Heidelberg u. München (Phil.). 1940-45 Wehrdst. S. 1956 Leit. Volksbildungsw. Prien - W: D. erste Linie, Dr. 1935; Stephan Fadinger, Dr. 1938; D. böse ABC, Lsp. 1938; Moosbart u. Sternenkind, Weihnachtsm. 1938; Schabernack, Bühnenm. 1939; D. Ursächer, R. 1939; D. Stauferin, Trag. 1942; Fallende Würfel, hist. Ess. 1943; Borri, N. 1943; D. faust. Mythos, Ess. 1949; Auf d. Brücke, R. 1949; Dennoch läuten d. Glocken, Volksst. 1953; Stille Nacht, hl. N., Weihnachtsst. 1956; D. unantastb. Flagge, Henri-Dunant-R. 1956; Suez, Lesseps-Biogr. 1956 (auch holl. u. dän.); D. Steinhuber-Marterl, R. 1956; Gegen d. Stimme d. Herzens, 1958; D. Engel u. s. Knecht, R. 1959; Falschspiel um d. Groote-Hof, R. 1963; Gewitter üb. d. Mettlinger-Hof, 1964; Zu spät?, R. 1965; Tage und Nächte, Ged. 1969; Wenn's zum Weinen nicht reicht, 139 hintergründ. Limericks, 1977; Übers Moor gehen d. Jahre, R. 1981 - Liebh.: Musik (spielt Flöte), Briefm. - Spr.: Franz., Ital. - Lit.: „Der Westen", Nov. 1977.

ENGE, Hans Joachim

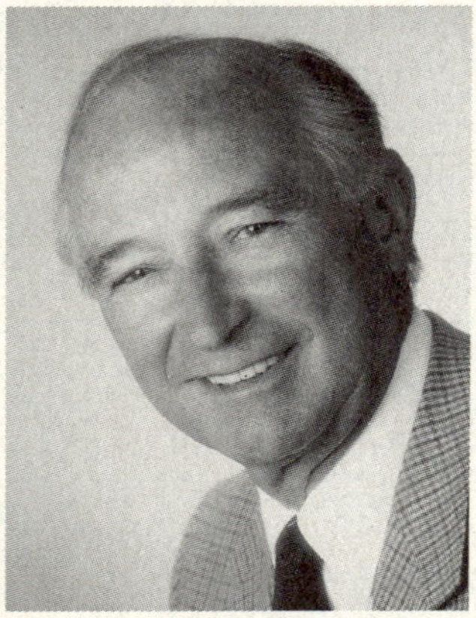

Dr. jur., Kaufm., Teilh. Lampe & Schierenbeck, Bremen (s. 1957), Brit. Honorarkonsul - Kapitän-König-Weg 26, 2800 Bremen-Oberneuland (T. 0421 - 25 50 52) - Geb. 25. Sept. 1925 Leipzig (Vater: Willy E., Kaufm.; Mutter: Wally, geb. Hahn), ev., verh. s. 1954 m. Ursula, geb. Westphalen, 3 Kd. (Christoph, Catrin, Thomas) - Gymn.; Stud. Rechtswiss., Volksw. Jurist. Staatsex. Erlangen; Promot. 1951 Köln - 1948-50 Assist. Hochsch. Wilhelmshaven; 1951-52 Doz. Dt. Versich.akad. Köln; 1953-57 Abt.leit. Unilever Dtschl., Hamburg - Vorst. Dt. Verein f. Intern. Seerecht, Verein Bremer Seeversicherer; Mitgl. German National Committee of Lloyd's Register. Vors. bzw. Mitgl. versch. nat. bzw. intern. Gremien d. Transportversich.wirtsch. Vizepräses Handelskammer Bremen - BV: D. Transportversich. (vergl. Darstell. d. engl. u. dt. Transportvers.rechts), 1965, 2. A. 1974; Erläut. z. d. ADS Güterversich. u. d. dazugehör. DTV-Klauseln, 1973; Erläut. z. d. DTV-Koskoklauseln 1978 - Liebh.: Segeln, Golf - Spr.: Engl.

ENGEL, Frederico

Dr. rer. nat., Dipl.-Chem., Direktor i. R. - Langehegge 297, 4370 Marl/W. (T. 49 21 45) - Geb. 22. April 1924 Curityba/Bras., verh. s. 1954 m. Rosemarie, geb. Baumann - Stud. Staatl. Ingenieursch. Essen u. Univ. Münster (Dipl. 1952; Promot. 1954) - 1969-85 Vorst. Chem. Werke Hüls AG, Marl, u. Dir. Daicel-Hüls Ltd., Tokyo. Div. Mand. u. Fachmitgliedsch.

ENGEL, Gustav

Dr. phil., Büchereileiter i. R., Honorarprof. f. Westfäl. Landesgeschichte Univ. Bielefeld - Gehrenberg 15, 4800 Bielefeld - Geb. 24. Juli 1893 Quakenbrück, ev., verw.

ENGEL, Hans

s. Linus, Hans

ENGEL, Heino

Dr.-Ing., Prof., Architekt BDA - Arthur-Zitscher-Str. 6, 6050 Offenbach/M. (T. 888602); priv.: Tennisstr. 22-24 - Geb. 29. März 1925 Bingen/Rh. (Vater: Dipl.-Ing. Adolf E., Oberreg.sbaurat; Mutter: Helene, geb. Bartikowski), ev., verh. s. 1962 m. Roswitha, geb. Quirin, 3 Kd. (Claudia, Barbara, Daniele) - Gymn. Bingen u. Offenbach (Abit. 1942); Stud. Architektur TH Darmstadt u. Univ. Kyoto/Japan. Promot. 1959 Darmstadt - 1942-45 Kriegsdst.; s. 1947 Assist. Prof. Graf TH Darmstadt, Mitarb. u. Chef Büro Prof. Neufert, Darmstadt (1949), fr. Architekt Frankfurt/M. u. Langen (1950), Mitarb. Architekturabt. Seikatsukagaku Kenkyu-sho (Forschungsinst. z. Nutzbarmachung d. Wiss. im Leben) Kyoto (1953), Japan. Architekt Bauforschungsinst. Univ. Kyoto (1954), Gastdoz. School of Architecture Univ. Minnesota/USA (1956; 1960 b. 63 Consultant architect Fa. Cerny, Minneapolis), fr. Architekt u. Planer sowie Lehrtätigk. Hochsch. f. Gestaltung Offenbach (1964; 1973 Prof.). Div. Fachmitgliedsch. Bauten: Wohnhäuser (1968 Terrassenhaus Homberg/Ohm), Verwaltungsbauten, Kirchen u. a. - BV: The Japanese House - A Tradition for contemporary Architecture, 1964; Tragsysteme, 1967 (m. H. Bandel; auch engl., span., jap., chin.). Zahlr. Fachaufs. - Zahlr. in- u. ausl. Stip. u. Ausz. - Spr.: Engl., Jap. - Liebh.: Fechten.

ENGEL, Helmut

Dr. phil., Landeskonservator v. Berlin, Honorarprof. f. Stadtbildpflege TU Berlin - Grethe-Weiser-Weg 11, 1000 Berlin 19.

ENGEL, Horst

Dr. rer. pol., Dipl.-Kfm., Verleger, Vors. d. Geschäftsfg. Druck- u. Verlagshaus Frankfurt am Main GmbH/ Verlag Frankfurter Rundschau - Gr. Eschenheimer Str. 16-18, 6000 Frankfurt/ M.

ENGEL, Johannes K.

Chefredakteur - Kirchenredder 7, 2000 Hamburg 63 (T. Büro: 3007-1) - Geb. 29. April 1927 Berlin (Vater: Karl E., Beamter; Mutter: Anna, geb. Helke), kath., verh. s. 1951 m. Ruth, geb. Moter, 2 Kd. (Christine, Christoph) - S. 1946 Journ. Intern. News Service u. Spiegel (1948; Bürochef Frankfurt/M., 1951 Ressortleit., 1961 Chefredakt. Hamburg) - Spr.: Engl., Franz.

ENGEL, Karl

Prof., Konzertpianist - Kohnestr. 25, 3000 Hannover-Kirchrode - Schüler v. A. Cortot u. P. Baumgartner - S. Jahren Lehrtätigk. Staatl. Hochsch. f. Musik u. Theater, Hannover (Prof. f. Klavier) - Schallplatten: Gesamtes Klavierwerk R. Schumann; Sämtl. Klavierkonzerte W.A. Mozart sowie sämtl. Klaviersonaten u. - stücke - 1952 2. Preis Concours Reine Elisabeth Brüssel - Spr.: Franz. - Rotarier.

ENGEL, Norbert

Präsident Arbeitskammer d. Saarlandes, Saarbrücken (1957-86) - Heiligenwalder Str. 110, 6685 Schiffweiler/Saar (T. Neunkirchen/S. 6397) - Geb. 27. Aug. 1921 Heidelberg - Volksch.; Handw. - 1940-45 Kriegsmarine (Sanitätsmaat), ab 1945 Angest. Arbeitsamt Rheydt-Mönchengladbach u. Amtsverw. Schiffweiler; 1955-75 MdL. VR Saarl. Rundf. (SR). SPD (Mitgl. Landesvorst.).

ENGEL, Oswald

Präsident u. Bundes-Justitiar Verb. d. Kriegsteilnehmer u. Hinterbliebenen Deutschlands, 1. Bundesvors. u. Bundes-Justitiar Bundesverb. d. Kriegs- u. Zivilbeschädigten (BVK) - Auf der Wallme 24d, 5788 Winterberg.

ENGEL, Peter

Dr. med., Univ.-Prof. f. Arbeitsphysiologie u. Rehabilitationsforsch. Univ. Marburg, Leit. Außenabt. im Orthop. Rehabilitationszentrum Hessisch Lichtenau - Birkenkopfstr. 8, 3500 Kassel (T. 40 25 47) - Geb. 6. Juni 1937 Berlin, ev., verh. s. 1965 m. Dr. med. Hannelore Engel, 2 Kd. (Robert, Julia) - Stud. Univ. Marburg u. München; Promot. 1963 Univ. Marburg - 1972 Prof. Univ. Marburg, 1973-75 Univ. Göttingen (Neurologie) - Rd. 100 Fachveröff., bes. zu d. Themen Leistungsbeurteilung u. Thermoregulation v. Körperbehinderten, Physiologie techn. Hilfsmittel (insb. Rollstuhl), arbeitsmed. Hitzeschutzmaßnahmen (indiv. Kühlkleidung), Chronobiol. physikalischer Therapiemaßnahmen - Spr.: Engl., Latein.

ENGEL, Peter

Redakteur u. Schriftst., Lit.-Kritiker - Jungfrauenthal 26, 2000 Hamburg 13 - Geb. 10. Nov. 1940 Eutin/Holst., ev. - Stud. German., Angl.; Staatsex. - Gründ. d. Arbeitsgemeinschaft alternativer Verlage u. Autoren u. d. Interessengemeinschaft Lit.-Ztschr. - BV: Einige von uns, Ged. 1980; Gesammelte Werke v. Ernst Weiß in 16 Bde., 1982; Ernst Weiß, Materialienbd. 1982; Statt e. Briefs, Ged. 1986. Herausg. d. Weiß-Blätter.

ENGEL, Siegfried W.

Dr. med., Wiss. Rat, Prof. f. Kriminologie Univ. Heidelberg - Ladenburger Str. 9, 6900 Heidelberg.

ENGEL, Thomas

Regisseur - Harthauser Str. 21A, 8000 München 90 - Geb. 18. April 1922 Hamburg (Vater: Prof. Erich E., Regiss. † 1966 (s. XIV. Ausg./Bd. II); Mutter: Annie, geb. Triebel), verh. I) 1944 m. Gisela, geb. Trowe (Schausp.), 2 Töchter (Angelika, Barbara), II) 1964 Marianne, geb. Schreitmiller - Landerziehungsheim Schondorf/Ammersee (Abit.); 1940-42 Schauspielsch. Dt. Theater Berlin - Berliner Insz.: u. a. Pastor Hall (Dt. Theater), Les parents terribles (Tribüne). Film: Pünktchen u. Anton, Glückl. Reise, Schwedenmädel, Liebe, die d. Kopf verliert, Liebe auf krummen Beinen, Meine Tochter u. ich; Fernsehen: Frau Luna, D. Zofen, D. Frau d. Fotografen, Gold f. Montevasall, Endstation Paradies, Mein Onkel Benjamin, Es muß nicht immer Kaviar sein, Ihr 106. Geburtstag, D. Führerschein, D. Urlaub, Trauer um e. verlorenen Sohn, u.a. - Verf. Treibgut (Sch.).

ENGEL, Till

Prof., Dozent f. Klavier Musikhochsch. Ruhr/Folkwang-Hochsch. - Abtei, 4300 Essen 16.

ENGEL, Ulrich

Dr. phil., Linguist, Honorarprof. f. Neuhochdt. Grammatik Univ. Bonn (s. 1974) - Burgweg 20, 6148 Heppenheim Bergstr. - Geb. 20. Nov. 1928 Stuttgart (Vater: Victor E., Ministerialrat; Mutter: Hertha, geb. Wunder), ev., verh. s. 1960 m. Uta, geb. Neuburger, 2 Kd. (Ulrich, Margrit) - Gymn.; Univ. Tübingen u. Göttingen (German., Gesch., Franz.). Staatsex. 1955 u. 56 - 1955-60 u. 1963-65 Höh. Schuldst.; 1960-63 Forschungsstip. DFG; s. 1965 Inst. f. Dt. Sprache, Mannheim (b. 1976 Dir., dann Wiss. Mitarb.) - BV: Syntax d. dt. Gegenwartsspr., 1977 (2. A. 1982); Kontrastive Grammatik Deutsch-Serbokroatisch, 1986 (m. a.); Deutsche Grammatik, 1988; Übers. v. L. Tesnière, Eléments de syntaxe structurale, 1980 - Spr.: Engl., Franz., Poln., bedingt Rumän., Serbokroat. u. Span.

ENGEL, Walter

Dipl.-Kfm., Prof. f. Betriebswirtschaftslehre GH Kassel - Schanzenstr. 76, 3500 Kassen-Kirchditmold.

ENGEL, Werner
Nährmittelfabrikant - Berliner Allee 9, 6100 Darmstadt - Geb. 12. März 1909 Beuthen/OS. - B. 1946 Berlin, dann München, s. 1953 Darmstadt. Vors. Forsch.aussch. Arbeitsgem. d. Dt. Kartoffelwirtsch., Bonn, Arbeitsgem. Kartoffelforsch. b. d. Bundesforsch.anst. f. Getreide- u. Kartoffelverarb., Detmold, u. Arbeitsgem. Ernährungsind. Hessen, Bad Homburg - Ehrenvors. Bundesverb. d. kartoffelverarb. Ind., Bonn, Ausst.-beirat InternorGa, Hamburg, u. Aussch. Interfab/Interhospital.

ENGEL, Wolfgang
Dr. med. (habil.), o. Prof. f. Humangenetik u. Institutsdir. Univ. Göttingen (s. 1977), Dekan d. Med. Fak. (s. 1986) - Gosslerstr. 12d, 3400 Göttingen; priv.: Hermann-Reinstr. 4 - Geb. 18. Nov. 1940 Ludwigshafen/Rh. (Vater: Helmut E., Kriminaloberinsp.; Mutter: Maria, geb. Schnell), kath., verh. s. 1963 m. Hadswint, geb. Fink, 5 Kd. (Britta, Claudia, Ruth, Markus, Moritz) - Naturwiss. Gymn.; 1960-65 Univ. Heidelberg (Med.) u. Freiburg/Br (1963; Med. u. Psych.) - Zul. Wiss. Assist. u. Doz. Univ. Freiburg. Buchbeitr. (Genetik u. Begabung, in: Begab. u. Lernen, 11. A. 1977; Störungen d. Entwickl., in: Allg. Pathologie, 1974) u. a. - 1967 Gödecke-Forschungspreis - Liebh.: Malerei - Spr.: Engl., Franz.

ENGELBERGS, Karl Heinz
Dr. jur., Landesbankdirektor a. D. - Am Falkenberg 28, 5090 Leverkusen-Bergisch Neukirch - Geb. 5. Dez. 1919 Osnabrück, kath., verh. s. 1961 m. Marie-Anne, geb. Hillebrand, Tocht. Ragna - Gymn. Carolinum Osnabrück; Univ. Tübingen u. Göttingen (Rechts-, Staats- u. Wirtschaftswiss.). Promot. 1953 Göttingen; Gr. jurist. Staatsprüf. 1954 Hannover - 1938-45 Wehr- u. Kriegsdst. (Reserveoffz.); 1955-56 Rechtsanw.; 1957-58 Pers. Ref. u. Presseref. Finanzmin. W. Weyer (NRW); 1959-64 Oberreg.rat Finanzamt Münster-Stadt u. Oberfinanzdir. Münster; 1964-71 Stadtkämmerer Leverkusen; 1969-74 Ratsherr u. Frakt.Vors. Bergisch Neukirchen; 1975-79 Bürgerm. Leverkusen; s. 1964 AR- u. Beiratsmand.; s. 1973 Präs. Landesschiedsgericht FDP NRW. 1971-83 Vorstandsvors. bzw. Vorstandsmitgl. Wohnungsbauförderungsanst. d. Landes NRW u. öfftl. rechtl. Kred.Inst. Düsseldorf, s. 1985 Vors. Kurat. Wolfgang Döring-Stiftg. - 1979 BVK - Liebh.: Aquarell-Maler, Lit., Kunst, Theater, Musiktheater - Spr.: Franz., Ital., Griech., Lat.

ENGELBERT, Manfred
Dr., Prof., Romanist - Hölleweg 8a, 3400 Göttingen - Geb. 5. März 1942 Dessau (Vater: Johannes E., Dipl.-Ing.; Mutter: Elisabeth, geb. Lustig), verh. m. Ulrike Carla, geb. Weinitschke, 3 T. (Christina, Ulrike, Charlotte-Maite) - Gymn. (Abit. 1961 Bremen); Stud. Roman. Univ. Marburg, Paris, Salamanca, Hamburg; Promot. 1969 ebd. - 1968-74 wiss. Assist. Univ. Hamburg. 1974 ff. o. Prof. f. franz. u. span. Lit. Univ. Göttingen - BV: Calderón - El pleito matrimonial, 1969; Violeta Parra - Lieder aus Chile, 1978, 2. Korr. A. 1979; Jean Renoir-La règle du jeu, 1981 - Liebh.: Musik.

ENGELBERTZ, Wilhelm
Landwirt, Präs. Landwirtschaftskammer Westf.-Lippe, Münster - Silbeckerstr. 43, 5952 Attendorn-Silbecke/W. - Geb. 26. Juli 1921.

ENGELBRECHT, Wilhelm
Direktor, Hoesch Maschinenfabrik Deutschland AG., Dortmund - Notweg 11, 4600 Dortmund-Kirchhörde - Geb. 22. Mai 1922, verh. - HTL Dortmund.

ENGELBRECHT, Wolfram
Dr. jur., Verleger, Geschäftsführender Gesellschafter d. Palast Verlages, d. Filmtheaterbetriebe Deis & Co., d. Residenz Filmtheaterbetriebe GmbH & Co KG, der Adler Film Corporation, der

Primus Druck GmbH & Co KG, Vorst.-Mitgl. Wirtsch.vereinig. Dt. Filmtheater e.V. - Parkstr. 15, 5180 Eschweiler (T. 02403 - 2 30 51-54) - Geb. 30. Jan. 1914 Berlin (Vater: Edgar E., Oberstleutnant; Mutter: Charlotte, geb. Pohl), ev., verh. s. 1941 m. Elsbeth, geb. Deis - Gymn. Berlin-Steglitz; 1931-35 Jura-Stud. Berlin, Marburg, Freiburg; Promot. 1936, Assessor (1939) Kammerger. Berlin. 1939-45 Wehrdienst (Pioniere). Bau u. Betrieb einer Kinokette von 35 Theatern. Herausg. v. 4 Wochenzeitungen.

ENGELBRECHT-GREVE, Ernst
Dr. h. c., Landesminister a. D. - Obendeich 55, 2209 Herzhorn (T. 04124 - 24 97) - Geb. 12. Juli 1916 Neuendorf/Holst. (Vater: Hinrich Greve, Landw.; Mutter: geb. Dose; adoptiert v. Dr. Engelbrecht), ev., verh. s. 1943 m. Marianne, geb. Magens, 3 Kd. - Gymn. Glückstadt (Abit.); landw. Ausbild. - 1939-45 Wehrdst. (zul. Major u. Kommandeur e. Artl.abt.; schwer verwundet) u. Gefangensch. 1953-62 MdL; 1958-62 MdEP. CDU - 1969 Gr. BVK m. Stern u. Schulterbd.; 1986 Ehrenbürger Christian-Albrechts-Univ. Kiel.

ENGELBRECHTEN, von, Georg
Rittergutsbesitzer, Ehrenvors. d. AR. Zuckerfabrik Uelzen AG. u. a. - 3110 Molzen (T. 0581 - 1 21 78) - Geb. 17. Nov. 1905 Bückeburg - Zeitw. Vors. Wirtschaftl. Vereinig. Zucker - Gr. BVK m. Stern u. and. Orden aus Kriegs- u. Friedensz., 1973 belg. Orden I. Kl. - Rotarier.

ENGELEITER, Hans-Joachim
Dr. rer. pol., o. Prof. f. Betriebswirtschaftslehre TU Braunschweig (s. 1968) Lägenkamp 4, 3300 Braunschweig (T. 35 07 80) - Geb. 21. Juni 1923 Halberstadt - Promot. u. Habil. Göttingen.

ENGELEN, Bernhard
Dr. phil., o. Prof. f. Deutsch, Schwerp. Linguistik - Wielandstr. 9, 4400 Münster/W. (T. 02501 - 63 02) - Geb. 16. Okt. 1937 Düsseldorf (Vater: Matthias E., Buchdrucker; Mutter: Maria, geb. Breitenstein), kath., verh. s. 1968 m. Hildegard, geb. Westhoff, 2 S. (Markus, Daniel) - Stud. Dt. u. Roman. Philol., Gesch., Phil. Köln u. Aix-en-Provence. Promot. 1965; Habil. 1972 - 1964 Wiss. Assist. PH Essen, 1966 Wiss. Mitarb. Inst. f. dt. Sprache Mannheim, 1970 Doz., 1972 Prof. PH Heidelberg, 1973 Prof. PH Münster, 1978 Prof. Univ. Dortmund - BV: Unters. z. Satzbauplan u. Wortfeld in d. dt. Sprache d. Gegenw., 2 Bde. 1975; Einf. in d. Syntax d. dt. Sprache, 2 Bde. 1984/86.

ENGELEN-KEFER, Ursula

Dr. rer. pol., Vizepräsidentin d. Bundesanstalt f. Arbeit - Regensburger Str. 104, 8500 Nürnberg 30 (T. 0911-17 21 40) - Geb. 20. Juni 1943 Prag, ev., verh. s. 1967 m. Dr. Klaus Engelen, geb. Kefer, 2 S. (Christian, Oliver) - Stud. Volksw. (m. Schwerp. Sozialpolitik), 1970 Abschl. b. Prof. Weisser, Köln - 1967-70 Aufenth. in New York, fr. Journ. f. Die Zeit u. Handelsblatt (Wirtsch.- u. Sozialprobl. in d. USA). S. 1970 wiss. Ref. b. Wirtsch.- u. Sozialwiss. Inst. d. DGB f. Arbeitsmarktanalyse u. Arbeitsmarktpol.; Schwerpkte. Berat. d. Landesreg. Nordrh.-Westf. in Fragen d. Struktur-, Regional- u. Arbeitsmarktpolitik; ab 1974 Leit. Ref. Intern. Sozialpolitik b. DGB-Bundesvorst., Schwerp.: Vertret. d. DGB in sozial- u. arbeitsmarktpol. Fragen im Rahmen d. EG, d. EGB u. d. IAO. S. 1980 Leit. d. neugegr. Abt. Arbeitsmarktpol. b. DGB-Bundesvorst. u.a. 1974-82 Mitgl. Berat. Aussch. Europ. Sozialfonds in d. EG, 1976-82 VR-Mitgl. Stiftg. z. Verbess. d. Arbeits- u. Lebensbeding. in d. EG, 1977-80 Mitgl. Enquête-Kommiss. Frau u. Ges. d. Dt. Bundestag. S. 1978 Vorstandsmitgl. Bundesanst. f. Arbeit - BV: Beschäftigungspolitik, 1976, 2. A. 1980; Abgrenzung reg. Aktionsräume d. Arbeitskräftepolitik, 1976; Arbeitslosigkeit, 1978; Umschul. in d. USA, e. Beitr. z. wiss. Berat. d. Politik, veröff. im Auftr. d. min. f. Arbeit, Gesundh. u. Soziales in Nordrh.-Westf., 1971 u.a. - Spr.: Engl., Franz.

ENGELHARD, Günter
Publizist, Mitgl. Redaktionsltg. Rheinischer Merkur/Christ u. Welt, Bonn (s. 1975) - Acherhof, 5330 Königswinter 41 - Geb. 19. Jan. 1937 Frankfurt/M. (Vater: Emil E., Schreinermeister; Mutter: Hedwig, geb. Schneider), kath., verh. s. 1959 m. Hanne, geb. Callesen, 3 Kd. (Karen, Kristina; Patrick [aus d. Gemeinsch. m. Christine Wurzwallner]) - Human. Gymn.; Volont. Fränk. Volksblatt, Würzburg - S. 1959 Redakt., u. a. Weser-Kurier, Bremen, Christ u. Welt, Stuttgart; 1970/71 Ressortleiter Feuilleton Frankf. Rundschau; 1972 Chefdramat. Düsseldorfer Schauspielhaus; regelm. Mitarb. Die Weltwoche (Kulturteil) u. art - D. Kunstmagazin, Capital, Kulturprogramme Hörfunk NDR, WDR, HR - 1975 Theodor-Wolff-Preis f. Kultur - BV: Adam, d. Seefahrer - Versuch üb. d. Wiener Maler Rudolf Hausner, 1975; Hausner-Monogr., 1975; Jesus Rafael Soto, 1975.

ENGELHARD, Hans
Dr., Sanitätsrat, Internist, Präs. Landesärztekammer Rhld.-Pfalz, Mainz - Erlenweg 10, 5400 Koblenz (T. 0261 - 3 48 76) - Geb. 23. Dez. 1925 Osnabrück, kath., verw., 3 Kd. - Med.-Stud.

Univ. Frankfurt/M.; Staatsex.; Promot. 1952 Frankfurt.

ENGELHARD, Hans Arnold

Bundesjustizminister (s. 1982), MdB (Landesliste Bayern) - Unsöldstr. 14, 8000 München 22 (T. 089-29 73 79); u. Bundesjustizmin., Heinemannstr. 6, Postf. 20 06 50, 5300 Bonn 2 (T. 0228-58 40 00) - Geb. 16. Sept. 1934 München, verh. s. 1961 (Ehefr. Katja) - Human. Gymn. Augsburg u. Rosenheim (Abit. 1954); Stud. Rechtswiss. Univ. Erlangen u. München (Refer.-Ex.; 2. jurist. Staatsex. 1963) - Rechtsanw. München. 1964-85 Vorstandsmitgl. Stiftg. Theodor-Heuss-Preis, seitd. Mitgl. Kurat. S. 1972 MdB (1977-82 stv. Vors. FDP-Frakt.). FDP s. 1954 (1970-82 Vors. Münchner FDP, Mitgl. Bundes- u. Landesvorst.; 1970-72 Stadtrat München, zul. Frakt.-Vors.) - 1982 Gr. Gold. Ehrenz. f. Verdienste um d. Rep. Österr.; 1984 Bayer. VO.; 1985 Gr. BVK - Liebh.: Lit., Heimatkd.

ENGELHARD, Karl
Dr. rer. nat., Prof. f. Geographie (Schwerp. Sozialgeogr.) u. ihre Didaktik - Görlitzer Str. 44, 4400 Münster-Coerde - Geb. 4. Mai 1926 Volshardinghausen - Promot. 1966 - S. 1970 Ord. Univ. Münster - BV: u. a. D. wirtschaftsräuml. Gliederung Ostafrikas, 1974. Mitheraus. u. Verf.: Konkrete Didaktik d. Geogr. (4. A. 1982).

ENGELHARD, Michel
Dr. h. c., Diplomat - Zu erreichen üb. Bundespräsidialamt, Kaiser-Friedrich-Str. 16, 5300 Bonn (T. 0228 - 20 01) - Geb. 15. Okt. 1936 (Vater: Peter E., Sänger u. Pianist; Mutter: Ingeborg, geb. Michelsen), kath., verh. s. 1961 m. Ute Maria, geb. Hoffmann - 1. jurist. Staatsex. 1961, 2. Staatsex. 1966, Dipl.-Staatsprüf. 1967 - 1967-70 Ausw. Amt (Polit. Abt.); 1970-73 Kultur- u. Presseref. Botsch. Seoul/Korea; 1973 Pers. Ref. d. Staatssekr. d. AA; 1975-79 Bundespräsidialamt (Ghost-writer), anschl. 1979 Chargé d'Affaires in Algier u. in Monrovia/Liberia; 1980-83 Botschafter in Kamerun u. Äquatorialguinea; 1983 AA

Bonn; s. 1985 Bundespräsidialamt - 1975 Ehrendoktor Korea-Univ. Seoul - Liebh.: Lit., Phil., Kunst - Spr.: Engl., Franz., Ital., Russ., Korean.

ENGELHARD, Rudolf Anton

Dipl.-Ing. (FH), Förster, MdL Bayern - Samhofstr. 12, 8068 Pfaffenhofen a. d. Ilm (T. 08441 - 16 35) - Geb. 10. März 1950, kath., verh.

ENGELHARDT, Albrecht

Dr. med. habil., Prof., Physiologe, Arzneimittelherst., AR-Mitgl. TOGAL-Werk AG, München/Lugano/Wien (1959ff.) - Ob. Bahnhofstr. 16, 8541 Büchenbach/Mfr. (T. 09171 - 38 91) - Geb. 1. April 1913 Büchenbach (Vater: Johann E., Oberlehrer; Mutter: Marie, geb. Gärtner), ev., verh. s. 1943 m. Gertrud, geb. Hoffmann, 2 Kd. (Dr. med. Konrad, Marie-Luise) - Stud. Univ. Erlangen, Berlin, München. Ärztl. Approb. u. Promot. 1939 Erlangen; Habil. 1942 ebd. - 1937-47 Physiol. Inst. Univ. Erlangen (1942 Doz.); 1947-48 Gastprof. Long Island Univ. New York; 1948-50 Pharmak. Inst. Univ. Erlangen; 1950-76 Resorba Steril-Catgut-Fabrik Nürnberg - BV: Physiol. d. Atmung, 1941; Isoton. Blutersatzmittel, 1943; Milchsäure u. Herztätigk., 1955; Chinin-Lithium-Salicylat-Kombination, 1974. Herausg.: Schillers Med. Schriften (1958) - Carl-v.-Eicken- (1942, Univ. Berlin) u. Carl-Diem-Preis (1955, Dt. Sportbd.) - Liebh.: Ahnenforsch. - Spr.: Engl. - Bek. Vorf.: Reformator Andreas Osiander (1498-1552).

ENGELHARDT, Freiherr von, Alexander

Vorsitzender des Vorstandes Dyckerhoff AG, Wiesbaden - Taunusstr. 4a, 6242 Kronberg - Beir.-Vors. Dyckerhoff Transportbeton GmbH, Wiesbaden, Beton Union GmbH, Köln; AR YMOS AG Ind.produkte, Hausen; stv. AR-Vors. d. Hans Sievert AG & Co., Osnabrück u. Anneliese Zementwerke AG, Ennigerloh; AR-Mitgl. S.A. Espanola de Cementos Portland Hispania, Madrid/ Spanien.

ENGELHARDT, Dieter

Stv. Vorstandsvors. Hutschenreuther AG., Selb (s. 1975) - Plößberger Weg 19, 8672 Erkersreuth/Ofr. (T. 09287 - 4020) - Geb. 29. April 1929 Berlin (Vater: Friedrich E., Oberbaurat; Mutter: Frieda, geb. Müller), ev., verh. s. 1961 m. Christa-Maria, geb. Hassmann, T. Franziska, S. Florian, S. Nikolaus - Friedrich-Nietzsche- u. Georg-Herwigh-Obersch. Berlin (Abitur) - S. 1956 Rosenthal-Bereich (1961-68 General Manager Rosenthal China (London) Ltd.), 1969-73 Vorst. d. Rosenthal Glas u. Porzellan AG., Selb. Spez. Arbeitsgeb.: Verkauf, Marketing. AR Messe- + Ausst.GmbH, Frankfurt; 1. Vors. Verkehrsverb. f. Nordostbayern, Selb - Liebh.: Jagd, Reiten, Wandern - Spr.: Engl.

ENGELHARDT, von, Dietrich

Dr. phil., o. Prof. f. Geschichte d. Medizin Univ. Lübeck (s. 1983) - Zu erreichen üb. Inst. f. Med.- u. Wissenschaftsgesch., Ratzeburger Allee 160, 2400 Lübeck - Geb. 5. Mai 1941 Göttingen (Vater: Wolf v. E., Univ.-Prof.; Mutter: Margarethe, geb. v. d. Ropp), ev., verh. s. 1969 m. Ulrike, geb. Aschoff, 5 Kd. (Juliane, Nikolaus, Jakob, Clara, Benjamin) - 1961-68 Stud. Phil., Gesch., Slavistik; Promot. 1969; Habil. 1976 - 1976-83 Prof. f. Gesch. d. Med. u. Allg. Wissenschaftsgesch. Univ. Heidelberg - BV: Hegel u. d. Chemie, 1976; Histor. Bewußtsein in d. Naturwissenschaft von d. Aufklär. b. z. Positivismus, 1979; Mit d. Krankheit leben, 1986; Wissenschaftsgesch. auf d. Versammlg. d. GDNÄ 1822-1972, 1987; Kriminalität u. Verlauf (m. S. W. Engel), 1978; D. inneren Verbindungen zw. Phil. u. Med. im 20 Jh. (m. H. Schipperges), 1980; Florenz u. d. Toscana: E. Reise in d. Vergangenh. v. Medizin, Kunst u. Wiss. (m. T. Henkelmann u. A. Krämer), 1987 - Spr.: Engl., Franz., Ital., Russ.

ENGELHARDT, Friedrich

Dr. med., Prof. f. Neurochirurgie - Hofweg, 8707 Veitshöchheim/Ufr. - S. 1976 Prof. Univ. Würzburg.

ENGELHARDT, Gunther

Dr. rer. pol., o. Prof. f. Volkswirtschaftslehre u. öffentl. Finanzen, gf. Dir. Inst. f. Finanzwiss. Univ. Hamburg - Corinthstr. 23, 2000 Hamburg 52 (T. 040 - 880 42 02) - Geb. 22. Juli 1937 Berlin (Vater: Walter E. †, Kaufm.; Mutter: Gerda, geb. Wlazil), ev., verh. s. 1964 m. Vera, geb. Süß, 2 Töcht. (Claudia, Maren) - Comenius-Gymn. (Abit. 1957) Düsseldorf, Dipl. 1963, Promot. 1967 Köln - Forsch.sstip. 1968 b. 73 Dt. Forsch.sgem. u. Max-Kade-Foundation; 1973-74 Lehrstuhlvertr. Finanzwiss. Univ. Hamburg; 1982 Visiting Scholarships The Brookings Inst., Washington D.C., Yale Univ., New Haven, Ct. USA - BV: Verhaltenslenkende Wirkungen d. Einkommensteuer, Monogr. 1968; Haushalts- u. mehrjährige Finanzplan. im Planspiel, Monogr. 1984; Finanzw. Folgen kommun. Gebiets- u. Funktionalreformen, Monogr. 1986 - Interessen: Polit. Soziol., Ethol. - Spr.: Engl., Franz.

ENGELHARDT, Gustav Heinz

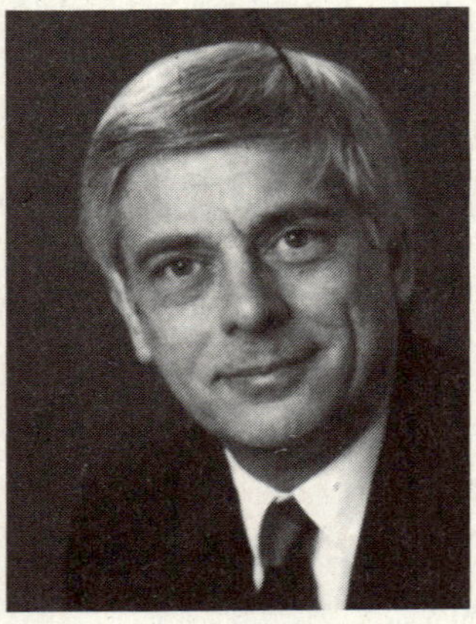

Dr. med., Prof., Chirurg u. Unfallchirurg, Direktor Chirurgische Klinik, Klinikum Barmen (s. 1986) - Heusnerstr. 40, 5600 Wuppertal 2 (T. 0202 - 56 63 20) - Geb. 1. Jan. 1930 Wuppertal - Stud. Med. - 1970-75 MdL Nordrh.-Westf.; Landesvors. ASB Landesverb. Nordrh.-Westf. - BV: Unfallheilkunde f. d. Praxis, 1983 - 1976 v. Haberer-Preis; 1986 BVK.

ENGELHARDT, Heinz

Galvaniseurmeister, Präs. Bundesinnungsverb. d. Graveure, Galvaniseure, Gürtler u. verw. Berufe, Solingen - Platzhof 17, 5650 Höhscheid.

ENGELHARDT, Ingeborg

Schriftstellerin - Eckenhus, 2411 Altmölln - Geb. 10. Okt. 1904 Posen - Gartenarch. - BV/R (1944-59): Imme Wittings Hof, Wanderer durch d. Nacht, E. Schiff n. Grönland. Div. Jugendb.

ENGELHARDT, Jürgen Peter

Dr. med. dent., Zahnarzt, apl. Prof. f. Zahn-, Mund- u. Kieferheilkunde, insb. zahnärztl. Prothetik, Univ. Düsseldorf (s. 1973) - Am Hövel 23, 4005 Meerbusch 1 - Geb. 16. Mai 1937 Ulm/D. - Promot. (1961) u. Habil. (1970) Düsseldorf - U. a. Oberarzt Westd. Kieferklinik. Üb. 40 Facharb. - 1972 Miller-Preis.

ENGELHARDT, Karlheinz

Dr. med., Prof., Chefarzt III. Medizin. Klinik/Städt. Krankenhs. Kiel (s. 1970) - Jägerallee 7, 2300 Kiel-Holtenau - Geb. 29. Nov. 1930 Plauen - BV: D. Patient i. seiner Krankheit, 1971 (auch poln.); Kranke i. Krankenhaus (m. A. Wirth u. L. Kindermann), 1973; Patienten-zentrierte Medizin, 1978.

ENGELHARDT, Klaus

Dr. theol., Prof., Landesbischof Ev. Landeskirche Baden - Blumenstr. 1, 7500 Karlsruhe - Geb. 11. Mai 1932 Schillingstadt (Vater: Wilhelm E., Pfarrer; Mutter: Therese, geb. Nell), ev., verh. s. 1960 m. Dorothea, geb. Schlink, 3 Kd. (Markus, Tilman, Dietlind) - Univ. Göttingen, Basel, Heidelberg (Theol.) - 1969 Prof. f. Ev. Theol. PH Heidelberg (1971-76 Rektor); 1980 Landesbischof. 1985-88 Vors. Arnoldshainer Konf.; 1985 Mitgl. d. Rats d. EKD.

ENGELHARDT, Otto

Geschäftsf. F. H. Hammersen GmbH., Osnabrück - Ernst-Stahmer-Weg 14, 4500 Osnabrück-Sutthausen - Geb. 12. Dez. 1927.

ENGELHARDT, Udo

Dr. rer. nat., Prof. f. Anorg. Chemie FU Berlin (s. 1971) - Goldenes Horn 25, 1000 Berlin 42 (T. 7036176) - Geb. 22. Jan. 1935 Berlin (Vater: Walter E., Dipl.-Kfm., Dr. rer. pol.; Mutter: Gerda, geb. Wlazil), ev., verh. s. 1961 m. Ingrid, geb. Crecelius, 7 Kd. (Amelie, Gundula, Caroline, Miriam, Ophelia, Nikola, Clemens-Samuel) - 1961 Dipl.-Chem., 1964 Promot., 1970 Habil.; 1962-65 wiss. Assist. TH München, 1965-66 post doc. Univ. of Michigan, USA, 1966-67 wiss. Assist. TH München, 1967-70 wiss. Oberassist. FU Berlin, 1970-71 Wissenschaftl. Rat u. Prof. FU Berlin, 1971 ff. Prof. f. Anorg. Chemie FU Berlin. Ca. 60 Fachveröff. - Liebh.: Berg- u. Ski-Hochtouren, Garten - Spr. Engl., Franz.

ENGELHARDT, Walter

Hauptlehrer, MdL Bayern (s. 1978, SPD) - Buchenweg 2, 8581 Mistelbach/ Ofr. - Geb. 15. Febr. 1939 Würzburg, ev., verh., 3 Kd. - Oberrealsch. Würzburg; PH Bayreuth - B. 1964 Volksschul-, dann Hauptlehrer. 1972ff. Mitgl. Gemeinderat Mistelbach u. Kreistag Bayreuth; 1974-78 Mitgl. Bezirkstag Oberfranken; Vors. Bürgerforum Bayreuth u. Verein f. Jugendpflege u. Volksbildung Schloß-Schney. Versch. Parteiämter (u. a. Kreisvors. Bayreuth-Land u. Unterbezirksvors. Bayreuth).

ENGELHARDT, Werner Hans

Dr. rer. pol., o. Prof. f. Wirtschaftslehre, insb. Marketing, Löwenzahnweg 12, 4630 Bochum (T. 79 17 17) - Geb. 11. Juli 1932 Frankfurt/M. - S. 1968 (Habil.) Lehrtätigk. Univ. Frankfurt/M. u. Bochum (1968 Ord.); 1982-85 Dir. Univ. Seminar d. Wirtschaft, Erftstadt - BV: Finanzierung a. Gewinn im Warenhandelsbetrieb u. ihre Einwirkungen a. Betriebsstruktur u. -politik, 1960; Grundzüge d. doppelt. Buchhalt., 1966 (m. Prof. H. Raffée); Investitionsgüter-Market., 1981 (m. B. Günter); D. Direktvertrieb im Konsumgüterbereich, 1984 (m. M. Kleinaltenkamp, S. Rieger); Strategische Unternehmensplanung, Lehrbrief f. d. Weiterbild. Stud. Techn. Vertrieb FU Berlin, 1986 (m. M. Kleinaltenkamp); Vertriebswegeentscheidungen, Lehrbrief f. d. Weiterbild. Stud. Techn. Vertrieb FU Berlin, 1986 (m. M. Kleinaltenkamp). Zahlr. Einzelarb.

ENGELHARDT, Werner Wilhelm

Dr. rer. pol., Dipl.-Volksw., Prof. f. Sozialpolitik u. Genossenschaftswesen Univ. Köln - Hochwaldstr. 38, 5000 Köln 41 (T. 43 38 91) - Geb. 13. Febr. 1926 Neudorf/Harz - BV: Robert Owen u. d. soz. Reformbestreb. s. Beginn d. Industrialisier., 1972; Sind Genoss. gemeinwirtsch. Untern., 1978; Allg. Ideengesch. d. Genossenschaftswesens, 1985. Ca. 200 Abh. Herausg.: Schriften z. Genossenschaftswesen u. z. Öffentl. Wirtschaft (m. Theo Thiemeyer); Ges., Wirtsch., Wohnungswirtsch. Festschr. f. Helmut Jenkis (1987, m. Theo Thiemeyer); Genoss. - quo vadis? E. neue Anthol. (1988, m. Theo Thiemeyer); Genoss. u. genoss.wiss. Forsch. (1989, m. Jürgen Zerche u. Philipp Herder-Dorneich); Sozialpolitiklehre als Prozeß (1989, m. Philipp Herder-Dorneich u. Jürgen Zerche). Mithrsg.: Kölner Schriften z. Sozial- u. Wirtsch.politik.

ENGELHARDT, Freiherr von, Wolf

Dr. phil., em. o. Prof. f. Mineralogie - Paul-Lechler-Str. 5, 7400 Tübingen (T. 6 23 76) - Geb. 9. Febr. 1910 Dorpat/ Estl. (Vater: Eduard v. E.; Mutter: Mary, geb. v. Grote), verh. 2) s. 1975 m. Gabriele, geb. Bargsten, 5 Kd. - Univ. Halle/S., Berlin, Göttingen (Promot. 1935). Habil. 1940 - Assist. u. Privatdoz. Univ. Rostock u. Göttingen, 1944 ao. Prof. (b. 1945), 1948 Leit. Geol. Labor. Gewerksch. Elwerath, Erdölwerke Hannover, 1957 o. Prof. Univ. Tübingen (1963/64 Rektor). 1950 Honorarprof. Univ. Göttingen - BV: D. Porenraum d. Sedimente, 1960 - BV: D. Bildung v. Sedimenten u. Sedimentgesteinen, 1973; Mineralogie, Geologie u. Paläontologie a. d. Univ. Tübingen v. d. Anfängen bis zur Gegenw. (m. H. Hölder), 1977; Theorie d. Geowiss. (m. J. Zimmermann). Herausg.: G. W. Leibniz, Protogäa, Schöpfer. Vernunft - Schr. aus d. J. 1668-86, Neue Abh. üb. d. menschl. Verstand; Mithrsg.: Goethes Naturwissenschaftliche Schriften, Leopoldina-Ausg. - 1957 Mitgl. Dt. Akad. d. Naturforscher (Leopoldina), Halle/S.; 1960 o. Mitgl. Heidelbg. Akad. d. Wiss.; 1973 Stille-Med. Dt. Geol. Ges.; 1979 Gauss-Med. Braunschweigische Wiss. Ges.; 1980 Abraham-Gottlob-Werner-Med. Dt. Mineral. Ges; 1983 Cothenins-Med. Akad. d. Naturforscher (Leopoldina); 1984 Steinmann-Med. Geol. Vereinig.

ENGELHARDT, Wolfgang

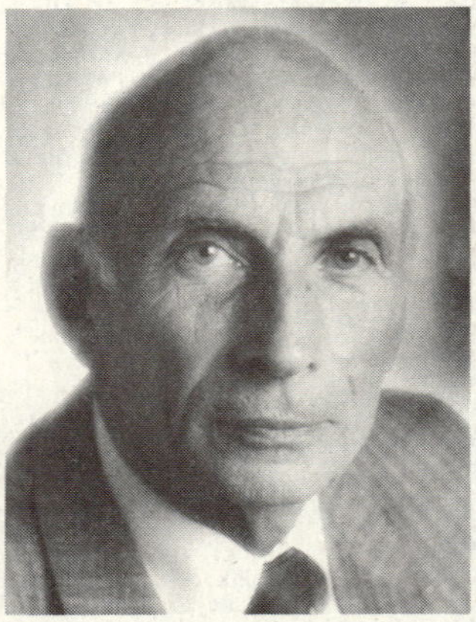

Dr. rer. nat., Prof., Generaldirektor d. Staatl. Naturwissenschaftl. Sammlungen Bayerns (s. 1967), Präs. Dt. Naturschutzring/Bundesverb. f. Umweltschutz (DNR) (s. 1968) - Kirchstr. 5, 8061 Prittlbach - Geb. 12. Okt. 1922 München (Vater: Philipp E., Oberstudienrat; Mutter: Wiltrud, geb. Schörcher), ev., verh. s. 1951 m. Irmgard, geb. Lambert, T. Ingrid - TU u. Univ. München (Zool.). Promot. (1949) u. Habil. (1964) Univ. München - 1954-67 Leit. Abt. f. Wirbellose Tiere Zool. Staatssamml. München (Oberkonservator). 1951-82 Lehrbeauftr. f. Landschaftsökologie, -pflege u. Naturschutz TU München; s. 1964 Privatdoz., s. 1972 Honorarprof. f. Zool. Univ. München - BV: Naturschutz - S. wichtigsten Grundl. u. Ford., 1954 (Schulb.); Was lebt in Tümpel, Bach u. Weiher?, 12. A. 1986 (auch engl.); D. letzten Oasen d. Tierwelt, 6. A. 1968 (auch engl., schwed., niederl.). Mithrsg.: Handb. f. Landschaftspflege u. Naturschutz (4 Bde. 1968/69). Mithrsg.: Landschaftspflege u. Naturschutz i. d. Praxis, 1973. V.: Umweltschutz, 5. A. 1985. Mithrsg.: Handbuch f. Planung, Gestaltung u. Schutz d. Umwelt (4 Bde.

1978/80). Herausg.: Grünes Deutschl. (1982); Ökologie im Bau- u. Planungswesen (1983) - 1973 Alexander-v.-Humboldt-Med. in Gold, 1973 BVK I. Kl., 1987 Gr. BVK - Liebh.: Bergsteigen, Aquaristik, Reiten.

ENGELHARDT, von, Wolfgang Georg

Dr. med. vet., Prof. f. Physiologie Tierärztl. Hochsch. Hann. - Bischofsholer Damm 15, 3000 Hannover 1 - Geb. 23. Febr. 1932 Jätschau (Vater: Gert v. E., Landw.; Mutter: Ruth, geb. Albinus), ev., verh. s. 1960 m. Ingrid, geb. Gollub, 2 Kd. (Jörg, Frauke) - Landwirtsch.lehre; Stud. d. Veterinärmed.; Promot. 1959; Habil. 1968 - S. 1970 Lehrtätigk. Hohenheim (1970 Leit. Abt. Veget. Physiol.; 1973 apl. Prof.), 1979 Dir. Physiol. Inst. Tierärztl. Hochsch. Hann. - Ca. 190 Fachveröff. - 1973 Henneberg-Lehmann-Preis Univ. Göttingen; 1984 Centennial Medal Univ. of Pennsylvania.

ENGELHART, Anton

Rechtsanwalt - Witzelstr. 95, 4000 Düsseldorf - Geb. 14. Okt. 1918 - Stud. Rechtswiss. Gr. jurist. Staatsprüf. (s. XXIV Ausg.).

ENGELKE, Kai

Schriftsteller, Journ., Lehrer - Im Timpen 18, 2991 Surwold (T. 04965 - 12 10) - Geb. 1. April 1946 Göttingen (Vater: Josef E., Journ.; Mutter: Robin E., Malerin), verh. s. 1975 m. Ulrike, geb. Walsdorff, 4 Kd. (Florian, Felix, Moritz, Anna-Katharina) - Abit. 1970 Gießen, Redaktionsvolont. b. dpa Frankfurt (b. 1971); ab 1972 Stud. Kunstpäd. u. Musik Hildesheim; 1. u. 2. Staatsprüf. 1975 u. 77 - S. 1981 Initiator u. Organisator surwolder literaturgespr. (Autorentreffen, Workshops, Musikveranst., Kunstausst.) in Surwold/Emsland; s. 1984 fr. Mitarb. NDR Hannover (Ressort Lit.); s. 1979 Lesungen m. Autoren u. Musikern in d. gesamt. BRD. Mitgl. Verb. dt. Schriftst.; s. 1987 Landesvorst.-Mitgl. Nieders./Bremen; Vorst.-Mitgl. Lit. Aktion Oldenburg (s. Gründg. 1988). Enge Zusammenarb. m. d. Maler Norbert Bücker - BV: Lärmend d. Nacht entgegen, Ged. 1977; Berührungsversuche, Ged. 1979; D. Angst ..., Ged. 1980; Mein kl. dunkles Zimmer, Gesch. 1980; D. Straßenmusikb., Sachb. 1982, 2. A. 1984; Lit. im Moor, Dok. 1984 u.a. Zahlr. Veröff. in rd. 40 Anthol., Kalendern, Lit.-Ztschr., Tagesztg., auf Kassette, LP u. im Rundf. - Spr.: Engl. - Lit.: nieders. literarisch - 100 Autorenporträts; Kürschners Lit.-Kalender (1984); Künstlerverz. 1984 Landesjugendring Hannover, Nicht Direkt, 8/85 (Oldenburger Lit.-Ztschr.) u.a.

ENGELKEN, Dierk

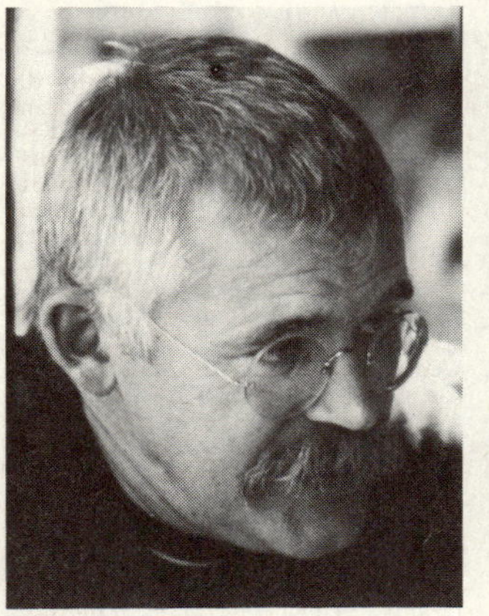

Maler u. Bildhauer - Kurfürstenstr. 48, 5300 Bonn 1 (T. 0228 - 21 53 73); u. Industriestr. 170, 5000 Köln 50 (T. 02236 - 6 28 69) - Geb. 26. Juli 1941 Elbing, verh. m. Gudrun, geb. Schieder, 3 Kd. (Jacki, Kai, Larissa) - Stud. German., Kunstgesch., Staatswiss. Bonn, Köln, Düsseldorf; Bildhauerei, Malerei, Graphik Kunstakad. Düsseldorf, Meisterschüler Kunstakad. Düsseldorf; 1. u. 2. Staatsex. - Bundesvors. Bundesverb. Bild. Künstler, Sprecher d. Bundesvorst.; Sprecher d. dt. Kunstrates; Vors. d. Intern. Ges. f. Bildende Künstler. Hochschullehrer s. 1972 - BV: u.a. Kunstwoche (m. L. Jappe), 1984; Kunstaktion, 1987. 223 Veröff. in in- u. ausl. Fachztschr. - Als Maler u. Bildhauer Einzelausst. u. Kunstaktionen in 128 Städten d. In- u. Ausl. - Lit.: Hugo Borger, Zu d. Arb. v. D. E. (1971); Joachim Heusinger v. Waldegg, D. E. (1975); Udo Liebelt, D. Zeichner D. E. (1976); Siegwart Blum, D. E. (1979); Justus Müller-Hofstede, Gespräch m. D. E. (1979); Stefan Papp, D. Zeichner D. E. (1981); Hans M. Schmidt, D. E.: Naturale Skulpturen (1984).

ENGELKEN, Hans Gerhard

Dr. rer. pol., Dipl.-Kfm., Dipl.-Volksw., Sparkassenvorstand i. R. - Jägerweg 9, 6072 Dreieich - Geb. 24. Sept. 1923 Berlin (Vater: Johann E. †1984) - Vorst. Zweckverb. Wasserversorgung Offenbach; stv. AR-Vors. Energieversorgung Offenbach AG; Mitgl. Reg. Planungsvers. b. Reg.präs. Darmstadt. Fraktionsvors. FDP-Kreistagsfrakt.

ENGELKES, Heiko

Journalist, Redakt. ARD-Aktuell - Zu erreichen üb. NDR, Gazellenkamp 57, 2000 Hamburg 54 - Geb. 1. April 1933 Norden (Vater: Karl E., Journ.; Mutter: Juliane, geb. Hraby), ev., verh. s. 1972 m. Alice, geb. Tellenbach, 2 Kd. (Mélanie, Olivier) - Stud. Univ. Wilhelmshaven, Hamburg, West-Berlin, Kansas/USA. 1955-64 fr. Journalist, Lt. Tagesschau WDR-Köln, 1974ff. Auslandskorresp. Paris (1978-83 Leit. ARD-Stud.). S. 1983 zweiter Chefredakt. ARD-Aktuell Hamburg - BV: Mitterrand aus d. Nähe gesehen, 1981 - 1987 Orden Ritter d. franz. Ehrenlegion - Liebh.: Segelsport - Spr.: Engl., Franz.

ENGELL, Hans-Jürgen

Dr. rer. nat., Prof., Dir. u. Hauptgf. Max-Planck-Inst. f. Eisenforsch. Düsseldorf - Voisweg 45a, 4030 Ratingen 1 - Geb. 15. Okt. 1925 Bad Reinerz - 1963-70 o. Prof. TU Clausthal u. Univ. Stuttgart (Dir. Max-Planck-Inst. f. Metallforsch.); s. 1971 Hon.-Prof. TU Clausthal u. Univ. Düsseldorf (1974); 1982-84 Vors. Wiss.rat - BV: The Reduction of Iron Ores (m. L. v. Bogdandy), 1971 (japan. 1974); üb. 130 Fachveröff. - 1961 Masing-Preis; 1981 Cavallaro-Med.; 1982 BVK I. Kl.; 1982 Heyn-Denkmünze u. U.R. Evans-Award; 1987 Dr.-Ing. E. h. TU Berlin.

ENGELMANN, Bernt

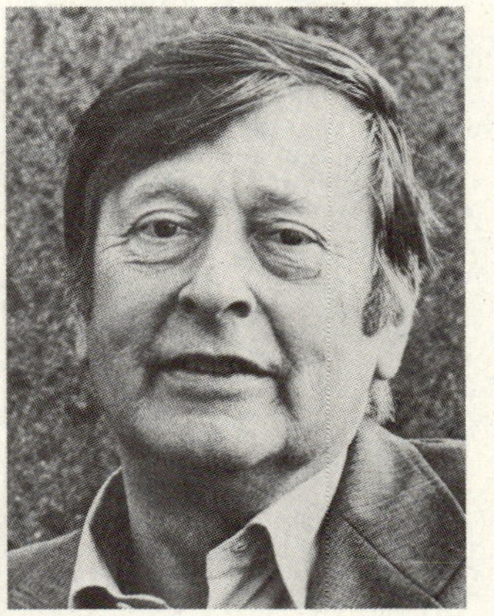

Schriftsteller - Robert-Holzer-Str. 7, 8183 Rottach-Egern/Oberbayern (T. Tegernsee 6 72 96) - Geb. 20. Jan. 1921 Berlin (Vater: Hans E., Verlagsdir.; Mutter: Helene, geb. Worbs), verh. I) m. Ellen, geb. Kohlleppel (†), II) Kirsten, geb. Wedemann, 4 Kd. (Petra, Thomas aus 1., Sabine, Katrin aus 2. Ehe) - Univ. Köln u. Genf (Spr., Neuere Gesch., Rechtswiss.) - Arbeits- u. Wehrdst.; Journ., Redakt. u.a. Spiegel u. Panorama. SPD - BV: (GA. 1989 üb. 10 Mill.; Übers. z. T. USA, Großbrit., UdSSR, Frankr., Schweden, Spanien, Lateinamerika, Finnl., Polen, Ungarn, Tschechosl., DDR-Ausg.): Meine Freunde - d. Millionäre, 24. A. 1987; Deutschland-Report, 3. A. 1965; D. eigene Nest, 1965; Meine Freunde - d. Manager, 18. A. 1984; D. Goldenen Jahre, 11. A. 1984; Schützenpanzer HS 30 - Starfighter F 104 G - Oder wie man d. Staat zugrunde richtet, 1967; Eingang nur f. Herrschaften, 5. A. 1984; D. Macht am Rhein - Meine Freunde, d. Geldgiganten, Bde. I u. II 1968; Krupp-Legenden u. Wirklichkeit, 1968; So deutsch wie möglich - möglichst deutsch, 1969; Dtschl. ohne Juden - e. Bilanz, 1970; D. vergoldeten Bräute, 1971; O wie oben - Wie man es schafft, ganz o zu sein, 1971; D. Reich zerfiel ... D. Reichen blieben - Dtschl. Geld- u. Machtelite, 1972; Ihr da oben, wir da unten, 1973 (zus. m. G. Wallraf); Wir Untertanen - e. dt. Anti-Gesch.buch, 1974; Gr. Bundesverdienstkr., 1974; Einig gegen Recht u. Freiheit, 1975; Trotz alledem. Deutsche Radikale 1777-1977, 1977; Preußen, Land d. unbegr. Möglichkeiten, 1979; D. Laufmasche, 1980; Wie wir wurden, was wir sind, 1980; Auf gut deutsch, 1981; Wir sind wieder wer, 1981; Im Gleichschritt marsch, 1982; Weißbuch: Frieden, 1982; ... b. alles in Scherben fällt, 1983; Du deutsch? 2000 J. Gesch. d. Ausländer in unserem Land, 1984; Bernt Engelmanns bundesdt. Heimatkd., Satiren, 2. A. 1984; D. Freiheit! D. Recht! Johann Jacoby u. d. Anfänge unserer Demokratie, 1984; Vorwärts u. nicht vergessen! Wege u. Irrwege d. dt. Sozialdemokratie, 1985; Bernt Engelmanns Karriere-Ratgeber, 1985; D. unfreiwilligen Reisen d. Putti Eichelbaum, R. 1986; Berlin - e. Stadt wie keine andere, 1986; D. unsichtbare Tradition. Z. Gesch. d. dt. Strafjustiz, 2 Bde. 1988, 1989. Mithrsg.: Ztschr. dt. panorama (1965-67) - 1984 Heinrich-Heine-Preis (DDR); 1971 Mitgl. PEN-Zentrum BRD (1972-74 Vizepräs., b. 1984 Präsid.mitgl.), 1977-84 Bundesvors. Verb. dt. Schriftsteller (VS) in d. IG Druck u. Papier (Rücktr. nach Rücktr. d. Gesamtvorst.), Mitgl. Lit.konfz. f. d. BRD; Verw.-Rat VG Wort - Liebh.: Autographen zur dt. Literatur u. Politik, Mod. Malerei - Spr.: Engl., Franz.

ENGELMANN, Elsbeth

Dr. rer. nat., o. Prof. f. Heilpäd. Psychologie (Lehrstuhl I) Päd. Hochsch. Rheinland/Abt. f. Heilpäd. Köln - Richard-Wagner-Str. 39, 5000 Köln.

ENGELMANN, Günther

Dr. phil., Musiker, Mitgl. Symphonieorch. Bayer. Rundfunk - Seestr. 18, 8125 Oberhausen (T. 08802 - 4 46) - Geb. 15. Mai 1925, ev., verh. s. 1954 m. Susanne, geb. Lindner - Abit. 1943; 1948-52 Stud. German., Gesch. u. Zeitungswiss. in Regensb. u. München; Musik am Händelkons. Univ. München; Promot. 1957, Lehramtsprüf. (Deutsch u. Gesch.) 1959 München - S. 1952 Orchestermitgl. Bayer. Rundf.; s. 1964 Redakt. Ztschr.: D. Orch. Ehrenvors. Dt. Orch.-Vereinig. in d. DAG; s. 1975 Vors. Beirat d. GVL; 1972-80 Präsid.-Mitgl. Dt. Musikrat; s. 1980 Vors. Arbeitsgem. Musikberufe im Dt. Musikrat. 1962-74 fr. Mitarb. Schulfernsehen u. Telekolleg d. Bayer. Rundf. (Gesch.) - 1983 BVK - Liebh.: Jazz, Bergsport - Spr.: Engl.

ENGELMANN, Hans-Ulrich

Dr. phil., o. Prof. (s. 1973), Komponist, Dirigent, Doz. Staatl. Hochsch. f. Musik Frankfurt/M. (s. 1969) - Park Rosenhöhe 15, 6100 Darmstadt (T. 7 79 79) - Geb. 8. Sept. 1921 Darmstadt (Vater: Dipl.-Ing. Rudolf E.; Mutter: Käte, geb. Melchior), ev., verh. s. 1953 m. Roma, geb. Pillhardt - Realgymn. Darmstadt; Hess. Akad. f. Tonkunst u. Univ. Frankfurt/M. (Promot.); 1946-49 Kompos.: W. Fortner, Heidelberg; Kurse: Leibowitz u. Krenek - S. 1945 fr. mitarb. vieler Rundfunkanst. u. Theater; ab 1955 b. 1961 künstler. Berat. u. Regieassist. Theater Darmstadt; 1972 künstler. Berat. Theater Bonn; 1947ff. Mitgl. GEMA, Dt. Komponistenverb.; Mitgl. Neue Darmstädter Sezession; 1980 Mitgl. Accademia Italia - Opern: Doktor Faust's Höllenfahrt (Hamburg), Magog, Verlorener Schatten, Fall van Damm (Köln), Ophelia (Hannover), „Revue“ (Oper, Bonn 73), dramat. Kantate: D. Mauer (Hamburg). Orator.: Manifest v. Menschen (1965 Frankfurt); Missa popularis (1980 Berlin). Orchesterw., Kammermusik, Hörspiel- u. Bühnenmusiken - BV: Bela Bartoks Mikrokosmos - E. Typologie Neuer Musik, 1953; Commediahumana, 1985 - B. 1947 Komp.preis Univ. Frankfurt, 1949 Kompos.stip. Harvard Univ., 1955 Preis f. Kompos. Bundesverb. d. Dt. Industrie, 1960 Rom-Preis Villa Massimo, 1960 Intern. Lidice-Preis Radio Prag, 1969 Stereo-Preis Dt. Rundfunkind. (Funkoper: D. Fall v. Damm), 1971 Johann-Heinrich-Merck-Ehrung d. Stadt Darmstadt, Goethe-Plak. d. Landes Hessen - Liebh.: Sport - Spr.: Engl., Franz. - Lit.: U. Dibelius in MELOS, Mainz 1971, Heft 9; Riemann-Musik-Lex.; MGG-Kassel Lexikonartikel. B. Schäffer: Klassische Dodekaphonisten, Krakau 1964; E. Sarnette, H. Ulrich Engelmann in Compositeur d'aujourd'hui, Paris, 1962; U. Stürzbecher: Werkstattgespr., Köln 1971; U. Dibelius; H. U. Engelmann, in: Melos 1971; Lexica u.a.: Brockhaus, Meyers, Grove, Honegger-Massenheit, Rizzoli/Ricordi.

ENGELMANN, Heinz

Schauspieler, Sprecher, Autor u. Regiss. v. Synchronfilmen u. -Serien - Unteranger 11, 8132 Tutzing/Starnberger See (T. 08158-88 18) - Geb. 14. Jan. 1911 Berlin, ev., verh. I) m. Gertrud Meyen, gesch.; II) s. 1943 m. Tilla Bedendieck, 3 Kd. (Ursula, Christian, Roland †1976) - Abit.; kaufm. Lehre; Schauspielsch. Im 2. Weltkrieg Hptm. Flak. Hauptrolle in 30 Filmen (u.a. Haie u. kleine Fische), Synchronsprecher berühmter Namen wie John Wayne, William Holden, u.a. Theaterrollen Hildesheim, Boulevardtheater Berlin. Dt. Bearb. v. Synchronserien: u.a. Dr. med. Marcus Welby, Bonanza, Shiloh Ranch, D. Waltons - Liebh.: Lit., Schach, Briefmarken, Tischlern, Garten - Spr.: Engl.

ENGELMANN, Ulrich

Dr. jur., Ministerialdirektor - Auf dem Köllenhof Nr. 24, 5307 Wachtberg-Liessem (T. 348419) - Geb. 5. Mai 1927 Neustettin (Vater: Walter E., Zollamtm.; Mutter: Eva, geb. Hille), ev., verh. s. 1957 m. Ingeburg, geb. Piners, 3 Söhne (Lutz, Klaus, Jörg) - Gymn. Stettin u. Graz; Banklehre; Univ. Erlangen u. Köln (Rechtswiss.). Jurist. Staatsprüf. 1953 u. 57 - S. 1957 Bundeswirtschaftsmin. (1963 Pers. Ref. Min. Schmücker, 1966 Leit. Unterabt. Stahl- u. Investitionsgüterw., 1972 Leit. Industrie-Abt., 1974 Leit. Abt. Energiepolitik/Mineral. Rohstoffe) - Liebh.: Musik, Golf (Clubmitgl. Bonn) - Spr.: Engl.

ENGELMEIER, Max-P.

Dr. med., o. Prof. f. Psychiatrie, LLMD, Leit. Arzt Rhein. Landes- u. Hochschulklin. Univ.-Klinikum Essen, Direktor Psychiatr. Univ.-Klinik mit Zentrum f. Psychotherapie - Georg-Baur-Ring 16, 4300 Essen 1 - Geb. 30. März 1921 Münster/Westf. - Habil. 1957 (Neurologie u. Psychiatrie), apl. Prof. Münster 1963, o. Prof. 1965 Essen, Lehrtätigk. Münster, Bochum, Essen. Üb. 110 Fachveröffentl., dar. Buchbeiträge u. enzyklopäd. Artikel. Buch: Glauben als Befreiung, Recklinghausen 1969. Herausg. (m. Popkes): Leitbilder d. modern. Arztes, Stuttgart 1971. Mithrsg. d. Zeitschr. Pharmakopsychiatrie - Spr.: Engl., Franz. - Rotarier.

ENGELMEIER, Peter-W.

Journalist, Schriftsteller - Bayreutherstr. 18, 8000 München 81 (T. 928095-0, 92809525; priv.: 36 67 58/361 37 20) - Geb. 31. März 1941 Sonthofen/Allgäu, verh. s. 1974 m. Regine, geb. Fahle - Stud. Kunstgesch., Phil. Erlangen,

München - Leit. Redakt. Münchner Merkur u. tz (Feuilletonchef), Herausg. u. Chefredakt. Dt. Fernsehdienst, Film-Manuskripte, FS-Video-Szene, München, Geschäftsf. pwe-Verlag f. Mediennpubl. GmbH, München - Vorst.-Mitgl. Dt. Inst. f. Medienkd. - BV: Wir sind ja gar nicht so (Hrsg.), 100000 Wörter f. einen Tag (D. Zeitung u. was dahinter steckt), 1970, Liebe u. Hunger (1971 Mitarb.). Dustin Hoffmann-Schauspieler (Mitverf.), 1980; Medien: Es allen recht machen, 1981; D. Nymphe, Gedachtes aus 25 J., 1986, Auch d. Großen haben klein angefangen, Bildb. 1987. Mehrere Hörsp.

ENGELS, Bruno

Dr. rer. nat., em. Prof. f. Allg. u. Angew. Geologie - Ohlstedter Platz 35, 2000 Hamburg 65 (T. 605 42 35) - Geb. 6. Okt. 1913 Oberlar/Siegkr. (Vater: Heinrich E., Eisenbahnbeamter; Mutter: Gertrud, geb. Wirges), kath., verh. s. 1940 m. Hedwig, geb. Greiner, 3 Kd. (Hartmut, Berna, Heike) - Reform-Realgymn. Bonn; Univ. ebd., Freiburg/Br., Breslau (Geol., Paläontol.). Staatl. gepr. Geologe 1942 Berlin - 1939-41 Montangeologe Spanien, 1941-45 Geol. Reichsamt f. Bodenforsch. Berlin, Assist. Univ. Jena, Köln, Mainz, s. 1954 (Habil.) Lehrtätigk. Univ. Mainz (Privatdoz.), Hamburg (1960 apl. Prof.), Münster (1965 ao., 1968 o. Prof.; Dir. Geol.-Paläontol. Inst., 1979 emerit.). 1962 UNESCO-Beauftr. Südamerika u. Zentralafrika - BV: D. kleintekton. Arbeitsweise unt. bes. Berücks. ihrer Anwend. im dt. Paläozoikum, 1959 (Geotekton. Forschungen). Zahlr. Fachaufs. - Spr.: Engl., Franz., Span.

ENGELS, Gerhard

Prof., Dr.-Ing., Hauptgeschäftsf. Verein Dt. Gießereifachleute (s. 1976) - Albertstr. 18, 4005 Meerbusch 3 (T. 02150 - 3895) - Geb. 25. Juli 1928 Wuppertal (Vater: Paul E., Pfarrer; Mutter: Lydia, geb. Pack), ev., verh. s. 1973 m. Ingrid, geb. Kremer, 3 Kd. (Susanne, Roland, Dirk) - Stud. Univ. Tübingen, TH Aachen - S. 1959 VDG - Lions-Club.

ENGELS, Hartmut

Oberstudienrat, MdHB (s. 1974) - Ohlstedter Pl. 36, 2000 Hamburg 65 (T. 605 41 40) - Geb. 15. Mai 1942, kath., verh. s. 1970 m. Dr. Monika, geb. Römhild, 2 Kd. (Sebastian, Constanze) - Abit. 1961; Staatsex. Math./Physik 1969, Refer. 1969 - S. 1971 Studienrat bzw. Oberstudienrat. S. 1976 Vors. Schulaussch. - Liebh.: Schach, Computer - Spr.: Engl.

ENGELS, Heinz

Intendant Dt. Theater Göttingen (s. 1986) - Zu erreichen üb. Dt. Theater, Theaterpl. 11, 3400 Göttingen - Geb. 1942 Düsseldorf - Mitarb. v. Karlheinz Stroux (D'dorf), Regie In- u. Ausl. (auch USA), dazw. 1972-76 Oberspiell. Braunschweig, dann Regiss. Hess. Staatstheater Darmstadt, Düsseldorfer Schauspielhaus.

ENGELS, Heinz

Dr. phil., o. Prof. f. German. Philologie u. Direktor German. Seminar Univ. Gießen (s. 1968) - Höhlerstr. 30, 6302 Lich/Hessen (T. 2962) - Geb. 8. Nov. 1926 Hohenselchow/Pom. (Vater: Ferdinand E., Posthauptsekr.; Mutter: Helene, geb. Preuß), kath., verh. s. 1957 m. Maria-Theresia, geb. Giwer, S. Heinrich - Gymn. Heinsberg/Rhld.; Univ. Mainz (German., Volkskd., Gesch.) - 1964-66 Wiss. Assist.; 1966-68 Privatdoz. - Spez. Arbeitsgeb.: Dt. Sprache u. ältere dt. Lit. - Mitgl. Collegium Carolinum, München - BV: Ortsnamen an Mosel, Sauer u. Saar, 1958; D. Nibelungenlied, 1968; Probleme u. Methoden mod. dt. Grammatik, 1969/70; Parzival, Titurel, Tageslieder 1970; D. Sprachges. d. 17. Jh., 1983. Herausg.: Sudetendt. Wörterbuch (Bd. 1, 1988) - Liebh.: Musik - Spr.: Engl.

ENGELS, Helmut

Postbeamter, MdL Nieders. (s. 1970, SPD) - 2841 Jacobidrebber 154 (T. Drebber 640).

ENGELS, Hermann

Dr. rer. nat., Prof., Mathematiker - Wendelinusstr. Nr. 13, 5110 Alsdorf/Rhld. - Geb. 25. Dez. 1939 Alsdorf - Promot. (1966) u. Habil. (1971) Aachen - 1968 ltd. Mitarb. Kernforschungsanlage GmbH, Jülich; 1974 Wiss. Rat u. Prof. TH Aachen (Abt. f. Numer. Math./Inst. f. Geometrie u. Prakt. Math.) - BV: Numerical Quadrature and Cubature, 1980. Üb. 50 Facharb.

ENGELS, Hermann jun.

Unternehmer (Ermen & Engels KG., Engelskirchen), Vors. Gesamtverb. Baumwollstrickgarn-Ind., Nürtingen - Hauptstr. 42, 5250 Engelskirchen.

ENGELS, Joseph

Dr. rer. pol., Botschafter d. Bundesrep. Deutschl. in Quito/Ecuador - Edificio ETECO, Avda. Patria y 9 de Octubre (esquina), Quito, Ecuador (T. 23 26 60-23 33 87) - Geb. 9. April 1921 Bonn, kath., verh. s. 1951 (Ehefr.: Thea) - Gymn. Bonn; Univ. Bonn u. Köln - Ausw. Dienst Chile, Kolumbien, Ecuador, Brasilien, Paraguay.

ENGELS, Jürgen

Dr. rer. nat., Prof. f. Physik - Auf dem Kley 28, 4800 Bielefeld 1 - Geb. 1. Okt. 1941 Stuttgart (Vater: Wilhelm E., Konditorm.; Mutter: Hedwig, geb. Weinschenk), verh. s. 1980 m. Claudia-Martina, geb. Conrad, 2 Kd. - TU Karlsruhe (Physik; Dipl. 1966). Promot. 1969 Karlsruhe; Habil. 1972 Bielefeld - S. 1973 Doz. u. Prof. Univ. Bielefeld. Spez. Theoret. Hochenergiephysik. Fachveröff. - Spr.: Engl.

ENGELS, K.

Techn. Direktor - Pfungstädter Str. 2, 6800 Mannheim 1 - Geb. 6. Jan. 1918 - Ing. - Geschäftsf. Draiswerke GmbH., Mannheim 31.

ENGELS, Karl-August

Dipl.-Ing., Geschäftsführer August Engels GmbH - Taubenstr. 11, 5620 Velbert 1 (T. 8 42 68) - Geb. 4. Febr. 1929 Velbert, ev. - Stud. TH Aachen.

ENGELS, Odilo

Dr. phil., o. Prof. f. Geschichte d. Mittelalters - Pestalozzistr. 58, 5042 Erftstadt-Lechenich - Geb. 24. April 1928 Rheydt (Vater: Carl Jakob E., Dipl.-Ing.; Mutter: Ottilie, geb. Osterhaus), kath., verh. s. 1958 m. Gisela, geb. Polag, 4 Kd. - Gymn. Mönchengladb., Univ. Bonn u. Münster - 1966 Priv.Doz. München, 1971 o. Prof. Köln - BV: Schutzgedanke u. Landesherrschaft im östl. Pyrenäenraum, 1970; D. Staufer, 1989; Series episcoporum, Bd. V 1, 1982, Bd. V 2, 1984; D. Bischof in seiner Zeit, 1986.

ENGELS, Wolf

Dr. rer. nat., o. Prof. f. Entwicklungsphysiologie - Panoramastr. 49, 7400 Tübingen 7 - Geb. 1. März 1935 Halle/S. - Promot. 1963; Habil. 1971 - S. 1973 Prof. Univ. Münster/W. (Wiss. Rat u. Prof.) u. Tübingen (Ord.). 1973/74 Gastprof. Univ. São Paulo (Brasil.). Üb. 70 Facharb.

ENGELS, Wolfram

Dr. rer. pol., Prof. f. Betriebswirtschaftlehre, insb. Bankbetriebslehre, Univ. Frankfurt (s. 1968), Herausg.: Wirtschaftswoche - Im Rosengarten 6, 6380 Bad Homburg v. d. H. (T. 4 78 52) - Geb. 15. Aug. 1933 Köln (Vater: Wilhelm E., Wollhändler; Mutter: Elisabeth, geb. Möllen), ev., gesch., T. Bettina - Abit., kfm. Lehre; Stud. in Hamburg, Köln, New York; Dipl.-Kfm. 1959 Köln, Dr. rer. pol. 1961 (bei Prof. Gutenberg) Köln, Habil. 1968 (bei Prof. Stützel) Saarbrücken; 1961-64 Industrie, 1964-68 Univ. Saarbrücken, 1969-79 Univ. Frankfurt, 1979/80 Georgetown Univ. Washington - BV (u. a.): Betriebswirtschaftl. Bewertungslehre, 1962; Rentabilität, Risiko u. Reichtum, 1969; Staatsbürgersteuer (1973); Das Volksvermögen, 1974; Mehr Markt, 1976; Kritik des Wohlfahrtsstaats, 1979; Notenbanktechnik, 1979; D. Staat erneuern - d. Markt retten, 1983; The optimal Monetary Unit, 1980; Über Freiheit, Gemeinheit u. Brüderlichkeit, 1986. 100 Einzelveröff. - 1975 Pieroth-Preis, 1976 Ludwig-Erhard-Preis, 1977 Hermann-Lindrath-Preis - Spr.: Engl., Franz. - Liebh.: Wandern.

ENGELSBERGER, Eugen

Theologe, Prof. f. Didaktik u. Methodik d. ev. Religionsunterr. PH Karlsruhe - Uhlandstr. 44, 7500 Karlsruhe.

ENGELSBERGER, Matthias

Dipl.-Ing., Betriebsinhaber, MdB (s. 1969, CDU/CSU-Fraktion; Wahlkr. 211/Traunstein) - Adelholzener Str. 13, 8227 Siegsdorf/Obb. (T. 08662 - 94 24) - Geb. 18. Juli 1925 Siegsdorf, kath., verh., 4 Kd. (S. Matthias †1983) - Präs. Bundesverb. Dt. Wasserkraftwerke, MdK Traunstein u. Mitgl. Gemeinderat Siegsdorf; CSU s. 1950.

ENGELSBERGER, Max

I. Bürgermeister - Rathaus, 8183 Rottach-Egern/Obb.; priv.: Schmied-v.-Kochel-Weg 9 - Geb. 23. Febr. 1923 Rottach-Egern - Versicherungskfm. - 20 J. Vors. Fremdenverkehrsgem. Tegernseer Tal.

ENGEROFF, Hubert

Jurist, Hauptgeschäftsführer Dt. Journalisten-Verb. Bonn - Bennauerstr. 60, 5300 Bonn 1 (T. 0228 - 21 90 93-95) - Geb. 8. Juni 1950 - 1968-73 Jurastud. Univ. Frankfurt/M. - S. 1986 Mitgl. ZDF-Fernsehrat.

ENGERT, Jürgen

Journalist, Chefredakt., SFB/Fernsehen - Masurenallee 8-14 (Rundfunkhaus), 1000 Berlin 19 - Geb. 1936 - U.a. 7 J. Chefredakt. D. Abend (Berlin). Zahlr. Kommentare u.a.

ENGERTH, Horst

Dr. agr., Dipl.-Ing., Dipl.-Braumeister, em. o. Prof. f. Maschinenwesen u. Energiewirtschaft d. Brauerei - Franz-Weindler-Promenade 1, 8058 Erding/Obb. (T. 1 43 93) - Geb. 13. Juni 1914 Marburg/Drau (Vater: Eduard E., Oberst; Mutter: Eileen, geb. Linke-Crawford), ev., verh. seit 1940 m. Martha, geb. Hoecherl, T. Edith - Abit. 1931 (Salzburg); Dipl.-Ing. 1936, Dipl.-Braum. 1948, Promot. 1952 (alles München) - 1936-38 Industrietätigk.; 1938-46 Militär-, Kriegsdst., Gefangensch.; s. 1946 TH München/Fak. f. Brauwesen (Hilfsassist., 1948 Assist., 1954 ao., 1961 o Prof.; 1968/69 Rektor), 1974-82 Präs. d. Hochschule d. Bundeswehr München. Mitgl. Bayer. Senat. Üb. 30 Fachaufs. - Oskar-v.-Miller-Plak. Dt. Museum München; Ehrenmitgl. Verb. ehem. Weihenstephaner u. Dt. Brau- u. Malzm.-Bund; 1972 Bayer. VO.; 1976 BVK I. Kl.; 1980 Gr. BVK; 1984 Bayer. Verfassungsmed. in Silber - Spr.: Franz., Engl. - Bek. Vorf.: Wilhelm u. Eduard v. E.

ENGFER, Kurt G.

Direktor - Tönsfeldtstr. 38, 2000 Hamburg 50 - Geb. 20. Jan. 1907 Berlin - Kaufm. Ausbild. - U. a. Geschäftsf. DEA-Mineralölverkauf GmbH. bzw. DEA u. Texaco Verkauf GmbH., Hamburg.

ENGHOLM, Björn

Dipl.-Pol., Ministerpräsident Schlesw.-Holst. (s. 1988), MdL Schlesw.-Holst. (s. 1983; Fraktionsvors. b. 1988) - Jürgen-Wullenwever-Str. 9, 2400 Lübeck - Geb. 9. Nov. 1939 Lübeck, verh., 2 Töcht. - Gymn. Lübeck (Mittl. Reife); Schriftsetzerlehre ebd.; Akad. f. Wirtschaft u. Politik Hamburg (Sozialw.); Univ. Hamburg (Dipl.-Pol.) - 1969-82 MdB; 1981-82 Bundesbildungsmin. SPD s. 1962 (1984 Vorst.-Mitgl.).

ENGISCH, Karl

Dr. jur., Dr. med. h. c., Dr. jur. h.c., Dr. jur. h.c., o. Prof. f. Straf-, -prozeßrecht u. Rechtsphilosophie (emerit. 1967), Hon.-Prof. Heidelberg - Landfriedstr. 5, 6900 Heidelberg (T. 25128) - Geb. 15. März 1899 Gießen (Vater: Friedrich E., RA; Mutter: Dora, geb. Urich), ev., verh. s. 1924 m. Thekla, geb. Schudt † 1973, 2 Töcht. - Univ. Gießen (Promot. 1924) u. München - 1924 Hess. Gerichts- u. Anwaltsass., 1927 Assist. Univ. Gießen, 1929 Privatdoz. (vert.weise 1929/30 Freiburg/Br., 1932-33 München), 1934 Ord. Univ. Heidelberg, 1953 Univ. München, 1962 Vors. Intern. Vereinig. f. Rechts- u. Sozialphil. - BV: Unters. üb. Vorsatz u. Fahrlässigk. im Strafrecht, 1930; D. Kausalität als Merkmal d. strafrechtl. Tatbestände, 1931; D. Einheit d. Rechtsordnung, 1935; Log. Studien z. Gesetzesanwend., 1943, 3. A. 1963; Euthanasie u. Vernicht. lebensunwerten Lebens in strafrechtl. Beleucht., 1948; V. Weltbild d. Juristen, 1950, 2. A. 1965; D. Idee d. Konkretisierung in Recht u. Rechtswiss. uns. Zeit, 1953, 2. A. 1968; Einf. in d. jurist. Denken, 1956, 8. A. 1983; D. rechtl. Bedeut. d. ärztl. Operation, 1958; D. Lehre v. d. Willensfreiheit in d. strafrechtsphil. Doktrin d. Gegenw., 1964, 2. A. 1965; Auf d. Suche n. d. Gerechtigkeit - Hauptthemen d. Rechtsphil. 1971; Beitr. z. Rechtstheorie, 1984 - Ehrendoktor Univ. Heidelberg, Mannheim u. Zaragoza; Mitgl. Akad. d. Wiss. Heidelberg (1937), München (1956) u. Brüssel (1971) - Liebh.: Phil., Musik - Großv. ms.: Karl Urich (Waldwertberechnungsverfahren).

ENGL, Heinrich

Präsident - Bürgermeister-Keller-Str. 1, 8000 München 82 (T. 421404) - Geb. 11. März 1908 München - Gymn.; Stud. Rechtswiss. - Arbeitsgericht Ingolstadt, Landesarbeitsamt München, Wehrmachtsverw. ebd., amerik. Kriegsgefangensch. (2 J.), Anwaltskanzlei München, ab 1949 Bayer. Innenmin. ebd. (Reg.-rat), 1954-56 Beauftr. Bayerns b. d. Bundesreg. Bonn (zul. Ministerialrat), s. 1956 Wehrbereichsverw. VI München (Präs.) - 1970 Bayer. VO., 1972 Gr. BVK.

ENGL, Max

Kaufmann, Präs. Bundesverb. Dt. Versicherungskaufleute, Bonn (s. 1971), u. Aktionsgem. Wirtschaftl. Mittelstand in der BRD ebd. - Marschnerstr. 117, 8000 München 60 - Geb. 2. Jan. 1924 - 1961ff. Vors. Bayer. Arbeitsgem.ob.Verb. - BVK I. Kl.

ENGL, Walter, L.

Dr. rer. nat., o. Prof. u. Direktor Inst. f. Theoret. Elektrotechnik TH Aachen (s. 1963) - Zum Heider Busch 5, 5120 Herzogenrath - Geb. 8. April 1926 - Fellow IEEE - Fachveröff. Mitgl. d. Nordrh.-Westf. Akad. d. Wissensch.; Foreign Associate Engineering Acad. of Japan.

ENGLÄNDER, Hans

Dr. med., Dr. rer. nat., Prof., Wiss. Rat Zool. Inst. Univ. Köln - Sternstr. 37, 5300 Bonn - Geb. 31. Aug. 1914 St. Wendel/Saar - S. 1953 (Habil.) Privatdoz. u. apl. Prof. (1963) Köln. Facharb.

ENGLER, Arthur

Reedereidirektor i.R., MdL Nieders. (1959-74) - Ziegeleistr. 11, 2970 Emden (T. 20469) - Geb. 10. Juli 1917 Neustrelitz (Vater: Arthur E., Kapitän; Mutter: Auguste, geb. Brodthagen), ev., verh. s. 1943 m. Wilhelmine, geb. Burauen, † 1976), 3 Kd.; s. 1979 verh. m. Ursula Bendix-Engler (MdB b. 1983) - Oberrealsch. Emden; Univ. Freiburg/Br., Genf, Jena (Wirtschaftswiss.) - Arbeits- u. Wehrdst. (Offz.); n. 1945 kaufm. Tätigk. (1953 Prok., 1962 Vorst. Ems-Schlepper AG., Emden). 1952-56 Stellv. d. Oberbürgerm. Emden. CDU, Mitgl. d. Niedersächs. Landtages, b. 1982 Landtagsvizepräs.; Mitgl. Verkehrsauss. IHK f. Ostfriesland u. Papenburg - 1973 BVK 1. Kl.; 1980 Ehrenvors. CDU Ostfriesland.

ENGLER, Helmut

Dr. jur., Prof., Minister f. Wissenschaft u. Kunst Baden-Württ. (s. 1978) - Neumattenstr. 5, 7800 Freiburg/Br. (T. 276361) - Geb. 14. April 1926 Freiburg/Br., verh. s. 1954 m. Gertrud, geb. Schmukle, 3 Kd. (Hans, Susanne, Cornelia) - Berthold-Gymn. (Abit. 1944) u. Univ. Freiburg (1946 b. 1949 Rechtswiss.). Jurist. Staatsprüf. 1949 u. 53 - Ab 1953 LG Freiburg, dazw. 1954-56 Bundesjustizmin. (Strafrechtsabt.), 1959-63 Bundesverfassungsgericht (Pers. Ref. d. Präs.), 1963-68 OLG Karlsruhe (OLGsrat), s. 1968 o. Prof. f. Bürgerl. Recht u. Zivilprozeßrecht Univ. Freiburg, 1973-77 Rektor Univ. Freiburg, 1977/78 Justizmin. Bad.-Württ. (Min.Dir.) - BV: Kommentar (Staudinger) z. Adoptionsrecht, 1967; Vormundschaftsrecht, 1968; A. d. Weg zu einem neuen Adoptionsrecht, 1972.

ENGLER, Siegfried

Dr.-Ing., Prof. f. Gießereiwesen - Hangstr. 30A, 5100 Aachen - S. 1965 (Habil.) Lehrtätigk. TH Aachen (1968 Wiss. Rat u. Prof. Gießerei-Inst.). Zahlr. Fachveröff.

ENGLER, Winfried

Dr. phil., o. Prof., Hochschullehrer - Benediktinerstr. 42A, 1000 Berlin 28 (T. 4017895) - Geb. 17. Dez. 1935 Saulgau/Württ. (Vater: Franz E., Möbelfabr.; Mutter: Hildegard, geb. Wetzel), kath. verh. m. Dr. Sylvia, geb. Koehler - Stud. Phil., Romanistik, Geschichte München, Paris, Tübingen. Promot. 1960 Tübingen - 1960-63 Wiss. Hilfskraft Univ. Tübingen (Roman. Sem.); 1963-68 Wiss. Assist. u. Akad. Rat (1968; Franz., Ital., Span.) Auslands- u. Dolmetscher-Inst. (Germersheim) Univ. Mainz; s. 1968 ao. u. o. Prof. (1971) Päd. Hochsch. Berlin (Franz.), s. 1980 FU Berlin (Romanistik). 1981 Präs. Dt.-Franz. Ges. Berlin - BV: D. franz. Roman v. 1800 b. z. Gegenw., 1965 (engl. (New York) 1968); Franz. Lit. im 20. Jh., 1968; Texte z. franz. Romantheorie d. 19. Jh., 1970; Lexikon d. franz. Lit., 2. A. 1984. Herausg.: D. franz. Roman im 19. Jahrh. (1976); Gesch. d. franz. Romans. V. d. Anfängen b. Marcel Proust (1982) - 1976 Chevalierorden Palmes acad.; 1984 Offiziersorden Palmes acad.; 1985 Chevalierorden Mérite National.

ENGLERT, Walter

Direktor, Aufsichtsrat Wüstenrot Holding GmbH - Königsberger Str. 39, 7140 Ludwigsburg/Württ. - Geb. 25. Febr. 1921 Schwäb. Hall (Vater: Pfarrer), verh., 4 Kd. - Schule Ludwigsburg (Abit.); Univ. Tübingen (Rechtswiss.) - Wehrmacht (akt. Offz.); Finanzverw. Ludwigsburg; Oberfinanzdir. Stuttgart; Baden-Württ. Finanzmin. (Pers. Ref. d. Min. Dr. Karl Franck); Wüstenrot (1958ff.; Dir., stv., 1960 Geschäftsf., 1968-86 Spr. d. Geschäftsfg.). AR- u. Beiratsmandate. Ehrenvors. Verb. d. Priv. Bauspark., Bonn - Liebh.: Lesen, Heimatgesch., Wandern, Ski, Bergsteigen.

ENGLHARDT-RÖSLER, Anneliese

Dr. med., Prof., Leiterin Zentrallabor. Rudolf-Virchow-Krkhs. (1972-88), Ärztin f. Innere Med., Labor.med. u. med. Mikrobiol. (s. 1987, eigene Praxis) - Pariser Str. 40, 1000 Berlin 15 - Geb. 20. Juni 1922 - Habil. 1965 Düsseldorf - Univ. Marburg; 1975-77 u. 1979/81 Wiss. Leitg. Kongreß f. Labor.-Med. (m.a.); 1982/83 Neuorg. d. Zentrallabors Krkhs. St.-Jürgen-Str., Bremen; 1983-86 Wiss. Berat. Zentrallaborat. niedergel. Ärzte; 1985/86 Wiss. Berat. Laborat. MTU BfA, Berlin. 1976-82 Schriftltg. Ztschr. Labor.-Med. - BV: Klinische Chemie u. Labor.diagnostik, 1974; Klin. Chemie u. Labor.-Diagnostik, 1974; Buchreihe: Methol. Fortschritte im Med. Labor.; Bd. I (Serumproteine), BD. II (Malabsorption), Bd. III (Akute Syndrome), Bd. IV (Diagnostik Hämorrhagischer Diathesen). Fachaufs.

ENIGK, Karl

Dr. med. vet., em. o. Prof. f. Parasitologie - Bevenser Weg 10, 3000 Hannover 61 (T. 0511 - 534 20 02) - Geb. 23. Okt. 1906 Torgau/Elbe, ev., verh. m. Hildegard, geb. Quoß - Gymn. Torgau; 1922-23 landw. Ausbild.; Univ. Leipzig u. Berlin - 1931 Tierärztl. Praxis, 1932 wiss. Assist. Inst. f. vet.-med. Parasitologie Univ. Berlin, 1941 Leit. Abt. Parasitol. Heeresvet.unters.amt ebd., 1945 Vet.-med. Abt. Bernhard-Nocht-Inst. f. Schiffs- u. Tropenkrankh. Univ. Hamburg, 1949 apl. Prof., 1953 o. Prof. u. Inst.dir. Tierärztl. Hochsch. Hannover. 355 Fachaufs. - 1966 Bernhard-Nocht-Med. sowie Pessina-Medaille 1973 Dr. med. vet. h. c. der Tierärztl. Hochsch. Wien, Ehrenmitgl. Dtsch. Ges. f. Parasitologie, Dt. Tropenmed. Ges., d. Dtsch. Vet.med. Ges. u. World Assoc. of Vet. Parasitol.; BVK I. Kl.; 1986 Rudolf-Leuckart-Med.

ENKE, Heinz

1. Vorsitzender Dt. Stiftg. Musikleben (s. 1984), Präsident Landesmusikrat Hessen (s. 1985) - Humboldtstr. 4, 6000 Frankfurt/M. (T. 55 48 71 u. 596 31 29) - Geb. 28. März 1923 Kassel, ev., verh. s. 1953 m. Hannelore, geb. Wenner - 1946-51 Univ. Frankfurt (Phil., Musikwiss.) - 1973-88 Leit. Hauptabt. Musik Hess. Rundfunk.

ENKE, Helmut

Dr. med., Dipl.-Psych., o. Prof. f. Klin. Sozialpsychologie Univ. Ulm (Fak. f. Theoret. Medizin) - Christian-Belser-Str. 81, 7000 Stuttgart 70 - Geb. 4. Dez. 1927 - Promot. 1952 - U. a. Leit. Forschungsst. f. Psychotherapie Stuttgart - BV: D. Verlauf in d. klin. Psychotherapie, 1965; Mitverf.: Lehrb. d. Med. Psychologie, 2. A. 1974; Psychotherapeut. Handeln, 1983 (Mhg). Viele Einzelarb.

ENNEMANN, Wilhelm H.

Dipl.-Kfm., Unternehmensberater, Inh. Ennemann Marktforschung u. Absatzförderung, Werbe- u. Verlagsberat., gf. Ges. Bonner Inst. f. Markt-, Meinungs-, Absatz- u. Sozialforschung - Marmas Bonn GmbH, infas & Ennemann Inst. f. Medienforsch. u. regionale Marktanalysen GmbH, alle Bonn - Plittersdorfer Str. 106, 5300 Bonn-Bad Godesberg (T. 36 48 00, 36 48 32) - Geb. 4. Sept. 1932 Essen, verh. s. 1960 m. Marianne, geb. Westphal, 2 Kd. (Nicola, Timm) - Stud. Univ. Köln, Freiburg, München, Göttingen (Betr.wirtsch., Soz., Jura, Ztg.s-wiss.) - Präsidialrat ZAW - Zentralaussch. d. Werbewirtschaft; Fachgruppenspr. BDW - Dt. Kommunikationsverb.; Fachbeirat BVM-Berufsverb. Dt. Markt- u. Sozialforsch.; Vors. ZAW-Arbeitsausschuß Werbeträgerforsch.; Mitgl. ESOMAR - Europ. Ges. f. Markt- u. Meinungsforschung; DJV-Dt. Journalisten-Verb.; Co-Autor div. Handbücher f. Public Relations, Marktforsch., Absatzförderung u. Werbung.

ENNEN, Edith

Dr. phil., em. o. Prof. f. Mittelalterl. u. Neuere Geschichte sow. Rhein. Landesgesch. - Riesstr. 2, 5300 Bonn - Geb. 28. Okt. 1907 Merzig/Saar (Vater: Dr. med. Emil E., Arzt; Mutter: Louise, geb. Peters), kath., led. - Univ. Freiburg/Br., Berlin, Bonn (Promot. 1933). Archivar.Staatsprüf. 1935 Berlin - 1936-47 Wiss. Assist. Inst. f. geschichtl. Landeskd. d. Rheinlande Bonn; 1947-64 Leit. Stadtarchiv Bonn; 1961 Hon.Prof., 1964-68 o. Univ.Prof. Saarbrücken u. Bonn (1968-74), 1974 emerit. Vorst.-Mitgl. d. Ges. f. Rhein. Gesch., Membre hon. Commiss. internat. des villes, Vereeniging tot uitgaaf der bronnen van het oud vaderlandsche recht - BV: Die Organisation d. Selbstverw. in d. Saarstädten v. ausgeh. Mittelalter b. z. Franz. Revolution (Rhein. Archiv 25, 1933); Frühgesch. d. europ. Stadt, 1953 - D. europ. Stadt d. Mittelalters, 4. A. 1987; M. Huiskes Verz. d. Schriften E. Ennens in: D. Stadt in d. europ. Gesch., Festschr. E. E. 1972; Ges. Abhandlungen, 1977, 2. Bd. 1987; Frauen im Mittelalter, 1984, 3. A. 1987 - 1976 Gr. BVK - Spr.: Franz. - Bek. Vorf.: Leonhard E. (Seitenlinie), Historiker, Stadtarchivar Köln (1820-80).

ENSSLIN (ß), Joachim

Dr., I. Bürgermeister - Rathaus, 8057 Eching/Obb. - Geb. 29. Jan. 1943 München - Zul. Regierungsrat. SPD.

ENTEL, Peter

Dr. rer. nat., Prof. f. Theoret. Physik Univ.-GH Duisburg - Oberstr. 113, 5000 Köln 90 (T. 1 41 25) - Geb. 18. Okt. 1943 Duisburg, verh. s. 1975 m. Wiltraud, geb. Weis - Promot. 1975 Univ. Saarbrücken, Habil. 1980 Köln - S. 1982 Prof. in Duisburg. Rd. 50 Fachveröff. - Liebh.: Malerei.

ENTENMANN, Alfred

Direktor d. Staatl. Sport-Toto GmbH, Bürgermeister a.D., MdL Baden-Württ. (1964-84 Wahlkr. 15/Waiblingen I) - Obere Steigstr. 40, 7050 Waiblingen-Hegnach (T. 5 49 22) - 1953-74 Bürgerm. Gde. Hegnach. 1959-84 MdK Waiblingen. CDU. Präs. d. Schwäb. Turnerbundes.

ENTHOLT, Reinhard

Dr. jur., Oberregierungsrat a. D., Vorstandsmitgl. i.R. Bremer Landesbank Kreditanst. Oldenburg - Girozentrale - Domshof 26, 2800 Bremen - Geb. 31. Juli 1921 - AR-Mandate.

ENTRICH, Hartmut

Dr. phil., Prof. f. Theorie u. Praxis d. Naturwiss. Unterrichts m. d. Schwerp. Biologie Univ. Bremen - Rothenbaumchaussee 207, 2000 Hamburg 13.

ENTRUP, Otto

Rechtsanw. u. Notar, MdB (1972-76; Wahlkr. 121/Olpe-Meschede) - Mittelstr. 17, 5778 Meschede (T. 6249) - Geb. 20. Juli 1930 Hüsten/Ruhr (Vater: Aloys E.; Mutter: Anneliese, geb. Kaufmann), kath., verh. s. 1966 m. Erika, geb. Maybaum, s. Otto-Aloys - Benediktiner-Gymn. Meschede; Univ. Köln u. Münster. Jurist. Staatsprüf. 1955 u. 60 - S. 1960 RA u. Nt. (1969) Meschede. 1965-69 Mitgl. Stadtvertr. Meschede. 1969 ff. Landrat Kr. Meschede. CDU s. 1959 (1967 Kreisvors. Meschede) - Münzensammler.

ENTZIAN, Wolfgang

Dr. med., Wiss. Rat, Prof. f. Neurochirurgie Univ. Bonn (s. 1974) - Merler Allee 100, 5300 Bonn 1 - Geb. 16. Juni 1931 Hirschberg/Riesengeb., verh. s. 1961 m. Ingeborg, geb. Nielsen, 3 Kd. - Secretary and Treasurer of Europ. Soc. f. Paed. Neurosurgery; Assoc. Editor of Child's Nervous System.

ENWALDT, Runar

Dipl.-Volksw., Hauptgeschäftsführer Südwestf. IHK zu Hagen - Stadtgartenallee 10, 5800 Hagen/W. (T. 390-1) - Geb. 26. Juni 1932 Reval/Estl. (Vater: Noel E., Filmoperateur †; Mutter: Asta, geb. Mölder †), ev., verh. s. 1958 m. Elke, geb. Lambrecht, 3 Kd. (Thomas, Gesine, Wiebke) - Univ. Kiel u. Berlin. Dipl.-Volksw. 1961 Kiel - 1956-65 Journ.; s. 1965 Handelskammertätigk. (b. 1972 Ref., dann Hgf. Hagen). 1979-84 Vors. Verb. d. Geschäftsf. dt. IHKs - Spr.: Engl.

ENZENSBERGER, Hans Magnus

Dr. phil., Schriftsteller, Herausg. Ztschr. Kursbuch (1964-75), Mitherausg. Ztschr. TransAtlantik (1980-82), Herausg. d. Anderen Bibliothek (ab 1985) - Zu erreichen üb. Suhrkamp-Verlag, 6000 Frankfurt/M. - Geb. 11. Nov. 1929 Kaufbeuren/Allg., verh. I) m. Dagrun Averaa, geb. Christensen, Tocht. Tanaquil, II) 1967 Maria Alexandrowna, geb. Makarowa, III) 1986 Katharina, geb. Bonitz, Tocht. Theresia - Univ. Erlangen, Freiburg/Br., Hamburg, Paris/Sorbonne (German., Lit.wiss., Phil., Spr.). Promot. 1955 m. e. Arbeit üb. Clemens Brentano - Redakt. Südd. Rundfunk (Stuttgart); Lektor Suhrkamp-Verlag (Frankfurt). WS. 1964/65 Gastdoz. Univ. Frankfurt (Poetik) - BV: Verteidigung d. Wölfe, Ged. 1957; Zupp, Kinderb. 1958; Landessprache, Ged. 1960; Clemens Brentanos Poetik, Abh. 1961; Einzelheiten, Ess. 2 Bde. 1962/65; Blindenschr., Ged. 1964; Politik u. Verbrechen, Ess. 1964; Deutschland, Deutschland unter anderm, Ess. 1967; D. Verhör von Habana, 1970; Gedichte 1955-70, 1971; D. kurze Sommer d. Anarchie - Buenventura Durrutis Leben u. Tod, R. 1972; Mausoleum - 37 Balladen d. Geschichte d. Fortschritts, 1975; D. Untergang d. Titanic, 1978; D. Furie d. Verschwindens, 1980; Politische Brosamen, Ess. 1982; D. Menschenfreund, Drama 1984; Ach Europa, Reportagen 1987. Hörsp.: Taube Ohren (WDR, 1971); Verweht (WDR, 1973); D. tote Mann u. d. Philosoph (WDR, 1978); D. Bakunin-Kassette (WDR, 1977). Herausg.: Museum d. mod. Poesie (1960), Allerleirauh - Kinderreime (1961), Andreas Gryphius - Gedichte (1962), Reihe: Poesie (1962ff.), Vorzeichen - 5 neue dt. Autoren (1962), Bücher-Weidig - D. Hess. Landbote (1965). Übers. engl., franz., ital., span. u. schwed. Lyrik, dar. Ged. v. William Carlos Williams (1962) u. Cesar Vallejo (1963); Suchovo-Kobylin, Der Vampir v. Sankt Petersburg, Kom. a. d. Russ. 1972; Molières Menschenfeind, 1979; La Cubana oder ein Leben f. d. Kunst (Libretto), 1974. Filme (Autor u. Regiss.): Durruti - Biogr. e. Legende (1972); Erfinder in Dtschl. (1976) - 1962 Lit.preis Verb. d. dt. Kritiker, 1963 Georg-Büchner-Preis Dt. Akad. f. Sprache u. Dicht., 1967 Kulturpreis Stadt Nürnberg u. Intern. Lyrikpreis Ätna-Taomina.

ENZINCK, Willem

Schriftsteller - Adolfstr. 40, 5420 Lahnstein - Geb. 31. Okt. 1920 Apeldoorn/Niederl., verh., 1 Sohn - Stud. Lit., Kunstgesch., Psych. Univ. Utrecht - Vorstandsmitgl. Europ. Autorenvereinig. D. Kogge. PEN-Mitgl. - BV: V. Minute z. Minute, 1968; Aus vielen Herbsten, 1969; Zw. Land u. Meer, 1970; D. Frau m. d. gläsernen Kind, 1974; Wolken, 1978; E. Pfeilschuß Licht, 1979; Weg u. Herberge, 1982; Metamorphose e. Kathedrale, 1983; Spur e. Hand, 1984; Leonor Fini, Aquarelle 1985; F. diese Stunde, 1985; Spur e. Hand, Manugramme, 1985 (m. Texten v. Alfred Gesswein u. Alois Vogel) - 1967 Edo-Bergsma-Preis (f. das beste lit. Reiseb.), 1977 Kogge-Preis (f. Lit. d. Stadt Minden) - Spr.: Franz., Engl., Deutsch (Übers. aus diesen Spr. ins Niederl.) - Lit.: Fernand Hofmann, D. Lyriker W. E.: Singend m. geborstenen Lippen.

ENZLER, Herbert

Geschäftsführer Beratung-Konstruktion-Seminare - Weilerweg 10, 8873 Ichenhausen (T. 08223 - 40 03 33) - Geb. 4. Okt. 1929, kath., verh. s. 1954 m. Helene, geb. Schulz, 3 Söhne (Wolfgang, Herbert, Stefan) - Masch.-Baumeist. - Mehrere Pat. - Liebh.: Kunst, Musik, Bergsteigen, Schwimmen - Spr.: Engl. - Lions-Mitgl.

ENZWEILER, Josef

Botschafter d. Bundesrep. Deutschl. in Luxemburg (s. 1988) - Postf. 95, L-2010 Luxemburg - Geb. 21. März 1926 Brotdorf, kath., verh. s. 1963 m. Maria-Luisa, geb. Thur, 3 Kd. (Georg, Christian, Sybille) - Stud. Jura, Volksw., Philol. in Frankr. u. Dtschl.; Licencié en Droit, Licencié ès Lettres, Dr. jur. - 1953 Ausw. Dienst, 1955/56 Zentrale, 1956-58 Generalkonsulat Zürich, 1958-61 Botsch. Den Haag, 1961-65 Zentrale, 1965-68 Konsul Kaduna, 1969-72 Zentrale, 1972-76 Botsch. Islamabad, 1976-79 Botsch. Den Haag, 1979-85 Ref.leit. AA, 1985-88 Leit. Generalkonsulat Chicago, s.

1988 Botsch. s.o. - Lieb.: Malerei - Spr.: Franz., Engl., Niederl.

EPHESER, Helmut
Dr. rer. nat., em. Prof., Mathematiker - Bessemerstr. Nr. 15, 3000 Hannover (T. 665167) - Geb. 2. Aug. 1917 Hannover - S. 1952 (Habil.) Privatdoz., apl. Prof. (1959), Wiss. Rat u. Prof. (1964), o. Prof. (1971) TH bzw. TU Hannover, emerit. 1985. Fachveröff.

EPLINIUS, Urs
Film- u. Fernsehautor - Feuerbachstr. 26, 1000 Berlin 41 (T. 030 - 792 08 56) - Geb. 4. Jan. 1946 Wörgl (Vater: Werner E., Filmautor; Mutter: Gertrud, geb. Reitz) - N. Abit. 1966 (Aloisius-Kolleg Bad Godesberg) Univ. München (Theaterwiss., Med.; 1968 abgebr.); 1968-69 Fernsehvolont. SWF Baden-Baden 1970-73 Aufnahmeleit. u. Produktionsassist. SWF; 1973-80 Redakt. f. Spielserien/Ferns. ebd.; s. 1980 freischaff.

EPPE, Helmut
Obering., Sprecher Geschäftsfg. Mauser-Werke Oberndorf GmbH. - Teckstr. 11, 7238 Oberndorf/N. - Geb. 6. Aug. 1928 - AR-Vors. Oberndorfer Wohnungsbau GmbH.

EPPENDORFER, Hans
Freier Schriftsteller - Woldsenweg 6, 2000 Hamburg 20 (T. 040 - 460 21 17) - Geb. 10. Juni 1942 Lütjenburg, verh. s. 1971 m. Prof. Margret, geb. Hildebrand - Gymn., Intern.; Dipl. f. Journalistik M.A. - B. 1989 Chefredakt.; 5 J. Vors. Hamburger Lit.-Zentrum; 1981/82 Stadtteilschreiber v. St. Pauli - BV: D. Magnolienkaiser, 1987; D. Ledermann, 1988 (Übers. d. Theaterfassung in 6 Spr.; Auff. u.a. in Paris, Zürich, Kopenhagen, Brüssel, Toronto, Schillertheater Berlin, Düsseldorfer Schauspielhaus); Barmbeker Kuß, 1988; Szenen aus St. Pauli, 1988; Fast e. Augenblick v. Glück, 1988; Gesichtslandschaften, 1989; D. Kurier d. Sphinx (gepl.), 1990; D. Kröte im Herzen (gepl.), 1990; Auf d. Wurzeln d. Regens (gepl.), 1991. Außerd. Kinderb.; d. Filmdreh. Kiez (UIP, Prädikat wertvoll) u. Gossenkind; zahlr. öffentl. Lesungen in Schulen, Bücherhallen, Theatern u. auf Festivals (u.a. Ruhrfestspiele u. Europ. Forum in Alpbach) - Mehrere Lit.-Preise u. Stip. - Spr.: Engl., Franz., Ital., Arabisch.

EPPENSTEIN, Dieter
Rechtsanwalt, Generalsekretär Weisser Ring (s. 1987) - Weberstr. 16, 6500 Mainz-Weisenau (T. 06131 - 8 30 30) - Geb. 19. Jan. 1942 Remscheid, ev., verh. s. 1969, 2 Kd. - Stud. Jura Univ. Bonn u. Köln; 1. u. 2. Ex. 1967 u. 1970 Köln - 1970-79 Generalsekr. Verb. priv. Krankenversich., 1979-85 Dir. Rotes Kreuz, 1985/86 Bank f. Sozialwirtsch. - BV: Tarife u. Tarifbestimmungen, in: Balzer/Jäger: Leitfaden d. PKV; Mitarb. Kleer: 100 Fragen PKV.

EPPING, Dieter
Dipl.-Volksw., geschäftsführender Gesellschafter Auf's Blatt A. Kisker GmbH & Co. (s. 1956), Geschäftsf. AHK-Alkohol Handelskontor GmbH & Co. KG, Lippstadt (s. 1978) - Einsteinstr. 3, 4780 Lippstadt-Lipperode (T. 02941 - 6 33 96) - Geb. 17. Jan. 1930 Lippstadt, ev., verh. s. 1957 m. Maria, geb. Niethammer, 4 Töcht. (Claudia, Cornelia, Cathrin, Carolin) - Abit. 1950 Lippstadt; Stud. Wirtsch.-Wiss. Univ. Köln; Dipl.-Volksw. 1955 - S. 1969 Stadtrat Lippstadt; s. 1979 Ortsvorst. Gde. Lipperode; Vizepräs. IHK südöstl. Westf. Arnsberg. Ehrenamtl. Richter Verw.-Gericht Arnsberg, Finanzgericht Münster, ehrenamtl. Handelsrichter LG Paderborn - Interessen: Landschaftsschutz, Naturschutz, Gewässerschutz, Städtebau, Hochgebirgswanderungen, Skiwandern, Skilauf - Spr.: Engl., Franz.

EPPLE, Bruno
Lehrer, Kunstmaler, Mundartdichter - Rebberg 3, 7763 Öhningen/Bodensee - Geb. 1. Juli 1931 Rielasingen (Eltern: Paul u. Adelheid E.), kath., verh. - Staatsex. in Dtsch., Gesch., Franz. - S. 1972 Gymnasialprof. - BV: Bücher in alemann. Mundart, u. a. Dinne u. dusse, 1967; reit ritterle reit, 1979; Wosches - dreimal sechzig vergnügl. Lekt. z. alemann. Mundart, 1980/83; E. Clown läuft ins Bild, 1986; B. E. Katalogbuch, 1988; Seesonntag, 1988 - Naive Malerei; Mitgl. Groupe Henri Rousseau - 1976 Prix pro arte peinture naive; 1985 Prix Henri Rousseau - Lit.: Rüdiger Zuck, D. naive Maler B. E., 1977; Dino Larese, Besuch b. B. E., 1982; Anatole Jakovsky, Lex. d. Laienmaler aus aller Welt, 1975; Martin Walses. D. Epple-Effekt, Kunstmappe 1983 - Mitgl. d. Dt.-Schweiz. PEN-Clubs.

EPPLE, Eduard
Dr. phil., Honorarprof. f. Didaktik d. Physik u. Chemie GH Bamberg - Schiffbaupl. 2d, 8600 Bamberg/Ofr.

EPPLÉE, Eugen
Kapellmeister, Studienleiter - Reinsburgstr. 203, 7000 Stuttgart (T. 0711-65 39 56) - Geb. 28. März 1929 Riga, russ.-orth., verh. s. 1965 m. Dr. med. Dörte, geb. Weitendorf, 2 S. (Andreas, Johannes) - Staatsex. als Kapellmeister 1951 Musikakad. Dresden - 1952-54 Solorepetitor mit Dirigierverpflicht. Landesbühnen Sachsen; 1954-60 desgl. Staatsoper Dresden; 1960-63 Musikal. Oberleit. Ernst-Barlach-Theater Güstrow; 1963-75 1. Solorepetitor m. Dirigierverpflicht. u. Studienleit. Staatsoper Dresden; 1975-76 stv. Studienleit. Bühnen Stadt Essen; s. 1976 Studienleit. Württ. Staatsoper Stuttgart. Zahlr. Konzertreisen als Liedbegleiter - Spr.: Franz., Russ.

EPPLER, Erhard

Dr. phil., Dr. h. c., Bundesminister a. D. - Silcherstr. 23, 7295 Dornstetten (T. 07443 - 82 32) - Geb. 9. Dez. 1926 Ulm/D. (Vater: Dr. Richard E., Oberstudiendir.; Mutter: Hildegard, geb. Dieterich), ev., verh. s. 1951 m. Irene, geb. Schäpperle, 4 Kd. (Susanne, Verena, Christoph, Dorothea) - Obersch. Schwäb. Hall; Univ. Frankfurt/M., Bern, Tübingen (Engl., Dt., Gesch.). Promot. 1951 - 1953-61 Gymn. Schwenningen (1957 Studienrat). 1968-74 (Rücktritt) Bundesmin. f. wirtschaftl. Zusammenarb. Mitbegr. Gesamtdt. Volkspartei (1952). SPD s. 1956 (1973-81 Landesvors. Baden-Württ., 1973-82 u. s. 1984 wied. Präsid.-Mitgl.), 1981ff. Präs. Dt. Ev. Kirchentag - BV: Liberale od. Soziale Demokratie? - Z. polit. Erbe Wilhelm Naumanns, 1961; Spannungsfelder - Beitr. z. Politik unserer Zeit, 1968; Wenig Zeit f. d. Dritte Welt, 1971 (auch engl., franz., span., portug., jap.); Maßstäbe f. e. humane Ges., 1974; Ende u. Wende, 1975; D. Schwerste ist Glaubwürdigkeit, 1978; Wege aus d. Gefahr, 1981; D. tödl. Utopie d. Sicherheit, 1983; Einsprüche, 1986; Wie Feuer u. Wasser, 1988 - 1973 Ehrendoktor Univ. Madras (Indien); 1973 Gr. BVK - Gold. Sportabz. - Spr.: Engl., Franz., Span. - Großv.: Reinhold Dieterich, Pfarrer, Ulm; Bruder: Richard E.

EPPLER, Richard
Dr. rer. nat., o. Prof. f. Techn. Mechanik - Leibnizstr. 84, 7000 Stuttgart (T. 65 08 03) - Geb. 28. Juni 1924 Ulm/D., ev., verh. s. 1950 m. Margarete, geb. Pfeiffer, 3 Kd. (Reinhold, Ursula, Rolf) - Obersch. Schwäb. Hall; Stud. Luftfahrttechnik u. Math. TH Stuttgart u. Univ. Tübingen. Dipl.-Math. (1949) u. Promot. (1950) TH Stuttgart; Habil. 1959 TH Stuttgart (Areodynamik) u. 1960 TH München (Math. Strömungsmechanik) - 1949-55 Assist. TH Stuttgart (Prof. Grammel); 1956-68 wiss. Mitarb. Bölkow-Entwicklungen KG bzw. Bölkow GmbH., Ottobrunn; 1960-68 Privatdoz. u. apl. Prof. (1965) TH München. Entwickl. d. ersten Glasfaserkunststoff-Segelflugzeugs (m. H. Nägele) - 1942 Lilienthal-Preis; 1963 Ostiv-Plak. - Liebh.: Segelfliegen - Spr.: Engl. - Eltern s. Erhard E. (Bruder).

ERASMUS, Friedrich-Carl
Bergass., Vorstandsmitgl. Ruhrkohle AG., Essen (s. 1968, Neugründ.) - Zeissbogen 40, 4300 Essen (T. 79981) - Geb. 1927 - B. 1966 Rheinelbe Bergbau AG., dann Gelsenkirchener Bergwerks-AG. (Vorst.) - Rotarier.

ERASMY, Heinz
Dr. jur., Rechtsanw., Geschäftsf. Präsidialmitgl. Bundesverb. Dt. Beton- u. Fertigteilindustrie - Langenbergsweg 97, 5300 Bonn 2 - Geb. 15. Nov. 1920.

ERB, Ute
Schriftstellerin - Schmiljanstr. 7/8, 1000 Berlin 41 - Geb. 25. Dez. 1940 Scherbach (Bonn-Land), 2 Kd. (Jascha, Nickel) - BV: u.a. D. Kette an deinem Hals, 1960; E. schöner Land, 1976; Schulter an Schulter, 1979.

ERB, Wolf
Dr. med., Prof. Gastroenterologe, Chefarzt - Lindenstr. 9, 8733 Bad Bocklet - Geb. 16. Okt. 1930 Darmstadt (Vater: Dr. med. Adolf E.; Mutter: Marga, geb. Schmitz), ev., verh. s. 1960 m. Edith, geb. Naumann, 3 Kd. (Annette, Katrin, Juliane) - Stud. Frankfurt; Staatsex. 1957; Habil. 1970 - 1967 Oberarzt, s. 1973 Prof. u. s. 1974 Chefarzt. Spez. Arb.sgeb.: Dünnschnittchromatographie, z. B. Stuhlfettanalyse, Arb. üb. Gallensäure.

ERBE, Adalbert
Geschäftsf. Walther-Büromaschinen GmbH., Gerstetten, Gesellsch. Carl Walther Sportwaffenfabrik GmbH., Ulm/D. - Karlstr. 48, 7342 Gerstetten/Württ.

ERBE, Günter
Dr. rer. pol., Dipl.-Kfm., Geschäftsführer Duisburger Versorgungs- u. Verkehrsges. mbH, Vorstandsvors. Duisbg. Verkehrsges. AG, alle Duisburg - Straubinger Str. 27, 4100 Duisburg-Buchholz - Geb. 6. Dez. 1927.

ERBE, Michael
Dr. phil., Prof. f. Europ. Geschichte d. Frühen Neuzeit - Ringstr. 23, 1000 Berlin 28 - Geb. 6. Sept. 1940 Berlin (Vater: Dr. phil. Hugo E., Chemiker; Mutter: Liselott, geb. Groening), verh. s. 1967 m. Sibylle, geb. Schwinski, 3 Söhne (Boris, Philipp, Thomas) - Franz. Gymn. Berlin; FU Berlin (Gesch., Klass. Philol.). Promot. (1967) u. Habil. (1974) Berlin - s. 1974 Lehrtätig. FU Berlin - 1985ff. 1. Vizepräs. FU Berlin - BV: Stud. z. Entwickl. d. Niederkirchenwesens in Ostsachsen (8.-12. Jh.), 1969; François Bauduin 1520-73 - Biogr. e. Humanisten, 1978; Z. neueren franz. Sozialgeschichtsforsch. - D. Gruppe um d. Annales, 1979; Gesch. Frankreichs v. d. Gr. Revolution b. z. 3. Rep. 1789-1884, 1982. Mithrsg.: Otto Hintze u. d. mod. Geschichtswiss. (m. Otto Büsch; 1983); Dt. Gesch. 1713-90 - Dualismus u. Aufgeklärter Absolutismus, 1985. Herausg.: Friedrich Meinecke heute (1981); Konsulat z. Empire liberal. - Texte z. franz. Verfassungsgesch. 1799-1870 (1985); Berlinische Lebensbilder. Geisteswissenschaftler (Bd. 1, 1989) - Liebh.: Eisenbahnen - Spr.: Engl., Franz., Ital., Niederl.

ERBEL, Günter
Dr. jur., Prof. f. Staats- u. Verwaltungsrecht - Zu erreichen üb. Rechts- u. Staatswiss. Fak., Univ., Adenauerallee 24-42, 5300 Bonn 1 - Geb. 12. Juli 1936 Rheydt (Vater: Alfons E., Techn. Direktor i. R.; Mutter: Sofie, geb. Gilcher) - Abit. 1957; jurist. Staatsex. 1962 u. 67; Promot. 1965; Habil. 1972 - S. 1972 Lehrtätig. Univ. Bonn (1974 Prof.) - BV: Inhalt u. Auswirkungen d. verfassungsrechtl. Kunstfreiheitsgarantie, 1966; D. Sittengesetz als Schranke d. Grundrechte, 1971; D. Unmöglichkeit v. Verwaltungsakten, 1972; Öfftl.-recht. Klausurenlehre, Bd. 1 1977, Bd. 2 1981.

ERBEL, Raimund
Dr. med., Prof. II. Med. Klinik u. Poliklinik Univ. Mainz - Saarstr. 21, 6500 Mainz - Geb. 9. März 1948 Baesweiler - Gymn. Alsdorf; Univ. Köln, Düsseldorf; Approb. 1973, Promot. 1974, Facharzt f. Inn. Med. 1981, Facharzt f. Inn. Med. u. Kardiol. u. Habil. 1982 Aachen - 1973-74 Med. Assist. Hospital Leverkusen, 1974-75 Wiss. Assist. Düsseldorf, 1975-77 Bundeswehrzentralkrkhs. Koblenz, 1977-82 Wiss. Assist. RWTH Aachen, 1982 Univ. Mainz (1983 C2-Prof., 1987 Univ.-Prof. f. Inn. Med.) - Mithrsg.: Ztschr. Ultraschall in Klinik u. Praxis 1983 Paul-Beiersdorf-Preis; 1987 Mitgl. Americ. Coll. of Cardiol.; 1988 Fellow of the Europ. Soc. of Cardiol.; Beirat Intern. Journ. of Cardiac Imaging.

ERBEN, Heinrich K.

Dr. rer. nat., em. o. Prof. u. Direktor Inst. f. Paläontologie Univ. Bonn - Kastanienweg 14, 5307 Wachtberg-Adendorf - Geb. 19. Mai 1921 Prag (Vater: Emil E., Angest.; Mutter: Eugenie, geb. Seckl), verh. 1946 m. Dr. Ursula, geb. Jonas - Univ. Berlin u. Tübingen. Promot. u. Habil. Tübingen - 1951-86 Lehrtätig. Univ. Tübingen, Würzburg

(1952), Bonn (1957 ao. Prof. u. Leit. Abt. Paläontol.), o. Prof. u. Dir. Inst. Paläontol., 1953-56 Forschungsaufg. Univ. Mexico, 1962/63 Univ. Kabul/Afghanistan, 1968 Vors. Paläontol. Ges., 1972-76 Präs. Dt. Nationalkommitee Intern. Union of Geological Sciences u. a. Ehrenämter - BV: D. Entwickl. d. Lebewesen, 1975; Leben heißt Sterben, 1981; Intelligenzen im Kosmos?, 1984; üb. 90 Fachveröff.; Herausg. v. Palaeontographica A u. Biomineralization Research Repts - 1967 o. Mitgl. Akad. d. Wiss. u. d. Lit., Mainz; 1973 o. Mitgl. Dt. Akad. d. Naturforscher (Leopoldina), Halle/S. (1987ff. Senator); 1980 o. Mitgl. Sudet. Akad. d. Wiss. u. d. Künste, München; 1988 o. Mitgl. Acad. Europaea, Cambridge; 1980-84 Mitgl., s. 1984 Vors. Fachaussch. Naturwiss., 1986-88 Präs. Dt. UNESCO-Kommiss.; 1988 BVK I. Kl.

ERBEN, Johannes

Dr. phil., Dr. h. c., Prof. f. dt. Sprache u. ältere dt. Literatur Univ. Bonn - Ringstr. 39, 5300 Bonn 3 (T. 0228 - 46 45 70) - Geb. 12. Jan. 1925 Leipzig (Vater: Kurt E., Buchhändler; Mutter: Frida, geb. Heene), ev. - 1946-49 Univ. Leipzig (Promot. 1949), Habil. 1953 Berlin - 1954 ao. Prof. f. Dt. Philol.; 1961 Inst.-Dir. Akad. d. Wiss. Berlin; 1965 o. Prof. Univ. Innsbruck; s. 1979 Prof. in Bonn - BV: Syntax d. Sprache Luthers, 1954; Dt. Grammatik, 12. A. 1980; Ostmitteld. Chrestomathie, 1961; Einf. in d. dt. Wortbildungslehre, 1975, 2. A. 1983; Dt. Syntax, 1984; Bibl. in Studien z. dt. Grammatik (hg. v. E. Koller u. H. Moser), 1985 - 1961 Korr. Mitgl. Sächs. Akad. d. Wiss. Leipzig; 1964 o. Mitgl. Berliner Akad. d. Wiss.; 1969 Duden-Preis Stadt Mannheim.

ERBER, Margareta

Dr. rer. nat., Prof. f. Biologie u. ihre Didaktik - Schulstr. 16, 4802 Halle/W. - Geb. 14. Nov. 1923 Glatz/Schles. (Vater: Alfred E., Lehrer; Mutter: Elfriede, geb. Scholz), kath. - Univ. Breslau (1943 b. 1944) u. Münster (1946-49). Staatsex. 1949 (Biol., Chem., Geogr., Phil.); Promot. 1968 - B. 1963 Oberstudienrätin Gymn. Bielefeld, dann Doz. u. Prof. (1968) Univ.-GH Paderborn. Synodalmitgl. BRD-Bistümer (1970-72); Mitbegr. Kath. Akad. Schwerte - BV: D. Potenzbegriff in d. Biol., 1970.

ERBERICH, Rudolf

Direktor, MdL Nordrh.-Westf. (s. 1966) - Bergstr. Nr. 89, 4130 Moers (T. 54466) - Geb. 17. Dez. 1927 Lich Kr. Jülich, verh., 1 Kd. - Volkssch.; Lehrerbildungsanstalt; Verw.sakad. Düsseldorf u. Münster (Sozialverw.sdipl.); div. berufl. Lehrgänge - Ab 1950 Geschäftsf. Gewerksch. ÖTV/Kreisverw. Moers. S. 1956 Ratsmitgl. Moers (1961-68 Fraktionsf.; 1964 ff. stv. Bürgerm.). SPD s. 1952 (1965 ff. Vors. Unterbez. Moers); Präs. Nordrh.-Westf. Städte- u. Gemeindebund; Vorst.smitgl. Niederrhein. Verkehrsbetr. Aktiengesellsch. NIAG, Moers.

ERBSE, Hartmut

Dr. phil., o. Prof. f. Klass. Philologie - Starweg 26a, 2070 Ahrensburg (Holst.) - Geb. 23. Nov. 1915 Rudolstadt/Thür. (Vater: Dr. med. Walter E.), verh. m. Charlotte, geb. Neumann - Promot. (1940) u. Habil. (1948) Hamburg - S. 1948 Lehrtätigk. Univ. Hamburg (1954 apl., 1960 o. Prof.), Tübingen (1965), Bonn (1968) - BV: Fragmente griech. Theosophen, 1941; Unters. z. attizist. Lexika, 1950; Beitr. z. Überlfg. d. Iliasscholien, 1960; Scholia Graeca in Homeri Iliadem, I - VII, 1969-88; Beitr. z. Verständnis d. Odyssee, 1972. Ausgew. Schr. z. klass.Philol., 1979; Stud. z. Prolog d. euripideischen Tragödie, 1984; Untersuchungen üb. d. Funktion d. Götter im homerischen Epos, 1986; Thukydides-Interpretationen, 1989. Ztschr.aufs.

ERBSLÖH, Joachim

Dr. med., Prof., Frauenarzt - Travenhöhe 14, 2060 Bad Oldesloe - Geb. 28. Sept. 1909 Barmen (Vater: Dr. med. Walter E., Arzt; Mutter: Laura, geb. Brink), verh. in 2. Ehe (1942) m. Agnes, geb. v. Puttkamer - Univ. Kiel, Rostock, Innsbruck, Bonn - 1944 Doz. Med. Akad. Danzig; 1966 Honorarprof. Univ. Kiel. Üb. 100 Fachveröff.

ERCKENBRECHT, Ulrich

Dr., Schriftsteller (Ps. Hans Ritz) - Postf. 1765, 3400 Göttingen - Geb. 13. April 1947 Heidelberg - Promot. 1975 Univ. Frankfurt - BV: D. Gesch. v. Rotkäppchen, 9. A. 1985; D. Sehnsucht nach d. Südsee, 1983; Ringelsternchen, 1980, 2. A. 1984; Sprachdenken, 1974, 2. A. 1984; E. Körnchen Lüge, 3. A. 1983; Anleitung z. Ketzerei, 4. A. 1984; u.a.

ERDBERG, von, Eleanor,

verw. Consten, geb. v. Erdberg

Dr. phil., Prof., Kunsthistorikerin (Ostasiatische Kunst) - Ludwigsallee 59, 5100 Aachen (T. 15 17 30) - Geb. 23. Nov. 1907 Berlin (Vater: Dr. Robert v. Erdberg, Ministerialrat Preuß. Kultusmin. (s. IX. Ausg.); Mutter: Amy, geb. Wesselhoeft), kath., verh. I) 1936 m. Hermann C., Forschungsreisender † 1957 (s. XIII. Ausg.), II) 1961 Dr. Robert v. E., Forschungsing. - Univ. Bonn (Promot. 1931), Berlin, Wien (Kunstgesch., Archäol., Chines.); Habil. 1955 TH Aachen - 1931-34 Assistant (Oriental Department) Fogg Art Museum Harvard Univ., Cambridge/USA, 1934-36 Research Fellow American Council of Learned Societies Japan, ab 1938 Lector Yenching (b. 1941) u. National Univ., Peking (b. 1945), 1946-50 Associate Prof. Fujen Catholic Univ. ebd., s. 1951 Lehrbeauftr., Doz. (1956) u. apl. Prof. (1959) f. Asiat. Kunst u. Architekturgesch. TH Aachen (1961 Wiss. Rätin u. Prof.), s. 1972 i. R., 1968-76 Lehrbeauftr. f. Ostasiat. Kunst Univ. Bonn. 1985 Korr. Mitgl. Dt. Archäol. Inst. - BV: Chinese Influence on European Garden Structures, 1936 (Cambridge) u. 1985 (New York); D. Alte China, 1958 (auch ital.); Die Architektur Taiwan's, 1973; Chinese Bronzes from the Coll. of C. D. and D. Carter, 1978 (Ascona). Div. Buchbeitr. u. a. - Liebh.: Chines. u. jap. Kunst - Spr.: Engl., Franz - Lit.: Eleanor v. Erdberg u. ihre Schüler, Festschr. (1984); In die Ferne denken, Festschr. (1989).

ERDL, Lois

Dr. jur., Rechtsanw., Wirtschaftspr. u. Fachanw. f. Steuerrecht, ARsvors. AWITAG Allg. Wirtschaftsprüfungsgesellsch. u. Treuhand AG., München; Vors. d. Vorst. Landesverb. Bayern/Dt. Schutzvereinig. f. Wertpapierbesitz e. V., Düsseldorf - Rabenkopfstr. 25, 8000 München 90 (T. 644793; Büro: 591161) - Geb. 4. April 1922 Trostberg/Obb. (Vater: Alois E., Zeitungsverleger; Mutter: Maria, geb. Reisberger), verh. m. Illa, geb. Stadelmayer, T. Cornelia - Gymn. München; Stud. Rechts- u. Staatswiss. Dtschl. u. USA - ARs- u. Beiratsmandate i. versch. Industrieunternehmen.

ERDL, Oscar

Zeitungs- u. Zeitschriftenverleger, pers. haft. gf. Gesellsch. Druck- u. Verlagshaus Alois Erdl KG. - Gabelsberger Str. 4-6, 8223 Trostberg (T. 08621 - 8 08-0) - Geb. 1. Febr. 1912 Trostberg (Vater: Alois E., Ztg.verleger; Mutter: Maria, geb. Reisberger), kath., verh. s. 1952 m. Yvonne, geb. Miller, 4 Kd. (Elisabeth, Charlotte, Oscar, Nicole) - Gymn.; druck- u. verlagstechn. Volont. - Ehrenvors. Verb. Bayer. Ztg.verleger, AR Deutsche Presse-Agentur u. a. - 1974 Bayer. VO; 1982 Gr. BVK; 1983 Gold. Bürgermed.; 1986 Bayer. Verf.-Med. - Liebh.: Musik - Rotarier.

ERDMANN, Dietrich

Prof., Komponist - Biesalskistr. 12, 1000 Berlin 37 (T. 813 20 87) - Geb. 20. Juli 1917 Bonn (Vater: Lothar E. † 1939 KZ Sachsenhausen), verh. s. 1959 m. Gertrud, geb. Schulz, 3 Kd. (Micaela, Teja, Sebastian) - Musikhochsch. Berlin (1941 Abschlußprüf.) - 1945-48 Lehrer Humboldt-Obersch. Berlin; s. 1947 Doz., ao. (1954) u. o. Prof. (1968) Päd. Hochsch. Berlin (Musik); 1957-63 Dirig. Berliner Lehrer-Orch.; s. 1980 Hochsch. d. Künste Berlin - W: Solokonzerte: Klavier (2), Flöte, Violine, Cello, Mandoline, Viola, Blockflöte, Saxophon, Symphonie f. Streichorch., Serenade f. Streicher u. Bläser, Divertimento f. Streichorch., Suite f. Orch., Permutation f. Orch., Spektrum f. Orch., Nuancen f. Kammerensemble, Liederzyklen, Klaviermus. u. Kammermus.; Schallplatten - 1987 BVK, 1988 Stamitzpreis - Liebh.: Garten, Reisen - Bek. Vorf.: Prof. Benno Erdmann, Ord. d. Phil. Univ. Breslau, Halle, Kiel, Bonn, Berlin († 1921) - Lit.: U. Stürzbecher: Werkstattgespräche m. Komp. (1971); W. Burde: Musica multicolore, Werk u. Vita (1987).

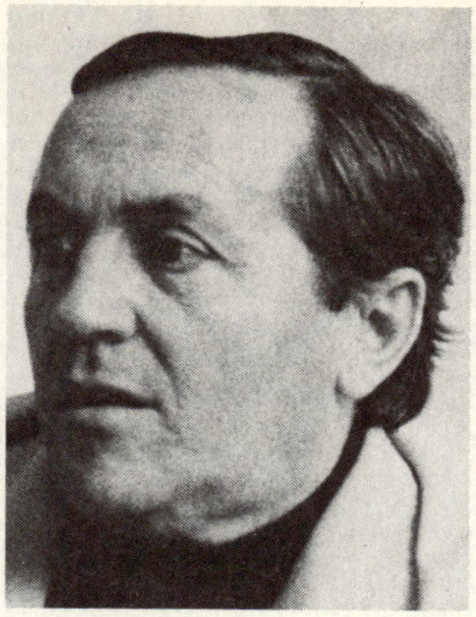

ERDMANN, Ernst-Gerhard

Hauptgeschäftsf. Bundesvereinig. d. Dt. Arbeitgeberverb. (s. 1970) - Oberländer Ufer 72, 5000 Köln 51 (T. 380172) - Geb. 1925 Berlin (Vater: Dr. jur h. c. Gerhard E., Hauptgf. Bundesvereinig. d. Dt. Arbeitgeberverb.; s. XVII. Ausg.) - Zul. stv. Hgf. Bundesvereinig.

ERDMANN, Gerhart

Dr. med. (habil.), Prof., Kinderarzt - Augustenstr. Nr. 11, 6500 Mainz - Geb. 12. Juni 1921 Mosel (Vater: Fritz E., Schulleiter u. Kantor; Mutter: Gertrud, geb. Hertsch), ev., verh. s. 1948 m. Lisa, geb. Engelhardt, 3 Kd. (Klaus, Judith, Sigrid) - Robert-Schumann-Sch. (Gymn.) Zwickau; Univ. Prag, Greifswald, München - S. 1951 Oberarzt Univ.s-Kinderkliniken Halle, Rostock (1953; 1955 Dozent, 1960 Prof. m. Lehrauftr.), Mainz (1962; apl. Prof.) - BV: Allergie-Probleme im Kindesalter, 1961 (Leipzig). Mitarb.: Opitz-Schmid, Handb. d. Kinderheilkd. (1963 ff.). 1957 MORO-Preis Dt. Ges. f. Kinderheilkd. - Liebh.: Lit., Musik - Spr.: Engl.

ERDMANN, Günter

Dr. jur., Vorstandsmitgl. Köln. Lebensversich. aG., Köln, Sachversich. AG u. Veritas Lebensversich. AG., Köln - Eichelstr. 22, 5060 Berg. Gladbach - Geb. 10. März 1935.

ERDMANN, Helmut W.

Komponist, Flötist, Pädagoge - Fortbildungszentrum f. Neue Musik, An der Münze 7, 2120 Lüneburg (T. 04131 - 30 93 82) - Geb. 2. Okt. 1947 Emden - Stud. Braunschweig (Orchesterdipl. 1968) u. Hamburg (Flöte b. K. Zöller, Kompos. b. D. de la Motte, Elektron. Musik b. Musiksch. Lüneburg (Flöte, Theorie; Leit. Studio f. Neue Musik); s. 1974 Lehrbeauftr. Hochsch. Lüneburg, s. 1983 Univ. Duisburg, s. 1985 Univ. Göttingen. S. 1976 Doz.; Ref. u. Kursleit. auf überregionalen u. intern. Tagungen u. Kongressen. S. 1975 Künstler; Leit. d. Veranstaltungsreihe Neue Musik in Lüneburg, s. 1977 Leit. Fortbildungszentrum f. Neue Musik in Lüneburg - Kompositor. Arbeiten (ca. 110 Werke), in allen Gattungen, einschl. elektron. u. live-elektron. Werke. 2 LP. Publ. Veröff. z. Thema Neue Musik in Fachztschr. Konzerte u. Rundfunkproduktionen eig. Werke in d. Bundesrep., Europa, USA u. Japan. 1971 Gründ. Varius-Ensemble; s. 1980 Mitgl. d. Ensemble Musica Viva. Anreger neuer Kompos. f. Flöte solo u. Kammermusik m. Flöte - Stip. d. Villa Massimo (Rom), d. Cité Intern. des Arts (Paris), d. Stanford-Univ. (USA), Bach-Preis-Stip. Hamburg, Stip. d. Casa Baidi (Olevano/Rom), d. Atelierhauses Worpswede - Spr.: Engl., Franz. - Lit.: Art. üb. künstler., kompos. u. päd. Arbeit in div. Fachztschr.

ERDMANN, Herbert

Redakteur u. Schriftst. - Am Eichenkamp 46, 4150 Krefeld-Traar (T. 02151 - 5 66 68) - Geb. 6. Okt. 1926 Bochum, kath., verh. s. 1951 m. Caecilia, geb. Enste, 3 Kd. (Magdalena, Andreas, Georg) - Üb. 30 Jugend- u. Sachb., Mitarb. in Anthol., Rundfunk - Liebh.: Archäol. (Steinzeit) - Spr.: Engl.

ERDMANN, Karl Dietrich

Dr. phil., em. Prof. f. Mittlere u. Neuere Geschichte - Ernestinenweg 18, 2312 Mönkeberg (T. Kiel 23 10 83) - Geb. 29. April 1910 Köln (Vater: Wilhelm E.; Mutter: Luise, geb. Schmitz), verh. m. Sylvia, geb. Pieh - S. 1947 (Habil.) Lehrtätigk. Univ. Köln (1953 apl. Prof.) u. Kiel (1953 Ord.; 1966/67 Rektor). 1962-67 Vors. Verb. d. Historiker Dtschl.; 1966-70 Vors. Dt. Bildungsrat; 1975-80 Präs. Comité Internat. Sciences Historiques. Div. Publ., dar. Dtschl. im Zeitalter d. Weltkriege, D. asiat. Welt im Denken v. Marx u. Engels, Adenauer in d. Rheinlandpolitik, D. Ökumene d. Historiker. Herausg.: Kurt Riezler - Tageb., Aufs., Dokum.; Akten d. Reichskanzlei Weim. Republ.; Hermann Ehlers - Aufsätze, Reden, Briefe. Aufsätze: Geschichte, Politik u. Päd., 2 Bde. (1970 u. 1986) - 1977 Hermann-Ehlers-Preis; 1982 Kulturpreis Stadt Kiel; 1987 Gr. BVK m. Stern - Spr.: Engl., Franz. - Rotarier.

ERDMANN, Peter

Dr. phil., o. Prof. f. Neuere Sprach- u. Literaturwissenschaft Univ. Saarbrücken (s. 1974) - Eichendorffstr. 13, 6601 Scheidt/Saar - Geb. 28. Juni 1941 Posen (Vater: Herbert E., Kaufm. Angest.; Mutter: Johanna, geb. Stöwahse), ev., verh. s. 1965 m. Gisela, geb. Dohrmann, 2 Kd. (Nataly, Peter) - Gymn.; Stud. Hamburg u. Harvard (A. M.). Promot. (1971) u. Habil. (1975) Hamburg - Zul. Prof. GH Kassel - BV: Tiefenphonolog. Lautgesch. d. engl. Vokale, 1972; There sentences in Engl., 1976; Inversion im heut. Engl., 1979. Fachaufs. - Spr.: Engl., Franz.

ERDMANN, Volker, A.

Dr. rer. nat., Prof. f. Biochemie FU Berlin - Inst. f. Biochemie FU Berlin, Thielallee 69-73, 1000 Berlin 33 (T. 030 - 838 60 02) - Geb. 8. Febr. 1941 Stettin (Vater: Richard E., Berufssoldat † 1946; Mutter: Hildegard, geb. Kakosch), ev., verh. s. 1967 m. Hannelore, geb. Nölle, 2 Kd. (Jörn, Gabriele) - B.A. in Chemie 1963 UNH, Durham, N.H., USA; M.Sc. 1966 ebd.; Promot. 1968 TU Braunschweig; Habil. 1978 FU Berlin - 1963-66 wiss. Assist. Durham; 1966-69 wiss. Assist. Max-Planck-Inst. f. experimentelle Med., Göttingen; 1969-71 NIH-Fellow Univ. of Wisconsin, Madison/USA; 1971-80 Max-Planck-Inst. f. Molekulare Genetik, Berlin; s. 1980 o. Prof. f. Biochemie FU Berlin (s. 1981 gf. Dir. Inst. f. Biochemie, s. 1985 Sprecher FB Chemie). Üb. 220 Publ. auf d. Geb. d. Proteinbiosynthese - Mitgl. EMBO, Ges. f. Biol. Chemie, AXE (USA), Sigma Xi (USA), Ges. d. Chem., Ges. f. Natur- u. Heilkunde Berlin - 1987 Förderpreis f. dt. Wissenschaftler im Gottfried Wilhelm Leibniz-Progr. d. Dt. Forschungsgemeinsch. - Spr.: Engl. (Russ.).

ERDMANN, Wolfgang

Dr.-Ing., Dipl.-Ing., Dipl.-Wirtsch.-Ing., Direktor - Springestr. 19, 4660 Gelsenkirchen (T. 0209 - 3 93 28) - Geb. 22. Sept. 1938 Düren (Vater: Hubert E., Rektor; Mutter: Friederike, geb. Chenaux), kath., verh. s. 1964 m. Roswitha, geb. Schmitz, 2 Kd. (Dirk, Sonja) - TH Aachen (Dipl.-Ing. 1963, Dipl.-Wirtsch-Ing. 1968, Promot. 1970) - 1963 Dir.-Assist.; 1967 Betriebsleit./Obering.; 1972 Dir. Köln; 1974 Techn. Vorst. Gelsenkirchen; 1977 Techn. Geschäftsf. Neuss u. Osnabrück; 1985 Geschäftsf. Managementberat., D'dorf - Liebh.: Sport, Reisen - Spr.: Engl.

ERDMANN, Wolfgang

Dipl.-Ing., Geschäftsführer Wanderer Maschinen Ges. mbH, München - Solalindenstr. 65b, 8000 München 82 (T. 4304248) - Geb. 23. Nov. 1927 Rio de Janeiro (Brasil.) - B. 1982 Vorst.-Mitgl. Wanderer Werke AG (Rücktr.).

ERDMANN-JESNITZER, Friedrich

Dr.-Ing. habil., Dr. ir. h.c., Prof. f. Werkstoffkunde, Hon.-Prof. Harbin (China) - Im Dorffeld 66, 3005 Hemmingen 1 (T. 42 45 34) - Geb. 3. Mai 1912 München (Vater: Alexander E.-J.; Mutter: Charlotte, geb. Becker), ev., verh. in 2. Ehe (1965) m. Gudrun, geb. Dietz - Dipl.-Ing. (Maschinenbau) 1937; Promot. (Hüttenwesen) 1939; Habil. (Maschinenwesen/Technol.) 1941 - S. 1948 o. Prof. Bergakad. Freiberg/Sa. (Dir. Inst. f. Metallkd. u. Materialprüf.) u. TH bzw. TU Hannover (1962; Dir. Inst. f. Werkstoffkd. sowie Dir. 2 M.P.A.). 1970ff. Mitgl. UNECA (United Nations Economy Commission for Africa) u. techn. Komit. I.I.W.; Wiss. Beirat z. Metall/Berlin - BV: Werkstoff u. Schweißung, 3 Bde. 1951/59. Etwa 485 Einzelveröff. - 1968 Ehrendoktor Univ. Gent (Belg.); o. Mitgl. Braunschweig. Wiss. Ges., Klasse: Ing.Wissensch.; 1980 Hon.-Prof. Univ. Harbin (VR China); Gold. Nadel Kammer d. Technik, Berlin (Ost); Ehrenmitgl. wiss. japan. Ges. f. Schweißtechnik; Ehrenplak. Doküz Univ. Izmir (Türkei) - Liebh.: Malerei, Musik - Spr.: Franz., Engl., (Dän. u. Span. z. Verständig.) - Bek. Vorf.: Friedrich E. J., Stettin (baute dort d. erste Gußeisenbrücke); Friedrich E. J., Apotheker, Magdeburg (entwickelte d. Chloroform f. Dtschl.); Friedrich E.-J., Weimar, Hofrat u. Theaterdir. Bremen.

ERDMENGER, Rolf

Dr. jur., Erster Direktor, Vors. Geschäftsführung Landesversicherungsanstalt Rheinprovinz - Königsallee 71, 4000 Düsseldorf 1 - Geb. 14. Dez. 1924 Düsseldorf.

ERDRICH, Karl

Hauptgeschäftsführer Bundesverb. d. Dt. Klein- u. Obstbrenner, Offenburg - Hardtstr. 37, 7500 Karlsruhe 21 - Geb. 28. Juli 1920 Oppenau.

ERDTMANN, Lothar

Dr. rer. oec., Dipl.-Ing., Mitinh. Dr. Erdtmann & Partner Management Consultants, Krefeld (s. 1970) - Uerdinger Str. 231, 4150 Krefeld (T. 597271) - Geb. 18. April 1927 Moers - Zul. Vorstandsmitgl. Busch-Jaeger Dürener Metallwerke AG., Lüdenscheid (b. 1968 stv., dann o.) - Rotarier.

ERFURTH, Ulrich

Prof., Generalintendant a. D. - Zickzackweg 12a, 2000 Hamburg-Othmarschen - Geb. 22. März 1910 Elberfeld (Vater: Geistlicher), ev., verh. s. 1934 m. Ingeborg, geb. Brose, 2 Töcht. (Monika, Magdalene) - Gymn.; Univ. Köln u. Berlin (German., Kunstgesch.) - 1931-34 Schausp. u. Regiss. Stadttheater Wuppetal, 1934-35 Oberspiell. Stadttheater Koblenz, 1935-44 Spiell. Pr. Staatstheater Berlin, ab 1946 Spiell. Kammerspiele Hamburg u. künstler. Leit. Real-Film GmbH. ebd., 1949-63 Oberregiss. Städt. Bühnen Düsseldorf u. Schauspielhaus Hamburg (1955; stv. Int.), dann Prof. u. Leit. Schauspiel-Inst. Folkwang-Sch. Essen, 1966-68 Regievorst. u. Vizedir. Burgtheater Wien (zugl. Lehrtätigk. Rheinhard-Sem., Filmakad. u. Univ. Wien), 1968-72 Generalint. Städt. Bühnen Frankfurt/M. 1965-75 Int. Hersfelder Festsp. Zahlr. Insz., darunt. Berlin: Madame sans gêne, D. blaue Strohhut, Ritter vom Mirakel, Karl III., Anna v. Österr., Romeo u. Jeanette (1951), Hamburg: Eurydike, Maria Stuart, D. Trojan. Krieg, Bürger Schippel, D. Verschwörung, D. Chines. Mauer, Hamlet, D. Prozeß, Besuche d. alten Dame, Rose Bernd, Phädra, Troerinnen, Staatsoper: Othello, D. grüne Kakadu, Düsseldorf: Tod d. Handungsreisenden, D. Leben ist Traum, Othello, Wallenstein. Filme: Erzieherin gesucht, Finale, Keine Angst vor gr. Tieren, Kolumbus entdeckt Krähwinkel, Rittm. Wronski, Eine Frau genügt nicht?, Reifende Jugend, Heidemelodie, 3 Birken auf d. Heide (Jg. Blut), Himmel, Amor u. Zwirn, Mein Mann, d. Wirtschaftswunder, D. Hochtourist; Fernsehen: Minna v. Barnhelm, Helden, Colombe, D. 6. Frau, D. Auszeichnung u. a. - o. Mitgl. Dt. Akad. d. Darstell. Künste, Hamburg; 1975 Gold. Ehrenplak. Bad Hersfeld - Liebh.: Musik, Kochen - Spr.: Engl., Franz.

ERFURTH, Wolfgang

Abgeordneter - Paul-Freye-Str. 40, 2800 Bremen 44 - S. 1971 Mitgl. Brem. Bürgerschaft. CDU.

ERGENZINGER, Peter Jürgen

Dr. rer. nat., Prof. f. Geographie FU Berlin - Hochbaumstr. 46, 1000 Berlin 37 - Geb. 16. März 1939 Stuttgart (Vater: Walter E., Kaufmann; Mutter: Charlotte, geb. Nettmann, Graphikerin), ev., verh. s. 1974 m. Hannelore, geb. Riedinger, 2 Söhne (Marc, Dirk) - Stud. Univ. Tübingen, Saarbrücken, FU Berlin; Dipl. Geogr. 1961; Promot. 1965; Habil. 1971 - 1980/81 Gastprof. in MSU Bozemann, MT USA - BV: Geomorphologie N. Tschad. Fachveröff.: Geomorphologie + Hydrologie - Spr.: Engl., Franz., Ital.

ERGER, Johannes

Dr. phil., Prof. f. Neueste Geschichte u. Politische Bildung RWTH Aachen - Pannhauser Str. 14, 5100 Aachen (T. 0241 - 1 41 19) - Geb. 1. Sept. 1928 Holzwickede/Kr. Unna (Vater: Wilhelm E., Volksschulrektor; Mutter: Maria, geb. Heckmann), kath., verh. s. 1963 m. Hildegard, geb. Wiemers, 7 Kd. (Angelika, Johannes, Joachim, Monika, Christina, Thomas, Florian) - Abit. 1947; 1949-51 PA; 1. Staatsprüf. 1951 f. Volkssch., 2. Prüf. 1954, 1951-57 Lehrer in Unna; 1954-61 Univ. Münster u. Heidelberg (Gesch., Wirtsch.gesch., Phil., Päd.); Promot. 1963 Univ. Heidelberg - 1961-67 Assist. bzw. Doz. PH Münster u. Aachen; 1967-80 o. Prof. PH-Rheinl., Abt. Aachen (1968-70 u. 1976-78 Dekan Abt. Aachen, 1972-76 Rektor bzw. Prorektor PH); 1980 Integr. in d. RWTH Aachen; 1985 Gastprof. an d. Reichsuniv. Leiden. S. 1968 Mitgl. in versch. Hochsch.kommiss. u. im Senat; Mitgl.sch., Kommiss.- u. Vorst.-Tätigk. in wiss., kirchl., polit., berufl. u. soz. Gremien; s. 1971 wiss. Beratung in d. Bundeszentrale f. Polit. Bild. Bonn; s. 1978 Lions Club; 1982 Ritter d. Ordens v. Hl. Grabe - BV: D. Kapp-Lüttwitz-Putsch 1920, 1967; Aufs. u. Schulb.veröff. z. Neuesten Gesch., z. Gesch.unterr., z. Polit. Bild. u. z. Bildungsgesch. Hrsg. u. Autor d. Schulb.werkes Gesch. heute (Bd. 5/6 u. 7/8) - Liebh.: Musik - Spr.: Engl.

ERHARD, Benno

Rechtsanwalt u. Notar, Staatssekretär a. D. - Gartenfeldstr. 5, 6208 Bad Schwalbach (T. 22 00) - Geb. 22. Febr. 1923 Bad Schwalbach, kath., verh. 1956 m. Hilde, geb. Leis, 4 Töcht. - N. Wehrdst. (1942ff.) u. franz. Kriegsgefangensch. (b. 1946) Landwirt.Gehilfe. Phil.-Theol. Hochsch. Bamberg (2 Sem.) u. Univ. Mainz (Rechtswiss.). Gr. jurist. Staatsprüf. 1956 - 1954-65 (Mandatsniederleg.) MdL Hessen, 1965-87 MdB (1978-83 rechts- u. innenpolit. Sprecher, 1982/83 stv. Vors. d. CDU/CSU-Fraktion). 1983-87 Parlam. Staatssekr. Bundesjustizmin. CDU - 1984 Gr. BVK m. Stern, 1987 Schulterband dazu - Liebh.: Gartenkultur.

ERHARD, Heinz

Dr. rer. pol., Aufsichtsratsmitglied Metallwarenfabrik Erhard & Söhne GmbH, Schwäb. Gmünd - Robert-v.-Ostertag-Str. 7, 7070 Schwäbisch Gmünd/Württ.

ERHARD, Martin

Gewerkschaftsangestellter, MdL Bayern (s. 1970) - Alpenblickstr. 12, 8150 Holzkirchen/Obb. (T. 08024 - 7419) - Geb. 1918 - U. a. Kreisvors. DGB. SPD - 1980 Bayer. VO.

ERHARDT, Manfred

Prof. Dr. jur., Ministerialdirektor, Amtschef im Min. f. Wiss. u. Kunst Baden-Württ. (s. 1984) - Königstr. 46, 7000 Stuttgart 1 (T. 20 03-1, 20 03-24 40) - Geb. 21. März 1939 Stuttgart (Vater: Wilhelm E., Jugendamtsdir.; Mutter: Käthe, geb. Göttinger), ev., verh. s. 1967 m. Gabriele, geb. Schulz, 3 S. (Wolfram, Martin, Karsten) - Gymn. Stuttgart; Stud. Univ. Tübingen u. FU Berlin (Rechtswiss.). Jurist. Staatsprüf. 1964 Tübingen u. 1968 Stuttgart; Promot. 1968 - Wiss. Assist. Univ. Tübingen; s. 1979 Prüfer im 1. Jurist. Staatsexamen; s. 1981 Lehrbeauftragter Univ. Tübingen - 1969-71 Bundesmin. f. Bild. u. Wiss.; 1978-82 Kultusmin. Baden-Württ.; 1982-84 Geschäftsf. CDU-Landtagsfrakt. Baden-Württ. S. 1988 Hon.-Prof. d. Univ. Tübingen - BV: D. Befehls- u. Kommandogewalt, 1969; Hochschulstatistikgesetz-Kommentar, 1972; Kulturverwaltungsrecht im Wandel, 1980; rechtswiss. u. bildungspolit. Veröff.

ERICHSEN, Hans-Uwe

Dr., o. Prof. f. Öfftl. Recht u. Europarecht Univ. Münster (s. 1981), Rektor d. Univ. Münster, Vors. d. Landesrektorenkonf. Nordrh.-Westf. - Falkenhorst 17, 4400 Münster - Geb. 15. Okt. 1934 Flensburg (Vater: Wilhelm E.; Mutter: Marie, geb. Brodersen), ev., verh. s. 1963 m. Bernhild, geb. Messemer, 3 Kd. (Christian, Sabine, Thomas) - Stud. Univ. Freiburg/Br., Hamburg, Kiel - 1964-69 wiss. Assist. Univ. Kiel u. Münster - BV: Staatsrecht u. Verfassungsgerichtsbarkeit I, 3. A. 1982, dto II, 2. A. 1979; Verwaltungsrecht u. Verwaltungsgerichtsbark. I, 2. A. 1984; Verstaatlichung d. Kindeswohlentscheid.?, 2. A. 1979; Elternrecht - Kindeswohl - Staatsgewalt, 1985. Herausg.: Allg. Verwaltungsrecht, Lehrb. (8. A. 1987; auch Mitautor); Kommunalrecht d. Landes NW, Lehrb. (1988). Jura - Zeitschr. f. Jurist. Ausb. - 1963 Preis Univ. Kiel f. d. beste Diss. - Spr.: Engl., Franz.

ERICHSEN, Harald

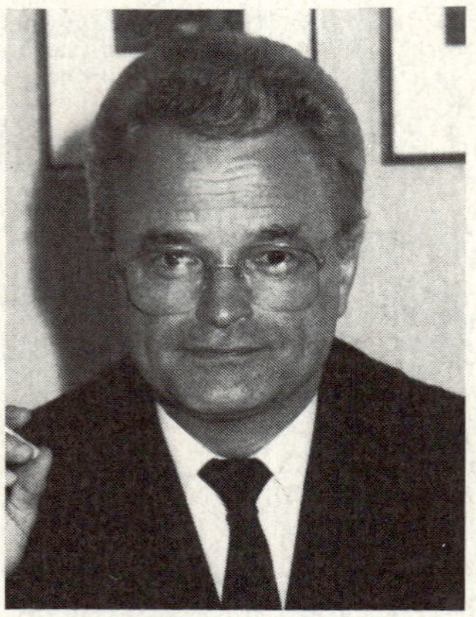

Dr. jur., Vorstandsvorsitzender BATIG Ges. f. Beteiligungen mbH, Hamburg - Alsterufer 4, Postf. 30 06 60, 2000 Hamburg 36 - Geb. 23. Jan 1931 Hamburg, verh., 2 Kd. - AR-Vors.: B.A.T Cigaretten-Fabriken GmbH, EUROTEC Systemteile GmbH, Horten AG, AR TUI.

ERICHSEN, von, Lothar

Dr.-Ing., Prof. i. R. (Nuklearchemie) - Im Hahnsberg 13, 5480 Remagen 2 - Geb. 15. Mai 1915 Oberschlesien, verh. 1940 m. Edelgard, geb. Kerber - TH Breslau - S. 1951 (Habil.) Privatdoz. u. apl. Prof. (1957) Univ. Bonn, 1967 Abt.Vorst. u. Prof. Inst. f. Physikal. Chemie. 1955/56 Gastdoz. Valparaiso. 1962/63 u. 1971 Auslandseinsatz f. d. IAEA. 1980 Ruhest. - BV: Friedl. Nutzung d. Kernenergie, 1962; Uranisotopentrennung in Zentrifugen, 1985. Zahlr. Einzelarb. - 1961 Preis Akad. d. Wiss. Heidelberg.

ERICHSEN, Uwe

Schriftsteller - Schaevenstr. 42, 5014 Kerpen (T. 02237-4458) - Geb. 9. Aug. 1936, verh. s. 1961 m. Ursula, geb. Dahmen, 2 S. (Jörgen, Ulf) - Autor v. Kriminalrom. u. Drehbüchern, u.a. Tatort, D. Fahnder, Kinofilm D. Katze - BV: u.a. Todesfalle Nizza, 1978; D. Weiße im Auge d. Feindes, 1981; E. Eisen im Feuer, 1985; D. Katze, 1985/88 - 1977 2. Preis Wettb. um d. besten dt. Kriminalroman - Liebh.: Lit., Reisen - Spr.: Engl. Franz., Span.

ERIKSON, Lars-Christian

Direktor, Vors. d. Geschäftsfg. Volvo Deutschland GmbH - Assar-Gabrielsson-Str., 6051 Dietzenbach-Steinberg/Hessen - 1981 ff. Präs. Verb. d. Importeure v. Kraftfahrz. (VDIK), Bad Homburg.

ERKE, Heiner

Dr. phil., Dipl.-Psych., Prof. f. Angew. Psychologie TU Braunschweig (s. 1970) - Bammelsburger Str. 6, 3300 Braunschweig (T. 42134) - Geb. 6. Aug. 1939 Halle/W. - Habil. 1970 Saarbrücken - Mithrsg.: Handb. d. Psychol. Bd. 1.1 (Wahrnehmung u. Bewußtsein; 1966); Verkehrskonflikte i. Innerortsber., 1978; Grundlagen z. Wegweisung, 1981; Handb. d. Verkehrskonflikttechnik, 1985 - Spr.: Engl., Franz.

ERKEL, Günther

Dr. jur., Staatssekretär a. D. - Leibnizstr. 47, 5300 Bonn 2 - Geb. 9. Dez. 1924 Wiesbaden, verh. m. Hannelore, geb. Senff, 3 Kd. - Univ. Frankfurt (Rechtswiss.). Promot. 1952. 1953 Richter im OLG-Bezirk Frankfurt/M., 1957 Ref. i. Hess. Justizmin. 1967 Landgerichtspräs. in Gießen, 1970 Ministerialdir. im BJM, Ltg. d. Abt. Zivilrecht, 1971-82 Staatssekr. d. BJM.

ERKEL, Willi

Parteigeschäftsf. - Vierzehn Eichen 15, 5407 Boppard-Buchenau/Rh. (T. 2404) - Geb. 11. Sept. 1913 Saarbrücken, ev., verh. - Volkssch.; Maschinenschlosserlehre - 1934-45 Marine (zul. Obermechniker), dann Elektriker Stadtverw. Trier, 1947-69 Herbergsvater Dt. Jugendherbergswerk Boppard; s. 1969 Gf. SPD-Bezirksverb. Rhld.-Hessen-Nass. 1959-75 m. kurzer Unterbr. 1971 MdL Rhld.-Pfalz. SPD s. 1945 (div. Funktionen).

ERKER, Armin

Dr.-Ing., Hauptabteilungsleiter i. R., Honorarprof. f. Fügetechnik TU München (1972 ff.) - Hauffstr. 4, 8500 Nürnberg - Zul. MAN/Werk Nürnberg (Versuchsanst. f. Werkstoff u. Bauteilprüf.).

ERKRATH, Carl Heinz

Regisseur, Spielleiter Staatstheater am Gärtnerplatz München - Schrobenhausener Str. 18, 8000 München 21 (T. 089 - 570 72 68) - Geb. 15. Aug. 1942 Dresden (Vater: Bernd E., Schausp.), ev., kath., verh. s. 1978 m. Judit Pacséry, S. Hagen - Musikschule (Orchestermusiker, Abit.); Dirigier-, Kompos.- u. Gesangsstud. m. Päd. Hochsch. f. Musik Dresden (Dipl.); Ausb. Sologesang - Sänger an Theatern d. DDR. Regiestud. Berlin (Schüler v. Prof. Götz Friedrich). Regiss. u. Sänger-Darst. an Theatern u. FS d.

DDR. Dramat. Stud. Theaterhochsch. Leipzig - 1978-83 Leit. u. Oberspielleit. Musiktheater Stadt Plauen; 1984-85 Gastregiss. National-Theater Szeged u. Szegeder Dom-Festsp. S. Herbst 1985 Bundesrep. Dtschl. - Zahlr. Insz. - Liebh.: Kunst, Phil., Politik, Sport (Fußball), Klavierspielen.

ERL, Willi

Geschäftsführer Dt. Entwicklungsdienst (s. 1985) - Kladower Damm 299, 1000 Berlin 22 (T. 030 - 36 50 91 02) - Geb. 30. April 1933 Schweinfurt/M., ev., verh. s. 1959 m. Erdmute, geb. Hoffmann, 2 Töcht. (Kerstin, Dorothea) - Stud. Theol. m. Päd. u. Soziol.; Ex. in Diakoniewiss. 1959 Univ. Heidelberg - 1959-61 CVJM-Sekr. Mannheim; 1961-66 Studleit. Intern. Inst. Schloß Mainau; 1966-73 Doz. (1970-73 Leit.) Ev. Schule f. Heimerzieh. Reutlingen; 1973-77 Aufbau Zentrum Lateinamerik. Sozialarb. (CELATS) in Lima/Peru; 1977/78 Geschäftsf. Kübel-Stiftg. Bensheim; 1978-84 Leit. Abt. Projektpolitik Inst. f. Intern. Solidarität d. Konrad-Adenauer-Stiftg. Sankt Augustin (s. 1979 auch stv. Leit. d. Inst.). Versch. Mitgliedsch. u. Ehrenämter, u. a. 1980 Gründungsmitgl. Care-Deutschl. - BV: Gruppenpäd. in d. Praxis, 10. A. 1980; Modelleinricht. v. Jugendfreizeitstätten in d. Bundesrep. Dtschl., 4. A. 1973; Methoden mod. Jugendarb. I, 8. A. 1981; Methoden mod. Jugendarb. II, 2. A. 1979; Neue Methoden d. Bibelarb. (m. Fritz Gauser), 8. A. 1987; Entfaltung d. Kreativität (m. Ulrich Beer), 5. A. 1985; Lektüre f. Kinder u. Jugendliche m. Erdmute Erl), 2. A. 1975; Gruppenpäd. u. Kindergottesdienst (m. Peter Hess u. Dieter Kunz), 1976; Handwerk f. d. Dritte Welt (m. Ingo Scholz), 1987. S. 1983 Herausg. d. reihe j, Praxisb. f. Jugendarb. u. Erzieh. - Liebh.: Lit., Malerei, Tanz, Gesch. - Spr.: Engl., Span.

ERLE, Dieter
Dr. rer. nat., Prof. f. Math. (Topologie) - Grenzweg 8, 4600 Dortmund 30 - Geb. 30. Aug. 1939 Wien - Stud. Math. (Dipl. 1964 Bonn). Promot. 1968 Bonn - S. 1972 Wiss. Rat u. Prof. Univ. Dortmund. Facharb.

ERLEBACH, Peter
Dr. phil., Prof. f. Engl. Philologie - Plesserstr. 31, 6500 Mainz 1 - Geb. 22. April 1942 Trautenau (Vater: Robert E., Fabr.; Mutter: Edith, geb. Weigend), kath., verh. s. 1969 m. Ursula, geb. Krebs, S. Gregor - Leibniz-Gymn. Neustadt/Weinstr.; Stud. Engl. u. Franz. Heidelberg, Nancy, Birmingham, Mainz, Staatsex. Promot. (1968) u. Habil. (1975) - S. 1975 Lehrtätig. f. Engl. Philol. u. f. Engl. f. Wirtschaftspäd.; 1985-87 Dekan FB Philol. II. Univ. Mainz - BV: Formgesch. d. engl. Epigramms v. d. Renaissance b. z. Romantik, 1979; D. zusammengesetzten engl. Zunamen franz. Herkunft, 1979; Gesch. u. Vorgesch. d. engl. Liebeslyrik d. Mittelalters, 1989; Theorie u. Praxis d. Romaneingangs. Unters. u. Poetik d. engl. Romans, 1989. Herausg. (m. and.): Gesch.keit u. Neuanfang im sprachl. Kunstwerk (1981) - Spr.: Franz., Engl., Span.

ERLENBACH, Erich
Dipl.-Kfm., Wirtschaftsjournalist - Zu erreichen üb. Frankfurter Allg. Zeitung, 6000 Frankfurt/M. 1 - Geb. 16. April 1939 Düsseldorf, verh., 2 Töcht. - Univ. Frankfurt (Betriebsw.). Diplomprüf. 1964 - S. 1966 FAZ (1967 Finanz- u. Börsenredakt.) - BV: Mehr Geld durch Geld; Finanzierungsprüfliste f. d. Bauherrn; So funktioniert d. Börse.

ERLENKÄMPER, Friedel
Dr. jur., Beigeordneter Stadt Aachen - Zu erreichen üb. Stadtverw., 5100 Aachen - Geb. 21. Aug. 1946 Haan/Rhld., ev., verh. s. 1972 m. Brigitte, geb. Stein, 3 Kd. (Stephan, Maren, Tobias) - 1957-63 Gymn. Düsseldorf-Gerresheim; 1963-68 Ausb. f. gehob. nichttechn. Verwaltungsdst. Düsseldorf; Kommunaldipl. 1970, Hochsch.reife 1971; 1971-75 Univ. Köln (Rechtswiss.); 1. jurist. Staatsex., 2. Staatsex. 1977, Promot. 1980 - 1968-70 Beamter d. gehob. Dst. Düsseldorf, 1970-74 Univ.-Verw. Köln; 1977-78 wiss. Mitarb. Dt. Städtetag, 1978-82 Ref. refsl.; s. 1982 Beigeordn. Aachen - BV: D. Stadt-Umland-Problematik d. Flächenstaaten d. Bundesrep. Deutschl., 1980; Verwaltungsvollstreckungsgesetz Nordrh.-Westf., Komment. 1981.

ERLER, Luis
Dr. phil., Prof. f. Elementar- u. Familienpädagogik Univ. Bamberg (s. 1973) - Wiesäckerweg 8, 8600 Bamberg; Carl-Thiel-Str. 12, 8400 Regensburg - Geb. 18. Dez. 1935 Tux/Tirol - Promot. 1968 Psych. (Prof. Ivo Kohler) - 1968-72 Assist. in Psych. b. Prof. D. Rüdiger; s. 1973 Prof. Univ. Bamberg 1985-89 Vizepräs. Otto-Friedrich-Univ. Bamberg Spezialgeb.: Päd. u. Psych. d. Kindheit, Familienpäd., Kindergartenpäd., Vorschulerziehung. S. 1986 Vizepräs. Univ. Bamberg.

ERLER, Rainer
Autor, Regisseur, Produzent (pentagramma filmproduktion) - Auf d. Tränke, 8157 Bairawies/Obb. (T. 08027 - 4 66) - Geb. 26. Aug. 1933 München (Vater: Ernst E., Studiendir. i. R.; Mutter: Hedwig, geb. Schultheiss), verh. s. 1961 m. Renate, geb. Eger, 2 Kd. (Tatjana, Tobias) - Abit. 1952 - B. 1960 Regieass. (bei 30 Spielfilmen), dann Regiss.; Dozent a. d. Hochsch. Fernsehen u. Film, München (s. 1971) - Üb. 30 Filme f. Kino u. Fernsehen (z. T. auch Buch), dar.: Seelenwanderung (1962); (1962 Prix Italia Verona, 1963 Gold. Nymphe Monte Carlo, 1964 Otto-Dibelius-Preis Intern. Filmfestsp. Berlin, 1965 Ernst-Lubitsch-Preis Berlin), Sonderurlaub (1963 Pressejury-Preis Volkshochschulverb.), D. Hexer (1963), Orden f. d. Wunderkinder (1963 I. Preis Anica Mailand, 1964 Gold. Nymphe Monte Carlo u. Prix Italia Genua), D. Gardine, Lydia muß sterben (1964), D. Bohrloch oder Bayern ist nicht Texas (1967), Fast e. Held (1967), D. Bahnübergang (1968), D. Attentäter (1969; 1970 Adolf-Grimme-Preis in Gold), D. Delegation (1971 Gold. Kamera Hörzu), D. Amateur (1972), Sieben Tage (Adolf-Grimme-Preis 1974), Das Blaue Palais (5 Filme), Die Halde, D. letzten Ferien (1975), Operat. Ganymed (1977, Gold. Asteroid f. best. science fiction-Film 1978), Plutonium (1977), Fleisch (1979, Gold. Nymphe MC81), Ein Guru kommt (1979), Die Quelle (1979), D. Spot (1981), Mein Freund, d. Scheich (1981), D. schöne Ende dieser Welt (1983), Nuclear Conspiracy (Reise in e. strahlende Zukunft), Preis d. Accad. Italia (Targa d'Oro Premio Italia) u. US-Umweltpreis (1986 Golden Flame), Zucker (Sugar - The sweet disaster comedy) - BV: D. Delegation, R. 1973; auch Übers. Span., Schwed., Finn., Sieben Tage, Bericht 1974; Fleisch, D. Blaue Palais (5 Bde.); D. letzten Ferien, Delay-Verspätung, 1982; Reise in e. strahlende Zukunft; Orchidee d. Nacht, Erz.; D. Zweitfrau, heit. R.; Zucker, heit. R. üb. e. süße Katastrophe - Theaterstücke: D. Orgie (E. hochmoralische Komödie), D. Zweitfrau (E. höchstmoralische Komödie) - Spr.: Engl., Schwed. Franz.

ERLER, Ursula, geb. Anwander

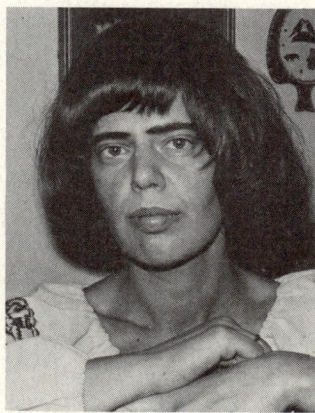

Schriftstellerin - Alte Str. 5, 5276 Wiehl 1 (T. 02261 - 77789) - Geb. 6. Juni 1946 Köln, ev., verh. s. 1968 m. Dr. Hans E., 2 Töcht. (Julia, Nele) - Stud. German., Theol. u. Theaterwiss. Univ. Köln u. Bonn - 1971-81 Doz. f. Lit. u. Soz. VHS Köln - BV: Romane: D. neue Sophie, 1972; Lange Reise Zärtlichkeit, 1978; Auch Ehen sind nur Liebesgesch., 1979; Vertrauensspiele, 1981. Sachb.: Mütter in d. BRD - Ideologie u. Wirklichk., 1973; Zerst. u. Selbstzerst. d. Frau, 1977 - 1983 1. Preis Literaturpreis NRW - Liebh.: Musik, Malerei - Spr.: Engl., Franz. - Bek. Vorf.: Prof. Hans Anwander, † 1974, Staatl. Hochschule f. Musik, Köln.

ERLEWEIN, Günter
DGB-Landesbezirksvors. a. D., MdL Baden-Württ. (s. 1968) - Louis-Hentges-Str. 19, 7100 Heilbronn/N. (T. 51583) - Geb. 6. Mai 1928 München, ev., verh., 3 Kd. - Obersch. Heilbronn; 1955-56 Akad. d. Arbeit Frankfurt/M. - Arbeits-u. Wehrdst.; ab 1945 Straßenbahner Heilbronn; s. 1956 Gewerkschaftsangest. (u. a. Rechtsschutzref. u. Abt.sleit. ÖTV-Bezirksverw. Stuttgart, 1964 Geschäftsf. u. Vors. ÖTV-Kreisverw. Heilbronn). SPD (1966 Ortsvors. Heilbronn), s. 1974 Vors. DGB-Landesbez. Baden-Württ.

ERLHOFF, Eugen Siegfried
Dipl.-Ing., Regierungsbauass. a.D., Architekt - Marktplatz 11, 8022 Grünwald b. München; Via Sacchetti 20, I-28051 Cannero (No) (T. 0039 - 323-78 87 02) - Geb. 28. Juni 1924 Graudenz/Westpr. (Vater: Bruno E., Kapellmeister; Mutter: Gertrud Wilhelm), verh. s. 1952 m. Helga, geb. Heitmüller, verw. s. 1964, 2 Kd. (Hans-Peter, Ingo) 1947-52 TU; 1954-57 Dipl.-Ing.; Reg.-Bauass. - Veröff. v. Bauten in zahlr. intern. Fachztschr. - BV: 25 J. Bauen u.

Entwerfen in Hannover, 1984 - Bek. Bauwerke: Zool. Garten, Berggarten, Freizeitheime, alle Hannover - 1964 Preis Architekturauss. BDA; 1976 BDA-Preis; u.a. - Liebh.: Malerei, Musik, Sport - 1967 u. 1969 Dt. Volley-Ball-Meistersch. - Spr.: Ital.

ERLING, Carl R.
Mühlbesitzer, pers. haft. Gesellsch. Bremer Rolandmühle Erling & Co., Bremen, Ludwigshafener Walzmühle Erling KG, Ludwigshafen (vorh. AR-Vors.), AR Bankhaus Neelmeyer AG, Bremen - Carl-Dannemann-Weg 9, 2800 Bremen-Oberneuland - Geb. 17. Dez. 1923 Bremen - Bruder: Hans P. E.

ERLING, Hans P.
Mühlenbesitzer, pers. haft. Gesellsch. Bremer Rolandsmühle Erling & Co., Bremen, Geschäftsf. Ludwigshafener Walzmühle GmbH. (s. 1970) - Gut Hohekamp, 2800 Bremen-Burg - Geb. 29. Jan. 1927 Bremen - Bruder: Carl R. E.

ERLINGER, Hans Dieter
Dr. phil. (habil.), Univ.-Prof. f. Deutsche Sprache u. Lit. u. ihre Didaktik (Schwerp. Linguistik) Univ. Siegen - Freckhausen, 5226 Reichshof - Geb. 14. Juni 1937 Bochum (Vater: Hans E., Klempnerm.; Mutter: Katharina, geb. Braumann), ev., verh. s. 1974 m. Ingrid, geb. Peuser, S. Ulrich - Bde. Staatsprüf. f. d. Lehramt a. Gymn. - Studienrat i. Akad. Rat; Gastprof. Univ. Houston/ Texas - BV: Sprachwiss. u. Schulgrammatik, 1969; Deutsche Satzlehre, 1973; Kinder u. Fernsehen, 1982; Z. praxisorientierten wiss. Lehrerausbildung, 1983; Arbeitsb. Grammatikunterr., 1988. Mithrsg.: Ztschr. 'Siegener Studien. Zahlr. Veröff. z. Sprachunterr. u. z. Mediendidaktik.

ERLINGHAGEN, Karl-Heinz
Dipl.-Volksw., Kaufm. Direktor, Vorstandsmitgl. Rhein.-Westf. Kalkwerke AG. (s. 1973) - 5600 Wuppertal 17-Dornap - Zul. Hauptgeschäftsf. Bundesverb. d. Dt. Kalkind.

ERLINGHAGEN, Peter
Dr. jur., Prof. f. Recht d. Wirtschaft - Beselerstr. 4, 2000 Hamburg 52 - S. 1971 Ord. u. gf. Dir. Sem. f. Betriebsw.slehre Univ. Hamburg.

ERMANN, Michael
Dr. med., Prof. Univ. München, Psychotherapeut u. Psychoanalytiker - Samerhofstr. 15c, 8000 München 60 - Geb. 29. Okt. 1943 Stettin (Vater: Fritz E., Chemiker; Mutter: Eva, geb. Hildebrandt), ev., verh. s. 1975 m. Gisela, geb. Klinckwort, T. Susanne - Med. Staatsex. u. Promot. 1969 Freiburg/Br., Dipl. als Psychoanalyt. u. Psychother. 1976 Stuttgart; Habil. 1979 - S. 1980 Prof. f. Psychosomat. Med. u. Psychoanal. Univ. Heidelberg, Zentralinst. f. Seel. Gesundh., Mannheim; s. 1985 Vorst. Abt. f. Psychotherapie u. Psychosomatik Univ.-Nervenklinik Mün-

chen; Präs. Dt. Psychoanalytische Ges. (DPG).

ERMEL, Horst

Dipl.-Ing., Prof. f. Architektur (Grundl. d. Entwerfens u. Gebäudelehre) Univ. Kaiserslautern - Schloßberg 16, 6751 Wartenberg.

ERMERT, Helmut

Dipl.-Ing., Dr.-Ing., Dr.-Ing. habil., Prof. u. Institutsleiter Inst. f. Hoch- u. Höchstfrequenztechnik Univ. Bochum (s. 1987) - Eichenring 15, 8551 Röttenbach - Stud. Elektrotechnik; Promot. TH Aachen, Habil. Erlangen - Lehr- u. Forsch.geb.: Hochfrequenz-, Mikrowellen- u. Ultraschalltechnik; Medizintechnik, Zerstörungsfreie Prüfung, Sensorik.

ERMISCH, Günter

Dr. jur., Staatssekretär a. D. - Geb. 14. April 1933 Witzenhausen (Vater: William E., Postbeamter; Mutter: Frieda, geb. Peter), verh. s. 1961 m. Rosemarie, geb. Hesse, 3 Kd. (Susanne, Christiane, Stefan) - 1955-63 Stud. Rechts- u. Staatswiss., Promot. - 1960-63 Wiss. Assist. Univ. Würzburg; ab 1963 Bundesmin. d. Innern; 1978-81 Vizepräs. Bundeskriminalamt; 1982-84 Ministerialdirig. im Bundesinnenmin.; 1984-87 Staatssekr. Bundesmin. d. Verteidigung - Mitherausg. e. Komment. z. Bundeshaushaltsordn., Veröff. z. aktuell. Fragen aus d. Sicherheitsber.

ERNÉ, Marcel

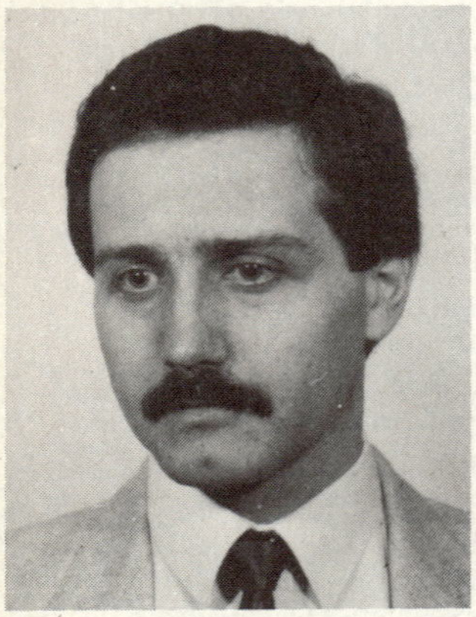

Dr. rer. nat., Prof. f. Mathematik Univ. Hannover - Tegeler Str. 11, 3012 Langenhagen 1 (T. 0511 - 72 15 42) - Geb. 6. Aug. 1947 Altenmarkt (Vater: Dr. Giovanni E., Schriftsteller; Mutter: Beatrice, geb. Schott), kath., ledig - Abit. 1966; Dipl. Math. 1970, Promot. 1972, Habil. 1980 Univ. Hannover - 1970-75 Assist. Univ. Münster; 1975-81 Oberassist. Hannover; 1981ff. Prof. ebd.; 1988 Gastprof. Univ. Toledo (Ohio), u. TH Darmstadt - BV: Einf. in d. Ordnungstheorie, Lehrb. 1982; Order, Topology and Closure, Lehrb. 1982 - Liebh.: Bild. Kunst, Turnen, Tanzsport (div. Meistersch. u. Plaz., 1989 Nieders. Landesmeist. Sen. CI) - Spr.: Engl., Franz., Ital. - Bek. Vorf.: Giovanni E., Schriftst. u. Kulturredakt. ZDF (Vater); Rolf Schott, Maler, Dichter u. Kunsthistoriker (Großv.); Hans Reichenbach, Naturwiss. u. Philosoph (Großonkel); Joseph Suder, Komp. (Großonkel).

ERNÉ, Nino

Dr. phil., Schriftsteller - Ebersheimer Weg 37, 6500 Mainz (T. 06131 - 5 37 52) - Geb. 31. Okt. 1921 Berlin (Vater: Antonio E., Schriftst.; Mutter: Wendeli, geb. Reichenbach), verh. s. 1962 m. Tatjana, geb. Wlassow - Univ. Berlin u. München - Dramat., Lektor, Fernsehkorresp., Kulturredakt. ZDF - BV u. a.: D. sinnende Bettler, 1946; Kunst d. Novelle, 1956; Monolog d. Froschkönigs, 1966; Murmelpoeme, 1967; Italien süß u. sauer, 1975; Nachruf auf Othello, R. 1976; Kellerkneipe u. Elfenbeinturm, R. 1979; Fahrgäste - Gesch. aus 4 Jahrzehnten, 1981; Rom - e. Tag, e. Nacht, R. 1982, Vorschlag z. Güte, kl. Prosa, 1984; Weiße, schwarzgemusterte Flügel, Tageb. 1986; Kinder d. Saturn, drei Novellen 1987. Herausg.: E. T. A. Hoffmann, Conan Doyle. Übers.: Larbaud, Buzzati, Calvino, Bemelmans, Brassens u. a. Fernsehf.: u. a. D. ganz kl. Vier, Römisches Mosaik, An der Elbchaussee, Heines Harzreise, Der graue Gentleman, Der Milchmann, Fleet Street, An der Reeperbahn morgens um 10, Mir Frankforter Kulturmensche, Deutsche Frauen in Italien, Venedig muß gerettet werden, Triest italienisch, Emigranten im eig. Land, Vogel als Prophet (100 Jahre Hermann Hesse). Mitgl. PEN-Zentrum Bundesrep. Dtschl.; 1979 Kunstpreis Rhld.-Pf.; 1986 Gutenberg-Plak.; 1987 Chevalier dans l'ordre des palmes académiques - Liebh.: Bücher, Musik, Reisen - Spr.: Engl., Franz., Ital.

ERNESTI, Claus

Vorsitzender Geschäftsfg. CEBALVerpack. GmbH & Co KG, Mitgl. Comité de Direction CEBAL S.A., Clichy, Mitgl. Conseil d'Administration COTUPLAS S.A., Paris, Chairman PECHINEY CEBAL PACK. LTD. (UK) - Schweinauer Hauptstr. 80, 8500 Nürnberg; priv.: Radstädter Str. 62, 8500 Nürnberg 50 - Geb. 24. Aug. 1934 - Stud. Inst. de Commerce Int., Paris, Sciences Econ.

ERNESTI, Leo

Oberst a. D., MdB (s. 1967) - Geroweg 3, 3490 Bad Driburg/W. (T. 3364) - Geb. 3. Sept. 1925 Paderborn, kath., verh., 2 Kd. - Volkssch. - Beamtenlaufbahn u. a. Bundespost u. -wehr (1957; Ausbildungs- u. Lehroffz. Luftw. u. 5 J. Hilfsref. Führungsstab/Unterabt. Innere Führung) bzw. -verteidigungsmin. (1963 Min.büro). 1943-45 Kriegsdst. (zul. Ltn. u. Kompanief.; schwerverw.). Zeitw. Ratsmitgl. Paderborn. CDU s. 1951.

ERNESTUS, Hanns Peter

Versicherungskfm., Direktor, o. Vorstandsmitgl. Gothaer Rückversicherung AG., Köln - Geb. 26. Febr. 1926 Wuppertal (Vater: Dr. med. Walter E.; Mutter: geb. Reerink), ev., verh. s. 1960 m. Hildegard, geb. Klostermann, 2 Kd. (Claudia, Britta) - Realgymn. Vers.lehre; Jurastud.

ERNST, Christel

Dr. forest., Landesforstdirektor i. R., Honorarprof. Univ. Göttingen (Rundholzverwert. u. -verwend.) - Wiesenstr. 50a, 3000 Hannover - Geb. 18. Okt. 1900 (Vater: Forstbeamter) - Abit. 1919, Gr. forstl. Staatsprüf. 1926, Promot. 1932 Eberswalde - Preuss. höh. Forstdst.; zul. (b. 1965) Leit. Nieders. Landesforstverw.; 1953-70 Vors., dann Ehrenvors. d. Vereins f. techn. Holzfragen e.V. (m. Inst. f. Holzforsch.) Braunschweig. Zahlr. fachwiss. Veröff. u. Vortr. - 1971 Gr. BVK.

ERNST, Dieter

Dr. rer. hort, Prof. f. Biophysik - Schenkendorfstr., 3000 Hannover - Geb. 11. Nov. 1935 Hannover - Promot. (1965) u. Habil. (1972) Hannover - S. 1974 Doz. u. Prof. Univ. Hannover. Üb. 80 Facharb.

ERNST, Dietrich

Dr., Dipl.-Ing., Generalbevollm. Direktor Siemens AG, Erlangen - An der Wied 32, 8520 Erlangen-Tennenlohe - Geb. 6. Sept. 1925 Breslau, kath., verh. s. 1954 m. Eleonore, geb. Gröger, 2 Söhne (Wolfgang, Michael) - Mitarb. in versch. Gremien VDE u. IFAC; 1976 Vors. VDI/VDE-Ges. Meß- u. Regelungstechnik; 1980 Leit. INTERKAMA-Kongreß; Vorst.-Mitgl. VDE (1979 stv. Vors., 1981 Vors.); Vors. nat. Org.komit. f. d. IFAC-Weltkongreß 1987 München; Förd. Mitgl. Max-Planck-Ges. z. Förd. d. Wiss.; Vors. Kurat. Fraunhofer-Inst. Karlsruhe; AR-Mitgl. Vacuumschmelze GmbH - BV: Elektron. Analogrechner, 1960; Industrieelektronik, 1973; ca. 40 weitere techn. wiss. Veröff. - 1977 Ehrendoktor Techn. Wiss. ETH Zürich.

ERNST, Ekkehard

Dr. agr., Prof. f. Tierzucht u. -haltung - Wilhelm-Lehmann-Str. 44, 2330 Eckernförde - B. 1975 Doz., dann Prof. Univ. Kiel.

ERNST, Eugen

Dr. phil. nat., Prof. f. Didaktik d. Geographie Univ. Gießen (s. 1970) - An der Erzkaut 4, 6392 Neu-Anspach/Ts. - Geb. 17. Juni 1931 Anspach - Promot. 1957 - S. 1978 Dir. Hess. Freilichtmus. - Fachveröff. (auch Bücher).

ERNST, Friedhelm

Dipl.-Kfm., Verkehrsdirektor, Hauptgeschäftsf. Landesverkehrsverb. Rheinland, Geschäftsf. Arbeitsgem. d. Fremdenverkehrsverb. am Rhein u. Intern. Eifel-Ardennen-Werbung, Vorst.-Mitgl. u. Vors. d. Verkehrsaussch. im Dt. Fremdenverkehrsverb. - Rheinallee 69, 5300 Bonn 2 (T. 36 29 21-22) - Geb. 23. Juli 1935 Köln - Autor mehrerer Fachbücher d. Verkehrswesens - Gold. Steuerrad (Golden Helm) - Spr.: Engl., Franz.

ERNST, Gerhard

Dr. phil., Prof., Lehrstuhlinh. f. Roman. Philologie Univ. Regensburg - Gartenweg 2, 8402 Neutraubling/Opf. - Geb. 7. Juli 1937 Ansbach - Promot. 1967 Erlangen; Habil. 1974 ebd. - BV: Toskanisierung d. röm. Dial. im 15. u. 16. Jh., 1970; D. Wortschatz d. franz. Übers. v. Plutarchs Vies parallèles (1559-1694), 1977; Einführungskurs Ital., 9. überarb. u. erw. A., m. 4 Kassetten, 1988; Gespr. Franz. z. Beginn d. 17. Jh., 1985; Sprachwiss. Analysen neufranz. Texte, 1987 - 1976 Cav. della Rep. (Ital.) - Liebh.: Kammer- u. Orchestermusik (aktiv) - Spr.: Engl., Franz., Ital., Rum.

ERNST, Gernot

Dr. jur., Bankier (Bankhaus Delbrück & Co., Berlin/Köln/Hamburg/Aachen), Präs. Berliner Börse, stv. Vors. Bankenverb. Berlin, u. a. - Teutonenstr. 15, 1000 Berlin 38 (T. 803 14 73; Büro: 88 42 88-0) - Geb. 19. Mai 1931 (Vater: Dr. jur. Friedrich E., Ministerialdir., zul. Teilh. ob. Bankhaus † 1960; s. XIII. Ausg.) - Gr. jurist. Staatsprüf.

ERNST, Günter

Dr., Bundesrichter - Ismaninger Str. 109, 8000 München 80 - Geb. 10. Juni 1915 - B. 1970 Senatspräs. Schlesw.-Holst. Finanzgericht, Kiel, dann Bundesrichter Bundesfinanzhof, München.

ERNST, Gundolf

Dr. rer. nat., Prof. f. Geologie u. Paläontol. FU Berlin - Schwendenerstr. 8, 1000 Berlin 33 - Zul. Doz. TU Braunschweig.

ERNST, Gustav

Schriftsteller - Taborstr. 33/21, A-1020 Wien (T. 0222 - 33 33 45) - Geb. 23. Aug. 1944 Wien, gesch. - Stud. Phil., Gesch., German. Univ. Wien - BV: Am Kehlkopf, Erz. 1974; Einsame Klasse, R. 1979; E. irrer Haß, Stck. 1981; Frühling in d. Via Condotti, R. 1987; Herzgruft, Stck. 1988.

ERNST, Hanno

Verleger, Mithrsg. Aachener Volksztg. u. Geschäftsf. Aachener Verlags-GmbH. - Hasenfeld 23, 5100 Aachen - Geb. 22. Sept. 1924. 1984 BVK.

ERNST, Josef

Dr. theol., o. Prof. f. Neutestamentl. Exegese - Kamp 6, 4790 Paderborn/W. (T. 4827) - Geb. 7. März 1926 Gelsenkirchen - Priesterweihe 1952 - S. 1967 Dozent u. o. Prof. (1968) Theol. Fakultät Paderborn.

ERNST, Jürgen

Dr., Physiker, Prof. f. experimentelle Kernphysik Univ. Bonn - Auf dem Uhlberg 2, 5300 Bonn 1 (T. 25 52 95) - Geb. 17. Juni 1936 Nürnberg, ev.-luth., verh. s. 1978 m. Rosmarie, geb. Padberg, 3 S. - Univ. Erlangen u. Heidelberg, MPI f. Kernphysik Heidelberg; Dipl. 1962, Promot. 1965 - S. 1971 Hochsch.-Lehrer Univ. Bonn, Inst. f. Strahlen- u. Kernphysik (apl. Prof., s. 1980 Prof. C-3).

ERNST, Karl F.

Dr.-Ing., I. Geschäftsführer Fachverb. Dampfkessel-, Behälter- u. Rohrleitungsbau, Düsseldorf, Vorstandsmitgl. Wirtschaftsverb. Stahlbau- u. Energietechnik, Köln - Sternstr. 36, 4000 Düsseldorf 30.

ERNST, Karl Heinz

Amtmann a. D., Vizepräsident Hess. Landtag (s. 1984), MdL (s. 1970) - Zum Galberg 17, 3580 Fritzlar (T. 05622/2364) - Geb. 18. Jan. 1942 Fritzlar - Realsch. Fritzlar; 1959-62 Verwaltungslehre Kreisverw.; Inspekt.-Prüf. - S. 1962 b. Regierungspräs. Kassel; zul. Amtm. (Personalverw.). 1968ff. Stadtverordn. Fritzlar, SPD-Fraktionsvors.; 1974-77 Vors. Aussch. f. Verw.-Reform; 1977-83 stv. Vors. SPD-Landtagsfrakt. SPD s. 1963.

ERNST, Klaus-Dieter

Dr. rer. nat., Prof. f. Zoologie Univ. Regensburg - Tannenstr. 13, 8411 Laaber-Waldetzenberg/Opf. - Zul. Privatdoz.

ERNST, Ludger

Dr. rer. nat. habil., Prof. TU Braunschweig - Schöppenstedter Str. 41, 3300 Braunschweig - Geb. 4. April 1946 Borghorst/Westf. - 1965-67 Stud. Chemie TU Braunschweig u. 1967-69 Univ. Heidelberg; Dipl.-Chem. 1969; Promot. 1970 Heidelberg; Habil. (Strukturchemie) 1982 Braunschweig - 1970/71 wiss. Mitarb. Univ. Heidelberg; 1971/72 Univ. Manitoba/Can.; 1972/73 BASF AG Ludwigshafen; 1973-86 Ges. Biotechn. Forsch. Braunschweig; 1986 apl. Prof. TU Braunschweig; 1987 Akad. Oberrat - BV: C-13-NMR-Spektroskopie, 1980; Carbon-13 NMR Spectral Data(m. W. Bremser), 4. A. 1987.

ERNST, Philipp

Verkehrsdirektor i. R. - Schauinslandstr. 99, 7800 Freiburg (T. 2 95 17) - Geb. 25. Jan. 1911 Marburg/L. (Vater: Philipp E., Elektroing.; Mutter: Christel, geb. Weintraut), ev., verh. s. 1972 m. Amy Yvonne, geb. Wain - 1932-35 Leit. Verkehrsamt Bad Neuenahr, 1935-37 Verkehrsdir. Eisenach, 1937-45 Ref. u. Leit. Beratungsst. Reichsverkehrsgruppe Hilfsgewerbe d. Verkehrs Berlin, 1946-53 Organisationsleit. Konzertdir. Marburg, Hauptgeschäftsf. Marbg. Philharmonie u. Sinfonieorch., s. 1953 Städt. Verkehrsdir. Freiburg; s. 1980 Stadtrat. Ehrenpräs. Freibg. Fußball- u. Vizepräs. Skal-Club Freiburg; Ehrensen. u. Beir. Univ. Freiburg, o. Mitgl. d. Academie Internationale du Tourisme, Mitgl. d. Fédération Internat. de Centres Touristiques - Commandeur Ordre de Merite de Madagaskar; Kavalier d. Straße, BVK I. Kl., Ehrenmitgl. d. internat. Reiselt.-Vereinig. Zürich, Ausz. „Goldene Reisekutsche", Ehrenmitgl. zahlr. u. überörtl. Vereine u. Org. - Liebh.: Briefm., Souvenirs (besitzt e. gr. Samml. v. Fremdenverkehrssouv. - Spr.: Engl., Franz., Norw. - Bek. Vorf.: Dietrich Weintraut (Heimatdichter).

ERNST, Reinhard

Dipl.-Ing., Generalbevollm. Direktor Siemens AG - Wittelsbacherplatz 2, 8000 München 2 - Geb. 22. Aug. 1930 Breslau - Kurat.mitgl. Max-Planck-Inst. f. ausl. u. intern. Patent-, Urheber- u. Wettbewerbsrecht, München.

ERNST, Roland

Dipl.-Ing., Prof. f. Angew. Informatik GH Kassel (s. 1968) - Söhrestr. 7, 3501 Fuldatal 2 - Geb. 16. Aug. 1933 - Zul. Ingenieursch. Kassel.

ERNST, Ulrich
Dr. phil., Univ.-Prof. f. Allg. Literaturwissenschaft u. Dt. Philol. (Mediävistik) Berg. Univ.-GH Wuppertal - Mommsenstr. 34, 5000 Köln 41 - Geb. 14. Febr. 1944 (Vater: Bruno E.; Mutter: Wilhelmine, geb. Schröer), verh. m. Monika, geb. Linneborn, 2 Töcht. (Sabine, Caroline) - Stud. German., Gesch. u. Mittellat. Philol. Univ. Hamburg u. Köln, Promot. 1974 - 1976 Prof. Univ. Wuppertal - BV: D. Liber Evangeliorum Otfrids v. Weissenburg, 1975; Gottfried v. Strassburg in komparat. Sicht, 1976; D. Antagonismus v. vita carnalis u. vita spiritualis im Gregorius Hartmanns v. Aue, 1978/79; D. Genese d. europ. Endreimdicht., 1977; Kontinuität u. Transformation d. mittelalterl. Zahlensymbolik in d. Renaissance, 1983; Betrus Bungus: Numerorum mysteria, 1983; Lesen als Rezeptionsakt, 1985; Kyot u. Flegetanis in Wolframs Parzival, 1985; Text als Figur, Visuelle Poesie v. d. Antike b. z. Moderne, 1987. Herausg.: Schr.reihen ORDO u. pictura et poesis. Zahlr. Aufs. z. visuellen Poesie.

ERNST, Walter
Betriebswirt u. Großhandelskaufmann, Geschäftsf. Vorst. Bundesverb. Werkverkehr u. Verlader e.V., Bonn - Schönberg 9, 8911 Finning (T. 08806 - 79 57) - Geb. 3. Okt. 1944 Mittenwald (Vater: Dr. Leo E., RA; Mutter: Herta, geb. Pause), ev., verh. s. 1968 m. Jutta, geb. Eickmann, 2 Kd. (Michael-Leo, Sonja-Ursula) - Ab 1966 kfm. Lehre, ab 1970 Betriebswirtschaftsakad. (Dipl.), ab 1971 Marketing-Colleg, ab 1974 Akad. f. Welthandel - S. 1977 Gechäftsf. Feldmann-Chemie GmbH. S. 1978 Handelsrichter LG München II, s. 1979 Vorst.-Mitgl. Bundesverb. Werkverkehr u. Verlader; s. 1979 Vollvers. IHK München (Verkehrsaussch.) - Liebh.: Lit., Bergwandern - Spr.: Engl., Franz.

ERNST, Werner
Dr. phil. nat., Prof., Geologe - Leutrumstr. 9, 7400 Tübingen 3 - Geb. 6. Okt. 1927 Mühlhausen/Thür. - S. Habil. Lehrtätigk. Univ. Tübingen (gegenw. apl. Prof. f. Geol. u. Doz. Inst. u. Mus. f. Geol. u. Paläontol.). Facharb.

ERNST, Werner
Dr. jur., Prof., Staatssekr. a. D. - 5300 Bonn - Geb. 28. Jan. 1910 Gumbinnen/Ostpr. (Vater: höh. Postbeamter, zul. Präs. e. Oberpostdir.), ev., verw., 2 Kd. (T., S.) - Univ. Göttingen, Kiel, Berlin, Rostock (Rechtswiss.). Ass.ex. 1936 - B. 1938 Sozialverw., dann Reichsarbeitsmin. (zul. Oberreg.rat), n. 1945 Wiederaufbaumin. NRW (maßgebl. an d. Aufbaugesetzgeb. beteiligt), 1953-59 Richter Bundesverw.gericht, 1959-68 Staatssekr. Bundesmin. f. Wohnungsbau bzw. Wohnungswesen, Städtebau u. Raumordnung u. d. Innern (1968; zurückgetr.). 1959-68 Honorarprof. FU Berlin; s. 1968 Honorarprof. Univ. Münster (Bau-, Boden-, Enteignungs-, Wege-, Wasser-, Raumplanungsrecht). Unters. üb. rechtl. u. wirtschaftl. Probleme d. Städtebaus; 1967 o. Mitgl. Akad. f. Raumforsch. u. Landesplanung, Hannover; 1968-80 Dir. Zentralinst. f. Raumplanung; 1970-72 Vors. d. Kommiss. f. d. Neugliederung d. Bundesgebietes - 1964 Gr. BVK m. Stern u. Schulterbd.; 1971 Heinrich-Plett-Preis; 1981 Camillo-Sitte-Preis.

ERNST, Wolfgang
Bundesrichter BVG Berlin (s. 1980) - Tempelhofer Damm 82, 1000 Berlin 42 (T. 7 86 11 34) - Geb. 27. Okt. 1930 - U. a. Kammergerichtsrat, Senatsrat Senatsverw. f. Justiz, Vors. Richter KG, Präs. d. Justizprüfungsamtes (1972 ff.; alles Berlin).

ERNSTING, Uwe
Vorstandsmitglied Dt. Metalltüren-Werke Aug. Schwarze AG., Bielefeld - Arndtstr. 6, 4801 Brockhagen/W. - Geb. 16. April 1938 - Ing. (grad.).

ERNY, Horst Friedrich

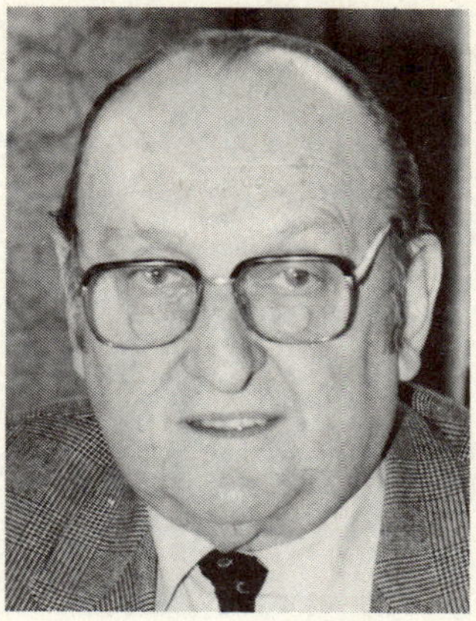

I. Bürgermeister - Rathaus, 8530 Neustadt/Aisch; priv.: Moltkestr. 3 - Geb. 4. Aug. 1928 Neustadt/A. (Vater: Wilhelm E., Fabr.; Mutter: Margarete, geb. Oberländer), ev., verh. s. 1951 m. Edith-Helen, geb. Schmid, 2 S. (Georg, Roland) - Kaufm. Ausbild. - Kaufm.; 1954 u. 1964 Mitgl. u. Wahlm. Bundesvers.; 1962-78 Bezirksrat; s. 1972 I. Bürgerm. Kreisstadt Neustadt; s. 1978 stv. Landrat Kr. Neustadt-Bad Windsheim. 1972ff. BRK-Kreisvors. CSU - 1978 Silb. u. Gold. Ehrennadel BRK; BVK; 1988 Träger Gold. Bürgermed. Stadt Neustadt a.d. Aisch; 1988 Kreismed. in Silber d. Landkr. Neustadt a.d. Aisch-Bad Windsheim - Liebh.: Kunst - Spr.: Engl., Franz.

ERNY, Richard
Dr., Schul- u. Kulturdezernent Stadt Bochum - Overbergstr. 12, 4630 Bochum 1 (T. 0234 - 621 39 00) - Geb. 16. Juli 1928 - Stud. Psych., Soziol., Deutsch, Kunstgesch. u. Gesch. (Promot.) 1957 Heidelberg - Vors. Wuppertaler Sekr. f. gemeinsame Kulturarb. u. Kulturaussch. Städtetag NRW - BV: Lyr. Sprachmusikalität als ästhet. Probl. d. Vorromantik, in: Lit. u. Musik. E. Handb. z. Theorie u. Praxis e. komparatistischen Grenzgeb., 1984. Herausg.: Medienforum Bochum (1977 u. 79); Handb. KULTUR '90, Modelle u. Handungsbedarf f. d. kommunale Kulturarb. (1988); KULTUR '90, Reden, Komment., Pressestimmen (1989).

EROMS, Hans-Werner
Dr. phil., o. Prof. f. Dt. Sprachwiss. Univ. Passau - Innstr. 25, 8390 Passau - Geb. 23. Juli 1938 Hannover, ev., verh. m. Imme, geb. Rauterberg, 3 Kd. - 1977 Doz. Univ. Regensburg, 1978 Prof. Univ. Münster - BV: vreude b. Hartmann v. Aue, 1970; Textlinguistik u. ihre Didaktik, 1976 (m. a.); Be-Verb u. Präpositionalphrase, 1980; Valenz Kasus u. Präpositionen, 1981; Funktionale Satzperspektive, 1986.

ERPENBECK, Ferdinand
Baumschulbesitzer - Bramscher Str. 190a, 4500 Osnabrück (T. 6 21 04) - Geb. 13. Jan. 1921 Osnabrück, kath., verh. s. 1947 m. Bernhardine, geb. Trentmann, 6 Kd. - Volkssch.; Lehre Gartenbau. Meisterprüf. - 1941-45 Kriegsdst. Mitgl. Landesschulbeirat Nieders., Präsid. Kath. Elternschaft Dtschl.s u. a. S. 1951 Ratsmitgl. u. Bürgerm. (1956) Osnabrück; 1965-72 MdB. CDU (1960 Kreisvors. Osnabrück-Stadt, 1963 stv. u. 1970 Bezirksvors. Osnabrück-Emsland; Mitgl. Landesvorst. Nieders.).

ERREN, Karl-Heinz
Geschäftsführer Norddeutsche Faserwerke GmbH - 2356 Aukrug/Holst. - Geb. 12. Mai 1936 - Dipl.-Ing.

ERREN, Manfred
Dr. phil., Prof. f. Klass. Philologie - Hebelstr. 34, 7840 Müllheim (Baden) - Geb. 9. Dez. 1928 - Promot. 1956; Habil. 1966 - S. 1972 Prof. Univ. Freiburg. Fachveröff.

ERSFELD, Günther
Justitiar d. Steuerberaterkammer Saarland, Ltd. Verwaltungsdir. a. D. - Oberer Kohlweg 3, 6600 Saarbrücken (T. 0681 - 6 32 32) - Geb. 14. Dez. 1930 Witten, kath., verh., 3 Kd. - Stud. Rechts- u. Verwaltungswiss. Univ. Saarbrücken, Salamanca, Bonn u. Speyer; 1. Staatsex. Köln, 2. Staatsex. Düsseldorf - B. 1977 Wirtschaftsdezern. Stadt Saarbrücken; 1977-88 Generalbevollm. Saar Ferngas. CDU (s. 1980 Landesvors. Wirtschaftsrat Saarl.).

ERTEL, Dieter
Journalist - Neckarstr. 112, 7140 Ludwigsburg/Württ. (T. 81510) - Geb. 25. Febr. 1927 Hamburg (Vater: Dr. Kurt E., Rechtsanw.; Mutter: Luise, geb. Dieckmann), ev., verh. s. 1955 m. Hildegard, geb. Breithaupt, 2 Kd. (Claudia, Wolfgang) - 1947 b. 1950 Univ. Hamburg (German., Lit.wiss., Angl.) - B. 1953 Redakt. Neue Dt. Wochenschau, dann D. Spiegel, 1955-73 Mitarb. SDR (Leit. Fernseh-Programmbereich Kultur u. Ges.), s. 1974 Fernseh-Programmdir. Radio Bremen. B. 1981 Programmbereichsleit. WDR, Köln, dann Fernsehdir. SWF, Baden-Baden Fernsehdokumentarfilme: E. Großkampftag, Tortur de France, Schützenfest in Bahnhofsnähe, Strafvollzug, Ferenc Fricsay (D. Moldau), Bei d. Arbeit beobachtet: Georg Solti, D. totale Urlaub - 1966 Berliner Kunstpreis (Fernsehpr.) - Liebh.: Musik (Mozart) - Spr.: Engl.

ERTEL, Suitbert A.
Dr. phil., o. Prof. f. Psychologie Univ. Göttingen - Goßlerstr. 14, 3400 Göttingen (T. 0551 - 39 36 11) - Geb. 2. März 1932 Radevormwald - Stud. Univ. Münster (Dipl. Psych. 1956, Promot. 1962, Habil. 1968) - S. 1971 o. Prof. Univ. Göttingen - BV: Psychophonetik, 1969; Gestalttheorie in d. mod. Psych. (m. a.), 1975; Art. z. Psycholinguistik, Motivations- u. Persönlichkeitspsych.; Psychohist. Forsch; Arbeitsgeb.: Grenzgebietsprobl.

ERTL, Dietrich
Dr.-Ing., Vorstandsmitgl. Metallges. AG, Frankfurt, Spr. d. Geschäftsfg. Lurgi GmbH, Frankfurt - Parkstr. 10, 6240 Königstein/Ts. - Geb. 8. März 1922 Waldmohr/Pf. - Zun. Geschäftsf. Lurgi Apparate-Technik GmbH., Frankfurt, zul. Hauptgeschäftsf. Lurgi Ges., Frankfurt.

ERTL, Franz Xaver
Landes-Caritasdirektor, Geschäftsf. Dt. Caritasverb. - Zu erreichen üb. Caritas, Landesverb. Bayern, Lessingstr. 1, 8000 München 2 - 1982 Bayer. VO.

ERTL, Gerhard
Dr. rer. nat., Prof., Direktor Fritz-Haber-Inst. d. Max-Planck-Ges. Berlin (s. 1986) - Garystr. 18, 1000 Berlin 33 - Geb. 10. Okt. 1936 Stuttgart (Vater: Ludwig E.; Mutter: Johanna, geb. Schneider), ev., verh. s. 1964 m. Barbara, geb. Maschek, 2 Kd. - Stud. Univ. Stuttgart, Paris, München - 1968-73 o. Prof. TU Hannover, 1973-86 Univ. München; 1976/77 California Inst. of Technol. Pasadena (Fairchild Scholar); 1981/82 Univ. of California, Berkeley - BV: Low energy electrons a. surface chemistry, 1974. Zahlr. Fachveröff. - 1979 Paul H. Emmett Award (Americ. Catalysis Soc.); 1979 E.W. Müller Award (Univ. of Wisconsin).; 1985 C. F. Gauss-Med. Braunschweig. Wiss. Ges.; Hon. Fellow Royal Soc. of Edinburgh; 1986 Mitgl. Dt. Akad. d. Naturforscher Leopoldina; 1987 Liebig-Med. Ges. Dt. Chem.

ERTL, Josef
Dr. h.c., Dipl.-Landw., Oberlandwirtschaftsrat, Bundesminister a. D. (1969-83), MdB (1961-87), Präs. Dt. Landwirtschafts-Ges. (s. 1984), Präs. Dt. Ski-Verband - Auerstr. 20, 8182 Bad Wiessee/Obb. - Geb. 7. März 1925 Oberschleißheim/Obb. (Vater: Adolf E., Bauer; Mutter: Magdalena, geb. Wagner), kath., verh. s. 1953 m. Paula, geb. Niklas, 3 Söhne (Christoph, Wolfgang, Nikolaus) - Abit. 1943; n. Kriegsdst. (Luftw.) landw. Ausb.; 1947-50 TH München (Fak. f. Landw. u. Gartenbau, Weihenstephan, Dipl. 1950, Staatsex. 1952) - 1952-57 Bayer. Min. f. ELuF (Leit. Landjugendberatungsdst.); 1958-69 Landwirtschaftsamt m. Almwirtschaftsschule Miesbach (Dir.); 1969-83 Bundesmin. f. Ernähr., Landw. u. Forsten (Unterbr. Okt. 1982). S. 1978 Präs. Dt. Skiverb., Ehrenvors. Kulturwerk f. Südtirol, s. 1984 Präs. Dt. Landwirtsch.-Ges. (DLG). FDP s. 1951 (b. 1983 Landesvors. Bayern, jetzt Ehrenvors.) - BV: 1000 Fragen f. d. jg. Landw. (2 A.); Agrarpolitik ohne Illusionen - Ehrensenator Univ. f. Bodenkultur Wien; Ökonomierat Rep. Österr.; Ehrendoktor Univ. Tokyo; Bayer. VO; Großkreuz VO d. BRD; Silber. Ehrennadel d. Gewerksch. Gartenbau, Land- u. Forstwirtsch.; Ehrenpräs. Kulturwerk f. Südtirol; zahlr. hohe ausl. Ausz. - Liebh.: Sport (Schwimmen, Skilaufen, Segeln), Jagd, hist. Lit. u. Biogr., klass. Musik, Malen - Spr.: Engl. - Rotarier.

ERTLE, Christoph
Dr. phil., M. A., Prof. f. Verhaltensgestörtenpädagogik PH Reutlingen - Bachstr. 19, 7408 Jettenburg/b. Tübingen - Geb. 13. Okt. 1936 Stuttgart (Vater: Dipl.-Landw. Hermann E.; Mutter: Elsbeth, geb. Bossert), ev., verh. s. 1967 m. Barbara, geb. Seeger, 2 Kd. (Ulrike, Peter-Johannes) - 1956-58 Lehrerstud. PA Dortmund; 1962 b. 67 Stud. Päd., Psych., Geogr. Univ. Tübingen u. Freiburg/Br. Psychoanalytiker (DPV/IPV) - BV: Erziehungsberatung, 2. A. 1976; D. andere Unterr., 1978 (m. V. Schmid); Fälle u. Unfälle d. Erziehung, 1981 (m. A. Möckel). Mitverf.: Gutachten f. d. Dt. Bildungsrat, 2. A. 1977.

ERTLE, Hans Jürgen
Dipl.-Ing., Bergass., Bergbau-Cons., Unternehmensberater, Geschäftsführer Technotrade Technologie-Transfer u. Handelsges. mbH, Saarbrücken - Petersbergstr. 7, 6600 Saarbrücken 6 (T. 0681 - 584 86 36) - Geb. 20. Sept. 1927 Bernburg/S., ev., verh. m. Hedy, geb. Kendel, 5 Kd. (Klaus-Martin, Hans-Stephan, Anne-Katrin, Petra-Barbara, Jörg-Christian) - 1946 Abit., bergm. Lehre, Hauer; 1948-54 Stud. TH Aachen u. Betriebswirtsch. Univ. Köln, Berlin; 1954-57 Staatsausb. Bergrefer. Dortmund, Ass. Bonn. Betriebsing. Harpener Bergbau AG (1957-60), Geschäftsf. Untertage Maschinenfabr. Dudweiler GmbH (1960-74), Geschäftsf. Saarberg-Interplan GmbH (1974-86), Vizepräs. Verb. d. weiterverarb. Eisen- u. Metallind. (1969-72), Mitgl. d. Präs. d. Saarl. Industriellen-Verb. u. Verb. d. weiterverarb. Eisen- u. Metall-Ind. d. Saarl., Hauptvorst. VDMA, Frankfurt, u. Vorst. Inst. Dt. Wirtsch. (IDW), Köln (1969-86). 1972-76 Mitgl. Vollvers. IHK Saarbrücken; Vorst.-Vors. Dank an CARE, Bonn. Beir. Fachzeitschr. Fördern u. Heben, Fachvereinig. Auslandsbergbau, Bonn, Arbeitskr. Wirtsch. Carl Duisberg Ges., Saarbrücken, Ges. Dt. Metallhütten- u. Bergleute (GDMB), Clausthal, Georg Agricola Ges., München, Arbeitsgem. Entw.länder b. DIHT, Bonn, Ostaussch. d. Dt. Wirtsch., Bonn, Arbeitskr. China, Bonn; Präsid.-Mitgl. Dt.-Arab. Handelskammer, Bonn; ca. 50 techn.-wiss. Veröff. - Past. District Governor Lions International - Liebh.: Sport, Jagd, Gesch. - Gold. Sportabz. (15 ×); Luftfahrerschein Segelflug; Ungar. Reiterabz. - Reserve-Offizier, Kriegsausz. 1939-45.

ERTZDORFF-KUPFFER, von, Xenja
Dr. phil., Prof. f. Dt. Sprache u. Lit. d. Mittelalters Univ. Giessen (s. 1970) - Georg-Philipp-Gail-Str. 6, 6300 Gießen (T. 4 69 23) - Geb. 20. April 1933 Sindelfingen, verh. s. 1977 m. Dr. rer. pol. Karl von Ertzdorff-Kupffer, geb. Martin - Promot. 1958 u. Habil. 1966 Freiburg -

BV: Rudolf von Ems, 1967; Romane u. Novellen d. 15. u. 16. Jh. in Dtschl., 1989. Übers.: Tristan (m. D. Scholz u. C. Voelkel), 1979; Liebe-Ehe-Ehebruch in d. Literatur d. Mittelalters (hg. m. Marianne Wynn), 1984; Essen u. Trinken in Mittelalter u. Neuzeit (hg. m. Irmgard Bitsch u. Trude Ehlert), 1987. Fachveröff. - Interessen: Reisen, Musik, Theater, Kunst d. Fotogr. - Spr.: Franz., Engl.

ERWE, Friedhelm

Dr. rer. nat., o. Prof. f. Mathematik - Techn. Hochsch., 5100 Aachen - Geb. 23. Juli 1922 Herne - 1956 Lehrtätigk. Univ. Bonn (1962 apl. Prof.) u. TH Aachen (1965 Ord.) - BV: Gewöhnl. Differentialgleichungen, 1961; Differential- u. Integralrechnung, 1962; Partielle Differentialgleich. erster Ordnung (zus. m. E. Peschl), 1973; Reelle Analysis, 1978.

ERWIN, Joachim

Rechtsanwalt, Geschäftsf. Bundesverb. Bürotechnik u. BB-Landesverb. Nordrh.-Westf., Düsseldorf - Büro: Rosenstr. 64, 4000 Düsseldorf - Geb. 2. Sept. 1949.

ERXLEBEN, Wolfgang

Brauereidirektor - Trierer Str. 111, 5400 Koblenz-Metternich - Geb. 13. Mai 1922 - Leit. Kloster-Brauerei KG.

ERZGRÄBER, Willi

Dr. phil., o. Prof. f. Engl. Philologie - Sonnenbergstr. 18b, 7800 Freiburg/Br. (T. 63120) - Geb. 31. Mai 1926 Arheilgen - Realgymn. Darmstadt; Univ. Frankfurt/M. (Angl., German., Roman., Phil.; durch Kriegsdst. unterbr.) - Studienrat Darmstadt; 1956-62 Privatdoz. u. apl. Prof. (1961) Univ. Frankfurt; 1962-66 o. Prof. Univ. Saarbrücken; 1966-70 o. Prof. Univ. Frankfurt; s. 1970 Ord. Univ. Freiburg. Fachveröff.

ESCH, Arno

Dr. phil., o. Prof. f. Engl. Philologie - Zietenstr. 51, 5300 Bonn-Bad Godesberg (T. 35 27 33) - Geb. 15. Okt. 1911 Solingen, ev., verh. - Gymn. Solingen; Stud. Bonn, London, Berlin (Anglistik, Roman., Theol.). Promot. 1937 Berlin, Habil. 1951 Bonn - 1951 Privatdoz. Univ. Bonn, 1954 Ord. Univ. Erlangen, 1958 Univ. Bonn (Dir. Engl. Sem.). 1967 Mitgl. d. Rheinisch-Westf. Akademie d. Wissenschaften - BV: u. a. Engl. religiöse Lyrik d. 17. Jh., 1955; Kurze Gesch. d. engl. u. amerik. Lit. (m. W. F. Schirmer), 4. A. 1977; Z. Situation d. zeitgenöss. engl. Lyrik, 1980.

ESCH, Arnold

Dr. phil., Prof., Direktor Dt. Historisches Institut Rom - Via Aurelia Antica 391, I-00165 Roma - Geb. 28. April 1936, ev., verh. s. 1965 m. Dr. Doris, geb. Raupach, 3 S. (Friedrich, Philipp, Christian) - Stud. Univ. Münster/W., Göttingen, Inst. d'études politiques Paris - 1977-88 Prof. f. mittelalterl. Gesch. Univ. Bern, 1985/86 Rektor ebd. - 1970 Preis Göttinger Akad. d. Wiss.

ESCHBERG, Peter

Prof., Intendant, Regiss. u. Schausp. - Hoffmann-v.-Fallersleben-Str. 5a, 5000 Köln 51 (T. 0221 - 38 44 06) - Geb. 20. Okt. 1936 Wien (Vater: Josef E., Kunstmaler; Mutter: Hedwig, geb. Kuh), verh. s. 1967 m. Carmen-Renate Köper, Sohn Peter - Human. Gymn.; Stud. German. u. Theaterwiss.; Regie- u. Schauspielkl. Max-Reinhardt-Sem. Wien - S. 1958 Schausp. u. Regiss., 1981-86 Schauspieldir. I. Bühnen Stadt Bonn; s. 1986 Int. Schauspiel Bonn. Beitr. in Fachztschr. Zahlr. Rollen u. Insz. b. Bühne, Film u. Fernsehen - BVK I. Kl. - Spr.: Engl.

ESCHE, vor dem, Paul

Dr. med., Prof., Wiss. Rat Hygiene-Inst. Univ. Münster - Scheffer-Boichorst-Str. 25, 4400 Münster/W. (T. 81743) - Geb. 15. Jan. 1912 Münster/W. (Vater: Robert v. d. E., Kaufm.), verh. s. 1947 m. Liesel, geb. Wibbelt, 2 Töcht. (Elisabeth, Ludgera) - S. 1952 (Habil.) Lehrtätigk. Univ. Münster (1959 apl. Prof., 1964 Wiss. Rat u. Prof.). Amtl. Blutgruppengutachter. Zahlr. Fachveröff., u. a. Leitfaden d. Hygiene, 1979.

ESCHEN, Johannes Th.

Prof. f. Musiktherapie, Vizepräsident Hochsch. f. Musik u. darst. Kunst Hamburg - Zu erreichen üb. Hochsch. f. Musik, Harvestehuder Weg 10, 2000 Hamburg 13 (T. 040 - 4 41 95 584/585) - Geb. 16. Juni 1928 Delmenhorst, verh. s. 1949, 3 Kd. - 1953 A-Kirchenmusiker Hannover; 1950-72 Kantor u. Organist Wetzlar, Altenberg (b. Köln), Kiel u. Wolfsburg; 1969-72 Doz. Kirchenmusiksch. Hannover; 1973 Musiktherapeut London; 1974-77 Doz. Ev. FH Hannover; 1977 Prof. ebd.; 1974 Doz., 1975 Prof. f. Musiktherapie s. o. 1977-85 1. Vors.; 1985-86 Präs. Dt. Ges. f. Musiktherapie - Aufs. in in- u. ausl. Fachztschr. Übers.: Musik als Therapie f. behinderte Kinder (1975). Kompos. in versch. Samml., UA z.T. Radio Bremen, Werke f. Chor u. Orch. - S. 1978 Mitgl. Fr. Europ. Akad. d. Wiss.

ESCHENAUER, Hans

Dr.-Ing., Univ.-Prof. Inst. f. Mechanik u. Regelungstechnik Univ.-GH Siegen (s. 1975) - Am Ziegenberg 17, 5900 Siegen 1 - Geb. 7. Febr. 1930 Chemnitz/Sa. (Vater: Emil E., Kaufm.; Mutter: Lydia, geb. Reißmann), ev., verh. s. 1952 m. Gerda, geb. Rudolph, 2 Kd. (Barbara, Jörg) - N. Abit. Maschinenschlosserlehre; 1951-57 TU Berlin (Dipl.-Ing.). Promot. 1968 Darmstadt - Industrietätigk. (1957-63 BBC, Mannheim; 1969-75 Krupp, Rheinhausen). Veröff. u. a. üb. Elastizitätstheorie, Strukturoptimierung - Mitgl. VDI, DGLR, GAMM, ASME.

ESCHENBACH, Carl

Dr. med., Prof. f. Kinderheilkunde Univ. Marburg (s. 1972) - Deutschhausstr. 12, 3550 Marburg/L.; priv.: 3551 Wehrshausen - Geb. 22. Okt. 1931 Hamburg - Promot. 1960; Habil. 1970 - Facharb.

ESCHENBACH, Christoph

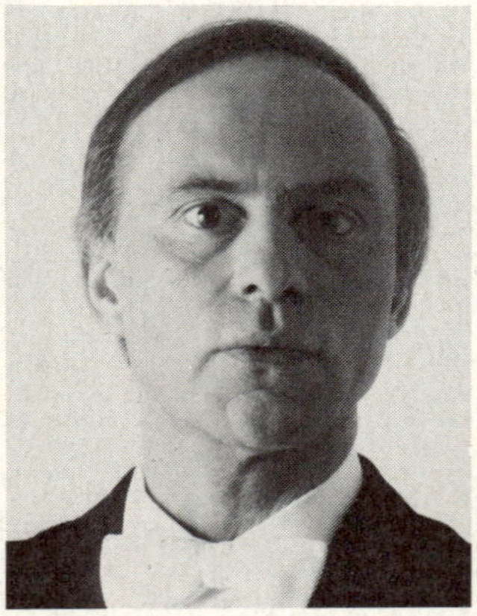

Dirigent u. Pianist, Chefdirigent Houston Symphony Orchestra, Houston/USA - Ev., ledig - Hochschulstud. Köln u. Hamburg (Konzertex. in Klavier u. Dirig. 1963/64) - Konzerttätigk. als Pianist u. Dirigent, 1979-83 GMD Staatsphil. Rheinl.-Pfalz, 1982-86 Chefdirig. Tonhalle-Orch. u. künstler. Oberleit. Tonhalle-Ges. Zürich, ab 1986 ausgedehnte intern. Tätigk. als Dirigent u. Pianist, einschl. Orchestertourneen als Leit. d. Wiener Symphoniker u. d. London Philharmonic Orchestra. Üb. 50 Schallplatten (London Philharmonie Orch., Tonhalle Orch. Zürich, Bamberger Symphoniker) - 1962 1. Preis ARD-Wettb. München; 1965 1. Preis Clara Haskill-Concours Luzern; Grand Prix du Disque, Edison Preis u.a. (f. Schallplatten).

ESCHENBACH, Rolf

Dr. rer. nat. techn., Dipl.-Ing., o. Univ.-Prof. f. Unternehmensführung Wirtschaftsuniv. Wien, Univ.-Prof. f. Wirtschaftslehre d. Brauerei TU München - Augasse 2-6, A-1090 Wien - Geb. 12. Mai 1931, verh. m. Hedi, geb. Zott.

ESCHENBECHER, Ferdinand

Dr. rer. nat., Prof. f. Mikrobiologie - Vimystr. 8, 8050 Freising - Geb. 19. Aug. 1928 Vilsbiburg/Niederbayern (Vater: Ferdinand E.; Mutter: Emma, geb. Bachl), kath., verh. s. 1962 m. Erna, geb. Hingerl, 2 Kd. (Claudia, Horst) - Stud. d. Biol., Chemie, Geogr. Univ. München; Promot. 1955 ebd.; Habil. 1968 TU München - 1968 Privat-, 1969 Hochschuldoz., 1970 Wiss. Rat, 1975 apl. Prof. u. Abt.vorst. u. Prof., 1978 Extraordinarius - Spr.: Engl.

ESCHENBURG, Theodor

Dr. phil., Staatsrat, o. Prof. f. Wiss. Politik (emerit.) - Am Apfelberg 15, 7400 Tübingen (T. 6 13 73) - Geb. 24. Okt. 1904 Kiel (Vater: Theodor E., Konteradmiral; Mutter: Ellen, geb. Wieler), ev., verh. I) s. 1934 m. Erika, geb. Kempf †, 4 T.; II) s. 1982 m. Ingrid, geb. Übelmesser - Gymn. Kiel u. Lübeck; Univ. Tübingen u. Berlin (Promot. 1928) - 1929 Wiss. Hilfsarb. VDMA, Berlin, 1933-45 Geschäftsf. industrieller Verb., 1945-47 Staatskommissar f. d. Flüchtlingswesen Württ.-Hoh., 1947-52 Ministerial- u. Staatsrat (1951) Innenmin. WH (Vertr. d. Min.), 1949-69 Honorarprof. u. Ord. (1952) Univ. Tübingen (1961-63 Rektor). Mitgl. Staatsgerichtshof Baden-Württ. - BV: D. Kaiserreich am Scheidewege, Bassermann, Bülow u. d. Block, 1929; D. Problem d. Neugliederung d. Dt. Bundesrep., dargest. am Beispiel d. Südweststaates, 1950; Verfass. u. Verw.-Aufbau d. Südweststaates, 1952; D. Beamte in Partei u. Parlament, 1952 (Kl. Schr. f. d. Staatsbürger, H. 15); Staat u. Ges. in Dtschl., 1955; Herrschaft d. Verbände?, 1955; D. dt. Frage, 1959; Ämterpatronage, 1961; D. improvisierte Demokratie - Ges. Aufs. z. Weimarer Rep., 1963; Z. polit. Praxis in d. BRD - Krit. Betracht. 1957-71, 3 Bde. 1964/72; Matthias Erzberger, 1973; Üb. Autorität, 1976; Jahre d. Besatzung 1945-49, 1983; Spielregeln d. Politik. Ges. Aufs. 1987. Mitherausg.: Vierteljahreshefte f. Zeitgesch. (1953-77) - 1960 Schiller-Preis Stadt Mannheim, 1962 Karl-Bräuer-Preis Bund d. Steuerzahler; 1968 Mitgl. Orden Pour le mérite f. Wiss. u. Künste; 1983 Heinz-Herbert-Karry-Preis; 1984 Aschendorfer Kritikerpreis; 1986 Großkreuz d. BVK; 1971 Mitgl. PEN-Zentrum BRD - Spr.: Engl. - Rotarier.

ESCHENHORN, Ingo

Vorstandsvorsitzender Eisen- u. Drahtwerk ERLAU AG, Aalen (1981-88, vorh. Vorst.-Mitgl. s. 1969) - Brandweg 16, 7080 Aalen - Geb. 22. Jan. 1928.

ESCHERICH, Rudolf

Dr. rer. pol., Vorstandsmitglied VIAG AG (s. 1975), AR-Vors. Vereinigte Aluminium-Werke AG - Drachenfelsstr. 13, 5205 St. Augustin 2 - Geb. 27. Okt. 1923.

ESCHHUES, Evering

s. Berges, Hermann-J.

ESCHKE, Claus-Achim

Reeder, gf. Gesellsch. Poseidon Schiffahrt OHG, Lübeck, Geschäftsf. Frachtkontor Finnland OHG ebd. u. Poseidon Schiffahrt GmbH, Hamburg - Gr. Altefähre 20-22, 2400 Lübeck 1.

ESCHKER, Wolfgang

Dr. phil., Schriftsteller, Dozent Goethe-Inst. - Am kalten Born 35, 3400 Göttingen (T. 790 60 51) - Geb. 26. Juni 1941 Stendal - Stud. Slavistik u. Dt. Volkskd. Univ. Göttingen, Wien, Belgrad, Sarajevo; Promot. 1969 Göttingen (b. Maximilian Braun, s. XXIII. Ausg.) - BV: Unters. z. Improvisat. u. Tradierung d. Sevdalinka an Hand d. sprachl. Figuren, 1971; Pelzkalte Nacht, Prosa 1976; Gift u. Gegengift, Aphorismen 1977 (serbokroat. Übers. 1985). Herausg. u. Übers.: Mazedon. Volksmärchen (1972); Kosta Racin: Weiße Dämmerungen, Ged. (1978); D. Zigeuner im Paradies - Balkanslawische Schwänke (1986); Jacob Grimm u. Vuk Karadžić - Zeugn. e. Gelehrtenfreundschaft (1988, zweispr. serbokroat.-dt.); Desanka Maksimović: Ich bitte um Erbarmen, Ged. (1988, zweispr. serbokroat.-dt.) - 1970 Preis Südosteuropa-Ges., München; 1972 Nicolaus-Copernicus-Preis f. Lit. Stadt Gelsenkirchen; 1977 Reisestip. Ausw. Amt; 1983 Nieders. Nachwuchsstip. f. Lit. - Spr.: Engl., Franz., Russ., Serbokroat., Makedon., Slowen., Bulgar.

ESCHMANN, Fritz

Geschäftsführer - Wiesenstr. 17a, 5270 Gummersbach/Rhld. (T. 30 23) - Geb. 7. Juni 1909 Dieringhausen (Vater: Gerhard E.; Mutter: geb. Klein), ev., verh. s. 1937 (Ehefr.: geb. Kapelle), Sohn - Volkssch.; Schlosserlehre; Polizei- u. -fachsch. - 1927-32 Schlosser, 1932-36 Polizeidst. (zul. Oberwachtm.), 1936-45 Berufssoldat (zul. Hptm.), Werkm., ab 1946 MdK Oberberg. Kr., s. 1948 gf. Vors. DGB-Kreisaussch. Oberberg, 1951-52 u. 1956-61 ehrenamtl. Landrat Oberberg. Kr., 1953-69 MdB. SPD - U. a. Ritterkreuz - Liebh.: Fuß- u. Handball.

ESCHWEILER, Helmut

Geschäftsführer Münchener Kredit-Bank GmbH., München - Tegernseer Str. 4b, 8164 Hausham/Obb.

ESCHWEILER, Otto

Dr. rer. pol., Hauptgeschäftsf. IHK Aachen (s. 1971) - Mallinckrodtstr. 9, 5100 Aachen (T. 6 27 72) - Geb. 2. Okt. 1931 - Stud. Volksw. - S. 1955 IHK Aachen. Lehrbeauftr. RWTH Aachen. Funktionen in zahlr. reg. u. überreg. Gremien.

ESCRIBANO-ALBERCA, Ignacio

Dr. theol., Prof., Theologe - An d. Univ. 2, 8600 Bamberg - Geb. 28. Febr. 1928, kath. - B. 1965 Privatdoz. Univ. München, dann o. Prof. Univ. Bamberg - BV: D. Gewinn. theol. Normen a. d. Gesch. d. Religion b. E. Troeltsch, 1961; D. vorläuf. Heil, 1970; Glaube u. Gotteserk. i. d. Schrift u. Patristik, 1974; Saludo a Boris Pasternak, 1976; Eschatologie. V. d. Aufklärung b. z. Gegenwart, 1987.

ESDERS, Heinz

Stv. Vorsitzender Dt. Postgewerkschaft - Zu erreichen üb. Dt. Postgewerksch., Rhonestr. 2, 6000 Frankfurt/M. (T. 66951) - Geb. 14. März 1923.

ESDORN, Horst

Dr.-Ing., o. Prof. f. Heizungs- u. Klimatechnik TU Berlin (s. 1968), Direktor Hermann-Rietschel-Inst. f. Heizungs- u. Klimatechnik TU Berlin - Marchstr. 4, 1000 Berlin 10 (T. 314 41 70) - Geb. 19. Okt. 1925 Hannover (Vater: Dipl.-Ing. Christian E. †1971; Mutter: Frida, geb. Winkelmann †1989), verh. m. Eleonore, geb. Reinecke, 2 Kd. (Jörg, Friederike) - Fachveröff.

ESENWEIN-ROTHE, Ingeborg

Dr. rer. pol., Dr. h. c., em. o. Prof. f. Statistik - Wohnstift Augustinum, 8542 Roth (T. 09171 - 80 54 30) - Geb. 24. Juni 1911 Chemnitz/Sa. (Vater: Konsul Hermann Rothe, Bankier; Mutter: Auguste, geb. Kühl), ev., verh. s. 1948 m. Dr. rer. pol. Hermann E., Wirtschaftsprüfer, verw. s. 1973 - Banklehre; Univ. Rostock, Berlin, Würzburg, Leipzig - 1954 (Habil.) Univ. Münster. Lehrtätigk. Hochsch. f. Sozialwiss. Wilhelmshaven (1961 apl. Prof.), Univ. Göttingen (1962), Univ. Erlangen-Nürnberg (1962 ao., 1963 o. Prof., 1976 emerit.) - BV:

D. Verkehrseffizienz, 1956; D. Struktur d. Bankwesens als Gegenstand wirtschaftsstatistischer Analyse, 1959; D. Wirtschaftsverb. v. 1933-1945 (Schr. Verein f. Socialpolitik), 1965; Wirtschaftsstatistik - Kategorienlehre, 2. A. 1969; D. statistische Instrumentarium f. kommunale Entwicklungsplanung (Stat. Studien, Bd. 5), 1972 (zus. m. B. Hess); D. Meth. d. Wirtschaftsstatistik (UTB, 2 Bde.), 1976; Einf. in d. Demographie, 1982. Mithrsg.: Kompendium d. Volkswirtschaftsl. Bd. I (5. A. 1975) u. Bd. II (4. A. 1976). Herausg. Statist. Studien, Wirtschafts- u. Sozialwiss. Arbeiten Inst. f. Statist. Univ. Erlangen-Nürnberg (10 Bde.). Zahlr. Einzelarb. - 1956 Mitgl. Verein f. Socialpolitik; 1964 Mitgl. Intern. Union for the Scientifique Study of Population, 1972 Intern. Statist. Inst., 1974 Akad. f. Raumforschung u. Landesplanung; 1984 Bayer. VO; 1986 Ehrenpromot. Univ. Trier - Festschr. z. 60. Geb.: Analyse u. Prognose in d. quantitativen Wirtschaftsforschung (1971).

ESER, Albin

Dr. iur. utr., M. C. J., o. Prof. f. Strafrecht u. Rechtsvergleichung Univ. Freiburg/Br., Dir. Max-Planck-Inst. f. ausl. u. intern. Strafrecht (s. 1982) - Zul. 7800 Freiburg/Br. - Geb. 26. Jan. 1935 Leidersbach/Ufr. (Vater: Alfons E.; Mutter: Irma, geb. Lenk), kath., verh. s. 1959 m. Gerda, geb. Schneider, 3 Kd. (Thiemo, Katja, Fabian) - Stud. Tübingen, FU Berlin, Würzburg, New York Univ., Cambridge; Habil. 1968 - 1970-74 o. Prof. Univ. Bielefeld (1971/72 Dekan, 1973/74 Prorektor), 1971-74 Richter OLG Hamm, 1974-82 o. Prof. Univ. Tübingen, 1974-82 OLG Stuttgart, 1986/87 Dekan Univ. Freiburg - BV: Stud.-kurs Strafrecht 4 Bde., 1979-84; D. strafrechtl. Sanktion geg. d. Eigentum, 1969; Ges.gerichte in d. Strafrechtspflege, 1970; Suizid u. Euthanasie, 1975; Sterilisation u. Schwangerschaftsabbruch, 1980; (m.a.) Schönke-Schröder StGB-Kommentar, 23. A. 1988 - Liebh.: Kammermusik - Spr.: Engl., Franz.

ESER, Archibald

s. Eser, Georg

ESER, Herbert

I. Bürgermeister - Rathaus, 8901 Dinkelscherben/Schw. - Geb. 28. Dez. 1936 Augsburg - Verwaltungsamtmann CSU.

ESER, Willibald Georg

Schriftsteller u. Drehbuchautor - Vater: Prof. Willibald E., Dipl.Ing.; Mutter: Emilia, geb. Esterhazy, kath. - Gymn.; Univ. - Geb. 1. Sept. 1939 - BV: zahlr. Bücher, u.a. Biogr.: Johannes Heesters, Lil Dagover, Hans Moser, Theo Lingen, Camilla Horn, Helmut Käutner, Bert Brecht. Drehb./Film: Monpti, Lieschen Müller, M. Himbeergeist geht alles besser, D. Glas Wasser, Ellbogenspiele, Pardon me for father, Count your blessings, A certain talent, Come imparai ad amare le donne, Bresewitz, Ingeborg, Four man pact, Un amore grande, Mamma mia, Flashdance u. a.; Fernsehen: u. a. Dem Himmel sei Dank (J. Heesters), Meine Trauer ist unendl. (Ch. Rivel) - Bek. Vorf.: Heerführer Eser, d. König David zu Hilfe kam (Bibelerwähnung).

ESKA, Henryk

s. Skrzypczak, Henryk

ESPEY, Günther

Dr., Vorstandsmitgl. Arbeitgeberverb. Groß- u. Außenhandel - Kurze Mühren 2, 2000 Hamburg 1.

ESRIG, David

Dr., Prof., Regisseur, Bühnenbildner u. Theaterwiss. - Wohnh. in München - Geb. 23. Sept. 1935 Haifa-Israel - Habil. 1978 München - Schauspieldir.: Bukarest, Bern, Essen; Theaterleit.: Essen; Präs. Athanor; Prof. f. Schauspielkunst u. Theaterregie Bukarest - BV: Tabarin (m. Geneviève Serreau), 1981 - Insz.: Schatten (E. Schwartz), Troilus u. Cressida (W. Shakespeare), Rameau's Neffe (D. Diderot), D. Späße d. Scapin (Molière), Faustus (Marlowe), Nachtasyl (Gorki), Hamlet (W. Shakespeare), Mandragola (Machiavelli), Warten auf Godot (S. Beckett), u.v.a. Preis Théâtre des Nations, Paris; Preis Bitef, Belgrad.

ESS, van, Josef

Dr. phil., Prof. f. Semitistik u. Islamkd. - Liegnitzer Str. 11, 7400 Tübingen (T. 3 14 99) - Geb. 18. April 1934 Aachen (Vater: Johann v. E., Lagerverwalter; Mutter: Hubertine, geb. Klüttgens), kath., verh. s. 1959 m. Dr. Marie-Luise, geb. Bremer, 4 Kd. (Margarete, Hans, Gertrud, Richard) - Univ. Bonn u. Frankfurt/M. Promot. Bonn u. Habil. Frankfurt - 1964 Privatdoz. Univ. Frankfurt; 1967 Associate Prof. Univ. Los Angeles u. Beirut; 1968 Ord. Univ. Tübingen - BV: D. Gedankenwelt d. Hârit Al-Muhâsibi, 1961; D. Erkenntnislehre d. Adudaddîn Al-Ici, 1966; Traditionistische Polemik gegen 'Amr b. 'Ubaid, 1967; Frühe mu'tazilitische Häresiographie, 1971; D. Kitâb an-Nakt des Nazzâm, 1972; D. biograph. Lexikon d. Safadi, Bd. 9, 1974; Zw. Hadit u. Theologie, 1975; Anfänge muslimischer Theologie, 1977; Chiliast. Erwart. u. d. Versuch. d. Göttlichkeit, 1977; D. Tailasân d. Ibn Harb, Mantelged. in arab. Spr., 1979; D. Wesir u. seine Gelehrten, 1981 - O. Mitgl. Heidelberger Akad. d. Wiss.; Iran. Akad. f. Phil.; Korr. Mitgl. Academia d. Buenas Letras, Barcelona; Irak. Akad. d. Wiss.; Tunes. Akad. d. Wiss.; Medieval Acad. of America.

ESSBERGER, Ruprecht

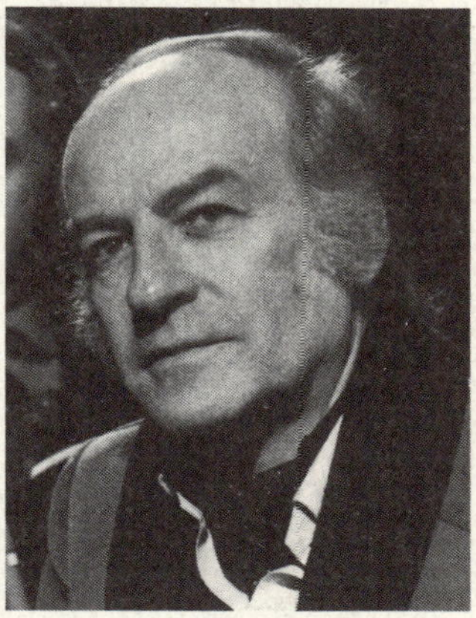

Regisseur, Autor u. Produzent ARD u. ZDF - Agnesstr. 2, 2000 Hamburg 60 - Geb. 8. März 1923 Berlin (Vater: Dipl.-Ing. Eduard E.; Mutter: Hedwig, geb. Schulthes), ev.-ref., verh. s. 1969 in 2. Ehe m. Merle, geb. Insanali, 3 Kd. (Nicolai, Manuel aus 1. Ehe; Nadira aus 2. Ehe) - 1941-44 Kriegsmarine (Ltn. z. See d. Res.); 1944-46 Gefangensch. in USA; 1946-50 Stud. Kunstgesch. u. Philos. Univ. Hamburg u. Göttingen - Regieassist. NDR (Fernsehen); 1953 Regiss.; 1957 fr. Regiss. - FS-Filme: D. Erlebnis d. Pantomine (m. Marcel Marceau); Morgen (v. Jos. Conrad); Rund um d. Ochsenkopf (v. Schallück) - Fernsehserien: Familie Schölermann, 1955-60; D. Fernsehgericht tagt, ARD 1961-78; Ehen vor Gericht, ZDF 1970-84 u. ab 1989; Verkehrsgericht, ZDF s. 1983 - 1957 Gold. Rose; 1959 Gold. Bildschirm; 1973 Gold. Kamera (TV-Ehrungen); 1989 BVK am Bde. - Liebh.: Segeln, Musik - Spr.: Engl., Franz.

ESSEN, Werner

Dr. med., Prof., Chefarzt i.R. Innere Abt. Krkhs. Eutin - Bismarckstr. 26, 2420 Eutin - Geb. 16. Okt. 1907 Bielefeld - S. 1937 (Habil.) Doz. u. apl. Prof. (1943) Univ. Kiel (Inn. Med.) - BV: Krit. Betracht. d. Herdgeschehens, 1955 (Mitautor). Fachaufs.

ESSER, Adolf H.

Dr. jur., Vorstandsmitglied Gerling-Konzern Versicherungs-AG, Gerling-Konzern Rhein. Versich.gruppe AG,

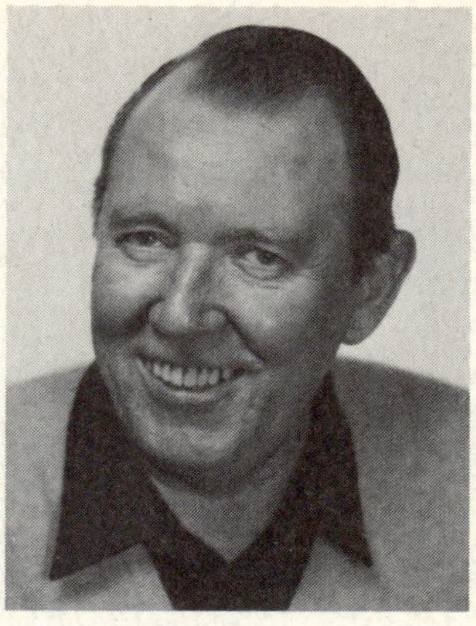

Gerling Welt-Versich.-Pool AG, Gerling-Konzern Versich.-Zentral-Gruppe AG, Gerling Versich.-Beteilig.-Gruppe AG, Gerling-Konzern Rechtsschutz Versich. AG; Geschäftsf.: Gerling-Gruppe Ausbild.-Zentrum Betriebs-Organisations-GmbH, Gerling Welt Investor-Gruppe Globale Anlageberat. GmbH, Geschäftsf. Gerling Inst. f. Schadenforsch. u. -verhütung, Betriebs-Gruppe Verw.-Service GmbH, (1963-76) - Oberer Dorn 7 - Birkenhof, 8392 Waldkirchen (T. 08581 - 33 55) - Geb. 28. Juni 1926 Köln (Vater: Josef E., Kaufm.; Mutter: Käthe, geb. Quetting), verh. s. 1975 m. Helga, geb. Zeller - Abit. 1944 Brünn; Promot. 1951 Köln; Ass.ex. 1953 Düsseldorf - 1956-63 Justitiar Girmes-Werke AG, Oedt, s. 1956 Rechtsanw. - Liebh.: Golf - Spr.: Engl. - Bek. Vorf.: Thomas E., MdR u. Reichstagsvizepräs. 1930-33.

ESSER (ß), Aletta, geb. Harting

Mundartautorin, Schriftstellerin - 4100 Duisburg-Rheinhausen - Geb. 4. Nov. 1934 Rheinhausen, verh. s. 1961 m. Kurt-Walter Eßer, Tochter Waltraud - Kaufm. Lehre - 1952-60 kaufm. Angest. in e. Hüttenwerk (heute Krupp Stahl AG Rheinhausen). S. 1965 schriftst. Tätigk. (Mundartautorin); ab 1968 Autorin im Werkkr. Lit. d. Arbeitswelt; 2 J. Leit. Werkst. Mülheim/R. im Werkkr. Lit., 4 J. Leit. Werkst. Duisburg; s. 1979 Verb. Dt. Schriftst. (VS). SPD s. 1979 (1984-89 Bezirksvertr. Duisburg-Rheinhausen) - BV: u.a. Liebe Kollegin, 1973; F. Frauen - e. Leseb., 1979; A - wie arbeitslos, 1984; Anthol. bennen on buuten, 1982; D. Hochofen v. unserem Fenster (Krupp-Frauen berichten), Anthol. 1989 - 1982 Ausz. als Bürgerin d. Ruhrgeb. Vereinig. Pro Ruhrgeb.; 1982 Rheinlandtaler Landschaftsverb. Rheinl.; 1988 VO. Ld. Nordrh.-Westf.

ESSER, Bernhard

Dipl.-Volksw., Sprecher d. Geschäftsfg. Spanner Pollux GmbH Wasserzähler-Meßgeräte, Ludwigshafen - Rusdorfstr. 1, 6710 Frankenthal/Pf. - Geb. 5. Mai 1938 - Präs. Socam SA, Paris, Aquacom SA, Lüttich, u. AQUA Vereinig. d. Europ. Wasserzählerhersteller; Dir. Precision Meters, Inc., Orlando/USA; Vorst. Verb. Dt. Wasserzählerind.

ESSER, Claus

Dr. med., Prof., Med. Direktor, Facharzt f. Med. Strahlenkunde - Flotowstr. 4, 6100 Darmstadt (T. 7 61 74) - Geb. 18. Aug. 1909 Köln (Vater: Franz E., Kaufm.), kath., verh. s. 1959 m. Helga, geb. Klein - Univ. Köln, Erlangen, Freiburg/Br., München. Promot. 1936; Habil. 1951 - 1937-39 W.-Siemens-Inst. f. Röntgenforsch. Berlin; 1939-45 Charité ebd. (Univ.s-Röntgeninst.); 1946-49 Krkhs. Köln-Hohenlind (Oberarzt); 1949-59 Univ.s-Röntgeninst. Mainz (Oberarzt); 1951 Privatdoz., 1957 apl. Prof.); 1960-75 Städt. Kliniken Darmstadt (Dir. Strahleninst.) - BV: Topogr. Ausdeut. d. Bronchien im Röntgenbild, 2. A. 1957 (ital. 1953).

ESSER (ß), Gerd

Rechtsanwalt, Geschäftsführer Dt. Beamtenbund - Dreizehnmorgenweg 36, 5300 Bonn 2 (T. 0228 - 8 11-1 50) - Geb. 20. März 1940 Bonn, kath., verh. s. 1986 m. Ute, geb. Fingerhuth, 2 Kd. (Arnd, Caren) - Stud. Rechtswiss. Univ. Bonn; Ass.-Ex. u. Anwaltszulassung 1967 - Bundesjustitiar Dt. Beamtenbund; Geschäftsf. Dt. Beamtenwirtsch.-Bund.

ESSER (ß), Gregor

Dr. med., Chirurg, apl. Prof. f. Chirurgie Univ. Bonn (s. 1970), Lehrbeauftr. TH Aachen, Chefarzt Krkhs. Maria Hilf GmbH - Sandradstr. 43, 4050 Mönchengladbach 1 - Geb. 6. Nov. 1930 - 1986/87 Vors. Vereinig. Niederrh.-Westf. Chirurgen - Monogr. üb. Eiweißstoffw. u. Pfortaderhochdruck u. üb. Prinzipien onkol. Chir.; 25 Buchbeitr. zu Leberchir., Pfortaderhochdruck, Metastasenchir., Blutgerinnung, Gallengangsstrikt., Fremdkörper im Abdomen. Üb. 80 Einzelpubl. zu Leberchir., Pfortaderchir., Lebertransplant., Extremitätenrepl., Magen-, Kolon-, Gefäßchir., chir. Onkol., Standes- u. Organisationsprobl.

ESSER, Günter

Dr. rer. nat., wiss. Rat, Leit. Audiolog. Abt./HNO-Klinik, Prof. f. Med. Akustik u. Audiol. Univ. Düsseldorf (s. 1978) - Eichelscheidt 5, 4030 Ratingen 6.

ESSER, Hans

Dr. rer. nat., o. Prof. f. Biologie u. ihre Didaktik - Bergstr. 73, 5202 Hennef/Sieg (T. 3231) - Geb. 10. April 1929 Oberlar (Vater: Peter L.; Mutter: Magdalena, geb. Falkenstein), kath., verh. s. 1954 m. Hedwig, geb. Nöfer, 3 Söhne (Reinhart, Norbert, Ralf) - Gymn. Siegburg; Sporthochsch. (Dipl.-Sportl.), Päd. Hochsch. u. Univ. Köln - 1952-56 Real-, dann Hochschullehrer (Dozent, 1960 ao., 1965 o. Prof. PH Köln bzw. Rhld./Abt. Köln); 1981 Erzieh.wiss. Fak. Univ. Köln - BV: Glanz u. Niedergang antiker Körperkultur, in: Wahrheit u. Wert in Bildung u. Erzieh., 2. Folge 1958; D. Biol.unterr., Lehrb. 2. A. 1972, Neubearb. 1978; Geschlecht, Wachsen u. Werden d. Menschen, 1971; Zahngesundheitserzieh., 1979; Mosaik, Schulb. f. Sachunterr., 1977-79; Wege in d. Biol. NRW, 1980-82 - 1970 Gold. Sportabz.

ESSER (ß), Hans Helmut

D Dr. theol., em. o. Prof. f. Reformierte Theologie - Schloßstr. 15, 4435 Horstmar (T. 3 77) - Geb. 24. März 1921 Rheydt - S. 1962 Prof. Päd. Hochsch. Berlin (ao.) u. Univ. Münster (1970 o.) - D. theol. Klausenburg/Rum. (1977) - 1973-82 Moderator d. Reformierten Bundes. 1973-85 Mitgl. d. Rates d. EKD. Emerit. 1986. Theol. Veröff.

ESSER, Hartmut

Dr. rer. pol., Wiss. Rat, Prof. f. Soziologie Gesamthochsch. Duisburg - Lotharstr. 63, 4100 Duisburg 1; priv.: Marsilstein 21, 5000 Köln 1.

ESSER (ß), Helmut

Landespfarrer, Hauptgeschäftsf. Diakon. Werk d. Lipp. Landeskirche/Inn. Mission u. Hilfswerk - Leopoldstr. 10, 4930 Detmold 1.

ESSER, Henning

Dr. rer. nat., Prof., Mathematiker - Eupener Str. Nr. 247 b, 5100 Aachen - Geb. 7. Febr. 1945 - S. 1975 Prof. TH Aachen (Numer. Analysis).

ESSER, Heribert

Generalmusikdirektor - Wolfenbütteler Str. 20, 3300 Braunschweig - Geb. 12. Jan. 1929 Rheinhausen (Vater: Edmund E., Beamter; Mutter: Gertrud, geb. Krahforst), kath., verh. s. 1958 m. Dr. Rosemarie, geb. Clormann - 1947-52 Stud. Musikhochsch. u. Univ. Köln - 1953 Kapellm. Bühnen Freiburg, 1954 Köln, 1958 Wiesbaden; s. 1962 Generalmusikdir. Staatstheater Braunschweig; 1984-86 Künstl. Leit. d. Tage Neuer Kammermusik Braunschweig; s. 1987

Prof. Univ. of Adelaide South Australia (Thomas Elder Chair of Music).

ESSER, Jo

Innenarchitekt u. Designer, Mitinh. u. Geschäftsf. Esser Brunen-Architektur GmbH (1971ff.) - Thomas-Mann-Str. 30, 4040 Neuss 21/Rh. (T. 02107 - 30 25) - Geb. 17. Jan. 1944 Dernbach, verh. s. 1968 m. Ruth, geb. Brunen - 1963-66 Stud. Innenarch. Düsseldorf (Ex. u. Dipl.) - Schr. anderer z. Person.

ESSER, Josef

Dr. rer. soc., Prof. f. Gesellschaftswiss. Univ. Frankfurt - Robert-Mayer-Str. 5, 6000 Frankfurt 1 - Geb. 12. April 1943 Aachen (Vater: Josef E., Modellschreiner; Mutter: Maria, geb. Kaußen), verh. s. 1970 m. Rita, geb. Witt - 1959-61 Lehre Ind.kaufm., Abendgymn. (Abit. 1967); 1967-74 Stud. Politikwiss., Soziol., Gesch. Univ. Berlin u. Konstanz (Promot. 1974); Habil. 1981 - 1959-67 Ind.-kaufm.; 1974-81 Wiss. Assist.; s. 1981 Prof. f. Politikwiss. (Schwerp. Staats- u. Planungstheorie) - BV: Einf. in d. materialist. Staatsanalyse, 1975; Gewerksch. in d. Krise, 1982; Krisenregulierung. Z. polit. Durchsetzung ökonom. Zwänge, 1983 (m. a.); D. polit. Ökonomie d. Liebe, 1986 (m. a.). Herausg. (m. a.): Gesellschaftsplan. in kapitalist. u. sozialist. Systemen (1972); Technikentwicklung als sozialer Prozeß (1989).

ESSER, Josef

Dr. jur., Dr. jur. h. c. mult., o. Prof. f. Bürgerl. Recht, Zivilprozeß- u. Versich.srecht sow. Rechtsvergl. u. -theorie - Hartmeyerstr. 78, 7400 Tübingen (T. 6 12 23) - Geb. 12. März 1910 Schwanheim/Main - Univ. Lausanne, Paris, Frankfurt (Promot. 1935) - 1940 Privatdoz. Univ. Freiburg/Br., 1941 ao. Prof. Univ. Greifswald, 1943 o. Prof. Univ. Innsbruck, 1949 Univ. Mainz, 1961 Univ. Tübingen. 1958 Dir. Legal Division Intern. Atomenergie-Org. Wien. Fachmitgliedsch. - BV: Wert u. Bedeut. d. Rechtsfiktionen, 1940; Aufgabe u. Entwickl. d. Gefährdungshaftung, 1941; Einf. i. d. Grundbegriffe d. Rechts u. Staates, 1949; Lehrbuch d. Schuldrechts, 4. A. 1971; Grundsatz u. Norm, Rechtsvergl. Beitr. z. Richterrechtsbild., 3. A. 1970; Vorverständnis u. Methodenwahl, 2. A. 1972 - Mitgl. Heidelberger Akad. d. Wiss. - Lit.: Dogmatik u. Methode, Festschr. z. 65. Geburtst. v. J. E. 1975.

ESSER, Jürgen

Dr. phil., Prof. f. Engl. Philologie Univ. Erlangen-Nürnberg - Sebalder Forstweg 56a, 8520 Erlangen-Buckenhof - Geb. 12. Juni 1947 Solingen - Stud. Angl., Allg. Sprachwiss. u. Phonetik Univ. Köln u. Freiburg (Promot. 1974 Köln); Habil. 1981 Univ.-GH Duisburg - 1975 Wiss. Assist. Duisburg; 1981 Prof. - BV: Intonationszeichen im Engl., Diss. 1975; Engl. Prosodie, 1979; Untersuchungen z. gesprochenen Englisch, 1984; Comparing Reading and Speaking Intonation, 1988. Herausg. (m. a.): Forms and Functions (1981).

ESSER, Karl

Dr. phil., Dr. h.c., o. Prof. f. Allg. Botanik - Am Spik 23a, 4630 Bochum (T. 38 13 16) - Geb. 19. März 1924 Sinthern b. Köln (Vater: Fritz E., Lehrer; Mutter: Anna, geb. Hennen, Lehrerin), verh. s. 1952 m. Marianne, geb. Bielefeld (Studiendir.), S. Joachim (Dr. med.) - Stud. Biol. u. Chemie Köln. Promot. (1952) u. Habil. (1958) Köln - 1952-53 Forschungsaufenth. Paris; 1953-59 Assist. Univ. Köln; 1959-60 Research Associate Yale Univ. (USA); 1960-63 Doz. Univ. Köln; s. 1963 o. Prof. Univ. Bochum; s. 1968 zugl. Dir. Botan. Garten Bochum, 1969 Gastprof. Indiana Univ. (USA), 1982 Ehrendoktor Univ. Orléans (Frankreich) - BV: Genetik d. Pilze, 1965 (unt. Mitwirk. v. R. Kuenen; engl. 1967); Kryptogamen, 1976, engl. 1982; Plasmids of Eukaryotes, 1985. Zahlr. Einzelarb. - 1985 Sandoz Preis f. Gerontol. Forsch.; 1986 Ehrenmitgl. poln. Botanische Ges.; 1987 Membre d'honeur

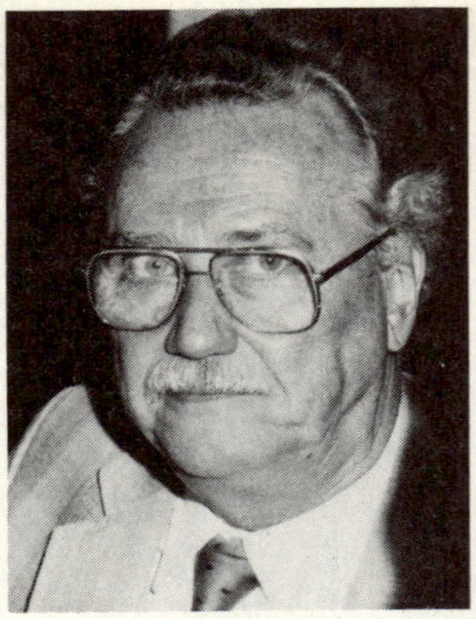

des la communauté scientifique Univ. de Tours - Spr.: Engl., Franz.

ESSER, Karl Heinz

Dr. phil., Direktor Mittelrh. Landesmuseum, Mainz (s. 1967, 1977 a. D.) - Alfr.-Nobel-Str. 13a, 6500 Mainz-Gonsenheim - Geb. 8. Juni 1912 Bonn (Vater: Prof. Dr. med. Josef E.; Mutter: Anna, geb. Melchers), kath., led. - Univ. Marburg, Berlin, Wien, München, Bonn (Kunstgesch., Archäol., Phil., Gesch.) - 1950-67 Assist., Leit. u. Dir. Altertumsmuseum u. Gemäldegalerie Mainz - BV: Darstellung d. Formen u. Wirkungen d. Wallfahrtskirche zu Vierzehnheiligen, „Architekturraum" als „Erlebnisraum", 1940; Kirchenbau d. hl. Bernhard Clairvaux, 1953 (Archiv f. mittelrhein. Kirchengesch.); Mainz, 1961, 69; D. Mainzer Dom d. Erzbischofs Willigis, Festschr. 1975.

ESSER, Karl-Heinz

Verleger (Herausg.: Mittelbayer. Zeitung), gf. Gesellsch. Mittelbayer. Druckerei- u. Verlags-Ges. mbH. - Kumpfmühlerstr. 11, 8400 Regensburg; priv.: Prebrunnstr. 7 - Geb. 22. Sept. 1930 - Div. Ehrenämter.

ESSER, Otto

Pers. haft. Gesellschafter u. Mitgl. d. Geschäftsltg. E. Merck, Darmstadt, Mitgl. Arbeitsring d. Arbeitgeberverb. d. Dt. Chem. Ind., Präs. a.D. Bundesvereinig. d. Dt. Arbeitgeberverb. (1977-86) - Am Forstweg 1, 8765 Erlenbach - Geb. 1. Juni 1917 Rheinland - 1980 Gold. Handwerksz.; 1981 Gr. BVK.

ESSER, Werner Michael

Regisseur - Pillauerweg 21, 4044 Kaarst 1 (T. 02101-6 81 58) - Geb. 19. Nov. 1938 Aachen, kath., ledig - Stud. Theaterwiss. u. Psych. - Intern. Opern-Regiss. - Insz. in 11 Ländern: u.a. Deutschl., Österr., Italien, Frankr., Spanien, Luxemb., Portugal, Südamerika - Liebh.: Modelleisenbahn, antike Uhren.

ESSER, Wolfram

ZDF-Redakteur, stv. Hauptredaktionsleit. Sport - Drosselweg 14, 6204 Taunusstein 2 (T. 06131 - 70 29 20/21) - Geb. 8. Jan. 1934 Düsseldorf, verh. s. 1967 m. Christiane, geb. Mahrenholtz, 3 Kd. (Gudrun, Jochen, Hendrik) - Abit.; Volont. Hamburger Morgenpost - Redakt. WAZ Essen u. Duisburg, Duisburger General-Anzeiger - Liebh.: Beruf, Sport (Surfen, Segeln, Ballspiele), Garten - Spr.: Engl., Franz., Latein.

ESSERS, Ulf

Dr.-Ing., Prof. f. Verbrennungsmotoren u. Kraftfahrwesen Univ. Stuttgart -Pfaffenwaldring 12, 7000 Stuttgart 80 - Bis 1971 Hauptabt.sl. u. Prok. i. Entwicklungswerk Porz d. Klöckner-Humboldt-Deutz AG.

ESSERS, Ursula

Dr. med., Prof., Internistin - Hangstr. 14, 5100 Aachen - Geb. 7. April 1937 Aachen - 1972-1975 Privatdoz., 1975 apl. Prof. Abt. Inn. Med. II TH Aachen (Oberärztin), s. 1982 Haematol.-onkol. Schwerp.praxis Aachen.

ESSIG, Georg

Fabrikant, gf. Gesellsch. FILAP Filter u. Apparate GmbH., Speyer, Geschäftsf. Filterwerk Mann & Hummel GmbH., Ludwigsburg - Wimpfener Str. Nr. 4, 7140 Ludwigsburg-Hoheneck/Württ.

ESSIG, Karl-August

Dr.-Ing., Chemiker, Geschäftsf. Faserwerke Hüls GmbH. Sprewaldstr. 11, 4370 Marl - Geb. 18. April 1914.

ESSING, Hans-Günther

Dr. med., Prof., Internist u. Arbeitsmediziner, Prof. f. Sozialmed. Univ. Bamberg (FB Sozialwesen) - Feldkirchenstr. 21, 8600 Bamberg; priv.: Engelstr. 10, 8520 Erlangen.

ESSING, Willi

Dr. phil., Dipl.-Psych., Prof. Inst. f. Leibesübungen (Fachgeb. Sportpsychologie) Univ. Münster - Horstmarer Landweg 62b, 4400 Münster/W.; priv.: Kohlweg 14, 5100 Aachen - Zul. (b. 1974) Doz. Dt. Sporthochsch. Köln.

ESSLER, Wilhelm K.

Dr. phil., o. Prof. f. Phil., Logik u. Wissenschaftstheorie Univ. Frankfurt (s. 1979) - Nelkenweg 12, 8870 Günzburg (T. 08221 - 48 87) - Geb. 27. April 1940 Groß Glockersdorf/Tschechosl., verh. s. 1964 m. Uta, geb. Wieland, 2 T. (Gaby, Ulrike) - Stud. 1959-63 Univ. München; Promot. 1964, Habil. 1968, bde. München - 1969 Univ.-Doz. Univ. München; 1975 apl. Prof. Univ. München. Gastprof.: 1966 Univ. of Pennsylvania, Philadelphia, 1972/73 Univ. Tübingen, 1973/74 Univ. Trier-Kaiserslautern, 1974 Univ. Hamburg - BV: Einf. in d. Logik, 1966, 2. A. 1969; Induktive Logik, 1970; Analytische Phil. I, 1972; Wissenschaftstheorie I-IV, 1970-79; Grundzüge d. Logik I-II, 1983-87. Mithrsg.: Ztschr. Erkenntnis - Liebh.: Skifahren, Segeln, jap. Schwertkampf, buddhist. Phil.

ESSLINGER, Horst G.

Dipl.-Kfm., Geschäftsführer i.R. - Distelweg 2, 2000 Hamburg-Hummelsbüttel - Geb. 25. Jan. 1924 Eßlingen/N. - 1971 Grad. of Harvard Business School, Boston - B. 1986 Geschäftsf. Maizena GmbH, Hamburg, u. C.H. Knorr GmbH, Heilbronn.

ESSLINGER (ß), Maria

Dr.-Ing., Prof. (spez. f. Stabilität dünnwandiger Schalen) - Bussardweg 2, 3300 Braunschweig-Querum (T. 35 05 50) - Geb. 4. März 1913 Nürnberg (Vater: Ludwig E., Rechtsanw.; Mutter: Else, geb. Hecht), led. - 1936 Diplomprüf. TH Berlin (Flugzeugbau), 1947 Promot. TH Darmstadt, 1953 Habil. Saarbrücken, 1959 Umhabil. nach Darmstadt, 1967 apl. Prof. Darmstadt - 1937-61 Industrietätigk., 1961-63 fr. Forschung; 1963-78 Dt. Forsch.- u. Versuchsanst. f. Luft- u. Raumfahrt, Braunschweig, s. 1978 fr. Forschung - BV: Stat. Berechnung von Kesselböden, 1952; D. Stahlfahrbahn-Berechnung u. Konstruktion (Mitverf.), 1957; Postbuckling Behavior of Structures (Mitverf.), 1975. Zahlr. Fachaufs. u. Veröff. - 1970 Wiss. Mitgl. DFVLR, 1978 Mitgl. Braunschweig. Wiss. Ges. - Spr.: Engl., Franz.

ESTEL, Herbert

Flughafendirektor - Flughafendamm 27, 2800 Bremen - Geb. 3. Mai 1927 - Geschäftsf. Flughafen Bremen GmbH.

ESTERER, Fritz

Dipl.-Ing., Aufsichtsratsvorsitzender Maschinenfabrik Esterer AG. - Trostberger Str. 22, 8262 Altötting/Obb. - Geb. 11. Dez. 1914 Altötting.

ESTERER, Ingeborg,

geb. Günther

Dr. phil., Journalistin, Ressortleit. Med. u. Psych. Zeitschr. FÜR SIE, Hamburg - Cranachstr. 39, 2000 Hamburg 52 (T. 89 31 54) - Geb. 18. Febr. 1926 Mainz (Vater: Jakob-Ernst G., Richter; Mutter: Charlotte, geb. Schmidt), kath., verh. s. 1973 m. Dr. jur. Hajo Wandschneider, RA, 2 Kd. (Andreas, Ulrike) - Abit. 1943 Berlin; Stud. Roman., Hispan., Angl., Phil. Univ. Berlin u. Hamburg (Promot. 1950) - 1948-51 fr. Journ.; 1951-53 Kulturref. Inst. Français Hamburg; 1954-60 Redakt. Ztschr. Kristall; 1960-70 fr. Journ. NDR Hörf., Ztschr. u. Verlage (Übers. u. Herausg.); 1970-83 Textchefin Ztschr. Vital. 1968-71 ehrenamtl. Presseref. amnesty intern. (dt. Sekt.) - Liebh.: Lit., Psych., mod. Glaskunst - Spr.: Franz., Engl., Span.

ESTERHAZY

s. Eser, Willibald

ESTERHUES, Friedrich

Dr. phil., o. Prof. f. Westf. Landesgeschichte, Volks- u. Heimatkunde sow. Didaktik d. Geschichte Päd. Hochsch. Ruhr/Abt. Hamm - 4791 Neuenbeken 233 (T. 05252 - 6951).

ESTERS, Ernst-August

Dr., M. A., Prof. f. Soziologie, Sozialpsychologie u. Psychoanalyse Univ. Bremen - Beethovenstr. 41, 2800 Bremen.

ESTERS, Helmut

Wiss. Assistent, MdB (s. 1969) - Brunefeldsweg 40, 4178 Kevelaer - Geb. 15. Dez. 1915 Geldern - Stud. Geschichte u. Pol. Wissenschaften, Leiter Abt. Sozial- u. Zeitgeschichte im Forschungsinstitut der Friedr.-Ebert-Stift. 1963. 1969 Stadtrat Kevelaer. 1969 Mitgl. des Bundestages - BV: Mitverf. Gewerkschafter im Widerstand.

ESTLER, Claus-Jürgen

Dr. med., o. Prof. f. Pharmakologie u. Toxikol. - Jean-Paul-Str. 6, 8520 Erlangen - Geb. 22. Mai 1930 Merseburg - Promot. (1957) u. Habil. (1964) Erlangen - S. 1970 apl. u. o. Prof. (1976) Univ. Erlangen-Nürnberg (Vorst. Inst. f. Pharmak. u. Toxik.) - BV: Pharmak. f. Zahnmediziner, Lehrb. d. allg. u. system. Pharmakol. u. Toxikol., Arzneimittel u. Alter. Üb. 100 Einzelarb.

ETMER, Horst Christian

Dr. rer. oec., Dipl.-Kfm. - Fischerhüttenstr. 24, 1000 Berlin 33 (T. 8015465) - Geb. 5. Okt. 1928 Berlin (Vater: Dr. Friedrich E., Vizepräs. (s. XVIII. Ausg.); Mutter: Agnes, geb. Woitschach), ev., verh. s. 1958 m. Marie-Luise, geb. v. Goertzke, 2 Söhne (Bernhard, Jörg) - Gymn. Berlin; kaufm. Lehre; WH Mannheim, Univ. Hamburg u. Göttingen (Wirtschaftswiss.; Dipl.-Kfm. 1956, Promot. 1958); 1962-72 Prok. Springer Verlag Berlin-Heidelbg.-New York. 1972-74 Gf. DRK Landesverb. Berlin, 1975-79 Hauptschriftl. Ztschr. Die Quintessenz, die Quintessenz d. Zahntechnik u. Quintessenz-Journal. Prok. u. Leit. Verlagsplanung Paul Parey Berlin u. Hamburg - BV: D. bes. Risiken d. Markenartikelind.

ETSCHBERGER, Dietmar

Dipl.-Ing., Geschäftsführer Erdgas Schwaben GmbH - Tauentzienstr. 48, 8900 Augsburg - Geb. 28. Febr. 1938 Augsburg - Handwerkslehre, Ing.-Stud., Hochschulstud. München.

ETTEL, Ferdinand

Geschäftsführer Vermögensverwaltungs- u. Treuhand-Ges. d. DGB mbH., Düsseldorf - Henri-Dunant-Str. 53, 4000 Düsseldorf 30 - Geb. 18. Mai 1927 - Div. Mandate.

ETTENGRUBER, Fritz

MA, Landrat Kr. Dingolfing-Landau (s. 1972) - Landratsamt, 8312 Dingolfing/

Ndb. - Geb. 15. Jan. 1940 München - Zul. Beamter. CSU - 1985 BVK.

ETTERICH, Harald W.
Geschäftsf. Defrol GmbH., Essen, Vors. Außenhandelsverb. f. Mineralöl, Hamburg - Weerthstr. 3, 4300 Essen 18 (Kettwig).

ETTL, Helga
Prof., Pädagogin - Schlüterstr. 20, 2000 Hamburg 13 - S. 1973 Prof. Univ. Hamburg (Erziehungswissensch. unt. bes. Berücks. d. Musikdidaktik).

ETTL, Peter
Journalist, Schriftst. - Waldweidenweg 5, 8400 Regensburg (T. 0941-9 25 33) - Geb. 19. Mai 1954 Regensburg, kath., led. - Abit. - Stud. Volksw. - Stv. Vors. Regionalgr. Ostbay. d. verb. Dt. Schriftst. - BV: Im Zeichen d. Trümmer, 1976; Kamikaze Ikarus, 1983; Katzenflug, 1984; Landnahme, 1985 - 1972 Rolf-Ulrici-Preis; 1980 Kulturförderpr. Ostbay. - Spr.: Engl., Franz.

ETTL, Wolfgang
Lehrer, Schriftst. - Karl-Knab-Str. 16, 8472 Schwarzenfeld (T. 09435-8271) - Geb. 21. Sept. 1950 Schwarzenfeld, kath., verh. s. 1981 m. Christine, geb. Stadler, S. Jürgen - Abit. 1970 Schwandorf; Stud. Erziehungswiss. Univ. Regensburg; 1. Ex. 1975, 2. 1978 - Mitgl. Verb. dt. Schriftst. - BV: D. Stille fragen, was d. Lärm verschweigt, Lyr. 1979; D. Hecheln d. Wölfe, Lyr. 1981 - Liebh.: Lit., klass. Musik, Gesch., Bier, Fußball - Spr.: Engl., Franz.

ETTLINGER, George
Ph. D., Prof. f. Psych. Univ. Bielefeld - Gleiwitzer Str. 15, 4803 Steinhagen - Geb. 5. Mai 1927 Berlin (Vater: Lionel E., Verw.; Mutter: Ellen, geb. Rathenau), verh. s. 1954 m. Pamela, geb. Stafford-Langan, 2 Kd. (Anthony, Jenny) - B.A. Univ. Oxford 1952, M.A. ebd. 1955, Ph.D. Univ. London 1955 - 1955-1980 Univ. London, 1980 ff. Univ. Bielefeld - Liebh.: Gartenarbeit, Reisen - Spr.: Engl.

ETZ, Peter Paul

Prof., Maler - Otto-Korn-Str. 5, 6223 Espenschied - Geb. 30. Juni 1913 Mainz (Vater: Fritz E., Zollrat; Mutter: Elisabeth, geb. Weber), kath., verh. s. 1955 m. Felcitas, geb. Unterberg, 3 Kd. (Christopher, Veronika, Lukas) - Realgymn. u. Kunstsch. Mainz (6 Sem.; Prof. Richard Throll); Handwerkslehre; Kunstakad. München (Prof. Karl Caspar) - Zul. Prof. Univ. Mainz (Kunsterzieh.). Tätigk. auf d. Gebieten d. fr. u. d. angew. Malerei (Mosaiken u. Glasfenster), zahlr. Werke in priv. u. öffl. Samml. u. Gebäuden - Liebh.: Verhaltensforsch. (Vögel u. Fische) - Spr.: Franz., Engl.

ETZIN, Eberhard
Prof., Ordinarius f. Dt. Sprache u. Lit. FU Berlin (entpfl.) - v.-Laue-Str. 7, 1000 Berlin 33.

EUCHNER, Walter
Dr. phil., o. Prof. f. Wissenschaft v. d. Politik - Landwacht 10b, 3400 Göttingen-Herberhausen - Geb. 31. Okt. 1933 Stuttgart - Promot. 1967 - S. 1971 Ord. Univ. Göttingen - BV: Naturrecht u. Politik bei John Locke, 1969; Egoismus u. Gemeinwohl, 1973. Div. Einzelarb.

EUL, Erich
Geschäftsf. Gasversorgung Euskirchen GmbH, Euskirchen, Propan Rheingas GmbH & Co. KG, Brühl, Helio Gas Handelsgesellschaft mbH, Brühl - Verdistr. 2, 5350 Euskirchen - Geb. 27. Juli 1927 - VR versch. Ges.

EULENBACH, Joy
s. Breither, Karin

EULENBURG, Graf zu, Richard
Vermögensverwalter Bonn-Bad Godesberg - Ubierstr. 134, 5300 Bonn 2 - Geb. 9. April 1934 Prassen/Ostpr., verh. s. 1966 m. Soscha, geb. Behr, 3 Kd. - Dipl.-Kfm. 1960 München.

EULER, Arno
Dr. phil., Prof. f. Didaktik d. Franz. Sprache u. Lit. Univ. Frankfurt/M. - Am Eselsweg 77, 6500 Mainz.

EULER, Hans-Helmut
Dr. med., Staatsrat, Chef d. Senatskanzlei Fr. Hansestadt Bremen (1985-89), Facharzt f. Innere Med. - Rathaus, 2800 Bremen 1 (T. 0421 - 361 26 62) - Geb. 4. Juni 1941 Bremerhaven, verh., 2 Kd. - mehrj. Tätigk. an Berliner Kliniken, 1975 Abt.leit. f. Arbeitsmed. Berliner Verkehrsbetriebe; mehrere J. Mitarb. im Planungsteam d. Berliner Senats z. Entw. e. Programms z. Krankenhausmodernisierung; Mitgl. Bezirksverordnetenversamml. Bezirk Tiergarten; zeitw. SPD-Fraktionsleit.; zul. Vors. Haushalts- u. Gesundheitsaussch.; 1976 Berufung z. Senatsdir. b. Bremer Senator f. Gesundheit u. Umweltschutz, spät. Gesundheit u. Sport - Mitautor e. Entwurfs z. Berliner Landeskrankenhausgesetz.

EULER, Heinrich

Dr. phil., Prof., Historiker - Huttenstr. 3, 8700 Würzburg 1 - Geb. 6. Mai 1925 Darmstadt (Vater: Heinrich E., Bekleidungsfabr., s. XIII. Ausg.); Mutter: Hedwig, geb. Weise), ev., verh. s. 1958 m. Erna, geb. Euler - Gymn.; Stud. Gesch. Promot. (1952) u. Habil. (1957) Würzburg - S. 1957 (Privatdoz., Doz. (1959), apl. Prof. (1964), Wiss. Rat u. Prof. (1967), Prof. (1978) Univ. Würzburg (Mittl. u. Neuere Gesch.) - BV: Weltgesch. uns. Zeit, Nachkriegs-Ploetz Bd. 4: 1965-70 (m. W. Hubatsch u. a. M. 1973; Napoleon III in: Encycl. Britannica, 15th ed., 1974; D. Außenpolitik d. Weimarer Rep. 1918-23, 1957; Konferenzen u. Verträge - Neueste Zeit 1914-59, 1959-63, 1963-70 (m. Rönnefarth); Gesch. d. II. Weltkr., 1960 (m. Schramm u. a.); Napoleon III in s. Zeit,

Bd. I 1961; Ploetz, Auszug aus d. Gesch., 1968 (m. W. Hubatsch) - Liebh.: Astronomie - Spr.: Lat., Griech., Engl., Franz., Ital., Span.

EULITZ, Fritz
Dipl.-Chem., I. Bürgermeister a.D. - 8031 Seefeld Kr. Starnberg/Obb. - Geb. 12. Febr. 1913 Chemnitz/Sa. - Chemiker; b. 1984 I. Bgm. Seefeld; s. 1984 Geschäftsf. Combustin GmbH, Seefeld.

EULTGEM, Albert
Direktor i. R. - Kretzer Str. 40, 5473 Kruft/Rhld. (T. 02652 - 8 11 74) - Geb. 25. Sept. 1907 - S. 1931 TUBAG Trass-Zement- u. Steinwerke AG. (langj. Vorstandsmitgl.). Div. Ehrenämter. Ehrenvors. Verb. Bims- u. Betonsteinind., Neuwied - BVK I. Kl. - Spr.: Engl. - Rotarier.

EUSEMANN, Stephan
Prof., Lehrstuhlinhaber f. Textilkunst u. Flächendesign, Akad. d. bild. Künste - Hersbrucker Str. 38, 8500 Nürnberg (T. 57 25 39 bzw. 40 45 95) - Geb. 21. Okt. 1924 Bergrheinfeld (Vater: Stephan E., Lokomotivführer; Mutter: Barbara, geb. Rösch), kath., verh. s. 1951 m. Irmtraut, geb. Osel, 3 Töcht. (Regine, Martina, Stefanie) - Hochsch. Bamberg; Univ. Erlangen u. München, Kunstakad. Stuttgart u. München. Ass-ex. 1952 (Kunstlehramt) - B. 1960 Fachhochsch. Münchberg (Aufb. u. Leit. Gestalter-abt.), dann Kunstakad. Nürnberg (Inh. Lehrst. f. Textilkunst u. Flächendesign; gegenw. Vizepräs. S. 1957 Mitgl. Dt. Werkbd.; Kurator Deutsches Farbenzentrum, VDID, FNF, IACC (Intern. Ass. of Colour-Consultants), Gestalter und Berater für manufakturelle Formgebung (Textil, Kunststoff, Tapeten, Porzellan, Glas) sowie Farbdesign f. Gerät, Raum u. Bau Univ.kirche Erlangen, Wandteppich Landratsamt Weißenburg u. Textilprüfamt Münchberg, Bayer. Kultusminist. München, Univ. Regensburg, Jubiläumsservice CM 150 f. Hutschenreuther, Tapetenkollektion Eu-Design f. Salubra; Ultrapas CC-System Dynamit Nobel, Farbprogr. f. BPost u. DB (Bahn), ISPO Eu Color-System - BV: Farbe u. Material im Raum, Grundlehre f. Gestalter, Farbklänge im Innenausbau, Mensch - Farbe - Genesung - 1981 Bayer. Staatspreis - Liebh.: Fotogr., Filmen, Glassamml. - Pfeifenraucher.

EUSTERBROCK, Dirk
Dr. phil., Prof. f. Geographie (Didaktik u. Methodik d. Erdkundeunterr.) PH Karlsruhe - Schwarzwaldstr. 4, 7801 Schallstadt.

EVEN, Bert
Dr. jur., Präsident Bundesverwaltungsamt, Köln (s. 1969), u. Präs. Bundesausgleichsamt, Bad Homburg v.d.H. (s. 1985) - Marienburger Str. 16, 5000 Köln 51 (T. 23 38 21) - Geb. 14. März 1925 Krefeld (Vater: Peter E., Rektor a. D.; Mutter: Maria, geb. Kallen, Konzertsängerin), kath., verh. s. 1958 m. Marlis, geb. Ullrich, 3 Kd. (Burkhard, Winfried, Astrid) - Realgymn. Krefeld u. Obersch. (Rethel-Gymn.) Düsseldorf; 1945-48 Univ. Köln (Rechts- u. Staatswiss.; Promot. 1951). Gr. jurist. Staatsprüf. 1953. Studienreisen: Europa, Israel, Nord- u. Südamerika - 1943-45 Arbeits- u. Wehrdst. (Inf.); 1949-57 Gerichtsref. u. Reg.ass. (1954) Düsseldorf. 1957-69 MdB (zul. Mitgl. CDU/CSU-Fraktionsvorst.; Führ. Funktionen Jg. Union (1961-63 Bundesvors.) u. CDU (1956ff. Mitgl. Bundesparteiaussch.) - BV: D. Widerstandsrecht d. Staatsbürgers, 1951 (Diss.) - 1969 Gr. BVK - Liebh.: Kunst, Lit., Musik, Wandern, Fotogr. - Spr.: Engl.

EVERDING, August
Prof. Hochsch. f. Musik u. Univ. München, Generalintendant Bayer. Staatstheater (s. 1982) - Burg, 8022 Grünwald b. München - Geb. 31. Okt. 1928 Bottrop/W. (Vater: August E., Propsteiorganist), kath., verh. m. Dr. Gustava von Vogel, 4 Söhne (Markus, Christoph, Cornelius, Johannes) - Obersch.; Univ. Bonn u. München (Phil., German., Theol., Theaterwiss.) - Regieassist. H. Schweikart, F. Kortner; 1955-72 Regiss., Oberspielleit., Schauspieldir., stv. (1960) u. Int. (1963) Münchner Kammersp.; 1973-77 Int. Staatsoper Hamburg; 1977-82 Staatsint. Staatsoper München. Div. Ehrenstell., dar. Präs. dt. Sektion d. Intern. Theaterinst., Vizepräs. Dt. Bühnenverein, Präsid.-Mitgl. Goethe-Inst., wiss. Beirat Forsch.-Inst. f. Musiktheater Univ. Bayreuth - BV: Mir ist d. Ehre widerfahren, An-Reden, Mit-Reden, Aus-Reden, Zu-Reden, 1985. Zahlr. Insz. u. Fernseh-Insz. klass. u. v. a. zeitgenöss. Theaterstücke. S. 1965 Opern-Insz. in München, Hamburg, Bayreuth, Wien, San Francisco, New York, Paris, London. Moderation Fernsehreihe Theater in d. Kritik - 1972 Berliner Kritikerpreis (f.: Alles vorbei); 1978 Karl-Valentin-Orden; 1984 Commendatore nell' ordine al merito della Reppublica Italiana; 1984 Bayer. VO; 1986 Ritter Orden wider d. tier. Ernst Aachener Karnevalsverein - Liebh.: Musik - Spr.: Engl., Franz.

EVERHARTZ, Heinrich
Dr., Dipl.-Volksw., Präsident PCI, Gf. Gesellsch. Chemiewerk Dr. Paul Stock GmbH, 8130 Starnberg - Postf. 8 12 66, 8000 München 81 (T. 08151 - 26 04 34) - Geb. 2. Okt. 1916 - Landrat a.D. - Bayer. VO.

EVERLING, Ulrich
Dr. jur., Prof., ehem. Richter am Gerichtshof d. EG Luxemburg - Dahlienweg 5, 5307 Wachtberg-Pech (T. 32 41 77) - Geb. 2. Juni 1925 Berlin (Vater: Emil, o. Prof. f. Luftfahrttechn.), ev., verh. m. Lore, geb. Schwerdtfeger, 4 Kd. (Christiane, Sabine, Matthias, Stephan) - 1945-48 Univ. Göttingen (Promot. 1951). Jurist. Staatsprüf. 1948 u. 52 - 1953-80 Bundeswirtschaftsmin. (1970 Ministerialdir. u. Leit. Europa-Abt.); s. 1975 Honorarprof. f. Europarecht Univ. Münster, s. 1985 Univ. Bonn, 1980-88 Richter am Gerichtshof d. EG - Zahlr. europarechtl. u. europapol. Veröff.

EVERLING, Wolfgang
Dr., Prof., Ordinarius f. Informatik Univ. Bonn/Math.-Naturwiss. Fak. (s. 1975) - Am Lappenweiher 8, 5300 Bonn.

EVERLING, Wolfgang
Dr. rer. pol., Vorstandsmitglied d. Bergmann-Elektricitäts-Werke AG, Berlin; Vors. Aufsichtsr. Deutsche Telephonwerke u. Kabelind. AG, Berlin; u. Schorch GmbH, Mönchengladbach; Mitgl. versch. AR. Freihamer Str. 7, 8032 Gräfelfing (T. 089 - 85 51 01) - Geb. 22. April 1920 Berlin (Vater: Dr. Emil E., Prof.; Mutter: Thekla, geb. Wolff), ev., verh. s. 1955 m. Christa, geb. Schubert, 3 Kd. (Wolfgang, Dietrich, Christine) - Stud. FU (Dipl.-Kfm. 1954) u. Univ. München (Dipl.-Hdl. 1955) - S. 1951 Ind.tätigk. - BV: Kurzfrist. Erfolgsrechnung, 1965; D. Finanzierung d. Unternehm., 1965; D. Abgrenzungsrechn. als Teil d. internen Rechn.wesens d. Unternehmung, 1977; Zwischenabschlüsse, 1982 - 1945 Ritterkreuz z. EK - Liebh.: Lit., Gesch. - Bek. Vorf.: MdR Dr. Otto Everling (Großv.).

EVERS, Arrien
Dr. med., Internist, Honorarprof. Med. Hochschule Hannover (s. 1968) - Eichendorffpl. 3, 3052 Bad Nenndorf - Geb. 10. Okt. 1903 Berlin - Promot. 1928 Berlin - 1935-68 Leit. Balneolog. Inst. Staatsbad Nenndorf. Fachveröff. Mithrsg.: Ztschr. f. Angew. Bäder- u. Klimaheilkd. (1954 ff.) - 1966 Gustav-Bergmann-Plak.

EVERS, Carl-Heinz
Prof., Senator a. D. - 1000 Berlin 31 - Geb. 23. Jan. 1922 Freden/Leine, verh. 3 Kd. - Reform-Realgymn. Holzminden, TH Danzig, Univ. Halle/S., FU Berlin, Staatsex. f. Math., Physik, Phil. - Lehrer

Steglitz, Kreuzberg, Tempelhof, 1956-57 Studienrat Luise-Henriette-Sch. T'hof, 1957-59 Bezirksschulrat ebd., 1959-63 Landesschulrat Berlin, 1963-70 (Rücktr.) Senator f. Schulwesen Berlin, 1969 Präs. d. Kultusminister-Konferenz, 1970/71 Vors. d. Beirates Gesamthochsch. Essen. B. 1973 Honorarprof. TU Berlin (Erziehungswiss., Schwerpkt. Bildungspolitik). 1967-70 MdA Berlin. SPD s. 1945 (m. Unterbr.), 1970-73 Mitgl. Parteivorst. d. SPD; 1972-74 Vorsitzender Gemeinnützige Gesellsch. Gesamtschule; 1973-79 Sprecher d. Vertrauensdozenten d. Hans-Böckler-Stiftung d. DGB; 1980-85 Mitgl. Kurat.; 1986-88 Präs. Intern. Liga f. Menschenrechte Berlin (W), s. 1988 Ehrenpräs. - BV: Modelle moderner Bildungspolitik - Reden und Aufsätze aus einem Jahrzehnt, 1969; Versäumen unsere Schulen d. Zukunft?, 1971 (m. a.). Verf.: Denkschr. z. inneren Schulreform (1962). Mithrsg.: Oberstufenreform u. Gesamthochsch. (1970, m. Johannes Rau), Rolff u. a.: Strategisches Lernen in der Gesamtsch. - Lit.: Van Dick/Hansen (hg.): HEUTE NOCH! C.-H. Evers. E. polit.-päd. Biogr. Mit e. Vorwort v. Willy Brandt (1987).

EVERS, Friedrich-Wilhelm

Bauuntern., MdL Nieders. (CDU) - Breite Str. 34, 3334 Süpplingen - Maurerhandw.

EVERS, Georg

Gärtnermeister, Präs. Bayer. Gärtnerei-Verb. (s. 1976), Mitgl. Bayer. Senat (s. 1978) - Dachauer Str. Nr. 617, 8000 München 50 - Geb. 15. Mai 1920 Herne/W. (Vater: Julius E., Vertr.; Mutter: Mina, geb. Prange), ev., verh. s. 1947 m. Annemarie, geb. Schneider, S. Hans Georg - Volkssch. Herne; 1934-37 Gärtnerlehre ebd. Meisterprüf. 1946 Wohlbeck/W. - S. 1950 Aufg. BGV. Div. Mand. - 1979 BVK; 1980 Bayer. Staatsmed. in Silber; 1983 Bayer. VO; 1985 Bayer. Umweltmed.

EVERS, Hans

Dr. rer. pol., Dipl.-Kfm., Bürgermeister, MdB (1969-80; Wahlkr. 190/Freiburg; 1973 Vors. Sportaussch.) - Marienstr. 2, 7800 Freiburg/Br. (T. 22570) - Geb. 24. Sept. 1925 Helsinki (Vater: Siegfried E., Fabrikant; Mutter: geb. Wadel), ev., verh. s. 1946 (Ehefr.: geb. Fischer, Dipl.-Kfm.), 2 Söhne (Patrick, Karsten) - Univ. Rostock, WH Mannheim (Diplomex. 1949), FU Berlin (Promot. 1950) - S. 1950 Statist. Landesamt Berlin, Stadtverw. Braunschweig (1952), Inst. f. Raumforsch. Bonn (1956), Bundesverteidigungsmin. (1950); Reg.rat), Stadtverw. Freiburg (1963 Kämmerer). 1953-1964 Lehrbeauftr. TH Braunschweig (Wirtschaftsstatistik); 1. Geschäftsf. Landesgartenschau GmbH. CDU (u. a. gf. Vors. Ev. Arbeitskr. Südbaden) - Schr.: D. Wohnstruktur d. Stadt Braunschweig (1953), D. Bevölkerungsstruktur d. Stadt Brschwg. (1955), Probleme d. Regionalplanung in d. Entwicklungsländern (1960), D. Entwicklungsgebiete im Rahmen d. OEEC u. ihre Förd. (1962), Bevölkerung u. Volksw. im J. 1980 unt. bes. Berücks. d. Land- u. Forst. (1962), Regionale Unterschiede d. Lebenshaltungskosten (1963), D. Kreise d. BRD in Zahlen (1964) - 1977 Gr. BVK - 1966/67 Gold. Sportabz. - Spr.: Engl., Franz.

EVERS, Hans-Dieter

Dr. phil., Prof. f. Entwicklungsplanung u. Entwicklungspolitik (s. 1974) - Universität, 4800 Bielefeld 1 - Geb. 19. Dez. 1935 Dröbischau/Thür. (Vater: Prof. Dr. Wilhelm E., Geograph (s. XVIII. Ausg.); Mutter: Elisabeth, geb. Heinze), verh. s. 1963 m. Sigrid, geb. Wilhelm (Studienrätin), 2 Kd. (May, Dirk) - Bismarck-Sch. Hannover (Abit. 1956); Lehre Reedereikfm. Bremen; Stud. Volksw. u. Soziol. Hamburg, Freiburg/Br., Peradeniya/Sri Lanka. Promot. 1962 Freiburg, 1980-82 Dekan, Fak. f. Soziologie - Wiss. Beiratsvors. f. Südostasien, Dt. Ges. f. Asienkunde - Lehrtätigk. Univ. Melbourne (Monash), Newhaven (Yale), Singapur, Djakarta; 1987/88 Gastprof. Gadjah Mada Univ., Indonesien. S. 1982 Vors. Forsch.schwerp. Entw.soziol. Univ. Bielefeld - BV: Kulturwandel in Ceylon, 1964; Monks, Priests and Peasants, 1972; Modernization in Southeast Asia, 2. A. 1975; Studies in Asean Sociology, 1978; Sociology of Southeast Asia, 1980; Sosiologi Perkotaan, Jakarta, 1982; Auf d. Weg zu e. neuen Weltwirtsch.ordnung, 1983; Households and the World Economy; 1984; Strategische Gruppen, 1988. Herausg.: Bielefelder Studien z. Entwicklungssoziol.; Mithrsg.: Modern Asian Studies, Journal of Southeast Asian Studies, Intern. Asienforum - Liebh.: Segeln, Wandern - Spr.: Engl., Indones., Malay.

EVERS, Werner

Bauunternehmer - Am Friedhof, 3002 Bissendorf (T. Mellendorf 83 58) - Geb. 19. Dez. 1932 Hannover - Mittelsch. Hannover; Maurerlehre; Ingenieursch. Holzminden (Bauing.) - B. 1964 Stadtbauoberinsp. Langenhagen (Leit. Planungs- u. Hochbauabt.), dann Mitinh. Marten & Evers KG. (Tief- u. Straßenbau), Hannover. 1967-75 MdL Nieders. SPD.

EVERSHEIM, Walter

Dr.-Ing., Dipl.-Wirtsch., o. Prof. f. Produktionssystematik - Finsterau 35, 5190 Stolberg-Zweifall - Geb. 10. Aug. 1937 Aachen, verh. m. Anneliese, geb. Schnitzler, 2 Kd. (Sabine, Kristina) - Promot. 1965 - S. 1969 (Habil.) Lehrtätigk. TH Aachen (1973 Ord., 1981-83 Prorektor) - BV: Beitr. z. Fertigungsplanung u. -steuerung in d. Einzel- u. Kleinserienfertig., 1965; Konstruktionssyst. - Aufg. u. Möglichk., 1969; Organisation in d. Prod.technik, Bd. 1 - Grundlagen, Bd. 3 - Arbeitsvorber., Bd. 4 - Fertig. u. Montage, 1980-81.

EVERT, Helmut

Versicherungskfm., Gesellschafter Carl Schröter GmbH, Bremen - Höhenkirchener Weg 15, 8127 Iffeldorf (T. 08856 - 48 25) - Geb. 31. Jan. 1926 Bremen (Vater: Paul E., Versich.kfm.; Mutter: Hilde, geb. Quincke), ev., Tocht. Caroline - Schule (Mittl. Reife) u. Handelssch.; Lehre als Versich.kfm. - Spez. Arbeitsgeb.: Allg. Transportversicherung. Mitgl. Club zu Bremen u. Club z. Vahr, St. Eurach Land- u. Golfclub - Spr.: Engl., Franz.

EVERTS, Hans-Ulrich

Dr. rer. nat., o. Prof. f. Theoret. Physik Univ. Hannover (s. 1973) - Kolberweg 45, 3000 Hannover 51 - Geb. 15. Nov. 1937 Remscheid - Promot. 1966; Habil 1972 - Zul. Doz. Univ. Köln. Üb. 20 Facharb.

EVERTZ, Gottfried

Botschaftsrat, Wirtschaftsref. Botschaft d. BRD in Mexico-City - Calle Lord Byron 737 Col, Rincon del Bosque, Ciudad de Mexico (5) D. F. (Mexico).

EVERTZ, Klaus

Rechtsanwalt, MdL Nordrh.-Westf. (s. 1971) - Postf. 8 40, 4150 Krefeld 1 (T. 86 20 07) - Geb. 23. Mai 1944 Krefeld-Hüls - Gymn. (Abit. 1965); 1965 b. 1967 Bundeswehr; Univ. Bonn (Rechts- u. Staatswiss.) - 1970ff. Ratsherr Krefeld; VR-Vors. Spark. Krefeld u. Zweckverb.-spark. Stadt Krefeld, Kr. Viersen. CDU s. 1962.

EVERWYN, Klas Ewert

Schriftsteller - Konkordiastr. 38a, 4000 Düsseldorf (T. 0211 - 39 18 65) - Geb. 10. März 1930 Köln, verh. s. 1980 m. Hilde Nadolny, 2 Töcht. (Marlies, Vera) - Gymn.; mittl. Reife; Verwaltungshochsch. (Dipl.-Verw.wirt 1958 Düsseldorf) - 1956-71 Verwaltungsbeamter Neuss; 1972-80 Land NRW - BV: D. Leute v. Kral, R. 1961 (auch franz.); D. Hinterlassensch., R. 1962; D. Stadtväter, R. 1980; Land unter bleiernem Himmel, R. 1983; Für fremde Kaiser u. kein Vaterland, R. 1985 (auch schwed.); D. kleine Tambour u. d. große Krieg, R. 1987; Sterben kann ich überall, R. 1988 -

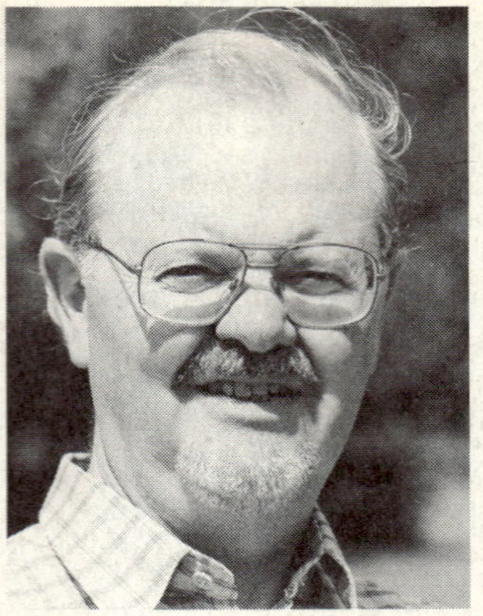

1966 Förderpreis f. Lit. NRW; 1980 Lit.-preis Stadt Dormagen; 1986 Heinrich-Wolgast-Preis d. GEW; Dt. Jugendlit.-preis - Liebh.: Musik, Sport - Spr.: Engl., Franz.

EWALD, Gerhard

Dr. phil., Prof., Direktor Kunsthistor. Institut (1981 ff.) - Via Giuseppe Giusti 44, I-50121 Florenz - Zul. stv. Dir. Staatsgalerie Stuttgart.

EWALD, Günter

Dr. rer. nat. (habil.), o. Prof. f. Mathematik - Äskulapweg 7, 4630 Bochum-Querenburg (T. 70 16 30) - Geb. 1. April 1929 - Assistant Prof. Michigan State Univ., Lansing (1957-58), u. Univ. of South California, Los Angeles (1960-62), 1964 o. Prof. Univ. Bochum, 1973-75 Rektor. Mitgl. Sonderforschungsbereich Biol. Nachrichtenaufn. u. -verarb.; 1973-89 Präs. Dt. Ev. Kirchentag; 1989 Sprecher Bund d. Religiösen Sozialisten Dtschl. - BV: Geometry - An Introduction, 1971; D. Mensch als Geschöpf u. kybernet. Maschine, 1971; Rel. Sozialismus, 1977; Probl. d. geom. Analysis, 1982. Div. Einzelarb.

EWALD, Heinz

Dr. rer. nat., o. Prof. f. Experimentalphysik - Eichgärtenallee 52, 6300 Gießen - Geb. 16. Juni 1914 Stolzenau/Weser - S. 1952 (Habil.) Lehrtätigk. TH München (1958 apl. Prof.; Konservator Physikal. Inst.) u. Univ. Gießen (1963 o. Prof. u. Dir. II. Physikal. Inst.); emer. 1979 - BV: Methoden u. Anwend. d. Massenspektroskopie, 1953 (m. H. Hintenberger). Zahlr. Einzelarb.

EWALD, Klaus

Dr. jur., Kanzler d. Univ. Marburg - Zu erreichen üb. Philipps-Univ., 3550 Marburg/L. - Geb. 1. Okt. 1935.

EWALD, Ursula

Dr. phil., Prof. f. Geographie - Hirschberger Str. 6, 6905 Schriesheim - Geb. 29. Juli 1938 Ludwigshafen (Vater: Dr. med. Fritz E.; Mutter: Fridl, geb. Schübeck, Gemälderestaur.), ev., led. - Stud. Deutschl., Engl. u. USA, 1. u. 2. Staatsex. Heidelberg 1963 u. 1966, Promot. 1964, Habil. 1974 - 1966 Stud.-Ass., b. 1968 grad. ass. and Univ. lecturer USA, s. 1970 wiss. Assist., Doz., s. 1980 Prof. Univ. Heidelberg, Gastprof. in Mexiko u. USA - BV: Estudios sobre la hacienda colonial en México. D. Mexiko-Projekt d. Dt. Forsch.gemeinsch., 1976; The Mexican Salt Industry, 1560-1980. A Study in Change, 1985 - Spr.: Span., Engl., Franz., Latein.

EWALD, Wolfgang

Dr. med., Internist (Chefarzt), Honorarprof. f. Inn. Med. Univ. Frankfurt/M. - Ernst-Ludwig-Klinik, 6127 Breuberg-Sandbach - Geb. 7. Okt. 1928 - Promot. 1958 Göttingen; Habil. 1971 Frankfurt - BV: Erkrankungen d. Nebennierenrinde, 3. A. 1971 (m. K. Retiene); Therapie m. Allopurinol, 1986.

EWALDSEN, Hans L.

Dipl. sc. pol. Dr.-Ing. E.h., Aufsichtsratsvorsitzender Deutsche Babcock AG, Deutsche Babcock Werke AG, bde. Oberhausen - Brucker Holt 16, 4300 Essen-Bredeney - Geb. 6. Sept. 1923 Lunden/Holst., verh., 2 Söhne - Stv. AR-Vors. Dt. Babcock Maschinenbau AG, Ratingen; AR Balcke-Dürr AG, Ratingen, Borsig GmbH, Berlin, Gerling Versich.-Beteiligungs-AG, Köln, Gerling-Konzern Welt-Versich.-Pool AG, Köln, Klöckner-Humboldt-Deutz AG, Köln, Stinnes AG, Mülheim/R.

EWEN, Carl

Rektor a. D., MdB (s. 1972; Wahlkr. 19/Aurich-Emden), Parlam. Geschäftsf. SPD-Bundestagsfraktion (1980-87), stv. Vors. Unteraussch. Fremdenverkehr im Bundestag - Möhlenhörn 11, 2974 Krummhörn 1 (T. 04923 - 4 44) - Geb. 23. Febr. 1931 Leer/Ostfriesl., verh., 4 Kd. - Versch. Gymn. (Abit. 1950 Emden); 1 J. Erziehungspraktikant; Päd. Hochsch. Göttingen. Lehrerprüf. 1953 u. 1955 - 1953-59 Lehrer Wirdum; 1959-66 Schulleit. Visquard; 1966-72 Rektor Jennelt. 1961-77 MdK Norden. 1961-72 Bürgerm. Gde. Visquard; 1964-72 Landrat Kr. Norden; 1977-87 MdK Aurich. SPD s. 1959 - Gr. BVK.

EWERLING, Johannes

Dr. oec. publ., Versicherungsdirektor i. R. - Gentzstr. 1a, 8000 München 40 (T. 271 33 52) - Geb. 4. Jan. 1910 Kaiserslautern, kath., verh. m. Paulita, geb. Veit - Dipl.-Volksw. 1932, Promot. 1934, Ass. 1936; 1951-77 Vorst.-Mitgl. Lebensversich. v. 1871 a.G. München; 1953-78 Handelsrichter - 1974 BVK.

EWERS, Klaus

Dipl.-Volksw., Stadtdirektor u. -kämmerer, Vorstandsmitgl. Essener Verkehrs-AG. u. a. - Rathaus, 4300 Essen; priv.: Voßbusch 25 - Geb. 29. Dez. 1917 Berlin, verh. s. 1946, 3 Kd.

EWERS, Uwe

Postinspektor, MdA Berlin (s. 1975) - Nibelungenstr. 44, 1000 Berlin 28 - Geb. 24. März 1944 Bad Landeck - CDU.

EWERT, Friedrich-Karl

Dr. rer. nat., Dipl.-Geol., Prof. f. Geologie u. Geotechnik Univ. GH Paderborn, Abt. Höxter, FB Bauingenieurwesen - An der Wilhelmshöhe 33, 3470 Höxter; priv.: Mozartstr. 15, 3490 Bad Driburg.

EWERT, Jörg-Peter

Dr., Prof. f. Zoologie (Physiologie) GH Kassel - Königsberger Str. 6, 3501 Schauenburg.

EWERT, Karsten

Dr. med., Generalarzt, Prakt. Arzt, Kommandeur d. Akad. d. Sanitäts- u. Gesundheitswesens d. Bundeswehr - Neuherbergstr. 11, 8000 München 45 - Geb. 30. Okt. 1937, ev., verh. s. 1968 m. Serena, geb. Wendeborn, 3 Kd. (Sabina, Maximilian Cornelius, Moritz Alexander) - Reserveoffz., Wehrübungen; Medizinstud. München; Staatsex. u. Promot. 1966 München - Truppenarzt, Kompaniechef, Brigadearzt, Standortarzt, Lehrstabsoffz., Dezern. f. Ausb.- u. Grundsatzfragen im Sanitätsdst. d. Heeres im Heeresamt, Divisionsarzt in Oldenburg, Korpsarzt in Ulm, Ref.leiter f. Org.fragen d. Sanitätsdst. im BMVg - 1979 BVK - Liebh.: Gesch., Sport (Langlauf, Schwimmen) - Spr.: Engl.

EWERT, Otto

Dr. phil., o. Prof. f. Psychologie - Staudinger Weg, Bau 413, 6500 Mainz - Geb. 23. Mai 1928 - S. 1962 (Habil.) Lehrtätigk. Univ. Mainz u. Bochum (Ord.). Fachveröff.

EWERWAHN, Werner J.

Dr. med., Prof., Oberarzt Chirurg. Universitätsklinik Hamburg - Platanenallee 8, 2000 Hamburg 54 - S. 1973 Prof. Hamburg (Chir.).

EWIG, Eugen
Dr. phil., Dr. h.c., o. Prof. f. Mittelalterl. Geschichte u. geschichtl. Hilfswiss. - Saalestr. 10, 5300 Bonn-Ippendorf (T. 283465) - Geb. 18. Mai 1913 Bonn (Vater: Fritz E., Kaufm. †; Mutter: Eugenie, geb. Mälchers), kath., verh. s. 1951 m. Dr. Mathilde (Tilde) Wallenfang, geb. Martini, 3 Kd. - Univ. Bonn (Promot. 1936). Habil. 1953 Mainz - Archivdst. Breslau u. Metz; s. 1946 Lehrtätigk. Univ. Mainz (1954 Ord.) u. Bonn (1964 Ord.) - BV: Trier im Merowingerreich, 1954; Spätantikes u. fränk. Gallien, 1976. Mitgl. Dt. Archäol. Inst. (korr.) u. Acad. des Inscriptions et Belles Lettres, Rhein.-Westf. Akad. d. Wiss., Bayr. Akad. d. Wiss. (korr.), Österr. Akad. d. Wiss. (korr.), Acad. Sciences Dijon - Spr.: Franz.

EWIG, Klaus

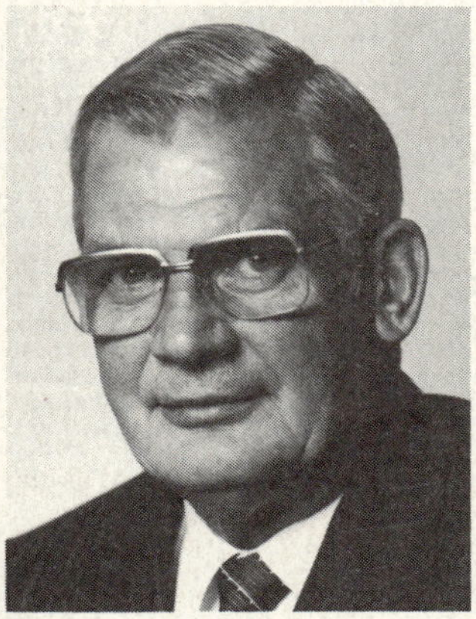

Architekt u. Maurermeister, Bauuntern. - Priv.: Händelstr. 37, Gesch.: Altes Dorf 5, 3200 Hildesheim (T. 05121 - 5 25 45) - Geb. 1. Juni 1923, ev., verh. s. 1947 m. Ingeborg, geb. Mull - Abit. 1940; 1948-50 FHS; Meisterprüf. 1952 - 1940-46 Berufsoffz. Kriegsmarine. Vorst.-Vors. Baugewerbe-Verb. Nieders., Verb. baugewerbl. Untern. ebd., Bau-Berufsgenoss. Hannover, IKK Hildesheim; Vorst. Zentralverb. Dt. Baugewerbe, Bonn; AR Bürger-GmbH, Hildesheim; weit. Ehrenämter im Handwerk u. in d. Sozialversich. - 1980 BVK; 1977 Silb. Verdienstmed. Zentralverb. d. Dt. Baugew.; 1983 Ehrenring d. Nieders. Handwerks; 1986 BVK I. Kl.; 1988 Ehrenring d. Dt. Baugewerbes - Liebh.: Briefmarken u. Münzen, Jagd - Spr.: Franz., Engl.

EXNER, Gerhard
Dr. med., o. em. Prof. f. Orthopädie - Wilhelm-Roser-Str. 35a, 3550 Marburg/L. (T. 06421 - 6 58 15) - Geb. 27. Dez. 1915 Berlin, ev., verh., 5 Kd. - 1935-40 Univ. Berlin, Freiburg/Br., München. Promot. 1943 Rostock; Habil. 1952 München - 1940-46 chir. Ausbild. Lübeck; 1946-53 orthop. Ausbild. München (Prof. G. Hohmann); s. 1953 Lehrtätigk. Univ. Marburg (Privatdoz., 1958 apl., 1959 ao., 1963 o. Prof., 1964 Dir. Orthop. Klinik u. Poliklin.). Vors. Marbg. Vereinig. f. d. Rehabilitation Behinderter (Hochschulstudium Körperbehinderter); Beirat z. Orthop. - BV: D. Halswirbelsäule, 1954; Kl. Orthopädie, 1955 (11. A.). Üb. 100 Einzelarb. Mehrere Handbuchart.

EXNER, Herbert
Dr. rer. nat., Vorstandsmitgl. Vereinigte Schmirgel- u. Maschinen-Fabriken AG. - Siegmundstr. Nr. 17, 3000 Hannover 1; priv.: Natelsheideweg 113a, 3002 Wedemark 2 - Geb. 26. Febr. 1928.

EXNER, Martin
Dr. med., Priv.-Doz., Direktor Hygiene-Inst. d. Ruhrgebiets Gelsenkirchen, FB Umwelt u. Krankenhaushygiene (s. 1988) - Rotthauser Str. 19, 4650 Gelsenkirchen (T. 0209 - 15 86-1 60) - Geb. 10. April 1951 Linz/Rh., kath., verh. s. 1978 m. Veronika, geb. Schultes, 2 Kd. (Daniel, Julian) - Med.-Stud. Univ. Bonn; Promot. 1978 Bonn; Habil. 1986 ebd.; Arzt f. Hygiene - 1978-86 wiss. Assist. Hygiene-Inst.; 1986-88 Leiter Abt. f. Seuchen- u. Umwelthygiene am Gesundh.-amt Köln - 1986 Mölnlycke-Preis; 1987 Rudolf-Schülke Preis.

EXNER, Rudolf
Leiter Familien- u. Heimpflege Bezirksamt Wilmersdorf (Abt. Jugend u. Sport), Vors. Berufsverb. d. Sozialarbeiter u. -pädagogen, Essen - Falkenhausenweg 11, 1000 Berlin 46 - Ausbild. Sozialarb.

EXNER, Walter
Verleger i. R. - 3590 Bad Wildungen (T. 44 64) - Geb. 13. Nov. 1911 Wien (Vater: Anton E., Kunsthändl. u. Sammler ostasiat. Kunst), verh. s. 1945 m. Lisl, geb. Scheerer, T. Uta - Mittelsch.; Ausb. väterl. Geschäft - Begr. Siebenberg-Verlag, Bad Wildungen (gegr. 1936 Peking); 1956-63 Asien-Mus. Frankenau/Hess.; 1964-77 Asien-Mus. Bad Wildungen - BV: Dürben Oirat gadar - in jiruk, d. älteste Karte d. Mongolei, 1937; Hiroshige, Monogr. e. jap. Malers, 1958 (auch engl., amerik.); Surimono, Kostbarkeiten jap. Druckkunst, 1984. Herausg.: Asien-Berichte (1939-45); Asien-Bibliogr. (1949-85) - Liebh.: Sammeln ostasiat. Kunst (Samml. im Österr. Mus. f. angew. Kunst, Wien), Geodynamik.

EXO, Reinhold
Dr. rer. pol., stv. Hauptgeschäftsführer IHK Wuppertal-Solingen-Remscheid - Barbarossastr. 4, 5600 Wuppertal 1 (T. 0202 - 31 09 60; dstl.: 44 40 81) - Geb. 20. Juni 1932 Bottrop, ev., gesch., 2 Kd. (Ingrid, Gerald) - Stud. Volkswirtsch.; Dipl.-Volksw.; Promot. 1967 Freiburg - BV: D. Entwicklung d. soz. u. ökonom. Struktur d. Ersparnisbildung in d. Bundesrep. Dtschl., 1967 - Spr.: Engl., Franz.

EY, Friedemann
M.A., Politikberater - Aloys-Schulte-Str. 22, 5300 Bonn 1 (T. 0228 - 21 65 66 u. 22 93 25, Telefax 0228 - 21 83 51) - Geb. 12. Sept. 1948 Diepholz/Nieders., ev., verh. s. 1983 m. Iris, geb. Faßbender, S. Julian Benedikt - Abit.; Prüf. z. Fachagrarwirt Landtechnik; Trainees in Paris u. Toronto; Stud. Politikwiss., Staatsrecht u. Neuere Gesch. Bonn, Mag.ex. Bonn - 1972-80 MdB-Assist. b. Richard Ey (Vater, s. dort), 1975/76 Mitgl. Sprechergr. Mitarb. d. CDU/CSU-Bundestagsabg.; 1981/82 Ref. Dt. Atomforum; 1983-86 Vorst.assist. Genossenschaftsverb. Rhld., s. 1987 eig. Verbindungsbüro in Bonn. Zahlr. Veröff., u.a. Kommentare zu Wirtsch. u. Finanzen, Interviews m. Bundespolitikern - Liebh.: Klavier, Jagd.

EY, Richard
Landwirt, MdB (1972-80) - Hof Quernheim Nr. 1, 2844 Lemförde (T. 05443 - 4 35) - Geb. 8. März 1923 Stemshorn/Gsch. Diepholz (Vater: Friedrich E., Landw.; Mutter: Luise, geb. Bliso), verh. s. 1944 m. Irmgard, geb. Schwacke †1986, 3 Kd. (Dr. Dr. Gerhard, Dorothee, M.A. Friedemann) - Graf-Friedrich-Sch. Diepholz (Abit.); 1940-45 Wehrdst. (Inf.; 1942 Offz.); s. 1945 Landw. Quernheim (1955 Aufbau e. landtechn. Lohnunternehmens; s. 1979 Schäfereibetrieb Rehden). Naturschutz- u. Landschaftspflege. 1952-76 Bürgerm. Gde. Quernheim, s. 1956 MdK Diepholz, 1963-72 MdL Nieders.. B. 1967 FDP, dann CDU. S. 1975 Vorst. Gewässerunterhaltungsverb. Hunte - Liebh.: Jagd, Musizieren (Violine), Gesch. - Spr.: Engl. - Rotarier.

EY, Richard
Bergmann, Sozialrichter - Kometenstr. 26, 4600 Dortmund-Dorstfeld (T. 170316) - Geb. 23. Sept. 1911 Fellhammer Kr. Waldenburg, verh., 2 Kd. - Volkssch. - 1951-75 MdL Nordrh.-Westf. SPD s. 1929.

EY, Werner
Dr. med., Prof., Chefarzt - Heidelberger Landstr. Nr. 37a, 6100 Darmstadt - Geb. 11. Juli 1926 Frankfurt/M. - S. 1960 (Habil.) Lehrtätigk. Heidelberg (apl. Prof. f. HNOheilkd.) - BV: D. Operationen an Nase, Mund u. Hals, 1964 (m. W. Schwab). Zahlr. Einzelarb.

EYBERG, Willy
Dr., Generaldirektor, Vorstandsvors. Hannoversche Papierfabriken Alfeld-Gronau vorm. Gebr. Woge - Mühlenmasch 1, 3220 Alfeld/Leine; priv.: Am Steinberg 41.

EYCHMÜLLER, Wolfgang
Dr.-Ing., Vorstandsvorsitzer Wieland-Werke AG., Ulm, Geschäftsf. Metallwerke Schwarzwald GmbH, Villingen/Schwenningen - Wilhelm-Leuschner-Str. 42, 7900 Ulm/D. - Geb. Ulm (Vater: Karl E., Generaldir. Wieland-Werke, s. XVIII. Ausg.) - Div. ARsmandate.

EYER, Hermann
Dr. phil. nat., Dr. med., em. o. Prof. f. Hygiene u. Med. Mikrobiol. - Gabriel-Max-Str. 14, 8000 München 90 (T. 64 52 84) - Geb. 29. Juni 1906 Mannheim (Vater: Fritz E.; Mutter: Margarete, geb. Linzenmeier), kath., verh. 1938 m. Gertrud, geb. Decker - Goethe-Gymn. Karlsruhe; TH Karlsruhe u. Aachen (Allg. Maschinenbau), Univ. Heidelberg (Chemie (Dipl.-Chem.), Med.). Promot. 1929 u. 32 Heidelberg; Dr. med. habil. 1936 Erlangen (Hyg. u. Med. Mikrobiol.) - 1937 Doz. Univ. Berlin. 1943 apl. Prof., 1946 Ord. u. Inst.dir. Univ. Bonn, 1957 Univ. München, 1977 emerit. - Üb. 200 Veröff. üb. mikrobiol., virol., allg.- u. arbeitshyg. Themen - 1957ff. Mitgl. Dt. Akad. d. Naturforscher (Leopoldina), Halle/S., Ehrenmitgl. in- u. ausl. wiss. Ges. - Liebh.: Musik, Fotogr. - Spr.: Engl., Franz.

EYFERTH, Klaus
Dr. phil. (habil.), Dipl.-Psych., Prof. u. geschäftsf. Direktor Inst. f. Psych. TU Berlin (s. 1973) - Plüschowstr. 9, 1000 Berlin 37 (T. 314 44 72) - Geb. 9. Nov. 1928 Jena, verh. s. 1958 m. Ina, geb. Gröling, 3 Kd. - Dipl.-Psych. (1954) u. Promot. (1957) u. Habil. (1962) Hamburg, 1965-67 Prof. Univ. Saarbrücken, 1968-72 TH Darmstadt - Veröff.: Unters. üb. Wahrnehmungs- u. Lernpsych.

EYKMANN, Walter
Studiendirektor, MdL (s. 1978, CSU) - Zeppelinstr. Nr. 23, 8700 Würzburg - Geb. 20. Aug. 1937 Sonsbeck/Rhld. (Vater: Wilhelm E., Volksschullehrer), kath., verh. I) 1966 m. Sabine, geb. Küchenhoff († 1968), II) 1972 Ingeborg, geb. Treffer (Oberstudienrätin a. D.), 2 Töcht. - Schulen Essen (Abit.); einj. Klinikaufenth. inf. e. Zugunglücks; 1959 ff. Univ. Freiburg u. Würzburg (Lat., Theol., Sozialkd.). Beide Staatsex. Würzburg - S. Jahren Lehrer Riemenschneider-Gymn. Würzburg (u. a. Studiendir.). 1975 ff. Lehrbeauftr. Fachhochsch. Würzburg-Schweinfurt. 1972 ff. Mitgl. Würzburger Stadtrat (b. 1978 stv. Fraktionsvors.).

EYLL, van, Klara
Dr. rer. pol., gf. Direktorin Rhein.-Westf. Wirtschaftsarchiv (s. 1971) - Unter Sachsenhausen 10-26, 5000 Köln 1; priv.: Am Bramhoff 13, 5000 Köln 80 - Geb. 28. Sept. 1938 Essen (Vater: Theo v. E., Ltd. Verwaltungsdir.; Mutter: Klara, geb. Wilhelms), kath. - Univ. Freiburg u. Köln (Wirtschaftswiss.). Dipl.-Hdl. (1963) u. Promot. (1968) Köln - S. 1963 RWWA. 1970 Lehrauftr. Univ. Köln (Unternehmensgesch.). Div. Ämter, dar. stv. Vors. Wiss. Beirat Ges. f. Unternehmensgesch., Köln (1976ff.); Vorst. Verein dt. Archivare, 1985 Vors. Fachgr. 5 (Archivare d. Wirtschaft); 1985 stv. Vors. Wirtschaftshist. Verein Köln - BV: u. a. In Kölner Adreßbüchern geblättert, 1978. Mithrsg.: Zwei Jahrtausende Kölner Wirtschaft (2 Bde. 1975) - Spr.: Franz., Engl.

EYLMANN, Horst
Rechtsanwalt u. Notar, Bundestagsabgeordneter (s. 1983; Wahlkr. 25/Stade) - Bundeshaus, 5300 Bonn 1 - Geb. 1. Dez. 1933 - CDU.

EYMER, Peter
Dr. med., Prof., Internist - Hohenstaufenstr. 10, 8000 München 13 (T. 339995) - Geb. 7. Juni 1920 Heidelberg (Vater: Prof. Dr. med. Heinrich E., Gynäkologe (s. XIV. Ausg.); Mutter: Alma, geb. Klinker), verh. m. Ingeborg, geb. Kern, 2 Kd. (Wolfgang, Angelika) - S. 1955 (Habil.) Lehrtätigk. Univ. München (1963 apl. Prof. f. Inn. Med.; zeitw. Ltd. Oberarzt II. Med. Klinik).

EYRICH, Heinz
Dr. jur., Minister f. Justiz, Bundes- u. Europaangelegenh. Baden-Württ.(s. 1987), MdL (s. 1980) - Schillerplatz 4, 7000 Stuttgart 1 (T. 0711 - 20 03-27 00) - Geb. 1. Febr. 1929 Tuttlingen, ev., verh., 2 Kd. - Gymn., Abitur 1948; Stud. 1949-52 Univ. Freiburg (Rechts- u. Staatswiss.); 1. u. 2. jurist. Staatsex. 1952 u. 1957 (b. 1957 Refer.-Zeit), Promot. 1953 (üb. Fragen d. Tarifvertrags- u. Arbeitsrechts) - 1957-62 Gerichtsass.; 1962 Staatsanwalt; 1965 Amtsgerichtsrat; 1966 Erster Staatsanw. - Beiratsmitgl. Landeskreditbank Baden-Württ.; s. 1986 Vors. Bundesarbeitskreis Christl.-Demokrat. Juristen. 1969-78 MdB; s. 1978 Justizmin. Baden-Württ., 1983-84 zusätzl. Innenmin., s. 1984 zusätzl. Min. f. Bundesangelegenh. Mitgl. d. Bundesrates; s. 1986 Aussch.-Vors. f. Fragen d. EG d. Bundesrates. S. 1955 CDU, s. 1962 Landesvorst.-Mitgl. Südbaden, 1965-69 Landesvors. Junge Union Südbaden; b. 1969 stv. Bundesvors., s. 1979 Mitgl. CDU-Landesvorst. Baden-Württ.

EYRICH, Klaus
Dr. med., Univ.-Prof., Direktor Klinik f. Anaesthesiologie u. op.-Intensivmed. FU Berlin (s. 1978) - Hindenburgdamm 30 (Klinikum Steglitz), 1000 Berlin 45 - Geb. 10. Jan. 1928 Tübingen (Vater: Dr. Max E., Jugendpsychiater; Mutter: Dr. Maria, geb. Schüle, Ärztin), ev., verh. s. 1963 m. Dr. med. Rosemarie, geb. Jonietz, 3 Kd. (Max Christoph, Susanne Dorothee, Frank Michael) - Gymn. Stuttgart; Univ. Tübingen u. Freiburg. Promot. 1954; Habil. 1969 - Zul. 1969-78 Prof. Univ. Würzburg (Ltd. Oberarzt). Präsidialmitgl. Dt. Ges. f. Anaesthes. u. Intensivmed.; Mitgl. div. weit. wissenschaftl. Ges. - Üb. 100 Publ., Buchbeitr. u. Vorträge.

EYSEL, Hans-Hermann
Dr. rer. nat., Dipl.-Ing., Prof. f. Anorgan. Chemie Univ. Heidelberg (s. 1973) - Am Kirchwald 5, 6901 Gaiberg - Geb. 28. Jan. 1935 Mühlhausen/Thür. - Promot. 1964 Clausthal; Habil. 1972 Heidelberg - Üb. 70 Fachaufs.

EYSEL, Ulf
Dr. med., Prof. f. Neurophysiologie, Inst. f. Physiologie Univ. Bochum - Universitätsstr. 150, 4630 Bochum 1 (T. 0234 - 700 38 49) - Geb. 3. Nov. 1944 Mühlhausen/Thr. (Vater: Hermann E., Dr. med.; Mutter: Elfriede, geb. Busch), ev., verh. s. 1975 m. Dr. med. Elisabeth, geb. Dörrscheidt, 2 Kd. (Peter, Maximilian) - Abit. Kassel, Fr. Univ. Berlin u. Univ. Miami/USA (Med.-Stud.) b. 1971; Priv. Doz. Berlin 1975 - 1976-87 Prof. f. Physiol. Univ. Klinikum Essen, s. 1987 Leit. d. Abt. f. Neurophysiol. Univ. Bochum. 1981/82 Gastprof. Univ. Chicago - Spez. Arbeitsgeb.: Neurophysiol., Neurophamakol. u. Neuroanatomie d. Sehsystems: Entw., Läsionen u. Neuroplastizität. Üb. 60 Fachveröff. u. Buchbeitr. - 1966-71 Stip. d. Studienstiftg. d. Dt. Volkes - Liebh.: Musik, Sport - Spr.: Engl.

EYSEL, Walter
Dr. rer. nat. (habil.), Prof. f. Mineralogie Univ. Heidelberg - Zu erreichen üb.: Universität, Im Neuenheimer Feld 236, 6900 Heidelberg 1 (T. 06221 - 56 28 07) - Geb. 7. März 1935 Langenselbold (Va-

ter: Georg E., Posthauptsekr.; Mutter: Elise, geb. Schadt), verh. s. 1963 m. Doris, geb. Wilken, 2 Kd. (Anja, Georg) - Dipl. Mineral. 1963, Promot. 1968, Habil. 1971, 1971/72 Stud.aufenth. in USA - 1974 Viktor Moritz Goldschmidt-Pr. d. Dt. Mineral. Ges. - Spr.: Engl., Franz.

EYSHOLDT, Karl-Günter

Dr. med., Prof., Chefarzt i. R. - Niederfeldstr. 49, 4800 Bielefeld 1 - Geb. 28. Juni 1918 Braunlage/Harz (Vater: Karl E., Oberinspektor; Mutter: Maria, geb. Brandt), ev., verh. s. 1948 m. Sigrid, geb. Kößler, 5 Kd. (Ulrich, Eilike, Ruprecht, Gesine, Tilmann) - Staatl. Gr. Schule Wolfenbüttel; Univ. Marburg u. Göttingen (Promot. 1945). Habil. 1955 Göttingen - S. 1953 Lehrtätigk. Univ. Göttingen (1962ff. apl. Prof.; b. 1959 Oberarzt Chir. Klinik). Mitgl. dt. u. intern. Fachges. - BV: D. angeborenen Verbiegungen u. Pseudoarthrosen d. Unterschenkels, 1950 (m. A. Büttner); D. peripheren Venen, D. peripheren Lymphbahnen, in: Hellner-Nissen-Voßschulte, Lehrb. d. Chir., 1957; D. intrauterinen Frakturen, 1958 - Fachaufs. - Membre d'hon. Soç. Franç d. Phlebolog. - Liebh.: Botanik, wiss. Fotogr.

F

FABEL, Helmut

Dr. med., o. Prof. f. Innere Medizin Med. Hochschule Hannover (s. 1974) u. gf. Leit. Med. Klinik Krkhs. Oststadt ebd. - Güntherstr. 22, 3000 Hannover 81 - Geb. 4. März 1934 Krofdorf - 1973-75 Rektor Med. Hochschule Hannover, 1987/88 Präs. Dt. Ges. f. Pneumologie, zul. Abteilungsvorst. u. Prof.

FABEL, Renate

s. Fischach-Fabel, Renate

FABER, Anne

Schriftstellerin - Beltweg 10, 8000 München 40 - Geb. 20. Juli 1921 München, verw., 2 Kd. (Veronika, Johannes) - 1939-41 Schauspielsch. d. Bayer. Staatsschausp. München - BV: Gustav d. Letzte, Gesch. 1975; Louis Armstrong, Biogr. 1977; Mein Name ist Fabelutzi, Gesch. 1979; Jahr & Tag, Erz. u. Sachb. 1981.

FABER, Erwin

Staatsschauspieler - Zu erreichen üb. Bayerisches Staatsschauspiel (Residenz-Theater), Max-Josef-Pl. 1, 8000 München 22 - Geb. 21. Juli 1891 Innsbruck - S. 1916 Bühnen München (Kammersp.), Berlin (1925 ff. Staatstheater), Düsseldorf (1933-45 Schauspielhaus), Salzburg u. Wien (1945-51), München (1953ff. Bayer. Staatsschausp.). Viele tragende Rollen, dar. 3 UA. v. Bertolt Brecht - 1981 Ehrenmitgl. Bayer. Staatsschausp., München u. 1987 Bayer. Akad. d. Schönen Künste; 1986 Gr. BVK - Liebh.: Malen.

FABER, Gustav

Dr., phil., Journalist u. Schriftst. - Tannenweg 4, 7847 Badenweiler (T. 58 32) - Geb. 15. Aug. 1912 Badenweiler (Vater: Otto F., Oberforstrat), ev., verh. m. Hildegard, geb. Meyen, 1 Kd. - Gymn. Karlsruhe; Univ. Heidelberg, Berlin, München - 1938-43 Pressekorresp. Südamerika; 1947-49 stv. Chefredakt. D. Neue Baden; 1949-53 Feuill.redakt. Gießener Anzeiger - W.: D. Mörderhof, R. 1935; D. Meister H. L., Erz. 1937; Welserland, Sch. 1937; Dt. Blut in fremder Erde, 1939; D. Malerkönig, Erz. 1948; D. Wundergeige, Msp. 1949; Sturm an d. Elbe, Sch. 1952; Saudade - Brasilian. Schlenderjahre, 1954; Trop. Barock, 1957; Sand auf hl. Spuren - Reise durch Nahost, 1958; Komm zurück, weißer Bruder!, 1961; Auf d. Wegen d. Apostels Paulus, 1962; Süditalien - Bild u. Schicksal, 1964 - Brasilien hat andere Götter, 1965; Piraten oder Staatsgründer? - Normannen v. Nordmeer b. z. Bosporus, 1968; Im Lande d. Bibel - Reise durch d. mod. Israel, 1970; Brasilien - Weltmacht v. morgen, 1970; E. Tag wie gestern - V. Alltag in alten Tagen, 1971; D. manipulierte Mehrheit - Schleichwege d. Macht, 1971; Portugal, 1972; Schwelender Orient - E. polit. Reisebericht, 1972; Süditalien - Gesch., Kultur, Kunst, 1973; Denk ich an Deutschland ... Neun Reisen durch Gesch. u. Gegenwart, 1975; Badenweiler, 1975; D. Normannen, 1976 (holl. u. jap. Übers.); Spaniens Mitte, 1978; D. erste Reich d. Deutschen - Gesch. d. Merowinger u. Karolinger, 1980 (holl., poln. u. ital. Übers.); Baden-Baden, 1981; D. Traum v. Reich im Süden - D. Ottonen u. Salier, 1983; Auf d. Spuren v. Hannibal, 1983 (ital. Übers.); Auf d. Spuren v. Karl d. Gr., 1984 (ital. Übers.); Andalusien, 1985; Auf d. Spuren v. Christoph Kolumbus, 1987 (ital. Übers.), Elsaß, 1989 - 1953 Karlsruher Kulturpreis, 1987 BVK.

FABER, von, Hans

Dr. rer. nat., Dr. agr., Prof., Zoologe, Inst. f. Zoophysiol. Univ. Hohenheim - Goethestr. 45, 7441 Wolfschlugen - Geb. 18. Mai 1927 - S. 1961 (Habil.) Privatdoz. u. apl. Prof. (1967) LH bzw. Univ. Hohenheim. Mitgl. Dt. Zool. Ges., Dt. Ges. f. Endokrinol., Dt. Ges. f. Züchtungskd., Dt. Ornithologen-Ges., World's Poultry Science Assoc. - BV: Endokrinologie, 1980 (span.). Fachaufs.

FABER, Heiko

Dr. jur., Prof. f. Öffl. Recht Univ. Hannover, Richter Oberverwaltungsgericht Lüneburg - Wunstorfer Str. 1, 3007 Gehrden 1 (T. 05108 - 22 34) - Geb. 1. Okt. 1937 Wuppertal (Vater: Dr. jur. Bernhard, RA; Mutter: Ingeborg, geb. Trappenberg), ev., verh. s. 1967 m. Dr. phil. Rosina, geb. Borek, S. Bernhard - Wilh.-Dörpfeld-Gymn. Wuppertal (Abit. 1957); Stud. Bonn, Berlin; Habil. 1973 Konstanz - 1966-73 Wiss. Assist., 1973-74 Privatdoz.; 1974-78 Professur f. Öffl. Recht IV Univ. Frankfurt - Mitgl. Verein. Dt. Staatsrechtslehrer, Dt. Juristentag, Verein f. Rechtssoz. - BV: Innere Geistesfreiheit u. suggestive Beeinflussung, 1968; Wirtsch.planung u. Bundesbankautonomie, 1969; D. Verb.klage im Verw.prozeß, 1972; D. Macht d. Gemeinden, 1982; Nieders. Staats- u. Verwaltungsrecht, 1985 (Mithrsg.); Verwaltungsrecht, Lehrb. 1987 - Spr.: Engl., Franz., Span.

FABER, Ludwig

Dr. jur., Landgerichtspräsident a. D. - Sebastian-Bach-Str. 9, 5400 Koblenz (T. 34106) - Geb. 24. März 1910 Gießen (Vater: Otto F., Kaufm.; Mutter: Ida, geb. Schaaf), ev., verh. s. 1937 m. Gertrud, geb. Schwarz, 2 Kd. (Annelie, Joachim) - Oberrealsch. Gießen; Univ. Gießen u. München. Promot. 1935; Ass.ex. 1936 - Ab 1939 Landgerichtsrat Mainz, dazw. Kriegsdst., ab 1950 Oberlandesgerichtsrat Koblenz, s. 1964 Landgerichtspräs. Bad Kreuznach - BV: D. Stellung d. Sondervorrechtsgläubiger im gerichtl. Vergleichsverfahren, 1936 (Diss.) - Liebh.: Geschichte - Spr.: Franz., Engl.

FABER, Malte

Dr. rer. pol., o. Prof. f. Volkswirtschafslehre (Wirtschaftstheorie) Univ. Heidelberg - Berghalde 57, 6900 Heidelberg - Geb. 29. Nov. 1938 Düsseldorf (Vater: Otto F., Jurist; Mutter: Helene, geb. Meissner), ev., verh. s. 1965 m. Kathrin, geb. Beckel, T. Friederike - Abit. 1958, 1958-59 Praktikum, FU Berlin (Volkswirtsch., Math.); 1959-62 Mathematical Economics and Stastitics Univ. of Minnesota, USA, 1962-64 Abschl. Master of Arts; Promot. 1969; Habil. 1973 TU Berlin. 1973 Univ. Heidelberg - BV: Stochast. Programmieren, 1970; Introduction to Modern Austrian Capital Theory, 1979; Entropie, Umweltschutz u. Rohstoffverbrauch. E. naturwiss. ökon. Unters. (m. Gunter Stephan u. Horst Niemes), 1983; Umweltschutz u. Input-Output-Analyse. Mit zwei Fallstud. aus d. Wassergütewirtsch. (m. Gunter Stephan u. Horst Niemes), 1983. Herausg.: Studies in Austrian Capital Theory. Investment and Time (1986).

FABER, Peter

s. Schmitz, Siegfried

FABER, Rainer

Dipl.-Kfm., Gesellschafter u. Geschäftsf. Ges. f. Computer Anwendung Beratung + Training mbH & Co. KG, u. Geschäftsführungsges. f. Computer Anwendung Beratung + Training mbH, bde. Flensburg - Fritz-Reuter-Weg 23, 2390 Flensburg - Geb. 31. Mai 1932.

FABER, Werner

Dr. phil., o. Prof. f. Erwachsenenbildung - Ludwigshöhe 23, 8600 Bamberg - Geb. 18. Jan. 1928 Haaren-Wünnenberg, kath., verh. - Stud. Päd., Phil., Publiz., Kunstgesch.; 1960 Promot., 1962 Prof., 1965 ao. Prof. Aachen, 1968 o. Prof. f. Erziehungswissenschaft GH Paderborn, 1977 o. Prof. f. Erwachsenenbildung Univ. Bamberg. 1973-76 ehrenamtl. Vors. d. VHS Paderborn. 1975-76 Dekan; s. 1977 Ord. f. Erwachsenenbildung u. Leit. d. Zentralstelle f. Wiss. Weiterbild. Univ. Bamberg, 1. Vors. d. Päd. Arbeitsstelle f. Erwachsenenbild. in Baden-Württ., Mitgl. Landesbeirat f. Erwachsenenbild. in Bayern - BV: D. Dialog. Prinzip Martin Bubers u. d. erzieher. Verhältnis, 2. A. 1967; Päd. Kontroversen I/1969, II/1973. Herausg.: Didaktik/Schriftenreihe; Erwachsenenbildung im Adressatenurteil, 1978; Elternarbeit a. d. Lande, 1979; Weiterbildung aktuell, 1979; Person oder Org. (Andragogik 1), 1981; D. Dorf ist tot - es lebe d. Dorf (Andragogik 2), 1981; Gasthörer an westdt. Univ. (m. K. Dieckhoff), 1985; Herausg.: Beiträge u. Materialien z. Wiss. Weiterbild. (Univ. Bamberg, 1984ff.); Person, Bildung, Menschlichk. (1988) - Rotarier - Lit.: Engagement f. d. Erwachsenenbild. (Festschr. z. 60. Geb.), 1988.

FABER-CASTELL, Graf von, Anton-Wolfgang

Gf. Gesellschafter A. W. Faber-Castell GmbH - Nürnberger Str. 2, 8504 Stein - Geb. 7. Juni 1941 Bamberg - Ehrenämter: AR Nürnberger Allg. Versicherungs-AG, Nürnberger Lebensversich.-AG, Bayer. Landesgewerbeanst. - Vors. Albrecht Dürer-Ges., Vors. Stiftergem. f. e. Museum Industriekultur d. Stadt Nürnberg, Verb. dt. Bleistiftind., stv. Vors. Industrieverb. Schreib- u. Zeichengeräte.

FABERS, Friedhelm

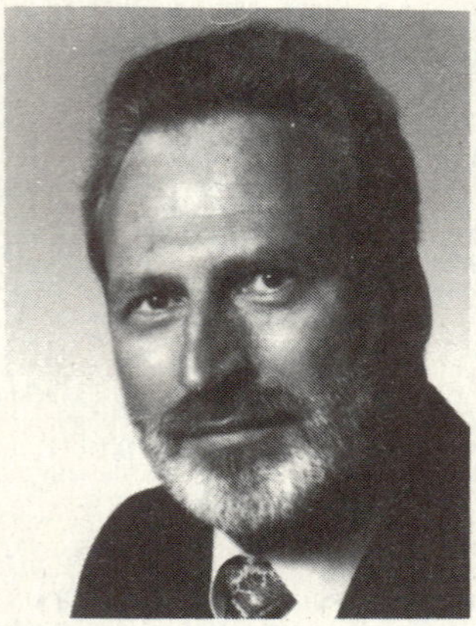

Dr. rer. oec., Dipl.-Volksw., Wirtschaftsingenieur, gf. Gesellsch. Wohnungs-Verwaltungs GmbH, Essen, u. Möller Liegenschaftsverwaltungsges. mbH, Hanau, Inh. Immobilien Dr. Fabers, RDM, Viersen - Königsallee 49, 4060 Viersen 1 - Geb. 31. Okt. 1930 Wuppertal (Vater: Josef F., Untern.; Mutter: Hedwig, geb. Gerling), verh. s. 1961 m. Ingeborg, geb. Schwarz, 6 Kd. - Ext.-Abit. 1952 Berlin; 1952-59 Stud. Technik, polit. Wiss., Wirtschaftswiss. Univ. Berlin, Innsbruck; Promot. 1959 - 1958-64 Arbeitgeberverb., 1965-71 selbst., Gesellsch. BVS - Bauträger-, Verw.- u. Sanierungs GmbH, Viersen, Vors. Immobilienbörse Linker Niederrh., Krefeld, Geschäftsf. IZI-Informationszentrum Immobilien GmbH, Düsseldorf, 1966-72 u. 1975-79 Stadtrat u. Frakt.-Vors. FDP (1968-81 Präs. Dt. Gr. d. Lib. Intern., 1981-83 Vizepräs., 1976-81 Schatzm. Europäische Lib. u. Demokr. (ELD), Mitgl. d. Synode d. Ev. Kirche Krefeld; 1986-88 Präses d. Ev. Kirchengemeinde Viersen - 1979 BVK, 1981 Méd. Merite Europeen, Lazarusorden KLJ - Liebh.: Skisport, Tanzsport - Spr.: Engl., Span.

FABIAN, Anne-Marie,

geb. Lorenz

Dipl.-Politologin, Journalistin, Autorin - Wiener Platz 2, 5000 Köln 80 - Geb. 20. Nov. 1920 Stettin, ev., verh. s. 1965, 3 Kd. (Annette, Gefion, Hildegard) - 1949-55 Stud. polit. Wiss. Dt. Hochsch. f. Politik Berlin - 1954-60 Sachbearb. Sozialversich.; 1958-60 gf. Vorstandsmitgl. Hauptpersonalrat Senat v. Berlin; s. 1961 Journ. Köln. Zul. Vorstandsmitgl. d. Bezirksgr. im Verb. dt. Schriftst. (VS) - BV: Ihn'n kann ick's ja sagen, 1981; M. Dir nach Amsterdam, 1983; Wink üb. d. Aschenfeld - Auschwitzged., 1984 - 1963 Kurt-Tucholsky-Preis, Kiel - Liebh.: Beruf, Kochen - Spr.: Engl., Franz.

FABIAN, Bernhard

Dr. phil., o. Prof. f. Engl. Philologie - Johannisstr. 12-20, 4400 Münster/W. (Engl. Seminar) - Geb. 24. Sept. 1930 Waldenburg/Schles. (Vater: Herbert F., Kaufm.; Mutter: Hildegard F.), verh. s. 1967 m. Ursula, geb. Sassen - Univ. Marburg u. London; Promot. - S. 1960 Lehrtätigk. Univ. Marburg u. Münster (1961 ao., 1962 o. Prof.; Dir. Engl. Sem. u. Inst. Erasmianum). Arbeitsgeb.: Engl. Lit. d. 17. u. 18. Jh., Geschichte d. Buchwesens.

FABIAN, Walter

Dr. phil., Publizist, Honorarprof. f. Didaktik d. Erwachsenenbildung Univ. Frankfurt/M. (s. 1966) - Wiener Platz 2, 5000 Köln-Mülheim - Geb. 24. Aug. 1902 Berlin (Vater: Richard F., Innenarch. u. Musikpäd.; Mutter: Else, geb. Hosch), verh. s. 1961 m. Annemarie, geb. Lorenz, 3 Kd. (Annette (aus 1. Ehe), Gefion, Hildegard) - Univ. Berlin, Freiburg, Gießen, Leipzig (Phil., Gesch., Nationalök.). Promot. 1924 Gießen - Polit. Redakt. Chemnitzer Volksstimme, Leit. Sozialist. Arbeiterztg. Berlin/Breslau; 1933 Widerst., 1935 Emigrat., 1957-70 Chefredakt. Gewerkschaftl. Monatshefte Köln. 1960-76 Mitgl. Dt. Presserat; 1965ff. Vors. Hilfsaktion Vietnam (mitbegr.); 1967-71 Vors. Humanist. Union; s. 1971 Vors. bzw. Ehrenpräs. Dt.-Poln. Ges. d. BRD - BV: u. a. D. Friedensbeweg., 1922; Friedrich Wilhelm Foerster, 1924; D. Kriegsschuldfrage, 1925; Klassenkampf in Sachsen, 1930, 2. A. 1972; Leitartikel bewegen d. Welt, 1964 (m. Will Schaber). Herausg.: Plädoyers f. e. Europ. Sicherheitskonfz. (1972). Übers.: Rolland, Hugo, Maupassant, Mariac, Maurois u. a. - 1960 Joseph-E.-Drexel-Preis; 1971 Carl-v.-Ossietzky-Med.; 1978 Gold. VO. Volksrep. Polen; s. 1972 Präsid.Mitgl. PEN-Zentrum BRD, s. 1985 Ehrenpräs. - Liebh.: Musik - Spr.: Franz. - Lit.: Anne-Marie Fabian, Arbeiterbeweg. - Erwachsenenbild. - Presse/Festschr. z. 75. Geb. (1977), Festschr. z. 80. Geb. (1982).

FABRICIUS, Bernhard

Dr.-Ing., Vorstandsmitglied Konrad Hornschuch AG, Weissbach/Württ. (s. 1983) - Hölderlinweg 12, 6900 Heidelberg (T. 06221 - 4 66 53) - Geb. 12. Dez. 1938 Mannheim (Vater: Dr. Helmut F., Jurist; Mutter: Annemarie, geb. Courvoisier), ev., verh. s. 1963 m. Trudi, geb. Blattmann, 2 T. (Carola, Julia) -

1958-63 Stud. Maschinenbau TH München (Dipl.-Ing. 1963); Promot. 1969 TU Berlin (Prof. Dr. E. Fiala) - 1964-66 Borsig AG, Berlin; 1966-69 TU Berlin; 1969-81 Carl Freudenberg, Weinheim; 1981-83 DAL, Mainz - Spr.: Engl., Franz., Ital., Span., Türk.

FABRICIUS, Cajus

Dr. phil. (habil.), o. Prof. f. Griechisch Univ. Göteborg (s. 1970) - Carlbergsgatan 26, S-41266 Göteborg (T. 40 34 48) - Geb. 28. Sept. 1925 Berlin (Vater: Cajus F., Prof.; Mutter: Margarete, geb. Michaelis), ev., verh. s. 1949 m. Marta, geb. Åkesson, 2 Kd. (Christian, Elisabeth) - 1946-54 Univ. Heidelberg, Lund. Promot. u. Habil. Lund 1962 - BV: Zu d. Jugendschriften d. Johannes Chrysostomos, 1962; Galens Exzerpte aus ält. Pharmakologen, 1972. Mithrsg.: Studia Graeca et Latina Gothoburgensia (s. 1971) - S. 1973 o. Mitgl. kungl. Vetenskaps-och Vitterhets-Samhället, Göteborg; 1981-83 Vors. Nord. Platon-Sällskapet; 1988 Vitterhets-, historie-och antikvitetsakad., Stockholm.

FABRICIUS, Dietrich

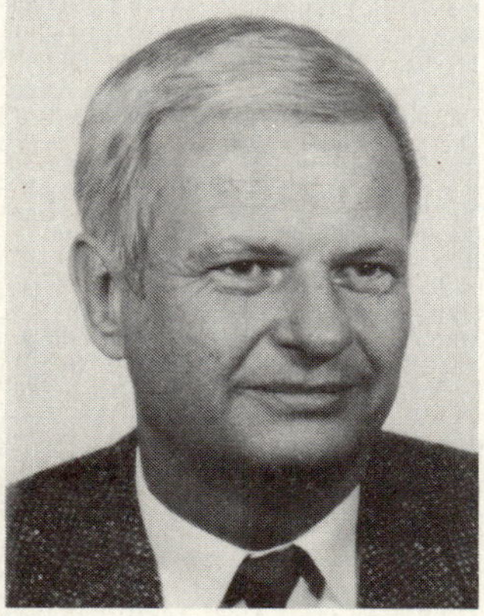

Rechtsanwalt, Hauptgeschäftsf. Fachverb. Klebstoffindustrie, Verb. Europ. Klebstoffind. (FEICA) u. Fachvereinig. Industriereiniger - Sternstr. 49, 4000 Düsseldorf 1 - Geb. 22. Aug. 1929 Berlin (Vater: Prof. D. Cajus F., Theologe †1950; Mutter: Margarete, geb. Michaelis †1945), ev., verh. s. 1959 m. Dr. Helga, geb. Kopsch, 3 Kd. (Anne, Eve, Nicolai) - 1939-49 Gymn.; 1949-54 Univ. Heidelberg (Rechtswiss., Volksw.). Jurist. Staatsprüf. 1954 (Heidelberg) u. 59 (Stuttgart) - S. 1960 Fachverb. Zahlr. Fachaufs. (insb. Fachztschr. Adhäsion) - Liebh.: Musik (Orgel), Filmen - Bek. Vorf.: Georg Michaelis, 1917 Reichskanzler (Großonkel ms.).

FABRICIUS, Fritz

Dr. jur. (habil), o. Prof. f. Bürgerl. Recht, Handels- u. Wirtschaftsrecht Univ. Bochum (s. 1964) - Dahlhauser Str. 71, 4320 Hattingen (T. 8 29 83) - Geb. 18. Mai 1919 Fedderwardergroden, ev., verh. s. 1948 m. Dr. Gisela, geb. Nagel, Sohn Dirk - 1961-64 Doz. Univ. Münster - BV: Relativität d. Rechtsfähigkeit, 1963; Mitbestimm. in d. Wirtsch., 1970; Marktwirtsch. u. Mitbest., 1978; Kommentar z. Betriebsverfass.gesetz, 1972 (m. Kraft, Thiele, Wiese); Unternehmensrechtsreform u. Mitbestimm. in e. soz. Marktwirtsch., 1982; Rechtsprobl. gespalt. Arbeitsverhältnisse im Konzern, 1982. Herausg.: Lawand Intern. Trade, Festschr. f. Clive M. Schmitthoff; Kommentar z. Mitbest. Ges. 1977, 1978 - Liebh.: Musik - Spr.: Engl.

FABRICIUS, Klaus

Dr. rer. nat., Prof. f. Theoret. Physik Univ. GHS Wuppertal - Ewald-Oberhaus-Str. 18, 5828 Ennepetal - Verh. m. Ljiljana Fabricius-Ivšić - Zul. Privatdoz.

FABRY, Hermann

Dr. med., Prof., Dermatologe - In der Uhlenflucht 11, 4630 Bochum - Geb. 5. März 1925 Bochum (Vater: Dr. Hermann Fabry, Arzt; Mutter: Maria, geb. Perrot), kath., verh. s. 1977 in 2. Ehe m. Hildegunde, geb. Hecker, 4 S. (Helmut, Jens, Matthias, Stephan) - Gymn. (Abit. 1943), Univ. Bonn, Frankfurt, Düsseldorf (Staatsex. 1949, Promot. 1951), 1952-54 Univ. Kiel, Facharzt 1955 - Ehem. Vorst. Dermatol. Klinik Ruhr-Univ. St. Josef-Hospital, Bochum - Üb. 70 wiss. Veröff. - 1979 Hon.-Prof.; 1976 BVK am Bde.; 1987 Ehrenmitgl. d. Hellenischen Dermatologischen Ges. - Liebh.: Musik, Dressur-Reiterei - Spr.: Engl., Franz., Holl., Ital.

FACH, Wolfgang

Dr. rer. soc., Dipl.-Politologe, Prof., Univ. Konstanz (s. 1980) - Ringstr. 97, 7750 Konstanz 19 - Geb. 6. Nov. 1944 Neuenbürg (Vater: Wilhelm F., Richter; Mutter: Irma, geb. Hoos), ev. - Dipl.ex. 1970 Berlin; Promot. (1971) u. Habil. (1975) Konstanz - BV: Koalition u. Opposition in spieltheoret. Sicht, 1974; (m. U. Degen): Polit. Legitimität, 1978.

FACK, Fritz Ullrich

Dr. rer. pol., Journalist - Jägerstr. 26, 6074 Rödermark (T. 06074 - 9 86 97) - Geb. 3. Mai 1930 Leipzig (Eltern: Fritz (Fabrikant) u. Erna-Maria F.), ev., verh. s. 1952 m. Helga, geb. Teuber, T. Martina - 1951-57 Dt. Hochsch. f. Politik u. Freie Univ. Berlin (Dipl.-Polit. 1955; Promot. 1957) - S. 1956 FAZ (1960 Bonn-Korresp. Wirtschaftspol., 1971 Mithrsg.). 1964-70 Vorst.-Mitgl. Bundespressekonfz. - BV: D. dt. Stahlkartelle in d. Weltwirtschaftskrise, Diss. 1957. Mithrsg.: D. Neue Ärztliche (1986) - Spr.: Engl., Franz.

FACKELMANN, Michael

Autor, Regisseur - Steinsdorfstr. 20, 8000 München 22 (T. 089 - 29 12 59) - Geb. 10. Febr. 1941 Berlin - Abit.; Bay. Staatslehranst. f. Fotogr. (Abschl. 1963) - Fr. Fotograf f. Ztschr. u. Spielfilme. 1968-72 zahlr. Kurzspielfilme als Autor, Regiss. u. Prod. f. Kino; 1973-76 Buch, Regie u. Prod. v. 80 Kurzspielfilmen f. d. ZDF - Vorschulprogramm Rappelkiste; 1977-80 Drehb. u. Regie f. d. BR; 1979-80 Theaterst. f. Kinder (Vogelmenschen; Roboter lachen nicht); 1981 Drehb. u. Regie f. d. ZDF-Serie Anderland; 1982 Drehb. f. d. Bavaria u. Hörsp. f. d. SDR Stuttgart; 1984 Kindertheaterst. (D. Weltmeister) - 1979 Adolf-Grimme-Preis; 1981 Bayer. Filmförd.-Pr. - Spr.: Engl., Franz.

FACKLER, Willy

I. Bürgermeister Stadt Wemding (s. 1978) - Rathaus, 8853 Wemding/Schw. - Geb. 27. März 1943 Huisheim - Zul. Steueroberinsp. CSU.

FADINGER, Eckart

Dr., I. Bürgermeister - Rathaus, 8170 Bad Tölz/Obb. - Geb. 7. April 1938 Immenstadt - Zul. Oberreg.srat. CSU.

FADLE, Johann

Dr.-Ing., Prof. f. Techn. Mechanik - Georg-Friedrich-Str. 17, 7500 Karlsruhe - S. 1950 (Habil.) Lehrtätigk. TH bzw. Univ. Karlsruhe (1966 apl. Prof.).

FAEHNDRICH, Henner Peter

Dipl.-Kfm., Sendeleiter Südwestfunk - Hardbergstr. 9, 7570 Baden-Baden (T. 07221 - 6 32 63) - Geb. 9. April 1939 Berlin (Vater: Helmuth F., Bankdir.; Mutter: Eva, geb. Radel), ev., verh. s. 1968 m. Margit, geb. Komorowski, 4 Kd. (Anja, Heike, Peter, Stefan) - Gymn. (Abit.), Stud. Wirtschaftswiss. Freiburg, Mannheim, Heidelberg, Dipl.-Kfm. Mannheim - Wiss. Assist. Univ. Frankfurt, Organisationsref. Südwestfunk, Hörfunk-Prod.chef Südwestfunk, s. 1979 Hörfunk-Sendeleit. Südwestfunk; stv. Vors. des Landeselternbeirats Baden-Württ. - Spr.: Franz., Engl.

FÄHRMANN, Rudolf

Dr. phil., Dipl.-Psych., Prof., Psychotherapeut, gepr. Sprecherzieher, freie Forschungstätigk. - Burgholzweg 74, 7400 Tübingen (T. 07071 - 4 06 43) - Geb. 24. Nov. 1921 Leipzig, verh. s. 1947 m. Margret, geb. Kurz, S. Jörg - Musikhochsch. Stuttgart (Sprecherzieh., Theaterwiss.; Sprecherzieher-Ex. u. Zeugnis d. Künstlerreife 1949); Univ. Tübingen (Psych., Phil., Musikwiss., German.; Dipl.-Psych. u. Promot. 1949) u. München (Graphol.-Ex. 1957) - Spez. Arbeitsgeb.: Angew. Ausdrucksforsch. (graph., phonisch), Klin. Anthropologie, Med. Psychologie, Psychosomatik, Jugendkd., Pädagogik. Div. Fachmitgliedsch. - BV: D. Deutung d. Sprechausdrucks - Studien z. Einf. in d. Praxis d. charakterol. Stimm- u. Sprechanalyse, 1960, 2. A. 1967. Mitautor: Dt. Nachkriegskinder, 1954. Rd. 50 Veröff. aus o. g. Fachgeb.

FÄHRMANN, Walter

Dr. rer. nat., Prof., Zentrum Anatomie Univ. Göttingen - Kreuzbergring 36, 3400 Göttingen - Geb. 11. März 1926 Schland/Spree - Promot. 1961 Münster/W. - S. 1970 (Habil.) Lehrtätigk. Univ. Göttingen (1975 apl. Prof. f. Histol.). Üb. 30 Facharb.

FÄHRMANN, Willi

Schulrat, Schriftsteller - Erprather Weg 5c, 4232 Xanten - Geb. 18. Dez. 1929 Duisburg - Vornehml. Kinder- u. Jugendb. - Div. Ausz., dar. Dt. Jugendb.-Preis 1981 (f.: D. lg. Weg d. Lukas B.).

FAERBER, Joerg

Prof., Chef-Dirigent u. Geschäftsf. Württ. Kammerorchester Heilbronn - Schongauerstr. 4, 7100 Heilbronn (T. 07131 - 2 15 65) - Geb. 18. Juni 1929 Stuttgart (Vater: Dr. Paul F., Oberbaurat; Mutter: Mouche, geb. Schaal), ev., verh. s. 1959 m. Ursula, geb. Münch, T. Katrin - Abit. 1949; Staatl. Hochsch. f. Musik Stuttgart (Künstler. Reifeprüf Dirig. 1954) - 1954-60 Musikal. Oberleit. Theater Heilbronn u. musikal. Oberleit. Operetten-Festsp. Stuttgart; s. 1961 Württ. Kammerorch. Heilbronn. Konzertreisen durch Europa, USA u. Canada, UdSSR, Süd- u. Südwest-Afrika, Japan, Taiwan, Thailand. Gastdirig. u.a. Camerata Acad. Salzburg, Berliner Symphoniker, ORTF Straßburg, Rundf. Bratislava, BBC Cardiff u. Manchester, Thames Chamber Orch. London, Bournemouth Sinfonietta, Northern Sinfonia of Engl., Engl. Chamber Orch., principle guest conductor of Europ. Community Chamber Orch. Schallplattenaufn. v. üb. 300 Werken - Kompos. f. Bühne u. Film - Gold. Verdienstmed. Stadt Heilbronn; 1984 BVK.

FAHIMI, H. Dariush

Dr. med., o. Prof. f. Anatomie Univ. Heidelberg (s. 1975) - Im Neuenheimer Feld 307, 6900 Heidelberg - Geb. 1933 Teheran/Iran - Med.-Stud. 1952-58 Univ. Heidelberg. Facharztausb. f. Pathol. Mallory Inst. of Pathol. Boston/USA - 1987-89 Präs. Dt. Ges. f. Zellbiologie; 1987-89 Dekan Fak. f. Naturwiss. Medizin an d. Univ. Heidelberg - Assoc. Prof. of Pathology Harvard Univ. Medical School, Bostor /USA.

FAHLBUSCH, Erwin

Dr. theol., Dr. h. c., Prof. f. Religionswiss. Univ. Frankfurt/M. - Beedenkirchen, 6147 Lautertal/Odenw. - Geb. 26. Mai 1926 Frankfurt/M. - 1947-52 Stud. Univ. Hamburg, Mainz, Erlangen, Göttingen; Promot. 1955 Göttingen - 1952-54 Repetent Univ. Göttingen; 1953-59 Redakt. Ev. Kirchenlexikon; s. 1964 wiss. Mitarb. d. Konfessionskundl. Inst. Bensheim. 1965 Gastdoz. Prag, 1966 Löwen, 1967-72 Budapest, 1980 Basel, 1985 Lublin - BV: Kirchenkunde d. Gegenwart, 1979; Taschenlex. Religion u. Theol., 5 Bde., 4. A. 1982; EKL-Intern. Theol. Enzyklopädie, 5 Bde., 1985ff. - 1970 Dr. h. c. Akad. Budapest; 1985 Chevalier de la Confrérie du Franc-Pineau.

FAHLBUSCH, Klaus

Dr. rer. nat., Prof., Geologe TH Darmstadt - Breslauer Pl. 3, 6100 Darmstadt - Geb. 15. Juli 1927 Berlin-Lichterfelde (Vater: Karl F., Beamter; Mutter: Elsa, geb. Brunzel), ev., verh. s. 1955 m. Ursula, geb. Hoch, S. Klaus-Peter.

FAHLBUSCH, Volker

Dr. rer. nat., Prof. f. Geologie Univ. München - Richard-Wagner-Str. 10, Inst. f. Paläontologie u. hist. Geol., 8000 München 2 (T. 089 - 520 33 40) - Geb. 22. Febr. 1934 Celle/Hann. (Vater: Otto F., Arzt; Mutter: Hertha, geb. Rößler), ev., verh. s. 1963 m. Inge, geb. Sichling, T. Iris Lorna - 1955-60 Geol.-Stud. Univ. Göttingen u. München (Dipl. 1960, Promot. 1964, Habil. 1969) - S. 1970 Prof. Univ. München. Zahlr. paläontol. Veröff. in div. Fachztschr. (s. 1962) - Spr.: Engl., Franz.

FAHLBUSCH, Wilhelm

Pastor, Prof. Rektor Ev. Fachhochschule Hannover - Blumhardtstr. 2, 3000 Hannover 69 - Geb. 8. Okt. 1929 Göttingen (Vater: Wilhelm F., Lokführer; Mutter: Alma, geb. Utermöhlen), ev., verh. s. 1961 m. Karin, geb. Schneemann, 5 Kd. - Stud. Theol. u. Soziol. Univ. Göttingen (1. theol. Ex. 1956, 2. 1960); 1956 Sem. f. kirchl. Dienst in d. Ind.Ges. Mainz - 1960-62 Pastor in Bremke b. Göttingen; 1962-73 Landessozialpfarrer ev.-luth. Landeskirche Hannover; 1970-83 Mitgl. Landessynode (Vizepräs.); 1968-78 Präs. Ev. Aktionsgemeinsch. f. Arbeitn.fragen in d. EKD u. Vors. kirchl. Dienst in d. Arbeitswelt (EKD); s. 1974 Prof. FB Relig.päd.

FAHN, Karolina

Dr. phil., Prof. f. Didaktik d. Grundschule Univ. Regensburg - Brühfeldweg 39, 8300 Landshut.

FAHNING, Hans

Dr. rer. pol., Geschäftsleitender Direktor d. Hamburg. Landesbank - Girozentrale - Gerhart-Hauptmann-Platz 50, 2000 Hamburg 1 - Geb. 1. Juli 1925 - Div. AR- u. VR-Mand.

FAHR, Günther

Dr. rer. oec., Dipl.-Kfm., gf. Gesellschafter Werner & Pfleiderer Maschinenfabrik - Theodorstr. 10, 7000 Stuttgart-Feuerbach - Geb. 30. Sept. 1928 Stuttgart (Vater: Dr.-Ing. Dr.-Ing. E. h. Otto F., Fabr. † 1969 (s. XV. Ausg.); Mutter: Hildegard, geb. Brand), verh. m. Renate, geb. Schaudt - S. 1954 W & P.

FAHR, Hansjörg

Dr. rer. nat., Prof., Wiss. Rat - Brentanostr. 10, 5300 Bonn - Geb. 2. Nov. 1939 Hannover - Promot. (1966) u. Habil. (1971) Bonn - S. 1972 Lehr- u. Forschungstätigk. Univ. Bonn/Inst. f. Astrophysik u. Extraterrestr. Forschung (b. 1978 apl. Prof., dann Wiss. Rat u. Prof.). Facharb.

FAHR, Helmuth

Generaldirektor i. R. - Heilsbergweg 25, 7702 Gottmadingen/Baden (T. Singen 07731 - 72300) - Geb. 22. Nov. 1908 Gottmadingen (Vater: Johann Georg F., Fabrikdir.; Mutter: Emy, geb. Bucher), ev., verh. s. 1935 m. Ilse, geb. vom Feld, 6 Kd. - Oberrealsch. Konstanz; TH Hannover (Dipl.-Ing. 1933) - S. 1935 Betriebsing. (s. 1974 i. R.) - 1970 BVK - Spr.: Engl., Franz. - Rotarier - Brüder: J. Georg † 1972 (s. XVI. Ausg.) u. Wilfried F.

FAHRENBACH, Helmut

Dr. phil. (habil.), Prof. f. Philosophie (apl.) u. Doz. Phil. Seminar/Univ. Tübingen - Paul-Lechler-Str. Nr. 6, 7400 Tübingen 1.

FAHRENBERG, Jochen

Dr. phil., Dipl.-Psych., Prof. f. Psychologie - Peterhof, 7800 Freiburg/Br. - Geb. 18. Sept. 1937 Berlin - Promot. (1962) u. Habil. (1966) Freiburg - S. 1973

Ord. Freiburg - BV: Psychophysiol. Persönlichkeitsforsch., 1967. Einzelarb.

FAHRION, Roland

Dr. rer. nat., o. Prof. f. Wirtschaftsinformatik Univ. Heidelberg - Grabengasse 14, 6900 Heidelberg (T. 06221 - 54/29 39-29 38) - Geb. 8. Juni 1945 Wendlingen, ev. - Dipl.-Math. (Ökonometrie) 1971, Promot. 1975 Tübingen, Habil. 1979 Heidelberg - 1980/81 Gastprof. GH Kassel; 1981 Prof. f. Ökonometrie u. Statistik, 1986 Prof. f. Wirtschaftsinformatik Univ. Freiburg - Forsch.-schwerp.: Anwendungssysteme, log. Programmierung, wiss. basierte Systeme. Buchveröff. u. Ztschr.aufs.

FAHRMEIR, Ludwig

Dr. rer. nat., Prof., Lehrstuhlinh. f. Statistik Univ. Regensburg - Lenaustr. 1, 8400 Regensburg.

FAHRNSCHON, Helmut

Geschäftsführer Centrale Marketingges. d. dt. Agrarwirtsch. (CMA) - Koblenzer Str. 148, 5300 Bonn-Bad Godesberg - Geb. 17. März 1923 Pfalz (Vater: Langj. Generalsekr. Dt. Weinbauverb.) - Marineoffz.; zul. Hauptgf. Verb. Dt. Weinexporteure u. Arbeitsgem. Agrarexport - 1972 Bayer. VO.; Gr. BVK m. Stern - Liebh.: Jagd, Segeln - Lit.: Festschr. z. 60. Geb. (CMA).

FAHSE, Hermann

Dr., Regierungsdirektor, Ltd. Verw.sbeamter Univ. Kaiserslautern - Pfaffenbergstr. 95, 6750 Kaiserslautern.

FAIGLE, Egon

Prof., Hochschullehrer - Bannried 3, 7981 Waldburg/Württ. - U. a. Prof. f. Math. PH Weingarten.

FAILLARD, Hans

Dr. phil., o. Prof. f. Biochemie - Richard-Wagner-Str. 87, 6602 Saarbrücken-Dudweiler (T. 06897 - 761660), An der Wallburg 35, 5060 Bensberg-Refrath (T. 02204 - 63437) - Geb. 2. April 1924 Köln (Vater: Hermann F., Bankamtm.; Mutter: Elisabeth, geb. Kühn), verh. s. 1952 m. Maria, geb. Scholl, S. Wolfgang - Univ. Köln (Med., Chemie). Promot. (1952) u. Habil. (1957) Köln - 1957-62 Privatdoz., apl. Prof. (1962), Wiss. Rat (1963) Univ. Köln, 1964 o. Prof. f. Physiol. Chemie Ruhr-Univ. Bochum, 1969-72 Rektor Univ. Bochum, 1970-76 Vizepräs. Westd. Rektorenkonfz. Bonn, 1973-79 Präs. Univ. d. Saarlandes, Saarbrücken. 1974-79 pers. Mitgl. standing committee European Rektors Conference, s. 1973 Mitgl. Auswahl-Aussch. f. US-Sonderprogr. Alexander v. Humboldt-Stiftg., s. 1976 Vors. Aussch. f. Intern. Begegnungszentren derselb. Stiftg., s. 1978 Mitgl. d. Ständ. Kommiss. f. d. Studienreform d. Kultusmin.-Konf., Bonn. 1982-85 Vorsitzender, s. 1979 Mitgl. Kommiss. f. Forsch. u. Beirat d. Stiftg. z. Förd. d. Westd. Rektorenkonfz., Mitgl. Ges. Dt. Chemiker, Ges. f. Biol. Chem., Ges. Dt. Naturforscher u. Ärzte. Arbeitsgeb.: Biochemie d. Glycoproteine. Üb. 60 Fachveröff., darunt. Beitr. Handb. d. Physiol. u. Pathol.-Chem. Analyse (Hoppe-Seyler-Thierfelder) u. Glycoproteins, BBA-Library Vol. 5; Üb. 30 hochschulpolit. Veröff. - 1957 Hochhauspreis Univ. Köln - Spr.: Engl.

FAIRHURST, Robin

Sänger u. Dirigent - Hohe Kuppe 19, 4300 Essen 14 (T. 0201 - 58 57 02) - Geb. 3. Juni 1941 London (Vater: Jack F., Kunstmaler; Mutter: Barbara, geb. Cooper), verh. s. 1967 m. Annemarie, geb. Steffens, 2 S. (Sebastian, Alexander) - 1959-65 Musikal. Ausb. in London (b. 1962) u. an d. Akad. f. Musik, Wien (Reifeprüf.) - 1965-75 Lyr. Bariton Städt. Oper Gelsenkirchen (b. 1966) u. Essen; 1975 ff. Musiklehrer Folkwang-Musikschule Essen; Doz. Univ.-GH Essen - Komponiert gern; weit. Liebh.: Schach, Fußball, Kochen.

FAISAL, Farhard H.

Ph. D., Univ.-Prof., Prof. f. Physik - Werther Str. 122c, 4800 Bielefeld 1 - Geb. 3. Nov. 1939 Pabna/Bengalen - 1969-71 Res. Fellow-Goddard Space Flight Center, Nasa, Md.; 1967-69 U. K. Atomic Energy Authority - Forsch.: Atom u. Molekülphysik, Laser-Physik. Üb. 50 Veröff. - Mitgl. DPG, American Physical Soc., Board of Editors Journal of Physies B.

FAISS (ß), Klaus

Dr. phil., Prof. f. Engl. Philologie Univ. Mainz - Bahnhofstr. 133, 6501 Harxheim - Geb. 10. Juni 1940 Plochingen - Promot. 1967 - Zul. Wiss. Rat u. Prof. Univ. Bochum. Facharb.: Gnade b. Cynewulf u. s. Schule; Aspekte d. engl. Sprachgesch.; Verdunkelte Compounds im Engl.; Engl. Sprachgeschichte.

FAISSNER, Helmut

Dr. rer. nat., o. Prof. f. Experimentalphysik - Eupener Str. 285a, 5100 Aachen (T. 6 11 34) - Geb. 5. Mai 1928 Kempten/Allgäu - 1958-64 Mitarb. CERN, Genf; s. 1963 Ord. u. Dir. III. Physikal. Inst. TH Aachen (1969/70 Rektor); Mitentdecker neutrale schwache Ströme, Neutrino-Elektron-Streuung - BV: Polarisierte Nucleonen (auch russ.), Proc. Neutrino Conference Aachen, 1976 (Ed.); Proton-Antiproton Conf. Aachen, 1986 - 1980 Max-Born-Preis d. dt. u. engl. Physikal. Ges.; 1984 Fellow Americ. Phys. Soc.; 1986 BVK I. Kl. - Lit.: Robert Jungk: D. große Maschine (1966) S. 127ff.

FAISST (ß), Lothar

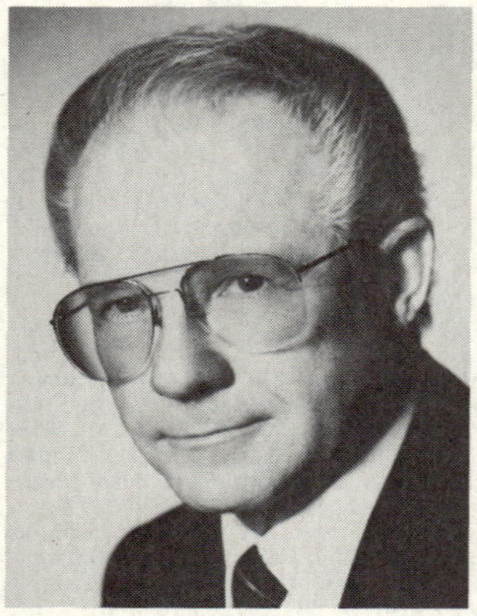

Dr. rer. pol., Präsident, Verbandsvorsteher Badischer Sparkassen- u. Giroverb., Mannheim (s. 1986) - Augusta-Anlage 33, 6800 Mannheim 1 (T. 0621 - 4 40 60) - Geb. 6. Juli 1927 Freiburg im Breisgau, verh. - Stud. Volkswirtsch. Univ. Freiburg im Br.; Dipl.-Volksw.; Promot.; Ex.: Verbandsprüfer, Steuerberater, Wirtschaftsprüfer - S. 1954 Bad. Sparkassen- u. Giroverb. (1963 stv. Revisionsdir., 1966 Revisionsdir. u. Prüfungsstellenleit., 1978-86 stv. Verb.-Vorst., s. 1986 Verb.-Vorst.). VR-AR-Vors.: Südwestdt. Landesbank Stuttgart/Mannheim (stv.), Bad. Landesbausparkasse, Karlsruhe, Kommunale Planungsu. Entwicklungsges. d. bad. Sparkassen mbH, Öfftl. Versich.-Ges. d. bad. Spark., Mannheim, Datenverarbeitungsges. d. bad. Spark.-Org., Karlsruhe, Beteiligungsges. d. Bad. Spark.- u. Giroverb. mbH, Mannheim, Innovationsförderungsges. (IFG) d. Bad. Sparkassenorg. mbH, Mannheim; AR- u. VR-Mitgl. weiterer nat. u. intern. Tochter-Untern.; Vorst.-Mitgl. Dt. Spark.- u. Giroverb., Bonn; Beiratsmitgl. Landeszentralbank, Stuttgart; AR-Mitgl. GZS (Ges. f. Zahlungssysteme), Frankfurt; Kurat.-Mitgl. Ges. z. Förderung d. wiss. Forsch. üb. d. Spar- u. Girowesen, Bonn, u. Denkmalstiftg., Stuttgart; VR-Mitgl. Bad. Gemeindeversich.-Verb., Karlsruhe - Verf. zahlr. Art. in Fachztschr., sowie Verf. u. Herausg. v. Fachbroschüren u. Standardwerken d. Sparkassenrevisionswesens - Liebh.: Reisen, bildende Kunst, Sport - Spr.: Engl., Franz.

FALÁR, Hans

Schauspieler, Regiss. Bremer Theater - Ostendorpstr. 12, 2800 Bremen (T. 0421-7 60 76) - Geb. 1. Juni 1944 Wien, kath., ledig - 1972-82 Schausp. u. Regiss. Nationaltheater Mannheim; Staatstheater Stuttgart; Burgtheater Wien; Theater d. Stadt Bonn - BV: D. eisige Regenbogen, Theaterst. Rollen in: Vatermord (Mannheim), Lulu (Stuttgart), Im Dickicht d. Städte (Wien). Insz.: D. Stärkere, D. Stühle (Mannheim), Zufälliger Tod e. Anarchisten (Bremen) - 1980 u. 82 Schausp. d. Jahres (Theater heute) - Liebh.: Malen.

FALBE, Jürgen

Dr. rer. nat., Dipl.-Chem., Prof., pers. haft. Gf. Gesellschafter Henkel KGaA; Honorarprof. Lehrst. f. Chemietechn. Univ. Dortmund (s. 1978); Herausg. im Springer Verlag u. Georg Thieme Verlag - Zu erreichen üb. Henkel KGaA, Postf. 1100, 4000 Düsseldorf 1 (T. 0211 - 7 97-41 11); priv.: Linnéplatz 14, 4040 Neuss 1 (T.02101 - 46 68 80) - Geb. 16. Juni 1933 Schneidemühl (Vater: Fritz F.; Mutter: Margarete, geb. Hartwig), verh. s. 1957 m. Marlene, geb. Stein, 2 S. (Volker, Jörg) - Gymn. Herford u. Bonn; Univ. Bonn. Promot. 1959 - 1959-66 Shell Grundlagenforsch., Schloß Birlinghoven; 1966-83 Ruhrchemie AG (ab 1972 Vorst.) - BV: Synthesen m. Kohlenmonoxid, 1967; Carbonmonoxide in Organic Synthesis, 1970; Methodicum Chimicum, Bd. 5, 1975; Chemierohstoffe a. Kohle, 1977; Katalysatoren, Tenside u. Mineralöladditive, 1978; New Syntheses with Carbon Monoxide, 1980; Chemical Feedstocks from Coal, 1982; Houben-Weyl, Bd. E 3 1983, Bd. E 5 1985; Bd. E 18 1986; Surfactants in Consumer Products, 1986; ca. 100 fachwiss. Veröff. - Gold. Sportabz. - Liebh.: Golf, Tennis, Briefmarken - Spr.: Engl., Span. - Rotarier.

FALCH, Wolfgang

Dr.-Ing., Direktor - Graslitzer Str. 32, 8750 Aschaffenburg-Leider (T. 06021 - 8307) - Geb. 1. Aug. 1921 Kassel (Vater: Rudolf F., Oberreg.srat; Mutter: Hertha, geb. v. Brauchitsch), ev., verh. s. 1954 m. Ruth, geb. Rievel - Stud. Allg. Maschinenbau, Vorex. 1943 TH Berlin; Dipl.-Ing. 1945 TH Hannover; Promot. 1955 TH Aachen - S. 1946 Continental Gummiwerke AG., Metzeler AG. (1965; stv. Vorstandsmitgl.), Feldmühle AG. (1971; Dir. Werk Plochingen), Peter BTR Gummiwerke AG., Hanau (1973; Techn. Vorst.smitgl.) - Philatelist - Spr.: Engl., Franz.

FALCK, Ingeborg

Dr. med., Prof., Chefärztin, Ärztl. Leit. Max-Bürger-Krankenhaus i. R. (1981-87) - Grillparzerstr. 2, 1000 Berlin 41 (T. 821 44 78) - Geb. 2. Mai 1922 Berlin-Steglitz (Vater: Dr. jur. et rer. pol. Carl F., 1930-32 Oberpräs. Prov. Sachsen (s. X. Ausg.); Mutter: Luise, geb. Bergell), ev. - Obersch. u. Univ. Berlin (Med. Staatsex. 1944) - 1945-61 Charité Berlin; 1961-62 I. Med. Klinik Freie Univ. Berlin; s. 1963 Max-Bürger-Krankenhs. Charlottenburg (Dirig. Ärztin Inn. Abt.). Lehrtätigk. Humboldt- (1955 Dozentin, 1961 Prof. m. Lehrauftr.) u. Freie Univ. Berlin (1968 apl. Prof., Ärztl. Leit.), 1986 Univ.-Prof., zeitw. Präs. u. Vizepräs. Dt. Ges. f. Gerontologie. Fachgeb.: Geriatrie - BV: Mitarb.: Taschenb. d. prakt. Med., 1964, Alterskrankh., 1966. Herausg.: Ztschr. f. Gerontologie - Bek. Vorf.: Prof. Dr. med. C. Ph. F., Ord. Univ. Marburg (Urgroßv.).

FALCK, Wolfgang

Geschäftsf. Gesellsch. Fatex GmbH - Dr.-Tuppert-Str. 35, 8592 Wunsiedel-Holenbrunn - Geb. 24. Sept. 1920.

FALIUS, Hans-Heinrich

Dr. rer. nat., Akad. Direktor, apl. Prof. f. Anorgan. Chemie TU Braunschweig (s. 1970) - Heinrichstr. 6, 3300 Braunschweig - Geb. 27. Febr. 1926 Hamburg - Promot. 1958; Habil. 1965.

FALK, Alfred

Vorstandsmitgl. Provinzial-Lebens- u. Feuerversicherungsanst. f. Rheinprov. (2), Düsseldorf, Bürgerm. Hückelhoven-Ratheim - Am Steinacker 50, 5142 Hückelhoven - Geb. 20. April 1914.

FALK, Erhard

Aufsichtsratsvorsitzender Kabelmetal electro GmbH, Hannover, Vorst.-Mitgl. ZVEI, Frankfurt, AR-Mitgl. DEUMU - Dt. Erz- u. Metall-Union GmbH, Hannover, Elektro-Messehaus Hannover GmbH u. Standard Elektrik Lorenz AG, Stuttgart, Beirats-Vors. KTG Kabeltrommel GmbH u. Co. KG, Köln - Leunisweg 9, 3000 Hannover 71 - Geb. 20. Dez. 1923.

FALK, Gottfried

Dr. phil. o. Prof. f. Math. Physik - Neuheckstr. 8, 7500 Karlsruhe-Hagsfeld - Geb. 16. Aug. 1922 Gelsenkirchen (Vater: Dipl.-Ing. Kurt F.; Mutter: geb. Härtel), verh. 1950 m. Inge, geb. Schulte - S. 1953 (Habil.) Lehrtätigk. Univ. Marburg, TH Aachen, New York Univ., TH bzw. Univ. Karlsruhe (1960 Ord.) - BV: Theoret. Physik, 1966 u. 68. Zahlr. Fachaufs. Mitverf.: Axiomatik d. Thermodynamik, 1959.

FALK, Herbert

Bürgermeister a. D., MdL Bayern (s. 1978, CSU) - Hauptstr. 45, 8451 Hahnbach/Opf. - Geb. 28. Nov. 1929 Hahnbach, verh. - Oberrealsch. - 1951-78 Markt Hahnbach (Verwaltungsoberinsp., 1970 Bürgerm., 1978 ehrenamtl. Bgm.). 1972 ff. MdK (Fraktionssprecher). Div. Parteiämter (1972 ff. Schatzm. Kr. Amberg-N.).

FALK, Karl-Heinz

Dr. rer. nat., Dipl.-Chemiker, Unternehmensberatung, Technologietransfer - Weinsteige 37, 7119 Niedernhall (T. 07940 - 27 71) - Geb. 26. Febr. 1930 Stettin.

FALK, Konrad

Vorstandsmitglied Nürnberger Allg. Versich.-AG (s. 1970), Nürnberger Beamten Allg. Versich. AG (s. 1970), u. GARANTA Versich.-AG (s. 1985), AR-Mitgl. Schmidt + Koch AG, Bremen, Neue Rechtsschutz Versich.-AG, u. Mahag Automobilhandelsges., München, AR-Mitgl. Nürnberger Versich., Salzburg - Schlaunstr. 13, 8500 Nürnberg (T. 59 63 61) - Geb. 19. Okt. 1934 Nürnberg, verh., 4 Kd. (Rüdiger, Winfried, Jürgen, Christine).

FALK, Peter

Prof. Hochsch. f. Musik, Würzburg, Chefdirigent HR-Rundfunkorch. - Sommerstr. 2, 8893 Hilgertshausen - Geb. 20. April 1937 Greiz/Thür., ev., verh. s. 1967 m. Eveline, geb. Agahd, 2 T. (Ulrike, Cordula) - Abit.; Stud. TU Berlin (Dipl.-Kfm. 1961) u. Hochsch. f. Musik Berlin (Kapellmeisterex. 1966) - 1966 Stadttheater Koblenz (Studienleit.); s. 1969 1. Kapellm. d. Oper; 1973 1. Kapellm. Staatstheater am Gärtnerplatz, München; 1977 1. Kapellm. Städt. Bühnen Frankfurt; 1979 Chefdirig. Staatstheater am Gärtnerplatz; 1983 Prof. Hochsch. f. Musik Würzburg; 1985 Chefdirig. d. Hess. Rundf. Ständ. Gastdirig. b. Funk u. Fernsehen, Schallpl. 1979 Staatskapellmeister - Liebh.: Sport (Tennis, Ski), Politik.

FALK, Sigurd

Dr.-Ing., o. Prof. f. Mechanik u. Festigkeitslehre - Wendentorwall 15a, 3300 Braunschweig (T. 40 01 52) - Geb. 6. Mai 1921 - S. 1957 (Habil.) Lehrtätigk. TH bzw. TU Braunschweig (1963 Ord.). Emerit. 1986 - BV: Lehrb. d. Techn. Mechanik, 3 Bde. 1967/69; Matrizen u. ihre Anwendungen (Teil I m. R. Zurmühl) 1984, Teil II 1986. Etwa 70 Publ. - 1958 VDI-Ehrenring.

FALK, Walter

Dr. phil., Prof. f. Neuere Dt. Literatur Univ. Marburg (s. 1971) - Im grünen Tal 10, 3550 Marburg - Geb. 8. Febr. 1924 Sandweier/Baden (Vater: Franz F., Oberschulrat; Mutter: Therese, geb. Dinger), kath., verh. s. 1962 m. Cristina, geb. Villacañas, 2 Kd. (Johannes, Isabel) - 1934-42 Gymn. Baden-Baden; 1947-57 Univ. Freiburg/Br. - Promot. 1957 Freiburg; Habil. 1968 Marburg - BV: Leid u. Verwandlung - Rilke, Kafka, Trakl u. d. Epochenstil d. Im- u. Expressionismus, 1961 (Span. 1963); D. Nibelungenlied in s. Epoche - Revision e. romant. Mythos, 1974; V. Strukturalismus z. Potentialismus - E. Versuch z. Gesch.- u. Lit.theorie, 1976; D. kollektive Traum v. Krieg - Epochale Strukt. d. dt. Lit. zw. Naturalismus u. Expressionismus, 1977; Epoch. Hintergr. d. antiautoritären Bewegung - E. Beitr. z. lit.wiss. Diagnose d. Sozialgesch., 1983; Handb. d. lit.wiss. Komponentenanalyse - Theorie, Operationen, Praxis e. Meth. d. Neuen Epochenforsch., 1983 (jap. 1987ff.); D. Teufels Wiederkehr. Alarmierende Zeichen d. Zeit in d. neuesten Dichtung, 1983; Parallele Ägypten. D. epochengeschichtl. Verhältnisse in d. ägypt. u. dt. Lit. d. 20. Jh., 1984 (Arabisch 1986); D. Ordnung in d. Gesch. E. alternative Deutung d. Fortschritts, 1985; D. Entdeckung d. potentialgeschichtl. Ordnung. Kl. Schr. 1956-84: I. Teil: D. Weg z. Komponentenanalyse, 1985; II. Teil: D. Weg z. komponentralen Ordnung in d. Gesch., 1985; Literaturwiss.liche Betrachtungsweisen II: Üb. d. geisteswiss.liche Verfahrensweise, 1989; Franz Kafka u. d. Expressionisten im Ende d. Neuzeit, 1989.

FALKE, Albert

Fabrikant, gf. Gesellsch. Hesse & Kleinsorge, Strumpffabrik, Fredeburg, MdL - Hochstr. 3, 5948 Schmallenberg (T. 585) - Geb. 5. Jan. 1922 Schmallenberg (Vater: Albert F., Fabr.; Mutter: Maria, geb. Tillmann), kath., verh. s. 1948 m. Doris, geb. Hennemann, 4 Kd. (Albert, Vera, Georg, Hans) - Höh. Schule (Mittl. Reife); kaufm. u. techn. Ausbild. elterl. Betrieb; Textilfachsch. - 1941-45 Wehrdst., dann Großhandel u. Ind., s. 1951 Fabr. S. 1956 MdK Meschede (1961 Fraktionsvors.); s. 1962 MdL NRW. CDU s. 1948 (u. a. Mitgl. Landesvorst. Westf.-Lippe u. Vorstandsmitgl. Wirtschaftsrat).

FALKE, Dietrich

Dr. med., Prof. f. Med. Mikrobiologie Univ. Mainz - Alfred-Mumbächer-Str. 30c, 6500 Mainz 22 - Geb. 13. Aug. 1927 Coswig/Anh. (Vater: Dr. med. Friedrich F., Arzt; Mutter: Gertrud, geb. Falke), ev., verh. s. 1960 m. Inge, geb. Schmidt-Westerkamp - Promot. 1954 Tübingen; Habil. 1964 Marburg - S. 1973 Abteilungsleit. Mainz - BV: Virologie (Heidelbg. Taschenb. Bd. 178, 2. A.). Div. Einzelarb. - Liebh.: Musik (Cello) - Spr.: Engl.

FALKE, Franz-Otto

Gf. Gesellschafter Franz Falke-Rohen Strumpffabriken, Falke-Strickmoden u. Falke-Garne, alle Schmallenberg; Falke-Feinstrumpfwerke, Lippstadt - Am Aberg, 5948 Schmallenberg/Sauerl. - Geb. 20. Juni 1923 - AR: Leffers AG, Bielefeld - Bruder: Paul F.

FALKE, Gerhard

Kaufmann, gf. Gesellschafter Wolters Verw.-GmbH + Carl H. Wolters GmbH & Co, bde. Stuhr, u. Tochterfimen - Bremer Str. 49, 2805 Stuhr 1 (T. 0421 - 89 10 83) - Geb. 27. Aug. 1929 Bodenwerder, verh. s. 1955 m. Carla Helga F., geb. Wolters †1988, 3 Töcht. (Doris, Birgit, Carola) - Spr.: Engl.

FALKE, Horst

Dr. rer. nat., em. o. Prof. f. Geologie u. Paläontol. - An d. Prall 1, 6500 Mainz-Gonsenheim (T. 47 43 79) - Geb. 7. Mai 1909 Trebitz/Saalkr. (Vater: Ernst F., Fabrikdir.; Mutter: Agnes, geb. Göcker), ev., verh. s. 1939 m. Elfriede, geb. Hermanns, T. Ingrid - Latina Halle/S.; Univ. Hamburg u. Innsbruck (Geol., Geogr., Botanik). Promot. 1932; Habil. 1943 - Ab 1934 Leit. Inst. f. Landesforsch. Concepcion (Chile); s. 1946 Doz., ao. (1948) u. o. Prof. (1951) Univ. Mainz (Dir. Geol. Inst.; 1961/62 Rektor); 1949-51 Leit. Geol. Landesamt Rhld.-Pfalz ebd. Mitgl. dt., franz. Fachges. - BV: Rheinhessen u. d. Umgeb. v. Mainz, 1960; D. Geol. Karte - Ihre Anlage u. Ausdeut., 1974; The Continental Permian in Central-West- and South Europe, 1976 - Spr.: Franz., Engl.

FALKE, Konrad

Dr. med., Prof., Oberarzt Inst. f. Anästhesiologie Univ. Düsseldorf - Händelstr. 5, 4000 Düsseldorf 13 - Geb. 18. Aug. 1939 Grüna/Sa. (Vater: Johannes F., Pfarrer; Mutter: Ilse, geb. Ahrberg), ev., verh. s. 1965 m. Barbara, geb. Busch, 2 T. (Franziska, Susanne) - 1958-64 Univ. Marburg u. München; 1968-71 Harvard Medical School (Fellow) - S. 1978 Univ. Düsseldorf. Spez. Intensivmed. Üb. 60 Fachveröff. - Spr.: Engl. - Beteiligt an d. Entwickl. u. Einf. neuer Methoden d. Behandl. d. akuten Lungenversagens.

FALKE, Paul

Fabrikant, gf. Gesellsch. Franz Falke-Rohen Strumpffabr., Falke-Strickmoden, Falke-Garne, alle Schmallenberg, Falke-Feinstrumpfwerke, Lippstadt - Kirchplatz 2, 5948 Schmallenberg/Sauerl. - Geb. 6. Jan. 1920 - S. 1952 Leit. Familienuntern. 1952-84 Bürgerm. Stadt Schmallenberg. 1961ff. Präs. Gesamtverb. Maschen-Ind. - 1980 Gr. BVK - Bruder: Franz-Otto F.

FALKENBERG, Hans-Geert

Dr. phil., Chefredakteur - Isidor-Caro-Str. 62, 5000 Köln 80 (T. 0221 - 66 71 60 od. 220 34 05) - Geb. 24. Juli 1919 Stettin, verh. in 3. Ehe m. Marcia Holly Lerner (FS-Regisseurin) - Marienstiftsgymn. Stettin; Stud. Dt. Lit., Kunstgesch., Phil. Univ. Göttingen, Zürich, Harvard - 1948-52 Redakt. Göttinger bzw. Dt. Univ.-Ztg., 1952-57 Dramat. Dt. Theater Göttingen (Heinz Hilpert); 1958-60 Cheflekt. S. Fischer Verlag, Frankfurt/M., 1960-65 Cheflekt. Kindler Verlag, München; 1965-80 Chefredakt. u. Leiter Hauptabt. Bildung u. Unterh., WDR/WDF Programmchef Kultur; Koordinat. Sonderprogr. III. u. Beauftr. f. Internat. Programmaufg. b. WDR, Köln. S. 1980 Mitgl. Intern. Board v. INPUT u. d. Executive Comité v. CIRCOM - BV: Heinz Hilpert, D. Ende e. Epoche. Herausg.: D. 7 Todsünden; dt. Mitherausg. World Univ. Library (Kindlers Univ.-Bibl.) - Mitgl. PEN-Zentr.

FALKENBERG, Hartmut

Geschäftsführer Bundesverb. Torf - u. Humuswirtsch. e.V., Hannover, u. Torfforschung GmbH, Bad Zwischenahn - Baumstr. 6, 3000 Hannover.

FALKENBERG, Jörg

Assessor jur., Hauptgeschäftsf. IHK Coburg - Schloßplatz 5, 8630 Coburg - Geb. 19. Dez. 1934 Potsdam - Stud. Rechts- u. Staatswiss. - Vorst.-Mitgl. Landesauftragsstelle Bay., München, Ostbayer. Technol. Transfer Inst., Regensburg; AR-Mitgl. Industrieförderungsges. Stadt Coburg; Kurat.-Mitgl. Forschungszentrum d. Univ. Bayreuth u. d. FH Coburg; Finanzrichter Finanzgericht Nürnberg - BVK.

FALKENHAGEN, Karl Ludwig

Vorstandsmitglied TELA Versicherung AG., Berlin/München - Schieggstr. 4, 8000 München 71 - Geb. 28. Okt. 1924.

FALKENHAUSEN, Freiherr von, Bernhard

Dr. jur., Rechtsanwalt, AR-Vors. Bankhaus Trinkaus & Burkhardt KG a.A. Düsseldorf/Essen - Redtenbacherstr. 11, 4300 Essen-Bredeney (T. 42 04 51) - Geb. 10. Mai 1927 - Gr. jurist. Staatsprüf. - Spr.: Engl., Franz. - Rotarier.

FALLAK, Heinz

Ministerialdirigent, Vorstandsmitglied d. Stiftg. Dt. Sporthilfe - Edisonstr. 15a, 6200 Wiesbaden (T. 46 25 44) - Geb. 24. Mai 1928 - Präsid.-Mitgl. NOK. 1976 Chef de Mission dt. Olympiamannsch. Montreal, 1984 Los Angeles u. 1988 Seoul.

FALLER, Hans Joachim

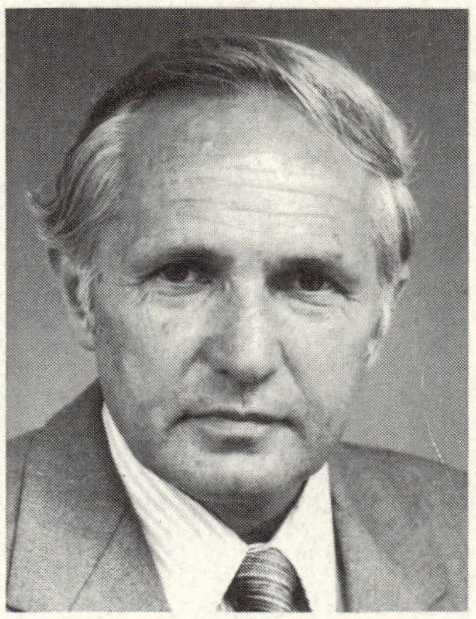

Dr. jur., Prof., Bundesverfassungsrichter i.R. - Wichtelmännerweg 12, 7500 Karlsruhe 51 - Geb. 17. Mai 1915 Staufen, kath., verh. s. 1942 m. Hella, geb. Willi, 3 Kd. - Gymn. Offenburg/Baden; Univ. München u. Freiburg/Br. - Justizdst.; 1953 Präsidialrat BVerfG; 1959 Richter BGH; 1971-83 Richter BVerfG; 1976 Honorarprof. Univ. Mannheim - Lit.: Festschr. f. H. F. (1984).

FALLHEIER, Jörg

Regisseur, Oberspielleiter d. Schauspiels Bielefeld (1982-87) - Westring 99, 6108 Weiterstadt - Geb. 28. Febr. 1952, kath., verh. s. 1973 m. Beate, geb. Lillinger, Sohn Jurij - Abit.; Hochsch. f. Musik u. darst. Kunst Frankfurt - Insz. in Mannheim (Nationaltheater), Städt. Bühnen Dortmund, Staatstheater Wiesbaden, Bühnen Bielefeld, Freiburger Theater.

FALLSCHEER, Paul A.

Dipl.-Ing., Fabrikant (Emil Adolff Verw.ges. mbH & Co, Reutlingen) - Panoramastr. 95, 7410 Reutlingen (T. 07121 - 4 02 81 u. 07121 - 31 94 44) - Geb. 18. Mai 1910 Reutlingen - U. a. Präs.-Mitgl. IHK, Reutlingen u. PTS, München; Ehrenvors. Verb. d. Pappe u. Papier verarb. Industrie Baden-Württ. - Spr.: Engl., Franz. - Rotarier.

FALTER, Jürgen W.

Dr. rer. pol., Prof. f. Polit. Wissenschaft u. Vergl. Faschismusforschung - Sarrazinstr. 11-15, 1000 Berlin 41 (T. 030 - 852 40 75) - Geb. 22. Jan. 1944 Heppenheim (Vater: Dr. Robert F., Arzt; Mutter: Annemarie, geb. Lehmann), kath., verh. s. 1976 m. Christa, geb. Niklas (Rechtsanw.), 2 Kd. (Anna, Christoph) - Stud. Heidelberg (1963/64) FU Berlin (1964-68; Dipl. 1968), Ann Arbor, Mich./Berkeley (1969/70); Promot. 1973 Saarbrücken, Habil. 1981 ebd. - 1970-73 Wiss. Assist. Univ. d. Saarl., Saarbrücken; 1973-83 Prof. Hochsch. d. Bundeswehr, München; 1977/78 Kennedy Fellow Harvard Univ.; 1980/81 Gastprof. Johns Hopkins Univ.; 1983ff. o. Prof. FU Berlin - BV: Faktoren d. Wahlentscheid., 1973; D. Positivismusstreit in d. amerik. Politikwiss., 1982; Polit. Willensbild. u. Interessenvermittl., (Hrsg.) 1984; Wahlen u. Abstimmungen in d. Weimarer Rep., 1986 - Spr.: Engl., Franz.

FALTERBAUM, Josef

Vorstandsmitglied Gerling-Konzern, Speziale Kreditversich.-AG - Hohenzollernring 62, 5000 Köln 1 (T. 0221-144-36 31) - Geb. 21. Dez. 1935.

FALTERMEIER, Rudolf

Landrat Kr. Kelheim (s. 1967) - Posener Str. K 368, 8420 Kelheim/Ndb. - Geb. 12. Febr. 1926 Kelheim (Vater: Georg F.; Mutter: Anna, geb. Hubert), verh. s. 1947, 2 Söhne - Volkssch. - Ab Lehre Fa. Zellstoff, Kelheim; 1943-45 Wehrdst. (Inf., zul Fahnenj.; 70 % kriegsbesch.). 1962-66 MdL Bayern. SPD (b. 1967 (Rücktr.) Vors. Kelheim).

FALTERMEIER, Rupert

Dipl.-Verwaltungswirt (FH), I. Bürgermeister Stadt Dietfurt an d. Altmühl - Rathaus, 8435 Dietfurt/Opf. - Geb. 2. Aug. 1933 Weltenburg - Zul. Sparkasenamtm.

FALTERMEYER, Harold

Produzent, Komponist - Wasserburger Landstr. 6, 8011 Baldham (T. 08106 - 55 23) - Geb. 5. Okt. 1952 München, kath., verh. s. 1977 m. Karin, geb. Ballmann - Gymn.; Musikhochsch. - Filmmusiken: Beverly Hills Cop I u. II, Top Gun, Fletch, Running Man, Fletch, Fire & Ice, Thief of Hearts; TV-Musiken: Blue Blood, Formel I. Prod. v. Donna Summer, Bob Seger, Glen Frey, Jennifer Rush, Udo Jürgens - 2 Grammy Awards, 5 ASCAP Awards, 1987 1 Bambi; 1986 Gold. Europa, 1988 RSH-Gold; 20 Platin Schallpl., 40 Gold-Schallpl. - Liebh.: Golf, Fliegen, Tennis - Spr.: Engl.

FALTLHAUSER, Kurt

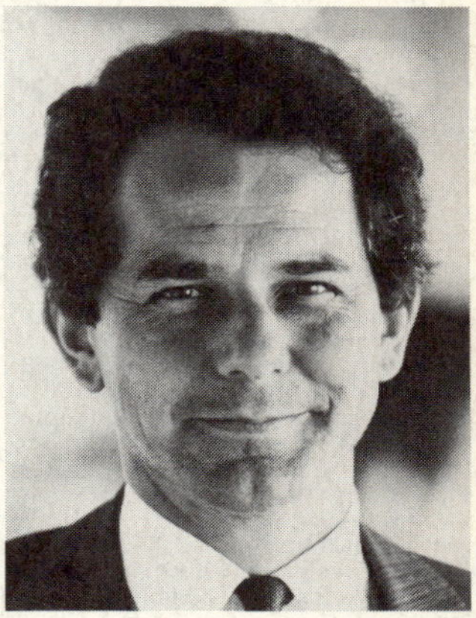

Dr., Dipl.-Volksw., Gf. Gesellschafter Fa. Ges. f. innerbetriebl. Zusammenarbeit GIZ GmbH, MdB (s. 1980; Wahlkr. 207/München-West) - Nußhäherstr. 19, 8000 München 50 - Geb. 13. Sept. 1940, kath., verh., 2 Kd. - 1961 Abit.; Stud. Volkswirtsch., Polit. Wiss. u. Rechtswiss. München, Berlin, Mainz; 1967 Diplomvolkswirt; 1971 Promot. - Gf. Gesellsch. Ges. f. innerbetriebl. Zus.arb. GIZ GmbH; Synd. Verb. unabh. bayer. Ing. f. Wasserbau - CSU (s. 1963 Kreisvors., Mitgl. Bzirksvorst. München, Mitgl. Landesverb. u. Präsidium d. CSU). 1974-80 Mitgl. Bayer. Landtag.

FANDERL, Wastl

Journalist - Stelzenberg, 8201 Frasdorf/Obb. (T. Aschau 710) - Geb. 24. Juni 1915 Bergen/Obb. - 40 J. fr. Mitarb. b. Hörfunk d. Bayer. Rundf.; 25 J. Fernsehsend.: Bayer. Bilder- u. Notenbüchl. Bes. Anliegen: Volksmusikpflege; mehrere Bücher - BVK I. Kl.; Bayer. VO.; Oberbayer. Kulturpreis; Gold. Rundfunkmed. Bayer. Rundf.; Gold. Verdienstzeichen Land Salzburg.

FANGMANN, Helmut D.

Dr. jur., Prof. Hochsch. f. Wirtschaft u. Politik Hamburg - Binderstr. 17, 2000 Hamburg 13 (T. 040 - 44 37 79) - Geb. 9. Mai 1943 Westerstede (Vater: Martin B., Tischlermstr.; Mutter: Martha, geb. Gerdes), verh. - Stud. Rechtswiss., Soz. u. Politol. Univ. Marburg u. Kiel; 1. jurist. Staatsex. 1970 Marburg, 2. Staatsex. 1974 Berlin, Promot. 1978 Bremen - 1974-79 wiss. Assist. FU Berlin. 1986/87 Vizepräs. Hochsch. f. Wirtsch. u. Politik, Hamburg - BV: Wohin treibt d. Rechtsstaat?, 1977; Justiz gegen Demokratie,

1979; Recht, Justiz u. Faschismus, 1984; Leitfaden f. wiss. Prüfungsarb., 2. A. 1986; Gewerkschaftl. u. polit. Betätig. v. Richtern, 1986; Verfassungsgarantie d. Bundespost, 1987; Parteisoldaten - D. Hbg. Polizei im Dritten Reich, 1987.

FANGMEIER, Jürgen
Dr. theol., Pfarrer, Prof. f. Syst. Theol. Kirchl. Hochsch. Wuppertal - Schöllerweg 8, 5600 Wuppertal 11 (T. 02058 - 83 83) - Geb. 2. Okt. 1931 Neuwied a. Rh., ev., verh. s. 1969 m. Erika, geb. Reusser - Stud. Univ. Bonn, Tübingen, Basel, Wuppertal (Theol., Phil., Psych., Päd.); Theol. Ex. 1958; Promot. 1963 Basel - 1964-67 Pfarrer in Riehen b. Basel; s. 1968 Pfarrer in Schöller u. Doz. KiHo Wuppertal (1969 Prof.) 1987 Gastprof. Hyderabad, Indien - BV: Erziehung in Zeugenschaft. Karl Barth u. d. Päd., 1964; Karl Barth. Zeugnis v. freien Gott u. freien Menschen, 1969 (auch niederl., jap., franz.); Ernst Wiechert. E. theol. Gespräch m. d. Dichter, 1976. Editionen in d. Karl Barth-Gesamtausg. - 1966 Amerbach-Preis Univ. Basel - Interessen: Christl.-jüd. Gespräch; Armenier - Spr.: Engl., Franz.

FANK, Rudolf
Kaufmann (C. Feldmüllers Nachf. Adolf Fank KG., Textilhaus, Lahr), Vizepräs. IHK Mittelbaden, Lahr - Marktstr. 4, 7630 Lahr/Schwarzw. - (T. 06082 - 22 50).

FANSELAU, Rainer
Dr. phil., Prof., Oberstudienrat - Debberode 129, 3014 Laatzen (T. 0511 - 82 82 74) - Geb. 8. Mai 1934 Berlin (Vater: Werner R., Chemiker; Mutter: Käte Speler), ev., verh. s. 1965 m. Ruth, geb. Hoffmeister, Sohn Clemens - 1954-58 Hochsch. f. Musik u. FU Berlin (Schulmusik, Angl., Musikwiss.); 1968-73 Univ. Göttingen; 2. Staatsex. f. Lehramt an Höh. Schulen (Musik, Engl.) 1961; Promot. 1973 - 1961ff. Höh. Schuldst.; 1974ff. Lehrbeauftr. Univ. Göttingen u. Hochsch. f. Musik u. Theater Hannover; s. 1982 Honorarprof. ebd. 1962ff. Organist Athanasiuskirche Hannover - BV: D. Orgel im Werk Edward Elgars, 1973; Musik u. Bedeutung, 1984 (Kursmodelle Musik Sek. II, hg. Richard Jakoby) - Lit.: Dictionary of Intern. Biography, Men of Achievement u. a. Nachschlagew. - Liebh.: Wandern - Spr.: Engl., Franz., Lat.

FANSELOW, Karl-Heinz
Wirtsch.-Dipl.-Inh., Geschäftsführer WFG Dt. Ges. f. Wagniskapital mbH - Ulmenstr. 37-39, 6000 Frankfurt; priv.: Goethestr. 35, 6240 Königstein - Geb. 17. Febr. 1934 Wolfenbüttel (Eltern: Karl (Berufssoldat) u. Herta F.), 2 Kd. (Stefan, Katja) - Stud. Wirtschaftswiss. Braunschweig, Wirtsch.s-Dipl. 1956. B. 1961 Wintershall AG., Kassel; b. 1967 Finanzdir. Fichtel & Sachs AG, Schweinfurt; b. 1971 Geschäftsf. Hercules GmbH, Nürnberg, b. 1978 Geschäftsf. Heinkel-Firmenverband, Stuttgart - Liebh.: Jagd, Sportfischen, Golf - Spr.: Engl.

FANSLAU, Horst
Dipl.-Volksw., Vorstandsmitgl. Dt. Schiffskreditbank AG., Duisburg - Ginsterweg 22, 4021 Metzkausen-Hassel b. Düsseldorf - Geb. 14. Mai 1927 Tobelhof/Neumark, verh. m. Ursula, geb. Staffeldt - Stud. Univ. Hamburg - 1957-63 Tätigk. Industriekreditbank, Düsseldorf.

FANTE, Werner
Dipl.-Kfm., Hauptgeschäftsführer Verband f. Schiffbau u. Meerestechnik (s. 1968) - An d. Alster 1, 2000 Hamburg 1 (T. 24 62 05) - Geb. 24. Febr. 1935.

FANTL, Thomas
Regisseur - Widweg 7, 8000 München 60 (T. 089-811 14 10) - Geb. 9. Dez. 1928 Prag, verh. s. 1974 m. Katharina, geb. Lopinski, 2 Kd. (Zdenek, Jan) - Abit.; Filmakad. Prag - Übers. v. Theaterst. aus d. Tschech. (v. Frantisek Langer u. Vladimir Skutina) - Insz.: Zeit d. Schuldlosen, D. ausgefüllte Leben d. Alexander Jubronski, D. Preis, D. Magermilchbande, Ganove im Paradies - 1964 Preis d. Senators f. Jugend u. Erziehung, Berlin (Filmfestsp.); 1968 Adolf Grimme-Preis in Gold u. Gold. Nymphe v. Monte Carlo - Spr.: Engl., Tschech.

FANURAKIS, Gregor
Dr., Geschäftsf. Zwirnerei Ernst Michalke GmbH & Co. (s. 1972) - 8901 Foret üb. Augsburg - Zul. Hoechst AG.

FARFSING, Frank W.
Geschäftsf. SG-Galvanobedarf Vertriebs-GmbH (s. 1977) - Postfach 110960, 5650 Solingen 11.

FARINA, J. M. Wolfgang
Fabrikant, gf. Gesellsch. Rhein-Cosmetic Wolfgang Farina GmbH, Intern-Pharma Laboratories GmbH, Tina Farina Am Neuen Forst GmbH, alle Köln 50 - Am Neuen Forst 20, 5000 Köln 50 (Hahnwald) - Geb. 6. Juni 1927 Bad Godesberg (Vater: Carl F., Fabr.; Mutter: Angelika, geb. Wehling, verh. s. 1955 m. Ingeborg, geb. Hüber, 2 Söhne (J. M. Friedhelm, J. M. Alexander) - AR-Vors. Tina Farina Inc. Conn. USA.

FARNUNG, Roland
Dipl.-Kfm., Vorstandsvorsitzender Hamburg. Electricitäts-Werke AG (HEW) (s. 1985) - Geb. 25. Okt. 1940 Frankfurt/M. (Vater: Wilh. F.; Mutter: Maria, geb. Müller), kath., verh. s. 1966 m. Christine, geb. Kastenhofer, 4 Kd. (Markus, Stefanie, Nina, Patrick) - Stud. d. Betriebswirt. Univ. Frankfurt/M. (Dipl. ex. 1965) - B. 1985 Vorst.-Mitgl. Schubert & Salzer AG, Ingolstadt - Spr.: Engl.

FARRIES, Friedrich-Eberhard
Dr. sc. agr. (habil.), Prof., Wiss. Mitarbeiter Inst. f. Tierzucht u. Tierverhalten (FAL) - Mariensee, 3057 Neustadt-1 - B. 1973 Privatdoz., dann apl. Prof. Univ. Göttingen (Tierphysiologie u. -ernährung).

FARTHMANN, Friedhelm
Dr. jur., Prof., Landesminister a. D., SPD-Fraktionsvors. u. MdL Nordrh.-Westf. (s. 1985) - Platz des Landtags 1, 4000 Düsseldorf 1 (T. 0211 - 884 22 20) - Geb. 25. Nov. 1930 Bad Oeynhausen (Vater: Gustav F., Lehrer †; Mutter: Marie, geb. Habbe †), ev., verh. s. 1957 m. Heidrun, geb. Woelke, 2 Töcht. (Claudia, Birgit) - Gymn., 1952 Abit. Univ. Göttingen (Rechts- u. Staatswiss., Promot.) -1957/58 Assist. Sozialakad. Dortmund, 1958-59 Assist. Univ. Heidelb., 1966-71 Leit. Abt. Mitbestimmung, spät. Abt. Ges.politik Bundesvorst. DGB, 1971 Geschäftsf. Wirtschafts- u. Sozialwiss. Inst. DGB, 1971-75 MdB, 1973 Honorarprof. Freie Univ. Berlin, 1975-85 Minister f. Arbeit, Gesundheit u. Soziales Land NW - BV: Entscheidungsjahre - Leben zw. Freiheit u. Ordnung, 1980.

FASCHON, Susanne
s. Stirn-Faschon, Susanne

FASEL, Philipp
Bürgermeister (Stellv. d. Oberbgm., Leit. Sportreferat u. Ausgleichsamt, stv. ARsvors. Stadtwerke Würzburg AG. - Rathaus, 8700 Würzburg; priv.: Wittelsbacherstr. 32.

FASEL, Willi (Wilhelm)
Geschäftsführer u. Kompl. Industrieverwaltung Fasel GmbH & Co. KG - Wilhelmshöhe 6, 4100 Duisburg 1 - Geb. 10. Nov. 1911.

FASOL, Karl-Heinz
Dr. techn. (habil.), Dipl.-Ing., o. Prof. f. Regelungssysteme u. Steuerungstechnik (s. 1969) - Zu erreichen üb. Ruhr-Univ., 4630 Bochum 1 - Geb. 29. Jan. 1927 Wien - Zul. TH Wien - BV: D. Frequenzkennlinien, 1968; Synthese industrieller Steuerungen, 1975; Entwurf digitaler Steuerungen, 1979; Binäre Steuerungstechnik, 1988. Herausg.: Simulation in d. Regelungstechnik (1989). Üb. 70 Einzelarb.

FASSBAENDER, Brigitte

Prof. f. Sologesang Musikhochsch. München, Kammersängerin - Zu erreichen üb. Sekretariat Jennifer Selby, Iltisstr. 57, 8000 8000 München 82 - Geb. Berlin (Vater: Kammersänger Willi Domgraf-Fassbaender †1978 (s. XIII. Ausg.); Mutter: Sabine, geb. Peters, Schausp. †1982) - Schule Berlin; Konservat. Nürnberg - S. 1961 Bayer. Staatsoper (Mezzosopran). Salzbg. u. Bayreuther Festsp. Zahlr. Gastsp. (auch USA u. Japan). Mitgl. Dt. Musikrat u. Bayer. Akad. d. Schönen Künste - 1970 Bayer. u. 1983 österr. Kammers.; 1985 Frankf. Musikpreis - Spr.: Ital., Engl.

FASSBENDER (ß), Hans Heinrich
Dr. rer. pol., Aufsichtsratsvorsitzender ARAG Lebensversich.-AG - Prinzregentenplatz 9, 8000 München - AR-Vors. ARAG Allg. Versich.-AG, Düsseldorf, VIA AG f. Vermögensverw. u. Vermittl., Düsseldorf u. BV-ARAG Allg. Rechtsschutz-Versich.-AG, Wien.

FASSBENDER, Hans-Georg
Dr. med., Prof., Leiter Zentr. f. Rheuma-Pathol. WHO-Centre - Breidenbacherstr. 13, 6500 Mainz - Geb. 29. Jan. 1920 Koblenz/Rh. (Vater: Klaus F., Bankdirektor; Mutter: Anne, geb. Odenhausen), kath., verh. s. 1957 m. Regine, geb. Kurth, 3 Kd. (Klaus-Christoph, Manuel-Benedikt, Susanne-Maria) - Kaiserin-Augusta-Gymn. Koblenz; Univ. Köln (Promot. 1945). Habil. 1951 Mainz - 1951-64 Oberarzt Pathol.-Anat. Inst. Univ. Mainz (1957ff. apl. Prof.), dazw. 1958-60 Prosektor Univ. Zürich, 1965-77 Ltd. Pathologe Bundeswehr u. Leit. Inst. f. Allg. u. exp. Pathol. d. Bundeswehr, 1970-76 Vizepräs. u. Präs. Dt. Ges. f. Rheumatol. - BV: Experimentelle Stud. z. Allerg.-hyperg. Entzünd., Acta Allergologica, Suppl. 4 1955; Pathol. Anat. d. endokrinen Drüsen, Lehrb. d. spez. Pathol. Anat., 1960; Pathol. Anat. d. exp. Grundl., Lehrb. d. Allergie, 1956; Morphol. d. Tuberkuloseallergie, Handb. d. Tuberkulose, 1958; Pathol. rheumat. Erkrank., 1974 (engl. 1975). Fachveröff. (Rheumatol. u. Schock) - 1968 Ehrenplak. Armed Forces Inst. of Pathology Washington (USA) u. Verdienstmed. Univ. Regensburg; 1968 o. Mitgl. Regensbg. Kollegium f. ärztl. Fortbild.; 8 Ehrenmitgl. u. a. Franz. u. Brasil. Ges. f. Rheumatologie, Argent. Ges. f. Rheumafarosch., Clinical Electron Microscopical Society of Japan; 1976 Carol-Nachman-Preis; 1980 Albertus-Magnus-Med. f. Verdienste um Kunst u. Wiss.; 1981 BVK; 1983 Visiting-Prof. f. Pathol. u. 1989 f. Biochem. Rush-Presbyterian-Medical Center, Chicago u. 1984 f. Rheumatol. Univ. of North Carolina; Prof. of Medicine, Univ. of Alabama, Birmingham, USA - Liebh.: Architektur, Segelflug.

FASSBENDER, Hans-Werner
Dr. agr. (habil.), Prof. f. Bodenkunde u. Waldernährung - Kramberg 12, 3406 Bovenden-Lenglern - B. 1976 Privatdoz., dann Apl. Prof. Univ. Göttingen.

FASSBENDER (ß), Heribert
Journalist, Leiter Programmgr. Sport/Fernsehen WDR (s. 1982), Leit. u. Moderator ARD-Sportschau - Zu erreichen üb. WDR, Appellhofpl. 1, 5000 Köln 1 (T. 220 22 30/31) - Geb. 30. Mai 1941 Ratingen, verh. m. Uta F. (Lehrerin), Tocht. Johanna - Gymn. Ratingen (Abit.); Stud. Rechtswiss. Univ. München u. Köln (1. jurist. Staatsprüf. OLG Düsseldorf) - 1963-79 fr. Mitarb. WDR (teilw. währ. d. Stud.), Spez. Arbeitsgeb.: Fußball, Tennis, Reiten, (Eis-)Hockey, Sportrecht - Olymp. Spiele München, Montreal, Los Angeles u. Seoul; Fußball-WM England, Dtschl. u. Argent., Fußball-EM Jugoslawien, Ital., Spanien u. Dtschl., Hörf.-Reporter WM-Endsp. 1974 u. 78. Moderat. WDR-Mittagsmagazin (Hörf.) u. Mittwochs in... (FS, 3. Progr.). Spielleit. b. Spiel ohne Grenzen - 1979-82 Leit. FS-Landesstudio Düsseldorf, Aufbau u. Moderat. Send. Blickp. D'dorf. Lehrbeauftr. Univ. Bochum (Publiz. u. Kommunik.) - Herausg.: Sport-Tagebuch d. 20. Jh., 1984 - 1978 Gold. Mikrofon HÖRZU (als bester Hörf.-Reporter d. Fußball-WM Argent.) - Int./Liebh.: Familie, klass. Klaviermusik, Tennis, Jogging.

FASSBENDER (ß), Ludwig
Dr. jur., Vorstandsmitglied ARAG Allg. Rechtsschutz-Versich.-AG, Düsseldorf - Brehmstr. 110, 4000 Düsseldorf 1 - Geb. 11. Dez. 1944 - Geschäftsf. Faßbender, Siepmann GmbH & Co., Neuss.

FASSHEBER (ß), Peter
Dr. rer. nat., o. Prof. f. Wirtschafts- u. Sozialpsychologie - 3401 Ebergötzen-Neustadt 4 - S. 1971 Ord. Univ. Göttingen.

FASSKE, Erhard

Dr. med., Prof., Pathologe - Parkallee 41, 2061 Borstel (T. 04537 - 72 17) - Geb. 1. März 1927 Dresden (Vater: Dipl.-Ing. Rudolf F.; Mutter: Elisabeth, geb. Lisske), ev., verh. s. 1956 m. Helma, geb. Schultz, 3 Kd. (Thomas, Carola, Corinna) - Stud. Köln u. Düsseldorf. Med. Staatsex. u. Promot. 1954; Habil. 1976 - 1955-57 Assistenzarzt Essen; 1957-60 Oberarzt ebd. (Pathol. Inst.); s. 1961 Leit. Pathol. Abt./Forschungsinst. Borstel. S. 1976 Lehrtätigk. Univ. Hamburg (1980 apl. Prof.) - BV: Pathol. Histologie d. Mundhöhle, 1964 (m. Morgenroth). Herausg.: Lehrb. d. Histol. Technik (1964). 175 Einzelarb. - 1958 Jaccard-Preis Paris - Liebh.: Med. Bibliophilie - Spr.: Engl.

FASTENRATH, Elmar Eduard

Dr. theol., Prof. d. Dogmatik, Dogmengesch., ökum. Theol. - Forsthausstr. 21, 6400 Fulda (T. 0661 - 60 63 62) - Geb. 9. Sept. 1934 Remscheid, kath. - Stud. Univ. Bonn, München, Köln (Theol.); Promot. 1971 Bonn, Habil. 1979 Bonn - 1961-81 seelsorgl. Tätigk. in Leverkusen u. Bonn; 1979-81 Priv.-Doz. Bonn; 1981 Prof. Theol. Fak. Fulda - BV: Bischof Ketteler u. d. Kirche: Studie z. Kirchenverständnis d. polit.-soz. Katholizismus, 1971; In vitam aeternam: Grundzüge christl. Eschatologie in d. 1. Hälfte d. 20. Jh., 1982; D. Christologie Hermann Schells im Spannungsfeld d. Modernismus, 1986 (Fuldaer Hochschulschr., 1.) - Spr.: Engl., Franz., Griech., Hebr., Latein.

FASTJE, Gerhard A.

Rechtsanwalt, Geschäftsf. Hess. Verleger- u. Buchhändler-Verb. - Großer Hirschgraben 17/21, 6000 Frankfurt/M. 1 (T. 069 - 28 26 43) - Geb. 24. Okt. 1943 Bückeburg.

FATHWINTER

s. Winter, Fred

FATOUROS, Georgios

Dr. phil., Prof. f. Byzantinistik FU Berlin (s. 1971) - Muthesiusstr. 4, 1000 Berlin 41 - Geb. 31. März 1927 Athen (Griech.) - Promot. 1963 - BV: Index Verborum z. frühgriech. Lyrik, 1966; D. Briefe d. Michael Gabras, 1973; Neugriech. Lehrb. (m. D. Reinsch), 1977, 2. A. 1980; D. A. Zakythinos, Byzantin. Gesch. (aus d. Neugr. übers.), 1979; Libanios Briefe (m. T. Krischer), 1980; Johannes Kantakuzenos, Gesch., Bd. I. 1982; Bd. II. 1986 (m. T. Krischer); Libanios, WdF Bd. 621 (m. T. Krischer), 1983; Libanii concordantiae pars prima: Epistulae 2 Bde. (m. T. Krischer u. D. Najock), 1987; pars altera: Orationes 3 Bde. 1989; Stud. z. byzant. Lexikographie (m. E. Trapp u.a.), 1988.

FAUBEL, Wolfgang

Dr. med., Prof. u. Facharzt f. Orthopädie - Berodtskamp 3, 2055 Dassendorf-Aumühle (T. 04104-38 22) - Geb. 23. Febr. 1910 Großduengen (Vater: Dr. med. Rudolf F.; Mutter: Charlotte, geb. Hascher), kath., verh. s. 1956 in 2. Ehe m. Gertrud, geb. Schober - Gymn., Univ. Freiburg, Hildesh., Bonn, Berlin, Promot. 1935 Berlin, Habil. 1955, Prof. 1970 Hamb. - 1935-45 Charité, 1945-50 Kriegsgefangensch. (UDSSR), 1950-59 Oskar-Helene-Hs. Berlin, 1959-76 Univ.-Krkhs. Hamb. - BV: 105 Buchbeitr. u. Aufs. in med. Standardwerk. u. Fachztschr. - Mitgl. Acad. Med. Europ. (Paris), Ehrenmitgl. b. div. wiss. Gesellsch. im In- u. Ausl. - Spr.: Engl., Franz.

FAUL, Erwin

Dr. phil., Prof. f. Politikwissenschaft Univ. Trier - Am Mühlenberg 12, 5504 Zerf - Zul. Univ. Bochum.

FAULBORN, Jürgen

Dr. med., Prof. f. Augenheilkunde - Mittlere Str. 91, CH-4056 Basel (Schweiz) (Universitäts-Augenklinik) - Geb. 27. Dez. 1934 Düsseldorf (Vater: Richard F., Ing.; Mutter: Ruth, geb. Werner), ev., verh. s. 1965 m. Gudrun, geb. Bauermeister, 3 Kd. (Annette, Matthias, Sebastian) - Gymn. Lübeck u. Krefeld; Univ. Köln - S. 1971 (Habil.) Doz. u. Prof. (1977) Univ. Freiburg u. Basel. Arb. z. Verletzungs- u. Glaskörperchir. - Liebh.: Musik, Bergsport - Spr.: Engl.

FAULENBACH, Karl Heinrich

Dr. theol., Prof. f. Kirchengesch. Univ. Bonn/Ev.-Theol. Fak. (C 3 Prof. s. 1980) - Höhenring 54, 5357 Swisttal-Heimerzheim - Geb. 7. Mai 1938 Moers - Promot. 1966 Basel; Habil. 1971 Bonn - Bücher u. Aufs.

FAULHABER, Franz

Bankdirektor, Vorst. Kölner Bank v. 1867 eG Volksbank - Im Römerkastell 2, 5000 Köln 51 (T. 0221 - 38 45 84) - Geb. 18. Okt. 1932 Bad Groß-Ullersdorf, kath., verh. s. 1960 m. Margret, geb. Kintzel, 2 Kd. (Andrea, Jörg) - Banklehre - Handelsrichter, Mitgl. Gewerbeaussch. IHK Köln, VR Schufa, Beirat R+V Versich., Finanzkurator Malteser-Hilfsdienst (MHD).

FAULHABER, Ilse

Dr. phil., Prof., Biochemikerin - Ilsensteinweg 35, 1000 Berlin 38 - Geb. 5. Mai 1931 - Promot. 1959; Habil. 1970 - S. 1971 Prof. FU Berlin (Inst. f. Molekularbiol. u. Biochem.). Fachveröff.

FAULHABER, Reiner

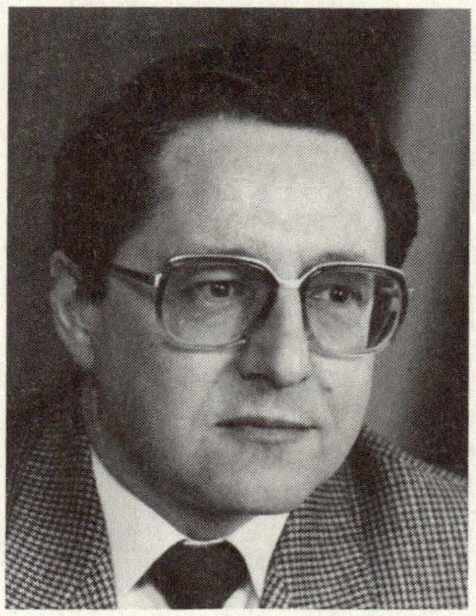

Kommunalbeamter, Oberstadtdirektor Lüneburg (s. 1984) - Wittenkamp 5, 2120 Lüneburg (T. 04131 - 4 32 92) - Geb. 6. Jan. 1935 Oppeln, kath., verh. s. 1966 m. Karin, geb. Schneider, 2 T. (Michaela, Bettina) - 1956-61 Stud. Rechts- u. Staatswiss. Univ. Hamburg, Berlin u. Göttingen; 2. jurist. Staatsex. - 1968 Presseref. Bundesmin. d. Innern Benda; 1974 Kreisdir. Landkr. Lüneburg; Geschäftsf. Theater Lüneburg GmbH; Leit. Verw.- u. Wirtschaftsakad. Lüneburg; AR-Vors. Gemeinn. Lüneburger Wohnungsbau GmbH; VR-Vors. Stadtsparkasse Lüneburg; AR-Mitgl. Hannover-Braunschweig. Stromversorgung-AG; Landschaftsrat im landschaftl. Kollegium d. Fürstentums Lüneburg; Vors. d. Museumsvereines; 2. Vors. Arbeitsgem. D. alte Stadt; o. VR-Mitgl. d. Dt. Bühnenvereins - Liebh.: Musik, Theater, Wandern - Spr.: Engl., Franz.

FAULSTICH, Felix

Kaufmann, Ehrenpräs. Bundesverband Dt. Inkasso-Untern., Bonn - Wiesenstr. 3, 8085 Geltendorf (T. 08193-15 77) - Geb. 8. Aug. 1919 Nürnberg, ev., verh. s. 1966 m. Gertraude, geb. Riebler, 2 T. (Raphaela, Angelika) - Jurastud. - Gründungsmitgl. Marketing-Club München (1. Geschäftsf. u. Vizepräs.) - Hohe Kriegsausz. - Liebh.: Segeln - Spr.: Engl.

FAULSTICH, Werner

Dr. phil. habil., Prof. Univ. Siegen (s. 1986) - Vorm Neuen Wäldchen 6, 5905 Freudenberg - Geb. 28. Dez. 1946 - Stud. Univ. Frankfurt (German., Angl., Phil., Theol.); Promot. 1973 Frankfurt; Habil. 1981 Tübingen - 1982-87 Heisenberg-Stip.; 1985/86 Prof. Univ. Bamberg - BV: Thesen z. Bestseller-R., 1974; Einf. in d. Filmanalyse, 1976/80; Modelle d. Filmanalyse (m. I. Faulstich), 1977; Domänen d. Rezeptionsanalyse, 1977; Paul Thompson, 1978; Rock-Pop-Beat-Folk, 1978; Krit. Stichw. z. Medienwiss. (Hrsg.), 1979; Radiotheorie, 1981; Medienästhetik u. Mediengesch., 1982; Filmästhetik, 1982; Ästhetik d. Fernsehens, 1982; Jeff Wayne: The War of the Worlds, 1982; Was heißt Kultur?, 1983; Bestandsaufnahme Bestseller-Forsch., 1983; V. Rock'n Roll b. Bob Dylan, 1983; Rock als way of life, 1985; Zwischen Glitter u. Punk, 1986; Bestseller als Marktphänomen (m. R. Strobel), 1986; Innovation u. Schema (m. R. Strobel), 1987. Ca. 60 Aufs. Mithrsg.: Apokalypse - Weltuntergangsvisionen in d. Lit. d. 20. Jh. (1986); Action u. Erzählkunst - D. Filme v. Steven Spielberg (1987); D. Filminterpretation (1988); Filmanalyse interdiszipl. (1988); Seller, Stars u. Serien (1989); Sturz d. Götter? - Vaterbilder in Lit., Kultur u. Medien d. 20. Jh. (1989). Mithrsg. d. Reihen Lit.-wiss. im Grundstudium u. Medienbibliothek.

FAULSTICH-WIELAND, Hannelore

Dipl.-Psych., Dr. phil. habil., Prof. FH Frankfurt/M., Priv.-Doz. TU Berlin - Querenburg 32, 3510 Hann. Münden (T. 05541 - 7 19 99) - Geb. 10. Dez. 1948 Hann. Münden, verh. s. 1967 m. Dr. Peter Faulstich, 2 S. (Michael, Stefan) - Stud. TU Berlin (Psych.); Dipl. 1972, Promot. (Sozialwiss.) 1975 Bremen; 1. Staatsex. (Arbeitslehre/Wirtsch.) 1977 PH Berlin; Habil. (Erziehungswiss.) 1980 TU Berlin - 1973-77 wiss. Assist. TU Berlin; 1977-79 wiss. Angest. SOFI Göttingen; 1980-82 AFS Univ. Dortmund; 1982-84 stv. wiss. Leit. Inst. Frau u. Ges. Hannover; s. 1981 Priv.-Doz. TU Berlin; 1985-88 Projektleit. im Projekt Mädchenbildung u. neue Technol.; s. 1984 Sprecherin AG Frauenforsch. DGfE; s. 1984 Prof. FH Frankfurt; s. 1988 Fachgutachterin f. Erzieh.wiss. d. DFG - BV: Bildungsplanung u. Sozialisation (m. Peter Faulstich), 1975; Politische Sozialisation in d. Berufsschule, 1976; Ausbildungs- u. Berufsstartprobl. v. Jugendl. (m. Martin Baethge u. a.), 1978 u. 80; Berufsorientierende Beratung v. Mädchen, 1981; Schulsozialarbeit zw. Konflikt u. Akzeptanz (m. Klaus Jürgen Tillmann), 1984; Schulische Förderung in e. benachteiligten Stadtteil (m. K. J. Tillmann u. a.), 1985; Abschied v. d. Koedukation? (Hrsg.), 1987; Frauen u. neue Technologien (m. Marianne Horstkemper), 1987; Computer-Kultur (m. Peter Faulstich), 1988.

FAUSER, Hermann

Dr.-Ing., o. Prof. f. Bergwerks- u. Hüttenmaschinenkunde - Rastfeldchen 4, 5100 Aachen - Geb. 4. Nov. 1918 Ellwangen/Jagst - S. 1963 (Habil.) Lehrtätigk. TH Aachen (1967 Ord. u. Inst.dir.). Emerit. 1987. Fachveröff.

FAUST, Herbert

Bezirksschornsteinfegermeister, Bürgerm. a. D. (1969-84), MdL Nordrh.-Westf. (1970-85) - Klosterstr. 44, 4730 Ahlen/W. (T. 23 23) - Geb. 18. Juli 1927 Ahlen, kath., verh., 3 Kd. - Volkssch.; Schornsteinfegerl. - 1954-60 Vizepräs. Handwerkskammer Münster. 1952ff. Ratsherr Ahlen (1964-69 u. ab 1984 Fraktionsf.); 1976 Vors. Bezirksplanungsrat Münster; AR-Mitgl. Stadthalle Ahlen GmbH; Vors. Schutzgemeinsch. Dt. Wald, Kreisgr. Warendorf; 1970 VR-Vors. Spark. Ahlen; AR-Vors. Stadtw. Ahlen GmbH, Gas- u. Wasserversorg. Ahlen. CDU.

FAUST, Richard

Dr. rer. nat., Direktor Zoolog. Garten Frankfurt/M. (s. 1974) - Röderbergweg 142, 6000 Frankfurt (T. 493226) - Geb. 24. Juni 1927 Dromersheim b. Bingen/Rhein (Vater: Heinrich F., Lehrer; Mutter: Rosa, geb. Schmitz) - Realgymn. Bingen (Abit. 1946); 1946-50 Stud. Zoolog. Promot. 1951 - 1947-52 Hilfsassist. Zoolog. Inst. Univ. Mainz; s. 1952 wiss. Assist. Zoolog. Garten Frankf.; 1970 Magistratsdir. Zoolog. Garten ebd. - Spr.: Engl.

FAUST, Siegmar

Schriftsteller, Drehbuchautor - Kellerei 5, 6731 St. Martin (T. 06323 - 62 88) - Geb. 12. Dez. 1944 Dohna (Sachsen), gesch., 5 Kd. (Fausto, Mario, Marcus, Niko, Noriko) - Abit. 1964 Dresden; 1965/66 Stud. Kunsterzieh. u. Gesch. Univ. Leipzig; 1967/68 Stud. Lit.-Inst. Leipzig - Tätigk. als Landarb., Elektrokarrenfahrer, Kellner, Motorbootfahrer, Nachtwächter, Transportarb.; 1971/72 u. 1974-76 polit. Gefangener in d. DDR - BV: D. Knast- u. Wunderjahre d. Faustus Simplicissimus, 1979; In welchem Lande lebt Mephisto?, 1980; Ich will hier raus, 1983; E. jegliches hat s. Leid, 1984; Menschenhandel in d. Gegenw., 1986; D. Freischwimmer, 1987. Filmdrehb. f. d. sechsteilige ZDF-Serie Freiheit, d. ich meine (1979) - 1983 2. Preis Erzählwettbewerb d. Stiftg. Ostd. Kulturrat - Liebh.: Politik, Kunst.

FAUST, Volker

Dr. med., Prof., Medizinaldirektor, Forschungsleiter Psych. Landeskrkhs. Weissenau (Abt. Psych. I. d. Univ. Ulm), Ravensburg - Zu erreichen üb. Psych. Landeskrankenhs. Weissenau, 7980 Ravensburg-Weissenau - Geb. 21. Juli 1941 Leipzig, kath., verh. s. 1968 m. Elke, geb. Schöpperle, T. Sabine - Med.-Stud. Univ. Freiburg; Staatsex. u. Promot. 1967; Arzt f. Neurol., Psych./Psychotherapie 1975; Habil. 1981 - 1987 apl. Prof. Univ. Ulm; 1979 Leit. Ber. Forschung u. Lehre PLK Weissenau/Univ. Ulm. Forsch.- u. Fachber.-Leit. Akutpsychiatrie - Autor u. Herausg. v. üb. 20 Fachb. z. Thema: Depression, Sucht, Schlaf, Angst, Grenzgeb. d. Psych., Biometeorol., u.a. - Liebh.: Wandern, Wassersport, Theater, Gesch. - Spr.: Engl., Franz.

FAUTH, Wolfgang

Dr. phil., Prof. f. Klass. Philologie - Erfurter Str. 22, 3400 Göttingen - Geb. 6. Okt. 1924 - Promot. 1953 - S. 1973 (Habil.) Privatdoz. u. apl. Prof. (1976) Univ. Göttingen - BV: Hippolytos u. Phaidra, 2 Bde. 1958/59; Aphrodite Parakyptusa, 1966; Eidos Poikilon (Hypomnemata 66), 1981; Komment. z. Tacitus Historien Buch V (m. H. Heubner), 1982; Demogorgon (Nachr. Göttinger Akad.), 1987.

FAY, Carl-Norbert

Kaufmann, pers. haft. u. gf. Gesellsch. Fay-Gruppe, Mannheim - Zentralbüro: Konstanzer Str. 10-12, 6800 Mannheim 61 (T. 0621-47 20 21) - Geb. 7. Febr. 1938, ev., verh. s. 1961 m. Maria, 1 Sohn - Kaufm. u. techn. Ausb.

FAY, Douglas A.

Ph. D., Prof. f. Theoret. Festkörperphysik - Windloh 52, 2000 Hamburg 55 - B. 1977 Doz., dann Prof. Univ. Hamburg.

FECHNER, Eberhard

Autor, Regisseur u. Schauspieler - Nonnenstieg 25, 2000 Hamburg 13 (T. 040 - 480 22 44) - Geb. 21. Okt. 1926 Schlesien - BV: Strehler inszeniert, 1963; D. Comedian Harmonists - sechs Lebensläufe, 1988 - Fernsehsp.: Selbstbedienung, Damenquartett, Nachrede auf Klara Heydebreck, Klassenphoto, Frankf. Gold, Geheimagenten, Unter Denkmalsschutz, Tadellöser & Wolff Lebensdaten, D. Comedian Harmonists, Winterspelt, E. Kapitel f. sich, D. Prozess, Im Damenstift (1984), La Paloma (1989) u. a. - 1970 Filmpreis Verband Dt. Kritiker, Goldene Kamera, Adolf-Grimme-Preis in Silber (für: Nachrede auf Klara H.), 1971 Adolf-Grimme-Preis in Silber (für Klassenphoto), 1975 Premio RAI (f. Tadellöser & Wolff), 1976 Adolf-Grimme-Preis in Gold (f. Unter Denkmalschutz) u. Sonderpreis Kultusmin. Nordrh.-Westf. (f. Tadellöser & Wolff), Ehrende Anerkenn. DAG, 1977 Stern d. Jahres (Comedian Harmonists), 1978 Präd. wertvoll (Winterspelt), 1980 tz-Rose, Stern d. Woche, Fernsehsp. d. Monats, Gold. Kamera, Gold. Gong u. d. Jakob-Kaiser-Preis, alle f. Ein Kapitel für sich; 1985 Preis Verb. d. dt. Kritiker u. Eduard-Rhein-Preis, Hamburg; 1985 Alexander-Zinn-Preis.

FECHNER, Gisela,

geb. Seling

Hausfrau, MdA Berlin (s. 1971) - Finkenkruger Weg 118c, 1000 Berlin 20 (T. 366 11 17) - Geb. 5. Nov. 1926 Gelsenkirchen, verh., 2 Kd. - Volks- u. Handelssch. - Langj. Sekr., u. a. 1951-55 Treuhandst. f. d. Interzonenhandel u.

1964-71 Anwaltspraxis. 1967-71 Bezirksverordn. Spandau, s. 1974 Mitgl. Rundf.rat u. Programmaussch. SFB. AR-Mand. SPD s. 1945.

FECHNER, Horst
Generalintendant Städt. Bühnen Dortmund (s. 1985) - Zu erreichen üb. Städt. Bühnen, Kuhstr. 12, 4600 Dortmund (T. 0231 - 54 21) - B. 1978 Int. Coburg, 1978-84 Generalint. Kiel, ab 1985 Int. Dortmund.

FECHNER, Jörg-Ulrich
Dr. phil., M.Litt., Prof. Ruhr-Univ. Bochum - Glockengarten 51, 4630 Bochum 1 (T. 0234 - 35 55 76) - Geb. 9. Febr. 1939 Bochum (Vater: Fritz F., Beamter; Mutter: Erika, geb. Werthwein), ev., verh. s. 1980 in 2. Ehe m. Hildegard, geb. Deitmer, 4 Kd. (Jörg-Ulrich, Michael, Ulrike, Benedict) - 1959-64 Univ. Heidelberg u. Madrid (German. u. Roman.); Promot. 1964 Heidelberg, M.Litt. 1975 Cambridge, Habil. 1976 Bochum - 1964-66 Lektor Univ. Catania (Italien); 1966-72 Lektor Univ. Cambridge (Engl.); s. 1972 Lehrtätigk. Bochum. Gastprof. in München, Kiel, Mainz, Berkeley (USA), Lawrence (Kansas/USA), Rom - BV: D. Antipetrarkismus, 1966; D. dt. Sonett, 1969; Erfahrene und erfundene Landsch. Aurelio de'Giorgi Bertòlas Dtschl.bild u. d. Begründ. d. Rheinromantik, 1974; Helfrich Peter Sturz, 1981; Stammbücher als kulturhist. Quellen, 1981 - Liebh.: Lesen, Reisen, Kochen, Essen - Spr.: Engl., Franz., Span., Ital., Niederl.

FECHNER, Winfried
Musik- u. Kulturredakteur (Rundf./Ferns.) WDR Dortmund, Geschäftsf. Ges. f. Bühnentanzensembles in d. Bundesrep. Dtschl. - Kreuzstr. 103, 4600 Dortmund 1 (T. 0231 - 10 11 10) - Geb. 6. Dez. 1943 Rotenburg/Wümme, ledig - Stud. Handlungsforsch., Päd., German. Nieders. Hochsch. Lüneburg; Stud. Musik (Klavier, Orgel, Dirig.) Lübeck, Hamburg, London; Stud. Musikwiss. Musikhochsch. Hannover; Stud. Tanz u. Schauspiel Durham u. London - Regiss. (Schausp., Musical, Oper); Schauspieler; Autor; Moderator d. Sendereihe Surprise (WDR) - Musical: Lauter Gauner, 1984 (m.a.) - Liebh.: Musik, Reisen - Spr. Engl., Franz.

FECHNER, Wolfgang
Journalist - Holbeinstr. 3, 5300 Bonn (T. 375664) - Geb. 25. April 1922 Berlin (Vater: Otto F., Bürgermeister), verh. s. 1946 m. Lieselotte, geb. Manthei, T. Barbara - Oberrealsch.; Sprachenstud. (Berlin); journalist. Ausbild. (Hamburg, Lübeck, Kiel) - U. a. stv. Chefredakt. VZ-Kieler Morgenztg., Chefredakt. Hannoversche Presse (1968); Freier Journalist in Bonn (1975). 1954-69 2. bzw. 1. Vors. (1967) Schlesw.-Holst. Journalisten-Verb.; 1961-68 Vorstandsmitgl. Landeskurat. Unteilb. Dtschl. in SH; 1967-69 2. Vors. Verb. d. Reservisten d. Bundeswehr/Landesverb. SH; 1967-69 Mitgl. Tarifkommiss. Dt. Journ.-Verb. u. Int. Inst. f. strat. Stud. (ISS) London. SPD s. 1945 - BV: Die Bundeswehr, 1978; Sicherheit u. Frieden, Herausg. 1979 - 1968 Frhr. v. Stein-Medaille, 1975 BVK - Liebh.: Reisen, Gesch., Sprachen - Spr.: Engl., Russ. - Spez. Arbeitsgeb.: Internat. Sicherheitspolitik, Verteidigung, Ostpolitik.

FECHNER, Wolfgang
Dr. rer. pol., Dipl.-Volksw., Prof., Präsident FH Würzburg-Schweinfurt, Federführender d. Präs. d. bayer. staatl. Fachhochsch. - Baumgartenweg 87, 8780 Gemünden (T. 09351 - 32 00) - Geb. 23. Aug. 1938 Gramschütz, kath., verh. s. 1966 m. Gabriele Mann, 3 Kd. (Christoph, Martin, Veronika) - Stud. Volksw., Politikwiss. u. Soziol. Würzburg u. Wien - Vertreter bayer. FH b. d. WRK. Fraktionsvors. Stadtrat Gemünden u. Kreistag Main-Spessart - Arb. z. Politikgesch., z. Hochschuldidaktik, z. Technologietransfer u. z. intern. Arbeitsaustausch u. Kapitalverkehr; Aufs. u. Veröff. in Wirtschaftswoche, Neue Hochschule, Polit. Studien.

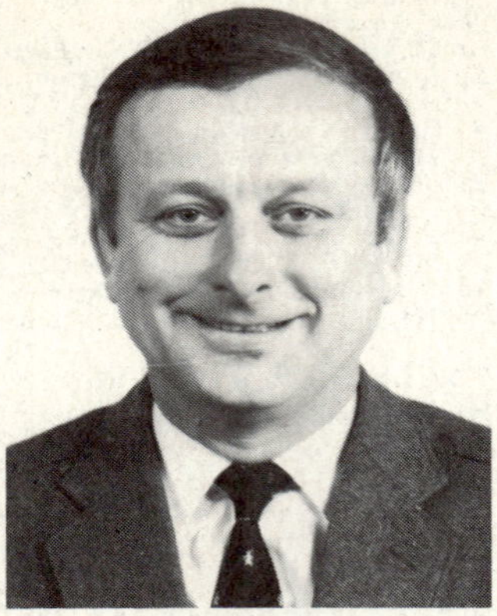

FECHT, Gerhard
Dr. phil., em. o. Prof. f. Ägyptologie - Rainweg 60, 6900 Heidelberg (T. 80 96 76) - Geb. 6. Febr. 1922 Mannheim (Vater: Dr. Rudolf F., Oberstudienrat; Mutter: Hertha, geb. Schellenberg), ev., verh. s. 1951 m. Adelheid, geb. Kappler, 3 Kd. (Andreas, Johanna, Tobias-Immanuel) - Gymn. Mannheim; Univ. Heidelberg (Ägyptol., Alte Gesch., Sprachwiss.). Promot. (1952) u. Habil. (1954) Heidelberg - S. 1954 Lehrtätigk. Univ. Heidelberg (1961 apl. Prof.) u. Berlin/FU (1967 Ord.). Entd.: Wiedergewinnung d. Ägypt. Metrik - BV: D. Habgierige u. d. Maat in d. Lehre d. Ptahhotep, 1958; Wortakzent u. Silbenstruktur, 1960; V. Wandel d. Menschenbildes in d. ägypt. Rundplastik, 1965; Lit. Zeugnisse z. Persönl. Frömmigkeit in Ägypten, 1965; D. Vorwurf an Gott in d. Mahnworten d. Ipu-wer, 1971 (Abh. Heidelberger Akad. d. Wiss.) - Mitgl. Dt. Archäol. Inst. - Bek. Vorf.: Dr. theol. Johannes F., markgräfl.-bad. Ephorus, Generalsuperint., Hofpred., 1690 ff. Prof. f. Theol. Univ. Rostock (1636 b. 1716).

FECHTER, Rudolf (Rolf)
Dr. phil., Botschafter a. D. - Hiera 19, 7825 Lenzkirch-Saig - Geb. 20. Mai 1912 Karlsruhe (Vater: Franz F.; Mutter: Hedwig, geb. Schuppel), kath., verh. I) s. 1941 m. Maria, geb. Claeys v. d. Warth († 1979); II) s. 1982 m. Jenny, geb. Kaiser, 2 Kd. (aus 1. Ehe) - Gymn. Karlsruhe; Univ. Innsbruck, Frankfurt/M., Wien, Heidelberg (Gesch.; Promot. 1939) - 1939-49 Aufenthalt Spanien, ab 1945 Doz. Instituto Católico de Artes e Industrias Madrid, 1949-53 Außenpolitiker u. stv. Chefredakt. Rhein. Merkur, Köln; 1953-54 Presse- u. Kulturattaché Dt. Botschaft Mexico, 1955-59 Leit. Referat f. Gesamtdt. Fragen u. Berlin AA Bonn, 1959-64 Dt. Generalkonsul u. Botschafter (1962) Damaskus, 1964-69 Botschaftsrat I. Kl. Botschaft Paris, 1969-73 Botschafter Addis Abeba, 1973-77 Botsch. Dublin - 1963 Grand Cordon syr. Verdienstorden, 1973 Großkreuz d. äthiop. Ordens Star of Honor, 1969 Commandeur franz. Ordre du Merite, 1970 BVK I. Kl. - Spr.: Franz., Engl., Span.

FECHTRUP, Hermann
Dr., Oberstadtdirektor Münster - Stadthaus, Klemensstr., 4400 Münster - Geb. 15. Mai 1928.

FEDDERSEN, Dieter Henning
Dr. jur., Rechtsanwalt u. Notar, AR-Vors. Drägerwerk AG, Lübeck (s. 1979) - Zu erreichen üb. Schillerstr. 19, 6000 Frankfurt am Main 1 (T. 069 - 299 80 20) - Geb. 22. April 1935 Kiel (Vater: Lorenz F., Revisor; Mutter: Margareta, geb. Petersen), ev.-luth., verh. m. Elisabeth, geb. Sturz, 2 Kd. (Isa, Alix) - Stud. Rechtswiss. Univ. Kiel u. Berlin; 1. Staatsex. 1959 Schleswig, 2. Staatsex. 1964 Hamburg, Promot. 1964 Kiel - 1964-71 Rechtsanwalt Braunschweig, dann Wiesbaden (b. 1974); ab 1974 eig. Anwaltsbüro Frankfurt/M., s. 1974 Notar. Zahlr. Beirats- (z. T. Vors.) u. VR-Mandate - BV: D. Rolle der Volksvertret. in d. dt. demokrat. Rep., 1964; Gemeinschaftskomment. z. HGB (m. a.) - Spr.: Engl.

FEDDERSEN, Jens
Chefredakteur NRZ - Neue Ruhr Zeitung, Neue Rhein Zeitung, Essen - Veilchenweg 6, 5628 Heiligenhaus-Isenbügel (T. NRZ: Essen 2064605) - Geb. 1928 (Berliner), verh. - Schule (Abit.) u. Hochschule für Politik Berlin - S. 1946 Journalist, s. 1961 Chefredakt. Zahlr. Auslandsreisen (u. a. USA, Asien, Sowjetunion). Rundfunkkomm., Fernsehdiskuss., Buchveröff. - 1975 BVK I. Kl.

FEDERER, Josef
I. Bürgermeister Stadt Mühldorf - Rathaus, 8260 Mühldorf/Inn - Geb. 19. Febr. 1921 Fronberg - Zul. Verwaltungsamtm. SPD.

FEDERHOFER, Hellmut
Dr. phil., o. Prof. u. Direktor Musikwiss. Inst. Univ. Mainz (s. 1962, s. 1979 emerit.) - Am Königsborn 18, 6500 Mainz (T. 4 05 12) - Geb. 6. Aug. 1911 Graz/Österr. (Eltern: Prof. Dr. Dr. h. c. Karl (Ord.) u. Irma F.), kath., verh. s. 1957 m. Renate, geb. Königs, 2 Kd. (Marie-Theres, Karl-Georg) - Univ. u. Akad. f. Musik u. darstell. Kunst Wien - Zul. Prof. Univ. Mainz - BV: Beitr. z. musikal. Gestaltanalyse, 1950 (Graz-Wien-Innsbruck); An Essay on thoroughbass, 1961 (USA); Musikpflege u. Musiker am Grazer Habsburgerhof d. Erzherzöge Karl u. Ferdinand v. Innerösterr., 1967 (Mainz); Neue Musik, 1978 (Tutzing); Akkord u. Stimmführ. in d. musiktheoret. Systemen von H. Riemann, E. Kurth u. H. Schenker, 1981 (Wien); Musikwiss. u. Musikpraxis, 1985 (Wien); Heinrich Schenker, 1985 (Hildesheim). Herausg.: Musik Alter Meister, Heft 1-50 (1949-80); Mainzer Stud. z. Musikwissensch. Schriftl. d. ‚Acta musiologica' (1962-86), Editionsleitung d. Gesamtausg. d. Werke v. J. J. Fux (1986ff.) - Österr. Ehrenkr. f. Wiss. u. Kunst, Korresp. Mitgl. Österr. Akad. d. Wiss., phil.-hist. Klasse; Ehrenmitgl. d. Intern. musicological Society u. d. Zentralinst. f. Mozartforsch., Salzburg; Goldmed. Pro Musica Austriaca; Gr. goldenes Ehrenz. d. Landes Steiermark - Spr.: Engl., Franz.

FEDERLIN, Konrad
Dr. med. o. Prof. f. Inn. Med. Univ. Gießen - Rodthohl 6, 6300 Gießen - Leiter III. Med. Klinik u. Poliklinik. Spezialgeb.: Endokrinol. (Diabetes, Schilddrüsenerkrankungen) u. Klin. Immunologie/Rheumatologie.

FEDERMANN, Rudolf
Dipl.-Kfm., Dr. rer. pol., Univ.-Prof., Steuerberater - Kalmanstr. 9, 2000 Hamburg 73 (T. 040 - 678 13 18) - Geb. 1. Juni 1945 Eger, verh. s. 1973 m. Gerlinde, geb. Thoß - Stud. Univ. Erlangen-Nürnberg, FU Berlin; Dipl.-Kfm. 1969 Nürnberg; Promot. 1973 - Wiss. Assist. Univ. Köln; 1977 Steuerberater; s. 1978 Prof. f. Betriebswirtsch.-Lehre Univ. d. Bundeswehr Hamburg, Inst. f. Betriebswirtsch. Steuerlehre - BV: Jahresabschlußzeitraum, 1973; Allg. Betriebswirtschaftslehre, 1978; Bilanzierung n. Handels- u. Steuerrecht, 1970/89; Bibliogr. d. Unternehmensbesteuerung, 1983; Kommentierungen EStG u. Bilanzrecht. Herausg.: Handb. d. Bilanzierung.

FEDERN, Klaus
Dr.-Ing., o. Prof. f. Maschinenelemente - Dachsberg 14, 1000 Berlin 33 (T. 8256719) - Geb. 21. Dez. 1910 Berlin - S. 1947 (Habil. f. Techn. Mechanik) Lehrtätigk. TH Darmstadt (1953 apl. Prof.) u. TU Berlin (1963 Ord. u. Dir. Inst. f. Konstruktionslehre u. Therm. Maschinen). 1971/72 Gastprof. Univ. Houston/Texas (USA).

FEDERSPIEL, Jürg
Schriftsteller - Postf. 260, CH-8034 Zürich (Schweiz) - Geb. 28. Juni 1931 Winterthur (Schweiz) - BV: Orangen u. Tode, Erz. 1961; Massaker im Mond, R. 1963; D. Mann, d. Glück brachte, Erz. 1966; Märchentante, Erz. 1970; Paratuga kehrt zurück, Erz. 1972; D. beste Stadt f. Blinde u. a., Berichte 1980; D. Ballade v. d. Typhoid Mary, Erz. 1982; D. Liebe ist e. Himmelsmacht, Fabeln 1985 - Div. Ehrungen, dar. 1965 Georg-Mackensen-u. 1969 Conrad-Ferdinand-Meyer-Preis; 1986 Preis d. Schillerstiftg. f. d. Gesamtwerk; 1986 Lit.-Preis d. Stadt Zürich u. 1988 d. Stadt Basel; 1989 Kunstpreis Zollikon.

FEESER, Carsten
s. Geyer, Dietmar

FEEST, Johannes
Dr., Soz. Wiss., Prof. f. Strafverfolgung, Strafvollzug, Strafrecht Univ. Bremen - Wernigeroder Str. 20, 2800 Bremen (T. 49 47 23) - Geb. 21. Nov. 1939 Berlin (Vater: Walter F.; Mutter: Herta, geb. Hilgenreiner), verh. s. 1966 m. Christa, geb. Bianchi, 3 Kd. (Uljana, Caspar, David) - Stud. d. Rechtswiss. u. Soziol. Univ. München u. Berkeley - BV: D. Definitionsmacht d. Polizei, 1972; Komment. z. Strafvollzugsgesetz, 3. A. 1989; Emil Sonnemann Chronik, 1985.

FEGELER, Ferdinand
Dr. med., Prof., Dermatologe (Praxis u. Labor.) - Harsewinkelgasse 21, 4400 Münster/W. (T. 5 54 66) - Geb. 14. März 1920 Hörstel, 4 Kd. (Prof. Dr. med. Klaus, Dr. med. Wolfgang, Susanne, Maike) - Promot. 1945 Hamburg; Habil. 1957 Münster - S. 1957 Lehrtätigk. Univ. Münster (1963 apl. Prof.; zeitw. Oberarzt Hautklinik). Fachmitgliedsch. Ehrenmitgliedsch.; Ausz. Entd.: Fegeler-Syndrome I u. II - BV: Med. Mykologie in Praxis u. Klinik, 1967 - Liebh.: Alte Fachlit., Golf.

FEGER, Gottfried Alfons
Dr. jur., Ltd. Regierungsdirektor, Leiter Grenzschutzverw. Süd - Infanteriestr. 6, 8000 München 40 (T. 12706325) - Geb. 30. Nov. 1934 Oberwolfach - Stud. d. Rechtswiss.; Gr. Jur. Staatsprüf.; Promot. 1968.

FEGER, Hubert
Dr. phil., o. Prof. f. Psychologie (Lehrstuhl f. Psych.) FU Berlin - Habelschwerdter Allee 45, 1000 Berlin 30 - Geb. 1. Nov. 1938 - Veröff. z. Themen d. Entscheidungsforsch., Einstell.mess. u. Analyse soz. Strukturen.

FEGERS, Hans
Dr. phil. (habil.), Prof. (emer.), Staatl. Akad. d. bild. Künste, Stuttgart - Belaustr. 18A, 7000 Stuttgart 1 (T. 69 81 55) - Geb. 6. Okt. 1911 Oberhausen/Rhld. - S. 1943 Lehrtätigk. Univ. Straßburg u. Kunstakad. Stuttgart (1948; 1952 Prof., 1957 beamt. P.) - BV: Reclams Kunstführer/Bd. IV Frankr. - Côte d'Azur, Dauphiné, Rhône-Tal (1967). Zahlr. Einzelarb., vornehml. Kunstbetracht. Herausg.: D. Werk d. Künstlers (1960), Dt. Kunst d. Mittelalters - Mittelalterl. Schatzkammer, 2 Bd.; D. Alte Testament i. d. dt. Kunst d. Mittelalters (1978), Reclams Kunstführer Burgund. Übers.: G. Bazin, Kunst aller Zeiten u. Völker (1957).

FEHL, Gerhard
Dr.-Ing., o. Univ.-Prof. f. Planungstheorie RWTH Aachen (s. 1971) - Lütticher Str. 246, 5100 Aachen (T. 72806) - Zul. TU Berlin.

FEHL, Ulrich
Dr. rer. pol., Prof. Univ. Marburg - Hausbäker Weg 30, 2900 Oldenburg (T. 0441 - 50 64 20) - Geb. 27. Jan. 1939 Bochum (Vater: Ulrich F., kfm. Angest.; Mutter: Anna, geb. Manns), ev., verh. s. 1968 m. Berbel, geb. Knackmuß, T. Vera - Hochschulreife 1961; Dipl.-Volksw. 1967, Promot. 1971, Habil. 1981

- 1956-59 prakt. Tätigk. Großhdl.; 1967-74 Wiss. Assist. u. Wiss. Angest.; 1974-80 Doz., 1980-87 o. Prof. Univ. Oldenburg - BV: Prod.funktion u. Prod.periode, (Diss.) 1973; Grundl. d. Mikroökon., (m. P. Oberender) Lehrb. 1976, 3 A. 1989 - Spr.: Engl.

FEHLER, Wilhelm
Dipl.-Kfm., Aufsichtsratsmitglied Hein, Lehmann AG, Düsseldorf - Steubenstr. 34, 6200 Wiesbaden (T. 06121 - 37 98 89) - Geb. 13. Sept. 1914.

FEHLHAMMER, Wolf Peter
Dr. Dr. rer. nat., Prof. f. Chemie - Zu erreichen üb. Inst. f. Anorgan. u. Analyt. Chemie FU Berlin, Fabeckstr. 34-36, 1000 Berlin 33; priv.: Palmzeile 2, Bln. 38 (T. 030 - 803 16 75) - Geb. 9. Sept. 1939 München (Vater: Georg F., Bankangest.; Mutter: Franziska, geb. Groebmair), kath., verh. s. 1963 m. Elisabeth, geb. Donhauser, 3 Kd. (Michael, Susanne, Manuel) - Abit. München 1959, Chemie-Dipl. TH München 1966, Promot. 1968, Habil 1976 ebd. - 1976 Berufung n. Erlangen, 1981 GdCh-Ortsvors.; 1983 Prof. FU Berlin - BV: 60 Publ. üb. neue metallorgan. Verbind. in Fachztschr. - 1981 Carl-Duisberg-Preis - Liebh.: Lit., Malerei, Musik, England, Frankreich, Italien, USA, Küche - Spr.: Engl., Franz.

FEHLING, Detlev
Dr. phil., Prof. f. Klass. Philologie Univ. Kiel (s. 1970) - Stückenberg 43, 2305 Heikendorf - Geb. 10. Juni 1929 - S. 1964 (Habil.) Lehrtätigk. Kiel. Bücher u. Aufs., u. a. Wiederholungsfiguren vor Gorgias, 1969; Quellenangaben Herodots, 1971 (engl. Übers. 1988); Amor u. Psyche, 1977; D. sieben Weisen u. d. frühgr. Chronologie, 1985.

FEHLING, Dora,
geb. Fränkel
Theater- u. Filmkritikerin - Margaretenstr. 5, 1000 Berlin 33 (T. 887 94 64) - Geb. 9. Nov. 1909 Dresden, ev., verh. I) 1928 m. Hanns E. Friedrich (Schriftst.), T. Leonore, verehel. Menzel, II) 1954 Prof. Hermann F. (Arch., s. dort) - I. Höh. Mädchensch. Leipzig; Kunstakad. ebd. (Foto-Abschlußprüf.) u. Schauspielsch. Berlin (ebenf. Abschlußprüf.) - B. 1936 (Arbeitsverbot aus rass. Gründen) Mitarb. (Film-, Literaturkritik, Kurzgesch.) bek. Ztg. u. Ztschr. (Frankf. Ztg., DAZ, Christl. Welt, Elegante Welt u. a.); 1946-72 Leit. Ressort Feuill. Telegraf, Berlin - Liebh.: Fotogr. - Spr.: Engl., Franz. - Bek. Vorf.: Anna Katharina (Käthchen) Schönkopf (Jugendfreundin Goethes) u. Daniel Chodowiecki (Zeichner u. Radierer).

FEHLING, Hermann
Architekt, Honorarprof. f. Entwerfen v. Hochbauten TU Berlin (s. 1966) - Margaretenstr. 5, 1000 Berlin 33 (T. 887 94 64) - Geb. 10. Sept. 1909 Hyères/ Frankr. (Vater: Max F., Gärtner; Mutter: Magda, geb. Stolterfoth), ev., verh. s. 1954 m. Dora, geb. Fränkel (Film- u. Theaterkrit.; s. dort) - Zimmermannlehre; Baugewerksch. Hamburg - S. 1945 fr. Arch. U. a. Mensa u. Studentendorf FU Berlin, Paul-Gebhardt- u. St.-Norbert-Kirche Schöneberg - 1961 o. Mitgl. Akad. d. Künste Berlin (1971 Dir. Abt. Baukunst); 1965 Berliner Kunstpreis.

FEHN, Franz Martin
I. Direktor, Vors. d. Gfg. Landesversicherungsanstalt Ober- u. Mittelfranken, Bayreuth - Herrnholzweg 15, 8580 Bayreuth - Geb. 9. Juni 1925 - Div. Mandate.

FEHN, Gerhard
I. Bürgermeister Stadt Schwarzenbach a. Wald (s. 1972) - Rathaus, Gartenstr. 27, 8678 Schwarzenbach a. Wald/Ofr. (T. 09289-14 51) - Geb. 17. Febr. 1929 Schwarzenbach a. W., ev., verh. s. 1947 m. Hildegard, geb. Lenz, S. Heinz - Zul. Stadtinsp. CSU (Überparteil. Schwarzenb. Heimatliste), Dipl.-Verw.wirt (FH) 1978 Kreisrat.

FEHN, Klaus
Dr. phil. (habil.), o. Prof. f. Histor. Geographie Univ. Bonn (s. 1972) - Konviktstr. 11, 5300 Bonn - Geb. 14. März 1936 München - Zul. Doz. Univ. Saarbrücken. Zahlr. Facharb.

FEHR, Ernst
Dipl.-Ing., I. Geschäftsführer Cumulus-Werke GmbH./Elektr. Regeleinrichtungen - Hans-Bunte-Str. 15, 7800 Freiburg/Br..

FEHRENBACH, Anneliese

Freie Schriftstellerin (Ps.: Fey) - Kneippstr. 20, 8939 Bad Wörishofen (T. 08247 - 20 77) - Geb. 7. Febr. 1926 Offenbach/M., kath., verh. s. 1949 m. Dr. med. Math. Fehrenbach, 3 Kd. (Claudia, Mathias, Marcus) - Musikstud. Frankfurt/M. (aufgr. Kriegsdienst nicht beendet) - BV: Wohin d. Weg führt; Griech. Sommer; Mondzitronenbaum, R.; Geteilte Liebe; Blaue Rosen, e. Kriegsnov. (m. e. Nachw. v. Dr. Karin Jäckel) 1988 - Mitgl. Fr. Dt. Autorenverb. - Liebh.: Veranstaltungen u. Hauskonz. u. Dichterlesungen, Liedbegleiterin (Piano) - Spr.: Engl., Franz., Ital. - Bek. Vorf.: Dr. Dieter Leisegang † (Cousin), Lyriker.

FEHRENBACH, Elisabeth
Dr. phil., Prof. f. Neuere Geschichte Univ. Saarbrücken (s. 1979) - Höhenweg 184, 6601 Scheidt (T. 0681-89 20 86) - Geb. 24. Dez. 1937 Düsseldorf (Vater: Dir. Albert F.; Mutter: Maria, geb. Pollmann), kath. - Stud. d. Gesch., German. Univ. Köln, Freiburg; Promot. 1967; Habil. 1973 - BV: Wandlungen d. dt. Kaisergedankens 1871-1918, 1969; Traditionale Ges. u. revolutionäres Recht, 3. A. 1983; V. Ancien Régime z. Wiener Kongreß, 2. A. 1986.

FEHRENBACH, Gustav
Amtsrat a. D., stv. Vors. DGB (1982 ff.) - Hans-Böckler-Str. 39, 4000 Düsseldorf 30 - Geb. 1925 Lörrach/Baden - Ab 1939 (Lehre) Postdst.; 1965-82 stv. Vors. Dt. Postgewerksch. CDU.

FEHRENBACH, Karl
Bankdirektor, stv. Vorstandsvorsitzender DG Bank Deutsche Genossenschaftsbank (s. 1986) - Am Platz d. Republik, 6000 Frankfurt/M. (T. 74 47 01) - Geb. 30. Dez. 1938 Augsburg - 1959-63 Jura-Stud. Univ. München; 2. jurist. Staatsprüf. 1968 - S. 1974 Vorst. BayWa AG, München (s. 1977 stv. Vors.); AR-Vors. Bavaria Schiffahrts- u. Speditions-AG, Aschaffenburg, BayWa AG, München; AR Bausparkasse Schwäbisch Hall AG, Schwäbisch Hall, Bayer. Wertpapiersammelbank AG, München; VR DG Bank Intern., Luxemburg; Vorst.-Vors. Bayer. Raiffeisen-Beteiligungs-AG, München.

FEHRER, Hans-Heinz
Dipl.-Kfm., Dr., gf. Gesellsch. F. S. Fehrer Ges. mbH & Co KG, Linz/Do-

nau; Ges. F. S. Fehrer, Gummihaar- u. Schaumpolsterfabrik GmbH & Co KG, Kitzingen a. M. u. Braunschweig; Ges. Fr. Jarand Ges. mbH & Co. KG, Einbeck - Margarethenweg 9, A-4020 Linz (Österr.) (T. 0732 - 27 74 14) - Geb. 14. Mai 1915 Würzburg (Vater: Kommerzialr. Hans F.; Mutter: Seffy, geb. Estermann), kath., verh. s. 1962 m. Hedwig, geb. Magauer, 6 Kd. - Realgymn.; Wirtschaftsuniv. Wien. AR Österr. Wirtschaftsakad., Wien, u. Getränke-Holding AG, Linz - Gold. Ehrenz. f. Verd. u. d. Rep. Österr. - Liebh.: Jagd, Schach - Spr.: Engl., Franz.

FEHRES, Wilfried
Div. ARs- und VRsmandate - Bahrenbergring 2, 4300 Essen-Heisingen (T. 460685) - Geb. 14. Okt. 1909 Aussig/ Böhmen (Vater: Rudolf F., Bankier; Mutter: geb. Lewis), verh. s. 1936 m. Eva, geb. Neumann, 3 Kd. (S., 2 T.) - Gymn. (Abit.); Bankausbildung (4 Jahre Tätigk. Ausl.) - Teilh. Bankhaus L. Wolfrum & Co., Aussig, u. Bankhaus v. d. Heydt-Kersten & Söhne, Wuppertal - Rotarier.

FEHRING, Günter, Peter
Dr. phil., Prof. f. Archäologie - Zu erreichen üb. Amt f. Vor- u. Frühgeschichte d. Hansestadt Lübeck, Meesenring 8/II, 2400 Lübeck (T. 0451 - 6 82 25) - Geb. 20. Aug. 1928 Stade (Vater: Johannes F., Kaufm.; Mutter: Alma, geb. Martens), ev., verh. s. 1966 m. Brigitte, geb. Hoffmann, 2 Töcht. (Christiane, Dorothea) - Stud. Kunstgesch. (Bau), Archäolog., Gesch. - 1960-73 Grabungsleit. u. Konservator f. Archäolog. d. MA Baden-Württ.; s. 1973 Dir. Amt f. Vor- u. Frühgesch. (Bodendenkmalpflege) d. Hansestadt Lübeck; 1974-83 Leit. Lübeck-Projekt Sonderforsch.ber. 17 Univ. Kiel; s. 1978 Prof. Univ. Hamburg - BV: Unterregenbach, Kirchen, Herrensitz, Siedlungsbereiche (Forsch. u. Ber. d. Archäolog. d. Mittelalters Baden-Württ.), 1972; Einführung in d. Archäolog. d. MA, 1987; Div. Aufs. in Fachztschr. Herausg.: Lübecker Schr. z. Archäol. u. Kulturgesch. (s. 1978) - Spr.: Engl.

FEHRMANN, Friedrich Helmut
Polizeipräsident a. D - Am Tivoli 36, 5100 Aachen - Geb. 8. Nov. 1920 Münster, kath., verh. s. 1954 m. Marlene, geb. Keimes, 8 Kd. - 1945-48 Stud. Rechts- u. Staatswiss. Univ. Münster (Ass.-Ex. 1951) - 1948-85 Beamter NRW, zul. Polizeipräs. Aachen. Mitgl. Aussch. f. Öfftl. Sicherheit u. Ordnung EUREGIO MAAS-RHEIN u. Vors. Volksbund Dt. Kriegsgräberfürsorge, Bez. Aachen - BVK I. Kl.; Offizierskreuz niederl. Orden v. Oranje-Nassau u. belg. Orden Leopold II - Liebh.: Wandern, Schwimmen, Jagen.

FEHRMANN, Hartmut
Dr. rer. nat., Dipl.-Landw., Prof. Univ. Göttingen, Pflanzenpathologe - Primelweg 11, 3400 Göttingen (T. 2 27 04) - Geb. 3. Juni 1933 Berlin (Vater: Willy F., Amtsrat; Mutter: Wanda, geb. Tiedge), verh. s. 1962 m. Sabine, geb. Girndt, T. Birgit - Obersch. (Abit.), Gärtnerl., Stud. d. Biol., Chemie, Landwirtsch. - Zahlr. Fachveröff. - Liebh.: Musik (Klavier) - Spr.: Engl.

FEHRMANN, Wilderich
Dr. jur., Vizepräsident Oberverwaltungsgericht f. d. Land NRW, stv. Mitgl. Verfassungsgerichtshof f. d. Land Nordrh.-Westf., Vors. Jurist. Studienges. Münster - Aegidiikirchplatz 5, 4400 Münster (T. 0251 - 50 53 51) - Geb. 12. Sept. 1928 Münster, kath. - Stud. Univ. Innsbruck u. Münster; Promot. 1958 Univ. Münster.

FEHSE, Klaus-Dieter
Dr. phil., Prof. f. Englisch - Clara-Egerten-Str. 7, 7801 Umkirch/Br. - Geb. 28. Sept. 1937 Aschersleben, ev., verh. s. 1965 m. Eleonore, geb. Erz, T. Katrin - Gymn. Dinslaken; 1957-64 Univ. Heidelberg, Freiburg, München, Glasgow, Saarbrücken (Angl., Amerik., Lat.). Promot. 1968 Saarbrücken - S. 1969 Lehrtätig. PH Schwäb. Gmünd u. Freiburg (1970; 1972 Prof.) - BV: Bibliogr. z. Testen in d. Schule, 1973 (m. W. Praeger); D. zeitgenöss. engl. Drama, 1975 (m. N. Platz) - Liebh.: Musik, Theater.

FEICHT, Heinz
Regierungsbaumeister a. D., Geschäftsf. NEUE HEIMAT BAYERN Gemeinn. Wohnungs- u. Siedlungsges. mbH., München - Asgardstr. 35, 8000 München 81 (T. 983833) - Geb. 20. April 1925 - Stud. Architektur - 1971 ff. Vizepräs. Bayer. Architektenkammer. ARsmandate.

FEID, Anatol
Priester im Dominikanerorden, Schriftst. - Marienhöhe, 6228 Eltville 2 (T. 06123 - 69 60) - Geb. 17. Juli 1942 Wormditt/ Ostpr., kath. - Stud. Phil. u. Theol. - S. 1979 Kontaktperson f. Suchtkranke u. deren Angehörige - BV: u. a. Wenn Du zurückschaust, wirst Du sterben, 1981 u. 86. Zahlr. Veröff. zu Suchtthemen - Ehrungen u. a. 1986 Gustav-Heinemann-Friedenspreis; 1987 Kathol. Kinder- u. Jugendbuchpr. u. Silb. Feid.

FEIERABEND, Jürgen
Dr. rer. nat., Prof. f. Botanik Univ. Frankfurt (FB Biol., s. 1980) - Talstr. 98a, 6000 Frankfurt/M. 56 - Geb. 24. Okt. 1938 Danzig - Promot. 1965, Habil. 1972 Göttingen - 1973-80 Wiss. Rat u. Prof. f. Pflanzl. Zellphysiol. Univ. Bochum; s. 1980 Univ. Frankfurt (1986-87 Dekan FB Biol.); 1986 Ruf an Univ. Bonn, 1987 abgelehnt. Zahlr. Facharb.

FEIERTAG, Rainer
Dr.-Ing., Prof. f. Elektromech. Konstruktionen Univ.-GH Wuppertal - Univ., FB Elektrotechn., Fuhlrottstr. 10, 5600 Wuppertal 1 (T. 0202 - 439 29 51); priv.: Langenhaus 50, 5600 Wuppertal 21 (T. 467 09 75) - Geb. 31. Juli 1932 Oppeln (Vater: Karl F., Postvizepräs. †; Mutter: Margarete, geb. Schmidt), kath., verh. s. 1961 m. Ruth, geb. Spreng, 3 Kd. (Dorothea, Gregor, Christian) - TH München (Dipl.-Ing. Maschinenbau 1958), Promot. 1967 Feinwerktechnik TH Karlsruhe; Habil. 1974 - 1958 Konstruktionsing.; 1970 Akad. Rat; 1971 Lehrbeauftr. Univ. Karlsruhe; 1974 Privatdoz.; 1977 wiss. Rat u. Prof.; 1981 Prof. f. Techn. Mech. u. Elektromech. Konstrukt. Univ.-GH Wuppertal. Vors. VDI/VDE-Ges. Feinwerktechnik - BV: Blätter z. Berufskd.: Dipl.-Ing. Feinwerktechnik, 1981 - Spr.: Engl.

FEIFEL, Erich
Dr. theol., o. Prof. f. Religionspädagogik u. Kerygmatik Univ. München (s. 1968) - Würmtalstr. 56c, 8000 München 70 (T. 714 78 02) - Geb. 27. Sept. 1925 Lauchheim/Württ., kath., led. - Gymn.; Univ. Tübingen (Theol., Päd.) Promot. 1957; Habil. 1963 - 1964-68 Prof. Päd. Hochsch. Reutlingen u. München (1965; Ord. u. Vorst.) - BV: Grundzüge e.

Theol. d. Gottesdst., 1960; Personale u. kollektive Erzieh., 1963, 2. A. 1965; D. Glaubensunterweis. u. d. abwesende Gott, 1965 (ital. 1969, span. 1970); D. päd. Anspruch d. Nachfolge Christi, 1968; Glaube u. Erzieh., 1970; Erwachsenenbild., 1972; Handb. d. Religionspäd., Bd. 1-3 1973-75, 2. A. 1977-78.

FEIG, Rudolf

Dr. phil., Dipl.-Psych., Univ.-Prof. f. Psychologie Univ. (GH) Siegen - Ziegelhüttenweg 1-3, 6000 Frankfurt/M. 70 - Geb. 11. Juni 1935 Troppau/Oppa - Promot. 1970 - S. 1973 wie oben - BV: Motivations-Strukturen in d. Erwachsenenbild., 1972; div. Beiträge z. Erwachsenenpädag. u. Differentiellen Psych., in: Siegener Studien, 1972ff.

FEIGE, Karl

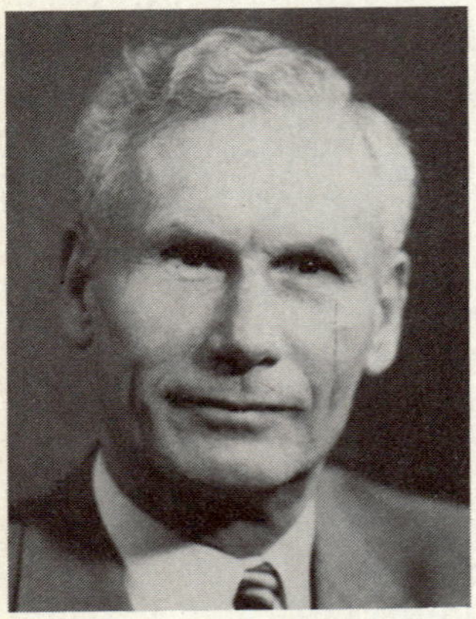

Dr. phil., Prof., Institutsdirektor a. D. - Hohenbergstr. 18, 2300 Kiel - Geb. 6. Dez. 1905 Berlin, ev., verh. s. 1938 - Stud. Psych., Phil., Päd., Musikwiss. Univ. Berlin u. Rostock; Dipl. Turn- u. Sportlehrer-Ex. 1931 Berlin; Promot. 1934 Rostock - 1938-45 Dir. Hochschulinst. f. Leibesübungen Univ. Jena; 1946-71 Dir. Hochschulinst. f. Leibesübungen Univ. Kiel - BV: Präzisionsleistungen menschl. Motorik, 1934; Natürliches Rudern, 1952; Vergl. Stud. z. Leistungsentw. v. Spitzensportlern, 1973; The Development of Sportpsych., 1977; Leistungsentw. u. Höchstleistungsalter v. Spitzenläufern, 1978 - 1976 Verdienter Leibeserzieher durch d. Vors. d. KMK; Ehrenvors. Arbeitsgem. f. Sportpsych. in d. BRD; 1977 Univ.-Med. Univ. Kiel u. Ehrenmitgl. Int. Soc. of Sports-Psych.; 1979 Ehrenmitgl. Fedération Européenne de Psych. des Sport et des Activitées Corporelles; 1986 BVK am Bde. - Lit.: Psychomotorik u. Sportliche Leistung, Festschr. z. 70. Geb. (1976).

FEIL, Arnold

Dr. phil., Prof. - Schützenstr. 22, 7400 Tübingen 5 - Geb. 2. Okt. 1925 Mannheim (Vater: Dr. jur. Fritz F., Brauereidir.; Mutter: Ottilie, geb. Heuser), kath., verh. s. 1954 m. Marion, geb. Daiber, 2 Kd. (Susanne, Daniel) - Stud. Musikhochsch. Mannheim u. Heidelberg, Univ. ebd.; Promot. 1954; Habil. 1966 - 1955-58 Musikref. Stadt Ludwigshafen/Rh., s. 1959 Univ. Tübingen (1971 apl. Prof. f. Musikwiss.), Lehrbeauftr. Fachhochsch. f. Bibl.wesen, Stuttgart. Ed.-Leiter d. Neuen Schubert-Ausg.; 1978 Präs. d. Internat. Schubert-Ges. Fachmitgl.sch. - BV: Stud. zu Schuberts Rhythmik, 1966; Fr. Sch. - D. schöne Müllerin, Winterreise, 1975 - Rotarier - Lit.: Franz Schubert. Jahre d. Krise 1818-23. Festschr. z. 60. Geb. (1985).

FEIL, Ernst

Dr. theol., Prof. f. Theologie Univ. München - Grubenweg 13, 8031 Gilching - Geb. 15. Mai 1932 Dorsten (Vater: Georg F., Oberstudiendir.; Mutter: Josefine, geb. Nienhausen), kath., verh. s. 1964 m. Mechthild, geb. Kochs, 2 T. (Monika, Christine) - 1952-60 Stud. Theol., Phil. u. Gräzistik (Staatsex. 1960, Ass. 1962, Promot. 1971) - 1971 o. Prof. PH Dortmund; 1975 o. Prof. in München - BV: D. Theol. Dietrich Bonhoeffers, 1971, 3. A. 1979 (engl. 1985); religio, 1986; Antithetik neuzeitl. Vernunft, 1987.

FEIL, Georg

Dr., Produzent - Grubenstr. 6a, 8027 Neuried - Geb. 21. April 1943, verh. s. 1968 m. Annette, geb. Böcker, 2 Söhne (Jan, Hendrik) - Stud. (German., Gesch., Polit. Wiss., Kommunikations-Wiss.) Univ. Münster, München u. Paris; Promot. 1972 München - Leit. Produktionsgruppe in d. Bavaria Film; Lehrbeauftr. Hochsch. f. FS u. Film, München - Wiss. Veröff.; zahlr. Kriminalromane u. Abenteuerromane; Kinderb.; üb. 70 Drehb. f. FS-Spiele u. -Serien (u. a. Tatort) - 1989 Adolf Grimme Preis f. d. Fahnder - Liebh.: Schreiben - Spr.: Engl., Franz.

FEIL, Klaus

Bankdirektor, Sprecher d. Vorst. Vereinsbank eG, Duisburg - Düsseldorfer Str. 11-13, 4100 Duisburg (T. 0203 - 2 86 70) - Geb. 29. März 1930 Düsseldorf, kath., verh., 2 Kd. - Abit.; Wirtschaftsakad., Banklehre - S. 1964 Vorst. Vereinsbank eG, Duisburg. Mitgl. Verb.aussch. u. Fachrat im Genossenschaftsverb. Rheinl.; Sprecher Bezirkskonfz. Kreditgenoss. Bezirk Rhein-Ruhr; Sprecher Regionalkonfz. Kreditgenoss. Düsseldorf, Neuss, Mettmann, Grevenbroich-Ruhrgeb.; Beiratsmitgl. d. WGZ-Bank, D'dorf; Mitgl. Prüfungsaussch. f. Bankkaufleute b. d. IHK Duisburg - Spr.: Engl., Franz.

FEIL, Otto

I. Bürgermeister - Rathaus, 8835 Pleinfeld/Mfr. - Geb. 28. Juni 1939 Pleinfeld - Zul. Verwaltungsamtm. CSU.

FEILCKE, Jochen

Verbandsreferent, Zentralvereinig. Berliner Arbeitgeberverbände (ZBA), Arbeitgeberverb. d. Berliner Metallind. (AVBM), (beurl.), MdB/Vertr. Berlins (s. 1983) - Nymphenburger Str. 3, 1000 Berlin 62 - Geb. 19. Aug. 1942 Hannover (Vater: Kurt F., Superintendent †; Mutter: Inge, geb. Reincke), ev., St. Richard - Kaiser-Wilhelms-Gymn. Hannover; FU Berlin (Volksw.) - 1972-73 Geschäftsf. Demokrat. Klub; 1973-74 Wiss. Angest. Bildungswerk d. Berliner Wirtsch.; 1975-77 Lt. Abt. Jugend u. Bildung d. Zentralvereinig. Berliner Arbeitgeberverb; 1971-75 Bezirksverordn. Berlin-Schöneberg; 1975 MdA. 1978-80 Geschäftsf. Bildungswerk d. Berliner Wirtschaft; 1981-83 Leit. Abt. Arbeitsmarkt u. intern. Sozialpolitik ZBA u. AVBM. CDU - Liebh.: Tennis.

FEILER, Anton

Diözesancaritasdirektor, Geschäftsf. Caritasverb. f. d. Diöz. Würzburg - Sterngasse 16, 8700 Würzburg.

FEILHAUER, Karl-Heinz

Dr. jur. utr., Rechtsanwalt, Hauptgeschäftsf. Verb. d. dt. Hochseefischereien, Geschäftsf. Seefrostvertrieb GmbH., Seefisch-Absatz-Ges. mbH., Verb. dt. Fischmehl- u. -ölfabriken, Vereinig. d. Verb. d. Fischmehlhersteller in d. EG, Präs. EUROPECHE Vereinig. d. national. Verb. v. Fischereiuntern. in d. EWG - Wachmannstr. 95, 2800 Bremen - Geb. 28. Sept. 1925 Hamburg - 1955 Bankjustitiar, 1961 -dir., 1969 Generalbevollm. Industrie, 1975 wie oben.

FEILHAUER, Oswald

Dipl.-Kfm., Vorstandsmitglied Heidelberger Versorgungs- u. Verkehrsbetriebe GmbH, Stadtwerke Heidelberg AG u. Heidelberger Straßen- u. Bergbahn AG - Berghalde 23, 6900 Heidelberg (T. 06221-38 11 01) - Geb. 1. Nov. 1931 Skotschau/Schles., verh. s. 1959 m. Helene, geb. Schwarzbach, 2 Töcht. (Ingeborg, Irene) - Stud. Rechtswiss. u. Volksw. Univ. Tübingen u. Betriebsw. Univ. Köln (Dipl. 1957).

FEILNER, Hildegunde

Dr. rer. pol., Dipl.-Kfm., Botschafterin a. D. - Zu erreichen üb. Auswärtiges Amt, 5300 Bonn - Geb. 4. Sept. 1918 Augsburg, ev., led. - 1946-51 Bayer. Wirtschaftsmin.; 1952-61 Botschaft Paris; 1962-65 Ausw. Amt; 1965-68 Botschaft New Delhi; 1968-73 Dt. Vertret. b. d. EG; 1973-77 Botsch. Colombo, Sri Lanka, 1977-80 Botsch. Singapur, 1980-83 Botsch. Manila - Legion d'Honneur; BVK - Spr.: Franz., Engl.

FEIN, Hans-Georg

Generalkonsul d. BRD in Curitiba - Avenida Joao Gualberto 1237, Curitiba/Paraná (Brasilien).

FEIN, Hans-Wolfgang

Dipl.-Ing., Konsul, gf. Gesellsch. C. & E. Fein, Erste Spezialfabrik f. Elektrowerkzeuge, Stuttgart (s. 1961), Vorstandsmitgl. Verb. Württ.-Bad. Metallindustrieller ebd., Vors. Fachverb. 27 Elektrowerkz. ZVEI; Präs. Vereinig. Europ. Elektrowerkzeugherst. - Albrecht-Dürer-Weg 10, 7000 Stuttgart-N. - Geb. 14. Aug. 1928 Stuttgart - 2 Kd. (Hans-Andreas, Diana) - TH Stuttgart (Maschinenbau; Dipl.-Ing. 1953) - Peruan. Konsul - Liebh.: Jagd, Tennis - Spr.: Engl. - Bek. Vorf.: Wilhelm Emil F., 1867 Firmengründer u. Pionier d. Elektrotechnik (Urgroßv.).

FEINÄUGLE, Norbert

Ph. D., Prof. f. Dt. Sprache u. Lit. PH Weingarten - Hermann-Ehlers-Str. 48 W 173, 7410 Reutlingen - Zul. Doz. - Ph. D. Univ. of Texas.

FEINDT, Hans

Landwirt u. Obstbauer, MdL Nieders. (s. 1967, CDU) - Osterjork 108, 2155 Jork üb. Buxtehude (T. 351) - Geb. 3. Okt. 1920 Tocopilla (Chile), verh. s. 1948, 4 Kd. - Schule (Mittl. Reife); Obstbaulehre; Obstbausch. Gärtnermeister 1951 - 1939-45 Kriegsdst. (zul. Reserveoffz.); s. 1953 Pächter u. Inh. (1963) elterl. Betrieb (18 ha Obstbau). Fachfunktionen.

FEINE, Ulrich

Dr. med., Prof., Ärztl. Direktor Lehrst. f. Nuclearmed. Univ. Tübingen - Bei d. Ochsenweide 14, 7400 Tübingen - Geb. 18. Jan. 1925 Rostock (Vater: Prof. Dr. jur. Hans Erich F.; Mutter: Ilse, geb. Stutz), ev., verh. s. 1954 m. Ursula, geb. Sicke, 4 Töcht. (Dorothee, Ruth, Eva, Claudia) - BV: Szintigraphische Diagnostik, 1969, 2. A. 1979 - 1973 Patschke-Preis Univ. München; 1982 korr. Mitgl. Schweizer Röntgenges.; 1987 Ehrendipl. d. Assoc. Européenne de Radiologie - Spr.: Engl., Franz., Ital.

FEINEN, Klaus

Dipl.-Kfm., Geschäftsführer Dt. Immobilien Leasing mbH, Düsseldorf, u. Tochterges. (s. 1976), Geschäftsf. Dt. Ges. f. Immobilien-Leasing mbH, Düsseldorf, u. Tochterges. (s. 1969), Vorst.-Vors. Bundesverb. Dt. Leasing-Ges. (BDL), Köln, Vorst.-Mitgl. Leaseurope, Brüssel - Immermannstr. 50/52, 4000 Düsseldorf 1 (T. 0211 - 1 69 10) - Geb. 23. Nov. 1940 Nettersheim (Vater: Paul F., Landwirt; Mutter: Katharina, geb. Hourtz), kath., verh. s. 1972 m. Jutta, geb. Husmann, 3 Kd. (Susanne, Christiane, Thomas) - Handelssch., Banklehre, Höh. Wirtsch.fachsch., Univ. Köln. Dipl.-Kfm. 1966 - Liebh.: Politik, Reitsport - Spr.: Engl.

FEINENDEGEN, Ludwig E.

Dr. med., o. Prof. f. Nuklearmed. - Wolfshovener Str. 197, 5170 Jülich-Stetternich (T. 02461 - 75 28) - Geb. 1. Jan. 1927 Garzweiler/Rhld. (Vater: Ludwig F., Oberkreisdir. i. R.; Mutter: Rosa, geb. Klauth), kath., verh. s. 1960 m. Jeannine, geb. Gemuseus (Basel), 2 Kd. (Dominik, Christoph) - Univ. Köln (Med. Staatsex. u. Promot. 1952) - 1952-53 Assist. Med. Univ.klinik Köln; 1953-55 Assistenzarzt St. Peter's General Hospital, New Brunswick (USA); 1955-57 Assistenzarzt St.-Cornelius-Hospital, Dülken; 1957-58 Ass.arzt St. Vincent's Hospital, New York City (USA); 1958-62 Arzt u. Wiss. Mitarb. (gegenw. auswärtiges Mitgl.) Brookhaven National Laboratory, Upton (USA); 1962-67 Wiss. Ref. EURATOM, Brookhaven, Brüssel, Paris; s. 1967 Leit. Inst. f. Med. Kernforschungsanlage Jülich u. Ord. Univ. Düsseldorf, s. 1976 Dir. Nuklearmed. Klinik Univ. Düsseldorf. 1969-79 Mitgl. NCRP Com. 24 (USA), Vorst.-Mitgl. Inst. f. biomed. Technik (Helmholtz-Inst.) (s. 1970) u. Inst. f. Systemanalyse (1971-79) Univ. Aachen. Mitgl. Bundesgesundheitsrat, Bonn (s. 1972), ICRP (England, 1973-85), ICRU (Washington/USA, s. 1981), Wiss. Beirat Abt. Strahlenhygiene Bundesgesundheitsamt, Berlin (s. 1981) u. Schutzkommiss. b. Bundesmin. d. Innern, Fachaussch. f. Strahlenschutz u. -krankheiten (s. 1974); Mitgl. Beir. Wiss. u. Lit., Goethe-Inst. München (1978-87); Mitgl. Strahlenschutzkomm. b. Bundesmin. d. Innern bzw. Bundesmin. f. Umwelt (1980-86) - Rhein.-Westf. Akad. d. Wiss. (s. 1971), Mitgl. Kurat. f. d. Tagungen d. Nobelpreisträger in Lindau (s. 1979) - BV: Tritiumlabeled molecules in biology and medicine, 1967 Academic Press (New York/London). 480 Veröff. in nat. u. intern. Ztschr.; Buchbeiträge z. Nuklearmed., Strahlenbiol., Strahlenschutz - Spr.: Engl., Franz.

FEINENDEGEN, Wolfgang

Rechtsanwalt - Porzeltstr. 2-3, 4050 Mönchengladbach 1 (T. 02161 - 8 60 01) - Geb. 30. Jan. 1930 Garzweiler (Vater: Ludwig F., Oberkr.dir.; Mutter: Rosa, geb. Klauth), kath., verh. s. 1959 m. Marelies, geb. Brungs, Sohn Stefan - Human. Gymn. Mönchengladbach; Stud. d. Rechtswiss. Univ. Köln; 1. u. 2. Staatsex. - 5 J. Tätigk. b. Wirtschaftsprüf.- u. Steuerberatungsges.; s. 1964 RA m. eig. Praxis. 1976-83 MdB. CDU - Spr.: Engl. - Rotarier.

FEISST, Werner Otto

Hauptabteilungsleiter Fernsehen Südwestfunk - An den Badäckern 14, 7560 Gaggenau-Selbach (T. 07225-57 78) - Geb. 8. Juli 1929 Freiburg/Br. (Vater: Adolf F., Buchdruckerm.; Mutter: Olivia, geb. Lorenz), orth., verh. s. 1959 - Leiter Abt. Ausbild.- u. Familienprogramm Südwestf.-Fernsehen - BV: Claudia (Einakter); Was d. Großm. noch wußte; V. Apfel b. z. Zwiebel (m. Kathrin Ruegg); Im Seppli si Schtern. Drehbücher u. Filme: Alexander v. Humboldt; Glauben aus d. Herzen; Mönche d. Heiligen Berges Athos - Orthod. Ritter v. hl. Grab, Gold. Kreuz d. Griech.-Orthod. Metropolie v. Dtschl.

FEIST, Karl-Heinz

Dipl.-Ing., Geschäftsführer Friemann & Wolf GmbH u. Tochterges. Silberkraft Leichtakkumulatoren GmbH, Friemann & Wolf Gerätebau GmbH, Vors. Fachverb. Elektr. Grubenlampen ZVEI, alle Duisburg - Peddenkamp 41, 4030 Ratingen 6 - Geb. 8 Juni 1936.

FEIT, Armin

Dr. jur., Rechtsanwalt, Präs. Bund d. Steuerzahler (s. 1982) - Burgstr. 1, 6200 Wiesbaden.

FEIT, Dietrich

Vorstandsmitglied Guano-Werke AG., Hamburg, Geschäftsf. BASF Düngemittelwerke Victor GmbH, Castrop-Rauxel, Beiratsmitgl. Heimbs & Sohn, Braunschweig - Am Sorgfeld 57, 2000 Hamburg 55 - Geb. 30. März 1923.

FEIT, Pierre

Prof. Dozent f. Oboe Musikhochschule Ruhr/Folkwang-Hochsch. - Abtei, 4300 Essen 16.

FEITZINGER, Johannes Viktor

Dr. rer. nat., Prof. f. Astronomie u. Astrophysik Univ. Bochum, Direktor d. Sternwarte Bochum (s. 1987) - Zu erreichen üb. Sternwarte Bochum, Castroper Str. 67, 4630 Bochum (T. 0234 -

621-36 91) - Geb. 2. März 1939 Troppau, verh. s. 1975 m. Christa, geb. Vassilliere, 2 Kd. - Dipl.-Phys. Tübingen, Promot. Tübingen; Habil. Bochum - Assist., Oberassist. Univ. Bochum; s. 1984 Prof. Univ. Bochum; s. 1987 Dir. s. o. Zahlr. Fachveröff.

FEIX, Günter
Dr. rer. nat., Prof. f. Molekulare Biologie - Schuberstr. 30, 7800 Freiburg/Br. - B. 1975 Doz., dann Prof. Univ. Freiburg.

FEKETE, Maria
Dr. rer. nat., Prof. f. Chem. Pflanzenphysiologie TH Darmstadt - Stetteritzweg 59, 6101 Roßdorf 2.

FELD, Brigitte
s. Sivkovich, Gisela

FELD, Klaus
Dipl.-Volksw., Geschäftsführer Landesverb. d. Verleger u. Buchhändler Saar - Eisenbahnstr. 68, 6600 Saarbrücken 1.

FELD, W. S.
s. Sommerfeld, Willy

FELDBAUSCH, Franz
Geschäftsführer J. D. Broelemann GmbH & Co., Bielefeld - Am Johannisbach 17, 4800 Bielefeld 15 - Geb. 24. Febr. 1931 Ludwigshafen, kath., verh. s. 1963 m. Helga, geb. Zins, 2 Söhne (Christian, Michael) - Gymn.; Kaufm. Ausb., Marketing-Ausb. - Präs. Intern. Tennisclub v. Deutschl.; Mitgl. Junior Committee ETA (Europ. Tennis-Verb.) u. Intern. Aussch. Dt. Tennis-Bund - 1955 u. 56 Mitgl. Dt. Davis-Cup Tennismannsch. - Spr.: Engl.

FELDBAUSCH, Friedrich K.

Dr. jur., Verwaltungsdirektor Saarländ. Rundfunk - Kobenhüttenweg 22, 6600 Saarbrücken (T. 602 37 00) - Geb. 17. Febr. 1929 Landau/Pf., verh. s. 1964 m. Brigitte, geb. Braun, 3 Kd. (Johannes, Verena, Christian) - Gr. jurist. Staatsprüf. - 1957-71 Dr. Dresdner Bank Frankfurt/M.; 1971-73 gf. Gesellsch. Röchlin Bank Saarbrücken; Beir. K.O. Braun, Wolfstein/Pfalz, Dresdner Bank AG, Frankfurt; Conco Medical Company, Bridgeport/Con. USA; VR Gebühreneinzugszentr. (GEZ) Köln - BV: Handb. d. Bankpraxis, 2. A. 1972; Bankpolitik, 1969; Bankwörterb. (Banking Dictionary), 3. A. 1984 (engl.-dt., dt.-engl.); Finance Diction, 1973; Bankmarketing, 1974; D. Bankgeschäft v. A-Z, 4. A. 1987 - Liebh.: Golf, Tennis - Gold. Sportabz. - Spr.: Engl., Franz.

FELDBUSCH, Elisabeth
Dr. phil., Prof. f. Germanistik/Sprachwiss. Univ. Paderborn - Warburger Str. 100, 4790 Paderborn (T. 05251 - 60 29 11) - Geb. 17. Okt. 1946 Kassel, ev., ledig - 1966-71 Stud. Univ. Marburg (German., Sprachwiss., Phil., Politikwiss.); Promot. (Sprachwiss.) 1976, Förd. d. Promot. durch d. Land Hessen u. d. Bund; Habil. 1984 Paderborn - 1972-74 stv. DFG-Projekt-Leit. (Schichtenspezif. Sprachgebrauch v. Schülern); 1974-85 wiss. Assist. Univ. Paderborn; 1985ff. Prof. f. German./Linguistik. Schwerp.: Sprachgesch., Sprachtheorie u. ihre Gesch. an d. Univ. Paderborn - BV: Sprachförderung im Vorschulalter. E. soziolog. Analyse, 1976; Geschriebene Sprache. Unters. zu ihrer Herausbildung u. Grundlegung ihrer Theorie, 1985; Sprache - e. Spiel?, 1986. Zahlr. Vortr. im In- u. Ausland - Einladung d. Stanford-Univ. z. 10. Weltkongreß f. Soziol., Vortr. im Main-Panel - Liebh.: Klass. Musik - Spr.: Engl., Franz., Span., Latein, Altgriech.

FELDBUSCH, Hans
Dr. phil., Museumsdirektor a. D. - Luise-Hensel-Str. 40, 5100 Aachen - B. 1978 Dir. Museen d. Stadt Aachen (Suermondt-Ludwig/Couven/Burg Frankenberg).

FELDER, Horst Günther
Verlagskaufmann, Verlagsdirektor, Verlagsleiter Darmstädter Echo Verlag u. Druckerei GmbH. - Holzhofallee 25-31, 6100 Darmstadt (T. 06151-387 255) - Geb. 7. Aug. 1923 Mindelheim (Vater: Josef F., Verleger, s. XVI. Ausg.; Mutter: Maria, geb. Klein), kath., verh. s. 1956 m. Anneliese, geb. Lorbach, T. Ute - Kaufm. Lehre; Handelssch. - Kriegsausz. - BVK - Liebh.: Musik, Theater, Filmen.

FELDERHOF, B. Ubbo
Dr. rer. nat., o. Prof. f. Theoret. Physik - Pommerotter Weg 14, 5100 Aachen - S. 1975 Ord. u. Inst.sdir. TH Aachen.

FELDERHOFF, Dieter H.
Prof., gf. Gesellschafter Mexxem Ges. f. med.-techn. Geräte mbH, Düsseldorf - Holbeinstr. 22, 4000 Düsseldorf 1 - Geb. 14. Juli 1939 Erkelenz, ev., verh. m. Heidemarie, geb. Rummel, Sohn Kersten - Kaufm. Ausb. (Abschl. 1957) - S. 1979 ao. Prof. staatl. Univ. Francisco Marroquin in Guatemala (f. angew. Wirtschaftswiss.) - Mitgl. ASU Arbeitsgem. selbst. Untern. u. DMG Dt. Management-Ges. - Liebh.: Malerei (Klass. Mod., sammelt selbst), klass. Musik, Klavierspielen - Spr.: Engl. - Lit.: Ltd. Männer d. Wirtsch. (Nachschlagew.).

FELDES, Roderich
Dr. phil., Schriftsteller - Arthel 22, 6345 Eschenburg-Eiershausen - Geb. 21. Dez. 1946, verh., 4 Kd. - Human. Gymn. Dillenburg; Stud. Univ. Gießen u. Frankfurt (German., Volkskd., Linguistik, Phil.); Promot. 1974 - Buchrezens., Hörspielregie, Filme - BV: Hörsp., Romane, Erz., Ess., Lyrik, u.a.: D. Reise an d. Rand d. Willens, Erz. 1979; Lilar, R. 1980; D. Verschwinden d. Harmonie, R. 1981; Pitagoring. Wechselküsse, Sonette 1982; Isolierglas, Erz. 1985; D. Wellensittich, 2 Erz. 1986 - 1976 Georg-Mackensen-Preis; 1980 Märk. Stip. f. Lit.

FELDHAUS, Bernd
Studiendirektor, MdL NRW (s. 1975) - Am Knapp Nr. 16, 4400 Münster/W. - Geb. 17. Okt. 1930 Vreden Kr. Borken, verh., 3 Kd. - Abit. 1951; Staatsprüf. 1957 (Deutsch, Erdkd., Sport) - S. 1958 höh. Schuldst. 1975 ff. Ratsmitgl. Münster. 1969-74 MdK Münster. SPD s. 1964 (u. a. 1974 Mitgl. Parteirat).

FELDHEIM, Walter
Dr. rer. nat., Dipl.-Chem., o. Prof. f. Ernährung - Elsa-Brandström-Str. 43, 2300 Kronshagen - Geb. 16. Mai 1926 Magdeburg - Promot. 1957 Jena; Habil. 1969 Gießen - 7 J. Akad. d. Wiss. Berlin/Inst. f. Ernährungsforsch.; s. 1971 Prof. Univ. Gießen u. Kiel (1976 Ord.). Üb. 200 Facharb.

FELDHOFF, Heiner
Realschullehrer u. Schriftsteller - Waldstr. 9, 5231 Lautzert - Geb. 27. Mai 1945 Steinheim/Westf., ev., verh. s. 1967 m. Annemarie, geb. Nosbüsch, 2 Kd. (Jens, Katrin) - BV: Gedichtbde.: Wiederbelebungsversuche, 1980; D. Notwendigkeit, bibbernd zusammenzurücken, 1984; Als wir einmal Äpfel pflücken wollten, 1985; Tuchfühlung, 1986; Mehr Licht! Notizen a. d. Provence, Prosa 1988; Vom Glück d. Ungehorsams. Ess. Lebensgesch. d. Henry David Thoreau, Biogr. 1989. Übers.: H. D. Thoreau, Vom Wandern (1983) - 1985 Förderpreis Land Rheinl.-Pfalz - Spr.: Franz.

FELDHOFF, Jürgen
Dr. phil., o. Prof. f. Soziologie u. Sozialpolitik Univ. Bielefeld - Hammerschmidtstr. 8, 4800 Bielefeld 2 - Doz. Berlin.

FELDHOFF, Norbert
Domkapitular, Generalvikar d. Erzbischofs v. Köln - Marzellenstr. 32, 5000 Köln 1 (T. 0221 - 1 64 21) - Geb. 3. Nov. 1939 Düsseldorf (Vater: Wilhelm F., Beamter; Mutter: Annemarie, geb. Feldhoff).

FELDKAMP, Rolf
Dipl.-Ing., Vorstandsmitgl. Thyssen Gießerei AG. - Aktienstr. 1, 4330 Mülheim/Ruhr - Geb. 29. Nov. 1929.

FELDMANN, Dierk Götz
Dr.-Ing., o. Prof. TU Hamburg-Harburg - Passatstr. 53, 2300 Kiel 17 (T. 0431 - 37 21 38) - Geb. 5. Febr. 1940 Heidenau (Vater: Dierk F., Dipl.-Ing.; Mutter: Eva, geb. Bogatsch), ev., verh. s. 1968 m. Ilsemarie, geb. Ehlers, 2 Kd. (Nils, Arne) - TH Hannover; Dipl. 1967, Promot. 1971 - 1972-75 ltd. Position Sauer u. Sohn, Kiel, u. 1975-81 Sauer Getriebe, Neumünster. Ab 1982 Prof. f. Konstruktionstechnik u. Leit. Arbeitsbereich TU Hamburg-Harburg; Vorst.-Vors. Stiftg. Johannes u. Ella Hinsch z. Förderung d. techn. Nachwuchses u. d. wiss. Forschung auf d. Gebiet d. Hydraulik.

FELDMANN, Erich
Dr. theol., Prof. f. Kath. Theol. Univ. Münster - Offenbergstr. 25, 4400 Münster (T. 0251 - 52 12 89) - Geb. 9. Mai 1929 Bamenohl, kath. - 1960-66 Religionslehrer u. Stud.-Ass. Hamm, s. 1966 Univ. Münster - BV: D. Einfluß d. Hortensius u. d. Manichäismus auf d. Denken d. jungen Augustinus v. 373 (Diss.), 1975; Epistula Fundamenti d. nordafr. Manichäer. Vers. e. Rekonstruktion, 1987. Mithrsg. d. Augustinus Lexikon (in Arb.). Veröff.: Christus-Frömmigkeit d. Mani-Jünger. D. suchende Augustinus in ihrem Netz (in: Pietas, 1980), Christenverfolg. im röm. Reich (in: rhs 26, 1983); Augustins Bekehrung (in: rhs 28, 1985); Alypius (in: AL, Fasz. 1+2, 1986); Sinn-Suche in d. Konkurrenz d. Angebote v. Phil. u. Religionen. Exempl. darst. ihrer Problematik b. j. Aug. (in: Festg. f. L. Verheijen, 1987); Konvergenz v. Strukturen? Ciceros Hort. u. Plotins Ennead. im Denken Augustins (in: Congresso Intern. Su S. Agostino (in: Atti I, Roma 1988); Apostolus (in: AL, Fasz. 3, 1988); Lit. u. theol. Probl. d. Confessiones (in: Intern. Symposion, Würzburg 1989); Unverschämt genug vermaß er sich, astronom. Anschauungen zu lehren - Aug. Polemik gegen Mani in conf. 5,3ff. (in: Signum Pietatis. Festg. f. C. P. Mayer, Würzburg 1989).

FELDMANN, Gerhard
Dipl.-Volksw., Geschäftsführer Bundesverb. Ring Dt. Makler - Mönckebergstr. 27, 2000 Hamburg 1 - Geb. 18. Sept. 1936.

FELDMANN, Harald
Dr. med., o. Prof. u. Direktor Hals-, Nasen- u. Ohrenklinik Univ. Münster - Schillerstr. 2, 4417 Altenberge/W. - Geb. 15. Febr. 1926 Weferlingen - Promot. 1955; Habil. 1963 - Zul. Wiss. Rat u. Prof. Univ. Heidelberg - BV: D. geschichtl. Entwickl. d. Hörprüfungsmethoden, 1960; HNO-Notfälle, 1974; D. Gutachten d. HNO-Arztes, 1976. Üb. 100 Einzelarb. - 1961 Curt-Adam-, 1972 Ludwig-Haymann-Preis - Spr.: Engl., Franz., Ital.

FELDMANN, Harald
Dr. med., Prof. f. Psychopathologie, Leiter d. Psychopathol. Forsch.-Stelle Univ. Göttingen (s. 1979) - Ludwig Beck-Str. 13, 3400 Göttingen - Geb. 14. Juni 1925 Celle, verh. m. Regine, geb. Schmidt, 3 Kd. - Stud. Univ. Göttingen (Med.); Staatsex. 1952, Promot. 1955, Habil. (Psych.) 1967 ebd. - BV: Hypochondrie, 1972; Kompendium d. med. Psych., 1983; Psychiatrie u. Psychotherapie, 1984; Mimesis u. Wirklichkeit, 1988. Art. u. Einzelbeitr. z. klin. Psychopathol. - Liebh.: Phil., Musik.

FELDMANN, Helmut
Dr. phil., Prof. f. Romanische Philologie - Röntgenstr. 11, 5024 Pulheim 2 - Geb. 1934 - Stud. German. u. Roman. Köln, Genua, Madrid u. Lissabon (Staatsex. f. Lehramt am Gymn., Promot. 1964, Habil. 1969) - S. 1970 Prof. f. Roman. Philol. Univ. Köln, Gastprof. Rio de Janeiro, São Paulo, João Pessoa, Fortaleza (alle in Brasilien) - BV: Graciliano Ramos. E. Untersuchung d. Selbstdarst. in seinem epischen Werk, 1965 (übers. Portug. 1967); D. Fiabe Carlo Gozzis: D. Entstehung e. Gattung u. ihre Transposition in d. System d. dt. Romantik, 1971; Wenceslau de Moraes (1854-1929) u. Japan, 1987 - 1978 Ehrendoktor Univ. Fortaleza (Bras.); 1980 Ehrenbürger Bundesstaat Ceará (Bras.) - Spr.: Franz., Ital., Span., Portug., Engl.

FELDMANN, Horst
Dr. rer. nat., Prof. f. Physiol. Chemie - Pasinger Heuweg 86, 8000 München 50 (T. 089 - 812 59 69) - Geb. 13. März 1932 Stettin (Vater: Wilhelm F., Amtmann; Mutter: Hertha, geb. Mansen), kath., verh. s. 1960 m. Hildegard, geb. Beissel, 2 T. (Barbara, Miriam) - Univ. Köln (organ. Chemie), Promot. 1962; Habil. Physiol. Chemie München 1968 - Prof. Inst. f. Physiol. Chemie, Univ. München - Zahlr. Arb. a. d. Gebiet d. Molekularbiologie - Liebh.: Musik, Malerei - Spr.: Engl., Franz.

FELDMANN, Olaf
Dr. jur., Jurist, Geschäftsführer, MdB (1981ff.) - Beuttenmüllerstr. 11, 7570 Baden-Baden (T. 07221 - 78 18); Büro: Bundeshaus, 5300 Bonn 1 (T. 0228 - 16 78 89, 16 79 05) - Geb. 9. Mai 1937 Elbing/Westpr., verh., 1 Tochter - 1950-57 Fr. Waldorfsch. Freiburg/Br.; 1957-61 Stud. Volkswirtsch. u. Jura ebd.; Ex. 1961 u. 67 (Promot.) - Selbstst. Kaufm.; ab 1973 Geschäftsf. Landesverb. Hotel- u. Gaststättengewerbe Baden-Württ. FDP s. 1972 (s. 1975 Stadtrat Baden-Baden; 1984-88 Mitgl. Landesvorst. Baden-Württ.); s. 1981 Bundestag, fremdenverkehrspolit. Sprecher FDP-Frakt. Mitgl. Ausw. Aussch., Vors. Fremdenverkehrsaussch. d. Dt. Bundestag.

FELDMANN, v., Peter
Dr. jur., Vorsitzender Richter am Verwaltungsgericht Berlin - Hardenbergstr. 31, 1000 Berlin 12 (T. 030 - 31 83 22 31) - Geb. 24. Dez. 1936 Berlin, 2 S. (Frank, Detlef) - Vorst.-Mitgl. Dt. Kinderhilfswerk - BV: Vereinigungsfreiheit u. Ver-

einigungsverbot, 1971; Recht u. Spiel, 1979; Berliner Planungsrecht, 1985; D. neue Baugesetzbuch (m. Klaus-Martin Groth), 1987.

FELDMANN, Uwe

Dr. rer. nat., Prof. f. Med. Statistik, Biomathematik u. Informationsverarb. Univ. Heidelberg - Univ. Heidelberg, Fak. f. Klin. Med., 6800 Mannheim 1 (T. 0621 - 383 26 99) - Geb. 4. Juni 1939 Hamburg (Vater: Dr. Harry F., Studienrat; Mutter: Käthe Hack, Lehrerin), ev., verh. s. 1971 m. Rosemarie, geb. Reimer - Staatsex. 1966 (Math., Physik, Phil.) Univ. Hamburg, Promot. 1973 TU Hannover, Habil. 1977 Med. Hochschule Hannover - 1966 wiss. Assist. Univ. Hamburg; 1971 Oberassist. Med. Hochsch. Hannover; 1979 Prof. Univ. Heidelberg - BV: Wachstumskinetik, 1979 - Liebh.: Musik, Kunst, Sportfliegerei - Spr.: Engl., Latein.

FELDMANN, Winfried

Brauereidirektor i.R., Aufsichtsratsmitglied d. Lüneburger Kronen-Brauerei AG, MdL Nieders. - Soltauer Allee 10b, 2120 Lüneburg - Geb. 15. Mai 1922 Essen-Steele (Vater: Heinrich F., Dipl.-Optiker; Mutter: Maria, geb. Winter), kath., verh. s. 1945 m. Gerda, geb. Vieth, 2 Söhne (Michael, Dieter) - Stud. d. Med. u. Phil. Univ. Freiburg/Br. u. Münster - Mitgl. d. Kreistages, dann MdL - Nieders. VO I. Kl.; Rotarier.

FELDMEYER, Karl

Journalist - Zu erreichen üb.: Frankfurter Allg. Zeitung, Postf. 2901, 6000 Frankfurt/M. 1 - Geb. 30. Nov. 1938 Mindelheim/Schwaben (Vater: Redakt.) - N. Abit. Ztg.svolont.; Stud. Neuere Geschichte u. Polit. Wiss. - S. 1971 FAZ (1976 Bonn-Korresp.).

FELDSIEPER, Manfred

Dr. rer. pol., Prof. Univ. Köln - Philipp-Wasserburg-Str. 26, 6500 Mainz 1 (T. 06131 - 4 46 38) - Geb. 23. März 1941 Witten (Vater: Willi F., Kaufm.; Mutter: Emmi, geb. Schmidt) - Univ. Mainz; Dipl.-Volksw. 1964, Promot. 1968, Habil. 1972 - 1968-69 wiss. Mitarb. Sachverständigenrat; 1972-74 wiss. Rat u. Prof. Mainz; 1974ff. Prof. Köln. Gastprof. Afghanistan, Hongkong, Malaysia, Thailand, China - BV: Bengalische Erz., 1971; Zollpräferenzen f. Entwicklungsländer, 1975; Wirtschaftspolitik in weltoffener Wirtschaft, 1983 - Spr.: Engl., Franz., Span., Ital., Portug., Bengalisch, Chines.

FELDTKELLER, Ernst

Dr. rer. nat., Prof., Materialphysiker Ref. Wiss. u. Technik Forschungslabor./ Siemens AG., München (s. 1983) - Michaeliburgstr. 15, 8000 München 80 - Geb. 19. Okt. 1931 Berlin - Stud. Physik (Dipl. 1957 Stuttgart). Promot. 1959 Göttingen; Habil. 1971 München - 1971 ff. Abt.sleit. Siemens. 1976 ff. apl. Prof. TU München (Werkstoffe d. Elektrotechnik) - BV: Dielektr. u. magnet. Materialeigensch., 2 Bde. 1973/74. Üb. 50 Einzelarb. Versch. Filme - 1963 Preis Dt. Physikal. Ges., 1964 Preis Nachrichtentechn. Ges.

FELDTMANN, Adolf

Sparkassenangestellter, Mitgl. Hbg. Bürgerschaft (s. 1978) - Damerowsweg 10, 2000 Hamburg 76 - Geb. 27. Mai 1928 Hamburg - Volkssch. Hamburg; 1942 ff. Flakhelfer, Soldat (1944), Kriegsgef. (1945); 1950-53 Lehre Hamburg - S. 1953 Angest. Hbg. Sparkasse. 1970-78 Mitgl. Bezirksvers. Hbg.-N (1976 Fraktionsf.). SPD.

FELGER, Wolf

Dr., Dipl.-Kfm., Geschäftsführer Getreide-Import-Ges. mbH, Duisburg - Höhenweg 19, 6072 Dreieich 5 - Geb. 30. Mai 1927 Stuttgart, verh. s. 1963, 2 Kd. - 1947-50 Stud. Betriebsw. Univ. Frankfurt; Promot. 1951 - Spr.: Engl.

FELGNER, Kurt

Prof., Ord. u. Direktor Inst. f. Musikerzieh. Univ. Frankfurt/M./Abt. f. Erziehungswiss. (s. 1964) - Schillerstr. 10, 6242 Kronberg/Ts. (T. 2324) - Geb. 26. März 1912 Osnabrück (Vater: Paul F., Kaufm.; Mutter: Olga, geb. Siems), ev. - Stud. Musik u. - wiss. Köln u. Berlin. Künstler. Prüf. Köln, päd. Berlin - U. a. Dir. Musiksch. Leoben u. Musikschulwerk Osnabrück. Dirig. Osnabr. Kammerchor, Frankf. Lehrergesangverein u. Bachchor. Konzertreisen In- u. Ausl. Gründer Nieders. Singkr. u. Nordwestd. Kammerorch. - Ehrenmitgl. Jeunesses musicales/Sektion Dtschl.

FELGNER, Ulrich

Dr. rer. nat., Prof., Mathematiker - Keplerstr. 5, 7400 Tübingen 1 - Geb. 17. Nov. 1941 Leoben - Promot. 1968 Tübingen - S. 1973 (Habil.) Lehrtätigk. Univ. Heidelberg (Doz.) u. Tübingen (Wiss. Rat u. Prof.) - BV: Models of ZF-Set Theory, 1971. Herausg.: Mengenlehre (1975). Üb. 40 Fachaufs. - Liebh.: Malerei, Lyrik, Musik - Spr.: Engl., Franz.

FELIX, Kurt

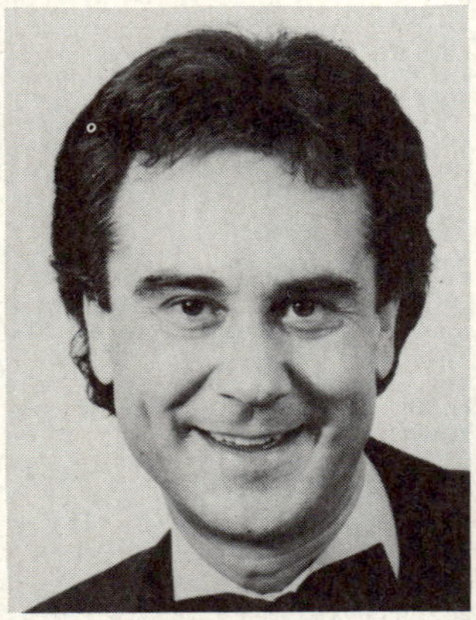

TV-Redaktor, TV-Moderator - Zu erreichen üb. Werner Kimmig, Appenweiererstr. 45, 7602 Oberkirch (07802 - 28 05) - Geb. 27. März 1941 Wil/ Schweiz, verh. s. 1980 m. Paola Del Medico - Lehrerausb. Sem. Kreuzlingen/ Schweiz - 1962-65 Radio-Reporter, 1965-80 Schweizer FS, zuerst f. Kultur u. Wiss. (viele Dokumentarfilme), später Regie v. gr. Live-Sendungen (Folklore u. Schweiz. Brauchtum), s. 1973 Abt. Unterhaltung, Ressortleit. Quiz u. Spiele - BV: Verstehen Sie Spass? Blick hinter d. Kulissen d. Versteckten Kamera, 1981 - Macher d. legendären Samstagabend-Show Teleboy (Hauptinhalt: Versteckte Kamera, erfolgreichste Sendereihe Schweizer FS. S. 1980 Macher u. Moderator v. Verstehen Sie Spass (Samstagabendsendung ARD) - 1965 Gold. Mikrophon d. BBC London (f. Kinder-Musical als Komp. u. Prod.); 1977 Prix Walo (erfolgreichster Unterhaltungsschaffender d. Schweiz); 1978 Bronzene Rose v. Monteux (f. That's TV) u. Chaplin-Preis (f. lustigste Sendung); 1988 Paola u. Kurt Felix beliebtestes Moderatoren-Paar im Deutschen FS.

FELIX, Paul

s. Reznicek, v., Felicitas J.

FELIX, Rainer

Dr. rer. nat., Prof. f. Mathematik Kath. Univ. Eichstätt (s. 1986) - Lüftenweg 2 B, 8078 Eichstätt (T. 08421 - 52 21) - Geb. 16. Sept. 1945 Gelsenkirchen, kath., verh. s. 1977 m. Dr. Sonja, geb. Klossek, 3 Kd. (Johannes, Susanne, Matthias) - Stud. 1965-70 Univ. Münster, Freiburg (Dipl.); Promot. 1973, Habil. 1980, bde. TU München - 1983 Heisenberg-Stip. Bielefeld; 1984 Prof.-Vertr. TH Darmstadt.

FELIX, Roland

Dr. med., o. Prof. f. Klinische Radiologie u. gf. Direktor Strahlenklinik/FU Berlin (s. 1978) - An d. Rehwiese 26, 1000 Berlin 38 - Geb. 15. Mai 1938 Berlin - Promot. 1962 München; Habil. 1970 Bonn - 1974-78 Prof. Univ. Bonn; Facharzt f. Radiol. u. Nuklearmed. (Strahlentherapie). Etwa 400 Fachveröff. - 1975 Fraenkel-Stip. Dt. Kreislaufges.; 1976 Hermann-Holthusen-Ring Dt. Roentgen-Ges.; 1984 1. Preis Radiological Soc. of North America (m. Runge u. Schörner).

FELIX, Sascha W.

Dr., o. Prof. f. Linguistik Univ. Passau - Am Bergholz 18a, 8391 Salzweg 2 (T. 08505 - 37 07) - Geb. 29. April 1945 Bielefeld (Vater: Werner F., Arzt; Mutter: Inge, geb. Stiller), ledig - Staatsex. 1969, Promot. 1972, Habil. 1977 - S. 1978 o. Prof. (1978-80 Dekan, 1980-82 Prodekan) - BV: Linguist. Unters. z. natürl. Zweitsprachenerwerb, 1978; Psycholinguist. Aspekte d. Zweitsprachenerwerbs, 1982 - Liebh.: Opern, Genetik, Karate - Spr.: Engl., Franz., Ital., Span., Jap.

FELIX, Wolfgang Walter

Dr. med., Prof., Pharmakologe - Dyroffstr. 12c, 8000 München 50 (T. 8122676) - Geb. 30. Sept. 1923 Heidelberg (Vater: Prof. Dr. med. Kurt F.; Mutter: Emmy, geb. Vogtherr), ev., verh. s. 1955 m. Maria-Alwine, geb. Bremer, 3 Kd. (Stephan, Manfred, Christian) - Med.-Stud. Promot. 1950, Habil. 1957 - Lehrtätigk. Univ. München (1964 apl. Prof.; 1972 Abt.sleit. u. Prof.). Veröff. üb. Pharmak. d. Blutkreislaufs u. d. Vegetativ. Nervensystems.

FELIX-DEL MEDICO, Paola

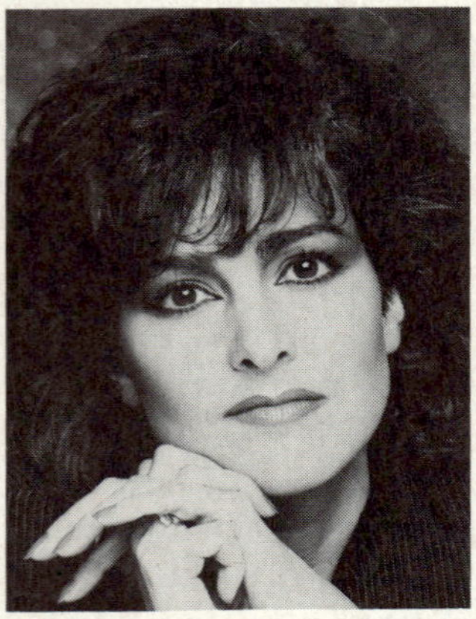

Sängerin, Entertainerin, TV-Moderatorin - Zu erreichen üb. Werner Kimmig, Appenweiererstr. 45, 7802 Oberkirch (T. 07802 - 28 05) - Geb. 5. Okt. 1950 St. Gallen/Schweiz, verh. s. 1980 m. Kurt Felix - Kaufm. Ausb.; Musik- Gesang- u. Tanzunterr. - 2 × Vertr. d. Schweiz b. Grand Prix Eurovision: 1969 2. m. Bonjour, Bonour, 1980 4. m. Cinema; Teiln. an vielen Intern. Song-Festivals; s. 1983 Co-Moderatorin m. Kurt Felix in Verstehen Sie Spass? (Samstagabendsendung ARD). Zahlr. Schallplatten, erfolgreichster Titel Blue Bayou (Bestseller, 7 × ZDF-Hitparade) - 1974 Gold. Bär (Beliebteste Sängerin d. Schweiz); 4 Goldene Stimmgabeln (am Tag d. dt. Schlagers) 1981, 1982, 1983, 1986; 1988 Paola u. Kurt Felix beliebtestes Moderatoren-Paar im Deutschen FS.

FELKE, Aloys

Dipl.-Kfm., Geschäftsf. Michael Felke Möbelwerke GmbH., Sohren - Michael-Felke-Str. 17, 6543 Sohren/Hunsrück - Geb. 20. Febr. 1927 - 1969-71 MdL. Rhld.-Pfalz.

FELL, Bernhard

Dr. rer. nat., Dipl.-Chem., Prof. f. Techn. u. Petrolchemie TH Aachen (s. 1970) - Im Mittelfeld 6, 5100 Aachen (T. 8 31 09) - Geb. 29. Aug. 1929 Aachen (Vater: Winand F., Beamter; Mutter: Käthe, geb. Dobbelstein), kath., verh. s. 1959 m. Dipl.-Chem. Dr. rer. nat. Marit, geb. Voigt, 4 Kd. (Frank-René, Sonja-Suzette, Anja Yvonne, Holger Marcel) - Stud. TH Aachen; Promot. 1958; Habil. 1968 - Patentinh.; Fachveröff. - Spr.: Engl.

FELL, Karl

1. Bürgermeister Stadt Hammelburg (1966-84) - Weinbergstr. 2, 8783 Hammelburg/Ufr. - Geb. 27. Dez. 1920 Modlos (Vater: Luitpold F., Landw.; Mutter: Maria, geb. Klüber), kath., verh. s. 1947 m. Anna, geb. Brendan, 3 Kd. (Valentin, Hans-Josef, Monika) - Gymn. - Zul. Regierungsamtm. CSU - Hammelbg. Bürgermed.; Ehrenbürger Stadt Hammelburg u. Stadt Turnhout/ Belg.

FELL, Karl H.

Dr. jur., Landgerichtsrat a. D., MdL Nordrh.-Westf. (1970-85), MdB (s. 1987) - Tüschenbroicher Str. 48, 5144 Wegberg/ Rhld. (T. 45 53) - Geb. 16. Dez. 1936 Erkelenz, verh., 6 Kd. - Gymn. Erkelenz (Abit. 1957); Univ. Bonn, Freiburg, Köln (Rechts- u. Staatswiss.). Promot. 1964 Bonn - 1966-70 Richter (LG Mönchengladbach); 1972-85 Bürgerm. Wegberg; s. 1981 Chef-Syndikus Bankhaus H. Lampe KG, Düsseldorf; s. 1986 Präs. Familienbd. d. dt. Katholiken.

FELL, Margret

Dr. phil. M.A., o. Univ.-Prof. f. Erwachsenenbildung u. außerschul. Jugendbild. Kath. Univ. Eichstätt (s. 1985) - Samariterstr. 6, 5000 Köln 51 (Bayenthal) (T. 0221 - 38 39 92) - Geb. 24. Okt. 1953 Köln (Vater: Gottfried F., Kaufm.; Mutter: Gerda, geb. Niessen), kath., led. - Stud. (Erziehungswiss., Soziol., Politol./Wirtsch.-Wiss.) Univ. Köln, Bonn u. Aachen; M.A. u. Promot. 1978 Bonn; Habil. 1982 Aachen - 1978 Lehrbeauftr. Univ. Bonn; 1979 wiss. Mitarb. RWTH Aachen. 1984 Gastprof. f. Allg. Päd. Univ. Trier. Mitgl. (Schriftleitg. u. Redakt.) Fachztschr. Erwachsenenbildung - BV: Betriebl. Weiterbild. als erwachsenenbildnerische Disziplin, 1978; Praxis d. betriebl. Weiterbild. Individuelle u. gruppenspez. Meth., 1981; Jugendsekten - Symptome e. säkularisierten Ges.?, 1982; Mündig durch Bildung, 1983; Kath. Erwachsenenbildung in d. Bundesrep. Dtschl., Dok. 1984; Andragogische Soziol., 1985; Auf d. Weg z. elternlosen Ges.?, 1986; Grundl. erwachsenengemäßen Lernens, 1986; Allgemeinbildung: Notwendigkeit od. Luxus?, 1987; D. neue Spielgeselligkeit, 1987; Räume in d. Erwachsenenbildung, 1989; Kath. Erwachsenenbildung zw. ges.-polit. Verantwortung u. kirchl. Interesse, 1989. Weit. Beitr., Buch- u. Spielerezens. in Ztschr. - Liebh.: Sammlung päd. relevanter Karikaturen, Malerei, Musik, Lit. - Spr.: Engl., Franz.

FELLBAUM, Klaus-Rüdiger

Dr.-Ing., Prof. f. Digitale Übertragungstechnik TU Berlin (s. 1977) - Tegeler Str. 20, 1000 Berlin 28 (T. 030 - 404 40 66) - Geb. 10. Jan. 1942 Berlin (Vater: Günther F., Ing. (grad), Fachschriftst.; Mutter: Ruth, geb. Kulesch), ev., verh. s. 1971 m. Renate, geb. Berger, 2 Kd. (Karsten, Britta) - Abit. 1962, 1971 Dipl.-Ing., 1975 Dr.-Ing., 1977 Prof., alles Berlin - Ca. 80 wiss. Veröff. (dar. 8 Fachb.) üb. elektron. Sprachverarbeitung, Textkommunikation u. elektron. Kommunikationshilfen f. Behinderte. Miterf.: Verfahren z. Sprachsignalübertragung m. niedriger Bitrate. Fachveröff. - Liebh.: Klass. Musik, Sport - Spr.: Engl.

FELLENBERG, Günter

Dr. rer. nat., Prof. f. Botanik spez. Entwicklungsphysiologie u. Umwelthygiene TU Braunschweig (s. 1970) - Mühlenbergstr. 1a, 3180 Wolfsburg-Neindorf (T. 05365 - 19 44) - Geb. 6. Febr. 1936 Hamburg (Vater: Emil F., Ing.; Mutter: Ella, geb. Pohl), ev., verh. s. 1966 m. Dr. Maria, geb. Kreßel, 2 Kd. (Franziska, Monika) - Abit. 1956 Coburg; Stud. Univ. Erlangen (Staatsex. f.

d. Höh. Lehramt 1962); Promot. ebd.; Habil. 1968 Hannover - 1962/63 Wiss. Mitarb. Max-Planck-Inst. f. Pflanzengenetik Ladenburg; 1963-1968 Wiss. Assist. TH Hannover; 1968-70 Doz. Univ. Heidelberg. Mitgl. Dt. Botan. Ges. - BV: Chromosomale Proteine, Monogr. 1974; Umweltforschung, Lehrb. 1977 (portug. 1980); Entwicklungsphysiol. d. Pflanzen, Lehrb. 1978; Prakt. Einführ. in d. Entwicklungsphysiol. d. Pflanzen, Lehrb. 1980; Pflanzenwachstum, Lehrb. 1981; Ökologische Probl. d. Umweltbelastung, Lehrb. 1985 - Liebh.: Photographieren - Spr.: Engl.

FELLER, Alfred

Dipl.-Kfm., Hauptgeschäftsführer Fachverb. d. Dt. Eisenwaren- u. Hausrathandels - Eichendorffstr. 3, 4000 Düsseldorf 30.

FELLER, Hans

Dr. jur., Bundesrichter - Graf-Bernadotte-Pl. 3, 3500 Kassel-W'höhe - Geb. 25. März 1922 - B. 1969 Arbeitsgericht Marburg (Oberarbeitsgerichtsrat), dann Bundesarbeitsgericht Kassel (Bundesrichter).

FELLER, Heinz-Gerhard

Dr. rer. nat., Prof. f. Oberflächentechnik u. Metallkunde TU Berlin - Im Dol 34a, 1000 Berlin 33 - Zul. Privatdoz.

FELLER, Peter jun.

Kaufmann, gf. Gesellsch. Allround Sportbekleidung Wilhelm Feller GmbH & Co. KG., Wuppertal, Vors. Bundesverb. d. Sportartikel-Industrie, Bonn, (b. 1981) u. a. - Brahmsstr. 13, 5600 Wuppertal 2 - Geb. 17. Okt. 1932 (Vater: Peter F., Kompl. Allround).

FELLER, Wolf(gang)

Journalist, Fernsehdir. BR (s. 1987) - Zu erreichen üb. Bayer. Rundfunk, Rundfunkpl. 1, 8000 München 2 - Geb. 1. Sept. 1930 München, led. - Gymn. Freising (1950 Abit.), Univ. München (1954 Dipl. oec. publ.) - S. 1958 BR (b. 1976 Wirtschaftsredakt. Fernsehen, b. 1982 ARD-Korresp. Rom, 1982-87 Chefredakt. Fernsehen) - Liebh.: Musik - Spr.: Engl., Ital.

FELLERMEIER, Jakob

Dr. theol., o. Prof. f. Philosophie - Wildmoosstr. 31, 8038 Gröbenzell (T. 08142 - 51749) - Geb. 21. Juli 1911 Reichertheim/Obb., kath. - S. 1949 Univ. München (Privatdoz.), Phil.-Theol. Hochsch., Freising (1950 ao., 1954 o. Prof.; zeitw. Rektor) u. Bamberg (1968 o. Prof., em. 1976) - BV: Abriß d. kath. Gesellschaftslehre, 1956; D. Phil. d. Altertums, 1964; D. Phil. a. d. Weg zu Gott, 1975; D. Naturrecht u. s. Probleme, 1980.

FELLGIEBEL, Walther-Peer

Alleinvorstand Deutsche Zündwaren-Monopol-Ges. (1983-86), Allein-Liquidator DZMG i. L. - Schumannstr. 47, 6000 Frankfurt/M. (T. 749598) - Geb. 7. Mai 1918 Berlin (Vater: Erich F., 1. General d. Nachr.-Tr. †1944; Mutter: Welda, geb. Meydam †1976), ev., verh. s. 1944 m. Rosemarie, geb. Kaerger, 2 Töcht. (Barbara, Amélie) - Gymn.; Abit.; Kriegssch. - 1937-45 Berufssoldat (zul. Major); 1945-48 div. Funkt. in d. Landw.; 1948-50 Ind.-Kfm.; 1950-63 Angest. DZMG; Präsid.-Mitgl. u. Vors. Ordenskommiss. d. -gem. d. Ritterkreuzträger - 1943 Ritterkreuz, 1975 BVK I. Kl. - Spr.: Engl., Franz. - Lit.: Franz Kurowski, Dt. Offz., 1967.

FELLHAUER, Heinz

Dr. jur., Intendant d. Dt. Welle (s. 1987) - Am Ziehenberg 4, 5060 Berg. Gladbach 1 (T. 52653) - Geb. 8. April 1928 Stuttgart, verh. s. 1959, 3 Kd. - Univ. Tübingen (Rechtswiss.) - Anwalt, 3 J. Ind., 4 J. Südd. Rundfunk, s. 1962 Verwaltungsdir., zul. stv. Int. Dt. Welle, Köln. CDU.

FELLINGER, Imogen

Dr. phil., Wiss. Oberrätin, Musikwissenschaft - Devrientweg 34, 1000 Berlin 45 (T. 030 - 771 71 28) - Geb. 9. Sept. 1928 München (Vater: Wolfgang F., Kunstmaler; Mutter: Lola, geb. Krüger, Bildhauerin), ev. - Stud. Univ. München u. Tübingen (Musikwiss., Roman., Angl.). Promot. 1956 Tübingen - S. 1957 Wiss. Mitarb. am Répertoire Intern. des Sources Musicales f. d. Bundesrep. Dtschl.; s. 1963 Leit. d. Dokumentationsstelle f. Musikbibliogr. d. 19. Jh. am Musikwiss. Inst. d. Univ. Köln; s. 1970 Staatl. Inst. f. Musikforsch. Pr. Kulturbesitz (1974 Rätin, 1983 Oberr.); s. 1979 Vors. Project Group on Music Periodicals d. Intern. Assoc. of Music Libraries, Archives and Documentation Centres (IAML) u. s. 1981 Mitgl. Intern. Advisory Board des Répertoire Intern. de la Presse musicale; s. 1983 Gründungsmitgl. d. J. Brahms Gesamtausg. (s. 1985 wiss. Beiratsmitgl.) - BV: Üb. d. Dynamik in d. Musik v. Johannes Brahms, 1961; Verzeichnis d. Musikztschr. d. 19. Jh., 1968 (Stud. z. Musikgeschich. d. 19. Jh. 10); Periodica Musicalia (1789-1830), 1986 (Ebda. 55). Zahlr. Einzelarb. - Herausg.: J. Brahms, Klavierstücke, op. 118 u. 119, 1974 - Spr.: Engl., Franz., Ital.

FELLMANN, Ferdinand

Dr. phil., Prof. f. Philosophie - Domplatz 23, 4400 Münster - Geb. 14. Dez. 1939 Hirschberg/Rsgb. - Promot. 1967, Habil. 1973 - S. 1980 Prof. Univ. Münster (Phil. Sem.) - BV: Scholastik u. kosmolog. Reform, 1971, 2. A. 1988; D. Vico-Axiom: D. Mensch macht d. Geschichte, 1976; Phänomenol. u. Expressionismus, 1982; Gelebte Phil. in Deutschl., 1983; Phänomenol. als ästhetische Theorie, 1989 - Übers.: Bruno, D. Aschermittwochsmahl, 1969; Vico, Neue Wissensch., 1981; Croce, D. Geschichte, 1984.

FELLMANN, Richard

Apotheker, MdL NRW (1950-75), Ehrenpräs. Apothekerkammer Nordrh. (s. 1982), Ehrenpräs. Bundes-Apothekerkammer (s. 1969) - Hauptstr. 100, 5000 Köln-Rodenkirchen (T. Köln 39 35 70) - Geb. 16. Okt. 1908 Schweidnitz/Schles., kath., verh. m. Maria, geb. Krämer, 3 Kd. - Gymn. Glatz; Univ. Bonn, Pharmaz. Staatsex. 1935 - S. 1935 Apoth. Köln, Lechenich (1941) u. Rodenkirchen (1952). 1946-52 Bürgerm. Lechenich u. MdK Euskirchen (Vors. CDU-Fraktion b. 1972, ausgesch.), b. 1988 AR-Mitgl. Dt. Apotheker- u. Ärztebank, Düsseldorf; AR-Mitgl. Gebau, Düsseldorf - 1972 ital. Cavaliere-Orden; 1973 Gr. BVK.

FELLMER, Reinhold

Oberstlt. i. G. a. D., gf. Gesellsch. ESTRA Lichttechnik GmbH., Stuttgart-Untertürkheim - Birkenwaldstr., 7000 Stuttgart-N. (T. 292640; Büro: 333125) - Geb. 12. Aug. 1911 Dresden, ev., verh. s. 1938 m. Barbara, geb. v. Hase, 4 Kd. - Realgymn., Kriegssch. u. -akad. - 1929-46 Berufssold. (im Kriegs Generalstabsoffz.) u. Kriegsgefangensch.; s. 1950 BUMIX-Mischlicht GmbH., Stuttgart (1951 Geschäftsf.) u. ESTRA (1956 Gf., 1958 Ges.) - Liebh.: Kunstgesch., Reiten (b. 1939 Turniersport) - Spr.: Engl., Franz., Ital.

FELMY, Hansjörg

Schauspieler - 5071 Unterbörsch (T. 02207 - 1316) - Geb. 31. Jan. 1931 Berlin (Vater: Hellmuth F., General d. Flieger a. D. † 1965; Mutter: Helene, geb. Boettcher † 1972), verh. 1960-84 m. Elfriede, geb. Rückert - Gymn. Braunschweig (b. Untertertia); Schlosser- u. Buchdruckerhandw.; Schauspielausbild. Hella Kaiser - S. 1949 Staatstheater Braunschweig, Stadttheater Aachen (1953) u. Städt. Bühnen Köln (1954). Charakterrollen. Zahlr. Filme, darunt. Herz ohne Gnade, Wir Wunderkinder, Unruhige Nacht, D. Mann, d. sich verkaufte, Menschen im Netz, Und ewig singen d. Wälder, D. Schachnovelle, An hl. Wassern, D. glückl. Jahre d. Thorwalds, D. zerrissene Vorhang (Hitchcock), Die Tote in d. Themse. Fernsehen: Flucht ohne Ausweg, Tatort (Kommissar Haferkamp).

FELMY, Karl Christian

Dr. theol., o. Prof. f. Geschichte u. Theologie d. christl. Ostens Univ. Erlangen - Kochstr. 6, 8520 Erlangen (T. 09131 - 85 22 14) - Geb. 13. Febr. 1938 Liegnitz, ev., verh. m. Linda, geb. Middendorf, 2 S. (Andreas, Stefan) - Univ. Heidelberg, Münster; Promot. 1969, Habil. 1981 - Ref. f. Orthodoxie Kirchl. Außenamt; 1982 Prof. f. Konfessionskd. Heidelberg - BV: Predigt im orthodoxen Rußland, 1972; D. Deutung d. Göttlichen Liturgie in d. russ. Theol., 1984 - Spr.: Russ., Engl., Franz., Neugriech., Rumän.

FELS, Gerhard Karl

Dr. rer. pol., Prof., Direktor Inst. d. Dt. Wirtsch. (1983ff.) - Gustav-Heinemann-Ufer 84-88, 5000 Köln 51 (T. 0221 - 370 82 11) - Geb. 17. Juni 1939 Baumholder (Vater: Karl F., Landw.; Mutter: Frieda, geb. Schug), ev., verh. s. 1962 m. Waltraud, geb. Endres, 3 Kd. (Joachim, Florian, Katrin) - Stud. d. Volkswirtsch. Univ. Bonn, Saarbrücken - 1969-83 Inst. f. Weltwirtsch. Univ. Kiel (1971 Leit. Abt. I; 1976 Stv. d. Präs.); 1983 Inst. d. dt. Wirtsch. Köln (Dir.); 1974-84 Hon.-Prof. Univ. Kiel; s. 1984 Hon.-Prof. Univ. Köln; 1976-82 Mitgl. Sachverständigenrat z. Begutachtung d. gesamtwirtschl. Entw.; 1978-82 Mitgl. d. Committee for Development Planning d. Vereint. Nat. In- und ausländ. Fachmitgl.sch. - BV: D. intern. Preiszusammenhang, 1969; Protektion u. Branchenstruktur d. westd. Wirtsch., 1972 (m. a.). Mithrsg.: Public Assistance to Industry (1976); D. dt. Wirtsch. im Strukturwandel, 1980 (m. a.); Soz. Sicherung. Von d. Finanzkrise z. Strukturreform, 1984 (m. a.); Mehr Flexibilität am Arbeitsplatz, 1986; Brauchen wir e. neue Ind.politik; (1987); A Supply-Side-Agenda for Germany (1989). Herausg.: Kirche u. Wirtsch. in d. Verantw. f. d. Zukunft d. Weltwirtsch. (1987) - Spr.: Engl., Franz.

FELSCH, Karl-Otto

Dr.-Ing., Dipl.-Ing., Prof. Univ. Karlsruhe (s. 1977) - Str. d. Roten Kreuzes 102, 7500 Karlsruhe 41 - Geb. 3. Nov. 1928 Dermbach/Rhön - Stud. Univ. Karlsruhe (Maschinenbau); Promot. 1965; Habil. 1971 - 1947-51 Siemens-Schuckert-AG., s. 1957 Univ. Karlsruhe (Assist.; 1961 Obering.; 1972 Akad. Dir.; 1974 Prof.); kollegiale Leit. d. Inst. f. Strömungslehre u. Strömungsmasch., Leit. Fachgeb. Strömungsmasch. Zahlr. Fachveröff.

FELSCHE, Jürgen

Dr. rer. nat., Prof. f. Chemie - Gießberg, 7750 Konstanz - Geb. 8. Nov. 1939 - Promot. 1966 Hamburg; Habil. 1971 Zürich - S. 1973 Prof. Univ. Konstanz. Üb. 150 Facharb.

FELSCHER, Walter

Dr. rer. nat., o. Prof. f. Mathematik - Alte Steige 10, 7407 Rottenburg 13-Obernau (T. 07472 - 6874) - Geb. 12. Okt. 1931 - S. 1960 (Habil.) Lehrtätigk. Univ. Freiburg (1967 apl. Prof.) u. Tübingen (Ord.). Fachveröff.

FELTEN, Hans

Dr. phil., Prof. f. roman. Philologie RWTH Aachen - Heinrichsallee 62, 5100 Aachen - Geb. 27. Nov. 1938 Dortmund - Univ. Freiburg/Br. (Promot. 1971); Habil. 1977 RWTH Aachen - 1977 Priv.-Doz., 1982 Prof. - BV: Wissen u. Poesie. D. Begriffswelt d. Divina Commedia im Vergleich m. theol. Lateintexten, 1972; Maria de Zayas y Sotomayor. Z. Zusammenhang zw. moralist. Texten u. Novellenlit., 1978; zahlr. Veröff. in Fachztschr.

FELTEN, Leo

Dr., I. Bürgermeister - Hügelstr. 11, 6780 Pirmasens - Geb. 26. Juli 1922 - AR-Mitgl. Dt. Bausparkasse eGmbH., Darmstadt.

FELTKAMP, Herbert

Dr. rer. nat., Prof. f. Pharmazeut. Chemie - Falkenberg 85a, 5600 Wuppertal 1 - Geb. 11. Sept. 1930 Kassel - Promot. 1960; Habil. 1964 - S. 1964 Lehrtätigk. Univ. Tübingen u. Bonn (1967; 1970 apl. Prof.). Üb. 60 Fachveröff.

FEMPPEL, Gerhard

Dr. rer. pol., Inhaber Perpedes GmbH - Wernlinstr. 4, 7000 Stuttgart 1 (T. 0711 - 22 50 17) - Geb. 27. Nov. 1925 Stuttgart - Volksw. TH Stuttgart, Univ. Tübingen. Dipl. 1949; Promot. 1951 - Direkt.-Assist. DLW-AG; Geschäftsf. Albrecht KG; 1966-78 Generalbevollm. VDO; 1978-82 Geschäftsf. Blaupunkt-Werke GmbH; 1982 Dir. Robert Bosch GmbH; VR Klöckner-Moeller Holding - Spr.: Engl., Franz. - Rotarier.

FENDEL, Rosemarie

Schauspielerin - Seilerbahn 1, 6230 Frankfurt 80 - Geb. 25. April 1927 Metternich (Vater: Hans F., Studienrat; Mutter: Maria, geb. Wohlrab), kath., 1955-62 verh. (gesch.), T. Suzanne v. Borsody (geb. 1957) - Gymn. Graslitz/Tschechosl. (Abit.); Schauspielausbild. Maria Koppenhöfer - Mitgl. Kammersp. München (1947-49), Landestheater Tübingen (1949-53), Schauspielhaus Düsseldorf/Gründgens (1953-54), Landestheater Darmstadt (1954-55) - BV: 5 Drehb. (s. 1981). Film: Tätowierung; Fernsehen: D. Graue, Träume in d. Mäusefalle, D. Physiker, D. Jubilarin, D. Besuch (NBC), E. Sonntag, E. Besuch, Nette Leute, Morgen - E. Fenster z. Straße, D. Mann aus d. Bootshaus, Spaßmacher u. a. Regie: Auf d. Hund gekommen (1980), D. Heuler (1982), beides FS-Spiele; Theater-Regie: Tat Frankfurt u. Schillertheater Berlin (Mad. de Sade, Einer f. alles), Josefstadt Wien (Hellmann-Herbstgarten); Theater: Möwe-Arkadina, Schillertheater Berlin - 1972 Gold. Bundesfilmpreis; 1973 Goldene Kamera; 1974 Gold. Grimme-Preis - Liebh.: Lesen, Rosenzucht, Schreiben - Spr.: Engl., Franz.

FENDL, Josef

Konrektor, Schriftst. - Reichenberger Str. 8, 8402 Neutraubling (T. 09401 - 34 24) - Geb. 17. Jan. 1929 Schönbühl/Kr. Straubing-Bogen, kath., verh. s. 1958 m. Lieselotte, geb. Stuhl, 3 Töcht. (Elisabeth, Maria, Barbara) - Abit. 1947 Straubing; Stud. Phil. Theol. Hochsch. Regensburg; Lehramtsprüf. 1954 u. 58 - Realschullehrer f. Deutsch u. Gesch. - S. 1966 Gemeinderat Neutraubling, s. 1972 Kreisrat; s. 1974 Kreisheimatpfleger Regensburg - BV: u.a. 2000 Bauernseufzer, 1980; Himmelfahrt im Holzkübel, 1983; Bayer. Bauernbrevier, 1984; Bayer. Bauernschmaus, 1986; Weiß-Blaues schwarz auf weiß, 1987; D. Freitagsschnitzel, 1988; Sprüch übers Bier, 1989; Sprüch über d. Beamten, 1989; Hist. Erz. aus d. Bayer. Wald, 1981; Burgen u. Ritter rund um Regensburg, 1984; Ortschroniken u. Heimatb., Mundartged. u. -erz. - 1983 Joseph-Schlicht-Med. f. Verdienste auf d. Geb. d. Volkskd.; 1987 Gotteszeller Heimat-Lit.preis - Spr.: Latein, Engl.

FENDT, Georg

Maschinenschlosser, MdL Bayern (s. 1966) - Benediktstr. 10, 8904 Friedberg - Geb. 19. Mai 1926 Augsburg, kath., verh. 2 Kd. - Volkssch. Friedberg - S. Lehre MAN, Augsburg, 1943-45 Wehrdst, S. 1956 Mitgl. Stadtrat Friedberg (dzt. 2. Bürgerm.). CSU.

FENDT, Hermann

Dr.-Ing. E. h., Fabrikant, pers. haft. Gesellsch. Fendt Unternehmensgruppe, Marktoberdorf, s. 1973 Vorstandsmitgl. VBM München, Präsidialmitgl. Landmaschinen- u. Ackerschlepper-Vereinig., Frankfurt/M. - Jahnstr. 10, 8952 Marktoberdorf/Allgäu - Geb. 13. Aug. 1911 Marktoberdorf - 1972 Publizitätspreis

Club d. Münchner Wirtschaftspresse; BVK; 1973 Bayer. VO.

FENEBERG, Hermann

Dr. jur., Prof., Gerichtspräsident a. D., Präs. Dt. Ges. f. christl. Kunst, München - Klarastr. 2, 8033 Krailling/Obb. - Geb. 18. Aug. 1903 - Zul. Präs. Bayer. Verwaltungsgerichtshof. Honorarprof. TU München (Verw.srecht) - BV/Komm.: Bundeswahlgesetz, 1949 (div. Aufl.); Landes- u. Bezirkswahlgesetz, 1950 (div. A.); Personenstandsgesetz, 1958 - 1962 Bayer. VO., 1973 Gr. BVK; Ritterkr. Sylvester-Orden.

FENEBERG, Josef

Landwirt, MdL Bayern (s. 1970) - Riedhirschstr. Nr. 217, 8999 Heimenkirch/Schwaben (T. 08384 - 416) - Geb. 1923 - CSU - 1980 Bayer. VO.

FENEIS, Heinz

Dr. med., o. Prof. f. Anatomie - Ebertstr. 7, 7400 Tübingen (T. 31957) - Geb. 9. April 1908 Krügersdorp (Vater: Hans F., Hotelier; Mutter: Emma, geb. Wieben), ev., verh. s. 1938 m. Ida, geb. Pries, 3 Kd. - Univ. Kiel (Theol. u. Med.). Promot. (1937) u. Habil. (1942) Kiel - S. 1942 Lehrtätigk. Univ. Kiel u. Tübingen. (1949 Doz. u. apl. Prof., 1950 ao. Prof., 1969 o. Prof., 1976 emerit.). Spez. Arbeitsgeb.: Funktionelle Anat. - BV: Anat. Bildnomenklatur, 1967. Einzelarb. Drehb. z. ärztl. Unterr.filmen.

FENGE, Hilmar

Dr. jur., Prof. (Bürgerl. Recht, Zivilprozeßrecht u. Jurist. Methodenlehre) Univ. Hannover - Bölschestr. 42, 3000 Hannover 1.

FENGER, Herbert

Dr. rer. pol., Prof. f. Berufspädagogik u. Bildungsplanung TH Darmstadt - Fasanenweg 2, 6147 Lautertal-Staffel.

FENGLER, Jörg

Dr. phil., Prof. f. Heilpäd. Psychologie, Heilpäd. Fak. d. Univ. Köln - Lehmkaulenweg 33, 5305 Gielsdorf/Bonn - Geb. 7. Nov. 1944 Schwessin (Vater: Ernst F., Tierarzt; Mutter: Ilse, geb. Ehlert), ev., - Gymn. Duisburg; 1964-69 Univ. Hamburg u. Bonn (Dipl.-Psych.). Promot. 1972 - S. 1975 Hochschullehrer - BV: Verhaltensänderung in Gruppenprozessen, 1975; Selbstkontrolle in Gruppen, 1974. Mitverf.: Angew. Gruppendynamik, 1974; Kurzpsychotherapie u. Krisenberatung, 1978; Kritik d. Gruppendynamik, 1980; Handb. d. Heilpäd. Psych. (m. G. Jansen), 1986 - Spr.: Engl., Franz.

FENGLER, Michael

Produzent, Vorstandsmitgl. Arbeitsgem. Neuer Dt. Spielfilmprod. - Sebastianpl. 3, 8000 München 2.

FENN, Herbert

Dr. jur., o. Prof. f. Bürgerl. Recht, Arbeits- u. Zivilprozeßrecht Univ. Bonn (s. 1971) - Thüringer Allee 156, 5205 St. Augustin 2 - Geb. 8. Febr. 1935 Offenbach/M., ev., verh. s. 1960 - 1954-58 Univ. Frankfurt/M. u. München (Rechtswiss.). Promot. 1961; Habil. 1969 - Doz. Univ. Frankfurt - BV: D. Anschlußbeschwerde im Zivilprozeß u. im Verf. d. freiw. Gerichtsbarkeit, 1961; D. Mitarbeit in d. Diensten Familienangehöriger, 1970; Recht auf Arbeit, 1984 - Liebh.: Tanzen (u. a. 1969 3. Platz Europameistersch. in d. Standardtänzen d. Amateure).

FENNER, Axel

Dr. med., Prof., Direktor Klinik f. Neonatologie Med. Univ. Lübeck - Musterbahn 13, 2400 Lübeck (T. 0451 - 7 00 22) - Geb. 5. Juli 1935 Neustrelitz, ev.-luth., verh. s. 1966 m. Hedwig, geb. Nolte, 6 Kd. (Sören, Ulrike, Christian, Katharina, Mareike, Timon) - Med.-Stud.; Staatsex. 1960 Freiburg, Promot. 1961 Univ. d. Saarl., Habil. 1969 Lübeck (Kinderheilkd.) - S. 1972 Prof. Lübeck. Ausl.-Aufenth.: USA (1961-67): Univ. of

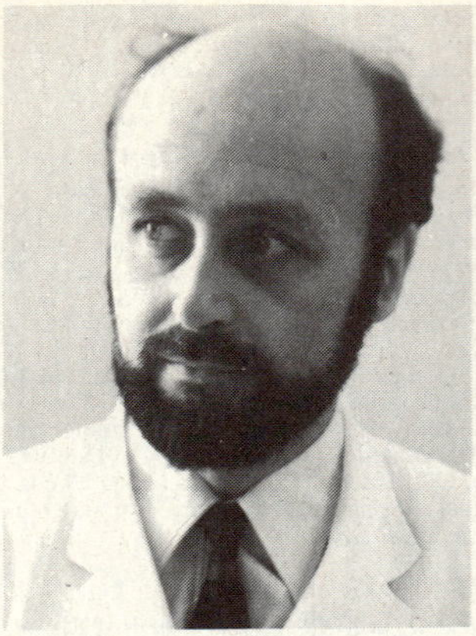

Cincinnati Ohio u. Johns-Hopkins-Univ., Baltimore; Rhodesien: (1973/74) Univ. of Rhodesia, Salisbury - BV: Pädiatr. Pneumol., 1985 - Liebh.: Musik (Sänger u. Pianist) - Spr.: Engl.

FENSKE, Christian C.

Dr. rer. nat., Prof. f. Mathematik Univ. Gießen - Kantstr. 4, 6301 Pohlheim (T. 06403 - 6 18 87) - Geb. 2. Sept. 1939 Potsdam (Vater: Walther F., ltd. Reg.-Dir.; Mutter: Frida, geb. Trautmann), ev.-luth., verh. s. 1968 m. Dr. Hannelore, geb. Zahn, 2 Kd. (Sebastian, Christina) - 1959-65 Stud. Math. u. Physik Univ. Tübingen u. Bonn (Dipl. Math. 1965, Promot. 1967, Habil. 1971) - 1965-72 wiss. Angest./wiss. Assist. Univ. Bonn; 1971-73 Privatdoz. Univ. Bonn; s. 1973 Prof. Gießen - BV: Fixpunkttheorie, (m. G. Eisenack) 1978 - Spr.: Engl., Franz., Russ., Latein.

FENSKE, Hans

Dr. phil., Prof. f. Neuere u. neueste Geschichte - Kardinal-Wendel-Str. 45, 6720 Speyer/Rh. - Geb. 24. Mai 1936 Geesthacht (Vater: Bruno F., Klempner; Mutter: Elfriede, geb. Peper), ev., verh. s. 1964 m. Richmuth, geb. Kerber, 2 T. (Imma, Uta) - 1956-63 Univ. Tübingen u. Freiburg. Promot. (1965) u. Habil. (1971) Freiburg - S. 1973 Doz. u. Prof. (1977) Univ. Freiburg - BV: Konservatismus u. Rechtsradikalismus in Bayern n. 1918, 1969; Wahlrecht u. Parteisystem, 1972; Strukturprobleme d. dt. Parteiengesch., 1974; D. liberale Südwesten, 1981; Dt. Verfassungsgesch. V. Nordd. Bund b. heute, 1981; Bürokratie in Dtschl. Vom späten Kaiserreich b. heute, 1985 - Spr.: Engl., Franz.

FENTSCH-WERY, Erna (WERY, Ernestine)

Schriftstellerin - Widenmayerstr. 31, 8000 München 22 (T. 22 44 89) - Geb. 21. April 1909 München, kath., verh. s. 1936 m. Carl Wery, Schausp. († 1975; s. XVII. Ausg.) - Inst. der Englischen Fräuleins; Schauspielausbild. - Drehb.: u.a. Brandner Kaspar, Ich heiße Niki, E. Herz spielt falsch, Am Galgen hängt d. Liebe. Mehrere FS-Spiele. Romane: u.a. D. Warnung, Auf dünnem Eis, Sie hieß Cindy, Im kalten Licht d. Mondes, Nachtkerze, E. Schulter z. Weinen, Lilie u. Schwert, Mary Vetsera - 16 intern. Preise, dar. Gold. Palme v. Valladolid - Liebh.: Skilaufen u. Berge, Musik, Briefm., Astrol.

FENZL, Fritz

Dr. phil., Leit. Monacensia u. Handschriftenabt. Stadt München - Haidelweg 17a, 8000 München 60 (T. 089 - 834 16 26 u. 470 20 24) - Geb. 31. Jan. 1952 München, kath., ledig - Abit. 1973 München; Stud. German., Kath. Theol. u. Gesch. Univ. München; 1. u. 2. Staatsex. 1979 u. 81, Promot. 1983 - 1981-83 Stud.rat. S. 1982 Münchner Turmschreiber; s. 1984 Kulturrat; s. 1985 Lehrauftr. (Bay. Lit.gesch.) Univ. München; s. 1986 Mitarb. b. d. Süddt. Ztg. - BV: Da Zoaga ruckt auf Zwäife, 1977; Hinta da Fenstascheim, 1979; Weiss wia Eis, 1981; Hast Du mei Sternderl gseng?, 1984; Wie d. Urviech erschaffen wurde, 1984; I mog Di, 1985; Münchner Leseb., 1986; Geliebtes München, 1986; Endlich e. mod. Dichter, Theaterst. 1984 - 1975 Rundfunkpreis; 1978 Lit.preis Stadt München.

FERA, Charlotte

Hausfrau, Mitgl. Hbg. Bürgerschaft (s. 1957, CDU) u. Präsidium Europ. Frauen-Union (zeitw. Präs.), s. 1975 Vizepräs. Union Christl. Demokrat. Frauen u. Mitgl. polit. Büro Europ. Union d. Christl. Demokr. - Ringstr. 83a, 2000 Hamburg 73 - Geb. 24. Okt. 1905 Bremen, verw. - Lyz. Bremen (b. 1921); Aufenth. Engl. u. Belg. Ämter in Frauenorg.

FERBER, Hubert Peter

Dr. med., Privatdozent f. Exp. Anaesthesiologie, Direktor Forschung u. Entwicklung CL-Pharma, Geschäftsf. Chem. Pharm. Forschungsges. - Theodor-Stern-Kai 7, 6000 Frankfurt (T. 069 - 63 01 59 35) - Geb. 28. Febr. 1939 Bonn, kath., verh. m. M.A. Pharm. Susane, geb. Riedling, 2 Kd. (Wolfgang, Ursula) - Stud. Akad. Musik Wien (Kapellm.); Med.-Stud.; Promot. 1977 Wien; Habil. 1986 (f. Exp. Anaesthesiol.) - 1972-76 Med. Director clin. Res. M.S.D. (Raway USA); 1977-80 Med. Dir. Klin. Forschung Heumann; 1980-85 Forsch.-Leit. Laevosan - 2 Verfahrenspatente, 9 Substanzschutzpatente - Mithrsg. div. Bücher - Liebh.: Segeln, Musik.

FERBER, Michael Friedrich

Dipl.-Ing., Techn. Direktor - Im Dol 32, 1000 Berlin 33 (T. 396 47 80 od. 832 44 06) - Geb. 2. Juli 1930 Stuttgart (Vater: Fritz F., berat. Ing.; Mutter: Hilde, geb. Grau), ev., verh. s. 1963 m. Bärbel, geb. Hüneburg, 3 Söhne (Torsten, Oliver, Ingmar) - Schule u. TH Stuttgart (Bauing.wesen; Diplomhauptprüf. 1956) - 1956-60 wiss. Mitarbeiter TH Stuttgart (Lehrstuhl f. Siedlungswasserbau u. Gesundheitstechnik) u. Forschungs- u. Entwicklungsinst. f. Industrie- u. Siedlungswasser- sow. Abfallw. (e. V.) ebd. (1958); 1960-66 Assist. TH Stuttgart (ob. Lehrst.); 1966-68 Leit. Zentralst. f. Abfallbeseitig. Bundesgesundheitsamt, Berlin; 1968-82 techn. Gesch.leit. Berliner Stadtreinig.-Betriebe (Eigenbetrieb d. Stadt Berlin); 1978-85 Lehrbeauftr. d. TU Berlin f. Organis. d. Stadtreinig. u. f. Sammlung u. Transp. v. Siedlungsabfällen; s. 1969 Schriftl. Fachztschr. Müll u. Abfall; s. 1987 Lehrbeauftr. d. FH Nordostnieders. f. Sammlung u. Transport fester Abfälle; s. 1989 Vorst. Inst. f. angew. Abfallwirtschaft (IFAAS) Suderburg - BV: Müll - Abfuhr u. Beseitig. in Zahlen (Müllstatistik 1961), 1964 (m. Kolkenbrock u. Neukirchen) - Spr.: Engl.

FERBER, Wolfgang

Geschäftsführer Rhenania Schiffahrts- u. Speditions-Ges. mbH, Mannheim - Postf. 10 26 61, 6800 Mannheim 1, B 6, 26 - Mitgl. d. Geschäftsltg. Rhenania.

FERBERG, Nils

Dr. rer. pol., Bezirksstadtrat a. D., Lehrbeauftragter - Meraner Str. 49, 1000 Berlin 62 - Geb. 10. Juni 1931 Narva/Estland (Vater: Walter F., Monteur; Mutter: Irene F., Arb., Postbeamt.), ev., verh. s. 1967 Hannelore, geb. Koch - Stud. Wirtschaftswiss., Politik, Gesch. Berlin, London, Graz. Dipl.-Polit. 1957 Berlin; Promot. 1960 Graz - 1961-69 Dir. Otto-Suhr-VHS Neukölln. 1967-69 u. 1981-89 MdA Berlin; 1969-81 Bezirksstadtrat. SPD s. 1955 - Spr.: Estn., Russ., Engl.

FERBERS, Eduard

Dr. med., Chefarzt, apl. Prof. f. Chirurgie Univ. Düsseldorf (s. 1973) - Schloßstr. 85, 4000 Düsseldorf 30; priv.: Hahnenfurther Str. 10, -12 - Geb. 25. Mai 1927 Düren (Vater: Eduard F., Buchhändler; Mutter: Maria, geb. Landvogt), kath., led. - 1946-52 Univ. Bonn u. Zürich (Med.). Promot. 1952; Habil. 1966 - 1953-70 Chir. Univ.klin. Düsseldorf (Prof. Derra); 1956-58 Mayo Clin. Rochester/USA (Prof. Kirklin); s. 1970 St. Vinzenz-Krkhs. Düsseldorf (Chefarzt Chir. Abt.; 1974 Ärztl. Dir.) - BV: Bluttrauma bei Operationen m. d. Herz-Lungen-Maschine, 1966 (Diss.). Üb. 30 Einzelarb. - 1966 v.-Haberer-Preis - Liebh.: Ballett, Pferde, Hunde - Spr.: Engl.

FERDINAND, Karl

s. Barnick, Johannes

FERDINAND, Walter E.

Kaufmann, Inh. Porzellanhaus Commes, Koblenz; Bundesvors. Verb. Porzellan, Keramik, Glas Einzelhandel, Köln (s. 1978) - Entenpfuhl 23-25, 5400 Koblenz (T. 0261 - 1 23 28) - Geb. 18. April 1935 Höhr, verh. s. 1962, 2 Kd. - 1982 AR-Mitgl. Schott-Zwiesel Glaswerke AG, Zwiesel - Spr.: Engl., Franz.

FERDINAND, Willi

Dr. phil., o. Prof. f. Psychologie PH Ruhr (Dortmund), Fachpsychol. f. Klinische Psychol., Psychotherapeut, Lehranalytiker (IP) - Morsbachweg 21, 4000 Düsseldorf 12 (T. 233227) - Geb. 13. Mai 1920, verh. m. Dr. med. Hilde, geb. Masberg, Psychotherapeutin, Lehranalytikerin (IP) - Gründ. u. langj. Leit. d. Schulpsychol. Beratungsst. Düsseldorf; Begr. d. Inst. f. wiss. Individualpsychologie Düsseldorf - BV: Über die Erfolge d. ganzheitl. u. d. synth. Lese-(Schreib-)Unterr.; Empir. Untersuch. im päd. Feld; Chancengleichh. durch Vorklassen?; Üb. Hausaufg.kummer, Zensurenärger u. Hilfsschulmisere; zahlr. Publikat. z. klin. Psychologie.

FERENCZY, von, Josef

Prof., Medienmanager - Portenlängerstr. 35, 8022 Grünwald-München (T. 641055) - Geb. 4. April 1919 Kecskemet (Vater: Josef v. F.), kath., verh. m. Katharina, geb. Csillag, 2 Kd. (Csaba, Dr. Andreas).

FERID, Murad

Dr. jur., Dr. jur. h. c., em. Prof. f. Intern. Privatrecht u. rechtsvergl. Privatrecht sow. Bürgerl. Recht - Marschnerstr. 23, 8000 München 60 (T. 88 60 96) - Geb. 11. April 1908 Saloniki (Vater: Mehmet Ferid Bey, kaiserl. Türk. Major; Mutter: Wilhelmine, geb. Switlik), verh. 1942-84 m. Liselotte, geb. Hall †, 2 Töcht. - Wilhelms-Gymn. u. Univ. München (Promot. 1932). Ass.ex. 1934 - Ab. 1936 Staatsanw. LG München, Wehrdst. (zul. Oblt. d. R.), 1950-53 I. Staatsanw., s. 1949 Privatdoz., ao. (1953) u. o. Prof. (1956) Univ. München (Vorst. Inst. f. Rechtsvergl.). Gastprof. Kairo 1959, Chicago 1970 u. Aix-en-Provence 1976; 1968ff. Präs. dt. Sekt., Vizepräs. u. 1970-73 Präs. Intern. Kommiss. f. Zivilstandswesen - BV: D. Neubürger im Intern. Privatr., 1949; Staatsangehörigkeitsrecht d. USA, 1951, Nachtr. 1953; Z. Neuabschluß v. Auslandsverträgen, 1954; D. intern. Erbrecht, 9 Bde., 3. A. 1982ff.; D. franz. Zivilrecht, 2. A. 1986; Le rattachement auton. de la transmission successorale en Droit intern. privé, 1974; Intern. Privatrecht, 3. A. 1986. Mitarb.: Staudinger, Kommentar z. BGB (11. u. 12. A.). Herausg.: Intern. Ehe- u. Kindsch.recht (begr. v. Bergmann, 11 Bde., 6. A. 1983ff.) - 1969 Ehrendoktor Univ. Bordeaux; 1973 Gr. BVK; 1978 korr. Mitgl. Österr. Akad. d. Wiss.

FERLEMANN, Erwin

Vorsitzender IG Druck u. Papier (s. 1983) - Friedrichstr. 15, 7000 Stuttgart 1 (T. 0711 - 2 01 81) - Geb. 16. März 1930, verh., 2 Kd. - Kaufmann; Klischeeätzer. Präs. Intern. Graf. Föderat. (IGF). SPD - BV: Druckindustrie u. Elektronik.

FERLING, Peter

Dr. Ing., Vorsitzender d. Geschäftsfg. Brötje Beteiligungsges. mbH, Ges. f. Ind. u. Handel, Rastede - Dwoweg 39, 2902 Rastede 2 - Geb. 10. Juli 1927 Berlin (Vater: Wilhelm F., Oberbergrat i. R.; Mutter: Ingwelde, geb. Kellner), ev., verh. s. 1952 m. Renate, geb. Steude, 2 Töcht. (Barbara, Susanne) - Oberrealsch. Goslar; 1947-52 Bergakad. (jetzt TU) Clausthal. Promot. 1955 Clausthal - 1952-53 Betriebsing. Eisenerzbau Ilsede AG; 1953-58 Leit. Abt. Betriebsüberwach. Hüttenw. Ilsede-Peine AG; 1958-60 Obering., Werksleit. Grube Lengede-Broistedt u. Bergwerksdir. (Prokura) Eisenerzgruben (1961) Ilseder Hütte; s. 1968 Vorstandsmitgl. u. -sprecher (1970) Peiner Maschinen- u. Schraubenwerke AG, Vorst.-Mitgl. Industrie-AG Peine-Salzgitter (1970-73), Geschäftsf. August Brötje Werke f. Heizungstechn. (ab 1974); 1983-87 Geschäftsf., ab 1987 Vors. d. Geschäftsfg. s. o. - Liebh.: Pferdezucht u. -sport - Spr.: Engl., Span.

FERLINGS, Wilhelm

Stadtdirektor, Präs. Nordrh.-Westf. Städte- u. Gemeindebund, Vizepräs. Dt. Städte- u. Gemeindebd. - Rathaus, 4790 Paderborn; priv.: Eibenweg 8 - Geb. 10. Aug. 1929 - AR-Mand.

FERLINZ, Rudolf

Dr. med., o. Prof. f. Inn. Med. u. Leit. Abt. f. Inn. Med.-Pneumologie Univ. Mainz (s. 1974) - Ulmenring 12, 6501 Ober-Olm - Geb. 3. Sept. 1928 Salzburg - 1966-74 Privatdoz. u. apl. Prof. (1970) Univ. Bonn. Geschäftsf. Dt. Ges. f. Pneumol.; Generalsekr. Dt. Zentralkomitee z. Bekämpf. d. Tuberkulose; Governor for Germany Amer. Coll. of Chest Physicians - BV: Lungen- u. Bronchialerkrankungen - Lehrb. d. Pneumologie, 1974; Lungentuberkulose (Handb. d. Tuberkulose, Bd. 2) 1982; Internist. Differentialdiagnostik, 2. A. 1989; Diagnostik in d. Pneumol., 1986. Herausg.: Pneumologie. Üb. 170 Einzelarb. - Ehrenmitgl. Koranyi-Ges. (Ungarn) u. Österr. Ges. f. Lungenerkr. u. Tuberkulose.

FERLUGA, Jadran

Dr. phil., o. Prof. u. Direktor Seminar f. Byzantinistik Univ. Münster (s. 1970) - Deermannstr. 15, 4400 Münster/W. (T. 02501 - 55 50) - Geb. 13. Febr. 1920 Triest, verh. m. Katica, geb. Dedinac - 1952-70 Assist. u. o. Prof. Univ. Belgrad - BV: Byzant. Quellen z. Gesch. d. Völker Jugoslawiens, Bd. III, 1966; Byzantium on the Balkans, 1976; Ammin.-biz. in Dalmazia, 1978.

FERNANDEZ, Claire

Solotänzerin Bühnen Bonn (Ps. Claire Feranne) - Trierer Str. 80, 5300 Bonn 1 (T. 22 95 31) - Geb. 19. Juli 1956 Paris (Vater: Christian F., Arch.; Mutter: Odile Héraud), kath., T. Catharina-Eléonore - Stud. Baccalauréat u. Paris, Ecole du Louvre (Kunstgesch.) - Elevin Opera de Paris - 1976-78 Halbsolistin Ballet du Rhin, Straßburg; 1978-80 Solistin Ballet du Grand Théâtre, Genf; s. 1981 Solotänzerin Bonn. Zahlr. Gastsp.: Ballett-Théâtre Français Nancy, Théâtre du Capitole Toulouse, Nationaltheater Sofia, Barcelona, Monte-Carlo, Lyon, Nantes, Karlsruhe, u.a. S. 1977 zahlr. getanzte Rollen im In- u. Ausl.

FERNER, Walter

Dr., Vorstandsvorsitzer NINO AG, Nordhorn - Händelstr. 32, 4460 Nordhorn/W. - Geb. 20. Febr. 1933.

FERNHOLZ, Hans

Dr. rer. nat., Prof., Chemiker, früher Fa. Hoechst AG., Frankfurt-Höchst - Taunusstr. 57, 6233 Kelkheim (T. 06195 - 61309) - Geb. 3. Sept. 1915 Hiddenhausen/W. - S. 1954 (Habil.) Privatdoz. u. apl. Prof. Univ. Heidelberg (Chemie). Buch- u. Ztschr.beitr.

FERNHOLZ, Hans-Hermann

Dr.-Ing., Prof. f. Strömungslehre (s. 1971) - Ihnestr. 25, 1000 Berlin 33 - Geb. 13. Aug. 1935 Berlin - Promot. 1961 Karlsruhe; Habil. 1965 Berlin - Zeitw. Prof. USA. Zahlr. Facharb.

FERNHOLZ, Hans-Joachim

Dr. med., Prof., Röntgenologe, Direktor - Moltkestr. 14, 7500 Karlsruhe 1 (Zentral-Röntgeninst.); priv.: Horfstr. 27, 7500 Karlsruhe-Grünwettersbach - Geb. 12. Okt. 1934 Leipzig (Vater: Dr. Alfred F., Arzt; Mutter: Ilse, geb. Rüger), ev., verh. s. 1966 (Ehefr.: Dr. Ilse), 5 Kd. - Promot. 1962 - S. 1971 (Habil.) Privatdoz. u. apl. Prof. (1974) TH Aachen/Med. Fak. (Med. Radiol.). Zahlr. Fachaufs. - Liebh.: Musik, Kunst, Sport - Spr.: Engl.

FERNIS, Hans-Georg

Dr. phil., Oberstudiendirektor a. D., Vors. Verb. d. Geschichtslehrer Dtschl.s (1967-1972) - Lindenschmitstr. 51, 6500 Mainz (T. 22 18 47) - Geb. 24. Aug. 1910 Halle/S. (Vater: Georg F., Ing.; Mutter: Lina, geb. Gründler), ev., verh. s. 1939 m. Liselotte, geb. Pförtner, 2 Kd. (Rainer, Beate) - Univ. Heidelberg, Berlin, Bonn (Gesch., Dt., Lat.). Promot. 1939; Habil. 1942 - B. 1950 Studienrat, dann Oberstudiendir. - BV: D. Flottennovellen im Reichstag 1906-12, 1934; Grundzüge d. Gesch. v. d. Urzeit b. z. Gegenw., 18. A. 1975; Landesgesetz üb. d. Schulen i. Rheinl.-Pfalz, Komment., 1977.

FERNOW, Wolfgang

Prof., Dozent f. Klavier Staatl. Hochsch. f. Musik Freiburg - Johann-v.-Weerth-Str. 6, 7800 Freiburg/Br. - Geb. 8. Mai 1912, ev., verh. s. 1940 m. Malwine, geb. v. Pommer-Esche, 4 Kd. (Christian, Ulrike, Regine, Wolfgang Johannes) - Staatl. Schulmusikerprüf. 1936 Berlin - S. 1946 Lehrtätigk. Musikhochsch. Freiburg.

FEROLLI, Beatrice

Prof., Schriftstellerin - Krottenbachstr. 1/6, A-1190 Wien (T. 0222 - 36 79 85) - Geb. 18. Sept. 1932, kath., verh. m. Dr. Erwin Thalhammer, 3 Kd. (Christian, Diane, Edina) - Human. Gymn.; Schauspielunterricht Max Reinhardt-Sem. Wien - Sprecherzieh. u. Schausp. Hochsch. f. Musik u. Darst. Kunst Wien; Leitung Musicalkurses d. Hochschule - 8 Theaterst. (in 8 Spr. übers., in 15 Ländern gespielt). BV/Romane: Sommerinsel, Fährt e. Schiff n. Apulien, D. Kürbisflöte, D. Zottelbande (Jugendl.), Septembersong, D. Gartenzimmer. Mitautorin d. TV-Serie Insel d. Träume, ZDF. Zahlr. Fernseh ist. u. Hörsp. - Dramatikerpreis Nationaltheater Mannheim; Ernennung z. Hochschulprof.; Theodor Körner-Preis f. Lit. - Liebh.: Fernreisen, Psych. - Spr.: Engl., Ital., Lat., Griech.

FERRA-MIKURA, Vera

s. Mikura, Gertrud

FERRARI, Gustav

Hotelier, Schriftst. (Ps. Stefan Eisner) - Hofstr. 282, 5400 Koblenz (T. 0261 - 7 36 29) - Geb. 19. Febr. 1922 Koblenz, kath., verh. s. 1949 m. Elfriede, geb. Duhr, 3 Söhne (Dr. Franz, Dr. Rudolf, Gustav) - Abit. 1939 Koblenz - Div. Ämter in Ges. u. Kirche, Koblenz - BV:

u.a. Tödliche Liebe, 1979; D. beiden Seelen, 1980; Schicksal am Königstein, 1985; Auf unbekannten Pfaden, R. 1985; Es begann in Ismailia, R. 1986; Wenn d. Seele stirbt, R. 1987; Teufel über Europa, R. 1989. Schauspiel: Kristallnacht (1988) - 1938 Dt. Jugendmeister im Geräteturnen; 1938/39 Dt. A-Jugend-Nationalmannsch. (Fußball) - Liebh.: Lit., Theater, Sport, Reisen in die Sahara - Spr.: Engl., Franz.

FERSCHKE, Hans

Dipl.-Ing., Prof., Lehrbeauftr. f. Topogr. TU Berlin - Kottbusser Damm 63, 1000 Berlin 61 - Geb. 2. Mai 1921 - S. 1971 Prof. Mithrsg. u. Hauptschriftleit. Kartogr. Nachr. (1967-87) - 1987 Ehrenmitgl. Dt. Ges. f. Kartogr.

FERSCHL, Franz

Dr. phil. (habil.), o. Prof. f. Statistik - Universität, Wien (Österr.) - Geb. 20. Juni 1929 Freistadt O. Ö. - S. 1965 Ord. Univ. Bonn u. Wien (1972) u. München (1975). Fachveröff.

FERSTL, Roman

Dr. phil., Prof. Univ. Kiel - Blücherplatz 2, 2300 Kiel - Geb. 12. Juni 1945 Wien (Vater: Carl F., Mechaniker; Mutter: Anna F.), kath., ledig - Promot. 1968 Univ. Wien; Habil. 1978 München - 1968-70 Assist. Univ. Wien, 1970-80 Max-Planck-Inst. f. Psychiatrie, München, 1980-85 Prof. Univ. Trier; 1985ff. Univ. Kiel - BV: Abhängigk., 1976; Verhaltenstherapie d. Übergewichts, Bericht 1978; Determinanten u. Therapie d. Eßverh., Lehrb. 1980 - Spr.: Engl.

FERTIG, Ludwig

Dr. phil., Prof. f. Pädagogik TH Darmstadt (s. 1972) - Heiligenberg 3, 6104 Seeheim 2/Bergstr. - Geb. 28. Juni 1937 Jugenheim/Bergstr. - Univ. Frankfurt/M. u. Heidelberg. Beide Staatsex. f. d. höh. Lehramt; Promot. 1965 - Wiss. Assist. u. Studienrat Univ. Frankfurt - BV: D. Adel in dt. Roman, 1965 (Diss.); Obrigkeit u. Schule, 1971; Campes polit. Erzieh., 1977; Die Hofmeister, 1979. Herausg. u. Einzelarb.

FERTSCH, Ferdinand

Zahntechniker, Vors. Zahntechniker-Innung - Grünwalder Str. 243, 8000 München 80.

FERTSCH-RÖVER, Dieter

Kaufmann, Bevollm. Röver-Wisser Gruppe, Frankfurt/M. - Büro: Frankfurt 63 70 25 u. Köln 02234 - 7 74 67 - Geb. 18. Febr. 1924 Frankfurt/M. (Vater: Dr. Georg-Ludwig Fertsch; Mutter: Wilhelmine, geb. Röver), ev. - 1964-71 Vors. Arbeitsgem. selbst. Unternehmer; s. 1977 Vorst.-Mitgl. Friedrich Naumann Stiftg. FDP s. 1952 (Vors. Bundesfach-

ausch. Wirtsch.) - 1984 Gr. BVK - Spr.: Engl., Franz. - Rotarier.

FERTSCH-RÖVER, Wolfgang

Mitinhaber Röver Industrie Dienste GmbH, Geschäftsf. Röver System GmbH, Texa GmbH, Vors. Forschungsst. Chemischreinig., Vizepräs. Dt. Textilreinig.-Verb., Vorst. Textil-Bekleidungs Berufsgen. - Kennedyallee 119, 6000 Frankfurt/M. (T. 63 76 02) - Geb. 9. Mai 1925 Frankfurt/M. (Vater: Dr. Georg-Ludwig Fertsch; Mutter: Wilhelmine, geb. Röver), ev., verh. s. 1951 m. Ruth, geb. Eckhard, 3 Kd. (Angelika, Thomas, Stefan) - 1948-49 prakt. Ausbild. Dtschl. u. Schweiz; 1949-50 Textil-Ing.sch. Krefeld - 1975 BVK am Bde. - Liebh.: Sammelt zeitgenöss. Kunst - Spr.: Engl., Franz. - Mitgl. Lions Intern.

FERY, Nikolaus

Dr. rer. pol. Vorstandsvorsitzender Kreissparkasse Saarlouis - Weiherstr. 19, 6635 Schwalbach/Saar - Geb. 30. Nov. 1919 Schwalbach/Saar, kath., verh., 2 Kd. - Gymn. Saarlouis; Stud. Staats- u. Wirtschaftswiss. (1940 Univ. Heidelberg; 1946-48 U. Freiburg). Promot. 1949 - 1940-45 Wehrdst.; 1950-1952 saarl. Min. f. Arbeit u. Wohlfahrt (Ref. Abt. Sozialversich.); 1952-70 Bergbau-Berufsgenoss. f. d. Saarl. (Gf.). 1956-73 ehrenamtl. Bürgerm. Gde. Schwalbach; 1965-70 MdL Saarl. CDU.

FERY, Renate

Prof. f. Didaktik d. Franz. Sprache u. Lit. PH Berlin - Kronbergstr. 6a, 1000 Berlin 49.

FESER, Rolf

Sportdirektor, Geschäftsf. Bundesverb. Dt. Gewichtsheber - Brandenburger Str. 42, 6073 Egelsbach/Hessen.

FESSELER, Ansgar

Dr. med. dent., Prof., ltd. Oberarzt Klinik f. Zahn-, Mund- u. Kieferkrankh. Univ. Mainz (s. 1975) - Am Eselsweg 45, 6500 Mainz 22 - Geb. 16. Jan. 1933 Biberach/Riß (Vater: Hans F., Schlosserm.; Mutter: Anna, geb. Sermersheim), kath., verh. s. 1964 m. Margot, geb. Hug, 2 Kd. (Barbara, Dieter) - Salvator-Kolleg Bad Wurzach; Univ. München u. Mainz (Zahnmed. u. Med.) - 1975 apl. Prof. Mainz. 1978-84 Präs. Dt. Ges. f. Parodontologie, 1986 Berufung auf C3 Professur in Mainz.

FESSNER, Otmar

Geschäftsführer SWF Auto-Electric GmbH - Stuttgarter Str. 119, 7120 Bietigheim-Bissingen/Württ.; priv.: Tulpenweg 44 - Geb. 2. Jan. 1927.

FEST, Joachim C.

Journalist, Mitherausg. u. Leit. Kulturteil Frankfurter Allg. Zeitung (s. 1973) - Hellerhofstr. 2-4, 6000 Frankfurt/M. (T. 75 91-1) - Geb. 8. Dez. 1926 Berlin (Vater: Hans F., Oberschulrat; Mutter: Elisabeth, geb. Straeter), kath., verh. s.

1959, 2 Söhne (Alexander, Nicolaus) - Gymn. Berlin u. Freiburg/Br.; Univ. Frankfurt/M., Freiburg, Berlin - Fr. Schriftst.; s. 1954 RIAS Berlin (Redakt.) u. NDR Hamburg (1961; 1963-68 Chefredakt. Fernsehen) - BV: D. Gesicht d. III. Reiches, 1963 (auch franz., engl., poln., span.); Fernsehen in Dtschl. (m. a.), 1967; Hitler, 1973 (zahlr. Übers.); Aufgehobene Vergangenh., 1981; D. Unwissenden Magier. üb. Thomas u. Heinrich Mann, 1985; D. tanzende Tod, 1986; Im Gegenlicht. E. ital. Reise, 1988 - 1972 Theodor-Wolff-Preis (Spiegel-Beitrag 20. Dez. 1971; Wozu d. Theater?); 1973 Thomas-Dehler-Preis (f.: D. Gesicht d. III. Reiches u. Hitler); 1981 Dr. h. c. Univ. Stuttgart (f. Verd. auf d. Geb. d. Gesch.schreib.); 1982 Thomas-Mann-Preis Stadt Lübeck (f.: Arb. üb. dt. Gesch. u. Kultur); 1987 Goethe-Plak. d. Stadt Frankfurt; 1967 Mitgl. PEN-Zentrum BRD; 1982 Mitgl. Dt. Akad. f. Spr. u. Dicht.; Senator d. Max-Planck-Ges. - Spr.: Engl., Franz.

FEST, Winfried

Jurist, Staatssekretär a. D. - John-F.-Kennedy-Pl., 1000 Berlin 62 (T. 783 33 15) - Geb. 26. Juli 1928 Berlin (Eltern s. Joachim C. F.), kath., verh. s. 1958, 3 Kd. (Katharina, Susanne, Sebastian) - Stud. d. Rechtswiss. Univ. Freiburg, Berlin (Freie); Gr. jur. Staatspr. 1958 Düsseldorf - 1958-67 Rundfunkautor, 1959-61 Verw.tätigk. Berlin, 1961-75 Presse- u. Informationsamt ebd.; 1975-81 Dir. Abgeordn.Hs. Berlin; 1981-84 Senatsdir. f. Kultur. Angelegenh., 1984-89 Sprecher d. Senats v. Berlin u. Leit. d. Presse- u. Informationsamtes. CDU s. 1949 (1974/75 Bez.verordneter Zehlendorf) - Liebh.: Musik, Bücher - Bruder: Joachim C.

FESTETICS von Tolna, Graf, Antal

Dr. phil., Dr. agr. h.c., Univ.-Prof. u. Direktor Inst. f. Wildbiologie u. Jagdkunde Univ. Göttingen; zugl. Hon.Prof. f. Zoologie Univ. Wien, Präs. d. Konrad-Lorenz-Ges. f. Umwelt- u. Verhaltenskunde - Büsgenweg 3, 3400 Göttingen - Geb. 12. Juni 1937 Budapest (Vater: Dr. rer. pol. Christoph Graf F. v. T., Dipl.-Landw.; Mutter: Maria, geb. Gräfin Blanckenstein), kath., verh. s. 1967 m. Gertrud, geb. v. Steindl, 3 Kd. (Monika, Paul, Vera) - Gymn. Budapest; Univ. Wien; Promot. ebd., Assist. b. Wilhelm v. Marinelli u. Konrad Lorenz (Ethologie, Ökologie, Ornithologie, Mammologie, Volkskunde) - 1962 u. 64 Theodor-Körner-Pr. f. Wiss. u. Kunst (Österr.), 1969 Förderungspr. Stadt Wien; 1982 Gr. Ehrenz. Burgenland, Intern. Naturschutzpreis World Wildlife Fund; 1987 Intern. Naturschutzorden Gold. Arche; 1987 Gr. Gold. Ehrenz. Steiermark; 1988 Konrad-Lorenz-Preis (Österr. Staatspreis f. Umweltschutz) - Liebh.: Zeichnen, Tierphotogr. - Bek. Vorf.: entstammt altösterr.-ungar. Fürstengeschl., a. d. mehr Minister, Generäle u. Wissenschaftler hervorgingen.

FESTING, Heinrich

Prälat, Generalpräses, Kolpingwerk Deutscher Zentralverband - Kolpingpl. 5-11, 5000 Köln 1.

FETH, Monika

Schriftstellerin - Elsa-Brändström-Str. 15, 5042 Erftstadt - Geb. 8. Juni 1951 Hagen, verh. m. Dr. Hans F., S. Hanno Benjamin - Stud. German. u. Angl. Univ. Bonn - Journ. Arb. - BV: Examen, 1980; Überall Täglichkeit, 1983; D. Gedankensammler, 1986; D. Haus mit d. Fensteraugen, 1989.

FETSCHER, Iring

Dr. phil., Prof. f. d. Wissenschaft v. d. Politik - Ganghoferstr. 20, 6000 Frankfurt/M. (T. 0611 - 52 15 42) - Geb. 4. März 1922 Marbach/N. (Vater: Prof. Dr. med. Rainer F., b. 1933 Ord. f. Hyg. TH Dresden, 1945 v. d. SS erschossen; Mutter: Claire, geb. Müller), kath., verh. s. 1957 m. Elisabeth, geb. Götte, 4 Kd. (Caroline, Sebastian, Justus, Christiane)

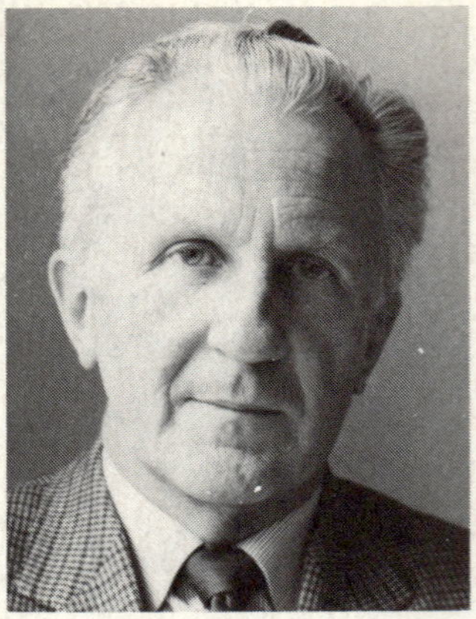

- Gymn. (Kg. Georg) u. Dolmetschersch. Dresden; 1945-50 Univ. Tübingen, 1948-49 Sorbonne Paris, Promot. 1950 Tübingen, Habil. 1959 - 1940-1945 Wehrdst. (zul. Ltn. Artl.); 1946-48 Redakt. Jugend- u. Studentenztg.; 1950-54 Univ.-Ass.; 1955-59 Stip. Dt. Forschungsgem. u. Ford Foundation, Lehrbeauftr. LH Hohenheim; 1959-63 Doz. Univ. Tübingen; s. 1963 Ord. Univ. Frankfurt. 1968/69 Theodor-Heuss-Prof. New School for Social Research New York; 1974 Gastprof. Univ. Nijmegen; 1976 Australian National University, Canberra. Mitgl. Grundwertekommiss. b. Parteivorst. SPD. Mitherausg.: Psychosozial - BV: Hegels Lehre v. Menschen, 1970 (Diss. 1950); Kommentar zu Stalins Üb. dialekt. u. histor. Materialismus, 7. A. 1961; V. Marx z. Sowjetideologie, 23. A. 1986 (auch schwed., korean.); J. J. Rousseaus polit. Phil. - Z. Gesch. d. demokr. Freiheitsbegriffs, 3. A. 1975 (auch ital.); Großbritannien, Ges. - Politik - Wirtsch., 3. A. 1978; Karl Marx u. d. Marxismus, 4. A. 1985 (auch ital., engl., jap., span., portug.). Herausg.: D. Marxismus - S. Gesch. in Dokumenten 4. A. 1983, (auch ital.; NA (1 Bd.) 1968), Modelle d. Friedenssicherung (1973, auch holl.); Herrschaft u. Emanzipation (1976), Terrorismus u. Reaktion (1977, auch dän. u. schwed.); Überlebensbeding. d. Menschheit, 3. A. 1985; Vom Wohlfahrtsstaat z. neuen Lebensqualität, 1983; D. Wirksamkeit d. Träume, lit. Skizzen e. Sozialwissenschaftlers, 1987. Mitarb. Rundfunk u. Fernsehen - Mitgl. PEN-Zentrum BRD - Liebh.: Autographen (Philosophen u. Politiker), Bilder u. Graphiken d. 16.-18. Jh. - Spr.: Engl., Franz., Russ., Span., Ital., Niederl.

FETT, Walter

Dr. rer. nat., Prof., Direktor im Inst. f. Wasser-, Boden- u. Lufthygiene/Bundesgesundheitsamt, Berlin (s. 1971) - Klingsorstr. 50, 1000 Berlin 41 - Geb. 24. Juli 1927 Altona/Hbg. (Vater: Franz F., Oberzollrat; Mutter: Lucie, geb. Engemann), ev., verh. s. 1950 m. Cordula, geb. Uckeley, 3. Kd. (Georg, Ute, Andreas) - Univ. Rostock u. Berlin (Math., Meteorol., Geophys.; Dipl.-Meteorol. 1951). Promot. (1958, Humboldt) u. Habil. (1970 FU) Berlin - Meteorologe Potsdam u. Berlin. S. 1970 Privatdoz. u. apl. Prof. FU Berlin (Meteorol.) - BV: D. atmosphär. Staub, 1958 (russ. 1961). Zahlr. Einzelarb. - Liebh.: Musik, Fotogr., Bergwandern - Bek. Vorf.: Fürst v. Pückler-Muskau (Urururgroßv.).

FETTE, Walther Wolfram

Vorstandsmitgl. Vereinigte Braunschweiger Molkereien eGmbH., Braunschweig, stv. Vorstandsmitgl. Zuckerfabrik Papenteich zu Meine AG., Meine - Teichstr. 8, 3171 Vordorf.

FETTING, Fritz

Dr. rer. nat., o. Prof. f. Chem. Technologie - Auf dem Sand 3, 6109 Mühltal (T. 14 76 10) - Geb. 28. Juni 1926 Itzehoe - S. 1962 (Habil.) Lehrtätigk. TH Hannover (1965 apl. Prof.; Abt.vorsteher Inst. f. Techn. Chemie) u. Darmstadt (1966 Ord.). Fachveröff. - Spr.: Engl. - Rotarier.

FETTWEIS, Alfred

Dr. sc. techn., Dr. h.c. mult., o. Prof. f. Nachrichtentechnik Univ. Bochum (1967) - Im Königsbusch 18, 4630 Bochum 1 (T. 79 79 22) - Geb. 27. Nov. 1926 Eupen/Belg. (Vater: Dipl.-Landw. Paul F.; Mutter: Helene, geb. Hermanns), kath., verh. s. 1957 m. Lois Jane, geb. Piaskowski, B. A., 5 Kd. (Luise, Maria, Gerhard, Gerlinde, Jörg) - Univ. Löwen u. New York; Dipl.: „Ingénieur civil électricien" 1951, Univ. Löwen; Promot. 1963 - 1951-63 Mitarb. Intern. Telephone and Telegraph Corp. (ITT) in Antwerpen, Belgien, Nutley, NJ, USA, u. Chicago, IL, USA,1963-67 o. Prof. TH Eindhoven/Niederl. (Theoret. Elektrotechnik). Facharb. - 1962/63 Prix Acta Techn. Belgica; 1975 Fellow Inst. of Electric. a. Electronics Eng. USA u. o. Mitgl. Rhein.-Westf. Akad. d. Wiss.; 1980 Darlington Prize Paper Award Circuits and Systems Soc. im Inst. of Electrical and Electronics Engineers (USA); 1980 Prix de la Fondation Montefiore (Belgien); 1984 IEEE Centennial Medal u. VDE-Ehrenring; 1986 Ehrendoktor Linköping, Schweden; 1988 Technical Achievement Award d. IEEE Circuits and Systems Soc.; 1988 Ehrendoktor Faculté Polytechnique de Mons, Belgien; 1988 Karl-Küpfmüller-Preis d. Informationstechn. Ges. (ITG) im Verb. Dt. Elektrotechniker (VDE); 1988 Ehrendoktor Katholieke Univ. Leuven, Belg. - Spr.: Engl., Franz., Niederl.

FETZ, Friedrich

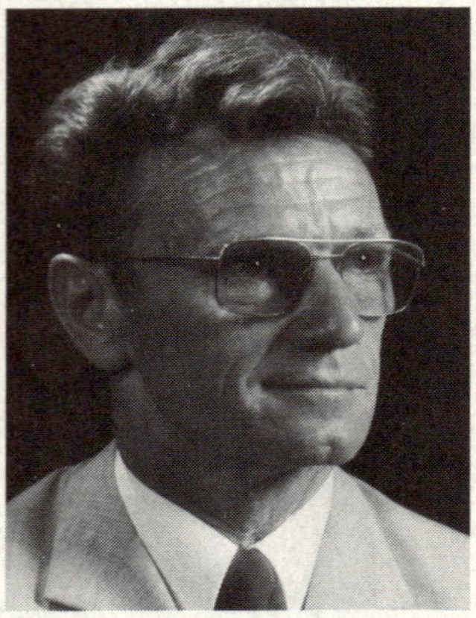

Dr. phil., Prof. f. Theorie d. Leibeserziehung - Finkenbergweg 18, A-6020 Innsbruck - Geb. 2. Nov. 1927 Schlins (Vater: Jodok F.; Mutter: Emma, geb. Sonderegger), kath., verh. s. 1959 m. Liselotte, geb. Janko - Lehramtsprüf. (Math., Leibesüb., Physik) 1951, Promot. 1956, Habil. 1960, alles Innsbruck - 1951-61 Gymnasiallehrer; 1961-1964 Leit. Univ.-Turninst. Innsbruck; 1965-69 ao. u. o. Prof. (1968) Univ. Frankfurt/M. (Dir. Inst. f. Leibesüb.); s. 1969 o. Prof. Univ. Innsbruck (Vorst. Inst. f. Leibeserzieh.) - BV: Allg. Methodik d. Leibesüb., 9. A. 1988 (japan. Ausg. 1977); Bewegungslehre d. Leibesüb., 3. A. 1989 (japan. Ausg. 1979); Schwerpunktshöhe als Eignungsmerkmal, 1966 (m. A. Drees); Biomechanik d. Turnens, 1968 (m. P. Opavsky); Gymnastik bei Philostratos u. Galen, 1969 (m. L. Fetz); Grundbegriffe d. Bewegungslehre d. Leibesüb., 1969; Grundbegriffe d. Methodik d. Leibesüb., 1972 (m. a. Autoren); Sportmotor. Tests, 1978 (m. E. Kornexl); Programmmierter Sportunterr., 1978; Sportmotor. Entwickl., 1982; Sensomotor. Gleichgewicht im Sport, 1987 - Bek. Sportler (Olympiateiln. 1952 Helsinki; 1954 österr. Meister im olymp. 12-Kampf).

FETZ, Hans

Dr.-Ing., Prof., Physiker - Ebertsklinge 31, 8700 Würzburg - Geb. 11. Dez. 1912 Ansbach - 1947 (Habil.) 1978 (Ruhest.) Lehrtätigk. Univ. Würzburg (1954 apl. Prof. f. Exper. Physik). Spez. Elektr. Entladungen.

FEUCHTE, Herbert

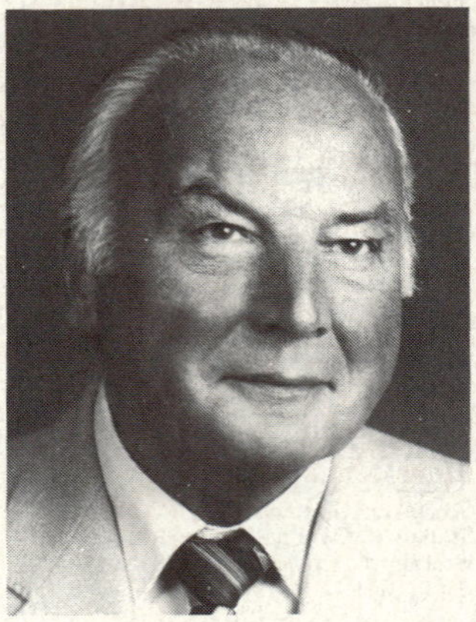

Dr. phil., Oberstudienrat i.R., Vorsitzender Stiftungsverbund z. Förd. mehrfachbehind. Gehörloser, Schwerhöriger u. Taubblinder in Hamburg u. Schlesw.-Holst. - Wientapperweg 29f, 2000 Hamburg 55 (T. 040 - 87 79 29) - Geb. 26. Nov. 1914 Hamburg (Vater: Otto F., Schlosserm.; Mutter: Frieda, geb. Köhler), ev. luth., verh. s. 1945 m. Margot, geb. Servet, 2 T. (Ruth Marion, Bärbel) - Realgymn., Abit., Univ. Hamburg (Gesch., Lit.Wiss., Anglist.), Prüf. f. d. Lehramt höh. Sch., Promot. 1939 - Ehrenvors. d. Ges. z. Förd. d. Gehörl., Vors. weit. Organis. f. Gehörl. o. Taubstumme, s. 1977 Ehrenvors. d. Bundesarb.gemeinsch. d. Elternvertr. u. Förderer dt. Gehörl.sch., s. 1978 Ehrenvors. d. Dt. Ges. z. Förd. d. Gehörl. u. Schwerhör. e.V. - BV: Div. Aufs. üb. Rehabil. Hörgeschäd. in Ztschr. - 1977 Med. f. treue Arb. im Dienste d. Volkes d. Stadt Hamb. (Bronze u. Silber), 1975 Ehrennad. Gold d. Dt. Gehörl.-Bundes, 1979 Med. d. Dt. Schwerhör.bundes, 1975 Déc. au Mérite Soc. Int. 1. Cl. Féd. Mond. Sourds, 1983 Karl-Wacker-Med. d. Dt. Gehörl.bundes - Liebh.: Gesch., Theol., Sprachen - Spr.: Engl., Franz., Russ.

FEUCHTE, Paul

Dr. jur., Prof. f. öffentl. Recht Univ. Freiburg, Ministerialdirektor a.D. - Schönbergstr. 22, 7000 Stuttgart 70 - Geb. 30. Nov. 1919 Pforzheim, verh. s. 1950, 2 Kd. - 1952-82 Staats- u. Sozialmin. Baden-Württ.; 1982-87 vertr. Lehrst. Univ. Freiburg - BV: Wechselbezieh. zw. Mietrecht u. Recht d. Wohnraumlenk., 1947; Komment. z. Verfass. d. Landes Baden-Württ., 1954 u. 1987; Verfassungsgesch. v. Baden-Württ., 1983; Quellen z. Verfassung v. Baden-Württ.; zahlr. Aufs. in Ztschr. u. Sammelwerken - 1982 Gr. BVK; 1988 Verdienstmed. Baden-Württ.; 1987 Schillerpreis d. Stadt Marbach; Ehrenz. Dt. Ärztesch.; Ehrenz. DRK - Spr.: Engl., Franz.

FEUCHTINGER, Helmut

Landrat Kr. Viechtach bzw. Regen (s. 1970) - Landratsamt, 8370 Regen/Ndb. - Geb. 31. Juli 1929 Lam - Zul. Oberreg.rat. CSU - 1984 Bayer. Verdienstmed. in Silber f. Kommunalpolitik.

FEUCHTMAYR, Inge

Dr. phil., Kunsthistorikerin, Schriftst. - Manzostr. 107, 8000 München 50 - Geb. 27. Okt. 1924 München, kath., ledig - Stud. Kunstgesch., Archäol., Neue Lit.-gesch. Univ. München; Promot. 1955 - 1955-85 Kunstref. Bayer. Akad. d. Schönen Künste; 1970 Gründ. Privathilfe f. Künstler in Bayern (ehrenamtl. Geschäftsf.) - BV: Florian d. Farbenkünstler, Kinderbildb. 1960; D. Prinz Carl-Palais in München, 1966; Johann Christian Reinhart - Leben u. Werk, 1975; Inge Feuchtmayr's gesammelte Tanten, 1984 - 1977 Bayer. VO. - Liebh.: Musik, Gärtnerei - Spr.: Ital., Franz.

FEUCHTWANGER, Walter
Bankier, Präs. Feuchtwanger of New York Corp., New York, Dir. Inversiones Paulistas S. A., u. a., Geschäftsf. Feuchtwanger Vermögensverw.- u. Beratungsges. mbH, Handelsrichter a. D. LG I München - Kirchweg 15, 8137 Aufkirchen, Büro: Widenmayerstr. 11, 8000 München 22 - Geb. 9. Juli 1916 München (Vater: Sigbert F., Rechtsanw.; Mutter: Rebekka, geb. Gluskinos, Choreografin, Ps. Rhea Glus), verh. s. 1958 m. Christina, geb. Campbell, 2 Töcht. (Ruth-Janet, Susan-Julia) - Human. Gymn. München, Banklehre ebd. u. Ausl. - Banktätigk. in Israel, Engl., Schweiz, USA. Tätigk. f. zahlr. öfftl. u. a. Org. - 1980 BVK, 1988 BVK I. Kl. - Liebh.: Skifahren, Klettern, Fliegen - 7 Spr.

FEUERBACH, Hans-Joachim
Rechtsanwalt, Syndikus u. Geschäftsf. Baden-Württ. Wertpapierbörse zu Stuttgart - Hospitalstr. 12, 7000 Stuttgart 1 (T. 0711 - 29 01 83).

FEUERSENGER, Marianne
Journalistin - Titurel 2, 8000 München 81 - Geb. 1919 Potsdam - 1946/47 Ausb. z. Journ. - 1948-62 Redakt. Bayer. Rundf.; 1962-74 Red.-Leit. ZDF u. 1971ff. stv. Hauptabt.leit. Ges.schaftspolitik ZDF, jetzt Ruhest. - BV: Gibt es noch e. Proletariat? (Hrsg.), 1962; D. garant. Gleichberechtig., 1980; Mein Kriegstagebuch, 1982 - Spr.: Engl.

FEULNER, Rolf
1. Bürgermeister Stadt Ebern - Rathaus, 8603 Ebern - Geb. 1. Juli 1934 Ebern - Zul. Verbandsrevisor. CSU.

FEURICH, Jörg Peter
Leiter Fernseh-Sendeleitung u. Programmplanung Hess. Rundf. - Zu erreichen üb. Hess. Rundf., Bertramstr. 8, 6000 Frankfurt am M. 1.

FEURING, Berno-Heinrich
Hotelier, Geschäftsf. Europahotel Mainz GmbH - Welschstr. 16, 6500 Mainz (T. 06131 - 23 45 88) - Geb. 2. April 1937 Darmstadt (Vater: Jakob F., Hotelier; Mutter: Margarete, geb. Neumer), kath., verh. s. 1963 m. Edeltraud, geb. Wolters, 4 Kd. (Berno-Maria, Bardo-Maria, Denise, Nicole) - Human. Gymn. Mainz; Kochlehre; Handelssch. - Zul. Ausl.-Tätigk. (Präs.) in Luxemburg, Marokko u. Bahama. Präs. Hotelconsulting Berno-H. Feuring Inc., Miami, Florida.

FEURLE, Gerhard E.
Dr. med., Prof., Internist, Chefarzt Stadtkrankenhaus Neuwied/Lehrkrankenhaus d. Univ. Bonn (s. 1986) - Eduard-Mörike-Str. 12, 5450 Neuwied - Geb. 15. Juli 1938 Graz/Steiermark, verh. m. Sabine Feurle-Bassenge, 2 Töcht. - Med. Staatsex. u. Promot. 1963 Univ. München, Habil. f. Inn. Med. 1973 Univ. Heidelberg - Tätig an Temple Univ. Philadelphia, Univ. Göttingen, Med. Poliklinik Univ. Heidelberg; 1977 Prof. Univ. Heidelberg, s. 1986 s. o. Üb. 240 wiss. Veröff.

FEURY, Freiherr von, Otto
Landwirt, Ehrenpräs. Bayer. Bauernverb. (1955- 77 Präs.), stv. Landrat Kr. Ebersberg (s. 1980) - Gut Thailing, 8019 Steinhöring/Obb. (T. 208) - Geb. 27. Dez. 1906 München (Vater: Friedrich v. F., Hptm. Bayer. Inf.-Leibregt., gf. 1914; Mutter: Ida, geb. Freiin v. Hirsch-Planegg), kath., verh. (1951) m. Paula, geb. Mayer, 3 Kd. (Otto Cajetan, Isabella, Cornelia) - Altes Realgymn. München; Univ. ebd. u. Frankfurt/M. (Volksw.); prakt. Ausbild. Frankfurt (Eisengroßhdl.), München (Bayer. Vereinsbk.) u. London (1930; London and Eastern Trade Bank) - Angest. Bayer. Vereinsbk., München (Auslandsabt.); 1933 Übern. Gut Thailing; 1950-78 MdL Bayern; 1955-77 Vizepräs. Dt. Bauernverb.; 1957 MdB; 1950-78 MdL Bayern. CSU. Vorst. Direkt. f. Vollblutzucht u. Rennen, Köln; Präs. Münchener Rennverein; Vors. Verein f. Reit- u. Fahrsport, München; Vizepräs. Copa, Brüssel (b. 1978); div. AR-Mand. - Bay. VO., 1969 Gr. BVK m. Stern u. Schulterbd., 1971 Kdr.kreuz franz. Orden Mérite Agricole; 1970 Gold. Ehrennadel DBV, Gold. Raiffeisenmed. - Liebh.: Pferdesport, Briefm. - Viels. Sprachkenntnisse.

FEUSER, Georg
Dr. phil., Prof. f. Behindertenpädagogik, Didaktik u. Integration b. Geistigbehinderten, Erziehung u. Bildung autist. Kinder Univ. Bremen - Wilhelm-Wolters-Str. 48B, 2800 Bremen 44.

FEUSS (ß), Jürgen
Kaufmann, MdBB (s. 1975) - Heidelberger Str. 6, 2800 Bremen 1 - Geb. 8. Juli 1941 Sorau/NL., verh., 1 Kd. - Gymn.; Univ. Hamburg u. Göttingen (Wirtschafts- u. Sozialwiss.) - 1967-72 Prok. priv. Wohnungsw.; s. 1973 Firmeninh. Schallpl. SPD s. 1962.

FEY, Hans
Dr. jur., Bankdirektor - Kardinal-Faulhaber-Str. 10, 8000 München 2 - Geb. 3. Okt. 1934 Lauingen/Donau - 1971 stv. u. s. 1977 o. Vorstandsmitgl. Bayer. Hypotheken- u. Wechsel-Bank AG, München.

FEY, Herbert
Ing., Geschäftsf. Bad. Tabakmanufaktur Roth-Händle GmbH & Co. - Bürklinstr. 57, 7630 Lahr/Schwarzw. (T. 3084) - Geb. 12. Febr. 1915 Dillenburg, kath., verh. s. 1939 m. Erika, geb. Brüger, 3 Kd. (Klaus-Henning, Ursula, Monika) - Gymn. (Abit.); Ausbild. Allg. Maschinenbau.

FEY, Klaus H.

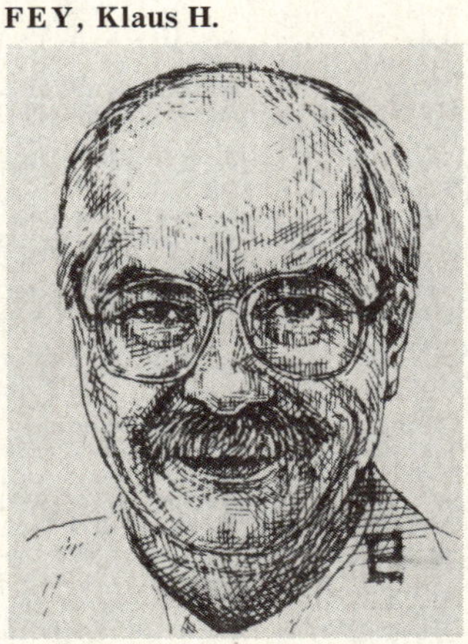

Dr. med. habil., Privatdoz., Chefarzt f. Chirurgie St. Gertrauden-Krankenhaus Berlin - Lietzensee-Ufer 7, 1000 Berlin 19 (Charlottenburg) (T. 030 - 321 32 33 u. 321 33 66) - Geb. 4. Sept. 1943 Dillenburg (Vater: Herbert F., Major; Mutter: Erika, geb. Brüger), kath., verh. s. 1968 m. Dr. med. Barbara, geb. Knorr, 3 Kd. (Christoph Stephan, Martin Philipp, Anna Lena) - Abit. 1963 Jesuitenkolleg Berlin; Med.-Stud. FU Berlin u. Univ. Heidelberg; Ärztl. Prüf. 1969 Heidelberg, Promot. 1970 ebd., Approb. 1971; Chir. Ausb. Univ.-Klinik Heidelberg u. Los Angeles (Chirurg 1978, Unfallchirurg 1982); Habil 1982 - S. 1985 Chefarzt Abt. f. Chir. St. Gertrauden-Krankenhaus Berlin (Wilmersdorf). Mitgl. nat. u. intern. Fachges. - Liebh.: Lit., bild. Kunst, Wein - Spr.: Engl., Ital.

FEYER, Ursula
Dr. phil., Honorarprof. f. Phonetik u. Afrikan. Sprachen FU Berlin - Griegstr. 41, 1000 Berlin 33 - Geb. 24. März 1901 Berlin - Zeitw. Prof. Humboldt-Univ. Berlin.

FEYOCK, Hans
Dr., Vorstandsmitglied Vereinigte Aachen-Berlinische Versich. AG, Vereinigte Eos-Isar Lebensversich. AG, Vereinigte Krankenversich. AG, Saar-Rhein Allg. Versich. AG - Tizianstr. 31, 8000 München 19 - Geb. 19. März 1930.

FEZER, Fritz
Dr. rer. nat., Prof., Geograph - Moselbrunnenweg 91, 6900 Heidelberg - Geb. 2. Okt. 1924 - Promot. 1951 - S. 1968 (Habil.) Privatdoz. u. apl. Prof. Univ. Heidelberg. Bücher (6) u. Einzelarb. (üb. 50).

FEZER, Gerhard
Dr. jur., o. Prof. f. Straf- u. -prozeßrecht Univ. Hamburg (s. 1978) - Schlüterstr. 28, 2000 Hamburg 13 - Zul. Wiss. Rat. u. Prof. Univ. Münster.

FIALA, Ernst
Dr. techn., Dr. h.c., Dipl.-Ing., Prof., ehem. Vorstandsmitglied Volkswagen AG, Forschung u. Entw. (b. 1988) - A-9570 Ossiach 40 - Geb. 2. Sept. 1928 Wien - 1986 Ehrendoktor Univ. Heidelberg (Fak. f. Theoret. Med.).

FICHSEL, Helmut
Dr. med., Prof. f. Pädiatrie (Päd., Neuropädiatrie) - Langenbergsweg 98, 5300 Bonn-Bad Godesberg (T. 0228 - 34 45 98) - Geb. 25. April 1930 Rudolstadt (Vater: Karl F., Rektor; Mutter: Margarete, geb. Rosenstiel), ev.-luth., verh. s. 1956 m. Christa, geb. Plieth, 2 Kd. (Markus, Gabriele) - Fridericeanum Rudolstadt, Univ. Heidelberg (Med.). Promot. 1956, Habil. 1967, Prof. 1972 - Hochschullehrer Univ.-Kinderklinik Bonn; 1985/86 Präs. Ges. f. Neuropädiatrie. Üb. 200 Publikationen - 1980 Gerhart Hauptmann-Preis - Liebh.: Gesch., Archäol., Kunst - Spr.: Engl.

FICHTELMANN, Helmar
Dr. jur., Ltd. Regierungsdirektor, Vorst. Finanzamt Ansbach (s. 1963) - Richard-Wagner-Str. 66, 8800 Ansbach (T. 1 25 83) - Geb. 20. Aug. 1926 Hof (Vater: Johann F., Bahnbeamter; Mutter: Johanna, geb. Wilfert), ev., verh. s. 1958 m. Doris, geb. Singer, S. Arved - Jurastud.; 1. u. 2. Staatspr. - Liebh.: Phil., Gesch. - Rotarier.

FICHTNER, Egon
Dr., Dipl.-Volksw., Vorstand Henschel Flugzeug-Werke AG., Kassel - Weinbergstr. 20, 3500 Kassel - Geb. 1. Febr. 1925.

FICHTNER, Gerhard
Dr. med., o. Prof. f. Geschichte d. Med. u. Inst.sdir. Univ. Tübingen - Bebenhäuser Str. 3, 7400 Tübingen 1.

FICHTNER, Hans-Joachim
Dr. med., Prof. f. Rehabilitationsmed. Univ. Heidelberg (apl.) - Im Spitzerhof 2, 6903 Neckargemünd.

FICHTNER, Heinz-Joachim
Dr. med. dent., Zahnarzt, Kreismedizinaldirektor, Vors. Bundesverb. d. Zahnärzte d. öfftl. Gesundheitsdienstes - Priv.: Hölderlinstr. 1, 4048 Grevenbroich 5; dstl.: Carossastr. 1, 4040 Neuss - Geb. 4. Juli 1927 Neisse/OS. (Vater: Paul F., Dir., Obering.; Mutter: Magdalena, gbe. Bucksch), ev., verh. s. 1955 - Abit. 1947 (Human. Gymn. Köln-Nippes); Stud. Zahn-, Mund- u. Kieferheilkd.; Staatsex. 1955 Köln, Promot. 1957 Düsseldorf - 1959 Zahnarztpraxis u. Öfftl. Gesundheitsdienst; 1977 Fachgebietsanerkennung: Zahnarzt f. Öfftl. Gesundheitswesen; s. 1963 Leit. Zahnärztl. Gesundheitsdienst Neuss, s. 1975 Kreis Neuss. S. 1965 Vors. Bundesverb. d. Zahnärzte d. Öfftl. Gesundheitsdienstes, Vorst.-Mitgl. Dt. Aussch. f. Jugendzahnpflege (DAJ); Mitgl. Kammervers. d. Zahnärztekammer Nordrh. u.v.a. Ämter. Prüfer u. Doz. Akad. f. Öfftl. Gesundheitswesen, Düsseldorf. Verantw. Redakt.: Zahnärztl. Gesundheitsdienst; zahlr. Fachbeitr. - 1977 BVK am Bde.; 1981 Gold. Ehrennadel Bundeszahnärztekammer; 1984 BVK I. Kl.; 1986 Gold. Tholuck-Med. f. Zahngesundheitserziehung - Liebh.: Malerei, Musik.

FICHTNER, Otto
Beigeordneter a.D. - Goethestr. 30, 3500 Kassel (T. 0561 - 77 18 84) - Geb. 25. März 1929 Bremen, ev. - Stud. Rechtswiss. Univ. Hamburg u. Bonn; 1. jurist. Staatsex. 1957 Hamburg, 2. jurist. Staatsex. 1961 Düsseldorf - Vors. Dt. Verein f. öfftl. u. priv. Fürsorge; stv. Vors. Kammer f. soz. Ordnung d. EKD - BV: Kommentar z. BSHG, 6. neubearb. A. 1983 - Liebh.: Lit., Gesch. - Spr.: Engl.

FICK, Eugen
Dr. rer. nat., o. Prof. f. Theoret. Festkörperphysik - Paul-Wagner-Str. 56a, 6100 Darmstadt (T. 6 16 69) - Geb. 24. Dez. 1926 München (Vater: Eugen F., Schriftl.; Mutter: Helene, geb. Böck), kath., verh. s. 1955 m. Magdalena, geb. Baumann, 3 Kd. (Eugen, Irene, Renate) - Stud. Physik. Promot. (1953) u. Habil. (1959) TH München - S. 1959 Lehrtätigk. TH München (Dozent; 1962/63 Lehrstuhlvertr. Univ. Würzburg) u. Darmstadt (1964 ao., 1966 o. Prof.) - BV: Kristallspektren (m. G. Joos), in: Handb. d. Physik, Bd. 28 1957; Einf. in d. Grundl. d. Quantentheorie, 1968, 6. A. 1988; Quantenstatistik dynam. Proz. (m. G. Sauermann), Bd. I 1982, Bd. IIa, 1985.

FICK, Hans Dietrich (Dieter)
Dr. rer. nat., Prof. f. Experimentalphysik Univ. Marburg (s. 1979) - Cappeler Str. 46, 3550 Marburg/L. - Zul. Privatdoz. u. apl. Prof. Univ. Heidelberg.

FICK, Karl E.
Dr. rer. nat., o. Prof. f. Didaktik d. Geographie, insbes. d. Phys. Geogr. u. Länderkunde Europas - Schumannstr. 58, 6000 Frankfurt/M. (T. 798 35 69) - Geb. 12. Febr. 1917 Bremen (Vater: Emil F., Amtmann; Mutter: Elisabeth, geb. Benecke), ev. - Stud. Geogr., Ozeanogr., Gesch., Päd. - B. 1959 Unterrichtsleit. Landerziehungsheim Marienau, dann höh. Schuldst. Hamburg, s. 1963 Lehrtätigk. Univ. Frankfurt/Abt. f. Erz.wiss., s. 1971 im Fachber. Geogr. (1966 o. Prof.), 1972-76 Dekan u. Prodekan; 1972-82 Beirat Didakt. Zentr.; 1967-85 Vors. Landesverbd. Hessen Vb. Dt. Schulgeogr.; 1970-88 Vors. Frankf. Geogr. Ges.; 1977-86 Vors. d. V. z. Förd. geogr. Unterrichts - BV: Stadtgeogr. Buxtehude, 1952; Verkehrsgeogr., 1964; Reisebeschr., 1968; Alpdruck Schule, 1968; Weltstädte Amsterdam u. Tokyo, 1977; Rotterdam, 1979; Lübeck 1979; Seeverkehrsgeographie, 1982. Üb. 200 Ztschr.-beitr. - Herausg.: Buxteh. Heimatbl. (1965ff.); Harms Erdk.buch (1968ff.); Der Schulgeogr. (1968-88); Inn. in d. Didaktik d. Geogr. (1976); Schulgeogr. heute (1978); Frankf. Beitr. z. Didaktik d. Geogr. (1978ff.); Hafengeogr. (1979); 140 Jahre Frankf. Geogr. Ges. (1980); Rezensionsztschr. Geolit (1980ff.); Geogr. Querschnitte (Brünger-Festschr., 1981); Japan/Frankf. Beitr. 6 (1983); Japan/Praxis Geogr. (1984); Dtschl./Geogr. im Unterr. (1984). Mithrsg. Frankf. Geogr. H. (s. 1970); Seydlitz-Atlas (s. 1984); Frankf. Geogr. Ges. 1936-1986 (1986); Justus Perthes (1987); Schulatlanten (1989); Fährverkehr (1989); Häfen d. südl. Ostsee (1988, 1989) - Lit.: Festschr. f. K. E. F. (1977).

FICKER, Rudolf
Vorstandsmitglied Münchener Rückversicherungs-Ges. - Königinstr. 107, 8000 München 40 - Geb. 11. Nov. 1932 - AR-Mitgl. Munich Reinsurance Company of Australia Ltd. Sydney, Nordd. Versich. AG Hamburg; VR Dt. Schiffahrtsbank AG Bremen; Wirtsch.-Beirat German. Lloyd AG Hamburg.

FICKERT, Werner
Dr. rer. nat., Vorstandsmitgl. Chem. Fabrik Weyl AG. - Sandhofer Str. 96, 6800 Mannheim - Geb. 15. März 1924 - Stud. Chemie.

FICKLER, Georg
Gärtnermeister, MdL Bayern (1977 ff. (m. Unterbr.), CSU) - Babenhauser Str. 10, 8941 Erkheim/Schw. - Geb. 21. Aug. 1937 Erkheim, kath. - 1943-51 Volkssch. Erkheim; 1951-54 Gärtnerlehre Memmingen; 1955-56 berufl. Weiterbild. Schweiz. Meisterprüf. 1963 - S. 1971 selbst. 1966 ff. MdK Memmingen (jüngstes) bzw. Unterallgäu. 1965-70 Kreisvors. Jg. Union - 1954 Staatspr. f. bes. Leistung in d. Berufsausbild.

FIEBER, Gerhard
Filmproduzent, Regiss. - Kornweg 35, 6229 Schlangenbad 5 (T. 06129 - 82 39) - Geb. 20. Okt. 1916 Berlin, verh., Sohn Bernd - Kunstakad., Reimann-Schule (Meisterkl.), Hochsch. f. Grafik, Höh. Werbefachsch., alles Berlin - Chefgestalter Dt. Zeichenfilm (UFA Berlin). Herausg. v. Kinderb. u. Ztschr.; 1948 Gründ. u. Prod. Eos-Film-Prod., Berlin. Präs. Trickfilm-Förder.; Mitgl. Sprio-Prod.-Verb. - Gestalter d. 1. dt. abendfüllenden Zeichenfilms: Tobias Knopp (Wilhelm Busch), gr. FS-Serien, bek. Werbefiguren u. FS-Typen - Bundesfilmpreis in Gold; 1977 BVK am Bde. (f. Verdienste im Dt. Film); intern. Ausz. (u.a. Gold Award New York) - Sammelt Münzen u. Puppen.

FIEBER, Pavel
Intendant Theater Ulm, Regiss., Schausp. - Zu erreichen üb. Theater Ulm, Olgastr. 73, 7900 Ulm - Ausb. Max Reinhardt-Sem., Wien - Spr.: Engl., Franz., Ital., Jidd. - Bek. Vorf.: Erich v. Stoheim (Großonkel).

FIEBICH, Kurt
Kaufmann - Schorlemer Str. 86, 4000 Düsseldorf-Oberkassel (T. 574132) - Geb. 8. März 1921 Leipzig - ARmand., Aktionärssprecher. Div. Berufsstell.

FIEBIG, Kurt
Prof., Kirchenmusikdirektor i.R. - Görlitzer Str. 30, 2000 Hamburg 70 (T. 040-653 18 29) - Geb. 28. Febr. 1908 Berlin, ev., verw. s. 1975, 3 S. (Martin, Johannes, Ernst†) - Abit. 1926 Berlin; Orgel-Stud. b. KMD Arnold Dreyer, Tonsatz b. Karol Rathaus, Kompositionsstud. b. Franz Schreker Hochsch. f. Musik Berlin; Staatl. Prüf. f. Organisten u. Chordir. 1933 - 1926-36 Organist u. Kantor Berlin; 1936-38 Doz. Ev. Kirchenmusiksch. Aschersleben; Domorganist Quedlinburg; 1939-50 Dir. Ev. Kirchenmusiksch. Halle; 1951-75 Organist u. Kantor Hamburg; 1960-80 Doz. Hochsch. f. Musik Hamburg - S. 1935 Kompos. v. zahlr. Musikw. - 1931 Preuß. Staatspreis f. Kompos. - Liebh.: Lit., Math. - Spr.: Ital., Engl.

FIEBIG, Martin
Dr.-Ing., o. Prof. f. Wärme- u. Stoffübertragung Univ. Bochum/Abt. f. Maschinenbau (s. 1977) - Cranachstr. 38, 4630 Bochum 1 - Geb. 23. März 1932 - Promot. 1961; Habil. 1966 - 1971-72 apl. Prof. TH Aachen; 1972-77 o. Prof. GH Duisburg. 1966ff. DFVLR Köln (stv. Leit. Inst. f. Angew. Gasdynamik). Üb. 50 Facharb. - Borchers-Plak. TH Aachen; Ernst-Mach-Preis DGLR; BVK.

FIEBIG, Udo
Pfarrer, MdB (s. 1969; Wahlkr. 117/Hamm-Unna II) - Sonnenweg 2, 4628 Lünen - Geb. 13. Juli 1935 Altena/W., ev., verh. - Gymn. Altena; Kirchl. Hochsch. Wuppertal (Griech., Hebr.); Univ. Göttingen u. Bonn (Theol.). Staatsex. 1960 u. 62 - S. 1963 Pfr. Lünen (Kirchengde. Preußen). 1966 ff. Ratsmitgl. Lünen. SPD.

FIEBIGER, Harald
Dr., Geschäftsf. i. R. 4 P Papier Günzach GmbH., Günzach/Allg. - Schraudolphstr. 7, 8960 Kempten/Allg. - Geb. 14. Juni 1917.

FIEBIGER, Nikolaus
Dr. rer. nat., o. Prof. f. Experimentalphysik Univ. Erlangen-Nürnberg (s. 1966), Rektor (1969-72), Präs. (s. 1975) - Albert-Schweitzer-Str. 21, 8521 Uttenreuth (T. Erlangen 52891) - Geb. 1922 Langseifersdorf/Schles. - TH Stuttgart (Promot. 1957). Habil. 1963 Frankfurt - n. Stud. mehrj. USA-Aufenth. - 1972 Bayer. VO - Liebh.: Angeln.

FIECHTNER, Urs Michael

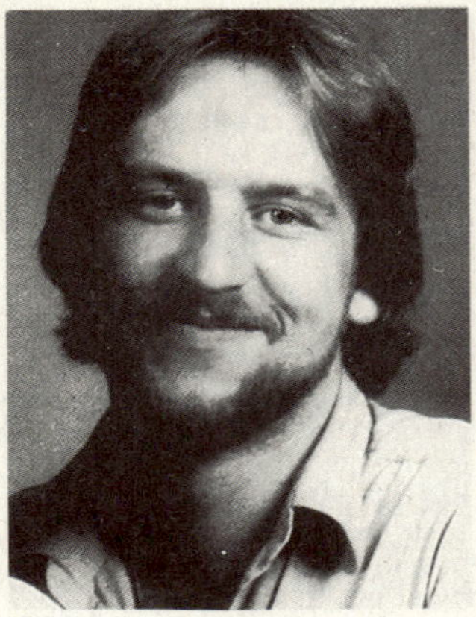

Schriftsteller, Jugendbuchautor, Übers. - Wacholderweg 6, 7907 Langenau-Hörvels (T. 07348 - 51 13) - Geb. 2. Nov. 1955 Bonn, ev. - Gymn. Köln, Starnberg, Neu-Ulm u. Ulm - 1976 Gründ. dt.-lateinamerik. Autorenkollektiv 79; s. 1971 versch. ehrenamtl. Pos. u.a. b. amnesty intern. - BV: an-klagen, 1977; und lebendiger als sie alle, 1980; Fluglizenz f. e. Maulwurf, 1984; Annas Gesch., R. 1985; Mario Rosas, R. 1986; Gesang f. América, Lyrik 1986; Erwachen in d. Neuen Welt - D. Geschichte d. Bartomolé de las Casas, biogr. R. 1988; Notizen v. Tagesanbruch, Lyrik 1989. Übers. (lateinamerik. Lit.) u. a. Miguel Barnet, D. stummen Hunde (1985). Div. Bühnenprogr. f. Konzertles., dar. Texte u. Mitwirk. f. Chor u. Orch. Canto General - Versch. Lit.preise u. Ausz., u. a. Buxtehuder Bulle - Liebh.: Segeln, Ethnol., präkolumb. Dicht. u. Kulturen - Spr.: Span., Engl., Franz.

FIEDLER, Eckart
Dr. med., Hauptgeschäftsf. Kassenärztl. Bundesvereinig. - Haedenkampstr. 3, 5000 Köln 41.

FIEDLER, Franz
Dr., o. Prof. f. Meteorologie Univ. Karlsruhe - Auf dem Guggelensberg 20, 7500 Karlsruhe 41 - Geb. 7. Jan. 1938 Dtsch.-Liebau (Vater: Johann F., Landwirt; Mutter: Elisabeth, geb. Grolig), kath., verh. s. 1965 m. Rita, geb. Dietrich, 2 T. (Anja, Christiane) - 1959-65 Stud. Meteorol. Univ. Frankfurt (Dipl. 1965), Promot. 1968 Univ. München, Habil. 1973 Mainz - 1968-73 wiss. Mitarb. München; 1970 US-Aufenth. (Pennsylvania State Univ.); 1973 apl. Prof. Mainz, dann wiss. Rat u. Prof.; s. 1978 o. Prof. Karlsruhe, s. 1985 gleichz. Inst.Leit. Kernforschungszentrum - Interessen: Atmosph. Turbulenz, Grenzschicht d. Atmosph., Luftreinhalt. - Spr.: Engl.

FIEDLER, Georg
Präsident Landesarbeitsamt Schleswig-Holstein-Hamburg (s. 1984) - Projensdorfer Str. 82, 2300 Kiel (T. 0431 - 3015-226) - Geb. 26. Nov. 1935 Berlin, ev., verh. s. 1965 m. Elke, geb. Kähler, 3 T. (Karen, Jutta, Gesa) - Abit. 1956; Stud. Rechtswiss.; 1. Staatsex. 1960, 2. Staatsex. 1964 - 1978-84 Min.-Dirig. im Sozialmin. Land Schlesw.-Holst.

FIEDLER, Gerlach
Schriftsteller, Regiss., Schausp. - Erikastr. 155, 2000 Hamburg 20 (T. 040 - 48 48 49) - Geb. 27. Juni 1925 Mannheim (Vater: Dr. Ewald F., Ministerialdirig.; Mutter: Dr. Anna-Marie, geb. v. d. Knesebeck), ev., verh. s. 1950 m. Dagmar, geb. Brandt, 2 S. (Gerlach-Friedemann, Christian-Berend) - Abit. 1942; Stud. Univ. Berlin u. Hamburg (Psych., Lit., Musikwiss.) - Stv. Int., Oberspielleit. u. Regiss. - Jeweils üb. 100 Bühneninsz., FS-Spiele u. Hörspiele u. rd. 100 Schausp.-Rollen - Grimme-Preis - Mehr. dt. Meistersch. (Tennis, Boxen, Leichtathl., Volleyball 1976) - Spr.: Engl., Franz. - Bek. Vorf.: General v. d. Knesebeck (Urgroßv.).

FIEDLER, Hans-Dieter
Dr. rer. pol., Dipl.-Volksw., Wirtschaftsberater, Anlagen-Consulting, Dozent - Geb. 28. März 1930 Bergen, ev., verh. s. 1959 m. Dr. Lore, geb. Nolling-Hauff - Univ. Freiburg/Br. Dipl. rer. pol., Promot. - Spr.: Engl., Franz.

FIEDLER, Heinrich Edwin
Dr.-Ing., Prof. f. Strömungslehre, Turbulenzforsch. u. Umweltaerodynamik TU Berlin (s. 1972) - Zimmermannstr. 18, 1000 Berlin 41 (T. 791 41 17) - Geb. 15. April 1933 Tetschen/CSSR, kath., verh. s. 1966 m. Margrit, geb. Blume, S. Christian - Obersch., Abit. Berlin 1953; Luftfahrttriebwerke TU Berlin, Dipl.-Ing. 1960, Dr.-Ing. 1966, Habil. 1971 - Wiss. Mitarb. DVL 1961-69, Cambridge Univ. 1963-64, Boeing/USA 1967-68, ab 1969 TU Berlin, Hermann-Föttinger-Inst. f. Thermo- u. Fluiddynamik - BV: Structure and Mechanisms of Turbulence I & II, Berlin 1977; Lecture Notes in Physics Vol. 75 and 76, Berlin 1978 - Visiting Prof. Tel-Aviv Univ. Israel 1976, Univ. of Arizona/Tucson USA 1986 - Liebh.: Bild. Kunst, Architektur, Musik, Kochen - Spr.: Engl.

FIEDLER, Herbert
Dr. jur., Dr. rer. nat., o. Prof. f. Jur. Informatik, Allg. Rechtslehre u. Strafrecht Univ. Bonn (s. 1970) - Wegscheid 31, 5305 Alfter-Oedekoven (b. Bonn) (T. Bonn 64 48 51) - Geb. 29. April 1929 Zwittau - Stud. d. Rechtswiss., Math., mathemat. Logik; Promot. (jur.) 1955 Göttingen u. (rer. nat.) 1962 Münster; Habil. 1969 Köln - S. 1973 Inst.sleit. (Inst. f. Datenverarb. im Rechtswesen) Ges. f. Math. u. Datenverarb., St. Augustin. Fachmitgl.sch. - BV: Vorhaben u. Versuch im Strafrecht, 1967; Derecho, logica, matematica, 1968. Mithrsg.: Datenschutz u. Datensicherung (1976); Org. informationstechnik-gestützter öfftl. Verw. (1981) - Spr.: Engl., Franz.

FIEDLER, Joachim
Dr.-Ing., o. Prof. f. Öffentl. Verkehrs- u. Transportsysteme Berg. Univ.-Gesamthochschule Wuppertal (Fachbereich Bautechnik) - Wilhelmring 90, 5600 Wuppertal 12 - Geb. 25. Juli 1929 Leipzig, verh., 3 Kd. - N. Abit. Zimmererlehre; TH Aachen. Promot. Hannover - U. a. Leit. Entwicklungs- u. Betriebsabt. Hambg. Hochbahn AG; Leit. Arbeitsaussch. Öfftl. Verkehr d. Forsch. Ges. f. Straßen- u. Verkehrswesen. 1973ff. Hon.-Prof. TU Karlsruhe - BV: Grundl. d. Bahntechnik, Tb. 1973, 3. A. 1990; Fahrgastinformation im Nah-, Regional, u. Fernverkehr, 1979; ÖPNV-Plan. u. Betrieb - kurzgefaßt, 1983; Bewertung u. Beurteilung v. Beschleunigungsmaßnahmen d. ÖPNV, 1986; Zusteiger-Mitnahme, 1988.

FIEDLER, Klaus
Dr. rer. nat., Prof. f. Geologie - Buchentwiete 26, 2000 Norderstedt - B. 1977 Doz. (Wiss. Oberrat), dann Ord. Univ. Hamburg (gf. Dir. Geol.-Paläontol. Inst.).

FIEDLER, Kurt
Dr. rer. nat., Prof. f. Biologie f. Mediziner - Theodor-Stern-Kai 7, 6000 Frankfurt/M. - Geb. 24. Dez. 1925 Türmitz/Böhmen - Promot. 1953 München - S. 1965 (Habil.) Lehrtätig. Univ. Frankfurt (1970 Honorarprof.; 1972 Prof.). Zahlr. Facharb.

FIEDLER, Leonhard M.
Dr. phil., Prof. f. Dt. u. Vergl. Literatur- u. Theaterwiss. Univ. Frankfurt/M. (s. 1972) - Braubachstr. 36, 6000 Frankfurt 1 (T. 29 23 41) - Geb. 19. März 1942 München (Vater: Dr. Leonhard F., Altphilol.; Mutter: Lind, geb. Grimm †) - Hum. Gymn. München; Stud. d. German., Roman., vergl. Literaturwiss. Univ. München, Paris, Frankfurt/M.; Lic. ès Lettres 1966 Sorbonne/Paris; Promot. 1971 Frankfurt - Wiss. Assist. Fontainebleau (1964-66) u. Univ. Frankfurt/M. (1966-72); 1972 Visit. Prof. Univ. of. Cincinnati/USA; 1983 Visit. Prof. Univ. of California at San Diego/USA - BV: Max Reinhardt u. Molière, 1972; Hofmannsthals Molièrebearb., 1974; Max Reinhardt in Selbstzeugnissen u. Bilddokumenten, 1975; D. Theater, 1981; Hofmannsthal-Blätter (Hrsg.), s. 1981; Grete Wiesenthal, 1985 - Spr.: Engl., Franz., Ital.

FIEDLER, Ulf
Lehrer (Kunsterzieher), fr. Feuilletonredakt., Autor - Sudauenstr. 3, 2820 Bremen 71 (T. 0421-602786) - Geb. 2. Dez. 1930, verh. s. 1954 m. Erna, geb. Hagestedt, 2 T. (Brigitte, Ursel) - 1946-49 Kunstsch. Bremen (Fachricht. Malen u. Zeichnen), kein Abschl.; Meisterprüf. Malerhandw. 1966, Vorstandsmitgl. in region. kulturförd. Vereinen, Mitgl. Jury: Jugend musiziert - BV: D. Mond im Apfelbaum (Behindertenprobl.), 1978; Familienfotos, 1980 u.a. - Liebh.: Klass. Musik (hist. Aufführungspraktiken) - Spr.: Engl.

FIEDLER, Ulrich
Dr. med., Prof., stv. Direktor Urolog. Klinik/FU Berlin - Düppelstr. 19, 1000 Berlin 37.

FIEDLER, Ulrich
Dr. phil., Prof. f. Erziehungswissenschaft (Grundschulpäd.) Univ. Hamburg (s. 1978) - Lorsbachstr. 10, 6370 Oberursel/Ts.

FIEDLER, Wilfried
Dr. jur., Prof., Direktor Institut f. Intern. Recht Recht Univ. Kiel (s. 1979), Prof. f. Staatsrecht, Verwaltungsrecht u. Völkerrecht Univ. Saarbrücken (s. 1984) - Am Löbel 2, 6602 Saarbrücken-Dudweiler - BV: Sozialer Wandel, Verfassungswandel, Rechtsprech., 1972; Funktion u. Bedeutung öffentl.-rechtl. Zusagen im Verwaltungsrecht, 1977; D. Kontinuitätsproblem im Völkerrecht, 1978; D. erste dt. Nationalvers., 1980.

FIEDLER-WINTER, Rosemarie
Wirtschaftsjournalistin - Jürgensallee 13, 2000 Hamburg-Nienstedten - BV: Engel brauchen harte Hände, 1968; Die Management-Schulen, 1973; D. Moral d. Manager, 1977. Üb. 200 FS-Hörf.-Sendungen.

FIEGE, Albert
Angestellter, MdL Nieders. (s. 1967) - 3511 Glashütte üb. Hann. Münden (T. Veckerhagen 838) - Geb. 6. Aug. 1921 Glashütte, verh. (Ehefr.: Ostpreußin), 5 Kd. - Gewerkschafts- u. Heimvolkshochsch. - 1939-45 Wehrdst. (zul. Offz.; 50 % kriegsbesch.); s. 1952 Gewerkschaftsangest. (1957 Vors. DGB Hann. Münden). 1960 ff. MdK Hann. Münden (Fraktionsf.). SPD s. 1950 (1956 stv. Vors. Unterbez. Göttingen).

FIEGE, Hartwig
Dr. phil., Prof. f. Erziehungswissensch. - Mühlenweg 1, Augstinum 165, 2055 Aumühle (Tel. 04104 - 69 11 65) - Geb. 7. Sept. 1901 Altona (Vater: Johannes F., Postsekr.; Mutter: Martha, geb. Tiedemann), verh. s. 1927 m. Wilhelmine, geb. Vollrath, 3 Kd. (Renate, Dietrich, Elisabeth) - Mittelsch., Lehrersem. Altona, Stud. Erziehungswiss., Phil., Psych., Gesch. Hamburg, Promot. 1934 - 1923-35 Lehrer, 1935-37 wiss. Assist., 1937-42 Rektor, 1942-47 Studienrat, 1947-66 Doz. u. Prof. Univ. Hamburg - BV: Schleiermachers Begriff d. Bildung, 1935; Hamburg. E. Heimatbuch; D. Heimatkundeunterr., 1967; Gesch. d. hamburg. Volkssch., 1970; Gesch. (Di-

daktik), 1969; Wie Ostholstein u. Lauenburg deutsch wurden, 1979; Hamburger Denkmäler erzählen Gesch., 1980; Geschichte Wellingsbüttels, 1982; Fritz Köhne. E. gr. Hamburger Schulmann, 1986 - Liebh.: Heimatgesch. - Spr.: Engl., Franz.

FIEGER, Franz-Josef

Konsul, Kaufmann - Freytagstr. 19, 4000 Düsseldorf (T. 68 44 86) - Geb. 8. April 1921 Lechenich/Rhld. (Vater: Dr. Josef F., Arzt; Mutter: Anna, geb. Rössler), kath., verh. s. 1946 m. Gisela, geb. Kalinowski, S. Wolfgang - Höh. Schule (Abit.); Höhe Fachsch. f. Textileinzelhandel (Abschlußprüf.) - 1958 Konsul v. Panama f. Nordrh.-Westf.

FIEGER, Werner

Dr. rer. nat., Dipl.-Math., o. Prof. Univ. Karlsruhe (s. 1971) - Strählerweg 1, 7500 Karlsruhe 41 (T. 401894) - Geb. 31. Mai 1935 Passau (Vater: Vitus F., Bankangest.; Mutter: Klara, geb. Winklmann), kath., verh. s. 1968 m. Uta, geb. Wittich, 3 Kd. (Andreas, Markus †, Thomas) - Stud. Univ. München; Dipl.ex. 1958; Promot. 1961; Habil. 1967 - 1958-61 Versicherungswirtsch. - Spr.: Engl.

FIEGUTH, Gerhard

Dr. phil., Prof. f. Dt. Literaturwissenschaft u. Didaktik d. Deutschunterr. Erziehungswiss. Hochsch. Rheinland-Pfalz/Abt. Worms (s. 1972) - Auf der Kinderlehre 8, 6753 Enkenbach-Alsenborn 2 - Geb. 19. Juli 1937 Reichandres/Westpr. - Promot. 1966 - Zul. Wiss. Assist. Univ. Mainz - BV: Jean Paul als Aphoristiker, 1969.

FIEHE, Walter

Dr., Oberstadtdirektor v. Hamm - Theodor-Heuss-Pl. 16, 4700 Hamm.

FIEKENS, Josef

Assessor, Hauptgeschäftsf. Handwerkskammer Dortmund - Reinoldistr. 7-9, 4600 Dortmund 1 (T. 5 49 30); priv.: Detmar-Mülher-Str. 8 (T. 59 49 77).

FIENHOLD, Wolfgang Günther

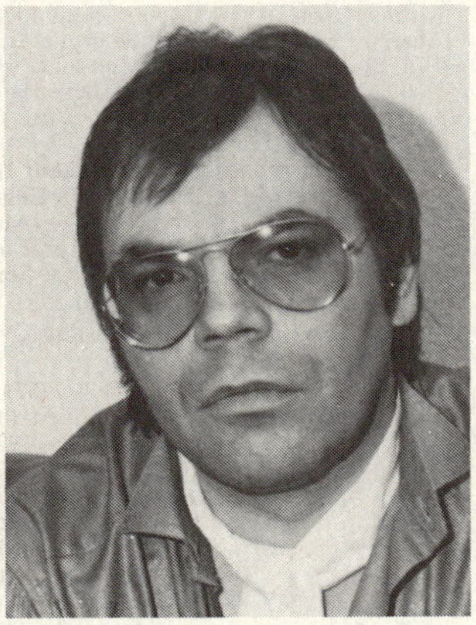

Schriftsteller, Journ. - Eckenheimer Landstr. 345, 6000 Frankfurt 50 (T. 069 - 56 75 80) - Geb. 10. Sept. 1950 Darmstadt - Stud. Sozialwiss. (abgebr.) - BV: S. 1973 mehr als 25 Bücher (Sachb., R., Sat., Lyrik) - Liebh.: Spiele aller Art.

FIENSCH, Günther

Dr. phil., o. Prof. f. Kunstwissenschaft - Saarlandstr. 17, 6300 Klein-Linden (T. Gießen 7024390) - Geb. 16. März 1910 Herford/W. - S. 1950 (Habil.) Lehrtätigk. Univ. Münster (1958 apl. Prof.; 1961 Wiss. Rat u. Prof.) u. Gießen (1965 o. Prof. u. Dir. Kunstgeschichtl. Sem.) - BV: D. Anfänge d. dt. Landschaftsbildes, 1957; Zeit, Raum u. Gegenst. in d. niederl. Malerei d. 15. Jh., 1958; Form u. Gegenstand, 1961; D. Malerei Westfalens u. d. nördl. Niederl., 1964.

FIESEL, Werner

Kanzler d. Pädagog. Hochschule Kiel - Olshausenstr. 75, 2300 Kiel.

FIESELER, Gerhard

Dr. jur., Prof. f. Bürgerl. Recht, Strafrecht u. Recht d. soz. Arbeit GH Kassel - Am Rehwinkel 45, 3501 Fuldatal 3 - Geb. 12. Febr. 1937 Offenbach (Main) - BV: Rechtsgrundl. soz. Arbeit, 1977; Lexikon d. soz. Arbeit, 1978 (m. Deutscher/Maòr); Alternativkommentar z. BGB-Familienrecht, 1981 (m. Derleder u.a.); Recht d. Familie u. Jugendhilfe (m. Herborth), 1985.

FIETKAU, Wolfgang

Journalist, Verlagsleit. Wichern-Verlag GmbH, Berlin (s. 1983) - Potsdamer Chaussee 16, 1000 Berlin 37 (T. 030-802 54 93) - Geb. 8. April 1935 Berlin, ev., verh. s. 1963 m. Erika, geb. Pleuger, 2 Kd. (Volker, Franziska) - B. 1954 Verlagslehre Berlin, 1959 Diakon; 1962-67 Redakt.; 1968-82 fr. Journ. (Rundf. u. Ferns.), alles Berlin - S. 1959 nebenberufl. Kleinverleger, Schriftst., Lied-Texter - BV: Sogenannte Gastarbeiter, krit. Report 1972; Laß doch d. Kind d. Flasche, Erz. 1982 - Liebh.: Lit.

FIETZ, Gerhard

Maler, Prof. Hochsch. f. bild. Künste Berlin - Reichssportfeldstr. 16, 1000 Berlin 19 (T. 3045877) - Geb. 25. Juli 1910 Breslau - Akad. Breslau (Kanoldt, Schlemmer), Düsseldorf (Nauen), Berlin - Zahlr. Bildw. (b. 1947 natürlich, dann gegenstandslos) - 1950 Ströher-Preis Darmstadt.

FIETZ, Lothar

Dr. phil., Prof. f. Neuere Engl. Literatur Univ. Tübingen - Cranachweg 7, 7400 Tübingen - Geb. 11. März 1933 Pilnikau (Vater: Franz F.; Mutter: Helene, geb. Bönsch), verh. s. 1962 m. Roswitha, geb. Schüller, 2 T. (Bettina, Joanna) - Stud. Angl./Amerikan., German. u. Roman. (1. Staatsprüf. 1958, Promot. 1960, Habil. 1968) - 1968-69 Doz.; 1969-81 Lehrst. f. Neuere Engl. Lit. Univ. Stuttgart; s. 1981 Prof. f. Engl. Philol. Univ. Tübingen - BV: Wandl. d. Form im Romanwerk Ernest Hemingways, 1960; Menschenbild u. Romanstruktur in Aldous Huxleys Ideenromanen, 1969; Funktionaler Strukturalismus, 1976; Strukturalismus - E. Einf., 1982 - Spr.: Engl., Franz.

FIGALA, Karin

Dr. rer. nat., Prof. f. Geschichte d. Naturwiss. TU München - Zeppelinstr. 65, 8000 München 80 - Geb. 7. Aug. 1938 Wien (Vater: Norbert F., Chemiker, Apoth.; Mutter: Luzy, geb. Steude) - Univ. München (Promot. 1969) - 1969 Wiss. Assist. Inst. f. Gesch. d. exakten Naturwiss. u. d. Technik TU München; 1975 stv. Inst.-Vorst.; 1978 Doz. u. Leit. d. Abt. Gesch. d. Chemie, Pharm. u. beschreib. Naturwiss.; 1980 Prof. - Rd. 70 Fachveröff. in Ztg. u. Ztschr., Buchbespr. u. Beitr. in Lexika - 1974 Preis Acad. d'Alsace Colmar; 1979 Res. Fellowships in Cambridge; 1975 Schatzmeister Comité Intern. pour la Métrol. Hist.; 1978 Membre Corresp. de l'Acad. Intern. d'Hist. d. Sciences; 1980 Kommiss.-Vors. dt. Copernicus-Edition - Liebh.: Kunst (Malerei, Plastik), Belletristik, Antiquitäten - Spr.: Engl., Franz., Latein, wenig Altgriech.

FIGALA, Volker

Dr., Dipl.-Chemiker, Laborleiter - Am Hochfürst 2, 7753 Allensbach 4 (T. 07533 - 67 20) - Geb. 25. Febr. 1942, verh. s. 1972 m. Gunhild, geb. Harsch - Carl-Schurz-Gymn. Frankfurt; Stud. Univ. Bonn u. München; Promot. 1970 - Patente u. Publ. auf d. Arzneimittelgeb. - Spr.: Engl., Ital.

FIGGE, Gustav

Geschäftsführer Handelskrankenkasse - Kissinger Str. 17, 2800 Bremen 1 (T. 0421 - 35 24 74) - Geb. 5. Juli 1930 Bremen, ev., verh. s. 1956 m. Anneliese, geb. Reitmann, 2 Söhne (Frank, Lars) - Mittl. Reife; kaufm. Lehre, 2 Sem. Stud. in USA (Austauschstudent) - S. 1953 Handelskrankenk., s. 1976 Geschäftsf. S. 1975 Vors. Landesaussch. Bremen Verb. d. Angest.-Krankenkassen, s. 1960 Vorst.-Mitgl. Versorgungsanst. d. Bundes u. d. Länder - BV: Sozialversich.-handb. f. d. betriebl. Praxis, Loseblattausg. 1969, rd. 41 Ergänz.

FIGGE, Horst

Dipl.-Kfm., Vorstandsmitglied Dt. Leasing AG - Frölingstr. 15-31, 6380 Bad Homburg v.d.H. (T. 06172 - 88 00) - Geb. 21. Aug. 1935 Saarburg, ev., verh. s. 1962 m. Ilse, geb. Müller, 3 Söhne (Friedrich, Peter, Frank) - Univ. Köln u. Berlin (Freie); Dipl.ex. 1959; Steuerberater 1964; Wirtsch.prüfer 1966 - 1959-64 Wirtsch.prüfer Hendrikson, Link + Dinter; 1965-68 Dt. Allg. Treuhand AG, Geschäftsf. Maschinen Miete GmbH, Dt. Privat-Leasing GmbH, Dt. Bahninvestition GmbH; AR-Vors. DIF Bank Dt. Investitions Finanz GmbH; AR Dt. Objekt-Leasing GmbH; Vors. Steueraussch. d. Leaseurope; Vizepräs. Leasunion A.S.B.L., Luxemburg; Mitgl. Inst. d. Wirtschaftsprüfer Deutschl.; Handelsrichter Landgericht Frankfurt - Spr.: Engl., Franz.

FIGGE, Udo L.

Dr., o. Prof. f. Romanische Linguistik Univ. Bochum (1973-75 Prorektor, 1975-82 Beauftr. f. Hochschulpädagogik, s. 1987 Dekan Fak. f. Philol.) - Dahlhauser Höhe 46a, 4630 Bochum 5 (T. 49 15 52) - Geb. 18. April 1936 Wuppertal (Vater: Werner F.; Mutter: Irmgard), verh. s. 1963 m. Juliane, geb. Held, 2 Kd. (Isabel, Ninon) - Spr.: Franz., Span., Engl.

FIGGEN, Werner

Minister a. D., MdL Nordrh.-Westf. (s. 1970) - Knappenstr. 11, 4700 Hamm/W. (T. 26680; Amt: Düsseldorf 835600) - Geb. 9. Nov. 1921 Neheim-Hüsten/W., verh., 3 Kd. - Volkssch.; Dreherlehre - Wehrdst.; 1945-47 Verzinker; ab 1947 Parteisekr.; 1956-64 Oberbürgerm. Hamm; s. 1966 Arbeits- u. Sozialmin. Nordrh.-Westf. 1961-66 MdB. SPD (1965 Bezirksvors. Westl. Westf., 1973-77 Landesvors. NRW) - 1969 Gr. BVK; 1976 Stern u. Schulterbd. dazu.

FIJALKOWSKI, Jürgen

Dr. phil., o. Prof. f. Politikwissenschaft u. Polit. Soziologie - Asternpl. 1, 1000 Berlin 45 - Geb. 29. Aug. 1928 Berlin - Promot. 1958; Habil. 1970 - 1970-74 PH Berlin. S. 1975 FU Berlin, 1979-81 Sprecher Fachber. Polit. Wiss. FU Berlin - Veröffentl.: D. Wendung z. Führerstaat, 1958 (Span. 1966); Politologie u. Soziologie, 1965; Berlin-Hauptstadtanspruch u. Westintegration, 1967. Aufs.

FIKENTSCHER, Wolfgang

Dr. jur., LL. M., o. Prof. f. Bürgerl. Recht, Handelsrecht, Gewerbl. Rechtsschutz, Urheberrecht, Rechtsvergl. - Mathildenstr. 8a, 8130 Starnberg - Geb. 17. Mai 1928 Nürnberg (Vater: Erich F., Ing.; Mutter: Elfriede, geb. Albers), ev., verh. s. 1956 m. Irmgard, geb. van den Berge, 4 Kd. (Kai, Markus, Saskia, Adrian) - Univ. Erlangen, München, Ann Arbor (USA). Habil. 1957 München - 1958 Ord. Univ. Münster/W., Tübingen (1965), München (1971) - BV: Wettbewerb, -sbeschränk., Marktbeherrsch., 1957 (m. Knut Borchardt); D. Preisunterbiet. im Wettbewerbsrecht, 2. A. 1962; Wettbewerb u. gewerbl. Rechtsschutz, 1958; Schuldrecht, 7. A. 1985; D. Interessengemeinschaft, 1966; Rechtsfragen d. Planifikation, 1967 (m. Hoffmann u. Kugler); D. Geschäftsgrundl. als Frage d. Vertragsrisikos, 1971; Methoden d. Rechts in vergl. Darstell. Bd. I (Frühe u. Religiöse R., roman. Rechtskr.), Bd. II (Anglo-amerik. Rechtskr.) 1975, Bd. III (Mitteleur. Rechtskr.) 1976, Bd. IV (Dogmatik) u. Bd. V (Register) 1977; Blöcke u. Monopole in d. Weltpol., 1979; De fide et perfidia, 1979; Wirtschaftsrecht, 2 Bde., 1983; Modes of Thought in Law and Justice, 1988 - 1977 Bay. Akad. d. Wiss., Max-Planck-Ges. - Spr.: Engl., Franz., Niederl., Span.

FILBERT, Dieter

Dr.-Ing., Prof. f. Elektr. Meßtechnik TU Berlin - Heimstättenweg 13, 1000 Berlin 41.

FILBINGER, Hans

Dr. jur., Drs. rer. nat. h.c., Prof., Ministerpräsident a. D., MdL - Nellinger Str. 58, 7000 Stuttgart 75 (Heumaden) - Geb. 15. Sept. 1913 Mannheim (Vater: Bankbeamter), kath., verh. m. Ingeborg, geb. Breuer, 5 Kd. (Susanne, Barbara, Mathias, Hannelore, Alexa) - Jurastud. Univ. Freiburg/Br. (Promot. 1937), München, Paris (Rechtswiss., Volksw.). Gr. jurist. Staatsprüf. 1940 - Assist. u. Lehrbeauftr. Univ. Freiburg, 1940-46 Wehrdienst u. Gefangensch., dann Rechtsanw. Freiburg, s. 1958 Staatsrat, Innenmin. (1960) u. Min.-präs. (1966) Baden-Württ. 1970-74 Bevollm. d. Bundesrep. f. kulturelle Angelegenh. d. dt.-franz. Vertrags, 1973/74 Präs. Bundesrat. S. 1960 MdL BW. CDU (b. 1979 Mitgl. Bundesvorst., Vors. Landesverb. Südbaden (b. 1973), b. 1979 Landesvors. (Rücktr.); s. 1979 Präs. Studienzentrum Weikersheim - BV: Die Schranken d. Mehrheitsherrschaft im Aktien- u. Konzernrecht, 1942; Entscheidung z. Freiheit, 1972; Freiheit - Strukturen u. Werte; D. geschmähte Generation, 1987 - 1970 Großkreuz z. BVK; 1976 Großoffz. Legion d'Honneur u. Ehrendoktorwürde Oglethorpe-Univ. Atlanta/Georgia; 1977 Univ. Ulm; Eisernes Kreuz II. Kl.; Lapplandschild - Liebh.: Bergsteigen, Ski, Musik - 1979 Ehrenvors. CDU-Landesverb. BW - Lit.: Bruno Heck, H. F. - D. Fall u. d. Fakten, 1980; Lothar Bossle, H. F. - E. Mann in unserer Zeit, 1983.

FILIPP, Karlheinz

Dr. phil., Prof. f. Erziehungswissenschaft unt. bes. Berücks. d. Geographiedidaktik Univ. Hamburg (s. 1975) - Willistr. 14, 2000 Hamburg 60.

FILIPPI, Siegfried

Dr. phil. (habil.), o. Prof. f. Numer. u. Instrumentelle Mathematik Univ. Gießen (s. 1970) - Moosweg Nr. 3, 6300 Gießen (T. 2 22 35) - Geb. 2. Dez. 1929 Meran - 1964-70 Privatdoz., apl. Prof., Wiss. Abt.svorsteher u. Prof. TH Aachen. Üb. 60 Fachveröff.

FILIUS, Paul Werner

Kaufmann, Vors. Großhandelsverbund Regent - Uhren - Leineweg 58, 4800 Bielefeld 11 - Geb. 16. Nov. 1928 Berlin (Vater: Anton F., Kaufm.; Mutter: Anni, geb. Lederer), kath., verh. s. 1955 m. Gabriele, geb. Schechinger, 7 Kd. (Thomas, Peter, Andreas, Angelika, Barbara; Adoptivkd. Nirmala u. Michaela) - Mittl. Reife 1946 Calw; 1946-48 Uhrmacherlehre - S. 1948 selbst. - Liebh.: Klass. Musik, Tennis, Wandern.

FILL, Alwin F.

Dr. phil., Mag. phil., o. Prof. f. Engl. Philologie Univ. Graz - Joh. Paierl-Weg 7, A-8043 Graz - Geb. 14. Nov. 1940, ledig - Stud. klass. Philol. u. Angl. Univ. Innsbruck u. Queen's College, Oxford; Promot. 1965 Innsbruck, Habil. 1977 ebd. - S. 1980 o. Prof. Univ. Graz (1983-86 Vorst. Inst. f. Angl.) - BV: Wortdurchsichtigk. im Engl., 1980; Wörter z. Pflugscharen, 1987 - Liebh.: Musik (klass., Volks-), Skifahren, Bergwandern - Spr.: Engl., Franz., Ital.

FILZER, Paul

Dr. rer. nat., Prof. f. Botanik Univ. Tübingen, Oberstudienrat a.D. - Eduard-Haber-Str. 14, 7400 Tübingen 1 (T. 07071 - 2 37 84) - Geb. 14. Jan. 1903 Stuttgart (Vater: Hermann F., Kaufm. †; Mutter: Bertha, geb. Daiber †), ev., verh. s. 1933 m. Elisabeth, geb. Hoffmann, T. Adelheid - 1921-26 Stud. Naturwiss. (Promot. 1925, Staatsex. 1926, Habil. 1933) - 1933-70 Lehre u. Forsch. Botan. Inst. Univ. Tübingen; 1948-64 Lehramt - BV: Pflanzengemeinsch. u.

Umwelt, 2. A. 1956; D. natürl. Grundl. d. Pflanzenertrags in Mitteleuropa, 1951; D. Flora Württ. in ihren Bezieh. z. Klima u. Boden, 1981.

FINCK, Adrian

Dr., Prof., Leiter dt. Inst. Univ. Strasburg - 47 rue Meinau, F-67100 Strasbourg - Geb. 1930, verh., 2 Kd. - Vors. Intern. Trakl-Forum Salzburg; Vizepräs. elsäss. Schriftstellerverb. - BV: D. Sprachlose, 1983; Fremdsprache, 1988; Deutschspr. Gegenwartslit. im Elsaß, 1988. 3 Mundartged.-Bde. - 1973 Straßburg-Preis; 1983 Oberrhein. Kulturpreis.

FINCK, Arnold

Dr. agr., o. Prof. f. Pflanzenernährung u. Bodenkd. - Ulmenallee 33, 2300 Kronshagen (T. 58 84 31) - Geb. 27. Febr. 1925 Krokau/Holst. (Vater: Otto F., Bauer; Mutter: Grete, geb. Meggers), ev., verh. s. 1954 m. Renate, geb. Lamp, 3 Kd. (Susanne, Gerald, Malte) - Dipl.-Landw. (1949). Promot. (1951), o. Prof. (1970), Kiel - S. 1961 Lehrtätigk. Univ. Kiel. 1958-61 Forschungsaufg. Sudan. Spez. Arbeitsgeb.: Mineralstoffernährung d. Pflanze u. Fruchtbark. d. Böden - BV: Trop. Böden, 1963; Pflanzenernährung in Stichworten, 1968; Dünger u. Düngung (1979) - Spr.: Engl. - Rotarier.

FINCK, von, August

Kaufmann, pers. haft. Gesellsch. Bankh. Merck, Finck & Co. - Pacellistr. 4, 8000 München - Geb. 11. März 1930 München - AR-Mand. - Bruder: Wilhelm v. F.

FINCK, von, Wilhelm

Bankier - Rotthäuserweg 26, 4000 Düsseldorf-Gerresheim - Geb. 29. Okt. 1927 Tegernsee/Obb. - ARsmand. - Eltern s. August v. F. jun. (Bruder).

FINCK v. FINCKENSTEIN, Hans Werner, Graf

Botschafter d. Bundesrep. Deutschl. in Argentinien (s. 1984) - Casilla de Correo, 2979 Calle Villanueva 1055, Buenos Aires/Argent. (T. 312 - 94 29) - Geb. 6. April 1926 Frankfurt/O. (Vater: Ernst-Wilhelm Graf F. v. F., Land- u. Forstw.; Mutter: Barbara, geb. v. Wulffen), ev., verh. s. 1948 m. Birgit, geb. Peiper, 3 T. (Donata, Iris, Bettina) - Stud. German., Gesch., Phil., Rechtswiss. - Leit. Außenpolit. Redaktion Allt. Ztg., Mainz, Bonner Korresp. D. Welt (1961ff.). Presseattaché (b. 1972 London), Botschaftsrat (b. 1976 Prag), Generalkonsul (b. 1979 Boston/USA), dann AA Bonn, Polit. Abt., 1980-84 Chef d. Protokolls - BV: Adenauer - E. Porträt, 1965 (m. a.). Mithrsg.: Herbert Wehner, Wandel u. Bewährung - Ausgew. Schriften u. Reden 1930-67 (1969) - 1965 Theodor-Wolff-Preis - Spr.: Engl., Span. - Bek. Vorf.: Albrecht-Conrad Graf F. v. F., Preuß. Feldmarschall; Karl-Wilhelm Graf F. v. F., Kabinettsmin. König Friedrich II. v. Preußen.

FINCK v. FINCKENSTEIN Graf, Stefan Konrad

Unternehmer - Hülchrather Str. 6, 5000 Köln 1 (T. 0221 - 72 00 77-79) - Kaufm. Lehre (Grundstücks- u. Wohnungswirtsch.); Stud. Rechtswiss. u. d. Kunstgesch. Univ. Köln, Bonn u. Zürich - Vorst.-Mitgl. Forum Artis, Kurat. Intern. Kunst Köln - Liebh.: Musik, Autographen, Inkunabeln, Kraftwagen v. 1960 - Spr.: Engl., Franz., Lat.

FINCKE, Martin

Dr. jur., Prof., Lehrstuhlinh. f. Straf-, -prozeß- u. Ostrecht - Johann-Huber-Str. 8, 8390 Passau - Geb. 30. Okt. 1937 Frankfurt/M. (Vater: Ernst. F., Pfarrer; Mutter: Elisabeth, geb. Vömel), verh. s. 1962 (Ehefr.: Alice), 3 Kd. (Andreas, Schoschana, Vera) - Abit. 1958 Frankfurt; jurist. Staatsex. 1963 u. 66; Promot. (1966) u. Habil. (1974) München - S. 1974 Prof. Univ. München, Bielefeld (1976) u. Passau (1978) - BV: u. a. D. aufsichtl. Überprüfung rechtskräft. Strafurteile im Sowjetrecht, 1966; D. Verhältnis d. AT zum BT d. Strafrechts, 1975; Arzneimittelprüf., 1977; Handb. d. Sowjetverfassung, 1983 - Spr.: Engl., Franz., Russ., Span.

FINCKENSTEIN, Eberhard, Graf Finck von

Dr.-Ing., Prof., Lehrstuhl f. Umformende Fertigungsverfahren Univ. Dortmund - An der Palmweide 82, 4600 Dortmund 50.

FINCKENSTEIN, Hans Werner, Graf

s. Finck v. Finckenstein, Hans Werner, Graf

FINCKENSTEIN, Graf Finck von, Karl

Dr. rer nat., Prof. f. Mathematik TH Darmstadt - Im Geisner 5, 6101 Groß-Bieberau.

FINCKH, Eberhard

Dr. rer. nat., o. Prof. u. Vorstand Physikal. Inst. Univ. Erlangen-Nürnberg (s. 1972) - Erwin-Rommel-Str. 1, 8520 Erlangen (T. 85 70 73) - Geb. 25. Nov. 1929 Heilbronn (Vater: Eduard F., kaufm. Angest.; Mutter: Helene, geb. Lüdke), ev., verh. s. 1962 m. Veronika, geb. von Baeyer, 3 Kd. (Ruth, Wolfgang, Richard) - Stud. Univ. Frankfurt, Heidelberg, Purdue Univ. Lafayette, Ind. (USA); Dipl.ex. 1955; Promot. 1960; Habil. 1970 - 1962-72 Hahn-Meitner-Inst. Berlin.

FINCKH, Renate,

geb. Ehinger

Schriftstellerin - Mönchelenweg 28, 7300 Esslingen (T. 0711 - 37 39 07) - Geb. 18. Nov. 1926 Ulm, ev., verh., 8 Kd. (Hermann, Johannes, Thomas, Paul-Konrad, Ulrich, Immanuel, Maria, Benjamin) - Stud. German. u. Gesch., Phil. (Abbruch 1951 wegen Heirat); priv. Literaturstud. - Div. Ehrenämter, Referententätigk. - BV: u.a. Mit uns zieht d. neue Zeit, R., 1979; D. Familienscheuer, 1981; Nach-wuchs, R. 1987 - 1979 Auswahlliste z. Dt. Jugendbuchpreis - Liebh.: Lesen, Schreiben - Spr.: Engl.

FINGE, Wilhelm

Geschäftsführer KNA-Katholische Nachrichten-Agentur GmbH, Bonn, u. d. KNA Kath. Nachrichtenagt. Pressebild GmbH, Frankfurt, Generalsekr. CIC (Centrum Informationis Catholicum), Rom, Vorstandsmitgl. Kath. Pressebund - Schumannstr. 6, 5330 Königswinter 21 - Geb. 24. Febr. 1929 Brühl, kath., verh., 2 Kd. - 1981 Päpstl. Silvesterorden, 1984 Silb. Ehrenzeichen d. Rep. Österr.

FINGER, Hans

Dr. phil., M. A., Prof. f. Englisch PH Freiburg (s. 1972) - Neuhäuser Str. 152, 7815 Kirchzarten/Br. - Geb. 21. Jan. 1939 Kiel - Promot. 1970 - Facharb.

FINGER, Hans-Joachim

Dr. iur., Ministerialdirektor a. D., Chefredakteur Ztschr. DB - intern (1972-74) - Zu erreichen üb.: Deutsche Bundesbahn Hauptverw., 6000 Frankfurt/M. - Geb. 16. März 1907, verh. s. 1938 m. Philippine, geb. Dörr, 1 Sohn - Zul. Leit. Personalabt. DB. Herausg.: Eisenbahngesetze (6. A. 1970), Eisenbahn-Verkehrsordnung (Loseblattausg., 5. A. 1979ff.), Intern. Eisenbahnverkehr (2. A. 1965); Dienstrecht d. Mitarb. d. DB (m. Franz Eichinger, 1972), Beamtenversorgungsrecht (Loseblattsamml., 1973ff.); Allg. Eisenbahnges., Bundesbahnges., DB-Vermögensges., Verwaltungsordn. d. DB (1982) - 1972 Gr. BVK.

FINGER, Heinz Peter

Generalmusikdir. u. musikal. Oberleiter Städt. Bühnen Osnabrück (1965-88) - Lotter Str. 124, 4500 Osnabrück (T. 0541 - 4 81 18) - Geb. 9. Juli 1923 Herne/W. (Vater: Heinrich F., Fahrsteiger; Mutter: Berta, geb. Hollstein), ev., verh. s. 1946 m. Emma, geb. Schulz, 2 Kd. (Angelika, Peter) - Gymn.; Folkwang-Hochsch. Essen (Klavier, Geige, Bratsche, Klarinette; Dirigieren: Anton Hardörfer, D. Erpf); Folkwangdiplom 1941 - 1943-45 Lehrer (aushilfsweise) Folkwangsch.; 1945-47 Musikal. Oberleit. Stadttheater Sonneberg u. Kapellm. Philharmon. Orch. Eisenach; 1948-51 Musikal. Oberleit. Landestheater Gotha; 1951-57 Musik- u. Operndir. Dt. Nationaltheater Weimar, gleichz. Leit. Dirigentenklasse u. Orch. Franz-Liszt-Akad., ebd.; 1957-66 Städt. Musikdir. Pforzheim. Gastdirig. Rundf. u. Fernsehen, Europa, Südafrika- u. -amerika (u. a. Prager Frühling 1956). Insz.: Don Pasquale. Zahlr. Kompositionen (Lieder, Streichquartette, Symphonien) - 1986 BVK am Bde. - Liebh.: Lit. - Spr.: Franz., Ital.

FINGER, Horst

Dr. med., Prof., Ltd. Stadtmedizinaldirektor, Leit. Hygiene Inst./Medizinaluntersuchungsamt - Städt. Krankenanstalten, 4150 Krefeld - B. 1971 Privatdoz., dann apl. Prof. Univ. Würzburg (Hyg. u. Mikrobiol.).

FINGER, Karl Hermann

Dr. med. vet., Prof. f. Tierzucht u. Zuchthyg. Univ. Gießen (s. 1972) - Am Lückenberg 2, 6307 Linden-Leihgestern - Geb. 11. Juni 1921 - Promot. (1960) u. Habil. (1971) Gießen - Üb. 75 Facharb. u. Buchveröff.

FINGER, Ulrich

Vorstandsmitgl. i.R. Thuringia Versich.-AG., München - Daimlerstr. 9, 8000 München 40 (T. 271 77 16) - Geb. 19. Jan. 1918 Rügenwalde - Zul. Vorst.-Mitgl. Bayer. Beamten Vers. AG., München, 1968-82 Vorst. Thuringia Versich. AG.

FINGER, Willi (Wilhelm)

Ing., Mitglied Konzernleitung Georg Fischer AG - Neustadt 61, CH-8200 Schaffhausen - Geb. 12. Dez. 1920 - AR-Vors. Georg Fischer GmbH, Mettmann, Dingler, Karcher & Cie. GmbH, Worms, Gebr. Grundmann GmbH, Herzogenburg/Österr. Mitgl. versch. AR im In- u. Ausl., Vizepräs. Verein Dt. Gießereifachleute, Düsseldorf, Vizepräs. Dt. Gießereiverb., Düsseldorf, Vors. Fachverb. Temperguß, Düsseldorf.

FINGERHUT, Karlheinz

Dr. phil., Prof. f. Deutsch PH Ludwigsburg (s. 1972) - Schwabstr. 121, 7142 Marbach/N. - Geb. 17. Mai 1939 Soest/W., ev., verh. s. 1966 m. Dr. Margret, geb. Laudes, 2 S. (Christian, Armin) - Stud. German., Roman., Phil. Münster, Besançon, Bonn. Staatsex. 1965 u. 68; Promot. 1968 (Bonn) - BV: D. Funktion d. Tierfiguren im Werke Franz Kafkas, 1969; D. Kreatürl. im Werk Rainer Maria Rilkes, 1970; Standortbestimmungen, 1971; Affirmative u. krit. Lehrsysteme, 1974; Kafka, Klassiker der Moderne, 1981; Liebeslyrik, 1983; Naturlyrik, 1984. Mithrsg. Disk. Deutsch - Spr.: Engl., Franz., Ital.

FINGERHUT, Reinhard

Dr. jur., Stadtdirektor Velbert (s. 1987) - Mozartstr. 42, 5620 Velbert - Geb. 6. Jan. 1948, ev., verh., 2 Kd. - 1977 Stadt Wuppertal; 1980 Staatskanzlei Nordrh.-Westf.; 1982 1 Beigeordn. u. Kämmerer Detmold - BV: D. planungsrechtl. Gemeindenachbarklage - 1975 Förderpreis Univ. Münster; 1979 Förderpreis Stiftg. d. dt. Gemeinden u. Gemeindeverb.

FINGERLE, Karlheinz Klaus

Dr. phil., Prof. - Erfurter Str. 9, 3501 Ahnatal - Geb. 3. Jan. 1942 Berlin (Vater: Wilhelm F., Ing.; Mutter: Gertrud, geb. Wedig), verh. s. 1971 m. Petra, geb. Meding, 2 Kd. (Meike, Jan Niklas) - S. 1975 Univ.-Prof. Gesamthochsch. Kassel. 1981-85 Vors. d. Naturschutzbeirates bei der BFN Kassel (Bezirksdirektion f. Forsten u. Naturschutz in Kassel).

FINK, Agnes

Schauspielerin - Restelbergstr. 60, Zürich (Schweiz) (T. 361 37 45) - Geb. 14. Dez. 1919 Frankfurt/M., kath., verh. s. 1945 m. Bernhard Wicki (Schausp. u. Regiss.) - 1938 Dr. Hoch's Konservat. Frankfurt/M. - Bühnen Heidelberg, Leipzig, München, Zürich, Basel, Wien, Theater: Don Gil, Rosalinde, Viola, Alkmene, Celiméne, Maria Stuart, Charlotte Stein u. a.; Fernsehen: u. a. Pygmalion, Herzogin von Langais, D. Dame ist nichts fürs Feuer, 24 Std. im Leben e. Frau, Maria Stuart, altmodische Kom., Gespenster, Eines langen Tages Reise - 1957 Dt. Fernsehpreis; 1975 Gr. BVK.

FINK, Berthold H.

Dr. jur., Bundesrichter Bundesverwaltungsgericht, Berlin 12 (s. 1967) - Am Rupenhorn 24, 1000 Berlin 19 (T. 3054547) - Geb. 27. Sept. 1922 - Zul. Oberverw.sgerichtsrat Hess. Verw.sgerichtshof (Kassel).

FINK, Christian

Dr., Geschäftsführer Verb. Dt. Mineralbrunnen, Verb. Dt. Heilbrunnen - Kennedy-Allee 28, 5300 Bonn-Bad Godesberg.

FINK, Ernst O.

Dr. phil., Prof. f. Engl. Philologie Univ. Hamburg (s. 1977) - v.-Melle-Park 6, 2000 Hamburg 13 - Zul. Wiss. Oberrat u. Doz.

FINK, Ewald

Dr. rer. nat., o. Prof. f. Physikal. Chemie Bergische Univ. GH Wuppertal - Vonkeln 45 b, 5600 Wuppertal 12 - Geb. 9. Febr. 1937.

FINK, Gerhard

Dr. oec., Dipl.-Kfm., Mitinh. Hermann Fink GmbH., Böblingen - Galgenbergstr. 36, 7030 Böblingen - Geb. 12. Aug. 1928.

FINK, Heinrich (Heinz) F.

Dr. med., Prof. f. Med. Statistik u. Dokumentation Univ. Bonn/Med. Fak. (apl.; s. 1976) - Theodor-Heuss-Str. 50, 5600 Wuppertal 1 - Geb. 7. Febr. 1921 Alzey (Vater: Otto F., Regierungsvermessungsrat; Mutter: Erna, geb. Schlegelmilch), ev. - 1930-38 Gymn. Alzey u. Worms; 1942-48 Univ. Heidelberg (Med.). Promot. 1948 Heidelberg; Habil. 1971 Bonn - S. 1950 Industrietätigk. (b. 1960 Knoll AG., Ludwigshafen, dann Bayer AG., Wuppertal/Leit. Inst. f. Dokument. u. Biometrie). 1977-79 Präs. Dt. Region/Biometric Soc. Buchbeitr. u. üb. 90 Einzelarb. - Liebh.: Archäol. - Spr.: Engl.

FINK, Helmut

Geschäftsführer, MdL Rhld.-Pfalz (s. 1975) - Neumarkt 1, 5438 Westerburg - Geb. 27. Mai 1928 - SPD.

FINK, Hermann

Dr. phil., M. A., Dipl.-Übers., Prof. f. Anglistik u. Amerikanistik Univ.-GHS Paderborn (s. 1973) - Zur Imburg 15, 4791 Herbram - Geb. 19. Okt. 1929 Birkenfeld/N. - Dipl.-Übers. 1961 Saarbrücken; M. A. 1964 Illinois; Promot. 1968 Mainz - Mehrj. Tätigk. an US-Univ. - BV: Amerikanismen im Wortschatz d. dt. Tagespresse, 1970. Übers. Loren Grey: Discipline without Tyranny, dt. Titel: Umgang m. unseren kleinen Tyrannen, 1979; R. Bronner: Entscheidung unt. Zeitdruck, engl. Titel: Decision Making under Time Pressure. An Experimental Study of Stress Behaviour in Business Management (zus. m. Leo Aichinger), 1982; Amerik.-engl. u. gesamtengl. Interferenzen d. dt. Allgemein- u. Werbesprache im aktiven u. passiven Sprachverhalten dt. Grund-, Haupt- u. Oberschüler, 1983 (Europ. Hochschulschr.: Reihe 14, angelsächs. Sprache u. Lit.; Bd. 113). Div. Art. z. Interferenz d. Amerik.-Engl. mit d. dt. Sprache sowie z. engl. Fachspr. f. Wirtsch.-Wiss.

FINK, Humbert

Schriftsteller, Kommentator, Mitarb.

FINK, Karl-Heinz
Bankdirektor, Mitgl. d. Geschäftsltg. d. Dt. Bank AG, Filiale Köln - Robert-Heuser-Str. 16, 5000 Köln 51 - Geb. 29. Aug. 1926 Köln - AR-Mand., Beiräte - Ritter v. Hl. Grab z. Jerusalem.

FINK, Ulf
Dipl.-Volksw., Senator f. Gesundheit u. Soziales Berlin (b. 1989) - An der Urania 12-14, 1000 Berlin 30 - Geb. 6. Okt. 1942 Freiberg/Sa. (Vater: Walter F., Berufsoffz.; Mutter: Käthe, geb. Mangold), ev., verh. s. 1964 m. Eleonore, geb. Pamp, 2 Kd. (Claudia, Jan-Walter) - 1962-66 Univ. Marburg, Hamburg, Bonn (Volksw.) - B. 1969 Bundesreg., dann CDU/CSU-Bundestagsfrakt., ab 1973 Landesregierung Rhld.-Pfalz, s. 1977 CDU-Bundesgeschäftsst. Bonn (b. 1979 Leit. Hauptabt. II/Politik-Dokumentation, 1979-81 Bundesgf.), seither Berliner Senator. 1983-87 Vors. d. Bundesfachausschuß Sozialpolitik d. CDU, s. 1985 im Bundesvorst. d. CDU, s. 1987 Bundesvors. CDA-Sozialaussch. - BV: Christl. Gesellschaftsdenken im Umbruch, 1977; Grundwerte in d. Politik, 1979; Zukunftschancen d. Jugend, 1979; Keine Angst vor Alternativen, 1983. Herausg.: Alleinsteh. Frauen berichten üb. ihr Leben in. 1945/Berliner Trümmerfrauen (1984).

FINK, Walter Friedrich
Kaufmann, Gf. Gesellschafter Fink Handels GmbH, Wiesbaden-Nordenstadt - Haideweg 34, 6200 Wiesbaden-Sonnenberg (T. 06121 - 54 23 32) - Geb. 16. Aug. 1930 Celle - S. 1976 AR-Mitgl. Wiesbadener Volksbank; s. 1955 Beiratsmitgl. Nord-West-Ring AG, Frankfurt; Gründungsmitgl. u. 1. Vors. Rheingau Musik-Festival - Liebh.: Musik, Kunst - Spr.: Engl., Ital.

FINKBEINER, Hans (Johannes)
Dr. med., Prof., Ärztl. Direktor (s. 1966) u. Chefarzt Geburtsh.-gynäk. Abt. (s. 1958) Stadtkrkhs. Wolfsburg (s. 1981 i. R.). Zytolog. Laboratorium Wolfsburg (b. 1989) - Vogelreichsweg 5, 3280 Bad Pyrmont - Geb. 22. Nov. 1915 Stettin (Vater: Konsul Johannes F., Kaufm.; Mutter: Emma, geb. Matzke), ev., verh. s. 1959 (USA) m. Dr. Evelyn Y., geb. Robe, 3 Kd. - Univ. Berlin (Approb. u. Promot. 1941), Bonn, Jena. Habil. 1949 FU Berlin - 1942-45 Militärarzt Nordfinnl., 1945-49 Assist. Univ.-Frauenklinik Heidelberg, dann Oberarzt Univ.-Frauenklinik Berlin/FU (1956 apl. Prof.). 1957 Gastprof. Univ. Chicago - BV: D. Röntgenbild d. entwicklungsgestörten Uterus, 1951; Balneotherapie d. Frauenkrkh., 1955. Üb. 60 Buch- u. Ztschr.-beitr. - Liebh.: Bild. Kunst, Theater, Musik - Spr.: Engl. - Rotarier.

FINKE, Helmut
Dr. med., Chefarzt i.R., Privatdoz. f. Röntgenol. u. Strahlenheilkd. Univ. Göttingen - Sturmbäume 24, 3410 Northeim (T. 05551-84 61) - Geb. 12. April 1916 Gadderbaum, ev., verh. s. 1948 m. Ursula, geb. Schilling, 3 Söhne (Ullrich, Reinhard, Jürgen) - Stud. Med. Univ. Göttingen (dort auch Fachausbild.), Graz, Freiburg, München. Habil. 1955 Göttingen - Zul. Chefarzt Röntgenabt. Albert-Schweitzer-Krkhs., Northeim - BV: Mitarb. am Lehrb. f. Innere Med.

FINKE, Joachim
Dr. med., Dipl.-Psych., Prof., Ärztl. Direktor Neurol. Klinik Bürgerhospital Stuttgart (s. 1970) - Tunzhoferstr. 14-16, 7000 Stuttgart 1 - Geb. 4. Febr. 1927 Liegnitz (Vater: Alfred F., Kaufm.; Mutter: Elly, geb. Günther), ev., verh. s. 1952 m. Dr. med. Waltraut, geb. Hoffmann, 3 Kd. (Gudrun, Ortrun, Ingrun) - Obersch. Liegnitz u. Halle/S. (Abit. 1946); Stud. d. Med. u. Psychol. Univ. Halle/S., 1953-58 Charité Berlin 1960-70 Univ. Tübingen. Mitgl. Dt. Ges. f. Neurol. - BV: Ophthalmodynamographie in Neurol. u. Psychiatrie, 1966; D. neurolog. Untersuchung, 1968; Schlafstörungen, 1970 (m. W. Schulte; auch Ital.); Ophthalmodynamographie. Symposion, 1974; Neurol. Untersuchungskurs, 1975; Aktuelle Neurol. u. Psychiatrie, 1976; Neurol. Erkrankungen, 1981; Neurol. f. d. Praxis, 1985 - Spr.: Engl.

FINKE, Karl-Heinz
Dr. rer. nat., Dipl.-Kfm., Vorstandsmitglied H. W. Appel Feinkost AG., Hannover (b. 1974) u. a. - Erlenweg 15, 3008 Garbsen 4 - Geb. 2. Okt. 1921 Osnabrück.

FINKE, Kurt
Rektor a.D., Vors. Kreisverb. f. Erwachsenenbildung Waldeck-Frankenberg (s. 1958) - Eisenberger Weg 1, 3540 Korbach (T. 05631 - 35 36) - Geb. 27. April 1915 Berlin, ev., verh. s. 1952 m. Herta, geb. Welteke, 3 Kd. (Wolfgang, Gerhard, Carola) - Abit.; Banklehre; Stud., 1. u. 2. Staatsprf. f. Lehramt, Ergänz.prüf. als Realschullehrer - Lehrer u. Schulleit.; s. 1964 Rektor; Leit. e. Grund-, Haupt- u. Realschule - BV: Landjugend in Bild., 1962; Hessen - Vergangenheit in Gegenw., 1970; Wir machen e. Theater-AG, 1982. Mithrsg.: Handb. d. dörfl. Kulturarb. (1955); Jugendlexikon (1974/79); Kinderlexikon (1979); mehrere Lesew.; zahlr. Beitr. u. Jugendsp. (s. 1950) - 1973 Ehrenbrief Land Hessen; 1975 BVK; 1980 Ehrennadel Stadt Korbach in Silber - Liebh.: Gesch., Foto u. Filmherst. - Lit.: Kürschners Dt. Lit.kalender (s. 20 J.).

FINKE, Lothar
Dr. rer. nat., Prof., Fachgeb. Landschaftsökologie u. -planung/Univ. Dortmund, FB Raumplanung - Blaumenacker 7, 4600 Dortmund 50 - Geb. 4. Okt. 1939 Berlin - S. 1986 Vors. d. Landesgemeinsch. Naturschutz u. Umwelt Nordrh.-Westf. (LNU) - 1986 BVK am Bde.

FINKELNBURG, Klaus
Dr. jur., Rechtsanwalt u. Notar, MdA, Honorarprof. f. Verfassungs- u. Verwaltungsrecht FU Berlin (s. 1972) - Kurfürstendamm 29, 1000 Berlin 15 - Geb. 7. Mai 1935 Bonn - BV: Üb. d. Rechtsschutz b. anwaltl. Zulassungsstreitigk., 1964; Vorl. Rechtsschutz im Verwaltungsstreitverf., 3. A. 1986; Öffentl. Baurecht, 1981.

FINKENRATH, Heinz
Dr. rer. nat., Prof. f. Physik - Am Elfengrund 57, 6100 Darmstadt 13 - Geb. 26. Juni 1920 Wuppertal-Barmen - Promot. 1959; Habil. 1963 - S. 1960 Lehrtätig. TH Darmstadt (apl. Prof., Wiss. Rat u. Prof., Univ.-Prof. 1971). Facharb.

FINKENRATH, Rolf
Dr. rer. pol., Dipl.-Kfm., Wirtschafts- u. Unternehmensberatung G.I.V. - Mie-

rendorffstr. 27, 6140 Bensheim 3 (Auerbach) - Geb. 13. Juni 1928, ev., verh. m. Margot, geb. Schimmel, S. Dr. jur. Dirk-Rainer, Rechtsanwalt - B. 1955 Stud. Univ. Köln - Vorst. Agplan; AR Krauß & Reichert, Patzner; Beirat Bembé, Focom; Präs. Finkenrath-Ges. - BV: Aktiv verkaufen v. Schreibtisch; Mehr Gewinn durch gewinnorientierte Entlohnung im Vertrieb, 1978; D. rollierende Budget als Basis flexibler Preispolitik, 1980; Außendienstentlohnung nach Deckungsbeiträgen, 1984; Mehr Erfolg durch gewinnorientiertes Marketing, 1985. Zahlr. Vorträge u. Fachaufs.

FINKENSTAEDT, Thomas
Dr. phil., o. Prof. f. Engl. Sprachwissenschaft - 8121 Wildsteig-Kirchberg - Geb. 14. Juli 1930, verh. m. Dr. phil. Helene, geb. Gruner - S. 1959 (Habil.) Lehrtätig. Univ. München u. Saarbrücken u. Augsburg (1960 ao., 1961 o. Prof.) - BV: You and Thou - Studien z. Anrede in Engl., 1963; Stanglistenheilige u. große Kerzen, 1968; Chronological Engl. Dictionary, 1970; Ordered Profusion. Studies in Dictionaries a. the Engl. Lexicon, 1973; E. Buch von d. Wies, 1981; Kl. Gesch. d. Anglistik in Deutschl., 1983.

FINKENZELLER, Heli
Schauspielerin - Harthäuser Str. 27b, 8000 München 90 - Geb. 17. Nov. 1914 München, kath., verh. I) m. Will Dohm, Schauspieler (†), 2 Kd. (Michael, Gaby), II) Alfred Bittins, Filmproduzent - Bühne: 1949 d. kl. Hütte, Geisterkomödie, 1951 Einmal muß d. Kind ja kommen, 1952 Unter uns Vieren, 1957 Abiturientinnen, 1958 Ausflug m. Damen, 1959 Ehekarussell, 1962 D. Unschuldige, 1964 Überlegensgroß - Herr Krott, 1969 Geliebtes Scheusal, 1972 Unsere liebste Freundin. Film: u. a. Ehestreik, Königswalzer, Auf höh. Befehl, Boccaccio, M. Sohn, D. Herr Minister, Wie d. Hase läuft, Spiel auf d. Tenne, D. Mustergatte, Hochzeitsnacht, Diskretion Ehrensache, D. kl. Nachtmusik, Opernball, Fronttheater, D. Bad auf d. Tenne, Kohlhiesels Töchter, Ich werde dich in Händen tragen, Münchnerinnen, Ciske (E. Kind braucht Liebe), Suchkind 312, D. erste Frühlingstag, D. kl. Hütte. Fernsehen (u. a. Serie: Meine Schwiegersöhne u. ich, 1970).

FINKENZELLER, Josef
Dr. theol., em. o. Prof. f. Dogmatik - Neideckstr. 45, 8000 München 60 (T. 87 90 68) - Geb. 5. Mai 1924 Zell b. Scheyern/Obb., kath. - Gymn. Scheyern u. Freising; Phil.-Theol. Hochsch. Freising u. Univ. München (Phil., Kath. Theol.; Promot. 1953). Habil. 1959 München - 1953 Seelsorge, 1954 Doz. Priestersem. Freising, 1959 ao., 1965 o. Prof. PhThH ebd., 1968-86 Univ. München, emerit. - BV: D. Lehre v. d. Taufe u. Buße nach Johannes Baptist Gonet (1616-81), 1956; Offenbarung u. Theol. n. d. Lehre d. Johannes Duns Skotus, 1960; Entspricht d. Beichtpraxis d. Kirche d. Forder. Jesu zur Umkehr, 1971; Glaube ohne Dogma?, 1972; Von d. Botschaft Jesu z. Kirche Christi, 1974; Was kommt nach d. Tod?, 1976; D. Lehre von d. Sakramenten im allgem. Von d. Schrift bis z. Scholastik, 1980; V. d. Reformation b. z. Gegenw., 1982; Grundkurs Gotteslehre, 1984.

FINSCHER, Ludwig
Dr. phil., o. Prof. u. Direktor Musikwiss. Seminar Univ. Heidelberg (s. 1981) - Klingenstr. 5, 6932 Hirschhorn - Geb. 14. März 1930 Kassel (Vater: Otto F., Amtsgerichtsrat † 1936, Mutter: Martha, geb. Zickler), ev. - Obersch. (Gymn.) Hann. Münden; Univ. Göttingen. Promot. 1954 Göttingen; Habil. 1968 Saarbrücken - Ab 1954 wiss. Mitarb. Dt. Volksliedarchiv Freiburg/Br., 1955-60 fr. Journ., 1960-67 Assist. Univ. Kiel u. Saarbrücken. Spez. Arbeitsgeb.: Musikgesch. d. 15./16. Jh. u. d. Wiener Klassik. 1972-77 Vizepräs., 1977-82 Präs. Intern. Ges. f. Musikwiss., 1974-77 Präs. Ges. f. Musikforsch. - BV: Loyset Compère, 1964; Stud. z. klass. Streichquartett I, 1974. Herausg.: Neue Mozart-Ausg., Gluck-Gesamtausg., Hindemith-Ausg. 1968 Preis Akad. d. Wiss. Göttingen; 1978 Honorary Foreign Member, Royal Musical Association; o. Mitgl. Akad. d. Wiss. Heidelberg, Wiss. Ges. Univ. Frankfurt; Korr. Mitgl. Akad. d. Wiss. u. d. Lit. Mainz - Spr.: Engl., Franz., Ital.

FINSTER, Klaus
Dr. jur., Rechtsanwalt, Chefsyndikus u. Mitgl. Direktorium Westfalenbank AG (s. 1978), Mitgl. Rechtsaussch. Bundesverb. Dt. Banken - Reckmannshof 10A, 4300 Essen-Bredeney (T. 41 03 40) - Geb. 5. Juli 1931 Dresden (Vater: Dr. jur. Erhard F., zul. Vorst. Hess Landesbk. † 1982; Mutter: Clara, geb. Simeons), ev., led. - 1949-54 Rechts- u. Wirtschaftswiss. Univ. Berlin, München, Köln, Washington Univ. St. Louis/USA. Promot. 1957 Köln - 1960-70 RA u. Chefsynd. Massey-Ferguson GmbH, Generalvollm. Deutsche Unionbank GmbH - Liebh.: Tennis, mod. Kunst - Spr.: Engl., Franz.

FINSTERER, Alfred
Graphiker - Panoramastr. 23, 7000 Stuttgart - Geb. 8. Juni 1908 Nürnberg (Vater: Christian F., Ing.), verh., 2 Kd. (Dieter, Barbara) - Kunstgewerbesch. Nürnberg - U. a. Leit. Meisterkl. Holzschnitt Akad. f. graph. Künste u. Buchgew. Leipzig, Berat. Reclam, Klingspor, Belser. Vornehml. Farbradierung. Viele Ausstell. In- u. Ausl. (auch San Francisco/Boston/New York, Melbourne, Montreal/Ottawa/Toronto). Herausg.: Hoffmanns Schriftatlas (1962) - 1935 u. 1938 Dürer-Stip. d. Stadt Nürnberg; 1937 silb. Med. Weltausst. Paris; 1989 BVK - Lit.: A.F., Farbradierungen, Gouachen, Zeichn. 1960-76, Kat.Bodensee-Mus. Friedrichshafen (1976); Paul Quensel, A.F., Gedanken üb. Leben u. Werk (1979); Christian Scheffler (Klingspor Mus.), A.F., Buch- u. Schriftkunst; Heinrich Geissler (Staatsgal. Stuttgart), A.F., V. Hexen, Gauklern u. erträumten Paradiesen, in: Philobiblon, Jg. 28 (1984); A.F., Druckgraphik 1979-88 m. Werkverz., v. 1947-88, hg. v. d. Stadtgeschichtl. Museen Nürnberg (1988).

FINSTERWALDER, Rüdiger
Dr. Ing., o. Prof. f. Kartographie (s. 1976) - Pippinstr. 21a, 8035 Gauting (T. 089 - 850 32 07) - Geb. 16. Juli 1930 Deggendorf (Vater: Johann F., Baurat; Mutter: Rosa, geb. Scherl), kath., verh. s. 1961 m. Elisabeth, geb. Geyer, 3 Kd. (Barbara, Monika, Sebastian) - BV: Z. Entwickl. d. Bayer. Kartogr., München 1967; Kathmandu Valley Maps, München 1977.

FINZEN, Asmus
Dr. med., ao. Prof., Leiter sozial-psychiatr. Abtlg. Psychiatr. Univ.-Klinik Wilhelm-Kleinstr. 27, CH-4025 Basel (T. 58 51 11) - Geb. 24. Febr 1940 Taarstedt/Schles. (Vater: Max F., Bauer; Mutter: Herta, geb. Volkers), ev., 2 Kd.

(Barbara, Ian) - N. Abit. 1959 (Schleswig) Stud. Soziol. u. Med. Hamburg, Kiel, Berlin, Tübingen. Promot. 1968 Kiel; Habil. 1973 Tübingen - 1968-75 Univ. Tübingen (1972 Leit. mitbegr. Tagesklinik f. psychiatr. Kranke; 1974 Wiss. Rat u. Prof.). 1975-87 Dir. Nieders. Landeskrankenhaus Wunstorf, s. 1977 apl. Prof. f. Psychiatrie Univ. Tübingen, Med. Hochsch. Hannover (1978). S. 1969 fr. wiss.-journalist. Arbeit f. FAZ; 1980 Berat. d. BMJFG f. d. Modellprogramm Psychiatrie; 1980 Beirat Akad. f. Soz.med. Hannover u. Beirat Psychiatr. Praxis (1974 Mitbegr.), 1981 Gastprof. Lausanne - BV: Arzt, Patient u. Ges., 1969; Argumente f. e. gemeindenahe Psychiatrie, 1974; D. Psychiatrie-Enquête, 1976; D. Tagesklinik - Psychiatrie als Lebensschule, 1977; Medikamentenbehandl. b. psych. Störungen, 6. A. 1987; Auf d. Dienstweg, 1984; D. Ende d. Anstalt, 1985; D. Patientensuizid, 1988. Mithrsg.: Psychiatr. Praxis, Werkstattschr. z. Soz.psychiatrie / 1970 mitbegr.), D. Angehörigengr. (m. M. C. Angermeyer 1984) - Spr.: Engl., Franz.

FIORONI, Pio

Dr. phil. (habil.), o. Prof. u. Direktor Zoolog. Inst. Univ. Münster (s. 1971) - Kegelskamp 15, 4400 Münster/W. (T. 78 52 16) - Geb. 18. Mai 1933 - Zul. Privatdoz. Univ. Basel - BV: Einführ. i. d. Embryologie, 1973; Cephalopoda, 1978; Einführung in die Meereszoologie, 1981; Allg. u. vergleichende Embryologie d. Tiere, Lehrb. 1987. Fachaufs.

FIPPINGER, Franz

Dr. phil., Dipl.-Psych., Univ.-Prof. f. Psychologie - Am Kolgenbach 2, 6741 Siebeldingen - Geb. 13. Okt. 1932 Kaiserslautern (Vater: Franz F., Steiger; Mutter: Anna-Maria, geb. Resch), kath., verh. s. 1957 m. Gisela, geb. Schwarz, 3 Kd. (Ute, Ruth, Wolfram) - Gymn. Kaiserslautern; Lehramtsstud. Landau, Psych.stud. Mainz. Dipl.-Psych. (1961) u. Promot. (1964) Mainz - S. 1969 Prof. Erziehungswiss. Hochsch. Rheinland-Pfalz/Abt. Landau. Ämter: Präs. EWH Rhld.-Pf. (1972-84) u. Vizepräs. Westd. Rektorenkonfz. (1976-78/1983-87); Vors. Bundesarbeitsgem. f. Jugendschutz (1970ff.) u. d. Zentralen Kommiss. f. d. Studienreform (s. 1985) - BV: Intelligenz u. Schulleistung, 1966; Allg. Schulleistungstests f. 3. u. 4. Kl., 1967/69/75. Div. Einzelarb. - Liebh.: Psych., Lit., Sport - Spr.: Engl., Franz.

FIRGAU, Hans-Joachim

Dr. phil. habil., Prof., Psychologe - v.-Erckert-Str. 51, 8000 München 82 (T. 4302507) - Geb. 21. Febr. 1906 Marienwerder/Westpr. (Vater: Hans F., Oberstlt.; Mutter: Marianne, geb. v. Rauchhaupt), verh. s. 1932 m. Marie-Luise, geb. Loebell, 5 Kd. (Walter, Detlef, Wilhelm, Heide, Ingrid) - Gymn.; kaufm. Lehre Hamburg; Univ. Hamburg (4 Sem. Volksw.) u. Göttingen (10 Sem. Math., Naturwiss., Psych.). Promot. (1932) u. Habil. (1936) Göttingen - Prakt. Psychologe, vorwieg. öfftl. Dienst (1959-63 Oberreg.srat u. Ltd. Psych. Bundesdst.); 1937-40 Dozent Univ. Berlin; 1952-75 Lehrbeauftr., Doz. (1959), apl. Prof. (1960), Wiss. Rat u. Prof. (1963) TH bzw. Univ. Stuttgart - BV (Auswahl): Experimentelle Unters. üb. d. Flimmergrenze, 1934; Üb. d. Aufb. d. period. Sehvorgänge; Berufseignung u. Persönlichkeit u. d. Methoden u. Ergebnisse d. neueren Persönlichkeitsforsch., 1938; D. genet. Ganzheitspsych. u. d. entwicklungspsych. Lehre v. d. Ausdifferenzierung d. Lebens, 1943; D. Intelligenzproblem u. d. Stanford-Binet-Intelligenztest, 1951; Beruf, Job u. Broterwerb als Stilprägungen, 1958; Testbegriff u. -kategorien in d. Psychodiagnostik, 1965; Sinn, Wert u. Produktionsprinzip, 1967; Entwicklungs- u. Generationsprobleme b. Jugendl., 1972; D. Januskopf d. Individuums, 1974; D. Gruppenbegriff in s. Vielschichtigkeit, 1975; Pantheismus: Glaubensmöglichk. od. Zumutung?, 1978; Sinn: Was ist d. eigentl.?, 1979; Freiheit: Was ist d. eigentl.?, 1980; Irrational: Was ist d. eigentl.?, 1981; Z. außersinnl. Wahrnehm., 1982; D. Pantheism. u. s. Ethik, 1982; Betracht. z. Seelen-Frage, 1983 - Liebh.: Musik (Geige), Lit., Gesch. - 1972-85 Präs. Dt. Volksbund f. Geistesfreih.; 1959 Gold Sportabz. - Bek. Vorf.: Kgl. Hofrat Dr. med. Johann Siegfried Kähler, gen. Polydorus (führte d. Pockenimpfung in Preußen ein).

FIRGES, Jean

Dr. phil., Prof. f. Französisch PH Ludwigsburg (s. 1970) - Lindenweg 18, 7144 Asperg/Württ. - Geb. 25. April 1934 St. Vith (Vater: Egidius F., Gemeindesekr.; Mutter: Elisabeth, geb. Holper), kath., verh. s. 1960 - Stud. German. u. Roman. Löwen, Heidelberg, Freiburg, Genua, Köln. Promot. 1960 - 1961-66 Studienrat Köln; 1966-70 Assist. PH Aachen - Bücher (Mitverf.): Schulaufs.-Texte f. Leser (1973) u. Innovationen d. audio-visuellen Fremdsprachenunterr. (1976) - Spr.: Franz.

FIRNER, Walter

Prof., Regisseur u. Autor - Strehlgasse 38, Wien XIX - Geb. 5. März 1907 Wien (Vater: Ignaz F., Musikprof.; Mutter: Bertha, geb. Winkler, Musiklehrerin), verh. s. 1927 (Ehefr.: Irma) - Akad. f. darstell. Kunst Wien - Schausp. u. Regiss. Dtschl., 1933-38 Leit. Mitbegr. Volksbühne Wien, dann Regiss. USA, n. Kriegsende Österr., Holl., Dtschl., Schweiz, Skand., s. 1949 Prof. Kunstakad. Wien - BV: Wir u. d. Theater, 1931; Wir v. d. Oper, 1932; Kl. Brüder, 1949; Johnny Belinda, R. 1960. Bühnenw.: D. Thompson Brothers, Bis wir uns wiederseh'n, Flucht in d. Zukunft (Burgtheater), Der Erfolgreiche, Schule d. Liebe, D. Kuckucksei u. a. Mehrere Drehb. Übers. u. Bearb. zahlr. amerik. Werke, darunt. Johnny Belinda, Johanna aus Lothringen, Belvedere, Kl. Füchse, Unsere liebste Freundin - Liebh.: Musik - Spr.: Engl.

FIRNHABER, Burkhard

Dr. jur., Rechtsanwalt, Chefjustitiar Ruhrkohle AG, Essen - Hüskenbörde 30, 4300 Essen 1 (T. 0201 - 26 21 91) - Geb. 3. Jan. 1934 Hamburg (Vater: Adolf F., Finanzpräs.; Mutter: Hedwig, geb. Hartz), ev., verh. s. 1973 in 2. Ehe m. Margot, geb. Kielmann, 5 Kd. (Christian, Dorothee, Jochen, Thomas, Joachim) - Abit. 1954 Bonn; 1954-58 Jura-Stud. Univ. Marburg, Bonn, Köln (Refer. 1958, Promot. 1962), Ass.-Ex 1962 Düsseldorf - 1962-67 Rechtsanw. Emschergenoss./Lippeverb:, Essen; 1963 Rechtsanw. Essen; 1967-78 Justitiar u. Kämmerer, Leit. Geschäftsber. Verw. Emschergenoss. u. Lippeverb.; ab 1978 Chefjustitiar Ruhrkohle AG - Zahlr. Mand. in Gesellsch. u. Verb. - Liebh.: Musik, Wassersport - Spr.: Engl.

FIRNHABER, Eberhard

Dr. jur., Kanzler Universität Bielefeld - Universitätsstr. 25, 4800 Bielefeld 1 - Geb. 3. Mai 1927.

FIRNHABER, Wolfgang

Dr. med., Prof., Direktor Neurol. Klinik (s. 1973) u. Ltd. Ärztl. Direktor d. Städt. Kliniken Darmstadt (1980-85) - Mangoldweg 25, 6100 Darmstadt (T. 06151 - 71 54 11) - Geb. 14. Dez. 1930 Hamburg (Vater: Adolf F., Finanzpräs. a. D.; Mutter: Hedwig, geb. Hartz), ev., verh. s. 1963 m. Mechthild, geb. Freytag, 2 Söhne (Wolfram, Dietrich) - Facharztausbild. Univ.-Kliniken Hamburg, Göttingen (Lehrer u. a. Prof. Bürger-Prinz, Prof. Janzen, Prof. Bauer); Habil. 1970 - S. 1967 Facharzt f. Nerven- u. Gemütsleiden, b. 1977 Mitgl. Fachbereichsrat Humanmed. Univ. Frankfurt/M., s. 1976 Mitgl. Ärztl. Beirat, 1985-87 Vorst. Dt. Multiple Sklerose Ges., s. 1979 Vorst. Dt. Ges. f. Neurologie, 1989/90 1. Vors. - BV: Rehabilitation, Bd. 3 (m. a.). Herausg.: Jochheim, Scholz (1975); D. neurol. Gutachten (1984, m. a.) - Liebh.: Innenpolitik, Musik, Schach - Spr.: Engl. - Rotarier.

FIRSCHING, Karl

Dr. jur., o. Prof. f. Bürgerl. Recht, Verfahrens- u. Intern. Privatrecht Univ. Regensburg, Richter a.D. Bayer. OLG - Reiterweg 10, 8401 Pentling - Habil. München - Mithrsg. d. IPRax - BV: Nachlaßrecht, 6. A. 1986; Familienrecht, 4. A. 1979; Einf. in d. IPR, 2. A. 1981; Intern. Erbrecht, 7 Bde. 3. A. Stand 1985 (m. Ferid). Mitarb. Staudinger-BGB-Komm. (Int. Schuldrecht, 1978; Int. Erbrecht, 1981; Art 11 EGBGB, 1984).

FIRTION, Fridolin

Dr. ès-Sciences, o. Prof. f. Geologie - Eichendorffstr. 13, 6601 Scheidt/Saar (T. Saarbrücken 813630) - S. 1958 Ord. u. Inst.sdir. Univ. Saarbrücken. Facharb.

FISCH, Jörg

Dr. phil., o. Prof. f. allg. neuere Geschichte Univ. Zürich - Hammerstr. 91, CH-8032 Zürich (T. 01 - 53 03 21) - Geb. 28. April 1947 St. Gallen, ledig - Promot. 1976 Univ. Heidelberg; Habil. 1983 Univ. Bielefeld. S. 1986 Prof. Bielefeld, 1986 Univ. Mainz, 1987 Univ. Zürich - BV: Krieg u. Frieden im Friedensvertrag, 1979; Cheap Lives and Dear Limbs. The British Transformation of the Bengal Criminal Law 1769-1817, 1983; D. europ. Expansion u. d. Völkerrecht, 1984; Hollands Ruhm in Asien, 1986 - Spr.: Engl., Franz., Ital., Span., Portug., Niederl.

FISCH, Rudolf

Dr. phil., Dipl.-Psych., o. Prof. f. Psychologie Univ. Konstanz (s. 1974) - Beethovenstr. 2, 7750 Konstanz 1 - Geb. 16. April 1939 Hagen/W. (Vater: Rudolf F., Ing.; Mutter: Thekla, geb. Weißenburg), kath., verh. 1966-78 m. Helga, geb. Böttcher (†), verh. s. 1980 m. Franziska, geb. Maier, 2 Kd. (Jan, Dagmar) - Gymn.; Industriepraktt.; Univ. Frankfurt/M., Münster/W., Bochum. Dipl.-Psych. 1964 Münster; Promot. 1967 Bochum; Habil. 1972 Saarbrücken - 1972-74 Wiss. Rat u. Prof. Univ. Saarbrücken - BV: Konfliktmotivation u. Examen, 1970; Elternbildung durch Elternbriefe, 1984; Messung u. Förderung v. Forsch.leistung, 1986; Evaluation v. Forschung, 1988. WDR-Filme: Gegenst. u. Meth. u. Stud. u. Beruf - Liebh.: Musik, Vor- u. Frühgesch., Malerei, Segeln, Flugmodellbau - Spr.: Engl., Franz.

FISCHACH, Hans

Kunstmaler, Graphiker, Lehrer Dt. Meisterschule f. Mode, München - Kirchbachweg 10, 8000 München (T. 71 - 089 - 79 62 48) - Geb. 21. Juli 1922 Aschaffenburg (Vater: Hans F., Offz.; Mutter: Lydia, geb. Lettenmayer), verh. s. 1973 in 2. Ehe m. Renate, geb. Fabel, T. Marion aus 1. Ehe - 1949-51 Dt. Meistersch. f. Mode, München - 1940 u. 1942-45 Berufsoffz.; freiberufl. Modegraphiker, Illustrator u. Maler, Journ., Schriftst.; s. 1972 Lehrer Dt. Meistersch. f. Mode - BV: Golf-Witz, 1976; Golf - K.u.K., 1980; Nächste Rosenbusch, 1982; Solang d. grüne Isar, 1983; D. König sein Schwalangschär, 1986; zahlr. Rundfunkbeitr. - Bild. Kunst: Mod. gegenständl. Bilder; zahlr. Ausst. im Haus d. Kunst, München - Liebh.: Golf, Klass. Musik, Modelleisenbahn - Spr.: Engl.

FISCHACH-FABEL, Renate

Journalistin, Schriftst. - Kirchbachweg 10, 8000 München 71 - Geb. 9. Okt. 1939 Berlin (Vater: Dr. Karl Fabel; Mutter: Marianne, geb. Bornikoel), verh. m. Hans Fischach, Kunstmaler (s. dort) - Nach Abit. Verlagsbuchhändlerlehre, Stud. German. - S. 1962 Redakt. Madame - BV: Meines Mannes Tochter, R. 1976; Geliebte Feindin, R. 1978; Wo d. Liebe hinfällt, R. 1979; Söckchenzeit, R. 1980; Wir Wundertöchter, R. 1981; Mit Kind u. Kater, R. 1983; Molly im Glück, R. 1984; Am Tag d. Rosen im August, R. 1985; Ich war Cleopatras Lieblingskatze, R. 1986; Minou - e. Katzenleben am Hof v. Versailles, R. 1987; Verlieb dich nicht in einen Italiener, R. 1988.

FISCHBACH, Bert

Dr. jur., Direktor Landschaftsverb. Rheinl., stv. VR-Vors. Westd. Landesbank Düsseldorf, VR-Vors. Provinzial Feuer- u. Lebensversich., AR Ferdinand Lentjes AG, Düsseldorf - In der Rosenau 22, 5000 Köln 90 (T. priv.: 02203 - 8 32 57; dstl.: 0221 - 82832606) - Geb. 26. Jan. 1923 Düren (Vater: Fritz F., Kaufm.; Mutter: Anna, geb. Woebker), kath., verh. s. 1954 m. Hella, geb. Grabenstätter, 4 Kd. (Babette, Roman, Günter, Bert) - Abit. 1941; 1. jurist. Staatsprüf. 1951, Promot. 1955, 2. jurist. Staatsprüf. 1956, alle Bonn - 1966 Jurist im Landschaftsverb. Rheinl. Köln, b. 1975 Leit. Haupt- u. Personalabt., b. 1980 Erster Landesrat u. Kämmerer, ab 1980 Landesdir. - Liebh.: Musik, Lit. - Spr.: Engl., Franz.

FISCHBACH, Jörn-Uwe

Dr. rer. nat., Prof. f. Experimentalphysik Univ.-GH Wuppertal - Am Tescher Busch 9, 5600 Wuppertal - Geb. 7. Juli 1945 Weng/Bay., verh. s. 1981 m. Ursula, geb. Müller, S. Jonas.

FISCHBECK, Gerhard

Dr. agr. h. c., M.Sc., o. Prof. f. Spez. Pflanzenbau u. -züchtung - 8051 Palzing/Obb. (T. 4 01) - Geb. 26. Aug. 1925 Wieglitz/Altmark (Eltern: Heinrich u. Frieda F.), verh. s. 1966 m. Ingeborg, geb. Muggenthaler - Stud. München u. Minnesota (USA) - 1961 b. 1964 Privatdoz. TH München; 1964-69 o. Prof. Univ. Bonn; s. 1969 o. Prof. TU München. Div. Fachveröff. - 1978 Justus-v.-Liebig-Preis, Hamburg; 1985 Dr. agr. h. c. Univ. Bonn.

FISCHEDICK, Heinz B.

Vertriebsdirektor, Geschäftsf. Mecano-Bundy GmbH. u. Mecano-Simmonds GmbH., beide Heidelberg - Kurpfalzstr. 10, 6908 Wiesloch/Baden - Geb. 22. Jan. 1935 Solingen - Spr.: Engl.

FISCHEDICK, Otto

Dr. med., Prof., Chefarzt Abt. f. Röntgenologie u. Nuklearmed./Knappschaftskrkhs. Dortmund - Wieckesweg 27, 4600 Dortmund - S. Habil. Lehrtätigk. Univ. Münster (gegenw. apl. Prof. f. Klin. Radiologie).

FISCHEL, Willy

Betriebswirt, Geschäftsf. Hauptverb. d. Spielwaren-, Modellbau-, Kinderwagen- u. Korbwaren-Einzelhandels - Sachsenring 89, 5000 Köln 1.

FISCHER, Albert

Dr. med. vet., Prof. f. Fleischtechnologie Univ. Hohenheim - Schloß, 7000 Stuttgart 70.

FISCHER, Albert

Geschäftsführer STREIF Eigenheimbau GmbH. & Co. KG. - 6646 Losheim/Saar - Geb. 9. Sept. 1918 - Div. Funktionen, dar. Vors. Gütegem. Montagebau u. Fertighäuser e.V., Hamburg; Präsid.-Mitgl. u. Vizepräs. Hauptverb. d. Dt. Holzind. e.V., Wiesbaden (auch Vors. Tarifpolit. Ausssch.); Vorst.-Mitgl. Bundes-vereinig. d. dt. Arbeitgeb.Verb., Köln.

FISCHER, Albrecht G.

Dr. rer. nat., Prof., Wiss. Rat Univ. Dortmund (Arbeitsgeb. Optoelektronik) - Kohlenbankweg 20, 4600 Dortmund 50 - Geb. 5. Juli 1928 Ilmenau/Thür. (Vater: Dr. H. F., Chemiker (Miterf. Fluoreszenzlampe); Mutter: Gertraud, geborene Schaible), gesch., 3 Kd. (Aurelia, Berthold, Oliver) - Goethe-Sch. Ilmenau; Univ. Mainz u. Gießen (Physik; Dipl. u. Promot.) - Tätigk. USA (1958-59 General Electric Corp. Cleveland; 1959-71 RCA Labor. Princeton; 1972-73 Westinghouse Labor. Pittsburgh). Beitr. u. Fachb. Üb. 70 Einzelarb. (Optoelektronik u. Materialwiss.) - 1963 RCA Award (Aufklärung Destriau-Effekt) - Liebh.: Musik, Fliegen - Spr.: Engl. - Bek. Vorf.: Rudolf Diesel (Urgroßonkel) - 28 Patente.

FISCHER, Alexander

Dr. phil., o. Univ.-Prof. f. Osteurop. Gesch. Univ. Bonn (s. 1986) - Eichäckerstr. 18, 6382 Friedrichsdorf 1 (T. 06172 - 7 17 57) - Geb. 24. Jan. 1933 Thum/Erzgeb. (Vater: Gerhard F., kaufm. Angest.; Mutter: Lisbeth, geb. Weber), ev., verh. s. 1962 m. Dr. rer. nat. Gertrud, geb. Arnold, 2 Töcht. (Katharina, Barbara) - Stud. d. Gesch., Germ., Phil., polit. Wiss. Univ. Tübingen; Promot. 1964 ebd.; Habil. 1972 Frankfurt/M. - 1972-86 Prof. Univ. Frankfurt. 1976-78 Mitgl. Arbeitskr. f. vergleich. Deutschlandforsch., s. 1979 Arbeitskr. Forschungsförd. b. Bundesmin. f. innerdt. Beziehungen; s. 1984 Leit. Fachgr. Geschichtswiss. d. Ges. f. Deutschl.forsch.; s. 1988 Mitgl. Wiss. Beirat d. Militärgesch. Forschungsamtes in Freiburg i. Br.; 1981-89 Mitgl. Wiss. Direktorium Bundesinst. f. ostwiss. u. intern. Stud., Köln - BV: Russische Sozialdemokratie u. bewaffneter Aufstand im Jahre 1905, 1967; Teheran-Jalta-Potsdam, 3. A. 1985; Sowjet. Dtschl.politik im Zweiten Weltkrieg, 1975; Politische Weltkunde: D. Sowjetunion (zus. m. A. Karger), 1985. Herausg.: Wiederbewaffnung in Deutschl. n. 1945 (1986); DDR-Ploetz (1988); Geschichtswiss. in d. DDR, Bde. I u II (1989, zus. m. G. Heydemann). Mithrsg.: Festschr. f. Fritz T. Epstein (1978).

FISCHER, Alfred

Vorsitzender Richter am Bundesverwaltungsgericht Berlin 12 - Hüninger Str. 23, 1000 Berlin 33 (T. 831 28 77) - Geb. 14. Dez. 1919, verh. s. 1946 m. Marga, geb. Bergmann, 5 Kd. (Manfred, Peter, Christa, Edgar, Frank) - Mitgl. d. ständ. Arbeitsaussch. d. europ. Staatsräte u. obersten VG, Vorstandsmitgl. Dt. Sektion d. Intern. Inst. f. Verwaltungswiss., Mitgl. Intern. Inst. f. Rechts- u. Verwaltungssprache, Beobachter b. d. Intern. Org. d. oberst. VG - Gr. BVK.

FISCHER, Andreas Friedrich

Dr. phil., Prof. f. Allg. Pädagogik - Kelterstr. 36/1, 7120 Bietigheim-Bissingen - Geb. 16. Sept. 1937 Hamburg (Vater: Gustav F., Kaufm. Angest.; Mutter: Hildegard, geb. Schade), ev., verh. s. 1977 m. Elvira, geb. Laule, 2 Kd. (Susanne u. Michael Bally aus 1. Ehe d. Frau) - 1947-55 Gymn. St. Georg Hamburg; 1955-61 Univ. Hamburg u. Erlangen (Dt., Gesch.). Promot. 1966 Hamburg - 1961-64 Schuldst. Hamburg; 1965-70 Mitarb. Inst. f. Polit. u. Wirtsch.; 1970-73 Wiss. Assist. Univ. ebd.; s. 1973 Doz. u. Prof. (1976) PH Ludwigsburg. Bücher u. Aufs.

FISCHER, Anneliese,

geb. Sell

MdL Bayern - Waldsteinring 13, 8580 Bayreuth - Geb. 31. Mai 1925 Pirmasens, kath., verh. s. 1952 m. Friedrich F., Ltd. Forstdir. i. R., 4 Kd. (Ursula, Gabriele, Susanne, Birgit) - Abit.; Lehramtsstud.; 1. u. 2. Ex. - Elternbeiratsvors. Gymn. Bayreuth; 1970-83 Mitarb. in d. Landeselternvereinig., dav. 4 Jahre Landesvors.; stv. Vors. Bundeselternrat; Gründ. Arge bayer. Elternverb.; Mitgl. Stadtrat Bayreuth (b. 1986); 1980-84 Mitgl. Rundfunkrat f. d. Eltern, s. 1987 f. d. CSU-Landtagsfrakt. - BVK am Bde.; Ehrenvors. Landeselternvereinig. d. Gymn. in Bayreuth.

FISCHER, Anton

Dipl.-Kfm., Sportreferent u. Gesellschafter-Geschäftsf. Aachen-Laurensberger Rennverein - Albert-Servais-Allee, 5100 Aachen; priv. Paulinenstr. 3-11, 5102 Würselen (T. 02405 - 20 92) - Geb. 29. Sept. 1924, kath., verh., 2 Kd. - 1973 Dressur-Aussch. u. 1974 Vors. Dressur-Aussch. Dt. Olympiade Komitee f. R., s. 1974 Equip-Chef d. Dressurreiter Mannsch., 1981 Präsid.-Mitgl. A.L.R.V. - 1976 Ehrenz. in Gold m. Olymp. Ringen d. Dt. Reiterl. Vereinig.; 1980 DOKR Ehrenz. Sonderstufe in Gold; 1982 Gr. Med. Verb. d. Reit- u. Fahrvereine Rhld.; 1984 Ehrenz. Dt. Reiterl. Vereinig. in Gold m. Lorbeer u. Olymp. Ringen; 1986 Dt. Reiterkreuz in Gold.

FISCHER, Arwed

Fabrikant, Mitinh. u. Geschäftsf. Christ. Fischer's Söhne GmbH./Wirk- u. Strickwarenfabrik, Kemnath (s. 1946), Vors. Fachzweig Maschenind./Verb. d. Nordbayer. Textilind. u. stv. Vors. Fachzw. Maschenmeterware/Gesamtverb. der dt. Maschenind. - Amberger Str. 48, 8584 Kemnath-Stadt - Geb. 25. Jan. 1921 Asch/Sudetenl. (Vater: Gustav Wilhelm F., Untern.; Mutter: Alice, geb. Grohmann), A. B., verh. s. 1950 m. Mira, geb. Pracowitz, 2 Kd. (Arwed, Carola) - Schule (Abit.) und Textiling.-ausbild. (grad.) Asch - Liebh.: Sport (regionale Titel Leichtathletik, Tennis, Tischtennis) - Spr.: Engl., Franz., Span. - 2 Patente.

FISCHER, Balthasar

Dr. theol., em. Prof. f. Liturgiewissenschaft - Weberbach 17/18, 5500 Trier (T. 75171) - Geb. 3. Sept. 1912 Bitburg/Eifel, kath. - Friedrich-Wilhelms-Gymn. Trier; Phil.-Theol. Hochsch. ebd. u. Univ. Innsbruck (Promot. 1937) - 1936 Seelsorger, 1945 Doz. (1946 Privatdoz. Univ. Bonn), 1947 o. Prof. Theol. Fak. Trier (1964-66 Rektor). Gastprof. Univ. Notre-Dame/USA (1950 u. 1985), Inst. Lumen Vitae Brüssel/Belg. (1957-71), St. John's University Brooklyn (1977). Konsultor Vorb. Kommiss. d. II. Vatikan. Konzils (Liturgierat, b. 1984 Gottesdienstkongregation), Ehrendoktor Mainz (1977) - BV: D. Psalmenfrömmigkeit d. Märtyrerkirche, 1948; Was nicht im Katechismus stand - 50 Christenlehren üb. d. Liturgie d. Kirche, 1952; Volk Gottes um d. Altar, 1960, 4. A. 1984. Mithrsg.: Festschr. f. Josef A. Jungmann (D. Messe in d. Glaubensverkündig.), 1950; Paschatis Sollemnia, 1959; Von d. Schale z. Kern, 1979; Feier uns. Erlösung, Ges. Aufs., Leipzig 1979; D. Psalmen als Stimme d. Kirche. Ges. Aufs. z. Christl. Ps.-Verständnis, 1982; Dich will ich suchen v. Tag z. Tag. Psalmen-Meditationen 1985 - Lit.: Festschr. z. 60. Geburtstag: Zeichen d. Glaubens. Stud. z. Taufe u. Firmung (1972).

FISCHER, Bernd

Dr. med., apl. Prof., Chefarzt Rehabilitationsklinik Klausenbach u. Schwerpunktklinik f. Hirnfunktionsstörungen u. Innere Krankheiten - Talstr. 317, 7618 Nordrach-Klausenbach - Geb. 21. Mai 1939 Karlsruhe, ev., verh. s. 1966 m. Dr. Uta, geb. Engert, 2 Kd. (Christiane, Kim) - Promot. 1966 Mannheim, Habil. 1975 ebd. - 1977 Leit. Dt. Liga z. Bekämpfung frühzeit. Altersersch. (Frühgeriatrie); 1989 Präs. d. Ges. f. Gehirntraining. Begründer d. Gehirnjoggings (zus. m. Dr. Lehrl). Schwerp.: Geriatrie, Frühgeriatrie, Neurophysiol., Hepatol., Gesundheitsbildung, Gehirn-Training. Einf. Hyperbare Med. in d. Rehabilitationsmed. - BV: Klausenbacher Gesprächsrunde I-V; GeJo-Card (Kartenspiel); Selber denken macht fit; geriatrics, pregeriatrics, rehabilitation; Handbook of Hyperbaric Medicine, 1987; Psychometrie. 220 wiss. Veröff. - Spr.: Engl., Franz., Latein.

FISCHER, Bernhard

Dr. phil. nat., Prof. f. Mathematik - Wilfriedstr. 77, 4800 Bielefeld 14 - Geb. 18. Dez. 1936 Endbach - Promot. 1963; Habil. 1967 - S. 1970 Ord. Univ. Bielefeld.

FISCHER, Bodo

Geschäftsführer, Mitgl. Hbg. Bürgerschaft (1971-81) - Ruhwinkel 5, 2000 Hamburg 65 - Geb. 6. Dez. 1935 Herrenhausen/Hannover, verh. s. 1960, 1 Kd. - Volkssch. Altena/W.; kaufm. Lehre Industrie; 1959-61 Sozialpäd. Inst. Hamburg (Staatsex.); 1968ff. Univ. Hamburg (Soziol., Erziehungswiss., Polit. Wiss.). Staatsex. 1973 (Erziehungswiss.); Dipl.-Soziol. 1978 - B. 1956 kaufm. Angest.; ab 1961 Angest. Jugendbeh. Hamburg, Jugendbildungsref. CVJM u. Ev. Akad. SH Bad Segeberg; s. 1973 Wiss. Mitarb. u. Gf. (1976) Neue Ges. Hamburg; 1981 Gründung Bodo Fischer Umweltberat.; 1984 Geschäftsf. UBD (Inst. f. Umwelt-, Boden-, Deponie-Analytik GmbH); 1985 Mitgesellsch. ÖKO-DATA (Ges. z. Aufarbeitung v. Umweltdaten). SPD s. 1965.

FISCHER, Bruno

Prof., Hochschullehrer - Adalbert-Stifter-Str. 21, 6903 Neckargemünd - U. a. Prof. f. Gehörlosen- u. Schwerhörigenpäd. PH Heidelberg - BV: Hilfe f. hörgeschädigte Kinder, 1977 (übers. holländ. u. span.); Gehörlosenunterr., 1982; u.a. Publ.

FISCHER, Carl

Schriftsteller - Münchner Str. 7, 8031 Seefeld (T. 08152 - 75 26) - Geb. 25. Mai 1918 Riesa/Leipzig, ledig - 1937-39 Stud. Philol. Univ. München - 1950-70 Exportleit. u. 1971-83 Werbeleit. Espe GmbH, Fabrik pharm. Präparate, Seefeld - BV: Baudelaire, Les Fleurs du Mal, 1948 u. 54; Dito u. le spleen de Paris, 1979; Mallarmé Poésies u. Poemes en Prose u. Igitur, 1958, 74, 84; Petronius, Satyrikon, 1962 u. 83; Villon, Dichtungen, 1963; Apuleius, D. goldene Esel, 1965 u. 83; Carmina Burana, 1974 u. 79; Catullus, Ged. 1987 u. a. - Liebh.: Klass. Musik - Spr.: Engl., Franz., Lat., Ital., Griech.

FISCHER, Clemens

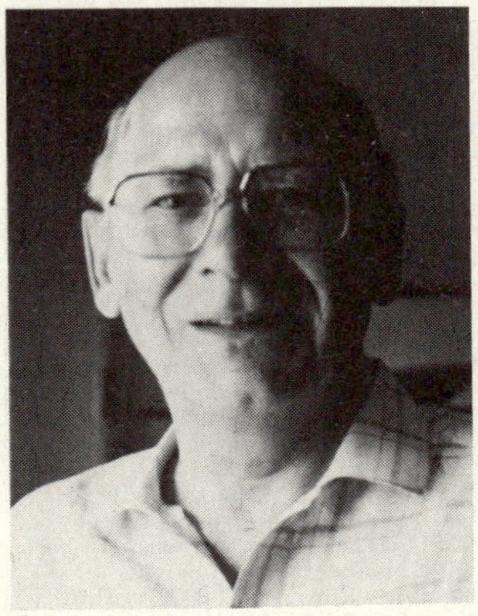

Prof., Maler u. Graphiker - Poller Hauptstr. 31a, 5000 Köln 91 (T. 0221 - 83 61 61) - Geb. 16. Juni 1918 Köln (Vater: Hubert F.; Mutter: Agnes, geb. Reucher) - 1937-39 Kölner Werksch. (Prof. G. Meyer); 1945-47 Kunstakad. Düsseldorf (Prof. O. Coester) - 1965 Stip. im Edvard Munch-Besitz Ekely, Oslo - 1970-83 Lehrstuhlinh. Kunstakad. Nürnberg (1972-75 Präs.). Zahlr. Arbeiten, u. a. 1964-65 Chorfensterwand Sankt Gerhard, Langenfeld-Gieslenberg; 1965-66 Chorfensterwand Sankt Engelbert, Odenthal-Voiswinkel; 1966 Secco-Wandmalerei Lettner Sankt Pantaleon, Köln; 1968-70 5 Chorfenster Sankt Laurentius, Essen-Steele - 1953 Preis Jg. dt. Maler, 1964 Villa-Romana-Preis.

FISCHER, Dieter

Dr. rer. pol., Dipl.-Kfm., Dipl.-Volksw., Präsident Verb. Dt. Bahnhofshandel, Bonn, Vors. Fachabt. Bahnhofsgaststätten im Dehoga, Bonn; Vors. Union Dt. Bahnhofsbetr., Bonn - Parlerstr. 74, 7000 Stuttgart 1 - Geb. 7. Febr. 1927.

FISCHER, Dieter

Oberfeldwebel a. D., MdL Hessen (s. 1979, CDU) - Jahnstr. 2, 3548 Arolsen - Geb. 25. Juni 1942 Biskirchen - Volkssch.; Malerlehre - S. 1963 Bundeswehr. Präs. d. Kyffhäuserbundes, Landesvors. d. VDA-LV Hessen. 1972ff. MdK Waldeck-Frankenberg. Parteiämter.

FISCHER, Dietrich

Dr. jur., Rechtsanwalt, Vors. a.D. Geschäftsltg. Krupp Ind.- u. Stahlbau Duisburg (b. 1982) - Witthausstr. 25, 4330 Mülheim/Ruhr - Geb. 19. Jan. 1927.

FISCHER, Dirk

Bundestagsabgeordneter (s. 1980) - Andreasstr. 33, 2000 Hamburg 60 (T. 040 - 27 32 82, Bonn 0228 - 16 70 31) - Geb. 29. Nov. 1943 Bevensen - Rechtsanwalt - CDU (s. 1976 stv. Landesvors.).

FISCHER, Dora

Dr. sc. pol., Prof. f. Geographie FU Berlin - Garystr. 55, 1000 Berlin 33 - Geb. 29. Dez. 1914 Wollstein - Promot. u. Habil. Berlin - BV: Unter Südseeinsulanern, 2. A. 1956.

FISCHER, Erhard

Dr. rer. nat., o. Prof. f. Physik - Eichendorffstr. 7, 6500 Mainz-Gonsenheim - Geb. 16. Febr. 1929 Wiederau - S. 1962 (Habil.) Lehrtätigk. Univ. Mainz (genw. Ord.). Üb. 30 Fachveröff.

FISCHER, Erich

Dr. med., Prof., Chefarzt a.D. Radiolog. Abteilung/Robert-Bosch-Krkhs. (b. 1981) - Obere Burghalde 29, 7250 Leonberg 1 - Geb. 2. Jan. 1922 Ilsfeld b. Heilbronn - Promot. 1952 - S. 1964 (Habil.) Privatdoz. u. apl. Prof. (1970) Univ. Tübingen (Med. Strahlenkd.) - BV: D. occipitale Dysplasie, 1960 (m. Hermann Schmidt); Weichstrahlradiographie an d. Extremitäten. Üb. 140 Einzelarb.

FISCHER, Ernst Otto

Dr. rer. nat., Dr. rer. nat. h. c. mult., Dr. Sc. h. c., o. Prof. f. Anorgan. Chemie - Sohnckestr. 16, 8000 München 71 - Geb. 10. Nov. 1918 München (Vater: Prof. Dr. phil. Karl T. F., Physiker (s. X. Ausg.); Mutter: Valentine, geb. Danzer), ev., led. - TH München (Chemie, Naturwiss.; Promot. 1952) - 1954 Privatdoz. TH München, 1957 ao., 1959 o. Prof. (pers. Ord.) Univ. München, 1964 o. Prof. TH München. Fachveröff. - 1957 Chemiepreis Göttinger Akad. d. Wiss., 1959 Alfred-Stock-Gedächtnispreis Ges. Dt. Chemiker; 1973 Nobelpreis (m. Geoffrey Wilkinson Engl.) - Liebh.: Gesch., Kunstgesch. - Spr.: Engl.

FISCHER, Ernst Peter

Dr. rer. nat., Dipl.-Phys., Privatdozent - Sonnenbühlstr. 65, 7750 Konstanz (T. 07531 - 6 13 16) - Geb. 18. Jan. 1947 Wuppertal, ev., verh. s. 1971 m. Renate, geb. Jacobs, 2 Töcht. (Christina, Dorothee) - Physikstud. Köln, Biol.-Stud. Pasadena/USA; Dipl. 1972 Köln; Promot. 1977 Pasadena; Habil. 1987 Konstanz - BV: Licht u. Leben, 1985; D. Welt im Kopf, 1985; Sowohl als Auch, 1987; Gene sind anders, 1988. Herausg.: Max Delbrück, Wahrheit u. Wirklichkeit (auch Übers., 1985); Ztschr. Aus Forsch. u. Med. (1986-88); Mannheimer Forum (ab 1989) - 1980 Umschau Preis (Bechthold Med.); 1981 Preis Wiss. Ges. Univ. Freiburg - Liebh.: Musik (Querflöte) - Spr.: Engl., Hebr.

FISCHER, Erwin

Bundesanwalt Bundesgerichtshof (s. 1967) - Herrenstr. 45a, 7500 Karlsruhe - Geb. 21. Jan. 1913 - Zul. Oberstaatsanw. BGH.

FISCHER, Erwin

Schriftsteller - Bergfried 20a, 2162 Steinkirchen (T. 04142 - 13 23) - Geb. 15. Okt. 1928 Königsberg/Ostpr., ev., verh. s. 1949 m. Edeltraut, geb. Glomb, S. Michael-Thomas - Volkssch. - 1948-69 Journ. (Redakt., verantw. polit. Redakt., Reportchef Politik Hamburger Echo, dt. panorama, Quick) - BV: Kameradenessen, 1970; Vertreterbesuch, 1974; Meine Abenteuer m. d. Tieren, 1987. Übers. u. a. USA, SU, Brasil., Bulg. - 1974 Intern. Satirikerpreis ALEKO; Goldmed. Sofia - Liebh.:

Sammeln alter Bibeln - Lit.: Intern. Erzähler, Warna (1979).

FISCHER, Ferdinand
I. Bürgermeister - Rathaus, 8633 Rödental/Ofr. - Geb. 5. Juni 1918 Oeslau - stellv. Landrat.

FISCHER, Franz
I. Bürgermeister Stadt Waldsassen - Basilikaplatz 3, 8595 Waldsassen/Opf. - Geb. 25. Mai 1925 Mammersreuth - CSU.

FISCHER, Franz
Dr. phil., o. Prof. f. Vor- u. Frühgeschichte Univ. Tübingen (s. 1975) - Melanchthonstr. 16, 7400 Tübingen - Geb. 7. Jan. 1925 Pforzheim (Vater: Dr. Wolfgang F., Prof.; Mutter: Charlotte, geb. Waag), ev., verh. s. 1957 m. Dr. Eva-Maria, geb. Bossert, 2 Kd. (Barbara, Wolfgang) - Stud. Univ. Freiburg u. Tübingen; Promot. 1952 Tübingen, Habil. 1962 Tübingen. Zahlr. Fachveröff.

FISCHER, Franz
I. Bürgermeister - Rathaus, 8751 Elsenfeld/Ufr. - Geb. 26. Juni 1941 Elsenfeld - Zul. Verwaltungsamtm. CSU.

FISCHER, Franz Josef
Ministerialdirektor, Leit. Abt. Recht u. Verwaltung im Bundeskanzleramt - Zu erreichen üb. Bundeskanzleramt, Adenauerallee 139-141, 5300 Bonn 1 - Geb. 22. Okt. 1934 Neunkirchen/S., kath., verh. s. 1971 m. Dr. Agnes, geb. Wilbert, 4 Kd. - 1. u. 2. jurist. Staatsex.

FISCHER, Fred
Dr. rer. nat., o. Prof. f. Physik - Schmüllingstr. 52, 4400 Münster/W. - Geb. 13. Mai 1927 Neustadt/Ofr. - Promot. 1954 - S. 1961 (Habil.) Lehrtätigk. Univ. Göttingen (1967 apl. Prof.) u. Münster (1968 Ord. u. Dir. Physikal. Inst.).

FISCHER, Fritz
Dr. phil., D. Litt. h. c., o. Prof. f. Mittl. u. Neuere Gesch. Univ. Hamburg (emerit. 1973) - Anne-Frank-Str. 19a, 2000 Hamburg 55 - Geb. 5. März 1908 Ludwigstadt/Ofr. (Vater: Max F., Eisenbahninsp.; Mutter: geb. Schreider), verh. s. 1942 m. Margarete, geb. Lauth-Volkmann - Univ. Erlangen u. Berlin - 1935 Privatdoz. Univ. Berlin, 1942 ao., 1948 o. Prof. Univ. Hamburg - BV: Griff nach d. Weltmacht d. Kriegszielpolitik d. kaiserl. Dtschl. 1914-18, 1961, 4. A. 1970 (auch engl., franz., ital., japan.); Weltmacht od. Niedergang, 1965 (auch engl.); Krieg d. Illusionen (d. dt. Polit. 1911-14, 1969 2. A. 1970 (auch engl.); D. Erste Weltkrieg u. d. dt. Geschichtsbild, 1977; Bündnis d. Eliten. Z. Kontinuität d. Machtstrukturen in Dtschl. 1871-1945, 1979; Juli 1914: Wir sind nicht hineingeschlittert, 1983 - Ehrendoktor Univ. Sussex (1974), East Anglia (1981), Oxford (1983); Korr. Mitgl. British Academy; Mitgl. PEN-Club; Mitgl. Komiss. f. Gesch. d. pol. Parteien u. d. Parlamentarismus (s. 1953); Ehrenmitgl. American Historical Assoc. (1984) - Lit.:

Festschr. z. 65. Geburtstag; Dtschl. in d. Weltpolitik d. 19. u. 20. Jh.s (1973) m. Beitrag üb. Leben u. Werk u. üb. d. F.-Kontroverse; Festschr. z. 70. Geburtstag: Ind. Ges. u. pol. System (1978); Festschr. z. 75. Geb.: Dt. Konservatismus im 19. u. 20. Jh. (1983).

FISCHER, Fritz
Dipl.-Kfm., Vorstandsmitglied Krupp Stahl AG (1984ff.) - Alleestr. 165, 4630 Bochum - Geb. 1936.

FISCHER, G.
Ingenieur, Vors. Normenaussch. Bildzeichen - Burggrafenstr. 4-10, 1000 Berlin 30.

FISCHER, Gerd
Dr. rer. nat., o. Prof. f. Mathematik - Paul-Löbe-Str. 24, 4000 Düsseldorf 13 - Geb. 3. Juni 1939 Nürnberg (Vater: Josef F., Oberregierungsrat; Mutter: Erna, geb. Burkas), verh. s. 1964 m. Irmgard, geb. Holonbek, 2 Kd. (Andrea, Xaver) - Prof. Univ. Regensburg, München, Düsseldorf - Gastaufenth. San Diego, Buenos Aires, Minneapolis, Straßburg, Frankfurt, Nizza. 1980/81 Vors. Dt. Mathematiker-Vereinig. - BV: Einf. in d. Algebra (m. R. Sauer), 1974 (2. A. 1978); Lineare Algebra, 1975 (6. A. 1980); Complex Analytic Geometry, 1976; Analytische Geometrie, 1978 (2. A. 1980); div. Veröff. in Ztschr.

FISCHER, Gerhard
Dr. jur., Vorstandsmitglied Südd. Bodencreditbank AG, München - Rungestr. 15, 8000 München 71 - Geb. 6. Nov. 1930.

FISCHER, Gerhard
Abgeordneter - Vahrer Str. 91, 2800 Bremen 44 - S. 1971 Mitgl. Brem. Bürgerschaft. SPD.

FISCHER, Gerhard
Botschafter d. Bundesrep. Deutschl. in der Schweiz (s. 1983) - Willadingweg 83, CH-3006 Bern - Geb. 20. Sept. 1921 Oslo (Vater: Martin F., Gesandter), verh., 2 Kd. - Abit. 1940 Shanghai. 1948-51 (nach Kriegsdst. u. Gefangensch.) Stud. d. Rechtswiss. u. d. Sinologie Univ. München - S. 1953 Ausw. Amt (Ausl.posten: Addis Abeba, Hongkong, Madras, 1970-74 Botschafter Kuala Lumpur, 1974-77 Min.dirig. Bonn, 1977-80 Botsch. Dublin, 1980-83 Botsch. Den Haag, s 1983 Bern).

FISCHER, Gerhard
Dipl.-Ing., Inhaber u. Geschäftsf. Gustav Schade Maschinenfabrik, Dortmund-Schüren - Friegstr. 7, 4600 Dortmund-Kirchhörde - Geb. 26. Mai 1930.

FISCHER, Gernot
Ministerialrat a. D., MdB (Wahlkr. 155/Worms) - Friedr.-Ebert-Str. 185, 6522 Osthofen - Jura-Stud. - SPD.

FISCHER, Gert Ernst
Dr., Geschäftsführer Dt.-Südafrikan. Kammer f. Handel u. Industrie/South African-German Chamber of Trade and Industry - Parktown Ext. Napier Road 62, Johannesburg 62.

FISCHER, Günter
Dr. rer. nat., Prof. f. Geophysik, insb. Meteorologie - v.-Liliencron-Str. 8, 2085 Quickborn (T. 3311) - Geb. 17. Sept. 1924 Hamburg, ev., verh. s. 1958 m. Marion, geb. Böttker, 3 Kd. (Carina, Andreas, Jürgen) - Promot. u. Habil. Hamburg - B. 1966 Privatdoz., dann Prof. Univ. Hamburg. Spez. Arbeitsgeb.: Dynamik d. Atmosphäre. Fachveröff.

FISCHER, Hans
Dr. phil., a. o. Prof. f. Völkerkunde, Inst. f. Enthnologie Univ. Hamburg (s. 1967) - Rothenbaumchaussee 64a, 2000 Hamburg 13 - Geb. 14. Dez. 1932 Grottkau - Hermann-Lietz-Sch. Spiekeroog; Univ. Hamburg (Völkerkd.; Promot. 1956) - BV: Schallgeräte in Ozeanien, 1958;

Watut, 1963; Studien üb. Seelenvorstell. in Ozeanien, 1965; Negwa - E. Papua-Gruppe im Wandel, 1968; Gabsongkeg '71, 1975; Wampar, 1978; D. Hamburger Südsee-Expedition - Üb. Ethnographie u. Kolonialismus, 1982; Warum Samoa? Touristen u. Tourismus in d. Südsee, 1984; Heilserwartung. Geister, Medien u. Träumer in Neuguinea, 1987. Herausg.: Ethnologie. E. Einf. (1983); Feldforschungen. Ber. z. Einf. in Probl. u. Meth. (1985).

FISCHER, Hans
Dipl.-Volksw., Vorstandsmitglied a. D. Braunschweig-Hannoversche Hypothekenbank, Hannover (b. 1983) - Brigusstr. 2b, 3300 Braunschweig (T. 0531 - 511405) - Geb. 27. Mai 1921 Berlin (Vater: Hans F., Chemiker; Mutter: Charlotte, geb. Seyfert), ev., verh. s. 1953 m. Annemarie, geb. Steuerwald, 2 Kd. (Martin, Thomas) - Banklehre, Wirtschaftsstud. Dipl.-Volksw. 1953 Göttingen.

FISCHER, Hans
Dr. oec., Betriebswirt, Honorarprof. f. Betriebsw. Marktforsch. Univ. Frankfurt (s. 1966), Leit. Akad. f. Marketing-Kommunikation e. V., Frankfurt (s. 1974) - Oberhöchstädter Str. 2, 6242 Kronberg/Ts. (T. 4828) - Geb. 22. Juni 1906 Nürnberg (Vater: Christoph F.; Mutter: geb. Eichhorn), ev., verh. m. Elisabeth, geb. Bachem - Bankausbildung; WH Nürnberg (Dipl.-Kfm. 1930, Promot. 1934) - Tätigk. Bankwesen, Industrie, Handel; s. 1955 Brose & Partner Hanns W. Brose GmbH (18 J. gf. Gesellsch.) u. Brose & Partner/Benton & Bowles (1973) - BV: Marktanalyse u. Absatzorg. (1935). Produzent u. Markenwesen (1939), D. Kundentest als Mittel d. Absatzförd. (1952), Marketing oder D. Verwirrung d. Begriffe (1959).

FISCHER, Hans
Dr. med., Prof., Abteilungsvorsteher Anat. Inst. Univ. Freiburg (s. 1962) - Pfistergäßle 12, 7819 Denzlingen/Br. (T 07666 - 25 25) - Geb. 20. Dez. 1914 Dortmund, verh. s. 1944 m. Annemarie, geb. Engel, 2 Kd. (Thomas, Renate) - Gymn. Essen-Bredeney; Stud. Univ. Bonn, München, Freiburg - S. 1955 (Habil.) Lehrtätigk. Freiburg (1961 apl. Prof.). Fachveröff.

FISCHER, Hans
Dr. phil., Prof., Ordinarius f. Physische Geographie u. Länderkunde am Geograph. Inst. Univ. Wien - Kringsweg 2, 5030 Hürth (T. 02233 - 7 76 81); u. Am Modenapark 3, A-1030 Wien (T. 0222 - 713 99 32) - Geb. 2. Nov. 1931 Hagenberg/Österr. (Vater: Johann v. Nepomuk F., Gastw.; Mutter: Maria, geb. Leitner), verh. s. 1964 m. Inge, geb. Mayer, 4 Kd. (Karin, Ursula, Martin, Markus) - Univ. Wien, Promot. 1964 - 1952-59 Lehrer, 1964-73 Univ.assist., 1973-82 Prof. Univ. Köln; s. 1982 Ord. Univ. Wien - BV: Luftbildatlas Österr. (Mitautor), 1969; Reliefgenerationen im Kristallinmassiv, Donauraum, Alpenvorland u. Alpenrand im westl. Niederösterr., 1979. Mithrsg. Geograph. Jahresbericht aus Österreich - Präs. Österr. Geogr. Ges.; Vors. Geomorpholog. Kommiss. Österr. Geogr. Ges.

FISCHER, Hans Arwed
Dipl.-Ing., Vorstandsmitglied E. Holtzmann & Cie. AG/Holzstoff- u. Papierfabriken - 7561 Weisenbachfabrik/Murgtal - Geb. 16. Juni 1939.

FISCHER, Hans Konrad
Dr.-Ing., Physiker, Prof. f. Physik TH Aachen (s. 1976; apl.) - Am Hierespfädchen 26, 5170 Jülich-Stetternich - Geb. 11. Okt. 1929 Premnitz (Vater: Dr.-Ing. Eugen F., Chemiker; Mutter: Anne, geb. Merkel), ev., verh. s. 1958 m. Gertrud, geb. Rosbach, 5 Kd. (Dietrich, Wolfgang, Ute, Richard, Anne) - TH Stuttgart (Elektrotechnik; 1955 Dipl.-Ing.), Univ. Göttingen u. TH Aachen (Physik; Promot. 1959) - Wiss. Tätigk. KFA Jülich, Univ. Urbana (USA),

ILL Grenoble (Frankr.). Spez. Arbeitsgeb.: Festkörperphysik - Spr. Engl., Franz.

FISCHER, Hans Werner
Dr. med., Prof. f. Physiol. Chemie Univ. Erlangen-Nürnberg - Rodinger Str. 1, 8500 Nürnberg 30 - Geb. 26. Juni 1930 Nürnberg (Vater: Erhard F., Kaufm.; Mutter: Marie, geb. Matthold), ev., verh. s. 1955 m. Elisabeth, geb. Kirschbaum, 4 Kd. (Claudia, Ulrich, Susanna, Ursula) - Med. Staatsex. 1956; Promot. 1957; Wiss. Assist. 1958; Habil. (Biochemie) 1967; 1972 Akad. Dir. u. apl. Prof.; 1976 Wiss. Rat u. Prof.; 1978 Prof. (Extraord.). Arbeitsgeb.: Neue Phosphoglycolipide u. Lipoteichonsäuren (Struktur, Funktion, Biosynthese) in Gram-positiven Bakterien.

FISCHER, Hans-Albert
Industriekaufmann, Inh. u. Geschäftsf. Fischer Elektronik u.a. - Germanenstr. 28, 5880 Lüdenscheid (T. 02351-2 17 03) - Geb. 27. März 1933 Lüdenscheid, ev., verh. s. 1956 m. Ulla, geb. Runde, Sohn Thomas - Berufssch.; 1947-49 kaufm. Lehre Fa. Assmann & Söhne Lüdenscheid; 1947-68 Assmann & Söhne, Lüdenscheid oHG (zul. Verkaufsleit.); 1969 Gründ. Fischer Elektronik (Inh., Geschäftsf.); 1976 Gründ. Hellwig GmbH (Teilh.); 1977 Gründ. Fischer Metroplast GmbH (Inh., Geschäftsf.); 1984 Gründ. Mayflower Components/Boston (Mitinh., Vice-President); 1984 Gründ. Fischer Oberflächen Technik GmbH (Inh., Geschäftsf.). Zahlr. DGBM auf. d. Geb. Passive Elektron. Bauelemente - Liebh.: Jazzmusik, Skifahren - Spr.: Engl., Franz.

FISCHER, Heinrich
Arbeitsdirektor, Vorstandsmitgl. Adolf Schindling AG, Frankfurt/M. - Sodener Str. 9, 6231 Bad Schwalbach/Ts. - Geb. 17. April 1936 - Arbeitsrichter.

FISCHER, Heinz

Dr. rer. nat., Univ.-Prof. f. Geographie u. Didaktik d. Erdkundeunterr. (Physische Geogr., Geoökol., Geogr. Medienkunde u. Luftbildwesen) - Karthäuserhofweg 6, 5400 Koblenz - Geb. 14. Juli 1931 Göppingen (Vater: Hermann F., Kaufm.; Mutter: Gertrud, geb. Haug), ev., verh. s. 1959 m. Rotraut, geb. Schlumberger, 3 Kd. (Susanne, Rüdiger, Hans-Jörg) - Hohenstaufen-Obersch. Göppingen, Univ. Tübingen (Geogr., Geol., Biol., Chemie), Promot. b. H. v. Wissmann 1956; 1957-58 Stipendiat DFG (Wirtschaftsräuml. Gliederung d. Bundesrep.); 1959-66 Höh. Schuldst. (Gymn. Leonberg u. Stuttg.); 1966-71 Ref. f. Landesbeschreib. b. Bundesforschungsanst. f. Landesk. u. Raumordnung; s. 1971 Ord. EWH Rheinl.-Pf./Abt. Koblenz. Gleichz. Leit. Projektzentrum GEODOK u. Gutachter f. Landespflege u. Naturschutz. Bücher, Lehrfilme u. Aufs. (u. a. Landeskunde v. Rhpf.; Ostfriesland; Süddtschl.; dazu: Luftbildinterpretation; regional-geogr. Methodik u. Didaktik; Naturräuml. Gliederung; Geomoph. Detailart. (GMK); Ostengland; Geoökologie) -

Preisträger d. ZA f. dt. Landeskunde (1960, 1961, 1964); 1984 Fellow of Royal Geographical Society, London. Reserveoffz. Bundeswehr; Mitgl. Ges. f. Wehrkd. - Liebh.: mittelalterl. u. neue Gesch., Schießsport - Spr.: Engl., Franz.

FISCHER, Heinz

Dr. rer. nat., Naturwissenschaftler - Vogelmauer 33, 8900 Augsburg - Geb. 5. April 1911 Augsburg (Vater: Anton F., Ornithologe, Leit. Naturwiss. Museum Augsburg; Mutter: Wilhelmine, geb. Brecht), protest. - 1932-36 Univ. München (Naturwiss., Chemie, Biol., Erdkd.). Promot. 1936; Staatsex. 1941 - Vornehml. Heimatforsch. (5000 Insektenarten f. bayer. Schwaben entdeckt) - BV: Als d. Bajuwaren kamen, 1974. Üb. 100 Fachveröff. - Spr.: Engl., Franz., Portug.

FISCHER, Heinz-Dietrich

Dr. paed., Dr. phil. habil., Prof. f. Publizistik- u. Kommunikationswissenschaft Univ. Bochum/Abt. III (s. 1974) - Äskulapweg 28, 4630 Bochum 1 (T. 0234 - 70 24 59) - Geb. 1. Mai 1937 Blankenstein/Ruhr (Vater: Heinrich F., Kaufm.; Mutter: Gertrud, geb. Skiba), ev., verh. s. 1965 m. Dr. Erika, geb. Schmidt - Realsch.; n. ext. Abit. (West-Berlin) Stud. Publiz., Kommunikationswiss., Politikwiss., Gesch., Öfftl. Recht u. a. Berlin, Zürich, Münster; 2 × Promot. - 1968/69 Visit. Prof. Univ. Columbia (USA), 1969/70 Univ. Köln, s. 1970 Ruhr-Univ. Bochum (Habil. 1972); Prof. f. Publiz. u. Kommunikationswiss. Ruhr-Univ. Bochum (s. 1974). Intern. Vice Pres. f. Germany of the Intern. Foundation f. Biosocial Development and Human Health (USA) - BV: D. gr. Zeitungen, 1966; Parteien u. Presse in Dtschl. s. 1945, 1971, 2. A. 1981; Communicaçao International, 1975 (São Paulo);International and Intercultural Communication, 1976 (New York); D. Presseräte d. Welt, 1976; Rundfunk-Intendanten, 1979; Entertainment - A Cross-Cultural Examination, 1979 (New York); Education in Journalism, 1980; Chefredakteure, 1980; Regierungssprecher, 1981; Handb. d. polit. Presse 1480-1980, 1981; Dt. Kommunikationskontr. d. 15.-20. Jh., 1982; Ausl.-Korresp., 1982; Kritik in Massenmedien, 1983; FS-Moderatoren, 1983; Outstanding Intern. Press Reporting, 1984; Publikumsztschr. in d. BRD, 1985; Kommunikations-Diplomaten im intern. Dialogsystem, 1985; Berlin, Medizin u. Medien, 1986; Pioniere d. Nachkriegspublizistik, 1986; Journalismus üb. Publizistik, 1987; Intern. Reporting, 1987; Qualitätsjournalismus, 1987; Handb. d. Medizinkommunikation, 1988 - Spr.: Engl., Franz., Niederl.

FISCHER, Heinz-Joachim

Dr. phil., Journalist, Italien- u. Vatikan Korresp. d. FAZ - Via Flaminia 497, I-00191 Roma - Geb. 6. Juni 1944 Meseritz/Grenzm., kath., verh. - Human. Gymn. Canisius-Kolleg Berlin; Stud. Kunstgesch., Phil., Theol. Rom, Publiz. u. Polit. Wiss. München; Lic. theol. 1970 u. Promot. 1973 Gregoriana Rom - S. 1974 FAZ; 1978ff. wie oben - BV: Kunst-Reiseführer Toskana, 1986; Rom, 1986; Süd-Italien, 1986; D. heilige Kampf. Gesch. u. Gegenwart d. Jesuiten, 1987. Veröff. üb. Theol., kath. Kirche, Italien - Journalisten-Preise: Premio Roma, Premio Goethe.

FISCHER, Helene (Leni)

Konrektorin a. D., Hausfrau, MdB (Landesliste NRW) - Emsdettener Str. 12, 4445 Neuenkirchen (T. 05973 - 36 90) - CDU.

FISCHER, Helmar Harald

Autor, Übers., Herausg. - Biggestr. 13, 5000 Köln 41 (T. 0221 - 406 07 30) - 1968-72 Chefdramat. Stadttheater Aachen; 1972-78 Chefdramat., Stellv. d. Generalint., Spielleit. u. Schausp. Staatstheater Braunschweig; 1978/79 Pers. Ref. u. Stv. d. Generalint. Hess. Staatstheater Wiesbaden; 1979-85 Lektor im S. Fischer Verlag, verantwortl. Dramat. d. Theaterverlags.

FISCHER, Helmut

Dr. med. vet., em. o. Prof. f. Trop. Veterinärmed. u. Direktor Inst. f. Trop. Veterinärmed. Univ. Gießen (1964-84) - Dstl.: Wiss. Zentr. Tropeninst., Hofmannstr. 10, 6300 Giessen; priv.: Dorf-Güller-Str. 18, 6301 Pohlheim 2 - Geb. 9. Sept. 1915 Berlin - 1954-60 o. Prof. f. Tierzucht Univ. Indonesia, Bogor; 1961-64 Ltd. Tierzuchtbeamter Bundesstaat Malaya; 1974/75 Reg. Ber. Landw. Min. Bangkok/Thailand - BV: Erbpathol. d. landw. Haustiere, 1957 (m. Koch u. Schumann); Handb. d. Landw. u. Ernährung in d. Entw.ländern (Beitr.: Wasserbüffel), 1971. Zahlr. Einzelveröff. üb. Fragen d. Tiergesundheit u. tier. Produktion, Zytogenetik, Physiol. u. Pathol. d. Fortpflanzung trop. Nutz- u. Wildtiere - Mitgl. zahlr. nationaler u. intern. wiss. Ges.

FISCHER, Helmut

Dr. jur., Landrat Kr. Garmisch-Partenkirchen (s. 1984) - Olympiastr. 10, 8100 Garmisch/Obb. (T. 8821-5 14 54); priv.: Schmädlgasse 4, 8103 Oberammergau - Geb. 26. Nov. 1932 Oberammergau, kath., verh., 2 Kd. - Zul. Rechtsanw. Garmisch. CSU - Mehrm. Mitwirk. Passionssp. (1970 Christus-Darst.).

FISCHER, Helmut G.

Dr., Dipl.-Kfm., Geschäftsführer Procter & Gamble GmbH., Schwalbach - Dstl: Sulzbacher Str. 40, 6231 Schwalbach (Taunus).

FISCHER, Herbert

Dr. med., em. Prof., Dermatologe, Phlebologe - Heinlenstr. 28, 7400 Tübingen-Derendingen (T. 7 84 22) - Geb. 26. Febr. 1919 Brettheim/Württ. (Vater: Friedrich F., Oberlehrer; Mutter: Ernestine, geb. Trump), ev., verh. s. 1943 m. Gisela, geb. Littmann, S. Thomas - Promot. 1943 Berlin; Habil. 1961 Tübingen - S. 1945 Univ. Tübingen (b. 1956 Med., dann Hautklinik; 1967ff. apl. Prof.); 1982 Präs. Dt. Ges. f. Phlebol. u. Proktol. - BV: Klinik parasitärer Erkrankungen, 1959 (m. R. Schubert); D. chronisch-venöse Insuffizienz, 1969 (m. H. Schneider). Zahlr. Einzelarb., u. a. in: Klinik d. Gegenw. (auch ital. u. span.) u. im Handb. d. Haut- u. Geschlechtskrankh.

FISCHER, Hermann

Dr. phil., Prof. f. Dt. Sprache u. Lit. PH Weingarten (s. 1987) - Karl-Kuppinger-Str. 26, 7417 Pfullingen - Geb. 15. Dez. 1932 (Vater: Gustav F., Bürgerm. in Pfullingen) - Doz.; 1972-87 Prof. PH Reutlingen - BV: Volkslied, Schlager, Evergreen, 1965. Herausg.: Pfullingen einst u. jetzt (1982); Schwäb. Handwörterb. (1986). Zahlr. Fachaufs.

FISCHER, Hermann

Dr. phil., em. Prof. f. Anglistik - Seybothstr. 54a, 8000 München 90 - Geb. 26. Febr. 1922 Regensburg (Vater: Ernst F., Vizepräs. †; Mutter: Luise, geb. Lang †), kath., verh. s. 1964 m. Eva-Maria, geb. Reinhardt, 2 Söhne (Sebastian, Benedikt) - Univ. München u. Bristol. Staatsex. (1955) u. Promot. (1957) München - S. 1962 (Habil.) Lehrtätigk. Univ. München (Privatdoz.) u. WH bzw. Univ. Mannheim (1965-87 Ord. u. Inst.-dir.) - BV: D. romant. Verserzählung in England - Versuch e. Gattungsgesch., 1964; Engl. Barockgedichte, 1971 (Engl./Dt.). Hrsg. u. Übers.: William Wordsworth, Präludium oder D. Reifen e. Dichtergeistes (1974) - Liebh.: Musik - Spr.: Engl., Franz.

FISCHER, Hermann

Dr. theol., Prof. f. Systemat. Theologie - Schwarzpappelweg 12, 2000 Hamburg 65 - Geb. 18. Mai 1933 Cuxhaven (Vater: Walter, Regierungsob.-Insp. i. R.; Mutter: Lina, geb. Schmidtke), ev., verh. s. 1960 m. Brigitte, geb. Pfeiffer, 4 Kd. (Elisabeth, Dorothea, Andreas, Matthias) - Promot. 1960 Göttingen; Habil. 1964 Mainz - S. 1969 Prof. Univ. Mainz (1971 wiss. Rat u. Prof.) u. Hamburg (1974 o. Prof.). S. 1981 Vizepräs. Ernst-Troeltsch-Ges. - BV: Subjektivität u. Sünde. Kierkegaards Begriff d. Sünde m. ständ. Rücksicht auf Schleiermachers Lehre v. d. Sünde, 1963; Christl. Glaube u. Gesch. Vorauss. u. Folgen d. Theol. Friedrich Gogartens, 1967; D. Christol. d. Paradoxes. Z. Herkunft u. Bedeut. d. Christusverständnisses Sören Kierkegaards, 1970; Theol. im 20. Jh. (m. a.), 1983. Herausg.: Anthropol. als Thema d. Theol. (1978); Paul Tillich. Stud. zu e. Theologie d. Moderne (1989). Mitherausg.: Krit. Gesamtausg. d. Werke Schleiermachers, (1980ff.); Schleiermacher-Archiv, (1985ff.).

FISCHER, Hermann

Kanzler d. Univ. d. Bundeswehr Hamburg, Holstenhofweg 85, 2000 Hamburg 70 - Geb. 28. Jan. 1945.

FISCHER, Hermann

Fabrikant, Inh. HESSISCHE OELWERKE A. Fischer u. Sohn, Bad Vilbel, Geschäftsf. HESSOL Tank GmbH ebd., Präs. IHK Friedberg, AR-Vors. Bad Vilbeler Volksbank eG, Bad Vilbel, u. UNITI-Kraftstoff GmbH, Hamburg, stv. Vors. UNITI Bundesverb. mittelständ. Mineralöluntern. ebd., AR VDO Adolf Schindling AG, Schwalbach/Ts., stv. Beiratsvors. f. Hessen, Rhld.-Pfalz, Saar, u. R+V Versich. im Raiffeisen-Volksbankenverb., Frankfurt, Vorst.-Vors. Stiftg. Hess. Jägerhof/Jagdschloß Kranichstein - Friedberger Str. 87-97, 6368 Bad Vilbel - Geb. 17. Nov. 1922 - BVK am Bde. - Liebh.: Jagd.

FISCHER, Horst

Dr. rer. nat., Dipl.-Phys., Generalbevollmächtigter Direktor Siemens AG - Balanstr. 73, 8000 München 80 - Geb. 14. Febr. 1941 Esslingen.

FISCHER, Jens Malte

Dr. phil., Prof. Univ. München - Kunigundenstr. 50, 8000 München 40 - Geb. 26. Dez. 1943 (Mutter: Anneliese Schlosshauer, Sängerin u. Gesangspäd.), verh. - Stud. Univ. Saarbrücken, München (German., Gesch., Musikwiss.); Promot. 1972 Saarbrücken; Habil. (Neuere Dt. Lit.wiss.) 1978 Siegen, u. (Allg. Lit.wiss.) 1986 Siegen - BV: Karl Kraus, 1974; Fin de siècle, 1978; Filmwiss. - Filmgesch., 1983; Oper u. Operntext, 1985. Herausg.: Psychoanalyt. Lit.interpretation (1980). Mithrsg.: Phantastik in Lit. u. Kunst (2. A. 1985); Erkundungen. Beitr. zu e. erweit. Literaturbegriff (1987) - Spr.: Engl., Franz., Ital., Griech., Latein.

FISCHER, Johannes

Prof. Hochsch. f. Musik München, Konzertpianist - Neugarten 18, 8210 Prien - Geb. 1936 Leipzig - Herausg. Klaviersonaten Beethovens; in Edition Peters; zahlr. Veröff. üb. Spezialthemen i. B's. Klavierwerk; Rundf.aufnahmen u. Interviews. Schallplatten. Zahlr. Werkausg.

FISCHER, Joseph (Joschka)

Buchhändler, Minister a. D., MdL Hessen (s. 1987 Fraktionsvors. Die Grünen) - Schwarzburgstr. 59, 6000 Frankfurt/M. - Geb. 12. April 1948 - 1983-85 MdB (Landesliste Hessen); b. 1987 Hess. Min. f. Umwelt u. Energie. D. Grünen - BV: V. grüner Kraft u. Herrlichkeit, 1984.

FISCHER, Jürgen

Chefdramaturg Krefeld/Mönchengladbach - 1970 Chefdramat. Heidelberg, 1972 Bochum, dann Schausp. Frankfurt, Staatl. Schausp.bühnen Berlin, D'dorfer Schausp.haus. Übersetzer engl.- u. franz.sprach. Theaterautoren (Terson, Livings, Behan, Brenton, Arrabal, Woody Allen, Poliakoff, u. a.).

FISCHER, Jürgen

Dr. phil., Generalsekretär Westd. Rektorenkonfz. i. R. (1954-80) - Lotharstr. 159, 5300 Bonn 1 - Geb. 22. Juli 1923 Bremerhaven (Vater: August F., Schiffsing.; Mutter: Margarethe, geb. Brede), ev., verh. s. 1966 m. Monique, geb. Leandri - Oberrealsch. Bremerhaven; 1946-52 Univ. Göttingen (Gesch., Religionswiss., German.) - 1951-53 Dt. Studentenw. - BV: Oriens - Occidens - Europa/Gesch. d. Europabegriffs, 1957. Üb. 250 Aufs. z. Hochschul- u. Bildungspolitik - Kriegsausz. (EK II u. I); 1968 Palmes Academiques; 1979 Legion d'Honneur; BVK I. Kl. - Liebh.: Gesch., Dichtkunst - Spr.: Franz., Engl.

FISCHER, Jürgen

Dipl.-Ing., Geschäftsf. BAAS Technik GmbH./Maschinenfabrik - Industriestr. 39, 2000 Wedel/Holst. - Geb. 25. Nov. 1936.

FISCHER, Kai

Schauspielerin - Adalbertstr. 38, 8000 München - Geb. 18. März 1936, led. - Abitur - S. 1955 ca. 120 Film- u. Fernsehrollen, u.a. Angst d. Tormanns b. Elfmeter (1972), Lena Reis (1982), Beate S., Tatorte. Theater (1982): D. Widerspenstigen Zähmung, Helden, Viel Lärm um Nichts.

FISCHER, Karl

Dr. phil. nat. (habil.), o. Prof. f. Kristallographie Univ. Saarbrücken (s. 1964) - Rotenbühlerweg 28a, 6600 Saarbrücken (T. 36201) - Geb. 4. Juli 1925 Zwickau - Zul. Privatdoz. Univ. Frankfurt.Fachaufs.

FISCHER, Kaspar

Schauspieler, Autor, Zeichner - Tobelweg 26, CH-8706 Feldmeilen (T. 01 - 923 01 73) - Geb. 19. Mai 1938 Zürich, 3 Kd. (Paul, Agnes, Ernst) - Abit. Zürich, Max-Reinhardt-Seminar Wien - 1961-63 Engagement Graz, 1963-67 Kammersp. München - BV: Metamorphose I u. II (Zeichn.); M. Hänsel u. Gretel durch d. Jahr (R.); D. Kellner (Theater); Entlassungen aus d. Hölle (Zeichn.). Mondkuchen u. Fledermäuse (Aufs.). Stücke: Zirkus (1963); E. Mensch wird gemacht (1968); In Indien (1970); D. Kellner (1972); D. König (1976); Zuschauer im Hirn (1979); Im Himmel (1982); Yuya u. d. Zauberer (1985); D. Inselfisch (1986); D. Omelettenheilige (1988) - Ausst.: Nationalgalerie Berlin (1978), Strauhof Zürich (1983) - 1981 Dt. Kleinkunstpreis.

FISCHER, Klaus

Dr. rer. nat., o. Prof. f. Phys. Geographie Univ. Augsburg (s. 1974) - Mößmannstr. 31, 8900 Augsburg 28 - Geb. 3. Okt. 1937 Gablonz - Promot. 1962; Habil. 1969 - Zul. Wiss. Rat u. Prof. Bücher u. Aufs.

FISCHER, Klaus

Dr. phil., Prof., Kunsthistoriker - Im Kottsiefen 10, 5330 Königswinter 41 - Geb. 23. Nov. 1919 Zittau - Verh. s. 1957 m. Christa-Maria, geb. Mrasek (Dipl.-Bibl.) - Sohn Daniel - Habil. 1966 Univ. Bonn - S. 1966 Lehrtätigk. Univ. Bonn (1970 Wiss. Rat u. Prof., Seminar f. Oriental. Kunstgesch.) - BV: Caves and temples of the Jains, 1956; Schöpfungen indischer Kunst v. d. frühesten Bauten u. Bildern b. z. mittelalterl. Tempel, 2. A. 1961; Nimruz, Geländebegehungen in Sistan, 1974; Dächer, Decken u. Gewölbe indischer Kultstätten u. Nutzbauten, 1974; Ind. Baukunst islam. Zeit, 1976; Erotik u. Askese in Kult u. Kunst d. Inder, 1979 - Lit.: Festschr. f. K. F.: Aus d. Osten d. Alexanderreiches, 1984.

FISCHER, Klaus

Dr. med., Prof., Direktor Ev. Diakonissenanst. Bremen, Präs. Dt. Ges. f. Anästhesiologie u. Intensivmed. (1989/90) - Feldhäuser Str. 42, 2804 Lilienthal (T. 04298 - 14 00) - Geb. 3. Mai 1936 Berlin, ev., verh. s. 1966 m. Dagmar, geb. Urban, 2 Kd. (Claudia, Boris) - Staatsex. in Med. 1961; Promot. 1964 - 1968 Facharzt f. Anästhesie; 1968-78

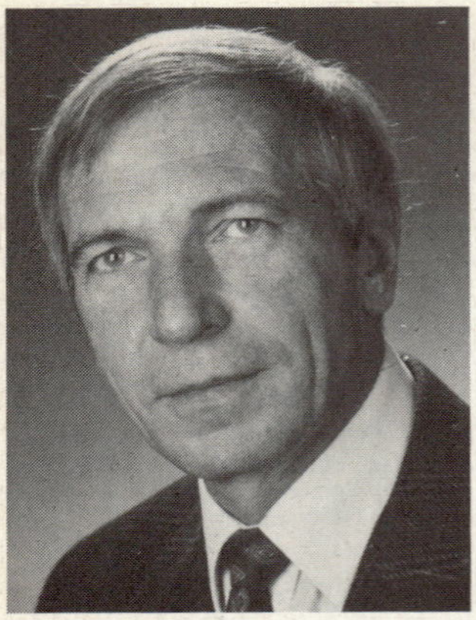

Oberarzt Abt. Anästh. Univ.-Klin. Kiel; 1978 Chefarzt Ev. Diakonissenanst. Bremen, s. 1980 Ärztl. Dir. ebd. - BV: D. Einfluß v. Anaesthetica auf d. Kontraktionsdynamik d. Herzens, 1979 - 1978 Karl Thomas-Preis Dt. Ges. f. Anästhesie - Spr.: Engl., Franz.

FISCHER, Klaus

Schriftsteller - Christophstr. 16, 7570 Baden-Baden - Geb. 30. Juni 1930 Worms, ledig - Stud. Soz. u. Gesch. Univ. Heidelberg, Paris u. München - Rundfunkautor, wiss. Berater d. Fernsehens, zahlr. Hörsp. u. lit. Hörfolgen - BV: Faites votre jeu, 1977; Baden-Baden erzählt, 1985 - Spr.: Franz., Ital.

FISCHER, Konrad

Geschäftsf. Gesellsch. Eisen-Fischer GmbH & Co. KG., Eisen, Eisenwaren, Sanitär, Heizungs- u. Bauelemente-Großhandlung, City-Parkhaus Fischer KG., alle Limburg. Ehrenpräs. IHK Limburg - Laibachstr. 8, 6250 Limburg/Lahn - Geb. 16. Juli 1914 Limburg.

FISCHER, Konrad

Dr. med. (habil.), Prof., Abteilungsdirektor Univ.s-Kinderklinik Hamburg (1969) - Stresemannallee 19b, 2000 Hamburg 54 (T. 560 10 25) - Geb. 2. Okt. 1924 Wandlitz (Vater: Paul F., Lehrer), verh. (Ehefr.: Brigitte) - B. 1966 Privatdoz., dann apl. Prof. Hamburg (Kinderheilkd. u. Immunhämatol.).

FISCHER, von, Kurt

Dr. phil., o. Prof. f. Musikwissenschaft - Laubholzstr. 46, 8703 Erlenbach/Schweiz (T. Zürich 915 32 65) - Geb. 25. April 1913 Bern (Vater: Prof. Dr. Eduard. v. F., Botaniker; Mutter: Hanna, geb. Gruner), protest., verh. s. 1940 m. Esther, geb. Aerni, 2 Kd. (Beat, Catherine) - Gymn., Univ. u. Konservat. Bern (Klavierdipl. 1936). Promot. 1938 Bern; Habil. 1948 Bern - 1938-57 Lehrer Konserv. Bern (Klav., Stilkd.); 1957-79 Ord. Univ. Zürich. 1967 Gastprof. Univ. of Illinois. 1967-72 Präs. Intern. Ges. f. Musikwiss. - BV: Griegs Harmonik, 1938; D. Bezieh. v. Form u. Motiv in Beethovens Instrumentalwerken, 1948 (Repr. 1972); Stud. z. ital. Musik d. Trecento, 1956; D. Variation, 1956 (auch engl.); Arthur Honegger, 1978. Herausg.: Krit. Editionen v. Mozarts Klaviervariationen (1961) u. Lassos Passionen (1961), 2 Bde. d. Quellenkatalogs v. Handschr. d. 14. b. 16. Jh. (1972), Polyphonic Music of the 14th-Century - Ital. Sacred Music, 2 Bde. (1976 u. 1987). Hrsg. d. Reihe „Polyphonic Music of the 14th Century". Mithrsg.: Hindemith-Ausg. (1970ff.) - 1968 Korresp. Mitgl. Akad. d. Wiss. u. d. Lit., Mainz; 1974 Corresp. member Brit. Acad.; 1975 Ehrenbürger Certaldo/Ital.; 1979 Korresp. Mitgl. Slowen. Akad. Ljubljana; 1980 Americ. musicolog. Society; 1980 Nägeli-Med. Stadt Zürich; 1987 Ehrenmitgl. Intern. Ges. f. Musikwiss. - Liebh.: Musizieren - Spr.: Franz., Engl., Ital. - Bek. Vorf.: Albrecht v. Haller, Jacob Burckhardt (Urgroßonkel).

FISCHER, Kurt

Dr. phil., Flottillenadmiral, stv. Amtschef Marineamt u. Chef d. Stabes - 4. Einfahrt, 2940 Wilhelmshaven - Geb. 17. Jan. 1937.

FISCHER, Kurt

Vorstandsvorsitzender Stadtsparkasse Hannover - Raschplatz 4, 3000 Hannover 1 (T. 0511 - 346 21 01) - Geb. 23. März 1932 Schlüchtern - Höh. Fachprüf. am Lehrinst. f. d. Sparkassen- u. Kreditwesen - S. 1966 Vorst. Spark. Wuppertal u. Hannover - Spr.: Engl.

FISCHER, Kurt Gerhard

Dr. phil., Prof. f. Didaktik d. Gesellschaftswissenschaften Univ. Gießen - Erbsengasse 7, 6301 Reiskirchen 4 - Geb. 5. Jan. 1928 Leipzig (Vater: Franz F., Lokomotivf.; Mutter: Magdalene, geb. Michael) - Gymn.; Stud. Päd., Phil., Psych. Leipzig u. Frankfurt/M. (Promot. 1952) - 1950-55 Wiss. Assist.; 1955-58 Lehrer; s. 1962 Doz. u. Prof. (1972) - BV: D. Päd. d. Menschenmögl. - Adalbert Stifter, 1962; Einf. in d. polit. Bildung, 3. A. 1973; Zur Sache Bildung - Italien, 1970. Hrsg.: Z. aktuellen Stand d. Theorie u. Didakt. d. Polit. Bi., 4. A. 1980; Schulbücher u. a. - 1964 Österr. Ehrenkreuz f. Kunst u. Wiss. - Spr.: Engl., Ital.

FISCHER, Laurent

Dr. phil., Journalist, Chefredakt. u. Verleger Nordbayer. Kurier, Bayreuth - Theodor-Schmidt-Str. 17, 8580 Bayreuth (T. 0921 - 29 41 40) - Geb. 8. Aug. 1948 Bayreuth (Vater: Walter F., Chefredakt.; Mutter: Yvonne, geb. du Cailar) - Dipl. rer. pol. 1975 (Politik, Gesch., Publiz.), Promot. 1979 - 1982 Geschäftsf. Druckhaus Bayreuth mbH; 1982 Chefredakt. u. Verleger Nordbayer. Kurier GmbH u. Co. KG; Vorst.-Mitgl. VBZV - Verb. Bayer. Ztg.verleger, München.

FISCHER, Leni, geb. Lechte

Konrektorin a. D., Hausfrau, MdB (8. u. 9. Wahlp.) - Emsdettener Str. 12, 4445 Neuenkirchen - Geb. 18. Juli 1935 Haltern Kr. Recklinghausen, kath., verh., 3 Kd. - N. Abit. Rheine (1955) Univ. Münster (Engl., Franz., Gesch.). Ex. 1959 - Ab 1959 Realschuldst. (1969 Neuenkirchen). 1973ff. Leit. VHS Neuenk. Ratsmitgl. Neuenk. CDU s. 1968 (1975 Landesvors. Frauenvereinig. Westf.-Lippe u. Mitgl. Landesvorst. u. Mitgl. CDU-Präsidium NRW, d. Dt. Ges. f. d. Vereinten Nationen u. Vorst.-Mitgl. d. Dt. Sektion d. Europ. Frauenunion).

FISCHER, Lothar

Dipl.-Mathematiker, MdB (Wahlkr. 248/Homburg) - Berliner Str. 50, 6650 Homburg (T. 06841 - 7 20 45) - Geb. 21. Juni 1942 Homburg/Saar, ev., verh. - 1956/57 Ausb. Zollagentur; Gymn. (Abit. 1963); Stud. Math. u. Physik; Diplom 1968 - 1968-73 Assist. Math.Inst. Univ. d. Saarlandes; 1969-80 Math. u. Physiklehrer Gymn. - SPD s. 1966 (Juso-AG- Vors., Juso- Unterbez.vors., stv. Stadtverb.vors., Unterbez.vorst.mitgl., 1974-80 Kreistagsmitgl., 1979-80 ehrenamtl. Kreisbeigeordneter, 1981 stv. Unterbez.vors.).

FISCHER, Lothar

Dipl.-Kfm., Hauptgeschäftsführer Dt. Fischerei-Verb./Union d. Berufs- u. Sportfischer, Hamburg - Heidekamp 78, 2110 Buchholz/Nordheide - Geb. 4. Jan. 1939.

FISCHER, Lothar

M.A., Schriftsteller, Maler, Zeichner, Kunstpädagoge - Schlüterstr. 17, 1000 Berlin 12 (T. 030 - 3122114) - Geb. 24. Dez. 1932 Freital - Stud. 1958-61 PH Berlin, 1961-62 Western Michigan Univ. USA; 1965-79 Beir. f. Bild. Kunst, 1976-83 Fachbereichslt. Bert-Brecht-Bildungszentr. - BV (Monogr.): Max Ernst, 1969; George Grosz, 1976; Heinrich Zille, 1979; Otto Dix - e. Malerleben in Dtschl., 1981; Anita Berber 1918-28 in Berlin, Tanz zw. Rausch u. Tod, 1984 - Kunstr. Surrealismus, Neo-Dada - Spr.: Engl.

FISCHER, Ludwig

Dr. phil., Prof. f. Dt. Literaturwissenschaft - Stockkamp 20, 2000 Hamburg 52 - Geb. 28. Mai 1939 Leipzig - Stud. Biol., German., Ev. Theol., Allg. Rhetorik Tübingen, Basel, Zürich - 1968-70 Lektor Univ. Stockholm; 1971-76 Wiss. Assist. TU Berlin; s. 1976 Privatdoz., s. 1978 Ord. Univ. Hamburg - BV: Gebundene Rede, 1968; D. Produktion v. Kopfarbeitern, 1974; D. luth. Pamphlete gegen Thomas Müntzer, 1976; Zeitgenosse Büchner, 1979; Literatur in d. Bundesrep. b. 1967, 1986 - Spr.: Schwed., Engl.

FISCHER, Lutz

Dr. oec. publ., o. Prof. f. Allg. Betriebswirtschaftslehre u. betriebsw. Steuerlehre - Strandweg 98 A, 2000 Hamburg 55 (T. 86 31 84) - Geb. 25. Jan. 1939 Wuppertal (Vater: Alois F.; Mutter: Hildegard, geb. Justus) - Stud. Univ. München (Promot. 1963, Habil. 1968) - B. 1970 Ord. FU Berlin, dann Univ. Hamburg.

FISCHER, Manfred

I. Bürgermeister Stadt Langenzenn - Rathaus, 8506 Langenzenn/Mfr. - Geb. 2. März 1941 Nürnberg - Maschinenbauing. - CSU.

FISCHER, Manfred

Dr., Vorstandsvorsitzender Dornier GmbH, München (s. 1984) - Trimburgstr., 8000 München 60 - Stud. Betriebswirtsch. - 1958-83 Bertelsmann AG, Gütersloh (zul. Vorstandsvors.; dazw. 1971ff. Vorstandsvors. Tochterges. Gruner + Jahr AG, Itzehoe/Hamburg). B. 1983 AR-Vors. Gruner + Jahr.

FISCHER, Manfred

Pfarrer, geschäftsf. Direktor Ev. Akademie Bad Boll (s. 1988) - Zu erreichen üb. Ev. Akad. Bad Boll, 7325 Bad Boll (T. 07164 - 79-1) - Zul. Dir. Ev. Akad. (s. 1980); vorher Gemeinde- u. Studentenpfarrer Stuttgart-Hohenheim.

FISCHER, Manfred Frithjof

Dr. phil., Prof., Ltd. Direktor Denkmalschutzamt d. Freien u. Hansestadt Hamburg (s. 1973) - Hamburger Str. 45, 2000 Hamburg 76 - Geb. 12. Febr. 1936 Ohrdruf/Thür. (Vater: Wolfgang F., Ing.; Mutter: Erna, geb. Schlung), ev., verh. s. 1969 m. Dr. Eva-Maria, geb. Krüger - Gymn.; Stud. Kunstgesch., Gesch., Dt. Promot. 1962 Göttingen - B. 1970 I. Assist. Bibliotheca Hertziana Rom, dann Konservator Bayer. Schlösser-Verw. München - BV: Fritz Schumacher, 1977. Div. Facharb. - Liebh.: Italien-Reisen - Spr.: Engl., Ital.

FISCHER, Manfred Th.

Geschäftsführer u. Alleingesellsch. d. Velox Systeme GmbH, gf. Gesellsch. Herbert Zippel Werk GmbH & Co., bde. Dortmund - Bömmerstr. 47, 4630 Bochum 7 - Geb. 24. Okt. 1933 Lünen (Vater: Karl F., Malerm. u. Geschäftsinh.; Mutter: Elisabeth, geb. Scheidgen), kath., verh. s. 1956 m. Annalouise, geb. Schlager, 10 Kd. (Barbara, Regina, Carola, Pia, Jutta, Stephan, Jeanette, Babette, Markus, Henriette) - Volks- u. Handelssch.; kaufm. Lehre; Verwaltungs- u. Wirtschaftsakad., Antioch-College. Dipl.-Wirtsch. - BV: Büroeinricht. in Beisp., 1960; Rationelle Inventur, 1965; Mod. Büromanagem., 1977; Verkaufsförd., in: Marketing-Handb., 1978; Arbeitsplatzgestalt. im Büro, 1979 - Liebh.: Reiten - Spr.: Engl. - Div. Erf.

FISCHER, Marie Louise

Schriftstellerin - Untereck, 8201 Samerberg/Obb. - Geb. 28. Okt. 1922 Düsseldorf (Vater: Friedrich G. F., Kaufm.; Mutter: Marie, geb. Notemann), verw. 1977 (Ehem.: Hans Gustl Kernmayr, Autor; s. XIX. Ausg.), T. Florentina Marina, S. Andreas Kristian - Univ. Köln, München, Prag (German., Theaterwiss., Kunstgesch.) - Dramaturgin; Journalistin - BV/R: u. a. Zerfetzte Segel, Silberne Dose, Tödliche Sterne, Ich spüre dich in meinem Blut, Mit e. Fuß im Himmel, Frucht d. Sünde, Frau üb. 30, Rache aus d. Jenseits, Schlaflose Nächte, D. goldene Kalb, Quiz m. d. Tod, Aus 1. Ehe, E. Herz f. mich allein, Adoptivkd. Michaela, Mädchen o. Abitur, Kinderarzt Dr. Vogel, Undine, d. Hexe, E. Frau in d. besten Jahren, Frauenstation, M. d. Augen d. Liebe, D. Ehe d. Dr. Jorg, Frau Dir. Eva Horster, Versuch. in Rom, D. Geschworene, Mütterheim, D. unruh. Mädchen, Flucht aus d. Harem, Damals war ich 17, Rechtsanw. Dr. Thea v. Oslar, Und sowas nennt ihr Liebe, Liebe meines Lebens, D. Weigands/Tetralogie (D. jg. Herr Justus, 1968; D. Mädchen Senta, 1969; D. Ehe d. Senta, R. 1970; Für immer - Senta, 1971), Da wir uns lieben, Bleibt uns die Hoffnung, Alles was uns glücklich macht, Diese heiß ersehnten Jahre, D. Dragonerhaus, D. Rivalin, D. Frauen vom Schloß, Ehebruch, Zu viel Liebe, D. eig. Glück, Mehr als e. Traum, Als wäre nichts geschehen, Kein Vogel singt um Mitternacht; 49 Schneider-Jugendb. - Liebh.: Kochen, Tennis, Gobelins, Briefmarken, Skat.

FISCHER, Martin

Dr. rer. pol., Dipl.-Kfm., Geschäftsführer Wavin GmbH., Twist - Fliederstr. 13, 4470 Meppen/W. - Geb. 20. Jan. 1938.

FISCHER, Max

Kaufmann, Geschäftsf. Immobilien Fischer GmbH, Nürnberg, Vizepräs. u. Schatzmeister Bundesverb. Ring Dt. Makler (RDM) - Fliederweg 12, 8500 Nürnberg 30 (T. 0911 - 24 11 11) - Geb. 5. Sept. 1933 Hartmannshof (Vater: Hans F., Werksverw.; Mutter: Babette, geb. Kohl), ev., verh. s. 1975 in 3. Ehe m. Lilo, geb. Winkler, Dipl.-Ing., 2 Kd. (Eva-Maria, Peter Johannes) - Kaufm. Grundstücks- u. Wohnungswirtsch. 1952 IHK Nürnberg - Geschäftsf. Immobilien Fischer u. Fischer Vermögensverw. GmbH, Nürnberg; Generalbevollm. REALITA Wohnungsbau GmbH & Co. KG, ebd.; 1968-83 Vorst.-Mitgl. RDM Landesverb. Bayern; 1982 Vizepräs. u. Schatzm. Bundesverb. Ring Dt. Makler RDM - Spr.: Engl.

FISCHER, Max

Dr. jur., Landrat a. D., Staatssekr. a. D., MdL Bayern (s. 1962) - 8491 Altenmarkt 53 (T. Cham 99 88) - Geb. 6. Mai 1927 Cham (Eltern: Bauerseheleute Josef u. Fanny F.), kath., verh. s. 1956 m. Hilde, geb. Müßig, 2 Kd. (Max-Peter, Michaela) - Univ. München u. Heidelberg; Verw.-Akademie Speyer. Gr. jurist. Staatsprüf. - Angest. Bayer. Versich.bank, München; 1959-72 Landrat Cham; zul. Staatssekr. im Min. f. Landesentw. u. Umweltfragen Bayern. CSU s. 1945 - 1971 Bayer. VO. - Liebh.: Sportfliegerei (Höhen- u. Dauerflüge m. Segel- u. Motorflugzeug) - Spr.: Engl., Russ., Lat.

FISCHER, Norbert

Dr. jur., Rechtsanwalt, Vorstandsmitgl. a. D. Westdt. Landesbank Girozentrale, Düsseldorf - Amsterdamer Str. 29, 4000 Düsseldorf 30 (T. 0211 - 43 25 65); Auf'm Hennekamp 71 (T. 0211 - 31 04-0) - Geb. 24. Dez. 1927 Breslau, kath., verh. s. 1953 m. Marianne - Stud. Rechtswiss., Promot. 1956 - Präs. DRK-Landesverb. Nordrh., Düsseldorf, AR-Vors. Blutspendedst. in Nordrh.-Westf. - BVK I. Kl.; Ehrenzeichen DRK; Mitgl. Ritterorden v. Heiligen Grab - Rotarier.

FISCHER, Norbert

Dr. phil., Prof. (Phil.) am Cusanus-Inst. d. Univ. u. d. Theol. Fak. Trier - Domfreihof 3, 5500 Trier - Geb. 4. Nov. 1947, kath., verh. s. 1972 m. Renate, geb. Höbelheinrich, 2 Kd. (Susanne, Tobias) - Stud. Univ. Mainz u. Freiburg; Dipl. (Kath. Theol.) 1971, Staatsex. (German.) 1974, Promot. (Phil.) 1978, Habil. (Phil.) 1985. 1986 Univ.-Prof. f. Phil. Univ. Mainz - BV: D. Transzendenz in

d. Transzendentalphil. Unters. z. speziellen Metaphysik an Kants Kritik d. reinen Vernunft, 1979; Augustins Phil. d. Endlichkeit. Z. systemat. Entfaltung s. Denkens aus d. Gesch. d. Chorismos-Problematik, 1987.

FISCHER, O. W. (Otto Wilhelm)

Prof., Schauspieler u. Regisseur - CH-6992 Vernate b. Lugano - Geb. 1. April 1915 Klosterneuburg/Österr. (Vater: Hofrat Dr. Franz F.; Mutter: Maria, geb. Schörg), verh. m. Anna (Nanny), geb. v. Usell (Schausp.) † 1980 - Univ. (German., Anglistik, Kunstgesch.) u. Reinhardt-Sem. Wien. Ausschl. Wiener Theater. Gastspieltätigk. - BV: Erklär. d. Allhypnostheorie, 1968; Was mich ankommt ..., 1976; Auferstehung in Hollywood, 1986; Engelsknabe war ich keiner - Bühne: u. a. Essex, Herbert Engelmann, Prinz (Emilia Galotti), Oswald, Orsino, Dorfkaplan (Gesang im Feuerofen), Gehirnmediziner (Stunde d. Bewährung, 1970), Bluntschli (Helden, 1971); Film: Bis wir uns wiedersehn, Ich hab' mich so an dich gewöhnt, Cuba Cabana, D. träumende Mund, E. Herz spielt falsch, Solange du da bist, Tageb. e. Verliebten, E. Liebesgesch., Bildnis e. Unbekannten, Ludwig II., Hanussen (u. Regie), Ich suche Dich (u. Regie), Mein Vater, d. Schauspieler, Herrscher o. Krone, El Hakim, Skandal in Ischl, Und nichts als die Wahrheit, Don Vesuvio u. d. Haus d. Strolche, Peter Voß, d. Millionendieb, Helden (1959 Preis d. dt. Filmkritik u. Bundesfilmpreis), Whirlpool (D. schwarze Loreley), Menschen im Hotel, Und das am Montagmorgen, Abschied v. d. Wolken, P. Voß, d. Held d. Tages, Scheidungsgrund: Liebe, M. Himbeergeist geht alles besser, D. Riesenrad (Europa-Preis in Gold 1961 Brüssel), Es muß nicht immer Kaviar sein, Diesmal muß es Kaviar sein, Axel Munthe, d. Arzt v. San Michele, D. Geheimnis d. schwarzen Witwe, Onkel Toms Hütte, El Marques, D. weite Land (1969); Fernsehen: Transplantation (1969), D. Fliege u. d. Frosch (1970), Glas Wasser, Herbst in Lugano (1988) - 1970 Prof.-Titel; 1960 Gold. Verdienstkreuz f. Wiss. u. Kunst Rep. Österr.; 9 Bambipreise, 3 gold., 1 silb. Bundesfilmpr., insges. 42 intern. Preise u. Ausz.; 1980 Komturorden Bundesrep. Deutschl. - Liebh.: Sprachforsch. - Lit.: Herbert Holba, O. W. F. - Phänomen e. schausp. Persönlichkeit (1963).

FISCHER, Otfried

Dr. rer. pol., o. Prof. f. Betriebswirtschaftslehre, Direktor Inst. f. Geld- u. Kapitalverkehr u. Sem. f. Bank- u. Versich.sbetriebslehre Univ. Hamburg (s. 1967) - Kuckucksberg 2, 2073 Lütjensee (T. 04154 - 7384) - Geb. 5. Okt. 1920 (Vater: Otto F., Postbeamt.; Mutter: Frieda, geb. Kiefer), verh. m. Magdalene, geb. Volkers, 2 Kd. (Regine, Jörg) - Zul. Privatdoz. Univ. Frankfurt/M. Fachveröff. - Liebh.: Tennis.

FISCHER, Paul Henning

Dr. jur., Kgl. Dänischer Botschafter Bonn, Leit. Dän. Militärmission Berlin (1980-89) - Strädet 8, Borsholm, DK-3100 Hornbäk - Geb. 24. März 1919 Kopenhagen, ev., verh. s. 1945 m. Jytte, geb. Kalckar, Sohn Allan - Lyceum Alpinum Zuoz/Schweiz (Abit.); Univ. Kopenhagen (jurist. Staatsex. u. Promot.) - S. 1944 Ausw. Dienst, Außenmin. (1961 Staatssekr.), Auslandsposten: Stockholm, Den Haag, 1960 Botsch. Warschau, Bukarest, Sofia, 1971 Botsch. Paris, 1980 Bonn, Chef Dän. Militärmission Berlin. 1981 Mitgl. Intern. Schiedhof Haag; 1988 Richter ad hoc Intern. Gerichtshof Haag - BV: European Coal and Steel Community, 1957 - Zahlr. dän. u. ausl. Orden - Liebh.: Lit. - Spr.: Deutsch, Engl., Franz.

FISCHER, Per

Dr. phil., Botschafter d. Bundesrep. Deutschl. in China (Peking) - Zu erreichen üb. Dt. Botsch., 5, Dongzhimenwai Street, Chaoyang District, Peking/China - Geb. 3. Jan. 1923 Oslo, verh., 1. Kd. - Stud. Chin., Franz., Rechts- u. Ztg.wiss. Peking, Lausanne, Heidelberg, Wien. Promot. - N. 1945 in Rundf. u. Ztg.wesen tät.; 1951-57 Europarat Straßburg; 1957-60 Versamml. d. WEU Paris; 1960-62 Europ. Parlament Dir. Generalsekretariat; s. 1962 Ausw. Dienst; 1965-68 Dt. Botsch. im Tschad; anschl. Planungsstab AA; 1969ff. Bundeskanzleramt (Vortr. Legationsrat I. Kl. 1970, Ministerialdirig. 1972); 1975-84 Botschafter in Israel, s. 1984 Peking.

FISCHER, Peter-Alexander

Dr. med., Prof., Wiss. Rat, Psychiater u. Neurologe - Schleusenweg 2-16, 6000 Frankfurt/M. - Geb. 21. März 1929 - S. 1962 (Habil.) Lehrtätigk. Univ. Hamburg u. Frankfurt (1967 apl. Prof.; Vorsteher Neurol. Abt. Psychiatr. u. Neurol. Klinik). Fachveröff.

FISCHER, Rainer Dietrich

Dr. rer. nat., Prof. f. Anorgan. Chemie Inst. f. Anorg. u. Angew. Chemie Univ. Hamburg - Reeshoop 36, 2070 Ahrensburg - Geb. 13. April 1936 Berlin - Promot. 1961, Habil. 1967 Univ./TU München - 1962/63 Univ. Kopenhagen, 1972-76 Univ. Erlangen-Nürnberg, 1976 o. Prof. Univ. Hamburg; s. 1985 gf. Dir.; 1984/85 Gastprof. C.N.R.-Inst. Padua.

FISCHER, Ralf-Dieter

Rechtsanwalt, Mitgl. Hbg. Bürgersch. (s. 1982) - Babenbrook 8, 2104 Hamburg 92 (T. 702 33 89) - Geb. 12. Mai 1948 Sieverstedt (Vater: Erich-Willi F., Versich.-Kaufm.; Mutter: Edith-Ursula, geb. Rose), verh. s. 1973 m. Lydia, geb. Hornbacher, 2 Töcht. (Brit-Meike, Treeske) - Stud. Rechtswiss. Univ. Hamburg (1. jurist. Staatsex. 1975, Gr. jurist. Staatsprüf. 1977) - 1978-82 Mitgl. Justizdeput. Hbg. CDU (s. 1987 justizpolit. Sprecher d. Fraktion in d. Hbg. Bürgerschaft) - Spr.: Engl., Franz., Lat.

FISCHER, Reinhard

Dipl.-Ing., Techn. Direktor - Amselfeld 33, 8520 Erlangen/Mfr. - Geb. 21. März 1925 - Vorst. Fränk. Licht- u. Kraftversorg. AG., Bamberg.

FISCHER, Richard H.

Journalist, PR- und Film-Berater (Ps. Florian Stichele) - Schwibbogenplatz 2 d, 8900 Augsburg (T. 551304) - Geb. 17. Jan. 1919 Augsburg (Vater: Fritz F., Doz.; Mutter: Anna, geb. Boeck), ev., verh. s. 1975 m. Lorie, geb. Herrmann - Human. Gymn.; Stud. Phil., Volksw. - 1950-54 Redakteur, b. 1956 Public Relations, s. 1956 PR-Ref. IHK f. Augsburg u. Schwaben, 1962-80 Geschäftsf. IHK Augsburg - Zahlr. Veröff. in Büchern u. Ztschr.; Rundf.- u. Filmautor; vorw. popul. Wirtsch.sthemen - 1972 Dt. Kurzfilmpreis - Liebh.: Fotografieren, Kochen - Spr.: Engl., Franz., Ital.

FISCHER, Rudolf

Rechtsanwalt u. Notar, Staatssekretär im Nieders. Ministerium f. Bundes- u. Europaangelegenheiten (s. 1988), MdL Nieders. - Calenberger Str. 2, 3000 Hannover - Geb. 20. Jan. 1940 Bremen, ev., verh. s. 1967 m. Heidi, geb. Zentner, 2 Kd. (Michael, Friederike) - Abit. 1959; Stud. Rechts- u. Staatswiss. Univ. Marburg u. München; 1. u. 2. jurist. Staatsex. - MdL Nieders. FDP (Vors. Bezirksverb. Elbe/Weser, Frakt.-Vors. u. stv. Frakt.-Vors. im Rat d. Stadt Buxtehude, stv. Vors. FDP-Nieders.) - Spr.: Engl.

FISCHER, Rudolf

Dr. rer. nat., Prof. f. Geologie u. Paläontol. Univ. Hannover - Feldstr. 39, 3006 Burgwedel - Geb. 6. Nov. 1938 - Promot. 1965; Habil. 1970 - 1972 Univ. Marburg - Bücher u. Aufs.

FISCHER, Rudolf

Dr. theol., Prof. f. Ev. Theologie u. ihre Didaktik (Systemat. Theol. u. Religionspäd.) Univ. Bielefeld, Fak. f. Theol., Geogr., Kunst u. Musik - Ronsieks Feld 15, 4800 Bielefeld 1 (T. 0520 - 3 34 21).

FISCHER, Rudolf

Dr.-Ing., Geschäftsführer Kristall-Verarbeitung Neckarbischofsheim GmbH. - Obere Turmstr. 27, 6924 Neckarbischofsheim - Geb. 19. Aug. 1932.

FISCHER, Rudolf

Dipl.-Kfm., Mitglied Unternehmensleitung Freudenberg & Co. u. Carl Freudenberg - Postf. 13 69, 6940 Weinheim - Geb. 20. Juli 1933 - AR-Vors. elefanten-Schuh GmbH, Kleve.

FISCHER, Siegfried

Dr. rer. pol., Dipl.-Kfm., Geschäftsführer Julius Heywinkel GmbH./Weberei - Gesmolder Str. 51, 4500 Osnabrück; priv. Terrasse 1 - Geb. 12. Okt. 1930.

FISCHER, Siegfried

I. Bürgermeister Stadt Baiersdorf - Rathaus, 8523 Baiersdorf/Mfr. - Geb. 9.Nov. 1935 Oberweißenbach - Zul. Sparkassenamtm. CSU.

FISCHER, Sighart

Dr. rer. nat., o. Prof. f. Theoret. Physik TU München - Hohenbrunner Str. 33a, 8012 Ottobrunn-Riemerling/Obb. - S. 1974 Ord.

FISCHER, Theodor

Dipl.-Kfm., Bankdirektor - Betschartstr. 5, 8000 München 60 - Geb. 27. Okt. 1916 - B. 1980 Vorst. Bayer. Raiffeisen-Zentralbank AG., München 2. Bei- u. Aufsichtsratsmand.

FISCHER, Ulf

Dr. jur., Präsident Verwaltungsgericht Münster - Piusallee 38, 4400 Münster - Geb. 1. Okt. 1939 Ilmenau/Thür., ev., verh. m. Ingrid, geb. Reckstädt, 5 Kd. - Stud. Rechtswiss.; 2. jurist. Staatsex. 1967 Düsseldorf, Promot. 1968 Bonn - S. 1967 Verwaltungsrichter Köln; 1974 Richter OVG Münster; 1981 Senatsvors., 1983 Präs. Verwaltungsgericht Münster.

FISCHER, Walter

Studioleiter WDR Essen - III. Hagen 31, 4300 Essen 1 (T. 0201 - 8 10 80-0); priv.: Franz-Lütgenau-Str. 3, 4600 Dortmund 41 (T. 0231 - 44 32 84) - Geb. 7. Okt. 1927 Soest/W. (Vater: Paul F., Baumeister; Mutter: Maria, geb. Rocks), kath., verh. s. 1959 m. Illa, geb. Kraus, Tochter Andrea - Abit. 1947 Soest; Maurerlehre; Gesellenprüf. 1948; 1948-52 Maurer; 1952 Volont. D. Patriot Lippstadt; s. 1954 Lokal- u. Bezirks-Redakt. Westfalenpost, Hagen; 1961-65 Redakt. Mann in d. Zeit Augsburg; 1965-82 stv. Studioleit. WDR Dortmund, s. 1983 Leit. Essen. S. 1971 AR Bergbau AG Westf. Dortmund, 1975-78 Mitgl. d. gf. Vorst. Rundfunk-, Fernseh-, Film-Union im DGB.

FISCHER, Walter

Städt. Verwaltungsdirektor, Geschäftsf. Intern. Ges. f. Neue Musik, Sektion BRD - Städt. Saalbau, Bergerstr. 25, 5810 Witten (T. 02302-5 70 85) - Geb. 7. Aug. 1926 Witten (Vater: Otto F.; Mutter: Ida, geb. Sydow), ev., verh. s. 1954 m. Lieselotte, geb. Zielasko - Verw.- u. Wirtsch.akad., Kommunal-Dipl. - Leit. Kulturamt Stadt Witten - BVK a. Bde. - Lit.: Publ. in Fachztschr.

FISCHER, Walter

Dipl.-Ing., Prof. f. Elektr. Maschinen u. Antriebe Gesamthochsch. Duisburg - Perkerhof 53, 4030 Ratingen 5.

FISCHER, Walter

Dipl.-Ing., Bauunternehmer, Mitinh. Bauunternehmung Bernh. Fischer, Mainz-Kastel - Hechtsheimer Str. 68, 6500 Mainz (T. 06131 - 82682).

FISCHER, Walther Leonhard

Dr. rer. nat., o. Prof. f. Didaktik d. Mathematik Univ. Erlangen-Nürnberg (s. 1972) - Komotauer Str. 43, 8510 Fürth - Geb. 15. Juli 1930 - Mitgl.: Advisory Board, Centro Superiore di Logica, Bologna; Zentralblatt f. Didaktik d. Mathematik; DMV, GDM, Japan Soc. of Mathematical Education - Spr.: Engl., Lat., Chin.

FISCHER, Werner

Dr. Ing., Dr. rer. nat. h. c., em. Prof. f. anorg. Chemie, zul. TU Hannover - Neubergweg 20, 7800 Freiburg - Geb. 21. Aug. 1902 Elberfeld - TH Hannover (Dipl.-Ing. 1925, Promot. 1927) - 1933-44 ao. Prof. Univ. Freiburg; 1944-68 o. Prof. u. Dir. f. anorg. Chemie TU Hannover - 1964 Alfr. Stock-Gedächtnis-Preis; 1966 Ehrendoktor Univ. Gießen.

FISCHER, Werner

Dr. rer. nat., Prof. f. Kristallographie u. Mineral. - Heuberg 10, 3553 Cölbe - Geb. 8. Febr. 1931 Gablonz/Neisse (Vater: Wilhelm F., kaufm. Angest.; Mutter: Maria, geb. Gebert), ev., verh. s. 1961 m. Linde, geb. Gretschel, 3 Kd. (Christiane, Christoph-Martin, Andreas) - 1951-53 TH Stuttgart, 1953-59 Univ. Kiel. Promot. 1959 Kiel; Habil. 1970 Marburg - S. 1971 Prof. Univ. Marburg (1974-78 Lehrstuhlvertr. Univ. Münster) - BV: Space Groups and Lattice Complexes, 1973 (m. a.); International Tables for Crystallography, Vol. A, 1983 (m. a.) - Liebh.: Musik (Blockflöte, Krummhorn), Tischtennis (auch Schiedsrichter) - 1977 Gold. Sportabz. - Spr.: Engl.

FISCHER, Werner

Goldschmiedemeister, Ehrenpräs. Zentralverb. Juwelier-, Gold- u. Silberschmiedehandwerk, stv. Vors. Messe-Beirat Inhorgenta d. Münchener Messe- u. Ausstell.-GmbH - Oststr. 69, 4730 Ahlen - Geb. 13. Jan. 1930 Freiburg/Br. (Eltern: Kaspar (Lehrer) u. Jovita F.), kath., verh. s. 1955 m. Anni, geb. Schwienheer, 2 Söhne (Raphael, Maurus) - Prakt. Lehre; Zeichenakad. Hanau - 1957-72 Obermeister Gold- u. Silberschmiedeinn., heute Ehrenoberm. d. Inn. Münster; 1971-80 Präs. Zentralverb. f. d. Juwelier-, Gold- u. Silberschmiedehandw. d. Bundesrep. Deutschl.; s. 1971 vereidigter Sachverst. Handw.-kammer Münster; AR-Vors. Fortbild.-zentr. d. dt. Juweliere, Gold- u. Silberschmiede, Ahlen - 1979 BVK, Cellini-Med. in Gold, 1982 Marquillier de Saint Eloi de Noyon/Frankr.; 1987 Kurator d. Goldschmiede-Gilde d. hl. Eligius f. d. BRD.

FISCHER, Werner

Schlachter, MdBB (s. 1975) - Hasenbürener Deich 32, 2800 Bremen 10 - Geb. 10. Jan. 1929 Bremen, ev., verh., 1 Kd. - 1944-51 Lehre als Landwirt u. Schlachter (1948) - B. 1956 Verkaufsfahrer, seither selbst. Schlachter (Fleischwarengroßhdl.). CDU s. 1967 (Mitgl. Landesvorst. Bremen).

FISCHER, Wilfried

Dr. phil., Prof., Musikpädagoge - Dahler Heide 26, 4790 Paderborn-Dahl - Geb. 12. Aug. 1938 Kiel (Vater: Horst F., Fregattenkapt.; Mutter: Ingeborg, geb. Schrader), verh. s. 1966 m. Adelheid, geb. Grobeiß, 2 Kd. (Constanze, Sebastian) - Gymn. Heide (Abit. 1957); Musikhochsch. Hamburg (Schulmusik; Staatsex. 1961); Univ. ebd. (Musikwiss., German.; Promot. 1966) - B. 1966 Assist. PH Oldenburg, dann Wiss. Assist., Akad. Rat u. Univ.musikdir. Univ. Tübingen, 1972 Prof. PH Flensburg; 1981 o. Prof. Univ. Köln, s. 1983 o. Prof. Univ. Paderborn - BV: J. S. Bach - Verschollene Solokonzerte in Rekonstruktionen, 1970; Musikunterr. Grundsch. (Mithrsg.), 1976-78; Musikpäd. u. d. Sache Musik (Hrsg.), 1981; Materialien f. d. Musikunterr. in d. Klassen 7 b. 9/10 (Mithrsg.), 1983; Musikpäd. u. Hochschuldidaktik (Hrsg.), 1986; zahlr. Aufs. in musikpäd. Fachztschr. - Liebh.: Musik, Lit., Tennis - Spr.: Engl.

FISCHER, Wilhelm

Dr.-Ing. (habil.), Bundesbahndirektor a. D., apl. Prof. f. Eisenbahnwesen TU

München (s. 1961) - Frühlingstr. 20 1/3, 8035 Gauting/Obb. (T. München 8502110) - Geb. 27. Mai 1905 Zweibrücken (Vater: Heinrich F., Reichsbahninsp.; Mutter: Wilhelmine, geb. Franck), ev., verw., T. Lieselotte (Apothekerin) - Zul. Bundesbahndirektion München - Franzius-Plak.

FISCHER, Wilhelm Anton

Dr.-Ing. (habil.), Prof. - Mülheimer Str. 67, 4030 Ratingen (T. 02102 - 26942) - Geb. 28. März 1911 Düsseldorf (Vater: Wilhelm F., Schmiedemstr.; Mutter: Anna, geb. Schräder), kath., verh. s. 1939 m. Cläre, geb. Gräf, T. Edith - Dipl.-Ing. TH Stuttgart 1937, Dr.-Ing. TH Stuttgart 1939, Priv.-Doz. TH Aachen 1960, apl. Prof. TH Aachen 1966 - Wiss. Mitarb. Kaiser-Wilhelm-Inst. f. Eisenforsch., Düsseldorf (1939-46), Ltr. Metallurg. Laboratorien Max-Planck-Inst. f. Eisenforsch., Düsseldorf (1946-73), Ltr. Forschungsst. Feuerfeststoffe u. Keramik MPI f. Eisenforsch. (1973-76) - 60 in- u. ausländ. Patente - BV: Metallurg. Elektrochemie (m.and.), 1975; 190 wiss. Veröff. in in- u. ausl. Fachzeitschr.; 50 Doktor-Söhne - Spr.: Engl., Franz.

FISCHER, Willi (Willibrord)

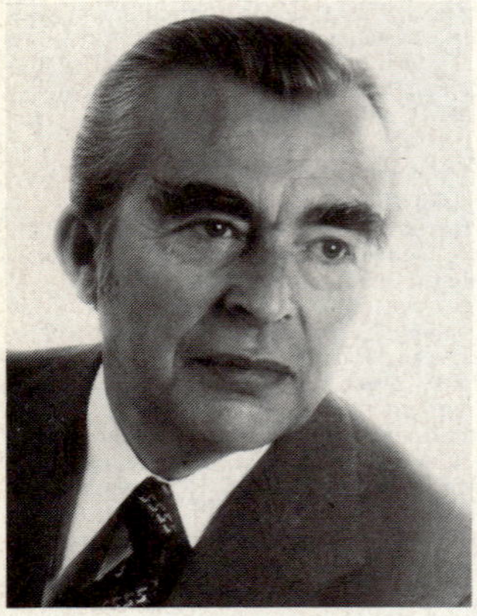

Dr. jur., Gesellschafter u. Geschäftsf. d. Fischer Automatenvertriebs GmbH, Worms - Weinbietstr. 18, 6520 Worms/Rh. - Geb. 15. Nov. 1920 Mayen/Eifel (Vater: Willi F., Steinsetzm.; Mutter: Katharina, geb. Hennerici), kath., verh. s. 1948 m. Irmgard, geb. Utesch, S. Jörg - Gymn.; Univ. Köln (Rechtswiss.; Promot. 1950) - 1950-53 Angest. (Privatw.); 1953-58 Rechtsschutzsekr.; 1958-63 Amtsbürgerm.; 1963-68 Landrat. 1969-80 MdB. SPD s. 1949 - Liebh.: Jagd.

FISCHER, Winfried

Dipl.-Ing., Geschäftsführer Pegulan Teppichboden GmbH. - Ringstr. 2, 6754 Otterberg/Pf. - Geb. 26. Juni 1927.

FISCHER, Wolfdietrich

Dr. phil., o. Prof. u. Vorst. Inst. f. Außereuropäische Sprachen u. Kulturen Univ. Erlangen-Nürnberg (s. 1964) - Vogelherd 89, 8520 Erlangen - Geb. 25. März 1928 Nürnberg, verh. s. 1961 m. Margarete, geb. Kruse, 2 Kd. - Univ. Erlangen u. München (Semit. Sprachen u. Islamwiss.). Habil. 1963 Münster - Assist. Univ. Frankfurt u. Münster (1963 Privatdoz.); Vors. Rückert-Ges. - BV: D. demonstrativen Bildungen d. neuarab. Dialekte, 1960; Farb- u. Formenbezeichnungen in d. Sprache d. altarab. Dichtung, 1965; Handbuch der Arabischen Dialekte (mit O. Jastrow) 1980.

FISCHER, Wolfgang

Dr. phil., Prof. f. Experimentalphysik Univ. Marburg (s. 1972) - Rentmeisterstr. 2, 3554 Cappel - Geb. 22. März 1929 - Promot. 1959 - BV: Praktikum d. Physik, 3. A. 1974. Üb. 30 Einzelarb.

FISCHER, Wolfgang

Dr. med. dent., Zahnarzt, Präs. Zahnärztekammer Nordrh. (s. 1975; 1969-75 Vizepräs.) - Graurheindorfer Str. 107, 5300 Bonn 1 - Geb. 29. Juli 1921 Gardelegen (Vater: Hermann F., Beamt.; Mutter: Karoline, geb. Spengler), kath., verh. s. 1950 m. Anne, geb. Schulze, 3 Kd. (Ulrike, Anette, Simone) - Hum. Beethoven-Gymn., Bonn (Abit.); Stud. d. Zahnheilk. Univ. Bonn; Approb. 1949; Promot. 1950 - 1955 (Gründer) -61 Vors. Landesverb. Nordrh. Freier Verb. dt. Zahnärzte. Mitgl. Dt. Ges. f. Zahn-, Mund- u. Kieferkrkh. - Spr.: Engl. - Lions-Club.

FISCHER, Wolfgang

Dr. rer. nat., Prof. f. Mathematik - Riensberger Str. 54, 2800 Bremen - Geb. 17. Aug. 1936 Bremen - Univ. Göttingen, Freiburg/Br., Frankfurt/M., Paris. Promot. 1964 Göttingen; Habil. 1970 Bielefeld - S. 1970 Wiss. Rat u. Prof. Univ. Bielefeld u. Prof. Univ. Bremen (1972) - BV: Differential- u. Integralrechnung II, 3. A. 1978, auch russ. (m. H. Grauert); Funktionentheorie, 5. A. 1988 (m. I. Lieb); Ausgew. Kap. d. Funktionentheorie, 1988 (m. I. Lieb).

FISCHER, Wolfgang

Dr. phil., o. Prof. f. Pädagogik - Zu erreichen üb. Univ. - GH, 4100 Duisburg - Geb. 5. Jan. 1928 Leipzig (Vater: Franz F., Arbeiter; Mutter: Magdalene, geb. Michael) - Univ. Leipzig u. Münster (Päd., Phil., Psych., Ev. Theol.) - 1953-54 Gemeindejugendleit.; 1954-57 Berufsschullehrer; s. 1958 Lehrtätigk. Päd. Hochsch. Wuppertal (zul. Prof.), PH Nürnberg (1963 ao., 1968 o. Prof.; 1967/68 Rektor), Univ. Duisburg (1972 o. Prof.) - BV: Neue Tageb. v. Jugendl., 2. A. 1968; D. jg. Mensch, 2. A. 1967; Paul Natorp - Päd. u. Phil., 2. A. 1985; Was ist Erzieh.?, 1966; Schule u. krit. Päd., 1972; Schule als parapäd. Org., 1978; Unterwegs zu e. skeptisch-transz. krit. Päd., 1989. Herausg.: Einf. in d. päd. Fragestell. (T. I 1961, II 63); Sexualpäd. (T. I 1971, II 1973); Festschr. Päd. SKEPSIS (1988).

FISCHER, Wolfgang Christian

Dr. rer. pol., Prof. f. Ökonomie d. priv. Haushalts, Sprecher Inst. f. Arbeits- u. Konsumforsch. Univ. Bremen (s. 1975) - Lindenweg 12, 2800 Bremen 33 - Geb. 7. Dez. 1942 Greifswald - Dipl.-Volksw. (1968) u. Promot. (1971) Bonn - BV: Sozialök. Aspekte d. Entwickl. d. priv. Hausw., 1972; Entwicklung d. priv. Hauswirtsch., 1982. Herausg. d. Beitr. z. Arbeits- u. Konsumforsch. Univ. Bremen.

FISCHER, Wolfgang Georg

Dr. phil., Kunsthistoriker, Schriftst. - Carlton Hill 49, London N.W. 8 - Geb. 1933 Wien (Vater: Heinrich F., Kunsthändler; Mutter: Martha, geb. Hölzl), verh. s. 1961 m. Jutta, geb. Tempfer, 3 Kd. (Flora, Bettina, Toby) - Realgymn. Wien; Stud. (Kunstgesch.) Univ. Wien, Freiburg, Paris - BV: Wohnungen, R. 1970 (engl. 1971, franz. u. poln. 1973); Simplex Simplicius, Bühnensp. 1970; Möblierte Zimmer, 1975 (poln. 1976, engl. 1979); Olbrich mein Odradek, in: Joseph M. Olbrich 1867-1908, Ausstellungskatalog Mathildenhöhe Darmstadt 1983, S. 99-104; The Sugarpeople from Sugarland, Kinderb. 1975; D. letzten Tage d. Theodor Löwenstein, in: Klagenfurter Texte 1982 zum Ingeborg Bachmann-Preis, S. 95-112; D. Leben d. Malers Egon Schiele (1890-1918), Drehb. f. Coprod. ZDF u. ORF; Gustav Klimt u. Emilie Flöge - Aspekte d. neuentdeckt. Nachl. Emilie Flöge in: alte u. moderne kunst, 1983, Nrn. 186/187, 188 u. 190/191 - 1970 Charles-Veillon-Preis (f. Wohnungen). 1980 Fernsehpreis Österr. Volksbild. (f. Schiele-Film); 1981 Österr. Ehrenkreuz f. Wiss. u. Kunst - Lit.: Solveig Wagner, D. Romane W. G. F.s, 1979; Eva Pokay-Neidlinger, W. G. F., Versuch e. Porträts, 1981; Olga Dobijanka-Witczakowa, D. Krise d. Sprache u. W.G.F., in: Innsbrucker Beitr. z. Kulturwiss. Germanist. Reihe, Bd. 7, 1982, S. 103-111.

FISCHER, Wolfram

Dr. phil., Dr. rer. pol., o. Prof. f. Wirtschafts- u. Sozialgeschichte Freie Univ. Berlin (s. 1964), Mitgl. Akad. d. Wiss. Berlin (s. 1987) - Gelfertstr. 13, 1000 Berlin 33 (T. 831 17 15) - Geb. 9. Mai 1928 Weigelsdorf-Tannenberg/Eulengeb., verh. s. 1956 m. Elisabeth, geb. Nungesser, 4 Kd. (Wolfram, Peter, Elisabeth, Susanne) - Stud. Gesch., Phil., German., Wirtschafts- u. Sozialwiss. Heidelberg, Tübingen, Göttingen, London, Berlin (FU) - 1954 Wiss. Assist.; 1960 Privatdoz. - BV: D. Bildungswelt d. dt. Handwerks, 1955; Handwerksrecht u. -wirtschaft, 1955; D. Fürstentum Hohenlohe im Zeitalter d. Aufklärung, 1958; D. Wirtschaftspolitik Dtschl. 1918-45, 3. A. 1968; D. Staat u. d. Anfänge d. Industrialisierung in Baden, 1962; Unternehmerschaft, Selbstverw. u. Staat, 1964; Herz d. Reviers, 1965; WASAG - D. Gesch. e. Unternehmens - 1891-1966, 1966; Wirtsch. u. Ges. im Zeitalter d. Industrial., 1972; D. Weltwirtschaft im 20. Jh., 1979; Armut in d. Geschichte, 1982; E. gold. Zeitalter? D. Gesch. d. Weltwirtsch. v. d. 1. Weltkrieg, 1989. Herausg.: Quellen z. Gesch. d. dt. Handwerks (1957), Die Soziale Frage (1967), Wirtschafts- u. sozialgeschichtliche Probleme der frühen Industrialisierung (1968), D. industrielle Revolution (1969), Ges. in d. Industriellen Revolution, 1973; Gesch. d. Weltwirtsch. im 20. Jh., 6. Bde. 1973ff.; Sozialgeschichtl. Arbeitsbuch I (1982); Sachzwänge u. Handl.spielräume in d. Wirtsch.- u. Sozialpolitik d. Zwischenkriegszeit (1985); Handb. d. europ. Wirtschafts- u. Sozialgesch. Bd. 5 (1985), Bd. 6 (1987); Quellen u. Forsch. z. Hist. Statistik v. Dtschl. (s. 1986 mehrere Bde.).

FISCHER-ABENDROTH, Wolf Dietrich

Schriftsteller (Ps. Courth de Nagy) - 4712 Holthausen 53 (T. 02599-16 65) - Geb. 13. April 1941 Essen, kath., T. Alexa - Kaufm. Lehre; 1965-69 Stud. Sozialarbeit GH Essen (Dipl.); 1976-81 Stud. Erziehungswiss. Univ. Münster - 1971-73 Re-f.leit. Entwicklungshilfe Aachen; 1973-75 Inst.leit. e. Stiftg. f. Spätaussiedler; s. 1975 Aufg. in div. soz. Bereichen. Bundesfeldm. (Vors.) Pfadfinderbund Deutschritter; Großmeister d. Orden d. Herren v. dt. Haus - BV: D. Ring d. Piscators, 1978; D. Vigilanten v. Duisburg, 1980; Führungsstile, 1983; Ragnarök. D. Weise v. Liebe u. Kampf. Herausg.: Jugendztschr. CADET - 1963 St. Martin-Orden; 1984 Albert-Schweitzer-Med.; Komturkreuz d. Deutschherren-Ord.

FISCHER-APPELT, Peter

Dr. theol., Dr. h. c., Präsident Univ. Hamburg (s. 1970) - Edmund-Siemers-Allee 1, 2000 Hamburg 13 (T. 040 - 4123-4475) - Geb. 28. Okt. 1932 Berlin (Vater: Hans Fischer-Appelt, Werbeberat. u. Exportkfm.; Mutter: Margret, geb. Appelt), ev., verh. s. 1959 m. Hildegard, geb. Zeller, 3 Kd. (Andreas, Bernhard, Dorothee) - 1942-44 Prinz-Heinrich-Gymn. Berlin; 1945-51 Schubart-Obersch. Aalen (Abit.); 1951-53 kaufm. Lehre William-Prym-Werke Stolberg (Messing- u. Kurzwaren); 1953-59 Stud. Ev. Theol. u. Phil. Univ. Tübingen (5), Heidelberg (3), Bonn (4 Sem.). Theol. Prüf. 1960 u. 65 Düsseldorf; Promot. 1965 Bonn; 1961-70 Wiss. Assist. Univ. Bonn; 1968/69 Vors. Bundesassist.konfz. - 1953-69 kaufm. Tätigk. u. Steuerberat.; dazw. Pfarrdst. - BV: u. a. Metaphysik im Horizont d. Theol. Wilhelm Herrmanns, 1965; The Future of the Univ. as a Res. Institution, 1982. Herausg.: Wilhelm Herrmann, Schr. z. Grundleg. d. Theol. (2 Bde. 1966/67) - Ehrendoktor; Goldene Med. Bulg. Akad. d. Wiss.; Med. Pro Cultura Hungarica - Liebh.: Schach, Ski, Theater, Musik - Spr.: Engl.

FISCHER-BOTHOF, Ernst

Dr. phil. rer. nat., Dipl.-Chem., Inh. A. + E. Fischer, DMB-Apparatebau, bde. Wiesbaden, u. Theo Seulberger, Karlsruhe - Corneliusweg 12, 6200 Wiesbaden (T. 06121 - 52 94 74) - Geb. 21. Dez. 1920 Mainz (Vater: Ernst F.; Mutter: Barbara, geb. Reis), kath., verh. s. 1950 m. Anita, geb. Müller-Bernhardt, 3 Kd. (Cornelia, Nikolaus, Manuel) - Schule La Chataigneraie, Coppet/Schweiz; Stud. Univ. München (Dipl.ex.); Promot. FU Berlin - 1961-70 Handelsrichter LG Mainz; 1970-91 Präs. Bundesverb. Chemiehandel; 1977-79 u. 1989-91 Präs. Fédération Europ. du Commerce Chimique; 1981 BVK - Liebh.: Phil., Mod. Kunst - Spr.: Franz., Engl. - Rotarier.

FISCHER-DIESKAU, Dietrich

Dr. h. c., Kammersänger, Prof. f. Gesang Musikhochsch. Berlin (s. 1981) - Wohnhaft in Berlin - Geb. 28. Mai 1925 Berlin (Vater: Dr. Albert F.-D., Oberstudiendir. (Straßenbenennung Zehlendorf); Mutter: Dora, geb. Klingelhöffer), ev., verh. I) 1949 m. Irmgard, geb. Poppen, Cellistin (†1963), 3 Söhne (Mathias, Martin, Manuel), jetzt verh. m. Julia Varady, Sopran. - Schule (Abit. 1943) u. Gesangsausb. Berlin (Prof. H. Weissenborn) - 1943-47 Wehrdst. u. amerik. Gefangensch.; s. 1948 Städt. bzw. Dt. Oper Berlin, Staatsoper Wien u. München (lyr. Bariton). Viele Auslandsgastsp. (auch Übersee) u. Konzertabende. Wiederh. Bayreuther, Salzburger, Edingburgher Festsp. Partien: u.a. Wolfram, Valentin, Jochanaan, Almaviva, Marquis Posa, Dion Giovanni, Falstaff, Mathis d. Maler, Wozzeck, Gregor Mittenhofer (Elegie f. jg. Liebende, 1961), Hans Sachs. Lieder: Schubert, Schumann, Brahms, Wolf, Strauss u.a. - BV: Texte Dt. Lieder, 1968; Auf d. Spuren d. Schubert - Lieder/Werden/Wesen/Wirkung, 1972; Wagner & Nietzsche - d. Mystagoge u. sein Abtrünniger, 1974; Robert Schumann - Wort u. Ton, 1982; Töne sprechen - Worte klingen; z. Gesch. u. Interpretation d. Gesanges, 1985; Nachklang - Ansichten u. Erinner., 1987 - 1950 Musikpreis Stadt Berlin, 1955 u. 66 Ital. Musikpreis (Gold. Orpheus), 1955, 57, 58, 60, 61, 63, 67 Gr. Schallplattenpreis Acad. Paris, wiederholt s. 1960 Edison-Preis (Holl. Schallplattenpr.), 1970 Prix Mondial Montreux, 1967 Preis ital. Schallpl.kritik, 1973 u. 78 Grammy-Preis (USA); 1963 Mozart-Med.; 1970 Electrola-Ehrenring; Ehrenmitgl. Wiener Konzerthaus-Ges. (1962), Royal Acad. of Music London (1970), Kgl. Schwed. Akad. Stockholm (1971); 1956 o. Mitgl. Akad. d. Künste Berlin, 1978 o. Mitgl. Akad. d. Schönen Künste, München. 1958 BVK I. Kl.; 1959 Bayer., 1963 Berliner Kammers., 1978 Ehrendoktor d. Musik, Univ. Oxford, 1979 Rückert-Preis, Schweinfurt;1980 Ehrendoktor Sorbonne Paris u. Univ. Yale; Ernst-v.-Simens-Musikpreis; 1981 Ehrenpräs. Rudolf-Kemper-Ges.; 1984 Mitgl. Orden pour le Mérite f. Wiss. u. Künste; 1985 Mitgl. Bayer. Maximiliansorden; 1986 Gr. BVK u. Dt. Schallplattenpreis; Goldmed. d. brit. Royal Philharmonic Society - Liebh.: Basteln, Schallplatten (Besitz e. einzigart. Sammlung klass. Musik), Malen - Spr.: Engl., Franz.,Ital. - Bruder Klaus F.-D. - Lit.: Dietrich Fischer-Dieskau - E. Leben f. d. Gesang, Kenneth S. Whitton London 1981, Stuttgart 1984.

FISCHER-DIESKAU, Klaus

Kirchenmusiker, Dirigent und Komponist i. R. - Schützallee 116, 1000 Berlin 37 - Geb. 2. Jan. 1921 Berlin, ev., verh. s. 1945 m. Lore, geb. Schröder, 3 Töcht. (Barbara, Petra, Christin-Annette) - Musikhochsch. Berlin (Dirigenten- u. Kirchenmusikerprüf.) - B. 1955 Doz. JugendleiterSch. Berlin (Wannseeheim), dann Aufnahmeleit. u. Dramat. Dt. Grammophon, s. 1963 Kirchenmusiker, 1985 i. R. S. 1953 (Gründ.) Leit. Hugo-Distler-Chor (Konzerte In- u. Ausl.). Kompos.: Kantate, symphon. Werke, Kammermusik, Chorw., Liedsätze - Liebh.: Fotogr., Tischlerei, Modellbau - Spr.: Engl. - Eltern s. Dietrich F.-D. (Bruder).

FISCHER-FABIAN, Siegfried

Dr. phil., Schriftsteller - Sonnenhof, 8137 Berg (2)/Starnberger See - Geb. 22. Sept. 1922 Bad Elmen (Vater: Hermann F., Musiker; Mutter: Maria, geb. Pauling (Großnichte d. zweif. amerik. Nobelpreisträgers Linus P.), 2 Söhne (Thomas, Florian) - Univ. Berlin (Humboldt u. Freie) u. Heidelberg (German., Gesch., Kunstgesch., Theaterwiss.). Promot. FU Berlin - Journalist. Mitarb. Presse u. Rundfunk; Theaterkrit. Schweizer Monatshefte - BV: Mit Eva fing d. Liebe an - E. Kulturgesch. d. Liebe u. Ehe in 11 Stories, 1958 (Taschenb. 1964); Venus m. Herz u. Köpfchen - E. Liebeserklärung an d. Berlinerin, 1959; Müssen Berliner so sein ...? - E. Bekenntnis in Portraits, 1960; Hurra, wir bauen uns e. Haus! - D. Gesch. e. bundesdt. Baufamilie, 1962 (Tb. 1965); Liebe im Schnee - Fast e. Tatsachenbericht, R. 1965, Taschenb. 1968; D. Rätsel in Dir - D. Welt d. Triebe, Träume u. Komplexe, Tb. 1966; Dtschl. kann lachen ... - V. Bayern, Berlinern, Sachsen u. a. Germanen, 1966; Traum ist rings d. Welt - E. Bericht üb. d. Liebe gr. Dichter, 1967; Schätze, Forscher, Abenteurer - Auf Schatzsuche in unserer Zeit, 1972; Europa kann lachen - V. Engländern, Franzosen, Schweizern, Russen u. a. Europäern, 1972; Geliebte Tyrannen - E. Brevier f. alle Katzenfreunde u. solche, d. es werden wollen, 1973; Berlin-Evergreen - Bild e. Stadt in 16 Portraits, Tb. 1973; Aphrodite ist an allem schuld, R. Tb. 1974; D. ersten Deutschen - D. Bericht üb. d. rätselhafte Volk d. Germanen, 1975; D. deutschen Cäsaren - Triumph u. Tragödie d. Kaiser d. Mittelalters, 1977; Preußens Gloria - D. Aufstieg eines Staates, 1979; Preußens Krieg u. Frieden - D. Weg ins dt. Reich, 1981; Vergeßt d. Lachen nicht - D. Humor d. Deutschen, 1982; Herrliche Zeiten - D. Deutschen u. ihr Kaiserreich, 1983; D. Jüngste Tag - D. Deutschen im späten Mittelalter, 1985; D. Macht d. Gewissens - V. Sokrates b. Sophie Scholl, 1987. Beitr. in Festschr.: Prinz Louis Ferdinand v. Preußen (1982); D. Fischer-Dieskau (1985); Schoenicke (1985) - Liebh.: Blumenzucht, Skilaufen - Spr.: Engl., Franz.

FISCHER-FÜRWENTSCHES, Karl-Heinz

Dr. jur., Fabrikant, Ges. u. Mitgl. d. Beirates Seidenweberei Fischer-Fürwentsches GmbH & Co. Textilwerk KG, Vorstandsmitgl. Verb. d. Dt. Seiden-u. Samtind., Krefeld, AR-Mitgl. Treuhandgemeinsch. f. Textilind. GmbH, Krefeld/Frankfurt, u. a. - Theodor-Frings-Allee 2, 4060 Viersen 11-Dülken (T. Viersen 4 00 01 u. 48 06 44) - Geb. 29. März 1909 Dülken (Vater: Friedrich Fischer, Fabr.; Mutter: Helene, geb. Fürwentsches), verh. s. 1954 m. Brigitte, geb. Richard, 3 Kd. (Andrea, Bettina, Roland) - Stud. Rechtswiss. u. Volksw. - S. 1934 im Familienuntern. - Spr.: Engl., Franz., Holl. - Mitgl. Lions Club.

FISCHER-LICHTE, Erika, geb. Lichte

Dr. phil., Prof. f. Allg. u. Vergl. Literaturwiss. Univ. Bayreuth (s. 1986) - Aystettstr. 1, 6000 Frankfurt/M. - Geb. 25. Juni 1943 Hamburg (Vater: Walter L., Kaufm.; Mutter: Erika, geb. Hanssen), ev.-luth., verh. s. 1967 m. B. Fischer, Sohn Eugen - Klosterach. Hamburg; 1963-69 FU Berlin (German., Slav., Theaterwiss., Phil., Psych., Erziehungswiss.), 1969-71 Univ. Hamburg (Psych. u. Erziehungswiss.). Staatsex. 1969 (Berlin) u. 1972 (Hamburg); Promot. 1972 (Berlin) - B. 1973 Stud.rätin Hamburg, 1973-86 Hochschullehrerin Frankfurt (1978ff. gf. Dir. Inst. f. Dt. Sprache u. Lit. I); Gastprof. Indiana Univ., Bloomington (1985); ab 1982 Vorst.-Mitgl. Dt. Ges. f. Semiotik (1983 Vors.); Mitgl. Wiss. Beirat Intern. Assoc. Semiotics of Performing Arts; 1987 Gründungsmitgl. u. gf. Dir. Inst. f. Weltlit.studien Univ. Bayreuth - BV: Bedeutung - Probleme e. semiot. Hermeneutik u. Ästhetik, 1979; Semiotik d. Theaters, 3 Bde., 1983; Prinz Friedrich v. Homburg, 1985; Schillers Don Carlos, 1987; Gesch. d. Dramas, 1989. Herausg.: D. Drama u. seine Insz. (1985); D. eigene u. d. fremde Theater (1989); Insz. v. Welt (1989). Zahlr. Fachaufs. - Liebh.: Lit., Theater, Film - Spr.: Engl., Franz., Span., Russ., Poln.

FISCHER-WEPPLER, Werner

Ehrenvorsitzender Dt. Curlingverb., Vors. Zentralverb. demokrat. Verfolgten-Organisationen in Bayern - Warngauerstr. 31, 8000 München 90 (T. 089 - 692 13 13) - Schatzm. d. Tierschutzvereins München - Ehrenbürger v. Winnipeg/Kanada.

FISCHER-WOLLPERT, Heinz

Dr. phil., Oberstudiendirektor, Dir. Goethe-Gymn. Frankfurt (s. 1953), Lehrbeauftr. f. Interpretation v. Texten zu Gegenwartsfragen Englands u. Amerikas (1960ff.) u. Vors. Wiss. Prüfungsamt (1964ff.) Univ. Frankfurt - Fuchshohl 65, 6000 Frankfurt/M. 50 (T. 52 51 64) - Geb. 15. Aug. 1910 Geisenheim/Rhg. (Vater: Joseph Fischer; Mutter: Maria, geb. Wollpert), kath., verh. s. 1936 m. Maria, geb. Ziegler, 2 Töcht. (Ursula, Barbara) - Gymn. Mainz; Stud. German., Phil., Neue Spr. Univ. Frankfurt, Freiburg, Bonn, Exeter, Paris Marburg, London. Beide Staatsex. (1933 u. 35) - BV: Indien u. Pakistan, 1948; D. englandkundl. Bücherei, 1966. Herausg. v. Schulausg. - Liebh.: Fotogr. - Spr.: Engl., Franz.

FISCHER-ZERNIN, Lars

Dr.-Ing., Dipl.-Kfm., Unternehmer, gf. Gesellsch. Secova GmbH, Brühl (s. 1980) - Lärchenweg 14, 5060 Bensberg (T. 5 29 17) - Geb. 7. Juni 1923 Hamburg, ev., verh. m. Jutta, geb. Mannhardt, 4 Kd. - Stud. Berlin u. Hamburg - U. a. Vors. d. Geschäftsfg. BULL General Electric GmbH, Köln, Vorstandsmitgl. DEMAG AG, Duisburg (1966), Vors. d. Gfg. Borsig GmbH, Berlin (1970; 1972 AR-Mitgl.); 1975 gf. Ges. Säkaphen GmbH & Co KG, Gladbeck; 1973 Ges. Monesa GmbH, Düsseldorf; 1966-67 (Mandatsniederleg.) MdL NRW, CDU - Spr.: Engl., Franz., Span.

FISCHERKOESEN, Hermine Dorothée, geb. Tischler

Filmproduzentin - Hohenstaufenring 44-46, 5000 Köln 1 (T. 23 82 32) - Geb. 9. Febr. 1916 Freising/Obb. (Vater: Maximilian T., Mühlenbes.; Mutter: Ursula, geb. Zeiler) - Gymn. Lausanne (Schweiz) - U. a. Symbolfiguren Schmitz +

Schmitzchen, dazu Telebuch - Liebh.: Bibliophilie - Spr.: Franz., Engl.

FISCHLE, Willy H.

Dr. phil., Dipl.-Psych., Analyt. Psychotherapeut (freiberufl.) - Hohenbühlweg 37, 7300 Esslingen (T. 0711 - 37 15 90) - Geb. 2. Okt. 1915 Ulm, verh. s. 1951 m. Dr. Hildegund, geb. Carl, 3 T. (Corinna, Marina, Nicola) - Stud. Univ. Tübingen, Königsberg/Pr. (Phil., Psych., Med. Psych.); Dipl. (Psych.) 1947; Promot. (Phil. u. Psych.) 1948 Tübingen (b. Kretschmer/Spranger) - BV: D. Weg z. Mitte (Wandlungssymbole in tib. Thangkas), Bildbd. 1980 (engl. 1982); D. Geheimnis d. Schlange (Deutung e. Symbols), 1983; D. Seinen gibt's d. Herr im Traum (Anleitung z. Verstehen v. Traumsymbolen), 1986 - Liebh.: Symbolik, Buddhismus, Malen, Garten - Spr.: Engl., Franz., Griech., Latein.

FISCHLE-CARL, Hildegund

Dr., Dipl.-Psych., Psychotherapeutin u. Psychoanalytikerin - Hohenbühlweg 37, 7300 Esslingen - Geb. 7. Nov. 1920 Stuttgart, verh. s. 1951 m. Dr. Willy H. Fischle (Autor), 3 Kd. (Corinna, Marina, Nicola) - Stud. Psych. u. Phil. Univ. Wien u. Tübingen (Promot. 1946); Ausb. z. Analytikerin Akad. f. Tiefenpsych. u. Psychotherapie Stuttgart - Lehr- u. Kontrollanalytikerin u. Doz. Mitgl. Dt. Ges. f. Psychotherapie, Psychosomatik u. Tiefenpsych. - BV: Fühlen was Leben ist; Sich selbst begreifen; Kl. Partner in d. gr. Welt; D. Ich in s. Umwelt; Anstiftg. zu Lebenslust u. Lebensfreude; V. Glück d. Zärtlichkeit; Was bin ich wert?; Erziehen m. Herz u. Verstand; Sexualverhalten u. Bewußtseinsreife. - Buchpreis Dt. Verb. Ev. Büchereien.

FISCHLER, Helmut

Dr. phil., Prof. f. Didaktik der Physik. Freie Univ. Berlin - Jenaer Str. 18, 1000 Berlin 31.

FISCHMEISTER, Hellmut

Dr. phil., Prof., Direktor Max-Planck-Inst. f. Metallforschung (s. 1981) - Birkendörfle 20, 7000 Stuttgart 1 - Geb. 14. Mai 1927, ev., verh. s. 1954 m. Dr. Ingrid, geb. v. Lapp, 3 Söhne (Georg, Gustav, Clemens) - Stud. Physik Univ. Graz, Promot. 1951 - 1951-56 Univ. Uppsala (Forschung); 1956-64 Telefonges. L.M. Ericsson, Stockholm, Abt.-Leit. Jernkontoret, Stockholm, Forsch.-Dir. Stora Kopparbergs AB, Söderfors; 1965-75 o. Prof. TH Chalmers, Göteborg; 1975-81 o. Prof. Montanuniv., Leoben. 1973-87 Präs. d. Lenkungsausch. d. europ. Forschungsaktionen COST 50, COST 501; s. 1975 Mitgl. schwed. Akad. Ingenieurwiss. (IVA); s. 1981 wiss. Mitgl. Max-Planck-Ges. f. Förd. d. Wiss. - BV: üb. 200 wiss. Veröff. (Ztschr.) - 1969 Ritterkr. d. Kgl. Schwed. Nordstern-Ordens; 1974 Ehrenmitgl. Dansk Metallurgisk Selskab; 1981 Korr. Mitgl. österr. Akad. d. Wiss.; 1983 Membre d'honneur, Soc. Française de Métallurgie; 1985 Plansee-Plak. f. Pulvermetallurgie; 1986 Sir Charles Hatchett-Award; 1987 Roland-Mitsche-Preis; 1987 Fellow American Soc. f. Materials - Spr.: Engl., Schwed., Franz.

FISCHOEDER, Georg

Dr. rer. nat., Dipl.-Ing., Dipl.-Wirtschafts-Ing. - Elsternweg 17, 4005 Meerbusch-Ilverich - Geb. 9. Dez. 1935 Essen, verh. s. 1966, 3 Kd. - Spr.: Engl., Franz.

FISENNE, von, Erika

Vizepräsidentin d. Landespostdirektion Berlin (s. 1985) - Podbielskiallee 75, 1000 Berlin 33 (T. dienstl.: 328 - 51 00) - Geb. 1933 Düsseldorf (Vater: Dipl.-Ing., Postbeamter) - Univ. Hamburg (Rechtswiss.). Gr. jurist. Staatsprüf. 1960 - S. 1962 Postdst. (b. 1963 Braunschweig, dann Berlin, Abteilungsleit. f. d. Postwesen).

FISK, Eliot

Prof. f. Gitarre Musikhochschule Köln (s. 1982), Konzertgitarrist - Zu erreichen üb. Musikhochschule, Dagobertstr. 38, 5000 Köln 1 - Geb. 10. Aug. 1954 Philadelphia/USA - 1967-69 Privatunterr. b. William Viola, Philadelphia; 1970-74 Aspen Music School (b. Oscar Ghiglia); 1973 Banff School of Fine Arts (b. Alirio Diaz); 1974-77 Privatunterr. b. A. Segovia; 1976 B.A. Yale Univ.; 1977 M.M. Yale School of Music - 1977-82 Doz. Yale School of Music; s. 1982 Prof. Musikhochschule Köln - Mehrere Langspielpl. (EMI); Konz. USA, Europa, S. Amerika, Asien.

FISSAN (ß), Heinz

Dr.-Ing., Prof. f. Prozeß- u. Aerosolmeßtechnik Univ. Duisburg (Dekan FB Elektrotechn.) - Bismarckstr. 90, 4100 Duisburg - Geb. 4. Sept. 1938.

FISSLER, Harald

Dipl.-Ing., VR Fissler AG, Luxemburg; VR-Vors. Vesta AG, Luxemburg; Vors. Geschäftsf. Vesta AG & Co. oHG, Idar-Oberstein, AR-Vors. Fissler GmbH, Idar-Oberstein, Vorst. Dt. Forsch.ges. f. Blechverarb. (DFB), Landesbeirat Commerzbank AG, Frankfurt, Beir. Aluminiumzentr. - Hauptstr. 177, 6580 Idar-Oberstein - Geb. 27. Jan. 1925 - Ehrenmitgl. Dt. Forsch.ges. f. Oberflächenbehandl. (DFO).

FISSLER, Rudolf

Fabrikant, Gesellschafter FIBEG Fissler Beteiligungsges. mbH, Idar-Oberstein; VdAR: FISSLER GmbH, Idar-Oberstein - Auf der Lüh 16, 6581 Kirschweiler - Geb. 10. Sept. 1910 - Div. Ehrenämter, dar. Vizepräs. Wirtschaftsverb. EBM, Vors. Fachverb. Leichtmetallblechwaren.

FISTER, Werner

Dr.-Ing., o. Prof. f. Strömungsmaschinen - 4322 Sprockhövel/W. - Geb. 24. Febr. 1918 - Industrietätig.; s. 1967 Ord. Univ. Bochum. Facharb. - 1953 Borchers-Plak.

FITEK, Erich

Geschäftsführer Lauterberger Blechwarenfabrik - Lessingstr. 15a, 3422 Bad Lauterberg - Geb. 16. Sept. 1919 Brauchitschdorf Krs. Lüben - Ausb. Maschinenbau-Ing. - Geschäftsf. Lauterberger Blechwarenfabrik GmbH, Lauterberger Ges. f. Industrietechnik mbH.

FITTING, Alfred

Dipl.-Ing., Prof. f. Entwerfen TU Berlin (Inst. f. Wohnungsbau u. Stadtteilplanung) - Englerallee 30c, 1000 Berlin 33.

FITTING, Wilfried M.

Dr. med., Prof., Ärztl. Direktor u. Chefarzt Inn. Abt. Ev. Krankenh. Köln a. D. - Tiberiusstr. 13, 5000 Köln-Marienburg - Geb. 31. Dez. 1919 Bonn (Vater: Prof. Dr. phil. nat. Dr. h. c. Johannes F., Botaniker † 1970 (s. XVI. Ausg.); Mutter: Sigrid, geb. Meyer), verh. s. 1957 m. Gisela, geb. Vorster - Univ. Bonn, Straßburg, Tübingen, Promot. 1949; Habil. 1958 - S. 1958 Privatdoz. u. apl. Prof. (1965) Univ. Bonn

FITTING — **FLAMMER**

(Inn. Med.). Gf. Mitgl. Gutachterkommiss. f. Ärztl. Behandlungsfehler d. Ärztekammer Nordrh., Düsseldorf. Fachveröff. (Hämatol., Endokrinol., Jodstoffw. u. a.) - Liebh.: Musik, Lit., mod. Kunst - Rotarier - Spr.: Engl. - Bek. Vorf.: Geheimrat Prof. Dr. jur. Dr. h. c. Hermann F., Ord. d. Rechte Univ. Halle/S. (Großv.).

FITTKAU, Bernd
Dr. phil., Dipl.-Psych., Prof., Dir. d. Päd. Seminar (Päd. Psychol. u. Beratung) - Calsowstr. 73, 3400 Göttingen - Geb. 26. Juni 1942 Hamburg - Promot. 1969 - S. 1975 Prof. Univ. Göttingen. Üb. 50 Facharb.

FITTLER, Robert
Dr. phil., Prof. f. Mathematik FU Berlin - Leistikowstr. 2, 1000 Berlin 19 - Geb. 7. März 1940 (Vater: Rolf Alexaner F., Bankier; Mutter: Maria, geb. Bing), verh. s. 1968 m. Doris Margit, geb. Walter, 2 Kd. (Julia Marianne, Michael Fortunat) - Univ. Zürich (Dipl.-Math. 1964, Promot. 1966) - 1965 wiss. Assist. Univ. Heidelberg; 1967 Assist.-Prof. Rutgers Univ. N.J/USA; 1971 Oberassist. Univ. Zürich; s. 1972 Prof. TU Berlin.

FITTSCHEN, Klaus
Dr., o. Prof. f. Klass. Archäologie Univ. Göttingen (s. 1976) - Schildweg 13, 3400 Göttingen (T. 5 66 68) - Geb. 31. Mai 1936 Salzhausen (Vater: Ludwig F., Dipl.-Landw.; Mutter: Hanna, geb. Jaeger), ev. luth., verh. s. 1965 m. Gisela, geb. Badura - Johanneum zu Lüneburg, Stud. Univ. Tübingen, Rom, Athen (Klass. Archäol., Klass. Sprachen, Alte Gesch.), Dr. phil. Tübingen 1964 - 1966-70 Wiss. Assist. u. 1970-76 apl. Prof. Univ. Bochum - BV: Untersuchungen z. Beginn d. Sagendarstell. b. d. Griechen (Diss.) 1969; Katalog d. antiken Skulpturen in Schloß Erbach, 1977; D. Bildnistypen d. Faustina minor u. d. Fecunditas Augustae, 1982; Katalog d. röm Porträts m. d. Capitolinischen Museen u. d. a. kommunalen Samml. d. Stadt Rom, I 1985, III 1983 (m. Paul Zanker); Griech. Porträts, 1988 - Spr.: Engl., Ital., Neugriech.

FITZ, Lisa

Schauspielerin - Postfach, 8333 Hebertsfelden - Geb. 15. Sept. 1951 Zürich/Schweiz (Vater: Walter F., Komponist, s. dort; Mutter: Molly, geb. Raffay, Sängerin), verh. s. 1980 m. Ali Halmatoglu (Rockschlagz.), S. Nepomuk - Schauspiel- (3 J. Ruth v. Zerboni), Gesangs- u. Ballettausb. - Aufg. als Entertainerin. Bühne: u. a. Nicht Fisch, nicht Fleisch (Kammersp. München). Fernsehen: D. Nest, D. Wittiber u. a. Akt. Shows: D. Heilige Hur, Ladyboss s/W: D. heilige Hur, 1988 - 1974 Nürnbg. Trichter; 1985 Schwabinger Kunstpr.; 1987 Ludwig-Thoma-Med. - Liebh.: Lesen, Yoga, Sport - Spr.: Engl., Franz.

FITZ, Veronika
Schauspielerin - 8031 Stockdorf/Obb. - Geb. 1937 Diessen/Ammersee (Vater: Hans F., Schauspieler u. Autor), verh. 1962 m. Willi Anders, Schauspieler († 1971), T. Ariela - Gymn.; Handelssch.; Schauspielausbild. - B. 1977 Mitgl. Münchner Kammersp.; freischaffend u. a.: Volksbühne Berlin, Burgtheater, Schauspielhaus Düsseldorf. Film- u. Fernsehrollen.

FITZ, Walter
Komponist, Schauspieler - Zu erreichen üb. Volkstheater, Briennerstr. 50, 8000 München 2 - Geb. 1921, verh. (Ehefr.: Molly Raffay, Sängerin), T. Lisa (Schausp., s. dort) - Im 2. Weltkrieg 1. Offz. auf e. U-Boot. Komp. v. 400 Schlagern. Gründ. Fitztett (m. Ehefr. Molly u. Bruder Gerd). Vornehml. volkstüml. Rollen (s. Jahren b. Salvatoranstich Strauß-Imitator). CSU.

FITZBAUER, Erich
Prof., Schriftsteller, Kunstmaler - Guggenbergasse 17, A-2380 Perchtoldsdorf (T. 0222 - 86 81 80) - Geb. 13. Mai 1927 Wien, verh. s. 1972 m. Ingeborg, geb. Schmid, T. Brigitte - 1947-52 Stud. German. Univ. Wien (Mag. phil.) - BV: Keiner kennt d. andern, 1968; Windrad, Mond u. magischer Kreis, 1973; Heiter b. Regen, 1976; Zikadenschrei u. Eulenruf, 1977; Auf Suche n. Bolko, 1978; D. reißende Zeit, 1978; Mond im Kl. Bären, 1979; Axl Leskoschek u. s. Buchgraphik, 1979; Botschaften, 1980; D. einen u. d. andern, 1980; D. Auftrag, 1981; Durch Städte u. Landschaften, 1983; Herz auf d. Hand, 1983; Eins in d. andern Spur, 1985; Abschiede, 1985; Wunschzettel, 1985; Durch d. Regenbrille, 1985; N. Macchia u. Meer riecht d. Wind, 1985; Täglich ist Allerseelen, 1986; Santorin - Insel d. tausend Wunder, 1986; Zirkus Welt, 1987; Strahlenfuge, 1987; Auf verdunkelter Bühne, 1987; Klippen, Dolmen u. Calvaires, 1988; Bruder Baum, 1988; D. Zaubertrommel, 1989; Sizilianisches Allegro, 1989; Im Joch d. Leier, 1989. Herausg. div. Publ. v. u. üb. Stefan Zweig (1957-65).

FITZER, Erich

Dr. tech., o. Prof. u. Direktor Inst. f. Chem. Technik Univ. Karlsruhe (1962-89) - Haydnplatz 5, 7500 Karlsruhe (T. 84 36 30) - Geb. 26. Febr. 1921 Wien (Vater: Christian F., Kfm.; Mutter: Anna, geb. König), ev. A. B., verh. s. 1947 m. Dr. phil. Dorothea, geb. Glaser, 5 Kd. (Irmtraud, Hildegard, Christine, Herta, Gerhard) - Oberrealsch. u. TH Wien (Dipl.-Ing. 1947), Promot. (1948) u. Habil. (1955) Wien - 1956-62 Laborleit. u. Prok. Siemens-Planiawerke AG f. Kohlefabrikate, Meitingen b. Augsburg. Arbeiten auf d. Gebiet v. Hochtemperaturwerkstoffen, bes. MoSi2 u. Graphit (Erfinder - 150 Patente) - BV: Techn. Chemie, 1975 (m. W. Fritz); Monogr. Carbon fibres and their composites, 1985. Üb. 450 Fachveröff. Mitgl. dt., österr. u. amerik. Fachges.; Ehrenvors. Arbeitskreis Kohlenstoff d. D.ker.Ges. - 1952 Krafft-Med. TH Wien; 1977 Skakell-Award d. Americ. Carbon Soc.; 1986 First European Thermophysics Award of the ETPC; 1988 Ehrenmed.

Nikolaus Kopernikus Univ. Torum/Polen - Spr.: Engl., Franz.

FIX, Wolfdietrich
Dr.-Ing., Direktor Hauptabteilung Metallurgie, Mannesmannröhren-Werke AG, Mannesmann Forschungsinst., Duisburg, apl. Prof. f. Grundlagen d. Verfahrenstechnik d. Hüttenprozesse TU Clausthal - Ehinger Str. 200, 4100 Duisburg 25.

FLACH, Andreas
Dr. med., Prof., Direktor Abt. f. Kinderchirurgie Chir. Univ.sklinik Tübingen - Haußerstr. 55 A, 7400 Tübingen (T. 23414) - Geb. 4. Juli 1921 Beyharting/Obb. S. 1961 (Habil.) Privatdoz., apl. u. o. Prof. Tübingen. Zahlr. Fachveröff.

FLACH, Dieter
Dr. phil., Prof. f. Alte Geschichte Univ. - GH - Paderborn (s. 1981) - Leopold-Lucas-Str. 4A, 3550 Marburg/L. - Geb. 15. Mai 1939 Bad Nauheim (Vater: Dr. jur. Erwin F., Amtsgerichtsrat; Mutter: Ria, geb. Wolf), ev., verh. s. 1966 m. Gisela, geb. Leuck, S. Andreas - Univ. Marburg u. Wien. Promot. 1967; Habil. 1970 - 1973-81 Univ. Marburg - BV: D. lit. Verhältnis v. Horaz u. Properz, 1967 (Diss.); Tacitus in d. Tradition d. antiken Geschichtsschreib., 1973 (Habil.sschr.); Einf. i. d. röm. Geschichtsschreib., 1985.

FLACH, Karl
Fabrikbesitzer, gf. Gesellsch. Karl Flach oHG., versch Afri-Cola-, Bluna- u. Febena-Ges.en - Alter Stammheimer Weg 1, 5000 Köln-Riehl - Geb. 9. Jan. 1905 Bonn. Bereits in jg. Jahren selbst.

FLACH, Werner
Dr. phil., Prof. f. Philosophie - Altes Forsthaus, 8771 Lichtenau - Geb. 25. Juli 1930 Himmelstadt - Promot. 1955; Habil. 1961 - S. 1968 Prof. Univ. Würzburg. Wiss. Veröff.

FLAD, Hans-Dieter
Dr. med., Prof., Direktor Forschungsinst. Borstel, Inst. f. experimentelle Biologie u. Medizin (spez.: Immunologie) - Parkallee 1, 2061 Borstel - Geb. 15. Febr. 1935 Berlin (Vater: Dr. jur. Wolfgang F., Mutter: Anna-Elisabeth, geb. Albrecht), ev., verh. s. 1964 m. Janine, geb. Vilain - Stud. Med. Heidelberg u. München - Forschungsaufenth. f. Immunologie in USA u. Engl. - Lehrst. f. Immunologie u. Zellbiol. an d. Med. Univ. zu Lübeck - Wiss. Publ. auf d. Gebiet d. klin. u. exper. Immunol. - Liebh.: Klass. Musik, Archäologie - Spr.: Engl., Franz.

FLADE, Gerhard
Dipl.-Ing., Prof. f. Baubetriebs- u. wirtschaftslehre Gesamthochsch. Siegen (Fachbereich Bautechnik) - Königsberger Str. 26, 5910 Kreuztal-Buschhütten.

FLADUNG, Günter
Geschäftsführer Vereinigung d. Wollhandels - Rembertistr. 32, 2800 Bremen 1.

FLÄMIG, Christian
Dr. rer. pol., Hon.-Prof. Univ. Marburg, Direktor E. Merck, Darmstadt - Frankfurter Str. 250, 6100 Darmstadt (T. 06151 - 72 24 24); Im Hausstück, 6146 Alsbach/Bergstr. (T. 06257 - 39 12) - Geb. 14. Nov. 1936 Chemnitz — Präsid.-Mitgl. Dt. wiss. Steuerinst. d. Steuerberater u. Steuerbevollmächtigten, Bonn; Beiratsmitgl. Arbeitsgemeinsch. Dt. Stiftg., Augsburg; Stiftg.-Mitgl. d. Dt. Inst. f. Intern. Päd. Forsch.; ständ. Sachbearb. f. Steuerrecht d. Dt. Hochschulverb. - BV: Betriebsbedingte Bewert. u. Gleichbehandl.grundsatz, 1973; D. Auswirk. d. Steuerrecht auf d. Kapitalges. in d. BRD, 1974; Gemeindefinanzen u. kommun. Wirtschaftsentw.plan, 1974; Bemessung u. Forschungsleistungen, 1978; Steuerprotest u. Steuerberat., 1979; D. genet. Manipulation d. Menschen, 1985; Steuerrecht als Dauerrecht, 1985. Mithrsg. d. Ztschr. Wissenschafts-recht; Dt. Steuerztg.; Handwörterb. d. Steuerrechts, Handb. d. Wissenschaftsrechts.

FLÄMIG, Gerhard
Bürgermeister a. D., Journalist, MdB (1963-80; Wahlkr. Hanau), Mitgl. Europarat (1965-81), Europ. Parlam. (1970-79) - An der Ochsenwiese 4, 6450 Hanau/M. (T. 23859) - Geb. 19. Dez. 1919 Glauchau/Sa. (Vater: Gerhard F., Bankbeamt.; Mutter: Gertrud, geb. Trömel), ev., verh. s. 1946 m. Margarethe, geb. Franz, 3 Kd. (Wilhelm-Rudolf, Ingeborg, Barbara) - Oberrealsch. (Abit.); POW-Univ. Concordia (USA); Schriftsetzerlehre; 1946-48 Redaktionsausbild. Offenbach - 1948-57 polit. Redakt. Offenbach; 1957-64 hauptamtl. Bürgerm. Stadt Großauheim/M. 1948-57 Stadtverordn. Seligenstadt (1952 Vorsteher); 1965-69 Abg. Berat. Vers. d. Europarates. SPD s. 1946 - Liebh.: Musik - Spr.: Engl., Franz.

FLAGGE, Ingeborg

Dr., Journalistin, Chefredakt. Zeitschr.: D. Architekt - An der Esche 38, 5300 Bonn - Geb. 1. Okt. 1942 Oelde (Vater: Fritz, Kaufm.; Mutter: Hildegard, geb. Pöttker), verh. s. 1967 m. Dr. Otto F. - Stud. Köln, London, Rom (Klass. Archäol., Ägyptol., Alte Gesch.), Promot. 1972 - S. 1972 Chefredakt. D. Architekt, 1978-83 Geschäftsf. BDA; s. 1984 freiberufl. in PR f. Arch. - BV: D. Greif; Architektur im J. 2003 - Utopie d. nahen Zukunft; Architektur in d. Demokratie; Kunstsamml. NRW; Museumsbau; Monographie H. Striffler Postbauten - Liebh.: Schreiben, Archit., Design, Reisen - Spr.: Engl., Franz., Lat., Ital., Griech.

FLAIG, Aki Beate
Geschäftsf. Gesellschafterin Akitours Reisevermittlung GmbH - Schillerstr. 1, 7570 Baden-Baden - Geb. 15. Okt. 1944 Herrnhut (Vater: Dipl.-Ing. Kurt Menzel; Mutter: Eva, geb. Hefter), ev., verh. s. 1967 m. Heiner Flaig - 1964 Journ., SWF Ferns. Baden-Baden; 1968 Reisebürokauffrau; Inh. Akitours - Spr.: Engl., Ital.

FLAMM, Wilhelm
Prof., Hochschullehrer (Kunst) - Urachstr. 51, 7800 Freiburg/Br. - Geb. 2. Nov. 1920 Wittenschwand, kath., verh. s. 1954 m. Edith, geb. Steinhart, 3 T. - Univ. Freiburg (Engl. Gesch., Dt., Staatsex.); Kunstakad. Karlsruhe (Staatsex.) - B. 1960 Gymnasial-, dann Hochschullehrer (gegenw. Prof. PH Freiburg). Vorwieg. Graph. Arbeiten.

FLAMMER, Ernst Helmuth
Dr. phil., Komponist, Musikwissenschaftler - Pelzacker 4, 7803 Gundelfingen/Br. - Geb. 15. Jan. 1949, ev., verh. s. 1982 m. Elke, geb. Engelhardt, 2 Kd. (Johannes-Simon, Magdalena Elisabeth) - 1969-72 Stud. Math., 1979-80 Musikwiss., Phil., Kunstgesch. Univ. Freiburg; Musiktheorie u. Komposition Musikhochsch. Freiburg; Promot. 1980 Frei-

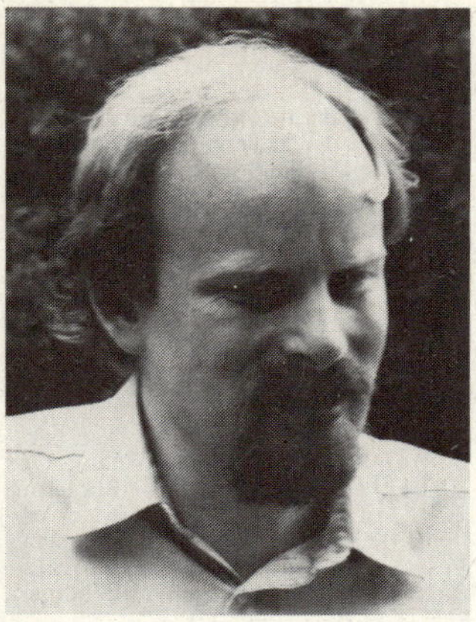

burg - Div. Tätigk. als Lehrbeauftr. versch. Hochsch.; Gastdoz.; 1985-87 künstl. Leit. Ewemblia Musikfestival Mönchengladbach - BV: Politisches Engagement als Kompositorisches Probl. am Beispiel v. Hans W. Henze u. Luigi Nono, 1981; zahlr. Aufsatzveröff. D. Turmbau zu Babel, Orat. 1982; Violinkonzert, 1983; Gethsemani f. gr. Orch., 1985; Klavierkonzert, 1986; weit. Orchesterwerke: 1988/89 Cellokonzert; umfangr. Orgelwerk; 3 Streichquartette, 1977, 82 u. 85 - 1979 Carl Maria v. Weber Preis d. Dresdner Musikfestsp.; 1980 Stip. Heinrich-Strobel-Stiftg. d. SWF; 1981 Valentino-Bucchi-Förderpreis Rom; 1982 Kompositionspreis d. Stadt Stuttgart; 1984 Reinhold-Schneider-Förderpreis d. Stadt Freiburg; 1985 Förderpreis d. Bachakad. Stuttgart; 1986 Preis d. Kunststiftg. Baden-Württ.; 1987 Intern. Goffredo-Petrassi Preis f. Orch. Parma/Ital.; 1988 Arbeitsstip. Cité des Arts in Paris.

FLAMMERSFELD, Arnold

Dr. phil., o. Prof. f. Physik - Herzberger Landstr. Nr. 50, 3400 Göttingen (T. 46212) - Geb. 10. Febr. 1913 Berlin, ev. - Univ. Berlin (Promot. 1938). Habil. 1947 Tübingen - 1948 Doz. Univ. Tübingen; 1954 Ord. u. Dir. Physikal. Inst. Univ. Göttingen (1961/62 Rektor) - BV: Isotopenbericht, 1949 (m. J. Mattauch); Atomphysik, 1959 (m. Bechert und Gerthsen) - 1956 o. Mitgl. Akad. d. Wiss., Göttingen - Rotarier.

FLASCH, Kurt

Dr. phil., o. Prof. f. Philosophie m. bes. Berücks. d. Mittelalterl. Phil. Univ. Bochum (s. 1970) - Zum Ruhrblick 7, 4630 Bochum-Stiepel - Geb. 12. März 1930 Mainz - Promot. 1945; Habil. 1969 - Zul. Doz. Univ. Frankfurt/M. Bücher u. Einzelarb.

FLASCHE, Hans

Dr. phil., em. o. Prof. f. Roman. Philologie Hamburg - Humboldtstr. 35, 5300 Bonn - Geb. 25. Nov. 1911 Düsseldorf (Vater: Wilhelm F., Dolmetscher; Mutter: Clara, geb. Klein), kath., verh. s. 1956 m. Cäcilie, geb. Frohn - Bibliotheksrat Univ.bibl. Bonn (b. 1953), 1951 Privatdoz. Univ. Erlangen, 1953 ao. Prof. Univ. Marburg (Dir. Roman. Sem.), 1961 o. Prof. ebd., 1963 o. Prof. Univ. Hamburg (Dir. Roman. Sem. u. Ibero-Amerik. Forschungsinst.), 1962 Dir. Forschungs-Inst. Görresges., Lissabon. Zahlr. Fachveröff., dar. Bücher u. Buchbeitr. - 1968 Komturkreuz span. Orden Isabel la Catolica, 1971 Hispanic Society of America, 1977 Real Academia Española, 1979 Ehrendoktor Univ. Católica Portuguesa - Lit.: Studia Iberica (Festschr. f. H. F. 1973); Aureum Saeculum Hispanum (Festschr. f. H. F. 1983).

FLASHAR, Hellmut

Dr. phil., o. Prof. f. Klass. Philologie Univ. München - Holbeinstr. 16, 8025 Unterhaching - Geb. 3. Dez. 1929 Hamburg, ev., verh. s. 1958 m. Christiane, geb. Eiffert, 2 Söhne (Martin, Christian) - 1948-54 Univ. Berlin u. Tübingen (Griech., Lat., Phil.). Promot. 1954 Tübingen; Habil. 1961 Tübingen - 1961-64 Privatdoz. Univ. Tübingen, 1964-82 Univ. Bochum; 1970-76 Vors. Mommsen-Ges. - BV: D. Dialog Ion als Zeugnis platon. Phil., 1958; Aristoteles - Problemata Physica, 1962; Melancholie u. Melancholiker in d. med. Theorien d. Antike, 1966; Aristoteles-Mirabilia, 1972. Herausg.: Dt. Aristoteles-Ausg. (1968ff.).

FLASSE, Gunther

Dipl.-Kfm., Geschäftsführer Betriebswirtschafts-Akad. - Taunusstr. 54, 6200 Wiesbaden.

FLATH, Fritz

Dr. med., Arzt f. Allgemeinmed., ehem. MdL Bayern (1970-82) - Neuenmuhrer Weg 10, 8823 Muhr a. See (T. 09831 - 40 65) - Geb. 28. Jan. 1917, verh. m. Olga, geb. Schroeder, 3 Kd. (Waltraud, Wolfgang, Winni) - Stud. d. Med. Univ. München, Königsberg, Leipzig, Graz; Promot. 1943 Königsberg - Truppen- u. Lazarettarzt; 2 J. Kriegsgef.; s. 1945 prakt. Arzt u. Geburtshelfer. S. 1960 Gde.- u. Kreisrat Landkr. Weißenburg/Gunzenb., 1963-76 Mitgl. DRK-Landesverb.; 1978-84 2. Bürgerm. in Muhr - FDP (Ehrenvors. Bez.-Verb. Mfr., Ehrenmitgl. Kr.-Verb. Weißenburg-Gunzenh.) - Silb. Kommunale Verdienstmed.; 1976 Theodor-Heuss-Med.; 1980 Bayer. VO; 1980 BVK I. Kl. - Liebh.: Reisen, Fotogr., Lesen - Spr.: Engl.

FLATH, Hermann

Dr. jur., Generaldirektor Landschaftl. Brandkasse u. Provinzial-Lebensversicherung, bde. Hannover - Jöhrensstr. 1, 3000 Hannover 71 - Geb. 5. April 1925 - AR-Mand., dar. meist Vors.

FLATOW, Curth

Schriftsteller, Präs. Dramatiker-Union - Am Hirschsprung 60a, 1000 Berlin 33 (T. 8313481) - Geb. 9. Jan. 1920 Berlin (Vater: Siegmund F., Humorist), ev. - N. Mittl. Reife kaufm. Lehre - Angest. Konfektion; Arbeits- u. Wehrdienst; nach 1945 Conferencier KdK Berlin, Mitarb. Nürnberger Trichter, Rundfunk (üb. 100 Sendungen RIAS, NWDR Berlin und SFB) und Film. Drehb.: Wenn Männer schwindeln, D. Onkel aus Amerika, Frl. v. Amt, Wie werde ich Filmstar?, E. Mann muß nicht immer schön sein, Liebe, Tanz u. 1000 Schlager, D. einfache Mädchen, D. Pauker, D. Gauner u. d. lb. Gott, Meine Tochter u. ich, Ganovenehre u. a.; Bühnenw.: D. Fenster z. Flur (Berliner Volksst. m. Horst Pillau; UA. 1960 Berlin), Vater e. Tochter (UA. 1965 Berlin), Cyprienne oder Scheiden tut nicht weh (Musik: Gerhard Jussenhoven; UA. 1966 Köln), D. Geld liegt auf d. Bank (UA. 1968 Berlin), D. Mann, d. sich nicht traut (UA. 1973 Berlin, meist gesp. Stück im deutschspr. Raum); Durchreise (UA. 1982 Berlin); Romeo m. grauen Schläfen (UA. 1985 München); Mutter Gräbert macht Theater (UA. 1988 Berlin). Fernsehsp.: D. eigenen vier Wände, Schuld sind nur die Frau'n, Gertrud Stranitzki, Ida Rogalski, Preußenkorso, E. Mann f. alle Fälle, Ich heirate e. Familie. Liedertexte zu etwa 30 Filmen - 1984 Gold. Kamera HÖR ZU (f. Fernsehdrehb.: Ich heirate e. Familie); 1985 Telestar - Liebh.: Kochen.

FLATOW, Rolf

Dr. rer. nat., Geschäftsführer Luhns GmbH, Wuppertal 2 - Landsberge 15, 4322 Sprockhövel 2 - Geb. 23. Febr. 1929 - Stud. Chemie.

FLATZ, Gebhard

Dr. med., o. Prof. u. Leiter Abt. Humangenetik Zentrum f. Kinderheilkd. u. Humangenetik Med. Hochschule Hannover (s. 1972) - Konstanty-Gutschow-Str. 8, 3000 Hannover 61 - Geb. 14. Aug. 1925 Graz/Österr. (Vater: Dr.-Ing. Emil F.; Mutter: Hanna, geb. Baumgartner), kath., verh. s. 1973 m. Sibylle, geb. Hensen - Univ. Graz, Tübingen, Köln. Promot. 1953 Köln; Habil. 1964 Bonn - 1960-72 Univ.-Kinderklin. Bonn. Zahlr. Facharb. - Liebh.: Bergsteigen - 1971 Gold. Sportabz.; 1987 Dr. med. E. h. Univ. Chiangmai (Thailand) - Spr.: Engl.

FLECHSENHAAR, Günther

Dr. theol., Prof., Theologe - Reinertstr. 17, 3578 Schwalmstadt 1 (T. 2 27 58) - Geb. 10. Mai 1907 Frankfurt/M., ev., verh. - 1932-46 Gemeindepfarrdst.; 1947-70 Prof. Theol. Seminar Friedberg - BV: D. Geschichtsproblem in d. Theol. J. v. Hofmanns, 1935.

FLECHSIG, Karl-Heinz

Dr. phil., o. Prof. f. Pädagogik Univ. Göttingen (s. 1975) - Calsowstr. 73, 3400 Göttingen - B. 1968 Ord. Univ. Konstanz, dann Hamburg.

FLECHTHEIM, Ossip K.

Dr. jur., Dr. phil., o. Prof. f. Wissenschaft v. d. Politik (emerit.) - Rohlfsstr. 18, 1000 Berlin 33 (T. 823 20 51) - Geb. 5. März 1909 Nikolajew (Vater: Hermann F., Buchhändler; Mutter: Olga, geb. Farber), konfessionsl., verh. s. 1942 m. Lili, geb. Faktor, T. Marion Ruth - Hindenburgsch. Düsseldorf; Univ. Freiburg, Paris, Heidelberg (Dr. phil. 1947), Berlin, Köln (Dr. jur. 1934), Genf (Dipl. 1940) - 1931-33 Refer. OLG Düsseldorf, 1939-40 wiss. Hilfsarb. Inst. f. Sozialforsch. Columbia-Univ. New York, 1940-43 Doz. Univ. Atlanta, 1943-46 Doz. u. Prof. Bates College (USA), 1946-47 Sektions- u. Bürochef Amt d. US-Hauptanklägers f. Kriegsverbrechen Berlin, 1947-51 Prof. Colby College (USA), SS. 1951 Gastprof. Bowdoin College (USA), 1952-59 Prof. Dt. Hochsch. f. Politik Berlin, sd. ao. u. o. Prof. (1961) FU ebd. - BV: Hegels Strafrechtstheorie, 2. A. 1975; D. KPD in d. Weimarer Rep., 1948, 3. A. 1986; Politik als Wiss., 1953; D. dt. Parteien s. 1945 - Quellen u. Auszüge, 2. A. 1957; Grundleg. d. Polit. Wiss., 1958; Bund u. Länder, 1959; V. Hegel zu Kelsen, 1963; E. Welt oder keine?, 1964; Weltkommunismus im Wandel, 1965, 2. A. 1977; History and Futurology, 1966; Bolschewismus 1917-67 - V. d. Weltrevolution z. Sowjetimperium, 1967; D. Kampf um die Zukunft- Grundlagen d. Futurologie, 1970, 3. A. 1980; D. polit. Parteien d. BRD, 1973; Zeitgesch. u. Zukunftspolit., 1974; Marxist. Praxis, 1974 (m. Grassi); Ausblick in d. Gegenwart, 1974; Von Marx bis Kolakowski, 1978; Luxemburg z. Einführung; Karl Liebknecht z. Einführung; Ist d. Zukunft noch zu retten?, 1987; Marx z. Einführung, 1988. Herausg.: Wiss. von der Politik (1956ff.), Brandherde der Weltpolitik (1962), Dokumente zur parteipolitischen Entwickl. in Dtschl. (9 Bde., 1962ff.), Polit. Texte (1966ff.) Futurum (1968-71), Futurum (Sammelbuch) 1980; Marx heute - Pro u. Contra (1983) - 1973 Mitgl. PEN-Zentrum BRD; 1975 Ehrenmitgl. Ges. f. Zukunftsfragen; 1989 Dr. rer. pol. h. c. - Spr.: Russ., Franz., Engl. - Lit.: Chr. Fenner u. B. Blanke; Systemwandel u. Demokratisierung (Festschr. f. O. K. F. 1975).

FLECK, Hans Günther

Sprecher d. Geschäftsfg. Mauser Werke Oberndorf - 7238 Oberndorf a.N.; priv.: Mangenbergerstr. 261, 5650 Solingen 1 - Geb. 28. Juni 1935 Solingen (Eltern: Karl u. Luise F.), kath., verh. m. Irmlind, geb. Knabe - Abit.; Dipl.-Ing.

FLECK, Hans-Joachim

Bundesrichter i. R. - Str. d. Roten Kreuzes 35, 7500 Karlsruhe 41 - Geb. 30. Jan. 1918 Breslau, kath., verh., 1 Sohn - 1949 LG Aachen, 1955 BGH (wiss. Hilfsarb.), 1958 OLG Köln, 1961 Justizmin. NRW, 1964-84 BGH (Bundesrichter) - BV: Geller/Kleinrahm/Fleck, D. Verfass. d. Ld. NRW, Kommentar, 2. A. 1963. Ges.rechtl. Veröff. (Festschr. u. Ztschr.) - Gr. BVK - Lit.: Festschr. z. 70 Geb. f. H.-J. Fleck (hg. Verlag Walter de Gruyter).

FLECK, Klaus

Dipl.-Ing., Bürgermeister Stadt Schopfheim - Wallstr. 5, 7860 Schopfheim - Geb. 16. Dez. 1941 Karlsruhe (Vater: Albin F., Hauptbrandm.; Mutter: Maria, geb. Stumpf), kath., verh. s. 1967 m. Heidi, geb. Gerlitzer, 2 Kd. (Jürgen, Dagmar) - Dipl.-Ing. 1963 FH Karlsruhe - Stadt- u. Regionalplaner SRL, s. 1979 Bürgerm. - BV: u.a. Entwicklungsplanung Oberhaching; Sozio-ökon. Untersuch. d. Erholungsnutzung d. Rheinaue am Mittleren Oberrh. - 1968 Dt. Vize-Meister im Kanu-Rennsport - Spr.: Engl.

FLECK, Klaus O.

Dr. rer. pol., Dipl.-Kfm., MBA, Sprecher des Vorstandes SÜDZUCKER AG, Mannheim/Ochsenfurt - Fichtestr. 2, 6800 Mannheim - Geb. 11. Febr. 1934 Heidelberg (Vater: Richard F., Oberstud.rat; Mutter: Else, geb. Menzel), verh. m. Barbara, geb. Nicula - Stud. in Dtschl., Engl. u. USA (Fulbright) - Versch. AR- u. Beiratsmand.

FLECK, Werner

Dr. rer. nat., Leiter d. Zentralabteilung Leitstelle f. techn. Koop./Lizenzen/Patente Degussa AG, Frankfurt - Streckerweg 5, 6100 Darmstadt-Eberstadt - Geb. 19. April 1934 Darmstadt (Vater: Ludwig F., Kaufm. Angest.; Mutter: Margarete, geb. Bärenz), ev., verh. s. 1962 m. Anneliese, geb. Gremm - Liebig-Realgymn. u. TH Darmstadt (Stud. Organ. Chemie; 1959 Dipl.-Chem., 1962 Promot.) - Hochschultätigk. TH Darmstadt, Stanford u. Maryland Unv. (USA) - Geschäftsf. Sasil GmbH, Düsseldorf; Mitgl. Konsortialkomit. Ultraform GmbH, Ludwigshafen, Ultraform Company, Mobile (USA), Agomet GmbH, Hanau - Versch. Patente Formaldehyd-Folgeprodukte - Liebh.: Sport, Garten - Spr.: Engl., Franz.

FLECKENSTEIN, Albrecht

Dr. med., Dres. med. h. c., o. Prof. f. Physiologie - Hermann-Herder-Str. 7, 7800 Freiburg/Br. (T. 203 41 57) - Geb. 3. Mai 1917 Aschaffenburg (Vater: Anton F., Dir. Bayer. Staatsbank; Mutter: Margarethe, geb. Haus) - Univ. Würzburg u. Wien - S. 1947 Lehrtätigk. Univ. Heidelberg (1953 apl. Prof.) u. Freiburg (1956 Ord. u. Inst.dir.). 1959-61 Vors. Dt. Physiol. Ges. - BV: D. periphere Schmerzauslös. u. -schalt., D. Kalium-Natrium-Austausch als Energieprinzip in Muskel u. Nerv, 1955; Calcium Antagonism in Heart and Smooth Muscle - Experimental Facts and Therapeutic Prospects, 1983. Zahlr. Einzelarb. - Ehrendoktor Univ. München, Heidelberg, Rijksuniversiteit, Limburg/Niederl. u. Universidad Nacional de La Plata/Argent. (1987); Paul-Morawitz-Preis Dt. Ges. f. Herz- u. Kreislaufforsch.; Franz-Gross-Preis Dt. Ges. z. Bekämpfung d. Hohen Blutdrucks; Drew Forschungspreis Frontiers in Biomedical Research, Madison/USA; Ernst-Jung-Preis f. Wiss. u. Forschung; 1987 ASPET-Award for Outstanding Basic Pharmacol. Investigations, Americ. Soc. for Pharmacol. and Experimental Therapeutics; 1988 Special Achievment Award d. Americ. Soc. of Hypertension; Carl-Mannich-Med. Dt. Pharmazeut. Ges.; Gr. BVK; Ehrenmitgl. Dt. Physiol. Ges.; Korr. Mitgl. Ges d. Ärzte in Wien; Assoz. Mitgl. Phys. Soc. London u. Amerik. Physiol. Soc. Intern. Fellow of the Council on Clinical Cardiology of the American Heart Assoc.

FLECKENSTEIN, Bernhard

Dr. med., Univ.-Prof. Univ. Erlangen-Nürnberg - Haus-Nr. 93, 8551 Schlaifhausen (T. 09199 - 9 31) - Geb. 10. Aug. 1944, verh. s. 1981 m. Ingrid, geb. Müller, 4 Kd. (Annette, Julia, Patricia, Matthias) - 1963-69 Stud. Med. Univ. Freiburg u. Wien; Promot. 1970, Habil. 1975 - 1970-75 wiss. Assist. Univ. Göttingen u. Erlangen; 1976-78 Assoc. Prof. Harvard Medical School; s. 1978 Prof. f. Virologie; Leit. d. Lehrst. f. Virologie Univ. Erlangen-Nürnberg. Art. in wiss. Ztschr.: Journal of Virology, Virology, Cell, Proceedings of the National Acad. of Sciences, etc.

FLECKENSTEIN, Franz
Msgr., Direktor i. R. - Peterplatz 8, 8700 Würzburg (T. 0931 - 5 37 34) - Geb. 8. Juni 1922 Würzburg, kath. - Stud. Regensburg u. Würzburg (Theol. u. Musik) - 1950 Priesterweihe, 1953-61 Musikpräfekt am Bischöfl. Knabensem. Kilianeum, 1961-70 Domkapellm. Würzburg, 1970-87 Dir. Fachakad. f. kath. Kirchenmusik u. Musikerziehung (Kirchenmusiksch.), Regensburg.

FLECKENSTEIN, Günter
Dr. rer. pol., Dipl.-Kfm., Vorstandsmitglied Fried. Krupp Hüttenwerke AG., Bochum - Hohe Buchen Nr. 14b, 4300 Essen 1 - Geb. 30. Sept. 1928 - ARsmand.

FLECKENSTEIN, Günther
Intendant Dt. Theater Göttingen - Sonnenstr. 8a, 8034 Unterpfaffenhofen - Geb. 13. Jan. 1925 Mainz (Vater: Philipp F., Verw.dir.), ev. - Realgymn. u. Univ. Mainz (1946 b. 1948 Phil.) - 1949-54 Regieassist. Mainz, dann I. Spiell. Ulm, Gelsenkirchen (1955), Essen (1956), 1957-59 Oberspiell. Münster/W., 1959-66 Spiel- u. Oberspiell. (1961) Landestheater Hannover, seither Int. Dt. Theater Göttingen. 1976-81 Int. Hersfelder Festsp. 1985 als erster Regiss. d. Bundesrep. am Moskauer Akad.- u. Künstlertheater. (Hochhuths Juristen). Insz.: Antigone (Oper v. Orff), D. seidene Schuh (Claudel), D. Seeschlacht (Goering), Egmont (Goethe), Matineen Dt. Teilung (Kurt Morawietz) u. a. Bühnenbearb.: D. Spiel ist aus (Sartre; UA. 1958); Dramatisierung: D. Großtyrann u. d. Gericht (Bergengruen; UA. 1962). Fernsehbearb. - 1979 Zuckmayer-Med.; 1982 Ehren-Plak. Bad-Hersfeld; 1984 Ehrenmed. Stadt Göttingen; 1986 Poln. Orden f. kulturelle Verdienste; Nieders. Verdienstkreuz am Bde. - Spr.: Franz., Engl.

FLECKENSTEIN, Heinz (Heinrich)
Dr. theol., Prof. f. Pastoraltheol. (emerit.) - Scheffelstr. 4, 8700 Würzburg (T. 7 91 62) - Geb. 23. Jan. 1907 Öventrop/W. (Vater: Bernhard F., Beamt.; Mutter: geb. Korte), hum. Gymn. Aschaffenburg; Univ. Würzburg (Promot. 1933). Priesterweihe 1931 - Seelsorgetätigk., Studienpräfekt Würzburg, ab 1938 Doz. Univ. Würzburg, b. 1939 Lehrstuhlvertr. v. Moraltheol., s. 1948 o. Prof. Phil.-Theol. Hochsch. Regensburg u. Univ. Würzburg (1953; 1956/57 u. 1967/68 Rektor) - BV: D. Lehre v. d. materiellen Welt b. Albert d. Gr., 1934; Persönlichk. u. Organminderwertigkeiten, 1938; Christl. Deutung u. Ordnung d. menschl. Geschlechtsbezieh., 1946, 2. A. 1952; Gedanken u. Anreg. z. geschlechtl. Erzieh., 1951. Viele Ztschr.aufs. u. Leserart. Schrift.: Zeitschr. Seele (1953-62) - 1965 Bayer. VO.

FLECKENSTEIN, Josef
Dr. phil., Prof., Direktor Max-Planck-Inst. f. Geschichte (s. 1971) - Hermann-Föge-Weg 11, 3400 Göttingen (T. 54021) - Geb. 18. Febr. 1919 Kämmeritz Kr. Querfurt (Vater: Medard F.; Mutter: Luise, geb. Noe), kath., verh. s. 1955 m. Dr. Hildegard, geb. Allendorff, 4 Söhne (Georg, Martin, Winfried, Christoph) - Univ. Leipzig, Halle, Mainz, Freiburg. Promot. (1952) u. Habil. (1958) Freiburg - S. 1958 Lehrtätigk. Univ. Freiburg, Göttingen (1960/61 Lehrstuhlvertr.), Frankfurt/M. (1962 Ord.), Freiburg (1965 Ord.), Göttingen (1973 Honorarprof.). 1968 ff. Kolleg. Leit. Konstanzer Arbeitskr. f. mittelalterl. Gesch., 1976 Senator d. Deutschen Forschungsgemeinsch. - BV: D. Bildungsreform Karl d. Gr., 1953; D. Hofkapelle d. dt. Könige, 2 Bde. 1959/66; Karl d. Gr., 1962 (niederl. 1965); Grundl. u. Beginn d. deutschen Geschichte, 1974. 1968 korr. Mitgl. Monumenta Germaniae historica, München, 1973 ord. Mitgl. d. Akad. d. Wiss., Göttingen - Liebh.: Kunst, Reisen - Spr.: Franz., Engl.

FLECKNER, Joachim
Kaufmann, Präs. Bund Dt. Verkaufsförderer u. -trainer, Meerbusch - Am Honigshuck 11, 4133 Neukirchen-Vluyn.

FLECKNER, Sigurd
Dipl.-Ing., Vorstandsmitglied WTB Walter Thosti Boswau Bauaktiengesellschaft (s. 1972) - Hallberg 41, 4000 Düsseldorf - Geb. 19. Aug. 1925.

FLEGEL, Horst
Dr. med., Landesmedizinaldirektor i. R., apl. Prof. f. Neuropsychiatrie Univ. Düsseldorf, Psychotherapie, Psychoanalyse - Theodor-Körner-Str. 2, 5000 Köln 50.

FLEGEL, Robert
Dr.-Ing., Prof. f. Angew. Mechanik u. Datenverarb. f. Ing. Inst. f. Mechanik u. Regelungstechnik Univ.-GH Siegen (Fachbereich Maschinentechnik) - Am Kornberg 28, 5900 Siegen 21 - Geb. 1. Mai 1938 Trautenau/Sudetenl., verh. s. 1965 m. Margarete, geb. Wagner, 3 Kd. (Andreas, Annegret, Ulrich) - 1958-64 Stud. Math. TH Stuttgart (Dipl., Promot. 1968) - 1969-73 Doz. FH Eßlingen; s. 1973 Univ.-Prof. in Siegen.

FLEHR, Friedrich
Dipl.-Ing., Prof., Dozent Hess. Lehr- u. Forschungsanst. f. Wein-, Obst- u. Gartenbau (Techn. Physik, Maschinen- u. Gerätekd., Gewächsbau u. a.) - 6222 Geisenheim/Rhg..

FLEINER, Wilhelm
Kaufmann, pers. haft. Gesellsch. Karl Fleiner KG., Mannheim, Vizepräs. IHK Mannheim - Stralsunder Weg 14, 6800 Mannheim 42 - Geb. 7. Jan. 1913.

FLEISCHER, Bodo
Dipl.-Ing., Architekt - Kolk 1, 1000 Berlin 20 - Geb. 7. Nov. 1930 Berlin (Vater: Paul F., Beamt.; Mutter: Gertrud, geb. Matulat), ev., verh. s. 1960 m. Erika, geb. Krüger - Obersch. Berlin-Weißensee (Abit. 1949); TU Berlin (Dipl.-Ing. 1955) - 1956-60 Assist. TU Berlin (Lehrstuhl f. Entwerfen u. Baukonstruktionen); s. 1958 freischaff. Arch. U. a. Gemeindezentrum Klosterfelde u. Zuflucht Berlin-Spandau. Mitgl.: AIV (1979-83 Vors.), AKB (1985-88 Vorst.), Beratungsausschuß Kunst am Bau - 1963 Preis Jg. Generation d. Stadt Berlin; Wettbewerbserfolge (I. Preis): SFB-Fernsehstudio Berlin (1960), Volksbildungszentrum Berlin-T'hof (1961), Stadthalle Pforzheim (1963), Ausstell. Partner d. Fortschritts Berlin (1965), Stadttheater Pforzheim, Aktion Farbe im Stadtbild - Spr.: Engl.

FLEISCHER, Georg
Geschäftsführer Coca-Cola Eastern Europe GmbH - Elsaßstr. 29, 4300 Essen 15 - Geb. 25. Okt. 1928.

FLEISCHER, Gundolf
Rechtsanwalt, Staatssekretär f. Europaangelegenheiten Baden-Württ. (s. 1988), MdL Baden-Württ. (Wahlkr. 48, Breisgau) - Im Bohrer 35, 7801 Horben (T. 0761 - 40 45 90) - Geb. 22. Juli 1943 Wechselburg - CDU.

FLEISCHER, Hans
Sanitäringenieur u. Install.Mstr., Oberbürgermeister - Cloppenburger Str. 425, 2900 Oldenburg/O. - Geb. 7. Juli 1906 Pillau/Ostpr. (Vater: Max F., Hotelbes.) - Mittelsch. Königsberg/Pr.; 1923-26 Lehre Installateurhandw. Meisterprüf. 1943 - S. 1932 selbst. (Betrieb f. Rohrleitungsbau u. sanit. Anl.; b. 1945 Königsberg, s. 1947 Oldenburg). S. 1948 Ratsmitgl. u. Obgm. (1956-61 u. wied. gegenw.) Oldenburg. 1963-67 MdL Nieders. Mitbegr. u. 1950-58 ARsvors. Baugenoss. d. Ostvertriebenen Oldenburg. SPD.

FLEISCHER, Helmut
Dr. phil., Prof. f. Philosophie TH Darmstadt (s. 1972) - Stetteritzring 61, 6101 Roßdorf 2 - Geb. 8. Nov. 1927 Unterrodach/Ofr. - Promot. 1955; Habil. 1971 - Zul. Prof. FU Berlin - BV: Marxismus u. Geschichte, 4. A. 1972 (auch ital., span., engl.); Wertphil. in d. Sowjetunion, 1969; Marx u. Engels, 2. A. 1974; Sozialphil. Studien, 1973.

FLEISCHER, Konrad
Dr. med., em. o. Prof. f. Hals-, Nasen- u. Ohrenheilkunde - Wartweg 24, 6300 Gießen (T. 2 34 88) - Geb. 7. Okt. 1920 Eisenach, verh. s. 1948 m. Hertha, geb. Natz †1989, 3 Kd. (Bernhard, Irmgard, Susanne) - S. 1952 Lehrtätigk. Univ. Leipzig, Erfurt (1957-59 Prof. m. Lehrstuhl u. Klinikdir.), Berlin/Humboldt (b. 1961 Prof. m. Lehrstuhl u. Klinikdir.), Hamburg (1963 b. 1970 apl. Prof.), Gießen (ab 1970 Ord. u. Klinikdir.), emerit. 1986. 1963-70 Chefarzt HNOabt. Allg. Krkhs. Hamburg-Heidberg, 1974 Präs. dt. Ges. f. HNO-Heilk., Kopf- u. Halschir., Schriftführer ebd. - BV: HNOheilkd. f. d. Krankenpflegepersonal, 1971; mehrere Handb.beiträge u. zahlr. Einzelarb. (Altersschwerhörigk., Mißbild., Lärmschäden, Mittelohrentzünd.) - Rotarier.

FLEISCHER, Margot
Dr. phil., Univ.-Prof. f. Philosophie Univ.-GH Siegen - Goethestr. 30, 5000 Köln 51 - BV: Hermeneutische Anthropologie - Platon, Aristoteles, Berlin / New York 1976; Wahrheit u. Wahrheitsgrund. Z. Wahrheitsproblem u. zu s. Gesch., Berlin/New York 1984. Zahlr. Aufs. z. antiken, neuzeitl. u. gegenw. Phil.

FLEISCHER, Michael
Dr. phil., Slavist - 4630 Bochum - Geb. 23. Febr. 1952, verh. - Stud. Polonistik in Polen, Slavistik Univ. Bochum; Promot. 1985 Bochum - Mitgl. Dt. Ges. f. Semiotik - BV: Nomenhäufigkeitsverteilungslisten z. Lyrik v. Paul Celan, 1985; D. poln. Lyrik v. 1945-85, 1986; Hund u. Mensch. E. semiotische Analyse ihrer Kommunikation, 1987; D. populäre Lit. (m. Christian Sappok), 1988 - Spr.: Poln., Russ.

FLEISCHER, Robert
Dr. phil., o. Prof. f. Klass. Archäologie Univ. Mainz (s. 1977) - Obere Zahlbacher Str. 40, 6500 Mainz 1 - Geb. 16. Jan. 1941 Wien (Vater: Dr. phil. Julius F., Kunsthistoriker u. Univ.doz.; Mutter: Rosa, geb. Schwarz), kath., verh., 4 Kd. (Susanne, Martin, Matthias, Andreas) - 1958-63 Univ. Wien (Archäol., Alte Gesch.). Promot. (1963) u. Habil. (1973) Wien - 1963-77 Assist. Österr. Archäol. Inst. Wien - BV: Antike Bronzestatuetten aus Carnuntum, 1966; D. röm. Bronzen aus Österr., 1967; Artemis v. Ephesos u. verw. Kultstatuen aus Anatolien u. Syrien, 1973; D. Klagefrauensarkophag aus Sidon, 1986. Zahlr. Aufs. u. Rezens. - 1975 Innitzer-Förderungspreis f. Geisteswiss.; Mitgl. Zentraldir. DAI; Associé corresp. étranger Soc. Nationale des Antiquaires de France, Paris - Liebh.: Sport - Spr.: Engl., Franz., Ital., Türk., Griech.

FLEISCHER-PETERS, Annette
Dr. med. dent., o. Prof. u. Vorst. Poliklinik f. Kieferorthopädie Univ. Erlangen-Nürnberg (s. 1972) - Burgbergstr. 18, 8520 Erlangen - Geb. 16. April 1929 - Promot. 1955; Habil. 1968 - Üb. 60 Facharb.

FLEISCHHACKER, Hans
Dr. phil., Prof. f. Anthropologie (emerit.) - Brüder-Grimm-Str. 55, 6000 Frankfurt/M. - Geb. 10. März 1912 Töttleben/Thür. - Promot. 1935; Habil. 1943 - S. a. Univ. El Salvador (1965-67) u. Frankfurt (1971 ff. Prof.). Zahlr. Facharb.

FLEISCHHAUER, Carl-August
Dr. jur., Untergeneralsekretär f. Rechtsangelegenh. u. Rechtsber. d. Vereinten Nationen (s. 1983) - UN-Plaza, New York, N.Y. 10017; priv.: 420 E. 54th Str., New York, N.Y. 10022 - Geb. 9. Dez. 1930 Düsseldorf (Vater: Prof. Dr. med. Kurt F., Arzt; Mutter: Leonie, geb. Schneider-Neuenburg), kath., verh. s. 1957 m. Liliane, geb. Sarolea, 2 T. (Daniela, Katharine) - Gymn. Düsseldorf (Abit. 1949); Univ. Heidelberg, Grenoble, Paris, spät. Chicago. Jurist. Staatsex. 1954 (Heidelberg) u. 60 (Stuttgart); Promot. Heidelberg - 1960-62 MPI f. Ausl. öfftl. Recht u. Völkerrecht Heidelberg (Wiss. Ref.); s. 1962 AA Bonn (1972 Leit. Völkerrechtsref.; 1975-83 Völkerrechtsberat.,s. 1976 zusätzl. Leit. Rechtsabt.) - Ausl. Ausz. u. BVK - Liebh.: Mod. Gesch. u. Lit. - Spr.: Engl., Franz., Span., Russ.

FLEISCHHAUER, Dietrich
Dr., Geschäftsführer Dt. Fernsehlotterie GmbH Dt. Hilfswerk/Stiftg. d. bürgerl. Rechts - Harvestehuder Weg 88, 2000 Hamburg 13.

FLEISCHHAUER, Helmut
Dr., Geschäftsführer Mercator Vermögensverwaltungs GmbH., gf. Vorstandsmitgl. Wirtschaftl. Genoss. d. Presse eG., Geschäftsf. Vereinig. Hess. Apothekenleit. e.V. - Budenweg 32, 6000 Frankfurt/M. 1.

FLEISCHHAUER, Jörg
Dr. rer. nat., Dipl.-Chem., Dipl.-Phys., Prof., Chemiker - An d. Vorburg 9, 5100 Aachen-Richterich - Geb. 22. Aug. 1939 Dresden - Promot. 1969 - S. 1973 (Habil.) Lehrtätigk. RWTH Aachen (1974 Wiss. Rat u. Prof.; Lehrgeb. Theoret. Chemie).

FLEISCHHAUER, Kurt
Dr. med., Univ.-Prof. f. Anatomie - Herzogsfreudenweg 28, 5300 Bonn 1 (T. 25 24 24) - Geb. 14. Okt. 1929 Düsseldorf, verh. s. 1965 m. Sabine, geb. Waller, 3 Kd. - Promot. (1954) u. Habil. (1960) Kiel - S. 1964 o. Prof. Univ. Hamburg u. Bonn (1968); s. 1985 Rektor Univ. Bonn. Fachveröff. bes. auf d. Gebiet Neuroanatomie.

FLEISCHMANN, Alfons
Dr. theol., o. Prof. f. Moral- u. Pastoraltheologie (em.) - Reichenaustr. 3, 8078 Eichstätt/Bay. (T. 16 08) - Geb. 26. Mai 1907 Lochmühle/Oberrödel (Vater: Johann F., Bauer u. Mühlenbes.; Mutter: Mathilde, geb. Sonntag), kath. - Promot. 1938 München - 1931 Kaplan, 1934 Religionslehrer, 1938 Seminardir., 1941 ao., 1944 o. Prof. Phil.-Theol. Hochsch. Eichstätt. Ämter: Gründ.rektor Kath. Univ. Eichstätt (s. 1972), Ehrenpräs. CV-Akademie, Vors. Kath. Canisiusstiftung Ingolstadt, Mitgl. Landesvorstand CSU - BV: Wilhelm Estius u. s. Stellung z. Bajanismus, 1940; D. Instructio Pastoralis Eystettensis, in: 400 J. Collegium Willibaldinum Eichstätt, 1964; Sinn u. Aufg. e. kirchl.-päd. Hochsch. in : Glaube, Wiss., Erzieh., 1967 - Päpstl. Ehrenprälat, Bayer. Verdienstord., BVK I. Kl., Gr. gold. Ehrenz. d. Rep. Österr., Gold. Sportabz. - Spr.: Franz., Engl., Ital.

FLEISCHMANN, Bernhard
Dr. rer. nat., Prof. f. Allg. Betriebswirtschaftslehre u. ihre Quantitativen Methoden - Reindorfer Weg 9, 2107 Rosengarten 8 - Geb. 20. Sept. 1942 Zweibrücken - Stud. Math. Univ. Saarbrücken, Paris u. Hamburg; Habil. 1975 Univ. Karlsruhe - Ab 1978 o. Prof. Univ. Hamburg.

FLEISCHMANN, Emil
Spielwarenfabrikant (Fa. Emil Fleischmann, Modelleisen- u. Autorennbahnen) - 8500 Nürnberg - Geb. 1907 - Div. Ehrenstell., dar. Vors. Intern. Spielwarenmesse.

FLEISCHMANN, Gerd
Dr. rer. pol., Prof. f. Wirtschaftl. Staatswissenschaften, insb. Verkehrswiss., Univ. Frankfurt/M. (s. 1971) -

Unterer Thalerfeldweg 3, 6242 Kronberg/Ts. - Geb. 25. April 1930 Rotterdam (Holl.) - Promot. 1965 Münster - BV: Nationalökonomie u. sozialwiss. Integration, 1968.

FLEISCHMANN, Kurt

Richter am Bundesgerichtshof (s. 1969) - Witzlebenstr. 4-5, 1000 Berlin 19 - Geb. 1923 - LG Düsseldorf (1958 LGrat, 1966 LGdir.); Staatskanzlei Nordrh.-Westf. (1967 Min.rat); Justizmin. Nordrh.-Westf. (1969).

FLEISCHMANN, Ulrich

Dr. phil., Prof. f. Romanistik FU Berlin - Carmerstr. 17, 1000 Berlin 12 (T. 030 - 312 21 27) - Geb. 20. Juni 1938 Rotenburg/o.T. (Vater: Franz F., Studienrat; Mutter: Charlotte, geb. Rebhuhn), kath., verh. s. 1971 m. Verena, geb. Wegge, 2 T. (Jessika, Stephanie) - Promot. 1967 München, Habil. 1980 Berlin - 1970-74 DAAD-Lektor in Nigeria u. England; ab 1980 Prof. Univ. Bayreuth u. FU Berlin - BV: Ideologie u. Wirklichk. in d. Lit. Haitis, 1969; Aspekte d. soz. u. polit. Entw. Haitis; u. a. Fachveröff. - Spr.: Franz., Span., Portugies., Engl.

FLEISSNER, Herbert

Dr. jur., Verleger (F. A. Herbig, Albert Langen-Georg Müller u. a.) - Thomas Wimmerring 11, 8000 München 22 (T. 235008-0) - Geb. 2. Juni 1928 Eger, kath., verh. (Ehefr.: Gisela), 4 Kd. (Brigitte, Michael, Richard, Georg) - Promot 1952 - S. 1952 Verlagswesen - Spr.: Engl.

FLEITMANN, Richard-Theodor

Vorstandsmitglied Verein. Dt. Nickel-Werke AG. vorm. Westf. Nickelwalzwerk Fleitmann, Witte & Co., Schwerte, ARsvors. Hindrichs-Auffermann AG., Wuppertal, VRsmitgl. Berliner Handels-Ges., Berlin/Frankfurt - Karl-Gerharts-Str. 21, 5840 Schwerte/Ruhr (T. 16678) - Spr.: Engl. - Rotarier.

FLEITMANN, Theo

Verlagsdirektor a. D. - Am Bonneshof 26, 4000 Düsseldorf 30 - Geb. 30. Okt. 1918 Eupen/Belg., kath., verh. s. 1952 m. Edelg., geb. Solbach, S. Jürgen - Mittl. Reife - Dr. humoris causa Narren-Ad. Bülken, Ehrenmitgl. div. Organis. u. Vereine, Ehrenvors. Verb. Dt. Afrika Korps, Düsseldorf - Liebh.: Reiten, Kegeln, Prinz Karneval Düsseldorf (1961/62).

FLEMIG, Kurt

Karikaturist - Uhlandstr. 173, 1000 Berlin 15 - Geb. 15. Mai 1909 Leipzig (Vater: Finanzbeamt.), ev., verh. s. 1936 m. Maria Orgas, T. Gisela - Viels. Ausbild. (zul. 1952-54 Meistersch. f. Graphik, Druck, Werbung Berlin) - Bek. Vorf.: Paul F., Arzt u. Dichter (1609-40) - Besitzt eines d. größten Archive v. Karikat. Ab 1938 Mitarb. Berliner Presse (KF). Zahlr. Buchillustr. Rd. 80 000 Karikaturen In- u. Ausl.

FLEMMING, Irene

Dr. med., Prof. f. Plast. Chirurgie im Hals-, Nasen- u. Ohrenbereich - Burgunder Str. 9a, 1000 Berlin 38 - Geb. 12. Juli 1934 Berlin - Promot. 1961 - S. 1971 (Habil.) Lehrtätig. FU Berlin (Klinikum Steglitz). Üb. 30 Fachveröff.

FLEMMING, Kurt

Dr. med., Prof. - Wilhelm-Beck-Str. 4, 7770 Überlingen/B. (T. 63314) - Geb. 24. Febr. 1920 Körlin/Pom. - S. 1959 (Habil.) Lehrtätigk. Univ. Greifswald u. Freiburg/Br. (1961; 1965 apl. Prof. f. Pharmak. u. Radiobiol.; 1969 Wiss. Rat Radiol. Inst., 1977 Dir. Inst. f. Biophysik u. Strahlenbiol.). Gründ. European Reticulo-Endothelial Society (EURES), Louvain 1972 (Präs. 1973-75). Üb. 130 Fachveröff. - 1966 Hermann-Holthusen-Ring Dt. Röntgen-Ges., 1960 Wahl in Comité Internationale de Photobiologie, Kopenhagen, 1978 Wahl i. New Yorker Akad. d. Wissensch. - BV: The Reticuloendothelial System and Immune Phenomena, 1971; Radioprotection, 1977 - 1968-80 Gold. Sportabz. - Spr.: Engl., Franz., Russ. - Rotarier.

FLENDER, Hans-Walter

Dr.-Ing., Prof., Dozent f. Datenverarbeitung Musikhochsch. Westf.-Lippe/Nordwestdt. Musikakad. - Zu erreichen üb. Musikhochsch., Allee 22, 4930 Detmold 1.

FLENDER, Reinhard David

Dr. phil., Musikwissenschaftler, Pianist, Komponist - Zu erreichen üb. Hochschule f. Musik u. darst. Kunst, Harvestehuder Weg 12, 2000 Hamburg 13 - Geb. 20. Aug. 1953 Bergneustadt, ev., verh. m. Helena, geb. Nordberg - Künstl. Reifeprüf. Klavier 1976 Münster; M.A. 1981 Hebrew Univ. Jerusalem; Promot. 1983 Hamburg - S. 1984 Doz. Hochsch. f. Musik u. Darst. Kunst Hamburg; Leit. Konzert-Musikabt. Peer Musikverlage, Hamburg - BV: Schlüssel z. Musik (m. H. Rauhe), 1986; D. Biblische Sprechgesang, 1988; Structures in Hebrew Psalmody, im Druck; Popmusik (m. H. Rauhe), 1989. Div. Komp. f. Klavier, Instrumentalensemble u. Orchester.

FLENKER, H.

Dr. med., Chefarzt, Prof. f. Allg. Pathologie u. Pathol. Anatomie Univ. Mainz - Zentralkrankenhaus, 2850 Bremerhaven.

FLENSBURG, Ruth

s. Held, Christa

FLESCH, Hans Werner

Schriftsteller u. Journ. - Erfurter Str. 7, 4030 Ratingen (T. 02102-4 13 04) - Geb. 6. Dez. 1926 Oberhausen, verh. m. Edith, geb. Rogowski - Stud. German., Phil. u. Psych. - Buchhändler; Journ. (u.a. Chefredakt. Eifel-Presse u. Guinness Buch d. Rekorde); Geschäftsf. Erb Verlag Düsseldorf - BV: u.a. Magaluf, R. 1977; Nur ernstgemeinte Zuschriften erbeten/Ehe, Freundschaft u. Sex in Inseraten, 1982; Ewig währender Kalender d. Simplicissimus (Auswahl u. Übertrag. in neueres Deutsch), 1982; Jan - fast e. Kneipenmärchen, Erz. 1985; Trinkgeld f. Charon, Ged. 1986; Ratinger Zyklus, Ged. 1987; Lyrik in Ztschr., Ztg. u. im Lit.telefon Düsseldorf.

FLESCH, Peter

Dr. rer. nat., Prof. f. Biochemie - Maler-Becker-Str. Nr. 5, 6500 Mainz-Gonsenheim - Geb. 17. Mai 1922 Wittlich - Promot. 1956 - S. 1966 (Habil.) Lehrtätigk. Univ. Mainz (1971 apl. Prof., 1973 Wiss. Rat u. Prof., gegenw. Prof.). Fachaufs.

FLESCH, Reinhard

Dr. med., Ltd. Oberarzt Chirurg. Klinik u. apl. Prof. Univ. Erlangen-Nürnberg (s. 1974) - Rosenweg 6, 8520 Erlangen-Frauenaurach - Zul. Privatdoz.

FLESCH, Roman

Vizepräsident Landeszentralbank in Niedersachsen - Georgspl. 5, 3000 Hannover 1 - Geb. 29. März 1926 Trier, verh. m. Annemarie, geb. Alberg, Sohn Hans-Rudolf - Abit.; Banklehre - 1951-62 LZB Rhld.-Pfalz, s. 1963 LZB Nieders.

FLESCHE, Christian

Generalbevollmächtigten Bankhaus Schneider & Münzing (s. 1972) - Salvatorpl. 2, 8000 München 2 (T. 2391 - 1) - Geb. 21. Juli 1930 Düsseldorf (Vater: Erich F., Kaufm.; Mutter: Anneliese, geb. Boedinghaus), ev., verh. s. 1959 m. Doris, geb. Klein, 2 Söhne (Christian, Felix) - N. Abit. kaufm. Lehre - Zul. Vorstandsmitgl. Allg. Kreditversich. AG., Mainz - Liebh.: Garten, Blumen, Jagd - Spr.: Engl., Franz.

FLESSA, Richard

Dr. jur., Dipl.-Kfm., Vorstandsmitgl. Bayer. Landesanst. f. Aufbaufinanzierung (LfA) - Königinstr. 15, 8000 München 22 (T. 089 - 21 24-1 Durchw. 342); priv. Paul-Keller-Str. 30, 8035 Stockdorf/Obb. - Geb. 11. Juli 1924 Hof/S. (Vater: Heinrich F., Gewerbeoberlehrer; Mutter: Helene, geb. Wolfrum), ev., verh. s. 1956 m. Hedwig, geb. Welzhofer, 2 Kd. - Univ. München (Rechtswiss., Betriebsw.). Jurist. Staatsprüf. 1948 u. 51; Promot. 1949; Dipl.-Kfm. 1950 - B. 1973 Ministerialrat Bayer. Finanzmin., dann Vorstandsmitgl. LfA.

FLESSAU, Kurt-Ingo

Dr. phil., Prof. f. Erziehungswissenschaft Univ. Dortmund (Gesch. d. Erziehung u. Schule, Unterrichtsdid. u. -meth.) - Klever Str. 19, 4600 Dortmund 1 (T. 0231 - 42 16 61) - Geb. 6. Jan. 1937 Flensburg, ev.-luth. - Gymn. Flensburg; Stud. Literaturwiss., Germanist., Erziehungswiss., Psychol., ev. Theol. Univ. Kiel, Tübingen, Bonn, Hamburg, Dortmund. Promot. 1966 Hamburg; 1. Lehramtsex. 1968 Dortmund, Habil. 1973 Dortmund - Wiss.-Assist. 1962-69, Privatdoz. 1969-74, Prof. s. 1974 - BV: D. moralische Roman. Studien z. gesellschaftskritischen Trivialliteratur d. Goethezeit, 1968; Hubert Biernat: Im Mittelpunkt d. Mensch, 1968; Heinrich Zschokke: D. Goldmacherdorf, 1973; Schule d. Diktatur. Lehrpläne u. Schulbücher d. Nationalsozialismus, 1977/79; Lehrpläne z. naturwiss. Unterricht (m. G.-B. Reinert), 1981; Erziehung im Nationalsozialismus (m. E. Nyssen, G. Pätzold), 1987. Filme: Mitarb. an Unterrichtsfilmen, u. a. Risikoschutz durch Versich. (1979), Vermögensbild. durch Investmentsparen (1981), Unternehmen im Wettbewerb (1982) - Liebh.: Mineral., Paläontol., Fotografie, Malerei d. 17.-19. Jh.

FLESSEL, Klaus

Dr. phil., Univ.-Prof. f. Sinologie Univ. Erlangen (s. 1983) - Ringstr. 5, 8531 Lonnerstadt (T. 09193 - 24 58) - Geb. 5. Dez. 1940 Recklinghausen, verh. s. 1973 m. Michiko, geb. Takayanagi, 2 T. (Nana, Sina) - 1961-71 Stud. Univ. Münster u. Tübingen; Promot. 1971, Habil. (Sinol.) 1983 Tübingen - BV: D. Huang-Ho u. d. Hist. Hydrotechnik in China, 1974; u. a.

FLESSNER, Günter

Landwirt, Minister f. Landwirtsch. Schlesw.-Holst. a. D. (1975-88), Präs. Landwirtschaftskammer Schlesw.-Holst., Kiel (s. 1968), MdL SH (s. 1971) u. a. - Himbeersahl, 2321 Kalübbe/Holst. (T. Ascheberg 343) - Geb. 7. Nov. 1930 Tarbek Kr. Segeberg, ev., verh., 3 Kd. - Mittelsch.; Lehrerausbild.; Landw.ssch. Landw.sm. - 1966 ff. Gemeindevertr. Dersau; 1966-71 MdK Plön. CDU s. 1962.

FLESSNER (ß), Hermann

Dr.-Ing., o. Prof. f. Angew. Informatik - Schulenbrooksweg 70, 2050 Hamburg 80 (T. 721 88 91) - Geb. 31. Dez. 1930 Hamburg (Vater: Friedrich F., Bankrat † 1953; Mutter: Erika, geb. Strathmann), ev., verh. s. 1958 m. Ursel, geb. Schulz, 2 Kd. (Marianne, Jan) - 1941-50 Obersch. Hamburg (Reifeprüf.); 1950-52 Zimmererlehre; 1952-57 TH Hannover (Bauing.wesen; Dipl.-Ing.). Promot. 1965 Hannover - 1958-62 Ed. Züblin AG., Duisburg (Statiker u. Konstrukteur); s. 1962 TH bzw. TU Hannover (1967 Abt.svorsteher u. Prof.) u. Univ. Bochum (1968 Wiss. Abt.vorst. u. Prof.; Leit. Abt. Informationsverarb./Inst. f. konstruktiven Ing.bau). 1969/1970 Gastprof. Massachusetts Inst. of Technology Boston (USA), s. 1978 o. Prof. f. Angew. Informatik i. Nat.-Wiss. u. Technik, Univ. Hamburg. Üb. 70 Monographien und Fachaufsätze. Produktion und Regie von Filmen aus dem eigenen Arb.sber. Erf. a. d. Gebiet datenverarb. Geräte u. Entwickl. neuer Meth. d. Informatik (Menutechn.), d. rechnerunterstützten Konstruierens u. s. Anwendung b. d. Berechnung v. Talbrücken, Hochhäusern, d. Schalendaches üb. d. Foyer d. Städt. Bühnen Dortmund (1963), d. Reifenversuchsstrecke m. Steilkurven d. Continental AG. b. Celle (1965), d. Forschungsplattform ‚Nordsee' u. d. Schlußvermessung d. Elbe-Seiten-Kanals (bde. 1974). Forschungsarb. u. Neuentwickl. a. d. Geb. schwerer Meereskonstruktionen (Bohr- u. Produktionsplattformen) - Beirats- u. VR-Mitgl.sch. in Wirtsch. u. Industrie, in Berufsverb., Fachaussch. u. Ausbild.-gremien, dar. Dt. Hochschulverb., VDI (Vors. versch. Aussch.), Ges. f. Informatik, DAAD (1984-87 Vorst.-Mitgl.) - Liebh.: Segeln, Schwimmen, Musik - Spr.: Engl.

FLICK, Friedrich Karl

Dr. rer. pol., Dipl.-Kfm. - Inselstr. 18, 4000 Düsseldorf 30 (T. 4 38 20)- Geb. 3. Febr. 1927 Berlin (Vater: Drs. h. c. Friedrich F. † 1972 (s. XVI. Ausg.); Mutter: Marie, geb. Schuss † 1966), gesch., 2 Töcht. (Alexandra, Elisabeth) - Gymn. (Abit. 1944 Bad Tölz); 1946-51 Stud. Betriebsw.; prakt. Ausb. In- u. Ausl. (auch USA, u. a. Bankwesen) - 1957-85 Friedrich Flick KG, Düsseldorf (ab 1962 als pers. haft. u. gf. Gesellsch.). Mitgl. versch. Aufsichtsräte - 1976 Bayer. VO.

FLICK, Gert-Rudolf

Dr. jur., Kaufmann - Sonhaldenstr. 29, CH-6052 Hergiswil - Geb. 29. Mai 1943, verh. s. 1976 m. Prinzessin Johanna zu Sayn-Wittgenstein - Pers. haft. Gesellsch. Friedrich Flick KG, Düsseldorf, Geschäftsf. VG-Verwaltungsgesellsch. f. indust. Unternehmungen Friedrich Flick GmbH, AR-Mand.

FLICK, Horst

Fernseh-Regisseur - Auguste-Viktoria-Str. 96, 1000 Berlin 33 (T. 030 - 825 30 23) - Geb. 23. Mai 1924 Lennep (Vater: Joseph F., Apoth.; Mutter: Magdalene, geb. Halbach) - Schauspielsch. Bochum - 1946-54 Schausp., s. 1955 Regiss. (vorw. Fernsehsp.) - FS-Spiele: u. a. Hochzeit (E. Canetti), Marija (I.Babel), Maria Morzeck (M. Bieler), Was soll bloß aus Dir werden. Preis d. Feigheit (auch Buch) - Jacob-Kaiser-Preis.

FLICK, Ursula

Hausfrau, Oberbürgermeisterin Stadt Osnabrück (s. 1985) - Heinrichstr. 43, 4500 Osnabrück - Geb. 17. Nov. 1924 Osnabrück, verh. 1950 m. Dr. Fritz F. († 1963), 2 Kd. - Mädchengymn. Osnabrück (Abit.); im Kriege DRK-Krankenschw.; Stud. Gesch. u. German. - 1950-55 Mitarb. Bundestagsabg. Kurt Georg Kiesinger. Mitbegr. Ring christl.-demokr. Studenten. Präs. Nieders. Städtetag. CDU - Verdienstkreuz I. Kl. Nieders. VO.; BVK.

FLIEDNER, Dietrich, Karl

Dr. phil., Prof. f. Anthropogeographie - Kastanienweg 5, 6676 Mandelbachtal - Geb. 1. Mai 1929 Gütersloh (Vater: Friedrich F., Oberstudiendir.; Mutter: Sophie, geb. Faulhaber), ev., verh. s. 1956 m. Marianne, geb. Koppe, 2 T. (Bettina, Annette) - Abit. 1949, Stud. Univ. Marburg, Promot. 1955, Habil. Göttingen 1968 - 1955-61 Wiss. Mitarb. Nieders. Amt f. Landespl.-Statist.; 1961-62 Wiss. Assist. Geog.Inst. Univ. Göttingen; 1962-68 Wiss. Geschäftsf. Inst. f. Histor. Landesforsch. Univ. Göttingen; 1968-71 Doz. Univ. Göttingen; s. 1971 o. Prof. f. Geograph., Univ. Saarbrücken - BV: Kulturlandsch. Hamme-Wümme, 1970; Vorspan. Siedl., 1974; Kolonisier. New Mexicos d. Spanier, 1975; Physical Space a. Process Theory, 1980; Society in Space and Time, 1981; Umrisse e. Theorie d. Raumes, 1984 - Spr.: Engl.

FLIEDNER, Theodor M.

Dr. med. (habil.), o. Prof. f. Klin. Physiologie u. Arbeitsmed. u. Rektor/Präsident Univ. Ulm (s. 1967 Prof., s. 1983 Rektor) - Oberer Eselsberg, M 24, niveau 3, 7900 Ulm/D. - Geb. 1. Okt. 1929 Hamburg - Mehrj. Tätigk. EURATOM. Zahlr. Facharb.

FLIEGEL, Peter

Geschäftsführer Fotosatz Fliegel GmbH, Hildesheim - Hopfengarten 48, 3201 Diekholzen - Geb. 4. April 1939 Kolberg/Ostseebad, ev., verh. s. 1974 m. Renate, geb. Sohl - Stud. an d. Graph. Lehr- u. Versuchsanst. in Wien; Abschluß 1960 - Mitgl. in d. Kommiss. Satztechnik d. Bundesverb. Druck, Mitgl. im erweit. Vorst. d. IRD - BV: Partner im Satz, 1987; sowie versch. Fachveröff. - Silberne u. goldene Ehrennadel d. Nieders. Skiverb. - Liebh.: Klass. Musik, Tennis, Skifahren - Spr.: Engl.

FLIEGER, Heinz

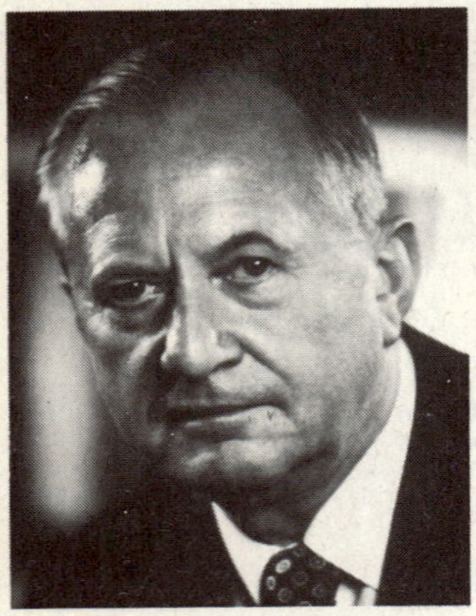

Dr. phil., Publizist, Geschäftsf. Vorstandsmitglied Vereinig. zur Förderung d. PR-Forschung, Nürnberg, Vors. Public Relations-Akad. - Neptunstr. 10, 6200 Wiesbaden (T. 56 17 25) - Geb. 10. Sept. 1923 Wuppertal-Elberfeld - Kaufm. Lehre; Abit. 1941; Stud. d. Phil., Gesch., Soz., Psych., Volkswirtsch. Univ. Frankfurt/M. u. Freiburg/Br.; später PR-Stud. - S. 1955 Inh. Verlag f. dt. Wirtsch.biographien. Vorst.-Mitgl. DIPR; PR-Unternehmensberat.; Dozent für PR Univ. Mainz; Ratsmitgl. CERP; Vizepräs. CEDET, Brüssel, u. Foundation f. PR-Research and Education, London - BV: Bauen f. d. Zukunft, 1971; D. öffentl. Meinung in d. Staatsphil. von Thomas Hobbes, 1975; Bibliogr. d. dtspr. PR-Lit., 1983; PR-Seminare, 1984; PR als Profession. Herausg.: Stud. z. Theorie u. Praxis d. PR - Spr.: Franz., Engl.

FLIEGER, Hermann

Dr. rer. pol., Prof., Dipl.-Volksw., Vorstandsvorsitzender Dortmunder Stadtwerke AG, Dortmund (s. 1966), Geschäftsf. Energieberatung GmbH (s. 1966) u. Inst. f. Wasserforsch. GmbH ebd. (s. 1969), Vorst.-Vors. Ruhrverb. u. -talsperrenverein, bde. Essen (s. 1982), Beiratsmitgl. Gelsenwasser AG, Gelsenkirchen (s. 1968), u. Ruhrgas AG, Essen (s. 1972), Vorst.-Vors. Haftpflichtverb. öfftl. Verkehrsbetr., Dortmund (s. 1984) u. Beiratsmitgl. Wirtschaftl. Vereinig. dt. Versorg.untern. AG, Frankfurt (s. 1970) - Crachtstr. 35a, 4600 Dortmund 50 (T. 73 21 87) - Geb. 2. Okt. 1927 Elberfeld (Vater: Robert F.; Mutter: Martha, geb. Rolli), verh. s. 1952 m. Rosemarie, geb. Samland, 3 Kd. (Dr. med. Robert, Martin, Angelika) - Kaufm. Lehre; Verwaltungs- u. Wirtschaftsakad. Wuppertal (bde. Dipl. 1951); 1950-53 Univ. Mainz, Köln, Bonn (Wirtschafts- u. Sozialwiss.; Dipl.-Volksw.); 1956-59 TH Hannover u. Stuttgart (Maschinenbau, Elektrotechn.); 1959-61 TH Stuttgart u. WH Mannheim (Soziol., Psych.). Promot. 1954 - 1947-58 Angest. versch. Firmen u. Steuerberatungs- u. Wirtschaftsprüfungswesen; 1958-60 Dir. Stadtwerke Eßlingen; 1960-66 Oberwerkdir. Stadtwerke Ludwigshafen - BVK 1. Kl., Gr. BVK.

FLIERL, Hans

Diakon, Leit. Außenstelle München Diakon. Werk d. Ev.-Luth. Kirche in Bayern (Landesverb. d. Inneren Mission) - Nördl. Auffahrtallee 14, 8000 München 19.

FLIETHER, Karl Joachim

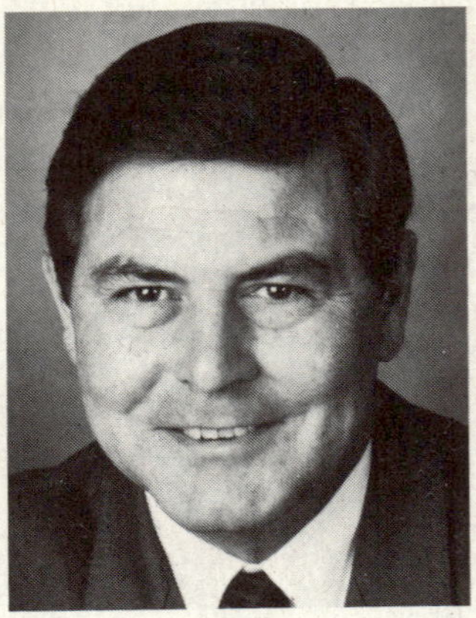

Dipl.-Volksw., Gf. Gesellschafter Karl Fliether GmbH & Co., Präs. d. RAL - Dt. Inst. f. Gütesicherung u. Kennzeichnung - Nevigeser Str. 22, 5620 Velbert 1 (T. 02051 - 20 88-0) - Geb. 7. Sept. 1930 Wuppertal, verh. s. 1957 m. Dr. Ilse Fliether - Dipl.-Volksw. 1954 Freiburg - Vorst.-Vors. Fachverb. Schloß- u. Beschlagind., Vizepräs. Wirtschaftsverb. EBM, Chairman u. Präsid.-Mitgl. Arge (Arbeitsgem. d. Verb. d. europ. Schloß- u. Beschlagind.) - 1983 BVK; 1988 BVK I. Kl.

FLIMM, Otto

Präsident ADAC (s. 1989, 1972-89 Vizepräs.) - Zu erreichen üb. ADAC, Am Westpark 8, 8000 München 70 (T. 7 67 60), priv.: Georg-Grosser-Str. 20-22, 5040 Brühl (T. 4 90 66).

FLINDT, Rainer

Dr. rer. nat., Prof. f. Biologie PH Ludwigsburg - Pleidelsheimer Str. 3, 7140 Ludwigsburg-Eglosheim - Zul. Doz.

FLINSCH, Erich

Prof. i. R., Konzertpianist - Wiesengrund, 6240 Königstein 4 (T. 06174 - 7295) - Geb. 14. Juli 1905 Frankfurt/M. (Vater: Edgar F.; Mutter: Anna v. Frisching), ev., verh. s. 1938 m. Helga Preuße, 3 Töcht. (Astrid, Helga, Beatrice) - 1926-29 Musikakad. Wien (Emil v. Sauer) - 1947-79 Dozent u. o. Prof. Musikhochsch. Frankfurt (Leit. Klavier-Ausbildungskl.). 1940-45 Wehrdst. Mitbegr. u. Ehrenvors. Robert-Schumann-Ges. Frankfurt - Sammelt Musik-Erstdrucke - Spr.: Franz., Engl.

FLINTROP, Franz

Dr. phil., em. o. Prof. f. Philosophie u. Soziol. Hochschule Hildesheim - Domhof 8, 3200 Hildesheim - 1982 Komturkreuz päpstl. Gregorius-Ordens.

FLISZAR, Fritz

Dr. phil., Vorsitzender d. Geschäftsfg. Friedr.-Naumann-Stiftg. (s. 1982) - Königswinterer Str. 2-4, 5330 Königswinter 41 - Geb. 31. Dez. 1941 Niklasdorf (Vater: Viktor F., Arb.; Mutter: Maria, geb. Steiner), konfessionsl., 2 Kd. (Günter, Friederike) - Gymn.; 1961-66 Univ. Graz (Gesch.; German., Phil.) - 1966 Redakt. Dt. Univ.-Ztg.; 1966-68 Leit. Polit. Abt. VDS; 1968-70 Polit. Ref. FDP-Bundesgeschäftsst.; 1970-71 Chefredakt. INPUT; 1971/72 Assist. Bundestagsabg. Walter Scheel; 1972/73 Ref. AA/Presse; 1973/74 Pers. Ref. PStS AA; s. 1974 stv. u. FDP-Bundesgf. (1979) - Liebh.: Reiten, Bergsteigen, Skilaufen - Spr.: Engl.

FLITNER, Andreas

Dr. phil., Prof. f. Pädagogik - Im Rotbad 43, 7400 Tübingen - Geb. 28. Sept. 1922 Jena, ev., verh. s. 1950 m. Sonia, geb. Christ - 1940 Maschinenbaupraktikum; 1941 u. 1945-50 Univ. Hamburg, Heidelberg, Oxford, Basel. Lehrerex. 1950 Hamburg; Promot. 1951 Basel - 1950 Lektor Cambridge (Engl.), 1951 Assist. Tübingen, 1955 Doz., 1956 ao. Prof. Erlangen, 1958 o. Prof. Tübingen; 1967 Visiting Prof. North Western Univ. Evanston/Ill. - BV: Erasmus im Urteil s. Nachwelt, 1952; Comenius' große Didaktik, 1954; D. polit. Erzieh. in Dtschl., 1957; Wege z. päd. Anthropol., 1963; Soziol. Jugendforsch., 1963; Brennpunkte gegenwärt. Päd., 1969; Spielen - Lernen, Praxis u. Deut. d. Kinderspiels, 1972; Mißrat. Fortschritt, Pädag. Anmerk. z. Bildungspolitik, 1977; Konrad ... Üb. Erziehg. u. Nichterziehg., 1982; Für d. Leben od. f. d. Schule, päd. u. polit. Essays 1987. Herausg.: Wilhelm v. Humboldt - Werke (5 Bde. 1960/81; m. K. Giel), Einf. in päd. Sehen u. Denken (Neubearb. 1984; m. H. Scheuerl), Erziehg. in Wiss. u. Praxis (1967ff.); Ztschr. f. Päd. (1969ff.); D. Numerus clausus u. s. Folgen (1976); Abiturnormen gefährden d. Schule (1977, m. D. Lenzen); D. Kinderspiel (Neubearb. 1978); Lernen m. Kopf u. Hand (1983, m. P. Fauser, K. Fintelmann).

FLITNER, Hugbert A. W.

Dr. jur., Senatsdirektor, Ltd. Verwaltungsbeamter Univ. Hamburg (s. 1979) - Moorweidenstr. 18, 2000 Hamburg 13 - Geb. 19. Okt. 1928 Kiel (Vater: Prof. Dr. phil. Dr. theol. h. c. Wilhelm F., Pädagoge (s. XVIII. Ausg.); Mutter: Dr. Elisabeth, geb. Czapski) - Univ. Hamburg, Freiburg/Br., Heidelberg (Rechtswiss.). Gr. jurist. Staatsprüf. 1958; Promot. 1962 - 1963-71 Stiftg. VW Hannover; 1971-75 Vorst. Fritz-Thyssen-Stiftg. Köln; 1975-78 Vorst. Ges. f. Math. u. Datenverarb. Bonn - BV: Stiftungsprofile, 1972; Hochschulfinanzierung in d. BRD, 1989.

FLOCK, Dietmar Konrad

Dr. sc. agr. (habil.), Prof. f. Tierzucht u. Haustiergenetik - Am Seedeich 9-11, 2190 Cuxhaven - Geb. 8. Juli 1934 Kleve (Vater: Wilhelm F., Stud.Rat; Mutter: Paula, geb. Hartmann), kath., verh. s. 1966 m. Sieglinde, geb. Brödenfeldt, 2 Kd. (Beate, Bernd) - 1959 Landw. Dipl. Bonn, 1961 M.S., 1964 Ph.D. u. 1968 Habil. - 1969 Genetiker u. 1976 Gf. Lohmann Tierzucht GmbH, Cuxhaven; Lehrauftr. Univ. Göttingen - Spr.: Engl.

FLOCKERMANN, Paul Gerhard

Oberfinanzpräsident Oberfinanzdirektion Hannover (s. 1983) - Waterloostr. 5, 3000 Hannover 1 - Geb. 3. Okt. 1928 Wiescherhöfen, Krs. Unna, verh., 3 Kd. - 1949-53 Stud. Rechtswiss. Mainz, Münster, Freiburg; 1953 1., 1957 2. jurist. Staatsprüf. - 1957 Finanzverw., Oberfinanzdir. Münster, Köln, Hamburg; 1963 Bundesmin. d. Finanzen, zul. Leit. Ref. f. Körpersch.steuer u. Gewerbesteuer - BVK.

FLOECK, Wilfried

Dr. phil., Prof. f. roman. Philologie Univ. Mainz - Phil. Wasserburg-Str. 49, 6500 Mainz 1 - Geb. 25. Aug. 1943 Schlawe/Pomm. - 1962-68 Stud. Roman. u. Gesch. Univ. Heidelberg, Grenoble, Tübingen u. Bonn (Promot. 1968), Habil. 1977 Univ. Göttingen - 1968-73 Wiss. Assist. Mainz u. Göttingen (1973-80 Wiss. Oberassist.); 1980 Prof. in Mainz - BV: Las Mocedades del Cid v. G. de Castro u. Le Cid v. P. Corneille. E. neuer Vergleich, (Diss.) 1969; Dramentheorien d. 17. Jh., 1973; D. Literarästhetik d. franz. Barock, 1979; A. Adamov, La parodie. La politique des restes, Textausg. u. Materialienbd. (zus. m. N. Becker), 2 Bde., 1986-89; Formen innerliterarischer Rezeption (zus. m. D. Steland u. H. Turk), 1987 (Wolfenbütteler Forsch., 34); Tendenzen d. Gegenwartstheaters, 1988 (Mainzer Forsch. zu Drama u. Theater, 2); Esthétique de la diversité. Pour une histoire du baroque littéraire en France, 1989 (Biblio 17, 43); Zeitgenöss. Theater in Dtschl. u. Frankr., 1989 (Mainzer Forsch. zu Drama u. Theater, 3).

FLÖHL, Rainer

Dr. rer. nat., Leiter Redaktion Natur u. Wissenschaft Frankfurter Allg. Ztg., Herausg. D. Neue Ärztliche a. d. Verlagsgr. Frankfurter Allg. Ztg. - Hellerhofstr. 2-4, 6000 Frankfurt 1 - Geb. 14. Jan. 1938 Mannheim - Chemie-Stud. (Dipl.-Chemiker) - Wissenschaftsredakt. - BV: Spitzenforschung in Deutschl.; Genforschung - Fluch od. Segen?.

FLÖRCHINGER, Guido

Assessor, Hauptgeschäftsf. Handwerkskammer d. Pfalz - Am Altenhof 15, 6750 Kaiserslautern - Stud. Rechtswiss.

FLÖRKE, Otto W.

Dr. phil. (habil.), o. Prof. f. Mineralogie u. Kristallogr. Univ. Bochum (s. 1963) - Wagenfeldstr. 11, 5810 Witten 3 (T. 7 75 28) - Geb. 2. Aug. 1926 Gießen - Promot. 1951 Marburg - 1952-59 Max-Planck-Inst. f. Silikatforsch., Würzburg; 1960-63 Privatdoz. ETH Zürich. Fachveröff.

FLOHÉ, Leopold

Dr. med., Prof. f. Physiol. Chemie - Zieglerstr. 6, 5100 Aachen-Eilendorf - 1974 apl. Prof. Tübingen, 1979 RWTH Aachen; s. 1978 Leit. d. Forsch. Grünenthal GmbH.

FLOHN, Hermann

Dr. phil. nat., em. o. Prof. f. Meteorologie - Mauerseglerweg 19, 5300 Bonn 1 - Geb. 19. Febr. 1912 Frankfurt/M. (Vater: Jakob F., Stadtamtm.; Mutter: Amalie, geb. Burckhard), ev., verh. s. 1937 m. Elisabeth, geb. Hobe, Tocht. Ingrid - Univ. Frankfurt (Promot. 1934) u. Innsbruck (Geogr., Meteorol., Geol.). Habil. 1941 Würzburg - 1935-45 Reichswetterdst.; 1946-53 Dt. Wetterdst. in d. US-Zone (1947 Leit. Forschungsabt.); 1953-61 apl. Prof. Univ. Würzburg; 1954-61 Dt. Wetterdst. (Leit. FA); s. 1961 Ord. Univ. Bonn, 1977 emerit. - BV: Witterung u. Klima in Mitteleuropa, 2. A. 1954; Probl. d. Klimaänder. in Vergangenh. u. Zukunft, 1985 - 1953 Silb. Karl-Ritter-Med.; 1973 Gr. BVK, 1961 korr. Mitgl. Bayr. Akad. d. Wiss., 1966 Mitgl. Dt. Akad. d. Naturforscher (Leopoldina), Halle/S. (1975-85 Senator), 1971 Mitgl. Rhein.-Westf. Akad. Düsseldorf; 1977 Kon. Ak. Wetensch. Brüssel; 1985 Cothenius-Med.; 1986 31. IMO-Preis World Meteor. Org. - Spr.: Engl., Franz. - Lit.: Festschr. z. 60. Geb.: Bonner Meteor. Abh. 17 (1974), 609 S.

FLOHR, Friedrich

Dr. rer. nat., Prof. f. Didaktik d. Mathematik - Bühlackerstr. 8, 7801 Vörstetten/Br. - Geb. 20. Febr. 1927 Wolfenbüttel - Promot. 1959 - S. 1974 Wiss. Rat u. Prof. bzw. Prof. Univ. Freiburg - BV: Analysis I und II (m. M. Barner). Mithrsg.: Did. d. Math. (1973 ff.).

FLOHR, Günter

Dr. rer. pol., Vorstandsmitglied Hoesch AG, Dortmund - Eberhardstr. 12, 4600 Dortmund 1 (T. 0231-844 47 82) - Geb. 7. Aug. 1930 Nordhorn/Nieders., ev., verh., 3 Kd. - Wirtschaftshochsch. Mannheim (Dipl. 1955, Promot. 1956).

FLOHR, Hans

Dr. med., Prof. f. Neurobiologie Univ. Bremen - Wilhelm-Scharrelmann-Weg 24A, 2862 Worpswede - 1956-62 Stud. Med. u. Psychol. Bonn u. Basel; Promot. 1964; Habil. 1969 - Wiss. Ass. Bonn, Marburg u. Mainz; s. 1971 Prof. f. Physiol. Univ. Bonn; s. 1975 Prof. f. Neurobiol. Univ. Bremen; 1981/82 Dept. of Physiol McGill Univ. Montreal/Canada. Hauptarbeitsgeb.: Neuronale Plastizität - BV: Lesion-induced Neuronal Plasticity in Sensorimotor Systems; Synergetics of the Brain; Post-lesion neural plasticity. Rd. 150 wiss. Fachveröff.

FLOHR, Heiner

Dr. rer. pol., Dipl.-Kfm., o. Prof. f. Politikwissenschaft Univ. Düsseldorf (s. 1980) - Lessingstr. 16, 4044 Kaarst 1 -

Geb. 8. Okt. 1933 Branka/CSSR - S. 1966 (Habil.) Lehrtätigk. Univ. Köln PH Rhld./Abt. Neuss (Ord.) u. Sozialwiss. Inst. Univ. Düsseldorf.

FLOR, Peter

Dr. phil., o. Prof. f. Mathematik Univ. Graz (s. 1978) - Schützenhofgasse 5/13, A-8010 Graz - Geb. 27. Aug. 1935 Wien - 1953-58 Univ. Wien u. Hamburg (Math., Phys.). Promot. 1960; Habil. 1967 (beides Wien) - 1967-72 Doz. Univ. Wien; 1972-78 Wiss. Rat u. Prof. Univ. Köln. Abh.; s. 1985 Redakt.-Mitgl., s. 1986 Herausg. d. Intern. Mathem. Nachrichten.

FLORA, Peter

Dr., o. Prof. f. Soziologie Univ. Mannheim - Gunterstr. 4, 6940 Weinheim (T. 06201-1 67 44) - Geb. 3. März 1944 Innsbruck, verh. s. 1971 m. Ingrid, geb. Haberler, T. Judith - M. A. 1969 Konstanz, Promot. 1973 ebd., Habil. 1976 Mannheim - S. 1976 Prof., Lehrtätigk. Univ. Köln (1976-79), Europ. Hochschulinst. Florenz (1979-82) u. Mannheim (1982ff.) - BV: Modernisierungsforschung, 1974; Quantitative Historical Sociology, 1976; The Development of Welfare States in Europe and Amerika, (Hg.) 1981; State, Economy and Society in Western Europe 1815-1975, 1983 - Spr.: Engl., Franz., Ital.

FLORET, Klaus

Dr. rer. nat., Prof., f. Mathematik Univ. Oldenburg - Univ., FB Mathematik, 2900 Oldenburg - Geb. 22. Sept. 1941 Mannheim - Promot. 1969; Habil 1971 Univ. Kiel - S. 1976 apl. Prof. ebd.; s. 1982 Prof. in Oldenburg - BV: Einf. in d. Theorie d. lokalkonvexen Räume, 1968 (m. Josef Wloka); Weakly Compact Sets, 1980; Maß- u. Integrationstheorie, 1981 - S. 1987 korr. Mitgl. Société Royale des Sciences de Liège, Belgien.

FLOREY, Ernst

Dr. phil., o. Prof. f. Biologie Univ. Konstanz (s. 1969) - Am See 3, 7750 Konstanz (T. 44231) - Geb. 3. April 1927 Salzburg, verh. s. 1952 m. Dr. Elisabeth, 2 Kd. (Ellen, Karen) - Stud. Univ. Salzburg, Wien, Graz; Dr. phil. 1950; Forschungsaufenth. Univ. Göttingen, California Inst. of Technology (1951 u. 52), Univ. Würzburg, Montreal Neurolog. Inst. Canada (1954-56), Assist. Prof., Assoc. Prof., Full Prof. Univ. of Washington, Seattle (1956-69). Autor v. Lehrb.; üb. 100 wiss. Publ.

FLORIAN, Hans-Joachim

Dr. med., Internist, Honorarprof. f. Arbeitsmed. TU München (s. 1975) - Wendelsteinstr. 7, 8023 Grosshesselohe (T. 089 - 79 53 61).

FLORIAN, Walther

Dr. rer. pol., Staatssekretär i. R. - Geb. 20. Nov. 1921 Haidenbach (Österr.) - Stud. Wirtsch.wiss. - Rhein-Main-Bank Frankfurt, Agrarverw. Einfuhr- u. Vorratsstelle f. Getreide- u. Futtermittel, s. 1957 im Bundesmin. f. Ernährung, Landw. u. Forsten (1984-87 Staatssekr.) - 1986 Gr. BVK m. Stern u. Gr. Verdienstkreuz m. Stern Rep. Italien, Gr. Gold. Ehrenz. m. Stern Rep. Österr.

FLORIAN, Winfried

Dr., Staatssekretär Bundespostmin. (s. 1983ff.) -Heinrich-von-Stephan-Str. 1, 5300 Bonn 2 (T. 0228 - 1 40) - Zul. Präs. Oberpostdir. Münster. Präs. Bonifatiuswerk d. dt. Katholiken, Paderborn (1986 erneut bestätigt); 1984 Präs. Weltpostkongress Hamburg - 1986 Gr. BVK.

FLORIN, Gerhard

Bergass., Geschäftsführer Fachvereinig. Auslandsbergbau - Zitelmannstr. 9-11, 5300 Bonn 1; priv.: Karl-Finkelnburg-Str. 38 - Geb. 11. Aug. 1932.

FLOROS, Constantin

Dr. phil., Prof. f. Musikwissenschaft - Kantatenweg 6b, 2000 Hamburg 74 -

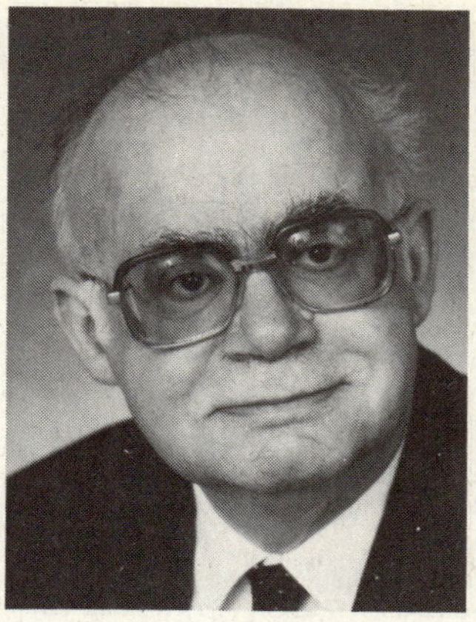

Geb. 4. Jan. 1930 Saloniki (Griech.), verh. s. 1962 m. Edeltraut, geb. Steinbacher - Dipl. f. Kompos. u. Dirig. 1953 Musikhochsch. Wien; Promot. 1955 Univ. ebd.; Habil. 1961 Univ. Hamburg - S. 1961 Lehrtätigk. Univ. Hamburg (1967 apl., 1972 o. Prof. u. stv. Dir. Musikwiss. Inst.). S. 1988 Präs. Gustav Mahler Vereinigung Hamburg - BV: Universale Neumenkunde, 3 Bde. 1970; Gustav Mahler, 2 Bde. 1977; Beethovens Eroica u. Prometheus-Musik, 1978; Mozart-Stud., 1979; Einführung in d. Neumenkunde, 1980; Brahms u. Bruckner, 1980; Johannes Brahms, Sinf. Nr. 2, 1984; Gustav Mahler, Bd. III, 1985; Musik als Botschaft, 1989 - Entzifferung d. paläobyzantin. u. altslav. Neumenschr.

FLOTHMANN, Hartmut

Ing. (grad.), Geschäftsführer Association Europeenne des Graveurs et des Flexographes u. Bundesinnung f. d. Flexografen-Handwerk, alle Wiesbaden - In der Eisenbach 6, 6270 Idstein/Ts. (T. 2516; Büro: Wiesbaden 522061) - Geb. 17. Febr. 1941 Frankfurt/M. (Vater: Dr. rer. pol., Wirrich F., Dipl.-Kfm.; Mutter: Anneliese, geb. Hüchelheim), verh. s. 1963 m. Gisela, geb. Krämer, 2 Kd. (Dittmar, Armin) - Gymn. Kettwig; Schriftsetzerlehre (Meisterprüf. 1967); Werkkunstsch. Wuppertal/Fachsch. f. graph. Ind. (Drucking. grad.), Beisitzer Meisterprüf.saussch. HK Wiesbaden (seit 1970) u. HK Frankfurt (s. 1974) - Liebh.: Mod., Lit., Schach, Tennis (1973 Kreismeister Untertaunus) - Spr.: Engl., Franz.

FLOTO, Jobst-Heinrich

Beiratsmitglied d. Haltermann International GmbH - Sonnenberg 30 a, 2106 Bendestorf - Geb. 18. Jan. 1930 - Vors. Ind.-Verb. Hamburg (BDI), Beirat Johann Haltermann GmbH & Co. u. Commerzbank AG, Hamburg.

FLOTTAU, Heiko

Journalist - Zu erreichen üb.: Süddeutsche Zeitung, 8000 München - BV: Hunger in Gottes eigenem Land - Armut in Amerika, 1971; Hörfunk u. Fernsehen heute, 1972.

FLUCK, Bernhard

Oberstudiendirektor, 1. Vors. Dt. Philologenverb. - Auf der Krone 42, 4000 Düsseldorf 31 (T. 0203-74 06 27) - Geb. 16. Jan. 1935 Remscheid, kath., verh. s. 1960 m. Christa Fluck, geb. Reuse, 2 T. (Angela, Martina) - 1955-61 Stud. Gesch., German. u. Polit. Wiss. Univ. Köln, Tübingen u. Bonn - S. 1972 Gymnasialdir. - S. 1980 1. Vors. Dt. Philologenverb.

FLUCK, Ekkehard

Dr. rer. nat., Dr. h. c., Prof. u. Direktor Gmelin-Inst. f. anorg. Chemie d. Max-Planck-Ges., Frankfurt (s. 1979), Hon.-Prof. Univ. Stuttgart (s. 1980) - Bahnhofstr. 9-13, 6900 Heidelberg - Geb. 27. Febr. 1931 Singen/Hohentw. (Eltern: Otto (Blechnermstr.) u. Elise F.), kath. - Dipl.-Chem. 1955, Promot. 1957, Habil. 1962 (alles Heidelberg) - 1957-58 Monsanto Chemical Co., St. Louis (USA); 1958-67 Univ. Heidelberg (b. 1962 Assist., dann Doz.); 1968-79 Dir. Inst. f. Anorg. Chemie Univ. Stuttgart (1970-71 Dekan); s. 1973 Mitgl., s. 1987 Präs. Division f. Anorg. Chemie d. Intern. Union f. Reine u. Angew. Chemie. Spez. Arbeitsgeb.: Phosphorchemie, Kernmagnet. Resonanzspektroskopie, Mößbauer-Spektrosk.; Röntgen-Photoelektronenspektrosk. - BV: D. kernmagnet. Resonanz u. ihre Anwend. in d. Anorgan. Chemie, 1963; Anorgan. Grundpraktikum, 1985; Einf. in d. Theorie d. quantitativen Analyse, 1989; Allg. u. anorgan. Chemie, 1989. Ca. 320 Einzelarb. - 1969 Orden Bernard O'Higgins (Chile) - Spr.: Engl., Franz., Span.

FLUCK, Winfried

Dr. phil., o. Prof. f. Nordamerikanische Kultur FU Berlin (s. 1989) - Zu erreichen üb. J. F. Kennedy-Inst., Lansstr. 5-9, 1000 Berlin 33 - Geb. 2. April 1944 Blumenfeld/Krs. Konstanz, kath., verh. m. Brigitte, geb. Donicht - Stud. Angl., Amerikan. u. German. FU Berlin, Harvard Univ. u. Univ. of California, Berkeley; Promot. 1972 u. Habil. 1983 FU Berlin - 1969-71 Harkness Fellow; 1972-77 wiss. Assist. FU Berlin; 1977 Fakultätsmitgl. Salzburg Sem. in American. Studies; 1978-83 Assist. Prof. FU Berlin; 1979/80 Visiting Scholar Harvard Univ.; 1980/81 Vis. Scholar Yale Univ.; 1983-89 Prof. Univ. Konstanz; 1987/88 Fellow National Humanities Center, N.C., USA - Veröff. z. Ästhetischen Theorie u. lit.-wiss. Meth.; Populären Kultur; Theorien amerik. Lit. Zahlr. Publ. z. amerik. Lit. u. z. amerik. Film in dt. u. amerik. Fachztschr. Herausg.: Forms and Functions of History in American Literature; Young Mr. Lincoln.

FLÜCK, Doris

(eigtl. Doris Horisberger) Lyrikerin, Malerin, Verlegerin - Friedhofstr. 8, CH-8800 Thalwil (T. 01-720 77 12 priv.; 031-53 65 51 Atelier) - Geb. 22. Aug. 1937 Burgdorf/Kr. Bern, verh. s. 1963 m. Erwin Horisberger, 2 S. (Martin, Beat) - Verwaltungsdipl. 1957; Studienaufenth. in Frankr., Taiwan u. Japan; 1974 2 Sem. Phil. Univ. Bern, 1980-83 Stud. Japanol. Univ. Zürich, 1973-80 Kunstgewerbesch. Bern - Vize-Präs. BSV (Berner Schriftstellerverein); Mitgl. Schweiz. Schriftstellerverb., Intern. Bodensee-Club, Deutsch-schweiz. PEN-Zentrum, Albert-Einstein-Ges. Schweiz u.a. - BV: Lyrik; Jaspiaden, 1976; Kiesel, 1979; Jap. Impress., 1980; Öschtlechi Wysheite, 1983; Sandrose, Lyrik 1986; Beiträge in Anthol. u. Ztg. in Dtschl., Österr., Schweiz, Taiwan u. Japan - Aquarelle auf Seide, Sumi-E (jap. Tuschmalerei), Collagen. S. 1979 Ausst. in Dtschl., Frankr., Österr., Schweden, Japan, Schweiz - 1985 Plesse-Anker f. Mundart; 1984 Ehrenmitgl. H. Hesse-Ges. Sapporo - Liebh.: Japans Kultur, Religion, Phil., Natur - Spr.: Franz., Engl., Japan.

FLUEGEL, Erik

Dr. phil., Prof. f. Paläontologie - Bogenweg 6, 8520 Erlangen - Geb. 6. April 1934 Fürstenfeld/Österr. (Vater: Alois F., Studienrat; Mutter: Maria, geb. Schreiner), ev., verh. s. 1962 (Ehefr.: Dr. Ehrentraud), 3 Kd. (Ursula, Christof, Gerald) - Univ. Graz u. Marburg. Promot. 1957 Graz; Habil. 1962 Wien - S. 1962 (Habil.) Lehrtätigk. Univ. Wien u. TH Darmstadt (1963; 1965 Prof.), o. Prof. (Paläontologie) Univ. Erlangen, 1972; Wiss. Mitgliedsch. Div. Fachveröff., dar. Stromatoporoidea (m. Kahler, 1968), Mikrofazielle Untersuchungsmeth. v. Kalken, 1978 - Spr.: Engl.

FLUEGEL, Hansjürgen

Dr. rer. nat., Prof., Zoologe - Strander Str. 8, 2301 Dänischenhagen - Geb. 19. Dez. 1933 Dresden - Promot. (1959) u. Habil. (1967) - S. 1970 Prof. Univ. Kiel (Abt. f. Meereszoologie/Inst. f. Meereskunde). Üb. 30 Facharb.

FLUEGEL, Heinz

Schriftsteller - Traubinger Str. 18, 8132 Tutzing/Obb. (T. 4 33) - Geb. 16. März 1907 São Paulo/Brasil. (Vater: Karl F., Generalkonsul; Mutter: geb. Sello), ev., verh. s. 1949 m. Waldtraut, geb. v. Reiswitz - Univ. Berlin u. Kiel (Phil.) - Lektor Verlag D. Rabenpresse, Berlin, u. Dt. Akad., München, Schriftl. Hochland, s. 1949 Studienleit. Ev. Akad., Tutzing, 1952-60 Herausg. ECKART - W: u. a. Mythen u. Mysterien, Ged. 1930; Verzauberte Welt, N. 1937; Wölund, Dr. 1938; Albwin u. Rosimund, Trag. 1939; Finn. Reise, 1939, 3. A. 1952; Tragik u. Christentum, Ess. 1940; Geschichte u. Geschicke, Ess. 1946; Mensch u. Menschensohn, Ess. 1947; Zweifel, Schwermut, Genialität, Ess. 1952; Schalom, Dr. 1955; Zw. Gott u. Gottlosigkeit, Ess. 1957; Herausford. durch d. Wort, Ess. 1962; Konturen d. Tragischen - Exemplar. Gestalten d. Weltlit., Ess. 1965; Grenzüberschreitungen, Ess. 1971; Im Schatten d. babylon. Turms, Ess. 1980. Hörsp.: Gestalten d. Passion (1958), Im Vorfeld d. Heils (1960), D. Hahnenschrei (1962), An Gott gescheitert (1967), D. Botschaft d. Partisanen (1969), Un-Zeit-Genossen (1973), Wieder-Holungen (1977), Bekenntnis zum Exodus (1983); Zwischen d. Linien (1987) - 1960 Lit.preis Stiftg. z. Förd. d. Schrifttums; 1988 BVK. Mitgl. d. PEN.

FLUEGEL, Kurt Alexander

Dr. med., Leiter Fachgeb. Klin. Neurophysiologie Nervenklinik u. apl. Prof. f. Neurol. u. Psych. Univ. Erlangen-Nürnberg (s. 1977) - Hartmannstr. Nr. 105, 8520 Erlangen - Geb. 16. Juni 1936 Leipzig - Promot. 1960; Habil. 1971 - Bücher u. Aufs.

FLUEGGE, von, Hans-Henning

Vizepräsident Europa Zentrale Citi Bank N. A. - Große Gallusstr. 9, 6000 Frankfurt/M. 1 - Geb. 20. Dez. 1927.

FLÜGGE, Siegfried

Dr. phil., Dr. h. c., em. o. Prof. f. Theoret. Physik - Hermann-Herder-Str. 3, 7800 Freiburg/Br. - Geb. 16. März 1912 Dresden, verh. - TH Dresden u. Univ. Göttingen (Promot. 1933). Habil. 1938 Frankfurt/M. - Assist. Univ. Frankfurt, Leipzig, Kaiser-Wilhelm-Inst. f. Chemie, Berlin, Univ.doz. ebd., ao. Prof. Univ. Königsberg/Pr. u. Göttingen (1945), s. 1947 o. Prof. Univ. Marburg u. Freiburg (1961) - BV: Experimentelle Grundl. d. Wellenmechanik, 1936 (m. Krebs); Kernphysikal. Tabellen, 1942 (m. Mattauch); Rechenmethoden d. Quantentheorie, 2. A. 1952, 3. A. Tb. 1965; Theoret. Optik, 2. A. 1948; Lehrb. d. theoret. Physik, 4 Bde. 1961-67; Practical Quantum Mechanics, 2 Bde. 1971; Wege u. Ziele d. Physik, 1974; Math. Meth. d. Physik, 2 Bde. 1979-80; Rechenmeth. d. Elektrodynamik, 1986. Herausg. Handb. d. Physik (1955ff.) - 1963 Ehrendoktor Univ. Poitiers; 1969 Mitgl. Dt. Akad. d. Naturforscher (Leopoldina), Halle/S.

FLUME, Werner

Dr. jur., Dr. h.c., em. Prof. f. Röm. u. Bürgerl. Recht sow. Steuerrecht - Freier Weg 17, 5300 Bonn-Bad Godesberg (T. 64688) - Geb. 12. Sept. 1908 Kamen/W. - 1947 Privatdoz. Univ. Bonn, 1949 o. Prof. Univ. Göttingen, 1954 Univ. Bonn - BV: Stud. z. Akzessiorität d. röm. Bürgerschaftsstipulationen, 1932; Eigenschaftsirrtum u. Kauf, 1948; D. Rechtsgeschäft, 1965 (Bürgerl. Recht II, Allg. T.); D. Personengesellschaft, 1977 - Mitgl. Akad. d. Wiss. Göttingen, Rhein.-Westf. Akad. d. Wiss. u. British Academy; Bayer. Akad. d. Wiss.; 1982 Ehrendoktor Univ. Regensburg.

FLUSS (ß), Manfred

Studienrat a. D., Dipl.-Mathematiker, Mitgl. Brem. Bürgerschaft (s. 1971) - Georg-Gröning-Str. 102, 2800 Bremen 1 - Geb. 30. Nov. 1943 Forst/Neiße, verh., 2 Kd. - Gymn. (Abit.); Univ. Freiburg/Br. u. Hamburg (Math., Phys.;

Dipl.-Math.) - U. a. Studienass. Nieders. u. Bremen. Mitgl. ARD-Programmbeirat Dt. Fernsehen u. a. Funkt. SPD.

FOCHLER-HAUKE, Gustav

Dr. phil. habil., Prof., Geograph - Adelheidstr. 25c, 8000 München 40 (T. 271 89 24) - Geb. 4. Aug. 1906 Katharain, kath., verh. s. 1936 m. Hildegard (Biologin), 2 Kd (Hartmut †, Agelinde) - n. Begabtenprüf. Stud. Geowiss. Promot. u. Habil. München - 1936-41 Wiss. Dir. Dt. Akad. München; 1941-45 u. 1954-72 apl. Prof. Univ. ebd., 1949-54 Prof. u. zeitw. Dir. Geogr. Inst. Univ. Tucumán. Forschungsreisen Südamerika u. Ostasien. - BV: u. a. D. Mandschurei, 1941; Asia, 3 Bde. 1951/53; Verkehrsgeogr., 1956ff.; D. geteilten Länder - Krisenherde d. Weltpolitik, 1967; D. polit. Erdbild d. Gegenw. - Völker u. Staaten d. Dritten Welt, 1968; D. Machtblöcke d. Ostens/China - Japan - Sowjetunion/Macht u. Wirtschaft zw. Ostsee u. Pazifik, 1970; D. Welt unserer Zeit Bd. I/II, z. T. Bd. III (finn., 1976ff.). Herausg.: Geographie, Fisch.-Lex. 14, 1959ff.; D. Fischer Weltalmanach (1960-82; jährl. bis 200 Ts.), Länder, Völker, Kontinente, 3 Bde., 3. A. 1978. Bearb.: Aktuelle IRO-Landkarte (1954-66); Bearb. IRO Weltw.satlas - Atlas f. Politik u. Zeitgesch. (2 Bde., 1956/66); IRO-Völkerkunde, 1962; IRO-Volkskunde, 1963. Mitherausg.: Biographien zur Zeitgeschichte, 1983ff. Üb. 200 Einzelarb. in dt., franz., engl., ital., finn., jap., korean., holländ., schwed., span. - 1969 Sudentendt. Kulturpreis, Silb. Karl-Ritter-Med.; BVK am Bde.; 1985ff Korr. Mitgl. zahlr. Wiss. Ges., u.a. in Argent., China u. Korea.

FOCK, Hans Werner

Dr.-Ing., pers. haft. Gesellsch. Beck Druck, Herborn Geschäftsf. Brüder Hartmann, Satz-Rechen-Zentrum Hartmann + Heenemann, bde. Berlin, Satz-Rechen-Zentrum Hoppenstedt GmbH, Darmstadt, u. a. - Waltraudstr. 35, 1000 Berlin 37 (T. 8136015) - Geb. 28. Febr. 1930 Tremsbüttel (Vater: Hans F.; Mutter: Olga, geb. Wagner), ev., verh. s. 1956 m. Annette, geb. Hartmann, 5 Kd. (Walter, Gisela, Theodor, Annemarie, Martin) - Stud. TU München u. Berlin, Mass. Inst. of Technol., Cambridge/USA - Doz. Hochsch. f. Bild. Künste, Berlin. Handelsrichter. ARsmand. In- u. ausl. Patente - Spr.: Engl., Franz.

FOCK, Heinrich

Dr. phil. nat., Prof. f. Biologie (Pflanzenphysiol.) Univ. Kaiserslautern - Voltairestr. 2, 6750 Kaiserslautern.

FOCKE, Katharina,

geb. Friedlaender

Dr. phil., Bundesministerin a. D., MdEP - Zu erreichen üb. Bundeshaus H.T. 210, 5300 Bonn 1 (T. 0228-16-38 82) - Geb. 8. Okt. 1922 Bonn (Vater: Ernst Friedlaender, Publizist † 1973 (s. XIV. Ausg.); Mutter: Dr. med. Franziska, geb. Schulz), verh. 1954 m. Dr. Ernst F., Generalsekr. Europa-Union († 1961) - Gymn. Stud. Nationalök., Dt., Engl., Gesch., Polit. Wiss., Staatsrecht Zürich, Hamburg, Oklahoma (USA). Promot. 1954 Hamburg (Diss. üb. e. Thema z. europ. Integration) - Redakt. Monatshefte Merian u. Mitarb. d. Vaters; 1961-69 Geschäftsf. Bildungswerk Europ. Politik; 1969-72 Parlam. Staatssekr. Bundeskanzleramt; 1972-76 Bundesmin. f. Jugend, Familie u. Gesundh., 1966-69 MdL Nordrh.-Westf. (Direktmandat); 1969-80 MdB (Wahlkr. 60/Köln II); s. 1979 Europ. Parlam. SPD s. 1964 - BV: Europa üb. d. Nationen, 1962; Europäer in Frankr., 1965. Übers. aus d. Engl. (u. a. Anthony Powel) - Liebh.: Musik, Segeln, Schwimmen, Gartenarb. - Spr.: Engl., Franz., etwas Ital. - Bek. Vorf.: Martin Luther, Ernst v. Saucken - Bruder: Ernst Friedlaender (s. dort).

FÖDISCH, Hansjörg

Dr. med., o. Prof. f. Kinderpathologie Univ. Bonn (s. 1974) - Auf dem Oelsfeld 45, 5300 Bonn-Bad-Godesberg - Zul. Doz. Univ. Innsbruck.

FÖHR, Horst Joachim

Dr. jur., Vorstandsmitglied Aral AG, Bochum - Wittener Str. 45, 4630 Bochum 1 (T. 0234-315-22 60), priv.: Ahornweg 6, 4630 Bochum 1 - Geb. 6. Febr. 1944 Cochem/Mosel, verh. s. 1985 m. Dr. Ilse, geb. Jakobs - Abit. 1962 (Obersch. Kairo); 1962-64 Stud. Rechtswiss. u. Volksw. Univ. Mainz; 1964-68 Univ. Bonn u. Köln - 1967-71 Jurist. Vorbereitungsdst. OLG Köln; 1972-80 Justitiar IG Bergbau u. Energie, Bochum; s. 1980 Vorst. Aral AG - BV: Arbeitsrecht d. Arbeitn., 1978; Willensbild. in d. Gewerksch., 1974 - Spr.: Engl., Franz.

FÖHRENBACH, Jürgen

Dr. rer. pol., Generalbevollmächtigter Manfred Nemitz Industrieverw., Projektier., Chem. Verfahrenstechnik, Ratingen - Narzissenweg 17, 3559 Battenberg - Geb. 20. Juni 1941, verh. - Dipl.-Volksw., Promot. - Beirats-Mand.

FÖLLINGER, Otto

Dr. rer. nat., Dr.-Ing. E. h., o. Prof. f. Regelungs- u. Steuerungssysteme - Eisenlohrstr. 16, 7500 Karlsruhe (T. 81 34 47) - Geb. 10. Okt. 1924 - S. 1965 ao. u. o. Prof. (1967) TH bzw. Univ. Karlsruhe / BV/Mitverf. (1961-78): Lineare Übertragungssysteme, D. dynam. Struktur v. Regelkreisen, Methoden d. Schaltalgebra; Regelungstechnik, 5. A. 1985; Nichtlineare Regelungen I, II (4. A. 1987); Lineare Abtastsysteme (3. A. 1986); Laplace- u. Fourier-Transformation (4. A. 1986); Einf. in d. Zustandsbeschreib. dynam. Systeme, 1982; Optimierung dynam. Systeme, 2. A. 1988. Mithrsg.: Methoden d. Regelungstechnik - 1986 Ehrendoktor Elektrotechn. Fak. Ruhr-Univ. Bochum, 1988 Ehrenzeichen VDI.

FÖLLMER, Wilhelm

Dr. med., Prof., Gynäkologe - Passaweg 14, 2408 Timmendorfer Strand - Geb. 21. Okt. 1908 Berlin, ev., verh. m. Lenore, geb. Pusch, 3 Kd. - Univ. Berlin, Jena, München, Bonn, Innsbruck, Rostock (Promot. 1932). Habil. 1944 Leipzig - 1934-45 Assist. Robert-Koch-Inst. Berlin, Univ.-Frauenklinik Marburg (1934), Westend-Krkhs. Berlin (1936), Univ.-Frauenklinik Leipzig (1938), dazw. ärztl. Einsatz Marine, 1945 Oberarzt u. kommiss. Chefarzt Städt. Frauenklinik Wiesbaden, 1946-48 Doz. u. Oberarzt Univ.-Frauenklinik Mainz, s. 1948 Doz., Oberarzt (b. 1954) u. apl. Prof. (1951) Univ.-Frauenklinik Frankfurt/M., 1954-68 Generaldir. lib. Gesundheitswesen, Chefgynäk. Prov. Cyrenaika, Ratgeber lib. Gesundheitsmin. (1956) u. Dir. Hebammenlehranst. Tripolis, Leibarzt d. Königin v. Libyen, s. 1969 apl. Prof. Univ. München, 1971-75 Chefarzt d. Frauenabt. d. Kreiskrankenh. Oldenburg/H.; 1972-87 2. Vors. Landesfachaussch. f. Gesundheitspolitik Schlesw.-Holst.; 1981-89 Vizepräs., s. 1989 Consultant Jamaneh Sekt. Bundesrep. Deutschl.; 1985-86 Präs. Lions Club Lübecker Bucht - BV: D. Verhalten d. Ketonkörper währ. Cyklus u. Schwangerschaft, 1950. Handbuchbeitrag: Geburtshilfe u. Gynäk. in d. Tropen u. Subtropen. Üb. 50 Einzelarb., dar. Schwangersch. u. Luftreise. Arbeiten üb. med. Entwicklungshilfe u. -politik - 1968 Mohamed-Ben-Ali-Essanussi-Orden; 1969 BVK I. Kl. - Liebh.: Lit., Segelsport - Spr.: Engl., Franz., Ital.

FÖLSCH, Ulrich Robert

Dr. med., Prof., Oberarzt Med. Univ.-Klinik Univ. Göttingen (s. 1982) - Robert-Koch-Str. 40, 3400 Göttingen (T. 0551 - 39 63 26) - Geb. 18. Okt. 1943 Glogau, ev., verh. s. 1971 m. Erika, geb. Huber, 3 Kd. (Mirjam, Melanie, Benjamin) - Stud. Univ. Berlin, Zürich u. Heidelberg; Staatsex. 1968, Promot. 1970 Heidelberg - 1983 apl. Prof. Univ. Göttingen; 1981-85 Sekr. Europ. Pankreas-Club; 1985-86 Präs. Europ. Soc. for Clinical Investigation; s. 1986 Beiratsmitgl. Dt. Ges. f. Gastroenterologie u. Stoffwechselkrankh. - BV: Examensfragen Allg. Pathologie; Medikamentöse Therapie in d. Gastroenterologie; Kliniktaschenb. (m. U. Junge), 1982; Delaying absorption as a therapeutic principle in metabolic diseases (m. W. Creutzfeldt), 1983 - 1979 Theodor-Frerichs-Preis Dt. Ges. f. Innere Med. Wiesbaden.

FÖLSTER, Heinz-Wilhelm

Bauer, MdL Schlesw.-Holst. (s. 1967) - 2356 Aukrug/Holst. (T. 04873 - 313) - Geb. 22. März 1925 Willenscharen/Holst., ev., verh., 4 Kd. - Obersch. (Abit.) u. landw. Lehrausbild. (Meister) - MdK. CDU.

FÖRDERER, Günter

Dipl.-Kfm., Direktor - An der Rundkapelle 26, 8500 Nürnberg 55 (Altenfurt) (T. Nürnb. 834158) - Geb. 30. Sept. 1922 Leipzig (Vater: Eduard F., Studienrat; Mutter: Paula, geb. Günthel), ev., verh. s. 1960 m. Gisela, geb. Riffel - WH Mannheim (Dipl.-Kfm. 1950) - 1951 Prokurist Weinbrennerei Asbach & Co., Rüdesheim; 1962 Kaufm. Leit. Kakao- u. Schokoladenfabrik PIASTEN GmbH, Forchheim; 1966 Vorstandsmitgl./Geschäftsf. NORIS-STÜCK-JÜCKEMÖLLER-Spirituosengruppe, Nürnberg, Gesellsch. FÖRDERER-FINANZ GmbH. - Mitgl. Lions-Club Nürnberg-Noris - Spr.: Engl., Franz.

FÖRG, Franz

Dr. rer. pol., Vorstandsmitglied Isar-Amperwerke AG., München (s. 1965) - Falkenweg 15, 8025 Unterhaching/Obb. (T. München 616468) - Geb. 14. März 1913 Bad Brückenau/Ufr., verh. m. Gerda, geb. Röckert - Univ. Würzburg, Kiel, München (Volksw. u. Rechtswiss.). Gr. jurist. Staatsprüf. 1951 Staatsdst. (zul. Min.rat).

FÖRNBACHER, Helmut

Schauspieler, Regisseur - Spechtweg 8, CH-4103 Bottmingen (Schweiz) - T. Basel 35 99 11/61 22 12) - Geb. 26. Jan. 1936 Basel (Vater: Erich F.; Mutter: Martha, geb. Gysin), verh. s. 1975 m. Kristina,

geb. Nel, Schauspielerin - Realgym. u. Handelssch. Basel - Bühnen Basel, Berlin, Hamburg, Bern, München, Köln, Zürich, Aachen, Frankfurt, Mainz, Schleswig u.a. Üb. 25 Film- (u. a. Lampenfieber, Schüsse aus d. Geigenkasten, Steppenwolf, Schonzeit f. Füchse) u. ca. 100 Fernsehrollen (u. a. Nun singen sie wieder, Asmodé, Am grünen Strand d. Spree, Forellenhof, Frei n. Mark Twain, D. Monddiamant, Barfuß i. Park, Drei Schlafzimmer, Marianna Pineda, Ein Fall f. Zwei, Es muß nicht immer Mord sein, Camus, Der Fall). Theaterinsz. Basel, Bonn, Aachen, München u.a. Filmregie: Sommersprossen (1968), Köpfchen in das Wasser (1970), Beiß mich Liebling (1971). Preis d. dt. Filmtheater f. Kurzfilm Fiestas (Regie, Buch u. Prod.) - FS-Regie: u. a. d. Serie Zwischen d. Flügen, Mein Butler u. ich - Spr.: Engl., Franz., Ital. - Handballer (Junior schweiz. Nationalmannsch.).

FÖRSCHING, Hans

Dr.-Ing., Direktor Inst. f. Aeroelastik d. DFVLR, Göttingen (s. 1969), apl. Prof. f. Aeroelastik TU Braunschweig (s. 1975) - Kurt-Schumacherweg 2, 3400 Göttingen geb. 15. April 1930 Rastatt - Promot. 1962; Habil. 1968 - BV : Grundl. d. Aeroelastik, 1974. Üb. 60 Einzelarb. - 1966 Hugo-Junkers-Preis.

FÖRSTE, Helmut

Geschäftsführer Gizeh-Werk GmbH./ Papier- u. Kunststoffverarb.; Vors. Verb. d. Zigarettenpapier verarb. Ind., Bonn - Breiter Weg, 5275 Bergneustadt/Rhld..

FÖRSTER, A. Erasmus

Dipl.-Ing., Architekt, Honorarprof. f. Landw. Bauwesen Univ. Bonn (s. 1963) - Riemenschneiderstr. Nr. 1, 5320 Bonn-Bad Godesberg.

FÖRSTER, Eckehard

Dr.-Ing., Prof., Geschäftsführer Neue Hamburger Stahlwerke GmbH, Hamburg (s. 1973) - Voßkamp 16, 2105 Seevetal 6 - Geb. 15. Sept. 1933 Berlin - Promot. 1961 - S. 1970 (Habil.) Privatdoz. u. apl. Prof. (1976) TH Aachen (Allg. Metallurgie). Üb. 30 Facharb.

FÖRSTER, Hans

Maurermeister, Präs. Handwerkskammer Rhein-Main, Hauptverw. Darmstadt - Hindenburgstr. 1, 6100 Darmstadt - Geb. 27. Dez. 1924, verh., 3 Kd.

FÖRSTER, Hans O. F.

Senatsdirigent i. R., Honorarprof. f. Bau- u. Planungsrecht TU Berlin (1967-80) - Badener Ring 38, 1000 Berlin 42 (T. 786 46 98) - Geb. 31. Jan. 1914 Rüstringen/Oldenbg. (Vater: Hans F., Ministerialrat; Mutter: Karoline, geb. Schmoldt), verh. in 2. Ehe (1952) m. Ilse, geb. Helmert, 2 Kd. (Hans-Frank, Verena) - Gymn. Kiel u. Berlin. Jura-Stud. Berlin u. Leipzig. Jurist. Staatsprüf. 1935 (Dresden) u. 1940 (Berlin) - 1939-43 Kriegseinsatz, 1943-45 Reg.Rat Landratsamt Nauen, 1945-49 Tätigk. Versicherungs- u. Treuhandwesen, 1949-52 Hauptref. Senatsverw. f. Justiz v.

Berlin, 1952-77 Generalref. Senatsverw. f. Bau- u. Wohnungswesen ebd. (1964 Senatsdirig.). Parteilos - BV: Bauordnung f. Berlin, 1959 (m. Jaeckel); Bundesbaugesetz - Gr. Kommentar (Loseblattsamml.), 1961ff. (m. Brügelmann u. a.); Bundesbaugesetz - Ausg. f. Berlin, 1963; Bauordnung f. Berlin 1966 m. Hinweisen, 1967 (m. Schmidt); Bauordnung f. Berlin 1966 - Komm., 1968 (m. Grundei u. a.), 2. A. 1972, 3. A. 1980; Baunutzungsverordn., Komment., 3. A. 1978. Div. Einzelarb. - Mitgl. Dt. Akad. f. Städtebau u. Landesplanung, 1968-74 Vors. d. Landesgr. Berlin, 1975-81 gew. Mitgl. d. Präsid. - Liebh.: Kunst, Lit., Gesch.

FÖRSTER, Hansgeorg

Dr.-Ing., Prof. f. Mineralogie, Petrographie u. Erzlagerstättenlehre - Josef-Ponten-Str. 55, 5100 Aachen - Geb. 17. Sept. 1936 Braunschweig - Promot. 1963, Habil. 1969, apl. Prof. 1972 - 1980 Prof. RWTH Aachen. Üb. 60 Facharb.

FÖRSTER, Hans-Peter

Dr. rer. pol., Vorstandsmitglied Energie-Versorgung Schwaben AG, Stuttgart - Zu erreichen üb. Energie-Versorg. Schwaben AG, Kriegsbergstr. 32, 7000 Stuttgart 1 - Geb. 11. Dez. 1931 Berlin - Dipl.-Kfm. 1956, Promot. 1959 - Spr.: Engl., Franz.

FÖRSTER, Harald

Dr. med., Prof., f. Angew. Biochemie Univ. Frankfurt (Fachbereich Humanmed.), Leiter Abt. Exper. Anesthesiologie (s. 1980) - Theodor-Stern-Kai 7, 6000 Frankfurt/M.; priv.: Wilhelm-Kobelt-Str. 67 - Geb. 15. Juli 1937 Berlin (Vater: Alfred F., Ing.; Mutter: Katharina, geb. Bauer), kath., verh. s. 1962 m. Dr. med. Hedwig, geb. Mader, 4 Kd. (Harald, Hans, Hildegard, Hartmann) - Univ. Würzburg u. München. Promot. 1962; Habil. 1970; Prof. 1971 - BV: Stoffwechselkrankheiten, 3. A. 1979; Physiol. Chemie, 2. A. 1979; Pflanzl. Hydrokolloide, 1977; Grundl. d. Ernährung u. Diätetik, 1978; ca. 300 Publ. u. ca. 300 Vortr. - 1972 Erlanger Förderungspreis, 1974 Ferdinand-Bertram-Pr. - Liebh.: Malerei, Phil. - Spr.: Engl.

FÖRSTER, Horst

Dr. rer. nat., Prof. f. Physikal. Chemie - Schenefelder Landstr. 14b, 2000 Hamburg 55 - B. 1977 Doz. (Wiss. Oberrat), dann Prof. Univ. Hamburg.

FÖRSTER, Ingeborg

Dipl.-Kfm., Hausfrau, Mitgl. Brem. Bürgerschaft (s. 1967, CDU) - Helmer 22, 2800 Bremen 33 - Geb. 13. Nov. 1920 Emden, verh. 2 Kd. - Univ. Köln (Wirtschafts- u. Sozialwiss.; Dipl.-Kfm. 1943) - Tätigk. Industrie, Handel, Berufsschulwesen.

FÖRSTER, Johannes

Dr.-Ing., Direktor (AEG-Stromrichterfabrik), Honorarprof. TU Berlin (Stromrichter) - Parkstr. 1, 1000 Berlin 28 (T. 4044286) - Geb. 22. Nov. 1912 - B. 1967 Lehrbeauftr., dann Honorarprof. Etwa 50 Patente. Üb. 30 Fachaufs.

FÖRSTER, Karl-Heinz

Dr. rer. nat., o. Prof. f. Mathematik - Wolzogenstr. 8b, 1000 Berlin 37 - Geb. 9. März 1938 Schwerin/Meckl. - Promot. 1965; Habil. 1970 - S. 1973 Ord. Univ. Oldenburg u. TU Berlin. Aufs.

FOERSTER, Rolf Hellmut

Schriftsteller - Zum Hofgut 1, 7750 Konstanz 19 (Wallhausen) (T. 07533 - 61 99) - Geb. 18. Juni 1927 Karlsruhe (Vater: Dipl.-Ing. Friedrich F.; Mutter: Liselotte, geb. Giehne), verh. s. 1955 m. Iris, geb. Stollberg, S. Wolfgang - Abitur 1944 - S. 1948 Journ., Verlagslektor (1955), Übers. (1957), Buch- u. Rundfunkautor (1963) - BV: D. Idee Europa 1300-1946, 1963 (Taschenbuchaufl. 30 Ts.); D. Geschichte u. d. europ. Politik, 1966; Europa - Gesch. e. polit. Idee, 1967; D. Rolle Berlins im europ. Geistesleben, 1968; D. Leben in d. Gotik, 1969; D. Welt d. Barock, 1970 (Neuaufl. 1977 u. 81); Revolution in Dtschl., 1971; Zwischen Erde u. Unsterblichk., 1980; D. Barock-Schloß, 1981. Herausg.: Emanuel Sieyes, Abh. üb. d. Privilegien (1968). Übers.: A. J. Toynbee, John Steinbeck, Lin Yutang, G. Paloczi-Horvath, S. Radhakrishnan, Liddell Hart, Anais Nin, R. F. Delderfield - 1973 Mitgl. PEN-Zentrum BRD; 1982 Vizepräs. d. Intern. Bodensee-Clubs. 1974 Schubart-Lit.-preis; 1980 Förderpreis Land Bad.-Württ. - Spr.: Engl., Franz.

FÖRSTER, Theodor

Dr. phil. nat., o. Prof. f. Physikal. Chemie u. Elektrochemie - Ramsbachstr. 14, 7000 Stuttgart-Degerloch (T. 762059) - Geb. 15. Mai 1910 Frankfurt/M., ev., verh. m. Martha, geb. Schmölder, 2 Kd. - Klinger-Oberrealsch. u. Univ. Frankfurt (Promot. 1933) - 1933-41 Assist. bzw. Doz. Univ. Posen, 1948-51 Abt.sleit. Max-Planck-Inst. f. Physikal. Chemie, Göttingen, s. 1951 o. Prof. TH bzw. Univ. Stuttgart, s. 1964 zugl. Honorarprof. LH bzw. Univ. Hohenheim. Arbeitsgeb.: Spektro- u. Photochem., organ. Verbind. - BV: Fluoreszenz organ. Verbind., 1951. Etwa 50 Einzelarb. Mithrsg.: Ztschr. f. Physikal. Chemie/ Neue Folge (1954 ff.) - 1963 assoz. Mitgl. Intern. Union f. Reine u. Physikal. Chemie; 1972 Bunsen-Denkmünze d. Dt. Bunsenges. f. Physik. Chemie, 1972 Finsen-Med. d. Comité Intern. de. Photobiol.

FÖRSTER, Wolfgang

Dr. rer. pol., Prof. f. Statistik Univ. Marburg (s. 1973) - Weinbergstr. 20, 3556 Weimar/L. - Geb. 16. Febr. 1927 Neugersdorf - Univ. Tübingen (Volksw.). Dipl.-Volksw. (1955) u. Promot. (1967) Tübingen - 1956-72 Wiss. Assist. Univ. Tübingen - BV: Zerlegung u. Lösung diskreter ökonom. Prozeßmodelle, 1968.

FÖRSTER, Wolfgang

Dr. rer. pol., Dipl.-Kfm., Prof. u. Honorarprof. (emer.), Dir. Sektion f. Betriebsw. Osteuropa-Inst./Freie Univ. Berlin, Vorst.mitgl. Forschungsst. f. gesamtdt. wirtschaftl. u. soz. Fragen, Berlin - Priv.: Berliner Str. 83, 1000 Berlin 37 (T. 8116010) - Geb. 14. März 1912 Bad Kösen/Thür. (Vater: Willy F., Dir.; Mutter: geb. Reinhorst), verh. 1934 m. Eva Meiselbach - Stud. Leipzig, London, Berlin - Wirtsch.; Verw. B. 1951 Lehrbeauftr., dann Honorarprof. FU Berlin (Betriebsw. Osteuropas); 1970 Forsch.-beirat b. Bundesmin. f. innerdt. Bezieh. - BV: Rechn.swesen u. Wirtschaftsordn., 1967; Sozialist. Wirklichk. - Wettbewerb u. Leit., 1974, u. a. Facharb. - Liebh.: Garten - Lit.: Festschr. z. 65. Geb. (Hrsg. Karl C. Thalheim), 1977.

FÖRSTERLING, Horst-Dieter

Dr. phil., Prof. f. Physikal. Chemie Univ. Marburg - Wilhelm-Roser-Str. 39, 3550 Marburg/L..

FÖRSTNER, Gustav

Dr.-Ing., Honorarprof. f. Neue geodät. Instrumente u. Geometr. Optik Univ. Stuttgart - Carl-Zeiss-Str. 16, 7923 Königsbronn/Württ. (T. 301).

FOERSTNER, Rudolf

Dr.-Ing., Prof., Direktor a.D. Inst. f. angew. Geodäsie - Frhr.-v.-Stein-Str. 13, 6232 Bad Soden/Ts. (T. Bad Soden 28161) - Geb. 15. Okt. 1912 Geislingen/ Steige, verh. s. 1944 m. Irma, geb. Berg, 2 Söhne (Wolfgang, Lothar) - TH Stuttgart (Geodäsie; Dipl.-Ing. 1935) - 1938-45 Hansa-Luftbild GmbH., 1946-53 Flurbereinigungsamt Besigheim, 1953-77 Inst. f. Angew. Geodäsie Frankfurt. Lehrtätigk. TU Stuttgart (apl. Prof.). Spez. Arbeitsgeb.: Photogrammetrie - Üb. 100 Einzelarb. - Liebh.: Musik - Spr.: Franz., Engl.

FÖRSTNER, Ulrich

Dr. rer. nat., Prof. (C-4) f. Umweltschutztechnik TU Hamburg-Harburg - Stöversweg 6, 2110 Buchholz i.d.N. - Geb. 26. Febr. 1940 Ebingen - Promot. 1967 Tübingen - S. 1971 (Habil.) Privatdoz. u. apl. Prof. (1974) Univ. Heidelberg. 1968-70 Lehrauftr. Univ. Kabul (Afgh.) - BV: Schwermetalle in Flüssen u. Seen als Ausdruck d. Umweltverschmutzung, 1974 (m. G. Müller); Metal Pollution in the Aquatic Environment (m. G. Wittmann, Pretoria/RSA), 2. A. 1981; Metals in the Hydrocycle (m. W. Salomons, Haren/NL) - Üb. 140 Einzelarb.

FÖRTSCH, Otto

Dr. rer. nat., Prof., Observator Geophysikal. Observatorium, Fürstenfeldbruck (s. 1958) - Theodor-Heuss-Str. 16, 8080 Fürstenfeldbruck/Obb. (T. 10856) - Geb. 24. Sept. 1911 Höfles/Ofr. (Vater: Anton F., Mühlenbesitzer; Mutter: Dorothea, geb. Lechner), kath., verh. s. 1940 m. Clementine, geb. Höfer, 2 Kd. (Regina, Wolfgang) - Univ. Göttingen, Promot. 1938 Göttingen; Habil. 1952 München - S. 1952 Lehrtätigk. Univ. München (1965 apl. Prof. f. Geophysik; 1966 Abt.svorsteher u. Prof.; s. 1976 Ruhest.) - Spr.: Engl.

FÖSTE, Hermann

Dipl.-Volksw., Hauptgeschäftsführer Verb. d. Dt. Zweiradhandels u. Verb. dt. Nähmaschinenhändler - Danziger Str. 1, 4800 Bielefeld 1/W.

FOET, Karl

Dr. med., Prof. f. Hals-Nasen-Ohrenheilkd. u. plast. Operationen - Grüner Weg 2d, 6240 Königstein/Ts. (T. 06174 - 52 86) - Geb. 21. April 1942 Bonn (Vater: Carl F., Arzt f. HNO; Mutter: Johanna, geb. Born-Latour), kath., 2 T. (Christiane, Alexandra) - S. 1981 Prof. Univ. Würzburg; s. 1987 Chefarzt Klinik f. HNO u. plast. Gesichtschir. Klinikum d. Stadt Frankfurt in Frankfurt-Höchst - Zahlr. Veröff. üb. chir. Rehabilität Krebskranker - Liebh.: Gesch., Kunstgesch., Sport.

FOHR, Franz

Dr.-Ing., Dipl.-Kfm., Dipl.-Braumeister, Gf. Gesellschafter Brauerei Gebr. Fohr, Ransbach - Parkstr. 9, 5412 Ransbach-Baumbach (T. 02623-3021-3023) - Geb. Ransbach, kath., verh., 2 S. (Frank Wilhelm, Jan Frederik) - Lehre Brauer u. Mälzer; Stud. Rechts- u. Staatswiss.; Stud. Brauereitechnol. (Dipl.-Braumeister, Dipl.-Brauerei-Ing., Dipl.-Ing.). Stud. Wirtschaftswiss. (Dipl.-Kfm). Alleingeschäftsf. u. gesamtvertretungsberecht. Gesellsch. Brauerei Fohr. VR Brauerbd. Hessen-Mittelrhein, Frankfurt; Mitgl. betriebsw. Aussch. Dt. Brauerbd. Bonn.

FOHRBECK, Karla

Dr. rer. pol., Kulturwissenschaftlerin, Dir. Zentr. f. Kulturforsch., Pres. European Foundation for Culture and Economy - Hochkreuzallee 89, 5300 Bonn 2 (T. 0228 - 31 10 81) - Geb. 6. Okt. 1942 Aachen (Vater: Dr. med. Peter F., Arzt; Mutter: Dorothea, geb. Nockemann) - Stud. Anthropol., Soziol., Phil., Politik, Volkswirtsch. Univ. Freiburg, Frankfurt, London u. Paris, Promot., 1970-72 Spiegel-Verlag (Inst. f. Projektstudien), 1975/76 Gastprof. f. Kultursoziol. Univ. Hamburg - BV: Heile Welt u. 3. Welt, 1971; Autorenreport 1972, Künstlerreport 1975; Handb. d. Kulturpreise, 1978 u. 85; Kultur. Öfftl.keit in Bremen, 1981; Kunstförd. im int. Vergleich, 1981; Wir Eingeborenen, 1981 (meist zus. m. A.J. Wiesand); Van Totem tot, Lifestyle 1987; Renaissance d. Mäzene?, 1989; Von d. Industrieges. z. Kulturges., 1989. Ausstellungen, Filme, Moderation etc. - 1977 Kulturpreis d. DGB; 1985 Univ.-Kultur. - Liebh.: Beruf - Spr.: Engl., Franz.

FOHRER, Georg

D. theol., Dr. phil., D.D., D.D., o.

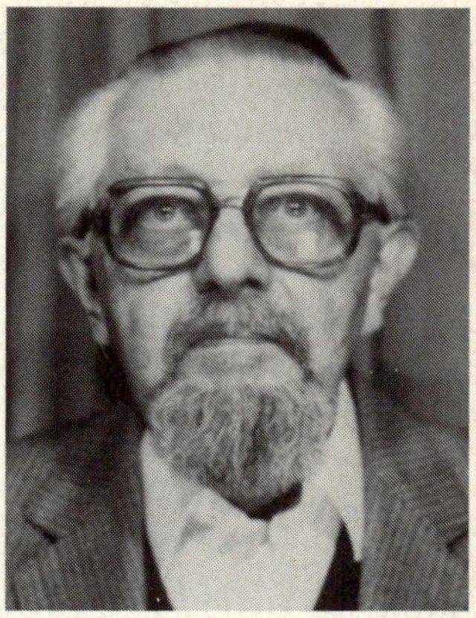

Prof. f. Alttestamentl. Wissenschaft - 36, Chabad Rd., Jewish Quarter Old City, Jerusalem (T. 28 79 54) - Geb. 6. Sept. 1915 Krefeld-Uerdingen (Vater: Wilhelm F., Geschäftsm.; Mutter: geb. Kranz), jüd., verh. I) 1948 m. Marianne, geb. Kuhl, 2 Kd. (Eberhard, Irene), II) 1968 Natanja Dorothee, geb. Naegele, 4 Kd. (Judith, Rahel, David, Mirjam) - Realgymn.; Stud. Theol. u. Religionswiss. - 1949 Doz., 1954 apl. Prof. Univ. Marburg, 1954 Ord. Univ. Wien, 1962 Univ. Erlangen-Nürnberg - BV (s. a. XVII. Ausg.): D. Buch Jesaja (Komm.), 3 Bde. 1960/64, 2. A. 1966/67/86; Studien z. Buche Hiob, 1963, 2. erw. A. 1982; D. Buch Hiob (Kommentar), 1963, 2. A. 1989; Überlieferung u. Gesch. d. Exodus, 1964; Einleit. in d. Alte Testament, 3. A. 1979 (engl. 1968, port. 1977); Studien z. alttestamentl. Prophetie, 1967; Studien z. alttestamentl. Theologie u. Gesch., 1969; Gesch. d. israelit. Relig., 1969 (engl. 1972, port. 1982, ital. 1985); D. Alte Testament, 2 Bde. 1969/70, 3. A. 1980; Theolog. Grundstrukt. d. Alten Testaments, 1972 (ital. 1980, port. 1982); (m. W. Foerster, Salut, 1973); Exegese d. AT (m. a.), 5. A. 1989; D. Propheten d. Alten T., B. 1-7 1974-77; Gesch. Israels, 4. A. 1985 (ital. 1980); Glaube u. Leben i. Judentum, 1979, 2. A. 1985 (ital. 1984); Stud. z. atl. Texten u. Themen, 1981; V. Werden u. Verstehen d. Alten T.s, 1986; Erzähler u. Propheten im Alten T., 1988. Herausg.: Ztschr. f. d. alttestamentl. Wiss. (1960-81); Hebräisches u. aramäisches Wörterb. z. Alten Testament (1971, 2. A. 1989) - Ehrendoktor Marburg 1954 (Doctor of Divinity) Univ. Aberdeen (1969) u. Glasgow (1970); Ehrenmitgl. 1966 Ou Testamentiese Werkgemeenskap in Suid-Afrika, 1970 Soc. for Old Testament Study (Großbrit.), 1972 Soc. of Biblical Literature (USA) - Spr.: Lat., Griech., Hebr., Engl., Franz.

FOJUT, Hannelore,

geb. Kopp

Landesvors. d. Arbeiterwohlfahrt Schlesw.-Holst. u. Bundesvorst. AWO - Schönberger Landstr. 107a, 2314 Schönkirchen (T. 04348-74 72) - Geb. 17. Jan. 1929 Hagen, ev., verh. s. 1955 m. Harald F., 2 Kd. (Margit, Dirk).

FOKKEN, Berthold

Dr. jur., Kons., Präsident a. D. - Landschaftspolder 67, 2955 Dollart - Geb. 13. Febr. 1906 Worms (Vater: Jan F.; Mutter: Gerdine, geb. Kray), ev.-ref., verh. s. 1937 m. Catharine, geb. Martens, 4 Kd. - Althoff-Realgymn., Potsdam-Babelsberg; Univ. Berlin (Promot. 1932) - 1931/32 Assist. Univ. Berlin (Prof. Smend u. Triepel), b. 1935 Assist. u. Ref. Kaiser-Wilhelm-Inst. f. Ausl. öfftl. Recht u. Völkerrecht, 1935-45 Reichsluftfahrtmin., 1946-58 Präs. Landeskirchenrat d. Ev.-ref. Kirche in Nordwestdtschl. - BV: D. Zuständigk. d. Arbeitsgerichts, in: Kaskel, D. Arbeitsgerichtsbarkeit, 1928; D. Bezieh. d. Gliedstaaten im Bundesstaatsrecht, 1936; Neues Dt. Reichsrecht - D. Luftverkehrsgesetz (m. Pfundtner u. Neubert),

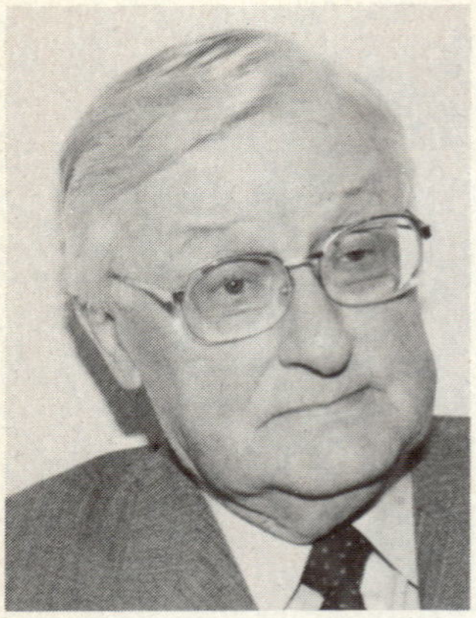

1938 (d. 3 ersten unt d. b. 1939 geführten Familiennamen: Müller); Kommentar z. Luftschutzges. (m. Darsow u. Nicolaus), 1942; Luftschutzrecht (m. Darsow), 1943; Luth. od. Reformiert? - 1938 DRK-Ehrenz.; 1955 Gr. BVK; 1959 Ehren-, 1966 Rechtsritter Johanniter-Orden - Liebh.: Landw. (90 ha).

FOLDENAUER, Karl

Dr. phil., Prof. f. Deutsche Sprache u. Literatur - Reinhold-Schneider-Str. 104, 7500 Karlsruhe 51 - Geb. 20. Febr. 1928 Ravensburg - Promot. 1958 Tübingen - S. 1968 Doz. u. Prof. (1971) PH Karlsruhe - BV: Werkbuch Lyrik (m. M. Behrendt), 1979; Medien, Sprache u. Lit., 1980. Fachaufs.

FOLDES, Andor

Prof., Konzertpianist u. Dirigent - Herrliberg b. Zürich (Schweiz) - Geb. 21. Dez. 1913 Budapest (Vater: Emil F., Kaufm.; Mutter: Valerie, geb. Ipolyi, Klavierkünstlerin), kath., verh. s. 1940 (New York City) m. Lili, geb. Rendy - Meisterschüler v. Ernst v. Dohnanyi. Meisterdipl. f. Klavier 1932 Franz-Liszt-Akad. Budapest - S. 1933 Konzertreisen Europa, Nord- (1940-56 jährl.) u. Südamerika, Japan, Australien, Neuseeland, Indien, Indonesien; 1957-65 Leit. Meisterkl. f. Klav. Musikhochsch. Saarbrücken (Nachf. Walter Giesekings). Konzertreisen in der ganzen Welt (s. 1965). Schallpl. Kompos.: Klavierw., Kl. Suite f. Streicher, Kadenzen zu Mozarts Konzerte. CD: Schumann Klavierwerke, Bartok Klavierwerke - BV: Wege z. Klavier, 1948 (auch engl., amerik., span., portugies., holl., ital., norw., finn., jap.); Gibt es e. zeitgenöss. Beethoven-Stil?, 1963; Wege z. Klavier - 1956 Grand Prix de Disques Paris u. 1982 Preis f. Hist. Aufn. Phono-Akad. (f. d. Kassette: Bela Bartok - Klaviermusik); 1968 Commandeur Merite Culturel et Artistique Paris; 1957 BVK I. Kl., 1964 Gr. BVK - Liebh.: Lit., bild. Kunst - Spr.: Ung., Engl., Franz., Span. - Bek. Vorf.: Istvan Ipolyi, 1917 Begr. Budapester Streichquartett (Onkel).

FOLKERS, Cay

Dr. rer. pol., Univ.-Prof. f. Finanzwissenschaft Univ. Hohenheim (s. 1977) - Schloß, 7000 Stuttgart 70; priv.: Hieberstr. 39B, -80 - Geb. 24. Dez. 1942 Lübeck (Vater: Dr. Karl-Heinz F.; Mutter: Gerda, geb. Matthiessen), verh. s. 1972 m. Dr. Dörte, geb. Rieck - Gymn. Lübeck u. Kiel; FU Berlin (Volksw.; Dipl. 1967). Promot. (1971) u. Habil. (1976) Hamburg - 1967-77 Wiss. Assist. u. Doz. (1971) Univ. Hamburg - BV: Lineare Programmierung staatl. Aktivität, 1971; Vermögensverteil. u. staatl. Aktivität, 1981; Begrenz. v. Steuern u. Staatsausg. in d. USA, 1983 - Spr.: Engl., Franz.

FOLKERTS, Menso

Dr. phil., Prof. f. Geschichte d. Naturwissenschaften (Gesch. d. Math. in Antike, Mittelalter u. Renaissance) - Meggendorferstr. 66, 8000 München 50 - Geb. 22. Juni 1943 Eschwege (Vater: Johannes F., Studiendir. i. R. †; Mutter: Frieda, geb. Hoffmann), ev.-luth., led. - Stud. Univ. Göttingen (Math./Klass. Philol.); Promot. 1967, Staatsex. 1968 Göttingen, Habil. 1973 TU Berlin - 1969-76 Assist./Assist.prof. TU Berlin, 1976-80 Prof. Univ. Oldenburg, s. 1980 Prof. Univ. München - Effektives Mitgl. d. Acad. Intern. d'Histoire des Sciences.

FOLLER, von, Gisela

Prof., Dozentin f. Komposition u. Tonsatz sowie Klavier-Methodik Staatl. Hochsch. f. Musik u. Darstell. Kunst Berlin - Rezonvillestr. 1, 1000 Berlin 41 (T. 7718213).

FOLLERT, Bernd

Dr., Prof. f. Produktions- u. Arbeitslehre Univ. Hohenheim (Fachbereich Wirtschafts- u. Sozialwiss.) - Schloß, 7000 Stuttgart 70; priv.: Linzgauweg 5, 7799 Heiligenberg - Geb. 1. Jan. 1921 Duisburg (Vater: Albert F., Obermeister; Mutter: Gertrud, geb. Bode), kath., verh. s. 1944 m. Lisa, geb. Held - Stud. Königsberg, Mannheim, Tübingen. Dipl.-Kfm. 1950 Mannheim; 2. Staatsprüf. f. d. höh. Lehramt an kaufm. Berufs- u. -fachsch. 1954 Stuttgart - 1956 Oberstudienrat; 1960 Doz. Ingenieursch.; 1968 Dir. Ing.sch.; 1971 Gründungsrektor Fachhochsch.; 1975 Univ.prof.; 1984 em. - BV: Kl. Wirtschaftskd., 1960/70; Arbeitslehre, 1980; D. Großgruppenhaushalt, 1986 - Spr.: Engl.

FOLLERT, Wolfgang

Dipl.-Sparkassenbetriebsw., Bankkaufmann, Spark.-Dir. a.D., selbst. Wirtsch.Berat., gf. Ges. Dt. Mailbox Saar-Lor-Lux GmbH, u. SECOM-Ges. f. Electronische Communikations-Systeme mbH - Kurt-Schumacher-Allee 104, 6630 Saarlouis (T. 06831 - 8 70 61) - Geb. 22. August 1940 St. Wendel, kath., verh., 2 Kd. (Margit, Frank) - Lehrabschl. Bankkaufm. 1958, Sparkassenbetriebsw. 1966 Saarl. Verw.- u. Sparkassensch.; 1970/71 Stud. Allg. Kreditwesen, Volksw., Betriebsw. u. Recht Lehrinst. f. d. kommunale Spark.- u. Kreditwesen (Sparkassenakad.) Bonn; höh. Fachprüf. 1971 (Sparkassenbetriebsw.-Dipl.) - 1956-75 Kreisspark. Saarlouis, zul. Ressortleit. Einlagengesch., Wertpapiergesch., EDV, Zahlungsverkehr, Zweigst.; 1975-86 Vorst.-Mitgl. Stadtspark. Saarlouis zul. Firmenkunden, Org., EDV, Zahlungsverkehr. 1976-85 Beirat Landeszentralbank im Saarl., 1981-86 Beirat Akad. f. Fernstud., Bad Harzburg.

FOLLMANN, Gerhard

Dr. rer. nat., Prof. f. Geobotanik u. Phytotaxonom. Universität Köln - Gyrhofstr. 15, 5000 Köln 41 (T. 0221 - 407 24 76) - Geb. 14. Jan. 1930 Kassel (Vater: Fritz F., Realschull.; Mutter: Grete, geb. Röhl), verh. s. 1957 m. Ingeborg-Ariane, geb. Schrag, 2 Kd. (Brit Ariane, Til Anders) - Obersch., Univ., 1957 Dr. d. Naturwiss. TH Braunschweig. 1959-66 Prof. d. Botanik Univ. Santiago de Chile; 1966-70 Abt.ltr. Botan. Museum Berlin; 1970-82 Dir. Naturkundemus. Ottoneum, Kassel; 1973-82 Prof. d. Botanik Univ. Kassel; 1982ff. Prof. in Köln - BV: Flechten, 1959/68; Flechtenleben, 1960. 325 Fachzeitsch.-Beitr. - 1968 Ehrenmitgl. Chilen. Akad. d. Naturwissensch., 1977 Ehrenmitgl. Akad. d. Wiss. Santa Cruz, Tenerife - Spr.: Engl., Span.

FOLLMANN, Hartmut

Dr. phil., Prof. f. Biochemie Univ. Kassel (s. 1988) - Gemoll 44, 3550 Marburg/L. - Geb. 10. Mai 1936 Kassel - Promot. 1964; Habil. 1972 - 1967-70 USA-Aufenth. (Univ. of Iowa); 1971-87 Univ. Marburg - Üb. 70 Facharb. - BV: Chemie d. Evolution.

FOLLNER, Heinz

Dr. rer. nat., Prof. f. Mineralogie u. Kristallogr. TU Clausthal (1978 ff.) - In d. Angerhöfen 42, 3360 Osterode 1/Harz - Geb. 20. April 1938 Haxtum/Ostfriesl. - 1958-63 Univ. Marburg. Promot. (1966) u. Habil. (1971) Clausthal - Fachveröff.

FOLTIN, Hans-Friedrich

Dr. phil., Prof. f. Europ. Ethnologie Univ. Marburg (s. 1972) - Georg-Voigt-Str. 46, 3550 Marburg/L. - Geb. 10. März 1937 Königsberg/Pr. - Promot. 1961 - BV: D. Kopfbedeckungen u. ihre Bezeichnungen im Deutschen, 1961/63; D. Unterhaltungslit. d. DDR, 1970; Arbeitswelt im Fernsehen, 1975; Zwiespältige Zufluchten. Zur Renaissance d. Heimatgefühls, 1981.

FOLZ, Willibald

Dr., Vorstandsmitglied Münchener Hypothekenbank e.G. (1979ff.) - Nußbaumstr. 12, 8000 München 2.

FOLZ-STEINACKER, Sigrid

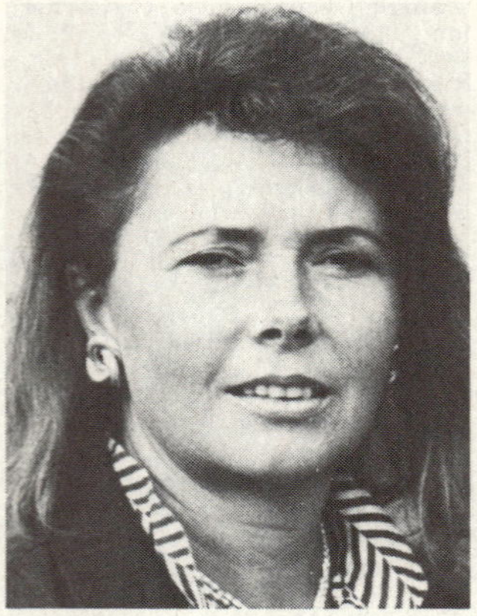

Mitglied d. Deutschen Bundestages - Harrierwurp 14, 2880 Brake - Geb. 10. Jan. 1941 Hamburg, ev., verh., 5 Kd. - Kaufm. Lehre - Liebh.: Reiten, Voltigieren - Spr.: Engl.

FONTAINE, Hans-Joachim

Dipl.-Politologe, Leiter d. Staatl. Büchereiamtes f. d. Saarland, Saarbrücken - Bruchwiesenstr. 10, 6630 Saarlouis (T. 06831-6 12 18) - Geb. 25. Aug. 1943 Saarlouis, kath., verh. s. 1971 m. Beate, geb. Johannes, 2 Kd. (René, Yvonne) - Abit.; Stud. Politol. FU Berlin (Dipl.-Ex.) - Ref. in d. polit. Bildung u. Erwachsenenbild. b. überregional. Org. Parteipolit. Funktionen; Mitgl. d. Stadtrates Saarlouis, Frakt.-Vors., Stadtverb.-Vors. - Mitautor d. Saarlandbuches - Liebh.: Musik, Fotogr. - Spr.: Franz.

FONTANIVE, Kurt

Bankdirektor, o. Vorstandsmitgl. Württ. Hypothekenbank - Sonnenuhrweg 58, 7000 Stuttgart 31 (T. 0711 - 86 22 33) - Geb. 7. Okt. 1931, kath., verh. s. 1959 m. Helga, geb. Schmalzried, 3 Töcht. (Beatrice, Anita, Constanze) - Staatsex. 1955 Stuttgart - Württ. gehob. Verwaltungsdst.; Geschäftsf. Stiftg. d. Württ. Hypothekenbank f. Kunst u. Wiss., Stuttgart.

FONTHEIM, Joachim

Generalintendant Krefeld u. Feuchtwangen i. R., Regiss., Schauspieler - Eschenweg 15, 4150 Krefeld - Geb. 3. Mai 1922 Leipzig (Vater: Fritz F., Kaufm.; Mutter: Gertrud, geb. Marquardt), ev.-luth., verh. s. 1954 m. Marianne, geb. Fritz, Sohn Matthias - Stud. Leipzig - Int. Kreuzgangsp. Feuchtwangen - Insz. in Berlin, Frankfurt/M., Köln, Karlsruhe, Hamburg, Essen, Krefeld u. Mönchengladbach, Hersfeld, Wunsiedel, Feuchtwangen; WDR, SBF (Ferns. u. Hörf.) - Ehrenmitgl. Bühnen Krefeld, Mönchengladb. u. Kreuzgangspiele Feuchtwangen; BVK.

FOOKEN, Enno

Dr. phil., Prof. f. Sonderpädagogik Univ. Oldenburg - Kaspersweg 121b, 2900 Oldenburg/O. - Geb. 21. Dez. 1926 Berlin, ev., verh. s. 1955 m. Ute, geb. Wagner, T. Cornelia - Promot. 1965 Mainz - BV: D. geistl. Schulaufsicht u. ihre Kritiker im 18. Jh., 1967; Grundprobleme d. Sozialpäd., 1973 - Lit.: Pädagogik: Theorie u. Menschlichkeit. Festschr. f. E. Fooken z. 60. Geb. (1986, hg. Ammann, Klattenhoff u. Neukäter).

FORBACH, Paul Franz

Ingenieur - Stationsberg 15, 8730 Bad Kissingen - Geb. 22. März 1899 - Gründer u. b. 1967 Inh. Forbach GmbH. & Co. KG., Bad Neustadt/S. - Diesel-Med. in Gold Dt. Erfinder-Verb.; 1969 Bürgerm. Bad Kissingen; 1971 BVK I. Kl. - Paul-u.-Ruth-Forbach-Stiftg. (d. Betrag v. 1 Mill. soll d. Bedürftigenfürsorge u. Jugendpflege zugutekommen).

FORCH, Hubert

Dr. jur., Vorstandssprecher Oldenburgische Landesbank AG, Oldenburg - Butjadinger Str. 59, 2902 Rastede (T. 04402 - 43 34) - Geb. 18. Febr. 1939 Mainz, kath., verh. m. Renate, geb. Werner, 4 Kd. (Peter, Ulrich, Katrin, Nikolaus) - Stud. Rechts- u. Wirtschaftswiss. Univ. Freiburg, Bonn u. Mainz; jurist. Prüf. u. Promot. Mainz - 1965/66 Trainee-Ausb. Großbank; b. 1981 Leitg. versch. Filialen, zul. Frankfurt, s. 1981 Vorst.-Mitgl. Oldenburg. Landesbank.

FORCHERT, Arno

Dr. phil., o. Prof. f. Musikwissenschaft Musikhochsch. Westf.-Lippe/Nordwestd. Musikakad., Detmold, u. Gesamthochsch. Paderborn - Vor d. Eichen 6, 4930 Detmold - Geb. 29. Dez. 1925 Berlin - Promot. 1957; Habil. 1967 - B. 1971 Prof. FU Berlin, dann wie oben - BV: Spätwerk d. Michael Praetorius, 1959; Stud. z. Musikverständnis im frühen 19. Jf., 1967. Herausg.: Werke Johann Hermann Scheins (1974 ff.).

FORCK, Günther

Dr. med., Prof., Wiss. Rat, Direktor d. Poliklinik Allergologie u. Gewerbedermatologie Univ. Münster (s. 1987) - Coesfeldweg 57, 4400 Münster/W. (T. 86 37 79) - Geb. 26. Aug. 1927 Warendorf (Vater: Josef F., RA u. Notar; Mutter: Therese, geb. Busch), kath., verh. s. 1959 m. Sanna, geb. Spribille, 4 Kd. (Ariane, Jerun, Tanja, Silja) - Stud. Med., Dr. med. 1958, Habil. 1968, Wiss. Rat u. Prof. 1970, apl. Prof. 1971. Ltr. Abt. f. Allergologie u. Gewerbedermatol. Univ.-Hautklin. Münster. Üb. 300 Facharb. - Spr.: Engl.

FORELL, Max Michel

Dr. med., Prof., Internist - Geb. 27. Sept. 1916 München (Vater: Dr. med. Alfred F.; Mutter: geb. Oster), kath., verh. s. 1946 m. Gitta, geb. Frey, 2 Töcht. (Christiane, Janina) - Schule (Gymn.) Schloß Salem; Univ. München u. Freiburg/Br. - S. 1954 (Habil.) Privatdoz. u. apl. Prof. (1961) Univ. München. Üb. 90 Fachveröff.

FORGAS, Joseph Paul

Dr. phil., Prof. f. Psychologie Univ. Gießen - Zu erreichen üb.: Universität, Otto-Behaghel-Str. 10/F2, 6300 Gießen (T. 0641 - 702-54 09) - Geb. 16. Mai 1947 Budapest/Ungarn (Vater: Paul F., Beamter; Mutter: Anna, geb. Orszagh), kath., verh. s. 1974 m. Letitia Jane, geb. Carr, Sohn Paul Joseph - Univ. Sydney/Australien B.A. 1973, B.A. (Hons.) first Class 1974; Univ. Oxford (Promot. 1977) - 1977-81 Lecturer Univ. of New South Wales Sydney/Austr.; 1982 Senior Lecturer; ab 1982 Prof. Gießen - BV: Social Episodes: The study of interaction routines, 1979; Social Cognition: Perspectives on everyday understanding, 1981 - 1982 Preis Austral. psych. Ges. - Liebh.: Segelfliegen; sammelt antike Fotoapparate - Spr.: Engl., Franz., Russ., Ungar.

FORK, Günter

Prof., Komponist u. Dirigent, Prof. f. Tonsatz, Dirigieren, Partiturspiel u. Improvisation Musikhochsch. Köln (s. 1972) u. Univ. (s. 1982) - Auf dem Heckerfeld 7, 5469 Windhagen - Geb. 17. Aug. 1930 Duisburg (Vater: Theodor F., Maurer;

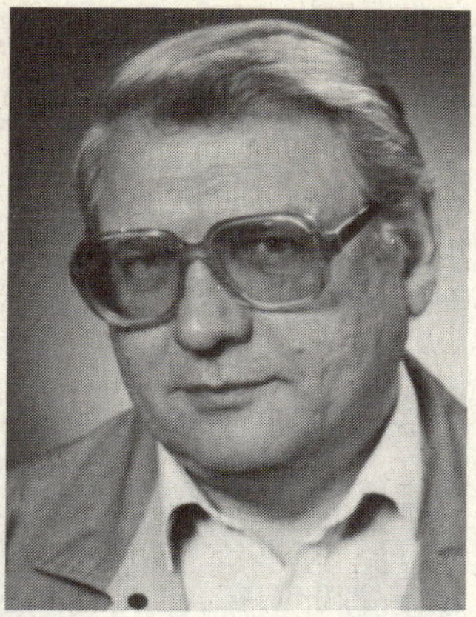

Mutter: Josefine, geb. Lankes), kath., verh. s. 1958 m. Gisela, geb. Hensel, 2 Kd. (Claudia, Gerald) - N. Abit. 1950 (Wolfsburg) Musikhochsch. Berlin (Kompos.: Wagner-Régeny; Dirig.: Röttger) - Chorleit. Wolfsburg (s. 1947) u. Dessau (s. 1950); Korrepetitor u. Kapellm. Landestheater Dessau (b. 1959); Doz. Musikakad. Lübeck (b. 1973); Gastdirig. u.a. Hamburger Sinfoniker, Istanbul Sinfonieorch. u. Rundf.; Kompos.: Oper Im Zeichen d. Fische (n. Hans Baumann), Ballett Antigone (n. Sophokles), Bühnenmus., Sinfonie, Orchesterw., Orgelkonzert, Kammermusik, Oratorium Stimme d. Heimat (n. Agnes Miegel), Kantaten, Chorw., Lieder u.a. - BV: Schule d. Partiturspiels, 1980/82; Schule d. Dirigierens, 1983. Fachaufs. - Ausz. u. Preise f. Chorltg. u. Kompos. - Liebh.: Lit., Bild. Kunst, Sport - Spr.: Engl.

FORKEL, Hans

Dr. jur., o. Prof. f. Bürgerl. Recht, Handelsrecht, gewerbl. Rechtsschutz u. Urheberrecht Univ. Würzburg (s. 1972) - Rottendorfer Str. 17, 8700 Würzburg (T. 7 78 77) - Geb. 28. April 1936 Coburg (Vater: Dr. Herbert F., RA; Mutter: Irmgard, geb. Wagner), ev., verh. s. 1971 m. Marianne, geb. Häusser - Gymn. Casimirianum, Coburg; Univ. München, Köln, Erlangen; Promot. 1961; Habil. 1970 Erlangen - 1970-72 Doz. Univ. Erlangen - BV: Grundfragen d. Lehre vom privatrechtl. Anwartschaftsrecht, 1962; Immissionsschutz u. Persönlichkeitsrecht, 1968; Gebundene Rechtsübertragungen, Bd. 1, 1976.

FORKER, Hans-Joachim

Dr., Vorstandsmitglied Dt. Rückversicherung AG., Hamburg/Berlin - Magdalenenstr. 2, 2000 Hamburg 13.

FORM, Peter

Dr.-Ing., Univ.-Prof. Elektron. Verkehrssicherung, Sicherung d. Luftverkehrs TU Braunschweig - Im Gettelhagen 126, 3300 Braunschweig - Geb. 15. Jan. 1931 Hamburg - Promot. 1965; Habil. 1976.

FORNDRAN, Erhard

Dr., Prof. TU Braunschweig - Kapellenweg 7, 3155 Edemissen (T. 05373 - 79 54) - Geb. 26. Jan. 1938 Kiel (Vater: Hans-Georg F., Dipl.-Ing.; Mutter: Hedwig, geb. Krisponeit) - Univ. Bonn (Promot. 1967, Habil. 1972) - 1968-71 Wiss. Assist.; 1972 Vors. Förderungskommiss. DGFK; 1972ff. Prof. Neuss, Bochum, Braunschw. - BV: Rüstungskontrolle - Friedenssicher. zw. Abschreck. u. Abrüst., 1970; Probl. d. intern. Abrüst., 1970; Abrüst. u. Friedensforsch., 1971; (m. U. v. Alemann): Methodik d. Politikwiss., 1974, 3. A. 1985; (m. F. Golczewski, D. Riesenberger): Innen- u. Außenpolitik unter nationalsozialist. Bedroh., 1977; (m. H. Hummell, H. Süssmuth): Studiengang Sozialwiss.: Z. Definition e. Faches, 1978; (m. P. Friedrich): Rüstungskontrolle u. Sicherheit in Europa, 1979; Abrüst. u. Rüstungskontrolle, 1981; (m. U. v. Alemann): Interessenvermittl. u. Politik, 1983; (m. G. Krell): Kernwaffen im Ost-West-Vergleich, 1984; D. Stadt- u. Ind.gründ. Wolfsburg u. Salzgitter: Entscheidungsproz. im ns. Herrschaftssystem, 1984; (m. H. J. Schmidt): Konventionelle Rüstung im Ost-West Vergleich, 1986.

FORNER, Ewald

Dipl.-Ing., Prof. f. Automatisierungstechnik, insb. Meßwerterfass. u. -verarb., Univ.-Gesamthochsch. Wuppertal (Fachbereich Elektrotechnik) - Ehrenhainstr. 44, 5600 Wuppertal 11.

FORSBACH, Edmund

Landwirt, Vors. Arbeitsgem. Dt. Rübenbauerverb., Bonn - Alfons-Keever-Str. 3, 5164 Nörvenich-Pingsheim/Rhld. - Geb. 28. Sept. 1917.

FORSCHNER, Maximilian

Dr. phil., Dr. phil. habil., o. Prof. f. Philosophie Univ. Erlangen-Nürnberg (s. 1985) - Bismarckstr. 1, 8520 Erlangen (T. 09131 - 85-40 09) - Geb. 19. April 1943 Reichling/Obb., verh. s. 1982 m. Dr. Adelheid, geb. Jessen, 2 Söhne (Benedikt, Nikolaus) - Stud. Kath. Theol. Dillingen, Phil. München; Dipl.-Theol. 1967; Promot. 1972; Habil. 1980 - Wiss. Assist. Univ. Augsburg u. Erlangen-Nürnberg; 1982-85 o. Prof. f. Phil. Univ. Osnabrück - BV: Gesetz u. Freiheit. Z. Probl. d. Autonomie b. I. Kant, 1974; Rousseau, 1977; D. Stoische Ethik, 1981; Mensch u. Ges. Grundbegriffe d. Sozialphil., 1989. Aufs. zu Aristoteles, Stoa, Epikur, Kant, Rousseau, Bentham.

FORSSMAN, Bernhard

Dr. phil., Prof. f. Indogermanistik u. Indoiranistik Univ. Erlangen-Nürnberg - Kochstr. 4, 8520 Erlangen (T. Erlangen 85 24 04) - Geb. 29. Nov. 1934 Riga, ev.-luth., verh. s. 1962 m. Ingeborg, geb. Bauer, 3 Kd. - Stud. Univ. Erlangen, München, Zürich; Staatsex. 1957 Erlangen, Promot. 1964 ebd. - S. 1968 ao. Prof. Freiburg/Schweiz, 1972 o. Prof., 1979 Prof. (C 4) Univ. Marburg; s. 1983 Erlangen.

FORSSMAN, Erik

Dr. phil., em. Prof. f. Kunstgeschichte - Johann-v.-Weerth-Str. 4, 7800 Freiburg/Br. - Geb. 27. Dez. 1915 Berlin (Vater: Villehad Henrik F., Ing.; Mutter: Anny, geb. Pasch), ev., verh. s. 1951 m. Monica, geb. Bergström, 3 Kd. (Anne-Charlotte, Tomas, Helena) - Univ. Leipzig u. Göttingen. Promot. 1951; Habil. 1956 - B. 1971 Doz. Univ. Stockholm u. Museumsdir., dann Ord. Univ. Freiburg - BV: Säule u. Ornament, 1956 (Habil.sschr.); Dorisch, Jonisch, Korinthisch, 1961 (ital. 1973); Palladios Lehrgebäude, 1965; Venedig in d. Kunst u. im Kunsturteil d. 19. Jh.s, 1971; Palazzo da Porto Festa (Corpus Palladianum), 1973; Karl Friedrich Schinkel, Bauwerke u. Baugedanken, 1981 - 1970 Prof.-Titel; 1973 Schwed. Kulturpreis; Mitgl. Akad. Upsala (1965), Stockholm (1974) u. Heidelberg (1972) - Spr.: Engl., Franz., Ital., Schwed.

FORSSMANN, Wolf-Georg

Dr. med., o. Prof. f. Anatomie Univ. Heidelberg - Im Langgewann 93, 6900 Heidelberg (T. 06221 - 56 38 02) - Geb. 10. Okt. 1939 Berlin (Vater: Werner F., Prof. Dr. med., Chirurg; Mutter: Dr. med. Elsbeth, geb. Engel), ev., verh. s. 1963 m. Antje, geb. Daldrup (Dr. med.), 3 Kd. (Kristin, Ulf, Jan-Pieter) - Stud. Univ. Mainz, Genf, Köln, Med. Staatsex. 1964, Dr. med. 1965, Priv.-Doz. Univ. Genf 1969. Wiss. Ass. u. Oberassist. Univ. Genf, 1971 o. Prof. f. Anatomie Univ. Heidelberg, 1975 Visiting-Prof. Harvard Medical School Boston - BV: Grundriß d. Neuroanatomie (m. Ch. Heym), 1975; Peripheral Neuroendocrine Interaction (m. R. E. Goupland), 1978 - Spr.: Franz., Engl., Lat., Span. - Bek. Vorf.: Vater, Nobelpreis 1956.

FORST, Reinhard

Dipl.-Finanzwirt, Geschäftsführer Medice Chem.-pharmazeut. Fabrik Pütter GmbH. & Co. KG. - Kuhloweg 37-39, 5860 Iserlohn/W.; priv.: 32 - Geb. 9. April 1925

FORSTER, Anton

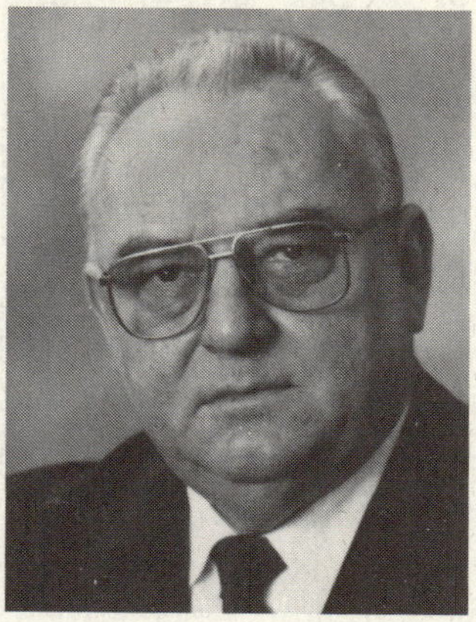

Dipl.Verw. (FH), 1. Bürgermeister Stadt Spalt - Rathaus, 8545 Spalt/Mfr. - Geb. 12. Febr. 1928 Spalt - Zul. Stadtoberinsp. CSU (s. 1960 Bgm.).

FORSTER, Anton

Dr. rer. nat., Prof., Wiss. Rat Staatl. Forschungsinst. f. Angew. Mineralogie, Regensburg - Harzstr. 3, 8400 Regensburg - Geb. 11. Nov. 1929 - S. 1964 (Habil.) Lehrtätigk. TH bzw. TU München (1971 apl. Prof. f. Mineral. u. Petrogr.). Facharb. - 1963 Hermann-Credner-Preis.

FORSTER, Balduin

Dr. med., em. Prof. f. Rechtsmedizin (Hauptforsch.geb.: Blutalkohol, Todeszeitbestimmung) - Drosselweg 4, 7812 Bad Krozingen/Baden (T. 07633 - 47 76) - Geb. 20. Febr. 1920 - Habil. 1962 Göttingen - S. 1968 Prof. Univ. (apl.) u. Freiburg (1971 o.). 1988 emerit.

FORSTER, Hilmar

Dipl.-Ing., Bundesbahnrat a.D., Geschäftsführer Scharfenbergkupplung GmbH., Salzgitter - Werner-Schrader-Str. 14, 3340 Wolfenbüttel - Geb. 26. Nov. 1924 Hirschau (Vater: August F.; Mutter: Maria, geb. Bösl), kath., verh. s. 1973 m. Hildegard, geb. Fähland, S. Stefan - Oberrealsch. Amberg, TU München (Masch.bau, Elektrotechn.), Dipl. 1949, Gr. Staatsprüf. 1953 - 1951-63 Dt. Bundesbahn, s. 1963 Ind. - Spr.: Engl., Franz.

FORSTER, John

s. Fernau, Joachim

FORSTER, Karlheinz

Dr., Oberkreisdirektor - Im Stummenfeld 15, 5900 Siegen/W. - ARsmitgl. Verkehrsbetriebe Westf.-Süd AG., Siegen.

FORSTER, Karl-Heinz

Dr. rer. pol., Wirtschaftsprüfer u. Steuerber., Vorstandsmitgl. Treuarbeit AG., Frankfurt, Honorarprof. f. Wirtschaftsprüf. Univ. Frankfurt - Bockenheimer Anlage 15, 6000 Frankfurt/M.

FORSTER, Peter

Dr. rer. nat., Akad. Oberrat, apl. Prof. f. Topologie u. Funktionsanalyse Univ. Hannover - Callinstr. Nr. 14, 3000 Hannover - Zul. Doz.

FORSTER, von Walter

Prof., Komponist - Graf-Rasso-Str. 19, 8082 Wildenroth (T. 08144-574) - Geb. 15. Juni 1915 Nürnberg-Hammer (Vater: Ernst v. F.; Mutter: Else, geb. Großkopff), ev., verh. s. 1951 m. Gisela, geb. Spatz, T. Friederike - Human. Gymn. Nürnberg (Abit. 1934), 1934-39 Meisterkl. Kompos. u. ev. Kirchenmusik Akad. d. Tonkunst München - 1944-54 Kantor u. Organist Stephanuskirche München, 1946-79 Theorielehrer Hochsch. f. Musik München - BV: Elemente d. homophonen Satzes (theor. T.), 1971; Heutige Praktiken im Harmonielehreunterr. an Musikhochsch. u. Konservat., in: Beitr. z. Musiktheorie d. 19. Jh., 1966 - Kompos.: Orch.-, Chor-, Kammermusikwerke; Solow. f. Klavier, Cembalo, Orgel, Violine, Violoncello; Lieder, Kantaten, Motetten - Lit.: Leipoldt Musikerbiogr.; Intern. Biogr. Centre; u. and. Nachschlagewerke.

FORSTMANN, Peter

Dr. med., Ärztl. Leiter Institut f. Proktologie, Bremen - Unter den Eichen 2, 2800 Bremen (T. 0421 - 23 15 84) - Geb. 27. Nov. 1931, ev., verh. s. 1961 m. Frauke, geb. Mittwollen, 4 Kd. (Andrea, Kathinka, Bodo, Birte) - Med.-Stud.; Promot. Hamburg; Facharztausb. z. Arzt f. Chir. (Spezialisier. auf d. Geb. d. Coloproktol.). 1968 Ärztl. Leit. priv. Inst. f. Proktol. Bremen. Vors. Berufsverb. d. Coloproktol. Dtschl.; Mitgl. Präsid. Dt. Ges. f. Phlebol. u. Proktol.; Vors. Tanzsportverb. Land Bremen - 1973 Dt. Meister Senioren d. Sonderkl. (m. Ehefrau Frauke) in d. Standardtänzen - Dt. Tanzsportabz. in Gold; Bronz. Ehrennadel Dt. Tanzsportverb.; Silb. Ehrennadel Landesportbund Bremen - Liebh.: Tanzen, Surfen, Segeln, Ski, Wohnmobilreisen - Liebh.: Engl.

FORSTNER, Martin

Dr. phil., Prof. f. Islam. Philologie u. Islamkd. Univ. Mainz - Rietburgstr. 9, 6721 Gommersheim - Geb. 23. Aug. 1940 Nürnberg - Promot. 1968; Habil. 1975.

FORTAK, Heinz

Dr. rer. nat., o. Prof. f. Theoret. Meteorol. - Edithstr. 14, 1000 Berlin 37 (T. 813 14 06) - Geb. 11. Aug. 1926 Berlin, ev., verh., 3 Kd. - 1947-51 Stud. Geophysik u. Meteorol. Berlin (1951 Dipl.-Geophys.). Promot. (1955) u. Habil. (1959) Berlin - S. 1959 Privatdoz. u. Ord. (1962) FU Berlin (Dir. Inst. f. Theoret. Meteorol.). 1960-61 Research Associate Prof. Univ. Miami; 1973-76 Dir. Inst. f. Phys. d. Atmosph. DFVLR; 1977ff. wieder Dir. FU Berlin. Versch. Fachmitgliedsch. - BV: Meteorol. Fachb., 1971-82; üb. 100 Fachveröff. - 1980 Intern. Rheinl.preis f. Umweltschutz; 1983 Mitgl. Dt. Akad. d. Naturforscher (Leopoldina); 1987 Ehrenmed. Verein Dt. Ingenieure; 1988 korr. Mitgl. Österr. Akad. d. Wiss., Wien - Liebh.: wiss. Fliegerei - Spr.: Engl.

FORTE, Dieter

Schriftsteller - Sommergasse 29, CH-4056 Basel (Schweiz) - Geb. 14. Juni 1935 Düsseldorf - Vornehml. Dramen, Fernseh- u. Hörspiele, u. a.: Martin Luther u. Thomas Münzer oder D. Einführung d. Buchhaltung, Theaterst. 1971, Übers. in 11 Sprachen; Jean Henry Dunant oder D. Einf. d. Zivilisation, Theaterst., 1978; Kaspar Hausers Tod, Theaterst., 1979; Fluchtversuche, 4 Fernsehsp., 1980; D. Labyrinth d. Träume o. Wie man d. Kopf v. Körper trennt, Theaterst. 1983; Hörsp. zuletzt: Sprachspiel, 1980; Schalltoter Raum, 1984; D. eingebildet Gesunden, 1985; Reise-Gesellsch., 1987 - Mitgl. PEN-Zentrum BRD; Stipendien u. Auszeichnungen.

FORTH, Wolfgang

Dr. med., o. Prof., Vorstand Walther-Straub-Inst. f. Pharmakol. u. Toxikol. Univ. München - Nussbaumstr. 26, 8000 München 2 - Geb. 24. Aug. 1932 Mannheim, verh. s. 1959 m. Dagmar, geb. v. Blomberg, 4 Kd. (Caroline, Nikolaus, Dorothee, Tobias) - Karl-Friedrich-Gymn. Mannheim, Abit. 1952; Med.-Stud. Univ. Heidelberg; Staatsex. 1958; Promot. 1958; Habil. (Pharmakol. u. Toxikol.) 1967 Univ. d. Saarlandes - 1974-80 Lehrst. f. Pharmakol. u. Toxikol. Ruhr-Univ. Bochum; s. 1981 Lehrst. f. Pharmakol. u. Toxikol. Univ. München - BV: IEPT Sect. 39 B, Pharmacology of Intestinal Absorption. Mithrsg.: Gastrointestinal Absorption of Drugs (m. W. Rummel, Vol I u. II, 1975); Lehrb.

d. allg. u. spez. Pharmakol. u. Toxikol. (m. D. Henschler, W. Rummel 5. A. 1987) - 1966 Claude Bernard-Preis - Liebh.: Garten (Rosen), Zinnfiguren (19. Jh.), Modelleisenbahnen - Spr.: Engl., Griech., Latein.

FORTNAGEL, Peter
Dr. phil. nat., Prof. f. Allg. Mikrobiologie - Papenmoorweg 38d, 2083 Halstenbek - Geb. 13. Juli 1938 - Promot. 1966 - S. 1971 (Habil.) Lehrtätig. Univ. Bochum (Wiss. Rat u. Prof.) u. Hamburg (1977 o. Prof.).

FOSSEN, Herbert
Vorstand Vereinigte Rumpuswerke AG, Mönchengladbach - Bahner 71, 4050 Mönchengladbach 2 - Geb. 2. März 1929 Mönchengladbach.

FOSSLER, Herbert
Geschäftsführer Dt. Aerosol-Ventil GmbH. - Hans-Bunte-Str. 10, 8500 Nürnberg; priv.: Dambacher Weg 5 - Geb. 7. Dez. 1927.

FOURNIER, von, Dietrich
Dr. med., Prof., Direktor Abt. Gynäkol. Radiologie Univ. Heidelberg - Voßstr. 9, 6900 Heidelberg (T. 06221 - 5 65 08) - Geb. 9. Dez. 1941 Rettkewitz, ev., verh. s. 1977 m. Eva, geb. Ebermann, 5 Kd. - 1961-63 Med.-Stud. Univ. Hamburg, 1964-67 Heidelberg; Promot. 1967, Habil. 1977 - S. 1982 o. Prof. u. Dir. 1978 NASA, USA/Medical Service; Gründ. u. 1. Präsid. Dt. Ges. f. Thermol. (1978-84) - BV: Natürl. Wachstumsgeschwindigk. d. Brustkrebses, 1980; Neue Konzepte z. Diagnostik u. Therapie d. Mamma-Karzinoms, 1984 (Hrsg. Kubli u. Fournier) - Bek. Vorf.: Chevalier Geräd Fournier d'Albe (Kreuzfahrer, 2. Kreuzzug).

FOX, Hans J.
Dipl.-Kfm., Direktor - Dr.-Helmut-Junghans-Str. Nr. 42, 7232 Schramberg/ Württ. - Geb. 18. Dez. 1930 - Mitgl. Geschäftsfhg. Gebr. Junghans GmbH./ Uhrenfabrik, Schramberg.

FOX, Helmut
Dr. theol., Univ.-Prof. EWH Rheinl.-Pfalz (s. 1982), kath. Priester (s. 1956) - Münsterstr. 9, 6740 Landau/Pfalz - Geb. 20. Mai 1930 Trier, kath. - Theol. Fak. Trier 1950-56; Univ. Saarbrücken 1961-64; Lic. theol. 1967; Promot. 1970, Habil. 1976 u. Venia Leg. in Religionspäd. alles Trier - 1956-60 Kaplan, Völkl./Saar; 1960-64 Religionslehrer; 1964-70 Studentenpfarrer Saarbrücken; 1970-74 Religionslehrer Trier; 1974-82 Doz. Kath. FH Mainz ; s. 1982 Prof. EWH Rheinl. Pfalz, imbes. am Sem. f. Kath. Theol.; Lehrauftrag Univ. d. Saarl. S. 1987 Vizepräs. EWH Rheinl.-Pfalz u. Leit. d. Abtlg. Landau auf Dauer v. 3 Jahren - BV: D. Theologie Max Thurians, 1970; Ethik als Alternative zum Religionsunterr., 1977; Ökumene - Hoffnung od. Illusion?, 1974, 2. A. 1977; Kompendium Didaktik - Kath. Religion, 1986 - Liebh.:

Wandern, Klass. Musik, Kunst - Spr.: Lat., Griech., Engl., Franz.

FRAAS, Ernst H.
Dr. rer. pol., Hauptgeschäftsführer Handwerkskammer Heilbronn (s. 1958) - Bismarckstr. 58, 7100 Heilbronn/N. (T. 7 74 35) - Geb. 1. März 1928 Künzelsau - 1946-48 Handwerkslehre; 1949-53 Stud. TH Stuttgart u. Univ. Tübingen (1952 Dipl.-Volksw.) - 1953/54 Assist. Präsid. Bund d. Steuerzahler, Stuttgart; 1954-58 Leit. Abt. Gewerbeförd. HK Heilbronn - Spr.: Engl.

FRAAS, Hans-Jürgen
Dr. theol. (habil.), o. Prof. f. Ev. Religionspädagogik u. Didaktik d. Religionsunterr. Univ. München - Ludwigstr. 31 (Rückgebäude), 8000 München 22.

FRAAS, Heinz
Industrie-Kaufmann, MdL Hessen (s. 1974) - Bahnhofstr. 14, 6942 Mörlenbach-Weiher (T. 632) - Geb. 7. März 1941 - SPD.

FRACASSO, Ippazio

Bildender Künstler - Detmolder Str. 26, 4800 Bielefeld 1 (T. 0521 - 6 55 41) - Geb. 12. Okt. 1960 Parabita (Ital.), kath., ledig - Kunstschmiede; Modern Dance; Priv. Schauspielsch. - Graph. Gestaltg. v. Verb.ztschr.; versch. Ehrenämter - BV: Werkkatalog, 1984; Figure e lettere, 1989 - Kunstrichtung: eig. Ausprägung d. Magischen Realismus - 1986 Preis Istituto Italiano di Cultura Wolfsburg - Liebh.: Lyrik, klass. Musik - Spr.: Deutsch, Ital., Span.

FRAEDRICH, Anna Maria
Dr. rer. nat., Prof. f. Mathematik PH Ludwigsburg - Waldallee 39, 7148 Remseck 3 - Geb. 1. Jan. 1939 Lietzen - Promot. 1965 Braunschweig - Zul. Oberstudienrätin Clausthal.

FRÄNKEN, Norbert
Kaufmann, Vorstandsvors. Stöhr & Co. AG, Mönchengladbach (s. 1986) - Zu erreichen üb. Stöhr & Co., Postf., 4050 Mönchengladbach - Geb. 17. Nov. 1944 - Zul. Olbo Textilwerke GmbH, Solingen.

FRÄNZLE, Otto
Dr. rer. nat., o. Prof. f. Geographie - Moritz-Schreber-Str. 39, 2308 Preetz/Holst. (T. 81288) - Geb. 9. Dez. 1932 Köln (Vater: Martin F.; Mutter: Magdalene, geb. Weber), kath., verh. s. 1959 m. Ursula, geb. Stockdreher, 3 Söhne (Stefan, Martin, Thomas) - Univ. Bonn (Geogr., Geol., Bodenkd.). Promot. 1958; Habil. 1963 - S. 1963 Lehrtätig. Univ. Bonn (1966 Doz.), TH Aachen (1967 Wiss. Rat u. Prof.), Univ. Kiel (1970 Ord. u. Inst.sdir.); 1964-66 Wiss. Ref. UNESCO Paris. Zahlr. Fachmitgliedsch. - BV: Glaziale u. periglaziale Formbildung im östl. Kastilischen Scheidegebirge (Zentralspanien), 1959; D. pleistozäne Klima- u. Landschaftsentwickl. d. nördl. Po-Ebene im Lichte bodengeogr. Unters., 1965; Geomorphol. d. Umgeb. v. Bonn, 1969; Ökosystemforsch. im Hinblick auf Umweltpolitik u. Entwicklungsplanung, 1978; Aufschlüsselung d. Informationsgehaltes umweltrelevanter, flächenbez. Strukturdaten, 1981; Erfassung v. Ökosystemparametern z. Vorhersage d. Verteilung v. neuen Chemikalien in d. Umwelt, 1982; Modellversuche üb. d. Passage v. Umweltchemikalien u. ihrer Metaboliten durch d. ungesättigte Zone natürlicher Bodenprofile in Laborlysimetern u. im Freiland, 1982; Regional repräsentative Auswahl d. Böden f. e. Umweltprobenbank, 1983; Abschätzung d. Exposition v. Umweltchemikalien: Flächenhafte Verteilung in Geoökosystemen, 1984; Fortschreibung d. OECD-Prüfrichtlinie Adsorption/Desorption, 1987; Darstellung d. Vorhersagemöglichk. d. Bodenbelastung durch Umweltchemikalien, 1987; Naturwiss.-technische Anforderungen an d. Sanierung kontaminierter Standorte, 1987; Erhebung u. Auswertung ökologischer Basisinformationen z. Auswahl d. Hauptforschungsräume f. d. Ökosystemprogramm d. Bundesrep. Dtschl., 1987 - Liebh.: Wandern, Segeln - Spr.: Engl., Franz., Span., Ital.

FRAGSTEIN, von, Conrad
Dr. phil., o. Prof. f. Experimentalphysik (emerit.) - Mecklenburgring 31, 6600 Saarbrücken (T. 812539) - Geb. 18. Sept. 1907 Breslau - Habil. 1943 Breslau - S. 1950 Prof. Univ. Köln (apl.) u. Saarbrücken (1958 o.; 1964/65 Rektor) - BV: Lexikon d. Physik (Mitverf.); ca. 70 fachwiss. Veröff. (meist Optik).

FRAHM, August-Wilhelm
Dr., Prof. f. Pharmazie Univ. Bonn (apl.; s. 1972) - Am Hof 21, 5330 Königswinter-Oberdollendorf.

FRAHM, Heinz
Dr. med., Prof. f. Inn. Med. - Oelsnerring 44, 2000 Hamburg 52 - Geb. 13. Okt. 1928 Kröpelin/Meckl. - Promot. 1957 Hamburg - S. 1965 (Habil.) Lehrtätigk. Univ. Hamburg (1971 Prof.; gegenw. gf. Dir. II. Med. Klinik) - BV: Antikonzeption, 2. A. 1970 (auch Ital. u. Serbokroat.). Rd. 100 Einzelarb.

FRAHM, Herbert
s. Brandt, Willy

FRAHNERT, Michael
Dipl.-Kfm., Vorstandsmitglied Karlsruher Lebensversich. AG u. Karlsruher Versich. AG - Türkenlouisweg 31, 6903 Neckargemünd - Geb. 18. April 1946, verh., 2 Kd. - Dipl.-Kfm. 1970 Univ. Mannheim.

FRAHNERT, Traute
Prof., Hochschullehrerin - Franz-Vetter-Str. 19, 3500 Kassel - Gegenw. Prof. f. Polytechnik/Arbeitslehre GH Kassel.

FRANCESCHINI, Ernst
Dr., Fabrikant, Geschäftsf. Grafschafter Krautfabrik Josef Schmitz KG., Meckenheim, Vorstandsmitgl. Bundesverb. d. Obst- u. Gemüseverwertungsind., Bonn - Wormersdorfer Str. 22, 5309 Meckenheim - Geb. 20. April 1940 - ARsmand.

FRANCHEVILLE, von, Klaus
Geschäftsführer Kunsthandel Klaus v. Francheville GmbH - Westerfelder Weg 2d, 3005 Hemmingen 1 (T. 0511 - 4 15 72) - Geb. 7. Jan. 1924 Insterburg - BVK am Bde.

FRANCISKOWSKY, Hans Gerhard

Schriftsteller (Ps. H. G. Francis) - Stellauer Hauptstr. 6b, 2000 Barsbüttel - Geb. 14. Jan. 1936 Itzehoe (Vater: Hans F., Kaufm.; Mutter: Elisabeth, geb. Jeske), ev., verh. s. 1963 m. Anneliese, geb. Riedel, 2 Kd. (Maren, Martin) - Stud. - Ca. 220 Buchveröff. (Jugendb.), rd. 420 Hörsp., Übers. in Engl., Franz., Span., Dän., Holl. u. Portug., mehrere Fernsehfilme - Ausz. f. Hörsp.: 6 Platin u. 32 goldene Schallpl. f. 11 Mill. verkaufte Exemplare. Insges. ca. 30 Mill. verkaufte Hörsp.

FRANCK, Burchard
Dr. rer. nat., o. Prof. f. Organ. Chemie - Coesfeldweg 41, 4400 Münster/W. (T. 86 20 07) - Geb. 6. Mai 1926 Hamburg (Vater: Prof. Dr. Walther F.; Mutter: Anna, geb. Schaefer), ev., verh. s. 1958 m. Dr. med. Renate, geb. Kayser, T. Katharina - Univ. Hamburg u. Göttingen (Promot. 1952; Habil. 1959) - S. 1959 Lehrtätig. Univ. Göttingen, Univ. Kiel (1963 ao., 1966 o. Prof.), Univ. Münster (1968 o. Prof. u. Dir. Inst. Organ. Chem.), 1966 Gastprof. USA (Conn.). Zahlr. Fachveröff., dar. Handbuchbeitr. üb. Struktur, Synthese u. Biosynthese biol. aktiv. Naturstoffe; Alkaloide, Mycotoxine, Porphyrine; Biomimetische Synthesen; Isotopentechnik. Mithrsg.: Liebigs Annalen d. Chemie, Heterocycles. Patente - 1971 Med. d. Medical Soc. Sendai Japan (f. neuartige Alkaloid-Synthesen); 1980 Richard-Kuhn-Med. Ges. dt. Chem. (f. Erforsch. d. Biosynthese wicht. Naturst.); 1981 Adolf-Windaus-Med. Univ. Göttingen; Mitgl. Ges. dt. Chemiker Amer. Chem. Ges. u. Chem. Ges. London.

FRANCK, Dierk
Dr. rer. nat., Prof. f. Zoologie - Klabundeweg 27, 2000 Hamburg 67 - S. 1976 Prof. Univ. Hamburg.

FRANCK, Ernst-Ulrich
Dr. rer. nat., o. Prof. f. Physikal. Chemie - Heinrich-Weitz-Str. 21, 7500 Karlsruhe-Durlach (T. 47 29 77) - Geb. 2. Aug. 1920 Hamburg (Vater: Prof. W. F.; Mutter: geb. Schaefer), verh. s. 1952 m. Dr. Elsbeth Sander - Univ. Hamburg u. Göttingen (Promot. 1950; Habil. 1956) - S. 1956 Lehrtätig. Univ. Göttingen u. TH bzw. Univ. Karlsruhe (1961 Ord. u. Dir. Inst. f. Physikal. Chemie u. Elektrochemie), dazw. 1960 Forschungsaufg. Oak Ridge (USA). 1970 Gastprof. in Berkeley, USA. Fachmitgliedsch., s. 1970 Mitgl. Senat Dt. Forschungsge-

meinsch. - BV: Physikal. Chemie d. Fluors u. Fluorwasserstoffs, 1959. Div. Einzelarb. üb. Chemie u. Phys. unt. hohem Druck - 1955 Dechema-Preis, 1970 Bunsen-Med., 1979/80 Präs. Dt. Bunsenges. f. Physik. Chemie, 1975 Mitgl. Heidelberger Akad. d. Wiss., 1978 Mitgl. Akad. Dt. Naturforsch. Leopoldina, 1980 P.W. Bridgman Medal for High Pressure Research and Technology, 1988 Touloukian Award d. Amerik. Ass. of Mech. Engineers. - Spr.: Engl., Franz.

FRANCK, Heinz-Gerhard

Dr. rer. nat., Dr.-Ing. E. h., Dipl.-Chem., Prof., Vorstandsvorsitzer Rütgerswerke AG., Frankfurt; Präs. Verb. d. Chem. Ind., Geschäftsf. Ges. f. Teerverwert. mbH., Duisburg-Meiderich, AR-Vors. Chem. Fabrik Weyl GmbH, Mannheim, Ruberoidwerke AG, Hamburg, Teerbau Ges. f. Straßenbau mbH, Essen, stv. AR-Vors. PAG Presswerk AG., Essen, Phenolchemie GmbH, Gladbeck, VEDAG AG Vereinigte Bauchem. Werke Frankfurt a.M., Vice Chairman of the Board CRM Cresols Ltd., Oldbury (England), stv. Beiratsvors. Verkaufsges. f. Teererzeugn. mbH., Essen, Beiratsmitgl. Joh. Haltermann Bunkeröl KG., Hamburg, Präs. Intern. Straßenteer-Konfz., Essen/Paris, Präs. Verb. d. Chem. Ind. e. V., VCI, Frankfurt, Vors. DECHEMA Dt. Ges. f. chem. Apparatewesen e. V., Frankfurt, stv. Vors. GVC Ges. Verfahrenstechn. u. Chemie-Ing.wesen, Frankfurt, Vors. Fachvereinig. Organ. Chemie, Frankfurt/M. - Auf der Schlicht 14, 6232 Neuenhain/Ts. - Geb. 3. Jan. 1923 - Stud. Chemie - S. 1948 Firmen-Bereich Rütgers. Honorarprof. TH Darmstadt - BV: Steinkohlenteer - Chemie, Technol. u. Verwend., 1968. 81 Patente. Div. wiss. Arb. - Liebh.: Bergsteigen.

FRANCK, Ulrich-Frohwalt

Dr. rer. nat., em. o. Prof. Inst. f. Physikal. Chemie TH Aachen (s. 1962) - Dechant-Pesch-Str. 16, 5374 Hellenthal (T. 02448 - 734) - Geb. 30. Jan. 1915 Leipzig (Vater: Ernst F., Lehrer; Mutter: Theodora, geb. Dietze), ev., verh. s. 1950 m. Lillian, geb. Eliasson - Univ. Leipzig (Chemie) - 1937 Assist. Univ. Leipzig, 1951 Abt.sleit. Max-Planck-Inst. f. Physikal. Chemie, Göttingen, 1954 Privatdoz. Univ. ebd., 1956 ao. Prof. TH Darmstadt. Publ.: u. a. Chlorophyllfluoreszenz u. Kohlensäureassimilation, Elektrochemie d. passiven Eisens. Elektrochem. Modelle z. Nervenleitung, Z. Stabilität v. Elektrodenzuständen, Korrosion passiver Metalle, Chemische Oszillationen, Physikalische Chemie d. Membranen - Spr.: Engl., Dän.

FRANCKE, Hans-Hermann

Dr., o. Prof. Univ. Freiburg i. Br. - Waldweg 8, 2200 Klein-Nordende - Geb. 12. Aug. 1943 Posen (Vater: Hermann F., Kaufm.; Mutter: Lieselotte F.), ev., verh. s. 1969 m. Ursula, geb. Riese - Dipl.-Volksw. 1970 Univ. Hamburg; Promot. 1974 Univ. Freiburg; Habil. 1980 ebd. - 1970-81 wiss. Assist. Univ. Hamburg u. Freiburg; 1981-85 Prof. Univ. Freiburg; 1985-88 Prof. Univ. d. Bundeswehr Hamburg - BV: Bankenliquidität u. Zins als Orientierungsvariable d. Geldpolitik, 1975; Portfolioeffekte öfftl. Kreditnahme, 1981; Banking and Finance in West-Germany, 1985; Zinswirk. d. Staatsverschuld., 1985. Herausg. d. Ztschr. Kredit u. Kapital - Spr.: Engl., Latein.

FRANCKE, Jürgen

Dr., Vorstandsmitglied Vereinsbank in Nürnberg AG - Marienstr. 3, 8500 Nürnberg 1 (T. 2027202); priv.: Am Fuchsberg 19, 8500 Nürnberg 60 - Geb. 17. Okt. 1929.

FRANCKE, Klaus

Kaufm. Angestellter, MdB (s. 1976; CDU) - Bundeshaus, 5300 Bonn - Geb. 17. Juli 1936 Hamburg (Vater: Henry F., Gewerbeoberlehrer; Mutter: Gertrud, geb. Oldenburg), ev., verh. s. 1974, 3 Kd. (Nils, Bettina, Peer) - Mittl. Reife - 1966-78 MdHB - Liebh.: Reiten, Musik, Reisen, Wandern - Spr.: Engl.

FRANCKE, Klaus

Direktor - Am Reisenbrook 49a, 2000 Hamburg 67 - Geb. 4. Febr. 1932 - Vorst. Salamander AG., Kornwestheim.

FRANCKE, Robert

Dr. jur., Univ.-Prof. FB Rechtswiss. Univ. Bremen - Bibliothekstr., 2800 Bremen 33 - Geb. 16. Febr. 1941 - Fachgeb.: Öfftl. Recht, Hochschuldidaktik. Forsch. z. Gesundheitsrecht.

FRANCKE, Werner

Verleger, Inh. Gilles & Francke Verlag - Blumenstr. 67-69, 4100 Duisburg 1 - Geb. 13. Febr. 1923 Duisburg (Vater: Georg F., Kaufm.; Mutter: Hertha, geb. Gilles), kath., verh. s. 1970 m. Barbara, geb. Holz, 2 Kd. (Joachim, Ursula) - Obersch. (Abit.) - Herausg. Neue Lyrik, Orgelmusik, Belletristik, Kulturztschr. - Liebh.: Lit., Kunstgesch., Musik - Spr.: Engl., Franz. - Bek. Vorf.: Georg Francke-Foerster, Schausp. u. Regiss. (Großv.).

FRANCKH, Pierre

Schauspieler - Oberfeldweg 2a, 8091 Springlbach/Obb. - Geb. 1. Mai 1953 Heilbronn/N. (Eltern: Hans-Heinz (Schausp.) u. Ursula F.), verh. s. 1975 - Abit. - Viels. Einsatz.

FRANCO, Jan

s. Weiss, Hansgerhard

FRANK, Adolf

Dr. med., Prof., ehem. Ltd. Arzt Inn. Abt. Knappschaftskrkhs. - Wieckesweg 27, 4600 Dortmund-Brackel - Geb. 2. Febr. 1913 Göttingen - S. 1949 (Habil.) Privatdoz. u. apl. Prof. Univ. Göttingen (zul. Oberarzt Med. Klinik). Üb. 70 Ztschr.beitr.

FRANK, Albert Konrad

Dr. phil., Geschäftsführer - Glonntalstr. 12, 8063 Egenburg - Geb. 10. Juni 1940 Regensburg (Vater: Albert F., Beamter; Mutter: Johanna, geb. Lindenthaler), kath., verh. s. 1970 m. Marianne, geb. Conrads, T. Jenny - Human. Gymn., Univ. Frankfurt/M. (Geisteswiss.), Univ. München (Sozialwiss.), 1966 Promot. - 1964 wiss. Assist., 1969 Werbeleiter, 1980 Chefredakt. - BV: Gnostische Anthropol., 1976; Werbung zw. Krise u. Kritik, 1977; Corporate Identity, 1982; Perspektiven d. Marketingkommunikation, 1987; Zukunft d. Werbung - Werbung d. Zukunft, 1988.

FRANK, Albrecht

Generalkonsul d. Bundesrep. Deutschl. in Zagreb/Jugoslawien - Proleterskih Brigada 64, YU 41000 Zagreb/Jugoslawien - Geb. 1. Febr. 1925 Speyer (Vater: Wilhelm F., Ob.studiendir.; Mutter: Franziska Christmann), kath., verh. s. 1957 m. Brigitte Kawohl, 2 Kd. - 1946/47 Hochsch. Bamberg, 1947/49 Univ. Erlangen, 1949/52 Univ. München; Staatsex. höh. Lehramt (Klass. Philol.) - 1953-56 Lehramtsass., Studienrat; 1956-59 Attaché in Bonn, Dublin, Marseille; 1959-61 Vizekonsul Konsulat Cleveland/USA; 1961-65 Legationsrat Botschaft Buenos Aires, 1965-70 Bonn; 1970-74 Botschaftsrat Botsch. Mexico, 1974-77 Lagos, 1977-81 Madrid - 1981-84 Generalkonsul in Sevilla/Spanien - 1964 Orden Libertador General San Martin (Offizierskreuz); 1981 Orden Isabel la Catolica (Komtur) - Spr.: Engl., Span., Franz.

FRANK, Anton

Dipl.-Ing. (FH), Geschäftsführer (Sprecher) Brown Boveri-York Kälte- u. Klimatechnik GmbH - Gottlieb-Daimler-Str. 6, 6800 Mannheim 1; priv.: Ludwig-Beck-Str. 53 - Geb. 21. Juni 1927 - Dipl.-Ing.

FRANK, Armin Paul

Dr. phil., o. Prof. f. Engl. Phil. (nordamerik. Lit.) Univ. Göttingen (s. 1975) - Humboldtallee 13, 3400 Göttingen (T. 397587) - Geb. 16. Juni 1935 Brünn/Mähren (Vater: Martin F., Lehrer; Mutter: Marianne, geb. Kuczera), kath., verh. s. 1961 m. Mechthild, geb. Knappstein - Stud. Univ. Frankfurt, Heidelberg (Dolmetscherex.), Montpellier, Chicago - 1962-70 Wiss. Assist. (dar. 1965-66 u. 1968-69 Yale-Univ.), 1970-75 o. Prof. Berlin - s. 1984 Fachgutachter d. DFG f. lit.wiss.e Anglistik u. Amerikanistik, s. 1985 Sprecher d. Sonderforsch.ber. Die literar. Übersetzung - BV: D. Hörspiel, 1963; Kenneth Burke, 1969; D. Sehnsucht nach d. unteilbaren Sein, 1973; Z. Aktualität T. S. Eliots, 1975 (m. H. Viebrock); Literaturwissensch. zwischen Extremen, 1977; Das engl. u. am. Hörspiel, 1981; Einführ. in d. brit. u. amerik. Literaturkritik u. -theorie, 1983.

FRANK, Benno

s. Kohlenberg, Karl Friedrich

FRANK, Bruno

Vorstandsmitglied Berliner Verkehrs-Betriebe (BVG) - Potsdamer Str. 192, 1000 Berlin 30; priv.: 28, Waidmannsluster Damm 135b - Geb. 20. Mai 1922.

FRANK, Charles

Schriftsteller u. Regisseur - 12, Boulevard Jean Mermoz, Neuilly-sur-Seine (Frankr.) (T. 47 22 18 94) - Geb. 23. Jan. 1910 Berlin, gesch., 2 S. (Christopher, Michael) - Kaiser Wilhelm Gymn. Berlin (Abit.) - Romane (u. a. Carole, 1962). Engl. Bühnenbearb. Intimate Relations (Les Parents Terribles) v. J. Cocteau sow. Buch u. Regie d. gleichnamigen Films; engl. Bühnenbearb. The Egg (L'Oeuf) v. F. Marceau (1958); Hirt d. Wölfin Theater im Karlshof München; Jungfrau m. Kind (Drehb. 1985) - Liebh.: Musik, Malerei - Spr.: Engl., Franz.

FRANK, Ellen

Schauspielerin - Eisenacher Str. 2b, 8000 München 40 - Geb. 9. März 1904 Aurich (Vater: Georg F., Regierungsrat; Mutter: Paula, geb. Heckmann), ev., gesch., T. Evelyn - Tanz- (Mary Wigman) u. Schauspielausbild. (Erwin Piscator), Berlin - S. 1928 m. Unterbrech. (Ehe) Bühnen Berlin (auch Tingeltangel u. Kabarett d. Komiker) u. München. 1963ff. zahlr. Tourneen (dar. 1979/80 Tournee m. UA v. Dürrenmatt D. Panne); 1985/86-1987/88 Gastspielvertrag Münchner Kammersp. Film (u. a. Peer Gynt u. So e. Flegel); Fernsehen (u.a. 1982 D. Pfauen v. Friedr. Georg Jünger; 1984 D. Traum d. taubengrauen Schwester, Titelrolle; 1987 Tatort, Gegenspieler; Serie Wunschpartner; SWF; Derrick; D. Alte; Florian (Serie)) - Spr.: Engl.

FRANK, Gerhard

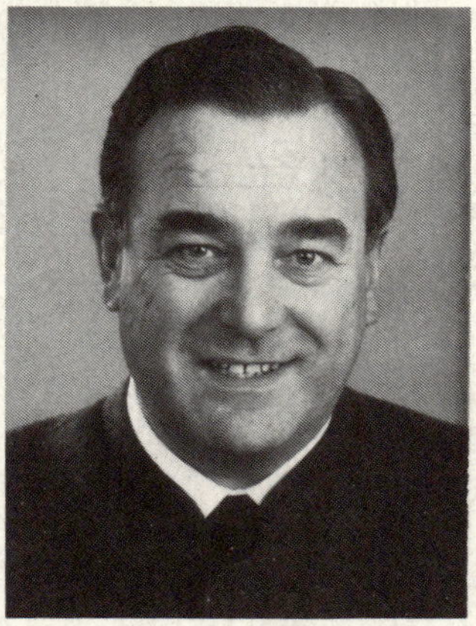

Dr. jur., Rechtsanwalt u. Fachanwalt f. Steuerrecht - Max-Josef-Str. 8, 8000 München 2 (T. 59 40 72); priv.: Nikolaus-Müller-Str. 5, 8033 Planegg (T. 859 91 57) - Geb. 28. Juni 1929, kath., verh. s. 1957 m. Ruth, geb. Wiedenhöft, 3 Töcht. - AR-Vors. Kathreiner AG Poing; AR-Mitgl. Münchner Bank eG, u. Gothaer Allg. Versich. AG, Göttingen; 1972 Präs. Landesjagdverb. Bayern; Vors. Stiftg. Dt. Jagd- u. Fischereimus. München; 1982 Präs. Dt. Jagdschutzverb. Bonn; 1985 Präs. Face (Arge d. Jagdverb. d. EG) Brüssel. 1975-78 u. 1983-86 MdL Bayern - BV: Rechtl. Entw. d. Forstrechte, 1957; Waffengesetz, 1973; Jagdrecht in Bayern, 1987 - Bayer. VO, BVK I. Kl. - Liebh.: List, Gesch., Biol. u. Zool. - Spr.: Engl.

FRANK, Gerhard

Dr. phil., Prof. f. Deutsch (Methodik u. Didaktik) Päd. Hochsch. Heidelberg - Goethestr. 24, 6945 Hirschberg (T. 06201 - 51124) - Geb. 21. Juli 1920 Schopfheim - BV: Deutschstunden in d. Sekundarstufe, 1972 zus. m. Riethmüller; D. Schüler als Leser, zus. m. J. Stephan; Mitarb. Westermanns Lesebuch, Bd. 5 u. 6; Westermann Texte Deutsch (wtd), Bd. 5-9, Mitarb.

FRANK, Günter

Dr. rer. nat., Prof. f. Mathematik TU Berlin - Mittelstr. 9, 1000 Berlin 20 - Geb. 28. April 1940 Tauberbischofsheim - 1960-66 Stud. Math. Univ. Karlsruhe (Dipl. 1966, Promot. 1969, Habil. 1972) - 1972-75 Wiss. Rat u. Prof. Univ. Dortmund; 1975-79 o. Prof. Fernuniv. Hagen; 1979-88 Prof. Univ. Dortmund, 1988ff. Prof. TU Berlin.

FRANK, Hanns K.

Dr. rer. nat., Prof. f. angewandte Mikrobiologie - Bundesforschungsanst. f. Ernährung, Engesserstr. 20, 7500 Karlsruhe 1 (T. 0721 - 6 01 14) - Geb. 14. März 1922 Hof (Vater: Johann F., Bankbevollm.; Mutter: Edith, geb. Gutte), verh. s. 1963 m. Ingeborg, geb. Schröder †1984, T. Barbara - Stud. Biol. u. Chem. Physik Univ. München (Staatsex. 1953); Promot. 1954, Habil. 1966 TU München - 1955-60 Pharmaz. Ind. Karlsruhe; 1960-65 Inst. f. Mikrobiol. Süddt. Versuchs- u. Forsch.anst. f. Milchwirtsch. Freising - Weihenstephan; s. 1965 Bundesforsch.anst. f. Ernähr., Karlsruhe; 1976-78 Präs. Senat d. Bundesforsch.anst. Bundesmin. f. Ernähr., Landwirtsch. u. Forsten. - 140 wiss. Veröff. u. Mitarb. an Fachb.- 1982 BVK I.Kl. - Sammelt Pfeifen.

FRANK, Hans

Geschäftsführer Aluminiumwerk Tscheulin GmbH., Teningen - Ziegelhof 22, 7830 Emmendingen/Baden - Geb. 15. Dez. 1926 - Kaufm. Werdegang.

FRANK, Hans

Bürgermeister i. R., Ehrensenator - Stephan-Blattmann-Str. 10, 7743 Furtwangen (T. 07723 - 32 00) - Geb. 7. Okt. 1919 Offenburg, kath., verh. s. 1942, 2 Kd. - 1949/50 Stud. Durham/USA - 1957-77 Bürgerm.; 1964-72 MdL Baden-Württ. - 1972 BVK I. Kl., 1978 Verdienstmed. Land Baden-Württ.

FRANK, Harro

Dr. jur., Direktor, Mitgl. Hbg. Bürgerschaft (s. 1974; Fraktionssprecher f. Städtebau, Verkehr u. Regionalplanung) - Bebelallee 7, 2000 Hamburg 60 - Geb. 11. Sept. 1941 Hamburg - Liebh.: Musik, Lit. - Spr.: Engl. Franz.

FRANK, Hartmut

Dipl.-Ing., Architekt, Prof. f. Analyse Gebauter Umwelt Hochschule f. Bild. Künste - Lerchenfeld 2, 2000 Hamburg 76 (T. 29188 - 3800) - Geb. 5. Dez. 1942 Koscian/Pol., verh. m. Carmen Amelia Muñoz, Arch., 2 Kd. (Matilde, Augusta) - 1963-70 Stud. Architektur u. Stadtplan. TU Berlin. 1970-71 wiss. Ang. ETH Zürich u. 1972-76 TU Berlin, s. 1976 Prof. HbK Hamburg, s. 1987 Vizepräs. HbK Hamburg. Veröffentl. z. Planungs- u. Architekturtheorie sowie z. Baugesch. d. 20. Jh.

FRANK, Helmar Gunter

Dr. phil., Dipl.-Math., o. Prof. f. Kybernetische Pädagogik - Kleinenberger Weg 16 A, 4790 Paderborn (T. 6 42 00)

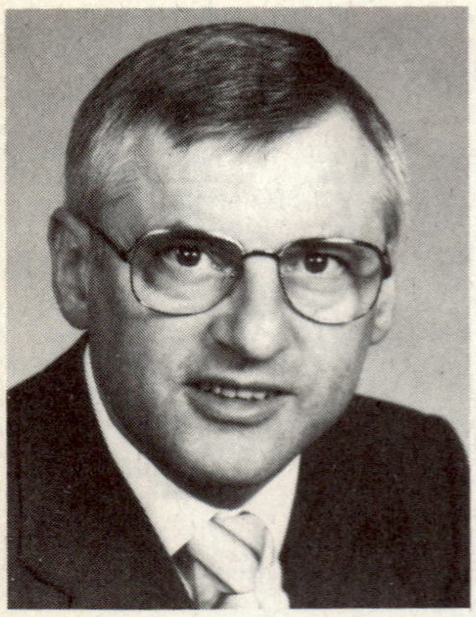

- Geb. 19. Febr. 1933 Waiblingen (Vater: Prof. Dr. Manfred F., Geologe (Begründer der Ingenieurgeologie in Deutschland); Mutter: Erna, geb. Glocker), verh. s. 1961 (Eßlingen) m. Brigitte, geb. Böhringer, 2 Kd. (Ines, Tilo) - Stud. Math., Physik, Phil. Stuttgart (TH), Tübingen (Univ.), Paris (Sorbonne) - 1960-61 Studienass. badenwürtt. Schuldst.; 1961-63 wiss. Mitarb. TH Karlsruhe (Inst. f. Nachrichtenverarb. u. -übertrag.); 1963-72 ao. u. o. Prof. (1971) Päd. Hochsch. Berlin; s. 1964 Dir. Inst. f. Kybernetik; 1970 (Habil.) - 1984 Privatdoz. Johannes-Kepler-Univ. Linz, s. 1972 Honorarprof. f. Kybernetik Berlin, o. Prof. Univ. Paderborn; 1971-81 Dir. FEoLL-Inst. f. Kybernet. Pädagogik. S. 1964 Vors. bzw. Ehrenpräs. (1970) Intern. Ges. f. Programmierte Instruktion bzw. f. Päd. u. Information, s. 1977 Vorst.mitgl. Assoc. Intern. de Cybernétique, s. 1978 Präs./Ehrenpräs. (1983) Europaklub/Soc. pri Lingvolim-Transpaŝa Europa Interkompreniĝo, s. 1984 Vizepräs. Tutmonda Asocio pri Kibernetiko, Informadiko kaj Sistemiko, s. 1986 Präs. d. Akad. Internacia de la Sciencoj (AIS) San Marino. Leitete 1958 aus Modellvorstell. d. in Dtschl. erstmals durch ihn vertr. Informationspsych. e. Maß f. d. Auffälligkeit ab, an d. er d. n. ihm benannten Maximumeffekt theoret. vorhersagen u. spät. vielf. empir. bestätigen konnte; entwarf versch. Typen v. Lehrautomaten; begr. 1965 d. Theorie d. Formaldidaktiken (rechnererzeugte Lehrprogramme); entw. s. 1976 a. d. Basis d. von ihm eingef. Sprachorientierungsunterrichts eine kyb. Transfertheorie bes. f. d. Fremdsprachpäd.; entw. zus. m. S. Lehrl u. V. Weiß e. informationspsych.-genet. Theorie d. Intelligenz; initiierte d. ersten dt. bildungstechn. Forschungs- u. Entwicklungszentren Paderborn (1970) u. Wiesbaden (1971) sowie d. Akademio Internacia de la Sciencoj San Marino - BV: Grundlagenprobleme d. Informationsästhetik, 1959, 2. A. 1967; Kybernet. Grundl. d. Päd., 1962, 2. A. 1969 (frz. 1966, ital. 1974); Kybernet. Analysen subjektiver Sachverhalte, 1964; Kybernetik u. Phil., 1966, 2. A. 1969 (port. 1970; span. 1974); Einf. in d. kybernet. Päd. 1971, 2. A. 1980 (span. 1976); Vorkurs z. prospektiv. Bildungswiss., 1984 (ILo u. chines., 1986). Herausg. mehrerer Sammelbde. üb. Kybernetik. Schriftl.: Grundlagenstudien aus Kybernetik u. Geisteswiss. (s. 1960) - 1985 Johann-von-Neumann-Verdienstmed. Budapest - Spr.: ILo (Internacia Lingvo = Esperanto), Franz., Engl., notdürft. Ital., Span. u. Portug. - Lit.: B. S. Meder/W. F. Schmid (Hrsg.) Kybernet. Päd. Schr., 1958-1972; Helmar Frank u.a., 5 Bd., Schriftensamml. u. Würdig. z. 40. Geb., 1973/74.

FRANK, Helmut

Dr. rer. nat., Prof. f. Kernphysik - Am Erlenberg 17, 6100 Darmstadt - Geb. 30. Juli 1921 Köln - Promot. 1957 Göttingen - S. 1965 Wiss. Rat u. Prof. bzw. Prof. TH Darmstadt i.R. Fachaufs.

FRANK, Helmut

Elektromeister, MdL Hessen (s. 1974) - Dunantring 111, 6230 Frankfurt 80 (T. 344939) - Geb. 22. Juli 1933 - CDU.

FRANK, Helmut

Dr. oec. publ., Dipl.-Kfm., Fabrikant, gf. Gesellsch. Manzinger Papierwerke, München, AR-Vors. Manzinger France, Ensisheim (Frankreich) u. Wamsler GmbH, München, Vorst.-Mitgl. Femotet-Manzinger-Italia, Castrovillari (Italien), Vors. Industrieverb. Papierverpackung, u. IPV Industrieverb. Papier- u. Plastikverp., Frankfurt, Präs. Fédération Européenne des fabricants de Sacs en Papier et d'emballage souple (FEDES), Paris, u. a. - Feichthofstr. 145, 8000 München 60 (T. 83 88 79) - Geb. 19. Sept. 1923 Troppau (Vater: Gustav F.; Mutter: Ida, geb. Proksch), verh. m. Birgitta, geb. Manzinger, 4 Kd. (Monika, Anette, Christian, Ursula) - Gymn. Troppau u. Wien; Univ. Wien u. München. Diplomex. (1952) u. Promot. (1953) München - Fachveröff. - BVK am Bde. u. I. Kl.

FRANK, Horst

Schauspieler - Zu erreichen üb. Agentur Lentz, Holbeinstr. 4, 8000 München 80; Whg.: Hamburg - Geb. 28. Mai 1929 Lübeck (Vater: Bernhard F., Kaufm.; Mutter: Hilma, geb. Gressmann), ev., verh. I) 1950, II) 1964 m. Marion, geb. Gnauk, III) m. Chariklia Baxevanos (Schausp.), T. Désirée, IV) s. 1979 m. Brigitte Kollecker (Schausp.) - Mittelsch.; Lehre als Exportkfm.; Hochsch. f. Musik u. Theater - S. 1950 Bühnen Lübeck, Bonn, Basel, Baden-Baden, Wuppertal u. a. Üb. 150 Film- u. Fernsehrollen - BV: Leben heißt leben, Erinn. 1981 - 1958 Preis d. dt. Filmkritik; 1973 Ehrenbürger Stadt Cognac (Südfrankr.) - Liebh.: Segelfliegen (Flugscheininh.), chines. Malerei u. Lyrik - Spr.: Engl., Franz., Span., Ital.

FRANK, Horst Joachim

Dr. phil., o. Prof. Päd. Hochsch. Flensburg - Seestr. 28, 2392 Glücksburg/Ostsee - BV: C. R. v. Greiffenberg, 1967; Gesch. d. Deutschunterr., 1973; Handb. d. dt. Strophenformen, 1980.

FRANK, Hubert

Dr. rer. nat., Prof. f. Differentialgeometrie u. rechnergestützte Konstruktion (CAD) - Universität, 4600 Dortmund 50; priv.: Dr.-Abele-Weg 13, 4760 Werl - Geb. 6. Juli 1938 Karlsruhe (Vater: Karl F., Ing.; Mutter: Maria, geb. Derr), kath., verh. s. 1965 m. Helgard, geb. Orth, 2 T. (Julia, Dorothee) - 1959-65 Stud. Math. u. Phys. Karlsruhe (Staatsex.). Promot. 1968 Karlsruhe; Habil. 1976 Freiburg; 1979 Prof. Dortmund - Fachwiss. Aufs. Schriftl.: Mitt. d. Dt. Math.-Vereinig. (1971-79) - Spr.: Engl., Franz.

FRANK, Hubert Konrad

Schriftsteller - Runzstr. 36, 7800 Freiburg/Br. (T. 0761-3 42 93) - Geb. 12. Sept. 1939 Kenzingen/Bad., kath., ledig - Stud. German. u. Angl. - Mitgl. Verb. d. Schriftst. (VS) - BV/Theaterst.: Bauerntheater od. d. Endzeit, 1981; D. Patriarchen, 1982; Zukunftsplanung, 1984; Sterbehilfe, 1986; Lyrik in Anthol., Erz. - Liebh.: Malerei (ausüb.) - Spr.: Engl., Franz.

FRANK, Jürgen

Dr. rer. pol., Prof. f. Wirtschaftswissenschaften Univ. Hannover (s. 1975) - Hanomagstr. 8, 3000 Hannover 91 - Geb. 29. Okt. 1941 (Vater: Franz Xaver, Ingenieur; Mutter Elisabeth, geb. Spies), S. Tobias - Stud. Sprachen u. Dolmetscher Inst. München; Univ. München, Regensburg; Dipl. Dolm./Übers. 1964, Dipl. Volksw. 1969, Promot. 1974 - BV: Kritische Ökonomie, 1976; Fachveröff. z. Ökol. Analyse v. Institutionen; Mithrsg. Fundamenta Juridica - Spr.: Engl., Franz.

FRANK, Karl Heinz

Dr., Wiss. Direktor, Leit. Wirtschaftsarchiv/Univ.sinst. f. Weltw. - Düsternbrooker Weg 120-22, 2300 Kiel.

FRANK, Karl Otto

Prof., Dozent f. Deutsch Päd. Hochsch. Freiburg/Br. (s. 1958) - Oberbirken, 7801 Stegen/Br. - Geb. 5. Nov. 1922 Nordschwaben (Vater: Eugen F., Hochschullehrer), verh. m. Martha, geb. Roll - Stud. Univ. Basel u. Freiburg.

FRANK, Karl-Friedrich

Fabrikant, Gesellschafter Karl Frank GmbH., Fabrik f. Meßwerkzeuge u. Prüfmaschinen, Weinheim-Birkenau/Mannheim-Rheinau - Weinheimer Str. Nr. 6, 6943 Birkenau/Bergstr. - Geb. 24. Dez. 1906 Karlsruhe, kath. - Realgymn. Mannheim, Meßtechnikerausbild. USA - BV: Taschenb. d. Papierprüf.; Tb. d. Kautschuk- u. Kunststoffprüf.; Tb. d. Härteprüf., metall. Werkstoffe; Einf. in d. Textilprüf.; Tb Parallel-Endmaße (engl.: Introduction of Textiles Testing) - Spr.: Engl., Franz.

FRANK, Karlhans

Schriftsteller - Büchereck, Rathausplatz 3, 3502 Vellmar - Geb. 25. Mai 1937 Düsseldorf, 2 T. - Vorst. Arbeitskr. f. Jugendlit. als Delegierter d. Verb. dt. Schriftst. (VS) - BV: Stolperstellen, 1968; Willi kalt u. heiß, 1978; Auf d. Flucht vor d. Tod leben wir e. Weile, 1982; Schott. Lieder u. Balladen, 1984; V. d. Magie d. Männlichkeit, 1985; Ganz schön beschult, 1985; Fliegen soll er wie e. Drache, 1986; u.a. - Stip. SDR verb. m. Stadtschreiber - Liebh.: Kunst, Ethnol., Päd., Musik, u.v.a. - Spr.: Lowland-Schottisch.

FRANK, Klaus Ottmar

Dr. rer. pol., Prof. f. Allgem. BWL u. Spez. d. Touristik FH Worms, Ges. DR. Frank Sprachen u. Reisen GmbH, Heppenheim, Inst. f. Btx u. Telematik - Wald-Str. 22c, 6148 Heppenheim (T. 06252 - 20 62 50 77) - Geb. 27. Mai 1939 Boxberg (Vater: Dr. Eugen Marcel F., Oberforstmeister; Mutter: Elisabeth, geb. Valnion), kath. - Gymn. (Abit. 1958) Ettlingen/Baden; Stud. Wirtschaftswiss. Köln u. München. Dipl.-Kfm. 1963 Köln; Promot. 1967 - Wiss. Asst. TH Karlsruhe; 1971-75 Gf. ADAC Reise GmbH, München, 1975-78 Gf. GUT-Reisen GmbH u. NUR-GUT-ABC GmbH, Eschborn; s. 1979 Leit. Inst. f. Btx - Liebh.: Segelflug, Skilauf, Numismatik - Spr.: Engl., Franz., Span.

FRANK, Manfred

Gastwirt u. Kaufm., MdL Schlesw.-Holst. - Am Burggraben 1, 2361 Seedorf - Geb. 2. Nov. 1929 Grimmelsberg Kr. Plön, ev., verh., 3 Kd. - Mittl. Reife - 1959 ff. Gemeindevertr. u. Bürgerm. (1962) Segeberg. 1962 ff. MdK; 1963 ff. Kreisrat. Ämter Fremdenverkehr u. Sport (Handball). SPD s. 1959 (1964 Kreisvors. Segeberg) - 1967 Frhr.-v.-Stein-Med.; 1974 BVK; 1971 Feuerwehrenkr. in Silber.

FRANK, Paul

Dr. rer. pol., Staatssekretär a. D., Koordinator Dt.-Franz. Zusammenarb. (1981-82) - Weißtannenweg 20, 7821 Breitnau - Geb. 4. Juli 1918 Hilzingen/Hegau (Vater: Stadtrat u. Zentrumspolitiker), verh. m. Irma, geb. Sutter, 2 Söhne - Gymn. Singen (Abit.); Univ. Freiburg, Zürich, Fribourg (Volksw.; Promot. 1950 m. d. Diss.: D. Neuordnung d. dt. Geldwesens) - Kriegsdst. (zul. Oblt.), Stud., ab 1950 AA Bonn (1968 Leit. Polit. Abt. I, 1970 Staatssekr.); 1974-79 Chef d. Bundespräsidialamtes - BV: Entschlüsselte Botschaft, Erinn. 1981 - E. Diplomat macht Inventur, 1981; D. senile Gesellschaft - Hieb- u. Stichworte, 1984; Cézanne-D. Macht d. Einsamkeit, 1986 - 1972 Gr. ital. Verdienstkreuz, 1973 Gr. BVK - Liebh.: Skilaufen, Segeln, Malen - Spr.: Franz., Engl.

FRANK, Paul Martin

Dr.-Ing., Dipl.-Ing., o. Prof. f. Meß- u. Regelungstechnik Univ.-GH-Duisburg (s. 1976) - Am Steinwerth 4, 4100 Duisburg 29 (T. 0203 - 76 56 46) - Geb. 7. Juli 1934 Heidelberg (Vater: Otto F.; Mutter: Elisabeth, geb. Junkert), ev., verh. s. 1961 m. Hildegard, geb. Faure, 2 Kd. (Stefan, Brigitte) - Stud. d. Elektrotechn. TH Karlsruhe, Dipl. Elektrotechnik 1959, Promot. 1965; Habil. 1973; 1959-66 wiss. Assist.; 1966-72 akad. Rat/Oberrat; 1972-73 Lehrstuhlvertr.; 1973-76 Wiss. Rat u. Prof. Univ. Karlsruhe; 1975 u. 76 Gastprof. Seattle bzw. Mexico City; 1985 Berat.-Prof. d. Northwestern Polytechn. Univ. Xian, China; 1986 Mitbegründer u. Sprecher d. Dt.-Franz. Inst. f. Automation u. Robotik IAR; 1988 Leit. Ber. Grundl.; Theorie d. VDI/VDE-GMA - BV: Entwurf v. Regelkreisen m. vorgeschriebenem Verhalten, 1974; Pulsfrequenzmodulierte Regelungssysteme, 1975; Empfindlichkeitsanalyse dynamischer Systeme, 1976; Introduction to System Sensitivity Theory, 1978; Entd. v. Instrumentenfehlanz. mittels Zustandsschätzung in techn. Regelungssystemen, 1984; Fault diagnosis in dynamic systems - theory and applications, 1989; rd. 90 Veröff. in Fachztschr. u. b. Fachtagungen - 1974 Fulbright- u. VW-Stiftg.-Stip.; 1989 Verdienstmed. d. Univ. Louis Pasteur Straßburg f. Dt.-Franz. Zusammenarb. - Spr.: Engl.

FRANK, Peter

Journalist, Leit. Öffentlichkeitsarb. Dt. Lloyd Versich. München - Prof.-Angermaier-Ring 24, 8046 Garching (T. 089 - 320 36 88) - Geb. 17. Dez. 1937, kath., verh. s. 1964 m. Ilse, geb. Munsonius, T. Katrin - Gymn. München; 1956-60 Verlagsausb. - 1979-85 stv. Sprecher Landesgr. Bayern Dt. Public Relationsges., München - BV: 3 Kriminalromane, 1976-82; Friedrich der Große-Anekd., 1982 - Liebh.: Sport, Schreiben, Hist. Biogr. - Spr.: Engl.

FRANK, Peter

Designer, Leiter Design Center Stuttgart - Willi-Bleicher-Str. 19, 7000 Stuttgart; priv.: Mühlstr. 19B, 7000 Stuttgart-Feuerbach - Geb. 8. Jan. 1937 Stuttgart (Vater: Dr. Wolfgang F., Volkswirt; Mutter: Ursula, geb. Kietz) - 1959-65 Designstud. Folkwang-Sch. Essen u. Royal College of Art London - U. a. Assist. Folkwang-Sch., Designer Bayer Leverkusen u. Intern. Design-Zentrum Berlin. Sekr. Ausstell. Sehen + Hören - Design + Kommunikation Kunsthalle Köln (1973/74); Gf. Vorst.-Mitgl. Ind.-form u. Leit. Haus Ind.form Essen (1974-82); Dir. Rosenthal AG, Selb (1982-86); Mitgl. Ausst.-Berat.aussch. Inst. f. Auslandsbez., Stuttgart - BV: Berufsbild Ind.-Designer (m. Prof. Werner Glasenapp), hg. Bundesanst. f. Arbeit, 1966 u. 71. Zahlr. Veröfftl. in Fachztschr. u. Tagesztg. - Spr.: Engl. - Bek. Vorf.: Reinhard v. F., Strafrechtler (Großv.).

FRANK, Rainer

Dr. jur., Prof., Direktor d. Inst. f. ausländ. u. intern. Privatrecht Abt. II, Univ. Freiburg, Inh. d. Lehrstuhls f. dt. u. ausl. bürgerl. Recht u. Handelsrecht - Zu erreichen üb. Europapl. 1, 7800 Freiburg - Geb. 14. Juli 1938, verh., 2 Kd. - Arbeitsgeb.: Bürgerl. Recht, insbes. Familien- u. Erbrecht, Intern. Privat- u. Prozeßrecht, Rechtsvergleichung - Spr.: Engl., Franz. Ital.

FRANK, Reinhold

Regierungsdirektor, Hauptgeschäftsf. Bund d. Strafvollzugsbediensteten Dtschl.s - Mettackerweg 6b, 7800 Freiburg/Br..

FRANK, Rudolf

Dipl.-Ing., Generalbev. Direktor Siemens AG; Leit. Hauptber. Betriebe Untern.ber. Med. Technik d. SAG - Henkestr. 127, 8520 Erlangen - Geb. 19. Mai 1924 Söhle (Vater: Rudolf F., Mutter: Emma, geb. Krug), kath., verh. m. Christine, geb. Schwabenthan, 2 Kd.

FRANK, Rudolf

Kursmakler, Vors. Bundesverb. d.

Kursmakler an d. dt. Wertpapierbörsen - Zu erreichen üb.: Schauenburgerstr. 15, 2000 Hamburg 1.

FRANK, Ulrich

s. Frank-Planitz, Ulrich

FRANK, Werner

Dr. rer. nat., Prof., Leiter Abt. f. Parasitologie Univ. Hohenheim (s. 1968) - Schellingstr. 8, 7024 Filderstadt 4 (T. 0711 - 777 50 09) - Geb. 10. Sept. 1926 Essingen/Ostalb (Vater: Eugen F., Polizeirat; Mutter: Berta, geb. Plankenhorn), verh. s. 1973 m. Ursula, geb. Meister, S. Kai-Steffen - Priv. Obersch. Michelbach a. d. Bilz, Gymn. Schwäbisch Gmünd (Abit. 1947); Stud. d. Biol. u. Chemie Univ. Stuttgart; Habil. 1964 - 1954 b. 1960 Wiss. Assist., zwischenzeitl. (1958/59) Lehrauftr. f. Parasitol. u. Zoologie Med. Fakultät Ahwaz/Iran; 1960-64 Wiss. Oberassist.; 1964-70 Privatdoz.; 1987 Ord. f. Parasitologie. 1975-77 Prodekan u. 1977-81 Dekan, 1982-83 Prodekan; 1988-89 Dekan Fak. Biol. Univ. Hohenheim. Mitgl. u. a. Dt. Ges. f. Parasitol. (1966-68 u. 1970-74 Vorst., 1980-84 1. Vors.) - BV: Parasitologie. Lehrb. f. Stud. d. Human- u. Veterinärmed., d. Biol. u. Agrarbiol., 1976; Wildlife Diseases, 1976 (m. a.); Zootierkrankheiten (m. a.); Vol.: Diseases of the Reptilia, Part: Ecto- and Endoparasites (1981), Part.: Protozoa (1984, m. a.). Herausg.: Immune Reactions to Parasites (1982); Krankheiten d. Amphibien u. Reptilien (1985); Taschenatlas d. Parasitologie (1986); Tranparenteatlas Parasitologie (1987) - Spr.: Engl.

FRANK, Werner

Dr. rer. nat., Dr. med., Prof., Physiolog. Chemiker - Rehhaldenweg 44, 7060 Schorndorf/Württ. - S. Habil. Lehrtätigk. Univ. Tübingen (apl. Prof. f. Physiol. Chem.).

FRANK, Werner A. K.

Dipl. rer. pol. (techn.), Direktor Rhein.-Westf. Elektrizitätswerk AG, Essen 1 - Alfred-Pott-Weg 11, 4300 Essen-Bredeney (T. 71 34 16) - Geb. 16. Aug. 1929, verh., 2 Kd. - TH Karlsruhe - Beirat Starkstrom-Gerätebau GmbH, Regensburg, Carl Scholl KG, Köln-Königsforst, KTG Kabeltrommel GmbH & Co KG, Köln, Schmalenbachges. Köln/Berlin; Vors. Prüfungsaussch. IHK; Lehrauftr. Univ. Göttingen.

FRANK, Wilhelm

Fabrikant, Geschäftsf. Wilh. Frank Gmbh. (Baubeschläge, einschiebb. Bodentreppen, Spez.-Werkzeuge) - Stuttgarter Str. 145-47, 7022 Leinfelden/Württ. - S. 1935 (Firmengründ.) selbst (z. Z. etwa 1000 Beschäftigte). Üb. 200 Patente - 1968 BVK.

FRANK, Willy Heinrich

Dr. phil., Vorstandsmitglied Dortmunder Stadtwerke AG., Dortmund - Tiefe Mark 51, 4600 Dortmund 41 - Geb. 2. Juli 1920 - Stud. Chemie (Dipl.).

FRANK, Winfried E.

Malermeister, MdL Saarl. (s. 1970), Präs. Handwerkskammer, Präs. Saarl. Genossenschaftsverb. - Bergstr. 11, 6643 Perl.

FRANK, Wolfgang

Geschäftsführer Dt. Texaco-Verkauf GmbH. - Überseering 40, 2000 Hamburg 60.

FRANK-PLANITZ, Ulrich

Verleger, Geschäftsf. Dt. Verlags-Anstalt GmbH (s. 1978; 1981 Sprecher) u. Engelhorn Verlag GmbH, bde. Stuttgart - Neckarstr. 121, 7000 Stuttgart 1 (T. 26 31-0) - Geb. 13. April 1936 Planitz/Sa. (Vater: Otto Frank, Kürschnermstr.; Mutter: Elli, geb. Keßler), ev., verh. m. Dr. phil. Karin, geb. v. Maur, Kunsthistorikerin, S. Christian - Univ. Jena, Berlin (Freie), Köln, Bonn (Medizin, Rechts- u. Wirtschaftswissensch.) - 1962-73 Christ u. Welt bzw. Dt. Ztg./Christ u. Welt (1970 Chefredakt.); 1974-77 Dir. Robert Bosch Intern. Beteilig. AG, Zürich - BV: Konrad Adenauer, Biogr., 1975; Republik i. Stauferland, Bad.-Württ. nach 25 Jahren (zus. m. Theodor Eschenburg), 1977; Gustav Stresemann, Biogr. (m. Th. Eschenburg), 1978; Kleine Geschichten aus d. Weihnachtsland, 1987; Kleine Geschichten aus Bonn, 1989 - Ehrenritter Johanniter-Orden - Liebh.: Gesch., Kunst, Architektur - Rotarier.

FRANK-SCHMIDT, Hans-Jürgen

Dr. med., Internist, Präs. Berufsverb. Dt. Internisten - Schillerplatz 4, 6700 Ludwigshafen 25 (T. 0621 - 68 30 80-99) - Geb. 20. April 1926 Berlin - 1945-51 Med.-Stud. Univ. Jena, Ostberlin u. Berlin-West; Promot. 1964 - 1970 Mitgl. Vertreter-Vers. KV u. Kammer Pfalz, Beschwerdeaussch. u. Beschwerdekommiss.; 1985 Vorst.mitgl. KV; 1982 Aussch. Dt. Ges. f. Innere Med.; 1974 Vizepräs. u. 1980 Präs. Berufsverb. Dt. Internisten - BV: Handb. d. Praxis-Rationalis., 1972; Labor-Org., Daten-Verarb., 1976; Rhyth'm round the clock (Langzeit-EKG), 1985. Mitarb. b. zahlr. Bucherschein.; Wiss. Beirat Liste Pharmindex u. Liste Hospitex, Mitherausg. D. Internist - Spr.: Engl.

FRANK von MAUR, Karin

Dr. phil., Oberkonservatorin (PS. Karin v. Maur), Fr. Mitarbeiterin der FAZ - Konrad-Adenauer-Str. 32, 7000 Stuttgart 1 (212 51 25) - Geb. 8. Nov. 1938 Stuttgart (Vater: Günther v. M., Spediteur; Mutter: Agnes, geb. Weißheimer), ev., verh. s. 1975 m. Ulrich Frank-Planitz (Verleger), S. Christian - Univ. Heidelberg, Mainz, Paris, Tübingen (Roman., German. u. Kunstgesch.), Promot. 1966 Tübingen - 1966-68 Volontärsassist. Staatsgalerie Stuttgart, 1968-69 Ausstellungsleit. Städt. Kunsthalle Nürnberg, s. 1969 Leit. Oskar-Schlemmer-Archiv u. Konservatorin f. Kunst d. 20. Jh. Staatsgalerie Stuttgart; Mitgl. AICA (Association Intern. des Critiques d'Art) - BV: Franz. Künstler d. 19. Jh. in d. Schr. d. Brüder Goncourt, E. Stud. z. Kunstkritik u. Kunstanschau. v. 1850 b. 1896, 1966; Oskar Schlemmer - D. plast. Werk,. 1972 (auch engl.); Oskar Schlemmer, Monogr. u. Oeuvrekatalog, 2 Bde., 1979; V. Klang d. Bilder. D. Musik in d. Kunst d. 20. Jh., 1985; zahlr. Aufs. u. Katalogveröff. z. Kunst d. 20. Jh. - Liebh.: Tanztheater, Musik, Lit. - Spr.: Franz., Engl., Ital.

FRANKE, Artur

Direktor, gf. Vorstandsmitgl. Bundesverb. f. d. Selbstschutz/Bundesunmittelbare Körpersch. d. Öfftl. Rechts - Tönneshofweg 4, 5000 Köln 40.

FRANKE, August

Landrat - Wolferhäuserstr. 47, 3501 Haldorf - Geb. 14. Febr. 1920 Haldorf - Volkssch.; Maurerlehre; Fernstud. u. Abendsch.; 1937-40 Staatsbausch. Kassel (Bauing.) - 1940-42 Wehrdst. (verw.); Landesbauernschaft u. LK Kurhessen (1951 Baurat); 1956-61 Geschäftsf. Siedlungsges. Hessische Heimat, Kassel; s. 1961 Landrat Kr. Fritzlar-Homberg. 1954-70 MdL Hessen. SPD.

FRANKE, Brigitte

Dr., Dt. Generalkonsulin in Bilbao (Spanien) - Plaza de los Alféreces Provisionales 1, Apartado 463, Bilbao (T. 242464/65).

FRANKE, Dieter

Regisseur, Schausp., Sprecher, Disponent b. Film- u. FS-Studio Eiswerder u. Redakt. f. Kabelfernsehen (s. 1986) - Germaniastr. 27, 1000 Berlin 42 (T. 030 - 751 13 25) - Geb. 26. Juni 1944 Berlin, ledig - 1964-69 Stud. Volksw. u. Phil. Univ. Tübingen, FU Berlin, München (1968/69); Schauspielunterr. b. Oscar v. Schab u. H. Riekmann, München - Schausp. u. Regiss. Dinkelsbühl (1970), Rottweil, Reutlingen (1971/72), Altstadt Stuttgart; Oberspielleit. (1973), Dramat. Marburg (1974/75); Regiss. u. Schausp. Tribüne Berlin (1977-83) - Insz.: Warten auf Godot (Becket, 1970); Sie legten d. Blumen Handschellen an (Arrabal, 1973) Stuttgart, Maria Magdalena (Hebbel, 1974), versch. Rollen in Hörspielen (BR, SFB) u. FS: zul. Buchhdl. Hoff in Lenz od. d. Freiheit (SWF) u. Förster in Löwenzahn (ZDF); Arb. als Synchronsprecher - Liebh.: Fotogr., Jazz (spielt Trompete) - Spr.: Engl., Span., Franz.

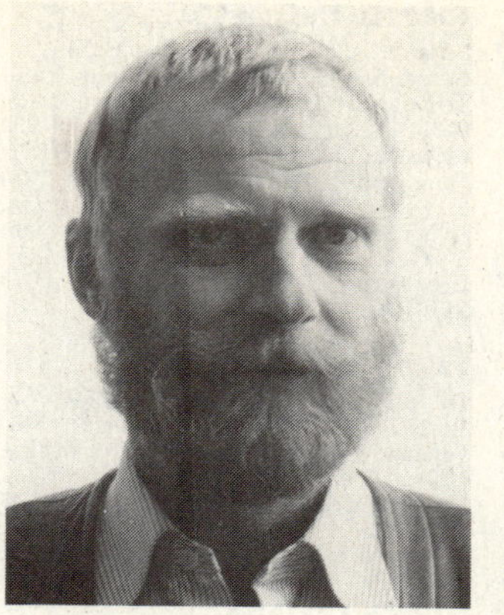

FRANKE, Dietrich

Dr. med., Prof., Chefarzt Chirurg. Klinik/Krankenhaus Bruchsal - Richard-Wagner-Str. 7, 7520 Bruchsal - S. Habil. Lehrtätigk. Univ. Heidelberg (gegenw. apl. Prof. f. Chir.).

FRANKE, Egon

Bundesminister a.D., MdB - Marienburger Weg 32, 3000 Hannover-Buchholz (T. 0511 - 646 30 66; dstl.: 0228 - 16 31 94) - Geb. 11. April 1913 Hannover (Vater: Gustav F., Musiklehrer; Mutter: geb. Müller), verh. m. Elfriede, geb. Bruns - Volkssch., Tischlerlehre; Kunstgewerbesch. - Tischler, 1935 weg. Vorb. z. Hochverr. zu 2 1/2 J. Zuchthaus verurt., 1943 als bedingt wehrwürd. z. Bewährungseinheit 999 eingezogen, spät. Kriegsgefangensch. SPD s. 1928; 1945 Mitbegr. SPD Hannover; 1947-52 hauptamtl. Mitgl. SPD-Parteivorst.; b. 1970 Bezirksvors. Hannover u. Landesvors. Nieders.; 1964-73 Mitgl. Präs. SPD; 1945-47 Ratsherr Hannover; 1947-51 MdL Nieders.; s. 1951 MdB (Mitgl. Fraktionsvorst.; 1967-69 Vors. Aussch. f. gesamtdt. Fragen); 1969-82 Bundesmin. f. innerdt. Beziehungen - 1979 Großkreuz VO d. Bundesrep. Dtschl. - Liebh.: Segeln, Tischlerarbeiten.

FRANKE, Ernst-Peter

Dipl.-Ing., Prof. f. Metallurgie Gesamthochsch. Duisburg - Arndtstr. 7, 4320 Hattingen/Ruhr.

FRANKE, Franz-Herbert

Holz- u. Papierkaufm. - Schöne Aussicht 35, 2000 Hamburg 76 (T. 040 - 22 70 50) - Geb. 19. Aug. 1924 Hamburg (Vater: Ewald F., Holzkaufm.; Mutter: Wilhelmine, geb. Schwarz), kath., verh. s. 1959 m. Gisela, geb. Holzknecht, 2 Kd. (Angelika, Andreas) - Wilhelm-Gymn. (Abit. 1943) Hamburg - Spr.: Engl., Schwed.

FRANKE, Günter

Dr. rer. oec., Prof. f. Betriebswirtschaftslehre Univ. Konstanz (s. 1983) - Zu erreichen üb. Univ. Fak. f. Wirtschaftswiss., 7750 Konstanz - Geb. 4. Mai 1944 Wiedenbrück (Vater: Christian F., Kaufm.; Mutter: Helga, geb. Brökelmann), ev., verh. s. 1970 m. Gudrun, geb. Allmann, 2 Kd. (Christian, Cosima) - Stud. Univ. Hamburg u. Saarbrücken; Promot. 1970; Habil. 1975 - 1975-83 Prof. Univ. Gießen; 1971 Gastprof. Pennsylvania State Univ.; Assist.-Prof. Univ. Saarbrücken. 1978 Präs. European Finance Assoc., 1980 Gastdoz. Eur. Inst. for Advanded Studies in Management, Brüssel; 1985-87 Gastdozentur in Schanghai - BV: Verschuldungs- u. Ausschüttungspolitik im Licht d. Portefeuille-Theorie, 1971; Stellen- u. Personalbedarfsplanung, 1977; Finanzwirtschaft d. Unternehmens u. Kapitalmarkt, 1988 - Liebh.: Musizieren, Tennis - Spr.: Engl., Franz.

FRANKE, Hans

Dipl.-Ing., Geschäftsf. Ges. f. Elektrometallurgie mbH., Düsseldorf - Bockumer Str. 143, 4000 Düsseldorf - Geb. 21. Sept. 1916.

FRANKE, Hans

Dr. med., em. o. Prof. f. Med. Poliklinik - Frühlingstr. 9, 8035 Gauting - Geb. 27. Okt. 1911 Königshütte/OS. (Vater: Dr. Robert F., Schlachthofdir.), ev., verh. s. 1944 m. Dr. med. Waltraut, geb. Herrmann (kath.), 2 Kd. (kath.) - Obersch. Königshütte u. Landsberg/W.; Univ. Freiburg/Br. (Promot. 1936), Heidelbg., München. Praktikant Pathol. Inst. Freiburg, Assist. Med. Univ.klinik Breslau (3 1/2 J.), 1941 Assist., 1943 Privatdoz., 1944 Oberarzt Med. Univ.klinik Innsbruck, 1948 Vorst. Med. Poliklinik Univ. Würzburg, 1949 apl., 1954 ao., 1956 o. Prof. 1972 Tagungspräs. Dt. Ges. f. Angiologie u. 1975 Dt. Ges. f. Fortschritte a. d. Geb. d. Inneren Med. - Ehrenmitgl. Argent. Ges. f. Fortschr. a. d. Geb. d. Inneren Med. u. Dt. Ges. f. Innere Med. - BV: Auf d. Spuren d. Langlebigkeit, 1985; Hoch- u. Höchstbetagte, 1987. Zahlr. Handbuchart., Monogr. u. Fachveröff. üb. Toxoplasmose, Karotisinus-Reflex, Altern u. Alter b. Hundertjährigen; 3 Anekdotenbd. üb. d. Univ. Würzburg - BVK Kl. I., Ernst von Bergmann Medaille Dt. Ärzteschaft, Heilmeyer-Med. in Gold - Liebh.: Bergsport, Musik.

FRANKE, Hansalbert

Dr. jur., Rechtsanwalt, Hauptgeschäftsf. Gesamtverb. d. Leinenind. - Detmolder Str. 30, 4800 Bielefeld; priv.: Auf der Helle 22, 4930 Detmold - Geb. 17. März 1918 - AR-Mand. u. a.

FRANKE, Heinrich

Ing., Präsident d. Bundesanstalt f. Arbeit, Nürnberg (1984ff.) - Regensburger Str. 104, 8500 Nürnberg - Geb. 26. Jan. 1928 Osnabrück (Vater: Arbeiter), kath., verh. (Ehefr.: Helga), 6 Kd. - Volks- u. Hauptsch. (1942 in Österr. abgeschl.); Lehre Flugmotorenschlosser (1943 verungl.); Ing.sch. (durch Kriegseins. unterbr.) - Techniker u. Ing. Siemens. 1955-65 MdL Nieders.; 1965-84 MdB; 1982-84 Parlam. Staatssekr. Bundesmin. f. Arbeit u. Sozialordn. CSU (div. Funktionen).

FRANKE, Herbert

Dr. jur., Dr. phil., em. o. Prof. f. Ostasiat. Kultur- u. Sprachwissenschaft - Fliederstr. 23, 8035 Gauting/Obb. (T. München 850 29 07) - Geb. 27. Sept. 1914 Köln, ev., verh. m. Ruth, geb. Freiin v. Reck, S. Dr. med. Michael - Realgymn. Köln; Univ. ebd. (Promot. 1937 u. 47), Bonn, Berlin. Habil. 1949 Köln - 1949 Privatdoz. Univ. Köln, 1952 o. Prof. Univ. München, 1953 Konsul Dt. Generalkonsulat Hongkong (b. 1954) - BV: Geld u. Wirtschaft in China unt. Mongolenherrschaft, 1949; Forschungsbericht Sinologie, 1953 (Bern); D. chines. Kaiserreich, 1968. Übers.: D. Goldene Truhe (1959) - 1953 Prix Stanislas Julien; 1958 o. Mitgl. Bayer. Akad. d. Wiss.; 1974-80 Vizepräs. DFG; 1980-85 Präs. Bayer. Akad. d. Wiss.; Hon. Fellow Jesus College Cambridge; korr. Mitgl. Österr. Akad. d. Wiss.; Hon. Member Royal Irish Acad.; Ehrenmitgl. Dt. Morgenl.-Ges., Société Asiatique Paris - 1978 BVK I. Kl.; 1984 Bayer. VO; 1986 Bayer. Maximiliansorden - Liebh.: Kammermusik, Bücher, Wandern - Lit.: W. Bauer (Hrsg.), Studia Sino-Mongolica, Festschr. f. H. F. 1979 (m. Bibliogr.).

FRANKE, Herbert D.

Dr. med., Prof., Direktor Abt. Strahlentherapie Radiol. Univ.-Klinik Hamburg - Hochkamp 25, 2085 Quickborn (T. 04106 - 6 71 31) - Geb. 10. Dez. 1918, verh. m. Ursula, geb. Rüger - S. 1961 (Habil.) Lehrtätigk. Univ. Hamburg (1967 apl. Prof. f. Radiol.). Üb. 150 Fachveröff. - 1984 Ehrenmitgl. Griech. Röntgenges.

FRANKE, Herbert W.

Dr. phil., Prof., Lehrbeauftragter f. Computergrafik/-kunst Univ. München (s. 1973) - Puppling Haus Nr. 40, 8195 Egling (T. 08171 - 1 83 29) - Geb. 14. Mai 1927 Wien - Stud. Physik, Chemie, Psych. u. Phil. Univ. Wien; Promot. 1951 - 1951-56 Siemens Erlangen; s. 1956 fr. Fachpublizist; 1968/69 Sem.-Leit. Univ. Frankfurt; 1979/80 Lehrauftr. Hochsch. f. Gestaltung Bielefeld; s. 1979 Leit. Symposium Visuelle Gestalt. m. elektron. Mitteln ars elektrica Linz; 1985 Lehrauftr. Akad. d. Künste München. Entd.: Anwend. d. Radiokohlenstoffmethode z. Datierung v. sekundärem Kalk (1951) - Div. Ausst. im In- u. Ausl. - BV: u.a. Phänomen Kunst, 1967; Zone Null, R. 1970; Computergraphik - Computerkunst, 1971; Kunst kontra Technik, Zarathustra kehrt zurück, R. 1977; In d. Höhlen dieser Erde, 1978; Sirius Transit, R. 1979; D. Atome, 1980; D. Moleküle - Mitgl. Dt. Ges. f. Photographie; Mitgl. Künstlerhaus Ges. f. Bild. Künste Österr.; Mitgl. dt. PEN-Club - Liebh.: Höhlenforsch., Science Fiction.

FRANKE, Hermann

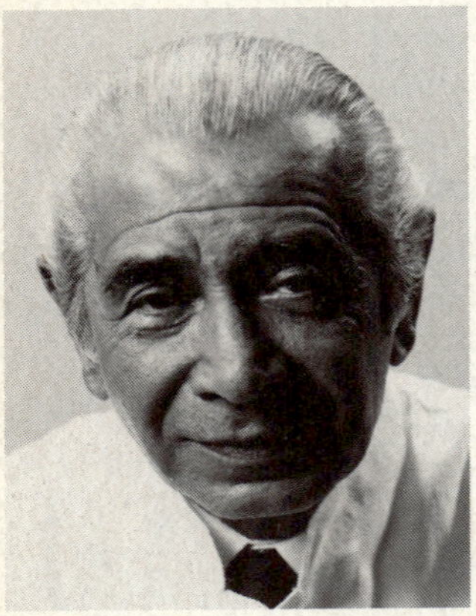

Dr. med., o. Prof. f. Chirurgie - Virchowstr. 1, 8500 Nürnberg (T. 515022) - Geb. 26. April 1911 Bunzlau/Schles. (Vater: Dr. med. vet. Hermann F., Tierarzt), ev., verh. 1944 m. Edith, geb. Rott († 1969), 2) s. 1970 m. Verena, geb. Büchler - Gymn. Coburg; Univ. Heidelberg u. München - Tätigk. Univ. München (Pathol. Inst., Anat. Inst., Med. Klin.), Erlangen (Frauenklin.), Berlin (Chir. Klin. Charité), 1945-56 Med. Akad. Düsseldorf (Chir. Klin.; 1949 Doz., 1955 apl. Prof.), 1956-62 Vorst. Chir. Klin. Städt. Krankenanst. Nürnberg, s. 1962 Ord. u. Klinikdir. FU Berlin, Klinikum Westend Berlin, Klinikum Steglitz Berlin. Fachveröff. (Herz-, Lungen- u. Bauchchir.) - Ehrenmitgl. Griech. Ges. f. Chir., Ehrenmitgl. Berl. Chir. Ges. - Spr.: Engl. - Rotarier.

FRANKE, Horst

Rechtsanwalt, Hauptgeschäftsführer Dt. Bauindustrie (s. 1986) - Am Rehsprung 15, 5205 Sankt Augustin (T. 0228 - 22 37 18) - Geb. 20. Febr. 1949 Koblenz, kath., verh. s. 1974 m. Agnès Franke-Dauvergne, geb. Dauvergne, 4 Kd. (Erik, Stephan, Beatrice, Daniel) - Jurastud., 1. u. 2. Staatsex. Mainz; Verwaltungshochsch. Speyer - 1976-78 Bundestagsassist. Bundeswirtschaftsmin. Dr. H. Friderichs; Vorst. Dt. Ges. f. Baurecht, Frankfurt; Präsid.-Mitgl. Inst. f. Dt. u. Intern. Baurecht, Bonn. Lehrbeauftr. f. Baurecht Berg. Univ. Wuppertal - BV: Handb. f. d. Baupraxis (Hrsg.), 1987 - Liebh.: Gesch. d. Altertums, neuere dt. Lit. - Spr.: Engl., Franz.

FRANKE, Horst-Werner

Senator f. Bildung, Wissenschaft u. Kunst Fr. Hansestadt Bremen - Emil-Trinkler-Str. 27/29, 2800 Bremen 1 (T. 0421 - 23 01 43) - Geb. 7. Juni 1932 Liegnitz (Vater: Fritz F., Lehrer; Mutter: Erna, geb. Hoffmann), ev., verh. s. 1954 m. Doris, geb. Birkhahn, 3 Kd. (Bettina, Julian, Agnete) - 1954-59 Stud. German. u. Gesch. (1. u. 2. Staatsex. f. höh. Lehramt) - 1961-65 Studienrat; 1965-75 MdBB, s. 1975 Senator.

FRANKE, Joachim

Dr. phil., o. Prof. f. Psychologie (insb. Wirtschafts- u. Sozialpsychologie), Mitvorstand Sozialwissenschaftl. Institut Univ. Erlangen-Nürnberg (s. 1968) - Hölderlinweg 7, 8501 Schwaig 2 (T. 57 45 79) - Geb. 4. Okt. 1926 Swinemünde, ev., verh. s. 1957 m. Charlotte, geb. Zörner, 2 Söhne (Jörg, Ralph) - Zul. Privatdoz. TU Berlin - BV: Ausdruck u. Konvention, 1967; D. Mitarbeiterbeurt., 1968 (m. H. Frech); Psychologie als Hilfsmittel einer personenorientierten Unternehmungsführung, 1976; Lebensqualität in neuen Städten, 1978 (m. F. Böltken, K. Hoffmann u. M. Pfaff); Flurbereinig. u. Erholungslandsch. (m. F. Bauer u. K. Gätschenberger), 1979; Sozialpsychologie d. Betriebes, 1980. Projektorient. Verbundstud. (m. a.), 1981; D. Erlanger Regnitztal als exemplar. Objekt interdiszipl. Regionalplan. (m. K. Poll), 1981; Freizeitverh. älterer Menschen (m. D. Blaschke), 1982; Betriebl. Innovation als interdisziplinäres Probl. (Hrsg.), 1985; Planungsunterl. u. Bürgerbeteilig. D. Prognostizierbarkeit d. Eindruckswirk. v. Wohnarealen im Planungsstadium (m. F. Bauer u. T. M. Kühlmann), 1985; Klassifikation v. Wohngeb. durch Laien (m. D. Herr), 1987.

FRANKE, Josef

Dr. med. dent., Dr. med., o. Prof. f. Zahn-, Mund- u. Kieferheilkunde - Speckmannstr. 27, 2000 Hamburg 27 (T. 040 - 536 57 27) - Geb. 8. Sept. 1912 Gabersdorf/Schles. (Vater: Paul F., Landw. (1917 gef.); Mutter: Anna, geb. Gebauer), verh. s. 1937 m. Dr. Ilse, geb. Stephan, 2 Kd. (Klaus-Dieter, Ines) - Univ. Königsberg/Pr. (Dr. med. dent.) u. Kiel (Dr. med.) - 1950 Privatdoz. Univ. Kiel; 1958 ao., 1966 o. Prof. Univ. Hamburg (Dir. Konservierende Abt./Klinik f. ZMKkrankh.). Fachveröff.

FRANKE, Jürgen

Dr. rer. pol., Dipl.-Ing., Prof. f. Volkswirtschaftslehre, Industrieökonomik - Schweitzerstr. 11a, 1000 Berlin 37 - Geb. 1. Febr. 1936 - Promot. 1970; Habil. 1974 - S. 1976 Prof. TU Berlin.

FRANKE, Klaus

Senator a.D. - Miquelstr. 75, 1000 Berlin 33 - Geb. 11. April 1923 Berlin, verh., m. Maria, geb. Papesch - Realgymn. Berlin (Abit. 1941) - 1941-45 Kriegsmarine (Ltn. z. See, jetzt Fregattenkapt. d. R.), dann amerik. u. brit. Dienstst. Berlin u. Lüneburg, s. 1956 Notaufnahmelager Mariendorf, Senatskanzlei Berlin (Protokoll), Bezirksamt Steglitz, IHK Berlin. 1958-64 Bezirksverordn. Steglitz (1960 stv. Fraktionsf.); 1968 Mitgl. CDU-Fraktionsvorst.; 1972 Vors. Aussch. f. Bau- u. Wohnungswesen, 1981 Vizepräs., 1983-86 Senator f. Bau- u. Wohnungswesen; 1964-82 Geschäftsf., MdA Berlin. CDU s. 1955; Rotary-Club Berlin-Spandau (1984) - Spr.: Engl.

FRANKE, Kurt F. K.

Dr. phil., Prof. f. Didaktik d. Geschichte FU Berlin - Karlsbader Str. 11d, 1000 Berlin 33 - Geb. 27. Febr. 1929 Braunschweig (Vater: Friedrich F., Fliegerstabsing.; Mutter: Hedwig, geb. Hestner), verh. s. 1954 m. Prof., Dipl.-Psych. Hannelore, geb. Steinhoff - Abit. Banklehre; Stud. PH Braunschweig u. Univ. Göttingen (Gesch., Dt., Päd., Polit. Wiss.). Prüf. 1954 (Volks-), 60 (Realsch.) u. 66 (Polit. Wiss.); 1980 Diss. Polit. Wiss. TU Braunschweig - 1954 Volksschullehrer, 1960 -rektor, 1966 Realschulrektor, 1975 Hochschullehrer, 1970 gf. Vors. Dt. Vereinig. f. polit. Bildung in Nieders. (1980 1. Vors. Berlin, s. 1975 Mitgl. Bundesvorst.). Zahlr. Aufs. u. Buchbesprech.

FRANKE, Lothar

Verbandsgeschäftsf. u. Chefredakteur i. R. - Dollendorfer Str. 8, 5300 Bonn-Bad Godesberg (T. 35 28 86) - Geb. 8. Mai 1917 Görlitz/Schles. (Vater: Hermann F., Stadtinsp.; Mutter: Magdalene, geb. Landeck), ev., verh. in 3. Ehe m. Theodore, geb. Grashof - Gymn. Brieg (Abit. 1936); 1936-37 Redaktionsausbild. Schles. Tagesztg., Breslau - 1947-49 Chefredakt. Ztschr. D. Lichtblick bzw. D. Leuchtturm; s. 1950 Chefredakt. Verbandsorgan D. Fackel u. Hauptgeschäftsf. Verband d. Kriegsbeschädigten, -hinterbliebenen u. Sozialrentner Dtschl.s bzw. Verb. d. Kriegs- u. Wehrdienstopfer, Behinderten u. Sozialrentner Dtschl.s (1965) - BV: D. tapfere Leben - Lebensfragen alleinsteh. Frauen u. Mütter, 1957 - 1958 VdK-Lit.preis (f.: D. tapfere Leben) - Liebh.: Landschaftsmalerei.

FRANKE, Manfred

Dr. med., Ministerialrat, apl. Prof. f. Sozialhygiene u. Gesundheitsfürs. Univ. Bonn (s. 1976) - Friedrichstr. 47, 5300 Bonn - Geb. 26. Juni 1926 Berlin - Promot. 1952 Kiel - S. 1968 (Habil.) Lehrtätigk. Univ. Hamburg u. Bonn - BV: D. gesundheitl. Situation d. Jugend, 1965; Erzogene Gesundheit, 1967; D. med. Probleme d. Gesundheitsbegriffs, 1970; D. Drogenproblem - soz. gesehen, 1974. Üb. 100 Einzelarb.

FRANKE, Martin

Dr. med., Internist, Prof., Direktor Staatl. Rheumakrankenhaus, Baden-Baden (seit 1967) - Leisberghöhe 20, 7570 Baden-Baden (T. 7464) - Geb. 6. Sept. 1921 Frankfurt/M. (Vater: Martin F., Pfarrer; Mutter: Christine, geb. Lütgert), ev., verh. s. 1946 m. Ute, geb. Mommsen, 3 Kd. (Niels, Christian, Claudia) - Lessing-Gymn. Frankfurt (Abit. 1939); Stud. Frankfurt; Habil. 1971 Tübingen - S. 1971 apl. Prof. Fachmitgl.sch. - Spr.: Franz.

FRANKE, Paul-Gerhard

Dr.-Ing., Dr.-Ing. habil., Prof., Hochschullehrer f. Hydraulik u. Gewässerkunde TU München - Arcisstr. 21, 8000 München 2 - Geb. 14. Jan. 1918 Leipzig, verh. m. Dipl.-Phys. Lisa, geb. Hetzel, 3 Kd. - Promot. 1953, Habil. 1954 - 1957/58 UNESCO-Experte u. Gastprof. Univ. Poona (Ind.), s. 1960 ao. bzw. o. Prof. TU München. Emerit. 1986. 1975-86 kollegiale Leit. d. Inst. f. Bauing.wesen V d. TUM. S. 1964 Vorst. d. Versuchsanst. f. Hydr. u. Gew., 1972-81 Sprecher Sonderforsch.bereich 81 d. DFG a. d. TUM - BV: Abriß d. Hydraulik, 10 Bde., 1970-75; Hydraulik f. Bauing., 1974. Üb. 150 Einzelarb. - 1981 Johann-Joseph-Ritter-v.-Prechtl-Med. TU Wien; 1987 Silb. Bürgermed. Gemeinde Gräfelfing.

FRANKE, Peter

Dipl.-Ing., Prof. f. Konstruktiven Wasserbau TU Berlin - Löhleinstr. 47c, 1000 Berlin 33.

FRANKE, Peter Robert

Dr. phil., o. Prof. f. Alte Geschichte - Kaisersläuterner Str. 83, 6600 Saarbrücken (T. 6 82 98) - Geb. 2. Nov. 1926 Lüdenscheid (Vater: Dr.-Ing. Eduard F. †; Mutter: Gertrud, geb. Beuge), ev., verh. s. 1954 m. Leonore, geb. Kutzner, 3 Kd. (Sabine, Bettina, Christoph) - Gymn. Berlin, Augsburg (1937-43), Weilheim (1949); 1945-48 Bergmann; 1949-54 Univ. München, Bonn, Erlangen (Gesch., Geogr., Numismatik). Promot. (1954) u. Habil. (1960) Erlangen - 1955-58 Wiss. Mitarb. Staatl. Münzsamml. München; ab 1960 Privatdoz. Univ. Erlangen; 1961-64 Ref. Archäol. Inst. Athen; 1964-66 Wiss. Oberrat u. 1965-67 Doz. Univ. München; s. 1967 o. Prof. u. Inst.dir. Univ. Saarbrücken - BV: Alt-Epirus u. d. Königtum d. Molosser, 1955; D. Fundmünzen d. röm. Zeit in Dtschl., Bd. IV: Rheinhessen, 1960; D. antiken Münzen v. Epirus, 2 Bde. 1961; Röm. Kaiserporträts, 1961, 3. A. 1972; D. griech. Münze, 2. A. 1972 (franz. 1966); Kleinasien z. Römerzeit, 1968 (griech. 1985). Mitarb.: Sylloge Nummorum Graecorum (10 Bde. 1961-76, z. T. 2. A. 1987); D. antiken Münzen d. Samml. Heynen, 1976; Index Sylloge v. Aulock, 1981; Albanien im Altertum, 1983. Herausg.: Side (1988, 2. A. 1989).

FRANKE, Rudolf

Dr.-Ing., Prof., Oberregierungsbaurat a. D. - Martinstr. 31, 6100 Darmstadt (T. 4 19 07) - Geb. 19. Nov. 1906 Berlin (Vater: Prof. Dr. phil. Rudolf F., Ord. f. Fernmeldetechnik TH Berlin, Initiator d. ersten Lehrstuhls ds. Art (s. X. Ausg.); Mutter: Anna, geb. Werner), ev., verh. s. 1933 m. Christel, geb. v. Lüpke, 3 S. (Hinrich, Burghard, Gunther) - Realgymn. (Lankwitz) u. TH Berlin (Maschinenbau; Dipl.-Ing. 1931). Promot. 1933 Berlin; Habil. 1952 Gießen, umhabil. 1957 Darmstadt - 1933-44 Heereswaffenamt/Motorisierungsabt. (zul. Gruppenleit.); 1944-46 Zahnradfabrik Friedrichshafen; 1948-66 Kurat. d. Technik in d. Landw., Darmstadt Kranichstein (Dir. Schlepperprüffeld.). S. 1952 Lehrtätigk. Univ. Gießen u. TH Darmstadt (1957; 1958-72 Prof. f. Landtechnik). Mitarb.: Automobiltechn. Handb. (Bussien), 13.-18. A. 1935/79 Ackerschlepper, Gesch. d. Landtechnik, 1969 (Franz.), Motoris. d. Feldarbeit, Schlepper, Lehrb. Landtechnik (Eichhorn), 1985, Techn. Grdlg., Schlepper - Korr. Mitgl. Acad. d'Agriculture de France, Paris - Spr.: Engl., Franz.

FRANKE, Walter

Dr. rer. nat., Dipl.-Chem., Prof. f. Mineralogie - Takustr. 6, 1000 Berlin 33 - Geb. 18. Aug. 1930 Forst/L. - Promot. 1963 - S. 1970 (Habil.) Lehrtätigk. FU Berlin. Üb. 40 Fachveröff.

FRANKE, Walter

Dr. jur., Prof. Senator a.D., Justitiar b. Bundesvorst. u. Präsidiumsmitgl. Reichsbd., Bad Godesberg - Auf den Hornstücken 22, 2800 Bremen (T. 23 74 43) - Geb. 20. Nov. 1926 Bleckenstedt (Vater: Karl F., Rektor; Mutter: Erika, geb. Ohm), ev., verh. m. Ingrid, geb. Heitkamp, 2 S. (Holger, Jens) - Reform-Realgymn. Braunschw.; Univ. Göttingen (Rechts- u. Staatswiss.; Promot. 1955); Hochf. f. Verw.wiss. Speyer, Ass.ex. 1956 - B. 1957 Justizdst. (zul. beauftr. Staatsanw. OLG-Bezirk Braunschweig.

FRANKE, Werner

Dr. rer. oec., Dipl.-Kfm., Direktor - Dammannweg Nr. 12, 2000 Hamburg-Hochkamp - Geb. 13. Mai 1912 (Vater: Paul F.; Mutter: Klara, geb. Hänsel), verh. m. Lisa, geb. Fischer - U. a. Vorstandsmitgl. Bank f. Gemeinw. (1956), Geschäftsf. Großeinkaufs-Ges. Dt. Konsumgenoss. (1966) u. Neue Heimat Wohnspar-GmbH. (1969). ARsmandate.

FRANKE, Werner

Dr.-Ing., Prof., Regierungsdirektor, Vors. Normenaussch. Papier u. Pappe - Zu erreichen üb.: Burggrafenstr. 4-10, 1000 Berlin 30.

FRANKE, Werner W.

Dr. rer. nat., Prof., Gf. Direktor Inst. Zell- u. Tumorbiol. Dt. Krebsforschungszentrum, Prof. f. Zellbiologie Univ. Heidelberg - Landfriedstr. 5, 6900 Heidelberg - 1981 Meyenburg-Preis f. hervorrag. Leist. in d. Krebsforsch.; 1984 Ernst-Jung-Preis f. Med.

FRANKE, Wolfgang

Dr. rer. nat., em. o. Prof. - Oderstr. 43, 5300 Bonn 1 (Ippendorf) - Geb. 19. März 1921 Leipzig (Vater: Curt F., selbst. Kaufm.; Mutter: Friederike, geb. Neimann), ev., verh. s. 1954 (Ehefr.: Elsa), 3 Söhne (Burkhard, Albrecht, Reinhold) - Thomassch. (Gymn.) Leipzig; Gärtnerlehre; Stud. Botanik, Zool., Chemie,

Physik (1940-41 Leipzig, 1947-52 Heidelberg). Promot. 1952; Habil. 1957 - S. 1957 Lehrtätigk. Bonn (1963 apl. Prof.; 1964 wiss. Rat u. Prof.; 1968 Leit. Inst. f. Landw. Botanik; 1980 o. Prof.; 1986 emerit.). Spez. Arbeitsgeb.: Pflanzenphysiol. Präs. Vereinig. f. Angew. Botanik - BV: Nutzpflanzenkunde, Lehrb. 1976, 3. A. 1985 - Liebh.: Pilzkd. - Spr.: Engl.

FRANKE, Wolfgang

Dr. phil., o. Prof. f. Sinologie - Woldsenweg 7, 2000 Hamburg 20 (T. 476926) - Geb. 24. Juli 1912 Hamburg (Vater: Prof. Dr. phil. Otto F., Sinologe (s. X. Ausg.); Mutter: Luise, geb. Niebuhr), ev., verh. m. Chünyin, geb. Hu, 2 Kd. - Diplomex. f. Chines. 1932 Berlin; Promot. 1935 Hamburg - 1937-45 Sekr., Wiss. Mitarb. u. Geschäftsf. Dtschl.-Inst. Peking, 1945-46 Doz. Kath. Univ. Fujen ebd., 1946-48 o. Prof. Nat. Szuchuan Univ. u. Research Prof. West China Union Univ., beide Chengtu, 1948-50 o. Prof. National-Univ. Peking, 1950-77 o. Prof. u. Dir. Sem. f. Spr. u. Kultur Chinas Univ. Hamburg - Gastprof. Univ. Kuala Lumpur (1963-66 u. 1978-83), Singapur (1969/70), Peking Normal Univ. (1983), Sun Yatsen Univ. Guangzhou (1984) - BV: Chinas kulturelle Revolution, 1957 (auch schwed.); D. Jh. d. chines. Revolution 1851-1949, 1958; China u. d. Abendl., 1962; Introduction to the Sources of Ming History, 1968, Chinese Epigraphic Materials in Malaysia, 1983/85. Herausg. China-Handbuch (1974).

FRANKE-GRICKSCH, Ekkehard

Verleger u. Chefredakt. - Untere Burghalde 51, 7250 Leonberg - Geb. 15. Okt. 1933, verh. s. 1964 m. Gisela, geb. Vogel, 2 T. (Sophie, Nicole).

FRANKE-STEHMANN, Wolfgang

Dr. jur., Kanzler Medizin. Hochsch. Hannover - Konstanty-Gutschow-Str. 8, 3000 Hannover 61.

FRANKEMÖLLE, Hubert

Dr. theol., Prof. f. Theologie (Neues Testament) Univ.-GH Paderborn - Helmarshauser Weg 2, 4790 Paderborn (T. 05251 - 6 39 40) - Geb. 10. Jan. 1939 Stadtlohn (Vater: Paul F., Arbeiter; Mutter: Anna, geb. Lanfer), kath., verh. s. 1966 m. Renate, geb. Stieler, 2 Kd. (Anja, Peter) - Stud. Kath. Theol., Altphilol., Päd. u. Phil. (1. Phil. Staatsprüf. 1968, Promot. 1972) - 1972 Akad. Rat, 1979 Prof. - BV: D. Taufverständnis d. Paulus. Taufe, Tod u. Aufersteh. nach Röm. 6, 1970; Jahwe-Bund u. Kirche Christi. Stud. z. Form- u. Traditionsgesch. d. Evangeliums nach Matthäus, 1974, 2. A. 1984; Glaubensbekenntnisse. Z. neutestamentl. Begründ. unseres Credos, 1974 (Übers. engl. u. niederl.); In Gleichnissen Gott erfahren, 1977; Jesus - Anspruch u. Deut., 1979 (Übers. engl. u. ital.); Kirche v. unten. Alternative Gden., 1981; Friede u. Schwert. Friedenschaffen n. d. Neuen Testament, 1983; Bibl. Handl.anweis. Beisp. pragmat. Exegese, 1983; 1. u. 2. Petrusbrief, Judasbrief, 1987; Evangelium. Begriff u. Gattung. Ein Forschungsbericht, 1988.

FRANKEN, Friedhelm

Chefredakteur - Am Botanischen Garten 16, 5300 Bonn 1 (T. 0228 - 65 32 32) - Geb. 8. März 1943 Waldbröl/Nordrh.-Westf., verh. s. 1965 m. Rita, geb. Achten, S. Andreas - 1962-67 Stud. Phil. u. Politik Univ. Köln u. Bonn - 1967 Lektor; 1970 Redakt. Bulletin d. Bundesreg.; 1972 Planungsref. u. Koordinator f. Öffentlichkeitsarbeit im Bundespresseamt; 1984 Leit. Medienpolitik Bertelsmann AG; Chefredakt. Bertelsmann Briefe; s. 1986 selbst. Kommunikationsberater - BV: D. Reden-Berater. Handb. f. Erfolgreiche Reden im Betrieb u. in d. Öffentlichk., 1987 - Liebh.: Lit., Film - Spr.: Engl., Franz. - Bek. Vorf.: Josef v. Görres (1776-1848), Gelehrter u. Publizist, Gründer d. Rhein. Merkur.

FRANKEN, Heinrich

Dr. agr., Prof. f. Acker- u. Pflanzenbau Univ. Bonn - Haberstr. 40, 5205 St. Augustin 3.

FRANKEN, Herbert

Dr., jur., Rechtsanwalt - Im Hag 5, 5300 Bonn 2 (T. 34 39 39), dienstl.: Martinplatz 2a, Bonn 1 (T. 65 40 04) - Geb. 23. Aug. 1939 Floßdorf (Vater: Alois F., Lehrer; Mutter: Maria, geb. André), kath., verh. s. 1969 m. Barbara, geb. Richarz, T. Isabella - Gymn. Jülich, Stud. Jura, Gesch., Phil. Bonn, Köln, Innsbruck - 1969-71 Assist. Univ. Bonn, 1971-77 Bundesgeschäftsf. BDLA, s. 1971 Rechtsanw. - BV: Honorarordnung f. Architekten u. Ingenieure; D. Verstaatlichung u. ihre Vereinbark. m. d. EG-Vertrag (Diss.); MDLA-Mitteil. 1971-75.

FRANKENBERG, Peter

Dr. rer. nat., o. Prof. f. Physische Geogr., Geogr. Inst. Univ. Mainz - Salinenstr. 55, 6702 Bad Dürkheim (T. 06322 - 6 58 43) - Geb. 29. Juni 1947 Bad Honnef (Vater: Gerhard F., Hauptschulrektor i.R.; Mutter: Inge, geb. Hövels), kath., verh. s. 1971 m. Brigitte, geb. Maiwald, 3 T. (Nikola, Regina, Anna) - Stud. Gesch., Geogr., Geol. u. Botanik, 1. Staatsex. 1972, Promot. 1976 (Geogr./Botanik), Habil. 1982 - 1977 wiss. Assist. Univ. Bonn u. wiss. Mitarb. Akad. Mainz; 1983 Prof. Eichstätt; 1986 Lehrst. f. Physische Geogr. u. Länderkd. Univ. Mannheim; Sachverst. Kommiss. f. Erdwiss. Forsch. Akad. Mainz - BV: ca. 75 Fachveröff., u.a. Florengeograph. Unters. in d. Sahara, 1978; Tunesien, Länderkd., 1981; Humidität u. Aridität v. Afrika, 1981 (m.a.); Klima u. Ernteertrag in d. BRD, 1984; Vegetat. u. Raum, 1982; Krebsgeographie, 1986; Vegetation Südosttunesien, 1986. Forschungsschwerp.: Biogeogr. u. Klimatol. - Spr.: Franz., Engl., Lat.

FRANKENBERG und LUDWIGSDORF, von, Ruthard

Bankkfm., pers. haft. Gesellsch. Bankhaus Marcard & Co., Hamburg - Eichenhof, 2000 Hamburg 56 - Geb. 19. März 1914.

FRANKENBERGER, Rudolf

Dr. rer. nat., Ltd. Bibliotheksdirektor, Leit. Univ.-Bibl. Augsburg - Universitätsstr. 22, 8900 Augsburg.

FRANKFURTH, Fritz

Kfm., Inh. Lindemann & Frankfurth/ Stahlgroßhandel - Sandershäuser Str. 78, 3500 Kassel-Bettenhausen - Vizepräs. IHK Kassel, Kassel; Beiratsmitgl. Stahlring GmbH., Düsseldorf.

FRANKL, Hermann

Bauunternehmer, Ehrenpräs. Handwerkskammer Lüneburg-Stade, Sitz Lüneburg (s. 1968) - Bergstr. 4, 3118 Bad Bevensen - Geb. 15. Okt. 1917 Hamburg, verh. s. 1946 m. Lissi, geb. Engelhardt, 3 Töcht. (Traute, Birgit, Silke) - Bau-Ing. 1946 Hamburg, Maurermeister 1952, Baumeister 1961 - Spr.: Engl. - Rotarier.

FRANQUÉ, von, Otto

Dr. rer. nat., Geschäftsf. Dt. Kupfer-Institut (s. 1974) - Paderborner Str. 1, 1000 Berlin 15 (Telefon 030 - 8929454) - Geb. 16. Nov. 1929 Danzig (Vater: Dr.-Ing. Otto v. F., Bibliotheksdir.; Mutter: Lieselotte, geb. Nicolai), ev., verh. s. 1977 m. Andrea, geb. Piëst, 2 Kd. (Friederike, Otto) a. 1. Ehe - Stud. Physik, Metallkd. Münster, Bonn, Tübingen. Dipl.-Phys. 1956 Tübingen; Promot. 1959 Münster. 1959 Ass. Inst. f. Metallkd. Münster; 1960-73 Kabel- u. Metallwerke Gutehoffnungshütte (vorm. Hackethal), zul. Prok. u. Hauptabt.sleit. Ber. Metallabor, Metallprüffeld, Anwendungstechn.

FRANTZ, Hermann

Gf. Gesellschafter d. Pressluft-Frantz GmbH, Frankfurt/M. - Brunnenstr. 6, 6000 Neu-Isenburg - Geb. 8. Okt. 1944, verh. s. 1972 m. Anne, geb. Bumb, 2 S. (Marc, Patric-Morten).

FRANTZ, Konrad

s. Görgen, Hermann M.

FRANZ, Cornel

Prof. u. Lehrstuhlinh. f. d. integr. Bühnenausb. an d. Hocsch. f. Musik, München (s. 1988), Regisseur - Altensteinstr. 13, 1000 Berlin 33 (T. 030 - 831 41 97) - Geb. 8. Juni 1946 - S. 1988 Prof. u. Lehrstuhlinh. f. d. integr. Bühnenausb. an d. Hochsch. f. Musik München - Insz. u. a. Hamburg. Staatsoper: Euridice Lorentzen (1977, Dt. Erstauff.); Nationaltheater Mannheim: Manon (1978); Ulmer Theater: Cosi fan tutte (1979); Herodes Atticus Theater Athen: Tannhäuser (1981); Nationalth. München: Verkaufte Braut (1981); Hamb. Staatsoper: Il Rey de Harlem (1982, szen. UA); Staatstheater Hannover: Bajazzo (1983); Dt. Oper Berlin: Frl. Julie (1984 UA d. musikal. Neufassung); San Antonio, Texas: Carmen (1984); Kammeroper Wien: Frl. Julie (1985); Dt. Oper Berlin: musique sans sauce (1985/86, Konzeptshow üb. Erik Satie, Zusammenst. u. Texteinricht.); Schauspielhaus Bremen: Tango (1986); Im Rahmen d. 750 J.-Feier, Auftragswerk d. Berliner Festsp.: v. Ludwig u. K.-H. Wahren: Goldelse (1987).

FRANZ, Eckhart Götz

Dr. phil., Prof., Ltd. Archivdirektor Hess. Staatsarchiv Darmstadt (s. 1978) - Ostpreußenstr. 47, 6100 Darmstadt-Eberstadt (T. 06151 - 5 15 45) - Geb. 24. Dez. 1931 Marburg/L. (Vater: Prof. Dr. Günther F., Historiker), ev., verh. s. 1958 m. Birgit, geb. Will, 2 Kd. (Burkhart, Karen) - Schule Jena/Thür., Straßburg, Bad Sooden-Allendorf (Abit. 1951); Stud. d. Gesch., Angl., Amerikanistik Univ. Heidelberg, Portland/ Oregon, Freiburg/Br., Köln; 1. Staatsex. u. Promot. 1956 ebd.; Fachausb.: Archivsch. Marburg (2. Staatsex.) u. Stage techn. intern. des Archives Paris - 1956-57 wiss. Mitarb. Bundesmin. f. Vertriebene; 1957-71 Archivrefer., -ass. (1959) und -rat (1962) Hess. Staatsarchiv Marburg, 1962ff. Doz. Inst. f. Archivwiss. ebd.; 1971 Archivdir. Darmstadt; 1973ff. Honorarprof. f. Neuere Gesch. u. Landesgesch. TH Darmstadt. 1971ff. Vorst.-Mitgl. Hess. Histor. Kommiss. (1978 Vors.), 1973ff. Vors. Histor. Verein f. Hessen, 1977-85 Vors. Verein dt. Archivare (1971-73 Schriftf.), 1979-84 Sekr. Conférence Intern. de la Table Ronde d. Archives, Intern. Archivat, 1984-88 Sekr. f. Archiventwickl., 1988ff. Vors. Ausb.-ausschuß Dt. Unesco-Kommiss. (auch Fachaussch. Dokumentation) - BV: D. Amerikabild d. dt. Revolution v. 1848/49, 1958; Kloster Haina, Regesten u. Urkunden, 2 Bde. 1962-70; D. hess. Klöster u. i. Konvente in d. Reformation, 1969; D. Dt.-Ostafrika-Archiv, 1973; Einf. in d. Archivkd., 1974, 3. A. 1989; D. hess. Arbeitervereine im Rahmen d. polit. Arbeiterbewegung d. J. 1848-50, 1975. Herausg.: D. Hess. Landbote 1834 (1973); Darmstadts Geschichte (1980); Erinnertes. Aufzeichn. d. Großherzogs Ernst Ludwig v. Hessen (1983); Juden als Darmstädter Bürger (1984); In d. Gemeinschaft d. Völker. Dok. aus dt. Archiven (1984, m. Dr. H. Boberach); Friede durch geistige Erneuerung. Fritz v. Unruh u. Großherzog Ernst Ludwig v. Hessen (1987) - Spr.: Engl., Franz. - Rotarier.

FRANZ, Erich Arthur

Journalist, Schriftst., Textdichter, Komp. - Riesenburgstr. 26, 8000 München 60 (T. 089 - 87 20 24) - Geb. 10. Juli 1922 Breslau, ev. - Zeitungsvolont. - Fr. Journ. u. Schriftst.; 1965-83 Chefredakt. Musikerfachztschr. artist, Düsseldorf - BV: D. dt. Theater - geistige Brücke z. Welt, 1947; B. uns in Breslau, 3. A. 1983; D. 7 Galgen v. Neisse, 1978; Schlesien - meine Heimat, 1982; D.

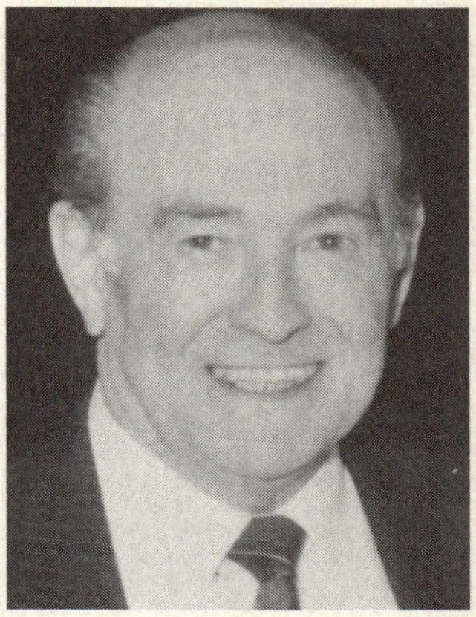

schlesische Heimat im Herzen, 1986; Daheim im Schlesierland, 1987. Kassetten: Am schönsten ist's daheim, 1988; Heiteres Schlesien, 1989 - 1985 u. 1987 Buchpreis Arbeitsgem. f. Werbung, Markt- u. Meinungsforsch. Buchs (Schweiz) - Lit.: Dr. Corinna Cordero, Erich A. Franz, Schreiben als Beruf, Biogr. (1988).

FRANZ, Gerhard

Dr. med., Prof., Chefarzt i. R. Pathol. Inst. Allg. Krankenhaus St. Georg, Hamburg - 2106 Bendestorf (T. 04183 - 6633) - Geb. 24. Sept. 1909 Hamburg (Vater: Wilhelm F., Kapt.; Mutter: Selma, geb. Schwill), ev.-luth., verh. s. 1939 m. Ruth, geb. Lucks, 3 S. (Eberhard, Burkhard, Willy) - Stud. Univ. Hamburg u. Greifswald. Promot. 1935 Hamburg; Habil. 1942 ebd. - S. 1942 Lehrtätigk. Univ. Hamburg (1948 apl. Prof. f. Allg. Pathol. u. Pathol. Anat.). 1950 Gastprof. Univ. Rio de Janeiro. 1952 b. 1962 Lehrstuhlinh. Path. Anat. Univ. Maracaibo/Venezuela. Fachmitgliedsch. (auch Venezuela u. Brasilien). Wiss. Veröff.

FRANZ, Gerhard

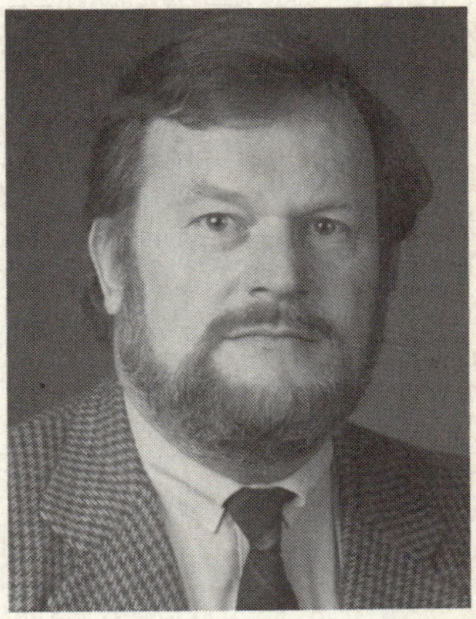

Dr. rer. nat., Prof., Lehrstuhlinh. f. Phamazeut. Biologie Univ. Regensburg - Altdorfer Str. 1a, 8400 Regensburg - Geb. 26. März 1937 Dresden - Pharmaz. Staatsex. 1962 TH Karlsruhe, Promot. 1965 Univ. Fribourg/Schweiz, Habil. 1970 - Prof. Univ. Regensburg (1985-87 Dekan Fak. Chemie/Pharmazie); 1987 Prof. invité Univ. de Grenoble. Stv. Vors. Pharm. Ges. (Bayern). Forsch.-geb.: Biochemie d. Kohlenhydrate, Pharmazeut. Polysaccharide, Immunstimulantien, biol. Antitumorsubstanzen, Phytotherapie - Wiss. Mitgl.schaften: Société de Physiologie Végé%oale, American Society of Pharmacognosy, Ges. Dt. Chemiker, Dt. Pharmazeut. Ges., Soc. of Medicinal Plant Research; 1985 Egon-Stahl-Preis; Jap. Krebsmed.

FRANZ, Gunther

Dr. theol., Direktor Stadtbibliothek u. Stadtarchiv Trier (s. 1982) - Januarius-Zick-Str. 2, 5500 Trier (T. 0651 -

1 09 92) - Geb. 5. Febr. 1942 Straßburg/Elsaß (Vater: Prof. Dr. Günther F., Historiker; Mutter: Annelise, geb. Eckhardt), ev., verh. s. 1968 m. Margret, geb. Geiger, T. Barbara - Abit. 1961 Stuttgart; Promot. 1969 Tübingen; Prüf. wiss. Bibl. 1971 Köln - 1971 Univ.-Bibl. Tübingen, 1980 Bibl.-Dir. S. 1983 Schriftleiter Kurtrierisches Jahrb. Lehrbeauftr. Univ. Trier - BV: D. Kirchenleitung in Hohenlohe in d. Jahrzehnten n. d. Reformation, 1971; Huberinus-Rhegius-Holbein, 1973; D. ev. Kirchenordnungen d. 16. Jh., Bd. 15: Württemberg I, 1975; Codex Egberti d. Stadtbibl. Trier, 1983. Herausg.: Armaria Treviensia. Beitr. z. Trierer Bibl.gesch. (1985); Friedrich Spee. Dichter, Seelsorger, Bekämpfer d. Hexenwahns (1985); Aufklärung u. Tradition. Kurfürstentum u. Stadt Trier im 18. Jh. (1988). Mitautor: Trier in d. Neuzeit. 2000 J. Trier Bd. 3 (1961) - Ehrenmitgl. Großherz. Inst. Luxemburg - Liebh.: Bergsteigen.

FRANZ, H. Gerhard

Dr. phil., o. Prof. f. Kunstgeschichte - Charlottendorfgasse 7, A-8010 Graz/Steierm. (Österr.) - Geb. 19. Jan. 1916 Dresden (Vater: Oswald F., Textilfabr.; Mutter: Hedwig, geb. Wilhelmi), ev., verh. m. Dr. Rosemarie, geb. Berdau (Kunsthist.), 3 Kd. (Roger-Alexander, Rainald-Christoph, Cornelia) - Gymn. z. Hl. Kreuz, Dresden; Univ. München, Berlin (Promot. 1939), Prag, Wien (Kunstgesch., Archäol., Oriental. Gesch.) - 1940 Assist. TH Dresden, 1944 Privatdoz. Univ. Breslau, 1946 Univ. Mainz, 1950 apl. Prof. ebd., 1962 Ord. Univ. Graz. Erforsch. d. vorher weitgeh. unbek. Barockarch. Böhmens; Forsch. üb. Kunst d. islam. Völker u. ihre Einwirk. auf d. mittelalterl. Kunst Europas u. üb. Kunstgesch. Indiens - BV: D. Kirchenbauten d. Christoph Dientzenhofer, 1943; D. dt. Barockbaukunst Mährens, 1943; Stud. z. Barockarch. in Böhmen u. Mähren, 1943; Gotik u. Barock im Werk d. Santin Aichel, 1950; Longuelune u. d. Baukunst d. 18. Jh. in Dresden, 1953; Bauten u. Baumeister d. Barock in Böhmen, 1962; Buddhist. Kunst Indiens, 1965; Hinduist. u. islam. Kunst Indiens, 1967; Niederl. Landschaftsmalerei im Zeitalter d. Manierismus, 1968; Spätromanik u. Frühgotik, in: Kunst d. Welt, 1969; Pagode, Turmtempel, Stupa, 1978; Von Gandhara bis Pagán, 1979; Palast, Moschee u. Wüstenschloss, 1984; V. Baghdad b. Córdoba, 1984; Dientzenhofer u. Hausstätter, 1985. Herausg.: Kunsthist. Jahrb. Graz, Forsch. u. Berichte Inst. f. Kunstgesch. d. Univ. Graz - Liebh.: Garten - Spr.: Lat., Griech., Franz., Engl., Ital., Span., Russ.

FRANZ, Hans-Eduard

Dr. med. (habil.), Internist, apl. Prof. f. Innere Medizin u. Nephrologie Univ. Ulm - Julius-Leber-Weg 4, 7900 Ulm-Donau.

FRANZ, Helmut Jacob

Dr. med., Arzt u. Geschäftsführer - Robert Kochstr., 6685 Schiffweiler (T. 06821 - 6 86 51) - Geb. 1. Mai 1920 Saarbrücken (Vater: August F., Bäckermeister; Mutter: Luise, geb. Hoffmann), ev., verh. s. 1944 m. Katharina, geb. Weinel, 3 Kd. (Renate, Heinrich, Michael) - Abit. Saarbrücken 1939, Med. Staatsex. u. Promot. 1946 Tübingen, 1946-48 Theologiestud. Tübingen - Geschäftsf. Saarstickstoff Fatol GmbH, Vorst. Bundesverb. Pharma-Ind., Vors. L. gr. Saar, Mitgl. Landessynode Rheinl., stv. Mitgl. Kirch.leit. Ev. K. Rheinl., Presbyter u. a. kirchl. Ämt., FS (Wort z. Sonntag), polit. Mand. - BV: Kerygma u. Kunst, theologisch-philosophisch, 1959; Kurt Gerstein, Außenseiter d. Widerstands gegen Hitler, 1962; D. Denken Heideggers u. d. Theolog., 1961 - Liebh.: Theolog., Phil., Musik, Politik - Spr.: Engl., Franz.

FRANZ, Herbert

I. Bürgermeister (b. 1984) - 8052 Moosburg/Isar - Geb. 8. Febr. 1937 München - Zul. Regierungsrat. CSU.

FRANZ, Herbert

Gewerkschafter, MdL Bayern (1981 ff.) - 8700 Würzburg - Geb. 1936, verh., 2 Töcht. - Dipl.-Ing. (FH) - SPD (1974 Kreisvors. Würzburg-Land).

FRANZ, Ingomar-Werner

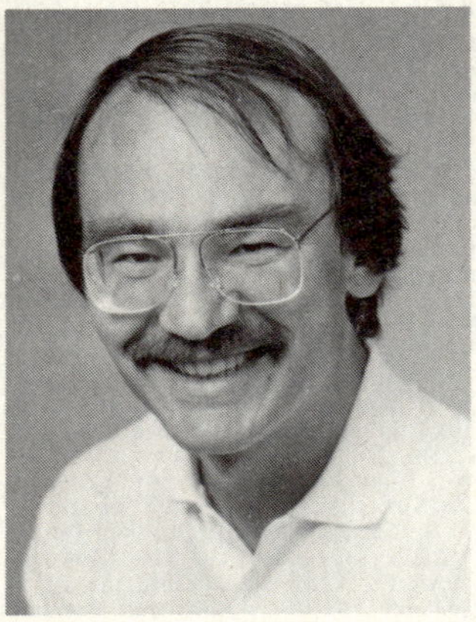

Dr. med., Prof., Arzt, leit. Arzt d. Klinik Wehrawald d. BfA, Todtmoos (s. 1986) - Klinik Wehrawald, 7865 Todtmoos (T. 07674 - 8 00) - Geb. 28. Aug. 1944 Prerow, ev., verh. s. 1976 m. Gabriele, geb. Hein, 3 Kd. (Thorid, Göran, Ragna) - Stud. Humanmed. u. Sportmed. 1967-73 Univ. Berlin; Promot. 1973; Habil. 1981 (Inn. Med.); 1984 Prof. alles Berlin - 1974-78 Facharztausbild. (Inn. Med.) Städt. Krkhs. Berlin-Zehlend., 1978-86 Abt. f. Kardiol. u. Pneumol. Klinikum Charlottenb. d. FU Berlin. Tätigkeitsschwerp.: Hypertonie, Ergometrie, Pharmakotherapie, Linksherzhypertrophie - Mitgl. d. Expertenkommiss. Sportmed. d. Dt. Ges. f. Herz-Kreislaufforsch., Sektion Rehabilitation d. Dt. Ges. f. Sportmed. - BV: D. Belastungsblutdruck b. Hochdruckkranken, 1981; Ergometrie b. Hochdruckkranken - Diagnostische u. therap. Konsequenzen f. d. Praxis, 1982; Ergometrie b. Hochdruck- u. Koronarkranken in d. tägl. Praxis, 1984; Ergometry in Hypertensive Patients, 1985; Training u. Sport z. Prävention u. Rehabilitation in d. technisierten Umwelt, 1985; Beta Rezeptorenblocker in d. Hochdrucktherapie, 1986. Üb. 200 Publ. - 1981 Hufeland-Preis - Liebh.: Sport, Musik - Spr.: Engl., Lat.

FRANZ, Isabelle

Fabrikantin, Geschäftsf. Hydraulika GmbH. - Stübeweg 54, 7800 Freiburg/Br.; priv.: Fröbelstr. 9, 7809 Denzlingen - Geb. 1. Nov. 1943.

FRANZ, Johannes

Dr. phil., em. Prof. f. berufl. Bildung - Angergasse 13, 8973 Hindelang (T. 28 30) - Geb. 5. Febr. 1921 Edersdorf/Römerstadt (Vater: Johann F., Webmeister; Mutter: Maria, geb. Baum), kath., verh. s. 1950 m. Ilse, geb. Weber, T. Eva-Maria - Obersch. Römerstadt; TH Brünn, Univ. München. Lehrerprüf. 1947 u. 50; Promot. 1957 - 1947-52 Volksschullehrer Unterammergau u. Mittenwald, 1952 b. 1959 Seminar- u. Ausbildungslehrer (1956) Freising. 1959-62 Doz. PH Vechta, 1962-81 ao. u. o. Prof. Univ. Paderborn. Wiss. Berater Ruhrsem. - BV: D. Arb.sl. im Unterr. d. Hauptschule, 1968. Div. Aufs. zu Schulfragen - 1966 Ehrenmitgl. Corporation of Secretaries London - Liebh.: Autosport, Industrie- u. Wirtschaftsanalysen - Spr.: Tschech., Franz.

FRANZ, Jost M.

Dr. rer. nat., Prof., ehem. Direktor Inst. f. Biol. Schädlingsbekämpf./Biol. Bundesanst. f. Land- u. Forstw., Darmstadt (1953-80) - Hildastr. 2, 6200 Wiesbaden (T. 15 36 22) - Geb. 3. April 1915 Dresden (Vater: Prof. Dr. phil. Arthur F., Ord. f. Roman. Philol., zul. Univ. Jena (s. X. Ausg.); Mutter: Helene, geb. Hantzsch), verh. s. 1940 m. Hildegard, geb. Reinhold, 3 Kd. (Gundula, Irmela, Peter) - Gymn. Würzburg u. Königsberg/Pr.; Univ. Königsberg, München, Freiburg/Br. Promot. 1940 Freiburg; Habil. 1958 Darmstadt - 1940-49 Wiss. Angest. Univ. München (Inst. f. Angew. Zool.); 1949-53 Mitarb. Commonwealth Inst. of Biological Control London. S. 1958 Privatdoz., apl. Prof. u. Honorarprof. TH Darmstadt (Angew. Zool.) - BV: Biol. Schädlingsbekämpf., in: Handb. d. Pflanzenkrankh., Bd. VI, 3 Lfg. 2. A. 1961 (S. 1-302); Biol. Schädlingsbekämpf., 3. A. 1982 (m. A. Krieg). Üb. 300 Einzelarb. - 1955 korr. Mitgl. Finn. Entomol. Ges.; 1965 Goldmed. Fondazione Filippo Silvestri, 1966 Heinrich-Cotta-Plak.; 1982 Karl-Escherich-Med.; 1985 Ehrenmitgl. Finn. Pflanzenschutzges. - Liebh.: Schmalfilmen - Spr.: Engl., Franz. - Bek. Vorf.: Ludwig Richter, Maler, 1803-84 (Urgroßv.).

FRANZ, Klaus-Peter

Dr. rer. pol., o. Prof. f. Betriebswirtschaftslehre Univ. Kaiserslautern (s. 1986) - Pelderweg 5, 6750 Kaiserslautern (T. 0631 - 5 44 10) - Geb. 17. Mai 1945 Reuden/Kr. Zerbst, ev., verh. s. 1982 m. Ursula, geb. Nüttgens, 2 T. (Tanja, Christina) - 1964-69 Stud. Betriebswirtschaftsl. Univ. Köln u. Penn State Univ. (1968); Promot. 1973, Habil. 1985 Aachen - 1982-85 Vertr. e. Prof. Univ. Oldenburg; 1985/86 Prof. Univ. Oldenburg - BV: D. Ausschüttungsentscheidung d. Unternehmung, 1974; Industrielle Kostenrechnung (m. D. Ahlert), 1984 - Spr.: Engl.

FRANZ, Ludwig

Dr. phil., Journalist u. Historiker, MdB (1953-76, CDU/CSU; Wahlkr. 210/Rosenheim) - Baumgartenstr. 8b, 8183 Rottach-Egern (T. 08022 - 24867) - Geb. 30. Aug. 1922 Wörth/Donau, kath., verh. 1951 m. Ursula Karnapp - Gymn. Straubing u. Regensburg; 1944-49 Univ. München (Gesch., Volksw., Publizistik; Promot. 1949) - 5 J. Soldat, 1949-53 polit. Redakt. Donaubote, Deggendorf, Tagesanzeiger (1950) u. Dt. Tagespost, Regensburg, s. 1953 Verbandssekr. u. - vors. (1959) Kath. Werkvolk. CSU - 1965 Bayer. VO., Bayer. Staatsmed. f. bes. soziale Verd., 1978 Gr. BVK - Liebh.: Lyrik.

FRANZ, Otmar

Dr. rer. pol., Dipl.-Kfm., Vors. Geschäftsführer Klöckner Industrie-Anlagen GmbH, Vorst.-Mitgl. Klöckner & Co. AG, Duisburg, MdEP - Werntgenshof 31, 4330 Mülheim/R. (T. 0208 - 42 11 37) - Geb. 6. Jan. 1935 Marburg (Vater: Günther F., Histor., Univ-Prof.; Mutter: Annelise, geb. Eckhardt), ev., verh. s. 1961 m. Maren, geb. Passow, 3 Kd. (Markus, Anke, Edgar) - Abit.; kaufm. Lehre; Stud. Rechts- u. Staatswiss. Marburg, Frankfurt, Dipl.-Kfm. 1960; Promot. 1964 Frankfurt - 1966 Dir., 1968 Gf. Klöckner Industrie-Anlagen GmbH. Zahlr. in- u. ausl. AR-Mand., dar. Victoria Lebensversich. AG, Berlin, Züblin AG, Stuttgart - BV: Bedingungen f. d. Entwickl. ind. Unternehmungen in Ägypten, 1965; Was weiter wirkt, 1971; D. Zukunft d. BRD, 1975; Vom Sinn d. Gesch., 1976; Am Wendepunkt d. europ. Geschichte, 1981; Europas Mitte, 1987; Europäische Währung - e. Utopie?, 1988 - Liebh.: Politik, Schach - Spr.: Engl., Franz.

FRANZ, Ottokar

Unternehmer, Vors. Arbeitsgem. d. dt. Schmuck- u. Silberwarenind./Fachber. Silberw. - Zu erreichen üb.: Franziskanergasse 6, 7070 Schwäb. Gmünd/Württ.

FRANZ, Ove

Dipl.-Kfm., Bankier, CDU-Abg. Hamb. Bürgerschaft (s. 1961) - Teilfeld 5, 2000 Hamburg 11 - Geb. 6. März 1936, ev., verh., 3 S. - Gymn. Blankenese, Univ. Hamburg - 1959/60 Assist. Wirtschaftsprüfer, 1960/61 Geschäftsf. polit. Verlag, seith. i. Wölbernbank, Hamburg, s. 1974 pers. haft. Ges.; dan. Mitgl. Verw.rat u. Aufs.rat versch. Untern. u. Ges.; Mitgl. CDU-Fraktionsvorst. Landesparlam. (s. 1966) u. geschäftsf. Landesvorst. CDU Hamburg, s. 1980 stv. Landesvors.

FRANZ, Peter

Dipl.-Kfm., Hauptgeschäftsführer SPIO, Vorst. Friedrich-Wilhelm-Murnau-Stiftung u. Vorst.-Mitgl. Dt. Inst. f. Filmkunde - Langenbeckstr. 9, 6200 Wiesbaden - Geb. 4. Nov. 1930, verh. 1 Kd. - Stud. Betriebswirtsch.; Dipl. 1954 Univ. Frankfurt.

FRANZ, Siegfried

Komponist - Bauernvogtkoppel 11, 2000 Hamburg 65 (T. 601 56 98) - Geb. 14. Aug. 1913 Mannheim (Vater: Alfred F., Amtsrat; Mutter: Sophie, geb. Faller), gottgl., verh. s. 1943 m. Dora, geb. Reimann, S. Udo - Realgymn. u. Hochsch. f. Musik u. Theater Mannheim (Musiktheorie, Komp., Klav.; Ex. 1938) - 1938 Doz. HfMuT Mannheim; 1941-44 Lehrgangsleit. f. Feierabendgestalt. OKW; s. 1947 freiberufl. Tätigk. Werke f. Orchester, Chor, Klavier, Violine, Orgel; Funkoper: D. schwere Weg; Chansons. Musik zu üb. 250 Hörspielen. Z. zahlr. Film- (Bundesfilmpreisträger: Canaris u. Nachts, wenn d. Teufel kam), Fernseh- (u. a. Serien: Stahlnetz, Dem Täter auf d. Spur, Percy Stuart, Heidi, IOB) u. Bühnenmusiken (u. a. Johanna d. Schlachthöfe, D. Balkon, Tartuffe, Charleys Tante, Armer Mörder, Harold v. Mande, D. Arme Vetter Woyzeck) - 1955 Preis f. beste Hörspielmusik, 1959 Karl-Sczuka-Preis (beide SWF).

FRANZ, Walter

Geschäftsf. Liebherr-Hydraulikbagger GmbH., Kirchdorf/Iller - Rothäusleweg 3, 7930 Ehingen/Donau - Geb. 28. April 1920.

FRANZ, Walter

Dr. phil., Dr. h.c., em. o. Prof. f. Theoret. Physik - Schreiberstr. Nr. 16, 4400 Münster/W. (T. 81834) - Geb. 8. April 1911 München, verh. m. Maria, geb. Wimmer, 4 Kd. - Theresien-Gymn. u. Univ. München (Promot. 1934). Habil. 1937 Königsberg - 1934 Assist. Univ. München, 1937 Univ. Königsberg, 1939 Doz. (dazw. 1939-45 Wehrdst. u. Ukstellung (1943) f. TH München), 1949 apl. Prof. Univ. Münster, 1959 ao., 1961 o. Prof. Univ. Hamburg, 1962 Univ. Münster (Inst.sdir.). 1967 Gastprof. Univ. of Delaware (USA), emerit. 1979. Wichtigste Arbeiten: Streuung v. Strahlung am magn. Elektron (1938); Theorie d. Farbensehens (1941); Höh. Näherungen z. Kirchhoffschen Beugungstheorie (1949); Kriechwellen d. Theorie d. Beug. (1945-53); Theorie d. Multipolstrahl. (1950); Theorie d. Isolierfestigk. v. Kristallen (1951); Verschieb. opt. Bandkanten im elektr. Feld (1958); Statist. Operator zerfall. Systeme (1964); Quantentheorie (1970) - 1985 Ehrendoktor Univ. Kassel - Liebh.: Kammermusik (Geiger), Schach.

FRANZ, Wolfgang

Dr. rer. nat., o. Prof. f. Mathematik (emerit.) - Melemstr. 6, 6000 Frankfurt/M. (T. 55 48 63) - Geb. 4. Okt. 1905 Magdeburg (Vater: Prof. Dr. phil. Erich F., Oberstudiendir. (s. XV. Ausg.); Mutter: Marie, geb. Grahl), ev., verh. s. 1950 m. Ruth-Ingeborg, geb. v. Vangerow, T. Christine - Univ. Kiel, Berlin, Wien, Halle/S. Promot. 1930 Halle; Habil. 1936 Marburg - S. 1949 o. Prof. u. Inst.sdir. Univ. Frankfurt (1964/65 Rektor). 1966 Vors. Dt. Mathematiker-Vereinig. Spez. Arbeitsgeb.: Maths., Topologie - BV: Topologie, I u. II 1960 (Samml. Göschen; auch engl., span.) - Spr.: Engl., Franz., Ital.

FRANZ, Wolfgang

Dr. rer. pol., o. Prof. f. Volkswirtschaftslehre - Am See 25, 7750 Konstanz 16 (T. 07531 - 4 37 21) - Geb. 7. Jan. 1944 Nassau/Lahn, ev. - Stud. Univ. Mannheim; Promot. 1974, Habil. 1980 (Habil.-Stip. Dt. Forsch.gemeinsch.)

Mannheim - 1982/83 Prof. Univ. Konstanz; 1983/84 Prof. Univ. Mainz; 1984-88 Prof. Univ. Stuttgart, s. 1989 Prof. Univ. Konstanz; s. 1985 Lehrbeauftr. wiss. Hochsch. f. Unternehmensführung Koblenz - BV: Youth Unemployment in the Federal Republic of Germany, 1982; zahlr. Aufs. u. a. üb. Arbeitsmarktprobl.

FRANZ-WILLING, Georg

Dr. phil., Historiker - Seehaldenstr. 3, 7770 Überlingen - Geb. 11. März 1915, kath., verh. s. 1961 m. Hildegard, geb. Suhm, 2 Kd. (Siegfried, Ingeborg) - Abit. Human. Gymn. Rosenheim; Stud. Univ. München; Promot. 1942 - Nach d. Krieg wiss. Mitarb. an versch. Inst., Erzieher Albertinum (Tegernsee); Doz. Offiziersch. d. Marine Flensburg-Mürwik; Wiss. Mitarb. Militärgeschichtl. Forschungsamt Freiburg/Br. - BV: Kulturkampf, 2 Bde. 1954 u. 71; Liberalismus, 1955; Gesch. d. Bayer. Vatikangesandtschaft, 1965; Neueste chines. Gesch., 1975; Ursprung u. Frühgesch. d. Hitlerbewegung, 3 Bde. 1974-78; D. 2. Weltkrieg, 1979; Bürgerkrieg in USA 1861-1865, 1980; 1933. D. nationale Erhebung, 1982; D. Reichskanzlei 1933-1945, 1984; Bin ich schuldig? Leben u. Wirken d. Reichsstudentenführers u. Gauleites Dr. Gustav Adolf Scheel 1907-79. E. Biogr., 1987; D. techn. Revolution im 19. Jh. D. Übergang z. industr. Lebensweise, 1988 - 1985 Hutten-Preis - Interessen: Verhaltensforschung, Astronomie - Spr.: Engl., Franz., Span., Ital. - Lit.: u.a. Kürschners Gelehrtenkalender (s. 1950).

FRANZBACH, Martin

Dr. phil., Prof. f. Literatur- u. Sozialgeschichte Spaniens u. Lateinamerikas - Oderfelder Str. 14, 2000 Hamburg 13 - Geb. 29. Nov. 1936 Hamburg - Promot. 1963 Hamburg; Habil. 1972 Bonn - S. 1974 Ord. Univ. Bremen. Bücher u. Aufs.

FRANZEN, Carl C.

Makler, Repräsentant Braunschweig-Hannov. Hypothekenbank, Beeid. Sachverst. - Ballindamm 15, 2000 Hamburg 1; u. Eppendorfer Landstr. 44, 2000 Hamburg 20 (T. 040 - 33 50 41 u. 040 - 47 29 42 u. 04181 - 70 38) - Geb. 11. Juli 1903 Hamburg (Vater: August F., Hotelier; Mutter: Regina, geb. Studt), ev., verh. s. 1930 m. Margarethe, geb. Lamersdorf, 3 Kd. (Regina, Carl, Elisabeth) - S. 1938 Handelsrichter LG Hamburg, s. 1970 Ehrenpräs. RDM u. FIABCI - Dt. Deleg.; s. 1975 Ehrenpräs. Landesjagdverb. Hamburg - 1980 BVK - Liebh.: Jagd - Spr.: Engl.

FRANZEN, Ernst-Otto

Leitender Polizeidirektor - Zu erreichen üb. Innenminister Nordrh.-Westf., Haroldstr. 5, 4000 Düsseldorf 1 (T. 0211 - 871 32 41) - Geb. 19. Juni 1930 Sehestedt/Schlesw.-Holst. - Vors. Dt. Polizeisportkurat.

FRANZEN, Franz

Dr. med., Prof., Internist - Lindenallee 2, 5000 Köln 51 (T. 384352) - Geb. 18. April 1917 Mönchengladbach - B. 1961 Privatdoz., 1968 apl. Prof. Univ. Köln; Chefarzt Inn. Abt. Hl. Geist-Krkhs. - BV: Biologically active Amines found in man, 1969; zahlr. Fachveröff.

FRANZEN, Hermann

Pers. haft. Gesellschafter Fa. Porzellanhaus Hermann Franzen KG - Königsallee 42, 4000 Düsseldorf 1 (T. 0211 - 8 02 91) - Geb. 26. Aug. 1940 Düsseldorf (Vater: Dr. Hermann F.; Mutter: Anneliese, geb. Schwellenbach), kath., verh. s. 1982 m. Marietta, geb. Kutzim, 3 Kd. (Hermann, Stephanie, Peter Tobias) - Abit.; 2 J. Fachausb. in Schweiz u. USA - S. 1983 Vors. Einzelhandelsverb. Düsseldorf u. Vizepräs. IHK Düsseldorf - Spr.: Engl.

FRANZEN, Jürgen

Delegierter d. Dt. Wirtschaft in Taiwan - 4F, No. 350, Min-Sheng East Road, Taipei 10444, R.O.C. (T. 02 - 506 90 28; Telefax 02 - 506 81 82; Telex 2 62 26 Gertrade) - Geb. 10. Dez. 1954 Viersen, kath., verh. s. 1984 m. Sofia, geb. Tseng Wen-Yue - M. A. 1981 Soochow Univ. Taipei - 1981-84 Project Dir. Österr. Handelsdelegation Taipei; 1984-86 stv. Geschäftsf. Dt.-Thailand. Handelsk. Bangkok; 1986 Delegierter D. Dt. Wirtschaft Taiwan - Liebh.: Chines. Gesch., Phil. - Spr.: Engl., Franz., Chin., Thai.

FRANZEN, Klaus

Vorstandsmitglied a.D. Bremer Landesbank/Staatl. Kreditanst., Oldenburg/Bremen (1976-84); Königl. Schwed. Konsul a. h.(1978-84) - Georg-Gröning-Str. 31, 2800 Bremen (T. 34 42 72) - Geb. 31. Mai 1928 Bremen - Univ. Kiel u. Freiburg (Rechtswiss.). Jurist. Staatsex. 1952 u. 56 - 1956-61 Brem. Finanzverw. (Reg.rat); 1961-72 Bundesfinanzmin. (zul. Min.dirig.); 1972-75 Chef Senatskanzlei Bremen (Staatsrat). SPD s. 1963 - BV: Steuerstrafrecht, 3. A. 1985 (m. Gast u. Samson) - Liebh.: Segeln - Spr.: Engl.

FRANZEN, Volker

Dipl.-Volksw., Regierungsdirektor, Leiter Presseref. Bundesmin. f. Wirtsch. - Villemombler Str. 76, 5300 Bonn-Duisdorf (T. 0228 - 615-42 95 od. 23 51) - Geb. 23. April 1946 Moers, verh. s. 1977 m. Ursula, geb. Schulte, 2 S. (Oliver, Björn) - Stud. Volksw. u. Polit.wiss. Basel, Tübingen, Bonn; Dipl.-Volksw. 1971 Bonn - Assist. Univ. Erlangen; wiss. Mitarb.; s. 1973 BMWi - Liebh.: Segeln, Ski, Tennis, Jazz, Antiquitäten - Spr.: Engl.

FRANZISKET, Ludwig

Dr. rer. nat., em. Prof. Univ. Münster, Dir. Westf. Museum f. Naturkd. ebd. - Theresiengrund 14, 4400 Münster - Geb. 26. Juni 1917 - Promot. 1950 - S. 1957 Museumsdir. (1970 nebenamtl., nach Emerit. wieder hauptamtl.). Fachveröff.

FRANZIUS, Ludwig

Dr.-Ing., Baudirektor, Leit. Wasser- u. Schiffahrtsamt Stuttgart - Birkenwaldstr. 38, 7000 Stuttgart 1.

FRANZKE, Adolf

Dipl.-Ing., Prof., f. Verkehrswesen u. Math. Gesamthochsch. Paderborn (entpfl.) - Wilhelm-Harmann-Str. 17, 3470 Höxter 1.

FRANZKE, Dietmar

Regierungsamtmann, MdL Bayern (s. 1978) - Salamanderweg 7, 8300 Landshut/Ndb. - Geb. 27. Dez. 1941 Breslau/Schles., verh., 2 Kd. - Realsch. Eggenfelden (Mittl. Reife); 1963-64 Sozialakad. Dortmund (Abschluß; Prädikat: Sehr gut) - S. Jahren Landesversicherungsanstalt Niederbayern/Oberpfalz. Stadtrat Landshut. SPD s. 1960 (Mitgl. Bezirks- u. Landesaussch.).

FRANZKE, Günther

s. Schwenn, Günther

FRANZKE, Hans-Hermann

Dr.-Ing., o. Prof. TU Berlin - Hochbaumstr. 36, 1000 Berlin-Zehlendorf - Geb. 18. März 1927 Clausthal (Vater: Hermann F., Bergbeamter; Mutter: Agnes, geb. Richter), ev., verh. s. 1952 m. Leonore, geb. Schomer, 3 Kd. (Wolfgang, Klaus, Sigrid) - TU Clausthal (Dipl.-Ing. 1951, Promot. 1957) - 1951-57 wiss. Assist.; 1957-75 Tätig. b. versch. Untern., zul. Geschäftsf.; 1975-77 Prof. FH Köln; ab 1977 o. Prof. TU Berlin. Pat. im Masch.- u. Anlagenbau - BV: Masch.- u. Anlagentechnik, 1987.

FRANZKE, Hermann

Dipl.-Ing., Architekt, Direktor Robert Bosch GmbH - Hainbuchenweg 5, 7000 Stuttgart 70 (T. 0711 - 76 25 16) - Geb. 21. Juni 1930, verh. m. Elisabeth Daey Ouwens, 2 Kd. (Nicholas, Dominique) - 1951-56 Stud. Rhein.-Westf. Techn. Univ.; Dipl. Ing. Arch. - 1956-61 Architekt in Basel (Suter + Suter) u. New York; 1961-65 eigenes Büro m. Prof. H. H. Franzke; s. 1975 Leit. zentr. Abteil. Bauen + Anlagen Bosch GmbH - Zahlr. Beitr. in Fachztschr. + Büchern üb. Ind. Bau - Mitgl. Dt. Akad. f. Städtebau + Landesplanung - Ehrungen in Arch.-Wettbew. - Spr.: Engl., Franz.

FRANZKI, Hans-Harald

Dr. jur., Präsid. Oberlandesgericht Celle u. Mitgl. Nieders. Staatsgerichtshof Bückeburg (s. 1976) - Schloßpl. 2, 3100 Celle; priv.: Leberstr. 47 - Geb. 27. Okt. 1924 Breslau (Vater: Paul F., Staatsanw.: Mutter: Charlotte, geb. Petrick), ev., verh. s. 1949 m. Ilse, geb. Homann, 2 S. (Dietmar, Eike) - Gymn. Berlin; 1942-45 Wehrdst. (zul. Ltn.); 1947-51 TH Stuttgart u. Univ. Göttingen (Rechts- u. Staatswiss.). Gr. jurist. Staatsprüf. 1955 Hannover - U. 1955 Richter nieders. Justizdst. (1958-60 u. 1964-68 Abordnung Nds. Justizmin.); s. 1978 Mitgl., s. 1988 Vors. d. Ständ. Deputation d. Dt. Juristentages, ferner Dt.-niederl. Juristenkonf. - Fachveröff. im Ber. Arzthaftung, Sachverständigenwesen u. Zivilprozeßrecht.

FRAUENDORF, O. J.

s. Görlitz, Walter

FRAUENKNECHT, Rudolf

Oberbundesanwalt, Leit. Bundesanwaltsch. b. Bundesverwaltungsgericht - Hardenbergstr. 31, 1000 Berlin 12 - Geb. 29. Dez. 1921 München.

FRAUNBERGER, Friedrich (Fritz)

Dr. rer. nat., Prof., Physiker - Ludwigstr. 16a, 8000 München 22 (T. 280 07 35) - Geb. 26. Febr. 1912 Rotthalmünster - S. 1951 (Habil.) Lehrtätig. Univ. München (1959 apl.), 1965 o. Prof. Phil.-Theol. Hochsch., jetzt Univ. Bamberg (emerit. 1974) - BV: Illustrierte Gesch. d. Elektrizität, 1985. Div. Einzelarb. üb. Magnetismus u. Metallkunde.

FRAUNHOLZ, Wolfgang

Univ.-Prof., Hochschullehrer f. Mathematik - Pappelweg 2, 5400 Koblenz-Karthause - Geb. 21. Dez. 1931 Augsburg (Vater: Josef F., Bundesbahndir.; Mutter: Elisabeth, geb. Schraut), kath., verh. s. 1958 m. Anneliese, geb. Burkard, 3 Kd. (Lioba, Jutta, Bardo) - Altsprachl. Gymn. Bingen; 1952-58 Univ. Mainz u. Bonn (Math. u. deren Gesch., Phys., Phil., Päd.). Staatsex. 1959 u. 1960 Bonn - 1959-62 Schuldst., 1962-70 Doz. PH Koblenz; s. 1970 ao. u. o. Prof. (1971) Erziehungswiss. Hochsch. Rheinl.-Pfalz/Abt. Koblenz (1972-75 u. s. 1984 Vizepräs., s. 1972 Leit. Inst. f. Mediendidaktik), Lehrbeauftr. Fernuniv. Hagen; Funk- u. Fernsehkollegs Math. - BV: Bücher z. Telekolleg Mathematik - Spr.: Engl., Ital., Franz.

FREDE, Hans-Rainer

Dr. jur., Regierungspräs. i. R., Rechtsanw. - Lünertorstr. 4, 2120 Lüneburg (T. 48606) - Geb. 28. Juni 1932 Breslau (Vater: Dr. Günter F.), verh. m. Ursula, geb. Berner - B. 1971 Oberkreisdir. Zellerfeld, dann Regierungspräs. Lüneburg. 1978-82 Mitgl. Niedersächs. Landtag.

FREDEMANN, Rolf

Dr., Kammerdirektor, Geschäftsf. LK Rheinl.-Pfalz - Burgenlandstr. 7, 6550 Bad Kreuznach/N.; priv.: Dienheimer Berg 87.

FREDENHAGEN, Klaus

Dr. rer. nat. (habil.), Prof. f. Theoretische Physik FU Berlin - Kaiserallee 41, 1000 Berlin 48 (T. 030 - 721 83 71) - Geb. 1. Dez. 1947 Celle - Promot. 1976 Hamburg, Habil. 1981 Freiburg - 1982-87 Heisenberg-Stip. Freiburg, Marseille, Hamburg - 1987 Akad.-Preis f. Physik d. Akad. d. Wiss. Göttingen.

FREDERKING, Gert

Gf. Verleger Franz-Schneider-Verlag, München (s. 1984) - Neumarkter Str. 18, 8000 München 80 - Geb. 1938 - Zul. Verlagsleit. u. Geschäftsf. Wilh. Goldmann Verlag (1977-84).

FREDERSDORF, Hermann

Gewerkschaftsvorsitzender - Johannes-Müller-Str.6, 5400 Koblenz - Geb. 19. März 1924 Buer/W. (Vater: Hermann F., Buchdrucker; Mutter: Louise, geb. Degener), kath., verh. s. 1977 m. Marianne, geb. Leonard, 2 Söhne (Hermann, Michael) - Gymn.; FHS f. Finanzen, Dipl.-Finanzwirt, Steueroberamtsrat - Vors. Dt. Steuergewerksch. (1957-79), Präs. Union d. Finanzpers. in Eur. (1963-80), stv. Vors. DBB (1969-79) u. a. SPD (1952-78); 1979 Gründ. Bürgerpart. (b. 1980 Vors., Rücktr.) - BV: D. Ausbild. d. Steuerbeamten, 2. A. 1968; D. ungerechte Steuersystem d. BRD, 2. A. 1971; D. Partei d. Steuerzahler, 1978 - 1965 Eiserner Steuergroschen Bund d. Steuerzahler - Liebh.: Bücher, Bilder, Bek. Vorf.: Michael v. F., Kammerdiener Friedrich II.

FREEDEN, von, Max H.

Dr. phil., Museumsdirektor i. R., Honorarprof. Univ. Würzburg (s. 1962) - Lortzingstr. 41, 8700 Würzburg (T. 76456) - Geb. 18. Nov. 1913 Bremen (Vater: Max v. F., Kapitän auf gr. Fahrt), ev., verh. s. 1940 m. Eleonore, geb. Hartig, T. Eva - Univ. Würzburg (Promot. 1936) u. München - S. 1939 Konservator, Leit. (1945) u. Dir. (1949-78) Mainfränk. Museum, Würzburg. Mitgliedsch. in Fachgremien. Zahlr. Ausstell. u. Kat. - BV u. Aufs. in Fachztschr. z. fränk. Kunst - 1959 Bayer. VO.; 1972 Ehrenring Stadt Würzburg; 1979 Kulturpreis Stadt Würzburg; 1979 BVK I. Kl.; 1986 Kulturpr. Bayer. Landesstift. - Spr.: Engl. - Rotarier - Bek. Vorf.: Wilhelm v. F., 1868 Gründer Dt. Seewarte (jetzt: Hydrograph. Inst. Hbg.), Großv.

FREEDEN, Willi

Dr. rer. nat., Prof. f. Mathematik RWTH Aachen - Kehrstr. 50, 4054 Nettetal 2 - Geb. 15. März 1948 Kaldenkirchen, kath., verh. s. 1981 m. Margret, geb. Gehlen, 2 Kd. (Claus Willi, Regina Maria) - Prüf. (Phil. u. Päd.) 1970; Dipl. (Math.) 1971; Staatsprüf. (Math. u. Geogr.) 1972; Promot. 1975, Habil. 1979 Aachen - 1982 Res. Assoc. Department of Geodetic Science Ohio State Univ., Columbus; 1983 Lehrauftr. Univ. Bonn; 1984 apl. Prof. RWTH Aachen - Rd. 40 Fachveröff. in d. Reinen, Angew. Math. u. Geodäsie - Liebh.: Lit., Ornithologie, Sport.

FREEMAN, Robert B.

Ph. D., Prof. f. Psychologie Univ. Konstanz (s. 1972) - Am Ufer 7, 7750 Konstanz 18 - Geb. 19. Nov. 1928 New York - U. a. Lehrtätigk. USA. Zahlr. Facharb.

FREERICKS, Wolfgang

Dr. rer. pol. (habil.), Prof. f. Betriebswirtschaftslehre - Falkenstr. 5, 8700 Würzburg-Lengfeld - Geb. 31. Mai 1940 Türkheim - S. 1976 Ord. (Betriebsw. u. Betriebsw.schaftl. Steuerlehre) u. Mitvorst. Betriebsw. Inst. Univ. Würzburg - BV: Mod. Buchführungsverf. u. Grunds.ordnungsm. Buchf., 1967; Bilanzierungsfähigkeit u. -pflicht in Handels- u. Steuerbilanz, 1976; Mitverf.: Grundbegriffe d. Steuerrechts (Bd. II: Steuern v. Einkommen, 1976) u. Kommentar z. Einkommen- u. Körperschaftsteuer (3. A. 1979). Mithrsg.: Steuerwiss. (Schriftenreihe), Steuer u. Studium (Ztschr.)

FREERKSEN, Enno

Dr. med., Dr. phil., em. o. Prof. f. Exper. Medizin Univ. Kiel, Dir. Forschungsinst. Borstel (s. 1950) - Sterleyer Str. 44, 2410 Mölln/Holst. - Geb. 11. Sept. 1910 Emden, verh. m. Edith, geb. Prussas, 3 Kd. (Edith, Renate, Peter) - Stud. Phil., Naturwiss., Med. - S. 1945 Ord. Kiel (b. 1967 Anat. u. Gesch. d. Med., dann Exper. Med.), emerit. 1978. Fachveröff.

FREESE, Bernhard

Dr. jur., Rechtsanwalt, Generalbevollm. Thyssen Schachtbau GmbH., Mülheim/R. - Wertgasse 28, 4330 Mülheim/R. (T. 381877; 452213) - Geb. 3. April 1923 Bunderhammrich/Ostfr. (Vater: Behrend H. F.; Mutter: Peterke, geb. Post), ev., verh. s. 1961 m. Ingeborg, geb. Takens (Kunsthistor.) - Anwaltslehre; Externenabit.; Stud. Univ. Göttingen; Promot. 1957 - Vors. Rechtsaussch., stv. Vors. Ständ. Kaufm. Schiedsgericht u. Mitgl. Steueraussch. IHK Essen - Spr.: Engl., Niederl.

FREESE, Hans-Ludwig

Dr. phil., Dipl.-Psych., Prof. f. Erziehungswissenschaft FU Berlin - Potsdamer Str. 16, 1000 Berlin 45.

FREESE, Peter

Dr. phil., o. Prof. f. Amerikanistik Univ. Paderborn (s. 1979) - August-Potthast-Weg 8, 4790 Paderborn (T. 05251 - 6 43 99) - Geb. 10. März 1939 Bremen (Vater: Hermann F., Reisender; Mutter: Gertrud, geb. Claußen), ev., verh. s. 1968 m. Marianne, geb. Droese, Tocht. Martina - Gymn. Heide; Univ. Kiel, Heidelberg, Reading (Engl.). Promot. 1970 Kiel (Summa cum laude) - 1967-71 Wiss. Assist. Univ. Kiel; 1971-73 a. o. Prof. PH Kiel; 1973-79 o. Prof. PH Münster; 1978 Gastprof. Leeds/Engl. Beiratsmitgl. Dt. Ges. f. Amerikastud., Mitgl. Stud.reformkommiss. 7 NRW, 1982/83 Dekan; 1983-87 Prorekt. f. Stud. u. Lehre. 1988 Gastprof. Claremont McKenna Coll. u. Illinois State Univ./USA - BV: D. Initiationsreise: Stud. z. jugendl. Helden im mod. amerik. Roman, 1971; D. amer. Kurzgesch. nach 1945, 1974; The American Short Story I: Initiation, 1984. Herausg.: D. amer. Short Story d. Gegenwart: Interpretationen (1976); D. Roman im Englischunterr. d. Sekundarst. II (zus. m. L. Hermes, 1977, 2. A. 1981); D. Short Story im Englischunterr. d. Sekundarst. II (zus. m. H. Groene u. L. Hermes, 1979, 2. A. 1982); Growing up Black in America (1977, 6. A. 1987); Bernard Malamud, The Assistant (1982, 2. A. 1985); Postmodernism in Americ. Lit. A Critical Anthol. (m. M. Pütz, 1984); Religion and Philosophy in the United States of America, 2 Bde. (1986); Surviving the End: Beyond Apocalypse and Entropy in American Lit. (1988); u. a. Reihenhg. v. Texts for English and American Studies (s. 1977); v. Paderborner Univ.reden (s. 1984); v. Arb. z. Amerik. (s. 1986); üb. 100 Aufs. in Ztschr. u. Sammelbd.

FREGE, Karl-Ludwig

Dipl.-Kaufmann, Vors. Fachverb. Elektrokorund- u. Siliziumkarbid-Hersteller, Frankfurt/M. - Laehrstr. 25a, 1000 Berlin 37 - Geb. 27. Okt. 1929 - ARsmand.

FREHSE, Jens

Dr. phil. nat., Prof. f. angew. Mathematik Univ. Bonn (s. 1973) - Adendorf, Am Scheeßberg 14, 5307 Wachtberg - Geb. 28. Okt. 1943 Stettin - Promot. 1968 Frankfurt; Habil. 1970 ebd. - Üb. 60 Arb. z. angew. Analysis.

FREHSEE, Heinz

MdB, MdEP a. D. - Querlandweg 28, 3252 Bad Münder 1 - Geb. 30. Aug. 1916 Stobnitt/Ostpr., verw., 3 Kd. - Abit. 1935 Bromberg/Westpr., Landw.lehre, Landw.-Stud. - 1938 Gutsverw., 1938-45 Wehrdst., Hptm. d. R. d. Fernmeldetruppe, 1945 Landarb., Mitgründer Gewerksch. Gartenbau, Land- u. Forstwirtsch., 1956-59 Vors., 1953-76 MdB, 1972-77 MdEP. Mitbegr. d. Agrarsoz.-politik - Gr. BVK m. Stern; Gr. Nieders. VK; Gold. Ehrenzeichen Ldw. Sozialversich. - Liebh.: Fotogr., Studienreisen - Spr.: Poln., Engl.

FREI, Frederike

(Eigentl. Christine Golling), Schriftstellerin - Gr. Brunnenstr. 96, 2000 Hamburg 50 - Geb. 24. Jan. 1945 Brandenburg/Havel, ev., ledig - Stud. German., Theol., Schausp. - Vorst. Literaturlabor (Gründ.) - BV: Losgelebt, 1976; Ich dich auch, 1984; Roncalli, 1985 - Stip. Stadt Hamburg; Ringelnatz-Publikums-Preis d. Stadt Cuxhaven - Liebh.: Wandern.

FREIBERG, Franz

Verlagsbuchhändler, Mitgl. d. Geschäftsfg. Verlagsgruppe Bertelsmann GmbH., Gütersloh, Lehrbeauftr. f. Sozialpäd. Univ. Münster - Wilhelm-Lehmann-Str. 25, 4830 Gütersloh.

FREIBERG, Henning

Prof. f. Kunstpädagogik Hochsch. f. Bild. Kunst Braunschweig (s. 1974), Leiter Arbeitsstelle f. Computergrafik u. Ästhet. Erziehung ebd. (s. 1985) - Zu erreichen üb. HBK-Braunschweig, Johannes-Selenka-Platz 1, 3300 Braunschweig - Geb. 26. Dez. 1937 - Stud. Kunstpäd. HfbK Berlin, 1. u. 2. Staatsex. - S. 1966 Kunstpäd. Berlin, Braunschweig, Wolfsburg. Zahlr. Veröff. z. Kunst- u. Kulturpäd.

FREIBERGER, Kurt-Udo

Dr. med., Chefarzt f. Anästhesiologie u. operative Intensivmed., Kreiskrkhs. Mechernich GmbH (s. 1973) - Im Steinrausch 31, 5353 Mechernich (T. 02443 - 1 72 85) - Geb. 18. Dez. 1938 Saarbrücken (Vater: Dr. phil. Musikwiss., Rundf.-Sendeleit. †1975), kath., verh. s. 1968 m. Margret, geb. Thelen, 2 Kd. (Anja, Thomas) - Stud. Univ. Bonn; Staatsex. 1967 u. Promot. 1968 Bonn. 1973 Facharzt f. Anästhesiol. (ÄK-NRW) - 1967 Univ.-Klin. Bonn; 1968/69 Elisabeth-Krkhs. Essen; 1970-73 Univ.-Klin. Bonn. 1978 Lehrauftr. f. Anästhesiol. akad. Lehrkrkhs. Mechernich d. Univ. Bonn - Veröff.: 16 med. Publ. u. ca. 25 Vortr. - Liebh.: Musik, Lit., Reisen.

FREIBÜTER, Ludwig

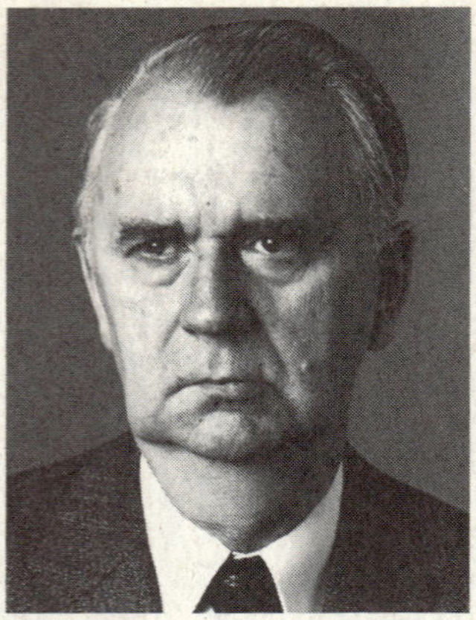

Dr. phil., Ministerialrat a. D., 1. stv. Präs. Kath. Akademikerarbeit Deutschlands (KAD) - Kapellenweg 3, 5300 Bonn 2 (T. 0228 - 33 30 59) - Geb. 13. Aug. 1920 Münster, kath., verh. s. 1959 m. Ingeborg, geb. Kleist - Gefangensch. - Stud. Münster; Promot. - Zun. Erwachsenenbild.; 1958-81 Presse- u. Informationsamt d. Bundesreg. (1961 Ref.-Leit., 1963 stv. Abt.-Leit., 1975 Unterabt.-Leit. Schwerp.: Rundf., Medienpolitik, b. 1970 Vertr. d. Bundesreg. im Fernsehrat d. ZDF). Div. ehrenamtl. Tätigk., u. a. 1974-88 Mitgl. Zentralkomit. d. dt. Katholiken (ZdK) (1977-84 Vors. publ. Kommiss. ebd.); KAD (1984-86 Präs.) - 1980 Komturkreuz Gregoriusorden; 1982 BVK I. Kl.; 1984 Ltd. Komtur d. Ritterordens v. Heiligen Grab - Lit.: Zahlr. Veröff. in Ztschr. d. kath. Akademikerverb.

FREIBURGER, Walter

s. Jens, Walter

FREIDANK, Karl-Heinz

Ehrenmitglied d. AR auf Lebenszeit d. Ferd. Rückforth Nachf. AG., Heidelberg - Fliederweg 39, 5205 St. Augustin 1 - Geb. 4. Aug. 1911.

FREIDHOF, Gerd

Dr. phil., Prof. f. Slaw. Sprachwissenschaft - Hesselbergstr. 11, 6382 Friedrichsdorf - Geb. 12. Juni 1942 Frankfurt/M. - 1965-71 Stud. Slaw. Philol. u. Indogerman. Sprachwiss. Frankfurt/M., Prag, Moskau. Promot. 1971, Habil. 1978. S. 1975 Lehrtätigk. Univ. Frankfurt, Marburg, wieder Frankfurt (Prof.) - Vergl. sprachl. Studien z. Gennadius-Bibel (1499) u. Ostroger Bibel (1580/81), 1972 (Diss.); Kasus-Grammatik u. lokaler Ausdruck im Russ., 1978 (Habil.schr.).

FREIGER, Stephan Franz

Prof., Hochschullehrer f. Angew. Statistik m. Schwerp. Planung, Org. u. Politik, insbes. Hochschulentwickl. u. Studienreform - Am Hahnen 11, 3500 Kassel - Geb. 30. Nov. 1928 Waldeck/Danzig-Westpr. (Vater: Johannes F., Rektor, Lehrer; Mutter: Anna, geb. Weider), verh. s. 1962 m. Hannelore Lydia, geb. Lautenschläger - Gymn.; 1953-59 Univ. Marburg/Lahn (Math., Phys., Psychol.) - 1961-63 Studienrat Gymn. Melsungen, 1963-70 Doz. Päd. Inst. Kassel, 1970/71 Wiss. Ref. Planungsgruppe (Projektgr.) GHS Kassel, Leit. Planungsgr. Univ. Marburg/Lahn, 1971/72 Prof. GHS Kassel. SPD-Stadtverordn. Kassel.

FREIHEIT, Egon F.

Journalist, Medienberater (vorm. Chefredakteur IMPULSE, RTL plus, QUICK) - Portenlängerstr. 26A, 8022 Grünwald - Geb. 23. Febr. 1944.

FREILÄNDER, Hans

Dipl.-Kfm., Vorstandsmitglied Brown, Boveri & Cie AG. Mannheim (s. 1976) - Suhler Weg 20, 6800 Mannheim 31 - Geb. 8. März 1927 Mannheim - Zul. Geschäftsf. BBC-Hausgeräte GmbH. (b. 1975) - Aufsichts- u. Beiratsmand.; Verbandaufg., u.a. Vors. Landesverb. baden-württ. Ind. (s. 1983) - Spr.: Engl.

FREILING, Claus

Dr. jur., Dipl.-Kfm., Prof., Vorstand Rasselstein AG, Neuwied - Theodor-Heuss-Str. 41, 5414 Vallendar (Rhein) - Geb. 9. April 1929 - Ass.ex.

FREILING, Dieter

Dr. rer. pol., Dipl.-Kfm., Geschäftsführer - Höhenblick 2, 6240 Königstein - Geb. 11. März 1930 Frankfurt, ev., verh. s. 1961, 3 Kd. - Univ. Frankfurt (Dipl.-Kfm. 1952, Promot. 1958) - 1970 Vorst.-Sprecher J. A. Henckels Zwillingswerk AG, Solingen; 1976 Gf. Rich. Klinger GmbH, Idstein; 1985 Gf. Degesch GmbH, Frankfurt; 1986 Freiling Management-Berat., Königstein - BV: Budgetier.- u. Controlling-Praxis (Gewinn-Management im mittl. Ind.betrieb), 1980 - Spr.: Engl., Franz., Span. - Lit.: Henseling, D. hess. Frilinge, 1968.

FREIMARK, Peter

Dr. phil., Prof., Direktor Inst. f. d. Geschichte d. dt. Juden/Univ. Hamburg (s. 1972) - Sierichstr. 156, 2000 Hamburg 60 - Geb. 25. Okt. 1934 Halberstadt/Harz, verh. s. 1966 m. Annemarie, geb. Schröder, 2 Kd. (Alexander, Susanne) - Promot. 1967 Münster - BV: Hamburger Beiträge z. Gesch. d. dt. Juden (Hrsg.). Bücher u. Aufs.

FREIMUTH, Wolfgang

Dipl.-Kfm., Dr. rer. pol., Vorstandsvorsitzender d. HANOMAG Aktiengesellschaft - Hanomagstr. 9, 3000 Hannover 91 (T. 0511 - 45 09-300); priv.: Passavantstr. 1, 6000 Frankfurt 70 (T. 0611 - 63 85 13) - Geb. 23. März 1940 Duisburg (Vater: Friedrich-August F., Lehrer; Mutter: Edith, geb. Steinemann), ev., verh. s. 1966 m. Alexandra, geb. Lehmann, 3 Kd. (Carola, Alexander, Nicola) - Abit. Herford 1960, Staatsex. Univ. Köln 1964, Promot. 1969 - 1966-68 Univ.assist., 1969-76 Krupp-Konzern (Dir. f. Betriebswirtsch. u. Rechnungswes.), 1976-80 AEG-Telefunken, Leit. d. zentr. Planung, 1980-81 FAUN-Werke, Geschäftsf. f. d. kfm. Ber., s. 1981 Sprecher d. Geschäftsfg. Hanomag GmbH, Hannover, s. 1984 s. o. - BV: Verkehrspolitik vor d. Entscheidung, 1968 (Mitverf.); Z. Frage d. Kontingentierung d. gewerbl. Straßengüterfernverkehrs in e. marktwirtsch. orient. Wirtschaftsordnung, 1968 - Liebh.: Jagd - Spr.: Engl., Franz.

FREISBERG, Heinrich

Direktor - Am Wiesental 18, 4300 Essen-Bredeney - Geb. 31. Juli 1918 Essen - S. 1942 Ferrostaal AG., Essen (stv. Vorstandsmitgl.).

FREISE, Gerda,

geb. Röttger

Dr. rer. nat., em. o. Prof. f. Erziehungswissenschaft unt. bes. Berücks. d. Chemiedidaktik Univ. Hamburg (s. 1974) - von-Ossietzky-Str. 24, 3400 Göttingen - Geb. 29. April 1919 Düsseldorf - Promot. 1947 München - Zul. 1966-74 Doz. u. Prof. (1969) PH Heidelberg. Div. Arb. zu Fragen d. Erz.wiss. u. d. Methodik u. Didaktik d. naturwiss. Unterr., zul. Methodisch-mediales Handeln im Lernbereich Natur in: Enzyklopädie Erziehungswiss. Bd. 4: Methoden u. Medien d. Erziehung u. d. Unterr., 1985; Argumente f. d. Begründung e. Lernbereichs Natur, WPB 39. Heft 3, 1987. Herausg.: Jugend im Nationalsozialismus - Versuch e. krit. Vergegenwärtigung d. Vergangenh., in: W. Klafki Verführung - Distanzierung - Ernüchterung. Kindh. u. Jugend im Nationalsozialismus (1988).

FREISE, Valentin

Dr. rer. nat., Prof. i.R. (Physikal. Chemie) Inst. f. Physik u. Makromolekulare Chem. Univ. Regensburg - Adalbert-Stifter-Str. 7a, 8400 Regensburg - Geb. 20. Jan. 1918 - Chemische Thermodynamik (BI Mannheim 1969). Fachveröff. S. 1983 Ruhest.

FREISE, Werner

Dr.-Ing., Prof. f. Elektrotechnik Univ. Kaiserslautern - Spinozastr. 31, 6750 Kaiserslautern.

FREISEL, Johannes

Journalist, Schriftst. - Erpeler Str. 22, 5000 Köln 41 (T. 0221 - 44 26 10) - Geb. 24. Okt. 1917 Königsberg, kath., verh. s. 1957 m. Gertrud, geb. Gielen, 2 Töcht. aus 1. Ehe m. Galina, 1 T. aus d. Ehe m. Gertrud G. - Stud. FU Berlin (Kunstgesch., Publiz., Phil.) - Fr. Journ., Redakt. (Tagesspiegel, Berlin; Constanze, Kristall, Hbg.); 1960-82 WDR-Fernsehen, zul. verantw. Redakt. Medizinredakt. (u.a. Dok. üb. Brustamputat., Bewegungstherapie, Spieltherapie f. psych. kranke Kinder, Verh. Neugeborener in ersten Lebensminuten, Notfalldienst, Grippe-Epidemie, Abmagerungsklinik). Kunst: documenta 5, Hannah Höch, Museum u. Werbung u.a.; Satiren (Fernsehen): Krankenhaus v. übermorgen (aua!), Praxis e. niedergelassenen Arztes (Mensch, Doktor!), Psychiatrie (irre!). Reportagen: Bistros in Paris, Pubs in London. Deutsche Welle: Hörbilder (hist. dt. Architektur u. Mediziner). 2 Kinderb. - Spr.: Engl., Franz.

FREISING, Dorothea

Prof. f. Didaktik d. Geographie FU Berlin, Inst. f. Schulgeographie, WE 08 - Grunewaldstr. 35, 1000 Berlin 41.

FREISLEDER, Franz

Schriftsteller, Redakt. Südd. Zeitung - Agilolfinger Str. 22, 8000 München 90 - Geb. 22. Febr. 1931, kath., verh. s. 1955 m. Barbara, geb. Fellner, 4 Kd. (Franz Joseph, Max Emanuel, Johanna, Barbara) - Abit. München; Stud. Zeitungswiss., Theaterwiss., Betriebsw. (abgebr.) - BV: u.a. Bayer. Gschicht' im Gedicht, 1984 - 1981 Tukan-Preis f. Lit. Landeshauptstadt München; 1985 Bayer. Poetentaler; 1987 BVK am Bde. - Liebh.: Amateur-Trabrennfahren - Spr.: Engl.

FREIST, Hans-Georg

Dr.-Ing., Dipl.-Ing., Geschäftsführer u. Mitinh. Gerko-Werke Bielefeld - Im Waldwinkel 10, 4800 Bielefeld 1 - Geb. 29. Aug. 1927, verh., 3 Kd. - Stud. TH Hannover; Dipl. 1953, Promot. 1958.

FREITAG, Alfred

Dipl.-Ing., Vorstandsmitglied Energieversorgung Ostbayern AG, AR-Mitgl. Regensburger Energie- u. Wasserversorgung AG (REWAG) u. Starkstrom-Gerätebau GmbH, Regensburg-Burgweinting - Prüfeninger Str. 20, 8400 Regensburg - Geb. 01. Dez. 1927.

FREITAG, Armin

Dr. jur., Botschafter d. Bundesrep. Deutschl. im Iran (s. 1986) - Zu erreichen üb. P.O.B. 11365-179, Av. Ferdowsi, Teheran/Iran - Geb. 1930 Walkersbrunn/Oberfranken - Jurastud.; As-s.Ex. - Wirtschaftsmin. Bonn; Tätigk. b. d. Vertret. d. Bundesrep. b. d. Europ. Gemeinsch.; 1968 Botschaft Washington; 1972 Referatsleit. Abt. f. Außenwirtschaftspolitik AA, Bonn; 1979-83 Botsch. in Havanna/Kuba; 1983-86 stv. Leit. Abt. f. Ausw. Kulturpolitik, AA.

FREITAG, Artur

Dipl.-Math., Prof., Hochschullehrer - Neuburger Str. 35, 7512 Rheinstetten 3 - U. a. Doz. u. Prof. f. Didaktik u. Methodik d. Mathematik PH Karlsruhe.

FREITAG, Eberhard

Dr. rer. nat., o. Prof. f. Mathematik Univ. Heidelberg - Seitzstr. 18, 6900 Heidelberg.

FREITAG, Helmut

Dr. rer. nat., Prof. f. Morphologie u. Systematik d. Pflanzen GH Kassel - Am Goldgraben 8, 3400 Göttingen - Geb. 8. Sept. 1932 - Zul. Doz. Univ. Göttingen (Botanik).

FREITAG, Lutz

Dipl.-Volksw., Mitglied Bundesvorstand d. DAG, Ressortleit. Industrie (s. 1987), Mitgl. Hbg. Bürgerschaft (s. 1982) - Karl-Muck-Platz 1, 2000 Hamburg 36; priv.: Birkenkoppel 14, Poppenbüttel - Geb. 16. Okt. 1943 Mähr.-Ostrau (Eltern: Karl (Bühnenbildner) u. Edith F.), verh. s. 1968 (Ehefr.: Marion), S. Thorsten - Schule Berlin; 1959-62 Lehre Arbeitsverw. ebd.; 1966-69 Stud. HWP Hamburg - S. 1962 DAG Berlin u. Hamburg (1971 Bundesjugendleit., 1973 Leit. Bildungszentrum Walsrode, 1977 Landesverb.-Leit. DAG-Hamb., s. 1987 s.o.

FREITAG, Maria

s. Sebaldt, Maria

FREITAG, Robert

Schauspieler u. Regisseur, Leiter Schauspieltruppe Zürich (Tourneeges. Maria-Becker-Robert-Freitag) - Zollikerstr. 138, 8008 Zürich (T. Zürich 555656) - Geb. 7. April 1916 Wien (Vater: Robinson-Freitag, amerik. Opernsänger), verh. I) m. Maria, geb. Becker (Schausp.), 3 Söhne, II) Maria, geb. Sebaldt (Schausp.), Tochter - Reinhardt-Sem. Wien - Bühnen Zürich, Hamburg, Berlin, München u. a. Salzburger Festsp. u. Wiener Festwochen. Film; Fernsehen.

FREITAG, Ulrich

Dr. rer. nat., o. Prof. f. Kartographie FU Berlin - Arno-Holz-Str. 12, 1000 Berlin 41 - Geb. 9. Dez. 1931 Kolberg/Ostsee (Vater: Max F.; Mutter: Frieda, geb. Schwertfeger), verh. s. 1959 m. Hildegard, geb. Stötzner - Stud. Berlin (1951-55 Humboldt-Univ.; 1958-61 Staatl. Bauakad.) - Zul. Prof. Univ. Gießen - BV: Verkehrskarten, 1966; Semiotik u. Kartogr., 1971. Herausg.: National Resources Atlas of Thailand (1974-84) u. Economic Atlas of Asia (1974-80); Afrika-Kartenwerk (1977-85); Topograph. Atlas Berlin (1987).

FREITAG, Walter

Dr. med., Dr. med. dent., Honorarprof. f. Flugmedizin TU Berlin - Hubertusallee 48, 1000 Berlin 33.

FREITAG, Werner

Dr. jur., Bundesrichter i. R. - Erzbergerstr. 76, 7500 Karlsruhe - Geb. 7. Juli 1907 Pforzheim (Vater: Josef F., Postinsp.), kath., verh. s. 1947 m. Leonore, geb. Eisele - Oberrealsch. Heidelberg; Univ. ebd. (Promot. 1933) u. Berlin (Rechtswiss.) - 1935 Gerichtsass.; 1938 Justizrat Notariat Neustadt/Schwarzw.; 1948 Notariat Rastatt; 1950 Landgerichtsrat Baden-Baden; 1954 Oberstaatsanw. Bundesanwaltsch.; 1956-75 Richter Bundesgerichtshof - Liebh.: Reisen - Spr.: Franz., Engl., Span.

FRELLER, Karl

Religionslehrer, MdL Bayern - Nürnberger Str. 23, 8540 Schwabach (T. 09122 - 1 55 55) - Geb. 2. März 1956 Schwabach (Vater: Karl F., Postoberamtsrat; Mutter: Alwine, geb. Geyer), kath., verh. s. 1980 m. Monika, geb. Scheffler, 3 Kd. (Stefan, Birgit, Andreas) - 1973-75 Redaktionsvolont. Schwabacher Tagblatt; m. 19 J. jüngster Redakt. in d. Bundesrep. Deutschl.; 1975-77 Redakt. Schwabacher Tagblatt; 1973-77 theol.-relig.päd. Fernstud. Domschule Würzburg - 1977-82 Religionslehrer Diözese Eichstätt. S. 1978 Stadtrat Schwabach; s. 1982 Bayer. Landtag. S. 1982 stv. JU-Bezirksvors.; s. 1983 Bezirksvors. AK Kulturpolitik d. CSU Mittelfranken; s. 1986 Jugendpolitischer Sprecher CSU-Landtagsfrakt. - Liebh.: Fotografie - Spr.: Engl., Lat.

FRENKEL, Gerhard

Dr. med. dent., Dr. med., Prof., Facharzt f. Mund-, Kiefer- u. Gesichtschirurgie - Theod.-Stern-Kai 7, 6000 Frankfurt 70 - Geb. 18. April 1925 - S. 1963 (Habil.) Lehrtätigk. FU Berlin (1969 apl. Prof., 1972 Leit. kieferchirurg. Abt. Univ. Frankfurt/M.). Üb. 80 Fachveröff.

FRENKEN, Hans

Prof. f. Werkpädagogik u. Kunsterzieh. Päd. Hochsch. Vechta - Welper Str. 22, 2848 Vechta/Oldbg..

FRENSEMEYER, Gert

Dipl.-Volksw., Steuerberater (s. 1988), Handelsrichter b. LG Düsseldorf - Saarnberg 91, 4330 Mülheim-Saarn (T. 48 06 10) - Geb. 24. Mai 1920 Rheine (Vater: Wilhelm F., Gewerbeschuldir.; Mutter: Magdalena, geb. Hirkes), kath., verh. m. Irmgard, geb. Steinhäuser, S. Reiner - Realgymn. Volont. Maschinenbau; Stud. Kiel, Freiburg, Münster (Math., Naturwiss., Volkswirtsch., Jura) - 1951-53 Finanzverw. Stadt Münster, 1954-65 Ind.Dir., 1966-74 Konzernabt.-leit., Chefliquidator, 1975-80 Geschäftsf. u. Vors. Geschäftsf. Thyssen Bausysteme GmbH; 1980-87 Geschäftsf. Lindemann-Maschinenfabrik GmbH.

FRENTZEL, Georg

Dr. jur., Vorstandsmitgl. Bayer. Brauerei Schuck-Jaenisch AG. - Pascalstr. 6, 6750 Kaiserslautern - Gr. jurist. Staatsprüf.

FRENZ, Dieter Claus

Vorstandsmitglied Zwirnerei u. Nähfadenfabrik Rhenania AG, Viersen 11 - Im Luftfeld 23, 4000 Düsseldorf - Geb. 23. März 1933.

FRENZ, Helmut

Pfarrer, Generalsekretär amnesty international Bundesrep. Dtschl., Studienleit. Haus am Schüberg (HH), ev. Bildungsstätte f. kirchl. Entwicklungsdste. u. Gemeindearb. (s. 1985) - Lütjenmoor 13, 2000 Norderstedt (T. 040 - 523 84 62) - Geb. 4. Febr. 1933 Allenstein/Ostpr., ev. - Stud. ev. Theol. u. Sport - 1959-70 Ev. Pfarrer, 1970-75 Bischof d. Ev.-Luth. Kirche Chile, s. 1976 Generalsekr. AI in d. BRD; s. 1985 wieder Kirchendst.; s. 1989 Gemeindepastor in d. Schalomgemeinde zu Norderstedt - 1976 Fridtjof-Nanssen-Med.; 1984 Hermann-Kesten-Med. - Spr.: Engl., Span.

FRENZ, Karlgustav

Dr. jur., Wirtschafts- u. Unternehmensberater, Beirat Richard Ludowigs KG, Wülfrath, Pfeilringwerk Müller & Schmidt GmbH & Co. KG, Solingen, Intermag AG, Schaan, Technoflore AG, Vaduz - Oststr. 82, 4000 Düsseldorf 1 (T. 35 08 05) - Geb. 2. Febr. 1915 Mülheim/Ruhr (Vater: Dr.-Ing. e. h. Gustav. F., Generaldir.; Mutter: Katharina, geb. Römer), kath., verh. - Human. Gymn.; Jurist. Stud., 2. Staatsex.; Ass. 1940 - Spr.: Engl., Franz.

FRENZ, Wilhelm

Dr. phil., Prof. f. Didaktik d. Gesellschaftslehre GH Kassel - Wilhelmshöher Str. 9, 3501 Schauenburg.

FRENZEL, Burkhard

Dr. rer. nat., Dr. phil. h. c., o. Prof. f. Botanik - Friedhofstr. 10, 7022 Leinfelden-Echterdingen 3 - Geb. 22. Jan. 1928 Duisburg - S. 1960 (Habil.) Lehrtätigk. TH München u. Univ. Hohenheim (1967 Ord., Dir. Botan. Inst. u. Botan. Garten). Fachveröff. - 1971 Korr. u. 1984 o. Mitgl. Akad. d. Wiss. u. d. Lit. Mainz; 1983 Ehrendoktor Univ. Zürich.

FRENZEL, Elisabeth,

geb. Lüttig-Niese

Dr. phil., Schriftstellerin - Birklinger Str. 7, 8711 Castell/Ufr. u. Drakestr. 41, 1000 Berlin 45 - Geb. 28. Jan. 1915 Naumburg/Saale (Vater: Oswig Lüttig-Niese, Jur.; Mutter: Elisabeth, geb. Niese), ev., verh. s. 1938 m. Dr. Herbert A. F. (s. dort) - Promot. 1938 Univ. Berlin - S. 1951 freie Schriftst.; Mitgl. Kommission f. litwiss. Motiv- u. Themenforsch. d. Akad. d. Wiss. Göttingen (s. 1978) - BV: Daten dt. Dichtung, 24. A. 1988 (m. Herbert A. Frenzel); Stoffe d. Weltlit., 7. A. 1988 (span. 1976); Stoff-, Motiv- u. Symbolforschung, 4. A. 1978; Stoff- u. Motivgesch., 2. A. 1974; Motive d. Weltlit., 3. A. 1988 (span. 1980); V. Inhalt d. Literatur, 1980 - Mithrsg.: Federstriche - E. immerwähr. Lit.-Kalender (m. Herbert A. Frenzel, 1987) - Lit.: Elemente d. Literatur - Festschr. z. 65. Geburtst. f. E. F. (1980).

FRENZEL, Gerhard

Dr. rer. nat., Prof., Mineraloge - Saarstr. 7, 6903 Neckargemünd - Geb. 20. Febr. 1929 Berlin (Vater: Siegfried F., Chemiker; Mutter: Charlotte, geb. Fabel), ev., verh. s. 1954 m. Ingeborg, geb. Weidner, 2 Söhne (Thomas, Matthias) - Univ. Heidelberg. Promot. (1953) u. Habil. (1959) Heidelberg - S. 1959 Lehrtätigk. Univ. Heidelberg, 1970 H3-Professur (Mineral.-Petrogr. Inst.). 1965 Gastprof. USA. Mitgl. Deutsche u. Schweiz. Mineral. Ges. Üb. 50 Fachveröff. - 1962 Mitgl. New York Acad. of Sciences - Liebh.: Briefmarken - Spr.: Engl. (Dolmetscherex.).

FRENZEL, Hans

Geschäftsführer Gottschalk & Co. GmbH u. Frenzel, Gottschalk & Co. GmbH, bde. Kassel - Dachsbergstr. 22, 3500 Kassel-W'höhe (T. Büro: 8077-0) - Geb. 21. März 1907 Sorau/NL., ev., verh. s. 1950 (Ehefr.: Leni) - Kaufm. u. jurist. Ausbild.

FRENZEL, Herbert A.

Dr. phil., Schriftsteller u. Übersetzer - Birklinger Str. 7, 8711 Castell/Ufr.; Drakestr. 41, 1000 Berlin 45 - Geb. 20. Dez. 1908 Berlin (Vater: Alfred F.; Mutter: Hedwig, geb. Eitner), ev., verh. s. 1938 m. Dr. phil. Elisabeth, geb. Lüttig-Niese - Königstädt. Gymn. Berlin; Univ. Königsberg u. Berlin (Lit.wiss., Theaterwiss., Skandinavistik; Promot. 1942) - 1933-34 Verlagslektor, 1934-39 Redakt., 1939-42 Dramat., 1943-45 Wehrdst. u. Gefangensch., s. 1950 fr. Schriftst. Gerichtl. beeid. Dolmetscher, 1951-61 VHSdoz. Schrift. Ges. Theatergesch. (1951-78) - BV: Daten dt. Dicht., 24. A. 1988 (m. Elisabeth F.); Brandenbg.-pr. Schloßtheater - Spielorte u. -formen v. 17. b. z. 19. Jh., 1959; Thür. Schloßtheater - Beitr. z. Typologie d. Spielorte v. 16. b. z. 19. Jh., 1965; Geschichte d. Theaters 1470-1890, 1984. Übers.: Kamban, Borberg, Lindemann, Bergman, Chorell, Fagerberg, Ingvar Andersson, Maritain, Lewin, Gesell, Bellow u. a. Mithrsg.: Kürschners Biogr. Theater-Handb.; Federstriche - E. immerwähr. Lit.-Kalender (m. Elisabeth F.) - Lit.: Bühnenformen, Bühnenräume, Bühnendekorationen - Festschr. z. 65. Geburtst. f. H. F. (1974).

FRENZEL, Konrad

Dr. rer. nat., Wiss. Oberrat i. R., Honorarprof. f. Kartographie Univ. Frankfurt/M. (s. 1962) - Sodener Waldweg 2, 6232 Bad Soden (Ts.) - Geb. 28. Mai 1902.

FRENZEL, Wolfgang

Dr. med. h.c., Rechtsanwalt, Kurator a.D. Med. Hochschule Hannover - Am Holderbusch 13, 3000 Hannover 51 - Geb. 3. Nov. 1914, ev., verh. s. 1937 m. Elizabeth, geb. Richter, 5 Kd. (Monika, Dagmar, Kirsten, Birgit, Wolfgang) - Jurastud. Univ. Berlin u. München, Ass.-Ex. 1941 Berlin - 1965-75 Mitbegr. u. 1. Kurator Med. Hochsch. Hannover. Veröff. u. Vorträge üb. Modell d. Med. Hochsch. u. mod. Medizinausb. - 1974 Ehrendoktor Med. Hochsch. Hannover; Nieders. Verdienstkreuz I. Kl. - Liebh.: Numismatik, Schriftstellerei - Spr.: Engl., Franz.

FRENZEN, Karl-Heinz

Geschäftsführer u. Gesellschafter Fa. Melcher + Frenzen Armaturen GmbH & Co. KG, Fabr. f. Gas- u. Wasserarmaturen, Velbert - Birkenstr. 27, 5620 Velbert 1 (T. 02051 - 45 35/36) - Geb. 5. Juni 1936 Krefeld (Vater: Walter F., Kaufm.; Mutter: Elfriede, geb. Brosch), kath., verh. s. 1971 m. Sigrid, geb. Melcher, S. Thomas - Abit. - Ab 1972 Mitgl. Dt. Olymp. Ges.; Gründ.-Initiator e. Zweigst. d. Dt. Olymp. Ges. in Ratingen (1983) - BV: Verf. zahlr. Sportbuchbeitr., u.a. Unvergessene Barbi Henneberger; Schon immer: Rassenprobleme; Coubertin war dagegen; Deutschl. Sport im Kampf gegen Manipulat.; Rennfahrerschicksale - 50 J. Nürburgring; Verzicht d. Bundesrep. Deutschl. auf Mos-

kau-Olympia; Niemand darf gegen d. Ostwind anlaufen; 11. Olymp. Kongreß - e. Erfolg f. d. Sport; Acht Sekunden . . . u. zweitklassig; Blick in d. olymp. Zukunft; V. d. Göttern erfunden - heute e. olymp. Sportart: Bogenschießen; Hat Olympia noch e. Zukunft?; Olympische Vergangenh. im Kr. Mettmann - Nur wenigen winkte d. Med. als Lohn. Verf. u. Herausg.: Olympische Spiele - Gesch., Regeln u. Einrichtungen - Gold. Ehrennadel Dt. Olymp. Ges. - Liebh.: Filmen, Fotogr., Lit., Konz., Theater, Reisen, Sport (aktiv); Gründer e. priv. Sportmuseums - Spr.: Engl., Latein.

FRERICHS, Heiko
Dr. med. (habil.), Prof., Internist - Eckenbornweg Nr. 10, 3400 Göttingen-Herberhausen - B. 1974 Privatdoz., dann apl. Prof. Univ. Göttingen (gegenw. Oberarzt Med. Klinik).

FRERICK, Günter
Direktor FS-Karton GmbH, Werk Niederrh. Kartonfabrik Neuss - Zu erreichen üb. FS-Karton GmbH, Düsseldorfer Str. 182, 4040 Neuss - Geb. 15. Aug. 1925.

FRERK, Peter
Dr. jur., Vorstandsmitglied Volkswagen AG, Wolfsburg (s. 1971) - Hegebergweg 9, 3180 Wolfsburg 1 - Geb. 13. Sept. 1930 Berlin.

FRERKING, Horst
Dr. med. vet., Prof. Tierärztl. Hochschule Hannover (s. 1977, 1981-83 Rektor), Vorstandsmitgl. Akad. f. Tierärztl. Fortbildung (ATF), Dir. Tiergesundheitsamt Hannover (s. 1985) - Sperberweg 1 A, 3000 Hannover 61 - Geb. 22. Jan. 1934 Hannover.

FRESE, Erich
Dr. rer. pol., Dipl.-Kfm., o. Prof. f. Betriebswirtschaftslehre - In der Heide 10, 5100 Aachen-Richterich - Geb. 7. Sept. 1938 Bremen - Promot. 1966 - S. 1970 (Habil.) Lehrtätigk. Univ. Köln (1972 Wiss. Rat u. Prof.); TH Aachen (1973-86 Ord. u. Dir. Inst. f. Wirtschaftswiss.); Univ. Köln (1986 Ord. u. Dir. Organisationssem.) - BV: Kontrolle u. Unternehmensführung, 1968; Aufbauorganisation, 1979; Grundlagen d. Organisation, 1987; Unternehmungsführung, 1987.

FRESE, Hermann
Dipl.-Volksw., Präs. Einzelhandelsverband Südbaden, Vizepräs. IHK Südl. Oberrh., Freiburg - Adelhauserstr. 12, 7800 Freiburg (T. 0761-3 14 78-79) - Geb. 27. Febr. 1936 Freiburg, verh. s. 1965, 3 Kd. (Philipp, Isabel, Annabelle) - Human. Abit. (1957); Stud. Volksw. Univ. Freiburg.

FRESE, Knut
Dr. med. vet., Prof. f. Allg. u. Spez. Patholog. Anatomie u. Histol. Univ. Gießen - Waldstr. 7, 6301 Fernwald 2.

FRESEN, Otto
Dr. med., Prof., Pathologe - Hermann-Hesse-Str. 2a, 4000 Düsseldorf 30 - Geb. 26. Mai 1912 Stralsund - S. 1945 Doz. u. Prof. (1951) Med. Akad. bzw. Univ. Düsseldorf. Gründer u. Leit. collegium musicum. 1961 Patholog. Inst. Hannover; Gründungsmitgl. Med. Hochsch. Hannover. 150 Veröffentl. u. a.: Tuberkulose: Virchows Arch. 317, 1950; RES: Verh. dt. Ges. Path., 1953; Hdb. ges. Haemat. 1, 1957; Ronald Press New York 1960; Lymphogranulomatose: Erg. inn. Med., 9. A. 1958; Morbus Boeck: Erg. Tbc. 14. A. 1958; Begutachtung d. Blutkrankheiten, 1959; Haemopoese: Erg. Path. 40, 1960; Intern. Orgeltage Düsseldorf 1970-79 m. 15 Schallplatten (TELDEC).

FRESENIUS, Wilhelm
Dr. rer. nat., Chemiker, Honorarprof. f. Analytische Chemie Univ. Mainz, Rektor Fachhochsch. Fresenius, Wiesbaden, Mitinh. Inst. Fresenius GmbH - Im Maisel 14, 6204 Taunusstein 4 - Geb. 17. Juli 1913 Berlin (Vater: Dr. Ludwig F.; Mutter: Beate, geb. v. Rosencrantz), verh. 1941 m. Irmela, geb. v. Bernus - Univ. Frankfurt/M., München, Heidelberg, Göttingen - 1940 b. 45 Assist. Univ. Frankfurt; 1945 Leit. Chem. Labor. Fresenius, Wiesbaden, 1974-81 Vorst. Ges. Dt. Chemiker. Fachveröff. Hrsg.: Fresenius' Zeitschr. f. Analyt. Chem. - 1973 Bürgermed. in Gold Stadt Wiesbaden, 1974 Ehrennadel Dt. Genossenschaftsverb., Kronenkreuz in Gold Diakon. Werk d. Ev. Kirche in Hessen u. Nassau; 1977 Carl-Duisberg-Plak. d. Ges. Dt. Chemiker, 1978 Ehrenplak. Gold d. Stadt Wiesbaden; 1980 BVK I. Kl.; 1985 Ehrenbürger Stadt Wiesbaden; 1986 Ehrenbrief Hess. Min.-Präs.; 1986 Ehrenmitgl. Japan. Ges. f. Anal. Chemie - Liebh.: Theater, Lesen - Spr.: Engl., Franz., Schwed. - Rotarier.

FRESLE, Franz
Dr. rer. nat., Prof. f. Geographie Univ. Köln (1971-88) - Karlstr. 7, 7800 Freiburg/Br. - Geb. 13. Aug. 1926 Freiburg/Br. - Promot. 1969.

FREUDENBERG, Dieter
Pers. haft. Gesellschafter Freudenberg & Co., Mitgl. d. Unternehmensleitg. Freudenberg & Co. u. Carl Freudenberg, Mitgl. Außenhandels-Aussch. BDI, stv. Vorst. Verb. Dt. Lederind., Kurat-Mitgl. Exportakademie Baden-Württ. - Höhnerweg 4, 6940 Weinheim/Bergstr. (T. 80 51 80) - Geb. 20. Febr. 1926 Weinheim (Vater: Otto F.), verh. m. Evamaria, geb. Habich - Zahlr. Ämter (Aussch.); Mitgl. Gde-Rat Stadt Weinheim u. Kreistag Rhein-Neckar-Kr. - Rotarier.

FREUDENBERG, Günter
Dr. phil., o. Prof. f. Philosophie Univ. Osnabrück - Zeppelinstr. 25, 4500 Osnabrück (T. 41717) - Geb. 16. Sept. 1923.

FREUDENBERG, Hermann
Vorsitzender Gesellsch.aussch. Freudenberg & Co. - Höhnerweg 4, 6940 Weinheim/Bergstr. (T. 8 02 33) - Geb. 18. Aug. 1924 Berlin (Vater: Adolf F., Pfarrer), verh. m. Dr. Gisela, geb. Dumur (Biologin), 4 Kd. - N. Schule (Schweiz) Gerberlehre u. Chemiestud. - S. 1950 Familienuntern. - Vizepräs. IHK Rhein-Neckar; Vorst. Stifterverb. f. d. Dt. Wiss., Essen - Spr.: Franz., Engl. - Bek. Vorf.: Carl F., Firmengründ. (Urgroßv.) - Rotarier.

FREUDENBERG, Nikolaus
Dr. med., Prof., Arzt f. Pathologie - Albertstr. 19, 7800 Freiburg/Br. (T. 0761 - 203 31 23) - Geb. 20. April 1944 Königsberg (Vater: Dr. med. Hermann A.; Mutter: Dr. med. Fred-Marie, geb. Embacher), verh. s. 1969 m. Dr. med. Marina, geb. Blum, S. Peter Ch. - Albrecht-Altdorfer-Gymn. Regensburg; Stud. Univ. Erlangen, Frankfurt/M.; Promot. 1971 Frankfurt; Habil. 1977 Freiburg - 1970-72 Assist. Patholog. Inst. Frankfurt-Hoechst; 1972-77 wiss. Assist. Anatom. u. Pathol. Inst. Freiburg; 1984

Prof. Freiburg. Hauptforschungsrichtungen: Schock, Tumoren, Zellerneuerung - BV: Zytopathologie, 1980 (ital. 1981, span. 1982, Studienausg. 1988); Pathologie, 1980, 2. A. 1988; The vascular endothelial system (m. K.H. Riese u. M.A. Freudenberg), 1983.

FREUDENBERG, Reinhart
Dr. jur., pers. haft. Gesellsch. Freudenberg & Co., Weinheim/Bergstr. - Heiligenbergstr. 4, 6900 Heidelberg - Geb. 22. Juli 1932 Berlin (Vater: Adolf F., Pfarrer), verh. m. Annegret, geb. Bartholomé - Vorstandsvors. Ges. f. Unternehmensgesch.; AR Frankfurter Hypothekenbk.

FREUDENBERG, Rudolf
Dr. phil., Prof. f. Dt. Philologie - Freiherr-v.-Stein-Str. 7, 3551 Wehrda - Geb. 22. Dez. 1929 München - S. 1965 Doz. u. Prof. Univ. Marburg.

FREUDENBERGER, Hermann
Journalist, Kolumnist, Schriftst. - Im Asemwald 22/14, 7000 Stuttgart 70 (T. 0711 - 72 13 80) - Geb. 14. Juni 1922 Ulm, verh. - 1970-86 Kolumnist Knitz d. Stuttgarter Nachrichten - Veröff.: Hörsp.: Requiem in Weiß, 1966; Hinter d. Spiegeln, 1967; u.a. Fernsehsp.: Meerschweinchengesch., 1968; Bärenfang in Hinterwang, 1969; Romeo u. Julia m. Blasmusik, 1971. BV: Schwabenreport, 1976; Stuttgart-Führer, 1977; Rahmlokomotive, 1977; Kochen wie d. Schwaben, 1978 (m.a.); Stuttgart f. Kinder, 1978; Typisch Stuttgart, 1982; Gastl. Stuttgart, 1985 (m.a.); Knitz-Vorleseb., 1988; Schwabenreport (II.), 1988.

FREUDENBERGER, Klaus
Direktor Dresdner Bank AG, Frankfurt/M. - Ringstr. 74, 6072 Dreieich (T. 06103-8 82 28) - Geb. 14. Sept. 1937 Friedberg, kath., verh. s. 1960 m. Helga, geb. Neusel, T. Christine - Vizepräs. Forex-Club Deutschl.

FREUDENFELD, Burghard
Direktor Inst. d. dt. Wirtschaft (1971-83), Honorarprof. f. Polit. Wiss. Univ. München (s. 1970) - Friedrich Schmidt-Str. 11-13, 5000 Köln 41 - Geb. 21. Mai 1918 Berlin (Vater: Paul F., Richter; Mutter: Maria Carola, geb. v. Zielinski), ev. - Human. Gymn.; Univ. - 1952-58 Redaktionsmitgl. Süddt. Ztg.; 1954-62 Lehrbeauftr. Hochsch. f. polit. Wiss., München; 1958-62 polit. Redakt. BR; 1962-70 Chefredakt. u. Leit. Hauptabt. Politik u. Wirtsch., Stv. d. Dir. Stud.programm BR - BV: Israel - Experiment e. nation. Wiedergeburt, 2. A. 1961; Dt. Existenz - Entwurf e. Wirklichk., 1964; Existenzprobleme d. Entw.sländer, 1961; D. preuß. Lebensgefühl, in: Preußen - Porträt e. polit. Kultur, 1968; Dtschl.s Außenpolit. gegenüber Israel im Zeichen d. Prior. v. Wiedergutmachungsakten, in: Dtschl. Außenpolit. s. 1950, 1965; Über d. Widerstand, in: Schr. d. Akad. f. Polit. Bild., Tutzing. Herausg.: Entw.länder - E. Einf. in ihre Probl., 1961;

Völkerkunde - Einf. in ihre Probl., 1960; Chemie heute - Wege u. Ergebn. d. Forsch., 1960; Vergangene Gegenw., in Adenauer u. d. Folgen, 1965 - Mitgl. Dt. UNESCO-Kommiss., Ges. f. Auslandskunde - Spr.: Engl. - Rotarier.

FREUDENMANN, Helmut
Dr. oec. publ., Dipl.-Kfm., stv. Vorstandsvorsitzender Hagen Batterie AG - Coesterweg 45, 4770 Soest/W. - Geb. 27. Mai 1934 Nördlingen/Bayern, kath., verh. s. 1969 m. Margherita, geb. Laufenberg, S Roland - Wieland-Gymn. Biberach/Riß (Abit.); kaufm. Lehre; Univ. München (Promot.) - U. a. AR-Vors. Ind. Composizioni Stampate S.p.A., Canonica d'Adda/Italien u. Componenti Batterie S.p.A., Avellino/Italien - BV: Planung neuer Produkte, 1969 - Spr.: Engl.

FREUDENREICH, Dorothea
Dr. phil., Dipl.-Psych., Prof. f. Psychologie - Bodelschwinghstr. 34/3, 7410 Reutlingen - Geb. 21. April 1930 Zainingen, ev. - Univ. Freiburg/Br. (Psych., Soziol.). promot. 1964 - Volksschullehrerin; 1964-66 Klin. Psych.; s. 1966 Doz. u. Prof. (1971) PH Heidelberg (1987) - BV: Rollenspiel in Vorschule u. Kindergarten, 5. A. 1981 (m. a.); Kooperation - Lernen durch Rollensp., 1977; D. Plansp. in d. soz. u. päd. Praxis, 1979; Lit.verstehen durch Rollenspiel, 1983 (m. Sperth); Gruppendynamik u. Schule, 1986.

FREUDENSTEIN, Reinhold
Dr. phil., Prof. f. Erziehungswissenschaft - Am Weinberg 72, 3556 Weimar/Lahn 1 - Geb. 25. Jan. 1931 Bad Hersfeld (Vater: Erich F., Kirchenrat; Mutter: Elly, geb. Müller), ev., verh. s. 1959 m. Margret, geb. Lohmann, 2 S. (Thomas, Matthias) - Univ. Bonn, Wien, Marburg. Promot. 1956 - 1959 Ass. Prof. USA; 1961 Schuldst. Hessen; 1967 Doz., 1972 Prof. Univ. Marburg - BV: Unterrichtsmittel Sprachlabor, 1969 (auch jap.); Unser Kind lernt fremde Sprachen, 1974. Zahlr. Einzelarb. Übers. v. 10 Fachb. Herausg.: Praxis d. neusprachl. Unterr. - Spr.: Engl.

FREUEN, Helmut
Oberstadtdirektor - Schlenderhanstr. 11, 4050 Mönchengladbach - Geb. 2. Sept. 1932 Rheydt (Vater: Johann F., Bundesbahnbeamt.; Mutter: Elisabeth, geb. Jansen), kath., verh. s. 1960 m. Anneliese, geb. Adam, 2 Kd. (Veronika, Christian) - Gymn. Rheydt-Odenkirchen; Univ. Köln (Rechts- u. Staatswiss). Jurist. Staatsex. 1957 u. 61 - 1961-62 Dt. Bank AG; 1962-64 Bundesmin. f. wirtschaftl. Zusammenarb.; s. 1964 Stadtverw. Rheydt (b. 1968 Oberrechtsrat, dann -stadtdir.). Div. Mandate. 1970 CDU - Liebh.: Musik, Sport - Spr.: Engl.

FREUND, Bodo
Dr. phil., Prof. f. Kulturgeographie Univ. Frankfurt/M. (s. 1973) - Ferdinand-Brütt-Weg 3, 6242 Kronberg - Geb. 12. Mai 1941 Frankfurt/M. - Promot. 1968, Habil. 1984 Marburg - BV: u. a. Portugal, 1979; Strukturwandel d. Landwirtsch. unt. städt. Einfluss, 1985. Mithrsg.: Rhein-Main-Forsch. (1974ff.); Spanien-/Portugal-Inform.

FREUND, Eckhard
Dr.-Ing., o. Prof. f. Automatisierung u. Robotertechnologie u. Leiter Inst. f. Robotertechnologie Univ. Dortmund (s. 1985) - Postf. 50 05 00, 4600 Dortmund 50 - Geb. 28. Febr. 1940 Düsseldorf, ev., verh. m. Dr. Brigitte, geb. Keudel, 2 Kd. (Viviane, Ariane) - 1959-65 Stud. Elektrotechnik TH Braunschweig u. Darmstadt; Promot. 1968 TU Berlin - 1972-76 Gastprof. Department of Aerospace Engineering Univ. of Southern Calif. Los Angeles; 1978-84 o. Prof. f. Automatisierungs- u. Informationstechnik Fernuniv. Hagen; 1983 Gastprof. Electrical Engineering Department Univ. of Southern Calif. L.A., sow. wiss. Berat. v. Robotics u. Autonomous Systems, Jet

Propulsion Labor. NASA, Pasadena - BV: Zeitvariable Mehrgrößensysteme, 1971; Regelungssysteme, 1981; Regelungssysteme im Zustandsraum, 1986, 2. A. 1987. Mithrsg.: Intern. Journal of Robotics Res.; Journal of Robotic Systems; Intern. Journal of Control - Theory and Advanced Technology.

FREUND, Friedemann

Dr. phil. - NASA Ames Research Center, MS 239-4, Mountain View, CA 94035, USA - Geb. 18. Juli 1933 Wetzlar, verh. s. 1961 m. Dr. Hisako Matsubara, Kyoto, S. Minoru - Reifeprüf. Collège Calvin Genf 1953, Univ. Marburg, Promot. 1959, Pennsylvania State Univ. 1960-62; Habil. 1967 Univ. Göttingen, Doz. u. 1970-87 Prof. f. Mineral. Univ. Köln; s. 1989 Prof. f. Physik, San Jose State U. 1985-87 National Research Council; s. 1986 Senior Scientist SETI Inst. - Arb. üb. Protonenleitung, Oberflächen v. u. Defekte in Mineralen, Entstehung d. Lebens - Spr.: Franz., Engl.

FREUND, Gisela

Dr. phil., em. Prof. f. Ur- u. Frühgeschichte - Am Ruhstein 51, 8520 Buckenhof/Mfr. (T. Erlangen 5 17 89) - Geb. 30. Nov. 1920 Solingen (Vater: Richard F.; Mutter: Hedwig, geb. Merten) - Univ. Greifswald, Breslau, Prag (Dt.) - S. 1950 (Habil.) Lehrtätigk. Univ. Erlangen-Nürnberg (1957 apl. Prof.), Erlangen-Nürnberg (1969 o. Prof.) - BV: D. paläolith. u. mesolith. Kulturentwickl. in Böhmen u. Mähren (m. Lothar Zotz); D. Blattspitzen d. Paläolithikums in Europa, 1952; D. ältere u. mittlere Steinzeit in Bayern, 1964; D. mittelpaläolith. Geröllgeräteind. aus d. Umgeb. v. Kronach in Oberfranken, 1973 (m. Lothar Zotz); D. Paläolithikum im Donaubogen südl. Regensburg, 1977; D. Paläolithikum d. Obernederhöhle, 1987. Herausg.: Steinzeitfragen d. Alten u. Neuen Welt - Festschr. f. Lothar Zotz (1960), Quartär-Bibliothek; Mithrsg.: Quartär/Jb. f. Erforsch. d. Eiszeitalters u. d. Steinzeit - 1971 o. Mitgl. DAI.

FREUND, Hanns Egon

Dr. jur., Rechtsanwalt, Hauptgeschäftsf. Landesverb. d. Bayer. Industrie - Maximilianspl. 8, 8000 München 2 - 1981 Bayer. VO.

FREUND, Hans-Joachim

Dr. med., o. Prof. f. Neurologie Univ. Düsseldorf (s. 1977) - Am Adels 11, 4030 Ratingen 6 - Geb. 17. Aug. 1935 Neukirchen/Moers - Promot. 1963; Habil. 1967 - Zul. apl. Prof. Univ. Freiburg. Zahlr. Facharb.

FREUND, Hans-Joachim

Dr. rer. nat., Prof. Univ. Bochum, Lehrstuhl f. Physikal. Chemie I (s. 1987) - Blankensteinerstr. 282, 4630 Bochum 1 - Geb. 4. März 1951 Solingen, ev., verh. s. 1977 m. Susanne, geb. Herfurth, 3 Kd. (Julia, Martin, Sebastian) - 1969-75 Stud. Chemie Univ. Köln; 1973-77 Studienstiftg. d. Dt. Volkes; Dipl. 1975; Promot. 1978; Habil. 1983 - 1979-81 Univ. of Pennsylvania; 1983 Brookhaven Nat. Lab.; 1983-87 Prof. Univ. Erlangen-Nürnberg; 1984 u. 85 General Electric R & D - Ca. 90 Fachpubl. - Spr.: Engl.

FREUND, J. Hellmut

Lektor im S. Fischer Verlag, Frankfurt - Am Tiergarten 44, 6000 Frankfurt/M. (T. 446212) - Geb. 12. Sept. 1919 Berlin - 1939-60 Uruguay (u. a. Rundfunkredakt., -komment., Krit. Feuilletonredakt.). Herausg.: D. Goldene Schnitt - Gr. Erzähler im S. Fischer Verlag 1886-1914 (1964), Stefan Zweig (1968). Mitherausg.: Hugo v. Hofmannsthal, Briefwechsel m. Samuel u. Hedwig Fischer, Oskar Bie, Moritz Heimann - 1973 Mitgl. PEN-Zentrum BRD.

FREUND, Petra

s. Schürmann, Petra

FREUND, Ulrich

Prof., Hochschullehrer - Mönchebergstr. 50, 3500 Kassel - Gegenw. Prof. f. Öfftl. Recht, Privatrecht u. Rechtspolitik GH Kassel.

FREUND, Werner

Dr. oec. publ., Geschäftsführer SIGRI GmbH - Werner-v.-Siemens-Str. 18, 8901 Meitingen (T. 08271 - 83-2 02) - Geb. 20. März 1932, verh., 3 Kd.

FREUND, Wilfried

Dipl.-Volksw., Geschäftsf. Dt. Raiffeisen-Warenzentrale GmbH., Frankfurt/M. - Fasanenstr. 32, 6233 Kelkheim/Ts. - Geb. 23. Juni 1932.

FREUND, Winfried

Dr. phil., Prof. f. Neuere Dt. Literatur Univ. Paderborn - Kantinenweg 44, 4794 Hövelhof-Staumühle (T. 05257 - 37 67) - Geb. 15. Jan. 1938 Dortmund (Vater: August F., Mutter: Anna, geb. Große), verh. s. 1959 m. Walburga, geb. Spork, Sohn Wieland - Abit. 1958; Stud. German. u. Angl. (1. Staatsex. 1963, 2. Staatsex. f. höh. Schulen 1966, Promot. 1971, Habil. 1975) - 1966-1973 Studienrat/Oberstudienrat Gymn., ab 1973 Hochschuldienst, ab 1979 Prof. Ab 1981 wiss. Beirat schwäb. Beitr. z. Lit. u. Geistesgesch. Ab 1981 Schriftf. Grabbe-Ges. - BV: D. dt. Verssatire im Zeitalter d. Barock, 1972; D. dt. Kriminalnov., 1975; D. Bürgerkom. Carl Sternheims, 1976; Chamisso: Peter Schlemihl - Geld u. Geist, 1980; D. dt. Ballade, 1978; D. lit. Parodie, 1981; D. zeitgen. Kinder- u. Jugendb., 1980; Müde bin ich geh' zur Ruh - Leben u. Werk d. Luise Hensel, 1984; Theodor Storm. D. Schimmelreiter. Glanz u. Elend d. Bürgers, 1984; Rübbelken. Lit. Nörgeleien, 1985; D. herbe Duft v. spätem Laub, Ged. 1986; Theodor Storm, 1987; D. dt.spr. Kinder- u. Jugendb. d. Gegenwart, 1987; Friedrich Wilhelm Weber u. d. Lit. in Südostwestf. D. lit. Profil e. Region, 1989; Selbstvergewisserungen. Wandlungen d. lyrischen Ich, 1989. Herausg.: Phantast. Gesch. (1979); D. Macht d. Geldes, Nov. (1980); Dt. Balladen (1982); Storm: Auf d. Staatshof, Bulemanns Haus (1983); Droste-Hülshoff: D. Judenbuche (1983); Storm. Sämtl. Ged. (1986); Storm: Z. Chronik v. Grieshuus (1985); Wibbelt: Aphorismen (1986); Im kleinen Schatten d. Machandelbaums - Westf. Ged. (1985); Grabbes Gegenentwürfe. Neue Deutungen s. Dramen (1986); Temme, J.: Recht u. Freiheit. Lebenserinner. (1986); Storm: D. Schimmelreiter (1986); Friedrich Wilhelm Weber-Jahrb. (1987); Dt. Komödien, (1988); Weber: Goliath (1989); Bibl. westf. Dichtung (s. 1985). Mithrsg.: Spiegel im dunklen Wort (1982); Grabbe-Jahrb. (1982/83/84/85/86); Dt. Prosa-Parodien (1988) - Liebh.: Hist. Arch., Malerei v. d. Renaiss. b. z. Romantik, Opern, Gesch. - Spr.: Engl.

FREUND-MÖLBERT, Elisabeth R. G.

Dr. med., Prof. f. Zellbiologie - Kirchenhölzle 37a, 7800 Freiburg/Br. (T. 3 21 38) - Geb. 31. März 1926 Basel/Schweiz (Vater: Karl-Friedrich M., Pfarrer; Mutter: Elisabeth, geb. Pflüger), ev., verh. s. 1968, S. Andreas - S. 1961 (Habil.) Privatdoz., Wiss. Rätin (1962; Pathol. Inst.), apl. Prof. (1967) Inst. f. Biologie II Univ. Freiburg/Br. im Max-Planck-Inst. f. Immunbiologie. 1966 Associated Prof. Kansas State Univ., Manhattan (USA). Veröff. z. Feinstrukturforsch., Enzymhistochemie, molekulare Biol. Fachmitgliedsch., darunt. Schweiz. Ges. f. Optik, Soc. Franc. Elektron Microscopie, American Soc. of Histochemistry - 1962 Arthur-Weber-Preis.

FREUNDL, Günter

Dr. med. habil., Prof., Chefarzt Frauenklinik Düsseldorf-Benrath - Frauenklinik Städt. Krkhs. Düsseldorf-Benrath, Urdenbacher Allee 83, 4000 Düsseldorf 13 (T. 0211 - 71 00-2 41) - Geb. 30. Mai 1938 Illertissen (Vater: Ludwig F., Lohnbuchh.; Mutter: Berta, geb. Rau), kath., verh. s. 1969 m. Ulrike Schöler, 3 Kd. (Christian, Tanja, Susanne) -

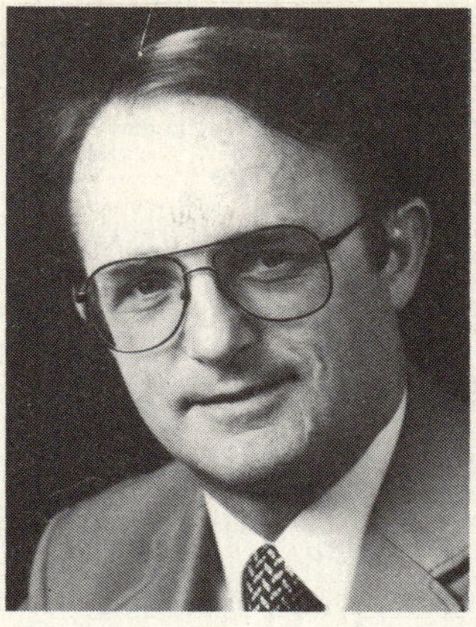

1959-65 Med.-Stud. Univ. Würzburg; Promot. 1965, Habil. 1981 - Gynäkol., Privatdoz.; 1973-77 Medical Superint. Maternity Hospital Jos/Nigeria; s. 1982 Chefarzt s.o. - BV: Impulszytophotometr. Unters. v. Spermatozoen im Zervikalschleim, 1983; Urogenitale Fehl- u. Mißbild., in: Käser et al. Lehrb. d. Gynäkol. u. Geburtshilfe, 1984 - Liebh.: Klavier- u. Orgelmusik - Spr.: Engl., Franz., Haussa - Lit.: Jahrb. d. Univ. Düsseldorf (1983).

FREUNDLIEB, Wilhelm

Ministerialdirektor, Abteilungsleiter Personalw. b. Bundesmin. f. d. Post- u. Fernmeldewes. - Zu erreichen üb. Bundespostmin., Postfach 8001, 5300 Bonn 1 - Geb. 9. Nov. 1930 Dortmund - Abit. 1950 Dortmund; Gr. Staatsprüf. Jura 1958 Düsseldorf - 1958 Eintritt in d. höh. Postdienst; 1978 Präs. Oberpostdir. Bremen; 1983 Personalabt.-Leiter b. Bundesmin. für d. Post- u. Fernmeldewesen - 1986 BVK I. Kl.

FREUNDT, Helmut

Botschafter d. BRD in Liberia - P.O.B. 34, Monrovia - Geb. 28. März 1931 Zagreb - 1952-56 Stud. Rechtswiss. u. Volksw. 1. jurist. Staatsprüf. - S. 1958 Auswärt. Dienst; 1961-68 Botschaften Bagdad, Abidjan, Bujumbura, Kigali, Dakar; 1968-71 Botschaft Washington; 1971 Generalkonsul Kuwait, 1973 Botsch. ebd., gleichz. Vereinigte Arab. Emirate, Bahrein, Katar u. Oman.

FREUNDT, Klaus J.

Dr. med., Prof., Wiss. Rat, Pharmakologe u. Toxikologe - Pfalzring 125, 6704 Mutterstadt/Pfalz - Geb. 20. Dez. 1931 Mannheim (Vater: Kurt F.; Mutter: Emmy, geb. Gohr), ev., verh. s. 1973 m. Elke, geb. Heisterhagen, T. Miriam - Univ. Heidelberg, München, Kiel. Promot. 1957 Heidelberg; Habil. 1972 Würzburg - S. 1975 Wiss. Rat u. Prof. Fak. f. klin. Med. Mannheim d. Univ. Heidelberg (gegenw. außerd. apl. Prof.). 1972 ff. Mitgl. Kommiss. z. Prüfung gesundheitsschädl. Arbeitsstoffe/DFG. Üb. 150 Facharb. - Spr.: Engl., Franz.

FREY, Bernhard

Fabrikant (Loden-Frey) - Osterweidstr. 10, 8000 München 23 - Geb. 1936 (?) - 1979 Münchener Modepreis - Vater: Dr. h. c. Georg F., Fabr., bek. Käfer-Sammler † 1976 (s. XVIII. Ausg.).

FREY, Bruno S.

Dr. rer. pol., o. Prof. Univ. Zürich (s. 1977) - Kleinstr. 15, CH-8008 Zürich (T. 01 - 251 63 23) - Geb. 4. Mai 1941 Basel (Vater: Leo F., Kaufm.; Mutter: Julia, geb. Bach), kath., gesch. - Realgymn. u. Univ. Basel; Promot. 1965; Habil. 1969; o. Prof. Univ. Konstanz (1970-77) - BV: Umweltökonomie, 1972, 2. A. 1985; Mod. Polit. Ökonomie, 1977; Modern Political Economy, 1978 (auch jap., franz. u. port.); Theorie demokrat. Wirtschaftspolitik, 1981 (auch jap., span. u. port.); Democratic Economic Policy, 1983; Intern. Political Economy, 1984; Intern. Polit. Ökonomie, 1985 (auch jap., ital. u. chines.); Schattenwirtsch., 1984; D. heimliche Wirtsch., 1986; Muses and Markets. Explorations in the Economics of the Arts, 1989 - 1975 Genossenschaftspreis Univ. Basel - Spr.: Engl., Franz., Span., Ital.

FREY, Christofer

Dr. theol., Prof. f. System. Theol. (Schwerpunkt: Ethik) Univ. Bochum - Hebelerweg 7, 4600 Dortmund 72 - Geb. 7. April 1938 Reichenbach/Schles. (Vater: Heinrich F., Textiling.; Mutter: Elisabeth, geb. Schröder), ev., verh. s. 1965 m. Gunhild, geb. Wagener, 3 Kd. - Gymn. Rheine u. Gronau/W.; Kirchl. Hochsch. Berlin; Univ. Berlin, Tübingen, Göttingen, Heidelberg, McCormick Theol. Sem. Chicago, Sorbonne u. Inst. Catholique Paris. 1964 u. 1967 1. u. 2. Theol. Examen; Promot. (1967) u. Habil. (1972) Heidelberg - Ab 1967 Kirchl. Dst.; 1968 Studentenpfr. u. Wiss. Assist. PH Reutlingen; 1969-78 Wiss. Assist., Doz. u. apl. Prof. Univ. Heidelberg; 1978-81 Prof. Univ. Erlangen; s. 1981 Univ. Bochum - BV: Mysterium d. Kirche - Öffnung z. Welt, 1969; Reflexion u. Zeit, 1974; Dogmatik, Studienb. 1977; Anthropologie, Arbeitsb. 1979 - Spr.: Engl., Franz.

FREY, Dieter

Dr. phil., Dipl.-Psych., Prof. f. Psychologie u. Institutsdir. Univ. Kiel (s. 1979) - Seeblick 5, 2300 Kiel (T. 0431 - 33 54 16) - Geb. 27. Juni 1946 Röt/Württ. (Vater: Wilhelm F., Bürgerm.; Mutter: Hedwig F.), ev. - Stud. Psych. u. Soziol. Hamburg u. Mannheim, Dipl. 1970, Promot. 1973, Habil. 1978 (alles Mannheim) - 1975-78 Univ. Mannheim (stv. Sprecher Sonderforschungsbereich 24) - BV: Informationssuche u. -vermeidung bei Entscheidungen, 1981; Sozialpsych. E. Handb. in Schlüsselbegriffen (zus. m. S. Greif), 1983; Theorien d. Sozialpsych. (3 Bde., zus m. M. Irle); D. Theorie d. kognitiven Dissonanz, 1979. Üb. 50 wiss. Aufs. in dt. u. amerik. Fachztschr. - Liebh.: Tennis, Fußball, Wandern - Spr.: Engl., Franz.

FREY, Dieter

Oberforstrat, Vors. Verb. freiberufl. Forstsachverständiger - Speyerer Str. 10, 8900 Augsburg - Geb. 4. Aug. 1933 Augsburg, kath. - 1955-60 Stud. Univ. München (Forstwiss.; Dipl.-Forstwirt).

FREY, Engelbert

Dr. jur., Landgerichtspräsident - Landgericht, 7900 Ulm/D. - Geb. 9. Mai 1911 - S. 1967 Präs. LG Ulm.

FREY, Gerhard

Dr. rer. nat., o. Prof. f. Philosophie u. Wissenschaftstheorie Univ. Innsbruck (s. 1968) - Bienerstr. 2, A-6020 Innsbruck/Tirol (Österr.) - Geb. 19. Okt. 1915 Wien (Vater: Prof. Dr. techn., Dr. phil., Dr. techn. h. c. Dagobert F., Kunsthistoriker † 1962 (s. XIV. Ausg.); Mutter: Anna, geb. Magierowska), kath., verh. s. 1943 m. Erika, geb. König, 3 Kd. (Bettina, Christian, Susanne) - Univ. Breslau (Promot. 1943) u. Göttingen (Math., Physik, Phil.). Habil. 1951 - 1951-68 Doz. u. apl. Prof. (1958) TH Stuttgart - BV: Gedanken zu e. universalen Phil., 1948; Gesetz u. Entwickl. in d. Natur, 1959; Sprache - Ausdruck d. Bewußtseins, 1965; Erkenntnis d. Wirklichkeit - D. phil. Folgerungen d. modernen Naturwiss., 1965; D. Mathematisierung unserer Welt, 1967 (span. 1972); Einf. in d. phil. Grundl. d. Math., 1968; Phil. u. Wiss. - E. Methodenlehre, 1970, 2. A. 1987; Theorie d. Bewußtseins, 1980. Herausg.: MM A. Menne. Exempla Logica (1974); Dagobert Frey, Bausteine z. e. Philosophie d. Kunst (1976); B. Juhos, Selected Papers in Epistemology and Physics (1976); Berichte d. XII. Dt. Kongr. f. Phil. (1982). Mithrsg.: Philosophia Naturalis, Theory and Decision - Ztschr. f. allg. Wissenschaftstheorie, Ztschr. f. Wiss.forsch. - 1986 Großes Ehrenzeichen f. Verd. um d. Rep. Österreich - Lit.: Spr. u. Erkenntnis, Festschr. f. G. F. z. 60. Geb. (1976).

FREY, Gerhard Michael
Dr. rer. pol., Zeitungsverleger, Herausg. Dt. National-Ztg., Deutscher Anzeiger, Verleger Deutsche Wochen-Zeitung, Bundesvors. Dt. Volksunion-Liste D (DVU) - Paosostr. 2, 8000 München 60 (T. 834 70 07) - Geb. 18. Febr. 1933 Cham/Opf. (Vater: Adalbert F., Großkfm.; Mutter: Frida, geb. Biber) - Univ. München (Rechts-) u. Graz (Staatswiss.) - S. Jahren Verleger - Liebh.: Angeln, Briefmarken, Schießen.

FREY, Günther
Dr. rer. pol., Wirtschaftsprüfer - Zu erreichen üb. Lautenschlagerstr. 3, 7000 Stuttgart 1 - Geb. 30. Juni 1922 Stuttgart, ev., verh., 2 Kd. - Stud. Wirtsch.wiss.; Dipl.-Volksw. - Beirat Stuttgarter Bank, Hahn & Kolb, Stuttgart, Schenk-Gruppe Heilbronn, Längerer & Reich Bernhausen; Vorst.-Mitgl. Württ.-Bad. Ges. v. 1948, Stuttgart - Spr.: Engl.

FREY, Hans
Studienrat, MdL Nordrh.-Westf. - Klosterstr. 21, 4650 Gelsenkirchen - Geb. 24. Dez. 1949 Gelsenkirchen, verh. s. 1976 m. Celia, geb. Pfister, 2 S. (Stefan, Ingo) - Abit., Stud. German. u. Sozialwiss., Staatsex., Lehramt Gymn. - MdL NRW, Mitgl. SPD (Landesvorst. NW, Fraktionsvorst.), Vors. d. Landtagsaussch. f. Schule u. Weiterbildung.

FREY, Hans-Hasso
Dr. med. vet., Prof. (C4) f. Pharmakologie u. Toxikologie - Angerburger Allee 41, 1000 Berlin 19 (T. 3055027) - Geb. 21. Sept. 1927 Leipzig (Vater: Richard F., Fregattenkapt. a. D.; Mutter: Ina, geb. Rothmann), ev., verh. s. 1955 m. Anni, geb. Meyer, Sohn Matthias - Tierärztl. Hochsch. Hannover. (Promot. 1951) u. Habil. (1958) Hannover - 1953-61 Pharmak. Inst. Univ. Hamburg (1953-56) u. TiäH Hannover (1956; 1958 Privatdoz., 1964 apl. Prof.); 1961-69 Leo Pharmaceutical Products Ballerup/Dänem. (Leit. Pharmak. Abt.); s. 1969 Freie Univ. Berlin (Fachber. Veterinärmed.). Arbeitsgeb.: Pharmak. d. zentralen u. peripheren Nervensystems, Arzneimittelstoffw. - 1980 Alfred Hauptmann-Preis d. Dt. Sektion d. Liga gegen d. Epilepsie - Spr.: Dän., Engl.

FREY, Herbert
Fabrikant, Mitinh. Münchener Lodenfabrik Johann Georg Frey, München, Vors. Verein d. Südbayer. Textilind. ebd. - Osterwaldstr. 10, 8000 München 40 - Geb. 1. Okt. 1928 München - Vater: s. Bernhard F. (Bruder).

FREY, Herbert
Dipl.-Kfm., Dipl.-Hdl., Hon.-Prof. Univ. Stuttgart, Leiter Betriebswirtsch. Inst. d. Westd. Bauindustrie - Schillerstr. 33, 4000 Düsseldorf 1 (T. 0211 - 670 32 77); priv.: Hösel-Sinkesbruch 44, 4030 Ratingen 6 - Geb. 16. Jan. 1920 Teschen - Leit. Aussch. Bauwirtsch. Dt. Ges. f. Betriebsw. (Schmalenbach-Ges.); Geschäftsf. Wibau-Verlag GmbH, Düsseldorf.

FREY, Hubert
Dipl.-Volksw., Bankdirektor, Geschäftsf. MKB Mittelrhein. Bank GmbH u. MMV Leasing GmbH, beide Koblenz - Friedrich-Ebert-Ring 53, 5400 Koblenz - Geb. 25. Aug. 1921.

FREY, Karl
Regierungsdirektor a. D., MdL Nordrh.-Westf. (s. 1966) - Gr. Forststr. 152, 5162 Niederzier-Hambach (T. 529) - Geb. 6. Okt. 1928 Altenburg/Rhld., verh., 4 Kd. - Gymn.; Univ. Bonn u. Köln (Rechts- u. Staatswiss.). Gr. jurist. Staatsprüf. 1960 - 1964-68 Rechtsrat u. I. Beigeordn. (1965) Stadt Jülich; s. 1968 Oberregierungsrat u. Reg.s-dir. Bundesverteidigungsmin. 1964 ff. Ratsmitgl. u. Bürgerm. Gde. Hambach. CDU s. 1960 (1963-65 Ortsvors. Hambach; s. 1965 Mitgl. Kreisvorst. Jülich).

FREY, Karl Franz
Dr. phil., Dipl.-Psych., o. Prof. Eidgen. Techn. Hochsch. Zürich (s. 1988) - Rämistr. 101, CH-8092 Zürich - Geb. 1. Febr. 1942 Merenschwand/Schweiz, kath., verh. s. 1966 m. Dr. Angela Frey-Eiling, 2 Töcht. (Nora, Melanie) - Stud. Leuven u. Münster (Psychol., Päd., Biol., Theol.). Promot. 1968 - 1971-88 o. Prof. u. gf. Dir. Inst. f. Pädagogik d. Naturwiss., Kiel - S. 1978 Chairman of the Editorial Board of the European Journal of Science Education - Rd. 20 Buchveröff., Beteilig. an Lehrplanreformen u. Schulplanung, Experte f. UNO, UNESCO, OECD, Europarat.

FREY, Karl Josef
Ph. D., M. A., Prof. f. Psychologie PH Heidelberg - Zeppelinstr. 12, 6900 Heidelberg.

FREY, Kurt Walter
Dr. med. (habil.), em. Prof., Vorsteher Zentrale Röntgenabtl. Poliklinik Univ. München - Elisabethstr. 48, 8000 München 40 (T. 272 54 47) - Geb. 6. Dez. 1926 - B. 1966 Privatdoz., dann apl. Prof. Univ. München (Röntgenol. u. Strahlenheilkd.).

FREY, Otto-Herman
Dr. phil., Prof. f. Vor- u. Frühgeschichte - Schückingstr. 11, 3550 Marburg/L. - Geb. 1. Sept. 1929 Berlin (Vater: Dr. Herman-Walther F., Ministerialrat †; Mutter: Marie, geb. Richter), ev., verh. s. 1959 m. Dr. Lore, geb. Asche, 3 Kd. (Corinna, Meline, Alexander) - N. Abit. 1949 (als Schulfremder) Stud. Vor- u. Frühgesch. Freiburg/Br. Promot. 1957 Freiburg; Habil. 1964 Marburg - S. 1970 Ord. Univ. Hamburg u. Marburg (1976) - BV: u. a. D. Entsteh. d. Situlenkunst, 1969.

FREY, Thomas
Dr. rer. pol., Dipl.-Kfm., Vorstandsmitgl. Graphitwerk Kropfmühl AG. - Goethestr. 20, 8000 München 2.

FREY, Walter
Oberbürgermeister a. D., Fabrikant, Mitinh. Fa. Windgassen & Hindrichs, Remscheid - Brüder Str. 53, 5630 Remscheid (T. 43696) - Geb. 15. Jan. 1909 Lugau/Sa., (Vater: Eugen F., Bürgerm.; Mutter: Hulda, geb. Küttner), verh. s. 1938 m. Luise, geb. Körschgen - Techniker u. Ing. Dresden, Osnabrück, Krefeld, Remscheid (zul. Betriebsleit.), 1948-61 Oberbürgerm. Remscheid. 1954-58 MdL NRW. SPD.

FREY, Winfried
Dr. phil., Prof., f. Dt. Philologie Univ. Frankfurt/M. (s. 1972) - Robert-Schuman-Ring 4, 6239 Kriftel/Ts. - Geb. 10. Nov. 1940 Bruchsal - Promot. 1970 - BV: Textkrit. Unters. z. Ottes Eraclius, 1970. Mithrsg.: Einf. in d. dt. Lit. d. 12. b. 16. Jh., 3 Bde., 1979ff; Otte, Eraclius, 1983.

FREY, Wolfgang
Dr. rer. nat., Prof. f. Botanik FU Berlin, Inst. f. System. Botanik u. Pflanzengeogr. - Altensteinstr. 6, 1000 Berlin 33; priv.: Potsdamer Str. 21, 1000 Berlin 45 - Geb. 14. Aug. 1942 Rechberghausen (Vater: Wilhelm F., Bundesbahnhauptsekr.; Mutter: Paula, geb. Rau), verh. s. 1969 m. Hildegard, geb. Oehler, 2 T. (Karin, Birgit) - 1962-69 Univ. Tübingen (Bot., Zool., Physiol. Chem.). Promot. 1969 - 1969 Wiss. Assist.; 1977 Doz.; 1978 Prof. - BV (Mitverf.): Beitr. z. Biologie d. nied. Pflanzen, 1977; Vegetation u. Flora d. Zentralen Hindukus, 1978; Beitr. z. Umweltgesch. d. Vord. Orients, 1981; Moosflora, 1983, 2. A. 1987; Vegetation u. Flora im mittleren Saudi-Arabien, 1985; Bibliography of the geobotanical literature on South West Asia, 1986. Herausg. Beih. Tübinger Atlas Vorderer Orient. Mithrsg. Nova Hedwigia.

FREY, Wolfgang
Dr.-Ing., Prof. f. Meßtechnik u. Datenübertragung im Studiengang Medizin. Informatik Univ. Heidelberg/Fachhochsch. Heilbronn - Max-Planck-Str. 39, 7100 Heilbronn/N. - Geb. 13. März 1938.

FREYBE, Günter
Dr. jur., Ass., Hauptgeschäftsf. a. D. Handwerkskammer Ostwestfalen-Lippe zu Bielefeld - Rietmacherweg 23, 4800 Bielefeld 12 - Geb. 1. Jan. 1913 Stettin (Vater: Carl F., Fleischerm.; Mutter: Elfriede, geb. Fuhr), ev., verh. s. 1939 m. Gertraut, geb. Grüneberg, 4 Kd. (Doris, Karl-Hermann, Brita, Claudia) - Stud. Univ. Marburg, Gießen, Berlin - BV: D. Gesellenprüfung, 22. A. 1982 - Handwerkszeichen in Gold (Zentralverb. d. Handwerks) - BVK I. Kl.

FREYBERG, Burkhard
M.A., Abteilungsleiter Öffentlichkeitsarb. SWF Baden-Baden - Maria-Viktoria-Str. 19, 7570 Baden-Baden - Geb. 21. Nov. 1949 Trier, kath. - Hum. Gymn. Trier (Abit. 1969); Stud. Publiz., Politikwiss. u. Kunstgesch. Univ. Mainz u. Trier; M.A. 1974 - 1974 Pressest. Staatskanzlei Rhld.-Pfalz; 1975 pers. Ref. Wirtschaftsmin. ebd.; 1978 stv. Geschäftsf. Wirtschaftsförderungsges. Rhld.-Pfalz; 1982 Abt.-Leit. Öffentlichkeitsarbeit Südwestf. Baden-Baden; Mitgl. ARD-Design-Team SWF-Funkausstellungbeauftr. - BV: Rheinl.-Pfalz - E. Portrait, 1981.

FREYBERG, Freiherr von, Georg
Dipl.-Landwirt, Dipl.-Forstwirt, MdL Bayern (s. 1970) - Schwaben, 8871 Haldenwang b. Burgau - Geb. 1926 Stud. Landw. (Dipl.) - CSU - 1980 Bayer. VO.

FREYBERG, Rolf J.
Dr. jur., Rechtsanwalt, Vorstandsmitglied BGAG-Beteiligungsges. f. Gemeinwirtsch. AG - Theaterpl. 2, 6000 Frankfurt/M.; priv.: An der Litzelwiese 14, 6000 Frankfurt/M. - Geb. 8. Jan. 1943 Kassel, ev., verh. m. Birgit F., 2 Töcht. (Stefanie, Antje) - 1963-68 Stud. Univ. Frankfurt (Rechtswiss. u. Betriebswirtsch.); 1. jurist. Staatsex. 1968; 2. jurist. Staatsex. 1972; Promot. 1971, alle Frankfurt - 1972 Bank f. Gemeinwirtsch. AG, Frankfurt (Rechtsabt., 1974 Vorst.-Sekr., 1976 Prokura); 1977 BGAG, Frankf. (1980 Dir., 1982 o. Vorst.-Mitgl., Arbeitsdir.); AR-Mitgl. Metallges. AG, Frankf., u. Degussa AG; div. Mand. in d. gemeinwirtsch. Untern.gr.

FREYBERG, Freiherr von, Ulrich
Dr., Aufsichtsratsvorsitzender Alcan Deutschl. GmbH, Eschborn, AR Blohm & Voss AG, VR BHF-Bank, Mitgl. Rechnungshof souver. Malteserorden, Rom, CDU Wirtsch.rat Europa-Kommiss.; selbst. Forstwirt in Allmendingen (Württ.) - Zu erreichen üb. Alcan Deutschl. GmbH, Kölner Str. 8, 6236 Eschborn - Geb. 6. März 1924 - 1969-80 Vors. d. Geschäftsfg. Alcan Aluminiumw., Frankfurt; 1980-87 Mitgl. Geschäftsltg. Alcan Aluminium (Europe) S.A., Genf.

FREYBERGER, Hellmuth
Dr. med., Prof. f. Psychosomatik Med. Hochsch. Hannover - Zu erreichen üb. Med. Hochsch., Konstanty-Gutschow-Str. 4, 3000 Hannover 61 (T. 0511 - 532-31 90 dienstl.; 55 74 43 priv.) - Geb. 15. Okt. 1923, ev., verh. s. 1956 m. Brigitte, geb. Poy, 2 S. (Harald, Axel) - Med.-Stud. Univ. Düsseldorf (Staatsex. u. Promot. 1952), Habil. 1965 Univ. Hamburg - Abteilungsleit. u. gf. Vors. Zentrum Psych. Med. Hochsch. Hannover. Redakt. Ztschr. Advances in Psychosomatic Med. u. Psychotherapy and Psychosomatics - BV: Psychotherapeutic interventions in life-threatening illness, 1980; Consultation Liaison throughout the world, 1982 - Liebh.: Fernöstl. Kultur.

FREYBERGER, Roland
Produktionsdirektor WDR Köln - Zu erreichen üb. Westdt. Rundfunk, Appellhofplatz 1, 5000 Köln 1 - Geb. 3. Febr. 1933 Freising - Zul. Leit. Hauptabt. Planung u. Herstellung.

FREYH, Brigitte,
geb. Mayer
Kuratorin Dt. Stiftung f. intern. Entwickl. - Im Wingert 12a, 6370 Oberursel/Ts. - Geb. 25. April 1924 Ahrensdorf, Sohn Thomas - Stud. Gesch. u. German. - 1956-61 Stadtverordn. Frankfurt; 1959 b. 1962 Geschäftsf. Walter-Kolb-Stift., Frankf.; 1961-72 MdB; 1969-72 Parlam. Staatssekr. Bundesmin. f. wirtschaftl. Zusammenarb., Bonn; 1966 ff. Mitgl. Dt. UNESCO-Kommiss.

FREYHOFF, Ulrich
Dr. phil., em. Univ.-Prof. f. Allg. Didaktik u. Schulpädagogik Univ. Dortmund - Trapphofstr. 94, 4600 Dortmund 41 - Geb. 20. Aug. 1923 Oranienburg - S. 1961 Prof. PH Dortmund, 1971-73 Rektor PH Ruhr, 1970-75 Leit. Forsch.-gruppe zur wiss. Begleit. d. Gesamtschulversuchs NW an d. PH Ruhr, 1980-82 Prorektor f. Forsch., Lehre u. Stud. Univ. Dortmund - BV: Seeräuber in Ostfriesland, 1952 (mehrere Aufl.); D. gebildete Mensch u. d. innere Schulreform, 1963. Mithrsg.: Bagel Leseb. f. 2.-10. Schulj. (1966ff., zus. m. H. Frommberger u. W. Spies), Lernendes Spielen - Spielendes Lernen (1976); div. Aufs.

FREYHOLD, von, Michaela
Dr. phil., Prof. f. Empir. Analysen v. Entwicklungsprozessen in d. 3. Welt Univ. Bremen, Rückertstr.27, 2800 Bremen.

FREYMANN, Hans-Rudolf
Kaufmann, Vorstandsmitgl. Saarbergwerke AG, Saarbrücken, AR-Vors. Saarberg Öl u. Handel GmbH, Beiratsvors. Kohlbecher & Co. GmbH, Saarbrücken, u. a. - Nussbergstr. 5, 6600 Saarbrücken - Geb. 2. Aug. 1930 Mülheim/Ruhr (Vater: Hans F., Direktor; Mutter: Irma, geb. Schmits), ev., verh. s. 1959 m. Marianne, geb. Klumpe, 2 Kd. (Stephanie, Peter) - Spr.: Franz., Engl., Ital.

FREYMANN, Herwig
Dr. rer. pol., Vorstandssprecher Elektra Versicherungs-AG., Frankfurt/M. - Haingraben 8a, 6233 Kelkheim/Fischbach - Geb. 8. Juni 1926.

FREYNIK, Karlheinz
Autor, Regisseur u. Produzent - Zu erreichen üb. Sparta-Film, Bogotastr. 10, 1000 Berlin 37 - Geb. 25. Juli 1947 Hamburg (Eltern: Karl (Kaufm.) u. Elisabeth F.), 2 Kd. - 1964-68 Musiker; 1968-71 Musikprod.; s. 1971 freischaff. - BV: Minutengesch., 1981. Theaterst.: D. lange Weg n. Entenhausen (1978) u. Rimini (1983). Üb. 250 Drehb. f. Film u. TV. Regie: D. Ersatzmann, Peter u. Atze, D. Wolpertinger Wochenschau (Kinderserien), Neues aus Transkastanien (Satire-Serie) - Adolf-Grimme-Preis, Bambi in Gold, Gold. Kamera - Spr.: Engl. - 1968 Dt. Rudermeister im Doppel-Zweier.

FREYSCHMIDT, Jürgen
Dr. med., Prof. f. Med. Strahlenkd., Direktor Radiol. Klinik, Zentralkrankenhs. Bremen - St.-Jürgen-Str., 2800 Bremen 1 - Zul. Oberarzt Department Radiol. Med. Hochsch. Hannover.

FREYSCHMIDT, Peter
Dr. med., Prof., Chefarzt a. D. (Inn. Med., Stoffwechsel u. Endokrinologie, Schilddrüsenforsch.) - Bayernallee 12, 1000 Berlin 19 (T. 030 - 304 45 05) - Geb. 28. März 1920 Stargard (Vater: Ernst F., Oberstlt. d. Schutzpolizei; Mutter: Elisabeth, geb. Wolgram), ev., verh. s. 1953 (Ehefr.: Elisabeth), 3 Kd. (Petra †, Jörn-Peter, Uwe) - Stud. Univ. Berlin u. Kiel. Staatsex. Med. 1951 Kiel. Ltr. Med. Poliklinik u. Schilddrüsenbe-

ratungsst. i. Klinikum Westend d. FU Berlin (b. 1974), b. 1985 Chefarzt d. III. Inn. Klinik Krankenh. Am Urban Berlin-Kreuzberg. Deleg. d. Ärztekammer Berlin. Mitgl. Sekt. Schilddrüse d. Dt. Ges. f. Endokrinologie. Üb. 90 Veröff. üb. techn.-physikal. Untersuchungsverf., Stoffwechsel- u. Schilddrüsenerkr. Monogr.: Schilddrüsenerkrank., 1968 u. 1981 - Ernst-v.-Bergmann-Plak. d. Bundesärztekammer f. Verd. u. d. ärztl. Fortbild., 1972.

FREYTAG gen. LÖRINGHOFF, Baron von, Bruno
Dr. phil., Prof., Philosoph - Brunsstr. 35, 7400 Tübingen (T. 2 47 73) - Geb. 11. Juni 1912 Bilderlingshof/Lettl. (Vater: Eugen v. F., Landw.; Mutter: Marie, geb. v. Manteuffel-Szoege), ev., verh. s. 1942 m. Renate, geb. Kautter, 2 Töcht. (Bettina, Benita) - Gymn. Greifswald; Univ. ebd. (Promot. 1936) u. München (Math., Physik, Chemie, Musikwiss., Phil.). Habil. 1944 Freiburg/Br. - S. 1948 Doz. u. apl. Prof. (1955) Univ. Tübingen (s. 1978 i.R.). Rekonstruktion d. ältesten Rechenmaschine (Wilhelm Schickard, Tübingen, 1923) - BV: D. onotol. Grundl. d. Math., 1937; Gedanken z. Phil. d. Math., 1948 (engl. 1951); Logik, ihr System u. ihr Verhältnis z. Logistik, 3. A. 1961; Logik II - Definitionstheorie u. Kalkülwechsel, 1967; Werb. f. Phil., 1973; Neues Syst. d. Logik, symbolisch-symmetr. Rekonstruktion u. operative Anwend. d. aristotel. Ansatzes, 1985. Herausg.: Logique de Port Royal, I. 1965, II. 1967 - Spr.: Engl., Franz.

FREYTAG, Götz
Dr. med. (habil.), Wiss. Rat u. Prof., apl. Prof. f. Allg. Pathologie u. Pathol. Anatomie Univ. Münster - Ossenkampstiege 39, 4400 Münster/W. - Zul. Privatdoz. Univ. Hamburg.

FREYTAG, Hans Ludwig
Dr. rer. pol., Prof. f. Statistik u. Empir. Sozialforschung Univ. Oldenburg (s. 1974) - Eichenkamp 1-3, 2907 Huntlosen/O. - Geb. 1934, verh., 5 Kd. - Promot. 1964 Heidelberg, Habil. 1971 ebd. - B. 1974 Geschäftsf. HIS-GmbH. 1982-86 Landtagsabg. Nieders. (CDU).

FREYTAG, Hans-Joachim
Geschäftsführer Rickertsen Produktionsges. mbH., Reinbek, Vors. Waren-Verein d. Hbg. Börse, Hamburg - Unter d. Eichen 13, 2081 Ellerbek Kr. Pinneberg - Geb. 26. Aug. 1935.

FREYTAG, Hartmut
Dr. phil., Prof. f. Dt. Philologie m. Berücks. d. Mittellat. Philol. - Kückallee 14, 2057 Reinbek - S. 1977 Ord. Univ. Hamburg (gf. Dir. German. Sem.).

FREYTAG, Wiebke
Dr. phil., Prof. f. Ältere Dt. Literaturwissenschaft Univ. Hamburg (s. 1977) - Kückallee 14, 2057 Reinbek.

FRIAUF, Karl Heinrich
Dr. jur., LL. M., o. Prof. f. Staats-, Verwaltungs-, Finanz- u. Steuerrecht Univ. Köln (s. 1966) - Eichenhainallee 17, 5060 Bergisch-Gladbach 1 (T. 02204 - 6 19 84) - Geb. 31. Juli 1931, verh. m. Ingrid, geb. Konopatzki, 3 Kd. (Heike, Ekkehart, Volkmar) - Habil. 1965 Marbg. - Dir. Inst. f. Staatsrecht Univ. Köln; Dir. Inst. f. Wohnungsrecht u. Wohnungswirtsch. Univ. Köln - BV: D. Staatenvertret. in supranation. Gemeinsch., 1960; Verfassungsrechtl. Grenzen d. Wirtschaftslenk. u. Sozialgestalt. d. Steuergesetze, 1966; D. Staatshaushaltsplan im Spannungsfeld zw. Parlam. u. Reg., 1968; Gemeindl. Ausgleichsansprüche b. Hochschulbau, 1972; Verfassungsrechtl. Probleme e. Reform d. Systems zur Finanzierung d. berufl. Bildung, 1974; Verfassungsrechtl. Probleme d. Neuordnung d. Bildungswesens im Sekundarbereich, 1975; D. Abgrenzung d. Gesetzgebungskompetenzen im Bereich d. berufl. Bildung, 1975;

Rechtsfragen d. Kreisumlage, 1980; Gleichberechtig. d. Frau als Verfassungsauftrag, 1981; Grundrechtsprobl. b. d. Durchführung v. Maßn. z. Gleichberechtig., 1981; Steuergleichh. am Wohnungsmarkt, 1985; Polizei- u. Ordnungsrecht, Bau-, Boden- u. Raumordnungsrecht, in: Besonderes Verw.recht (8. A. 1988, hrsg. v. I. v. Münch).

FRICK, Dieter
Dr.-Ing., o. Prof. f. Städtebau u. Siedlungswesen TU Berlin (s. 1973) - Regensburger Str. 5a, 1000 Berlin 30 - Geb. 9. Juni 1933 Gießen u. U. a. Candilis/Josic/Woods, Paris. S. 1980 Mitgl. dt. Akad. f. Städtebau u. Landesplan. Bücher u. Einzelarb.

FRICK, Ewald

Dr. med., Prof. f. Neurologie u. Psychiatrie (s. 1963), Extraord. Neurol. Univ. - Klinik München - Tristanstr. 13, 8000 München 40 (T. 365215) - Geb. 20. Nov. 1919 - S. 1956 (Habil.) Lehrtätig. Univ. München. Forschungsgeb.: Multiple Sklerose u. entzündl. Nervenkrankh. Üb. 150 Facharb.

FRICK, Hans
Dr. med., o. Prof. f. Anatomie - Pettenkoferstr. 11, 8000 München 2 (T. 53 44 54) - Geb. 5. Nov. 1921 - S. 1953 (Habil.) Lehrtätig. Univ. Frankfurt/M. (1959 apl., 1962 ao., 1963 o. Prof.) u. München (1967-88 o. Prof.; Vorst. Anat. Anstalt) - BV: Repetitorium anatomicum, 12. A. 1972 (m. D. Starck); Vergleich. Anatomie d. Wirbeltiere, 5. A. 1982 (Übers. u. dt. Bearb. v. The vertebrate body v. A. S. Romer u. T. S. Parsons); Taschenlehrb. d. ges. Anatomie, Bd. 1 u. 2 (gemeins. m. H. Leonhardt u. D. Starck), 3. A. 1987. Div. Einzelarb.

FRICK, Hans
Schriftsteller - Morgensternstr. 36, 6000 Frankfurt am Main - Geb. 3. Aug. 1930 Frankfurt, verh. s. 1969 m. Karin, geb. Klinge - BV: Vorzeichen II, 1960; Auszüge aus Breinitzer, Breinitzer oder d. andere Schuld, 1965; D. Plan d. Stefan Kaminsky, 1967; D. Verhör, 1969; Henri, 1970; Mulligans Rückkehr, 1972; Tageb. e. Entzieh., 1973; Dannys Traum, 1975; D. blaue Stunde, 1977; Breinitzer, 1979; Vor d. Verabschiedung e. Gesetzes, 1979; D. Flucht nach Casablanca, 1980. Übersetz. in Norwegen, Schweden, Dänemark, DDR, Polen u. Ungarn. Filme u. Hörspiele - Mitgl. PEN-Zentrum BRD.

FRICK, Heinrich
Dr. jur., Sparkassendirektor - Am Brill 1, 2800 Bremen - Geb. 21. März 1932 - Vorstandsmitgl. D. Sparkasse in Bremen; Stift. Bremer Sparerdank; AR- u. VR-Mand. - BV: D. Staatsaufsicht ü. d. kommun. Spark., 1962.

FRICK, Helmut
Dipl.-Ing., Prof. f. Werkzeugmaschinen, Vorrichtungen u. Fertigungstechnik Gesamthochsch. Paderborn (Fachbereich Maschinentechnik II/Meschede) - Waldenburger Str. 12, 5778 Meschede.

FRICK, Klaus Dieter
Geschäftsführer INDEX-Verw.-GmbH, kaufm. Dir. INDEX-Werke KG Hahn & Tessky, bde. Esslingen - Postf. 2 49, 7300 Esslingen/Neckar - Geb. 1940 - Stud. Rechtswiss. - 2 Beiratsmand.

FRICK, Burkhard
Dr. phil. nat., Prof. f. Theoret. Physik Univ. Kassel (s. 1974) - Jugendheimstr. 8b, 3500 Kassel - Stud. Darmstadt; Promot. u. Habil. Frankfurt - Post Doc Northwestern Univ. Evanston, Ill./USA. Arbeitsgeb.: Theoret. Atom- u. Molekülphysik.

FRICKE, Dieter
Dipl.-Ing., Geschäftsführer Bus-Gesellschaft Braunschweig-Salzgitter mbH (s. 1988), Vorst. Braunschweiger Verkehrs-AG (s. 1972) - Elmwarteweg 26, 3305 Erkerode (T. 05305 - 7 28) - Geb. 27. April 1931 Braunschweig (Vater: Carl F. †; Mutter: Frida, geb. Pförtner †), ev., verh. s. 1957 m. Inge, geb. Peukert, 2 Kd. (Harald, Dagmar) - Stud. TH Braunschweig; 1957-60 Statiker u. Konstrukteur, 1960-72 Leit. Bauabt. u. 1964 Städt. Nahverkehrsbetriebe - Liebh.: Lit., Politik, Jagd - Spr.: Engl., Franz.

FRICKE, Gerhard
Dr. rer. nat., o. Prof. f. Experimentelle Kernphysik (Fachgeb.: Atomkernladungsverteilung, hochenerget. Elektronenstreuung, Unters. müonischer Atome) - Saarstr. 21, 6500 Mainz - Geb. 25. Okt. 1921 - Habil. 1963 Darmstadt - S. 1964 o. Prof. (1967) Univ. Mainz. Facharb.

FRICKE, Gerhard
Dr. rer. pol., Hauptgeschäftsführer IHK Bremerhaven - Bürgerm.-Smidt-Str. 71, 2850 Bremerhaven (T. 0471-41 64 65) - Geb. 26. Dez. 1935 Hamburg, verh. s. 1960 m. Janina, geb. Schumacher, Sohn Harald - 1955-57 Außenhandelslehre Hamburg; Stud. Wirtschaftswiss. Univ. Hamburg u. Basel; Promot. 1965 Univ. Basel - 1974-81 Geschäftsf. Cuxhaven - IHK Stade - Liebh.: Amateurfotogr., Kakteenkd., Philatelie - Spr.: Engl.

FRICKE, Günter
Dr., Dipl.-Kfm., Geschäftsführer Fricke & Nacke Feinblechpackungen u. Graph. Kunstanst. Pohle, bde. Braunschweig, Vorst.smitgl. Verb. Metallverpackungen, Düsseldorf - 3301 Schapen - Geb. 30. Juni 1927.

FRICKE, Günter-Richard
Dr. med., apl. Prof. Univ. Bonn, Internist, Kardiologe - Theaterplatz 3, 5300 Bonn 2 (T. 0228 - 36 18 00) - Geb. 25. Nov. 1937 - 1959-64 Med.-Stud. Univ. Berlin, Zürich u. Göttingen; Promot. 1964 Göttingen - 1975-86 Leit. Kardiolog. Abt. Med. Univ.-Poliklinik Bonn - BV: Mitarb. an mehreren Fachb. - Spr.: Engl., Franz.

FRICKE, Hans
Dr.-Ing., Prof., Leiter i.R. Abt. Fernmelde- u. Hochfrequenztechnik in d. Verkehrssicherung, Wiss. Beirat IVV Ingenieurges. f. Verkehrsplan. u. Verkehrssicher. GmbH, Braunschweig - Breite Str. 25-26, 3300 Braunschweig; priv.: Kl. Breite 37, 3340 Wolfenbüttel (T. 72375) - Geb. 12. Okt. 1913 Wolfenbüttel - B. 1962 Baurat u. Abt.sleit. Ing.sch. Wolfenbüttel; s. 1951 Privatdoz., apl. Prof. (1958), Wiss. Rat u. Prof. (1962), Abt.svorst. u. Prof. (1963) TH bzw. TU Braunschweig. Patente üb. elektron. Eisenbahnsicherungssysteme - BV: Grundl. d. Elektrotechnik (m. Moeller); Grundl. d. elektr. Nachrichtenübertragung (m. Lamberts u. Patzelt). Mithrsg. u. Verf.: Leitf. d. Elektrotechnik. Zahlr. Einzelarb.

FRICKE, Jobst
Dr. phil., Prof. f. Akustik Univ. Köln - Wüllnerstr. 100, 5000 Köln 41 - Geb. 5. Sept. 1930 Bielefeld (Vater: Karl F., Kfm.; Mutter: Kläre, geb. Schwanold), ev., verh. s. 1966 m. Dipl.-Psych. Karin, geb. Schumacher, 2 Kd. - 1952-59 Stud. Musikwissensch., Phys., Psychol. u. Phonetik in Göttingen, Berlin, Köln; Promot. 1959, Dr. phil. Köln; Habil. 1969 Köln. 1970 Prof. u. Ltr. Abt. Musikal. Akustik, s. 1972 Lehrbeauftr. f. Akustik u. Musikpsychol. Musikhochsch. Köln. 1979 u. 80 Vertr. in Göttingen - BV: Über subjekt. Differenztöne höchster hörbarer Töne u. d. angrenzend. Ultraschalls i. musikal. Hören (Diss.), 1960.

FRICKE, Jochen
Dr. rer. nat., Prof. f. Exper. Physik Univ. Würzburg (s. 1975) - Gieshügeler Str. 63, 8708 Gerbrunn/Ufr. - Redakt.: Physik in unserer Zeit - BV: Energie - ein Lehrbuch (zus. m. W. L. Borst), 1981, 2. A. 1984; Schall u. Schallschutz (zus. m. L.M. Moser, H. Scheurer, G. Schubert), 1983; Aerogels, 1986.

FRICKE, Karl
Dr. rer. nat., Prof., Direktor Abt. f. Hydrogeologie/Geolog. Landesamt Nordrh.-Westf. a. D. - Vor der Brede 2, 3490 Bad Driburg (T. 4551) - B. 1969 Lehrbeauftr., dann Honorarprof. Univ. Marburg (Hydrogeol.).

FRICKE, Karl
Geschäftsführer Bekleidungshaus Jonas Fricke GmbH & Co. KG, Wolfhagen - Schützebergerstr. 38-40, 3549 Wolfhagen (T. 05692-22 28) - Geb. 18. März 1925 Nothfelden, ev., verh. s. 1952 m. Lucie, geb. Trinter, 2 T. (Ellen, Ruth) - Kaufm. Ausb. - AR-Vors. Sütex Textilverb. eG; Vorst. Einzelhandelsverb. Hessen-Nord. Handelsrichter - 1980 BVK; Ehrenbrief Land Hessen - Spr.: Engl.

FRICKE, Karl Wilhelm
Journalist, Leit. Ost-West-Abt. Deutschlandfunk (s. 1974) - Dransdorfer Str. 32, 5000 Köln 51 (T. 0221 - 37 21 92) - Geb. 3. Sept. 1929 Hoym/Anhalt (Vater: Karl F., Lehrer; Mutter: Edith, geb. Dittmar), ev.-luth., verh. s. 1959 m. Friedelind, geb. Möhring, 2 Kd. (Karl Friedrich, Julia) - 1949-53 Stud. Hochsch. f. Arbeit, Politik u. Wirtsch. Wilhelmshaven u. Dt. Hochsch. f. Politik Berlin - 1953-55 fr. Journ.; 1955-59 polit. Haft in d. DDR; 1959-69 fr. Journ. f. Ztg. u. Hörf.; s. 1970 Redakt. Dtschl.funk; 1974-86 Leit. Ost-West-Redakt.; s. 1987 Leit. Ost-West-Abt. - BV: Warten auf Gerechtigkeit, 1971; Politik u. Justiz in d. DDR, Bericht u. Dok., 1979; D. DDR-Staatssicherheit, 1982; Opposition u. Widerstand in d. DDR, 1984 - 1983 Ernst-Reuter-Preis Bundesmin. f. innerd. Beziehungen; 1985 Jakob-Kaiser-Pr. - Liebh.: Dt. Klassik, Schach - Spr.: Engl.

FRICKE, Klaus
Dr. rer. nat., o. Prof. f. Astronomie u. Astrophysik Univ. Göttingen (s. 1977) - Geismarlandstr. 11, 3400 Göttingen - Zul. Doz. Göttingen.

FRICKE, Manfred
Dr.-Ing., Prof. f. Flugführung u. Luft-

verkehr, Präsident TU Berlin (1985ff.) - Temmeweg 6a, 1000 Berlin 22 - Geb. 1936 Hainichen/Sa., verh., 2 Söhne - Stud., Promot. u. Habil. TU Berlin.

FRICKE, Marianne

Buchhändlerin, Inh. Buchhandl. Steuber Wolfenbüttel, 1. Vors. Landesverb. d. Buchhändler u. Verleger Niedersachsen - Am Alten Tore 5, 3340 Wolfenbüttel - Geb. 22. Jan. 1944, ledig - Buchhändlerlehre; Abendstud. Polit. Wiss. u. Soziol. TU Hannover.

FRICKE, Otto

Dipl.-Ing., Vorstandsmitglied Techn. Werke Ludwigshafen am Rhein AG., Geschäftsf. Rhein-Haardtbahn GmbH. - Bgm.-Grünzweig-Str. 97, 6700 Ludwigshafen.

FRICKE, Peter

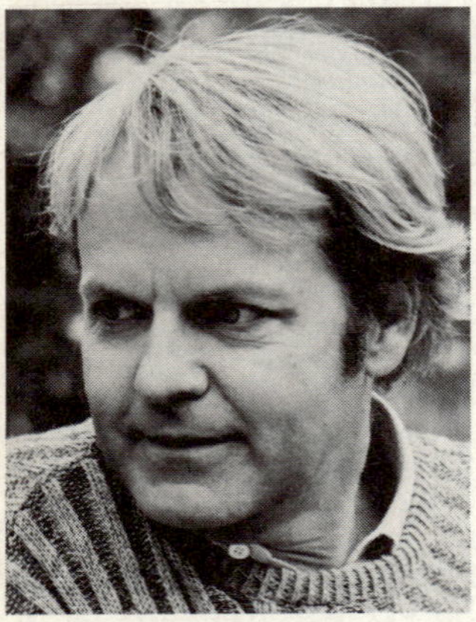

Staatsschauspieler, Regisseur - Harthauserstr. 83, 8000 München 90 (T. 089 - 64 41 56) - Geb. 26. Aug. 1939 Berlin, ev., verh. s. 1964 - Gymn. (Abit.), Stud. German. Falckenbergsch. - Insz.: Bühnen Düsseldorf u. Hannover - Zahlr. Rollen im FS u. Theater (München, Frankfurt, Zürich, Wien, Berlin, D'dorf, Hamburg, Köln).

FRICKE, Reiner

Dr. phil., Dipl.-Psych., Prof. f. Pädagogik u. Pädagog. Psych. TU Braunschweig - Adolf-Bingel-Str. 23, 3300 Braunschweig - Geb. 16. Juli 1940 Wesermünde (Vater: Prof. Dr. Arnold F., Hochschullehrer; Mutter: Inga F.), verh. s. 1965 m. Prof. Astrid, geb. Wilke, 2 Kd. (Gerald, Maila) - Dipl.-Psych. 1967 Hamburg, Promot. 1971 Braunschweig - 1972 Wiss. Rat u. Prof. TU Braunschweig; 1978 Prof. in Hannover; s. 1985 Prof. TU Braunschweig - BV: Üb. Meßmod. in d. Schulleistungsdiagnostik, 1972; Kriteriumsorient. Leistungsmess., 1974; Einf. in d. Metaanalyse, 1985.

FRICKE, Reinhard

Dr. med., Prof., Arzt f. Inn. Medizin, Rheumatologie u. Physikalische Therapie; Chefarzt Klinik f. Rheumatol. St. Josef-Stift, 4415 Sendenhorst - Nienkampstr. 25, 4415 Sendenhorst - Geb. 22. Juni 1931 Bremen (Vater: Herbert F., Kaufm.; Mutter: Irmgard, geb. Vietor), ev., verh. s. 1955 m. Waltraut, geb. Wicke, 3 Kd. (Cornelia, Juliane, Leonhard) - Stud. Göttingen; Promot. 1957; Habil. 1970, apl. Prof. 1974 Med. Hochsch. Hannover - 1975 Chefarzt Weserbergland-Klinik, Höxter, 1980ff. Chefarzt Klinik f. Rheumatol., Sendenhorst, 1975-88 apl. Prof. f. Physikal. Therapie u. Inn. Med. Univ. Ulm, 1988ff. apl. Prof. Inn. Med. Wilhelms Univ. Münster - BV: Connective Tissues - Biochemistry and Pathophysiology - R. Fricke u. F. Hartmann, 1974 - Spr.: Engl.

FRICKE, Robert O.

Dt. Honorargeneralkonsul in Cleveland (USA) - 1500 Terminal Tower, Cleveland, Ohio 44113 (Telefon 861 - 5888/89).

FRICKE, Walter

Dr. rer. nat., Dr. h. c. mult., o. Prof. f. Astronomie - Quinckestr. 48a, 6900 Heidelberg (T. 42608) - Geb. 1. April 1915 Leimbach-Mansfeld (Vater: Ernst F.; Mutter: Elsbeth, geb. Peter), ev., verh. s. 1943 m. Marianne, geb. Traute †1987, T. Maxi-Marianne - Schule Aschersleben; Univ. Berlin (Astronomie, Math., Physik; Promot. 1940) - 1942 Assist. Hbg. Sternwarte, 1951 Privatdoz., 1954 Wiss. Rat Univ. Hamburg (dazw. Forschungsaufenth. USA), 1955 Dir. Astronom Rechen-Inst. u. Honorarprof., 1958 o. Prof. Univ. Heidelberg (emerit. 1983); Gastprof. Case Inst. Techn. Cleveland (1962), Nationaluniv. Mexico (1967) u. Univ. of Tokyo (1971). 1965 Vizepräs. Intern. Astronom. Union; Mitgl. Bureau des Longitudes (Paris), American Astronomical Soc., Royal Astron. Soc. (London) u. a. Herausg.: Berliner Astronom. Jahrb. (Bde. 182-184, 1957-59; m. A. Kahrstedt), Apparent Places of Fundamental Stars (s. 1960 m. T. Lederle), Fourth Fundamental Catalogue (1963), Astronomy and Astrophysics Abstracts (s. 1969, m. F. Henn u. a.) - 1968 Ehrendoktor Univ. Saloniki, 1979 Univ. Bordeaux; 1960 o. Mitgl. Heidelbg. Akad. d. Wiss., 1974 o. Mitgl. Dt. Akad. d. Naturforscher Leopoldina u. korr. Mitgl. Accad. di Scienze e Lettere, Mailand; 1977 korr. Mitgl. Österr. Akad. d. Wiss.; 1979 Wiss. Mitgl. Max-Planck-Ges.; 1982 auswärt. Mitgl. Sowj. Akad. d. Wiss., Moskau; 1974 Goldmed. (Prix Janssen) Soc. Astronomique de France, Paris; 1982 Dirk Brouwer Award American Astron. Soc. - Spr.: Engl., Franz.

FRICKE, Werner

Dr. rer. nat., o. Prof. f. Geographie - Landfriedstr. 2, 6900 Heidelberg - Geb. 18. Mai 1927 Altentreptow - Promot. 1958; Habil. 1967 - 1967 Privatdoz. Univ. Frankfurt/M.; 1969 Wiss. Rat u. Prof. Univ. Marburg; 1971 Ord. Univ. Heidelberg. 1975 Korr. Mitgl. Akad. f. Raumforsch. u. Landesplanung Hannover. Mitherausg.: Heidelberger Geogr. Arbeiten - BV: u. a. Cattle husbandry in Nigeria. A Study of its ecological conditions and social-geographical differentations. Üb. 90 Einzelarb.

FRICKE, Werner

Dr., Vorstandsmitglied Victoria Lebens-Versicherungs-AG, Feuer-Versicherungs-AG, Rückversicherungs-AG, u. Vorsorge Grundstücks-AG (vormals Vorsorge Lebensversich.-AG), alle Berlin - Victoriapl. 1, 4000 Düsseldorf 1.

FRICKER, Alfons

Dr. agr., Prof., ehem. ltd. Direktor Inst. f. Lebensmittelchemie/Bundesforschungsanst. f. Ernährung, Karlsruhe (s. 1966) - Ringelberghohl 12, 7500 Karlsruhe-Grötzingen (T. Karlsruhe 48 12 62) - Geb. 8. Sept. 1924 Leupolz, kath., verh. s. 1955, 3 Kd. - Univ. München, Innsbruck, Tübingen (Dipl.-Chem. 1951). Promot. (1955) u. Habil. (1961) Hohenheim - S. 1961 Lehrtätigk. LH Hohenheim (Doz. f. Milchwirtsch. u. Gärungswesen), Univ. Mainz (1964; Priv.doz. f. Ernährungswiss.) u. Karlsruhe (1968 apl. Prof.). Zahlr. Fachveröff.

FRICKER, Francois

Dr. phil., Prof. f. Mathematik Univ. Gießen (s. 1973) - Arndtstr. 2, 6300 Gießen; priv.: Unterer Heuberg 25, CH-4001 Basel (Schweiz) - Geb. 26. Sept. 1939 Basel - Promot. (1967) u. Habil. (1971) Basel - Fachveröff.

FRICKER, Robert

Dr. phil., em. Prof. f. Anglistik - CH-3145 Oberscherli (Schweiz) - Geb. 10. März 1914 Basel, ev. - Univ. Basel, Zürich, Leipzig, London (Anglist., German., Roman.) - 1950 Privatdoz. Univ. Heidelberg, 1955 Ord. Univ. Saarbrücken, 1961 Univ. Bern - BV: u. a. Kontrast u. Polarität in d. Charakterbildern Shakespeares, 1951; D. moderne engl. Roman, 2. A. 1966; D. mod. engl. Drama, 2. A. 1974; D. ältere engl. Schauspiel, Bd. I, 1975; II, 1982; III, 1987 - Liebh.: Alpinismus.

FRICKHÖFFER, Wolfgang

Wirtschaftsjournalist, Vors. Aktionsgem. Soziale Marktwirtschaft - Schweizertalstr. 35, 6900 Heidelberg-Ziegelhausen (T. Heidelb. 27682) - Geb. 26. Mai 1921 Berlin (Vater: Otto F., Musiker; Mutter: Mali, geb. Mathy), verh. s. 1963 m. Norgard, geb. Räth, Sohn Alexander - Studien Wirtschaftswiss. u. Sprachen (Dipl. priv. Dolmetschersch.) - S. 1948 Journ.; s. 1954 Vorstandsmitgl. (1955) u. Vors. (1962) ASM. Zahlr. Publ. u. Vortr. - Spr.: Engl. - Rotarier.

FRIDERICHS, Hans

Dr. rer. pol., Vorstandsprecher a.D. Dresdner Bank AG, Bundesminister a.D. - Kappelhofgasse 2, 6500 Mainz - Geb. 16. Okt. 1931 Wittlich (Vater: Dr. med. Paul F., Arzt; Mutter: Klara, geb. Neuwinger), kath., verh. s. 1959 m. Erika, geb. Wilhelm, 2 Töcht. (Karin, Ruth) - Neuspr. Gymn. (Abitur 1950); Univ. Marburg, Graz, Mainz (Rechts- u. Staatswiss.). Jurist. Staatsprüf. 1954 u. 59; Promot. 1957 - 1959-63 Geschäftsf. IHK Mainz; 1963-69 stv. u. FDP-Bundesgf. (1964); 1969-72 Staatssekr. Min. f. Landw., Weinbau u. Umweltschutz Rhld.-Pfalz. 1965-69 MdB; 1972-77 Bundesminister f. Wirtschaft; 1978-85 Vorst.-Sprecher Dresdner Bank AG (Rücktr.). Div. Ehrenämter, dar. stv. Vors. Stiftg. Dt. Sporthilfe, Präs. Dt. Ges. f. Photogr.; AR-Vors.: Firmengr. Pott-Racke-Dujardin, Sektkellerei Christian Adalberg Kupferberg & Cie., Dt. Sport-Marketing GmbH, SMH-Uhren u. Mikroelektronik GmbH Bad Soden, co op AG, Frankfurt, Airbus Ind., Toulouse; Mitgl. d. Untern.rates Schott Glaswerke Mainz; VR-Mitgl. AEG Intern. AG Zürich. Mitgl.sch. in Führungsgremien mehr. Vereinig. - BV: Mut z. Markt, Wirtschaftspolitik ohne Illusionen, 1974.

FRIDRICH, Bernd-Dieter

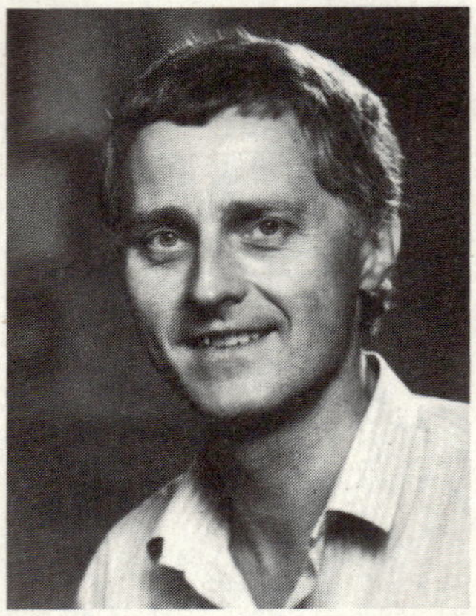

Prof. f. Handels- u. Wirtschaftsdeutsch, Umwelt- u. Wirtschaftskorrespondent, Political Consultant, Berater f. Public Relations u. Kommunikationsfragen, Europa-Korresp. (C.C.E./C.E.E.), Univ.-Lehrbeauftr. f. Publiz., Public Relations u. Kommunikationssoziol., Dolmetscher u. Übers., Leit. Kontaktstelle f. Innovations- u. Technologieberatung (KIT) Univ. Kaiserslautern, Herausg. u. Chefredakt. buch + bett / rent + jet, gf. Gesellsch. bdf communication Ltd., London (Ps. Hanno Dahlke, Heiko Jansen, John Crey McDonald) - B.P. 52, B-1180 Bruxelles-Uccle 4 (T. 00322 - 640 57 89) - Geb. 6. März 1943 Posen (Vater: Dipl.-Ing. Karl F., Arch.; Mutter: Ursel, geb. Schmidt) - Human. Gymn. Koblenz (Abit. 1963); Stud. Rechts- u. Wirtschaftswiss., Politol., Neuere Gesch. u. Kommunikationsforsch. Univ. Bonn, Lausanne, Berlin, Köln, Düsseldorf, Washington, D.C. - Fr. Journ. Tages- u. Wochentzg./Ztschr. u. in d. überparteil. polit. Bildungsarb. (s. 1967); Ref. Öffentlichkeitsarb. Rhein. Akad. Köln; Assist. Dt. Bundestag (1972-80) u. Europ. Parlam. (1981-82) - BV: Naturstoff Wasser, 1976; Auto u. Umwelt, 1980. Zahlr. sprachwiss. u. sozial-, entw.- u. umweltpolit. Aufs. in Fachztschr. - Mitgl. Arbeitsgem. f. Umweltfragen (AGU), Féd. Int. des Rédacteurs en Chef (FIREC), Féd. Int. des Journ. et Ecrivains du Tourisme (FIJET), Techn.-Lit. Ges. (TELI), Ehrenmitgl. Intern. Trade Assoc. of the Republic of China (Taipei/Taiwan) - 1977 BVM-Med. Bundesverb. Dt. Markt- u. Sozialforscher; 1982 Umwelt-Ehrenbrief Stiftg.-Komitee z. Verleih. d. Umweltschutzmed., Bonn; 1983 Umweltmed. Bayer. Staatsmin. f. Landesentw. u. Umweltfragen, München - Interessen: Bildungsreisen, ethnol. Studien, Rassen- u. Minderheitenprobl., Medien- u. Kommunikationsforsch. - Spr.: Franz., Engl., Span., Ungar., Niederl., Chines.; Latein, Altgriech.

FRIEBE, Ingeborg

Hausfrau, MdL Nordrh.-Westf. (s. 1975), Bürgermeister, Vizepräs. d. Landtags - Geschw.-Scholl-Str. 90, 4019 Monheim-Baumberg (T. 02173 - 6 22 66) - Geb. 20. April 1931 - SPD.

FRIEBE, Werner

B:Bürgerschaftsabgeordneter (s. 1970) - Teutonenweg 49, 2000 Hamburg 61 (T. 5514131) - CDU.

FRIEBEL, Hans

Dr. med., Prof., Pharmakologe - Uferstr. 42, 6900 Heidelberg - Geb. 23. April 1913 Berlin (Vater: Friedrich-W. F., Bankkaufmann; Mutter: Emma, geb. Gerdts), ev., verh. s. 1944 m. Dr. Gisela, geb. Borner, 3 Kd. (Heide, Matthias, Peter-Andreas) - Stud. Pharmazie u. Med. Aprob. als Apotheker (1938) u. Arzt (1947); Facharzt f. Pharmak. (1970) - S. 1952 (Habil.) Lehrtätigk. Univ. Bonn (1957 apl. Prof.) u. Heidelberg (1964); 1963-67 Forschungsleit. u. Dir. pharmaz. Ind.; 1968-77 Abteilungsltr. u. Berater WHO; 1978-81 Vors. d. Arzneim.-Kommiss. Zahlr. Fachmitgliedsch. Üb. 100 wiss. Veröff. - Fermat-Med. Akad. d. Wiss. Toulouse; Ernst-v.-Bergmann-Plak. u.a. - Spr.: Engl.

FRIEBEL, Rudolf

Dr., Hauptgeschäftsführer i.R. Rhein.-Westf. Auslandsges., Vors. Arbeitskreis d. priv. Inst. f. intern. Begegnung u. Bildungsarbeit - Heinr.-Sträter-Str. 35, 4600 Dortmund 50.

FRIEBERTSHÄUSER, Hans

Dr. phil., Prof. f. Dt. Philologie Univ. Marburg - Freiherr-v.-Stein-Str. 44, 3551 Wehrda.

FRIED, Pankraz

Dr. phil., o. Prof. f. bayer. u. schwäb. Landesgeschichte Univ. Augsburg (s. 1980) - Paarstr. 6, 8901 Heinrichshofen Post Egling/Paar - Geb. 12. Juli 1931 Wabern/Obb. (Vater: Pankraz F., Landw., Arb.; Mutter: Ernestine, geb. Welz), kath., verh. s. 1958 m. Anne, geb. Bals, 3 Kd. (Birgit, Claudia, Wolfgang) - Gymn. St. Stephan Augsburg; Univ. München. Promot. 1960 München; Habil. 1972 Regensburg - 1959-69 Wiss. Angest. Bayer. Akad. d. Wiss. München; 1969-71 Wiss. Assist. Univ. München; 1972 b. 1974 Konservator Bayer. Landesamt f. Denkmalpflege München; 1972-74 Privatdoz. Univ. Regensburg; s. 1974 Priv.-Doz. u. apl. Prof. f. mittelalterl. u. neuere Gesch. Univ. Augsburg - BV: D. Staufer in Ostschwaben u. am Lechrain, 1977; Probleme u. Meth. d. Landesgesch., 1978; Augsburger Beitr. z. Landesgesch. (1), 1979; Konrad v. Scheyern u. d. Anfänge d. Hauses Wittelsbach, 1980 - 1977 Mitgl. Kommiss. f. Bayer. Landesgesch./Bayer. Akad. d. Wiss., 1979 Vors. Schwäb. Forschungsgem. Augsburg - Spr.: Engl., Franz., Ital.

FRIED, Vilém

Dr. phil., o. Prof. f. Anglistik m.

Schwerp. Linguistik Univ.-GHS Duisburg - Heinrich-Lersch-Str. 26, 4100 Duisburg 1.

FRIEDBERG, Klaus Dietrich

Dr. med., Prof., Pharmakologe u. Toxikologe - Weinbietstr. 1, 6703 Limburgerhof - Geb. 31. Jan. 1925 Berlin - S. 1960 (Habil.) Lehrtätigk. Univ. Göttingen, s. 1973 o. Prof. u. Dir. Inst. f. Pharmak. u. Toxik. d. Fak. f. klin. Med. Mannheim d. Univ. Heidelberg.

FRIEDBERG, Volker

Dr. med., o. Prof. f. Geburtshilfe u. Gynäkologie - Am Fort Josef 10, 6500 Mainz - Geb. 5. Juli 1921 Stuttgart (Vater: Herbert F., Arzt; Mutter: Maria, geb. Spath), verh. 1946 m. Dr. Anneliese, geb. Kräuter - Promot. 1945; Habil. 1954 - S. 1954 Privatdoz., apl. (1960) u. o. Prof. (1966) Univ. Mainz; 1960-66 Chefarzt Städt. Frauenklinik Saarbrücken. Üb. 80 Fachveröff., darunt. größere Arbeiten: D. Nierenfunktion u. d. Wasserhaushalt in d. Schwangersch. u. D. Wasser- u. Elektrolythaushalt b. Operationen. Mithrsg.: Gynäk. u. Geburtsh. (3 Bde.) - 1959 Preis Dt. Elektrolytges.

FRIEDBERGER, Franz

Kanzler d. Univ. München - Geschw.-Scholl-Pl. 1, 8000 München 22.

FRIEDBURG, Dieter

Dr. med., Prof., Direktor Augenklinik Städt. Krankenanst. Krefeld - Carl-Schurz-Str. 9, 4150 Krefeld - S. 1971 Prof. u. Oberarzt Augenklinik Univ. Düsseldorf, s. 1981 Dir. Krefeld.

FRIEDBURG, Helmut

Dr. rer. nat., em. o. Prof. f. Höchstfrequenztechnik u. Elektronik - Almenweg 5, 7517 Waldbronn 1 (T. 07243 - 6 18 96) - Geb. 3. Okt. 1913 Hbg.-Altona (Vater: Victor F., Bankgeschäftsinh.; Mutter: Theodora, geb. Ploog), ev., verh. s. 1948 m. Eva, geb. Haendel, 3 Kd. (Hartmut, Irmgard, Gudrun) - Lichtwarksch. Hamburg; Univ. Göttingen (Physik; Promot. 1951), Habil. 1958 Heidelberg - 1951 b. 1958 wiss. Assist. Univ. Göttingen u. Heidelberg (1954); s. 1959 ao. u. o. Prof. (1964) TH bzw. Univ. Karlsruhe.

FRIEDE, Gerhard

Journalist, Verleger, Geschäftsf. (Ps. Gerd Talis) - Dreikönigstr. 2, 6900 Heidelberg 1 (T. 06221-1 37 04) - Geb. 19. Febr. 1934 Heidelberg, ev., verh. s. 1961 m. Usrula, geb. Knecht, Sohn Thomas - Human. Gymn., Stud. Musik- u. Zeitungswiss. Univ. Heidelberg, russ.-orth. Theol. Univ. Paris - Tätigk. an Tagesztg. (Heidelberg, Stuttgart), Südd. Rundf., ZDF; 1972 Gründg. Pan-Verlag - BV: Stunde d. Pan, 1972. Übers. Gard (1970); u.a. - Interesse: Vorurteilsforschung - Spr.: Engl., Span.

FRIEDE, Kurt

Dr. jur., Rechtsanwalt, Geschäftsf. Bundesverb. d. Betriebskrankenkassen (s. 1972) - Kronprinzenstr. 6, 4300 Essen 1; priv.: Am Wiesental 38 - Geb. 1. Dez. 1920 Berlin (Vater: Paul F., Obering.; Mutter: Charlotte, geb. Klett), ev., verh. s. 1958 m. Annedore, geb. Sieper, 3 Kd. (Susanne, Claus, Hans Wolfgang) - 1946-49 Stud. Rechtswiss. Ass.ex. - S. 1953 Bundesverb. d. Betriebskrankenk. (Justit., stv. u. Gf.). Fachveröff. - Spr.: Engl., Franz.

FRIEDE, Reinhard L.

Dr. med., Prof. f. Neuropathologie Univ. Göttingen - Univ., Robert-Koch-Str. 40, 3400 Göttingen - Geb. 12. Mai 1926 Jägerndorf/CSSR (Vater: Dr. Reinhard F., Augenarzt, Doz.; Mutter: Hilde, geb. Rösner), verh. s. 1953 m. Editha, geb. Franzen, 2 S. (Reinhard, Gerd) - Univ. Wien (Promot. 1951); 1961 License Univ. Indiana, 1963 Michigan, 1966 Ohio, Am. Board Pathol. (Dipl. 1963) - 1981 Univ. Göttingen; 1975-81 Prof. Univ. Zürich; 1965-75 Prof. Univ. Cleveland/USA; 1960-65 Michigan/Ann Arbor; 1957-59 Aero Med. Lab. Ohio; 1953-57 Neurochir. Klinik Freiburg; 1953 Neurol. Inst. Wien - 3 Fachb. in engl. Spr. (1961-75) - Spr.: Engl.

FRIEDEBOLD, Günter

Dr. med., o. Prof., u. Direktor Orthopäd. Klinik u. Poliklinik (Oskar-Helene-Heim) Freie Univ. Berlin (s. 1969) - Joachimsthaler Str. 21, 1000 Berlin 15 (T. 8832217) - Geb. 17. Sept. 1920 Magdeburg (Vater: Willi F., Bücherrevisor; Mutter: Luzie, geb. Kaiser), ev., verh. s. 1946 m. Ursula, geb. Bode, 2 Kd. (Detlef, Brigitte) - Wilhelm-Raabe-Sch. Magdeburg; Univ. Halle (1939/40), Rostock (1940), Berlin (1941), Göttingen (1943-45) - 1960-69 Chefarzt Chir.-Orthop. Abt. Städt. Krkhs. Britz; Lehrtätigk. FU Berlin (1966 apl., 1969 o. Prof.), 1969-71 Präs. Dt. Ges. f. Plastische u. Wiederherstell.schirurgie; 1971-72 Präs. Dt. Ges. f. Orthop. u. Traumatol.; 1972-73 Präs. d. Dt. Ges. f. Unfallheilkunde, Versich.-, Versorg.- u. Verkehrsmed.; s. 1970 Fellow American College of Surgeons. Spez. Arbeitsgeb.: Klin. Physiologie d. Skelettmuskels, Fragen d. Trainings in d. Orthop. u. d. künstl. Gelenkersatzes. Div. Fachmitgliedsch., dar. Soc. Intern. de Chir. Orthop. et de Traumatol. - BV: Verletzungen d. Knochen u. Gelenke, m. A. N. Witt, in: Klin. Chir. f. d. Praxis, 1962; Muscle and Bone as a functional unit, in: F. L. Strand, Modern Physiology, 1965; Beschwerden n. Amputationen, in: H. E. Grewe/B. Sachsse, D. operierte Kranke, 1969. Zahlr. Ztschr.aufs. - Ehrenmitgl. Ges. f. Orthop. u. Traumatol. v. Ecuador; s. 1979 Mitgl. Dt. Akad. d. Naturforscher Leopoldina; 1980 Ehrenmitgl. Thai Orth. Assoc.; 1983 Ehrenmitgl. Soc. Française de Chir. Orthopédique et Traumatol. (S.O.F.C.O.T.) - Liebh.: Lit., Kunstgesch., Malerei, Theater - Spr.: Engl., Franz.

FRIEDEBURG, von, Ludwig

Dr. phil. (habil.), Dipl.-Psych., zul. Kultusmin. v. Hessen (1969-74) - Einsiedlerstr. 8, 6000 Frankfurt/M. (T. 579630) - Geb. 21. Mai 1924 Wilhelmshaven - Schulen Berlin u. Kiel; Univ. Kiel u. Freiburg (Math., Physik, Phil., Psych., Soziol.). Promot. 1952; Habil. 1960 - S. 1962 Ord. Prof. Univ. Berlin (Freie) u. Frankfurt (1966); s. 1966 Dir. Inst. f. Sozialforsch. Frankfurt/M. 1970-74 MdL - BV: D. Umfrage in d. Intimsphäre, 1953; Soziol. d. Betriebsklimas, 1963. Herausg.: Jugend in d. mod. Ges. (1964) - Eltern s. Friedrich v. F. (Bruder).

FRIEDEL, Lothar

Dr., Geschäftsführer Jos. Hellenthal GmbH./Bauunternehmen - Poststr. 18, 6670 St. Ingbert/Saar - Geb. 2. Febr. 1932.

FRIEDEL, Wolfgang

Kulturattaché d. Botschaft d. Bundesrep. Deutschland in Wien - Metternichgasse 3, Postf. 1 60, A-1037 Wien - Geb. 21. Juni 1928 Troppau/Sudetenl. (Vater: Theodor F, Postamtmann a. D.; Mutter: Marie, geb. Schubert), verh. s. 1955 m. Renate, geb. Mertens, 2 Kd. (Reiner, Susanna) - Dipl.-Volksw. 1956 München - B. 1961 Priv.ind.; 1962 Ausw. Dienst, Ausl.vertr.: 1962 Bombay, 1966 Rio de Janeiro, 1971 Pretoria, 1977 Wellington, 1981-86 Konsul in Durban , 1987 Wien - Liebh.: Archäol., Lit., Fotogr. - Spr.: Engl., Portug., Afrikaans.

FRIEDEMANN, Peter

Dr., Vorstandsmitglied Augsburger Kammgarn-Spinnerei AG (1982ff.) - Schäfflerbachstr. 26, 8900 Augsburg.

FRIEDENBERG, Christian Jürgen

Dipl.-Volksw., stv. Chefredakteur u. Leit. Wirtschafts-Redakt. Allg. Zeitung Mainz (Ps. Hartmut Welfert) - Große Bleiche 44-50, 6500 Mainz 1 - Geb. 16. Febr. 1934 Lodz, ev. - Abit. 1954; 1954-56 Redaktionsvolont.; 1956-61 Stud. Volksw. FU Berlin - 1961-62 Redakt. Tagesspiegel Berlin; 1962-64 Leit. Wirtschaftsredakt. VDI-Nachr. Düsseldorf, s. 1966 Allg. Ztg. Mainz (m. Wiesbadener Tagblatt).

FRIEDENSBURG, Ferdinand

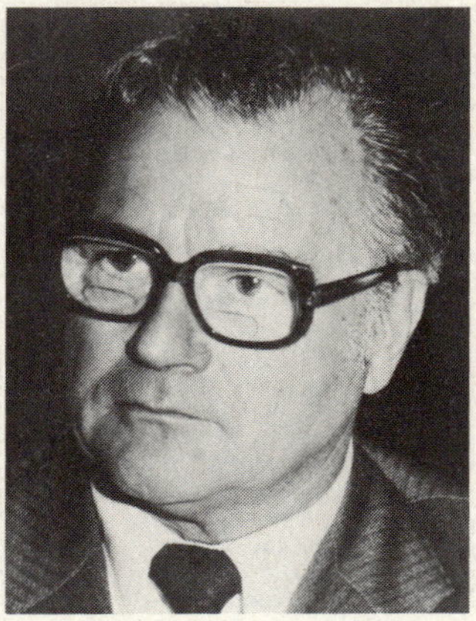

Dr. jur., Botschafter a.D., Wirtschaftsjurist, Vorst.-Mitgl. versch. in- u. ausl. Ges. - Villa Berlin, 7800 Freiburg-Munzingen (T. 07664 - 20 80) - Geb. 15. Nov. 1917 Bern/Schweiz (Vater: Prof. Dr. phil. Drs. h. c. Ferdinand F. † 1972 (s. XVI. Ausg.); Mutter: Nelly, geb. Schilling † 1975), ev., verh. s. 1943 m. Gesine, geb. Bengen, 3 Kd. - Univ. Berlin, Lausanne, Greifswald, Freiburg/Br. Diplomat.-Konsular. Staatsprüf. 1950 Speyer - 1944-49 Synd. Breslau, Freiburg, Berlin, 1949-50 Bundeswirtschaftsmin., dann AA Bonn, 1956-60 Konsul Detroit, 1960-64 Botschafter Madagaskar, 1964-66 I. Botschaftsrat Carácas, seither Wirtschaftsjurist. Prädikant d. ev. Landeskirche Baden, Präs. dt.-madegass. Ges.; 1973 Oberstltn. d. R. - 1960 Ehrenbürger Detroit; 1966 Ehrengefr. franz. Armee; 1975 Johanniter; BVK I. Kl. sow. hohe ausl. Orden - Liebh.: Jagd, Skilauf, Gartenarb. - 1958 Gold. Sportabz. - Spr.: Franz., Engl., Span. - Bek. Vorf.: Prof. Ferdinand F., Numismatiker (Großv.); Ferdinand F., Oberbürgerm. Breslau (Urgroßv.).

FRIEDERICH, Hugo-Constantin

Dr. med., o. Prof. f. Dermatologie u. Venerol. - Rotenberg 11a, 3550 Marburg/L. (T. 28 29 04) - Geb. 1. Juni 1922 Schöntal/Jagst - Promot. 1945 Berlin; Habil. 1956 Tübingen - S. 1956 Lehrtätigk. Univ. Tübingen (1962 apl. Prof.; Oberarzt Hautklinik) u. Marburg (1970 o. Prof.; Dir. Dermatol. Klinik). Zahlr. Fachveröff.

FRIEDERICH, Klaus-Peter

Geschäftsführer Renn-Klub Frankfurt - Schwarzwaldstr. 125, 6000 Frankfurt/M. 71; priv.: 71, Egelsbacher Str. 1 - Geb. 23. März 1941 Frankfurt-M. (Vater: Karl F.; Mutter: Elisabeth, geb. Müller), kath., verh. s. 1963 (Ehefr.: Renate), 2 S. (Andreas, Patrick) - Hochschulstud. - Liebh.: Galopp- u. Radsport.

FRIEDERICHS, Heinz F.

Dr. phil. nat., Präsident Stiftg. Zentralstelle f. Personen- u. Familiengesch., Berlin (s. 1961) - Dehnhardtstr. 32, 6000 Frankfurt 50 (T. 52 78 72) - Geb. 31. Jan. 1905 Frankfurt/M. (Vater: Eugen F., Kaufm.; Mutter: Katharina, geb. Gummersbach), verh. s. 1936 m. Alwine, geb. Joerg, 2 Kd. (Roswitha; Dr. phil. Friederun) - Stud. d. Natur- u. Geisteswiss.; Promot. 1931 Frankfurt/M. - Zun. Wiss. Sachbearbeiter, dann s. oben. Vorstands-, Ehren- u. korr. Mitgl. zahlr. in- u. ausl. wiss. Ges., Verb. u. Inst. Üb. 2000 genealog. u. biolog. Bücher, Aufs., Rezensionen. Schriftl. u. Herausg. div. Buchreihen u. Ztschr. - BVK; Joh.-Christoph-Gatterer-Med. in Silb., Göttingen; Christian-Daniel-Rauch-Med. in Silb., Arolsen; Ernst-v.-Oidtman-Med.

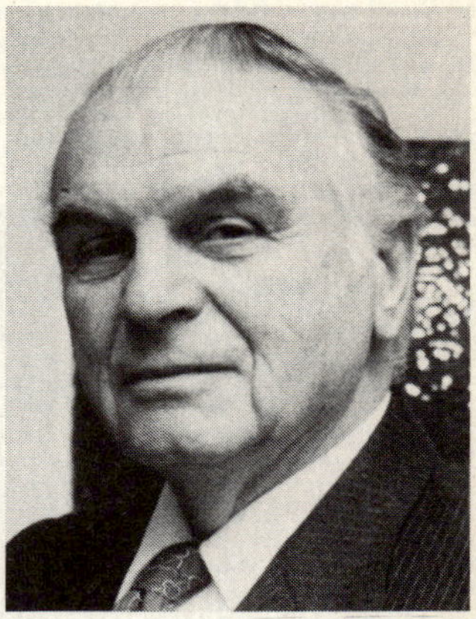

in Silb., Köln; Gutenberg-Plak., Mainz; 1985 Méd. de Mérite de la Confédération Intern. de Généalogie et de l'Héraldique, Badgastein; weit. Ehrenmed. (Gold u. Silber) - Spr.: Engl., Franz., Ital. - Lit.: Festschr. f. H.F.F. (Neustadt/A., Degener, 1980); Hess. Ahnenlex. 4,1 (1986).

FRIEDERICI, Lothar

Dr. med., Prof., Internist, ehem. Chefarzt Kreiskrkhs. Waldbröl - 5220 Waldbröl/Rhld. - Geb. 29. Okt. 1918 Leipzig (Vater: Wilhelm F., Kaufm.; Mutter: Margarete, geb. Lensch), ev., verh. s. 1947 m. Elisabeth, geb. Mannherz, 2 Töcht. (Dr. rer. nat. Donata, Priv.-Doz. Dr. phil. Angela) - Helmholtz-Gymn. Leipzig, Humboldt-Gymn. Köln (1931-37); Univ. Köln u. Göttingen (Med.). Promot. 1943; Habil. 1957 - 1952-64 I. Med. Univ.klinik Mainz (1957 Privatdoz., 1963 apl. Prof.). Spez. Arbeitsgeb.: Hämatologie - BV: D. Erythozyt, 1958 - Spr.: Engl., Franz.

FRIEDHOFF, Karl Theodor

Dr. med. vet., Abteilungsvorsteher (Inst. f. Parasitologie) u. Prof. f. Parasitol. Tierärztl. Hochsch. Hannover (s. 1970) - Anecampstr. 12c, 3000 Hannover 72 - Geb. 5. Juni 1932 Beckum - Promot (1959) u. Habil. (1969) Tierärztl. Hochsch. Hannover - Üb. 70 Fachaufs.

FRIEDL, Alois

Dipl.-Ing., Ministerialdirigent i. R. Oberste Baubehörde, München, 1984 i.R., Honorarprof. f. Straßenbau TU ebd. (1972ff.) - Destouchesstr. 26, 8000 München 40 - Geb. 1919 - zul. Ministerialdir. - 1981 Bayer. VO.

FRIEDL, Hans H.

Dr. ès sciences économiques, Vorstandsmitglied Bayerische Hypotheken- und Wechsel-Bank AG - Theatinerstr. 11, 8000 München 2 - Geb. 28. März 1932 Wien - VR-Vors. Hypobank Intern. S.A., Luxemburg; VR-Mitgl. Marceau Investissements S.A., Paris; AR-Vors. Salzburger Kredit- u. Wechsel-Bank AG, Salzburg; stv. AR-Vors. Sonnen-Bassermann Werke GmbH, Seesen; AR AKA Ausfuhrkredit-Ges. mbH, Frankfurt, Guano-Werke AG, Castrop-Rauxel, Gervais Danone AG, München, WASAG-Chemie AG, Essen, Wickrather Handels- u. Beteilig.-AG, Mönchengladbach; AR-Mitgl. Bank f. Kärnten u. Steiermark AG, Klagenfurt, Liebherr-Holding GmbH, Biberach; Beirat Privatdiskont AG, Frankfurt - Ehrenpräs. Dt.-Franz. Ges., Frankfurt.

FRIEDL, Helmut

Diplom-Landwirt, Vors. Bundesverb. Dt. Kartoffelbrenner, München, u. a. - Vockestr. 97, 8013 Haar/Obb. - Geb. 4. Jan. 1933.

FRIEDL, Herwig

Dr. phil. habil., Prof. f. Amerikanistik - Angelweg 12, 6900 Heidelberg (T. 06221 - 4 95 13) - Geb. 7. Febr. 1944 Ziegenhals/Oberschl. (Vater: Herbert F., Techniker; Mutter: Käthe, geb. Vogel), verh. s. 1972 m. Dr. Bettina, geb. Liedtke - 1954-64 Gymn. Heilbronn; 1634-67 Univ. Heidelberg (Anglist., German., Phil.), 1967/68 Cornell Univ. USA (Amerikanistik), Promot. 1970, Habil. 1979 - 1970-79 Wiss. Assist. Heidelberg, 1979 Priv.Doz., 1982 ff. Prof. - BV: Funktion d. Bildlichk. in krit. u. theoret. Schriften v. Henry James, 1972; Essays - Spr.: Engl., Franz., Lat.

FRIEDLAENDER, Ernst

Geschäftsführer u. pers. haft. Ges. William Prym KG., Stolberg, Geschäftsf. u. Teilh. E. A. Brandt & Co., Edelstahlgroßhdl., Bremen - Im Schluh 12, 2862 Worpswede (T. 1520) - Geb. 27. Jan. 1927 Berlin (Vater: Ernst F., Publizist (s. XIV. Ausg.); Mutter: Dr. med. Franziska, geb. Schulz), ev., verh. s. 1954 m. Barbara, geb. Grube, 3 Kd. - Stud. Rechtswiss. I. jurist. Staatsex. - B. 1974 Vorst. Agfa-Gevaert, Leverkusen - Spr.: Ital., Engl., Franz. - Schwester: Dr. phil. Katharina Focke (s. dort).

FRIEDLAND, Klaus

Dr. phil., Prof., Historiker f. nordeurop. Sozial- u. Wirtschaftsgeschichte, Hanse - Kreienholt 1, 2305 Heikendorf/Kiel - Geb. 28. Juni 1920 Erfurt (Vater: Max F., Kaufmann; Mutter: Margarethe, geb. Duffing), ev., verh. s. 1952 m. Eva, geb. Stelling, 2 Kd. (Kathrin, Tilman) - 1940 Marinesch. Flensburg-Mürwik, 1945-53 Univ. Kiel, Oxford, Bern (Alte Spr., Gesch.) - 1953-61 Stud.rat, 1965 Univ.-lehrer. 1985 Präs. Intern. Seefahrtsgesch. Komm. - BV: D. Hanse, 1954; Finnland, Partner d. Hanse, 1965; Bergen, Handelszentr. d. Spätmittelalters, 1971; Stadt u. Land in d. Gesch. d. Ostseeraumes, 1973; Emergence of Anglo-German Trade Partnership, 1976; Schiff u. Besatzung, 1980; Gilde u. Korporation, 1984; Dänische u. norwegische Wirtsch.- u. Sozialgesch., 1986. Herausg.: Lübeck, Hanse, Nordeuropa (1979). Fachveröff. - Spr.: Engl., Franz., Ital., Schwed.

FRIEDMANN, Anneliese,
geb. Schuller

Verlegerin, Herausg. Abendztg. (s. 1969), Gesellsch. Südd. Verlag GmbH. - Harthauser Str. 58, 8000 München 90 (T. Büro: 2 37 71) - Geb. 30. Mai Kirchseeon/Obb., verh. 1951 m. Werner F., Verleger †1969 (s. XV. Ausg.), 3 Kd. (Johannes, Anemone, Florentine) - 1960-70 stern-Kolumnistin (Sibylle).

FRIEDMANN, Bernhard

Dr. rer. pol., Dipl.-Volksw., MdB (s. 1976; Wahlkr. 177) - Europastr. 31, 7583 Ottersweier (T. 2 29 48) - Geb. 8. April 1932 Ottersweier (Vater: Josef F., Gf.; Mutter: Josefine, geb. Hipp), kath., verh. s. 1961 m. Hildgund, geb. Valentiner, 3 Kd. (Ulrike, Volker, Heike) - Stud. d. Wirtsch.wiss. Univ. Freiburg/Br. - B. 1970 Min.rat Bundespostmin., 1970-74 Gf. fr. Wirtsch., 1974-76 Abt.präs. Oberpostdir. Karlsruhe - Spr.: Engl., Franz.

FRIEDMANN, Friedrich Georg

Dr. phil., o. Prof. f. Nordamerik. Kulturgeschichte u. Vorst. Amerika-Inst. Univ. München (s. 1960) - Hans-Leipelt-Str. 12, 8000 München 23 (T. 32 60 69) - Geb. 14. März 1912, verh. 2 Kd. (John, Miriam) - Zul. Prof. Wells College Aurora New York.

FRIEDMANN, Gerhard

Dr. med., o. Prof. f. Klin. Radiologie - Mommsenstr. 113, 5000 Köln (T. 436728) - Geb. 16. Mai 1925 Amberg/Opf., verh. m. Beatrice, geb. Wirtz - S. 1961 (Habil.) Lehrtätigk. Univ. Köln (1967 Ord.). Üb. 100 Fachveröff.

FRIEDMANN, Herbert

Schriftsteller - Jahnstr. 127, 6100 Darmstadt (T. 06151 - 42 13 62) - Geb. 15. Febr. 1951 Groß-Gerau, verh. s. 1972 m. Brigitte, geb. Kromat - 1967-70 Kaufm. Lehre - BV: Kalle Durchblick, 1980; Herbst-Blues, 1984; Mensch, Mücke, 1984; D. Rockstar, 1986; Paula Bohnenstange, 1989; E. Himmel ohne Gitter, 1989. Theater: D. Insel d. Fliegengottes (frei n. W. Golding), 1988 - 1983 Hans-im-Glück-Preis; 1985 Ausz. Lyrik-Wettb. Folkwang Stadt Essen; 1986 Drehbuch-Stip. d. Berliner Senats; 1988 Stip. d. Stuttgarter Schriftstellerhauses.

FRIEDMANN, Rolf

Vizepräs. Oberlandesgericht Düsseldorf a.D. - Ilexweg 9, 4034 Düsseldorf-Angermund (T. 74 06 59) - Geb. 9. April 1920 Hagen/Westf. (Vater: Gustav F., Reichsbahnbeamter; Mutter: Hedwig, geb. Brückner), ev., verh. s. 1944 m. Hella, geb. v. Zelewski, S. Wolfgang - Dreikönigsch. Dresden (Reifeprüf. 1939), Univ. Kiel (Refer.ex. 1949, Ass.ex. 1952) - 1968 Senatspräs. OLG Düsseldorf, s. 1980 Vizepräs. OLG Düsseldorf, AR ARAG Allg. Rechtssch.-Vers.-AG.

FRIEDRICH, Albert

Fabrikant (Papierfabrik Albert Friedrich, Miltenberg/Kettwig/Düren/Hannover) - Heiligenhauser Str. 45, 4307 Kettwig/Ruhr - Geb. 29. Okt. 1909.

FRIEDRICH, Anita

Autorin (Ps. Anne Alexander, Dinah Kayser) - Kantstr. 2, 7152 Aspach 1 - Geb. 4. März 1947 - BV: Hallo, ich bin Jordana; An e. Freitagabend; u.a. 1974 Ausz. d. Erz.: Was geht es uns an Städt. Bildungsw. Oberhausen - Liebh.: Archäol., Reisen, Lit., Musik, Kunst.

FRIEDRICH, Erich

Geschäftsführer Frankfurter Societäts-Druckerei GmbH., Frankfurt (T. 75011) - Letzter Hasenpfad 99, 6000 Frankfurt/M. - Geb. 8. Juni 1922 Frankfurt/M., kath., verh. s. 1948 m. Maria, geb. Schäfer, 5 Kd. (Martin, Claudia, Thomas, Roland, Achim).

FRIEDRICH, Gerhard

Dr. jur., Rechtsanwalt, Bundestagsabgeordneter (s. 1987; Wahlkr. 228 Erlangen) - Steinpilzweg 2, 8520 Erlangen - Geb. 10. März 1948 Gunzenhausen, kath., verh. s. 1975 m. Gisela, geb. Barth, 2 S. (Alexander, Daniel) - 1. u. 2. jurist. Staatsex. Erlangen, Promot. 1978 ebd.

FRIEDRICH, Götz

Prof., Generalintendant Dt. Oper Berlin (1981ff.) u. Intend. Theater d. Westens (1984ff.) - Richard-Wagner-Str. 10, 1000 Berlin 10 - Geb. 1930, verh. in 3. Ehe s. 1979 m. Karan Armstrong (amerik. Sopranistin), 2 S. - Schüler v. Prof. Walter Felsenstein (Inter./Kom. Oper Berlin) - B. 1972 DDR, dann Bundesrep. - Zahlr. Insz. - 1982 schwed. Verdienstmed. Litteris et artibus u. Drottningholm-Ehrenz., 1986 BVK.

FRIEDRICH, Günther

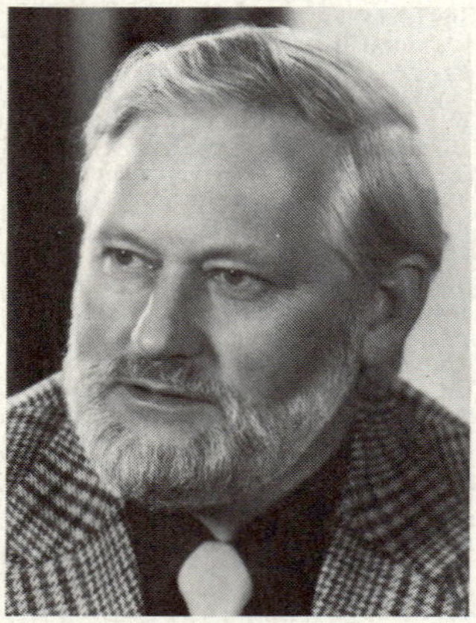

Dr. rer. nat., o. Prof., Direktor Inst. f. Mineral.- u. Lagerstättenlehre (s. 1975) u. leit. Abt. f. Angew. Lagerstättenlehre TH Aachen (s. 1967) - Orthstr. 6, 5100 Aachen-Laurensberg (T. Aachen 12808) - Geb. 15. April 1929 Stuttgart (Vater: Karl F., u. a. Verw.dir. Südwestfunk, Baden-Baden, † 1953; Mutter: Käthe, geb. Reeg), ev., verh. s. 1967 m. Helga, geb. Rolfes, 2 S. (Bernd, Peter) - Realgymn. Stuttgart-Bad Cannstatt u. Michelstadt; TH Stuttgart (1949-51). Promot. 1954 Universität Heidelberg; Habil. 1962 TH Aachen - 1955-62 Assist. TH Aachen (Mineral. Inst.); 1963-65 Research Associate Univ. of Missouri, Rolla, u. of California, Berkeley, s. 1964 Consultant Explorationsgeochemie u. Erzlagerstätten, s. 1966 Doz. u. Prof. (1968) TH Aachen. ARsmitgl. Frankische Eisenwerke, Dillenburg. Spez. Arbeitsgeb.: Geochem. Exploration v. Erzlagerst. - Spr.: Engl., Span.

FRIEDRICH, Hannes

Dr. phil., Prof., Abteilungsleiter Abt. f. Med. Soziologie Univ. Göttingen (s. 1975) - Schillerstr. 48, 3400 Göttingen.

FRIEDRICH, Hans Joachim

Vorsitzender Bundesverb. d. Juweliere Schmuck- u. Uhrenfachgeschäfte, Königstein/Ts. - Katterbachstr. 51, 5060 Bergisch-Gladbach 2 - Geb. 15. Juli 1926.

FRIEDRICH, Hansjürgen

Dr. jur., Rechtsanwalt, gf. Gesellsch. Starkfried GmbH, Mainz - Kanzlei: Hintere Bleiche 61, 6500 Mainz 1 (T. 06131 - 2 92 56) - Geb. 28. März 1957 Mainz (Vater: Carl F., Kaufm.; Mutter: Dr. Margret, geb. Avenarius-Herborn), verh. s. 1961, 2 Kd. - 1955-58 Stud. Rechtswiss. Univ. München, 1959-61 Stud. Betriebswirtsch. Univ. Mainz u. München - Gf. Gesellsch. Starkfried GmbH. AR Autohaus am Mainzer Ring GmbH u. DGS Diesel- u. Getriebeservice GmbH; Vors. Fachverb. Nahrungsmittel-Ind. Rheinhessen.

FRIEDRICH, Heinz

Verleger, gf. Gesellsch. Dt. Taschenbuch-Verlag, München (s. 1961) - Döllingerstr. 23a, 8000 München 19 (T. 17 16 24) - Geb. 14. Febr. 1922 Roßdorf Kr. Darmstadt (Vater: Ludwig F., Bahnbeamter; Mutter: Philippine, geb. Ammann), ev., verh. s. 1946 m. Maria, geb. Maser, 2 Töcht. (Ulrike, Ute-Sabine) - Gymn. Darmstadt; Univ. Königsberg/Pr. (1940/41 German., Kunstgesch., Phil., Musik) - 1947 Feuilletonchef Wochenztg. D. Epoche; 1949-56 Abt.leit. Nachtstudio/Feature Hess. Rundfunk; 1956-59 Cheflektor Fischer-Bücherei; 1959 b. 1961 Programmdir. Radio Bremen; Stiftungsrat Ernst v. Siemens-Stiftg. (Vors.); Kurat. Ludwig Klages-Stiftg., Kurat. Volkshochsch. München, Kurat. Friedrich-Baur-Stiftg.; Beirat Langenscheidt KG; Mitgl. Goethe-, Hölderlin- u. Schiller-Ges. (3) - W: Deine Söhne, Europa - Kriegsgefangenenlyrik, 1947 (Mitverf.); D. Straße Nirgendwo, Dr. 1948; Bänkelsang d. Zeit, Ged. 1948; D. Inschrift, Kurzprosa 1951; Almanach d. Gruppe 47, 1962 (Mitverf.); Lebend. Wissen (Rundfunkvortr.), 2 Bde. 1952/54 (Herausg.); Schwierigkeiten b. Versuch, d. Wahrheit zu schreiben, 1964 (Herausg.); Tier u. Mensch, 1968 (Herausg.); Im Narrenschiff d. Zeitgeistes, 1972; Kulturkatastrophe, 1979; Sisyphos, Ged. 1982; Kulturverfall u. Umweltkrise, 1982; Aufräumarbeiten, 1987; Mein Dorf, 1987 - 1983ff. Präs. Bayer. Akad. d. Schönen Künste; Mitgl. Dt.-Schweiz. PEN-Zentrum; 1980 Bayer. VO.; 1982 Perthes-Med. Dt. Buchhandel; 1982 Johann Heinr.-Merck Ehrung Stadt Darmstadt; 1983 BVK; 1986 Med. In honorem fautoris in Gold (Volkshochsch. München); 1987 Med. München leuchtet in Gold; 1987 Österr. Ehrenkreuz f. Kunst u. Wiss. I. Kl.; 1987 Ehrenmitgl. Bayer. Verleger- u. Buchhändler-Verb.; 1987 Ehrendoktorwürde Univ. Regensburg, Fak. f. Sprach- u. Lit.wiss.; 1988 Gr. BVK - Liebh.: Klass. Musik.

FRIEDRICH, Herbert,

Gf. Gesellschafter Rudolf Friedrich KG, Geschäftsf. Rudolf Friedrich GmbH, bde. Stuttgart - Kesselstr. 41, 7000 Stuttgart 60 (T. 0711 - 42 10 13) - Geb. 4. Mai 1928 Morchenstern/Kr. Grablonz/N., kath., verh. s. 1957 m. Waltraud, geb. Bücheler, 2 Kd. (Brigitta, Rudolf) - Ausb. Maschinenbau, Buchbinder, Kaufm.

FRIEDRICH, Hermann

Dr. phil., Prof., Direktor i. R. Übersee-Museum Bremen (1962-70) - Zu erreichen üb. Brauhausstr. 41b, 3200 Hildesheim - Geb. 5. Juni 1906 Essen, ev., verh. s. 1931 m. Anneliese, geb. Riemann, 7 Kd. - Univ. Bonn, Marburg, Forstl. Hochsch. Tharandt - 1935-51 Privatdoz. u. ao. Prof. (1944) f. Zool. Univ. Kiel; b. 1962 Dir. Inst. f. Meeresforsch., Bremerhaven-G.

FRIEDRICH, Hilmar

Dr. rer. nat. (habil.), o. Prof. f. Pharmaz. Biologie u. Phytochemie - Potstiege 38, 4400 Münster/W. (T. 48031) - Geb. 15. Febr. 1920 Leipzig - Promot. (1953) u. Habil. (1957) Halle - S. 1966 Ord. Univ. Hamburg u. Münster (1968; Dir. Inst. f. Pharmaz. Biologie u. Phytochemie). 1965 ff. Vors. Dt. Ges. f. Arzneipflanzenforsch. Fachveröff.

FRIEDRICH, Horst

Dr. rer. pol., Dipl.-Volksw., o. Prof. f. Wirtschaftswissensch. u. Didaktik d. Wirtschaftslehre Univ. Köln (s. 1975) - Gronewaldstr. 2, 5000 Köln 41 - 1955-59 Univ. Göttingen u. Hamburg (Volksw.; Dipl. 1959). Promot. 1967 Hamburg - 1960-73 Wiss. Assist. u. Rat Univ. Hamburg; 1974-75 Wiss. Rat u. Prof. PH Ruhr/Abt. Hagen - BV: Geldversorgung, Preisniveau u. reales Wirtschaftswachstum b. alternat. Grundprinzipien d. geldwirtschaftl. Ordnung, 1967; Globalsteuerung, Wettbewerbspolitik u. Investitionslenkung, 1978; Planspiel-Ges.-wirtschaftl. Stabilität u. Gruppeninteressen, 1979; Berufswahlunterr. Sekundarstufe I, 1980; Wirtschaftswandel u. Wirtschaftspolitik (Hg.), 1981; Arbeitslosigk.kontrovers, 1982; Grundkonzeptionen d. Stabilisierungspolitik, 1983; Stabilisierungspolitik, 2. A. 1986; Evaluation v. Berufswahlvorbereitung, 1987; Arbeitslosigkeit, 2. A. 1989.

FRIEDRICH, Ingo

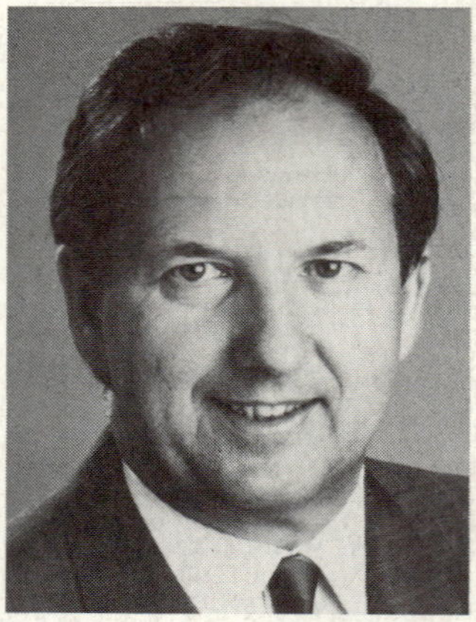

Dr. rer. pol., ltd. Angestellter, MdEP, Vizepräs. Intern. PAN-EUROPA-Union, Präs. d. Europ. Mittelstandsunion (EMSU), parlam. Geschäftsf. d. CDU/CSU im Europ. Parlam. - Albert-Schweitzer-Str. 61, 8820 Gunzenhausen/Mfr. - Geb. 24. Jan. 1942 - CSU.

FRIEDRICH, Jörg

Dr. rer. nat., Prof. f. Kernphysik Univ. Mainz (s. 1978) - Am Keltenlager 43, 6500 Mainz 21 - Geb. 30. Jan. 1940 Kiel (Vater: Prof. Dr. Hermann F., Meeresbiologe; Mutter: Anneliese, geb. Riemann), ev., verh. s. 1965 m. Hanne, geb. Orth, 2 Kd. (Jan, Kai) - Wilhelm-Raabe-Sch. Bremerhaven; Univ. Kiel, München, Mainz (Physik; Dipl. 1966). Promot. (1970) u. Habil. (1977) Mainz - Zul. Assistenzprof. - Spr.: Engl., Franz.

FRIEDRICH, Karl

Juwelier - Kaiserpl., 6000 Frankfurt/M. (T. 069 - 28 43 53) u. Kurgarten, 7570 Baden-Baden (T. 069 - 2 29 29) - Geb. 29. Juni 1912 Kransberg/Ts. (Vater: Fritz F., Maurerm.; Mutter: Katharina, geb. Frank), kath., gesch., 3 Kd. (Barbara, Stephan, Christoph) - Reform-Gymn. u. Höh. Handelssch. Frankfurt/M. (Abit. 1927); Banklehre - Kriegsdst. (akt. Offz. Luftwaffe); 1945-48 Filialleit. Frankfurt/M., s. 1949 selbst. ebd. Mitgl. Juwelen-Inst. Hamburg, Dt. Gemmolog. Ges. Idar-Oberstein, Staatl. Zeichen-Akad. Hanau - D. Gold. Lupe (7 mal; 1965-76); D. Gold. Muschel (3 mal f. Perl-Brillant-Juwelen); Diamonds Intern. Award New York (1964 u. 1971; höchste Auszeichn. f. feine Juwelen) - Liebh.: Antike Juwelen - Spr.: Engl., Franz. - Lit.: Katja Link, Frankfurt. D. Profil e. Stadt; Elisabeth v. Sicard, Begegnung m. erfolgr. Männern; Ztg.srezensionen (u. a. FAZ).

FRIEDRICH, Karl-Heinz

Dipl.-Ing., Prof. f. Nachrichtentechnik, insb. -übertrag., Gesamthochsch. Wuppertal (Fachbereich Elektrotechnik) - Talsperrenstr. 87e, 5600 Wuppertal 21.

FRIEDRICH, Karlheinz

Dipl.-Ing., Unternehmer, Vors. Fachvereinig. Chem. Bürobedarf - Am Klostergarten 3, 6500 Mainz.

FRIEDRICH, Klaus

Dr. rer. nat., Prof. f. Organ. Chemie - Albertstr. 21, 7800 Freiburg/Br. - Geb. 4. April 1933 Schopfheim - Stud. Chemie. Promot. 1964; Habil. 1972 - S. 1972 Prof. Univ. Freiburg. Fachaufs.

FRIEDRICH, Klaus

Bundesrichter a.D. - Zul. 3500 Kassel-W'höhe - Geb. 2. Febr. 1921 - B. 1971 LSG Celle (LSGsrat), dann BSG Kassel (BR).

FRIEDRICH, Leo(nhard)

Dr. phil., o. Prof. f. Systemat. Pädagogik Univ. Düsseldorf (s. 1980) - Espenstr. 109, 4040 Neuss 21 - Geb. 4. Okt. 1930 Rimhorn/Odenw. (Vater: Johannes F., Postangest.; Mutter: Barbara, geb. Kempf), ev., verh. s. 1955 m. Hannelore, geb. Bodenstein, 3 T. (Cornelia, Uta, Christina-Marie) - Schule Michelstadt (Abit.); 1952-55 PI Darmstadt; 1955-58 Univ. Frankfurt/M., 1961-64 Univ. Gießen; 1965-68 Univ. Marburg. Staatsprüf. 1955 u. 60; Promot. 1970 Marburg - 1955-61 Lehrer Frankf. Liebfrauen- u. Taunusheimsch., 1961-72 Päd. Mitarb., Prof. (1972) Univ. Gießen, o. Prof. f. Allg. Päd. PH Rheinland Abt. Neuss (1972-80) - BV: Eigentum u. Erziehung bei Pestalozzi, 1972; Mithrsg.: Theorie d. Schule - Konzepte u. Kritik, 1974; Schulmodelle, 1974; Zeugnisnoten u. Numerus Clausus, 1975. Zahlr. Aufs., Schwerp. Pestalozziforsch. u. Theorie d. Lehrers.

FRIEDRICH, Manfred

Dr. rer. pol., Prof. - Konrad-Adenauer-Str. 16, 3400 Göttingen - Geb. 7. Jan. 1933 Crimmitschau (Vater: Dr. Wolfgang F., kaufm. Direktor; Mutter: Gertraud, geb. Bennewitz), verh. in 2. Ehe m. Prof. Dr. Margret, geb. Fischer (s. dort) - Stud. Univ. Berlin (Freie) u. Frankfurt/M. (Volksw., Politikwiss.). Promot. 1958 - 1960-66 wiss. Assist. (m. Lehrauftr.) Univ. Frankfurt; s. 1966 Prof. Lüneburg (Polit. Wiss.); s. 1973 Prof. Univ. Göttingen; 1974 Hon. Prof. Hamburg - Mehr. Buchveröff., zahlr. Abhandl. in wiss. Ztschr., Handb., Sammelw., Edit. - Bek. Vorf.: Apianus Bienewitz.

FRIEDRICH, Margret (Margarete),

geb. Fischer

Dr. phil., Prof. f. Religionspädagogik - Konrad-Adenauer-Str. 16, 3400 Göttingen - Verh. m. Prof. Dr. Manfred F. (s. dort) - BV u. a.: D. innere Differenzierung d. Unterrichts in d. Volksschule, 11. A. 1975.

FRIEDRICH, Maria,

geb. Maser

Verlegerin d. dtv junior-Reihe im Dt. Taschenbuch Verlag GmbH & Co KG - Döllingerstr. 23a, 8000 München 19 (T. 17 16 24) - Geb. 4. Juli 1922, verh. s. 1946 m. Heinz F., Verleger, 2 Töcht. (Ulrike, Sabine) - Stud. German., Gesch., Theaterwiss. Univ. München; Schauspielsch. München - 1942-44 Regie- u. Dramaturgieassist. Theater Stadt Göttingen; ab 1945 freiberufl. Tätigk. b. Rundf. u. Ztg.; s. 1970 Herausg. Kinder- u. Jugendbuchreihe dtv junior; Herausg. mehrerer Anthol.: u.a. Unheimliche Gesch. v. gestern (1979); Sonderbare Gesch. v. heute (1979), Hinter d. Ofen zu lesen (1980 u. 1987), dtv junior Leseb. (1981) - 1985-88 Vors. Arbeitsgem. v. Jugendb.verlegern in d. BRD. S. 1986 Lehrauftr. Akad. d. Bild. Künste, München z. Thema Bild u. Buch (Buchillustration Bilderb., Kinderb., Sachb.) - Liebh.: Theater, Musik, Garten, Gesch. - Spr.: Engl., Franz.

FRIEDRICH, Mario

Beigeordneter Stadt Essen (Rechts- u. Wirtschaftsdezern.), Geschäftsf. AMGE Ausstellungs- u. Messeges. mbH. ebd. - Halbe Höhe 1, 4300 Essen - Geb. 23. März 1925.

FRIEDRICH, Peter Joachim

Dr. rer. pol., Dipl.-Volksw., Prof. f. Finanzwiss. Univ. Bamberg (s. 1979) - Abtsberg 75, 8600 Bamberg (T. 6 90 12) - Geb. 3. März 1938 Düsseldorf (Vater: Joachim F., Kaufm.; Mutter: Berta, geb. Bayer), ev., verh. s. 1971 m. Sibylle, geb. Schuster, 3 Kd. (Susanne, Holger, Roland) - Stud. d. Volkswirtsch. Univ. Münster; Promot. (1968) u. Habil. (1973) ebd. - 1968-74 Univ. Münster (wiss. Assist.; 1970 Akad. Rat; 1974 Doz.; 1974 o. Prof. f. Finanzwiss.). Fachmitgl.sch. - BV: Volkswirtschl. Investitionskriterien f. Gemeindeunternehmen, 1969; Untersuchung üb. d. Nutzen kommunaler Wirtsch.sförderungsmaßnahmen, 1970; Standorttheorie f. öfftl. Verwaltungen, 1976; Mitautor Verwaltungsökonomie I (1976); Mithrsg. Schriften zur öffentl. Verwaltung u. öffentl. Wirtschaft - Spr.: Engl., Span.

FRIEDRICH, Roland O.

Dr. jur., Rechtsanwalt, Geschäftsf. Fachverb. Außenwerbung - Savignystr. 43, 6000 Frankfurt/M. - Geb. 7. Nov. 1940 Durmersheim - Stud. Rechtswiss. Jurist. Staatsprüf. 1966 (Heidelberg) u. 70 (Stuttgart); Promot. 1970 (Heidelberg) - 1970 RA; 1972 Verbandsgf. - Spr.: Engl., Franz.

FRIEDRICH, Rudolf

Bundesbahnbeamter a.D., MdL Hessen (s. 1974) - Wartburgstr. 78, 6230 Frankfurt/M. 80 - Geb. 2. Juni 1936 Neudek/Sudetenl. (Vater: Rudolf F., Postbeamter; Mutter: Emma, geb. Gold), kath., verh. s. 1962 m. Erika, geb. Ortmann, 2 Kd. (Johannes, Ulrike) - CDU. S. 1985 Landesvors. d. Ackermann-Gemeinde, Vizepräs. d. Bundesvers. d. Sudetend. Landsmannsch. (s. 1984), Vors. Stadtbezirksverb. Nordend, Kreisvorst. Ffm; Landesvorst. von BdV, Sudet. Landsmannschaft u. Paneuropa-Union (Landesvorst.); Verkehrspol. Sprecher d. CDU-Landtagsfraktion (s. 1983 Mitgl. im Fraktionsvorst.); Landesvors. u. stv. Bundesvors. Union d. Vertriebenen u. Flüchtl.; Vors. Landtags-Aussch. Heimatvertrieb u. Wiedergutmachung; Familiare d. Dt. Ordens - 1962 Silb. Ehrenkr. Bd. Kath. Jugend Dtschl.; 1979 Ehrenz. Sudetendt. Landsmannsch.; 1980 Römerplak. Stadt Frankfurt/M.; 1982 Gold. Ehrennadel BdV; 1985 Römerplak. in Silber; 1986 Abraham Sauer Verdienstmed. in Silber d. VdK; 1986 BVK; 1987 Ehrenbrief Land Hessen.

FRIEDRICH, Rudolf W.

Dr.-Ing., em. o. Prof. u. Direktor Inst. f. Therm. Strömungsmaschinen TH bzw. Univ. Karlsruhe (1965-77) - Elbinger Str. 24b, 7500 Karlsruhe (T. 682319) - Geb. 26. Sept. 1909 Waldenburg/Schles. (Vater: Adolf F., Rektor; Mutter: Maria, geb. Ansorge), ev., verh. s. 1936 m. Ruth, geb. Proell, 3 Söhne (Wolfgang, Eberhard, Helmut) - Gymn. Wohlau; TH Breslau u. Hannover (Allg. Maschinenbau; Dipl.-Ing. 1933). Promot. 1949 Hannover - 1933-64 Junkers Flugzeugbau Dessau (1933), Junkers Motorenwerk Magdeburg (1936), Heinkel-Werke Rostock (1939), Turbinenfabrik Brückner, Kanis & Co., Dresden (1941), Siemens-Schuckertwerke Mülheim/Ruhr (1948; Aufbau u. Leitg. Entwickl. v. Industrie-Gasturbinen). Mitgl. VDI, Wiss. Ges. f. Luft- u. Raumfahrt, Ges. Dt. Naturforscher u. Ärzte - BV: Gasturbinen m. Gleichdruckverbrennung, 1949 - Liebh.: Musik.

FRIEDRICH, Walther

Dr. jur., Präsident a. D. - Johannes-Müller-Str. 12, 5300 Bonn-Venusberg (T. 28 37 29) - Geb. 19. Nov. 1904 Erbach/Odenw. (Vater: Walther F., Jurist; Mutter: Hedwig, geb. Baur), ev., verh. s. 1933 m. Ilse, geb. Best, 2 Söhne - Univ. Tübingen u. Leipzig (Promot. 1931) - Dezern. Reichsbahndir. Dresden, Münster, Stettin, Frankfurt/O. u. Hauptwagenamt DR Berlin, n. 1945 Leit. Hauptwagenamt Dt. Bundesbahn (Vors. Güterwagenverkehrsaussch. u. DB-Vertr. Intern. Güterwagenverb.; Mitbegr. Europ. Güterwagengem. - EUROP-Pool), 1956-68 Leit. Eisenbahnabt. Bundesverkehrsmin. (Ministerialdirig.), 1968-69 Präs. DB-Hauptprüfungsamt - 1970 Gr. BVK m. Stern - Liebh.: Musik (Violoncello), Fotogr.

FRIEDRICH, Wilhelm

Dr.-Ing., Dipl.-Chem., Prof. f. Physiolog. Chemie - Brandheide 2, 2000 Hamburg 65 - Geb. 23. Dez. 1913 Warschau - Promot. 1947 Graz - S. 1963 Lehrtätigk. Univ. Hamburg (1971 Prof.). Fachveröff. (Vitamine u. Antibiotica).

FRIEDRICH, Wolf-Hartmut

Dr. phil., o. Prof. f. Klass. Philologie (emerit. 1972) - Thomas-Mann-Str. 13, 3400 Göttingen - Geb. 25. März 1907 Frankfurt/O., ev., verh. - Univ. München, Leipzig, Kiel, Göttingen, Freiburg (Klass. Philol.) - Mitarb. Thesaurus linguae latinae, München, 1935 Lektor Univ. Köln, 1937 Assist., 1938 Privatdoz. Univ. Hamburg, 1941 ao. Prof. Univ. Rostock (1941-46 Wehrdst. u. Gefangensch.), 1946 Lehrstuhlvertr. Univ. Hamburg, 1948 o. Prof. Univ. Göttingen - BV: Senecas dramat. Technik, 1933; Euripides u. Diphilos, 1953; Verwundung u. Tod in d. Ilias, 1956; Vorbild u. Neugestalt., 1967 - 1956 Mitgl. Akad. d. Wiss. Göttingen - Liebh.: Musizieren.

FRIEDRICHS, Günter

Dr. rer. pol., Gewerkschaftssekretär, Leit. Abt. Automation b. Vorst. IG Metall (s. 1960-83) - Beethovenstr. 49, 6070 Langen (T. 06103 - 72316) - Geb. 10. April 1928 Erfurt, verh. s. 1958 m. Erika, geb. Adam, 2 Kd. (Alma, Jakob) - Stv. Vors. RKW (1972-83); Mitgl. AR Brown, Boveri & Cie AG (s. 1978); SPD s. 1952 - BV: Verkaufswerb. - ihre Technik, psych. u. Ökonomie, 1958. Herausg.: Techn. Fortschr. in Dtschl. u. d. USA, 1963; Automation, Risiko u. Chance, 2 Bde. 1965; Computer u. Angestellte, 2 Bde. 1968; Qualität d. Lebens, 10 Bde. (Reihe) 1972-74; Microelectronics and Society - A report to the Club of Rome (m. A. Schaff), 1982 - Spr.: Engl.

FRIEDRICHS, Hanns Joachim

Fernseh-Journalist, Moderator ARD-Tagesthemen - Zu erreichen üb. NDR, Gazellenkamp 57, 2000 Hamburg 54 (040 - 413 52 73) - Zul. ZDF-Korresp. New York.

FRIEDRICHS, Hans-Adolf

Dr. rer. nat., Prof., Mettalurge - Kopernikusstr. 16, 5100 Aachen; priv.: Hackhausen 1, 5650 Solingen 11 - B. 1973 Privatdoz., dann apl. Prof. TH Aachen (gegenw. Doz. Lehrgeb. Theoret. Metallurgie).

FRIEDRICHS, Hans-Joachim

Dr. jur., Prof. f. Bürgerl. Recht, Jugendwohlfahrts- u. -strafrecht Gesamthochschule Siegen - Eichenweg 5, 5902 Netphen 2.

FRIEDRICHS, Herbert

Dr. rer. nat., Dipl.-Holzw., Hauptgeschäftsführer Arbeitsgemeinschaft Holz, Geschäftsf. Studiengemeinsch. Holzleimbau u. Holzwirtschaftl. Verlag - Füllenbachstr. 6, 4000 Düsseldorf - Geb. 2. Jan. 1931.

FRIEDRICHS, Jürgen

Dr. phil., Prof., f. Soziologie Univ. Hamburg - Inst. f. Soziol., Allende-Platz 1, 2000 Hamburg 13 (T. 040 - 41 23 24 99) - Geb. 2. Nov. 1938 Berlin (Vater: Erich F., Großhandelskaufm.; Mutter: Greta F., geb. Krenckel), gesch. - 1957-61 Kaufm., 1961-68 Stud. Univ. Berlin u. Hamburg, Promot. 1968 Hamburg - S. 1974 Prof. f. Soziol. - BV: Werte u. soz. Handeln, 1968; Meth. empir. Sozialforsch., 1973, 10. A. 1982; Stadtanalyse, 1977; Spatial Disparities and Social Behaviour, 1982; Stadtentw. in West- u. Osteuropa, 1985; The Changing Downtown, 1987 - Liebh.: Musik, Tennis - Spr.: Engl., Franz.

FRIEDRICHS, Karl August

Dr. jur., Kanzler d. Universität Passau (s. 1977) - Neuburger Str. 18, 8390 Passau; priv.: Bischof-Wolfger-Str. 8 - Geb. 2. Jan. 1936 Berlin (Vater: Adolf F., Bankdir.; Mutter: Helene, geb. Lohmar), ev., verh. in 2. Ehe (1975) m. Helene, geb. Köppler, 2 Kd. (Konstantin, Sophie) - Gymn. Bad Hersfeld u. Mülheim/Ruhr (Abit. 1956); Univ. Erlangen u. München (Rechtswiss.). Staatsprüf. 1961 u. 1965 - 1966-74 Wiss. Assist. u. Akad. Rat Univ. Köln; 1974-77 stv. Kanzler d. Univ. Bayreuth - Liebh.: Musik (bes. Klav.), bild. Kunst - Spr.: Engl.

FRIEDRICHS, Niels G.

Geschäftsführer Dt.-Amerikan. Handelskammer Chicago - Zu erreichen üb. 104 S. Michigan Ave, Suite 600, Chicago, Il. 60603-5978/USA - Geb. 22. Dez. 1929 Lübeck (Vater: Peter F., Kaufm.; Mutter: Gertrud, geb. Hahn), ev., verh. s. 1957 m. Ilona, geb. Grund, 2 Kd. (Kirsten, Dirk) - Gymn. Katharineum, Lübeck, Schriftsetzerl. - Verlagskfm., s. 1958 USA (1963 Geschäftsf.). Mitgl. Chicago Assoc. of Comm. a. Ind. u. Intern. Trade Club Chicago Athletic Assoc., Arbeitsgem. Dt. Auslandshandelskammer - 1980 BVK; 1988 BVK I. Kl.

FRIEDRICHSEN, Hans

Dr. rer. nat., Prof., Geochemiker - Falkenweg 55, 7400 Tübingen 1 - Doz. Univ. Marburg; gegenw. Wiss. Rat u. Prof. Univ. Tübingen (Abt. Geochemie/Minerol.-Petrogr. Inst.).

FRIEDRICHSEN, Uwe

Schauspieler, Regisseur, Dozent f. Spielpäd. FH Kiel (s. 1988) - Stover Elbdeich 2, 2090 Drage (T. 04176 - 4 23) - Geb. 27. Mai 1934 Altona/Elbe, verh. s. 1988 m. Nathalie, geb. Emery (Schausp.), 1 T. - Lehre (Import-Exportkfm.) - Schauspiel (zun. Autodidakt, dann Schüler v. Gustaf Gründgens). Theater, Film, Fernsehen, Rundfunk, Synchron, Chanson, Hörb., Schallpl., Konzertante Rezitation (u.a. m. Karajan, Mehta, Boulez, etc.) - Inszeniert u.a. D. Geburtstagsfeier, Georg Dandin, Mein Freund Harvey. Unzählige Rollen verschiedensten Charakters in Theater, Film, FS - Insel-Preis; kl. Hersfeld-Preis, gr. Hersfeld-Preis; Silberne Maske; 1988 Hörspielpreis d. Kriegsblinden - Liebh.: Antiquitäten, Malerei, Garten, Lit., Musik - Spr.: Engl., Niederd.

FRIELING, Heinrich

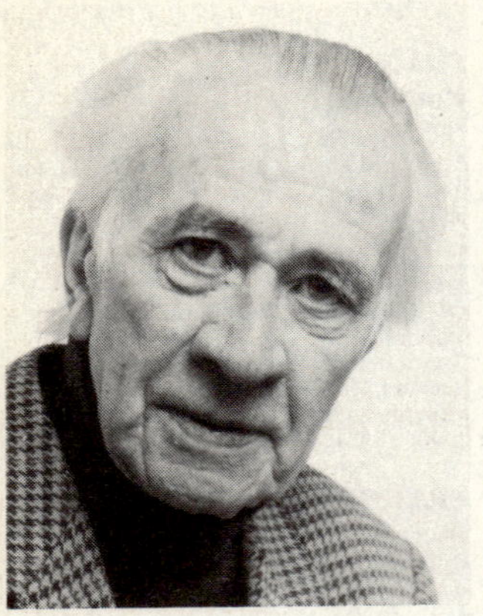

Dr. phil., Leiter Inst. f. Farbenpsychologie - 8215 Marquartstein/Obb. (T. 08641 - 83 11) - Geb. 27. Dez. 1910 Chemnitz-Sa. (Vater: Rudolf F., Pastor; Mutter: geb. Sohm), ev., verh. s. 1935 m. Käte, geb. Bornemann, 2 Kd. - Univ. Königsberg, Göttingen, München. Promot. 1935 - 1937-41 Lektor u. Redakt., 1941-45 Erzieher u. Lehrer (Studienrat), dann Kunstmaler, Schriftst. u. Psychologe, s. 1949 (Gründ.) Leit. ob. Inst. Dozent Werbefachl. Akad. München (1954ff.) u. Dt. Film- u. Fernsehakad. Berlin (1968ff.), Präs. Intern. Assoc. Colour Consultants (1958-88). Farbberater-Seminare. Theoret. Grundleg. prakt. Farbenpsych. f. Raumgestalt. u. Werbung, Farbgestalt. zahlr. Industriewerke, Schulen, Krankenhäuser usw.; Einzelausstell. als Maler - BV: u. a. Sprache d. Farben, 1939; Was ist d. Mensch?, 1946; D. Leben, 1948; Mysterium d. Liebe, 1948; Mensch - Farbe - Raum, 1954 (auch engl., ital., russ., tschech.); Farbdynamik u. psych. Raumgestalt., 1954; D. Frieling-Test, 1960; Gesetz d. Farbe, 1968; Farbe im Raum, 1974; Licht u. Farbe am Arbeitsplatz, 1982 - A.-Weidenmüller-Plak. f. Förd. d. Werbenachwuchses - Liebh.: Ornithologie (mehrere Bücher verfaßt) - Großv. ms.: Geheimrat Prof. Rudolf Sohm, Kirchenrechtler, Ritter Pour le merite.

FRIELINGSDORF, Karl

Dr. theol., Prof., Priester u. Jesuit - Offenbacher Landstr. 224, 6000 Frankfurt/M. 70 - Geb. 23. Febr. 1933, kath., ledig - Abit. 1952; 1956-59 Stud. Phil. Univ. München, 1960-64 Theol. Univ. Frankfurt, 1965-68 Psych. Studien Paris u. München; Promot. 1969 Trier; Habil. 1972 Frankfurt - Prof. f. Pastoralpsych. u. Religionspäd.; Aus- u. Fortbildung v. Beratern u. pastor. Supervis - BV: Gottesverständnis, 1973; Lernen in Gruppen, 1974; Seelsorge als Sorge um Menschen, 1976; Entscheidung aus Glauben, 1978; Befreiende Erfahrungen in Positano, 1984; V. Überleben z. Leben, 1989 - Liebh.: Klass. Musik, Jazz, Leibl. Gestalten - Spr.: Engl., Franz., Latein.

FRIEMERT, Manfred

Dr. phil., Prof. f. Designgeschichte Hochsch. f. Bild. Künste Hamburg - Friedhofsweg 42, 2000 Hamburg 63 - Geb. 27. Mai 1947 - 1966-72 Design-Stud. Stuttgart u. Braunschweig (Dipl.); 1972-76 Stud. Phil., Publiz. u. Volksw. FU Berlin; Promot. 1977 Bremen - BV: Produktionsästhetik im Faschismus, 1978; Z. Dt. Werkbund, 1975; D. gläserne Arche, 1984.

FRIEMOND, Hans

Dr. phil., Journalist, Programmgruppenleit. Kultur u. Wiss. WDR, Köln - Zu erreichen üb.: WDR, Appellhofplatz 1, 5000 Köln - Geb. 28. Jan. 1937 Völklingen, verh. s. 1964, 2 Kd. - 1956-58 Univ. Trier, 1958-63 Saarbrücken (Phil., Soziol., Theol.); Promot. 1963 - 1963-69 SFB; s. 1969 WDR. Journ. Arb. üb. Bildungspolitik f. Ztschr. u. Rundfunkanst. - Liebh.: Oper.

FRIES, Eberhard

Dr. paed., o. Prof. f. Didaktik d. Chemie Univ. Frankfurt/M./Abt. f. Erziehungswiss. (s. 1965) - Meisenstr. 20, 6078 Neu-Isenburg.

FRIES, Erika,

s. Beyfuss, Erika

FRIES, Hans-Peter

Dipl.-Kfm., Univ.-Prof. f. Betriebswirtschaftslehre, insb. Betriebsw. Steuerlehre u. wirtschaftswesentl. Teile d. Privatrechts, Univ.-GH Siegen (s. 1974) - Haffweg 11, 5900 Siegen - Geb. 13. Dez. 1940 Siegen (Vater: Alfred F., Kaufm.; Mutter: Gertrud, geb. Schmidt), vd., verh. m. Eva, geb. Kesting, 2 Kd. - Städt. Gymn. Siegen; Univ. Marburg u. Köln (Betriebsw.; Dipl. 1965) - 1966-71 ltd. Positionen in Industrie u. Marktforsch.; 1971-74 Baurat Ingenieursch. - BV: Betriebsw.lehre d. Ind.betriebes - Liebh.: Klass. Musik, Fotogr. - Spr.: Engl.

FRIES, Heinrich

Dr. theol., o. Prof. f. Fundamentaltheologie - Friedenheimer Str. 151, 8000 München 21 - Geb. 31. Dez. 1911 Mannheim (Vater: Joseph F.; Mutter: Cäcilie, geb. Binnig), kath. - Univ. Tübingen. Priesterweihe 1936; Habil. 1946 - S. 1950 Ord. Univ. Tübingen u. München (1958; Vorst. Sem. f. Fundamentaltheol., Dir. Inst. f. Ökumen. Theol.) - BV: D. Religionsphil. Newmans, 1948; Newman-Stud., 12 Folgen 1948-88; D. kath. Religionsphil. d. Gegenw., 1949; Ist d. Glaube e. Verrat am Menschen?, 1950; Nihilismus, 1951 (auch span.); Zw. Gestern u. Morgen, 1952; D. Kirche als Anwalt d. Menschen, 1954; Bultmann, Barth und die kath. Theol., 1955 (auch span. u. engl.); J. H. Newman's Weg z. Kirche, 1956; Tod u. Leben, 1956; J. H. Newman, Christentum u. Wiss., 1957; Kirche als Ereignis, 1958; Antwort an Asmussen, 1958 (auch franz.); D. Beitrag d. Theol. z. Una Sancta, 1959; Glauben u. Wissen, 1960 (auch holl. u. span.); Kirche u. Überlieferung, 1960 (m. Joh. Betz; auch franz.); D. Gespräch m. d. ev. Christen, 1960 (auch franz.); Einsicht u. Glaube, 1962 (m. J. Ratzinger); Aspekte d. Kirche, 1963 (auch holl., engl., franz., span.); Ärgernis u. Widerspruch, 1965 (auch ital. u. span.); Wort u. Sakrament, 1966; Wir und d. Andern, 1966 (auch span. u. ital.); Wegbereiter u. Wege, 1968; Herausgeforderter Glaube, 1968 (auch ital., engl., franz., span.); Gott ist tot?, 1968; Glaube u. Kirche a. d. Prüfstand, 1970; Ein Glaube, eine Taufe - getrennt beim Abendmahl?, 1971; V. d. Partnerschaft Gottes, 1975; Glaube u. Kirche als Angebot, 1976; Ökumene statt Konfessionen?, 1977; V. d. Lebenskraft d. Glaubens, 1979; Glaube u. Kirche im ausgeh. 20. Jh., 1979; Hoffnung, d. den Menschen heilt, 1980; Dienst am Glauben, 1981; Einig. d. Kirchen reale Möglichk., 1983 (m. K. Rahner, span., engl., ital.); Kam Jesus nicht zu allen?, 1984 (auch span., franz.); Fundamentaltheologie, 1985 (ital., span.); Damit d. Welt glaube, 1987; Streiten um d. eine Kirche (m. O. H. Pesch), 1988. Herausg.: Handb. theol. Grundbegriffe (1962/63; auch franz., span., ital., engl., portugies.); Beitr. z. Ökumen. Theol. (1967ff.); Christl. Leben heute (1968ff.); Klassiker d. Theol. (m. G. Kretschmar, 1981/82); D. Ringen um d. Einheit d. Christen (1985) - Lit.: Begegnung. Beiträge z. e. Hermeneutik d. Theol. Gesprächs, hrsg. von M. Seckler, O. H. Pesch, J. Brosseder, W. Pannenberg (Festschr. z. 60. Geb.) 1972; Auf Wegen d. Versöhn. Hrsg. v. P. Neuner u. F. Wolfinger (Festschr. z. 70. Geb.), 1982.

FRIESE, Heinrich

Geschäftsführer Dt.-Chilen. Industrie- u. Handelskammer - Ahumada 131, Santiago de Chile - Geb. 26. April 1939 Lügde/Westf. - Stud. Rechtswiss. Univ. Bonn u. Berlin - 1968 Referendarstage b. d. Dt. HK f. Spanien, Madrid; 1971 Nachwuchskraft d. DIHT, Ausb. b. d. IHK Köln; 1971 Dt. HK f. Spanien, Madrid; 1974 Dt.-Chil. IHK Santiago de Chile.

FRIESE, Wilhelm

Dr. phil., Prof. f. Nord. Philologie - Sindelfinger Str. 79, 7400 Tübingen 1 (T. 4 55 51) - Geb. 27. Mai 1924 Heiligenstadt/Eichsfeld (Vater: Oskar, Bahnbeamt.; Mutter: Maria, geb. Gaßmann), kath., verw. s. 1979, 3 Kd. (Heinrich-Thomas, Maria, Birgitta) - Gymnasium; Studium der German., Nordistik, Anglistik Univ. Jena, Berlin; Promot. 1955 Greifswald; Habil. 1966 Tübingen - S. 1966 Leit. Nord. Abt. Univ. Tübingen. Mitgl. Intern. Assoc. of Scandinavian Studies u. Wiss. Arbeitsgemein. Norden - Dtschl. Schweizer. Ges. f. skandinav. Studien - BV: Nord. Barockdichtung, 1968; Nord. Lit. im 20. Jahrh., 1971; Ibsen auf d. dt. Bühne, 1976; Strindberg u. d. deutschsprach. Länder, 1979; Neuere skandinav. Lit., 1986. Mitherausg.: Skandinavistik. Facharb. u. Übers. (dän., isländ.) - Spr.: Engl., skandinav. Spr.

FRIESEL, Uwe

Schriftsteller u. Übersetzer - Eppendorfer Landstr. 102, 2000 Hamburg 20 (T. 040 - 47 69 25) - Geb. 10. Febr. 1939 Braunschweig - BV: u. a. Linien in d. Zeit, Ged. 1963; Sonnenflecke, R. 1965; Am falschen Ort, Erz. 1978, Blankenhorn I u. II, Kriminalhörsp. NDR, 1980; Sein erster fr. Fall, R. 1983, 2. A. 1985; Lauenburg Connection, Erz. 1983; Spiegel verkehrt, R. 1984; Aufrecht flußabwärts, Ged. aus 20 J., 1984; D. Ewige an Rom, Erz. 1985; Im Schatten d. Löwen, R. 1987, 2. A. 1989; D. gelbe Gift, R. 1988. Herausg.: Noch ist Dtschl. nicht verloren, dt. Freiheitslyrik d. 19. Jh. (3. A., 1980); Kindheitsgesch. (1979). Übers.: Volpone v. Ben Jonson (UA 1971 Fr. Volksbühne Berlin, 1972 Thalia Hbg.); Fahles Feuer, R. 1968; Ada, R. 1974; Sieh doch d. Harlekins, R. 1979 (alle v. Vladimir Nabokov); D. verwaiste Swimmingpool, Erz. 1987 (v. John Updike); Trummi kaputt, Kinderb. 1973 (dän. 1977); Auf Anhieb Mord, Erz. 1975 (tschech. u. russ. 1980); Jeden Tag Spaghetti, Jugend-R. 1983 (franz. 1988) - 1968/69 Rompreis Villa Massimo; 1979 Stadtteilschreiber v. Eppendorf; 1986 Gr. Nieders. Kunststip.; Mitgl. VS u. PEN Dtschl.

FRIESENECKER, Friedrich

Dipl.-Ing., Vorstandsmitglied Main-Kraftwerke AG u. Lahnkraftw. AG, Geschäftsf. Rheingau Elektrizitätsw. GmbH, Eltville - Auf der Platt 27, 6246 Glashütten (T. 06174 - 6 13 15) - Geb. 8. April 1932 Burghausen/Salzach - AR-Vors. Energieversorg. Bad Ems GmbH.

FRIESER, Heinz

Vorstandsmitglied Dt. Bundesbahn - Sudetenring 182, 6072 Dreieich - Geb. 4. Mai 1921 Lübeck - 1959-82 stv. Bundesvors. Gewerksch. d. Eisenb. Dtschlds.; 1979 ff. stv. AR-Vors. Dt. Beamtenversich. Wiesbaden; 1980-82 Vizepräs. VR Dt. Bundesbahn; 1979-82 Vizepräs. Kord.-Aussch. b. d. EG Brüssel.

FRIESS (ß), Konrad

Verwaltungsangestellter, I. Bürgermeister Kleinostheim - Pestalozzistr. 9, 8752 Kleinostheim/Ufr. (T. 06027-81 01) - Geb. 24. Jan. 1934 Volkersbrunn - CSU.

FRIIS, Robert R.

Ph. D., Privatdozent und Gruppenleiter Inst. f. Klin.-exper. Tumorforsch. Univ. Bern - Tiefenonstr. 120, CH-3004 Bern - Geb. 14. April 1942 Miami/USA (Vater: Robert R., Ing.; Mutter: Joyce, geb. van Osdell), ev., verh. s. 1970 m. Christel, geb. Allgaier, 2 Kd. (Kirsten, Daniel) - Univ. Miami u. Chicago (Mikrobiol.) - 1978 Wilhelm-Warner-Preis; Mitgl. European Molecular Biology Organization - Spr.: Engl., Dt.

FRIK, Martin

Dr.-Ing., o. Prof. f. Techn. Mechanik Gesamthochsch. Duisburg - Krähenweg 32, 4132 Kamp-Lintfort.

FRIK, Wolfgang

Dr. med., em. o. Prof. f. Röntgenologie u. Strahlenheilkd. TH Aachen/Med. Fak. (s. 1966) - Mittelstr. 45, 5100 Aachen (T. Aachen 12759) - Geb. 14. Aug. 1918 Berlin (Vater: Prof. Dr. med. Karl F., Radiologe (s. X. Ausg.); Mutter: Erna, geb. Schultze), ev., verh. s. 1948 m. Dorothea, geb. Hendrischke, 2 Kd. (Dr. med. vet. Rüdiger, Dipl.-Ing. agr. Christiane) - Gymn. Berlin; Univ. ebd., München, Hamburg. Med. Approb. 1941 Berlin; Promot. 1949 Hamburg; Habil. 1957 Erlangen - 1941-45 Militärarzt; 1945-52 internist. u. radiol. Tätigk. versch. Lübecker Krkhs.; 1952-53 Leit. Röntgenabt. Med. Poliklinik Univ. Würzburg; 1953-66 Leit. Röntgenabt. Med. Klinik u. Poliklinik Univ. Erlangen-Nürnberg (1957 Privatdoz., 1963 apl. Prof.); 1966-84 Dir. Abt. Radiol., Klinikum Aachen. Vors. Bayer. Röntgenges. (1966), Vereinig. Dt. Strahlenschutzärzte (1967), Rhein.-Westf. Röntgenges. (1971-73), Dt. Röntgenges. (1975-79), Vors. Normenaussch. Radiol. im DIN (1981-87) - BV: Detailerkennbarkeit u. Dosis b. d. Röntgendurchleucht., 1959; Röntgenanatomie f. ärztl. Hilfspersonal, 1959, 3. A. 1988 (m. U. Goering); Hartstrahltechnik, 1961; Mitarb. Lehrb. d. Röntgendiagnostik, 6. A. 1965, 7. A. 1988; Handb. d. Med. Radiol. 1968/69; D. kranke Magen, 1970; Klin. Gastroenterologie, 2. A. 1984; Alimentary Tract Roentgenology, 1974; Computed Tomography of the Gastrointestinal Tract, 1986. Übers.; Shirakabe, H.: Frühkarzinom d. Magens (1969); Maruyama, M.: Röntgendiagnostik d. Kolons (1981) - 1957 Holthusen-Ring; 1959 Schleussner-Preis; Ehrenmitgl.: 1965 Zentralamerik. Radiologenges., 1969 Belg. Ges. f. Gastroenterol., 1978 Belg. Ges. f. Radiologie, 1981 Ungar. Radiologenges., 1984 Rhein.-Westf. Röntgenges. (s. 1988 Ehrenvors.), 1988 Dt. Röntgen-Ges.; 1970 Ehrenmed. Univ. Lüttich; 1982 Albers-Schönberg-Med. Dt. Röntgen-Ges.; 1984 BVK I. Kl.; 1987 Beuth-Gedenkmed. d. DIN - Spr.: Engl., Franz., Span.

FRIMMER, Max

Dr. med., em. Prof. f. Pharmakologie u. Toxikol. - Sandfeld 28, 6300 Gießen (T. 7024950) - Geb. 5. Mai 1921 Augsburg (Vater: Ludwig F., Beamter; Mutter: Anna, geb. Brucklächer), kath., verh. m. Dr. med. Irmingard, geb. Weindel, 2 Kd. - 1942-48 Univ. Berlin, Prag, Erlangen - S. 1959 (Habil.) Lehrtätigk. Tübingen u. Gießen (1961; 1964 Ord.). Emerit. 1988. Mitgl. Dt. Pharmak. Ges. u. Dt. Ges. f. Biol. Chemie - BV: Pharmak. u. Toxikol. - Lehrb. f. Studierende d. Veterinärmed., 3 A.; Biolog. Grundlagen pharmakol. Wirkungen - Lehrb. f. Stud. d. Pharmazie u. Chemie, 1969. Zahlr. Einzelarb. üb. Experimentelle Hepatol., Membranol., biochem. Pharmakol. - Dr.-Fritz-Merck-Preis; 1973 Claude Bernard Med. Univ. Montreal - Spr.: Engl.

FRINGELI, Dieter

Dr. phil., Schriftsteller - Bärenfelserstr. 35, CH-4057 Basel (T. 061 - 692 04 57); In de Bost 23, 2000 Hamburg 55 (T. 86 22 54) - Geb. 17. Juli 1942 Basel (Vater: Dr. phil. h. c. Albin F., Schriftst.; Mutter: Rosa, geb. Häner), 3 Kd. (Christoph, Rainer, Bettina) - Univ. Basel u. Fribourg, Promot. 1967 - Gymnasiall., freier Schriftst., Lehrauftr. ETH Zürich, Univ. Lausanne, Feuilleton-Redakt. Basler Ztg., Mitgl. PEN-Zentr. BRD - BV: Zwischen d. Orten, Ged. 1965; Was auf d. Hand lag, Ged. 1968; Das Nahe suchen, Ged. 1969; Die Optik d. Trauer/Alexander Xaver Gwerder - Wesen u. Wirken, Essay, 1970; Das Wort reden, Ged. 1971; Mach keini Schprüch/Mundart-Lyrik d. 20. Jahrh., Anthol. 1972, 2. A. 1981; Gut zum Druck/Lit. d. dt. Schweiz s. 1964, Anthol. 1972; Dichter im Abseits/

Schweiz. Autoren v. Glauser b. Hohl, Essays 1974; V. Spitteler zu Muschg/Lit. d. dt. Schweiz s. 1900, Essay 1975; Nachdenken mit u. üb. Friedrich Dürrenmatt, Gespräch 1977; haltla/Basel u. s. Autoren, Anthol. 1978; Ich bin nicht mehr zählbar, Ged. 1978; Albin Fringeli-Leseb., Anthol. 1979; Ohnmachtwechsel, Ged. 1981; Mein Feuilleton, Ess. 1982; Wohnhaft in Basel, Anthol., 1988; wortwund, Ged. 1988. Herausg.: Siegfried Lang: Blätterstatt (1989) - 1969 Förderpr. Kanton Solothurn; 1971 Kunstpr. Lions Club; 1974 Preis Schweiz. Schiller-Stiftg.; 1975 Werkpr. Kanton Solothurn - Liebh.: Musik, Fußball - Lit.: Karl Krolow, Was auf d. Hand lag, 1968; Werner Weber, Forderungen, 1970; Elsbeth Pulver, Die deutschspr. Lit. d. Schweiz s. 1945, 1974; Franz Lennartz, Dt. Schriftst. d. Gegenwart, 1978; Manfred Bosch, Krit. Lexikon z. dt.spr. Gegenwartslit., 1978; Silvio Blatter, Fischer Almanach d. Lit.krit. 1978/79, 1980.

FRINGS, Heinrich
Dr., Landesverbandsdirektor Rhein. Landw.Verb. - Rochusstr. 18, 5300 Bonn-Duisdorf (T. 52 00 60).

FRINKE, Hartwig
Dipl.-Kfm., Marketingberater - Selbecker Str. 2, 5628 Heiligenhaus - Geb. 19. Juni 1946 Langenberg, verh. s. 1968, 2 Kd. - Univ. Köln (Wirtschafts- u. Sozialwiss.) - S. 1977 EURO-Advertising GmbH., Düsseldorf.

FRISCH, Alfred
Journalist, Auslandkorresp. in Frankreich f. Tageszeitungen u. Rundfunksender - 49, rue de la Victoire, F-75009 Paris (T. 1-48744662) - Geb. 7. Juli 1913 Heidelberg, kath., verh. s. 1944 m. Eva Liliane, geb. Staub, T. Monique - Abit. Heidelberg; 1. jurist. Ex. Lyon (licence en droit) - S. 1946 Korresp. f. Politik u. Wirtsch., gleichz. Chefredakt. Ztschr. Dokumente (1967-69); Mitherausg. Ztschr.: Les Problémes de l'Europe (Rom, 1958-77) - BV: Großmacht Technol., 1955 - 1960 Ritter d. franz. Ehrenlegion; 1978 BVK I. Kl. - Interessen: Gesch. u. Soziol. - Spr.: Engl., Franz.

FRISCH, Anton
Dipl.-Volksw., Vorstandssprecher Neue Rechtsschutz Versicherungsges. AG. - Bachstr. 5-7, 6800 Mannheim 1 (T. 0621 - 440 41 00); priv.: Meininger Weg 21, Mannheim 31 - Geb. 4. Nov. 1930.

FRISCH, Bertram
Dr. rer. nat., Dipl.-Ing., Prof. f. Werkstoffkd. u. Werkstofftechnol. - Eulenweg 4, 6602 Saarbrücken-Dudweiler (T. 06897 - 76 11 59) - Geb. 23. April 1931 Dudweiler (Vater: Alfons F., Dipl.-Ing.; Mutter: Melanie, geb. Karst), kath., verh. s. 1956 m. Gisela, geb. Schwarz, 2 Kd. (Barbara, Arnulf) - Dipl.-Ing. 1956 Rhein.Westf. TH Aachen, Promot. 1958 Univ. Saarl., Habil. 1964 Univ. Saarl. - S. 1964 Hochschullehrer - 62 Veröff. in wiss. Ztschr. - Spr.: Engl., Franz.

FRISCH, Karin
s. unt. Reichert, Hans Ulrich

FRISCH, Martin
Vorstand Vereinigte Filzfabriken AG., Giengen - Kettelerweg 3, 7928 Giengen/Brenz - Geb. 3. Jan. 1923 Ellefeld/Vogtl. (Vater: Martin F., Schuhmacherm.; Mutter: Elisabeth, geb. Göckeritz), ev., verh. s. 1952 m Rosemarie, geb. Jahnke, S. Gerd-Norbert - Gymn. (Abit.); kaufm. Lehre.

FRISCH, Max
Drs. h. c., Schriftsteller - CH-6611 Berzona/Tessin - Geb. 15. Mai 1911 (Vater: Architekt) - Gymn.; Univ. (Dt. Philol.) u. TH Zürich (Dipl.-Arch.) - Architekt - 1946-50 Reisen n. Dtschl., Ital., Frankr., Prag u. Berlin, 1948 Kontakt m. B. Brecht in Zürich, 1951-52 Aufenthalt USA u. Mexiko, 1966 erste Reise in d. UdSSR u. Polen, 1968 zweite Reise in d. UdSSR, 1970 USA, 1973-74 Winter in Berlin, s. 1975 Wohnsitz Schweiz u. USA - BV: Jürg Reinhart, 1934; Blätter aus dem Brotsack - Tagebuch eines Kanoniers, 1940; D. Schwierigen oder J'adore ce qui me brûle, R. 1944; Bin oder D. Reise n. Peking, Erz. 1945; Nun singen sie wieder - Versuch e. Requiems, 1946; Santa Cruz, Dr. 1947; D. chines. Mauer, Dr. 1947; Als d. Krieg z. Ende war, Dr. 1949; Tageb. 1946-49, 1950; Graf Öderland, Dr. 1951; Don Juan oder D. Liebe z. Geometrie, Dr. 1953; Stiller, R. 1954; Homo Faber, R. 1957; Biedermann u. d. Brandstifter, Dr. 1958; Andorra, Dr. 1961; Mein Name sei Gantenbein, R. 1964; Biografie, Dr. 1967; Wilhelm Tell f. d. Schule, 1971; Tageb. 1966-71, 1972; Dienstbüchlein, 1974; Montauk, R. 1975; Werkausgabe, 1976; Triptychon, 3 szen. Bilder 1978; D. Mensch erscheint im Holozän, Erz. 1979; Blaubart, Erz. 1982 (Fernsehfilm 1984); zahlr. Übers. d. W. in versch. Spr. - 1958 Georg-Büchner-, Charles-Veillon-, Zürcher Lit.preis; 1963 Lit.preis Nordrh.-Westf.; 1965 Preis v. Jerusalem u. Schiller-Preis Baden-Württ.; 1974 Gr. Preis Schweizer Schiller-Stiftg.; 1976 Friedenspreis d. Dt. Buchhandels; Honorary Member of the Americ. Acad. of Arts and Letters; Ehrendoktor Univ. Marburg (1962), Bard-College/USA (1980) u. City-Univ. New York (1982); ao. Mitgl. Dt. Akad. f. Sprache u. Dicht., Darmstadt (1954), u. Akad. d. Künste Berlin (1963); 1985 Commandeur de l'Ordre des Arts et des Lettres, Paris; Hon. member American Acad. of Arts and Sciences, Boston/Mass.; Common Wealth Award of Modern Language Assoc., Chicago; 1986 Intern. Neustadt Prize for Lit., Oklahoma - Lit.: Thomas Beckermann, Über Max Frisch I; Walter Schmitz, Über M. F. II; Volker Hage, M. F., 1983.

FRISCH, von, Otto
Dr. rer. nat., Zoologe, Direktor d. Staatl. Naturhistor. Museums, u. apl. Prof. f. Zool. TU Braunschweig - Pockelsstr. 10a, 3300 Braunschweig - Geb. 13. Dez. 1929 München (Vater: Prof. Dr. phil. Drs. h. c. Karl v. F., Zoologe, s. lfd. Ausg.) - Promot. 1956; Habil. 1965 - Facharb.

FRISCH, Peter
Dr. jur., Vizepräsident d. Bundesamtes f. Verfassungsschutz (s. 1987) - Postf. 10 20 50, 5000 Köln 1 (T. 0221 - 47 13) - Geb. 21. April 1935 Reichenbach/Schles., ev., verh., 2 Kd. - Lehre als Versicherungskaufm.; Nichtschülerreifeprüf. 1957 Hannover; 1958-62 Jura-Stud. Univ. Berlin, Tübingen, Göttingen; 1. jurist. Staatsex. 1963 Celle, 2. jurist. Staatsex. 1968 Düsseldorf, Promot. 1972 Univ. Bonn - 1963-69 Assist. Univ. Bonn; 1969 Bundesverwaltungsamt Köln; 1970 Bundesinnenmin.; 1975 Nieders. Innenmin. - BV: Extremistenbeschluß, 4. A. 1977.

FRISCH, Theodor
Landrat Kr. Beckum - Clemens-August-Str. 9, 4722 Ennigerloh/W. - Geb. 18. Nov. 1913 Ennigerloh.

FRISCH, Wolfgang
Dr. jur., o. Prof. f. Straf-, -prozeßrecht u. Rechtstheorie Univ. Mannheim (s. 1976) - Im Vogelskorb 16 , 6803 Edingen/N. - Geb. 16. Mai 1943 Wernsdorf/CSSR (Vater: Alfred F., Kaufm.; Mutter: Emilie, geb. Schubert), kath., verh. s. 1968 m. Karin, geb. Rommel, 2 T. (Cornelia, Annette) - 1962-66 Univ. Erlangen (Rechtswiss.) - Zul. Wiss. Rat u. Prof. Univ. Bonn - BV: Revisionsrechtl. Probleme d. Strafzumessung, 1971; Prognoseentsch. im Strafrecht, 1983; Vorsatz u. Risiko, 1983. Mitherausg.: Festschr. f. H. J. Bruns (1978) - Liebh.: Musik.

FRISCH, Wolfgang
Dr. phil., o. Univ.-Prof., Lehrstuhl f. Allg. Geologie, Univ. Tübingen - Torstr. 50, 7400 Tübingen 5; u. Inst. f. Geol. u. Paläontol., Sigwartstr. 10, 7400 Tübingen - Geb. 19. Dez. 1943 Wien, verh. s. 1970 m. Herta, geb. Vorlik, 2 Kd. (Gero, Anton) - 1961-67 Stud. Geol. Univ. Wien; Promot. 1967, Habil. 1973 Univ. Leoben - 1968 Univ.-Assist. Univ. Leoben; 1974 Univ.-Doz. Univ. Wien; 1978 Vertr. Lehrst. f. Geol. TU München; 1980 ao. Prof. Univ. Wien; 1981 o. Prof. Univ. Tübingen - BV: Plattentektonik, 1986 - 1984 korr. Mitgl. Österr. Akad. d. Wiss. - Liebh.: Bergsteigen, Musik - Spr.: Engl. - Bek. Vorf.: Karl v. Frisch (Großonkel), Franz Exner (Ururgroßv.).

FRISCHAT, Günther
Dr. rer. nat., Dipl.-Phys., Prof. f. Glas u. Keramik TU Clausthal (s. 1974) - Einersberger Blick 24, 3392 Clausthal-Zellerfeld - Geb. 18. Juli 1937 Treufelde/Ostpr. - Promot. 1965; Habil. 1970 - 1965-71 Wiss. Mitarb. MPI f. Silikatforsch. Würzburg. Viele Fachaufs.

FRISCHBIER, Hans-Joachim
Dr. med., Prof. f. Gynäkologie, Geburtshilfe u. Gynäk. Radiologie - Klövensteenweg 64, 2000 Hamburg 56 - Geb. 20. Juli 1932 Berlin (Eltern: Dr. Adolf (Oberstvet. a. D.) u. Emilie F.), ev., verh. s. 1959 (Ehefr.: Ingeborg), 2 Kd. (Angela, Michael) - Univ. Hamburg (Med. Staatsex. 1957). Promot. 1958 - S. 1968 (Habil.) Lehrtätigk. Univ. Hamburg (1970 Prof. u. Dir. Abt. f. Gynäk. Radiol./Frauenklin.) - BV: Frühdiagnostik d. Mammakarzinoms, 1977; Erkrankungen d. weibl. Brustdrüse, 1982. Üb. 250 Einzelarb. - Liebh.: Musik, Lit., Reiten, Segeln - Spr.: Engl., Franz.

FRISCHKORN, Rolf
Dr. med., o. Prof., Lehrstuhl f. gynäkol. Radiologie, Leit. Strahlenabt. Univ.-Frauenklinik Göttingen - Humboldt-Allee 3, 3400 Göttingen; priv.: Weimarer Weg 3, 3406 Bovenden 1 (T. 0551 - 81331) - Geb. 3. Dez. 1917 Lienen - Üb. 40 Fachaufs.

FRISCHMUTH, Barbara
Schriftstellerin - Kübeckgasse 16-22, A-1030 Wien - Zahlr. Bücher, zul. D. Ferienfamilie (R. 1981) u. D. Frau im Mond (R. 1982); Traumgrenze, Erz. 1983.

FRISCHMUTH, Felicitas
Schriftstellerin - Kriemhildenstr. 34, 8000 München 19 (T. 089 - 178 28 72) - Geb. 2. Okt. 1930 Berlin, kath., verh. s. 1958 m. Leo Kornbrust, Bildhauer - Stud. Musik, klass. Philol. u. Phil. - BV: Papiertraum, Ged. 1977; An d. Rand d. Bekannten, 1982; D. kleinen Erschütterungen, 1982; Weit v. Mozart entfernt, 1985; Nach e. Seite fliegt mein Herz heraus, Ged. 1986; D. schwere Körper am Trapez, 1987; Alle Flammen sind besetzt, Ged. 1987 - 1982 Kunstpreis d. Saarl.; 1984 Förderungspreis z. Andreas-Gryphius-Preis - Spr.: Franz., Engl., Portug.

FRISCHMUTH, Gunter
Dr. rer. pol., Dipl.-Kfm., Geschäftsführer KASCHO Kakao- u. Schokoladenwerke GmbH., Berlin 41 - Schillerstr. 104a, 1000 Berlin 12 - Geb. 11. Mai 1938 Königsberg/Pr. - TU Berlin - BV: Daten als Grundl. f. Investitionsentscheid., 1969.

FRISÉ, Adolf
Dr. phil., Dr. phil. h.c., Prof., Schriftsteller - Am Zollstock 24, 6380 Bad Homburg v. d. H. (T. 4 22 63) - Geb. 29. Mai 1910 Euskirchen/Rhld. (Vater: Adolf Wilhelm F., Hotelier, † 1910; Mutter: Nelly, geb. Kolck, † 1954), kath., verh. s. 1957 m. Maria, geb. v. Loesch - Stud. German., Phil., Kunstgesch. Promot. 1932 Heidelberg - Fr. Schriftst.; 1946-50 Redakt. (Politik, Feuill.); 1956-75 Leit. Abt. Abendstudio/Feature u. Hauptabt. Kulturelles Wort (1962ff.) Hess. Rundfunk - BV: D. Reise ins Ausland - Aufzeichnungen, 1948; Carl J. Burckhardt - Im Dienste d. Humanität, 1950; Reise-Journal, 1967; Plädoyer f. Robert Musil - Hinweise u. Essays 1931-1980, 1980, erweit. Neuausg. 1987; Nachts, Katharinas Gast, Andreas (Stücke, 1985/86). Herausg.: Robert Musil - Ges. Werke I-III (1952-57), Definitionen - Ess. z. Lit. (1963), V. Geist d. Zeit - Rundfunkkommentare (1966), Robert Musil - Tagebücher I/II (Neuausg. 1976/77), Ges. Werke 1-9, I/II (Neuausg. 1978), Briefe 1901-1942 (1981) - 1958 Mitgl. Dt. PEN-Zentrum d. Bundesrep.; 1977 Dt. Schillerges.; 1979 Intern. Robert Musil-Ges. (Ehrenpräs.); 1974 Österr. Berufstitel Prof.; 1982 Ehrendoktor phil. Fak. Univ. Klagenfurt; BVK I. Kl.

FRISÉ, Maria
Journalistin (Feuill., Lit.-Kritik, Soz. Rep.) - Am Zollstock 24, 6380 Bad Homburg v. d. H. (T. 4 22 63) - Geb. 1. Jan. 1926 Breslau (Vater: Konrad von Loesch, Landwirt; Mutter: Ingeborg, geb. Gräfin Zedlitz), verh. in 2. E. s. 1957 m. Prof. Dr. Adolf F. (Schriftst. s. d.), 3 Kd. aus 1. Ehe (Constantin, Hubertus, Jürgen Stahlberg) - Abit. 1944 - S. 1956 journ. u. schriftst. Arb. f. Ztg. Funk u. Verlag, 1968 ff. Redakt. i. Feuill. Frankf. Allg. Ztg. - BV: Hühnertag, Erz. 1966; div. Erz. u. Rep. in Anthol. u. Schulb.; Erbarmen m. d. Männern - Gedanken z. Thema Männer, Frauen u. Fam., 1983; Auskünfte über d. Leben zu zweit, 1985; Montagsmänner u. a. Frauengeschichten, 1986 - Mitgl. PEN-Zentrum BRD - 1950 Reiterabz., 1968 Gold. Sportabz. - Spr.: Engl., Franz.

FRISEE, Dieter
Dr. jur., Gf. Gesellschafter Dr. H. Neumann Management-Beratungs-Gruppe - Melbecksweg 36, 4000 Düsseldorf 36 - Geb. 29. Sept. 1940 Baden b. Wien.

FRISIUS, Rudolf
Dr. phil., Prof. f. Didaktik u. Methodik d. Musikunterrichts PH Karlsruhe - Eisenlohrstr. 41, 7500 Karlsruhe - Geb. 24. Okt. 1941 - Zul. Doz. Facharb.

FRISTER, Albrecht
I. Bürgermeister - Rathaus, 8501 Schwarzenbruck/Mfr. - Geb. 12. Jan. 1933 Schwarzenbruck - Zul. Verw.insp. SPD.

FRISTER, Erich
Vorsitzender Gewerkschaft Erziehung u. Wissenschaft (s. 1968) - Unterlindau 58, 6000 Frankfurt (T. 0611 - 726454) - Präs. Intern. Vereinig. freier Lehrergewerksch. (s. 1972); 1981 ff. Arbeitsdir. Unternehmergruppe Neue Heimat, Hamburg (vorher AR-Mitgl.) - SPD.

FRITSCH, Andreas
Prof. f. Didaktik d. lat. Sprache u. Lit. FU Berlin - Wundtstr. 46, 1000 Berlin 19 (T. 030 - 321 77 46) - Geb. 2. Sept. 1941 Guhrau/Schles. (Vater: Arthur F., Journalist; Mutter: Margarete, geb. Anger), verh. s. 1965 m. Irene, geb. Thater, 2 Kd. (Claudia, Konstantin) - N. Abitur 1960 Stud. Münster u. Berlin. Staatsprüf. 1964 u. 66 - Schuldienst, ab 1969 PH Berlin, 1972 Prof., ab 1980 FU Berlin; 1980-86 gf. Dir. Inst. f. Sprach- u. Lit.didaktik - Zahlr. Beiträge zu Fach- u. Verbandsztschr. - Mitgl. Societas Latina Univ. Saarbrücken.

FRITSCH, Bruno
Dr. rer. pol., o. Prof. Eidgenöss. TH Zürich (s. 1965) - Aussichtsstr. 13, CH-8704 Herrliberg (T. 9151229) - Geb. 24. Juli 1926 Prag (Vater: Josef F.; Mutter: Rosa, geb. Novak), verh. s. 1953 m. Jadwiga, geb. Przybyl, 2 Kd. (Martin, Caroline) - Stud. Univ. Basel u. Harvard; Promot. 1952 u. Habil. 1958 Basel - 1958 Dir. Forsch.szentrum Basel, 1959 o. Prof. Univ. Karlsruhe u. 1963 Heidelberg; s. 1971 Präs. Schweizer. Vereinig. f. Zukunftsforsch. - BV: Bildung: Luxus o. Überlebenschance; D. vierte Welt, 1971; Wachstumsbegrenzung als Machtinstrument, 1973 (engl. u. holl. 1975); Wir werden überleben, 1981; D. Prinzip Offenheit, 1985 - Liebh.: Segelflug - Spr.: Engl., Tschech.

FRITSCH, Frank
Dr. rer. nat., Prof. f. Physik u. Angew. Math. Gesamthochsch. Paderborn (Fachbereich Nachrichtentechnik/Meschede) - Josef-Künsting-Str. 3, 5778 Meschede.

FRITSCH, Günther
Generalbevollm. Direktor Siemens AG, Erlangen - Werner-v.-Siemens-Str. 50, 8520 Erlangen (T. 09131 - 72 28 88) - Geb. 13. Nov. 1934 Lindau - Lehre Industriekaufm.

FRITSCH, Horst
Dr. med., Prof., Ltd. Arzt Inn. Abt./ Städt. Krankenhs. Weinheim - Grundelbachstr. 26, 6940 Weinheim/Bergstr. - Geb. 24. Febr. 1933 Darmstadt - Promot. 1961 - S. 1970 (Habil.) apl. Prof. (1973) Univ. Heidelberg (Inn. Med.).

FRITSCH, Johannes
Prof., Komponist, Gründ. u. Leit. d. Kölner Feedback-Studios - Genter Str. 23, 5000 Köln 1 (T. 0221-52 77 63) - Geb. 27. Juli 1941 Bensheim - 1961-65 Stud. Köln (Univ. u. Musikhochsch.) - S. 1964 Konzerttätigk.; s. 1971 Doz. Darmstadt u. Köln; s. 1984 Prof. f. Kompos. Köln. Zahlr. Kompos. aller Gattungen - Div. Preise u. Ausz. (Biennale, Paris, Förderpreise NRW u. Stadt Köln, Villa Massimo, u.a.).

FRITSCH, Rudolf
Dr. med. vet., Prof. Univ. Gießen, Leiter Chir. Veterinärklinik, Tierarzt - Frankfurter Str. 108, 6300 Gießen (T. 0641 - 702-47 36) - Geb. 25. April 1928 München (Vater: Florian F.; Mutter: Anna F.), kath., verh. s. 1957 m. Edith, geb. Leibl, 5 Kd. (Christoph, Elisabeth, Stephan, Ulrich, Andreas) - Med. Stud. Univ. München (Approb. 1953, Promot. 1954, Habil. 1963) - 1963 Privatdoz. u. apl. Prof. München; 1980 C4-Prof. Univ. Gießen, Leit. Chir. Veterinärklinik - BV: D. Narkose d. Tiere (m. Westhues), 1961 (auch engl. u. jap.) - Liebh.: Musik - Spr.: Engl., Franz.

FRITSCH, Thomas

Schauspieler - Zu erreichen üb. Agentur Doris Mattes, Merzstr. 14e, 8000 München 80 - Geb. 16. Jan. 1944 Dresden (Vater: Willy Fritsch; Mutter: Dinah Grace), led. - Mittl. Reife 1960; Staatl. Hochsch. Hamburg (b. Eduard Marks) 1960-62; Statisterie Schausp.haus Hamburg b. Hamlet (Gründgens) 1960/61; Bundeswehr 1964-66 - Filmrollen: Julia, du bist zauberhaft; D. schwarzweißrote Himmelbett, 1962; Onkel Toms Hütte, 1964; D. hab' ich v. Papa gelernt, 1964; D. letzte Ritt nach Santa Cruz; D. große Liebesspiel, bde. 1967-70. Theater: Städt. Bühne Heidelberg (Marchbanks) in Candida (1963); (Richard) in O'Neills O Wildnis (1964); Fritz Remond Theater Frankfurt: Cherie v. Colette (1964); ab 1970: Ernst Deutsch Theater Hamburg: Rosenkranz u. Güldenstern; Tschau (Kom.) München, Köln; Schmetterlinge sind frei (Kom.) München, Köln, Düsseldorf; Städt. Bühnen Münster: Schau heimwärts Engel; Kom. Bonn-Bad Godesberg: Süßer Vogel Jugend; Theater in d. Josefstadt Wien: D. Schwan, Christinas Heimreise; Kom. im Marquard Stuttgart: D. Regenmacher, D. Todesfalle, Revanche; Theater am Dom Köln: Barfuß im Park, Ich höre so gern d. Amseln singen, Ankomme Dienstag - Fall nicht in Ohnmacht; Berliner Kom.: D. Hit, Halbe Wahrheiten, Frühling im September; Theater am Dom Köln: D. Ausreißer. Tourneen: Monpti; Einladung ins Schloß; D. Lügner u. d. Nonne; Charleys Tante; Halbe Wahrheiten; Tschau; Köm. im Dunkeln; Frühling im September; Mein Freund Harvey (1988). FS-Rollen v. 1967-70 in: D. Hupe (Serie), Fedeau, D. Katze im Sack (Serie), Drei sind e. zuviel, sow. ab 1970 Hauptrollen in Folgen v.: D. Kommissar, Derrick, D. Alte, Tatort, Fall f. zwei, Rivalen d. Rennbahn. Auftritte in Unterhaltungssendungen, eigenen Unterhaltungssendung Meine Melodie. Dreharb. FS-Serie Platz u. Sieg (1987-88). 14 LP, 39 Single-Platten - Bambi - Liebh.: Musik, Insel Mykonos, Tiere (Hund u. Pferd) - Spr.: Engl.

FRITSCH, Ulrich
Dr., Wirtschaftspublizist, Geschäftsf. Arbeitskreis Aktie e. V., Düsseldorf - Berliner Allee 4, 4000 Düsseldorf - BV: Belegschaftsaktien, 1976; Mehr Untern. an d. Börse, 1978; Wirtschaft auf e. Blick, 1980; D. Eigenkapitallücke, 1981; Aktienförder. Intern., 1983; So wird man Aktionär, 1985; D. neue Dimension, 1986; D. Buch d. Börseneinführung, 1987; Vor u. hinter d. Kulissen d. Börse, 1988.

FRITSCH, Walter
Geschäftsführer PEBRA GmbH Paul Braun, Esslingen/N. - Wilhelmstr. 13, 7305 Altbach - Obering. - Geb. 11. Mai 1924 Oberstein - Obering.

FRITSCH, Walter
Landrat Kr. Deggendorf (s. 1972) - Dr.-Leicht-Str. Nr. 5, 8360 Deggendorf/Ndb. (T. 2629) - Geb. 10. Juni 1922 Bernried/ Ndb. (Vater: Josef F.; Mutter: Karolina, geb. Machl), kath., verh., 2 Kd. (Hella, Walter) - Obersch. (Obersekundareife) - 1938-41 Arbeitsamt Deggendorf; Wehrdst. u. Gefangensch. (3 1/2 J.); Kreisvors. Verb. d. Kriegsbeschädigten, hinterbliebenen u. Sozialrentner Dtschl.s, 1952 ff. Mitgl. Stadtrat Deggendorf (Fraktionsf.); 1961-72 MdB (1969 stv. Vors. Petitionsausssch.). SPD (u. a. Unterbezirksvors.) - 1972 BVK I. Kl.

FRITSCH-ALBERT, Wolfgang
Vorstandsvorsitzender Westfalen Aktiengesellschaft - Industrieweg 43-63, 4400 Münster - Geb. 16. Nov. 1946.

FRITSCH-PUKASS, Gisela

Schauspielerin (Ps. Gisela Fritsch) - Terrassenstr. 50, 1000 Berlin 38 (T. 030- 801 48 10) - Geb. 24. Nov. 1946 Berlin (Vater: Otto F., Triebwagenführer; Mutter: Frieda, geb. Apelt), ev., verh. s. 1964 m. Joachim Pukaß, T. Melanie - Fritz-Kirchhoff-Schule Berlin f. Schausp.; staatl. Abschl. - Rollen: Bühne: u.a. in Miniaturen, D. Lampenschirm; FS: Pauline in Kubinke, Wie im Leben. Sprecherin f. Linda Evans (Denver Clan u. a.).

FRITSCHE, Heinz Rudolf

Rundfunkjournalist - Hohenzollernstr. 23/11/56, 7012 Fellbach b. Stuttgart (T. 0711 - 51 46 88) - Geb. 8. Sept. 1912 Breslau (Vater: Carl Heinrich F., Lehrer; Mutter: Erna, geb. Rosemann), ev., verh. s. 1943 (Belgrad) m. Gisela, geb. Blum, T. Ursula - Oberrealsch. u. Univ. Breslau (German., Gesch., Musikwiss., Kunstgesch., Phil.). Staatsex. 1935 - 1935-45 Reichssender Breslau (zul. Leit. Pressedst.); 1940-45 Wehrdst. (u. a. 1942-44 Programmleit. Soldatensender Belgrad); 1946-49 Hohz. Landestheater Sigmaringen (Dramat. u. Intendantenstellv.); 1949-55 fr. Journ. Presse u. Rundfunk; 1955-76 Südd. Rundfunk (ltd. Redakt. Zeitfunk, Leit. Abendschau, Pressechef, Leit. Studio Ulm). Div. Funktionen - BV: Schlesien-Wegweiser, 1985 - 1954 Gold. Ehrennadel Landsmannsch. Schles.; 1984 BVK I. Kl.; 1986 Schlesierkreuz; 1987 Stauferemed. - Liebh.: Rundfunk- u. Kulturgesch. - Spr.: Franz., Engl.

FRITSCHE, Klaus
Dr. rer. pol., Vorstandsmitglied (Personal) SEL AG, Arbeitsdir. - Lessingstr. 5, 7141 Beilstein (T. 07062-86 11) - Geb. 7. Jan. 1936 Berlin, verh. s. 1964 m. Gerhild, geb. Klein, 2 Kd. (Kathrin, Karsten) - Stud. 1957-62 Univ. Berlin (Dipl.-Kaufm. 1962); Promot. 1967 Univ. Berlin - Ehrenamtl. Richter am Arbeitsgericht Stuttgart - Liebh.: Fotografieren.

FRITSCHE, Lothar
Dr. rer. nat., o. Prof. f. Theoret. Physik TU - Zu erreichen üb. TU, 3392 Clausthal-Zellerfeld - Geb. 23. Juni 1929 Halle/S. (Vater: Erich F., Angest.; Mutter: Gertrud, geb. Weinholz), ev., verh. s. 1952 m. Christel, geb. Kandler, Lebensmittelchem. - Univ. Halle (Physik, Dipl. 1951). Promot. 1958 Stuttgart; Habil. 1966 Karlsruhe - S. 1970 Ord. Üb. 50 Facharb. - Liebh.: Sprache als Kunst - Spr.: Engl.

FRITSCHE, Peter
Dr., Geschäftsführer Bundesverb. Dt. Versandhandel e. V. (s. 1971) - Albert-Schweitzer-Str. 15b, 6072 Dreieich (T. 06103 - 84127) - Geb. 5. Febr. 1931 Leipzig (Vater: Alfred F., Rechtsanw.; Mutter: Herta, geb. Menzler), verh. s. 1962 m. Gudrun, geb. Mosny, 2 Kd. (Claudia, Bettina) - Jurist. Staatsex. (1954 Erlangen, 1958 Düsseldorf) - 1959- 64 Hoffmann's Stärkefabriken AG.; 1964-66 Daimler Benz AG.; 1966-71 Ind.verb. Körperpflege- und Waschmittel e. V. - Spr.: Engl., Franz.

FRITSCHE, Wolfgang
Dr. rer. nat., Dipl.-Chem., Hauptgeschäftsführer Ges. Dt. Chemiker (s. 1972), Geschäftsf. Dt. Zentralausssch. f. Chemie (s. 1972), Geschäftsf. Arbeitsgemeinsch. d. Prof. f. Chemie an Univ. u. Techn. Hochsch. d. BRD (s. 1969) - Ober den Birken 13, 6233 Kelkheim-Ruppertshain (T. 06174 - 6 20 33) - Geb. 11. März 1928 Dortmund (Vater: Gerhard F., Beamter; Mutter: Marie, geb. Jäger), ev., verh. s. 1955 m. Gerti, geb. Gassen, 2 Kd. (Sabine, Johann-Gerhard) - Promot. 1954 Bonn (Prof. Dr. O. Schmitz-Du Mont) - 1955-60 Ind.tätigk.; s. 1960 Ges. Dt. Chemiker (b. 1965 Wiss. Mitarb., b. 1967 stv., b. 1971 Gf.). 1976-88 Generalsekr. d. Föd. Europ. Chem. Ges., ab 1989 Chairman des Council d. Föderation Europ. Chem. Ges., Mitgl. Max-Planck-Ges., American Chem. Soc., Fak. Österr. Chemiker, Thailand. Chem. Ges., Ges.gremium Verlag Chemie GmbH, Weinheim, AR Fachinformationszentrum Chemie GmbH, Mitgl. Nat. Komitee Weltenergiekonfz. f. d. Bundesrep. Deutschl., EG-Chemie-Komit., Mitgl. d. Finanzkomit. d. Intern. Union f. Reine u. Angewandte Chemie (IUPAC), Fellow Royal Soc. of Chemistry London, Fellow Inst. of Chemistry of Ireland auf Lebenszeit - 1985 Verdienstmed. Föderation Europ. Chem. Ges.; 1987 Lavoisier-Med. Soc. Francaise de Chimie - Liebh.: Malerei, Modelleisenbahnen, Weinkultur - Spr.: Engl.

FRITZ, Bernhard
Dr.-Ing., o. Prof. f. Baustatik (emerit.) - Steinlesweg 3a, 7500 Karlsruhe-Rüppurr (T. 405501) - Geb. 11. März 1907 Mannheim - Promot. u. Habil. Karlsruhe - 1937-72 Lehrtätigk. TH bzw. Univ. Karlsruhe (1939 ao., 1953 o. Prof.; Dir. Inst. f. Baustatik). Facharb.

FRITZ, Berthold Friedrich
Pianist u. Cembalist - Friedrichstr. 36, 7500 Karlsruhe 41 (T. 0721 - 48 32 34) - Geb. 4. Juli 1947 Heidelberg (Vater: Karl F., Pfarrer; Mutter: Käthe, geb. Helfert), ev., verh. s. 1969 m. Teruko, geb. Matsushima, 2 Kd. (Kenji, Angelika) - Abit. 1966; 1966-67 Univ. Heidelberg; 1967-68 Texas Lutheran College, USA; 1968-69 Musikhochsch. Heidelberg; 1969-75 Musikhochsch. Karlsruhe; Musiklehrerex. u. künstler. Reifeprüf. - S. 1972 Doz. f. Klavier u. Kammermusik Bad. Koservat. Karlsruhe - Konzertreisen Europa, Japan u. USA; zahlr. Rundf.- u. Schallpl.aufn. - Mitgl. nat. u. internat. Jurys - Spr.: Engl.

FRITZ, Dietrich
Dr. rer. hort., Dipl.-Ing. agr., o. Prof. f. Gemüsebau - Lintnerstr. 14, 8050 Freising/Obb. (T. 3481) - Geb. 11. Jan. 1923 Stuttgart (Vater: Paul F., Bürgerm.; Mutter: Elisabeth, geb. Dengler), ev., verh. s. 1951 m. Brigitte, geb. Bräuninger, 3 Kd. (Thomas, Anne, Susanne) - Schule Rottweil (Kriegsabit. 1940); 1946-47 Lehre; 1947-48 LH Hohenheim; 1948-50 Gartenbauhochsch. Sarstedt - B. 1955 Assist. TH Hannover, dann Prof. u. Inst.leit. Hess. Lehr- u. Forschungsanst. f. Wein-, Obst- u. Gartenbau Geisenheim, s. 1961 ao. bzw. o. Prof. (1970 f. Inhaber d. Lehrstuhles f. Gemüsebau Fak. f. Landw. u. Gartenbau (Weihenstephan) TU München. 1978-82 Präs.

Intern. Soc. for Hort. Sci. (ISHS) u. a. - BV: Erwerbsgemüsebau. Div. Fachveröff. - Spr. Engl.

FRITZ, Gerhard
Dr. rer. nat., Dr. rer. nat. h. c., o. Prof. f. Anorgan. Chemie - Heinrich-Weitz-Str. 29, 7500 Karlsruhe-Durlach (T. 472728) - Geb. 14. Dez. 1919 Mittelhofen - S. 1959 Prof. Univ. Münster (apl.), Gießen (1962 o.), TH bzw. Univ. Karlsruhe (1965 o.). Fachveröff. - 1966 Frederic-Stanley-Kipping-Preis (American Chemical Soc.); 1967 Lavoisier-Med. (Soc. Chimique de France); 1970 Alfred-Stock-Gedächtnispreis d. GDCh; 1972 Akad. d. Naturforscher Leopoldina; 1978 Dt. Akad. d. Wiss. Heidelberg.

FRITZ, Gerhard
Dr. rer. nat., Vorstandsmitglied Bayer AG (s. 1973) - 5090 Leverkusen-Bayerwerk - Geb. 1925 - Zul. techn. Leit. Sparte Kunststoffe u. Lack Bayer.

FRITZ, Hans
Dr. rer. nat., Chemiker, Honorarprof. f. Steriochemie (s. 1977) - Zu erreichen üb.: Univ. (Chem. Laboratorium), 7800 Freiburg/Br..

FRITZ, Heinz P.
Dr. rer. nat., o. Prof. f. Anorgan. Chemie u. Mitvorst. Anorgan.-Chem. Labor. TU München (s. 1968) - Königsberger Str. 17, 8046 Garching (T. 3201496) - Geb. 9. Mai 1930 Wilkinsburg (USA) - S. 1962 (Habil.) Lehrtätigk. München. Etwa 180 Fachveröff.

FRITZ, Helmut
Dr. rer. nat., Prof., Chemiker - Schannenbacher Weg 2, 6140 Bensheim 6 (Zell) Bergstr. - Geb. 4. Mai 1924 Riesenburg/Westpr. (Vater: Carl F., Großmühlenbetriebsleiter; Mutter: Hedwig, geb. Kleschewski), ev., verh. s. 1951 m. Ingrid, geb. Cassing, 2 Söhne (Peter, Harald) - Univ. Mainz (Chemie). Promot. Mainz; Habil. Frankfurt - Privatdoz. (1959), Doz. (1964), apl. Prof. (1965), Prof. (1971) Univ. Frankfurt (Organ. Chemie), dazw. Forsch.aufenth. Univ. Rochester (1955/56) u. Stanford (1965), beide USA. Arbeiten z. Strukturaufklärung u. Synthese v. Indoalkaloiden, Stereochemie, Molekülspektroskopie - Liebh.: Segeln, Schach, bild. Künste, mod. Lit. - Spr.: Engl.

FRITZ, Herbert
Dipl.-Volksw., Mitglied Unternehmensleitg. Vorwerk & Co., Geschäftsf. Vorwerk & Co. Elektrowerke KG - Mühlenweg 17-37, 5600 Wuppertal 2 - Geb. 4. Juli 1931.

FRITZ, Horst
Dr. phil., Prof. f. Allgemeine u. Vergleichende Literaturwiss. Univ. Mainz - Alicestr. 19, 6501 Budenheim.

FRITZ, Johann Michael
Dr. phil., Univ.-Prof. - Unter der Schanz 4, 6900 Heidelberg - Geb. 30. Jan. 1936 Essen - Univ. Freiburg, Berlin, Wien (Kunstgesch., Klass. u. christl. Archäol.), Promot. 1962 Freiburg, Habil. 1983 Freiburg. 1962-68 Rhein. Landesmuseum Bonn; 1968-83 Badisches Landesmuseum Karlsruhe; s. 1983 Univ. Heidelberg - BV: Gestochene Bilder, Köln 1966; Goldschmiedekunst d. Gotik in Mitteleuropa, München 1982.

FRITZ, Karl
I. Bürgermeister - Rathaus, 8963 Waltenhofen/Schw. - Geb. 28. Febr. 1926 Kempten/Allg. - 1. Vors. d. Gemeindetages Kreisverb. Oberallgäu.

FRITZ, Karl-Walter
Versicherungskaufmann, Prokurist DBV+Partner Versich.gruppen, AR-Mitgl. Dt. Beamten-Versich.-AG, Wiesbaden/Berlin (1965-85) - Bornhofenweg 3, 6200 Wiesbaden (T. 40 46 46) - Geb. 27. Dez. 1931 Wiesbaden (Vater: Karl F., Oberförster a. D.; Mutter: Elly, geb. Seibel), ev., verh. s 1953 m. Helga, geb. Englert, 3 Töcht. (Jutta, Claudia, Petra) - Realgymn.; Höh. Handelssch.; Versich.slehre - 1960-64 Stadtverordn., 1964-66 Ehrenamtl. Stadtrat (Magistratsmitgl.) Wiesbaden; 1965-69 MdB. SPD s 1953 (1962-69 Unterbezirksvors.) - Liebh.: Skilaufen (1950 2. Wiesbadener Skijugendm.) - Spr.: Engl.

FRITZ, Rüdiger

Dr. med., Hautarzt, Präsident Berufsverb. Dt. Dermatologen (s. 1986) - Brackeler Hellweg 133, 4600 Dortmund 12 (T. 0231 - 26 70 66 od. 20 29 62) - Geb. 9. Juni 1933 Dortmund, verh. s. 1962 m. Gisela, geb. Rompe, 4 Kd. (Andrea-Maria, Stefanie, Julia, Wolf-Rüdiger) - Stud. Univ. Münster u. Bonn; Med. Staatsex. u. Promot. 1961 Bonn; Weiterbildg. in Bonn u. Dortmund - Niedergel. Hautarzt; Finanzaussch.vors. Ärztekammer Westf.-Lippe. S. 1973 Präs. Akad. Fußball-Club Dortmund - Liebh.: Reisen, Segeln, Jagen, Fußball.

FRITZ, Volkmar
Dr., Univ.-Prof. f. Altes Testament u. bibl. Archäologie Univ. Gießen - Kapuzinerstr. 18, 6500 Mainz (T. 22 01 58) - Geb. 12. Febr. 1938 Düren, ev., gesch., 4 Kd. (Navah, Naomi, Miriam, Jonathan) - Promot. 1968; Habil. 1973 - BV: Israel in d. Wüste, 1970; Tempel u. Zelt, 1977; Ergebnisse d. Ausgrab. auf d. Hirbet el-Mšāš, 1983; Einf. in d. bibl. Archäologie, 1985; Kinneret. Ergebnisse d. Ausgrabungen auf d. Tell el-'Orēme am See Gennesaret.

FRITZ, Walter Helmut
Schriftsteller - Kolberger Str. 2a, 7500 Karlsruhe-Waldstadt (T. 68 33 46) - Geb. 26. Aug. 1929 Karlsruhe (Vater: Karl F., Arch.; Mutter: Hedwig, geb. Kappler), ev. - Univ. Heidelberg (Lit., Phil., Neuere Spr.) - BV (z. T. in Übers.): Achtsam sein, Ged. 1956; Bild u. Zeichen, Ged. 1958; Veränderte Jahre, Ged. 1963; Umwege, Erz. 1964; Zwischenbemerkungen, Aufz. 1965; Abweichung, R. 1965; D. Zuverlässigkeit d. Unruhe, Ged. 1966; Bemerkungen zu e. Gegend, Aufz. 1969; D. Verwechslung, R. 1970; Aus d. Nähe, Ged. 1972; D. Beschaffenheit solcher Tage, R. 1972; Bev. uns Hören u. Sehen vergeht, R. 1975; Schwier. Überfahrt, Ged. 1976; Sehnsucht, Ged. 1978; Gesammelte Ged., 1979; Wunschtraum Alptraum, Ged. 1981; Werkzeuge d. Freiheit, Ged. 1983; Cornelias Traum u. andere Aufzeichn., 1985; Immer einfacher, immer schwieriger, Ged. 1987; Zeit d. Sehens, Prosa 1989. Bühnenst.: D. Besucher (1971). Hörsp. - 1960 Lit.-pr. Karlsruhe; 1962 Förderpr. Bayer. Akad. d. Sch. Künste; 1963 Villa-Massimo-Stip.; 1966 Heine-Taler (Lyrikpreis Hoffmann & Campe Verlag); 1973 Preis Kulturkreis im Bundesverb. d. dt. Ind.; 1986 Stuttgarter Lit.preis; o. Mitgl. Akad. d. Wiss. u. d. Lit. Mainz, Bayer. Akad. d. Schönen Künste, München, Dt. Akad. f. Sprache u. Dicht., Darmstadt; Mitgl. PEN-Zentrum BRD - Spr.: Engl., Franz.

FRITZ, Wilhelm
Dr. jur., Vorstandsvorsitzer Agrippina-Vers. AG (s. 1974) - Riehler Str. 90, 5000 Köln 1 - Geb. 22. März 1927 Würzburg, verh. (Ehefr.: Eleonore), 1 Sandra - Stud. Würzburg - B. 1973 Vorstandsmitgl. Allianz-Versich. AG Berlin/München. Präs. Bayer. Landessportverb., München - BV: Dienste leisten m. Gewinn, 1981.

FRITZE, Eugen
Dr. med., em. o. Prof., Chefarzt Med. Univ. Klinik (s. 1958) Berufsgenossenschaftl. Krankenanst. Bergmannsheil - Löwenzahnweg 38, 4630 Bochum (T. 791284) - Geb. 18. Febr. 1913 Dortmund (Vater: Paul F., Kaufm.; Mutter: Else, geb. Wallraff), ev., verh. s. 1941 m. Ilse, geb. Feist, 3 Kd. (Dieter, Helga, Jürgen) - Stud. Marburg, München, Düsseldorf. Med. Staatsex. u. Promot. 1937 - S. 1950 (Habil.) Lehrtätigk. Univ. Göttingen (1955 apl. Prof.) u. Bochum; b. 1958 Oberarzt Med. Univ.klinik u. Leit. -poliklinik Göttingen; Mitgl. Ges. f. Fortschritte auf d. Gebiet d. Inneren Medizin. Spez. Arbeitsgeb.: Arbeits- u. Leistungsmed., Immunol., Kardiol., Rheumatol., med. Dokumentation. Zahlr. Fachveröff. - Ehrenmitgl. Rhein.-Westf. Ges. f. Innere Medizin u. d. Dt. Ges. f. Innere Medizin - Liebh.: Sport, Zeitgesch., Musik - Gold. Sportabz. - Spr.: Engl., Franz.

FRITZE, Kornelius
Dipl.-Kfm., Vorstandsmitglied Adler Versicherungs-Ges. (3), Berlin - Am Rosenanger 36, 1000 Berlin 28 (T. 4016396) - Geb. 25. Sept. 1927 Lingen/Ems.

FRITZE, Ottokar
s. Nerth, Hans

FRITZE, Ulrich
Dr. jur., Rechtsanwalt u. Notar, Fachautor - Corneliusstr. 9, 6000 Frankfurt 1 (T. 0611 - 55 07 11) - Geb. 2. März 1926 Kyritz (Vater: Erich F., Sparkassendir.; Mutter: Wanda, geb. Duske), ev., verh. s. 1953 m. Irmgard, geb. Kunz, T. Andrea - Univ. Frankfurt (Promot. 1953); 2. jurist. Staatsprüf. 1955 - S. 1957 RA in Frankfurt, s. 1965 auch Notar. Stv. AR-Vors. Appartementhaus AG, Frankf./M. Zahlr. Veröff. (auch Urteilsbespr.) in Fachztschr. - Liebh.: Phil., Theater, Musik, Golf - Spr.: Engl., Franz.

FRITZE, Walter
Pressechef DGB i.R. - Klever Str. 40, 4000 Düsseldorf 30 (T. 498 05 00) - Geb. 7. Jan. 1908 Hamburg (Vater: Exportkfm.) - U. a. Chefredakt. DENA - S. 160 DGB - 1973 BVK I. Kl.

FRITZE, Wolfgang H.
Dr. phil., Prof., Friedrich-Meinecke-Inst. Freie Univ. Berlin - Kaiserswerther Str. 2, 1000 Berlin 33 (T. 831 23 88) - Geb. 16. April 1916 Naumburg/S. (Vater: Dr. jur. Oskar F., Richter Pr. Kammergericht; Mutter: Martha, geb. Pfeiffer), ev., verh. I) 1950 m. Anne-Christel, geb. Cramer, II) 1957 Maria-Elisabeth, geb. Becker, T. Maria-Elisabeth - Gymn.; Univ. Tübingen, Wien, Berlin, Marburg (Gesch., slav. Philol.). Promot. 1952 Marburg; Habil. 1959 Berlin (FU) - S. 1959 Privatdoz. u. apl. Prof. (1965) FU Berlin (Mittelalterl. Gesch.). Mitgl. Komiss. f. Altertumskunde Mittel- u. Nordeuropas d. Akad. d. Wiss. Göttingen; J. G. Herder-Forschungsrat; Berliner Wiss. Ges. - BV: Papst u. Frankenkönig, 1973; Germania Slavica I/II, 1980/81 (Hrsg.); Frühzeit zwischen Ostsee u. Donau, 1982; D. Entstehungsgeschichte Berlins als Gründungsstadt. E. Problemdiskussion, 1989 - Bek. Vorf.: Gerhard Mercator (Geograph).

FRITZEN, Theo
Journalist - Zehlendorfer Str. 34, 5800 Hagen/W. (T. 2 36 80) - Geb. 19. Nov. 1913 Coesfeld/W. - Ab 1933 Journ., 1939-45 Wehrdst. (Luftw.), 1946-58 Chef v. Dienst u. Chefredakt. (1951) Westfalenpost, 1958-61 Ressortltg. Wirtsch. u. stv. Chefredakt. Westf. Nachr. u. Chefredakt. Zeno-Ztg. 1962-66 Pressechef Landesreg. NRW, Pressechef Westf. L. Landwirtschaftsverb. Münster, Kommentator Westfalen-Blatt u. Lw. Wochenblatt; WDR-Rundfunkrat - Liebh.: Tennis, Tanzsport, Musik.

FRITZSCH, Harald
Dr. rer. nat., o. Prof. f. Physik - Möwestr. 55a, 8000 München 82 - Geb. 10. Febr. 1943 Zwickau/Sa. (Vater: Erich F., Baumeister; Mutter: Marianne, geb. Demmler), ev., verh. s. 1971 m. Brigitte, geb. Goralski, 2 Söhne (Oliver, Patrick) - Gymn. Zwickau, Stud. Leipzig (Dipl.), Promot. TU München 1971 - 1972-76 Forsch. California Inst. of Technology, USA; 1977-78 Univ. Wuppertal, 1978-80 Univ. Bern, s. 1980 Univ. München, Max-Planck-Inst. - Entd.: Zahlr. Arb. auf d. Gebiet d. Elementarteilchenphysik - BV: Quarks-Urstoff unserer Welt, 1981; V. Urknall z. Zerfall, 1983; E. Formel veränderte d. Welt, 1989 - Spr.: Engl., Russ., Franz.

FRITZSCHE, Albrecht (Ali)

Generalkonsul Johannesburg (s. 1985) - P. O. Box 4551, ZA-2000 Johannesburg (T. 0027/11 - 725-15 19) - Geb. 1. Okt. 1946 Braunschweig (Vater: Rechtsanw. Dr. Robert Fritzsche; Mutter: Irmgard, geb. Claus), verh. s. 1973 m. Marianne, geb. Lemke, Lehrerin, 3 Kd. (Carolin, Benjamin, Kai Fridolin) - Jurastud. in Innsbruck u. Saarbrücken; 1. jurist. Staatsprüf. 1973; Gerichtsrefer. in Kiel; 2. jurist. Staatsprüf. 1976 (Ass. Jur.) - S. 1978 Ausw. Dienst, 1980-81 Kuala Lumpur, 1981-88 Ausw. Amt (Abt. Abrüstung u. Rüstungskontrolle, Rechtsabt., Zentralabt., Polit. Abt. 2); Major d. R. (Lw) - Liebh.: Reisen, Lesen, Sport (insb. Handball, Ski) - Spr.: Engl., Franz.

FRITZSCHE, Ekkehard
Dipl.-Ing., Geschäftsführer Normenaussch. Anstrichstoffe u. ähnl. Beschichtungsst., Pigmente u. Füllst. im DIN - Burggrafenstr. 6, 1000 Berlin 30.

FRITZSCHE, Elmar
Dipl.-Ing., Vorstandsmitglied Seebeckwerft AG (s. 1972) - Postfach 101240, 2850 Bremerhaven - Geb. 1934.

FRITZSCHE, Hans
Dr.-Ing., Vorstandsmitglied i. R. Stolberger Zink AG, Stolberg - Im Brockenfeld 10, 5100 Aachen - Geb. 7. Aug. 1911 Allstedt/Thür. - Spr.: Engl., Franz., Ital. - Rotarier.

FRITZSCHE, Karl
Dr. med. vet., Prof., Direktor Landesveterinäruntersamt f. Rhld.-Pfalz (b. 1971) - Jahnstr. 85c, 5414 Vallendar - Geb. 20. Dez. 1906 Ottendorf/Sa. (Vater: Oskar F., Lehrer; Mutter: Käthe, geb. Teichmann), verh. 1934 m. Käthe, geb. Heintze - Promot. 1930; Habil. 1953 - B. 1939 Vet.dst. Breslau, 1940-45 Kriegsteiln. (Vet.offz.), s. 1946 wie oben. S. 1953 Privatdoz. u. apl. Prof. (1956) Univ. Gießen (Spez. Pathol. u.

Therapie d. Geflügelkrankh.) - BV: Lehrb. d. Geflügelkrankh., 1962 (auch franz. u. span.) - 1964 Ehrenteller Bund Dt. Rassegeflügelzüchter (1. Ausz. ds. Art); 1967 Ludwig-Schunk-Preis Univ. Gießen; 1971 Ehrendoktor Tierärztl. Hochsch. Hannover; 1977 Ehrenmitgl. d. Deutsch. Vet. Med. Gesellsch. u. Ehrenz. (v. Osterborg-Med.) d. Deutsch. Tierärzteschaft - Spr.: Engl., Franz.

FRITZSCHE, Klaus Jürgen

Chef v. Dienst D. WELT (s. 1973) - Zu erreichen üb. D. WELT, Godesberger Allee 99, 5300 Bonn 2 (T. 0228 - 30 41) - Geb. 9. Nov. 1941 Kempten, ev., verh. s. 1967 m. Manuela, geb. Scherz, 2 Kd. (Bettina, Maurice) - Stud. German. u. Roman. Univ. München.

FRÖBA, Klaus

Schriftsteller (Ps. Andreas Anatol, Matthias Martin) - Turmstr. 11, 5308 Rheinbach (T. 02226 - 47 94) - Geb. 9. Okt. 1934 Ostritz/Oberlausitz, verh. s. 1959 m. Gudrun F., 2 T. (Brigitte, Gabriele) - BV: Olymp. Liebenssp.; M. Wotan auf d. Bärenhaut; E. Traum namens Nadine; D. Vermächtnis d. Ramón Amador; Nach e. lasterhaften Leben; D. Schlußstrich; Briefe an Hortenbach; Kinderaugen; Tinglers letzter Fall; Wölfe in Blinding; Kaltes Geld; Jasmins Millionen. FS: 4 Folgen Büro, Büro; 3 Folgen Jolly Joker. Übers.: Herr, leite mich in deiner Gerechtigkeit; D. Tabu d. Totengeister; Tiefer Grund; D. Nacht d. Skinwalkers; D. Ehre d. Väter; D. Wind d. Bösen - 1981 BVK - Liebh.: Reisen, Mythologien - Spr.: Engl.

FROEBE, Hans A. (Albrecht)

Dr. rer. nat., Prof. - Salierallee 23a, 5100 Aachen - Geb. 3. Okt. 1931 Stuttgart (Vater: Karl F., Kunsterzieher; Mutter: Annemarie, geb. Ricke), verh. s. 1960 m. Mathilde, geb. Mrongovius, 4 Kd. (Luise, Karl-Georg, Joachim, Orlind) - Univ. Mainz, Göttingen, Mainz (Biol., Chem., Phys., Geogr.; Staatsex. 1961). Promot. 1964 Mainz; Habil. 1972 Aachen - S. 1974 Prof. TH Aachen (Leit. Wiss. Einricht. Morphol. d. Pflanzen/Botan. Inst.) - BV: D. Infloreszenzen d. Hydrocotyloideen, 1979 - Interessen: Wissenschafts-, Sprachtheorie, Ästhetik - Spr.: Engl., Franz., Span.

FRÖHLER, Ludwig

Dr. jur., o. Prof. f. Öfftl. Recht - Wolfauerstr. 80, A-4045 Linz/Donau (Österr.) - Geb. 28. April 1920 Rohrstetten/Ndb. (Vater: Kaspar F., Kaufm.; Mutter: Rosa, geb. Bartl), kath., verh. m. Lydia, geb. Zinnegger, 2 Kd. - Gymn. Straubing; Univ. Innsbruck u. München. Promot. 1947 München; Habil. 1956 Erlangen - U. a. Reg.sdir. Bayer. Wirtschafts- u. Verkehrsmin. u. Oberverw.sgerichtsrat Bayer. VGH; s. 1959 Ord. Hochsch. f. Wirtschafts- u. Sozialwiss. Nürnberg bzw. Univ. Erlangen-Nürnberg (1961) u. Johannes Kepler-Univ. Linz (1965-67 Gründungsrektor) - BV: Europ. Kartellrecht, 1962; D. Einwirkung d. Länderverfass. auf Staatsverträge zw. Bundesländern, 1964; Werbefernsehen u. Pressefreiheit, 1965; D. Recht am eingericht. u. ausgeübt. Gewerbebetr., 1972; Körperschaften d. öfftl. Rechts u. Interessenvertr., 1974 (m. Oberndorfer); Recht u. Org. d. Kommunalwirtsch., 1974 (m. Oberndorfer); Bodenordn. u. Eigentumsgarantie, 1975 (m. Oberdorfer); Verwaltungsgerichtsord., 9. A. 1960-88 (m. Eyermann); Handwerksord., Komm., 3. A. 1953-73 (m. Eyermann, Honig); Gewerbeord., Komm., 12. A. 1973 (m. Eyermann, Landmann, Rohmer); D. Planwertausgleich als Instrument d. Bodenordnung, 1976 (m. Oberndorfer); Gewerbebetr. u. heranrück. Wohnbebauung - vorbeug. Rechtsschutz f. d. latenten Störer, 1977 (m. Kormann); Rechtsprobl. grenzüberschreit. Raumplanung, 1977 (m. Oberndorfer, Zehetner); Komm. z. Gewerbeordnung, 1978 (m. Kormann); Positivplanung u. Eigentumsrecht, 1979 (m. Oberndorfer); Raumordn. u. Gewerberecht, 1979 (m. Oberndorfer); Rechtsschutzprobl. b. grenzüberschreit. Umweltbeeinträcht., Bd. 1 u. 2, 1979 (m. Zehetner); Österr. Raumordnungsrecht, 1986.

FRÖHLICH, Andreas D.

Dr., Prof. Päd. Hochschule Heidelberg - Wolfsangel 10, 6750 Kaiserslautern (T. 0631 - 1 63 42) - Geb. 30. Nov. 1946 Mannheim, kath., verh. s. 1970 m. Wiltrud Loch, Kunsthistorikerin, 3 Kd. (Larissa, Hannes, Jonas) - Stud. Päd. Psych. in Saarbrücken, Kaiserslautern, Mainz u. Köln; Promot. 1986 Köln (Heilpäd. Psych.) - Lehrer f. körperbeh. Kinder, Abt.-Leiter Rehabilitationszentrum Landstuhl/Pfalz - Therapie f. schwerstbehinderte Menschen Basale Stimulation - BV: Wahrnehmungsstörungen u. Wahrnehmungsförderung, 6. A. 1989; D. Förderung Schwerstbehinderter, 2. A. 1988; Sprache u. Kommunikation körperbeh. Kinder, 1989 (übers. z. T. in franz., isländ., finn., norw. u. span.. - Liebh.: Bildhauerei - Spr.: Engl., Franz.

FRÖHLICH, Claudi

s. Fröhlich, Klaus-Dieter

FRÖHLICH, Dietmar

Dr. phil. nat., Prof., Lehrstuhlinh. f. Exper. Physik II Univ. Dortmund (s. 1970) - Hessenbank 4, 4600 Dortmund 50 - Geb. 5. März 1936 Angerburg/Ostpr. (Vater: Werner F., Katasterdir.; Mutter: Roselmarie, geb. Konze), ev., verh. s. 1963 m. Ellen, geb. Ney, 4 Kd. (Michael, Cornelia, Andreas, Katja) - Stud. Phys. Marburg (1956-57) u. Frankfurt/M. (1957-61). Promot. (1963) u. Habil. (1968) Frankfurt - 1964-66 Cornell Univ./USA; 1966-70 Univ. Frankfurt (zul. Oberassist.). Üb. 40 Facharb. - Spr.: Engl.

FRÖHLICH, Friedrich Karl

Angestellter, MdL Bayern (s. 1966) - Dohlenweg 4, 8900 Augsburg (T. 41894) - Geb. 14. März 1930 Stettin, verh., 4 Kd. - Oberrealsch. (Mittl. Reife); 2 J. Hochbaupraktikum; 2 J. kaufm. Ausbild. - S. 1953 Angest. Stadtwerke Augsburg. S. 1960 Mitgl. Stadtrat Augsburg. Zeitw. Vors. Jungsozialisten u. Falken. SPD s. 1950 (1964 Vors. Unterbez. Augsburg u. Mitgl. Bezirksvorst. Südbay.).

FRÖHLICH, Hans-Joachim

Dr. forest., Prof., Landesforstmeister, Leit. Hess. Landesforstverw., Wiesbaden - Zu erreichen üb. Hess. Min. f. Landw. u. Forsten, Hölderlinstr. 1-3, 6200 Wiesbaden (T. 06121 - 817 22 80/81) - Geb. 16. Dez. 1923 Meerholz, verh., 3 Kd. - Abit. 1942 Human. Gymn. Büdingen; b. 1945 Kriegsmarine; Forstwiss. u. naturwiss. Stud. Hann.-Münden u. Göttingen (Dipl.-Forstwirt 1950); 1950-52 Refer. Hess. Staatsforstverw. Gr. Forstl. Staatsex. 1952, Promot. 1955, Habil. Univ. München (Lehrbefugnis f. Forstwiss.) - B. 1953 freiberufl. Forsteinrichter, dann wiss. Assist. Forstbotan. Inst. Univ. Göttingen; 1955-68 Aufbau u. Leitg. Hess. Forstl. Versuchsanst. Hann.-Münden; s. 1968 Leit. Hess. Landesforstverw. - BV: Alte, liebenswerte Bäume in Hessen, 1984. Zahlr. wiss. Veröff., Mitverf. versch. Bücher üb. Waldwirtschaft, Jagd u. Naturschutz - Liebh.: Reisen, Jagd, Orchideen - Spr.: Engl.

FRÖHLICH, Helmut

Bankdirektor - Zu erreichen üb.: Deutsch-Südamerikanische Bank, 2000 Hamburg - S. 1978 stv. bzw. o. Vorstandsmitgl. (1981) DSB.

FRÖHLICH, Helmut

Senator a. D. - Wienhauser Str. 2, 2800 Bremen 20 - Geb. 16. Juni 1929 Großbrück Kr. Breslau, ev., verh., 2 Kd. - Volkssch.: 1943-45 Mechaniker-, 1947-50 Fernmeldelehre; 1954-56 Akad. f. Wirtschaft u. Politik Hamburg - 1950-54 Fernmeldehandwerker u. Lehrlingsausbilder Dt. Bundespost; 1957-71 Sekr. Dt. Postgewerksch./Bezirksverw. Bremen; 1971-83 Innensenator Bremen. 1967-71 Mitgl. Brem. Bürgerschaft. SPD s. 1953.

FRÖHLICH, Karl-Heinz

Dr. rer. pol., Geschäftsführer Energieversorgungs- u. Verkehrsges. mbH Aachen, Vorst.vors. d. Aachener Straßenbahn u. Energieversorgungs-AG, Vors. Rat d. Aachener Verkehrsverb., alle Aachen - Neuköllner Str. 1, priv: Arthur-Kampf-Str. 5, 5100 Aachen (T. Büro 168 82 00; priv.: 0241 - 6 24 37) - Geb. 24. Jan. Immerath (Vater: Hermann F.; Mutter: Frieda, geb. Tielke), ev., verh. s. 1962 m. Margot, geb. Pennartz - Liebh.: Klass. Musik, Golf - Lions-Club - Handelsrichter.

FRÖHLICH, Klaus-Dieter

Regisseur u. Autor (Ps. Claudi Fröhlich) - Theodor-Heuss-Ring 14, 5000 Köln 1 - Geb. 18. Juni 1940 Köln (Vater: Martin F., Buchhändler; Mutter: Luise, geb. Hindrichs), ev., ledig - Stud. Theaterwiss., German., Psych. - Regiss. b. ARD u. ZDF. Drehb. z. FS-Shows. BV: Engel in Weiss, D. zweite Testament, 2 Fotoromane f. FS. Insz. v. Otto-Shows, Plattenküche, Reinhard-Mey-Shows, Donnerlippchen, So Isses (ARD) u.v.a. - Liebh.: Fotografie, Surfen - Spr.: Engl., Franz.

FRÖHLICH, Rainer

I. Bürgermeister (s. 1972) - Rathaus, 8721 Stadtlauringen/Ufr. - Geb. 24. Juni 1943 Berlin.

FRÖHLICH, Roswitha,

geb. Schmölder

Autorin, Redakt. Süddt. Rundf., Studio Heidelberg - Schützenstr. 27, 6800 Mannheim 51 (T. 0621 - 79 31 00) - Geb. 13. Juni 1924 Berlin, ev., verh. m. Dr. Felix F., HNO-Arzt, 2 Kd. - Stud. (German., Kunst) Univ. Frankf./M. u. Berlin - BV: u. a. Probezeit, 1976; Ich u. meine Mutter, 1980 u. 89; Meiner Schwestern Angst u. Mut, 1982; Johanna Spyri, Biogr. 1987. Zahlr. Kinderb. Libretto z. Schuloper Rat d. Eule (Musik Hanno Haag). Hörsp., Funkerz. u. a. - Preis d. Freilichtbühnen BRD - Lit.: Lex. d. Kinder u. Jugendlit.; Frauen im Blickpunkt u. a.

FRÖHLICH, Werner

Dr. rer. nat., Prof. f. Mathematik u. Statistik, insb. f. Wirtschaftswiss. Univ.-GH Siegen - Schultestr. 10, 5900 Siegen - Geb. 1940 Gleiwitz/OS.

FRÖHLICH, Werner D.

Dr. phil., o. Prof. f. Allg. Experimentelle Psychologie u. Psychophysiologie, gf. Leit. psych. Inst. Johannes-Gutenberg-Univ. - Postf. 3980, 6500 Mainz 1 (T. 06131 - 39 22 50); priv.: Göttelmannstr. 41 (T. 06131 - 83 97 77) - Geb. 10. Jan. 1931 Wien (Vater: Friedrich F., kaufm. Dir. i. R.; Mutter: Katharina, geb. Loehner), verh. s. 1962 m. Birgit, geb. Schröder, 2 Kd. (Daniel, Rafael) - Matura Wien 1950, Sozialakad. Stadt Wien 1950, Diplom 1952; Univ. Wien (Psychologie, Med., Romanistik, Soziol., Angew. Math.), Univ. Bonn (Psychologie, Phil., Soziologie), dort Promot. 1957; Habil f. d. ges. Gebiet d. Psychol. Bonn 1965. Forschungsassist. (1957-60), Wiss. Assist. (1960-65), Privatdoz. (1966), o. Prof. u. Ltr. Psycholog. Sem. Dt. Sporthochsch. Köln (1967-68); o. Prof. u. Dir. Psycholog. Inst. Univ. Mainz (1968ff.); Dekan FB Sozialwiss. (1973-75; 1977 b. 79); s. 1977 Chefredakt. Archiv f. Psych. Mitgl. zahlr. wiss. Ges., dar. Dt. Ges. f. Psychol. (s. 1958), Int. Biometric Soc. (s. 1961), Dtsch. Ges. f. Gerontologie (s. 1967), American Psychological Assoc. (affil. member; s. 1969, New York Academy of Sciences) - BV: Forschungsstatistik (7. A. 1972); Die Macht der Signale, 1971; Wörterbuch zur Psychologie (15. A. 1983); Angst: Gefahrensignale u. ihre psych. Bedeutung, 1982; Psychophysiol. d. Aufmerksamkeit, 1985 - Liebh. u. Interessen: Musik, Malerei - Spr.: Engl., Franz., Ital.

FRÖHLICH, Wolfgang

Pers. Referent im Ministerium f. Wirtschaft, Mittelstand u. Technologie v. Baden-Württ. - Theodor-Heuss-Str. 4, 7000 Stuttgart 1 (T. 0711-2 02 01).

FRÖHLING, Ernst

Vorsitzender Bundesvereinigung d. Fahrlehrerverb. - 3119 Bienenbüttel/Lünebg. Heide.

FRÖHLINGS, Johannes

Dipl.-Kfm., Präsident, Verbandsvorsteher, Rhein. Sparkassen- u. Giroverb. - Kirchfeldstr. 60, 4000 Düsseldorf (T. 389 22 00); Südstr. 6, 4044 Kaarst 1 - Geb. 7. Okt. 1931 Köln.

FRÖHNER, Hans-Jochen

Kaufm. Angestellter, MdA Berlin (s. 1967, SPD) - Albrechtstr. 108, 1000 Berlin 42 (T. 7518430) - Geb. 11. Nov. 1935 Berlin - Schule u. höh. Wirtschaftssch. Berlin; kaufm. Lehre ebd. (Filmtheaterbranche) - S. 1960 Angest. Berliner Kraft- u. Licht (Bewag)-AG.

FRÖLING, Heinz

Gesellschafter Fa. Fröling GmbH & Co. Kessel-Apparatebau, Overath - Im Drosselhain 19, 5060 Bergisch Gladbach 2 (T. 02202 - 51644) - Geb. 27. Mai 1917 Berg. Gladb., kath., verh. s. 1943 m. Luise, geb. Langel, 2 Kd. (Monika, Heiner) - Gymn. (Abit. 1936); TU Berlin (5 Sem. Wirtschaftswiss.) - N. Kriegsende Fröling GmbH & Co Kessel-Apparatebau, Vorst. VDZ, Präsid.-Mitgl. EBM, Ehrenpräs. Fachverb. Stahlblechverarb., Vorst. Boilerverb. - Mitgl. Lions Club; Gr. BVK; Altbürgermeister u. Ehrenbürger Stadt Bergisch Gladbach - Liebh.: Sport (Golf) - - Spr.: Engl., Franz.

FRÖMMING, Hans

Trabrennfahrer - An d. Alster 36, 2000 Hamburg 1 - Geb. 28. Juni 1910 Berlin (Vater: Schrittmacher b. Radrennen; Mutter: Schauspielerin u. Sängerin), verh. m. Ingeborg, geb. Falk - Volkssch. - Bereits 1926 als Lehrling erster Sieg; stellte 1937 m. 246 Siegen e. neuen Jahresweltrekord auf; bisher 5555 Siege, 15 Derbysiege, 3 Siege im Prix d'Amerique, Paris (Größtes Trabrennen d. Welt) - BV: 5000 Trabrennsiege - E. Leben im Sulky, 1969 - 1952 Gold. Band d. Sportpresse; 1972 Gr. BVK.

FRÖMMING, Karl-Heinz

Dr. rer. nat., Prof., Pharmazeut - Ritterhufen 24, 1000 Berlin 37 (T. 815 83 93) - Geb. 16. Aug. 1925 Königsberg/Pr. (Vater: Richard F., Amtsrat; Mutter: Frieda, geb. Büttner), ev., verh. s. 1955 m. Margarete, geb. Liebig, 2 Kd. (Verena, Peter Markus) - Promot. (1954) u. Habil. (1960) Freie Univ. Berlin - S. 1960 Priv.doz., 1964 apl. Prof., 1970 Visiting Prof. Univ. of Florida, 1972 o. Prof. FU Berlin (Pharmaz. Technol.). S. 1985 Vors. Verb. d. Prof. pharmaz. Hochschulinst. in d. BRD u. Westberlin - BV: Pharmaz. Technol. (m. K. H. Bauer, C. Führer), 2. A. 1989 - Spr.: Engl.

FRÖMTER, Eberhard

Dr. med., Arzt, Prof. f. Physiologie Univ. Frankfurt (Fachgeb. Ionentransport durch Zellmembranen) - Zentrum f. Physiol., J. W. Goethe Univ., Theodor-Stern-Kai 7, 6000 Frankfurt 70 (T. 069 - 63016093) - Geb. 11. Juli 1935 Goldberg/Schles. - Promot. 1961 München; Habil. 1970 Frankfurt - 1967-82 Mitarb. MPI f. Biophysik Frankfurt. Üb. 100 Facharb. - 1976 Feldberg Preis, Cambridge/England; 1983 H.W. Smith Preis, Washington/USA.

FRÖSCHER, Walter Eberhard

Dr. med., Prof., Regierungs-Medizinaldirektor, Ltd. Arzt Neurol. Abt. Psychiatr. Landeskrkhs. Weissenau (Abt. Psych. I d. Univ. Ulm) - Zu erreichen üb. Psychiatr. Landeskrkhs. Weissenau, 7980 Ravensburg - Geb. 14. März 1941 Biberach an d. Riß, ev., verh. s. 1967 m. Dr. med. Mathilde, geb. Huerkamp, 3 Söhne (Rolf, Hans-Jörg, Felix) - Med.-

Stud. Univ. Tübingen u. Bonn; Staatsex. 1967 Tübingen; Promot. 1967; Habil. 1978 Bonn - 1973 Arzt f. Neurol. u. Psych. Bonn; 1969-85 Univ.-Nervenkl. Bonn; s. 1985 Ravensburg-Weissenau. 1984 3-monatiger Gastaufenth. Johns Hopkins Hospital, Baltimore - BV: Therapie d. Status epilepticus, 1976 (engl. 1979); Medikamentöse Therapie d. Epilepsien unter Kontrolle d. Antiepileptika-Serumspiegel (Co-Autor: M. Eichelbaum, R. Gugler, G. Hildenbrand), 1980. Mithrsg.: Tolerance to beneficial and adverse effects of antiepileptic drugs (Co-Eds.: H.-H., W. P. Koella, H. Meinardi, 1986) - Liebh.: Gesch., Politik - Spr.: Engl., Franz.

FRÖSCHLE, Ernst

Dr. rer. nat., Prof. f. Techn. Elektronik Univ.-GH Siegen (s. 1978) - Dohlenweg 2, 5900 Siegen 21 - Geb. 9. Sept. 1923 Stuttgart (Vater: Ernst F., Regierungsrat; Mutter: Gertrud, geb. Gwinner), ev., verh. s. 1959 m. Elisabeth, geb. Mayer, 2 T. (Sabine, Barbara) - Dillmann-Obersch. u. TH Stuttgart (Phys.; Prof. Seiler u. Fues). Dipl.-Phys. 1951; Promot. 1956; Habil. 1966 - Zul. Wiss. Rat u. Prof. TH Aachen. Üb. 20 Facharb. - Spr.: Engl.

FROESE, Leonhard

Dr. phil., o. Prof. u. Leiter Forschungsstelle f. vergl. Erziehungswiss. Univ. Marburg (s. 1961; 1969-70 Rektor Univ.) - Ganghoferstr. 13, 3557 Elsdorfer Grund 9 - Geb. 9. Febr. 1924 Einlage/Cortica (Vater: Peter F., Ing., zul. Betriebsleit.; Mutter: Elisabeth, geb. Unger), ev.-menn., verh. s. 1975 m. Renate, geb. Apel, 4 Kd. (Eva-Maria, Ulrike, Frank, Cordula) - Univ. Breslau (1944), Göttingen (1946; Promot. 1949 b. H. Nohl), Basel (1949). Habil. 1957 FU Berlin - 1950-55 Assist. Erziehungswiss. Sem. Univ. Hamburg; 1955-56 Doz. Päd. Inst. ebd. (Polit. Bildung); 1956 b. 1957 Gastdoz. Osteuropa-Inst. FU Berlin; 1958-59 Privatdoz. Univ. Hamburg; 1959-60 ao. Prof. Univ. Münster. 1971 Mitgl. Enquête-Kommiss. Ausw. Kulturpolitik Bundestag - BV: Dt. Schulgesetzgebung, 1953, 2. A. 1968; Ideengeschichtl. Triebkräfte d. russ. u. sowjet. Päd., 2. A. 1963; Erziehung u. Bildung, 2. A. 1967; Ausgew. Stud. z. Vergl. Erziehungswiss., 1983. Herausg.: D. Bildungswettstreit zw. West u. Ost (1961), Aktuelle Bildungskritik u. -reform in d. USA (1968), Was soll aus Deutschland werden? - Neue Aspekte z. Dtschl.politik (1968), Bildungspolitik u. -reform (1969); Zur Diskussion: D. politische Pestalozzi (1971); Zehn Gebote f. Erwachsene, Texte f. d. Umgang m. Kindern (1977); Deutschlandisierung d. Sicherheitsrisikos od. Deutschl. u. Sicherheitspolitk d. Ausgleichs (1984); Hochsch. u. Ges. Beitr. aus d. Marburger Zeit (1989) - Spr.: Engl., Slaw. Spr.

FRÖSSLER, Herbert

Dr. med., Prof. f. Radiologie Univ. Münster, Oberstarzt, Leit. Röntgenabt. Bundeswehrzentralkrankenh. Koblenz - Burgpfad 6, 5400 Koblenz 31 - Geb. 23. Okt. 1941 Wipperfürth (Vater: Hans F., Beamter; Mutter: Elisabeth, geb. Heinzen), kath., verh. s. 1969 m. Dr. Barbara, geb. Boenecke, 2 T. (Alexandra, Friederike) - med. Staatsex. 1968, Promot. 1969, Approb. 1970 - 1975 Facharzt f. Radiol.; 1975 Priv.-Doz.; 1979 apl. Prof.; 1980 Leit. Röntgenabt. Bundeswehrzentralkrkhs. Koblenz - Liebh.: Numismatik - 1982 gold. Sportabz., 1982 gold. Soldaten-Leistungsabz. - Spr.: Engl., Franz.

FRÖWIS, Walter

Dr., Generalkonsul d. Bundesrep. Dtschl. in Lüttich/Belgien (s. 1989) - Av. Rogier 7 A, B-4000 Liège - Geb. 11. Mai 1928 München (Vater: Walter F., Chemiker; Mutter: Ria, geb. Holzapfel), kath., verh. s. 1954 m. Gerda, geb. Hofmann, T. Ute - 1948-52 Stud. Rechts- u. Wirtschaftswiss. Univ. Innsbruck u. Wien, Reed College, USA - S. 1953 im Auswärt. Dienst, 1969-74 Botschafter in Kigali, anschl. im AA; 1977-79 Bot-

schafter in Kampala; 1980-84 Generalkonsul in Karachi; 1984-89 Botschaft Bangkok - 1969 BVK; 1974 Gr. Verdienstkr. m. Stern d. Rep. Ruanda; 1989 Gr. Verdienstkr. m. Stern d. Königreiches Thailand - Spr.: Engl., Franz. - Bek. Vorf.: Univ.-Prof. Dr. Joseph Froewis, Wien (Onkel).

FROHBERG, Günter

Dr., Prof., Mitgl. Institutsdirektorium Metallforschung (Diffusion, Gitterfehler, Mikrogravitation) TU Berlin - Hardenbergstr. 36, Sekr. PN 2-3, 1000 Berlin 12 (T. 314 26 65) - Geb. 17. Okt. 1935 Berlin - BV: Elektro- u. Thermotransport in Metallen, J. Ambrosius Barth, 1973; Materials Science in Space (Kap. 5, 17), 1986 - TEXUS-Projektwiss. ESA - Spr.: Engl., Franz.

FROHBERG, Günther

Dr. jur., Prof., Rechtsanwalt - Wildenbruchstr. 103, 4000 Düsseldorf-Oberkassel - Geb. 6. Febr. 1921 Dresden - Promot. 1954 - S. 1976 Honorarprof. TH Aachen (Grundzüge d. Rechtswiss. f. Geodäten u. Rechtsfragen d. Umweltschutzes). Mitverf. v. Kommantaren.

FROHBERG, Martin Georg

Dr.-Ing., o. Prof. f. Metallurgie - Hölderlinstr. 13, 1000 Berlin 19 (T. 031. 31 42 23 53) - Geb. 17. Aug. 1929 Bochum (Vater: Dr. Georg F., Oberstudienrat; Mutter: Erna, geb. Beisheim) - Stud. TH Aachen (Dipl.-Ing. Gießereiwesen 1953; Dipl.-Ing. Eisenhüttenkd. 1954). Promot. (1957) u. Habil. (1961) Aachen - B. 1963 Doz. TH Aachen, dann Ord. TU Berlin. Spez. Arbeitsgeb.: Physikal.-chem. Grundl. d. Metallurgie - BV: Thermodynamik f. Metallurgen u. Werkstofftechniker, 1981; zahlr. in- u. ausl. Fachveröff. - 1975 Palmes Académiques - Liebh.: Fotogr., Segeln - Spr.: Engl., Franz. - Rotarier.

FROHBERG, Siegfried

Geschäftsführer Fränkischer Eisenhof GmbH. - Hafenstr. 21, 8600 Bamberg; priv.: Ludwigshöhe 9 - Geb. 26. Sept. 1927.

FROHMANN, Clemens

Regisseur, Autor u. Kameramann - Sybelstr. 63, 1000 Berlin 12 (T. 030 - 883 64 34) - Geb. 14. Okt. 1950 Berlin - Regie: Robinson - 7 Tage auf d. Erde (Begleitb. 1981), Wer hat d. Bürokratie erfunden?, Wie im Leben, Lotto-Glück, Hinter d. Fassaden, Nachtzug nach Berlin, Zimmer 12 A, Kamera: Señor Turista.

FROHMÜLLER, Hubert G. W.

Dr. med., o. Prof. und Direktor Urolog. Univ.-Klinik Würzburg - Walther-v.-d.-Vogelweide-Str. 41, 8700 Würzburg (T. 8 44 33) - Geb. 13. Mai 1928 Würzburg-Heidingsfeld (Vater: Wilhelm F., Mutter: Emma, geb. Spachmann), kath., verh. s. 1967 m. Ingeborg, geb. Schlegel, 3 Kd. (Christiane, Stefan, Ivo) - 1946-52 Stud. d. Med. Univ. Würzburg, 1954-55

Internship, Paterson, N. J./USA - 1958-63 Fellow in Urology Mayo Clinic, Rochester, Minn./USA. 1963 M. S. (Master of Science) Univ. of Minnesota, Minneapolis/USA - 1953 Dt. Hochschulmeister Rudern (Vierer m. St.) - 1969 Fellow Americ. College of Surgeons; 1969 korr. Mitgl. Americ. Urolog. Assoc.; 1975 korr. Mitgl. Americ. Assoc. of Genito-Urinary Surgeons; 1981 korr. Mitgl. Colégio Brasileiro de Cirurgiões; 1986 korr. Mitgl. La Sociedad Ecuatoriana de Urologia; 1971-72 Präs. Dt. Ges. f. Endoskopie; 1980-84 Präs. Bayer. Urologenvereinig.; 1985-86 Präs. Dt. Ges. f. Urologie; 1988 Ehrenmitgl. Österr. Ges. f. Urologie, Bayer. Urologenvereinig., Berufsverb. d. Dt. Urologen - Spr.: Engl.

FROHN, Joachim

Dr. rer. pol., Prof. f. Statistik u. Ökonometrie Univ. Bielefeld - Lessingstr. 38, 4800 Bielefeld 1 - Geb. 27. Aug. 1941 - Promot. (1969) u. Habil. (1972) FU Berlin - S. 1974 Ord. Bielefeld. 1975-83 Vors. Aussch. f. Empirische Wirtschaftsforsch. u. Angew. Ökonometrie d. Dt. Stat. Ges.; 1981 o. Mitgl. Intern. Stat. Inst. (ISI). 1984/85 Gastprof. Univ. of East Asia, Macau - BV: Unters. z. CES-Produktionsfunktion, 1970; D. techn. Fortschr. in d. Industrie, 1973 (m. a.); Grundausbild. in Ökonometrie, 1980; D. ökonometr. Programmsystem EPS (m. and.), 1982; An econometric model for the world market price of sugar, 1984.

FROHN, Peter

Dr. jur., Geschäftsführer Fachvereinig. Krawatten- u. Schalindustrie u. Unternehmerschaft d. Bekleidungsind. am linken Niederrhein - Ostwall 227, 4150 Krefeld (T. 29847); priv.: Jentgesallee 44 - Geb. 28. März 1931 Dessau (Vater: Paul F., Finanzpräs.), verh. m. Sigrid, geb. Greis - Liebh.: Schach, Briefm.

FROHNE, Dietrich

Dr. rer. nat., Prof. f. Pharmakognosie, insb. Biochemie d. Heilpflanzen - Prof.-Anschütz-Str. 66, 2300 Kiel - Geb. 27. Mai 1929 Magdeburg - Promot. 1960; Habil. 1965 - S. 1970 Prof. Univ. Kiel - BV: Anat.-Mikrochem. Drogenanalyse - Leitf., 3. A. 1981; Systematik d. Pflanzenreichs (m. U. Jensen), 3. A. 1985; Giftpflanzen, e. Handb. (m. H. J. Pfänder), 3. A. 1987; A Colour Atlas of Poisonous Plants (m. H. J. Pfänder), 1984; Heilpflanzenlex. f. Ärzte u. Apoth., Bearb. d. 5. A. v. Braun. Üb. 50 Einzelarb. - 1969 Willmar-Schwabe-Preis.

FROHNE, Heinrich

Dr.-Ing., o. Prof. f. Grundl. d. Elektrotechnik u. elektr. Meßtechnik Univ. Hannover (s. 1968) - Christian-Flemes-Weg 11, 3000 Hannover 51 - Geb. 21. Jan. 1928 Paderborn/W.

FROHNE, Wilhelm

Dipl.-Ing., Prof. f. Grundlagen d. Gestaltung u. Innenausbau Gesamthochsch. Paderborn (Fachbereich Architektur/Höxter) - Bahnhofstr. 116, 4420 Coesfeld.

FROMEN, Wolfgang

Dr. oec. publ., Dipl.-Kfm., Rechtsanwalt - Angerhof 8, 4030 Ratingen 1 - Geb. 10. Dez. 1930 - Vorst.-Mitgl. Feldmühle AG, Düsseldorf; Vors. Vereinig. d. Arbeitg.verb. d. Dt. Papierind., Bonn, u. d. Arbeitg.verb. d. Rhein.-Westf. Papiererzeugenden Ind., Düsseldorf; Mitgl.

Präsid. u. Vorst. Verb. Dt. Papierfabriken, Bonn; Bundessozialrichter.

FROMM, Gerhard

Dr. med., Prof., Abteilungsdirektor Lehranst. d. Hygien. Inst. d. Freien u. Hansestadt Hamburg - Chrysanderstr. 87a, 2050 Hamburg 80 (T. 7215239) - Geb. 27. Jan. 1922 Sande (Vater: Hermann F., Ing.; Mutter: Martha, geb. Meydag), verh. m. Annemarie, geb. Schele - Promot. 1948; Habil. 1961 - B. 1967 Privatdoz., dann apl. Prof. Univ. Hamburg (Hygiene u. Med. Mikrobiol.).

FROMM, Hans

Dr. phil., Dr. phil. h. c., em. o. Prof. f. Dt. Philologie u. Finnougristik - Rosegerstr. 35a, 8012 Ottobrunn/Obb. - Geb. 26. Mai 1919 Berlin (Vater: Rudolf F., Rektor; Mutter: Luise, geb. Hennig), ev., verh. s. 1974 m. Beatrice, geb. Müller-Hansen, Tocht. Dorothea - 1946-52 Leit. Bibliogr. Arbeitsst. Tübingen, 1952-57 Lektor u. Prof. Univ. Turku (Finnl.), s. 1958 Privatdoz., ao. (1960) u. o. Prof. (1963) Univ. München (Vorst. Inst. f. Dt. Philol.), o. Mitgl. Bayer. Akad. d. Wiss. (1971), korr. Mitgl. Finn. Akad. d. Wiss. (1979) - BV: Bibliogr. dt. Übers. aus d. Franz., 6 Bde. 1950/53, Neuaufl. 1981; Dt. Balladen, 10. A. 1985; Unters. z. Marienleben d. Priesters Wernher, 1955; Finn. Elementarb., 2 Bde. 1956; Germanist. Bibliogr. s. 1945 - Theorie u. Kritik, 1960; D. dt. Minnesang, 2 Bde., 1972 u. 1985; Kalevala, 2 Bde., 1967 (Übers. u. Kommentar); Konrad v. Fußenbrunnen, krit. Ausg., 1973; Finn. Grammatik, 1982; Esseitä Kalevalasta, 1987 (vollst. Bibliogr. in: Befund u. Deutung, Festschr. H. F., 1979) - 1968 u. 1985 Finn. Orden; 1984 BVK I. Kl.

FROMM, Hartmut

Dr. med., Prof., Chefarzt Neurochirurgische Klinik Stadtkrkhs. Offenbach, Honorarprof. f. Neurochir. Univ. Frankfurt/M. - Starkenburgring 66, 6050 Offenbach/M. (T. 069 - 80 65 38 81).

FROMM, Hermann

Dipl.-Ing., em. Prof. f. Elementiertes Bauen u. Baukonstruktion Univ.-GH Wuppertal (Fachbereich Architektur-Innenarchitektur) - Lante 12, 5600 Wuppertal 2.

FROMM, Eckart

Kaufmann, Vorstandsvors. Dt. Steinindustrie AG. - Nibelungenstr. 111, 6147 Lautertal-Reichenbach/Odenw.; priv.: 6145 Lindenfels.

FROMME, Friedrich Karl

Dr. phil., Journalist, Redakteur FAZ (Innenpolitik, Koordination) - Scheppe-Allee 84, 6100 Darmstadt - Geb. 10. Juni 1930 Dresden (Vater: Prof. Dr. med. Albert F., Chirurg; Mutter: Dr. Helene, geb. Boeker), ev., verh. m. Dr. Traute F., geb. Kirsten - Human. Gymn., Stud. Physik, Mathematik, dann Politikwiss., Öffl. Recht Univ. Berlin, Tübingen - 1957-62 Wiss. Assist. u. Lehrbeauftr. Univ. Tübingen, Promot. 1957 - 1962-64

Leit. Abt. Politik SDR Stuttgart; s. 1964 Redakt. FAZ, 1968-73 Bonner Korresp. FAZ, s. 1974 verantw. Redakt. f. Innenpolit. u. Koordination FAZ - BV: V. d. Weimarer Verfassung z. Bonner Grundgesetz, 2. A. 1962; Gesetzgeb. im Widerstreit, 2. A. 1979; D. Parlamentarier - e. freier Beruf?, 1978. Zahlr. Veröff. in Fachztschr. - 1986 BVK I. Kl. - Spr.: Engl. - Bek. Vorf.: Geheimrat Prof. Dr. Carl F., Theoret. Physiker Gießen, Gründer Stadttheater Gießen (Großv.); Prof. Dr. med. Albert F., Chirurg Dresden, 1943-48 Präs. Dt. Ges. f. Chirurgie (Vater).

FROMMEL, Christoph Luitpold

Dr. phil., Hon. Prof. Univ. Bonn, Direktor der Bibliotheca Hertziana (Max-Planck-Institut) - Via Gregoriana 28, 00187 Rom/Italien - Geb. 25. Sept. 1933 Heidelberg - Promot. 1959; Habil. 1968 - BV: D. Farnesina u. Peruzzis architekton. Frühwerk, 1961; Baldassare Peruzzi als Maler u. Zeichner, 1968; D. röm. Palastbau d. Hochrenaissance, 1973; Michelangelo u. Tommaso Cavalieri, 1978; Raffaello architetto (m. S. Ray u. M. Tafuri), 1984 (dt. 1987) - Mitgl. Accad. di S. Luca, British Acad.

FROMMER, Werner

Dr., Prof., Bayer AG (Leiter Fachber. Biotechnol. in d. Zentr. Forschung) - Claudiusweg 17, 5600 Wuppertal 1 (T. 71 46 36) - Geb. 22. Juli 1929 Esslingen (Vater: Ludwig F., Kaufm.; Mutter: Emilie, geb. Bühler), verh. s. 1957 m. Brunhilde, geb. Schlotter, 3 Kd. (Susanne, Barbara, Götz) - Stud. d. Biol. u. Mikrobiol. Univ. Tübingen u. Göttingen - S. 1956 Bayer AG; s. 1972 Lehrbeauftr. u. Honorarprof. (1975) TH Aachen. S. 1979 Vors. Arbeitsaussch. Sicherheit in Biotechnol. d. Dechema - 1985 Achema-Plak. in Titan; 1987 Otto-Bayer-Med. - Spr.: Engl.

FROMMHOLD, Hermann

Dr. med., o. Prof. f. Strahlentherapie, Vorstand Univ.-Klinik f. Strahlentherapie Innsbruck - Starkenbühel 303, A-6073 Sistrans (T. 05222 - 7 82 77) - Geb. 25. Mai 1939 Leisnig/Sachs. - Med.Stud. Berlin u. Tübingen; Promot. 1965 FU Berlin; 1966-70 Fachausb. z. Radiologen; Habil. 1973 - 1966 Arzt; 1971 Facharzt f. Radiol. Univ.-Klinik Bonn; 1973 Oberarzt; 1977 apl. Prof. Univ. Bonn; 1979 Wiss. Rat u. Prof.; s. 1980 o. Prof. Univ. Innsbruck, 1985 Klinik-Vorst. s. o. 220 Publ. m. Schwerp. diagnost. Ultraschall u. Radioonkol. Wiss. Beirat Ztschr.: Ultraschall in d. Med., Laryngol.-Rhinol.-Otol., Radiol., Frontiers in European Radiol., Strahlentherapie. Mitgliedsch.: Dt., Österr. u. Schweiz. Röntgenges., Ehrenmitgl. d. Ges. f. Med. Radiol. d. DDR, Member of the European College of Angiography, Member of the European Assoc. of Univ. Radiologists, Active Member of the intern. Soc. of Lymphology, Dt. u. Österr. Ges. f. Ultraschall in d. Med., ÖGRO, ESTRO, Vizepräs. Österr. Röntgenges.

FROMMHOLD, Walter

Dr. med., Dr. h.c. mult., o. Prof. f. Med. Strahlenkunde - Im Rotbad 23, 7400 Tübingen (T. 6 32 33) - Geb. 28. Aug. 1921 Geringswalde/Sa. (Vater: Arno F., Lehrer; Mutter: Welly, geb. Thalheim), verh. s. 1951 m. Gabriele, geb. Körner, 2 Kd. (Anke, Uwe) - Univ. Berlin u. Würzburg (Med. Staatsex. 1944). Promot. (1945; Friedrich-Wilhelms-U.) u. Habil. (1955; Freie U.) Berlin - S. 1955 Lehrtätigk. FU Berlin (1962 apl. Prof.; 5 J. Oberarzt Strahleninst.) u. Univ. Tübingen (1968 o. Prof. u. Dir. Med. Strahleninst.). Emerit. 1988. 1956-68 Chefarzt Strahlenabt. Auguste-Viktoria-Krkhs. Berlin. 1957 Teaching Fellow (Radiology) Harvard College Boston/USA (1/2 J.). Üb. 135 Veröff. z. Röntgendiagnostik, Strahlentherapie u. Nuklearmed. Mithrsg.: Fortschr. auf d. Gebiet d. Röntgenstrahlen u. d. Nuklearmed., Lehrb. d. Röntgendiagnostik. Hrsg.: Röntgen - wie, wann?, Klin.-radiolog. Seminar - 1981 Ehrendoktor Univ. Bordeaux, 1985 Univ. Pécs/Ungarn, 1986 Poznán/Polen; 1985 Röntgen-Med. Stadt Würzburg; 1988 BVK I. Kl.

FROMMHOLZ, Rüdiger

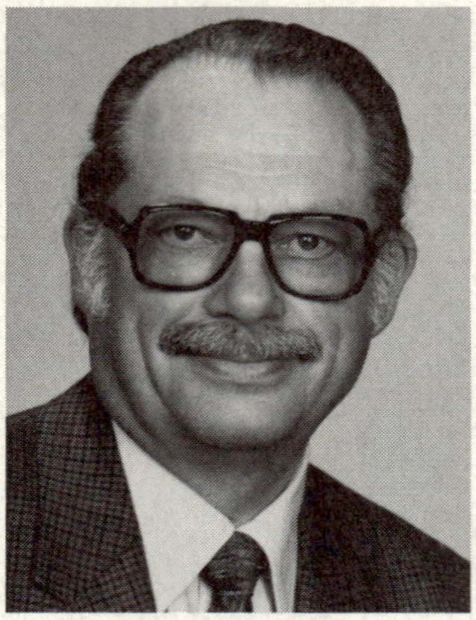

Dr. phil., Prof. f. dt. Sprache u. Lit. u. ihre Didaktik Univ. Bielefeld (s. 1980) - Schöne Aussicht 9, 4900 Herford (T. 05221 - 2 17 36) - Geb. 10. Mai 1925 Spenge (Vater: Walter F., Fabrikant; Mutter: Margarethe, geb. Bowé), ev., verh. m. Karin, geb. Herrmann, 4 Töcht. - Stud. Phil., Päd., Theol., Lit.-, Musik- u. Zeitungswiss. Univ. Bonn, Heidelberg, Berlin, München, Kirchl. Hochsch. Bethel; Promot. 1954, 1. u. 2. Staatsex. (Lehramt) - 1957 Lehrer; 1967 Hochschuldst.; 1977 Prof. PH Westf.-Lippe, Abt. Bielefeld - BV: Wirkungen d. Sprache u. Dichtung, 1972; Unterrichtspraktische Übungen im Rahmen d. Lehrerbild., 1973, 3. A. 1979; Bibliogr. Deutschunterr. (m. D. Boueke u. a.), 1973, 4. A. 1984; D. Bild im Religionsunterr., 1974; Theodor Storm: Erzählungen, 1988. Mehr als 50 lit.-wiss. u. lit.-didakt. Fachveröff. - Liebh.: Musik, Wandern - Spr.: Engl., Franz., Latein, Griech., Hebr. - Lit.: F. Kienecker, P. Wolfersdorf (Hrsg.): Dichtung, Wissensch., Unterr. Festschr. z. 60. Geb. (1986).

FROMMKNECHT, Heinrich

Dipl.-Betriebsw., Vorstandsvorsitzender Signal Krankenversich. aG, Signal Unfallversich. aG, Signal Lebensversich. AG, AR-Vors. DEUFINANZ Finanzberatungs-, beteiligungs- u. Vermittlungs-AG u. Dortmunder Volksbank eG - Sigurdweg 5, 4600 Dortmund-Lücklemberg - Geb. 8. Mai 1932 - Vors. Verb. d. priv. Krankenversich., Köln; AR: VÖDAG Versich. f. d. Öffl. Dienst AG (Adler-Iduna-Verb.), Berlin, Hansainvest Hanseat. Investment-Ges. mbH, Hamburg, Iduna Bauspark. AG, Hamburg, Iduna Verein. Lebensversich. aG f. Handw., Handel u. Gewerbe, Hamburg. Vizepräs. IHK Dortmund - 1983 BVK I. Kl.

FRONING, Heide

Dr. phil., Prof. f. Archäologie Univ. Würzburg (s. 1985) - Friedrich-Ebert-Str. 20a, 8706 Höchberg (T. 0931 - 4 83 79) - Geb. 12. Okt. 1943 Schweinfurt, ev., verh. m. Dr. Hubertus F. - Stud. Univ. Tübingen (Leibniz-Kolleg); Promot. 1970; Habil. 1979 Würzburg - BV: Dithyrambos u. Vasenmalerei in Athen, 1971; Marmorschmuckreliefs m. Griech. Mythen im 1. Jh. v. Chr., 1981; Griech. u. italische Vasen Museum Folkwang Essen, 1982; Werke d. Antike im M.-v.-W.-Museum d. Univ. Würzburg, 1983. Mithrsg.: Beitr. z. Archäologie - Spr.: Engl., Ital., Griech., Latein.

FRORATH, Günter

Schriftsteller u. Journ. - Unter Käster 9, 5000 Köln 1 (T. 0221-247797) - Geb. 21. Juni 1946, ledig - Stud. kath. Theol. - Funkautor (Feature, Hörsp., Kabarett) - BV: Limerick teutsch (m. Georg Bungter), 1969; D. geit zu weit, 1973; Archipoeta, 1981; Vagantenbeichte; u.a. (Neuübertr. m. Georg Bungter). Mithrsg. mehrerer Anthol.

FRORIEP, Henrik

Dr. jur., Fabrikant, gf. Gesellsch. Maschinenfabrik Froriep GmbH., Rheydt, ARsmitgl. Rheydter Aktienbauges., Beiratsmitgl. Gerling-Konzern, Mitgl. Landesbeirat Commerzbank AG. - Madonna di Ponte, La Tartaruga, CH-6614 Brissago (Schweiz) - Geb. 26. April 1927 Freiburg/Br. (Vater: Dr. Otto F., Fabr.; Mutter: Hannelore, geb. Ziegler), verh. m. Siegrid, geb. Roes - Univ. Freiburg u. Mainz.

FROSCHMAIER, Franz

Dr. jur., Minister f. Wirtschaft, Technik u. Verkehr Schlesw.-Holst. (s. 1988) - Düsternbrooker Weg 94, 2300 Kiel - Geb. 29. Juli 1930 Bamberg, verh., 2 Kd. - 1949-52 Stud. Rechtswiss. Univ. München, beide jurist. Staatsex. (1952 u. 56), Promot. 1958 Univ. Köln - 1954-58 wiss. Assist. München; ab 1958 versch. Tätigk. EG-Kommiss., u.a., langj. Kabinettschef Haferkamps (EG-Vizepräs.); zul. Generaldir. Kommiss. d. EG f. Information, Kommunikation u. Kultur.

FROST, Dietrich

Dr.-Ing., Prof., Leiter Abt. f. Strahlenphysik Rudolf-Virchow-Krkhs., Berlin - Von-Wettstein-Str. 12, 1000 Berlin 33 (T. 8327881) - Geb. 5. März 1923 Neidenburg/Ostpr. (Vater: Dr. jur. Berthold F., Bürgerm.; Mutter: Eva, geb. Koch), ev., verh. m. Lore, geb. Haupt, T. Brigitte - Victoria-Gymn. Potsdam; TU Berlin (Physik) - S. 1964 (Habil.) Lehrtätigk. TU Berlin (gegenw. apl. Prof.) u. FU, Arbeitsgem. Med. Physik - BV: Prakt. Strahlenschutz, 1960; Heim/Schumacher/Frost, Radioaktive Isotope in d. Chirurgie, 1961; Oeser/Schumacher/Ernst/Frost, Atlas d. Szintigraphie, 1968. Zahlr. Einzelveröff. u. Pat. - Spr.: Engl.

FROST, Hans

Dr. med., Prof., Internist, Arzt - Hubertusweg 36, 8013 Haar - Am Jagdfeld (T. 089 - 46 71 09) - Geb. 13. Jan. 1928 Körnitz/Schles., kath., verh. s. 1957 m. Ursula, geb. Delling, 4 Kd. (Petra, Markus, Robert, Karoline) - Stud. Univ. München, Heidelberg, Hamburg; Promot. 1958; Habil. 1970 - 1976 Univ.-Prof. - BV: Arterielle Verschlußkrankheiten, 1974 - 1970 Max Ratschow Preis.

FROST, Herbert

Dr. jur. utr., Prof. f. Kirchenrecht, Allg. Staatslehre u. Rechtsphil. Univ. Köln - Kringsweg 24, 5000 Köln 41 (Lindenthal) (T. 0221 - 41 25 40) - Geb. 10. Aug. 1921 Kiel (Vater: Arnold F., Filmkaufm.; Mutter: Annita, geb. Billström), ev., verh. s. 1959 m. Elisabeth, geb. Krey - 1932-39 Kieler Gelehrtenschule (altspr.), Abit. 1939; 1942-50 Stud. Rechts- u. Wirtschaftswiss. Univ. Kiel, Köln u. Amsterdam (unterbr. d. Wehrdienst); Staatsprüf. 1951; Promot. 1954; Habil. 1968 - 1952-53 Hilfsref. Wiss. Abt. Dt. Bundestag; 1954-68 Univ.-Assist.; s. 1970 Prof. in Köln. S. 1973 Mitgl. Synode d. EKD - BV: D. Kirchenkr. d. Ev. Kirche im Rheinl., 1958; Strukturprobl. ev. Kirchenverfass., 1972 - Spr.: Engl., Franz., Niederl.

FROTSCHER, Werner

Dr. jur., o. Prof. f. Öffl. Recht Univ. Marburg (FB Rechtswiss.) - Habichtstalgasse 32, 3550 Marburg - Geb. 20. Sept. 1937 Kiel - Habil. 1974 Kiel - Zul. Prof. Univ. Hohenheim/Stuttgart (FB Wirtsch.- u. Sozialwiss.) - BV: Regierung als Rechtsbegriff, 1975; Wirtschaftsverfassungs- u. Wirtschaftsverw.-Recht, 1988.

FROTZ, August Hubert

D. Dr., Weihbischof i. R. - Marzellenstr. 32, 5000 Köln 1 - Geb. 1903 - B. 1983 (Rücktr.) Weihbischof Erzdiözese Köln.

FROTZ, Max-Josef

Vorstandsmitglied Gerling-Konzern Standard-Versicherungs-AG, Gerling-Konzern Zentrale Verwaltungs-AG, bde. Köln - Am Mühlenbusch 47, 5657 Haan/Rhld. - Geb. 13. Nov. 1929 Erkrath, kath., verh. s. 1961 m. Elisabeth, geb. Groß, 2 Kd.

FROWEIN, Dietrich-Kurt

Dipl.-Kfm., Vorstandsmitglied Commerzbank AG - Neue Mainzer Str. 32-36, 6000 Frankfurt/M. (T. 1362-1) - Geb. 5. Aug. 1937 Kassel - AR-Mandate.

FROWEIN, Heinz

Dr. jur., Rechtsanwalt, Bürgermeister a. D. (zeitw. Oberbgm.) - Hofaue 95, 5600 Wuppertal-Elberfeld (T. 44 10 21); priv.: Moltkestr. 71 (T. 3 29 60) - Geb. 12. Mai 1905 Elberfeld (Vater: Richard F., RA; Mutter: Ada, geb. Cohnitz), ev., verh. s. 1931 m. Margret, geb. Hüser, 2 Söhne (Wolfgang, Hans-Jasper) - Gymn.; Univ. München, Berlin, Bonn (Promot. 1927). Gr. jurist. Staatsprüf. 1930 - Seit 1930 Anwaltspraxis Wuppertal - Gr. BVK m. Stern, Gold. Ehrenring d. Stadt Wuppertal - Liebh.: Dt. illustrierte Pressedrucke d. 20. Jh. - Spr.: Engl., Franz. - Rotarier (Clubaltpräs. Wuppertal) - 3 Vorf. Bürgerm. Elberfeld: Onkel: Abraham F., Präs. Intern. Handelskammer.

FROWEIN, Jochen Abraham

Dr. jur., Dr. h. c., M.C.L., o. Prof. f. Öffl. Recht, Völker- u. Staatsrecht - Berliner Str. 48, 6900 Heidelberg (T. Heidelberg 48 22 58) - Geb. 8. Juni 1934 Berlin - S. 1967 (Habil.) Lehrtätigk. Univ. Bonn, Bochum (1967 Ord.), Bielefeld (1969 Ord.), Prof. Univ. Heidelberg (1981, Dir. Max-Planck-Inst. f. ausl. öfftl. Recht u. Völkerrecht). 1972-75 Mitgl. Wiss.rat u. s. 1973 Europ. Menschenrechtskommiss.; 1977-80 Vizepräs. Dt. Forschungsgemeinschaft. Fachveröff. - Spr.: Engl., Franz. - Rotarier.

FROWEIN, Werner

Fabrikant (Frobana Maschinenfabrik, Wuppertal-B.), Vors. Fachgem. Maschinen f. d. Schuh- u. Lederind. u. Vorstandsmitgl. VDMA Frankfurt/M. - Windhukstr. 80, 5600 Wuppertal-Barmen - Geb. 3. Sept. 1911 London (Vater: Carl F., Fabr.; Mutter: Hedwig, geb. Sporbeck), verh. 1945 m. Else, geb. Ratheiser - Mitgl. Lions-Club.

FRUCHT-SCHÄFER, Günther

Dr. rer. pol., Vorstandsmitglied VEBA OEL AG - Alexander-v.-Humboldt-Str., 4650 Gelsenkirchen 2.

FRÜH, Isidor

Dr. agr., Landwirt, Vors. Bundesverb. d. Dt. Klein- u. Obstbrenner, MdEP (s. 1973) - Oberdorfstr. 33, 7591 Sasbach - Geb. 13. April 1922 Sasbach b. Achern, kath., verh., 5 Kd. - Realsch. u. Gymn.; 1941-47 Kriegsdst. u. Gefangensch.; landw. Ausbild.; LH Hohenheim (Promot. 1958) - 1952ff. Leit. Heim VHS Bad Waldsee/Landesbauernverb. Württ.-Hoh. 1969-80 MdB. CDU s. 1956 (div. Funkt.).

FRÜHAUF, Martin

Rechtsanwalt, Vorstandsmitgl. Hoechst AG - Zu erreichen üb. Hoechst AG, Postf. 80 03 20, 6230 Frankfurt/M. 80 - Geb. 21. Mai 1933 Offenbach/M. - VR Gerling-Konzern u. Helaba, Kurat.-Mitgl. Max-Planck-Inst. f. ausl. u. intern. Patent-, Urheber- u. Wettbewerbsrecht, AR Wacker Chemie - Spr.: Engl., Franz.

FRÜHSCHÜTZ, Werner

I. Bürgermeister Markt Murnau - Hauserberg 32, 8110 Murnau/Staffelsee - Geb. 12. Jan. 1938 Oberammergau - Zul. Oberamtsrat. CSU.

FRÜHWALD, Arno

Dr. rer. nat., Prof. f. Mechan. Verfahrenstechnik d. Holzes Univ. Hamburg (s. 1977) - Nachtigallenweg Nr. 5, 2057 Reinbek.

FRÜHWALD, Rudolf
Dr., Präsident Bundesbahn-Sozialamt - Karlstr. 4-6, 6000 Frankfurt/M.; priv.: Nachtigallenstr. 47, 6078 Neu-Isenburg - Geb. 22. Mai 1931 - Versch. Mandate.

FRÜHWALD, Wolfgang
Dr. phil., Univ.-Prof. Univ. München (s. 1974) - Römerstädter Str. 4k, 8900 Augsburg-Göggingen (T. 0821 - 9 53 14) - Geb. 2. Aug. 1935 Augsburg, kath., verh. s. 1958 m. Viktoria, geb. Schwarzkopf, 5 Kd. (Johannes, Stefan, Maria, Barbara, Michael) - 1954-58 Stud. German., Gesch., Geogr. u. Phil. Univ. u. TH München; Staatsex. (Dt., Gesch., Geogr.) 1958; Promot. 1961; Habil. f. Neuere Dt. Lit.gesch. 1969 - 1970-74 o. Prof. Trier. 1982-87 Mitgl. Wiss.rat; 1986 Mitgl. d. Senats u. d. Hauptaussch. d. Dt. Forschungsgem.; 1989 Vizepräs. Univ. München - BV: D. St. Georgener Prediger, 1963; Clemens Brentano: Briefe an Emilie Lindner, 1969; Ruhe u. Ordnung, 1976; Eichendorff-Chronik, 1977; D. Spätwerk Clemens Brentanos, 1977; D. Fall Toller, 1979; Ged. d. Romantik, 1984.

FRÜNGEL, Frank

Dr.-Ing., Dipl.-Ing., Physiker - Herwigredder 105a, 2000 Hamburg 56; Käshaldenstr. 5, CH-8052 Zürich - Geb. 7. Mai 1916 Graudenz (Vater: Bruno F., Vermessungsing.; Mutter: Maria, geb. Geyer), ev., verh. s. 1940 m. Ursula, geb. Zielke, 4 Kd. (Dietlind, Sigrid, Uta, Adelheid) - Stud. TH Danzig; Promot. 1944 ebd. - Zahlr. Fachmitgl.sch. Ca. 300 Patente - BV: Impulstechnik (engl. Vol. I u. II 1965, Vol. III 1976, Vol. IV Sparks and Lasers, 1980). Üb. 150 Fachveröff. - 1968 duPont Goldmed. of Society of Motion Picture and Television Engineers (SMPTE); Award Royal Photographic Soc. - Spr.: Engl.

FRÜNGEL, Walter
Dipl.-Kfm., Sparkassendirektor - Platzhofstr. 1, 5650 Solingen (T. 286203; Büro: 286200) - S. 1971 Vorstandsvors. Stadt-Spark. Solingen - Spr.: Engl. - Rotarier.

FRUETH, Manfred
Rechtsanw., Geschäftsführer i. R. Bayer. Bankenverb. (b. 1985) - Theatinerstr. 1, 8000 München 2 (T. 22 70 52) - Geb. 3. Dez. 1919.

FRUHMANN, Günter
Dr. med., Ordinarius (s. 1975), Vorstand Inst. u. Poliklinik f. Arbeitsmed. Univ. München. Leit. Pneumologie Abt. Med. Klinik I Klinikum Großhadern d. Univ. München - Am Brombeerschlag 44, 8000 München 70 - Geb. 12. Dez. 1927 - 1963 Habil., 1969 apl. Prof. f. inn. Med., Arb.med., Lungen- u. Bronchialheilkd., Allergologie, Sozialmed.

FRUHSTORFER, Heinrich
Dr. med., Prof. f. Physiologie Univ. Marburg - Hof Rhoda 6, 3559 Hatzfeld/Eder.

FRYDRYCH, Roman
Dr. rer. nat., Prof. f. Anorgan. Chemie - Nickisch-Rosenegk-Str. 10, 1000 Berlin 38 - Geb. 7. Jan. 1930 Saaz - Promot. 1960; Habil. 1969 - S. 1971 Prof. FU Berlin. Div. Facharb.

FUCHS, Alexander
Dr.-Ing., Direktor - Leibnizstr. 14, 6800 Mannheim - Geb. 17. Dez. 1907 - U. a. Vorstandsmitgl. Enziger-Union-Werke AG., Mannheim.

FUCHS, Andreas
Dr. jur., Staatsrat, Chef der Senatskanzlei d. Freien Hansestadt Bremen - Rathaus, 2800 Bremen (T. 0421 - 361-26 62) - Geb. 2. Dez. 1936 Altenburg, verh. - 1956-60 Jura-Stud. München u. Würzburg, Promot. 1963 Würzburg - Zul. Senatsdir. d. Senators f. Finanzen d. Fr. Hansestadt Bremen - Liebh.: Musik, bild. Kunst - Spr.: Engl.

FUCHS, Anke,
geb. Nevermann

Bundesministerin a. D., MdB (s. 1980) - Ollenhauerstr. 1, 5300 Bonn 1 - Geb. 5. Juli 1937 Hamburg (Vater: Dr. jur. Paul Nevermann), verh., 2 Kd. - Stud. d. Rechtswiss. Univ. Hamburg u. Innsbruck; 1. u. 2. jur. Staatsex. 1960 u. 64 Hamburg - 1964-76 Gewerkschaftstätig. (Ref. Landesbez. Nordmark; 1968 Bez.-sekr. IG Metall Hamburg; 1971 gf. Vorst.-Mitgl. Frankfurt). S. 1977 beamtete Staatssekr.; s. 1980 MdB f. d. Wahlkr. Köln-Süd u. parlam. Staatssekr. b. Bundesmin. f. Arbeit u. Soziales; 1982 (b. Okt.) Bundesmin. f. Jugend, Fam. u. Gesundh.; 1983 stv. Fraktionsvors. u. Vors. AK Sozialpolitik, s. 1987 Bundesgeschäftsf. d. SPD. AR-Mitgl. Klöckner-Werke AG SPD s. 1956. (B. 1971 in Hamburg Mitgl. Landesvorst. SPD u. d. Bürgersch. S. 1979 Mitgl. Parteivorst., s. 1986 Präsid.-Mitgl.).

FUCHS, Anton
Schriftsteller - Kumpfgasse 24, A-9020 Klagenfurt (T. 04222 - 59 73 84) - Geb. 29. Jan. 1920 Wien (Vater: Thomas F., Beamter; Mutter: Helene, geb. Smith), konfessionslos, verh. in 2. Ehe s. 1975 m. Lotte, geb. Jerabek, 2 Töchter (Elisabeth, Judith) - Gymn. u. Univ. Wien (7 Sem. Med., 3 Phil.) - Div. Berufe (1957-73 Angest. Intern. Atombehörde, Wien) - BV: Deserteur, holl. 1958 (unt. Ps. Thomas Elten; nicht im dt. Original erschienen; nachgedr. 1967 Jugosl.); V. Morgen in d. Nacht, R. 1968; Imaginäre Berichte, Erz. 1974; Flaschenpost, Erz. 1985; Deserteur, 1987 - 1967 Förd.preis Wiener Kunstfonds, 1968 u. 1974 Theodor-Körner-Preis, 1977 Förd.preis d. Friedr. Schiller-Stift., 1978 Titel Prof.; Mitgl. PEN-Club u. Kärntn. Schriftst. Verband Kogge - Spr.: Engl., Ital.

FUCHS, Boris
Dipl.-Ing., Research Director u. Deputy Managing Director IFRA, Int. Assoc. for Newspaper and Media Technol., Darmstadt - Herderstr. 37, 6710 Frankenthal (T. 06233 - 2 72 87) - Geb. 9. Okt. 1933 Rybinsk/Wolga (Vater: Paul F., Obering.; Mutter: Johanna, geb. Adler), ev., verh. s. 1959 m. Ingemar, geb. Wiedwilt, 2 Kd. (Stefanie, Jörg Urs) - Neusprachl. Gymn. (Abit. 1953) Frankenthal. 1958 Dipl.-Ing. TH Darmstadt - Vorst.-Mitgl. IARIGAI (Intern. Assoc. of Research Institutes in Graphic Arts); Mitgl. Technical Committee IPTC (Intern. Pres. Telecommunication Council) - Versch. Patente f. Druckmasch. - Zahlr. Artikel in Fachztschr. d. polygraf. Ind. - Spr.: Engl., Franz.

FUCHS, Eckart
Dr. rer. nat., Dipl.-Chem., Prof. f. Molekulare Genetik Univ. Heidelberg - Blütenweg 15, 6905 Schriesheim (T. 06221-56 32 64) - Geb. 30. April 1936 Siegen, verh. m. Dr. med. Carin, geb. Feeser, 2 S. (Martin, Wilm).

FUCHS, Eduard
Geschäftsf. Turbon-Tunzini Klimatechnik GmbH. - Carl-Diem-Weg, 5060 Berg. Gladbach; priv.: Rommerscheider Str. 129 - Geb. 11. Aug. 1930 Hackenberg (Vater: Georg F., Schmied; Mutter: Amalie), kath., verh. s. 1960 (Ehefr.: Gabriele), 2 Kd. (Christoph, Mattias) - Ing.Stud. München - Liebh.: Golf - Spr.: Engl., Franz.

FUCHS, Erich
Dipl.-Sportl., Prof. f. Leibeserziehung einschl. Didaktik Erziehungswiss. Hochsch. Rheinl.-Pfalz/Abt. Landau - Kieferbergstr. 25, 6750 Kaiserslautern.

FUCHS, Erich E.

Dr. med., Internist, Allergologie, apl. Prof. f. Inn. Medizin Univ. Düsseldorf (s. 1976) - Pfitznerstr. 5, 6200 Wiesbaden - Geb. 20. Dez. 1921 Göttingen (Vater: Prof. Dr. jur. Wilhelm F. †; Mutter: Hella, geb. Tiemann †), ev., verh. s. 1946 m. Margret, geb. Jähne, 3 Söhne (Thomas, Andreas, Werner) - Gymn. Göttingen; Univ. Königsberg, Freiburg, Wien. (Med.) Promot. 1945 Göttingen; Habil. 1972 Düsseldorf - B. 1970 ltd. Arzt Asthmaklinik Bad Lippspringe, 1970-86 Dt. Klinik f. Diagnostik Wiesbaden (Fachber. Allergologie). 1978-87 Vors. Dt. Ges. f. Allergie- u. Immunitätsforsch. - BV: Asthma bronchiale in d. Gewerbemed., 1973. Mithrsg.: Fachb. u. a. Manuale allergologicum (m. K. H. Schulz), 1987/88 u. Ztschr. (Allergologie) - 1986 Ernst-von-Bergmann-Plak.; 1988 H. H. Salter Clinical Award (Int. Ass. Allergol. and Clin. Immunol.)

FUCHS, Franz
Malermeister u. Restaurator, Präs. Handwerkskammer Würzburg, Mitgl. Bayer. Senat - Rennwegerring 3, 8700 Würzburg - Geb. 19. Jan. 1924 - 1982 Bayer. VO.

FUCHS, Gerhard
Dr. phil., o. Prof. f. Geographie u. ihre Didaktik Univ./GH Paderborn - Casum 54, 4807 Borgholzhausen - Geb. 13. Juli 1939.

FUCHS, Günter
Dr. jur., Hauptgeschäftsführer Wirtschaftsverb. Erdöl- u. Erdgasgewinnung - Brühlstr. 9, 3000 Hannover (T. 0511 - 32 76 48) - Geb. 13. Febr. 1924.

FUCHS, Günter
Dr. med., Prof., Oberarzt Chirurg. Univ.sklinik Göttingen - Kreiskrankenhaus, 2910 Westerstede - Geb. 1. Aug. 1925 Demmin/Pom. - S. 1963 (Habil.) Privatdoz. u. apl. Prof. (1968) Göttingen. Etwa 50 Fachveröff.

FUCHS, Günter
Dr. phil. nat., Dipl.-Geol., Prof., Hauptkonservator Landessammlungen f. Naturkunde, Karlsruhe - Renchstr. 9, 7517 Waldbronn 1/Baden (T. 07243-61564) - Geb. 31. Juli 1935 - Promot. 1965 Frankfurt/M. - S. 1970 (Habil.) Lehrtätig. Univ. Heidelberg/Fak. f. Geowiss. (gegenw. apl. Prof.). Zahlr. Facharb. - Spr.: Engl., Franz.

FUCHS, Günter
Dipl.-Kfm., Direktor, kaufm. Leiter Stadtwerke Neumünster - Amselweg 12, 2350 Neumünster 8 - Geb. 31. Dez. 1930.

FUCHS, Günter Georg
Dr. med., Dr. rer. nat., em. o. Prof. f. Med. Statistik u. Dokumentation Freie Univ. Berlin/Med. Fak. (s. 1967) - Calandrellistr. 26 c/d, 1000 Berlin 46 (T. 771 21 73) - Geb. 8. Juli 1920 Berlin (Vater: Erich F., Archit.; Mutter: Alma, geb. Bösel), ev., verh. s. 1957 m. Ursula, geb. Rode, 2 Töcht. (Gabriele, Angelika) - Stud. Med. u. Naturwiss. Ärztl. Approb. 1944; Facharzt f. Inn. Med. 1960; Habil. 1964; Facharzt f. Laboratoriumsdiagnostik 1965 (alles Berlin); emerit. 1985 - 1938-54 Wehrmacht u. sowjet. Kriegsgefangensch.; 1954-67 Städt. Krankenhaus Neukölln (b. 1961 Assistenzarzt Inn. Abt., dann Leit. Chem. Inst.) - BV: Mathematik für Mediziner u. Biologen, 1969, 2. A. 1979 (Heidelberger Taschenb. Nr. 54); Krankenhaus-Informationssysteme, 1972 (m. G. Wagner); Med. Forsch.- u. Ausbild.stätte d. Univ. Regensburg, I-III 1971-73 - Spr.: Engl., Franz.

FUCHS, Heinrich
Gewerkschaftssekr. - Breslauer Str. 18, 4152 Kempen/Niederrh. (T. 3926) - Geb. 31. März 1924 Eilendorf b. Aachen, kath., verh. - Volkssch.; Wollmacherlehre - Tuchweber; Kriegsdst. u. Gefangensch.; Sekr. Gewerksch. Textil - Bekleid. (dzt. Geschäftsf. Verw.sst. Kempen). Bürgerschaftsvertr. Kempen; MdK Kempen. 1966-75 MdL Nordrh.-Westf. CDU s. 1949 (div. Funktionen).

FUCHS, Heinz
Dr., Vorstandsmitglied Dt. Bauspark. eGmbH. (s. 1973) - 6100 Darmstadt, priv.: Georgenstr. 8, 6101 Seeheim.

FUCHS, Heinz R.

Dr. phil., Prof., Direktor a. D. Städt. Kunsthalle Mannheim - B7;5, 6800

Mannheim (T. 0621 - 2 51 96) - Geb. 17. Mai 1917 Vaihingen/Enz.

FUCHS, Heinz S.

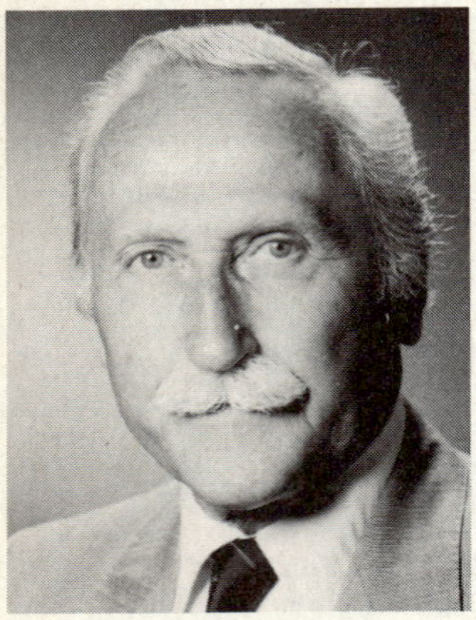

Dr. med., Prof., Generalstabsarzt d. Luftwaffe a. D., Facharzt Inn., Lungenkrankh., Arbeitsmed., Sportmed., Flugmed.; Honorarprof. f. Luft- u. Raumfahrtmed. Justus-Liebig-Univ. Gießen, Berater d. Bundesmin. f. Forsch. u. Technol. (BMFT), Bonn (GA.WW.04) - Zietenstr. 24, 5300 Bonn-Bad Godesberg (T. 36 21 00) - Geb. 12. Sept. 1917 Plauen/Vogtl. (Vater: Theodor F., Kaufm.; Mutter: Marie-Louise, geb. Egloff), ev., verh. s. 1943 m. Elisabeth, geb. v. Horacek - Stud. d. Med. Univ. Berlin u. Wien; Approbation u. Promot. 1942; 1942-45 Luftwaffenarzt; 1946-49 Facharztausbild.; 1949-56 Oberarzt, 1956-58 Chefarzt Tuberkulose-Krkhs. Bassum. 1958-77 Bundeswehr (1968-72 Der Generalarzt d. Luftw.; 1972-77 Amtschef Sanitätsamt. d. Bw.). Präs. Dt. Ges. f. Luft- u. Raumfahrtmed. (DGLRM), München (1974-78) u. Space Medicine Branch, Aerospace Medical Assoc., Washington, D.C. (1977-78); Vorstandsratmitgl. Dt. Ges. f. Luft- u. Raumfahrt (DGLR), Berlin; Kuratoriumsmitgl. d. Hermann-Oberth-Ges., Bremen; Ratsmitgl. Intern. Akad. f. Luft- u. Raumfahrtmed., Montreal, Kanada; Mitgl.: Intern. Akad. f. Astronautik, Paris, Intern. Acad. of Chest Physicians, Chicago, IL, Acad. Cosmologica Nova, München-Wien-Luzern, New York Acad. of Sciences, New York, NY, USA; Fellow u. Ehrenmitgl. zahlr. intern. Akad. u. wiss. Ges. - Üb. 80 wiss. Veröff. einschl. Lehrbuchbeitr. (in dt., eng., ital., portug., chines.) - Gr. BVK; DRK-Ehrenz.; Offz.kreuz Legion of Merit (USA); Komtur- u. Großoffz.-kreuz VO. Ital.; Ehrenmed. franz. Luftw.; Großkreuz m. Stern u. Schulterbd. Luftfahrt-VO, Spanien; Großoffz., Star of South Africa, Rep. Südafrika - Theodore C. Lyster Award (ASMA, Washington, D.C.) 1976; AGARD Award (A) (NATO-AGARD, Paris), 1977; Jeffries Medical Research Award (AIAA, New York, N.Y.) 1978; Melbourne W. Boynton Award (AAS, Washington, D.C.) 1978; Hubertus Strughold Award (ASMA, Washington, D.C.) 1981; Hubertus-Strughold-Preis (DGLRM, München) 1989 - Ehrengalerie d. National Aviation & Space Museum, Washington, D.C., 1974, 1982 Mitgl. Interscientific Commission of Life Sciences COSPAR (Committee on Space Research), Intern. Council of Scientific Unions (ICSU) d. UN, 1986 Ehrenmitgl. Ges. f. Luft- u. Raumfahrtmed.: Rep. Südafrika, Canada, Rep. of China, Philippinen, Italien, Lateinamerika - Spr.: Engl., Ital.

FUCHS, Helmut

Dr. rer. pol., Dipl.-Kfm., Geschäftsführer Primagas GmbH. - Hüttenallee 83, 4150 Krefeld - Geb. 21. März 1933 Vallendar, verh. s. 1957 m. Wilrun, geb. Zimmermann - Dipl.-Kfm. 1957 - Geschäftsf. u. mehr. div. AR- u. Beiratsmand.

FUCHS, Helmut

Dr. jur., Präsident Verwaltungsgerichtshof Baden/Württ. a. D., Mannheim (1978-85) u. Präs. Staatsgerichtshof Baden-Württemberg (s. 1988) - Märchenring 36, 7500 Karlsruhe 51 - Geb. 26. Dez. 1920, ev., verh. s. 1946 (Ehefr.: Ilse), 3 Kd. (Günter, Reinhard, Isolde) - Stud. Rechtswiss. Berlin, Tübingen, Heidelberg. Promot. 1949.

FUCHS, Horst G.

Kurdirektor, Geschäftsf. Vors. Vereinig. d. Ostseebäder u. d. Kur- u. Fremdenverkehrsorte im küstennahen Gebiet - Strandpromenade, 2400 Travemünde; priv.: Ruhleben 9, 2400 Lübeck - Geb. 21. Jan. 1921 Halle/S. (Vater: Paul F., Kaufm.; Mutter: Martha, geb. Deckert), ev., verh. s. 1947 m. Lisa, geb. Theophile, 2 S. (Ulrich, Henning) - Schule (Abit. 1939) u. Univ. Halle (Volksw.); n. Kriegsdst. (zul. Reserveoffz.) Redakteurausbild. dpa - S. 1951 (Auslandskorresp., Industrieangest. (1956), Senatspressechef (Lübeck; 1960), Handelskammersynd. (1965) u. Kurdir. (1971). Präsidialmitgl. Dt. Auslands-Ges. 11 Reiseb. (1961-82, dav. 2 auch engl.) - Ritter Danebrog-Ritterkr. I. Kl. d. Finn. Löwen - Liebh.: Fotogr. - Gold. Sportabz. - Spr.: Engl., Franz., Dän., Schwed., Norweg., Ital., Finn.

FUCHS, Joachim

Dr. rer. nat., Prof. f. Anorgan. Chemie FU Berlin (s. 1969) - Nassauische Str. 64, 1000 Berlin 31 - Geb. 10. April 1924 Berlin - Promot. 1960; Habil. 1967 - BV: Allg. u. Anorg. Chemie, 1972 (m. W. Freiwald). Üb. 70 Aufs.

FUCHS, Jockel

Oberbürgermeister a.D., Vors. Fernsehrat ZDF (s. 1976) - Oechsnerstr. 3, 6500 Mainz (T. 12 20 00) - Geb. 11. Dez. 1919 Hargesheim bei Bad Kreuznach (Vater: Peter F., Vorarbeiter), ev., verh. s. 1951 m. Hannelore, geb. Schlitzer, 2 S. (Holger, Hans-Joachim) - Gymn. (Abit.) - 1938-47 Arbeits-, Wehrdst. (zul. Ltn. Luftw.) u. franz. Gefangensch.; 1948-65 D. Freiheit, Mainz (Redaktionsvolontär, 1950 Bezirks-, 1955 polit. Redakt., 1958 Chefredakt.); 1955-74 MdL Rhld.-Pfalz; 1965-87 Oberbürgerm. Mainz. SPD (u. a. 1966-69 Vors. Rhld.-Pf. u. 1962-73 Mitgl. Bundesvorst.) - 1969 BVK I. Kl., 1971 Ehrendoktor Chung-ang-Univ. Seoul/ Südkorea, Ehrenbürger d. Städte Dijon (Burgund), Zagreb (Kroatien) u. Watford (Engl.), 1973 Gr. Silb. Ehrenz. m. Stern Rep. Österr., 1974 Gr. BVK, 1974 Leibniz-Med. Akad. d. Wiss. u. Lit. Mainz, 1979 Gr. BVK m. Stern, 1987 Schulterband dazu - Rotarier.

FUCHS, Karl

Dr. phil., Gymnasialprofessor a. D., MdB (s. 1969; Wahlkr. 215/Passau; CDU/CSU-Fraktion) - Waldschmidtstr. 34, 8390 Passau (T. 4781) - Geb. 11. Sept. 1920 Empertsreut Kr. Wolfstein, kath., verh., 3 Kd. - Gymn. Passau; 1940-43 (Entlass. weg. Dienstuntauglichk.) Wehrdst. (2 x verwundet, 60 % kriegsbesch.); Univ. München, Wien, Erlangen (Phil., Dt., Gesch., Lat., Griech.). Staatsex. 1948 u. 49; Promot. 1949 - S. 1950 Studien- u. Oberstudienrat (1965) Gymn. Weiden u. Passau (1952; Leopoldinum). S. 1960 Mitgl. Gemeinderat Grubweg (Fraktionssprecher); s. 1966 Kreisrat Passau; 1966 b. 1969 MdL Bayern. CSU (1963 Kreisvors. Passau-Land); MdEP s. 1979.

FUCHS, Karl-Heinz

Bundesrichter Bundesgerichtshof (s. 1970) - Herrenstr. 45a, 7500 Karlsruhe - Geb. 1. Juni 1926 - Zul. LGsdir. Stuttgart.

FUCHS, Karl-Ulrich

Rechtsanw., Aufsichtsrat ARAG Allg. Rechtsschutz Versich. - Brehmstr. 110, 4000 Düsseldorf; priv.: Thomas-Mann-Str. 7 - Geb. 9. März 1913 Querfurt - S. 1953 ARAG.

FUCHS, Katrin

Bundestagsabgeordnete (s. 1983; Landesliste NRW) - Bundeshaus, 5300 Bonn 1 - SPD.

FUCHS, Klaus

Dr. med., Prof., Chirurg - Spreeweg 35, 4800 Bielefeld 11 - 1973 Privatdoz., dann apl. Prof. Univ. Göttingen (gegenw. Chefarzt Chir. Klin. Städt. Krankenanst. Bielefeld-Rosenhöhe).

FUCHS, Konrad

Dr. phil., Prof. f. Neuere Geschichte, Geschichtl. Landeskunde u. Sozial- u. Wirtschaftsgesch. Univ. Mainz (s. 1971) - Ebersheimerweg 38a, 6500 Mainz (T. 5 31 34) - Geb. 11. Jan. 1928 Gebhardshain/Siegerland (Vater: Karl F., Bahnbeamter; Mutter: Magdalena, geb. Wolf), kath., verh. s. 1969 m. Dr. phil. Rosemarie, geb. Pott, S. Michael - Stud. d. Gesch., Phil., Angl., Vor- u. Frühgesch. Univ. Mainz u. Leeds/Engl.; Promot. 1954; Teacher's Certificate of Educat. 1955 London - 1956-70 Höh. Schuldst., 1968 Privatdoz., 1975-77 Dekan. Mitgl. d. Histor. Kommiss. f. Nassau u. Schlesien, d. J.G.-Herder-Forschungsrates u. d. Walther-Rathenau-Gesellsch. - BV: u. a. Schlesiens Industrie, 1968; V. Dirigismus zum Liberalismus, 1970; dtv-Wörterbuch z. Gesch. 2 Bde., 6. A. 1987; Engl. Nacherzählungen I, 5. A. 1976 u. II, 5. A. 1979; D. Erschließung d. Siegerlandes durch d. Eisenbahn 1840-1917, 1974; Siegerländer Unternehmer d. 19. Jh. u. ihr Werk, 1979; Wirtschaftsgesch. Oberschlesiens 1871-1945, 1981; Gesch. d. Verbandsgde Gebhardshain 1815-1970, 1982 Lebensbilder vergessener Mainzer Persönlichkeiten, 1984; Beiträge z. Wirtschafts- und Sozialgeschichte Schlesiens, 1985. 250 Aufs., auch fremdsprachl., in wiss. Ztschr. - Liebh.: Philatelie - Spr.: Engl., Franz.

FUCHS, Manfred

Dr., Dipl.-Kfm., Vorstandsvorsitzender Fuchs Petrolub AG Oel + Chemie - Friesenheimer Str. 15, 6800 Mannheim.

FUCHS, Manfred

Dr. rer. pol., Stadtdirektor u. Stadtkämmerer, Vorstandsmitgl. Gemeinn. Wohnungsges. f. Aachen AG. - Am Chorusberg 13, 5100 Aachen (T. 65262) - Geb. 28. Aug. 1927 Elberfeld (Vater: Erich F., Einzelhändler; Mutter: Emmi, geb. Riegels), verh. s. 1957 m. Doris, geb. Mylenbusch, 3 Kd. (Gabriela, Stefan, Angelika) - Univ. Köln (Wirtschafts- u. Sozialwiss.; Dipl.-Volksw. 1953); Verwaltungs- u. Wirtschaftsakad. Wuppertal (Dipl. 1952). Promot. 1956 - S. 1946 Stadtverw. Wuppertal u. Aachen (1960 Beigeordn. f. Sozialwesen, 1967 I. Beigeordn. u. Stadtkämmerer). ARsmandate - BV: Probleme d. Wirtschaftsstils v. Lebensgemeinschaften, 1957; Betriebsabrechn. in öfftl. Einrichtungen, 1970; Sozialhilfe u. Kriegsopferfürsorge, 1963; Kommunales Haushaltswesen, 1975.

FUCHS, Ottmar

Dr. theol., Dr. habil., o. Prof. f. Pastoraltheol. u. Kerygmatik Univ. Bamberg - An der Universität 2, 8600 Bamberg - Geb. 6. Mai 1945 Buch (Vater: Johann F., Pflegevorsteher †1987; Mutter: Anna, geb. Baier), kath. - BV: Sprechen in Gegensätzen, 1978; D. lebendige Predigt, 1978; D. Klage als Gebet, 1982; V. Gott predigen, 1984; Theol. u. Handeln (Hrsg.), 1984; Prophet. Kraft d. Jugend?, 1986; D. Fremden (Hrsg), 1988; Kirche-Kabel-Kapital, 1989.

FUCHS, Otto

Dr. phil., Chemiker, Honorarprof. f. Physikal. Chemie Univ. Mainz (s. 1967) - Lessingstr. 24, 6238 Hofheim/Ts. - Geb. 26. März 1905 Haardt/Weinstr. - 1935-70 IG Farbenindustrie AG. bzw. Farbwerke Hoechst AG. Fachveröff.

FUCHS, Peter

Prof., Dozent f. Musik, Didaktik u. Methodik d. Musikunterrichts Päd. Hochsch. Karlsruhe - Kantstr. 1, 7552 Durmersheim (T. 07245 - 3807).

FUCHS, Peter

Dr. phil., Prof. f. Völkerkunde (s. 1978) - Klopstockstr. 6, 3400 Göttingen - Geb. 2. Dez. 1928 Wien - Promot. 1954 - S. 1968 (Habil.) Privatdoz. u. apl. Prof. (1972) Univ. Göttingen (Inst. u. Samml. f. Völkerkd.) - BV: D. Völker d. Südost-Sahara, 1961; Tschad, 1966; Kult u. Autorität - D. Religion d. Hadjerai, 1970; Sudan, 1977; D. Brot d. Wüste, 1983; Fachi. Sahara-Stadt d. Kanuri, 1989. Zahlr. Einzelarb. u. Filme.

FUCHS, Peter Paul

Dipl.-Ing., Gf. Gesellschafter Martin Fuchs GmbH + Co., Zirndorf - Heimgartenstr. 16, 8502 Zirndorf (T. 0911-6 00 15) - Geb. 8. Mai 1939, verh. s. 1972 m. Uta, geb. Wondrak, Sohn Martin - Dipl.-Ing. 1964 FHS München - Deleg. Verb. Dt. Spielwarenind. - Spr.: Engl., Franz., Ital., Span.

FUCHS, Rainer

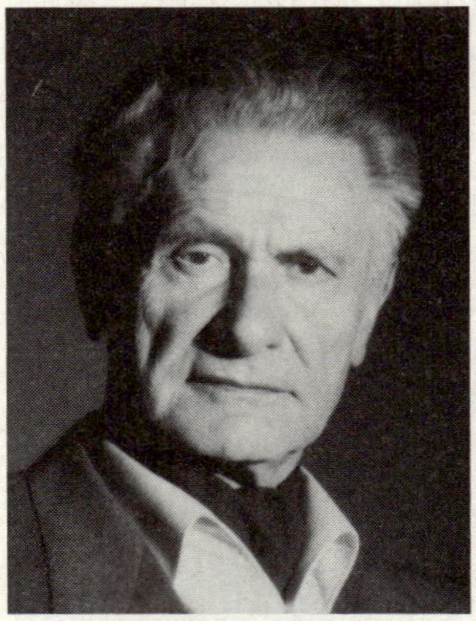

Dr. rer. nat. (habil.), em. o. Prof. u. Direktor Inst. f. Psych. u. Erzieh.wiss. TU München - Feldafinger Str. 15b, 8134 Pöcking - Geb. 20. Okt. 1915 Straßburg - Zul. Prof. Päd. Hochsch. Kiel. Fachveröff.

FUCHS, Sibylle

Prof., Konzertsängerin u. Gesangspädagogin - Graf-Stauffenberg-Str. 24, 6600 Saarbrücken 3 (T. 0681 - 813945) - Geb. 8. Sept. 1921 Wollmatingen b. Konstanz/B. (Vater: Dr. Otto F., Prof. f. Chem. Technologie; Mutter: Hedwig, geb. Haug), ev., led. - 1940-43 Musikhochsch. Frankfurt/M. - Konzerttätigk. In- u. Ausl.; Gesangspäd. Konservat. Mainz (1943-46) u. Musikhochsch. Saarbrücken (s. 1952). Interpretin zeitgenöss. Werke (Ur- u. Erstauff. H. Reutter, H. Hessenberg, P. Hindemith, H. W. Henze, H. Heiß, H. Herrmann, E. Krenek, H. Konietzny u. a.) - Spr.: Franz., Engl.

FUCHS, Traugott

Dr. med. (habil.), Dr. rer. pol., Prof., Chefarzt (Internist) - Elisabethenstift, 6100 Darmstadt - Gegenw. apl. Prof. Univ. Heidelberg (Inn. Med.).

FUCHS, Ursula,

geb. Sievert

Kinderbuchautorin - Herderstr. 18, 6100 Darmstadt - Geb. 6. April 1933 Münster, kath., verh., 3 S. (Matthias, Thomas, Björn [Pflegekind]) - Höh. Handelssch. Münster - Mitarb. Westf. Nachrichten, Münster - BV: u.a. Emma od. D. unruhige Zeit, 1979 (übers. Japan., Holl., Finn., Dän.); D. kleine grüne Drache, 1979 (übers. Japan., Dän., Span.); Wiebke u. Paul, 1982; D. kleine grüne Drache in d. Schule, 1986; Charlotte, einfach nur Charlotte, 1986; D. kleine grüne Drache am Meer, 1988; Steine hüpfen übers Wasser, 1988; Sonntag ist Tina-Sonntag, 1988 - 1980 Dt. Jugendbuchpreis (f. Emma od. d. unruhige Zeit); Auswahlliste dt. Jugendbuchpreis u. 1983 Silb. Feder (f. Wiebke u. Paul) - Liebh.: Kinder, klass. Musik.

FUCHS, Victor

Unternehmer (Brüder Fuchs, Hannover), Vors. Fachgruppe Medizinmechanik Verb. d. Dt. Feinmechan. u. Opt. Industrie, Präs. Europ. Branchenkomit. Eurom - Empelder Str. 96, 3000 Hannover-Badenstedt.

FUCHS, Walther Peter

Dr. phil., em. o. Prof. f. Mittlere u. Neuere Geschichte - Nachtigallenweg 6, 8520 Erlangen (T. 4 12 30) - Geb. 13. März 1905 Remscheid-Lüttringhausen (Vater: Peter F., Diakon; Mutter: Ida, geb. Mertins), ev., verh. s. 1931 m. Marianne, geb. Krämer, 3 Kd. - Univ. Tübingen, Marburg (Promot. 1931), Göttingen (Gesch., Dt. Lit., Theol.) - Assist., 1936 Privatdoz. u. Univ. Heidelberg, 1942 apl. Prof., 1947 Archivleit., 1949 Leit. Collegium Academicum, ebd., 1952 ao., 1957 o. Prof. TH Karlsruhe, 1962 o. Prof. Univ. Erlangen-Nürnberg. 1952 Honorarprof. Univ. Heidelberg - BV: D. dt. Mittelstaaten u. d. Bundesreform, 1934; Akten z. Gesch. d. Bauernkrieges in Mitteldtschl., 1942; Leopold v. Ranke, D. Briefwerk, 1949; Student. Wohnheime u. Gemeinschaftshäuser in Westdtschl., 1951; D. Zeitalter d. Reformation, in: Gebhardt, Handb. d. Dt. Gesch. II, 1955, 2. A. 1970, Taschenb. 1973. Herausg.: Leopold v. Ranke - Aus Werk u. Nachlaß (I 1964, II 1969, III 1973, IV 1975); Staat u. Kirche im Wandel (1966), Großherzog Friedr. I. v. Bad. u. d. Reichspolit. 1871-1907 (I 1968, II 1974, III u. IV 1980); Nachdenken über Gesch. (hg. G. Berg u. V. Dotterweich 1980) - Mitgl. Kommiss. f. gesch. Landeskd. Baden-Württ. (1955) u. Histor. Kommiss. b. d. Bayer. Akad. d. Wiss. (1965).

FUCHS, Werner

Dr. rer. pol., Direktor, Mitgl. d. Geschäftsleit. der Zürich Versicherungen - Zürich-Haus am Opernplatz, 6000 Frankfurt (T. 0611 - 71 15 20 16) - Geb. 21. Dez. 1938 Hannover (Vater: Alfred F., Kaufm.; Mutter: Else, geb. Helde), ev., verh. s. 1964 m. Karin, geb. Schilling, T. Martina - Dipl.-Kfm., Promot. Univ. Göttingen - Liebh.: Lit., Reiten - Spr.: Engl.

FUCHS, Werner

Dr. phil. (habil.), o. Prof. f. Archäologie - Dompl. Nr. 20-22, 4400 Münster/W. (T. 4904581) - Geb. 27. Sept. 1927 - 1959-62 Ref. Dt. Archäol. Inst. Rom u. 1962-66 Ref. Dt. Archäol. Inst. Athen; s. 1963 Doz. u. Prof. Univ. Tübingen (1969 apl.) u. Münster (1972 o.) - BV: u. a. D. Vorbilder d. neuattischenReliefs, 1959; D. Skulptur d. Griechen, 1969 - o. Mitgl. DAI Berlin.

FUCHSBERGER, Joachim

Schauspieler, Moderator, Vertr. d. Kinderhilfswerks d. UN (UNICEF) in d. BRD (1984) - Hubertusstr. 62, 8022 Grünwald/Obb. - Geb. 11. März 1927 Stuttgart (Vater: Wilhelm F., Vertr. f. Linotype-Setzmasch.; Mutter: Emma, geb. Stengel), ev., verh. I) 1950 m. Gitta Lind (Sängerin), II) 1954 m. Gundula, geb. Korte (Schausp.), S. Thomas - S. 1946 u. a. Verlagsangest., Rundfunksprecher, Conférencier, Textdichter u. Schausp. (1954). Eröffnungs- u. Abschlußconférence Olymp. Spiele 1972 München. Liedertexte; BV: Erinnerungen an e. Krankheit, 1978 - Filme: 08/15 (3 T.), D. Lied v. Kaprun, D. letzte Mann, Symphonie in Gold, Lumpazi vagabundus, D. Zwillinge v. Zillertal, D. grünen Teufel v. Monte Cassino, D. feuerrote Baronesse, D. zornigen jg. Männer, Wallace-F., Ich habe sie gut gekannt, Commandos (Ital.), The Unnatural (Ital.), D. Mädchen v. Hongkong, D. fliegende Klassenzimmer, u. a. Fernsehreihe: Nur nicht nervös werden, D. Tod läuft hinterher (3 T.), 11 Uhr 20 (3 T.) u. Show: D. heiße Draht, Spiel mir, Auf los geht's los, Heut' abend (ARD-Talkschow, 1980ff., 1986 200. Send.) - 1961 Gold. Bildschirm, 3 x Intern. Filmband in Silber Italien (f.: Ich habe sie gut gekannt), 1970; 1969 u. 1982 Gold. Bambi; 1979 Bayer. VO; 1982 Gold. Kamera; 1983 z. 100. Mal BR-Fernsehen/III. Progr.: Heut' abend - Liebh.: Motor- u. Segelfliegen, Fußball, Schmalfilmen, Gartenarb. - 1943 3. Judo-Meisterschaft d. Rhld. im Halbschwergewicht (Düsseldorf) - 1983 BVK; 1983 Pfeifenraucher d. J. - Spr.: Engl., Franz.

FUCHSHUBER, Annegret

Freischaffende Illustratorin - Breitwiesenstr. 40A, 8900 Augsburg 21 - Geb. 6. Mai 1940 Magdeburg, kath., verh., 3 Kd. - Abit.; Werkkunstsch. - Veröff. v. Kinderb. u. Bilderb. in 13 Spr. - 1984 Dt. Jugendlit.-Preis; Österr. Staatspreis Illustration.

FUCHSHUBER, Erich J.

Luftwaffenoffizier a. D., MdL Nieders. - Haydnstr. 23, 2190 Cuxhaven (T. 04721 - 3 88 31) - Geb. 29. April 1945 Eislingen/Fils (Vater: Adolf F., Obering.; Mutter: Franziska, geb. Dangelmayer), kath., verh. s. 1969 m. Heidi, geb. Lüth - MdK u. Ratsmitgl. Stadt Cuxhaven (Vors. CDU-Frakt.). S. 1973 Vors. Ges.polit. Vereinig. f. überparteil. Öffentlichkeitsarbeit; s. 1983 Vizepräs. Studienges. f. staatspolit. Öfftl.keitsarb. u. Vizepräs. Intern. Akad. f. Bild. u. Politik - Liebh.: Reitsport, Tennis, Lesen - Spr.: Engl., Franz.

FUCHSSTEINER, Benno

Dr. rer. nat., o. Prof. f. Mathematik - Obernheideweg 19, 4791 Paderborn-Elsen - Geb. 14. Juni 1941 Berlin (Vater: Wilhelm F., Ing.; Mutter: Luise, geb. Limpens), verh. s. 1966 m. Helga, geb. Steffan, S. Felix - Abit. 1961; Dipl.-Phys. 1965; Promot. 1967 (alles Darmstadt) - S. 1969 Prof. TH Darmstadt u. GH Paderborn (1973 Ord.). Herausg. v. Sammelw. Üb. 50 Facharb. - Liebh.: Tennis - Spr.: Engl., Franz.

FUCKNER, Helmuth

Dr. rer. nat., Prof., em. Ordinarius für Didaktik der Geographie Univ. Erlangen-Nürnberg (s. 1973) - Welsweg 5, 8520 Erlangen - Geb. 21. Febr. 1915 - BV: Erdgeschichte u. Landschaftskunde Frankens, 2. A. 1962.

FUDICKAR, Eberhard

Dipl.-Kfm., Geschäftsf. PWA-Kunststoff GmbH., Redenfelden (s. 1973) - Memeler Str. 22, 8201 Raubling/Obb. - Geb. 27. Juli 1938 Vater: Dr. med. Gustav. F., Chirurg; Mutter: Hildegard, geb. Platte), ev., verh. m. Gisela, geb. Obenaus, 4 Kd. (Antje, Ilske, Silke, Axel) - Gymn. (Abit. 1958); Bundesw. (1960 Oblt. d. R.); Univ. Würzburg (Dipl. 1964) - Zul. Vertriebsleit. Alcan-Folien GmbH. 1979ff. Präs. EFPA - Liebh.: Phil., Gesch. - Spr.: Engl., Franz., Span.

FUDICKAR, Wolf-Dieter

Kaufmann, Geschäftsf. Fudickar & Simmer GmbH, Wuppertal - Viktoriastr. 67, 5600 Wuppertal 1 (T. 0202 - 30 23 55) - Geb. 14. Dez. 1913 Elberfeld (Vater: Eduard Albert F.; Mutter: Adele, geb. Laubeck), ev., verh. s. 1944 m. Marie-Luise, geb. Kruse, 4 Kd. (Marion, Gabriele, Sybille, Dietrich) - Stud. 1934/35 Univ. Nottingham, 1935/36 Univ. Genf - Geschäftsf. Fudickar & Simmer GmbH; Vors. Vertetervers. Landesversich.-Anst. Rheinprovinz, Düsseldorf - BVK.

FÜCHTBAUER, Hans

Dr. rer. nat., em. Prof. f. Geologie, bes. Sedimentgeol. - Kemnader Str. 349b, 4630 Bochum (T. 79 19 69) - Geb. 3. Aug. 1921 Tübingen (Vater: Prof. Dr. phil., Ord. f. Experimentalphysik Univ. Rostock u. Bonn (s. XIII. Ausg.); Mutter: Erika, geb. Blank), verh. s. 1952 m. Christa, geb. Harm, 2 Töcht., (Maria, Annette) - Univ. Göttingen, Bonn, Zürich, Promot. 1949 Göttingen (Min.); Habil. 1965 Tübingen (Mineral.) - 1949-67 Mineraloge Gewerksch. Elwerath/Erdölw. Hannover; 1965-67 Privatdoz. Univ. Tübingen; s. 1967 Ord. Univ. Bochum (emerit. 1987) - BV: Sediment-Petrologie, 1969, Neubearb. 1988 - 1981 Ehrenmitgl. Soc. Econ. Pal. Min. (USA); 1984 Hans-Stille-Med.; Mitgl. Leopoldina - Bek. Vorf.: Georg Simon Ohm, Physiker. 1789-1854 (vs.).

FÜGER, Wilhelm Friedrich

Dr. phil., o. Prof. f. engl. Philol. Freie Univ. Berlin (s. 1973) - Dahlemer Weg 92A, 1000 Berlin 37 (T. 817 86 60) - Geb. 7. Febr. 1936 Bodenbach (Vater: Wilhelm F., Kaufm.; Mutter: Angela, geb. Fritsche), kath., verh. s. 1967 m. Dr. med. Nevenka, 2 Kd. (Bernhard, Andrea) - Stud. d. Angl., Amerikan., Roman. Univ. München; Promot. 1963; Habil. 1970 - Zun. Höh. Schuldst., 1968 Stip. Dt. Forsch.gemeinschaft. Zahlr. Fachveröff. - Liebh.: Flugsport - Spr.: Engl., Franz. - Lit.: Kürschners Dt. Gelehrtenkalender, Th. Finkenstaedt: Neuer Anglistenspiegel (1983); Manfred Scheler: Berliner Angl. in Vergangenh. u. Gegenwart (1987).

FÜHNER, Fritz

Dr. med., Prof., Hygieniker u. Bakteriologe i. R. - Haberkamp 8, 3118 Bad Bevensen (T. 05821 - 72 76) - Geb. 20. März 1917 Königsberg/Pr. (Vater: Prof. Dr. med. Hermann F., zul. Ord. f. Pharmak. u. Toxikol. Univ. Bonn (s. X. Ausg.); Mutter: Isa, geb. Keipert), ev., verh. s. 1946 m. Ilse, geb. Strampe, 3 Kd. (Eva-Maria, Christine-Angelika, Conrad-Michael) - Gymn. Bonn (Beethoven) u. Niesky (Herrnhuter); Univ. Bonn u. Leipzig. Med. Staatsex.- 1942, Promot. 1943, Habil. 1953 - S. 1953 Univ. Hamburg (1958 apl. Prof.); 1960-67 Univ. (Lehrst. f.Bakt. u. Parasit.) u. Gesundheitsinst. Kabul/Afghan. (Leit. Dt. Gruppe); ehem. Ltr. d. Serolog. Abt. u. Stellv. Ltr. d. Lehranst. im Hyg. Inst. d. Freien u. Hansestadt Hamburg; jetzt i. R. Mitentwickl. d. Spirochaeteneiweißreaktionen (Pallida-Reaktion) z. Luesseroodiagnose - BV: Z. Bedeutung d. Agglutination u. Komplementbind. z. Unterscheid. d. Leptospirenantikörper, 1953. Üb. 50 Einzelarb. - Liebh.: Gartenarch. - Spr.: Engl. - Bek. Vorf.: Conrad F. (erste Bilderdrucke d. Bibel um 1500).

FÜHR, Fritz

Dr. agr., Prof. f. Radioagronomie Univ. Bonn, Direktor Inst. f. Radioagronomie KFA Jülich GmbH - Weissdornweg 7, 5170 Jülich (T. 02461 - 23 59) - Geb. 23. Juli 1934, ev., verh. s. 1966 m. Gisela, geb. Thieheuer, 4 Kd. (Friederike, Arndt, Hartmut, Annette) - Landwirtschaftslehre; Stud. Landwirtsch. TU Berlin u. Univ. Bonn; Promot. (Agrikulturchemie) Bonn - 1980 Prof. f. Radioagronomie Univ. Bonn; Dir. Inst. f. Radioagronomie KFA Jülich GmbH; s. 1975 Leit. Projektträgerschaft Umweltchemikalien f. Bundesmin. f. Forschung u. Technologie - Liebh.: Musik (Klassik u. Jazz), Sport (Tennis, Prellball, Wandern, Schwimmen) - Spr.: Engl.

FÜHRBÖTER, Alfred

Dr.-Ing., o. Prof. f. Hydromechanik u. Küstenwasserbau TU Braunschweig (s. 1971) - Joseph-Fraunhofer-Str. 35, 3300 Braunschweig - Geb. 26. März 1931 Hamburg (Vater: Alfred F., Obering.; Mutter: Mira, geb. Schmidt), ev., verh. s. 1967 m. Annedore, geb. Asbrand, 4 Kd. (Uta, Maike, Anne Katrin, Jens Fred) - Winckelmann-Sch. Stendal (Abit.); TU Berlin u. Hannover (Dipl.-Ing.). Promot. (1961) u. Habil. (1966) Hannover - 1957-71 Wiss. Mitarb. Assist., Obering., Privatdoz. TU Hannover - BV: Üb. d. Förderung v. Sand-Wasser-Gemischen in Rohrleitungen, 1961; D. Druckschlag durch Brecher auf Deichböschungen, 1966; Änderungen d. Wahrscheinlichk. v. Extremsturmfluten, 1976. Üb. 80 Veröff. - Spr.: Engl.

FÜHRER, Artur K.

Schriftsteller, Künstler - In der Schanze

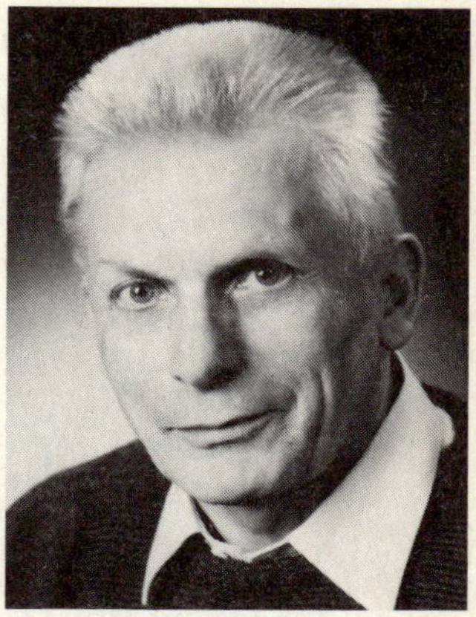

65, 4250 Bottrop (T. 02041 - 2 39 20) - Geb. 12. Okt. 1929 Großensee/Thür., verh. s. 1956 m. Renate, geb. Assmann, 2 Kd. (Volker, Ina) - Abit. 1949; Stud. Univ. Halle, Kassel u. Köln - 1968 Gründ. u. Leit. Dt. Haiku-Zentrale; 1968-70 Gründ. u. Leit. 1. Lit.büro Ruhrgebiet (Bottrop); s. 1968 Leit. Galerie 7 u. artothek bottrop; 1970 Vors. Künstlervereinig. Bottrop - BV: haiku, Lyrikbd. 1970; gogo 50225, cod. Texte 1974; bin bei dir, Lyrikbd. 1979; doppelpunkt, Ged. u. Prosa 1985; Schausp. Abschied, 1988 (Autor). Hörstück: Freitag d. 13. (WDR u. NDR), Mitarb. an FS-Send. (WDR, HR, ZDF, SAT1, RTL plus). S. 1954 Darst. in Kurz- u. Kinofilmen (u.a. Stadtrand). Kunstausst. im In- u. Ausl. - 1974 Objekt-Stip. (Folkwang) Mona-Lisa-Pr. Duisburg (zus. m. Hans Stilett); 1979 Goldmünze d. Stadt Bottrop f. Lit.förd.; 1987 1. Kulturpr. f. Kunst- u.d Lit.förd. - Liebh.: Fallschirmspringen, Drachenflug, Ballonfahrt, Bergwandern - Spr.: Engl., Russ., Kiswahili (Suaheli).

FÜHRER, Claus

Dr. phil. nat., Prof. TU Braunschweig - Tulpenweg Nr. 30, 3300 Braunschweig - Geb. 31. Jan. 1926 Hamburg (Vater: Hans F., Ing.; Mutter: Elsa, geb. Fuhrmann), ev., verh. s. 1952 m. Elinor, geb. Remy, 2 Kd. (Claus, Lore-Maria) - Stud. d. Pharmazie; Promot. 1957; Habil. 1965 Frankfurt - Fachmitgl.sch. - Spr.: Engl., Schwed.

FÜHRER, Erwin

Dr. phil., Prof. f. Forstentomologie u. Forstschutz - Balderichgasse 22, A-1170 Wien - B. 1973 Privatdoz., dann apl. Prof. Univ. Göttingen. Vorst. Inst. f. Forstentomol. u. Forstschutz Univ. f. Bodenkultur Wien.

FÜHRER, Hansjakob

Dipl.-Ing., Prof. f. Entwerfen u. industrialisiertes Bauen sow. Planung v. Industriebauten TH Darmstadt - Wittmannstr. 29, 6100 Darmstadt.

FÜHRER, Helmut K. E.

Freischaffender Parfumeur-Créateur, Geruchs- u. Geschmacksexperte - Hohenzollernring 33, 2000 Hamburg 50 - Geb. 15. Juni 1927 Suhl/Thür. (Vater: Karl F.; Mutter: Antonie, geb. Fischer), ev., verh. s. 1968 m. Helga, geb. Hanfft, 1 S. (Philipp Marcel Helmut) - Abit. (1944); Praktikum Grasse, Paris, Nyon, Genève - S. 1952 Parfumeur-Créateur (1968-72 Chefparf. Dragoco & Co.), Schöpfer bek. Duftwässer (u. a. Hamburger Wasser/Eau de Hambourg - entstand aus 98 versch. Gewürzölen, Tinkturen u. Infusionen), Berat., Gutachten, Rezepte f. Parfümerien u. Körperpflegemittel. Üb. 850 Fachveröff. (Parfümerie, Riechstoffe, Kosmetik). S. 1984

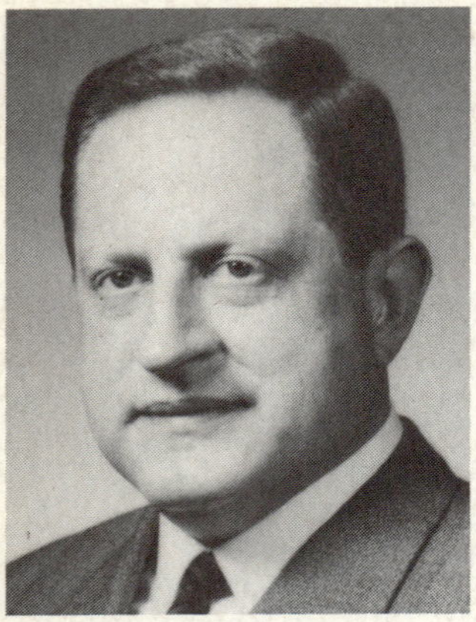

Immobilienfachwirt u. Hausmakler - Liebh.: Golf, Reiten, Polo.

FÜHRER, Reinhard

Betriebswirt, MdA Berlin (s. 1975) - Drusenheimer Weg 27, 1000 Berlin 47 - Geb. 22. Nov. 1945 Gaweintal - CDU.

FÜHRLER, Matthias

I. Bürgermeister - Rathaus, 8123 Peißenberg/Obb.; priv.: Böhmerwaldstr. 22 - Geb. 5. Jan. 1931 Penzberg - Zul. Gewerkschaftssekr. SPD.

FÜLBERTH-SPERLING, Georg

Dr. phil., Prof. f. Politikwissenschaft - Friedrich-Naumann-Str. 20, 3550 Marburg/L. - Geb. 25. Sept. 1939 Darmstadt (Vater: Georg F., Schreiner; Mutter: Anna, geb. Zipp), verh. m. Urte Sperling, 2 Kd. (Jochen, Maruta) - 1959-65 Univ. Frankfurt/M. (German., Gesch.), 1965-66 FU Berlin u. Univ. Marburg (Soziol., Polit.). Staatsex. 1964; Promot. 1970 - S. 1972 Prof. Univ. Marburg. Vorst.-Mitgl. Bund demokr. Wiss.ler - BV: Proletar. Partei u. bürgerl. Lit., 1972; D. dt. Sozialdemokr. 1890-1933, 1974 (m. Jürgen Harrer); Gesch. d. BRD in Quellen u. Dok., 1982; Leitfaden durch d. Gesch. d. BRD, 1983; Konzeption u. Praxis sozialdemokr. Kommunalpolitik 1918-33, 1984; D. Beziehungen zw. SPD u. KPD in d. Kommunalpolitik d. Weimarer Periode 1918/19 b. 1933, 1985. Mithrsg.: Gesch. d. dt. Gewerkschaftsbeweg. (2. A. 1978) - Spr.: Engl., Franz., Ital.

FÜLDNER, Eckart

Dr. phil. nat., Prof. f. Geographie PH Ludwigsburg - Pädag. Hochsch., Postf., 7140 Ludwigsburg - Geb. 25. Juli 1937 Dortmund, ev., verh. s. 1963 - Univ. Frankfurt/M. Beide Staatsex. f. d. höh. Lehramt - Zul. Assist. Frankfurt u. Doz. Reutlingen - BV: Agrargeogr. Unters. in d. Ebene v. Thenaloniki, 1967. Schulbuchautor: Unser Planet, Erdkunde u. Unsere Erde - Spr.: Engl.

FÜLGRAFF, Barbara

Dr. phil., Prof. f. Sozialwiss. m. Schwerp. Weiterbildung Univ. Oldenburg - Ammerländer Heerstr. 67-99, 2900 Oldenburg - Geb. 1935 Berlin - Promot. 1963 - 1963-72 Wiss. Ass. u. Akad. Rat f. Soziol. Univ. Frankf. - BV u. a.: Fernsehen u. Familie, 1965; Lernen im Alter, 1976; Vorbereitung auf d. Alter, 2. A. 1981; Alter als Thema d. eig. Biographie, 1980; Neue Mitarbeiter in d. Weiterbildung, 1981; Mädchenbücher aus 3 Jh., 1983; Beruf u. Studium, 1986 (m.a.). Beitr. in Sammelbänden u. Ztschr. zur Medienforschung, wiss. Weiterbild., Professionalisierung, soz. Gerontologie.

FÜLGRAFF, Georges

Dr. med., Prof. f. Pharmakologie u. Toxikologie - Sybelstr. 6, 1000 Berlin 12 (T. 030 - 323 82 25) - Geb. 14. Juli 1933 Straßburg - Med. Staatsex. u. Promot. 1959 Freiburg; Wiss. Assist. in Freiburg u. New York; Habil. 1968 Freiburg - 1969 Wiss.-Rat u. Prof. RWTH Aachen; 1972 o. Prof. Univ. Frankfurt; 1972 Präs. Bundesgesundheitsamt Berlin; 1980 Staatssekr. d. BMJFG in Bonn; s. 1982 freiberufl. wiss. Berater f. Umwelt- u. Gesundheitspolitik; Mitgl. Sachverst.rat f. Umweltfragen - BV: Pharmakotherapie-Klin. Pharmakologie, 7. A. 1989; Lebensmittel-Toxikologie, 1989 - Spr.: Engl., Franz.

FÜLLEBORN, Ulrich

Dr. phil., em. o. Prof. f. Neuere dt. Literaturgeschichte - Loewenichstr. 11, 8520 Erlangen (T. 2 43 99) - Geb. 21. April 1920 Ritschenwalde/Prov. Posen (Vater: Otto F., Rentmeister; Mutter: Elisabeth, geb. Karnath), ev., verh. s. 1952 m. Liselotte, geb. Krenz - Reform-Realgymn. Brandenburg/H.; Univ. Berlin u. Hamburg (German., Phil., Angl., Roman.). Promot. (1958) u. Habil. (1964) Hamburg - S. 1964 Lehrtätigk. Univ. Hamburg (Doz.) u. Erlangen-Nürnberg (1965 o. Prof. u. Mitvorst. Dt. Sem.) - BV: D. Strukturproblem d. späten Lyrik Rilkes, 2. A. 1973; D. dramat. Geschehen im Werk Franz Grillparzers, 1966; D. barocke Grundspannung Zeit-Ewigkeit in d. Trauersp. Lohensteins, 1969; D. dt. Prosaged., 1970. Herausg.: Adolf Beck, Forschung u. Deutung - Ausgew. Aufs. z. Lit. (1966); Dt. Prosaged. d. 20. Jh. (Textsamml., m. K.-P. Dencker, 1976); Studien z. Dt. Lit. Festschr. f. Adolf Beck (m. J. Krogoll, 1979); Materialien z. Rainer Maria Rilkes Duineser Elegien, Bd. 1-3 Selbstzeugn., Forschungsgesch., Rezeptionsgesch. (m. M. Engel, 1980 u. 82); Dt. Prosaged. v. 18. Jh. b. z. letzten Jahrhundertwende (Textsamml., m. K. Engelmann, 1985); D. neuzeitl. Ich in d. Lit. d. 18. u. 19. Jh. z. Dialektik d. Moderne. E. intern. Symposion (m. M. Engel, 1988). Div. Einzelarb. - 1974 Grillparzer-Ring - Spr.: Engl., Franz. - Lit.: Z. Geschichtlichkeit d. Moderne, Festschr. f. U. F. (1982).

FÜLLING, Helmfrid

Dipl.-Kfm., Generalbevollm. Direktor Siemens AG (Vertriebsleit. Ber. Datentechnik) - Otto-Hahn-Ring 6, 8000 München 83 - Geb. 26. Sept. 1934 Berlin - Abit. 1954; Dipl. 1959 Univ. München - 1959-65 ZKA Auswertung; 1965-74 Geschäftsber. Datenverarb.; 1974-76 Vors. Geschäftsfg. Computer Ges. Konstanz mbH; 1976ff. Leitg. Vertrieb Datentechnik; 1989 Regionen Inland - Liebh.: Sport, Gesch.

FÜLLKRUG, Armin

Oberlandesgerichtsrat a. D., Vizepräs. i. R. d. Ev. Kirche v. Kurhessen-Waldeck - 3500 Kassel-W'höhe - Geb. 13. Dez. 1914 Bad Homburg v. d. H., ev., verh. s. 1947 m. Lieselotte, geb. Hübner, 3 Kd. (Hans-Jürgen, Gabriele Füllkrug-Barner, Cornelia Füllkrug-Weitzel) - B. 1960 hess. Justizd. (zul. OLG Frankfurt/M.); 1962 Ständ. Mitarb. d. Ztschr. f. Ev. Kirchenrecht; 1969-84 Vors. Kurat. d. Inst. f. Kirchenbau u. mod. kirchl. Kunst d. Ev. Kirche in Deutschl. an d. Univ. Marburg; 1973-85 Vorst.-Vors. Lichtenau Orthopäd. Klinik u. Rehabilitationszentrum d. Diakonie, Hess. Lichtenau; 1979 Lerhauftr. f. Kirchenrecht Univ. Marburg, Fachbereich f. Ev. Theol. - BV: Hans v. Sodens kirchenrechtl. Werk, 1965; Artikel Kirche u. Staat in Fahlbusch: Taschenlex. f. Relig. u. Theol. (TRT), 2. A. 1984. Mithrsg.: Samml. Staat u. Kirche Hessen, Rheinl.-Pfalz, Saarl. (1970); Kirche u. Staat, Rechtstexte f. Stud. u. Praxis, 1984 - 1973 Ehrenz. Johanniter-Unfallhilfe, 1973 BVK I. Kl., 1979 Symposion f. Armin Füllkrug Autonomie d. Kirche, 1980 gr. BVK. 1975 u. 1979 Gold. Sportabz. (5x). Lit.: Wiss. Besprechung d. Symp. in Ztschr. f. Ev. Kirchenrecht, 1984, Heft 4.

FÜNFER, Ewald

Dr. rer. nat., Dr.-Ing. e. h., Wiss. Mitgl. d. Max-Planck-Ges. u. em. Direktor a. Max-Planck-Inst. f. Plasmaphysik, Garching - Gerstäckerstr. 43, 8000 München 82 (T. 430 80 31) - Geb. 14. Okt. 1908 Heidenheim/Brenz, verh. s. 1940 m. Anny, geb. Enderlein, 3 T. (Jutta, Christine, Gabriele) - S. 1953 (habil.) Lehrtätigk. TH München (1960 ao. Prof.) - BV: Zählrohre u. Szintillationszähler, 1953 (m. H. Neuert); Ergebnisse d. exakten Naturwiss. - Plasmaphysik, 1962 (m. G. Lehner).

FÜNFGELD, Ernst Walter

Dr. med., Ltd. Medizinaldirektor i. R., Chefarzt d. Schloßbergklinik Wittgenstein, Spezialklinik f. MS- u. Parkinsonkranke, 5928 Bad Laasphe, Prof. f. Psychiatrie u. Neurologie a. d. Univ. d. Saarlandes, Honorarprof. f. Psych. Univ. Marburg - Weintrautstr. 10, 3550 Marburg/L. - Geb. 14. Aug. 1922 Freiburg/Br. - S. 1964 (Habil.) Lehrtätigk.

FÜNFSTÜCK, Wolfgang

I. Bürgermeister - Rathaus, 8588 Weidenberg/Ofr. - Geb. 16. Mai 1944 Puletschnei - Zul. Regierungsamtm. Fr. Wählergem. (FWG).

FÜNGERS, Hans

Geschäftsf. Gesellschafter d. Hans Füngers Feinkostfabrik GmbH & Co., Präs. Bundesverb. d. dt. Fischindustrie u. d. -großhandels e. V. Hamburg - Düsseldorfer Str. 51, 5600 Wuppertal 1 - Geb. 24. Aug. 1925.

FÜRCHTENICHT-BOENING, Walter

Vorstandsmitgl. ARAL AG. - Wittener Str. 45, 4630 Bochum; priv.: Josephinenstr. 22 - Geb. 14. Dez. 1912 Bremen - S. 1960 stv. u. o. Vorstandsmitgl. ARAL.

FÜRER, Arthur

Dr., Dr. h. c., Rechtsanwalt - Chemin des Roches, CH-1803 Chardonne - Geb. 18. Dez. 1920 Gossau/St. Gallen (Vater: Carl F.; Mutter: Clara, geb. Staub), kath., verh. s. 1951 m. Bea, geb. Hofer, S. Amdo - Gymn. Feldkirch (Österr.); Univ. Fribourg, Bern u. St. Gallen (Promot. Staats- u. Rechtswiss.); Rechtsanw. im Kanton St. Gallen; 1944-46 Anwaltstätigk. in e. Wirtschaftsverb., 1947-54 Rechtskonsulent u. Dir.sekr. Georg Fischer AG, Schaffhausen; s. 1954 Nestlé S.A. in Vevey (1969-75 Generaldir. Finanzabt., 1975-82 VR-Deleg., 1982-84 Präs.). Zahlr. Ehrenämter - 1976 Ehrendoktor Univ. Guadalajara/Mexiko - Spr.: Engl., Franz., Ital., Span.

FÜRER, Gotthard

Dipl.-Ing., Präsident Oberbergamt Clausthal-Zellerfeld f. Länder Niedersachsen, Scheswig-Holst., Bremen, Hamburg u. Berlin - Hindenburgpl. 9, 3392 Clausthal-Zellerfeld - Geb. 15. Aug. 1927 Breslau - Hochschulstud. Bergakad. Clausthal u. Univ. Köln; Ass. d. Bergfachs. Mitgl. Nieders. Akad. d. Geowiss., Lehrauftr. TU Clausthal u. a. Ämter.

FÜRNKRANZ, Otmar Friedrich

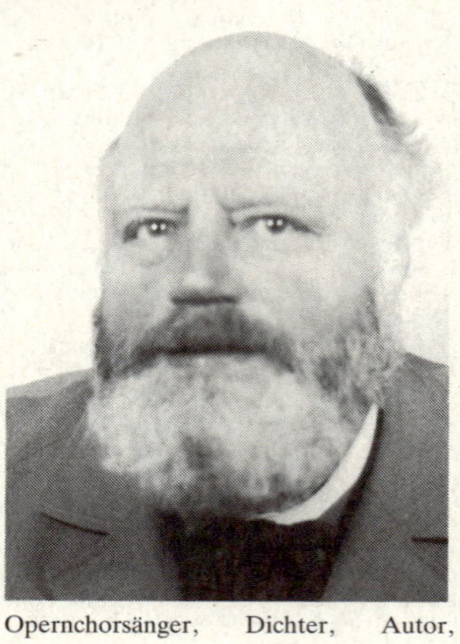

Opernchorsänger, Dichter, Autor, Schriftst., Publizist, Formkünstler, Versstilist, Sprachvirtuose - Kleine Rosengasse 1, 8630 Coburg - Geb. 13. Dez. 1931, ev., verh. s. 1966 m. Margarete Johanna, geb. Perner - Oberrealsch. Frankfurt; Knabeninst. Dr. Lucius Forsthaus b. Echzell; Aufbausch. Friedberg; Priv. Gesangsausb. - Opernchorsänger: 1964-65 Städtebundtheater Hof, 1965-66 Landestheater Detmold, 1966-69 Städt. Bühnen Lübeck, 1970-71 Stadttheater Hildesheim, 1971-72 Theater Osnabrück, 1972-74 Theater Ulm, 1974-75 Landestheater Flensburg, 1975-78 Theater Coburg - BV: u. a. D. trojanische Pferd, 1981; Träume e. Einsamen, 1982; Wünsche u. Ziele; in Vorb. folgende Lyr., epische u. dramat. Werke: D. blaue Blume d. dt. Spätromantik, m. d. seltensten Lyrik- u. Metrikarten, Merlus u. Sulla, gr. hist. Drama in 5 Akten, Heinz u. Elisabeth, Lyr.-epische Brieferz. - Spez. Arbeitsgeb.: u. a. strenge Versmaße v. antiken Oden, Renaissancesonetten m. ital. u. span. Endecasillabo, sow. romanische Versformen, wie Strambottos, Rispetti, Villancicos m. span. Estribillo, Artemenors, Artemayors, Sizilianen, Madrigale, Liras, Kanzonen, Rondelle, Ritornelle, Huitains, Villanellen, Villoten, sow. auch orientalische Versformen, wie Ghasele, Rubais, sow. auch jap. Versformen, wie Tankas, Haikus, Hokkus, engl. Versformen, wie Rhymeroyals, Burnsstanzas, Rouadels usw., ferner auch Balladen, Romanzen, Hymnen, Elegien, Dithyramben, Epigramme, Gelegenheitsged., polit. nat. Ged., Cantos, Kantaten, Heroiden, Xenien, Invektive usw. Insges. 60-70 Versformen.

FÜRNROHR, Walter

Dr. phil., o. Prof. f. Didaktik d. Geschichte - Lärchenstr. 19, 8035 Gauting/Obb. - Geb. 31. Dez. 1925 Regensburg - Promot. 1952 Erlangen - S. 1971 Ord. Univ. Erlangen-Nürnberg. 1971-75 Vors. Konfz. f. Geschichtsdidaktik; s. 1980 Vors. Intern. Ges. f. Geschichtsdidaktik - BV: D. Immerwährende Reichstag zu Regensburg, 1963; Kurbaierns Gesandte auf d. Immerw. Reichstag, 1971; Ansätze e. problemorientiert. Gesch.didaktik, 1978. Herausg. u. Mitautor: Gesch.didakt. Stud. in d. Univ. (1972); Gesch.-didakt. u. Curriculumentwickl. I (1974); Gesch.didakt. im intern. Vergleich (1979); (zus. m. Kirchhoff) Ansätze empir. Forsch. im Bereich d. Gesch.didakt. (1976); Afrika im Gesch.unterr. europ. Länder (1982); D. Welt d. Islams im Gesch.unterr. d. Europäer (1984).

FÜRNTRATT-KLOEP, Ernst

Dr. phil., o. Prof. f. Psychologie RWTH Aachen, Päd. Fak. (s. 1972) - Grünenbäumchen 32, 5060 Bergisch-Gladbach - Geb. 10. März 1938 München (Vater: Maximilian F., Kaufm.; Mutter: Ida, geb. Kortschak), verh. s. 1980 m. Marion Kloep, geb. Kloep, 3 Kd. (Kai, Anja-Michaela, John) - IV. Bundesrealgymn. Graz; Univ. Graz u. Wien (Psych., Zool.; Prof. Weinhandl u. Reisinger). Promot. 1961 Graz - 1964-68 Wiss. Assist. Univ. Gießen; 1968-72 Lektor Univ. Uppsala - BV: Angst u. instrumentelle Aggression, 1974; Motivation schul. Lernens, 1976; Zwang u. Repression im Schulunterr., 1976; Lernprinzip Erfolg, 2 Bde. (zus. m. Chr. Möller), 1982 - Liebh.: Musik, Satire, Skisport - Spr.: Engl., Schwed.

FÜRSEN, Ernst Joachim

Dr. jur., Rechtsanwalt, Honorarkonsul d. Niederlande f. d. Kreise Rendsburg-Eckernförde, Dithmarschen u. Stadt Kiel - Kanzlei: Dr. Fürsen & Kaminski, Rendsburger Str. 30, 2374 Fockbek/Rendsburg (T. 04331 - 6 10 65); priv.: Alte Landstr. 23, 2371 Schülp/NOK (T. 04331 - 65 11) - Geb. 16. Febr. 1942 Stettin (Vater: Ernst Joachim F., Offz.; Mutter: Margot Entz-v. Zerssen), ev., verh. s. 1971 m. Angelica, geb. Stahlberg, 3 Kd. (Nicolaus, Cay, Antoinette) - Banklehre; Stud. Rechtswiss. Jurist. Staatsprüf. 1970 u. 74; Promot. 1973 - IMEDE (PED-15/1978) Bank- u. Wirtschaftstätigk. (1980-82 Geschäftsf.) - BV: D. Hardesvogt im Herzogtum Schleswig. Herausg.: Mitt. d. Canal-Vereins - Liebh.: Gesch. - Spr.: Engl., Franz., Niederl.

FÜRST, Ansgar

Dr. phil., Chefredakteur Badische Zeitung Freiburg - Keltenring 18, 7815 Kirchzarten (T. 07661 - 54 58) - Geb. 10. Febr. 1930 Heidelberg, kath., verh. s. 1959 m. Helga, geb. Laug, 3 Kd. (Urs Christoph, Bettina, Götz Tobias) - Stud. Univ. Freiburg u. Heidelberg (Soziol., Neuere Gesch., Staatslehre, Päd.); Promot. 1957 Heidelberg - 1961 Theodor-Wolff-Preis - Spr.: Engl., Franz.

FÜRST, Carl Gerold

Dr. jur., Prof. f. Kirchenrecht u. Kirchl. Rechtsgesch. Univ. Freiburg - Kartäuserstr. 35, 7800 Freiburg (T. 2 38 75; dstl. 203 20 25) - Geb. 17. Febr. 1933 Wien (Vater: Rudolf F., Verleger; Mutter: Margareta, geb. Baborek), kath., verh. s. 1962 m. Edeltraut, geb. Pflügl, 4 Kd. (Carl Gerold, Johannes Christoph, Christine Maria, Georg Rudolf) - Gymn. Wien; 1951-60 Stud. Phil., Theol. u. Jura Univ. Wien, Innsbruck u. Rom; Promot. 1960 Wien, Habil. 1966 Salzburg - 1961-65 Univ.-Assist. Innsbruck; 1965-71 Assist. Salzburg (1970 ap. Prof.); 1971 o. Prof. Freiburg; 1978 Konsultor d. Päpstl. Kommiss. f. d. Revision d. Ostkirchenrechts; 1983 Generalsekr. Ges. f. d. Recht d. Ostkirchen - BV: Cardinalis. Prolegomena zu e. Rechtsgesch. d. röm. Kardinalskolleg., 1967; Ehe als Stand u. als Prozeß, (m. W.-J. Rewers) 1976 - 1967 Kardinal-Innitzer-Preis; 1969 Ritter d. O. v. Hl. Grab - Liebh.: Musik, Archäol., Philatelie - Spr.: Engl., Franz., Ital., Neugriech.

FÜRST, Elisabeth

Schriftstellerin - Bucherstr. 74, 8500 Nürnberg - Geb. 25. Dez. 1904 Nürnberg (Vater: Adolf F., Oberlehrer; Mutter: Margarete, geb. Geyer), ev. - Lehrerseminar Nürnberg/Erlangen (Stud. roman. Spr.) - 42 J. Lehrtätigk. (zul. Oberlehrerin), Mitgl. u. a. VFS, Max-Dauthenday-Ges. - BV/Ged.: Gesicht e. Landschaft (1963/77), Heimat Europa (1963), Land d. Silberdistel (1966); Vers.-R.: Auf Seide geschrieben - Aus dem Leben des Malers und Dichters Kiu (1965). Sprechoratorien: Die heilige Woche - Passion, Ostern, 1967; Leben u. Tod d. Soldaten Kama - aus e. Nachlaß, 1968. Mundart: Nürnberger Weihnacht, Laien- u. Hörsp. 1954, 71, 76; Da lachst di scheckat, Ged. 1963; G'schichten aus'm Alltag, 1965; D. lustige Fremdenführer, 1965; Döi Weihnachtsgschicht, 1973; Heilige Zeit (Advent - Dreikönig), 1978; Ged. u. Prosa: Das Bauernjahr, 1978; Allmächt, etz su wos!, 1978; Spiel: Eppelein v. Gailingen, 1973; D. Spiel v. hl. Sebaldus, 1979. Beitr. in 15 Anthol., 120 Ged.-Vertonungen; Tonband-Kassetten m. z. Zt. 68 Kunstliedern, 1981 - Lyrik-Preis: Rose aus Zinn; Mundartehrg: Hans Sachs-Taler m. Meisterbrief.

FÜRST, Heinrich

Schauspieler u. Regisseur - Varnhagenstr. 38, 4000 Düsseldorf (T. 343334) - Geb. 9. Dez. 1906 Ludwigshafen/Rh., kath., verh. m. Helene, geb. Weiser, 2 Söhne (Manfred, Thomas) - Univ. Würzburg, Berlin, München (Rechtswiss.). Refer.ex. - S. 1932 Bühnen Würzburg, München (Kammersp.), Erfurt, Stettin, Berlin (Schiller-Theat.), Hamburg (Staatl. Schauspielhs.) u. Düsseldorf (1941, Städt. Bühnen). Rollen: u. a. Mephisto, Othello, Wallenstein, Philipp, Geßler, Burleigh, Herodes, Aegist, Götz (Sartre). Rundfunk u. Fernsehen - Liebh.: Filmen u. Fotografieren.

FÜRST, Manfred

Dr. phil. nat., o. Prof. f. Geologie Inst. f. Geowiss., Joh. Gutenberg-Univ., Mainz - Becherweg 21, 6500 Mainz; priv.: Hartmplt. 11, 8605 Hallstadt - Geb. 25. Nov. 1925 Hallstadt - Promot. 1954; Habil. 1963 - 1970 Wiss. Rat u. Prof., 1974 Prof. u. Abtlg.-Vorst. Lehrveranstalt.: Angewandte Geologie.

FÜRST, Peter

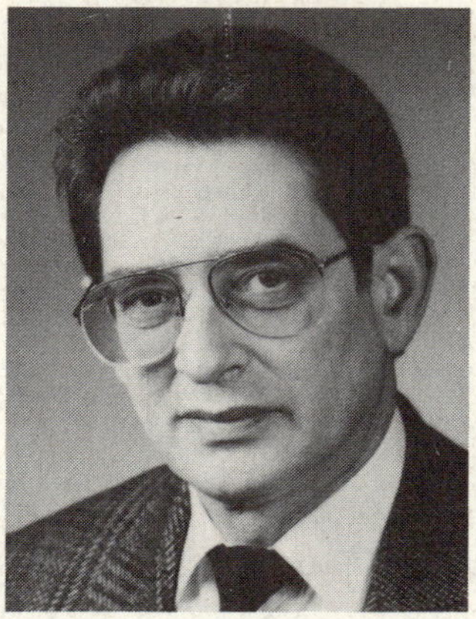

MD, Ph.D., Dr. med., Prof. f. Biochemie u. Ernährungswiss. Univ. Hohenheim/Stuttgart - Planckstr. 119, 7000 Stuttgart 1 - Geb. 17. April 1936 Budapest (Vater: János F., Agrarökonom; Mutter: Erzsébet, geb. Jakab), kath. - Schulen Budapest (Abit. 1954); 1948-55 Stud. Konservat. Budapest, Ex. Gesch. d. Musik, Harmonielehre u. Kompos. 1955; 1954-56 Med.-Stud. Univ. Budapest; nach Emigr. aus Ungarn u. polit. Asyl in Österr. 1957-67 Stud. Med., Chemie u. Biochemie in Stockholm, 1967-69 Karolinska Inst. Stockholm, Approb., Promot. 1969, Facharztanerk. 1971, Habil. 1972 - 1967-72 Assist. Arzt u. wiss. Assist. Stockholm; 1972-81 Dir. Metabol. Forsch.labor St. Eriks Krankenhaus Stockholm; 1981ff. Prof.-C4 u. gf. Dir. Inst. f. Biol. Chemie u. Ernährungswiss. Univ. Hohenheim/Stuttgart. Beratertätigk.; ab 1976 Gastprof. f. klin. Biochemie Columbia Univ., New York - Entd.: Histidin, e. essent. Aminosäure b. Urämie - BV: Rd. 300 Veröff. üb. Protein- u. Aminosäuren-Stoffwechsel, Toxizität b. d. Urämie, sowie biochemische Methodik - 1983 Lett. Bergami; 1984 Lect. Wretlind; 1987 Am. Coll. Nutr. Award; 1988 Konrad-Lang-Preis - Liebh.: Klass. Musik, bild. Kunst - Spr.: Ungar., Schwed., Engl., Russ.

FÜRST, Reinmar

Dr. rer. comm. (habil.), Dipl.-Kfm., apl. Prof. f. Betriebswirtschaftsl. Univ. Hannover (s. 1965) - Campestr. 9-1, 3340 Wolfenbüttel (T. 7 28 54) - Geb. 18. Nov. 1910 Bad Königswart (Vater: Dr. Egon F., Notar; Mutter: Margarethe, geb. Scharnagl), kath., verh. s. 1938 m. Elisabeth, geb. Schindler, T. Christine - Wirtschaftsuniv. Wien (Dipl.-Kfm. 1934, Promot. 1936) - 1936-76 Glas-, Süßwaren- u. Verpackungsind. (zul. Wiss. Mitarb. Geschäftsf. Schmalbach-Lubeca GmbH) - CDU - BV: Bilanzierungsgrundsätze i. d. Praxis, 1956; Insolvenzen i. betriebsw. Schau, 1962; Verpackung Gelobt, Getadelt - Unentbehrlich!, 1973; D. Verarb.. v. Kunststoffen i. Gegenw. u. Zukunft, 1974 (Hrsg.); Verpackung gehört z. Infrastruktur, Zitatensammlung, 1976; Sieben Wegweiser zu e. Leitbild, Essays 1978; Elitenbild. u. Dritte ind. Revolution, 1980; Pius XII. Rückblick u. Ausblick, 1983 - 1977 Ritter d. Ritterord. v. Hl. Grabe; 1978 Johannes-Hoffmann-Preis - Liebh.: Gesch. u. Kunstgesch. - Spr.: Engl., Franz., Tschech.

FÜRST, Ursula

Illustratorin - Preyergasse 20, CH-8001 Zürich - Geb. 14. Febr. 1947 - Kunstgewerbesch. Zürich - Illustratorin v. Kinderb. u. Bildergesch. S. 1983 Comics f. versch. Ztschr.: Tages Anzeiger Magazin, Strapazin - BV: u.a. D. Baum, d. Vogel u. d. Junge, 1975; André Deutsch, 1975; Riesen haben kurze Beine, 1976; Windjo, 1981 - 1984 IBBY; Ehrendipl. d. Hans Christian Andersen Pr.; 1985 Comicausz. Klamauk; 1986 Comics d. Monats Karussell DRS.

FÜRSTENAU, Justus

Dr. phil., Hauptgeschäftsführer Verb. Dt. Maschinen- u. Anlagenbau (VDMA) - Lyoner Str. 18, 6000 Frankfurt/M. 71 - Geb. 17. März 1929 Berlin.

FÜRSTENAU, Peter

Dr. phil., Psychoanalytiker u. Berat. Sozialwiss., Honorarprof. Univ. Gießen (s. 1975) - Grafenberger Allee 365, 4000 Düsseldorf (T. 66 17 14) - Geb. 20. Mai 1930 Berlin (Vater: Dr. med. et phil. Georg F., Nervenarzt; Mutter: Rose, geb. Miodowski) - Stud. d. Phil., Soziol., Klass. Philol. Univ. Berlin, Frankfurt; Psychoanalyt. Ausb. Berlin u. Gießen - 1960-62 Doz. PH Berlin; 1969-73 Privatdoz., Prof. u. Abt.vorst. Univ. Gießen; s. 1973 Leit. d. priv. Inst. f. angew. Psychoanalyse. Mitgl. Dt. Psychoanalyt. Vereinig. u. Dt. Ges. f. Soziologie - BV: Soziologie d. Kindheit, 4. A. Heidelberg 1973; Zur Theorie psychoanal. Praxis, Stuttgart 1979. Herausg.: D. psychoanalyt. Beitrag z. Erziehungswiss., Darmstadt 1974 - Liebh.: Bild. Kunst, Tanz - Spr.: Engl.

FÜRSTENBERG, von, Benedikt

Wäsche- u. Bekleidungsfabrikant - Postf. 380, 7320 Göppingen/Württ. - Geb. 1911.

FÜRSTENBERG, Friedrich

Dr. rer. pol., Univ.-Prof. f. Soziologie Univ. Bonn - Adenauerallee 98a, 5300 Bonn 1 - Geb. 22. April 1930 Berlin, ev., verh. s. 1958 m. Christa, geb. Kupfer, 2 Kd. (Martin, Anita) - Univ. Tübingen (Phil., Wirtschaftswiss.). Promot. 1953 Tübingen; Habil. 1962 Erlangen - Forschungsaufenth. Ithaca/USA (1953-54 Cornell Univ.) u. London (1956-57 School of Economics); 1959-61 Leit. Ausbildungsabt. Daimler-Benz AG; s. 1963 Ord. Bergakad. (TH) Clausthal, Univ. Linz (1966), Univ. Bochum (1981), s. 1986 Univ. Bonn. 1983-86 Präs. Intern. Ind. Relations Assoc. - BV: Probleme d. Lohnstruktur, 1958; Industriesoziol. I, 2. A. 1966; Wirtschaftssoziol., 2. A. 1970 (auch span. u. japan.); Das Aufstiegsproblem in d. mod. Ges., 2 A. 1969; Religionssoziol., 2. A. 1970; Grundfragen d. Betriebssoziol., 1964; D. Sozialstruktur d. Bundesrep. Dtschl., 6. A. 1978 (auch chines.); D. Soziallage d. Chemie-Arbeiter, 1968; Soziol., 3. A. 1978; Japan. Unternehmensführ., 2. A. 1981 (auch engl.); Ind.soziol. II 1974 u. III 1975; Ind. Arbeitsbeziehungen, 1975; Konzeption e. interdisz. organis. Arbeitswissenschaft, 1976; Soziale Unternehmenspolitik, 1977; Einf. i. d. Arbeitssoziol., 1977 - Spr.: Engl., Franz.

FÜRSTENBERG, Heinz-Siegbert

Dr. med., Prof., Chirurg - Greifswalder Weg 31, 6800 Mannheim 31 - Geb. 4. März 1926 Berlin - Promot. 1957; Habil. 1967 - Gegenw. apl. Prof. f. Chir. Univ. Heidelberg. Zahlr. Vortr. u. Aufs.

Fürst zu FÜRSTENBERG, Joachim Egon

Kaufm., Inh. Säge- u. Holzwerk Fürst zu Fürstenberg KG, Hüfingen, Gesellsch. Autohaus Freiburg GmbH u. Autohaus Fürstenberg GmbH, Baden-Baden, Kompl. Fürstl. Fürstenberg. Brauerei KG ebd. - Schloß, 7710 Donaueschingen - Geb. 28. Juni 1923 Schloß Grund/Tschechosl. (Vater: Max Egon Prinz zu Fürstenberg; Mutter: Wilhelmine Gräfin v. Schönburg-Glauchau), verh. 1947 m. Paula Gräfin zu Königsegg-Aulendorf, 6 Kd. - Chef d. Hauses Fürstenberg.

FUESS, Rainer

Direktor, Vorstandsmitglied Benteler AG - Residenzstr. 1, 4790 Paderborn.

FÜSSL, Karl Heinz

Komponist, Musikwissenschafter, o.

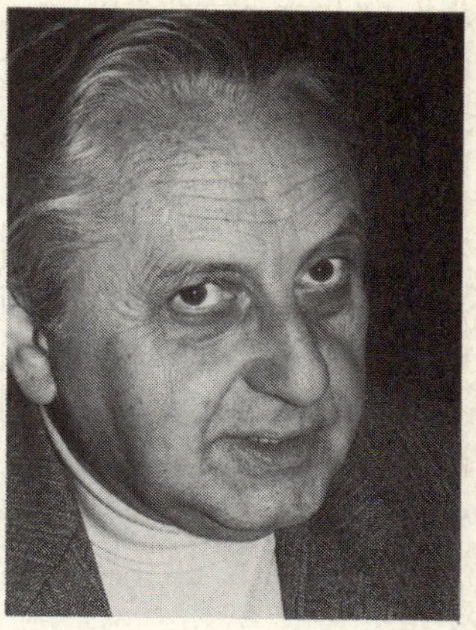

Hochschulprof. (Ord. f. Formanalyse) Musikhochsch. Wien (s. 1985) - Pettenkofengasse 4, A-1030 Wien - Geb. 23. März 1924 Jablonec (ČSSR), kath., verh. s. 1950 m. Liliane, geb. Wagner, T. Susanne - Stud. Musikhochsch. Berlin b. 1942, Musikhochsch. (damals Akad.) Wien 1946-50; Komposition u. Theorie zunächst im Selbststud.; Stud. in Berlin b. K. F. Noetel u. Hugo Distler (Chorltg.), in Wien b. A. Uhl, H. Swarowsky (Dirigieren), priv. b. d. Schönberg-Schülern Erwin Ratz u. Josef Polnauer (Formanalyse) - 1950 Bühnenkomponist, Mitarb. d. Haydnforschers H. C. R. Landon; 1953-56 Musikkritiker; ab 1955 Mitarb. Neue Mozart Ausg.; s. 1958 Tätigk. im Musikverlag Universal Edition Wien; ab 1974 Leit. Gustav-Mahler-Gesamtausg.; ab 1974 Lehrer f. Formanalyse Musikhochsch. Wien - Publ. u.a. Mahler G.A.: VIII. Symphonie; NMA: Streichquartette, Divertimenti; Wiener Urtext Edition: Mozart, Klaviersonaten; Haydn: Tänze f. Klavier; Beethoven: 4-händige Klaviermusik - Opern: Dybuk, Celestina, Kain. Ballett: D. Maske. Orchestermusik u. Kammermusik, Motetten u. Kantaten, Orgelmusik. Lieder: Hölderlin-Liederb. (7 Hefte), Brecht-Liederb. (3 Hefte), Dialogue in praise of the Owl and the Cuckoo (nach Shakespeare), Concerto rapsodico n. G. M. Hopkins; Suspicium ad antorem (n. engl. Anon. u. Beaumont), Cantiunculae amoris (nach Ovidius u. Petronius) u.a. - 1970 Österr. Staatspr.; 1975 Würdigungspreis f. Musik; 1976 Preis d. Stadt Wien - Liebh.: Lit., neue Physik, Tiefenpsychologie - Spr.: Engl.

FÜTTERER, Dietmar

Vorstandsmitglied Fiat Automobil AG - Turmstr. 8, 6927 Bad Rappenau (T. 07264 - 73 10) - Geb. 21. Juli 1942 Gaggenau.

FUGGER von GLÖTT, Graf, Albert

Rechtsanwalt, Land- u. Forstwirt, Chef d. Hauses Fugger-Glött - Fuggerei 56, 8900 Augsburg - Mitgl. Bezirkstag v. Schwaben u. MdK Unterallgäu; Vors. Senior d. Fürstl. u. Gräfl. Fugger'schen Familienseniorrates.

FUHLISCH, Günter

Dirigent, Komponist, Arrangeur - Goldröschenweg 8, 2000 Hamburg 65 (T. 040 - 536 18 37) - Geb. 1. Sept. 1921 Cottbus (Vater: Erich F., Eisenbahninsp.; Mutter: Helene, geb. Libera), verh. in 2. Ehe (1966) m. Margot, geb. Wulfes), 3 Kd. (Michael, Annette, Andreas) - Musikhochsch. (Konservat.) Leipzig - S. 1950 NDR Hamburg. S. 1986 Doz. Hambg. Konservatorium (Fächer: Klassik, Popularmusik u. Big-Band), Doz. Hochsch. f. Musik, Hambg. (Fach: Posaune [Jazz]). Unterhaltungsmusik. Schlager: D. alte Seemann kann nachts nicht schlafen u. a. - BV: Neue Schule f. Zugposaune - Liebh.: Modelleisenb. - Spr.: Engl.

FUHLROTT, Rolf M.
Dr.-Ing., Bibliotheksdirektor Univ. Karlsruhe - Kaiserstr. 12, Postf. 6920, 7500 Karlsruhe 1 (T. 0721 - 608-31 06) - Geb. 19. Aug. 1934 Itzehoe - Gymn. Köln; Stud. Bauwesen u. Verkehrsplan. Univ. Karlsruhe; Dipl. 1961, Fachprüf. 1971, Promot. (Arch.) 1975 - S. 1972 Mitgl. Baukommiss. Dt. Bibliotheksinst., s. 1977 Bibl.dir. Univ. Karlsruhe - BV: Informationsbedarf u. Informationsgewohnh. v. Ingenieurwiss., 1971; Deutschsprachige Arch.-Ztschr., 1975; Speicherbibl., 1982. Herausg.: Inneneinricht. v. Bibl. (1978); V. Bauen neuerer Bibl. (1979); Bibliotheksbau heute (1981); Ztschr. ABI-Technik (1981 ff.); Bibliotheksneubauten in d. Bundesrep. Deutschl. (1983); zahlr. Fachveröff. - Spr.: Engl. - Bek. Vorf.: Prof. Dr. Johann Carl Fuhlrott (1804-1877), Entd. d. Neandertalers.

FUHR, Ernst
Dr. jur., Prof., Justitiar Zweites Dt. Fernsehen (s. 1962) - Lerchenberg, 6500 Mainz - Geb. 12. Febr. 1925 Bad Kreuznach/Nahe (Vater: Ernst F., Kaufm.; Mutter: Anna, geb. Fuhr), kath., verh. s. 1954 m. Wilma, geb. Böhm, 2 Kd. (Mario, Marina) - Gymn. Bad Kreuznach (Abit. 1943); 1946-49 Univ. Mainz (Rechts- u. Staatswiss.). Gr. jurist. Staatsprüf. 1952; Jur. Promot. 1952 (Mainz, Rechts- u. Staatswiss.) - 1958-62 Landesreg. Rhld.-Pfalz (zul. ORR Landesvertr. Bonn) - Mitgl. Intern. Presse- (IPI) u. Rundfunk-Inst. (IIC) u. a. AR-Mitgl.sch. ztw. Lehrbeauftr. Univ. Dortmund - BV u. a.: D. Recht d. Fernsehens auf freie Berichterst. (1976); Komm. z. ZDF-Staatsvertr. (Hrsg. u. Mitverf., 1985); Ordnung u. Konflikt als Strukturelemente e. föderalen Rundfunkorg. (1986); D. medientechnol. Wandel als Gestaltungsaufgabe d. Rundfunkrechts (1987); sow. weit. Artikel - BVK am Bde. - Spr.: Engl.

FUHR, Klaus-Joachim
Dr. med. dent., Prof., Direktor poliklin. Prothet./Univ.klinik f. Zahn-, Mund- u. Kieferkrankh. Mainz - Augustusplatz 2, 6500 Mainz (T. 17 30 20) - Geb. 16. April 1929 Bammental (Vater: Dr. Max F., Zahnarzt; Mutter: Anne, geb. Lenz), ev., verh. s. 1963 m. Gabriele, geb. Peiper, 3 Kd. (Oliver, Corinna, Caroline) - Gymn. Wiesbaden; Univ. Mainz (Zahnheilkd.; Staatsex. 1954). Promot. (1954) u. Habil. (1965) Mainz - 1968 Abteilungsvorsteher u. Prof. Univ. Saarbrücken; 1971 Ord. Univ. Mainz; 1974-76 Dekan, 1979 gf. Dir. Div. Fachmitgliedsch.

FUHRHOP, Hans-Jürgen
Landwirt, MdL Nieders. (s. 1970, CDU) - Uelzener Str. 1, 3141 Melbeck (T. Embsen 223).

FUHRHOP, Jürgen-Hinrich
Dr. rer. nat., Prof. f. Bioorgan. Chemie - Sundgauer Str. 61, 1000 Berlin 37 - Geb. 4. Febr. 1940 Berlin - Promot. 1966 u. Habil. 1973 TU Braunschweig, 1978 Prof. f. Organ. Chemie FU Berlin - BV: Laboratory Methods in Porphyrin Chemistry, Elsevier (m. K. M. Smith), 1975; Bioorganische Chemie, 1979.

FUHRIG, Reiner
Dr. med. vet., Tierarzt, Aufsichtsratsvors. Volksbank Seligenstadt (s. 1975) - Am Breitenbach 3, 6453 Seligenstadt (T. 06182-2 36 64) - Geb. 30. Dez. 1937 Wiesbaden (Vater: Alfred F., Apotheker; Mutter: Wilhelma), ev., verh. s. 1967 m. Helga, geb. Schuldner, Tierärztin, S. Steffen - Abit. 1958, Univ. Gießen b. 1964, Promot. 1967 - Spr.: Engl. - Präs. Lionsclub Seligenstadt (1983/84).

FUHRMANN, Ernst
Dr.-Ing., Prof. TU Wien, Vorstandsvorsitzer i. R. Porsche AG (1971-80) - Seilergasse 2, A-1010 Wien - Geb. 21. Okt. 1918 Wien - AR Voest Alpine AG, Linz, AR-Mitgl. Böhler AG, Düsseldorf (Vors.); Chem. Werke Hüls, Marl - 1980 Gr. BVK.

FUHRMANN, Günter Fred
Dr. med., Prof. f. Molekulare Pharmakologie d. Membrantransportes Univ. Marburg, Inst. f. Pharmakol. u. Toxikol. - Karl-von-Frisch-Str., 3550 Marburg (Lahn) - Geb. 7. Nov. 1932.

FUHRMANN, Helmut
Dr. phil., Prof. f. Germanistik GH Kassel (s. 1972) - Hainbuchenstr. 44, 3500 Kassel - Geb. 1. März 1929 Braunschweig - Promot. 1956 - Zul. Doz. Univ. Lund (Schweden) - BV: D. dt.sprach. Drama s. 1945, Gesamtdarstell. u. Einzelinterpret. (zus. mit W. Buddecke), 1981; Phil. Texte im Lit.unterricht, 1985.

FUHRMANN, Horst
Dr. phil., Prof., Historiker, Präs. Monumenta Germaniae Historica, München (s. 1971) - Sonnenwinkel 10, 8031 Steinebach/Wörthsee - Geb. 22. Juni 1926 Kreuzburg/Schl. - S. 1962 Ord. f. Gesch. Univ. Tübingen u. Regensburg (1971); Dr. h. c. (Tübingen, Bologna). Zahlr. Veröff. - Div. Mitgliedsch - 1981 Preis Cultori di Roma; 1986 Orden Pour le mérite; 1988 Gr. BVK m. Stern.

FUHRMANN, Jürgen
Dr. rer. nat., Prof. f. Physikal. Chemie TU Clausthal (s. 1986) - Inst. f. Physik/Chemie Arnold Sommerfeldstr. 4, 3392 Clausthal-Zellerfeld (T. 05323 - 72-22 05) - Geb. 18. Juli 1937 Dortmund (Vater: Dr. rer. nat. Ernst-Adolf F., Physiker; Mutter: Elsbeth, geb. Jörgens), ev., verh. s. 1961 m. Ursula, geb. Schmidt, 2 Kd. (Axel, Birgit) - Abit. Wuppertal; Dipl.-Phys. Aachen. Promot. (1967) u. Habil. (1971) Clausthal - 1971-74 Doz TU Clausthal, 1974-86 Prof. f. Physik/Chemie Univ. Kaiserslautern, s. Okt. 1986 TU Clausthal. Spez. Polymere - BV: Übungsaufg. z. Math. f. Chemiker, 1976 (m. H. G. Zachmann) - Spr.: Engl.

FUHRMANN, Jürgen
M.A., Dramaturg, Regiss., Theaterpäd., Journ., Schausp. Postf. 46, 3501 Ahnatal (T. 05609 - 93 94) - Geb. 21. Sept. 1953 Kassel, ev., ledig, 3 Pflegekd. (Daniela, Daniel, Yilmaz) - Stud. Theaterwiss., Publiz., Gesch. (nebenher Päd., Musik u. Schauspielunterr.) - Freisch. (stets Jugendkulturarbeit, auch m. jugendlichen Strafgefangenen); 1980-82 ltd. Dramat. Schloßtheater Celle; 1984-86 Leit. Kinder- u. Jugendtheater Kreuz & Quer in Berlin; 1987 Gründung Jugendtheater Profisorium, Ahnatal; 1988 Referenten- u. beratungsfunktionen - Zahlr. Insz., Rollen, u.a. Regie: Rick Cluchey, D. Käfig (1983 Ballhaus Naunystr.). Insz.: D. Sieger v. Peter Heusch (UA Ballhaus). Eig. Stück: Weißt du wohin? u. Märchenoper Zwerg Nase (UA 1985 Hebbeltheater Berlin), Stücke: 1988 Vermummt, UA The Show must go on. Autor v. Drehb., Theaterst., Libretti, Revuen - Liebh.: Theater, Musik, Lit., Politik - Spr.: Engl., Franz., Russ.

FUHRMANN, Karl
Dr. med., Prof., Chefarzt i. R. Geburtshilfl.-Gynäk. Abt. Ev. Krankenhs. Herne (s. 1962) - Hohenrodstr. 2, 4690 Herne/W. (T. 50712) - Geb. 29. Juli 1919 Wuppertal, ev., verh. s. 1950 m. Dr. Ursula, geb. Baumm, 2 Kd. (Cornelia, Hans-Christian) - Apl. Prof. Ruhr-Univ. Bochum.

FUHRMANN, Manfred
Dr. phil., o. Prof. f. Lat. Philologie - Auf dem Stein 40, 7770 Überlingen/B. - Geb. 23. Juni 1925 Detmold (Vater: Arzt), verh. s. 1954 m. Eva, geb. Mezger - Univ. Freiburg/Br. u. Leiden (Niederl.). Promot. (1953) u. Habil. (1959) Freiburg - S. 1959 Lehrtätigk. Univ. Freiburg/Br. (Privatdoz.), Kiel (1962 Ord.), Konstanz (1966 Ord.). Mitgl. Forschungsgruppe Poetik u. Hermeneutik Heidelberger Akad. d. Wiss. - BV: D. systemat. Lehrb. - E. Beitr. z. Gesch. d. Wiss. in d. Antike, 1960; D. Antike u. ihre Vermittler, 1969; Einführ. in d. antike Dichtungstheorie, 1973; Alte Sprachen in d. Krise? - Analysen u. Progr., 1976; Brechungen - Stud. z. antik-europ. Bildungstradition, 1982; D. antike Rhetorik, 1984; Cicero, Biogr. 1989. Herausg.: Anaximenis Ars rhetorica, 1966; Terror u. Spiel - Probleme d. Mythenrezeption, 1971; Röm. Lit. (Neues Handb. d. Lit.-wiss. 3), 1974; Wieland. Übers. d. Horaz, 1986. Übers.: Cicero, Sämtl. Reden, 7 Bde., 1970-82.

FUHRMANN, Otto
Dr. jur., Ltd. Ministerialrat a. D., AR-Vors. Hinterbliebenenkasse AG., Karlsruhe; AR-Mitgl. DEBEKA Krankenversich., Koblenz; Beirat Commerzbank Düsseldorf u. Beamtenheimstättenwerk Hameln (vorher stv. Vorst.-Mitgl.) - San Remo Str. 6, 4000 Düsseldorf-Oberkassel - Geb. 3. Mai 1911 Düsseldorf - Ehrenvors. Beamtenbund NW; 1971 Gr. BVK.

FUHRMANN, Peter
Dr.-Ing., Univ.-Prof. f. Grundlagen d. Bauplanung TH Aachen (s. 1976) - Ahornstr. 72, 5100 Aachen - Geb. 30. Nov. 1938 - 1983-87 Leit. d. Fachabt. f. Architektur, 1987-88 Konventsmitgl. - Fachgeb.: Gebäudelehre, Archit. AKNW.

FUHRMANN, Walter
Dr. med., Univ.-Prof. u. Direktor Inst. f. Humangenetik Univ. Gießen (s. 1967) - Am Schlangenzahl 14, 6300 Gießen (T. 0641 - 702-41 45) - Geb. 12. Sept. 1924 Berlin (Vater: Wilhelm F.; Mutter: Melanie, geb. Giersdorff), kath., verh. s. 1958 m. Dr. med. Annemarie, geb. Rieger, 3 Kd. (Jörg, Angela, Karen) - 1946-51 Humboldt- u. Freie Univ. Berlin (Med.). Promot. u. Habil. Berlin - 1961-67 Lehrtätigk. FU Berlin u. Univ. Heidelberg (1964) - BV: Taschenb. d. Allg. u. klin. Humangenetik, 1965; Genet. Familienberat., 3. A. 1982 (m. F. Vogel, auch engl., span., ital., jap., portug. u. poln.); Genetik, Mod. Med. u. Zukunft d. Menschen, 1970. Handb.kapitel u. zahlr. weitere Fachaufs. - Spr.: Engl.

FUHS, Walter
Dr. rer. nat., Prof. f. Experimentalphysik Univ. Marburg - Sonnenhang 12, 3550 Marbach/L..

FUKAI, Hirofumi
Prof., Solo-Violist - Auf der Heide 68 A, 2000 Hamburg 65 - Geb. 10. Febr. 1942 Saitama/Japan (Vater: Sohei, Export-Kaufm.; Mutter: Hiro, Pianistin), verh. s. 1969 m. Ruth, 2 Kd. (Kenzo, Akihiro) - Toho-Musikhochsch. Tokyo, Juilliard-School New York, Musikakad. Basel - Konzert-Solist; Prof. Musikhochsch. Hamburg - Urauff. Bratschen-Konz. v. Henze, Suter, demn. Udo Zimmermann. Schallplatten: DGG, Decca, Emi, Wergo, musica viva Camerata.

FULDE, Peter
Dr., Prof., Physiker, Direktor Max-Planck-Inst. f. Festkörperforschung - Heisenbergstr. 1, 7000 Stuttgart 80 (T. 0711 - 68 60-5 80) - Geb. 6. April 1936 Breslau, verh. s. 1965 m. Inge F., T. Eva - Physikstud.; Dipl. 1960 Hamburg; Promot. Univ. of Maryland (USA); Habil. Frankf./M. - 1985 Dr. h. c. Univ. Frankf.

FULDNER, Dietrich
Dr. rer. nat., Prof. f. Zoologie - Valentin-Becker-Str. 12, 8700 Würzburg - B. 1978 Privatdoz., dann Prof. Univ. Würzburg.

FUNCK, Ernst
Dr. rer. nat., ao. Prof. f. Physikal. Chemie - Schneeburgstr. 76, 7800 Freiburg/Br. (T. 48346) - Geb. 27. Juni 1927 Benrath - S. 1962 (Habil.) Lehrtätigk. Univ. Freiburg (1968 ao. Prof.) - BV: Struktur d. freien Moleküls. Div. Einzelarb.

FUNCK, Hans Jürgen
Freier Fachjournalist Foto- u. Reprografie - Grevenbroicher Str. 79, 4150 Krefeld 1 - Geb. 20. Mai 1923 Königsberg/Pr. (Vater: Hans F., Pharmakfm. †; Mutter: Ilse, geb. Wichmann †), ev., verh. s. 1958 m. Helga, geb. Kück, 2 Kd. (Kai, Svenja) - N. Abit. Bayer. Staatslehranst. f. Photogr. (Ex.) - Tätigk. Leitz, Wetzlar, Kodak, Stuttgart, u. Agfa-Gevaert, Leverkusen. Spezialist f. Foto bzw. Reprofoto u. Mikrofilm - Liebh.: Fotogr. - Spr.: Engl., Franz.

FUNCK, Kurt
Dr.-Ing., Honorarprof. Univ. Hannover, Arbeitsdirektor Dt. Unilever GmbH, Geschäftsf. Dt. Unilever GmbH - Dammtorwall 15, 2000 Hamburg 56 - Zul. Arbeitsdir. u. Geschäftsf. Union Dt. Lebensmittelwerke GmbH (Dt. Unilever Gruppe).

FUNCK, Rolf
Dr. rer. pol., o. Prof. f. Volkswirtschafslehre - Blumentorstr. 21, 7500 Karlsruhe 41 (T. 60 83 071) - Geb. 7. Febr. 1930 Soltau (Vater: Gustav F., Reg.amtmann †; Mutter: Gertrud, geb. Mohneke †), ev., verh. I) 1952-79 m. Elsa, geb. Bönkemeyer †, II) s. 1981 m. Ingrid, geb. Borchers, 5 Kd. (Rolf-Dieter, Gisela, Ronald, Martin Laquay, Stefan Laquay) - Banklehre; Univ. Köln u. Münster (Volksw.lehre; Dipl.-Volksw. 1955). Promot. (1957) u. Habil. (1962) Münster - S. 1964 Ord. u. Inst.leit. Univ. Karlsruhe. 1967/68 Gastprof. Univ. of North Carolina u. 1971 State Univ. of New York - Mitgl. Wissensch. Beirat Bundesverkehrsmin.; VicePres. Regional Science Assoc. (1981/82), 1. Vors. Ges. f. Regionalforsch. (1982-86), Pres. Regional Science Assoc. (1988/89) - BV: Verkehr u. volksw. Gesamtrechnung, 1961; Möglichkeiten d. Kraftfahrzeugbesteuerung u. ihre verkehrsw. Konsequenzen, 1967; Prioritäten f. d. Ausbau d. Hamburger Schnellbahnnetzes, 1975; Space-Structure-Economy: A Tribute to August Lösch (m. A. Kuklinski), 1986 - 1980 Fellow of World Acad. for Art and Science - Spr.: Engl.

FUNCKE, Heinz Peter
Dipl.-Ing., Ber. Ing. VBI, Inh. Ingenieurberatung Funcke, Vors. Landesverb. NRW d. Verb. Berat. Ing., öff. best. u. vereid. Sachverst. f. Bauschäden - Geb. 5. Febr. 1925, ev., verh. m. Barbara, geb. Feindt - 1945-46 Univ. Hamburg (Math., Physik), 1946-49 TH Karlsruhe (Bauing.-Wesen, Dipl.-Ing). Industriebauten im In- u. Ausl., Schulbauten, Verwalt., Krankenh., Kaufh., Gemeindezentren. Gutachten.

FUNCKE, Liselotte
Dipl.-Kfm., Politikerin, Beauftragte d. Bundesreg. f. Ausländerfragen - Stadtgartenallee 1, 5800 Hagen/W. (T. 02331 - 33 90 55) - Geb. 20. Juli 1918 Hagen (Vater: Oscar F., Fabrikant (s. XIV. Ausg.); Mutter: Bertha, geb. Osthaus), ev., led. - Reform-Realgymn. Hagen; Kaufm. Lehranst. Dortmund; Stud. Betriebsw. Berlin - 3 J. Assist. Wirtschaftsprüfer Wuppertal-E.; 1944-69 Angest. Fa. Funcke & Hueck, Hagen (1956 Prok.). 1950-61 MdL NRW; 1961-79 MdB (1969-79 Vizepräs.); 1979/80 Min. f. Wirtsch. u. Verk. NRW; 1981ff. Beauftragte d. Bundesreg. f. Ausländerfragen. FDP s. 1946 (1947-50 u. 1953-84 Mitgl. Landesvorst., 1958-68 Vors. Landesfrauensch., 1959-62 Vors. Landeskulturaussch., 1964-84 Mitgl. Bundesvorst., 1968 Beis. Präsid.; 1977-82 stv. Bundesvors.) - 1972 Silb. Steuerschraube; 1975 Wolfgang-Doering-Med.; 1973 Gr. BVK, 1975 Stern u. Schulterbd. dazu; 1984 Theodor-Heuß-Med., Moses-Mendelssohn-Preis Berlin u. Ehrendoktor Univ. Bursa/Türkei (Wirtschafts- u. Verw.wiss. Fak.) - Bek. Vorf.: Karl Ernst Osthaus (Onkel).

FUNHOFF, Jörg
Prof. f. Didaktik d. Ästhet. Erziehung HdK Berlin (FB 11) - Perelsplatz 10, 1000 Berlin 41 - Geb. 13. Juni 1942 Berlin - U. a. Prof. f. Didaktik d. Bild. Kunst PH Berlin - BV: Massenzeichenware - D. gesellschaftl. u. ideolog. Funktion d. Comics, 1975 (m. Drechsel u. Hoffmann).

FUNK, Eugen
Graphiker, Prof. u. Leit. Kl. f. Werbe-Graphik u. Schrift Staatl. Akad. d. bild. Künste Stuttgart - Rathenaustr. 29, 7000 Stuttgart - Geb. 17. Mai 1911.

FUNK, Franz
Dr. med., Prof., apl. Prof. am Klinikum Mannheim d. Univ. Heidelberg - Freiheitspl. 7, 6800 Mannheim-Almenhof - Geb. 21. Aug. 1929 - Promot. 1955 - S. 1970 (Habil.) Lehrtätigk. (1973 apl. Prof. f. Neurol. Univ. Heidelberg) - BV: Polyneuropathie u. Lebererkrankung, 1973. Üb. 50 Einzelarb.

FUNK, Gernot
Dr.-Ing., Prof. f. Elektr. Energieversorgung - Suerser Weg 15, 3007 Gehrden - Geb. 26. Dez. 1924 Gießen (Vater: Julius F., Kaufm.; Mutter: Maria, geb. Willing), ev., verh. s. 1951 (Ehefr.: Sophie), 2 T. (Susanne, Annette) - 1935-42 Realgymn. Gießen; 1946-50 TH Darmstadt (Elektrotechnik). Promot. 1964 Aachen - 1950-72 Elektroing. AEG-Telefunken; s. 1972 Ord. TU bzw. Univ. Hannover - BV: D. Kurzschluß im Drehstromnetz, 1962; Kurzschlußstromberechnung, 1974 (span. 1976); Symmetrische Komponenten, 1976 . Zahlr. Fachaufs. - Spr.: Engl.

FUNK, Günter
Bezirksbürgermeister v. Berlin-Kreuzberg - Alte Jakobstr. 15, 1000 Berlin 61 (T. 25 88-33 00) - Geb. 18. Juni 1928 Berlin-Kreuzberg, ev., verh. s. 1950 m. Susanna, geb. Bahr, 2 Kd. (Sabine, Andreas) - 1947 Beamter Bez.-Amt Kreuzberg; 1962 Senatsverw. f. Finanzen; 1970 Bez.-Amt Tempelhof; s. 1971 Bezirksstadtrat (Leit. Abt. Finanzen Kreuzberg). S. 1963 Bez.verordn.; s. 1967 Fraktionsvors. CDU.

FUNK, Joachim
Dr., Vorstandsmitglied Mannesmann AG, Düsseldorf - Mannesmann-Ufer 2, 4000 Düsseldorf 1 (T. 0211 - 82 0-0).

FUNK, Karl
Dr. phil. nat., Physiker, Gesellschafter Leuchtstoffwerk GmbH., Heidelberg - Ludolf-Krehl-Str. 30, 6900 Heidelberg: (T. 73964) - Geb. 2. Juli 1914 Heidelberg (Vater: Karl F., Bahnbeamt.; Mutter: Elise, geb. Scholl), kath., verw. - Promot. 1940 Heidelberg - Vorst. Fachverb. Lichtwerbung (s. 1970), Normenaussch. Lichttechn. im DNA (s. 1974), Dt. Physikal. Ges., Lichttechn. Ges. Mehrf. Patentinh. auf d. Leuchtstoffsektor - BV: G. Gut: Handbuch d. Lichtwerbung (Mitautor) - Liebh.: Sport (Vizepräsident Bad. Tennisverb.), Musik - Spr.: Engl., Franz.

FUNK, Richard
Dipl.-Ing., Vorstandsmitgl. Freiburger Energie- u. Wasserversorgungs-AG., Geschäftsf. Energieversorg. Oberbaden GmbH., Breisach, Geschäftsf. Stadtwerke Freiburg GmbH. - Tullastr. 61, 7800 Freiburg/Br.; priv.: Kirchenhölzle 25 - Geb. 8. April 1930.

FUNK, Robert
Dr. rer. pol., Dipl.-Kfm., Ing. (grad.), Prof. f. Bibliotheksbetriebswirtschaftslehre, -statistik u. Informationsvermittlg. FU Berlin (Fachber.: Kommunikationswiss.) - Kurländer Allee 16, 1000 Berlin 19 - Lehrbeauftr. TFH (Techn. Fachhochsch. Berlin). Ca. 50 Veröff. z. obengen. Bereichen.

FUNKE, Alex (Alexander)
Pfarrer, Leiter v. Bodelschwinghsche Anstalten, Bethel (1969-79) - 4813 Bethel/Westf. - Geb. 10. März 1914 Lome/Togo (Vater: Emil F., Missionar; Mutter: Dora, geb. Tegtmeyer), ev., verh. s. 1947 m. Dr. med. Marianne, geb. Scheele, 3 Söhne (Christoph, Reinold, Johannes Gerrit) - Stud. Theol. Bethel, Halle, Berlin, Tübingen, Jena - 1947-50 Studentenpfr.; 1950-55 Gemeindepfr. Witten/Ruhr; 1955-64 Leit. Volksmissionar. Amt Ev. Kirche v. Westf., Witten/Ruhr; 1965-68 Ephorus Predigersem. EKW, Soest - BV: Galaterbrief (Komm.); Gemeinde im Aufbruch. Handbuch- u. Ztschr.beitr. - Spr.: Engl.

FUNKE, Carl
Präsident d. Landesverbandes d. Einzelhandels Westfalen-Lippe, Vors. Einzelhandelsverb. Bochum, Präsidialratsmitgl. d. Hauptgem. d. dt. Einzelhandels, stv. Beiratsmitgl. Landeszentralbank, Mitgl. Vollvers. u. stv. Vors. Einzelhandelsaussch. IHK Bochum, Beiratsmitgl. Iduna-Vers., Wirtschaftsaussch. d. Stadt Bochum - Markgrafenstr. 4, 4630 Bochum - Geb. 1. Nov. 1906 Bochum (Vater: Carl F., Kaufm.; Mutter: Elisabeth, geb. Jesper), kath., verh. s. 1936 m. Marie-Louise, geb. Schröder, S. Carl-Rüdiger - N. Abit. Stud. Freiburg, Paris, Berlin, Köln - 1981 BVK I. Kl., Handelsrichter a. D. - Liebh.: Golf, Reisen - Spr.: Engl., Franz.

FUNKE, Edmund Heinrich
Dr. phil., Prof. f. Lernbehindertenpädagogik PH Heidelberg (s. 1973) - Semmelsgasse 8, 6900 Heidelberg (T. 06221 - 16 68 63) - Geb. 17. Juni 1940 Dorsten (Vater: Aloys F. †; Mutter: Ida, geb. Grewe), verh. s. 1985 m. Mária, geb. Rácz, Sohn Simon Arpád - Gymn. Petrinum Dorsten, Stud. Univ. Münster, Gießen, Marburg (1961-68), Volks-, Real- u. Sonderschullehrer. 1965-66 u. 1968-72 Lehrer, 1972-73 Fachhochschull. GHK, s. 1973 Prof. PH Heidelberg, 1977-78 u. 1985-87 Leit. u. 1979-83 stv. Leit. Fachber. VI PH Heidelberg - BV: Grundschulzeugnisse u. Sonderschulbedürftigk., 1972; Lernbehind. u. Kriminalität, 1979; Sein-Erkennen-Handeln, 1981 - Liebh.: Malerei, Sozial- u. Wirtschaftspolitik - Spr.: Engl., Franz. - Lit.: Kürschners Dt. Gelehrten-Kalender, 1976.

FUNKE, Else
Dipl.-Soz.-Arb., Prof., Fachhochschullehrerin, Vors. Dt. Berufsverb. d. Sozialarbeiter u. -pädagogen, Essen (s. 1968) - Kallestr. 13, 5800 Hagen 8/W. - Geb. 27. Okt. 1923 Hagen (Vater: Willy F.; Mutter: Aenne, geb. Orléans), ev. - Volks- u. Handelssch.; kaufm. Ausbild.; Wohlfahrtssch.; 1963-67 Ausbild. z. Supervisor. Prof. Ev. Fachhochsch. Bochum (Jugendhilfe, Jugendrecht, Theorie u. Methode soz. Arbeit). Redakt.: Fachztschr. D. Sozialarb. (1968 ff.) - BV: E. Berufsverb. zw. Beharren u. Verändern, 1978 - Liebh.: Reiten, Musik - Spr.: Engl., Niederl.

FUNKE, Friedrich W.
Dr. phil., Univ.-Prof., Völkerkundler - Haus Heidgen, 5206 Seelscheid Bez. Köln - Geb. 21. Juni 1921 Essen (Vater: Friedrich F.; Mutter: Marta, geb. Kühn) - Stud. Rechtswiss., Phil., Gesch., Völkerkd. Promot. u. Habil. Köln - B. 1950 Rautenstrauch-Joest-Museum Köln (Leit.), dann Sem. f. Völkerkd. Univ. Köln (1962 Prof.). Bücher u. Aufs. üb. kulturgesch. u. polit. Probleme Asiens, Forschungsexped.: Indonesien, China, Thailand, Vietnam, Ceylon, Indien, Nepal (Himalaya-Exp. 1965, 75, 81).

FUNKE, Gerhard
Dr. phil., o. Prof. f. Philosophie - Am Gonsenheimer Spieß 6 IX, 6500 Mainz - Geb. 21. Mai 1914 Leopoldshall/Anh. (Vater: Emil F., Amtmann † 1959; Mutter: Gertrud, geb. Fritze), ev., verh. s. 1943 m. Dr. med. Ursula, geb. Sowa (Augenärztin), T. Angela - Goethesch. Dessau; Univ. Bonn, Jena, Freiburg/Br., Paris (Phil., Psych., Dt. Gesch., Roman.). Promot. 1938; Habil. 1947 - 1938/39 Lektor Sorbonne u. Ecole Normale

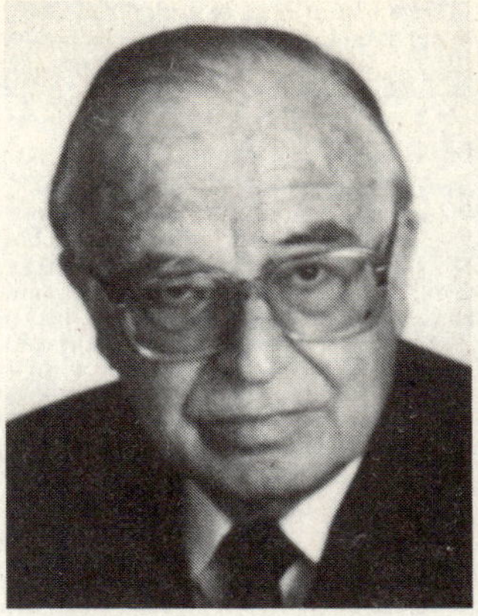

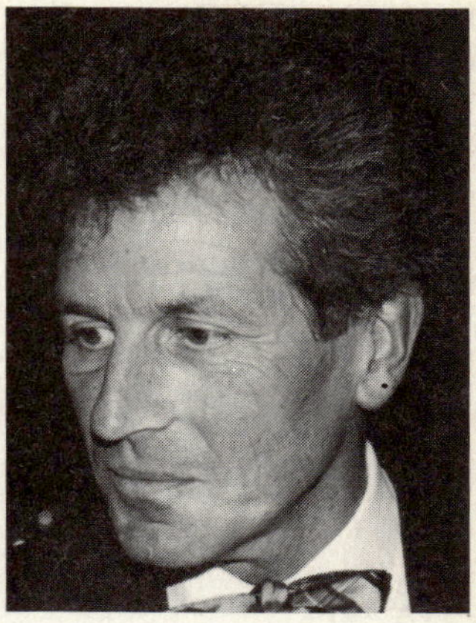

Supérieure Paris; 1947-58 Privatdoz. u. apl. Prof. (1953) Univ. Bonn; s. 1958 Ord. Univ. Saarbrücken u. Mainz (1959; Dir. Phil. Sem. I; 1965/66 Rektor). Gastprof. USA (1953, 63 u. 77), Peru (1954), Venezuela (1957, 59, 61), Japan (1964 u. 65); Indien (1969), Argentinien (1972), VR China (1981-87). 1965ff. Vizepräs. Soc. Européenne de Culture; 1972ff. Vors. Kant-Ges.; 1972ff. Mitgl. Inst. International de Phil., Paris; Mitgl. Akad. d. Wissenschaften u. d. Literatur, Mainz, 1975ff.; Span. Akad. d. Wiss., 1987ff. - BV: D. Möglichkeitsbegriff in Leibnizens System, 1938; Maine de Biran, 1947; Ravaissons Abh. üb. d. Gewohnheit, 1954; Z. tranz. Phänomenol., 1957; Investigaciones fenomenologico-trascendentales, 1957 (Lima); Gewohnheit, 1958, 2. A. 1961; D. Aufklärung, 1963; Phänomenologie - Metaphysik oder Methode?, 1966, 3. A. 1978; Gutenberg, 1968; Globus intellectualis, fr. Wiss. u. Phil., 1972; Von d. Aktualität Kants, 1979. Herausg.: Konkrete Vernunft - Festschr. f. Erich Rothacker (1958); Mainzer phil. Forschungen (1966, bisher 32 Bde.); Conscientia-Studien z. Bewußtseinsphil. (1967, bisher 15 Bde.); Studien u. Materialien z. Gesch. d. Phil. (1972); Kant-Studien (1969ff.); Akten d. IV. u. V. Intern. Kant-Kongresses (1974 u. 81). Übers.: Henri Wallon, Principes d'une psychologie appliquée, 1948; Festschrift bewußt sein (z. 60. Geburtstag 1974). 1955 Prof. h. c. Univ. Lima. 1969 Ruf Univ. Bonn (abgelehnt) - Liebh.: Schach, Malen - Spr.: Span., Franz. (bei beiden Dolmetscherex.), Engl.

FUNKE, Hans
Dipl.-Volksw., Diplomat - Gartenstr. 44, 5303 Bornheim-Hersel - Geb. 16. Mai 1925, kath., verh. s. 1953 m. Christine, geb. Drude, 4 Kd. (Dipl.-Volksw. Jeannette, Dipl.-Kfm. Johannes, Dipl.-Kauffrau Pia, Michael) - Univ. Grenoble, Brüssel, Bonn; Dipl. 1954 - Handlungsbevollm. Hoesch AG; s. 1961 Ausw. Amt; Botsch.; Leiter Wirtschaftsdst. Lomé, Tripolis, Algier, Manila; Wirtsch.-Ref. Paris, Rom; Generalkonsul in Mailand - Grand Offz. Ordre du Mono; Grand Offz. Ordre p. l. Merites (F); EK 2; 1988 Orden Ufficiale Rep. d'Italia - Liebh.: Orgelmusik, Agronomie - Spr.: Engl., Franz., Ital. - Bek. Vorf.: Prof. Dr. H. J. Simon, Ägyptologe Univ. Palermo (Großonkel) - Lit.: Länderbeschreibung Togo, Afrikaverein Bonn.

FUNKE, Hermann
Dr. phil., o. Prof. f. Klass. Philologie Univ. Mannheim (s. 1977) - Bergstr. 23, 6900 Heidelberg 1 - Geb. 20. Jan. 1938 Köln - Promot. 1962; Harvard Research Fellow 1971/72; Habil. 1974 - Stadtrat (1980-84); 1983 Gastprof. Todai-Univ. Tokio - BV: D. sog. trag. Schuld, 1963; Homer u. s. Leser in d. Antike, 1977; Allegorie u. Dichtererklärung, 1974; Worte u. Widerworte. Aphorismen, 1985; Utopie u. Tradition, 1987; zahlr. Beiträge z. Verkehrspolitik u. Umweltschutz.

FUNKE, Karl-Heinz
Studienrat a. D., Dipl.-Hdl., Landwirt, MdL Niedersachsen, Bürgermeister der Stadt Varel (s. 1981) - Wehgaster Str. 6, 2930 Varel-Dangast - Geb. 29. April 1946, ev., verh. s. 1982 m. Petra, geb. Timm, 3 Kd. (Theile, Gesche, Greta) - Volkssch.; Lehre; Abit. auf d. zweiten Bildungsweg; Stud. Wirtschaftswiss., German., Gesch. u. Politik Univ. Hamburg; 1. Staatsex. 1972, 2. Staatsex. 1974 - B. 1978 Tätigk. an d. Berufsbild. Schulen in Varel; s. 1978 MdL Nieders., s. 1972 Kreistagsabgeordn. Kreistag Friesland. Versch. ehrenamtl. Ämter u. Mitgliedsch. - Liebh.: Lit., Gesch., Jagd - Spr.: Engl.

FUNKE, Karl-Heinz
Dipl.-Ing., selbst. Unternehmer Funke Wärmeaustauscher Apparatebau GmbH., Gronau (s. 1974) - Birkenstr. 3, 3212 Gronau (T. 05182-21 58) - Geb. 12. April 1930 Röllinghausen, ev., verh. s. 1958 m. Helgard, geb. Kahle, 2 Kd. (Peter, Katrin) - Lehre; Stud. Maschinenbau Hannover - Produktionsleit. Wabco Westinghouse Hannover/Gronau. Pat. u. Gebrauchsmuster auf d. Geb. d. Wärmetechnik - Spr.: Engl.

FUNKE, Klaus
Dr. rer. nat., Prof. u. Direktor Inst. f. Physikal. Chemie Univ. Münster - Weierstraßweg 15, 4400 Münster (T. 0251 - 86 47 57) - Geb. 16. Dez. 1944 Schreiberhau/Riesengeb. (Vater: Dr. Siegfried F., Chemiker; Mutter: Lotte, geb. Störmer), ev., verh. s. 1970 m. Margit, geb. Schubert, 2 Töcht. (Kirsten, Cornelia) - Univ. Göttingen (Dipl. Physik 1968, Promot. 1970, Habil. 1976) - 1979-85 Prof. f. Physikal. Chemie Hannover (1981-83 Dekan FB Chemie), s. 1985 Prof. in Münster - 1980 Walter-Schottky-Preis Dt. Physikal. Ges.

FUNKE, Paul
Dr.-Ing., o. Prof. u. Direktor Inst. f. Verformungskunde u. Walzwerkswesen Bergakad. bzw. TU Clausthal (s. 1963; gegenw. Rektor) - Adolf-Ey-Str. Nr. 1b, 3392 Clausthal-Zellerfeld (T. 1554) - Geb. 5. Febr. 1930 Düsseldorf.

FUNKE, Peter
Dr. phil., Univ.-Prof. - Hufschmiedeweg 8, 4800 Bielefeld 1 (T. 0521 - 10 16 57) - Geb. 2. Nov. 1927 Dresden (Vater: Dipl.-Ing. Walter F.; Mutter: Elisabeth, geb. Funke-Peißker), verh. s. 1961 m. Gertrud, geb. Westen - 1952-58 Stud. Angl., Gesch., Päd., Phil. Hamburg u. London. Promot. 1959 - 1961-62 Studienass.; 1962-63 Wiss. Assist.; 1963-65 Studienrat im Hochschuldst.; s. 1965 ao. u. o. Prof. (1966), Dekan u. Prorektor (1970-72) Päd. Hochsch. Westf.-Lippe/Abt. Bielefeld (Engl. Spr. u. Lit. u. ihre Didaktik), s. 1980 Fak. f. Ling. u. Lit.-wiss., Univ. Bielefeld - BV: Oscar Wilde, Monogr., 11. A. 1987 (1972 auch span.), Bearb. (dt. Übers.): Oscar Wildes Briefe, 1969; Curricular Aspects of American

Stud. at Secondary Schools in Europe, 1978; Approaches to Teaching American Stud., 1980.

FUNKE, Rainer
Rechtsanwalt, Landesschatzmeister FDP Hamburg (s. 1978), MdB (1980-83 u. s. 1987) - Radenwisch 70, 2000 Hamburg 61 (T. 040 - 550 95 33) - Geb. 18. Nov. 1940 Berlin-W'dorf (Vater: Dr. Heinz F., Wirtschafts-Jurist; Mutter: Käthe, geb. Grünert), ev., verh. s. 1968 m. Jutta, geb. Ringhand, 2 Söhne (Christian, Marcus) - Human. Gymn. (Abit. 1960), Jurastud., Dr. jurist. Staatsex. 1969 - S. 1969 Syndikus M. M. Warburg - Brinckmann, Wirtz & Co, 1975-80 Fraktionsvors. FDP Bezirksvors. Hamburg-Elmsbüttel; 1986 Bez.frakt. Hamburg-Elmsbüttel (Frakt.-Vors.) - Spr.: Engl.

FUNKE, Werner
Dr. rer. nat., o. Prof. f. Zoologie Univ. Ulm - Beyerstr. 38, 7900 Ulm/Donau - Geb. 27. März 1931 Reichenbach/V. - Promot. 1956 Mainz; Habil. 1966 Göttingen - Zul. Prof. Univ. Göttingen. Fachveröff.

FUNKE-WIENEKE, Jürgen
Dr., Prof. f. Sportwiss. Univ. Hamburg - Wandrahmstr. 15, 2120 Lüneburg - Geb. 17. Febr. 1944 Chemnitz (Vater: Eberhard F., Kaufm.; Mutter: Helene, geb. Köhler), ev., verh., 2 Kd. (Robert, Friederike) - 1963-69 FU Berlin (Staatsex.); 1973-78 Projektstud. Bielefeld; Promot. - 1969-73 Wiss. Assist. FU Berlin; 1973-80 Akad. Rat Laborschule Bielefeld; s. 1980 Hamburg - BV: Curriculumrevision im Schulsport, 1979; Körpererziehung, Sport u. Spiel in d. Bielefelder Laborschule, 1974. Herausg.: Sportunterr. als Körpererfahrung (1983). Mithrsg. d. Sportpäd. Zahlr. Beitr. in Fachztschr., krit. Schriften z. Leistungssport - Liebh.: Sport, klass. Musik, Gärtnern - 1960-70 mehrf. Berliner Jugend- u. Seniorenmeister im Kunstturnen - Spr.: Engl., Franz.

FUNKEN, Michael
Geschäftsführer, Vors. Ring dt. Siedler - Hammerweg 102, 4050 Mönchengladbach (T. 51423) - Geb. 25. Dez. 1922 Mönchengladbach, verh., 5 Kd. - Volkssch.; Eisenbahnfachsch.; Textilingenieursch.; Fernstud. Betriebsw.; Textillehre - Arbeits- u. Militäreins.; Bundesbahndir.; Textilwerkm.; Angest. u. Geschäftsf. Wohnungsw. 1968 b. 1970 stv. Vors. Ring dt. Siedler. 1954 ff. Ratsmitgl. Mönchengladbach (1969 Fraktionsf.). 1970-75 MdL Nordrh.-Westf. CDU s. 1947.

FUNNEN, Hans Ulrich
Dipl.-Kfm., Vorstandsmitglied Schwab Versand AG, Hanau - Ronneburgstr. 4, 6451 Neuberg 1 (T. 06183 - 44 72) - Geb. 13. Sept. 1933 Ulm, verh. - 1961 Wirtsch.prüf. Toronto/Kanada, 1963 San Francisco/USA; 1963 Vorstandsmitgl. Arbeitgeberverb. Osthessen - Spr.: Engl.

FURCK, Carl-Ludwig
Dr. phil., o. Prof. f. Erziehungswiss. (s. 1973) - Wieddüp 7, 2000 Hamburg 61 (T. 588536) - Geb. 3. Nov. 1923 Frankfurt/M. (Vater: Theodor F., Kaufm.; Mutter: Luise, geb. Beyer), ev., verh. m. Dr. Elke, geb. Peters, 4 Kd. (Carola, Anne, Anke, Valeska) - Univ. Frankfurt u. Göttingen (Erziehungswiss.). Promot. 1952, Habil. 1961 - 1952 Assist. Univ. Marburg (Päd. Sem.), 1959 Wiss. Rat FU Berlin (Erziehungswiss. Inst.), 1961 ao. Prof. Univ. Hamburg, 1965 o. Prof. FU Berlin u. Leit. Päd. Zentrum Berlin (1970 zurückgetr.); Comenius Inst. (Münster) Mitgl. d. Vorst. (s. 1962) - BV: D. Bildungsbegriff d. jg. Hegel, 1953; D. päd. Problem d. Leistung in d. Schule, 5. A. 1974; Aufg. d. Erziehung im Bereich d. Familie, 1964; D. unzeitgemäße Gymnasium, 1965; D. Leistungsbild d. Jugend in Schule u. Beruf, 1965; D. einphasige Lehrerbildung an d. Univ. Oldenburg, 1981; Fernunterricht f. dt. Kinder im Ausland, 1984/85; Revision d. Lehrerbildung, 1986. Mitarb.: Studien z. Lage u. Entwickl. Westberlins (1968), Materialien z. Bericht z. Lage d. Nation (1971). Mithrsg. Z. f. Päd.; Handb. d. dt. Bildungsgesch.

FURGER, Franz
Dr. phil., Dr. theol., Univ.-Prof. Westf. Wilh. Univ. Münster (s. 1987), Dir. Inst. f. Christl. Sozialwiss. - Martinikirchhof 11, 4400 Münster (T. 0251 - 5 71 61) - Geb. 22. Febr. 1935 Vals (GR-Schweiz), kath. - Promot. (Dr. phil. u. Dr. theol.) 1958 u. 1964 Rom - 1964-67 Studienrat, Luzern; 1967-87 o. Prof. f. Ethik u. Moraltheol. Theol Fakultät Luzern - BV: Was Ethik begründet, 1984; Ethik d. Lebensbereiche, 1985; Einf. in d. Moraltheol., 1988; Weltgestaltung aus Glauben, 1989 - Liebh.: Reisen, Wintersport - Spr.: Franz., Engl., Ital., Span.

FURIAN, Martin

Dipl.-Pol., Prof. f. Medien- u. Sexualpädagogik FH f. Sozialwesen Esslingen - Kirchheimer Str. 33, 7302 Ostfildern 1 (Ruit) (T. 0711 - 44 49 31) - Geb. 27. Aug. 1932, verh. s. 1958 m. Barbara, geb. Scholz, S. Thimm - Höh. Fachsch. f. Sozialpäd. Dortmund; Sozialpäd. (grad.); FU Berlin (Polit. Wiss., Neuere Gesch., Erwachsenenbild.); Dipl. 1963 - 1970-80 Vors. Aktion Jugendschutz Baden-Württ.; 1973-77 Rektor FH f. Sozialwesen Esslingen; 1975-83 Mitgl. Rundfunkrat SDR; 1980/81 Mitgl. Expertenkommiss. Neue Medien Baden-Württ.; gegenw. Fachbereichsleit. FB Sozialpäd. FH f. Sozialwesen Esslingen, stv. Vorst.-Mitgl. Landesanst. f. Kommunikation Baden-Württ. - BV: Sexualerziehung kontrovers (Hrsg. u. Coautor), 1978; Television total - Leben u. erziehen an d. Schwelle zu e. neuen Medienwelt (Hrsg. u. Autor), 1981; Praxis d. Elternarbeit in Kindergarten, Hort, Heim u. Schule (Hrsg. u. Coautor), 1982; Praxis d. Fernseherziehung in Kindergarten, Hort, Heim u. Familie, 4. A. 1984; Sexualerziehung in Familien, in: Handb. d. Sexualpäd. (hg. v. Kluge), Bd. II, 1984; D. Buch v. Liebhaben, Kinderb. 5. A. 1988; D. Buch v. Lieben u. Geliebt werden, Jugendb. 1989 - Liebh.: Tiffany-Glaskunst, Kinder- u. Jugendlit.

FURKEL, Rüdiger
Dr., Staatssekretär im Finanzmin. Saarbrücken - Breslauer Str. 20, 6601 Saarbrücken-Schafbrücke - Geb. 24. Juni 1939, verh., 2 Kd. - Früher Steuerberater u. Rechtsanwalt.

FURLER, Adolf
Sportjournalist - Zu erreichen üb.: WDR, 5000 Köln 1 - S. Jahren Moderator ARD-Sportschau. Viele Fernsehübertrag. In- u. Ausl., bes. Pferderennen.

FURLER, Klaus
Dipl.-Kfm., Vorstandsmitglied Papierfabrik August Koehler AG Oberkirch - Sonnhalde 5, 7602 Oberkirch (T. 07802-8 11 52) - Verh., 2 Kd. - Spr.: Franz., Engl.

FURRER, Reinhard

Dr., o. Prof. f. Weltraumtechnologie FU Berlin (s. 1987), Wissenschafts-Astronaut Dt. Forschungs- u. Versuchsanstalt f. Luft- u. Raumfahrt - Rosental 15, 5300 Bonn 1 (T. 0228 - 65 13 35); u. Nassauische Str. 62, 1000 Berlin 31 (T. 030 - 861 13 64) - Geb. 25. Nov. 1940 Wörgl, ledig - Physikstud. Univ. Kiel u. Berlin; Dipl. 1969, Promot. 1972, Habil. 1979 - 1979-81 Gastwissensch. Univ. of Chicago, Argonne National Laboratory. Div. Mitgliedsch. Weltraumflug 30. Okt.-7. Nov. 1985 - BV: Fliegen d. sind Augenblicke wie diese, 1985; Unser Weg ins All, 1985; D. nächste Mond wird anders sein, 1987. Zahlr. Fachveröff. - Med. d. Niederl. Akad. d. Wiss.; Hermann-Oberth-Med.; BVK I. Kl.; Korresp. Mitgl. (e. h.) Dt. Ges. f. Luft- u. Raumfahrt - Liebh.: Fliegen, Tauchen - Spr.: Engl.

FURRER, Ulrich
Prof. Musikhochsch. Freiburg, Dirig. u. Pianist - Alemannenhof 7, 7815 Kirchzarten - Geb. 1. April 1942 Bern (Schweiz) (Vater: Walter F., Dirig. u. Komp.; Mutter: Liane, geb. Schapiro), verh. s. 1970 m. Gertraud, geb. Kovač, 4 Kd. (Walter, Susanne, Peter, Ulrich) - Abit. Bern; Musikstud. Univ. Bern u. Stuttgart; Lehrdipl. f. Klavier u. Orgel - 1964-71 Kapellmstr. Graz, 1971-73 Aachen, 1973-78 Stuttgart, 1978-84 Hannover; s. 1984 Prof. Musikhochsch. Freiburg (musikal. Leit. Opernsch.).

FURTAK, Robert K.
Dr. rer. pol., Dipl.-Dolm., Prof. f. Politikwissenschaft Erziehungswiss. Hochsch. Rheinl.-Pfalz/Abt. Landau (s. 1971) - Ringstr. 9, 7801 Stegen - Geb. 26. Juli 1930 Pilsen (Vater: Dipl.-Ing. Franz F.; Mutter: Maria, geb. Richter), verh. s. 1961 m. Helga, geb. Biedermann, 2 S. (Felix, Florian) - Dipl.-Dolm. 1956 Heidelberg; I. jurist. Staatsprüf. 1961 ebd.; Promot. 1965 Aachen - Tätigk. Univ. Heidelberg (1958-67 Lektor f. Russ. u. Sowjetkd.), Univ. Freiburg (1967-71 Akad. Rat) - BV: Kuba u. d. Weltkommunismus, 1967; Revolutionspartei u. polit. Stabilität in México, 1969 (auch span.); Jugoslawien/Politik, Ges., Wirtsch., 1975; D. polit. Systeme d. sozialist. Staaten, 1979; Lateinamerika u. d. Bewegung d. Blockfreien, 1980; Polit. Lexikon Europa, 2 Bde., 1981; The Political Systems of the Socialist States, 1986 - Liebh.: Klass. Musik, Tennis, Skilanglauf - Spr.: Engl., Span., Russ., Tschech.

FURTH, Peter
Dr. phil., o. Prof. f. Sozialphilosophie, Inst. f. Phil. Freie Univ. Berlin - Bayerische Str. 2, 1000 Berlin 15.

FUSCH, Klaus
Vorstandsvorsitzender Körting Hannover AG u. d. Fachabt. Wärmeerzeugung d. Thermo Prozess Technik im VDMA (Verein Dt.-Maschinenbau-Anstalten) - Badenstedter Str. 56, 3000 Hannover-Linden - Geb. 22. Aug. 1932 München.

FUSENIG, Norbert, Eugen
Dr. med., Prof. - Am Pferchelhang 32, 6900 Heidelberg (T. 06221 - 80 16 32) - Geb. 3. Febr. 1939 Trier (Vater: Matthias F., Rektor; Mutter: Rosa, geb. Schmitz), kath., verh. s. 1969 m. Renate, geb. Greif, 3 Kd. (Andrea, Steffen, Christian) - Med.Stud. Univ. Bonn, Innsbruck, Freiburg, Staatsex. 1964, Promot. 1967 Freiburg; Habil. 1976 Heidelberg; Prof. 1978 - 1965-67 Med. Assist., 1967-70 Wiss. Assist., 1971-79 Arb.Gr. Leit., 1979 Abt.Leit. DKFZ-Heidelberg - BV: Div. Veröff. in Ztschr. u. Büchern s. 1965 (exp. Krebsforsch. u. Zellbiolog.) - Spr.: Engl., Franz.

FUSENIG, Othmar
Bankkaufmann, Betriebsw., Leitung Fiat-Kreditbank - Uhlandstr. 5, 7101 Untereisesheim - Geb. 6. Aug. 1938 Trier, kath., verh. s. 1964, T. Sabine - Lehre, Stud. VWA Trier, Dipl. 1969 - Spr.: Engl., Franz., Lat.

FUSSENEGGER, Gertrud
Dr. phil., Prof., Schriftstellerin - Mayrhansenstr. 17/22, A-4060 Leonding/Österr. (Tel. Linz/D. 66 18 94) - Geb. 8. Mai 1912 Pilsen, kath., verh. m. Alois Dorn (Bildh. u. Maler) - Univ. Innsbruck u. München (Gesch., Kunstgesch., Phil.). 1975-80 Redakt. Lit.ztschr. Die Rampe - BV: u. a. D. Pulvermühle, R. 1968; Bibelgesch. 1970; Widerstand geg. Wetterhähne, Ged. 1974; E. langen Stromes Reise, Ess. 1976; D. große Obelisk, Ess. 1978; E. Spiegelbild m. Feuersäule, Lebensber. 1979; Maria Theresia, Hist. Biogr. 1980; Pilatus, D. 1982; Echolot, Ess. 1982; Sie waren Zeitgenossen, R. 1983; Gegenruf, Ged. 1986; Nur e. Regenbogen, Erz. 1987; D. Brüder v. Lasawa, R. 1988 - 1953 Stifter-Preis; 1956 Oldenbg. Dramenpr.; 1961 Ostdt. Literaturpr. Künstlergilde Esslingen; 1969 Joh.-Peter-Hebel-Pr.; 1972 Gr. Kulturpreis Sudetendt. Landsmannsch.; 1979 Humboldt-Plak.; 1979 W.-A.-Mozart-Preis; 1981 Ehrenzeichen f. Wiss. u. Kunst Rep. Österr.; 1984 BVK I. Kl.; 1987 Staatspr. f. Kinderbuch. Mitgl. PEN-Club.

FUSSHOELLER (ß), Ludwig

Dr. phil., Vorstandsmitglied Württ. Feuerversich. AG - Johannesstr. 1-7, 7000 Stuttgart 1 - Geb. 4. Juli 1925 Köln - AR Allg. Rentenanst. Lebens- u. Rentenversich. AG, Leonberger Bauspark. AG, Württ. u. Bad. Versich. AG - BV: Außendienst-Fibel, 1970; Führung in d. Krise, 1977; D. Dämonen kehren wieder, 1984. Aufs. üb. betriebl. Soziol.

FUSSMANN (ß), Klaus
Prof., Maler - Grainauer Str. 19, 1000 Berlin 30 - Ölbilder u. Gouachen - 1972 Kunstpreis Bremer Böttcherstr. (f.: Portrait Hella K., v. 9. März 1972); 1980 Darmstädter Kunstpreis.

G

GAA, Lothar
Dr. jur., Rechtsanwalt, ehem. Landtagspräs. Baden-Württ. (Sept. 1982 zurückgetr.) - Collinistr. 26, 6830 Schwetzingen (T. 35 69) - Geb. 30. März 1931 Plankstadt Kr. Mannheim, verh., 2 Kd. - Realgymn. Schwetzingen; Univ. Heidelberg u. Freiburg (Rechtswiss., Betriebsw.). Ass.ex. 1959; Promot. 1960 - S. 1960 RA. 1965-80 Gemeinderat Schwetzingen; 1968-84 MdL Baden-Württ. 1956-65 Landesvors. Jg. Union Nordbaden.

GAA, Valentin
Dr., Landrat, Vors. Rundfunkrat Südd. Rundf. - Richard-Wagner-Straße 17, 6830 Schwetzingen(T. 7 62) - Geb. 15. Aug. 1905 Plankstadt - 1948-60 u. 1964-68 MdL Württ.-Baden bzw. Baden-Württ. (CDU).

GAAR, Franz Xaver
Dr. phil., ao. Prof. f. Fundamentaltheologie Phil.-Theol. Hochsch. Regensburg (s. 1962) - Pfauengasse 3, 8400 Regensburg - Kath.

GABEL, Gernot Uwe
Dr., Bibliotheksdirektor Univ.- u. Stadtbibl. Köln - Nonnenwerthstr. 66, 5000 Köln 41 - Geb. 3. Nov. 1941 Gotenhafen/Danzig (Vater: Gerhart G., Offz.; Mutter: Paula, geb. Freese), verh. s. 1968 m. Gisela, geb. Jahns - 1966-72 FU Berlin, Rice Univ. Houston, Univ. of North Carolina; Promot. 1971; Visit. Assist. Prof. 1972 Univ. of North Carolina - 1976 Höherer Bibl.dst.; 1985 Lehrbeauftr. Univ. Köln. Inh. d. 1973 gegr. Gabel-Verlags, Hamburg. s. 1981 Köln - BV: Drama u. Theater d. dt. Barock, 1974; Diss. in English and American Lit., 1977; Nietzsche-Bibliogr., 1978; Theses on Germany, 1979; Hegel-Bibliogr., 1980; Kant-Bibliogr., 1980; La Littérature Francaise, 1980; Leibniz-Bibliogr., 1983; Répertoire Bibliogr., 1984; Canadian Lit., 1984; Fichte-Bibliogr., 1985; Schleiermacher-Bibliogr., 1986; Wittgenstein-Bibliogr., 1988; Schopenhauer-Bibliogr. 1988. Herausg.: Bibliogr. z. Phil. (s. 1978) - Spr.: Engl., Franz.

GABEL, Julius
Bankdirektor, Vorstandsvors. Volksbank Alzey eG (s. 1967) - Ernst-Reuter-Str. 14, 6508 Alzey (T. 06731-4 93 77 u. 77 45) - Geb. 10. Mai 1926 Obergimpern/Bad Rappenau, kath., verh. m. Carola, geb. Funke, 3 T. (Andrea, Claudia, Beatrix) - Abitur; Luftwaffenhelfer; Soldat; russ. Gefangenschaft; Rechtspfleger-, Bankkaufm.- u. Steuerbevollmachtigtenausb. Landesbauspark. Karlsruhe, Girozentrale Mannheim, DGHYP Hamburg, SGZ-Bank Karlsruhe - 1957 Vorst.-Vors. Voba Mengen/Württ.; Gründung d. Voba Sigmaringen, Präsid.-Mitgl. IHK Mainz, Verbandsratsmitgl. Genossenschaftsverb. Frankfurt, u.v.m. - DGRV-Med. in Gold, Verdienstmed. d. IHK, Paul Harris Fellow - Interessen: Menschen führen, Planen, Bauen, Organisieren, Wandern - Spr.: Engl.

GABEL, Wolfgang
Schriftsteller - Albert-Schweitzer-Str. 25, 8706 Höchberg (T. 0931 - 40 01 40) - Geb. 22. Okt. 1942 Königsberg/Pr., verh. s. 1975 m. Claudia, geb. Lüdenbach, 2 Kd. (Bastian, Jenifer) - Stud. Publiz. München; Rundfunkausb. - Mitarb. in lit. Ges. - BV: u.a. Orte außerhalb, 1972; Fix u. fertig, 1978; Immer zusammen frühstücken, 1978; D. Anfang v. Ende: Aufstieg d. Familie Kohlbrenner, 1976. Ab nach draußen; Einfach in d. Arm nehmen, Hoffnungsloser Fall; insges. 20 Romane, Hörsp., FS-Filme u. Lit.kritiken - 1976 Bödecker-Pr.; 1978 DGB- u. VS-Preis; 1976/78 Ausw. Jugendbuchpr.; 1981 Staatl. Bayer. Lit.pr.; 1985 Penthouse-Creative-Cup - Liebh.: Kinder - Lit.: Lexikon d. Jugendlit.; Krit. Lexikon Zeitgen. Autoren.

GABELE, Eduard

Dr. Dr., Dipl.-Kfm., o. Prof. Univ. Bamberg - Mattenheimerstr. 18, 8600 Bamberg - Geb. 27. Febr. 1941 Meßkirch, röm.-kath., verh. s. 1967 m. Antonie Monika, geb. Spieß, 3 Kd. (Alix, Ingrid, Alexander) - Gymn. Freiburg; Steuerlehre; Univ. Mannheim (Dipl.-Kfm. 1969, Promot. 1972); Habil. 1979 Univ. München - 8 J. prakt. Tätigk. Steuer- u. Wirtschaftsprüf., Betriebsberat. (b. 1965), dann Univ. Mannheim (b. 1975 wiss. Assist.) u. Univ. München (b. 1979 Akad. Rat u. Privatdoz.); s. 1979 Univ. Bamberg; s. 1986 Steuerberater; WS 1987/88 u. WS 1987/89 Dekan d. Fak. Soz.- u. Wirtsch.wiss. - BV: Betriebswirtsch. Logistik, 1973; Werte v. Führungskräften d. dt. Wirtschaft, 1977; D. Management d. geplanten Wandels v. Org., 1979; D. Einf. v. Geschäftsbereichsorg., 1981; Führungsgrundsätze u. Führungsmodelle, 1982; Märkte, Mitarb., Management: Erfolgr. Führ. kl. u. mittl. Untern. I, 1983; Finanzen, Steuern, EDV: Erfolgr. Führ. kl. u. mittl. Untern. II, 1983; Betriebl. Rechnungswesen - Buchführung, Jahresabschl. Kosten- u. Leistungsrechn., 1985; Unternehmensgrundsätze, 1985; Kauf od. Leasing, 1985; Finanzplanung u. Liquiditätsplanung, 1986; V. Jahresabschluß z. betriebswirtsch. Beratung, 1986; Investitions-, Finanz- u. Bilanzstrukturplanung, 1986; Liquiditätsplanung, Betriebsergebnisplanung m. Lotus 1-2-3, 1986; Buchführung, 1988 - Mitgl. Kartellverb. kath. dt. Studentenvereine (KV); Mitgl. Allg. Rat d. kath. Akad. Bayern; Rotary Intern. - Liebh.: Musik (Gitarre, Klavier, Orgel), Lit.

GABELE, Paul
Dr. phil., Prof. f. Erziehungs- u. Gesellschaftswiss. Univ. Bremen - Am Reiterfeld 2, 2878 Wildeshausen-Voßberg (Tel. 04431 - 34 98).

GABELMANN, Hanns
Dr. phil., Prof., Wiss. Rat, Archäologe - Fridtjof-Nansen-Str. 4, 5300 Bonn-Poppelsdorf - Geb. 26. Dez. 1936 Stuttgart (Vater: Nestor G., Kaufm.; Mutter: Helene, geb. Molliné), ev., verh. s. 1964 m. Katerina, geb. Meletakou - Univ. Marburg, Athen, Heidelberg - Promot. 1963 Marburg; Habil. 1971 Bonn - S. 1973 apl. Prof. u. Wiss. Rat u. Prof. (1976) Univ. Bonn - BV: Stud. z. frühgeschichtl. Löwenbild, 1965; D. Werkstattgr. d. oberital. Sarkophage, 1973; Römische Grabbauten d. frühen Kaiserzeit, 1979; Antike Audienz- u. Tribunalszenen, 1984 - Spr.: Engl., Franz., Neugriech., Ital.

GABER, Fritz
Dr., Direktor, Ehrenvors. Verb. d. Südwestd. Bekleidungsind., Stuttgart - Ameisenbergstr. 34, 7000 Stuttgart-O. (T. Büro: 4 05 57) - Geb. 1. Febr. 1901 - U. a. EVA-Corsettfabrik Eugen Scheuing, Stuttgart. B. 1981 Vors. VdSB.

GABERT, Volkmar
Dreher, Mitgl. Europ. Parlament, 1950-78 Mitgl. Bayer. Landtag, 1962-76 Fraktionsvors., 1976-78 Vizepräs. Bayer. Landtag, 1979 Mitgl. Europ. Parlament - Franz-Fackler-Str. 39, 8000 München 50 (T. 150 30 63) - Geb. 11. März 1923 Dreihunken/Sudetenland (Vater: Anton G., Lehrer, SPD-Mitgl.; Mutter: Olga, geb. Braithut), verh. s. 1951 m. Inge, geb. Kassler (Landesvors. Arbeitsgem. sozialdemokr. Frauen SPD Bayern, b. 1980) - Mitgl. Parteivorst. SPD (1964-80). Realschule Teplitz-Schönau, 1938-46 Engl. (Eltern emigr. weg. Gefährd. durch d. Nationalsozialismus; landw. Arbeiter, Mont. u. Dreher). SPD (1963-72 (Rücktr.) Landesvors. Bayern) - Bayer. Verdienstorden, Gr. BVK m. Stern (1978), 1973 Gr. BVK - Liebh.: Sport (div. Leichtathletikerfolge) - Spr.: Engl.

GABISCH, Günter
Dr. rer. pol., Univ.-Prof. Univ. Göttingen (s. 1982) - Galgenbergstr. 12, 3414 Hardegsen (T. 05505 - 24 25) - Geb. 21. Juni 1943, verh. s. 1969 m. Ingrid, geb. Lucke, 2 Kd. (Carsten, Angela) - M.A. (Economics) 1965 Washington State Univ., Pullman, Wash., USA, Promot. 1968, Habil. 1974, bde. Bonn - 1975 Prof., o. Prof., Univ.-Prof. Münster; 1975-82 Hagen - BV: Wachstumstheorie (m. W. Krelle), 1972; Außenhandel u. Wirtschaftswachstum, 1976; Business Cycle Theory (m. H.-W. Lorenz), 1987 - Spr.: Engl., Franz.

GABKA, Joachim
Dr. med., Dr. med. dent., Prof., Chirurg (Plast. Gesichtschir., spez. Lippen-Kiefer-Gaumenspalten) - Mohrunger Allee 2, 1000 Berlin 19 - Geb. 25. Febr. 1926 - S. 1956 (Habil.) Lehrtätig. Berlin (gegenw. apl. Prof. FU/Kieferchir.) - BV: Hasenscharten u. Wolfsrachen; D. Injektion. Üb. 100 Einzelarb.

GABLENTZ, von der, Otto
Botschafter d. Bundesrep. Deutschl. in Den Haag/Niederl. - Groot Hertoginnelaan 18-20, NL-2517 EG Den Haag - Geb. 9. Okt. 1930 Berlin (Vater: Otto Heinrich v.d.G., Prof.; Mutter: Hilde, geb. Zietlow), ev., verh. s. 1965 m. Christa, geb. Gerke, 5 Kd. (Georg, Alexandra, Jessica, Johanna, Julia) - Univ. Berlin u. Freiburg (Jura); Europakolleg, Brügge; St. Antony's, Oxford; Harvard (Politol. u. Soziol.) - S. 1959 Ausw. Dienst; Australien (1961-64), London (1967-72); 1973-78 Referatsleit. Europ. polit. Einigung; 1978-82 Bundeskanzleramt; 1981 Abt.leit. Außen- u. Verteidigungspolitik; s. 1983 Botschafter Niederl. - Spr.: Engl., Franz.

GABLER, Fritz
Direktor, Vors. d. Geschäftsfhg. Saurer-Allma GmbH., Geschäftsf. Saurer-Präzisions-Ges. mbH. - Leonhardstr. 19, 8960 Kempten/Allg. - priv.:Goethestr. 55.

GABLER, Hans Walter
Dr. phil., Prof. f. Literaturwiss. u. Editionswiss. - Lohensteinstr. 5a, 8000 München 60 (T. 089 - 580 14 85) - Geb. 21. Jan. 1938 Saalfeld/S. (Vater: Hans G., techn. Kaufm.; Mutter: Sofie, geb. Mende), ev., verh. s. 1968 m. Dr. med. Elisabeth, geb. Sandberger, 2 Kd. (Georg Sebastian, Anna Elisabeth) - Gymn. Offenbach; Univ. Frankf., München, Saarbr., Uppsala, Cambridge, Charlottesville (Anglistik, German.), Staatsex. 1966-68 Verw. Shakespeare-Forsch., 1970-81 wiss. Assist. München; 1975 Gastdoz. Univ. of Virginia (Charlottesville, Va.) - BV: General Editor: James Joyce Gesamtausg.: Ulysses, 1984; Mitherausg. James Joyce Archive, 63 Bde., (1977-1979); wiss. Arb. z. Shakespeare, Milton, Joyce - 1968-70 Harkness Fellow of the Commonwealth Fund, New York - Liebh.: Musik - Spr.: Engl., Schwed.

GABLER, Hartmut
Dr. phil., Dipl.-Psych., Dipl.-Sportlehrer, o. Prof., Sportwissenschaftler - Falkenweg 42, 7400 Tübingen 1 - Univ. Tübingen.

GABLER, Ulrich
Dipl.-Ing., Honorarprof. Univ. Hamburg/Inst. f. Schiffbau (s. 1963) - Albert-Einstein-Str. 21, 2400 Lübeck (T. 3 23 72) - Geb. 1. Okt. 1913 Berlin (Vater: K. G., Oberstudiendir.; Mutter: Elisabeth, geb. Rüthning), ev., verh. s. 1942 m. Irmgard, geb. Ruhstrat - Gymn. Oldenburg; TH Berlin (Schiffbau; Diplom-Hauptprüf. 1938) - AR-Mitgl. Drägerwerk AG, Lübeck, u. Technikzentrum Lübeck - BV: Submarine Design, 1986; Unterseebootbau, 1987 - 1974 BVK am Bde.; 1979 Ehrenz. VDI; 1984 Goldene Denkmünze d. Schiffbautechn. Ges.

GABOR, Joachim
Fabrikant, gf. Gesellsch. B. & J. Gabor Damenschuhfabriken - Marienburger Str. 31, 8200 Rosenheim/Obb.

GABRIEL, Bernhard
Geschäftsführer ZEDA Ges. f. Datenverarb. u. EDV-Berat. mbH & Co. - Am Diek 52, 5600 Wuppertal 2 (T. 0202 - 6 99-0) - Geb. 4. Sept. 1924.

GABRIEL, Erhard
Dr. rer. nat., Honorarprof. f. Wirtschafts- u. Sozialgeographie Univ. Köln (s. 1974), Leit. Inst. f. Angew. Wirtschaftsgeogr. (s. 1979) - Carstenseck 5, 2070 Ahrensburg (T. 04102 - 5 29 34) - Geb. 27. Jan. 1920 Gr. Stein/OS, verh. s. 1953 m. Marianne, geb. Körten, 2 S. (Bernd, Hans-Erhard) - Abit. 1938 Königsberg (Pr.), Univ. Hamburg (Promot.) - 1952 Lehrauftr. Wirtsch.geogr. Univ. Köln (s. 1970); 1954-57 Exportkaufm., 1957-85 Dt. Texaco AG (vorm. DEA) - Üb. 50 Fachveröff., dar. Nahost-Artikel in Westermann Lexikon d. Geogr., 1959-67, u. Meyers Kontinente u. Meere, 1974, The Dubai Handbook, 1987 - Spr.: Engl., Franz.

GABRIEL, Eugen
Dr. phil., Prof. f. German. Philologie - Joh. v. Weerthstr. 11, 7800 Freiburg/Br. - Geb. 3. Febr. 1937 Dornbirn (Österr.) - Promot. (1960) u. Habil. (1969) Wien - S. 1969 Wiss. Rat u. Prof. bzw. Prof. Univ. Freiburg. Fachveröff.

GABRIEL, Hans-Jürgen

Bildender Künstler, Vorstandsmitgl. Verein Berliner Künstler (s. 1985) - Tübinger Str. 1, 1000 Berlin 31 (T. 030 - 853 29 01) - Geb. 22. Aug. 1952 Berlin, verh., 3 Kd. (Jan, Lorna, Jonas) - 1972-77 Stud. Hochschule d. Künste Berlin; 1977/78 Stud. Paris - BV: Kunstflieger, 1977; Narrative Bilder, 1980; Botschaften kühler Poesie, 1984. Publ. in versch. Kunstkatalogen. Kunstricht.: Narrativer Realismus. Viele Ausst. im In- u. Ausl. - Spr.: Engl., Franz.

GABRIEL, Hellwart
Dipl.-Politologe, Presse-Referent, MdA Berlin (s. 1975) - Wilhelmstr. 145, 1000 Berlin 20 - Geb. 1. Febr. 1939 Glatz/Schles. - CDU.

GABRIEL, Helmut
Dr. rer. nat., o. Prof. f. Theoret. Physik - Arnimallee 14, 1000 Berlin 33 - Geb. 27. Sept. 1933 Reichenbach/Schl. - Promot. (1960) u. Habil. (1966) Braunschweig - S. 1969 Prof. FU Berlin; 1975-86 Sprecher Sonderforschungsbereich Hyperfeinwechselwirkungen; 1980-82 FU-Vizepräs. f. Naturwiss. u. Forschung; 1988 Mitgl. d. Wissenschaftsrats.

GABRIEL, Lothar
Dr., Dipl.-Volksw., Geschäftsführer Bundesverb. d. Zigarrenind. u. Dt. Zigarren-Inst. - Körnerstr. Nr. 18, 5300 Bonn-Bad Godesberg.

GABRIEL, Siegfried
Dr. jur., o. Prof. f. Wirtschaftl. Staatswissenschaften - Forstweg 32, 2300 Kiel (T. 8 43 73) - Geb. 17. Okt. 1907 Graz/Steierm. - 1934 Doz. Univ. Graz; 1940 ao. Prof. Univ. Jena; 1955 o. Prof. Univ. Kiel. Div. Publ.

GABRISCH, Rudolf
Dipl.-Volksw., Dipl.-Dolm., Geschäftsführer Georg-Agricola-Ges. (s. 1982) - Dresdner Str. 15, 4005 Meerbusch-Osterath - Geb. 24. April 1932 Brünn, kath., verh., s. 1960 m. Reingard, geb. Staffen - Dipl.-Dolm. 1957 Mainz; Dipl.-Volksw. 1961 München - S. 1985 Gf. Wirtschaftsvereinig. Metalle, Düsseldorf.

GABSTEIGER, Günter

Dipl.-Soz.-Päd. (FH), MdL Bayern (s. 1986; Stimmkr. Fürth-Land) - Obere Leitenstr. 10, 8501 Cadolzburg (T. 09103 - 7 22) - Geb. 23. Dez. 1942 Nürnberg, kath., verh., T. Daniela - Volks- u. Berufssch.; Lehre als Stahlformenbauer; Gesellenprüf.; 1962-66 Stud. Sozialpäd. München u. Berlin; Dipl.-Soz.-Päd. (FH) - 1966 Kreisvors. JU Berlin Tiergarten; 1970-75 Kreisvors. JU Fürth-Land; s. 1972 Kreistag Landkr. Fürth; 1974-86 Mitgl. Bezirkstag v. Mittelfranken. CSU - Liebh.: Bergtouren.

GACA, Adalbert-Hans
Prof. Dr. med., Chefurologe Stiftung Dt. Klinik f. Diagnostik, Wiesbaden (s. 1970) - Aukammallee Nr. 33, 6200 Wiesbaden - Geb. 21. Febr. 1925 Schneidemühl - Univ. Göttingen, Freiburg/Br., Saarbrücken - S. 1964 (Habil.) Lehrtätig. Univ. Freiburg/Br. (1970 apl. Prof. f. Urol. u. Chir.). Üb. 170 Aufs. - Fachwiss. Ausz. - Filmspr.

GACKSTATTER, Fritz
Dr. rer. nat., Dipl.-Math., Prof. FU Berlin - I. Math. Inst. FU Berlin, Arnimallee 3, 1000 Berlin 33 - Geb. 20. Nov. 1941 Unterteschau/Sudetenland, verh. s. 1983 m. Dipl.-Math. Barbara, geb. Müller, 3 Kd. (Stephanie, Christoph, Thomas) - Promot. 1969 Univ. Würzburg, Habil. 1975 TU Berlin - 1979 apl. Prof. RWTH Aachen; s. 1979 FU Berlin. 1980 Gast-Prof. São Paulo/Brasil.

GADAMER, Hans-Georg
Dr. phil., o. Prof. f. Philosophie (emerit. 1968) - Büchsenackerhang 53, 6900 Heidelberg - Geb. 11. Febr. 1900 Marburg/L. - Stud. German., Gesch., Kunstgesch. u. Phil.; Promot. 1922 (b. Natorp), Habil. 1929 (b. Martin Heidegger) - Prof. Marburg, Leipzig, Frankfurt/M., Heidelberg (Nachf. Jaspers) - Gesammelte Werke, 10 Bde. 1985. Zahlr. Veröff. - Mitgl. Sächs. u. Heidelberger Akad. d. Wiss., Darmstädter Akad. f. Sprache u. Dicht., Akad. d. Wiss. in Athen, Akad. in Rom, Budapester Akad. d. Wiss., Akad. Brüssel, Turin, 1971 Mitgl. Orden pour le Merite f. Wiss. u. Künste; 1971 Reuchlin-Preis Stadt Pforzheim u. Hegelpreis Stadt Stuttgart; 1972 Gr. BVK m. Stern; Honory Member of the American Acad. of Arts and Sciences in Boston; 1986 Jaspers-Preis Univ. Heidelberg; 1987 Martin-Schleyer-Preis.

GADATSCH, Hannelore

Fernseh-Journalistin - Zu erreichen üb. Südwestfunk, Hans-Bredow-Str. 6, 7570 Baden-Baden - Geb. 1941, verh. s. 1965 m. Claus Jürgen G. (Redakt.-Leit. Fernsehen-Aktuell SWF), 2 Söhne - 1963 Saarl. Rundf.; s. 1966 SWF (s. 1977 Mitgl. Redakt. Report), 1984-85 Moderatorin Send. Tagesthemen; s. 1988 EINS PLUS, Kabel- u. Satellitenfernsehen d. ARD, Moderatorin u. Leit. v. Sonder- u. Schwerpunktsendungen u. Pluspunkte - 1978 1. Preis d. Bundesarbeitsgem. d. Freien Wohlfahrtsverb. (f. Report-Beitr. D. Fall Eigenmann - d. Gesch. e. Kunstfehlers); 1984 Journalistenpreis Entwicklungspolitik (f. Report-Bericht üb. Dürrekatastrophe in Äthiopien) u. 1987 (f. Report-Bericht üb. Zwangsumsiedlungen in Äthiopien).

GADDUM, Johann-Wilhelm
Dipl.-Kfm., Landesminister a.D., Direktoriumsmitgl. Dt. Bundesbank (s. 1986) - Wilhelm-Epstein-Str. 14, 6000 Frankfurt/M. - Geb. 18. Juni 1930 Berlin, ev., verh., 4 Kd. - Gymn.; kaufm. Lehre; 1951-54 Stud. Köln (Wirtschafts- u. Sozialwiss.; Diplomprüf. 1954) - S. 1955 Geschäftsf. u. Inh. (1967) Mineralölgroßhdl. (Familienuntern.); 1985/86 Präs. Landeszentralbank Rhld.-Pfalz. S. 1956 Stadtratsmitgl. (1960 Fraktionsvors.); 1963-83 MdL Rhld.-Pfalz; 1971-81 Staatsmin. d. Finanzen; 1981-85 Min. f. Bundesangelegenh. Rhld.-Pfalz. CDU s. 1956 - 1970 Gr. BVK.

GADEK, Klaus
Dr.-Ing., Dipl.-Ing., Geschäftsführer Constructa GmbH, München - Weiherackerweg 11, 8525 Marloffstein - Geb. 29. April 1926 - Hon.-Prof. Univ. Hannover.

GADIEL, Hans-Erich
Dipl.-Ing., Prof. f. Stahlbau u. Statik Gesamthochschule Paderborn (Fachbereich Bautechnik/Höxter) - Richard-Arntz-Str. 14, 3470 Höxter.

GÄB, Hans Wilhelm
Journalist, Vorstandsmitgl. Adam Opel AG (Dir. f. Öffentl.keitsarb., 1981ff.) Rüsselsheim/Rh. - Bahnhofspl. 1, 6090 Rüsselsheim - Geb. 3. März 1936 - U. a. Chefredakt. Auto-Ztg. Köln; 1973-81 Mitarb. u. Vorstandsmitgl. Ford AG. (1975) ebd. 1981ff. Präs. Dt. Tischtennis-Bund (Vielf. Tischtennis-Nationalspieler).

GAEBE, Wolf
Dr. rer. pol., Prof. f. Wirtschaftsgeographie Univ. Mannheim (s. 1978) - Schloß, 6800 Mannheim - Zul. Doz. GH Duisburg.

GAEBELER, Jürgen
Dipl.-Holzw., Geschäftsführer Verb. Badischer Säge- u. Holzind., Arbeitskreis Rinde, alle Freiburg - Maltererstr. 18, 7800 Freiburg (T. 3 23 21) - Geb. 16. April 1926 Hamburg.

GÄDEKE, Roland
Dr. med., ehem. Prof. Univ.-Kinderklinik Freiburg - Bötzenstr. 41, 7813 Staufen/Br. (T. 54 10) - Geb. 2. April 1919 Heilbronn/N. (Vater: Dr. jur. Waldemar G.; Mutter: Eleonore, geb. Krause), ev., verh. s. 1952 m. Luitgard, geb. Göckel, 5 Töcht. (Nora, Catharina, Dorothea, Verena, Sibylle) - Univ. München, Königsberg, Innsbruck, Freiburg. Facharztausbild. (bis 1950 Pathol., dann Pädiatrie) - S. 1956 (Habil.) Lehrtätig. Univ. Freiburg (1962 Prof.) - BV: D. inapparente Virusinfektion u. ihre Bedeut. f. d. Klinik, 1957; D. Unfall im Kindesalter, 1962; Diagnost. u. therapeut. Techniken i. d. Pädiatrie, 1972; 1976, 1980 (Übers. Jap., Span.); Drogenabhängigkeit b. Kindern u. Jugendl. 1973. Handbuch- u. Ztschr.beitr. - Ernst v. Bergmann-Med. Dt. Ärztesch.; 1980 BVK 1. Kl. - Spr.: Engl., Franz.

GÄDIGK, Günter
Dipl.-Ing., Geschäftsführer Hermann Kolb Maschinenfabrik GmbH. - Hospeltstr. 37-41, 5000 Köln 30.

GAEDTKE, Joachim
Rechtsanwalt, Vorstandsmitgl. Pelikan AG Hannover (b. 1987) - Habichtshorststr. 12D, 3000 Hannover 51 - Geb. 14. Mai 1923 Stettin, verh. s. 1955 m. Carla, geb. Ritter, 3 Kd. (Sybille, Dagmar, Oliver).

GÄFGEN, Gérard
Dr. rer. pol., Prof., Ord. f. Volkswirtschaftslehre - Abendbergweg 7, 7750 Konstanz-Litzelstetten/B. (T. 4 41 27) - Geb. 26. Febr. 1925 Luxemburg (Vater: Franz G., Fabrikant; Mutter: Dr. Agnes, geb. Theisen, Ärztin), kath., verh. s. 1958 m. Dr. Brigitte, geb. Geyer, T. Danielle - Gymn.; Stud. Volksw.slehre u. Soziol. Promot. (1955) u. Habil. (1961) Köln - S. 1962 Ord. TH Karlsruhe, Univ. Hamburg (1965) u. Konstanz (1969) - BV: Theorie d. wirtschaftl. Entscheidung, 1963; 3. A. 1974; Grundl. d. Wirtschaftspolitik, 1966 - 1970 Ernenn. z. Mitgl. d. Wiss. Beirats Bundesmin. f. Wirtsch. - Spr.: Franz., Engl. - Rotarier.

GÄFGEN, Peter M.
Dr. sc. techn., Dipl.-Ing.-Chem. ETH, Inhaber PMG Holding AG, Lachen, Brönnimann AG, Oberengstringen, Mitinh. ASSAG Apparatebau-Schlosserei-Sprenglerei AG, Wald, alle Schweiz - Schübelstr. 13, CH-8700 Küsnacht (T. 01 - 910 49 19) - Geb. 5. Juni 1932.

GAEHTGENS, Thomas W.
Dr. phil. (habil.), Prof., Kunsthistoriker FU Berlin - Peter-Lenné-Str. 20, 1000 Berlin 33 - B. 1979 apl. Prof. Univ. Göttingen (Lehrgeb. Mittlere u. Neuere Kunstgesch.), Prof. FU Berlin.

GÄNSHIRT, Heinz
Dr. med., o. Prof. f. Neurologie (s. 1965) - Am Zapfenberg 18, 6900 Heidelberg - Geb. 26. Sept. 1919 - Promot. 1944 - S. 1956 (Habil.) Lehrtätig. Düsseldorf, Bochum u. Heidelberg (gegenw. em. Dir. Neurol. Univ.klinik).

GAENSLEN, Heinz-Friedrich
Dr. rer. pol., Dipl.-Kfm., pers. haft. Gesellsch. Gaenslen & Völter, Metzingen - Emil-Mörsch-Weg 47, 7430 Metzingen (T. 1 52 83) - Geb. 10. Juni 1930 Metzingen (Vater: Hermann G., Fabrikant; Mutter: Elisabeth, geb. Dilcher), ev., verh. s. 1963 m. Margret, geb. Pützer, 4 Kd. (Hermann-Dietrich, Christoph-Emanuel, Rüdiger Friedemann, Annedore) - Vizepräs. Verb. Baden-Württ. Textilind., Mitgl. Arbeitgeberkr. Gesamttextil u. Stift.rat Gustav-Werner-Stiftg., Reutlingen. CDU (Vors. CDU-Fraktion Gde.rat Metzingen) - Liebh.: Musik, Malerei.

GÄNSSBAUER (ß), Helmut
Hauptgeschäftsführer Dt. Gewerbeverb. im Bundesverb. d. Selbständigen, Landesverb. Bayern - Schwanthalerstr. 110, Postf. 20 06 02, 8000 München 2.

GAENSSLER, Peter
Dr. rer. nat., o. Prof. f. Math. Univ. Bochum (1972 b. 1978); s. 1978 o. Prof. f. Math. Stochastik Univ. München -Eichenstr. 29a, 8139 Bernried/Stbg. See - Geb. 9. Febr. 1937 Oehringen/Württ. (Vater: Ernst G., Kaufm.; Mutter: Berta, geb. Hubele), ev., verh. s. 1964 m. Ingrid, geb. Bemmann - Stud. d. Math. Univ. Heidelberg u. München; Promot. 1966 Heidelberg; Habil. 1971 Köln - 1963-66 wiss. Assist. Inst. f. angew. Math., Univ. Heidelberg u. Lehrbeauftr. Alfred-Weber-Inst., ebd., 1967-71 wiss. Assist. Math. Inst. Univ. Köln, dzw. 1970 Lektor u. Abt.sleit. Oersted-Inst. Univ. Kopenhagen, Fachmitgl.sch., u. a. Bernoulli Soc. - BV: Wahrscheinlichkeitstheorie, 1977 (m. W. Stute) - Liebh.: Kunst - Spr.: Engl.

GAERTE, Felix O.
Dr. jur., dt. Generalkonsul in Istanbul - Inönü Cad. 16-18, Istanbul (T. 45 07 05/8) - Geb. 2. Juni 1918 Birnbaum/Posen, verh. m. Helga, geb. Siegert, 2 Kd. - Gymn. Basel u. Potsdam; Rechtsstud. Univ. Genf, Königsberg/Pr. u. Berlin; Refer. 1941 Kammergericht Berlin (anschl. Kriegsdienst als Fallschirmjäger), Promot. 1948, Ass.-Ex. 1949 OLG Tübingen - Reg.Rat Staatskanzlei Tübingen; 1950 Ausw. Dienst, Mitgl. Dt. Verhandl.delegation z. Deutschl.vertrag; 1952-54 Gesandtschaftsrat London; 1954-57 stv. Generalkonsul Nairobi; 1957-61 Legationsrat AA Bonn (Rechtsabt.); 1961-64 stv. Generalkonsul Bombay; 1964-66 stv. Leit. Arbeitseinh. AA f. Abrüst. u. Rüstungskontrolle; 1966-72 Generalkonsul Melbourne; 1972-78 Zivilrechtsref.leit. AA; s. 1978 Generalkonsul Istanbul - 1968 BVK - Spr.: Engl., Franz., Ital., Russ.

GÄRTEL, Wilhelm
Dr., Direktor u. Professor i.R., ehem. Leit. Inst. f. Pflanzenschutz i. Weinbau Biolog. Bundesanstalt f. Land- u. Forstw. - Hubertusweg 2, 5550 Bernkastel-Kues/Mosel (T. 06531 - 31 84) - Geb. 17. Nov. 1920 Satulmare/Rum. - Ehrenpräs. Intern. Amt f. Rebe u. Wein, Paris - Spr.: Engl., Franz., Span., Rum.

GÄRTNER, Claus Theo
Schauspieler, Regiss. - Uhlandstr. 46, 1000 Berlin - Geb. 19. April 1943 Berlin, S. Oliver - Staatl. Hochsch. f. Musik u. Theater, Hannover (Prof. H. G. v. Klöden) - Üb. 80 Filme (Kino u. Fernsehen, u.a. FS-Serie E. Fall f. Zwei), üb. 40 Theaterinsz. u. Rollen - Dt. Filmpreis in Gold (Bundesfilmpr.).

GAERTNER, von, Franz-Günther
Kaufmann, Mitinh. Maklergruppe Jauch & Hübner, Hamburg, Vors. Verein dt. Versicherungsmakler ebd. - Süllbergterrasse 42, 2000 Hamburg 11 - Geb. 5. Sept. 1928.

GÄRTNER, Gerhard D.
Dr. rer. pol., Vorsitzender Polen-Kreis/ Ost-Aussch. d. Dt. Wirtschaft, Köln - Haraldstr. 21, 4300 Essen-Bredeney - Geb. 9. Sept. 1921 - Div. Mandate.

GÄRTNER, Hans
Dr. phil., Prof. f. Klass. Philologie Univ. Regensburg - v.-d.-Tann-Str. 36, 8400 Regensburg - Geb. 26. April 1934 - Studium Göttingen, Promot. 1960 Göttingen, Habil. 1970 Regensburg.

GÄRTNER, Hans
Dr.-Ing., Geschäftsführer Ernst Reime GmbH & Co. KG, (Spez.fabr. f. Präzis.Gewindeschneidwerkz.) Nürnberg - Postf. 3842, 8500 Nürnberg 1.

GÄRTNER, Hans
Dr. phil., Prof. f. Grundschulpädagogik u. -didaktik Univ. Eichstätt (Ps. Johannes Thaler) - Brüder-Grimm-Str. 14, 8261 Polling (T. 08633 - 13 22) - Geb. 8. Juli 1939 Reichenberg/Böhmen (Vater: Johann G., Metzgerm.; Mutter: Herta, geb. Simm), kath., verh. s. 1966 m. Ursula, geb. Lehmann, T. Katharina - Abit. 1959; Lehrerstud. in München (Staatsex. 1963 u. 1966); Zweitstud. Erziehungswiss., Psych., Theol. (Promot. 1970 Univ. München) - 1963-67 Volksschullehrer; 1967-71 Wiss. Assist., 1971-80 Doz., 1980 Prof., seit 1981 Ord. f. Grundschulpäd. u. -didaktik Kath. Univ. Eichstätt. Fachb.-, Schulb.- u. Kinderb.-autor, Rezens., Mitarb. an Fachztschr., Ztg. u. Kinderztschr., ehem. Redakt. e. päd. Ztschr.; 1981-84 Vors. Jury Dt. Jugendlit.preis d. Bundesreg.; s. 1983 Herausg. e. Almanachs d. Kinder- u. Jugendlit.; s. 1987 Lektor b. Neugebauer Press-Bilderbuch-Studio - BV: Päd. Fachb., u. a.: Reformpäd. exempl., 1971; Bibliogr. Sachunterr. d. Primarstufe, 1976; Jugendlit. im Sozialisationsprozeß (Hrsg.), 1978; Seminardigest 6 (Mithrsg.), 1981; Lesenlernen durch Faszination? 1983; Mitverf. v. Unterrichtsw., u. a.: Muttersprache; Ich lerne lesen; Ich lerne schreiben; Arbeitsb. f. diff. Rechtschreiben; Lernhilfen: Rechtschreiben v. d. 4. Kl., 1980; Grammatik f. d. 4. Kl., 1982; Aufsatz, 1985. Kinderb.: Ratebilderb., 1974; Kunterbunte Knobelkiste, 1981; Nun rat noch mal u. denke, 1982; Rätsel-Rätsel-Rätsel, 1982; Buchstabenladen, 1982; Leselöwen ABC-Gesch., 1983; Leselöwen Kinderwitze, 1986; Lesespiele, 1986. Herausg.: D. verrückte Kinderstadt (1987); Jetzt fängt das schöne Frühjahr an, Leselöwen Scherzfragen. Zahlr. Bilderbuch-Bearb. u. -Texte - Liebh.: Wandern, Gesang, Oper, Theater, Volkskd., Sammeln relig. Volkskunst, Lit., Kinderkultur - Spr.: Engl.

GÄRTNER, Hans Armin
Dr. phil., Prof. f. Klass. Philologie Univ. Heidelberg (s. 1978) - Kurpfalzstr. 6, 6945 Hirschberg-Leutershausen - Geb. 30. Juni 1930 Aue/Sa. - Promot. 1959; Habil. 1971.

GÄRTNER, Hartmut
I. Bürgermeister - Rathaus, 8903 Bobingen/Schw. - Geb. 17. Nov. 1936 Dillingen/D. - Zul. Oberreg.srat. SPD.

GÄRTNER, Heinz
Dr. phil., Prof. f. Allg. Pädagogik PH Reutlingen - Im Felgenbächle 5, 7410 Reutlingen 11.

GÄRTNER, Helmut
Dr. rer. nat., Prof. f. Experimental-Physik GH Kassel - Kohlenstr. 63, 3500 Kassel - Geb. 23. März 1932 Darmstadt - Promot. (1962) u. Habil. (1966) Darmstadt - Zul. Doz. TH Darmstadt - BV: Ferromagnet. Resonanz in dünnen Schichten, 1968.

GÄRTNER, Henriette
s. Knörr-Gärtner, Henriette

GÄRTNER, Horst
Dr. med., o. Prof. f. Mikrobiologie u. Hygiene - Forstweg 1, 2300 Kiel - Geb. 15. Aug. 1911 Lichtentanne/Sa. (Vater: Alexander G., Ing.; Mutter: Marie, geb. Kampmann), ev., verh. s. 1942 m. Christina, geb. Marquardt, 3 Kd. - Realgymn. Duisburg-Ruhrort; Univ. Göttingen, Marburg, Berlin, Münster (Promot.) - 1938 Assist., 1942 Doz., 1948 apl. Prof. Univ. Münster, 1951 o. Prof. u. Inst.Dir. Univ. Saarbrücken, 1957 Univ. Kiel (Dir. Hyg. Inst. u. Med.U.Amt). Emerit. 1979. Zahlr. Fachveröff. - Liebh.: Ornithol., Botanik.

GÄRTNER, Karl
Dipl.-Ing., Unternehmensberater - Am Kruppsee 12, 4100 Duisburg 14 - Geb. 25. Aug. 1921.

GÄRTNER, Klaus
Dr. med. vet., Prof. f. Versuchstierkunde - Karl-Wiechert-Allee 9, 3000 Hannover 61 - Geb. 7. April 1927 Prina/ Sa. - Promot. 1953 Berlin; Habil. 1966 Frankfurt - Abt.-Vorst. u. Prof. 1970 Med. Hochsch. Hannover, 1976 u. Honorarprof. Tierärztl. Hochsch. Üb. 100 Facharb. (vgl. Pathophysiol., Versuchstierkd., Populationsbiol.).

GÄRTNER, Klaus
Dipl.-Polit., Staatssekretär Finanzmin. Schlesw.-Holst. (s. 1988) - Düsternbrooker Weg 64, 2300 Kiel - Geb. 10. Jan. 1945 Obersontheim Kr. Schwäb. Hall, verh., 1 Kd. - N. Abit. (1965 Saarbrücken) Univ. Saarbr. u. Berlin/FU (Polit. Wiss.). Dipl.prüf. 1971 - 1969-70 Hauptgeschäftsf. FDP Saar; 1971-76 Angest. Min. f. Wirtsch., Mittelst. u. Verk. NRW. FDP s. 1968 (u. a. Schatzm. Bezirksverb. Düsseldorf).

GÄRTNER, Otto
Dr. phil., Redakteur, Schriftst. - Löberstr. 3, 6300 Gießen (T. 0641 - 7 44 60) - Geb. 10. Jan. 1923 Gießen, ev., verh. s. 1945 m. Irmgard, geb. Adam - Univ. Marburg (German., Phil., Gesch. u. Archäol.); Staatsex. 1950, Promot. 1951 - 1958-88 Ressortleit. Feuill. Gießener Allg. 1977 Präs. Dt.-Griech. Ges. Wiesbaden - BV: Baedekers Allianz-Reisef. Griechenl., 1981; Baedekers Allianz-Reisef. Athen, 1982; Baedekers Allianz-Reisef. Israel, 1982; Baedekers Allianz-Reisef. Mittelmeer (Mitverf.); dtv-Merian-Reiseführer Kreta (Mitverf.), 1985 - Spr: Engl., Neugriech. - Lit.: H. Bitsch, Gießen-Report I u. II, 1967, 1975.

GÄRTNER, Rudolf
Dr.-Ing., Prof. TU Berlin, Inst. f. Hochspannungstechnik u. Starkstrom-Anlagen - Auguste-Viktoria-Str. 31, 1000 Berlin 33.

GÄRTNER, Rudolf
Dr. jur., Prof. f. Bürgerl. Recht, Privatversicherungs-, Handels- u. Wirtschaftsrecht FU Berlin - Salzunger Pfad 3, 1000 Berlin 45.

GÄRTNER, Walter
Dr. med., Prof., Direktor Inst. f. Physikal. Therapie - Städt. Krankenanstalten, 6700 Ludwigshafen/Rh. - Geb. 5. April 1925 Heidelberg - Promot. 1952 Heidelberg; Habil. 1966 Freiburg/Br. - S. 1972 apl. Prof. f. Physikal. Med. u. Angew. Physiol. Univ. Freiburg. Aufs.

GAFFRON, Hans-Joachim
Dr. rer. pol., Geschäftsführer Krupp Reederei Duisburg - Haraldstr. 13, 4300 Essen - Geb. 4. Okt. 1933, ev., verh. s. 1969 m. Barbara, geb. Nagel, 3 Kd. (Marcus, Christian, Kristina) - Lehre Speditionskaufm.; Stud. Volksw. u. Verkehrswiss. Univ. Köln, Münster u. Antwerpen; Dipl.-Volksw. u. Promot. 1962 Köln - Vorst. Bundesverb. d. dt. Binnenschiffahrt u. Arbeitgeberverb. d. dt. Binnenschiffahrt; Mitgl. Frachtenaussch. Rheinschiffahrt - BV: Antwerpen u. s. Hinterland, 1963; Entw. d. Schubschiffahrt, 1960 - Ehrenpräs. German. Wanderverein.

GAFNER, Fritz
Schriftsteller, Pfarrer, Dir. Ev. Kindergärtnerinnensem. Zürich (s. 1976) - Weineggstr. 28, CH-8008 Zürich (T. 01-53 84 63) - Geb. 4. Jan. 1930 Stein/Rh., ev., verh. s. 1954 m. Elisabeth, geb. Freiberger, 2 Kd. (Brigitta, Bertold) - Matura Typus B 1949 Schaffhausen; 1949-52 Stud. Bern; Sekundarlehrerdipl.; 1962-67 Theologiestud. Zürich - 1952-62 Unterr.tätig.k. Sekundarsch. u. Gymn. Bern u. Zürich; 1967-76 Pfarrer Stadtkirche Winterthur - BV: Eugen, Prosa 1971; Kinder- u. Hausmärchen aus d. Schweiz, 1977; D. Holzapfelbaum, Ged. 1979; Kaiser, König, Lumpenhund, Gesch. aus d. Mittelalter, 1987; D. erwachsene Kind, Aufs. 1987 - 1968 Ehrengabe Kanton Zürich; 1970 Conrad-Ferdinand-Meyer-Pr.; 1981 1. Preis Dramenwettbewerb Stadt St. Gallen.

GAGEL, Ernst
Dr., Versicherungsdirektor - Wendelsteinstr. 52, 6200 Wiesbaden-Dotzheim - Geb. 17. Sept. 1914 Neuburg/D. - S. 1969 stv. u. o. Vorstandsmitgl. (1970) Dt. Beamten-Versich.

GAGEL, Walter
Dr. phil., o. Prof. a.D. f. Polit. Bildung TU Braunschweig - Thorn-Prikker-Str. 15, 5800 Hagen 1 (T. 02331 - 5 19 73) - Geb. 17. Dez. 1926 Arnsberg (Vater: Georg G., Prof. u. Dipl.-Ing.; Mutter: Marie, geb. Krug), verh. I) 1954-79 Margrit, geb. Cremer; II) s. 1982 m. Hilde, geb. Albert, 3 Kd. (Reinhard, Irene, Roland) - 1949-55 Univ. Köln; Staatsex. u. Promot. 1955 - 1955-63 Gymnasiallehrer Köln; 1963-74 Oberschulrat Landesinst. f. schulpäd. Bild. Düsseldorf; 1975 o. Prof. TU Braunschweig (FB Erziehungswiss.), 1987 emerit. S. 1966 Mitherausg. Ztschr. Gegenwartskd. u. s. 1967 Herausg. Ztschr.: Polit. Bild. - BV: D. Wahlrechtsfrage in d. Gesch. d. dt. lib. Parteien 1848-1918, 1958; Politik - Didaktik - Unterricht. E. Einf. in didakt. Konzeptionen d. polit. Unterrichts, 2. A. 1981; Einf. in d. Didaktik d. polit. Unterrichts. Studienb. polit. Didaktik I, 1983; Unterrichtsplanung: Politik/Sozialkd. Studienb. polit. Didaktik II, 1986.

GAGERN, Freiherr von, Axel
Dr. phil., Ethnologe - Gessenberg 1, 8221 Waging (T. 49 44) - Zul. Dir. Rautenstrauch-Joest-Mus. f. Völkerkd., Köln. Forschung: Basale Anthropol.

GAGNÉR, Sten
Dr. jur. (habil.), o. Prof. f. German. u. vergl. Rechtsgeschichte u. Bürgerl. Recht sowie Vorst. Inst. f. Bayer. u. dt. Rechtsgesch. Univ. München (s. 1964) - Fürstenstr. 22, 8000 München 2 (T. 28 57 67) - Geb. 3. März 1921 Uppsala (Schweden).

GAHL, Horst
Dr. rer. nat., Prof. f. Didaktik d. Biologie Univ. Frankfurt/M. - Beethovenstr. 27, 6301 Leihgestern.

GAHLEN, Bernhard
Dr., o. Prof. f. Makroökonomie Univ. Augsburg (s. 1970) - Memminger Str. 6-14, 8900 Augsburg - Zul. Wiss. Assist. Univ. Münster (Inst. f. Industriewiss. Forsch.).

GAHLEN, Walter
Dr. med., o. Prof. f. Dermatologie - Humboldtstr. 19c, 4000 Düsseldorf - Geb. 21. Juli 1908 - S. 1944 (Habil.) Lehrtätigk. Med. Akad. bzw. Univ. Düsseldorf (1951 apl. Prof.) u. TH Aachen/Med. Fak. (1965 Ord.). Etwa 100 Fachaufs. Würdig. z. 60. Geburtstag (Ztschr. D. Hautarzt 19, H. 7, 1968).

GAHR, Michael
Schauspieler - Germaniastr. 33, 8000 München 40 - Geb. 27. Dez. 1939 Berlin - Vornehml. Kino- u. Fernsehrollen: E. Spot od. Fast e. Karriere (Dir. Strack), D. Männerquartett, Helga u. d. Nordlichter (Hubert Hummel), Hermann Göring in: The Great Escape (Warner Bros.), Vater Wegmus in: D. Mädchen u. d. Stadt, Dr. Tobias Wilms in: Man spricht deutsch, Max Krauerhase in: Vertrauen gegen Vertrauen, Herr Schmitz in: D. schnelle Gerdi, OB Reuter in: E. Stadt wehrt sich.

GAIER, Dieter
Dr. rer. nat., Ph. D., o. Prof. f. Angew. Mathematik - Am Alten Friedhof 28, 6300 Gießen (T. 4 75 30) - Geb. 12. Mai 1928 Stuttgart (Vater: Albert G., Oberstudienrat; Mutter: Maria, geb. Hausch), ev. - Stud. Math. TH Stuttgart (Dr. rer. nat. 1952) u. Univ. of Rochester/USA (Ph. D. 1951) - 1951 Assist., 1955 Doz. TH Stuttgart, 1959 ao., 1962 o. Prof. Univ. Gießen (Mitdir. Math. Inst.) - BV: Konstr. Meth. d. konf. Abbildung, 1964; Vorl. üb. Approximation im Komplexen, 1980 (chin. 1985, russ. 1986, engl. 1987); Neuere Erg. d. Funktionentheorie (Mitautor), 1986. Zahlr. Fachveröff. - Spr.: Engl.

GAIER, Ulrich
Dr. phil., o. Prof. f. Literaturwissenschaft Univ. Konstanz (s. 1968) - Haydnstr. 17, 7750 Konstanz/B. (T. 6 28 02) - Geb. 18. Juni 1935 Stuttgart - Zeitw. USA - BV: D. gesetzl. Kalkül. Hölderlins Dichtungslehre, 1962; Stud. zu Sebastian Brants Narrenschiff, 1966; Satire Stud. zu Neidhart, Wittenwiler, Brant u. z. sat. Schreibart, 1967; Krumme Regel. Novalis' Konstruktionslehre d. schaffenden Geistes u. ihre Tradition, 1970; Form u. Information - Funktionen sprachl. Klangmittel, 1971; Germanisten ohne Zukunft? Empfehlungen z. Erhöhung d. berufl. Flexibilität germanist. Studienabsolventen, 1978; Johann Gottfried Herder: Frühe Schriften 1764-72, 1985; System d. Handelns. E. rekonstruktive Handlungswiss., 1986; Herders Sprachphil. u. Erkenntniskritik, 1988.

GAIL, Adalbert
Dr. phil., Prof. f. Ind. Kunstgeschichte FU Berlin (s. 1974) - Südendstr. 13, 1000 Berlin 41 - Geb. 11. Aug. 1941 - Promot. 1968 - Facharb.

GAIL, Hermann
Schriftsteller - Fuchsthallerg. 15/3, A-1090 Wien - Geb. 8. Sept. 1939 Pöggstall/ NÖ., kath. - Verleger David-Presse - BV: Gitter, R.; Prater, R.; Liaisons, Erz.; u.a. - Zahlr. Literaturpreise.

GAILIS, Werner
Prof., Bildhauer, Einzelausst. Orangerie Louxembourgpalast Paris 77, Galenportal St. Matthiaskirche Berlin 79 - Bissingzeile 11, 1000 Berlin 30 (T. 261 66 07) - Geb. 7. Febr. 1925 Berlin (Vater: Theodor G., Kaufm.; Mutter: Ottilie, geb. Ullrich), ev., led. - FU (Kunstgesch., Theaterwiss., Roman.) u. Kunsthochsch. Berlin (Kunstpäd.). Staatsex. 1954 u. 57 - S. 1954 Lehrtätigk. Päd. Abt. Kunsthochsch. Berlin (1964 ao. Prof. f. Werkerzieh.). Entwickl. e. Grundstud. f. d. formgeb. Berufe. Ausstell. Frankr., Belg., Bundesrep., Tschechosl. - Spr.: Franz.

GAISENKERSTING, Josef
Kaufmann, Leiter Boss-Druck u. Verlag, Kleve - Zu erreichen üb. Boss-Druck u. Verlag GmbH & Co. KG, Geefacker 63, 4190 Kleve - Geb. 28. April 1938 Bottrop (Vater: Josef G., Kaufm.; Mutter: Johanna, geb. Borkes), kath. - 2. Bildungsweg.

GAISER, Dietmar
Journalist - Zu erreichen üb. BR, Rundfunkpl. 1, 8000 München 2 - Leit. d. Redaktion Bürgersendung.

GAISER, Herbert
Dipl.-Ing., Dipl.-Wirtschaftsing., Geschäftsführer Alfred Kunz GmbH & Co., München - Bavariaring 26, 8000 München 2 (T. 5 14 60) - Geb. 29. Febr. 1932 München (Vater: Otto G., Dipl.-Ing.; Mutter: Karolina, geb. Fadinger).

kath., verh. s. 1959 m. Marianne, geb. Dieterich, 3 Kd. (Markus, Nicole, Odile) - Schulen München; Stud. TH München (Dipl.-Ing. 1956, Dipl.-Wirtsch.-Ing. 1957) - 1957-65 Bauleiter Fa. Kunz; 1966-72 Niederlass.leit. Mannheim; s. 1973 Geschäftsf. Mehrere Patente. Veröff.: Vorträge Betontag 1979 - Liebh.: Berg- u. Skisport, mod. Kunst, Fotogr. - Spr.: Engl.

GAJEK, Bernhard

Dr. phil., o. Prof. f. Neuere dt. Literaturwissensch. Univ. Regensburg (s. 1971) - von-Kleist-Str. 24, 8411 Lappersdorf (T. 0941 - 8 16 20) - Geb. 19. März 1929 Offenburg/B. (Vater: Curt G., Kaufm.; Mutter: Franziska, geb. Spinner), kath., verh. s. 1960 m. Enid, geb. Kaul, 4 Kd. (Hartwig, Oliver, Esther, Laurian) - Stud. Univ. Freiburg, Hamburg, München; Promot. 1958 ebd.; Habil. 1969 Heidelberg - 1962-66 Kustos Fr. dt. Hochstift, Frankfurt/M., 1969-71 Doz. Univ. Heidelberg - BV: Goethes Leben u. Werk in Daten u. Bildern, 1966; Homo poeta - Z. Kontinuität d. Problematik b. Cl. Brentano, 1971. Herausg.: Cl. Brentano, Werke, 1968 u. 1978; Cl. u. Chr. Brentanos Bibliotheken, 1974; Geist u. Zeichen. Fs. Arthur Henkel, 1977; Acta d. Intern. Hamann-Colloquiums, 1979ff.; C. Brentano, D. bittere Leiden, 1980; L. Thoma, Werke, 1983ff.

GAL, Tomas

Dr. rer. nat., Dr. rer. pol., Prof. f. Unternehmensforschung TH Aachen (s. 1971), o. Prof. f. Operations Research u. Mathematik f. Wirtschaftswiss. Fernuniv. Hagen (s. 1977) - Emsterstr. 92A, 5800 Hagen (T. 5 38 62) - Geb. 11. Juli 1926 Zilina/CSSR, verh. I) s. 1949 m. Dagmar, geb. Svobodova (†1983), 2 Kd. (Jan, Jitka), II) s. 1986 m. Gisela, geb. Pajonk - Stud. d. Physikal. Chemie Univ. Prag; Promot. 1953 u. 1967; Habil. 1969 Prag - 1951-54 Assist. Forschungsinst. f. Milch u. Milchprodukte u. F.-Inst. f. Kreislaufkrankh., 1954-69 Lehrstuhl f. Math. u. f. Operation Research (1964) Landw. Hochsch. Prag; 1969/70 Gastprof. Univ. Löwen/Belg. In- u. ausl. Fachmitgl.sch. - BV: u. a. Betriebl. Entscheidungsprobleme, Sensitivitätsanalyse u. parametrische Programmierung, de Gruyter 1973; Sensitivity Analyses Parametric Programming and Related Topics, McGraw Hill 1979; Planungs- u. Entsch.stechn., de Gruyter 1981. Üb. 100 wiss. Veröff. In- u. Ausl. Übersetzertätigk., Mitgl. versch. intern. Komit., Gutachter f. intern. wiss. Ztschr. u. Organisationen, 2. BNSF-USA - Liebh.: Kunst - Spr.: Tschech., Ungar., Russ., Engl., Slowak.

GALINSKI, Hans

Vorstandsmitglied SMS-Schloemann-Siemag AG., Hilchenbach 4 - Hochstr. 31, 5912 Hilchenbach 4 - Geb. 9. März 1924 Duisburg, verh. s. 1950 m. Mathilde, geb. Kock, 4 Kd. (Bernd, Elisabeth, Hans-Joachim, Klaus).

GALINSKI, Heinz

Dr. h. c., Vorsitzender Jüdische Gemeinde zu Berlin, Vors. Zentralrat d. Juden in Dtschl., Vorsitzender Zentralwohlfahrtsstelle d. Juden in Dtschl., Vors. Arbeitsgem. d. politisch, rassisch. u. religiös Verfolgten - Pfalzburger Str. 19a, 1000 Berlin 31 - Geb. 28. Nov. 1912 Marienburg/Westpr. (Vater: Albert G., Geschäftsm.; Mutter: geb. Mendelsohn; Eltern u. Ehefr. im KZ ums Leben gekommen), mosaisch, verh. in 2. Ehe (1947) m. Ruth, geb. Weinberg, T. Evelyn - Gymn.; kaufm. Lehre - 1945-48 stv. Leit. Abt. Nürnberger Gesetzgeb.; s. 1949 Vors. Jüd. Gde. Berlin. KZ. Stv. Mitgl. Koordinier.rat Stiftg. Dt. Hilfswerk u. Mitgl. Rundfunkrat Dt. Welle - 1966 Gr. BVK, 1974 Stern, 1982 Schulterbd. dazu; 1960 DRK-Ehrenz.; 1974 Ernst-Reuter-Plak. in Silber; 1983 Ehrendoktor Bar-Ilan-Univ. (Israel) - Spr.: Engl.

GALINSKY, Hans

Dr. phil., o. Prof. f. Anglistik (spez. Amerikanistik) - Alfred-Mumbächer-Str. 32, 6500 Mainz-Bretzenheim (T. 3 42 79) - Geb. 12. Mai 1909 Breslau (Vater: Paul G., Postinsp.; Mutter: Maria, geb. Nahler), kath., verh. I) 1936 m. Dr. phil. Edith, geb. Margenburg (†1946), II) 1949 m. Ilse, geb. Freeb, 4 Kd. (Michael, Gotthard, Teresa, Christoph) - Elisabeth-Gymn. Breslau; Univ. ebd. (Promot. 1932) u. Heidelberg, King's College London - 1932 Austauschlehrer London, 1933 Assist. Univ. London, 1934 Univ. Manchester, 1935 Univ. Berlin, 1938 Doz., 1942 o. Prof. Univ. Straßburg (s. 1944), 1950 Lehrbeauftr. Univ. Tübingen, Studienass., 1952 -rat ebd., ao., 1953 o. Prof. Univ. Mainz, emerit. 1977. 1955 Gastprof. Univ. of Minnesota u. Michigan. Stv. Vors. Dt. Ges. f. Amerikastudien (1965 wiedergew.), 1970 Gastprof. Univ. of California u. Illinois u. 1971, 1975 u. 1979 Univ. of Calif. - BV: (1932-61 s. XVIII. Ausg.): Amerikanism. d. dt. Gegenw.sspr., 1963, 3. A. 1975 (m. B. Carstensen); T. S. Eliots Murder in the Cathedral im Unterr. d. Oberstufe, 1964; Naturae Cursus, 1968; Amerika u. Europa, 1968; Wegbereiter amerik. Lyrik: E. Dickinson u. W. C. Williams, 1968; Zwei Klassiker d. amerik. Kurzgesch. (m. K. Lubbers), 1971, 2. A. 1978; Amerik.-dt. Sprach- u. Lit.-beziehungen, 1972; Regionalism. u. Einheitsstreben in d. Vereinigt. Staaten, 1972; D. Amerik. Englisch, 1979, 2. A. 1985; Amerik. Gesch.bewußtsein, 1983. Herausg.: Mainzer Stud. z. Amerikanistik; Mithrsg.: Leb. Sprachen, 1959-75 - Amerikastudien - Distinguished Senior Scholar Award (Fulbright), 1966, Ehrenmitgl. „Ovidianum", Bukarest, 1971 - Liebh.: Theater (Dramen), Schwimmen, Übers. engl. Lit., amerik. Lit. - Spr.: Engl., Franz., Ital. - Lit.: Festschr. Lit. u. Sprache d. Vereinigt. Staaten, hg. H. Helmcke u. a. (1969); The Transit of Civilization from Europe to America, hg. W. Herget u. a. (1986).

GALL, Christian

Dr. med. vet., Prof., Ordinarius, Inst. f. Tierproduktion in d. Tropen u. Subtropen Univ. Hohenheim - Garbenstr. 17, 7000 Stuttgart 70 (T. 459 31 70) - Geb. 1. Juli 1927 Berlin (Vater: Franz G., Generallt.; Mutter: Gabriele, geb. Boetticher), verh. s. 1966 m. Hannelore, geb. Bersch, Oberstudienrätin, 2 Söhne (Franz, Johannes) - Abit. 1944 Lötzen/Ostpr., nach landw. Tätigk. (1946-49), 1949-54 Stud. Naturw. Univ. Tübingen u. Tiermed. Univ. München; Promot. 1954, Habil. - 1964-75 Priv.doz. (s. 1972 Prof.) Univ. München, 1969-71 Gastprof. Monterrey/Mexiko, 1972-75 Animal Prod. Officer F.A.O. d. UNO in Rom, 1975-82 Dir. Inst. f. Tierzucht u. Vererb.forsch. Tierärztl. Hochsch. Hannover, s. 1982 Univ. Hohenheim - BV: Ziegenzucht, Lehrb. 1982. Herausg.: Goat Production (Monogr. 1981).

GALL, Franz Paul

Dr. med., o. Prof. u. Vorst. Chirurg. Klinik m. Poliklin. Univ. Erlangen-Nürnberg (s. 1977) - Sperberstr. 48, 8521 Fürth (T. 0911 - 78 03 03).

GALL, Günter

Dr. phil., Museumsdirektor - Heinrich-Heine-Str. Nr. 37, 6050 Offenbach/M. (T. 85 42 45) - Geb. 23. Juli 1924 Berlin, verh. s. 1953 m. Alice, geb. Fürst, 2. Söhne (Stefan, Sebastian) - Univ. Kiel u. München (Kunstgesch., Archäol., Vor- u. Frühgesch.; Promot. 1952) - S. 1952 Direktionsassist., Kustos u. Dir. (1959-89) Dt. Ledermuseum - BV: Leder im europ. Kunsthandwerk, 1965 - Spr.: Engl. - Rotarier - Vater: Prof. Dr. phil. Ernst G., Kunsthistoriker (Gotik) †1958.

GALL, Lothar

Dr. phil., o. Prof. f. Neuere Geschichte - Rosselstr. 7, 6200 Wiesbaden - Geb. 3. Dez. 1936 Lötzen/Ostpr., ev., verh. m. Claudia, geb. Eder, 2 Kd. (Tobias, Franziska) - Gymn. Salem/B.; Univ. München u. Mainz (Gesch., Roman., German.). Promot. 1960 München; Habil. 1967 Köln - 1965 Assist. Univ. Köln, 1967 Doz. ebd., 1968 Ord. Univ. Prof. Gießen, 1972 FU Berlin, 1975 Univ. Frankfurt. Spez. Arbeitsgeb.: Geschichte des 19. und 20. Jahrhundert, Bürgertum u. Liberalismus - BV: Benjamin Constant - S. polit. Ideenwelt u. d. dt. Vormärz, 1963; D. Liberalismus als regierende Partei, 1968; Bismarck. D. weiße Revolutionär, 1980; Europa auf d. Weg in d. Moderne 1850-90, 1984; Bürgertum in Deutschland, 1989. Herausg.: D. Bismarck-Problem in d. Geschichtsschreib. n. 1945, 1971; Liberalismus, 1980; Bismarck - D. gr. Reden, 1981; D. europ. Liberalismus. Texte z. s. Entw., 4 Bde., 1982; D. großen Deutschen unserer Epoche, 1985. Herausg.: Historische Zeitschrift - Mitgl. d. Bayer. Akad. d. Wiss., d. Histor. Kommission b. d. Bayer. Akad. d. Wiss., d. Histor. Kommiss. zu Berlin u. d. Kommiss. f. Gesch. d. Parlamentarismus u. d. polit. Parteien Bonn; 1968 Preis Wolf-Erich-Kellner-Gedächtnisstiftg.; 1987 Leibniz-Preis Dt. Forschungsgemeinsch.; 1987 Gr. BVK.

GALL, Pierre

Dipl.-Ing., Président Directeur Général Koppers-France SA (1979) - Zu erreichen üb. F-57600 Forbach, u. Walter Gieseking-Str. 10, 6600 Saarbrücken - Geb. 28. Mai 1925 - 1951 Ing. Heinrich Koppers Saarbrücken GmbH; 1956 Geschäftsf. ebd.; 1961 Dir. General Koppers France SA; 1970 Präs. ebd.; 1973 Geschäftsf. Heinrich Koppers GmbH, Essen; ebd.: 1975 Geschäftsf. Krupp-Koppers GmbH, Essen.

GALLAND, Adolf

Generallt. a. D., Industrieberater - Büro: Gotenstr. 157, 5300 Bonn 2 (T.0228 - 37 82 26) - Geb. 19. März 1912 Westerholt, 2 Kd. (Andreas Hubertus, Alexandra Isabelle - Abit. 1932, Verkehrsfliegersch. 1934. 1934-45 Offz. Luftw. (Staffelf. Legion Condor); 1944 Gen.ltn. Kommodore Jagdgeschw. Nr. 26, Kdr. Jagdverb. 44, 104 Luftsiege Westfront; 1945-47 amerik. Gefangensch.; 1948-55 Ber. Argent. Luftwaffe; s. 1955 selb. Ber. Luft- u. Raumfahrtind., Bonn; Vors. VR Air Lloyd Dt. Pflanzenschutzflug GmbH, Bonn-Hangelar; ARsmitgl. Dt. Atlant. Telegr. AG. - BV: D. Ersten u. d. Letzten, 1953 (GA. etwa 2 Mill.; 14 Übers.) - 1942 Brillanten z. Eichenlaub m. Schwertern z. Ritterkr. - Liebh.: Flug-, Schieß- u. Jagdsport - Spr.: Span., Engl.

GALLAS, Helga

Dr. phil., Prof. f. Literaturwissenschaft Univ. Bremen - Franziusstr. 7, 2800 Bremen - Geb. 1940 - Abit. 1958 (DDR); Promot. 1969 (FU Berlin) - Zul. Wiss. Assist. Univ. Hamburg - BV: Marxist. Literaturtheorie, 1971 (auch span. u. ital.); Strukturalismus als interpretatives Verfahren, 1977; D. Textbegehren d. Michael Kohlhaas. D. Spr. d. Unbewußten u. d. Sinn d. Lit., 1981 - Spr.: Franz., Engl., Portug.

GALLAS, Wilhelm

Dr. jur., o. Prof. f. Straf-, Prozeßrecht u. Rechtsphil. (emerit.) - Hainsbachweg 4, 6900 Heidelberg (T. 41 27 13) - Geb. 22. Juli 1903 St. Petersburg/Leningrad (Vater: Max G.; Mutter: geb. Esser), verh. 1933 m. Traute, geb. Dohse - Univ. Berlin u. München. Habil. 1933 Berlin - S. 1934 o. Prof. Univ. Gießen, Königsberg (1935), Tübingen (1940 u. 1948), Leipzig (1942) u. Heidelberg (1954; 1964/65 Rektor) - BV: Kriminalpolitik u. Strafrechtssystematik, 1931; Z. gegenw. Stand d. Lehre v. Verbrechen, 1955; D. strafrechtl. Verantwortlichkeit d. am Bau Beteiligten, 1963; P. J. A. Feuerbachs „Kritik d. natürl. Rechts", 1964; Beitr. z. Verbrechenslehre, 1968; Studien z. Unterlassungsdelikt, 1989 - 1959 o. Mitgl. Heidelbg. Akad. d. Wiss.

GALLE, Hans-Karl

Dr. phil. nat., Direktor Institut f. d. Wiss. Film Göttingen (s. 1976) - Nonnenstieg 72, 3400 Göttingen (T. 0551 - 20 20; Telex: 09 6 691) - Geb. 25. Nov. 1933 Giersdorf/Schles., kath., verh. s. 1964 m. Karin, geb. Günther, 2 S. (Hans-Günther, Franz-Bernd) - Realgymn., Univ. Frankfurt/M., Marburg (Naturwiss.), Promot. 1964. B. 1976 Ref. Inst. f. d. Wiss. Film, Göttingen - Herausg.: Encyclopaedia Cinematographica - Spr.: Engl.

GALLE, Rolf

Dr., Dipl.-Kfm., Geschäftsführer Hilger u. Kern GmbH, Mannheim - Spraulache 32, 6835 Brühl - Geb. 15. Jan. 1931 - Beirat Stahlbau Schäfer GmbH, Ludwigshafen/Rh.

GALLENKAMP, Hans-Georg

Konsul, Geschäftsführer d. Fa. Schoeller Beteiligungen GmbH - Waldstr. 22, 4500 Osnabrück - Geb. 8. Sept. 1916 - Beirat Dt. Bank AG, Osnabrück u. LZB v. Nieders.; Präs. IHK Osnabrück-Emsland; Konsul d. Niederl. - 1976 Gr. BVK.

GALLER, Heinz Peter

Dr. rer. pol., Univ.-Prof. Univ. Bielefeld (s. 1981) - Wilhelm Leuschner Str. 19, 6057 Dietzenbach - Geb. 8. Nov. 1948 Stephanskirchen/Obb., verh. s. 1971 m. Teresa, geb. Ripoll, 2 Kd. (Jessica, Olaf) - Univ. Frankfurt (Volkswirtschaftsl.); Dipl. 1971, Promot. 1975, Habil. (Volkswirtsch.) 1981, bde. Frankfurt - 1977-81 Doz. Univ. Frankfurt; 1983/84 Mitgl. Wissenschaftskolleg zu Berlin - BV: Optimale Wirtschaftspolitik m. Nichtlinearen Ökonometrischen Modellen, 1976; Alternativen d. Rentenreform '84 (Mitautor u. Hrsg.), 1981 - Spr.: Engl., Franz., Span.

GALLER, Rolf C.

Rechtsanwalt - Königsallee 46, 4000 Düsseldorf - Geb. 23. April 1906.

GALLEY, Eberhard

Dr. phil., Prof., Bibliotheksdir. i. R. - Am Brambusch 10, 4000 Düsseldorf (T. 43 39 60) - Geb. 28. Okt. 1910 Parchim (Vater: Alfred G., Landessuperint.; Mutter: Luise, geb. Walter), ev., verh. s. 1938 m. Ursula, geb. Rogge, 2 Kd. (Karin, Niels) - 1929-34 Univ. Göttingen u. Rostock - S. 1938 Bibl.srat u. Dir. (1964) Landes u. Stadtbibl. Düsseldorf, 1970-75 Dir. Heinrich-Heine-Inst. D'dorf - BV: Heinrich Heine, 1963, 4. A. 1976, H. Heine, Bildber. 1973. Herausg.: Heine-Jb. (1962-76).

GALLINER, Peter

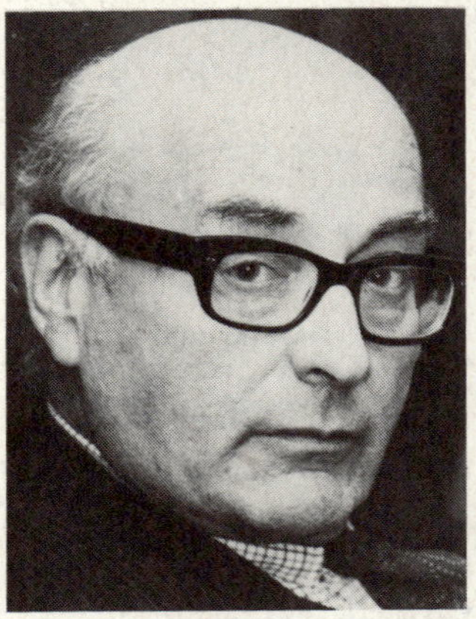

Verleger, Direktor Intern. Press Institute (s. 1975) - Untere Zäune 15, CH-8001 Zürich - Geb. 19. Sept. 1920 Berlin (Vater: Dr. Moritz G., Rechtsanw.; Mutter: Hedwig Isaac), jüd., verh. s. 1948 m. Edith Goldschmidt, T. Nicola - 1944-47 Reuters, 1947-60 Financial Times (Ausl.), bde. London, 1961-64 Vors. d. Geschäftsf. Ullstein GmbH., Berlin, 1967-71 Vice Chairman u. Managing Dir. British Printing Corp. Publishing Group, London; s. 1972 Chairman Peter Galliner Associates, London - 1961 BVK I. Kl.; Ecomienda, Orden de Isabel la Catolica, Spanien.

GALLING, Gottfried
Dr. rer. nat., o. Prof. f. Botanik TU Braunschweig (s. 1978) - Humboldtstr. 1, 3300 Braunschweig; priv.: Breitscheidstr. 16, 3300 Braunschweig.

GALLMANN, Rolf
Prof., Dr. rer. pol., Hochschullehrer - Eichendorffweg 11, 5868 Letmathe - Geb. 6. Juli 1921.

GALLMEIER, Walter M.
Dr. med., Prof., Vorstand 5. Med. Klinik u. Inst. f. Med. Onkologie u. Hämatologie Klinikum Nürnberg - Flurstr. 17, 8500 Nürnberg 90 (T. 0911 - 398 - 30 51) - Geb. 29. Juni 1937, verh. Ärztl. Dir. Klinikum Nürnberg. Wiss. Veröff. u. Buchbeitr. aus d. Onkol. u. Hämatol. (neue Krebsmedikamente, Medikamentöse Krebstherapie u. Probl. ärztl. Ethik u. Psychoonkol.).

GALLOWAY, David
Ph. D., Prof. f. Amerikanistik Univ. Bochum (s. 1972) - Engl. Seminar, Ruhr-Univ., 4630 Bochum 1; priv.: Schloßstr. 3, 5600 Wuppertal 2 - Geb. 5. Mai 1937 Memphis/USA (Vater: James H., Rechtsanw.; Mutter: Dorothy, geb. Snipes), verw. 1981, 1 Kd. (Gantt Perkins) - B. A. 1959 (Gesch., Lit.) u. Ph. D. 1962 (Engl.) USA - 1964-72 Prof. Sussex (Engl.), Hamburg, Cleveland. 1977-78 Museumsdir. Teheran (Iran). Gastprof. Dublin, Kuweit, Riyahd, Kairo. Ausstellungsleit. artware u. D. Sommer Atelier. Redakt.: Art in America u. Liner's - Fachb., Biogr. (Edward Lewis Wallant) The Absurd Hero; Calamus: Anthologie u. R. (Melody Jones, A Family Album, Lamaar Ransom: Private Eye, Tamsen). FS/ENB: Porträt d. Bildh. Eva Niestrath-Berger (Regie) - Mitgl. The Sloane Club (London); Harvard Club (Düsseldorf); Fellow of the Royal Soc. of Art (London) - Spr.: Engl., Franz., Dt.

GALLUS, Georg
Landwirt, Parlam. Staatssekretär (s. 1976), MdB (s. 1970) - Wasserbergweg 2, 7323 Hattenhofen/Württ. (T. 07164 - 37 77) - Geb. 6. Juli 1927 Hattenhofen (Vater: Georg G., Landw.; Mutter: Marie, geb. Höfer), ev., verh. s. 1955 m. Ruth, geb. Hack, 5 Kd. (Rosemarie, Georg, Ruth, Ulrich, Irmgard) - Volkssch. Hattenhofen; landw. Lehre; Landw.schule Göppingen; Ingenieursch. f. Landbau Nürtingen (Agraring.). FDP s. 1953 (Mitgl. Bundesvorst. d. FDP, stv. Landesvors. d. FDP Baden-Württ., Präsid.-Mitgl. d. FDP).

GALLUS, Heinz
Dr.-Ing., Univ.-Prof. u. Dir. Inst. f. Strahlantriebe u. Turboarbeitsmasch., RWTH Aachen (s. 1982) - In d. Schönauer Aue 3, 5100 Aachen-Richterich - S. 1970 Prof. TH Aachen (Lehrgeb. Sonderprobleme d. Flugzeugantriebe u. Turboarbeitsmaschinen).

GALLWITZ, Jörn
Dr. jur., Hauptgeschäftsführer Dt.-Schwed. Handelskammer - Strandpromenaden 55, S-191 70 Sollentuna (Schweden) - Geb. 21. Dez. 1941 Ungarn (Vater: Journ., Mutter: Helly, geb. Schenk), ev., verh. s. 1965 m. Ewa, geb. Wijkmark, 2 Kd. (Kerstin, Ola) - 1963-68 Stud. Rechtswiss. Univ. Göttingen, Promot. 1970; 1975-78 Stud. d. schwed. Rechtswiss. Univ. Stockholm - 1970 Ref. Dt.-Schwed. Handelskammer; 1976 Leit. Rechtsabt. ebd., 1978 Hauptgeschäftsf. S. 1980 Lehrtätigk. Univ. Linköping (f. Außenwirtsch.) - BV: D. Konzentration im schwed. landwirtsch. Genoss.wesen aus rechtl. Sicht (Diss.), 1970; D. schwed. Niederlassungsrecht unter bes. Berücksicht. d. Gewerberechts, 1981 - Liebh.: Tennis - Spr.: Schwed., Engl.

GALLWITZ, Klaus
Dr. phil., Prof., Direktor Städelsches Kunstinstitut (s. 1974) - Dürerstr. 2, 6000 Frankfurt a. M. (T. 61 70 92) - Geb. 14. Sept. 1930 (Vater: Hans G.; Mutter: Ruth, geb. Klaus), ev., verh. m. Esther, geb. Uebelmesser, S. Baptist - Stud. Kunstgesch., Archäol., Gesch. - Zul. Leit. Staatl. Kunsthalle Baden-Baden - Fachveröff. - BVK - Spr.: Engl.

GALONSKA, Horst
Dipl.-Ing., Geschäftsführer Fachverb. Schaltgeräte, Schaltanlagen Industriesteuerungen ZVEI (s. 1972) - Arnsteiner Str. 9, 6000 Frankfurt/M. - Geb. 8. Aug. 1935 Berlin - Stud. TH Darmstadt; Dipl.ex. 1963.

GALPERIN, Hans
Dr. jur., Prof., Präsident a. D. - Hornerstr. 103, 2800 Bremen (T. 7 24 48) - Geb. 15. Dez. 1900 Bachmut, kath., verh. s. 1929 m. Fanny, geb. Walther, 3 Kd. - Oberrealsch. Bremen; Univ. Göttingen (Promot. 1923) u. München. Ass.ex. 1926 Hamburg - 1927-53 Rechtsanw. Bremen; 1953-65 Präs. Landesarbeitsgericht ebd. 1952 ff. Honorarprof. Hochsch. f. Sozialwiss. Wilhelmshaven-Rüstersiel (b. Auflös.) u. Univ. Göttingen (1962; Arbeitsrecht) - BV: Kommentar z. Betriebsverfassungsgesetz, m. W. Siebert (†) 1952, 5. A. 1975 (m. M. Löwisch); D. BetrVG 1972 - Leitfaden f. d. Praxis, 1972.

GALSTERER, Hartmut
Dr. phil., o. Prof. f. Alte Geschichte - Mainzer Str. 45, 5000 Köln 1 - Geb. 27. April 1939 Hannover, verh. m. Dr. Brigitte, geb. Kröll - I. Staatsex. 1964 Erlangen, Promot. 1968 ebd., Habil. 1974 Köln - 1977ff. Prof. FU Berlin, 1985ff. RWTH Aachen; o. Mitgl. Dt. Archäol. Inst. - BV: D. röm. Städtewesen auf d. iber. Halbinsel, 1971; Verw. u. Herrsch. im röm. Italien, 1977.

GAMBER, Gerhard
Dr. jur., Landrat - Winzerstr. 18, 7600 Offenburg-Fessenbach (T. 80 52 72) - Geb. 3. Okt. 1927 Oberkirch, kath., verh. s. 1954 m. Ilse, geb. Koch, 4 Kd. (Dieter, Edith, Ruth, Monika) - 1947-51 Univ. Freiburg. Gr. jurist. Staatsprüf. 1955 - B. 1970 Landesreg. Stuttgart (zul. Ministerialrat), dann Landrat Kr. Offenburg, s. 1973 Ortenaukr.). CDU s. 1953 - Liebh.: Ski, Angeln, Briefm. - Spr.: Engl.

GAMBER, Klaus
Dr. theol., Dr. phil. h.c., Monsignore, Leit. Liturgiewiss. Inst. Regensburg (s. 1960) - St. Petersweg 13, 8400 Regensburg (T. 0941 - 5 88 13) - Geb. 23. April 1919 Ludwigshafen/Rh., kath. - Stud. Phil. u. Theol. Promot. 1967 - 1948-57 Seelsorge - BV: u. a. Sakramentartypen, 1958; Liturgie übermorgen, 1966; Missa Romensis, 1970; D. Bonifatius-Sakramentar, 1975; Liturgie u. Kirchenbau, 1976; Sacrificium missae, 1980; Sacrificium vespertinum, 1983. Etwa 250 Einzelarb. - 1967 Ehrendoktor; 1958 Ehrenmitgl. Päpstl. Liturg. Akad. Rom; 1978 Vice-Praes. Henry-Bradshaw-Soc., London.

GAMER-WALLERT, Ingrid
Dr. phil., Prof., Ägyptologin - Iglerslohstaffel 13, 7400 Tübingen 1 - Geb. 3. Febr. 1936 Lyck/Ostpr. (Vater: Dr. Kurt Wallert; Mutter: Traute, geb. Zielinski), ev., verh. s. 1969 m. Dr. phil. habil. Gustav Gamer, T. Daphne - 1955-60 Stud. Ägyptol. München u. Paris. Promot. 1961 München - S. 1968 (Habil.) Lehrtätigk. Univ. Tübingen (1974 apl. Prof. f. Ägyptol. u. Doz. Ägypt. Inst.) - BV: D. Palmen im alten Ägypten, 1962; D. verzierte Löffel, s. Formengesch. u. Verwend. im Alten Ägypten, 1967; Fische u. Fischkulte im Alten Ägypten, 1970; Ägypt. u. ägyptis. Funde v. d. iber. Halbinsel, 1979; Der Löwentempel v. Naqca (Sudan), 1983 - Korr. Mitgl. DAI - Spr.: Franz., Engl., Span., Ital.

GAMILLSCHEG, Franz
Dr. jur., o. Prof. f. Bürgerl. Recht, Arbeits- u. Intern. Privatrecht Univ. Göttingen (s. 1958) - Ernst-Curtius-Weg 2, 3400 Göttingen (T. 5 86 80) - Geb. 3. Mai 1924 Hall/Tirol - Habil. 1956 Tübingen - BV: Intern. Arbeitsrecht, 1959; Arbeitsrecht, 5. A. 1979; Int. Eherecht, 1973; (Hrsg.) Int. Gedächtnisschr. in mem. Sir Otto Kahn-Freund, 1980.

GAMM, Hans-Jochen
Dr. phil., o. Prof. f. Allg. Pädagogik u. Berufspäd. - Pankratiusstr. 2, 6100 Darmstadt (T. 16 28 07) - Geb. 22. Jan. 1925 Jörnstorf (Vater: Paul P., Postbeamter; Mutter: Olga, geb. Schulz) - Univ. Rostock u. Hamburg (Päd., Psych., Theol., Phil., Gesch.) - 1953-59 Lehrer; 1959-61 Dozent Päd. Inst. Univ. Hamburg; 1961-67 Prof. Päd. Hochsch. Oldenburg (1963-65 Rektor); s. 1967 Ord. TH Darmstadt - BV: Judentumskunde, 5. A. 1964; D. braune Kult, 1962; Führung und Verführung, 1964; D. Flüsterwitz im III. Reich, 5. A. 1966; Sachkunde z. Bibl. Gesch., 2. A. 1965; Anthropol. Unters. z. Vaterrolle, 1965; Päd. Studien z. Problem d. Judenfeindsch., 1966; Aggression u. Friedensfähigk. in Dtschl., 1968; Krit. Schule, 1970; D. Elend d. spätbürgerl. Päd., 1972; Einführung i. d. Studium d. Erziehungswiss., 1974; Umgang mit sich selbst, 1977; Allgem. Pädagogik, 1979; D. Judentum, 1979; D. päd. Erbe Goethes, 1980; Materialistisches Denken u. päd. Handeln, 1983; Päd. Ethik, 1988 - Liebh.: Wandern, Lyrik - Spr.: Engl., Franz.

GAMM, Freiherr von, Otto-Friedrich
Dr. jur., apl. Prof. Univ. Heidelberg, Bundesrichter - Bruckmannstr. 15, 8000 München 19 - Geb. 30. Nov. 1923, ev., verh. i. 2. Ehe s. 1968 m. Dr. jur. Eva, geb. Neeb, RA - B. 1970 LG München I (Dir.), dann BGH Karlsruhe (BR); Vorsitzender Richter (1978) - BV: Veröff. u. a. Kommentar z. Warenzeichengesetz 1965, z. Geschmacksmustergesetz 2. A. 1989, z. Urheberrechtsgesetz 1968, z. Wettbewerbsrecht 1975, 2. A. 1981, z. wettbewerbsrechtl. Nebengesetzen 1977, z. Kartellrecht 1979; Wettbewerbsrecht 5. A. 1987, ferner m. Dr. Eva v. G. Kartellrecht d. EWG, 2. A. 1969, Persönlichkeits- u. Ehrverletzung durch Massenmedien 1969.

GAMS, Konrad Walter
Dr. phil., Prof., Botaniker (Wiss. Mitarb. Centraalbureau voor Schimmelcultures, Baarn) - Corn. Dopperlaan 18, NL-3741 Baarn (Ndl.) - Geb. 9. Aug. 1934 Zürich (Vater: Prof. Dr. Helmut G., Botaniker †; Mutter: Dr. Margarete, geb. Schima), kath., verh. s. 1972 (Ehefr.: S. A. Luinge), 2 T. (Hedwig, Mechthild) - Gymn. Innsbruck; Univ. Innsbruck (1953-55 u. 1956-59) u. Zürich (1955-56; Biol.). Promot. 1960 Innsbruck - 1960-61 Stip. Univ. Liverpool; 1961-67 Wiss. Mitarb. Biol. Bundesanst./Inst. Kiel; s. 1967 wie oben. S. 1972 (Habil.) Lehrtätigk. TH Aachen (1975 apl. Prof. f. Botanik m. bes. Berücks. d. Mykologie u. Bodenbiol.) - BV: Mikroorganismen in d. Wurzelregion v. Weizen, 1967; Cephalosporiumartige Schimmelpilze, 1971; Mitverf.: Pilze aus Agrarböden, 1970 (auch engl.); Chloridium and some other dematiaceous Hyphomycetes growing on decaying wood, 1976; Compendium of Soil Fungi, 1980. Mithrsg.: Soilborne Plant Pathogens, 1979 - Liebh.: Musik - Spr.: Holl., Engl., Franz., Ital., Span.

GAMST, Jens
Dr. rer. nat., Prof. f. Mathematik m. Schwerp. Theorie d. Dynam. Systeme Univ. Bremen - Kreftingstr. 8, 2800 Bremen 1.

GANDENBERGER, Otto
Dr. rer. pol., Prof. - Finkenstr. 4a, 8011 Neukeferloh - Geb. 1. April 1929, verh. m. Renate, 3 Töcht. (Barbara, Sabine, Susanne) - Dipl.-Volksw. 1954 Frankfurt; Promot. 1961 Mainz; Habil. 1967 Mainz - Univ.-Prof. München; Mitgl. Wiss. Beirat b. Bundesmin. d. Finanzen - BV: D. Finanzmonopol, 1968; Z. Messung d. konjunkturellen Wirkungen öfftl. Haushalte, 1973; Einkommensgrenzen b. staatl. Transfers, 1989 - Spr.: Engl., Franz.

GANDL, Josef
Dr. rer. nat., Prof. f. Geologie u. Paläontol. Univ. Würzburg (s. 1978) - An d. Mühltannen 19, 8700 Würzburg.

GANGEL, Hans
Verwaltungsleiter Städt. Bühnen Münster - Im Hain 73, 4400 Münster (T. 02501 - 38 68) - Geb. 24. Okt. 1934 Bremen (Vater: Georg G.; Mutter: Käthe, geb. Reichenbach), ev., verh. s. 1962 m. Almuth, geb. Lülf, T. Stephanie - Ausb. z. Dipl.-Kommunalbeamten - 1972 Kämmerer Amt St. Mauritz; 1977 Leit. Haush.- u. Finanzplan. Stadt Münster; 1980 Städt. Bühnen Münster.

GANNS, Harald
Botschafter d. Bundesrep. Dtschl. in Niamey/Niger - Zu erreichen üb. Botsch. d. BRD, BP 626, Niamey/Niger - Geb. 13. Aug. 1935 Bonn (Vater: Ernst G.; Mutter: Anita, geb. Kuhs), verh. s. 1979 in 2. Ehe m. Maria Carmen, geb. Glesiasmaellas, 4 Kd. (Achim, Ingo, Eva, Guido) - Staatsex. German., Angl. u. Gesch., Gr. Dipl./Kons. Abschl.prüf. AA - 1960-63 Angest. World-Univ. Service, Dt. Komitee (zul. Generalsekr.); 1963-65 Überseevertr. Westafrika Verb. Dt. Studentensch.; 1965 ff. Ausw. Dienst - Liebh.: Afrikan. Fragen, Sport, Musik (insb. Jazz) - Spr.: Engl., Franz., Span.

GANOCZY, Alexandre
Dr. theol., Dr. phil., Prof., Theologe - Simon-Breu-Str. 11b, 8700 Würzburg - Geb. 12. Dez. 1928 Budapest, kath. - S. 1971 Kath. Univ. Paris, dann Univ. Münster (Wiss. Rat u. Prof.), s. 1972 Univ. Würzburg (Ord. f. Dogmatik). Fachveröff., auch Bücher - S. 1982 Dr. h. c. Univ. Genf.

GANS, Oskar
Dr. sc. agr., o. Prof. f. Intern. Entw.- u. Agrarpolitik Univ. Heidelberg - Am Pferchelhang 2/2, 6900 Heidelberg (T. 06221 - 80 41 91) - Geb. 26. Mai 1943 Göttingen - 1962-70 Stud. Wirtsch.wiss. Frankfurt u. Göttingen, Dipl.Volksw. 1967; 1968-70 Stud. Agrarök. Göttingen, Promot. 1970 Göttingen, Res. Ass. Berkeley 1971, Habil. VWL u. Agrarpolitik Bonn 1975 - 1975/76 Berat. iran. Ind.min. Teheran, 1977-80 Gastprof. Göttingen, 1980 o. Prof. f. VWL Heidelberg, 1981 Dir. Forsch.st. f. Intern. Agrarentw. e.V. Heidelberg - BV: Wachstumsmodelle f. wirtsch. unterentwick. Länder, 1970; Wirtsch.wachstum, Einkommensverteil. u. inters. Faktormobilität, 1972; Integr. Entwickl.planung, 1975 (m. and.); Beitr. z. Analyse v. Welthandelsstrukt., 1976; Einf. in d. Volkswirtsch.lehre, 1978-85 (6 A., m. and.), Übungsb. 1980; Vorschl. f. e. Reform d. EG-Agrarpolitik, 1981 (m. and.) - Spr.: Engl., Span.

GANSÄUER, Jürgen
Kaufmann, MdL Nieders. (s. 1974) - Eichstr. 23, 3014 Laatzen 1 (T. Hannover 86 56 80) - CDU.

GANSÄUER, Karl Friedrich
Dr. rer. pol., Generalkonsul d. Bundesrep. Deutschl. in Barcelona/Spanien (s. 1988) - Paseo de Gracia 111, Apdo. 389, E-08008 Barcelona/Spanien - Human. Gymn. Waldbröl (Abit. 1953); 1953-58 Stud. Wirtsch.wiss. Univ. Köln; Dipl.-Hdl. 1957, Dipl.-Volksw. 1958, Promot. 1961 - 1958-63 wiss. Assist. Univ. Köln; 1963 höh. Ausw. Dst. Bundesrep. Deutschl.; 1964 Attaché Dt. Botsch. Tunis; 1966-69 1. Sekr. Ständ. Vertr. d. Bundesrep. Deutschl. b. d. OECD Paris; 1969-71 Ständ. Vertr. d. Botsch. d. Bundesrep. Deutschl. Mogadischu/Somalia; 1975-78 Botsch.rat (Leit. Wirtsch.abt. Botsch. Teheran); 1978-80 stv. Referatsleit. AA; 1981-83 beurl. als Ref. f. Außen- u. Deutschl.politik d. FDP-Bundestagsfrakt.; 1983-85 Leit. Parlaments- u. Kabinettsref. Ausw. Amt, Bonn; b. 1988 Botsch. in Haiti.

GANSCHOW, Gerhard
Dr. phil., o. Prof. u. Vorst. Inst. f. Finnougristik Univ. München - Harzstr. 3b, 8034 Germering/Oberbayern (T. München 84 43 85) - Geb. 5. Dez. 1923 Berlin (Vater: Ernst G., Geschäftsf.; Mutter: Anna, geb. Völker), ev., verh. s. 1954 m. Erika, geb. Wüstling - 1948-52 Humboldt-Univ. Berlin (Phil., Finn-ugr. Sprachwiss., ungar. Sprache u. Lit.). Staatsex. 1952; Promot. 1956 - 1945-48 Lehrer Berlin, dann Stud., 1956-61 Assist. u. Oberassist. (1961) Dt. Akad. d. Wiss. zu Berlin, s. 1965 ao. u. o. Prof. (1970) Univ. München. 1980 Gastprof. Univ. Turku/Finnl. - Begründer d. Aszendenztheorie i. d. finnisch-ugrischen Sprachgeschichte - BV: D. Verbalbildung im Ostjakischen, 1965. Hrsg.: Veröff. d. Finnisch-Ugrischen Sem. a. d. Univ. München (1973ff.); Finnisch-Ugrische Bibliothek (1974ff.). Mithrsg.: Ural-Altaische Jahrb. (1965-66); Bibliogr. d. uralischen Sprachwiss. 1830-1970 (1974ff.) - 1965 korr. Mitgl. Finn.-Ugr. Ges. Helsinki; 1975 Mitgl. d. Exek.-Komm. d. intern. Ges. f. Ung. Philologie Budapest.

GANSEL, Norbert
Assessor, MdB (s. 1972; Wahlkr. 6/Kiel) - Am Dorfplatz 32, 2300 Kiel-Meimersdorf 14 - Geb. 5. Aug. 1940 Kiel (Vater: Hannes G., Berufssoldat; Mutter: Else, geb. Dürr), verh. s. 1969 m. Lesley, geb. Nicholson, T. Anna - 1951-60 Hebbel-Sch. (Gymn.) Kiel; 1960-62 Bundesmarine (zul. Ltn. z. See d. R.); 1962-69 Univ. Kiel (Gesch., Wiss. d. Politik, Rechts- u. Staatswiss.). Jurist. Staatsprüf. 1969 u. 73 (m. Präd.). S. 1968 Mitgl. Parteirat SPD (s. 1986 Vors.). 1969-70 stv. Bundesvors. Jungsozialisten. SPD s. 1965 - BV/Herausg.: Überwindet d. Kapitalismus oder Was wollen d. Jungsozialisten? (1971, rororo-aktuell) - Liebh.: Bücher, Windsurfen, Sportschießen (1958 Dt. Jugendm.) - Spr.: Engl., Franz.

GANSER, Karl
Dr. rer. nat. (habil.), Prof., Direktor Bundesforschungsanstalt f. Landeskunde u. Raumordnung, Bonn, apl. Prof. f. Geographie TU München (s. 1975; vorh. Privatdoz.) - Postf. 130, 5300 Bonn-Bad Godesberg - Geb. 15. Sept. 1937 Mindelheim/Schw.

GANSKE, Herbert
Dr. rer. pol., Dipl.-Kfm., Vorstandsmitglied Kraftversorgung Rhein-Wied AG.(s. 1971) - Friedrich-Ebert-Str. 38, 5450 Neuwied 1 (T. dstl.: 02631 - 80 42 03; priv.: 02631 - 2 71 93) - Geb. 1. Febr. 1924 Wülfrath (Vater: Wilhelm G., Schreinerm.; Mutter: Johanna, geb. Niggemann), kath., verh. s. 1949 m. Lisa, geb. Domian, S. Torsten - Schule Mettmann (Abit. 1946); 1947-49 Kaufm. Lehre Rhein. Kalksteinwerke GmbH, Wülfrath; 1960-64 Univ. Köln (Betriebsw.). Dipl. 1964, Promot. 1970 - 1949-60 Kaufm. Angest. Lehrfa.; 1964-71 Mitarb. Klöckner-Werke AG., Duisburg. Fach- u. Ehrenämter.

GANSLMAYR, Herbert
Dr., Direktor Übersee-Museum - Bahnhofpl. 13, 2800 Bremen - Geb. 8. Sept. 1937 - Vorst.-Mitgl. ICOM - BV: Nofretete will nach Hause, 1984 (m. Gert v. Paczensky).

GANSNER, Hans Peter
Lic. Phil. I, Schriftsteller - Mattenstr. 35, CH-4000 Basel - Geb. 20. März 1953 Chur/Schweiz, led. - Stud. German., Roman., Kunstwiss. Univ. Basel, Film- u. Theaterwiss. Univ. Aix-en-Provence - Autor, Übers., Reporter - BV: Abgebrochenes Leben, R.; Desperado, R.; Trotz allem, Ged.; D. fr. Tag, Erz. Dramen: In guter Ges.; D. Mythenfabrie; E. Poeten-Nest - Spr.: Engl., Franz., Ital., Span., Schweizer-Dt.

GANSS (ß), Hans-Jürgen
Dr. jur., Senator E. h. - Vogelsangweg 26, 7505 Ettlingen (T. 1 52 09) - Geb. 9. Jan. 1926 Goch (Vater: Albert G., Brauereidir.; Mutter: Erna, geb. Harff), ev., verh. s. 1965 m. Heidi, geb. Herrmann, T. Kristina - Gymn. (Abit.); Stud. d. Rechtswiss. - Spr.: Engl.

GANSSAUGE (ß), Eberhard
Dr. phil., Prof. f. Experimentalphysik Univ. Marburg - Eichenweg 6, 3556 Niederweimar.

GANTEN, Detlev
Dr. med., Prof. f. Exper. Medizin Univ. Heidelberg, Facharzt f. Pharmakol., wiss. Dir. Dt. Inst. z. Bekämpf. d. Hohen Blutdruckes - Im Neuenheimer Feld 366, 6900 Heidelberg - Med.-Stud. Univ. Würzburg, Montpellier, Tübingen; Ph.D. McGill Univ. Montreal.

GANTENBRINK, Heinrich
Bildhauer u. Goldschmiedemeister, Designer - Hennenbusch, 5750 Menden - Geb. 13. Mai 1921 Menden, verh. s. 1943 m. Grete-Maria, geb. Böhm - Pers. haft. Gesellsch. u. Geschäftsf. BEGA Gantenbrink-Leuchten oHG, Menden.

GANTER, Bernhard

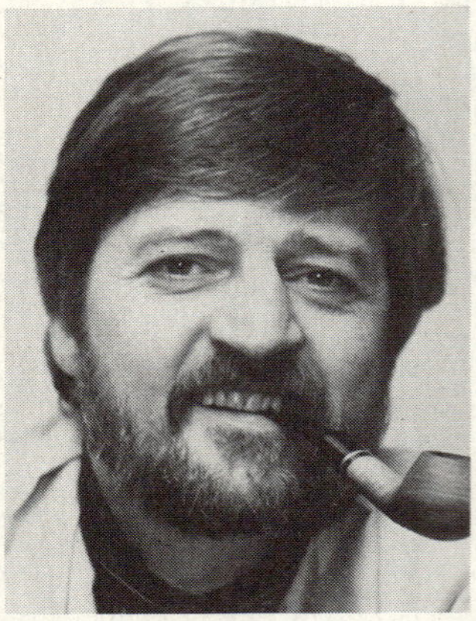

Schriftsteller - Finkenweg 7, 8057 Dietersheim - Geb. 1. Mai 1944 Ferchensee b. Wasserburg/Inn, verh. s. 1970 m. Henriette, geb. Schmeck, 2 Kd. (Manuela, Kay-Lars) - Ausb. z. Chiroprakt.; abgebr. Germanist. Schule - Tätigk. als Journ., Autotestfahrer u. Drehbuchautor - BV: Anke, Fantasy Gesch. 1979; D. Duell, 1984; D. Rad v. meinem Haus, 1987; D. vierte apokalypt. Reiter, 1988; Morgen ist e. anderer Tag, Kurzgesch. Samml. 1989. Fix u. Foxi, Comic s. 1972; Bussi-Bär, Märchen 1973; Bayer. FS-Leo, Serie 1984 - Liebh.: Botanik/Motorsport.

GANTER, Martin
Dr., Prof. f. Physik PH Esslingen - Talstr. 150, 7300 Esslingen/N. - Zul. Doz.

GANTZEL, Klaus-Jürgen
Dr. rer. pol., Dipl.-Kfm., Prof. f. Polit. Wissenschaft - Koppel 106, 2000 Hamburg 1 - Geb. 21. Febr. 1934 Köln - Stud. Wirtschaftswiss. u. Polit. Wiss. Köln (1954-61 u. 1963-64) u. Mannheim (1964 b. 1970). Dipl.-Kfm. 1958, Promot. 1961 Köln, Habil. 1970 Mannheim - S. 1970 Lehrtätigk. Univ. Frankfurt (1972-76 Honorarprof.) u. Hamburg (1975 Ord.) - BV: Wesen u. Begriff d. mittelständ. Unternehmung, 1962; System u. Akteur - Beitr. z. vergl. Kriegsursachenforsch., 1972. Herausg.: Konflikt - Eskalation - Krise (1972), Intern. Bezieh. als System (1973), Herrschaft u. Befreiung in d. Weltges. (1975) - Spr.: Engl., Ital.

GANTZER, Peter Paul
Dr. jur., Notar, MdL Bayern (s. 1978, SPD) - Wieselweg 25, 8013 Haar/Obb. - Geb. 20. Nov. 1938 Breslau/Schles. - N. Abitur (1959) Wehrpfl. (Oberst d. R.); 1960-65 Univ. München (Rechtswiss.) - 1965-69 Gerichtsrefer.; 1969 Notarass. München; s. 1972 Notar ebd. 1977ff. Lehrbeauftr. Univ. d. Bundeswehr Neubiberg (Bürgerl. Recht u. Grundbuchrecht). Verf. v. Fachb. u. Abh.

GANZ, Clemens
Prof., Dozent f. Orgel, Improvisation u. Chorleit. Musikhochschule Köln, Domorganist d. Kölner Domes (s. 1985) - Bornschlade 33, 5204 Lohmar 21.

GANZ, Horst
Dr. med., Hals-Nasen-Ohrenarzt, Honorarprof. Univ. Marburg (s. 1974) - Universitätsstr. 34, 3550 Marburg/L. - Geb. 25. Mai 1931 Berlin (Vater: Dipl.-Ing. Gustav G.; Mutter: Charlotte, geb. Lachmann), ev., verh. s. 1980 m. Marianne, geb. Denk, 3 S. (Michael, Oliver, Christoph) - Gymn.; Stud. Humanmed. Promot. Heidelberg (1955) u. Habil. (1964) - 1965-74 Oberarzt Univ.-Klinik Marburg (1969 Prof.); seith. eig. Praxis - BV: Z. Atmungs- u. Stimmfunktion d. Kehlkopfes, 1967; HNO-Heilk. in d. Praxis, 1981. Üb. 100 Einzelarb. Herausg.: Almanach HNO-Erkrank.; Mithrsg.: HNO-Praxis Heute - Liebh.: Sportfliegerei (PPL) - Spr.: Engl. - Bek. Vorf.: Abraham G., Budapest, 1820-67 (Gründer Danubius-Schiffbauges.).

GANZ, Johannes
Berufsschuldirektor, MdB (s. 1983; Wahlr. 247/St. Wendel) - Im Gründchen 17, 6690 St. Wendel - Geb. 5. Juni 1932 Eiweiler - 1975 MdL Saarland. CDU.

GANZEL, Hans
Dipl.-Ing., Geschäftsführer Singer-Werke GmbH., Karlsruhe - Stolper Str. 7, 7500 Karlsruhe-Waldstadt - Geb. 8. Aug. 1909.

GANZENMÜLLER, Erich
Prof., Hochschullehrer, Landtagspräsident - Am Studentenwäldle 35, 7070 Schwäbisch Gmünd (T. 35 75) - Geb. 5. Jan. 1914 Stuttgart, kath., verh., 4 Kd. - Oberrealsch.; Lehrersem.; Musikhochsch. - Volksschuldst.; 1939-45 Wehrdst.; spät. Prof. Päd. Hochschule Schwäb. Gmünd (Musikerziehung m. Didaktik u. Methodik). S. 1960 MdL Baden-Württ. (b. 1972 Fraktionsvors., dann II. Vizepräs., Landtagspräs. s. 1976). Mitgl. Gemeinderat Schwäb. Gmünd. CDU - 1972 BVK I. Kl.; 1976 Gr. BVK.

GANZER, Klaus
Dr. theol., o. Prof. f. Kirchengeschichte d. Mittelalters u. d. Neuzeit Univ. Würzburg (s. 1972) - St.-Benedikt-Str. 6, 8700 Würzburg - Geb. 2. Febr. 1932, kath.

GANZER, Uwe
Dr.-Ing., Prof., Leiter d. Geschäftsber. Entwicklung MBB Transport- u. Verkehrsflugzeuge (s. 1986) - Postfach 95 01 09, 2103 Hamburg 95 - Geb. 28. Nov. 1938 Berlin - Promot. 1968; Habil. 1970 - 1970-86 Prof. f. Luftfahrzeugbau u. Aerodynamik TU Berlin.

GANZHORN, Karl
Dr. rer. nat., Dr.-Ing. E.h., Geschäftsf. i.R., Honorarprof. f. Struktur digitaler Datenverarbeitungs-Systeme Univ. Karlsruhe (s. 1964) - Gluckstr. 1, 7032 Sindelfingen/Württ. - Geb. 25. April 1921, ev., verh. - TH Stuttgart (Diplom-Phys. 1951, Promot. 1952) - S. 1952 IBM Deutschland; 1958 Leit. Entwickl., 1960 Prokurist u. Dir. IBM-Laboratorien, 1963 stv. Geschäftsf., 1964 Dir. IBM Laboratorien Dtschl./Österr./Schweden, 1967 Geschäftsf. IBM Dtschl., 1969-71 Präs. Dt. Physik. Ges., 1973 Dir. f. Wiss. u. Techn. IBM Europa, 1977 Ehrendoktor Univ. Stuttgart, 1978-87 Mitgl. Wissenschaftsrat d. Bundesrep. Dtschl.; 1982 Gr. BVK u. Ehrensenator TU München; 1987 Fellow IEEE - Spr.: Engl., Franz.

GARBE, Burckhard
Dr. phil., Germanist, Akad. Oberrat Univ. Göttingen, Schriftst. - Reinhäuser Landstr. 105, 3400 Göttingen (T. 0551 - 7 34 63) - Geb. 29. Juli 1941 Berlin-Charlottenburg - Mitgl. Verb. Dt. Schriftst. (VS) Nieders. - BV: Schriftst. Arbeitsgeb.: Experiment. Lyrik, Aphorismus, Kinderb., Parodie/Sat., u.a.: ansichtssachen, visuelle texte 1973; Ich habe e. Meise, Bilderbuchverse 1980, TB 1983; Max- u. Moritz-Komm., Wissenschaftsparodie, 1982; sta(a)tus quo, ansichten z. lage, visuelle texte u. collagen, 1982 (m. Gisela Garbe); D. ungestiefelte Kater, Grimms Märchen umerzählt 1985 - 1975 1. Preis Jubiläumswettb. Econ-Verlag; 1984 2. Preis Hamburger Literaturpreis f. Kurzprosa.

GARBE, Charlotte,
geb. Nimtz
Hausfrau, MdL Nieders. - Meinbrexer Str. 7, 3471 Lauenförde (T. 05273 - 77 32) - Geb. 24. März 1929 Eisenach (Vater: Emil Nimtz, Musiker; Mutter: Elsa Ida, geb. Mieth), ev., verh. s. 1952 m. Gerhard G., S. Ingo - S. 1968 Widerst. gegen Erricht. v. Atomkraftw., Bürgerinitiativ-Mitbegr., Vorst.-Mitgl. Bundesverb. Bürgerinitiativen; 1982-86 MdL Nieders., 1986-87 Kreistagsabgeordn. Landkr. Holzminden, s. 1987 Bundestagsabgeordn. Wahlkreis Friesland-Wilhelmshaven, Frakt. D. Grünen.

GARBE, Herbert
Dr. phil., Direktor Nieders. Landesblindenschule, Hannover (s. 1963) - Bleekstr. 22, 3000 Hannover-Kirchrode - Geb. 9. Sept. 1918 Berlin (Vater: Alfred G., Bäckerm.; Mutter: Margarete, geb. Kuhnert), ev., verh. s. 1945 m. Regina, geb. Penner, 4 Kd. (Bernd, Heide, Bärbel, Bodo) - Jahn-Oberrealsch. Berlin (Friedrichshain); Hochsch. f. Lehrerbild. Kiel; Univ. Köln u. Göttingen (Päd., Psych., Math., Phil.). Promot. 1959 - 1939-45 Kriegsdst. (zul. Hptm. d. R. Panzeraufklärungsabt.); 1945-62 Volksschul- u. Blindenlehrer (1949); 1962-63 Dozent Inst. z. Ausbild. v. Lehrern f. Hör-, Sprach- u. Sehschädigtensch. Heidelberg, 1968-81 Neuorgan. u. Neubau Nieders. Landesblindensch., 1981 Ruhestand. Vors. Verb. dt. Blindenlehrer; Schriftl. D. Blindenfreund (Ztschr. f. d. Blindenbildungswesen) - BV: Grundlinien e. Theorie d. Blindenpäd., 1959; Rehabilition d. Blinden u. hochgrad. Sehbehinderten, 1961 - Kriegsausz.: Beide EK, Dt. Kreuz in Gold, gold. Nahkampfspange, gold. Verwund.abz. - BVK 1. Kl. - Liebh.: Naturwiss. - Spr.: Engl., Franz.

GARBE, Karl
Publizist, Herausg. Ztschr. Esprit (1969-83), Hrsg. u. Chefred. Ztschr. mdb - Magazin d. Bundeshauptstadt (s. 1979) - Erzbergerufer 14, 5300 Bonn (T. 65 38 54) - Geb. 22. April 1927 Bochum (Vater: Karl G., Redakteur, pr. Landtagsabg.; Mutter: Gertrud, geb. Lang), ev., verh. s. 1950 m. Christel, geb. Pytlik, 2 Töcht. (Carola, Cornelia) - Realsch. Witten-Annen; Höh. Handelssch. Dortmund; Verw.sch. Hagen - 1945-49 Verw.angest. u. Kommunalbeamter; 1950-61 Redakt. SPD-Vorst. (Demokr. Gemeinde, Klarer Kurs, eilt, bonner depesche); ab 1962 Leit. Öffentlichkeitsarb. SPD. Mitgl. VRsrat u. Vors. Aussch. f. Unterhalt. ZDF. Gf. Gesellsch. Fernsehprod.ges. TELECOM (s. 1975) - BV: Akazien f. Oberprima, Satiren, 1962; Lexikon f. Ignoranten, Bildsat. 1963; Damals u. anderswo, Ged. 1964; Soldbuch, R. 1965; Südliche Wochen, 1961; Schräge Vögel, Sat. Ged. 1963; Linkssätze, 1965; Alle drücken ihr d. Daumen, Sat. 1965; Jedem Alter seine Native, Sat. 1965; Drum prüfe, wer sich ewig bindet, Foto-Sat. 1967; Animalische Party, Foto-Sat. 1968; Diesseits, jenseits, halberwegen, Lyr. 1968; Bonner Schwatzkästlein, Sat. 1976; Die Macht ist nicht zum Schlafen da, Sat. 1977; Schindluder u. and. Treiben, Sat. 1978; Unterwegs nach Pipapo, Ged. 1979; Knallkörper, Sat. 1981; Hrsg.: Bonn-Journal (1969), Bonner Bilderbuch (1984), Neues Bonner Bilderbuch (1987) - 1987 Jacques Offenbachpreis d. Freien Volksbühne - Liebh.: Fotogr., Zeichnen, Malen - Bek. Vorf.: Hermann G., Dir.

Mitteld. Braunkohlensyndikat, Mitgl. Verfassungsgeb. pr. Landesvers. u. Pr. Staatsrat (Großv.), Karl G., Abg. d. preuß. Landtages, Chefred. Bochumer Volksblatt, Reichsbannerführer v. Ruhrgau (Vater).

GARBE, Otfried

Dipl.-Volksw., Botschafter d. Bundesrep. Deutschl. in Bangui/Zentralafrikanische Republik (s. 1986) - Zu erreichen üb. Dt. Botschaft, B.P. 901, Avenue du Président Nasser, Bangui/RCA - Geb. 1. Sept. 1943 Lauenburg/Pom. - Stud. Volkswirtschaft Univ. Tübingen u. Paris - Rundfunk-Journ.; s. 1973 Ausw. Dienst (Kulturref. Generalkonsulat New York, Dt. Botsch. Prag); 1984-86 Außenwirtschaftsabt. Ausw. Amt (zust. f. Energiefragen).

GARBE-EMDEN, Friedrich

Dr.-Ing., Dipl.-Ing., Geschäftsf. Ed. Dyckerhoff GmbH, Neustadt a. Rbge. - Nienburger Str. 28a, 3057 Neustadt (T. 05032 - 39 40) - Geb. 20. Dez. 1926 Leer (Vater: Friedrich G., Beamter; Mutter: Dorothee, geb. Wente), ev., verh. s. 1984 m. Ursula, geb. Eick, 2 Kd. (Kristina, Joachim) - Stud. TH Hannover; Promot. 1959 - Vorst. Güteschutzgemeinsch. Hartschaum, Frankfurt/M. - Spr.: Engl. - Rotarier.

GARBER, Heinz

Dr. phil., Programmdirektor Hörfunk (s. 1974) u. Fernsehen (s. 1986) Saarl. Rundfunk - Geibelstr. 1, 6600 Saarbrücken - Geb. 11. Juni 1928 Marl/W., kath., verh. s. 1953 m. Hildegard, geb. Kirchgäßner, 2 Kd. (Stefan, Patrick) - Stud. d. Gesch., Lit., Phil. Univ. Freiburg/Br.; Promot. 1953 - 1953-63 Redakt. Südwestfunk (Abt. Schulf.); 1963-72 Abt.leit. Schul-, Jugend- u. Kinderfunk u. s. 1972 Hauptabt.leit. Kulturelles Wort Saarl. Rundf. Verf. zahlr. Hörfunk- u. Fernsehsend.; Schallpl.; D. III. Reich in Dokumenten.

GARBER, Klaus

Dr., Prof. f. Literaturtheorie u. Geschichte d. Neueren Lit. Univ. Osnabrück - Bismarckstr. 44, 4500 Osnabrück (T. 0541 - 43 38 68) - Geb. 3. Juli 1937 Hamburg (Vater: Dr. Kurt G., Biologe; Mutter: Helga, geb. Dircks), verh. s. 1964 m. Irmhild, geb. Schmitt, 2 Kd. (Sven Andres, Mareike) - 1956-69 Stud. German., Theol., Phil. u. Politikwiss. Univ. Bern, Hamburg, Göttingen u. Bonn; Promot. 1970, Staatsex. f. d. Lehramt an Gymn. 1971 - 1971-74 Forsch.- bzw. Habil.-Stip. Dt. Forsch.-gemeinsch.; s. 1975 o. Prof. f. Literaturtheorie u. Gesch. d. neueren Lit. Univ. Osnabrück. 1981/82 Mitgl. Utopie-Forsch.gr. Zentrum f. Interdisz. Forsch. Univ. Bielefeld, 1986/87 Akad.-Stip. d. Stiftg. Volkswagenwerk; s. 1976 Vorst. Intern. Wolfenbüttler Arbeitskr. f. Barockforsch. - BV: D. locus amoenus u. d. locus terribilis. Bild u. Funktion d. Natur in d. dt. Schäfer- u. Landlebendicht. d. 17. Jh., 1974; Martin Opitz - d. Vater d. dt. Dicht. E. krit. Studie z. Wissenschaftsgesch. d. German.; Rezeption u. Rettung. Drei Studien zu Walter Benjamin, 1987. Herausg.: Europ. Bukolik u. Georgik (1976); Staat, Hof u. Ges. in d. Lit. d. 17. Jh. (1982); Zw. Renaissance u. Aufklärung (1988, m. Wilfried Kürschner); Sigmund v. Birken. Ges. Werke; Frühe Neuzeit; Studien u. Dok. z. dt. Lit. im europ. Kontext.

GARBERS, Friedrich

Vortragender Legationsrat I. Kl., Leit. Ref. f. intern. Verkehrspolitik im AA, Sprecher d. Bundesreg. in d. Berat.-gruppe f. d. Berlin-Luftverkehr - Sonnenrain 48, 5205 St. Augustin (T. 02241 - 33 35 56) - Geb. 9. März 1932 Brakel/Kr. Höxter, ev., verh. s. 1960 m. Waltraud, geb. Hering, 3 Kd. - Akad. gepr. Übers. 1953, Dipl.-Dolm. 1954 Germersheim - 1963 Gerichtsass. OLG Stuttgart, 1963 Wiss. Assist. Inst. f. ausl. u. intern. Priv.- u. Wirtsch.recht Univ. Heidelberg, 1964-65 Presseattaché Generalkonsulat Mailand, 1967-71 Konsul I. Kl. Handelsvertr. Helsinki, 1974-77 Ständ. Vertr. Botsch. Nairobi, 1977-81 Ref.leit. Intern. Personal AA, 1981-88 Leit. Wirtsch.dienst Botsch. Rom - BV: Börsenmakler, Banken u. Nominees, 1961 - 1971 Ritter I. Kl. d. weißen Rose Finnlands, 1982 Ital. Komturkreuz - Liebh.: Lit., Theol.

GARBERS, Hans Hermann

Baumeister, Präs. Handwerkskammer Lüneburg/Stade (s. 1984) - Eichhof, 2121 Vögelsen (T. 04131 - 1 24 70) - Geb. 1. Nov. 1934 Lüneburg, ev., verh. s. 29. Nov. 1958 m. Hortense Ute, geb. Schulz, 3 Kd. (Michaela, Claudia, Hans Hermann) - Maurerlehre; Ing.-Ex. f. Hoch- u. Tiefbau 1955 u. 1957 Buxtehude - Inh. e. Bauuntern.; AR-Mitgl. Nova-Versich., Hamburg, Nieders. Bürgschaftsbank NBB, Hannover.

GARBRECHT, Günther

Dr.-Ing., Dr. sc. h.c., em. o. Prof. f. Wasserwirtschaft, -bau u. Kulturtechnik TU Braunschweig (1971-87) - Drosselweg 15, 3301 Lagesbüttel.

GARBSCH, Kurt

Dr. rer. nat., Versicherungsdirektor - Theodor-Heuss-Ring 11, 5000 Köln - Geb. 5. Okt. 1920 - B. 1973 stv., dann o. Vorstandsmitgl. Köln. Rückversich.s-Ges. (Ressort: Leben).

GARDAIN, Hans-Joachim

Stellvertretender Bezirksbürgermeister und Bezirksstadtrat, Leit. Abt. Bauwesen BA Reinickendorf (s. 1971) - Brienzer Str. 38, 1000 Berlin 51 (T. 455 98 71) - 1954-59 FU Berlin (Rechtswiss.) - AOK, Senatsverw. f. Arbeit u. Soziales u. f. Kunst u. Wiss., Landesverw.samt, Polizeiverw. (zul. Reg.sdir.), alles Berlin. S. 1985 Vors. SPD Berlin-Reinickendorf. SPD s. 1965.

GARDE, Klaus

Dr. rer. pol., Dipl.-Kfm., Versicherungsdirektor - Wiesenstr. 4, 6601 Schafbrücke (T. Saarbrücken 5005-220) - Geb. 8. Okt. 1931 Wuppertal (Vater: Otto G., Generaldir. (s. dort); Mutter: Anneliese, geb. Sachser), vd., verh. s. 1957 m. Helga, geb. Schopp, 2 Söhne (Sven, Jörg) - Univ. Köln (Dipl.-Kfm. 1955, Promot. 1957) - S. 1961 Vorst.-Vors. UAP Intern. Versich. AG - Spr.: Engl., Franz.

GARDE, Klaus

Vorstandsmitglied Schweizerische Bankges. (Deutschl.) AG, Frankfurt (s. 1986) - Feldbergstr. 11a, 6240 Königstein-Falkenstein (T. 06174 - 2 33 10) - Geb. 23. Aug. 1924 Königsberg, ev., verh. s. 1956 m. Elsbeth, geb. Heinemann, 2 T. (Barbara, Claudia) - 1946-48 Banklehre Nieders. Landesbank, Hannover - 1972-81 Generalbevollm. Dresdner Bank AG; ab 1982 Vorst. Dt. Länderbank; 1988 pens. - Spr.: Engl.

GARDE, Otto

Generaldirektor i.R. - Hackberg 20, 5060 Bergisch Gladbach 1 (T. 02204 - 8 17 63) - Geb. 10. Jan. 1905 Elberfeld (Vater: Otto G., Versich.-Kaufm.; Mutter: Adele, geb. Diekamp), verh. s. 1952 m. Margret, geb. Katzmayr, 5 Kd. (Klaus, Sigrid, Rolf, Timm, Rainer) - Univ. Köln (Volksw. u. Versich.-Wiss.) - 1965 Dt. Ärzte-Ehrenz.; 1969 Gr. BVK; Ehrenmitgl. Verb. Lebensversich.-Untern. d. Kurat. Stiftg. Hufeland-Preis.

GARDOS, Alice,

geb. Schwarz

(früher Kempe, Alice) Schiftstellerin u. Journ. - 32 Wedgwood Ave, Haifa, Mt. Carmel (Israel) (T. üb.: 61 73), P.O.B. 3142, Isr., 38 131 Chedera - Geb. 31. Aug. 1916 Wien (Vater: Emanuel Schwarz; Mutter: Margarete, geb. Freistadt), jüd., verw. - Realgymn. u. Univ. Bratislava (4 Sem. Med.) - N. Auswanderung n. d. damal. Palästina (1940) Gelegenheitsarb., Sekr. (Brit. Militärverw.), Schriftst. u. Redakt. dt.-sprach. Tageszte. Jedioth Hayom (1959), Jedioth Chadaschoth (1962) u. Chadaschoth Israel (1974), Feuilletonchef Ass. Editor (s. 1975) - BV: Novellen, 1947; Operation Goliath, R. hebr. 1954; Schiff ohne Anker, R. 1960; Die Abrechnung, R. 1961; Versuchung in Nazareth, R. 1963; Joel u. Jael, Kd.-R. 1963; Entscheid. im Jordantal, R. 1965; Frauen in Israel, (Ess.) 1979; Paradies mit kl. Fehlern, Ess., ersch. 1982; Heimat ist anderswo - Anthol. deutschspr. Schriftst. aus Israel (Hrsg.), 1983; Hügel d. Frühlings (Hrsg.), Anthol. 1984 - 1982 BVK I. Kl. - 1964 Mitgl. PEN-Club - Liebh.: Lit., Malerei, oriental. Kunsthandwerk - Spr.: Hebr., Engl., Franz. - Bek. Vorf.: Heinrich Heine (ms.).

GAREIS, Balthasar

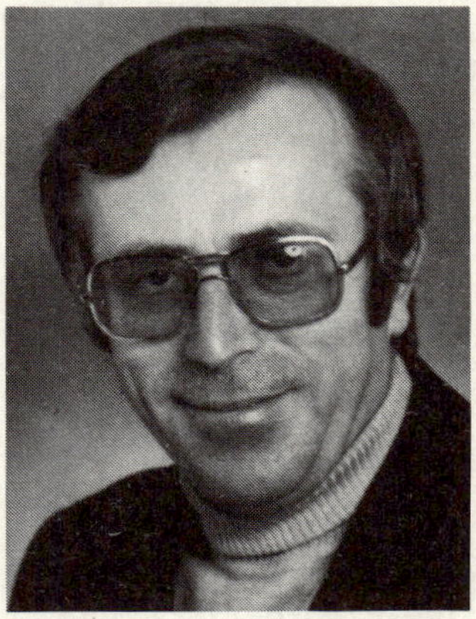

Dr. phil., Prof. f. Psychologie u. Pastoraltheol. Theol. Fak. Univ. Fulda - Einhardstr. 27, 6400 Fulda (T. 0661 - 50 61) - Geb. 25. Mai 1929 Birnbaum/Bay., kath., ledig - Stud. Theol. u. Psych.; Promot. 1971 - 10 J. hauptamtl. Gefängnisseelsorger; s. 1975 o. Prof. f. Psych. u. Pastoraltheol. Fulda - BV: Gefängniskarrieren, 1974; Frühkindheit u. Jugendkriminalität, 1974; Psychagogik im Strafvollzug, 1971; Schuld u. Gewissen b. jugendl. Rechtsbrechern, 1976; Straffällige Jugendliche, 1980 - 1981 Geistl. Rat; 1984 Monsignore - Liebh.: Privatpilot - Spr.: Engl.

GAREIS, Hansgeorg

Dr. rer. nat., Prof., Vorstand Hoechst AG Frankfurt-Hoechst - Geb. 11. April 1929, verh. - Stud. Chemie.

GAREISS, Werner

Stadtdirektor, stv. ARsvors. Konsumgenoss. Essen eGmbH. - Im Wilmkesfeld 16, 4250 Bottrop - Geb. 15. Nov. 1911 Erlau/Thür. (Vater: Johann G., Schmied).

GARI, Manfred

Dr. rer. nat., Physiker, apl. Prof. f. Theoret. Physik Univ. Bochum - Am Dornbusch 20, 4630 Bochum - Geb. 28. Juli 1938 Heidelberg (Vater: Friedrich G., Transportuntern.; Mutter: Elise, geb. Krauß), ev., verh. s. 1968 m. Gudrun, geb. Schmidt, 2 Kd. (Michael, Nicole) - Univ. Tübingen (1961-63) u. Mainz (1964-69). Promot. 1969 Mainz; Habil. 1973 Bochum - S. 1975 Doz. Bochum. Üb. 50 Fachveröff. - Liebh.: Musik, Sport - Spr.: Franz., Engl.

GARLEFF, Karsten

Dr. rer. nat. (habil.), Prof. f. Phys. Geographie Univ. Bamberg (s. 1978) - Am Kranen 12, 8600 Bamberg; priv.: Buchenstr. 4, 8602 Pödeldorf - Geb. 18. Nov. 1934 Halle/S. (Vater: Dipl.-Ing. Julius G.; Mutter: Frieda, geb. Stegemann), ev., verh. s. 1968 m. Birgit, geb. Gummer, 2 Kd. (Anemone, Jens) - Gymn. Hannover, TH Hannover, Univ. Tübingen, Mainz, Kiel, Göttingen - Zul. Privatdoz. Univ. Göttingen. Fachveröff. - Spr.: Engl., Span.

GARLICHS, Ariane

Dr. rer. soc., Prof. f. Erziehungswissenschaft GH Kassel (s. 1973) - Uhlenhorststr. 18, 3500 Kassel - Geb. 3. März 1936 Oldenburg/O. - Promot. 1972 Konstanz - BV: Präferenzen f. Lernziele d. Elementarerzieh., 1972; Didaktik offener Curricula (m. and.), 1974. Herausg.: Kinder leben m. Märchen (1988). Mithrsg.: Erfahrungsoffener Unterr. (1978); Unterrichtet wird auch morgen noch (1982).

GARLOFF, H.

Dr. rer. nat., Vorstandsmitgl. (Forsch. u. Entw.) d. HAG GF AG, Bremen - Nibelungenring 67, 2200 Elmshorn/Holst. (T. 04121 - 7 21 55) - Geb. 23. April 1931 - Stud. Chemie (Dipl.).

GARNATZ, Eberhard

Ass., Hauptgeschäftsführer Industrie- u. Handelskammer Köln - Unter Sachsenhausen 10-26, 5000 Köln 1, Postf. 108015 - Geb. 31. Okt. 1934 - AR-Mitgl. Messe- u. Ausstell.-GmbH Köln, Kölner Verkehrs-Betriebe AG, Ratsmitgl. Stadt Köln, Mitgl. Bezirksplanungsrat u. Braunkohlenaussch., stv. Leit. Verw.- u. Wirtsch.-Akad. Köln.

GARNJOST, Joachim

Dr. rer. pol., Vorstandsvorsitzender Mannesmann Anlagenbau AG Düsseldorf - Cäcilienstr. 3, 4044 Kaarst 2 - zul. Geschäftsf. Franz Kirchfeld GmbH & Co. KG - Geb. 21. Mai 1931.

GARSCHA, Karsten

Dr. phil., Prof. f. Roman. Philologie Univ. Frankfurt (s. 1972) - Bertha-von-Suttner-Ring 26a, 6000 Frankfurt/M. - Geb. 16. März 1938 Großenhain - Promot. 1970 - BV: Hardy als Barockdramatiker, 1971; Einf. in d. Lateinamerika-Stud. am Beisp. Peru (m. H. G. Klein), 1979; D. Dichter ist kein verlorener Stein. Über Pablo Neruda, 1981; Afrikanische Schriftst. im Gespräch (m. D. Riemenschneider), 1983 (franz.: Auteurs africains, vous avez la parole, 1986); Pablo Neruda, D. lyrische Werk, 3 Bde., 1984-86. Mitbegr. Ztschr. Iberoamericana. Lateinamerika - Spanien - Portugal, (1977ff. 3 Hefte j.) - Chevalier dans L'ordre des Palmes académiques, 1981.

GARSOFFKY, Heinz

Vorstandsvorsitzender Horten AG - Am Seestern 1, 4000 Düsseldorf.

GARTMANN, Heinz

Dr. med. (habil.), Prof., Dermatologe - Lutherstr. 7, 5000 Köln 40 (T. Köln 50 85 82) - Geb. 27. Okt. 1918 Wilhelmshaven (Vater: Felix G., Kapitän z. See (gef.); Mutter: Marie, geb. Schöne), ev., verh. s. 1950 m. Jutta, geb. Wünscher, 2 Söhne (Jürgen, Uwe) - Königin-Carola-Gymn. Leipzig; 1939-44 Univ. Kiel, Hamburg (1940), Leipzig (1941) - 1944 b. 1945 Sanitätsoffz. Heer; s. 1945 Stadtkrkhs. St. Jakob Leipzig, Univ.shautklinik ebd., Städt. Hautklin. Mannheim (1960), Univ.sklin. Heidelberg (1961; 1964 apl. Prof.) u. Köln (1966 Wiss. Rat u. Prof.). Zahlr. Facharb., darunt. Buchbeitr. - Spr.: Lat., Griech., Engl.

GARTNER, Werner J.

Dr., Dipl.-Betriebsw., Bankkaufm., Vorstandsmitglied Raulino AG, München (s. 1985) - Wehrlestr. 13, 8000 München 80 (T. 089 - 98 91 45) - Geb. 27. Sept. 1945 Iffezheim, verh. s. 1981 m. Renate, geb. Aich - 1965-67 Lehre Bankkaufm. Commerzbank Karlsruhe; 1967-72 Stud. Betriebsw. - 1968-69 Schweiz. Bankverein Genf (Devisen- u. Börsenhandel); 1972-75 Soc. Gén. Als. de Banque, Strasbourg, Paris, Köln; 1975-81 Dt. Bank Düsseldorf (zul. Dir.); 1981-84 Geschäftsf. Großanlagen Leasing GmbH Mainz. 1979-81 Vorst.-Vors. Wirtschaftsjunioren Düsseldorf; 1981-85 Bundesvorst. u. Schatzm. Wirtschaftsjunioren Dtschl., Bonn; 1983 Wirtsch.- u. Finanzaussch. DIHT Bonn u. Steuer- u. Finanzaussch. IHK Mainz. CSU (1985 Wirtschaftsbeirat). Veröff.: Leasing f. d. Mittelstand; Leasing - Finanzierungsinstrument b. Kraftwerken; D. wirtschaftl. Bedeutung d. Außenhandelsfinanzierung

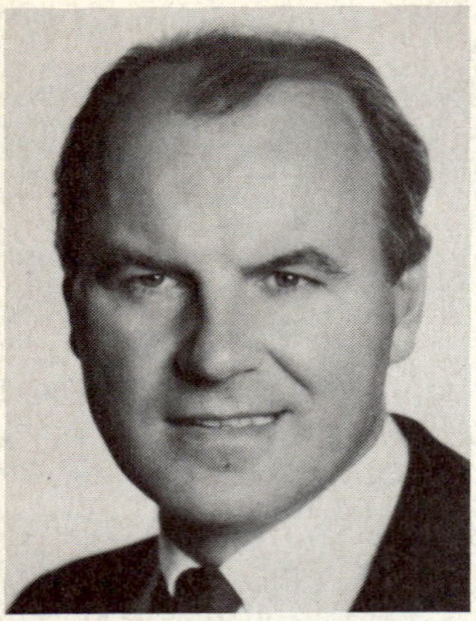

- Liebh.: Lit., Tennis, Ski - Spr.: Engl., Franz.

GAS, Bruno

Dr. rer. pol., Dipl.-Kfm., Versicherungsdirektor - Peperfeldstr. 35, 3000 Hannover - Vorst. Mecklenburgische Versich.-Ges. aG. u. Meckl. Leben Versich.-AG., beide Hannover.

GASCH, Bernd

Dr. phil., Dipl.-Psych. Univ. Dortmund - Dahlienweg 2, 4717 Nordkirchen (T. 02596 - 27 69) - Geb. 5. Febr. 1941 Karlsbad/Tschech. (Vater: Werner G., Obering.; Mutter: Anna-Maria, geb. Soltis), kath., verh. s. 1968 m. Elisabeth, geb. Neuner, 2 Kd. (Simon, Julia) - 1960-65 Stud. Rechtswiss. u. Psych. Univ. Erlangen u. Hamburg (Dipl.-Psych. 1965, Promot. 1970) - 1966 wiss. Assist. Univ. Erlangen-Nürnberg; 1972 freiber. Tätigk. Team f. Psych. Management; 1973 Leit. Hochschuldidakt. Zentr. Univ. Augsburg; 1977 Leit. Zentr. Forschungsgr. Juristenausb. Mannheim; 1978 Univ. Canberra/Austr.; s. 1979 Prof. f. Psych. Univ. Dortmund; 1984/85 Forschungsaufenthalt Univ. Wollongong/Australia; 1987 Dekan FB 14 - Sozialwiss. - Univ. Dortmund - BV: Erfolg im Psych.stud., 1971; Ausb. d. Ausbilder, 1976; Musikdidakt. - e. krit. Dialog (m. W. Reckziegel), 1979; Wie behandle ich meinen Chef? (m. U. Hess), 1976; Berufsaufg. u. Berufsfelder d. Psych., 1979 (auch als FS-Film); Psych. in d. DDR, 1984 - Liebh.: Jazzpiano - Spr.: Engl.

GASCH, Robert

Dr.-Ing., Prof. f. Konstruktionsberechnung (Inst. f. Luft- u. Raumfahrt) TU Berlin (s. 1971) - Taunusstr. 2, 1000 Berlin 41 - Geb. 28. Aug. 1936 Offenbach/M. - Promot. 1967; Habil. 1970 - BV: Einf. in d. Rotordynamik, 1975 (m. Herbert Pfützner; Japan. Übers. 1978, Tschech. Übers. 1980); Strukturdynamik Bd. I, 1987 (m. K. Knothe).

GASCHE, Heinz-Günther

Pfarrer, Hauptgeschäftsf. Diakon. Werk in Hessen u. Nassau - Ederstr. 12, 6000 Frankfurt/M. 90.

GASCHER, Otto

1. Bürgermeister Stadt Schierling/Opf. (s. 1984), Bezirksrat - Ganghoferstr. 7, 8306 Schierling - Geb. 10. März 1943.

GASCHÜTZ, Wolfgang

Dr. rer. nat., em. o. Prof. f. Mathematik - Projensdorfer Str. 229, 2300 Kiel-Wik (T. 33 14 44) - Geb. 11. Juni 1920 Carlshof/Oderbr. (Vater: Rudolf G., Kaufm.), ev., verh. s. 1943 m. Gudrun, geb. Strasser, 3 Kd. (Götz, Sabine, Cordula) - Univ. Kiel (Math., Physik, Gesch.; Promot. 1949) - S. 1953 Doz., apl. (1959) u. o. Prof. (1963) Univ. Kiel - Spr.: Franz., Engl.

GASDE, Wilhelm

Ltd. Regierungsdirektor, Leit. Beschaffungsst. Bundesinnenmin. - Villemombler Str. 78, 5300 Bonn-Duisdorf.

GASE, Walther

Dr. jur., Staatssekretär a. D., Rechtsanwalt - Drachenfelsstr. 21, 5300 Bonn-Bad Godesberg (Telefon 6 55 38) - Geb. 20. Juni 1901 Breslau, kath., led. - Wilhelms-Gymn. Kassel; Univ. Breslau, Freiburg, Göttingen, Marburg (Rechts- u. Staatswiss.) - Richter LG II Berlin, 1928 u. 1932-39 Tätigk. Reichsfinanzmin., dazw. 1929-32 Reichsarbeitsmin., ab 1939 Finanzberater fr. Wirtschaft, 1943-45 Vorstandsmitgl. e. Treuhand- u. Verw.sges., n. Kriegsende Leit. Oberfinanzpräsid. Kassel, 1947 b. 1950 Ministerialdir. Hess. Finanzmin. (Stellv. d. Min.), 1950-52 Staatssekr. Bundesmin. f. d. Marshall-Plan, 1953-55 Chief Department of Finance Intergovernmental Committee for European Migration, Genf, 1956-67 Vorstandsmitgl. Dt. Centralbodenkredit AG., Köln/Berlin. ARsmandate - BV: u. a. Handb. d. Dt. Siedlungswesen, 2 Bde. (m. Gisberts). 1976 Gr. BVK m. Stern u. Schulterbd.

GAŠPAROVIĆ, Nebojša

Dr.-Ing., o. Prof. f. Luftfahrttriebwerke TU Berlin - Nußhäherstr. 45c, 1000 Berlin 27.

GASPARRI, Christiane

s. Binder-Gasper, Christiane

GASPER, Dieter

Schriftsteller - Moritzstr. 8, 6500 Mainz (T. 06131-8 11 55) - Geb. 12. Juni 1925, verh. s. 1973 m. Dr. Ursula Gasper-Deck, ZDF-Redakt. - Med.-Stud. (abgebr.) - 1954-57 Rundfunkredakt.; 1958-62 Werbefilm-Regiss. - BV: Opa Schanghai, Kinderb. 1964 (ausgez. im Wettb.: D. schönsten dt. Bücher); D. halbe Herr Peng, Kinderb. 1963. Fernsehspiele: Gold f. Monte Vasall (1967, auch in Holland, Schweiz, Österr. u. Ungarn gesendet); Besuch v. drüben (1982); u.v.a. Theaterstücke: Karriere zu zweit (1980); D. doppelte Bürgermeister (1986) u.a. - Lit.: In: Spiele (1970); rd. 190 Zeitungsart.

GASPERI, Mario

Dr. Ing., Präsident Ital. Handelskammer f. Deutschland - Bockenheimer Landstr. 51-53, 6000 Frankfurt/M. Priv.: Gerhardshainer Str. 14, 6240 Königstein 2 - Geb. 21. Juni 1907 Caldonazzo (Trient), kath., verh. s. 1942 m. Ingola, geb. v. Alvensleben, 2 Kd. (Elena, Dipl.-Ing. Maurizio) - Abit. 1925 Rovereto (Trient), Stud. TH Turin, Promot. 1925-31; 1931-33 TH Berlin, 1935 ETH Zürich - B. 1947 Oberst (ital. Luftwaffe), 1947-67 Berat. Ing., 1967-78 Geschäftsf. DEA Digital Electronic Automation Frankfurt; 1967-77 Präs. Sektion Ital. Handelskammern im Ausl. Vereinig. d. Ital. HK in Rom; stv. AR-Präs. Locafit GmbH, Frankfurt/M.; Präs. Club Italia, Frankfurt/M. - Spr.: Deutsch, Ital., Franz., Engl.

GASPERS, Hans

Dr., Geschäftsführer Vereinig. Dt. Flanschenfabriken - Mörikestr. 4, 4040 Neuss 1 - Geb. 13. April 1923.

GASS (ß), Ludwig

Dipl.-Ing., Prof. f. Bauproduktion u. Statik GH Kassel - Hasenrodtstr. 27, 3500 Kassel (T. 88 33 02-0502).

GASSDORF, Rudolf

Geschäftsführer, Mitglied Bremer Bürgerschaft/Landtag (s. 1967) - Lüssumer Kamp 32, 2820 Bremen 71 (T. 60 05 92) - Geb. 9. Okt. 1933 Blumenthal, kath., verh., 3 Kd. - Abitur u. Höh. Handelssch. Bremen - S. 1954 Bremer Schiffahrtswesen; s.1970 Leit. d. dt. Niederlass. d. argent. Privatreederei CIAMAR S.A. - CDU (Mitgl. Fraktionsvorst.), hafen- u. verkehrspolit. Sprecher CDU-Frakt., stv. Sprecher d. Deputation f. Häfen, Schiffahrt u. Verkehr.

GASSEN, Hans Günter

Dr. rer. nat., Prof. f. Biochemie TH Darmstadt (s. 1973) - Siemensstr. 8, 6100 Darmstadt - Geb. 11. April 1938 Niederweisel - Promot. 1965; Habil. 1972 - Zul. Doz. Univ. Münster. Fachveröff.

GASSER, Heinz

Dr., Vorstandsmitglied EUROPA Sachversicherung AG., Köln - Zu erreichen üb. Europa Versich., Piusstr. 137, 5300 Bonn 41.

GASSER, Theodor

Dr. rer. nat., Prof. f. Biostatistik Univ. Heidelberg, Leit. Abt. Biostatistik am Zentralinst. f. Seelische Gesundheit, Mannheim, Leit. d. Forschungsgr. Statist. Anwend. im SFB 123 d. Univ. Heidelberg - Rohrbacherstr. 39, 6900 Heidelberg (T.06221 - 2 69 87) - Geb. 9. Mai 1941 Zürich, verh. s. 1988, 4 Söhne (Benno, Valentin, Jonas, Clemens) - Stud. ETH Zürich (Math. u. Physik); Dipl. 1968, Assist. Princeton Univ.; Promot. 1972 ETH Zürich, Habil. 1975 - Wiss. Arb. üb. math. Statistik, Computing, Elektroenzephalographie, Wachstum u. Entw. d. Menschen.

GASSERT, Herbert

Dr.-Ing., Senator E. h., Aufsichtsratsmitglied ABB (s. 1988) - Ulmenstr. 9, 6945 Hirschberg/Bergstr. - Geb. 12. Febr. 1929 Stuttgart (Vater: Eugen G., Bäckerm.; Mutter: Frida, geb. Philipp), ev., verh. s. 1961 m. Inge, geb. Hasse, 3 Kd. (Tilman, Wolfram, Karin) - Gymn. u. TH Stuttgart (Maschinenbau; Dipl. 1955, Promot. 1964) - S. 1963 BBC Mannheim (1976 stv., 1979 o. Vorst.-Mitgl., 1980-87 Vorst.-Vors.). Vors. BDI-Aussch. f. Umweltpolitik u. VdTÜV, Dt. Verb. techn.-wiss. Vereine - 1983 Ehrensenator Univ. Stuttgart, u. 1988 Univ. Mannheim - Spr.: Engl.

GASSMANN, Günther

Dr. theol., Prof., Präsident Luther. Kirchenamt a.D., jetzt Luth. Weltbund, Genf - 150, route de Ferney, CH-1211 Genf 20 - Geb. 15. Aug. 1931 Bad Frankenhausen/Thür., ev., verh. s. 1958 m. Ursula, geb. Kähler, 3 Kd. (Philipp, Jakob, David) - Stud. Musikwiss. Jena u. d. Theol. Heidelberg; Promot. 1962 Heidelberg; Habil. 1972 ebd. - 1962-69 Wiss. Assist. Univ. Heidelberg, 1969 b. 1976 Forschungsprof. Inst. f. ökumen. Forsch., Straßburg; 1976-83 Präs. Luther. Kirchenamt Hannover - BV: D. histor. Bischofsamt u. d. Einh. d. Kirche in d. neueren anglikan. Theol., 1964; Confessions in Dialogue, 1972; Konzeptionen d. Einheit, 1979; 1983ff. Luth. Weltbd. - Spr.: Engl., Franz.

GASSMANN (ß), Jürgen

Dr. iur., Versicherungsdirektor, Vorstandsmitgl. Hamburg-Mannheimer Versich.-AG u. Sachversich.-AG - Überseering 45, 2000 Hamburg 60 (T. 040-63 76 20 08) - Geb. 20. Jan. 1930 Berlin - 1966-72 Prok., dann Vorst.-Mitgl. Hamburg-Mannheimer Versich.- u. Sachversich.-AG., Hamburg - 1984 BVK.

GASSNER, Anton

Dipl.-Braumeister, Bürgermeister Gars am Inn - 8091 Au a. Inn, Nr. 45 (T. 08073 - 16 55) - Geb. 3. Aug. 1925 Au a. Inn (Vater: Johann Baptist G.; Mutter: Anna, geb. Steiner), kath., verh. s. 1959 m. Martha, geb. Hackenberg, 3 Kd. (Johannes, Ursula, Hubert) - Dipl.-Braumeister 1952 TH Weihenstephan - 1. Bürgerm., Kreisrat, Kreisjagdberater.

GASSNER, Edmund

Dr.-Ing., Regierungs- u. Baurat a. D., em. o. Prof. f. Städtebau u. Siedlungswesen - Saalestr. 18, 5300 Bonn 1 - Geb. 10. März 1908 Mainz (Vater: Dr. jur. Fritz G., RA; Mutter: Agnes, geb. Zimmermann), kath., verh s. 1938 m. Hildegard, geb. Feigel, 2 Kd. - Gymn. Mainz; TH Darmstadt (Bauing.wesen, Städtebau, Sozialwiss.; Dipl.-Ing. 1933) - Ab 1934 Hochschulassist., 1939-40 Bauleit. Bergmannssiedl. linker Niederrh. u. Hilfsref. Reichsst. f. Raumordnung, 1940-41 Wehrdst., ab 1942 Sachbearb. f. wasserwirtschaftl. Aufg. Generalinspekteur f. d. dt. Straßenwesen, 1945 Ref. f. Verkehrswesen, 1946 f. Städtebau, soz. Wohnungsbau u. Bezirksplanung b. Reg.präs. Darmstadt, s. 1951 ao. u. o. Prof. (1954) Univ. Bonn (1959/60 Dekan, 1966/67 Rektor) - BV: Städtebau auf d. Lande, 2. A. 1972; Bebauung von Hang- u. Hügelgelände, 1972; Städtebauliche Kalkulation, 1972; Aufschließ. städtebaulicher Entwicklungsflächen, 1972; Gesch. d. Städtebaus I, 2. A. 1981; Stadtbild u. Rheinlandsch., 1972; Aufschl. b. Sanierungs- u. Entwicklungsaufg. 1973; D. Eltviller Burg, städtebauliches Denkmal am Rhein, 2. A. 1985; D. Erschließung im Städtebau. Wandl., Probl., Perspektiven, 1987; Geschichtl. Entwicklung u. Bedeutung d. Kleingartenwesens im Städtebau, 1987; D. techn. Infrastruktur in d. Bauleitplanung, 1988. 180 Beitr. in Handb. u. Zeitschr. - Herausg.: Schriftenr. Materialiensamml. Städtebau. Mitherausg.: Vermessungswesen u. Raumordnung - 1959 Mitgl. Dt. Akad. f. Städtebau u. Landesplanung; 1969 Akad. f. Raumforsch. u. Landesplanung; 1981 Gründ.-Mitgl. Dt. Akad. d. Forsch. u. Planung im ländl. Raum; 1982 Ehrenmitgl. Österr. Ges. f. Raumforsch. u. Raumplanung; 1960 Officier Ord. Palmes académiques; 1970 Komturkr. VO Luxemburg; 1970 Commandeur Ord. Palmes académiques; 1973 BVK I. Kl., 1982 Gr. BVK - Liebh.: Musik, Zeichnen - Spr.: Engl., Franz. - Lit.: Festschr. (1968, 1973, 1978, 1988).

GASSNER, Gerd

Dr.-Ing., Direktor - Fischbachstr. 16, 8505 Röthenbach/Mfr. - Geb. 17. Nov. 1934 Berlin (Vater: Kurt G., Kapt.; Mutter: Ilse, geb. Ruben), ev., verh. s. 1964 m. Monika, geb. Drews, 2 Kd. - TH Darmstadt, TU Berlin (Dipl. u. Promot.) - Geschäftsf. Südd. Metall Kontor GmbH., Nürnberg, Diehl GmbH & Co. ebd. Aufsichts- u. Verwaltungsratsmand.

GAST, Rainer

Dr.-Ing., Hon.-Prof. Univ. Erlangen-Nürnberg f. Baustoffe u. Bindemittel, 1. Vors. Verb. d. Materialprüfungsämter - Gewerbemuseumsplatz 2, 8500 Nürnberg - Geb. 20. Juni 1941, verh. - Stud. Bauing.-Wesen; Dipl.-Ing.; Promot. 1975 Hannover - Direkt.-Mitgl. LGA (Ld.-Gewerbeanst. Bayern) Nürnberg; Leit. Ber. Materialprüfung-Materialprüfungsamt.

GAST, Theodor

Dr.-Ing., em. o. Prof. f. Meß- u. Regelungstechnik - Bergstr. 1, 1000 Berlin 39 (T. 805 19 05) - Geb. 26. Juni 1916 Darmstadt (Vater: Dr. med. Erich G., prakt Arzt; Mutter: Irene, geb. Koehler, Lehrerin), verh. s. 1949 m. Dr. rer. nat. Erika, geb. Alpers, 7 Kd. (Dieter, Reinhard, Vera, Helmut, Ursula, Hella, Wilfried) - Oberrealsch. Heppenheim/Bergstr.; TH Darmstadt (Dipl.-Ing. 1939, Promot. 1942). Habil. 1944 Darmstadt - B. 1943 Assist. TH Darmstadt, dann wiss. Mitarb. u. stv. Leit. Vierjahresplaninst. f. techn. Physik d. Kunststoffe Darmstadt, 1946-49 Obering. TH Darmstadt (1947 Privatdoz.), anschl. freiberufl. Tätigk., 1951 stv. Dir. Inst. f. techn. Physik (b. 1952), 1952-57 Diätendoz. (1953 apl. Prof.) TH Darmstadt, 1957-60 Leit. Labor. Staubphysik u. Meßtechnik Bergwerksges. Walsum, 1960-64 stv. Vorstandsmitgl. Sartorius-Werke Göttingen u. apl. Prof. Bergakad. Clausthal, Venia legendi Physik, Univ. Göttingen, 1964-84 Ord. TU Berlin. Erf.: Elektr. Mikro-, Staub- u. Schwebewaage. Mitautor: Handb. d. Betriebskontrolle, Kohlrausch/Prakt. Physik, Wolf/Physikal. Grundl. d. Kunststoffprüf. Landolt-Börnstein/Physikal.-chem. Tabellen (m. d. Ehefr.), Profos, Hdbch. d. Industr. Meßtechnik, Dubbel, Taschenbuch f. d. Maschinenbau - DECHEMA-Preis Max-Buchner-Forschungsstiftg. - Liebh.: Musik (Violine, Klavier), Fotogr., Feinmechanik - Spr.: Engl., Franz. - Großv. Ernst Reinhard G., Gymnasialprof. u. Schriftst. (Ps.: Ernst Reinhard).

GAST, Wolfgang
Dr. phil., Prof. f. Didaktik d. Dt. Sprache u. Lit. Univ. Gießen (s. 1974) Arbeitsgebiet 'Medien' - Amselweg 3, 6301 Heuchelheim - Geb. 4. Aug. 1942 Sorau (Vater: Otto G., Geschäftsf.; Mutter: Else, geb. Reimers), verh. s. 1968 m. Ute, geb. Marquardsen, 2 Kd. (Jan, Johanna) - Herder-Sch. Rendsburg (Abit. 1961); Univ. Kiel u. Heidelberg (German., Angl., Gesch.). Staatsex. (1968) u. Promot. (1971) Heidelberg - Zul. Wiss. Assist. PH Esslingen - BV: D. histor. Roman im 19. Jh., 1971; Polit. Lyrik, 1973; Parodie, 1975. Üb. 20 Einzelarb.

GASTINGER, Wilhelm
Obersteuerrat, MdL, Vors. Aussch. f. Fragen d. öffentl. Dienstes i. Bayer. Landtag - Höllbachstr. 9, 8400 Regensburg - Geb. 1929 - CSU.

GASTMEYER, Karl Heinz
Dipl.-Ing., Prof. f. Straßenbau u. Vermessungskunde GH Kassel - Tannenkuppenstr. 17, 3500 Kassel.

GATHEN, von zur, Heinz
Generalleutnant, Stv. Befehlshaber Alliierte Streitkräfte Ostseezugänge (DepCOMBALTAP), HG Baltap, DK 7470 Karup J. Dänemark.

GATTERMANN, Günter
Dr. phil., Prof., Ltd. Bibliotheksdirektor Univ.bibl. Düsseldorf (s. 1970) - Universitätsstr. 1, 4000 Düsseldorf (T. 311 20 30); priv.: Corellistr. 47 - Geb. 6. Mai 1929 Aßlar b. Wetzlar/L., ev., verh., 3 Kd. Univ. Frankfurt/M. (Gesch., Lat., Engl., Politik). Promot. 1956; bde. Staatsex. 1957 - 1957-61 Bibl.rat Stadt- u. Univ.bibl. Frankfurt/M.; 1961-70 Bibl.dir. BA bzw. TU Clausthal. 1962ff. Lehrbeauftr. BA bzw. TU Clausthal; 1971ff. Doz. Bibl.-Lehrinst. Köln. 1970 Lehrbeauftr., 1975ff. Hon.-Prof. f. Bibl.wiss. Univ. Düsseldorf - Spr.: Engl. - Rotarier.

GATTERMANN, Hans H.
Rechtsanwalt u. Notar, MdB (8. Wahlp.) - Strüningweg 11, 4600 Dortmund 41 - Geb. 24. Dez. 1931 Dortmund, ev., verh. - Neusprachl. Gymn. Dortmund (Abit. 1953); Univ. Marburg u. Berlin (Rechtsu. Staatswiss.). Staatsprüf. 1957 (Frankfurt) u. 61 (Düsseldorf) - Anwaltspraxis Dortmund. Ratsmitgl. D'mund (1975 Fraktionsvors.). FDP s. 1967 (u. a. Bezirksvors. Ruhr).

GATTNER, Heinrich
Dr. med. habil., Diätendoz. f. Arbeits- u. Gewerbemed. Med. Univ.-klinik Freiburg - Auf der Breite 19, 7811 Ihringen a.K. (T. 51 02) - Geb. 27. Juni 1908 Domb/OS. - S. 1958 (Habil.) Lehrtätig. Univ. Halle u. Freiburg (1967 apl. Prof. f. Inn. Med.) - BV: D. Bedeutung d. Lungenpunktion f. d. Erkennung u. Erforschung v. Staublungenerkrankungen, 1958. Zahlr. Einzelarb.

GATTOW, Gerhard
Dr. rer. nat., o. Prof. f. Anorgan. Chemie - An der Lehnsweide 45, 6506 Nackenheim (T. 06135 - 13 28) - Geb. 6. Febr. 1926 Berlin (Vater: Hans G., Kriminalinsp.; Mutter: Charlotte, geb. Viehöfer), ev., verh. s. 1954 m. Helga, geb. Clodius, 2 Töcht. (Susanne, Kerstin) - Obersch. Berlin (b. 1944); 1944-46 Wehrdst. u. Kriegsgefangensch. - Abitur (1947 Northeim) 1948-53 Univ. Göttingen (Dipl.-Chem. 1953). Promot. (1956) u. Habil. (1960) Göttingen - S. 1954 Univ. Göttingen (1959 Wissensch. Oberassist., 1961 Privatdoz.) u. Mainz (1966 ao Prof., 1967 pers. Ord., 1969 o. Prof. u. Inst.-Dir.). Entd. bzw. Erf.: Chalkogenocarbonate, -metallate, Isolierung d. Kohlensäure. Üb. 360 Fachveröff. - 1958 Friedrich-Wöhler-Preis - Liebh.: Lit. - Spr.: Engl.

GATZ, Erwin
Dr. theol., Prof., Rektor Campo Santo Teutonico, Honorarprof. f. mittl. u. neuere Kirchengeschichte Univ. Bonn (s. 1980) - Via della Sagrestia 17, I-00120 Città del Vaticano - Geb. 4. Mai 1933 Aachen, kath. - Spez. Arbeitsgeb.: Kirchengesch. Mitteleuropas i. 1648. Zahlr. Monogr. u. Zeitschriftenaufs.

GATZEMEIER, Matthias
Dr. phil., Prof., Philosoph - Großkölnstr. 86, 5100 Aachen - Geb. 10. Febr. 1937 Haselünne (Vater: Johannes G., Lehrer; Mutter: Elisabeth, geb. Jansen), kath., verh. s. 1965 m. Elisabeth, geb. Peters, S. Felix - Promot. 1967 Münster - S. 1973 (Habil.) Lehrtätigk. Univ. Konstanz u. TH Aachen (1975 Prof.; Lehrgeb. Prakt. Phil.) - BV: D. Naturphil. d. Straton v. Lampsakos, 1970; Theol. als Wiss., 2 Bde. 1974/75. Herausg.: Aachener Schriften z. Wiss.theorie, Logik u. Sprachphil. (Bd. 1ff. 1987ff.).

GAUBE, Johann
Dr.-Ing., Prof. Inst. f. Chem. Technologie TH Darmstadt - Petersenstr. 20, 6100 Darmstadt.

GAUCH, Gert

Dipl.-Ing., Präsident Tennisclub Luitpoldpark München - Adelheidstr. 22, 8000 München 40 (T. 089 - 271 61 61) - Geb. 17. Juli 1933 Kaiserslautern, verh. m. Ingrid, S. Christian-Peter - Stud. Univ. München; Prüfing. f. Baustatik - Bearb. Projekte: u. a. Nationaltheater München, Hypohochhaus München, Flughafen MUC 2 - Sport: 4 J. Landessportwart Bayern, 2 J. Bundessportwart Dt. Tennisbund.

GAUCH, Sigfrid
Dr. phil., Schriftsteller - Adam-Karrillon-Str. 7, 6500 Mainz 1 - Geb. 9. März 1945 Offenbach am Glan - BV: Scherenschnitte 1968; Schibbolet, 1974; 2. A. 1975; Identifikationen, 1975; Mitt-Teilungen, 1976; Lern-Behinderung, 1977; Vaterspuren, 1979, TB 1982; Wunschtage, 1983; Friedrich Joseph Emerich - Ein dt. Jakobiner, 1986; Buchstabenzeit, 1987; Zweiter Hand, 1987 u.a. Filme: D. Labyrinth d. Väter (ZDF, 1980); Doppelwertigkeiten (ZDF, 1987/89 u.a.) - 1976 Förderpreis Südwestfunk, 1977 Pfalzpreis f. Lit., 1979 Förderpreis Land Rhld.-Pfalz.

GAUER, Wilhelm
Dr. rer. pol., Dipl.-Kfm., Vorstandsmitglied Deutscher Lloyd Lebensversich. AG (1964-81), u. Dt. Lloyd-Versich.-AG. (1968-81), beide München - Rochusstr. 14, 8031 Stockdorf/Obb. (T. München 857 29 72) - Geb. 9. Mai 1916 St. Magdalen (Vater: G., Herrenbekleidungsfabr.; Mutter: Emilie, geb. Busch), ev., verh. s. 1943 m. Marianne, geb. Vallender, S. Klaus, Dr. rer. pol., Dipl.-Kfm. - Gymn.; Stud. Betriebsw. Dipl.-Kfm. (1948) u. Promot. (1950) Köln - BV: D. Versich.smakler u. s. Stellung in d. Versich.sw., 1951.

GAUF, Heinrich
Generalstaatsanwalt Zweibrücken (s. 1976) - Schloßpl. 7, 6660 Zweibrücken - Geb. 10. Juli 1934.

GAUGER, Hans-Martin
Dr. phil., o. Prof. f. Roman. Philologie Univ. Freiburg (s. 1970) - Norsinger Weg 18, 7800 Freiburg (T. 44 25 15) - Geb. 19. Juni 1935 Freudenstadt (Vater: Rudolf G.), verh. m. Carmen, geb. Rodriguez - Franz. Gymn. Konstanz; Univ. Tübingen, Leicester, Paris, Madrid (Roman., Dt., Engl. Philol., Phil.). Promot. (1960) u. Habil. (1968) Tübingen. Facharb. - 1981 Mitgl. u. s. 1984 Vizepräs. Dt. Akad. f. Sprache u. Dicht., Darmstadt; 1981/82 Fellow Wiss.kolleg Berlin; 1984 Preis Henning-Kaufmann-Stiftg. z. Pflege d. Reinheit d. dt. Sprache (1. Träger).

GAUGER, Rudolf
Vorstandsmitglied Stuttgarter Bäckermühlen AG., Esslingen - Ulmer Str. 7, 7310 Plochingen/Württ. - Geb. 5. Juli 1925.

GAUGER, Wilhelm
Dr. phil., Prof. f. Englische Literaturwiss. - Schopenhauerstr. 7, 1000 Berlin 38 - Geb. 13. Juli 1932 Wuppertal (Vater: Paul G., Justizoberinsp.; Mutter: Helene, geb. Steeger), ev., verh. s. 1964 m. Christel, geb. Kaiser, 2 Kd. (Barbara, Jochen) - Gymn. Wuppertal (Abit. 1953); Univ. Köln (Staatsex. 1959). Ass. 1962 - Promot. (1965) u. Habil. (1971) Berlin (FU) - S. 1962 FU Berlin (1966 Akad. Rat; 1971 Prof.) - BV: Wandlungsmotive in Rudyard Kiplings Prosawerk, 1975; Y - Paranormale Welt, Wirklichk. u. Lit., 1980 - Liebh.: Kunst, Psych., Parapsych., Zool. - Spr.: Engl., Franz. - Bek. Vorf.: Joseph G., Pfarrer u. Publizist (Großv.).

GAUGLER, Eduard
Dr. oec. publ., Dr. h.c., Prof. f. Allg. Betriebswirtschaftslehre, Personalwesen u. Arbeitswiss. - Universität (Schloß), 6800 Mannheim - Geb. 23. Juni 1928 Stuttgart, verh. s. 1954 m. Helene, geb. Fäustle, 4 Kd. - Seit 1967 Ord. Univ. Regensburg u. Mannheim (1972), 1973-76 Rektor Univ. Mannheim; 1981/82 Vors. Verb. d. Hochschullehrer f. Betriebswirtsch. e.V. - Zahlr. Fachveröff., auch Bücher.

GAUGUSCH-DJAMBAZIAN, Christine

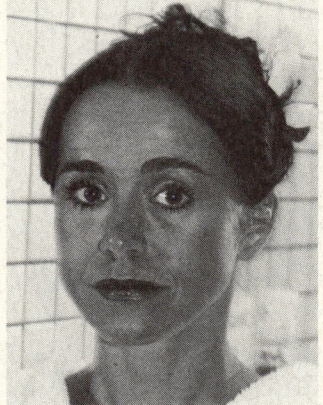

Solotänzerin - Himmelpfortgasse 7/1/32, A-1010 Wien - Geb. 4. März 1951 Wien, kath., verh. s. 1980 m. Eduard Djambazian - Ballettsch. Wiener Staatsoper 1966 Engagem. Wiener Staatsoper s. 1982 Solotänzerin. 1988 Ballettfestival Cuba - Ballette/Hauptrollen (Wien): Hotel Sacher (1974); E. Faschingsschwank aus Wien (1977); Don Juan (1978); Sylvia (1979; Nußknacker (1979); Giselle (1980); Dornröschen (1980 m. Nurejew); Romeo u. Julia (1982 m. Cranko); Daphnis u. Cloe (1983); La Fille Mal Gardée (1986 Ashton); E. Sommernachtstraum (1987 Neumeier). Filme: Peter u. d. Wolf, Faschingsschwank. Gastsp.: Bratislava (Giselle) u. Mannheim (Nussknacker, Romeo u. Julia) - Spr.: Engl.

GAUL, Ernst Erwin
Dr. rer. pol., Dipl.-Volksw. - Beethovenweg 3, 4714 Selm (T. 02592 - 29 50) - Geb. 13. März 1930 Ingelheim (Vater: Emil G. †; Mutter: Jacobine, geb. Reisinger), ev., verh. s. 1967 m. Wiltrud, geb. Kiefer, S. Armin - Abit. 1949; Verwaltungslehre (Prüf. 1952); Stud. d. Rechts-, Staats- u. Wirtsch.wiss.; Promot. 1959 - 1959-66 Dir.assist. u. Prokurist; 1970-88 Mitgl. Vollversammlung IHK Dortmund; Handelsrichter LG Dortmund. 1975-87 Beiratsmitgl. Unternehmensverb. Metallind. - Liebh.: Jagd, Kultur- u. Kunstgesch. - Spr.: Engl. - Lions-Club.

GAUL, H. Michael
Dr., Direktor - Tresckowstr. 5, 3000 Hannover 91 - Geb. 2. März 1942 Düsseldorf - Vorst. Preussen Elektra AG.

GAUL, Hans Friedhelm
Dr. jur., o. Prof. f. Zivil- u. -prozeßrecht Univ. Bonn (s. 1966) - Wiesenweg 2, 5300 Bonn - Geb. 19. Nov. 1927 Bicken - Habil. Bonn - Fachveröff.

GAUL, Lothar

Dipl.-Ing., Dr., Univ-Prof., Leit. Inst. f. Mechanik Univ. d. Bundeswehr Hamburg - Holstenhofweg 85, 2000 Hamburg 70 (T. 040-65 41 27 34) - Geb. 17. Nov. 1946, ev., verh. s 1975 m. Ulrike, geb. Reiners, 2 Kd. (Jan Hendrik, Claas Christoffer) - Werkzeugmacher 1966; Maschinenbauing. 1969 Wilhelmshaven; Schweißfaching. 1969 Berlin; Stud. Univ. Hannover (Stud. Stiftg. d. Dt. Volkes), Dipl.-Ing. 1973; Promot. 1976; Habil. 1980 - 1978 Obering. Univ. Hannover; 1981 o. Prof. Univ. Hannover - Hamburg; 1985 Ruf Univ. Bochum - Rd. 60 Fachveröff. üb. Kontinuumsmechanik, Maschinendynamik, Biomechanik, Gesch. d. Mechanik bes. z. Thema Struktur-Baugrund-Wechselwirkung, Dämpfung, Fügestellendynamik - 1985 Ehrenring d. VDI - Liebh.: Technikgesch., Sport, Gitarrespiel - Spr.: Engl., Franz.

GAULAND, Alexander
Dr., Staatssekretär, Chef d. hess. Staatskanzlei - Georg-Speyer-Str. 9, 6000 Frankfurt a. M. 90 - Geb. 20. Febr. 1941 Chemnitz, ev., verh. s. 1968 m. Leonore, geb. Erdsiek, T. Dorothea - 1959 Abit. Karl-Marx-Stadt; 1. jurist. Staatsprüf. 1966, 2. jurist. Staatsprüf. 1971, Promot. Dr. jur. 1970 - 1972 Presse- u. Inform.amt d. Bundesregierung; 1974/75 Generalkonsulat Edingburgh; 1977 CDU/CSU-Frakt. d. Dt. Bundestages; 1977 Leit. d. Büros d. OB d. Stadt Frankfurt; 1986 Bundesmin. f. Umwelt, Naturschutz u. Reaktorsicherheit; 1987 Staatssekr. u. Chef d. Staatskanzlei.

GAULKE, Heinz-Bruno
Schriftsteller (Ps. Bodo Brodt, Jupp Martell) - Maria- Rainer-Str. 18, 8964 Nesselwang; Finkenweg 18, 8960 Kempten - Geb. in Berlin - Mitarb. Dt. Pressekorresp., Dt. Veranstaltungsdienst, Kunst u. Leben, Simplicissimus, KdK, Ztg. u. Ztschr. - BV: Drama, Lyrik,

Roman, Ess., Erz., Hörsp., u.a. D. Leben d. Minnesänger; Minnesänger aus d. Heidelberger Liederhandschr.; Treibhaus d. Liebe, Kom.; Wunderbar sind Bacchus Gaben; Verschwenderkantate; Umgang m. Rheinländern; Parlez-moi d'amour.

GAULY, Heribert

Dr. theol., Prof. f. Pastoraltheologie Univ. Mainz - Schinnergraben 94, 6500 Mainz 42 - Geb. 19. Okt. 1928 Worms/Rh., kath.

GAUMER, Walter

Dr. rer. nat., o. Prof. f. Didaktik d. Physik Univ. Gießen/Fachbereich Physik (s. 1963) - Holbeinring 4, 6300 Gießen (T. 5 18 23) - Geb. 2. Aug. 1914 Berlin - 1956-63 Doz. u. Prof. (1962) Päd. Hochsch. Hannover.

GAUS, Günter

Publizist - Bahnsenallee 74, 2057 Reinbek - Geb. 23. Nov. 1929 Braunschweig (Eltern: Kaufmann Willi u. Hedwig G.), ev., verh. s. 1955 m. Erika, geb. Butzengeiger, T. Bettina - Oberrealsch. Braunschweig (Abit.); Stud. d. Gesch. u. German. Univ. München - 1953-65 journ. Tätigk. Tages- u. Wochenztg., Fernseh-Interviews Zur Person; 1965-69 Programmdir. SWF, 1969-73 Chefredakt. D. Spiegel; 1973 Staatssekr. Bundeskanzleramt, 1974-81 Leit. d. Ständ. Vertretung d. BRD b. d. DDR; 1981 Senator f. Wiss. u. Forsch. Berlin (zurückgetr.) - BV: Zur Person, 2 Bde.; Bonn ohne Reg., 1965; Gespräche m. Herbert Wehner, 1966; Wo Deutschland liegt, 1983; D. Welt d. Westdt., 1986; Dtschl. im Juni, 1988. Herausg.: Zur Wahl gestellt - 1964 Adolf-Grimme-Preis in Bronze u. 1965 in Silber; 1987 Pol. Buch d. Jahres d. Friedr.-Ebert-Stiftg.; 1988 Bes. Ehrung d. Adolf-Grimme-Preis.

GAUS, Wilhelm

Dr. phil., Prof. f. Medizin. Statistik, Dokumentation u. Datenverarb. Univ. Ulm (Fak. f. Theoret. Medizin), Schule f. Medizin. Dokumention - Eythstr. 2, 7900 Ulm.

GAUSS (ß), Fritz

Dr.-Ing. (habil.), em. o. Prof. u. Direktor Inst. f. Kraftfahrwesen TH bzw. TU Hannover (s. 1966) - Oelschlägerstr. 2, 7000 Stuttgart 75 - Geb. 7. Mai 1913 Bietigheim/Württ. (Vater: Friedrich G.), verh. m. Ingeborg, geb. Doerr, 3 Kd. - Stud. TH Stuttgart (1931 b. 1936); Promot. 1942, Habil. 1954 - Zul. apl. Prof. TH Stuttgart (Abt.-Vorst. Forschungsinst. f. Kraftfahrwesen u. Fahrzeugmotoren). Facharb.

GAUSS (ß), Karl

Dipl.-Ing., Stadtdirektor - Wassenaarseweg 279, Den Haag/NL (T. 28 14 08) - Geb. 7. März 1910 Rotterdam, verh. s. 1935 m. Gertrud, geb. Keilbach, jetzt verw. - TH Stuttgart (Bauing.wesen) - 1932-45 Industrietätigk. In- u. Ausl.; s. 1945 Stadtverw. Stuttgart - Spr.: Holl., Franz.

GAUSS, Ulrich

Dr. jur., Oberbürgermeister Stadt Waiblingen - Oberer Rosberg 30, 7050 Waiblingen (T. 07151 - 2 11 95) - Geb. 17. Mai 1932 Stuttgart (Vater: Heinrich G., Staatsanw.; Mutter: Elisabeth, geb. Mandry), ev., verh. s. 1964 m. Barbara, geb. Knall, 3 Kd. (Nikolai, Moritz, Friederike) - Gymn. Stuttgart; Stud. d. Rechtswiss. Univ. Tübingen, Heidelberg, Bonn u. Berkeley/Calif. - 1961-69 Richter u. Staatsanw.; s. 1970 Oberbürgerm.

GAUTIER, Fritz

Dr. rer. nat., Dipl.-Chem., Mitgl. Europ. Parlament (1980-87), MdB (11. Wahlp.) - Kleine Schützenstr. 4, 3150 Peine - Geb. 17. Jan. 1950 - SPD.

GAUWEILER, Peter

Dr., jur., Staatssekretär Bayer. Staatsmin. d. Innern - Odeonspl. 3, 8000 München 22 (T. 089 - 21 92-62 01) - Geb. 22. Juni 1949 München, ledig - Stud. Rechtswiss. München u. Berlin; Promot. 1978 u. Rechtsanwalt - 1972-82 ehrenamtl. Stadtrat Stadt München; 1982-86 berufsmäßiger Stadtrat u. Leit. Kreisverw.ref.

GAWLICK, Günter

Dr. phil., o. Prof. f. Phil. Univ. Bochum (s. 1969) - Wacholderstr. 21, 5810 Witten (T. 37 26) - Geb. 1. März 1930 Königsberg/Pr. (Vater: Friedrich Wilhelm G., Verw.sangest.; Mutter: Alexandra, geb. Klosz), verh. s. 1962 m. Renate, geb. Lorentzen, 4 Kd. (Thomas, Ursula, Joachim, Matthias) - Stud. Univ. Freiburg/Br., Kiel, Manchester; Promot. 1956 Kiel; Habil. 1963 Gießen - 1963-69 Privatdoz. Div. Herausg. u. Übersetz. - BV: Bibliophilie - Spr.: Engl., Franz.

GAWRILOFF, Saschko Siegfried

Prof., Violinist, Leiter e. Meisterklasse f. Violine Hochsch. f. Musik, Köln - Zu erreichen üb. Hochsch. f. Musik, Postf., 5000 Köln - Geb. 20. Okt. 1929 Leipzig (Vater: Jordan G., Musiker), ev., verh. s. 1951 m. Renate, geb. Diele, 2 S. (Michael, Matthias) - 1959 II. Preis Intern. Violinfest. Genua; 1959 Kulturförd.preis Stadt Nürnberg - Spr.: Bulg., Engl.

GAYER, Jürgen

Dr. med., Prof., Chefarzt Medizin. Klinik/Rotes Kreuz-Krkhs. Bremen - Schwachhauser Ring 98a, 2800 Bremen - Geb. 12. Sept. 1926 Bremen - Promot. 1952 Heidelberg; Habil. 1963 Tübingen - 1969 ff. apl. Prof. Univ. Tübingen (Inn. Med.). Fachgeb. Nephrologie. Rd. 100 Facharb.

GAYLER, Wolfgang

Dirigent, stv. Generalmusikdir. Bühnen Nürnberg - Beethovenstr. 16, 8500 Nürnberg 20 - Geb. 19. Dez. 1934 Stuttgart (Vater: Dr. Viktor G., Zahnarzt; Mutter: Herta, geb. Werner), ev., verh. s. 1958 m. Lelia, geb. Doflein, 4 Kd. (Anselm, Lukas, Sebastian, Barbara) - 1945-54 Gymn. Reutlingen; 1954 TH u. Musikhochsch. Stuttgart; 1955 Musikhochsch. u. Univ. Freiburg/Br. (Staatsex. f. künstler. Lehrf.), Stip. Studienstiftg. d. Dt. Volkes - Pianist; Repetitor in Freiburg; 1965 Städt. Bühnen Nürnberg; 1977ff. stv. GMD ebd. 1984 Gastdirig. Hbg. Staatsoper - Veröff.: Nono, Intolleranza (Franz. Erstauff. Nancy, 1971); Walter Jens/Konnadis, D. Ausbruch (UA Bayreuth 1975, intern. Jugendfestsp.); Jörg Zink/Werner Jacob, Tempus Dei - des Menschen Zeit (UA Nürnberg 1979); Peter Handke/Walter Zimmermann, Üb. d. Dörfer (UA Nürnberg 1988) - 1954 Kranichsteiner Musikpreis (f. Pianisten); 1975 Richard-Wagner-Med. Stadt Bayreuth.

GAYMANN, Theodor

Geschäftsführer Industrieanlagen-Betriebsges. mbH., Ottobrunn, Honorarprof. f. Versuchstechnik im Flugzeugbau TU München (1976 ff.) - Uhdestr. 18, 8000 München 71.

GEBAUER, Adolf

Komponist, Geiger, 1. Geiger Sinfonieorch. Wuppertal (s. 1980) - Brahmsstr. 7, 5600 Wuppertal 2 (T. 0202 - 62 49 42) - Geb. 14. Mai 1941 Bachorzyn, Polen, ev., verh. s. 1968 m. Jiřina, geb. Badová (Geigerin, Sängerin), 2 Kd. (Peter, Simone) - Violinstud. m. Abschlußex. 1955-62 Konservat. Prag; Violinstud. (Dipl., Promot.) 1962-68 Akad. d. Musikkünste in Prag; Komposition (Dipl., Promot.) 1975-79 Akad. d. Musikkünste Prag - 1965-68 Konzertm. Prager Kammersolisten, 1968-70 1. Geiger Amsterdamer Philharmonie, 1970-72 Sinfonieorch. Wuppertal; 1972-80 Rundfunksinfonieorch. Prag - Solistische Auftritte als Geiger m. div. Sinfonie-Orch. u. Rezitale (Rundfunk, FS) in europ. Ld. (Belgien, Luxemb., Jugosl., Österr., Schweiz, Tschechosl. u.a., sow. Kanada u. Sowjetunion). Kompositionen: (Uraufführungen u.a.): Divertimento f. Streicher 1978 (Prag) Musici de Praga; Trio f.

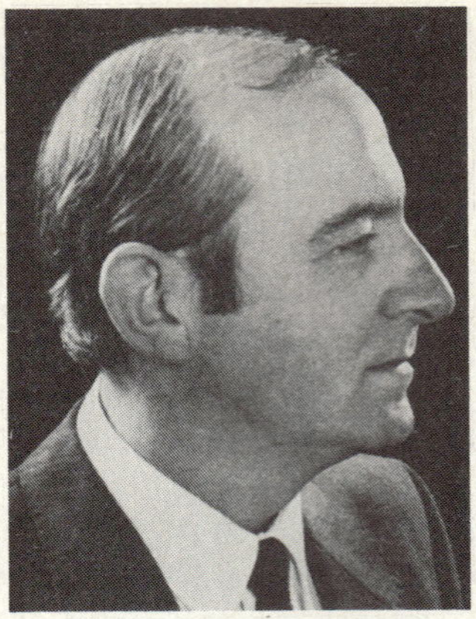

Klarinette u. Klavier Prager Rundf.; Konzert f. Violine u. Orch. 1979 (Prag) Janaček-Philharm.; 5 Episoden f. Harfe solo 1988 (Weltharfenkongreß Wien); Streichquartett op 33 - C-B-B - 5 Sätze zu 5 Bildern d. Malers C.B. Bloemertz 1989 Wuppertal - 1 Preis f. d. beste Interpretation zeitgenöss. Musik Prag (als Geiger); Mitgl. dt. Komponistenverb.; Beste Komposition d. J. Violinkonzert Prag (als Komponist) - Liebh.: Numismatik - Spr.: Russ., Tschech., Poln. - Lit.: Zahlr. Art., Rezens. in div. Ztschr.

GEBAUER, Alfred

Dr. med., Prof., Internist u. Röntgenologe - Seedammweg 52, 6380 Bad Homburg v.d.H. (T. dstl.: Frankfurt/M. 61 00 11) - Geb. 17. Juli 1909 Gleiwitz/OS. (Vater: Josef G., Juwelier; Mutter: geb. Fuchs), kath., verh. s. 1938 m. Maria, geb. Baumert, 4 Kd. (Maria, Barbara, Albrecht, Dietrich) - Gymn.; Univ. Marburg, Innsbruck, Breslau - 1935 b. 1936 u. 1938-45 Assist. Med. Univ.sklinik Breslau, dazw. 1936-37 Pharmak. Inst. Königsberg/Pr., s. 1945 Oberarzt u. Leit. Röntgenabt. Med. Univ.sklin. Erlangen (1949 Privatdoz.) u. Frankfurt (1953; 1956 apl. Prof.) - BV: D. transversale Schichtverfahren, 1955; D. Röntgenschichtbild, 1959; D. diagnost. Pneumoperitoneum, 1959; D. Röntgenfernsehen, 1965 - 1950 Dr.-Adolf-Schleussner-Preis Dt. Röntgen-Ges. - Liebh.: Musik, Fotogr. - Spr.: Engl., Franz.

GEBAUER, Gerhard

Dr., Oberbürgermeister - Buchenweg 16, 7730 Villingen-Schwenningen (T. 07720 - 39 82 01 u. 07721 - 8 22 01) - Geb. 15. Dez. 1926 - SPD - Rotarier.

GEBAUER, Gunter

Dr. phil., o. Prof. f. Sportwissenschaft, Privatdoz. f. Philosophie FU Berlin (s. 1978) - Joachim-Friedrich-Str. 56, 1000 Berlin 31 - Geb. 23. Jan. 1944 Timmendorfer Strand (Vater: Helmut G., Mutter: Christel, geb. Thomsen), ev., verh. s. 1970 m. Hélène, geb. Dupourqué, 2 S. (Laurent, Henri) - Arbeitsgeb.: Histor. Anthropol., Sprachtheorie, Ästhetik - BV: Wortgebrauch - Sprachbedeutung, 1971; D. Einzelne u. s. ges. Wissen, 1981. Mitverf.: Wien, Kundmanngasse 19. Bauplaner., morphol. u. phil. Aspekte d. Wittgenstein-Hauses, 1982; Freizeitsportorient. Großverein SC Siemensstadt. Ergebnisse-Analysen-Daten (m. and.), 1986; Histor. Anthropologie (m. and), 1989. Herausg.: D. Laokoon-Projekt. Pläne e. semiotischen Ästhetik, (1984); Sport-Eros-Tod (m. G. Hortleder, 1986); Körper- u. Einbildungskraft. Z. Inszenierung d. Helden im Sport (1988).

GEBAUER, Hans-Joachim

Inspekteur d. Bereitschaftspolizeien a. D. - Zu erreichen üb. DVW/AJF, Platanenweg 39, 5300 Bonn 3 - Geb. 19. Nov. 1926, ev., verh. s. 1961 m. Ingrid, geb. Boensmann, 3 Kd. (Jeanette, Britta, Joachim) - 1941-45 Marinesch. u. Kriegsmarine (U-Bootwaffe); 1946 Eintritt in d. Polizei Nordrh.-Westf.; Polizeiführungsakad. (ehem. Polizeiinst.) Münster-Hiltrup; I. Fachprüf. 1954, II. Fachprüf. 1961, III. Fachprüf. 1968 - 1955-64 Kraftfahrsachbearb. b. Regierungspräs. Arnsberg u. Aachen; 1964-68 Einsatzref. Innenmin. NRW; 1968-78 Schutzbereichsleit. u. stv. Leit. Schutzpolizei Bonn; 1978-83 Leit. Führungsstab f. bes. Lagen im Bundesinnenmin. (Leit. Führungs- u. Lagezentrale); s. 1983 Inspekteur d. Bereitschaftspolizeien a. D. Herausg./Mitherausg. Polizeifachztschr.: Bereitschaftspolizei heute, D. Polizei - 1972 Hausmed. 1. Kl. d. Königs d. Belgier; 1973 Gr. Ehrenzeichen Rep. Österr.; 1974 Orden Rep. Rumänien; 1976 Verdienstorden Rep. Ägypten; 1978 Komturkreuz Orden d. Infanten Dom Henrique; 1983 BVK I. Kl.

GEBAUHR, Werner

Dr. rer. nat., Prof. f. Radiochemie u. Analyt. Chemie - Rudelsweiherstr. 39, 8520 Erlangen - Geb. 17. Okt. 1920 Königsberg/Pr. - S. 1960 (Habil.) Lehrtätigk. Univ. Mainz u. Erlangen-Nürnberg (1967 apl. Prof. f. Radiochemie u. Analyt. Chemie). Fachveröff.

GEBEHENNE, Walter

Geschäftsführer Hagener Versorgungs- u. Verkehrsges. mbH., Vorstandsmitgl. Stadtwerke Hagen AG. u. Hagener Straßenbahn AG., alle Hagen - Salmuthstr. 19b, 5800 Hagen 8/W. - Geb. 29. April 1926.

GEBEL, Änne

Abgeordnete - Bauvereinsstr. 9, 2820 Bremen 71 - S. 1971 Mitgl. Brem. Bürgerschaft. SPD.

GEBELEIN, Helmut

Dr. rer. nat., Prof. f. Didaktik d. Chemie Univ. Gießen (s. 1972) - Mozartstr. 1, 6301 Staufenberg - Geb. 29. Jan. 1940 Stuttgart (Vater: Dr. phil. Hans G., Oberbaurat a. D.; Mutter: Julia, geb. Fick) - Univ. Frankfurt/M., Paris, Tel Aviv. Promot. 1969 Frankfurt (Theoret. Chemie).

GEBERT, Ernst

I. Bürgermeister (s. 1978) - Rathaus, 8859 Rennertshofen/Obb. - Geb. 12. April 1950 Rennertshofen.

GEBERT, Gerfried

Dr. med. (habil.), Prof. f. Physiologie Univ. Ulm (apl.) - Friedrich-Schneider-Str. 5, 6500 Mainz.

GEBESSLER (ß)

Dr. Präsident Landesdenkmalamt Baden-Württ. - Eugenstr. 3, 7000 Stuttgart 1.

GEBESSLER (ß), Friedrich

I. Bürgermeister - Rathaus, 8359 Ortenburg/Ndb. - Geb. 7. März 1920 Ortenburg - Druckereibes.

GEBHARD, Helmut

Dr.-Ing., o. Prof. u. Vorst. Inst. f. Städtbau u. Raumplanung TU München (s. 1967) - Graubündenstr. 19, 8000 München 71 (T. 75 37 07) - Geb. 17. Nov. 1926 Dürrwangen (Eltern: Max u. Maria G.), verh. s. 1954 m. Marianne, geb. Ensmann - Arch.

GEBHARD, Ludwig

Maler, Bildhauer u. Graphiker - Riemerschmidstr. 61, 8000 München 45 - Geb. 14. Aug. 1933 Tiefenbach, kath., verh. s. 1983 m. Konradine Maria, geb. Gröber - Stud. Akad. d. bild. Künste München (Abschl.-Dipl.) - Üb. 100 Ausst. im In- u. Ausl. Aufkauf d. Arb. v. zahlr. europ. u. außereurop. Privatsamml. u. Mus.; Arb. in öfftl. Besitz in Kunstsamml. in Augsburg, Basel, Gabrovo, Madrid, Marbach, München, Neuchâtel, Provo, Regensburg, Rio de Janeiro, Stuttgart, Salzburg, Tel Aviv, Wien - 1964 Prix d'Europe de Peinture d'Ostende; u.a. Kunstpreise auf intern. Ausst. - Spr.: Engl., Franz. - Lit.: Rd. 30

Einzelpubl. z. Malerei u. Graphik v. L.G.

GEBHARD, Rollo
Filmemacher (Weltumsegler) - Holz-Ost 37, 8182 Bad Wiessee - Geb. 7. Juli 1921 Salzburg (Vater: Arthur G.; Mutter: Marie, geb. v. Carlowitz), ev., verw. - Abit.; Stud. - 1945-65 Schauspieler; 1951-72 Kaufm., 1967-70 u. 1975-79 Weltumsegelungen allein - BV: E. Mann u. s. Boot, 1980; Seefieber, 1983; Leinen Los!, 1985; Mein Pazifik, 1989 - Fernsehfilme: Ich segelte allein um die Welt, Inseln im Pazifik, Unter Segeln um d. Welt, Z. Insel d. Meuterer - 1970 Gold. Med. Kreuzerabt. u. Gold. Med. Garmisch; Ritter v. Halt-Med.; 1983 BVK am Bde. - Spr.: Engl., Franz.

GEBHARD, Torsten
Dr. rer. techn., Generalkonservator i. R., Honorarprof. f. Volkskunde Univ. München (s. 1962) - Am Rain 14, 8024 Deisenhofen - Geb. 12. März 1909 Siegburg/Rhld., verh. (Ehefr.: Gabriele) - Maximilians-Gymn. u. TH München (Promot. b. Prof. Hans Karlinger) - S. 1936 Bayer. Landesamt f. Denkmalspflege (1963 Generalkonserv.) - BV: Möbelmalerei in Altbayern, 1937; D. Bauernhof in Bay., 3. A. 1981; Kachelöfen, 4. A. 1981; Landleben in Bayern, 1986. Div. Einzelveröff. - 1971 Bayer. VO.

GEBHARD, Walter
Dr. phil., Prof. f. Neuere dt. Literaturgesch. u. Deutschdidaktik Univ. Bayreuth (s. 1980) - Mebartweg 8, 8580 Bayreuth - Geb. 27. Mai 1936 - Stud. German., Gesch., Erdk., Philos., Malerei, Violine; Promot. 1965, Habil. 1979 - BV: Oskar Loerkes Poetologie, 1969; Nietzsches Totalismus, 1983; D. Zusammenhang d. Dinge, 1984. Herausg.: Nietzsche: Perspektivität u. Tiefe (1982); Strukturen d. Negativität (1984); Nietzsche, Sämtl. Werke, Kröner-TA; Willen z. Macht u. Mythen d. Narziß (1989) - Liebh.: Sammler jap. Holzschnitte, östl. Malerei, Graphik, Aquarellmalerei.

GEBHARD, Werner
Amtsrat, Vors. Bayer. Beamtenbund, Mitglied Bayer. Senat - Michaelstr. 25, 8500 Nürnberg-Kleinreuth - T. 33 45 24) - Geb. Dez. 1921 - Stadtverw. Nürnberg - 1970 Bayer. VO.

GEBHARD, Christoph Heinrich
Dr. med., Prof. f. Chirurgie, Vorstand d. Zentrums f. Chirurgie, Klinikum Nürnberg - Lerchenstr. 109, 8500 Nürnberg - Geb. 25. März 1943 Hamm (Vater: Erich G., Pastor; Mutter: Anneliese, geb. Hegemann), ev., verh. s. 1974 m. Gisela, geb. Schedl, 2 Kd. (Michael, Claudia) - 1963-69 Med.-Stud. Univ. Köln, Clermont-Ferrand u. Düsseldorf; Staatsex. 1969, Promot. 1969, Habil. 1979 - 1970-84 Assist. u. Oberarzt (Univ. Düsseldorf, Krkhs. St. Josef Wuppertal, Univ. Erlangen); s. 1984 Chefarzt - BV: Chir. d. exokrinen Pankreas, 1984 - Liebh.: Bergwandern - Spr.: Engl., Franz.

GEBHARDT, Fred
Volkshochschuldirektor a. D., MdL Hessen (s. 1978, Wahlkr. 35/Ffm. IV) - Kurzröderstr. 28, 6000 Frankfurt/M. 50 - Geb. 27. Febr. 1928 Bayreuth - Volks- u. Aufbausch. Berlin - 1947-58 LVA Württ. u. Versorgungsverw. Stuttgart, dann Landesarbeitsgem. Hessen Arbeit u. Leben (Geschäftsf.), s. 1960 VHS Ffm. (1969 Leit.). Studienaufenth. USA, Osteuropa, Israel. SPD s. 1945 (stv. Vors. d. SPD-Landtagsfraktion).

GEBHARDT, Hartmut M.
Dipl.-Ing., Generalbevollm. Direktor Siemens AG - Hofmannstr. 51, 8000 München 70 - Geb. 5. Juli 1931.

GEBHARDT, J. O. L.
Geschäftsführer Conoco Mineraloel GmbH., Hamburg - Elbdeich 39, 2091 Drage/Elbe - Geb. 12. Juni 1926.

GEBHARDT, Jürgen
Dr. phil., o. Prof. f. Polit. Wissenschaft - Schloßpl. Nr. 4, 8520 Erlangen - S. 1971 Ord. Univ. Bochum u. Erlangen-Nürnberg (1978).

GEBHARDT, Karl-Heinz
Dr. med., Internist, Vors. Dt. Zentralverein Homöopath. Ärzte - Zu erreichen üb.: Bahnhofpl. 8, 7500 Karlsruhe.

GEBHARDT, Kurt
Dr. jur., Oberbürgermeister a. D., Präsident DRK-Landesverb. Baden-Württ. - Nägelestr. 8A, 7000 Stuttgart-Degerloch - Geb. 24. Juli 1923 Perouse, Kr. Böblingen.

GEBHARDT, Kurt
Elektromonteur, Altbürgermeister u. Abgeordn. i. R. - Johannesstr. 1, 8671 Röslau/Ofr. - Geb. 25. Nov. 1929 Oberröslau (Vater: Max G., Schlosser; Mutter: Gretl, geb. Zauß), verh. m. Renate Hollering (Wunsiedel), 3 Kd. - 1935-44 Volkssch. Oberröslau; 1944-45 Militäreins. u. Gefangensch.; 1946 b. 1949 Elektroinstallateurlehre Röslau - Ab 1950 Tätig. Bayer. Elektricitäts-Lieferungsges. Bayreuth/Bezirksst. Röslau (Freileitungsmonteur u. ab 1966 Installateur). 10 J. Mitgl. Gemeinderat Oberröslau; 1966ff. ehrenamtl. I. Bgm. neugebild. Gde. Röslau. 1966ff. MdK Wunsiedel. Parteiämter (u. a. Vors. Kreisverb. Fichtelgeb.). 1978-86 MdL Bayern - Liebh.: Volksmusik, Bergwandern, Eisstockschießen.

GEBHARDT, Manfred
Dipl.-Ing., Oberbranddirektor, Leit. d. Feuerwehr Hamburg (s. 1968) - Bei der Hauptfeuerwache 6, 2000 Hamburg 1 (T. 2 48 28-600) - Geb. 19. Juli 1931 Berlin-Spandau (Vater: Fritz G., kaufm. Angest.; Mutter: Else, geb. Grönke), ev., verh. s. 1958 m. Jutta, geb. Münch, 3 Kd. (Hagen, Henning, Birgit) - Stud. Bauing.wesen TU Berlin - 1960-61 stv. Leit. Berufsfeuerw W'tal, 1962-68 Leit. Berufsfeuerwehr Kiel - Spr.: Engl.

GEBHARDT, Wolfgang
Dr. med., Prof., Chefarzt Med. Abt. Städt. Krankenanstalten Goslar (s. 1968) - Marienbader Weg Nr. 42, 3380 Goslar/Harz (T. 2 13 43) - Geb. 2. Juni 1924 Schlotheim (Vater: Arno G., Rektor i. R.; Mutter: Emilie, geb. Schwarz), ev., verh. s. 1958 m. Elke, geb. Flügge, 3 Kd. (Heike, Volker, Ingo) - B. 1942 Schule (Abitur); 1949-55 Stud. Med. - 1955-68 Städt. Krkhs. Fulda, Med. Univ.sklinik Zürich, Univ.s-Strahlenklinik Marburg, Physiol. Inst. Frankfurt, Med. Univ.sklinik Freiburg (1967 Oberarzt). S. 1964 (Habil.) Privatdoz. u. apl. Prof. Univ. Freiburg. Spez. Arbeitsgeb.: Herz u. Kreislauf - BV: D. Dynamik d. gesunden u. kranken Herzens, 1967; Koronarinsuffizienz, 1967. Etwa 100 Einzelarb. - 1963 Fraenkel, 1966 Homburg-Preis - Spr.: Engl.

GEBHARDT, Wolfgang
Dr. rer. nat., Prof. f. Physik - Utastr. 16c, 8400 Regensburg - Geb. 22. April 1930 Leipzig - Promot. 1961; Habil. 1966 - S. 1970 Ord. Univ. Regensburg. Facharb.

GEBHARDT-EULER, Manfred
Betriebswirt, gf. Gesellsch. Brauerei Gebr. Euler, Wetzlar, Geschäftsf. Getränkedst. Lahntal Gebr. Euler, Vors. Brau-Ring Kooperationsges. u. Landesverb. Verb. mittelst. Priv.brauereien Hessen - Garbenheimer Str. 20, 6330 Wetzlar - Geb. 18. Aug. 1938 Scheidt/Saar, ev., verh. in 2. Ehe (in 1. 1976 verw.) s. 1978 m. Renate, geb. Kißler, 3 Kd. (Alfred, Victoria, Alexander) - Fachhochsch. f. Betriebsw. Saarbrücken - Vors. Unabh. Wählergemeinsch. Wetzlar-Block, stv. Vors. Bürgerverein Wetzlar v. 1823, Vors. Wetzlarer Verkehrsverein, Stadtrat im Magistrat Stadt Wetzlar - 1983 BVK; 1985 Ehrenbürger US-Staat Kansas - Liebh.: Golf, Wandern, Ski - Spr: Franz., Engl.

GEBHART, Erich
Dr. rer. nat., Prof. f. Humangenetik u. Cytogenetik Univ. Erlangen - Rennesstr. 15A, 8520 Erlangen (T. 09131 - 5 73 54) - Geb. 19. April 1942 Regensburg (Vater: Emil G.; Mutter: Else, geb. Hornauer), kath., verh. s. 1967 m. Brigitte, geb. Gundel, T. Sylvia - 1961-67 Stud. Biol. Univ. München (Promot. 1967); Habil. 1972 Erlangen - 1967 Wiss. Assist. Univ. Erlangen, 1978 apl. Prof., s. 1980 Prof. auf Lebenszeit - BV: Chem. Mutagenese, 1977; Tumorzytogenetik, 1989; Beitr. z. Monogr. u. Handb., zahlr. Fachpubl.

GECK, Martin
Dr. phil., o. Prof. f. Musik u. ihre Didaktik Univ. Dortmund (s. 1976) - Stockumer Bruch 66, 5810 Witten - Geb. 19. März 1936 Witten/R. - Promot. 1962 Kiel - Zul. Privatdoz. Dortmund - BV: D. Vokalmusik Dietrich Buxtehudes u. d. frühe Pietismus, 1965; Die Wiederentd. der Matthäuspassion, 1967; Nicolaus Bruhns - Leben u. Werk, 1968; Bach-Interpretationen, 1969; D. Bildn. Richard Wagners, 1970; D. Oratorien 1800-40, 1971; Musiktherapie als Problem d. Ges., 1973 (auch schwed. u. dän.); Banjo Musik 5/6, 1978; Banjo Musik 7-10, 1979; Banjo Liederbuch u. Banjo Musikbegleiter, 1982; Studienreihe Musik, 1981; Musikdidaktik in d. Bundesrep. Deutschl. s. 1970, 1984; R. Wagner - Werkverzeichnis, 1986; Singt u. spielt 1986; Beethovens „Eroica", 1988; Bachs Johannespassion, 1989. Herausg: Musik im Ruhrgeb. (s. 1983). Mithrsg.: Nicolaus Bruhns, Sämtl. Orgelwerke (1968); Richard-Wagner-Gesamtausg. (1970); Musiklehrw. Sequenzen (1976).

GECKELER, Horst
Dr. phil., o. Prof. f. Roman. Sprachwissenschaft Univ. Münster (s. 1974) - Westring 10, 4409 Havixbeck 1 (T. 02507 - 76 07) - Geb. 6. Okt. 1935 Sulz/N. (Vater: Ernst G., Rektor a. D.; Mutter: Hedwig, geb. Beilharz), ev., verh. s. 1964 m. Armelle, geb. Pilven, 3 Kd. (Tilmann, Eleonor, Alba) - Stud. Univ. Tübingen, Paris, Leicester, Perugia, Siena, Santander (Roman., Angl., Gesch.). Promot. 1969, Habil. 1973 - 1970-71 Gastprof. Univ. Mérida/Venez. u. 1972 Pamplona/Sp. - BV: Z. Wortfelddiskussion, 1971; Strukturelle Semantik u. Wortfeldtheor., 1971 (auch span., ital); Struktur. Semantik d. Franz., 1973; Trends in Structural Semantics (m. E. Coseriu), 1981; Einf. in d. ital. Sprachwiss. (m. D. Kattenbusch), 1987. Herausg.: Struktur. Bedeutungslehre (1978). Mithrsg.: Logos Semantikos, 5 Bde, Festschr. f. E. Coseriu (1981); Grammatik u. Wortbildung romanischer Sprachen (1987) - Spr.: Franz., Span., Ital., Engl.

GEDAMKE, Jürgen
Dipl.-Volksw., Geschäftsführer Verb. Gaststätten- u. Hotelgewerbe Lippe - Leopoldstr. 38, 4930 Detmold; priv.:

Gleimstr. 6, 4920 Lemgo - Geb. 10. Okt. 1943.

GEDIGA-GLOMBITZA, Roswitha
Prof., Dozentin f. Klavier Musikhochschule Köln - Goethestr. 23, 5000 Köln 50.

GEDIGK, Peter

Dr. med., em. o. Prof. f. Allg. Pathologie u. Pathol. Anatomie - Fasanenweg 22, 5300 Bonn - Geb. 2. Jan. 1920 Bromberg (Vater: Dr. Wilhelm G., zul. Ministerialrat), ev., verh. s. 1943 m. Christel, geb. Schmidt, 3 Kd. (Hans-Ulrich, Dorothea, Michael) - Franz. Gymn. Berlin; Univ. ebd., Jena, München, Innsbruck - 1946-49 Assist. Med. Univ.klinik Tübingen, 1950 Leit. Chem. Labor. Med. Univ.klin. Marburg, 1950-61 Assist. Pathol. Inst. ebd. u. Bonn (1955 Privatdoz., 1961 apl. Prof.), s. 1961 o. Prof. u. Dir. Pathol. Inst. Univ. Marburg u. Bonn (1968). 1976 Präs. Intern. Akad. f. Pathol., Washington (USA); Präs. Intern. Council of Societies of Pathology, Washington (USA). Div. Fachveröff. (Chemie u. Physiol. d. Bilirubin, Morphol. d. Eisenstoffw. Fremdkörperreaktionen, Pigmente, Marburg-Virus- u. Vinylchlorid-Krankh.). Mithrsg.: Lehrb. der Allg. Pathol. u. Pathologe. Akademie (32. A., m. M. Eder) - 1969 Ehrenmitgl. Span. Pathol. Ges., 1972 Korr. Mitgl. Argentin. Ges. f. Gastroenterol. - Spr.: Franz., Engl.

GEDON, Robert
Generalkonsul, Verlagsbuchhändler - Leopoldstr. Nr. 87, 8000 München 23 (T. 39 90 33) - Geb. 6. Mai 1909 Berlin, verh. m. Brigitte Miersch - 1971 Ind. G.konsul in München - Liebh.: Ind. Kunst.

GEERDS, Friedrich M. J.
Dr. jur., o. Prof. f. Kriminologie, Kriminalistik, Straf- u. prozeßrecht - Schulberg 1, 6256 Villmar-Langhecke (T. 06474 - 15 63) - Geb. 29. Aug. 1925 Lübeck (Vater: Friedrich G.; Mutter: Marie-Luise, geb. Howe), ev., verh. s. 1961 m. Hergart, geb. Voß, 2 Söhne (Hinrich, Detlev) - Mariensch. u. Katharineum Lübeck; Univ. Kiel. Promot. (1953) u. Habil. (1959) Kiel - 1959 Privatdoz. Univ. Kiel; 1964 Ord. Univ. Frankfurt (Dir. Inst. f. Kriminol.) - BV: Einwillig. u. Einverständnis d. Verletzten, 1953 (Diss.); Gnade, Recht u. Kriminalpolitik, 1960 (Kieler Antrittsvorles.); Z. Lehre u. d. Konkurrenz im Strafrecht, 1961 (Habil.schr.); Üb. d. Unrechtsgehalt d. Bestechungsdelikte u. s. Konsequenzen f. Rechtsprech. u. Gesetzgeb., 1961; D. Kriminalität als soziale u. wiss. Problematik, 1965 (Frankf. Antrittsvorl.); Straftaten geg. d. Person u. Sittlichkeitsdelikte i. rechtsvergleich. Sicht (m. G. Simon), 1969; Einzelner u. Staatsgewalt i. geltend. Strafrecht, 1969; Vernehmungstechnik, 5. A. 1976; Groß-Geerds. Handb. d. Kriminalistik, 10. A., Bd. I u. II, 1977 u. 78; Kriminalistik, 1980; Sachbeschädigungen, 1983. Etwa 130 weit. Einzelveröff. Herausg.: Kri-

minalwiss. Abh., Forsch.reihe Kriminalwiss., Wirtsch.krimin., Recht-Kriminol. Kriminalist., Archiv f. Kriminologie. Mithrsg.: Frankf. kriminalwiss. Stud. - Spr.: Engl.

GEERK, Frank

Schriftsteller - Friedensgasse 13, CH-4056 Basel (T. 25 97 30) - Geb. 17. Jan. 1946 Kiel, ev., verh. s. 1988 m. Nicola, geb. Tessmar, 2 Söhne (Jan, Lenz) - Stud. Phil. u. Psych. - 1980 Gastprof. f. dt. Lit. Univ. Austin/Texas - BV: Zorn u. Zärtlichkeit, Ged. 1981; Vergiß nicht, d. Liebe zu töten, Liebesgesch. 1982; Handb. f. Lebenswillige, Ged. 1983; Herz d. Überlebenden, R. 1984; D. Ende d. grünen Traums, R. 1988. Theaterst.: König Hohn, 1978; D. Reichstagsbrand, 1983; D. Huhn, 1987; D. Genetiker, 1989 - Liebh.: Radsport - Spr.: Engl., Franz.

GEERKEN, Hartmut

Autor, Filmemacher, Musiker, Dozent Goethe-Inst. München (s. 1983) - Wartaweil 25, 8036 Herrsching - Geb. 15. Jan. 1939 Stuttgart, verh., 3 Kd. - Stud. Oriental. Univ. Tübingen u. Istanbul - 1966-72 Goethe-Inst. Kairo, 1972-79 Kabul, 1979-83 Athen - BV: Obduktionsprotokoll, 1975; Ovale Landschaft, 1976; Sprünge n. Rosa hin, 1981; Holunder, 1984; Mappa, 1988. Mithrsg.: Frühe Texte d. Moderne (s. 1976) - 1984 Münchner Literaturjahr; 1986 Schubart-Lit.-Preis - Liebh.: Mykol. - Spr.: Engl., Franz., Türk., Arab.

GEERLINGS, Wilhelm

Dr., Prof. - Neustr. 11, 4630 Bochum - Geb. 28. Nov. 1941 Essen, kath. - Stud. Theol., Phil. u. Gesch.; Promot. 1977, Habil. 1980 - 1976 wiss. Assist., 1981 Prof. Mitherausg. Augustinus-Lexikon. - BV: Christus exemplum, 1978; Quellen geistl. Lebens, 1980.

GEERS, Volker J.

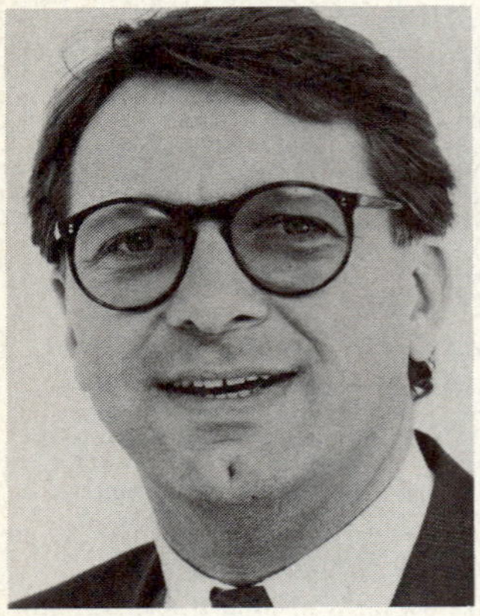

Dr., Hörgeräteakustiker-Meister, Rechtsanwalt, Vorsitzender Fachverb. Dt. Hörgeräte-Akustiker, Mitinh. Firmen Hörgeräte Geers m. 45 Filialen im Bundesgeb., Akustimed GmbH u. Dortmunder Otoplastic GmbH, Vors. Gesellsch.aussch. d. PKK Projektges. f. Kabel-Kommunikation - Westenhellweg 68, 4600 Dortmund 1 - Vors. ASU, Arbeitsgem. Selbst. Untern. Bonn; Kurat.-Vors. GEERS-Stiftg. im Stifterverb. f. d. Dt. Wiss. Essen.

GEEST, Ingrid,

geb. Reimer

Personalberaterin - Sarenweg 130, 2000 Hamburg 65 (T. 607 05 02) - Geb. 10. März 1930 Rendsburg (Vater: Hugo R., Lehrer; Mutter: Gertrud, geb. Wackerhagen), ev., verw. (Ehe 1953-67 m. Dipl.-Psych. Hans G. †), 3 Kd. (Gudrun, Manfred, Brigitte) - Stud. d. Psych., Lit.- u. Kunstwiss., Phi. (Prof. Heidegger), Soziol. (Prof. Schelski u. Darendorf) Univ. Hamburg u. Freiburg - S. 1958 selbst. Vortrags- u. Seminartätigk. Spez. Arb.sgeb.: Psych. Analysen, Unternehmensberatung in allen Personalfragen, Karriereanalysen - Liebh.: Musik,-fernöstl. Kultur - Spr.: Engl.

GEFAHRT, Josef

Dr.-Ing., Prof., Fachhochsch. - Panger Str. 8, 8200 Rosenheim-Aising (T. 6 68 35) - Geb. 22. Sept. 1916 Traunstein/Obb. (Vater: Josef G., Justizobersekr.; Mutter: Antonie, geb. Jehl), kath., in Ehegemeinsch. m. Berta, geb. Hochwind, T. Antonia - Stud. TH München u. Aachen (Elektrotechnik). Dipl.-Ing. 1943 Aachen; Promot. 1961 München - 1943-45 Flugfunkforsch. Oberpfaffenhofen (Radartechnik); 1945-50 eig. Ing.-büro; 1950-64 Doz. u. 1965-71 Oberbaudir. Staatl. Ing.sch. f. Holztechnik Rosenheim; 1971 Gründungspräs. Fachhochsch. Rosenheim; s. 1972 Prof. Fachgeb.: Elektrotechnik, Erwärmen m. Hochfrequenz - Spez. Arb.sgeb.: Holztrockn., -verleim. (Lamelleneffekt, publ. 1963) u. Spänevorwärm. m. Hochfrequenz - BV: Einf. in d. Theorie d. Ausbreit. elektromagnet. Wellen in Leitungen u. Hohlkabeln, 1950 (m. Dr. Bomke); Hochfrequenzerhitz. im Holz, 1962 - 1986 BVK am Bde. - Spr.: Engl, Franz.

GEFE, Ludwig

Landrat a. D., Landwirt - 2844 Hüde - Zul. Landrat Kr. Diepholz - 1969 BVK I. Kl.

GEFFKEN, Detlef

Dr. rer. nat. habil., Univ.-Prof. Univ. Bonn - Ankerstr. 13, 5205 Sankt Augustin 1 - Geb. 17. April 1943 Rostock - Promot. (Pharm. Chemie), Habil. 1982, bde. Braunschweig - Prof. TU Braunschweig u. Univ. Bonn; Lehrauftr. Univ. Hamburg - Orginalarb. auf d. Gebiet heterocyclischer Bindungssysteme, Themen z. Chemie u. Biol. d. Hydroxamsäuren.

GEGENHEIMER, Willi

Pfarrer, Akademiedirektor, Theol. Leit. Ev. Ind.- u. Sozialarb. in Baden - Blumenstr. 1, 7500 Karlsruhe (T. 14 74 51; priv.: 2 47 11) - Geb. 2. Juli 1911 Ittersbach (Vater: Heinrich G., Förster; Mutter: Luise, geb. Mohr), ev., verh. s. 1939 m. Erna, geb. Bendler, T. Petra - 1931-37 Stud. Ev. Theol. u. Phil. Theol.ex. 1936 u. 37 - Ab 1937 Vikar Karlsruhe u. Heidelberg (1939; 1943 z. Pfr. ernannt), 1940-49 Wehrdst. u. sowjet. Gefangensch., 1950-56 Gemeindepfr., dann Männerpfr. Bad. Landeskirche, s. 1960 Studienleiter u. 1967 Direktor Ev. Akad. Baden - Liebh.: Wandern.

GEGINAT, Eckart

Dr. jur., Vorstandsmitglied Hamburger Sparkasse, Hamburg 11 - Adolphsplatz/Gr. Burstah, 2000 Hamburg 11 - Geb. 24. Okt. 1931 - Gr. jurist. Staatsprüf. - AR-Mand. u. a.

GEGINAT, Hartwig

Dr. rer. pol., Vorstandsvorsitzender Feldmühle AG, Vorstandsmitgl. Feldmühle Nobel AG, bde. Düsseldorf - Postf. 30 29, 4000 Düsseldorf 1 (T. 0211 - 58 10) - Geb. 13. Nov. 1932 Insterburg/Ostpr., verh. s. 1958 m. Hannelore, geb. Hartl, 3 Kd. (Markus, Isabel, Valerie) - Abit. 1953 Hagen; 1953-56 Stud. Betriebsw. Univ. Heidelberg u. Köln (Promot. 1959) - AR-Vizepräs. Papeteries de Belgique S. A., Brüssel; AR Buderus AG, Wetzlar, Hylte Bruks AB, Hyltebruk/Schweden, Horten AG, Düsseldorf, Victoria-Lebensversich.-AG, Düsseldorf, Edelstahlwerke Buderus AG, Wetzlar, Dynamit Nobel AG, Troisdorf; VR BHF Bank, Frankfurt, u. Société Générale de Belgique, Brüssel; Präs. EPI (Europ. Papierinst.), Paris; Präsid.-Mitgl. u. Vorst. VDP - Verb. Dt. Papierfabriken, Bonn; Kurat.-Mitgl. Dt. Sporthilfe; Beirat Felix Schoeller jr. Feinpapierfabrik, Osnabrück; Mitgl. Vollversamml. IHK Düsseldorf - Liebh.: Golf, Gartengestaltung - Spr.: Engl., Franz., Niederl., Span. - Rotarier.

GEH, Hans-Peter

Dr. phil., Direktor Württ. Landesbibliothek - Konrad-Adenauer-Str. 8, 7000 Stuttgart (T. 212 54 24) - Präs. Intern. Federation of Library Assoc. and Inst.

GEHL, Hermann Franz

Dipl.-Ing., Worksdirector, Vorstandsmitglied d. Delta Steel Co. Warri, Nigeria, Leiter d. Techn. Assistenz Chief Technical Adviser - Friemersheimer Str. 17, 4100 Duisburg 14 (T. 4 89 75) - Geb. 11. Sept. 1927 Kastel/S. (Vater: Josef G., Lehrer; Mutter: Anna, geb. Müller), kath., verh. s. 1961 m. Helga, geb. Peters, 2 Kd. (Thomas, Martin) - Stud. Maschinenbau TH Aachen - S. 1959 Ind.tätigk. (Betriebsing., -abt.leit. u. -leit., -chef, -dir., s. 1976 Mitgl. Gf.) - Liebh.: Segeln - Spr.: Engl.

GEHLEN, von, Günter

Dr. rer. nat., Wiss. Rat, Prof. f. Physik Univ. Bonn (s. 1971) - Spreestr. 2, 5300 Bonn-Ippendorf - Geb. 27. Sept. 1933 Kiel - Promot. 1962; Habil. 1967 Heidelberg.

GEHLEN, von, Kurt

Dr. rer. nat., Prof. u. geschf. Direktor Inst. f. Petrologie, Geochemie u. Lagerstättenkunde Univ. Frankfurt/M. (s. 1966) - Am Lindenbaum 8, 6240 Königstein 4 (T. 06174 - 47 81) - Geb. 9. Febr. 1927 Kiel (Vater: Erich G., Kaufm.; Mutter: Gretel, geb. Hucke), ev., verh. s. 1956 m. Gabriele, geb. v. Roeder, 3 Söhne (Hans, Wolfgang, Ulrich) - Obersch. Kiel; Univ. München, Freiburg, Göttingen (Mineral., Geol., Chemie). Promot. 1952 Freiburg; Habil. 1960 Erlangen - 1962-66 Doz. Univ. Erlangen-Nürnberg. Fachmitgliedsch. Üb. 50 Fachveröff. - 1960 V.-M.-Goldschmidt-Preis - Spr.: Engl.

GEHLEN, Walter

Dr. med., Prof., Chefarzt - Eichenweg 3, 5810 Witten 4 (T. 02302 - 3 27 78) - Geb. 30. Mai 1939 Geilenkirchen, kath., verh. s. 1965 m. Marga, geb. Schwering, 2 T. (Annette, Dagmar) - Stud. Univ. Köln; Staatsex. 1966, Promot. 1967, Habil. 1975 - 1979 Chefarzt u. apl. Prof.; s. 1984 o. Prof. Ruhruniv. Bochum. Vorstandsmitgl. Ortsvereinig. Bochum d. Landesvorst. u. d. Ärztl. Beir. Dt. Multiple-Sklerose-Ges. - Spr.: Engl., Franz.

GEHLHOFF, Walter

Dr. med., Diplomat - Zu erreichen üb. Ausw. Amt, Adenauerallee 99-103, 5300 Bonn - Geb. 6. Mai 1922 Berlin, verh., 3 Kd. - Stud. Med. (1940-42, 1946-48), Phil., Soziol., Nationalök. (1949-50). Promot. 1952 - S. 1951 Ausw. Dienst (Auslandsposten: Kairo, Beirut, Teheran; 1969 Min.dirig.; 1970 2. Polit. Dir. Bonn; 1971-74 Botschafter b. d. Vereinten Nationen). 1974-77 Staatssekr. AA., Bonn. 1977-84 Botschafter b. Heiligen Stuhl Rom; 1984-85 Sonderbeauftr. f. d. dt.-brit. Zusammenarb.; s. 1985 Mitgl. d. Exekutivrats d. UNESCO - Liebh.: Musik, Ornithologie, Astronomie - Spr.: Franz., Engl., Ital.

GEHLHOFF-CLAES, Astrid

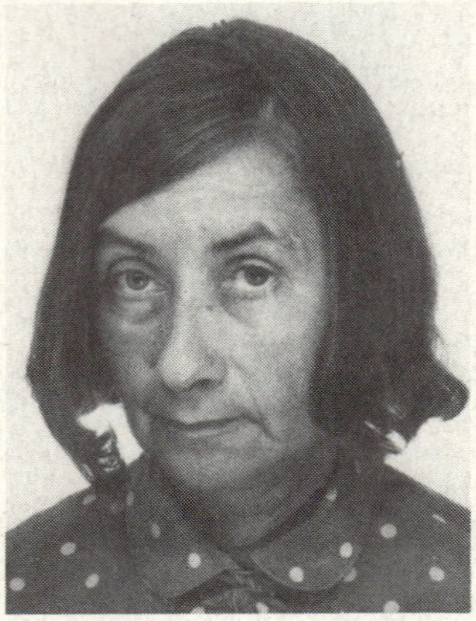

Dr. phil., Schriftstellerin (Künstlername zeitw. Astrid Claes) - Kaiser-Friedrich-Ring 29, 4000 Düsseldorf 11 (T. 0211 - 55 59 25) - Geb. 6. Jan. 1928, kath., verh. s. 1957 m. Joachim G., 2 Töcht. (Undine, Rachel) - Stud. German.; Promot. 1953 Köln - 1975-88 Begründ. u. 1. Vors. Verein M. Worten unterwegs, Schriftst. arbeiten m. Inhaftierten - BV: D. Mannequin, Ged. 1956; Meine Stimme mein Schiff, Ged. 1962; Didos Tod, Schausp. 1964; Erdbeereis, Erz. 1980; Gegen Abend e. Orangenbaum, Ged. 1983; Abschied v. d. Macht, R. 1987; Nachruf auf e. Papagei, 1989. Übers.: W. H. Auden: D. Wanderer (Ged. 1955); James Joyce: Am Strand v. Fontana (Ged. 1957); Henry James: Tageb. e. Schriftst. (1965); Goffredo Parise: D. Chef (R. 1966 u. 88) - 1962 Förderungspreis z. Hauptmann-Preis Berlin; 1964 Förderungspreis d. Stadt Köln u. 1965 d. Stadt Düsseldorf; 1985 Stip. Dt. Lit.fonds; 1986 BVK I. Kl. - Spr.: Engl., Ital.

GEHR, Helmut

Dipl.-Betriebswirt, Komplementär u. Geschäftsf. Gehr Kunststoffwerk, Mannheim - Dessauer Str. 5, 6830 Schwetzingen - Geb. 12. Juni 1949, verh. s. 1973 m. Ingrid Gehr-Winkler, 2 Kd. (Sebastian, Annette) - Lehre Industriekaufm., Betriebswirtschaftsstud. - Leitg. Gehr-Firmengr. in Westdeutschl. u. USA - Spr.: Engl.

GEHRE, Ulrich

Dr. phil., Feuilletonredakteur, Chefredakt. D. Glocke, Oelde - Zur Axt 36, 4740 Oelde 1 (T. 02522 - 7 30) - Geb. 3. Aug. 1924 Bevensen (Vater: Paul G., Reg.-Oberinsp.; Mutter: Martha, geb. Cordts), ev., verh. s. 1954 m. Ursula, geb. Knollmann, 2 S. (Michael, Stefan) - 1930-41 Obersch. (Abit.); 1945-50 Stud. German. (Theaterwiss.), Kunstgesch., Volkskd. (Promot. 1951) - 1951-52 Feuilletonredakt. Westfalen-Blatt, Bielefeld; s. 1953 Feuilletonredakt. D. Glocke, Oelde (s. 1984 Chefredakt.). S. 1974 Vorst. Westf. Heimatbund - BV: D. dt. Theaterpublikum d. 16. Jh., 1950; Wilhelm Busch u. d. Wein, 1960; Oelde - wie es wurde, was es ist, 1968; Teutoburger Wald, 1970, 2. A. 1980; Stromberg - e. Stadtporträt, 1972; Alte u. neue Kunst in Oelde, 1973; D. Spiel auf d. Stufen, 1975 - 1984 Gold. Ehrenmed. Österr. Fremdenverkehrsverb.; 1987 BVK am Bde. - Spr.: Engl., Franz.

GEHRHARDT, Heinz

Dr. rer. pol., Generaldirektor i. R., AR-Vors. Alte Leipziger Vers.Gruppe - Weingärtenstr. 12, 6370 Oberursel/Taunus - Geb. 12. Mai 1905 Kriebitzsch/Thür., ev., verh. m. Gisela, geb. Krause, 3 Kd. Oberrealsch.; kaufm. Lehre Kohlenbergbau; Hochsch. für Wirtsch.s- und Sozialwiss., Nürnberg (Dipl.-Kfm. 1926). Promot. 1930 Univ. Frankfurt/M. - S. 1929 Alte Leipziger (1955 Vorstandsvors.). Präs. Verb. d. Lebensversich.s-untern. (1957-62 u. 1965-70); Vizepräs. IHK Frankfurt (1960-79); ARsmandate - 1968 Gr. BVK; 1980 Gr. BVK m. Stern.

GEHRICKE, Klaus-Peter

DGB-Landesbezirksvorsitzender DGB-Landesbez. Nordmark - Besenbinderhof 60, 2000 Hamburg 1 (T. 040 - 285 82 01) - Geb. 1. Febr. 1939 Hamburg - AR-Mitgl. Hamburg-Messe u. Congress GmbH, Hamburger Beteiligungsges.

GEHRIG, Gerhard

Dr. rer. pol., Prof. f. Ökonometrie Univ. Frankfurt/M. - Rat-Jung-Str. 15, 8133 Feldafing.

GEHRIG, Ulrich

Direktor Kestner-Museum Hannover - Zu erreichen üb. Kestner-Museum, Trammplatz 3, 3000 Hannover 1 (T. 0511 - 168 27 43) - Geb. 28. Dez. 1932 Magdeburg - Promot. 1963 Univ. Hamburg - 1963/64 Assist. Univ. Hamburg; 1964-81 Oberkustos Antikenmus. SMPK Berlin.

GEHRING, Friedrich

Dr. phil. nat., Prof. f. Exper. Zahnheilkunde - Tannenstr. 1a, 8702 Rottendorf/

Ufr. - Geb. 7. März 1926 Wallmersbach, ev., verh. s. 1958 m. Lore, geb. Müller, 2 S. (Udo, Jürgen) - Univ. Erlangen (Chemie, Biol., Geogr.; Staatsex. 1951). Promot. 1953 Erlangen; Habil. 1970 Würzburg - 1954 Biol. Bundesanst. f. Land- u. Forstw., Braunschweig; 1961 Bundesforschungsanst. f. Fischerei, Hamburg; 1965 Univ. Würzburg/Facher. Med. (1978 Prof.). Spez. Zahnärztl. Mikrobiol. - BV: Extrazelluläre Polysaccharide bild. Streptokokken aus Zahnplaques u. ihre Bezieh. z. Zahnkaries, 1972. Üb. 100 Aufs.

GEHRING, Ulrich

Dr. rer. nat., Univ.-Prof. f. Biochemie Univ. Heidelberg - Im Neuenheimer Feld 234, 6900 Heidelberg.

GEHRING, Walter

Dr. jur., Stadtdirektor a. D., Geschäftsführer Stuttgarter Messe- u. Kongress-GmbH - Am Kochenhof 16, Postfach 990, 7000 Stuttgart 1 - Geb. 29. Juli 1937 Freiburg, kath., verh. s. 1965 m. Ingeborg, geb. Müller-Scheessel, 2 T. (Babett, Gitta) - 2. jurist. Staatsprüf. 1965, Promot. 1963 - Spr.: Engl., Franz.

GEHRING, Wilhelm

Dr. med. vet., Prof. f. Physiologie u. Pathol. d. Fortpflanz. Univ. Gießen - Tannenweg 14, 6301 Großen-Linden - Lehrtätigk. Univ. Nairobi (Kenya).

GEHRINGER, Karl-Theodor

Dr. theol., o. Prof. f. Kirchenrecht, insb. Eherecht, Prozeß- u. Strafrecht sow. Staatskirchenrecht Univ. München - Zu erreichen üb. Kath.-Theol. Fak. d. Univ., Geschwister-Scholl-Pl. 1, 8000 München 22 - B. 1986 Univ. Passau.

GEHRKE, Hans-Joachim

Dr. phil., Univ.-Prof. u. Direktor Sem. f. Alte Gesch. Univ. Freiburg (s. 1987) - Haydnstr. 22, 7800 Freiburg (T. 0761 - 55 38 38) - Geb. 28. Okt 1945 Salzgitter-Lebenstedt (Vater: Hans G., Oberamtsrat; Mutter: Grete, geb. Jürgens), ev., verh. s. 1969 m. Gudrun, geb. Hascher, 3 Töcht. (Katja, Christina, Silvia) - 1967-73 Stud. Univ. Göttingen (Gesch., Klass. Philol.); Promot. 1973 Göttingen, Habil. 1982 Göttingen - 1974-82 wiss. Assist. Univ. Göttingen; 1982-84 Prof. Univ. Würzburg; 1984-87 Prof. FU Berlin - BV: Phokion, 1976; Stasis, 1985; Jenseits v. Athen u. Sparta, 1986. Fachveröff. - Spr.: Engl., Franz., Lat., Griech., Ital.

GEHRMANN, Günther

Dr. med., Prof., Chefarzt Med. Klinik Städt. Krankenanstalten Wuppertal - Sanderstr. 182, 5600 Wuppertal - Geb. 27. Febr. 1925 - S. 1963 (Habil.) Lehrtätigk. Univ. Düsseldorf (1967 apl. Prof. f. Inn. Med.). Fachveröff.

GEHRMANN, Robert

Dr. rer. pol., Prof. f. Volkswirtschaftslehre, insb. Planung u. Org., Gesamthochschule Wuppertal - Am Hofacker 15, 5090 Leverkusen 31.

GEHRTS, Barbara

Dr. phil., Lehrerin, Schriftst. - Oberer Wald 8, 7844 Neuenburg a.R. - Geb. 5. Juni 1930 Duisburg, ledig - Promot. 1958 Univ. Freiburg, Staatsex. f. d. Lehramt 1975 PH - 1958-74 freiberufl. Schriftst.; ab 1975 Lehrerin an e. Sondersch. f. Lernbehinderte Müllheim/Bad. - BV: V. d. Romanik b. Picasso, 1968; D. Wettlauf zw. Esel u. Auto, 1972; D. Höhle im Steinbruch, 1973; Wasser, Schilf u. Vogelfisch, 1974; Nie wieder e. Wort davon?, 1975 (auch holl., engl., franz., span., jap. 1989) - Spr.: Engl.

GEIB, Ekkehard

Dr. jur., Staatssekr a. D., Honorarprof. f. Beamten- u. Steuerrecht u. Steuerpolit. Univ. Kiel (s. 1968) - Manrade 30, 2300 Kiel-Wik - Geb. 21. Nov. 1909 Berlin (Vater: Carl G., Geh. Regierungsrat, zul. Statist. Reichsamt Berlin; Mutter: Marie Luise, geb. Buddee), ev., verh. s. 1936 m. Astrid, geb. Möller, 3 Kd. (Antje, Swantje, Ekkehard) - Univ. Berlin, Paris, Kiel (Rechtswiss., Volksw.; Promot. 1932). Ass.ex. 1936 Berlin - 1939 Landrat Sudetenl., dann fr. Wirtschaft (zul. Prokurist), s. 1950 schlesw.-holst. Landesreg. (Kultus-, Innenmin. u. Staatskanzlei, 1956-62 Innen- (Abt.s-leit.), seither Finanzmin. (Amtschef; Min.dir., Staatssekr.). ARs- u. VRs-mandate - BV: Landesbeamtenrecht Schlesw.-Holst., 1956 - Gr. BVK 1971 - Liebh.: Musik (spielt Violine) - Spr.: Franz., Engl.

GEIBEL, Kurt

Dr. rer. nat., Prof. Inst. f. Organ. Chemie Univ. Erlangen-Nürnberg - Lohestr. 32, 8521 Heßdorf (T. 09135 - 84 51) - Geb. 26. Jan. 1931 Stuttgart-Bad Cannstatt (Vater: Otto G., Baumstr.; Mutter: Luise, geb. Battran), verh. s. 1958 m. Apothekerin Edith, geb. Stoll, 2 Kd. (Magnus, Beatrice) - Stud. Erlangen, Promot. 1963, Habil. 1970 - 1972 Univ.-Doz., 1974 Wiss. Rat, 1976 apl. Prof., s. 1978 Extraord., 1981-83 Dekan d. Nat. Fak. II (Biologie u. Chemie), s. 1986 Vizepräs. Univ. Erlangen-Nürnberg - Mitautor Evolution. 19 Fachveröff.

GEICK, Reinhart

Dr. phil. nat., Prof. f. Physik - Schlehenweg 6, 8702 Rottendorf (T. 09302-24 04) - Geb. 28. Nov. 1928 Hamburg (Vater: Reinhart G., Oberzollinsp.; Mutter: Klara, geb. Busecke), ev., verh. s. 1953 m. Gesina, geb. Ernst, 2 S. (Heiko, Uwe) - Stud. Physik. Promot. 1961 Frankfurt/M.; Habil. 1968 Freiburg/Br. - S. 1971 Abt.vorst. u. Prof., apl. Prof. (1972) u. Prof. (1978) Univ. Würzburg. Spez. Arbeitsgeb.: FIR u. mm Wellen-Spektroskopie u. Festkörperphysik. 63 Fachpubl.

GEIDEL, Hans

Dr. rer. nat., Akad. Direktor, Leit. Rechenzentrum u. Honorarprof. f. Statistik Univ. Hohenheim - Schloß, 7000 Stuttgart 70 - Geb. 17. Mai 1926 Hameln/Weser (Vater: Arno G., Kaufm.; Mutter: Else, geb. Kurth), ev., verh. s. 1952 m. Brigitte, geb. Sommer, 2 T. (Monika, Karin) - Abit. 1944; Staatsex. 1951 (Hannover); Promot. 1956 (Gießen) - 1951 Bundessortenamt, Rethmar; 1958 BULL-Lochkartenmaschinen, Hannover; 1961 FAL, Hannover; 1963 Univ. Hohenheim - BV: Math. f. Agrarwiss.ler u. Biologen, 1970; D. Landw.-techn. Assist., 1978 (m. Schuster). Mithrsg.: Biometrie u. Informatik in Med. u. Biol. (Ztschr.); Agrarinformatik (Buchreihe).

GEIDEL, Herbert

Brauereidirektor, Aufsichtsratsmitgl. F.W. Woolworth Co. GmbH Frankfurt/M. - Germesheimer Str. 14, 8000 München 90 - Geb. 3. Mai 1927 Werdau, ev., verh. s. 1958 m. Sophie, geb. Orthuber, 2 Kd. (Regina, Herbert) - Höhere Schule (Abit.); Brauer-, Mälzer-, Banklehre; TH München/Fak. f. Brauwesen (Dipl.-Braum.).

GEIER, Michael

Botschafter d. Bundesrep. Deutschl. in Burkina Faso (Obervolta) - Zu erreichen üb. Dt. Botschaft Ouagadougou, Postf. 1500, 5300 Bonn - Geb. 13. Aug. 1944 Paderborn, verh. s. 1979 m. Julia, geb. Pentagna (Brasilianerin), 3 Kd. (Carolina, Victoria, Anton) - Stud. Rechtswiss. Univ. Bonn, Kiel u. Freiburg (bde. jurist. Staatsprüf.).

GEIERHOS, August

Kaufmann, gf. Gesellsch. Geierhos & Heyck GmbH./Baumaschinen u. -gerätegroßhandel - Woferlstr. 7, 8000 München 83 - Geb. 22. Nov. 1920.

GEIERSBERGER, Erich

Dr. agr., Redakteur, agrarpolit. Kommentator Dt. Fernsehen/ARD (s. 1964) - Berg 7, 8051 Kranzberg/Obb. (T. 08166 - 4 47) - Geb. 17. Mai 1926 Taubenbach (Vater: Josef G., Hauptlehrer; Mutter: Therese, geb. Leeb), kath., verh. s. 1954 m. Dr. Anna, geb. Fügel †1981; s. 1988 m. Maria, geb. Schuhbauer, 2 Töcht.

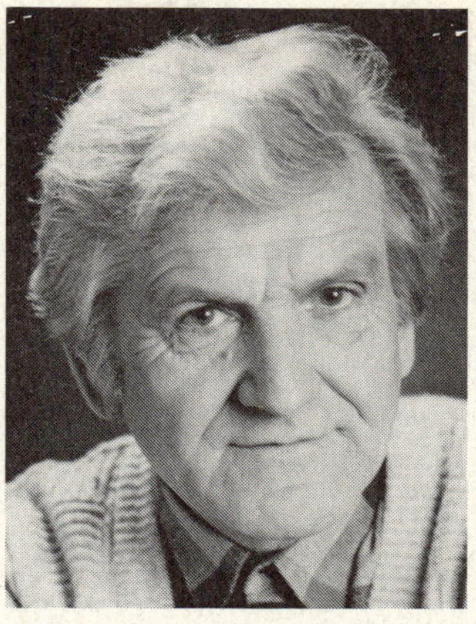

(Doris, Ruth) - 1948-51 Stud. Landw. Weihenstephan (Dipl.-Ing. agr.). Promotion 1954 - 1953-54 Landwirtschaftsberat. Brückenau; 1954-55 Landw.ass. Bayer. Staatsmin. f. Ernährung, Landw. u. Forsten, München; 1956-59 Pressechef Bayer. Warenvermittl. landw. Genoss. AG, München; s. 1959 Landfunkleit. Bayer. Rundfunk, München (1964ff. zusätzl. Leit. Abt. Unser Land im Bayerischen Fernsehen). Initiator Maschinenbank bzw. -ringe (Partnerschaft z. Auslast. v. Landmaschinen in Privatbesitz); Erstgründ. 1958, 1989 verbreitet in vier Erdteilen, s. 1977 Vors. Bayer. Journalisten-Verb. - BV: Teil Sünden wider d. Boden, in: Sünden wid. d. Natur (auch ital.); Bayer. Agrargesch.; Mobilmachung d. Landw. - d. Maschinenbank; T. D. Landw., in: 20 Jahre danach; D. Neue Weg (auch jap.); Rettet d. Land (auch jap.); Die dritte Bauernbefreiung (auch jap.) - 1968 Verdienstkreuz I. Kl. Nieders. VO. - Liebh.: Tennis - Spr.: Engl.

GEIGER, Albert

Gf. Gesellschafter Geiger Plastic GmbH u. Reckziegel Formenbau GmbH, Chairman Geiger Plastics USA - Maximilianshöhe 13, 8100 Garmisch-Partenkirchen (T. 08821 - 7 03 85) - Geb. 27. Sept. 1939 Göggingen, gesch., 1 Kd. - Stud. Maschinenbau.

GEIGER, Carl

Dr. rer. nat., Prof. f. Mathematik - Garleff-Bindt-Weg 7, 2000 Hamburg 65 - Geb. 12. Nov. 1939 - S. 1977 Prof. Inst. f. Angew. Math. Univ. Hamburg. Fachaufs.

GEIGER, Erich

Regisseur, Schriftst., Chefredakt. Glöss Verlag Hamburg - Lübscher Landweg 8, 2204 Steinburg (T. 04824-531) - Geb. 12. Jan. 1924 Karlsruhe, 2 Kd. (Gabriele, Romain) - Abit.; Theaterakad. u. Musikhochsch. Karlsruhe - 1946-49 Theater am Schiffbauerdamm Berlin u. 1950-53 Komische Oper Berlin; 1953/54 Chefregiss. Krefeld, 1955-65 Chefregiss., später Operndir. Staatsoper Dresden (daneb. ltd. Regiss. Dt. Fernsehfunk Berlin-Adlershof); 1966-68 Operndir. Münster; 1969-74 Chefdramat. u. Regiss. Ullstein AV Studio Hamburg - BV: u.a. Lord York, 1979; Spaß in Weiß, 1980; D. ist zum Wiehern, 1981; Traumhaus, 1982; Abenteuer Weltgesch., 1983; D. ist Spitze (zus. m. Hans Rosenthal), 1983. Bearb. u. Übers.: Dt. Erstauff. Lucius Sulla v. W. A. Mozart (Dresden 1955); Nabucco als Freiheitsoper (Dresden 1961, Krakau 1962, verboten 1965) - 1961 Kunstpreis DDR - Liebh.: Tiere, Musik, Reisen - Spr.: Ital., Franz.

GEIGER, Folkwin

Dr. rer. nat., Prof. f. Geographie - Alte Str. 71, 7802 Merzhausen/Freiburg - Geb. 1. April 1938 Stuttgart (Vater: Richard G., Bundesbahnamtm.; Mutter: Johanna, geb. Klett), ev., verh.s . 1967 m. Erika, geb. Schnaithmann, S. Michael - Mörike-Gymn. Ludwigsburg; n. Industrietätigk. Univ. Stud. Geogr., Phys., Chem., Phil. Stuttgart. Staatsex. 1965 u. 70; Promot. 1970 - S. 1974 Doz. u. Prof. (1977) PH Freiburg/Brsg. - BV: D. Aridität in Südostspanien, 1970 (v. DAAD geförd. Diss., auch span.); Einf. in die Wetterkarte, 1978; Obj. u. Meth. d. Geogr., 1982 - Liebh.: Ölmalerei, Musik (Vorkl. u. Klass.) - Spr.: Span., Engl., Franz.

GEIGER, Franz

Schriftsteller - Cuvilliéstr. 1a, 8000 München 80 (T. 98 17 04) - Geb. 3. April 1921 München (Vater: Raymund G., Maler; Mutter: geb. Kloiber), verh. s. 1968 m. Uta, geb. Berlet (Übers.) - Univ. (Theaterwiss., Lit.-, Kunstgesch., Ztg.swiss.) - U. a. Dramat. Bayer. Staatstheater - BV: Zauber in Zelluloid (Filmhandb.). Bühnenübers. u. Bearb.: Anouilh (Gesamtw.) u. a. Div. Drehb., darunt. Lola Montez. Zahlr. Fernsehsp., u. a. Madame Curie, Ende e. Dienstfahrt, Sabina Englender. Mehrere Bühnenw., u. a. Gute Nacht, Adam u. D. Baumschule.

GEIGER, Hannsludwig

Schriftsteller - Villastr. 12, 6101 Seeheim/Bergstr. (T. Jugenheim 8 13 07) - Geb. 27. Aug. 1902 Stettin, ev., verh. s. 1941 m. Maria, geb. Rusche, 4 Kd. - Gymn.; Univ. Berlin u. Greifswald (German., Gesch.) - 1929 Chefredakt. Greifswalder Ztg.; 1933 Herausg. Reichsbote (1936 verboten); illeg. Pressearb. Bekenn. Kirche; 1941 Kulturredakt. DAZ; n. Kriegsende Verlagsleit. u. fr. Publizist München; 1952-67 Herausg. Ev. Literaturbeob.; 1954 b. 1968 Mitgl. Lit. Leitung Dt. Buchgemeinschaft, Darmstadt. 1956-74 Mitgl. Syn. Ev. Kirche Hessen-Nassau; 1965-74 Präses Dekanatssyn. Zwingenberg; s. 1967 Vors. Ev. Presseverb. Hessen-Nassau - W: Des Kirchenstreites Ende, 1935; Pommersche Heimat, 1941; Es war um d. Jh.wende, lit. Ess. 1953; E. Mensch wie Hiob, Geistl. Spiel, 1959; Pommern - unvergessene Heimat, 3. A. 1962; Literaturkritik u. Essays. Zahlr. Herausg., darunt. Werke v. Günther, Möser, Claudius (auch Briefe an Andres), Büchner, Hölderlin, Fontane, Mörike, Stifter, Hebbel, E. T. A. Hoffmann; D. Buch Hoffnung, Anthol. 1975 - 1972 BVK I. Kl.

GEIGER, Hans

Dr. rer. nat., Prof. f. Organ. Chemie - Windhalmweg 14, 7000 Stuttgart 70 - Geb. 25. Febr. 1928 - Promot. 1958 - S. 1969 (Habil.) Lehrtätigk. Univ. Hohenheim (1974 apl. Prof.). Üb. 30 Facharb.

GEIGER, Hartmut

Dr. med., Prof., Ltd. Arzt - Kinderklinik, 7170 Schwäb. Hall/Württ.; priv.: Büchelhalde 29, -Gailenkirchen - Geb. 29. Aug. 1935 Schwäb. Gmünd, ev., verh. s. 1963 m. Sibylle, geb. Neuffer †1983, 2 Töcht. (Susanne, Dorothea) - S. Habil. Lehrtätigk. Univ. Heidelberg (gegenw. apl. Prof. f. Kinderheilkd.).

GEIGER, Hartwig Heinrich

Dr. sc. agr., o. Prof. f. Populationsgenetik Univ Hohenheim (s. 1972; 1975-77 Dekan) - Hundersinger Str. 49, 7000 Stuttgart 70 (T. 45 44 92) - Geb. 8. Mai 1939 Hamburg - Stud. Univ. Hohenheim, Kiel; Dipl.ex. 1963 Kiel; Promot. 1967 Hohenheim - 1963-72 wiss. Mitarb. Inst. f. Pflanzenzücht. u. Landessaatzuchtanst. Hohenheim; s. 1985 Sprecher d. Forsch.-schwerpunktes Biotechnol. u. Pflanzenzüchtung - In- u. ausl. Fachmitgl.sch. - Spr.: Engl.

GEIGER, Helmut

Dr. h.c., Dipl.-Volksw., Präsident Dt. Sparkassen- u. Giroverband (s. 1972) - Simrockstr. 4, 5300 Bonn 1 (T. 0228 - 20 42 10) - Geb. 12. Juni 1928 Nürnberg, kath. - 1949-54 Univ Erlangen u. FU Berlin (Rechtswiss., Volksw.) - Wiss. Angest. Dt. Bundestag; Anwaltsass. Bonn; 1959-66 Geschäftsf. Geschäftsst. Öfftl. Bausparkassen; 1966-72 Hauptgf. Dt. Spark.- u. Giroverb.; 1985 Vorst.-Vors. Dt. Krebshilfe (Nachfolger v. Mildred Scheel) - BV: Herausford. f. Stabilität u. Fortschr., 1974; Bankpolitik,

1975; Gespräche über Geld, 1986 - Ehrendoktor Univ. Köln (Fak. f. Wirtschafts- u. Sozialwiss.) - Spr.: Engl., Franz.

GEIGER, Klaus

Dr. med., o. Prof. f. Anästhesiologie Univ. Freiburg (s. 1986) - Burgstr. 8, 7830 Emmendingen (T. 07641 - 5 10 02) - Geb. 19. Nov. 1940 Bamberg (Vater: Willi G., Richter BVG; Mutter: Maria, geb. Eller), kath., verh. s. 1970 m. Verena, geb. Aebi, 2 S. (Michael, Daniel) - Abitur 1960 Karlsruhe; Univ. Tübingen (Med. Staatsex. 1966, Promot. 1967, Approb. 1968); 1968-73 Facharztausb. Basel; Habil. 1979 - 1973-77 Oberarzt Beth Israel Hospital, Boston/USA; 1977-78 Doz. Harvard Med. School, Boston/USA; 1977-86 Oberarzt Inst. f. Anästhesiol. u. Wiederbeleb. Fak. f. Klin. Med. Mannheim Univ. Heidelberg, s. 1981 Prof. - 1976 Mitgl. Amer. Ges. f. Anästhesiol., 1980 Mitgl. Intern. Anästh.-Forsch.-Ges. - BV: European Advances in Intensive Care, 1983 (in engl.) - Mitgl. New York Akad. d. Wiss. - Spr.: Engl.

GEIGER, Klaus

Dr. jur., Vorstandsmitglied Bayer. Hypotheken- u. Wechsel-Bank AG - Theatinerstr. 11, 8000 München 2 - Geb. 13. Nov. 1932 München - S. 1983 stv. Vorst.-Mitgl., s. 1986 o. Vorst.-Mitgl.

GEIGER, Klaus-Dieter

Rechtsanwalt, Bankdirektor - Im Hain 10, 6233 Kalkheim/Ts. - Geb. 24. März 1927 - Berliner Handels- u. Frankfurter Bank, Frankfurt/M. - Berlin.

GEIGER, Kurt

Dr. jur., Ministerialdirektor a. D. - Heideäcker 23, 7022 Leinfelden-E. 1 - Geb. 4. Sept. 1914 Stuttgart (Vater: Eugen G., Bankier), ev., verh. m. Lore, geb. Pfeifle, 2 Kd. - Karls-Gymn. Stuttgart; Univ. Tübingen (Promot. 1941) u. Berlin (Rechtswiss.). Gr. jurist. Staatsprüf. 1946 Stuttgart - 1941-46 Wehrdst. u. Gefangensch.; Reg.- u. Oberreg.rat Innenmin. Württ.-Hoh. (Personalref.); Leit. Staatl. Verw.sch. Haigerloch; ab 1950 Landrat Kr. Tuttlingen; 1962-78 Min.dir. Innenmin. Baden-Württ. (Vertr. d. Min.). 1958-62 MdL BW. CDU, 1977-87 Präs. d. Landesverb. Baden-Württ. d. Deutschen Roten Kreuzes, s. 1987 Ehrenpräs.

GEIGER, Ludwig

I. Bürgermeister a. D. - Rathaus, 8399 Fürstenzell/Ndb. - Geb. 5. März 1919 Plattling - Zul. Amtsrat. CSU.

GEIGER, Martin

Dr., I. Bürgermeister - Rathaus, 8090 Wasserburg/Inn.; priv.: Mozartstr. 78 - Geb. 10. April 1937 Balingen/Württ. - Zul. Regierungsrat.

GEIGER, Michael

Vorstandsmitglied Friedrich Deckel AG. - Pinganserstr. 150, 8000 München 70 - Dipl.-Ing. (FH)

GEIGER, Michaela,
geb. Rall

Bildtechnikerin, MdB (Wahlkr. 212 Weilheim) - Bundeshaus AH 214, 5300 Bonn 1; priv.: Loisachstr. 21, 8110 Murnau - Geb. 29. Sept. 1943 Oberammergau - CSU. Außenpolit. Sprech. CDU/CSU Bundestagsfrakt.

GEIGER, Otto

Fabrikant (Otto Geiger, Ebersbach), Vors. Fachvereinig. Bauzeug f. elektr. Leitungen, Stuttgart - 7333 Ebersbach/Fils.

GEIGER, Rudolf

Dr. jur., Dr. jur. habil., apl. Prof., Richter am OLG München (s. 1982) - Waldstr. 38, 8034 Germering (T. 089-84 52 62) - Geb. 17. Nov. 1937 Wasserburg/Inn, kath., verh. s. 1965 m. Marianne, geb. Reiffenschneider, 2 Kd. (Nikola, Michael) - Stud. 1956-60 Univ. München, Promot. 1963 u. Habil. 1978 Univ. München (Völkerrecht, Europarecht). 1984 apl. Prof. Univ. München - BV: D. Kaschmirfrage im Lichte d. Völkerrechts, 1970; D. völkerrechtl. Beschränkung d. Vertragsschlußfähigkeit v. Staaten, 1979; Grundgesetz u. Völkerrecht, 1985 - Spr.: Engl, Franz.

GEIGER, Rupprecht

Prof., Maler - Muttenthalerstr. 28, 8000 München 71 (T. 79 49 48) - Geb. 26. Jan. 1908 (Vater: Willi G.; Mutter: Clara, geb. Weiß), verh. (Ehefr. Monika), 2 Kd. - Langj. Lehrtätigk. Kunstakad. D'dorf (Prof.) - 1970 o. Mitgl. Akad. d. Künste Berlin; 1979 Ehrenmitgl. d. Kunstakad. Düsseldorf; 1983 Mitgl. d. Akad. d. schönen Künste München; div. Preise.

GEIGER, Walter

Dr. rer. pol., Dipl.-Volksw., stv. Geschäftsführer Dt. Sparkassen- u. Giroverb., Bonn - Behringstr. 26, 5300 Bonn 2 - Geb. 30. März 1929 Stuttgart, ev., verh. s. 1952 m. Hanne, geb. Mangold, 2 Kd. (Angelika, Thomas) - Banklehre; Stud. (Volksw.); Dipl. 1954, Promot. 1956 Heidelberg - 1956-59 Bundeswirtschaftsmin.; 1959-61 Berliner Bank (volksw. Abt.); 1961-64 Konzentrations-Enquete; ab 1964 Dt. Sparkassen- u. Giroverb. S. 1965 Mitgl. Beirat Bundes-Schufa, Wiesbaden; s. 1988 AR-Mitgl. Bundeskreditgarantiegem. d. Dt. Handwerks.

GEIGER, Walter

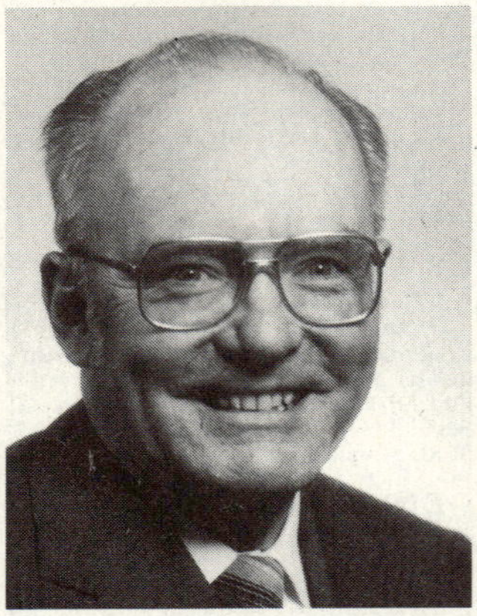

Dr.-Ing., Prof. f. Qualitätslehre Univ. Hannover, Berat. Ing. - An der Beeke 12, 3004 Isernhagen (T. 0511 - 77 79 99) - Geb. 17. Nov. 1921 Darmstadt (Vater: Rudolf G., Univ.-Prof.; Mutter: Irmgard, geb. Klippel), ev.-luth., verh. s. 1977 in 2. Ehe m. Siegrun Weigel, 4 Kd. (Horst, Ingrid, Wolfgang, Ruth) - Univ. München (Dipl.-Ing. 1954, Promot. 1961) - B. 1981 Ind., zul. in ltd. Posit.; 1972-88 Univ. Hannover (Qualitätslehre) - 1980 Gold. DIN-Ehrennadel - Liebh.: Klavierspielen.

GEIGER, Willi

Dr. jur., Bundesverfassungsrichter a. D., Honorarprof. f. Verfassungsgerichtsbarkeit u. Verw.recht Hochsch. f. Verw.wiss., Speyer/Rh. (s. 1953) - Kantstr. 5, 7500 Karlsruhe (T. 3 06 66) - Geb. 22. Mai 1909 Neustadt/Weinstr., kath. - Kriegsdst. (Oberfähnrich) u. Gefangensch. - U. a. Präs. OLG Bamberg, Senatspräs. BGH u. Richter BVerfG, beide Karlsruhe - BV: Gewissen - Ideologie - Widerstand - Nonkonformismus / Grundfragen d. Rechts, 4 Vortr. 1962. Mithrsg.: Festschr. f. Gebhard Müller (70. Geburtstag) - 1984 Bayer. Verfassungsmed. in Silber.

GEIGER-NIETSCH, Gisela

Richterin am Bundessozialgericht - Im Hain 10, 6233 Kelkheim/Ts. (T. 06195 - 22 78) - Geb. 21. Febr. 1927 Dresden (Vater: Walter N., Lehrer; Mutter: Maria, geb. Schweds), ev., verh. s. 1954 m. Klaus-Dieter G. - Abit. 1946; Univ. Leipzig, FU Berlin (Jura) - Staatsex. 1950 u. 54 Kammergericht Berlin - 1954-55 Rechtsanwältin; 1955-61 Richterin SG Berlin; 1961-66 Reg.s- u. Oberreg.srätin Hess. Sozialmin.; 1966-75 Richterin SG Frankfurt/M. u. Hess. LSG - Liebh.: Reitsport (aktiv) - Spr.: Engl.

GEIL, Rudolf

Minister d. Innern u. f. Sport Rhld.-Pfalz, MdL (s. 1971; 1973 stv., 1976 Fraktionsvors.) - Falknersteig 6, 5420 Lahnstein (T. 29 47) - Geb. 25. April 1937 Lahnstein, kath., verh., 2 Kd. - Gymn. (Abit. 1957); Univ. Bonn u. Frankfurt/M. (Wirtschaftspäd.). Dipl.-Hdl. 1961 - 1961-71 Schuldst. 1964-78 Stadtratsmitgl. Lahnstein (1965 Fraktionsf.); 1969-87 MdK Rhein-Lahn; 1981-85 Min. f. Soziales, Gesundheit u. Umwelt; 1985-87 Min. f. Wirtschaft u. Verkehr. CDU s. 1960 (1971 Kreisvors-, 1980 Bezirksvors.).

GEILEN, Gerd

Dr. jur. (habil.), o. Prof. f. Straf- u. -prozeßrecht Ruhr-Univ. Bochum (s. 1964) - Virchowstr. 48, 4630 Bochum - Geb. 10. Aug. 1931 Mönchengladbach - 1963-64 Privatdoz. Univ. Bonn - BV: D. Tatbestand d. Parlamentsnötigung, 1957; Einwilligung u. ärztl. Aufklärungspflicht, 1963; Euthanasie u. Selbstbestimmung, 1975; Aktienstrafrecht, 1984.

GEILFUS, Karl Paul

Dipl.-Volksw., Hauptgeschäftsführer IHK Gießen - Lausköppel 15, 6300 Gießen-Petersweiher (T. Büro: 0641 - 7 95 40) - Geb. 25. Dez. 1920.

GEILING, Heinz

Werbeberater BDW, gf. Gesellsch. GNS Geiling & Neigenfind Werbeagentur GmbH - Breite Str. 2, Postf. 27, 7000 Stuttgart 1 (T. 0711 - 22 12 78) - Geb. 9. März 1924 Stuttgart, verh. s. 1950 m. Ursula, geb. Winkel, 2 Kd. (Barbara, Thomas) - Gymn.; kaufm. Lehre - Präsidiumsmitgl. ZAW, Vorstandsmitgl. WDW.

GEIMER, Alfred

Dr. rer. pol., Dipl.-Kfm., Vorstandsmitglied Gebr. Stollwerck AG., Köln (s. 1960) - Adolf-Menzel-Str. Nr. 9, 5038 Rodenkirchen (T. Köln 30 33 75).

GEIMER, Franz Josef

Dipl.-Kaufm., Vorstandsmitglied Gothaer Versicherungsgesellschaften Köln - Forsythienweg 1, 5000 Köln 71 - Geb. 24. Juli 1935 Köln, kath., verh. s. 1961 m. Ellen, geb. Fuchs, 2 T. (Judith, Rebekka) - Abit.; Stud. Wirtsch.wiss. Univ. Köln (Dipl. 1959) - S. 1960 Tätigk. in d. Versich.wirtsch., Schwerp.: EDV, Betriebsorg., betriebswirtsch. Planung - Liebh.: Musik, Tennis, Golf.

GEIMER, Karl

Lehrer, MdL Rhld.-Pfalz (s. 1975) - Industriestr. 3, 6794 Brücken - Geb. 14. Febr. 1943 - CDU.

GEINITZ, Wolfgang

Dr. med., Prof., Wiss. Berater Springer-Verlag i.R. - Blumenthalstr. 41, 6900 Heidelberg (T. 06221 - 40 15 74) - Geb. 20. Mai 1917 Hagen/W. (Vater: Dr. med. Hans G., Psychoanalytiker; Mutter: Friederike, geb. Kistemann), ev., verh. s. 1944 m. Tamara, geb. Gütschow †, 2 Kd. (Ursula, Musikpäd.; Hans Christian, Dipl.biol.) - Stud. Univ. Bonn, Göttingen, München, Freiburg (Med. Staatsex. 1943). Habil. 1956 Düsseldorf - Assist. Elisabeth-Krkhs. Bonn (1946-49) u. Med. Akad. D'dorf, Physiol.-Chem. Inst. (1950-59); s. 1956 Privatdoz. u. apl. Prof. (1963) MA bzw. Univ. D'dorf (Physiol. u. klin. Chemie); 1961-81 wiss. Berater Springer-Verlag Berlin/Heidelberg/New York. Mitbegründ. Georg-Groddeck-Ges. - Liebh.: Schach, Hans-Prinzhorn-Forschung.

GEIPEL, Horst

Realschullehrer a. D., MdL Hessen (s. 1974) - Kiefernweg 6, 6360 Friedberg (T. 26 93) - Geb. 8. Nov. 1923 - CDU.

GEIPEL, Robert

Dr. phil., Prof. - Hangstr. 44, 8035 Gauting - Geb. 1. Febr. 1929 Karlsbad (Vater: Georg G., Kammermusiker; Mutter: Julie, geb. Müller), ev., verh. s. 1955 m. Erika, geb. Deinet, 2 Töcht. (Daniela, Dorothea) - 1948-52 Univ. Frankfurt/M. (Geogr., German., Soziol.; Promot. 1952) - 1952 Ref. Bundesanstalt f. Landeskunde, 1953-63 Gymnasiallehrer Hessen (zul. Oberstudienrat), s. 1963 ao. u. o. Prof. (1966) Univ. Frankfurt/Abt. f. Erziehungswiss. Div. Funktionen; 1969 o. Prof. f. Angew. Geographie TU München, korr. Mitgl. Akad. f. Raumf. u. Landespl.; s. 1982 wiss. Leit. Bayer. Staatsinst. f. Hochschulforsch. u. -plan. (nebenamtl.) - BV: Erdkunde - Sozialgeogr. - Sozialkd., 1960; Sozialräuml. Strukturen d. Bildungswesens, 1965; Bildungsplanung u. Raumordnung, 1968; Ind.geographie, 1969; Friaul - Sozialgeogr. Aspekte e. Erdbebenkatastrophe, 1977 (Ital. 1979, Engl. 1982 übers.) - Spr.: Engl., Ital.

GEIPEL, Siegfried

Dipl.-Ing., Prof. f. Techn. Wärmelehre u. Kältetechnik Gesamthochschule Paderborn (Fachbereich Maschinentechnik II/Meschede) - Waldenburger Str. 12, 5778 Meschede.

GEIS, Heinz-Günter

Dr. rer. pol., Prof. f. Bank- u. Finanzwirtschaft - Möllerpfad 9, 1000 Berlin 37 - Geb. 11. März 1936 Tübingen - Promot. 1966; Habil. 1971 - S. 1971 Prof. FU Berlin - BV: D. Geld- u. Banksysteme d. Staaten Westafrikas, 1967; Struktur d. Bankwesens in Frankr., 2. A. 1971; ...in Belg., 1969; D. entwicklungspolit. Wirksamkeit v. Entwicklungsbanken; Fallstud. in Südostasien, 1972; Aus- u. Fortbild. f. d. Development Banking, 1978; Meßkonzepte d. Kapitalbedarfs u. d. Absorptionsfähigkeit v. Entwicklungsländern, 1983; Absorptionsprobl. d. Entwicklungsländer als Defekte d. öfftl. Entwicklungszusammenarbeit, 1983.

GEIS, Manfred

Geschäftsführer SPD-Bezirk Pfalz - Maximilianstr. 31, 6730 Neustadt/Weinstr. - Geb. 27. Dez. 1949.

GEISBE, Heinrich

Dr. med., Prof., Chefarzt Chirurg. Klinik Reutlingen (s. 1977) - Kreiskrankenhaus, 7410 Reutlingen - Geb. 21. Febr. 1935 Eisleben/Thür. - Promot. 1958; Habil. 1967 - S. 1973 apl. Prof. f. Chir. Univ. Tübingen (zeitw. I. Oberarzt Chir. Klin.). Facharb.

GEISCHER, Horst

Dipl.-Volksw., Hauptgeschäftsführer d. dt. Nahrungsmittelgroßhandels - Zu erreichen üb. Dt. Nahrungsmittelgroßhandel, Adenauerallee 45, 5300 Bonn 1.

GEISEL, Alfred

Dr. jur., I. Staatsanwalt a. D., MdL Baden-Württ. (s. 1972), 1. stv. Präs. d. Landtags (s. 1980) - Am Rosengarten 20, 7090 Ellwangen/Jagst - Geb. 23. Juni 1931 Tübingen, ev., verh., 4 Kd. - Gymn. Reutlingen; Univ. Tübingen u. Bonn (Rechtswiss.). Ass.ex. 1959; Promot. 1960 - S. 1961 LG Ellwangen (Richter, 1968 I. Staatsanw.). 1968 ff. Mitgl. Gemeinderat Ellwangen; 1971 ff. Kreisrat Ostalbkreis. SPD s. 1965.

GEISEL, Eva

s. Bornemann, Eva

GEISEL, Gerwin

Choreograph, Ballettmeister Detmold (s. 1982) - Plantageweg 134, 4930 Detmold (T. 05231-6 91 21) - Geb. 24. März 1941 Offenbach, verh. m. Teresa del Cerro - Solotänzer u.a. in Wiesbaden, Mannheim, Buenos Aires, Tel Aviv; 1976-78 Ballettm. Münster - Insz.: De temps en temps (UA 1976 Münster); Memento vivere (1980 Dom Lübeck); D. gold.

Netz (1981 Musiktage Hitzacker); Salome (1985 Detmold) - Spr.: Engl., Franz., Span.

GEISELER, Wolfgang

Dr. phil., Prof., Musikwissenschaftler - Karolinger Platz 7a, 1000 Berlin 19 - Geb. 15. März 1914 Berlin (Vater: Friedrich G., Kaufm.; Mutter: Elsa, geb. Brust), verh. 1971 s. Liselotte, geb. Franke - Gymn.; Univ. u. Klindworth-Scharwenka-Konservat., alle Berlin - 1947-80 Mitarb. RIAS Berlin (1952 Leit. Hauptabt. Musik); 1958-63 zugl. Leit. Hauptabt. Musik SFB. S. 1947 Lehrbeauftr., Prof. (1961) u. Honorarprof. (1967) Musikhochsch. Berlin (Akustik u. Tonmeisterausbild.).

GEISEN, Kurt

Ministerialdirektor, Leiter Zentralabt. d. Bundesmin. f. Arbeit u. Sozialordnung - Rochusstr. 1, 5300 Bonn-Duisdorf - Geb. 4. Mai 1924 - 1947-51 Stud. Rechtswiss. Bonn u. Köln; 1. jurist. Staatsprüf. 1951, Gr. Staatsprüf. 1954.

GEISENBERGER, Siegfried

Dr. rer. pol., Prof. f. Wirtschaftslehre PH Freiburg - Sommerberg 5a, 7801 Buchenbach/Br.

GEISENHOFER, Franz Xaver

Angestellter, MdB (s. 1967, CDU/CSU) - Jahnstr. 50, 8000 München 5 (T. 26 43 62) - Geb. 30. Aug. 1914 Herschenhofen/Obb. (Vater: Anton G.), kath., verh. m. Maria, geb. Schmitt, 4 Kd. - Volkssch.; Wirtschafts- u. Verw.akad. (1 Sem.), Staatl. Kurzschriftlehrerprüf. 1950 - Arbeiter, ab 1935 akt. Wehr-, 1939-45 Kriegsdst. (Sanitäter), s. 1945 Angest. Bayer. Rotes Kreuz (u. a. Leit. Nachforschungsdst.). 1968ff. 2. Vizepräs. Dt. UNESCO-Kommiss. 1969ff. Präsidiumsmitgl. Europa-Union Dtschl. Landessozialrichter u. a. CSU s. 1953 - 1971 BVK; Rotkreuzausz. - 1967 und 68 Gold. Sportabz.

GEISER, Christoph

Journalist, Schriftst. - Ländteweg 1, CH-3005 Bern (Schweiz) - Geb. 3. Aug. 1949 Basel (Schweiz) - BV/Ged.: Bessere Zeiten (1968), Warnung f. Tiefflieger (1974); Erz.: Hier steht alles unt. Denkmalschutz (1972), Zimmer m. Frühstück (1975); Disziplinen-Vorgesch. (1982); R.: Grünsee (1978), Brachland (1980); Wüstenfahrt (1984); D. geheime Fieber (1987). Hörsp. u. a. - Div. Buchpreise, dar. Schweiz. Schiller-Stiftg. u. Stadt Bern (mehrm.), 1984 Baseler Lit.preis (1. Träger).

GEISER, Martin

Postbeamter, MdL Bayern (s. 1962) - Remboldstr. Nr. 5, 8950 Kaufbeuren/Allgäu (T. 29 59) - Geb. 29. Okt. 1925 Kaufbeuren (Vater: Michael G., Arbeiter; Mutter: Maria, geb. Lochbrunner), verh. s. 1947 - Volkssch. Kaufbeuren; Flieger-Techn. Vorsch. Eisenach (Flugzeugmotorenbau); 1956-57 Akad. d. Arbeit Frankfurt/M. (Sozialwiss.) - Kriegsdst. (Jagdgeschw. Schlageter); s. 1947 Postverw. Kaufbeuren (1957 Beamter). Mitgl. Stadtrat Kaufbeuren. SPD - 1973 Bayer. VO.

GEISLER, Erika

Dr. med., Prof., Psychiaterin u. Neurologin - Zu erreichen üb.: Josef-Schneider-Str. 5, 8700 Würzburg - Geb. 20. Juni 1914 Coburg (Vater: Gustav G.; Mutter: Nanny, geb. Böhm) - Univ. Halle u. Berlin - S. 1959 (Habil.) Lehrtätigk. Univ. Würzburg (1965 apl. Prof.) - BV: D. sexuell mißbrauchte Kind, 1959. Fachveröff.

GEISLER, Gerhard

Dr. agr., Prof. Inst. f. Pflanzenbau u. Pflanzenzücht. Univ. Kiel - Univ., Olshausenstr. 40, 2300 Kiel 1 - Geb. 30. Aug. 1927 Berlin (Vater: Wilhelm G.; Mutter: Charlotte, geb. Puzicha), 4 Kd. - 1946-50 Stud. Landwirtsch. Berlin (Dipl.-Landw.) u. 1951/52 Weihenstephan (Promot.), Landw. 1954 Landw.ass. - 1952-59 Rebenzücht.; 1959-64 CSIRO (Austr.); 1964 Doz. Hohenheim u. Prof. Univ. Kiel - BV: Pflanzenbau in Stichworten, Bd. I u. II, 1972/73; Pflanzenbau, 1980; Ertragsbild., 1981; Ertragsphysiologie, 1983.

GEISLER, Günther

Dr. rer. pol., Vorstand Stahlwerke Peine-Salzgitter AG - Zu erreichen üb. Stahlw. Peine-Salzgitter AG, Postf. 41 11 80, 3320 Salzgitter 41 - Geb. 26. Juni 1938 - Stv. Vors. Arbeitgeberverb. f. d. bayer. Erzbergbau- u. Hüttenbetriebe, München; Lehrbeauftr. Sozialakad. Dortmund; Geschäftsf. Eisenw. Ges. Maximilianhütte mbH, Sulzbach-Rosenberg; ab 1979 Vorstandsmitgl. Stahlwerke Peine-Salzgitter AG. AR Salzgitter Wohnungs-AG.

GEISLER, Hans Ferdinand

Dipl.-Phys., Vorstandsmitglied Davy McKee AG., Frankfurt - Borsigallee 1, 6000 Frankfurt/M. (T. 0611 - 4 00 71) - Geb. 26. März 1921 Kiel (Vater: Hans G., General d. Flieger; Mutter: Margarethe, geb. von Hillebrandt), ev., verh. s. 1953 m. Ruth, geb. Krause, 2 Kd. (Sabine, Hans Ullrich) - Human. Gymn.; Seeoffz.; 1945-52 Stud. Naturwiss. Göttingen; Dipl.-Phys. - 1971-79 Vorst.mitgl. Zimmer AG, Frankfurt, s. 1979 wie oben - Spr.: Engl.

GEISLER, Linus

Dr. med., Chefarzt (Internist), apl. Prof. f. Inn. Medizin Univ. Bonn - St.-Barbara-Hospital, Barbarastr. 1, 4390 Gladbeck - Geb. 7. Okt. 1934 Vyskovce, kath. - Promot. 1959; Habil. 1970 - 1971 apl. Prof., 1973 Wiss. Rat u. Prof. Univ. Bonn; 1976 Chefarzt Inn. Abt. Gladbeck. Spez. Herz- u. Lungenerkrank. - BV: Hyperkapnie, 1972 (m. H.-D. Rost); Inn. Med., 2 Bde. 10. A. 1981; ß-Rezept.blocker. Üb. 140 Fachaufs. - Väterl. Verwandtsch. zu Franz Schubert.

GEISLER, Peter

Dr. med., Chefarzt Chir. Abt. u. Ärztl. Direktor Städt. Krkhs. Moabit (s. 1968) - Turmstr. 21, 1000 Berlin 21 (T. 35 01 81); priv.: Kastanienallee 34, Berlin 19 (T. 302 58 40) - Promot. Berlin; Habil. Bonn - Zul. Oberarzt Chir. Univ.sklinik Bonn.

GEISLINGER, Franz

Assessor, stv. Hauptgeschäftsf. IHK Augsburg i. R. - Wolframstr. 31 1/2, 8900 Augsburg (T. 55 24 90; Büro: 316 22 04) - Geb. 14. Juli 1917.

GEISMANN, Hermann-Josef

Architekt BDA, Bürgermeister Amt Hemer (1969 b. 1974), MdL Nordrh.-Westf. (s. 1970) - Bembergstr. 12, 5870 Hemer (T. 1 05 12) - Geb. 1. Aug. 1930 Hemer, verh., 3 Kd. - Obersch.; Maurerlehre; Fachsch. (Ing.ex. Hochbau) - S. 1958 freischaff. - Mitgl. JU s. 1948, CDU s. 1955.

GEISMAR, Günter

Dr. rer. nat., Prof. f. Anorgan. Chemie Gesamthochschule Duisburg (s. 1977) - Rather Str. 30, 4150 Krefeld-Traar - Geb. 27. Nov. 1939 Köln (Vater: Hans G., Kaufm.; Mutter: Elisabeth, geb. Hennemann), kath., verh. s. 1971 m. Elisabeth, geb. Kluth - Gymn. u. Univ. Köln (Mineral., Geochem.; Dipl. 1967). Promot. 1969 Köln - 1970-76 ltd. Angest. Bayer AG. Verf. z. Herstell. v. Te-halt. Cd-Pigmenten u. v. Fenalt. Spinell- u. Korundfarbkörpern - Liebh.: Wassersport - Spr.: Engl., Franz., Ital.

GEISPERGER, Fritz

Taubstummenoberlehrer, MdL Bayern (s. 1974), SPD-Agrarspr., stellv. Vors. Landtagsaussch. f. Ernährung, Landwirtsch. u. Forsten - Ludwig-Ganghofer-Str. 34, 8440 Straubing (T. 3 12 12) - Geb. 1931 - SPD (s. 1986 stv. Vors. d. bayer. SPD-Landtagsfrakt.).

GEISS (ß), Dieter

Dipl.-Ing., Bibliotheksdirektor, Lehrbeauftragter Univ. Dortmund - Mittelstr. 33, 4620 Castrop-Rauxel - Geb. 30. Juli 1938 Essen (Vater: Kurt G., Diakon; Mutter: Elfriede, geb. Weber), ev., verh. s. 1962 m. Käte, geb. Krüger, 4 T. (Ulrike, Antje, Christina, Heidi) - Stud. TU Clausthal-Zellerfeld (Bergbau); Ass. d. Bergf. 1968 - 1968 wiss. Angest. UB Dortmund; 1977 Bibl.-Dir.; 1980 Lehrbeauftr.; Dezern. UB Dortmund; DGD - Fachgremienarb. Patentdokumentation; BMFT-Projektarb. (IuD Programm) - Fachveröff. zu Fragen d. Patentdokumentation - Spr.: Engl., Franz., Span.

GEISS, Imanuel

Dr. phil., Dipl.-Dolm., Prof. f. Neuere Geschichte Univ. Bremen - Mommsenstr. 46, 2800 Bremen - Geb. 9. Febr. 1931 Frankfurt (Vater: Jakob G., Monteur; Mutter: Lina, geb. Heimbächer), ev., verh. s. 1958 m. Elisabeth, geb. Gerhardt, 2 Kd. (Jochen, Dieter) - Dolmetscher-Inst. Germersheim (Engl.), Stud. d. Gesch., Angl., Pol. Univ. München, Hamburg; Promot. 1959; Habil. 1968 - BV: Poln. Grenzstreifen 1914-18, 1960 (poln. 1964); Juli 1914, 1964 (engl. 1967); Panafrikanismus, 1968 (engl. 1974); German Foreign Policy 1871-1914, 1976; D. Dt. Reich u. d. Vorgesch d. I. Weltkr., 1978; D. Dt. Reich d. I. Weltkr., 1978; D. Berliner Kongreß, 1878, 1979; Geschichte griffbereit, 6 Bde. 1979-83; Gesch. im Überblick, 1986; Gesch. d. Rassismus, 1988 - Spr.: Engl., Franz.

GEISS (ß), Karlman

Präsident Oberlandesgericht Stuttgart - Ulrichstr. 10, 7000 Stuttgart 1.

GEISSENDÖRFER (ß), Hans W.

Autor u. Regisseur - Lachnerstr. 4, 8000 München 19 - Geb. 6. April 1941 Augsburg, verh. s. 1978 - Zahlr. Drehb. u. Insz. f. Film u. FS u.a.: Jonathan, Sternsteinhof, D. Wildente, D. gläserne Zelle, Theodor Chindler, D. Zauberberg - Lit.: D. Filme v. H. W. Geißendörfer; D. Zauberberg - E. Film v. H. W. Geißendörfer.

GEISSER (ß), Hans

Dr. jur., Generalstaatsanwalt a.D. - Wetzelstr. 21, 8600 Bamberg - Geb. 12. Mai 1921 - BVK I. Kl.

GEISSLER (ß), Christian

Schriftsteller - Aaltuikerei 180, 2955 Dollart - Geb. 25. Dez. 1928 Hamburg - 1960-64 Redakt. Werkhefte kath. Laien - BV: Anfrage, R. 1960; Kalte Zeiten, Erz. 1965; Ende d. Anfrage, Textsammlg. 1967; D. Brot m. d. Feile, R. 1973; Wird Zeit, daß wir leben, R. 1976; Im Vorfeld e. Schußverletz., Ged. 1980; spiel auf ungeheuer, Ged. 1983. Fernsehsp.: Anfrage, Schlachtvieh, Wilhelmsburger Freitag, Widersprüche, Altersgenossen u. a. Hör- u. Fernsehsp., s. 1970 Dokumentarfilme. Mithrsg.: Lit.ztschr. Kürbiskern (1965-68) - 1964 Literaturpreis Libera Stampa Ztschr. Questo e Altro (Mailand), 1972 u. 1973 Adolf-Grimme-Preis, 1974 Fernsehpreis d. Arbeiterwohlfahrt; 1970-76 Mitgl. PEN-Zentrum BRD.

GEISSLER (ß), Clemens

Dr.-Ing., Prof. u. Geschäftsf. Inst. f. Entwicklungsplanung u. Strukturforsch. GmbH., Univ. Hannover - Grotefendstr. 2, 3000 Hannover 1 (T. 160 32 15); priv.: Hartliebweg 8, 3012 Langenhagen - Geb. 11. Mai 1931 Heydekrug/Opr. (Vater: Paul G.; Mutter: Lucia), kath., verh. s. 1962 m. Ingrid, geb. Kullik, 3 Kd. (Elisabeth, Hildegard, Dorothea) - Maurerlehre; Stud. Staatl. Ing.sch. f. d. Bauwesen, Münster (Ing.ex. 1954) u. TU Hannover (Arch.); Promot. 1965; Habil. 1967 - Wiss. Assist. (1962) - Mitgl. Wiss. Beirat f. Familienfragen d. Bundesmin. f. Jugend, Familie, Frauen u. Gesundh.; Fachmitgl.sch.; Gutachtertätigk. Zahlr. Fachveröff.

GEISSLER (ß), Dietmar

Dr. rer. nat., Prof. I. Inst. f. Theoret. Physik Univ. Hamburg - Schanzenberg 4, 2000 Hamburg 63 (T. 50 64 62) - Geb. 11. Juni 1925 Leipzig (Vater: Karl G., Lehrer; Mutter: Anneliese, geb. Heinicke), verh. m. Lisa, geb. Gerber, 2 T. (Birgitt, Ute) - 1947-51 Univ. Leipzig. Promot. (1955) u. Habil. (1959) Leipzig - S. 1959 Lehrtätigk. Leipzig u. Hamburg (1961; 1967 Prof.). Fachveröff.

GEISSLER (ß), Erich E.

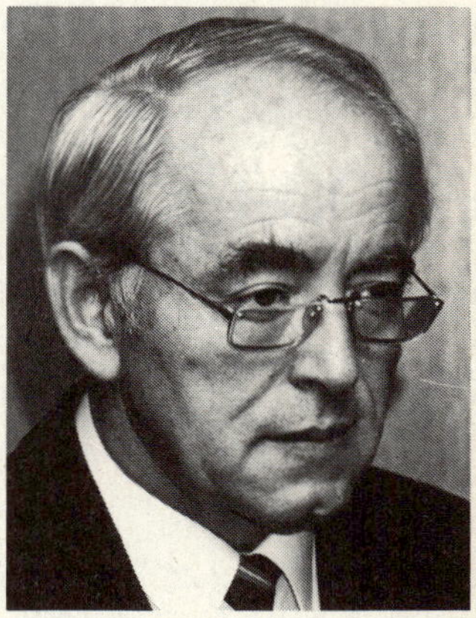

Dr. phil., o. Prof. u. Dir. Inst. f. Erziehungswissenschaft Univ. Bonn - Am Kottenforst 67, 5300 Bonn 1 - Geb. 13. Sept. 1928 Obergeorgental, kath., verh. s. 1954 (Ehefr.: Rita), 3 Kd. (Christine, Barbara, Andreas) - Stud. Univ. Darmstadt u. Frankfurt (Päd., Politol., Theol., Phil.; Promot., Habil.) - 1952-61 Lehrer; Prof. f. System. u. Histor. Päd. i. Rhld.-Pfalz; o. Prof. f. System. Päd. PH Berlin; Hon.-Prof. FU Berlin; s. 1970 Univ. Bonn - BV: D. Gedanke d. Jugend, 1963; Erziehungsmittel, 6. A. 1981 (auch in rumän.); Fördern u. Auslesen, 2. A. 1968 (m. a.); De Magistro, 1967; Hausaufgaben-Hausarbeiten, 3. A. 1980 (m. a.); Herbarts Lehre v. erziehenden Unterricht, 1970; Allgem.bild. in e. fr. Ges., 1970; Analyse d. Unterr., 5. A. 1981; Hausaufgabe (m.a.), 1982; Erzieh. zu neuen Tugenden (m.a.), 1984; Allgem. Didaktik, 2. A. 1984; D. Schule. Theorien, Modelle, Kritik, 1984; Welche Farbe hat d. Zukunft?, 1986; Verantwortete Politische Bildung, 1988.

GEISSLER (ß), Heiner

Dr. jur., MdB (1965-67 u. s. 1980), Bundesminister a. D., Generalsekr. CDU (s. 1977) - Konrad-Adenauer-Haus, 5300 Bonn 1 - Geb. 3. März 1930 Oberndorf/N. (Vater: Heinrich G., Oberregierungsrat; Mutter: Maria, geb. Buck), kath., verh. s. 1962 m. Susanne, geb. Thunack, 3 Söhne (Dominik, Michael, Nikolai) - Univ. München u. Tübingen (Phil., Rechtswiss.). Gr. jurist. Staatsprüf. - 1962-65 pers. Ref. baden-württ. Arbeitsmin.; 1965-67 MdB; 1967-77 Min. f. Soziales, Gesundheit u. Sport Rhld.-Pfalz (MdL s. 1971); 1982-85 Bundesmin. f. Jugend, Familie u. Gesundh. CDU (Mitgl. Landesvorst. u. Bundesvorst. Sozialaussch.). 1970-82 u. s. 1987 Mitgl. d. Fernsehrates d. ZDF - BV: D. Recht d. Kriegsdienstverweigerung n. Art. 4 III GG, 1960; Inflation - unvermeidbar, 1966; Neue Soziale Frage - Zahlen, Daten, Fakten, 1975; Krankenversicherungsbudget 1974, 1976; Die neue soziale Frage, 1976; Verwaltete Bürger - Gesellschaft in Fesseln, 1978; Der Weg in die Gewalt, 1977; Recht sichert die Freiheit, 1978; Verw. Bürger - Ges. in Fesseln, 1978; Grundwerte d. Politik, 1979; Zukunftschancen d. Jugend, 1979; Optionen auf e. lebensw. Zukunft, 1979; Sport - Geschäft o. Illusionen?, 1980; Mut z. Alternative, 1981; Abschied v. d. Männerges., 1986 - 1970 BVK; 1983 Bergverlagspreis Dt. Alpenverein - Liebh.: Musik, Bergsteigen - Spr.: Engl., Franz.

GEISSLER, Heinrich Wilhelm
Dr. med. vet., em. o. Prof. f. Geflügelkrankheiten u. Hygiene in d. Geflügelhaltung - Niederfeldtstr. 5, 6300 Gießen-Wieseck (T. 5 16 50) - Geb. 7. Juli 1914 Mühlheim/M. (Vater: Wilhelm G.), verh. m. Wiltraud, geb. Beppler - S. 1954 (Habil.) Privatdoz., apl. (1961) u. o. Prof. (1967) Univ. Gießen. Facharb.

GEISSLER (ß), Joachim
s. Geißler-Kasmekat, Joachim

GEISSLER, Rainer
Dr. phil., Prof. f. Soziologie Univ.-GH Siegen - Zu erreichen üb. Univ.-GH Siegen, FB 1 (Soziol.), Postf. 10 12 40, 5900 Siegen - Geb. 8. Mai 1939 Thum/Erzgeb. (Vater: Johannes G., Realschullehrer; Mutter: Hilde, geb. Hönig, ev., verh. s 1969 m. Christa, geb. Meinel, T. Nicole - 1960-68 Stud. Kiel, Freiburg, Pau u. Basel (Promot. 1971) - 1967 Gymn.lehrer Kiel; 1975-81 Prof. Hochsch. d. Bundeswehr Hamburg s. 1981 Prof. Univ. Siegen - BV: Massenmedien, Basiskommunik. u. Demokr. 1973; Junge Deutsche u. Hitler, 1981; Soz. Schichtung u. Lebenschancen, 1987; Wissenschaft u. Nationalsozialismus, 1988; Perspektiven d. DDR-Ges., 1989; D. Politisierung d. Menschen, 1989 - Spr.: Engl., Franz., Span.

GEISSLER (ß), Rolf
Dr. phil., o. Prof. f. Neuere Dt. Literaturwissenschaft Univ./GH Duisburg - Unkeler Str. 15, 5000 Köln 41 - Geb. 31. Mai 1927 Zeitz, verh. m. Jutta, geb. Kästner - BV: Z. Interpretation d. modernen Dramas, 1978; Möglichkeiten d. mod. dt. Romans, 7. A. 1979; Dekadenz u. Heroismus. Zeitroman u. völk. Literaturkritik, 1964; Prolegomena z. Theorie d. Literaturdidaktik, 1970. Zeigen u. Erkennen. Aufs. zur Lit. von Goethe bis Jonke, 1979; Arbeit am Literarischen Kanon, 1982; E. Dichter d. letzten Dinge. Grillparzer heute, 1987. Mithrsg. Zeitschr.: Literatur für Leser.

GEISSLER (ß), Ursula
Dr. agr., Prof. f. Botanik Inst. f. Systemat. Botanik u. Pflanzengeogr. FU Berlin (s. 1969) - Altensteinstr. 6, 1000 Berlin 33 (T. 838 - 31 46) - Geb. 30. Jan. 1931 Leipzig. Leit. Arbeitsgr. Algen u. Hydrobiol. Arb.geb.: Taxonomie, Feinstruktur, Verbreitung u. Ökologie v. Algen. Mithrsg. d. Nova Hedwigia, Ztschr. f. Kryptogamenkunde.

GEISSLER-KASMEKAT, Joachim
Dr. phil., Prof., Akademiedirektor a. D., Maler - Landhausstr. 13, 6900 Heidelberg (T. 2 41 68) u. Schloß-Torhaus, 7540 Neuenbürg - Geb. 29. Okt. 1919 Berlin (Vater: Ernst Geißler, Fabrikant; Mutter: Elisabeth, geb. Kasmekat), verh. s. 1967 m. Annette-Cornelia, geb. Petermann - Gymn. Berlin (Graues Kloster); Kunstschule Bernstein; Akademie Karlsruhe u. Mannheim (Malerei, Graphik); 1955-58 Univ. Heidelberg (Kunstgesch.). Promot. 1963 - Maler; Doz. f. Kunstgesch. u. Ästhetik Freie Akad. Mannheim; 1964-68 Leit. Fr. Akad. u. Dir. Werkkunstsch. Mannheim. Begr. psychorealist. Malerei; Einzelausstell. Bremen, Heidelberg, Kaiserslautern, Heilbronn, Düren, Würzburg, Karlsruhe, Wolfsburg - BV: D. Malerei d. Psychorealismus u. ihre künstler. Prinzipien, 1964; Gedanken z. Problem d. Wirklichen in d. zeitgenöss. Kunst, 1965; Üb. sog. reine u. angew. Kunst, 1965; Wilhelm Trübner als Kunsttheoretiker, 1967; Malerei, d. vergessene Handwerk, 1985; D. Graphiker Wolf Magin, 1988. Zahlr. Kritiken u. Aufs. - Med. Stadt Toulon, 1980 BVK - Lit.: u. a. H. Scharschuch, D. Ausst. d. Malers G.-K. i. d. Bremer Kunsthalle, 1966; G. Birk: D. Maler J. G.-K., 1969; Georg Schirr: D. Symbolismus G.-K.s; G. R. Ferner: Vita est somnium, 1974; M. Tripps: J. G.-K. - e. Maler d. Psychorealismus, 1975; Ders.: Eine Bildersprache

des Unbewußten, d. Maler G.-K., 1978; K. Neufert: G.-K. bewusste Symbolsprache d. Unbewussten, 1980; D. Golücke: Weltinnenraum, 1981.

GEISSNER, Hellmut
Dr. phil., Univ.-Prof. - Am Gutleuthaus 27, 6740 Landau - Geb. 7. März 1926 Darmstadt - Stud. Univ. Frankfurt, Sprecherzieher (DGSS) 1949; Promot. 1955 - 1964-71 1. Vors. Dt. Ges. f. Sprechwiss. u. Sprecherziehung, s. 1965 Beirat ebd.; s. 1982 wiss. Beirat Hernstein-Inst. Wien; s. 1985 Inst. f. Dt. Sprache Mannheim - BV: Schallplattenanalysen - Gesprochene Dichtung, 1965; Rede in d. Öffentlichkeit, 1969; Sprechwiss., 2. A. 1988; Rhetorik u. Politische Bildung, 3. A. 1986; Sprecherziehung, 2. A. 1986; mündlich: schriftlich! Sprechwissenschaftl. Analysen, 1988 - Lit.: Slembek, E. (Hrsg.), Miteinander Sprechen u. Handeln, Festschr. f. H. G. (1986).

GEIST, Gerhard
Glasermeister, Inh. Geist-Fensterfabriken, Heubach u. Berlin, Geist-Kunststoffverarb. GmbH, Geico-Immobilien-BNN-Bauträger GmbH, Geico Fenster AG, Schweiz - Sudetenstr. 52, 7072 Heubach - Geb. 9. Juli 1930 Murrhardt, ev., verh., 4 Kd. (Gudrun, Ulrich, Christiane, Susanne) - Ehrenobermeist. Glaserinnung - Liebh.: Reiten - Spr.: Engl., Franz.

GEIST, Manfred August
Journalist, Chefredakteur Welt am Sonntag - Fährhausstr. 15, 2000 Hamburg 76 (T. 040 - 220 51 23) - Geb. 23. Sept. 1939 Harheim, kath., verh., 2 Kd. - Dipl.-Soziol. - Spr.: Engl., Franz.

GEIST, Manfred Norbert
Dr. rer. pol., Dipl.-Kfm., Prof. Inst. f. Marketing Univ. Mannheim - Mittlerer Gaisbergweg 3, 6900 Heidelberg (T. 2 33 88) - Geb. 6. Mai 1926 Mannheim - S. 1962 (Habil.) Lehrtätigk. Univ. Mannheim (1969 apl. Prof. u. 1980 Ord. f. Betriebsw.lehre). Emerit. 1988. Fachveröff.

GEIST, Reinhold

Steuerberater, Präs. Landesverb. d. Freien Berufe Baden-Württ. - Seestr. 45, 7000 Stuttgart 1 (T. 0711 - 29 15 00) - Geb. 20. Juli 1921 Stuttgart, ev., verh. s. 1956 m. Renate, geb. Worring, 4 Kd. (Gerold, Brigitte, Volkmar, Ekkehard) - AR-Vors. Bürgschaftsbank Baden-Württ. GmbH - BV: Umsatzsteuergesetz-Kommentar, (m. Bunjes) 2. A. 1985; Besteuerung d. Architekten u. Ingenieure, 1987. Mitarb. Großkommentar z. USt Rau/Dürrwächter/Flick/Geist.

GEITNER, Otto
Techn. Direktor, Geschäftsführer Universal Maschinenfabrik Dr. Rudolf Schieber GmbH., Westhausen - Im Steinbrüchle 4, 7085 Bopfingen/Württ. - Geb. 16. Juli 1926 - Ing.

GELBE, Horst
Dr.-Ing., o. Prof. f. Apparate- u. Anla-

gentechnik TU Berlin (Inst. f. Prozeß- u. Anlagentechnik) - Stölpchenweg 16 A, 1000 Berlin 39 (T. 030 - 805 37 23).

GELBE-HAUSSEN, Eberhard

Fr. Journalist (Spez. Arbeitsgebiet: Vereinte Nationen, Sicherheit) - 58, Chemin Ami-Argand, CH-1290 Versoix (T. 022 - 55 26 26) - Geb. 6. Jan. 1921 Leipzig, kath., verh. s. 1947 m. Annerose, geb. Ritter, S. Norbert - Jurastud. Leipzig; 1980-84 Theologiestud. f. Laien TKL Zürich - Fr. Journ.; Redakt. Südd. Rundfunk, Stuttgart (u. a. Berichterstatter üb. d. Asienkonfz. Genf (1954) u. d. Außenministerkonfz. Berlin (1954) u. Genf (1955 u. 59); 1961-75 Genfer Korresp. d. Rundfunkanstalten (ARD) f. Hörfunk, 1964-70 auch Fernsehen, s. 1975 Ltd. Informationsbeamter (Senior Inform. Officer) Vereinte Nationen, s. 1980 fr. Journ.; s. 1985 Vorst.-Mitgl. d. Sektion Schweiz in d. Intern. Ges. f. Menschenrechte, Mitgl. d. Schweizerisch. Ges. f. Außenpolitik, s. 1985 Mitgl. Gemischt Ökumen. Kommiss. d. Kantons Genf - 1968 DRK-Ehrenz.; Ehrenz. d. Reservistenverb. d. Dt. Bundeswehr - Spr.: Franz., Engl.

GELBHAAR, Anni
Autorin - Im Geyer 18, 6290 Weilburg (T. 06471-22 76) - Geb. 23. Jan. 1921 Weilburg, ev., verh. s. 1946 m. Klaus G., Maler, Graphiker u. Illustrator, T. Dr. Margund (Kunsthist.) - BV: Lachmeia u. d. weiße Elefant; Jussuf in d. falschen Haut; D. falsche Programm; Tina gewinnt; Übers. in 6 Spr. Viele arb. üb. Probl. d. Ausländer - Liebh.: Reisen, Schwimmen, Schnorcheln, exquisites Essen, Lesen - Spr.: Franz., Engl.

GELBKE, Heinz
Dr. med., Prof., Chefarzt i. R. Chir. Klinik Städt. Krankenanstalten, Ludwigshafen/Rh. - Weinheimer Str. 23, 6703 Limburgerhof/Pfalz - Geb. 17. Nov. 1917 Magdeburg, ev., verh. s. 1943 m. Dr. Gertraud, geb. Laube, 3 Kd. (Heinz-Peter, Claus-Konrad, Jörg-Ulrich) - S. 1953 (Habil.) Lehrtätigk. Univ. Göttingen (1959 apl. Prof.); 1964-83 Heidelberg. 1972/73 Präs. Dt. Ges. f. Chir.; ehem. Medizinaldir. - 1978 Ehrenmitgl. Österr. Ges. f. Chirurgie, u. 1988 Dt. Ges. f. Chirurgie - BV: Wiederherstellende u. plast. Chir., 3 Bde 1963/64 - Spr.: Engl. - Rotarier.

GELBKE, Heinz-Peter
Dr. med., Dr. rer. nat., Prof., Abteilungsdirektor Abt. Toxikologie BASF-AG, Ludwigshafen/Rh. - Uhlandweg 4, 6715 Lambsheim - Geb. 5. Aug. 1943 Leipzig, verh. - Abit. 1962; Stud. Chemie u. Med.; Dipl. (Chemie) 1971, Promot. (Dr. rer. nat.) 1973, Approb. 1975, Promot. (Dr. med.) 1976, Habil. (forens. Toxikologie) 1978 Heidelberg - 1977 BASF AG; s. 1981 Abteilungsdir. Abt. Toxikologie; 1985 apl. Prof. Univ. Heidelberg - 1973 Marius-Tausk-Förderpreis Dt. Ges. f. Endokrinologie; 1976 Fakultätspreis Ges. d. Freunde u. Förderer

Med. Hochsch. Lübeck - Spr.: Engl., Franz.

GELDBACH, Manfred
Dr. jur., Fabrikant, gf. Gesellsch. Wilhelm Geldbach, Rohrleitungs- u. Flanschenwerk, Gelsenkirchen - Eschfeldstr. 11, 4650 Gelsenkirchen - Geb. 27. Dez. 1936 - Handelsrichter LG Essen; Beirat Arbeitg.verb.; Mitgl. Vollvers. IHK Münster.

GELDER, Ludwig
Dipl.-Volksw., Handelskammersyndikus - Johannes-Böse-Weg 23, 2000 Hamburg 62 (T. 520 34 14) - Geb. 25. Febr. 1926 Berlin (Vater: Hermann G., Apothekenbes.; Mutter: Magda, geb. v. d. Bach-Zelewski), ev., verh. s. 1954 m. Renate, geb. Gerstenberg, 2 Kd. (Katrin, Till) - FU Berlin (Dipl.-Volksw. 1953) - 1952-63 Wirtschaftsjourn., s. 1963 Handelskammer Hamburg - Spr.: Engl.

GELDERMANN, Hermann
Dr. sc. agr., Abteilungsvorsteher (Inst. f. Tierzucht u. Vererbungsforsch.) u. Prof. f. Haustiergenetik Tierärztl. Hochschule Hannover (s. 1977) - Celler Str. 13, 3002 Wedemark 11 - Zul. Privatdoz.

GELDERN, v., Reiner
Geschäftsführer Saturn Electro-Handelsges. mbH, Saturn-Hansa Handelsges. mbH, bde. Köln - Johann-Korb-Str. 10 a, 8782 Karlstadt.

GELDERN, von, Wolfgang

Dr. phil., Rechtsanwalt u. Notar, Parlam. Staatssekr. Bundesmin. f. Ernährung, Landwirtsch. u. Forsten (s. 1983), MdB (s. 1976; Wahlkr. 24) - Postf. 140270, 5300 Bonn-Duisdorf - Geb. 4. Nov. 1944 Dorum (Vater: Bernhard v. G.; Mutter: Ingeburg, geb. Rüdiger), ev., verh. s. 1969 m. Hilde, geb. Harms, Tochter Gloria - Hum. Gymnasium Cuxhaven (Abit. 1964); Stud. d. Geschichte, Rechtswiss. Univ. Freiburg/Br., Göttingen, Hannover; CDU-Kreisvors., Bezirksvors. u. Mitgl. im Landesvorst. Nieders. - BV: Wilhelm Oechelhäuser als Unternehmer, Wirtschafts- u. Sozialpolitiker, 1971; CDU u. Umweltparteien, in: Der grüne Protest, 1978; Soz. Marktwirtsch., in: Wie geht es weiter? Polit. Perspektiven o. Utopie, 1980 - Spr.: Engl., Franz., Niederl., Afrikaans.

GELDERN-CRISPENDORF, von, Günther
Dr. sc. nat., em. Prof. f. Wirtschafts- u. Verkehrsgeographie - Hüfferstr. 56, 4400 Münster (T. 0251 - 8 13 02) - Geb. 4. Dez. 1898 Magdeburg (Vater: Georg G.-C., Generallt.; Mutter: Melanie, geb. v. Brozowski), ev., verh. s. 1950 m. Martha, geb. Bussmann, S. Dietrich - Ab 1919 Stud. Univ. Jena, Leipzig u. Halle (Promot. 1929); 1924-28 Banklehre; Habil. 1933 TH Breslau - Bankbeamter in Halle; 1929-33 Assist. TH Breslau; 1933-45 Doz. u. Prof.; 1949-67 Prof. Univ. Münster - BV: Kulturgeogr. d. Frankenwaldes, 1930; D. dt. Ind.gebiete, 1933; D. wirtschaftsgeogr.

Struktur d. Landwirtsch. Schlesiens, 1934; D. Landkr. Paderborn, 1953.

GELDMACHER, Erwin Helmut

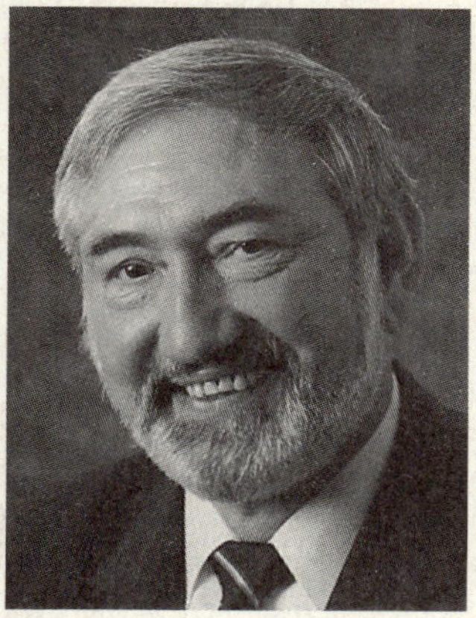

Geschäftsführer Verwaltungsrat Comunicon AG, Intern. Communications Consultants, Niederteufen/Schweiz - Hauptstr. 111, CH-9052 Niederteufen - Geb. 20. Juni 1923, verh. s. 1955 m. Dr. Elisabeth, geb. Klösges, 4 Kd. (Wolf, Britta, Bernd, Karin) - Stud. Betriebsw. Univ. Köln u. Frankfurt - 1950-52 Geschäftsf. Zeit im Ton - Reportagedienst Köln; 1952-72 Gf. Tonstudio Frankfurt GmbH Frankfurt; 1956-68 Inh. Commercial-Film GmbH Frankfurt; 1956-72 E. H. Geldmacher Markenberat. Bad Homburg; 1968-72 Inh. Commercial Consultants GmbH, Bad Homburg; s. 1983 Gastprof., s. 1988 Hon.-Prof. Fachber. Kommunikation HdK Berlin. Entw. GER Markenführungssystem, Produktinnovationen im Ber. d. Markenart.ind. - Div. Veröff. in Fachztschr. Creative Gestalt. auf d. Geb. Film, Funk, Fernsehen; Gestalt. v. wirtsch. Lehr- u. Informationsfilmen - Liebh.: klass. Musik, alte Bücher - Spr.: Engl., Franz.

GELDMACHER, Henner

Kaufmann, Vorstandsvorsitzender Krupp Lonrho GmbH, Essen, Vorst.-Mitgl. Ostasiatischer Verein, Hamburg, Afrika-Verein Hamburg, AR Krupp Maschinentechnik GmbH, Essen, Beiratsvors. Hansa-Rohstoffverwertung GmbH, Düsseldorf, Beiratsmitgl. Dt. Bundesbahn, Frankfurt - Redtenbacherstr. 12, 4300 Essen-Bredeney (T. 0201 - 41 32 20) - Geb. 12. Febr. 1932 Köln (Vater: Hanns G., Kaufm.; Mutter: Liselotte, geb. Hager), ev., verh. s. 1960 m. Gertrud, 2 Kd. (Jan, Tim) - Gymn.; Höh. Handelssch.; Handelsabit. Ind.kfm. m. Abschl.; Dipl. a. d. Alliance Francaise Paris - Liebh.: Jagd, Golf - Spr.: Engl., Franz.

GELDMACHER, Jürgen

Dr. med., Chirurg, apl. Prof. f. Handchir. Univ. Erlangen-Nürnberg (s. 1973) - Sperlingstr. 36, 8520 Erlangen - Geb. 30. Dez. 1929 Köln (Vater: Dr. med. Max G., Chirurg; Mutter: Ruth, geb. Hoemann), ev., verh. s. 1957 m. Erika, geb. Praceius, 2 T. (Stephanie, Constanze) - Karls-Gymn. u. Vereinigte Obersch. Heilbronn/N.; Univ. Köln, Bonn, München, Heidelberg. Staatsex. u. Promot. 1955 - S. 1959 Chir. Klin. Erlangen (Leit. Abt. f. Handchir. u. Plast. Chir.). Zahlr. Publ., auch Buchbeitr. - Spr.: Engl.

GELDMACHER-v. MALLINCKRODT, Marika

Dr. med., Dr. phil. nat., Wiss. Rätin, apl. Prof. f. Gerichtsmed. Chemie Univ. Erlangen-Nürnberg (s. 1971) - Schlehenstr. 20, 8520 Erlangen - Geb. 28. April 1923 - BV: D. forens. Nachweis d. Systoxgruppe, 1967. Etwa 100 Einzelarb.

GELDSETZER, Lutz

Dr. phil., Univ.-Prof., Leit. Forschungsabt. f. Wissenschaftstheorie/Philosophie Phil. Inst. Univ. Düsseldorf - Cheruskerstr. 99a, 4000 Düsseldorf 11 - Geb. 28. Febr. 1937 Minden/W. (Vater: Dr. med. vet. Paul G.; Mutter: Magda, geb. Eckel), ev., verh. s. 1961 m. Ute, geb. Machwirth, 2 Kd. (Felix, Annette) - Gymn. Alzey; Univ. Mainz u. Paris (Sorbonne). Promot. 1961 Mainz; Habil. 1967 Düsseldorf - S. 1969 apl. Prof. u. Wiss. Rat u. Prof., s. 1980 Prof. Düsseldorf - BV: D. Ideenlehre Jakob Wegelins, 1963; D. Phil. d. Phil.gesch. im 19. Jh., 1968; Philosophengalerie, 1968; Allg. Bücher- u. Institutionenkd. f. d. Phil.stud., 1971; Logik, 1987; Chines.-dt. Lex. d. chines. Phil. (m. Hong), 1987. Zahlr. Einzelarb. Mithrsg.: Ztschr. f. Allg. Wiss.theorie (1970ff.) J. F. Fries, S.W. - Spr.: Franz., Engl., Chin., Jap., Russ.

GELENG, Klaus

Prof. f. Lat. Sprache u. Lit. u. ihre Didaktik FU Berlin - Clayallee 341a, 1000 Berlin 37 (T. 801 44 85) - Geb. 2. März 1924 Berlin (Vater: Rolf G., OStud.dir. †; Mutter: Käthe, geb. Sotscheck), verh. s. 1959 m. Dr. Ingrelde, geb. Karwehl.

GELFERT, Ernst-Otto

Assessor, Geschäftsf. Deutscher Industrie- u. Handelstag (s. 1986) - Adenauer Allee 148, 5300 Bonn 1 - Geb. 7. Jan. 1936 Herford/W. (Vater: Otto G.; Mutter: Hanna, geb. Schiller), ev., verh. s. 1960 m. Gotlinde, geb. Selke, 2 Kd. (Boris, Hella) - Univ. Göttingen, Saarbrücken, Kiel. Gr. jurist. Staatsprüf. Hamburg - 1965 Gf. Auslandshandelsk. La Paz, 1969 Gf. IHK Caracas, 1971 Leit. Ref. Außenw. IHK Augsburg, 1979 Gf. AHK La Paz - Spr.: Span., Engl., Franz., Ital., Arab.

GELFERT, Hans-Dieter

Dr. phil., Prof. f. Engl. Sprache u. Lit. FU Berlin - Laehrstr. 23, 1000 Berlin 37 - Geb. 2. Jan. 1937 Großenborau/Niederschl., verh., 2 Kd. - BV: D. Symbolik im Romanwerk v. Charles Dickens, 1974. Ged. in Ztschr. u. Ztg.

GELHAUS, Hermann

Dr. phil., Prof. f. Germanist. Linguistik Univ. Trier - Am Reischelbach 20, 5559 Föhren/Trier - Geb. 31. Okt. 1938 Bösel/O. - Promot. 1964 Basel - S. 1971 (Habil.) Lehrtätigk. (1972 Trier). Facharb.

GELLER, Heinz-Friedrich

Dr. med. (habil.), Prof., Chefarzt Geburtshilfl.-Gynäk. Abteilung/Krankenhaus Alfeld - Osianderweg 1, 3220 Alfeld/Leine - Geb. 18. Juni 1926 - S. 1962 (Habil.) Lehrtätigk. Univ. Göttingen (1970 apl. Prof. f. Geburtsh. u. Frauenheilkd.).

GELLERSEN, Otto

Malermeister, MdL Nieders. (s. 1974) - Winsener Str. 7, 2125 Salzhausen (T. 04172 - 2 75) - CDU.

GELLERT, Horst

Vorstandsvorsitzender Bull AG, Köln - Im Mondsroettchen 38, 5060 Bensberg - Geb. 20. Okt. 1939 Koblenz, kath., verh. m. Karin, geb. Henker - AR-Mitgl. Bull S.A., Paris - Liebh.: Mod. Malerei, Sport, Kochen - Spr.: Engl., Franz.

GELLNER, Elmar

Rechtsanwalt, Hauptgeschäftsf. Bundesrechtsanwaltskammer/Körpersch. d. öfftl. Rechts - Joachimstr. 1, 5300 Bonn 1.

GELSHORN, Theodor

Vorstandsmitglied Peter Rehme Familienstiftg. (s. 1979), Geschäftsf. Gesellsch. Rehme & Renz GmbH, Braunschweig - Hohenfriedberger Str. 7, 4600 Dortmund (T. 0231 - 43 01 22) - Geb. 9. Sept. 1927 Lingen/Ems (Vater: Heirich G., Kaufm.; Mutter: Else, geb. Rehme), kath., verh. s. 1955 m. Gerda, geb. Dilz, 3 Söhne (Thomas, Christoph, Stephan) - Abit. 1947 Lingen; kaufm. Lehre - 1953 Klöwer & Wiegmann KG. - Spr.: Engl.

GEMEINHARDT, Ottmar

I. Bürgermeister (s. 1978) - Rathaus, 8671 Geroldsgrün/Ofr. - Geb. 11. Febr. 1921 Geroldsgrün - Bäckerm. CSU.

GEMEINHARDT, Wolfgang

Dipl.-Ing., Leiter Bereich Einkauf Dt. Bundesbahn - Friedrich-Ebert-Anlage 43-45, 6000 Frankfurt/M. 11 - Geb. 26. Okt. 1939 Berlin, verh., 2 Kd. - Stud. Elektrotechnik TU Berlin u. TU Karlsruhe - S. 1967 Deutsche Bundesbahn Hamburg, Hannover, Frankfurt; u.a. Werkdir., wiss. Mitarb., Ref. f. Investitions-Controlling.

GEMMERN, van, Ewald

Spediteur - Bengerpfad 8, 4150 Krefeld (T. 02151 - 56 09 34) - Geb. 10. Juli 1926 Krefeld, ev., verh. s. 1961 m. Anja, geb. Grosse, 2 Kd. (Caroline, Artur) - Ausb. z. Speditionskaufm. - Gf. Gesellsch. Ewald van Gemmern GmbH & Co. KG, Intern. Spedition, van Gemmern Kraftverkehr GmbH & Co. KG, van Gemmern Möbelspedition GmbH & Co. KG, van Gemmern Volumentransport GmbH & Co. KG, EvG Transport GmbH, Trans-Can Speditions GmbH, Can-Spedition GmbH; gf. Gesellsch. Spedition Ewald van Gemmern GmbH, Bremervörde, CAN-LUX S.A.R.L., Luxemburg; AR-Vors. Dt. Möbeltransport GmbH, Hattersheim; Vors. Fachvereinig. Möbelspedition Nordrh., Düsseldorf; stv. Vors. Verb. f. d. Verkehrsgewerbe Nordrh., Düsseldorf; Vize-Präs. Arbeitsgem. Möbeltransport GmbH, Hattersheim; Präsidialmitgl. BDG Bundesverb. d. Dt. Güterkraftverkehrs, Frankfurt; VR BAG Bundesanst. f. d. Güterfernverkehr, Köln; Altpräs. Rotary-Club Krefeld-Greiffenhorst - 1978 BVK; 1986 BVK I. Kl.

GEMMINGEN, Freiherr von, Gustav

Diplom-Landwirt, Bürgermeister, MdB (1967-69) - 6921 Treschkingen üb. Sinsheim/Elsenz (T. 07268 - 2 24) - FDP.

GEMPER, Bodo B.

Dr. rer. pol., Prof. f. Volkswirtschaftslehre u. Finanzwiss. Univ. GH Siegen (1973ff.) - Luisenstr. 11, Grissenbach, 5902 Netphen 3 (T. 02737 - 47 74) - Geb. 30. Jan. 1936 Jena/Thür. (Vater: Paul G., Bankkfm.; Mutter: Verena, geb. Lüer), ev., verh. s. 1977 m. Brigitte, geb. Nauth - Univ. Leipzig, Frankfurt/M., Würzburg, Bern (Phil., Rechts- u. Wirtschaftswiss.). Lic. rer. pol. (1965) u. Promot. (1970) Bern - BV: D. Vermögensteuer im Rahmen d. mod. allg. Einkommensteuer, 1971. Herausg.: Marktw. u. soz. Verantw. (1973), Gewinn u. Verlust (1976), Stabilität im Wandel/Festschr. f. Prof. Bruno Gleitze (1978), Energieversorg. (1981), Religion u. Verantwort. (1982), Protektionismus in d. Weltwirtsch. (1984); Industrial Policy (1985); Industriestruktur u. Politik (1987); Gewerkschaftspolitik u. Arbeitnehmerinteresse (1988); The International Trend Towards Indicative Targeting (1988). Zahlr. Einzelarb. - Liebh.: Zeichnen - Spr.: Engl.

GEMPT, Olaf

Dr. rer. pol., Vorstandsmitglied adidas Sportschuhfabriken Adi Dassler Stiftung & Co. KG, Herzogenaurach - Adi-Dassler-Str.2, 8522 Herzogenaurach - Geb. 4. Okt. 1938.

GEMSA, Diethard

Dr. med., Prof. f. Immunologie - Inst. f. Immunol., Med. Zentrum f. Hygiene, Univ. Marburg - Robert-Koch-Str. 17, 3550 Marburg, (T. 06421 - 28 53 07) - Geb. 9. Aug. 1937 Berlin (Vater: Dr. Hans G., Chemiker; Mutter: Hedwig, geb. Reinhard), kath., verh. s. 1968 m. Inken, geb. Fischer, 3 Kd. (Ulrich, Friederike, Charlotte) - Med.-Stud. Berlin u. Freiburg, Staatsex. u. Promot. 1964 - 1967 Immunolog. Forsch. Seattle (USA), 1970-73 San Francisco, 1974-82 Heidelberg, 1983-84 Hannover, s. 1985 in Marburg. Editor-in-Chief intern. Journal Immunobiology - Üb. 130 wiss. Arb. in intern. Ztschr. - Spr.: Engl., Franz., Lat.

GEMSJÄGER, Werner

Dr. rer. pol., Vizepräsident Landesarbeitsamt Hessen - Saonestr. 2-4, 6000 Frankfurt 71; priv.: Berliner Str. 5, 6116 Eppertshausen (T. 3 25 55) - Geb. 25. Mai 1930 Memmingen (Vater: Otto G. †1931; Mutter: Anna-Maria, geb. Heckel †), kath., verh. s. 1956 m. Irene, geb. Kretschmer, 2 Kd. (Bernd, Verena Yvonne) - 1. u. 2. jur. Staatsprüf. - 1966-67 Dir. Dt. Kommiss. Spanien, 1967-71 stv. Dir. Intern. Centre f. Adv. Techn. a. Voc. Training d. ILO, Turin; Geschäftsf. Bundesarbeitsgem. f. Rehabilitation - BV: Arbeits- u. Berufsförderung von Behinderten, 2. A. 1988 - Spr.: Engl., Franz., Ital., Span.

GEMÜNDEN, Hans Georg

Dr. habil., o. Univ.-Prof. Univ. Karlsruhe - Enzianweg 10, 7313 Stutensee 1 (T. 07244 - 98 11) - Geb. 16. Juli 1949 Ingelheim/Rh., verh. s. 1973 m. Erica Inez, geb. Hempel, 3 Kd. (Claudia Manuela, Cornelia Isabel, Christian Carl Jörg) - Stud. Betriebsw.; Dipl.-Kfm. 1973, Promot. 1979, Habil. 1986 - 1973-79 Univ. Saarbrücken, 1979-87 Univ. Kiel, s. 1988 Univ. Karlsruhe - BV: Innovationsmarketing, 1981; Informationsverhalten u. Effizienz, 1986. Mithrsg. Intern. Journ. of Research in Marketing - 1979 Martin-Preis d. Univ. Saarbrücken - Liebh.: Fahrradfahren, Schwimmen, Hunde - Spr.: Engl., Franz., Span.

GEMÜSCHLIEFF, Dietmar

Dipl.-Kfm., Geschäftsführer Karlsruher Kongreß- u. Ausstellungs-GmbH, Postf. 1208, Festplatz 3/9, 7500 Karlsruhe 1 - Rittnertstr. 50, 7500 Karlsruhe-Durlach (T. 4 37 45) - Geb. 20. Jan. 1931 - Spr.: Engl., Franz. - Rotarier.

GENDRISCH, Klaus

I. Bürgermeister Stadt Creußen - Rathaus, 8587 Creußen/Ofr. - Geb. 21. Nov. 1931 Spittelstein - Zul. Konrektor. SPD (Frakt.-Vors. d. SPD im Kreistag).

GENÉE, Ekkart

Dr. med., apl. Prof. f. Augenheilkd. Univ. Göttingen (s. 1978), Inh. e. Privataugenklinik Braunschweig - Blankenburger Str. 2, 3300 Braunschweig - Geb. 2. Dez. 1936 Königsberg/Pr. - Promot. 1962 Heidelberg; Habil. 1972 Erlangen - 1978 Univ. Erlangen-Nürnberg - Üb. 70 Facharb.

GENEST, Gudrun

Schauspielerin (Mitglied Städt. Bühnen Berlin) - Charlottenbrunner Straße 4, 1000 Berlin 33 (T. 823 31 29) - Geb. Braunschweig (aufgewachsen Berlin), verw. 1961 (Ehem.: Aribert Wäscher, Schausp.; s. XIII. Ausg.) - S. 1931 Bühnen Berlin (Staatstheater, 1945 Schloßpark-Theater, 1951 Schiller-Theater) u. Köln (1933-42 Städt. Bühnen). Vornehml. Charakterrollen.

GENGE, Harald

Dipl.-Ökonom, Gf. Gesellschafter W. Vershoven + Steenhans GmbH Communication, Essen u. Horten/Norw., W. Vershoven Stahlbau GmbH, Borken, W. Vershoven GmbH Elektrotechnik, Essen, Vershoven GmbH & Co. KG, Essen - Zeißbogen 63, 4300 Essen 1 (T. 0201 - 42 22 66) - Geb. 13. April 1953 Essen, ev., ledig - Stud. Betriebsw. Univ. GH Essen (Dipl. 1976) - Liebh.: Fechtsport - Spr.: Engl.

GENNERICH, Max

Dr.-Ing., gf. Gesellschafter - Münsterstr. Nr. 45, 4540 Lengerich (T. 05481 - 1 43 84) - Geb. 24. Febr. 1913 Rostock (Vater: Dr.-Ing. Georg G.; Mutter: Wilhelmine, geb. Kempgens), ev., verh. s. 1940 m. Hildegard, geb. Gené, 5 Kd. (Günther, Gudrun, Gisela, Gunhild,

Georg) - Realgymn.; Masch.bau TH München. Dipl.-Ing.; Promot. 1938 - S. 1974 Vors. Fachgemeinsch. Druck- u. Papiermaschinen im VDMA - Spr.: Engl., Franz.

GENRICH, Albert

Dr. jur., Direktor Arbeitsamt Nordhorn - Max-Reger-Str. 5, 4460 Nordhorn (T. 05921 - 54 39) - Geb. 12. Okt. 1937 Hannover (Vater: Dr. phil. Albert G., Prähistoriker, s. dort), verh. s. 1961 m. Renate, geb. Schulze, T. Meike - Stud. Rechtswiss. Berlin, München u. Göttingen (2. jurist. Staatsprüf. 1967), Promot. 1970 Hamburg - Spr.: Engl.

GENRICH, Albert

Dr. phil., Museumsdirektor i.R., Prähistoriker - Albert-Schweitzer-Str. 20, 3061 Beckedorf/Nds. (T. 05725 - 15 14) - Geb. 19. Jan. 1912 Spandau/Berlin (Vater: Albert G., Rektor; Mutter: Mathilde, geb. Voß), ev., verh. s. 1937 m. Karoline, geb. Fock, 3 Kd. (Albert, Inke, Silke) - Univ. Berlin, Würzburg, Kiel (Prähistorie, Gesch., Anthropol.). Promot. 1937 - 1936-77 Landesmus. Hannover (1964 Kustos, 1974 Dir.). Ehrenvors. Arbeitsgem. f. Sachsenforsch. - BV: Formenkreise u. Stammesgruppen in Schlesw.-Holst., 1954; D. gemischtbelegte Friedhof v. Dörverden, 1963; ... b. Liebenau, 1972; D. Altsachsen, 1981. Div. Einzelarb. - 1975 Ehrenmitgl. Soc. Anthropol. London - Lit.: Studien z. Sachsenforsch. (I 1977; Festschr.).

GENSCHEL, Helmut

Dr. phil., Prof. f. Geschichte u. Polit. Bildung PH Karlsruhe - Schwarzwaldstr. 14a, 7517 Waldbronn-Reichenbach - Geb. 27. Febr. 1928 Berlin, ev., verh. s. 1961 m. Susanne, geb. Deul, 4 Kd. - Stud. Gesch., Dt., Polit. Bild. (PH u. Univ.). Promot. 1962 - S. 1949 Volksschul-, Gymnasial- (1962) u. Hochschullehrer (1967) - BV: D. Verdräng. d. Juden aus d. Wirtsch. im III. Reich, 1966; China in polit.-histor. Unterr., in: China auf d. Weg z. Gr. Harmonie, 1974; Länderbericht BW, in: Polit.-gesellschaftl. Unterr. in d. Bundesrep., 1978; Polit. Erziehung d. Gesch.unterr., 1980.

GENSCHER, Hans-Dietrich

Dr. h. c., Bundesaußenminister, MdB (s. 1965), Präs. NATO-Rat (1984/85), Präs. Europarat (s. 1984) - Auswärtiges Amt, 5300 Bonn (T. 1 71); 5307 Wachtberg-Pech/Rh. - Geb. 21. März 1927 Reideburg/Saalekr. (Vater: Kurt G., Syndikus; Mutter: Hilda, geb. Kreime †1988), ev., verh. I) 1958 m. Luise, geb. Schweitzer, T. Martina, II) 1969 Barbara, geb. Schmidt - Univ. Halle u. Leipzig (Rechtswiss.). I. jurist. Staatsex. 1949 Leipzig, II. 1954 Hamburg - Ab 1954 Rechtsanw.; 1957-65 Geschäftsf. FDP-Bundestagsfraktion; 1962-64 Bundesgf. FDP; 1965-69 parlamentar. Gf. FDP-Bundestagsfraktion; 1969-74 Bundesinnenmin.; s. 1974 Bundesaußenmin. u. Stellv. d. Bundeskanzlers. Zahlr. Ehrenfunktionen. 1946-52 LDP (Ost); s. 1952 FDP (1968-74 stv. Bundesvors., 1974-85 Bundesvors., 1985 Rücktr. v. Parteivorsitz) - BV: Bundestagsreden, 1972; Dt. Außenpolitik, 1977; Dt. Außenpolitik - Ausgw. Grundsatzreden 1975-80, 1981. Herausg.: Nach vorn gedacht - Perspektiven dt. Außenpolitik (1986) - Liebh.: Lesen - 1973 Gr. BVK, 1975 Stern u. Schulterbd. dazu; 1975 Kreuz d. Südens Rep. Brasilien; 1975 Ehrenmeister Dt. Handwerkskammer Münster; 1976 Wolfgang-Döring-Med.; 1977 Ehrendoktor Univ. Madras; 1982 Alexander-Rüstow-Plak.; 1978 Orden wider d. tier. Ernst (AKV); 1982 Karl-Valentin-Orden (Narhalla) München; 1983 German-American-Tricentenmial-Med.; 1986 Ehrendoktor Univ. Salamanca, Spanien; 1987 Ehrenstaatsbürger v. Costa Rica; 1988 Ehrendoktor Hochsch. f. polit. Wiss., Athen, 1988 Korea Univ., Seoul, 1988 Eötvös-Lorand-Univ., Budapest - Spr.: Engl. - Fs.: Eine Woche mit H. D. G. (ZDF 22. Jan. 1980).

GENSCHOW, Fritz

Schauspieler, Regisseur, Autor, Theaterdirektor, Filmproduzent (Ps. Onkel Tobias) - Kyllmannstr. 14, 1000 Berlin 39 (T. 030 - 805 10 53) - Geb. 15. Mai 1905 Berlin (Vater: Heinrich G.; Mutter: Auguste, geb. Engelhardt), ev., verh. m. Rita, geb. Nowottnick, 3 Kd. (Peer, Gabriel, Marina, s. dort) - Stud. Reichersche Hochsch. Berlin - Schausp. in UFA-Filmprod., Theaterschausp., 1. Engag. in Halle u. Berlin; 1948-64 Theater d. Schulen, 24 J. Onkel Tobias v. Rias Berlin - BV: u. a. Fritz u. Franz als Wochenschaureporter; zahlr. Drehb. u. Kinderb. - Regiss. u. Prod. zahlr. Filme u. FS-Spiele. Begründ. d. 1. Dt. Kinder-Theaters; Int. Freilichtbühne Berlin - Div. Filmpreise in Dtschl. u. Ausl. (USA, Spanien usw.)

GENSCHOW, Gabriel

M.A., Dozent, Regiss., Produz., Kameramann - Kyllmannstr. 14, 1000 Berlin 39 - Geb. in Berlin (Vater: Fritz G., Regiss., Schausp., Autor, Prod., Theaterleit.; Mutter: Rita, geb. Nowottnick, s. dort), kath., ledig - Abit.; Stud. German. u. Phil. FU Berlin (Ex.: M.A., Diss. in Arb.); Ausb. in allen Ber. d. Films - Inh. u. Geschäftsf. Fritz Genschow-Film GmbH; Doz. Lessing-Hochsch. u. FU Berlin - BV: Erfahrungen - Filme: D. Nase, Puppenfilm nach Gogol; div. Synchronregie u. Hörsp. - Spr.: Engl., Franz., Span., Latein - Bek. Vorf.: Fritz G., Onkel Tobias Regiss.; Schausp. (Vater), v. Rias.

GENSCHOW, Marina

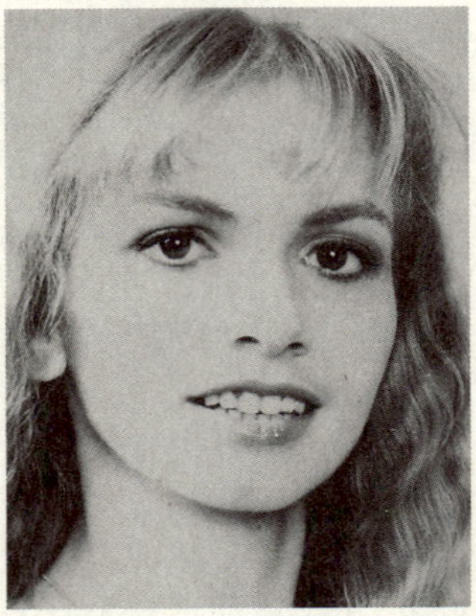

Schauspielerin, Produzentin, Tänzerin - Kyllmannstr. 14, 1000 Berlin 39 (T. 030 - 805 10 53) - Geb. in Berlin (Vater: Fritz G., Regiss., Schausp., Autor, Theaterleit., s. dort; Mutter: Rita, geb. Nowottnick, Schausp.), kath. - Abit.; Stud. German. u. Theaterwiss. FU Berlin; Schausp. u. Ballettausb. - Gesellsch. u. Geschäftsf. Fritz Genschow-Film GmbH - Erste Rollen als Kind; s. 1973 FS, Film, Theater, Synchronis., Rundf. - Brüder: Peer u. Gabriel G., Regiss.

GENSCHOW, Rita,

geb. Nowottnick

Regisseurin, Schausp., Produz. (Ps. Rita-Maria Nowottnick-Genschow) - Kyllmannstr. 14, 1000 Berlin 39 (T. 030 - 805 10 53) - Geb. in Berlin (Vater: Arthur N., Arch.; Mutter: Maria, geb. Mrowiensky), kath., verh. m. Fritz G., Regiss., Produz., Schausp., s. dort), 3 Kd. (Marina, Gabriel, Peer †) - Gymn.; Schauspielsch. Lydia Sierck - Inh. u. Geschäftsf. RN-Filmprod.; Mitarb. Fritz Genschow-Film (Brüder Grimm Theater) - Filme: Schneeweißchen u. Rosenrot; zahlr. Märchenfilme u. FS-Filme - Mitarb. an div. Film- u. Bühneninsz. - Rollen: Sommernachtstraum, Peer Gynt, Wintermärchen, u. a. (Bühne) - Spr.: Franz., Engl.

GENSER, Hugo

Dr. rer. nat., Prof., Geologe - Hartmann von-Aue-Str. 5, 7801 Au b. Freiburg i. Br. - Geb. 21. März 1932 Freiberg - S. 1964 (Habil.) Lehrtätigk. Univ. Freiburg (1971ff. apl. Prof. bzw. Prof.), 1972-74 Univ. Curitiba/Brasilien.

GENSICHEN, Hans-Werner

D., em. o. Prof. f. Religionsgeschichte u. Missionswiss. - Eckenerstr. 1, 6900 Heidelberg (T. 48 09 35) - Geb. 10. März 1915 Lintorf (Vater: H.-E. G., Pastor; Mutter: Elisabeth, geb. Heintze), verh. 1968 m. Dr. med. E. Anneliese, geb. Rudert - Univ. Leipzig, Königsberg, Tübingen, Göttingen. Habil. 1950 Göttingen - Doz. Univ. Göttingen u. Hamburg; 1952-57 Prof. Theol. Hochsch. Tranquebar u. Madras (Ind.); s. 1957 Ord. Univ. Heidelberg; 1983 emerit. 1965ff. Vors. Dt. Ges. f. Missionswiss.; 1971ff. Mitgl. Kurat. Luth. Stiftg. f. ökumen. Forsch.; 1972-74 Präs. Intern. Vereinig. f. Missionswiss. (Neugründ.) - BV: D. Taufproblem in d. Mission, 1951; The Elements of Ecumenism, 1954; Damnamus, 1955; D. Kirche v. Südindien, 1957; Missionsgesch. d. neueren Zeit, 1961; Living Mission, 1966; Glaube f. d. Welt, 1971 - 1958 Theol. Ehrendoktor Univ. Hamburg.

GENSKE, Rudolf

Ministerialdirektor im Bundesmin. f. Ernährung, Landw. u. Forsten, Leit. Abt. Allg. EG-Agrarpolitik, Intern. Agrarpolitik, Fischereipolitik - Geb. 21. Febr. 1930, verh. - 1. jurist. Staatsex. 1954, 2. jurist. Staatsex. 1959 - 1973-82 Leit. Unterabt. Grundsätzl. Angelegenh. d. Marktes.

GENSKY, Hans-Jürgen

Dipl.-Holzwirt, Holzkaufmann und -technologe, Vorstandsmitgl. Westag & Getalit AG, Rheda-Wiedenbrück - Lohgerberstr. 29, 4840 Rheda-Wiedenbrück (T. 05242-3 65 75) - Geb. 9. Dez. 1926 Ragnit/Ostpr., ev., verh. s. 1958 m. Liselotte, geb. Wichert - Stud. Holzwirtsch. Univ. Hamburg; Ex. 1953.

GENTH, Hendrik

Dr. jur., Kuratoriumsmitglied d. Berufsakad. Schleswig-Holstein, Kiel, Vorst.-Mitgl. Bundessozialwerk d. Pommern, Lübeck-Travemünde, stv. AR-Vors. d. Wirtsch.akad. Schlesw.-Holst., Kiel, stv. Vors. Stiftungsrat d. Stiftung Pommern, Kiel, Mitgl. Bundesvorst. DPWV, Frankf./M., stv. Vorst.-Vors. DPWV, Landesverb. Schlesw.-Holst., Kiel - Niemannsweg 90, 2300 Kiel 1 - Geb. 3. Jan. 1920 Stolp (Vater: RR a. D. Dr. Paul G., Landw.), verh. s. 1948 m. Annemarie, geb. Gareis, 3 Kd. - Zul. Gesamtverb. d. dt. Steinkohlenbergbaus u. Unternehmensverb. Ruhrbergbau (Leit. Abt. Wirtschaftspolitik).

GENTH, Klaus Reinhard

Dr. med., Prof. f. Innere Medizin Univ. Heidelberg (s. 1983) - Domitianstr. 18, 6802 Ladenburg - Geb. 31. Mai 1944 Genthin (Vater: Walter G., Ing.; Mutter: Elli, geb. Barrall), ev., verh. s. 1978 m. Ute, geb. Lasch, 2 Kd. (Matthias, Claudia) - 1965-71 Stud. Med.Univ. Berlin; 1971-79 Facharztausb. f. Inn. Med. Gießen; 1975-77 Forschungsstip. Houston/USA; Promot. 1971, Habil. 1978 - Privatdoz. Univ. Heidelberg; 1979 Oberarzt Klinikum Mannheim; 1983 Zusatzbez. Cardiol. 82 Publ. in Fachztschr. u. Buchbeitr. - Spr.: Russ., Engl., Lat.

GENTNER, Fritz

Oberlehrer, MdL Bayern (s. 1958) - Kellerberg 2, 8570 Pegnitz/Ofr. (T. 23 74) - Geb. 15. Mai 1915 Pegnitz (Vater: Hans G., Landw., MdL), ev., verh., 3 Kd. - Lehrerbildungsanst. Bayreuth - Volksschuldst.; 1939-47 Wehrm. (Luftnachr.; 1942 Ltn. d. R.) u. sowjet. Gefangensch. (1944). 1956 ff. MdK Pegnitz (Fraktionsvors.). SPD - 1968 Bayer. VO.

GENTNER, Wolf-Dieter

Redakteur, Sport-Ressort-Leit. Reutlinger General-Anzeiger - Herderstr. 30, 7410 Reutlingen (T. 07121 - 29 01 31) - Geb. 22. Sept. 1936 Pforzheim (Vater: Kurt G., Forstmeister; Mutter: Elsbeth, geb. Wetzel), kath., verh. s. 1967 m. Walburga, geb. Langer - Abit. 1956 - Redakt.; Sport-Ressortleit. Heidenheimer Ztg. (1959-61) u. Allg. Ztg. Freiburg (1961-63); 1963-65 Leit. Regionalztg. AZ Neckar-Echo, Heilbronn; 1965-67 Leit. Verbindungsredakt. Allg. Ztg. Mannheim; 1967-73 Sport-Ressortleit. Tages-Anzeiger Regensburg; 1973-76 Nachrichtenredakt. Mittelbayer. Ztg. Regensburg; s. 1976 Sport-Ressortleit. Reutlinger General-Anzeiger - Liebh.: Musik, Karikaturenzeichnen - Spr.: Engl., Franz.

GENTSCH, Horst

Dr. rer. nat., o. Prof. f. Physikalische Chemie, Heterogene Katalyse, inerte Ultrahochvakuum-Meßgeräte; Rektor a.D. Univ. Essen GH (1983; Rücktr.) - Universitätsstr. 5-7, 4300 Essen 1 (T. 0201 - 183-3071) - Geb. 14. Jan. 1924 Kl. Tauschwitz/Thür., verh. s. 1959 m. Verena, geb. Grundmann, 3 Kd. (Andreas, Stefan, Dietmar) - Gymn. Döbeln/Sa.; 1942 Wehrdst. Luftwaffe; nach russ. Gefangensch. 1954-58 Stud. Chemie, TU Hannover, Promot. 1961, Habil. 1963. Abt.vorst. u. Prof. 1970, o. Prof. Essen 1978. Zahlr. Veröff. - Liebh.: Skisport, Schwimmen, Segelfliegen.

GENUIT, Heinrich

Dr. med., Prof., Pharmakologe - Viktoriapl. 12, 4700 Hamm/W. (T. 3 20) - Geb. 14. Juni 1910 Hamm - S. 1941 (Habil.) Lehrtätigk. Univ. Münster (1955 apl. Prof.). Facharb.

GENZ, Herbert

Dr. med., Prof., Leiter Inst. f. Sozialhygiene u. öfftl. Gesundheitswesen FU Berlin (s. 1967) - Salzbrunner Str. 25, 1000 Berlin 33 (T. 823 88 62) - Geb. 30. Dez. 1920 Nürnberg, verh. s. 1945 m. Ingeborg, geb. Schönert, 2. S. (Thomas, Kai-Stephan) - S. 1959 (Habil.) Lehrtätigk. FU Berlin (Oberarzt Univ.s-Kinderkl. 1952-67, 1966 apl. Prof. f. Gesundheitsfürsorge) - BV: D. sozialhyg. Bedeutung d. Toxoplasmose, 1960. Mitarb. Handb. d. Kinderheilkd., Berlin-Heidelberg 1966; Soz.-pädiatr. Lehrb. f. Studierende u. Ärzte, München 1979; Pädiatrie in Praxis u. Klinik, Stuttgart 1979. Zahlr. Einzelarb.

GENZMER, Harald

Prof., Komponist - Eisensteinstr. 10, 8000 München 80 (T. 98 04 84) - Geb. 9. Febr. 1909 Blumenthal (Vater: Prof. Dr. jur., Dr. phil. h. c. Felix G., 1920-45 Ord. Univ. Rostock, Marburg, Tübingen, u. a. Edda-Übers. †1959 (s. XIII. Ausg.); Mutter: Helene, geb. Foß), ev., verh. s. 1949 m. Gisela, geb. Klein - Musikhochsch. Berlin - S. 1946 Prof. Musikhochsch. Freiburg/Br. u. München. Kompos.: 3 Sinfonien, Konzerte f. Klavier, Orgel, Violine, Bratsche, Cello, Flöte, 2 Klarinetten, Doppelkonzert f. Cello u. Kontrabass, Kammerorch. Werke, Kammermusik, Chorwerke, elektron. Kompos. - O. Mitgl. Bayer. Akad. d. Schönen Künste (1962) u. Akad. d. Künste Berlin (1964) - Liebh.: Astronomie, Graphik - Onkel: Erich G. †1970 (s. XVI. Ausg.).

GEORG, Edgar

Dipl.-Ing., Fabrikant, Inh. Edgar Georg Fahrzeugbau/Maschinenbau/Gesenkschmiede, Neitersen - Auf der Seelshardt 10, 5231 Neitersen/Westerw. - Geb. 18. Febr. 1929 - Vors. Vereinig. d. Eisen- u. Metallind. Rhld.-Rheinhessen, Koblenz; b. 1986 Vors. Landesvereinig. Rhld.-Pfälz. Unternehmerverb., Mainz; Vors. AR u. Gesellsch.aussch. Eisenwerk Brühl GmbH, Brühl u. A. Friedr. Flender GmbH & Co KG, Bocholt; AR-Vors. Lemmerz-Werke KGaA, Königswinter.

GEORG, Heinz

Dr. med., Prof., Chefarzt Chirurg. Klinik - Städt. Krankenhaus, 7530 Pforzheim - Geb. 14. Aug. 1920 Wiesbaden - Promot. 1948 - S. 1963 (Habil.) Privatdoz. u. apl. Prof. (1969) Univ. Heidelberg (Chir.). Üb. 30 Facharb., dar. Beitrag: Chir. d. Gesichts (Lehrb. d. Chir.).

GEORG, Otto

Generaldirektor, Al Arabi Establishment f. Europa, Gesellsch. BIW (Beratungsges. f. Intern. Wirtsch.) Wiesbaden u. Zürich - BIW, Gustav-Freytag-Str. 1, 6200 Wiesbaden; priv.: Nicolaistr. 24 - Geb. 13. Juni 1920 - Stud. Rechtswiss. Gr. jurist. Staatsprüf. - Zul. Ministerialrat. Gesellsch. Interconsulting GmbH, Bonn; GGS, Finanz- u. Wirtschaftsleasing, Wiesbaden, u. GFI (Ges. f. Investitionen u. Leasing) Walluf; Div. Mand.

GEORGE, Götz

Schauspieler - Kleiststraße 5, 1000 Berlin 37 (T. 84 79 40) - Geb. 23. Juli 1938 Berlin (Vater: Heinrich G., Schausp., 1938-45 Int. Schiller-Theater Berlin †1945 (s. X. Ausg.); Mutter: Berta, geb. Drews, Schausp. †1987 (s. XXV. Ausg.), verh. 1966-76 (gesch.) m. Loni Friedl (Schausp.), Tocht. - S. 1959 bühnentätig (u. a. Orest (Fliegen), Eugen (D. Herrenhaus), Troilus (Troilus u. Cressiola). Film: Fastnachtsbeichte, Kirmes, Jacqueline, Abwärts (Hauptr.) u. a. Fernsehen: u. a. E. Jahr ohne Sonntag (Reihe, 1971), Tatort (Kommissar Schimanski) - 1960 Bundesfilmpreis, 1961 Dt. Kritikerpreis, 1962 Bambi - Liebh.: Malerei, Sport - Spr.: Engl.

GEORGE, Hans-Joachim

Senatsrat, Referent f. gewerbl. Straßenverkehr d. obersten Straßenverkehrsbehörde Land Berlin - Karwendelstr. 30a, 1000 Berlin 45 (T. 833 49 89) - Geb. 12. März 1926 Delitzsch (Vater: Karl G.; Mutter: Else, geb. Schrumpf), ev., verh. s. 1968 in 2. Ehe m. Viktoria, geb. Meyer, Tocht. Bettina - Obersch. Akt. Offz.; Stud. Rechts- u. Staatswiss., Betriebs- u. Volksw.

GEORGE, Siegfried

Dr. phil., Prof. f. Didaktik d. Gesellschaftswissenschaften - Kattenbachstr. 116, 6301 Krofdorf-Gleiberg - Geb. 13. Sept. 1933 Kainzen/Schles. - Promot. 1962 Frankfurt/M. - S. 1968 Lehrtätigk. Univ. Gießen (1973 Prof.). 1962-64 USA-Aufenth. - BV: Einf. in d. Curriculumplanung d. polit. Unterr., 1972.

GEORGI, Christian

Vorstandsmitglied Bremer Woll-Kämmerei, Bremen-Blumenthal - Borchshöhe 159, 2822 Schwanewede-Leuchtenburg - Geb. 26. April 1931 - Dipl.-Wirtschafts-ing.

GEORGI, Friedrich

Drs. med. vet. h. c., Verlagsbuchhändler, Kompl. Paul Parey Verlagsbuchh., Berlin/Hamburg - Lindenstr. 44-47, 1000 Berlin 61 (T. 25 99 04-0) u. Spitalerstr. 12, 2000 Hamburg 1 (T. 3 39 69-0); priv.: Griegstr. 37, 1000 Berlin 33 (T. 826 48 10) - Geb. 2. Juli 1917 Berlin (Vater: Rudolf G., Verlagsbuchh.; Mutter: Wilhelmine, geb. Kehrer) - U. a. Generalstabsoffz. (Luftw.); s. 1947 Parey. Vorsteher Börsenverein d. Dt. Buchhandels (1965-68), Sprecher Arbeitskr. 20. Juli 1944 - 1967 Ehrendoktor Univ. Zürich u. 1977 FU Berlin; Ehrensenator Univ. Gießen u. Veterinärmed. Univ. Wien; 1975 BVK I. Kl., 1987 Gr. BVK.

GEORGI, Max

Dr. med. (habil.), o. Prof. f. Medizin. Strahlenkunde Univ. Heidelberg - Am Gonsenheimer Spieß Nr. 16, 6500 Mainz - Zul. Doz. Univ. Mainz.

GEORGI, Peter

Dr. med., Prof. f. Nuklearmedizin - Karlstr. 50, 6909 Walldorf - Geb. 21. Juni 1932 Kirchhain/NL. - S. 1969 (Habil.) Lehrtätigk. Univ. Heidelberg (1973 Wiss. Rat u. Prof. Nuklearmed. Inst./Dt. Krebsforschungszentrum) - BV: u. a. Nuklearmed., 1972 (m. Lorenz u. Schenck).

GEORGII, Axel

Dr. med., o. Prof. f. Allg. Pathologie u. Pathol. Anatomie - Hauptstr. 6, 3004 Isernhagen (T. 05139 - 8 73 74) - Geb. 2. Aug. 1927 (Vater: Dr. med. Sigfrid G., Frauenarzt, Mutter: Addy-Marie, geb. Zitzlaff), verh. m. Monika, geb. Kroner, Sohn Florian - S. 1960 (Habil.) Lehrtätigk. Univ. München (1965 apl. Prof., 1967 Abt.vorsteher u. Prof.) Med. Hochsch. Hannover (1968 Ord. u. Dir. Pathol. Inst.). Spez. Arbeitsgeb.: Krebsforsch. Fachaufs. u. Bücher - Mitgl. zahlr. nat. u. intern. Fachges.; 1973 Krebspreis Med. Hochsch. Hannover; 1987 Wilhelm-Warner-Preis f. Krebsforsch. - Spr.: Engl.

GEORGII, Hans-Walter

Dr. phil. nat., o. Prof. f. Physik d. Atmosphäre - 6370 Oberursel 4 - Geb. 3. Nov. 1924 Frankfurt/M. (Vater: Prof. Dr. phil. Dr.-Ing. E. h. Walter G., Astrophysiker †1968 (s. XV. Ausg.); Mutter: Johanna, geb. Philgus), ev., verh. s. 1953 m. Irmgard, geb. Kohlemann, S. Sebastian - Univ. München u. Frankfurt/M. Promot. (1955) u. Habil. (1959) Frankfurt - 1960 Doz. Univ. Frankfurt; 1964 apl. Prof. Univ. Münster; 1965 Ord. u. Inst.dir. Univ. Frankfurt. 1966 Mitgl. Bundesgesundheitsrat, Mitgl. Hess. Beirat f. Umwelt, Mitgl. Wiss. Ges. Joh. Wolfg. Goethe-Univ. 1985-87 Präs. Dt. Meteorol. Ges. - Üb. 100 Fachveröff. Mithrsg.: Meteorol. Rundschau; Hrsg.: Deposition of Atm. Pollutants (1982); Chemistry of the Unpollutedand Polluted Troposphere (1982); Atmospheric Pollutants in Forest Areas (1986) - 1985 Mitgl. Dt. Akad. d. Naturforscher Leopoldina; 1986 Kolkwitz-Med.

GEPPERT, Hans J.

Journalist, Redakt. NDR (Ps. Rainer Grodzki) - 2104 Hamburg 92 - Geb. 14. Febr. 1942 Breslau (Vater: Wilhelm G., Lehrer; Mutter: Hildegard, geb. Grodzki), ev., 2 T. (Meike, Katja) - Stud. ev. Theol., Phil. u. Gesch. - 1969 ff. Pastor u. Redakt. Dt. Allg. Sonntagsblatt, ab 1971 ltd. Redakt. ebd.; s. 1985 NDR.- BV: Wir Gotteskinder, 1972; Götter m. beschränkter Haftung, 1985; Wie hieß d. Freundin d. Herrn Jesus, 1985. Veröff. in Anthol. Drehb. f. Fernsehfilme - 1981 Journ.-Preis Bundesarbeitsgem. fr. Wohlfahrtspflege; 1984 Weimer-Journ.-Preis.

GEPPERT, Klaus

Dr. jur., o. Prof. f. Straf-, -prozeßrecht u. -vollzug FU Berlin u. Richter am Kammergericht - Wichernstr. 17, 1000 Berlin 33.

GEPPERT, Maria-Pia

Dr. phil., o. Prof. f. Med. Biometrie - Eduard-Spranger-Str. 61, 7400 Tübingen (T. 6 17 20) - Geb. 28. Mai 1907 Breslau (Vater: August G., Lehrer; Mutter: Ernesta, geb. Belardi), kath., led. - Univ. Breslau (Promot. 1932), Gießen, Rom (Promot. 1936). Habil. 1942 Gießen - 1940-64 Leit. Statist. Abt. Kerckhoff-Inst. Bad Nauheim; 1943-64 Privatdoz. u. apl. Prof. (1951) f. Bio- u. math. Statistik Univ. Frankfurt/M.; s. 1964 ao. u. o. Prof. (1966) Univ. Tübingen (Dir. Inst. f. Med. Biometrie); 1976 emer. Div. Fachveröff. Herausg.: Biometr. Ztschr. (1959-69) - 1965 Ehrenmitgl. Dt. Region Biometric Soc.; 1951 o. Mitgl. Intern. Statist. Inst. - Liebh.: Musik.

GEPRÄGS, Ernst

Landwirtschaftsmeister, Präs. Landesbauernverb. f. Württ. u. Hoh., Ravensburg, ARsvors. Genoss. Zentralbank AG., Stuttgart - Hauptstr. 50, 7425 Hohenstein-Bernloch/Württ. - Geb. 18. Juni 1929.

GERAMB, von, Heinrich Viktor

Dr. phil., Prof. f. Theoret. Physik - Im Teich 5, 2150 Buxtehude-Ovelgönne - Geb. 5. Juni 1938 Graz - Promot. 1967 Wien - S. 1973 (Habil.) Lehrtätigk. Univ. Bonn u. Hamburg (1976 Prof.; gegenw. Sprecher Fachber. Physik). Üb. 50 Facharb.

GERATHS, Armin

Dr. phil., Prof. f. Neuere engl. u. amerikan. Lit. Techn. Univ. Berlin (s. WS 1984/85) - Bismarckstr. 4, 1000 Berlin 12 (T. 030 - 342 02 22) - Geb. 23. Mai 1938 Köln (Vater: Heinrich G., kaufm. Angest.; Mutter: Elisabeth, geb. Bigott) - Stud. Univ. Köln; Promot. 1971 Konstanz - 1964-73 wiss. Assist. Univ. Köln u. Konstanz (1967), dzw. (1969-71) Lektor Univ. Bristol/Bath; 1973-84 Prof. in Gießen; 1984 Visiting Prof. Univ. of Wisconsin/Milwaukee (USA); Fachmitgl.sch. - BV: Epigonale Romantik, 1975 - Spr.: Engl., Franz.

GERBER, Fritz

Vorstandsmitglied Kolb & Schüle AG. - Postfach 13 51, 7312 Kirchheim/Teck - Geb. 24. Dez. 1932.

GERBER, Günter

Prof. Dr.-Ing., Institut f. Elektr. Masch. TU Berlin - Klenzepfad 40, 1000 Berlin 51 (T. 030 - 496 39 18) - Geb. 12. Mai 1927 Berlin, ev., verh. s. 1960, 3 Kd. - Dipl.-Ing. 1951, Berechnungsing. b. 1957, Obering. b. 1971, Dr.-Ing. 1965; Habil. 1970 - BV: Verluste i. d. Wicklungen elektr. Maschinen unter Berücks. d. Skineffektes, Berlin 1972; Elektr. Maschinen, Berlin/Stuttgart 1980 - Liebh.: Tennis, Ski, Wasserski, Theater.

GERBER, Hermann

Dr. theol. - Auf der Steinkaut 8, 6380 Bad Homburg (T. 06172 - 4 66 26) - Geb. 4. Febr. 1910 Brüssel/Belg. (Vater: Wilhelm G., Pfarrer), ev., verh. s. 1940 m. Aniva, geb. Heider, 2 Kd. (Beate, Andreas) - Univ. Bonn, Basel, Marburg, Chicago, Gießen. Promot. 1947 Bonn - 1946-58 Pfarrer Altweilnau Kr. Usingen u. Königstein/Ts. (1950); s. 1958 OKR Darmstadt; s. 1960 Filmbeauftr. EKD - BV: Monatslieder d. Kirche, 1957; Zuspruch am Morgen, 1961; Problematik d. religiösen Films, 1962; Pia Desideria, 1963; Koordinaten - Maßstäbe ev. Filmarb., 1965; Christus im Film, 1967; Kurat. jg. dt. Film, 1978; Singe, Christenh., 1981 (hrsg.) - 1987 BVK - Spr.: Engl.

GERBER, Hermann

Dr., Dr., Prof., Musikpädagoge, Musikwissenschaftler, Sprechwissenschaftler - Spenglersruh 3, 6490 Schlüchtern (T. 06661-42 56) - Geb. 16. April 1934 Berlin (Vater: Hermann, Regiss.; Mutter: Anni, Sängerin), ev., verh. s. 1974 m. Ursula, geb. Wagner, 3 Kd. (Christiane, Antje, Jens-Jörg) - Stud.: Theaterhochsch. Leipzig, Musikhochsch. Weimar (Dipl.), Luther-Univ. Halle (Dipl.), Humboldt-Univ. Berlin, Schiller-Univ. Jena (Opern- u. Konzertgesang, Gesangspäd., Sprecherziehung, Phonetik, Stimm- u. Sprachheilkunde, Rhetorik, Stimmphysiol.); Promot. 1974 (Sprechwiss./Experimentalphonetik), Promot. 1977 (Musikwiss.) - 1960-82 Hochschullehrer Musikhochsch. Weimar (Gesang, Methodik d. Unterr., Lehrpraxis Gesang, Stimmphysiol., Stimm- u. Sprachheilkunde, Gesch. d. Gesangspäd. u. d. Kunstgesanges); 1966-74 Fachberat. f. Musiksch. in Thüringen; 1970-82 Leit. Fachrichtung Gesangspäd. Musikhochsch. Weimar; 1979-82 Leit. Zentrale Fachgr. f. Lehrprogr. Gesangswiss. u. Methodik/Lehrpraxis Gesang in d. DDR; 1975-80 Vors. Diplomkommiss. Musikhochsch. Weimar; Künstl. Tätigk. als Opernsolist (Nationaltheater Weimar), Konzertsänger u. Rezitator; Vorträge auf gesangswiss., sprechwiss. u. phoniatrischen Fachtagungen; s. 1985 Prof. f. Gesang Hochsch. f. Musik u. Darstellende Kunst Frankfurt/M. - BV: Jeder kann singen (m. Wichmann), 1964; Unters. z. frequenzabhängigen Zusammenhang zw. Dynamik u. Ösophagusdruck b. ausgebild. u. unausgebild. Sprechstimmen, 1974; Aussagewert d. Voxfunktiographie b. qualitativer Anwendung (m. Siegert), 1975; Unters. z. Entw. d. Technik d. Kunstgesanges, 1977 - Zahlr. Schüler sind Musikpädagogen an Hoch- u. Musikschulen, auch Preisträger v. bekannten Gesangswettbewerben.

GERBER, Peter

Dr.-Ing., Direktor u. gf. Präsidialmitgl. Verein Dt. Ingenieure - Graf-Recke-Str. 84, 4000 Düsseldorf - Geb. 30. April 1936.

GERBER, Richard

Dr. phil., M. Litt., o. Prof. f. Anglistik - Prausestr. Nr. 36, 1000 Berlin 45 - Geb. 9. Juni 1924 Cham/Schweiz (Vater: Otto G., Kaufmann; Mutter: Margarethe, geb. Wirth), ev., verh. s. 1953 m. Margarethe, geb. Hansen, 3 Kd. (Karen, Susanne, Hans-Walter) - Gymn. Zürich; Univ. ebd. (Dr. phil.), Bristol, Cambridge (M. Litt.) - 1954 Privatdoz. Univ. Zürich, 1956 Univ. Köln, 1959 apl. Prof. ebd., 1961 Ord. FU Berlin - BV: James Shirley, 1952 (Bern); Utopian Fantasy, 1955 (London); 1973 (New York).

GERBER, Wolf-Dieter

Dr., Univ.-Prof. Univ. Kiel - Ritzebeker Weg 64, 2300 Klausdorf (T. 0431 - 7 93 60) - Geb. 25. März 1949 Neunkirchen/Saar, verh. m. Heidi, geb. Siegler, 2 Kd. (Christina, Jana) - Stud. Psych., Päd.; Dipl. 1976, Promot. 1978, Habil. 1984 - S. 1987 Dir. Abt. Med. Psych. Univ. Kiel; 1. Vizepräs. Dt. Migräneges. - 1987 Förderpreis f. Schmerzforsch. u. Schmerztherapie.

GERBERDING, Horst F. W.

Fabrikant u. Gesellschafter Dragoco Gerberding & Co. GmbH, Holzminden, Vors. Vereinigung Dt. Riechstoffhersteller, Bonn - Haus Sommerberg, 3450 Holzminden - Geb. 22. Febr. 1925 Holzminden.

GERBERICH, Claus W.

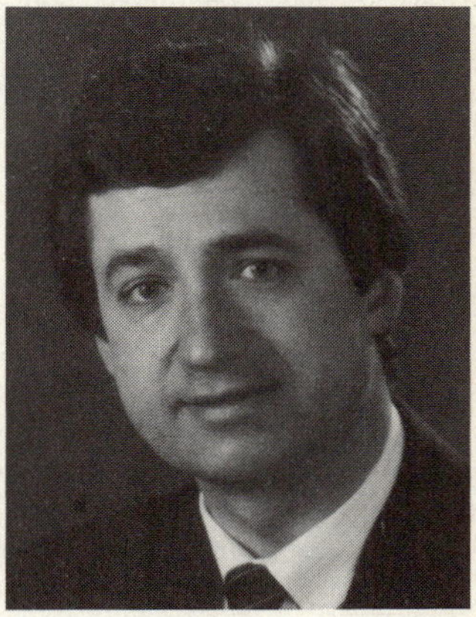

Dr. rer. pol., Dipl.-Kfm., Mitgl. d. Geschäftsleitung Battelle-Inst. Frankfurt-Genf (Ressort Finanzen u. Controlling, s. 1987) - Am Römerhof 35, 6000 Frankfurt/M. - Geb. 23. März 1946 Heidelberg, ev., verh. s. 1982 m. Nadine, geb. Geurts - Stud. Betriebsw. u. Maschinenbau, Dipl.-Kfm. 1971, Promot. 1976 Univ. Mannheim - Mitarb. BASF AG (Finanzen u. strateg. Planung u. Controlling); PWA AG (Dir. Konzernber. Planung u. Controlling); PIMS Associates (Leit. Deutschl.-Niederl.); Geschäftsf. Schöller Lebensmittel GmbH & Co. KG Nürnberg; Dir. Adidas Herzogenaurach - BV: Alternat. d. Forschungs- u. Entwicklungspolitik e. Unternehmens, 1976; Aktive strateg. Unternehmensplanung, 1981; Controlling - Probleme in multinationalen Untern., 1987; u. a. Veröff. - Lionsmitgl. - Liebh.: Theater, Konz., Tennis - Spr.: Engl., Franz., Niederl., Ital., Span.

GERBERSHAGEN, Hans-Ulrich

Dr. med., Prof. f. Anästhesiologie Univ. Mainz - Kakteenweg 6, 6500 Mainz 21.

GERBERSHAGEN, Paul

Dr. rer. nat., Prof. f. Geographie u.

Didaktik d. Erdkundeunterr. Erziehungswiss. Hochschule Rheinland-Pfalz/ Abt. Worms - Erenburger Str. 16, 6520 Worms/Rh.

GERCHOW, Joachim
Dr. med. (habil.), Prof. u. geschäftsf. Direktor Zentrum d. Rechtsmed. Univ. Frankfurt (s. 1962) - Kennedyallee 104, 6000 Frankfurt/M. - Geb. 26. Juni 1921 Mirow/Mecklenb. - 1954-62 Privatdoz. u. apl. Prof. (1959) Univ. Kiel - BV: D. ärztl.-forens. Beurt. v. Kindesmörderinnen, 1957; Alkohol – Alkoholismus, Lexikon 1980 (gem. m. B. Heberle). Zahlr. Einzelveröff. - 1964 Ehrenmitgl. Asociacion Espanola de Medicos Forensis; 1983 Ehrenmitgl. Dt. Ges. f. Rechtsmed.; 1977 Widmark-Preis, 1981 IAATM-Medaille; 1982 Lothar-Danner-Med. in Silber Bund gegen Alkohol im Straßenverkehr; 1987 Verdienstkreuz I. Kl. VO. Bundesrep. Dtschl.; 1987 Senator-Lothar-Danner-Med. in Gold.

GERCKEN, Günther
Dr. med., Prof. f. Biochemie - Kuckucksberg 25, 2073 Lütjensee - Geb. 19. März 1931 Gladbeck - Promot. 1956; Habil. 1965 - S. 1956 Univ. Köln u. Hamburg (1963; 1970 Prof. Fachber. Chemie).

GERCKENS, Franz Josef
Dr., Vizepräsident OLG Köln, Honorarprof. f. Bürgerl. Recht u. Agrarrecht Univ. Bonn/Landw. Fak. (s. 1976) - Gillesweg 10, 5303 Bornheim-Hersel.

GERCKENS, Pierre
Dr. rer. pol., Dipl.-Kfm., Geschäftsführer Verlagsgruppe Georg von Holtzbrinck Stuttgart, Deleg. d. Aufsichtsrates Verlagsgr. Handelsblatt - Kasernenstr. 67, 4000 Düsseldorf 1 (T. 0211 - 8 38 80) - Geb. 24. Juli 1938 - Kaufm. Lehre; Univ. Köln (Dipl.-Kfm. 1966; Promot. 1969). Studienaufenth. USA (Columbia, Princeton) - S. 1968 Handelsblatt GmbH - Spr.: Engl, Franz.

GERDAU, Erich
Dr. rer. nat., Prof. f. Experimentalphysik Univ. Hamburg (s. 1971) - Luruper Chaussee 149, 2000 Hamburg 50.

GERHAHER, Franz
Dr. rer. comm., Dipl.-Kfm., Unternehmer, Kompl. Gebr. Gerhaher & Co, Straubing; gf. Gesellsch. EFKO Feinkost-Konserven GmbH & Co, Arnstorf, Dachziegelwerk Möding GmbH & Co. KG, Landau, EROLIT GmbH Gerhaher & Co, Straubing, u. Parametron EDV GmbH & Co. Software KG, Straubing - Stadtgraben 20, 8440 Straubing (T. 09421 - 2 20 78 u. 2 20 79) - Geb. 13. April 1933 Straubing (Vater: Max G., Bankier †1965; Mutter: Irmgard, geb. Engelen), kath., verh. s. 1962 m. Elisabeth, geb. Koller, 3 Kd. (Florian, Eleonore, Christian) - Gymn. Straubing; Lehre Bankhs. J. Gerhaher; Hochsch. Regensburg, Univ. Hamburg u. München, Hochsch. f. Welthandel Wien (Betriebsw.). Dipl.-Kfm. 1956 München; Promot. 1959 Wien - Vizepräs. IHK f. Niederbayern; AR-Vors. Volksheim-Baugen. e.G., Straubing, Diözesanvermögensverw. d. Diözese Regensburg - BV: D. Stellung d. Bankgewerbes in d. niederbayer. Wirtschaft, 1959 (Diss.) - BVK - Bruder: Max G. (s. dort).

GERHAHER, Max
Dipl.-Ing., Fabrikant, Kompl. Gebr. Gerhaher & Co, Straubing; gf. Gesellsch. Dachziegelwerk Möding GmbH & Co. KG, Landau, EFKO Feinkost-Konserven GmbH & Co., Arnstorf, Erolit GmbH Gerhaher & Co., Straubing, Parametron EDV GmbH & Co. Software KG, Straubing - Dr.-Aicher-Str. 3, 8380 Landau/Isar (T. 09951 - 81 22); berufl.: Frühlingstr. 2, 8380 Landau (T. 09951 - 70 17) - Geb. 26. Juni 1937 Straubing (Vater: Max G., Bankier †1965; Mutter: Irmgard, geb. Engelen), kath., verh. s. 1970 m. Christiane, geb. Hindelang, 3 Kd. (Johannes, Ulrich, Katrin) - Oberrealsch. Straubing; Lehre Bankhaus Josef Gerhaher; TH München (Allg. Masch.bau), Dipl.-Ing. 1961 - Mitgl. Vollversamml. d. IHK f. Niederbayern - Bruder: Dr. Franz G. (s. dort).

GERHARD, Edmund
Dr.-Ing., Univ.-Prof. u. Leiter Fachgeb. f. Elektromechan. Konstruktion Univ.-Gesamthochschule Duisburg - Bismarckstr. 81, 4100 Duisburg 1 - Priv.: Am Plänksken 43, 4150 Krefeld 12 - Geb. 30. Okt. 1937 Hähnlein/Bergstr. - BV: Entwickeln u. Konstruieren m. System, 1979 u. 88; Baureihenentw., 1984; CAE b. d. Baureihenentw., 1987.

GERHARD, Hans
s. Weiß, Hansgerhard

GERHARD, Helmut
Unternehmer, Vorstandsmitgl. VEM, Koblenz - Im Schloßsteinchen 31, 5241 Weitefeld - Geb. 21. Juni 1929 Voorburg/ Niederl., ev., verh. s. 1956 m. Lieselotte, geb. Schnittger, 4 S. (Jan, Till, Alexander, Alpay) - Stud. Spr., Maschinenbau, Betriebsw. Univ. Mainz/Germersheim, Hannover, Köln; Dipl.-Kfm. 1954 Univ. Köln; Ausb. in versch. ausl. Betrieben (USA, GB, Belg.) - Berufstätigk. in dt., brit., amerikan., belg. Betrieben; Gf. Gesellsch.: s. 1962 Westerwälder Eisenwerk Gerhard GmbH, Gerhard KG, Westaco GmbH, Gerhard Engineering GmbH. VR TÜV Rheinl. - Zahlr. Pat. in d. Ber. Transporttanks u. Containertechn. - Div. Fachart. - Liebh.: Alte Landkarten, Sozio-Linguistik, Tennis - Spr.: Engl., Niederl., Franz. - Rotarier.

GERHARD, Karl-Heinz
Dipl.-Volksw., ehem. Hauptgeschäftsführer Bundessteuerberaterkammer, Bonn (s. 1964), Beirats- u. Arbeitsaussch.-Mitgl. Dt. Anwalt- u. Notarversich. (s. 1953), Generalsekr. d. Confederation Fiscale Europeenne d'honneur - Weilimdorfer Str. 103, 7000 Stuttgart 30 - Geb. 15. März 1922 Stuttgart (Vater: Heinrich G., Bezirksdir.; Mutter: Elsa, geb. Benz), verh. I) 1947 m. Anita, geb. Bleibaum, 2 Kd., II) 1959 Helga, geb. Hahn, 3 Kd. - Realgymn. Stuttgart; Univ. Heidelberg (1941-42), Frankfurt/ M. (1942-43), TH Stuttgart (1946-49; Diplomprüf.) - Werkstudent; Wehrdst. u. Gefangensch.; gf. Sekr. Kammer d. Wirtschaftsprüfer, vereid. Bücherrevisoren u. Steuerberater Württ.-Baden, Gf. Bundesverb. d. vereid. Buchprüfer u. Arbeitsgem. fr. Berufe Baden-Württ. - BV: Textausg. Wirtschaftsprüferordnung, 1961; Steuerberatungsgesetz, 1961 - 1984 BVK am Bde. - Liebh.: Geschichte, Literatur, Plakate - Spr.: Franz.

GERHARDS, Eduard
Dipl.-Ing., Geschäftsführer Librawerk Pelz & Nagel GmbH & Co KG, Braunschweig - Lautenthaler Str. 62, 3370 Seesen (T. 05381-26 32) - Geb. 17. Febr. 1930 Braunschweig, ev., verh. s. 1964 m. Ute, geb. Diederich, 2 S. (Joachim, Peter) - Stud. TH Braunschweig (Dipl. 1955) - Vorstandsmitgl. Fachgemeinsch. Waagen im VDMA - Liebh.: Segeln, Bergwandern, Skilaufen - Spr.: Engl.

GERHARDS, Fritzdieter
Dr., Intendant Städt. Bühnen Oberhausen - Sedanstr. 37, 4200 Oberhausen 1 (T. 0208 - 80 69 06) - Geb. 2. Febr. 1935 Wuppertal, verh., 2 Kd. - Abit.; Stud. Wien (Promot. 1960) - Regiss. u. Chefdramat. in Wien, Linz, Berlin, Göttingen, Luzern, Oberhausen, Essen u. Köln; s. 1978 Oberhausen - üb. 75 Insz. im In- u. Ausl. (Lissabon, Madrid, Zürich, Wien, Berlin), u.a. Insz. d. Rings v. R. Wagner in Madrid u. Catania; Kurzopern in Oberhausen.

GERHARDS, Günther
Dr., Hauptgeschäftsführer Handwerkskammer Rhein-Main, Hauptverw. Darmstadt - Hindenburgstr. 1, 6100 Darmstadt.

GERHARDS, Hans J.
Dr. rer. pol., Dipl.-Kfm., Geschäftsführer Dt. Schlafwagen- u. Speisewagen-GmbH., Frankfurt - Auf dem Gleichen 7, 6000 Frankfurt/M.-Nied. - Geb. 6. April 1921.

GERHARDT, Almut
Dr. rer. nat., o. Prof. f. Biologie u. ihre Didaktik PH Westfalen-Lippe/Abt. Bielefeld - Hobergerfeld 31, 4800 Bielefeld 1.

GERHARDT, Bernt
Dr. rer. nat., Wiss. Rat, Prof. f. Botanik Univ. Münster - Angelmodde 69, 4400 Münster/W. - Zul. Doz. Univ. Heidelberg.

GERHARDT, Claus
Dr. rer. nat., Wiss. Rat, Prof. f. Mathematik Univ. Heidelberg - Im Neuenheimer Feld 294, 6900 Heidelberg.

GERHARDT, Dietrich
Dr. phil., o. Prof. f. Slavistik (emerit.) - Husumer Str. 13, 2000 Hamburg 20 - Geb. 11. Febr. 1911 Breslau (Vater: Prof. Dr. med. et phil. Ulrich G., zul. Ord. f. Anat. u. Physiol. Univ. Halle/S. (s. X. Ausg.); Mutter: Renate, geb. Zitelmann), ev., verh. I.) s. 1938 m. Susanna, geb. Pfeiffer, II.) s. 1983 m. Walburga, geb. Kreft, 6 Kd. (Ludwig, Christoph, Annette, Matthias, Ulrich, Laura) - Magdalenen-Gymn. Breslau, Stadtgymn. Halle; Univ. Halle (Promot. 1939) u. Breslau - 1940 wiss. Hilfsarb. Kaiser-Wilhelm-Inst. für Phonometrie, Braunschweig, 1946 Lehrbeauftr. Univ. Erlangen, 1948 ao., 1958 o. Prof. Univ. Münster, 1959 Univ. Hamburg, emer. 1977. 1968-72 Präs. Joachim-Jungius-Ges. d. Wiss. - Lit.: Festschr. 1971 u. 1976.

GERHARDT, Eberhard
Dr. agr., Prof., Inst. f. Agrarpolitik Univ. Gießen - Ringallee 83, 6300 Gießen (T. 3 22 81) - Geb. 19. Okt. 1910 Krobitz/ Thür. (Vater: Oskar G., Landw.; Mutter: Anna, geb. Turnau), ev., verh. s. 1941 m. Magda, geb. Kirsch, S. Henning - Univ. Breslau 1934-39 (Landw., Nationalök.), Promot. 1939, 1946-48 Univ. Jena, 1949-55 Univ. Rostock, s. 1955 Habil. f. landw. Betriebslehre, Flucht, i.W.s. S. 1958 Habil. f. Agrarpolitik Univ. Gießen, 1963 Diätendoz., 1965 Prof. - BV: Thünens Tellower Buchführung, 2 Bde. 1964; D. Standort d. Forstw. im Wettbew. um d. Raum, 1969; Thünens Beitr. z. forstwirtschaftl. Standorttheorie, 1977; Z. Gesch. d. Agrarwissensch. a. d. Univ. Gießen, 1977. Üb. 50 Einzelarb. Mithrsg.: Thünen, D. isolierte Staat in Bezieh. auf Landw. u. Nationalök. (1966); Agrarw. u. -politik (1969).

GERHARDT, Ernst
Stadtkämmerer - Paulsplatz 9 / Rathaus, 6000 Frankfurt/M. 1 - Geb. 10. Sept. 1921 Frankfurt/M., kath., verh. CDU.

GERHARDT, Hans-Jochem
Hotel-Kaufmann, Vorstand Steigenberger Hotels AG, Frankfurt am Main (s. 1971) - Geb. 25. Juli 1930 Swinemünde (Vater: Johannes G., Bankdir.; Mutter: Gertrud, geb. Wessel), verh. s. 1971 m. Gabriele, geb. Kolb, T. Edith - Gymn.; Lehre Hotel- u. Gaststättenkfm. - 1953-56 Dir. Assist. Hess. Staatsbäder, Bad Nauheim; 1957-62 Dir. Kurhotel Bad Schwalbach; 1963-67 Dir. Ferienhotels Land Hessen, Bad Nauheim; 1967-70 Dir. Mövenpick Dtschl., Ludwigsburg.

GERHARDT, Kurt
Dr. jur., Hon.-Prof., Hauptgeschäftsführer Landkreistag Bad.-Württ. (s. 1980) - Sonnenbühl 51, 7000 Stuttgart 70 (T. 76 27 96) - Geb. 25. Jan. 1931 Stuttgart (Vater: Erwin G., Präs.; Mutter: Alwine, geb. Burger), kath., verh. s. 1962 m. Mechtilde, geb. Wiech, S. Andreas - 1950-1955 Stud. Rechtswiss. Univ. Tübingen u. München (Staatsex. 1955 u. 1959), Promot. 1958 - 1962-1980 stv. Hptgeschäftsf. Landkreistag Bad.-Württ. - BV: Landesbeamtenrecht, 1966; Kommentar z. Straßengesetz, 1967; D. kommun. Finanzausgleich, 1968; Verw.-kostenrecht, 1971; Umweltschutzrecht, 1973; Praxis d. Abfallbeseitigung (Handb.) 1980; D. Recht d. Landkr., 1983; Baden-Württemberg heute, 1988 - Liebh.: Gesch. - Spr.: Engl., Franz.

GERHARDT, Ludwig
Dr. phil., Prof. f. Afrikan. Sprachen u. Kulturen - Am Forstteich 8a, 2000 Norderstedt - Geb. 1. Nov. 1938 Halle/S. (Vater: Prof. Dr. Dietrich G.; Mutter: Susanne, geb. Pfeiffer), ev., verh. s. 1969 m. Renate, geb. Windszus, 2 Kd. (Johannes, Anna Katharina) - 1960-67 Stud. Afrikanistik Hamburg; Promot. 1967, Habil. 1974 - S. 1975 Prof. Univ. Hamburg.

GERHARDT, Marlis
Dr. phil., Rundfunkredakteurin - Wittlingerstr. 20, 7000 Stuttgart 30 - Geb. 22. Mai 1940 Stuttgart, verh. s. 1963 m. Albert G. - Abit. 1960 Stuttgart; Stud. Phil., Literaturwiss., Soz. Univ. München u. Stuttgart; Promot. 1968; Volont. SDR - S. 1975 Redakt. Chefredakt. Kultur SDR, Stuttgart - BV: Kein bürgerl. Stern, nichts, nichts konnte mich je beschwichtigen, Ess. z. Kränk. d. Frau, 1982; Jeder Wunsch wird Frivolität genannt, 1983; Stimmen u. Rhythmen, Weibl. Ästhetik u. Avantgarde, 1986. Herausg.: Dt. Essays (1987); E. jeder machte s. Frau aus mir wie er sie liebte u. verlangte - E. Briefwechsel (1987). Aufs. im Kursbuch, Rundfunksend., Publ. in Ztschr. - Spr.: Engl., Franz.

GERHARDT, Renate
Selbständige Verlegerin, Übers., Ausstellungsmacherin - Jenaer Str. 7, 1000 Berlin 31 (T. 030 - 854 30 09) - Geb. 14. April 1926 Berlin, verw., 2 Söhne (Titus Maria, Ezra Maria) - Stud. Philol. (dt., engl., franz.) Univ. Freiburg u. Heidelberg - Mithrsg.: Blätter f. Freunde, 1948-51; Fragmente (Taschenb.reihe), 1948-54; Intern. Revue f. moderne Dichtung, 1951/52. Übers.: Ged. u. Ess. v. T. S. Eliot, Ezra Pound, Gertrude Stein, W. C. Williams, Charles Olson, Robert Creeley, Aimé Césaire, Sédar Senghor, Henri Michaux, René Char, Antonin Artaud, Saint John Perse, Basil Bunting, Henry Miller, alle in: Fragmente, 1948-54; Alfred Jarry: Ubu Roi, Ubu Enchaîné, Ubu dans La Butte u.d.T.: König Ubu, 1948; Antonin Artaud: D. Theater u. sein Double, 1948; Um mit d. Gottesurteil Schluß zu machen, 1954; Henry Miller: Remember to Remember, Ausz. u.d.T.: E. Weihnachtsabend in d. Villa Seurat, 1960; Jean-Paul Sartre: Les Sequestrés d'Altona u.d.T.: D. Eingeschlossenen, 1960; Henry Miller: Ganz wild auf Harry; Virginia Woolf: E. Zimmer f. mich allein, 1976; Gail Holst: Rembetika, Musik e. griech. Subkultur, 1978; Erica Jong: Rette sich, wer kann, 1978. Mitübers.: Henry Miller: Wendekreis d. Krebses, 1953; Vladimir Nabokov: Gelächter im Dunkel, 1962; Frühling in Fialta, Erz.; Alfred Jarry: D. Supermann, 1969; Paolo Freire: D. Meth. Paolo Freire - Spr.: Engl., Franz.

GERHARDT, Ulrich
Dr. phil. nat., Prof. f. Physik - Mammolshainer Weg 8, 6240 Königstein/Ts. - Geb. 6. März 1935 Kassel - Promot. 1965 - S. 1971 (Habil.) Lehrtätigk. Univ. Frankfurt/M. (1972 Prof.). USA-Aufenth. Üb. 30 Facharb.

GERHARDT, Ulrich
Regisseur - Helmstedter Str. 12A, 1000 Berlin 31 (T. 030 - 853 52 33) - B. 1981 RIAS Berlin, b. 1986 SFB.

GERHARDT, Uta
Dr. rer. soc., o. Prof. f. Medizinische Soziologie Justus Liebig Univ. Giessen - Klinikum - Friedrichstr. 24, 6300 Gießen (T. 0641 - 702 24 95) - Geb. 1938 Zella-Mehlis, gesch., T. Agnes - Stud. Univ. Frankfurt u. Berlin (Soziol., Psychol., Gesch., Phil.; Studienstiftg. d. Dt. Vol-

kes) - 1973-74 Univ. Calif., 1974-79 Univ. London, 1986 Univ. Wisconsin; 1988 Harvard Univ.; s. 1972 Konzil Dt. Ges. f. Soziol., 1980-84 Vorst. Dt. Ges. f. Soziol., 1986ff Sprecher Sektion Medizinsoziol. Dt. Ges. f. Soziol., 1981-83 Vors. Dt. Ges. f. Med. Soziol., 1983ff. Sprecher d. Bundesrep. Dtschl. Europ. Ges. f. Med. Soziol. - BV: Hochsch. in d. Demokr., Monogr. 1965 (m.a.); Rollenanalyse als Krit. Soziol., Monogr. 1971; Herausg.: Stress and Stigma, (m. M.E.J. Wadsworth, 1985); Patientenkarrieren, Monogr. (1986). Frauensituation (m. Y. Schütze, 1988); Ideas About Illness, Monogr. (1989); Jahrb. Med. Soziol. (1981-1985 m.a.) - Spr.: Engl., Franz., Span.

GERHARDT, Walter

Dr. jur., Univ.-Prof. f. Bürgerl. Recht u. Zivilprozeßrecht Univ. Bonn (s. 1972) - Quellenweg 20, 5330 Königswinter 41 (T. 2 30 77) - Geb. 18. Okt. 1934 Düsseldorf (Vater: G. Rudolf, Dipl.-Ing.; Mutter: Anne, geb. Ernst), ev., verh. s. 1964 m. Sybille, geb. Bach, 2 Kd. (Joachim, Urte) - Stud. d. Rechtswiss. Univ. Tübingen, Berlin (Freie), Göttingen - S. 1968 Doz. u. apl. Prof. Univ. Göttingen; Mitgl. Kommiss. z. Reform d. Insolvenzrechts - BV: Befreiungsanspruch, 1966; Gläubigeranfechtung, 1969; Zivilprozeßrecht, Fälle u. Lösungen, 4. A. 1987; Vollstreckungsrecht, 2. A. 1982; Mobiliarsachenrecht, 2. A. 1986; Dassler-Schiffhauer-Gerhardt, Komm. z. ZVG, 11. A. 1978; Immobiliarsachenrecht, 2. A. 1989; Grundbegriff d. Vollstreckungs- u. Insolvenzrechts, 1985. Zahlr. Fachveröff. u. Festschr.beitr. - BVK I. Kl. - Spr.: Engl.

GERHARDT, Walter

Dr., Botschaftsrat, Wirtschaftsref. Botschaft d. BRD in Indien - 6, Shantipath Chanakyapuri, New Delhi 110021.

GERHARDTS, Max Dieter

Dr. rer. nat., o. Prof. f. Mathematik Univ. Osnabrück (Fachber. Math./Phil.) - Immermannstr. 32, 5000 Köln 41 - Geb. 5. Sept. 1932 Remscheid (Vater: Max G., Kfm. u. Fabr.; Mutter: Charlotte, geb. Thiel), led. - Leibniz-Gymn. Remscheid; Stud. Reine u. angew. Math., Informatik, Phys., Chem., Med. Köln, Bonn, London, Reading (England); 1. u. 2. Staatsex. 1958, Promot. 1960 (Dr. rer nat.) - 1961 Ass. Köln, 1964 Doz. Wuppertal, 1967 ao. Prof. Bremen, 1968 o. Prof. Bremen, 1970 o. Prof. Osnabrück, 1973 Gastprof. London, Forschungsauftr. Univ. London 1973-75, 1977 Math. Berater Med. Univ.klinik Köln, 1978-80 Forschungsauftr. Univ. Köln - Zahlr. Facharb. ü. Mengenlehre, Algebra, Verbandstheorie (Spez. Schrägverbände), Biometrie, publ. i. Ungarn, BRD, Japan, England, Schweiz - BV: Verbandstheorie I, Stuttg. 1972; II Stuttg. 1975; Lehrbuch d. Mathematik, Braunschweig 1976; Zwischenbilanz, Freiburg 1978 - Mitgl. Dt. Mathematiker-Vereinig., Dt. Biometrische Ges., Dt. Roentgen-Ges., The International Biometric Soc., Dt. Hochschulverb., Ges. f. med. Dokumentation u. Statistik, Ges. Dt. Naturforscher u. Ärzte - Spr.: Engl., Franz.

GERHARTZ, Heinrich

Dr. med., Prof., Internist - Teutonenstr. 16, 1000 Berlin 38 (T. 803 60 31) - Geb. 21. Juli 1919 Bonn (Vater: Prof. Dr. med. et phil. Heinrich G., Internist u. Neurologe (s. X. Ausg.); Mutter: Dr. med Elisabeth, geb. Reinicke), ev., verh., 6 Kd. (Sigrid, Ulrich, Helmut, Karin, Antje, Ingo) - Gymn.; Univ. Berlin, Innsbruck, Freiburg, Wien, Med. Psych. Promot. 1943 Berlin - 1945-50 Humboldt- (zul. Oberassist. Pathol. Inst./Charite. S. 1950 Freie Univ. Berlin, Leit. Hämatolog.-onkolog. Abt.; 1958 Privatdoz., 1964 apl. Prof. - Üb. 400 Facharb. (Blutkrankh., bösart. Geschwülste, Chemotherapie) - EK I u. Verwundetenabz. - Gold. Sportabz. - Spr.: Engl.

GERHARTZ, Johannes Günter, S. J.

Dr. jur. can., o. Prof. f. Kirchenrecht - Borgo S. Spirito 5, 00193 Roma, Italien (T. 686 98 41) - Geb. 7. Nov. 1926 Hamburg (Vater: Balthasar, kaufm. Angest.; Mutter: Elisabeth, geb. Lanser), kath. - Oberrealsch. Hamburg; Hochsch. f. Phil. München (Phil.; Liz. 1954), Phil.-Theol. Hochsch. St. Georgen Frankfurt (Theol.; Liz. 1959), Univ. Gregoriana Rom (Kirchenrecht; Promot. 1965) - S. 1948 Ges. Jesu; s. 1958 Priester - S. 1965 Doz., ao. (1967) u. o. Prof. (1970) PhThH St. Georgen - 1970-72 Rektor; 1972-81 Provinzial d. Norddeutsch. Provinz S.J., Köln; 1982-87 Assist. d. Generals d. Ges. Jesu; 1983 Generalsekr. d. Ges. Jesu - BV: Insuper promitto - D. feierl. Sondergelübde kath. Orden, 1966; Z. Thema Ehescheidung, 1970; Unauflöslichkeit d. Ehe u. kirchl. Ehescheidung, 1971 (auch franz.; beide zus. m. and.); D. rechtl. Ordnung d. Mischehen, 1971 - BVK I. Kl. - Spr.: Engl., Franz., Ital., Latein.

GERICKE, Dietmar

Dr. med., Prof. - Thalkirchner Str. 68, 8000 München 2 - Geb. 2. Mai 1922 Berlin (Vater: August G., Landforstm.; Mutter: Hildegard, geb. Dittmar), ev., verh. s. 1945 m. Sigrid, geb. Hartmann, 2 Kd. (Dirk-Steffen, Hubertus) - Promot. 1946 Halle/S.; Habil. 1970 Frankfurt/M. - 1946-50 Assist.arzt Univ. Halle/S., Köln, Bonn; s. 1950 Hoechst AG. (Betriebsassist. u. -führer; 1960-79 Leit. Labor f. Krebsforsch.). In- u. ausl. Fachmitgl.sch. Üb. 200 Fachveröff., Handb.- u. Buchbeitr. - Liebh.: Neuere Gesch. - 1940 Reiterabz.; 1969 Gold. Sportabz. - Spr.: Engl.

GERICKE, Reinhard

Dipl.-Volksw., Verwaltungsforscher, Sachbuchautor, Lehrbeauftr. FU Berlin u. FH f. Verw. u. Rechtspflege Berlin, Geschäftsführer d. Sozialdemokrat. Gemeinsch. f. Kommunalpolitik (SGK Berlin) u. Stiftg. Inst. f. Soz. Demokratie - Zu erreichen üb. August-Bebel-Inst., Müllerstr. 163, 1000 Berlin 65 - Geb. 6. Aug. 1939 Berlin (Vater: Franz G., Beamter; Mutter: Gerda, geb. Stolley), 3 Kd. (Nikola, Pamela, Karolin) - Stud. FU Berlin - 1975-81 Bez.stadtrat f. Volksbildung Berlin-Kreuzberg. SPD (1967-75 Bezirksverordn. Kreuzberg; 1971-75 stv. Fraktionsvors.) - BV: Leitfaden z. Ausländerarbeit in Berlin, 1983, 2. A. 1985; D. Bezirksverordnetenvers. v. Berlin (West), 1986/87; Hilfe z. Selbsthilfe durch Trägermodelle b. d. Altbauerneuerung, Forschungsber. 1986 - Spr.: Engl., Franz, Latein.

GERICKE, Walter

Vorstandsmitglied i. R. d. Ges. z. Förderung d. Dt. Versicherungs-Akademie - Benediktenwandstr. 18, 8000 München 90 (T. 089 - 64 51 72) - Geb. 1. Okt. 1914 Berlin (Vater: Alfred G., Oberst a. D.; Mutter: geb. Brucker), verh. s. 1939 m. Monica, geb. Düsing, S. Dr. Michael - 1934-45 Berufsoffz. (ab 1943 Generalstab); s. 1945 Versicherungswirtsch. (1964/65 stv. Mitgl. Geschäftsltg. Versicherungsgr. Hannover), 1965-71 Agrippina (zun. Generalbevollm., dann Vorst.-Mitgl.), b. 1979 Gf. Vorst.-Mitgl. d. Dt. Vers.Akad. u. Geschf. Arbeitgeberverb. Versich.untern. in Dtschl.

GERICKE, Walter

Generalmajor d. Bundeswehr a. D. - Altenburger Str. 50, 6320 Alsfeld/Hessen (T. 06631-23 60) - Geb. 23. Dez. 1907 Bilderlahe, ev., verh. s. 1938 m. Ruth, geb. Kolb, 2 Kd. (Hans Dietrich, Christine) - Abit. Berlin; Stud. Rechtswiss. u. Gerichtsmed.; 1929 Eintritt Schutzpolizei, 1935 als Oberlt. u. Kompanieführer Übernahme Luftwaffe (Fallschirmjäger) - 1944 Beförderung z. Oberst u. Kdr. ll. Fjg. Div.; 1945-47 brit. Gefangenschaft; dan. Geschäftsf. in e. Textilkaufhaus; Überparteiliche kommunale Tätigk., 1952 Stadtrat Kreisstadt Alsfeld f. Wirtsch. u. Verkehr, Vors. gemeinn. Bau- u. Siedlungsgem. Alsfeld u.a., Bundesvors. Verb. ehem. Fallschirmjäger u. Schriftleit. d. Ztschr. D. Fallschirmjäger; 1956 Übern. als Oberst in d. Bundeswehr z. Aufstellung e. Fallschirmjägertruppe; b. 1962 Kommandeur d. Luftlandesch. d. Bundeswehr; 1961 Brigadegeneral; 1963 Generalmajor; 1962-65 Kommandeur d. 1. LL-Div. d. Bundeswehr - Zahlr. Bücher üb. Ausbild. u. Kriegseinsätze d. Fallschirmtruppe: Soldaten fallen v. Himmel, 1940; Fallschirmjäger hier u. da, 1941; V. Malemes b. Chania, 1943; Da gibt es kein zurück, 1955; Fallschirmsportspringen, Lehr- u. Handbuch 1962; Hurra wir springen, Ausbild. an d. LL-Schule, 1967; Dort oben auf d. Burglachberg, Bildb. 1976; Altenstädter Notizen - 30 J. LL Schule, 1986 - 1941 Ritterkreuz EK, 1944 Eichenlaub zum RK, Inh. d. silb. Adenauer Med., Gr. BVK d. VO, Gold. Daedalusmed. dt. Aeroclub, Gold. Ehrenmed. Stadt Schongau u. Berufung in d. Gr. Rat d. Stadt, Ehrenring Gemeinde Altenstadt, Silb. Ehrennadel Stadt Alsfeld, Gold. Ehrennadel bayer. Luftsportverb., dt. Aeroclubs u. Verb. d. Reservisten d. Bundeswehr - Liebh.: Militärgesch., Luftsport - Spr.: Engl.

GERIGK, Horst-Jürgen

Dr. phil., Prof. f. Russ. Literatur u. Allg. Lit.wiss. Slaw. Inst. Univ. Heidelberg - Schulgasse 6, 6900 Heidelberg - Geb. 10. Nov. 1937 Berlin, verh. s. 1968 m. Dr. phil. Gabriele, geb. Selge, 4 Söhne (Ernst Robert, Sebastian, Erasmus, Arthur) - Promot. 1964, Habil. 1971, apl. Prof. (1974), Prof. (1979) Univ. Heidelberg - BV: Versuch üb. Dostojewskijs Jüngling, München 1965; Entwurf e. Theorie d. lit. Gebildes, Berlin u. New York, 1975; Unterwegs z. Interpretation, 1989 - Karl-Friedrichs-Med. f. Preisschrift Philosoph. Fak. Univ. Heidelberg 1963.

GERIGK-GROHT, Silke

Volksschullehrerin a. D., MdL Nordrh.-Westf. (s. 1975) - Harkortstr. 3, 5804 Herdecke/Ruhr (T. 02330 - 48 60) - Geb. 25. Mai 1948 - FDP.

GERINGAS, David

Prof., Musiker, Violoncellist - Hansastr. 47, 2000 Hamburg 13 - Geb. 29. Juli 1946 Wilna, verh. m. Tatjana Schatz - Ausb. Tschaikowsky-Konservat. Moskau, 1963-73 (Kl. M. Rostropowitsch) - Konz. in aller Welt, 1983 Debut Salzburger Festspiele - 1977 Prof. Hamb. Musikhochsch.; 1980 Prof. Lübecker Musikhochsch. 1981 Mitgl. Akad. d. Fr. Künste Hamburg - 1970 I. Preis u. Goldmed. Tschaikowsky-Wettb. Moskau; 1980 I. Preis Granada Intern. Festival; 1989 Grand Prix du Disque Intern.

GERISCH, Herbert

Direktor, Vorstandsvors. BIG-Heimbau eG (s. 1955), Gf. Gesellsch. BIG Bau-Investitions-Ges. mbH. (s. 1973), bde. Kiel - Hauptstr. 1, 2350 Neumünster - Geb. 15. April 1922 Strohkirchen/Meckl. (Vater: Robert G., Bauer; Mutter: Frieda, geb. Meibohm), verh. s. 1948 m. Gertrud, geb. Plath, 2 Töcht. (Delia, Gabriele) - Realgymn. Ludwigslust (Abit. 1940) - Berufsoffz. - CDU. AR-, VR- u. Beirats-Mand. DRK-Kreisvors. - Kriegsausz., Frhr.-v.-Stein-Med., BVK, Gold. Sportabz. - Liebh.: Jagd - Spr.: Engl.

GERISCH, Peter

Journalist - Fichtenstr. 12, 6370 Oberursel 4 - Geb. 27. Febr. 1931 Den Haag (Niederl.) - Stud. Publiz., German., Kunstgesch., Georgr. Berlin (FU), Sioux Falls/USA (Augustana College), Frankfurt/M. (Univ.) - S. 1956 freiberufl. Reisejourn. (u. a. FAZ) - BV: Gondel, Gas u. weiße Wolken, 1958; Schalom, Schalom - E. Deutscher besucht Israel, 1966. Div. Grieben-Reisef., Frankfurt 1969, D. schönsten Kreuzfahrten 1974, Entd. am Schienenstrang, 1987 - 1965 Cavaliere ital. Orden Al Merito; 1968 burgenl. Ehrenz. 1969 Theodor-Wolff-Preis (f. d. Lokalglossen: Wetterbericht, Zugauskünfte, 1968).

GERISCHER, Heinz

Dr. rer. nat., Dr. sci. h. c., Drs. rer. nat. h. c., Honorarprof. f. Physikalische Chemie Technische u. Freie Univ. Berlin, Dir. Fritz-Haber-Inst. d. Max-Planck-Ges., Berlin-Dahlem (1970-86) - Faradayweg 12, 1000 Berlin 33 - Geb. 31. März 1919 Wittenberg (Vater: Oskar G.; Mutter: Amalie, geb. Scheuer), verh. m. Dr. Renate, geb. Gersdorf - Univ. Leipzig. Promot. 1946 Leipzig; Habil. 1955 Stuttgart - S. 1955 Lehrtätigk. TH Stuttgart (1961 apl. Prof.) u. München (1962 ao., 1964 o. Prof.; Inst.svorst.); 1949-53 Max-Planck-Inst. f. Physikal. Chemie Göttingen; 1954 b. 1962 MPI f. Metallforsch. Stuttgart; 1971-72 Vors. Dt. Bunsen-Ges. f. Physik. Chemie u. Präs. Intern. Soc. of Electrochemistry - 1953 Bodenstein-Preis; 1976 Bunsen-Denkmünze Dt. Bunsen-Ges., 1977 Palladium Medal, The Electrochemical Soc., 1982 DECHEMA-Medaille; 1988 Galvani Med. d. Soc. Chimica Italiana.

GERKAN, von, Meinhard

Dipl.-Ing., o. Prof. f. Inst. f. Baugestaltung A TU Braunschweig (s. 1974) - Pockelsstr. 4, 3300 Braunschweig; priv.: Am Hirschpark 3, 2000 Hamburg 55 - S. 1965 freischaff. Architekt in Sozietät m. Volkwin Marg, s. 1974 weit. 4 Partner. Mehr als 80 realisierte Bauvorhaben, u.a. Flughafengebäude Berlin-Tegel, Stuttgart, Algier; Hochschulsportforum, Kiel; Intern. Sportzentr. Luxemburg; Hauptverw. Dt. Shell AG, Hamburg; Hauptverw. Aral AG, Bochum; Hauptverw. Otto-Versand, Hamburg; Bürozentrum DAL, Mainz; Hauptverw. Dt. Lufthansa, Hamburg; Oberpostdir. Braunschweig; Max-Planck-Inst. Lindau-Harz; Betriebswerkst. u. Energiezentrale, Berlin-Tegel; Psychiatr. Kliniken in Ricklingen; Rheumaklinik Bad-Meinberg; Stadthalle Bielefeld; Festhalle Taima/ Saudi-Arabien; Hanse-Viertel, Hamburg; Kontorhaus Hohe Bleichen, Hamburg; Marktarkaden Bad-Schwartau; Grindelallee 100, Hamburg; Hillmannresidenz, Bremen; Moorbek-Roundeel, Norderstedt; Europ. Patentamt, München; Innenmin. Kiel; Bundesumweltmin., Bonn; Renaissance-Hotel Ramada, Hamburg; Plaza-Hotel, Bremen; Sheraton-Hotel, Ankara; Justiz-Verw., Flensburg; Amtsgericht, Braunschweig; Moscheen in Taima u. Sulayyil, Saudi-Arabien; Gewerbe- u. Industriebauten, Berlin-Tegel; Parkhäuser in Hamburg, Poststr., u. OPD-Braunschweig; Hillmanngarage, Bremen; Stadtbahnhaltestelle, Bielefeld; div. Wohnbauten in Saudi-Arabien; Energiesparhaus Intern. Bauausst. Berlin; 6 Stadthäuser, Intern. Bauausst. Berlin - BV: Architektur 1966-78, GMP, 1978; Architektur 1978-83, GMP, 1983; Architektur 1983-88, GMP, 1988; D. Verantw. d. Arch., 1984; Alltagsarchitektur, Gestalt u. Ungestalt, 1987. Zahlr. Publ. in nat. u. intern. Fachztschr. sow. reg. u. überreg. Tagesztg., Wochenztschr. - Mitgl. Akad. d. Künste, s. 1972; mehr als 200 Wettbewerbspreise b. nat. u. intern. Wettbew., dar. 68 erste Preise; zahlr. Ausz. f. vorbildl. Arch.

GERKE, Ernst-Otto

Dr. phil., Prof. f. Linguistik d. Deutschen - Hallerstr. 5b, 2000 Hamburg 13 - (Vater: Ernst G., kfm. Angest.; Mutter: Anita, geb. Warncke), verh. m. Galina, geb. Lasarew - B. 1977 Doz., dann Prof. Univ. Hamburg. Hauptarb.geb.: Methodologie u. Gesch. d. Sprachwiss. - BV: D. Essay a. Kunstform b. Hugo v. Hofmannsthal, 1970.

GERKE, Friedrich

Kaufmann, Mitinh. u. Geschäftsf. Friedrich Gerke Samengroßhandl. Gartencenter Lippstadt, Präs. CIBEP (Commerce Intern. de Bulbes et de Plantes), EG Brüssel, Ehrenpräs. Verb. Dt. Samenkaufleute u. Pflanzenzüchter, Aufsichtsratmandate - Wiedenbrücker Str. 7, 4780 Lippstadt/W. (T. 68 38) - Geb. 29. Aug. 1915 Lippstadt (Vater: Heinrich G., Kaufmann; Mutter: Christine, geb. Poettgen), kath., verh. s. 1945 m. Mathilde, geb. Fritz, 5 Töcht. (Christiane,

GERKE, Hans-Willi
Rechtsanwalt, Bürgermeister Stadt Viersen - Priv.: Ahornweg 6, 4060 Viersen 11 (T. 5 18 38); dstl.: Rathaus, 4060 Viersen 1 (T. 10 12 00) - Geb. 19. Aug. 1928 Mülheim/R., kath., verh. s. 1955 m. Elisabeth, geb. Kamp, 2 Kd. (Christoph, Martina) - BVK I. Kl.

GERKE, Karl

Dr.-Ing., o. Prof. em. für Geodäsie - Spitzwegstr. 9, 3300 Braunschweig (T. 33 86 83) - Geb. 10. Aug. 1904 Braunschweig (Vater: Karl G.; Mutter: Marie, geb. Ehlers), ev.-luth., verh. s. 1935 m. Ruth, geb. Decker, 3 Töcht. (Bärbel, Eva, Dorothea) - TH Braunschweig (Dipl.-Ing. 1932) u. Berlin. Promot. 1947; Habil. 1952 - 1935-38 (Assist.) u. n. 1945 TH Braunschweig (1946 Obering., 1952 Privatdoz., 1957 apl. Prof. f. Geodäsie), ab 1938 Regierungsbaurat Berlin, 1957-62 Oberreg.vermessungsrat u. Reg.dir. (1962) Inst. f. Angew. Geodäsie, II. Abt. Dt. Geodät. Forschungsinst. Frankfurt/M., anschl. Ord. u. Inst.dir. TH bzw. TU Braunschweig (1966-68 Rektor). Mitgl. Dt. Geodät. Kommiss./ Bayer. Akad. d. Wiss. (1967-72 Präs.) u. Dt. Union f. Geodäsie u. Geophysik (1968-73 Präs.) - Br. Wissenschaftl. Gesellschaft (1971-77 Präs.) - Lions Club Br. (1972-73 Präs.) - Liebh.: Sport, Kunst, Philatelie - Spr.: Engl., Franz.

GERKE, Wolfgang
Dr. rer. pol., o. Prof. f. Betriebswirtschaftslehre u. Bankbetriebslehre Univ. Mannheim - Weinstr. 104, 6730 Neustadt - Geb. 3. Febr. 1944 Cuxhaven, ev., verh. - Abit. 1965 Karlsruhe; Dipl.-Kfm. 1970 Saarbrücken; Promot. 1972 Frankfurt/M.; Habil. 1977 - 1978 o. Prof. Univ. Passau, 1981 Univ. Mannheim (Schrifttum z. Geld-, Bank- u. Börsenwesen) - Spr.: Engl., Franz.

GERKEN, Hartmut
Dr. med., Prof., Ltd. Arzt Städt. Kinderklinik Oldenburg - Cloppenburger Str. 363, 2900 Oldenburg/O. - Geb. 11. Sept. 1934 Hildesheim - Promot. 1961 - S. 1972 (Habil.), apl. Prof. f. Kinderheilkd. (1977) Univ. Kiel (zul. Oberarzt Kinderklinik). Fachveröff. - Spr.: Engl., Franz.

GERKEN, Horst
Dr.-Ing., Prof. f. Planungstechnik Univ. Hannover (Fachbereich Architektur) - Gerlachstr. 26, 3000 Hannover 1.

GERKEN, Johann H.
Reeder (Oeltrans Befrachtungsges. mbH & Co., Beteiligungsges. Oeltrans mbH, Vegoel Schiffahrts-GmbH, alle Hamburg) - Katharinenstr. 33, 2000 Hamburg 11 (T. 040 - 36 28 04); priv.: Friedrichstr. 31, 2110 Buchholz - Geb. 6. Sept. 1932 Osterholz-Scharmbeck (Eltern: Hinrich u. Rebekka G.), verh. m. Renate, geb. Coorssen, 3 S. (Thomas, Andreas, Stefan) - Div. Ehrenämter - Liebh.: Malerei, Kunstgesch., Tennis.

GERL, Andreas
Dr. jur., Rechtsanwalt, MdA Berlin (s. 1973) - Feurigstr. 62, 1000 Berlin 62 - Geb. 11. Nov. 1943 Fürstenwalde, verh. - SPD.

GERLACH, Alexander
Dr.-Ing. habil., Dr.-Ing., Prof. f. Verkehrswegebau - Quantelholz 14, 3000 Hannover - Geb. 7. Jan. 1933 München - Promot. 1967; Habil. 1971 - S. 1978 Prof. Univ. Hannover. Facharb., auch Bücher.

GERLACH, Carl E.
Dr.-Ing., Prof. f. Luftverkehr u. Flughafenanlagen Univ. Stuttgart (apl.) - Lenbachstr. 43, 7000 Stuttgart.

GERLACH, Dieter
Dr. med., Prof., Rechtsmedizin - Inst. f. Rechtsmedizin Univ. Münster, 4400 Münster (T. 0251 - 51 51) - Geb. 7. Juni 1935 Duisburg, ev., verh. s. 1961 m. Heiderose, geb. Goerigk, 4 Kd. (Verena, Martin, Ilka, Edda) - Altsprachl. Gymn. Minden; Stud. German. u. Med. Münster u. Gießen; Med. u. Psych. Münster, Habil. 1976 - 1965 Wiss. Assist. Rechtsmed. Münster, 1969 Akad. Rat Heidelberg, 1979 Prof. f. Rechtsmed. Münster.

GERLACH, Eckard
Dr. rer. nat., Prof., Physiker - Walhorner Str. 1a, 5100 Aachen - B. 1973 Privatdoz. Univ. Würzburg, dann Wiss. Rat u. Prof. TH Aachen.

GERLACH, Eckehart
Dr. med., o. Prof. u. Vorst. Physiol. Inst. Univ. München (Herz- u. Zellphysiol.) - Pettenkoferstr. Nr. 12, 8000 München 2 (T. 089 - 5996-388) - Geb. 2. April 1927 Göttingen (Vater: Walter G., Oberstudiendirektor; Mutter: Elisabeth, geb. Küch), verh. 1954 m. Dr. med. Ingrid, geb. Bues † 1977, 3 Kd. (Imke, Evelin, Tilman), wiederverh. s. 1981 m. Christine, geb. Günther - Univ. Göttingen u. Heidelberg. Promot. 1953; Habil. 1960 - Doz. u. wissenschaftl. Rat Univ. Freiburg (1960-66), apl. Prof. (1966), o. Prof. u. Vorst. Abt. Physiol. Med. Fak. TH Aachen (1966-74), o. Prof. u. Vorst. Physiol. Inst. Univ. München (s. 1974) - Fachveröff. Mitherausg. v. Kongressb. u. Fachzeitschr. - 1980 Paul Morawitz-Preis d. Dt. Ges. f. Herz- u. Kreislaufforschung - Spr.: Engl.

GERLACH, Hans
Dr.-Ing., stellv. Aufsichtsratsvorsitzender Gerlach-Werke GmbH. - 6650 Homburg/Saar - Geb. 1. Aug. 1924.

GERLACH, Horst
Verwaltungsangestellter, MdB (1961-76), Mitgl. Europ. Parlam. (1965-77) - Zul. 2950 Leer/Ostfriesl. - Geb. 16. Aug. 1919 Lötzen/Ostpr., verh., 3 Kd. - Gymn. - 1945-80 Arbeitsverw. 1948-49 Stadtrat Wittmund; 1956-61 Ratsherr Leer; 1960-76 MdK Leer, s. 1976 Präs., s. 1980 Ehrenpräs. Arbeitsgemeinsch. Europ. Grenzregionen (AGEG); 1980-83 Sozialref. Botsch. Rom.

GERLACH, Horst-Henning
Dr.-Ing., Prof. Fabrikorganisation - Rodenbusch 22, 4030 Ratingen 5 - Geb. 28. Jan. 1928 Königsbach/Pr., ev., verh. - 1950-54 TH Hannover (Maschinenbau); Dipl.-Ing. 1954, Promot. 1961) - 1961-72 DEMAG AG., Duisburg; s. 1972 Univ. Dortmund (Wiss. Rat u. Prof. bzw. Ord.) - 1976 VDI-Ehrenplak.

GERLACH, Joachim
Dr. med., o. Prof. (em.) f. Neurochirurgie - Am Käs 1, 6101 Modautal 3, Lützelbach (T. 06254 - 10 05) - Geb. 30. März 1908 Breslau (Vater: Ernst G., Bankbeamter; Mutter: Gertrud, geb. Jahn), ev., verh. m. Hanna, geb. Cruse, 4 Kd. (Anneliese, Brigitte, Bernhard, Ernst) - Realgymn. am Zwinger Breslau; Univ. ebd., Frankfurt/ M., München - 1934 bis 1937 Diakonissenkrkhs. Bethanien Liegnitz, 1938-45 Kaiser-Wilhelm-Inst. f. Hirnforsch. Berlin, 1945-48 Landeskrkhs. Schleswig-Stadtfeld (Neurochir. Abt.), s. 1948 Chir. Univ.sklinik Würzburg (b. 1965 Leit. Neurochir. Abt., dann Dir. Neurochir. Klin.; 1950 Privatdoz., 1956 apl., 1959 ao., 1968 o. Prof.). Mitgl. Dt. Ges. f. Neurochir. (1958-60 Vors.), Dt. Ges. f. Chir. Bayer. Chirurgenvereinig., Ges. Dt. Naturforscher u. Ärzte - BV: Pädiatr. Neurochir., 1967 (m. a.): Grundriß d. Neurochir., 1967, 2. A. 1981 (jap. Ausg. 1987). Herausg.: H. Kuhlenbeck, Gehirn, Bewußtsein u. Wirklichkeit (1986). Mitarb. Handb. d. Neurochir. (Bd. IV 1966, VII 1966) - 1982 Ehrenmitgl. Dt. Ges. Neurochir.

GERLACH, Johann Wilhelm
Dr. jur., Prof. f. Bürgerl. Recht, Handels- u. Zivilprozeßrecht FU Berlin - Riemeisterstr. 24, 1000 Berlin 37 - BV: D. Untervollmacht, 1967; D. Haftungsordnung d. §§25, 28, 130 HGB, 1976; Radikalenfrage u. Privatrecht, 1978; Kommentierung d. §§ 13 ff. AGB-Ges., Münchener Kommentar, Bd. 1 1978 - Spr.: Franz., Span., Engl.

GERLACH, Knut
Dr. rer. pol., Prof. f. Polit. Wirtschaftslehre u. Arbeitsökonomie Univ. Hannover - Liepmannstr. 9b, 3000 Hannover 91 - Geb. 1. Sept. 1940 Groß-Zeißig/ Schles. (Vater: Karl G., Lehrer; Mutter: Hanna, geb. Krzyzek) - Univ. Göttingen u. Montpellier - Zul. Wiss. Assist. Regensburg - BV: D. Entwicklungsbeitrag v. Bildungsinvestitionen, 1969; Grundl. d. Regionalök. (m. Buttler u. Liepmann), 1977; Arbeitsmarktstrukt. u. -prozesse (m. Biehler u. Liepmann), 1981; Effizienzlohntheorie, Individualeinkommen u. Arbeitsplatzwechsel (m. O. Hübler), 1989 - Spr.: Engl., Span., Franz.

GERLACH, Paul
Regierungsdirektor, MdB (s. 1969, CDU/CSU-Fraktion; Wahlkr. 233/ Aschaffenburg) - Zul. 8750 Aschaffenburg/Ufr. - Geb. 18. Aug. 1929 Obernau/ M., kath., verh., 4 Kd. - Gymn. Aschaffenburg; Univ. Würzburg u. Frankfurt/ M. (Volksw., Rechts- u. Staatswiss.); Hochsch. f. Verwaltungswiss. Speyer - Bayer. Staatsdst. (zul. Reg. v. Unterfr.). CSU s. 1951 - 1980 Bayer. VO.

GERLACH, Rolf
Dr., Wirtschaftsjurist, Unternehmerberater u. Psychotherapeut - Steiermarkstr. 10, 8000 München 60 (T. 089 - 56 66 60) - Geb. 7. Sept. 1919 Leipzig (Vater: Hermann G., Synd.; Mutter: Frieda, geb. Sonntag), ev., verh. s. 1942 m. Waldtraut, geb. Goeden, 2 Kd. (Carola †, Reinhart †) - 1940 Kriegsch. Potsdam, 1944 Hptm. - 1947 Vorstandsmitgl. Union-Bau-AG; 1949 Generalsekr. Reichsverb. Dt. Volkswirte; 1949 Vors. Vereinig. Wirtsch.jur. in d. BRD u. W.-Berlin; 1958 Mitgl. Geschäftsltg. Thiering KG, Stuttgart; 1961 Verw.dir. Henri Fayol Stiftg., Straßburg-Kehl, 1972 Dir. d. Arbeitswiss. Inst. d. GbP, München; 1967 Hon.-Prof. Hochsch. f. Wirtsch. Chur - BV: Zulässige Betriebsvereinbarungen, 1963; D. Grenzen d. Ausgabenpolitik d. Gemeinden n. dt. u. österr. Recht, 1965; D. immanenten Grenzen d. Meinungsfreiheit, 1967; Soldatenverförderungen, 1969; Personalplanung u. -org. im mittelständ. Betrieb, 1972; Rechtsfragen d. Verkaufs.Material e. Fortb. industr. Verkaufsleit. im RKW, 1972; Wirtschaftsjurist, 1976/83/87 - 1968 Ehrenmitgl. Chefsekr.innen-Bund e. 1974 Dt. Syndici-Verb.; 1975 Vereinig. d. Wirtschaftsjuristen in d. BRD u. West-Berlin - Liebh.: Segeln, Bergwandern, Filmen - Spr.: Engl., Franz., Serbokroat.

GERLACH, Sebastian A.
Dr. rer. nat., Prof. f. Benthosökol. u. Direktor Abt. Meeresbotan. Inst. f. Meereskunde Univ. Kiel (s. 1981) - Stubenrauchstr. 14, 2312 Mönkeberg (T. 0431 - 23 17 24) - Geb. 17. Jan. 1929 Berlin (Vater: Dr. Richard G., Schriftst.; Mutter: Bertha, geb. Graef), ev., verh. s.

1960 m. Dr. Christine, geb. Hempel, 3 Kd. (Cornelia, Erasmus, Julia) - Univ. Kiel (Zool., Botanik, Geol.). Promot. (1951) u. Habil. (1956) Kiel - S. 1956 Lehrtätigk. Univ. Kiel (Privatdoz.) u. Hamburg (1961 Diätendoz., 1963 apl. Prof. f. Zool.). Gastforscher Univ. Pisa (1952) u. Sao Paulo (1954), 1964-74 u. 1977-81 Dir. Inst. f. Meeresforsch. Bremerhaven, Prof. f. Meeresbiologie Univ. Kopenhagen (1975-76) - BV: Meeresverschmutzung, 1976; Marine Pollution, 1981 (russ. Übers. 1985). Fachveröff. - Spr.: Engl. - Rotarier.

GERLACH, Siegfried
Dr. phil., Prof. f. Geographie PH Ludwigsburg (s. 1987) - Reichenaustr. 12, 7410 Reutlingen - B. 1987 Prof. PH Reutlingen.

GERLACH, Ulrich
Dr. med., o. Prof. f. Innere Medizin, insb. Stoffwechselkrankh. u. Gastroenterologie, Dir. Med. Univ.-Klinik u. Poliklinik, Münster - Saarbrücker Str. 99, 4400 Münster/W.

GERLACH, Walter
Dr.-Ing., Präsident Bundesbahndirektion Nürnberg a.D. - Münchener Str. 12, 8031 Gilching-Argelsried - Geb. 15. Juni 1914.

GERLACH, Willi
Dr. phil. nat., o. Prof. f. Halbleitertechnik TU Berlin (gf. Dir. Inst. f. Werkstoffe d. Elektrotechnik) - Am Hirschsprung 7, 1000 Berlin 33.

GERLICH, Alois
Dr. phil., o. Prof. f. Geschichte - Fritz-Philippi-Str. 13, 6200 Wiesbaden - Geb. 24. Sept. 1925 Mainz (Vater: Anton G., Lehrer; Mutter: Maria, geb. Richardt), kath., verh. s. 1953 m. Ursula, geb. Hlubek, T. Ursula - Univ. Heidelberg u. Mainz (Gesch., German., Phil., Theol.). Promot. (1948) u. Habil. (1959) Mainz - S. 1959 Lehrtätig. Univ. Mainz (1965 apl. Prof.; 1969 Honorarprof.) u. Phil.-Theol. Hochsch. Bamberg (1965 ao. Prof.). 1973 o. Prof. Univ. Mainz, Mitgl. Histor. Kommiss. Nassau (1960), Hessen Darmstadt (1965), Ges. f. Fränk. Gesch. (1966), Ges. Rhein. Gesch.skde. (1970), Histor. Kommiss. Hessen, Marburg (1975), Kommiss. Saarländ. Landesgesch. (1975) - BV: Habsburg-Luxemburg-Wittelsbach im Kampf um d. Königskrone, 1960; Studien z. Landfriedenspolitik König Rudolfs v. Habsburg, 1963; Rhein. Kurfürsten u. dt. Königtum im Interregnum, 1969; Interterrit. Systembildungen, 1975; Frühes Weistumsrecht, 1977; D. Hist. Sem. d. Univ. Mainz, 1980; D. rhein. Pfalzgrafschaft in d. frühen Wittelsbacherzeit, 1980. Mithrsg.: Geschichtl. Landeskd. (1963 ff.) - Spr.: Lat., Franz., Engl.

GERLICH, Wolfgang
Dipl.-Volksw., Prof. f. Unternehmensführung u. Org., Datenverarb. u. Firmenfinanz. Gesamthochschule Paderborn (Fachbereich Maschinentechnik II/ Meschede) - Unterer Handweiser 10, 5778 Meschede.

GERLING, Hans

Dr. rer. pol., Vorstandsvorsitzender Gerling-Konzern Versicherungs-Beteiligungs-AG, u. Gerling-Konzern Rheinische Versicherungs-Gruppe AG, Vorstand Gerling-Konzern Consortiale Holding AG, Köln, v.-Werth-Str. 14 - Theodor-Heuss-Ring 7, 5000 Köln 1 - Geb. 6. Juni 1915 Köln (Vater: Robert G., Begr. Gerling-Versich.; Mutter: Auguste, geb. Hoffmeister), ev., verh. s. 1942 m. Irene, geb. Uhrmacher, 4 Kd. (Helen, Brita, Dany, Rolf) - Promot. Köln - S. 1937 Gerling-Konzern (ARsvors., stv. ARsvors., VRspräs. v. ca. 50 in- u. ausl. Gerling-Gruppen). 1940-45 Wehrdst. Stv. ARsvors. Frankona Rückversicherungs-AG, München; Mitgl. Vers.sbeirat Bundesaufsichtsamt f. d. Versich.swesen, Berlin, Mitgl. IHK Köln, Mitgl. Aussch. Dt. Verein f. Versicherungswissenschaft, Berlin-Wilmersdorf, Mitgl. Verein Versicherungswirtschaft, Karlsruhe - Liebh.: Musik, bild. Kunst - Spr.: Engl., Franz.

GERLING, Walter

Konsul, Versicherungskaufmann - Kapellenstr. 6, 5489 Aremberg - Geb. 24. Okt. 1918 Köln, 4 Kd. - 1939-45 Wehrdst. - Liebh.: Jagd, Reiten, Sportschießen, Fliegen - Chevalier Ordre de la Couronne - Mitgl. Lions Intern. - Eltern s. Hans G. (Bruder).

GERLOFF, Johannes

Dr. rer. nat., Prof., Direktor Botan. Garten u. Bot. Museum - Königin-Luise-Str. 6-8, 1000 Berlin 33 - Geb. 26. Febr. 1915 - Promot. 1940 Berlin - S. 1966 verantw. Tätigk. Bot. Mus. Bücher (Mitverf.) u. Einzelarb.

GERMAN, Rüdiger

Dr. rer. nat., Prof. - Lieschingstr. 2, 7400 Tübingen (T. 6 15 62) - Geb. 26. Jan. 1926 Göppingen (Vater: Dr. Wilhelm G., Oberstudiendir. a. D.; Mutter: Myrtha, geb. Spohn), verh. s. 1955 (Ehefr.: Ingrid), 3 Kd. - S. 1960 (Habil.) Lehrtätigk. Univ. Tübingen (apl. Prof. f. Geol.). Spez. Arbeitsgeb.: Quartärforsch. u. Landschaftspflege. Mitgl. INQUA-Commiss. on Genesis and Lithology of Quaternary Deposits, Subkommiss. f. Quartärstratigraphie. Ca. 100 Fachaufs. - 1972-81 Leit. d. Bezirksstelle f. Naturschutz u. Landschaftspflege Reg.bez. Tübingen - BV: Studienbuch Geologie, 2. A. 1975; Einführ. in d. Geologie, 3. A. 1981; Naturschutz u. Landschaftspflege, 1982.

GERMANN, Klaus

Dr. rer. nat., Dipl.-Geol., Prof. f. Lagerstättenforsch. TU Berlin - Am Postfenn 3, 1000 Berlin 19 - Geb. 23. März 1938 - 1972-88 Prof. f. Angew. Geologie FU Berlin.

GERMANN, Klaus

Dr., Rechtsanwalt, Geschäftsf. Zentralverb. d. Dt. Pfandkreditgewerbes - Zu erreichen üb. Zentralverb. d. Dt. Pfandkreditgewerbes, Hopfauerstr. 61, 7000 Stuttgart 80.

GERMAR, Manfred

Dipl.-Kfm., Bezirksleiter d. Westd. Lotterie GmbH & Co., Köln, Beiratsmitgl. Kölner Bank v. 1867, pers. Mitgl. NOK u. Gutachter-Aussch. Stiftg. Dt. Sporthilfe., Präsident ASV Köln - An d. Wallburg 33, 5060 Bergisch Gladbach 1 - Geb. 10. März 1935 - Bek. Leichtathlet (Sprinter).

GERMER, Erich

Dr. phil., o. Prof. f. Englisch Erziehungswiss. Hochschule Rheinland-Pfalz - Slevogtstr. 28, 6741 Leinsweiler/Pf. - Geb. 11. März 1924 Stargard/Pom. (Vater: August G., Schlosser; Mutter: Julie, geb. Rompel), ev., verh. s. 1946 m. Gisela, geb. Timm, T. Iris - Lehrerprüf. 1947 u. 1950 Dortmund; Realschullehrerprüf. 1951 ebd.; Wiss. (1955) u. Päd. Prüf. f. d. Lehramt an höh. Schulen 1956 Münster; Promot. 1963 ebd. - 1947-65 Schuldst. (zul. Studienrat Westf.); 1965-72 Doz. PH Nürnberg; s. 1972 Ord. EWH Rhld.-Pf. (b. 1978 Abt. Worms, dann Landau) - BV: D. Aussprache im Englischunterr., 3. A. 1975; Didaktik d. engl. Ausspr., 1980; Großbritannien entdecken. Kulturgeschichtl. Stätten in England, Wales u. Schottland, 1989 - Spr.: Engl.

GERMER, Henning

Dr. rer. nat., Präsident Wiss. Landesprüfungsamt Berlin - Am Heidehof 26, 1000 Berlin 37 (T. 801 43 91) - Geb. 24. Sept. 1925 Braunschweig (Vater: Georg G., Kammermusiker; Mutter: Ellen, geb. Westenhoff), ev., verh. s. 1955 m. Christa, geb. Ulbrich, 4 Kd. (Martin, Uta, Roland, Renate) - Gymn. Martino-Katharineum; TH Braunschweig (Math., Phys., Chem., Phil., Päd.), 1. Staatsprüf. f. d. Lehramt an Höh. Schulen 1952 Göttingen, Promot. 1955 Würzburg - 1952 Wiss. Assist. Univ. Würzburg; 1957 Reg.srat Berlin, 1962 Oberreg.srat, 1963 Reg.sdir., 1969 Oberschulrat, s. 1975 Ltd. Oberschulrat u. Leit. Wiss. Landesprüfungsamt Berlin u. Staatl. Prüfungsamt f. Übers. u. Dolmetscher, Sekr. Staatswiss. Ges. zu Berlin v. 1883. Beitr. z. Didaktik d. Math., 1973.

GERMER, Rudolf

Dr. phil., Prof. f. Engl. Philologie Univ. Köln - Am Serviesberg 13, 5000 Köln 41 (Müngersdorf; T. 49 33 48) - Geb. 17. Aug. 1927 Freiburg/Br. (Vater: Emil G., Kaufm.; Mutter: Margarete, geb. Würz), kath., verh., 1 Tochter - Zuvor Univ. Tübingen.

GERMER, Wilm

Dr., Direktor i.R. Nieders. Landtag (1967-81) - Hinrich-Wilhelm-Kopf-Pl. 1, 3000 Hannover.

GERMER, Wolfdietrich

Dr. med., Prof., Chefarzt i. R. (Internist) - Bitterstr. 7b, 1000 Berlin 33 (T. 831 17 20) - Geb. 16. Aug. 1911 Magdeburg (Vater: Dr. med. Paul G.), ev., verh. in 2. Ehe (1956) m. Dr. phil. Barbara, geb. Heier, 3 Kd. (Ulrike, Stefan, Christoph) - Univ. Berlin, Innsbruck, München (Promot. 1936). D. T. M. H. 1939 London - Assist. Prof. Schittenhelm (München), Auler (Berlin), Volhard (Frankfurt/M.), Ibañez (Las Palmas), Knorr (Würzburg), Bennhold (Tübingen), Downie (Liverpool), 1950-51 Stip. British Council, 1952-58 Oberarzt Med. Univ.klinik Tübingen, s. 1954 Chefarzt Innere Abt. DRK-Hospital f. Korea, 1958-76 Chefarzt Innere Abt. Städt. Wenckebach-Krkhs. Berlin-T'hof. S. 1949 (Habil.) Lehrtätigk. Univ. Tübingen (1955 apl. Prof.) u. FU Berlin (1958 apl. Prof.). 1958-78 Dt. Vertr. Weltkinderhilfswerk; s. 1972 Geschäftsf. Kongreß-Ges. f. ärztl. Fortbildg., Berlin - BV: Viruserkrank. d. Menschen, 1954 (auch span.); D. Opisthorchiasis, 1962 (Jena); Anaphylaxie u. Allergie, 1965; Infektiöse u. invasive Erkrank., 1965, 73, 76, 81, 87; Herpes zoster, 1981; Impfstoffe u. Seren, 1973, 81; Therapie d. Infektionskrankheiten, 1976; Taschenb. d. Infektionskrankheiten, 1978, 87 - 1972 Gr. BVK; Ehrenz. d. DRK - Liebh.: Bild. Kunst - Spr.: Engl.

GERMERDONK, Rolf

Dr.-Ing., Prof. f. Verfahrenstechnik Univ. Kaiserslautern - Im Grundbirngarten 7, 6750 Kaiserslautern 32.

GERMERSHAUSEN, Raimund

Dr.-Ing., Vorsitzender d. Geschäftsfg. Rheinmetall GmbH, Düsseldorf, Vorstandsmitgl. Rheinmetall Berlin AG - Zu erreichen üb. Rheinmetall GmbH, Postf., 4000 Düsseldorf - Geb. 26. Juni 1935 Braunschweig (Vater: André G., Architekt; Mutter: Erika, geb. Behrens), kath., verh. s. 1962 m. Bergit, geb. Herrmann, 2 S. (Thomas, Matthias) - Gymn. Braunschweig; 1955-59 TU ebd. (Dipl.-Phys.), 1960-63 Hochsch.assist. TU Clausthal (Promot. 1962) - S. 1963 Rheinmetall, Düsseldorf. Patente u. Veröff. - Spr.: Engl., Franz.

GERNDT, Fritz

Geschäftsführer Industrie- u. Handelskammer d. Saarlandes u. Produktenbörse zu Saarbrücken - Franz-Josef-Röder-Str. 9, 6600 Saarbrücken 1; priv.: Am Osterberg 3, 6682 Ottweiler - Geb. 14. Sept. 1938 Finsterwalde/NL. (Vater: Hans G., Kaufm.; Mutter: Charlotte, geb. Sieler), ev., verh. s. 1965 m. Helga, geb. Strobel, 3 Kd. (Ulrich, Evelyn, Friederike) - Goethe-Obersch. Finsterwalde; Univ. Berlin (Humboldt) u. Saarbrücken - Rundfunkvolontär, Wirtschaftsredakt., Handelskammer-Ref., 1974 ff. Gf. - Liebh.: Jagd - Spr.: Russ., Franz.

GERNDT, Helge

Dr. phil., Prof. f. Volkskunde - Gräfelfinger Str. 95a, 8000 München 70 (T. 71 86 66) - Geb. 16. Sept. 1939 Dresden, verh., 1 Kd. - Stud. Kiel u. Wien - 1980 Ord. f. Dt. u. vergl. Volkskunde Univ. München - 1987 1. Vors. d. Dt. Ges. f. Volkskunde - BV: Fliegender Holländer u. Klabautermann, 1971; Vierbergelauf. Gegenwart u. Gesch. e. Kärntner Brauchs, 1973; Kultur als Forschungsfeld. Üb. volkskundl. Denken u. Arbeiten, 1981, 2. A. 1986. Herausg.: Volkskunde u. Nationalsozialismus (1987); Stereotypvorstellungen im Alltagsleben (1988); Fach u. Begriff Volkskunde in d. Diskussion (1988).

GERNER, Berthold

Dr. phil., Prof. f. Allg. Pädagogik - Metzstr. 53, 7410 Reutlingen 1 - Geb. 18. Aug. 1922 Karlsruhe (Vater: Ignaz G., Bahnbeamter; Mutter: Anna, geb. Kipple), kath., verh. s. 1946 m. Anneliese, geb. Walzenbach, 5 Kd. (Marianne, Brigitte, Hildegard, Elisabeth, Martin) - Lehramtsprüf. f. Volkssch. 1946 Karlsruhe; Promot. (Päd.) 1967 Würzburg - 1946-68 Volks- u. Realschullehrer; 1968-87 Doz. u. Prof. (1971) PH Reutlingen (aufgelöst) - BV: Otto Willmann im Alter, 1968; D. Lehrer - Verhalten u. Wirkung, 4. A. 1974; Einf. in d. Päd. Anthropol., 1974 (jap. 1975), 2. A. 1986; Lit. üb. d. Lehrer, 1975; Selbstverständnis v. Lehrern, 1976; Lehrer sein heute, 1981; Schulalltag verändern!, 1982; Pathol. d. Erziehung, 1984; Guardinis Bildungslehre, 1985. Div. Herausg.

GERNER, Erich

Dr. jur., Ministerialdirigent a. D., o. Prof. f. Röm., Antikes u. Bürgerl. Recht (emerit.) - Herzogparkstr. 1, 8000 München 80 (T. 98 17 74) - Geb. 22. Okt. 1906 Untermerzbach/Ufr. (Vater: Julius G., Apotheker; Mutter: Clara, geb. Rattinger), ev., verh. s. 1967 m. Friedl., geb. Schad - Gymn. Bamberg; Univ. Erlangen, München, Berlin (Rechtswiss.). Promot. (1932) u. Habil. (1949) München - Bayer. Justiz- (1935-49) u. Verwaltungsdst. (1950-62; zul. Min.dirig. Staatskanzlei); 1949 Privatdoz., apl. (1956) u. o. Prof. (1962) Univ. München (Vorst. Leopold-Wenger-Inst.) - BV: Beitr. z. Recht d. Parapherna, 1954; Bayer. Beamtengesetz, Komm. 1961/64 (m. Leusser). Herausg.: Nawiasky/Leusser/Schweiger/Zacher, D. Verfass. d. Freistaates Bayern (Komm., 1963 ff.); Mitverf.: Gerner/Decker/Kauffmann, Dt. Richtergesetz (Komm., 1963). Mithrsg.: Münchener Beitr. z. Papyrusforsch. u. antiken Rechtsgesch. (1964 ff.) - 1962 Bayer. VO. - Liebh.: Mod. Gesch. - Spr.: Franz., Engl.

GERNERT, Dieter

Dr. rer. nat., Dr. oec. habil., Prof. f. Angew. Informatik - Schluderstr. 2, 8000 München 19 - Geb. 1938 Nürnberg - Dipl.-Math. 1965, Dipl.-Phys. 1968, Promot. 1972 u. 1975 - S. 1975 Priv.-Doz., s. 1978 Prof. TU München - BV: Einführung in d. Datenverarbeitung f. Juristen, 1974; Benutzernahe Programmiersprachen, 1976. 50 Aufs. in Fachztschr. Mithrsg. d. Ztschr. Cognitive Systems.

GERNERT, Wolfgang

Dr. phil., Dr. paed., Landesrat b. Landschaftsverb. Westf.-Lippe (Leiter Landesjugendamt, s. 1989) - Irisweg 23, 4700 Hamm 5 (T. 02381 - 6 07 08) - Geb. 12. Juni 1937 Halle/S. (Vater: Johann G., Werkm.; Mutter: Cäcilia, geb. Herkenrath), kath., verh. s. 1962 m. Marie-Luise, geb. Gehrke, 3 Kd. (Stefan, Martin, Christiane) - 1962-77 Stud. Dortmund, Paderborn, Bochum (Päd., Soz.wiss. u. a.; Dipl. 1973 Paderborn u. 1977 Bochum; Promot. 1979 Paderborn, 1984 Duisburg) - 1962 Sozialarb. Dortmund, 1963 Stadtjugendpfleger, 1970 Jugendamtsleit., 1972 Lehrer sozialpäd. Fachsch., 1981-89 Prof. f. Sozialverw. u. -plan. Univ.-GH Essen. Vors. Bundesarbeitsgem. Aktion Jugendschutz (Mainz) - BV: Jugendhilfe, 3. A. 1978; D. Recht d. Erwachsenenbild. als Weiterbild., 1975; Verw. Jugend, 2. A. 1981; Jugendschutz in d. Jugendhilfe (Mithrsg.), 1981; Jugendschutz u. Erzieh. z. Mündigk., 1985; Kommentar z. Gesetz z. Schutze d. Jugend in d. Öffentlichk. (m. M. Stoffers), 1985; Jugend in Paderborn (m. M. Stoffers), 1987. Herausg.: Sozialarb. auf d. Prüfstand (1988).

GERNET, Hermann

Dr. med. (habil.), Prof. f. Augenheilkd., Augenklinik Univ. Münster - Dunantstr. 6, 4400 Münster/W.

GERNHARDT, Robert

Zeichner u. Autor - Telemannstr. 15, 6000 Frankfurt (T. 72 76 56) - Geb. 13. Dez. 1937 Reval/Estland - Stud. Malerei u. German. Stuttgart u. Berlin - BV: Wörtersee, Ged. 1981; Ich Ich Ich, R. 1982; Glück Glanz Ruhm, 1983; Letzte Ölung, Sat. 1984; Hier spricht d. Dichter, Bildged. 1985; D. Toscana-Therapie, Schausp. 1986; Kippfigur, Erz. 1986; Es gibt kein richtiges Leben im valschen, Humoresken 1987; Körper in Cafés, Ged. 1987; Innen u. Außen, Bildbd. 1988 - 1983 Dt. Jugendbuchpreis (m. Almut Gernhardt), 1987 Kritikerpreis.

GERNHUBER, Joachim

Dr. jur., o. Prof. f. Dt. Rechtsgeschichte, Bürgerl. Recht u. Handelsrecht - Im Schönblick 2, 7400 Tübingen (T. 6 12 05) - Geb. 18. Juli 1923 Ksiasz (Vater: Emil G., Geistl.; Mutter: Margarethe, geb. Prengel), ev., verh. s. 1948 m. Annemarie, geb. Theißen, 2 Töcht. (Maria, Barbara) - Schulpforta; Univ. Jena u. Straßburg. Jurist. Staatsex. 1944 (I., Jena) u. 48 (II., Frankfurt/M.). Promot. 1947 Jena; Habil. 1951 Bonn - S. 1955 Ord. Univ. Kiel u. Tübingen (1959) - BV: D. Landfriedensbeweg. in Dtschl. b. z. Mainzer Reichslandfrieden v. 1235, 1952; Lehrb. d. Familienrechts, 1964, 3. A. 1980; Bürgerliches Recht, 1976, 2 A. 1983; Neues Familienrecht, 1977; Eherecht u. Ehetypen, 1981; D. Erfüll. u. ihre Surrogate, 1983; D. Schuldverhältnis, 1989.

GERÖ, Stephan

Dr. phil., o. Prof. d. Sprachen u. Kulturen d. Christl. Orients Univ. Tübingen - Münzgasse 30, 7400 Tübingen (T. 07071 - 29 26 76) - Geb. 23. Sept. 1943 Budapest/Ungarn - Promot. 1972 Harvard/USA - 1973-80 Prof. Brown Univ./USA, s. 1980 Univ. Tübingen. Spez. Arbeitsgeb.: Christl. Orient - BV: Byzantine Iconoclasm during the Reign of Leo III, 1973; Byzantine Iconoclasm during the Reign of Constantine V, 1977; Barsauma of Nisibis, 1981.

GEROK, Wolfgang

Dr. med., o. Prof. u. Mitdirektor Med. Univ.-Klinik Freiburg - Hugstetter Str. 55, 7800 Freiburg/Br. (T. 270 34 03) - Geb. 27. März 1926 Tübingen - Univ. Freiburg u. Tübingen; (Med. Staatsex. 1950). Promot. 1950 Tübingen; Habil. 1960 Marburg - S. 1961 Lehrtätigk. Univ. Marburg, Mainz (apl. Prof.), Freiburg (1968 Ord. f. Inn. Med.). Fachaufs.

GEROLD, Volkmar

Dr. rer. nat., Prof., Metallphysiker, Wiss. Mitgl. Max-Planck-Ges. (s. 1966) - Klingenäcker 13, 7303 Neuhausen/Fildern - Geb. 23. Aug. 1922 Hermsdorf/Thür. (Vater: Dr. phil. Erich G., Physiker; Mutter: Hildegard, geb. Hommel), ev., verh. s. 1949 m. Lieselore, geb. Nolte, 2 Kd. (Arne, Silke) - Oberrealsch. Dortmund; TH Stuttgart (Physik). Promot. (1953) u. Habil. (1958) Stuttgart - 1953-64 wiss. Mitarb. u.Abt.sleit. (1958) Max-Planck-Inst. f. Metallforsch., Stuttgart; 1962-63 Gastprof. Univ. of Florida, Gainesville; s. 1968 o. Prof. f. Metallkunde Univ. Stuttgart - 1962 Masing-Gedächtnispreis Dt. Ges. f. Metallkd. - Liebh.: Klaviersp. - Spr.: Engl.

GEROPP, Dieter

Dr.-Ing., o. Prof. f. Strömungstechnik, Inst. f. Fluid- u. Thermodynamik Univ.-GH Siegen (Fachbereich Maschinentechnik), Dekan FB Maschinentechnik Univ. Siegen (s. 1986) - Am Marienhain 10, 5901 Wilnsdorf/Obersdorf - Geb. 9. Aug. 1932 Landau/Pf. - Promot. (1963) u. Habil. (1971) Karlsruhe - Zul. apl. Prof. u. Wiss. Rat Univ. Karlsruhe.

GERRIETS, Dierk

Dr. med. vet., Fachtierarzt f. Kleintiere, Inh. Priv. Tierklinik f. Kleintiere u. Ferienheim Hund u. Katze, Berlin - Morgensternstr. 16, 1000 Berlin 45 - Geb. 7. Juni 1949 Berlin (Vater: Prof. Dr. Dr. med. vet. habil. Edzard G., ehem. Dir. Inst. u. Klinik f. Geflügelkrankheiten d. Humboldt-Univ. Berlin; Mutter: Dr. med. vet. Ruth, Fachtierärztin f. Kleintiere, Berufspolit.), ev., verh. m. Sabine, geb. Praedel, Tierärztin, 2 T. (Wiebke, Imke) - Tannenberg-Gymn.; 1970-75 Stud. FU Berlin (Vet.med.); Promot. 1984 - Unters. am Wanderfalken im Rahmen e. Artenschutzprojektes; Vorst.-Mitgl. Dt. Falkenorden Berlin. 31 Fachveröff. - Liebh.: Jagd, Falknerei - Spr.: Engl., Franz. - Bek. Vorf.: Min.-Dirig. o. Prof. Dr. phil., Dr. agr. h. c., Dr. med. vet. h. c. Jan G., 1. Ord. f. Geflügelzucht u. Kleintierkunde (Großv.).

GERRIETS, Edzard

Dr. Dr. med. vet. habil., Prof., ehem. Dir. Inst. u. Klinik f. Geflügelkrankheiten d. Humboldt-Univ. Berlin sowie Forschungsabtlg. f. Geflügelkrankheiten Damsdorf, Kr. Brandenburg - Moorsumer Str. 21, 2948 Schortens 3 - Geb. 3. Dez. 1920 (Vater: Dr. phil. Dr. agr. h. c. Dr. med. vet. h. c. Jan G., o. Prof. Min.Dirig.), verh. m. Dr. Ruth, geb. Neuling, Fachtierärztin f. Kleintiere, 2 S. (Dr. med. vet. Dierk, Dr. med. dent. Folkert) - Obersch. Berlin, Heeres-Vet. Akad. Hannover, Tierärztl. Hochsch. Hannover, Vet.-med. Fak. Univ. Berlin. Promot. 1950, Habil. 1959 - Lehrtätigk. Humboldt- u. Freie Univ. Berlin - BV: Geflügelkrankh., 2. A. 1962 (m. K. Fritzsche; auch franz. u. span.). Mitarb. in Hygiene d. Haustiere, 2. A. 1957; Kapitel in Hdlex. d. Tierärztl. Praxis, 1961 (auch engl.); Besamung d. Geflügels in D. künstl. Besamung b. d. Haustieren, 1963. Etwa 100 Veröff.

GERRIETS, Ruth Susanna,
geb. Neuling

Dr. med. vet., Fachtierärztin f. Kleintiere - Moorsumer Str. 21, 2948 Schortens 3 - Geb. 24. Mai 1924 Berlin (Vater: Paul Neuling, Inh. Mineralölraffinerie u. Chem. Fabrik), ev., verh. s. 1948 m. Prof. Dr. Dr. med. vet. habil. Edzard Gerriets, 2 S. (Dr. med. vet. Dierk, Dr. med. dent. Folkert) - Hansasch. Berlin; 1942-44 Stud. Chemie Friedr.-Wilh.-Univ. Berlin; 1946-50 Stud. Vet.-Med.; Promot. 1965 Berlin - Ehem. Vors. Landesverb. Berlin im Bundesverb. prakt. Tierärzte; Vizepräs. Tierärztekammer Berlin; Vorst.-Mitgl. Verb. Fr. Berufe Berlin; z.Z. Vorst.-Mitgl. Akad. f. tierärztl. Fortb. (ATF) - Liebh.: Berufspolitik, Seereisen - Spr.: Engl., Franz.

GERRITZ, Eugen

Dr. phil., Landtagsabgeordneter - Gertrud-Icks-Weg 15, 4150 Krefeld (T. 02151 - 3 68 05) - Geb. 25. Febr. 1935 Bitburg (Vater: Wilhelm G., Lehrer; Mutter: Carola, geb. Muth), kath., verh. s. 1962 m. Helmi, geb. Franken, 2 Kd. (Gereon, Helen) - Univ. Freiburg, München, Bonn (Deutsch, Gesch., Kunstgesch.), Promot. Freiburg 1964 - S. 1980 MdL Nordrh.-Westf. (Spez. Arbeitsgeb.: Kulturpolitik). Stv. SPD-Fraktionsvors. Krefeld - BV: Troia sive Xantum (Diss.), 1964 - Spr.: Engl.

GERRITZEN, Johan G.

Versicherungsdirektor - Halenreihe 40, 2000 Hamburg 67 - Vorstandsvors. Transatlantische Rück/Sach/Leben.

GERRITZEN, Lothar

Dr. rer. nat., o. Prof. f. Mathematik Univ. Bochum (s. 1976) - Gropiusweg 41, 4630 Bochum 1 - Geb. 25. Aug. 1941 Nürnberg - Promot. 1966 Göttingen - Zul. Prof. Univ. Münster. Fachveröff.

GERSDORFF, von, Dagmar

Dr. phil., Schriftstellerin - Kirchblick 10, 1000 Berlin 38 (T. 030 - 801 11 64) - Geb. 19. März 1938 Trier, ev., verh. m. Dr. Bernhard v. G., 3 Kd. (Isabella, Alexander, Constanze) - Stud. German. - BV: Thomas Mann u. E.T.A. Hoffmann, 1978; Lebe d. Liebe u. liebe d. Leben - D. Briefw. v. Clemens v. Brentano u. Sophie Mereau, 1982; Dich zu lieben kann ich nicht verlernen - D. Leben d. Sophie Brentano-Mereau, 1984; Kinderbildnisse aus vier Jahrtausenden, Text-Bildbd., 1986, 2. A. 1989; Liebespaare u. Eheleute in d. Kunst, Text-Bildbd. 1988. Sechs Kinderb. - Spr.: Engl., Franz.

GERSMANN, Wolfgang

Geschäftsführer DSM Kunstharze GmbH/Chem. Fabrik - 4470 Meppen/Nds. - Geb. 18. Jan. 1935 - Präs. SV Meppen 1912.

GERSMEYER, Ernst F.

Dr. med., Prof., Chefarzt Med. Klinik Kreiskrkhs. Herford (s. 1967) - Im Bramschenkamp 10, 4900 Herford/W. (T. 814 64) - Geb. 5. Jan. 1923 Krefeld (Vater: Fritz G., Sparkassendir.; Mutter: Paula, geb. Schröder), ev., verh. s. 1955 m. Dr. med. Gudrun, geb. Seiffert, 2. Söhne (Rolf, Horst) - Univ. Wien, Bonn, Mainz. Promot. (1950) u. Habil. (1960) Mainz - S. 1960 Lehrtätigk. Univ. Mainz (gegenw. apl. Prof. f. Inn. Med.). 1962-63 Gastprof. Univ. of Mississippi - BV: D. Kreislaufkollaps, 1961; Schock- u. Kollapsfibel, 1970; Schock u. hypotone Kreislaufstörungen, 1978 - Liebh.: Herpetologie - Spr.: Engl.

GERSONDE, Klaus

Dr. med., Prof. Univ. d. Saarlandes, Leiter d. Fachrichtung Medizintechnik in Homburg/Saar (s. 1987), u. d. Fraunhofer-Inst. f. zerstörungsfreie Prüfverfahren (Hauptabt. Medizintechnik) - Preusweg 69, 5100 Aachen - Geb. 20. Mai 1934 Stolp/Pommern (Vater: Konrad G., Mutter: Margarete, geb. Löwe v. Kiedrowski), ev.-luth., verh. s. 1961 m. Dr. med. dent. Uta, geb. Rayher, 3 Kd. (Ulrike, Ulf, Mathias) - Hermann-Tast-Gymn. Husum; 1955-63 Univ. Kiel (Med. u. Chemie, Promot. 1963) - 1964-72 wiss. Assist. Inst. f. physiol. Chemie u. Physikochemie (Prof. Netter) Univ. Kiel; 1973-86 Prof. RWTH Aachen, Abt. Physiol. Chemie (Leit. Fachgeb. Physikal. Chemie d. Proteine); s. 1987 Mitgl. d. Leit. d. Fraunhofer-Inst. f. zerstörungsfreie Prüfverfahren (zugl. Leit. Hauptabt. Medizintechnik) St. Ingbert. 4 Patente. Erf.: Einschleus. v. Arzneimitteln in rote Blutzellen, Erythrox-System z. Mess. v. Sauerstoff-Bindungseigensch. roter Blutzellen. Üb. 213 Facharb. (Struktur-Funktionsbezieh. v. Sauerstoffbindenden u. -aktivierenden Proteinen sowie Eisen-Schwefel-Cluster-Proteinen; Sauerstoff-Transport roter Blutzellen; gewebe-analyt. Kernspintomographie; in vivo NMR-Spektroskopie) - Liebh.: Musik (Violine), Geschichtswiss. - Spr.: Engl.

GERSS (ß), Wolfgang

Dr. rer. pol., Dipl.-Volksw., Hon.-Prof., Dozent f. Soziol. Univ. Duisburg (s. 1984) - Eifelstr. 14, 5628 Heiligenhaus - Geb. 14. Aug. 1941 Anklam, verh. s. 1967 m. Jutta, geb. v. Braunschweig, 3 Kd. (Cordula, Veronika, Joachim) - Abit. 1961 Gymn. Wermelskirchen; Stud. Volkswirtsch.lehre Univ. Köln (Dipl. 1966); Promot. 1971 Bonn. S. 1984 Prof. Univ. Duisburg - Vors. Landschaftsbeirat b. Umweltmin. Nordrh.-Westf. - BV: Struktur u. Entwickl. d. Handwerks, 1971; Lohnstatistik in Dtschl., 1977; Klausuraufgaben z. Statistik, 1981; Elementare Stichprobenmodelle, 1987 - Liebh.: Ornithol. - Spr.: Engl., Franz.

GERST, Friedrich

Landrat a. D., Geschäftsf., MdB (s. 1972) - Landrichterstr. 5, 8390 Passau-Hals (T. 44 97) - Zul. Landrat Kr. Passau. SPD.

GERSTEIN, Johann Daniel

Dr., Rechtsanwalt - Volpinistr. 72, 8000 München 19 - Geb. 17. Dez. 1930 Dortmund, verh. m. Anemone, geb. v. Trott z. Solz.

GERSTEIN, Ludwig

Bergwerksdirektor, MdB (8., 9., 10. u. 11. Wahlp.), energiepolit. Sprecher CDU/CSU-Bundestagsfrakt. - Stilkingweg 30, 4600 Dortmund 15 - Geb. 11. Jan. 1928 Rotterdam/Ndl. (Vater: Johann Daniel G.; Mutter: Ilse, geb. Koechling), ev., verh. s. 1956 m. Barbara, geb. Maiweg, S. Dietrich - Gymn. Dortmund; 1948-49 Univ. Freiburg/Br., 1949-52 TH Aachen. Dipl.-Ing. (Fachricht. Bergbau) u. Ass. d. Bergfachs - 1953-54 Südafrika (Vermessungsing.); s. 1956 Dortmunder Bergbau AG (1966 Leit. Schachtanl. Hansa) u. Ruhrkohle AG (1969; 1976 Hauptabteilungsleit., 1980 Prok.); Geschäftsf. Montan-Consulting GmbH im Verbund d. Untern.gr. Ruhrkohle AG. 1969-77 Ratsmitgl. Dortmund. CDU s. 1968 (Vors. d. CDU Bundesfachaussch. Energie) - BVK I. Kl. - Liebh.: Jagd - Spr.: Engl.

GERSTEN, Klaus

Dr.-Ing. (habil.), o. Prof. f. Strömungslehre Univ. Bochum (seit 1964) - Hofleite 15, 4630 Bochum (T. 43 33 88) - Geb. 22. Aug. 1929 Glogau - 1960-64 Privatdoz. TH Braunschweig. Vorlesungstätigk. USA (1963/64, 1973), Indien (1969), Brasilien (1974) u. Japan (1975).

GERSTENBERG, Eckard

Dr. med., Prof., Chefarzt Strahlenabt./Städt. Auguste-Viktoria-Krkhs., Berlin 41 (s. 1979) - Stallupöner Allee 42, 1000 Berlin 19 (T. 305 63 72) - Geb. 25. Febr. 1932 - Stud. Göttingen, Hamburg, Heidelberg 1950-56. Promot. 1957; Habil. 1969 Berlin - Prof. f. Radiol. FU Berlin.

GERSTENBERG, Hans-Albert

Dr. rer. pol., Zeitungsverleger (Hildesheimer Allg. Ztg.) u. Buchdruckereibesitzer, Vors. Verein Niederd. Ztg.verleger, Hannover (s. 1954) - Beroldingenstr. 1, 3200 Hildesheim (T. 4 11 70) - Geb. 29. Juli 1902 Hildesheim (Vater: Dr. phil. Albert G.; Mutter: Elisabeth, geb. Böker), luth., verh. s. 1932 m. Herta, geb. Scheibe, 3 Kd. (Bruno, Renate, Eva) - Gymn. Hildesheim; Ausbild. I. D. Küster, Bielefeld u. Fränk. Kurier, Nürnberg; Stud. Volks- u. Betriebsw. Göttingen, München, Nürnberg; Meistersch. f. d. graph. Gewerbe Leipzig - 1965 Nieders. Verdienstkreuz I. Kl., 1967 Gr. BVK - Rotarier - Spr.: Engl., Franz.

GERSTENBERGER, Erhard S.

Dr. theol., Prof. f. Altes Testament - Lahntor 3, 3550 Marburg - Geb. 20. Juni 1932 Rheinhausen, ev., verh. m. Rita, geb. Buttgereit, 3 Kd. (Björn, Dennis, Debora) - Promot. 1962 Bonn; Habil 1971 Heidelberg - 1961-64 Doz. f. Altes Testament Yale Univ.; 1965-75 Pfarrer in Essen; 1975-81 Doz. f. Altes Testament Sao Leopoldo, Brasilien; 1981-85 Prof. Gießen; s. 1985 Marburg - BV: Wesen u. Herkunft d. apodiktischen Rechts, 1965; Leiden im Alten Testament, 1977 (Übers. Portug., Engl., Jap.); D. bittende Mensch, 1980; Frau u. Mann, 1980 (Übers. Portug., Engl., Ital.); Deus no Antigo Testamento, 1981; Jahwe - e. patriarchaler Gott?, 1988; The Psalms, 1988 - Ehrenmitgl. Inst. f. Antiquity and Christianity, Claremont, Calif.

GERSTENBERGER, Heide,
geb. Johannsen

Dr. disc. pol., Prof. f. Theorie d. Bürgerl. Gesellschaft u. d. Staates - Besselstr. 76, 2800 Bremen - Geb. 21. Juli 1940 - Promot. 1969; Habil. 1972 - S. 1974 Prof. Univ. Bremen - BV: D. revolutionäre Konservatismus, 1969; Z. polit. Ökonomie d. bürgerl. Ges. - D. histor. Bedingungen ihrer Konstitution in d. USA, 1974; Normalität od. Normalisierung (m. Dorothea Schmidt), 1988. Mithrsg.: Beitr. z. Sozialgesch. Bremens. Zahlr. Aufs. z. Staats- u. Ges.theorie.

GERSTENECKER, Carl-Erhard

Dr.-Ing., Prof. f. Exper. Methoden d. Astronom. u. Physikal. Geodäsie TH Darmstadt - Olbrichweg 19, 6100 Darmstadt.

GERSTENHAUER, Armin

Dr. rer. nat., Prof. f. Geographie - Schlehdornweg 16, 5657 Haan/Rhld. (T. 72 96) - Geb. 21. Sept. 1926 Wilhelmshaven - S. 1965 (Habil.) Lehrtätigk. Univ. Frankfurt, Bonn (1967 Abts.vorsteher u. Prof.), Düsseldorf (1968 Ord.). Fachveröff.

GERSTENMAIER, Walther

Fabrikant, Inh. Harzer Papierfabrik Gerstenmaier & Sievers GmbH. & Co. KG., Rhumspringe, gf. Gesellsch. Veredlungs-Wirtschaft GmbH., Stuttgart/Berlin/Hamburg/München - Alemannenstr. 14, 7312 Kirchheim/Teck - Geb. 17. Jan. 1914.

GERSTER, Florian

Beratender Diplom-Psychologe, MdB (s. 1987; Wahlkr. 155), MdL Rheinland-Pfalz (1977-87) - Wisserstr. 28, 6520 Worms 24 - Geb. 7. Mai 1949 Worms - Abit. 1968 Worms; Dipl. 1975 Univ. Mannheim; Reserveoffz. Bundeswehr - SPD (1978 Vors. Worms; Landesvorst. Rhld.-Pfalz).

GERSTER, Hans-Dieter

Prof. f. Mathematik u. ihre Didaktik PH Freiburg - Habichtweg 31, 7800 Freiburg/Br.

GERSTER, Johannes

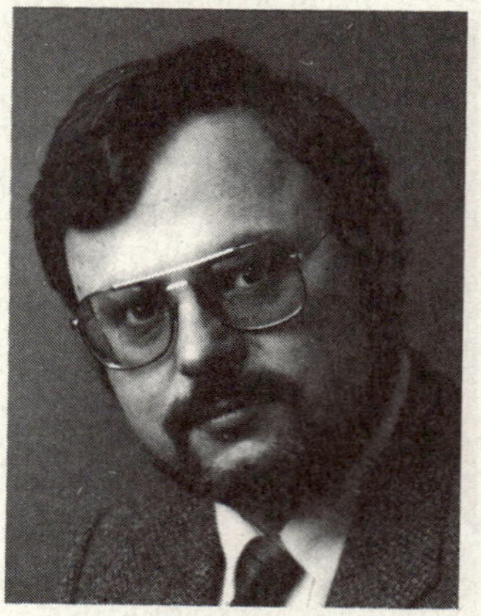

Regierungsdirektor, MdB (1972-76 u. s. Juli 1977) - Fischtorplatz 22, 6500 Mainz 1 (T. 22 79 62) - Geb. 2. Jan. 1941 Mainz (Vater: Gottfried G., Generalagent Versicherungswesen; Mutter: Elisabeth, geb. Köllner), kath., verh. s. 1968 m. Regina, geb. Linden, 3 Kd. (Thomas, Maria, Anna) - Gymn. u. Univ. Mainz, Freiburg, Bonn (Volljurist), Staatsex. 1967 u. 70 - 1970 Innenmin. Rhld.-Pf.; 1971 Landratsamt Mainz-

Bingen; 1972 Bundestag; 1976 Innenmin. Rhld.-Pf.; 1977 Bundestag. CDU s. 1960. Vors. CDU-Landesgr. Rheinl.-Pfalz/ Saarl. im Dt. Bundestag; 2. Vors. CDU Rheinhessen/Pf.; innenpolit. Sprecher CDU/CSU-Bundestagsfrakt. - Liebh.: Musik, Sport - Spr.: Franz.

GERSTINGER, Heinz

Dr. phil., Prof., Dramaturg, Schriftst. - Autokaderstr. 5/25, A-1210 Wien (Österr.) - Geb. 13. Okt. 1919 Wien (Vater: Prof. Dr. phil. Hans G., Vorst. Handschriften- u. Papyrussamml. Nationalbibl. Wien (s. X. Ausg.); Mutter: Paula, geb. Soeding), kath., verh. in 2. Ehe (1963) m. Erika, geb. Santner, 2 T. (Linde, Claudia) - Univ. Wien (Phil.) - U. a. Chefdramat. u. Regiss. Graz, Augsburg, Wien (Burg, Volkstheat.) - BV: u. a. Theater u. Religion, 1970; Wildgans als Dramatiker, 1981. Calderón, Lope de Vega, 1968/69, ins Engl. übers., Strindbergs Ehe m. Frida Uhl, 1987 u.a. - 1978 Prof. h. c. - Liebh.: Fotogr. - Spr.: Engl.

GERSTL, Friedrich

Landrat a. D., MdB (8. Wahlp.) - Landrichterstr. 5, 8390 Passau-Hals - Geb. 16. Mai 1923 Außernzell/Ndb., verh., 3 Kd. - Berufs- u. Eisenbahnfachsch. (2 J. Anlerner Reichsbahn) - 1942-45 Kriegsdst. (zul. Uffz.) u. amerik. Gefangensch.; 1945-60 Bundesbahngehilfe u. -beamter; 1960-64 Geschäftsf. Gewerksch. d. Eisenb. Dtschl.s/Ortsverw. Passau; 1964-70 Landrat Kr. Passau; s. 1971 Gf. u. Gesellsch. Nibelungen Wohnbau-GmbH., Passau-H. 1952-64 Gemeinderat u. I. Bürgerm. (1955; ehrenamtl.). SPD s. 1955 (1968 Mitgl. Landesvorst. Bay.).

GERSTL, Max

Bauer, MdL Bayern (s. 1966) - 8359 Aicha/Ndb. (T. 08543 - 6 74) - Geb. 29. Dez. 1921 Walchsing/Ndb. (Vater: Max G., Land- u. Gastw.; Mutter: Mathilde, geb. Zacher), kath., verh., 3 Kd. - Volkssch.; Metzgerhandw. u. landw. Ausbild. (elterl. Anwesen). Meisterprüf. als Metzger 1947 - 1941-45 Wehrdst.; s. 1950 Bauer Aicha (60 Tagwerk). S. 1956 Mitgl. Gemeinderat u. Bürgerm. (1960) Beutelsbach; MdK Vilshofen. CSU.

GERSTNER, Franz

Dr. jur. utr., Geschäftsführer Würzburger Versorgungs- u. Verkehrs-Ges. mbH., Vorstandsmitgl. Stadtwerke Würzburg AG., Geschäftsf. Würzburger Straßenbahn GmbH. u. Würzburger Hafen GmbH. - Dubliner Str. 120, 8700 Würzburg - Geb. 13. Mai 1925.

GERSTNER, Hermann

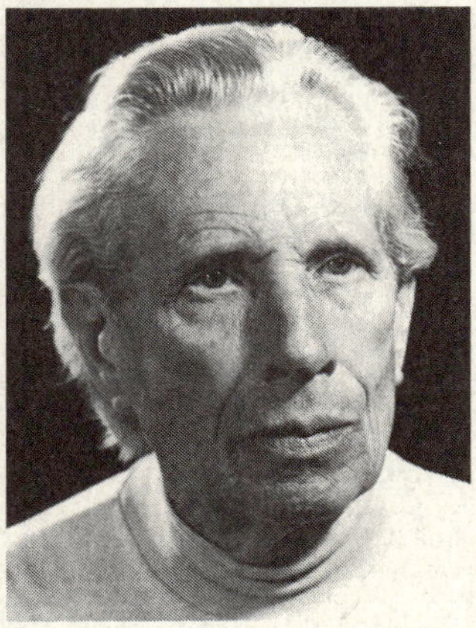

Dr. phil., Oberbibliotheksrat i.R., Schriftsteller - Adalbert-Stifter-Str. 3, 8022 Grünwald/Obb. (T. München 641 52 00) - Geb. 6. Jan. 1903 Würzburg (Vater: Michael G., Architekt; Mutter: geb. Flössa), kath., verh. s. 1935 m. Dr. Ingeborg, geb. Ruegenberg, 2 Kd. - Univ. Würzburg u. München - 1927-31 höh. Lehramt, dann wiss. Bibliotheksdst. Präs. Max-Dauthendey-Ges. - BV (1926-63 s. XVIII. Ausg.): D. Auge d. Herrn, Legenden 1963; Du fragst mich, was ich liebe, Ged. 1963; Camille Desmoulins, R. 1966; Lorenzo entdeckt d. Etrusker, Erz. 1966; Ludwig Maria Grignion von Montfort, Biogr. 1966; Vor Anker, R. 1967; Gondelfahrt, Erz. 1968; Franz u. Klara v. Assisi, Biogr. 1968; Charles de Foucauld, Biogr. 1969; Überfall auf Mallorca, R. 1969; Musikanten spielen unt. jedem Himmel, R. 1969; Theresia v. Avila, Biogr. 1970; Leben u. Werk d. Brüder Grimm, Biogr. 1970; Bibl. Legenden, Erz. 1971; Thomas Becket, Biogr. 1972; Eugen Schumacher, Begegnungen u. Erlebnisse m. d. großen Tierfreund, hrsg. 1973; D. Mädchen Martinique, R. 1973; Brüder Grimm i. Selbstzeugnissen u. Bilddokumenten, Biogr. 1973; Franz Xaver, Biogr. 1974; Kolibri flieg nicht fort, R. 1974; Edith Stein, Biogr. 1975; Abenteuer in d. Lagune, R. 1975; Kurs Karibische See, R. 1976; Weltreise heute, Buch einer Kreuzfahrt, 1977; Die Mutigen, Biogr. 1978; Am Kaminfeuer, Erz. 1979; D. Heilige Siebengestirn, Biogr. 1980; Kreuzfahrt zu neuen Zielen, Reiseb. 1981; Nordhimmel, Reiseb. 1984; Max Dauthendey. Sieben Meere nahmen mich auf, Lebensbild 1987; Vaterhaus adieu, R. 1988 - 1962 Dauthendey-Plak. in Silber, 1968 in Gold; 1968 Gold. Siegel Stadt Würzburg; 1983 Ehrenmitgl. Frankenbd.

GERSTNER, Roland

Dipl.-Kfm., Staatssekretär m. Kabinettsrang Min. f. Ernährung, Landw., Umwelt u. Forsten Baden-Württ. (s. 1984), MdL (s. 1963) - Karlsruher Str. 2, 7550 Rastatt (T. 3 24 59) - Geb. 23. April 1931 Baden-Baden (Vater: Josef G., Ing.; Mutter: Hedwig, geb. Hofmann), kath., verh. s. 1965 m. Maria, geb. Hotz, 3 Kd. (Christian, Wolfgang, Birgit) - Gymn. Rastatt; WH Mannheim (Betriebsw.; Diplomprüf. 1956) - 1956-68 Angest. Wohnungsw., anschl. Parlam. Geschäftsf., Gf. Kommunale Sanierungsges. Karlsruhe. 1962ff. Mitgl. Stadtrat Rastatt; zul. Staatssekr. m. Kabinettsrang Staatsmin. Baden-Württ. CDU s. 1956 (1960ff. Kreisvors. Rastatt u. Mitgl. Landesvorst. BW) - Liebh.: Fußball, Tennis - Spr.: Franz., Engl.

GERSTNER, Rudolf Erhard

Dr. oec., Dipl.-Kfm., Geschäftsführer Farina Gegenüber, Köln (s. 1961), Beirat Ind.verb. Körperpflege u. Waschmittel, Frankfurt - Am Lehnshof 16, 5603 Overath-Immekeppel - Geb. 9. Nov. 1923 München (Vater: Franz G., Kaufm.; Mutter: Berta, geb. Brenner), kath., verh. s. 1958 m. Dr. phil. Elisabeth, geb. Kleinpaß, 3 Kd. (Mirjam, Susanne, Daniel) - Wittelsbacher Gymn. (Abit. 1942) München. Dipl.-Kfm. 1948; Promot. 1954 München - 1948-54 fr. Mitarb. BR; b. 1957 fr. Mitarb. Wirtschaftsprüf.sges.; b. 1960 Kaufm. Leit. Kunststoff-Ind. - Liebh.: Klass. Phil., Musik (Geige, Bratsche), Tennis, Schwimmen - Spr.: Franz., Engl., Ital.

GERSTUNG, Fritz

Dr. rer. pol., Dipl.-Kfm., Dipl.-Volksw., Vorstandsmitglied Nürnberger Bund Großeinkauf eG Essen - Zu erreichen üb. Nürnberger Bund, Schürmannstr. 30, 4300 Essen 1 - Geb. 23. Okt. 1947 - Dipl.-Kfm. 1974, Dipl.-Volksw. 1974 u. Promot. 1977 Univ. Köln - S. 1977 Nürnberger Bund Großeinkauf eG Essen (s. 1981 Vorst.-Mitgl.) - BV: D. Servicepolitik als Instrument d. Handelsmarketing, 1978.

GERTEIS, Werner

Dr. med., Frauenarzt, apl. Prof. f. Geburtshilfe u. Frauenheilkd. Univ. Düsseldorf (s. 1971) - Gräuliner Str. 120 (Städt. Krankenhaus Gerresheim), 4000 Düsseldorf 12.

GERTH, Ernst

Dr. oec., Dipl.-Kfm., o. Prof. f. Betriebswirtschaft Univ. Göttingen (s. 1974), Direktor Seminar f. Handwerkswesen Univ. Göttingen (s. 1980) - Friedrichstr. 1, 3400 Göttingen (T. 4 26 21) - Geb. 25. Sept. 1926 Würzburg (Vater: Dr. Georg G., Kaufm.; Mutter: Maria, geb. Leinecker), ev., verh. s. 1962 m. Winnifred, geb. Ritter, T. Stephanie - Realgymn.; kaufm. Lehre; Stud. d. Betriebswirtsch.sl. Univ. Würzburg, Erlangen-Nürnberg; Dipl.ex. 1949; Promot. 1950; Habil. 1964 - 1950-59 prakt. kaufm. Tätigk., 1959-73 TU Braunschweig (1966 apl. Prof.) - BV: D. Bedeutung d. Verbrauchsnutzens f. d. Absatz, 1965; Betriebswirtschaftl. Absatz- u. Marktforschg., 1970; Zwischenbetriebl. Kooperation, 1971. Herausg.: Priv. Vermögensbildung, 4 Bde. (1974 u. 75), Grundriß Mod. Marketings, 14 Bde. (1974-77) - Liebh.: Segeln, Tennis - Spr.: Engl., Franz., Port.

GERTH, Hans-Joachim

Dr. med., Prof. - Erlenweg 22, 7400 Tübingen - Geb. 30. Okt. 1927 Arnstadt/Thür. (Vater: Rudolf G., Steuerrat; Mutter: Margarete, geb. Pöcker), ev., verh. s. 1963 m. Camilla, geb. Meier, 3 Kd. (Lutz, Anke, Felix) - Stud. Göttingen; Promot. 1954 ebd.; Habil. 1969 Tübingen - 1954-58 Assist. am Bethesda Hospital Cincinnati u. Fellow of the National Foundation, The Children's Hosp. Res. Found., Cincinnati, U.S.A., 1959 Stipendiat D.F.G. Viral and Rickettsial Disease Lab. Calif. State Dept. of Public Health, Berkeley, Cal., U.S.A. - 1959-72 Wiss. u. Oberassist. Hygiene-Inst. Univ. Tübingen, s. 1972 Wiss. Rat u. Prof. u. 1973ff. Leit., s. 1976 Dir. Abt. f. Med. Virol. u. Epidemiol. d. Viruskrankh. - BV: Beitr. in D. Infektionskrankh. d. Menschen, 1969 (Hrsg. Grumbach, Bonin); Pathophysiol., 1972 u. 1981 (Hrsg. H. E. Bock); Enzyklopädie Naturwiss. u. Technik, 1979-81; Hygiene u. Infektionen im Krankenhaus, 1983 (Hrsg. E. Thofern, K. Botzenhart).

GERTH, Klaus

Dr. phil., Univ.-Prof., Hochschullehrer - 3006 Burgwedel-Thönse - Geb. 3. Okt. 1926 Köslin/Pommern - PH Hannover; Univ. Bristol, Göttingen, Tübingen (German., Angl., Phil.). I. Lehrerprüf. 1950, Päd. Prüf. f. d. Lehramt an höh. Schulen 1957 (Hannover); Staatsex. 1955, Promot. 1956 (Göttingen) - Wehrdst. u. amerik. Kriegsgefangensch. (1944-46 Dolmetscher); 1950 b. 1951 Volksschullehrer; 1955-57 Studienrefer. u. -ass.; s. 1957 Doz. u. Prof. (1962) Päd. Hochsch. Hannover (Lehrstuhl f. Dt. Sprache u. Lit. u. ihre Didaktik). 1959-70 Lehrbeauftragter TH bzw. TU Hannover (Dt. Lit. und Spr.), ab 1978 Univ. Hannover, 1964ff. stv. Vors. Goethe-Gesellschaft Hannover - BV: Studien zu Gerstenbergs Poetik, 1960; Die Arbeit mit dem Lesebuch, 4. A. 1971; Beitr. z. lit. Unterricht, 2. Bde. 1969/71; Kommentare u. Meth. Inszenierungen (1973ff. u. 1979ff. 6 Bde.); Elemente d. Erzählens, 2. A. 1985. Herausg.: Lesebuch 65 (1965), Leseb. 65 f. Realsch. (1967/68). Hör- u. Fernsehsp., TS-Texte f. d. Sekundarstufe (1973ff.; Neufass. 1979ff.), Zs. Praxis Deutsch (1973ff.), Beiträge z. e. neuen Didaktik (1970ff.), Deutschunterr. konkret (1982ff.) - Spr.: Engl.

GERTH, Wilfried

Dr.-Ing., Prof. f. Regelungstechnik Univ. Hannover (Fachbereich Elektrotechnik) - Schillingswinkel 12, 3005 Hemmingen.

GERTHEINRICH, Gerhard

Industriemeister, Bürgermeister Stadt Beckum (s. 1984) - Wilhelm-Busch-Str. 16, 4720 Beckum (T. 02525 - 77 21) - Geb. 25. Okt. 1930, kath., verh. s. 1953 m. Ingeborg, geb. Sauer - Schlosserlehre Fa. Baltte, Neubeckum; Meisterbrief IHK Düsseldorf; Obermeister Fa. Dyckerhoff, Beckum.

GERTIS, Karl

Dr.-Ing., Prof. - Brauneckstr. 22, 8150 Holzkirchen 1 - Geb. 23. Okt. 1938 München (Eltern: Karl u. Rosa G.) - Stud. TU München (Dipl. 1963), Promot. 1968 Univ. Stuttgart, Habil. 1972 ebd., Ord. 1977 Univ. Essen, 1984 Ord. Konstrukt. Bauphysik Univ. Stuttgart, 1984 Mitgl. d. Leit. d. Fraunhofer-Inst. f. Bauphysik - Spr.: Engl., Franz., Ital.

GERTLER, André

Prof., Konzertgeiger - 28, Avenue d'Overhem, B-1180 Brüssel - Geb. 26. Juli 1907 Budapest (Vater: Adolf G.; Mutter: Frida, geb. Berger) - Franz-Liszt-Akad. Budapest - Konzerttätigk.; 1954-59 Prof. Musikhochsch. Köln; s. 1964 Prof. Musikhochsch. Hannover; Prof. am Conservatoire Royal de Musique, Brüssel. Gründ. d. Konzertarbeitswochen in Goslar u. d. Intern. Musikakad. f. Junge Solisten (IMAS) in Wolfenbüttel. Freund u. Mitarb. v. Bela Bartok - Zahlr. ausländ. Auszeichn. - 1967 Gr. Schallplattenpreis Acad. Charles Cros, Paris (f. Interpretation sämtl. Violonwerke Béla Bartóks) - BVK I. Kl.

GERULL, Heinz

Beamter i. R., Vorsitzender d. Kurt-Schumacher-Kreises Berlin - Heinersdorfer Str. 35, 1000 Berlin 45 (T. 030 - 772 58 43) - Geb. 10. Dez. 1920 (Vater: Gustav G., Beamter †; Mutter: Erna, geb. Ristow †), ev. - Gymn. (Abit.) - Spr.: Engl., Franz.

GERWALD, Josef M.

Programmdirektor Dt. Welle - Raderberggürtel 50, 5000 Köln 51 - Geb. 1932 in Oberschles. - 1962-75 Korresp. u. Polit. Redakt. Dtschl.-Funk; 1981-82 Leit. Öfftlk.-Arbeit AEG. FDP (1975-81 Parteisprecher).

GERZ, Alfons

Prof., Chef d. Sport-Imformations-Dienstes (sid) - Pressehaus, Moselstr. 14, 4040 Neuss 1 - Geb. 16. Mai 1913 Düsseldorf - Gründer u. langj. Chefredakt., jetzt gf. Gesellsch. (Mehrheitsgesellsch.); Mitgl. Wiss. Beirat d. Dt. Sportbundes - Honorarprof. Dt. Sporthochsch. Köln; Leit. Inst. f. Sportpubl. Dt. Sporthochsch. Köln; Vorstandsmitgl. Alfons-Gerz-Ges. Publiz. Medien u. Sport, Neuss - BVK I. Kl.; Gr. VO d. Bundesrep. Deutschl.

GERZ, Jochen

Bildender Künstler - 4, Rue René Villermé, F-75011 Paris - Geb. 4. April 1940 Berlin - Autodidakt - BV: D. Zeit d. Beschreib. 1974/83; D. Schwierigkeit d. Zentaurs b. v. Pferd steigen, 1976; Exit/D. Dachau-Projekt, 1978; Le Grand Amour, 1980; Texte, 1985 - Zahlr. Ausst., 7. Biennale Venedig (dt. Pavillon), 1976; Documenta 6, Kassel 1977; Biennale Sidney, 1978; Rosc Dublin, 1980; 1945-85: Kunst in d. BRD, Nationalgalerie Berlin, 1985; Documenta 8, Kassel 1987; Intern. Retrospektive: Kunstsammlung NRW, Düsseldorf; Museum Mod. Kunst, Wien; Fondation Cartier, Paris; Musée d'Art Moderne, Saint-Etienne; Kunsthalle Hamburg (1988-90).

GESCH, Max

Dipl.-Ing. (TH), Berat. Ing. VBI, Inh. Ing.-Büro GESCH-CONSULT (Gesamtplanungen, Konstr. Ing.bau, Brücken- u. Tunnelbau, Industrieschornsteine, Verkehrsplan. u. Straßenbau), Ehrenpräs. Verb. Berat. Ing., Vors. Aussch. f. d. Honorarordnung d. Berat. Ing. - Husemannstr. 53, 4650 Gelsenkirchen (T. 1 54 61; Telefax 0209 - 20 49 94); Schadowstr. 74, 4000 Düsseldorf (T. 35 60 18) - Geb. 17. Dez. 1911 Berlin - BVK I. Kl.

GESCHE, Elisabeth

Krankenschwester, Honorar-Konsulin d. Bundesrep. Deutschl. in Madeira - Largo do Phelps Nr. 6-1, 9000 Funchal-Madeira (T. 2 03 38; 10-12.30 Uhr) - Geb. 17. Jan. 1924 Funchal (Vater: Emil G., Kaufm. u. Konsul v. 1910-66; Mutter: Dorothea, geb. Sattler), ev. - 1948-50 Ausb. z. Krankenschwester, Stuttgart - B. 1951 in Krankenhs., dann 1951 zurück n. Madeira (Privatklinik); s. 1967 Honorarkonsulin (in 3. Generat. in d. Fam., 1976 100j. Konsulsjubiläum) - 1984 BVK I. Kl. - Liebh.: Sozialarbeit, Fotogr., Blumen - Spr.: Portugies., Engl., Franz.

GESCHE, Helga

Dr. phil., Prof. Univ. Giessen - Bommersheimer Weg 3, 6380 Bad Homburg - Geb. 8. Juli 1942 Dessau (Vater: Dipl.-Ing. Werner G.; Mutter: Gertrud, geb. Zschommler), ev. - 1967/72 Promot./Habil. Alte Geschichte - 1967-69 Teiln. Grabungskampagnen Alt-Paphos/Cypern. Mitgl. Kommiss. f. Alte Gesch. u. Epigraphik u. Dt. Archäol. Inst. - BV: D. Vergottung Caesars, 1967; Caesar (Wiss. Buchges.), 1976; Rom - Welteroberer u. Weltorganisator, 1981. Herausg.: Frankfurter Althistor. Stud. (1970 ff.), Lit.überblicke d. griech. Numismatik (1971 ff.). Fachveröff. - Spr.: Engl., Franz.

GESCHKA, Ottilia Maria,

geb. Bördner

Staatssekretärin, Bevollmächtigte d. Hess. Landesregierung f. Frauenangelegenheiten (s. 1987), MdL Hessen (1970-87) - Stifterstr. 2, 6100 Darmstadt-Arheiligen - Geb. 27. Dez. 1939 Selters-Haintchen (Vater: Hubert Bördner, Stukkateur; Mutter: Maria, geb. Wiegand), kath., verh. s. 1963 m. Dr. Horst G., 2 Kd. (Ralf, Silke) - Haupt- u. Krankenpflegefachsch. (Ex. als Kinderkrankenpfl.) - 10 J. Stadtkrkhs. Zell/Mosel u. Univ.klinik Mainz. 1968-71 Gemeindevertr. Rüsselsheim-Bauschheim, 1977-78 Nauheim; 1972-78 MdK Groß-Gerau (stv. Fraktionsvors.). CDU s. 1968.

GESCHKE, Günter

Dr. phil., Chefredakteur Dt. Allg. Sonntagsblatt - Ahrensfelder Weg 35, 2070 Ahrensburg - Geb. 19. Juni 1931, verh. m. Brigitte Wilmer-Geschke, 3 S. (Jan, Sven, Hai) - Stud. Univ. Münster, Köln u. Hamburg; Promot. 1959 Univ. Hamburg - 1961-62 Serien-Redakt. Welt am Sonntag; 1972-78 Bonner Korresp. Dt. Allg. Sonntagsblatt; s. 1986 Chefredakt. ebd. - BV: D. dt. Frankreichpolitik 1940, 1960 - Spr.: Engl., Franz.

GESE, Hartmut

Dr. theol., o. Prof. f. Altes Testament - Weiherstr. Nr. 51, 7400 Tübingen 9 - Geb. 4. April 1929 Pyritz (Vater: Karl-Heinrich G.; Mutter: Gertrud, geb. Hinniger), verh. s. 1959 m. Erika, geb. Saftien - Univ. Mainz u. Tübingen (Promot.); Yale Univ./USA (S.T.M.) - S. 1959 Lehrtätigk. McCormick Theological Seminary Chicago, Univ. Hamburg (1961) u. Tübingen (1962 Ord.) - BV: D. Verfassungsentwurf d. Ezechiel, 1957; Lehre u. Wirklichkeit in d. alten Weisheit, 1958; D. Religionen Altsyriens, 1970; V. Sinai z. Zion, 1974; Z. bibl. Theol., 1977. Mithrsg.: Ztschr. f. Theol. u. Kirche, Handb. z. Alt. Test.

GESEL, Joachim

Fotograf, Vors. Centralverb. dt. Photographen - Zu erreichen üb.: Plathnerstr. 9, 3000 Hannover.

GESELL, Willy

Prof., Dozent f. Gesang Musikhochschule Köln - Jülicher Str. 19, 4040 Neuss/Rh.

GESER, Hans

Dr., Prof., Soziologe - Holgasstr. 35, CH-8634 Hombrechtikon - Geb. 26. März 1947 Rapperswil, Schweiz (Vater: Hans G., Konstrukteur; Mutter: Pia, geb. Hälg), kath., verh. s. 1975 m. Agathe, geb. Gasser, 2 Kd. (Rebekka, Silvan) - Ausb. Zürich (Promot. 1975) - S. 1983 Prof. Univ. Heidelberg; 1986 Prof. Univ. Zürich - BV: Bevölkerungsgröße u. Staatsorganisation, 1981; Strukturformen u. Funktionsleistungen soz. Systeme, 1983; Kommunales Regieren u. Verwalten, 1987 - Spr.: Engl.

GESQUIÈRE-PEITZ, Marietta

Dr. phil., Schriftstellerin, Journ. - Riedern 231/2, 8176 Waakirchen (T. 08021-71 47) - Geb. 11. Aug. 1933 München, kath., verh. s. 1972 m. Jean Gesquière, 2 Kd. (Jung-Jae, Jung-A) - Promot. 1957 München - BV: u.a. Diese geringen Tage; D. Risiko e. Christ zu sein; V. d. Freude e. Christ zu sein; Grün wie lieb ich Dich grün; Gotteszahl u. Tageseinmaleins; D. bunte Wirrnis d. Dinge; V. einem d. auszog; Rufus - Ballade v. Zwischenmenschen; E. Teppich f. Shiva; D. Hoffnung d. Völker; Andambocham od. D. mühselige Ehre Gottes - Spr.: Engl., Franz., Span.

GESSEL, Wilhelm

Dr. theol., Prof. f. Alte Kirchengeschichte, Patrologie u. Christl. Archäologie, Univ. Augsburg (s. 1979) - Gerh.-Hauptmann-Str. 19, 8905 Mering - Geb. 28. Febr. 1933 München (Vater: Wilhelm G. †; Mutter: Anna, geb. Höfelmeier), kath. - Gymn. u. Univ. München (Kath. Theol.). Promot. 1965; Habil. 1974 - 1958 Kaplan; 1961 Wiss. Assist.; 1974 Privatdoz. (alles München) - BV: Eucharist. Gemeinschaft b. Augustinus, 1966; Theol. d. Gebets n. ‚De oratione' b. Origenes, 1975. Div. Herausg. - 1979 Päpstl. Ausz. (Msgr.); 1982 Ehrenmed. München leuchtet - Spr.: Engl., Franz., Ital.

GESSENDORF, Mechthild, verh. Weil

Sängerin (Künstlern. Gessendorf) - Nordlehne 1, 8630 Coburg (T. 09561 - 9 08 04) - Verh. m. Ernö W. (Intendant Landestheater Coburg) - Sängerin: Bayer. Staatsoper München, Hamburgische Staatsoper, Dt. Oper Berlin, Wiener Staatsoper, Covent Garden London, Grand Operà Paris, Scala Milano, Metropolitan New York, Monte Carlo, Köln, Düsseldorf. Festspiele: Salzburg, Savonlinna, Bregenz, Aix en Provence, Edingburgh - Rollen (Sopran): Marschallin (Rosenkavalier) MET, München; Ariadne (Ariadne) Aix; Elsa (Lohengrin); Siglinde (Walkure); Senta (D. fliegende Holländer) Wien u. Mailand; Jennfa (Jennfa); Kaiserin (Frau ohne Schatten).

GESSLER, Georg

Kaufmann, Vors. Stuttgarter Waren- u. Produktenbörse, Stuttgart - Syrlinstr. 37, 7900 Ulm/Donau - Geb. 29. Dez. 1917.

GESSLER, Ullrich

Dr. med., em. Prof., Vorstand IV. Med. Klinik Klinikum Nürnberg u. Inst. f. Nephrol. Univ. Erlangen-Nürnberg - Kontumazgarten 14-16, 8500 Nürnberg - Geb. 17. Febr. 1922 Heidelberg - S. 1960 (Habil.) Lehrtätig. Univ. Freiburg u. Erlangen-Nürnberg (1966 apl. Prof. f. Inn. Med., 1981 Ord. f. Nephrologie), emerit. 1987 - BV: Differentialdiagnose d. Nierenkrankh., 1964; Nierentransplantation u. künstl. Niere, 1972; Diuretika, 1975; Hypertonie, 1978. Einzelarb.-1984 Bayer. VO.

GESSNER, Hans Heinrich

Rechtsanwalt, Verbandsanwalt, Vorstandsvors. Raiffeisenverb. Kurhessen, Kassel - Königsberger Str. 9, 3501 Schauenburg - Geb. 24. April 1934 Homberg, ev., verh. s. 1964 m. Helge, geb. Lieske, 2 T. (Beate, Ursula) - Einzelhandelskaufm.; Stud. Rechts- u. Staatswiss. Marburg; Refer.-Ex. 1963 Marburg, Ass.-Ex. 1967 Hessen - AR-Vors. Raiffeisen-Zentralbk. Kurhessen AG, Raiffeisen-Warenzentrale Hesselland GmbH, Kurhess. Molkereizentrale eG, alle Kassel, u. Tarifkommiss. Arbeitgeberverb. Dt. Volksbk. u. Raiffeisenbk., Bonn.

GESSNER (ß), Manfred

Dr., Dipl.-Polit., Angestellter, MdB (s. 1969; Wahlkr. 75/Düsseldorf II) - Franz-Leuninger-Str. 13, 4040 Neuss 1 (T. 02101 - 47 13 03) - Geb. 30. Nov. 1931 - Vizepräsid. Parlam. Vers. Westeurop. Union (WEU).

GESSNER, Peter

Dr. rer. nat., Prof., Vorstandsmitglied u. Chefmathematiker Allianz Lebensversicherungs-AG., Berlin/München - Bischoffstr. 14, 7000 Stuttgart 80 - 1978 Carl-Friedrich-Med. Univ. Karlsruhe.

GESTER, Friedrich-Wilhelm

Dr. phil., Prof., Wiss. Rat u. Prof. f. Engl. Philologie Univ. Bonn/Phil. Fak. (s. 1972) - Kohlbergstr. 19a, 5300 Bonn-Holzlar.

GESTER, Heinz

Dr. jur., Rechtsanwalt, Justitiar DGB, Düsseldorf (s. 1969), AR-Mitgl. Gebr. Böhler & Co. AG. ebd. (s. 1960), stv. AR-Vors. Bayer AG, Leverkusen (s. 1984), u. Treuarbeit AG, Frankf./M. (s. 1977) - Im Geesterfeld 29, 4000 Düsseldorf - Geb. 6. Jan. 1930 - Univ. Köln. Gr. jurist. Staatsprüf. 1957 - S. 1959 DGB. Stv. Mitgl. Verfassungsgerichtshof Nordrh.-Westf. - 1984 BVK I. Kl. - Liebh.: Tennis.

GESTER, Martin

Dr. rer. pol., Dipl.-Kfm., Auslandskorrespondent - Rua Almirante Guillobel 26/304 ZC-20 Lagoa, Rio de Janeiro (Brasilien) - Geb. 5. April 1933 Letzlingen/Altmark (Vater: Johannes G., Pfarrer; Mutter: Charlotte, geb. Paeszler), ev. - Schule Nienburg/Weser (Abit. 1952); Univ. Köln (Betriebsw.; Promot. 1962) - B. 1967 Wirtschafts- (WELT/Ruhrgeb.), dann Südamerikakorresp. (WELT, 1970ff. FAZ) - Spr.: Engl., Franz., Portugies., Span.

GESTRICH, Christof Georg

Dr. theol, o. Prof. f. systemat. Theologie - Bülowstr. 6, 1000 Berlin 37 (Zehlendorf) (T. 030 - 801 86 82) - Geb. 26. Febr. 1940 Ravensburg (Vater: Wolfram G.; Mutter: Dr. med. Gerda, geb. Wintterlin), ev., verh. s. 1965 m. Dr. med. Almuth, geb. Heck, 4 Kd. - 1959-65 Stud. ev. Theol. Zürich u. Tübingen. Promot. 1967 Zürich; Habil. 1974 Tübingen - B. 1974 Wiss. Assist.; 1974-79 Pfarrer u. Privatdoz.; s. 1979 Kirchl. Hochsch. Berlin (s. 1983 Dir. Inst. f. Relig.soziol. u. Gemeindeaufbau an d. Kirchl. Hochsch. Berlin, 1984-86 Rektor). 1982-84 Mitgl. d. Synode d. Kirchenltg. d. Ev. Kirche in Berlin-Brandenburg (Berlin West) - BV: Zwingli als Theologe. Glaube u. Geist b. Zürcher Reformator, 1967; Neuzeitl. Denken u. d. Spaltung d. dialekt. Theol., 1977; D. Wiederkehr d. Glanzes in d. Welt. D. christl. Lehre v. d. Sünde u. ihrer Vergebung, 1989. Mithrsg.: Berliner Theol. Ztschr. (s. 1984; s. 1987 auch Schriftleit.) - Spr.: Engl., Franz.

GESTRICH, Helmut

Dr. jur., Landrat Landkr. Bernkastel-Wittlich - Birkenweg 9, 5550 Bernkastel-Kues (T. 06531 - 65 40) - Geb. 2. Febr. 1931 - Vors. Kulturaussch. Dt. Landkreistag u. Cusanus-Ges.

GESTRICH, Wolfgang

Dr.-Ing. (habil.), Prof., Techn. Chemiker - Gotenweg 11, 1000 Berlin 20 - Assistenzprof. u. apl. Prof. TU Berlin (Techn. Chemie).

GETHKE, Frank

Prokurist Dt. Film- u. Fernsehakad. Berlin GmbH - Pommernallee 1, 1000 Berlin 19.

GEUCKLER, Karlheinz

Dr.-Ing., Eisenbahndirektor - Dreieichring 25, 6070 Langen/Hessen - Geb. 15. Aug. 1926 - Geschäftsf. u. Vorst. div. Verkehrsges.

GEUENICH, Dieter

Dr. phil., M.A., o. Prof. f. Gesch. d. Mittelalters Univ. Duisburg - Schwarzwaldstr. 56, 7819 Denzlingen (T. 07666 - 28 60) - Geb. 17. Febr. 1943 Honnef/Rhein, verh. s. 1969 m. Irene, geb. Hildebrand, 3 Kd. (Brigitta, Christian, Martina) - Stud. Gesch., German., Theol. u. Phil.; Staatsex. u. Magister 1969 Bonn; Promot. 1972 Münster; Habil. 1981 Freiburg - Wiss. Ang. SFB Mittelalterforsch. Münster; wiss. Assist.; Privat-Doz.; 1983 Univ.-Prof. Univ. Freiburg; 1987/88 Gastdoz. am Dt. Histor. Inst. Rom; s. 1988 o. Prof. Univ. Duisburg - BV: Prümer Personennamen in Überlieferungen v. St. Gallen, Reichenau, Remiremont u. Prüm, 1971; D. Personennamen d. Klostergemeinschaft v. Fulda im früheren Mittelalter, 1976; D. Verbrüderungsbuch d. Abtei Reichenau (m. J. Autenrieth u. K. Schmid), 1979; D. Altarplatte v. Reichenau-Niederzell (m. R. Neumüllers-Klauser u. K. Schmid), 1983; D. Martyrolog-Necrolog v. St. Emmeram zu Regensburg (m. E. Freise u. J. Wollasch), 1986 - 1976 Preis d. Wiss. Ges. an d. Univ. Freiburg; 1976 Preis d. Henning-Kaufmann-Stiftg.

GEUENICH, Michael

Mitglied d. Geschäftsführenden Bundesvorstands d. Deutschen Gewerkschaftsbundes (s. 1985) - B. 1985 Vors. DGB-Landesbez. Nordrhein-Westf.

GEUENS, Herman F. J.

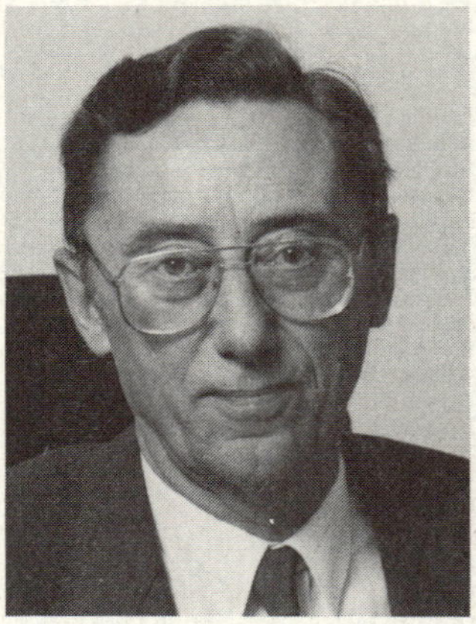

Dr. med. (spez. innere Med. u. Nephrologie), Vorstand Kali-Chemie AG, Hannover - Zu erreichen üb. Kali-Chemie, Hans-Böckler-Allee 20, 3000 Hannover 1 - Dir. Solvay & Cie S.A., Brüssel; Member Executive Board Duphar B.V. Amsterdam; AR LTM S.A., Suresnes, Frankr.; Comité Dir. (Chairman) Duphar & Cie, Belg.; VR-Mitgl. Unione Chimica Medicamenti - Difme - S.P.A., Grugliasco/Italien. Chairman Board Duphar Ltd., Engl.; Duphar-Interfran Ltd., India, Kali-Duphar K.K., Tokyo/Japan, Board Kalipharma Inc., Elizabeth, N.J./USA, Kali-Chemie Ricerca Farmaceutica SpA, Turin/Italien - Ausz. Lauréat exper. Med.

GEULEN, Dieter

Dr. phil., Prof. f. Erziehungswiss. FU Berlin (s. 1980) - Cosimapl. 1, 1000 Berlin 41 - Geb. 19. Jan. 1938 Aachen - Promot. 1965 - BV: D. vergesellschaftete Subjekt - Z. Grundleg. d. Sozialisationstheorie, 1977.

GEULEN, Hans

Dr. phil., Prof., Literaturhistoriker - Nienborgweg 21, 4400 Münster/W. - Geb. 23. März 1932 - Promot. 1962 - S. 1971 (Habil.) Lehrtätigk. Univ. Münster (1972 apl. Prof. f. Neuere dt. Lit.wiss.; 1973 Wiss. Rat u. Prof. Germanist. Inst.) - BV: Max Frischs Homo Faber, 1965; Erzählkunst d. frühen Neuzeit, 1975.

GEUS, Armin

Dr. rer. nat., Prof. f. Geschichte d. Medizin u. Biologie Univ. Marburg (FB Humanmed.) - Hirschberg 5, 3550 Marburg 1; Bunsenstr. 2, 3550 Marburg/L. - Geb. 10. April 1937 Staffelstein - Promot. 1964 - S. 1973 Prof. Marburg - BV: D. Zoologie in Erlangen, 1969; D. Gregarinida d. land- u. süßwasserbewohnenden Arthopoden Mitteleuropas, 1969; Indices naturwiss. med. Periodica. Bd. 1: D. Naturforscher, 1971, Bd. 2: D. tiermed. Ztschr. d. 18. Jh., 1981; Ectypa Planatrum, 1981; Krankheit u. Kranksein in d. Gegenwartskunst, 1985; Ectypa Graminum, 1985; Aus d. Gesch. d. Kopfprobl., 1985; Johannes Ranke

(1836-1916), Physiol., Anthropol. u. Prähistoriker, 1986; Gesch. u. Praxis d. phytohormonalen Kontrazeption, 1987; Zehn J. Basilisken-Presse Marburg 1976-86, 1987; Wilhelm Peter Mensinga: Facultative Sterilität, 1987; Blutplättchen. D. Gesch. ihrer Erforsch., 1988; Physiognomia arborum. Zeichn. v. Hans-Georg Rauch m. Texten v. Armin Geus u. Friedhelm Lach, 1989; D. Magenbürste. M. e. Vorwort v. H. Rohde, 1989. Div. Herausg. u. a.: Schriften z. Wissenschaftsgesch. (ab 1976); Marburger Schriften zur Gesch. d. Med. (ab 1981); Kleinverlag in Hessen (1986).

GEUSER, Heinrich
Klarinettist, Prof. Hochsch. f. Musik Berlin, Mitgl. Radio-Symphonie-Orch. Berlin (s. 1949) - Apoldaer Str. 37, 1000 Berlin 46 (T. 73 55 02) - Geb. 3. Aug. 1910 Bayern - S. 1948 Lehrtätig. - 1963 Berliner Kammervirtuose.

GEUSS (ß), Herbert
Dr. phil. (habil.), Dipl.-Psych., Prof. f. Psychologie Univ. Osnabrück, Abt. Vechta - Eichenweg 7, 4593 Emstek-Höltinghausen - Geb. 3. Aug. 1947 Hofheim/T., kath., verh. s. 1983 m. Christel Siepmann-Geuß - Dipl. Psych. 1973 Univ. Frankfurt, Promot. 1975 Univ. Frankfurt, Habil. 1978 Univ. Hamburg - 1985-87 Vors. Verwaltungskommiss. Univ.-Abt. Vechta - BV: Verhaltenstechnol. od. selbstbestimmtes Handeln, 1980.

GEVATTER, Hans-Jürgen
Dr.-Ing., Honorarprof. f. Bauelemente d. Steuerungs- u. Regelungstechnik, TU Braunschweig (s. 1972), Univ.-Prof. FB Feingerätetechnik TU Berlin (s. 1985) - Rummer Weg 11, 6900 Heidelberg (T. 47 11 76).

GEWALT, Wolfgang

Dr. rer. nat., Zoodirektor - Mülheimer Str. 273, 4100 Duisburg (T. 33 35 71) - Geb. 28. Okt. 1928 Berlin (Vater: Dr. med. Kurt G., Facharzt f. Haut- u. Harnorgane; Mutter: Veronika, geb. Walke), ev., verh. s. 1959 m. Studienass. Ilse, geb. Wittkopf, T. Anja - Franz. Gymn., Humboldt- u. Freie Univ. Berlin (Zool., Botanik, Chemie). Staatsex. f. d. höh. Lehramt 1956; Promot. 1959 - B. 1966 I. Wiss. Assist. Zool. Garten Berlin, dann Dir. Zool. Garten Duisburg. Div. Fachmitgliedsch. - BV: D. gr. Trappen, 1954; D. Eichhörnchen, 1956; D. Großtrappe, 1959; Heute geh'n wir in d. Zoo, 1963; Bakala, Löwen vor d. 2. Frühstück, 1965; Tiere f. Dich. u. f. mich, 1968; Haltung u. Zucht v. Park- u. Ziergeflügel, 1971/84; Mein buntes Paradies, 1973; D. Weißwal, 1976; Auf d. Spuren d. Wale, 1986 - Liebh.: Jagd, Tierfotogr. - Spr.: Franz., Engl. - Rotarier.

GEWECKE, Michael
Dr. rer. nat., Prof. f. Zoologie Univ. Hamburg (s. 1982) - Weidenstr. 6, 2080 Pinneberg - Geb. 2. Juli 1938 Hannover - Promot. 1966 München; Habil. 1971 Düsseldorf - BV: Antennen u. Stirnhaare d. Wanderheuschrecke; Luftströmungssinnesorgane im Dienste d. Flugsteuerung, 1971; Insect Locomotion, 1985.

GEWEHR, Wolf
Dr. phil., Prof. f. Dt. Sprache u. Literatur u. ihre Didaktik (Schwerp. Linguistik) Univ. Münster - Bogenstr. 12, 4542 Tecklenburg - Geb. 12. Febr. 1939.

GEY, Wolfgang
Dr. rer. nat., o. Prof. u. Direktor Inst. f. Techn. Physik u. Hochmagnetfeld-Anlage TU Braunschweig (s. 1974) - Friedrich-Löffler-Weg 64, 3300 Braunschweig.

GEYER, Albert
Geschäftsführer Verwaltungsges. Geyer mbH., Christian Geyer, Geyer KG., Geyer-Schaltanlagen, Wohnbauges. Geyer mbH., Bauträgerges. Geyer mbH. - Geranienstraße 9, 8500 Nürnberg (T. 64 40 86) - Geb. 18. März 1929 Nürnberg (Vater: Hans G., Fabrikant; Mutter: Paula, geb. Mutscher), ev., verh. s. 1960 m. Hertha, geb. Köllisch, 4 Kd. (Sabine, Barbara, Christian, Susanne) - Stud. d. Rechtswiss. - Vorstandsmitgl. ZVEI, Frankfurt/M. (Vors. Fachabt. Zähler- u. Verteilungstafeln, Hausanschlußkästen); 1983 Leit. Landesst. Bayern). Div. Fachmitgl.sch. ARs- u. Beiratsmand. - Spr.: Engl. - Rotarier.

GEYER, Anton
Generalvikar Bistum Passau (s. 1968) - Residenzpl. 8, 8390 Passau (T. 39 32 11) - Geb. 1918.

GEYER, Bernd
Dipl.-Kfm, Geschäftsführer Dt. Sektion Intern. Hotel Association u. Fachgr. Hotels u. verw. Betriebe/Dt. Hotel- u. Gaststättenverb. - Kronprinzenstr. 46, 5300 Bonn-Bad Godesberg.

GEYER, Christoph
Dipl.-Ing., Techn. Geschäftsführer Geyer-Video GmbH Hamburg/Berlin u. Geyer-Werke GmbH Berlin/München - Geb. 16. Dez. 1937, verh. m. Karen, geb. Gaebler, Apoth., T. Irmela - Human. Gymn. Schule Schloß Salem; Stud. Physik TU Berlin - 1984 Kalmus-Goldmed. SMPTE/USA.

GEYER, Dietmar
Marketing-Manager Pelikan AG (Ps. Carsten Feeser) - Ludwig-Thoma-Str. 18, 3004 Isernhagen 1 - Geb. 18. Juli 1946 Bückeburg, verh. s. 1966 m. Kristina, geb. Feeser, 2 S. (Carsten, Timm) - Kaufm. Lehre - Werbekaufm., Verlagslektor, Produkt-Manager - BV: Erfinde m. Erfindern, 1973; Forsche m. Forschern, 1974; Spiel + Wissen, 1975; Entdecke m. Entdeckern, 1976 - Sammelt Schreibgeräte.

GEYER, Dietrich
Dr. phil., o. Prof. f. Osteurop. Geschichte - Sonnenstr. 13, 7400 Tübingen (T. 6 57 12) - Geb. 14. Dez. 1928 Cossengrün - Habil. 1960 Tübingen - S. 1962 Ord. Univ. Frankfurt/M. u. Tübingen. Fachveröff - 1983 o. Mitgl. Heidelbg. Akad. d. Wiss.

GEYER, Eduard
I. Bürgermeister - Rathaus, 8980 Oberstdorf/Allg. - Geb. 19. Sept. 1935 Bamberg - Zul. Oberreg.srat.

GEYER, Edward H.
Dr. rer. nat., Prof. f. Astronomie Univ. Bonn (s. 1970) - Observatorium Hoher List, 5568 Daun - Geb. 15. März 1930 Passau (Vater: Willibald G., Schulrat; Mutter: Therese, geb. Schneider), kath., verh. s. 1958 m. Asja, geb. Fischer, 2 Kd. (Berenike, Frank) - Oberrealsch. Passau; 1950-55 Univ. München (Dipl. Phys.). Promot. 1960 München; Habil. 1968 Bonn - 1957-62 Wiss. Assist. Bamberg u. Heidelberg; 1962-64 Dir. Boyden-Observ. Bloemfontein (Südafrika); s. 1966 Hauptobservator u. Leit. Observ. Hoher List (Univ. Bonn), Mitgl. American Astronomical Soc. d. Astronom. Ges., Dt. Physik. Ges., American Optical Soc. Üb. 140 Fachveröff. - Spr.: Engl. - Rotarier.

GEYER, Egbert
Dr. phil., Prof. f. Zoologie, Parasitol. u. Protozool. Univ. Marburg - Spiegelslustweg 8, 3550 Marburg/L.

GEYER, Erhard

Dipl.-Finanzwirt, Bundesvorsitzender Dt. Steuer-Gewerkschaft - In der Raste 14, 5300 Bonn 1 (T. 0228 - 23 90 96) - Geb. 1. Jan. 1939, ev., verh. s. 1960 m. Helga, geb. Herghet, 2 Söhne (Achim, Frank) - FH f. Finanzen RLP, Edenkoben/Pfalz - Bundesvorst.-Mitgl. Dt. Beamtenbund.

GEYER, Hans-Ulrich
Dr., Dipl.-Chem., Geschäftsführer Miles Kali-Chemie GmbH & Co. KG./Biochem. Werk, Nienburg - Kramerstr. 8, 3000 Hannover - Geb. 20. April 1926.

GEYER, Helmut
Dr. rer. nat., Prof. f. Klin. Chemie u. Biochemie (s. 1978) - Universität (Med. Fak.), 7800 Freiburg/Br.

GEYER, Lothar
Kaufmann, Präs. Bundesverb. d. Tabakwaren-Einzelhandels - Zu erreichen üb.: Sachsenring 89, 5000 Köln 1.

GEYER, Manfred
Bankbetriebswirt (ADG), Bankdirektor, Vorstandsmitgl. Gewerbebank Ansbach eG, Raiffeisen- u. Volksbank - Hermann-Löns-Weg 20, 8814 Lichtenau (T. 09827 - 64 89) - Geb. 5. März 1952 Wernsbach n., verh. m. Frieda, geb. Barthel, 2 S. (Dietmar, Berthold) - 1969-72 Lehre Bankkaufm.; 1975-77 Bankakad. Frankfurt/M.; 1980/81 Akad. Dt. Genoss. Montabaur - Schatzmeister Gustav-Adolf-Werk Bayern.

GEYER, Otto Franz

Dr. rer. nat., Prof., Geolog.-Paläontol. Inst. Univ. Stuttgart - Peter-Cornelius-Str. 29, 7410 Reutlingen (T. 1 74 11) - Geb. 18. Mai 1924 Bergreichenstein - Stud. Geol. - S. 1960 (Habil.) Lehrtätig. TH bzw. Univ. Stuttgart (Prof. f. Geol. u. Paläontol.) - BV: D. Schwäb. Jura, 1962 (m. Manfred Gwinner); Beitr. Stratigr. Ostspanien I-VIII, 1963/75 (m. and.); D. präkretaz. Mesozoikum v. Kolumbien, 1973; Geol. v. Baden-Württ., 3. A. 1986 (m. dems.); Grundz. d. Stratigraphie u. Fazieskunde, 2 Bde., 1973/77; Schwäb. Alb u. Vorland, 3. A. 1984 (m. Manfred Gwinner); Südalpen zw. Judikarien u. Piave, 1989. Üb. 90 Einzelarb.

GEYER, Wulf-Dieter
Dr. rer. nat., o. Prof. u. Mitvorst. Mathemat. Inst. Univ. Erlangen-Nürnberg (s. 1972) - Tennenloherstr. 17, 8520 Buckenhof - Geb. 14. März 1939 Berlin (Vater: Eberhard G., Oberstudiendir.; Mutter: Ursula, geb. Dannenfeldt), ev., verh. s. 1965 m. Margret, geb. Frauer, 4 Kd. (Christoph, Helmut, Barbara, Markus) - Ev. Gymn. Berlin; Stud. Berlin u. Tübingen - Assist. Univ. Tübingen u. Heidelberg.

GEYGER, Johann Georg
Prof., Maler - Gartenstr. 86, 6000 Frankfurt/M. (T. 62 19 72) - Geb. 21. Aug. 1921 Hannover (Vater: Paul G.; Mutter: Justine, geb. Vandenhirz) - S. 1963 Prof. Kunsthochsch. Braunschweig u. Frankfurt (1966).

GEYR, Karl
Geschäftsführer Raab Karcher GmbH, Nürnberg - Dianastr. 17-27, 8500 Nürnberg 1.

GEYS, Helmut
Richter, MdL Bayern (s. 1975) - Michael-Kohlhaas-Str. 9, 8080 Fürstenfeldbruck (T. 08141 - 47 28) - Geb. 1927 - SPD.

GEYSER, Maria
Vorsitzende Richterin i.R. - Menzingerstr. 1, 8000 München 19 - Geb. 6. Nov. 1912 Kassel - Zul. Bundessozialgericht Kassel.

GHAUSSY, A. Ghanie

Dr. rer. pol., Univ.-Prof. f. Volkswirtschaftslehre, insb. Wirtschaftspolitik Univ. d. Bundeswehr Hamburg (s. 1979) - Auf dem Brink 35, 2056 Glinde (T. 040 - 711 23 10) - Geb. 8. Sept. 1932 Kabul/Afghanistan, verh., 6 Kd. - Dipl.-Volksw. 1957 Univ. Hamburg, Promot. 1959 Univ. Hamburg, Habil. 1964 Univ. Bern - 1964-74 Prof. f. Economics Kabul Univ. Fac. of Economics, 1974-76 Forsch.aufenthalt USA, 1976-79 Prof. Univ. Hamburg; 1965-71 Mitgl. High Economic Council mehrerer afghan. Regierungen, 1966-74 Pres. Afghan National Bank Kabul - BV: D. Genossenschaftswesen in d. Entw.ländern, 1964; D. Wirtschaftsdenken im Islam, 1986 - 1960/61 Alexander-v.-Humboldt-Stip.; 1964 Dreijahrespreis d. Intern. Genossenschaftsbundes f. Habil.schr.; 1968 Eisenhower Exchange Fellow USA; BVK I. Kl. - Spr. Engl., Franz., Arab., Pers., Paschtu - Bek. Vorf.: General Ghaussuddin - Lit.:

L. Adamec: Who is who of Afghanistan? (1975).

GIANI, Paul Leo
Staatssekretär a. D., Chef d. Staatskanzlei Hessen (b. 1987).

GIBIAN, Heinz
Dr.-Ing., Generalsekretär der Ges. Deutsch. Naturforsch. u. Ärzte (s. 1979), Schering AG., Berlin, Honorarprof. f. Biochemie FU Berlin (s. 1970) - Bergstr. 20, 1000 Berlin 39 (T. 805 33 50).

GIDION, Jürgen
Dr. phil., Hon.-Prof. phil. Fak. Univ. Göttingen, Studiendirektor, Fachseminarleit. - Brüder-Grimm-Allee 26, 3400 Göttingen (T. 4 38 05) - Geb. 1. Jan. 1928 Hannover (Vater: Heinrich G., Syndikus; Mutter: Bertha, geb. Studtmann), ev., verh. s. 1957 m. Dr. Heidi, geb. Poremba, T. Anne - 1948-57 Univ. Göttingen, Tübingen (Deutsch, Phil., Engl., Gesch.); 1. u. 2. Staatsex., Promot. - 1959-63 Gymnasiallehrer, Assist.-Prof. Wabash College/USA; Fachleit. Staatl. Stud.-Sem. Göttingen; 1980 Prof. in Göttingen. Herausg.: Neue Samml. - Ztschr. f. Päd. - BV: Praxis d. Deutschunterr. (m. Hans Paul Bahrdt), 1972 - Spr.: Engl., Franz. - Bek. Vorf.: Prof. Paul Kluckhohn (Großonkel).

GIDO, Edgar
Dipl.-Kfm., Geschäftsführer Messe Frankfurt GmbH (1981ff.) - Ludwig-Erhard-Anlage 1, 6000 Frankfurt/M. 1.

GIEBEL, Ewald jun.
Fabrikant, Gf. Gesellsch. Ewald Giebel KG, Iserlohn, Becker, Cramer & Römer GmbH & Co., Hagen, FHG Flachstahlhandel GmbH & Co. KG, Rosenthal, Ewald Giebel-Luxemburg GmbH, Dudelange/Luxemb. - Lichtenböcken 39, 5800 Hagen 1-Berchum - Geb. 4. Aug. 1938, ev., verh. m. Marianne, geb. Ellerfeld, 3 Kd. (Sabine, Walter-Christian, Stefanie) - Kaufm. Ausb. im In- u. Ausl. - Spr.: Franz., Engl.

GIEBEL, Max
Dr. med., Prof., Chefarzt I. Chirurg. Klinik -Stadtkrankenhaus, 3500 Kassel (T. 8 00 21) - B. 1959 Privatdoz., dann apl. Prof. Univ. Hamburg (Chir.).

GIEBEL, Ortwin
Dr. med., Chefarzt, Prof. f. Anästhesiologie RWTH Aachen (apl.; s. 1974) - Ludwig-Weber-Str. 15, 4050 Mönchengladbach - Geb. 21. Febr. 1926 - Promot. (1956) u. Habil. (1968) Hamburg - S. 1968 Chefarzt Abt. f. Anästhesie u. Intensivmed./Ev. Krkhs. Bethesda, Mönchengladbach. Zahlreiche Facharb., auch Buchbeitr. - 1968 Karl-Thomas-Preis.

GIEBEL, Werner
Dr. phil. nat. (habil.), Dipl.-Biologe, Leiter Biochem. Forschungslabor Univ.-HNO-Klinik Tübingen - Jahnstr. 24, 7409 Dusslingen (T. 07072 - 33 15) - Geb. 2. Juni 1941 Kreibitz/Sud., kath., verh. s. 1969 m. Ulrike, geb. Nowak, 3 Kd. (Simon, Daniel, Eva) - Stud. Biol. u. Chemie; Dipl. 1967, Promot. 1969, Habil. f. experimentelle Otorhinolaryngol. 1985 - S. 1971 experiment. Grundlagenforsch. z. Biochemie u. Biol. d. Innenohres - Liebh.: Gesch., Kulturgesch., Lit., Sport - Spr.: Engl., Franz., Schwed.

GIEBELER, Gerd
Dr. rer. pol., Prof. f. Betriebswirtschaftslehre, insb. Produktionsw. u. Personalwesen, Univ. Gesamthochschule Siegen - Arbachstr. 64, 5908 Neunkirchen.

GIEBLER-KATTENESCH, von, Kleopatra
Tiefbauarchitektin, Jongleur (Manipulatrice), Künstlername Kleo - Dudweilerstr. 23, 6601 Scheidt - Geb. 11. April 1939 Lemwerder, ledig - Stud. Arch. (Tiefbau) Bremen, Ethologie (Verhaltensforsch.) m. Sondergeb. Homologie Münster; Magister als Olfaktorist u. Makrosomat; Ausb. z. Balljongleur - Öfftl. Auftritte b. div. Anlässen, insbes. Open Air; versch. Jongliertricks, Performance-Artistin. Vorführungen zun. im Nordd. Raum, später auch in Süddtschl.; s. 1988 Auftritte im Ausl., insbes. Open Air auf gr. Freiplätzen (z.B. Flugplätzen), Performances - 1982 Ehrenpreis d. Deutschen Makrosomat. Ges.; 1988 Performance-Med. am Bde. - Liebh.: Ballspiele, Schwimmsport, Leichtathletik, aktives u. passives Kajolieren.

GIEDING, Heinz
Prof., Hochschullehrer - Max-Wolf-Str. 1, 6900 Heidelberg (T. 4 52 82) - U. a. Prof. Päd. Hochsch. Heidelberg (Grundschuldidaktik).

GIEHRING, Heinz
Dr. jur., Prof. f. Strafrecht - Jungfrauenthal 20, 2000 Hamburg 13 - S. 1974 Prof. Univ. Hamburg.

GIEHRL, Hans E.
Dr. phil., Prof., Lehrstuhlinh. f. Didaktik d. Dt. Sprache u. Literatur Univ. Regensburg - Arzfeldstr. 3, 8411 Eilsbrunn/Opf. - Geb. 29. Febr. 1928 - BV: D. junge Leser, 1968; Volksmärchen u. Tiefenpsych., 1970; D. Vaterbild im Kinder- u. Jugendb., 1980; zahlr. Schulb., Fachaufs. u. Jugendb.

GIELEN, Michael
Prof. f. Dirigieren Morzarteum Salzburg (s. 1987) - Kapuzinerstr. 3, 7570 Baden-Baden - Geb. 20. Juli 1927 Dresden (Vater: Josef G., Chefregiss. Sächs. Staatsoper; Mutter: Rose, geb. Steuermann), verh. m. Helga, geb. Augsten, 2 Kd. (Claudia, Lucas) - Musikausbild. (Klav., Kompos.) - S. 1960 Chefdirig. Stockholm, Brüssel, Den Haag; 1977-87 Generalmusikdir. u. Operndir. Städt. Bühnen Frankfurt/M.; 1980-86 Chefdirig. Cincinnati Symph. Orch.; ab 1986 Chefdirig. Sinfonie-Orch. Südwestf. Baden-Baden - 1984 Hess. Kulturpreis; 1986 Theodor-W.-Adorno-Preis Stadt Frankfurt/M.

GIELEN, Wolfgang
Dipl.-Kfm., Geschäftsführer u. Gesellschafter Gielen + Nothnagel GmbH, Bonn - Friedr.-Wöhler-Str. 65, 5300 Bonn - Geb. 1. Juli 1929.

GIENANTH, Freiherr von, Ulrich
Dipl.-Ing., Dipl.-Volksw., Gesandtschaftsrat a. D. - 6719 Eisenberg - Geb. 6. Juni 1907 Berlin (Vater: Carl v. G., Industrieller; Mutter: Freda, geb. v. Varnbüler), ev., verh. s. 1941 m. Karin, geb. v. Vietinghoff, Tocht. Marion - TH u. Univ. München, Johns Hopkins Univ. Baltimore (USA) - 1935-45 Ausw. Dienst, 1950-72 Geschäftsf., dann AR-Vors. Gebr. Gienath Eisenberg GmbH.

GIENCKE, Ernst
Dr.-Ing., o. Prof. f. Strukturmechanik Techn. Univ. Berlin (s. 1963) - Dubrowstr. 19, 1000 Berlin 37 (T. 801 45 37) - Geb. 6. April 1925 Brudersdorf Kr. Malchin (Vater: Ernst G., Förster; Mutter: Margarethe, geb. Bruhn), verh. s. 1952 m. Margarethe, geb. Reichenbächer - TH Darmstadt (Dipl.-Ing. 1953). Promot. (1958) u. Habil. (1959) Darmstadt - 1959-62 Doz. TH Darmstadt.

GIENGER, Karl
Dr.-Ing., Vors. Tarifgemeinsch. TÜV, Essen - Randstr. 4, 7920 Heidenheim/Brenz - Geb. 20. Dez. 1919.

GIENGER, Walter
Rechtsanwalt, Hauptgeschäftsführer Verein d. Glasindustrie - Josephspitalstr. 15, 8000 München 2 - Geb. 19. Febr. 1928.

GIENOW, Herbert
Dr. jur., Vorstandsvorsitzender Klöckner-Werke AG - Charl.-Niese-Str. 17, 2000 Hamburg 13 - Am Adels 7, 4033 Hösel - Geb. 13. März 1926 Hamburg (Vater: Günther G.; Mutter: geb. Binder), verh. 1954 m. Imina, geb. Brons, 2 Kd. (Hendrik, Jessica) - Univ. Hamburg. Gr. jurist. Staatsprüf. - Rechtsanw., Wirtsch.prüferex. - AR-Vors.: Klöckner Stahl GmbH, Duisburg, Seitz Enzinger Noll AG, Mannheim, Holstein u. Kappert AG, Dortmund, Verein. Schmiedewerke GmbH, Bochum; AR-Mitgl. Albingia-Versich. AG, Hamburg; Vors. d. Bez.beirates Essen d. Deutschen Bank AG, u.a.m.

GIER, Albert
Dr., Univ.-Prof. f. Romanische Philologie Univ Bamberg (s. 1988) - Heinrich-Fuchs-Str. 7, 6900 Heidelberg - Geb. 16. Jan. 1953 Aachen, ledig - Promot. 1977 Univ. Bonn; Habil. (Roman. Philol.) 1984 Univ. Heidelberg - 1976/77 wiss. Angest. Univ. Bonn, 1977-85 wiss. Angest. Univ. Heidelberg, 1985-88 Prof. Univ. Heidelberg - BV: D. Sünder als Beispiel, 1977; Fabliaux, ausgew. Übers. u. komment. 1985; D. Skeptiker im Gespräch m. d. Leser, 1985; Les formes narratives brèves en Espagne et au Portugal (m. John Esten Keller), 1985; Chrétien de Troyes, Erec u. Enide (Übers. u. hg.), 1987; D. letzten Monate d. Königs, Louis XVI in Aufz. seiner Diener u. Bewacher (Übers. u. hg. m. Chris E. Paschold), 1989. Aufs. in Fachztschr., Sammelbde. u. Tagesztg. - Liebh.: Oper, Bodybuilding, Tennis.

GIERDEN, Karlheinz
Dr. jur., Vorstandsvorsitzender Kölner Bank v. 1867 eG Volksbank Köln (s. 1979) - Neuenhöfer Allee 41, 5000 Köln 41 - Geb. 7. Aug. 1926 - AR- u. VR-Mand. - Präs. d. Genossensch.-verb. Rheinl.

GIERE, Wolfgang
Dr. med., Prof. (H 4) f. Dokumentation u. Datenverarb. Univ. Frankfurt/Fachbereich Humanmed. (s. 1976) - Theodor-Stern-Kai 7, 6000 Frankfurt/M. - Geb. 3. Febr. 1936 Königsberg (Vater: Dr. iur. Gustav G., Stadtkämmerer a. D.; Mutter: Margarethe, geb. Schade), ev., verh. s. 1964 m. Elke, geb. Engelmann, 4 Kd. (Philipp, Peter, Katharina, Johannes) - Univ. Tübingen, München, Montpellier, Marseille. Promot. 1966 Tübingen - U. a. Wiss. Assist. Robert-Bosch-Krkhs. Stuttgart (1968) u. Leit. Rechenzentrum Dt. Klinik f. Diagnostik Wiesbaden (1969). Einf. d. Datenverarb. in d. ärztl. Praxis (1972), Dokumentations- u. Informationsverbesserung f. d. Arzt (1975), Befunddokum. u. Arztbriefschreib. in Krankenanst. (1979), Korresp. Mitgl. Dt. Ges. f. Allg.med., Certifikat „Med. Informatik" Ges. f. Informatik u. Dt. Ges. f. Med.-Dokument., Informatik u. Statistik, Fellow Am. Ass. Med. Statistics and Informatics - BV: Otto Loewi - E. Lebensbild in Dokum., 1968; Computereins. in d. Med., 1971 (m. R. Pirtkien); BAIK-Befunddokumentation u. Arztbriefschreibung im Krankenhaus, 1986 - Liebh.: Musik, Segeln - Spr.: Lat., Griech., Engl., Franz.

GIERENSTEIN, Karl-Heinz
Verwaltungsamtmann a. D., MdB (s. 1965, CDU/CSU-Fraktion) - Apianstr. 13, 8070 Ingolstadt/Donau (T. 7 25 40) - Geb. 4. Sept. 1920 Engers, kath., verh., Sohn - Gymn. (Abitur); n. 1945 Bayer. Verw.ssch. - 1940-45 Luftw. (Einsatz Kampfgeschw.; zul. Ltn.); ab 1951 Beamter Ingolstadt. 1956 ff. Mitgl. Stadtrat. 1955-60 Kreisvors. Jg. Union. CSU s. 1953.

GIERER, Alfred
Dr., Prof., Biophysiker, Direktor am Max-Planck-Inst. f. Entwicklungsbiol. Tübingen - Eduard-Sprangerstr. 5, 7400 Tübingen (T. 07071 - 60 14 10) - Geb. 15. April 1929 Berlin, ev., verh. m. Dr. Lucia, geb. Jentsch, 2 Söhne (Martin, Stephan) - 1946-53 Stud. Physik Göttingen; Promot. 1953, Habil. (Biophysik) 1958; 1965 apl. Prof. Tübingen - 1953/54 Fulbright Fellow Mass. Inst. of Technol. Cambridge, USA; 1954-60 wiss. Mitarb. MPI f. Virusforsch.; s. 1960 Leit. Molekularbiol. Abt., s. 1965 Dir. am Max-Planck-Inst. f. Virusforsch./Entwicklungsbiol. Tübingen. 1968-74 Mitgl. d. Senats d. Dt. Forsch.gem., 1972-84 Mitgl. d. Senats d. Max-Planck-Ges.; s. 1964 Mitgl. d. Dt. Akad. d. Naturforscher Leopoldina, s. 1985 Mitgl. d. Akad. d. Wiss. zu Berlin - BV: D. Physik, d. Leben u. d. Seele, 1985. Wiss. Arb. üb. Infektiosität u. Mutation d. Nukleinsäure d. Tabakmosaikvirus; Mechanismus d. Proteinsynthese; Entwicklungsbiol. (biol. Struktur- u. Gestaltbildung, Entw. d. Nervensystems), wiss.theoret. Fragen.

GIERHAKE, Friedrich Wilhelm
Dr. med., Prof. f. Chirurgie Univ. Gießen (s. 1971) - Tulpenweg 45, 6300 Gießen - Geb. 30. Aug. 1923 Gelsenkirchen - Promot. 1951 Bonn; Habil. 1969 Gießen - BV: Postoperative Wundheilungsstörungen, 1970. Zahlr. Einzelarb.

GIERICH, Peter
Kaufm. Angestellter, MdA Berlin (s. 1975) - 1000 Berlin 19 - Geb. 27. April 1936 Berlin, verh., 1 Kd. - Schule (Mittl. Reife 1953) u. Schule f. künstler. Schaufenstergestalt. Berlin (Abschl. 1955); Volontär Werbezentrum Netz Berlin - 1955-57 Schaufenstergestalter; 1957-61 Leit Dekorationsabt.; 1961 b. 1970 selbst. Werbegest.; ab 1970 kaufm. Angest. Großhdl. Bezirksverordn. Wedding (1971 ff. Fraktionsf.). CDU s. 1967.

GIERING, Oswald
Dr. rer. nat., o. Prof. f. Geometrie TU München (s. 1972) - Johann-Strauß-Str. 30, 8011 Vaterstetten/Obb. - Geb. 31. Mai 1933 Dornstetten - Promot. 1962; Habil. 1968 Stuttgart - 1968-72 Lehrtätigk. Stuttgart, München u. Karlsruhe - BV: Vorlesungen üb. höh. Geometrie, 1982; Konstruktive Ing.geometrie (m. H. Seybold), 3. A. 1987. Facharb. u. Fachbücher - Spr.: Engl., Franz.

GIERINGER, Wolfgang
Dr. jur., Vorsitzender Gesellschafteraussch. Steinbeis & Consorten GmbH, 8204 Brannenburg/Inn - Priv.: 8210 Prien/Chiemsee - Geb. 21. Febr. 1925 - Div. Mandate.

GIERKE, von, Gerhart
Dr. rer. nat., Dipl.-Physiker, Direktor u. Abt.sleiter Max-Planck-Inst. f. Plasmaphysik, Garching (s. 1969) - Aresingerstr. 20, 8087 Türkenfeld (T. 08193 -86 31) - Geb. 14. Jan. 1922 Karlsruhe (Vater: Dr. med. Edgar G.; Mutter: Julie, geb. Braun), ev., verh. s. 1945 m. Irmgard, geb. Lorenz, 2 Kd. (Henning, Ursula) - Gymn.; Abit. 1940; 1946-53 Univ. Heidelberg. Dipl.-Phys. 1949; Promot. 1953 - 1949 b. 1950 Wiss. Assist. Univ. Heidelberg, 1950-54 MPI f. Med. Forsch., ebd.; 1954-56 Stip. CERN z. Mitarb. am Nuclear Physics Research Laboratory Univ. Liverpool; 1956-57 CERN Genf; 1957-58 Abt.sleit. MPI f. Physik, Göttingen; 1958-68 Abt.sleit. MPI f. Physik u. Astroph., München. S. 1960 Wiss. Mitgl. Max-Planck-Ges. - Spr.: Engl.

GIERKE, Max
Produzent, Inhaber Elan-Film Television - Rüdesheimer Str. 11, 8000 München 21 - Geb. 4. Febr. 1917 Danzig, verh. m. Christiane, geb. Kähne - 1400 Filme - Ausz. u. gold. Dipl. In- u. Ausl.; BVK; Bayer. VO; Gold. Löwe Rep. Senegal; Honorarkonsul f. Bayern im Senegal - Liebh.: Tennis, Golf.

GIERKE, von, Rolf
Bankdirektor, Vice President Mellon Bank N. A. i. R. - Reinhold-Schneider-Str. 134, 7500 Karlsruhe 51 - Geb. 5. Jan. 1915 Karlsruhe (Vater: Prof. Dr. med. Edgar v. G.; Mutter: Julie, geb. Braun), ev., verh. s. 1945 m. Hildegard, geb. Jordan, 4 Kd. (Cornelie, Sabine, Christoph, Klaus) - Human. Gymn. (Abit.) Karlsruhe; Banklehre. B. 1972 Gf. Gesellsch. Gebr. Röchling Bank, Saar-

brücken - Spr.: Engl., Franz. - Bek. Vorf.: Edgar. v. G., Mediziner, von Gierke'sche Krankh. (Vater); Otto v. G., Rechtsgelehrter (Großv.).

GIERKE, Wolfgang

Assessor, Hauptgeschäftsführer Groß- u. Außenhandelsverb. Nieders., Berufs- u. Arbeitgeberverb. ebd. u. a. - Georgswall 12, 3000 Hannover 1 - Stud. Rechtswiss.

GIERLICHS, Hanns

Rechtsanwalt - Am Falkenberg 12, 5090 Leverkusen 31 (T. Opladen 3 12 04) - Geb. 13. März 1907 Arnsberg/W. - 1934-72 IG Farbenindustrie AG. bzw. Farbenfabriken Bayer AG. bzw. Bayer AG. (1958 Finanzdir.; 1963 Vorstandsmitgl.) - Spr.: Engl., Franz. - Rotarier.

GIERLOFF-EMDEN, Hans Günter

Dr. rer. nat., o. Prof. u. Vorst. Lehrstuhl f. Geographie u. Geograph. Fernerkundung Inst. f. Geogr. Univ. München (s. 1965) - Luisenstr. 37, 8000 München 2 (T. 52 03 - 322) - Geb. 22. Mai 1923 Wilhelmshaven (Vater: Richard G.-E., Marine-Ing.; Mutter: Maria, geb. Andersson), verh. s. 1958 m. Lieselotte, geb. Grube - Univ. Hamburg (1945-50; Geogr., Math., Biol., Ozeanographie). Promot. (1950) u. Habil. (1958) Hamburg - 1958-65 Privatdoz. u. apl. Prof. (1963) Univ. Hamburg. Gastprof. Univ. Berkeley (1961) u. Louisiana (1964) - BV: Mexiko - E. Landeskd., 1968; Einf. in d. Luftbildauswert., 1968; Geographie d. Meeres, Lehrb. f. Allg. Geogr. 1979.

GIERNOTH, Peter

Hauptgeschäftsf. Gesamtverb. d. Dt. Maschen-Ind. e.V. (s. 1983) - Olgastr. 77, 7000 Stuttgart - Geb. 26. Mai 1943 - Zul. Dir. Dt.-Brasil. Inst. f. Aus- u. Weiterbild., São Paulo; 1979-83 Hauptgeschäftsf. Dt.-Brasil. IHK, São Paulo.

GIERS, Joachim

Dr. theol., o. Prof. f. Christl. Soziallehre u. Allgemeine Religionssoziologie Universität München - Veterinärstr. 2, 8000 München 22 - Geb. 4. Juni 1911 Berlin, kath. - S. 1953 Lehrtätigk. Phil.-Theol. Studium Erfurt (1955 Ord.) u. Univ. München (1963) - BV: Gerechtigkeit u. Liebe - D. Grundpfeiler gesellschaftl. Ordnung in d. Sozialethik d. Kardinals Cajetan, 1941; D. Gerechtigkeitslehre d. jg. Suarez, 1958. Fachveröff. in Ztschr. u. Sammelwerken.

GIERS, Werner

Chefredakteur u. Mitherausg. Münchner Merkur, München - Alois-Johannes-Lippl-Str. 16A, 8032 Gräfelfing (T. 089-854 40 98) - Geb. 14. Nov. 1928 Hamm/W., kath., verh. s. 1952 m. Ingeborg, geb. Hogenkamp, 3 Kd. - Div. Veröff. - Rotarier.

GIERSCH, Herbert

Dr. rer. pol., Drs. h. c., Prof. f. Volkswirtschaftslehre (insb. Wirtschaftspolitik) - Preußerstr. 17, 2300 Kiel - Geb. 11. Mai 1921 Reichenbach/Eulengeb. (Vater: Hermann G.; Mutter: geb. Kleinert), ev., verh. s. 1949 m. Dr. Friederike, geb. Koppelmann, 3 Kd. (Volker, Wolfgang, Cornelia) - Stud. Breslau, Kiel, Münster - 1950-53 Privatdoz. Univ. Münster; 1955-69 Ord. Univ. Saarbrücken; 1969-89 Ord. Univ. Kiel u. Präs. Inst. f. Weltw., Kiel; 1962/63 u. 1977/78 Gastprof. Yale Univ. (USA) - Mitgl. Wiss. Beirat Bundeswirtschaftsmin. (1961ff.) u. Bundesmin. f. wirtsch. Zusammenarbeit (1963-71); Sachverständigenrat z. Begutacht. d. gesamtwirtsch. Entw. (1964-70), dt. Forum f. Entwicklungspol. (1970-73); Vors. Arbeitsgem. dt. wirtschaftsw. Forschungsinst. (1970-82); Mitgl. Council u. Executive Comittee d. Intern. Economic Assoc. (1971-83), Schatzm. (1974-83), Ehrenpräs. (s. 1983); Präs. Mont Pèlerin Soc. (1986-88) - BV: Allg. Wirtschaftspolitik, Bd. 1, 1960, Bd. 2, 1977; D. Ausgleich d. Kriegslasten v. Standpunkt soz. Gerechtigkeit, 1948; Europ. Wirtsch.integr. u. Währungsvereinig., 1973; Growth, cycles and exchange rates. The experience of West Germany, 1970; Im Brennpunkt: Wirtschaftspolitik, 1978. Div. Herausg., dar. Wie es zu schaffen ist - Agenda f. dt. Wirtschaftspolitik (1983). Zahlr. Fachaufs. - 1971 Hon. Fellow London School of Economics; 1976 Hon. Member American Economic Assoc.; 1977 Ehrendoktor Univ. Erlangen-Nürnberg; 1977/78 Dean Acheson Visit. Prof. Yale Univ./USA; 1977 Gr. BVK - 1983 Ludwig-Erhard-Preis f. Wirtsch.-Publiz., Corresp. Fellow d. British Academy, London u. Ehrendoktor Univ. Basel; 1987 Foreign Member Swedish Acad. of Engineering Sciences, Stockholm.

GIERSCHNER, Karlheinz Walter

Dr.-Ing., Dipl.-Ing., Prof. f. Lebensmitteltechnol. Univ. Hohenheim (s. 1966) - Schwalbenstr. 17, 7024 Filderstadt 4 - Geb. 17. März 1930 Hindenburg/OS (Eltern: Martin u. Elisabeth G.), ev., verh. s. 1962 m. Barbara, geb. Ludwinski, 2 Kd. (Kerstin, Johannes) - Stud. TU Berlin (Dipl.ex. 1959) - 1959-66 Inst. f. Gemüseverwertung TU Berlin. 1985 Gastprof. Univ. Peking, 1986 Univ. Ismailia u. a. ausl. Univ. Fachmitgl.sch. Herausg.: Monogr.reihe Fruchtsäfte u. a. Fruchterzeugnisse (3 Bde. b. 1973). Üb. 155 Beitr. in in- u. ausl. wiss. Fachztschr. - Liebh.: Lit., Musik, Gesch. - Spr.: Engl.

GIERSE, Franz Josef

Dr.-Ing., o. Prof. f. Konstruktions- u. Getriebetechnik Univ./GH Siegen (Fachbereich Maschinentechnik) - Sonnenwinkel 13, 5900 Siegen.

GIERSTER, Hans

Generalmusikdirektor - Hallerwiese 4, 8500 Nürnberg - Geb. 12. Jan. 1925 München (Eltern: Hans (Pädagoge, u. a. Dir. Münchner Kindl-Heim †1967) u. Therese G.), verh. (Ehefr.: Gertrud) - Musikhochsch. München u. Mozarteum Salzburg (Prof. Clemens Krauß) - U. a. Staatsoper München (z. Z. ständ. Dirigent). Festsp. München u. Edinburgh. Gastsp. Wien, London, Mexico-City u. a. - 1972 Bayer. VO.

GIERTZ, Hubert

Dr. med., Prof., Pharmakologe u. Toxikologe, Leiter Med. Forschung, Grünenthal GmbH (s. 1977) - Finkenhag 24, 5100 Aachen-Orsbach - Geb. 7. April 1923 Bielefeld (Vater: Dr. Egon G., Regierungsdir.; Mutter: Mathilde, geb. Oebbeke), verh. 1951 m. Inge, geb. Siebert - Promot. 1948; Habil. 1959 - S. 1959 Lehrtätigk. Med. Akad. Düsseldorf, Univ. Freiburg u. RWTH Aachen (1962 Wiss. Rat; 1965 apl. Prof.). Div. Fachaufs.

GIES, Heinz

Dr. phil., em. o. Prof. f. Allg. Didaktik u. Schulpädagogik (Schwerp. Medienpäd. u. Unterrichtstechnol.) Univ. Münster (s. 1974) - Bredenwinkel 30, 4403 Senden/W. - Geb. 11. Nov. 1920 Lüdenscheid - Promot. 1965; Habil. 1973 - Zul. Wiss. Rat u. Prof. TH Aachen - BV: D. Krise d. Anschauung, 1965; Schulfernsehen u. Schule, 1973; Fernsehen u. Erwachsenenbild., 1974.

GIES, Helmut

Dr. jur., Vorstandsvorsitzender AMB Aachener u. Münchener Beteiligungs-AG - Aachener u. Münchener Allee 9, 5100 Aachen - Geb. 23. Jan. 1929 Mönchengladbach, verh. - In- u. ausl. AR- u. Beirats-Mand, u.a. AR-Vors. Aachener u. Münchener Versich. AG, Aachener u. Münchener Lebensversich.-AG, Aachener Rückversich. Ges. AG, BfG-Bank, Central Krankenversich.-AG, Cosmos Lebensversich.-AG, Cosmos Versich.-AG, Thuringia Versich.-AG, Volksfürsorge Dt. Lebensversich. AG, Volksfürsorge Dt. Sachversich. AG.

GIES, Hermann

Dr. rer. nat., Geologe, apl. Prof. f. Mineral., Lagerstättenkd. u. Geochemie TU Clausthal - Geheimrat-Ebert-Str. 4, 3380 Goslar/Harz - Geb. 27. Juni 1933 - Promot. (1967) u. Habil. (1974) Clausthal - Leit. Geochemie im Inst. f. Tieflagerung, Braunschweig, Ges. f. Strahlen- u. Umweltforsch., München. Zahlr. Fachveröff.

GIES, Horst

Dr. phil., Prof. f. Didaktik d. Geschichte FU Berlin (s. 1980) - Wachtelstr. 18, 1000 Berlin 33 - Geb. 19. Sept. 1938 Koblenz, verh. s. 1966 m. Margot, geb. Seter, 3 Kd. (Marcus, Camilla, Niclas) - Stud. Frankfurt/M. u. München (Gesch., German., Polit. Wiss.). Promot. 1965 Frankfurt - B. 1970 Gymnasiallehrer, dann Doz. PH Westf.-Lippe/Abt. Münster, s. 1973 Prof. PH Berlin - BV: Zeitgesch. im Unterr. - E. didakt. Grundriß z. Gesch. im 20. Jh., 1976; Repetitorium Fachdidaktik Gesch., 1981; Bibliographie z. Didaktik d. Geschichtsunterrichts, 1983; Geschichtslehrerausbildg. in d. Bundesrep. Dtschl., 1985.

GIES, Norbert

Fabrikant, Vors. Bundesverb. d. Dt. Bürsten- u. Pinselind., Präs. d. europ. Verb. d. Bürsten- u. Pinselind. (FEJBP), Brüssel, Mitinh. d. Fa. Van Gülpen u. Suntz, Emmerich - Zu erreichen üb. Adelheidstr. 23, 6200 Wiesbaden; priv.: Großer Wall 66, 4240 Emmerich/Rhein.

GIES, Theodor

Dr. phil. nat., Prof. f. Didaktik d. Biologie Univ. Frankfurt/M. (s. 1973) - Sackstr. 8, 6251 Niederselters - Geb. 28. Nov. 1934 Kassel - Promot. 1972 - BV: Vegetation u. Ökol. d. Schwarzen Moores (Rhön) unt. bes. Berücks. d. Kationengehaltes, 1972.

GIESBRECHT, Peter

Dr. rer. nat., Prof., Direktor Abt. Cytologie Robert-Koch-Inst./Bundesgesundheitsamt, Berlin 65 (s. 1968) -Boumannstr. 32, 1000 Berlin 28 - Geb. 31. Jan. 1930 Königsberg - Promot. 1957 Bonn; Habil. 1966 Berlin - 1971ff. apl. Prof. FU Berlin (Allg. Biologie). Üb. 100 Einzelarb. - 1987 Aronson-Preis f. exper. Therapie.

GIESDER, Manfred

Gesandter - Zu erreichen üb. Ausw. Amt, Adenauer-Allee 99-108, 5300 Bonn 1 - Zul. Botsch. d. Bundesrep. Deutschl. in Kopenhagen.

GIESE, Bernd

Dr. rer. nat., Prof. f. Org. Chemie TH Darmstadt - Jahnstr. 48, 6100 Darmstadt - Geb. 2. Juni 1940 Hamburg - Promot. 1969 Univ. München, Habil. 1976 Univ. Freiburg - S. 1978 TH Darmstadt; 1980 Gastprof. IBM/San Jose (USA), 1984 Univ. St. Andrews/Schottl., 1986 Tongji-Univ. Shanghai/China - Monogr.: Radicals in Organic Synthesis. Mithrsg. Fachztschr. Rev. Chem. Int. Veröff. üb. Reaktionsmechanismen u. Synthesen d. Org. Chemie in intern. Ztschr. (s. 1967) - 1976 Karl-Winnacker-Stip.; 1977 Carl Duisberg Preis; 1987 Leibniz-Preis Dt. Forschungsgemeinsch. (DFG).

GIESE, Ernst

Dr. rer nat., Prof. f. Wirtschaftsgeographie Univ. Gießen (s. 1973), gf. Dir. Zentrum f. reg. Entwicklungsforsch. (s. 1982) - Waldstr. 55, 6301 Linden-Leihgestern - Geb. 7. Nov. 1938 München - Promot. 1965; Habil. 1971 - Zul. Wiss. Rat u. Prof. Univ. Münster. Mitherausg.: Geogr. Ztschr. Schr. d. Zentr. f. reg. Entwicklungsforsch., Gießener Geogr. Schr.

GIESE, Klaus-Gotthard

Dipl.-Ing., Prof. f. Datenverarbeitung u. Bauelemente Gesamthochschule Paderborn (Fachbereich Elektr. Energietechnik/Soest) - Gotlandweg Nr. 42, 4770 Soest.

GIESE, Peter

Dr. rer. nat., Dipl.-Geol., o. Prof. f. Geophysik - Patschkauer Weg 23, 1000 Berlin 33 - Geb. 6. Aug. 1931 Berlin - Promot. 1956 München; Habil. 1966 Berlin - S. 1970 Ord. FU Berlin.

GIESE, Reiner

Oberamtsrat, Leit. d. Protokolls Abgeordnetenhaus v. Berlin, ehem. MdA - 1000 Berlin 44 - Geb. 3. Dez. 1944 Schloß Wallwitz Kr. Guben - Realsch. u. Verw.lehre Berlin (Senator f. Inneres) - N. Laufbahnprüf. Verw. Abgeordnetenhaus Berlin (1967-68 u. 1969 ff.) u. AA Bonn (1968-69). SPD s. 1964 (div. Funkt.).

GIESE, Werner

Dr. med. vet., Dipl.-Phys., Prof. f. Med. Physik - Ebelingstr. 41, 3000 Hannover 51 - S. 1971 (Habil.) Tierärztl. Hochsch. Hannover (1975 Wiss. Rat u. Prof.), 1978 Prof.

GIESECKE, Hermann

Dr. phil., Prof. f. Pädagogik u. Sozialpäd. Univ. Göttingen - Kramberg 10, 3406 Bovenden-Lenglern - Geb. 9. Aug. 1932 Duisburg - BV: Didaktik d. Polit. Bildung, 1965; Einf. in d. Päd., 1969; D. Jugendarb., 1971; Methodik d. polit. Unterr., 1973; Bildungsreform u. Emanzipation, 1973; V. Wandervogel b. z. Hitlerjugend, 1981; Leben nach d. Arbeit, 1983; D. Ende d. Erzieh., 1985; Päd. als Beruf, 1987; D. Zweitfamilie, 1987. Herausg.: Freizeit- u. Konsumerziehung (1968); Mithrsg.: neue sammlung.

GIESECKE, Jürgen

Dr.-Ing., Prof., Ord. f. Wasserbau u. Wasserwirtschaft sow. Institutsdir. Univ. Stuttgart (s. 1972) - Seifertstr. 12, 7016 Gerlingen/Württ. (T. 07156 - 2 65 87) - Geb. 18. Sept. 1932 Konstanz/B. (Vater: Rudolf G., Dir.; Mutter: Elisabeth, geb. Zürcher), kath., verh. s. 1957 m. Traudl, geb. Müller, 3 Kd. (Ute, Heike, Tobias) - Stud. Bauing.wesen. Promot. 1960; Habil. 1965 (beides Stuttgart) - 1955-67 Assist. u. Obering. TU Stuttgart; 1968-71 Geschäftsf. Dorsch-Consult Ing.-GmbH, München; s. 1986 Präs. Dt. Verb. f. Wasserwirtsch. u. Kulturbau (DVWK), Bonn. Etwa 100 Facharb. - Spr.: Engl., Franz.

GIESEKE, Wilhelm

Dr. agr., Partner MPS-Personalberatung - Gringsstr. 5, 5300 Bonn 2 - Geb. 1930 Berlin, ev., verh. (s. 1961), 4 Kd. - Landwirtsch.Ausb.; Univ., Dipl. 1956; Promot. 1959 - 1959-70 Abt.-Leit. Dt. Bauernverb., 1970-82 Hauptgeschäftsf. Bundesvereinig. d. Dt. Ernährungsind., 1983-86 Geschäftsf. Kienbaum Intern. Chefberatung - Spr.: Engl., Franz.

GIESEKING, Frank

Dr. rer. nat., Dipl.-Phys., Astronom, Fachautor - Observatorium Hoher List, 5568 Daun (T. 06592 - 21 50) - Geb. 6. Jan. 1944 Bad Wildungen (Vater: Helmut G., Arzt; Mutter: Ruth, geb. Bongardt), ev., verh. s. 1971 m. Liane, geb. Lewalder, 2 T. (Julia, Bianca) - Dipl.-Phys. 1969, Promot. 1973, Habil. 1979 (Astronomie), alles Univ. Bonn - S. 1973 wiss. Assist.; s. 1979 Privatdoz. 46 wiss. Publ. üb. Astronomie - Liebh.: Fotografie, Musik - Spr.: Engl.

GIESEKING, Rotraud

Dr. med., Prof., Pathologin - Langenstr. 46, 4400 Münster/W. - S. 1964 (Habil.) Lehrtätigk. Univ. Münster (1969 apl. Prof.; 1970 Wiss. Rätin u. Prof.). Facharb.

GIESEKUS, Hans Walter

Dr. rer. nat., em. Prof., Lehrstuhlinh. f. Strömungsmechanik Univ. Dortmund (1970-87) - Peter-Florenz-Weddigen-Str. 10, 4600 Dortmund 1 - Geb. 4. Jan. 1922 Hückeswagen (Vater: Walter G., Kaufm.; Mutter: Emmy, geb. Langenberg), ev. (freikirchl.), verh. s. 1955 m. Hanna, geb. Hoppe, 6 Kd. - Univ. Göttingen (Dipl.-Phys. 1948). Promot. 1950 Göttingen; Habil. 1965 Darmstadt - 1950-70 Wiss. Mitarb. Bayer AG., Leverkusen. 1962-70 Lehrbeauftr. u. Privatdoz. (1965) TH Darmstadt - BV: Erkenntnis d. Wirklichen, 1954; Kann d. Wiss. d. Glauben ersetzen?, 1976. Herausg., Fachaufs. (üb. 60), Filme (5). Schriftl.: Rheologica Acta (1975-88).

GIESEL, Harald Bernhard

Dr. rer. oec., Dipl.-Volksw., Direktor Ruhrkohle AG, Essen (s. 1987) - Sempерstr. 24, 4300 Essen-Süd (T. 26 20 03) - Geb. 19. Mai 1939 Ulm (Vater: Bernhard G.; Mutter: Anna, geb. Mang), kath., verh. s. 1966 m. Christa, geb. Hasselkuss - Stud. Univ. Freiburg/Br.; Promot. Bochum - S. 1976 Lehrbeauftr. f. Energiewirtsch. Univ. Bochum, s. 1980 Geschf. DEKOLEX - Dt. Förderungsges. f. Kohleexplor. mbH, Essen - BV: Unternehmungswachstum u. Wettbewerb, 1975; Mithrsg.: D. kl. Energielex. (2. A. 1982) - Spr.: Engl., Franz. - Lions-Club.

GIESEL, Klaus

Vorstandsvorsitzender Raab Karcher AG, Essen, Vorstandsmitgl. VEBA Oel AG, Gelsenkirchen - Voßbergring 26, 4300 Essen (Vater: Hermann G.), verh. m. Christiane, geb. Kimmeskamp, 3 Kd. (Kai, Anke, Heike).

GIESEL, Manfred-Gerhard

Verleger, gf. Gesellschafter Giesel GmbH, München, Hotel-Gut Giesel GmbH & Co. KG, Vors. Verb. d. Ztschr.-Verlage Nieders.-Bremen (s. 1981); Geschäftsf. Medienges. Nieders. mbH; Vorst.-Mitgl. Verb. Dt. Ztschr.-Verleger, Bonn - Zu erreichen üb. Hotel-Gut Giesel GmbH & Co. KG, Feuerschwendt, 8391 Neukirchen v.W. - Geb. 31. Juli 1921 Breslau - 1945-46 NDR (Leit. Sendereihe D. gute Buch; 1946-49 dpd, später dpa); Beauftr. f. Schlesw.-Holst.; 1946-49 Chefredakt. Norddt. Zt. in Hamburg; 1949-53 Chefredakt. u. Verlagsleit. Ost-West-Kurier Bremen; 1954-66 Hannov. Presse (Ressortleit. Wirtsch.), Mitarb. ausw. Zt. - 4 Buchveröff.

GIESEL, Rainer B.

Dipl.-Volksw., MdA Berlin (s. 1975) - Cicerostr. 57, 1000 Berlin 31 - Geb. 11. Aug. 1942 Potsdam, verh., 2 Kd. - Leit. Hermann-Ehlers-Akad., Berlin (1988 Vorst.). 1981 ff. Vors. Europa-Union. CDU.

GIESELER, Walter

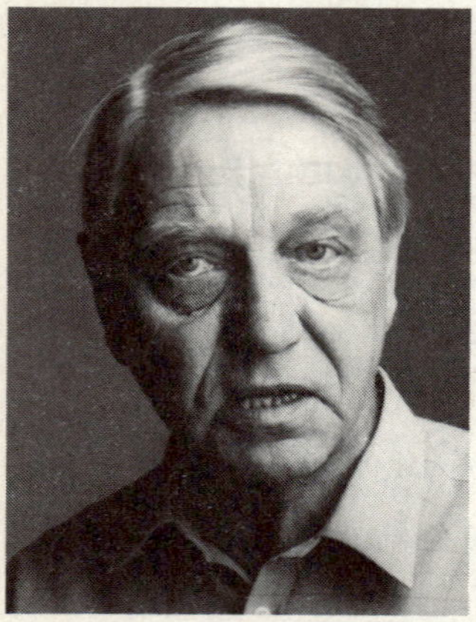

Dr. phil., o. Prof. f. Musik u. ihre Didaktik Univ. Köln (s. 1970) - Am Sternbusch 8, 4194 Bedburg-Hau - Geb. 3. Okt. 1919 Hannover (Vater: Josef G.; Mutter: Anna, geb. Otto), kath., verh. s. 1950 m. Irmgard, geb. Blumenfeld, 3 Kd. (Gerhard, Stefan, Anne) - Gymn.; Univ. Göttingen u. Köln; Musikhochsch. Köln. Promot. 1949 Göttingen - BV: Harmonik b. Johannes Brahms, 1949 (Diss.); Musikerzieh. in d. USA, 1969; Grundriß d. Musikdidaktik, 1973; Kompos. im 20. Jh., 1975; Krit. Stichw. z. Musikunterr., 1978; Instrumentation in d. Musik d. 20. Jahrhunderts, 1985 - Kompos.: Tragos f. Sopr. u. Orch., Konz. f. Viol. u. Streichorch., Zürcher Konz. f. Cemb. u. Str.orch., Sinf. Ess., D. Maske/Ball f. gr. Orch., Song f. 8 Solost. u. Gr. Orch., Plain-Song f. Orch., Rituali concertanti f. Cello solo u. Orch., Konzert f. Viola u. Orch., Il Cantico del Sole di Francesco d'Assisi f. Soli, Chor u. Orch. - 1956 Robert-Schumann-Preis Stadt Düsseldorf - Spr.: Engl., Ital., Neugriech.

GIESELMANN, Helmut

B. A., M. B. A., Generalbevollmächtigter Continental AG, Hannover - Alter Postweg 4, 3006 Burgwedel 1 - Geb. 7. April 1943 Braunschweig, ev., verh., 2 Kd. - Univ. Saarbrücken (1965-67), Southern Oregon College (1967-68; B. A.), Columbia Univ. New York (1968-70; M.B.A.) - 1970 Unternehmensberater McKinsey & Co., Cleveland/Düsseldorf; 1974 all. Geschäftsf. Bruynzeel Türen-Fabrik GmbH., Eichenzell; s. 1980 Vors. Geschäftsf. Dt. Goodyear GmbH, Köln - Spr.: Engl.

GIESEMANN, Gerhard

Dr. phil., Prof. f. Slavistik - Paul-Hutten-Ring 31, 6301 Pohlheim 5 (T. 06403 - 6 38 02) - Geb. 14. Juli 1937 Zwickau (Vater: Theodor G., Pfarrer; Mutter: Berne, geb. Lütgert), ev., verh. s. 1966 m. Edith, geb. Dobeler, 2 Kd. (Christine, Jens) - Stud. Slavistik u. German. Univ. Frankfurt, Promot. 1969, Habil. 1979, 1980 Prof. f. Slavische Lit.wiss. Univ. Gießen - BV: Kotzebue in Rußland, 1971 (Diss.); Z. Entwickl. d. slovenischen Nationaltheaters, 1975; Merzljakov, Kratkoe načertanie teorii izjaščnoj slovesnosti, 1977; D. Parodieverständnis in sowj. Zeit, 1983; D. Strukturierung d. russ.lit. Romanze im 18. Jh., 1985. Herausg.: (Slav.) d. Ztschr. Kritiken Litterarum (s. 1972).

GIESEN, Dieter

Dr. jur., M. A. status (Oxon.), o. Prof. f. Bürgerl. Recht u. Rechtsvergleichung Freie Univ. Berlin Fachbereich Rechtswiss. - Boltzmannstr. 3, 1000 Berlin 33; priv.: Ihnestr. 38 (T. 831 23 31) - Geb. 20. Nov. 1936 Dessau (Vater: Josef G. †; Mutter: Anna, geb. Weck †), kath., verh. s. 1966 m. Dr. med. Angelika, geb. Cottmann, 4 Kd. (Katrin, Cornelia Maria, Christiane, Barbara) - Human. Gymn. Euskirchen (Abit. 1956); Stud. d. Rechtswiss. Univ. Bonn, Freiburg/Br.; Refer. - 1960, Ass.ex. 1966; Promot. 1962 (Bonn), Habil. 1970 (Bochum) - 1966-72 Ruhr-Univ. Bochum (Assist., Privatdoz., Wiss. Rat u. Prof.), s. 1973 FU Berlin (1977 Ruf Univ. Konstanz, 1988 Ruf Univ. Graz, abgelehnt), 1973 o. Prof. u. Mitdir. Inst. f. Intern. u. Ausl. Recht u. Rvglg., s. 1987 Leit. des Arbeitsber. f. Dt. u. Intern. Arzthaftungsrecht d. FU, 1974-80 Mitgl. Enquêtekommiss. Frau u. Ges. Dt. Bundestag; s. 1973 Ratsmitglied, 1975-77 Vizepräs., 1977-79 Präs. Intern. Ges. f. Familienr. 1976 ff. Vis. Fellow of Pembroke College, Oxford, 1978 ff. Visiting Prof., Univ. of Illinois (USA), Melbourne, Monash Univ. (Austral.) u. Auckland (Neuseel.). Mhg. Jnl of Contemporary Health Law & Policy (Washington), Americ. Jnl of Law & Med. (Boston), Jnl of Med., Ethics & Law (Canada) - BV: D. künstl. Insemination als eth. u. rechtl. Problem, 1962; Aktuelle Probl. e. Reform d. Scheidungsrechts, 1971; Grundlagen u. Entwickl. d. engl. Eherechts, 1973; Z. Problematik d. Einführ. e. Familiengerichtsbark. in d. Bundesrep. Dtschl., 1975; D. zivilrechtl. Haftung d. Arztes bei neuen Behandlungsmeth. u. Experimenten, 1976 (auch engl. u. franz.); Ehe, Familie u. Erwerbsleben, 1977; Kindesmißhandlung?, 1979; Arzthaftrecht (auch engl.), 1981; Wandlungen d. Arzthaftungsrechts, 2. A. 1984; Intern. Med. Malpractice Law, 1988 - Liebh.: Klass. Musik, Gesch., Wandern - Spr.: Engl. - The Athenaeum (London); United Oxford & Cambridge Univ. Club.

GIESEN, Günter

Präsident Aktionsgemeinschaft Christ-

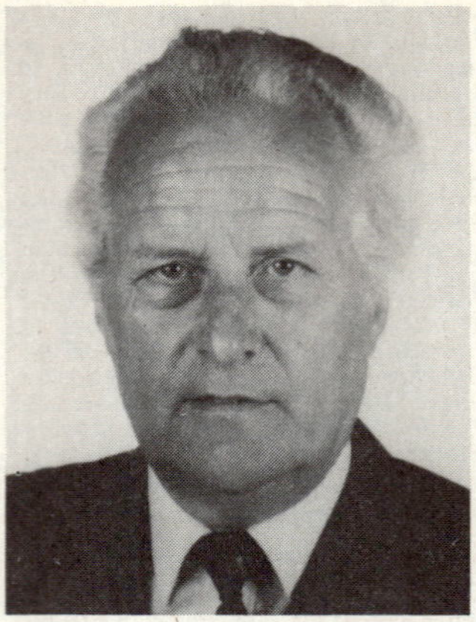

Gesellschaft-Staat (s. 1987) - Bleiberger Str. 178, 5100 Aachen (T. 0241 - 45 23 89) - Geb. 15. Juli 1928 (Vater: Johannes G., Expedient; Mutter: Käthe, geb. Lerch), kath., verh., 4 Töcht. (Maria, Hildegard, Rita, Monika) - Gymn.; Dt. Inst. f. wiss. Päd. Münster, Rundfunksch., Doz. f. Andragogik an d. bischöfl. Akad. Aachen, Diozesenleit. d. soz. Sem. im Bistum Aachen, Chefredakt. D. Überblick (monatl. Ersch.). Autor zahlr. Broschüren zu gesellschaftspolitischen Fragen. Ständige Mitarb. b. Ztg. u. Ztschr. - Liebh.: Wandern, Lesen (polit. Biogr. u. Memoiren) - Spr.: Engl.

GIESEN, Heinrich

Dr.-Ing., Prof. f. Informatik - Ostring 60, 5401 Emmelshausen - Geb. 1. Juli 1938 Duisburg (Vater: Heinrich G., Realschullehrer; Mutter: Gertrud, geb. Giesen), ev., led. - Leibniz-Gymn. Hamborn; TU Karlsruhe (Maschinenbau; Dipl. 1969). Promot. 1971 Berlin - 1970-73 Abteilungsleit. Rechenzentrum Berlin; 1973-78 Wiss. Rat u. Prof. Kaiserslautern; s. 1978 Prof. Koblenz - Spr.: Engl.

GIESEN, Heinrich

Dr. rer. nat., Prof. f. Päd. Psychologie Univ. Frankfurt - Biedenkopferweg 71, 6000 Frankfurt/M. 90.

GIESEN, Hermann

Dipl.-Ing., Direktor u. Prok. i.R. Mannesmann AG, Hüttenwerke - Wallstr. 9, 4100 Duisburg 1 - Geb. 11. Sept. 1913, verh. s. 1937 m. Hilde, geb. Hellmann - Mitgl. versch. Aussch.; Gutachterl. Tätigk. (Entw.-hilfe) - 1972 BVK; 1974 Gold. Ehrennadel IHK Duisburg; 1974 Orden Korean. Reg. (f. Verd. um d. Korean. Ind.).

GIESEN, Hermann

Dr., Geschäftsführer Dt. Bundeswehr-Verb. - Südstr. 123, 5300 Bonn-Bad Godesberg 1.

GIESEN, Paul

Dr. rer. pol., Dipl.-Kfm., Fabrikant, Inh. d. Firmen: Club Crawatte Crefeld, Krefeld - Magdeburger Str. 41-43, 4150 Krefeld (T. 02151-47 40 88 u. 89); priv.: Yorckstr. 52 - Geb. 17. Okt. 1918 Krefeld - Univ. Köln (Dipl.-Kfm. 1941; Promot. 1944) - S. 1953 Fabr. Div. Ehrenstell., dar. Handelsrichter, Vollvers.-Mitgl. IHK, Vors. Wirtsch. Vereinig. Dt. Krawattenfabrik., Fachvereinig. Krawatten u. Schalind. u. Untern.sch. Bekleid.ind. Niederrh. u. Carl Duisberg Arbeitskr. Nordrh.-Westf. - BVK am Bd. u. I. Kl. - Liebh.: Segeln - Spr.: Engl., Franz., Ital., Span.

GIESEN, Peter

Rektor, MdL Nordrh.-Westf. (1958-83), VR-Mitgl. WDR (1984ff.; vorher 1965ff. Rundfunkratsmitgl.) - Garzweiler Landstr. 46, 4053 Jülich 4 (T. Otzenrath 42 09) - Geb. 8. Aug. 1921 Viersen, kath., verh., 3 Kd. - Gymn.; Päd. Akad. Aachen - S. 1947 Schuldst. (1951 Hauptlehrer). S. 1955 Kommunalpolitiker. CDU. Bürgerm. s. 1961, s. 1976 in Jüchen.

GIESEN, Rudolf

Dr. rer. pol., Kaufmann, gf. Gesellsch. Barnängen Deutschland GmbH., Frechen, Geschäftsf. DOM Samen-Fehlemann Co., Kevelaer - Mohnweg 27, 5022 Junkersdorf/Rhld. - Geb. 23. Juni 1935.

GIESENFELD, Günter

Dr. phil., Prof. f. Neuere Dt. Literatur u. Medienwissenschaft Univ. Marburg (s. 1973) - Frankfurter Str. 55, 3550 Marburg/L. - Geb. 20. Juli 1938 - Promot. 1969 Marburg - Facharb. u. Rezens.; Spiel- u. Dok.filme; Veröff. z. Gesch. Indochinas.

GIESING, Dieter

Oberspielleiter - Kirchenallee 39, 2000 Hamburg 1 - Geb. 1934 Memel - Mitarb. Schweikarts u. Piscators; s. 1968 Oberspiell. Kammersp. München u. Schauspielhaus Hamburg (1972). Insz.: Tango, Wirklich schade um Fred, Tageb. e. Wahnsinnigen, Rosenkrantz u. Güldenstein u. a. - 1967 Förderungspreis Stadt München.

GIESING, Hans-Horst

Dr. jur., Direktor Nieders. Landtag - Hinr.-Wilh.-Kopf-Pl. 1, 3000 Hannover 1 - Geb. 19. April 1925 - Stud. Rechts- u. Staatswiss. Univ. Göttingen; 1. u. 2. jurist. Staatsex., Promot. 1953 Göttingen - 1954 Allg. inn. Verw. Land Nieders.; 1957 Mitgl. d. Gesetzgebungs- u. Beratungsdienstes b. Nieders. Landtag (Parlamentsrat); 1970 Ministerialdirig.; s. 1981 Landtagsdir.

GIESKE, Friedhelm

Dr. jur., Vorstandssprecher Rhein.-Westf. Elektrizitätswerk AG, Essen - Renteilichtung 65, 4300 Essen (T. 44 22 24) - Geb. 12. Jan. 1928 Schwege - B. 1968 stv., 1972 o. Vorstandsmitgl. RWE - Spr.: Engl. - Rotarier.

GIESKES, Hanna

Dr. rer. pol., Ltd. Redakteurin D. WELT, Bonn - Zu erreichen üb. D. WELT, Wirtschaftsredakt., Godesberger Allee 99, 5300 Bonn 2 (T. 0228 - 30 42 52) - Geb. 27. Febr. 1941 Wernigerode, ev., verh. s. 1976 m. Dipl.-Phys. Ekkehart Grünberg - Stud. Volksw.; Ex. 1964 Marburg, Promot. 1972 ebd.; 1969 Volont. Hess. Allg., Kassel - Interessen: Wettbewerbspolitik, Handel, Werbung - Liebh.: Musik, Lit., Kochen - Spr.: Engl., Franz.

GIESLER, Hans-Bernd

Rechtsanwalt, gf. Vorstandsmitgl. Ostasiatischer Verein, Hamburg, u. Australien-Neuseeland-Südpazifik-Verein, ebd.; Vorst.-Vors. Deutsch-Japanische Ges. zu Bremen, Bremen; Vorst.: Dt.-Koreanische Ges., Dt.-Indonesische Ges., Allgem. Hamburger Presseclub, alle Hamburg; Ehrenvors. Dt.-Japanische Ges., Hamburg, Chefredakt. Ostasien Report - Neuer Jungfernstieg 21, 2000 Hamburg 36 (T. 040 - 34 04 15); priv. Inselstr. 30, 2000 Hamburg 60 (T. 040 - 51 38 21) - Geb. 9. Februar 1929 - Herausg.: D. Wirtschaft Japans (1971).

GIESLER, Walter

Dr. jur., Ass., Hauptgeschäftsführer Industrie- u. Handelskammer Kassel (s. 1980) - Kaupertweg 1, 3500 Kassel (T. 78 91-233 u. dstl.: 78 91-213) - Geb. 9. Mai 1930 Berlin (Vater: Alfred G., Min.-rat; Mutter: Karoline, geb. Boedicker), ev., verh. s. 1970 in 2. Ehe m. Sigrid, geb. Damp, 3 Kd. (Beate, Irene, Stephan) - Human. Gymn. Berlin u. Naumburg/S., Realgymn. Melsungen (Abit.); Jurastud. Univ. Frankfurt/M. u. Freiburg; 1. jur. Staatsprüf. 1954, gr. Staatsprüf. 1958 Frankfurt/M., Promot. 1962 Univ. Mainz - Liebh.: Wandern, Sport (Volleyball, Tennis), Theater, Briefmarken - Spr.: Engl.

GIESSEN, Hans

Rechtsanwalt, Geschäftsf. Saarberg-

Fernwärme GmbH. - Sulzbachstr. 26, 6600 Saarbrücken 3.

GIESSNER (ß), Klaus
Dr. rer. nat., Prof. f. Geographie Univ. Würzburg - Bayernstr. 21, 8706 Höchberg/Ufr.

GIETZ, Heinz
Komponist - Auf d. Hedwigshöhe 14, 5062 Forsbach/Rhld. (T. Hoffnungsthal 26 65) - Geb. 31. März 1924 Frankfurt/M., verh. s. 1951 m. Hildegard, geb. Heil - Mittlere Reife; Lehrerbildungsanst. u. Dr. Hoch's Konservat. Frankfurt/M. - Wehrdst. u. Gefangensch.; s. 1947 freischaffend. Kompos. u. Spezialarrangements f. Rundfunk u. Schallpl. in Jazz-, Tanz- u. Unterhaltungsmusik; s. 1954 auch Filmmusiken (u. a. Liebe, Tanz u. 1000 Schlager, Bonjour Katrin) - Liebh.: Jazz.

GIETZELT, Manfred
Dr.-Ing., Prof. Univ. Hannover - Am Kahlen Berg 19, 3008 Garbsen 6 (T. 05131 - 23 16) - Geb. 24. April 1936 Hamburg (Vater: Kurt G.; Mutter: Hertha, geb. Auerbach), ev., verh. s. 1962 m. Helga, geb. Thien, T. Antje - Gymn. Hamburg; 1955-58 Lehre Masch.-schlosser; (Dipl. Masch.bau 1962 TH Hannover, Promot. 1967, Habil. 1974) - 1968-75 Obering.; 1975-78 Univ.-Doz.; ab 1978 Prof. Univ. Hannover - BV: Handb. f. Schiffsbetriebstechnik, 1970-82; Hamburg auf d. Weg in d. Jahr 2000, (m. a.) 1970; Handb. d. Werften, (m. a.) 1984 - 1976 Silbermed. Inst. of Marine Engineers London - Liebh.: Phil. - Spr.: Engl., Franz., techn. Russ.

GIFFHORN, Hans
Dr. phil., Prof. f. Erziehungswiss. Univ. Göttingen - Keplerstr. 3A, 3400 Göttingen (T. 0551 - 4 69 53) - Geb. 21. Dez. 1942 Berlin (Vater: Dietrich G., RA; Mutter: Margret, geb. Lohmann), verh. s. 1988 m. Petra, geb. Engelmann - Staatsex. f. Lehramt an Gymn. (Kunst/Werken, Engl.) 1969 u. 71; Promot. (Päd., Kunstgesch., Phil.) 1973 Univ. Göttingen - 1971 Wiss. Assist., 1973 Doz., s. 1980 Prof. Erziehungswiss. Univ. Göttingen - BV: Kritik d. Kunstpäd., 1972 (erw. Neuaufl. 1979); Modeverhalten, 1974; Argumente, Streitschr., Materialien z. Veränd. d. Kunstpäd., 1976; Kunst - Visuelle Kommunik. - Design, 1978; Polit. Erz. im ästh. Bereich, 1971 - Spr.: Engl.

GILBERT, Gerhard
Dr. phil., Dipl.-Phys., o. Prof. f. Didaktik d. Mathematik Päd. Hochsch. Ruhr/Abt. Hagen - Max-Planck-Str. 113, 5800 Hagen/W.

GILBERT, Martin
Dr. rer. pol., Dipl.-Ing. (FH), Geschäftsführer J. Kirchgässer, Mannheim (s. 1968) - Branichstr. 14, 6905 Schriesheim (T. 06201 - 81 70 41) - Geb. 18. Okt. 1928 Heidelberg (Vater: Ernst G., Pfarrer; Mutter: Martha, geb. Pfeifer), ev., verh. s. 1964 m. Margit, geb. Lorenz, 2 Kd. (Tolon, Alexandra) - Mechanikerlehre; Stud. (Maschinenbau) Fachhochsch. Karlsruhe, anschl. Univ.stud.; Promot. 1959 - S. 1960 Ind.tätigk. (1963 Abt.sleit.; 1966 stv. Gf.). Fachmitgl.sch.

GILCH, Helmut
Techn. Direktor Sauter-Cumulus GmbH - Hans-Bunte-Str. 15, 7800 Freiburg/Br.; priv.: Salzburger Weg 13 - Geb. 25. März 1928 Rheinfelden/Baden, verh. s. 1956 m. Eleonore, 2 Kd. (Christian, Carolyn) - VDI; VDE; Fachhochsch. Frankfurt/M., Dipl.-Ing. - 1952 Konstrukteur Waggonbau Schindler; 1955 Entwicklungsing. Sauter AG; 1966 Geschäftsf. Cumulus-Werke GmbH; 1983 Doz. f. Marketing; 1986 Vorst. (HKG)-VDMA - Liebh.: Laser-, Elektroakupunktur u. - Diagn.; Kochen (Brudersch. Marmite) - Maître u. Chef de Chuchi - Bek. Vorf.: v. Gilch, d. Graue (1262).

GILGES, Konrad
Fliesenleger, MdB (Wahlkr. 61/Köln III) - Leyendeckerstr. 4a, 5000 Köln 30 (T. 0221 - 59 17 09) - SPD.

GILL, Arnon
Dr. phil. habil., Dr. rer. pol., Prof. f. Wiss. Politik u. osteuropäische Geschichte Esslingen/Stuttgart - Im Holdertal, 7632 Friesenheim 1 - B. 1957 Wirtschafts-, dann Hochschultätigk. - BVK I. Kl.; zahlr. ausl. Ausz.

GILLAR, Jaroslav
Regisseur u. Autor - Witikonerstr. 231, CH-8053 Zürich - Geb. 9. März 1942 Jaromer - Karls-Univ. Prag (Theaterwiss.) - U. a. Regisseur u. Schauspielgruppenleit. (Theater am Geländer Prag). Div. Fernsehfilme. Drehb. u. Theaterst. Zahlr. Inszenierungen in Bern, Zürich, St. Gallen, Hamburg, Helsinki, Wien. Teiln. bek. Festivals - 1968 CSSR-Staatspreis (f. d. Insz.: Tageb. e. Wahnsinnigen v. N. Gogol); Mitgl. PEN-Club - Lebt s. 1974 m. s. Familie in d. Schweiz.

GILLE, Hans Werner

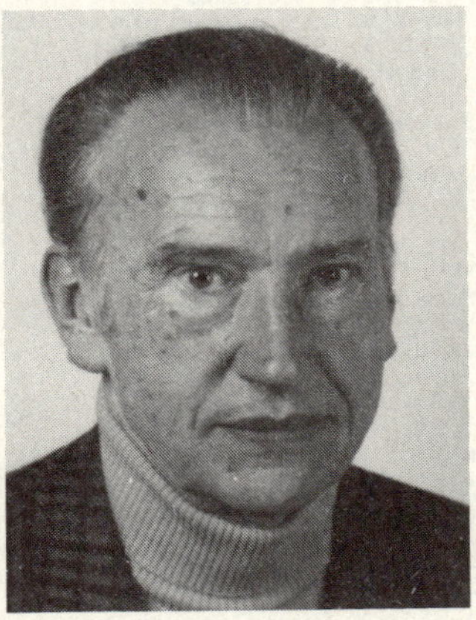

Dr. phil., Autor, Historiker - Fafnerstr. 32, 8000 München (T. 089 - 17 02 89) - Geb. 18. Mai 1928 Glogau/Schles. (Vater: Adolf G., Bankkfm.; Mutter: Charlotte, geb. Seidel), ev., verh. s. 1966 m. Eva, geb. Korte - Promot. 1964 Univ. München - BV: Nation heute, 4. A. 1977; Katholiken gegen Rom, 1969; Politik, Staat u. Nation in d. Dritten Welt, 3. A. 1976; Play Bluff, R. 1971; D. Antlitz Chinas. Porträt e. Weltmacht, 1976 (übers. in Schwed. u. Holl.); Sibirien. Land aus Eis u. Tränen. Schatzkammer d. Sowjetunion, 1978; Australien. E. Kontinent im Aufbruch, 1981; Drei Fragen zu Deutschl. (Anthologie), 1985; D. Nahe Osten. Europas fremde Nachbarn, 1988. Zahlr. Ztschr.-Veröff. u. Rundf.send.

GILLER, Walter
Schauspieler - Via Tamporiva 26, CH-6976 Castagnola b. Lugano (Schweiz) - Geb. 23. Aug. 1927 Recklinghausen (Vater: Dr. Walter G., Kinderarzt; Mutter: geb. Röver), verh. s. 1956 m. Nadja, geb. Tiller (Schausp.), 2 Kd. (Natascha, Jean) - Schauspielausbild. - Zahlr. Filme, dar.: Primanerinnen, 3 Mann auf e. Pferd, Liebe auf krummen Beinen, Bobby Dodd greift ein, Rosen f. d. Staatsanw., Geliebte Hochstaplerin, Zwei unter Millionen, D. Dreigroschenoper (Bettler Filch), Schloß Gripsholm (Tucholsky), Begegnung in Salzburg, DK-Killer, Vergiß nicht, deine Frau zu küssen, Klassenkeile, D. Weihnachtsmann kommt nicht nur im Dezember, D. Herren m. d. weißen Weste, D. Feuerzangenbowle. Fernsehen: Gold v. Montevasall, Jonas oder D. Künstler b. d. Arbeit, No, no Nanette. Insz.: D. schöne Galathee (Salzburg) - BV: Lust. Geschichten - Natascha u. Jean, 1967 - 1960 Bundesfilmpreis/Filmband in Silber (Rosen f. d. Staatsanw.), 1962 Preis d. Dt. Filmkritik u. Bundesfilmpreis/Filmband in Gold (Zwei unt. Millionen).

GILLERT, Karl-Ernst
Dr. med., Prof., Leit. Dir. u. Prof. (Bundesgesundheitsamt) - Drakestraße 10, 1000 Berlin 45 (Tel. 833 10 11) - Geb. 13. Nov. 1920 Berlin (Vater: Prof. Dr. med. Ernst G., Facharzt; Mutter: Gertrud, geb. Beyer), ev., verh. m. Ingrid, geb. Melzer, 6 Kd. (Margret, Ulrike, Joachim, Dorothea, Georg, Cordelia) - Schiller-Gymn. Berlin; Stud. Med. Berlin, Innsbruck, Straßburg, Danzig (Promot. 1944) - B. 1949 Hyg.-Inst. Humboldt-Univ. Berlin (O), dann Robert Koch-Inst. (Abt.Leit.). S. 1962 (Habil.) Lehrtätigk. FU Berlin (1967 apl. Prof. f. Med. Mikrobiol.). Spez. Arbeitsgeb.: Immunol. Fachveröff. - Spr.: Engl., Franz.

GILLES, Brigitte
Dr. phil., Dipl.-Psych., o. Prof. f. Psychologie RWTH Aachen, FB 7 - Nizza-Allee 5, 5100 Aachen.

GILLES, Peter
Dr. jur., o. Prof. f. Privatrecht, Verfahrensrecht u. Rechtsvergleichung, Mitdirektor Inst. f. Rechtsvergleichung Univ. Frankfurt (s. 1979) - Senckenberganlage 31, 6000 Frankfurt/M. (T. 798/39 44) - Geb. 6. Febr. 1938 Frankfurt/M. - 1. u. 2. Staatsex. 1962 u. 1966; Promot. 1965; Habil. 1971 - 1972-75 Prof. f. Bürgerl. Recht, Zivilprozeßr., allg. Verfahrensrecht u. Verfahrenstheorie Univ. Frankfurt - 1975-79 o. Prof. f. Zivil- u. Verfahrensrecht Univ. Hannover - BV: Wiederaufnahmeverfahren, 1965; Rechtsmittel i. Zivilprozeß, 1972; Gewerbsmäßige Ehevermittlung, 1977; Optisches Zivilprozeßrecht, 1977; Humane Justiz, 1977; D. Recht d. Direktmarketing, 1982; Juristenausbild. u. Zivilverfahrensrecht, 1983; Effektivität d. Rechtsschutzes u. verfassungsmäßige Ordn, 1983; Theorie u. Praxis im Zivilprozeßrecht, 1984; Rechtsmittel im Zivilprozeß unter bes. Berücksichtig. d. Beruf., 1985; Eheanbahn. u. Partnervermittl., 1985; Effiziente Rechtsverfolgung, 1987; Handb. d. Unterrichtsrechts, 1988. Hrsg.: Forum Rechtswiss. (s. 1979); ca. 150 weitere Veröffentl. in in- u. ausl. Fachzeitschr.; Buchbeitr.

GILLES, Sibylla
Staatsschaupielerin - Steinrückweg 5, 1000 Berlin 33 (T. 030 - 821 32 38) - Geb. 8. Febr. 1930 Köln (Vater: Bartholomäus G., Maler, Dürerpreisträger) - Schillertheater Berlin.

GILLESSEN, Günther
Dr. Dr. phil., o. Prof. Univ. Mainz (s. 1978), Journalist f. Außenpolitik Frankfurter Allgemeine Zeitung - Zu erreichen üb. Hellerhofstr. 2-4, 6000 Frankfurt - Geb. 23. Okt. 1928 Freiburg/Br. (Eltern: Dr. med. Peter u. Aenne G.), verh. s. 1965 m. Suzanne, geb. Freiin v. Recum - Stud. Gesch., Öffentl. Recht. Promot. 1955 Freiburg u. 1958 Oxford (Engl.) - 1968-74 Beirat Innere Führ. d. Bundeswehr - Entd.: Thomas-Beckett-Effekt - BV: Lord Palmerston u. d. Einig. Dtschl., 1961; Sieben Argumente f. Europa 1976 (1978); Über Südafrika: Ständestaat, Rassenstaat, Gottesstaat? 1978; Auf verlorenem Posten, D. Frankf. Ztg. im Dritten Reich, 1987 - 1963 Otto-Wels-Preis d. SPD; 1974 BVK.

GILLICH, Karl-Horst
Dr. med., Chefarzt (Internist), apl. Prof. f. Inn. Medizin Med. Hochschule Hannover (s. 1974) - Kreiskrankenhaus, 3170 Gifhorn; priv.: Calberlaher Damm 13b - Zul. Privatdoz. MH Hannover.

GILLIES, Peter
Dipl.-Kfm., Journalist, Chefredakteur im Axel Springer Verlag, Wirtschaftspolit. Kolumnist - Zu erreichen üb. DIE WELT, Godesberger Allee 99, 5300 Bonn 2 - Geb. 29. Mai 1939 Berlin - Abit.; Bankkfm.; Stud. Betriebswirtsch. - Redakt. u. Korresp. in Hamburg, Berlin u. Bonn; 1985-88 Chefredakt. DIE WELT - BV: u.a. Arbeitslos, Report aus e. Tabuzone (zus. m. Elisabeth Noelle-Neumann), 1987 - 1973/74 Theodor-Wolff-Preis; 1981 Josef-Humar-Pr.; 1983 Ludwig-Erhard-Pr. f. Wirtschaftspubliz.; 1987 BVK.

GILLISSEN, Günther
Dr. med., Dr. rer. nat., em. o. Prof. u. Vorst. Inst. f. Med. Mikrobiologie TH Aachen (s. 1966) - Melatenerstr. 159, 5100 Aachen - Geb. 6. Okt. 1917 Stuttgart (Vater: Dr. med. Joseph G., Facharzt f. Chir. u. Gynäk.), kath., gesch., 2 Kd. (Adrian, Annette) - Eberhard-Ludwigs-Gymn. Stuttgart; Stud. Med. u. Naturwiss. Heidelberg, Würzburg, Jena, Danzig. Promot. 1943 Jena u. Straßburg; Habil. 1952 Mainz - 1947-49 Intern. Forschungsinst. Paris (Maitre de recherche); 1949 b. 1966 Univ. Mainz (Oberarzt Hygiene-Inst.; 1952 Doz., 1958 apl., 1961 ao. Prof.), o. Prof. u. Inst.-Vorst., Aachen, 1974-77 Dekan Med. Fak. Aachen, 1977-79 Prorektor TH Aachen, 1978-81 Präs. Dt. Ges. f. Allergie- u. Immun.forsch. (1981-84 Vizepräs.) - BV: Üb. 250 Veröff. in intern. wiss. Fachztschr. - Mitgl. bei: Dt. Ges. f. Hyg. u. Mikrobiol., Ges. f. Immunol., Soc. de Chimie biol., Soc. franc. d'Immunol., Soc franc. de Microbiol., Dt. Ges. f. Naturforsch. u. Ärzte, Europ. Academy of Allergology, Europ. Reticuloendothelial Soc.; Wiss. Ges. f. Umweltschutz, Intern. Soc. Immunopharmacol., Dt.-Brasil. Ges. f. Med., Interasma, Am. Soc. Microbiol.

GILLJOHANN, Fritz
Dipl.-Chem., Prof. f. Chemie Gesamthochschule Paderborn (Fachbereich Elektr. Energietechnik/Soest) - Engelbertstr. 25, 5760 Neheim-Hüsten.

GILLMANN, Helmut

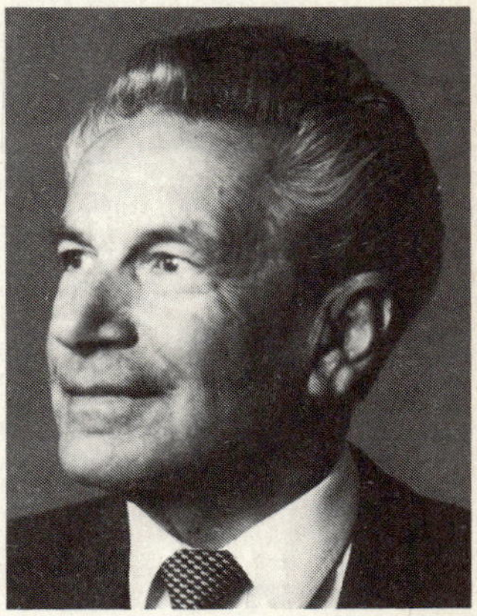

Dr. med., Prof., ehem. Direktor Med. Klinik Städt. Krankenanstalten Ludwigshafen - Schwetzinger Str. 26, 6703 Limburgerhof - Geb. 10. Juni 1919 Essen, ev., verh. s. 1955 m. Marion, geb. Müller, 2 Töcht. (Barbara, Dagmar) - Univ. Berlin, Wien, Würzburg. Approb. 1943 Würzburg - S. 1952 (Habil.) Lehrtätigk. Med. Akad. Düsseldorf (1958 apl. Prof.) u. Univ. Heidelberg (apl. Prof.). Lehrb. üb. Cardiol. Innere Med., Physikal. Therapie. Zahlr. Einzelarb. - Korr. Mitgl. Schweizer Kardiol. Ges. (1954) u. New York Acad. of Sciences (1956), Ehrenmitgl. Dt. Ges. f. Innere Med. (1986) - Liebh.: Klass. Musik, Zeichnen, Fotogr. - Spr.: Engl., Franz., Afrikaans - Bek. Vorf.: Johann Peter Hebel u. Friedrich Spielhagen (ms.).

GILLNER, Robert
Schriftsteller, Übersetzer - Jaiserstr. 31a, 8023 Pullach/Isartal - Geb. 11. März 1924 Chemnitz/Sa. - Univ. München u. London (Theaterwiss., Literaturgesch.) - Vornehml. Übers. engl. Bühnenw. v. Shakespeare b. Wilde. BV/Anthol.: Shakespeare for Lovers (1978).

GILLY, Wilhelm
Dr. phil., Museumsdirektor (Ps.: Wilhelm Gilly de Montaut) - Junkerstr. 27, 2900 Oldenburg/O. - BV: Oldenburger Pferde, 1964; Festung u. Garnison Ol-

denburg, 1980 - 1982 Verdienst-Med. Stadt Tokyo-Meguro - Bek. Vorf.: David Gilly, königl. preuß. Geheimer Oberbaurat (1748-1808); Friedr. G., Insp. am königl. preuß. Hofbaudepartm. u. Prof. Berliner Bauakad. (1772-1800); Graf Jaques-Laurent G., kaiserl. franz. Generallt. (1769-1829).

GILMORE, Gail Varina

Opersängerin, Mezzo-Sopran - Bockenheimer Anlage 1a, 6000 Frankfurt/M. - Geb. 21. Sept. 1951 Washington, D.C./USA, Baptistin, ledig - Xavier Univ. New Orleans (B. Mus. Ed. 1972); Indiana Univ. Bloomington (Master of Mus. 1974) - Hauptrollen/Oper: Berlioz, Trojaner (Cassandra); Bartok, Herzog Blaubart (Judith); Bizet, Carmen (Carmen); Gluck, Orfeo ed Euridice (Orfeo); Mascagni, Cavalaria Rusticana (Santuzza); Schoek, Penthesilea (Penthesilea); Strauss, Ariadne auf Naxos (Komponist); Strauss, Der Rosenkavalier (Octavian); Strauss, Frau ohne Schatten (Amme); Verdi, Aida (Amneris); Verdi, Don Carlo (Eboli); Verdi, Un Ballo in Maschera (Ulrica); Wagner, Tannhäuser (Venus); Wagner, Tristan u. Isolde (Bragaene); Wagner, Rienzi (Adriano); Wagner, Parsifal (Kundry); Wagner, Lohengrin (Ortrud). Konzert: Brahms, Alto Rhapsody; Rossini, Stabat Mater; Schoenberg, Gurre Lieder; Verdi, Requiem. Theater: Staatsoper Wien; L'opera de Nice; Savonlinna Opern Festival Finnland; Hess. Staatstheater, Wiesbaden; Oper am Rhein, Düsseldorf; Staatstheater Hannover; Teatro la Fenice, Venezia; Arena di Verona; Opernhaus Frankfurt am Main; Houston Opera, Texas; Metropolitan Opera, New York - Spr.: Deutsch, Engl., Ital.

GILOI, Wolfgang
Dr.-Ing., o. Prof. f. Techn. Informatik TU Berlin - Adjunct Prof. of Comp. Science Univ. of Calif. at Los Angeles, Dir. GMD-Forsch.zentr. f. innovative Rechnersysteme u. -technologie (FIRST) - Hardenbergpl. 2, 1000 Berlin 12 - Mitgl. Akad. d. Wiss. zu Berlin.

GILOW, Peter E.
Beiratsvorsitzender Elkamet Lahn-Kunststoff-GmbH, Biedenkopf; stv. Beiratsvors. Gerolsteiner Sprudel - Kronberger Str. 53, 6240 Königstein/Ts. 2 (T. 06174 - 38 10) - Geb. 13. März 1918 Weißwasser/Schles., verh. m. Gisela, geb. von Kuenheim.

GILSON, Wilhelm
Dr.-Ing., Vorstandsmitglied i.R. Main-Kraftwerke AG., Frankfurt/M.-Höchst (jetzt Beirat) - Wiesbadener Str. 69, 6240 Königstein/Ts. - Geb. 16. Febr. 1916 - Beirat: Rheingau Elektrizitätswerke GmbH, Eltville, Lahnkraftwerke AG., Limburg u. Energieversorg. Bad Ems GmbH.

GIMBORN, von, Carl Hans
Unternehmer, Vors. Fachgem. Prüfmaschinen/VDMA - Zu erreichen üb.: Lyoner Str. 18, 6000 Frankfurt/M. 71.

GIMM, Martin
Dr. phil., o. Prof., Direktor Ostasiatisches Inst. Univ. Köln - Sonnenweg 17c, 5064 Rösrath (T. 0221 - 470 29 48) - Geb. 25. Mai 1930 Waltershausen (Vater: Walter G.; Mutter: Hildegard, geb. Kutzschbach), gesch., T. Valeska - Univ. Jena, Leipzig, Berlin, Taipei, Köln; Promot. 1964, Habil. 1969 - 1963 Assist.-Prof. National Chengchi-Univ., 1970 o. Prof. Univ. Köln (Sinologie, Manjuristik) - Bücher u. Aufs. üb. chines. Lit., Gesch., Theater-, Musik- u. Kulturgesch., Religion, Manjuristik - Spr.: Engl., Franz., Russ., Chines., Japan., Manjur. - Lit.: Kürschners Dt. Gelehrtenkalender 1986.

GIMMLER, Hartmut
Dr. rer. nat., Prof. Univ. Würzburg - Auf d. Röthe 8, 8700 Würzburg - Geb. 30. Juli 1940 Hellendorf (Vater: Gerhard G., Dipl.-Ing.; Mutter: Leni, geb. Dieckhoff), ev., verh. s. 1969 m. Dr. Gerlinde, geb. Müller), 2 S. (Christian, Frank) - Stud. Biol. u. Chemie Univ. Kiel u. Würzburg (Promot. 1967), Habil. 1973 Düsseldorf - 1978 Univ.-Prof. Würzburg - Ca. 50 Art. in pflanzenphysiol. Ztschr. - Spr.: Engl.

GIMPLE, Max
Dr., Landrat Kr. Rosenheim (s. 1984) - Landratsamt, 8200 Rosenheim/Obb. - Geb. 20. Aug. 1940 München - CSU.

GINKO, Helmut
Handwerksmeister, ehem. Vors. Bundesinnungs-Verb. f. Orthopädie-Technik, Essen, Oberm. Innung f. Orthop.-Techn., Düsseldorf u. a. - Melchiorstr. 42, 4030 Ratingen 4 - Geb. 19. Dez. 1922 - BVK I. Kl.

GINTZEL, Kurt
Dr. jur., Direktor Bereitschafts-Polizei Land Nordrh.-Westf. i. R., stv. Vors. Gewerksch. d. Polizei (1970-79) - Sperberweg 17, 4403 Senden/W. - Geb. 8. Mai 1927 Wansen/Schles. - Stud. Rechts- u. Staatswiss. (Staatsex. u. Promot.) - BV: Demonstrations- u. Versammlungsfreiheit, 9. A. 1989 (M. A. Dietel); D. polit. Versammlung, 2. A. 1971; Allg. Polizei- u. Verw.recht f. NW, 11. A. 1984.

GIORDANO, Ralph

Fernsehautor u. Schriftst. - Berndorffstr. 4, 5000 Köln 51 (T. 0221 - 376 18 10) - Geb. 20. März 1923, verh. m. Tatjana, geb. Pawlowski - Gelehrtensch. Johanneum Hamburg-Winterhude - Fernsehdok. m. Schwerp. in d. Dritten Welt; Lesungen aus eig. Werken; Vortr. üb. eig. Erfahr. im Dritten Reich (Rasseverfolgter) u. Lehren daraus, publiz. Arb. - BV: D. Bertinis, 1982 (Übers. Dän., Schwed., Norw., Finn., Franz.), auch als Fernsehserie; D. Spur - Report. aus e. gefährdeten Welt, 1984 (20j. Bilanz d. Fernseharb.); D. zweite Schuld od. v. d. Last Deutscher zu sein, 1987 - Grimme-Preis; Journalistenpreise f. FS-Dok. - Liebh.: Dampfmaschinen - Spr.: Engl., Ital. Franz., Span. - Lit.: Zahlr. Schr. z. FS-Arb. u. z. Lit.

GIOVANNINI, Marco
Dr. med., Arzt, Geschäftsf. Byk Gulden Lomberg, Konstanz - Sierenmoosstr. 10, 7750 Konstanz - Geb. 12. Sept. 1922, kath., verh. m. Adrienne, geb. Hartmann, 2 Kd. (Rita, Rico) - Abit. Düsseldorf; Stud. Univ. Innsbruck; Promot. 1949; 1955-57 Stud. Pharm. Univ. Innsbruck; Dt. Nostrifikation 1962 - Leit. pharm. Abt. Fa. Biochemie, Ges. mbH. Kundl/Tirol; Geschäftsf. Fa. Mack, Illertissen; Geschäftsf. Fa. Roland, Essen; Geschäftsf. Pharm. Fa. Byk Gulden Lomberg Chem. Fabrik; gf. Gesellsch. Phamag AG, Kreuzlingen-Konstanz/Schweiz.

GIPPER, Helmut
Dr. phil., Prof. f. Allg. Sprachwissenschaft - Hamsens Busch 33, 4400 Münster-Wolbeck - Geb. 9. Aug. 1919 Düren - S. 1961 (Habil.) Lehrtätigk. Univ. Bonn (1963 Doz., 1967 apl. Prof., 1970 Wiss. Abt.vorsteher u. Prof.) u. Münster (1972 Ord.). 1967 u. 69 Gastprof. Univ. of Durham, New Hampshire (USA) - BV: Bausteine z. Sprachinhaltsforsch., 2. A. 1969; Gibt es e. sprachl. Relativitätsprinzip?, 1972; Denken ohne Sprache?, 2. A. 1978. Herausg.: Kinder unterwegs zur Sprache (1985); Das Sprachapriori (1987) - 1971 o. Mitgl. Kgl.-Schwed. Ges. d. Wiss., Upsala - Lit.: E. Bülow, P. Schmitter: Integrale Linguistik. Festschr. f. H. G., 1979; G. Heintz, P. Schmitter: Collectanea Philologica. Festschr. f. H. G., 2 Bde. 1985.

GIPPER, Otto
Rechtsanwalt, Vorstandsmitgl. Raiffeisen-Zentralbank Kurhessen AG., Geschäftsf. Raiffeisen-Warenzentrale Hessenland GmbH. u. Raiffeisenverb. Kurhessen e. V., alle Kassel - Elbinger Str. 6, 3582 Felsberg-Gensungen - Geb. 10. Febr. 1919.

GIRARDET, Klaus Martin
Dr. phil. habil., M. A., Prof. f. Alte Geschichte Univ. Saarbrücken - Spitalstr. 2a, 6604 Brebach-Fechingen (T. 0681 - 87 34 67) - Geb. 18. Okt. 1940 Koblenz (Vater: Rolf G., ev. Pfarrer; Mutter: Ilse, geb. Manz), verh. s. 1980 in 2. Ehe m. Marlene, geb. Eiden, S. Martin - 1959-62 Kfm. Lehre (Verkauf); 1962-66 Inst. d. 2. Bildungsweges z. Erlang. d. Hochschulreife (Abit. 1966); 1966-69 Stud. Univ. Bonn (Alte, Mittelalterl. u. Neuere Gesch., Ev. Theol.); Magisterex. 1969, Promot. 1972; 1972-79 wiss. Assist. Univ. Trier (Habil. 1979); 1980 Privatdoz. (Lehrstuhlvertr. Univ. Tübingen) 1980 Prof. Univ. Saarbrücken - BV: Kaisergericht u. Bischofsgericht, 1975; D. Ordn. d. Welt, 1983 - Bek. Vorf.: Wilhelm G., Kommerzienrat (Bruder d. Urgroßv.).

GIRARDET, Paul
Dr. rer. soc. oec., Verleger, Präs. Dt. Zeitschriftenverleger/VDZ (b. 1983) - Schmachtenbergstr. 162, 4300 Essen 18-Kettwig (T. 02054-47 29) - Geb. 31. Okt. 1938 (Vater: Herbert G., Verleger †; Mutter: Ingrid, geb. Hoffmann), ev., verh. s. 1968 m. Eva-Marie, geb. Hackl, 6 Kd. - Dipl.-Kfm. Univ. Erlangen-Nürnberg; Promot. Hochsch. f. Sozial- u. Wirtschaftswiss. Linz - S. 1972 pers. haft. Gesellsch. Familienuntern. u. Mitgl. Präsidialrat d. ZAW. Verb. d. Schulbuchverlage - Rotarier.

GIRARDET, Wilhelm
Dr. jur. - Graf-Bernadotte-Str. 71, 4300 Essen (T. 41 27 14) - Geb. 29. Okt. 1902 Zürich (Vater: Wilhelm G. †, Verleger; Mutter: Gertrud †, geb. Wiebe), ev., verh. s. 1933 m. Dorothee, geb. Paxmann, 4 Kd. - Univ. Tübingen u. Marburg - S. 1931 W. Girardet Graph. Betriebe u. Verlag, Essen (1949 pers. haft. Gesellsch.) - 1969 Gr. BVK - Liebh.: Jagd - Rotarier - Bek. Vorf.: Kommerzienrat Wilhelm G., 1865 Firmengründer †1918 (Großv.). - Bruder: Herbert G. †1972 (s. XVI. Ausg.).

GIRGENSOHN, Hans
Dr. med., Prof., Direktor Inst. f. Pathologie I Bundesknappschaft a. D., Essen (1958-75) - Bergiselstr. 32, 7800 Freiburg - Geb. 28. Aug. 1909 Dorpat - S. 1942 (Habil.) Lehrtätigk. Univ. Leipzig u. Göttingen (1951); 1956 apl. Prof. f. Allg. Pathol. u. pathol. Anat.). Div. Fachaufs., u. a. Hungertod in Stalingrad. Path. Anatomie d. Gefangenschaftskrankh.

GIRGENSOHN, Jürgen
Landesminister a.D., MdL Nordrh.-Westf. (s. 1966) - Gartenplatz 1-2, 4618 Kamen/W. - Geb. 21. Aug. 1924 Kassel, verh., 2 Kd. - Gymn. Kassel; Arbeits- u. Wehrdst.; Päd. Hochsch. Dortmund. Realschullehrerprüf. - Volks-, Realschullehrer, stv. Realschuldir., 1970-83 (Rücktr.) Kultusmin. NRW. 1959-70 stv. u. Landrat (1964) Kr. Unna. 1956ff. MdK Unna. SPD s. 1950 (1956-64 Kreisvors.).

GIRISCH, Wolfgang
Dr. jur., Vors. Richter Bundesgerichtshof (s. 1981) - Lauschiger Weg 2, 7500 Karlsruhe 51 - Geb. 29. Dez. 1927 - 1964-69 Oberlandesgerichtsrat Stuttgart, 1969-81 Bundesrichter.

GIRKE, Horst
Dr.-Ing., Vorstandsmitglied Bergmann-Elektricitäts-Werke AG - Wilmersdorfer Str. 39, 1000 Berlin 12 (T. 030 - 31 90 81 18) - Geb. 19. Febr. 1934 Bitterfeld, ev., verh. s. 1961 m. Ute, geb. Krempel, 2 Kd. - Stud. Nachrichtentechnik TU Stuttgart - 1960-83 Siemens AG.

GIRKE, Wolfgang
Dr. med., Prof., Leiter Abt. f. Neurologie, Psychiatr. u. Neurol. Poliklinik/Psych. u. Neur. Klin. FU Berlin - Kurländer Allee 22, 1000 Berlin 19.

GIRMINDL, Ernst
Landrat Landkreis Cham (s. 1972) - Landratsamt, 8490 Cham/Opf. - U.a. 1967-72 Landrat Kr. Roding. CSU - 1985 BVK I. Kl.

GIRNAU, Günter
Dr.-Ing., Prof., Verbandsdirektor u. geschäftsf. Mitgl. Verb. öfftl. Verkehrsbetriebe - Kameketr. 37-39, 5000 Köln 1 - Geb. 10. Aug. 1934 (Vater: Norbert G.; Mutter: Josefine, geb. Hermanns), kath., verh. m. Ingeborg, geb. Henkel, S. Markus - 1976ff. Verbandsdir.; Präs. STUVA, Köln; Vorst. Intern. Tunnelling Assoc., Paris.

GIRNDT, Helmut
Dr. phil., Prof. f. Philosophie Univ. Duisburg (s. 1973) - Dorfstr. 9, 4000 Düsseldorf 12 - Geb. 13. Mai 1934 Frankfurt/M. - Promot. 1965 München - Bücher u. Aufs.

GIRNDT, Joachim
Dr. med., Prof., Arzt f. Innere Med., Chefarzt Nephrologische Abt. St. Vincenz-Krkhs. Limburg/Lahn (s. 1984) - Zu erreichen üb. St. Vincenz-Krkhs., Auf dem Schafsberg, 6250 Limburg/Lahn; priv.: Auf der Unterheide 44, 6250 Limburg/Lahn - Geb. 13. Okt. 1938, ev., verh. s. 1964 m. Elke, geb. Krack, 2 Kd. (Matthias, Susanne) - 1958-63 Stud. Med. Univ. Göttingen; Promot. 1964, Approb. 1965, Habil. 1977 - 1965-68 Max-Planck-Inst. f. Experimentelle Med. Göttingen; 1970-84 Med. Univ.-Klinik Göttingen; s. 1981 apl. Prof. f. Inn. Med. Univ. Göttingen; s. 1986 Hon.-Prof. f. Inn. Med. Univ. Gießen - BV: Hypertonie u. Hypotonie in d. Schwangerschaft, 1987; Nieren- u. Hochdruckkrankheiten b. Diabetikern, 1987. Üb. 200 wiss. Abhandl. u. Buchbeitr. auf d. Gebiet d. Nieren- u. Hochdruckkrankheiten.

GIROCK, Reinhard
Vorstand Papierfabrik Weissenstein AG, Pforzheim (s. 1984) - Hirsauerstr. 233, 7530 Pforzheim - Geb. 27. Juli 1934 Spremberg/NL - Beirat Fa. Wanfried-Druck.

GIRZ, Alexander
Spielwarenfabrikant, Mitinh. Fa. Girz oHG., Nürnberg - Virchowstr. 9, 8500 Nürnberg - Geb. 2. Juni 1902 Bischofsheim/Rhön, kath., verh. s. 1936 m. Herta, geb. Gruber, S. Peter - Ludwigs-Oberrealsch. München - Funktionen Fachverb. - 1970 BVK I. Kl.

GISI, Paul
Schriftsteller, Lyriker - St. Georgenstr. 36, CH-9000 St. Gallen - Geb. 1949 Basel - 1970 Lehrer; versch. Berufe, Auslandsaufenth.; s. 1976 Korrektor in St. Gallen; Gründ. u. Inh. Edition Lucrezia Borgia - BV: Gegen d. Zeit u. zw. unendl. Gewittern, Ged. 1970; Ich bin Du, Ged. 1971; Vorbei ist Nacht/Winterl. Ahnen, Ged. 1971; Tropfworte, Ged. 1972; Odonata, Ged. 1972; Tageb. aus d. Provence, 1971; Rote Schwanentrilogie u.a., Ged. 1972; Eisblume am Fenster d. Liebe, Ged. 1972; Werkhauptprobe acht, Ged., Erz., Aufs. 1972; Mein Resadagrün, Ged. 1973; Finsternisse od. Gott küsste d. Teufel, E. Passion 1973; Flamme, Ged. 1973; Irrgang durchs Raumlose, Ged. 1973; Wenn dich d. Hauch d. Wunders trifft, Üb. d. Schweizer Lyrikerinnen Erica Maria Dürrenberger, Gerda Seemann u. Sonja Passera, 1973; Am Puls d. Menschen, Ged. 1974; Wort u. Leben, Sätze 1977; Kleine Provenzalin, Ged. 1977; Isotope e. Sehnsucht, Ged. 1978; Kohlensäure, Ged. (m. Rolf Moser), 1978; Im Sternbild Kassiopeia, Ged. 1979; Maß u. Leidenschaft, Sätze 1979; Wenn d. Paranoia d. Menschheit siegt, Ged. 1979; Im eiskalten Weltraum, Ged. 1979; Akkorde d. Lachmöwe, Ged. (m. Frottage-Kreidezeichn. v. Edelbert Bregy) 1979; In d. Milchstraße d. Worte, Ged. 1980; Sternbilder d. Liebe, Ged. 1980; Verwandl., Texte (m. Zeichn. v. E. Bregy), 1980; Zw. Apathie u. Begeister., Sätze 1980; Aline, Ged. 1981; Position, Exposé 1981; Glockenmantel d. Nacht, Ged. 1982; Fragmente e. alten Kapitäns, Ged. 1982; D. zärtl. Wahn, Ged. (Holzschn. v. Gerhard S. Schürch), 1983; E. Handvoll Nichts, Sätze 1983; D. grünäugige Laternenfisch, Ged. (Zeichn. v. E. Bregy) 1983; Brief an Achaz, Prosa 1984; Milchstraßenlaterne, Ged. (Bilder v. Walter Fuchs) 1984; Schwarze Löcher, Ged. (Zeichn. v. Heinz Fuhrer) 1984; Fieberflammen, Ged. 1984; Höhle d. Spinne, Ged. 1984; Hitzerisse d. Angst, Ged. 1985; Tribunal vor d. Nichts, Ged. 1985; Sturzwogen nach Mitternacht, Ged. 1985; Schimmel aus Wahn, Sätze 1985; Windzunge, Haikus 1986; In d. Augen gongt d. Zeit, Ged. 1986; D. weinrote Languste schweigt, Liebesged. 1986; Magie u. Farce, Ged. 1986; Deine Zunge tropft in meinen Mund, Liebesged. 1987; Lichtrisse d. Liebe, Ged. 1987; Selbstbildnisse, Ged. 1987; D. Unvernunft d. Troubadours, Ged. 1988; Shi Zuzhao od. Im Spinnennetz d. Spiralgalaxie, Liebesged. 1988; Verwüstungen, Ged. 1988; Notizen e. Amöbe, Sätze 1988; Pestilenziarium, Ged. 1988; Du Gott, Ged. (Myst. Metaphern) 1989; Bogenstrich, Ged. (m. Zeichn. v. W. Fuchs) 1989 - S. 1972 Mitgl. Schweiz. Schriftstellerverb. SSV, s. 1987 Mitgl. Intern. PEN-Club.

GISSEL, Hans
Dr.-Ing., Vorstandsmitglied AEG Aktiengesellschaft - Theodor-Stern-Kai 1, 6000 Frankfurt/M. 70.

GISSEL, Henning
Schauspieler - Landauer Str. 12, 1000 Berlin 33 (T. 030 - 821 26 63) - Geb. 23. Juli 1942 Berlin, verh. s. 1973 - 1962-65 Schauspielsch. v. Else Bongers, Berlin - Üb. 120 Rollen in Fernseh-Spielen u. Serien, Hauptrollen u. a. in: G. Langhammer u. d. Freiheit, Paul Esbeck, Wer einmal in d. Mühle kommt, D. neue Armut d. Fam. B.

GISSLER-WEBER, Richard
Dr. phil., Geschäftsführer Gissler & Pass GmbH, Jülich - Heinsberger Str. 24, 5170 Jülich/Rhld. (T. 02461 - 68 40) - Geb. 24. Mai 1929 - Spr.: Engl., Span. - Rotarier.

GISY, Friedrich-Hans
Kaufmann - Karl-Herbster-Str. 2, 7850 Lörrach (T. 07621 - 4 66 56) - Geb. 7. Aug. 1914 Zürich, kath., verh. s. 1939 m. Liese-Lotte, geb. Herzog - Abit. Singen/Hoh. - Vizepräs. Bad. Sportbund u. Bad. Leichtathl.-Verb.; Präsid.-Mitgl. Landesportverb. Baden-Württ.; Mitgl. Schlichtungsaussch. DSB - 1972 BVK; 1986 BVK I. Kl. - Liebh.: Filmen, Briefmarken.

GITTER, Wolfgang
Dr. jur., o. Prof. f. Zivil-, Arbeits- u. Sozialrecht Univ. Bayreuth - Gontardstr. 32, 8580 Bayreuth - Geb. 30. Mai 1930 Oelsnitz/V. (Vater: Otto G., Kaufm.; Mutter: Hanna, geb. Lange), ev., verh. s. 1960 m. Dr. Gertrud, geb. Wolfangel, T. Stefanie - Stud. d. Rechts- u. Wirtsch.swiss. - 1968 Doz. Tübingen; 1971 Wiss. Rat Freiburg; 1971 o. Prof. Bochum u. 1977 Bayreuth - BV: Schadensausgleich im Arbeitsunfallrecht, 1969; Liquidationsrecht d. ltd. Krankenhausärzte, 1975; Lehrb. d. Sozialrechts, 2. A. 1986; Arbeitsrecht, 1987; Gebrauchsüberlassungsverträge, 1988 - Spr.: Engl., Russ.

GITTERMANN, Horst
Dr. jur., Direktor i.R. - Zu erreichen üb. DKV, Aachener Str. 300, 5000 Köln 41 - Geb. 23. Mai 1922 Berlin - B. 1986 Vorst. Dt. Krankenversich. AG, Köln. VR dkv-Internat., Brüssel; stv. AR-Vors. SANA Kliniken GmbH, München; Geschäftsf. Gemeda Ges. f. med. Datenerfass. u. Auswertung mbH., Köln; Vors. Rechtsaussch. Verb. priv. Krankenversich., Köln.

GITZINGER, Siegfried
Dipl.-Volksw., Bankdirektor, Vorstandsvors. Volksbank Karlsruhe eG - Am Marktplatz, 7500 Karlsruhe 1 (T. 0721 - 6 09 70) - Geb. 27. Mai 1928.

GIUDICE, Henry M.
Kaufmann, Vors. d. Geschäftsfg. Neu-Europa, Hitec + Biotec Ges. f. Innovationen mbH & Co KG, Berlin - Teplitzerstr. 7, 1000 Berlin 33 - Zul. Vors. d. Geschäftsfg. Brinkmann Holding GmbH, Berlin, u. Martin Brinkmann AG, Bremen.

GIUDICE, Liliane
Dramaturgin (Theater, Film), Übers. - Bernhardstr. 30, 7570 Baden-Baden (T. 07221 - 2 23 42) - Geb. 29. Juli 1913 Paris, ev., verh. 1951-65, verw. - Abit., Stud. Theaterwiss. Univ. Köln - BV: Bücher z. Lebenshilfe u.a. Ohne meinen Mann, 7. A. 1971 (3 Übers.); D. Abenteuer e. Christ zu sein, 1972; D. Kraft d. Schwachen, 1979; Erz. u.a. Oft ist es nur ein kleines Zeichen, 1981 (in Blindenschr.); Späte Begegnungen, 1982 (in Großdruck 1989); Nerz nach innen, 1983; D. Rose sprengte d. Stein, 1985 (in Blindenschr.); Weggefährten, 1986 - Liebh.: Bild. Kunst, Theater - Spr.: Franz., Engl., Span.

GIULINI, Udo
Dr. jur., Fabrikant i. R. - Neuenheimer Landstr. 18a, 6900 Heidelberg (T. 4 62 79) - Geb. 12. Febr. 1918 Hamburg (Vater: Renzo G., Fabr.; Mutter: Ilse, geb. Walz †), ev., verh. s. 1950 m. Rita, geb. v. Campe, 5 Kd. (Monika, Hanno, Maria-Elena, Carola, Domenico) - Univ. Heidelberg (Rechtswiss.; Promot. 1954) - 1955-79 Familienuntern. 1965-72 MdB. Diverse Ehrenstellungen u. Mandate, 1974 b. 1979 Präs. IHK Pfalz Ludwigshafen, CDU (1965 ff. Mitgl. Wirtschaftsrat) - 1972 BVK I. Kl. - Liebh.: Tennis, Schwimmen - Gold. Sportabz. - Spr.: Engl., Franz., Russ. - Rotarier - Bek. Vorf.: August Clemm, Reichsrat bayer. Krone, Mitbegr. BASF Ludwigshafen (Urgroßv.); Prof. Dr. jur. Ernst Walz, 1913-38 Oberbürgerm. Heidelberg (Großv.).

GIURANNA, Bruno
Prof. f. Viola Hochsch. d. Künste Berlin - Zu erreichen üb. Hochsch. d. Künste, Fasanenstr. 1, 1000 Berlin 12.

GIUSTINIANI, Vito R.
Dr. phil., Prof. (emerit.) Univ. Freiburg - Johanniterstr. 9, 7800 Freiburg (T. 2 28 66) - Geb. 25. Juni 1916 Lucca/Ital. (Vater: Francesco G., akt. Offz.; Mutter: Giovanna, geb. Dell'Osso), kath., verh. s. 1945 m. Doris, geb. Ziegler, 2 Kd. (Giovanna, Franco) - Univ. Pisa u. Bonn - S. 1941 Univ. Freiburg (Lektor, 1955 Privatdoz., 1962 Wiss. Rat, 1965 apl. Prof., 1969 Abt.vorst.). Gastprof. Columbia Univ. New York (1958) u. Univ. Toronto (1967 b. 1968) - BV: Alamanno Rinuccini, 1964; Il testo della Nencia e della Beca secondo le piu antiche stampe, 1976; Neulat. Dichtung in Italien 1850-1950, 1979; Adam v. Rotweils Dt.-Ital. Sprachführer v. J. 1477, Tübingen, Narr, 1987; Zahlr. Aufs. in Fachztschr. - Spr.: Lat., Altgriech., Ital., Franz., Span., Engl. - Bek. Vorf.: Prof. Vito G., Jurist, Bari/Ital. (Großv.).

GIZA, Holger
Dipl.-Kfm., Vorstandsmitglied Hermes Kreditversich. AG (s. 1987) - Friedensallee 254, 2000 Hamburg 50 - Geb. 28. Nov. 1940 Hamburg, verh. s. 1967, 2 Kd. - Gymn.; Stud. Betriebsw.; Dipl. 1965 Univ. Hamburg - 1966-82 IBM Intern. Büromaschinenges. (versch. Tätigk. im In- u. Ausl., zul. Leit. Vertrieb Region Norddtschl.); Hamburger Intern. Rückversich. AG (1982-86 Vorst.-Mitgl., s. 1984 -Vors.) - Liebh.: Sport, Musik, Lit., Theater - Spr.: Engl., Franz.

GLAAB, Richard
Dipl.-Braumeister, pers. haft. Gesellschafter u. Geschäftsf. Glaabsbräu KG, Seligenstadt - Giselastr. 21, 6453 Seligenstadt (T. 06182-2 16 33 priv., 30 55 dstl.) - Geb. 4. Okt. 1935 Seligenstadt, kath., verh. m. Gertrud, geb. Auberger, 2 Kd. (Veronika, Robert) - Brauer-Mälzer-Lehre; TH München/Weihenstephan; Dipl.-Braumeist. 1958 - Vollvers. IHK Offenbach; Stadtrat u. Magistrat Seligenstadt - Liebh.: Berge, Schwimmen, Fotogr. - Spr.: Engl., Franz.

GLAAP, Albert-Reiner
Dr. phil., Univ.-Prof. f. Engl. Sprache u. ihre Didaktik Univ. Düsseldorf (s. 1980) - Lerchenweg 16, 4030 Ratingen - Geb. 1. Sept. 1929 Wuppertal (Vater: Gerhard G., Musikdir.; Mutter: Elisabeth, geb. Keup), kath., verh. s. 1963 m. Rita, geb. Mittelmann, S. Oliver - Stud. Engl., Lat., Phil. Köln u. London. Beide Staatsex.; Promot. 1955 - 1956-71 Gymnasiallehrer (dazw. 1961-62 USA); 1971-73 Dir. PI Düsseldorf. Mitgl. Staatl. Prüfungsämter Düsseldorf/Wuppertal/ (Engl.) - BV: English Texts Compared, 2. A. 1977; Annotierte Ausg. v.: Ted Whitehead, Alpha Beta, 1978; v.: Alan Ayckbourn, Absurd Person Singular, 1981; v.: Brian Clark, Whose Life is it Anyway?, 1982; v.: Alan Ayckbourn, Confusions, 1982; v.: Willy Russell, Educating Rita, 1984; Introducing the Essay, 1985; v.: Brian Clark, Can you hear me at the back?, 1987; v.: Sam Shepard, True West, 1988; Henry Beissel, Inook and the Sun, 1988; D. engl. Drama s. 1970, 1979. Dt. Übers. v. Brian Clark, The Petition (Offener Brief), 1986 (m. J. Probert-Gromüller). Hrsg. (zus. m. Herbert Christ) Schriftenreihe: D. Fremdsprachl. Unterr., 1980-87. Herausg. TAGS (Lit. Texte f. d. Englischunterr.; s. 1980). Mithrsg.: TRANSFER (Düsseld. Materialien z. Literaturübersetzung; s. 1989). Üb. 130 Fachaufs. Beitr. in Programmheften dt.spr. Theater - Liebh.: Fußball - Spr.: Engl., Lat.

GLADIGOW, Burkhard
Dr. phil., Prof. f. Klass. Philologie u. Allg. Religionswiss. Univ. Tübingen - Heiligenwaldstr. 23, 7407 Rottenburg 21 (T. 07472 - 86 08) - Geb. 8. Nov. 1939 Berlin (Vater: Wilhelm G., Mittelsch.rektor; Mutter: Hedwig, geb. Heidemann), ev., verh. s. 1972 m. Gerlinde, geb. Jahn, S. Christian - BV: Sophia u. Kosmos, 1965; Religion u. Moral, 1976; Staat u. Religion, 1981 - Liebh.: Segeln.

GLÄNZEL, Horst
Programmdirektor Fernsehen/Hess. Rundfunk (1981 ff.) - Bertramstr. 8, 6000 Frankfurt/M. 1 - Geb. 1928 - Pädagoge u. Publizist.

GLÄSER, Fritz
Dr. rer. pol., Vorstandsmitglied a. D. RHENAG Rhein. Energie AG, Köln - Florastr. 49, 5000 Köln-Nippes - Geb. 18. Dez. 1917 - AR-Mitgl. versch. Energieversorgungsuntern.; Ehrenmitgl. Präs. Bundesverb. d. dt. Gas- u. Wasserwirtsch., Bonn; Präs. Fördererges. Energiewirtsch. Inst. Univ. Köln; Präs. Frontinus-Ges., Köln - Gr. BVK; Verdienstkreuz in Gold d. Volksrep. Polen.

GLÄSER, Heinz
Dr., Präsident Bundesamt für Wehrtechnik und Beschaffung (s. 1984) - Konrad-Adenauer-Ufer 2-6, 5400 Koblenz - Zul. Bundesverteidigungsmin. (Rüstungsabt.).

GLAESER, Karl-Christian
Geschäftsführer Ernst Peiniger GmbH./ Unternehmen f. Bautenschutz - Am Funkturm 2, 4300 Essen 1; priv.: Am Arenzberg 24, 5090 Leverkusen 1 - Geb. 22. Mai 1930 - Ing.

GLÄTZNER, Helmut
Dr. med., Prof. f. Frauenheilkunde u. Geburtsh. Univ. Frankfurt - Paul-Ehrlich-Str. 46, 6000 Frankfurt/M.

GLAGOW, Rudolf
Dipl.-Ing., Prof., Hochschullehrer, MdA Berlin (s. 1971) - Kurfürstenstr. 4, 1000 Berlin 42 (T. 706 14 91) - Geb. 12. Febr. 1929 Berlin, verh., 2 Kd. - N. Abitur Zimmererlehre; Stud. Bauwesen u. Wirtschaftswiss. - Assist. TU Berlin; Bauleit.; Doz. Staatl. Ing.-Akad.; Prof. Techn. Fachhochsch. ebd. 1967 b. 1971 Bezirksverordn. Tempelhof. SPD s. 1963. Zahlr. Fachveröff., dar. auch in Handb.

GLAHE, Werner
Dr. rer. pol., Volkswirtschaftler, apl. Prof. f. Allg. Volksw.lehre TU Clausthal - Luchsweg 16, 3388 Bad Harzburg 1 - Doz. Univ. Innsbruck.

GLAHÉ, Will
Solist, Kapellmeister, Komponist (Schallplatten) - Rietstr. 24, CH-8103 Unterengstringen (Schweiz) (T. Zürich 1 - 750 07 07) - Geb. 12. Febr. 1902 Wuppertal-Elberfeld, verh. - Hochsch. f. Musik Köln, Dirigentenschüler Prof. Herm. Abendroth. Decca-Schallpl., London Rec. 17 gold. Schallplatten v. Engl., USA, Canada, Australien, Schweiz, Deutschland - 1970 Grand Prix du Disque Acad. Charles Cros Paris; 1976 Hermann Löns Medaille u. v. a. m.

GLAS, Uschi
Schauspielerin - Zu erreichen üb.: Agentur Alexander, Lamontstr. 9, 8000 München 80 - Geb. 1944, verh. m. Bernd Tewaag, 3 Kd. - Film (Debüt: Zur Sache, Schätzchen, 1967), Fernsehen, FS-Serie: Unsere schönsten Jahre, Theater.

GLASENAPP, von, Franz-Georg
Dr. phil., Prof., Musikwissenschaftler - Geibelstr. 5, 3000 Hannover - Geb. 15. Mai 1910 Halle/S., ev., verh. - Univ. Halle; Musikhochsch. Berlin. Promot. 1936 (Diss.: Georg Simon Löhlein - 1725-81) - Freischaffend Berlin; Wehrdst.; s. 1946 Kapell. u. Bühnenkomp. Landestheater Halle, Prof. Musikhochsch. ebd. (1949), Fachberat. Musikverlag Hofmeister, Leipzig, Prof. Musik- u. Theaterhochsch. Hannover (1960) - BV: Varia/ Rara/Curiosa/Musikdarstell. Mittelalter, Göttingen 1971. Bühnen- u. Kammermusik, Neuausg.: Altfranz. Bläserkammer- u. Militärmusik, Klavierfugen G. F. Händels; Volksliedbearb.

GLASER, Günther
Dr. phil., Dipl.-Ing., em. o. Prof. u. Di-

rektor Inst. f. Uhrentechnik u. Feinmechanik Universität Stuttgart (b. 1981) - Greutterstr. 42, 7000 Stuttgart-Weilimdorf - Geb. 25. April 1912 (Vater: Prof. Dr. Robert G.; Mutter: Hedwig, geb. Scholder), ev., verh. I) 1939 m. Hilde, geb. Rücker (†), II) 1964 Rose, geb. Hornberger, 2 Töcht. (Dr. med. Barbara, verehel. Eberle; Susanne, verehel. Witt) - Gymn. Esslingen; TH Stuttgart, Univ. Göttingen. Promot. 1936; Dipl.-Ing. 1938 - Tätigk. Bosch (1938-45) u. Junghans (1952-63), emerit. 1979. Spez. Arbeitsgeb.: Chronometrie, Kurzzeitmess., Uhrentechnik - BV: Quarzuhrentechnik, Lehrb. 1979; Lex. d. Uhrentechnik, 1974; Handb. d. Chronometrie u. Uhrentechnik, ab 1974 - Spr.: Engl., Franz.

GLASER, Hans

Dr. jur., Vorsitzender d. Geschäftsführung Deutsches Reisebüro GmbH., Frankfurt - Eschersheimer Landstr. 25-27, 6000 Frankfurt 1 - Geb. 3. April 1929 Mannheim.

GLASER, Hans-Georg

Ass. jur., Bundesbahnoberrat, Vors. Dt. Finn. Ges. Baden-Württ. (s. 1981) - Hildebrandstr. 22, 7000 Stuttgart 1 - Geb. 19. Sept. 1948 Stuttgart, ev., verh. m. Merja Stenberg-Glaser, geb. Stenberg, T. Meri-Lena - Stud. Rechtswiss. Univ. Tübingen.

GLASER, Hermann

Dr. phil., Hon.-Prof. TU Berlin, Stadtrat, Leiter Schul- u. Kulturdezernat Stadtverw. Nürnberg (s. 1964), Mitgl. PEN Zentrum BRD - Eschenweg 5, 8501 Roßtal/Mfr. (T. 09127 - 3 09) - Geb. 28. Aug. 1928 Nürnberg (Vater: Otto G., Oberstudiendir.; Mutter: Hermine, geb. Hüß), ev., verh. s. 1952 m. Erika, geb. Bayer, 3 Kd. (Ernst, Ulrich, Alicia) - Stud. German., Angl., Gesch., Phil. Staatsex. u. Promot. 1952 - 1953-64 höh. Schuldst. SPD - BV: u. a. Kl. Gesch. d. mod. Weltlit., 1956 (5. A. unt. d. Titel: Weltlit. d. Gegenw.); Kl. Kulturgesch. d. Gegenw., 1959 (auch span. u. finn.); Wege d. dt. Lit., 1961, Neuf. 1989; D. III. Reich - Idee u. Wirklichkeit, 1961 (jap. 1963); Agnes Bernauer - Dichtung u. Wirklichkeit, 1964; Spießer-Ideologie - V. d. Zerstörung d. dt. Geistes, 1964, NA. 1979 (auch engl.); Eros in d. Politik - E. sozialpathol. Unters., 1967; Kleinstadt-Ideologie - Zw. Furchenglück u. Sphärenflug, 1969; Radikalität u. Scheinradikalität, 1970; D. öfftl. Deutsch, 1972; Jenseits v. Parkinson, e. kybern. Modell f. Verw. u. Wirtsch., 1972; D. Gartenzwerg i. d. Boutique, Provinzialismus heute, 1973; Weshalb heißt d. Bett nicht Bild?, 1973; D. Wiedergewinnung d. Ästhetischen, 1974; Sexualität u. Aggression, Taschenb. 1975; Sigmund Freuds zwanzigstes Jahrh., Seelenbilder e. Epoche, 1976; Bundesrepublik, Lesebuch, 1978; Lit. d. 20. Jahrh. in Motiven, 2 Bde., 1978 ff.; Fluchtpunkt Jahrhundertwende, 1979; Industriekultur in Nürnberg (Hrsg.), 1980; Maschinenwelt u. Alltagsleben, 1980; Soviel Anfang war nie, 1981; Spurensuche. Dt. Familienprosa, 1981; E. dt. Bilderb., 1982; Im Packeis d. Unbehagens, 1982; Bürgerrecht Kultur, 1983; V. d. Kultur d. Leute, 1983; Kultur d. Wilhelminischen Zeit, 1984; Dt. Eisenbahn. Bilder aus ihrer Gesch., (m. N. Neudecker) 1984; Kulturgesch. d. Bundesrep. Deutschl. Bd. 1: Zw. Kapitulation u. Währungsreform, 1985, Bd. 2: Zw. Grundgesetz u. Gr. Koalition, 1986, Bd. 3: Zw. Protest u. Anpassung, 1989; D. Automobil. E. Kulturgesch. in Bildern, 1986; D. Verschwinden d. Arbeit. D. Chancen d. neuen Tätigkeitsges., 1988.

GLASER, Horst Albert

Dr. phil., Prof. f. Allg. u. Vergleich. Literaturwiss. Univ.-GH Essen - Richrather Weg 105, 5620 Velbert 1 (T. 02051 - 2 11 68) - Geb. 28. Jan. 1935 Frankfurt/M. - Univ. Frankfurt/M. (Lit.wiss., Phil. u. Soz.; Promot. 1964) - S. 1974 o. Prof., 1982/83 u. 1989 Prof. a contratto an der Univ. Pisa (Italien). S. 1980 Herausg.

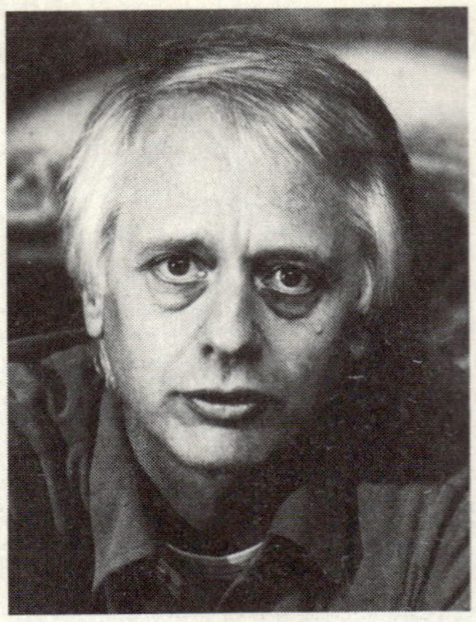

Buchreihe Dt. Lit. - E. Sozialgesch. (10 Bde.); s. 1986 Herausg. Buchreihe Akten Intern. Kongresse auf d. Gebieten d. Lit., Wiss. u. Ästhetik.

GLASER, Hubert

Dr. phil., o. Prof. f. Didaktik d. Geschichte - Am Hochrain 2, 8050 Freising-Hohenbachern/Obb. (T. 08161 - 1 36 60) - Geb. 23. Dez. 1928 Schweinfurt (Vater: Friedrich G., Chefredakt.; Mutter: Maria, geb. Kleis), kath., verh. s. 1960 m. Edeltraud, geb. Bergmiller, T. Sabine - 1948-53 Univ. München (Gesch., German.) - 1954-59 Wiss. Assist. Univ. München (Histor. Sem.); 1960-61 Studienrat Ludwigs-Gymn. München; s. 1962 Prof. (1964 o.) Päd. Hochsch. Essen bzw. Ruhr/Abt. Essen (1967-69 Rektor), PH München (1971), Univ. München (Erziehungswissensch. Fak., Phil. Fak. f. Gesch.- u. Kunstwiss., s. 1977), 1974-75 Dekan, 1978-81 komm. Leiter Haus d. Bayer. Geschichte. Spez. Arbeitsgeb.: Geistesgesch. d. Mittelalters u. d. Neuzeit, Didaktik d. Gesch., insbes. Auswahl- und Visualisierungsprobleme.

GLASER, H. S. Robert

Prof. f. Biologiedidaktik Univ. Gießen - Gutenbergstr. 24, 6300 Gießen - (Vater: Bruno G.; Mutter: Gertrud, geb. Haendel), led. - Stud. Zoologie. Ph. D. 1960 Berkeley - Lecturer Berkeley, San Diego, Riverside, San Francisco, Nairobi. Fr. Mitarb. Inst. f. Weltkunde in Bildung u. Forsch. (WBF), Hamburg. Mitgl. Wiss. Beirat Gorilla Foundation, Woodside, Calif. - Liebh.: Malereien v. Menschenaffen (besitzt üb. 1100; 1978 Ausstell. Frankfurt/M.: Wurzeln d. Kunst?) - Spr.: Engl.

GLASER von ROMAN, Renate

Ernährungsberaterin DGE, 1. Vors. Verb. Dt. Diätassist. (s. 1986) - Postf. 83 04, 4000 Düsseldorf 1; 6501 Klein-Winternheim/Mainz - Geb. 4. Juli 1925 Würzburg, kath., verh. s. 1966 m. Walter-Martin G., S. Matthias - 1949 staatl. anerk. Diätassist.; 1957 Ernährungsberaterin DGE - 1950-53 Diätleit. Kurhaus u. Sanatorium Bühlerhöhe; 1954-57 Leit. Haupt- u. Diätküche d. Med. Klinik Univ. Marburg; 1958-75 Ernährungsspezialistin im Beratungsdienst f. Landw. u. Hausw. v. Rhld.-Pfalz; 1976-85 Ernährungsspezialistin im Min. f. Landw., Weinbau u. Forsten Rhld.-Pfalz - BV: Kochen v. Grundrezepten, 1971; Gefrierkochbuch, 6. A. 1975.

GLASHOFF, Klaus

Dr. rer. nat., Prof. f. Mathematik u. Vizepräsident Univ. Hamburg (s. 1980) - Driftstücken 10F, 2000 Hamburg 55.

GLASL, Heinrich Georg

Dr. rer. nat., Prof. f. Pharm. Biologie Univ. Münster - Mimeweg 3, 2000 Hamburg 56 (T. 040 - 81 52 65) - Geb. 9. Dez. 1940 München (Vater: Rudolf G., Apotheker; Mutter: Karoline, geb. Ertl), kath., verh. s. 1967 m. Angelika, geb. Brugk, 2 Kd. (Cornelia, Johannes) - Ab 1963 Pharmazie-Stud. Univ. München (Staatsex. 1967, Promot. 1970), Habil. 1978 Univ. Hamburg - 1976-78 Prof. Univ. Hamburg; 1978-84 Prof. Univ. Frankfurt/M.; s. 1984 Prof. Univ. Münster. Veröff. in Fachztschr. üb. Analytik arzneilich verwend. Drogen, Isolier. u. Aufklär. neuer Naturstoffe - Liebh.: Musik - Spr.: Engl.

GLASTETTER, Werner

Dr. rer. pol., Prof. f. Volkswirtschaftslehre (Wirtschaftspolitik) Univ. Bielefeld - Im Bergsiek 35, 4800 Bielefeld 15 - 1979-81 Mitgl. Sachverständigenrat z. Begutacht. d. wirtschaftl. Entwickl.

GLATFELD, Martin

Dr. rer. nat., Univ.-Prof. Fak. f. Mathematik Univ. Bielefeld - Hainteichstr. 17, 4800 Bielefeld 1 - BV: Zahlr. math. u. fachdidakt. Veröff. in Büch. u. Ztschr.

GLATZ, Günther

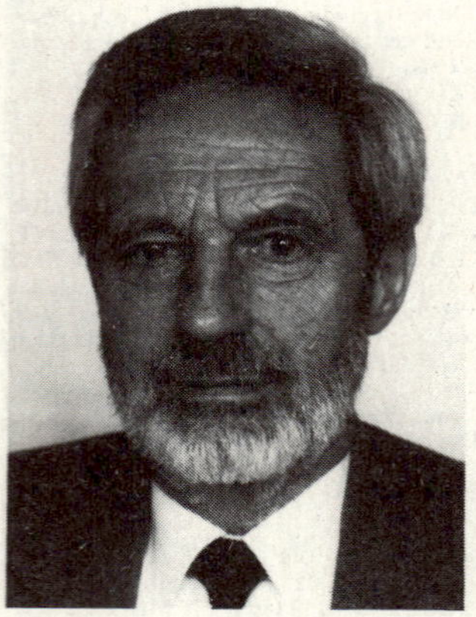

Rektor i. R. - Stillhorner Weg 55, 2102 Hamburg 93 (T. 754 57 23) - Geb. 1. Sept. 1923 Breslau - 1970-78 Mitgl. Hamburger Bürgersch. (FDP), dort Vors. Umweltaussch., jetzt Mitgl. Arbeitsgem. f. Umweltfragen (Bonn). S. 1982 Präses Zentralaussch. Hbg. Bürgervereine v. 1886; s. 1974 Vors. Förderges. f. d. TU Hamburg-Harburg (GFHH); Mitgl. Forschungskurat. TUHH; Inh. e. Fa. f. Public Relation - Org. u. Werbung.

GLATZ, Manfred

Gf. Gesellschafter Galanterie GmbH, Unternehmensberater - Sonnenhalde 29, 7333 Ebersbach 3 (T. 07163 - 62 24) - Geb. 26. Aug. 1926 Stuttgart, verh. - Abit. - Verkaufstätigk. Unilever u. Glücksklee; 1965-75 Verkaufsdir. Ronsenthal AG; s. 1975 s.o.

GLATZEL, Hans

Dr. med., Prof., em. Leiter d. klinisch-physiol. Abt. d. Max-Planck-Inst. f. Ernährungsphysiol. - Müggenbuscher Weg 5, 2401 Groß Grönau/Lübeck (T. 04509 - 16 33) - Geb. 22. Aug. 1902 Göppingen/Württ., ev., verh. in 1. Ehe m. Matilde, geb. Fecht, 3 Kd. (Regina, Enno, Johann); in 2. Ehe m. Marianne Handtmann, 2 Kd. (Sabine, Martina) - Med.-Stud. Tübingen, Königsberg, Wien, Berlin; Staatsex. 1926 Berlin, Promot. 1929 Hamburg, Habil. 1936 Göttingen - 1942 a.o. Prof. Kiel; Oberarzt Med. Univ.klinik Kiel, Leit. klinisch-physiol. Abt. MPI f. Ernährungsphysiol. Dortmund - BV: Nahrung u. Ernährung, 1939/56/84; Krankenernährung, 1953; Diätetik d. arteriellen Hypertension, 1959; D. Gewürze, 1967; D. gesunde u. d. kranke Mensch, 1970; D. Ernährung in d. technischen Welt, 1970; Verhaltensphysiol. d. Ernährung, 1973; Tabulae Diaeteticae, 1973; Ernährung u. Ernährungskrankh., 1976; Sinn u. Unsinn in d. Diätetik, 1978; Wege u. Irrwege mod. Ernährung, 1982; Sinn u. Unsinn d. Vitamine, 1987. Beitr. in 2 Aufl. v. Handb. Innere Med. u. Handb. d. Allg. Pathologie - Spr.: Engl., Franz. - Bek. Vorf.: Heinrich Landerer, Begründ. Christophsbad Göppingen (Urgroßv.).

GLATZEL, Johann

Dr. med., Psychiater, Prof. Univ. Mainz - Zu erreichen üb. Univ. Mainz, 6500 Mainz - Geb. 15. April 1938 Göttingen (Vater: Dr. med. Hans G., Internist (s. XVI. Ausg.); Mutter: Mathilde, geb. Fecht - Abit. 1957 Flensburg; Staatsex. 1963 Berlin - BV: Endogene Depressionen, 1973, 2. A. 1982 (span. 1984); Gestaltwandel psychiatr. Krankheitsbilder, 1973; Antipsychiatrie, 1975; D. psych. Abnorme, 1976; Angewandte Psychiatrie, 1976; Allg. Psychopathologie, 1978; Psychiatrie im Grundriß, 1979; Spez. Psychopathol., 1981; Handwörterb. d. Psychiatrie, 1983 (span. 1989); Forensische Psychiatrie, 1985; Mord u. Totschlag, 1987; Melancholie u. Wahnsinn, 1989 - Liebh.: Jüd. Geistesgesch., Beatologie - Spr.: Engl.

GLATZEL, Norbert

Dr. theol., Dipl.-Soz., Prof. f. Christl. Soziallehre u. Allg. Religionssoziol. Univ. Bamberg (s. 1976) - Schützenstr. 49, 8600 Bamberg - Geb. 3. Febr. 1937 Ziegenhals/OS. (Vater: Max G., Inspektor; Mutter: Martha, geb. Berger), kath. - led. - Gymn. Regensburg; Phil.-Theol. Hochsch. Regensburg (Theol.; Abschl. 1962), Univ. Münster (Dipl.-Soz. 1970) u. Augsburg (Promot. 1975) - BV: Gemeindebildung u. -struktur, 1976.

GLATZEL, Wolfgang

Dr. jur., Generaldirektor i. R., Vors. Ges. v. Freunden u. Förderern d. Univ. Düsseldorf - CH-6622, Ronco s.A. La Ginestra - Geb. 2. Juni 1909 Sulzbach/Opf., verh. 1943 m. Anne-Lise, geb. Kleemann - Univ. Göttingen, München, Berlin. Beide jurist. Staatsprüf. Berlin; Promot. Göttingen - Ehrensenator Univ. Düsseldf.; Komtur m. Stern Silvester-Orden; Gr. BVK; Bayer. VO; Gold. Ehrenplak. IHK Düsseldorf; Ehrenmitgl. Vollvers. IHK Düsseldorf; Ehrenpräs. d. Ges. v. Freunden u. Förderern d. Heinrich-Heine-Univ. Düsseldorf - Liebh.: Sportl. Betätigung, geist. Interessen.

GLAUBITT, Dieter

Dr. med., Internist, apl. Prof. f. Nuklearmedizin Univ. Düsseldorf (s. 1974) - Hohenzollernstr. 112, 4150 Krefeld.

GLAUERDT, Jochen Otto

Kaufmann (Großhandel m. Rohrverbind.teilen), Ratsherr div. Fachverb. (s. 1972) - Nolteweg 2, Birkenhof, 3004 Isernhagen, (T. 05511 - 73 48 75) - Geb. 22. Aug. 1935 Düsseldorf (Vater: Wilhelm G., Vers.kfm.; Mutter: Liselotte, geb. Stüdemann), ev., verh. s. 1960 m. Brigitte, geb. Mayer, 3 Kd. (Andreas, Caroline, Daniela) - Schule Schloß Salem (Abit.); Stud. Betriebsw. Lausanne; prakt. Lehre - Kaufm. Angest.; Geschäftsf. Stahlflanschen KG.; 1961-67 Vorst. Bundesverb. Jung. Untern., 1968-73 Arbeitsgem. Selbst. Untern.; 1964-72 Juniorenkr. IHK Hannover - Erf.: Lösb. Spezialverbind. - 1953 Königl. griech. Verdienst-Med.; Gold. ADAC u. DMV Sportabz. - Spr.: Engl., Franz.

GLAUNER, Hans-Joachim

Dr., Prof. f. Agrarökonomie u. Raumplanung GH Kassel - Wartebergweg 37, 3430 Witzenhausen 1.

GLAZIK, Josef, M.S.C.

Dr. theol., o. Prof. f. Missionswissenschaft i. R. - Warendorfer Str. 14, 4400 Münster/W. (T. 3 02 76) - Geb. 1. Febr. 1913 Haspe/W. (Vater: Josef G., Fabrikarb.; Mutter: Berta, geb. Milek), kath. - Promot. (1953) u. Habil. (1958) Münster - 1958 Doz. Univ. Münster; 1959 ao. Prof. Univ. Würzburg; 1961 o. Prof. Univ. Münster - BV: D. russ.-orthodoxe Heidenmission s. Peter d. Gr., 1954; D. Islammission d. russ.-orthodox. Kirche, 1959. Herausg.: 50 J. kath. Missionswiss. in Münster/W. (1961) - Peritus 2. Vatikan. Konzil (1964); Konsultor Sekretariat f. Nichtchristen (1967). Festschr.: Denn ich bin bei euch (1978); Mission - d. stets größere Auftrag (1979).

GLEBE, Günther
Dr. phil. nat., Wiss. Rat, Prof. f. Geographie Univ. Düsseldorf (s. 1975) - Wäschlackerweg 22, 4000 Düsseldorf 1.

GLEEDE, Edmund
Regisseur, Dramaturg, Ballettdirektor - Würmtalstr. 25, 8000 München 70 (T. 089 - 714 94 81) - Geb. 16. März 1944 Lüneburg (Vater: E. G., Kaufmann; Mutter: Adelheid, geb. v. Hinüber) - Stud. Theater- u. Musikwiss., Kunstgesch. 1965-70 Univ. München - Regieassist. v. Ulrich Melchinger Staatsheater Kassel. Erste Insz.: Pariser Leben (Kassel 1975), Parsifal (Wuppertal 1976), D. Waffenschmied (Braunschweig 1978), Fidelio (Berliner Sommerfestsp. 1979), D. Großherzogin v. Gerolstein (Dt. Oper Berlin 1980), D. Zauberflöte (Hof 1985), D. Zigeunerbaron (Hof 1986), Eugen Onegin (Augsburg 1987), La Cage aux Folles (Münster 1987), They're Playing our Song (Salzburg 1988), D. Pantöffelchen d. Zarin (Augsburg 1988), D. Vetter aus Dingsda (Kaiserslautern 1989). Als Ballettdramat. Zusammenarb. m. John Neumeier in Frankfurt, Pina Bausch in Wuppertal, Heinz Spoerli in Basel u. Wien, Gert Reinholm u. Valéry Panov in Berlin. 1980-84 Ballettdir. d. Bayer. Staatsoper München - Zahlr. Aufs. üb. Theater u. Ballett in Fonoforum, D. Dt. Bühne, Opernwelt, Musik u. Theater, Ballettjournal - D. Tanzarchiv, Ballett Intern, Ballett-Jahrb. Friedrich-Verlag Velber, Ballett-Jahrb. Orell + Füssli-Verlag Zürich, Pipers Enzyklopädie d. Musiktheaters. Autor e. Komödie m. Musik Notre Dame des Bayreuth (UA P.P.P.-Musiktheater, Bayreuth 1986).

GLEES, Paul
Dr. med., D. Phil., M.A., o. Prof. u. Dir. Inst. f. Histologie u. Neuroanatomie Univ. Göttingen (1960-78), Res. Assoc. Dept. Anatomy, Cambridge - Geb. 23. Febr. 1909 Köln - Zul. Univ. Oxford (Exp. Neurol. einschl. Verhaltsforsch. Publik. 270) - BV: Neuroglia, Morphology and Function, 1955; Physiol. u. Morphol. d. Nervensystems, 1957; Exp. Neurol., 1961. Mitverf. u. -hrsg.: Neurochir. b. Säuglingen, Kindern u. Jugendl. (1968), D. menschl. Gehirn, 2 A. u. Ital. Ausg. (1968/70), Gehirnpraktikum (1976), Lipofuscin in neuronal ageing and diseases (1976), The Human brain (1983/84). Mithrsg.: Proceedings Neurochirurgie, jährl. - Ausw. wiss. Mitgl. Max-Planck-Inst. f. Hirnforsch., IBRO.

GLEICH, von, Albrecht
Dr., Direktor Institut f. Iberoamerika-Kunde - Alsterglacis 8, 2000 Hamburg 36 (T. 040 - 41 20 11).

GLEICH, Walter A.
Unternehmensberater, u. a. Aufsichtsratsmitglied Hamburger Stahlwerke GmbH, Geschäftsf. Ulrich H. Köhn GmbH - Asia Haus, Ost-West-Str. 49, 2000 Hamburg 11 - Geb. 4. Nov. 1924 Hamburg.

GLEICHAUF, Robert
Finanzminister a. D. Baden-Württemberg (1953-68), Fraktionsgeschäftsführer CDU - Keplerstr. 20, 7238 Oberndorf a.N.-1 (T. 22 41) - Geb. 4. April 1914 Oberndorf a.N. (Vater: Arbeiter), kath., verh., 11 Kd. - Mechanikerlehre; 1928-49 Mechaniker u. Werkm. Mauser-Werke (1946-49 Betriebsvr.vors.), dazw. 2 1/2 J. Soldat, s. 1949 Arb.vermittler Arb.amt Rottweil, 1968-80 Finanzmin. Baden-Württ., zeitw. stv. Bürgerm. Oberndorf a.N., 1952-53 Mitgl. verfass.geb. Landesvers. Baden-Württ.

GLEICHENSTEIN, Freiherr von, Maximilian
Dr., Rechtsanwalt - Neuer Wall 46, 2000 Hamburg 36; priv.: Leinpfad 5, Hamburg 60 - Geb. 5. Jan. 1926 - AR-Mandate.

GLEICHMANN, Peter
Dr.-Ing., Prof. f. Soziologie Univ. Hannover - Westermannweg 21, 3000 Hannover-Marienwerder.

GLEICHMANN, Ulrich
Dr. med., Internist, apl. Prof. f. Inn. Med. Univ. Düsseldorf - Gollwitzer-Meier-Institut, 4970 Bad Oeynhausen.

GLEISSBERG, Wolfgang
Dr. phil., Dr. rer. nat. h. c., Prof., Astronom - Buchenweg 12, 6370 Oberursel 4 (T. Bad Homburg v.d.H. 3 74 59) - Geb. 26. Dez. 1903 Breslau (Vater: Carl G., Kaufm.; Mutter: Michael, T. Ingrid - Elisabeth-Gymn. Breslau; Univ. Berlin u. Breslau (Math., Astronomie, Physik; Promot. 1930) - 1926-33 Assist. Univ. Breslau (Math. Sem.; 1927 Sternwarte), s. 1933 wiss. Mitarb. (Observatorium), Prof. (1948) u. Ord. (1954) Univ. Istanbul (1948 Dir. Observat.), s. 1958 Honorarprof. u. Dir. Astronom. Inst. (1960 b. 1977) Univ. Frankfurt/M., 1959-62 Lehrauftr. Univ. Mainz, 1965-66 Gastprof. Univ. Ankara. Entd.: 80j. Sonnenfleckenzyklus - BV: D. Häufigkeit d. Sonnenflecken, Bd. II d. Samml. Scientia Astronomica, 1952 - Ca. 170 Veröff. in Fachztschr. - Ehrenmitgl. Physik. Verein Frankfurt/M. 1974; Dr. h. c. Univ. Istanbul 1981 - Spr.: Türk., Engl.

GLEISSNER, Alfred
Dr. theol., Prof. Univ. München - Inhausen 9, 8048 Haimhausen - Geb. 23. Nov. 1929 Weiden/Opf. (Vater: Gustav G., Stud.-Prof.; Mutter: Elisabeth, geb. Schmeller), kath., ledig - 1949-59 Stud. Phil. u. Theol. Univ. Rom (Promot. 1959) - S. 1973 o. Prof. Univ. München - BV: Mithrsg. u. Mitverf.: Maßstäbe 7, 1980; Maßstäbe 8, 1982; Maßstäbe 9, 1983; Maßstäbe 10, 1988. Herausg.: Entscheidungen 10 (1981); Entscheidungen 11 (1983); Entscheidungen 12 (1987).

GLEISSNER (ß), Gerhard
Dipl.-Ing., Generaldirektor Siemens AG - Bogenweg 28 A, 8520 Erlangen (T. 09131 - 5 26 50) - Geb. 9. März 1931 Nürnberg, kath., verh., 3 S. - S. 1956 Siemens AG; s. 1986 Leit. Ber. Grundstoffind. - Liebh.: Bergsteigen, Ski, Schwimmen, Schach, Malen - Spr.: Engl.

GLEITER, Herbert
Dr. rer. nat., Dipl.-Ing., o. Prof. f. Metallphysik u. Werkstofftechnol., Dir. Inst. f. Neue Materialien GmbH, Saarbrücken - Daimlerstr. 29, 6600 Saarbrücken - Geb. 13. Okt. 1938 Stuttgart (Vater: Rudolf G., Bankkfm.; Mutter: Hedwig, geb. Mayer), ev., verh. s. 1971 m. Erika, S. Ulrich - Univ. Stuttgart, Dipl.-Ing. 1965, Promot. (Physik) Univ. Stuttgart 1966, Habil. 1970 - 1968-70 Res. Fellow Harvard Univ., 1970 Visit. Prof., MIT, 1971 Prof. Univ. Bochum, 1972 o. Prof. Univ. Saarbrücken, s. 1988 Dir. Inst. f. Neue Materialien GmbH - BV: Grain Boundaries, Pergamon Press, 1972 (russ. Übers. 1974); ca. 150 wiss. Publ. üb. Themen d. Metallphysik, Polymerphysik, Elektronenmikroskopie, Neue Materialien - 1972 Masing Preis Dt. Ges. f. Metallkd., 1977 Alcoa Lecturer, Univ. South Calif., 1980 Karl-Schurz-Preis, Univ. of Wisconsin, 1981 Krengel-Prof., Technion Haifa, 1988 Leibniz-Preis d. Dt. Forschungsgemeinsch. (DFG); 1979 Beruf. Univ. Hamburg-Harburg, 1982 ETH Zürich - Spr.: Engl.

GLEITER, Rolf
Dr. rer. nat., Prof. f. Organ. Chemie Univ. Heidelberg, Inst. f. Organ. Chemie - Im Neuenheimer Feld 270, 6900 Heidelberg - Stud. Chemie TH Stuttgart; Dr. rer. nat. 1964, Princeton Univ. 1966, Cornell Univ. 1967/68, Univ. Basel 1969-73; Habil 1972 - 1973 o. Prof. f. Theoret. Organ. Chem. TH Darmstadt, 1979 o. Prof. f. Organ. Chemie Univ. Heidelberg. Gastprof. an versch. Univ. in USA, Japan u. Europa - 1972 Preis d. Schweiz. Chem. Ges. (m. Werner Med.).

GLEITZE, Alfred

Bezirksbürgermeister a. D. - Badensche Str. 6 (T. 854 57 05) - Geb. 1. Jan. 1934 Berlin, ev., verh. s. 1960 m. Christa, geb. Beich, 2 Kd. (Angelika, Andreas) - Schule Berlin (Abitur 1954); Univ. Berlin/Freie u. Freiburg/Br. (mehrere Sem. Rechts- u. Wirtsch.wiss.) - 1959-64 Leit. Pressest. Kreuzberg, anschl. hauptamtl. Landesgeschäftsf. D. Falken (1963-69 Vors.), s. 1969 Bezirksstadtrat f. Jugend u. Sport u. -bürgerm. (1971), 1975 Bezirksstadtrat f. Finanzen u. Wirtsch. Schöneberg, 1963ff. Bezirksverordn. Sch'berg, 1965-69 u. s 1989 Bezirksverordnetenvorsteher. Vors. Verein Spreewaldfreunde, stv. Vors. Förderverein Museum f. Verkehr u. Technik. SPD s. 1954 - Bek. Vorf.: Prof. Dr. Bruno Gleitze (Vater).

GLEMNITZ, Reinhard

Schauspieler - Taubenbergstr. 6a, 8151 Warngau (T. 08021 - 5 33) - Geb. 27. Nov. 1930 Breslau, verh. s 1956 m. Lydia, geb. Blum, 2 Töcht. (Tatjana, Constanze) - Otto-Falckenberg-Schauspielsch. 1946/47 München - Wuppertaler Bühnen, Bayer. Staatsschauspiel, Kl. Komödie München, Theater an d. Wien, Theater d. Westens - S. 1948 Rundf. Berlin, s. 1960 FS - Rollen in: D. Kommissar (98 Folgen), Schöne Ferien, Millionenbauer, Traumschiff, Evita (Peron), u.a. - 1970-72 u. 1975 Gold. Bambi.

GLEMSER, Oskar
Dr.-Ing., Dr. Ing. e. h., Dr. h. c. o. Prof. f. Anorgan. Chemie - Richard-Zsigmondy-Weg 10, 3400 Göttingen (T. 5 78 14) - Geb. 12. Nov. 1911 Stuttgart (Vater: Karl G., Kaufmann), ev., verh. s. 1938 m. Ida-Marie, geb. Greiner, 2 Kd. - TH Stuttgart (Dipl. 1934) - 1939 Obering., 1941 Doz., 1948 apl. Prof. TH Aachen, 1952 o. Prof. Univ. Göttingen, 1969-73 Pres. Division of Inorganic Chemistry, 1973 Member of Bureau Intern. Union of Pure and Applied Chemistry, 1977 Präs. Ges. dt. Chemiker - Zahlr. Fachveröff., dar. Handbuchbeitr. - Mitgl. Akad. d. Wiss. Göttingen (o.; 1963/64, 1965/66, 1967/68 Präs.) u. Dt. Akad. d. Naturforscher (Leopoldina) Halle/S. (1962); 1970 Liebig-Gedenkmünze Ges. Dt. Chemiker; 1972 Silbermed. Univ. Helsinki; Korr. Mitgl. Österr. Akad. d. Wiss.; Centro superiore di Logica e Scienze comparata, Bologna.

GLESKE, Leonhard
Dr. rer. pol, Dr. rer. pol. h. c., Prof., Mitglied Direktorium u. Zentralbankrat Dt. Bundesbank - Wilhelm-Epstein-Str. 14, 6000 Frankfurt/M. - Geb. 18. Sept. 1921 Bromberg - Stud. Volksw. - 1985 Ehrendoktor Univ. Münster/W., Honorarprof. Univ. Mannheim.

GLESNER, Werner
Stv. Intendant Saarl. Rundfunk - Funkhaus Halberg, 6600 Saarbrücken.

GLIEM, Hans
Präsident Landeszentralbank im Saarland, Saarbrücken (s. 1981), Mitgl. Zentralbankrat Dt. Bundesbank - Hahnenstr. 80, 6601 Riegelsberg - Geb. 6. Dez. 1923 Wiesbaden - Zul. Vorstandsmitgl. Landesbank u. Girozentrale Saar. Zahlr. ARsmandate (z. T. Vors.).

GLIEM, Ralf
Dipl.-Ing., Geschäftsführer Schoeller & Co. Elektronik GmbH., Wetter - Mörikeweg 1, 3552 Wetter/Hessen - Geb. 29. Jan. 1937 Untersuhl (Vater: Heinrich G., Ing.; Mutter: Ilse, geb. Bachmann), ev., verh. s. 1962 m. Rosemarie, geb. Fink, 2 T. (Petra, Stefanie) - Hellenstein-Gymn. Heidenheim/Brenz; TH Stuttgart (Nachrichtentechnik) - Spez. Arbeitsgeb.: Gedruckte Schaltungen - Spr.: Engl., Franz.

GLIEMANN, Günter
Dr. phil. nat. (habil.), o. Prof. f. Theoretische Chemie Univ. Regensburg - Altdorfer Str. 33, 8405 Donaustauf - Geb. 22. Dez. 1931 Dresden.

GLIEMEROTH, Georg
Dr. agr., o. Prof. f. Acker- u. Pflanzenbau - Eckstr. 7, 7000 Stuttgart-Birkach (T. 25 34 80) - Geb. 2. Nov. 1907 Kassel (Vater: Landw.) - Promot. u. Habil. Göttingen - S. 1939 Lehrtätig. Univ. Göttingen (1946 apl. Prof.) u. LH Hohenheim (1963 Ord. u. Inst.sdir.). Zahlr. Fachveröff.

GLIESE, Robert
Dipl.-Ing., Prof. f. Bautechnik, insb. Holzbau u. Baustofflehre, Gesamthochschule Wuppertal (Fachbereich Bautechnik) - Domagkweg 84, 5600 Wuppertal 1.

GLINSKI, von, Kurt
Vorstandsmitglied Braunschweig. Landes-Brand-Versicherungsanstalt - Wolfenbütteler Str. Nr. 86, 3300 Braunschweig; priv.: Im Gettelhagen 74.

GLINZ, Hans
Dr. phil., em. o. Prof. f. Dt. Philologie - Buckstr. 29, CH-8820 Wädenswil - Geb. 1. Dez. 1913 St. Gallen (Schweiz), ev., verh. m. Elly, geb. Schumacher, 3 Kd. - Univ. Zürich, Lausanne, Paris (Dt., Franz., Gesch., Phil.). Promot. 1946; Habil. 1949 - 1936-56 Sekundarlehrer Zürich, ab 1949 Privatdoz. Univ. ebd., 1957-65 Päd. Hochsch. Kettwig, seither Ord. u. Dir. German. Inst. TH Aachen - BV: Geschichte u. Kritik d. Lehre v. d. Satzgliedern in d. dt. Grammatik, 1947; D. innere Form d. Deutschen, 1952, 6. A. 1973; D. dt. Satz, 1957, 7. A. 1974; Ansätze zu e. Sprachtheorie, 1970; Ling. Grundbegriffe u. Methodenüberblick, 1970, 5. A. 1974; Dt. Gramm. I, II, 1970, 1971; Textanalyse u. Verstehenstheorie I, 1973, 2. A. 1977; Textanalyse u. Verstehenstheorie II, 1978; Entwickl. v. Schulbüchern, gem. m. E. Gl. („Schweizer Sprachbuch", 2-9, 1972-80) - 1962 Duden-Preis Mannheim - Lit.: Laudatio v. H. Sitta, m. Literaturliste in Deutschunterricht, Jg. 40, 6/88, S. 100-105 (1988).

GLINZ, Hans-Karl
Dr.-Ing., Fabrikant - Hauptstr. 123, 5620 Velbert-Langenberg - S. 1937 Leitg. Familienuntern. Schmidt, Kranz & Co. GmbH. (n. 1945). Vornehml. Bergbaumaschinen, Höchstdruckhydraulik, Lastenaufnahmemittel, Absaug- u. Entstaubungsgeräte.

GLITSCH, Helfried
Dr. med., Prof. f. Muskelphysiologie Univ. Bochum/Abt. f. Biol. (s. 1973) - Auf d. Pfade 30b, 4630 Bochum-Linden - Geb. 2. Sept. 1937 Berlin (Vater: Günther G., Pfarrer; Mutter: Margarete, geb. Rahlfs), ev., verh. s. 1963 m. Hanne, geb. Will, 3 Kd. (Johannes, Verena, Angela) - Gymn.; Univ. Heidelberg (Med. Staatsex.). Promot. 1963 Heidelberg; Habil. 1971 Bochum - Fachaufs. - Liebh.: Malerei, Kunstgesch. - Spr.: Franz., Engl.

GLITTENBERG, Karin
s. STOCK, Karin

GLITZ, Hubert
Dipl. agr., Direktor i. R. d. Herzog v. Croy'schen Hauptverwaltung, Dülmen - Brokweg 30, 4408 Dülmen/W. (T. 30 37) - Geb. 13. Nov. 1911 - Kompl.: Getränkeind. Neumünster, Getränkeges. Gomaringen; Vorst.: Limobo SA. Hasselt/Belg.; Gesellsch. Kalksandsteinwerk Ilmgau GmbH. & Co. KG. Langenbruck/Bay. - Rotarier.

GLOCK, Erich
Dr. rer. nat., Dipl.-Math., Univ.-Prof. (Mathematiker) Geometrische Strukturen - Faule Breite 54, 3360 Osterode (T. 05522 - 7 41 44) - Geb. 2. Juni 1929 Reutlingen (Vater: Karl G., Maschinentechn.; Mutter: Frieda, geb. Nagel), ref., verh. s. 1966 m. Ursula Glock-Menger, geb. Menger, Rechtsanwältin u. Notarin, T. Birgit - Stud. d. Math. 1949-56 Univ. Tübingen b. H. Kneser u. G. Pickert. Dipl. 1956, Promot. 1962 (bde. Univ. Tübingen), Habil. 1969 (Univ. Gießen). S. 1957 Wiss. Assist. TH Braunschweig, MFI Oberwolfach, TH Stuttgart, Univ. Gießen. 1969 Akad. Rat, 1971 Prof. Univ. Gießen, 1971 Abt.vorst. u. Prof., 1978 Prof. TU Clausthal. Veröffentl. in Fachztschr. - Liebh.: Ornithologie - Spr.: Engl., Franz.

GLODEK, Peter
Dr. sc. agr., o. Prof., Lehrstuhl Haustiergenetik, Inst. f. Tierzucht u. Haustiergenetik/Univ. Göttingen (s. 1972) - Steinweg 9, 3402 Dransfeld (T. 0551 - 39 56 01).

GLÖCKEL, Hans
Dr. phil., Dipl.-Psych., o. Prof. f. Schulpädagogik Univ. Erlangen-Nürnberg (s. 1971) - Siebenbürger Str. 47, 8500 Nürnberg - Geb. 24. Mai 1928 Nürnberg (Vater: Johann G., Lehrer; Mutter: Emilie, geb. Ulmer), ev., verh. s. 1959 m. Gudrun, geb. Uebelein, 3 T. (Christine, Irene, Renate) - N. Abit. Lehrerausbild.; Stud. Psych., Päd., Gesch., Phil. Dipl.-Psych. (1958) u. Promot. (1963) Erlangen - B. 1963 Volks-, dann Hochschullehrer - BV: Volkstüml. Bildung? - Versuch e. Klärung, 1964; Schreiben lernen - schreiben lehren, 3. A. 1976; Geschichtsunterr., 2. A. 1979; Beiträge zu einer realistischen Schulpädagogik, 1981 - Spr.: Engl., Franz., Lat., Russ.

GLÖCKL, Ludwig
I. Bürgermeister (s. 1978) - Rathaus, 8016 Feldkirchen/b. Mü. - SPD.

GLÖCKLE, Walter
Dr. rer. nat., Wiss. Rat, Prof. f. Theoret. Physik Univ. Bochum - Bergstr. 155/57, 4630 Bochum.

GLÖCKNER, Wolfgang
Dr. rer. nat., Univ.-Prof. f. Didaktik d. Chemie FU Berlin - Föhrenweg 9, 8589 Bindlach u. Im Dol 15, 1000 Berlin 33 - Geb. 4. Aug. 1927 Breslau (Vater: Erich G., Modellschreinerm. †; Mutter: Frieda, geb. Hoffmann †), kath., verh. s. 1958 m. Gertrud, geb. Franz, 2 S. (Harald, Jürgen) - Schule Bamberg (Abit. 1947); Univ. Würzburg (Chemie; Staatsex. 1951 u. 52; Promot. 1955) - BV: u. a. Exper. Schulchemie, 10 Bde. 1969-79; dto. Studienausg., 9 Bde. 1978ff. Herausg.: Praxis d. Naturwiss. Chemie (1963ff.) u. Schriftenr. Chemie (1965ff.) - Liebh.: Geol., Mineral. - Spr.: Engl.

GLOEDE, Otto
Dipl.-Ing., Prof. f. Bauwirtschafts- u. -betriebslehre - Keplerweg 1, 5600 Wuppertal 1 (T. 0202 - 42 74 13).

GLOGER, Gottfried
Justizamtmann, stv. Vorsitzender Bayer. Beamtenbund - Ostlandstr. 10a, 8501 Cadolzburg/Mfr. - Geb. 16. Mai 1927 - Bundesehrenvors. Dt. Justizgewerkschaft - BVK I. Kl.

GLOGGENGIESSER (ß), Fritz
Dr. rer. nat., Pharmaziedirektor, Vors. Bundesverb. d. Apotheker im öfftl. Dienst - Brittingstr. 7B, 8400 Regensburg - Geb. 26. Juli 1930 Lindau, ev., verh.

GLOGNER, Peter
Dr. med. (habil.), Prof., Chefarzt (Innere Abteilung) - Städt. Krankenhaus, 3320 Salzgitter-Lebenstedt - S. 1974 apl. Prof. f. Inn. Med. Univ. Freiburg/Br., Umhabil. 1983 Med. Hochsch. Hannover.

GLOGOWSKI, Gerhard
Dipl.-Volksw., Oberbürgermeister, Landtagsabg. - Weserstr. 29a, 3300 Braunschweig - Geb. 11. Febr. 1943 Hannover (Vater: Walter G., Kraftfahrer), verh. s. 1967, 3 Kd. (Robert, Achim, Julia) - Volkssch.; Lehre; Hochsch. f. Wirtschaft u. Politik.

GLOMB, Georg Peter
Dr. jur., Rechtsanwalt, Vorstandsmitgl. Nassauische Sparkasse, Wiesbaden (s. 1983) - Zu erreichen üb. Nassauische Sparkasse, Postf., 6200 Wiesbaden - Geb. 28. April 1940 Breslau (Vater: Dr. med. Georg G., Facharzt; Mutter: Alice, geb. Blasig), kath., verh. s. 1963 m. Christa, geb. Gliwitzky - Abit. Wiesbaden 1960, Wehrdst. 1960/61, 1. Staatsprüf. Mainz 1966, Promot. 1969, 2. Staatsprüf. 1971 - S. 1972 Banktätigk. s. 1975 Bankdir. - Hptm. d. Reserve - BV: Finanzierung d. Factoring, 1969 - Liebh.: Gesch. - Spr.: Engl.

GLOMBIG, Eugen

Angestellter, Beauftragter f. Bürgerangelegenheiten Schlesw.-Holst. (s. 1988), MdB (s. 1962) - Jacobshagener Weg 13, 2000 Hamburg 73 (T. 647 38 47) - Geb. 23. Jan. 1924 Hamburg, verh., 1 Kd. - Orthop. Heil- u. Lehranst. Alten Eichen (im 2. Lebensj. an spinaler Kinderlähmung erkrankt) u. Höh. Handelssch. Hamburg (Mittlere Reife); Lehre Hamburg-Münchner Ersatzkasse - Ab 1943 Angest. Hbg.-Münch. Ersatzk. - Stuttgart u. München, n. Kriegsende Einwohner- u. Paßamt Hamburg, Briefprüfer Brit. Militärreg., 1948-69 Ref. f. Sozialpolitik Bundesvorst. Reichsbd. d. Kriegs- u. Zivilbeschädigten, Sozialrentner u. Hinterbliebenen. 1957-62 Mitgl. Hbg. Bürgerschaft - Vorst. SPD-Bundestagsfraktion, Vors. BT-Aussch. f. Arbeit u. Sozialordnung. SPD. S. 1973 Bundesbeauftr. f. d. Durchführung d. Wahlen in d. Sozialversich. S. 1988 Bürgerbeauftr. f. soz. Angelegenheiten d. Landes Schlesw.-Holst. u. Landesbeauftr. f. Behinderte - 1982 Rehabilitationspreis Reichsbd. d. Kriegsopfer.

GLOMBITZA, Karl-Werner
Dr. rer. nat., Prof., Apotheker, Ordinarius f. Pharmazeut. Biologie - Paul-Langen-Str. 13, 5300 Bonn-Holzlar - Geb. 16. Dez. 1933 Kassel (Vater: Dr. Werner G., Apoth.; Mutter: Maja, geb. Decossée, Lehrerin), kath., verh. s. 1960 m. Elfriede, geb. Salchert, 2 S. (Gereon, Bernhard) - Kaiser-Karls-Gymn. Aachen; TH Aachen u. Univ. Tübingen u. Bonn (Pharmazie; Prüf. 1958). Promot. 1960 Aachen; Habil. 1968 Bonn - S. 1972 apl. u. o. Prof. (1974), 1983/84 u. 1986/87 Dekan Univ. Bonn (Math.-Naturwiss. Fak.). Üb. 90 Facharb. - Spr.: Engl.

GLOOR, Kurt
Filmemacher (1969ff. eig. Produktion) - Spiegelgasse 27, CH-8001 Zürich/Schweiz (T. 01 - 261 87 66) - Geb. 8. Nov. 1942 Zürich (Vater: Kurt G., Versicherungskaufm.; Mutter: Irma, geb. Surbeck), verh. s. 1966 m. Verena, geb. Christen, T. Corina - Grafikerlehre; Kunstgewerbesch. (beides Zürich) - Dokumentarfilme: D. Landschaftsgärtner (1969); EX (1970); D. grünen Kinder (1971). Spielf.: D. plötzl. Einsamkeit d. Konrad Steiner (1975); D. Chinese (1978); D. Erfinder (1980); Mann ohne Gedächtnis, 1983 - Zahlr. Ausz. an intern. Filmfestivals, u.a. Berlin, Chicago, Cadiz, Halifax, San Sebastian, Strasbourg.

GLOOR, Max
Dr. med., Prof. f. Dermatologie u. Venerol. Univ. Heidelberg - Hans-Baldung-Grien-Weg 13, 7500 Karlsruhe 31.

GLORIA, Hans-Günther
Dr.-Ing., Bergass., Mitglied d. Geschäftsführung d. Wirtschaftsvereinig. Bergbau; Geschäftsführer Unternehmensverb. Eisenerzbergbau - Zitelmannstr. 9-11, 5300 Bonn; priv.: Hennesenbergstr. 52, 5303 Bornheim-Brenig - Geb. 22. Nov. 1931.

GLOS, Michael
Müllermeister, MdB (s. 1976; Wahlkr. 236) - Stolzmühle, 8711 Prichenstadt-Brünnau (T. 09383 - 457) - Geb. 14. Dez. 1944 Brünnau/Bay. (Vater: Michael G., Mühlenbesitzer; Mutter: Ida, geb. Schmitt), kath., verh. s. 1968 m. Ilse, geb. Fuchs, 2 Kd. (Michael, Alexander) - Realsch.; Müllerlehre: Meisterdipl. - S. Eintritt in d. Berufsleben väterl. Betrieb, 1968 Geschäftsübernahme; Vorstandsmitgl. Unterfränk. Überlandzentrale; VR-Mitgl. Lastenausgleichsbank. CSU (1972 Mitgl. Stadtrat u. Kreisrat) - Liebh.: Reisen - Spr.: Engl.

GLOSSMANN, Hartmut
Dr. med., Arzt f. Pharmakologie - Margeritenweg 4, 6301 Heuchelheim.

GLOTZ, Peter
Dr. phil., MdB, Bundesgeschäftsf. SPD (1981-87) - Ollenhauerstr. 1, 5300 Bonn 1 - Geb. 6. März 1939 Eger/Böhmen (Vater: Versich.-Angest.) - Realgymn. Bayreuth u. Hannover; Univ. München u. Wien (Zeitungswiss.), Phil., German., Soziol.), Promot. 1968 - S. 1964 wiss. Mitarb. Inst. f. Ztg.wiss./Univ. München (1965ff. Lehrbeauftr. f. Medienpolitik). Geschäftsf. e. Beratungsfirma f. Kommunikationsfragen. 1970-72 (Mandatsniederlg.) MdL Bayern s. 1972 MdB, 1976-77 Parlam. Staatssekr. Bundesminist. f. Bildung u. Wissensch., 1977-81 Senator f. Wiss. u. Forsch. Berlin; 1980 Präs. Ständ. Konfz. d. Kultusmin. d. Länder. SPD s. 1961 (1981 Vors. Landesverb. Berlin, 1987 Vors. SPD-Bez. Südbayern) - BV: Versäumte Lektionen (m. W. Langenbucher), D. mißachtete Leser (m. dems.), Presse-Reform u. Fernsehstreit (m. O. B. Roegele), D. Weg d. Sozialdemokratie (1975), D. Innenausstattung d. Macht - Polit. Tageb. 1976-78, 1979; D. Beweglichk. d. Tankers, 1982; Student heute, 1982; D. Arbeit d. Zuspitz. Üb. d. Org. e. regierungsfähigen Linken, 1984; Manifest f. e. Neue Europ. Linke, 1985; Kampagne in Deutschl. (Polit. Tageb. 1981-83), 1986 - 1986 Gr. BVK m. Stern.

GLUBRECHT, Hellmut

Dr.-Ing., em. Prof. f. Biophysik Univ. Hannover, Vors. d. Wiss. Beirats d. Inst. f. Solarenergieforsch. - Sokelantstr. 5, 3000 Hannover (T. 0511 - 358 50 24), priv.: Suerser Weg 29, 3015 Wennigsen/D. 1 (T. 05103 - 4 71) - Geb. 9. Juli 1917 (Vater: Rudolf G †; Mutter: Eva, geb. Reiners †), ev.-luth., verh. 1940-45 m. Anneliese, geb. Guckeisen †, s. 1958 m. Jutta, geb. Garbe, 4 Kd. (Michael, Hanna, Tania, Matthias) - Univ. Hannover, Dipl.-Phys. 1939, Prom. 1943, Habi. 1951 - S. 1952 Lehrbeauftr. Tierärztl. Hochsch. Hannover. 1957 apl. Prof. TH Hannover, 1959 o. Prof. u. Dir. Inst. f. Strahlenbiologie TU Hannover - S. 1968 Dir. Inst. f. Strahlenbotanik d. Ges. f. Strahlen- u. Umweltforschung mbH, München (GSF) - 1973-77 stv. Generaldir. Intern. Atombehörde (IAEA), Wien. S. 1977 Hannover u. GSF München (wie oben); s. 1985 Gründungsbeauftr. u. Kurat.-Vors. Inst. f. Solarenergieforsch., Hameln-Emmerthal - BV: Indikatoraktivierungsmethode, 1976. Fachveröff. - Oskar-Mahr-Preis Verein dt. Wissenschaftler 1973, BVK I. Kl.; 1984 Korean. VO (Order of Civil Merit Moran Medal) u. Niedersächs. Verdienstkr. I. Kl.; 1986 Niedersachsen-Preis - Liebh.: Musik, Philosophie - Spr.: Engl. - Rotarier.

GLÜCK, Alfons
Dr. phil., Prof. f. Neuere Dt. Literatur Univ. Marburg - Birkenweg 124, 3553 Wetter-Mellnau.

GLÜCK, Alois
Fachjournalist, Fraktionsvors. CSU (s. 1988), Staatssekretär Bayer. Staatsministerium f. Landesentw. u. Umweltfragen (1986-88), MdL Bayern (s. 1970) - Rosenkavalierpl. 2, 8000 München 81; priv.: Hörzing 23, 8221 Traunwalchen - Geb. 1940 Chiemgau (Vater: Landwirt) - Landw.-Schule - 7 J. Leit. elterl. Hof; 1964-71 Landessekr. Kath. Landjugendbewegung in Bayern, s. 1967 Fachjourn. (Agrar, Umwelt, ländl. Raum). S. 1970 MdL Bayern (CSU) - BV: D. Grundstück d. 60 Mill., 1973; Anpacken statt Aussteigen, 1982; Um d. Zukunft d. Landwirtsch., 1987. Herausg.: Ökonomie u. Ökologie d. soz. Marktwirtsch. (1983).

GLÜCK, Gebhard
Dr., Oberstudiendirektor a. D., Bayer. Staatsminister f. Arbeit u. Sozialordn. (s. 1988), MdL Bayern (s. 1970) - Haibach

31, 8390 Passau/Ndb. (T. 0851 - 22 25) - Geb. 1930 - 1984-87 Staatssekretär Bayer. Arbeits- u. Sozialmin.; 1987/88 Staatssekr. Bayer. Kultusmin. CSU.

GLÜCK, Gerhard
Dr. phil., M. A., Univ.-Prof. f. Allg. Didaktik u. Schulpäd. Univ. Köln - Luisenstr. 186, 4050 Mönchengladbach 1; dstl.: Sem. f. Schulpäd. Univ. Köln, Gronewaldstr. 2 (T. 0221 - 49 09 od. 49 02) - Geb. 4. Sept. 1941 Ulm/D. (Vater: Kurt G., Schlosserm./Betriebsleit. †1972; Mutter: Maria, geb. Fischer, Kindergärtn. †1943), verh. I.) 1968-80 m. Barbara (Bärbel), geb. Wieczorek †, II.) s. 1987 m. Heidi Steltemeier-Glück - Kepler-Gymn. Ulm (Abit. 1960); 1960 b. 1962 PI Esslingen (I. Dienstprüf. 1962); 1965-69 Univ. Tübingen (Päd., Psych., Päd., Math.; M. A. 1969). Promot. 1970 Tübingen - 1962-65 Volksschullehrer; 1969-76 Assist.; 1973-75 DFG-Stip.; 1976 Ord. PH Rheinl./Abt. Neuss. 1977 Gastprof. Univ. Calgary (Kanada); 1980-88 RWTH Aachen; s. 1988 Univ. Köln - BV: Rechenleistung u. -fehler, 1970; D. Generalisierung v. Erfahrungen - D. GDT-Verf., 1987; Mitverf.: Rechentest f. 2. Kl., 1972 (m. Hirzel); Anfängerstud. in Math., 1975 (m. Fischer u. Schmid); Heiße Eisen. Sexualerzieh. u. Sexualmoral, 1989. Arbeiten z. Sexualpäd. u. Jugendsexualität - Liebh.: Musik u. Tanz - Spr.: Engl.

GLÜCK, Heinz
Apotheker, Mitgl. d. Transparenzkommission - Jacobystr. 31, 6000 Frankfurt/M. 60.

GLÜCK, Moshe
Dr., Physiker (Wiss. Mitarb. Inst. f. Physik), Prof. f. Theoret. Physik - Univ. Dortmund, Abt. Physik, 4600 Dortmund 50.

GLÜCK, Wolfgang
Regisseur - Wittgensteinstr. 133, A-1238 Wien (T. 88 55 89) - Geb. 25. Sept. 1929 Wien (Vater: Dr. Franz G., Museumsdir.; Mutter: Hilde, geb. Jäger), ev. A. B., verh. 1962-67 m. Christiane, geb. Hörbiger (Schausp.), jetzt m. Claudia, geb. Sorbas (Schausp.), 2 Kd. (Judith, Anna) - Gymn. Wien; Univ. ebd. u. Zürich (5 Sem. Theaterwiss., German., Phil.); 1948-53 Regieassist. Burgtheater Wien - S. 1953 Regiss. Bühne (u. a. Wien, Zürich, Berlin, Hamburg, München, Frankfurt, Düsseldorf usw.); Film u. Fernsehen (7 Spiel- u. üb. 40 lange, 200 kurze Fernsehfilme); a. Oper u. Operette, s. 1970 Ltg. Regiesem. Theaterwiss. Inst. Univ. Wien u. Dramat. Werkstatt Int. Sommerakad. Salzburg - Spr.: Engl. - Bek. Vorf.: Hofrat Gustav G., Kunsthistoriker (Groß-); Franz v. Schönthan, Theaterdichter (Urgroßv.) - 1976 Adolf-Grimme-Preis in Silb.

GLÜCK, Wolfgang
Rechtsanwalt, Vorstandsmitgl. Karlsruher Rechtsschutz AG - In den Weppen 4a, 6741 Bornheim - Geb. 21. Nov. 1925 Speyer, kath., verh. s. 1956 m. Liselotte, geb. Feldbaum, 2 Kd. (Ferdinand, Margret) - Zul. Vorst. Bad.-Württ. Bank AG. Div. AR-Mand.

GLÜCKER, Hans Norbert
Dr. rer. pol., Geschäftsführer Deutsche Verlags-Anstalt GmbH, Stuttgart (s. 1974) - Rüderner Str. 24, 7300 Esslingen (T. 32 65 42) - Geb. 14. Nov. 1932 Stuttgart (Vater: Emil G., Kunstmaler; Mutter: Berta, geb. Schmauk), ev., verh. s. 1966 m. Ute, geb. Schroer, 2 T. (Henrike, Heike) - Wirtsch.gymn. (Abit. 1953); kaufm. Lehre Salamander AG.; Univ. Mannheim. Dipl.-Kfm.; Promot. 1962 - 1972-74 Robert Bosch GmbH (kaufm. Leit. e. Geschäftsbereichs); s. 1981 Robert-Bosch-Stiftg. (Geschäftsf.).

GLÜCKLICH, Hans-Joachim
Dr., Prof. f. Fachdidaktik Alter Sprachen Univ. Heidelberg (s. 1982) - Myliusstr. 25a, 6000 Frankfurt/M. - Geb. 24. Jan. 1941 Frankfurt/M. - Stud. Heidelberg u. Rom, Staatsex. 1965, Promot. 1966 - 1972 Fachleit. Staatl. Studiensem. Mainz - BV: Lateinunterr. Didaktik u. Methodik, 1978; Spr. u. Leserlenkung in Caesars Bellum Helveticum, 1985; Herausg. d. Reihen Exempla. Latein. Texte u. Consilia. Lehrerkommentare. Zahlr. Aufs. in Fachzeitschr., Grammatiken - Liebh.: Klass. Musik - Spr.: Engl., Ital., Franz.

GLUNZ, Martin
Finanzvorstand Glunz AG - Caldenhofer Weg 159, 4700 Hamm 1 - Geb. 5. Febr. 1949, verh., 4 Kd. - Stud. Rechtswiss. u. Betriebswirtsch.

GLUP, Gerhard
Landwirt, Nieders. Landesminister a. D. - Calenbergerstr. 2, 3000 Hannover (T. 19 01) u. 2908 Thüle/Oldenburg (T. Friesoythe 2 65) - Geb. 28. Jan. 1920 Thüle (Vater: Georg G.; Mutter: Johanna, geb. Meyer-Hemmelbühren), kath., verh. s. 1956 m. Leny, geb. Hummert, 6 Kd. - Fachausb. - 1967ff. MdL Nieders.; 1976-86 Minister f. Ernährung, Landwirtsch. u. Forsten. CDU (u. a. Vors. Landesverb. Oldenburg).

GMELCH, Ludwig
I. Bürgermeister - Rathaus, 8501 Allersberg/Mfr. - Geb. 30. Aug. 1928 Dennenlohe - Zul. Bilanzbuchh. CSU.

GMELIN, Eberhard
Dr., apl. Prof., Physiker, Leit. Abt. Tieftemperatur Max Planck Inst., Stuttgart (s. 1971) - Geb. 26. Juli 1937 - Promot. 1968 Grenoble (Docteur-èssciences Physiques); Habil. 1969 Würzburg - Wiss. Tätigk. Grenoble u. Würzburg. S. 1969 Privatdoz. u. apl. Prof. (1976) Univ. Würzburg (Exper. Physik). Arbeitsgeb.: Kryotechn. u. Kalorimetrie. Üb. 100 Facharb.

GMELIN, Hans
Ehem. Oberbürgermeister v. Tübingen, ARsvors. Gemeinn. Wohnungsges. Tübingen mbH., Vors. Württ. Landessportbund u. Vizepräs. DSB (1970-82) - Haußerstr. 33, 7400 Tübingen - Geb. 17. Okt. 1911 Tübingen - Parteilos - 1982 Gr. BVK m. Stern.

GMÜR, Rudolf

Dr. jur., em. o. Prof. f. Dt. Rechtsgeschichte u. Bürgerl. Recht - Sonnenbergstr. 3, CH-3013 Bern (T. 42 31 79) - Geb. 28. Juli 1913 Bern (Vater: Prof. Dr. jur. Max G., Ord. f. Dt. u. Schweiz. Rechtsgesch. u. Privatrecht Univ. Bern †1923; Mutter: geb. Fischer), ev., verh. s. 1945 m. Silvia, geb. Vinassa - Univ. Bern, Zürich, Jena, Paris - Gerichts- u. Anwaltspraxis; 1951 Privatdoz. Univ. Bern; 1957 Ord. Univ. Münster, 1978 emerit. - BV: D. Abgrenz. d. Fischereiregals v. d. priv. Fischerzen im Kanton Bern, 1949; Der Zehnt im alten Bern, 1954; D. Schweiz. ZGB verglichen m. d. dt. BGB, 1965; Grundriß d. deutsch. Rechtsgesch., 1978, 4. A. 1987; Rechtswirkungsdenken in d. Privatrechtsgesch., 1981.

GNÄDINGER, Fritz-Joachim
Staatsanwalt a. D., MdB (1969-75) - Mainaustr. 40, 7750 Konstanz/B. (T. 6 34 90) - Geb. 18. April 1938 Konstanz (Vater: Dr. Fritz G., Gymnasialprof.; Mutter: Renate, geb. Stader), kath., verh. s. 1968 m. Ingrid, geb. Tapken - Humboldt-Gymn. Konstanz; Univ. Freiburg u. Bonn (Rechtswiss.). I. u. II. jurist. Staatsex. - Zul. Staatsanw. Konstanz. SPD s. 1957 - Liebh.: Malerei, mod. Lit. - Spr.: Franz., Engl. - Vetter: Karl G.

GNÄDINGER, Karl
Dr. theol., h. c., Weihbischof Erzdiözese Freiburg - Herrenstr. 35, 7800 Freiburg/Br. (T. 21 88) - Geb. 5. Nov. 1905 Bohlingen, kath. - Gymn.; Univ. Freiburg (Theol.); Priestersem. St. Peter - 1930-60 Vikar u. Pfarrer; s. 1960 Titularbischof v. Celerina u. Weihbischof v. Freiburg - 1975 Silb. Brotteller Dt. Caritasverb.; 1976 Verdienstmed. Bad.-Württ.

GNAM, Andrea
Schriftstellerin - Vorholzstr. 54, 7500 Karlsruhe (T. 0721 - 81 28 25) - Geb. 16. Nov. 1959 Karlsruhe (Vater: Günther Gnam; Mutter: Gertrud, geb. Neumaier), verh. s. 1983 m. Hero Cramer-Gnam, 1 Kd. (Freya Solveig) - Stud. Lit.wiss., Gesch. u. Kunstgesch., Doktorandin Univ. Karlsruhe - Mitgl. VS - BV: Ich wohne in zwei Städten, 1980; D. Kalender hat august befohlen, 1983 1983 Reisestip. AA.

GNANN, Gerhard
Dipl.-Kfm., Geschäftsführer Gnann, Bopfingen (s. 1969) - Alte Neresheimer Str. 28, 7085 Bopfingen (T. 07362 - 80 30) - Geb. 18. Nov. 1939 Stuttgart, ev., verh. s. 1970 m. Gisela, geb. Tiedmann, 2 Kd. (Hans-Georg, Cornelia) - Stud. Betriebsw. Univ. Mannheim u. Würzburg. Dipl. 1969 - Vorst.-Mitgl. Industrieverb. Körperpflege u. Waschmittel Frankfurt - Spr.: Engl., Franz.

GNATH, Karl
Bankier - Max-Reger-Str. 12, 6000 Frankfurt/M. (T. 63 50 57) - Geb. 2. Nov. 1906 Berlin - Zwei Beiratsmand. - Spr.: Engl., Franz. - Rotarier.

GNATZY, Werner
Dr. rer. nat., Prof. f. Zoologie Univ. Frankfurt - Siesmayerstr. 70, 6000 Frankfurt/M.

GNAUCK, Reinhard
Dr. med., Gastroenterologe - Aukammallee 33, 6200 Wiesbaden (T. 06121 - 57 72 44) - Geb. 24. Nov. 1935 Breslau (Vater: Dipl.-Hdl. Gerhard G.; Mutter: Elisabeth, geb. Richter), ev., verh. s. 1964 m. Maria, geb. Filipowicz, 2 S. (Gerhard, Witold) - Univ. Leipzig u. Freiburg/Br. (Med. Staatsex. 1962); Fachausbild. USA - S. 1970 Dt. Klinik f. Diagnostik Wiesbaden. Zahlr. Veröff. - Spr.: Engl. - Führte d. Suchtest auf Dickdarmkrebs in Europa ein.

GNEUSS, Helmut
Dr. phil., o. Prof. f. Engl. Philologie - Schellingstr. Nr. 3, 8000 München 40 (T. 21 80 23 69) - Geb. 29. Okt. 1927 Berlin, ev. - Obersch. u. FU Berlin (Promot. 1953) - 1953-55 Forschungsstip. Univ. Cambridge (Engl.); 1955-56 Lektor Univ. Durham (Engl.); 1956-62 Lehrbeauftr., Assist. u. Akad. Rat FU Berlin; 1962-65 Akad. Rat Univ. Heidelberg, s. 1965 ao. u. o. Prof. (1968) Univ. München - BV: Lehnbildungen u. -bedeut. im Altenglischen, 1955; Hymnar und Hymnen im engl. Mittelalter, 1968. Herausg.: Anglia/Ztschr. f. engl. Philol., u. Anglo-Saxon England - Mitgl. Bayer. Akad. d. Wissensch.

GNEUSS, Walter Christian
Dr. phil., Journalist - Abendrothsweg 65, 2000 Hamburg 20 (T. 48 20 25) - Geb. 29. April 1924 Burkau/Sa. (Vater: Walter G., Bankangest.; Mutter: Wally, geb. Markert), ev., verh. s 1971 in 3. Ehe m. Angela, geb. Alves - Abit. 1943; 1943-48 Stud. German., Gesch. u. Kunstgesch. Univ. Würzburg; Promot. 1948 - 1956 Redakt. NDR; 1968 Geschäftsf. 3. Hörfunkprogr. d. NDR; 1970-87 Leit. Hauptabt. Wort - BV: Um d. Einklang v. Theorie u. Praxis. Eduard Bernstein u. d. Revisionismus, 1957; D. späte Tieck als Zeitkritiker, 1971; Theodor Lessing, 1971 - Spr.: Engl., Franz., Ital.

GNICHTEL, Horst
Dr. rer. nat., Prof. f. Organ. Chemie FU Berlin (s. 1971) - Lörracher Str. 5c, 1000 Berlin 46 - Geb. 18. März 1923 Rathenow - Promot. 1958; Habil. 1970 - Prof. FU Berlin. Fachveröff.

GNIECH, Gisla
Dr. phil., Dipl.-Psych., Prof. f. Psychologie (Schwerp.: Exper. Verfahren, Sozialpsych. u. Allg. Psych.) Univ. Bremen (s. 1973) - Pagentorner Str. 50, 2800 Bremen - Geb. 9. Juli 1937 Hamburg (Vater: Ferdinand Gniech, Bankdir.; Mutter: Else, geb. Schmiede) - Gymn. f. Mädchen Altona (Abit. 1958); Univ. Hamburg (Dipl.-Psych. 1964). Promot. Mannheim 1969 - BV: Störeffekte in psych. Experimenten, 1976 (auch ital.).

GNIESMER, Friedrich
Geschäftsführer i. R. Gewerksch. d. Polizei (1969-86) - Nordfeld 12, 3257 Springe 2 - Geb. 4. Febr. 1921 Hannover (Vater: Friedrich G., Schneiderm.; Mutter: Erna, geb. Gosewisch), ev., verh. s. 1946 m. Gertrud, geb. Uekermann, 2 S. (Fredi, Udo) - Oberrealsch. (Abit. 1939) - Polizeibeamter. 1970-84 Generalsekr. UISP - Spr.: Engl., Franz.

GNILKA, Christian
Dr. phil. (habil.), o. Prof. f. Klass. Philologie Univ. Münster, Dir. Inst. f. Altertumskunde - Domplatz 20-22, 4400 Münster/W. (T. 83 45 61) - Geb. 20. Dez. 1936 Langseifersdorf/Schles. (Vater: Fridolin G., Arzt; Mutter: Margarete, geb. Schneider), kath., verh. s. 1963 m. Dagmar, geb. Rolf, 2 Kd. (Marion, Marei) - Stud. Klass. Philol. Bonn, München, Rom; Promot. 1962 Bonn; Habil 1970 ebd. - 1971 apl. Prof. Bonn; 1972 o. Prof. Münster (Dir. Inst. f. Altertumskd.) - BV: Stud. z. Psychomachie d. Prudentius, 1963; Aetas Spiritalis - D. Überwind. d. natürl. Altersschichten als Ideal frühchristl. Lebens, 1972; Chrêsis - D. Meth. d. Kirchenväter im Umgang m. d. antiken Kultur I, 1984.

GNILKA, Joachim

Dr. theol., o. Prof. f. Neutestamentl. Exegese - Geschw.-Scholl-Platz 1, 8000 München 22 (T. 33 42 64) - Geb. 8. Dez. 1928 Leobschütz/Schles. (Vater: Paul G., Kaufm.; Mutter: Elisabeth, geb. Harmada), kath. - 1947-53 Stud. Phil. u. Theol. Eichstätt u. Würzburg, 1956-58 Exegese u. altoriental. Sprachen Rom. Promot. - S. (1955) u. Habil. (1959) Würzburg - s. 1959 Lehrtätigk. Würzburg (Privatdoz.), Münster (1962-75 Ord. b. 1963 f. Bibl. Zeitgesch., d. f. Neutestamentl. Exegese) München (1975) - BV: D. Verstockung Israels, 1961; Kommentar z. Philipperbrief, 1968; Jesus Christus n. frühen Zeugen, 1970; Z. Epheserbrief, 1971; Z. Markusevangelium, 1978; Z. Kolosserbrief, 1980; Z. Philemonbrief, 1982; Z. Matthäusevangelium, 1986. Herausg.: Neutestamentl. Abh./Neue Folge (1965ff.) - 1972 Mitgl. d. Päpstl. Bibelkommiss., 1986 Mitgl. Internat. Theologen-Kommiss.

GOBRECHT, Heinrich

Dr.-Ing., o. Prof. f. Physik (emerit.) - Rheinbabenallee 17a, 1000 Berlin 33 (T. 824 32 52) - Geb. 20. Juli 1909 Bremen (Eltern: Heinrich u. Karoline G.), ev., verh. s. 1938 m. Christa, geb. Schubbe, 3 Söhne (Klaus, Jürgen, Jens) - Realgymn. Bremen; TH Hannover, Univ. Göttingen, Marburg, TH Dresden (Diplomprüf. 1935, Promot. 1937). Habil. 1939 Dresden - Ab 1935 Assist. TH Dresden, 1938-45 Leit. Fernsehabt. Loewe Radio AG. (Opta-Radio), Berlin, nach Kriegsende Bürgerm. Stadt Oberlungwitz, 1946-47 Leit. Abt. Elektronenröhrenentwickl. Siemens-Radio, Arnstadt/Thür., s. 1948 ao. u. o. Prof. (1952) TU Berlin (Dir. II. Physikal. Inst.). Spez. Arbeitsgeb.: Lumineszenz, Festkörperphysik. Fachwiss. Ztschr.aufs. Neubearb.: Bergmann/Schaefer, Lehrb. d. Experimentalphysik - 1945 Mitbegr. LPD Sachsen - Spr.: Engl., Franz.

GOBRECHT, Horst

Senator f. Bundesangelegenheiten d. Fr. u. Hansestadt Hamburg (s. 1988) - Rathaus, 2000 Hamburg 1; u. Kurt-Schumacher-Str. 12, 5300 Bonn 1 - Geb. 19. Nov. 1936 Hamburg (Vater: Otto G., selbst. Kaufm.; Mutter: Irmgard, geb. Feßel), verh. s. 1962 m. Jutta, geb. Geertz - Obersch.; Finanzausbild. - Zun. Steuerbeamter, dann Steuerberat. 1976-84 MdB (1979 Obmann SPD-Bundestagsfrakt., Finanzaussch.); 1984-88 Senator Finanzbehörde. SPD (s. 1959; 1965-67 stv. Landesvors. Hbg. Jungsozialisten; 1972-78 Kreisvors. Altona; 1974-78 u. s. 1984 Mitgl. Landesvorst.). Europa-Beauftragter d. Senats - Liebh.: Musik (ausübend), Lit., Fremdspr., Reisen - Spr.: Engl., Franz., Ital.

GOBRECHT von WELSPERG, Wolfgang

Präsident Intern. Komitee Tiroler Freiheit, Schriftsteller, Maler - Haus Walfried in Viermünden, 3558 Frankenberg/Eder; u. Postf. 1972, 8220 Traunstein (T. 0861 - 6 94 38) - Geb. 16. Okt. 1901 München-Schwabing (Vater: Offz.; Mutter: Bärbel, geb. Nathusius-Roeder v. Diersburg), verh. s. 1987 m. Waltraut Gobrecht - Abit.; Stud. Phil., Förster- u. Fachlehrerex., Journ., Buchhändler, Bühnenleit., Schausp., Doz. (Theaterwiss.), Kulturref. u. Volkstumsarb. - Mitgl. im Ältestenrat d. Nationalvers. d. Länder d. Dt. Ostens; Obmann Kr. konservat. Künstler - BV: u. a. Irdische Unsterblichk.; D. Schillerdeutsche; Thannhäuserleg.; Freiheit f. Tirol; Kampf f. Recht u. Volkstum, Tb.; Im Herzen tragen wir (3 Sonderdr., Auszüge); Reden an Zeitgenossen, Neuaufl.; Freiheitsdichter Max v. Schenckendorff; Bleib wie Du bist (a. d. Briefwechsel); Eh noch die letzte Nacht, 1985; Schwedische Novelle, 1987; Im Herzen tragen wir, Gesamtlyrik 1988. Übers.: Shakespeare, Jul. Caesar - Kriegsausz., Gr. Gold. Europamed. f. Kunst u. Wiss., Tiroler Kampfadler, Leonardo da Vinci-Kreuz. Ehrenmitgliedsch. Schillerbund, Pegnes. Blumenorden (1644), Romant. Kreis (Nordheide) - Spr.: Franz., Engl., Ital., Schwed. - Bek. Vorf.: Karl Immermann, Wieland, Nathusius (Schwed.); Wolfdietrich v. Raitnau (Erzb. Salzb.); Max v. Fichard (Großv., Maler u. Radierer, Schwarzw.) - Lit.: Karl Schopf, Künstler u. Kämpfer; Dr. Fritz Stüber, E. Dichter kämpft f. Südtirol; Kürschner Lit.-Kal.

GOCHT, Werner

Dr. rer. nat., Dr. rer. pol., Dipl.-Geol., Prof. f. Intern. techn. u. wirtsch. Zusammenarbeit - Rotbendenstr. 9, 5100 Aachen - Geb. 26. Juni 1937 Chemnitz/Sa. (Vater: Hans G., Regierungsbaum.; Mutter: Johanna, geb. Müller), ev., verh. s. 1967 - Goethe-Gymn. Berlin; FU Berlin (1956-61 Geol., 1964-68 Wirtschaftswiss.). Promot. (1963 u. 68) u. Habil. (1970) Berlin - S. 1962 Wiss. Assist., Oberassist. (1968) u. Prof. (1970) FU Berlin, 1980 o. Prof. RWTH Aachen - BV: D. metall. Rohstoff Zinn, 1969; Wirtschaftsgeol., 1978 u. 83; Intern. Mineral Economics, 1988. Üb. 80 Aufs. Herausg.: D. Energie-Handb. (1970, 76, 79, 81); Handb. d. Metallmärkte (1974 u. 85); Energie-Taschenb. (1979 u. 84); Solar Energy Applications (1987) - Spr.: Engl.

GOCKEL, Heinz

Dr., Prof. Univ. Bamberg - Plattengasse 8, 8600 Bamberg (T. 0951 - 2 88 52) - Geb. 23. Sept. 1941 Worbis - Univ. Münster (Staatsex. 1968, Promot. 1971, Habil. 1979) - BV: Individualisiertes Sprechen, 1973; Max Frisch-Gantenbein, 1976, 2. A. 1979; Mythos u. Poesie, 1981; Max Frisch - Drama u. Dramaturgie, 1989. Herausg.: Friedrich Heinrich Jacobi, Briefwechsel.

GOCKEL, Rudolf

Oberstudienrat, Bürgermeister Rüthen - Triftweg 5, 4784 Rüthen (T. 02952 - 7 87) - Geb. 12. Jan. 1937 Rüthen (Vater: Engelbert G., Kaufm.; Mutter: Maria, geb. Ising), kath., verh. s. 1967 m. Mechthild, geb. Schulte-Hötte, 3 Kd. (Ines, Henning, Ricarda) - Abit. 1957 Rüthen; Univ. Münster (Ex. 1964 u. 1967) - 1961/62 Assist. Chesterfield, 1964/65 Assist. St. Albans/Engl.; s. 1964 Lehrer am Gymn. f. Engl. u. Latein; s. 1979 Bürgerm. - Liebh.: Musik (Organist s. 1955), Reiten - Spr.: Engl., Franz., Latein.

GOCKELL, Berthold

Dr.-Ing., o. Prof. f. Techn. Ausbau TU Braunschweig - Pockelsstr. 14, 3300 Braunschweig (T. 391 35 55).

GODEFROID, Hans A.

Dr. rer. pol., Dipl.-Kfm., Geschäftsführer Krone GmbH., Berlin (s. 1971), Krone Ges. mbH. Trumau (Nied.-Österr.) - v.-Luck-Str. 8, 1000 Berlin 38 (T. 803 55 32) - Geb. 9. Nov. 1917 Aachen (Vater: Jean G., Kaufm.; Mutter: Claire, geb. Hülsewig), kath., verh. s. 1944 m. Ursula, geb. Jacob-Steinorth, 3 Kd. (Peter, Christoph, Annette) - Aloisius-Kolleg Bad Godesberg, Hindenburg-Oberrealsch. Aachen; kaufm. Lehre Berlin; WH Berlin - 1947-68 Spinnstofffabrik Zehlendorf AG., Berlin (1951ff. Vorst.-Mitgl., jetzt AR-Mitgl.); 1968-70 Salzgitter AG., Salzgitter-Drütte (Vorst.-Mitgl.). Vorst.-Mitgl. Ges. f. Finanzwiss. u. Unternehmensfg., Chairman Intern. Assoc. of Financial Executives Institutes, Zürich - Spr.: Engl., Franz., Ital.

GODLEŚ, Andrzej

Ballett-Tänzer, Erster Solotänzer Staatstheater Braunschweig - Starenweg 20, 3300 Braunschweig (T. 0531 - 87 27 02) - Geb. 3. Jan. 1956 Wyszkow/Polen, verh. s. 1984 m. Monique Feain, 3 Kd. (Artur, Marco, Kathleen), s. 1985 austral. Staatsbürger - Abit. 1975; 1966-75 Ballettsch. Warschau, Dipl. - 1975-78 Mitgl. Ballettensemble Staatsoper Warschau; 1978-82 Erster Solotänzer Staatsoper Warschau; 1982-85 Pfalztheater Kaiserslautern; s. 1985 Braunschweig; s. 1982 Bühnenpartnerin Christine Pelz, Mainz - Tanzrollen: Colas in: La Fille mal gardée (Herold-Lanchbery); Franz in: Coppelia (L. Delibes); Prinz in: Nußknacker (Tchaikowski); D. Gold-Sklave in: Scheherezade (Rimski-Korsakow); Herzog Albert in: Giselle (A. Adam); D. Spectre in: Le Spectre de la Rose (C. M. Weber); Prinz Siegfried in: Schwanensee (Tchaikowski); Pas de Trois in: Schwanensee (Tchaikowski); Don Jose in: Carmen (G. Bizet); Romeo in: Romeo u. Julia (S. Prokofiew); Thezeus-Oberon in: E. Sommernachtstraum (Mendelson-Bartholdy); Prinz in: Sleeping Beauty (Prokofiew); König Herodes in: Salome (S. Barber); Dalemon in Undine (H. W. Henze); Daphnis in Daphnis + Chloe (C. Debussy); u.a. Gastspiele: Nationaltheater Mannheim u. Pfalztheater Kaiserslautern (1986) - Liebh.: Fotogr., bes. Bühnenaufn. - Spr.: Deutsch, Russ., Engl., Poln.

GODT, Herbert

Dr. med. dent., Prof. f. Zahn-, Mund- u. Kieferheilk., Fachzahnarzt f. Kieferorthopädie - Auf dem Feld 16, 2390 Flensburg - Geb. 29. Jan. 1929 Bredstedt/Nordfriesl., ev., verh. s. 1959 m. Irene, geb. Bruer, 3 Kd. (Birgitta, Dietmar, Arnim) - Promot. 1956 Kiel - S. 1970 (Habil.) Lehrtätigk. Univ. Kiel (1974 apl. Prof.). Üb. 40 Fachveröff. - Liebh.: Sport - 1969 Gold. Sportabz.

GÖB, Albert

Dr. med., Prof., Oberarzt Orthopäd. Univ.s-Poliklinik München - Pettenkoferstr. 8a, 8000 München 15 (T. 5 99 41) - Geb. 23. März 1918 München - Promot. u. Habil. München - S. 1961 Privatdoz. u. apl. Prof. (1968) München (Orthop.). Facharb. - 1972 Bayer. VO.

GÖB, Rüdiger

Dr. jur., Prof., Ministerialdirektor a. D. - Haidaer Str. 1, 5308 Rheinbach - Geb. 16. Aug. 1928, kath., verh., 4 Kd. - 1960-65 Hauptgeschäftsf. Dt. Gemeindetag; 1965-69 Min.-Dir. Bundesinnenmin.; 1970/71 Bundesgeschäftsf. CDU; 1975-87 Beigeordn. Köln; Hon.-Prof. Univ. Köln; Schriftleit. Kommunale Steuer-Ztschr.

GOEBBELS, Heiner

Komponist u. Musiker - Kettenhofweg 113, 6000 Frankfurt/M. (T. 069 - 74 94 54) - Geb. 17. Aug. 1952 Neustadt/Weinstr. - Dipl.-Soziol. Univ. Frankfurt; Musikstud. Frankfurt m. Staatsex. - Mitbegr.: Sog. linksradikales Blasorch., Improvisations-Duo Goebbels/Harth, Avantgard-Rock-Gruppe Cassiber; Theater- u. Filmmusiken, Hörstücke, zahlr. Konz. u. Schallpl. - Werke: u. a. Berlin Q-Damm, 1981; Verkommenes Ufer/D. Befreiung d. Prometheus; Frankfurt/Peking (m. Harth); V. Sprengen d. Gartens; 4 Fäuste f. Hanns Eisler; Indianer f. Morgn; Cassiber: Beauty and the Beast, Man or Monkey; Duck and Cover - 1981 u. 85 Jahrespreis dt. Schallplattenkritik; Karl Szcuka-Preis SWF; Hörspielpreis d. Kriegsblinden.

GÖBEL, Dieter

Dr. phil., Journalist, Schriftst. - 7570 Baden-Baden - Geb. 4. April 1928 Berlin, verh. s. 1954 m. Ingrid, geb. Henseler, 2 Kd. (Wendelin, Susanne) - Promot. 1956 Heidelberg - 1968-73 Chefredakt. Fernsehen SWF; 1973-77 Hörfunkdir. SWF Baden-Baden - BV: Ist Westdeutschl. zu verteidigen?, 1966; Vanessa od. D. Lust d. Macht, 1981; D. Abenteuer d. Denkens, 1982 - Mitgl. Auswahlkommiss. Studienstiftg. d. dt. Volkes.

GÖBEL, Dieter

Vorstandsmitglied Münchener Rückversicherungs-Ges. - Königinstr. 107, 8000 München 40 - Geb. 17. Jan. 1936 - VR Allianz Pace Assicurazioni e Riassicurazioni S. p. A., Mailand.

GÖBEL, Gabriele M.,

geb. Beuel

Schriftstellerin - Karl-Finkelnburg-Str. 23, 5300 Bonn 2 (T. 0228 - 36 11 83) - Geb. 2. Sept. 1945 Würzburg, verh. m. Dipl.-Ing. Klaus Göbel, 2 Kd. (Florian, Nicola) - Gymn.; Stud. Roman. Univ. Köln u. Stud. Kunstgesch. Univ. Bonn - Hörspiel- (vorwieg. SFB), Kinder- u. Jugendbuchautorin, Verfasserin v. Erz. - BV: Tage in Bigoudien, 1981; Turmalins Traumfarben, 1984; Amanda od. d. Hunger n. Verwandlung, 1985; Einer wie d. Zwinz, 1985; D. Wettlauf m. d. Wolke, 1986; Weisser, weiser Isidor, 1987; Maximilian Butterfly, 1987; Lorna Doone, R. 1988 - 1979 Joseph-Dietzgen-Lit.preis; 1981 Georg-Mackensen-Lit.-preis; 1987 Journalisten-Preis d. Ausländerbeauftr. d. Senats v. Berlin.

GOEBEL, Hans Hilmar

Dr. med., Prof., Leiter Abt. f. Neuropathologie Univ.-Klinikum Mainz - Elsa-Brändströmstr. 6, 6500 Mainz - Geb. 27. Mai 1937 Breslau, verh. m. Sibylle, geb. Klostermann, 3 Kd. (Stephan, Andrea, Philipp) - Stud. Med. Univ. Bonn, Heidelberg, Berlin; Staatsex. 1962 FU Berlin; Promot. 1963 Berlin; Dt. Approb. 1964; US-Approb. 1971 - 1968-73 Ausbild. in USA (New York, Indianapolis); Fellow of Neuropathology; Assist. Prof. of Pathol. (Neuropathol.); 1973-83 Oberarzt in Göttingen - 1986 Moore Award (The American Assoc. of Neuropathol.) Minneapolis.

GOEBEL, Hans-Rolf

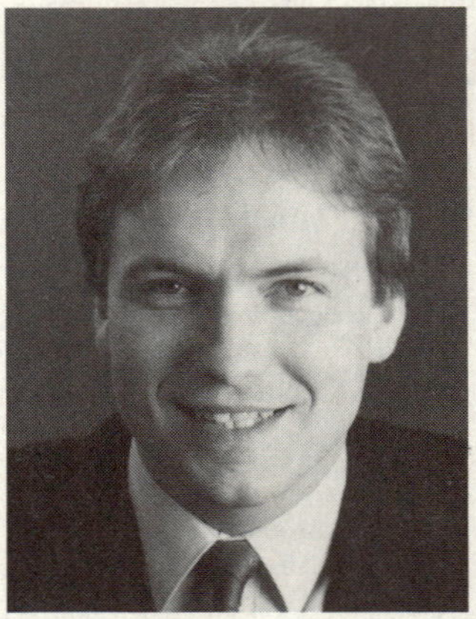

Sprecher d. Freien Demokratischen Partei (s. Okt. 1988) - Münzstr. 10, 5303 Bornheim-Sechtem (T. 02227 - 8 00 42) - Geb. 12. Juni 1957 Hamburg, ev., verh. s. 1983 m. Barbara, geb. Doll, T. Miriam - Stud. Anglistik u. Hispanistik (Staatsex. 1984) Univ. Bonn, Manchester, Salamanca - Danach Arb. als fr. Journ.; 1985-88 stv. FDP-Sprecher - BV: Bonner Zitatenschatz, 1984 - Liebh.: Klass. Musik (spez. Oper), Sport - Spr.: Engl., Franz., Span.

GÖBEL, Heinz

Dr., Landrat a. D. - Händelstr. 12, 7750 Konstanz (T. 8 62 00) - Geb. 31. Aug. 1921 Heidelberg (Vater: Hermann G.; Mutter: Anna, geb. Grimm), kath. - verh. s. 1959 m. Ursula, geb. Kunzelmann, 2 Kd. (Markus, Andrea) - Hebel-Obersch. Schwetzingen; Univ. Frankfurt/M. u. Heidelberg - 1953-55 Reg.sass. Landratsamt Tübingen, 1955-63 Reg.s- u. Oberreg.srat Innenmin. Baden-Württ.; 1963-66 Reg.sdir. Landratsamt Konstanz; 1966-68 Reg.sdir. Innenmin. BW; s. 1968 Landrat Kr. Konstanz - Spr.: Franz.

GOEBEL, Heinz

Hauptgeschäftsführer Milch-Union Hocheifel eG, Pronsfeld - Im alten Weg 20, 5541 Pronsfeld - Geb. 12. Jan. 1927, kath., verh., 4 Kd. (Leonhard, Bettina, Oliver, Kerstin) - Mitgl. Rhein. Warenbörse Köln; AR VRM, Krefeld; Vorst. MILAG, Mainz - BVK - Liebh.: Politik, Musik - Spr.: Engl., Poln.

GOEBEL, Hellmut

Dr.-Ing., Geschäftsführer a. D. - Schöner Weg 24, 7410 Reutlingen - Geb. 12. Febr. 1917 - Spr. Franz., Engl. - Rotarier.

GOEBEL, Ingeborg

Autorin - Schillerstr. 45, 8230 Bad Reichenhall (T. 08651 - 18 38) - Geb. 19. Mai 1916 Lüdenscheid, ev., ledig - Stud. - Ehem. Doz. Goethe-Inst. - BV: Songs & Chansons, 1972; Respektlose Lieder, 1970. Übers.: Odd Nansen, V. Tag zu Tag (1949). Texte auf Schallpl. - Spr.: Norw., Franz., Engl.

GÖBEL, Karl

Agrar-Ing., Geschäftsführer, MdL Baden-Württ. (Wahlkr. 64, Ulm) - Höhenblick 59, 7900 Ulm (T. 0731 - 3 70 48) - Geb. 5. Okt. 1936 Hütting/Bayern - CDU.

GÖBEL, Karl-Detlev

Dr. jur., Rechtsanwalt, Stadtdirektor Hilden - Rathaus, 4010 Hilden (T. 02103 - 7 24 00) - Geb. 24. Aug. 1938 Dortmund - Abit. Düsseldorf, s. 1958 Stud. (Jura, Volkswirtsch., Theol., Kunstgesch.) Köln u. Bonn, 1. jur. Staatsex. 1963, Stip. Straßburg u. Lissabon (intern. u. europ. Recht) 1964/65, 2. jur. Staatsex. 1968 - 1968-74 Rechtsanwalt D'dorf, s. 1974 Stadtdir. Hilden.

GÖBEL, Klaus

Dipl.-Ing., Geschäftsführer Bundesverb. d. Dt. Ziegelindustrie, Bonn, Vorst. Dt. Gesellschaft f. Mauerwerksbau, Essen - Schaumburglippestr. 4, 5300 Bonn 1; priv.: Karl-Finkelnburg-Str. 23, 5300 Bonn 2 - Geb. 8. Jan. 1924.

GOEBEL, Klaus Wilhelm

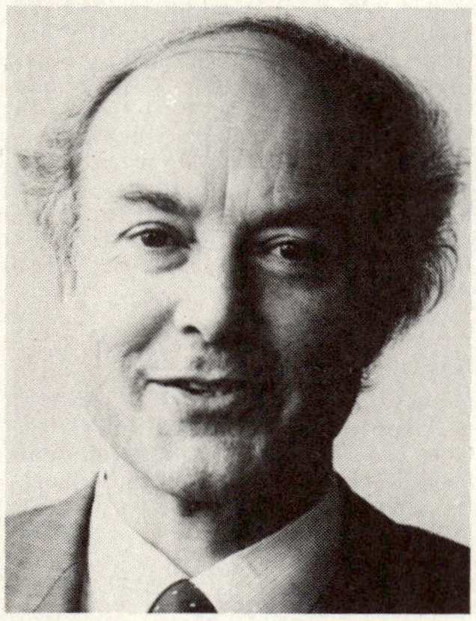

Dr. phil., Prof. f. Neuere Geschichte Univ. Dortmund - Mühlenfeld 42, 5600 Wuppertal-Ronsdorf (T. 0202 - 46 27 17) - Geb. 24. April 1934, ev., verh. s. 1966 m. Barbara, geb. Behrendt, 4 Kd. (Klaus Christoph, Daniel Matthias, Karl Tobias, David Christian Andreas) - 1954-56 Päd. Akad. Wuppertal; 1959-61 Realschullehrerausb. (nebenberufl.) Essen; 1960-65 Stud. Gesch., Politik, German., Päd., Volkskd. (nebenberufl.) Bonn; Promot. (Verfassungs-, Sozial- u. Wirtschaftsgesch.) 1965 Bonn - 1956-63 Volksschullehrer; 1963-70 Realschullehrer; 1970-80 Assist., Akad. Rat u. Oberrat PH Dortmund, s. 1977 Prof.; s. 1980 Univ. Dortmund. 1965-72 Synode Kirchenkreis Barmen; s. 1975 Mitgl. Rat d. Stadt Wuppertal u. Mitgl. Landschaftsversamml. Rheinl. (Vors. Kulturaussch.); ehrenamtl. Vorst.-Tätigk. - BV: Homburgische Zuwanderung n. Wuppertal, 1963; Wuppertal - heimliche Hauptstadt v. Waldeck, 1964; Zuwanderung zw. Reformation u. Franzosenzeit, 1966; Hermann Enters, 1969; Aufstand d. Bürger, 1974; Sämtl. Dörpfeld-Briefe, 1976; Gesch. d. Stadt Wuppertal, 1977; Von Eller b. Dürselen, 1981; Wuppertal in d. Zeit d. NS, 1984; Luther in d. Schule, 1985; Über allem d. Partei, 1987; zahlr. Aufs. S. 1949 publ. Tätigk. (u. a. WDR, F.A.Z.). Herausg.: Romerike Berge (s. 1986) - 1974-89 Wiss. Beirat Wettbewerb Dt. Gesch. u. d. Preis d. Bundespräs.; 1977 Steeger-Stip. Landschaftsverb. Rheinl., Krefeld; 1979 BVK; 1988 Crecelius-Med. Berg. Geschichtsverein.

GOEBEL, Michael

Dr., Vorstandsmitglied Touristik Union Intern. GmbH & Co KG (s. 1988) - Karl-Wiechert-Allee 23, 3000 Hannover 61.

GÖBEL, Rüdiger Gotthard

Dr. phil. nat., Prof. f. Mathematik Univ. Essen GH - Schliepershang 13, 4300 Essen 15 (T. 0201 - 48 48 48) - Geb. 27. Dez. 1940 Fürstenwalde/Spree (Vater: Gotthard G., Ing.; Mutter: Ruth, geb. Peschel), ev., verh. s. 1969 m. Dr. Heidi, geb. Drexler, T. Ines Dorothea - Abit. Schlüchtern 1961; Stud. Univ. Frankf. (Math., Phys.), Dipl. Math. 1966, Promot. 1967, Habil. Math./Physik 1973 Univ. Würzburg - 1967-69 u. 1971-73 wiss. Assist. Physik Univ. Würzburg, 1969-71 visit. Prof. Univ. Texas Austin/USA, 1973/74 Priv.-Doz. Univ. Würzburg, s. 1974 Prof. Univ. Essen, 1982 visit. Prof. New Mexico State University, Las Cruces, New Mexico/USA, 1983/84 Visit. Prof. Hebrew Univ. Jerusalem/Israel - BV: Üb. 50 Publ. in intern. mathem. u. physik. Ztschr. Proceedings Abelian Groups (Hrsg.), 1981/83/84/86/88, Forum Mathematicum (Hrsg.), Buchreihe: Algebra, Logic and Applications (Hrsg.) - Liebh.: Ski, Tennis - Spr.: Engl., Russ.

GOEBEL, Werner

Dr. rer. nat., Prof. f. Mikrobiologie - Ravensburgstr. 2B, 8707 Veitshöchheim - Geb. 19. Sept. 1939 Laurahütte/OS., verh. m. Heidrun, geb. Eichler - Promot. 1965 Tübingen; Habil. 1971 Hohenheim - 1973 Wiss. Rat u. Prof. TU Braunschweig; 1974 o. Prof. Univ. Würzburg (Mitvorst. Inst. f. Genetik u. Mikrobiol.). Üb. 100 Facharb. - 1983 Robert-Koch-Preis.

GOEBEL-SCHILLING, Gerhard

Dr. phil., Prof. f. Romanistik Univ. Frankfurt/M. (s. 1981) - Kirberger Str. 39, 6251 Kaltenholzhausen - Geb. 20. Juli 1932 Berlin (Vater: Wilhelm, Steuerberater; Mutter: Christel, geb. Müller), verh. s. 1981 m. Silke Schilling - Stud. Ev. Theol., (1952-55), Roman. u. Angl. (1955-62) Berlin (Staatsex. 1962). Promot. (1965) u. Habil. (1970) Berlin - Zul. Prof. FU Berlin - BV: u. a. Poeta faber - Erdichtete Architektur in d. ital., span. u. franz. Literatur d. Renaissance u. d. Barock, 1971; La Littérature entre l'engagement et le jeu, 1988 - Spr.: Franz., Ital., Engl.

GOEBELS, Dieter

Rechtsanwalt, Hauptgeschäftsführer Handwerksk. Rhein-Main - Bockenheimer Landstr. 21 (T. 069 - 710001-0); priv.: Schönbornstr. 10, 6000 Frankfurt/M. 50 (T. 069 - 51 20 45) - Geb. 6. Dez. 1931 Frankfurt/M. (Vater: Karl K.; Mutter: Elisabeth, geb. Wolf), verh. m. Ingeborg, geb. Maass - Zul. Geschäftsf. Hauptverb. d. Dt. Bauind.

GOEBELS, Franzpeter

Prof., Pianist u. Cembalist - An der Pyramideneiche 9, 4930 Detmold 14 - Geb. 5. März 1920 Mülheim/Ruhr (Vater: Franz G.; Mutter: Maria, geb. Büllesbach), kath., verh. s. 1951 m. Gertraud, geb. Kockler, 2 Kd. (Angela, Friedwart) - Gymn.; Univ. Köln u. Berlin (Musikwiss., Roman.); Musikhochsch. Berlin u. Köln. Staatsex. f. Klavier - B. 1958 Hauptfachlehrer Robert-Schumann-Konservat. Düsseldorf (Klavier), dann Prof. Musikhochsch. Detmold (Klavier, Musikerzieh.). Landesverbandsvors. VDMK NRW. Schallpl. Ausg. alter u. neuer Klaviermusik u. a. - 1964 I. Preis d. Ruhr-Pr. f. Kunst u. Wiss. - Liebh.: Alte Ausg. u. Mskr. - Spr.: Franz., Ital., Span. - Bek. Vorf.: Phil. Jac. Riotte, Komp. Wien (1786-1856).

GÖBELS, Hubert

Prof., Hochschullehrer - Unterer Pustenberg 23, 4300 Essen-Werden - Gegenw. o. Prof. f. Allg. Didaktik Päd. Hochsch. Ruhr/Abt. Essen - 1972 Christian-Felix-Weiße-Preis Dt. Jugendschriftenwerk.

GOEBELS, Paul

I. Bürgermeister - Rathaus, 8740 Neustadt/S. - Geb. 30. Juli 1918 Mettmann - Zul. Bezirksstellenleit. CSU.

GOECKE, Claus

Dr. med. (habil.), Prof. Gynaekologe, Chefarzt Frauenklinik Luisenhospital Aachen (s. 1972) - Preusweg 106, 5100 Aachen - Geb. 17. April 1931 (Vater: Dipl.-Ing. Max G.; Mutter: Inge, geb. Janssen), ev., verh. s. 1961 m. Dr. Hannelore, geb. Jütte, 6 Kd. (Anja, Nina, Silja, Tamme, Inga, Lars) - Stud. Univ. Marburg, Freiburg, Frankfurt; Fachausbildg. USA, Berlin, Helsinki, Würzburg - Zun. Oberarzt Univ.-Frauenklinik Würzburg - BV: Kationentransport in d. Schwangerschaft u. unt. d. Geburt, 1968; Gynaekologie, 1972 (span. 1974); Gesch. d. Univ.sfrauenklinik Würzburg, 1973; Geburtshilfe, 1974 (span. 1976); Dokumentation u. elektr. Verarb. geburtsh. Daten, 1976 - Mitarb. in zahlr. in- u. ausl. Fachgremien - Spr.: Engl.

GÖDDE, Alfons

Dr., Vorstandsvorsitzender Krupp Stahl AG (s. 1980), AR-Vors. Hanse-Merkur Allg. Versicherungs-AG, Krupp Brüninghaus GmbH, Gerlach-Werke GmbH; AR Krupp Stahl Vertriebsges. mbH, Seereederei „Frigga" AG, Exploration u. Bergbau GmbH, Rh. Westf. Kalkwerke AG, Ertsoverslagbedrijf Europoort C.V., Smitfort Staal B.V., Beirat Hansa Rohstoffe GmbH u. Rohstoffhandel GmbH - Alleestr. 165, 4630 Bochum.

GOEDDE, H. Werner

Dr. rer. nat., o. Prof. f. Humangenetik - Butenfeld 32, 2000 Hamburg 54 - Geb. 9. Juli 1927 Lippstadt/W. (Vater: Heinrich G.; Mutter: Maria, geb. Storck), kath., verh. s. 1959 m. Gisela, geb. Schweins - Gymn.; Stud. Naturwiss., spez. Chemie. Dipl.-Chem. 1954 München; Promot. 1957 Hamburg; Habil. 1963 Freiburg - S. 1963 Lehrtätigk. Univ. Freiburg/Br. u. Hamburg (1966 Ord., 1967 Inst.-Dir.). Div. Fachmitgliedsch. (auch Ausl.) - BV: Pseudocholinesterasen (m. Doenicke u. Altland), 1967; Ethnic Differences in Reactions to Drugs and Xenobiotics (m. Werner Kalow u. Dharam P. Agarwal). Herausg.: Alcohol Intolerance and Alcoholism: Biochem. and Pharmacogenetic Approaches (m. D. P. Agarwal); Alcoholism: Biomedical and Genetic Aspects (m. D. P. Agarwal); Genetics of Hungarian Populations Ethnic aspects, environmental influences and disease spectrum (m. E. Czeizel u. H. G. Benkmann). Zahlr. Handbuch- u. Ztschr.beitr. - Ungar. Akad. d. Wiss. Budapest.

GÖDDE, Stefan

Dr. med., Prof., Chefarzt Urolog. Klinik Johannes-Hospital, Duisburg-Hamborn (s. 1970) - Herrenwiese 97, 4100 Duisburg 11 (T. 59 26 41) - Geb. 20. Jan. 1930 Wadersloh/Westf. (Vater: Bernhard G., Landw.; Mutter: Elisabeth, geb. Schlautmann), kath., verh. s. 1962 m. Dr. Beate, geb. Baumanns - Naturwiss. Gymn. Mönchengladbach (Abit. 1951); Stud. Univ. Bonn, München, Innsbruck; Promot. 1958 u. Habil. 1970 Bonn - S. 1967 Facharzt f. Urologie, s. 1976 apl. Prof. Univ. Bonn. Fachmitgl.sch. - Liebh.: Gesch. d. Med., Jagd - Spr.: Engl.

GOEDDE, Werner

s. Goedde, Heinz Werner

GÖDDEN, Hans E.

Dipl.-Kfm., Geschäftsführer Du Pont de Nemours (Deutschland) GmbH. - Hans-Böckler-Str. 33, 4000 Düsseldorf 30 - Geb. 7. Dez. 1940.

GOEDECKE, Robert

Dipl.-Ing., Präsident Oberpostdirektion Hannover-Braunschweig - Zeppelinstr. 24, 3000 Hannover 1 (T. 0511 - 1 27-1).

GOEDECKE, Wolfgang

Dr. jur., Senator E. h., Ministerialrat a. D., ehem. Vorstandsvors. Rheinische Hypothekenbank AG. - Nietzschestr. 29, 6800 Mannheim (T. 41 62 75) - Geb. 19. Sept. 1912 Brieg/Schles. (Vater: Paul G., Bürgerm.; Mutter: Margarete, geb. Lichey), verw. s. 1981 - Univ. Marburg, Berlin, Halle. Gr. jurist. Staatsprüf., sodann Ministerialdienst. Zul. Bundesmin. f. wirtschaftl. Zusammenarbeit (1952 Min.Rat) - 1977 Gr. Verdienstkreuz d. Verdienstord. d. Bundesrep. Dtschl. - Spr.: Engl. - Rotarier.

GÖDERSMANN, Ernst-Walter

Dipl.-Volksw., Vorstandsmitglied Gerling-Konzern Allg. Versicherungs-AG. (s. 1976) - Adolf-Menzel-Str. 12, 5000 Köln 50 (T. 35 43 12) - Geb. 2. Nov. 1920 Lüdenscheid (Vater: Walter G., Kaufm.; Mutter: Luise, geb. Herder), ev., verh. s. 1950 m. Hedwig, geb. Kröhle, 2 Kd. (Ralf, Ellen) - Dipl.ex. 1950 - 1951-54 väterl. Betrieb; 1954-56 Allianz; s. 1956 Gerling-Konzern (1968 stv. Vorst.-Mitgl.).

GÖDTEL, Reiner

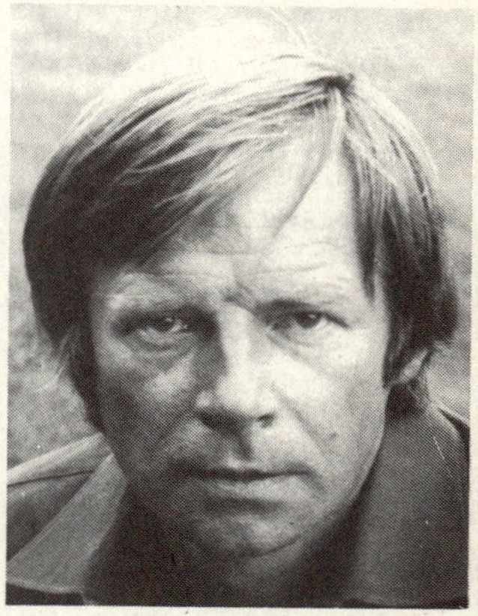

Dr. med., Chefarzt Frauenklinik Kusel - Sonnenkranz, 6798 Kusel (T. 06381 - 88 60 u. 06381 - 37 34) - Geb. 31. Okt. 1938 Neustadt/Weinstr., ev., verh., Sohn Markus - Stud. Med. u. Psych. Univ. Mainz u. Heidelberg; Promot. 1965 Mainz (üb. Psychosen im Wochenbett) - Arzt u. Schriftst. Zeitw. Vorstandsmitgl. Verb. Dt. Schriftst. Rhld.-Pfalz, Bundesdeleg. - BV: Seel. Störungen im Wochenbett, 1979; D. linke Auge v. Horus d. Mond, 1979; Vermeintl. Aussicht, 1979; Augentäuschungen, 1980; Leih mir Dein Ohr, gr. Häuptling, 1984; D. liebe Gott flickt e. Fischernetz in Palermo, 1985. Herausg. d. lit. Reihe Punkt im Quadrat - 1985 Lit.preis Bundesärztekammer; 1986 Hafiziyeh Lit.preis in Gold - Lit.: Kurt Neufert, R. G., phantasievoller Schöpfer neuer Sprachbilder (1981).

GOEDTKE, Karlheinz

Bildhauer - 2411 Alt Mölln Kr. Lauenburg - Geb. 15. April 1915 Oberschlesien - Zahlr. Werke, dar. Eulenspiegel (Mölln).

GÖGGEL, Karl-Heinz

Dr. med., Chefarzt Medizin. Klinik Marien-Krankenhaus, Frankfurt, Honorarprof. f. Inn. Med. Univ. ebd. (s. 1975) - Richard-Wagner-Str. 14, 6000 Frankfurt/M. - Geb. 18. Dez. 1927 - Promot. 1952 Heidelberg; Habil. 1968 Frankfurt.

GÖGLER, Eberhard

Dr. med., Prof., ehem. Chefarzt Chirurg. Abt. Kreiskrkhs. Schwetzingen (1974-85) - Zeppelinstr. 39, 6900 Heidelberg - Geb. 28. Sept. 1920 Stuttgart (Vater: Hermann G., Staatssekretär; Mutter: Rosa G.), kath., verh. s. 1958 m. Iris, geb. Oesterle, 4 Kd. (Rodrigo, Silvia, Wolfgang-Peter, Benedikt) - S. 1964 (Habil.) Privatdoz. u. apl. Prof. Univ. Heidelberg (Chir.) - BV: Unfallopfer im Straßenverkehr, 1962. Div. Einzelarb. (Allg. Chir., Klammernähte, Erstversorgung, Rettungswesen, Verkehrsmed. u. Biomechanik, Med. Dok.

GÖGLER, Max

Dr. jur., Regierungspräsident - Engelfriedshalde 91, 7400 Tübingen (T. 07071-6 49 88) - Geb. 25. Jan. 1932 Baienfurt

(Eltern: Leonhard u. Maria G.), kath., verh. s. 1961 m. Rita, geb. Felder, 2 S. (Christoph, Alexander) - Stud. Rechtswiss. Univ. München u. Tübingen (Promot. 1958) - 1967-75 Landrat Sigmaringen, s. 1975 Regierungspräs. Tübingen - Spr.: Engl., Franz.

GÖHDE, Wolfgang

Dr. rer. nat. (habil.), Prof. f. Strahlenbiologie u. Exper. Zellforsch. - v.-Stauffenberg-Str. 40, 4400 Münster/W. - S. Jahren Privatdoz. u. apl. Prof. Univ. Münster.

GÖHLER, Gerhard

Dr. phil., Prof. f. Theorie u. Grundlagen d. Politik FU Berlin (s. 1978) - Zeisigweg 7, 1000 Berlin 45 - Geb. 18. Febr. 1941 Breslau (Vater: Karl G., Superintendent; Mutter: Käthe, geb. Kiefer), ev., verh. s. 1965 m. Christa, geb. Garling, 2 Kd. (Andreas, Kirsten) - Stud. Phil., Politik, Gesch. Promot. (1971) u. Habil. (1976) Berlin - BV: u. a. Hegel, Frühe polit. Systeme, 1974; Polit. Theorie - Begründungszusammenhänge in d. Politikwiss., 1978; Reduktion d. Dialektik durch Marx, 1980; Grundfragen d. Theorie polit. Institutionen, 1987; Polit. Institutionen im gesellsch. Umbruch, 1988.

GÖHLER, Max

Ehrenvors. Dt. Mälzerbund (s. 1962; vorher Vors.), Ehrenmitgl. Braugerstenstelle Rhld.-Pfalz - Ludolf-Krehl-Str. 16a, 6900 Heidelberg (T. 4 37 89) - Geb. 11. Jan. 1905 Berlin (Vater: Arthur G., Dir.; Mutter: Hedwig, geb. Haase), verh. s. 1930 m. Lisel, geb. Sonnewald - Univ. Berlin - Spr.: Engl., Franz.

GÖHLER, Rudi

I. Bürgermeister (s. 1978) - Rathaus, 8751 Mömlingen/Ufr. - Geb. 1. Juli 1932 Mömlingen - Techn. Abteilungsleit. CSU.

GÖHLICH, Horst

Dr.-Ing., o. Prof. f. Landtechnik u. Baumasch. TU Berlin (s. 1966) - Lindenstr. 13a, 1000 Berlin 39 (T. 805 13 89) - Geb. 18. Okt. 1926 Missen/NL. (Vater: Bruno G., Landwirt; Mutter: Frieda, geb. Jenchen), ev., verh. s. 1957 m. Ingeborg, geb. Donder, S. Ralph-Dietmar - Obersch. Cottbus; TU Berlin (Maschinenbau; Dipl.-Ing. 1953). Habil. 1963 Göttingen - 1953-60 Wiss. Assist. Univ. Göttingen; 1960-61 Gastforscher USA; 1963-66 Abt.sleit. Maschinenfabrik Gebr. Welger, Wolfenbüttel - Spr.: Engl.

GÖHNER, Hartmut

Dr. rer. nat., Prof. f. Mathematik PH Heidelberg - Tannenweg 30, 6909 Walldorf.

GOEHNER, Reinhard

Dr., Bundestagsabgeordneter (s. 1983; Landesliste NRW) - Bundeshaus, 5300 Bonn 1 - CDU.

GÖHNER, Werner

Direktor Olympia-Park, München, Präs. Bund Dt. Radfahrer (1981ff.) - Zu erreichen üb. Münchener Olympiapark, Postf. 40 13 05, 8000 München 40 - Geb. 1922 - 1984 Gold. UCI-Med.

GÖHR, Hermann

Dr. phil. nat., Extraord. a. Inst. f. Physikal. u. Theor. Chemie Univ. Erlangen-Nürnberg (Physikal. Chem., Elektrochem.) - Reichswaldstr. 32a, 8520 Erlangen (T. 3 16 64) - Geb. 17. Jan. 1928 Nürnberg (Vater: Franz G., Lehrer; Mutter: Franziska, geb. Kegler, verh. s. 1953 m. Martha, geb. Schnappauf, 3 Kd. (Jutta, Thomas, Arnold) - Stud. Phys.; Promot. 1957 - S. 1964 (Habil.) Lehrtätigk. Erlangen (1969 apl. Prof. f. Physikal. Chemie) - BV: Thermodynam. Elektrochemie, 1962 (m. E. Lange). Zahlr. Fachaufs.

GÖHRE, Frank

Buchhändler, Verlagskaufm., Schriftst. - Sartoriusstr. 30, 2000 Hamburg 20 (T. 040 - 491 85 15) - Geb. 16. Dez. 1943, ledig - BV: Schnelles Geld, 1979; Außen vor, 1981; Im Palast d. Träume, 1983; Abwärts, 1984; D. Schrei d. Schmetterlings, 1986; Zeitgenosse Glauser, 1988; D. Tod d. Samurai, 1989; Peter Strohm, 1989; Tiefe Spuren, 1989. Drehb.: Abwärts (1984); Einzelhaft (1988).

GÖHREN, Horst

Dr.-Ing. E. h., Vorstandsmitglied Gildemeister AG./Werkzeugmasch.fabrik, Bielefeld - Pappelbrink 15, 3000 Hannover 51 (Isernhagen-Süd) - Geb. 1. Juli 1930.

GÖHRING, Clauspeter

Dr. rer. pol., Vorstandsvorsitzer Hansa-Metallwerke AG. (1981ff., vorher Vorstandsmitgl.) - Sigmaringer Str. 107, 7000 Stuttgart 80 - Geb. 9. Jan. 1936 - Koreanischer Generalkonsul; VR-Mitgl. Fa. KWC, Schweiz, versch. regionale Industriegremien, Fachgr.vorst. NE-Armaturen im VDMA, Beirat Normenaussch. Armaturen im DIN, ish-Messebeirat.

GÖHRING, Heinz

Dr. phil., Dipl.-Dolmetscher, Prof., Direktor Forschungs- u. Dokumentationszentrum f. Interkulturelle Kommunikation, Fachbereich Angew. Sprachwiss. Univ. Mainz/Germersheim - Wolfsbrunnensteige 13, 6900 Heidelberg 1 (T. 80 21 93) - Geb. 31. Juli 1935 Sangerhausen/Thür. (Vater: Dipl.-Ing. Erhard G., Reg.sdir.; Mutter: Hildegard, geb. Scherler), verh. s. 1961 m. Dr. med. Jutta, geb. Zitz, Ärztin f. Kinder- u. Jugd.psychiatrie (Psychotherapie), 2 Kd. (Ina, Kora) Stud. Dolm.-Inst. u. Inst. f. Soz. u. Ethnol. Univ. Heidelberg - 1959-66 freiberufl. Konfz.-Dolmetscher, bes. auf Reg.sebene, 1966-71 Wiss. Assist. Univ. Heidelberg, 1971 ff. Univ. Mainz - BV: baLuba - Studia Ethnol. 1, 1970. Herausg.: J. Gumperz - Spr., lokale Kultur u. soz. Identität (1975) - 1959 Ritterkr. span. Orden Isabel la Catolica; 1960 Komturkr. Ord. d. Sonne v. Peru; 1961 Offz.skr. Orden de Mayo al Mérito (Argent.); 1964 Ritterkr. VO v. Chile - Spr.: Span., Engl., Franz.

GÖHRINGER, Adolf G.

Assessor, Hauptgeschäftsführer Handwerkskammer Freiburg/Br. (s. 1953) - Markenhofstr. 75, 7815 Burg b. Kirchzarten (T. Büro: Freiburg 3 14 11) - Geb. 3. Juni 1922.

GÖHRINGER, Hans

Dr., Hauptgeschäftsführer IHK Südl. Oberrh., Hauptgeschäftsst. Lahr - Bergstr. 66, 7630 Lahr/Schwarzw. (T. 2 20 73) - Geb. 16. Jan. 1916 - S. 1950 IHK Lahr (1968 Hgf.).

GÖHRINGER, Hans K.

Dr. rer. pol., Dipl.-Kfm., Wirtschaftsberater, Präs. IHK Rhein-Neckar, Mannheim - Titiseestr. 14, 6800 Mannheim (T. 81 22 58) - Geb. 22. April 1913 Pforzheim - Generalbevollm. Fuchs Interoil GmbH , Mannheim. AR: Boehringer Mannheim GmbH, Mannheim, Gerling-Konz. Welt-Versicherungs-Pool AG, Köln, Stiftg. Orthopäd. Univ.klinik Heidelberg; VR: Aktionsgem. Dt. Steinkohlenreviere GmbH, Düsseldorf, Gerling-Konzern, Köln; Beirats-Mitgl. Südwest Dresdner Bank AG; Vorst.-Mitgl. Dt. Ind. u. Handelstag, Bonn. Vors.: Ges. d. Freunde d. Univ. Mannheim u. berat. Aussch. d. Univ.; AR-Vors. Fuchs Petroclub AG Öl u. Chemie, Mannheim - 1969 Ehrensenator Univ. Mannheim; 1976 Gr. BVK - Liebh.: Tennis, Musik - Spr.: Engl. - Rotarier.

GOEHRMANN, Klaus E.

Dr., Vorstandsvorsitzer Dt. Messe AG (1984ff.) - Messegelände, 3000 Hannover 82 (T. 0511 - 8 90) - Geb. 1938 - Zul. Sprecher d. Geschäftsfg. Geha-Werke GmbH., Hannover.

GÖHRUM, Gisela

Prof., Hochschullehrerin - Hespelerstr. 22, 7070 Schwäb. Gmünd-Kleindeinbach - U. a. Prof. f. Engl. PH Schwäb. Gmünd.

GOEKE, Fritz

Dr. rer. pol., Dipl.-Kfm., Geschäftsführer Metallwerke Neheim Goeke & Co GmbH, Arnsberg, stv. Vors. Fachgem. Armaturen im VDMA, Frankfurt/M. (1988ff.) - Wohnh. in Arnsberg - Vorst. Vereinig. d. dt. Zentralheizungsw., Düsseldorf; Beirat Unternehmensverb. Südöstl. Westf., Arnsberg.

GOEKE, Klaus

Dr., o. Prof. f. theoretische Physik Univ. Bochum (s. 1988) - Zu erreichen üb. Inst. f. Theoretische Physik II, Ruhr-Univ. Bochum, 4630 Bochum 1 (T. 0234 - 7 00-37 07) - Geb. 16. Jan. 1944, kath., verh. m. Oberstudienrätin Anne, geb. Kraume, 2 Kd. (Astrid, Jens) - Stud. Physik Univ. Tübingen u. Freiburg; Dipl. 1968 Freiburg, Promot. 1972 Münster, Habil. 1977 Bonn - 1968-72 wiss. Assist. Münster; 1971-81 Wissenschaftler KFA Jülich, 1981-88 Abt.leit. KFA Jülich, 1985 Univ.-Prof. Univ. Bonn - BV: Time dependent Hartree-Fock and beyond (Hrsg.), 1982. Üb. 80 Publ. in intern. Fachztschr. - Liebh.: Klass. Musik, Schallplatten, Bücher - Spr.: Engl.

GÖLITZ, Friedrich

Geschäftsführer Hebezeugfabrik Heinrich de Fries GmbH. (1981ff.) - Altenberger Str. 8, 5600 Wuppertal-Elberfeld.

GÖLLER, Andreas

I. Bürgermeister - Rathaus, 8606 Hirschaid/Ofr. - Geb. 29. Jan. 1928 Hirschaid - Versicherungskfm. CSU.

GÖLLER, Frank

Dr., Vorstandsmitglied Volksfürsorge Rechtsschutzversicherung AG - Beim Strohhause 20, 2000 Hamburg 1.

GÖLLER, Heinrich

I. Bürgermeister Stadt Scheßlitz - Rathaus, 8604 Scheßlitz/Ofr. - Geb. 7. Febr. 1920 Bamberg - Rechtsanw. CSU.

GÖLLER, Karl Heinz

Dr. phil., Prof. f. Engl. Philol., Ehrenpräsident Mediävistenverb. (s. 1983) - Weingartenstr. 13, 8400 Regensburg - Geb. 13. Mai 1924 Neheim-Hüsten (Vater: Christoph G., Bahnbetriebsleiter; Mutter: Elisabeth, geb. Schäfer), kath., verh. s. 1986 m. Jutta, geb. Schrödl, Tocht. Barbara - Stud. Univ. Bonn; Promot. 1955, Staatsex. (Engl., Deutsch) 1956; Habil. 1962 - S. 1962 (Habil.) Lehrtätigk. Univ. Bonn, Göttingen (1963 Ord.), Regensburg (1967 Ord.) - BV: König Arthur in d. engl. Lit. d. späten Mittelalters, 1963; Gesch. d. Altengl. Lit., 1971; Romance u. Novel, 1972; D. Regensburger Dollingerlied, 1980. Hrsg.: D. engl. Lyrik - V. d. Renaissance b. z. Gegenw. (2 Bde. 1968); Epochen d. engl. Lyrik (1970); D. amerik. Kurzgesch. (1972), D. engl. Kurzgesch. (1973); The Alliterative Morte Arthure: a Reassessment (1981); Spätmittelalterl. Artuslit. (1984); Kongreßakten z. 1. Sympos. d. Mediävistenverb. (1986); Regensburger Arbeiten z. Angl. u. Amerik. (29 Bde.); Studienr. Engl. (26 Bde.) - Spr.: Engl., Lat., Franz.

GÖLLER, Manfred

Hauptgeschäftsführer Verb. d. Filmverleiher - Langenbeckstr. 9, 6200 Wiesbaden (T. 06121 - 1 40 50; Telefax 06121 - 14 05 12).

GÖLLER, Wilhelm

Bauing., Zimmermeister, Präs. Handwerkskammer Darmstadt, Oberm. Zimmerer-Innung ebd. u. a. - Schuberweg 15, 6100 Darmstadt - Geb. 21. März 1913 - BVK.

GÖLLNER, Theodor

Dr. phil., o. Prof., Musikhistoriker - Zu erreichen üb.: Geschwister-Scholl-Platz 1, Univ. München, 8000 München 22 - Geb. 25. Nov. 1929 Bielefeld (Vater: Friedrich G., Geschäftsf.; Mutter: Paula, geb. Brinkmann), ev., verh. s. 1959 m. Marie-Louise, geb. Martinez, 2 Kd. (Katharina, Philipp) - Ratsgymn. Bielefeld. Promot. 1957 Heidelberg; Habil. 1967 München - 1958 Lehrbeauftr., 1962 Wiss. Assist., 1967 Doz. Univ. München; 1968 Assoc. Prof., 1971 Full Prof. Univ. of California, Santa Barbara; 1973 o. Prof. u. Vorst. Inst. f. Musikwiss. Univ. München; 1976 Mitgl. d. musikhist. Kom. d. Bayer. Akad. d. Wiss., 1982 o. Mitgl. Bayer. Akad. d. Wiss. - BV: Formen früher Mehrstimmigkeit, 1961; D. mehrstimm. liturg. Lesungen, 2 Bde. 1969; D. Sieben Worte am Kreuz b. Schütz u. Haydn, 1986. Herausg.: Münchner Veröffentl. z. Musikgesch., s. 1977; Münchner Editionen z. Musikgesch., s. 1979.

GÖLLNITZ, Heinz

Dr. rer. nat., Dipl. math., Mitgl. Geschäftsltg. Fa. Buck Chem.-Techn. Werke, Entwicklungszentrum (s. 1986) - Pestalozzistraße 29, 8012 Ottobrunn (T. 60 29 37) - Geb. 6. Juni 1935 Chemnitz (Vater: Willy G., Stud.rat; Mutter: Johanna, geb. Just), ev., verh. s. 1960 m. Hildegard, geb. Wenzel, 2 Söhne (Bernd, Ralf) - 1953-60 Stud. Jena, Göttingen (Promot. 1964) - 1960 AVA, Göttingen, 1964-65 stv. Leit. Abt. f. Aeroelastizität. 1965 MPI f. Physik u. Astrophysik; 1969-75 Messerschmitt Bölkow Blohm GmbH, Leiter Unternehmensbereich Raumfahrt; b. 1985 Geschäftsf. HILTI Entwicklungsges. - Spr.: Engl., Russ.

GÖLTER, Georg

Dr. phil., Staatsminister - Mittlere Bleiche 61, 6500 Mainz (T. 06131-16 28 06) - Geb. 22. Dez. 1938 - S. 1981 Kultusmin. Land Rheinl.-Pfalz, vorh. Min. f. Soziales, Gesundheit u. Umwelt (s. 1977), MdB (1969-77). CDU.

GÖLTNER, Ewald

Dr. med., Prof., Chefarzt Städt. Frauenklinik/Lehrkrkhs. Fulda - Ignaz-Kamp-Str. 69, 6400 Fulda - Geb. 3. Okt. 1929 Prag - B. 1968 Privatdoz., dann apl. Prof. Univ. Würzburg (Geburtsh. u. Frauenheilkd.).

GÖLZ, Eva,

geb. Witte

Gf. Gesellschafterin Ewald Witte & Co - Postf. 101210, 5620 Velbert 1 - Geb. 4. Juni 1939, ev., verh. m. Gerhard Gölz, 5 Kd. (Ute, Rainer, Heide, Bernhard, Doris) - Abit. Velbert; Stud. Betriebsw. München, Innsbruck u. Köln.

GÖLZ, Hans

Vorstandsmitglied i. R. Cassella Farbwerke Mainkur AG., Frankfurt (1966-73) - Hammannstr. 6, 6000 Frankfurt/M. - Geb. 24. Juni 1908 Frankfurt/M. - Hohe Schule (Abit.); kaufm. Lehre - B. 1942 IG Farben, dann Wehrdst. u. Kriegsgefangensch., spät. Cassella (1952 Prok., 1965 Dir.).

GÖLZ, Walter

Dr. phil. (habil.), Prof. f. Philosophie PH Ludwigsburg, apl. Prof. Univ. Tübingen - Panoramastr. 26, 7400 Tübingen 7 - Geb. 26. Jan. 1930 Tuttlingen - Promot. 1958; Habil. 1968 - S. 1970 Prof. - BV: Dasein u. Raum, 1970; Begründungsprobl. d. prakt. Phil., 1978.

GOENECHEA, Sabino

Dr. rer. nat., Dipl.-Chem., Prof. f. Forens. Toxikologie Univ. Bonn/Med. Fak. (s. 1973) - Buchfinkenweg 38, 5300 Bonn-Duisdorf (T. 0228 - 62 62 80) - Geb. 5. Nov. 1932 Bilbao/Span. (Vater: Pedro Josè G.; Mutter: Jesusa, geb. Toraño), kath., verh. s. 1970 m. Hiltrud, geb. Hoogen, 3 Kd. (Lander, Jon, Eneko) - 1950-56 Chemiestud. Madrid u. 1959-64 Bonn. Mehr als 80 Publ. (Arz-

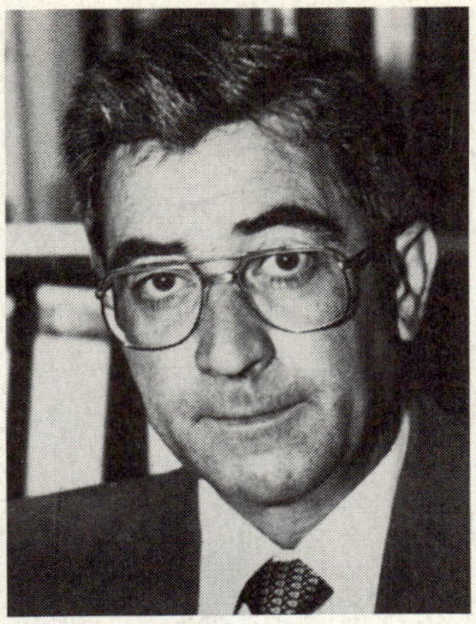

neimittel-, Giftanalyse, Biotransformation v. Medikamenten).

GÖNNENWEIN, Wolfgang

Prof., Generalintendant Württ. Staatstheater (ab 1985), Dirig., künstler. Leit. Ludwigsburger Festspiele, ehrenamtl. Staatsrat f. Kunst Ld. Baden-Württ. (s. 1988) - Im Schönblick 15, 7307 Aichwald-Aichelberg - Geb. 29. Jan. 1933 Schwäbisch-Hall, verh. m. Ilse, geb. Eppler, 2 S. (Stefan, Johannes).

GÖNNER, Diethelm Hermann

Dipl.-Ing., Prof., Direktor, Hauptgeschäftsführer Tiefbau-Berufsgenossenschaft (s. 1977) - Am Knie 6, 8000 München 60 (T. 089 - 88 97-5 70) - Geb. 15. Aug. 1927 Dortmund, ev., verh. s. 1959 m. Felicitas, geb. Rohrbach, 2 Kd. (Torsten, Elke) - Maurerlehre; Dipl.-Ing. TU Karlsruhe - S. 1976 Vors. Dt. Inst. f. Normung -DIN-ISO TC127; s. 1978 Vors. d. Erste-Hilfe-Aussch. d. Hauptverb. d. gewerbl. Berufsgenoss.; s. 1980 Beirat VDI-Ges. Bautechnik; s. 1985 Aussch.-Vors. Verkehrsmed. b. DVR. S. 1973 Lehrbeauftr. TU Braunschweig - 1976 Verdienstkreuz d. Ordens Dynamit pro pace; 1985 Goldene DIN-Ehrennadel - Spr.: Engl.

GÖNNER, Eberhard

Dr., Prof., Präsident Landesarchivdirektion Baden-Württ. a. D. - Tailfingerstr. 39, 7000 Stuttgart 80 - Geb. 10. Dez. 1919 Neckarhausen/Horb (Vater. Franz G.; Mutter: Hedwig, geb. Probst), verh. s. 1959 m. Eva-Maria, geb. Breucha, Volkswirtin, 2 Kd. (Andrea, Jörg) - Stud. Gesch., German., Franz.; Promot. 1950 Tübingen - 1952-85 staatl. Archividst. Baden-Württ. - Veröff. üb. Landesgesch. Baden-Württ., Heraldik, Sphragistik.

GÖNNER, Fritz Joachim

Dr., Dipl.-Chemiker, Gf. Gesellschafter Sodenta GmbH, Bad Soden - Oranienstr. 49, 6232 Bad Soden (T. 06196-2 90 03) - Verh., 2 Kd. - Promot. 1969 Mainz.

GÖNNER, Hubert

Dr. rer. nat. (habil.), Prof., Physiker - Mittelberg 68, 3400 Göttingen-Geismar - B. 1977 Privatdoz., dann apl. Prof. f. Physik Univ. Göttingen (Inst. f. Theoret. Physik).

GÖÖCK, Roland

Schriftsteller (Ps.: Rolf Jeromin, Peter Korn, Lutz Adron) - Bachmühle 1, 8416 Hemau (T. 09498 - 87 08) - Geb. 29. Sept. 1923 Felchta, Kr. Mühlhausen/Thür. (Vater: Michael G., Pfarrer; Mutter: Elfriede, geb. v. Törne), ev., verh. s. 1946 m. Antonia, geb. Ettl, 2 Kd. (Roland Michael, Alexandra Magdalena) - 1947-54 Redakt. Tagesztg. 1954-62 Pressechef C. Bertelsmann, Gütersloh, s. 1962 fr. Schriftst. u. Buchproduzent - BV (Auswahl): Raffinessen aus fremden Küchen, 1960 (auch engl.); Hochprozentiges aus aller Welt, 1962; D. gute Gastgeber, 1962; D. neue gr. Kochb., NA

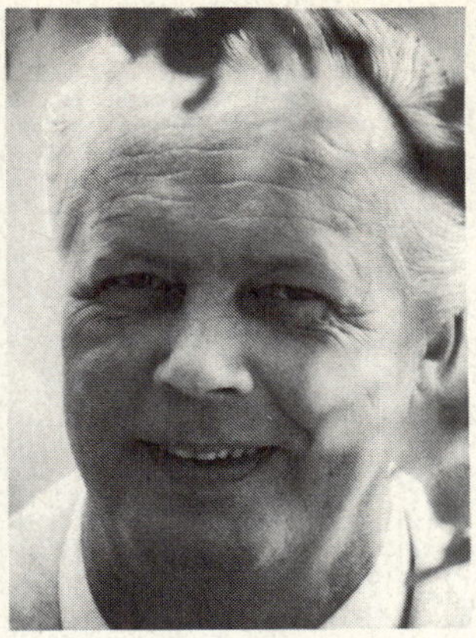

1975 (auch holl., slowen., serbokroat.); Leckerbissen aus dt. Küchen, 1964; D. gr. Buch d. Spiele, NA 1977/88; Feinschmecker auf Reisen, 1965ff.; Post - Dokumentation üb. d. Post- u. Fernmeldewesen, 1965; D. Buch d. Gewürze, 1965, NA 1977; D. 1 x 1 d. Zauberei, 1966; Alle Wunder dieser Welt, 1968 (in 10 Spr. übers.); D. gr. Rätsel dieser Welt, 1969; Selbermachen - Do it yourself, 1970 (auch ital., span., holl., slowen., serbokroat.), NA 1979; Schöne geheimnisvolle Welt, 1970 (auch span. u. skand. Spr.); D. Hauptstädte Europas, 1970; D. 100 berühmtesten Rezepte d. Welt, 1971 (in 10 Spr. übers.); Elektrizität - Energie ohne Grenzen, 1971; D. gr. Traumreisen, 1973; D. neuen Wunder dieser Welt, 1976; Jahrhundertkalender, 1976; D. gr. Fondue-Buch, 1976; Gr. Universal-Kochbuch, 1978; Deutsche Städte vor 100 Jahren, 1978; D. Rhein, 1979; 350 Köstlichkeiten, 1979; Kochbuch f. d. einf. Leben, 1980; Kostbarkeiten aus aller Welt, 1980; D. gr. Heimwerkerbuch, 1981; Frz. Hausmannskost, 1981; Soßenfleck u. Schraubenzieher, 1982; Weltreise in d. gute alte Zeit, 1982; Wein, 1983; Faszinierende Städte d. Welt, 1983; Whisky, 1983; D. bürgerl. rustikale Küche d. Länder Europas, 1983; Hammer u. Tapetenkleister, 1984; Grillb., 1984; Winterspeck & Frühjahrsmüdigk., 1984; D. Dt. Küche, 1984; Backen, 1984; E. kulinar. Rendevouz m. Dtschl., 1985; Vergnügl. Eßbrevier, 1985; Einsichten u. Aussichten, 1985; D. großen Erfindungen, Bd. 1: Schrift, Druck, Musik 1984, Bd. 2: Schall, Bild, Optik, 1985, Bd. 3: Landwirtsch., Nahrung, Med., 1986, Bd. 4: Textil, Bauen u. Wohnen, Beleuchtung, 1987, Bd. 5: Nachrichtentechnik, Elektronik, 1988; Kulinarische Weltreise, 1985; E. kulinarisches Rendezvous m. Italien, 1986; Neue gr. Kochschule, 1986; D. jugoslawische Küche, 1986 (auch niederl.); Kochbuch f. eilige Singles, 1986; Gäben alle Küsse Flecken, wären alle Mädchen Schecken, 1986; Volksfeste Europas, 1988. Herausg.: D. Mensch in s. Welt, 12 Bde. (1972-75), Mod. Jugendlexikon in Farbe (1974), Geheimnisse d. Natur (1977); Menschen, die die Welt veränderten (1977); Mod. Kinderlex. in Farbe (1979); Zeig mir meine Welt (1979); Gemälde erzählen Gesch. (1980); Abenteuer Amerika (1981); Rettet d. Natur (1981); Urlaub in Deutschland (1985); Schauplätze d. Gesch. (1988) - Lit.: M. Uhle: R. G., in „Essen u. Trinken", Mai 1976; B. Sinhuber, Autorenportr. R. G., in „Buchreport", 1977; G. Tomkowitz, „D. Hoch-Stapler, in „Stern-Magaz." 31/1980; A. Roszinsky-Terjung, M. Ordnung u. Bienenfleiß, in „Buchmarkt" 2/81; H. Panskus: „Schriftstellerei e. Packagers", in „Börsenblatt" 77/83.

GÖPEL, Heinrich

Vorstandsmitglied Bundesanstalt f. Landw. Marktordnung/Anst. d. öfftl. Rechts - Adickesallee 40, 6000 Frankfurt/M. 18.

GÖPEL, Wolfgang

Dr. rer. nat., Dipl.-Phys., Prof., Direktor Institut f. Physikal. u. Theoret. Chemie Univ. Tübingen - Hainbuchenweg 29, 7400 Tübingen (T. 07071 - 6 57 89) - Geb. 31. Okt. 1943 Weimar/Thür., verh. s. 1968 m. Kristiane, geb. Oberdieck, 4 Kd. (Annika, Siri, Tobias, Ulrike) - 1963-69 Stud. Physik TH Hannover; Promot. 1971 (Physik, Chemie), Habil. 1975 (Physikal. Chemie) TU Hannover - 1975-79 Prof. f. Physikal. Chemie TU Hannover; Gastprof. Univ. Nat. de la Plata (Argentinien), IBM Yorktown Heights (USA), Xerox Palo Alto Res. Center (USA); 1981-83 Dir. Center for Research and Submicron Analysis; Full Prof. of Physics, Montana State Univ.; s. 1983 Prof. f. Physikal. Chemie u. Leit. Inst. f. Physikal. u. Theoret. Chemie. Arbeitsgeb.: Physik, Chemie, Spektroskopie u. atomistische Grundl. d. molekularen Mikroelektronik, chem. Sensorik u. heterog. Katalyse.

GOEPFERT, Günter

Schriftsteller, Chefredakt. Kulturzeitschrift Bayerland, München - Becherstr. 1, 8000 München 21 (T. 089 - 58 76 34) - Geb. 21. Sept. 1919 München, kath., verh. s. 1958 m. Gertrud, geb. Simon - 1933-36 Ausb. Verlagskaufm. b. Langen-Müller, München - BV: D. Schicksal d. Lena Christ, 1971, 81 u. 89; Münchner Weihnacht, 1973; Münchner Miniaturen, 1976; Karl Stieler, Leben u. Werk, 1985; I nimms wias kimmt, 1986; Wenn d. Kerzen brennen, 1987, Franz v. Pocci, 1988. Herausg. zahlr. Editionen - 1976 Bayer. Poetentaler.

GÖPFERT, Herbert

Dr. med., Dr. phil., o. Prof. f. Angew. Physiologie - Alemannenstr. 35, 7801 Wittnau/Br. (T. Freiburg-40 31 82) - Geb. 19. Dez. 1909 Iserlohn/W. (Vater: August G., Fabrikdir. chem. Industrie; Mutter: Maria, geb. Plümpe), kath., verh. s. 1953 m. Dr. Carmen, geb. Howind, 2 Kd. (Bernhard, Vera) - Realgymn. Iserlohn; Physik- u. Med.stud. Freiburg/Br., Kiel, Bonn (Promot. 1935 u. 38) - 1935-38 Physiol. Forsch. Bonn; 1938-40 Klin. Tätigk. Bonn, Frankfurt/M., Leipzig; 1944-50 Oberarzt Herzforschungs-Inst. Bad Nauheim; 1950-57 Oberarzt, Privatdoz. u. apl. Prof. f. Physiol. (1956) Univ. Heidelberg; s. 1958 apl., ao. (1961) u. o. Prof. (1966) Univ. Freiburg (Dir. Inst. f. Balneol. u. Klimaphysiol.). Spez. Arbeitsgeb.: Physikal. Med., Balneologie u. Klimaphysiol. Fachmitgliedsch. Üb. 150 wiss. Aufs. Mitverf.: Landois-Rosemann, Lehrb. d. Physiol. d. Menschen (28. A.); Handb. d. Dermatol. u. Venerol.; J. Grober, Klin. Lehrb. d. Physikal. Therapie (5. A.); Handb. d. Physikal. Therapie (Bd. III); Lehrb. d. Physikal. Med. u. Rehabilitation (m. H. Drexel, V. R. Ott u. a., 1986). Beitr. in: Reallexikon d. Med. u. ihrer Grenzgeb., Brockhaus-Enzyklopädie, Gesundheitsbrockhaus, 1982 - Spr.: Engl., Franz., Ital. - Rotarier.

GÖPFERT, Herbert G.

Dr. phil., Prof., Verlagsbuchhändler, Honorarprof. f. Buch- u. Verlagswesen, Editionskunde u. lit. Kritik Univ. München (s. 1964) - Südstr. 17, 8035 Stockdorf/Obb. (T. München 857 28 23) - Geb. 1907 Stützerbach/Thür. - Gymn.; Univ. Jena, Berlin, Wien, Greifswald (Dt., Gesch., Kunstgesch., Phil.) - B. 1964 Verlagsleit. - Mitgl. Histor. Kommiss. Börsenverein Dt. Buchhandel (1966) u. Wiss. Senat Lessing-Akad., s. 1975 Kuratorium Arb.kr. f. Gesch. d. Buchwesens, bde. Wolfenb. - BV: Paul Ernst u. d. Tragödie, 1932; Traktat üb. d. Lesen, 1952; Vom Autor z. Leser, 1977. Herausg. (mehrere Aufl.): Mörikes Sämtl. Werke (1954), Friedrich Schiller, Werke in 3 Bdn. (1966); Lessing, Werke in 3 Bdn. (1982); Canetti lesen (1977); Buch u. Leser (1977); Lessings Bild in d. Gesch. (1981). Mithrsg.: Schillers Sämtl. Werke (1957/59); Lesen u. Leben (1975); Lessing, Werke in 8 Bdn. (1970/79); Buch- u. Verlagswesen im 18. u. 19. Jh. (1977); Goethes Sämtl. Werke (1985ff.) - PEN-Zentrum BRD; 1986 W.-Hausenstein-Med. Bayer. Akad. d. Schönen Künste - Lit.: Buchhdl.- u. Lit.-Festschr. (1982).

GÖPFERT, Norbert

Dipl.-Ing., Prof. f. Statik d. Hochbaukonstruktionen Univ. Kaiserslautern - Lixheimer Str. 16, 6750 Kaiserslautern 31.

GÖPFRICH, Peter

Dr. jur., Hauptgeschäftsführer Deutsch-Arabische Handelskammer in Ägypten - 3, Abu El-Feda Street, Kairo-Zamalek (T. 3413-6 62/4) - Geb. 4. März 1950 Saarbrücken, verh. s. 1971 m. Sidar, geb. Khazan, 2 Kd. (Isabel, Manuel) - Jur. Ass.-Ex. 1978; Promot. 1982 Univ. Heidelberg - Geschäftsf. Dt.-Ägypt. Vereinig. f. wirtschaftl. u. soziale Entwicklung - BV: Gesellschafts-Investitions- u. Niederlassungsrecht in Ägypten, 1983; Commercial Agency Law in Egypt, 2. A. 1984 - Spr.: Eng., Franz., Ital., Arab.

GOEPPER, Roger

Dr. phil., Prof., Direktor Museum f. Ostasiat. Kunst, Köln (s. 1966) - Stadtwaldgürtel 44, 5000 Köln 41 (T. 44 47 82) - Geb. 9. März 1925 Pforzheim - 1956-66 Museumstätigk. München u. Berlin (1959). S. 1966 Lehrtätigk. Univ. Köln (Ostasiat. Kunst). Div. Facharb.

GOEPPERT, Sebastian

Dr. med., Prof. f. Med. Psychologie - Stefan-Meier-Str. 17, 7800 Freiburg/Br. - Geb. 20. Febr. 1942 Auggen/Baden, vd., verh. s. 1968 m. Dr. phil. Herma, geb. Frank (Doz. unt. Goeppert-Frank), 3 Kd. (Aline, Noëmi, Benjamin) - Gymn. Stuttgart; Univ. Tübingen (Med., Biol. Studienstiftg. d. Dt. Volkes). Promot. 1968 Tübingen; Habil. 1974 Gießen - U. a. Krankenhaustätigk. (Oberarzt); s. 1973 Prof. Univ. Freiburg - BV: Grundkurs Psychoanalyse, 1976; Med. Psych., 1979; Mitverf.: Sprache u. Psychoanal., 1973; Redeverhalten u. Neurose, 1975, Picasso Kat. illustr. Bücher, 1983; Picassos Minotauromachie, 1986 - Liebh.: Mod. Kunst (spez. Picasso-Graphik) - Spr.: Engl., Franz. - Bek. Vorf.: Prof. Dr. Heinrich Robert G., Botaniker Breslau (Urgroßv.).

GÖPPINGER, Hans

Dr. med., Dr. jur., Dr. h. c., em. o. Prof. u. Direktor Inst. f. Kriminologie Univ. Tübingen (s. 1962) - Corrensstr. 34, 7400 Tübingen - Geb. 11. April 1919 Stuttgart, ev., verh. m. Dr. Eva-Maria, geb. Diener, 2 Kd. (Hanns-Ulrich, Annette) - Univ. Tübingen, Freiburg, Göttingen, Heidelberg. Habil. 1960 Bonn - U. a. Oberarzt - BV: D. gegenw. Situation d. Kriminol., 1964; Strafe und Verbrechen, 1965; Kriminol. (Lehrb.) 1971, 4. A. 1980; Praxis d. Begutacht., 1974; D. Täter in s. sozialen Bezügen, 1983; Angew. Kriminol., 1985; Life Style and Criminality, 1987; Angew. Kriminologie u. Strafrecht, 1986; Angew. Kriminologie - Intern., 1988. Herausg. bzw. Mitherausg.: Arzt und Recht; Handb. d. forens. Psychiatrie; Beiträge z. empirisch. Kriminol.; Kriminol. u. Strafrechtspraxis; Forensia. Div. Einzelveröff. auf arztrechtl., forens.-psychiatr. u. kriminol. Gebiet. Mehr. Publ. in versch. Sprachen übers. sowie Veröff. im Ausl. - Zahlr. Ehrungen u. Auszeichnungen im In- u. Ausl.; Gr. BVK - Festschr., Festgabe.

GÖPPL, Hermann

Dr. rer. pol., Dipl.-Kfm., o. Prof. f. Betriebswirtschaft. Univ. Karlsruhe (s. 1969; 1971/73 Dekan) - Str. d. Roten Kreuzes 100, 7500 Karlsruhe - Geb. 3. Juli 1937 München - Stud. Univ. Köln (Dipl.ex. 1960); Promot. 1963; Habil. 1968 Aachen - BV: Einführung in d. Betriebswirtschaftslehre, 1976, 2. A. 1983; Allg. Betriebswirtschaftslehre, Bd. 1 u. 2, 1976/77, 3. A. 1986; Proceedings Geld, Banken u. Versich., 1981/83/85 (Hrgs. m. R. Henn). Mitherausg.: Hain Ökonomie, Quantitative Meth. d. Unternehmensplanung - Spr.: Engl., Franz.

GÖRBING, Hans
Bundesrichter a. D. - Meisenstr. 11, 8012 Ottobrunn (T. München 609 45 18) - Geb. 12. Okt. 1907 Wuppertal (Vater: Berthold G., Konrektor; Mutter: Amalie, geb. Schneller), ev., verh. s. 1937 m. Ingeborg, geb. Evers, 4 Kd. - Stud. Rechtswiss. Ass.ex. - B. 1965 Bundesfinanzm. (zul. Min.rat u. Ref. Steuerabt.), dann Bundesfinanzhof (-richter) - BV: Kommentar z. Lohnsteuerrecht.

GÖRCKE, Hans-Helmuth
Dr. jur., Generalstaatsanwalt a. D. - Prinzregentenstr. 89, 1000 Berlin 31 (T. 854 18 66) - Geb. 4. Dez. 1902 Brandenburg/H. (Vater: Prof. Dr. phil. Max G., Studienrat, 1907-12 nationalliberaler Reichstagsabgeordneter †1946 (siehe X. Ausgabe); Mutter: Luise, geb. Müller), ev., verh. s. 1932 m. Meta, geb. Jeserich, 1 Kd. - Gymn. Brandenburg; Stud. Rechts- u. Staatswiss. Promot. 1926 Kiel (Diss.; Hegemonie u. Partikularismus im neuen dt. Verfassungsrecht) - S. 1927 Berliner Justizdst. (Gerichtsass., 1929 Staatsanw., 1936 I. Staatsanw. KG. 1939 Ober-, 1956 Generalstaatsanw. LG, 1960 i. W.); Wehrdst. (zul. Hptm. d. R.; 1942 schwer verwundet) - EK II u. I, Verwundeten- u. Inf.-Sturmabz. - Bek. Vorf.: Dr. Johann G., Generalstabschirurg u. Chef d. pr. Mil.med.wesens, Gründer d. Friedrich-Wilhelm-Inst. (Pepiniere) Berlin (1713-58).

GOERDELER, Joachim
Dr. rer. nat., Prof., Chemiker - Annaweg 9, 5300 Bonn 1 - Geb. 12. Sept. 1912 Magdeburg (Vater: Dr. med. Gustav G.; Mutter: Rose, geb. Müller), verh. 1940 m. Oda, geb. Oehlrich - Univ. Marburg u. Tübingen, TH Danzig, Univ. Leipzig. Promot. 1940; Habil. 1952 - S. 1952 Doz. u. apl. Prof. (1959) Univ. Bonn (Abt.s-vorsteher Chem.Inst.). Üb. 100 Fachveröff.

GOERDELER, Ulrich
Rechtsanwalt u. Notar - Allerstr. 5a, 3170 Gifhorn (T. 34 61) - Geb. 13. April 1913 Solingen (Vater: Dr. jur. Carl G., Oberbürgerm. Leipzig, Widerstandskämpfer (s. X. Ausg.); 1945 hingerichtet; Mutter: Anneliese, geb. Ulrich), verh. s. 1940, 5 Kd. - Stadtgymn. Königsberg/Pr.; 1931-35 Univ. Marburg, Halle/S., Leipzig (Rechts- u. Staatswiss.). Gr. jurist. Staatsprüf. - S. 1942 RA Stettin u. Gifhorn (1946; auch Not.); 1942-44 Wehrdst.; 1944-45 9 Mon. Haft (weg. Verdachts d. Mittätersch. am Attentat auf Hitler). 1961-68 MdK Gifhorn sowie Beigeordn. u. CDU-Frakt.-Vors. Stadt Gifhorn; 1963-74 MdL Nieders.; 1964-76 Vors. CDU-Bez. Verb. Lüneburg, dann Ehrenvors. S. 1980 Deleg. d. Ld.-Verb. Hann. im CDU-Bundesaussch.

GOERDT, Otto-Ewald
Dr.-Ing., Vorstandsmitglied Mannesmannröhren-Werke AG. - Mannesmann-Hochhaus, 4000 Düsseldorf 1; priv.: Amselweg 27, 5628 Heiligenhaus - Geb. 30. Juni 1929.

GOERDT, Wilhelm
Dr. phil., o. Prof. f. Philosophie - Burchardstr. 10, 4400 Münster/W. (T. 3 57 43) - Geb. 9. Dez. 1921 Bochum - Univ. Münster (Phil., Slaw., Gesch.). Promot. (1960) u. Habil. (1966) Münster - S. 1966 Lehrtätigk. Univ. Münster (1967 Doz., 1969 Wiss. Rat u. Prof.) u. Bochum (1971 Ord.) u. Münster (1974 Ord.). Emerit. 1987. Fachveröff., auch Bücher (russ. u. sowjet. Philosophie).

GÖRES, Jörn
Dr. phil., Prof., Museumsdirektor, Leit. Goethe-Museum (Anton- u. Katharina-Kippenberg-Stiftg.) - Jacobi-Str. 2, 4000 Düsseldorf (T. 899 62 64) - Geb. 4. Aug. 1931 Bangkattan/Sum. (Vater: Heinrich G., Tabakpflanzer) - Stud. d. Phil. u. Philol. Bonn, Heidelberg; Promot. 1957 - Goethe-Museum D'dorf (1958 Kustos, 1966 Dir.), 1981 Hon.-Prof. Univ. D'dorf - BV: u. a. Abriß dt. Lit.gesch. in Tabellen, 1963 (m. F. Schmitt); Goethes Verhältnis z. Topik, 1964; Goethes Werk in Daten u. Bildern, 1966 (m. B. Gajek); Goethes Leben in Bilddok., 1981. Zahlr. Fachveröff. - Liebh.: Ski, Schwimmen.

GÖRG, Manfred
Dr. theol., Dr. phil., Prof. f. Alttestamentl. Wissenschaften - Jenaer Str. 4, 8000 München 50 - Geb. 8. Sept. 1938 Berlin-Blankenfelde (Vater: Dr. Rudolf G.; Mutter: Maria, geb. Schulte) - Promot. 1965 u. 74; Habil. 1972 - 1974 apl. Prof. Univ. Bochum; 1975 Ord. Univ. Bamberg, s. 1985 Ord. Univ. München. Bücher u. Aufs.

GÖRGEMANNS, Herwig
Dr. phil., Prof. f. Klass. Philologie - Werderpl. 8, 6900 Heidelberg (T. 40 12 37) - Geb. 2. Sept. 1931 Alpen, Kr. Moers (Vater: Paul G., Lehrer; Mutter: Karola, geb. v. Zwehl), kath. - Promot. 1959 Würzburg; Habil. 1965 Heidelberg - S. 1971 Ord. Univ. Heidelberg. Facharb.

GOERGEN, Hans
Dr.-Ing., o. Prof. u. Direktor Inst. f. Bergbaukunde TH Aachen (s. 1966) - Severinusstr. 8, 5023 Weiden (T. Frechen 7 52 66).

GÖRGEN, Hermann M.
Dr. phil., Drs. h. c., Prof., Generaldirektor a. D., Honorarprof. Univ. Santa Maria u. Juiz de Fora (Brasil), Präs. Dt.-Brasil. Ges. (s. 1960) u. Lateinamerika-Zentrum Bonn (s. 1962) - Rochusweg 47, 5300 Bonn - Geb. 23. Dez. 1908 Wallerfangen/Saar, kath., led. - Gymn. Saarlouis; Univ. Bonn (Promot. 1933 m. Summa cum laude) - 1933 Assist. Prof. Friedrich Wilhelm Foerster, 1935 Assist. Forschungsinstitut für dt. Geistesgesch., Salzburg (Ernennung z. Prof. an d. 1938 zu eröffnenden Phil. Fak. d. Kath. Univ. Salzburg), 1938 Emigration, 1950 Prof. Univ. Juiz de Fora (Volksw. Fak.), 1955 Generaldir. Saarl. Rundfunk, 1957 MdB (IV. Wahlp.; CSU) - BV: F. W. Foerster - Leben u. wiss. Entwicklung b. z. J. 1904, Österr. u. d. Reichsidee (m. Julius Wolf u. Konrad Heilig), D. österr. Frage historisch gesehen (Sonderdruck aus d. v. Thomas Mann hg. Ztschr. Maß u. Wert), Entwicklungsländer in d. Entscheid., Dt. Außenpolitik in Lateinamerika, D. kulturpolit. Bedeut. d. Film- u. Fernsehforsch., Brasilien. Übers.: D. bask. Problem, 7 Monate u. 7 Tage in Franco-Spanien (beide unter Ps. Maximilian Helffert), Chiang-Kai-Shek - Reden aus Krieg u. Frieden (Ps. Konrad Frantz); Brasilien, Länderskizze 1970; Brasilien, Landschaft, Polit. Org., Gesch. Bd. I, 1971; D. lateinamerik. Kirche im Wandel, in: Unwandelbares im Wandel der Zeit, Bd. II, 1977 (Bras. 1979). Herausg.: Dt.-Brasilian. Hefte, 2spr. Zweimonatsztschr. (s. 1961) - Ehrendoktor Univ. Paraná Ceará (Brasil.); Ehrenbürger Rio de Janeiro, Saõ Paulo, Curitiba, Juiz de Fora, Londrina, Nova Lima, Espirito Santo (Bundesstaat), Conselheiro Lafayette, Guarani, d. Bundesst. Minas Gerais, Guanabara, Paraná, Ceará; Komtur Kreuz d. Südens (Brasil.); Großoffz. d. Ordens f. Verd. u. d. Erzieh. Brasil.; 1969 Gr. BVK; Großoffz. d. Ordens Rio Branco; Ritter d. Ordens v. Hl. Gregorius; Großoffz. d. Ordens Kreuz d. Südens - Spr.: Franz., Engl., Span., Portug.

GOERGEN, Josef
Dr. theol., Ehrendomherr, Prälat i.R., Honorarprof. f. Staatskirchenrecht u. Kanon. Recht (Jurist. Fak.) u. Lehrbeauftr. f. Kath. Religionslehre (Inst. f. Berufsfachkd.) Univ. Saarbrücken, Mitgl. Wiss. u. Päd. Prüfungsamt f. d. Lehramt d. Höh. Dienstes an Gewerbe- u. berufsbild. Schulen d. Saarl. u. a. - Hohe Wacht 15 a, 6600 Saarbrücken (T. 58 12 56) - Geb. 14. Jan. 1904 Saarlouis (Eltern: Johannes (Architekt) u. Margarete G.), kath. - Gymn. Saarlouis; Phil.-Theologische Hochschule Trier u. Eichstätt, Univ. München u. Bonn - Pfarrer Saarbrücken u. St. Michael; s. 1968 Regionaldekan Stadt u. Kreis Saarbrücken. GVP; CDU - BV: Des Hl. Albertus Magnus Lehre v. Vorseh. u. Fatum, 1932; 100 J. Pfarrkirche u. -gde. Ensdorf, 1968; Hofbräuhaus Saarbrücken im alten u. im neuen Schloßbereich, 1980. Zahlr. Aufs. - 1968 Domkapitular h.c.; 1963 Ehrenbürger Ensdorf; 1954 Offz. Orden Palmes Académiques; 1977 Saarl. VO - Liebh.: Bild. Kunst - Spr.: Franz.

GÖRGEN, Kurt
Geschäftsführer Hacoba-Textilmaschinen GmbH. & Co. KG., Wuppertal - Herzkamper Str. 76, 5600 Wuppertal 2 - Geb. 16. Mai 1933.

GÖRGENS, Egon
Dr. rer. pol., o. Prof. f. Volkswirtschaftslehre - Geranienstr. 16, 8581 Eckersdorf/Ofr. - Geb. 23. April 1941 Büderich - Promot (1968) u. Habil. (1973) Erlangen-Nürnberg - S. 1975 Ord. TU Berlin u. Univ. Bayreuth - BV: Wettbewerb u. Wirtschaftswachstum, 1969; Wandlungen d. industriellen Produktionsstruktur im wirtschaftl. Wachstum, 1975; Beschäftigungspolitik, 1981; Entwicklungshilfe u. Ordnungspolitik, 1983.

GÖRGENS, Friedhelm
Leitung Redaktion Deutschland-Union-Dienst - Friedrich-Ebert-Allee 73-75, 5300 Bonn 1 (T. 0228 - 5 44-4 94).

GÖRIG, Heinz
Dipl.-Ing., Geschäftsführer Sauer Getriebe KG. - Krokamp 35, 2350 Neumünster/SH.; priv.: Emil-v.-Behring-Str. 7 - Geb. 9. Sept. 1937.

GÖRING, Michael C. (Christian)

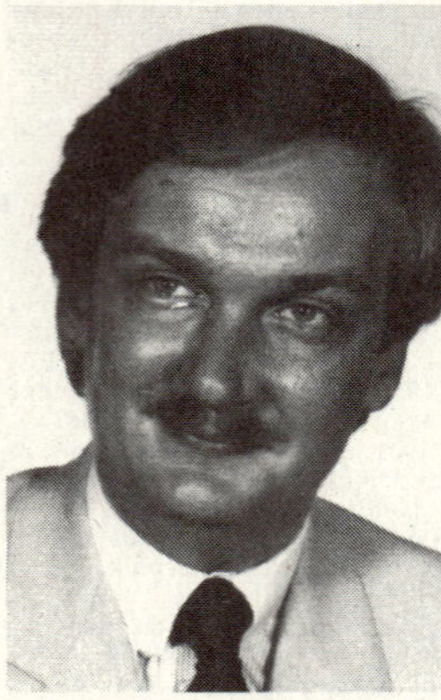

Dr. h.c., Direktor - Adolfsallee 25, 6200 Wiesbaden (T. 06121 - 30 27 80) - Geb. 7. Juni 1949 Wiesbaden (Vater: Albrecht J., Kaufm.; Mutter: Susanne, geb. Löhr), verh. in 2. Ehe (1982) m. Marina, geb. Meister, S. Christian - Ausbild.: Biochemie (Univ. Mainz), Werbung (Melbourne School of Arts), Welthandel (Akad. f. Welthdl. Frankfurt), Journalistik (Christl. Presse-Akad. Nürnberg) - Gegenw. Inh. creaktiv 80 (Werbe-, PR-, Schulungsag. u. a.) u. Chefredakt. gnp/general news press (beides Wiesbaden). Mitgl. Maison Internationale des Intellectuels (M.I.D.I.), Paris, Intern. Fed.of Journalists, Brüssel, Akad. M.I.D.I., Paris, The Grand Council of The Confederation of Chivalry, Sydney, BDW (Dt. Kommunikationsverb.), Bonn, Marketing Club, Frankfurt, cpa Evang. Medien Akad., IHK Wiesbaden, CDU u.a. Org. - 1979 Ritter d. Schlaraffia u. Friend of the Jamaican Government, 1982 Senator United World Authority New York; Ehrenbürger u. Ehrenkonsul Aeterna Lucina (Australien); 1986 Knight of Humanity-Order of the White Cross Intern.; 1986 Ordre de la Milice du Saint Sepulcre; 1986 Großkreuz Order of the White Cross Intern.; weit. hohe intern. Ausz. - Liebh.: Musik, Golf - Spr.: Latein, Engl., Franz.

GÖRITZ, Dietmar
Dr. rer. nat., Wiss. Rat, Prof. f. Physik Univ. Regensburg - Auf der Platte 7, 8400 Regensburg.

GOERKE, Heinz

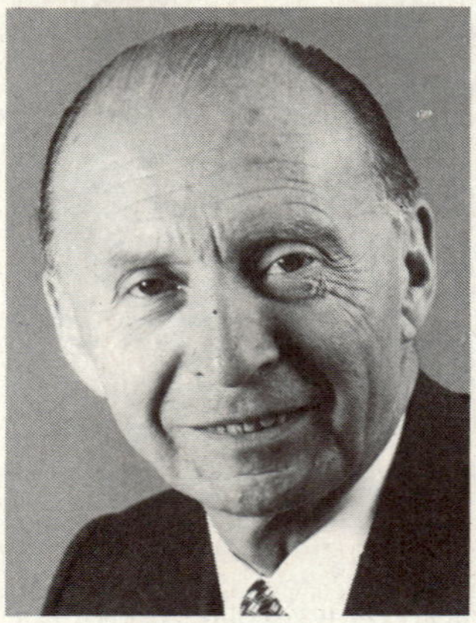

Dr. med., Dr. h.c. mult., Prof., em. Ord. f. Geschichte d. Med. Univ. München, Oberstarzt d.R. a.D. - Strähuberstr. 11, 8000 München 71 (T. 089 - 79 55 48) - Geb. 13. Dez. 1917 Allenstein/Ostpr., ev., verh. s. 1942 m. Dr. med. dent Ilse, geb. Schumacher, T. Dr. Birgitta Goerke-Vogel (Apothekerin) - Gymn. Potsdam; Univ. Berlin u. Jena; Promot. (1943) u. Habil. (1960) FU Berlin - 1950 Arzt f. inn. Krankheiten, 1955 Arzt f. Röntgenol. u. Strahlenheilk.; 1945-50 ärztl. Praxis u. Krankenhaus-Tätigk. Potsdam, dann Berlin; 1952-57 Studienaufenth. Schweden; 1957-62 Ltd. Arzt AOK Beobachtungskrkhs. Berlin; 1962-69 o. Prof. FU ebd.; 1967-69 Ärztl. Dir. Klinikum Steglitz; 1969-86 o. Prof. Univ. München; 1970-82 Ärztl. Dir. Klinikum Großhadern. 1966 Präs. XX. Intern. Kongreß f. Gesch. d. Med. Berlin; s. 1971 Vors. Ges. Freunde u. Förd. d. Deutschen Medizinhist. Museum Ingolstadt; 1973 Gründ. d. Dt. Medizinhist. Museum Ingolstadt; s. 1984 Präs. Erich-Frank-Ges. - BV: D. dt.-schwed. Bezieh. in d. Med. d. 18 Jh., 1958; Kurze Übersichtstabelle z. Gesch. d. Med., 7. A. 1960 (m. P. Diepgen); Selbstzeugnisse Berliner Ärzte 1965, 2. A. 1983; Carl v. Linné, 1966, 2. A. 1989 (engl. Übers. 1973); 75 J. Dt. Röntgenges., 1980; Arzt u. Heilkd., 1984, 2. A. 1987 (span. Übers. 1986); Bauchsitus, anatom. Abb. aus 5 Jh., 1985; Brustorgane, anatom. Abb. aus 5 Jh., 1986; Med. u. Techn., 1988 - 1964 Gold. Sportabz.; 1967 Ehrendoktor Univ. Lund (Schweden), 1982 Univ. Istanbul; 1966 Rocha-Lima-Med.; 1982 Sudhoff-Plak., Paul-Schürmann-Med.; 1984 BVK I. Kl.; 1986 Bayer. VO; 1988 Süheyl Ünver-Med.; Ehrenmitgl. zahlr. in- u. ausl. Fachges. - Spr.: Engl., Franz., Schwed. - Lit.: Med. Diagnostik in Gesch. u. Gegenw. Festschr. z. 60 Geb. (1978); Juliane Wilmanns, Bibliogr. d. Veröff. v. H. G. (1982) - Rotarier.

GÖRKE, Winfried
Dr.-Ing., Prof. f. Informatik Univ. Karlsruhe - Inst. f. Rechnerentwurf u. Fehlertoleranz, Univ., Postf. 6980, 7500 Karlsruhe 1 - Geb. 24. Juni 1933 Berlin, ev., verh. s. 1970 m. Barbara, geb. Döge, 2 Kd. - Dipl. 1959 TH Darmstadt, M.S.E.E. 1959 Purdue Univ., USA, Promot. 1965 TH Karlsruhe, Habil. 1968 Univ. Karlsruhe - S. 1960 Wiss. Mitarb.; 1971 Forschungsgr.leit.; s. 1972 o. Prof. - BV: Zuverlässigkeitsprobl. elektron. Schaltungen, 1969; Fehlerdiagnose digitaler Schalt., 1973; Mikrorechner, 1978, 2. A. 1980; Fehlertolerante Rechensysteme, 1989 - Spr.: Engl., Franz., Russ.

GÖRLACH, Manfred
Dr. phil., Prof. f. Anglistik Univ. Köln (s. 1984) - Bertolt-Brecht-Str. 116, 5042 Erftstadt-Liblar (T. 02235-4 29 36) - Geb. 12. Juli 1937, ev., verh. s. 1971 m. Mechthild, geb. Pohlmann, 2 S. (Tobias, Benjamin) - Stud. Angl., Lat., Indo-

german. FU Berlin, Univ. Durham, Heidelberg, Oxford; Promot. 1970 Heidelberg - 1967-84 Wiss. Assist. u. Akad. Rat/Oberrat Univ. Heidelberg - BV: The South English Legendary, Gilte Legende and Golden Legend, 1972; The Textual Tradition of the South English Legendary, 1974; Einf. in d. engl. Sprachgesch., 1974, 2. A. 1982; An East Midland Revision of the South English Legendary, 1976; Einf. ins Frühneuenglische, 1978; The gestes of Mak and Morris, 1981; u.a. Herausg.: English as a World Language (1982); Middle English Texts (s. 1975); Varieties of English around the World (s. 1980); English World-Wide (Ztschr., s. 1980); Max u. Moritz in dt. Dialekten, Mittelhochdt. u. Jiddisch (1982); Max u. Moritz polyglott (1982); Plisch u. Plum in dt. Dialekten (1984); Max u. Moritz in English Dialects and Creoles (1986). Versch. Aufs. u. Veröff. - Liebh.: Wilhelm Busch - Spr.: Engl., Franz., Lat. u.a.

GÖRLACH, Willi

Studienrat, Minister a. D., MdL Hessen - Oberpforte 2, 6309 Butzbach-Griedel - Geb. 27. Dez. 1940 Butzbach, verh., 3 Kd. - Mittelsch.; Mechanikerl.; Hessen-Kolleg; Stud. Berufs- u. Wirtsch.päd., Maschinenbau. Beide Staatsex. - U. a. Studienrat Kreisberufssch. Nord Butzbach. 1968ff. MdK; b. 1987 Min. f. Landwirtsch. u. Forsten u. Bevollm. b. Bund Hessen. S. 1975 Min. SPD (Vors. Bez. Hessen-Süd, Mitgl. Parteirat).

GÖRLER, Woldemar

Dr. phil., Prof. f. Klass. Philologie - Beethovenstr. 28, 6901 Bammental (T. 06223 - 53 61) - Geb. 4. Okt. 1933 - Promot. 1962 Berlin (FU); Habil. 1970 Heidelberg - S. 1973 apl. Prof. Univ. Heidelberg, s. 1979 o. Prof. Univ. d. Saarl. - BV: Unters. zu Ciceros Phil., 1974.

GÖRLICH, Ernst

Dr. rer. nat., Prof. f. Mathematik TH Aachen (s. 1973) - Gut Kalkofen, 5100 Aachen - Geb. 14. Jan. 1940 Mechernich - Promot. 1967; Habil. 1971 - Mithrsg. „Functional Analysis and Approximation", 1981 - 45 Fachaufs.

GOERLICH, Franz K.

Dr. rer. nat., Geologe, 1. Vors. Bundesverb. Dt. Geologen (s. 1987) - Ahrstr. 45, 5300 Bonn (T. 0228 - 30 22 63) - Geb. 26. Juni 1922 Frankfurt/M., kath., verh. s. 1954, 2 Kd. (Bodo, Petra) - Dipl.-Geol. 1952 Frankfurt; Promot. 1953 Frankfurt - Erdölgeologe, Explorationsleit., Prokurist, Ref.leit. Dt. Forsch.gemeinschaft; Geschäftsf. Alfred-Wegener-Stiftg. - Ca. 35 Publ. üb. Geol./Paläontol., Wiss.politik f. d. Geowiss. - Gold. A. G. Werner-Med.; Ehrenmitgl. Dt. Geol. Ges. - BVK I. Kl. - Liebh.: Kunst, Tischlerei - Spr.: Engl., Franz., Span., Türk., Poln.

GÖRLITZ, Axel

Dr. jur., Prof. f. Politikwissenschaft Univ. Stuttgart - Zu erreichen üb. Inst. f. Politikwiss., Keplerstr. 17, 7000 Stuttgart 1 - Geb. 20. Aug. 1935 Dresden (Vater: Willy G., Versicherungskfm.; Mutter: Felizitas, geb. Rank), ev., verh. in 2. Ehe (1978) m. Evelyn, geb. Friedrich, S. Marius - Stud. Rechtswiss. Beide jurist. Staatsprüf. Promot. (1965) u. Habil. (1971; Politikwiss.) Frankfurt/M. - BV: u. a. Verwaltungsgerichtsbarkeit in Dtschl., 1970; Politikwiss. Propädeutik, 1972 u. 1983; Polit. Funktionen d. Rechts, 1976; Politikwiss. Theorien, 1980; Rechtspolitologie, 1985 - Spr.: Engl., Franz.

GÖRLITZ, Dieter

Oberbürgermeister Stadt Deggendorf (s. 1983) - Rathaus, Oberer Stadtplatz 1, 8360 Deggendorf (T. 0991 - 38 01 00) - 1974-83 Mitgl. Bayer. Landtag. CSU.

GÖRLITZ, Dietmar

Dr. phil., Dipl.-Psych., Prof. f. Psychologie TU Berlin (s. 1975), PD FU Berlin (s. 1985) - Enzianstr. 2, 1000 Berlin 45 - Geb. 4. Juli 1937 Pr.-Eylau - Promot. 1970 - Zul. Assistenzprof. - BV: Ergebnisse u. Probleme d. ausdruckspsych. Sprechstimmforsch., 1972; Perspectives on attribution research and theory, 1980; Kindl. Erklärungsmuster. Entwicklungspsych. Beitr. z. Attributionsforsch., Bd. 1, 1983. Mithrsg.: Bielefelder Symposium üb. Attribution (1978); Umwelt u. Alltag in d. Psych. (1981); Curiosity, imagination, and play. On the development of spontaneous cognitive and motivational processes (1987).

GÖRLITZ, Walter

Redakteur (Mitarbeiter Kulturpolitik DIE WELT) u. Schriftst. (Ps.: Otto Julius Frauendorf) - Dorotheenstr. 139, 2000 Hamburg 39 (T. 47 99 68) - Geb. 24. Febr. 1913 Frauendorf/Pom. (Vater: Dr. med. Walter G.; Mutter: Margarete, geb. Orth), ev., verh. s. 1949 m. Annemarie, geb. Gerstein, 2 Kd. - Gymn. Stettin; Univ. Rostock - BV/Biogr.: Hannibal, 1935; Marc Aurel, 1936; König Georg V. v. Engl., 1937; Russ. Gestalten, 1941; Gustav Stresemann, 1947; Wallenstein, 1948; Stein, Staatsmann u. Reformator, 1949; Adolf Hitler, 1952 (m. H. A. Quint; auch franz. u. span.); Hindenburg, 1953 Paulus (Generalfeldmarsch.) - Ich stehe hier auf Befehl!, 1960; Generalfeldmarsch. Keitel - Verbrecher od. Offz.?, Erinnerungen, Briefe, Dokumente d. Chefs d. OKW, 1961; geschichtl. W.: D. Dt. Generalstab, Gesch. u. Gestalt (1657-1945), 1950; D. II. Weltkr. 1939-45, 2 Bde. 1951/52; D. Junker, Adel u. Bauern im dt. Osten, 1956; Die Waffen-SS, 1960, 3. A. 1964; Griff in d. Gesch., 1964; Kl. Gesch. d. dt. Generalstabes, 1967; Hannibal - E. polit. Biogr. 1969; Karl Dönitz - D. Großadmiral, 1973; Model-Strategie d. Defensive, 1975. Herausg.: Regierte d. Kaiser? - Aufz. d. Chefs d. Marine-Kabinetts, Admiral Georg Alexander v. Müller, 2 Bde. 1959/65 - Spr.: Engl., Franz.

GÖRLITZER, Klaus

Dr. rer. nat. habil., Prof. f. Pharmazeut. Chemie TU Braunschweig (s. 1985) - Waterloostr. 15, 3300 Braunschweig - Geb. 29. Juli 1940 Guben, ev., verh. s. 1968 m. Jutta, geb. Kreikenbom, S. Jochen - Stud. FU Berlin; Promot. 1968; Habil. 1976. 1977-85 Prof. FU Berlin.

GÖRNER, Peter

Dr. rer. nat., o. Prof. f. Biologie (Neurophysiol.) Univ. Bielefeld (s. 1973) - Leiblstr. 7, 4800 Bielefeld 1 - Geb. 24. Sept. 1929 Stettin (Vater: Albert G., Offz. (gef.); Mutter: Ilse, geb. Saunier †), ev., verh. s. 1968 m. Dr. Ursula, geb. Seelemann, 2 T. (Anke, Gela) - Univ. Würzburg u. München (Zool.). Promot. 1957 München (Diss. b. Prof. Karl v. Frisch); Habil. 1966 Berlin (FU) - B. 1962 Univ. Utrecht, dann FU Berlin (1968 Wiss. Rat).

GÖRNERT, Hans

Oberbürgermeister Stadt Gießen a. D., Rechtsanwalt - Johannesstr. 16, 6300 Gießen - Geb. 3. Mai 1934 Wetzlar (Vater: Paul G., Ing.; Mutter: Luise, geb. Theiss), ev., verh. s. 1984 m. Sibylle, geb. Gerhardt, 3 Kd. (Babett, Ulrike, Stefan) - Goethesch. Wetzlar, Univ. Heidelberg u. Marburg, 1. u. 2. jurist. Staatsex. 1959 - 1963-77 Richter, 1977-79 Oberbürgerm. Stadt Lahn, 1979-85 OB Gießen - Liebh.: Musik, Kunstgesch. - Spr.: Engl.

GÖRNERT, Hans-Dieter

Dipl.-Ing., Prof. f. Wasserversorgung u. Abwassertechnik Gesamthochschule Siegen (Fachbereich Bautechnik) - Gerhart-Hauptmann-Weg 11, 5900 Siegen 21.

GÖRRES, Albert

Dr. med., Dr. phil., o. Prof. f. Psychotherapie u. Med. Psychol. - Alte Münchner Str. 45a, 8043 Unterföhring - (Vater: Dr. Karl G., Rechtsanw.; Mutter: Maria, geb. Spahn), verh. s. 1950 m. Silvia, geb. Volkart, 7 Kd. - S. 1955 (Habil.) Lehrtätigk. Univ. Mainz (1961 apl., 1962 ao. Prof.) u. München (1966 o. Prof. u. Inst.-Vorst., 1973 Med. Fak. TU München) - BV: Methode u. Erfahrungen d. Psychoanalyse, 1958, 2. A. 1961, 5. A. (Taschenb.) 1973 (auch engl., ital., span., portugies., amerik. Übers.); An d. Grenzen d. Psychoanalyse, 1968; D. Kranke - Ärgernis d. Leistungsges., 1971 (m. a.); Kennt d. Psychologie d. Menschen?, 1978, 2. A. 1986 (Taschenb.); D. Böse. Wege zu s. Bewältigung in Psychotherapie u. Christentum, 1982, 5. A. 1989 (Taschenb.) (ital. Übers. 1989); Kennt d. Relig. d. Menschen? Erfahr. zw. Psych. u. Glauben, 1983, 2. A. 1984 (Taschenb.). Herausg.: Tiefenpsych. Deutung d. Glaubens. Anfragen an Eugen Drewermann (1988, m. W. Kasper). Mithrsg.: Denkschr. DFG: Ärztl. Psychotherapie u. -somat. Med. (1964); Intern. Kath. Ztschr. (1972ff.); Ztschr. f. Klin. Psych. u. Psychotherapie. Üb. 50 Beitr. Handb. u. Fachorgane.

GÖRRES, Franz

Dipl.-Ing., Dr. techn., Prof. f. Straßenwesen u. Verkehrsplanung Univ.-Gesamthochschule Paderborn (Fachbereich Bautechnik/Höxter) - Beberstr. 19, 3470 Höxter 1.

GÖRRES, Tilman

Gf. Gesellschafter Relations & Opinion Ges. f. Öffentlichkeitsarb. mbH - Dorotheenstr. 54, 2000 Hamburg 60 (T. 040 - 27 07 04-0) - Geb. 29. Sept. 1940 Königsberg/Pr., ev. - 1980-87 Vorst. Ges. Public Relations Agenturen (GPRA), Hamburg; Mitgl. GPRA-Schiedsstelle f. Public Relations, Bonn.

GOERTTLER, Klaus

Dr. med., o. Prof. f. Exper. u. Vergl. Pathologie, Direktor Inst. Vergl. Exper. Path. Univ. Heidelberg, Inst. Exper. Path. Dt. Krebsforschungszentrum Heidelberg - Im Neuenheimer Feld 220, 6900 Heidelberg (T. 48 42 00).

GOERTZ, Hans-Jürgen

Dr. theol., Prof. f. Sozial- u. Wirtschaftsgesch. Univ. Hamburg - Wilhelms Allee 15, 2000 Hamburg 55 (T. 040 - 86 26 21) - Geb. 16. April 1937 Fronza/Westpr. (Vater: Gerhard G., landw. Administrator; Mutter: Ruth, geb. Kuttig), mennonit., verh. s. 1967 m. Ilse, geb. Groenekamp, T. Janneke - Stud. Theol., Phil., Gesch.; Promot. 1964 Univ. Göttingen - 1963-64 Vikar; 1964-69 Pastor Mennonitengde. Hamburg-Altona; 1969-1972 Wiss. Assist. Ökumen. Inst. Univ. Heidelberg; 1974-1982 Wiss. Oberrat Univ. Hamburg; s. 1982 Prof. Inst. f. Sozial- u. Wirtschaftsgesch. Univ. Hamburg; 1986 Gastprof. Univ. Bern - BV: Inn. u. äuß. Ordn. in d. Theol. Thomas Müntzers, 1967; D. Täufer. Gesch. u. Deut., 1980, 2. A. 1988; Geist u. Wirklichk. E. Studie z. Pneumatol. Erich Schaeders, 1980; Pfaffenhaß u. groß Geschrei. D. reformatorischen Bewegungen in Deutschl. 1517-29, 1987; Thomas Müntzer. Mystiker, Apokalyptiker, Revolutionär, 1989. Herausg.: D. Mennoniten. Kirchen d. Welt, Bd. 8 (1971); Umstrittenes Täuferturn 1525-1975. Neue Forsch. (1975, 2. A. 1977); Radikale Reformatoren. 21 biogr. Skizzen v. Thomas Müntzer b. Paracelsus (1978, engl. Übers. 1982); Thomas Müntzer. Wege d. Forsch. (m. a., 1978); Alles gehört allen. D. Experiment Gütergemeinschaft v. 16. Jh. b. heute, (1984) - 1972-74 Habil.-Stip. Dt. Forsch.gemeinsch.

GOERTZ, Hartmann

Dr. phil., Schriftsteller - Am Gries 25, 8210 Prien/Chiemsee (T. 18 19) - Geb. 25. Sept. 1907 Nakel/Netze, kath., verh. s. 1933 m. Marianne, geb. Dolejs, Tocht. Christiane - Univ. Tübingen, Paris, Wien, Berlin, Greifswald - 1935-37 S. Fischer Verlag, Berlin, 1938-48 (m. Kriegsunterbrech.) Cheflektor Wolfgang Krüger Verlag, Hamburg, 1949 b. 1952 Leit. Hörspieldramaturgie Hess. Rundf., Frankfurt/M. - BV: Frankr. u. d. Erlebnis d. Form im Werke R. M. Rilkes, 1932; V. Wesen d. dt. Lyrik, 1935; Preußens Gloria, 1962. Hörspielbearb. u. unterhaltende Wortsend. m. Musik. Herausg.: Bettina in ihren Briefen, 1935; Lieder aus der Küche, 1957; Alte Wiener Lieder, 1958; Ernst, ach Ernst, was du mir alles lernst - Berliner Lieder, 1959; Rosen auf d. Weg gestreut, 1961; Mariechen saß weinend im Garten, 1963; Kinderlieder, Kinderreime, 1973. Div. Schallpl. - Senator Halkyon. Akad.

GOERTZ, Heinrich

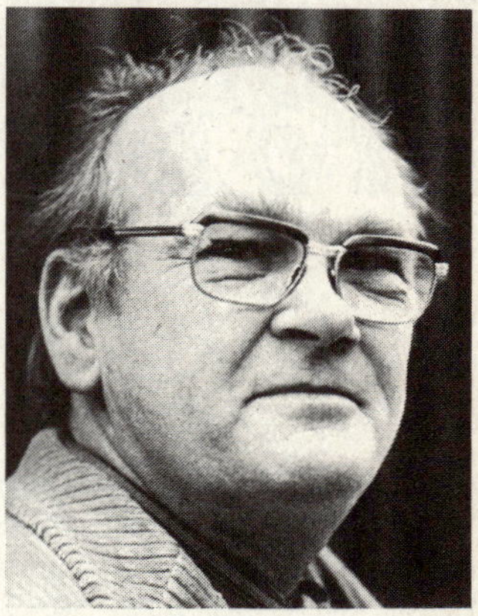

Schriftsteller, Maler - Försterweg 2, 3262 Auetal-Borstel (T. 05753 - 43 60) - Geb. 15. Mai 1911 Duisburg, verh. s. 1973 m. Angela, geb. Wilkening - 1929-31 Folkwangsch. Essen (Bühnenbild u. Regie) - 1945-47 Bühnenbildner u. Regiss. Dt. Theater Berlin; 1947-61 Regiss. Ostberliner Volksbühne; 1965/66 Chefdramat. Westberliner Volksbühne, 1967-70 Staatsschauspiel Hannover; s. 1970 fr. Maler u. Schriftst. - BV: Johannes Geisterseher, R. 1942; Erwin Piscator, 1974; Hieronymus Bosch, 1977; Gustaf Gründgens, 1982; Lachen u. Heulen, R. 1982.; Arnold Leissler, 1984; Friedrich Dürrenmatt, 1987. Ca. 50 Insz., u.a. 1946 Peter Kiewe am Berliner Dt. Theater. Kunstrichtung: Phantast. Realismus - 1983 Nieders. Künstlerstip. - Liebh.: Fotogr. - Spr.: Engl., Franz. - Lit.: Zahlr. Aufs. u. Erz. in Ztg. u. Ztschr.

GÖRTZ, Herbert

Dirigent, Kapellmeister Staatstheater Braunschweig - Steinweg 5, 3300 Braunschweig (T. 0531-1 88 02); Alkvinstr. 2, 5100 Aachen - Geb. 14. Nov. 1955 Aachen, kath., ledig - Stud. Dirig., Kirchenmusik, Klavier, Musiktheorie Aachen, Köln u. Salzburg - GMD-Assist. Bonn; Kapellm. Oberhausen u. Braunschweig. Konz. in England, Frankr., Ital., Belg., Niederl. u. Polen - Dirig. Musikwerke: d'Albert, Tiefland; Rossini, La Cenerentola; Offenbach, La Grande Duchesse de Gerolstein; u.a. (1985 Saatstheater Braunschweig) - Liebh.: Lit., Malerei - Spr.: Engl., Franz., Lat., Griech.

GOERTZEN, Friedrich

Industriekaufm., Geschäftsführer, Vorstandsmitgl. Baugewerbsinnung - Pfeilstr. 31a, 4200 Oberhausen 11 (T. 0208 - 67 27 20) - Geb. 19. Mai 1935 Oberhausen, kath., verh. s. 1960 m. Gertrud, geb. Steck, Sohn Ralf - 1950-53 Lehre Industriekaufm. - Mitgl. betriebsw. Aussch. Baugewerbeverb. Nordrh., Düsseldorf; Mitgl. Vertretervers. (Selbstverwaltungsorgan) d. Allg. Ortskrankenkasse f. d. Stadt Oberhausen; Beauftr. f. Öffentlichkeitsarb. d. Baugewerksinnung Oberhausen. Ehrenamtl. Richter b. AG Oberhausen - Liebh.:

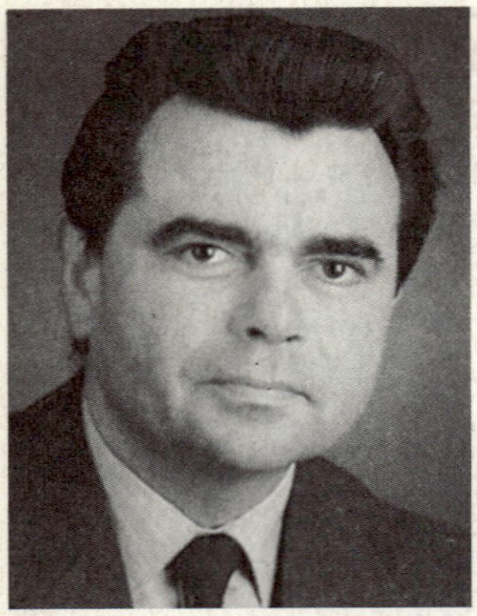

Schwimmen, Wandern, Tennis, Langlauf.

GOERZ, Günter

Dr. med. (habil.), Dermatologe, apl. Prof. f. Dermatol. u. Venerol. Univ. Düsseldorf (s. 1974) - Punghausstr. 26, 4010 Hilden/Rhld. - Geb. 3. Okt. 1934 Halle/S. - Promot. 1960 - U. a. Oberarzt u. Privatdoz. Düsseldorf. Üb. 50 Facharb.

GOES, Albrecht

Pfarrer, Schriftst. - Im langen Hau 5, 7000 Stuttgart-Rohr (T. 74 91 03) - Geb. 22. März 1908 Langenbeutingen/Württ. (Vater: Eberhard G., Pfr.; Mutter: geb. Panzerbieter), ev., verh. s. 1933 m. Elisabeth, geb. Schneider, 3 Kd. - Stud. Theol. - W.: D. Hirte, Ged. 1934; D. Hirtin, Sp. 1934; Heimat ist gut, Ged. 1935; D. Roggenfuhre, Sp. 1936; Lob d. Lebens, Erz. 1936; Vergebung, Sp. 1937; Über d. Gespräch, Ess. 1938; D. Zaungast, Sp. 1938; Mörike, Biogr. 1938; Begegnungen, Erz. 1939; D. Nachbar, Ged. 1940; D. guten Gefährten, Ess. 1942; Schwäb. Herzensreise, Erz. 1946; D. Weg z. Stall, Sp. 1946; D. Herberge, Ged. 1947; Rede auf Hermann Hesse, 1947; D. Mensch v. unterwegs, Sp. 1948; V. Mensch zu Mensch, Ess. 1949; Unruh. Nacht, Erz. 1950 (üb. 150 Ts. (1958 verfilmt); Übers. Engl., USA, Schwed., Norw., Dänem., Frankr., Türk., Span., Jap., Finnl., Polen, Tschechosl., Holl., Ital., Ung.). Gedichte, 1930-50, 1950; Unsere letzte Stunde, Ess. 1951; Vertrauen in d. Wort, 1954; D. Brandopfer, Erz. 1954 (üb. 150 Ts.; 10 Übers.); Erfüllter Augenblick, Ausw. 1955; Ruf u. Echo, Ess. 1956; Worte z. Sonntag, Ess. 1956; Genesis, 1957; Hagar am Brunnen, Pred. 1958; St. Galler Spiel, 1959; Worte z. Fest, 1959; Stunden m. Bach, 1959; Goethes Mutter, Rede 1960; Wagnis d. Versöhnung, Ess. 1960; Ravenna, Ess. 1960; Aber im Winde d. Wort - Prosa u. Verse aus 20 J., 1963; D. Löffelchen, Erz. 1965; Im Weitergehen, Ess. 1966; D. Knecht macht keinen Lärm, Pred. 1968; Kanzelholz, Pred. 1971; Tagwerk, Prosa u. Verse, 1976; Lichtschatten Du, Ged. 1979 - 1953 Lessing-Preis Stadt Hamburg, 1962 Heinrich-Stahl-Preis Jüd. Gemeinde Berlin; o. Mitgl. Dt. Akad. f. Sprache u Dicht. u. Akad. d. Künste Berlin; Mitgl. PEN-Zentrum BRD; 1958 Willibald-Pirckheimer-Med.; 1959 Gr. BVK; 1974 Dr. h. c. Theol. Fak. Univ. Mainz, 1978 Buber-Rosenzweig-Medaille - Lit.: Rudolf Wentorf, A. G. - An vielen Tischen zu Gast (1968); Diss. USA u. Belg.

GÖSCHEL, Joachim

Dr., phil., Prof. f. Linguistik d. Deutschen u. Phonetik Univ. Marburg (s. 1971) - Sommerstr. 24, 3550 Marburg/L. - Geb. 22. Dez. 1931 Regis-Breitingen/Sa. - Promot. 1961 Leipzig; Habil. 1970 Marburg - 1969 ff. Leit. Abt. Phonetik/Dt. Sprachatlas, Marburg - BV: u. a. Strukturelle u. instrumental-phon. Unters. z. gesprochenen Sprache, 1973. Hrsg.: Ztschr. f. Dialektologie u. Linguistik (1972 ff.).

GÖSELE, Karl

Dr.-Ing., Prof., Akustiker - Grundstr. 32, 7022 Leinfelden-Echterdingen 3 - Geb. 24. Juli 1912 Stuttgart (Vater: Michael G., Schreiner; Mutter: Katharina, geb. Kipf), ev., verh. s. 1945 m. Marta, geb. Jung, 4 Kd. - TH Stuttgart (Physik). Promot. 1939; Habil. 1942 - S. 1939 Forschungsanst. Graf Zeppelin, Bauforschungsanst. TH, 1959 apl. Prof., Dir. Fraunhofer-Inst. f. Bauphysik, Stuttgart (b. 1977). Üb. 140 Veröff., vornehml. Bauakustik.

GOESER, Hanns

Dr. jur., Vorstandsmitglied i.R. (s. 1983) Württ. Bank, Stuttgart - Rottannenweg 8, 7000 Stuttgart (T. 24 08 33) - AR-Mandate (z. T. Vors.) u. a. - Spr.: Engl. - Rotarier.

GÖSS, Martin

Prof. f. Musik u. Darst. Kunst Univ. Frankfurt - Winterbachstr. 43, 6000 Frankfurt/M. (T. 069-560 25 51) - Geb. 9. Mai 1936 Gallmersgarten - 1953-57 Bayer. Staatskonservat. Würzburg, Staatsex. 1957 - 1957 Theater Würzburg; 1958 Städt. Bühnen Freiburg/Br.; 1959 Staatsoper Hannover; 1967 R.S.O. Frankfurt; 1976 Hochsch. f. Musik Frankfurt; 1979 Hochsch. f. Musik Würzburg; 1984 Hochsch. f. Musik Detmold; s. 1969 Mitgl. Bayreuther Festsp. - BV: Orchesterstudien f. Posaune, 1984.

GÖSSEL, Karl Heinz

Dr., Prof. f. Straf- u. Strafprozeßrecht Univ. Erlangen (s. 1975), Vors. Richter LG München I (s. 1981) - Niobestr. 27, 8000 München 82 - Geb. 16. Okt. 1932 Rheinhausen/Nrh. (Vater: Otto G., Revisor; Mutter: Grete, geb. Küppersbusch), ev., verh. s. 1961 m. Annemarie, geb. Kayser, 2 Kd. (Jasper, Jan) - Kaufm. Lehre; Stud. d. Rechtswiss. Univ. Köln u. München; Habil. 1972 - 1966/67 Staatsanwalt Bayer. Staatsmin. d. Justiz. 1980/81 Dekan Jurist. Fak. Univ. Erlangen - BV: Wertungsprobleme d. Begriffe d. finalen Handlung, 1966; Üb. d. Bedeutung d. Irrtums im Strafrecht, Bd. I 1974; Strafverfahrensrecht I, 1977; Fälle u. Lösungen z. Strafrecht, 5. A. 1988, Strafrecht Allg. Teil, Teilbd. 2, 7. A. 1989 (m. Maurach u. Zipf); Strafverfahrensrecht II. 1979; Komment. z. §§ 359-373a, 407-444 StPO (v. Löwe-Rosenberg, m. a.); zahlr. Aufs. u. Beiträge in Fachzeitschr. u. Festschriften - 1981 Ehrenmitgl. Rechtswiss. Fak. Univ. Santiago de Chile - Spr.: Engl.

GÖSSLER, Fritz

Dr. phil. Geschäftführer i. R. Anschütz & Co., Kiel (b. 1973) - Bismarckallee 38, 2300 Kiel (T. 3 21 11) - Geb. 8. Okt. 1908 Teschendorf/Meckl. (Vater: Ernst G., Lehrer; Mutter: Margarete, geb. Schulz), verh. s. 1935 m. Lotte, geb. Seelig - Univ. Jena, Kiel, Rostock (Math., Physik; Promot. 1932) - 1935 b. 1952 Carl Zeiss, Jena u. Oberkochen; 1953-72 Zeiss Ikon AG., Stuttgart (b. 1970 Vorstandsmitgl., dann -vors.). Funktionen: Vorstandsmitgl. Verb. d. dt. photogr. Ind. u. Univ.sges. Kiel, ARsmitgl. Berliner Bank AG., VRsmitgl. Inst. f. Weltwirtsch. Kiel - 1967 Gold. Linse; 1969 BVK I. Kl. - Spr.: Engl., Franz. - Rotarier.

GÖSSMANN, Elisabeth,

geb. Placke

Dr. theol., Dr. theol. h.c., Prof., Theologin - Sollner Str. 57, 8000 München 71 u. Miyamae 5-8-9, 168 Suginamiku/Tokyo (Jap.) - Geb. 21. Juni 1928 Osnabrück (Vater: Heinrich Placke, Oberzollrat; Mutter: Caecilie, geb. Mensing), kath., verh. s. 1954 m. Prof. Dr. Wilhelm G., Pädagoge (s. dort), 2 Kd. (Debora, Hilaria) - Univ. Münster u. München (Theol., Phil., German.; Staatsex. 1952). Promot. 1954, Habil. 1978, Ehrendoktor Univ. Graz 1985 - S. 1955 (m. Unterbr.) Doz. u. Prof. Seishin Univ. Tokyo (Ord.). Div. Fachmitgliedsch. - BV: D. Verkündig. an Maria im dogmat. Verständnis d. Mittelalters, 1957 (Diss.); D. Frau u. ihr Auftrag, 2. A. 1965; D. Bild d. Frau heute, 2. A. 1967; Metaphysik u. Heilsgesch. - E. theol. Unters. d. Summa Halensis, 1964; Religiöse Herkunft - Profane Zukunft? - D. Christentum in Japan, 1965; Glaube u. Gotteserkenntnis im Mittelalter, 1971; Antiqui u. Moderni i. Mittelalter - Eine geschichtl. Standortbestimmung, 1974; D. streitbaren Schwestern. Was will d. Feminist. Theol.?, 1981; Textedition: Robert Kilwardby, Quaestiones in L. III Sententiarum, T. 1: Christol., 1982. S. 1984: Archiv f. phil.- u. theol.-geschichtl. Frauenforsch. München (iudicium), auf 10 Bde. berechn. - Mithrsg.: Theol. Fragen heute (m. M. Schmaus, 1964ff.); Was ist Theol.? (m. E. Neuhäusler, 1966); D. Gold im Wachs (m. G. Zobel, 1988); Maria üb. allen Frauen oder f. alle Frauen? (m. D. R. Bauer, 1989) - Liebh.: Jap. Kunst, Schwimmen - Spr.: Engl., Franz., Jap.

GÖSSMANN, Wilhelm

Dr. phil., Prof., f. Didaktik d. Dt. Spr. u. Lit. Univ. Düsseldorf - Graf-Recke-Str. 160, 4000 Düsseldorf (T. 63 31 04) - Geb. 20. Okt. 1926 Langenstraße/W. (Vater: Anton G., Bauer; Mutter: Maria, geb. Witthaut), kath., verh. s. 1954 m. Prof. Dr. theol. Elisabeth, geb. Placke (s. unt. Elisabeth G.), 2 Kd. (Debora, Hilaria) - Univ. Münster (German., Theol., Phil.; Staatsex. 1952). Promot. 1955 München - 1955-60 Doz. Sophia u. Tokyo Univ. (Jap.); 1962-68 Doz. Päd. Hochsch. Weingarten; 1968-80 o. Prof. PH Rheinland/Abt. Neuss, s. 1980 o. Prof. Univ. Düsseldorf (Didaktik d. dt. Sprache u. Lit.). 1973-83 Vors. d. Heine-Ges. Mitgl. Droste-, Görres-, Dt.-Jap. Ges. - BV: D. Schuldproblem im Werk Annette v. Droste-Hülshoffs, 1956 (Diss.); Deutsche Kulturgesch. im Grundriß, Lehrb. 5. A. 1978; Doitsu Bungako no Seishin, Ess. 1960 (jap.: Tokyo); Meditationstexte, Lyrik 1965; Sakrale Sprache, Ess. 1965; Wörter suchen Gott, Lyr. 1968; Sentenzen, Lyrik, 1970; Glaubwürdigkeit i. Sprachgebrauch, Wissenschaftl. Abhandl., 1970; Geständnisse - Heine i. Bewußtsein heutiger Autoren (Hrsg.), 1972; Lit. Gebrauchstexte, protestieren - nachdenken, didakt. Texte, 2. A. 1974; D. Gottesrevolution. D. Reden d. Jesus von Nazaret, Übers. 1974; Politische Dichtung im Unterricht: Dtschl. - E. Wintermärchen, Fachb. 1974; Literarisier. - e. Lernziel d. Deutschunterr., Wiss. Abh., 1974; Ihr aber werdet lachen, Gloss. 1976; Sätze statt Aufs. Schriftl. Arb. auf d. Primarstufe, Fachb. 1976; Umbau - Land u. Leute, Lit., Inspektion 1978; Heine im Deutschunterr. (Hrsg.), Fachb. 1978; Schülermanuskr. Schriftl. Arb. auf d. Sekundarstufe I, Fachb. 1979; D. Kunst, Blumen zu stecken, Essay 1980; Relig.: d. Menschenleben, Lit. Wiedergabe bibl. Erfahr., 1981; Im Gewohnten erschrecken, Beifahrergespr. u.a. Prosatexte, 1982; D. späte Heine 1848-1856. Lit., Politik, Relig. (Hrsg.), 1982; Lernen ist verrückt - od. Schule lebenslänglich? Lit. Inspektion, 1984; Voller Knospen d. Baum - Weihnachten, Lyrik, Prosa 1984; Annette v. Droste-Hülshoff, Ich u. Spiegelbild, Z. Verständnis d. Dichterin u. ihres Werkes, 1985; Noch summt v. d. Botschaft d. Welt, Gedanken u. Meditationen, 1986; Glücklichpreisungen, D. Bergpredigt meditieren, 1986; Wohnrecht unter d. Himmel, Ged. 1986; Heinrich Heine, Deutschl. E. Wintermärchen, Text u. Materialien, 1986; Theorie u. Praxis d. Schreibens, Wege zu e. neuen Schreibkultur, 1987; Hier ist gut sein, Bilder e. Landschaft, Lyrik, Prosa 1988 - Liebh.: Blumenstecken (Ikebana) - Spr.: Jap., Engl.

GÖSSNER, Wolfgang

Dr. med., o. Prof. f. Allg. Pathologie u. Pathol. Anatomie - Oberföhringer Str. 127, 8000 München 81 - Geb. 29. Okt. 1919 Leipzig - S. 1959 (Habil.) Lehrtätigk. Univ. Tübingen (1963 apl. Prof.) u. TU München (1969 Ord.).

GÖSSWALD, Karl

Dr. phil., o. Prof. f. Zoologie (emerit. 1974) - Scheffelstr. 14a, 8700 Würzburg - Geb. 26. Jan. 1907 Würzburg (Vater: Max G.; Mutter: Margarete, geb. Geyer), verh. s. 1937 m. Johanna, geb. Traumann, 2 Kd. (Karl Josef, Barbara Maria) - Gymn. u. Univ. Würzburg. Promot. (1931; m. Univ.preis) u. Habil. (1947) Würzburg - Assist. Univ. München u. Staatl. Lehr- u. Versuchsanstalt f. Obst-, Wein- u. Gartenbau, Neustadt/Weinstr., 1935 wiss. Angest., spät. Dienststellenleit. Biol. Reichsanst., Berlin, 1942 Reg.rat u. Abt.leit. Versuchsanst. f. Waldwirtsch., Eberswalde, 1947 Privatdoz., 1948 ao., 1966 o. Prof. Univ. Würzburg (Vorst. Inst. f. Angew. Zool.). Leit. Amtl. Prüfst. f. Werkstoff-Schädlinge. Mitgl. Wiss. Rat Intern. Ges. f. Nahrungs- u. Vitalstoff-Forsch. - BV: Aculeata, in: Sorauer, Handb. d. Pflanzenkrankh., 1949; D. rote Waldameise, Bedeut., Nutzen u. Zucht in d. Forstw., 1951; Unsere Ameisen, Bd. I u. II, 1954; Org. u. Leben d. Ameisen, 1985; D. Waldameise, Grundl. Biol., Ökol. u. Verhalten, Bd. 1 1989. 275 wiss. Veröff. Mithrsg.: Ztschr. f. Angew. Zool., Insectes sociaux, Intern. Journal of Bioclimatology and Biometeorology, Waldhygiene - 1966 Zander-Med. in Gold; 1966 Ehrenvorst. Dt. Sektion Intern. Union z. Stud. d. soz. Insekten; 1967 Mitgl. Ind. Akad. f. Zool.; 1970 Medaglia d'Oro al merito silvano, 1971; Ehrennadel in Gold d. Bayer. Imker-Vereinigung e. V.; 1971 Leit. Ameisenschutzwarte Würzburg; Ehrenpräs. Verein z. Förd. d. Ameisenschutzwarte Würzburg e. V.; 1979 Ausl. Mitgl. Finnisch. Nat.Schutzverein Loumais-Hämeen; 1979 Ehrenbrief Imkerverb. Rhld.; 1979 Umweltmed. Bayer. St.M.-L.U.; 1981 BVK; 1981 Ehrenmitgl. Dtspr. Sekt. Intern. Union z. Stud. Soz. Insekten; Ehrenmitgl. Europ. Ges. f. Säugetierschutz; 1985 BVK I. Kl.

GOETERS, Cornelius

Geschichtsforscher u. Volkskundler - Wickrathberg-Haus Laufs, 4050 Mönchengladbach 4 - Geb. 18. Febr. 1921 Bonn (Vater: Prof. Dr. D. Wilhelm G., Kirchenhistoriker Univ. Bonn u. Münster, Ehrendoktor Univ. Utrecht (Niederl.), †1953) - 1981 Benedikt-Preis Stadt Mönchengladbach.

GOETERS, J. F. Gerhard

Dr. theol., o. Prof. f. Kirchengeschichte - Niebuhrstr. 25, 5300 Bonn - Geb. 1. April 1926 Bonn, ev. - Stud. Ev. Theol. Bonn, Göttingen, Tübingen, Zürich. Promot. Zürich 1957, Habil. Bonn 1963 - 1964 Doz. Univ. Bonn; 1967 Ord. Univ. Münster; 1970 Ord. Univ. Bonn. 1959 Mitgl. Ges. Rhein. Geschichtskunde; 1968 Mitgl. Histor. Kommiss. Westfalens - BV: Ludwig Hätzer, Spiritualist u. Antitrinitaner, 1957; D. Beschlüsse d. Weseler Konvents, 1968; D. ev. Kirchenordn. d. Kurpfalz, 1969; D. Akten d. Synode z. Emden, 1971. Div. Einzelarb.

GOETHE, Friedrich W.

Dr. phil. nat., vorm. Direktor Inst. f. Vogelforsch./Vogelwarte Helgoland, Wilhelmshaven - Kirchreihe 19B, 2940 Wilhelmshaven (T. 3 26 54) - Geb. 30. Juni 1911 Kiel (Vater: Walter G., Seeoffz.; Mutter: Maria, geb. Staehelin), ev., verh. s. 1936 m. Elisabeth, geb. Peters, 3 Kd. (Bernhart, Swanhild, Burkhart) - Oberrealsch. Detmold; Univ. Freiburg/Br., Basel, Münster/W. (Zool., Botanik, Geogr.). Promot. 1936 - 1936-38 Assist. Forschungsst. Dt. Wild Werbellinsee, dann wiss. Mitarb. Biol. Labor. UFA-Kulturfilmherstell., 1939-45 Wehrdst., 1946 b. 1951 Assist. Lipp. Landesmuseum Detmold, seither Assist. u. Dir. (1958-76) Inst. f. Vogelforsch. W'haven. 1946-48 apl. Doz. Päd. Akad. Detmold (Biol.). Mitgl. in- u. ausl. Fachges. - BV: D. Vogelinsel Mellum, 1939; Vogelwelt d. Teutobg. Waldgebietes, 1948; D. Silbermöwe, 1956; Verhalten d. Musteliden, in: Handb. d. Zool., 1964 - Liebh.: Tier in Kunst u. Folklore - Spr.: Engl., Franz. - Rotarier - Bek. Vorf.: Rudolf Konst. G., Dir. Lehr- u. Forschungsanstalt f. Obst-,

Wein- u. Gartenbau Geisenheim (1843-1911).

GOETHE, Hans-Georg
Dipl.-Berging., Vorstand i.R. Dt. Texaco AG - Schefflerweg 16a, 2000 Hamburg 52 (T. 040 - 880 39 61) - Geb. 15. März 1917 Breslau, ev., verh., 2 Kd. - AR-Mitgl. Dt. Texaco AG.

GÖTHERT, Manfred
Dr. med., Prof. f. Pharmakologie u. Toxikologie, Arzt f. Pharmakol., Dir. Inst. Pharmakol., Toxikol. Univ. Bonn - Reuterstr. 2b, 5300 Bonn 1 - Geb. 12. Dez. 1939 Braunschweig (Vater: Dr. rer. nat. Rudolf G., Physiker; Mutter: Luise, geb. Freise), ev., verh. s. 1966 m. Irmgard, geb. Scheibler, 3 S. (Joachim, Wolfram, Martin) - Stud. Univ. Hamburg, Freiburg, Innsbruck, Wien, Göttingen; Promot. 1965 Göttingen; Habil. 1971 Hamburg - 1978 Prof. Univ.-Klinik Essen, 1985 Prof. Univ. Bonn - BV: D. Sekretionsleistung d. Nebennierenmarks unt. d. Einfluß v. Narkotika u. Muskelrelaxantien, 1972. 115 Ztschr.-Veröff. u. ca. 20 Buchbeitr. üb. Themen d. Neuro- u. Herz-Kreislaufpharmakol. - 1975 Martini-Preis - Spr.: Engl., Franz.

GÖTSCH, Adolf
Dipl.-Volksw., Geschäftsführer Starkstrom-Anlagen-Ges. mbH., Frankfurt/M. - Lärchenweg 8, 6375 Oberursel/Ts. - Geb. 7. Mai 1923.

GOETSCH, Paul
Dr. phil., o. Prof. f. Engl. Philologie Univ. Freiburg (s. 1971) - Stegmatten 4, 7809 Denzlingen - BV: D. engl. Romankonzeption 1880-1910 (Heidelberg 1967); Hrsg.: D. amerik. Drama (Düsseldorf 1974).

GOETTE, Gerhard
Dr. rer. pol., Aufsichtsrat Industriekreditbank AG, Düsseldorf, u. Bausparkasse Wüstenrot, Ludwigsburg - Palmengartenstr. 5-9, 6000 Frankfurt/M. (T. 74 31-0) - Geb. 23. Sept. 1926 - Vorst.-Mitgl. Kreditanstalt f. Wiederaufbau; VR Dt. Genossenschaftsbank, bde. Frankfurt/M.; Wi-beirat Germanischer Lloyd AG, Hamburg.

GÖTTE, Klaus
Dr., Schauspieler, Regiss., Sprecher - Am Fürstengrab 3, 6751 Rodenbach (T. 06374-15 41) - Geb. 16. Juni 1936 Hannover - Stud. Kunstgesch., Archäol., Theaterwiss.; Promot. 1966 - 1970-74 Chefdramat. u. Regiss. Pfalztheater Kaiserslautern; seither fr. Schausp. u. Sprecher (Theater, Film, Funk, Fernsehen).

GÖTTE, Klaus
Dr. jur., Vorstandsvorsitzer MAN Aktiengesellschaft - Ungererstr. 69, 8000 München 40 (T. 089 - 36 09 80) - Geb. 22. April 1932 Diepholz, verh., 3 Kd. - U. a. Dir. C. G. Trinkaus, Düsseldorf, u. Fried. Krupp GmbH., Essen; 1972-80 Vorst. Allianz Versich. AG u. Allianz Lebensversich. AG, Stuttgart (Finanzchef); 1980-82 Flick-Gesellsch.

GÖTTE, Martin
Prof., Hochschullehrer - Breite Str. 1, 7070 Schwäb. Gmünd - Geb. 24. März 1928 Eissen/W. (Vater: Josef G., Postbeamter; Mutter: Anna, geb. Hesse), kath., verh. s. 1960 m. Annegret, geb. Schütten †1982, 4 Kd. (Stephanie, Michael, Markus, Dorothee) - 1949-55 Univ. Göttingen (Psych., Soziol., Päd., Phil.). Dipl.-Psych. 1955; Promot. 1959 - S. 1966 Doz. u. Prof. (1970) PH Schwäb. Gmünd (Päd. Psych.) - BV: u. a. Erwachsenenbild. auf d. Lande, 1961; Betriebsklima, 1962; Strafbedürfnis, -provokation e. erzieher. Handeln, 1965 - Liebh.: Biol. Gartenbau - Spr.: Engl.

GÖTTE, Rose,
geb. Wennberg
Dr. phil., Wissenschaftlerin (Päd. f. Vorschulerzieh.), MdB - Am Fürstengrab 3, 6751 Rodenbach - Geb. 21. März 1938, ev., verh. s. 1961 m. Dr. Klaus G., 3 Kd. - BV: Sprache u. Spiel im Kindergarten, 6. A. 1989; u. a. - SPD - Spr.: Engl., Franz., Lat.

GÖTTEL, Werner
Dr. phil., Prof., Chemiker - Cicerostr. 60, 1000 Berlin 31 (T. 885 11 96) - U. a. Prof. PH Berlin.

GÖTTFRIED, Bartholomäus
I. Bürgermeister (s. 1978) - Rathaus, 8165 Fischbachau/Obb.; priv.: Kirchpl. 5 - Geb. 10. Sept. 1926 Fischbachau - Zul. Versicherungskfm.

GÖTTGENS, Helmut
Geschäftsführer Rhein-Nadel Automation GmbH, Aachen - Grachtstr. 9, 5100 Aachen (T. 0241 - 52 64 17) - Geb. 27. Aug. 1929, kath., verh. s. 1956 m. Paula, geb. Schartmann, 4 Kd. (Reinhold, Michael, Gebhard, Norbert) - Geschäftsf. MAF-Verpackungstechnik GmbH Fürstenau; Prok. Rhein-Nadel GmbH, Aachen; Deleg. VR Handling-Systems AG, Herzogenbuchsee (Schweiz); Dir. RNA Automation Ltd., Birmingham/UK; Vorst. Fachgemeinsch. MHI im VDMA - Spr.: Engl.

GÖTTING, Fritz Klaus-Jürgen
Dr. rer. nat., Prof. f. Zoologie Univ. Gießen (1973/74 u. 1985/86 Dekan Fachber. Biol.) - Bergstr. 14, 6301 Fernwald 1 (T. 06404 - 28 44) - Geb. 7. Juni 1936 Dresden (Vater: Fritz G., Biol.; Mutter: Helene, geb. Schierz), verh. s. 1966 m. Sigrid, geb. Schlaack, 2 Kd. (Rolf Ekkehard, Ingrid Ulrike) - Stud. d. Biol. Univ. Halle, Frankfurt/M., Gießen; Promot. 1961 - BV: Malakozoologie. Grundriß d. Weichtierkd., 1974; Meeresbiol., 1982/88. Rd. 60 Publ. üb. Fisch-Oogenese u. Mollusken.

GOETTING, Hans
Dr. phil., o. Prof. f. Histor. Hilfswissenschaften u. Direktor Diplomat. App. u. Sem. f. Mittlere u. neuere Gesch. Univ. Göttingen (em. 1976) - Waitzweg 7, 3400 Göttingen - Geb. 21. Jan. 1911 Posen - Archivdst. Breslau, Hannover, Wolfenbüttel - BV: Nieders. u. Schlesien in ihren geschichtl. Beziehungen, 1956; D. Vizedominatsrechnungen d. Domstifts St. Blasii zu Braunschweig 1299-1450, 1958 (m. H. Kleinau); D. Reichsstift Gandersheim (Germania Sacra NF 7), 1973; D. Klöster Brunshausen, Clus usw. (Germania Sacra NF 8), 1974. Viele Einzelarb. - Mitgl. Braunschweig. Wiss. Ges., Comité Internat. de Diplomatique u. a.

GÖTTLICH, Karlhans
Dr. agr., Prof., Moorforscher - Fürst-Friedrich-Str. Nr. 14, 7480 Sigmaringen - Geb. 9. Nov. 1914 Tetschen/Elbe - Promot. 1950; Habil. 1964 - S. 1956 Lehrtätigk. Univ. Hohenheim (1971 apl. Prof. f. Angew. Boden-, insb. Moorkunde) - BV: Ergebnisse u. Ziele bodenkundl. Studien in Moor u. Anmoor, 1965; (Hrsg.) Moor- u. Torfkunde, 2. A. 1980 (3. A. u. engl. A. in Druck). Üb. 70 wiss. Veröff. Moorkarte v. Bad.-Württ., 13 Bl. - 1979 BVK a.Bde.; 1983 C. A. Weber-Med.

GÖTTLICHER, Siegfried
Dr. rer. nat., Prof. f. Strukturforschung - Goethestr. 13, 6105 Ober-Ramstadt - Geb. 21. Dez. 1929 - S. 1967 (Habil.) Lehrtätigk. TH Darmstadt (gegenw. Ord.).

GÖTTSCHE, Helmut
Dr. phil., Prof., Wiss. Rat Inst. f. Medizin. Informatik u. Biomathematik/Univ. Münster (Lehrbefugnis: Programmier- u. Betriebssysteme in d. Med.) - Meinertzstr. 35, 4400 Münster/W.

GÖTTSCHING, Christian
Dr. med., Prof., Ministerialdirigent, Leit. Abt. Gesundheitswesen Baden-Württ. Min. f. Arbeit, Gesundheit u. Sozialordnung, Stuttgart - Eichrodtstr. 10, 7800 Freiburg/Br. - Geb. 30. April 1920 - Promot. 1947 - B. 1975 Lehrbeauftr., dann Honorarprof. Univ. Freiburg. Fachgeb. Sozialmed. u. Pneumol. Aufs. - 1958, 62, 65 Franz-Redeker-, 1970 Curt-Adam-Preis.

GÖTZ, Alfred H.
Dipl.-Kfm., Vorstandsmitgl. Stuttgarter Hofbräu AG - Hugo-Eckener-Str. 11, 7000 Stuttgart 1 (T. 48 49 30) - Geb. 19. Febr. 1930 Rückersdorf/Mfr. (Vater: Franz G., Fuhruntern.; Mutter: Christel, geb. Gerstacker), verw. - Oberrealsch., Abit.; Stud. Betriebswirtsch., Hochsch. f. Soz.wiss. Nürnberg, Univ. Erlangen; Dipl.-Kfm. 1953/54 - Vizepräs. Bad.-Württ. Brauerbund e.V., Vorst.-Mitgl. Landesverb. Bad.-Württ. Industrie; AR-Mand. - Mitgl. Lions-Club; 1987 BVK - Spr.: Engl.

GÖTZ, Bernd
Dr. phil., Prof. f. Allg. Pädagogik PH Reutlingen (s. 1973) - Friedrich-Ebert-Str. 30, 7407 Rottenburg 1 - Geb. 21. Jan. 1940 Schwenningen/N. - Promot. 1969 Tübingen - Fachveröff.

GÖTZ, Dieter
Dr. phil., o. Prof. f. Angewandte Sprachwissenschaft (Anglistik) Univ. Augsburg (s. 1981) u. Leit. d. Sprachenzentrums Univ. Augsburg - Dornierweg 2, 8901 Diedorf/Lettenbach - Geb. 14. Febr. 1942 Ansbach, verh. m. Gudrun, geb. Schmitt, 2 Kd. - Promot. 1971 - BV: u. a. z. Kontrastiven Linguistik, Stilistik, Lexikographie, Konversationsanalyse.

GÖTZ, Eberhard
Dr. med. habil., apl. Prof. f. Anaesthes., Direktor Institut f. Anesthesiologie Städt. Kliniken Darmstadt - Grafenstr. 9, 6100 Darmstadt.

GÖTZ, Eicke
Dr. jur. utr., Rechtsanwalt, MdB (s. 1980) - 8038 Gröbenzell/Obb. - Geb. 29. Nov. 1939 Berlin (Vater: Erich G., Leit. Min.rat a. D.; Mutter: Käthe, geb. Hornburg), kath., verh. s. 1965 m. Jutta, geb. Weiguny, Zahnärztin, 2 Kd. (Nicola, Torsten) - Univ. Tübingen u. Würzburg (Jura), Gr. jur. Staatsprüf. 1968. 1969-71 Reg.rat Wehrber.verw. VI, 1972-80 1. Bürgerm. Gröbenzell (17.000 Einw.); Stv. CSU-Frakt.vors. Kreistag Fürstenfeldbruck; Stv. Vors. Abwasserverb. Ampergruppe; AR Raiffeisenbank Olching.

GÖTZ, Franz
Dr. phil., Studienrat a. D., MdL Bayern (s. 1978, SPD) - Gartengasse 10, 8070 Ingolstadt - Geb. 16. Sept. 1945 Ingolstadt, kath., verh. - Gymn. Ingolstadt; Stud. Saarbrücken, Trier, München; Ausbild. f. d. höh. Lehramt an berufsbild. Schulen f. Bauwesen u. Arbeitswiss. Ingenieurex. f. allg. Ing.bau (1968) u. Baubetriebsw. (1970); Staatsex. 1973 u. 75 - 2 J. Tätigk. Bauind.; s. 1975 Studienrat Ingolstadt (Gewerbl. Berufssch.). 1978ff. Stadtrat Ingolstadt (Fraktionsvors); Kreisvors. Arbeiterwohlfahrt; Vors. SPD-Ingolstadt.

GÖTZ, Hans Herbert
Dr. rer. pol., Wirtschaftskorrespondent - Lotzestr. Nr. 13, 1000 Berlin 45 (T. 811 31 15) - Geb. 29. Jan. 1921 Düsseldorf (Eltern: Carl (Bankdir.) u. Cäcilie G.), ev., verh., 4 Kd. (Christine, Martin, aus 1., Stephan, Bastian aus 2. Ehe) - Promot. 1949 Freiburg/Br. - S. 1949 FAZ (b. 1953 Frankfurt/M., dann Bonn, s. 1963 Brüssel; Korresp. f. Fragen d. Gemeins. Marktes/EWG. S. 1975 in West-Berlin; als Korresp. d. F.A.Z. auch i. d. DDR akkreditiert. Reisen Europa, Nord-, Südamerika, Afrika, Neuseeland, Australien, Polen u. Sowjetunion - BV: Europ. Agrarpolitik auf neuen Wegen, 1959 (auch franz., ital., holl.); Weil alle besser leben wollen - Porträt d. dt. Wirtschaftspolitik, 1963 - 1964 Cortina-Ulisse- / Europ. Buchpreis f. Wirtschaftspubliz.; 1980 Ludwig-Erhard-Pr.

GÖTZ, Hans Michael
Dr. med., Dr. med. h. c., o. Prof. u. Dir. a.D. Klinik u. Poliklinik f. Hautkrankh. (Univ. Essen) - Hufelandstr. 55, 4300 Essen - Geb. 24. Jan. 1915 Halle/S., verh. m. Maria, geb. Rohde - Univ.-Hautklinik Essen, Univ.s-Hautkliniken Hamburg u. München (1951 Privatdoz., 1957 apl. Prof.); 1961 Gründ. Dt. Mykolog. Ges. Essen; s. 1963 Univ. Essen-Gesamthochschule. Altpräs. Dt. Dermatol. Ges. Zahlr. Fachveröff. - Ehrenmitgl. zahlr. Dermatol. Ges.; 1966 Silb. Verdienstmedaille Univ. Bratislava, 1974 Alfred-Marchionini-Medaille in Gold; Mitgl. Akad. Leopoldina/Halle, Med. Akad. Rom, Med. Akad. Buenos Aires.

GÖTZ, Heinrich
Dr. jur., Vorstandsmitglied Metallgesellschaft AG, Frankfurt - Reuterweg 14, 6000 Frankfurt 1 (T. 0611 - 159 26 28) - Geb. 24. Okt. 1930 Berlin, verh., 3 Kd. - Stud. d. Rechtswissensch. Frankfurt u. Erlangen. AR-Vors. Urangesellsch. GmbH; AR-Mitgl. Hertie Waren- u. Kaufhaus GmbH, Kolbenschmidt AG, Lurgi GmbH, Metallbank GmbH, Norddt. Affinerie AG, Unterweser Reederei GmbH, Vereinigte Dt. Metallwerke AG. Herausg. Ztschr. Juristische Schulung - Spr.: Engl.

GÖTZ, Herbert
Dipl.-Volksw., Geschäftsführer Maschinenfabrik Stromag GmbH., Unna, u. Pintsch Bamag Antriebs- u. Verkehrstechnik GmbH., Dinslaken - Wiesenanger 8, 4750 Unna/W. - Geb. 22. Juli 1929.

GOETZ, Horst
Dr. rer. nat., Prof. f. Theoret. Organ. Chemie TU Berlin - Gardeschützenweg 66, 1000 Berlin 45 (T. 834 69 71) - Geb. 23. April 1928 Berlin - Stud. Chemie; Promot. 1958, Habil. 1962 Berlin - S. 1962 Lehr- u. Forschungstätigk. TU Berlin; beamteter Doz.; s. 1967 apl. Prof., s. 1969 Prof. Fachaufs. in versch. Spr.

GÖTZ, Karl Georg
Dr. rer nat., Direktor MPI f. Biolog. Kybernetik, Tübingen (s. 1968), Honorarprof. f. Biol. Kybernetik Univ. Tübingen (s. 1974) - Ferdinand-Christian-Baur-Str. 15, 7400 Tübingen 1 - Geb. 24. Dez. 1930 Berlin (Vater: Karl G., Dir.; Mutter: Johanna, geb. Jansen), ev., verh. s. 1962 m. Ulrike, geb. Raichle, 4 Kd. (Martha, Simon, Johanna, Esther) - 1941-50 Gymn. Berlin (Zhldf.); 1951-58 Univ. Göttingen (Hauptf. Physik; Dipl. 1957). Promot. 1961 (Physikal. Chemie) - 1956-61 MPI f. Phys. Chem., Göttingen (K. F. Bonhoeffer); 1961-68 MPI f. Biol., Tübingen (W. E. Reichardt). 1969-71 Vors. Ges. f. phys. Biol. - 1983 korr. Mitgl. Akad. d. Wiss. Mainz - Spr.: Engl.

GÖTZ, Karl Otto
Maler, Prof. Kunstakademie Düsseldorf - Zul. Gartenstr. 40, 4000 Düsseldorf - Geb. 22. Febr. 1914 Aachen - Kunstgewerbesch. Aachen, Kunstakad. Dresden - Mitbegr. d. Tachismus.

GÖTZ, Lothar
Dipl.-Ing., Prof., Architekt - Handschuhsheimer Landstr. 16, 6900 Heidelberg (T. 4 39 80) - Geb. 11. Juli 1925 Karlsruhe (Vater: Dipl.-Ing. Karl G., Arch.; Mutter: Leonie, geb. Heiser), kath., verh. s. 1950 m. Hannelore, geb. Grab, 2 Kd. (Matthias, Magdalena) - Goethe-Realgymn. u. TH Karlsruhe (Diplomprüf. 1950 m. Ausz.) - 1950-53 Leit. Bauabt. f. Südwestdtschl. BP Benzin u. Petroleum AG., Mannheim; 1954-61 Assist. TH Karlsruhe (Prof. Eiermann); s. 1955 fr. Arch.; s. 1963 o. Prof. f. Baustofflehre, Bauphysik, Techn. Ausbau u. Entwerfen TH bzw. Univ. Stuttgart, 1964/65 Leit. d. Abt. Arch., 1967/69 Dekan Fak. f. Bauwesen, 1971/73 Dekan Fak. f. Baukonstruktion, 1981-83 Dekan Fak. f. Arch. u. Stadtplan., 1963-68 Vors. Dt. Werkbund Baden-Württemberg, ab 1971 Mitgl. Baufor-

schungsrat Bundesmin. f. Raumordnung, Bauwesen + Städtebau. Versch. Bauleitplan. u. Ortskernsanier.; Wichtigste Bauten: Wiesbaden, Tankstelle am Hbf.; Heidelberg, Fleischer EVG-Kath. Kirchenzentrum - Boxberg - Univ. - Schwesternwohnheime u. Sem.gebäude; Bruchsal, Schloßkirche Innenausbau; Schriesheim, Bildungszentrum; Illingen, Ortszentrum u. Feuerwehrgerätehaus; Buchen, Altenwohnungen; Bopfingen, Kauf- u. Freizeitzentrum; Östringen, Rathaus; Alzenau, Rathaus.

GÖTZ, Peter
Dr., Aufsichtsratsmitglied DTC-Touring Versich. aG - Weilburger Weg 4, 6232 Bad Soden (Ts) - Geb. 24. Okt. 1930 - Zul. pers. haft. Gesellsch. Bankhaus Trinkaus & Burkhardt, Düsseldorf, AR- u. Beiratsmand., dar. -vors.; Beiratsvors. Merkur Thorhauer GmbH & Co. KG, Ffm.; Vorst.-Mitgl. Landesversicherungsanstalt Hessen, Ffm., AR-Mitgl. F.W. Woolworth Co. GmbH.

GÖTZ, Rainer
Dr. phil., Prof. f. Physik u. ihre Didaktik Päd. Hochsch. Freiburg - Reinhold-Schneider-Str. 14, 7800 Freiburg/Br. - Geb. 22. Aug. 1930 Aussig/Elbe, verh. m. Mag. Pharm. Inge, geb. Küng, 5 Kd. (Susanne, Clemens, Johannes, Elisabeth, Monika) - Stud. 1951-59 Univ. Tübingen u. Innsbruck; Staatsex. f. d. Lehramt 1957, 61; Promot. 1959 - Schuldst.; 1967 Prof. PH Freiburg; 1967-70 Prorektor; 1979 Gastprof. Jordanhill-College of Education, Glasgow. S. 1984 Sprecher d. Vorst. d. Ges. f. Didaktik d. Chemie u. Physik (GDCP) - Facharb. Physik-Bücher f. d. Sekundarstufe I, 1969/76/79/84; Gf. Herausg.: Handbuch d. Physikunterr., Sekundarbereich I, 7 Bde. (ab 1986).

GÖTZ, Theo
Oberstudiendirektor, MdL Baden-Württ. (1976-88, Wahlkr. 61/Hechingen-Münsingen) - Drosselweg 25, 7417 Pfullingen - Geb. 6. Dez. 1930 Weingarten, kath., verh., 2 Kd. - Stud. Tübingen u. München (Gesch., Geogr., Lat., Franz.) - 10 J. Lehrer Progymn. Pfullingen; 4 J. parlam. Berat. Landtagsfrakt. CDU; 1973-76 Dir. Landeszentr. f. Polit. Bildung BW; s. 1976 Leit. Gymn. Pfullingen. Mitgl. Gemeinderat (1965ff.) u. Kreistag (1971ff.). CDU s. 1962 (div. Funktionen). S. 1987 Vors. Landesgr. Baden-Württ. d. DOG. S. 1971 versch. Funkt. im Landessportbund - Liebh.: Sport, Musik.

GÖTZ, Volkmar
Dr. jur. (habil.), o. Prof. f. Öfftl. Recht Univ. Göttingen - Geismarlandstraße 17 a, 3400 Göttingen (T. 4 31 19) - Geb. 28. Nov. 1934 Plauen/Vogtl. - B. 1967 Univ. Frankfurt/M. (Privatdoz.), dann Univ. Göttingen (Ord.). Fachveröff., auch Bücher.

GÖTZ-KOTTMANN, Josef
Dipl.-Ing. (FH), Präsident Handwerkskammer Ulm - Bahnhofstr. 18, 7933 Schelklingen/Württ. - Geb. 24. Jan. 1927 - Stadtrat. AR-Mand. - BVK I. Kl.

GOETZBERGER, Adolf
Dr., Physiker, Honorarprof. f. Phys. Univ. Freiburg (s. 1977) - Friedhofstr. 13, 7802 Merzhausen/Br. - U.a. Leit. Solar-Forschungsinst. Fraunhofer-Ges. - 1983 Ebers-Preis amerik.Verb. IEEE (1. Deutscher).

GOETZE, Dieter
Dr. phil., Prof. f. Soziologie Univ. Regensburg - Maffeistr. 1, 8400 Regensburg - Geb. 29. Okt. 1942.

GOETZE, Hans-Helmut
Dr. rer. nat., Dipl.-Chem., Geschäftsf. Conoco Mineralöl GmbH., Hamburg - Seestr. 19, 2000 Hamburg 52 - Geb. 27. Aug. 1925 - ARsmand.

GÖTZE, Heinz
Dr. phil., Dr. med. h. c. mult., Verleger, Mitinh. Springer-Verlag KG, Berlin/Heidelberg/New York/Tokyo/Hong Kong/Paris, J. F. Bergmann-Verlag München, Lange u. Springer, wissensch. Buchh. Berlin - Ludolf-Krehl-Str. 41, 6900 Heidelberg (T. 06221 - 47 07 17) - Geb. 8. Aug. 1912 - 1964ff. Präs. Springer-Verlag New York Inc., New York (Begr.), Präs. Springer-Verlag Tokyo, Birkhäuser Verlag Basel u. Boston. AR-Mitgl. Univ.druckerei H. Stürtz AG, Würzburg, VR Freihofer AG, Zürich - 1972 Ehrendoktor Univ. Heidelberg u. Erlangen-Nürnberg, 1985 Tongji Med. Univ. Wuhan (VR China); 1983 Gr. BVK - Spr.: Engl., Franz., Ital. - Rotarier.

GÖTZE, Lutz
Dr. phil., Prof. f. Deutsch als Fremdspr. Ruhr-Univ. Bochum - Buschstr. 4, 5300 Bonn 1 (T. 0228 - 21 32 79) - Geb. 27. Sept. 1943 Neu-Schleffin/Pommern (Vater: Heinz-Georg G., Studienrat; Mutter: Martha, geb. Hupe), verh. s. 1988 m. Prof. Dr. Gabriele Pommerin-G. - 1961-66 Stud. German., Niederlandistik u. Angl. Univ. Leipzig; Dipl.-German. 1966 ebd., Promot. 1978 Univ. Freiburg - 1968-81 Goethe-Inst. München; 1967-68 Doz. f. Deutsch in Guinea - BV: Valenzstrukturen dt. Verben u. Adjektive, 1979; Deutsch als Fremdsprache - Situation e. Faches, 1987; Knaurs Grammatik. Sprachsystem u. Sprachgebrauch, 1988 - Liebh.: Skilaufen, Musik, Lit. - Spr.: Engl., Franz., Russ., Niederl.

GÖTZE, Paul
Dr. med., Prof. Psychiatr. Univ.-Klink Hamburg, Facharzt f. Psychiatrie, Neurol., Psychoanalytiker, gf. Direktor d. Psychiatrischen Univ.klinik Hamburg - Stauffenbergstr. 11, 2000 Hamburg 55 - Geb. 19. Sept. 1942 Hamburg - Stud. Univ. Hamburg (Promot. 1971, Habil. 1978) - S. 1982 Prof.

GÖTZE, Rolf
Fabrikant u. Landwirt - Gestüt Schlüsselberg, 7145 Markgröningen-Talhausen - Geb. 14. Juli 1928 Bischofswerda/Sa., verh. s. 1965 m. Inge, geb. Tegetthoff, S. 1 - Zur e. Gestütsfachmann - Erfolge im Pferdesport - Interesses: Pferdezucht, Landwirtsch. - Spr.: Engl.

GOETZE, Siegfried
Dr. rer. nat., Dipl.-Phys., Prof. f. Mathematik Gesamthochschule Siegen - Wilhelm-Busch-Weg 14, 5250 Engelskirchen-Schnellenbach.

GÖTZE, Udo
Dr. med. vet., Prof., Ltd. Veterinärdirektor - Waldsängerpfad 10, 1000 Berlin 38 - Geb. 8. Aug. 1932 Königs Wusterhausen - Promot. 1959 Berlin - S. 1971 (Habil.) Lehrtätig. FU Berlin (gegenw. apl. Prof. f. Lebensmittel-, Milch- u. Fleischhyg.). Fachveröff.

GÖTZE, Wolfgang
Dr. rer. nat., o. Prof. f. Theoret. Physik TU München (s. 1970) - Biberweg 29, 8011 Neubaldham (T. 08106 - 65 33) - Geb. 11. Juli 1937 Fürstenwalde/Spree (Vater: Albert G., Beamter; Mutter: Magdalena, geb. Koldewey), ev., verh. s. 1968 m. Jana, geb. Cerna, T. Eva - Stud. Humboldt- u. Freie Univ. Berlin u. TU München; Promot. 1963.

GÖTZE, Wolfgang Eberhard
Dr. med., Dr. med. dent., Prof., Ltd. Oberarzt f. Universitätsklinik f. Zahn-, Mund- u. Kieferkrankh. Hamburg (s. 1972) - Brookring 28, 2358 Kaltenkirchen/SH - B. 1973 Privatdoz., dann Prof. Hamburg (ZMKheilkd. unt. bes. Berücks. d.Zahnerhalt.).

GOETZE, Wulf F. H.
Dipl.-Wirtschaftsing., Vorstandsmitglied Goetze AG, Burscheid - Zu erreichen üb. Goetze AG, 5093 Burscheid; priv.: Rosenkranz 24, 5093 Burscheid - Geb. 23. Jan. 1944 Darmstad, ev., verh. s. 1980 m. Beatrice, geb. Fehling, 2 Kd. (John, Laura) - 1964-71 Stud. TH Aachen u. TU Karlsruhe - Stv. AR-Vors. Goetze Friedberg GmbH, Friedberg; Dir. Goetze France SA, Garennes sur Eure; Alternate Dir. Goetze (India) Ltd., New Delhi/Indien; Alternate Dir. Escorts Ltd., New Delhi/Indien - Silb. Lorbeerblatt - Liebh.: Golf, Jagd, Segeln - Spr.: Engl., Franz.

GÖTZKY, Martin
Dr. rer. nat., Prof., Mathematiker - Steinstr. 27, 2300 Kiel - B. 1976 Doz., dann Prof. Univ. Kiel (Math.).

GOEUDEVERT, Daniel
Generaldirektor, Vorstandsvors. Ford-Werke AG. (1981-89) - Ottopl. 2, 5000 Köln 21 - Geb. 1942 Frankreich - Stud. Lit. - 1963-65 Hochschullehrer; 1965-74 Ltd. Tätigk. Citroën (1968 Verkaufschef Schweiz, 1972 Vors. d. Gfg.); 1974-80 Renault (1975 Vorstandsvors. Dt. Renault AG, 1978 Chef Zentrale Paris) - 1984 Gold. Ehrenz. Dt. Verkehrswacht - Liebh.: Tennis.

GÖZ, Siegfried
Einzelhandelskaufmann, Vizepräs. Hauptverb. d. Dt. Lebensmittel-Einzelhandels, Bonn, Präs. IKOFA-Arbeitskr. Stuttgart, u. Einzelhandels-Verb. Baden-Württ., Stuttgart, Vors. Verb. d. Lebensmittel-Einzelhandels Baden-Württ. Stuttgart - Brommerstr. 2, 7000 Stuttgart 80 - Geb. 24. Sept. 1928, ev., verh. m. Helga, 2 Kd. - Abit.; Ausb. z. Einzelhandelskfm.

GÖZ, Volker
Dr. jur., stv. Hauptgeschäftsführer IHK Stuttgart i. R. - Alexanderstr. 137, 7000 Stuttgart 1 (T. 60 56 89) - Geb. 22. Jan. 1910 - Spr.: Engl., Franz. - Rotarier.

GOEZ, Werner
Dr. phil., o. Prof. f. Mittlere u. neuere Geschichte sow. geschichtl. Hilfswiss. - Kochstr. 4, 8520 Erlangen - Geb. 13. Juli 1929 Frankfurt/M. - Promot. (1954) u. Habil. (1961) Frankfurt - S. 1964 Ord. Univ. Würzburg u. Erlangen-Nürnberg (1969). Fachveröff.

GOGALLA, Fritz
Vorsitzener Arbeiter-Samariter-Bund/Landesverb. Hamburg - Bahrenfelder Str. 42-44, 2000 Hamburg 50.

GOGG, Dieter

Schriftsteller u. Komp. - Grillparzerstr. 27/II, A-8010 Graz (T. 0316-319305) - Geb. 15. April 1938 Leoben, verh. s. 1972 m. Helga, geb. Spener, 2 Kd. (Moritz, Sibylle) - Ex. Bundesrealgymn. Klagenfurt 1956; Klavierausb. (Prof. Herbert Harum), Kompositionslehre (Prof. Rupert Doppelbauer), Bühnenregie f. Kabarett u. Chansontechnik (Gerhard Bronner), Rundf.-Aufnahmeltg. (ORF, Graz) - 1958 Mitbegr. Kabarett D. Würfel, Graz (s. 1961 Wien); b. 1966 Kabarettautor u. Komp., Glossist f. d. Ztg. Neues Österr., Wien; s. 1966 Rundfunkautor u. Regiss. Graz; s. 1986 öffentl. Auftritte als Kabarettist FS-Drehbucharb. (u.a. f. F. Muliar u. V. Torriani); unter d. Ps. Amanda Klachl tägl. Kurzglosse in d. Grazer Kleinen Zeitung; Hörsp., Ess., Chansons, Sat. (u.a. Nur wer d. Fernsehen kennt ..., 1982) - Autor u. Regie: D. Kabarett als Wille u. Vorstellung, dramat. Ess., Grazer Schauspielhaus, 1978 - Liebh.: Oper, Kochen, Wein - Spr.: Engl., Slowen., Lat. - Lit.: Div. Kabarettanthol.

GOGOLIN, Peter Hermann
Schriftsteller - Wohn. in Hamburg - Geb. 3. Jan. 1950 Holstendorf/Kr. Eutin, ev., verh. s. 1972 m. Almut Hinsch, 3 Kd. (Bert, Eva-Marie, Hannes) - Lehre Industriekaufm. Dortmund; Stud. Med. Univ. Hamburg - BV: Seelenstimmung, R. 1981; Auf d. Balustrade-schwebend, Lyr. 1982; Sophia selbdritt, Erz. 1985; Kinder d. Bosheit, R. 1986; D. Faden, Erz. 1986; Wir haben e. Licht, Erz. 1988. Spielfilmdrehb.: Unwelt (1984); D. weiße Straße (1984); POL (1985) - Mitgl. im Verb. Dt. Schriftsteller (VS); 1989 Preis d. Dt. Akad. Rom, Villa Massimo.

GOHLKE, Reiner
Dr.-Ing., Dipl.-Ing., Vorstandsvorsitzer Dt. Bundesbahn - Friedrich-Ebert-Anlage 43-45, 6000 Frankfurt 11 (T. 069-265-61 00) - Geb. 29. Juli 1934 Beuthen/Oberschles. - (Vater: Herbert G., Dipl.-Ing.; Mutter: Maria G.), ev., verw., 3 Kd. (Frank, Oliver, Iris) - Stud. TH Aachen (Eisenhüttenkd.), Dipl.-Ing. 1960, Dipl.-Wirtschaftsing. 1964, Promot. 1965 - B. 1982 Geschäftsf. IBM Dtschl.; s. 1982 Vorst.-Vors. DB. VR-Präs. Eurofima, Basel; AR-Vors. Schenker & Co. GmbH, Frankfurt, u. Transkontinent Holding AG, Wil (Schweiz); AR-Mitgl. Preussag AG, Hannover, DEVK, Köln, u. Dt. BP AG, Hamburg; Beirat Dresdner Bank AG, Frankfurt, Allianz-Versich. AG, München, u. Hapag-Lloyd AG, Hamburg - Spr.: Engl.

GOLD, Käthe
Kammerschauspielerin - Zu erreichen üb.: Burgtheater, Wien - Geb. 11. Febr. 1907 Wien - Akad. f. Musik u. darstellende Kunst Wien - Bühnen Bern, Breslau, München (Kammersp.), Berlin (10 J. Preuß. Staatstheater), Zürich (Schauspielhaus) u. Wien (Burgtheater). Bühne: Klärchen, Käthchen, Minna, Ophelia, Cordelia, Rosalinde, Imogen, Gretchen, Hedwig, Nora, Rose Bernd, Undine, Eurydike, Klara, Königin Anna, Nina u. v. a. Film: Andere Welt, Amphitryon, D. Ammenkönig, D. unheiml. Wünsche, D. Frl. v. Barnhelm, Augen d. Liebe, Kraft d. Liebe, Palast-Hotel, Rose Bernd; Fernsehen: D. Tod d. Handlungsreisenden (1968) - 1952 Kammerschausp.; 1960 Hans-Reinhart-Ring (Schweiz. Ges. f. Theaterkultur), 1965 Josefs-Mainz-Med.; 1963 Österr. Ehrenz. f. Wiss. u. Kunst I. Kl.; 1979 Mitgl. Akad. d. Künste Berlin.

GOLDAMMER, Kurt

Dr. phil., Prof., Religionswissenschaftler - An d. Winneburg 1, 3572 Amöneburg 1 Kr. Marburg/L. - Geb. 20. Jan. 1916 Berlin (Vater: Arthur G.; Mutter: Anna, geb. Matowska), ev., verh. s. 1945 m. Inge, geb. Rodewald, 4 Kd. - Grund- u.

Kreuzsch. Dresden; Univ. Leipzig (Theol. Staatsex. 1940), Marburg (Promot. 1939), Tübingen, Zürich (Theol., Phil., Religionswiss.) - 1940 Pfarrvikar Landesverein f. Innere Mission Dresden, 1941 Forschungsauftr. Dt. Forschungsgem., n. Kriegsende stv. Pfarrer Marburg, 1946 Doz., 1947 Univ.sprof. ebd. (Religionsgesch. u. Geschichte d. religiösen Kunst) - Vors. Paracelsus-Kommiss. f. d. Gesamtausg. d. W. Theoprasts v. Hohenheim; Präs. Intern. Paraselsus-Ges.; 1978 Leit. Mitgl. Humboldt-Ges.; 1986 Ehrenvors. Dt. Vereinigung f. Religionsgesch. - BV: u. a. D. eucharist. Epiklese in d. mittelalterl. abendl. Frömmigkeit, 1941; Novalis u. d. Welt d. Ostens, 1948; Paracelsus, Natur u. Offenbarung, 1953; D. Formenwelt d. Religiösen, 1960; Kultsymbolik d. Protestantismus, 2 Bde. 1960/67; D. Mythos v. Ost u. West, 1962; Religionen, Religion u. christl. Offenbarung, 1965; Scholastik - Kirchl. Kunst i. Mittelalt., 1969 (m. M. A. Schmidt); Paracelsus i. d. deutsch. Romantik, 1979; Paracelsus in neuen Horizonten (Ges. Aufs.), 1986. Herausg.: u. a. Paracelsus, Sozialeth. u. -polit. Schr. (1952), (Auswahlausg.); Paracelsus, Theol. u. religionswiss. Schr. (1955ff.); Bertholets Wörterb. d. Religionen (4. A. 1985); Kosmosophie (1962ff.); Paracelsus, D. Buch d. Erkenntnis (1964); Friedrich Heiler, D. Religionen d. Menschheit (3. A. 1980) - 1954 Paracelsus-Ring Stadt Villach; 1972 Mitgl. Akad. d. Wiss. u. Lit. Mainz; 1976 Ehrenmitgl. Schweiz. Paracelsus-Ges.; 1976 Paracelsus-Ring Salzburg; 1976 Gr. Gold. Ehrenz. f. Verdienste u. d. Rep. Österreich; 1980 Gold. Ehrenz. Land Salzburg; 1986 Ehrenring Stadt Villach, BVK - Liebh.: Musik, bild. Kunst, Fotogr. - Lit.: Paracelsus - Werk u. Wirkung, Festgabe f. K. G. (1975).

GOLDBERG, Arnold

Dr. phil., Prof. f. Judaistik (s. 1970) Univ. Frankfurt u. Honorarprof. f. Judaistik Univ. Freiburg/Br. (s. 1976) - Dantestr. 4, 6000 Frankfurt/M.

GOLDBERG, Werner

Geschäftsführer - Franzensbader Str. 4, 1000 Berlin 33 (T. 826 35 74) - Geb. 9. Febr. 1919 Berlin (Vater: Albert G., Bankdir.; Mutter: Elfriede, geb. Christ), verh. s. 1959 m. Gertrud, geb. Hartmann, 3 Kd. (Hans-Werner, Christian, Gabriele) - Grunewald-Gymn. u. kaufm. Lehre Berlin (Sport- u. Lederbekleidungsind.); REFA-Ausbild. - B. 1945 Angest. Lehrfa., dazw. 1938-40 Arbeits- u. Wehrdst., n. Kriegsende Tätigk. Kommunalverw., Städt. Bühnen (1946; 1947 Verw.dir. u. stv. Int.) u. Sender Freies Berlin (1955). 1954-58 Bezirksverordn. Wilmersdorf, 1958-79 MdA. Div. Mitgliedsch., dar. 1. Vors. BVN Berlin, Heimatverein W'dorf u. Dt. Rundfunk-Museum. CDU - 1973 BVK am Bde., 1979 BVK I. Kl.; 1985 Verl. d. Ehrenbez. Stadtältester v. Berlin - Liebh.: Tennis (Gründungsmitgl. Grunewald Tennis-Club) - Spr.: Engl. - Großv.: Julius G., Kgl. serbischer Generalkonsul (Königsberg/Pr.).

GOLDBERGER, Kurt

Autor u. Regisseur, Geschäftsführer Goldberger Film GmbH - Klabundstr. 7, 8000 München 83 (T. 089 - 67 62 67) - Geb. 8. Sept. 1919 Troppau/CSSR (Vater: Ernst G., Unternehmer; Mutter: Rosa, geb. Bermann), verh. s. 1949, T. Susanne - Gymn. Troppau; Univ. Exeter (Engl.). B.Sc. - S. 1942 wiss. Filme, Film- u. Fernsehdokumentarf. (im II. Weltkr. Frontkorresp. u. Kameram. b. d. westl. Alliierten); b. 1968 Filmtätigk. Prag; in d. Bundesrep. Dtschl. vorwieg. Fernsehfeatures zu sozialpolit. u. -päd. Themen - Hauptpreise Venedig (Silb. Löwe), Karlsbad, Padua u. a. - Liebh.: Fotogr., Amateurfunk (DL 5 MDB) - Spr.: Tschech., Franz., Engl.

GOLDBRUNNER, Josef

Dr. theol., Dr. phil., em. Prof. f. Pastoraltheol. - Gröbenseeweg 4, 8124 Seeshaupt - Geb. 25. Juli 1910 München, kath. - S. 1958 Prof. Päd. Hochsch. Berlin (Kath. Theol.), Peter-Wust-Hochsch. Saarbrücken (Religionspsych.), Univ. Regensburg (1968 Ord. f. Prakt. Theol.) - BV: Individuation, 3. A. 1973; Realisation, 1966; Seelsorge - eine vergessene Aufgabe, 3. A. 1974; Die Lebensalter u. d. Glaubenkönnen, 1973; Zeit f. Gespräche, 1975; Einladung zum Fest, 1978; Unterwegs - wohin? 1979; Kleine Lebenslehre d. Person, 1980; V. d. Ges. z. Gemeinsch., 1981; Not u. Hilfe, 1982; Bibelkurs, 3 Bde., 1983-84 (franz. u. ital. Übers.).

GOLDKAMP, Hermann Christian

Dr., Geschäftsführer Azetylenfabrik Hagen GmbH. - Alexanderstr. 18, 5800 Hagen/W.

GOLDMANN, Albrecht

Dr. rer. nat., o. Prof. f. Experimentalphysik Univ. Kassel (s. 1987) - Rasenallee 25 D, 3500 Kassel - Geb. 25. März 1938 Limburg/Lahn - TH Darmstadt (Physik; Dipl.). Promot. Darmstadt; Habil. Berlin (FU) - Zul. Prof. Univ. Duisburg (1977-87).

GOLDMANN, Rudolf A.

Schriftsteller (Ps. Tobias Türmer) - Düsseldorfer Str. 5, 1000 Berlin 15 (T. 030-883 53 45) - Geb. 5. März 1952 Marl/W., verh. s. 1983 m. Helga, geb. Eperiesi-Beck - Sozialpäd. (Grad.) 1977 Dortmund; Stud. Psych. FU Berlin - Vorstandsmitgl. Neuer Landesverb. Berlin im Fr. Dt. Autorenverb. (FDA) - BV: Nur e. Lächeln, 1976; An-sichten aus meiner Welt, 1976; Lichtorgel, 1978; komische gefühle, 1979; Jenseits v. Diesseits Spuren finden u. Spuren hinterlassen, 1982; Theo Pahn, 1983; D. Träumer d. Sonne ist e. Sonnen-Träumer, 1984; D. aus d. Sonne kamen, 1985. Herausg.: Gila Philipp-Kullmann, Wir begegnen uns (1986); Videofilm: Im Zeichen d. Rose - Audio-Visuelle-Poesie d. Geistes (1986).

GOLDMANN, Rüdiger

Oberstudienrat a.D., MdL Nordrh.-Westf. - Paul-Löbe-Str. 54, 4000 Düsseldorf (T. 0211 - 700 51 50) - Geb. 28. Dez. 1941 Gablonz/Neiße (Sudetenland), ev., verh. s. 1974 m. Regina, geb. Blankenburg, 2 Kd. (Susanne, Johannes) - Abit.; Stud. Gesch., Deutsch, Engl. Univ. Köln u. Berlin; Staatsex. Höh. Lehramt 1968 Köln - 1975-85 Rat Stadt Düsseldorf, Vors. d. Sozialwerks d. dt. Vertriebenen (SWV-NRW), stv. Vors. d. Bundes d. Vertriebenen (BdV-NRW). CDU (stv. Landesvors. Ost- u. Mitteldt. Vereinig. NRW) - BV: D. sudetendt. Frage auf d. Pariser Friedenskonfz. 1919, 1971 - 1984 Gold. Ehrenring Stadt Düsseldorf - Liebh.: Malerei, dt. Kultur in Ostmitteleuropa, Wein - Spr.: Engl., Franz.

GOLDSCHMID, Helmut

Dipl.-Ing., Techn. Direktor INDEX-Werke KG Hahn & Tessky; Geschäftsf. INDEX-Verw. GmbH, Esslingen - Rüderner Str. 41, 7300 Esslingen-Neckarhalde - Geb. 5. April 1930 Hedelfingen/Stuttgart (Vater: Traugott G., Glaserm.; Mutter: Marie, geb. Böpple), ev., verh. s. 1958 m. Waltraud, geb. Mugele, 2 S. (Matthias, Thomas) - TH Stuttgart - 1957-69 Produktionsleit. Werkzeugmaschinenbau, 1969-79 Techn. Geschf. Hüller-Hille, Ludwigsburg; s.1979 Index-Werke. - Spr.: Engl.

GOLDSCHMIDT, Dietrich

Dr. rer. pol., Dipl.-Ing., Prof., Soziologe - Vogelsang 4, 1000 Berlin 33 (T. 831 29 45) - Geb. 4. Nov. 1914 Freiburg/Br. (Vater: Dr. phil. Hans G., Historiker), ev., verh. s. 1945 m. Ursula, geb. Theune, 5 Kd. (Johannes, Christopher, Martina, Susanne, Dorothea) - Dipl.-Ing. (Maschinenbau u. Betriebswiss.) TH Berlin; Promot. (Volksw. u. Soziol.) 1953 Göttingen - 1939-44 Ind.tätigk., 1945-46 Assist. Univ. Göttingen, 1946-49 Mithrsg. Göttinger bzw. Dt. Univ.ztg., 1949-50 Fellowship Brit. Council Univ. Birmingham, 1951-56 wied. Assist. Göttingen, 1956-63 Doz. u. Prof. (1958) Päd. Hochsch. Berlin, 1963-82 Dir. MPI f. Bildungsforsch. u. Honorarprof. FU ebd., s. 1986 Vors. d. Aktion Sühnezeichen/Friedensdienste. 1960-82 Studienreisen Israel, Großbrit., Japan, USA, Ostafrika, Schweden, Lateinamerika, Frankr., Indien; 1973-74 Gastprof. Yale Univ./USA - BV: Stahl u. Staat. E. wirtsch.soz. Unters. z. brit. Nationalisier.exp., 1956; Sozialis. u. Kompensat. Erzhg., 1969; D. Errichtung e. Ing.-Fakult. a. d. Univ. Dar-es-Salaam u. Mitwirkung d. BRD, 1970 (m. K. W. Bieger u. W. Kreuser); V. d. Ingenieurschulen z. d. Fachhochsch., 1974 (m. S. Hübner-Funk); Academic Power, 1978 (m. J. H. Van de Graaff). Mitautor: Max Planck Inst. for Human Development and Education: Between Elite and Mass Education - Education in the Federal Republic of Germany, 1983. Herausg./Mithrsg.: Probleme d. Religionssoziol. (1962), D. ungekündigte Bund - Neue Begegnungen v. Juden u. christl. Gemeinde (1962), D. nationalsozialist. Gewaltverbrechen - Gesch. u. Gericht (1964), Ges. u. Erziehung (10 Bde. 1967-69), Konsequenzen - oder Thesen, Analysen u. Dokumente z. Dtschl.politik (1969), Social Science Research on Higher Education and Universities, Annotated Bibliogr. and Trend Report (3 Bde., 1970ff.), Pfarrer i. d. Großstadt, Stud. u. Materialien (3 Bde., 1969-73), Demokratisierung u. Mitwirkung i. Bildungswesen Schwedens u. d. BRD (6 Bde., 1973ff.), Technologie in Entwicklungsländ. (1978), Alternative Schulen (1979), D. Dritte Welt als Gegenstand erzieh.wiss. Forsch. Interdiszipl. Stud. üb. d. Stand d. Wiss. Ber., Bespr., Bibliogr. (1981), Soziale Struktur u. Vernunft. Jean Piagets Modell entwickelten Denkens in d. Diskuss. kulturvergl. Forsch. (1984, m. T. Schöfthaler); Leiden an d. Unerlöstheit d. Welt. Robert Raphael Geis 1906-72. Briefe, Reden, Aufs. (1984); Forschungsgegenstand Hochsch. Überblick üb. wiss. Studien s. Gründ. d. Bundesrep. Deutschl. (1984, m. U. Teichler u. W. D. Webler); Frieden m. d. Sowjetunion - e. unerledigte Aufgabe (1989) - Spr.: Engl., Franz.

GOLDSCHMIT, Werner

Dipl.-Ing., Oberregierungsbaudirektor i.R. - Holderweg 16, 7500 Karlsruhe 51 (T. 0721 - 3 03 88) - Geb. 1. April 1912 Karlsruhe (Vater: Bruno G., ev. Pfarrer; Mutter: Leonie, geb. Rothenacker), ev., verh. s. 1939 m. Gerda, geb. Hohmann, 2 T. (Inge, Gudrun) - 1931-37 TH Karlsruhe (Maschinenwesen u.a.) - 12 J. Industrietätigk., 28 J. Leit. Landesgewerbeamt - BV: 8 Jahrz. Staatl. Gewerbeförderung in Baden, 1952. Mitarb. Buchreihe Heimat u. Arbeit; 25 J. Schriftleit. Ztschr. Werkkunst u. a.; 25 J. Rezens. v. Kunstbüchern, Fachaufs. Kunsthandwerk - 1975 Senator e.h. Univ. Karlsruhe, Ehrenmitgl. versch. Vereine, Inh. d. Verdienstmedaille d. Landes Baden-Württemberg - Liebh.: Kunsthandw., Theater, Malerei, Lit. - Spr.: Franz., Engl. - Bek. Vorf.: G., Hofrat, MdL, Autor v. Büchern z. Geschichte u. Politik (Großvater).

GOLDSTEIN, Bernd

Dr. rer. nat., Dipl.-Math., o. Prof. f. Statistik u. Ökonometrie Gesamthochschule Siegen - Ferndorfer Str. 17, 5910 Kreuztal.

GOLDSTEIN, Michael

Prof., Violinvirtuose, Komponist, Dirigent, Musikwissenschaftler, Pädagoge - Griegstr. 101-b, 2000 Hamburg 50 - Geb. 8. Nov. 1917 Odessa (Vater: Emmanuel G., Math.-Päd.; Mutter: Sofia, geb. Mychailowska), ev.-luth., verh. m. I) Marianne, geb. Rabin (Pianistin), II) Dr. ök. Justine, geb. Kulzer, T. Lydia - Stud. Odessa, (Prof. Stoljarski) u. Konserv. Moskau; (Violine, Komp., Dirig.); Dipl. Moskau 1936, Prof. s. 1964 - 1964-67 Hochsch. f. Musik Ost-Berlin; 1967 Rubin Academy of Music Jerusalem; 1968 Gastprof. Yehudi Menuhin Music School London; s. 1969 Prof. Hochsch. f. Musik Hamburg; 1976 Gastprof. Musashino Academia Musicae Tokio; Konzertreisen In- u. Ausl. - Schallpl. m. Werken v. Bach, Vivaldi, Telemann, Beethoven u.a. Komp.: 4 Symphonien, 1 Ballett, Kammermusik, Vokalwerke, Filmmusik - Tschaikowsky in Odessa, ersch. 1940 Odessa; Sapiski Musikanta (Notiz. v. Musikern), 1970; Michail Ignatieff u. d. Balalaika, 1979; Michael Goldsteins Methode d. 1. Violinunterr. - Red.mitgl. Riemann-Musiklex., BV: Veröff. unbek. klass. Musikw., musikwiss. Art. in versch. Ländern, 2 H. Michael Goldsteins Methode im ersten Violinunterr. - 1936 Allunionspreis UdSSR; 1962 3 Kompos.preise Allunionswettb. Moskau; 1984 BVK - Liebh.: Sammlung alter Musikhandschr. u. mod. dt. Meistergeigen - Spr.: Russ., Ukrain., Poln. - Lit.: Manfred Kaiser: M. G. (Biogr. u. Werkeverz.).

GOLDT, Heinz

Dipl.-Ing., Geschäftsführer DEUTAG ASPHALTTECHNIK GMBH - Siegburger Str. 229, 5000 Köln 21 - Geb. 15. Mai 1928 - Fachämter.

GOLENHOFEN, Klaus

Dr. med., Univ.-Prof. f. Physiologie Univ. Marburg - Calvinstr. 15, 3550 Marburg/L. (T. 2 16 61) - Geb. 19. Okt. 1929 Breslau - S. 1960 (Habil.) Privatdoz. Lehrtätigk. Marburg - BV: Kl. Physiol., Bd. 1 1981, Bd. 2 1982; Original-Prüfungsfragen m. Komment.: GK 1-Physiol., 1985, NA 1986, NA 1987; NA 1988, NA 1989, NA 1990; üb. 100 Fachveröff.

GOLITSCHEK Edler von ELBWART, Manfred

Dr. rer. nat., Prof. f. Mathematik - Schulweg 5a, 8702 Gerbrunn/Ufr. - B. 1978 Wiss. Rat u. Prof., dann Prof. Univ. Würzburg.

GOLL, Gerhard

Ministerialdirigent, Vorstandsmitglied Landeskreditbank - Schellingstr. 15, 7000 Stuttgart 1.

GOLL, Heinz

Gewerkschaftssekretär, MdL Baden-Württ. (Wahlkr. 32, Rastatt) - Karlstr. 8a, 7560 Gaggenau-Bad Rotenfels (T. 07225 - 10 10) - Geb. 26. Okt. 1938 Rastatt - SPD.

GOLL, Klaus Rainer

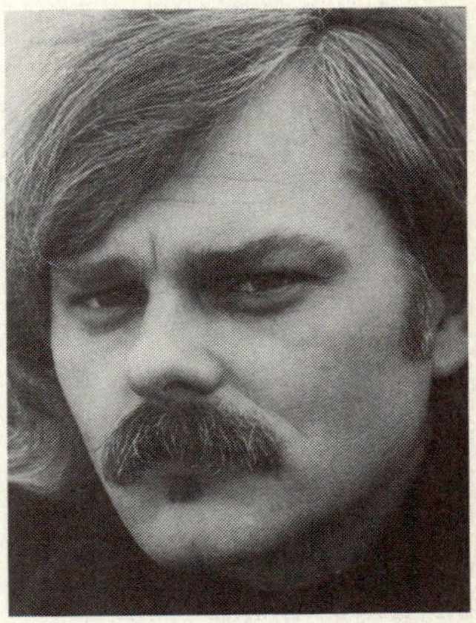

Schriftsteller, Realschullehrer in Lübeck - Tüschenbeker Weg 11, 2401 Groß Sarau - Geb. 2. Juli 1945 Lübeck, ev., verh. s. 1975 m. Lina, geb. Schmidt, 2 Töcht. (Katharina, Sarah) - Stud. Päd., German., Theol., Phil. Univ. Kiel; Staatsex. 1970-73 - S. 1980 1. Vors. Lübecker Autorenkreis u. s. Freunde; s. 1987 Vorst.-Mitgl. Schriftst. in Schlesw.-Holst. - BV: Windstunden- u. andere Texte, Ged. 1973; Flugbahnen, Ged. u. Prosa 1980; Sonnenlandschatten, Ged. 1983. Herausg.: Treffpunkt, Anthol. (1986) - 1974 Gold. Federkiel f. Lyrik; 1977 Kurzprosapreis; 1985 Kulturpr. Stiftg. Hzgt.

GOLL, Ralf M.
Dipl.-Ing., Geschäftsführender Gesellsch. Ansin, Goll & Braunsberger Gesellschaft für Kommunikation u. Markentechnik mbH - Freiherr-vom-Stein-Str. 27, 6000 Frankfurt/M. 1 (T. 069 - 72 54 54); priv.: Heidweg 7, 6380 Bad Homburg - Geb. 16. Sept. 1938.

GOLL, Ulrich
Dr. jur., Prof., MdL Baden-Württ., stv. Vors. FDP-Fraktion - Alemannenweg 3, 7777 Salem - Geb. 2. Mai 1950 Überlingen/See.

GOLLASCH, Kurt
Dipl.-Brauing., Vorstandsmitglied Brauerei Iserlohn AG., Iserlohn - Grünertalstr. 53a, 5860 Iserlohn - Geb. 1. Juni 1908 Laurahütte/OS.

GOLLENIA, Gerd J.
Dr. rer. pol., Dipl.-Kfm., Geschäftsführer ECE Projektmanagement GmbH, Hamburg - Parkaue 16, 2070 Ahrensburg (T. 04102-5 95 70) - Geb. 5. Aug. 1940 Oppeln, kath., verh. s. 1966 m. Maria, geb. Roller - 2 Kd. (Mirjam, Lars) - Human. Gymn. Augsburg; Stud. b. 1963 Univ. München u. ab 1968 Köln - Liebh.: Musik, Malerei, Golf, Tennis.

GOLLER, Hermann
Dr. med., Prof. f. Veterinäranatomie (Lehrst. II) Univ. Gießen - Mozartstr. 6, 6301 Linden-Leihgestern.

GOLLER, Kurt
Oberlandesgerichtspräsident a. D. - Vordersteig Nr. 9a, 7505 Ettlingen (T. 1 26 82) - 1967-75 Präs. OLG Karlsruhe.

GOLLER, Max
I. Bürgermeister Stadt Weismain - Rathaus, 8628 Weismain/Ofr. - Geb. 18. Juni 1929 Oberlangheim - Zul. Posthauptsekr. CSU.

GOLLERS, Rolf
Dr. rer. pol., Dipl.-Kfm., Prof. f. Betriebswirtschaftslehre, insb. Bilanzen, Finanzen, Steuern u. Operations Research, Gesamthochschule Paderborn - Nordberg 51, 4791 Lichtenau.

GOLLHARDT, Heinz
Dr. phil., Verleger, Geschäftsf. u. Mitgesellsch. vgs verlagsgesellschaft mbH. & Co. KG., Köln (s. 1971); Vorstandsmitgl. Landesverb. d. Buchhandlungen u. Verlage NRW u. Mitgl. d. Motovun Group Assoc. (intern. Verlegervereinig.) - Hömel 26, 5223 Nümbrecht - Geb. 3. März 1935 Magdeburg (Vater: Dr. phil. Walter G., Studienrat †; Mutter: Liselotte, geb. Huschenbett †) - Verlagslehre; Stud. German., Soziol., Phil. Promot. 1965 Göttingen - 1965-66 Redakt. NDR; 1966-71 Redakt./Prok. Fischer Taschenbuchverlag - Spr.: Engl.

GOLLING, Ernst
Dr. rer. nat., Prof. f. elektrische Meßtechnik, Physiker - Platenstr. 28, 8520 Erlangen - Geb. 21. Okt. 1919 Wolnzach, kath., verh. s. 1944 m. Gertrud, geb. Zeiger, 3 S. (Felix-Rainer, Winfried, Markus) - TH München, Dipl.-Phys. 1947, Promot. 1950 - B. 1950 wiss. Assist. TH München, b. 1965 Ind.-Forschung, s. 1980 Hon.-Prof. Univ. Erlangen, s. 1976 Vorst.-Mitgl. Europ. Ges. f. Ing.-Ausbild., s. 1983 Präs. Europ. Verb. Nationaler Ing.-Vereine (FEANI), Mitgl. Kurat. d. Ecole Nationale Supérieure Univ. Straßburg, Mitgl. Stud.reformkommiss. Elektrotechnik d. BRD - Spr.: Engl.

GOLLINGER, Hildegard
Dr. theol., Prof. f. Kath. Theologie PH Heidelberg (s. 1970) - Reinhard-Booz-Str. 15, 7802 Merzhausen/Br. - Geb. 8. Aug. 1941 Karlsruhe (Vater: Johann G., Schlosser; Mutter: Maria, geb. Kailitz), kath. - Fichte-Gymn. Karlsruhe; 1960-65 Univ. Freiburg u. Tübingen (Kath. Theol., Klass. Philol., Geschi.). Promot. 1968 Freiburg - Zul. Doz. - BV: D. ‚Gr. Zeichen' v. Apokalypse 12, 1971; Kirche in d. Bewährung, 1973. Mithrsg.: Neue Schulbibel - Lehrerkommentar (3. A. 1979) - Preis Theol. Fa./Univ. Freiburg (Studienj. 1964/65) - Liebh.: Theater, Sport - Spr.: Engl., Franz.

GOLLNICK, Heinz
Dr. sc. pol. (habil.), o. Prof. f. Volksw.slehre u. Statistik u. Dir. Inst. f. Statistik u. Ökonometrie Univ. Hamburg (s. 1962) - Auf der Wöörden 36, 2000 Hamburg 67 (T. 603 88 93) - BV: Einf. in d. Ökonometrie, 1969; Dynamic Structure of Household Expenditures in the Feder. Republ. of Germ. 1955-75, 1975 - Mitgl. Intern. Statist. Inst., Den Haag.

GOLLNICK, Jonny
Ltd. Magistratsdirektor, MdA Berlin (s. 1971) - Glockenblumenweg 48, 1000 Berlin 47 (Tel. 661 94 52) - Geb. 26. Jan. 1933 Berlin, verh., 2 Kd. - 1953-57 FU Berlin (Rechts- u. Staatswiss.). Jurist. Staatsprüf. 1958 u. 62 - S. 1962 Berliner Verwaltung (1969 ff. Leit. Neuköllner Rechtsamt). SPD s. 1966.

GOLLOCH, Alfred
Dr. rer. nat., Prof. - Schönauer Bach 21, 5100 Aachen - Leit. d. Fachgeb. Instrumentelle Analytik, Univ. Duisburg. Spezielgeb.: Angew. Atomspektroskopie, Entw. neuer analyt. Meth. u. Meßgeräte, Analytik anorg. Materialien, Umweltanalytik.

GOLLWITZER, Heinz
Dr. phil., em. o. Prof. f. Neuere u. Neueste Geschichte - Habichtstr. 2, 4409 Havixbeck - Geb. 30. Jan. 1917 Nürnberg (Vater: Erhard G., Lehrer; Mutter: geb. Nordgauer), ev., verh. s. 1945 m. Elisabeth, geb. Hoellerer - Theresien-Gymn. u. Univ. München. Promot. u. Habil. München - Mitarb. Histor. Kommiss. Bayer. Akad. d. Wiss., München, 1950-57 Privatdoz., s. apl. Prof. (1956) Univ. München. s. 1957 o. Prof. Univ. Münster - BV: Europabild u. Europagedanke, 1951; D. Standesherren, 1957; D. Gelbe Gefahr, 1962; Europe in the age of imperialism 1880-1914, 1969; Geschichte d. weltpolit. Denkens I, 1972, II, 1982; Europ. Bauernparteien i. 20. Jhdt., 1977; Dt. Reichstagsakten (Maximiliansreihe), Bd. VI, 1979; Ludwig I. v. Bayern, 1986 - 1957 o. Mitgl. Hist. Komm. f. Westf; 1968 Mitgl. Histor. Kommission Bayer. Akad. d. Wiss., 1979 o. Mitgl. Rhein.-Westf. Akad. d. Wiss., 1985 Korr. Mitgl. Bayer. Akad. d. Wiss.

GOLLWITZER, Helmut
Dr. theol., Drs.h.c., o. Prof. f. Theologie - Nebingerstr. 11, 1000 Berlin 33 - Geb. 29. Dez. 1908 Pappenheim/Bay. (Vater: Wilhelm G., Pfarrer; Mutter: Barbara, geb. Löffler), ev., verh. s 1951 m. Brigitte, geb. Freudenberg - S. Anna-Gymn. Augsburg; Univ. München, Erlangen, Jena, Bonn. Promot. 1937 Basel - Ab 1939 Ref. Leitg. Bekenn. Kirche Thüringen u. Preußen, 1938-40 Pfarrer Berlin-Dahlem, 1940-50 Wehrdst. u. sowjet. Gefangensch., s. 1950 Ord. Univ. Bonn u. FU Berin (1957) - BV: Coena Domini, D. altluth. Abendmahlslehre in ihrer Auseinandersetzung m. d. Calvinismus, 1937; Wir dürfen hören, Pred. 1940; Jesu Tod u. Auferstehung, 1941; 2. A. 1951; D. Freude Gottes, 1941; Und führen, wohin du nicht willst, 1951 (GA. etwa 300 Ts.); auch engl., franz., ital. holl., dän., schwed., jap.); Israel u. wir, 1958; Forderungen d. Freiheit, 1962 (4 A.); D. marxist. Religionskritik u. d. christl. Glaube, 1962 (3 A.); D. Existenz Gottes im Bekenntnis d. Glaubens, 1963 (5 A.); Denken u. Glauben, 1965 (m. Wilhelm Weischedel); V. d. Stellvertretung Gottes, 1967; Vietnam, Israel u. d. Christenheit, 1967; Zuspruch u. Anspruch, 1968; Krummes Holz - Aufrechter Gang / Z. Frage n. d. Sinn d. Lebens, 1970 (10. A.); D. kapitalist. Revolution, 1974; Forderungen d. Umkehr, 1976; Befreiung z. Solidarität, 1978. Herausg.: Du hast mich heimgesucht b. Nacht - Abschiedsbr. u. Aufz. d. Widerst. 1933-45 (m. Käthe Kuhn u. Reinhold Schneider), ...und lobten Gott - Berliner Predigten, 1938-40, ...und vergib uns unsere Schuld - E. histor. Dokument, 1945-48 u. a. - Theol. Ehrendoktor Univ. Heidelberg (1954), Glasgow (1956), Aberdeen (1966); 1973 Buber-Rosenzweig-Med., Carl v. Ossietzky-Medaille 1973; 1972 Mitgl. PEN-Zentrum BRD - Bruder: Gerhard G. †1973 (s. XVI. Ausg.).

GOLLWITZER, Josef
s. Hammerschmid, Josef

GOLLWITZER, Paul
Dipl.-Ing., Prof., berat. Ingenieur f. Industrieplanung (spez. faserverarb. Ind.), Konsul f. Malaysia i. Bayern - Auweg 14, 8110 Murnau-Seehausen/Obb. (T. 10 83) - Geb. 23. Mai 1911 - S. 1958 Honorarprof. f. Allg. Ing.bau TU München - Spr.: Engl., Ital. - Rotarier.

GOLOMBEK, Michael
Geschäftsführer Arbeiterwohlfahrt/Landesverb. Hamburg - Rothenbaumchaussee 44, 2000 Hamburg 13; priv.: Heidberg 16, 2000 Hamburg 60 - Geb. 18. Juli 1941 Hamburg (Eltern: Michael (Architekt) u. Charlotte G.) - Ausbild. Maschinenschlosser (1962), Industriekfm. (1970), Betriebsw./grad. (1974) - Spr.: Engl.

GOLSONG, Heribert

Dr. jur., Dr. jur. h. c., Rechtsberater, Honorarprof. f. Recht d. Intern. Organisationen, Intern. Rechtsangleich. u. -vereinheitlich. Univ. Heidelberg - 7300 Oak Lane Chevy Chase, MD., 20815 USA - Geb. 23. Okt. 1927 Oberhausen (Vater: Dr. med. Willibald G., Arzt; Mutter: Paula, geb. Friesenhahn), kath., verh. s. 1954 m. Christine, geb. Vanneste, 3 Kd. (Dominik, Thomas, Anne-Sophie) - 1946-50 Univ. Köln, Würzburg (1947), Bonn (1948; Rechtswiss.) - S. 1963 Europ. Gerichtshof (Kanzler) in Europarat (1965 Leit. Rechts-, 1977 Menschenrechtsabt.), 1979-83 Vizepräs. u. Chefsyndikus Weltbank;Generalsekr. ICSID Schiedszentrum; 1983 Rechtsberater Anwaltskanzlei Sloan, Lehner & Ruiz, Washington D. C. - BV: D. Rechtsschutzsystem d. Europ. Menschenrechtskonvention, 1958; Intern. Kommentar z. Europ. Menschenrechtskonvention, 1986 - Komturkreuz m. Stern Fürstl.-Liechtenstein. VO., Kommandeur Kgl.-Norweg. St. Olav-Orden; Kommandeur Kgl. Belg. Leopold II-Orden; Gr. Gold. Ehrenz. d. Rep. Österr.; BVK; Schiedsrichter Amer. Arbtr. Assoc. u. Schiedszentrum Weltbank - Spr.: Franz., Engl.

GOLTZ, Graf von der, Hans
Aufsichtsratsvorsitzender Altana AG - Seedammweg 55, 6380 Bad Homburg v.d.H. - Geb. 22. Sept. 1926 Stettin (Vater: Rüdiger Graf v. d. G., Rechtsanw.; Mutter: Astrid, geb. Hjort), ev., verh. s. 1950 m. Luitgard, geb. Gräfin zu Solms-Laubach, 3 Kd. (Hans-Albrecht, Astrid, Jörg-Michael) - Univ. München (Rechtswiss). Große jurist. Staatsprüf. - 1951-56 Dt. Kreditsich. K.G./Tredefina; 1956-59 Intern. Finance Corp.; 1959-71 Klöckner & Co.; s. 1971 Varta AG, ARsmand. - Spr.: Engl.

GOLÜCKE, Karl-Friedrich
Dr.-Ing., Vorstandsvorsitzender Hoesch Werke Hohenlimburg-Schwerte AG, Hagen 5, u. Beiratsvors. Hoesch Packband GmbH, Schwelm - Brahmsstr. 23, 5800 Hagen/Westf. - Geb. 25. April 1930 Magdeburg (Vater: Dr. Ing. E.h. Karl G., Vorst. Klöckner-Humboldt-Deutz AG † 1892), verh. m. Marga, geb. Jacobs - TH Aachen (Dipl.-Ing. 1955). Promot. 1957 Clausthal.

GOMANN, Heinz
Kaufmann, MdA Berlin (1971-75) - Fontanestr. 29, 1000 Berlin 44 (T. 623 44 38) - Geb. 1. Juli 1920 Berlin, verh., 2 Kd. - B. 1940 Schule Berlin (Abit.); 1940-45 Luftw. (Jagdflieger); ab 1945 Univ. Göttingen u. Hamburg (Rechtswiss.) - 5 J. Synd. Hbg. Presseverlage; s. 1958 selbst. (Reisebürobranche). CDU s. 1968.

GOMBEL, Heinrich
Dr. phil., Bankdirektor, Geschäftsf. WKV Waren-Kredit-Bank GmbH., München 2 - Agnesstr. 42, 8000 München 13 (T. 37 95 15) - Geb. 9. Febr. 1908 Duisburg.

GOMILLE, Herbert
Bankdirektor (Dresdner Bank AG., Fil. Mannheim), stv. Vors. Wertpapierbörse Stuttgart - Schwarzwaldstr. 58, 6800 Mannheim - Geb. 15. Aug. 1913 Waldmohr/Pfalz - ARsmandate - Spr.: Engl., Franz. - Rotarier.

GOMM, Gerhart
Dr. oec., Generaldirektor, Vorstandsvors. Berlinische Lebensversicherung AG., Berlin/Wiesbaden - Dietrich-Bonhoeffer-Str. 19, 6200 Wiesbaden-Bierstadt - Geb. 3. Jan. 1925 - Dipl.-Math.

GOMMEL, Günther
Dipl.-Kfm., Bankdirektor i. R. - Raiffeisenstr. 48, 7750 Konstanz-Litzelstetten - Geb. 19. Sept. 1917 Stuttgart.

GOMPF, Gundi
Dr. phil., Prof. f. Didaktik d. Engl. Sprache Univ. Frankfurt/M. - Frankfurter Str. 14, 6087 Worfelden.

GOMPF, Ludwig
Dr. phil., Prof. f. Mittellateinische Philologie Köln - Rommerscheider Höhe 7, 5060 Bergisch Gladbach 2 - Geb. 28. Jan. 1924 Auerbach (Vater: Wilhelm G.; Mutter: Helene, geb. Krämer), kath., verw. - 1950-55 Stud. Lat., Griech., Archäol.; Staatsex. u. Promot. 1960; Habil. 1970 - 1955-63 Schuldst.; s. 1963 Univ. Köln; 1971 apl. Prof.; 1972 Studienprof. 1982 Prof. - BV: D. Leipziger Ordo artium, 1966; Joseph Iscanus: Werke u. Briefe, 1970; D. Ecbasis captivi u. ihr Publikum, 1973 - Spr.: Lat., Griech., Engl., Franz.

GOMPPER, Rudolf
Dr. rer. nat., o. Prof. f. Organ. Chemie - Thadd.-Eck-Str. 34, 8000 München 60 (T. 811 31 30) - Geb. 12. Febr. 1926 Stuttgart - Promot. 1953; Habil. 1958-1964 apl. Prof. TH Stuttgart, 1965 ao., 1968 o. Prof. Univ. München. Üb. 70 Fachaufs.

GOMRINGER, Eugen
Schriftsteller, Prof. f. Ästhetik Kunstakademie Düsseldorf, Generalsekr. d. Deutschen Künstlerbundes - Wurlitz 22,

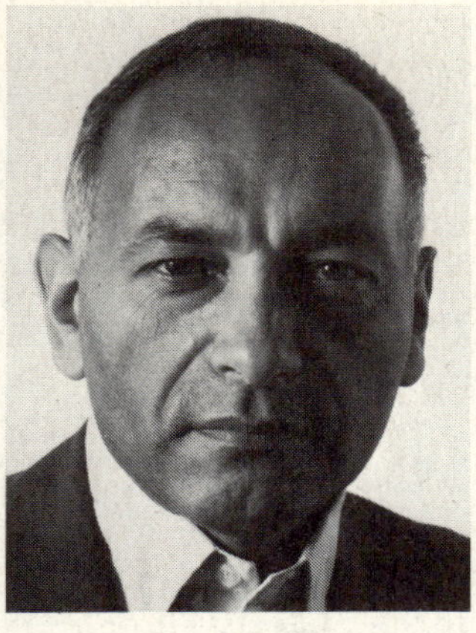

8673 Rehau/Bay. - Geb. 20. Jan. 1925 Bolivien (Vater: Eugen G., Landw.; Mutter: Delicia, geb. Rodriguez), verh. in 2. Ehe m. Nortrud, geb. Ottenhausen, 6 Kd. (René, Stefan, Clemens, Tilman, Peter aus 1. Ehe; Nora-Eugenie aus 2. Ehe) - U. a. Sekr. Max Bills (Hochsch. f. Gest. Ulm), Geschäftsf. Schweiz. Werkbund, s. 1967 Kulturbeauftr. d. Rosenthal AG. Selb - BV/Ged.: Konstellationen, 1953, 1960, 1964; D. Stundenbuch, 1965; Worte sind Schatten (Konstellationen 1951-68, 1969; Konstell. - Ideogramme - Stundenbuch, 1977. Herausg.: konkrete poesie - deutschspr. autoren (Anthol. 1972), Monograph. üb. Josef Albers, Graeser, Lohse, Stankowski, Fruhtrunk, 81 Identitäten 1981; Z. Sache d. Konkreten, gesammelte Schriften, Reden u. Manifeste, 1985 - 1971 Mitgl. Akad. d. Künste Berlin, PEN - Lit.: Dieter Kessler, Unters. z. Konkreten Dicht. (Diss.), 1976; Peter Demetz, E.G. u. d. Entwickl. d. Konkreten Poesie, 1981. Michael Zeller, D. strenge Form u. d. Mystik d. Rationalität - z. Werke von E.G., 1982 - Rotarier.

GONDOLATSCH, Friedrich

Dr. phil., Prof., Astronom - Hans-Thoma-Str. 45, 6900 Heidelberg - Geb. 3. Juni 1904 Görlitz/Schles. (Vater: Max G., Lehrer, Musikhistoriker; Mutter: Katharina, geb. Fellbaum), ev., verh. s. 1937 m. Margarete, geb. Fabricius - Univ. Leipzig, München, Berlin (Astronomie, Math., Phys.; Promot. 1929). Habil. 1938 Berlin - 1939 Observator Astronom. Rechen-Inst. Berlin; 1945 Abt.sleit. Astronom. Rechen-Inst. Heidelberg. S. 1969 im Ruhestand. 1943 Privatdoz. Univ. Berlin, 1950 Univ. Heidelberg, 1955 apl. Prof. - BV: Lehrb. d. Stellarstatistik, 1937 (m. E. v. d. Pahlen); Erdrotation, Mondbeweg. u. d. Zeitproblem d. Astronomie, 1953; Studienb. Astronomie, I/II, 1978, 1979 (m. G. Groschopf u. O. Zimmermann). Herausg.: Apparent Places of Fundamental Stars (1960-72, jährl.; m. W. Fricke u. T. Lederle) - Mitgl. Intern. Astronom. Union, Astronom. Ges. (1953-59 Schriftf.), American Astronomical Soc., American Assoc. for the Advancement of Science - Spr.: Engl.

GONG, Alfred

Schriftsteller - 2320 Bronx Park East, New York 10467 (T. 652 64 64) - Geb. 14. Aug. 1920 Czernowitz/Bukowina, verh. s. 1957 m. Norma, geb. Righetto - 1950-51 Dramat. Kl. Theater Wien, 1964-66 Lit.kritiker American-German-Review, Philadelphia - BV: Gras u. Omega, Ged. 1960; Manifest Alpha, Ged. 1961; Happening in d. Park Avenue - New Yorker Geschichten, 1969; Gnadenfrist, Ged. 1980. Herausg.: Interview m. Amerika (Anthol. 1962 u. 65) - 1966 Theodor-Körner-Preis (Österr.). Mitgl. Österr. PEN-Club.

GONSER, Ulrich

Dr. rer. nat., Prof. f. Physik - Am Brunnen 4, 6650 Homburg (T. 06841 - 28 45) - Geb. 10. Dez. 1922 Münster (Vater: Gustav G., Landesoberbaurat; Mutter: Adele, geb. Elmendorf), ev., verh. s. 1953 m. Wilhelmine, geb. Oefele, 2 Kd. (Thomas, Ursel Verena) - Univ. Münster, Dipl. 1950, Promot. 1953, 1954-57 Univ. Illinois/USA, 1957-60 Jülich-Aachen (habil.), 1960-69 Abteilungsleiter Science Center/USA, Univ. Saarl., Prof. - BV: Mössbauer Spectroscopy I u. II, 1975 u. 1981 (chin. u. russ. übers.); Amorphous Metals, 1981. Herausg.: Materials Science, Springer; Il Nuovo Dimento D; ICAME. Über 300 Arbeit. in wiss. Ztschr. - Ehrenprof. Univ. Nanjing u. Suzhou - Spr.: Engl.

GONSIOR, Bernhard

Dr. rer. nat., Prof. f. Experimentalphysik Univ. Bochum - Harpener Hellweg 301, 4630 Bochum.

GONTER, Norbert

Bankkaufm., Sparkassendirektor Bezirkssparkasse Gießen - Prinzenweg 8, 6308 Butzbach - Geb. 18. Mai 1944 Schalkau/Thür., ev., verh., 1 Kd. - Banklehre; Stud. Jura (1. Ex. 1971, 2. Ex. 1974) - S. 1980 Bezirkssparkasse Gießen - Mitautor: D. Realkredit d. Sparkassen, 1978.

GOODMAN, Alfred

Dr. phil., Komponist, Musikschriftsteller - Baermannstr. 31, 8000 München 60 - Geb. 1. März 1920 Berlin (Vater: Oskar Guttmann, Musikschriftsteller; Mutter: Paula, geb. Joseph), verh. in 2. Ehe (1966) m. Renate, geb. Rössig, Sohn Ronald - 1938 Konservatorium Berlin; 1948-53 Columbia College u. Univ. New York (B.S.; M.A.); Promot. 1972 TU Berlin - 1940-1961 USA (eingebürgert 1943); 1955 Mitarb. Westminster Records New York, 1956 Lehrer f. Kontrapunkt u. Kompos. Henry Street Settlement, 1956-60 Komp. f. Movietone, New York, 1957 Musikkrit. Aufbau ebd.; s. 1961 München (fr. Mitarb. Bayer. Rundfunk, 1965 Organisator Konzerte: Dt.-Amerik. Zeitgen. Musik), 1968-69 Daad Stip. Berlin. S. 1971 Musikabt. Bayer. R. (Lektorat), s. 1976 Doz. Hochsch. f. Musik, München. Zahlr. Kompos., dar. 3 Opern, 2 Sinfonien, UNO-Kantate, Orchester-, Kammermusik-, Orgelw., Lieder, Chöre, Fernsehmusiken - BV: Musik im Blut - Amerik. Musik, 1968; Musik v. A b. Z, Musiklexikon 1970; D. Amerik. Schüler Franz Liszt's (Diss.), 1972; Sachwörterb. d. Musik, 1982 - 1981 Ehrengabe Johann Wenzel Stannitz-Preis - Liebh.: Bücher, Wandern - Spr.: Engl.

GOOS, Gerhard

Dr. rer. nat., Dipl.-Math., o. Prof. f. Informatik Univ. Karlsruhe (s. 1970), Vorst.-Mitgl. Ges. f. Math. u. Datenverarbeitung mbH (s. 1986) - Friedrich-Naumann-Str. 4, 7500 Karlsruhe - Geb. 6. Aug. 1937 Nürnberg, ev., verh. s. 1964 m. Gisela, geb. Holland, 3 Kd. - Stud. d. Math. Univ. Erlangen u. Berlin (Techn.); Promot. 1965 - Wiss. Assist. Erlangen u. TU München - BV: Informatik, 2 Bde. 3. A. 1982/83 (m. F. L. Bauer; auch russ., poln., kroat.); Compiler Construction, 1984 - Spr.: Engl., Franz.

GOOSE, Dieter

Dr. jur., Vorstandsmitglied DSL Bank Deutsche Siedlungs- u. Landesrentenbank - Kennedyallee 62-70, 5300 Bonn 2 (T. 0228 - 88 95 10) - Geb. 1. April 1939 Hamm.

GOOSMANN, Paul

Prof. f. Gemeinschaftskunde Päd. Hochschule d. Fr. Hansestadt Bremen - Zum Fichtenhof 2a, 2820 Bremen-St. Magnus (T. 66 39 46).

GOOSSENS, Franz

Dr. rer. pol., Dipl.-Volksw., berat. Volks- u. Betriebswirt, Leiter ABM-Arbeitskreis f. Betriebsführung, München (s. 1952) - 8911 Thaining (T. 08194 - 2 49) - Geb. 14. Dez. 1921 Mönchengladbach (Vater: Hugo G., Betriebsdir.; Mutter: geb. Hocks), kath., verh. s. 1955 m. Edith, geb. Grauel, 1 Kd. - Promot. 1948 München - Lehrbeauftr. Hochsch. f. Wirtschafts- u. Sozialwiss. Nürnberg (1952-58) u. Univ. München (1968-71); 1949-73 Mithrsg. u. Schriftl. Ztschr. Personal - Mensch u. Arbeit im Betrieb - BV (insg. 30; z. T. b. 10 A.): Personalleiter-Handb., Erfolgreiche Konferenzltg. u. Verhandlungsfhg., Wie baue u. finanziere ich mein Haus?, D. Chef u. s. ltd. Mitarb., Moderne Personalorganisation, Management-Techniken, Was Führungskräfte von Betriebswirtsch. und von Volkswirtsch. wissen müssen, Was die Frauen d. Führungskr. wissen müssen - Liebh.: Sportschießen, Schach, weltw. Reisen.

GOOSSENS, Jan

Dr. phil., Dr. h. c., o. Prof. f. Niederl. u. Niederdt. Philologie u. Direktor Niederl. Seminar u. Niederdt. Abt. d. German. Inst. Univ. Münster (s. 1969) - Gartenstr. 20, 4400 Münster/W. - Geb. 19. Febr. 1930 Genk/Belg. (Vater: Michael G.; Mutter: Maria, geb. Lenaerts), verh. s. 1956 m. Magda, geb. Vanmaele, 4 Kd. (Dirk, Bart, Gert, Greetje) - 1951-55 Univ. Löwen/Belg. (Dt. u. niederl. Philol.) - 1955-60 Gymnasiallehrer Hasselt/Belg.; 1960-61 Lehrer Höh. Lehrersem. ebd.; 1962-65 Dozent Univ. Marburg; Prof. Univ. Löwen - BV: D. niederl. Strukturgeogr., 1965 (Amsterdam); Strukturelle Sprachgeogr., 1969 (Heidelberg); Histor. Phonologie d. Niederl., 1974 (Tübingen); Deutsche Dialektologie, 1977; Reynaerts Historie - Reynke de Vos (hg. m. Kommentar), 1983 (Darmstadt); D. Reynaert-Ikonographie, 1983 (Darmstadt). Bearb.: Robert Bruch, Luxembg. Sprachatlas, 1963 (Marburg) - Gr. BVK - Spr.: Niederl., Engl., Franz.

GOOSSENS, Nico

Dr. med., Prof., Internist (Spezialist f. Thrombose-Embolie, Herzinfarkt, Gefäßerkrank.) - Simmernstr. 11, 8000 München 40 (T. 39 92 14) - Geb. 17. Juli 1911 Ludwigsburg/Württ. (Vater: Dr. jur. Walter G.), ev., verh. 1) 1938 m. Dr. Juliane, geb. Wendelstadt (†1954), 3 Töcht., 2) 1974 m. Frauke, geb. Aulike - Realgymn. Schondorf (Internat); Univ. München. Promot. (1936) u. Habil. (1955) München - S. 1955 Privatdoz. u. apl. Prof. (1962) Univ. München (Wiss. Mitarb. Med. Poliklinik; Leit. Hämostaseologie - BV: Antikoagulantien-Fibel, 1957 (dt., span.; m. Gastpar). Mithrsg.: Klinik u. Therapie d. Nebenwirkungen, 1960, 1973, 1984 - Liebh.: Musik (Klavier), Tennis, Ski - Spr.: Engl.

GOPPEL, Alfons

Dr. jur. h. c., Ministerpräsident a. D. - Sommerweg 2, 8033 Krailling/Obb. (T. 089 - 857 40 34) - Geb. 1. Okt. 1905 Reinhausen b. Regensburg (Vater: Ludwig G.; Mutter: Barbara, geb. Federl), kath., verh. s. 1935 m. Gertrud, geb. Wittenbrink, 5 Söhne (Michael, Ludger, Bernhard, Thomas, Christoph) - Gymn. Regensburg; Univ. München (Rechts- u. Staatswiss.) - 1932 RA Regensburg, 1934 Ass. AG Mainburg, Staatsanw. LG Kaiserslautern, 1938 Amtsgerichtsrat Aschaffenburg, 1939-45 Wehrdst. (Inf., zul. Oblt. d. R.), 1946 Rechts-, 1952 Stadtrat u. Bürgerm. Aschaffenburg, 1954-79 MdL, 1957 Staatssekr. Bayer. Justizmin., 1958 Bayer. Innenmin., 1962-78 Bayer. Min.-präs.; daz. 1972/73 Bundesratspräs.; 1979-84 MdEP - CSU (Vorst.) - Vors. Kurat. d. Stiftg. z. Förd. d. Wiss. in Bayern, Pan Europa Union Deutschl., u. a. - 1964 Ehrendoktor Univ. Würzburg, 1976 St. Jones Univ. Minnesota; 1965 Ehrenbürger München; Großkreuz VO. BRD (1963), Bayer. VO., Gr. Silb. Ehrenz. am Bande f. Verd. um d. Rep. Österr., Großkreuz St.-Sylvester-Orden, Komturkreuz St.-Gregorius-Magnus-Orden m. Stern u. a.; 1964 Friedenskreuz Dt.-Franz. Union d. Friedens in soldat. Kameradschaft; 1968 Adalbert-Stifter-Med. Sudetend. Landsmannschaft, 1970 Columbus-Med. Columbus-Ges. München; 1969 Sudetend. Karls-Preis; 1970 Gr. Staatsmed. in Gold f. Verdienste um d. bayer. Landw.; 1970 Großoffz. Ehrenlegion; 1975 mexikan. Orden Aquila Azteka; Ehrenschild Bayer. Landessportverb.; Ehrenbürger Stadt Regensburg; 1978 Distinguished Civilian Service- u. 1981 Lucius-D.-Clay-Med. USA; Romano-Guardini-Pr., Großkreuz Ld. Salzburg; Ehrenmitgl. Presse-Club München u. Aspen-Inst. Berlin - Liebh.: Wandern, Krimis - Spr.: Lat., Griech., Engl., Franz. - Rotarier (Ehrenmitgl. Rotary Club München).

GOPPEL, Thomas Johannes

Dr. phil., Staatssekretär im Bayer. Staatsmin. f. Wiss. u. Kunst - St. Ulrichstr. 14, 8911 Eresing (T. Wiss.-Min. 089 - 2 18 61) - Geb. 30. April 1947 Aschaffenburg (Vater: Alfons G., Bayer. Ministerpräs. a. D., MdEP; Mutter: Gertrud, geb. Wittenbrink), kath., verh. s. 1973 m. Claudia, geb. Schaffranek - 1970ff. Stud. Lehramt an Volkssch., Examen 1973; 1972ff. Stud. Päd. Phil. Salzburg, Promot. 1982 Salzburg - S. 1972 Vors. Aktionskreis Wirtsch., Politik, Wiss.; s. 1971 Doz. f. Rhetorik, s. 1974 f. Verhandl.technik, 1975-78 Vors. Kolping-Bildungswerk München; s. 1981 Vors. BRK Landsberg; s. 1985 VDA-Landesvors. Bayern. CSU (s. 1976 Bezirksvorst. Oberbayern, s. 1983 Kreisvorst. Landsberg); s. 1982 stv. Landesvors. CSU-Arbeitskr. Kulturpolitik - BV: Föderalismus - Bauprinzip e. freiheitl. Grundordnung in Europa (Hrsg.) 1978; Techn. Fortschritt u. Marktwirtsch. (Hrsg.) 1983 - Ehrennadel Kochverein Bavaria; 1980 Silb. Ehrenz. BRK; 1983 Gold. Ehrenz. BRK; 1983 Rudolf-Egerer-Preis d. bayer. Handels - Spr.: Franz.

GORDESCH, Johannes

Dr. phil., Prof. f. Statistik/EDV FU Berlin (s. 1974) - Spechtstr. 15, 1000 Berlin 33 (T. 030 - 832 46 85) - Geb. 13. Juni 1938 Klagenfurt, kath., verh. s. 1964 m. Gertraud, geb. Tandl, 2 Kd. (Eveline, Robert) - Dr. phil. Graz 1965, Univ.-Doz. Wien 1973 - BV: Multivariate Verfahren, 1972; zahlr. Einzelveröff. - 1972 Kardinal-Innitzer-Preis - Liebh.: Musik, Botanik - Spr.: Engl., Franz.

GORDZ, August

Monsignore, Leiter Arbeitsstelle f. Frauenseelsorge d. Dt. Bischofskonfz. - Prinz-Georg-Str. 44, 4000 Düsseldorf 30.

GORENFLO, Rudolf

Dr. rer. nat., Dipl.-Math., o. Prof. Freie Univ. Berlin (s. 1973) - Berchtesgadener Str. 15, 1000 Berlin 62 (T. 782 32 16) - Geb. 31. Juli 1930 Friedrichstal üb. Karlsruhe (Vater: Oskar G., Landw.; Mutter: Meta, geb. Herlan) - Realgymn. (Abit. 1950); Stud. TH Karlsruhe; Promot. 1960 ebd.; Habil. 1970 Aachen - 1957-61 wiss. Assist. TH Karlsruhe; 1961 b. 1962 Standard-Elektrik-Lorenz, Stuttgart; 1962-70 Max-Planck-Inst. f. Plasma-Phys., Garching; 1970-73 Doz. TH Aachen. Fachmitgl.sch. - Spr.: Engl., Franz., Ital.

GORENFLOS, Walter

Dr., Botschafter d. Bundesrep. Dtschl. in Brasilien (s. 1984) - C.P. 07-0752, Av. das Nacoes 25, Brasilia D.F. - Geb. 20. Aug. 1928 Bötzingen/Kr. Freiburg, ev., verh. s. 1956 m. Irene, geb. Meister, 3 Kd. - 1948-54 Stud. Theol., Phil. u. Jura in Basel, Erlangen, USA, Heidelberg, 1954 Refer., 1957 Dr. iur., 1958 Gerichtsass. - 1959 Eintritt in d. Ausw. Dienst, Verwend. in Thailand, Zentrale Bonn, Obervolta, 1978 Min.-Dirig., 1980 Min.-Dir. Leit. Abt. Dritte Welt.

GORGAS, Karin

Dr. rer. nat., Wiss. Rätin, Prof. f. Anatomie Univ. Heidelberg - Bachstr. 20, 6900 Heidelberg.

GORITZKI, Ingo

Prof. f. Musik u. Theater Staatl. Hochsch. Hannover (s. 1982) - Auf der Silber 7A, 3008 Garbsen 2 (T. 05131-5 40 31) - Geb. 22. Febr. 1939 Berlin - 1967-70 Symph. Orch. Basel; 1970-82 Radio Symph. Orch. Frankfurt. Einige Schallpl.

GORKI, Hans Friedrich
Dr. phil., em. Univ.-Prof. f. Geographie u. ihre Didaktik Univ. Dortmund (s. 1970) - Postf. 50 05 00, 4600 Dortmund 50 - Geb. 16. Dez. 1922 Hannover - Promot. 1955 Münster - Spez. Arb.geb.: Kulturgeogr., Themat. Kartogr.

GORLAS, Johannes
Chemie-Ing., Gewerkschafter, Vors. DGB Essen (s. 1982), MdL Nordrh.-Westf. (s. 1975) - Auf'm Gartenstück 66, 4300 Essen 1 - Geb. 31. Jan. 1934 - SPD.

GORMSEN, Erdmann
Dr. phil., Prof. - An der Schanze 20, 6500 Mainz - Geb. 8. Okt. 1929 Königsfeld (Vater: Harald G.; Mutter: Marieliese, geb. Erdmann), ev. Brüdergem., verh., 2 Kd. - Stud. Mainz, Heidelberg; Promot. ebd - 1966-69 UNESCO, Paris (Departm. f. Environm. Sc.), 1969-70 Doz. Heidelberg, s. 1971 o. Prof. u. Dir. geogr. Inst. Univ. Mainz. 1973-84 Chairman Int. Geogr. Union Workg. Gr. Marketplace Exchange Systems. Fachmitgl.sch., Fachveröff. - 1986 Mexikan. VO Aguila Azteca - Spr.: Engl., Span., Franz.

GORNY, Peter H.
Dr.-Ing., Dipl.-Ing., Prof. f. Angew. Informatik Univ. Oldenburg (s. 1974) Fachber. Informatik - Postfach 2503, 2900 Oldenburg (T. 798 29 01) - Geb. 14. Juni 1935 Berlin (Vater: Hein G., Fotogr.; Mutter: Ruth, geb. Lessing) - Stud. TH Hannover; Promot. 1973 Bochum - 1964-67 wiss. Mitarb. Inst. f. Massivbau TH Hannover; 1967-74 Assist. Inst. f. konstrukt. Ing.bau Univ. Bochum; 1988 Gastaufenthalt Univ. of California, Berkeley. 1971-72 Gründungsaussch. Univ. Osnabrück. 1982-84 Vizepräs. Univ. Oldenburg. 1978-85 Sprecher Fachgruppe Interaktive Systeme GI. S. 1984 Vorst.-Mitgl. ACM German Chapter. Fachmitgl.sch. GI, ACM, IEEE Computer Soc. - BV: Dateneingabespr. u. Datenorg., 1973; Interaktive grafische Datenverarb., 1984. Hauptberatg. State of the Art: Informationstechnik; Mithrsg.: Computer u. Recht - Bek. Vorf.: Theodor Lessing, Phil. (Großv.).

GORSCHENEK, Günter
Dr. phil., Direktor Kath. Akademie Hamburg (s. 1976) - Herrengraben 4, 2000 Hamburg 11; priv.: Engl. Planke 1 - Geb. 8. Dez. 1942 Brüx (Vater: Josef G., Verwaltungsbeamter; Mutter: Ludmilla, geb. Bumba), kath., verh. s. 1971 m. Dr. Margareta, geb. Rucktäschel, T. Nicola Maria - Journalist. Ausbild.; Univ. Münster u. München (Rechtswiss., Gesch., Zeitungswiss.). Promot. 1970 München - Ab 1968 Redakt.; 1971-75 Studienleit. Kath. Akad. Bayern.; s. 1987 Lehrbeauftr. f. Erwachsenenbild. Univ. Hamburg, FB Erziehungswiss.; s. 1987 Generalsekr. Inst. f. Interdisziplinäre Kultur- u. Medienforsch., Hamburg (IKM). Herausg.: Katholiken u. ihre Kirche (1976), Grundwerte in Staat u. Ges. (1977); V. Zeit u. Erinnerung (1980, m. Margareta Gorschenek); Genforschung - Fortschritt in Verantwortung (1987, m. H. Kutz-Bauer); Offene Wunden - Brennende Fragen (1989, m. S. Reimers) - Liebh.: Lit., Filme, Reisen, Kochen - Spr.: Engl., Franz.

GORSLER, Hans
Dr. rer. pol., Dipl.-Volksw., Verwaltungsratsmitgl. Holzstoff Holding AG, Basel - 7892 Albbruck (T. 07753 - 54 21) - Geb. 11. Okt. 1917 - Präs. Industrie- und Handelskammer Hochrhein-Bodensee, Präsid.-Mitgl. HK Deutschl./Schweiz, VR Papierfabrik Scheufelen, Oberlenningen - Ehrenbürger von Albbruck; Gr. BVK.

GORVIN, Joana Maria
Schauspielerin - Klosterneuburg (Österr.) - Geb. 30. Sept. Hermannstadt/Rumänien (Vater: Karl Glückselig, Musikdir.; Mutter: Maria, geb. Popescu), ev., verh. s. 1971 m. Dr. jur. Maximilian Bauer (Großkfm.) - Gymn. Hermannstadt (Bakkalaureat (Abitur); Schau-

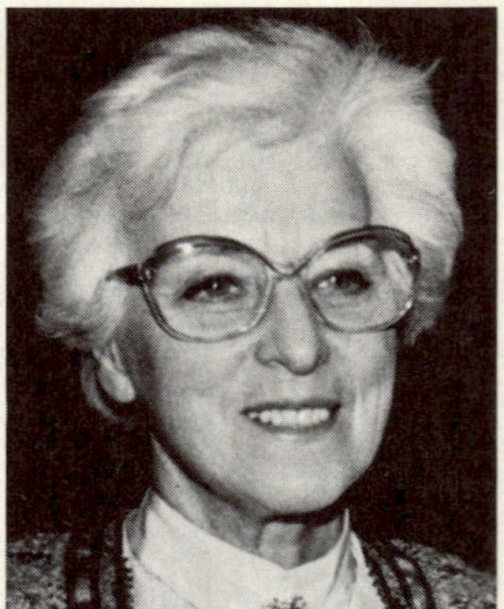

spielsch. Pr. Staatstheater Berlin - S. 1941 bühnentätig (u. a. Mitgl. Preuß. Staatstheater Berlin, Städt. Bühnen Düsseldorf, Schaupielhaus Hamburg). Bek. Bühnenrollen: Minna v. Barnhelm, Dame Kobold, Gretchen, Aode, Sabina, Helena, Maria Magdalena, Nora, Maria Stuart, 3 x Elektra (Sartre, Giraudoux, O'Neill), Viola, Rosalinde, Ophelia, Isabella, Rhodope, Antigone, Eboli, Alice, Blanche, Orsina, Judith (Hebbel), Johanna auf d. Scheiterhaufen. Film: D. Apfel ist ab (Lilith), Tragödie e. Leidenschaft (Ljuba). Rundfunk: u. a. Dr. Schiwago (Larissa); Fernsehen: D. Zauberberg, Katzenspiel, Haus d. Frauen, Phaedra, Gen-Isolierung SWF 1987 - Übers.: Jon Luca Caragiale, E. verlorener Brief, Kom. 1943 - BV: D. Theater d. dt. Regiss. Jürgen Fehling (m. Gerhard Ahrens), 1985 - 1956 o. Mitgl. Akad. d. darstell. Künste Frankfurt; 1957 Berliner Kunstpreis; Ehrenmitgl. d. neuen fr. Akad. Hamburg; 1974 BVK I. Kl.; 1979 Mitgl. Akad. d. Künste Berlin - Liebh.: Reisen, Lit., Musik - Spr.: Rumän., Franz., Engl.

GOSCHMANN, Klaus
Dipl.-Volksw., Redaktionsdirektor m + a Verlag f. Messen, Ausstellungen u. Kongresse, Geschäftsf. Techn.-Lit. Ges. (TELI) - Paß 31, 6144 Zwingenberg - Geb. 14. März 1938, verh., 2 Kd. (Elke, Jan) - Stud. Volksw. Univ. Marburg - 1968-77 Leit. Presseabt. ZVEI Frankfurt; Geschäftsf. AUMA Köln - Spr.: Engl., Franz.

GOSEBRUCH, Martin
Dr. phil., o. Prof. f. Kunstgeschichte - Gieselerwall Nr. 4, 3300 Braunschweig (T. 4 92 21) - Geb. 20. Juni 1919 Essen (Vater: Dr. Ernst G., Museumsdir.; Mutter: Dora, geb. Bischoff), verh. s. 1948 m. Ina-Marie, geb. Körner, 3 Kd. (Thomas, Esther, Isabel) - Promot. 1950 München; Habil. 1958 Freiburg - 1952 Kunsthalle Hamburg (Assist.), 1954 Bibliotheca Hertziana Rom (b. 1955), 1958 Univ. Freiburg (Privatdoz., 1954 apl. Prof.), 1965 TH, jetzt TU Braunschweig (Ord.); 1970 Distinguished Visiting Prof., Univ. Pennsylvania. Mitgl. Braunschw. Wiss. Ges. (Vors. Kl. f. Geisteswiss.) - BV: Nolde - Aquarelle u. Zeichnungen, 1957; Donatello - Reiterdenkmal d. Gattamelata, 1958; Giotto u. d. Entwickl. d. neuzeitl. Kunstbewußtseins, 1962; Methodik d. Kunstwiss., 1970; D. Braunschw. Dom u. s. Bildwerke, 1980.

GOSEPATH, Jochen
Dr. med. (habil.), Prof., Chefarzt HNO-Klinik Mutterhaus d. Borromäerinnen, Trier - Auf d. Redoute Nr. 28, 5500 Trier-Kernscheid (T. 3 49 68) - Geb. 22. Dez. 1931 Herten/Westf. (Vater: Dr. Ewald, Facharzt; Mutter: Grete, geb. Bergermann), kath., verh. s. 1962 m. Elke, geb. Bihler, 2 Kd. (Katrin, Jan) - Stud. Univ. Freiburg, Marburg, Kiel, Paris, München; Habil. 1966 Mainz - S. 1970 apl. Prof. f. HNO-Heilkunde Univ. Mainz - BV: Atlas d. Schädeltomografie, 1973 (m. K. Reisner; auch engl.) - Spr.: Engl., Franz.

GOSEWITZ, Ludwig
Schriftsteller, Kunstglasbläser, Astrologe - St.-Anna-Platz 6, 8000 München 22 - Geb. 20. Jan. 1936 Naumburg/S., ev., gesch., 2 Kd. (Aino, Valentin) - Abit. 1957 Darmstadt; 1957-65 Stud. German., Gesch. u. Phil. Univ. Frankfurt u. Marburg; 1971ff. Ausb. u. Weiterbild. als Glasbläser Fachsch. Zwiesel u. Pilchuck Glass-School/USA; 1964 Stud. Astrol. - S. 1965 fr. Künstler u. Schriftst. Arb. auf visuellem Geb. - BV: u.a. Ges. Texte, 1976; Ges. Werke 1960-80 u. Neues Glas, 1980; Von hier aus, 1984 - 1974 Will-Grohmann-Preis Akad. d. Künste Berlin; 1988 Prof. f. Glas Akad. d. Bildenden Künste, München - Spr.: Engl., Franz., Schwed., Russ.

GOSLAR, Hans-Günter
Dr. med., em. o. Prof. f. Anatomie (Lehrstuhl II) - Johannes-Kirschbaum-Str. 8, 4005 Meerbusch 1 (T. 02105 - 7 32 75) - Geb. 28. Dez. 1918 Köln (Vater: Julio G., Musikdir.; Mutter: Christine, geb. Waimann), ev., verh. s. 1947 m. Hilde, geb. Fortmann, T. Ingeborg - Univ. Bonn (Chemie) u. Köln (Med.). Promot. 1951 Köln; Habil. 1962 Tübingen - S. 1960 Lehrtätigk. Univ. Tübingen, Bonn (1965 apl.; 1966 Wiss. Rat Anat. Inst.), Düsseldorf (1971 Ord. u. Dir. Anat. Inst.). Arbeitsgeb.: Neuroendokrinol., Thymusforsch., Histochemie endokr. Organe u. Reprod.organe u. d. Verhornungsvorgänge b. Reptilien. Fachmitgliedsch., dar. Anatom. Ges., Ges. f. Histochemie u. Ges. Dt. Chem., Ges. f. Biol. Chem. Royal Microsc. Soc. - Liebh.: Barock- u. klass. Musik - Spr.: Engl., Franz. - Mitgl. Lions Intern., Landesarzt d. Johanniter-Unfallhilfe NRW; Ehrenritter Johanniter-O.

GOSLAR, Heinz-Jürgen
Prof., Regisseur, Schauspieler, Hochschullehrer - Schloßplatz 7, 8051 Graz/Österr. - Geb. 26. März 1927 Oldenburg/O. (Vater: Heinz G., Kaufm.; Mutter: Grete, geb. Krapf), verh. s. 1983 m. Martina, geb. Venturini, 3 Kd. (Isabel, Niklas, Jascha) - Gymn.; Univ. Köln (Phil., Theaterwiss.) - S. 1948 Schausp. (1948-58 Bühnen Krefeld, Bonn, Köln, Baden-Baden, Hamburg, München). Film- (Wir Wunderkinder, D. letzte Zeuge, Fegefeuer u. a.) u. Fernsehrollen (u. a. Trojan. Krieg, Herbert Engelmann, Figaros Hochzeit, Es ist soweit, D. Mitschuldigen, Medea, D. Besuch). Regie/Film: u. a. D. Mädchen u. d. Staatsanw., Liebling - ich muß dich erschießen, 90 Minuten n. Mitternacht, No Gold for a dead Diver, Listen to my story, Whispering Death, Slavers (auch Produzent). Regie/Fernsehen: Romeo und Jeanette, Fast e. Poet, D. Kreidekreis, D. 5. Kolonne, Kriminalmuseum, Mexikan. Revolution, Briefe n. Luzern, Wo liegt Jena?, Geliebtes Scheusal, D. Alte- u. Derrick-Folgen, D. Erbe d. Guldenburgs, Maria Magdalena u. a. Regie/Theater: Fast e. Poet, Auf u. davon, Leonce u. Lena, Woyzeck, Maria Magdalena, Egmont - 1959, 1960 u. 61 Gold. Bildschirm als Schausp.; 1963 1. Preis Filmfestsp. Sao Paulo als Regiss.

GOSLAR, Jürgen
s. Goslar, Heinz-Jürgen

GOSLICH, Siegfried
Dr. phil., Prof., Dirigent - Biersackstr. 27b, 8133 Feldafing (T. 08157 - 31 58) - Geb. 7. Nov. 1911 Stettin (Vater: Dr. Karl G., Chemiker, zul. Fabrikdir.; Mutter: Clara geb. Dreyer), ev., verh. s. 1943 m. Dr. Maria, geb. Ottich (Verf.: Chopins Klavierornamentik, Intern. Chopin-Jahrb. 1958), 3 Söhne (Ferdinand, Christoph, Lorenz) - Akad. Gymn. Wien; Musikhochsch. u. Univ. Berlin (Promot. 1936) - 1945-48 Leit. Musikabt. Landessender Weimar; 1948-58 Leit. Abt. Musik Radio Bremen; 1958-61 Chefdirig. Städt. Orch. Remscheid; 1961-76 Leit. Abt. Ernste Musik u. Hauptabt. Musik Bayer. Rundfunk. 1957 ff. Doz. Musikhochsch. Köln; 1964 ff. Prof. Musikhochsch. München. Gastdirig. In- u. Ausl. Leitete zahlr. Urauff. (u. a. Distler, Fortner, Genzmer, Henze, Hessenberg, Reutter, Wohlfahrt, Zbinden) - BV: Funkprogramm u. Musica viva, 1961; Musik im Rundfunk, 1971; D. dt. romant. Oper, 1975 - Mitgl. Intern. Ges. f. Neue Musik u. Ges. f. Musikforsch. - Spr.: Franz., Engl.

GOSS (ß), Irene
Sekretärin, MdL Rheinland-Pfalz (s. 1979) - Distelbergerweg 2, 5406 Winningen - Geb. 25. Mai 1928 - SPD.

GOSSELCK, Jürgen
Dr. phil. nat., Prof., Lehrstuhlinh. f. Organ. Chemie GH Kassel - Heinrich-Plett-Str. 40, 3500 Kassel; priv.: Gullringen 12, 6312 Laubach-Wetterfeld.

GOSSEN, Manfred
Dipl.-Ing., Vorsitzender d. Geschäftsfg. Pipeline Engineering, Essen - Hufstr. 31, 4223 Voerde 2 (T. 02855-63 62) - Geb. 16. Okt. 1937, kath., verh. s. 1963 m. Helene Irene Tengs, 3 Kd. (Anke, Sabine, Martin) - Stud. TH Aachen (Bergbau; Dipl. 1963) - Spr.: Engl., Span.

GOSSMANN (ß), Hans-Heinrich
Dr. med., Ltd. Arzt Innere Abt./Stadtkrkhs. Siegen, Honorarprof. Univ. Marburg - Vinckestr. 8, 5900 Siegen.

GOSTISCHA, Emil
Dr. phil., o. Prof. f. Psychologie Univ. Osnabrück (emerit. s. 1975) - Waidmannsweg 10, 4500 Osnabrück - Geb. 1. Okt. 1909 Schleswig (Vater: Josef G. Bahnmeister; Mutter: Louise, geb. Schmidt), ev., verh. m. Ingrid, geb. Burlage, 7 Kd. (Dörthe †, Thomas, Georg, Ruth, Dieter, Carola, Ulrike) - Stud. Kiel u. Hamburg (1934-39). Wiss. Ass. Univ. Göttingen (ab 1939), Volkssch.praxis (1945-48), Lehrauftr. Psych. PH Göttingen (1946-51), Dozent PH Celle, Osnabrück. Prof. s. 1961, o. Prof. s. 1972 Univ. Osnabrück s. Gründung. Hauptarb.gebiete: Lehrerbildg., Psych. d. Sprache, d. Motorik, d. Wahrnehmung, Psychopathologie.

GOSTOMSKI, von, Victor
Zeitungsverleger, Mithrsg. D. neue Tag (Oberpfälz. Kurier), gf. Gesellsch. Vereinigte Oberpfälz. Druckereien u. Verlagsanstalt GmbH. - Weigelstr. Nr. 16, 8480 Weiden (T. 0961 - 8 51) - Geb. 1908 - 1970 BVK I. Kl.

GOSTOMSKY, Dieter
Prof., Hochschullehrer - Brunnenstr. 6, 5000 Köln 51 - Geb. 27. April 1937 Potsdam (Vater: Walter G., Verwaltungsbeamter) - Schulen Potsdam, Sylt, Hamburg, Bochum; Musikhochsch. (Schulmus., Kompos.; Lehrer: Klussmann u. Jarnach) u. Univ. Hamburg (German., Literaturwiss.) - 1970-71 Doz. Konservat. Hamburg u. Assist. Musikhochsch. ebd.; s. 1971 Doz. u. Prof. (1974) Musikhochsch. Köln.

GOSZTONYI, Georg (György)
Dr. med., Prof. f. Neuropathologie FU Berlin (s. 1984) - Grenzburgstr. 5, 1000 Berlin 41 (T. 030 - 792 34 37) - Geb. 30. März 1932 Budapest, kath., verh. s. 1962 m. Eva Kerpel-Fronius, 2 Söhne (Kristof, Andreas) - Stud. Med. Budapest; Promot. 1956, Habil. 1979 Budapest, Facharztprüf. f. Neurol. 1962, Psychiatrie 1968, Neuropathol. 1980 - 1956-68 wiss. Assist. Med. Univ. Pécs; 1965-66 Wellcome Fellow London; 1968-80 Oberarzt Med. Univ. Budapest; 1980-84 Gast FU Berlin; 1978-82 Vizepräs. Intern. Ges. f. Neuropathol. Üb. 100 wiss. Veröff. bes. zu Viruskrankheiten d. Nervensystems -

1978 Karl-Schaffer-Erinnerungsmed. - Spr.: Engl., Franz., Ungar., Latein.

GOTHE, Fried
Dr. rer. pol., Dipl.-Kfm., Wirtschaftsprüfer, gf. Gesellsch. Gothentreuhand KG Wirtschaftsprüfungsges. Dr. H. Gothe, Dr. F. Gothe, Dr. M. Gothe - Am Alten Stadtpark 35, 4630 Bochum - Vorst.-Vors. d. Ges. d. Freunde d. Ruhr-Univ. Bochum; Mitgl. Hauptfachausch. Inst. d. Wirtschaftsprüfer, Vollvers. IHK Bochum, Steuerausch. IHK Bochum, u. Haushaltsausch. IHK Bochum, div. Firmenbeir.

GOTSCHY, Hans-Heinz

Senator E. h., Gesellschafter Fa. Heinrich Strunz, Lamiluxwerk, Rehau - Sieberstraße 5, 8000 München 80 (T. 22 28 77-79 u. 98 40 68) - Geb. 23. Febr. 1922 (Eltern †), r.-kath., verh. s. 1960 m. Lieselotte, geb. Fischer - Jurist. Stud. Univ. München. Präs. Hauptverb. d. Dt. Holz- u. Kunststoffverarb. Ind., Wiesbaden; Präs. CEI Bois (Verb. d. Europ. Holzind.), Brüssel; Vorst.-Mitgl. Verb. d. Bayer. Holzind. u. Kunststoffverarbeitung, München; Vorst.-Vors. Holz-Berufsgenoss.; Vors. Kurat. d. FH Rosenheim - BV: Dt. Möbelind. 1945-70, Fachb. u. Kompendium, 1971 - BVK I. Kl. 1972; Gr. BVK 1978; 1982 Bayer. VO - Spr.: Engl.

GOTT, Karel
Sänger, Komponist - Nad Bertramkou 18, 15000 Praha 5, ČSSR (T. 00422 - 54 55 44) - Geb. 14. Juli 1939 Plzeň/ČSSR, ledig, T. Dominika - Konservat. d. Musik in Prag (b. Prof. Konstantin Karenin), Tenor - Schallplattenaufnahmen, Konzert-, Fernseh- u. Rundfunkauftritte, 2 Spielfilme m. Hauptrolle, 1 Dokumentarfilm; ca. 100 LP's; üb. 20 LP's in UdSSR, DDR, Polen, Bulgarien, Spanien, Japan, USA - 93 Ehrungen u. Preise in ČSSR, BRD, DDR, UdSSR, Polen, Belgien, Frankr., Grossbrit., Luxemb., Japan u. Brasil. u.a.: 1977 Verdienter Künstler d. ČSSR; 1985 Nationalkünstler d. ČSSR; 1 Platinschallpl. u. 8 Gold. Schallpl. (Dt. Grammophon Ges. Polydor Hamburg), 1 Platinschallpl. u. 9 Gold. Schallpl. (Supraphon Praha), 1 Gold. u. 5 Silb. Schallpl. (Artia Praha), 20 Gold. Nachtigallen (Trophäen f. d. beliebtesten Pop-Interpreten d. Jahres in d. ČSSR), Gold. Mikrofon, Stuttgart, u.a. - Liebh.: Malerei, Lit., schnelle Autos - Spr.: Engl., Deutsch, Russ. - Lit.: Říkám to písní Karel Gott, Prag (1968); Karel Gott - Musik uns. Zeit (1981).

GOTTBERG, von, Rasmus
Produzent u. Regisseur - Sohrhof 15, 2000 Hamburg 52 - Geb. 19. Juli 1932.

GOTTESBÜREN, Hermann
Dr. med., Ltd. Arzt Innere Abt. St.-Marien-Hospital, Lünen Honorarprof. Univ. Marburg - 4670 Lünen.

GOTTFRIED, Günter
Dipl.-Ing., Ministerialrat, Honorarprof. f. Datenverarbeitungsanlagen im Verkehr Univ. Hannover, Direktor Zentralstelle f. Betriebs- u. Datenverarb./Dt. Bundesbahn, Frankfurt/M. - Südring 91, 6500 Mainz-Bretzenheim.

GOTTHARD, Werner
Dr., Prof. f. Biologie PH Ludwigsburg (s. 1984) - Heumadener Str. 90, 7302 Ostfildern 4 - Geb. 12. April 1930 - Promot. 1963 - 1970-84 PH Esslingen; s. 1984 PH Ludwigsburg - BV: D. Küchenschelle im Ries, 1965; Pflanze, Tier u. Mensch, 1968 (m. Hager); Menschenkunde, 1969. Versch. naturkundl. Beitr. in Ortschroniken; Biologieb. f. Hauptschulen (m. and.), 1986 u. 1988; versch. Aufs. z. Didaktik d. Biologieunterrichts - Vorst. d. Ges. f. Naturkunde Württemberg; Mitgl. d. Gilderats d. Schwäb. Lehrergilde; 1. Vors. d. Förderungsvereins f. lernbehind. Kinder Ostfildern.

GOTTHARDT, Hans
Dr. rer. nat., o. Prof. f. Organ. Chemie Univ.-Gesamthochschule Wuppertal (1978/81 Dekan) - Auf d. Kante 101, 5600 Wuppertal 12 - Geb. 16. Dez. 1932 Aussig/Elbe (Vater: Franz G.; Mutter: Anna, geb. Walter), kath., verh. s. 1962 m. Isolde, geb. Schinn - Univ. München (Chemie; Dipl. 1961). Promot. (1963) u. Habil. (1972) München - Zul. Privatdoz. u. Wiss. Rat Univ. München. Üb. 125 Publ. - Spr.: Engl.

GOTTHARDT, Hartwig
Dr. med., prakt. Arzt (s. 1954), Mitgl. Hbg. Bürgerschaft (1966-75, SPD), Deputierter Gesundheitsbehörde (s. 1966) - Schüslerweg 10d, 2100 Hamburg 90 (T. 77 47 36) - Geb. 1. Aug. 1921 Harburg/Elbe (Vater: Friedrich G., Rektor; Mutter: Hedwig, geb. Begemann), ev., verh. s. 1949 m. Annemarie, geb. Kähler, 3 Söhne (Walther, Arik, Christian) - Univ. Berlin, Würzburg, Hamburg, Göttingen (Med., Psych.). Med. Staatsex. 1946 Göttingen; Promot. 1952 Hamburg - 1947 b. 1954 Assistenzarzt Hamburg - Liebh.: Auslandsreisen, Sport - Spr.: Engl., Franz.

GOTTHOLD, Jürgen
Dr. jur., Dipl.-Volksw., Prof. f. Ökonomische Analyse v. Recht Univ. Bremen (z. Zt. beurl.), Stadtrat Marburg - Bismarckstr. 12, 3550 Marburg (T. 20 12 04) - Geb. 20. Mai 1943 Berlin (Vater: Dr. jur. Friedrich G., Richter; Mutter: Dr. med. Ilse, geb. Loewenheim) - 1962-67 Stud. Rechtswiss. Univ. Berlin, Marburg, Aix en Provence; 1967-70 Stud. Volksw. in Marburg - 1971-1973 Bundeskartellamt, Berlin; 1973 Ref. f. Stadtentw. Marburg; s. 1978 Prof. in Bremen; s. 1985 Stadtrat Marburg - BV: Wirtsch. Entw. u. Verfassungsrecht, 1975; Macht u. Wettb. in d. Wirtsch., 1975; Stadtentw. zw. Krise u. Plan., 1978.

GOTTINGER, Hans
Dipl.-Ing., Direktor REICHARDT-BRÄU Josef Neumayer oHG., Landshut - Annaberg 15, 8300 Landshut/Ndb. (T. 2 20 83).

GOTTLIEB, Franz Josef
Regisseur, Autor - Spitzsteinstr. 3, 8213 Aschau/Chiemgau (T. 08052 - 21 98) - Geb. 1. Nov. 1930 (Vater: Franz G., Transportuntern.; Mutter: Josefa, geb. Krappinger), verh. s. 1974 m. Elisabeth, geb. Krogh, 2 T. (Viktoria, Andrea) - Gymn.; Akad. f. Musik u. darst. Kunst, Wien; Regiedipl. 1953 - 1959-60 Dramat. Sascha Film, Wien; 1961-63 Chefdramat. Constantin Film, München; 1964-65 Prod.chef Nora Film, München; fr. Regisseur u. Autor - 38 Drehbücher f. Kinofilme; 44 Kinofilme (dar.: D. gelbe Schlange, D. schwarze Abt, D. Phantom v. Soho, Saison in Salzburg, Durchs wilde Kurdistan, Klassenkeile, Lady Dracula, Popcorn u. Himbeereis, Frech wie Oskar). FS: Wolken üb. Kaprun, D. 5. Jahreszeit, Nachtärzte, Mandara, Ravioli, Kneipp (Serien); div. Shows, Fernsehsp. u. Theaterinszen. - 1962 Sascha Kolowrat Pokal (Regie), 1968 Gold. Leinwand, 1979 Silberner Otto - Liebh.: Bücher, Parapsych., Antiquitäten, Galaktische Phil. - Spr.: Engl., Ital., Span.

GOTTLIEB, Gunther
Dr. phil., Prof. f. Alte Geschichte Univ. Augsburg (s. 1975) - Ulmenweg 22, 8901 Stadtbergen - Geb. 3. Febr. 1935 Hanau/M. - Promot. 1962; Habil. 1971 - Zul. Doz. Univ. Heidelberg. Bücher u. Aufs.

GOTTMANN, Günter
Prof., Direktor Museum f. Verkehr u. Technik Berlin - Trebbiner Str. 9, 1000 Berlin 61 - Geb. 30. Mai 1931 - Stud. Phil., Theol., Päd., Gesch.

GOTTSCHALCH, Wilfried
Dr. rer. pol., Prof. f. theoretische Andragologie, Ord. Univ. Amsterdam (s. 1979) - Graaf Florislaan 52, NL 1405 BW Bussum - Geb. 18. Jan. 1929 Dresden - N. Kriegsdienstverpfl. (1944, Industrie) u. Wehrdst. (1945) Buchhändlerlehre; Abitur 1949; Freie Univ. Berlin (Sozial- u. Wirtschaftswiss.; Dipl.-Polit. 1958; Promot. 1961 - B. 1951 (Flucht) Lehrer DDR, dann Notstandsangest. West-Berlin, währ. Stud. Ausbildungsleit., 1958-63 Assist. FU Berlin (Inst. f. Polit. Wiss.), 1963-71 Doz. u. Prof. PH Berlin (Didaktik d. Politik u. Soziol.), b. 1979 Ord. Univ. Bremen, 1979 ff. Lehrtätigkeit Amsterdam - BV: Strukturveränderungen d. Ges. u. polit. Handeln in d. Lehre v. Rudolf Hilferding, 1961 (Übers. japan.); Parlamentarismus u. Rätedemokr., 1968; Soziales Lernen u. polit. Bildung, 1969; Ideengesch. d. Sozialismus in Deutschl, 1969 (i. ders. Karrenberg, Stegmann. Geschichte der sozial. Ideen in Deutschland); Z. Soziol. d. polit. Bild., 1970; Sozialisat.forsch. Materialien, Probleme, Kritik (m. Neumann-Schönwetter, Soukup), 1971 (Übers. dän. u. schwed.); Beding. u. Chancen polit. Sozialisat., 1972; Schülerkrisen, 1977; Vatermutterkind, Dt. Familienlebsex zwischen Kulturromantik u. soz. Revolution, 1979; Aufrechter Gang u. Entfremdung. Pamphlet üb. Autonomie, 1984; Geschlechterleid, 1984; Sozialisations-Theoret. Annäherungen u. Gegenwartsprobl., 1985; Sociol. van het zelf, (niederl. Übers. v. Sozialisation) 1985; Narziß u. Ödipus, 1988; Wahrnehmen, Verstehen, Helfen, 1988.

GOTTSCHALCK, Claus
Handelsvertreter, Vizepräs. IHK Hildesheim - Brehmstr. 17, 3200 Hildesheim (T. 3 51 74).

GOTTSCHALDT, Matthias
Dr. med., Prof., Neurologe, Ärztl. Direktor Psychosomat. Fachklinik Hornberg (Oberbergklinik) (s. 1988) - Oberberg 1, 7746 Hornberg - Geb. 10. Dez. 1939 Berlin (Vater: Prof. Dr. Kurt G., s. XVIII. Ausg.; Mutter: Yuki, geb. de Lalande), verh. s. 1964 m. Ingeborg, geb. Sperber, T. Susanne - Promot. 1965 - Nach Habil. (1974) Priv.doz.; 1975 Chefarzt Neurolog. Klinik Herford, 1984 Psychosomat. Fachklinik Bad Salzuflen. Fachmitgl.sch. - BV: Polygr. Untersuchungen d. Nachtschlafes epilept. Kinder, 1975 - Liebh.: Jagd, Flugsport - Spr.: Engl.

GOTTSCHALK, Diethard
Publizist - Büro: Lennéstr. 42, Postf. 14 23, 5300 Bonn 1 (T. 0228 - 21 36 00) - Geb. 9. März 1944 Graudenz/Westpr. (Vater: Dr. jur. Klaus G., Justitiar †), kath., ledig - Sprachstud. (Franz., Engl., Ital. u. Russ.) - Hörspielautor (SWF/WDR); 1965-66 Assist. v. Prof. Richard Graf Coudenhove-Kalergi (Begr. Paneuropa-Beweg.); s. 1966 Präs. Dt.-Franz. Arbeitskr.; 1967/68 maßgebl. beteil. am Eintritt Großbrit. in d. EG u. 1975-78 Gründ. EDU; 1973-75 ständ. Mitarb. Wochenztg. Rhein. Merkur u. verantw. Redakt. d. Beilagen. Herausg. Ztschr. Europa Heute; 1980-83 1. Vors. Fr. Dt. Autorenverb. NRW; s. 1983 Präs. Ges. unabhäng. Künstler u. Publiz.; s. 1985 Vergabe v. Förderpreisen in d. Sparten Bildende Kunst, Musik u. Lit. – Zahlr. Veröff. - Lit.: Europ. Kunst d. 18. Jh. - Bek. Vorf.: General Charles-François du Perier Dumouriez, 1792 Außen- u. Kriegsmin. Frankr. (Urgroßonkel), Kathinka v. Kardorff-Oheimb, MdR 1920-24 (Urgroßtante).

GOTTSCHALK, Dietrich Helmut

Dipl.-Volksw., Unternehmer - Meichelbeckstr. 15, 8000 München 90 (T. 089-64 84 00) - Geb. 28. Sept. 1938 München (Vater: Paul G., Untern.; Mutter: Esther), ev., ledig - Kaufmannsgehilfenprüf. 1960; Stud. Volksw. München (Dipl.-Volksw.) - Gf. Gesellsch. Asphaltbau GmbH, Landshut, Intern. Ind.Büro (IIB) GmbH, München, Industra Consult GmbH, München, La Boutique de Marie Claire, MC-Verwaltungsges. mbH, München. Mitgl. Export-Club Bayern, BJU, ASU u.a. - Erf./Gebrauchsmuster: gelochter Heftstreifen, selbstklebend, zum Abheften v. Dokumenten, Prospekten, Zeichnungen, Fotos, Karten, selbstklebendes u. wieder abnehmbares Einmerk- u. Lesezeichen, usw. - Liebh.: Oldtimer-Autos, Tennis, Skilaufen, Golf - Spr.: Engl., Franz.

GOTTSCHALK, Eckhard

Dr. jur., Vorstandsmitglied Industriekreditbank AG Deutsche Industriebank - Karl-Theodor-Str. 6, 4000 Düsseldorf 1; priv.: Am Steinacker 8, 4005 Meerbusch 1-Strümp - Geb. 7. Okt. 1935.

GOTTSCHALK, Ernst W.

Rechtsanwalt, Vorstandsmitglied Magdeburger Versicherungsgruppe - Kirchhorster Str. 2, 3000 Hannover 51 - Geb. 14. Mai 1936 Dortmund.

GOTTSCHALK, Gerhard

Dr. rer. nat., Dipl.-Chem., Prof. f. Mikrobiologie Univ. Göttingen - Grisebachstr. 8, 3400 Göttingen (T. 39 37 81) - Geb. 27. März 1935 Schwedt/Oder (Vater: Gerhard G., Angest.; Mutter: Irmgard, geb. Ploetz), ev. luth., verh. s. 1960 m. Ellen-M., geb. Hrabowski, 3 Kd. (Urda, Stephen, Eckart) - Univ. Berlin, Göttingen (Dipl. 1959, Prom. 1963), 1964-66 Dept. of Biochemistry, Univ. of Calif. Berkeley (Assist.), 1967-69 Inst. f. Mikrobiol. Göttingen (Oberassist.), 1970 o. Prof. ebd., 1972 Dept. of Bacteriology, Univ. of Calif. Davis (visiting Prof.), 1975 Rektor Univ. Göttingen; 1978 Gastprof. Univ. Calif., Berkeley/USA, 1980 Vizepräs. Univ. Göttingen. 1979-81 Präs. Dt. Ges. f. Hygiene u. Mikrobiol.; 1987 Sprecher BMFT-Forschungsschwerpunkt Grundl. d. Bioprozeßtechnik - Spez. Arbeitsgeb.: Stoffwechsel d. Bakterien - BV: Bacterial Metabolism, 2. A. 1986; Biotechnologie, 1986. Zahlr. Einzelarb. - Spr.: Engl.

GOTTSCHALK, Hanns

Dr. phil., Prof., Schriftsteller - Greilstr. 1, A-4020 Linz/Donau (Österr.) (T. 276 97 14) - Geb. 21. Juli 1909 Lenschütz/Oberschl., kath., verh. m. Eva, geb. Koch - Stud. Univ. Wien u. Breslau - Begr. u. Leit. Lit. Sem. (Esslingen/Neckar) (b. 1978); hier auch Begr. u. Mithrsg. d. Schriftenreihe d. Künstlergilde (st. 1957) - BV: Der Fremde im Dorf, R. 1940 u. 1949; D. Gnadenstunde, Erz. 1945; Meister Dominus, R. 1946; Fährmann Gottes, R. 1947; Tag d. Reife, N. 1949; Bad Haller Impressionen, Dicht. 1952; Es rauscht e. Strom, R. 1952; D. Lied von d. Glocke, Film 1952; Am Herzen d. Schöpfung, Ged. 1953; D. Sohn, N. 1954; Begegnungen, 1956; D. Weiche, N. 1956; Den Müttern, 1957; Denk ich an euch, ihr stillen Freunde, Ess. 1958; D. Weg nach Petropowka, N. 1959; Horizonte, Ged. 1960; Stundenb. d. Freude, Aphor. 1961; Urlaub in d. Ewigkeit, N. 1961; D. Brief an d. Mutter, 1962 (bibliophile Ausg.); Und üb. uns d. Himmel, Erz. u. Ess. 1963; Dein d. Zauber u. Glanz ds. Welt, Ged. 1965; Bühnenst.: Einer muß bleiben (Sch., 1964), Welt i. d. Windlaterne, Ges. N. 1969; Zeit ohne Zifferblatt (m. Hörspiel „Holüber"), 1970; Eulen vor d. Spiegel, Heit. Erz. 1972; Zeit f. e. Vers, Ged. 1972; D. Schelmenged., 1974; Bildwechsel, Ged. 1978; Kontrapunkte, Ged. 1980; Libretto Michelangelo, 1981; Unser d. Wort, Ged. 1984; Guten Morgen, Abendland, Gedanken u. Ged. 1989. In nahezu alle Kultursprachen übersetzt Gottschalks berühmt gewordener Brief Ich sah Dresden sterben - Herausg. u. Mitherausg. zahlr. Anthologien - Ausz. u. a.: Ostd. Erzählerpreis, Schles. Lit.preis, Förderungspreis Österr. Kulturring, Dramatikerpreis (1965), Funkerzählerpreis (1973), Österr. Ehrenkr. f. Wiss. u. Kunst (1976), Andreas-Gryphius-Preis (1978), Ehrenvors. Sekt. Lit. (s. 1980) u. Ehrenmitgl. Künstlergilde (s. 1981), Pro-Arte-Med. (1984) - Lit. zu H. G.: Dr. K. Vancsa, H. G. (Monatshefte f. Weltlit. 3. 1954), Gilbert Socard, D. Dichter H. G. (Documents 4, 1956), Prof. A. Fischer-Colbrie, H. G. (Zeitgenöss. Schrifttum, Bd. 4, 1957), Arno Lubos, Linien und Deutungen (München 1963); Kindermann-Dietrich, Lexikon f. Weltliteratur (Wien); Zeittheater-Autoren (Theater-Rundschau, Bonn 1964); Biograph. Lexikon (Ausg. 1957 u. 1968); Leben u. Werk H. Gottschalks (Kult. Bericht 1969); Dr. Wolfgang Schwarz, An H. G. geschrieben (Nachw. z. Zeit o. Zifferblatt 1970); H. G. (Kulturspiegel, Würzburg 1974); Ernst Günther Bleisch, Der Lyriker H. G. (Nachw. zu Die Schelmengedichte, Dortmund 1974); H. G. in Persönlichkeiten Europas (Luzern 1975); Dr. Wolfgang Schwarz, Der Wortkünstler H. G. (in Bildwechsel 1978); Adalbert Schmidt, D. Dichter Hanns Gottschalk (Kult. Bericht F. 15/1979 u. Nachw. z. Kontrapunkte, 1980; Andreas-Gryphius-Pr. f. H. G. (Unser d. Wort, München 1984); R. Tauber, Hanns Gottschalk - Suchen u. Erkennen (Kult. Bericht 15/1984); Oskar Kreibich, Porträts aus unserer Zeit (München 1986, OG 89/Bonn).

GOTTSCHALK, Helmut

Bankdirektor Volksbank Herrenberg - Monbachstr. 104, 7263 Bad Liebenzell-Monakam (T. 07052-12 47) - Geb. 24. Juli 1951, ev., verh. m. Renate, geb. Gärtner, 2 S. (Frank, Ralf).

GOTTSCHALK, Karl

Rechnungsdir., MdA Berlin (s. 1971) - Paulstr. 6/7), 1000 Berlin 21 (T. 392 73 64) - Geb. 27. Nov. 1928 Berlin - Fachausbild. u. -prüf. - S. 1948 (Lehre) Berliner Verwaltung (gegenw. Bezirksamt Tiergarten/Abt. Finanzen). SPD s. 1960.

GOTTSCHALK, Thomas

Lehrer, Redakteur, Fernsehmoderator - 8084 Inning/Ammersee - Zu erreichen üb. ZDF, Postf. 40 40, Essenheimer Landstr., 6500 Mainz-Lerchenberg - Geb. 1950 Bamberg, verh. - Stud. Deutsch, Gesch.; bde. Lehrerprüf. - Münchner Merkur (als Stip. Inst. z. Förder. d. publiz. Nachwuchses); 1976ff. Redakt. Bayer. Rundf.; 1986 Koordinator Welle B 3 Bayer. Rundf. Moderator FS-Send.: Szene, Telespiele, Na sowas (s. 1982, ZDF), Wetten daß... (s. 1987, ZDF) - 1986 Gold. Kamera Hörzu.

GOTTSCHALK, Werner

Dr. rer. nat., o. Prof. u. em. Dir. Inst. f. Genetik Univ. Bonn (s. 1965) - Zum Wingertsberg, 5300 Bonn 1 - Geb. 15. Mai 1920 Marienberg (Vater: Max G.; Mutter: Elsa, geb. Neubauer), ev., verh. s. 1950 m. Annemarie, geb. Schneider, 3 Töcht. (Roswitha, Dagmar, Barbara) - Univ. Freiburg (Botanik, Zool., Chemie). Promot. 1950 Freiburg; Habil. 1953 Gießen - 1950-64 Assistenten- u. Dozententätigk. Univ. Freiburg, Gießen, Göttingen, Bonn, 1957/58 Teiln. 2. Intern. Genzentren-Exped. Südamerika - BV: D. Wirkung mutierter Gene auf d. Morphol. u. Funktion pflanzl. Organe, 1964; D. Bedeutung v. Genmutationen f. d. Evolution d. Pflanzen, 1971; Mutationen - Mechanismen d. Evolution, 1974; D. Bedeutung d. Polyloide f. d. Evolution d. Pflanzen, 1976; Allgem. Genetik, 1978, 84 u. 89 (jap. Ausg. 1980, span. Ausg. 1984). Zahlr. Einzelveröff. - Liebh.: Kunstgeschichtl. Reisen - Spr.: Engl.

GOTTSCHLING, Erhard

Dr. rer. nat. (habil.), o. Prof. f. Mathematik - Bebelstr. 22, 6500 Mainz-Bretzenheim (T. 3 43 65) - Geb. 15. Okt. 1932 Lodz - S. 1967 Prof. Univ. Berlin/Freie (apl.) u. Mainz (1970 Ord.). 1968/69 Gast New York Univ. Fachveröff.

GOTTSTEIN, Klaus

Dr. rer. nat., Prof., Dir. Forschungsstelle Gottstein in d. Max-Planck-Ges., Wiss. Mitgl. Max-Planck-Inst. f. Physik u. Astrophysik, München - Meisenweg 1, 8033 Krailling/Obb. (T. München 857 13 59) - Geb. 25. Jan. 1924 Stettin (Vater: Dr. jur. Kurd G., Fabrikdir.; Mutter: Christel, geb. Schallehn), ev., verh. s. 1956 m. Karin, geb. Pätzold, 4 Kd. (Michael, Peter, Oliver, Barbara) - Gymn.; Laborausbild.; Stud. Physik Berlin, London, Göttingen - Wiss. Aufgaben Bristol (1950-51), Göttingen (1951-58), Berkeley (1956-57), München (1958 ff.; 1961 ff. Wiss. Mitgl., Abt.leit u. Dir.mitgl. MPI). 1971-74 Wiss.attaché Botsch. Washington; 1979-80 Exekutivsekr. Wiss. Forum d. Konfz. üb. Sicherheit u. Zus.arb. in Europa. S. 1960 (Habil.) Lehrtätigk. Univ. München (1967 apl. Prof. f. Physik). Mitgl. Dt. u. Europ. Physikal. Ges., American Physical Soc., Vereinig. Dt. Wiss.ler., Dt. Unesco-Kommiss. Fachveröff. - Spr.: Engl.

GOTTSTEIN, Ulrich

Dr. med., Prof., Chefarzt Med. Klinik Bürgerhospital, Frankfurt (s. 1971) - Ludwig-Tieck-Str. 14, 6000 Frankfurt (T. 52 50 53) - Geb. 28. Nov. 1926 Stettin (Vater: Dr. jur. Kurd G., Dir. u. Vorst.-Mitgl. Papierind.; Mutter: Christel, geb. Schallehn), ev., verh. s. 1954 m. Dr. med. Monika, geb. Bauer (Vater: Prof. Dr. med., Drs. h. c. Karl Heinrich B., s. XVII. Ausg.), 6 Kd. (Martina, Joachim, Annette, Ute, Sabine, Anselm) - Arndt-Gymn. Berlin. Staatsex. u. Promot. 1952 Heidelberg, Habil. 1960 München - 1966ff. Prof. f. Innere Med. Univ. Kiel, 1971 Prof. Univ. Frankfurt. 1972/73 Präs., dann Vorst.-Mitgl. Dt. Ges. f. Angiologie; s. 1972 Fortbildungsbeauftr. Ärztekammer Frankfurt; s. 1980 Mitgl. Arzneimittelkommiss. Bundesärztekammer; s. 1982 Gründ.- u. Vorst.-Mitgl. Intern. Ärztebewegung z. Verhütung e. Atomkriegs (IPPNW), Bundesd. Sektion - BV: D. Hirnkreislauf unt. d. Einfluß vasoaktiver Substanzen, 1962; Coronarinsuffizienz-periphere Durchblutungsstörungen, 1973. Lehrbuchbeitr. Üb. 125 wiss. Fachveröff. (auch engl., franz.) - 1973 Senckenberg-Preis f. beste wiss. Arbeit; 1980 Ernst-v.-Bergmann Verdienst-Plak. Bundesärztekammer - Spr.: Engl. - Bek. Vorf.: Dr. phil. Leo G., Gründer Feldmühle Papier- u. Zellstoffabriken AG. (Großv.); Prof. Dr. Adolf G., 1919-23 Leit. preuß. Medizinalwesen (Großonkel).

GOTTWALD, Björn A.

Dr. rer. nat., Prof. f. Physikal. Chemie (Ps. Urs Sjöstedt) - In d. Weihermatten 6a, 7800 Freiburg-Zähringen (T. 0761 - 55 12 20) - Geb. 22. Sept. 1937 Berlin (Vater: Dr. Alfons G.; Mutter: Clara, geb. Sjöstedt), ev., verh. s. 1965 m. Dagmar, geb. Kersten, 2 Kd. (Birgit, Kristian) - Dipl.-Phys. 1962 Bonn; Promot. (1965) u. Habil. (1973) Hannover. - S. 1973 Wiss. Rat u. Prof. (1978) Univ. Freiburg. Fachaufs. - Liebh.: Psychoakustik, Computergraphik - Spr.: Schwed., Engl., Franz.

GOTTWALD, Christoph

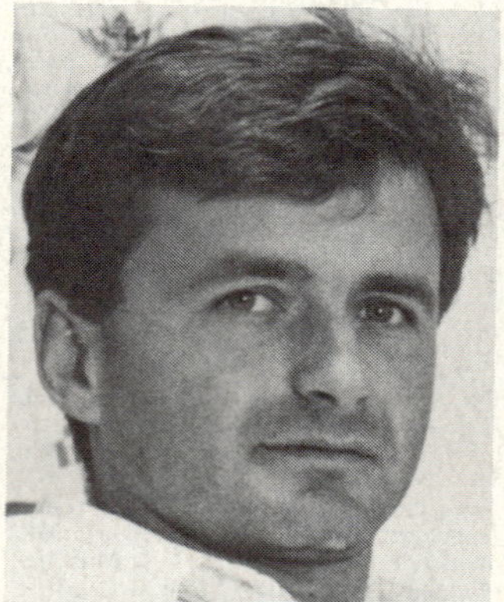

M.A., Buch- u. TV-Autor - Christinastr. 54 a, 5000 Köln 60 - Geb. 11. Okt. 1954, led., T. (Maxi) Marie-Charlotte Maximiliane - M.A. German., Soziol., Phil. 1983 Univ. Köln (b. C.O. Conrady) - Drehbuchautor f. (u.a.) Bavaria, München, Phönix-Film, Berlin, Studio Hamburg, Rhewes Film, Köln, Gerhard Schmidt Films & Scripts, Köln - BV: Tödlicher Klüngel, Köln-Krimi 1984; Lebenslänglich Pizza, Köln-Krimi 1986; Versteinerungen, Lyrik 1980; Köln - en vogue, Ess. 1989 - 1987 Starlight (Preis d. Vorabendprogramme d. ARD) - Liebh.: Sport.

GOTTWALD, Hans-Dieter

Dr. jur., Rechtsanwalt, pers. haft. Gesellsch. Leo Gottwald KG., Inh. Gottwald GmbH, Teilh. Bankhaus Schliep & Co., Vizepräs. IHK, alle Düsseldorf - Nagelsberg, 5630 Remscheid-Lennep - Geb. 15. Sept. 1927.

GOTTWALD, Peter

Dr. med., Dr. rer. soz., Prof. f. Psychologie Univ. Oldenburg - Birkenweg 3, 2900 Oldenburg/O.

GOTTWALD, Peter

Dr. jur., o. Prof. f. Bürgerl. Recht, Verfahrensrecht u. Intern. Privatrecht Univ. Regensburg (s. 1983), Richter OLG München - Karl-Stieler-Str. 31, 8400 Regensburg - Geb. 10. Sept. 1944 Breslau , kath., verh. - 1963-68 Stud. Rechtswiss. München u. Berlin. Gr. jurist. Staatsprüf. 1971 München. Promot. (1974) u. Habil. (1977) Erlangen - 1977 o. Prof. Bayreuth - BV: D. Revisionsinstanz als Tatsacheninstanz, 1975; Schadenszurechnung u. Schadensschätzung, 1979 - Spr.: Engl.

GOTTWALDT, Wolfgang

Bundesanwalt b. Bundesgerichtshof (s. 1967) - Herrenstr. 45a, 7500 Karlsruhe - Geb. 14. Nov. 1920 - Zul. Ministerialrat Bundesjustizmin.

GOTTZMANN, Carola L.

Dr. phil., Prof. Univ. Heidelberg - Klingenweg 17, 6900 Heidelberg-Ziegelhausen - Geb. 8. Febr. 1943 Altlandsberg (Mark Brandenburg), ev. - Staatsex. 1971; Promot. 1973; Habil. 1977 - 1973 Assist., 1979 full-prof. Univ. Cairo - BV: D. Alte Atlilied, 1973; D. Njáls saga, 1982; Brüder Grimm - Hammerstein, 1985; Deutsche Artusdichtung, Bd. 1 1986, 2. A. 1988; Heldendichtung d. 13. Jh., 1987; Artusdichtung, 1989.

GOTZEN, Reinhard

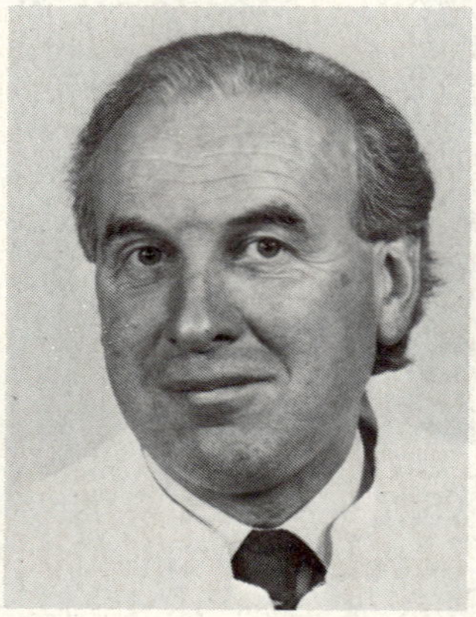

Dr. med., Prof. f. Innere Medizin FU Berlin (Med. Klinik u. Poliklinik) Klinikum Steglitz - Terrassenstr. 55, 1000 Berlin 38 (T. 802 22 44) - Geb. 28. Okt. 1933 Langenberg/Rhld. - Med.-Stud. Univ. Bonn u. Freiburg im Br. (Med. Staatsex.) - BV: Hoher Blutdruck, 1979; Diagnostik u. Therapie rheumatischer Erkrankungen, 1985. Zahlr. Fachveröff.

GOUDOEVER, van, Jan

Dr. theol., Prof. f. Theologie Univ.-GH Duisburg, Pfarrer - Van IJsselsteinlaan 28, NL-1181 PV Amstelveen (T. 020 - 45 52 19) - Geb. 18. April 1925 Utrecht/Niederl. - Theol.-Stud. Leiden; Promot. 1959 - Pfarrer in Amsterdam; Honorarprof. Duisburg. Sekr. Stiftg. Compendia rerum judaicarum ad novum testamentum; Präs. Stiftg. Bibliotheca Unitariorum - BV: Biblical Calendars 1959 u. 61; Fêtes et Calendriers bibliques, 1967 - Offz.Orden Oranje Nassau - Spr.: Engl., Deutsch, Franz., Niederl. (Mutterspr.).

GOUGALOFF, Peter

Kammersänger, Opernsänger Dt. Oper Berlin (s. 1973) - Spandauer Str. 41, 1000 Berlin 20 (T. 030-366 23 12) - Geb. 11. Dez. 1929 Velingrad (Vater: Georgi G.,

Hufschmied; Mutter: Anka, geb. Kostadinova), orth., verh. s. 1960 m. Ulrike, geb. Hofmann, S. Roberto - 1949-53 Hochsch. Sofia; Dipl. u. Staatsex. - 1953-60 Doz. Staatl. Univ. Sofia; 1960-63 1. Tenor Staatsoper Berlin; 1963-73 1. Tenor Staats-Theater Braunschweig; 1976-85 Verpfl. Staatsoper Wien; ab 1985 Verpfl. Staatsoper Stuttgart. Filme: Aida, Butterfly. Gesamtrundfunkaufn.: La Favorita, Stabat Mater - Dvorák, Psalmus Ungaricus. Schallpl.: Aida, Pique Dame - Liebh.: Sport (Schwimmen, Reiten), Fotogr. - 1959 Meister mod. Fünfkampf u. Landesmeist. VRB - Spr.: Russ., Deutsch, Franz.

GOUJET, Leo

Dr. jur, Verbandsgeschäftsführer - Kitschburger Str. 233, 5000 Köln-Braunsfeld (T. 49 66 96) - Geb. 23. März 1923 Metterich (Vater: Johann G., Lehrer; Mutter: Anna, geb. Reinart), kath., verh. s. 1953 m. Brigitte, geb. Kuck - Gymn.; Univ. Bonn (Promot. 1953). Gr. jurist. Staatsprüf. 1956 - S. 1956 Leit. Rechts- u. HUK-Abt., Synd. (1959), Geschäftsf. (1961), Gf. Vorst.mitgl. u. Hauptgeschäftsf. (s. 1981) Dt. Versicherungs-Schutzverb., Bonn. Schriftl.: Ztschr. D. Versicherungspraxis (1965 ff.); Mitverf.: Studie üb. d. Sachversicherung ortsfester nuklearer Anlagen (f. EURATOM, 1966) - Liebh.: Gesch., Lit.

GOWA, H. Henry

Maler - Lilienthalstr. 11, 8042 Oberschleißheim (T. 089 - 315 46 11) - Geb. 25. Mai 1902, kath., 3 Kd. (Patrick, Chantal, Sabine) - Abit.; Stud. München (Zeichnen/Malen b. Knirr u. Hoffmann), Univ. München (Theaterwiss., Phil., Kunstgesch., Lit.gesch.); Ausb. f. Bühnentechnik; Dipl. Bühnentechniker - Bühnenbildner u. Techn. Dir. (Bayer. Landesbühne/Staatstheater, Frankfurter Künstlertheater, Altes Theater Leipzig, Staatstheater Schwerin u.a.) - BV: Impressions de NICE/Impressionen v. Nizza; Ich lebte Marie Luise Kaschnitz, 1963. Ausst. in Vichy, Frankf./M., München - 1966 BVK - Spr.: Franz., Engl.

GOY, Sebastian

Schriftsteller - Buzallee 24, 8918 Dießen/Ammersee - Geb. 14. Sept. 1943 Stuttgart - Pädagogikstud. - 1969-73 Lehrer; 1981-84 Dramat. Hörspielabt. d. SFB; fr. Schriftst. (hauptsächl. Hörspielautor) - BV: Jurtenwind, 1985. Mehrere Theaterst., dar. Neonlicht, Kinderfest, Feindberührung, Mondbassin; FS-Spiele u. Kinderb. Üb. 25 Hörsp., u.a. Ziziba (1968), Tageb. e. Landlebens (1980).

GOYKE, Ernst

Journalist, Chefredakteur - Am Hähnchen 15, 5300 Bonn 3 (T. 48 28 57) - Geb. 12. Febr. 1924 Gladbeck (Vater: Ernst G., Schlosser; Mutter: Wilhelmine, geb. Jentsch), verh. s. 1967 m. Helga, geb. Eller, S. Boris - 1946 Stud. Rechts- u. Staatswiss. Frankfurt, 1950 Stud. Journ. Columbia (USA) - 1951-76 Bonner Korresp. u. a. Abendpost, D. Spiegel; 1977 Ltd. Redakt. D. Parlament, Bonn - BV: u. a. D. 100 v. Bonn, 1972 u. 1976; Hans Friderichs - Staranwalt d. Marktwirtsch., 1976; Parlaments-ABC (D. Lexibonn), 1982 - Liebh.: Malen, Kochen - Spr.: Engl.

de GRAAF, Tonnie

Musiklehrer, Komponist - Linnenkämper Str. 18, 3457 Stadtoldendorf - Geb. 13. Sept. 1926 Nijmegen/Holl. (Vater: Hendrik de G., Musiklehrer; Mutter: Martha, geb. Dörger), ev., verh. s. 1947 m. Dorothee, geb. Wedemeyer, 2 T. (Dorothea, Barbara †1972) - Musikstud. in Halberstadt u. Braunschweig - Kompos.: Orch.musik, Klavierkonz., 12 Klaviersonaten, 76 Lieder, 40 Klavierst., 15 Improvis. f. Klavier. Veröff.: LP v. 6 Sonaten, Rundf.send. im In- u. Ausl., Konz. - Liebh.: Zeichnen, Lit. - Spr.: Holländ.

GRAAFEN, Richard

Dr. rer. nat., Univ.-Prof., Geographie - Olper Str. 64, 5413 Bendorf-Sayn (T. 02622 - 1 58 58) - Geb. 6. März 1920 Eschweiler - S. 1960 Dozent u. Prof. Erziehungswiss. Hochschule Rhld.-Pfalz Abtlg. Koblenz, 1967-69 Rektor der Hochschule - BV: Die Aus- und Abwanderung aus der Eifel = Bd. 127 d. Forsch. z. dt. Landeskunde, Godesberg 1961; Die Bevölkerung im Kreise Neuwied u. in der Koblenz-Neuwieder Talweitung = Bd. 171 d. Forsch. z. dt. Landeskunde, 1969; Die Bevölkerung im Westerwald, Bd. 3 d. Beitr. z. Landespflege in Rhld.-Pfalz, Oppenheim 1975.

GRAAS, Gust

Präsident RTLplus, Generaldirektor RTL, VR-Mitgl. CLT Radio-Tele-Luxemburg - Villa Louvigny, L-2820 Luxemburg - Geb. 19. Dez. 1924 Esch/Alzette (Großherzogtum Luxemburg), kath., verh. s. 1950 m. Lydia Gratia, 3 Kd. (Christiane, Jeanne, Markus) - Univ. Paris Dr. d. Rechte; Rechtsanwalt - Präs. Luxair; VR-Mitgl. versch. Ges. - Ausst. in Luxemburg u. Ausl. (Malerei) - 1964 BVK; 1970 Preis Großherzog Adolf f. Malerei; Ausz. d. Luxemburger Reg. sowie ausl. Reg. - Liebh.: Malerei, Skulptur - Spr.: Deutsch, Franz., Engl., Span.

GRABENSEE, Bernd

Dr. med., Wiss. Rat, Oberarzt Med. Klinik, Prof. f. Inn. Med. Univ. Düsseldorf (s. 1977) - Hinsbeckerstr. 13, 4000 Düsseldorf 11.

GRABER, Hans

Dipl. Ing. (FH), Gesellschafter u. Geschäftsf. der RMB-Rülzheimer Maschinenbau GmbH - Kuhardter Str. 37, 6729 Rülzheim/Pf.; priv.: Schubertring 34 (T. 07272 - 10 41) - Geb. 18. März 1936.

GRABER, Otto

Dr. jur., Großkaufmann, gf. Gesellsch. Wilhelm Gienger GmbH, München (s. 1948) - Wilhelmshöhenstr. 32, 8130 Starnberg/Obb. - Geb. 16. Aug. 1914 Wien (Vater: Ernst G., Oberrechnungsrat; Mutter: Friedericke, geb. Sickenberg), verh. s. 1940 m. Margarete, geb. Raabe, 5 Kd. (Ingrid, Helmut, Elke, Walter, Susanne) - Realgymn. Mödling; Univ. Wien (Rechtswiss.; Promot. 1938) - 1939-45 Hauptgeschäfsf. Fachgr. Edelstahl; 1952-59 Vorst. Metallw. Plansee AG - Liebh.: Klass. Musik - Spr.: Engl.

GRABER, Rudolf

Dr. theol., Prof., Bischof i.R. - Niedermünstergasse 1, 8400 Regensburg (T. 2 33 44) - Geb. 13. Sept. 1903 Bayreuth (Eltern: Adam u. Theresia G.), kath. - 1937 Doz. Priestersem. Eichstätt, 1941 ao., 1946 o. Prof. Phil.-Theol. Hochsch. ebd. (Kirchengesch., Fundamentaltheol., Aszetik u. Mystik), 1962-82 Bischof v. Regensburg - BV: D. dogmat. Grundl. d. kath. Aktion, 1932; Jesus Christus heute u. in Ewigkeit, 1935; D. Gaben d. Hl. Geistes, 1935; Christus in s. hl. Sakramenten, 2. A. 1940 (auch franz.); Maria im Gottgeheimnis d. Schöpfung, 1940; Ew. Wahrheit, 1940; D. letzten Dinge d. Menschen u. d. Welt, 2. A. 1948; D. Frohbotschaft v. sakrament. Leben, 1941; Siehe, ich mache alles neu, 2. A. 1948 (neuer Titel: Advent d. Christentums); Vollend. d. Welt in d. Endzeit, 1946; D. Gekreuzigte u. Auferstandene spricht, 1948; Begegnungen m. Christus, 1948; D. Herz d. Erlösers, 1949; D. Kreuzweg d. Herrn, 1950; Petrus, d. Fels, 1950; Aus d. Kraft d. Glaubens, 1950; An d. Quellen d. Heils, 1951; D. marian. Weltrundschreiben d. Päpste in d. letzten 100 J., 2. A. 1954; Maria in d. Zeitenwende, 1954; Komm Hl. Geist, 1956; Längst hätten wir uns bekehren müssen - D. Reden d. Photius b. Russenangriff auf Konstantinopel 860, 1960; F. d. Leben d. Welt, 1960; Verkünde d. Wort, 1968; Liebe läßt nicht schweigen, 1973; Athanasius u. d. Kirche unserer Zeit, 1973; Froher Glaube, 1976; D. Geheimnisse d. Rosenkranzes, 1976; Stärke deine Brüder, 1978; Maria, Jungfrau - Mutter - Königin, 1976 - 1963 Bayer. VO.; 1972 Ehrenmitgl. Päpstl. Intern. Marian. Akad. Rom; 1976 Albert-Magnus-Med. Stadt Regensburg.

GRABERT, Hellmut

Dr. rer. nat., Prof. f. Geologie, Leitender Direktor Geol. Landesamt NRW - Haselbuschweg 5, 4150 Krefeld (T. 02151 - 3 59 12) - Geb. 26. April 1920 Berlin (Vater: Reinhold G., Handelsschuldir.; Mutter: Karoline, geb. Kammerer), ev., verh. s. 1951 m. Dr. Gisela, geb. Schlichting, 2 Kd. (Iris, Karsten-Ingo) - Stud. Univ. Berlin u. Bonn, Promot. 1948 Univ. Berlin - S. 1974 Hon.-Prof. Univ. Köln. 130 wiss. Arb. z. Geol. Nordrh.-Westf., Brasiliens (spez. Amazoniens), Spaniens, d. Türkei (Lagerstätten), Oberbergisches Land - Spr.: Engl., Portugies.

GRABERT, Horst

Dipl.-Ing., Botschafter Bundesrep. Deutschl. in Dublin (s. 1984) - 31, Trimleston Avenue, Booterstown, Blackrock/Co., Dublin/Irland - Geb. 12. Dez. 1927, Berlin, ev., verh. s. 1954 m. Katharina, geb. Jahncke, 2 Kd. (Martin, Cordula) - Obersch. Berlin; Bauzeichnerlehre; TU Berlin (Bauing.wesen), Dipl.-Ing. 1951; Bauass. 1954 - 1952-72 Berliner Verw. (1956-67 Senatsverw. f. Bau- u. Wohnungswesen, b. 1963 Bau-, dann Senatsdir.); 1967-69 Senatskanzlei (Chef); 1969-72 Senatsverw. f. Bundesangelegenh. (Senator u. Bevollm. b. Bund). 1971-72 Mand.niederleg.; MdA; (1972-74 Staatssekr. (Chef Bundeskanzleramt); 1974-79 Botschafter in Wien; 1979-84 Botsch. in Belgrad. SPD (zeitw. Kreisvors. Steglitz u. Mitgl. Landesvorst.).

GRABES, Herbert

Dr. phil., o. Prof. f. Neuere Engl. u. Amerik. Literatur (Lehrstuhl III) Univ. Gießen (s. 1970) - Sonnenstr. 37, 6301 Biebertal 1 (T. 06409 - 77 17) - Geb. 8. Juni 1936 - BV: Speculum, Mirror u. Looking-Glass (1973), Erf. Biogr.: D. engl. Romane Vlad. Nabokovs (1975); D. amerik. Drama d. Gegenwart (1976); Fiktion, Imitation, Ästhetik (1981); The Mutable Glass, (1982). Herausg.: Elizabethan Sonnet Sequences (1970); Text-Leser-Bedeutung (1977); Lit. in Film u. Fernsehen (1980); Anglistentag 1980 Giessen (1981); REAL (1982ff.). Mitherausg.: Methodenprobl. d. Literaturinterpretat. (1981).

GRABHORN, Gerd

Dipl.-Kfm., Geschäftsführer Messer Griesheim GmbH., Frankfurt - Gustav-Freytag-Str. 13, 6000 Frankfurt/M. - Geb. 22. Okt. 1926.

GRABITZ, Eberhard

Dr. jur., o. Prof. f. Öffentl. Recht, Europarecht, polit. Wissenschaft FU Berlin - Cosimapl. 2, 1000 Berlin 41 (T. 852 21 36) - Geb. 30. Sept. 1934 Cottbus (Vater: Walter G.; Mutter: Emilie, geb. Weinrank), ev., T. Nicola - Stud. Berlin, Hamburg; Promot. 1966; Habil. 1973, bde. Hamburg. Dir. Inst. f. Int. u. Ausl. Recht u. Rechtsvergleichung FU Berlin - BV: Gemeinschaftsrecht bricht nation. Recht, 1966; Europ. Bürgerrecht, 1970; Freiheit u. Verfassungsrecht, 1976; Europa-Wahlrecht, 1977; Kommentar z. EWG-Vertrag, 1984ff. - Spr.: Engl., Franz.

GRABITZ-GNIECH, Gisla

s. Gniech, Gisla

GRABOLLE, Almut

Dipl.-Psych., Prof. f. Grundschuldidaktik PH Heidelberg - Steigerweg 55, 6900 Heidelberg.

GRABOW, Lutz

Dr. med., Chefarzt Zentrale Abt. f. Anaesthesiologie u. Intensivmed. Ev. Krankenanstalten, Duisburg, Honorarprof. f. Anaestesiol. Univ. Gießen (s. 1974) - Fahrner Str. 135, 4100 Duisburg 11 - Geb. 15. Nov. 1933 Berlin - Promot. 1958 Freiburg; Habil. 1970 Gießen - 1971 ff. Prof. Gießen. Zahlr. Facharb.

GRABOWSKI, Rainer

Stv. Chefredakteur Zeitschr. Heim u. Welt - Rintelner Str. 12, 3060 Bückeburg (T. 05722 - 56 00) - Geb. 13. Sept. 1943 Waldenburg/Schles., verh. s. 1963 m. Renate, geb. Kelling, 2 Kd. (Roger, Janine) - 1963-70 Leit. Regionalausg. Schaumburg Hannov. Presse; 1970-75 Leit. BILD-Redakt. Nord - Liebh.: Malerei, Fotografie, Musik, Hochseesegeln.

GRAČANIN, Zlatko

Dr. agr., Wiss. Rat, Prof. f. Allg. Landschaftsökologie u. geogr. Regionen Dtschl.s Univ. Bochum/Abt. f. Geowiss. - Hustadtring 141, 4630 Bochum.

GRADEL, Jürgen

Textiling., Konsul a. D. (b. 1986), Geschäftsführer PENN International Ltd., Long Eaton, Nottingham, England (s. 1987) - 56 Pitsford Drive, Loughborough, Leics. LE11 ONY, Engl. (T. 0509 - 26 64 00) - Geb. 7. März 1935 Stuttgart (Vater: Ulrich G., Webereidir. i. R.; Mutter: Dr.-Ing. Hertha-Else, geb. Krauss), ev., verh. s. 1970 m. Ruth, geb. Schipper, 2 Kd. (Christopher, Nicholas) - Obersch.; Schlosserlehre; Stud. Textiltechnikum Reutlingen - 1960-63 Laborleit. F. H. Hammersen AG.; 1963-70 DuPont Dtschl. GmbH. (Technik, Marketing Fasern); 1970-86 Geschäftsf. Elastic Knitting (NI) Ltd.; 1976-86 Honorarkonsul d. Bundesrep. Dtschl. f. Nordirland - 1987 BVK I. Kl. - Liebh.: Golf, Tennis - Spr.: Engl.

GRADENWITZ, Peter

Dr. phil., Musikwissenschaftler, Honorarprof. Univ. Freiburg/Br. (s. 1980) - P.O.B. 6011, Tel Aviv (Israel) 61060 (T. 03 - 44 86 97) - Geb. 24. Jan. 1910 Berlin (Vater: Felix G.; Mutter: Charlotte, geb. Mendel), jüd., verh. I) 1933 m. Rosi, geb. Wolfsohn (†1965), 2 Kd. (David †1963; Judith), II) 1967 Ursula, geb. Mayer-Reinach - Realgymn.; Univ. Freiburg, Berlin, Prag. Promot. 1936 - 1968-77 Doz. Univ. Tel Aviv (Israel). Mitarb. Musikztschr. Dtsch., Schweiz, Engl., Österr., Italien, USA, Israel; Rundfunksend. zu Fragen neuer Musik östl. Mittelmeerraum; 1949-82 Begr. u. Leit. Verlag Israeli Music Publications Ltd. Tel Aviv. 1965 b. 1967 Vors. Israel. Musikwiss. Ges. - BV: Johann Stamitz, Biogr. Prag/Wien 1936; The Music of Israel, New York 1949 span./Buenos Aires 1949; Music and Musicians in Israel, Tel Aviv, 3. A. 1978; D. Musikgesch. Israels, 1961; Wege z. Musik d. Zeit, 1974; Musik zw. Orient u. Okzident, 1977; D. Heilige Land in Augenzeugenberichten, 1984; Johann Stamitz, Leben, Umwelt, Werk, 1985; Leonard Bernstein, 1984 (auch engl., span., japan., hebr.); Kl. Kulturgesch. d. Klaviermusik, 1986; Arnold Schönbergs 4. Streichquartett, 1986. Herausg.: Musikgesch. u. Konzertführer (5 Bde.; hebr.); D. schönsten jiddischen Liebeslieder (1988) - Kompos.: Symphony of Variations, Serenade f. Sologeige u. kl. Orch., Kammermusik. Div. Bearb. - 1971 Salzburger Kritikpreis (f.: Lukas-Passion); 1978 Verdienstzeichen in Gold Land Salzburg; Frank-Pelleg-Preis d. Stadt Haifa f. Lebenswerk - Spr.: Engl., Franz., Hebr. - Bek. Vorf. ms.: Prof. Dr. med. Emanuel M., Psychiater, Berlin (Großv.), Prof. Otto Gradenwitz, Rechtsgelehrter, Heidelberg (Onkel).

GRADMANN, Dietrich

Dr. rer. nat., Univ.-Prof. f. Pflanzenphysiologie Göttingen (s. 1984) - Herzberger Landstr. 26, 3400 Göttingen (T. 0551 - 5 86 28) - Geb. 3. Juni 1940 Ravensburg, verh. m. Dr. Waltraud, geb. Rebel, 4 T. (Hedwig, Sofie, Ute, Rena) - Stud. Univ. Tübingen, Kiel (Biol., Physik, Chemie); 1. Staatsex. 1967, 2. Staatsex. 1968; Promot. 1970; Habil. 1976, alles Tübingen - 1970/71 post-doc Sherbrooke Canada; 1971/72 Yale-Univ. USA; 1972-78 Assist. Tübingen; 1979-83 Heisenberg-Stip.; 1979 Gast-Prof. Yale Univ.; 1980-83 MPI f. Biochem. Martinsried u. Lehrbef. TU München. AR-Mitgl. Datax AG, Stuttgart - Ca. 50 Aufs. in intern. Fachztschr. üb. Pflanzenphysiol., Biophysik, Membranbiol. Spezialgeb.: Elektrophysiol. an Pflanzen - Liebh.: Musik, als Kontrabassist (u. Bratscher) in Konzerten unter Künstlern. Gandhi - Spr.: Engl. - Bek. Vorf.: Robert Gradmann (Großv.).

GRADMANN, Ulrich

Dr. phil., Prof. f. Physik TU Claustahl - Am Rollberg 9, 3392 Claustahl-Zellerfeld - Geb. 16. Juni 1931 Erlangen - Promot. 1957; Habil. 1966 - Zul. Prof. Univ. Marburg - BV: Grundl. d. Atomphysik, 1971 (m. H. Wolter). Einzelarb. üb. Festkörperphysik, Ferromagnetismus, Oberflächenphysik.

GRAEBE, Jan E.

Ph. D., Prof., Botaniker - Brüder-Grimm-Allee 1, 3400 Göttingen - Geb. 30. Sept. 1930 Malmö (Schweden) - Promot. USA - B. 1974 Doz., dann Prof. Univ. Göttingen (Lehrst. f. Pflanzenphysiol.). Spez. Arb.geb.: Hormonphysiologie.

GRÄBENITZ, Horst

Dr. paed., Prof. f. Allg. Pädagogik Univ.. Bonn (s. 1980) - Kapuzinerstr. 5, 7570 Baden-Baden - Geb. 14. Febr. 1923 Sprottau - Promot. 1955 - S. 1966 Lehrtätigk. PH Ruhr u. Rhld. - Kunsthist. Forsch.: s. Gräbenitz-Triptychon Museum voor schone Kunsten Gent, Gräbenitz-Stundenb. d. Jean Colombe, Wallr.-Rich.-Museum Köln - BV: Bücher, Aufs., Lexikon-Art.

GRÄBER, Friedrich (Fritz)

Dr. jur., Vors. Richter am Bundesfinanzhof, München (s. 1974) - Soldauer Str. 30, 8000 München 81 (T. 93 21 07) - Geb. 20. April 1915 Sürth b. Köln (Vater: Wilhelm G., Photochemiker; Mutter: Margarethe, geb. Harz), kath., verh. s. 1942 m. Anneliese, geb. Haas, 2 Kd. (Elmar, Ernst) - Realgymn. Köln; 1934-38 Univ. München u. Köln - 1938-47 Wehrdst. u. Kriegsgefangensch.; 1948-63 Justizdst. (1954 OLGsrat; zeitw. als Ref. z. Justizmin. v. NRW abgeordnet), 1963 Bundesrichter - BV: Kommentar z. Jugendwohlfahrtsgesetz, 1954, 2. A. 1963; 2. Finanzgerichtsordnung, 1977 - 1983 Gr. BVK - Liebh.: Musik, Photogr., Bergwandern - Spr.: Engl.

GRAEBER, Heinz

Geschäftsführer O. T. Drescher GmbH. (s. 1972) - 7255 Rutesheim/Württ. - S. üb. 10 Jahren DP (zul. Vertriebsleit.).

GRAEBER, Otto

Gewerkschaftssekretär, MdL Nieders. (SPD) - Behrensener Str. 30, 3413 Moringen-Behrensen.

GRAEBER, Waldemar

Dr. med. (habil.), Prof., Chefarzt Augenklinik - Städt. Klinikum, 3300 Braunschweig - B. 1968 Privatdoz., dann apl. Prof. Düsseldorf (zul. Oberarzt Augenklinik). Facharb.

GRAEBERT, Klaus

Oberst a.D., Generalsekr. Bund d. Vertriebenen (1979-84), jetzt Reisedienst - Am Frohnhof 49, 5202 Hennef 1 Söven - Geb. 27. Nov. 1919 Berlin, verh. I) m. Ingrid, geb. Genz (†1968); II) m. Louise, geb. Telehala (getr. lebend), 7 Kd. (Klaus Jürgen, Klaus Peter, Klaus Ullrich, Klaus Sebastian, Esther Veronika, Klaus Niels, Désirée Louise) - Human. Gymn., Abit. Berlin; Offiziersschule. Luftwaffe, Generalsausb. Dt. Bundeswehr - 1938 Fahnenjunker, Kriegseinsatz (5x verw., russ. Gefangensch.); 1947-57 Versicherungsgew., zul. selbst. Versicherungskaufm.; s. 1957 Bundesmin. d. Verteidigung - EK I u. II; BVK II; Verwundetenabz. Gold; Flakkampfabz.; Med. Winterschlacht im Osten; Sportabz. - Liebh.: Lesen, Zeichnen, Fotograf., Garten, Kontakte m. Menschen, Jugend - Spr.: Franz.

GRÄBNER, Fritz

I. Bürgermeister Stadt Münchberg - Rathaus, 8660 Münchberg/Ofr. - Geb. 13. April 1925 Münchberg - Zul. Justizamtm. SPD.

GRAEBNER, Wolfgang J. L.

Dr. rer. pol., Dipl.-Kfm., Geschäftsinhaber Berliner Handels- u. Frankfurter Bank, Frankfurt - Geb. 20. Febr. 1936 Hamburg, verh. m. Eva, geb. Gamba - Stud. Univ. Köln u. München - AR- u. VR-Mand. Präsidiumsmitgl. Frankfurter Wertpapierbörse - BV: D. Wirkungsgrenzen d. amerikan. Notenbankpolitik, 1966; Direkte Kontrollen als Mittel d. Geldpolitik, 1966 - Spr.: Engl., Franz.

GRÄDER, Hanskarl

Dr., Vorstandsmitglied Weber & Otto AG./Buntweberei - Bayreuther Str. 6, 8550 Forchheim/Ofr.; priv. Langgasse 6 - Geb. 28. März 1924 - Vizepräs. IHK f. Oberfranken, Bayreuth; Vorst. Verb. d. nordbayer. Textilind., Hof.

GRAEF, Martin A.

Dr. rer. nat., Direktor Zentrum f. Datenverarb. (1970 ff.) u. Honorarprof. Univ. Tübingen - Erlenweg 16, 7400 Tübingen 1 - Geb. 25. Aug. 1933 Elbing/Ostpr. (Vater: Karl G., Studienrat; Mutter: Erika, geb. Hoppe), ev., verh. s. 1961 m. Karla, geb. Lattmann, 3 Kd. (Hubertus, Lorenz, Carola) - Univ. Halle/S. u. Göttingen (Physik) - BV: Datenverarb. im Realzeitbetrieb, 2. A. 1972 (m. R. Greiller u. G. Hecht); Org. u. Betrieb v. Rechenzentren, 2. A. 1982 (m. Greiller). Herausg.: 350 J. Rechenmaschinen (1973), Datenerfass. in Verw. u. Wiss. (1980) - Nikolaus-Kopernikus-Med. Univ. Thorn/Polen - Liebh.: Querflöte, Bergsteigen, Fotogr. - Spr.: Engl., Russ., Lat.

GRAEF, Volkmar

Dr. rer. nat., Prof. f. Klin. Chemie (Schwerp. Steroidchemie) Univ. Gießen (Bereich Humanmed.) - Am Drosselschlag 3, 6301 Heuchelheim 1 - Geb. 6. Nov. 1931 Elbing/Ostpr. (Vater: Karl G., Studienrat; Mutter: Erika, geb. Hoppe), ev., verh. s. 1967 m. Margot, geb. Bingel - Stud. Chemie (Dipl.). Promot. 1962 Göttingen; Habil. 1971 Gießen - Üb. 100 Facharb. - Spr.: Engl.

GRÄF, Walter

Dr. med., Dr. med. dent., o. Prof. f. Hygiene u. Med. Mikrobiol. - Saranstr. 11, 8520 Erlangen - Geb. 6. Juli 1929 Nürnberg (Vater: Förster), verh. s. 1956 m. Else, geb. Wüstendorfer - S. 1961 (Habil.) Lehrtätigk. Erlangen bzw. Nürnberg (1967 apl. Prof., 1968 Abt.-Vorst. u. Prof., 1971 Ord. u. Inst.-Vorst.). Facharb.

GRAEF, Walter

Fabrikant, pers. haft. Gesellsch. FIT-Gummiwerke Edmund Graef KG (1951-86) - Dielmannstr. 3, 6000 Frankfurt (T. 069-61 01 90) - Geb. 27. Febr. 1926 Ammerhöfe, ev., verh. s. 1951 m. Brigitte, geb. Schäfer, 3 Kd. (Henrike, Ursula, Peter) - Marineoffiziersanw., 1948 Schreinergeselle; Lehre Ind.kaufm. - Richter Landesarbeitsgericht Frankfurt - 1985 Ehrenbrief Land Hessen - Liebh.: Segeln, Hunde, klass. Musik.

GRÄF, Wolf-Dieter

Vorstand AVAG Assekuranz Vermittlungs-AG, Gesellsch. u. Geschäftsf. Assekuranz Vermittlungsges. mbH u. Omnia GmbH & Co. KG, Inh. Fa. Hermann Gräf & Co., Vermögens- u. Grundstücksverw.-Ges. - Clarenbachstr. 239, 5000 Köln 41 - Geb. 16. Nov. 1922, ev., verh. m. Sigrid, geb. Lindenbrink, T. Antje - Abit.; Jurastud. (Staatsex. u. Promot. 1952) - Beirat Alte Leipziger Versich.-AG, Vollvers.-Mitgl. IHK Köln, Vors. Arbeitsgem. Schadenverhüt. IHK, Handelsrichter LG Köln - 1984 BVK.

GRAEFE, Hans-Joachim

Dipl.-Ing., Prof. f. Konstruktionstechnik, insb. -lehre, Gesamthochschule Wuppertal (Fachbereich Maschinentechnik) - Hermann-Löns-Str. 13, 5630 Remscheid.

GRÄFE zu BARINGDORF, Friedrich-Wilhelm

Mitglied d. Europa-Parlaments (s. 1984) - Wohnh. in Spenge; zu erreichen üb. Europ. Parlam., Europazentrum, Kirchberg, Postf. 16 01, Luxemburg (T. 00352 - 4 30 01) - DIE GRÜNEN.

GRÄFEN, Hubert

Dr. rer. nat., Direktor a. D. d. Bayer AG, Leverkusen (1970-88), apl. Prof. f. Metallkundl. Schadensforschung u. Korrosion Univ. Hannover - Ursulastr. 9, 5010 Bergheim 8 - Geb. 26. Jan. 1926 Hohenlimburg (Vater: Hubert G., Betriebsleit.; Mutter: Elisabeth, geb. Kathstede), kath., verh. s. 1952 m. Charlotte, geb. Klein, T. Karin - Gymn. Hohenlimburg; Univ. Köln, TH Aachen, TU Stuttgart (Chemie, Metallkd.). Dipl.-Chem. 1954 Aachen; Promot. 1962 Stuttgart; Habil. 1970 Hannover - 1954-70 BASF Ludwigshafen; s. 1984 Lehrbeauftr. TU München u. TU Clausthal - BV: Kl. Stahlkd. f. d. Chemieapparatebau, 1978; D. Praxis d. Korrosionsschutzes, 1981 (m. a.). Buchbeitr. u. Aufs. (üb. 200) - 1975 DIN-Ehrennadel; 1976 ACHEMA-Plak.; 1984 Karl Wellinger Med. d. VDI; 1986 Beuth-Denkmünze d. DIN.

GRÄFER, Horst

Dr. rer. oec., Dipl.-Kfm., Prof. f. Betriebswirtschaftslehre, insb. Bilanzen, Finanzen u. Steuern, Gesamthochschule Paderborn - August-Niemöller-Weg 2, 4830 Gütersloh.

GRAEFF, Heinz

Bezirksstadtrat, Leit. Abt. Sozialwesen BA Schöneberg (s. 1971) - Bogotastr. 19, 1000 Berlin 37 (T. 802 92 32) - Geb. 15. April 1916 Berlin - N. Mittl. Reife kaufm. Lehre Export - Arbeits-, Wehrdst., sowjet. Gefangensch. (1945), n. Rückkehr AOK. 1958 ff. ARsmitgl. Wohnungsgenoss. Berlin-Süd. 1967 ff. Bezirksverordn. (zul. stv. Fraktionsf.). SPD s. 1949.

GRAEFF, Roman

Dr. rer. nat., Dipl.-Chem. - Am Buchenhang 5, 5068 Odenthal-Eikamp - Geb. 26. Nov. 1929 Köln (Eltern: Dr. Max (Fabrikant) u. Thea G.), ev., verh. m. Marita, geb. Rosarius.

GRAEHL, Olaf

Dr. jur., Stadtdirektor im Schulreferat Stadt München (s. 1971) - Neuhauser Str. 26, 8000 München 2 (T. 089 - 233 65 16) - Geb. 1931 - Stud. Staats- u. Zeitungswiss. USA, Jurastud. München; Dolmetscher-Staatsprüf. 1954, 1. jurist. Staatsprüf. 1958, Promot. 1960, 2. jurist. Staatsprüf. 1961 - Stadtverw. München; 1965-67 pers. Ref. d. OB Dr. Vogel.

GRÄSEL, Friedrich

Prof., Bildhauer - Wirmerstr. 23, 4630 Bochum - Geb. 26. Mai 1927 Bochum, verh. m. Monika M. J., geb. Disse, 3 S. (Titus, Fabian, Philipp) - 1972: 36. Biennale Venedig, bundesdt. Beitrag f. Bildhauerei - 1970 Conrad-v.-Soest-Preis/Westf. Kunstpreis; 1982 JUNIOR-Preis f. Kunst im öfftl. Raum in d. BRD.

GRAESER, Andreas

Dr. phil., Ph. D., o. Prof. f. Philosophie (s. 1979), (Mit-)Direktor Phil. Inst. Univ. Bern - Wasserwerkgasse 33, CH-3011 Bern (T. 031 - 22 65 91) - Geb. 7 Nov. 1942 Greiz/Thüringen, ev., verh. m. Eva Maria, geb. Ische (Germanistin), T. Isabella - Stud. in Gießen; Promot. 1967 Bern, Frankfurt a. M., Princeton, N. J. (M.A. 1969, Ph.D. 1970), Member of the Inst. for Advanced Study, Princeton, N. J. 1974 - 1983-85 Gastprof. Univ. Fribourg; 1984/85 Dekan Phil.hist. Fak.; 1986 Visiting Prof. Univ. of Texas at Austin, 1989 Columbia Univ., N.Y. - BV: Plotinus and the Stoics, 1972; Gesch. d. Phil., Bd. 2 1983; Komment. z.

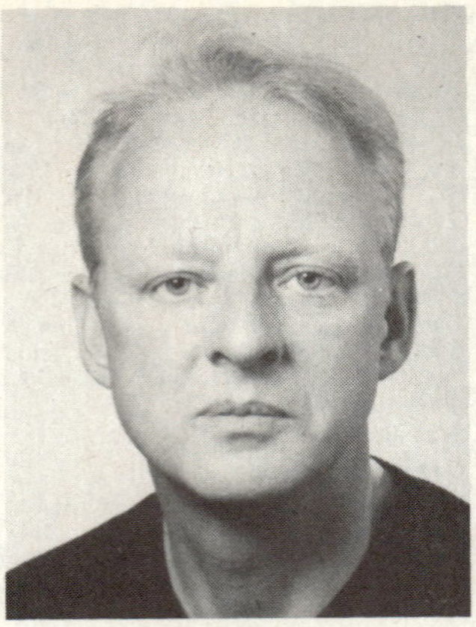

Einleit. v. Hegels Phänomenologie d. Geistes, 1988; Phil. Erkenntnis u. begriffl. Darstellung, 1989. Herausg.: Mathematics and Metaphysics in Aristotle (1987).

GRAESER, Wolfgang Rudolf

Dipl.-Ing., Vorsitzender d. Geschäftsfg. Rigips GmbH, Düsseldorf (s. 1980) - Parkweg 6, 3250 Hameln 5 (T. 05151 - 6 52 72) - Geb. 19. Juni 1928 Ortelsburg/Opr. (Vater: Dipl.-Ing. Max G., Kr.baurat; Mutter: Hedwig, geb. Brzoska), ev., verh. s. 1956 m. Ruth-Christa, geb. Rubruck, 2 Kd. (Wolf-Peter, Bettina) - Stud. TU Berlin - 1956-71 Betriebsing. u. Werksdir. (1962) Eternit AG., Heidelberg; 1971-78 General Manager Asbestos Corp. GmbH, Nordenham; 1978-80 Vice Pres Europ. Operations Asbestos Corp. Ltd, Montreal - Liebh.: Ski, Jagd, impressionist. Malerei - Spr.: Engl. - Rotarier.

GRÄSSER (ß), Erich

Dr. theol. (habil.), o. Prof. f. Neues Testament Univ. Bonn (s. 1979) - Akazienweg 25, 5810 Witten-Bommern (T. 3 02 55) - Geb. 23. Okt. 1927 Schwalbach/S. - Doz. Univ. Marburg, 1965-79 o. Prof. Ruhr-Univ. Bochum. Facharbeiten.

GRAESSLIN, Dieter

Dr. rer. nat., Prof., Chemiker - Martinistr. 52, Abt. f. Endokrinologie Univ.-Frauenklinik, 2000 Hamburg 20 (T. 040 - 468 35 19) - Geb. 15. März 1937.

GRÄSSMANN, Adolf

Dr. med., Prof. f. Biochemie - Am Hirschsprung Nr. 48b, 1000 Berlin 33 - Geb. 20. April 1938 Bad Kissingen - Promot. 1968; Habil. 1970 - S. 1970 Lehrtätigk. FU Berlin. Üb. 40 Fachveröff. - 1975 Johann-Georg-Zimmermann-Preis f. Krebsforsch.

GRÄTER, Carlheinz

Dr. phil., Schriftsteller - Eichendorffstr. 21, 6990 Bad Mergentheim - Geb. 4. Aug. 1937 Bad Mergentheim - Stud. Gesch. Univ. Würzburg, Heidelberg, Göttingen - Main-Post-Redakt. Würzburg; s. 1972 fr. Journ. u. Schriftst. - BV: Mörike in Franken, 1974; D. Bauernkrieg in Franken, 1975; V. d. Tauber z. Main, 2. A. 1981; D. Neckar, 1977; Odenwald u. Bergstraße, 1982; Im grünen Licht Hohenlohes, 1984; Hohenlohe. Bilder e. alten Landes, 1984; D. Main, 1985; D. Kelter harrt d. Weines, 1986; Götz v. Berlichingen, 1986; Trauben im Unterland, 1986; Ulrich v. Hutten, 1988; D. Fulda, 1989; u.v.a.m.

GRÄTER, Manfred

Pianist, Organist, Musikredakteur (Fernsehen) - Zu erreichen üb.: Westdeutscher Rundfunk, 5000 Köln - Geb. 4. Juni 1928 Ulm/Donau, ev., led. - Gymn., Musikhochsch., Univ. München - Solist zahlr. öfftl. Konzerte (auch Rundf.); Musikkritiker - BV: Konzertführer Neue Musik - Spr.: Engl., Ital.

GRAETER, Michael
Journalist - Sendlinger Str. 31-33, 8000 München 2 (T. 089 - 28 28 28) - Geb. 29. Juli 1943 Oberbayern (Vater: Wilhelm G., Postbeamter; Mutter: Helma, geb. Haarhaus), led. - Augsburger Allgemeine, Münchner Abendztg. (dar. 3 J. Pariser Korresp.), BILD/Bundesausg. (1984ff. Gesellschaftskolumnist). Besitzer Cafe Extrablatt, Kino Cadillac, Kino Veranda, alles München. Herausg.: Leute u. Wer ist was in München - Sportl. Betätig.: Schwimmen, Tennis.

GRÄTZ, Reinhard
Keramikingenieur, Vorsitzender WDR-Rundfunkrat (s. 1985), MdL Nordrh.-Westf. (s. 1970) - Am Langen Bruch 25, 5600 Wuppertal 1 - Geb. 11. Febr. 1940 Wüstegiersdorf Kr. Waldenburg - Volkssch.; Ofensetzer- u. Fliesenlegerlehre (Bundesbester Berufswettkampf Handwerksjugend); 1959-62 Ingenieursch. f. Keramik - 1964-80 Tätigk. Forschungsinst. Essen (Abt.-Leit.). 1969ff. Stadtverordn. Wuppertal. 1975-85 Vors. Landtags-Aussch. f. Schule u. Weiterbild.; 1981-85 WDR-Verwaltungsrat. SPD s. 1957 (s. 1975 Mitgl. SPD-Landesvorst., 1980-85 stv. Vors. SPD-Landtagsfrakt., s. 1985 parl. Geschäftsf. SPD-Landtagsfraktion).

GRÄVE, Günter
Dr. jur., Dipl.-Kfm., Prof. f. Betriebswirtschaftslehre, insb. Finanz- u. Rechnungswesen sow. Investition, Universität (Gesamthochschule) Duisburg - Hügelstr. 15, 4130 Moers 1.

GRAEVENITZ, von, Hartwig
Dipl.-Ing., Geschäftsführer Zentralverb. d. Ing.-Vereine - Adenauerallee 238, 5300 Bonn 1; priv.: Albertus-Magnus-Str. 33, -Bad Godesberg - Geb. 3. Juni 1924.

GRAF, Adolf
Dr., Staatssekretär Ministerium f. Wirtschaft, Mittelstand u. Verkehr v. Nordrh.-Westf. - Am Ginsterberg 11, 4000 Düsseldorf 1.

GRAF, Engelbert
Dr. rer. nat., em. o. Prof. f. Pharmazie - Philosophenweg 18, 7400 Tübingen (T. 6 17 00) - Geb. 15. Juni 1922 Steinheim/M. (Vater: Engelbert G., Prokurist; Mutter: Ida, geb. Kämmerer), kath., verh. s. 1960 m. Dr. Ingeborg, geb. Steiff - 1942-45 Univ. Frankfurt/M. u. Jena (Pharmazie). Promot. (1950) u. Habil. (1956) Würzburg - 1945-47 Apotheker; 1948-59 Assist. u. Privatdoz. (1957) Univ. Würzburg; s. 1960 ao. u. o. Prof. Univ. Tübingen. Strukturaufklärungen organ. Naturstoffe. 6 Fachmitgliedsch. (auch USA) - BV: Gadamers Lehrb. d. chem. Toxikologie u. Anleit. z. Ausmittelung v. Giften, 3. A. 1966 (m. R. Preuss); Propädeut. Arzneiformenlehre, 1976 (m. H. Hamacher). S. 1972 Schriftl.: Pharmazie in uns. Zeit - 1959 Carl-Mannich-Forschungsstip.; 1987 Hermann Thoms-Med. - Liebh.: Basteln, Garten, Dackel - Gold. Sportabz. - Spr.: Engl., Franz., Ital.

GRAF, Ferdinand
Dr. phil., Prof. f. Allg. Pädagogik - Burgerstr. 6a, 7815 Kirchzarten/Br. - Geb. 17. Juni 1931 Hüfingen - Promot. 1967 - S. 1970 Lehrtätigk. PH Freiburg (1972 Prof.). Leiter Eugen-Fink-Archiv; 1. Vors. Kunstverein Kirchzarten. Fachb. u. Einzelarb. üb. Gesch. d. Erziehung u. Bildung. Üb. 100 Fernsehbeitr. z. Thema Lernmethoden u. Medien.

GRAF, Franz Xaver
Dr.-Ing., Prof., Präsident Bayer. Landesvermessungsamt - Lohensteinstr. 12, 8000 München 60 (T. 56 72 92) - Zul. Ministerialrat. S. 1955 (Habil.) Lehrtätigk. TH München (1962 apl. Prof. f. Landvermessung, Kataster- u. Planungswesen).

GRAF, Gerd
I. Bürgermeister - Rathaus, 8770 Lohr/M. - Geb. 1. Juli 1930 Würzburg (Eltern: Erich, Stadtrechtsrat † u. Alice G. †), kath., verh. s. 1958 m. Christel, geb. Debes, 3 Kd. (Ursula, Wolfgang, Thomas) - Gymn.; Stud. Rechtswiss. Beide jurist. Staatsprüf. - 1958 b. 1964 Regierungsrat (Staatsdst.); s. 1964 I. Bgm. Lohr. 1966 ff. Kreisrat - Liebh.: Musik - 1970 Gold. Sportabz. - Spr.: Engl., Ital.

GRAF, Gerd
Journalist, Ressortleiter Sport Wetzlarer Neue Zeitung - Lilienweg 8, 6336 Solms 1 (T. 06442 - 13 81) - Geb. 13. Juni 1928 Bad Marienberg (Vater: Otto G.; Mutter: Hedwig, geb. Ferger), ev., verh. s. 1978 in 2. Ehe m. Marlies, geb. Heiland, T. Katrin - S. 1976 Präs. Hess. Amateur-Box-Verb. - Spr.: Engl.

GRAF, Günter
Dr. rer. nat., Dipl.-Phys., Prof. f. Experimentalphysik u. Math. f. Chemiker u. Ing. Gesamthochschule Siegen - Frankfurter Str. 7, 5900 Siegen 1.

GRAF, Hans-Wolff
Finanz- u. Vermögensberater u. -verwalter - Siedlungstr. 6, 8191 Gelting (T. 089 - 98 34 40 u. 08171 - 2 62 16) - Geb. 18. März 1950 München (Vater: Peter W. G., Arch.; Mutter: Ingeborg Hägele, geb. Wolff), verh. s. 1978 in 2. Ehe m. Ruth, geb. Traxl, S. Christian-Wolff - 1973-77 Univ. München (Angl., Wirtschaftswiss. u. Sport [Lehramt f. Gymn.], Psych.), Dipl. Wirtschaftsakad. Absolv. Magnolia-School in Anaheim/Calif. - S. 1972 selbst. Finanz- u. Verm.berater, s. 1977 auch Verm.verw. - Liebh.: Sport, Musik, Lit., antike Bücher u. Landkarten - Spr.: Engl., Franz., Latein - Bek. Vorf.: Grafen v. Theuern u. Thaer (Dt. Adelsgeschlechter, dir. Linie).

GRAF, Herbert Paul Robert
Wirtschaftsprüfer, 1. Direktor Stadtwerke Lübeck - Elsässer Str. 54, 2400 Lübeck 1 (T. 6 81 41) - Geb. 17. Dez. 1915 Hamburg, verh. s. 1951 m. Ilse, geb. Barkewitz, T. Beatrice-Babette - Vorstandsmitgl. Bundesverb. d. dt. Gas- u. Wasserwirtsch. u. -vors. Landesgruppe Schlesw.-Holst./Hamburg; Vorst.smitgl. Verb. kommunaler Unternehmen u. stv. -vors. Landesgr. S.-H. - Liebh.: Fotogr., Filmen - Spr.: Engl., Franz.

GRAF, Horst
Diplom-Volksw., Geschäftsf. Fachverband Buchherstell. u. Druckverarb. (s. 1973) u. Verband Dt. Buchbindereien f. Verlag u. Ind. - Jessenstr. 4, 2000 Hamburg 50 (T. 040 - 38 17 17); priv.: Am Gehölz 11, 2115 Buchholz 5 - Geb. 24. Febr. 1939 Soltau - Stud. Volksw. Univ. Hamburg u. Göttingen (Dipl. 1968) - 1968-71 Dir.assist. Ind.; s. 1971 Geschäftsf. Wirtschaftsverb. - Spr.: Engl.

GRAF, Jürgen

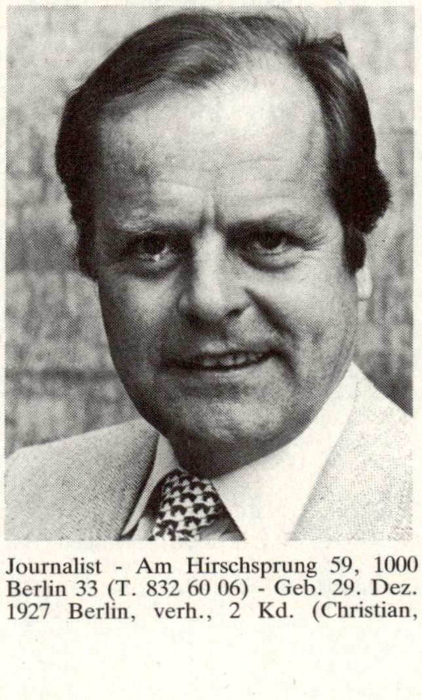

Journalist - Am Hirschsprung 59, 1000 Berlin 33 (T. 832 60 06) - Geb. 29. Dez. 1927 Berlin, verh., 2 Kd. (Christian, Daniela) - Üb. 600 Fernsehsend. - BV: Berlin, 1961 (engl., franz., span., schwed.) - 1966/67, 1974/75 u. 1981/82 Präs. Lions Intern. Club Berlin; Vors. Journalisten-Club Berlin (1981 wiedergew.); 1974/75 BVK I. Kl.; Gold. Sportabz.; US Meritorious Honor Award; Dt. Weinprs. f. Journ.; Dt. Philol. Prs. f. Fernsehen; Gr. Ehrenzeichen f. d. Verdienste um d. Rep. Österreich; Mitgl. Rundfunkrat d. SFB - Spr.: Engl.

GRAF, Klaus-Dieter
Dr. rer. nat., o. Prof. f. Kybernetik (Informatik) - Kurstr. 5, 1000 Berlin 38 - Geb. 13. Okt. 1936 Chemnitz/Sa. (Vater: Rudolf G., Techn. Kaufmann; Mutter: Lotte, geb. Hauenschild), verh. s. 1967 m. Julia, geb. Paul - Univ. Erlangen, Berlin (FU), München, Tübingen, Illinois (Math.). Promot. 1966 Mainz - S. 1971 Ord. PH Rheinld. u. Berlin (1975), s. 1980 Prof. FU Berlin - BV: Informatik - E. Einf. in Grundl. u. Meth., Lehrb. 1981. Herausg.: Computer in d. Schule (1985); Computer in d. Schule 2 (1988) - Spr.: Engl., Franz.

GRAF, Maxl (Maximilian)
Schauspieler - Am Moosgraben 14, 8919 Utting/Ammersee - Geb. 25. Sept. 1933 München (Vater: Maximilian G.; Mutter: Erna, geb. Walter), kath., verh. s. 1961 m. Olga, geb. Mayr, 2 Kd. (Maximilian, Christine) - Oberrealsch.; Schauspiel-, Gesangs- u. Tanzausbild. - Bes. Volksstücke (Komödienstadel). Fernsehen: D. selts. bzw. unsterbl. Methoden d. Franz Josef Wanninger (2 Krimiserien) u. a. - Liebh.: Bergsteigen, Musik - Spr.: Engl. - 1963 Münchner Faschingsprinz.

GRAF, Steffi
Tennisprofi, Wimbledonsiegerin 1988 u. 1989 (1988 auch Doppel m. Gabriela Sabatini), Intern. Dt. Meisterin - Wohnh. in 6831 Brühl/b. Mannheim u. Marbella/Spanien - Geb. 14. Juni 1969 Brühl, ledig - Gewinnerin b. Jugendturnieren; erste gr. Erfolge s. 1982 (Profi); 1986 Gewinnerin v. 4 Intern. Grand-Prix-Turnieren, Sieg üb. Martina Navratilova b. d. Intern. Dt. Tennismeistersch. in Berlin, 1987 Siegerin Paris, 1987 2. Wimbledon, 1988 u. 89 Siegerin Intern. Dt. Meistersch. Berlin, 1988 Melbourne (Australian Open) u. Paris (French Open), 1988 Goldmed. Olympische Spiele - Liebh.: Musik (Bruce Springsteen), Krimis, Hund (Boxer) Ben.

GRAF, Ulrich
Dr. jur., Senator a. D., Mitgl. Brem. Bürgerschaft (1951-75) - Auf der Heidwende 11, 2862 Worpswede - Geb. 17. Dez. 1912 Nakel/Netze (Vater: Paul G., Beamter; Mutter: Agnes, geb. Raykowski), verh. s. 1970 m. Helga, geb. Oetjen - Univ. Berlin u. Erlangen - AEG; 1939-45 Wehrdst.; Handwerkskammer Bremen (Hauptgeschäftsf.); 1959-71 Senator f. Justiz, Verfass u. Kirchl. Angelegenh. (Senator; weg. Hochschulpolitik zurückgetr.). Präs. Carl-Schurz-Ges., Vors. Verkehrsverein d. Freien Hansestadt Bremen, Vors. d. Siftung Worpswede, Mitgl. Club zu Bremen e. V., alles Bremen. FDP (1968-74 Vors. Landesverb. Bremen).

GRAFF, Otto
Dr. rer. nat., Honorarprof. f. Landw. Mikrobiol. m. bes. Berücks. d. Bodenbiol. Univ. Gießen (s. 1973) - Karl-Sprengel-Str. 10, 3300 Braunschweig - Geb. 17. Aug. 1917 Berlin - Promot. 1950; Habil. 1963 - BV: Unsere Regenwürmer, 1983. Etwa 70 Einzelarb.

GRAFSTRÖM, Åke
Dr. phil., Prof. f. Roman. Philologie Univ. Heidelberg - Neuenheimer Landstr. 8, 6900 Heidelberg - Geb. 24. Dez. 1917 Stockholm - Promot. Uppsala - S. 1972 Heidelberg. Facharb.

GRAGES, Erich
Dr. jur, Vorstandsmitglied i. R. Dt. Texaco AG., Hamburg - Potosistr. 23, 2000 Hamburg 55 - Geb. 2. Febr. 1909 Frankfurt/M. (Vater: Ferdinand G.; Mutter: Erna, geb. Riese), ev., verh. s. 1946 m. Anneliese, geb. Werbeck, 2 Kd. - Univ. Lausanne, München, Frankfurt. Ass.ex. - S. 1935 DEA bzw. Texaco (1946 Vorst.) - 1970 Gr. BVK - Spr.: Engl., Franz.

GRAHE, Konrad
Prof., Dozent f. Viola u. Kammermusik Musikhochschule Ruhr/Folkwang-Hochsch. - Umstr. 88, 4300 Essen 16.

GRAHL, Friedrich-Wilhelm
Dr. rer. pol., Akad. Oberrat, Dozent Univ. Bochum, Geschäftsf. Grahl GmbH, Sitzmöbelfabrik, Steyerberg/Voigtei, Präs. Grahl intern. inc. Coldwater Mrch. 49036, USA, President and C.E.O Grahl Industries, Inc. Coldwater, Michigan 49036 - Heidehaus, 3071 Voigtei (T. 05769 - 2 59) - Geb. 13. Aug. 1923 Gehlenbeck (Vater: Wilhelm G., Fabrikant; Mutter: Luise, geb. Fründ), ev., verh. s. 1950 m. Elisabeth, geb. Cornelius, 2 Kd. (Jutta, Christian) - Stud. d. Wirtsch.swiss. Univ. Mainz, Münster, Marburg; Promot. Mainz - Refa-Lehrer; Mitgl. Betriebswirtschl. Aussch. BDI - BV: Kostenrechn. f. d. Praktiker, 1961; Prakt. Betriebswirtschaftslehre, 1962 - Liebh.: Sportflieger, Geschäftsflieger m. Berufspilotenlizenz - Spr.: Engl. - Lions-Club.

GRAHL, Klaus
Dr.-Ing., Wiss. Rat, Prof. f. Kolben- u. Strömungsmaschinen Gesamthochschule Duisburg - Fischelnerweg 14, 4056 Schwalmtal 1.

GRAHMANN, Hans
Dr. med., Prof., Ltd. Oberarzt - Jütlandring 105, 2300 Kiel 1 - Geb. 23. Jan. 1922 Leipzig - S. 1960 Privatdoz. u. apl. Prof. f. Psychiatrie u. Neurol. (1966) Univ. Kiel (1969 Ltd. Oberarzt; gegenw. Stv. Leit. Abt. Psych./Zentrum Nervenheilkd.).

GRAICHEN, Hans-Georg
Dr. jur., Steuerberater, Honorarkonsul d. Republik Mali - Valentinskamp 88, Berolina-Haus, 2000 Hamburg 36 (T. 34 11 50) - Geb. 12. Aug. 1919 Hamburg, verh. s. 1973 m. Dipl.-Volksw. Gisela-Ute, geb. Müller.

GRAJEK, Alfons
Geschäftsf. Kath. Siedlungsdienst/Bundesverb. f. Wohnungswesen u. Städtebau, Chefredakt. Ztschr. Bauen u. Siedeln - Steinfelder Gasse 20-22, 5000 Köln (T. 13 45 20) - Geb. 11. Aug. 1927 Berlin - Versicherungskfm.; Dt. Hochsch. f. Politik (Diplom 1954) - Priv. Wirtschaft, LVA u. IHK Berlin, Bezirksamt Charlottenburg (Bezirksstadtrat f. Wirtsch., Bau- u. Wohnungswesen, 1965 zugl. stv. Bgm.). 1955-58 MdA Berlin. AR-Mand. - 1973 BVK I. Kl; 1984 Gr. BVK.

GRAMATKE, Eckart
Dipl.-Volksw., Komplementär Gebrüder Rose, Metallwarenfabrik KG., Barsinghausen - Baltenweg 4, 3013 Barsinghausen - Geb. 17. April 1936.

GRAMBERG, Michael
Dr. phil., Journalist, Westdeutscher Rundfunk Köln - Zu erreichen üb. WDR, Appellhofplatz 1, 5000 Köln 1 - Geb. 9. Jan. 1942 - Stud. Literaturwiss.; Promot. 1969 Köln - S. 1968 Mitarb. im Fernsehen d. WDR; 1979-82 Kulturkorresp. ARD-Studio Paris; 1985-89 WDR-Korresp. Studio Paris - BV: Begleitb. zu Fernsehsendereihen: Studienführer, 1971. Herausg.: Wortwechsel (1975).

GRAMBOW, Rüdiger
Dipl.-Ing., Revisionsleiter, Präs. Bund Dt. Zupfmusiker (s. 1978) - Breslauer Ring 9 B, 6382 Friedrichsdorf 4 (T. 06172 - 7 83 09) - Geb. 23. März 1946 Waibstadt/Sinsh. - 1963-65 Lehre Elektromechaniker; 1967-67 Odenwaldsch. Oberhambach (Abit.); 1968-75 Stud. z. Wirtschaftsing. TU Berlin - 1976-79 Mitarb. Wirtschaftsprüfungsges.; 1980-83 Revisor

GRAMM, Hans-Joachim
Landesarbeitsgerichtspräsident a. D., Vors. Tarifschiedsgericht f. d. dt. Seeschiffahrt, Hamburg (1964-71) - Kieler Str. 5, 2300 Kronshagen (T. Kiel 50 24 76) - Geb. 29. Jan. 1908 Kiel (Vater: Adolf G., Kaufm.; Mutter: Bertha, geb. Lage), ev., verh. s. 1939 (Berlin) m. Hertha, geb. Witte, 2 Söhne (Joachim, Hans) - Gr. jurist. Staatsprüf. - 1948-50 Leit. Hauptabt. Arbeit Min. f. Arbeit, Wirtschaft u. Verkehr Schlesw.-Holst., Kiel; 1950-73 Präs. LAG Schlesw.-Holst. ebd. BV: Kommentar z. Schlesw.-Holst. Betriebsrätegesetz. Zahlr. Fachaufs. - Gr. BVK - Spr.: Engl., Franz.

GRAMM, Reinhard
Militärgeneraldekan, Leiter Ev. Kirchenamt f. d. Bundeswehr - Godesberger Allee 107a, 5300 Bonn 2; priv.: Julius-Leber-Str. 66, 5309 Meckenheim - Geb. 13. Mai 1929 Schollene/Rathenow (Vater: Bernhard G., Pfarrer; Mutter: Nora, geb. Laubmeyer, ev., verh. s. 1956 m. Liesel, geb. Stroh, 2 Kd. (Christof, Cordula) - 1948-53 Univ. Marburg u. Tübingen (Theol.) - 1956 Vikar Dt.-Ev. Kirchentag, Frankfurt/M.; 1957-65 Gemeindepfr. Flörsheim/M.; s. 1966 Militärseels. (Standortpfr. Mainz, 1972 stv. Wehrbereichsdekan IV, 1973 wie oben) - BV: Frieden zw. Waffen - Kl. Typologie d. Soldatenpfr. im Spiegel lit. Texte, 1975; Ernstfall Frieden, 1980; Bilder u. Texte aus d. Soldatenseelsorge 1550-1945, 1983; De officio - Zu d. ethischen Herausford. d. Offizierberufs, 1985 - Liebh.: Mod. Lit. u. Zeitgesch.

GRAMMEL, Siegfried
Dipl.-Kfm., Vorstandsvorsitzender AEG-TELEFUNKEN Hausgeräte AG. (s. 1977) - Muggenhofer Str. 135, 8500 Nürnberg - Geb. 12. März 1931 Worms (Vater: Max G.), verh. m. Lore, geb. Essig - S. 1970 Vorst. Standard Elektrik Lorenz AG. (SEL).

GRAMS-WEHDEKING, Alma Luise
Dipl.-Bibliothekarin, Schriftst. - Münchner Str. 11, 8036 Breitbrunn/Ammersee (T. 08152 - 64 04); Reichenaustr. 17, 8000 München 60 (T. 089 - 83 79 75) - Geb. in Bremen, ev., verw. - Univ. Leipzig (Ex.) u. Hamburg (Praktik. Universitätsbibl., Stadtbibl.); Dipl. 1933 Berlin - 1933-49 Bibl. Senat Berlin - BV: D. Haus an d. Weide, 1962, 1963; Worpswede um d. Jahrhundertwende, 1978, 1981; Caroline v. Humboldt u. ihre Zeit, 1980; D. Malerin Elfriede Mäckel, 1980 - Liebh.: Musik, Gesang, Malen - Spr.: Engl., Franz., Lat. - Bek. Vorf.: Malcom Mac Gregor (Ur-Ur-Großv.) - Lit.: Kürschners Dt. Literaturkalender 1984; Dictionary of Intern. Biography Vol. 18, 1984.

GRAMSS, Eike
Generalintendant, Regiss. - Vereinigte Städt. Bühnen Krefeld u. Mönchengladbach, Theaterpl. 3, 4150 Krefeld (T. 02151 - 16 86) - Geb. 2. Jan. 1942 Twistringen (Vater: Franz G., Chefredakt.; Mutter: Erika, geb. Schröder), verh. s. 1974 in 2. Ehe m. Brigitta, geb. Oberbierbaum, 3 Kd. (Sebastian, Julia, Franziska) - Gymn.; Hochsch. f. Musik u. Theater Hamburg - Regiss. Augsburg, Bonn, Basel, Bern, Graz, Darmstadt, London, Karlsruhe u. Zürich. Rd. 100 Schausp.- u. Operninsz. - Spr.: Engl.

GRANDERATH, Franz-Joseph
Publizist u. Bevollmächtigter d. Präsid. Dt. Verkehrswacht, Chefredakt. Verkehrswacht-Magazin sicher unterwegs - Zu erreichen üb. Red. sicher unterwegs, Hochkreuzallee 76/78, 5300 Bonn 2 - Geb. 18. März 1932 Neuss, kath., verh., 3 Kd. (Christian-Benedikt, Anna-Katharina, Sebastian-Constantin) - Abit.; Grafische Hochsch.; Volont. b. Presse u. Fernsehen - Red. u. Reporter b. Tages- u. Wochenztg. im In- u. Ausland; Fernsehkommentator, Mitbegründer Wochenztg. Publik; Leit. Öffentlichkeitsarb. b. DVR u. DVW; Projektleit. staatl. Auftr. in PR-Agenturen; Berat. f. Öffentlichkeitsarb. u. a. auch in Fachgremien d. Bundesreg. Autor FS-Serie „D. 7. Sinn" - BV: Kinderbücher - Theodor-Heuss-Preis (Publik-Team); Christopherus-Preis - Liebh.: Natur, Reisen, Jagen, klass. Musik - Spr.: Engl.

GRANDI, Hans
Ing., Direktor - Irlenfelder Weg 39, 5070 Berg. Gladbach - Geb. 26. Sept. 1907 - 1931-72 Ford (1960 Vorstandsmitgl. Köln; 1969 Vizepräs. Dearnborn/USA).

GRANDIN, Friedrich-Hans
Dr.-Ing., Vorstandsmitglied Mannesmann S.A. Belo Horizonte/Brasilien - Caixa Postal 2153, 30000 Belo Horizonte - Geb. 11. Nov. 1936 Beuthen/OS.

GRANETZNY, Rainer
I. Bürgermeister - Rathaus, 8901 Diedorf/Schw. - Geb. 23. März 1936 Beuthen/OS. - Zul. Revisionsamtm. CSU.

GRANNIS, Oliver
Ph. D., o. Prof. f. Engl. Sprache Univ. Osnabrück - Driverstr. 27, 2841 Fladderlohausen - Zul. Wiss. Rat u. Prof. Univ. Tübingen.

GRANOW, Dietrich
Generalkonsul d. Bundesrep. Deutschl. in Miami/USA - 100 N. Biscayne Blvd. Miami, Florida 33 132 (T. 358-0290) - Geb. 15. Sept. 1933 Bagdad/Irak - 1961-64 Richter in Frankfurt/M., Offenbach/M. u. Darmstadt. Auslandsposten in Amsterdam, Tokio, Tel Aviv; Generalkonsul in Alexandria (Ägypten); zul. ständ. Vertr. Botschaft Den Haag/NL.

GRANSER, Günther

Senator h.c., Kommerzialrat, Geschäftsführer Alpen Adria Wirtschaftsförderungs-Ges., Gf. Gesellsch. ICR GmbH - Romanstr. 18, 8000 München 19 (T. 089 - 13 11 11) - Geb. 6. April 1944 Gmunden, kath. - Welthandelsstud. - Herausg. Alpen-Adria Journal; Generalrepräsent. Autonomen Hafenverw. v. Triest - Gr. Ehrenz. Rep. Österr.; Commendatore Italien; Bayer. VO; 1986 Gr. BVK, 1988 Stern dazu; Malteser-Orden - Spr.: Engl., Ital.

GRANSOW, Volker
Dr. phil., Visit. Prof. Univ. of California - Dept. of German, Univ. of California, Berkeley, CA 94720, USA - Geb. 29. April 1945 Karlshoefen, verh. m. Ingrid, geb. Schipper, 2 Kd. (Katinka, Ditte) - Stud. Politol., Soziol. u. Publiz., Promot. 1974 u. Habil. 1980 FU Berlin - 1980-86 Doz. Fak. f. Soziol. Univ. Bielefeld - BV: Kulturpolitik in d. DDR, 1975; Kommunismusforsch., 1980; Mikroelektronik u. Freizeit, 1982; D. autistische Walkman, 1985.

GRANZ, Marianne
Oberstudienrätin, MdL Saarland (s. 1975), Vizepräsidentin d. Saarländischen Landtages - F.-Josef-Röder-Str. 7, 6600 Saarbrücken 6 - Geb. 1942 Berlin - SPD.

GRANZER, Friedrich
Dr. phil. nat., Prof. f. Physik Univ. Frankfurt/M. - Mühlstr. 32, 6070 Langen/Hessen - Geb. 25. April 1926 Nesselsdorf (Vater: Bruno G., Ingenieur; Mutter: Margarethe, geb. Sonntag), kath., verh. s. 1955 m. Ruth, geb. Wagner, 2 Kd. (Wolfgang, Monika) - Dipl.-Phys. 1957, Promot. 1960, Habil. 1970 (alles Frankfurt) - U. a. Leit. Abt. f. Wiss. Photogr. Univ. Frankfurt. Vors. Sektion Wiss. u. Techn./DGPH. Mithrsg.: Proceedings of the 9th Intern. Conf. Solid State Nuclear Detectors (1976); Progr. Basic Principles Imaging Systems (1987) - Liebh.: Reisen, Tennis - Spr.: Tschech., Franz., Engl.

GRANZIN, Martin
Dr. phil., Stadtarchivar i.R. - Fuchshaller Weg 10, 3360 Osterode - Geb. 19. Mai 1905 Torgau/Elbe, ev., verh. s. 1936 m. Gerda, geb. Fischbeck, 2 Töcht. (Ingrid, Heike) - Gymn. Torgau; Stud. Gesch. u. German. Kiel, Berlin u. Halle/S.; Promot. 1930 - Archivar in Torgau, Mühlberg/Elbe, Parchim; 1936 Stadtarchivar Stade; 1937 Staatsarchiv Hannover; 1953-70 Stadtarchivar u. Museumsleit. Osterode/Harz - Veröff.: Z. Torgauer Geschichtsschreib., 1930; D. Amtsb. d. Stader Goldschmiede, 1938; D. Osteroder Handwerk, 1966; D. Torgauer Rat 1359-1820, 1980; u.v.m. - Ehrenvors. d. Heimat- u. Geschichtsvereins Osterode - Interessen: Rechtsgesch., Landes- u. Kunstgesch. - Spr.: Lat., Griech., Engl. - Lit.: Heimatblätter d. Südwestl. Harzrand, 1975.

GRANZOW, Hermann
Dr. phil., Staatsrat Behörde f. Schule, Jugend u. Berufsbildung Fr. u. Hansestadt Hamburg - Hamburger Str. 31, 2000 Hamburg 76 (T. 29 18 81) - Geb. 1935 Danzig, kath. - Stud. German., Slaw., Psych., Leipzig. Promot. 1959 Bonn (Prof. Benno v. Wiese) - Staatsdst. Bonn (b. 1973 Bundeskanzleramt, dann 1978-82 Staatssekr. Bundesmin. f. Bild. u. Wiss.).

GRASER, Fritz
Dr. med., Prof., Chefarzt Städt. Kinderklinik Wiesbaden - Sooderstr., 21, 6200 Wiesbaden-Sonnenberg - Geb. 16. Juni 1921 - S. 1953 (Habil.) Lehrtätigk. Univ. Mainz (1959 apl. Prof.) - BV: Üb. d. Kreislauf im frühen Kindesalter, 1953; Erworb. Herzkrankh. im Kindesalter, 1964. Üb. 80 Einzelarb.

GRASMAIER, Fritz
Dr. oec.-publ., Dipl.-Kfm., Stv. Vorsitzender d. Vorst. Bayer. Landesbank Girozentrale - Brienner Str. 20, 8000 München 2 - Geb. 7. Juli 1923 - VR: Bayern-Versicherung, Öffentl. Lebensversicherungsanst., München.

GRASMANN, Günther
Dr. jur., Prof. f. Bürgerl. Recht u. Dt., Ausl. u. Intern. Arbeitsrecht - Rothweg 36, 8700 Würzburg - Geb. 7. Sept. 1931 - Promot. (1955) u. Habil. (1969) München - S. 1973 Ord. Univ. Würzburg (Mitvorst. Inst. f. Wirtschafts- u. Steuerrecht) - BV: System d. Intern. Gesellschaftsrechts, 1970; Recht d. bewegl. Sachen, 1971; D. Familienrecht, 1972.

GRASMANN, Hans-Heribert
Rechtsanwalt, Stadtrat, pers. haft. Gesellsch. Ulmer Münster Brauerei Inh. Grasmann KG, Gf. Fruttika Schwäb. Getränke-Industrie GmbH & Co. KG - Magirustr. 46, 7900 Ulm/D. (T. 3 93-0); priv.: Königstr. 15 - Geb. 31. Aug. 1933 - AR: Bankhs. H. Aufhäuser, München; Ulmer Wohnungs- u. Siedlungsges. mbH, Ulm - Spr.: Engl., Franz. - Rotarier.

GRASMEHER, Friedrich
Dr. jur., Hauptgeschäftsführer IHK Hanau-Gelnhausen-Schlüchtern - Am Pedro-Jung-Park 14, 6450 Hanau/M. 1 - Geb. 9. Mai 1929 - Ass.ex.

---

in Ind.-Untern.; s. 1983 Revisionsleit. Stadtwerke Frankfurt. 1969-78 Mitgl. Musikleitg. Bund Dt. Zupfmusiker, s. 1978 Präs.; Fachjourn. f. Laienmusikwesen; Interessenvertr. im Dt. Musikrat; s. 1985 Schriftleit. Zupfmusikmagazin; Org.-Leit. Intern. Zupfmusiktage (1974 Berlin, 1978 Bonn, 1982 Mannheim); Initiator intern. Kontakte im Ber. Zupfmusik - S. 1981 Ehrenmitgl. Japan Mandolin Union - Liebh.: Ausgleichssport, eig. Musizieren als Mandolinist in Kammerensembles u. Zupforch.

GRAMKE, Jürgen

Dr. jur., Prof., Verbandsdirektor d. Kommunalverb. Ruhrgebiet - Frauenstein 115, 4300 Essen (T. 0201 - 48 04 20) - Geb. 12. Okt. 1939 Schlochau, ev., verh. m. Lieselotte, geb. Meyer, 3 T. (Vivika, Kristina, Katja) - 1964 jurist. Staatsex., 1968 Promot. Univ. Kiel; früherer Stadtdir. Altena; 1970-78 (gleichz. Vors. Verbandsvers. KDVZ Hellweg-Sauerland, Verbandsvorst. WBV Mark u. a.); Gründ. Märkische Kulturinitiative (Märkische Stipendien f. Lit., f. Musik u. Bildende Kunst); s. 1978 Verbandsdir.; s. 1981 gleichz. Vors. Verein Pro Ruhrgebiet; Mitgl. d. Hauptaussch. d. Dt. Städtetages, d. Dt. Städte- u. Gemeindebundes, d. Dt. Landkreistages; langjähr. berat. Mitgl. d. Bund-Länder-Kommiss. f. Bildungsplanung u. Wissenschaftsförd.; mehrere VR-Mandate. Honorarprof. f. Regionalwiss. u. Kommunalwiss. Univ. Bochum - BV: Praktizierte Bürgernähe, 3. A. 1982 - BVK - Liebh.: Wandern, Reisen - Spr.: Engl.

GRAML, Karl
Prof., Ordinarius f. Musikerziehung Univ. Augsburg (s. 1973) - St.-Anna-Str. 19, 8913 Schondorf/Ammersee - Geb. 23. Juli 1920 München - Stud. Musikhochsch. München. Emerit. - Fachveröff., u. a. D. Einstell. z. Musik u. z. Musikunterr., 1982 (m. W. Reckziegel).

GRAMLICH, Fritz
Dr. med., Prof., Chefarzt I. med. Abt. Univ.-Klinikum Rudolf Virchow d. FU Berlin, Standort Wedding (s. 1969) - Von-Wettstein-Str. 7, 1000 Berlin 33 - Zul. Oberarzt Med. Univ.klinik Mainz. Privatdoz. Univ. Mainz; apl. Prof. FU Berlin. Facharb.

GRAMLICH, Heinrich
Prof., Hochschullehrer i. R. - Rauhalde 20, 7770 Überlingen/B. - Zul. Prof. f. Schulpäd. PH Lörrach.

GRAMLICH, Richard
Dr. phil., Prof., Lehrstuhlinh. f. Religionsgeschichte (s. 1971) - Universität (Theol. Fak.), 7800 Freiburg/Br. - Zul. Basel.

GRAMLICH, Wolfgang
Geschäftsführer Dorndorf Schuhfabrik, Zweibrücken - Am Hirschberg 4, 6782 Rodalben/Pf. - Geb. 18. Mai 1939 Frankfurt/M., ev., verh. s. 1968 (Ehefr.: Agnes).

GRASMÜCK, Ernst-Ludwig
Dr., Univ.-Prof. Univ. Bamberg - An der Universität 2, 8600 Bamberg - Geb. 18. Jan. 1933 Mülheim-Kärlich (Vater: Dr. med. Ludwig G.; Mutter: Else, geb. Doetsch), kath. - Stud. Gesch., German., Phil. u. Theol. Univ. Bonn u. a. (Studienstiftg. d. Dt. Volkes); Staatsex., Promot. 1959 Bonn - Assist. Univ. Bochum; Prof. Univ. Osnabrück; 1981 o. Prof. Univ. Bamberg - BV: Coercitio, Staat u. Kirche im Donatistenstreit, 1964; Exilium, Unters. z. Verbannung in d. Antike, 1978 - Mehrere Spr.

GRASS, Günter
Dr. h. c., Graphiker, Schriftsteller - Niedstr. 13, 1000 Berlin 41 - Geb. 16. Okt. 1927 Danzig (Vater: Kolonialwarenhdl.; Mutter: kaschub. Abstammung), kath. (1974 ausgetr.), verh. s. 1954 (Ehefr.: Anna Margareta (Anne), Schweizerin), 4 Kd. (Franz, Raoul (Zwill.), Laura, Bruno) - Gymn.; 1945-46 Wehrdst. (b. Kriegsende verwundet) u. amerik. Gefangensch.; Land- u. Kalibergarb.; Steinmetzlehre; Kunststud. Düsseldorf (1949 ff.) u. Berlin (1953); s. 1956 Graph. u. Schriftst. Paris u. Berlin (1960). 1971ff. Kolumnist Südd. Ztg. (Polit. Tageb.). Mitgl. Rundfunkrat SFB. SPD s. 1982 - BV (z. T. übers.): D. Vorzüge d. Windhühner, Ged. u. Graph. 1955; D. Blechtrommel, R. 1959 (GA. 1,7 Mill.; verfilmt 1978); Gleisdreieck, Ged. u. Graph. 1960; Katz u. Maus, N. 1961 (verfilmt 1966); Hundejahre, R. 1963; Ausgefragt, Ged. 1967; Üb. d. Selbstverständliche - Polit. Schriften, 1968; Örtlich betäubt, R. 1969; Theaterspiele, 1970; Ges. Gedichte, 1971; Aus d. Tageb. e. Schnecke, Kindergesch. 1972; Mariazuehren/Hommageamarie/Inmarypraise, 1973; Liebe geprüft, Ged. u. Graph. 1974; D. Bürger u. s. Stimme, 1975; D. Butt, 1977; D. Treffen in Telgte, Erz. 1979; Kopfgeburten oder D. Deutschen sterben aus, 1980; Widerstand lernen - Polit. Gegenreden 1980-83, 1984. Bühnenst.: Hochwasser (1956), Noch 10 Min. bis Buffalo (1958), Onkel, Onkel (1958), D. bösen Köche (1961), D. Plebejer proben den Aufstand (1966; Fernsehen 1969), Die bösen Köche (1967), Davor (1969; Fernsehen) - 1955 Lyrikpreis Süddeutscher Rundfunk; 1959 Preis Gruppe 47; 1960 Literaturpreis Verband d. dt. Kritiker; 1962 Franz. Literaturpreis; 1965 Georg-Büchner-Preis; 1968 Berliner-Fontane-Preis; 1969 Theodor-Heuss-Preis; 1968 Carl-v.-Ossietzky-Med.; 1977 Mondello-Ehrung Palermo; 1978 Intern. Vioreggio-Preis u. Alexander-Majkowski-Med.; 1982 Intern. Feltrinelli-Preis; 1965 Ehrendoktor Kenyon College u. 1976 Harvard Univ./USA; s. 1963 o. Mitgl. Akad. d. Künste Berlin (1983-86 Präs.); 1970 Mitgl. Amerik. Akad. f. Kunst u. Wiss. Boston; Mitgl. PEN-Zentrum BRD - Liebh.: Kochen - Lit.: Kurt Lothar Tank, G. G., 1965; Wilhelm Johannes Schwarz, D. Erzähler G. G., 1969; Gert Loschütz, G. G. in d. Kritik, 1968; Theodor Wieser, G. G., 1969; Heinz Ludwig Arnold/Franz Josef Görtz, G. - Dokumente z. polit. Wirkung, 1971; Fernsehsend./ARD (7. Sept. 1972): Du sollst d. graue Farbe lieben (G.-Porträt).

GRASS (ß), Hans
Dr. theol., Dr. theol. h. c., o. Prof. f. Systemat. Theologie u. Sozialethik - Erfurter Str. 11, 3550 Marburg/L. (T. 4 67 67) - Geb. 25. Jan. 1909 Brandenburg/H. (Vater: August G., Betriebsleit.; Mutter: geb. Hinze), ev., verh. s. 1940 m. Ingrid, geb. Boerl, 4 Kd. - Univ. Göttingen, Marburg, Tübingen, Berlin (Theol.). Promot. (1939) u. Habil. (1949) Erlangen - 1949 Privatdoz. Univ. Erlangen, 1955 ao., 1957 o. Prof. Univ. Marburg, emer. 1977 - BV: D. Abendmahlslehre b. Luther u. Calvin, 1940, 2. A. 1954; D. kath. Lehre v. Schrift u. Tradition, 1954; Ostergeschehen u. -berichte, 1956, 4. A. 1970; D. ev. Lehre v. Abendmahl, 1960; Theologie u. Kritik, Aufs. 1969; Chr. Glaubenslehre I u. II, 1973, 1974; Einführung i. d. Theologie, 1978; Heute m. d. Gesangbuch beten, 1980; Aus Theologie u. Kirche, Aufs. 1988.

GRASS, Werner
Dr.-Ing., Prof. f. Informatik Univ. Passau - Graf-Tiemo-Weg 10, 8390 Passau - Geb. 12. Okt. 1943 Colmar (Vater: Richard G., Sparkassendir.; Mutter: Regine, geb. Adam), kath, verh. s. 1974 m. Verena, geb. Kirsch, 2 Kd. (Steffen, Annette) - Dipl.-Ing. Elektrotechnik 1968 TH Karlsruhe, Promot. 1972 ebd. - 1968-74 Wiss. Assist. Inst. f. Nachrichtenverarb. Univ. Karlsruhe; 1973-74 Studienjahr in IBM-Laborat. Böblingen; 1975-79 Wiss. Angest. Forsch.gr. Technol. Grundl. d. Informatik Karlsruhe; 1979-85 Prof. Univ. Hamburg; s. 1985 Prof. Univ. Passau - BV: Steuerwerke - Entw. v. Schaltw. m. Festwertspeichern, 1978 - Spr.: Engl.

GRASSBERGER, Peter
Dr. phil., Wiss. Rat, Prof. f. Theoret. Physik Gesamthochschule Wuppertal - Pickartsberg 10, 5600 Wuppertal 11.

GRASSER, Emil
Dr.-Ing., Univ.-Prof. (Massivbau) TU München, Prüfing. f. Baustatik - Schrämelstr. 33, 8000 München 60 (T. 089 - 83 01 49) - Geb. 19. Sept. 1927 Schesslitz (Vater: Hans G., Brauereibesitzer, Landwirt; Mutter: Margareta, geb. Müller), kath., verh. s. 1956 m. Anneli, geb. Borchert, 2 T. (Brigitte, Renate) - Aufbausch. Bamberg (Abit. 1947); 1947-48 Phil.-Theol. Hochsch. Bamberg, 1949-54 TH München, Dipl.-Ing. 1954, Promot. 1968, Habil. 1972 - 1954-56 Ing.bürotätigk. (Konstr., Statik), 1956-62 Wiss. Assist. Lehrst. Massivbau (b. Prof. Hubert Rüsch), 1962-72 Wiss. Mitarb. Materialprüf.samt f. d. Bauwesen TH München, 1972-78 Abts.vorst. Lehrst. Massivbau TU München, s. 1978 Prof. Inst. f. Bauing.-Wesen III, Fachgeb. Massivbau, Mitgl. Dt. Aussch. Stahlbeton, Mitgl. Comité Euro-Intern. du Béton (CEB, s. 1968) u.v.a. - BV: Bemessung d. Stahlbetonbauteile f. Biegung m. Längskraft, Schub u. Torsion, Betonkalender, s. 1971; Bemessungstafeln f. Stahlbetonquerschnitte (zus. m. Dr. Diethelm Linse), 1972 (Übers. Griech.), 2. A. 1984 (auch engl. u. span. übers.); Bemessung v. Beton- u. Stahlbetonbauteilen, T. I: Biegung mit Längskraft, Schub, Torsion, Heft 220, Schr.reihe DAfStB, 1. A. 1972, 2. A. 1979 (Übers. Span. u. Engl.); Hilfsmittel z. Berechnung d. Schnittgrößen u. Formänd. v. Stahlbetontragwerken (zus. m. Dr. Thielen), Heft 240 Schr.reihe DAfStb, 1. A. 1976, 2. A. 1978 (Übers. Span.); rd. 50 Veröff. - Liebh.: Ski, Bergst., Schwimmen, Musik - Spr.: Engl.

GRASSHOFF (ß), Hans W.
Dr.-Ing., Vorstandsvorsitzender Hoesch Stahl AG, Dortmund (s. 1986) - Zu erreichen üb. Hoesch Stahl AG, Rheinische Str. 173, 4600 Dortmund 1.

GRASSHOFF (ß), Heinz
Dr.-Ing., Prof. a.D. f. Bautechnik, insb. Bodenmechanik u. Grundbau, Univ. GH Wuppertal (Fachbereich Bautechnik) - Waller Ring 89, 2800 Bremen 1 - Geb. 22. April 1915 Bremervörde (Vater: Werner G., akt. Offz. (zul. Oberstlt.); Mutter: Adele, geb. Otten), ev., verh. s. 1949 m. Margrit, geb. Winterhoff, 2 T. (Antje, Heinke) - Stud. Bauing.wesen (TH) - Ing.-Offz., Wiss. Mitarb. TH Berlin, Leit. Dezern. f. Baustatik Bauaufsichtsamt Bremen, Doz. Bau- u. Ing.sch. ebd., Doz. Staatl. Ing.sch. f. Bauwesen Wuppertal - BV: Kl. Baugrundlehre, 2. A. 1963 (m. Loos); D. steife Bauwerk auf nachgieb. Untergrund, 1966; Einflußlinien f. Flächengründ., 1978; üb. 50 Einzelarb. - Liebh.: Architekturfotogr. - Spr.: Engl.

GRASSL (ß), Georg
Malermeister, Altbürgermeister, MdL Bayern (1978-86) - Hinterseerstr. 3, 8243 Ramsau/Obb. - Geb. 27. Mai 1926 Ramsau (Vater: Sebastian G. (s. 1945 vermißt); Mutter: Elise, geb. Grill), verh. m. Martina, geb. Willeitner, 4 Kd. - 1944 Einberuf. z. Wehrm.; Volks- u. Obersch. Ramsau bzw. Berchtesgaden; 1945-48 Malerhandw. Meisterprüf. 1955 - 1957ff. stv. Oberm. Maler-Innung Bad Reichenhall; 1960ff. Gemeinderat Ramsau; 1972-84 MdK Berchtesgaden.

GRASSL, Hartmut
Dr. rer. nat., Dipl.-Phys., Prof. f. Allgem. Meteorologie Univ. Hamburg - Klosterallee 53, 2000 Hamburg 13 - Geb. 18. März 1940 Salzberg/Berchtesgaden (Vater: Friedrich G., Zimmermann; Mutter: Gerda, geb. Volland), ev., verh. s. 1966 m. Renate, geb. Schwarz, T. Sibylle - Univ. München (Dipl.-Physik 1966, Promot. 1970); Habil. 1978 Univ. Hamburg - 1966-81 Wiss. Tätigk. Univ. München, Mainz u. Max-Planck-Inst f. Meteorol. Hamburg; 1981-84 Prof. Univ. Kiel; s. 1985 Prof. Univ. Hamburg; 1984-88 GKSS-Forschungszentr., Geesthacht; s. 1989 Dir. am Max-Planck-Inst. f. Meteorologie in Hamburg - Liebh.: Alpiner Skilauf, wiss. Expeditionen - Spr.: Engl., Franz.

GRASSMANN, Günther
Prof., Maler u. Graphiker - Feichtetstr. 14, 8134 Pöcking (T. 08157 - 74 33) - Geb. 14. Okt. 1900 München (Vater: Karl G., Arzt; Mutter: Auguste, geb. Rothmund), verh. m. Luise, geb. Planck - Tafelbild, Graphik, Wandmalerei.

GRASSMANN (ß), Peter H.
Dr.-Ing., Dipl.-Physiker, Generaldir. Siemens AG - Henkestr. 127, 8520 Erlangen (T. 09131 - 84-2057) - Geb. 21. Nov. 1939 München, kath., verh. s. 1967 m. Irene, geb. Brunner, 2 S. (Oliver, Alexander) - Dipl.-Physiker 1964 TU München, Promot. 1966, Postgrad. Fellow 1967 Mass. Inst. of Technol., Boston - S. 1968 Siemens AG (Unternehmensber. Med. Technik; 1973 Leit. Techn. Vertrieb, 1978 Leit. Geschäftsgeb. Computer-Tomographie, s. 1983 Leit. Geschäftsber. Schnittbildverfahren wie Computer-Tomogr., Kernspintomogr., Nuklearmed., Ultraschall, Strahlentherapie) - Spr.: Engl., Franz. - Bek. Vorf.: Dr. Wolfgang Graßmann, Leit. Max Planck-Inst. f. Eiweißforsch. München.

GRASSMANN (ß), Siegfried
Dr. phil., Oberstudiendirektor, Vors. Verb. d. Geschichtslehrer Dtschl. 1972-80 - Eschenweg 100, 2075 Ammersbek - Geb. 30. Mai 1935 Wilhelmshaven - 1954-59 FU Berlin u. Univ. Tübingen (Gesch., Dt., Politik) - BV: Hugo Preuß u. d. dt. Selbstverw., 1964; Zeitaufnahme (Schulgesch.b.), 1978ff.

GRASZYNSKI, Kai
Dr. rer. nat., Prof. f. Zoologie (Stoffwechselphysiol.) FU Berlin (s. 1971) - Schreberstr. 8a, 1000 Berlin 37 - Geb. 23. Sept. 1934 Berlin (Vater: Kurt G., Bankangest.; Mutter: Rita, geb. Klundt), ev., verh. s. 1965 m. Renate, geb. Zeglin, 2 Kd. (Antje, Jens) - Promot. (1963) u. Habil. (1970) Berlin (FU) - Fachaufs. - Liebh.: Naturschutz, Ornithol. - Spr.: Engl., Franz.

GRATHOFF, Dirk
Ph.D., Prof. f. Dt. Literaturgesch. u. Literatursoziologie Univ. Oldenburg - Blumenstr. 51, 2900 Oldenburg (T. 0441-77 68 31) - Geb. 19. April 1946 Stadthagen (Eltern: Hilde u. Hans G., Gärtner) - Gymn. Hamburg (Abit. 1965); Stud. FU Berlin u. Indiana Univ., USA; M.A. 1970 Indiana Univ., Promot. 1972 ebd., Habil. 1981 Univ. Gießen - 1973-80 Doz Univ. Gießen; 1981-85 Vertr. v. Prof. Univ. Freiburg, München, Oldenburg; s. 1985 Oldenburg - BV: D. Zensurkonflikte d. Berliner Abendblätter, 1972; Gießener Arb. z. Neueren Dt. Lit., s. 1982; Aufs. z. Kleist, Lenz, Goethe, Schiller, Brecht, Grass.

GRATHOFF, Erich
Dr., Verbandsdirektor, Geschäftsf. Fremdenverkehrsverb. u. Bäderarbeitsgem. Rhld.-Pfalz i. R., Vorstandsmitgl. VDKF - Heinrich Fendelstr. 1, 6250 Limburg a. d. Lahn (T. 06431 - 84 31) - Geb. 4. Aug. 1914 Gladbeck/W., verh. m. Anni, geb. Dreier - Gymn. Schulpforta; Stud. Gesch., Staatslehre, Volksw., Ztg.wiss.

GRATHOFF, Richard
Ph. D., o. Prof. f. Allg. Soziologie Univ. Bielefeld - Postfach, 4800 Bielefeld - Geb. 30. Aug. 1934 Unna (Vater: Hans G., Gärtnerm.; Mutter: Hilde, geb. Engelke), ev., verh. s. 1961 m. Ruth, geb. Blessman, 2 S. (Philip, Georg) - Univ. Heidelberg u. Göttingen sow. New School for Social Research New York - BV: The Structure of Social Inconsistencies, 1970 (Den Haag). Zahlr. Einzelarb.

GRAU, Detlev
Dipl-Ing., Geschäftsf. Planungsgemeinschaft Darmstadt - Mühltal-Waldhof, 6100 Darmstadt - Geb. 20. Dez. 1942 Plochingen (Vater: Ernst G., Ziviling.; Mutter: Hedwig, geb. Steireif), verh. m. Mechthild, geb. Gebhardt - TU Braunschweig u. Darmstadt - Zun. Bauführer Scheid-Straßenbau GmbH., Limburg/Lahn, s. 1970 eig. Planungsbüro (m. Friedrich Cordes). Spez. Arb.sgeb.: Planung, Konstruktion u. Bauausführung Größerer Ind.anlagen, städt. Verkehrsplanung (u. a. Frankfurter U-Bahn), Altstadtsanierung - Liebh.: Kochen - Spr.: Engl.

GRAU, Gerhard K.
Dr. techn., o. Prof. u. Direktor Inst. f. Hochfrequenztechnik u. Quantenelektronik Univ. Karlsruhe (s. 1967) - Am Rüppurrer Schloß 5/6115, 7500 Karlsruhe 51 (T. 0721 - 88 54 04) - Geb. 26. Aug. 1933 Wien - TH Wien (Dipl.-Ing.). Promot. u. Habil. Wien - BV: Laser, 1969 (m. a.); Quantenelektronik, 1978; Optische Nachrichtentechnik, 2. A. u. chin. Übers. 1986. Rd. 50 Fachaufs. - 1961 Krafft-Med. TH Wien, 1965 Preis NTG.

GRAU, Uwe
Dr. rer. nat., Prof., Psychologe, Dir. Inst. f. Psychologie Univ. Kiel, Lehrst. f. Päd. Psychologie - Gravensteiner Str. 6a, 2300 Kiel - Geb. 6. Dez. 1934 - S. 1977 Prof. Univ. Kiel. Mitgl. Dt. Ges. f. Psych., Bund Dt. Psychologen, Intern. Assoc. of Applied Psychology, Intern. School Psych. Assoc. Arb.-Schwerp.: Theorie u. Praxis d. system. Beratung in versch. Kontexten. S. 1984 Entw. d. Kieler Beratungsmodells f. Individuen in Leit.funktionen in komplexen Systemen (Untern., Org. im Leistungssport, psychosoz. Institutionen, Bild.ber.).

GRAUE, Eugen Dietrich
Dr. jur., Dr. phil., LL. M., Oberlandesgerichtsrat, o. Prof. f. Bürgerl. Recht, Intern. Privatrecht u. Rechtsvergl. Univ. Kiel (s. 1964) - Düppelstr. 62, 2300 Kiel - Geb. 22. Okt. 1922 Bremen - 1946-52 Univ. Heidelberg u. München (Rechtswiss., Gesch., Neugriech. u. Südslaw. Philol.). Promot. (1949 jur.; 1952 phil.) u. Habil. (1962) München; LL. M. (1952) Michigan - 1952-57 Rechtsabt. VDMA; 1956-64 Rechtsanw.; 1962-63 Privatdoz. Univ. München. Bücher; Ztschr.aufs.

GRAUERT, Borwin
Dr. phil. nat., o. Prof. f. Geochemie Univ. Münster (Dir. Inst. f. Mineral.) - Gronauweg 49, 4400 Münster/W.

GRAUERT, Hans (Johannes)
Dr. rer. nat., o. Prof. f. Mathematik - Ewaldstr. 67, 3400 Göttingen (T. 4 15 80) - Geb. 8. Febr. 1930 Haren/Ems (Vater: Clemens G., Kaufm.; Mutter: geb. Jüngerhans), kath., verh. s. 1956 m. Marie-luise, geb. Meyer, 2 Kd. (Ulrike, Matthias) - Gymn. Meppen; Univ. Mainz, Münster/W., Zürich, Princeton/USA (Math.). Promot. (1954) u. Habil. (1957) Münster - 1957 Privatdoz. Münster; 1959 Ord. Univ. Göttingen - o. Mitgl. Akad. d. Wiss. Göttingen; Mitgl. Akad. d. Wiss. u. d. Lit. Mainz; Dt. Akad. d.

Naturforscher Leopoldina Halle - Spr.: Engl.

GRAUHEDING, Erich

Dr., Präsident Landes-Kirchenamt Ev.-Luth. Landeskirche Schleswig-Holstein - Am Engelsee 16, 6720 Speyer.

GRAUL, Emil Heinz

Dr. med., Dr. rer. nat., o. Prof. f. Strahlenkunde, Direktor u. Lehrstuhlinh. Inst. f. Environtol. u. Nuklearmed. Univ. Marburg (s. 1985) - Bahnhofstr. 7, 3550 Marburg/L. (T. 28 29 66) - Geb. 29. Dez. 1920 Zeitz b. Merseburg - S. 1951 (Habil.) Lehrtätigk. Univ. Münster u. Marburg (1957 apl., 1965 o. Prof.; Dir. Inst. f. Strahlenbiol. u. Isotopenforsch.); Dir. Department of Environmentel Sciences; Dir. Poliklinik f. Nuklearmed., Bad Wildungen, s. 1969 Dir. Medicef-Inst., Marburg, President of MEDICEF Intern. (Intern. Center for Environmental Sciences and Future Research) Miami, Florida, USA. Spez. Arb.geb.: Biophys. Arb.- u. Nuklearmed., Envirol.; 1956-58, 1960 u. 1982/83 Gastprof. USA, 1965ff. Präsident Dt. Ges. f. Luft- u. Raumfahrtmed.; 1968ff. Vizepräs. Dt. Akad. f. Nuklearmed. (Neugründ.); 1968ff. Vors. Dt. Arbeitsgem. f. Nuklearmed. (Neugründ.); s. 1987 Dir. of American Inst. of Medical Climatology, Washington/USA - BV: Dermopanfibel - D. Röntgenstrahl. in d. Dermatol., 1955 (auch engl., franz., span.); D. Strahlensyndrom - Radioakt. Verseuch., 1957; Kl. ABC d. Nuklearmed., 1958 (m. L. Rausch); Weltraummed. - D. Mensch in d. Zerreißrobe, 1970; D. unbewältigte Zukunft, 1971 (m. H. W. Franke). Herausg.: Medicenale-Berichtsbde. (Medizin u. Grenzgebiete, Bd. I-XIX); Mensch u. Umwelt (Environtologie), Bd. II (Künstl. Umweltfaktoren); Herausg. u. Autor d. Direct Information Environmental Sciences and Future Research Medicef-Inst. Miama/ USA. Mithrsg.: Handb. d. Praxisrationalisierung (1972); viele Handbuchbeitr.; Chefredakt. u. Redakt. wiss. Ztschr., u. a. Nuccompact, Dt. Ärztebl., diagnostik - Ehrenvors. u. Korr. Mitgl. zahlr. Ges. im In- u. Ausl.; 1972 Paul-Martini-Preis; 1973 Komturkreuz ital. VO.; 1980 Ehrenmed. DRK; BVK I. Kl.; 1969 Präs. Intern. Center f. Med.; 1979 Präs. MEDICEF/USA (insges. 1500 wiss. Einzelarb. u. 37 Bücher); 1981 Zertifikat Med. Informatiker d. GMDS u. Ges. f. Informatik, Bonn, Köln; 1982 Wiss. Beiratsmitgl. IIDP (Inst. f. Interdisziplinäre Denkschulung u. Publikation, Hannover; 1983 Team Achievement Award d. ESA/ NASA Paris, Washington; 1984 Präs. Intern. Ges. f. präv. Med. u. Umwelthygiene, Bad Nauheim; 1985 Fellow of Intern. Acad. of Cytology, Quebec; 1986 Poster-Preis Intern. Congress of Pharmacol., Stockholm.

GRAUL, Heinz

s. Graul, Emil Heinz

GRAUMANN, Carl-Friedrich

Dr. phil. (habil.), o. Prof. u. Direktor Psych. Inst. Univ. Heidelberg - Erlenweg 12, 6921 Waldwimmersbach (T. 4 00 54) - Geb. 31. März 1923 Köln - S. 1959 Lehrtätigk. Univ. Bonn u. Heidelberg, New School for Social Research New York - BV: Grundl. e. Phänomenologie u. Psych. d. Perspektivität, 1960; Denken, 1965; Motivation, 1969. Herausg.: Handb. d. Psych. Sozialpsych. 1969, 1972; Psych. im Nationalsozialismus, 1985; Phänomenol.-psych. Forsch., 1960ff.; Kurt-Lewin-Werkausg., 1981ff. Mithrsg.: Zeitschr. Sozialpsych., Journ. of Phenomenol. Psych.; Karl Bühlers Axiomatik (1984).

GRAUMANN, Ernst

Regierungspräsident in Detmold - Leopoldstr. 15, 4930 Detmold (T. 7 11); priv.: Brahmsstr. 13 - Geb. 7. Okt. 1913 - Spr.: Engl., Franz. - Rotarier.

GRAUMANN, Günter

Dr. rer. nat., Prof. f. Mathematik u. Didaktik d. Math. (Geometrieunterr., Sachrechnen, Gesch. d. Math.unterr., Math. u. Friedenserz., Grundl. d. Didaktik d. Math., Lehrerausb.) - Deciusstr. 41, 4800 Bielefeld 1 - Geb. 27. Mai 1941 Hamburg - 1961-67 Stud. Math. u. Physik Univ. Hamburg, 1. Staatsex. f. d. Lehramt an höh. Schulen 1967, 2. Staatsex.1969, Promot. 1969 - 1969/70 Ass.-Prof. f. Math. Florida/USA, 1970-74 Akad. Rat PH Hannover, s. 1974 Prof. in Bielefeld.

GRAUMANN, Günter

Dipl.-Volksw., Oberkreisdirektor a.D. - Postfach 10 04 26, 3250 Hameln/Weser (Tel. 78 44 00), Thibautstr. 14 (T. 2 19 12) - Geb. 27. April 1914 - Gr. BVK - Rotarier.

GRAUMANN, Karl-Heinz

Institutsdirektor, Prof. em. - Am Moritzwinkel 6, 3000 Hannover (T. 762 21 96) - Geb. 13. Febr. 1908 Northeim (Vater: Karl G., Lehrer; Mutter: Anna, geb. Conradi), ev., verh. s. 1955 m. Ingrid, geb. Hackel, 2 Kd. (Elke, Axel) - Gymn.; Stud. Philol., Dt., Leibeserzieh., Gesch. Staatsex. 1933; Ass.prüf. 1935 - B. 1936 Schul-, dann Hochschuldst. (1949ff. Dir. Inst. f. Leibesüb. d. Wiss. Hochsch. Hannover) - Liebh.: Segel- u. Motorflug.

GRAUMANN, Manfred

Vorstandsmitglied Meckl. Versich.-Ges. a. G., Hannover, u. Meckl. Leben Versich.-AG, stv. AR-Vors. Meckl. Rechtsschutz-Versich.-AG - Berckhusenstr. 146, 3000 Hannover 61 - Geb. 9. Juni 1935.

GRAUMANN, Walther

Dr. med., em. o. Prof. f. Anatomie - Stauffenbergstr. 84, 7400 Tübingen 1 (T. 5 23 60) - Geb. 14. Dez. 1915 Frankfurt/ M. - Promot. (1945) u. Habil. (1952) Göttingen - S. 1952 Lehrtätigk. Univ. Göttingen (1957 apl. Prof.), Gießen (1961 ao. Prof.), Tübingen (1962 o. Prof. u. Inst.dir.), Vizepräs. Univ. Tübingen 1979-83 - BV: Erg. d. Polysaccharidhistochemie, 1964; Anatomie programmiert, 4 Bde. 1971ff.; Taschenb. d. Anatomie, Bd. II, 1972ff. Mithrsg.: Handb. d. Histochemie, 24 Bde. (1958ff.), Progr. Histo-Cytochemistry, 20 Bde. (1970ff.).

GRAUNKE, Kurt

Dirigent, Komponist, Begründer u. künstlerischer Leiter Symphonie-Orchester Graunke (Bayer. Symphonie-Orch.) - Wilhelm-Mayr-Str. 15, 8000 München 21 (T. 56 25 63) - Geb. 20. Sept. 1915 Stettin, ev., verh. s. 1942 m. Helene, geb. Tusel, 2 Töcht. (Geraldine, Gabriele) - Musikhochsch. Berlin u. Wien - Gastdirig.: Berliner Phil. Orch., Bamberger Symphoniker, Hess. Staatskapelle, Münchner Philharmoniker, Wiener Symphoniker, Radio-Symphonie-Orch. Berlin u. Frankfurt/M. u. a. Kompos.: Dramat. Vorspiel No. 1 u. 2 1940/44), Symphon. Walzer, Konzert. Tango, „Air" f. Harfe u. Orch., Perpetuum mobile u. virtuose Stücke f. Violine; Kompos. u. Schallpl. (SEDINA): Violin-Konzert, Symphonie Nr. 1 i. E-Dur D. Heimat (1969), Symph. Nr. 2 (1972), Streichquartett (1974), Symph. Nr. 3 (1976), Symph. Nr. 4 (1977), Symph. Nr. 5 (1981), Symph. Nr. 6 (1982), Symph. Nr. 7 (1983), Symph. Nr. 8 (1985) - 1972 BVK I. Kl.; 1975 Med. München leuchtet in Silber u. 1985 in Gold; 1981, 82, 84, 85, 86 Radsport Weltcup St. Johann; 1983 Silbermed. Dt. Komp.-Verb.; Goldene Ehrennadel R.C.Amor München; Goldene Ehrennadel Eis- u. Rollschuh-Club München; 1985 Bayer. VO - Lit.: K. G. - D. Gesch. s. Entwickl. (v. Reinhard Hoffmann, 1952), Symphonie-Orch. Graunke (Dr. Heinz Pringsheim, 1958), 25 J. Symph.-Orch. Graunke (Antonio Mingotti, Claus R. Schuhmann, 1972), 40 J. Symph.-Orch. Graunke (1985).

GRAUP, Friedrich-Carl

Dipl.-Ing., Vertrieb u. Container Logistik, Vorst. Hapag-Lloyd AG (s. 1984) - Ballindamm 25, 2000 Hamburg 1 - Geb. 1938 - Zul. Leiter Unternehmensber. Automobil/Vorst. VDO Adolf Schindling AG, Schwalbach/Ts.

GRAUVOGL, Anton

Dr. med. vet., Prof., Fachtierarzt f. Zuchthygiene u. Besamung, Landwirtschaftsdirektor - Fasanenweg 12a, 8011 Forstinning b. München (T. 08121 - 4 12 00) - Geb. 18. Mai 1931 Coburg, kath., verh. s. 1960 m. Gabriele, geb. Fröhlich, 2 Söhne (Gregor, Michael) - Tierärztl. Approb. München; Promot. Univ. Berlin; 2 J. Assist. tierärztl. Fak. München - Tätigk. b. bayer. Schweinegesundheitsdienst; Kreistierarztex.; Tierzuchtleiterprüf.; 1970-81 Zuchtleit. Verb. schwäb. Schweinezüchter; 1982 Leit. Sachgeb. Verhalten landwirtschaftl. Nutztiere Bayer. Ld.anstalt f. Tierzucht, Grub, u. Hon.-Prof. Univ. Hohenheim (Vorlesungsgeb. Angewandte Verhaltenskunde. Mitgl. Bonner Sachverst.-gruppen f. Tierschutz.

GRAVERT, Anke

Hausfrau, MdL Schlesw.-Holst. (Wahlkr. 14/Rendsburg Ost) - Hasselkamp 90, 2300 Kronshagen - Geb. 22. Mai 1935 Nordstrand - CDU.

GRAVERT, Hans Otto

Dr. agr., Prof., Direktor Inst. f. Milcherzeug./Bundesanstalt f. Milchforsch., Kiel (s. 1967) - Hasselkamp 90, 2300 Kronshagen (T. Kiel 58 74 60) - Geb. 28. Mai 1928 Itzehoe (Vater: Otto G., Landw.; Mutter: Anna, geb. Hahn), ev., verh. s. 1957 m. Anke, geb. Martens, 2 Kd. (Christian, Gönna) - Kaiser-Karl-Sch. Itzehoe; Univ. Kiel, Upsala (Schweden), Ames (USA) - 1956-57 Assist., Oberassist. (1962), Wiss. Rat u. Prof. (1966) Inst. f. Tierzucht u. -halt./ Univ. Kiel. Spez. Arbeitsgeb.: Rinderzucht - BV: Grundl. d. Haustiergenetik u. Tierzücht., 1966 (m. Johannsson u. Rendel) - Liebh.: Reitsport - Spr.: Engl., Schwed.

GRAWE, Joachim

Dr., Prof., Hauptgeschäftsführer Vereinig. Dt. Elektrizitätswerke (VDEW) - Stresemannallee 23, 6000 Frankfurt/M. 70.

GRAWERT, Gerald

Dr. rer. nat., Prof. f. Theoret. Physik Univ. Marburg, Fachbereich Physik (s. 1965) - Renthof 6, 3550 Marburg - Geb. 2. Jan. 1930 Berlin (Vater: Franz G., Polizeibeamter; Mutter: Walli, geb. Jaab), ev., verh. s. 1956 m. Erika, geb. Boettcher, 3 Söhne (Arne, Henning, Thilo) - 1948-52 Humboldt- u. Freie Univ. Berlin (Dipl.-Phys.). Promot. 1955 Berlin (FU); Habil. 1961 Frankfurt/M. - 1961-62 Privatdoz. Univ. Heidelberg; 1962-65 ao. Prof. FU Berlin - BV: Quantenmechanik, 3 Bde. 1969 ff. Zahlr. Fachaufs.

GRAWERT, Rolf

Dr. jur., Richter OVG Münster, o. Prof. f. Öfftl. Recht u. Verfassungsgesch. Univ. Bochum (s. 1974) - Aloysiusstr. 28, 4630 Bochum.

GREBE, Hans

Dr. med., Prof., Arzt - Am Goßberg 2, 3558 Frankenberg/Eder (T. 2 16 36) - Geb. 25. Aug. 1913 Frankfurt/M. (Vater: Peter G., zul. Rektor), ev., verh. s. 1938 m. Irmgard, geb. Hartmann, 3 Kd. (Roland, Gisela, Wolfgang) - Abitur (1931), Promot. (1937, Summa cum laude), Habil. (1942) Frankfurt - 1942 Doz. Univ. Berlin; 1944 Ord. Univ. Rostock; 1952 Lehrbeauftr. Univ. Marburg (Humangenetik). 1957-60 Präs. Dt. Sportärztebund, Präs. Ärztekomm. AIBA u. a. Rot. Gov: 1976-77. 12 BV; etwa 350 Fachveröff., darunt. d. Monogr. Chondrodysplasie u. Zwergwuchs (erschienen 1955 u. 60 Rom) sowie d. Schr. D. biol. Grundl. d. sportl. Leistungsfähigkeit u. Sport als Hobby - Neben Kriegsausz. (mehrf. verwundet) 1956 Gregor-Mendel-Plak.; 1958 DRK-Ehrenz.; 1973 BVK I. Kl. - Liebh.: Kunst, Lit., Sport - Spr.: Engl., Franz. - Rotarier.

GREBE, Reinhard

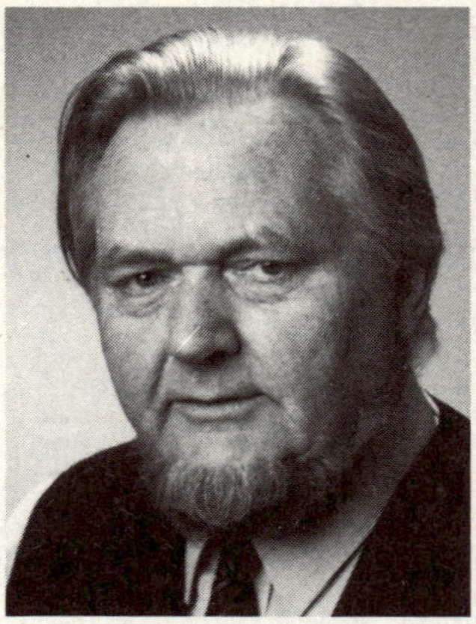

Dipl.-Ing., Prof. TU München, Landschaftsarchitekt, Leit. Büro f. Landschafts- u. Ortsplanung Nürnberg - Effeltricher Str. 24, 8500 Nürnberg 90 (T. 0911 - 37 99 80) - Geb. 25. Dez. 1928 Helmighausen/Waldeck, ev., verh. s. 1958 m. Ursel, geb. Thiele, 4 Kd. (Klaus-Martin, Holger, Christiane, Michael) - Gärtnerlehre; 1952-57 Stud. Landschaftsplan. u. Städtebau TU Hannover (Dipl.) - 1958-62 Mitarb. Planungsbüro, Nürnberg; Ref. f. Landschaftsplan. Zentralverb. Dt. Gartenbau, Bonn; Geschäftsf. Arbeitsgem. f. Garten- u. Landschaftskultur; s. 1966 eig. Büro f. Landschaftsplan. Nürnberg. Mitgl. Dt. Rat f. Landespflege, Präsid.-Mitgl. Dt. Gartenbauges. u. Oberster Naturschutzbeirat Bayern. Landschaftspläne in Bonn, Köln, Frankfurt, Mainz, Ludwigshafen, Erlangen, Straubing, Rosenheim - BV: Bauen im Garten, 1963; Garten u. Landsch., 1967; 50 Ideen f. d. Garten, 1973 (auch holl.); Leben in d. Stadt, 1982 (auch jap.) - 1972 Horst-Köhler-Preis Dt. Gartenbauges. - Liebh.: Musik (Chor, Posaune), Landeskd. - Spr.: Engl.

GREBE, Siegfried Franz

Dr. med., Prof. u. Leiter Abt. Nuklearmed. Univ. Gießen (s. 1967 u. 81), Leit. nuklearmed. Labor d. Kerckhoff-Klinik - Spezialklinik f. Herz- u. Kreislauferkrank. - Benecke Str. 4-6, 6350 Bad Nauheim; u. Friedrichstr. 25 u. 27, 6300 Gießen-Lahn (T. 702 37 30) - Geb. 8. Jan. 1925 Frankfurt/M. (Vater: Edmund G., Beamter; Mutter: Hedwig, geb. Lehmann), ev., verh. s. 1956 m. Dr. Gisela, geb. Johnen, 2 S. (Stefan, Mathias) - Stud. d. Med., Physik, Math. Univ. Breslau, Frankfurt; Promot. 1951; Habil. 1969 - 1974 Gastprof. Univ. Südkalifornien, Los Angeles. In- u. ausl. Fachmitgl.sch. Üb. 508 wiss. Veröff. - Liebh.: Segeln, Golf - Spr.: Engl., Franz.

GREBE, Wilhelm

Prof., Dr.-Ing., Flughafendirektor, Geschäftsf. Flughafen Köln/Bonn GmbH (b. 1979) - Flughafen, 5000 Köln; priv.: Waldgürtel 6a, 5060 Bensberg-Frankenforst - Spr.: Engl. - Rotarier.

GREBEL, Dieter

Dr. rer. nat., Prof. f. Biologie Erziehungswiss. Hochschule Rheinland-Pfalz/ Abt. Koblenz - Jahnstr. 8, 5419 Dierdorf - Geb. 28. Sept. 1932 Altenkirchen - Promot. 1972 - S. 1973 Prof. Mitherausg.: Technik d. Experimentalchemie (1972 ff.). Zahlr. Zeitschr.aufsätze z. experimentellen Schulbiologie.

GREBING, Helga

Dr. phil., o. Prof. f. vergl. Geschichte d. intern. Arbeiterbewegung Univ. Bochum - Frans Hals-Str. 24, 4630 Bochum 1 - Geb. 27. Febr. 1930 Berlin (Vater: Franz G., Maurer; Mutter: Martha, geb. Schoen) - Handelssch., Begabten-Abit., Stud. Humboldt-Univ. u. FU Berlin

(Gesch., Phil., Germ.). Promot. 1952; Habil. 1970 - 1953-59 Lektor u. Redakt., 1960-69 pol. Bildungsarb., 1970-72 Univ. Frankfurt (1971 Prof.), 1972-88 Univ. Göttingen - BV: Gesch. d. dt. Arb.bewegung, 1966 (engl. 1969, neugriech. 1982); Konservative gegen d. Demokratie, 1971; Links- gleich Rechtsradikalismus - e. falsche Gleichung, 1971; Aktuelle Theorien üb. Faschismus u. Konservatismus, 1974; Der Revisionismus - von Bernstein bis zum Prager Frühling, 1977. Herausg.: Fritz Sternberg: F. d. Zukunft d. Sozialismus (1981); Lehrst. in Solidarität. Briefe u. Biogr. dt. Sozialisten 1945-49 (1983); Deutsche Arbeiterbew. b. 1914 (1985); D. deutsche Sonderweg in Europa (1986).

GREEFF, Kurt

Dr. med., Prof. f. Pharmakologie u. Toxikol. - Brinckmannstr. 29, 4000 Düsseldorf - Geb. 12. Juni 1920 Wülfrath/Rhld. (Eltern: Willi (Landgerichtsrat) u. Johanna G.), ev., verh. s. 1960 m. Sabine, geb. Thauer - Univ. Halle/S., Innsbruck, München - S. 1953 (Habil.) Lehrtätigk. Univ. Frankfurt/M. (1958 apl. Prof.) u. Med. Akad. bzw. Univ. Düsseldorf (1960 Ord. u. Dir. Pharmakol. Inst.). Div. Facharb.

GREENSTON, Stephen

Solotänzer - Melonenstr. 47, 7000 Stuttgart 75 (T. 0711 - 47 20 75) - Geb. in Alexandria/USA (Vater: Justin G., Kaufm.; Mutter: Hilarie G.), ledig - St. Paul's School; Banff School of Fine Arts; The American Univ. Washington (Bachelor's Degree) - Ballett Washington u. in Kanada; Solotänzer Ballett Württ. Staatstheater Stuttgart. Veröff. u. Musikw. (3 Ballette) - Liebh.: Garten, Windsurfen - Spr.: Engl., Deutsch, Franz.

GREES, Hermann

Dr. phil. (Geograph. Inst.), Prof. f. Kultur- u. Sozialgeogr. Univ. Tübingen (s. 1974) - Falkenweg 74, 7400 Tübingen 1 - Geb. 15. Juni 1925 Ulm - Promot. 1961; Habil. 1974 - BV: Ländl. Unterschichten u. ländl. Siedlung in Ostschwaben, 1975. Herausg. u. Einzelarb. bes. z. regionalen Geogr. Baden-Württ.

GREEVEN, Heinrich

Dr., o. Prof. f. Neues Testament u. Sozialethik (emerit.) - Laerholzstr. 27, 4630 Bochum-Querenburg (T. 70 18 34) - Geb. 4. Okt. 1906 Thorn/Westpr. (Vater: Dr. phil. Gustav G., Superint.; Mutter: Margarete, geb. Goßlau), ev., verh. s. 1938 m. Liselotte, geb. Schäffer, 3 Kd. - Gymn. Kreuznach; Univ. Tübingen u. Greifswald, I. theol. Ex. 1929; Lic. theol. 1930, Habil. 1933 Greifswald - 1937 Doz., 1948 apl. Prof. Univ. Heidelberg, 1950 Doz. Theol. Schule (Kirchl. Hochsch.) Bethel, 1956 Ord. Univ. Kiel (1960/61 Rektor), 1964 Univ. Bochum (1965-67 1. Rektor) - BV: Gebet u. Eschatologie im Neuen Testam., 1931; D. Hauptproblem d. Sozialethik in d. neueren Stoa u. im Urchristentum, 1935; Ehe n. d. Neuen Testament in „Theologie d. Ehe" 1969; Synopse d. drei ersten Evangelien, 1981 - 1952 Ehrendoktor Univ. Heidelberg, 1972 D. D. h. c. Univ. St. Andrews (Schottland) - 1979/80 Präs. S(tudiorum) N(ovi) T(estamenti) S(ocietatis) - Spr.: Engl., Franz.

GREFE, Ernst H.

Dr. phil., Prof. f. Didaktik d. Geschichte (Sekundarstufe I) Univ. Frankfurt/M. - Bremthaler Str. Nr. 51, 6201 Wiesbaden-Naurod.

GREFKES, Dirk

Dipl.-Kfm., gf. Gesellschafter Aug. Schwan GmbH & Co. (Zubehör f. Textilmaschinen, Transportbänder, Arbeitsschutz), Viersen, Vors. Wirtschaftsverb. Industrieller Körperschutz, Mülheim - Bergstr. 69, 4060 Viersen 12 - Geb. 28. Sept. 1941.

GREGG, Benedikt-Martin

Polizeibeamter, Bundesvors. Dt. Polizeigewerksch. im Dt. Beamtenbund - Wilhelmstr. 16, 6803 Edingen.

GREGOR, Manfred

Journalist, Schriftst. - Jahnstr. 29, 8170 Bad Tölz/Obb. - Geb. 7. März 1929 Tailfingen/Württ., kath., verh. s. 1952 m. Franziska, geb. Staab, S. Frank - Obersch. Bad Tölz; Univ. München (Theaterwiss., Phil., Gesch., Ztg.swiss.) - S. 1954 Außenredakt. Münchener Merkur (1954 Tegernsee, 1957 Miesbach, 1960 Bad Tölz) - BV (bis zu 17 Übers.): D. Brücke, 1958 (verfilmt); D. Urteil, 1960 (verfilmt unt. d. Titel: Stadt ohne Mitleid); D. Straße, 1961 - 1981 BVK - Liebh.: Filmen, Fotogr. - Spr.: Engl.

GREGOR, Ulrich

Film- u. Fernsehkritiker, Herausg. Ztschr. Kinemathek (m. Ehefr.) - Eichkatzweg 34, 1000 Berlin 19 (T. 302 80 10) - Geb. 18. Sept. 1932 Hamburg (Vater: Gerhard G., Organist; Mutter: Agnes, geb. Stavenhagen), verh. s. 1960 m. Erika, geb. Steinhoff, T. Christine u. Milena - Univ. Hamburg, Paris, Berlin (Roman., Publiz.) - S. 1963 Vors. Freunde d. Dt. Kinemathek, 1966 Doz. Dt. Film- u. Fernsehakad. (Filmgesch.), s. 1971 Leit. d. Intern. Forums d. Jung. Films u. (s. 1980) Intern. Filmfestsp. Berlin - BV: Gesch. d. Films, 1962 (m. Enno Patalas); Gesch. d. mod. Films, 1965 (m. dems.); Wie sie filmen, 1966. Herausg.: D. sowjet. Film d. 30er J. (1966; m. Friedrich Hitzer), D. amerik. Film d. 30er J. (1968), Jean Renoir (1970), Geschichte d. Films ab 1960 (1978) - Spr.: Engl., Franz., Ital.

GREGORIG, Romano

Dr. sc. techn., emerit. o. Prof. u. ehem. Direktor Inst. f. Wärmeübertragung Techn. Univ. Berlin (s. 1963) - Königstr. 25, 1000 Berlin 39 (T. 805 12 69) - Geb. 11. April 1908 Triest - 1929 Dipl.-Masch.-Ing. ETH Zürich, 1943 Dipl.-Elektr.-Ing. TH Mailand, Habil. ETH Zürich, Lehrtätigk. Zürich u. Belo Horizonte (Brasil.) - BV: Wärmeaustauscher, 1959, 2. erw. A. 1973 (auch franz. u. span.). Div. Fachaufs. u. Erf. - 1960 Prof. h. c. Brasilian. Bundesuniv. Belo Horizonte.

GREGULL, Georg

Sozialarbeiter, Geschäftsführer Caritasverb. Remscheid, MdL Nordrh.-Westf. - Hohenbirker Str. 49, 5630 Remscheid 1 (T. 02191 - 8 03 79) - Geb. 16. Jan. 1932 Reichenberg/Ostpr., kath., verh. s. 1959 m. Martha, geb. Sickert, 4 Kd. (Andreas, Maria, Bernadette, Elisabeth) - Betonbauer; 1957-59 Sozialarbeiter grad. Köln - Landtagsabgeordneter, CDU-Fraktionsvors. (s. 1977); 1970-80 CDU-Kreisvors.; 1975ff. Mitgl. Landschaftsvers.; 1980ff. Vors. Landesjugendwohlfahrtsaussch.; Vors. Arbeitsgem. d. fr. Wohlfahrtspflege Remscheid - 1981 Bürgermed. Stadt Remscheid; 1983 BVK - Liebh.: Politik, Sport, Skat, Briefmarken.

GREHN, Josef

Dr. phil., Honorarprof. Univ. Gießen (s. 1968; Angew. Mikroskopie u. Biol. Mikrotechnik) - Johanneshof 15, 6330 Wetzlar (T. 2 35 27) - Geb. 5. Jan. 1908 Schweinfurt, verh. s. 1936 m. Lore, geb. Ullmann, 4 Kd. - Promot. 1931 Würzburg; Habil. 1961 Gießen - 1931 Univ.-sassist.; 1934 Doz. Hochsch. f. Lehrerbild.; 1949 Forschungsleit. Bundesanst.; 1954 Abt.sleit. Leitz (b. 1974).

GREIF, Eduard

Verleger - Kienbergweg 7, CH-4450 Sissach/Schweiz (T. Basel: 0041 - 61-25 73 80) - Geb. 1. Jan. 1935 Basel (Vater: Emil G., Kaufm.; Mutter: Rosa, geb. Keller), protest., verh. s. 1959 m. Theres, geb. Degen, 3 Kd. (Andreas, Stefan, Sandora) - Mittelsch.; kfm. Lehre Großhandel (Lebensm.) - 1957-79 Inh. Verlag (Anzeigenbl.) u. Druckerei Basel; 1980-86 Verleger Hamburg (Hbg. Morgenpost). AR-Mandat (Präs.) - Liebh.: Numismatik, Segeln - Spr.: Franz., Engl., Ital. - Pionier f. neuzeitl. Anzeigenbl. (Synthese: Tagesztg. u. Anzeigenbl. = Anzeigen-Ztg. m. Vollredakt.).

GREIF, Siegfried

Dr. phil., Dipl.-Psych., Prof. f. Psychologie Univ. Osnabrück - 4500 Osnabrück - Geb. 8. Aug. 1943 Wurzen - Promot. 1972, Habil. 1976 - S. 1968 Wiss. Tätigk. FU Berlin, Univ. Osnabrück - BV: Gruppenintelligenztest, 1972; Diskussionstraining, 1976; Industrielle Psychopathologie (m. M. Frese u. N. Semmer), 1978; Kognitionspsych. d. Depression (m. M. Hautzinger), 1981, Konzepte d. Organisationspsychologie, 1983; Sozialpsych. (m. D. Frey), 1983.

GREIFENSTEIN, Karl

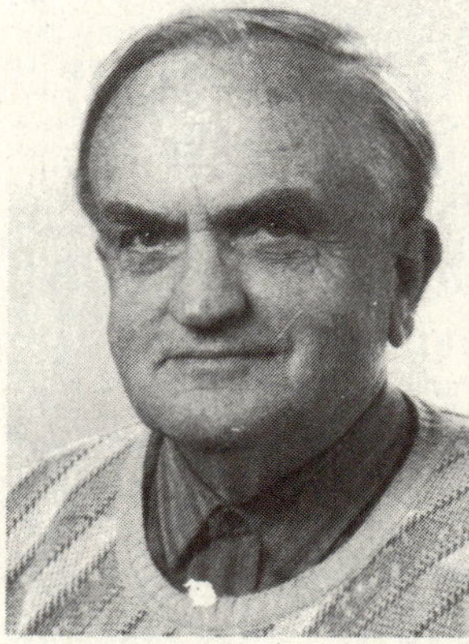

Dr. phil., Verbandsdirektor i. R. Volkshochschulverb. Rheinl.-Pfalz - Hermann-Berndes-Str. 10, 6507 Ingelheim (T. 06132 - 42 52) - Geb. 31. März 1919 Mannheim (Vater: Martin G., Kapitän; Mutter: Johanna, geb. Ingenkamp), ev., verh. s. 1957 m. Hedi, geb. Duven - Univ. Heidelberg (Promot. 1950) - 1946-89 Ref., Seminarleit. - BV: Insel-Gesänge, Ged. 1969; Geborgte Augenblicke, Ged. 1975; Jahres-Rufe, Epigramme 1983; Wir fahren vorüber, Ged. 1984; Aber wohin?, Kurzgesch. 1985; Spanischer Fächer, Ged. 1988; Ankerplatz Portugal, Ged. 1989 - 1973 u. 77 Ehrennadel u. Ehrenz. Freundschaftskr. Rheinl.-Pfalz/Burgund; 1980 BVK a. Bde.; 1982 Verdienstturkunde Kunstuniv. Salsomaggiore; 1982 u. 1987 Ehrengaben (Plak.) Burg Greifenstein; 1986 Silberne Peter-Coryllis-Nadel; 1987 A.G.Bartels-Gedächtnis-Ehrung; 1989 Lit.preis d. Heimatfreunde am Mittelrhein - Liebh.: Farblichtbilder-Vorträge - Spr.: Franz.

GREIFF, Christoph

Berufsschulpädagoge, MdL Hessen (s. 1976) - Benzstr. 5, 6840 Lampertheim - Geb. 4. Juli 1947 Eickelborn, verh. - Stud. Sozialwiss., Theol., Religionspäd. Univ. Mainz, Frankfurt, Düsseldorf - 1970-76 Lehrtätigk. Berufssch. Lampertheim. CDU s. 1971.

GREIFF, Nikola

Kauffrau, MdA Berlin (s. 1975) - Westendallee 98a, 1000 Berlin 19 - Geb. 6. Dez. 1926 Berlin - CDU.

GREIFFENBERGER, Heinz

Gf. Gesellschafter J.N. Eberle & Cie. GmbH, Augsburg (s. 1981), ABM Adam Baumüller GmbH, Marktredwitz (s. 1983) - Dstl.: Eberlestr. 28, 8900 Augsburg, priv.: Dr.-Pollmann-Str. 13, 8656 Thurnau (T. 09228 - 18 78) - Geb. 28. Nov. 1937 Königsberg, ev., verh. s. 1963 m. Gerlinde, geb. Böhm, 2 Kd. (Stefan, Claus) - 1963-69 Alleingf. u. Gesellsch. TRANSONIC Elektr. Handelsges. mbH., Hamburg; 1970 Rosenthal AG Generalbevollm.; 1971-80 Vorst.-Sprecher Rosenthal Technik AG; Mitgl. Kurat. betriebsw. Forschungszentr. Univ. Bayreuth; Vors. d. Industrieaussch. d. IHK Augsburg-Vollversamml; Vorst.-Mitgl. VBM Verein d. Bay. Metallind., Bezirk Schwaben - Spr.: Engl. - Rotarier.

GREIL, Georg Martin

Verleger Verlag Martin Greil München - Lärchenstr. 38, 8214 Bernau (T. 08051 - 73 69) - Geb. 3. Jan. 1940 München (Vater: Georg G., Architekt; Mutter: Karoline, geb. Gress), verh. s. 1963 m. Ursula, geb. Engel, T. Eva-Konstanze - Gymn., Schriftsetzerlehre, Werbefachsch. - BV: Versch. Anthologien - Liebh.: Bücher, Antiquitäten - Spr.: Engl.

GREILING, Helmut

Dr. med., Dr. rer. nat., o. Prof. f. Klin. Chemie - In der Heide 11, 5100 Aachen - Geb. 11. April 1928 Chemnitz - Promot. 1955 u. 61 - S. 1969 (Habil.) Lehrtätigk. TH Aachen/Med. Fak. (1972 Prof., 1978 Ord./Vorst. Abt. Klin. Chemie u. Pathobiochemie, Klin.-Chem. Zentrallabor.). BV: Üb. 250 Buchbeitr. u. Fachaufs. S. 1980 Präs. Dt. Ges. f. Klin. Chemie.

GREILING, Lothar

Dr. rer. nat. (habil.), Wiss. Rat u. Prof., apl. Prof. f. Geologie u. Paläontol. Univ. Heidelberg - Schützenhausstr. 41, 6903 Neckargemünd.

GREIM, Helmut

Dr. med., Prof., Leiter Institut f. Toxikologie/Ges. f. Strahlen- u. Umweltforsch. mbH. (s. 1975) - Ingolstädter Landstr. 1, 8042 Neuherberg/Obb. - Geb. 9. Mai 1935 Berlin - Promot. 1965; Habil. 1970 - S. 1975 apl. Prof. Univ. Tübingen u. TU München (1976; Pharmak. u. Toxikol.). 1970-73 Mount Sinai School of Medicine New York. Direktor Inst. f. Toxikologie u. Umwelthygiene TU München (s. 1987). Üb. 100 Facharb. - 1974 Heinz-Kalk-Preis.

GREIN, Armin

Landrat Main-Spessart-Kr. (s. 1984) - Landratsamt Karlstadt/Ufr. - priv.: Jägerstr. 1, 8772 Marktheidenfeld/Ufr. - Geb. 21. April 1939 Aschaffenburg (Vater: Albert G.; Mutter: Anna, geb. Schnellbach), kath., verh. s. 1966 m. Martha, geb. Dannhäuser, 3 Kd. (Gunter, Gesine, Eva) - Gymn. Miltenberg; Lehrerausbild. Ex. 1961 - Lehrer u. I. Bürgerm. (b. 1984) Marktheidenfeld. FW (1978ff. Vors. Bay.).

GREINACHER, Ekkehard

Dr. rer. nat., Vorstand Vermittlungsstelle d. Wirtsch. f. Altlastensanierungs-Berat., Köln - Kirchröder Str. 22, 3000 Hannover - Geb. 8. Okt. 1927 Freiburg/Br. (Vater: Prof. Dr. Anton G. †; Mutter: Hanni, geb. Fischer), kath., verh. m. Liselotte, geb. Wehner - Stud. Chemie - 1968-82 Vorst. Th. Goldschmidt, AG, Essen; Vorst.-Mitgl. Preussag AG, Hannover (Untern.ber. Metall; 1982-86). Lehrbeauftr. Inst. f. Werkstoffkunde Univ. Hannover - Rotarier - Bruder: Norbert G.

GREINACHER, Norbert

Dr. theol., o. Prof. f. Prakt. Theologie - Ahornweg 4, 7400 Tübingen (T. 6 30 91) - Geb. 26. April 1931 Freiburg/Br., kath., led. - Univ. Freiburg u. Paris (Theol.). Promot. 1956 Freiburg; Habil. 1966 Wien - 1956-58 Kaplan Baden-Baden, 1958-63 Leit. Pastoralsoziol. Inst. Essen, 1963-64 Pfarrer Badenweiler, 1964-66 Assist. Wien, 1966-69 Doz. PH Reutlingen u. Univ. Münster (1967), s. 1969 Wiss. Rat u. Prof. u. Ord. (1971) Univ. Tübingen. SPD - BV: Soziol. d. Pfarrei, 1955; Familiengruppen, 1957; D. Frohbotschaft Christi im Reiche d. Arbeit, 1959; Priestergemeinsch., 1960; D. dt. Priesterfrage, 1961; Zugehörigkeit z. Kirche, 1964; Regionalplanung in d. Kirche, 1965; D. Kirche in d. städt. Ges., 1966; Bilanz d. dt. Katholizismus, 1966; D. Funktion d. Theol. in Kirche u. Ges. 1969; Crkne strukture prd sutrasnijicom, Zagreb 1970; Die Gemeinde, Mainz 1970; Ehe in d. Diskussion, Freiburg 1970; In Sachen Synode, Düsseldorf 1970; 2000 Briefe a. d. Synode, Mainz

1971; Angst i. d. Kirche verstehen u. überwinden, Mainz 1972; Christl. Rechtfertig. - gesellschaftl. Gerechtigkeit, Zürich 1973; Prakt. Theologie heute, München 1974; Einf. in d. Prakt. Theologie, München 1976; Gelassene Leidenschaft, Zürich 1977; Freie Kirche in fr. Gesellsch., Zürich 1977; Vor einem neuen polit. Katholizismus?, Frankfurt 1978; Gemeindepraxis, 1979; Kirche d. Armen, 1980; D. Fall Küng 1980; Freiheitsrechte f. Christen?, 1980; Christsein a. Beruf, 1981; Leidenschaft f. d. Welt, 1981; Im Angesicht meiner Feinde - Mahl d. Friedens, 1982; Frauen i. d. Männerkirche, 1982; El Salvador - Massaker im Namen d. Freiheit, 1982; D. Konflikt um d. Theol. d. Befreiung, 1985; Kath. Kirche - wohin?, 1986 (m. H. Küng, Hrsg.); Umkehr u. Neubeginn, 1986; Menschl. leben, 1986; D. Schrei n. Gerechtigkeit, 1986; Herausforderung im Hinterhof, 1986 (Hrsg.). Mitherausg.: Concilium; Diakonia; Theol. Quartalschrift; Neue Stimme - Liebh.: Skifahren - Spr.: Engl., Franz. - Eltern s. Ekkehard G. (Bruder).

GREINEDER, Paul J.
Vorstandsmitglied Würzburger Hofbräu AG. (1979 ff.) - Höchberger Str. 28, 8700 Würzburg.

GREINER, Albert J.

Dr. h.c., Geschäftsf. Gesellschafter Albert Greiner GmbH - Tal 60, 8000 München 2 - Geb. 4. Juli 1933 - Gf. Gesellsch. Schindler Anlagentechnik GmbH, Regensburg, u. Granimar Verona S.r.L., Pescantina (VR); VR-Mitgl. A. W. Faber-Castell, Stein b. Nürnberg. Lehrbeauftr. U.F.U. München.

GREINER, Harry M.
Senator, Dr.-Ing., Prof., Direktor - Hugo-Eberhardt-Weg 1, 6050 Offenbach/M. - Geb. 23. Jan. 1926 Mellenbach, verh. m. Waltraud, geb. Keßler - S. 1969 stv. u. o. (1970) Vorst.-Mitgl. MAN Roland Druckmasch. AG, Offenbach.

GREINER, Josef
I. Bürgermeister - Rathaus, 8437 Freystadt/Opf. - Geb. 16. Jan. 1925 Freystadt - Zul. Verwaltungsbeamter. CSU.

GREINER, Norbert
Dr. phil., Prof. f. Übersetzungswiss. (Anglistik/Amerikanistik) Univ. Heidelberg - Paul Lincke Weg 6, 6906 Leimen-St. Ilgen (T. 06224 - 5 08 00) - Geb. 16. Nov. 1948 Empelde/Hannover, kath., verh. s 1971 m. Christine, geb. Kunz, 3 T. (Hannah, Ellen, Anthea) - TU Hannover, Univ. Trier; Magister 1972, Promot. 1975, Habil. 1982 Trier - 1982/83 Priv.-Doz. Trier; 1983 Prof. Univ. Heidelberg - BV: Idealism u. Realism im Frühwerk G. B. Shaws, 1977; Einf. ins Drama, 1980; Studien z. Much Ado About Nothing, 1983; William Shakespeare. Much Ado About Nothing - Viel Lärm um nichts. Engl.-dt. Studienausg., 1989.

GREINER, Peter
Schriftsteller - Zu erreichen üb.: Suhrkamp-Verlag, Lindenstr. 29-35, 6000 Frankfurt/M. - BV: Orfeus, Biogr. 1977. Volksst.: Kiez (1974), Roll over Beethoven (1977), Türk. Halbmond (1977), Fast e. Prolet (1978) - 1981 Mülheimer Dramatikerpreis.

GREINER, Peter Georg
Dr. phil., Prof. f. Sinologie Univ. Freiburg/Br. - Steingasse 32, 7801 Schallstadt-Wolfenweiler (T. 07664 - 64 39) - Geb. 17. Juli 1940 Münster (Vater: Johannes G., Postbetriebsinsp.; Mutter: Ella Marie Louise, geb. Sprenger), ev., verh. s. 1968 m. Helgard, geb. Egner - Univ. Bochum, Promot. 1970; Habil. 1979 Univ. Freiburg - 1970-73 Wiss. Angest. Univ. Bochum; 1974-80 Lektor f. Chines. Univ. Freiburg, 1979-80 Privatdoz. f. Sinol., 1980 Prof. ebd. - BV: D. Brokatuniform-Brigade d. Ming-Zeit, 1975; Thronbesteig. u. Thronfolge im China d. Ming, 1977; D. Polizei- u. Justizbehörden d. Ming (im Druck, ersch. 1983). Herausg. d. Reihe: Freiburger Fernöstl. Forsch. (ersch. s. 1982) - Liebh.: Rechtsgesch., Verw.gesch., Gesch. d. Schiffahrt u. d. Schiffsbaus - Spr.: Chines., Japan., Engl., Franz., Russ.

GREINER, Ulrich
Journalist, Ressortleiter Feuilleton D. ZEIT - Husumer Str. 9, 2000 Hamburg 20 (T. 040 - 328 02 60) - Geb. 19. Sept. 1945 Offenbach (Vater: Harald G., Arch.; Mutter: Helene, geb. Degen) - Staatsex. German., Phil. u. Politik 1970 - 1970-80 Feuill. F.A.Z.; s. 1980 Feuill. D. ZEIT - BV: Üb. Wolfgang Koeppen (Hrsg.), 1976; D. Tod d. Nachsommers. Aufs., Krit., Porträts z. österr. Gegenwartslit., 1979; D. Stand d. Dinge. Kulturkrit. Glossen u. Essays, 1987.

GREINER, Walter

Dr. rer. nat., Dr. sc. h.c., Prof. u. Direktor Inst. f. Theoret. Physik Univ. Frankfurt/M. (s. 1965) - Gundelhardtstr. 44, 6233 Kelkheim/Ts. - Geb. 29. Okt. 1935 Neuenbau/Thür. (Vater: Albin G., Handwerker; Mutter: Elsa, geb. Fischer), ev., verh. s. 1960 m. Bärbel, geb. Chun, 2 Söhne (Martin, Carsten) - Externes Abitur 1956; Dipl.-Phys. 1960 Darmstadt; Promot. 1961 Freiburg/Br. - 1962-64 Assistant Prof. Univ. of Maryland, s. 1965 o. Prof. Univ. Frankfurt/M., Gastprof. National Bureau of Standards, Washington (1965), Univ. Melbourne (1966), Univ. of Virginia (1967/68), Univ. Berkeley (1972, 1974), Yale Univ. (1973, 1975, 1980), Adjunct Prof. Vanderbilt Univ.-Oak Ridge Nat. Lab. (s. 1978). S. 1976 ständ. wiss. Berater Ges. f. Schwerionenforschung (GSI) Darmstadt; 1973 Mitgl. Sachverständ.kr. Naturwiss. Grundlagenforsch. im BMFT; s. 1985 Honary Editor Journal of Physics G. Spez. Arbeitsgeb.: Theoret. Kernphysik, Feldtheorie, Theoret. Schwerionenphysik. BV mit J. Eisenberg: Nuclear Theory (Vol. 1: Nuclear Models, Vol. 2: Excitation Mechanism of Nuclei, Vol. 3: Microscopic Theory of the Nucleus, 1972, übers. ins Russ. (Publ. Atomizdat, 1975); Vorlesungen über Theoret. Physik Bd. 1-10 (s. 1972 b. z. 5 A.); Dynamics of Heavy-Ion Collisions (m. N. Cindro u. R. A. Ricci), 1981; Quantum Electrodynamics of Strong Fields (m. B. Müller u. J. Rafelski), 1985 - 1974 Max-Born-Preis (Inst. of Physics/London), 1982 Otto-Hahn-Preis, Frankfurt; 1982 Stadt Frankfurt/M., 1982 Ehrendoktor Univ. Johannesburg, 1987 Fellow of the Royal Soc. of Arts (FRSA) London - Spr.: Engl.

GREINER, Wilhelm
Chefredakteur Schwarzwälder Boten, Oberndorf - Lochenweg 14, 7238 Oberndorf/N. (T. 07423 - 43 43) - Geb. 8. Aug. 1927 Heidenheim-Schnaitheim, verh., 2 T. (Doris, Susanne) - Theodor-Wolff-Preis - Spr.: Engl.

GREINERT, Karl
Dipl.-Kfm., Geschäftsführer Filzfabrik Fulda GmbH. & Co. - Frankfurter Str. 62, 6400 Fulda - Geb. 21. April 1928.

GREISLER, Peter
Generaldirektor, Vorstandsvors. Debeka Krankenversicherungsverein aG, Lebensversich.verein aG, Allg. Versich. AG, alle Koblenz; stv. Vors. Verb. d. priv. Krankenversich., Köln - Poststr. 8, 5401 Münstermaifeld-Küttig - Geb. 16. Okt. 1936 Bendorf/Rh. (Eltern: Peter (Versicherungsangest.) u. Maria G.), kath., verh. s. 1959 m. Christine, geb. Schiwy, 2 Kd. (Peter, Beate) - Schule; Lehre - Versicherungskfm. - Liebh.: Lesen, Tennis.

GREISNER, Walter
Dr. jur., Rechtsanwalt, Vorstand D. Stempel AG., Franfurt/M. - Burgenblick 3, 6240 Königstein 2 (T. 06174 - 32 11) - Geb. 23. Aug. 1928 Essen - Spr.: Engl. - Rotarier.

GREISS, Franz
Dr. rer. pol. h.c., Direktor i. R. - Werthmannstr. 5, 5000 Köln 41 (T. 0221 - 43 44 68) - Geb. 22. April 1905 Köln (Vater: Wilhelm G., Schneiderm.; Mutter: Christine, geb. Pitzler), kath., verh. s. 1933 m. Elisabeth, geb. Mertmann, 3 T. (Marie-Therese, Christa Elisabeth, Barbara) - Handelsrealsch. Köln - 1945-70 Geschäftsf. Glanzstoff Köln GmbH. 1947-58 Präs. Union Rhein. IHK; 1949-65 Vors. Bund kathol. Untern. (1974 Ehrenvors.); 1964-67 Präs. Union Rhein. IHK Straßburg - BV: Wirtschaftswachstum u. soz. Entw., 1965; Sozialethik u. Soziallehre in betriebl. Praxis, 1982 - 1955 Ehrensenator Univ. Köln; 1965 Ehrendoktor Univ. Köln; 1965 Komtur m. Stern d. Sylvesterordens; 1969 Gr. BVK; 1970 Gold. Ehrenz. Rep. Österr.; 1970 Ehrenpräs. IHK Köln u. Union Rhein. IHK, Straßburg; 1986 VO. Land Nordrh.-Westf. - Spr.: Engl., Franz.

GREITE, Jürgen-Hinrich
Dr. med. habil., Prof., Arzt f. Augenheilkunde, Chefarzt d. Augenabt. Städt. Krankenhaus, München-Harlaching (s. 1983) - Fafnerstr. 35, 8000 München 19 - Geb. 29. Juni 1936 Berlin (Vater: Dr. Dr. Walter G.; Mutter: Gertraut, geb. Hofstetter), verh. s. 1968 m. Evelyn, geb. Lang, 2 Kd. (Andreas, Dorothea) - Stud. Univ. Göttingen u. München (med. Staatsex. u. Promot. 1963), Habil. 1975 - 1975-83 Oberarzt Univ.-Augenklinik München. Zahlr. wiss. Veröff. - 1976 Max-Ratschow-Preis - Spr.: Engl., Franz.

GREITE, Willi
Ltd. Ministerialrat a.D., Ehrenpräs. Dt. Turner-Bund, Frankfurt/M. u. a. - 3165 Hänigsen - Geb. 1911 - Zul. Nds. Kultusmin., Hannover - S. Jugend auf sportverbunden.

GREIVE, Artur
Dr. phil., o. Prof. f. Romanische Philologie Univ. Köln - Im Rehefeld 4, 5205 St. Augustin 1 (T. 02241 - 33 15 60) - Geb. 25. April 1936 Aachen (Vater: Bernhard G., Studiendir.; Mutter: Dr. Hildegard, geb. Jansen), kath., verh. s. 1962 m. Erika, 3 Kd. (Jörg, Claudia, Annette) - Gymn.; Univ. Köln, Freiburg, Bonn, 1. Staatsex. Bonn; Promot. 1961; Habil. Bonn 1968; o. Prof. u. Dir. Romanisch. Sem. Univ. Köln 1970; Dekan Phil. Fak. 1983-85 - BV: Franz. part, partie, parti. Wort- u. Bedeutungsgesch., 1961; Etymolog. Unters. z. franz. h aspiré, 1970; Neufranz. Satzfragen im Kontext, 1974; Romanica Europaea et Americana, 1980 - Liebh.: Musik, Sport - Spr.: Franz., Ital., Span., Engl.

GRELL, Dieter
Dr. jur. - Colonia-Allee 10-20, 5000 Köln 80 - S. 1972 Vorstandsmitgl. Colonia Versich. AG.

GRELL, Heinz
Dr. jur., Bundesrichter BGH - Herrenstr. 45, 7500 Karlsruhe - Geb. 22. Jan. 1914.

GRELL, Helmut
Bezirksstadtrat a. D., Geschäftsführer Arbeiterwohlfahrt d. Stadt Berlin e. V. (s. 1971) - Dreysestr. 21/22, 1000 Berlin 21 (T. 35 49 81) - Geb. 21. Sept. 1922 Berlin (Vater: Max G., Zuschneider, zul. Vors. Gewerksch. Textil u. Bekleid. Berlin †1951; Mutter: Elsbeth, geb. Hesver), verh. s. 1953 m. Maria-Theresia, geb. Klein-Menzel - Obersch. Berlin (Abit. 1941) - 1950-63 Verw.angest. VAB, Beamter LVA (1953) u. Bundesversich.anstalt f. Angest. (1954; zul. Amtm.), 1965-71 Bezirksstadtrat f. Sozialwesen Tiergarten (alles Berlin). 1955-65 Bezirksverordn. u. -verordnetenvorsteher (1963) Tiergarten. SPD s. 1950.

GRELL, Karl G.
Dr. rer. nat., o. Prof. f. Zoologie (emerit. 1980) - Friedlandstr. 27, 7407 Rottenburg a. N. - Geb. 28. Dez. 1912 Burg/Wupper (Vater: Gottlieb G.; Mutter: geb. Metzmacher), verh. s. 1939 m. Gertrud, geb. Schöttler, 2 Kd. - Obersch. Bad Kreuznach; Univ. Jena u. Bonn; 1938-51 wiss. Assist. Zool. Inst. Bonn; 1951 b. 1957 Assist. u. wiss. Mitgl. Planck-Inst. f. Biol., Tübingen (Abt. M. Hartmann); s. 1957 Ord. u. Inst.dir. Univ. Tübingen. Emerit. 1980 - BV: Protozoologie, 1956, 2. A. 1968 (engl. A. 1973).

GRELLERT, Volker
Dr. jur., Rechtsanwalt - Wolfsgangstr. 87, 6000 Frankfurt/M. (T. 069 - 597 02 34) - Geb. 12. Aug. 1935 Gummersbach (Vater: Heinrich G., Dipl.-Volksw.; Mutter: Lucie, geb. Wildfang) - Human. Abit.; Stud. Rechtswiss. Bonn. Staatsex. 1959 u. 1965; Promot. 1963 - VR-Mitgl. Stadtsparkasse Frankfurt; gf. Herausg. Ztschr. Wissenschaftsrecht, verwalt., -förd. - BV: Versch. Bücher u. Aufs. ü. öfftl. Recht u. betriebl. Personalwesen.

GREMMEL, Helmut
Dr. med., o. Prof. u. Direktor Radiolog. Klinik u. Zentrum f. Interdisziplinäre Fächer Univ. Kiel - Arnold-Heller-Str. 9, 2300 Kiel (T. 597/41 00) - Geb. 7. Juli 1920 Moringen/Hann. - Habil. 1960 Düsseldorf - 200 Fachveröff., dar. Bücher u. Handbuchbeitr.

GRENSEMANN, Hermann
Dr. phil., Prof. f. Geschichte d. Medizin Univ. Hamburg/Fachber. Med. (s. 1972; stv. Institutsdir.) - Eschenweg 15, 2359 Henstedt/Ulzburg/SH - Zul. Wiss. Rat u. Prof.

GRENZDÖRFFER, Klaus
Dr. rer. pol., Prof. f. Angew. Wirtschaftstheorie einschl. Ökonometrie u. Statistik Univ. Bremen - Bachstr. 112-14, 2800 Bremen 44.

GRENZEBACH, Rudolf
Gf. Gesellschafter Grenzebach Maschinenbau GmbH, Bäumenheim-Hamlar - Albanusstr. 1-5, 8854 Bäumenheim-Hamlar (T. 0906 - 982-0) - Geb. 8. Juli 1930 Hamlar (Eltern: Josef u. Amalie G.), kath., verh. s. 1963 m. Maria, geb. Netzer, 3 T. (Karin, Uta, Sonja) - Fern-

stud. Christiani-Inst. - S. 1972 Kreis- u. Gemeinderat; VR u. AR mehr. Firmen u. Banken. Ca. 25 Eigenpatente - 1981 BVK a. Bde. - Liebh.: Fliegen, Jagen - Spr.: Engl.

GRENZER, Walter
s. König, Josef Walter

GRESCHAT, Hans-Jürgen
Dr. theol., Prof. f. Religionsgeschichte Univ. Marburg (s. 1972) - Sybelstr. 12, 3550 Marburg/L. - Geb. 3. März 1927 Insterburg/Ostpr. - Promot. 1966; Habil 1971 - Zeitw. Lehrtätigk. Univ. Naukka (Nigeria) u. Dunedin (Neuseeland) - BV: Kitawala - Ursprung, Ausbreit. u. Religion d. Watch Tower-Beweg. in Zentralafrika, 1967; Westafrik. Propheten, 1974; Mana u. Tapu - D. Religion d. Maoris auf Neuseeland, 1980; D. Religion d. Buddhisten, 1981. Herausg. u. Einzelarb.

GRESCHAT, Martin
Dr. theol., Prof. f. Kirchengeschichte u. Kirchl. Zeitgeschichte Univ. Gießen (s. 1980) - Schelmenstiege 21, 4400 Münster/W. - Geb. 29. Sept. 1934, ev. - Promot. (1964) u. Habil. (1969) Münster - 1972-80 Wiss. Rat u. Prof. Univ. Münster - Bücher u. Aufs.

GRESHAKE, Gisbert
Lic. theol., Lic. phil., Dr. theol., Univ.-Prof. f. Dogmatik u. Ökum. Theol. - Habsburgerstr. 107, 7800 Freiburg; u. A-3282 St. Georgen a. d. Leys 90 - Geb. 10. Okt. 1933 Recklinghausen, kath., ledig - Univ. Münster, Rom (Phil., Theol., Kirchenmusik); Lic. phil. 1957 Rom, Lic. theol. 1961 Rom, Promot. 1969 Münster, Habil. (Dogm. Theol. u. Dogmengesch.) 1972 Tübingen - 1961-69 Seelsorger an versch. Orten d. Diözese Münster; 1969-72 wiss. Assist. Münster u. Tübingen; 1972 apl. Prof. Tübingen; 1974-85 o. Univ.-Prof. Wien; 1985 Univ.-Prof. Freiburg i. Br.; 1978-82 Dekan Kath. theol. Fak. Wien (samt Pro- u. Prädekanatszeit) - BV: Historie wird Gesch., 1963; Auferstehung d. Toten, 1969; Gnade als konkrete Freiheit, 1972; Naherwartung - Auferstehung - Unsterblichkeit (m. G. Lohfink), 1975, 5. A. 1986; Stärker als d. Tod, 1976, 10. A. 1988 (Übers. in ca. 10 Spr.); Geschenkte Freiheit, 1977, 3. A. 1986 (ital. u. korean. Übers.); D. Preis d. Liebe, 1978, 6. A. 1985 (Übers. in ca. 8 Spr.); Priestersein, 1982, 4. A. 1985 (Übers. in ca. 8 Spr.); Gottes Heil - Glück d. Menschen, 1983; Resurrectio mortuorum (m. J. Kremer), 1986; Erlöst in e. unerlösten Welt?, 1987; Tod - u. dann?, 1988 - Liebh.: Musizieren u. Wüstenaufenthalte - Spr.: Engl., Franz., Ital., Griech., Hebr., Latein.

GRESHAKE, Kurt
Dipl.-Kfm., stv. Vorstandsmitglied Klöckner & Co AG, Duisburg - Florastr. 6, 4020 Mettmann-Metzkausen - Geb. 26. Nov. 1935 Münster, verh., 1 Kd. - Bankkaufm.; Stud. Betriebsw. Univ. Münster u. München; Dipl. 1962 - Beiratsmitgl. Allg. Kreditversich. AG Mainz, Dt.-Südamerik. Bank AG Hamburg, Simonbank AG, Düsseldorf.

GRESKY, Wolfgang
Dr. phil., Oberstudienrat i. R., Schriftsteller - Am Weißen Stein 11, 3400 Göttingen (T. 4 24 35) - Geb. 7. Okt. 1907 Sondershausen/Thür. (Vater: Hermann G., Prof.; Mutter: Elli, geb. Trautmann), ev., verh. s. 1935 m. Hilde, geb. Mohr, 4 Kd. (Dieter, Barbara, Ulrich, Reinhard) - Gymn. Sondershausen; Stud. d. German., Gesch., Religion Univ. Heidelberg, Wien, Marburg, Jena; Promot. 1931; 1. u. 2. Staatsex. 1932 u. 34 - 1934-71 Höh. Schuldst. (Hermann Lietz-Sch. Haubinda; Marienau, Wunstorf, Max-Planck-Gymn. Göttingen) (unterbr. d. Krieg u. Gefang.sch. 1939-49); 1970-83 Vors. Arbeitsgem. südnieders. Heimatfreunde; Mitgl. Gauß-, Lichtenberg-, W.-Busch- u. Grimm-Ges. - BV u. a.: Z. Gesch. d. Glockentales b. Steffisburg, Bd. 1-3 1965-67; D. Göttinger Aufruhr v. 1831, 1968; Harzreise d. Grafen Stolberg, 1969; Heinrich v. Kleist u. d. Harz, 1970; Wilhelm-Busch-Stätten aus Südnieders., 1972; D. Vollversammlung auf d. Plesse 1848, 1973; Männer d. Freiheitsbewegung in Südnieders., 1974; Johann Wolf in Göttingen, 1976; Johann Wolf, d. Vater d. Eichsfeldischen Geschichtsschr., 1977; Carl Friedrich Gauß u. d. Brocken, 1977; Einige Göttinger Haller-Notizen, Z. 200. Todestage A. v. Hallers, 1977; Zwei Briefe d. Berner Prof. J. G. Tralles an G. Chr. Lichtenberg, 1978; Beckhaus Thun, Schweizer Dok. zu norddt. Quellenfunden, 1978; Dok. z. Schicksal d. Göttinger Sieben, 1980; D. Reichsgraf J. L. v. Wallmoden-Gimborn u. s. Schlößchen im Georgengarten, 1982; E. Göttingen-Schilder. v. 1799, e. Brief d. Schweizer Studenten Gottlieb v. Greyerz, 1982; D. Stadt Sulzbach ehrt Otto Volger, d. Revolutionär v. d. Plesse, 1983; Bilder d. Osteroder Freiheitskämpfers Dr. König in d. Hambacher Ausst. v. 1982, 1983; E. Göttinger Dichterkrönung v. 1738, S. H. Zäunemann (1714-1740), 1984; D. Stammb. d. Gothaer Stadtkantors Schade (Beitr. z. Musikgesch.), 1985; D. Göttinger Schillerbild (E. Kuithan), 1986; A. v. Hallers Familie in Kirchenbüchern, Gelegenheitsged. u. Briefe, 1987; Johanna u. Adele Schopenhauer, 2 Stammbuchblätter (1829), 1987; Plessebeleuchtung z. Univ.jubiläum, 1987; E. Wanderung z. Napf (Schweiz 1852), 1987; D. Burg Plesse u. d. Göttinger Univ., 1988. Mitarb.: Romanführer Bd. 11-16 (1960-77), Handb. d. Histor. Stätten Bd. 9 Thür. (1968), Gymn. Thür. (1972), Tümmler-Festschr. (1977 u. 1981); E. Stadt verändert ihr Gesicht (Lit.gesch. Kapitel, 1987). 1969-81 Redakt. Thür., Landeskdl. Bl. - 1977 Verdienstkr. a. Bde. d. nieders. Verdienstord.; 1981 Ehrenmitgl. Göttinger Geschichtsverein; 1983 Ehrenvors. Arbeitsgem. südnieders. Heimatfreunde; 1987 Gold. Ehrennadel d. Bundeslandsmannschaft Thür. - Spr.: Engl., Franz. - Lit.: Verz. d. Veröff. z. 75. Geb. d. Göttinger Geschichtsverein (1982).

GRESMANN, Hans
USA-Korrespondent d. SWF-Hörfunks u. d. Deutschlandfunks m. Sitz in Washington - 1000 Wilson Blvd., Suite 916, Arlington, VA 22209/USA (T. 001 703 524-86 25) - Geb. 25. April 1928 Hamburg - 1957-70 polit. Redakt. d. Wochenztg. D. Zeit; 1981-85 Chefredakt. Fernsehen b. Südwestfunk.

GRESS (ß), Franz
Dr. phil., Prof. f. Polit. Bildung Univ. Frankfurt - Günthersburgallee 82, 6000 Frankfurt/M.

GRESSER, Albert
Dr. med. (habil.), Prof., Chefarzt (Chirurg) - Krankenhaus d. Barmherz. Brüder, 8400 Regensburg - B. 1976 Privatdoz., dann apl. Prof. TU München (Chir.). Lehrbeauftr. Univ. Regensburg.

GRESSLER (ß), Richard
Direktor, Mitgl. Geschäftsfhg. Maggi GmbH., Singen/Hohentw. - Zu erreichen üb.: Nestle-Haus, 6000 Frankfurt/M.-Niederrad.

GRESSNER, Axel
Dr. med., Prof., Arzt f. Labormed., Klin. Chemiker (DGKC), Lehrstuhlinh. u. Leit. Abt. f. Klin. Chemie u. Zentrallabor Univ. Marburg - Zu erreichen üb. Abt. Klin. Chemie, Univ. Marburg, Baldinger Str. 1, 3550 Marburg - Med.-Stud. Univ. Freiburg u. Marburg; Ausb. Biochemie Univ. Heidelberg, Univ. of Chicago, Klin. Chemie u. Labormed. RWTH Aachen; 1984 Lehrst. f. Klin. Chemie Univ. Marburg. Hauptforschungsgeb.: Mol. u. zell. Pathobiochemie, Wert. klin. chem. Unters., Analytik v. Bgw-parametern - Herausg. (m. Greiling): Lehrb. d. Klin. Chemie u. Pathobiochemie.

GRETEN, Ernst
Dipl.-Ing., Fabrikant, gf. Gesellsch. Bison-Werke Bähre & Greten GmbH. & Co. KG. - 3257 Springe/Deister - Geb. 20. Dez. 1907 - N. 1945 Firmengründ. U. a. Komplette Span- u. Faserplatten-Anlagen.

GRETEN, Heiner
Dr. med., Prof. f. Innere Medizin, Direktor Med. Kernklinik u. Poliklinik, Univ.Krkhs. Eppendorf - Martinistr. 52, 2000 Hamburg; priv.: Isestr. 123, 2000 Hamburg 13 - Geb. 15. Mai 1939 Bremen - Promot. 1963 - S. 1971 (Habil.) Privatdoz. u. apl. Prof. (1974) Univ. Heidelberg (1973 Bereichsleit. Stoffw./Klin. Inst. f. Herzinfarktforsch.). Stipendiat (1967) u. Gastprof. (1972) USA. Zahlr. Facharb. - 1972 Heinrich-Wieland-Preis.

GRETHLEIN, Gerhard
Dr. iur., Senator, Oberkirchenrat i. R., Oberstaatsanwalt a. D. - Steinforststr. 36, 8520 Erlangen (T. 09131 - 4 84 52) - Geb. 21. Dez. 1924, ev., verh. s. 1950 m. Irene, geb. Kruczkowski, 2 S. (Thomas Johannes, Christian Oskar) - 1. u. 2. jurist. Staatsex. 1949 Erlangen u. 1952 München; Promot. 1954 Erlangen - 1952-67 Staatsanwalt, Amtsgerichtsrat, Erster Staatsanwalt, Oberstaatsanwalt; 1967-86 Oberkirchenrat in München; s. 1987 Mitgl. bayer. Senat - BV: Kommentar z. Jugendgerichtsgesetz, 1959 (s. 4. A. fortgef. v. Brunner, z. Zt. 8. A.). Mithrsg. d. Reihe IUS ECCLESIASTICUM (s. 1968) - 1981 Bayer. VO.

GRETZINGER, Axel
Dr. jur., Versicherungsdirektor - Lindemannallee 38, 3000 Hannover - Geb. 13. Nov. 1942 - Assessorex. - Vorst. Meckl. Rechtsschutz-Versich.-AG.

GREUEL, Edmund
Dr. med. vet., Prof. f. Tierhygiene u. Geflügelkrankheiten - An den Eichen 47, 5300 Bonn 1 (Tel. 25 22 64) - B. 1967 Privatdoz., dann apl. Prof. u. Wiss. Rat, s. 1980 Prof. Univ. Bonn (Landw. Fak.).

GREUEL, Hans
Dr. med., Prof. f. Med. Strahlenkunde Univ. Düsseldorf (s. 1971), Leiter Röntgen- u. Strahlenabt. Frauenklinik - Hohegrabenweg 99a, 4005 Meerbusch 1 - Geb. 15. Mai 1922 Wismar/Meckl. (Vater: Bruno G., Stud.Rat; Mutter: Helene), ev. luth., verh. s. 1949 m. Hilde, geb. Stutzinger, S. Dr. med. Hans - Human. Gymn., Univ. Tübingen, Heidelberg, Danzig (Akad.) u. Düsseldorf. Promot. 1948, Habil. 1967 - BV: Stereo Röntgen Bildmessung in Geburtsh. u. Gynäk., 1968. Zahlr. Fachaufs.

GREUÈL, Willkit

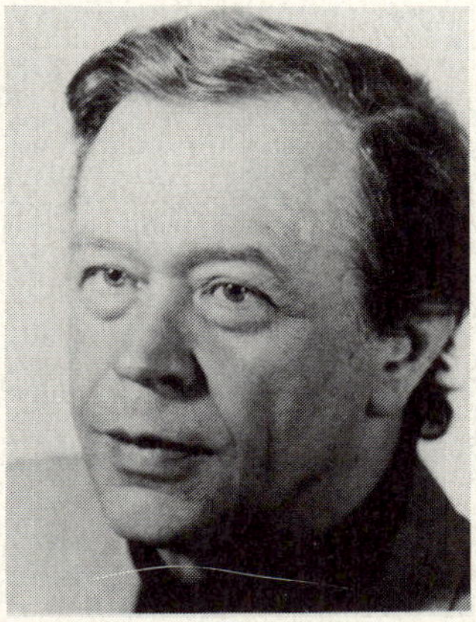

Staatsschauspieler u. Regiss. - Feldmannstr. 46, 6600 Saarbrücken (T. 0681 - 5 59 68) - Geb. 15. März Köln, verh. m. Margot, geb. Sips - Gymn. Köln (Abit. 1937); Stud. Univ. Köln, Paris, Hamburg (Jura, German., Theaterwiss. u. Spr.) - Schausp. u. Regiss. (u.a. Köln, Stendal, Berlin, Hamburg, Dresden, Krefeld, Solingen, Regensburg, Linz/Donau, Saarbrücken, Karlsruhe, Luxemburg); Auslandsgastsp.: Schweiz (Basel), Frankr. (Paris), Luxemburg, Dänemark (Aarhus), Österr. (Wien, Salzburg, Klagenfurt), UdSSR (Tbilissi-Georgien) Georg. Nationaltheater (Rustaweli Theater, Nathan), Mardschanischwili Theater (Besuch d. alten Dame, Lehrer); Funk, Film, Ferns. u. Synchron (Intern. Film Union Remagen, Marcadet-Studio Paris); 1979-81 Schauspieldir. Staatstheater Saarbrücken u. Leit. Int. Saarl. Staatstheater. S. 1975 Lehrauftr. f. Schausp. Staatl. Musikhochsch. Saarbrücken, 1985 Ehrenmitgl. Saarl. Staatstheater, 1986 Staatsschauspieler. Auslandsstudienreisen nach USA, Canada, Russl. (Moskau, Leningrad, Alma Ata, Nowosibirsk, Taschkent, Samarkand, Tbilissi u.a.), alle Staaten Europas - Spr.: Franz., Ital., Lat., Griech.

GREULICH, Helmut
Landesminister, MdL Nieders. (s. 1963; zeitw. stv. Vors. SPD-Fraktion) - Planetenring 12, 3011 Garbsen (T. Seelze 7 14 83; Amt: Hannover 19 01) - Geb. 17. Jan. 1923 Hannover - Volkssch.; Werkzeugmechanikerlehre - Ab Lehre HANOMAG, dazw. 1940-45 Wehrdst. (Marine), 1956-63 Senator, Ober- (1959) u. Bürgerm. (1961) Stadt Hameln, 1963-70 hauptamtl. Vorstandsmitgl. u. Vors. (1966) DGB-Landesbez. Nieders./Bremen, seither nds. Min. f. Wirtschaft u. Öfftl. Arbeiten u. 1975 ff. f. Soz. SPD s. 1946 (Mitgl. Bezirksvorst. u. Landesaussch.).

GREUNER, Albrecht
Dr. jur., Verleger, pers. haft. Gesellsch. Georg Thieme Verlag, Stuttgart, Geschf. Verlag Ferdinand Enke, Stuttgart - Robert-Bosch-Str. 14A, 7000 Stuttgart 1 (T. 76 32 97) - Geb. 9. Juni 1925 Leipzig (Vater: Dr. jur. Georg G., RA Bundesgerichtshof †; Mutter: Andrea, geb. Hillig), ev., verh. s. 1957 m. Beatrix, geb. v. Oldershausen, 3 Kd. (Felix, Franziska, Antonie) - Buchhändlerlehre; Stud. Univ. Heidelberg u. Köln; Promot. 1958 ebd. - 1959-63 RA.; 1975-87 Vors. Urheber- u. Verlagsrechtsaussch. Börsenverein Dt. Buchhdl. - Spr.: Engl. - Rotarier, Handelsrichter.

GREUNER, Claus
Verlagskaufmann, Vorstandsmitgl. Bibliographisches Institut & F.A. Brockhaus AG - Dudenstr. 6, 6800 Mannheim - Geb. 22. Nov. 1930.

GREUTER, Werner
Dr., Ltd. Direktor Botan. Garten u. Botan. Museum Berlin-Dahlem, Prof. f. Systemat. Botanik FU ebd. - Königin-Luise-Str. 6-8, 1000 Berlin 33; priv.: Englerallee 24b - Geb. 27. Febr. 1938 Genua/Ital. (Vater: Dr. med. Werner G., Internist; Mutter: Dr. jur. Luise, geb. Briner), 3 Kd. (Veronika, Joh. Jakob, Franziska) - 1956-65 Univ. Zürich - 1965-78 Kustos Conservat. botanique Genf; 1972-74 Wiss. Dir. Naturhist. Mus. Kifisia (Griech.). Div. Publ. (auch Herausg.) - Entd. u. Erstbeschreib. neuer Pflanzenarten, u. a. Griech.

GREVE, Ludwig
Ehem. Leiter der Bibliothek d. Dt. Literaturarchivs - Paprikastr. 28b, 7000 Stuttgart 75 - Geb. 23. Sept. 1924 Berlin (Vater: Walter G., Kaufm.; Mutter: Johanna, geb. Danziger), verh. s. 1952 m. Katharina, geb. Maillard, 2 T. (Cornelia, Julia) - BV: Gedichte, 1961; Bei Tag - Neue Ged., 1974; Playback, 1984 - 1958 Stip. Dt. Akad. Villa Massimo Rom; 1976 Ehreng. Bayer. Akad. d. Künste; 1988 Stuttgarter Lit.preis - Spr.: Engl., Franz., Ital.

GREVE, Rolf
Vorsitzender Verband Schleswig-Holsteinischer Haus-, Wohnungs- u. Grundeigentümer, Kiel, Vizepräs. Zentralverband Deutscher Haus-, Wohnungs- u. Grundeigentümer, Düsseldorf - Sophienblatt 3, 2300 Kiel.

GREVE, Werner
Dr. med., Prof., Chefarzt Psychiatr. Abt./Schloßpark-Klinik, Berlin 19 -

Riemeisterstr. 16, 1000 Berlin 37 - Geb. 21. Juli 1928 Essen - Promot. 1955 - S. 1969 (Habil.) Privatdoz. u. apl. Prof. FU Berlin (Psych.). Facharb.

GREVEN, Herbert

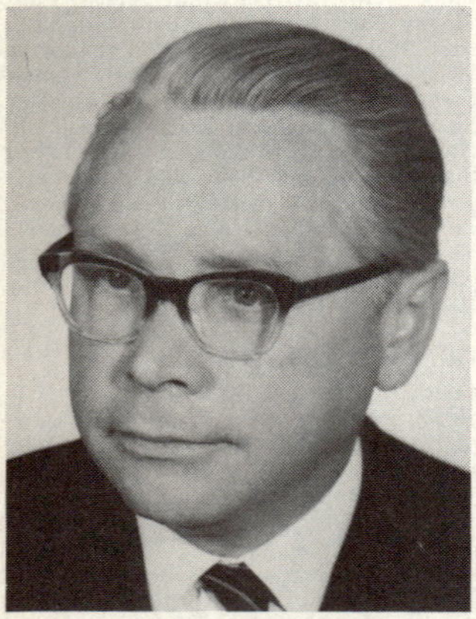

Dr. med., Prof., ehem. Direktor HNO-Klinik d. Städt. Krankenanst. Krefeld - Gartenstr. 37, 4000 Düsseldorf 30 - Geb. 7. Nov. 1912 Düsseldorf (Vater: Heinrich G., Architekt), kath., verh. s. 1951 m. Brigitte, geb. Deichmann, S. Dr. med. Christoph - Prinz-Georg-Gymn. Düsseldorf; Stud. Freiburg/Br., München, Düsseldorf (Promot. 1938) - 1939-43 Assistenzarzt Hals-Nasen-Ohrenklinik Med. Akad. Düsseldorf, 1943-45 Oberarzt HNOklinik Essen, 1945-54 Oberarzt MA (jetzt Univ.) Düsseldorf (1949 Privatdoz., 1955 apl. Prof.), gegenw. Dir. HNOklinik Städt. Krankenanstalten Krefeld. Zahlr. wiss. Veröff. - Ehrenmitgl. Dt. Ges. f. d. Ästhet. Med. u. ihre Grenzgeb.; korr. Mitgl. Soc. Francaise d'Oto-Rhino Laryngologie (1953).

GREVEN, Joachim

Dr. med., Prof., Pharmakologe u. Toxikologe - Brunssumstr. 20, 5100 Aachen - B. 1978 Privatdoz., dann Prof. TH Aachen/Med. Fak.

GREVEN, Jochen

Dr. phil., Hauptabteilungsleiter Hess. Rundfunk (Bildung u. Erziehung) - Zu erreichen üb. Hess. Rundf., 6000 Frankfurt/M. 1 - Geb. 22. April 1932 Mülheim/R. (Vater: Dr. rer. pol. Dipl.-Ing. Oskar W. G.; Mutter: Emmy, geb. Lassen), ev., verh. s. 1954 m. Jeannette, geb. Becker-Le Cerf, 3 Kd. (Carlo, Martin, Jeannette) - Univ. Köln (German., Gesch., Phil.; Promot. 1960) - S. 1960 Verlagswesen, zeitw. freier Publizist, 1975 Redakt. beim Deutschlandfunk. Herausg.: Robert Walser, D. Gesamtwerk (13 Bde. 1966-75); Robert Walser, Sämtl. Werke in Einzelausg. (20 Bde. 1985/86).

GREVEN, Kurt

Dr. med., em. Prof. f. Allg. u. Zellphysiologie - Teplitz-Schönauer-Str. 5, 6000 Frankfurt/M. (T. 63 26 88) - Geb. 15. Dez. 1911 Köln (Vater: Fritz G., Drucker u. Verleger), o. Bekenntnis, verh. s. 1949 m. Margarethe, geb. Kasteleiner, T. Ursula - Gymn. Köln (Kreuzgasse); Univ. Tübingen, Königsberg, Wien, München (Promot. 1937), Habil. 1942 Frankfurt/M. - S. 1942 Privatdoz., apl. (1950) u. o. Prof. (1967) Univ. Frankfurt, 1960 Austauschprof. Univ. Chicago, 1977 emerit. Üb. 50 Fachveröff.

GREVEN, Michael Th.

M.A., Dr. phil. (habil.), Prof. f. Politikwiss. u. Soziologie Univ. Marburg - Zu erreichen üb. Inst. f. Soziol., Philipps-Univ. Marburg, 3550 Marburg - Geb. 7. März 1947 Hamburg - Stud. Univ. Bonn, Köln (Politische Wiss., Phil., German.); Promot. 1973 Bonn, Habil. (Politikwiss u. Pol. Soziol.) - 1973-77 wiss. Assist. Soziol. Univ.-GH Paderborn. 1973-77 u. 1979ff. Vorst.- u. Beiratsmitgl. Dt. Vereinigung f. Pol. Wiss; 1980ff. Gründungs- u. Vorst.-Mitgl. Komit. f. Grundrechte u. Demokratie; s. 1983 Mitgl. Bundesstudienreformkommiss. d. KMK - BV: Systemtheorie u. Gesellschaftsanalyse, 1974; Parteien u. politische Herrschaft, 1977; Ess. on History and Policy of Science, 1982; Parteimitglieder, 1987 - Liebh.: Bürgerrechtspolitik, Segeln.

GREVERUS, Ina-Maria

Dr. phil., Prof. f. Kulturanthropologie u. Europ. Ethnol. - Kirchstr. 4, 6335 Lahnau-Atzbach/Hessen - Geb. 16. Aug. 1929 Zwickau/Sa. - Promot. 1956; Habil. 1970 - S. 1971 Prof. Univ. Gießen u. Frankfurt/M. (1974) - BV: Skandinav. Balladen d. Mittelalters, 1963; D. territoriale Mensch, 1972; Tourismus. E. kritisches Bilderb. (Mitautor), 1978; Kultur u. Alltagswelt. E. Einf. in Fragen d. Kulturanthropol., 1978; Auf d. Suche nach Heimat, 1979; D. hessische Dorf, (m. a.) 1982; Heimat Bergen-Enkheim. Lokale Identität am Rande d. Großstadt, (m. a.) 1982; Naif. Alltagsästhetik od. ästhetisierter Alltag, (m. a.) 1984; Ökologie, Provinz, Regionalismus, (m. a.) 1984; Sizilien - d. Menschen, d. Land u. d. Staat (m.a.), 1986. Herausg.: Denkmalräume-Lebensräume (1976); Versuche, d. Zivilisation zu entkommen (1983). Zahlr. Einzelarb.

GREWE, Hellmut

Dr. jur., Rechtsanwalt, Versicherungsdirektor i. R. - Blumenau 155, 2000 Hamburg 76 (T. 20 36 20) - Geb. 8. Okt. 1927 - 1972-82 Vorstandsmitgl. Albingia Lebensversich.-AG, Hamburg.

GREWE, Wilhelm G.

Dr. jur., Dr. h. c., Prof., Botschafter a.D. - Zul. 5300 Bonn - Geb. 16. Okt. 1911 Hamburg (Vater: Wilhelm G., Kaufm.; Mutter: geb. Schultz), verh. in 2. Ehe (1958) m. Gerty, geb. Winter, 2 Kd. sowie Töchter aus 1. Ehe m. Dr. Marianne, geb. Partsch) - Stud. Rechtswiss. Promot. (1936 Hamburg), 1939 Ass.ex. - 1941 Doz., 1943 ao. Prof. Univ. Berlin, 1945 Univ. Göttingen, 1947 o. Prof. Universität Freiburg (Staats-, Verw.s- u. Völkerrecht), 1955 Ministerialdir. AA Bonn (Leit. Polit. Abt.), 1958 Botschafter USA, 1962 NATO Brüssel, 1971 Tokio; 1974 zugl. Botschafter Mongolische Volksrepublik (s. 1976 i.R.) - BV: E. Besatzungsstatut f. Dtschl., 1948; Dt. Außenpolitik d. Nachkriegszeit, 1960; Spiel d. Kräfte in d. Weltpolitik, 1970; Rückblenden 1976-51, 1979; Epochen d. Völkerrechtsgeschichte, 1984 - Mitgl. Intern. Schiedsgerichtshof Den Haag.

GREWEL, Hans

Dr. theol., Prof. f. Ev. Theologie Univ. Dortmund (s. 1973) - Bittermarkstr. 27, 4600 Dortmund 50 - Geb. 27. Nov. 1940 Düsseldorf - Promot. 1967 Marburg; Habil. 1972 Dortmund - BV: Mosegesch., 1971; Didakt. Grundleg. u. Modelle f. e. zeitgem. Religionsunterr., 1972; Christentum - was ist das? E. Elementarb., 1980; Brennende Fragen christl. Ethik, 1988.

GREWEN, Johanna

Dr.-Ing., Prof. f. Metallkunde TU Clausthal (apl.), Leiterin Büro Bonn, Fachinformationszentrum Karlsruhe GmbH - Bergstr. 31, 5205 St. Augustin/Sieg 1 - Geb. 11. Juli 1927 Innsbruck - Promot. 1954; Habil. 1965 - BV: Texturen metall. Werkstoffe, 1962 (m. G. Wassermann). Zahlr. Fachaufs.

GREWENIG, Leo

Prof., Kunstmaler - Lessingstr. 4, 6140 Bensheim (T. 06251 - 7 31 82 od. 7 39 76) - Geb. 16. Juni 1898 Heusweiler/Saar - 1921-23 Kunstakad. Kassel, 1924-25 am Bauhaus in Weimar, 1928-31 Kunstsch. Berlin-Schöneberg - Werke: Abstrakte Malerei - 1973 Prof.-Titel (Saarland); 1977 BVK.

GREWING, Michael

Dr. rer. nat. (habil.), o. Prof. f. Astronomie u. Institutsdir. Univ. Tübingen - Max-Planck-Str. 30, 7413 Gomaringen - Geb. 5. März 1940 Hamburg, verh. s. 1965 m. Karin, geb. Killinger, 3 Kd. (Andreas, Katrin, Christian) - Stud. Astron., Physik u. Math. 1959-65 Univ. Hamburg. Promot. 1965 Hamburg, Habil. 1969, apl. Prof. 1970-76, Wiss. Rat u. Prof. (1981-82 Dekan Fak. f. Physik Univ. Tübingen). 1965-66 Wiss. Mitarb. Hamburger Sternwarte, 1966-68 Wiss. Assist., b. 1970 Oberassist. Inst. f. Astrophysik u. extraterr. Forsch. Univ. Bonn, 1969-75 Vorstandsmitgl. Astron. Ges. (s. 1984 Vors.), 1972-77 Sprecher d. Sonderforsch.ber. Radioastron., 1972-80 Fachgutachter DFG. Mitgl. zahlr. in- u. ausl. wiss. Beratungsgremien. Üb. 90 Facharb., Tagungsbeitr.; Mitherausg. Astronomy and Astrophysics (s. 1981). Übersetz.: Galaxien v. R. J. Tayler v. Engl. ins Deutsche.

GREWING, Wilfried

Dr. rer. pol., Geschäftsführer Metzler international Optik GmbH, Mühlacker, Filitz GmbH, Mühlacker, Otto Filitz GmbH & Co. KG, Mühlacker, Opt. Ind. Ruhpolding Filitz GmbH, Ruhpolding, Metzler internat. Opt. Ges. mbH, Großgmain/Salzburg, Präs. Metzler internat. Optics Inc., Bergenfield/USA, opti lunettes modebrillen inc., Bergenfield/USA, Administrateur Délégué Metzler internat. Belgium S.A., Brüssel, Président Administrateur Délégué opti lunettes modebrillen Belgium S.A., Brüssel, Vice-Chairman of the Board Metzler internat. Optics Inc., Bergenfield/USA, opti lunettes modebrillen inc., Bergenfield/USA - Friedrich-Münch-Str. 48, 7130 Mühlacker 7 - Geb. 30. März 1928 Essen - Handelsrichter.

GRIASCH, Claus

Geschäftsführer Dt. Wasserski-Verb. - Biedenkopfer Weg 61, 6000 Frankfurt/M. 94.

GRIBKOWSKY, Hellmut

Dr., Dipl.-Volksw., Vorstand Haake-Beck Brauerei AG, Bremen - Simon-Hermann-Post-Weg 11, 2800 Bremen 33 - Geb. 20. April 1923 - Zuv. Vorst.smitgl. Hemelinger Aktien-Brauerei.

GRIEBEL, Hugo

Dr. jur. - Otto-Wallach-Weg 3, 2000 Hamburg 52 (T. 80 11 56) - Geb. 2. Febr. 1909 Frankfurt/M. (Vater: Carl G., Kaufm.; Mutter: Marie, geb. Griebel), verh. s. 1935 m. Ingeborg, geb. Dietel † 1981, 3 Töcht. (Juliane, Henriette, Martina) - Univ. Genf, Berlin, Frankfurt (Rechtswiss.). Gr. jurist. Staatsprüf. 1934 Berlin - 1934-72 DEA bzw. Texaco (1946 Vorstandsmitgl., 1962 stv. -vors.).

GRIEBEL, Martha

Dr. phil., Prof. f. Systemat. Pädagogik u. Gesch. d. Päd. PH Karlsruhe - Draganerstr. 9, 7500 Karlsruhe.

GRIEGER, Günter

Dr. rer. nat., Experimentalphysiker, Mitglied Direktorium u. Wiss. Leitung Max-Planck-Inst. f. Plasmaphysik, Garching b. München - Am Mühlbach 28, 8046 Garching - Geb. 26. Febr. 1931 Berlin, ev., verh. s. 1960 m. Ursula, geb. Dreissig, T. Martina - Promot. 1959 Univ. München - Wiss. Mitglied Max-Planck-Ges. - Spr.: Engl.

GRIEME, Horst Joachim

Dipl.-Kfm., Vorstandsmitglied Allg. Kreditversich. AG, Mainz - Georgsweg 38, 6229 Schlangenbad-Georgenborn (T. 06129-89 67) - Geb. 23. Okt. 1942 Hoya, verh. s. 1966 m. Erika Anna, geb. Nickel, 2 Kd. (Carsten, Celia) - Stud. Betriebsw. Univ. Hamburg - Spr.: Engl., Franz.

GRIEPHAN, Hans-Joachim

Geschäftsführer Bonnservice Werbe & Beratungsdienste GmbH, Herausg. Wirtschaftsinformationsbriefe Informationen aus Politik u. Wirtsch. u. Wehrdst. (Bonnkontakt Verlag GmbH) - Ubierstr. 71, 5300 Bonn 2 (T. 0228 - 35 77 44) - Geb. 26. Sept. 1937 Malchin/Meckl. - S. 1988 Präs. d. Fritz-Reuter-Ges. Lübeck. Sammelt Fritz-Reuter-Lit. (eig. Archiv).

GRIES, Ekkehard

Jurist, Innenminister a. D. Land Hessen (1976-82), MdB (s. 1987) - Friedrich-Ebert-Anlage 12, 6200 Wiesbaden (T.06121 - 35 35 00) - Geb. 16. Sept. 1936 Eichenberg b. Witzhausen (Vater: Otto G., Mutter: Ella, geb. Biervirth), kath., verh. m. Lieselotte, geb. Hopfe, 2 S. (Markus, Michael) - Abit. Göttingen, Jura-Stud. Göttingen, 1. Staatsex. OLG Celle, 2. Staatsex. OLG Frankfurt 1965. 1965-66 b. Reg.präs. Kassel, 1966-71 Hauptamtl. Stadtrat Oberursel, 1971-75 Abt.leit. (Min.Dirig.) Hess. Min. f. Wirtsch. u. Technik, 1975-76 Staatssekr. ebd., 1976-82 Hess. Minister d. Innern, s. 1982 Rechtsanw. 1986 Mitgl. Kreistag Hochtaunuskr. - Spr.: Engl., Franz., Span.

GRIES, Friedrich-Arnold

Dr. med., o. Prof. u. Lehrstuhlinh. f. Innere Medizin (Diabetologie) Univ. Düsseldorf (s. 1973) - Zonser Str. 3, 4040 Neuss/Rh.

GRIES, Gerhard

Rechtsanwalt, Hauptgeschäftsf. Markenverb. - Schöne Aussicht 59, 6200 Wiesbaden (T. 52 20 71) - Geb. 20. Nov. 1926 - Vorst.smitgl. Ges. zur Erforschung d. Markenwesens, Wiesbaden, div. Fachverb.smitgliedsch. Herausg. Ztschr. Markenartikel.

GRIES, Günter

Dr. med., Prof., Internist - Perfallstr. 1, 8000 München 80 - S. Habil. Lehrtätigk. Freie Univ. Berlin (apl. Prof. f. Inn. Med.).

GRIES, Werner

Dr., Ministerialdirigent, Leiter Unterabt. Leitungsstab u. Lebenswiss. d. Bundesmin. f. Forsch. u. Technol. - Plittersdorfer Str. 122, 5300 Bonn 2 (T. 0228 - 35 68 86) - Geb. 28. Sept. 1940, kath., verh. s. 1967 m. Margot, geb. Müller, 2 Töcht. (Jasmin Susann, Christin Isabell) - Stud. Physik Mainz u. Heidelberg; Dipl.-Physiker Heidelberg; Stud. Volksw. Mannheim, Promot. 1970 Mannheim - 1971-78 wiss. Assist. CDU/CSU Fraktion Bonn; 1978-83 Abt.leit. Dt. Ges. f. Wiederaufarb. v. Kernbrennstoffen (DWV); s. 1983 Bundesministerium f. Forsch. u. Technol.; b. 1988 Pressesprecher, dann Leit. Leitungsstab u. Unterabt. Lebenswiss. - BV: Ausb., Forsch. u. Wirtsch.wachstum, 1971; Forsch.politik u. Wirtsch. in d. Bundesrep., 1973 - Spr.: Engl., Franz.

GRIESCHE, Detlef

Wiss. Univ.-Mitarbeiter, MdBB - Osnabrücker Str. 25, 2800 Bremen - Geb. 8. Febr. 1942 Salzgitter (Vater: Hans G., Kunstmaler; Mutter: Elisabeth, geb. Hamel), verh. s. 1975 m. Heike, geb. Pundsack, S. Mirco Ole Gordon - 1958-67 Handw.geselle; 1967-72 Stud. German. u. Politik; s. 1972 wiss. Mitarb. Univ. Bremen - 1970-72 Mitgl. Gründungssenat Univ. Bremen; 1977-81 Bundesvorst. Wiss. u. Forsch. ÖTV. SPD (s. 1979 Mitgl. Unterbez.vorst. Bremen-Ost; s. 1982 Mitgl. Brem. Bürgersch.) - BV: D. Bremer Hochschulreform u. d. Presse, 1974; Lage, Bewußtsein u. Int. d. Arbeitn. im unmittelb. öffentl. Dienst, 2 Bde. 1976; Gewerkschaftl. Bildungsarb. u. Interessenvertr. im betriebl. Alltag, (m. and.) 1980 - Spr.: Engl., Franz.

GRIESE, Friedrich-Wilhelm

Dr.-Ing., em. Prof. TU Clausthal (s. 1967), Geschäftsf. Ingenieurbüro f. Anlagentechnik - Bremerstieg 15, 3392 Clausthal-Zellerfeld (T. 16 33) - Geb. 1. Jan. 1914 Oberbrügge/W. (Vater: Friedrich Wilhelm G., Reichsbahnbeamter; Mutter: Maria, geb. Langenbach), verh. in 2. Ehe (1962) m. Ingeborg, geb. Poser, 5 Kd. - TH Hannover (Allg. Maschinenbau; Dipl.-Ing. 1938). Promot.

1943 Aachen - Betriebsleit. Kreiselgeräte GmbH, Berlin; Direktionsassist. DEMAG AG, Duisburg; Leit. Maschinenst. Verein Dt. Eisenhüttenleute, Düsseldorf; Betriebsdir. Röchling'sche Eisen- u. Stahlwerke GmbH, Völklingen. Div. Mitgliedsch. Facharb. - Ehrenring VDI (1953) u. Dt. Verb. f. Schweißtechnik (1954).

GRIESE, Walter

Dr. rer. pol., Dipl.-Kfm., Vorstandsvorsitzer Flachglas AG (1976-81) - Zeißbogen 81, 4300 Essen-Bredeney - Geb. 3. März 1914 (Vater: Wilhelm G., Kaufm.; Mutter: Wilhelmine, geb. Splittmann), verh. m. Liselotte, geb. Hartmann - B. 1982 Vorst.-Mitgl. Dahlbusch Verwaltungs-AG; AR-Mitgl. Flachglas AG, u. Gelsenwasser AG.

GRIESEL, Heinz

Dr. rer. nat., Univ.-Prof. - Zeisigweg 6, 3507 Baunatal 2 b. Kassel - Geb. 4. März 1931 Duisburg (Vater: Paul G., Werkmeister), ev., verh. s. 1970 m. Ursula, geb. Holland-Letz - Gymn.; Univ. Tübingen u. Münster (Math., Physik, Logik, Phil.; Promot. 1957) - 1958-67 Höh. Schuldst. Dortmund, Lüdenscheid, Hagen; s. 1967 Prof. Päd. Hochsch. Hannover (Didaktik d. Math.). 1960-68 Lehrbeauftr. Univ. Münster, s. 1971 Prof. Univ. Gesamthochsch. Kassel (Math., insb. Didaktik d. Math.), 1975-79 Vors. Ges. f. Didaktik d. Math. - BV: Hersg. u. Mitautor d. math. Unterr.-werke Math. heute, Welt d. Math., Math. f. Kinder u. Informatik heute; Analysis I, 1968; Analysis II, 1971; D. Neue Math. f. Lehrer u. Studenten, Bd. 1/1971, Bd. 2/1973, Bd. 3/1974. Zahlr. Einzelarb. - Spr.: Engl.

GRIESER, Dietmar

Prof. h.c., Journalist, Schriftst. - Dannebergplatz 20, A-1030 Wien III (Österr.) - Geb. 9. März 1934 Hannover - BV (1973-86): V. Schloß Gripsholm z. River Kwai, Schauplätze österr. Dichtung, Schaupl. d. Weltlit., Piroschka, Sorbas & Co., Irdische Götter, Musen leben länger, Goethe in Hessen, Glückl. Erben, Historische Straßen in Europa, Mit den Brüdern Grimm durch Hessen, In deinem Sinne, Alte Häuser - große Namen, D. kleinen Helden, E. Liebe in Wien - 1987 Eichendorff-Lit.preis.

GRIESER, Helmut

Dr. phil., Prof., Historiker - Flehmer Str. 11, 2427 Malente-Gremsmühlen - Geb. 11. Juni 1941 Altenburg/Thür. - Promot. 1969; Habil. 1978 - Univ. Kiel; Vorles.: Gesch. d. Neuzeit u. neuesten Zeit. Div. Bücher u. Aufs.

GRIESHABER, Bruno

Fabrikant, gf. Gesellschafter VEGA Grieshaber GmbH & Co, Erzeugung u. Vertrieb elektron. Füllstandsanzeigen, Schiltach/Schwarzwald, Grieshaber Verwaltungsges. mbH, Wolfach, Grieshaber Grundbesitz GmbH, Grieshaber Holding GmbH, AR-Vors. Volksbank Schiltach - Allgeirhof, 7620 Wolfach-Übelbach (T. 07834 - 2 62) - Geb. 16. Sept. 1919 Triberg (Vater: Bruno G., Fabrikant; Mutter: Amalie, geb. Burger), kath., verh. s. 1965 in 2. Ehe m. Margarete, geb. Wickersheimer, 2 S. (Jürgen-Heiko, Frank-Michael).

GRIESINGER, Annemarie, geb. Roemer

Ministerin a.D., Vors. Bundesvereinig. d. Lebenshilfe (1984ff.) - Gartenstr. 29, 7145 Markgröningen (T. 07145 - 52 57) - Geb. 21. April 1924 Markgröningen (Vater: Prof. Dr. Hermann Roemer, Theologe u. Historiker, Mitbegr. d. CDU Ludwigsburg), ev., verh. s. 1953 m. Prof. Dr. phil. Dipl.-Volksw. Heinrich G. Ausbildungsleiter Robert Bosch GmbH. u. Lehrbeauftr. Univ. Stuttgart - Schule (Abit. 1942), Haushaltungs- u. Soz. Frauensch. - Berufsberat.; ab 1956 Kreisfürs. Ludwigsburg. 1964-72 MdB (1969 stv. Vors. CDU/CSU-Fraktion), s. 1976 MdL Baden-Württ.; 1972-80 Min. f. Arbeit, Gesundh. u. Sozialordn. Baden-Württ.; 1980-84 Min. f. Bundesangelegenh. u. Europabeauftr. d. Landesreg. 1956-59 Vorstandsmitgl. Jg. Union Nordwürtt. CDU (u. a. Vors. Kreisfrauen-, Mitgl. Landesfrauenvereinig., 1958 3. stv. Landesvors. Nordwürtt.). U. a. Präs.-Mitgl. d. EU Dtschl. u. Landesvors. d. Europa-Union v. Baden-Württ., Präs.-Mitgl. DRK - 1966 Gold. Sportabz. (1967 wiederh.); Gr. BVK.

GRIESS-NEGA, Torsten

Kaufmann, Vors. d. Geschäftsltg. Griess-Nega'sche Vermögensverw. GmbH & Co. Beteilig. KG - Frankfurter Str 70, 6350 Bad Nauheim (T. 06032 - 8 09 20) - Geb. 9. Juli 1941 Hamburg (Vater: Paul G.-N., Kaufm.) - Univ. Hamburg, Kiel, Fontainebleau, London (Dipl.-Volksw. 1968, M.B.A. 1971) - 1974 Vorst.-Mitgl. Kurat. d. Dt. Wirtsch. f. d. Europ. Inst. f. Untern.führung, Fontainebleau; 1985 VR Univ. Koblenz; Beir.- u. AR-Mand. - Spr.: Engl., Franz., Span.

GRIESSEIER, Helmut

Dr. phil., Dipl.-Meteorol., Prof. f. Theoret. Meteorologie u. Ozeanographie - Mariendorfer Damm Nr. 102, 1000 Berlin 42 - Geb. 2. Juli 1920 Graz (Österr.), kath., verh. s. 1943 m. Gerda, geb. Pliske - Promot. 1949 Graz; Habil. 1962 Berlin (Humboldt) - S. 1962 Lehrtätigk. Univ. Mainz u. FU Berlin (1968; 1969 Wiss. Rat u. Prof., 1971 Prof.). Üb. 100 Fachaufs. - Liebh.: Archäol., Bergsteigen - Spr.: Engl., Russ.

GRIESSER, Gerd

Dr. med., o. Prof., Präsident Christian-Albrechts-Univ. Kiel (1979-85) - Barstenkamp 51, 2300 Kiel-Rammsee (T. 65 03 10) - Geb. 31. Juli 1918 Stuttgart, verh. s. 1942 m. Gisela, geb. Breuer - Univ. Berlin u. Tübingen. Kreiskrkhs. Illertissen (1945ff.) u. Chirurg. Univ.-Klinik Tübingen (1951ff.), em. o. Prof. f. Mediz. Statistik u. Dokumentation d. Univ. Kiel (1960ff.). Geschäftsf. ITK Informationstechnol. Kiel GmbH, 1968-85 Vors. Schleswig-Holst. Krebsges., Vors. Landesgesundheitsbeirat - Wes. Veröffentl.: Maßgeb. Arbeiten zu medizinischer Informatik, insbes. Informationssysteme. Automatisierung im klin. Laboratorium, 1967. Realization of Data Protection in Health Information Systems, 1980; Data Protection in Health Information Systems-Considerations and Guideliues, 1983; Data Protection in Health Information Systems - Where do we stand?, 1983 - Spr.: Engl.

GRIESSINGER (ß), Oskar

Dr. jur., Generalstaatsanwalt i. R. b. Bayer. Obersten Landesgericht - Zu erreichen üb. Wohnstift Augustinum, App. 478, 8918 Dießen/Ammersee (T. 08807 - 7 04 78) - Geb. 10. Aug. 1905.

GRIESSMANN (ß), Heinrich

Dr. med., Prof., Chirurg u. Urologe i. R. - Marienstr. 19, 2350 Neumünster/Holst. (T. 04321 - 4 74 74) - Geb. 17. Sept. 1909 Königs-Wusterhausen b. Berlin (Vater: Dr.-Ing. Dr.-Ing. E. h. Arno G., langj. Vorstandsmitgl. Krupp-Werke, Ehrensenator TH Braunschweig, -mitgl. VDI (1876-1953); Mutter: geb. Seiler), ev., verh. s. 1934 m. Ruth, geb. Möbes †, i. 2. Ehe s. 1978 m. Hildegard, geb. Krey, 3 Kd. - Univ. Marburg, München, Leipzig (Promot. 1933) - 1935 Assist. Univ. Leipzig (Pathol. u. Physiol. Inst.), 1936 Chir. Univ.-Klin. Gießen, 1939 Kiel, Oberarzt, 1942 Doz., 1947 apl. Prof. ebd., 1950 Chefarzt Chir. Abt. Städt. Krkhs. Neumünster. Üb. 150 fachwiss. Veröff. - Liebh.: Jagd - Spr.: Engl. - Rotarier.

GRIFFITHS, Hilary

Dirigent u. Kapellmeister Oper d. Stadt Köln - Graf-Adolf-Str. 28, 5000 Köln 80 (T. 0221-620 18 60) - Geb. 18. März 1949 Leamington Spa, England, anglik., verh. s. 1978 m. Andrea, geb. Andonian, S. Jason Christopher - King's College School, Cambridge, Uppingham School, Trinity College, Oxford (Promot. Math.; Master of Arts with honours 1969); 1971-73 Royal Acad. of Music (Dipl.); 1974-75 London Opera Centre (Dipl.), 1975-76 Conservat. G. Verdi, Mailand (Dipl.) - 1969 Gründer u. Dirig. Oxford & Cambridge Philharmonic Orch., 1970 Gründ. d. London Viennese Orch. u. d. Alessandro Consorts - Veröff.: La verità in cimento v. Vivaldi (Hrsg.) 1981. Dirig. Festspiele: San Remo 1976, Barga 1976, Edinburgh 1981, Camden (London) 1983. Gastdir. Dt. Oper am Rhein (1983/84), Basler Theater (1984/85). Send. b. BBC, ITV u. WDR - Liebh.: Tennis, Squash, Katzen, Gesang - Spr.: Engl., Ital., Franz.

GRIGORIEFF, Rolf Dieter

Dr. phil. nat., o. Prof. f. Mathematik - Groener Str. 6, 1000 Berlin 20 - Geb. 7. Okt. 1938 Berlin - Promot. (1967) u. Habil. (1970) Frankfurt/M. - S. 1970 Prof. TH Darmstadt u. TU Berlin (1971), Berufungen an die Univ. Erlangen u. Nijmegen abgelehnt - BV: Numerik gewöhnl. Differentialgleich. I + II, 1972 u. 1977; Hrsg. v. 2 Kongreßber., 1978 u. 1980.

GRIGOROWITSCH, Lucian

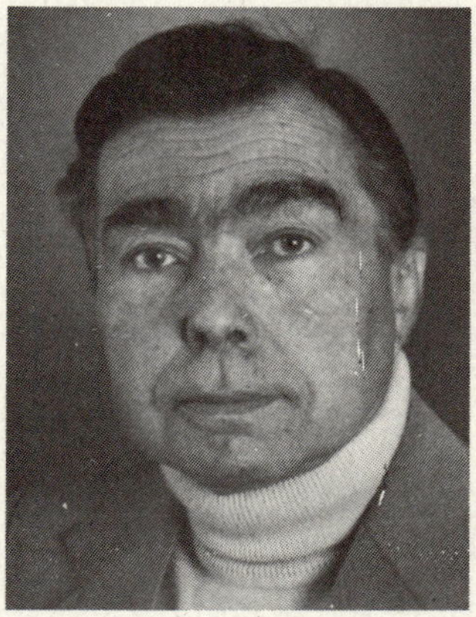

Journalist, Schriftst., Komp., Rundfunkredakteur (i. R.) (Ps. Werner Anrod) - Sonnenstr. 4, 5468 St. Katharinen - Geb. 30. Juli 1924 Vatra-Dornei (Rumänien), orth., verh. m. Christiane, geb. Neukirch, 2 Töcht. (Eva-Alexandra, aus 1. Ehe Lucia-Maria) - Stud. Jura, Volkswirtsch. Bukarest; Staatsex. Jura u. Volkswirtsch.; Musikstud. (Kompos. u. Musikwiss.) in Czernowitz u. Wien - Kriegsteiln.; 1948-50 Tätigk. im rumän. Außenhandelsdienst; 1950-58 div. Tätigk. u.a. im polit. Untergrund; 1958-64 polit. Haft (Rumän.); 1970-87 geh. Redakt. Dt. Welle (Köln); Mitarb. u.a. Rhein. Merkur, D. Wettwoche, Frankf. Hefte, Ztschr. f. Politik; Mitgl. DJV, Vereinig. Europ. Journal. (dt. Sektion), Exil-PEN-Club dt.sprach. Autoren; s. 1970 GEMA - BV: Kulturelle Integration im Ostblock, Sachb. 1975; Aus d. Tageb. d. Levy Levitzky, R. 1981; Übers.: Paul Goma, D. rote Messe (aus d. Rumän.), 1984. Zahlr. musikal. Urauff. in Rumänien, Polen, d. DDR u. d. Bundesrep. Dtschl. 3 Symphon. Tänze, Transitions 1-3 (Klavier), 3 modale Variationen f. Violine u. Klavier - 1967 Gold. Med. Kompos.-Wettbewerb - Liebh.: Musik, Lit. - Spr.: Rumän., Franz., Ital. - Lit.: Kreis d. Freunde (Dülmen), Siegburger Pegasus, Kürschners Lit.Kalender, Frank-Altmann: Lex. d. Tonkünstler.

GRIGULL, Ulrich

Dr.-Ing., Dr.-Ing. E.h., Prof. f. Techn. Thermodynamik, Altpräsident TU München, Präs. Intern. Assoc. for the Properties of Steam (s. 1986) - Heinrich-Vogl-Str. 1, 8000 München-Solln (T. 79 65 57) - Geb. 12. März 1912 Gallingen/Ostpr. (Vater: Wilhelm G., Pfarrer; Mutter: Anna, geb. Wormit), ev., verh. s. 1937 m. Lydia, geb. Freiheit, 2 Töcht. (Barbara, Andrea) - Stadtgymn. Königsberg/Pr.; TH Danzig (Maschinenbau; Dipl.-Ing 1936). Promot. 1943 Braunschweig - 1937-42 Forschungsanstalt f. Luftfahrt, Braunschweig; 1942-45 Kriegsmarine; 1945-53 berat. Ing. u. Mitarb. versch. Firmen; 1953-60 Farbenfabriken Bayer AG, Leverkusen; s. 1960 Ord. u. Institutsdir. TU München (1972-75 Rektor; 1975-80 Präs.) - BV: D. Grundgesetze d. Wärmeübertragung, 3. A. 1963 (m. Gröber u. Erk; russ. 1958, engl. 1961, jap. 1963, span. 1966) Nachdruck 1988; Temperaturausgleich in einfachen Körpern, 1964; Techn. Thermodynamik, 1966, 3. A. 1977 (türk. 1970); Wärmeleitung, 1979 (m. Sandner; engl. 1984); Properties of Water and Steam, 4. A. 1989 - 1974 Max Jakob Award Tokio; 1977 Bayer. VO.; 1978 Carl-Friedrich-Gauss-Med.; 1979 Arnold-Eucken-Med.; 1975 o. Mitgl. Bayer. Akad. d. Wiss.; 1978 Korr. Mitgl. Braunschweig. Wiss. Ges.; 1982 A. V. Luikow-Med.; 1984 Bayerischer Maximiliansorden; 1985 Dechema-Med. - Spr.: Engl.

GRILL, Harald

Schriftsteller - Nr. 312, 8411 Wald/Oberpf. - Geb. 20. Juli 1951 Hengersberg - BV: Einfach leben, Ged. 1982; Gute Luft, auch wenn's stinkt, Kinderb. 1983; D. fünfzehnte Kreuzwegstation, Ged. 1984; Wegzehrung, Ged. 1988; Findling unterm Herz, bairische Ged. 1988; Wenn d. Krawugerl kommt, bairische Gesch. 1989; Da kräht kein Hahn nach Dir, Kinderb. 1990. Theaterst.: Dem Hans sei Ganshaut - wo d. Liebe hinfällt (1985), Jorinde u. Joringel im Wackersdorfer Wald - 22 Bilder e. Himmelsbeerdigung (1987); Emma, literarisch-kabarettistisches Ein-Frau-Stück (1988); Halt d. Luft an (1989) - 1983 Kulturförderpr. Stadt Regensburg; 1988 Würzburger Lit.preis.

GRILL, Kurt-Dieter

Ing. grad., Bauoberinspektor a. D., MdL Nieders. (s. 1974) - Breese in der Marsch 2, 3138 Dannenberg 3, od. Postf. 1245, 3138 Dannenberg - CDU.

GRILL, Wolf

Dr. jur., Rechtsanwalt, Syndikus Bundesverb. öfftl. bestellter u. vereid. Sachverständiger - Leopoldstr. 19, 8000 München 40.

GRILLMEIER, Alois

Dr. theol., o. Prof. f. Dogmatik u. Dogmengesch. (emerit.) - Offenbacher Landstr. 224, 6000 Frankfurt/M. (T. 6 06 11) - Geb. 1. Jan. 1910 Pechbrunn (Vater: Joseph G., Landw.; Mutter: Maria, geb. Weidner), kath. - 1920-29 Gymn.; 1929-31 Noviziat S. J.; 1931-34 Berchmannskolleg Pullach/Obb. (Phil.); 1934-38 Stud. Theol. Valkenburg (Holl.) u. Frankfurt; 1939-40 Rom. Promot. 1942 Freiburg/Br. - S. 1948 o. Prof. Theol. Fak. S. J. Büren u. Theol. Fak. S. J. Frankfurt/M. - Phil. Theol. Hochsch. St. Georgen (1950) - BV: D. Logos am Kreuz, 1956; Christ in Christian Tradition, 1965, 2. A. 1975 (m. franz. Übers. d. 1. A.) (London & Oxford); dt. Neubearb.: Jesus d. Christus i. Glauben d. Kirche Bd. I (Freiburg 1979; zugl. ital. Übers., Brescia 1981); Bd. II/1, 1986 (engl. Übers. 1987); Wandernde Kirche u. werdende Welt, 1968; Ermeneutica moderna e cristologia antica, 1973; Mit ihm und in ihm. Christol. Forsch. u. Perspekt., 1975, 2. A. 1978. Herausg.: D. Konzil v. Chalkedon (3 Bde. 1951/54; 5. A. 1979, m. H. Bacht) - Dr. theol. h. c. Kath. Theol. Fachber. Univ. Mainz 1977 - Spr.: Engl., Franz., Ital.

GRILLO, Gabriela Dagmar

Freie Journalistin, Dressurreiterin u. Olympiateilnehmerin - Großenbaumer Str. 250, 4330 Mülheim (T. 0208 - 48 66 37) - Geb. 19. Aug. 1952 Duisburg (Vater: Herbert G., Kaufm.; Mutter: Marita, geb. Withofer), ev., ledig - Abit. Gymn. Duisburg; Stud. Musikwiss., German. u. Theaterwiss. Univ. Köln - 1979-83 Jugendwart Reit- u. Fahrverein am Uhlenhorst, Mülheim; s. 1980 ständ. Mitarb. Fachztschr.: Reiten u. Fahren; ab 1981 Vorst. Fachgr. Dressur im Dt. Reiter- u. Fahrerverb. (DRFV), s. 1985 Mitgl. im DOKR (Dt. Olympiade-Komitee f. Reiterei), s. 1985 fr. Mitarb. f. L'Année Hippique, s. 1988 Präs. Intern.

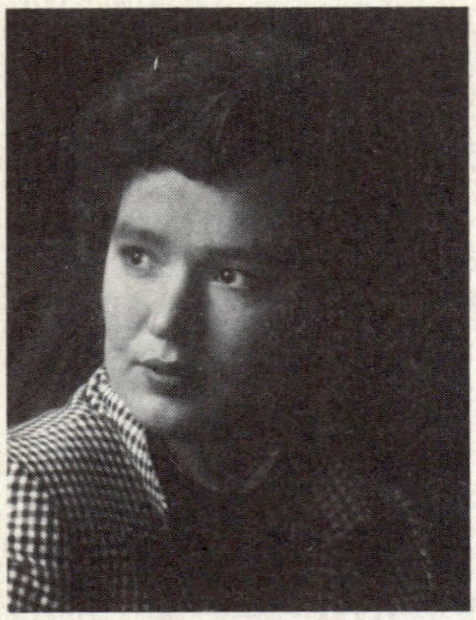

Dressage Riders Club, Mitgl. im Dressage World Cup Committee - BV: 60 Worte Reiterdeutsch, 1979 - 1971 Gold. Dt. Reiter-Abz. Kl. I; 1976 Sportehrenplak. Stadt Mülheim u. Duisburg; Silb. Lorbeerblatt; FN-Ehrenzeichen in Gold m. Olymp. Ringen; Gold. Ehrennadel Trakehnerverb.; Gold. Leistungsnadel Verb. d. Reit- u. Fahrvereine Rheinl.; Gold. Nadel des St. Georg Reitclub Salzburg; 1980 FN-Ehrenzeichen Sonderst. Gold (Festival d. Dressurreiter) u. Sportplak. Land NRW; 1981 Freiherr v.-Schrötter-Wohnsdorf Gedächtnis-Plak. (Trakehner-Verb.); 1983 Ehrenpokal Westd. Sportpresse - Liebh.: Musik, Lit., Kunst, Naturwiss. - Dt. Dressurderby: 1977 1. Platz Ultimo, 1978 2. m. Wilhelm Tell, 1980 1. m. Ultimo. Dt. Meistersch.: 1977 1. m. Ultimo, 1978 3. m. Ultimo, 1979 1. m. Ultimo, 1980 1. m. Galapagos, 1981 1. m. Galapagos, 1982 1. m. Galapagos, 1983 1. mit Grandison, 1984 3. m. Grandison; rhein. Mannsch. 1979 1. Pl., 1980 3., 1981 2. u. 1982 1., alle m. Galapagos, 1983 3. Pl. m. Grandison. Europameisterschaft: 1977 St. Gallen 4. m. Ultimo (1. Mannsch.), 1979 Aarhus 8. m. Ultimo (1. Mannsch.), 1981 Laxenburg 3. m. Galapagos (1. Mannsch.). Festival d. Dressurreiter: 1980 Goodwood 5. m. Ultimo. Weltmeistersch.: 1978 Goodwood 10. m. Ultimo (1. Mannsch.), 1982 Lausanne 4. m. Galapagos (1. Mannsch.). Olymp. Spiele: 1976 Montreal 4. m. Ultimo (1. Mannsch., Goldmed.). S. 1986 Mitgl. im Dressage World Cup Committee Fédération Equestre Intern. (FEI) - Spr.: Engl., Franz. - Bek. Vorf.: Herbert G. (Vater), Wilhelm G. (Urgroßv.), Friedrich G. (Ururgroßonkel) - Lit.: Jasper Nissen, Pferde, Reiter, Fahrer, Züchter (1979).

GRIMEISEN, Gerhard

Dr. rer. nat., Prof., Math. Inst. Univ. Stuttgart - Jahnstr. 28/1, 7022 Leinfelden-Echterdingen 3 (T. 79 65 26) - Geb. 24. Mai 1921 Außig (Vater: Erich G., Elektromeister; Mutter: Maria, geb. Morawek), verh. s. 1955 m. Antonie, geb. Winkler, 2 Töcht. (Maria-Martha, Renate) - 1946-53 Univ. Greifswald, Heidelberg, Erlangen (Dipl.-Math.). Promot. (1959) u. Habil. (1963) Stuttgart - 1955-58 Allianz Lebensversich.-AG., Stuttgart (Versich.math.); s. 1958 TH bzw. Univ. ebd. (1961 Wiss. Rat; 1963 Privatdoz., 1969 apl. Prof., 1978 Prof.). Gast Univ. of Florida (1964/65) u. Colorado (1969/70). 1967 (SS.) Lehrstuhlvertr. Univ. Tübingen - 1981 Memorial Plaque of Bernard Bolzano - Liebh.: Fotogr., Filmen - Spr.: Engl., Franz.

GRIMM, Albrecht

Dipl.-Ing., Vermessungs-Ass., Prof. f. Prakt. Geodäsie u. Photogrammetrie Univ. Siegen (Fachbereich Bauing.wesen) - Nassauische Str. 15, 5912 Hilchenbach/Westf. (T. 02733 - 46 00) - Veröff. z. Gesch. d. Photogrammetrie in Dtschl., Einsatz v. Minicomputern in d. Photogrammetrie u. Präzisions-Flugführung f. Special Missions.

GRIMM, Claus

Dr. jur., Vizepräsident Bundesfinanzhof München (s. 1986) - Waldstr. 6a, 8032 Gräfelfing (T. 85 52 34) - Geb. 9. Okt. 1923 - Kriegsdst. (Seeoffz.) - 1957 wiss. Mitarb. Bundesfinanzhof, 1962 Richter FG München, 1969 Bundesrichter, 1981 Vorsitzender Richter Bundesfinanzhof.

GRIMM, Dieter

Dr. jur., LL.M. (Harvard), Bundesverfassungsrichter, Univ.-Prof. f. öffentl. Recht Univ. Bielefeld (s. 1979) - Schlossbezirk 3, 7500 Karlsruhe - Geb. 11. Mai 1937 Kassel, kath. - Stud. d. Rechtswiss. u. Politikwiss. Univ. Frankfurt, Freiburg, Berlin, Paris u. Harvard; bde. jurist. Staatsex.; LL.M. 1965 Harvard, Promot. 1970 Frankfurt, Habil. 1979 ebd. - 1967-79 wiss. Ref. Max-Planck-Inst. f. europ. Rechtsgesch. Frankfurt - BV: Solidarität als Rechtsprinzip, 1973; Rechtswiss. u. Nachbarwiss., 2 Bde., 2. A. 1976; Einf. in d. Öffentliche Recht, 1985; Einf. in d. Recht, 1985; Nordrh.-westf. Staats- u. Verwaltungsrecht (m. H.J. Papier), 1986; Recht u. Staat d. bürgerl. Ges., 1987; Deutsche Verfassungsgesch., Bd. I, 1988.

GRIMM, Gerhard

Prof., Hochschullehrer - Regensburger Str. 235, 7410 Reutlingen - Geb. 10. Juli 1927 Grünsfeld/Baden (Vater: Karl G., Rektor; Mutter: Barbara, geb. Fluhr), kath., verh. in 2. Ehe (1964) m. Margarete, geb. Pichowiak, 5 Kd. (Cornelia, Bettina, Petra, Peter, Sabine) - Karl-Friedrich-Gymn. Mannheim; Kunstakad. u. Univ. Karlsruhe - S. 1962 Doz. PH Reutlingen (Kunstpäd.). Holzschnitte u. Buchgraphik - BV: D. Maler Otto Laible, 1970; D. Maler Wim van Dijk, Bd. 8 Schriftenr. d. Museumsges. Ettlingen 1976; D. Malerin Heidrun Maurer, Bd. 9 Schriftenr. d. Museumsges. Ettlingen 1977; Felix Hoffmann - d. graph. Werk, 1978; D. Maler Ernst Odefey, 1980; Gudrun Krüger - Plastik, Graphik, 1982; Gabriele Sieber - Malerei u. Graphik, 1982; D. Laible-Schule, 1982; Farbe u. Malen, in: Handb. d. Ästhet. Erz. (hrsg. A. v. Criegern), 1982; E. Besuch b. Klausz Herzer, in: Katalog Klaus Herzer, 1982; D. Maler Franz Heinrich Gref, 1983; Gunther Vogel - graph. Malereien, 1983; D. Maler Fritz Sprandel, 1983; D. Malerin Gude Schaal, Katalog 1985. Herausg.: Ernst Piepenschneider - Zeichnungen (1977) - Lit.: Harwalik, G. G. - Zeichnungen/Druckgraphik (1977).

GRIMM, Gottfried

Landrat Kr. Fürstenfeldbruck (s. 1972) - Münchener Str. 32, 8080 Fürstenfeldbruck/Obb. - Geb. 6. April 1936 Aschaffenburg - Staatsdst. (zul. Regierungsdir.). CSU - 1985 BVK.

GRIMM, Günther

Dr. phil., Prof. f. Klass. Archäologie Univ. Trier - Auf der Lai 13, 5501 Gusterath.

GRIMM, Gunter E.

Dr. phil., Univ.-Prof. f. Neuere dt. Lit. Univ. Würzburg (s. 1988) - Gertraud-Rostosky-Str. 41A, 8700 Würzburg - Geb. 21. April 1945 Bad Wurzach, verh. s. 1973 m. Rosemarie, geb. Schukraft, 2 Kd. (Oliver, Sonia) - Stud. German., Gesch., Politik; Staatsex. 1969/70, Promot. 1970, Habil. 1981 Tübingen. 1983-88 Prof. Univ. Tübingen. Gastprof. Bielefeld, St. Louis/Missouri, Gießen - BV: D. Hiob-Dichtung Karl Wolfskehls, 1972; Rezeptionsgesch. Grundlegung e. Theorie. Mit Analysen u. Bibliogr., 1977; Lit. u. Gelehrtentum in Deutschl. Unters. z. Wandel ihres Verhältnisses v. Humanismus b. z. Frühaufklärung, 1983. Herausg.: Lit. u. Leser, Theorien u. Modelle z. Rezeption lit. Werke (1975); Satiren d. Aufklärung. Texte z. Satire u. Satirentheorie (1975, 2. A. 1979); Theodor Storm. Ged. u. Texte z. Lyriktheorie (1978); Justinus Kerner. Ausgew. Werke (1981); Gotthold Ephraim Lessing: Sämtl. Ged. (1987); Ged. u. Interpretationen. Dt. Balladen (1988); Italien-Dichtung, 2 Bde. (1988). Mithrsg.: Lessing. Epoche - Werk - Wirkung. (1975, 5. A. 1987); Im Zeichen Hiobs. Jüd. Schriftsteller u. dt. Lit. im 20. Jh. (1985, 2. A. 1986); Apokalypse. Weltuntergangsvisionen in d. Lit. d. 20. Jh. (1986); Deutsche Dichter. Leben - Werk - Wirkung, 8 Bde. (1988ff.); Sturz der Götter? Vaterbilder in Lit., Medien u. Kultur d. 20 Jh. (1989) - Liebh.: Kunst, Musik, Film, Theater, Reisen - Spr.: Engl., Franz., Ital., Latein.

GRIMM, Hubert Georg

Dr. phil., Prof. FH Karlsruhe (s. 1978) - Moltkestr. 4, 7500 Karlsruhe 1 (T. 0721 - 16 93 33) - Geb. 11. Juli 1946 Ellenberg, kath., verh. s. 1974 m. Christine, geb. Tholus, 2 Kd. (Matthias, Marlies) - 1967-73 Univ. Regensburg (Psych.); Promot. 1978 München - 1975-79 Redakt.; Mitgl. Herausgeberbeirat Ztschr. f. Verkehrssicherheit - BV: Evaluation v. Lehrgangsunterlagen z. Industriemeisterqualifikation, 1984; Grundzüge d. Mitarbeiterführung u. d. Managements, 1986; Wahrnehmungsbedingungen u. sicheres Verhalten im Straßenverkehr, 1988; D. Gestaltung d. Benutzerschnittstelle b. interaktiven Systemen, 1988 - Liebh.: Wissenschaftstheorie - Spr.: Engl.

GRIMM, Joachim

Dr. rer. pol., Dipl.-Hdl., Prof. f. Allg. Betriebswirtschaftslehre u. Produktionsw. Gesamthochschule Siegen - Jung-Stilling-Str. 11, 5905 Freudenberg.

GRIMM, Jürgen

Dr. phil., o. Prof. f. Roman. Philologie - Althausweg 109, 4400 Münster/W. - Geb. 17. Dez. 1934 - Promot. (1964) u. Habil. (1971) Freiburg/Br. - S. 1974 Ord. Univ. Münster (Dir. Roman. Sem.). Bücher zum franz. Theater (Avantgarde-Theater, Vitrac, Molière); z. franz. Lit. d. 17. Jh. (Molière, La Fontaine), z. Literaturgeschichtsschreib. u. literaturwiss. Methodenlehre (Einf.). Herausg.: Franz. Literaturgesch. (1989).

GRIMM, Paul F. K.

Bundesgeschäftsführer Dt. Polizeigewerkschaft - Karl-Schurz-Str. 97, 7320 Göppingen (T. 07161 - 7 35 17 od. 7 93 82) - Geb. 3. März 1938 Schwaigern, ev., verh. s. 1967 m. Christa, geb. Scharke, 3 Kd. (Alexander, Ursula, Bernhard) - Handw.lehre, Polizeibeamter (1952-86) - Leit. Bundesgeschäftsstelle d. DPolG; Mitgl. Tarifkommiss. d. Tarifgemeinsch. f. Angest. im ö. D., Tarifbeauftr. - Liebh.: Obst- u. Gartenbau, Kleintierzucht - Lit.: Polizeispiegel u. Spiegel Nr. 8/85, Neue Revue (1988).

GRIMM, Reinhold

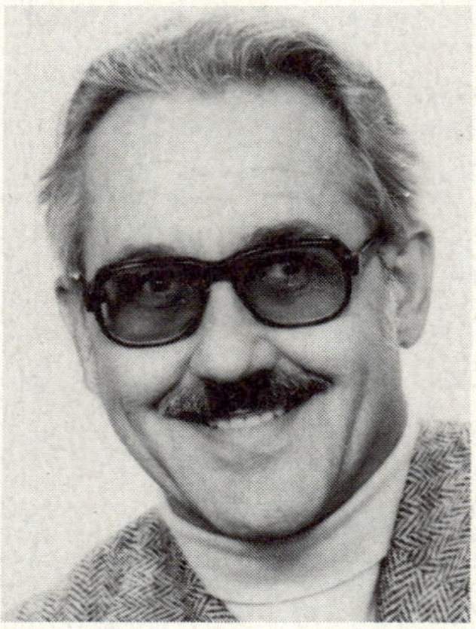

Dr. phil., Dr. h.c., Vilas Research Prof. of Comparative Literature and German, Univ. of Wisconsin-Madison (s. 1980) - 3983 Plymouth Circle, Madison, Wis. 53705 (USA) (T. 608 - 231-18 18) - Geb. 21. Mai 1931 Nürnberg, verh. s. 1954 m. Anneliese Elisabeth, geb. Schmidt, T. Ruth Sabine - 1951-56 Stud. Univ. Erlangen-Nürnberg, 1952-53 Univ. of Colorado; Promot. 1956 Erlangen - 1957-61 Lehrtätigk. Univ. Erlangen-Nürnberg, 1961-67 Univ. Frankfurt, 1967-80 Univ. of Wisconsin-Madison (Alexander Hohlfeld Prof. of German) - BV: Bertolt Brecht: D. Struktur s. Werkes, 1959, 6. A. 1972; Strukturen: Ess. z. dt. Lit., 1963; Nach d. Naturalismus: Ess. z. mod. Dramatik, 1978; V. d. Armut u. v. Regen: Rilkes Antwort auf d. soziale Frage, 1981 (ital. Übers. 1982); Texturen: Ess. u. a. zu Hans Magnus Enzensberger, 1984; Love, Lust and Rebellion: New Approaches to Georg Büchner, 1985; Echo and Disguise: Studies in German and Comparative Lit., 1989 - 1964 Förderungspreis Stadt Nürnberg; 1969 u. 1970 Guggenheim Fellow; 1974/75 Präs. American Assoc. of Teachers of German; 1988 Hilldale Award - Spr.: Engl., Franz., Ital.

GRIMM, Reinhold R.

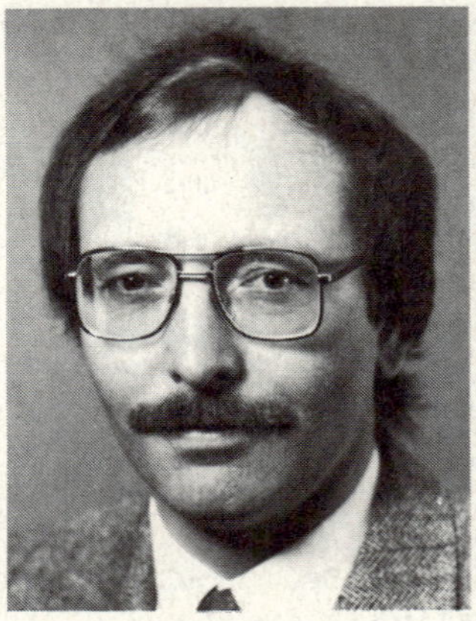

Dr. phil., Prof. f. Allg. u. roman. Literaturwiss. (Romanistik) Univ. Hannover - Eichendorffstr. 1, 3014 Laatzen (T. 0511 - 86 45 63) - Geb. 20. Dez. 1942 Rottweil (Vater: Karl G., Kaufm.; Mutter: Elsa, geb. Springer), verh. s. 1979 m. Renate, geb. Schrodi - 1953-62 Gymn. Rottweil; 1962-67 Univ. Tübingen, Heidelberg (Ev. Theol., German., Phil., Gesch.), 1967-71 Paris (Sorbonne); Staatsex. 1967, Promot. 1971, Habil. 1979 Konstanz - 1972-80 Wiss. Assist. Univ. Konstanz; 1980 Lehrstuhlvertr. Univ. Bochum; 1982 Lehrst. f. Romanistik Hannover. 1981-85 stv. Vors. Dt. Romanistenverb. - BV: Paradisus coelestis - Paradisus terrestris. Z. Auslegungsgesch. d. Paradieses im Abendl. b. um 1200, 1977; Schöpfung u. Sündenfall in d. altfranz. Genesisdicht. d. Evrat, 1976; Grundriß d. roman. Lit. d. Mittelalters, Bd. IV/1, 1978, Bd. IV/2, 1984. Herausg.: Klass. Texte d. roman. Mittelalters; Mimesis - Unters. z. roman. Lit. d. Neuzeit - 1986 Palmes académiques (Chevalier).

GRIMM, Rolf

Bürgermeister Calden - Lindenstr. 4, 3527 Calden - Verb.svorst. Wasserverb. Wilhelmsthal in Calden.

GRIMM, Tilemann

Dr. phil., o. Prof. f. ostas. Philologie - Linsenbergstr. 31, 7400 Tübingen - Geb. 1922 Höxter (1923-34 aufgew. Peking u. Tientsin) - 1934-39 Schule Dtschl. (Abit. 1939); 1947-53 Univ. Hamburg (Sinol., Japanol., Ethnol., Wiss. Politik). Promot. (1953) u. Habil. (1957) Hamburg - S. 1957 Lehrtätigk. Univ. Hamburg (1961-62 Dir. Inst. f. Asienkd.), Münster (1962 Ord. f. Sinol. u. Kulturgesch. Asiens), Bochum (1965 Ord. u. Dir. Ostasien-Inst.), Tübingen (Ord. f. ostas. Philologie). Längere Ostasienaufenth. - Mitgl. d. Heidelberger Akad. d. Wiss., korr. Mitgl. d. Akad. v. NRW.

GRIMME, Ernst Günther

Dr. phil., Prof., Direktor Städt. Museen (Suermondt-Ludwig/Couven/Burg Frankenberg) Aachen (s. 1978) - Wilhelmstr. 18, 5100 Aachen - Geb. 14. Jan. 1926 Aachen (Vater: Prof. Dr. Gustav G., Studienrat; Mutter: Luise, geb. Schümmer), kath., verh. s. 1957 m. Dr.

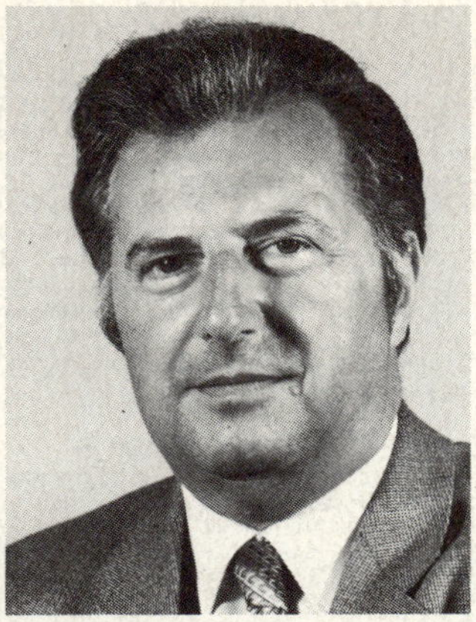

Gisela, geb. Welsch †1987, 2 Kd. (Maria, Adrian) - Promot. 1954 - 1951 Doz., 1958 Museumsassist., 1961 -kustos, 1967 -dir.; s. 1983 Lehrauftrag RWTH Aachen; s. 1988 Hon.-Prof. d. RWTH Aachen - BV: Aachener Goldschmiedekunst im Mittelalter, 1957; Europ. Malerei im MA, 1963; Dt. Madonnen, 1966; Unsere Lb. Frau, 1968; Kunst aus 3 Jahrtausenden - D. Aachener Suermondt-Mus., 1968; Goldschmiedekunst im MA, 1972; D. Aachener Domschatz, 1972; Pieter Brueghel, 1973; Jan Vermeer van Delft, 1974 (auch franz. u. niederl.); D. Gesch. d. abendl. Buchmalerei, 1980.; D. Evangeliar Kaiser Ottos III. im Aachener Domschatz, 1984. Div. Kataloge u. Kunstreisef. Belgien (8. A. 1986) - 1986 BVK am Bde. - Liebh.: Klass. Musik - Spr.: Franz., Engl. - Bek. Vorf.: Friedrich Wilhelm G., sauerl. Dichter (Großv.).

GRIMME, L. Horst

Dr. rer. nat. habil., Prof. f. Stoffwechselphysiologie/Phytopharmakologie Univ. Bremen, Gen.-Sekr. Verb. Dt. Biologen (VDBiol) - Bruchwettern 6a, 2800 Bremen-Borgfeld.

GRIMMEISS, Götz

Dipl.-Volksw., Geschäftsführer INAK GmbH./Industrielle Anlagen f. Krankenhäuser i. R. - Henkestr. 127, 8520 Erlangen - Geb. 23. Sept. 1920.

GRIMMEL, Eckhard

Dr. rer. nat., Prof. f. Geographie - Isestr. 143, 2000 Hamburg 13 - Geb. 25. Okt. 1941 Bevensen - Stud. 1961-68, Promot. 1971. 1968-70 höh. Schuld., s. 1970 Univ. Hamburg (b. 1977 Doz., dann Prof.) - BV: Aufs. z. Glazialmorphologie Norddtl. (s. 1968); Aufs. üb. geowiss. Probl. d. Endlagerung radioaktiver u. anderer Abfälle (s. 1978); Aufs. üb. Erdbebengefährdung v. Atomkraftwerken (s. 1982); Erdkunde-Schulb. (s. 1973).

GRIMMER, Gernot

Dr. rer. nat., Prof. - Bebelallee 30, 2000 Hamburg 60 (T. 51 61 50) - Geb. 7. Febr. 1924 Außig/Elbe (Vater: Adolf G.; Mutter: Maria, geb. Krug), verh. m. Gertrud, geb. Riedel - Promot. u. Habil. Hamburg - S. 1959 Lehrtätigk. Univ. Hamburg (1969 apl. Prof. f. Organ. Chemie u. Biochemie). Fachveröff.

GRIMMER, Klaus

Dr., Ass. jur., Dipl.-Volksw., Univ.-Prof. Politikwiss. u. Öfftl. Recht - Gesamthochschule-Univ., 3500 Kassel - Geb. 1934 - 1972 Doz. TH Darmstadt, dann Prof. GH Kassel, Co-Leiter Forschungsgr. Verwaltungsautom., Mitgl. mehrerer wiss. Vereinig. - BV: D. Rechtsfiguren e. Normativität d. Faktischen, 1971; Verwaltungsautomation (m. and.), 1974; Rechtsfragen d. Weiterbild., d. Information u. d. Bildungsstatist. (m. and.), 1974; Bürgerl. Staat u. polit. Legitimation, 1976; Demokratie u. Grundrechte, 1980; D. automatisierte Verw. (m.a.), 1981; Org. informationstechnikgestützter öfftl. Verw. (m.a.), 1981; Schulrecht, Schulverwalt. u. Unterr. (m.a), 1983; Neue Informationstechnol. u. Verwalt. (m.a.), 1984; Verfassungsentw. in d. dt. Ländern 1815-1918, Dok. 1984; Öfftl. Verwalt. u. Informationstechnik (m.a.), 1985; Formulare im Verwaltungsverfahren (m.a.), 1986; Informationstechnik in öfftl. Verwaltungen, 1986; Veröfftl. d. Forschungsgr. Verwaltungsautomation, 1975ff. Herausg.: Arbeit d. Arbeitsvermittler u. ihre Veränderung durch Informationstechnol. (1987); Informatisierung wenig strukturierter Verwaltungsaufgaben (1988). Zahlr. Handb. Beitr. u. Aufs. in Ztschr. z. Verfassungs- u. Verwaltungspolitik, Verwaltungsinformatik, Rechtspolitologie.

GRIMMING, Jürgen

Dipl.-Verwaltungswirt, Geschäftsführer d. Journalisten-Verb. Berlin - Fasanenstr. 62, 1000 Berlin 15 - Geb. 23. April 1938 Berlin.

GRIMPE, Wolfgang

Verbandsgeschäftsführer - Bussardhorst 11, 3008 Garbsen 1 (T. 05137 - 7 42 76) - Geb. 16. Juni 1932 Seelze - Gf. Landesverb. d. Buchhändler u. Verleger in Nieders., u. Verb. d. Ztschr.-Verlage Nds.-Bremen, Prok. Medienges. Nieders. mbH, alle Hannover. CDU - Liebh.: Lit., Numismatik - Spr.: Engl., Franz., Span.

GRIND, van de, Willem A.

Prof., Physiologe - Arnimallee 22 (Inst. f. Physiol.), 1000 Berlin 33; priv.: Treilerstr. 89, NL-1503 Zaandam - 1975-82 Hochschullehrer f. Physiologie FU Berlin, s. 1982 f. Neuro-Informatik Univ. Amsterdam, s. 1987 f. Vergleichende Physiologie Univ. Utrecht - BV: Handb. Sensory Physiol., Bd. VII/3 A: Temporal transfer properties of the afferent visual system (m. O.-J. Grüsser u. H.-U. Lunkenheimer). Herausg. Limits in Perception. 80 Fachveröff. z. Thema Räumliches Sehen.

GRIPP, Hans

Amtsgerichtspräsident a. D. - Zu erreichen üb.: Turmstr. 91, 1000 Berlin 21 - Geb. 11. März 1922 Kr. Steinburg (SH) - Vor u. n. Kriegsdst. Stud. Rechtswiss. Hamburg u. Göttingen - 1952-83 Richteramt (1969 Vizepräs. KG Berlin, 1977 Präs. AG ebd.).

GRISEBACH, Hans

Dr. rer. nat., o. Prof. f. Biochemie - In der Röte 16, 7800 Freiburg/Br. (T. 5 29 55) - Geb. 7. Febr. 1926 Breslau (Vater: Prof. Dr. phil. August G., zul. Ord. f. Kunstgesch. Univ. Heidelberg (s. X. u. XI. Ausg.)); Mutter: Hanna, geb. Blumenthal †1988), ev., verh. s. 1957 m. Dr. Carol, geb. Quarck, 2 Kd. (Franziska, Rolf) - Gymn. Heidelberg, Lübeck, Potsdam; Univ. Heidelberg (Dipl.-Chem. 1950). Promot. 1951; Habil. 1958 - S. 1958 Dozent, ao. (1963) u. o. Prof. (1964) Univ. Freiburg. 1955 Research associate Univ. Berkeley (USA). Dt. Botan. Ges., Ges. f. Physiol. Chemie - 1962 Stas.-Med.; Ehrenmitgl. Belg. Chem. Ges.; Mitgl. Dt. Akad. d. Naturforscher Leopoldina - Spr.: Engl. - Bek. Vorf.: Hans G., Architekt Berlin (1848-1904); Prof. August G., Botaniker Göttingen (1814-79).

GROB, Günter

Hauptgeschäftsführer Württ. Landessportbund - Goethestr. 11, 7000 Stuttgart (T. 29 21 55); priv.: Mozartweg 6, 7400 Tübingen - Geb. 12. Mai 1929 Heilbronn/N. (Vater: Josef G.), verh. m. Irmgard, geb. Feucht - Kommunalbeamter, zul. Stadtoberinsp. Tübingen.

GROB, Hans

Direktor, Mitgl. d. Geschäftsfg. MAGGI GmbH. - Nestlé-Haus, 6000 Frankfurt/M.-Niederrad (T. 6 61-1) - Geb. 18. März 1915 Zürich, ev.

GROB, Karl

Dr. rer. nat., Prof. f. Physik PH Ludwigsburg (gegenw. Rektor) - Stuttgarter Str. 117, 7250 Leonberg/Württ.

GROBBINK, Gerd

Kaufmann, Geschäftsf. ICL Deutschland International Computers GmbH, Nürnberg - Rennbahnstr. 49, 8500 Nürnberg-Reichelsdorf - Geb. 12. Juli 1927.

GROBE, Rolf

Dr. phil., Leiter Goethe-Inst. i. R. - Bergweg 13, 5414 Vallendar - Geb. 26. Aug. 1923 Magdeburg (Vater: Robert G., Großhändler; Mutter: Helene, geb. Gloede), verh. s. 1955 m. Ilse, geb. Scherer - Stud. Altorient. Sprachen u. Vorderasiat. Archäol. FU Berlin; Promot. 1952 - S. 1958 Goethe-Inst. (1958-61 Doz. Kairo, danach Leit.: 1961-64 Amman/Jordanien, 1964-67 Dhaka/Bangladesh, 1967-78 Rabat/Marokko, 1978-84 Damaskus/Syrien, 1985-88 Lyon/Frankreich) - 1988 BVK - Spr.: Engl., Franz., Arab.

GROBE-HAGEL, Karl

Dr. phil., Redakteur, Schriftsteller - Zu erreichen üb. Frankfurter Rundschau, Postf. 1 06 60, Gr. Eschenheimer Str. 16/18, 6000 Frankfurt 1 (T. 0611 - 219 94 53) - Geb. 4. Nov. 1936 Bremen (Vater: Karl G., Tapezierer; Mutter: Hildegard, geb. Meyer) - 1956-61 Stud. Gesch., Politik u. Slavist. Univ. Hamburg (Promot. 1980) - 1962 Assist. VHS Hustedt, Kr. Celle, 1963 Redakt. Hamburger Echo, 1965 Vorwärts, 1968 Frankf. Rundschau - BV: Chinas Weg nach Westen, Analyse d. chines. Außenpolitik, 1981; V. Westen lernen - Chinese bleiben, analyt. Report., 1982; Beitr. z. zahlr. Sammelw., ab 1970 - Spr.: Engl., Franz., Russ., Span., Chines., Serb.

GROBECKER, Claus

Senator f. Finanzen Fr. Hansestadt Bremen (s. 1985) - Contrescarpe 67, 2800 Bremen 1 (T. 0421 - 3 61-23 98) - Geb. 5. April 1935 Bremen, verh., 2 Kd. - Buchdruckerlehre - 1965-83 Vors. IG Druck u. Papier Bez. Bremen; 1970-83 Bundestagsabg.; 1982 Parlam. Staatssekr. Min. f. Jugend, Fam. u. Gesundh.; 1983-85 Senator f. Arbeit; s. 1985 s. o.

GROBECKER, Horst

Dr. med., Prof., Lehrstuhlinh. f. Pharmakologie - Universitätsstr. 31, 8400 Regensburg.

GROCHE, Gottfried

Dr.-Ing., Vorstandsmitglied i.R. Stuttgarter Straßenbahnen AG., Stuttgart, Handelsrichter Landgericht Stuttgart - Banholzweg 10, 7022 Leinfelden-Echterdingen (T. 0711-75 12 26) - Geb. 6. April 1914 Vallendar - Herausg. Handb. f. d. Öfftl. Personen-Nahverkehr (1980) - Ehrenmitgl. Union Intern. Transport Publics; Ehrenvors. Intern. Stadtbahnaussch.

GRODDE, Werner

Geschäftsführer Rokal GmbH. (Techn. Bereich) - Düsseldorfer Str. 1, 4054 Nettetal 1 - Geb. 22. Juli 1914.

GRODE, H. P.

Ingenieur (grad.), Geschäftsführer Normenausschüsse Gewinde, Länge u. Gestalt, Waagenbau DIN Dt. Inst. f. Normung e. V. - Burggrafenstr. 4-10, 1000 Berlin 30.

GRODZKI, Rainer

s. Geppert, Hans J.

GROEBE, Hans

Dr. jur. - Rehkopfweg 20, 6100 Darmstadt (T. Büro: 06151 - 4 13 73) - Geb. 29. Sept. 1916 Breslau, verh., 2 Kd. - Univ. Freiburg, Kiel, Graz; Promot. 1947 - Div. AR-Mand. - Gr. BVK, Bayer. VO - Liebh.: Wandern, Skilaufen - Spr.: Engl., Franz. - Rotarier.

GROEBEL, Wilhelm

Dr. rer. nat. (habil.), Direktor Chem. Landesuntersuchungsamt Nordrh.-Westf., Münster, apl. Prof. f. Lebensmittelchemie Univ. ebd. - Mierendorffstr. 34, 4400 Münster/W. - Zul. Privatdoz. TH Aachen.

von der GROEBEN, Carl-Alexander

Kurdirektor i.R., Vorstandsmitglied AG Bad Neuenahr (s. 1971), Dir. Spielbank Bad Neuenahr GmbH & Co. KG - Felix-Rütten-Str. 3, 5483 Bad Neuenahr-Ahrweiler (T. 02641 - 22 41) - Geb. 24. März 1917 - Kurat.-Mitgl. RAL; 1. Vors. Gütegemeinschaft Diätverpflegung.

von der GROEBEN, Hans

Dr. rer. pol. h. c., Mitglied Kommission d. Europ. Gemeinschaften (1958-70) - Eichendorffweg 43, 5308 Rheinbach - Geb. 14. Mai 1907 Langheim (Vater: Georg v. d. G.; Mutter: Eva, geb. v. Mirbach), ev. - Univ. Berlin, Bonn, Göttingen (Rechtswiss., Volksw.). Gr. jurist. Staatsprüf. - Oberreg.srat Reichsernährungsmin.; Reg.sdir. nieders. Finanzmin.; Min.dirig. Bundeswirtschaftsmin.; Mitgl. d. Europa-Union, List-Ges. u. Ges. f. Ausw. Politik. CDU - BV: Europa - Plan u. Wirklichkeit; D. Europ. Gemeinschaft zwischen Föderation u. Nationalstaat, 1977; D. Erweiter. d. Europ. Gemeinsch. durch Beitritt d. Länder Griechenl., Spanien u. Portugal, 1979. Aufbaujahre d. Europ. Gemeinsch., 1982. Herausg.: Europ. Wirtschaft (Handb.), D. Kommentar z. EWG-Vertrag (1983) u. kr. Bericht üb. Ziele u. Methoden der Europäischen Integration (1972) u. über Möglichkeiten u. Grenzen einer Europäischen Union (1976-79), Legitimationsprobleme d. Europ. Gemeinsch. (1987); D. Europ. Gemeinsch. u. d. Herausford. uns. Zeit, 1987 - 1967 Ehrendoktor Univ. Frankfurt/M., 1967 Gr. BVK m. Stern u. Schulterband u. a. - Liebh.: Phil., Gesch., Soziol., Musik - Lit.: Theo M. Loch, D. Neun v. Brüssel; Klaus Otto Nass, E. Europa-Politik m. langem Atem (1982); Festschr. f. H. v. d. G.: E. Ordnungspolitik f. Europa (1987); Beate Neuss, H. v. d. G. in: Europa m. d. linken Hand (1988); Heinrich Schneider Erfahrung u. Theorie: H. v. d. G. Beitr. z. Integrationslehre.

GRÖBEN, Hans-Joachim

Vorstandsmitglied Dt. Bundesbahn - Nansenring 36, 6000 Frankfurt/M. (T. 265 - 61 05) - Geb. 19. Jan. 1928 Allenstein/Ostpr., verh. s. 1954, 2 Kd. - Jurist. Staatsprüf. 1953 u. 1957 - 1957 Richter u. Eintritt in d. höh. nichttechn. Dienst d. DB; 1973 Leit. Abt. Personal u. Verw. Hauptverw. DB; 1982 Vorst.-Mitgl. (Ressort Finanz, Recht u. Einkauf) - BV: Taschenb. d. Eisenbahngesetze - Liebh.: Geschichte, Wirtsch., Sport - Spr.: Engl.

GROEBEN, Norbert

Dr. phil. habil. habil., Dipl.-Psych. M.A., Prof. f. Allg. Psychologie - Finkenstr. 4, 6901 Gaiberg (T. 06223 - 4 60 52) - Geb. 19. April 1944 Ratibor/OS (Vater: Georg G., Stud.dir.; Mutter: Katharina, geb. Kloska), ledig - Stud. Psychol., German., Soziol., Phil., Theol. Univ. Mainz, Wien, Münster; Dipl.-Psych. 1967, Promot. 1971, M.A. 1972, Habil. (Psych.) 1972, Habil. (Allg.Lit.-wiss.) 1982 - 1968-72 Wiss. Assist. Münster, s. 1973 Univ.-Prof. f. Psych., Univ. Heidelberg - BV: Lit.psych., 1972; Kriterien psych. Forsch., 1975; Argumente f. e. Psych. d. reflexiven Subjekts, 1977; Verständlichk. v. Unterr.texten, 1978; Rezeptionsforsch. als emp. Lit.wiss., 1980; Leserpsych.: Textverständnis - Textverständlichk., 1982; D. Heidelb. Struktur-Lege-Technik, 1984; Produktion u. Rezeption v. Ironie, Bd. I., 1984, Bd. II., 1985; Handeln, Tun, Verhalten als Einheiten e. verstehend-erklärenden Psychol., 1986; Dialog-Konsens-Meth. z. Rekonstruktion Subj. Theorien, 1988; Leserpsych.: Lesemotivation - Lektürewirk., 1988; D. Forschungsprogramm Subj. Theorien, 1988.

GRÖBL, Wolfgang
Parlam. Staatssekretär Bundesmin. f. Umwelt, Naturschutz u. Reaktorsicherheit (s. 1987) - Kennedyallee 5, 5300 Bonn 2 - Geb. 12. März 1941 Erfurt - Stud. an d. Forstwiss. Fak. Univ. München (Dipl.-Forstwirt) - Staatsdst. (zul. Oberregierungsrat). 1972-87 Landrat Kr. Miesbach (CSU/Fr. Wählergem.) - 1985 BVK.

GRÖGER, Herbert
Geschäftsführer a.D. Metzeler Schaum GmbH., Memmingen - Zimmermannstr. 5, 8941 Buxheim/Schw. - Geb. 12. Jan. 1923 - Vorst. Arbeitgeberverb. d. kunststoffverarb. Ind. in Bayern. AR-Mand.

GRÖHLER, Harald
Schriftsteller - Siebengebirgsallee 17, 5000 Köln 41 - Geb. 13. Okt. 1938 Herischdorf/Schles. - BV: Wir sind nicht aus Amerika, R. 1969; Geschichten m. Kindern u. ohne, 1981. Bühnenst./Dr.: Wir scheitern an uns selbst (1971), Im Spiegel (1975), Rot, Roman 1984. Mitverf. f. Prosa u. Lyrik - Div. Ausz. (Stip. u. Förderpr.); 1986 Lit.-Patenschaft f. Lit.-Förderpreis Bergkamen; 4. Preis im Deutschl.polit. Lit.wettbewerb d. Min. f. gesamtdt. Fragen d. Landes Nieders.

GROELING-MÜLLER, von, Georg
Dipl.-Hdl., Schulleiter i. R. - Louis-Seegelken-Str. 90, 2820 Bremen 77 (T. 63 06 64) - Geb. 15. April 1927 Carolinenhof/Ostpr., ev., verh. m. Dr. med. vet. Sabine, geb. Meier, 2 Kd. (Jörg, Jella) - FDP (Dep. f. Wiss. u. Kunst d. Brem. Bürgersch., Verb. Liber. Adad.), DAG.

GRÖLL, Johannes
Dr. phil., Prof. f. Pädagogik Univ. Bielefeld - Universitätsstr. 25, 4800 Bielefeld 1; priv.: An den Gehren 43b, 4800 Bielefeld 1.

GRÖLLER, Max
Direktor, Vorstandsmitglied Dt. Automobil Schutz Allg. Rechtsschutz Versich.-AG - Prinzregentenstr. 14, 8000 München 22 - Geb. 25. Dez. 1934 München.

GRÖMMER, Helmut
Schriftsteller - Fabriciusstr. 71, 2000 Hamburg 33 - Geb. 23. März 1912 Eisenach/Thür., ev., verh. s. 1934 m. Erna, geb. Requardt, 2 Kd. (Rolf, Steffi) - Reform-Realgymn. Eisenach - 1930-33 Eisenacher Tagespost, 1933-34 Sächs. Kurier, 1934-36 Sangerhäuser Ztg., 1936-39 Köln. Ztg., dann Wehrdst., ab 1948 Constanze-Verlag (Chefredakt.) - BV/ Jugendb.: Jetzt wird's spannend, 1951; Junge n. Haiti gesucht, 1952; D. Hund m. d. halben Ohr, 1953; Gr. Hokus - kl. Pokus, 1955; Jenni u. d. Mann im Schrank, 1970 (Hörsp. 1971); Jenni u. d. kl. Zirkus, 1971; D. lustige Spielebuch, 1976; Kritzelspiele, 1978; 15 neue Brettspiele, 1979; I love flotte Rentner, Sat. 1986; Kriminalrom.: Detektiv ist nichts für mich, 2/3 Liebe - 1/3 Gift, 1966, D. heimliche Gast, 1982. Lustsp.: E. Fall aus lauter Liebe (u. a. 1968 Komödie Stuttgart; ZDF); Männer im Schrank, Einakter 1983; Tonio ist da, Einakter 1988 - 1965 Edgar-Wallace-Preis W. Goldmann-Verlag.

GRÖNEMEYER, Heinz-Georg
Direktor - Thiemannstr. 52, 4300 Essen 18 - Geb. 8. April 1930 Wilhelmshaven - B. 1971 stv., dann o. Vorstandsmitgl. Karstadt AG., Essen.

GRÖNEMEYER, Herbert
Schauspieler, Sänger - Zu erreichen üb. ZBF Agentur, 8000 München (T. 089 - 35 50 81); priv.: Händelstr. 35, 5000 Köln 41 - Geb. 1957 - Wurde v. Peter Zadek (damaliger Int. Schauspielhs. Bochum) f. Beatles-Musical entdeckt - Rollen: u. a. Leutnant Werner in: D. Boot (Film u. FS-Dreiteiler). Musik: Rock- u. Pop-Musik, sozialkritische Themen; Debut m. d. Lied: Männer (1,5 Mio. verkaufte Platten); weit. LP: 4630 Bochum, Sprünge. Deutschl.-Tourneen.

GRÖNER, Helmut
Dr. rer. pol., o. Prof. f. Volkswirtschaftslehre - Fraunhoferstr. 44, 8580 Bayreuth - Geb. 12. Okt. 1930 Neuwied - 1951-54 Augenoptikerlehre; 1954-58 Stud. Volksw. Promot. (1963) u. Habil. (1971) Bonn - S. 1971 Ord. PH Rhld./ Abt. Bonn, Univ. Duisburg (1973), Univ. Bayreuth (1977) - BV: Zölle u. Terms of Trade, 1963; D. Ordnung d. dt. Elektrizitätsw., 1975. Mithrsg.: Intern. Wirtschaftsordnung (1978, m. Schüller). Zahlr. Aufs.

GROENER, Walter
Dr., Botschafter d. Bundesrep. Deutschl. in Paraguay - Jose Berges 1003-1007, Casilla de Correo 471, Asuncion/Paraguay - Zul. Generalkonsul Karachi/Pakistan.

GROENEVELD, Karl-Ontjes
Dr. phil. nat., Prof. f. Kern- u. Atomphysik Univ. Frankfurt - August-Euler-Str. 6, 6000 Frankfurt/M. 90 - Geb. 26. Febr. 1935 Heidelberg (Vater: Dr. rer. pol. Hermann G., Dipl.-Ing.; Mutter: Elisabeth, geb. Strangmeier), verh. s. 1967 m. Dagmar, geb. Eggert, 2 Kd. (Wolfgang, Saskia) - Gymn. (Abit. 1954); Univ. Heidelberg (Dipl.-Phys. 1961), Univ. Frankfurt (Promot. 1966) - 1968-71 Assist. in USA; s. 1972 Prof. Univ. Frankfurt. Gastprof. in USA, Schweden, Argentinien, Dänemark, Ungarn, Frankreich - BV: Molecular Ions; Forward Electron Ejection. Rd. 160 Publ. üb. Kern- u. Atomphysik - Liebh.: Musik, Kunst, Gesch., Lit. - Spr.: Engl., Franz., Latein, Griech.

GROENEWALD, Horst
Dipl.-Kfm., Prof. Allg. Betriebswirtschaftslehre u. Personalwesen Univ. GH Siegen - Zum Bernstein 22, 5900 Siegen-Weidenau - Geb. 10. Juni 1940 Rheinhausen (Vater: Franz G.; Mutter: Thea, geb. Convent) kath., veh. s. 1968 m. Ulrike, geb. Bertram, 2 Kd. (Michael, Katja) - Univ. Frankfurt/M. u. Köln (Wirtschaftswiss.) - S. 1972 Hochschullehrer Siegen. 1977 Lehrbeauftr. Europ. Wirtschaftshochschule - Liebh.: Malerei - Spr.: Engl.

GROENEWOLD, Gabriele
Dr. phil., Dramaturgin, Schriftst. (Ps. Gabriele Grimpe) - Lange Reihe 94, 2000 Hamburg 1 (T. 040 - 24 65 62) - Geb. 5. März 1947, T. Julia Grimpe - 1966 Max Reinhard Sem. Berlin (Schausp.); 1969 Stud. Phil. u. Sozialwiss. Univ. Bremen; Dipl.-Sozialw. 1977, Promot. 1981 - 1967-69 Schausp.; 1977 Akad. Tutor Univ. Bremen; 1978/79 Psychiatr. Klinik LaBorde; 1981-86 Dramat. Dt. Schauspielhs. Hamburg, u. a. m. Niels Peter Rudolph, Barbara Bilabel, Ernst Wendt, Wilfried Minks - BV: u.a. Ich u. kein Ende (Ödipus u. d. Sphinx) - Lit.: Erich Fried (NDR) stellt vor, Ged. v. Gabriele Grimpe.

GROENEWOLD, Kurt
Rechtsanwalt, Gesellsch. Rosenhof Grundstücksverw. GmbH, Attica Verlag - Am Weiher 12, 2000 Hamburg 20 (T. 040 - 491 66 29; Büro: 040 - 49 29 15) - Geb. 3. April 1937 Hamburg, 2 Kd. (Charlotte, Cornelius) - 1973-75 Vorst. Arbeitsgem. Strafverteidiger; 1979-81 Vorst. Rep. Anwaltsverein; 1982 Gründ. Ztschr.: Strafverteidiger. Lehrauftr. Univ. Hamburg - BV: BHG-Urteil im Blinkfüer-Prozess, in: Brokmeier, Kapitalismus u. Pressefreiheit, 1970; Croissant, Groenewold, Schily u.a. - Polit. Verteidig., 1976; Staatsschutz u. Berufsverbote (m. Enzenzberger u.a.), 1976; Angeklagt als Verteidiger, 1978.

GRÖNIG, Hans
Dr. rer. nat., Prof., Physiker - An der Höhe 21, 5101 Walheim Kr. Aachen (T. 02408 - 86 83) - Geb. 10. Febr. 1931 Rheydt (Vater: Fritz G., Oberstudienrat; Mutter: Elly, geb. Leisel), ev., verh. s. 1960 m. Ingeborg, geb. Mustert - TH Aachen (Dipl.-Phys. 1956). Promot. 1960; Habil. 1967 - S. 1967 Lehrtätigk. TH Aachen (1968 Wiss. Rat u. Prof. Inst. f. Allg. Mechanik). 1961-62 Research Fellow California Inst. of Technology, Pasadena. Bes. Arbeitsgeb.: Stoßwellenphysik, Hochtemperatur-Gasdynamik. Facharb. - Spr.: Engl.

GROENKE, Lutz
Dipl.-Ing., Geschäftsführer Normenaussch. Informationsverarbeitungssysteme (s. 1974) - Burggrafenstr. 4-10, 1000 Berlin 30 - Geb. 4. Nov. 1934 Berlin (Vater: Paul G., Ing.; Mutter: Elsa, geb. Bohn), verh. s. 1961 m. Christa, geb. Hackbarth, T. Stefanie - TU Berlin (Maschinenbau; Dipl. 1960) - 1962-68 Entwicklungsing. Luftfahrt BRD/USA; 1968-73 Prok. Dt. Industrieanlagen GmbH. (Berlin). Facharb., u. a. Informationsverarb./DIN-Taschenb. 25/125/ 165/166/194/200/206/207/208/210/216, 1985.

GROENKE, Ulrich
Dr. phil., o. Prof. u. Direktor Inst. f. Nord. Philologie Univ. Köln (s. 1967) - Albert-Kindle-Str. 3, 5000 Köln 40 (T. 02234 - 7 85 95) - Geb. 9. Juni 1924 Danzig - Mehrj. Lehrtätigk. USA. Facharb. - Spr.: Engl., Finnisch, Skand. Sprachen.

GRÖPL, Erhard
Dr., Oberfinanzpräsident, Leit. OFD München - Sophienstr. 6, 8000 München 2.

GROEPPER, Horst
Botschafter a. D. - Stirzenhofstr. 9, 5300 Bonn-Bad Godesberg (T. 36 42 12) - Geb. 17. Juni 1909 Kiel (Vater: Hermann G., akt. Offz., gef. Aug. 1914; Mutter: Maria, geb. Inhoffen), kath., verh. s. 1944 m. Tamina, geb. Jantzen (entstammt e. alten Bremer Kaufmanns- u. Senatorenfam.), 3 Kd. (Hermann-Michael, Maria-Tamina, Peter) - Univ. Tübingen, Bonn, Münster/W. Gr. jurist. Staatsprüf. 1934 - B. 1938 Justizdst., dann AA Berlin (1939-41 Moskau; zul. Legationsrat Protokollabt. Berlin), 1944-45 Wehrdst. (Gefr.) u. amerik./brit. Gefangenschaft, später Jurist fr. Wirtschaft, 1947-53 Anwaltspraxis Münster, seither AA Bonn (Konsul I. Kl. Genf, Botschaftsrat Wien, 1956 Botschaftsrat I. Kl. Moskau, 1961 stv. Leit. Ostabt. Bonn (als Min.dir.), 1962 Botschafter Moskau, 1966 Ankara, 1968 Leit. Rechtsabt. Bonn, 1972-73 Botsch. Dublin). Mitarb.: Erman, Kommentar z. BGB - 1964 Gr. BVK m. Stern - Liebh.: Bücher (vor allem franz. Klassiker u. russ. Lit.), Theater, Kunst - Spr.: Franz., Russ., Engl.

GRÖTSCHEL, Martin
Dr., Prof., Lehrstuhl f. Angew. Mathematik II Univ. Augsburg - Gotenstr. 17, 8901 Stadtbergen (T. 0821 - 43 34 76) - Geb. 10. Sept. 1948 Schwelm, kath., verh. s. 1976 m. Iris, geb. Biesewinkel, 3 T. (Andrea, Bettina, Claudia) - Stud. Math. Ruhr-Univ. Bochum; Dipl. 1973; Promot. 1977 Univ. Bonn, Habil. 1981 ebd. - S. 1982 Prof. Univ. Augsburg; 1980 Honorable Mention b. Lanchester Preis (Operations Res. Soc. of America); 1982 Fulkerson-Preis (Americ. Math. Soc. u. Math. Programming Soc.); 1984 IBM-Preis (The Inst. of Management Science).

GRÖTTRUP, Hendrik
Dr. jur., Oberstadtdirektor Salzgitter - Kalkrosenweg 7, 3320 Salzgitter 1 (T. 05341 - 5 85 07) - Geb. 25. Febr. 1935 Wittmund (Vater: Jakobus G., Kaufm.; Mutter: Sophie, geb. Abels), ev., verh. s. 1965 m. Frauke, geb. Becker, 2 Kd. (Silke, Jan) - 1955-59 Jurastud. Univ. Freiburg u. Göttingen - 1965-70 Dt. Inst. f. Urbanistik, Berlin; 1970-72 Senatsverw. Finanzen Berlin; 1972-80 Stadtkämmerer Salzgitter, dann Oberstadtdir. - BV: D. kommunale Leistungsverw., 2. A. 1976.

GRÖTZBACH, Erwin
Dr. rer. nat., o. Prof. f. Kulturgeographie Kath. Univ. Eichstätt - Alpspitzstr. 10, 8133 Feldafing - Geb. 11. April 1933 Markt-Wekelsdorf (Sudetenland), kath. - Stud. Geogr. u. Wirtsch.wiss. Univ. München, Promot. 1962 b. Prof. Dr. H. Louis. Habil. 1970 Univ. d. Saarl. 1970/ 71 Univ.-Doz. Erlangen, 1971-79 Lehrst. f. Kulturgeogr. u. Dir. Geogr. Inst. TU Hannover. Vors. Arbeitsgemeinsch. Afghanistan - BV: Städte u. Basare in Afghan., 1979; Freizeit u. Erhol. als Probl. d. vergleich. Kulturgeogr., 1981; u. a.

GRÖTZEBACH, Dietmar
Dr.-Ing., Prof. f. Einf. in d. Entwerfen u. Baukonstruktion TU Berlin - Kirchweg 25, 1000 Berlin 38.

GRÖTZINGER, Karl-Heinz
Dr. med., Prof., Chefarzt Chirurg. Abteilung/Städt. Krankenhaus Leverkusen - Am Thelenhof Nr. 11, 5090 Leverkusen-Fetthenne - S. Habil. Privatdoz. u. apl. Prof. Univ. Heidelberg (Chir.).

GROFFMANN, Karl Josef
Dr. phil., Dipl.-Psych., o. Prof. Univ. Mannheim (s. 1963) - Am Hang 1, 6943 Birkenau (T. 06209 - 709) - Geb. 27. Mai 1926 Saarbrücken - Zul. Doz. Univ. Freiburg. Fachveröff.

GROH, Adam
Dr., Domkapitular, Vors. Caritasverb. f. d. Diözese Mainz - Holzhofstr. 8, 6500 Mainz (T. 2 42 47).

GROH, Dieter
Dr. phil., o. Prof. f. Neuere Geschichte Univ. Konstanz, Historiker - Zumsteinstr. 11, 7750 Konstanz (T. 6 27 64) - Geb. 28. Dez. 1932 Frankfurt/M., ev., verh. s. 1955 m. Dr. phil. Ruth, geb. Remmert, 2 Kd. (Götz, Robert) - Stud. d. Rechtswiss., Gesch., Slavist., Phil. Univ. Heidelberg, Paris - 1970-74 Doz. u. apl. Prof. Univ. Heidelberg, s. 1974 o. Prof. Spez.gebiet: Sozialgesch.; s. 1979 Directeur d'études associé, EHESS u. MSH, Paris; s. 1988 ständ. Gastprof. Hochsch. f. Sozialwiss., St. Gallen - BV: Rußland u. d. Selbstverständnis Europas, 1961, Neudr. 1988; Negat. Integration u. revolutionärer Attentismus, 1973 - Zahlr. Aufs. in- u. ausl. Fachzeitschr.; Mitarb. Funk u. Presse.

GROH, Franz
Dr. jur., Rechtsanwalt, geschäftsf. Vorstandsmitgl. UNITI Bundesverb. mittelständischer Mineralölunternehmen e. V. u. UNITI-Kraftstoff GmbH. - Buchtstr. 10, 2000 Hamburg 76 (T. 040 - 227 00 30) - Geb. 9. Nov. 1920 Hamburg.

GROH, Hansjoachim
Dr. phil. nat., Dipl.-Math., Prof. TH Darmstadt (s. 1975) - Schloßgartenstr. 7, 6100 Darmstadt (T. 16-29 60) - Geb. 8. Aug. 1943 Leipzig (Vater: Dr. phil. Hans G.; Mutter: Charlotte, geb. Dürrbeck), ev., verh. s. 1974 m. Dr. phil. Gudrun, geb. Schädel, 2 Kd. (Joachim, Renate) - Stud. d. Math. Univ. Frankfurt; Dipl.ex. 1966; Promot. 1967; Habil. 1972 Aachen - 1967-71 Assist. Prof. Univ. of Florida, Kansas State Univ. u. Lakehead Univ.; 1971-73 Stip. Dt. Forschungsgemeinsch.; 1972/73 wied. Lakehead Univ. (Prof.); 1973-75 Prof. Gesamthochsch. Kassel.

GROH, Helmut
Dr. rer. nat., Dipl.-Math., Prof. - Römerstr. 9, 6680 St. Ingbert (T. 06894 - 69 04) - Geb. 23. März 1931 St. Ingbert (Vater: Josef G., Lehrer; Mutter: Elisabeth, geb. Karman), kath., verh. s. 1956 m. Marianne, geb. Potdevin, 3 Töcht. (Elisabeth, Ursula, Birgit) - Univ. Saarl. - 1973-77 Rektor FH d. Saarl., 1975-77 Ber. Hoh. Behörde EG Hochsch.partnersch., 1975-77 Zus. m. Präs. Univ. Metz Vors. Arb.aussch. f. d. Erricht. Dt.-Franz. Hochsch.inst. f. Technik u. Wirtsch., 1979-87 Präs. Hochschullehrerbd., 1988 Gründer u. Dir. d. Inst. f. Umweltinformatik (IUI)

an d. FH - BV: (m. a.) Digitaltechnik, 1966; Netzplantechn., 1971 u. 1982; Digitaltechnik im Medienverb., 1975; Simulationstraining, 1979; CADOS-Schul., 1983 - 1986 BVK I. Kl.

GROH, Klaus

Dr. phil., D. lit. h. c., Kunstpädagoge, Kunstkritiker, Lehrbeauftr. Univ. Oldenburg, Dir. Micro Hall Art Center, Klein Scharrel - Heidedamm 6, Postf. 1206, 2905 Edewecht (T. 04486 - 26 97) - Geb. 9. Febr. 1936 Nysa (Polen), verh., 2 Kd. (Arne, Malte) - Päd. Staatsex. (versch. Lehrämter); Promot. 1976 Univ. Oldenburg - S. 1969 Org. zahlr. Ausst. z. aktuellen Kunst im In- u. Ausl.(USA, Polen, DDR, Frankreich, Japan, Mexiko) - BV: Aktuelle Kunst in Osteuropa, 1972; Visuell-Konkret, 1973; Kunst u. Soziol., 1977; Dada heute, 1979; Poesie in Polen, 1979; Installationen, 1983; Landsch. in d. Schachtel, 1984; The Collage, 1985. Üb. 300 Einzelausst. u. Ausst.beteilig., u.a. Teiln. an d. Biennalen in Venedig, Krakow, Sao Paulo, Paris. Gründ. Art Archiv Groh (rd. 25.000 Künstlermemorabiles) - 1985 Kunstpr. Orangerie Putbus/Rügen; 1987 Ikarusmed. d. Black Panel World Foundation; Mitgl. M.I.D.I.-Paris (Maison Intern. des Intellectuelle); Ehrendoktor d. Lit. Univ. Aeterna Lucina, Manly, Sydney/Austral. - Liebh.: Blechspielzeug, Pseudobriefmarken, experimentelle Musik - Spr.: Engl.

GROH, Kurt

Dr. rer. oec., Dipl.-Ing., Vorstandssprecher Energieversorgung Ostbayern AG - Prüfeninger Str. 20, 8400 Regensburg - Geb. 6. Jan. 1930 Ludwigshafen/Rh. (Vater: Gustav G., Rektor i. R.), kath., verh. m. Helga, geb. Hornung, 2 Kd. - TH Karlsruhe, Univ. Innsbruck - 1959-72 Bayernwerk AG München. Stv. AR-Vors. Regensburger Energie- u. Wasserversorg. AG - Spr.: Engl. - Liebh.: Golf, Segeln - Rotarier.

GROHER, Wolfgang

Dr. med., Prof., Orthopäde, Chefarzt d. Osterberg-Klinik, Bad Gandersheim - Dr.-Heinrich-Jasper-Str. 4, 3353 Bad Gandersheim - Geb. 7. Dez. 1933 Breslau - Promot. 1960 Berlin (FU) - S. 1974 (Habil.) Lehrtätigk. FU Berlin (gegenw. apl. Prof.) - BV: Spondylolyse u. -listhesis als erworbener Spätzustand nach ständig einwirkenden Mikrotraumen bei Sportlern, 1975; Sportliche Belastungsfähigk. d. Haltungs- u. Bewegungsapparates. Üb. 100 Einzelarb. - 1974 Carl-Diem-Plak.

GROHMANN, Dieter

Geschäftsführer TEHALIT GmbH, Heltersberg - Schwarzbachstr. 43a, 6751 Heltersberg/Pf. - Geb. 13. April 1937 Pirmasens, 2 Kd.

GROHMANN, Heinz

Dr. rer. pol., em. Prof. f. Statistik Univ. Frankfurt - Hauburgsteinweg 27, 6242 Kronberg 2 (T. 06173 - 6 13 93) - Geb. 21. Febr. 1921 Dresden, ev., verh. s. 1949 m. Martha, geb. Freitag, S. Andreas - Promot. 1963, Habil. 1970 - 1970-87 o. Prof. Univ. Frankfurt/M.; 1973-80 Schriftleit. Allg. Statist. Archiv; 1975-81 Sachverst. u. Mitgl. d. Wiss.-Gr. f. d. Sozialbeirat; 1979-84 Projektleit. Sonderforschungsber. 3 Univ. Frankfurt u. Mannheim; s. 1984 Vors. Dt. Statist. Ges. - BV: D. Entw. e. Bevölkerungsmod. z. Beurteilung d. Finanzierung d. dynam. Rente, 1965; Rentenversich. u. Bevölkerungsprognosen, 1980; D. gesetzl. Rentenversich. im demograph. Wandel, Gutachten f. d. Sozialbeirat, 1984 - Lit.: Wirtschafts- u. Sozialstatistik - Empir. Grundl. polit. Entsch., Festschr. (1986).

GROHME, Sigrid

Dr. med., Prof., Chefärztin Pathol. Abt./St.-Gertraudenkrkhs., Berlin 31 - Am Wildgatter 29, 1000 Berlin 39 - Geb. 13. Sept. 1928 Reichenberg/Böhmen - Promot. (1963) u. Habil. (1972) Berlin - S. 1972 Prof. FU Berlin (Allg. Pathol. u. Spez. Pathol. Anat.). Üb. 30 Facharb.

GROHN, Hans Werner

Dr. phil., Direktor Nieders. Landesmuseum, Hannover (s. 1975) - Bonner Str. 7, 3000 Hannover (T. 88 13 17) - Geb. 12. März 1929 Hagen/Wf. (Vater: Prof. Hans G., Chem.; Mutter: Hertha, geb. Grün), verh. s. 1958 m. Dr. Ursel, geb. Schönrock - Stud. d. Kunstgesch. u. Archäol. Univ. Greifswald, Berlin; Promot. 1952 - Assist. u. Kustos Staatl. Museen Berlin; Oberkustos u. Abt.dir. Hamburger Kunsthalle - BV: Piero della Francesca. Fresken in S. Francesco in Arezzo, 1961; L'opera pitt. completa di Hans Holbein il Giov., 1971 (dt. 1972, franz. 1987). Herausg.: Niederdt. Beiträge z. Kunstgesch. (s. 1976) - Liebh.: Oper, Konzert, Theater - Spr.: Ital., Engl. - Rotarier.

GROHS, Erhard

Dipl.-Ing., Vorstandsvorsitzender Dt. Carbone AG, Frankfurt/M., AR-Mitgl. Fa. Ferraz Lyon - Fuchstanzstr. 36, 6370 Oberursel 6 - Geb. 12. Juni 1929.

GROHS, Gerhard

Dr. iur. utr., Univ.-Prof. Univ. Mainz - Am Jungstück 42 A, 6500 Mainz 43 (T. 06131 - 8 61 08) - Geb. 24. Juni 1929, ev., verh. s. 1961 m. Dr. phil. Elisabeth, geb. Beringer, 2 Kd. - Stud. Rechtswiss. u. Soziol.; Promot. 1959 Heidelberg, Dipl. 1961 Berlin, Habil. 1966 Berlin - 1965/66 Gastprof. Univ. Leicester/Engl., 1966/67 Priv.-Doz. Berlin; 1967-69 Seniorlecturer Univ. Dar-es-Salaam/Tanzania; 1969-75 Prof. Berlin; s. 1975 o. Prof. Mainz; 1984/85 Theodor-Heuss-Prof. New School of Social Research, New York. Vors. Kurat. Ev. Studiengem. (FEST) Heidelberg; Mitgl. Entw.-kommiss. d. Weltkirchenrats Genf; Beiratsmitgl. Lit. u. Wiss. Goethe-Inst.; stv. Vors. Kammer f. kirchl. Entw.dst. d. EKD - BV: Stufen Afrikan. Emanzipation, 1967; Z. Soziol. d. Dekolonisation (m. B. Tibi), 1973; Kulturelle Identität im Wandel (m. J. Schwerdtfeger u.a.), 1980; State and the Church in Angola (m. G. Czernik), 1983 - Spr.: Engl., Franz., Portug., Ital.

GROISSMEIER, Michael

Dipl.-Verwaltungswirt, Verwaltungsoberamtsrat, Lyriker - Buchkastr. 8, 8060 Dachau (T. 08131-8 21 70) - Geb. 21. Febr. 1935 München, kath., verh. s. 1964 m. Margit, geb. Winkler, T. Andrea - Human. Gymn.; Bayer. Verwaltungssch.; Verw.- u. Wirtschaftsakad. München (Dipl.) - Leit. Sozialamt Landkr. Dachau; Schriftst. - BV: u.a. Bestraf. f. Atemzüge, 1981; Haiku, 1982 (übers. jap., engl.); Schnee auf d. Zunge, 1983; Dem Rauch mißtrauen, 1984; Treibeis, 1985; Haiku, 1985; Mit d. Erdkugel am Fuß, 1988 - 1984 Bürgermed. Kreisstadt Dachau; 1986 Ehrengabe d. Stiftg. z. Förd. d. Schrifttums; 1988/89 Ehrengast d. Villa Massimo/Rom - Liebh.: Musik, Lit. - Spr.: Engl., Griech.

GROLL, Freiherr von, Götz

Leiter Geschäftsbereich Ausw. Angelegenheiten b. Bevollm. d. Bundesreg. in Berlin (s. 1985) - Holzlarerstr. 6, 5205 St. Augustin 2 - Geb. 6. Juni 1926 Berlin, ev., verh., 3 Töcht. - 1946-53 Stud. Slawistik, Anglistik, Amerikanistik, Phil., Volksw., Gesch. u. Staatsrecht Univ. Berlin u. Paris (als Werkstud.) - S. 1953 Ausw. Dienst: Auslandsp. in Sydney/Canberra u. Stockholm; 1963-66 Intern. Beamter NATO-Sekr. Paris; 1966-70 stv. Leit. Handelsvertr. Sofia; 1971-77 Ref.-Leit. f. Fragen d. Allg. Ost-West-Bezieh. im AA; 1972-75 Teiln. an KSZE-Konfz. Helsinki u. Genf (Gesandter u. stv. Deleg.-Leit.); 1977 Deleg.-Leit. KSZE-Folgetreffen Belgrad; 1977-80 Dir. Abt. Wirtschaftsanalyse Wirtschaftskommiss. d. Vereinten Nationen (ECE) Genf; 1981-85 Gesandter, Leit. Polit. Abt. d. Botschaft Paris. Mitgl. Dt. Ges. f. Ausw. Politik, Dt. Ges. f. Osteuropa-Kd., Polit. Club Berlin - 1977 BVK I. Kl. - Liebh.: Musik (Klavier), Sport (Reiten, Tennis) - Spr.: Engl., Franz., Russ., Schwed., Bulgar., Span.

GROLL, Horst

Dr.-Ing., Prof. f. Mikrowellentechnik - Untertaxetweg 120, 8035 Gauting/Obb. (T. München 850 34 48) - Geb. 25. Juli 1924 München (Vater: Prof. Dr. med. Hermann G., Pathologe; Mutter: Alice, geb. Grimm), kath., verh. s. 1960 m. Tilly, geb. Pösl, S. Alexander - Promot (1951) u. Habil (1959) München - S. 1959 Privatdoz. u. apl. Prof. (1965) TU München 1976 Lehrstuhl f. Mikrowellentechnik) - BV: Radar, 1962 (m. H. H. Meinke); Mikrowellen-Meßtechnik, 1969 - Spr.: Engl., Franz., Ital.

GROLMAN, von, Tassilo

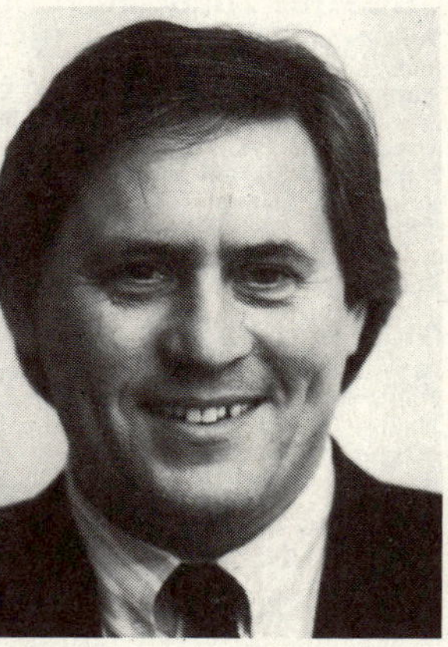

Industrie-Designer - Füllerstr. 4, 6370 Oberursel - Geb. 23. Dez. 1942 Iserlohn, ev., verh. s. 1981 m. Dagmar, geb. Meyer, 2 Töcht. (Alexandra, Victoria) - Stud. Ind.-Design GHS Kassel - Tätigk. Architekturbüro u. Werbeagenturen (TBWA u. Lürzer Conrad Frankfurt); s. 1975 selbständ. 1984 Lehrauftr. f. Verpackungs-Design FH Darmstadt. Aufgabengeb.: Ind.-Design, Arch.-Design u. Verpack.-Design - 1986 Dt. Werkbund - Liebh.: Segeln, Kochen.

GRONE, Friedrich W. E.

Dipl.-Ing., Bergass., Direktor, Vorstandsmitgl. Stadtwerke Hagen AG (s. 1971) - Toblacher Str. 8, 4600 Dortmund 50 (T. 0231-73 13 07) - Geb. 6. Juni 1936 Bückeburg, ev., verh. s. 1965 m. Gunda, geb. Stuhlmann - 2 Kd. (Silke, Frank) - Gymn. (Abit. 1957); Stud. TH Aachen u. TU Berlin; Dipl. 1964; Ass.-Ex. 1967. Fachveröff. - Spr.: Engl., Franz.

GRONEMEYER, Horst

Dr. phil., Prof., Bibliotheksdirektor, Leit. Staats- u. Univ.bibl. Hamburg - V.-Melle-Park 3, 2000 Hamburg 13.

GRONEMEYER, Wilhelm

Dr. med., Prof. Dt. Klinik f. Diagnostik, Fachbereich Allergologie a.D., Honorarprof. f. Allergie Univ. Göttingen (s. 1968) - Pfitznerstr. 3, 6200 Wiesbaden - Geb. 9. Mai 1912 Paderborn (Vater: August G., Justizamtm.; Mutter: Helene, geb. Baumann), ev., verh. s. 1939 m. Hanne, geb. Pöhler, 4 Kd. (Uwe, Steffen, Alke, Martin) - Gymn. Detmold; Univ. Tübingen u. Kiel (Med. Staatsex. 1936; Promot. 1938); 1952-70 Allergie-Forsch.-Inst. u. Asthma-Klinik Bad Lippspringe; 1970-77 Dt. Klinik f. Diagnostik, Sekt. Allergologie, Wiesbaden - Buchbeitr.: Arzneimittelallergie, Urtikaria, Quincke-Ödem u. verw. Zustände, Therapie allerg. Krankh., Krankh. durch inhalative Allergeninvasion (m. E. Fuchs), D. Pollenallergie (M. Werner/K. Hansen, Lehrb. d. klin. Allergie, 1969). Intrakutaner Allergentest - Intrakutanprobe (M. Werner/V. Ruppert); Prakt. Allergie-Diagnostik, 2. A. 1985; Allerg. Krankh. (H. Dennig, Lehrb. d. Inn. Med., Bd. II 8. A. 1969). Zahlr. Ztschr.aufs. Mithrsg.: Verhandl. Dt. Ges. f. Allergie- u. Immunitätsforsch. (Bd. I 1965, II 1968, III 1974), Allergosen d. Atemwege (zus. m. E. Fuchs), 1978; Karenz u. Hyposensibilisierung (zus. m. E. Fuchs), 1983.

GRONEN, Peter

Fabrikant, Mitinh. Rhein. Wollwerke A. Gronen & Co., Monschau - Schloßkehr 8, 5108 Monschau - Geb. 6. Dez. 1914 - Zeitw. Vors. Verb. Dt. Streichgarnspinner, Düsseldorf.

GRONENBERG, Hans-Konrad

Vorstandsmitglied EOS-ISAR Lebensversicherungs-AG. i.R. - Franz-Joseph-Str. 39, 8000 München - Geb. 1. Dez. 1922 - Dipl.-Math.

GRONER, Franz Maria

Dr. theol., Prälat, o. Prof. em. f. Christl. Gesellschaftslehre Univ. Bonn (s. 1962) - Ellerstr. 44, 5300 Bonn 1 (T. Bonn 63 25 25) - Geb. 29. Juni 1913 Köln, Kath. - Universitäten Bonn (Promot.) u. Köln - Vornehml. kath. Einricht.; Dir. Amtl. Zentralst. f. kirchl. Statistik d. kath. Dtschl., Köln. Herausg.: Kirchl. Handb., Amtl. statist. Jahrb. d. kath. Kirche Dtschl., Handb. d. Erzbistums Köln (1950-78).

GRONOSTAY, Uwe

Leiter RIAS-Kammerchor, Honorarprof. f. Rundfunk- u. Konzertchor Staatl. Hochschule f. bild. Künste Berlin (s. 1978) - Kufsteiner Str. 69, 1000 Berlin 62.

GRONWALD, Detlef

Dr.-Ing., Prof. f. Lehrorientierte Fachwiss. Elektrotechnik u. deren Didaktik Univ. Bremen - 2141 Sandbostel 62.

GRONWALD, Rochus Richard

Dr.-Ing., Dipl.-Ing., Geschäftsführer Gebr. Wackenhut GmbH, Nagold, Karosserie- u. Fahrzeug-Werke (s. 1986) - Hagenauer Str. 7, 6740 Landau (T. 3 23 46) - Geb. 5. Sept. 1934 Liegnitz (Vater: Karl G., Min.-Rat a. D.; Mutter: Dorothea, geb. Steckel), ev., verh. s. 1963 m. Elke, geb. Ludewig, 3 Kd. (Christian, Martin, Katrin) - Stud. TH Aachen Maschinenbau, Schweißtechnik, Promot. 1965 ebd. - S. 1965 Ind.tätigk. - Spr.: Engl. - Lions Club.

GROOT, de, Eugenius

Dr., Prof. f. Physik Univ. Bielefeld (s. 1978) - Hesskamp 2, 4904 Enger - Geb. 26. Mai 1940 Eindhoven, verh. s. 1977 m. E. J. Atkinson, T. Saskia - Promot. (Theoret. Physik) 1971 Utrecht; Habil. (Theoret. Physik) 1978 Bielefeld - 1966-71 wiss. Assist. Zeeman-Laborat. Univ. Amsterdam; 1971-73 Royal Soc. Fellowship Dept. of Theoretical Physics Univ. Oxford; 1973-74 wiss. Assist. Inst. v. Theoret. Physica Utrecht; 1974-76 Senior Fellow CERN Genf; 1977 Max-Planck-Inst. f. Physik u. Astrophysik München; 1985 Gastprof. Inst. v. Theoret. Physica Utrecht - Liebh.: Tennis, Schach, Bridge - Spr.: Engl., Franz., Holl.

GROOTE, Hans

Dipl.-Kfm., Vorstand Eisenbahn-Verkehrsmittel-AG f. Transport u. Lagerung, Düsseldorf, Geschäftsf. EVA Eisenbahn-Verkehrsmittel-Ges. mbH, Düsseldorf, Gf. CAIB Intern. GmbH, Düsseldorf - Am Feldbrand 6, 4005 Meerbusch 1 - Geb. 19. Okt. 1927 - Stv. AR-Vors. Kontinentale Öl Transport A.G., Berlin-Wilmersdorf; AR Waggon Union GmbH, Berlin-Siegen; stv. Vors. Vereinig. d. Privatgüterwagen-Interessenten (VPI), Hamburg.

de GROOTE, Otto

Geschäftsführer Licher Privatbrauerei Ihring-Melchior KG. (s. 1951), Vorstandsmitgl. Brauerbund Hessen-Mittelrh., Frankfurt - Bismarckstr. 6, 6308

Butzbach (T. 06033 - 6 57 56) - Geb. 11. Febr. 1923 Ortenberg, verh. s. 1948 m. Gertrud, geb. Melchior, 2 Kd. - 1943-47 Rechtswiss. Univ. Göttingen. 1. Jurist. Staatsex. 1947.

GROOTHOFF, Hans-Hermann

Dr. phil., Dr. phil. h. c., em. Prof. f. Pädagogik - Sander Höhe 11, 5060 Bergisch Gladbach 2 (T. 3 52 33) - Geb. 11. Sept. 1915 Lüneburg (Vater: Dr. med. dent. Johann G., Zahnarzt), ev., verh. s. 1943 m. Margret, geb. Ohlemann, 2 Kd. (Christa, Peter) - Univ. Freiburg/Br., Hamburg, Kiel (Phil., Päd., Gesch., German.; Promot. 1951) - 1948-53 Mitarb. Univ. Kiel, 1954-55 Forschungsstip., 1955-60 Lehrauftr. f. Phil. u. Päd. Musikhochsch. Hannover, 1956-59 Doz. Päd. Hochsch. Lüneburg, 1959-62 Prof. Päd. Hochsch. Hannover, seither o. Prof. Univ. Köln - BV: D. Berufsschule, 1959 (m. H. Abel). Herausg. bzw. Mithrsg.: Päd. Lexikon, 1961; Kant - Ausgew. Schriften z. Päd. u. ihre Begründ., 1963, u. a. Editionen; D. Fischer-Lex. Päd., 1964; Neues Päd. Lex. 1971; Funktionen u. Rolle d. Erziehers, 1972; Einführ. in d. Erziehungswiss., 1975; Erwachsenenbild. u. Ind.ges., 1976; Wilhelm Dilthey, 1981; Ges. Abhandlungen 1957-85, 1985 - Ehrendoktor.

GROOTHOFF, Klaus

Dipl.-Ing., Vorstandsmitglied Gerresheimer Glas AG. Düsseldorf, Geschäftsf. Bramlage GmbH, Lohne - Heyestr., 4000 Düsseldorf-Gerresheim; priv.: Ahornweg 3, 6200 Wiesbaden - Geb. 3. Okt. 1921 Chorzow/OS. - Zul. Geschäftsl. Jenaer Glaswerke Schott & Gen., Mainz - Mitgl. DGG Frankfurt, Rotary Club Mainz.

GROPP, Axel

Dipl.-Kfm., Vorstandsmitglied Isola Werke AG - Isolastr. 1, 5160 Düren/Rhld. (T. 02421 - 80 80) - Geb. 13. Febr. 1937 - Beiratsvors. Lenser Kunststoffwerk, Ulm; AR PAG Preßwerk AG, Essen; Vorstandsmitgl. Spartenleitung Kunststoffverarb. Rütgerswerke AG, Frankfurt/M., Beiratsmitgl. Preßwerk Köngen GmbH, Köngen, Isola France, Bonneuil-sur-Marne, Isola Werke UK Ltd., Cumbernauld G67 (Scotland), Pferdmenges-Vermögensverw.; Regionalbeirat Dresdner Bank; VR Lignotock, Scheuerfeld.

GROPP, Hans

Dr. med. (habil.), Prof., Chefarzt Chirurg. Klinik - Diakonie-Krankenhaus, 7800 Freiburg/Br. - S. 1972 apl. Prof. f. Chir. Univ. Freiburg.

GROPPER, Siegfried

Dr. jur., Generalbevollmächtigter Deutsche Bank AG. - Schieggstr. 2a, 8000 München 71 (T. 79 47 53) - Geb. 2. Juni 1921 Landsberg/Lech - S. 1951 DB. Div. ARsmandate, dar. Vors. Ackermann-Göggingen AG., München, Augsburger Kammgarnspinnerei, Augsburg, Mech. Baumwoll-Spinnerei u. Weberei, Bayreuth - Spr.: Engl., Ital. - Rotarier.

GROSCH, Ernst

Dr. rer. nat., Vorstandsmitglied Feldmühle Nobel AG, Düsseldorf - Zu erreichen üb. Dynamit Nobel AG, Postf. 12 61, 5210 Troisdorf - Geb. 29. Okt. 1928 Coburg - Stud. Chemie (Dipl.-Chem.).

GROSCH, Heinz

Dr. theol., Prof. f. Ev. Theologie PH Esslingen (1972 ff.) u. Schwäbisch Gmünd (1982) - Beethovenstr. 38, 7307 Aichwald-Aichschieß - Geb. 26. April 1930 - Promot. Bern - S. 1968 Hochschullehrer. Bücher u. Aufs. in Ztschr., Lexika u. Sammelbd.

GROSCH, Johann

Dr.-Ing., Prof. f. Werkstofftechnik TU Berlin - Str. d. 17. Juni 135, 1000 Berlin 12.

GROSCH, Robert F.

Dipl.-Ing., Prof., Flughafendirektor - Rüsternallee 33, 1000 Berlin 19 (T. 304 35 23, Büro: 41 01 22 00 Tegel/ 690 96 10 Tempelhof) - Geb. 6. Febr. 1931 Halle/S. - Stud. Bauingenieurwesen. S. 1964 Berliner Flughafen-GmbH (b. 1969 Prok., dann Techn. Dir.) - Spr.: Engl., Franz. - Rotarier.

GROSCH, Werner Joachim

Dr.-Ing., Prof., stv. Direktor Dt. Forschungsanstalt f. Lebensmittelchemie (eingetr. 1969) - Lichtenbergstr. 4, 8046 Garching/Obb. - Geb. 21. Jan. 1934 Berlin - Promot. 1964 Berlin (TU) - S. 1969 (Habil.) Lehrtätigk. (1974 apl. Prof. f. Lebensmittelchemie TU München). Üb. 140 Facharb. - Normann-Med. d. Dt. Ges. f. Fettwiss.

GROSCHE, Hildegard

Verlegerin, Übersetzerin u. Herausg. (ung. Literatur) - Im Asemwald 32, 7000 Stuttgart (T. 0711 - 72 43 25) - S. 1977 Präs. Freundeskr. z. intern. Förder.lit. u. wiss. Übers. - 1981 Andreas-Gryphius-Preis; BVK; 1983 Gold. VO d. VR Ungarn; 1985 Literaturpreis Déry-Stiftg.; 1986 Ehrengabe Kulturkr. Bundesverb. d. Dt. Ind.; Verdienstmed. Land Baden-Württ.

GROSER, Manfred

Dr. rer. soc., Dipl.-Volkswirt, Prof. f. Politikwissenschaft Univ. Bamberg (s. 1983) - Hahnbergblick 29, 8615 Melkendorf b. Bamberg - Geb. 11. Aug. 1944 Lauingen (Vater: Rudolf G.; Mutter: Rosa, geb. Bauer), kath., verh. s. 1978 m. Ingrid, geb. Klinkert - 1963-67 Stud. Wirtschaftswiss. Univ. Innsbruck, Dipl.-Volksw. 1967; 1969-70 Stud. Industrial Relations London School of Economics, M.Sc. 1970; 1970-77 Stud. Sozialwiss. Univ. Bochum, Promot. 1977 - 1970-77 Wiss. Angest. Univ. Bochum; 1978-80 Planungsgruppe d. CDU-Bundesgeschäftsst. Bonn; 1980-83 Wissenschaftszentr. Berlin - BV: Ökonom. Theorie d. polit. Wettb. (m. Ph. Herder-Dorneich), 1977; Grundlagen d. Tauschtheorie d. Verb., 1979; D. Neue Soz. Frage (m. W. W. Veiders), 1979. Herausg.: Beiträge z. Sozialen Ordnungspolitik (1988) - 1978 Preis d. Ruhr-Univ. - Liebh.: Oper, Theater, Musik - Spr.: Engl., Ital.

GROSS (ß), Carl S.

Dr. jur., Vorstandsmitglied Oldbg. Landesbank AG, Oldenburg (s. 1968; 1981ff. Vorst.-Vors.) i. R. - Prestrupsweg 20, 2900 Oldenburg/O. (T. 5 44 76) - Geb. 19. Juni 1928 Höchst/M. (Vater: Dr. Carl R. G., Syndikus; Mutter: Anna, geb. Westenberger), kath., verh. s. 1955 m. Eva, geb. Horn, 3 Kd. (Thomas, Andreas, Susanne) - Gymnasium; Bankausbildung; Stud. Rechtswiss. Ass.ex. 1953; Promot. 1954 (Diss.: Völkerrecht u. Außenpolitik n. d. Bonner Grundgesetz) - 1953-68 Dt. Bank AG (1960-68 Filialdir. Ludwigshafen) - Liebh.: Genealogie, Sport.

GROSS (ß), Christian

Karikaturist (Künstern. Kriki) - Großbeerenstr. 66, 1000 Berlin 61 - Geb. 9. Febr. 1950 Lamstadt/Nieders., led. - Lehrerstaatsex. - Redakt. b. rAd ab!, Grober Unfug, Berliner Verallgemeinerte, Schmutz u. Schund, Skandal sow. tätigk. als Cartoonist, Collagist u. Copy-Artist - BV: D. Ärmelkanal ist voller Ärmel, 1979; Idiotikon, 1986; D. Berg ruft, 1986; D. Collagenb., 1987; Sei kein Frosch, 1988.

GROSS (ß), Dieter

Dipl.-Ing., Prof. f. Techn. Mechanik Gesamthochschule Wuppertal (Fachbereich Maschinentechnik) - Elsenbornstr. 8, 5800 Hagen.

GROSS (ß), Dietmar

Dr.-Ing., Prof. f. Mechanik TH Darmstadt (s. 1976) - Kl. Ring 17, 6104 Seeheim-Jugenheim 1/Bergstr. - Geb. 4. März 1941 Wels/Österr. (Vater: Dr. med. W. G., Arzt; Mutter: Hermine, geb. Schulyok), verh. s. 1965 m. Dr. Heide, geb. Wiemer, 1 Kd. - Gymn.; Univ. Rostock (Angew. Mechanik; Dipl. 1965). Promot. 1968; Habil. 1974; 1965 Wiss. Mitarb., 1968 Oberassist., 1974 Privatdoz. - Lehrbücher der Mechanik - Spr.: Engl.

GROSS (ß), Eberhard

Dr. phil., o. Prof. u. Direktor Seminar f. Soziologie d. Erziehung Univ. Gießen (s. 1963) - Häuser Born 10, 6300 Gießen (T. 0641 - 4 58 99) - Geb. 27. Dez. 1912 Erfurt, ev., verh. s. 1948 m. Fanny, geb. Biedermann, 2 Kd. (Marion, Stephan) - Stud. d. Soziol., Psychol., Gesch., Päd. Univ. Göttingen; Promot. 1957 - Zun. Schuldst.; 1959-60 Dt. Inst. f. intern. pädagog. Forschung; 1960-63 Päd. Inst. Weilburg; 1968ff. Stadtrat u. Dezern. f. Jugend- u. Bildungsfragen Stadt Gießen. Mitgl. Ges. z. Förd. päd. Forschung, Frankfurt/M. u. Dt. Ges. f. Soziol. - BV: Erziehung u. Ges. im Werk Adolf Diesterwegs, 1966; Geld in Kinderhänden, 1966 (auch ital.); Raumordnung u. Bildungsplanung, 1968 (m. a.); Specht, Probleme d. Curriculumforschung, 1969 (m. a.); Wehle, Päd. aktuell, 1973 (m. a.); Einf. in d. Bildungssoziologie, 1975; Sommer, Berufsbildung zw. Päd. u. Politik, 1976 (m. a.); Fernstudium im Medienverbund, 1976 (m. a.); Soziologie, Sozialpsychologie u. Psychoanalyse d. Schule, 1979. Mitarb.: Lexikon d. Päd., 1970; Bundesrepublik (Frankf. Hefte, Sdh.), 1976; Familie (Hrsg. Fischer), 1976; Herder, Wörterb. d Päd., 1977; Jugend zw. Resignation u. Revolte, 1981; Auf d. Schwelle zw. Soziol. u. Psychiatrie (Hrsg.), 1981; Grenzpfähle - Grenzfälle, 1984; In memoriam Foucault, 1985; Jugendsoziol. Erz. 1985; Interkulturelle Päd. vor kränkender Sozialisation (Interkult. Päd.), 1986; Aufbruch u. Resignation e. Bildungssoziol. Lebensbilder, 1986; Identität u. Sprache, 1987 - Spr.: Engl., Franz., Lat., Griech. - Lit.: Intern. Soz.lexikon; Wörterb. d. Soziologie; Kürschners Gelehrtenkalender; who's who in Europe Belgique; who's who in the World, 1980/81.

GROSS, Engelbert

Dr. theol., Prof. f. Religionspädagogik u. Didaktik d. Religionslehre Univ. Eichstädt, kath. Priester - Kilian-Leib-Str. 17, 8078 Eichstätt/Bayern - Geb. 22. Dez. 1938 Gladbach/Krs. Düren - Stud. Univ. Bonn, Freiburg, Graz, PH Rhld.; Staatsex. f. d. Lehramt an Gymn. 1962 u. 71 Bonn; Mag. theol. u. Promot. 1978 Graz - Unterr. u. Lehrtätigk. in Schule u. Hochsch.; pastorale Tätigk.; Lehrerfortb. Mitgl. Arbeitskr. Peter Petersen. Arbeitsgeb.: Didaktik d. relig. Unterweis. - BV: Kindergebetb., relig. Lyrik, Meditationstexte, Lieder, u.a.: Mein Kirchbuch, 13. A. (übers. in skand. Spr., ins Span., ins Ung.); Mein Drei-Zeiten-Buch; D. Stein erweichen möchte ich können; Wohin soll ich leben?; In bibl. Symbolen beten; Wenn Staat u. Kirche Schule machen; M. Schülern neu z. Sache kommen: Unterr. als Spurensicherung; Wenn in deiner Wüste sich d. Himmel auftut - Gott, d. wie d. Bärin ist - Liebh.: Kulturen d. Länder, Relig. d. Völker, Dichtung, Fotogr.

GROSS, Georg G.

Dr. rer. nat., Prof. f. Pflanzenphysiologie Univ. Ulm - Meinradweg 12, 7900 Ulm-Unterweiler.

GROSS, Hagen

Unternehmer - Am Zollstock 29, 6380 Bad Homburg v.d.H. - Geb. 25. Juni 1921 Kattowitz/OS - B. 1974 Vorstandsmitgl. Braun AG., Frankfurt/M.

GROSS (ß), Hans

Bergmann, MdL Saarland (s. 1975) - Kirchenstr. 18, 6611 Eppelborn-Bubach - Geb. 24. Febr. 1925 Bubach - CDU.

GROSS, Hans J.

Dr. rer. nat., o. Prof. f. Biochemie u. Institutsvorstand Univ. Würzburg - Lengfelder Str. 49, 8700 Würzburg - 1983 Carus-Med. Dt. Akad. d. Naturforscher Leopoldina; 1984 Carus-Preis Stadt Schweinfurt; 1985 J.K. Parnas-Preis d. Poln. Biochemischen Ges.

GROSS (ß), Heinrich

Dr. theol., em. o. Prof. f. Altes Testament Univ. Regensburg (1968-84) - Agnesstr. 13, 8400 Regensburg (T. 2 21 45) - Geb. 13. Sept. 1916 Bonn (Vater: Michael G.; Mutter: Anna, geb. Pung), kath. - Phil.-Theol. Hochsch. Trier u. Univ. Bonn (Promot. 1951); Bibelinst. Rom (Lic. bibl. 1953) - 1948-49 Subdir. Konvikt Linz/Rh.; 1949-51 Rektor St. Anna Remagen; 1953-68 Doz., ao. (1955) u. o. Prof. (1957) Theol. Fak. Trier. Emerit. 1984 - BV: Weltherrschaft als religiöse Idee im Alten Testam., 1953 (Diss.); D. Idee d. ew. u. allg. Weltfriedens im Alten Orient u. im Alten Testam., 1956 (Habil.schr.); D. Engel in d. Hl. Schrift, 1961; Kl. Bibelkd. z. Alten Testam., 1967; Tobit, Judit, Ester in: Echter-Bibel, 4. A. 1970; Kernfragen d. Alt. Testam., 1977; D. Buch d. Psalmen, 2 Bde. 1978/80; Ijob, Klagelieder in: Neue Echter Bibel, 1986; Tobit-Judit, 1988. Mitarb.: Kath. Schulbibel u. a. Üb. 65 Ztschr.aufs. - Mitgl. Soc. of Biblical Literature and Exegesis/USA - Spr.: Franz., Engl., Ital.

GROSS (ß), Heinz

Dipl.-Ing., Vorstandsmitglied Hoesch Rohr AG., Hamm - Reichsmarkstr. 142, 4600 Dortmund - Geb. 20. Febr. 1922.

GROSS, Hermann

Dr. rer. pol., o. Prof. f. Wirtschaft u. Ges. Südosteuropas (emerit.) - Sonnwendstr. 8, 8035 Gauting/Obb. (T. München 850 10 57) - Geb. 23. Jan. 1903 Kronstadt-Brasov (Eltern: Julius (Gymnasialdirektor) u. Marie G.), ev., verh. s. 1949 m. Gertrud, geb. Hagemann, 2 Kd. - HH (Dipl.-Kfm. 1924) u. Univ. Leipzig (Dipl.-Volksw. 1925). Promot. (1927) u. Habil. (1938) Leipzig - 1938-71 Lehrtätigk. Univ. Leipzig, Hochsch. f. Welthandel u. Univ. Wien (1939; 1943-45 apl. Prof.) Univ. Kiel (1949; 1957 Wiss. Rat u. Prof.) u. München (1962 Ord.); 1939-45 Leit. Volksw. Abt. IG Farbenind., Zweigst. Wien. Zahlr. Veröff. üb. Außenhandelsfragen, Industriew., Wiss.finanzierung, wirtschaftl. u. polit. Probleme Südosteuropas u. d. Nahen Ostens - Jireček-Med. Gold d. Südosteuropa-Ges. München (1972), Kulturpreis 1974 d. Landsmannschaft. d. Siebenbürger Sachs. in Dtschl. u. Österr.; 1978 BVK am Bde., 1984 BVK I. Kl.

GROSS, Jan

Dr. med., o. Prof. f. Psychiatrie, Ärztl. Direktor Psychiatrie u. Nervenklinik, Hamburg (s. 1971) - Martinistr. 52, 2000 Hamburg 20.

GROSS, Johannes

Dr. h.c., Journalist, Vorst. Gruner & Jahr AG & Co. (s. 1983), Herausg. Wirtschaftszeitschr. Capital, Hrsg. Zeitschr. Impulse - Eupener Str. 70, 5000 Köln 41 (T. Köln 490 82 13) - Geb. 6. Mai 1932 Neunkhausen (Vater: Albert G., Kaufm.; Mutter: Martha, geb. Giehl), luth., verh. s. 1961 m. Elisabeth, geb. Gotthardt, 2 Kd. (Julia, Daniel) - Gymn.; Stud. Phil. u. Rechtswiss. I. jurist. Staatsprüf. 1954 Marburg - 1959 Bonner Korresp. Dt. Ztg., 1961 Ressortchef Politik ebd., 1962 Leit. Polit. Abt. u. stv. Dir. Aktuelles Programm Dtschl.funk, 1968 Chefredakt. u. stv. Int. Dt. Welle, 1974ff. Chefredakt. Capital u. 1980 Hrsg. Capital u. Impulse; 1977-84 Moderator ZDF-Send.: D. Bonner Runde; s. 1971 fr. Mitarb. FAZ (Leitart., Glossen, Berichte) - BV: Lauter Nachworte, 1965; D. Deutschen, 1967; Absagen an d. Zukunft, 1970; Unsere Letzten Jahre, 1980; Notizbuch, 1985; Phoenix in Asche, 1989 - 1980 Ehrendoktor of Letters Univ. Florida; 1983 Bambi Bild + Funk; 1986 Ludwig-Erhard-Preis f. Wirtschaftspubliz.; 1972 Mitgl. PEN-Zentrum BRD (1977 Austr.); Mitgl. PEN-Zentrum deutschspr. Schweiz.

GROSS, Josef
Vorstandsvorsitzer Vereinigte Haftpflicht Versicherung VaG. (1981 ff.) - Constantinstr. 40, 3000 Hannover 1.

GROSS, Joseph
Dipl.-Kfm., Landrat a. D., Vors. Landeswohlfahrtsverb. Baden, VRsvors. Stiftg. Frauenalb, -mitgl. Verwaltungs- u. Wirtschaftsakad. Baden, ARsmitgl. Albtal-Verkehrs-Ges. mbH. (alles Karlsruhe) - Hansjakobstr. 11, 7500 Karlsruhe (T. 2 79 81) - Geb. 29. Okt. 1909 Karlsruhe, verh. s. 1938 m. Pia, geb. Zeitler, 3 Kd. (dav. 2 S.) - S. 1946 Landrat Kr. Karlsruhe (Sitz Dt. Atomforschungszentrum) - Spr.: Franz., Ital. - Rotarier.

GROSS (ß), Karl
Geschäftsführer Menk Apparatebau GmbH. - 5439 Bad Marienberg/Westerw. - Geb. 13. Mai 1936.

GROSS, Karl
Dr., Ministerialdirektor, Leit. Abt. 5 (Entwicklung d. ländl. Raumes) Bundesmin. f. Ernährung, Landw. u. Forsten - Rochusstr. 1, 5300 Bonn-Duisdorf.

GROSS (ß), Konrad
Dr. phil., Prof. f. Engl. Philologie, insb. Amerikanistik u. Kanadistik, Univ. Kiel (s. 1978) - Hasseerstr. 73, 2300 Kiel - Geb. 23. Juli 1940 Ahrensberg (Vater: Franz G., Landwirt; Mutter: Maria, geb. Vahlkampf), kath., verh. s. 1974 m. Janet, geb. Middleton, 3 Kd. (Brian, Kevin, Vanessa) - Abit. 1961, Staatsex. 1968 (Angl. u. Politik) Univ. Marburg; Promot. 1970 Univ. Köln; Habil. 1977 Freiburg - 1972/73 Canada Council Fellowship of British Columbia, Vancouver. S. 1978 Prof. Univ. Kiel; 1984-87 Vors. Ges. f. Kanada-Stud. - BV: Voices from Distant Lands (m. W. Klooß), 1983; Grundl. z. Lit. in engl. Spr.: Kanada (m. W. Pache), 1987. Herausg.: D. engl. soz. Roman im 19. Jh. (1977); Engl. Lit. of the Dominions (m. W. Klooß, 1981); Arbeit als lit. Problem (1982).

GROSS (ß), Michael
Viermaliger Schwimmweltmeister, zweimaliger Olympiasieger - Paul-Ehrlich-Str. 6, 6000 Frankfurt/M. (T. 069 - 63 68 58) - 1982, 83 u. 84 Sportler d. Jahres, 1985 u. 86 2. Platz Sportler d. Jahres.

GROSS (ß), Philipp
Dr. med., Prof. f. Chirurgie Univ. Frankfurt - Happelstr. 7, 6900 Heidelberg.

GROSS (ß), Rötger
Rechtsanwalt u. Notar, Fachanwalt f. Sozial- u. Verwaltungsrecht - Fichtestr. 21, 3000 Hannover - Geb. 22. April 1933 Hildburghausen/Thür. (Vater: Erwin G. Pastor; Mutter: Josepha, geb. Hauck), verh. s. 1963 m. Eleonore Groß-Ekowski, geb. Ekowski, S. Felix - Gymn. Hamburg; Univ. Hamburg u. Heidelberg (Rechtswiss.), Hochsch. f. Verw.wiss. Speyer. Ass.ex. 1960 - 1961-64 Hbg. Verw.; 1964/72 Stadtdirektor Hameln; 1972/74 MdB; 1974/78 MdL Niedersachsen; 1974/76 u. 1977/78 Nieders. Minister d. Innern u. Stellv. d. Ministerpräs., Mitgl. d. Bundesrats; 1968/78 Landesvors. d. F.D.P. Nieders.; 1970/78 Mitgl. d. Bundesvorst. d. F.D.P.; s. 1977 Mitgl. Rundfunkrat Deutschlandfunk - Gr. BVK 1977 - H. R. Schneider: Gefragt: Rötger Gross - Spr.: Engl.

GROSS, Rudolf
Dr. med., Prof. u. em. Direktor Med. Univ.klinik Köln (1964-83) - Auf d. Römerberg 40, 5000 Köln 41 (T. 478 44 00) - Geb. 1. Okt. 1917 Stuttgart (Vater: Johannes G.; Mutter: Anna, geb. Kucher), kath., verh. s. 1953 m. Anneliese, geb. Stein, 3 Töcht. (Eva, Annette, Susanne) - Eberhard-Ludwigs-Gymn. Stuttgart; Univ. Freiburg/Br., München, Straßburg. Promot. 1944 - 1944-46 Lazarette u. Kriegsgefangenenlaz.; 1946-50 Med. Univ.klinik Tübingen; 1950-51 u. ab 1952 Med. Univ.klinik Marburg (Oberarzt; 1954 Doz., 1960 apl. Prof.), dazw. 1951-52 Krebsforschungs-Inst. Heidelberg - BV: Thromboembol. Erkrank., 2. A. 1960 (auch span. u. ital.); Lehrb. d. Inn. Med., 1966, 7. A. 1987 (auch span. u. ital.); Med. Diagnostik - Grundlagen u. Praxis, 1969; 1000 Merksätze f. Inn. Med., 2. A. 1978; Klin. Ontologie, (m. Schmidt) 1985; D. Arzt im Notfalldienst, (m. Heller) 1985. Etwa 550 Fachztschr.- u. Handbuchbeitr., vornehml. Hämatol. u. Tumortherapie - 1969 Wilhelm-Warner-Preis, 1973 Mitgl. Dt. Akad. d. Naturforscher (Leopoldina), 1981 Dr.-Emil-Salzer-Preis (f. Arb. z. Chemotherapie d. Krebses), Österr. Akad. d. Wiss.; zahlr. Ehrenmitgliedsch. in- u. ausl. Ges. - Spr.: Engl.

GROSS, Thomas
Dr. phil., Leiter Abteilung Presse- u. Öffentlichkeitsarbeit Bundesvereinigung Deutsche Arbeitgeberverb. - Winzerstr. 94 b, 5300 Bonn - Geb. 20. Jan. 1946, verh., 2 Kd.

GROSS, Ulrich Michael
Dr. med., Prof. f. Allg. Pathologie u. Spez. Pathol. Anat. FU Berlin - Gelfertstr. 17, 1000 Berlin 33.

GROSS (ß), Walter
Arbeiter, MdBB (1967-71 u. 1975 ff.) - Gröpelinger Heerstr. 60/62, 2800 Bremen 21 - Geb. 21. Febr. 1928 Stettin, ev., verh., 3 Kd. - Mittelsch. - Nach Praktikum Reichsbahn Kriegst., n. 1945 US-Besatzungsmacht u. versch. Firmen, s. 1954 Bremer Lagerhaus-Ges. (1965 ff. Betriebsrat). SPD s. 1957.

GROSS (ß), Walter Carl
Dr. theol. habil., Lic. bibl., o. Prof. f. Altes Testament Tübingen (s. 1980) - Mallestr. 24, 7400 Tübingen - Geb. 30. Juni 1941 Würzburg (Vater: Prof. Dr. Walter Hatto G.; Mutter: Annelise, geb. Tumma), kath. - Pontificia Univ. Gregoriana, Rom; Promot. 1973; Habil. 1975 - Zun. Univ. München (wiss. Assist., Doz.), s. 1975 Univ. Mainz, s. 1980 Univ Tübingen - BV: Bileam, 1974; Verbform u. Funktion. wayyiqtol f. d. Gegenwart?, 1976; D. Pendenskonstruktion im Bibl. Hebräisch, 1987 - Liebh.: Musizieren - Spr: Engl., Franz., Ital.

GROSS (ß), Werner
Dr. med., Prof., Leiter Nebenstelle Hess. Landesprüfungsamt f. Heilberufe, Gustav-Embden-Zentrum d. Biol. Chemie - Dieburger Str. 39, 6000 Frankfurt-Fechenheim (T. 41 28 55) - Geb. 17. Febr. 1938 Darmstadt (Vater: Dr. Philipp G., Ministerialrat a. D.; Mutter: Alice, geb. Treusch), ev., verh. s. 1963 m. Dr. Ursula, geb. Fischer, 3 Kd. (Michael, Elke, Peter) - Stud. d. Med. Frankfurt/M., Gießen; Promot. 1963; Habil. 1970 - Mitgl. Ges. f. Biol. Chemie, Dt. Physiol. Ges., N.Y. Acad. Sci, AAAS - BV: Biolog. Membranen, 1975 (m. W. Hülsen, K. Ring). Beitr. Encyclopaedia Britannica; Coautor „Pathobiochemie", 1978 - Spr.: Engl.

GROSS, Willi
Dr. iur. utr., Prof., Präsident Hochschullehrerbund (HLB) - Wingertsbergweg 1, 6380 Bad Homburg v.d.H. (T. 06172 - 4 75 50) - Geb. 16. Febr. 1935 Frankfurt/M., verh. m. Dr. iur. Gunhild, geb. Kühne, 2 Kd. - 1957-60 Stud. Rechtswiss.; 1. Staatsex. 1960, Gr. jurist. Staatsprüf. 1964/65; Promot. 1963 - Staatsanwalt, Richter, Bayer. Staatsmin. d. Justiz (1965/66), Bundesjustizmin. (1968/69), Prof. f. Bürgerl. Recht, Handelsrecht u. Arbeitsrecht - BV: Lehrb. Bürgerl. Recht (Allg. Teil), Bürgerl. Recht (Schuldrecht), Handelsrecht, Arbeitsrecht (2 Bde.), Arbeitsvertragsrecht.

GROSS, Wolff
Dr. med., Prof. f. Innere Medizin - Steubenstr. 7, 8700 Würzburg - Geb. 10. April 1926 Kolberg - S. 1965 (Habil.) Lehrtätigk. Univ. Würzburg (1971 apl. Prof., 1978 Prof.). Spezialgeb. Stoffwechsel.

GROSSBACH, Ulrich
Dr. rer. nat., o. Prof. f. Entwicklungsphysiologie - Berliner Str. 28, 3400 Göttingen - Geb. 6. März 1936 - Promot. 1969 - S. 1972 (Habil.) Lehrtätigk. Univ. Hohenheim, München u. Göttingen (1976 Ord.). 1967-71 Wiss. Assist. Max-Planck-Inst. f. Biol. Tübingen, 1971 u. 73 Arbeitsgruppenleit. MPI f. Biol. Tübingen, 1973-76 MPI f. Biochem. München. Fachaufs.

GROSSE, Artur
Fabrikant, Mitinh. Henkel & Grosse KG., Pforzheim, Vors. Vereinig. d. Bundesverb. d. dt. Schmuck- u. Silberwarengewerbes u. Arbeitsgem. d. dt. Schmuck- u. Silberwarenind., Mitgl. d. Executive Committee d. Intern. Vereinigung Schmuck, Silberwaren, Diamanten, Perlen u. Steine u. a. - Friedrich-Ebert-Str. 47, 7530 Pforzheim - Geb. 8. Nov. 1912 Pforzheim (Vater: Florentin G., Fabr.; Mutter: Eleonore, geb. Henkel), verh. s. 1936 m. Hanna, geb. Geisenheyner.

GROSSE, Dieter
Dipl.-Ing., Vorstandsmitglied Hannoversche Portland-Cementfabrik AG. - Portlandstr. 30, 3000 Hannover 61 (Misburg) - Geb. 14. Dez. 1917.

GROSSE, Eduard
Dr. rer. pol., M. A., Verleger, gf. Gesellsch. Grosse-Verlag GmbH, GFK Kongress Management Berlin, Grosse & Partner GmbH, Schamoni Medien GmbH Hessen - Clausewitzstr. 4, 1000 Berlin 12 - Geb. 1. Juli 1928 Berlin (Vater: Eduard G., Verleger; Mutter: Hildegard, geb. Drude), verh. in 2. Ehe (1966) m. Angelika, geb. Bestehorn, 4 Kd. (Patricia, Barbara, Douglas, Vanessa) - M. A. 1951 Univ. of Minnesota (USA); Promot. 1956 FU Berlin - S. 1960 Dir. J. Walter Thompson GmbH., Foote, Cone & Belding GmbH. (1965), 1973-82 Vorst.-Vors. FCB Int'l. Inc., Chicago/USA, Frankfurt/M. Spez. Aufgabengeb.: Verlagswesen, American Chamber of Commerce in Germany, Werbung. FDP - BV: 100 J. Europ. Werbung, 1980 - BVK am Bd. - Spr.: Engl.

GROSSE, Hagen B.
Vorstandsmitgl. AEG-Telefunken AG., Frankfurt/Berlin (1977-80) - Theodor-Stern-Kai 1, 6000 Frankfurt/M. - Geb. 13. Okt. 1928 Berlin - Zul. Gf. Teroson-Werke GmbH., Heidelberg.

GROSSE (ß), Hansdieter
Dr.-Ing., Prof. f. Geodät. Meßtechnik TH Darmstadt - Röntgenstr. 4, 6114 Groß-Umstadt.

GROSSE, Karl-Heinz
Dr., Geschäftsführer Eduscho GmbH. & Co. KG. - Lloydstr. 4, 2800 Bremen 1 - Geb. 30. April 1932.

GROSSE, Peter
Dr. rer. nat., o. Prof. f. Experimentalphysik - Zevenster Weg 2, NL-6291 CD Vaals - Geb. 30. März 1932 - Promot. 1965; Habil. 1969 - S. 1969 Univ. Würzburg (Wiss. Abteilungsvorst. u. Prof.) u. TH Aachen (1970 Ord. u. Inst.-Dir.); 1981 Vors. Fachaussch. Halbleiterphysik Dt. Physik. Ges.; 1986 Sprecher d. Arbeitskr. Festkörperphysik Dt. Physik. Ges.; 1986 Vors. Wiss. Beirat d. Inst. Festkörperforsch. d. KFA Jülich - BV: D. Festkörpereigensch. v. Tellur, 1969; Fr. Elektronen in Festkörpern, 1979. Herausg.: The Physics of Selenium and Tellnium (1979); Festkörperprobleme - Advances in Solid State Physics, Vol. 22-27 (1982-87). Üb. 75 Facharb.

GROSSE, Siegfried
Dr. phil., Prof. f. German. Philologie Ruhruniv. Bochum - Unterfeldstr. 13, 4630 Bochum-Stiepel (T. 79 18 42) - Geb. 22. Okt. 1924 Grimma/Sa. (Vater: Eduard G., Studienrat; Mutter: Margarete, geb. Ackermann), ev., verh. s. 1959 m. Barbara, geb. Müller-Lobeck, 3 Kd. (Max, Katharina, Hans) - Fürstensch. St. Augustin Grimma; Univ. Freiburg (1. Staatsex. Dt., Engl., Lat., Phil. 1952). Promot. (1952), 2. Staatsex. (1954) u. Habil. (1963) Freiburg - 1963 Privatdoz. Univ. Freiburg; 1964 Ord. Univ. Bochum, 1972-73 Rektor Ruhruniv.; 1974-79 Leit. wiss. Sekr. f. d. Studienreform NRW; 1986 Hon.-Prof. Tongji-Univ. Shanghai; Mitgl. Ständ. Kommiss. Schule/Hochsch. u. Grundsatzfragen im Stud. u. Prüfungswesen Westd. Rektorenkonfz. (b. 1987). S. 1987 Präs. Inst. f. dt. Sprache, Mannheim. Spez. Arbeitsgeb.: Lit. d. Mittelalters, Gesch. d. dt. Sprache, dt. Gegenwartsspr. Zahlr. Veröff. - Spr.: Engl.

GROSSE, Wolfgang
Weihbischof v. Essen u. Titularbischof v. Lamasba - Zwölfling 16, 4300 Essen (T. 2 20 41) - Geb. 23. April 1928 - U. a. Sekr. Bischof Hengsbach (5 J.).

GROSSE-BOES (ß), Josef
Dipl.-Ing., Prof. f. Tragwerkslehre u. Ingenieurhochbau Gesamthochschule Wuppertal (Fachbereich Architektur) - Deutschenordensweg 13, 5030 Hürth-Hermülheim.

GROSSE-BROCKHOFF, Hans-Heinrich
Stadtdirektor v. Neuss (s. 1985) - Düererstr. 7, 4040 Neuss 1 - Geb. 2. Okt. 1949 (Vater: Prof. Dr. med. Franz G.-B., Intern.; Mutter: Maria, geb. Lenz), kath., verh. m. Dr. phil. Annelen, geb. Knüpfer, 2 Söhne (Jan Simon, Tobias) - Stud. Rechtswiss. u. Gesch. - 1979 Rechtsrat z.A. Stadt Düsseldorf; 1981 Kulturamtsleit. Stadt Neuss; 1984 Kulturdezern.; VR-Vors. Spark. Neuss; AR-Vors. Neusser Gemeinn. Bauverein AG.

GROSSE-DARTMANN (ß), Clemens
Vorsitzender Arbeiterwohlfahrt Bezirksverb. Weser-Ems - Klingenbergstr. 73, 2900 Oldenburg.

GROSSE-JÄGER, Hermann
Prof., Ordinarius f. Musik u. ihre Didatik Ph Westfalen-Lippe/Abt. Bielefeld - Geschw.-Scholl-Str. 8, 4400 Münster - Zul. Studienprof.

GROSSE-OETRINGHAUS (ß), Hans-Martin
Dr. päd., Dipl.-Päd., Kinder- u. Jugendbuchautor - Im Siepen 13, 4100 Duisburg 1 (T. 0203 - 73 43 95) - Geb. 16. Febr. 1948 Klagebach, 2 Söhne (Jan Jonas, Lukas David) - Lehrerstud., Dipl.-Päd; Tätigk. als Dipl.-Päd. in e. Obdachlosensiedlung 1973-74; Promot. (Schulsystem d. Schwarzen in Südafrika) 1977 - 1978/79 wiss. Mitarb. Dt. Inst. f. Wiss.-Päd.; f. zehn J. Lehrauftr. Päd. d. 3. Welt Univ. Münster; s. 1984 Medienpäd. b. d. Kinderhilfsorg. terre des hommes Osnabrück. Zahlr. Arb.- u. Stud.aufenthalte im Ausland (dav. 10 in Afrika, 2 in Lat.amerika, 3 in Asien) - BV: D. Geheimnis d. roten Maschine; Im Rachen d. Tigers; Kein Platz f. Tränen; Kinderhände; Knoten v. Kinderhand; Makoko; Nini u. Pailat; Nocolos Geheimnis; Partisanen in e. vergessenen Land; Wird Feuer ausbrechen; Wenn Leila Wasser holt; Unter d. Füßen d. Glut; Pancho u. d. kl. Menschen; D. Reis ist wie d. Himmel; Bildung zw. Apartheid u. Widerstand; Jeder e. Lehrer - jeder e. Schüler; Blätter v. unten; Erzieh. u. Bildung in Südafrika. Zahlr. Wiss. Aufs. u. Beitr. in Anthol. u. Lex.

GROSSE-RUYKEN, Franz-Joseph
Dr. med., Augenarzt, Präs. Landesärztekammer Baden-Württ. (s. 1983) - Waldhofstr. 52, 7800 Freiburg (T. 0761-2 38 93 od. 6 49 47) - Geb. 24. März 1929 Duisburg, kath., verh., 3 Kd. (Steffen, Anette, Katrin) - Stud. Med. u.

Psych. Univ. Köln u. Freiburg; Promot. 1957 Freiburg - 1968-84 CDU-Stadtrat Freiburg; Mitgl. Regionalverb. Südl. Oberrhein; Lehrbeauftr. FH Aalen, Abt. Optik (Anatomie u. Pathol. d. Auges). CDU (Kreisvorst. Freiburg) - BV: Gesundheitspolitik, 1985 (m. and.). Stv. Schriftleit. Ärzteblatt Baden-Württ. - 1981 Ritter v. Hl. Grab; 1982 BVK - Spr.: Engl., Franz.

GROSSE-SUCHSDORF, Ulrich

Dipl.-Ing., Architekt, Honorarprof. f. Bauordnungs- u. Vergabewesen Univ. Hannover/Fachbereich Architektur (s. 1978) - Friedrich-Hebbel-Str. 5, 3007 Gehrden - Geb. 8. März 1923 Philippstal (Vater: Walter S., Bergmann; Mutter: Louci, geb. Schöle), ev., verh. s. 1953 m. Helga, geb. Umbach, 2 T. (Jutta, Sybille) - Gymn. Berlin (Nikolassee); TU Hannover (Dipl. 1953) - Ltd. Baudirektor a.D. Bauten: Robert-Koch-Krkhs. Gehrden, Schulzentrum Barsinghausen, Landw. Berufssch. Hannover u. a. - Spr.: Engl., Franz.

GROSSEKETTLER, Heinz

Dr. rer. pol., o. Prof. f. Volkswirtschaftslehre Univ. Münster (Dir. Inst. f. Wirtschafts- u. Sozialwissenschaften, Inst. f. Finanzwiss. u. Inst. f. Genossenschaftswesen) - Siebenstücken 108, 4403 Senden/W. (T. 02597 - 86 06 u. 0251 - 83 28 71) - Geb. 6. April 1939 Istanbul (Vater: Johannes G., Exportkaufm.; Mutter: Elisabeth, geb. Vigano), verh. s. 1964 m. Elke, geb. Böttcher, Sohn Ulrich - Abit. 1959; 1959-63 Marine (Offz. a.Z.); 1963-68 Stud. Volksw. Univ. Mainz, Dipl.-Volksw. 1968, Promot. 1972 u. Habil. 1975 Univ. Mainz - 1975 Univ. Münster (o. Prof.) - 1979 BwH Hamburg (Ablehn.); 1979 Dir. Inst. f. Finanzw. Univ. Münster; 1989 Mitgl. d. Wiss. Beirats b. Bundesmin. d. Finanzen. Zahlr. Veröff. in Sammelbd. u. Fachztschr. Lehrb. üb. Preis- u. Wettbewerbstheorie, (zus. m. M. Borchert) 1985.

GROSSER, Alfred

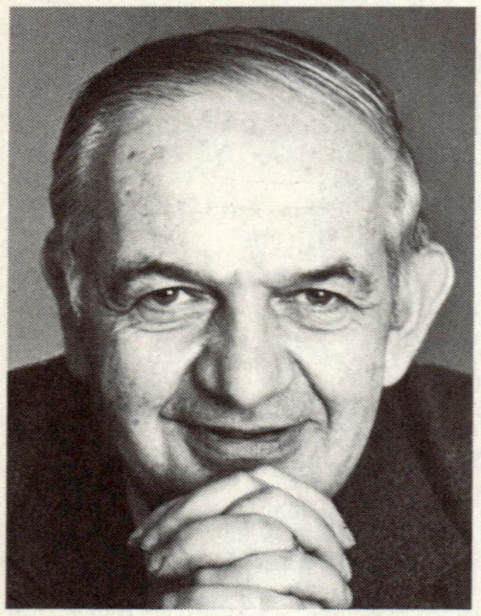

Dr. phil., Prof. Inst. d'études politiques Univ. Paris, Forschungs- u. Studiendir. Fondation nationale des Sciences politiques (s. 1956) - 8 rue Dupleix, F-75015 Paris (T. 43 06 41 82) - Geb. 1. Febr. 1925 Frankfurt (Vater: Prof. Dr. med. Paul G. (emigr. 1933, †1934); Mutter: Lily, geb. Rosenthal, naturalisiert 1937 Frankr.), verh. s. 1959 m. Anne-Marie, geb. Jourcin, 4 S. (Jean, Pierre, Marc, Paul) - Gymn. Saint Germain en Laye; Univ. Aix en Provence u. Paris - 1947-50 Pensionär Thiers-Stiftg., Paris; 1950-51 stv. Dir. Unesco-Büro in Dtschl.; 1951-55 Assist. Sorbonne; Polit. Kolumnist: 1955-65 u. s. 1984 La Croix, s. 1965 Le Monde, s. 1972 Ouest-France, s. 1979 L'Expansion; 1948-67 Mitbegr. Generalsekr. Franz. Kommittee f. d. Austausch m. d. neuen Dtschl., Herausg.: Ztschr. Allemagne; 1955-68 ständ. Gastprof. Bologna Center (Italien) d. School of advanced intern. Studies, the Johns Hopkins Univ.; 1964-65 Gastprof. Stanford Univ. (Kalifornien); 1970-73 Vize-Präs. Intern. political science assoc. - BV: u. a. La Politique en France, 1964, 1984 (m. F. Goguel; dt. 1980); Au nom de quoi? Fondements d'une morale politique, 1969 (ital. 1972, dt. 1969, Neuausg. In wessen Namen? Werte u. Wirklichk. in d. Politik, 1973, TB 1976); L'Allemagne de notre temps, 1970, erweiterte Ausg., 1978 (dt. 1970, engl. 1971, Neuausg. Gesch. Dtschl.s s. 1945, 1979); L'Explication politique, 1972 (dt. Politik erklären, 1973, Taschenb. 1975); Gegen d. Strom, 1975 (Taschenb. 1976); La passion de comprendre, 1977; Les Occidentaux, Les pays d'Europe et les Etat Unis depuis la guerre, 1978 (Deutsch: Das Bündnis 1978, Amerk. 1980), TB 1982; Versuchte Beeinflussung, 1981, TB 1983; D. schmale Grat d. Freiheit, 1981, TB 1984; Affaires extérieures, 1985 (D. Frankreich u. seine Außenpolitik 1986, Taschenb. 1989); L'Allemagne en Occident, 1985 (D. Deutschland im Westen, 1985, Taschenb. 1988); Mit Deutschen streiten, 1987; Vernunft u. Gewalt. D. franz. Revolution u. d. dt. Grundgesetz heute, 1989; D. Kanzler, 1989 - 1975 Gr. BVK, 1985 Stern dazu; Goethe-Med. Goethe-Inst.; Friedenspreis Dt. Buchhdl.; 1977 Theodor-Heuss-Medaille; 1982 Paul Henri Spaak-Preis, Brüssel; Chevalier Légion d'Honneur; 1986 Goethe-Plakette d. Stadt Frankfurt/M.; 1987 Scharfe Klinge Solingen.

GROSSER, Christoph

s. Groszer, Christoph

GROSSER, Helmut

Techn. Direktor Nationaltheater - 8000 München 2 - 1979ff. Präs. OISTAT/Intern. Vereinig. d. Bühnen-, Kostümbildner, Theaterarchitekten u. -techniker. Chefredakteur.

GROSSER, Hermann

Dipl.-Ing., Geschäftsführer i.R. TEKADE Felten & Guilleaume Fernmeldeanlagen GmbH., Nürnberg (b. 1983) - Längenstr. 26, 8500 Nürnberg - Geb. 25. Jan. 1917.

GROSSER, Manfred

Dr. phil., o. Prof. f. Trainingswiss. u. Bewegungslehre TU München - Priv.: Simon-Breu-Str. 42, 8700 Würzburg - Geb. 24. Aug. 1938.

GROSSER (ß), Wolf-Dietrich

Dipl. Ing. (FH) - Theodor-Heuss-Str. 32, 8042 Oberschleißheim (T. 089 - 315 15 95) - Geb. 27. Dez. 1927 Kreuzburg/OS., verh. m. Hannelore, geb. Buchert - FDP.

GROSSFELD (ß), Bernhard

Dr. jur., LL. M., Prof. f. Bürgerl. Recht, Handels- u. Wirtschaftsrecht, Rechtsvergl. u. Intern. Privatrecht, Universität Münster - Von-Manger-Str. 16, 4400 Münster (T. 0251 - 3 50 14) - Geb. 30. Dez. 1933 Bentheim (Vater: Hermann G., Kaufm.; Mutter: Elisabeth, geb. Rotthege), kath., verh. s. 1964 m. Maria, geb. Hettlage, 6 Kd. (Ursula, Hildegard, Johannes, Adelheid, Angela, Maria) - Stud. In- u. Ausl. (Yale) - Mitgl. NRW-Akad. d. Wiss. - BV: D. Privatstrafe, 1961; Aktienges., Unternehmenskonzentration u. Kleinaktionär, 1968; Management and Control of Marketable Share Companies, 1973; Basisges. i. Intern. Steuerrecht, 1974; Rechtsprobleme multinat. Untern., 1975; Bilanzrecht, 1978; Intern. Ges.recht, 1980; Unternehmensbewert., 1982; Rechtsvergl., 1984; Intern. Untern.recht, 1986 - Spr.: Engl., Franz., Span. - Rotarier.

GROSSGEBAUER (ß), Klaus

Dr. med., Prof. f. Hygiene, Med. Mikrobiol. u. Virol. - Memlingstr. 14, 1000 Berlin 45 - Geb. 24. Dez. 1931 Merseburg/S. - S. 1966 Lehrtätigk. FU Berlin (Inst. f. Med. Mikrobiol.).

GROSSKLAUS (ß), Dieter

Dr. med. vet., Dr. med. vet. h. c., Prof., Präsident Bundesgesundheitsamt (s. 1985) - Löhleinstr. 23, 1000 Berlin 33 - Geb. 3. März 1930 Mühlhausen/Thür. (Vater: Oskar G., Tierarzt; Mutter: Gertrud, geb. Hammer), ev., verh. s. 1960 m. Barbara, geb. Wünsch, 2 Kd. (Heike, Uta) - Promot. 1955 - 1972-85 Ltd. Dir. Inst. f. Veterinärmed. (Robert von Ostertag-Inst.) Bundesgesundheitsamt, 1975-86 Leit. FAO/WHO Forschungs- u. Ausb.-Zentrum. 1970ff. Lehrbeauftr. FU Berlin (Fleischhyg. im Intern. Recht); 1971ff. Honorarprof. TU Berlin (Fleischtechnol.) - BV: Dt. Fleischhygienerecht, 1979 (m. a.); Geflügelfleischhygiene, 1979 - Präs. Weltkongress Lebensmittelvergiftungen, 1981 Weltvereinig. Lebensmittelhygieniker, 1985 komm. Präs. Bundesgesundheitsamt Berlin - Honorary Member of the American Vet. Epidemiology Society, 1979 Max Eyth-Plak. in Silber; 1982 BVK; 1986 Robert v. Ostertag-Med.; 1986 Ehrendoktor Univ. Budapest - Spr.: Engl. - Chaine des Rotisseurs, Lions Club, Ges. Nat. u. Heilkd., Berl. Wiss. Ges.

GROSSKURTH, H. J.

Lehrer, Schriftsteller - Auf dem Schilderskopf 16, 6440 Bebra (T. 06622 - 72 82) - Geb. 13. April 1949 Bebra (Vater: Erich G.; Mutter: Elisabeth, geb. Fey), ev., verh. s. 1982 in 2. Ehe m. Beate, geb. Bickel, 2 Kd. (Hendrik Klaus, Saskia) - 1968-72 Haupt- u. Realschullehrerstud. Univ. Gießen (1. Staatsex. 1972, 2. Ex. 1974 Rotenburg/F.); 1968-72 Stud. Bild. Kunst - S. 1977 Autorentätigk. S. 1981 Mitgl. Kreisverb.-Vorst. Gewerksch. Erzieh. u. Wiss. (GEW) - BV: u. a. E. liebes Wort, Geburtstags-TB, 1981; Filigran zernagt, Ged. 1981; In all d. J., Ged. 1983; Inseln im Alltag. Lyrikanthol., (Hrsg.) 1986; AN-SCHLÄGE, Prosa u. Lyrik 1989. Herausg.: Mod. Lyrik - mal skurril, Anthol. (1977); Inseln im Alltag. Lyrikanthol., (Hrsg.) 1986; Gratwanderung - Lyrik d. achtziger J. (Anthol. zus. m. Dr. C. H. Kurz, 1983); In all d. Jahren, Lyrik m. Linolschnitten v. Eric van d. Wal (1983); Inseln im Alltag, Ged.-Anthol. (2. A. 1986) - Zwei Lit.-Ausz. - Liebh.: Sport, Musik, Lit. - Spr.: Engl., Lat - Lit.: Versch. Art. üb. H. J. G. in Nachschlagew.

GROSSKURTH (ß), Klaus Peter

Dr.-Ing., Prof. f. Baustoffkunde u. Stahlbetonbau, Kunststoffe im Bauwesen TU Braunschweig (s. 1977) - Lägenkamp 2, 3300 Braunschweig (T. 0531 - 7 40 58, dstl.).

GROSSMANN (ß), Alexander

Dr. oec. publ., Generalbevollmächtigter Direktor Siemens AG, München - Wittelsbacherpl. 2, 8000 München 2 (T. 234 38 06) - Geb. 7. Jan. 1929 München (Vater: Dr. Gustav G.; Mutter: Frieda, geb. Koepke), ev., verh. s. 1960 m. Anita, geb. Lohse, 2 Kd. (Dr. Philipp, Alexander) - Dipl.-Kfm., Dipl.-Hdl.

GROSSMANN (ß), B.

Dr., Geschäftsführer Dt. Industrie- u. Handelskammer in Japan - Akasaka Tokyu Building, Tokyo - Geb. 30. Dez. 1929.

GROSSMANN (ß), Dieter

Dr. phil., Kunsthistoriker - Heinrich-Heine-Str. 20b, 3550 Marburg (T. 06421 - 2 32 98) - Geb. 5. Aug. 1921 Marienwerder (Vater: Hermann G., Oberlandesgerichtspräs. †; Mutter: Erna, geb. Friedrichs †), verh. s. 1945 m. Hilde, geb. Kraußе, S. G. Ulrich (Dir. Mus. f. Weserrenaiss., Schloß Brake) - 1947-52 Univ. Marburg, Göttingen, München, Paris; Promot. 1952 - 1952-59 Assist. Kunstgesch. Sem. Marburg; 1959-61 Forsch.-Stip.; 1961-63 Leit. Inventaris. Kunstdenkm. Nieders.; 1963-86 Ref. f. Kunstwiss. u. Leiter d. Bildarchivs J. G. Herder-Inst. Marburg; s. 1986 Ruhestand; 1951ff. Doz. VHS Marburg; 1976ff. Lehrbeauftr. Archivschule Marburg; 1980ff. Kunstgesch. Inst. Marburg; 1987 Kunstgesch. Inst. Trier - BV: D. Abteikirche z. Hersfeld, 1955; Alsfeld, 2. A. 1976; Reclams Kunstführer Hessen, 6. A. 1987; Ausstellungskat. Schöne Madonnen, 1965; Stabat mater, 1970 - Spr.: Franz. - Bek. Vorf.: Johann Mathesius (12. Generat.).

GROSSMANN (ß), Friedrich

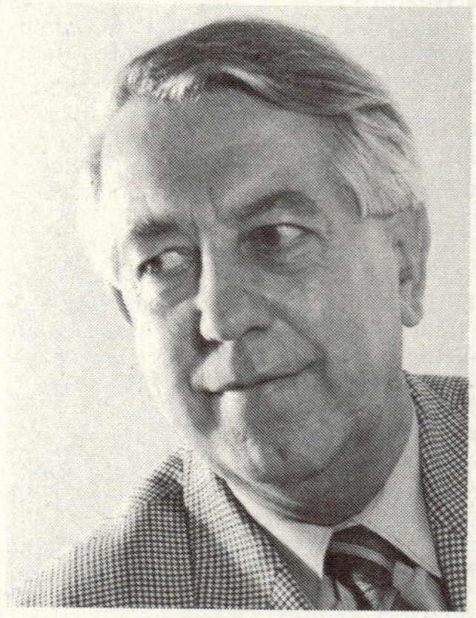

Dr. agr., o. Prof. f. Phytopathologie u. Pflanzenschutz - Tiefer Weg 63, 7000 Stuttgart 70 - Geb. 16. März 1927 Stg.-Untertürkheim (Vater: Friedrich G., Kaufm.; Mutter: Hedwig, geb. Sautter), verh. s. 1955 m. Dr. Hannelore, geb. Müller, 2 Söhne (Georg, Martin) - 1937-44 Wilhelms-Obersch. Stuttgart; 1947-53 LH Hohenheim (Dipl.-Landw.). Promot. 1953; Habil. 1962 - S. 1962 Lehrtätigk. Univ. Göttingen, Gießen (1963 Ord. u. Inst.-Dir.), Hohenheim (1970 Ord.). 1978-83 Präs. Intern. Society for Plant Pathology - Schriftl. Ztschr. f. Pflanzenkrankh. u. -schutz (1973-88). Zahlr. Fachveröff. - 1963 Dr.-Fritz-Merck-Preis; 1979 Adventurers in Agricult. Science Award of Distinction, Washington - Spr.: Engl.

GROSSMANN (ß), G. Ulrich

Dr., Kunsthistoriker, Museumsdirektor Weserrenaissance-Museum Schloß Brake b. Lemgo - Am Lindenhaus 8, 4920 Lemgo (T. 05261 - 20 75) - Geb. 29. Nov. 1953 Marburg, T. Katharina - 1973-79 Univ. Marburg u. Würzburg; Promot. 1980 Marburg - 1980-86 Westf. Freilichtmuseum Detmold; s. 1986 Museumsdir. s. o.; Vors. d. intern. Arbeitskr. f. Hausforsch. (2. Vors. s. 1982, 1. s. 1988) - BV: D. Fachwerkbau, 1986. Mitarb. an Reclams Kunstführer s. 1978 u. Du Mont Kunstreiseführer s. 1983. Herausg. d. Schr. d. Weserrenaissance-Museum Schloß Brake. Mithrsg. Jahrb. f. Hausforsch.

GROSSMANN (ß), Hans Joachim

Vorstandsmitglied Karlsruher Lebensversicherung AG, Karlsruhe, VR Cité Européenne, Straßburg, AR Karlsruher Hinterbliebenenkasse AG - Geigersbergstr. 36, 7500 Karlsruhe 41 (T. 4 42 01) - Geb. 7. Sept. 1929 Luckenwalde/Mark - Stud. Math. (Dipl.-Math.) - Zul. Vorst.-Mitgl. Albingia Lebensversich.-AG, Hamburg - Spr.: Engl. - Rotarier.

GROSSMANN, Helmut

Dr. jur., Ministerialdirigent a.D. - Eigenheimstr. 9, 6200 Wiesbaden (T. 06121 - 54 17 93) - Geb. 17. Jan. 1916 Berlin (Vater: Prof. Dr. Hellmuth G.; Mutter: Else, geb. Veit), ev., verh. m. Käte, geb. Hensel, 2 Kd. (Henriette, Detlef) - 1957-67 Oberstadtdir. Castrop-Rauxel; zul. Ministerialdirig. Min. f. Wirtsch., Mitelstand u. Verkehr v. Nordrh.-Westf., Düsseldorf - BVK I. Kl.

GROSSMANN (ß), Josef

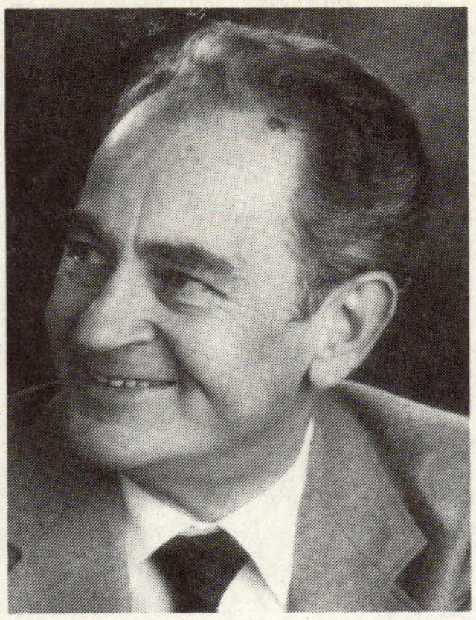

Dr. jur. utr., Landrat a.D., Präsident DRK-Landesverband Badisches Rotes Kreuz (s. 1975), Vors. Präsidialrat d. DRK (s. 1985) - Honaustr. 13, 7580 Bühl/Baden - Geb. 28. März 1926 Baden-Baden (Vater: Julius G., Zimmermeister; Mutter: Elisabeth, geb. Krieg), verh. I) s. 1955 m. Elisabeth, geb. Lusch († 1976); II) s. 1978 m. Ruth, geb. Purfürst, 6 Kd. (Jörg-Matthias, Margrit-Thomas, Katrin, Stefan, Christine) - Human. Gymn.; Stud. Rechtswiss.; Jurist. Staatsprüf. 1951 Freiburg u. 1955 Stuttgart, Promot. 1954 Freiburg - 1956-73 Stv. u. Landrat (1971); 1974-79 Geschäftsf.; 1979-85 stv. Vors. Präsidialrat d. DRK - 1973 Feuerwehrverdienstmed., 1973 DRK-Ehrenz.; 1976 Officier d'Education civique; 1982 BVK I. Kl.; 1988 Verdienstmed. Baden-Württ.; 1988 Officier de L'Ordre Pro merito Melitensi; 1988 Ehrenz. JUH.

GROSSMANN (ß), Jürgen

Dipl.-Kfm., Geschäftsführer Eden-Waren GmbH, Bad Soden/Ts. - Wiesbadener Weg 3, 6232 Bad Soden - Geb. 19. Mai 1943 Oranienburg-Eden - Vorstandsmitgl. Bundesverb. diätet. Lebensmittelind., Bad Homburg v.d.H. u. Verb. d. Reformwaren-Hersteller (VRH), ebd.; Vors. Kurat. Eden-Stift. z. Förderung naturnaher Lebenshaltung u. Gesundheitspflege, Bad Soden; VR Absatzförderungsges. f. Reformwaren (AfR), Bad Homburg v.d.H.

GROSSMANN (ß), Karl-Heinz

Dr. jur., Staatsrat Kulturbehörde Fr. u. Hansestadt Hamburg - Hamburger Str. 45, 2000 Hamburg 11 - Geb. 20. Aug. 1927 Dresden - 1961-72 Leit. Hauptabt. Bild.- u. Kursusprogr. u. Koordination III. Fernsehen NDR, 1973-76 Justitiar NDR; 1977-83 Staatsrat Senatsamt f. d. Verwaltungsdst., 1983-87 Justizbehörde, s. 1987 Kulturbehörde.

GROSSMANN (ß), Klaus Erwin

Dr. phil. (Ph. D.), Dr. habil., Diplom-Psychologe, o. Prof. f. Psychologie Univ. Regensburg (s. 1978) - Am Beschlächt 3, 8400 Regensburg - Geb. 13. April 1935 Leipzig (Vater: Erwin G., Major a. D.; Mutter: Marianne, geb. Beilicke), verh. s. 1961 m. Dr. phil. Karin, geb. Mailandt, Dipl.-Psychologin, 2 Kd. (Carol-May, Gerald) - Abit. 1955, Kaufm. Lehre 1957, Dipl.-Psych. 1961 (alles Hamburg); Ph. D. (Dr. phil.) Univ. Arkansas 1965, Dr. habil. Univ. Freiburg 1971, o. Prof. PH Westf.-Lippe, Bielefeld, 1970-78, Visiting Scientist, Natl. Inst. Child Health & Human Development, Bethesda, MD, USA 1985/86 - BV: Entwicklung d. Lernfähigkeit i. d. sozialen Umwelt (Hrsg.), 1977 - Arb.gebiet: Emotionale Entwicklung - Liebh.: Wandern, Radfahren, Musik - Spr.: Engl., Franz. (z. Verst.).

GROSSMANN (ß), Paul Bernhard

Dr. rer. pol., Dipl.-Volksw., Geschäftsführer Dt. IHK in Japan (s. 1972) - Wakamatsu-cho 23-16, Shinjuku-ku, 162 Tokyo/Japan, (T. Tokyo 232-9068) - Geb. 30. Dez. 1929 Hamburg (Vater: Paul G., Maschinist; Mutter: Elisabeth, geb. Oehl), verh. s. 1955 m. Hannelore, geb. Müller, S. Claudius - Stud. d. Wirtsch.wiss. u. chines. Spr. Univ. Hamburg; Promot. 1960 - 1954-59 wiss. Assist. Inst. f. Außenhandel u. Überseewirtsch. Univ. Hamburg; 1960-63 Leit. Dt. Kulturinst. Tokio; 1963-72 Dir. Inst. f. Asienkd. Hamburg. Gründungsmitgl. Dt. Ges. f. Ostasienkd. - BV: D. wirtschl. Entwickl. d. Volksrep. China, 1960; D. Asienkd. in d. USA, 1966. Herausg.: Southeast Asia in the Modern World (1972) - Liebh.: Musik, Lit., Arch., Bergsteigen - Spr.: Engl., Chinesisch.

GROSSMANN (ß), Ruprecht

Dr. jur., Prof., Präsident Landessozialgericht Bremen - Contrescarpe 32, 2800 Bremen.

GROSSMANN (ß), Siegfried

Dr. rer. nat., o. Prof. f. Theoret. Physik - Cölber Weg 18, 3551 Lahntal-Goßfelden (T. 06423 - 75 78) - Geb. 28. Febr. 1930 Quednau (Vater: Karl G.), verh. m. Marga, geb. Trippler, 3 Kd. (Christian, Marianne, Peter) - Habil. Berlin - 1962 Privatdoz. FU Berlin; 1963 Konservator TH München; 1963 ao., 1966 o. Prof. Univ. Marburg (Lehrstuhl V; Inst.dir.). Spez. Arbeitsgeb.: Statist. Physik, Festkörperphysik, Mathem. Physik, Nichtlineare Dynamik, Hydrodynamik - BV: Funktionalanalysis im Hinblick auf d. Anwend. in d. Physik, 4. A. 1988; Math. Einführungskurs f. d. Physik, 5. A. 1988; Fachaufs.

GROSSMANN (ß), Walter

Landtagsabgeordneter - Untere Brunnengasse 2, 8620 Lichtenfels/Ofr. - Geb. 8. Dez. 1927, led. - Volkssch.; Elektroinstallateurlehre; n. Kriegsdst. Handelssch. - Mitarb. von Landtags- (Dr. Max Jüngling, Waldtraut Budschuh, Herbert Hoffmann) u. Bundestagsabg. (Max Spörl, Karl Theodor Frhr. zu Guttenberg, Lorenz Niegel), 1960 ff. Stadtrat Lichtenfels, 1966ff. Kreisrat ebd.; 1970ff. Bezirksrat Oberfranken; 1978ff. MdL Bayern. CSU.

GROSSPETER, Carl-Ludwig

Fabrikant, Vors. d. Beir. d. Quarzwerke GmbH., Frechen, u. d. Grosspeter Lindemann Verwaltungsges. - Am Römerhof 6, 5000 Köln 40 - Geb. 3. Okt. 1913 Großkönigsdorf - 1949-73 Vors., dann Ehrenvors. Fachverb. Steinzeugind., Köln - 1966 Ehrensenator TH Darmstadt.

GROSSPETER, Horst

Dipl.-Kfm., Geschäftsführer Quarzwerke GmbH., Frechen, u. a. - Donauweg 23, 5000 Köln 40 - Geb. 1. März 1940 - ARsmand.

GROSZER, Christoph

Direktor Opernhaus Zürich (s. 1986) - Geb. 1. Okt. 1926 Hamburg, ev. - Gymn. (Abitur); Schauspielsch. Dt. Theater Berlin - Schausp. u. Regiss. Berlin, Oberspiell. Stadttheater Bern, 1964-67 Int. Landestheater Tübingen, dann Dir. Stadttheater St. Gallen (1972-78). Generalint. Staatstheater Braunschweig; 1978-86 Int. Wiesbaden. Zahlr. Insz., dar. Ur- u. dt. Erstauff. 1963 Mitwirk. Salzburger Festsp.

GROTE, Andreas

Dr., Leiter Inst. f. Museumskunde Staatl. Museen Preußischer Kulturbesitz - In der Halde 1, 1000 Berlin 33.

GROTE, Joachim

Dipl.-Volksw., Geschäftsführer Bundesverb. mittelständischer Privatbrauereien e.V. - Postf. 14 01 55, Heilsbachstr. 20, 5300 Bonn-Duisdorf (T. 0228 - 64 12 39).

GROTE, Jürgen

Dr. med., Dr. rer. nat., Prof. Direktor Physiol. Inst. I Univ. Bonn - Am Eselsweg 44, 6500 Mainz - Geb. 21. Febr. 1936 Schwerin/Meckl., verh. s. 1965 m. Dr. Margrit, geb. Bock, 2 Kd. - Univ. Marburg u. Kiel (Med., Biol.). Promot. 1962 u. 64 - Spez. Arbeitsgeb.: Kreislauf u. Atmung.

GROTE, Werner

Dr. med., o. Prof. f. Humangenetik Univ. Kiel (s. 1975) - Schmalholt 10, 2301 Achterwehr - Geb. 17. April 1938 Schwerin/Meckl. - Promot. 1965; Habil. 1971 - Zul. Wiss. Rat u Prof. Univ. Düsseldorf.

GROTE, Wilhelm

Dr. med., Prof., Direktor Neurochir. Klinik/Klinikum Essen - Henckelstr. 25, 4300 Essen-Holsterhausen (T. 77 00 11) - Geb. 27. Sept. 1923 Gummersbach - S. 1960 (Habil.) Hochschultätik. (1963 Doz., 1966 apl., 1968 o. Prof.). Üb. 50 Fachauf. - Spr.: Engl., Franz. - Rotarier.

GROTEMEYER, Karl-Peter

Dr. rer. nat., Prof. f. Mathematik - Graf-v.-Galen-Str. 9, 4800 Bielefeld (T. 10 29 71) - Geb. 8. Sept. 1927 Osnabrück (Vater: Karl G., Hauptlehrer; Mutter: geb. Plieth), ev., verh. s. 1952 m. Sigrid, geb. Klinge, 2 Kd. (Jürgen, Grid) - Bessel-Obersch. Minden/W.; Univ. Göttingen (Math., Physik, Astronomie; Promot. 1951). Habil. 1954 Freiburg/Br. - 1952-53 Stip. Dt. Forschungsgem.; 1954-58 Assist. u. Oberassist. TU Berlin (Privatdoz.); 1958 o. Prof. u. Dir. Math. Inst. FU Berlin; Rufe: Braunschweig (1962), Münster u. Köln (1963), München (1967), Mannheim (1968), s. 1969 o. Prof., s. 1970 Rektor Univ. Bielefeld. S. 1960 Vorstandsmitgl. Dt. Mathematiker-Vereinig.; s. 1968 Mitgl. Wiss.srat; s. 1969 Vors. Wiss. Beirat Math. Forschungsinst. Oberwolfach; 1971 Vizepräs. d. Westd. Rektorenkonf., Mitgl. d. Beratenden Aussch. f. Forschungspolitik d. Bundesregierung - BV: Unters. zur Flächentheorie im Großen, 1954; Flächenverbiegung, 1957 (m. N. W. Elfimow u. E. Rembs); Analyt. Geometrie, 1958 (Samml. Göschen, Bd. 65/65a); Deformabilita della superficie in grande e in piccolo, Rom 1958 (m. E. Rembs); Topologie, 1969; Lineare Algebra, 1970. Div. Einzelarb. Mithrsg.: Studia Math., Klett-Studienbücher, Math.-Phys. Semesterber., Zentralblatt Rotarier - 1983 BVK I. Kl. - Spr.: Engl. - Rotarier.

GROTEN, Erwin

Dr.-Ing., Prof. f. Astronom. Geodäsie u. Satellitengeod. TH Darmstadt (s. 1970) - Meißnerweg 64, 6100 Darmstadt 14 - Geb. 28. Juni 1935 St. Wendel/Saar (Vater: Curt G., Amtsgerichtsrat; Mutter: Leni, geb. Bier), kath., verh. s. 1963 m. Silke, geb. Feßler, 2 Kd. (Michael, Sabine) - TU München (Dipl.-Ing. u. Promot.) - 1963-64 Ohio State Univ. (USA); 1965-70 TU München (1966 Doz.) - BV: Physical Geodesy, 2 Bde. 1978/79. Etwa 100 Einzelarb. - Spr.: Engl., Franz.

GROTEN, Karl-Josef

Geschäftsführer u. Mitinh. Orbis-Werk Groten GmbH + Co. KG, u. RHYD-CON Groten GmbH + Co. KG (Verbindungselemente f. Hochdruck-Hydraulik), Gesellsch. d. FOLKON-Kunststoffprodukte GmbH - Ridderstr. 37, 4422 Ahaus (T. 02561 - 32 76 u. 15 96); u. Industriestr. 17, 4422 Ahaus - Geb. 3. Okt. 1932 Solingen, kath., verh. s. 1958 m. Evamaria, geb. Brunsbach, 4 Kd. (Sabine, Annette, Tobias, Bettina) - Ausb. Werkzeugmacher u. Kaufm. - Vors. Vertretervers. AOK Kr. Borken; Vorst.-Mitgl. St. Marien-Krankenhaus Ahaus GmbH. Erf.: Patente u. Gebrauchsmuster v. Handwerkzeugen - Spr.: Engl.

GROTH, Claus

Dipl.-Kfm., Vors. d. Geschäftsfg. Düsseldorfer Messegesellschaft mbH - NOWEA - (s. 1984) - Geb. 1936 - 1979-83 Vorst.-Vors. Dt. Messe- u. Ausst.-AG, Hannover.

GROTH, Georg

Dr. phil., Univ.-Prof. f. Wirtschaft/Arbeitslehre TU Berlin - Rothenburgstr. 41, 1000 Berlin 41 - Geb. 28. Juni 1937 Kremerbruch (Vater: Karl G., Schmiedem.; Mutter: Anna, geb. Rudnick), ev., verh. in 2. Ehe (1978) m. Gisela, geb. Grolms, 2 Kd. (Karin, Achim) - Formerausbild.; Gewerbelehrerstud.; Univ. Hamburg. Promot. Münster - Stud.-kreisleit. Schule/Wirtsch., Berlin; Vorst.-Mitgl. bundesfachgr. ök. Bild. - BV: Arbeitslehre - Fachdidaktik zw. Bildungspolitik u. Päd., 1977; Arbeitslehre 5-10, 1983; Probl. d. Unterr.planung im Lernber. Arb.lehre, 1987 - Liebh.: Mineralien - Spr.: Engl.

GROTH, Günther

Dr. phil., Prof. f. Erziehungswissenschaft (Lehrstuhl III) Univ. Mannheim (s. 1978) - Karl-Ladenburg-Str. 52, 6800 Mannheim 25 (T. 0621-41 33 97) - Geb. 11. März 1934 Pampow/Krs. Schwerin - Promot. 1966/67 Univ. Hamburg, Habil. 1975/76 Univ. Kiel - S. 1976 Doz. Kiel, s. 1978 o. Prof. Univ. Mannheim - BV: Arnold Ruges Phil. unter bes. Berücks. s. Ästhetik. E. Beitr. z. Wirkungsgesch. Hegels, 1967; Sinn u. Unsinn d. Leistungsprinzips in d. Erzieh., 1976; D. päd. Dimension im Werke v. Karl Marx, 1978; Horizonte d. Erzieh., 1981.

GROTH, Hellmut

Hotelier, Ehrenpräs. Gastronom. Akademie Deutschl. - Jägerndorfer Zeile 40, 1000 Berlin 45 - Geb. 12. Febr. 1926 Chemnitz (Vater: Dr. jur. Eckart G.; Mutter: Margarethe, geb. Heinze), ev., verh. s. 1956 m. Johanna, geb. Plank, 8 Kd. (Susanne, Barbara, Ursula, Klaus, Peter, Sabine, Christian, Florian) - Leit. Ausb.zentr. f. d. Hotel- u. Gaststättengewerbe Berlin; allein. Geschäftsf. Hotel Kurfürstendamm am Adenauerpl. GmbH - Ehrenpräs. Gastronom. Akad. Dtschl. - Liebh.: Wein, klass. Musik, Gartengestalt. - Spr.: Engl., Franz., Latein - Bek. Vorf.: Prof. Dr. Ernst-Johannes G., Altphilol.; Kommerzienrat Franz Heinze, Bankier, (Großväter).

GROTH, Karsten

Dr. jur., Hauptgeschäftsführer Dt. Transport-Versicherungs-Verband (s. 1969) - Rödingsmarkt 16, 2000 Hamburg 11; priv.: Hochallee 119, 13 - Geb. 28. Jan. 1929 Hamburg (Vater: Carl G., Kaufm.; Mutter: Emmy, geb. Gloy), ev., verh. s. 1959 m. Yvonne, geb. Lievenbrück, 2 T. (Andrea, Nina) - 1949-54 Univ. Frankfurt/M. u. Hamburg (Rechtswiss.). Promot. 1956 Hamburg - Spr.: Engl.

GROTH, Klaus

Dr.-Ing., o. Prof. u. Direktor Inst. f. Kolbenmaschinen Univ. Hannover (s. 1967) - Holzwiesen 4, 3005 Hemmingen-Westerfeld (T. Hannover 42 35 71) - Geb. 8. Dez. 1923 Dömitz/Meckl. (Vater: Günther G., Baumeister; Mutter: Jenny, geb. Pläne), verh. s. 1950 m. Ruth, geb. Plack, 2 Kd. (Jens Peter, Uwe) - Stip. Studienstiftg. d. Dt. Volkes, Dipl.-Ing. 1950, Promot. 1953, Habil. 1958 - 1941-45 Ing.-Offz. Marine (Oblt.); 1943-45 Ltd. Ing. e. U-Bootes; 1965 Prok. MAN Augsburg; s. 1967 Prof. TU Hannover; 1969-71 Leit. Abt. Maschinenbau; 1974 Dekan Fak. f. Masch.wesen. 1971/72 u. 1976/78 Senatsmitgl. S. 1969 Mitgl. wiss. Rat d. AIF; s. 1972 Vertrauensdoz. d. Studienstiftg.; s. 1980 wiss. Beirat Inst. f. Mot. Bau Prof. Huber, München; s. 1982 wiss. techn. Beirat German. Lloyd, Hbg. - BV: Taschenb.: Grundzg. d. Kolbenmasch.Baus, Bd. I-III 1971-82. Herausg.: Brennstoffe f. Dieselmotoren heute u. morgen (1989); 50 wiss. Veröff. in Fachztschr. - 1977 Mitgl. Brswg. Wiss. Ges., 1979 Ehrenplak. VDI.

GROTH, Klaus J.
Chefredakteur Lübecker Nachrichten - Heckkaten 33, 2401 Badendorf (T. 0451 - 49 63 39) - Geb. 8. Nov. 1941 Swinemünde, verh. s. 1969 m. Gisela - Ausb. z. Buchhändler - Spr.: Engl.

GROTH, Klaus-Martin
Dr. rer. pol., Jurist, Staatssekretär Senatsverwaltung f. Stadtentwicklung u. Umweltschutz Berlin - Lindenstr. 20, 1000 Berlin 61 (T. 030 - 25 86 22 04) - Verh., 2 Kd. - Promot. Otto-Suhr-Inst. f. Polit. Wiss. Berlin - 10 J. Verw.richter Berlin; Grundsatzref. Hess. Umweltmin.; Umweltdezern. Hannover.

GROTH, Rudolf
Bankier i. R. - Hofrat-Beisele-Str. 24, 8132 Tutzing - Geb. 28. Nov. 1909 Stuttgart (Vater: Dr. rer. pol. Otto G., Zeitungswiss.ler (s. XIV. Ausg.); Mutter: Marie, geb. Hörlin), verh. in 2. Ehe (1957) m. Dorothea, geb. v. Basse, 3 T. (Angelika, Cordula, Constanze) - Univ. München, Genf, Berlin. Dipl.-Volksw.; Gerichtsass. - U. a. Bayer. Staats- u. Bayer. Vereinsbank (1949-54 Vorstandsmitgl.); s. 1954 pers. haft. Gesellsch. bzw. Kommanditist u. VR-Mitgl. (b. 1974) Bankhaus C. G. Trinkaus, Düsseldorf, bzw. n. Fusion (1972) Trinkaus + Burkhardt, Düsseldorf/Essen - 1970 Ehrensenator Univ. Düsseldorf - Liebh.: Musik, Kunstgesch., Golf, Spr. (Engl. u. Franz.) - Bek. Vorf.: Dr. Paul v. Groth, Kristallograph u. Mineral. (Großv.) - Mitgl. Lions-Club.

GROTH, Volker
Dipl.-Ing., Geschäftsführer SIGRI GmbH, Aystetten - Schlesierstr. 10, 8901 Aystetten (T. 0821 - 48 37 00) - Stud. Maschinenbau u. Verfahrenstechnik TU Stuttgart (Dipl. 1960).

GROTH, Walter
Dr. med. vet., o. Prof. f. Tierhygiene u. Nutztierkd. - Am Hochfeld 8, 8050 Freising-Hohenbachern (T. 1 33 86) - Geb. 13. Nov. 1921 Saarbrücken (Vater: Engelhard G., Beamter; Mutter: Gabriele, geb. Büngeler), ev., verh. s. 1951 m. Christa-Maria, geb. Pape, 2 Töcht. (Ulrike, Cornelia) - 1945-50 Tierärztl. Hochsch. Hannover. Promot. 1951 Hannover; Habil. 1959 Bonn - S. 1959 Lehrtätigk. Univ. Bonn/Landw. Fak. (zul. Wiss. Rat u. Prof.) u. TU München/Fak. f. Landw. Weihenstephan (1966 Ord. u. Inst.dir.) - BV: D. Schilddrüse, 1962. Üb. 100 Einzelarb.

GROTHAUS, Hans
Dr. phil., Prof. f. Ev. Religionslehre u. Methodik d. Religionsunterr. PH Flensburg (s. 1969) - Norderlück 28, 2390 Flensburg 10 - Geb. 12. Juli 1927 Posen (Vater: Heinrich G., Pfarrer; Mutter: Amaranth, geb. Meister), ev., verh. s. 1954 m. Ursula, geb. Wiedenmann, 3 Kd. (Uta, Regine, Hans-Christoph) - Hittorf-Obersch. Recklinghausen (Abit. 1947); Stud. Wuppertal (1948-50), Göttingen (1951), Austin/USA (1951), Münster (1952-54), Hamburg (1956-58) - 1959-63 Pfarrer Horstmar; 1963-69 Doz. Münster. Vors. Kuratorium Goßner-Mission. Mitverf.: Botschaft u. Glaube, Zur Bibel, Gr. Fremde Religionen - Spr.: Engl.

GROTHE, Hans
Stv. Chefredakteur Ztschr. ELTERN (s. 1970) - Zu erreichen üb.: Verlag Gruner + Jahr, Neherstr. 9, 8000 München 80 (T. 415 25 61).

GROTHE, Heinz
Journalist, Schriftst. - Mansfelder Str. 48, 1000 Berlin 31 (T. 030 - 87 96 57) - Geb. 24. März 1912 Berlin, ev., verh. in 2. Ehe (1944) m. Dr. med. Ingrid, geb. Franck (†1966), 4 Kd. - Reform-Realgymn. u. Univ. Berlin (Zeitungs- u. Theaterwiss., German., Kunstgesch.) - 1934-40 Redakt., Dramat. u. Korresp. Berlin, 1940-50 Wehrmacht u. sowjet. Gefangensch., dann Theaterkritiker u. Kulturkorresp. westd. u. ausl. Ztg. Berlin, Dramaturg SFB/Fernsehen (1954) u. UFA (Sonderprod.; 1960), ab 1961 Berlin-Korresp. ausw. Ztg., 1963-64 Chefredakt. Welt u. Wir, seither Kritiker f. Theater, Lit., bild. Kunst, Film u. Fernsehen - BV: u. a. Klabund, Leben u. Werk e. Poeten, 1933; Jg. Bildhauer uns. Zeit, Ess. 1940; Arno Breker, 1943; Hans Meid, 1944; Rote Korallen, N. 1951; Anekdote - Zusammenfass. Erstdarstell. d. Themas, 1971, 2. A. 1984. Zahlr. Herausg., dar.: D. liebste Gedicht (Lyrik-Anthol. 1939), Pegasus auf Reisen (Prosa-Sammelbd. 1942), Gelebtes Leben, D. Herzgeschenk (Geburtstagsgaben f. H. Franck 1950 u. 1954). D. Sanduhr (Nachlaßbd. f. Kurt Kluge (1966), D. neue Narrenschiff (Anekdotensamml. 1968), Kurt Kluge: Leben u. Werk, (1980), Gloria Viktoria (Anekd. a. Preußens gr. Zeit), (1981), Auf gute Geschäfte! (Wirtsch.anekd. m. Ursula Drechsler 1983), Bitte zu Tisch (m. U. Drechsler) (Anekd. üb. Essen u. Trinken 1988/89), Liebe, Lust u. Leidensch. (Anekd. 1989). Dok.-Film: Berlin - üb. d. Tag hinaus (1963/64) - Liebh.: Anekdotensammler.

GROTHE, Peter

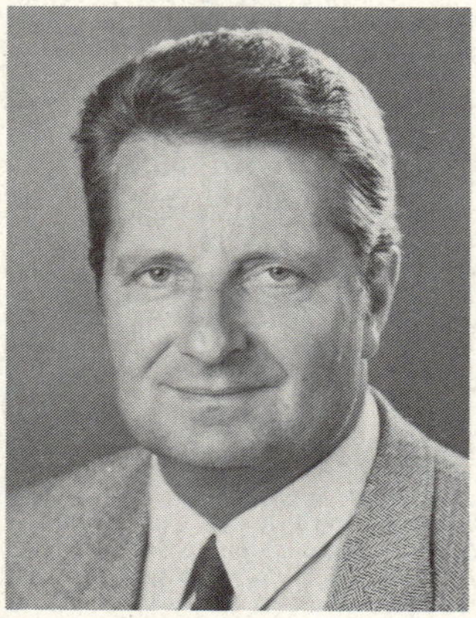

Dipl.-Ing., Oberstudiendirektor, Vorsitzender Bundesverb. d. Lehrer an berufl. Schulen (s. 1984) - Ringstr. 124, 6101 Roßdorf (T. 06154 - 95 55) - Geb. 20. Nov. 1939 Berlin, ev., verh. s. 1964 m. Karin, geb. Kempe, T. Christina - Lehre Bohrwerksdreher 1957 Berlin; Ing.stud. Maschinenbau 1961 Berlin; Stud. Lehramt an berufl. Schulen (Metalltechnik, Betriebswirtschaft); 1. Staatsprüf. 1964 Berlin, 2. Staatsprüf. 1966 Darmstadt - S. 1972 Leit. Gewerbl.-techn. Schulen Stadt Offenbach; s. 1984 Vizepräs. Dt. Lehrerverb. - 1986 Ehrenbrief Ld. Hessen - Liebh.: Schmalfilm, Musik - Spr.: Engl.

GROTHUM, Brigitte
Schauspielerin - Cimbernstr. 22, 1000 Berlin 38 (T. 803 47 55) - Geb. 26. Febr. Dessau (Vater: Fritz G., Ingenieur; Mutter: Margarete, geb. Autenrieth), ev., verh. I) m. Carl-August Bünte (Leit. Berliner Symphon. Orch.), II) Prof. Dr. med. Manfred Weigert (Orthopäde), 2 Kd. (Debora, Tobias) - Ricarda-Huch-Sch. (Abit.) u. Schauspielausbild. Berlin (Marlise Ludwig, Herma Clement) - S. 1956 Bühnentätigk. (Berlin, Hamburg, Zürich). Film (u. a. D. Wunder d. Malachias) u. Fernsehen (D. Strohhalm, Romeo u. Julia, Hexenjagd, Lied d. Taube, D. Gelehrten Frauen, E. Mann namens Harry Brent u. a.) - Liebh.: Musik (Klavier), Reiten, Tennis, Judo - Spr.: Ital., Engl. - Bek. Vorf.: Hans Grade, erster dt. Flugzeugkonstrukteur (vs.).

GROTHUSEN, Klaus-Detlev
Dr. phil., o. Prof. f. Moderne osteurop. Geschichte - v.-Melle-Park 6, 2000 Hamburg 13 (T. 4 12 31) - Geb. 29. Okt. 1928 Nieder-Weisel (Vater: Dr. med. Gerhard G., Arzt; Mutter: Nancy, geb. Feddersen), ev., verh. s. 1959 m. Ute, geb. Stalmann, 2 Kd. (Andreas, Inge) - Gymn. Göttingen, Univ. Göttingen u. Kiel (Gesch.) - S. 1965 (Habil.) Lehrtätigk. Univ. Gießen (1967 Wiss. Rat u. Prof.) u. Hamburg (1969 Ord.). Vizepräs. Südosteuropa-Ges.; Viceprés. Association Internationale d'Etudes du Sud-Est-Européen; Mitgl. Dt. UNESCO-Kommiss. - BV: D. Entwickl. d. Wiss. Bibliotheken Jugoslaviens s. 1945, 1958; D. Histor. Rechtsschule Rußlands, 1962; Entsteh. u. Gesch. Zagrebs b. z. Ausgang d. 14. Jh., 1968. Herausg.: D. Stadt in Südosteuropa, Strukt. u. Gesch. (1968); D. wirtsch. u. soz. Entw. Südosteuropas im 19. Jh. (1969); Moskau contra Mao - Sowjet. Materialien (1971); Ergebnisse u. Pläne d. Südosteuropa-Forsch. in d. BRD u. Österr. (1972); Ehthnogenese u. Staatsbildung in Südosteuropa (1974); Südosteuropa-Handb. Bd. 1 (1975), Bd. 2 (1977), Bd. 3 (1980), Bd. 4 (1985), Bd. 5 (1987), Bd. 6 (1989); Südosteuropa u. Südosteuropa-Forsch. (1976); D. Türkei in Europa (1979); Südosteuropaforsch. in d. BRD u. in Österr. (1979); Reden u. Schriften Titos in vier Bänden, Bd. I (1984); D. Scurla-Bericht (1987, Türk. Ausg. 1989).

GROTKAMP, Günther
Rechtsanwalt, gf. Gesellschafter Zeitungsgruppe WAZ E. Brost & J. Funke GmbH & Co. KG, Essen, Geschäftsf. Verlag Welt am Sonnabend GmbH, Düsseldorf - Zu erreichen üb. WAZ, Friedrichstr. 34, 4300 Essen 1 - Verh. m. Petra Wilcke (T. d. Ruhr-Zeitungskönigs Jakob Funke) - S. 1964 WAZ-Manager.

GROTKAMP, Rudolf
Dr.-Ing., Direktor - Bahrenbergring 4, 4300 Essen-Heisingen (T. 46 06 19) - Geb. 19. Febr. 1916 Essen, verh. m. Magda, geb. Görtzen - TH Aachen (Promot. 1940) - S. 1950 PAG Preßwerk AG., Essen-Bergeborbeck (b. 1971 stv., dann o. Vorstandsmitgl.), s. 1980 i. R.

GROTKOP, Wilhelm
Bauing., Bauunternehmer, Vors. Verb. industrieller Bauunternehmungen d. Unterweser-Emsgebietes, Bremen (1959-72) - Delbrückstr. 15, 2800 Bremen (T. Büro: 34 80 43) - Geb. 7. April 1912.

GROTTHUSS, von, Gero
Geschäftsführer American Express Bank GmbH., Frankfurt/M. - Kronberger Str. 53, 6240 Königstein/Ts. - Geb. 3. Mai 1929.

GROTTIAN, Peter
Dr., Prof. f. Politikwissenschaft FU Berlin - Jägerndorfer Zeile 53a, 1000 Berlin 45 (T. 030 - 852 30 78 u. 811 34 06) - Geb. 27. Mai 1942 Wuppertal - Stud. Sozialwiss. Promot. 1973 - S. 1979 Prof. FU Berlin (Zentralinst. f. Sozialwiss. Forsch.), s. 1985 Teilzeit-Prof. Arbeitsgeb.: Staatl. Planung, Ministerialbürokratie, Finanz-, Haushalts- u. Steuerpolitik; Arbeitsmarktpolitik öfftl., halböfftl. Dst., Selbsthilfe- u. Alternativsektor; Entw. d. Selbsthilfe- u. Alternativsektors; Neuere Entw. d. Sozialstaats; Ansätze z. Veränderung geschlechterspezifischer Arbeitsteilung - Vorst.-Mitgl. Komit. f. Grundrechte u. Demokratie - BV: Strukturprobleme staatl. Planung, 1974. Herausg.: Handl.spielräume d. Staatsadministration (m. A. Murswieck, 1974), Polit. Folgen reduzierten Wachstums (1980), Ohne Zweifel f. d. Staat (m. B. Blanke, T. Blanke, J. Brückner, G. Frankenberg, H. Holdmann, W.-D. Narr, H. Schmidt, 1982), Großstadt u. neue soz. Beweg. (m. W. Nelles, 1983), Arbeit schaffen - jetzt! (m. M. Bolle, 1983); D. Wohlfahrtswende (m. F. Krotz, G. Lütke, H. Pfarr, 1988).

GROTZFELD, Heinz Hugo
Dr. phil., Prof. f. semit. Philol. u. Islamwiss. Univ. Münster (s. 1975) - Prinzipalmarkt 38, 4400 Münster - Geb. 12. Dez. 1933 Quierschied (Vater: Hugo G., Steiger; Mutter: Ida, geb. Woll), kath., verh. m. Sophia, geb. Schwab, S. Robert - Promot. 1961 Münster; Habil. 1968 Stockholm u. Münster - 1968-75 Prof. Stockholm u. Gastprof. Amerik. Univ. Beirut (1974) - BV: Laut- u. Formenl. d. damaszen. Arab., 1964; Syr.arab. Grammatik, 1965; D. Bad im arab. Mittelalter, 1970 - 1973 Offz. Nordsternorden (Schweden) - Spr.: Arab., Engl., Franz., Schwed.

GRUB, Albert
Geschäftsführer Landis & Gyr GmbH/ Steuer-, Meß- u. Regelgeräte - Friesstr. 20-24, 6000 Frankfurt/M. 60 - Geb. 11. Mai 1937.

GRUBE, Franzjosef
Buchdruckereibesitzer, Bürgermeister (s. 1958) - Wienbrede 17, 4712 Werne/Lippe (T. 30 56) - Geb. 20. April 1912 Werne (Vater: Franz G., selbst. Buchdruckermeister; Mutter: Johanna, geb. Overbeck), kath., verh. s. 1938 m. Anne, geb. Brümmer, 2 Kd. (Manfred, Marlies) - Buchdruckerhandw. (Meisterprüf.) - CDU - Liebh.: Schwimmen - Gold. Sportabz., 1977 Dr. Christian-Eberle-Med. d. Spark.-Org. Westf.-Lippe; 1973 BVK am Bde.; 1983 BVK I. Kl., 1984 Ehrenbürg. Stadt Werne.

GRUBE, Hans H.
Dr., Geschäftsführer Oerlikon Schweißtechnik GmbH, Eisenberg, Vors. Schweißelektroden-Vereinig., Düsseldorf (SEV), Fachverb. 9-Elektroschweißgeräte im Zentralverb. d. Elektrotechn. Ind. (ZVEI), Frankfurt/M. - Königsberger Str. 12, 6056 Heusenstamm - Geb. 13. Jan. 1935.

GRUBEL, Gerwin
Dr. med., Prof., Arzt f. Neurochirurgie Univ.-Krankenhaus Hamburg - Klotzenmoor 40, 2000 Hamburg - Geb. 25. März 1934 Lübeck, verh. s. 1962 m. Sigrid, geb. Waas, 3 Kd. (Hartmut, Anke, Holger) - Stud. Med. (Marburg, Freiburg, Innsbruck, Hamburg); Staatsex. 1959 Hbg.; Promot. 1961; Habil. 1974 - 1984 Prof. f. Neurochir. - Div. Buchbeitr. - Liebh.: Musik, Kunst.

GRUBEN, Gottfried
Dr.-Ing., o. Prof. u. Vorst. Inst. f. Bauforschung u. -gesch. TH München (s. 1966) - Am Mühlbergschlössl 6, 8130 Starnberg/Obb. (T. 61 88) - Geb. 21. Juni 1929 Genua (Eltern: Werner u. Elisabeth G.), verh. s. 1959 m. Dorothea, geb. Hotz) - Zul. Dt. Archäol. Inst. - BV: u. a. D. Tempel d. Griechen, 1966.

GRUBER, Edmund
Fernseh-Journalist, Intendant Deutschlandfunk (s. 1988) - Roonstr. 5, 5000 Köln 50 - Geb. 5. Sept. 1936 München (Vater: Leo G., Kaufm.; Maria, geb. Neumeier), kath., verh. s. 1960 (Ehefr.: Marille), 2 Kd. (Gregor, Barbara) - Univ. München (Volksw.) - Nahost-(1967-73, ARD), London- (1973-78, ARD) u. Washington-Korresp. (1978-81, ZDF); 1981-88 Erster Chefredakt. ARD-Aktuell (Tagesschau, Tagesthemen, Wochenspiegel) - Liebh.: Musik (Mozart) - Spr.: Engl., Franz., Ital.

GRUBER, Ferry
Kammersänger, Tenor, Mitgl. Bayer. Staatsoper München - Planeggerstr. 8, 8032 Gräfelfing - Geb. 28. Sept. 1926 Wien, verh., 2 Kd. - Musikakad. Wien - Operndebut 1950 Luzern/Schweiz (Tamino/Zauberflöte); Gast Bregenzer u. Salzburger Festsp.; Opernbühnen; Staats- u. Volksoper Wien, Vancouver/Kan., Kopenhagen, Straßburg, Köln, Düsseldorf, Essen, Frankfurt, Hamburg, Hannover, Komische Oper Berlin, Amsterdam, Florence Maggio Neapel, Zürich. Bedeut. Rollen: Lionel (Martha), Peter Ivanov (Zar u. Zimmermann), Don Ottavio (Don Giovanni), Pinkerton (Butterfly), Lenski (Eugen Onegin), Herzog v. Mantua (Rigoletto), Alfred (La Traviata), Walther v. d. Vogelweide (Tannhäuser) - 1962 Bayer. Kammersänger.

GRUBER, Franz
Geschäftsführer i. R., MdL Bayern (s. 1970) - Blumfeldstr. 5, 8491 Chammünster/Opf. (T. 09971 - 37 75) - Geb. 1935 -

U. a. Gf. BBV Cham. CSU - 1980 Bayer. VO.

GRUBER, Gerhard

Dr. theol., Generalvikar Erzbistum München u. Freising - Rochusstr. 5, 8000 München 2 (T. 213 72 32) - Geb. 1. Juli 1928 Prien/Chiemsee (Vater: Vinzenz G., Rektor; Mutter: Antonie, geb. Friedrich), kath. - Gymn. München; Stud. Phil. u. Theol. Freising u. Rom. Promot. 1956 Rom - S. 1956 kirchl. Dienst München (1962 Erzbischöfl. Sekr., 1966 Ordinariatsrat, 1968 Generalvikar, 1988 Domdekan) - BV: ZOE, Wesen, Stufen u. Mitteilung d. wahren Lebens bei Origenes, 1962 (Diss.) - Ehrenprälat; 1980 Bayer. VO - Spr.: Ital., Engl.

GRUBER, Gernot

Dr. phil., Prof., Musikwissenschaftler - Robert-Stolz-Str. 12, 8011 Vaterstetten/Obb. - Geb. 17. Nov. 1939 Bruck/Mur (Österr.) - Promot. 1964; Habil. 1973 - Tätigk. Univ. Graz u. Wien sow. Musikhochsch. München (Prof.) - BV: u.a. Mozart u. d. Nachwelt, 1985.

GRUBER, Helmut

Dr. Ing. E. H. Direktor, stv. Aufsichtsratsvors. Heraeus Quarzschmelze GmbH. - Alter Graben 20, 6460 Gelnhausen - Geb. 17. Okt. 1919 - Stud. Physik (Dipl.-Phys.) - Zul. Geschäftsf. Leybold Heraeus GmbH. & Co., Köln; b. 1983 Vors. d. Geschäftsfg. W. C. Heraeus GmbH Hanau/M. - 1975 Dr.-Ing. E. h. TU Stuttgart.

GRUBER, Joachim

Dr. phil. (habil.), Studiendirektor (im Hochschuldst.), apl. Prof. f. Klass. Philologie u. Didaktik d. altsprachl. Unterrichts Univ. Erlangen-Nürnberg (s. 1974) - Haselhofstr. 37, 8520 Erlangen - Geb. 17. Juni 1937 - Promot. 1961; Habil. 1974 - Bücher u. Aufs. Mithrsg.: Lexikon d. Mittelalters (1975 ff.).

GRUBER, Jürgen

Dr.-Ing., Prof. f. Psycholog. u. Physiolog. Akustik TU Berlin - Hochwildpfad 20, 1000 Berlin 37 - Zul. Assistenzprof.

GRUBER, Kurt

Dipl.-Kfm., Geschäftsführer Wilkinson Sword GmbH. (s. 1962) - Bunsenweg 7, 5650 Solingen - Geb. 3. März 1931 Nürnberg.

GRUBER, L. Fritz

Prof., Publizist, Buch- u. Fernsehautor - Paulistr. 10, 5000 Köln-Braunsfeld (T. 49 42 49) - Geb. 7. Juni 1908 (Vater: Wilhelm G., Kaufm.; Mutter: Alice, geb. Keller), kath., verh. in 2. Ehe (1959) m. Renate, geb. Busch, T. Bettina - Realgymn., Werkkunstsch. u. Univ. Köln - S. 1927 Journ., Verleger (1930), Auslandskorrespondent (1933). Inhaber phototechnischer u. -graphischer Betriebe (1939), Leit. photokina-Bilderschauen 1950-80, Ehrenpräs. Dt. Ges. f. Photogr. - BV: D. Adenauer-Bildbd., 1956; Antlitz d. Ruhmes, 1960 (auch engl.); Portraits v. Man Ray, 1963 (auch franz.); Gr. Photographen unseres Jh., 1964; Antlitz d. Schönheit, 1965 (auch engl.) - 1963 DRK-Ehrenz.; Gold. Löwen-Plak. Photo-Biennale Venedig; 1966 Progress-Med. Royal Photographic Soc. of Great Britain (u. Honorary Fellow), 1968 David-Octavius-Hill-Med. Ges. Dt. Lichtbildner, 1968 BVK I. Kl., 1970 Kulturpreis Dt. Ges. f. Photogr., 1983 Gr. BVK u. a. - Sammelt Photographien d. XX. Jh. - Spr.: Engl., Franz.

GRUBER, Martin

Hauptgeschäftsführer Joh. A. Benckiser GmbH., Ludwigshafen/Rh. - Furtwänglerstr. 6, 6900 Heidelberg - Geb. 16. Nov. 1930 Spraitbach/Württ. (Vater: Gustav G., Lehrer; Mutter: Ruth, geb. Weismann), ev., verh. s. 1957 m. Renate, geb. Melchior, 4 Kd. (Bettina, Florian, Stefanie, Tilmann) - N. Mittl. Reife 1947-50 kaufm. Ausbild. Textilind. - B. 1953 Textilind., dann Außenhdl. Hamburg, s. 1963 Benckiser (s. 1967 stv., 1969 Geschäftsf., 1976 stv., 1976 Hgf.). 1977 ff. ARsvors. Benckiser-Knapsack GmbH., Ladenburg - Spr.: Engl., Franz.

GRUBER, Reinhard P.

Mag. theol., Schriftsteller - Marhof 34, A-8510 Stainz - Geb. 20. Jan. 1947 Fohnsdorf - Matura; Stud. Theol. Wien; Magister 1973 - 1961-65 Skirennläufer u. Faustballsp.; 1967/68 Mönch Schottenstift Wien; 1973-77 Journ. Graz; s. 1977 fr. Schriftst. - BV: Alles üb. Windmühlen, 1971; Aus d. Leben Hödlmosers, 1973; Im Namen d. Vaters, 1979; Heimwärts einwärts, 1980; D. grüne Madonna, 1982; V. Dach d. Welt, 1987; D. Schilcher-ABC, 1988. Theaterst.: Steirischer Jugendm. Abfahrtslauf (1963), Endlich Ruhe (1983), Nietzsche in Goa (1984), Heimatlos (1985) - - 1975 3. Platz österr. Journ.meistersch. Schladming; 1971 Lit.pr. österr. Hochschülerschaft Wien; 1982 Lit.pr. Land Steiermark - Liebh.: Reisen, Kreuzworträtsel, Phil., Musik - Spr.: Altgriech., Lat., Engl., Hebr.

GRUBER, Utta

Dr. rer. pol., o. Prof. f. Nationalökonomie u. Finanzwissenschaft - Eichenstr. 11, 8021 Großdingharting - Geb. 16. März 1924 - S. 1955 (Habil.) Lehrtätigk. Univ. München (1963 apl. Prof.), Bochum (1965 Ord. f. Sozialpolitik), München (1968 wie oben). Fachaufs.

GRUBER, Walter

Dr., Generalsekretär i. R. (DRK-Landesverb. Baden-Württ.), Kaindlstr. 66, 7000 Stuttgart 80 (T. 68 16 01) - 1972 BVK I. Kl.

GRUBISIC, Vatroslav V.

Dr.-Ing., Leiter d. Forschungsabt. d. Fraunhofer-Inst. f. Betriebsfestigkeit Darmstadt - Zum Stetteritz 1, 6107 Reinheim 4 (T. 06162 - 21 36) - Geb. 17. Jan. 1933 Solin/Dalmatien, verh. s. 1971 m. Suncica, geb. Dvornik, 2 Kd. (Sara, Marko) - Stud. Maschinenbau TU Zagreb; Dipl. 1958, Promot. 1970 TU München - 1960/61 Berechnungs-Ing. AEG-Fabrik Essen; 1961-70 wiss. Mitarb. Fraunhofer-Inst. f. Betriebsfestigkeit (LBF) Darmstadt, 1970-88 Leit. Forschungsabt., 1978-86 stv. Dir. d. Inst. - Mehrere Patente üb. Simulationseinricht. z. Lebensdauernachweis v. Konstruktionen u. Systemen, Verf. u. Meth. z. Optimierung v. Konstruktionen - Mitarb.: Betriebsfestigkeit, 1986 - 1986 Fraunhofer-Preis f. angew. Forsch. (f. Verf. u. Simulationseinrichtung z. Lebensdauernachweis v. Fahrzeugrädern) - Liebh.: Alt-Gesch., Alt-Münzen - Spr.: Engl., Kroato-Serb., Ital., Russ.

GRUBITZSCH, Helga

Dr. phil., Prof. Univ. Bremen - Adlerstr. 20, 2800 Bremen 1 - Geb. 4. Juni 1943 Berlin - Abit. 1962; 1962-70 Stud. Roman., Latein. Philol. u. Psych. (Promot. 1970) - 1970-71 Lehrerin in Oldenburg; 1971-79 Assist.-Prof. Univ. Bremen; 1979-83 Prof.; 1981-88 Doz. f. Lit. u. Sozialgesch. d. Frau; s. 1988 Prof. f. Literaturwiss. u. hist. Frauenforsch. an d. Univ.-GH Paderborn - BV: Unterrichtspraxis im Projektstud., 1975; D. Verwend. d. Mythol. in Giambattista Marinos Adone, 1973; Materialien z. Kritik d. Feuill.-Romans. D. Geheimnisse v. Paris v. Eugène Sue in d. europ. Kritik, 1977; Projekt Franz.unterricht, 1979 (m. J. Kramer, R. Schneewolf, Hrsg.); Freiheit f. d. Frauen - Freiheit f. d. Volk! Sozialist. Frauen in Frankr., 1830-1848, 1980 (m. L. Lagpacan); Grenzgängerinnen. Revolutionäre Frauen im 18. u. 19. Jh (m. H. Cyrus, E. Haarbusch, Hrsg.); Théroigne de Miricourt: Aufz. aus d. Gefangenschaft, Übers. u. Nachwort (m. R. Bockholt) - 1970 Preis Phil. Fak. Univ. Mainz f. Diss. - Spr.: Franz., Ital., Engl., Span., Latein, Griech.

GRUBITZSCH, Siegfried Eckhard

Dr. rer. nat., Dipl.-Psych., Prof. Psychologie Univ. Oldenburg (s. 1975) - Bürgerbuschweg 47, 2900 Oldenburg (T. 6 49 79) - Geb. 29. Juli 1940 Mühlhausen (Vater: Max G., Kaufm.; Mutter: Gerda, geb. Jödick) - Stud. d. Psychol., Betriebswirtsch., Politikwiss., Päd., Zool.; Promot. 1972 Braunschweig - 1967-72 wiss. Assist. PH Oldenburg; 1972-75 Prof. f. Päd. Psychol. PH Weingarten, s. 1975 Prof. f. Psych., Schwerpkt. Psych. Diagnostik; Leit. d. Test- u. Gutachten- psychol. Beschwerde- u. Beratungsst. Oldenburg (gegr. 1985). Fachmitgl.sch. - BV: Kritik d. Päd. Psychologie, 1975. Herausg.: Ztschr. Psychologie u. Ges. (1977ff.); Testtheorie - Testpraxis, 1978; Handbuch psycholog. Grundbegriffe, 1981; Psychologie - e. Grundkurs, 1986 - Spr.: Engl.

GRUBMÜLLER, Klaus

Dr. phil., o. Prof. f. Dt. Literatur d. Mittelalters u. Dt. Sprache Univ. Münster (Dir. Germanist. Inst.) - Kleistiege 3, 4417 Altenberge/W.

GRUDINSKI, Ulrich

FAZ-Korrespondent London - Zu erreichen üb. FAZ, Postf. 2901, 6000 Frankfurt/M. - U. a. dpa-Korresp. Mittelost u. Südostasien (1964), FAZ-Korresp. Hongkong (1969) u. Peking (1972).

GRÜB, Willy

Programmchef - 7016 Gerlingen üb. Stuttgart (T. 07156 - 2 54 41) - Geb. 29. Febr. 1912 Schopfheim (Vater: Karl G.; Mutter: geb. Grossmann), ev., verh. in 2. Ehe (1949) m. Annemarie, geb. Weil, 3 Kd. (Stefan, Michael, Evelyne) - Konservat. Basel, Univ. ebd. u. Freiburg - Dramat., Spiell. u. stv. Int. versch. Bühnen, n. Kriegsende kommiss. Leit. Theater Baden-Baden, s. 1947 Chefdramat. u. Spiell. Städt. Bühnen Freiburg u. Düsseldorf (1953) u. Südd. Rundfunk (1954). S. 1955 künstler. Beirat Schwetzinger Festsp. - BV: Mit Familienanschluß, R. 1964; Wunderl. Alltag, 1965. Bühnenst.: D. Brüder Salcher (Sch.), D. Disziplinarfall Larsen (Kom.), Zw. Stuttgart u. München (Schwank), Bagatellen (Kom.), D. Rappelkopf (Kom. n. Goldoni), Stefan m. d. langen Nase (Msp.), Rapunzel u. d. Zaubermühle (Msp.), Romant. Zeiten (Lsp.). Hör- u. Fernsehsp.; Features - 1971 Gold. Verdienstmed. Stadt Schwetzingen (20jähr. Bestehen d. Festsp.); 1978 Silb. Blatt d. Dramat.-Union.

GRÜBEL, Ilona

Dipl.-Psych., Schauspielerin - Geb. 23. Sept. 1950 München (Vater: Johann G., Amtsrat i.R.; Mutter: Hildegard, geb. Blickhahn) - Univ. München, Dipl.-Psych. 1976 - S. 1965 als Schausp. m. Arb. f. d. FS; u.a. in d. Serien Goldene Zeiten I + II, Schwarzwaldklinik, In bester Gesellschaft. Hauptrolle in d. 20 Teiler: Goldene Zeiten (SWF). Arbeit m. Arthur Penn an TARGET (amerik. Kinofilm) - 1968 Bundesfilmpreis f.: Paarungen (Judith) - Spr.: Engl., Franz.

GRÜBEL, Rainer

Dr. phil., Prof. f. Slavistik Univ. Utrecht/Niederl. - H. de Keijserstraat 40, NL-3583 TK Utrecht - Geb. 26. Dez. 1942 Leipzig (Vater: Dr. med. Walter G., Internist; Mutter: Dorothea, geb. Fülbier), verh. m. Waltraut, geb. Stecklum, 2 T. (Nadine, Tamara) - 1975 Lehrauftr. Univ. Göttingen; 1976-80 Wiss. Mitarb. Univ. Utrecht; 1980-82 Prof. Univ. Oldenburg; s. 1982 Ord. f. slav. Lit.wiss. Univ. Utrecht - BV: Russ. Konstruktivismus. Künstler. Konzept., lit. Theorie u. kultur. Kontext, 1981 - Spr.: Engl., Niederl., Russ., Serbokroat.

GRÜBER, Wilhelm

Präsident SV Waldhof Mannheim - Bergstr. 9-11, 6945 Hieschberg - Geb. 30. März 1948 Heidelberg, ev., verh. m. Maria, geb. Binder, T. Sabine - Ausb. z. Großhandelskaufm. - S. 1974 Präsid.-Mitgl. u. s. 1977 Präs. Fußball-Bundesliga-Verein SV Waldhof Mannheim - Verdienstmed. Bad. Fußballverb.; Ehrenmitgl. SV Waldhof - Liebh.: Landwirtschaft, Arch. - Spr.: Engl.

GRÜBLER, Ekkehard

o. Prof. f. Bühnenbild u. Kostüm Akad. d. Bild. Künste München - Irmgardstr. 5a, 8000 München 71 (T. 089-79 22 31) - Geb. 29. Jan. 1928, ev., verh. s. 1955 m. Brigitte Hoch, Malerin - Hochsch. f. Bild. Künste Berlin, FU Berlin, Yale Univ., Conn./USA - Assist. v. Caspar Neher. Bühnenbildner, Kostümbildner u. Regiss.; o. Prof.; o. Mitgl. Bayer. Akad. d. Schönen Künste, Mitgl. Dt. Werkbd. - Arb. f. Oper, Schausp., Ballett u. FS, u.a. in Berlin, Buenos Aires, Brüssel, Chicago, Düsseldorf, Frankfurt, Genf, Hamburg, Hannover, Köln, London, München, Stuttgart, Wien, Zürich. Festsp. Berlin, Bregenz, Recklinghausen, Salzburg, Schwetzingen, Wiesbaden - Harvard Stip. Leopoldscron - Spr.: Engl., Span.

GRÜBMEYER, Werner

Ltd. Regierungsschuldirektor a. D., MdL Nieders. (CDU) - Quellenweg 9, 3424 St. Andreasberg.

GRÜGER, Wolfgang

Dipl.-Volksw., Vorstandsmitglied Bundesverband d. Dt. Volksbanken u. Raiffeisenbanken, Bonn (s. 1974) - Lichgasse 35, 5330 Königswinter-Stieldorf (T. 02244 - 33 93) - Geb. 29. Okt. 1935 Beuthen (Vater: Franz G., Justizangest.; Mutter: Martha, geb. Kopitz), kath., verh. s. 1965 m. Karin-Heide, geb. Lange, 3 Kd. (Nicole, Tobias, Yvonne) - Gymn.; Sparkassenvolont., Schlosserpraktikum, Wirtschaftswiss. TU u. FU Berlin (Dipl. 1963) - 1964 Dt. Inst. f. Wirtschaftsforsch., 1964-71 Ref. Dt. Genossenschaftsverb., 1971-74 Geschäftsf. Dt. Genossenschafts- u. Raiffeisenverb., stv. AR-Vors. d. GZS, Ges. f. Zahlungssysteme mbH - Liebh.: Sport (bes. Tennis u. Fußball), Malerei.

GRUEHN, Reginald

Dr. rer. nat., Prof. f. Anorgan. Chemie Univ. Giessen (s. 1971) - Am Mühlacker 35, 6302 Lich - Geb. 6. Okt. 1929 Dorpat (Vater: Werner G., Univ.-Prof.; Mutter: Amata, geb. v. Schilling), ev., verh. s. 1958 m. Brigitte, geb. Beil, 2 Kd. (Silke, Dietwald) - Promot. 1962; Habil. 1969 - Zul. Wiss. Rat u. Prof. Univ. Münster. Üb. 120 Facharb.

GRÜN, Hans-Georg

Vorstandsmitglied Absatzkreditbank AG Hamburg - Zu erreichen üb. Absatzkreditbank, Postf., 2000 Hamburg - Geb. 2. März 1935 - Zuv. Geschäftsf. ABC-Banken GmbH.

GRÜN, Karl

Wirtschaftsjournalist - 15 Boulderol Road, Stamford, Ct 06903, USA - Geb. 1933 Köln - Gymn. Schweinfurt u. Würzburg, Norwich Academy in Connecticut, USA, Univ. Würzburg u. Marburg (Dipl.-Volksw. Würzburg 1956), Zeitungsvolontariat Main-Post - 1957-68 dpa Korresp. Nordbayern, 1958-68 Redakt. F.A.Z., 1968-70 Ressortltg. Wirtschaft, Publik., 1970-72 Red. f. bes. Aufgaben ZDF, 1972-79 Londoner Wirtschaftskorresp. Die Welt u. Börsen-Zeitung, 1979-82 Korresp. f. Wirtschaftswoche u. Neue Zürcher Ztg.; 1982-86 Korresp. f. Intern. Reports u. Neue Zürcher Ztg.; s. 1986 Korresp. f. Börsen-Ztg. u. Neue Zürcher Ztg. - BV: Finanzplatz London, 1974 - Spr: Engl., Franz.

GRÜN, Kurt

Unternehmer, pers. haft. Gesellsch. Hansen-Rum-Kontor August Grün & Co., Flensburg, AR-Vors. Herm. G. Dethleffsen GmbH & Co., ebd., Präs. Bundesverb. d. Dt. Spirituosenind., Bonn, Vizepräs. d. IHK Flensburg - Fördeblick 17, 2390 Flensburg - Geb. 1. Aug. 1929 - Liebh.: Reiten (Präs. Flensbg. Reit- u. Fahrverein v. 1924).

GRÜN, Ludwig
Dr. med., Prof. f. Hygiene, Mikrobiol. u. Gesundheitsfürsorge - Boverter Kirchweg 42, 4151 Meerbusch-Osterrath - Geb. 19. Mai 1919 - S. 1954 (Habil.) Privatdoz. u. apl. Prof. (1960) Med. Akad. bzw. Univ. Düsseldorf (Doz. Inst. f. Hyg.) - BV: Staphylokokken in Klinik u. Praxis, 1964. Üb. 140 Einzelarb.

GRÜN, von der, Max
Schriftsteller - Bremsstr. 40, 4600 Dortmund-Lanstrop - Geb. 25. Mai 1926 Bayreuth, 2 Kinder - Volks- u. Handelssch.; Maurerlehre; kaufm. Lehre Porzellanind. - Kriegsdst. (Fallschirmj.); amerik. Gefangensch. (1944; 2 1/2 J. USA); Bauwirtsch.; Bergbau. 1983/84 Gastprof. GH/Univ. Paderborn - BV: Wir tragen e. Licht durch d. Nacht, Ged. 1961 (Anthol.); Weggefährten, Erz. 1962 (Anthol.); Männer in zweifacher Macht, R. 1962; Irrlicht u. Feuer, R. 1963 (Film Dt. Fernsehfunk); Dichtung u. Arbeit, Erz. 1964 (Anthol.); Feierabend, 1968 (m. Hans Dieter Schwarze); Zwei Briefe an Pospichiel, R. 1968 (Fernsehsp.); Urlaub am Plattensee, 1970; Stenogramme, Erz. 1972; Am Tresen geh'n d. Lichter aus, Erz. 1972; Stellenweise Glatteis, R. 1973. Leben im gelobten Land, 1975; Wenn d. tote Rabe vom Baum fällt, 1976; Reisen in d. Gegenwart, 1976; Vorstadtkrokodile, Kinderb. 1976 (verfilmt); Wie war das eigentlich? Kindheit u. Jugend im III. Reich. Jugendroman 1979; Reportagen: Unterwegs in Deutschland, 1979; Stellenweise Glatteis, R. (verfilmt); Flächenbrand, R. 1979 (verfilmt 1980); Etwas außerhalb d. Legalität, Erz. 1980; Klassengespräche, Aufs. 1981; Späte Liebe, Nov. 1982. Fernsehsp.: Feierabend, 1968; Schichtwechsel, 1968; Aufstiegschancen, 1972; Menschen in Deutschl., 1973; Leben im gelobten Land, 1975; Späte Liebe, 1978. Bühnenst.: Notstand (Sch., 1968). Mithrsg.: Aus d. Welt d. Arbeit - Almanach d. Gruppe 61 u. ihrer Gäste (1967) - Mitgl. Dt. PEN-Zentrum Ost u. West (1967 b. Umwandl. in PEN-Zentrum DDR ausgetr.), D. Kogge (1968), PEN-Zentrum BRD (1970) - 1966 Gold. Lorbeer DFF. Gr. Kulturpr. Stadt Nürnberg, 1974; Wilhelmine-Lübke-Pr. f. Späte Liebe, 1978; Festival Prag: Pr. d. Prager Fernsehzusch., 1978 f. Film Vorstadtkrokodile, 1981 Anette v. Droste-Hülshoff-Preis, 1982 Eiserner Reinoldus, Dortmund, 1985 Gerrit-Engelke-Lit.-Preis Stadt Hannover.

GRÜN, Norbert
Dr. rer. nat., Prof. f. Theoret. Physik Univ. Gießen - Espenstr. 8, 6303 Langgöns.

GRÜN, Roland
Rechtsanwalt - Dürenstr. 25, 5300 Bonn 2 - Geb. 21. Dez. 1940 (Vater: Max G., Steueramtm.; Mutter: Erna, geb. Kühne, Zahnärztin) - Wirtschaftsobersch. Bremen (Abit.); Stud. Volksw. Göttingen, Rechtswiss. ebd., Genf Bonn. Jurist. Staatsex. 1970 (Köln) u. 76 (Düsseldorf).

GRUENAGEL, Hans Helmut
Dr. med., Prof., Chefarzt Chirurg. Abt. Evangel. Krankenh. Düsseldorf - Kirchfeldstr. 40, 4000 Düsseldorf - Geb. 26. Mai 1928 Kaiserslautern (Vater: Dr. Friedrich G., Pfarrer; Mutter: Erika, geb. Mentzel), ev., verh. s. 1956 m. Waldtraut, geb. Pfannmüller, 2 Kd. (Annette, Elisabeth) - Stud. Mainz, Heidelberg, Bonn, Genf - Spez. Arb.-geb.: allg. Chirurgie u. Unfallchir. Fachmitgl.sch. - BV: Intrathorakale Milzverlagerung b. Portaler Hypertension, 1969 - Liebh.: Musik, Kunst, Segeln - Spr.: Engl., Franz. - Rotarier.

GRÜNBECK, Josef
Geschäftsf. Gesellschafter Fa. Grünbeck Wasseraufbereitung GmbH, MdB (s. 1983; mittelstands- u. wohnungspolit. Sprecher FDP-Bundestagsfraktion, stv. Mitgl. Umwelt- u. Forsch.aussch.) - Johann-Schedel-Str. 11, 8884 Höchstädt/Donau - Geb. 17. Sept. 1925 Haan/Sudetenl. - Wirtschaftsobersch. Teplitz (Abit. 1942) - 1942-45 Wehrdst. (Bayer. Gebirgsjäger, zul. Ltn.); s. 1949 selbst. (gegenw. 300 Mitarb., zzgl. 100 Mitarb. im Außendst. S. 1966 Stadtrat (Höchstädt) u. Kreisrat (Dillingen; 1978-82 MdL Bayern; dann MdB. 1968 Einf. d. Mitbestimmung); 1988 4. Stufe d. Mitbestimmungs- u. Vermögensbildungsmodells. FDP - 1984 Sudetend. Unternehmenspreis; 1986 Preis f. d. soz. Wandel (AGP); 1987 Preis f. unternehm. Kreativität u. soz. Innovationen (Europ. Mittelstandsvereinig.).

GRÜNBERG, Wolfgang
Dr. theol., Prof. f. Prakt. Theologie m. Schwerp. Religionspäd. Univ. Hamburg, Leiter Arbeitsst. Kirche u. Stadt - Sedanstr. 19, 2000 Hamburg 13; priv.: Tannenhügel 3b, 2104 Hamburg 92 - Geb. 10. Aug. 1940 Swinemünde, ev., verh. - Stud. Theol. Tübingen, Heidelberg, Hamburg u. Berlin; Promot. 1971 - 1965-69 wiss. Assist. f. Prakt. Theol. b. Prof. D. Martin Fischer Kirchl. Hochsch. Berlin; Vikar. Berlin u. St. Louis/USA - BV: Homiletik u. Rhetorik. Z. Frage e. sachgemäßen Verhältnisbest., 1973; div. Aufs. z. Katechismusproblematik (PTh 1981/6; PTh 1984/9; ZfP 1985/4.

GRÜNDEL, Johannes
Dr. theol., o. Prof. f. Moraltheologie u. Vorst. Moraltheol. Sem. Univ. München (s. 1968) - Ortsstr. 1, 8050 Freising-Hohenbachern/Obb. (T. 1 33 43) - Geb. 13. Mai 1929 Ullersdorf/Schles. (Vater: Paul G., Bauer; Mutter: Anna, geb. Klein), kath. - Phil.-Theol. Hochsch. Königstein u. Univ. München (Phil., Psych., Theol.). Promot. (1959) u. Habil. (1966) München. Priesterweihe 1952 Limburg - Zul. ao. Prof. Phil.-Theol. Hochsch. Freising - BV: D. Lehre v. d. Umständen d. menschl. Handlung im Mittelalter, 1963; Wandelbares u. Unwandelb. in d. Moraltheol., 2. A. 1971 (auch franz. u. ital.); Ethik ohne Normen?, 1970; Aktuelle Themen d. Moraltheol., 1971 (auch ital. u. portug.); Entfalt. d. kindl. Gewissens, 3. A. 1978 (auch ital. u. span.); D. Lehre d. Radulfus Ardens v. d. Tugenden d. Verstandes a. d. Hintergrund s. Seelenlehre, 1976; D. Zehn Gebote in d. Erziehung, 3. A. 1979 (auch poln., portug.); Die Zukunft d. christl. Ehe, 2. A. 1979; Wie prüfe ich mich selbst?, 6. A. 1981 (auch ungar.); Normen im Wandel, 2. A. 1984; Gesundheit u. Krankheit als Gabe u. Aufgabe, 1984; D. Erde - unserer Sorge anvertraut; Schuld u. Versöhnung, 1985; Christl. Ehe zw. Anspruch u. Wirklichk., 1988. Herausg.: AIDS - Herausforderung an Ges. u. Moral (2. A. 1988) - 1981 gold. Sportabz. - Liebh.: Musik - Spr.: Engl., Ital.

GRÜNDER, Hans-Dieter
Dr. med. vet., Prof. f. Innere Krankheiten d. Wiederkäuer Univ. Gießen - Alte Mühle 1, 6349 Greifenstein 2 - Geb. 28. April 1931 Breslau (Vater: Werner G., Univ.sprof.; Mutter: Margarete, geb. Förster), ev., verh. s. 1961 (Ehefr.: Anneliese), 2 Kd. (Angelika, Bernhard) - Tierärztl. Hochsch. Hannover. Promot. 1956; Habil. 1970 - Zul. Abt.sleit. TiäH Hannover (Klin. f. Rinderkrankh.) - BV (Mitverf.): D. klin. Unters. d. Rindes; Krankh. d. Rindes. Üb. 60 Einzelarb.

GRÜNDER, Horst
Dr. phil., Prof. f. Neuere u. Neueste Gesch. Univ. Münster - Propsteistr. 26, 4400 Münster (T. 0251 - 39 25 01) - Geb. 7. Febr. 1939 Teplitz-Schönau, kath., verh. s. 1968 m. Mechthild, geb. Reuber, 2 Kd. (Annkatrin, Carsten) - 1960-67 Stud. Univ. Würzburg, Münster (German., Gesch., Päd., Psych., Phil.); Promot. 1973; Habil. 1981 - 1982 Prof. - BV: Walter Simons, d. Ökumene u. d. Ev. Soz.Krongr. E. Beitr. z. Gesch. d. polit. Protestantismus im 20. Jh., 1974; Walter Simons als Staatsmann, Jurist u. Kirchenpolitiker, 1975; D. moderne Imperialismus, 1980, 5. A. 1987; Christl. Mission u. deutscher Imperialismus. E. polit. Gesch. in Beziehungen während d. dt. Kolonialzeit (1884-1914) unter bes. Berücks. Afrikas u. Chinas, 1982; D. Deutsche Reich als Kolonialmacht, 1984; Gesch. d. dt. Kolonien, 1985; Beitr. u. Veröff. in Büchern u. Ztschr. - 1974 Wolf-Erich-Kellner-Preis.

GRÜNDER, Irene
Dr. phil., Generalkonsulin d. Bundesrep. Deutschl. in Curitiba, Brasilien - Zu erreichen üb. Generalkonsulat Bundesrep. Deutschl., Kurier Curitiba, Postf. 15 00, 5300 Bonn - Geb. 28. Jan. 1934 Dobrau/Schles., ledig - Stud. (Gesch., Engl.) Univ. München, Wien u. Tübingen; 1. u. 2. Staatsprüf. f. d. Höh. Lehramt; Promot. 1960 - S. 1965 Ausw. Amt, u. a. an d. Botsch. d. Bundesrep. Deutschl. in Brüssel, Prag, Lissabon, Bujumbura.

GRÜNDER, Karlfried
Dr. phil., Prof. f. Gesch. d. Phil. u. d. Geisteswissenschaften - Spanische Allee 43, 1000 Berlin 38 (T. 030 - 802 87 01) - Geb. 23. April 1928 Marklissa/Schles. - S. 1966 (Habil.) Lehrtätigk. Univ. Münster (1967 Abt.vorsteher u. Prof.) u. Bochum (1970 Ord.); FU Berlin (1979) - BV: Reflexion d. Kontinuitäten. Z. Gesch.denken d. letzten Jahrzehnte, 1982; u.a. Fachveröff. - 1971 korr. Mitgl. Akad. d. Wiss. u. d. Lit., Mainz.

GRÜNDLER, Gerhard E.
Journalist, Direktor d. NDR-Landesfunkhaus Hamburg (s. 1981) - Blumenstr. 50, 2000 Hamburg 60 (T. 040 - 48 98 33) - Geb. 21. März 1930 Sachsenberg b. Schwerin - Abit. Max-Planck-Obersch. Kiel; Stud. Univ. Kiel (Rechts- u. Staatswiss.), Indiana Univ., Bloomington, USA (Journalismus); 1. jurist. Prüf. 1956 - Volont. Schlesw.-Holst. Volks-Ztg., Kiel; 1958-63 Redakt. u. Korresp. D. Welt; 1963-71 Redakt. u. innenpolit. Ressortleit. Stern; 1971-76 Chefredakt. Vorwärts; 1976-79 Stern-Reporter; 1979-81 Bonner Korresp. WDR-Hörf. - BV: D. Gericht d. Sieger (m. A. v. Manikowsky), 1967 - Liebh.: Lit.

GRÜNDLER, Martin
Prof., Dozent f. Gesang Staatl. Hochsch. f. Musik u. Darstell. Kunst Frankfurt/M. (s. 1957) - Gartenstr. 12, 6243 Falkenstein/Ts. (T. 06174 - 2 17 37) - Geb. 4. Dez. 1918 Oberroßbach, ev., verh. s. 1953 m. Charlott-Luise, geb. Dettmar, 4 Kd. (Johannes, Matthias, Bettina, Susanne) - Stud. Kirchenmusik u. Gesang - S. 1941 Konzertsänger (Auftr. In- u. Ausl., auch USA).

GRÜNEBERG, Jürgen
Dipl.-Ing., Prof. f. Antriebstechnik Gesamthochschule Paderborn (Fachbereich Elektr. Energietechnik/Soest) - Oelmüllerweg 55, 4770 Soest.

GRÜNEBERG, Otto-Hermann
Kaufmann, Generalbevollm. Siemens AG - Zu erreichen üb. Siemens AG, Otto-Hahn-Ring 6, 8000 München 83 - Geb. 1. Jan. 1933 Bremen (Vater: Hermann G., Lehrer; Mutter: Grete, geb. Libbe), ev., verh. s. 1958 m. Lore, geb. Steinmeyer, 2 Töcht. (Julia, Uta) - Abit. 1952; Kaufm.-Gehilfenprüf. 1955 - 1955-67 u. 1974ff. Siemens AG (1974-79 kfm. ZN-Vorst., 1981ff. Generalbevollm.); 1968-73 Kfm. Geschäftsf. Olympia-Bauges. - 1973 BVK I. Kl.

GRÜNEFELDT, Hans-Otto
Fernsehdirektor i. R. - Königsteiner Str. 2, 6242 Kronberg - Geb. 4. Nov. 1915 Langensalza/Thür. (Eltern: Otto u. Elli G.), ev., verh. s. 1950 m. Maria, geb. Mucke (Schausp. u. Sängerin), T. Susanne - Schule Berlin (Abit.); Hochsch. f. Lehrerbild. Cottbus; Rundfunksch. Hamburg - 1949 Nachrichtensprecher, 1949 Sendeleiter, 1950 Hauptabt.sleit. Unterhaltung, 1957 Spiel u. Unterhalt. (Fernsehen) Hess. Rundfunk, 1961 Produktion (Ferns.) WDR, 1962 Fernsehdir. Hess. Rundfunk - Liebh.: Reiten - Spr.: Engl., Franz. - Rotarier.

GRÜNENKLEE, Dieter
Dr. med., Internist, apl. Prof. f. Inn. Med. Univ. Düsseldorf (s. 1978) - Cheruskerstr. 15, 4000 Düsseldorf 1.

GRÜNER, Dietmar
Geschäftsführer Venture-Capital-Ges. d. Dt. Bank Berlin AG, Berliner Ind.bank AG u. Ind.kreditbank AG - Dt. Ind.-bank (Gründ. 1983) - Meinekestr. 7, 1000 Berlin 15 - Geb. 26. Febr. 1940 - U.a. Geschäftsf. VC Ges. f. Innovation mbH Berlin, Finanzrichter u.a.

GRÜNER, Hans
Dr. jur. utr. Landessozialgerichtspräsident a.D. - In den Rödern 1, 6100 Darmstadt-Eberstadt - Geb. 7. März 1917 Hof/Saale, ev., verh., 1 Sohn - Stud. (Prom. 1951) Sozialrecht Univ. Erlangen - S. 1954 Richter in der Sozialgerichtsbarkeit - BV: Kommentare z. Sozialrecht, insbes. z. Sozialgesetzbuch - Gr. BVK - Lit.: Festschr. z. 65. Geb. Beiträge zum Sozialrecht.

GRÜNER, Martin
Parlam. Staatssekretär, MdB (s. 1969; FDP) - Zu erreichen üb. BMU, Kennedyallee 5, 5300 Bonn 2 (T. 305 20 40); priv.: Am Paradiesberg 1, 7230 Schramberg/Württ. (T. 39 24) - Geb. 19. Juli 1929 Stuttgart - Stud. Rechtswiss. Gr. jurist. Staatsprüf. - Rechtsanw.; Geschäftsf. Verb. d. Schwarzwälder Uhrenind.; 1968-72 Hauptgf. Verb. d. dt. Uhrenind. - 1976 BVK I. Kl., 1978 Gr. BVK - Rotarier.

GRÜNER, Oskar
Dr. med., o. Prof. f. Gerichtl. u. Soziale Medizin - Arnold-Heller-Str. 12, 2300 Kiel (T. 59 71) - Geb. 24. März 1919 - S. 1956 (Habil.) Lehrtätigk. Univ. Frankfurt/M. (1961 apl. Prof.), Gießen (1964 Ord. u. Inst.dir.), Kiel (1971 Ord. u. Inst.dir.). Facharb.

GRÜNERT, Adolf
Dr. med., Dr. rer. nat., Dipl.-Chem., Prof., Leiter Abt. Exper. Anästhesiologie/Univ. Ulm - Tokajerweg 22, 7900 Ulm/Donau - Geb. 27. Febr. 1938 Neuleiningen/Pf. - Promot. 1969 (r. n.) u. 74 (m.) - Üb. 150 Facharb.

GRÜNERT, Horst
Dr. phil., Prof. f. Germanistik GH Kassel (s. 1971) - Wittenberger Weg 16, 3550 Marburg/L. - Geb. 4. Jan. 1927 Glauchau/Sa. - Promot. 1955 Leipzig; Habil. 1970 Marburg - BV: u. a. Sprache u. Politik, 1974.

GRÜNEWALD, Armin
Dr. sc. pol., Dipl.-Volksw., Leiter Abt. Auslandshandelskammern DIHT (s. 1981) - T. dstl.: Bonn 10 41 - Geb. 28. Dez. 1930 Löwenberg (Vater: Dr. med. Edgar G., Arzt; Mutter: Elisabeth, geb. Hoffmann), ev., verh. s. 1956 m. Ulla-Lena, geb. Hoffmann, 2 Kd. - Univ. Kiel (Inst. f. Weltw.) - 1957-73 Stuttgarter Ztg. (1961 Wirtschaftskorresp. Bonn, 1972 Leit. Bonner Redaktion), 1973-80 stv. Sprecher d. Bundesreg. Spez. Arbeitsgeb.: Wirtschafts-, Währungs-, Aussenhandels- u. Finanzpolitik. S. 1982 Vors. Verein Schumannhaus Bonn - 1975 Commandeur de l'Ordre national du Mérite, 1980 BVK 1. Kl.; 1981 Officier de la Légion d'Honneur - Liebh.: Musik - Spr.: Franz., Engl., Span.

GRÜNEWALD, Dietrich
Dr. phil. habil., Univ.-Prof. Dortmund, Fach Kunst - Grünberger Str. 47, 6301 Reiskirchen 1 (T. 06408 - 6 13 69) - Geb. 14. Dez. 1947, ev., verh. s. 1978 m. Ruth, geb. Galesky, 4 Kd. (Tanja, Alexander, Gregor, Jasmin) - Stud. Univ. Gießen (Lehramt Kunst u. Deutsch); 2. Lehrerex., Promot. 1976, Habil. (Kunst) 1980 Dortmund - S. 1987 Bundesvors. Bund Dt. Kunsterzieher - BV: Karikatur im Unterr., 1979; Comics-Kitsch od. Kunst, 1982; Wie Kinder Comics lesen, 1984 - Grafiker (Serigraphie).

GRÜNEWALD, Hans I.

Rabbiner Israelit. Kultusgemeinde München (1963-82), Vorst.-Mitgl. europ. Rabbinerkonfz. (s. 1961) u. deren Europa Koordinator (s. 1983) - 36 Monarch Court, Lyttelton Rd., London N2 (T. 00441 - 455 08 11) - Geb. 15. März 1914 Frankfurt/M. (Eltern: Edmund u. Julie G.), verh. 1940-87 m. Martha, geb. Nebenzahl †, s. 1988 m. Margot, geb. Sedwab - Gymn. Frankfurt; Stud. Frankfurt, Jerusalem, London - Zul. Rabbiner Hamburg, Schlesw.-Holst. u. Nieders. - BV: D. Lehre Israels - Bemerkungen, Erklärungen u. Hinweise zu d. wöchentl. Lesungen d. Juden aus d. Thora, 1970; Einblicke in d. Bibel, Talmud u. gelebtes Judentum, 1989.

GRÜNEWALD, Hans-Günter
Dr. rer. pol., Dipl.-Kfm., ord. Mitglied Direktorium Henkel KGaA, Düsseldorf (s. 1975) - Postfach 1100, 4000 Düsseldorf 1 - Geb. 27. März 1933 Berlin.

GRÜNEWALD, Helmut
Dr. rer. nat., Prof. Univ. Bonn, Chemiker - Barlachstr. 4, 6908 Wiesloch - Geb. 16. Febr. 1930 Berlin - Dipl.-Chem. 1955 Univ. Freiburg, Promot. 1958 ebd.

GRÜNEWALD, Herbert
Dr. rer. nat., Prof., Aufsichtsratsvorsitzender Bayer AG (1984ff.) - Zu erreichen üb. Bayerwerk, 5090 Leverkusen - Geb. 12. Sept. 1921 Weinheim, verh. m. Ilse, geb. Cramer, 4 Kd. - Stud. Univ. Frankfurt/M. u. Heidelberg (Chemie) - Langj. Bayer (Vorst.-Vors.), Hon.prof. Univ. Köln.

GRÜNEWALD, Joachim

Dr. jur., Rechtsanwalt, Oberkreisdirektor a. D., MdB (o. Mitgl. Finanzaussch., Petitionsaussch., stv. Mitgl. Innenaussch.) - In der weiten Schlüppe, 5960 Olpe (T. 02761 - 30 47) - Geb. 21. Nov. 1933 Kirchhundem (Vater: Julius G., Fabrikant; Mutter: Elisabeth, geb. Boden), kath., verh. m. Irmgard, geb. Zimmermann, 4 Kd. (Christopher, Markus, Stephanie, Susanne) - Gymn. (Abit.); Stud. Rechtswiss. 2. jurist. Staatsprüf. - AR Verkehrsbetriebe Westfalen-Süd AG, Siegen; Beirat Westf. Ferngas AG Dortmund u. Westd. Landesbank.

GRÜNEWALD, Wilhard
Dr. phil., Prof. f. Wiss. Politik u. Gemeinschaftsk. PH Schwäb. Gemünd (s. 1969) - Uhlandstr. 42, 7075 Mutlangen/Württ. - Geb. 1. Jan. 1927 Friedberg/Hessen - Gymn. Friedberg; Lehrerausbild.; Univ. Frankfurt/M. (Gesch., Dt., Phil., Päd.). Promot. 1961 - 1946-62 Volks- u. Realschullehrer; 1962-70 Doz. PH Bayreuth - BV: u. a. D. fränk.-dt. Kaisertum d. Mittelalters in d. Auffass. engl. Geschichtsschreiber (800-1273), 1961 (Diss.); D. Münchener Ministerpräsidentenkonfz. 1947, 1972 - Spr.: Engl.

GRÜNFELD, Werner
Dr. phil., o. Prof. f. Allg. Didaktik u. Schulpäd. Univ. Köln - Marienwerder Str. 13, 5090 Leverkusen 1.

GRÜNHAGEN, Joachim

Stadtangestellter, Schriftsteller (Lyriker) - Roseggerstr. 11, 3000 Hannover 1 (T. 80 16 71) - Geb. 27. Juni 1928 Braunschweig (Vater: Heinz G.; Mutter: Elisabeth G.), ev., verh. 1956-83 m. Hannelore G., S. Andreas - Oberschule, 1944-45 Luftwaffenhelfer; 1945-49 Gr. Schriftst.; 1951-52 Arbeiter; 1952-61 Straßenbahnschaffner; 1961-68 kaufm. Tätigk.; 1969 Stadtverw. Hannover (Fremdenverkehrsamt, s. 1975 Kulturamt); u.a. 1976-79 Org. Autoren im Aegi, Schulkonz., Ausst. S. 1945 literarisch tätig, 1953 Gründungsmitgl. Klub Langer Menschen, Hann. Künstlerverein, Dt.-Ital. Ges., Dt. Haiku-Ges., 1970-74 Schriftltg. d. Ztschr. f. Heimat u. Kultur Nieders., 1984 Gründung der Gruppe POESIE - BV: Zeiternte, Ged. 1974; Gesichter, Ged. (m. Zeichn. v. W. Ritzenhofen) 1976; D. rote Küchenwaage, Erz. 1979; Sandmohn, Ged. (Holzschnitte v. Heinz Stein) 1979; Tagesthemen, Ged. 1979; Andante, Ged. (Holzschnitte v. Heinz Stein) 1981; Die e. Wind durchblättert, Ged. 1981; D. Reiter v. Holzer Berg, Erz. 1982; Himml. Klänge, Ged. 1982; Xylos-Kalender '83, Ged. 1982; Calabrische Impressionen, Ged. 1985, 2. A. 1986; Lang bleiben nur d. Wege, Tanka 1988. S. 1984 Herausg. v. Poesie-Postkarten, Faltblättern u. Plakaten - Prosa-Preis Junge Dichtung Nieders.; 1985 Adolf Georg Bartels-Gedächtnis-Ehrung - Liebh.: Astronomie, Ornithol., Botanik, Zeichnen, Raumfahrt, klass. Musik - Spr.: Engl. - Lit.: Aufn. in üb. 80 anthol., Ztg., Ztschr. auch auf Schallplatten Lyrik Hannover (als Mitautor) u.a.; Dr. Heiko Postma, in: niedersachsen lit., Bd. 3: D. Lokalsensibilist, 1983. Vertonung v. Ged. u. Zyklen: Tonnie de Graaf (1946-70) u. Gerhard Kohlenberg.

GRÜNHAGEN, Wilhelm
Dr. phil., I. Direktor Dt. Archäol. Inst. Abt. Madrid i.R. - Geb. 20. Dez. 1915 Hameln/Weser - S. 1953 (Habil.) Privatdoz. u. apl. Prof. (1964); s. 1980 Honorarprof. Univ. Erlangen-Nürnberg (Klass. Archäol.) - BV: u. a. D. Schatzfund v. Groß-Bodungen, 1953; Gesch. d. Abt. Madrid d. Dt. Archäol. Just., 1979 - Mitgl. DAI/ZD; korr. Mitgl. Real Acad. de La Historia Madrid u. a.; 1980 Gr. BVK.

GRÜNINGER, Werner
Dr. rer. nat., Prof. f. Biologie PH Reutlingen (s. 1970) - Friedrich-Ebert-Str. 46, 7410 Reutlingen - Geb. 12. Dez. 1931 Reutlingen - Promot. 1965 - BV: Rezente Kalktuffbild. im Bereich d. Uracher Wasserfälle, 1965; Biologieunterr. im Zoolog. Garten, 1973.

GRÜNMANDL, Otto
Schriftsteller - Zu err. üb.: ORF-Studio Rennweg, Tirol-Innsbruck - Geb. 1924 Tirol - BV: D. Ministerium f. Sprichwörter, R. 1970; Meinungsforschung im Gebirge, 1973. Zahlr. Hörsp. - 1970 Österr. Staatspreis f. Literatur (f. d. Hörsp.: Rochade).

GRÜNSCHLÄGER, Richard
Regierungspräsident in Arnsberg, MdL NW (1966-76) - Seibertzstr. 1, 5770 Arnsberg (T. 82 20 00); priv.: Kastanienallee 3, 5810 Witten/Ruhr - Geb. 17. Sept. 1929 Witten, verh., 2 Kd. - Gymnasium Witten (bis 1945); Verw.sch. Dortmund; Verw.- u. Wirtschaftsakad. Bochum (Dipl.) - U. a. Leit. Jugendamt Witten. SPD (1958ff. stv. Kreisvors.; Mitgl. Landesvorst. NRW 1970-72).

GRUENTER, Rainer
Dr. phil., Dr. h. c., o. Prof. f. Dt. Literaturgesch. - Bergische Univ./GH, 5600 Wuppertal 1 - Neubrücker Mühle, 4048 Grevenbroich 5 Kapellen/Erft - Geb. 10. Juni 1918 Düsseldorf - Promot. 1949 Köln; s. 1949 Lehrtätig. London (King's College), Köln; Habil. 1956 Heidelberg - 1960 Ord. FU Berlin; 1965 Univ. Mannheim (Dekan 1966/67, Rektor 1968/69); s. 1972 Gründungsrektor Berg. Univ./GHS Wuppertal; Leiter Arbeitsst. Achtzehntes Jhd. (Berg. Univ./GHS Wuppertal) - Mitgl. Dt. Ges. f. d. Erforsch. d. 18. Jhd.s/Wolfenbüttel, d. Société Francaise d'Etude du Dix-huitième Siècle u. PEN-Zentrum Bundesrep. Deutschland - BV: Gotfrid v. Straßburg, Lit. u. Kulturgesch. d. Jahrhundertw. Hrsg.: O. Wilde (1970), E. v. Keyserling (1973), Ges. Feuilletons „Abschiede", Euphorion. Beitr. z. Geschichte d. Lit. u. Kunst d. 18. Jhd.s - Spr.: Engl., Franz.

GRÜNTZIG, Johannes
Dr. med. (habil.), Prof. f. Augenheilkunde, Oberarzt Univ.-Augenklinik Düsseldorf - Bittweg 117, 4000 Düsseldorf 1 (T. 0211 - 33 03 22) - Geb. 24. Dez. 1937 Dresden, ev., verh. s. 1977 m. Dr. med. Birgitta, geb. Jennes, 2 Kd. (Alexander, Patricia) - Thomas-Gymn. Leipzig; Univ. Heidelberg (Med. Staatsex. 1962, Promot. 1963); Stud. Nationalökonomie, Epidemiologie Univ. Nac. de Mexico; Inst. f. Epidem. Hannover; Habil. 1978 - S. 1970 Univ.-Augenkl. Düsseldorf (1975 Oberarzt, Lehrtätigk., 1982 Prof.) - Mitgl. Society of Geographical Ophthalmology, s. 1973 Mitgl. Executive Committee; Intern. Agency for the Prevention of Blindness - BV: Parasitology in Focus: Facts and Trends, 1987; D. Schädelbruch, 1987 (m.a.); Lymphangiology, 1983 (m.a.); D. Lymphgefäßsystems d. Auges, 1982; H.J. Küchle, Aktuelle Ophthalmol., 1976. Wiss. Film Loa loa (1975; auch engl., franz., span.). Üb. 90 Fachveröff. - Spr.: Span., Engl. - Bruder: Prof. Dr. Andreas G., Kardiologe, (1939-85).

GRÜNWALD, Gerald
Dr. jur., o. Prof. f. Straf- u. -prozeßrecht Univ. Bonn (s. 1963; 1970/71 Rektor) - Auf dem Heidgen 43, 5300 Bonn-Ippendorf (T. 28 33 83) - Geb. 5. Sept. 1929 Prag (Vater: Prof. Dr. Alois G., Kunsthist.; Mutter: Elsa, geb. Menzel), verh. s. 1956 m. Frauke, geb. Richter, 2 Kd. (Frank, Robin) - 1951-55 Univ. Göttingen (Rechtswiss.). Promot. (1957) u. Habil. (1963) Göttingen; Ass.ex. 1960 - BV: D. Teilrechtskraft im Strafverfahren, 1964 - 1971/72 Präs. Westd. Rektorenkonfz., 1974-81 Präs. Dt. Studentenwerk - 1978 Fritz-Bauer-Pr.

GRÜNZWEIG, Fritz
Dr. theol. h. c., Pfarrer i. R. - Ludwigsburger Str. 33, 7015 Korntal (T. 0711 - 83 46 99) - Geb. 5. Nov. 1914 Bissingen-Teck/Kr. Esslingen (Vater: Karl G., Landw.; Mutter: Anna, geb. Goll), ev., verh. s. 1949 m. Liselotte, geb. Denzinger, 3 Kd. (Elisabeth, Dorothee, Gerhard) - Württ. Notariatsex. 1938; 1. u. 2. Kirchl. Dienstprüf. Ev. Landeskirche Württ. 1948 u. 1952 - 1951-79 Pfarrer Ev. Brüdergem. Korntal; 1965-80 Vors. Ludwig-Hofacker-Vereinig.; 1980-85 Vors. Konfz. Bekennender Gemeinsch. in Deutschl. - BV: D. Ev. Brudergde. Korntal, 1957; Sind wir f. d. Zukunft gerüstet? 1962; D. Brief d. Jakobus, 1973; Bibelkomment.: Offenbarung, 2 Bde. 1981/82; D. Bergpredigt, 1985 - 1982 Ehrendoktor Theol. Fak. Univ. Tübingen - Spr.: Engl., Franz.

GRÜTER, Alexander

Dr., Filmproduzent - Adalbert-Stifter-Str. 25, 8000 München 81 (T. 98 03 91) - Geb. 14. Aug. 1907 Bottrop (Vater: Alexander G.), verh. m. Edith, geb. Benteler, 2 Kd. (Alexander, Ivonne) - Stud. Rechtswiss.; I. u. II. jur. Staatsprüfung - Verbandstätigk. Vors. d. Schlesischen Zementind., nach d. Krieg Filmwirtsch. - Ehrenpräs. Verb. Dt. Spielfilmproduzenten, München.

GRÜTER, Hans
Dr. med., Univ.-Prof. (Inst. f. Med. Physik) - Bonhoefferstr. 8, 4407 Emsdetten/W. - Geb. 30. Juni 1927 Altenburg/Thür. - Promot. 1956; Habil. 1969 - S. 1971 apl. Prof. Univ. Münster. Üb. 50 Facharb.

GRÜTER, Karl
Gewerkschaftssekretär, MdL Nordrh.-Westf. (s. 1970) - Fasanenweg 24, 4441 Riesenbeck/W. (T. 05454 - 3 39) - Geb. 29. Aug. 1920 Riesenbeck, verh., 1 Kd. - Volkssch.; Maschinenschlosserlehre - 1939-45 Kriegsdst., 1945-47 Schlosser, s. 1947 Gewerkschaftstätig. (Geschäftsf. IG Bau-Steine-Erden Solingen-Remscheid, 1958 DGB Kr. Tecklenburg). 1961 ff. Bürgerm. Riesenbeck.

GRÜTER, Werner
Dr. med., Prof., Neurologe u. Psychiater - Amselstr. 11, CH-4104 Oberwil (Schweiz) (T. Basel 30 24 01) - Geb. 19. Dez. 1919 Essen (Vater: Friedrich G., Konstrukteur; Mutter: Luise, geb. Jaeger), ev., verh. s. 1945 m. Ingeborg, geb. Wellmann, 2 Kd. (Carla, Meinhard) - Schule Essen; Univ. Marburg (Med.). Promot. (1948) u. Habil. (1961) Marburg - 1948-63 Univ.-Nervenklinik Marburg; 1963-68 Anstalten Hepheta, Treysa (Ltd. Arzt); 1968-81 CIBA-GEIGY AG., Basel. S. 1961 Lehrtätig. Univ. Marburg (1967 apl. Prof. f. Neurol. u. Psych.). Spez. Arbeitsgeb.: Cerebrale Stoffwechselstörungen, Neuroradiol., Neuropsychopharmakotherapie. Fachmitgliedsch. -

GRÜTER

BV: D. Bedeut. d. Phenylalaninstoffwechsels f. d. Hirnfunktionen, 1960 (Habil.schr.); Angeborene Stoffwechselstörungen u. Schwachsinn, 1963; Leben im Meer, 1989. Mitverf.: Bowman, Mental Retardation, 1960; Lyman, Phenylektonuria, 1963; Hartmann/Manokow, Therapie d. Nervenkrankh., 1969; Kielholz, Entspannung, 1970; Asuni, Depression in the African, 1975; Kielholz, Betablocker u. Zentralnervensystem, 1978; Lehmann, Mod. Probl. of Pharm.psych., 1982. Zahlr. Einzelarb. - Liebh.: Gerätetauchen, Unterwasserfotogr., Meeresbiol. (dar. zahlr. Publ.) - Spr.: Engl., Franz.

GRÜTTER, Wolf-Dieter

Dipl.-Kfm., gf. Gesellschafter Druckerei Grütter GmbH & Co. KG, Druck- u. Displaywerk Ronnenberg GmbH & Co. KG u. Verlagsges. Grütter GmbH & Co. KG - Lägenfeldstr. 8, 3003 Ronnenberg - Geb. 11. Mai 1944 - Stv. Vors. Verb. d. Druckind. Nieders., Vors. Wirtschaftspolit. Aussch. Bundesverb. Druck.

GRÜTTERS, Peter

Dr., Dipl.-Volksw., Vorsitzender d. Geschäftsfg. Ferngas Salzgitter GmbH, Salzgitter, AR-Mitgl. Landesgasversorgung Niedersachsen AG, Sarstedt - Wiedehagen 85, 4400 Münster - Geb. 7. Mai 1929.

GRÜTTNER, Rolf

Dr. med. Prof., f. Kinderheilkunde (unter bes. Berücksichtig. v. Stoffwechselkrankh. u. Ernähr. d. Kindes (s. 1975) - Reye 11, 2000 Hamburg 65 (T. 607 04 74) - Geb. 5. Mai 1923 Hamburg (Vater: Georg G.), verh. m. Dr. med. Gunda, geb. Ruhkopf - B. 1967 Privatdoz., dann apl. Prof. Hamburg (Kinderheilkunde u. Klin. Chemie).

GRÜTZ, Archibald

Dr.-Ing., Geschäftsführer vde-verlag gmbh - Zu erreichen üb. vde-verlag, Merianstr. 29, 6050 Offenbach (T. 069 - 84 00 06 11) u. vde-verlag gmbh, Bismarckstr. 33, 1000 Berlin 12 - Geb. 5. Juli 1943 Haan - TH Aachen (Dipl.-Ing. 1968, Promot. 1971) - 1974 Geschäftsf. Energietechn. Ges. im VDE, 1980 VDE-Verlag GmbH, Berlin u. Offenbach - BV: Jahrb. Elektrotechnik, 1982, 83, 84, 85, 86, 87 u. 88 - Borchers-Plak. TH Aachen - Spr.: Engl., Franz., Ital.

GRÜTZEMACHER, Karl-Wilhelm

Dipl.-Ing., Ges. INDESTA-Elektronik GmbH - Irmgardstr. 19, 8000 München 71 (T. 089 - 791 32 81).

GRÜTZMACHER, Curt

Dr. phil., Prof. Hochsch. d. Künste Berlin - Westendallee 55, 1000 Berlin 19 (T. 030 - 304 40 14) - Geb. 6. Juni 1928, ev. - Stud. Phil.-theol. Hochsch. Regensburg, Univ. München (German., Kunstgesch., Phil., Psych., Musikwiss.). Promot. 1961 - BV: Novalis u. Ph. O. Runge, 1964; Bobrowski-Bibliogr., 1974; E.T.A. Hoffmann - Bibliogr., 1980; M.C. Jullian - Metamorphosen, 1982; Symbol - Form - Bedeutung, 1986. Herausg.: Novalis (1963); Kleist (1967); Athenäum (2. Bde., 1969); Amici, D. Ansichten Roms (1983); Bousquet, Malerei d. Manierismus (1985); Hocke, Welt als Labyrinth (1987).

GRÜTZMACHER, Hans-Friedrich

Dr. rer. nat., Prof. f. Chemie Univ. Bielefeld (s. 1973) - Schultenstr. 24, 4802 Halle/W. - Geb. 4. April 1932 Hamburg (Vater: Friedrich G., Studienrat; Mutter: Helene, geb. Rietz), ev., verh. s. 1958 m. Sigrid, geb. Schroeder, 4 Kd. (Hansjörg, Detlev, Volker, Heike) - Matthias-Claudius-Gymn. Hamburg (Abit. 1950); 1950-57 Univ. Göttingen u. Hamburg (Chemie; Dipl.). Promot. (1959) u. Habil. (1965) Hamburg - 1975-79 Prorektor Univ. Bielefeld. Üb. 160 Facharb. - Spr.: Engl.

GRÜTZMACHER, Jutta

Prof. f. Didaktik d. Dt. Sprache u. Lit. FU Berlin - Uhlandstr. 43/44, 1000 Berlin 15 - Geb. 2. Mai 1931 Berlin - S. 1965 PH Berlin (s. 1980 FU Berlin). Fachveröff.

GRÜTZMACHER, Martin

Dr. phil., Prof., Physiker - Sulzbacher Str. 36, 3300 Braunschweig (T. 5 22 88) - Geb. 10. Nov. 1901 Heidelberg (Vater: Prof. Dr. theol. Dr. phil. Georg G., Ord. f. Kirchengesch. Univ. Münster; Mutter: Gisela, geb. Cuntz), ev., verh. s. 1931 m. Gertrud, geb. Schilling, 1 Kd. - Univ. Münster u. TH Danzig - 1925-34 Reichspostzentralamt Berlin, 1934-66 Physikal.-Techn. Reichsanstalt Berlin bzw. Physikal.-Techn. Bundesanstalt Braunschweig (1948 ff. Dir. u. Leit. Abt. V/Akustik). S. 1948 Honorarprof. TH bzw. TU Braunschweig (Physik) - 1967 DIN-Ehrenring DNA - Bek. Vorf.: Geheimrat Prof. Dr. phil. Richard G., Ord. f. Phil. Univ. Erlangen (Onkel).

GRÜTZMANN, Angela, geb. Korduan

Journalistin - Lupsteiner Weg 51a, 1000 Berlin 37 - Geb. 22. Okt. 1937 Brandenburg/Havel (Vater: Hans K., Beamter i. R.; Mutter: Sieglinde, geb. Beucke), ev., verh. s. 1960 m. Peter G., 2 Kd. (Antje, Jens) - Mittelsch., Höh. Handelssch. - 1955-62 Börsensekr., 1970-73 Ref. f. Frauenpolit. im SPD-Landesverb. Berlin; 1972-76 MdB (Vertr. Berlins); 1977-80 pers. Ref. v. Helmut Schmidt im SPD-Parteivorst., 1982 Vors. d. Dt. Staatsbürgerinnen-Verbandes, Landesbeauftr. f. Behinderte. Spez. Arb.geb.: Sozial- u. Ges.politik (journ.) - Spr.: Engl.

GRÜTZNER, Anton

Dr. med., Prof., ehem. Chefarzt Psychiatr.-Neurol. Klinik - Städt. Kliniken, 6200 Wiesbaden - Geb. 15. März 1919 Dt.-Gabel - S. 1959 (Habil.) Lehrtätig. Univ. Gießen u. Mainz; 1969 apl. Prof. f. Neurol. u. Psych. Fachveröff. Nervenfacharzt in fr. Praxis.

GRÜTZNER, Berndt

Dr. agr., Dipl.-Ing. agr., Senator E. h., Vorstandsvors. i. R. Württ. Zentralgenoss.-Raiffeisen-eG., Stuttgart - Im Wolfer 10, 7000 Stuttgart 70-Hohenheim (T. 0711-45 20 20) - Geb. 6. Sept. 1917 Cottbus, verh. s. 1972 m. Urte, geb. Luttmer - Unternehmensberater - Ehrensenator.

GRÜTZNER, Peter

Dr. med., Direktor Augenklinik/Städt. Kliniken, Darmstadt (s. 1974), Honorarprof. f. Augenheilkd. Univ. Frankfurt/M. - Strohweg 55, 6100 Darmstadt - Geb. 16. März 1925 Breslau (Vater: Alfons G., Kaufm.; Mutter: Marianne, geb. Wagner), ev., verh. s. 1955 m. Helga, geb. Koennecke, 6 Kd. (Eckhardt, Almut, Ute, Arnt, Bernd, Christian) - Med. Staatsex. 1953 Düsseldorf; Promot. 1955 Tübingen; Habil. 1965 Heidelberg - 1970-74 apl. Prof. u. Abt.sleit. Univ.s-Augenklin. Freiburg (Orthoptik/Pleoptik). Facharb. bes. üb. Farbensinn - Spr.: Engl., Franz.

GRUHL, Herbert

Dr. phil., Angestellter, MdB (1969-80) - Weidenweg 13, 3013 Barsinghausen/ Nieders. (T. 13 33) - Geb. 22. Okt. 1921 Gnaschwitz/OL. (Vater: Max G.), verh. m. Marianne, geb. Kießlich, 4 Kd. - Volkssch.; landw. Lehre u. Fachsch.; Selbstunterr.; 1941-45 Soldat; n. Reifeprüf. (Externer) Univ. Berlin (Humboldt, Freie; Gesch., German., Phil.); kaufm. Ausbild. - Organisationsberat., kaufm. Angest. CDU; 1978-82 Vors. Grüne Aktion Zukunft, jetzt Ökol. Demokr. Partei - BV: E. Planet wird geplündert, 1975; D. Schreckensbilanz uns. Politik, 21. A. 1984; D. ird. Gleichgewicht - Ökol. unseres Daseins, 1982; Glücklich werden d. sein... Zeugnisse ökolog. Weltsicht aus 4 Jahrt. (Hrsg.),

1984; D. atomare Selbstmord, 1986; Überleben ist alles, Autobiogr. 1987.

GRUHL, Wolfgang Günter

Dr.-Ing., Prof., Direktor i. R. - Michaelplatz 4, 5300 Bonn 2 (T. 35 74 93) - Geb. 29. April 1919 Wetter/Ruhr, konfessionsl., verh. in 2. Ehe m. Ursula, geb. Zimmermann, 3 Kd. - Diplomprüfung 1943 TH Aachen, Promot. 1948 Bergakad. Clausthal - S. 1940 Metallhütte Mark AG, Hamburg (1944 Techn. Dir.), Stahlwerk Mark, Köln (1955 Geschäftsf.), Vereinigte Leichtmetall-Werke GmbH, Bonn, Ver. Aluminium-Werke AG ebd. (1964 Dir. Leichtmetall-Forschungsinst.). S. 1948 Bergakad. Clausthal (Assist.), 1950 Privatdoz.) u. TH Aachen (1952; 1958 apl. Prof. f. Metallkd.). Facharb., ca. 160 wiss. Veröff. u. Patente - 1986 Ehrenmitgl. Dt. Ges. f. Metallkunde.

GRUHLE, Hans-Dieter

Dr.-Ing., Prof. f. Grundbau u. Bodenmechanik Univ.-GH Siegen (Fachbereich Bautechnik) - Schloßblick 83, 5900 Siegen - Geb. 3. Okt. 1925 Grimma - Stud. TU Berlin, Diplom 1953; Promot. 1981 Univ. Stuttgart.

GRUHN, Wilfried

Dr. phil., Prof. f. Musikpädagogik, Leit. Schulmusikabt. Staatl. Hochsch. f. Musik, Freiburg - Am Birkenhof 10, 7815 Kirchzarten-Burg (T. 07661 - 16 24) - Geb. 15. Okt. 1939 Königsberg - Stud. Schulmusik, Musikwiss., German., Psych., Univ. Mainz (Promot. 1967) 1967 höh. Schuldst.; 1974 Prof. f. Musikdidaktik Essen; 1978 Leit. Schulmusikabt. Staatl. Hochsch. f. Musik Freiburg. Arb. z. Musikgesch. d. 18. Jh., z. Neuen Musik, z. Meth. u. Didaktik d. Musikunterr. - BV: D. Instrumentat. in d. Orch.werken v. Richard Strauss, 1968; Musikspr., Sprachmusik, Textverton., 1978; Sprachcharakter d. Musik, 1978, 2. A. 1980; Reflexionen üb. Musik heute, 1981; Wege d. Lehrens im Fach Musik, 1983 (m. W. Wittenbruch); Musik in unserer Zeit, 1984; Musikalische Bildung u. Kultur, 1987; Wahrnehmen u. Verstehen, 1989; Stil u. Stilwandel in d. Musik, 1989. Mithrsg.: Ztschr. f. Musikpäd. (ZfMP) u. Hochschuldok. zu Musikwiss. u. Musikpäd. d. Musikhochsch. Freiburg.

GRULER, Hans

Dr. rer. nat., Prof. f. Physik Univ. Ulm - Brucknerweg 4, 7901 Beimerstetten - Geb. 11. Nov. 1940 Winnenden, kath., verh. s. 1966 m. Mechthild, geb. Meier, 2 Töcht. (Franziska, Christine) - 1958-61 Lehre als Elektromechaniker, 1962-69 Physikstud. Tübingen u. Freiburg, Diplom 1968, Promot. 1972, Habil. 1975 - 1973-74 Harvard Univ., s. 1974 Univ. Ulm, 1976 Prof. Biophysik, 1981-82 Forsch.aufenth. Paris (Collège de France u. Hôpital de Bicêtre), s. 1983 Mitgl. Fak. f. theor. Med. Univ. Ulm. Forsch.schwerp.: 1968-78 Physik d. Flüssigkristalle, s. 1974 Biophysik (Problemkr. physikal. Aspekte d. Krankheit, u. a. eitrige u. nichteitrige Entzünd., Zellbewegung) - 1983 Merckle Forsch.preis Univ. Ulm.

GRUMBRECHT, Claus

Dr. med., Prof., Frauenarzt - Beethovenstr. 15, 6800 Mannheim 1 - Geb. 28. Nov. 1934 Freiburg/Br. - Promot. 1963 Freiburg; Habil. 1973 Mannheim - 1972 ff. Ltd. Oberarzt Frauenklin. Mannheim. Gegenw. apl. Prof. Univ. Heidelberg (Geburtsh. u. Gynäk.). Üb. 30 Facharb.

GRUNAU, Joachim

Dr. rer. pol., Prof. - Birkenweg 13, 3556 Niederweimar (T. 06421 - 7 82 77) - Geb. 15. März 1920 Elbing/Ostpr. - S. 1950 (Habil.) Privatdoz. u. apl. Prof. f. Wirtschaftl. Staatswiss. (1957) Univ. Marburg. Buchveröff. (Grundfragen d. Geldwesens, Arbeitslosigk. u. Vollbeschäftig.) u. a.

GRUND, Siegfried

Dr. med. vet., Prof. f. Mikrobiologie FU Berlin (Fachricht. Elektronenmikroskopie) - Jungernheideweg 35, 1000 Berlin 13.

GRUNDEI, Albrecht

Prof., Vorsitzender Richter Oberverwaltungsgericht Berlin (s. 1976), Honorarprof. TU Berlin (Bau- u. Planungsrecht) - Quermatenweg 18, 1000 Berlin 37 (T. 813 43 15) - Geb. 14. April 1922 - S. 1957 Richter Berliner VGsbarkeit (1959 OVGsrat) - BV: Mitverf. Kommentare z. Bauordng., 1966, 71, 79 u. 85. Mitgl. Dt. Akad. f. Städtebau München u. d. Beirats f. Stadtgestaltung Berlin.

GRUNDHEBER, Franz

Kammersänger, Opernsänger - Grotsahl 30, 2000 Hamburg 56 - Geb. 27. Sept. 1939, kath., verh., 2 Kd. (Julia, Florian) - Abit. 1959; b. 1962 Offz. auf Zeit; Stud. Hamburg u. Bloomington/USA; Gesangsstud. b. Margret Harshaw - 1966 Engagem. Hamburg. Staatsoper (Rolf Liebermann); Gastverträge u.a. m. Metropolitan Opera New York, Covent Garden Londen, Wiener Staatsoper, Staatsoper München, Grand Opera Paris, Salzburger Festsp. - Hauptrollen: Nabucco, Macbeth, Jago, Amonasro, Mandryka, Amfortas, Jochanaan, Wozzek, Scarpia, Barak, Orest. Macbeth-

Premiere 1984 Paris, Wozzek-Premiere Wiener Staatsoper Abado 1987 - 1970 Oberdörfer-Preis; 1986 Kammersänger-Titel Senat Hamburg; 1989 Grand Prix du Disque Prix George Thill (f. d. Rolle d. Wozzek auf Schallplatte, DGG) - Liebh.: Kochen, Tiere - Spr.: Engl., Franz., Latein, Ital.

GRUNDIG, Edgar

Senatsdirektor a. D., Präs. d. Dt. Bruderhilfe, Bremen - Blumenthal-Str. 12, 2800 Bremen 1 - Geb. 17. Mai 1915.

GRUNDIG, Max

Dr. rer. pol. h. c., Allg. All. Vorstand Max Grundig-Stiftung - Am Europakanal 5, 8510 Fürth - Geb. 7. Mai 1908 Nürnberg (Vater: Max Emil G., Geschäftsm.; Mutter: Maria, geb. Hebeisen), verh. m. Chantal, geb. Rubert, 2 T. (Inge, verh. Scheller, Maria-Alexandra) - Bis 1945 Rundfunkeinzelhändler, dann ind. Fertigung Fürth - 1952 BVK, 1958 Gr. BVK, 1958 Gold. Bürgermed. Stadt Fürth, 1959 Mex. Honorarkonsul f. Nordbayern, 1963 Ehrenb. Fürth, 1965 Bayer. VO, 1967 Ehrendoktor Univ. Erlangen-Nürnberg, 1968 Gr. BVK m. Stern, 1968 VO Rep. Italien m. Rang „Grande Ufficiale", 1968 Silb. Johann-Friedr-Schär-Plak., 1972 ital. Umberto-Biancamano-Preis, 1975 Gr. BVK m. Stern u. Schulterbd., 1978 Gold. Ehrenz. Stadt Wien, 1980 Gr. Ehrenz. Rep. Österr., 1981 Commandeur de l'Ordre de Mérite Culturel d. Fürstentums Monaco, 1982 Eduard Rhein Ring (f. d. Verd. um d. Entwickl. v. Funk u. Ferns.), 1984 VO. Rep. Portugal f. Industrie, 1985 VO. Aquila-Azteca Rep. Mexico, 1987 Ehrensenator Univ. Karlsruhe.

GRUNDKÖTTER, Hans

Kaufmann, Präs. Dt. Vieh- u. Fleischhandelsbund, Bonn - Hauptstr. 4, 4722 Ennigerloh/W.

GRUNDLER, Erwin

Dr. med., Prof., ehem. Chefarzt Städt. Kinderklinik Stuttgart - Urbanstr. 139, 7300 Esslingen - Geb. 15. Sept. 1912 Radolfzell/Bodensee - S. 1949 Doz. u. apl. Prof. (1956) Univ. Tübingen (zul. Oberarzt Kinderklinik) - BV: Kinderheilkunde (m. Seige). Beitr. Mumps im Handb. d. Kinderheilkd.; Beitr. Vitamin-A-Hypo- u. Hypervita-Minose u. C-Hypo-Vitaminose in Pharmakotherapie im Kindesalter (hg. v. P. Schweier, München). Zahlr. Einzelarb.

GRUNDMANN, Ekkehard

Dr. med., o. Prof. f. Allg. Pathologie u. Pathol. Anatomie - Röschweg 20, 4400 Münster/W. (T. 2 58 84) - Geb. 28. Sept. 1921 Eibenstock (Vater: Fritz G., Oberstudiendir.; Mutter: Frieda, geb. Schmidt), ev., verh. s. 1949 m. Frauke, geb. Dosse, 3 Kd. (Bernhard, Gesine, Katharina) - Realgymn. Schneeberg/Erzgeb.; Univ. Freiburg/Br. u. Wien. Promot. u. Habil. Freiburg - B. 1963 Abt.svorst. Inst. f. Exper. Pathol. Farbenfabriken Bayer AG., Wuppertal; s. 1958 Lehrtätigk. Univ. Freiburg (1950ff. Assist. Pathol. Inst.; 1963 apl. Prof.). u. Münster/W. (1965; 1971 Ord. u. Inst.-dir.) - BV: Allg. Cytologie, 1964 (auch engl. u. span.); Early Gastric Cancer, 1974; Spez. Pathol. Bd. 1 u. 2, 1974/75, 1979 u. 1986; Allg. Pathol., 1976, 1979, 1982, 1984, 1986, 1988, 1989. Mehrere Bücher üb. Themen d. Krebsforsch. Zahlr. Einzelarb. - 1967 Ehrenmitgl. Span. Ges. f. Pathol. Anatomie; 1969 Ital. Staatspreis f. Gesundh.; 1970 Vors. Ges. Bek. Krebskrht. NRW, 1980 Ehrenvors.; 1977 Ehrenmitgl. Am. Assoc. Pathol.; 1978 Mitgl. Rhein.-Westf. Akad. d. Wiss.; 1978 Vors. Dtsch. Ges. Path.; 1980 Ehrenmitgl. Ungar. Ges. f. Path.; 1981 Ehrenmitgl. Chilen. Ges. f. Path.; 1985 Ehrenmed. Univ. Campinas/Sao Paolo; 1985 Präs. Dt. Krebsges.; 1987 Vizepräs. Expertenkommitté Krebs d. EG; 1987 Leopoldina; 1987 Gr. BVK - Rotarier.

GRUNDMANN, Gerhard

Dr. med., Prof., Obermedizinaldirektor i.R., Chefarzt Chir. Klinik - Stadtkrankenhaus, 6050 Offenbach/M. - Geb. 29. März 1916 Berlin - S. 1953 (Habil.) Lehrtätigk. Univ. Tübingen (1959 apl. Prof. f. Chir.) u. Univ. Frankfurt (1968 apl. Prof. f. Chirurgie, 1974 Honorarprof.) - BV: Chir. d. Kopfes, 1953. Lehrbuchbeitr. u. a. - 1954 v.-Langenbeck-Preis.

GRUNDMANN, Harry

Dr.-Ing., o. Prof. f. Baumechanik TU München - Tassilostr. 1, 8121 Wielenbach/Obb. - Geb. 1. April 1938 - Promot. 1965; Habil. 1969 - S. 1974 Ord.

GRUNDMANN, Reinhart

Dr. med., Prof. f. Chirurgie Univ. Köln - Chir. Univ.klinik Köln-Lindenthal, Joseph-Stelzmann-Str. 9, 5000 Köln 41 (T. 0221 - 478 54 64) - Geb. 25. Nov. 1944 Preuß. Eylau (Vater: Gerhard G., Chirurg; Mutter: Ruth, geb. Enax), ev., verh. s. 1970 m. Margarete, geb. Rückert, T. Bettina - 1964-1966/77 Med.-Stud. Univ. Frankfurt/M., 1967/68-1969 Stud. Univ. München (Staatsex. u. Promot. 1969); Habil. 1978 - 1970 Med.assist. Chir. Univ.-Klinik u. I. Med. Univ.-Klinik München; 1971-74 Assist.arzt ebd.; s. 1977 Facharzt, s. 1979 Oberarzt, s. 1982 Prof. f. Chir. Üb. 110 Veröff. in Fachztschr. u. in Fachb.

GRUNDNER, Hans-Georg

Dr. med., Prof. f. Strahlenheilkunde Univ. Marburg - Wilhelm-Gerlach-Str. 14, 3551 Niederweimar.

GRUNEKE, Kurt

Dr. jur., Vorstand Stiftung Weserbergland-Klinik, Höxter - Im Sundern 4, 3470 Höxter 1 (T. 05271 - 64 22 15) - Geb. 3. Febr. 1925, verh. s. 1952 m. Ingeborg, geb. Haacke - Vorstandsmitgl. Dt. Krankenhausges., Düsseldorf, u. Arbeitsgem. Parität. Krankenhäuser Dt. Parität. Wohlfahrtsverb. Wuppertal; Mitgl. Krankenhaus-Finanzierungsaussch. d. Dt. Krankenhausges. Düsseldorf.

GRUNENBERG, Horst

Elektroschweisser, MdB (s. 1972; Wahlkr. 52/Bremerhaven-Bremen/N.) - Obere Bürgerstr. 18, 2850 Bremerhaven (T. 5 25 57) - Geb. 19. Nov. 1928 Schmolsin/Pom., verh., 3 Kd. - Realgymn.; n. Kriegsdst. Fleischerlehre (Gesellenprüf.) - S. 1948 Bergmann, Fischfiletierer (1950), Elektroschweißer (1955; 1959 Betriebsratsmitgl. (freigest.) AG. Weser). SPD s. 1950.

GRUNENBERG, Nina

Journalistin, stv. Chefredakteurin Die Zeit - Bellevue 49, 2000 Hamburg 60 (T. 279 85 14) - Geb. 7. Okt. 1936 Dresden (Vater: Valentin G.; Mutter: Dorothea, geb. Eichwald), kath., verh. m. Reimar Lüst - Mittlere Reife; Buchhändlerlehre - S. 1958 Journ. - BV: D. Journalisten, Reportagen-Samml. 1967; Schweden-Report, 1973 (Mitaut.); Japan-Report, 1981 (Mitaut.); Reise ins andere Dtschl., 1986 (Mitaut.) - 1964 Kurt-Magnus-Preis ARD; 1973 Theodor-Wolff-Preis; s. 1972 PEN - Spr.: Engl., Franz.

GRUNER, Alfred

Steuerberater, Vizepräsident Steuerberaterkammer Köln - Waisenhausgasse 65, 5000 Köln 1 - Geb. 15. Aug. 1914 - Stv. Vors. Dt. Steuerberaterversich., Bonn; AR-Vors. Baugalast Gemeinn. Baugenoss., Köln; AR-Mitgl. Datev, Datenverarbeitungsorg. d. steuerberat. Berufes in d. Bundesrep. Deutschl., Nürnberg.

GRUNER, Gert

Geschäftsführer, Mitgl. Abgeordnetenhaus von Berlin (s. 1979) - Zu erreichen üb.: SPD-Fraktion, Rathaus Schöneberg, 1000 Berlin 62.

GRUNER, Hermann

Direktor i.R., Vorstandsmitgl. Schutzform Ges. f. Friedenssicherung u. angew. Numanität, Bonn, u. Dt. Schutzbau-Gemeinsch. München - Abeggstr. 54, 6200 Wiesbaden - Geb. 8. März 1918 Düsseldorf - Kaufm. Werdegang.

GRUNER, Wolfgang

Kabarettist (Berliner Kabarett D. Stachelschweine) - Westendallee 57, 1000 Berlin 19 - Geb. 1926, verh. 1968 m. Eva, geb. Maeske - BV: Schnauze m. Herz, 1977 - 1980 BVK - Liebh.: Fußball.

GRUNERT, Eberhard

Dr. med. vet., Dr. h.c., o. Prof., Vorsteher d. Klinik f. Geburtshilfe u. Gynäk. d. Rindes Tierärztl. Hochsch. Hannover - Siegelweg 61, 3000 Hannover (T. 83 69 95) - Geb. 14. Okt. 1930 Sehma/Erzgeb. - S. 1963 (Habil.) Lehrtätigk. TiHo Hannover (1963 Doz., 1967 Wiss. Rat u. Prof., 1970 Abt.vorst. u. Prof., 1976 o. Prof.) - Ehrenmitgl. Vereinig. f. Veterinärmed., São Paulo; Mitgl. Soc. de Veterinária do Rio Grande do Sul, Porte Alegro.

GRUNERT, Werner

Angestellter, MdL Baden-Württ. (s. 1976) - Osloer Str. 7, 7030 Böblingen - Geb. 8. Okt. 1920 Breslau, verh., 3 Kd. - Elektrikerlehre; 1939 Dienstverpflicht., 1940-50 Militär u. Kriegsgefangensch. S. 1950 Elektron. Datenverarb. (EDV); Techniker in Hamburg, Kiel u. Köln; Techn. Leit. in Augsburg; Beauftr. f. Personalwesen IBM Deutschl. Mitgl. Koordinierungsaussch. Liedermacher. Arbeitsgemeinsch. Liedermacherinnen u. Liedermacher aus d. Bundesrep. Deutschl. u. West-Berlin; 1. Vors. AG-Song Böblingen (Arbeitsgem. f. Liedermacher, Theater u. Lit.). 1932 Mitgl. Rote Falken. SPD s. 1950 (1970 Vors. Kreisvorst. u. s. 1971 Stadtrat u. Vorst.-Mitgl. Böblinger VHS). Mitgl. IG Metall.

GRUNEWALD, Ingeborg

Regisseurin, Autorin, Schausp. - Schützenweg 2, 8021 Strasslach (T. 08170-5 53) - Geb. 16. Okt. Dresden, verh. - Human. Gymn. (Abit.); Stud. Theaterwiss. u. German. Univ. München u. Heidelberg; Dolmetscherinst. (Engl.), Schule in England; Schauspielausb. (m. Abschlußex.); 1 J. USA - Zahlr. Kinofilme u. Co-Prod.; Synchronis. ins Engl. u. Amerikan.; Filme f. ZDF u. ARD - Theaterrollen Staatstheater München, Dresden: u.a. Lady Milford, Aimee, Ich brauche Dich, Gräfin Orsina, Ingeborg. Dt. Stimme v. Greta Garbo, Marlene Dietrich, Katherine Hepburn, Bette Davis, Edw. Feuillere, Anne Baxter, Ginger Rogers u.a. Dt. Fassung v. div. Filmen (Sartre: Geschlossene Ges., V. Mäusen u. Menschen, Baby Doll, Odd Man out, Lost Weekend, Schmutzige Hände, Madame Rosa u.a.). Gedichtbd. u.a. in Vorbereitung - Liebh.: Malen, Reisen, Fotogr., Schreiben - Spr.: Engl., Lat., Altgriech., (etwas Franz., Neugriech., Ital. u. Span.).

GRUNOW, Dieter

Dr. rer. soc., Univ.-Prof. f. Verwaltungswiss. Univ. Duisburg (s. 1986) - Zu erreichen üb. Univ. Duisburg, 4100 Duisburg - Geb. 20. Nov. 1944 Papitz, verh. s. 1976 m. Dr. Vera, geb. Lutter, S. Sebastian - 1966-71 Stud. Sozialwiss. Univ. Tübingen, Jackson/USA, Münster, Bielefeld; Dipl.-Soziol. 1971; Promot. 1975; Habil. 1983 Bielefeld - S. 1971 Mitarbeiter u. s. 1980 Leit. Projektgr. Verwaltung u. Publikum Univ. Bielefeld; 1980/81 Gastprof. Univ. Kassel; 1984-86 Prof. f. Verw.-Ökonomie; s. 1986 Direktoriumsmitgl. RISP, Duisburg - BV: Personalbeurteilung, 1976; Alltagskontakte m. d. Verwaltung, 1978; Welfare or Bureaucracy, 1980; Bürokratisierung u. Debürokratisierung im Wohlfahrtsstaat, 1982; Persuasive Programme als Steuerungsinstrument im Wohlfahrtsstaat, 1983; Gesundheitsselbsthilfe im Alltag, 1983; Bürgernahe Verwaltung, 1986.

GRUNSKY, Wolfgang

Dr. jur., o. Prof. f. Bürgerl. Recht, Arbeitsrecht u. Zivilprozeßrecht Univ. Bielefeld (s. 1974), davor (1967-74) Univ. Gießen - Ludwig-Lepper-Str. 21, 4800 Bielefeld - Geb. 19. Jan. 1936 Berlin, verh. s. 1961 (Ehefr.: Adelheid), 3 Kd. (Joachim, Martin, Christine) - Schule u. Univ. Mainz (Rechtswiss.). Promot. (1963) u. Habil. (1967) Tübingen - 1962-67 Wiss. Assist. Univ. Tübingen - BV: Veräußerung d. streitbefangenen Sache, 1968; Aktuelle Probleme z. Begriff d. Vermögensschadens, 1968; Grundl. d. Verfahrensrechts, 2. A. 1974; Italienisches Familienrecht, 2. A. 1978; Arbeitsgerichtsgesetz, 5. A. 1987. Mitarb.: Stein/Jonas, ZPO, 20. A. 1976ff.; Münchener Kommentar BGB, 2. A. 1984ff. - Spr.: Engl., Ital.

GRUNST, Friedrich-Wilhelm

Ltd. Senatsrat a. D., Vors. Initiative Schutz vor Kriminalität (s. 1989) - Bibersteig 8c, 1000 Berlin 33 (T. 030 - 826 31 82) - Geb. 21. Juli 1926 Rastenburg/Ostpr. - 1968-87 Leit. Abt. öfftl. Sicherheit u. Ordnung Berlin; 1986/87 Kurat.-Vors. Polizei-Führungsakad. Münster/Westf. - BVK I. Kl.; Croix d'Officier de l'Ordre Pro Merito Melitensi des Souv. Malteserordens; Croix d. chevalier dans l'Ordre national du merite de la Repl. Français; Feuerw.- u. Kat. Schutz Ehrenz. d. Sonderstufe d. Landes Berlin; Dt. Feuerw. Ehrenz. in Gold; Ehrenz. am Bde. d. Johanniterunfallhilfe; Gold. Verdienstz. d. DLRG; Silb. Samariter Ehrenz. d. ASB; Gold. Ehrenz. d. THW.

GRUNTZ, George

Komponist - Zu erreichen üb. Euromusik, Blumenstr. 24, CH-4106 Therwil/Basel - Geb. 1932 Basel - Pianist, Komp. u. Arrangeur, 1970 musikal. Dir. Züricher Schauspielhaus, 1972 künstler. Leit. Berliner Jazztage.

GRUNWALD, Franz

Direktor i. R. - Schwogenstr. 128, 4050 Mönchengladbach - Geb. 8. Aug. 1908 Konitz/Westpr. (Vater: Andreas G.), verh. m. Ursula, geb. Schmidts - AR- u. Beiratsmand.

GRUNWALD, Günter

Dr., Geschäftsführer Verb. d. Gemeinwirtschaftl. Geschäftsbanken - Spreestr. 15, 5300 Bonn (T. 5 24 74) - Geb. 30. Okt. 1924 Düsseldorf (Vater: Hans G.), verh. m. Käthe, geb. Schrank - Werkstud.; Promot. 1951 - DGB-Tätigk., 1956 ff. Generalsekr. Friedr.-Ebert-Stiftg. Mitgl. Vollzugsaussch. dt. Mitgl. Unesco-Kommiss.

GRUNWALD, Henning

Schriftsteller - Graf-Moltke-Str. 53, 2800 Bremen 1 (T. 0421 - 34 66 14) - Geb. 9. Jan. 1942 Bremen - Altes Gymn. Bremen; Stud. Lit., Phil. u. Kunstgesch. - BV: Neue Beschreibung d. Eingeborenen, Prosa 1978; D. Versager, R. 1979; D. Wort hat d. Ichkönig, Lyrik 1981; D. Narr wirds schon reimen, Lyrik 1982. Herausg.: V. Essen u. Trinken, Lit. Anthol. (1978) - 1983 Förderpr. Akad. d. Künste Berlin - Spr.: Engl., Franz.

GRUNZE, Heinz

Dr. med. (habil.), Prof. Med. Fak. RHTW Aachen - Zu erreichen üb. RHTW Aachen, 5100 Aachen - Geb. 18. Juli 1919 Berlin, ev., verh. s. 1946, 3 Söhne (Michael, Martin, Heinz) - Univ. Berlin, Wien, Königsberg, Freiburg - S. 1957 Privatdoz. u. apl. Prof. (1964) FU Berlin (b. 1966 Oberarzt II. Med. Klinik/Städt. Krkhs. Westend) - BV: Klin. Zytologie d. Thoraxkrankh., 1955 (Handb. f. Inn. Med.); Diagnostik d. Geschwulstkrankh., 1962; Lehrb. d. klin. Zytol., 1974 - Spr.: Engl., Franz.

GRUPE, Ommo

Dr. phil., Prof., Direktor Inst. f. Sportwissenschaft Univ. Tübingen - Falkenweg 17, 7400 Tübingen - Geb. 4. Nov. 1930 Warsingsfehn - Promot. 1957 Münster; Habil. 1967 Tübingen - DSB-Vizepräs., Dir.vors. Bundesinst. f. Sportwiss. - BV: Leibesübungen u. Erzieh., 1959, 2. A. 1964 (ital. 1964); Studien z. päd. Theorie d. Leibeserzieh., 1965, 2. A. 1968; Leibl.

Erzieh. in e. gewandelten Schule, 1967; Sport u. Leibeserzieh., 1967 (m. H. Plessner u. H. E. Bock); The Scientific View of Sport, 1972 (m. H. Baitsch u. a.); Sport in the Modern World - Chances a. Problems, 1973; Grundl. d. Sportpäd. Anthropol.-didakt. Unters. 1969, 3. A. 1985; Sport - Theorie in d. gymn. Oberst. (Hrsg.), 3 Bde. 1980-81, Beweg., Spiel u. Leist. im Sport. Grundthemen d. Sportanthropol., 1982; Sport als Kultur, 1987. Zahlr. Einzelveröff. Hrsg.: Reihe Sportwissensch. u. Zs. Sportwissensch. - 1953 August-Bier-Plak., 1969 Carl-Diem-Plak., 1975 Philip-Noel-Baker Research Prize.

GRUPE, Paulheinz
Chefredakteur Westdeutsche Zeitung Düsseldorf - Parkstr. 17, 4050 Mönchengladbach 1 (T. 02161 -1 59 41) - Geb. 23. Juni 1930 Mönchengladbach, verh., 3 Kd. (Bettina, Dirk, Jasmin) - Abit. - Liebh.: Fotogr. - Spr.: Engl.

GRUPEN, Claus
Dr. rer. nat., Prof. f. Physik Univ.-GH Siegen - Jahnstr. 10, 5900 Siegen - Geb. 19. Sept. 1941 Timmendorfer Strand (Vater: Alfred G., Mechanikerm.; Mutter: Mimi, geb. Wienroth), verh. s. 1969 m. Heidemarie, geb. Frensche, 2 Kd. (Cornelius, Camilla) - Staatsex. Math. u. Physik 1966, Promot. Physik 1970 Univ. Kiel; Habil. 1975 Univ.-GH Siegen - 1978 apl. Prof., s. 1980 Univ.-GH Siegen (1981 Dekan). 1971 Visiting Fellow of the Royal Soc. Univ. of Durham, Engl.; 1981 u. 85 Gastprof. Univ. of Tokyo/Japan - BV: Spark Chambers (m. O. C. Allkofer u. W. D. Dau), 1969 - Liebh.: Schach, Jazz - Spr.: Engl.

GRUPP, Alexander
Dr. jur., Konsul, Fabrikant, Hauptgesellsch. u. all. Geschäftsf. TUBEX GmbH. (Tuben- u. Metallwarenfabrik), Rangendingen, Mitgesellsch. Grupp & Sohn (Leder- u. Handschuhfabriken), Donzdorf - 7322 Donzdorf/Württ. (Vater: Fabrikant) - S. jg. Jahren väterl. Untern. Grupp & Sohn. Div. Ehrenstell., dar. Vors. Fachverb. Tuben, Dosen u. Fließpreßteile u. Vizepräs. European Tubes Assoc. 1962-69 - 1967 Honorarkonsul d. Rep. Österr. f. Baden-Württ. (Sitz Stuttgart); 1971 BVK I. Kl.; 1977 Gr. BVK; österr. Gr. Silb. Ehrenzeichen; 1987 Gr. Gold. Ehrenz. Republ. Österreich.

GRUPP, Franz
Dr. jur., Konsul, Fabrikant - Parkweg 5-11, 7453 Burladingen/Hoh. - Geb. 12. Dez. 1905 Donzdorf/Württ., Sohn Wolfgang, Dipl.-Kfm., jetzt Inh. TRIGEMA - Gr. jurist. Staatsprüf. - Langj. pers. haft. Gesellsch. TRIGEMA Gebr. Mayer KG, Burladingen - Konsul Rep. Tschad f. Baden-Württ.; 1970 BVK I. Kl.

GRUPP, Wolfgang
Dipl.-Kfm., allein. Geschäftsführer u. Inh. Trigema GmbH & Co. KG, Burladingen - Postf. 100, 7453 Burladingen - Geb. 4. April 1942 (Vater: Dr. Franz G., Konsul, Fabrikant, s. dort).

GRUPPE, Werner
Dr. rer. hort. (habil.), o. Prof. f. Obstbau - Finkenbusch 4, 6301 Großen-Linden (T. 06403 - 53 66) - Geb. 24. Nov. 1920 - B. 1963 Privatdoz. TH Hannover (Fak. f. Gartenbau u. Landeskultur), dann ao. u. o. Prof. (1966) Univ. Gießen (Dir. Inst. f. Obstbau). Mithrsg.: Grundl. u. Fortschr. in Garten- u. Weinbau (1962 ff.). Fachaufs.

GRUS, Paul
Präsident Verwaltungsgericht Düsseldorf (s. 1973) - Bastionstr. 39, 4000 Düsseldorf 1 - Geb. 19. Sept. 1930 Ringenberg/Ndrh. (Vater: Hermann G., Prokurist; Mutter: Elisabeth, geb. Jütten), kath., verh. s. 1960 m. Gisela, geb. Klöckner - Gymn. Bocholt/W. (Abit. 1951); 1951-54 Univ. Marburg u. Köln (Rechts- u. Staatswiss.) - 1955 Refer., 1959 Finanz-, 1961 Regierungsass., 1962 -rat, 1963 VGsrat, 1970 -dir.

GRUSCHKE, Dieter
Richter a.D., MdL Saarland - An der Ronnhoed 2, 6630 Saarlouis (T. 06831 - 6 13 12) - Geb. 4. Dez. 1939 Düsseldorf, kath., verh. s. 1971 m. Marlies, geb. Maurer, 3 T. (Stefanie, Nicole, Esther) - Jurastud. Univ. München u. Saarbrücken; Refer. Berlin u. Saarbrücken; jurist. Ex. 1963 u. 1966 - 1967-85 Richter u. Staatsanwalt. S. 1985 MdL. SPD - Liebh.: Reisen, Sport, Musik - Spr.: Franz., Engl.

GRUSKA, Günter
Prof. f. Didaktik d. Musik HdK Berlin - Ostburger Weg 36a, 1000 Berlin 47 - Geb. 30. März 1928 Schneidemühl - Projektleit. Modellvers. Unterr.mod. Musik u. Tanz an e. Gesamtschule (1978-82, Schulj. 1982/83 übern. durch Land Berlin); Dokument. z. Mod.vers. Spez. Arb.geb.: Entw. v. Unterr.mod. im Fach Musik.

GRUSS, Peter
Dr. rer. nat., Molekularbiologe, Direktor Abt. Molekulare Zellbiologie am Max-Planck-Inst. f. biophysikal. Chemie Göttingen (s. 1986) - Am Faßberg, 3400 Göttingen (T. 0551 - 20 13 61) - Geb. 28. Juni 1949 Alsfeld/Hessen, ev., verh. s. 1972 m. Karin, geb. Gömpel, 2 Kd. (Daniel, Julia) - 1968-74 Biologiestud. Darmstadt; Dipl. 1973 Darmstadt; Promot. 1977 Heidelberg - 1977/78 Assist. Inst. f. Virusforschung, DKFZ Heidelberg; 1978-80 Postdoct. Fellow, Labor. of Molecular Virology, NIH, Bethesda/USA; 1980/81 Expert Consultant; 1981/82 Visiting Scientist; 1982-86 Prof. Inst. f. Mikrobiol. Univ. Heidelberg; 1983-86 Mitgl. Direkt. d. Zentrums f. Molekulare Biol. Univ. Heidelberg (ZMBH). Wiss. Publ. auf d. Gebiet d. Genkontrolle - 1983 Robert-Koch-Förderpreis d. Stadt Clausthal-Zellerfeld - Spr.: Engl.

GRUTSCHUS, Hans
Rechtsanwalt, Vorstandsmitgl. Deutscher Ring Versich.sges. (3), Hamburg 11 - Dahlengrund 8a, 2100 Hamburg 90 (T. 760 25 70) - Geb. 14. Aug. 1928 Güldenboden Kr. Elbing.

GRZESCHIK, Karl-Heinz
Dr. rer. nat. (habil.), Prof. Institut f. Humangenetik Univ. Münster (Abt. f. Zellgenetik) - Besselweg 24, 4400 Münster/W.

GRZIMEK, Günther
O. Prof. TU München (s. 1972) - Lohbachstr. 3, 8308 Pfeffenhausen - 1947-54 Gartenamtsleiter Ulm, dann Darmstadt, Ludwigsburg, Aschaffenburg, 1965-72 Inh. Lehrstuhl f. Landschaftskultur Hochschule f. bild. Künste Kassel; 1972 Lehrst. f. Landschaftsarch. TU München. Gestaltung Olympia-Park, München - 1969 o. Mitgl. Akad. d. Schönen Künste; Mitgl. Dt. Akad. f. Städtebau u. Landesplan.; 1973 Ludw.-v.-Sckell-Ring - Onkel: Bernhard G; Bruder: Bildhauer Waldemar G.

GSCHEIDLE, Kurt
Bundesminister a.D. - Görresstr. 15, Bundeshaus, 5300 Bonn 1 - Geb. 16. Dez. 1924 Stuttgart, verh., 1 Kind - Volksschule; Feinmechanikerlehre; REFA-Ausbildung (Ing.); Sozialakademie Dortmund - 1942-48 Wehrdst. u. franz. Gefangensch.; Dt. Bundespost (zul. Werkführer); 1957-69 Dt. Postgewerksch. (stv. Vors.). 1961-69 MdB (zeitw. Mitgl. Fraktionsvorst.). 1969 ff. Staatssekr. Bundespostmin.; 1974-80 Bundesmin. f. Verkehr, Post- u. Fernmeldewesen; 1980-82 Bundesmin. f. d. Post- u. Fernmeldewesen. PD s. 1956 - 1976 Gr. BVK, 1978 m. Stern u. Schulterbd., Gr. Ehrenz. a. Bd. f. Verd. Rep. Österr. - Liebh.: Tennis, Wandern, Kochen.

GSCHEIDLINGER, Günter
Geschäftsführer Dt. Bob- u. Schlittensportverb. (s. 1970) - Zu erreichen üb. Dt. Bob- u. Schlittensportverb., An der Schießstätte 6, 8240 Berchtesgaden - Geb. 16. Aug. 1938 Passau (Vater: Max G., Geschäftsf.; Mutter: Maria, geb. Mayerhofer), kath., verh. s. 1964 m. Ingeburg, geb. Janku - Volkssch.; Krankenkassenlehre - 9 J. Geschäftsstellenleit. BEK - Liebh.: Sport, Natur, Reisen - Spr.: Engl.

GSCHNITZER, Fritz
Dr. phil. (habil.), Prof. Seminar f. Alte Geschichte Univ. Heidelberg (s. 1962) - Am Blumenstrich 26, 6903 Neckargemünd - Geb. 6. Jan. 1929 Innsbruck - 1957-62 Doz. Univ. Innsbruck, o. Mitgl. Heidelberger Akad. d. Wiss. (s. 1975) - BV: Abhängige Orte im griech. Altertum, 1958; Politarches, Proxenos, Prytanis: Beiträge zum griech. Staatsrecht, 1974; Stud. z. griech. Terminol. d. Sklaverei II, 1976; Griech. Sozialgesch. v. d. mykenischen b. z. Ausgang d. klass. Zeit, 1981.

GSCHWEND, Helmut
Dr. oec., Dipl.-Kfm., Vorstand Thyssen Handelsunion AG. (s. 1977), Vors. Geschäftsf. Thyssen Rheinstahl Technik GmbH. - Königsallee 106, 4000 Düsseldorf 22 - Geb. 20. Okt. 1926 Düsseldorf.

GSCHWIND, Martin
Dr. med., Dr. jur., Prof., Wiss. Rat - Schlachthofweg 25, 3410 Nordheim - Geb. 22. Nov. 1919 Riehen (Schweiz) - S. 1967 Lehrtätigk. Univ. Mainz u. Göttingen (1973; Kriminologie, Kriminalpathologie u. Sozialtherapie) - BV: Veränderungen d. Chronognosie im Alter, 1947; D. Sterilisation v. Menschen n. schweizer. Recht, 1950; D. eth.-moral. Funktion in kriminol. Sicht, 1967; D. Wertfunktion d. Menschen, 1968.

GSCHWINDT, Erich
Referent b. Unternehmer- u. Fortbildungssem. - Hüttenfeldstr. 7, 7080 Aalen/Württ. (T. 07361-6 84 10) - Geb. 7. Mai 1913 Dettingen/Erms, verh. - Öfftl. best. u. vereid. Sachverst.; Sozialrichter; Ehrenpräs. BDBA; Akad.-Beirat DBA - BVK; versch. Ausz. v. Verkehr, Wirtsch. u. Ind.

GUADAGNA, Ingeborg,
geb. Plappert
Schriftstellerin - Via del Renaio 13, I-50061 Girone-Fiesole (Florenz) (T. 69 09 77) - Geb. 23. März 1914 Heidenheim/Brenz (Vater: Wilhelm Plappert, Fabrikant; Mutter: Julie, geb. Barthelmess), kath., verh. s. 1937 m. Prof. Dr. Aristide G. †1985, 2 Kd. (Federico, Claudio) - Realgymn. Heidenheim; Univ. Tübingen u. München (Gesch., Ital. Kunstgesch.) - BV u. a.: Auf Korsika, 1963/76/81; Sardinien, 1967/79/84 u. Sizilien 1973/81 (Schroeder-Führer); Toskana u. Umbrien, 1975/80; I cugini Buonaparte e altre visite, Erz. 1985; Übers. Schwabenland-Dichterland, 1972, v. Bonaventura Tecchi. Überarb. Sizilien v. E. Peterich, 1972/74; in Vorb.: Morgenrot üb. Sizilien, R. Mitarb. schweiz., dt. u. ital. Ztg. u. Ztschr. (kl. Erz. u. Feuill.); Merian-Hefte; Radioles. u. Vortr. (meist ital.) - 1977/86 zahlr. ital. Lit.preise f. Kurzgesch. - Spr.: Deutsch (Mutterspr.), Ital., Franz., Span. - Urgroßm. ms. entstammt d. Familie Hölderlin aus Nürtingen.

GUARNIERI, Antonio
Prof., Chemiker - Feldstr. 94, 2300 Kiel 1 - Doz. Univ. Padua (Ital.); 1972ff. Prof. Univ. Kiel (Physikal. Chemie).

GUBERAN, Dieter
Dr. oec., Fabrikant, gf. Gesellsch. URACA Pumpenfabrik GmbH. & Co. KG., Urach, Vors. Fachgem. Ölhydraulik u. Pneumatik/VDMA, Frankfurt/M. - Kälberburren 7, 7417 Urach/Württ. - Geb. 22. Juli 1926.

GUCKES, Horst
Dr. jur., Rechtsanwalt u. Notar - Uhlandstr. 13, 7400 Tübingen (T. 07071 - 3 40 41) - Geb. 28. Mai 1919 Frankfurt/M. (Vater: Emil G., Bankdir.; Mutter: Kläre, geb. Gastpar), verh. s. 1947 m. Gertrud, geb. Immler, T. Bettina - Univ. Frankfurt/M. u. Tübingen (Promot.) - AR: ab 1975 stv. Vors. Rhön-Park-Hotel Hausen; 1975 Vors. Verein Baden-Württ. Anwaltsnotare; 1977 1. stv. Vors. Vorst. d. Wiss. Buchges., Darmstadt; Vizepräs. Vereinig. f. Europ. Recht u. Europ. Schiedsgerichtsbarkeit, Straßburg - 1979 BVK am Bde.; 1979 silb. Univ.-Med. Univ. Tübingen; 1987 BVK I. Kl. - Liebh.: Jagd - Spr.: Franz., Span.

GUDAT, Werner
Dr., Geschäftsführer Verb. industrieller Bauunternehmungen d. Unterweser-Emsgebietes - Schwachhauser Ring 149a, 2800 Bremen (T. 21 10 01).

GUDDEN, Friedrich
Dr. rer. nat., Generalbevollmächtigter Direktor Siemens AG, Unternehmensber. Med. Technik - Henkestr. 127, 8520 Erlangen (T. 84 20 34) - Stud. Physik - Honorarprof. Univ. Erlangen-Nürnberg (Physik).

GUDDEN, Helmut
Dr. phil. nat., Dipl.-Geol., Ltd. Regierungsdirektor Bayer. Geol. Landesamt - Feilitzschstr. 22, 8000 München 40 - Geb. 20. Juni 1924 Göttingen, ev., verh. s. 1950 m. Ilse, geb. Lüddeke, 3 Kd. - Dipl.-Geol. 1950, Promot. 1952 Univ. Erlangen - 1950ff. Bayer. Geol. Landesamt. Zahlr. Fachpubl., spez. angew. Geol.

GUDENAU, Heinrich-Wilhelm
Dr.-Ing., Dipl.-Wirtschaftsing., Univ.-Prof. - Melatenerstr. 103, 5100 Aachen - Geb. 29. Juni 1936 Wanne-Eickel (Eltern: Heinrich (Geschäftsf.) u. Maria-Luise G.), ev. - TH Aachen. Dipl.-Ing., Dipl.-Wirtschaftsing., Promot., Habil. - S. 1971 (Habil.) Privatdoz., apl. Prof. f. Hüttenmänn. Verfahrenstechnik (1978) u. Eisenherstellung (1983) TH Aachen (Obering. Inst. f. Eisenhüttenkd.). Gastprof. Japan, Ind., Brasil. Bücher (Mitverf.) u. Aufs. - 1967 Borchers-Plak.; 1984 Ehrenprof. N. O. Univ. Shenjang, China; 1985 Ehrenprof. Univ. f. Stahl u. Eisen, Bejing, China - Spr.: Engl., Franz.

GUDERIAN, Claudia
M.A., Journalistin u. Autorin - Lübecker Str. 34, 4600 Dortmund 1 (T. 0231 - 52 43 63) - Geb. 4. März 1952, verh. - Stud. Angl., Politikwiss. Gießen; M.A. 1977, 2. Staatsex. f. d. Lehramt an Gymn. - Nachrichtenredakt. b. Gießener Anzeiger; s. 1984 fr. Autorin b. Rundf. u. Verlagen - BV: Tabu - Gesch. e. Jungen aus Neu-Mexiko, 1987; Ich bin Ihre Tochter, 1989. Hörspiele - 1985 C. Bertelsmann-Lit.preis f. Romanmanuskript Kinderheimlich - Bek. Vorf.: Heinz Guderian, Generaloberst (Großv.).

GUDERIAN, Dietmar
Dipl.-Math., Prof. f. Mathematik PH Freiburg/Br. - Talhauserstr. 15, 7801 Ebringen BV: Zweiseitige Schranken f. d. Lös. parabol. Ranowertprobl. erster Art. Dt. Luft- u. Raumfahrt-Forsch.ber. 73-113, 1973; Spielen - Rechnen - Selber Denken, Schulb. f. Math. d. Grundsch. (Hrsg.), 1979 ff.

GUDEWILL, Kurt
Dr. phil., Prof., Musikwissenschaftler - Karolinenweg 15, 2300 Kiel (T. 56 75 47) - Geb. 3. Febr. 1911 Itzehoe/Holst. - Univ. Berlin u. Hamburg. Promot. 1935; Habil. 1944 - S. 1945 Doz. u. apl. Prof. (1952) Univ. Kiel (1960 Wiss. Rat u. Prof. Musikwiss. Inst.). 1976 Präs. Intern. Heinrich-Schütz-Ges. (Kassel). Div. Publ., darunt.: D. sprachl. Urbild b. Heinrich Schütz (1936), Georg Forster, Frische dt. Liedlein (T. I, 1942;

T. II, 1969; T. III, 1976, T. IV, 1987), D. Erbe dt. Musik, Bd. 20, Bd. 60, Bd. 61, Bd. 62, Dt. Volkslieder in mehrst. Kompos. aus d. Zeit v. ca. 1450 b. ca. 1630, in: Handbuch d. Volksliedes, Bd. II (1975) - Lit.: Vorw. u. vollst. Bibliogr., in: Beitr. z. Musikgesch. Nordeuropas. K. G. z. 65. Geb., hrsg. v. Uwe Haensel, 1978.

GUDIAN, Gunter
Dr. jur., Prof. f. Dt. Rechtsgeschichte u. Bürgerl. Recht Univ. Mainz (s. 1974) - Draiser Str. 5, 6500 Mainz - Geb. 3. Sept. 1932 Berlin - Promot. 1961; Habil. 1967 - 1964-67 Wiss. Mitarb. MPI f. Europ. Rechtsgesch. Frankfurt/M.; 1968-69 Doz. Univ. ebd.; 1969-74 Ord. Univ. Köln. Bücher u. Fachaufs.

GUDJONS, Herbert
Dr. phil., Prof. - Heidbergwinkel 4a, 2359 Henstedt-Ulzburg 3 - Geb. 3. Sept. 1940 - Stud. Univ. Göttingen, Hamburg (Erziehungswiss., Psychol., Theol., Soziol.) - Univ.-Prof. Hamburg; Schriftleit. Ztschr. Päd. Beiträge - BV: Spielbuch Interaktionserziehung, 1983; Auf meinen Spuren, 1986; Handlungsorientiert Lehren u. Lernen, 1987.

GUDLADT, Erwin
Dipl.-Ing., Mitglied d. Leit. Fried. Krupp GmbH Ind.- u. Stahlbau - Zu erreichen üb. Fried. Krupp GmbH, Postf. 740, 2940 Wilhelmshaven - Geb. 1931 - Vorstandsmitgl. Dt. Industrie-Werke AG., Berlin u. zul. Vorst. Peine AG (1973ff.).

GÜCKELHORN, Herwig
Dr. oec. publ., Dipl.-Kfm., Vorstandsmitglied Gerling-Konzern Vertriebs AG u. Gerling-Konzern Rechtsschutz Versich.-AG, Köln, AR Gerling-Konzern Zentr. Verwaltungs-AG, Sprecher d. Geschäftsfg. Gerling Inst. Pro Risk Management u. Risk Controlling GmbH, VR Gerling Welt Inst. f. Risiko-Berat. Plus Sicherh.-Management GmbH, Gerling Inst. Pro Schadenforsch., Schadenverhütung u. Sicherh.technik GmbH u. Gerling Inst. Pro Betriebl. Altersversorgung u. Vorsorge-Management GmbH - Postf. 10 08 08, 5000 Köln 1 (T. 0221 - 144 73 00) - Geb. 4. Juni 1930 Olmitz, kath. - Spr.: Engl., Franz.

GÜDE, Jürgen
Dipl.-Kfm., Sparkassendirektor - Thüringer Str. 81, 6100 Darmstadt-Eberstadt - Geb. 13. Juli 1939 - Vorst. Stadt- u. Kreisspark. Darmstadt.

GÜLCH, Rainer Wolfgang
Dr. rer. nat., Prof. f. Humanphysiologie Univ. Tübingen - Buchsteigstr. 34, 7406 Mössingen (T. 07473 - 2 23 00) - Geb. 29. April 1943 Königsberg (Vater: Gerhard G.; Mutter: Elfriede, geb. Steinmayer), ev., verh. s. 1978 m. Dr. med. Margitta G.

GÜLDNER, Walter
Dr. rer. pol., Dipl.-Kfm., Direktor Institut f. Strukturforschung u. Planung GmbH., Bad Homburg (s. 1967), Honorarprof. f. Probleme d. Wirtschaftsplanung LH bzw. Univ. Hohenheim (s. 1964) - Heinr.-v.-Kleist-Str. 12, 6380 Bad Homburg v.d.H. (T. 2 55 30) - Geb. 10. Mai 1929 Aschaffenburg (Vater: Werner G., Ing.; Mutter: Olga, geb. Göppner), kath., verh. s. 1956 m. Helga, geb. Bronstert, 2 Söhne (Ulrich, Martin) - Realgym. Aschaffenburg; Ausbild. Güldner Motorenwerke (Wirtschaftswiss.). Dipl.-Kfm. 1956; Promot. 1959 - 1959-67 Wiss. Mitarb., Abt.- u. Hauptabt.leit. Battelle-Inst., Frankfurt/M. 1965 Gast Ohio State Univ., Columbus (USA). 1968ff. AR-Vors. Berlin-Consult GmbH; AR-Mitgl. Rodeco, Hydroplan, Gopa. u. a. Zahlr. Veröff. zu Methoden d. Industrieplanung - 1963 Stern v. Äthiopien (Offz.rang), 1979 BVK - Liebh.: Fahrtsegeln, Reiten - Spr.: Engl., Franz. - Bek. Vorf.: Kommerzienrat Dr.-Ing. E. h. Hugo Güldner (Güldner Motorenw.).

GÜLICHER, Gottfried

Fernsehjournalist u. Regiss. - Lortzingpl. 1, 5000 Köln 41 (T. 40 56 11) - Geb. 11. April 1915 Altena/W. (Vater: Friedrich G., Gastw.; Mutter: Anna, geb. Schoppmann), ev., verh. s. 1938 m. Paula, geb. Schröder, 3 Kd. (Dieter, Herdis, Michael) - Realgymn. Altena; Univ. Köln - S. 1937 (1945-52 interniert) Rundfunktätig.: v. 1937-45 b. RS Köln u. Deutschlandsender Berlin.; 1952-61 b. WDR als Sprecher, Redakt. u. Regiss.; Fernsehtätig.: 3 Feuilletons So etwas gibt es noch f. WDR (ARD), Eins davon n. d. Urteil v. neun Fachjourn. e. d. besten Sendungen d. Jahres 1958; 1961-84 SWF-Fernsehen; Magazinbeitr. u. üb. 50 m. Dieter Menninger (s. dort) prod. sozialkrit. Send., dar.: Kein Platz f. alte Leute, Wer hilft uns morgen?, Inflation - Gerücht o. Gefahr?, D. Antibabypille, Ausverkauf d. Natur?, Essen wir uns krank?, Gemüse ohne Gift?, Versagen d. Väter?, Zeitkrankh. Angst, Pension m. 55?, Kehrtwende - Landwirtschaft ohne Gift?, Marsch in d. Monotonie (s. m. D. Menninger): Essen wir uns krank? 1971, Wechseljahre im Beruf, 1972; Belügt uns nicht, 1978. S. 1984 freier Autor - 1965 Ehrenvolle Anerkenn. d. Ad. Grimme-Preises, 1970 Ferns.-Preis d. Arbeiterwohlfahrt, 1972 Wilhelmine-Lübke-Preis, 1973 Michael-Pfaff-Plakette, 1973 Silberne Steuerschraube, 1980 Umweltschutzplak.; 1984 Silb. Ähre im intern. Agrarfilm-Wettbewerb - Lit.: u.a. Mühlbauer, Ungeschminkte Prominenz (1964), Heyen/Kahlenberg, Südwestfunk, Vier Jahrzehnte Rundfunk im Südwesten (1986).

GÜLICHER, Herbert
Dr. rer. pol., o. Prof. f. Statistik u. Ökonometrie u.-Ossietzky-Str. 21, 4400 Münster/W. (T. 7 51 13) - Geb. 29. Okt. 1930, verh. m. Roswitha, geb. Weckermann, 3 T. (Kirsten, Alexandra, Daniela) - S. 1962 Doz. u. Ord. (1963) Univ. Münster (Dir. Inst. f. Wirtschafts- u. Sozialwiss. u. Inst. f. Ökonometrie u. Wirtschaftsstat., 1970-75 Prorektor, 1976-79 Wissenschaftsbeirat, 1985 Statist. Beirat). Fachveröff.

GÜLKE, Peter
Dr. phil. habil., Dirigent u. Musikwissenschaftler, Generalmusikdir. Wuppertal - Am Buschhäuschen 50, 5600 Wuppertal 1 (Tel. Geb. 29. April 1934 Weimar, verh. s. 1960 m. Dorothea, geb. Heuschober, T. Karoline - Stud. Violoncello, Musikwiss., German. Weimar, Jena, Leipzig; Promot. 1958 Leipzig, Habil 1985 TU Berlin - S. 1959 Dramaturg u. Kapellm. in Rudolstadt; 1964-76 Chefdirig. in Stendal, Potsdam, Stralsund; 1975 Kapellm. Staatsoper Dresden, Doz. Musikhochsch. Dresden; 1981 GMD Weimar, 1986 GMD Wuppertal - BV: u. a. Mönche - Bürger - Minnesänger, 1975; Schriftbild d. mehrstimmigen Musik, 1974; Rousseau, Musik u. Spr., 1985; Grétry, Memoiren, 1974; Schubert u. s. Zeit, 1989. Plattenaufnahmen u.a.: Schubert, Sinfon. Fragmente; Streichorch.w. d. Neuen Wiener Schule; Werke v. Tadeusz Baird - Bek. Vorf.: Christian August Vulpius (Ur-urgroßv.) - Lit.:

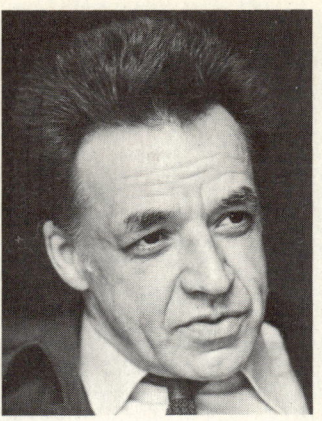
Herder-Lexikon d. Musik, Seeger, Musiklexikon.

GÜLKER, Eugen
Dr.-Ing., Prof. Univ. Dortmund - Am Brennbusch 14, 4600 Dortmund 1 (T. 0231 - 59 31 79) - Geb. 25. Dez. 1930 Dortmund, kath., verh., 2 Kd. - Abit. 1952 Unna; Dipl.-Ing. 1958 TH Braunschweig; Promot. 1974 RWTH Aachen - 1958-60 Max-Planck-Inst. Göttingen; 1961-62 Mirobo GmbH Dortmund; ab 1962 Hoesch Stahl AG (b. 1984 Betriebsleit. Fluid-/Tribotechnik; ab 1985 Leit. Abt. Ing.Service d. Techn. Dienste. S. 1975 Vorles. Univ. Dortmund, s. 1983 Honorarprof. (Lehrgeb.: Instandhalt. v. Masch.-Anl.); Vorst.-Mitgl. d. Ges. f. Tribologie, u. d. Tribol. Ber. Ges.; s. 1977 Gutachter f. d. BMFT. Zahlr. Veröff. u. Vortr. üb. Tribol. u. Instandhalt.

GÜLLENSTERN, Eleonore
Oberbürgermeisterin v. Mülheim a. d. Ruhr - Ruhrstr. 32, 4330 Mülheim/Ruhr - Geb. 1929 München - S. 1964 Ratsmitgl., Bürger.- (1979) u. Oberbgm. Mülheim a. d. Ruhr (1982). SPD.

GÜLPEN, Alfred
Dipl.-Ing., Fabrikant, Inh. Anton Momm GmbH., Würselen - Auf dem Gewann 18, 5102 Würselen/Rheinland (T. Büro: Würselen 27 67) - Geb. 6. April 1921 Würselen (Vater: Wilhelm G.) - Zeitw. Vors. Wirtschaftsverb. Industrieledererzeugnisse u. Wirtschaftsverb. Industrieller Körperschutz, beide Mülheim/R.

GÜLTZOW, Heinz-Albert
Dipl.-Betriebsw., Vorstandsmitglied Überlandwerk Nord-Hannover AG. Bremen - Stresemannstr. 48, 2800 Bremen 11 (T. 0421-44 93 314).

GÜLZOW, Hans-Jürgen
Dr. med. dent., Prof. f. Zahnerhaltungskunde u. Prävent. Zahnheilkd. - Martinistr. 52, 2000 Hamburg 20 - Geb. 12. Aug. 1935 Hamburg - Promot. 1959 Hamburg; Habil. 1967 Erlangen - S. 1972 Prof. Univ. Erlangen (apl.) u. Hamburg (1977 Ord. u. Abt.dir. Klin. f. ZMKkrankh.) - BV: Vergl. biochem. Unters. üb. d. Abbau d. Sorbit durch Mikroorganismen d. Mundhöhle, 1968. Üb. 90 Aufs. - 1967 Miller-Preis Dt. Ges. f. ZMKheilkd.

GÜLZOW, Henneke
Dr. theol., Prof. f. Kirchen- u. Dogmengeschichte - Von-Hutten-Str. 24, 2000 Hamburg 50 - Geb. 14. Febr. 1938 Langfuhr/Danzig, ev. - S. 1974 Prof. Univ. Kiel (apl.) u. Hamburg (1978 o.) - BV: Christentum u. Sklaverei i. d. ersten drei Jahrh., Monographie 1969; Cyprian u. Novatian, Monogr. 1975 - Div. wiss. Artikel - Liebh.: Ausbild. f. Gesang: Meisterklasse Erna Berger, Oratorien- u. Liedsänger - Spr.: Hebr., Aramäisch, Kopt., Griech., Lat., Engl., Dän. - Bek. Vorf.: Prof. Dr. med. Martin Gülzow (Onkel).

GÜMBEL, Dietrich

Dr. rer. nat., Biologe, Inh. Bio-Kosmetik Dr. Gümbel - Kurallee 8, 7758 Meersburg/B. (T. 07532 - 50 30) - Geb. 16. Okt. 1943 Königsberg/Pr. (Vater: Joachim G., Offz.; Mutter: Ingeborg, geb. Schmidt), verh. s. 1979 m. Barbara, geb. Dürr - Abit. 1964 Marburg; Staatsex. f. d. höh. Lehramt 1972 Bonn; Promot. 1975 Gießen - 1972-75 MPI f. Limnol. Schlitz/Hessen; 1975-79 freischaff. Künstler; 1980 Gründg. Fa. Bio-Kosmetik Dr. G. u. Bio-Kosmetiksch. m. Ehefrau. Spezialgeb.: Hautpflege z. med. Gesundheitsvorsorge, Ganzheitsmed. Hauttherapie m. Heilkräuter-Essenzen. Begr. d. Heilkräuter-Essenz-Therapie Dr. rer. nat. Gümbel, e. ganzheitsmed. Behandl.meth. - BV: Div. Kunst-Ged. Bücher m. Zeichn., 1976, 1977 u. 1984; Ganzheitsmed. Hauttherapie m. Heilkräuter-Essenzen, 1984, 2. erw. A. 1986; D. ökol. Bedeutung v. Heilkräuter-Essenzen f. d. biolog. Landbau, 1987; Ztschr. Hologramm 1987 - Liebh.: Kunst, Relig.gesch., Psych., Geisteswiss. - Spr.: Engl.

GÜNDISCH, Jürgen
Dr. jur., LL.M., Rechtsanwalt, Mitgl. Hbg. Bürgerschaft (1961-74, CDU) - Achter Lüttmoor 35, 2000 Hamburg 56 (T. 81 52 11) - Geb. 26. Febr. 1929 Dresden (aufgew. Budapest; Vater: RA), ev., verh. m. Erdmute, geb. Berger (Malerin), 4 Kd. - B. 1944 (Flucht) Dt. Realgymn. Budapest; Abitur 1947 Ulm/D.; Univ. München u. Tübingen (Rechtswiss.); 1952/53 Harvard Law School (USA). Ass.ex. 1956 - Richter Hamburg. Verfassungsgericht.

GÜNNEWIG, Gerhard

Hotelier u. Gastronom, Ehrenpräs. Landesverb. Gaststätten- u. Hotelgewerbe Nordrh.-Westf., Düsseldorf, Präs. Intern. Hotelier-Vereinig. Wien-Köln - Claudiusstr. 37, 4000 Düsseldorf - Geb. 5. Mai 1905 Bochum - Landessozialrichter. Div. Mandate.

GÜNNEWIG, Gerhard-Wilhelm
Hotelkaufmann, Mitgl. d. Firmenleitg.

Günnewig Hotels & Restaurants - Vossenackerstr. 31, 4040 Neuss - Geb. 19. Sept. 1930 Bochum (Vater: Gerhard G., Hotelier; Mutter: Elisabeth, geb. Weindorf), verh. s. 1959 m. Susanne, geb. Füllenbach, 2 S. (Thomas, Stefan) - Ecole Hotelière Lausanne/Schweiz (Dipl.-Betriebswirt d. Hotelierie) - Stv. Vors. Kreisgr. Düsseldorf-Neuss im Dehoga; 2. Hotelfachgr.-Vors. Düsseldorf-Neuss; Mitgl. d. Prüfungskommiss. Hotelkaufl. IHK Düsseldorf, Sozialrichter D'dorf - 1979 Gold. Ehrennadel IHK; 1980 Gold. Ehrennadel Hotel- u. Gaststättenverb. - Liebh.: Jagd, Segelsport - Spr.: Engl., Franz., Ital.

GÜNNICKER, Franz

Dr. rer. pol., Dipl.-Kfm., Hauptgeschäftsführer IHK Bochum - Herderallee 13, 4630 Bochum (T. 51 12 88; Büro: 6 04 01) - Geb. 6. März 1909 Essen - Industrietätigk. (u. a. Leit. Exportabt.); s. 1946 Handelskammerdst. Bochum (b. 1952 stv., dann Hgf.); Lehrbeauftragter Ruhr-Univ. Bochum; Studienleit. Verw.s- u. Wirtsch.sakad. Industriebez. m. Außenhandelsakad. Sitz Bochum; Vorstandsmitgl. Bundesverb. Dt. Verwaltungs- u. Wirtschafts-Akad. - BV: Bleibt d. Dt. Mark stabil? - Ist d. Inflation unser Schicksal?, 1964; Währungsmisere d. freien Welt? - D. Probleme d. intern. Währungsordnung, 1967.

GÜNTER, Horst

Prof., Opern- u. Konzertsänger - Heimbachweg 5, 7801 Au b. Freiburg (T. 0761/40 32 96) - Geb. 23. Mai 1913 Leipzig, ev., verh. s. 1938 m. Dr. Lucie, geb. Müller-Hoberg, 4 Kd. - Thomassch. Leipzig; Univ. ebd., Innsbruck, Bologna - S. 1938 Konzert- u. Operns. (1941 Staatstheater Schwerin, 1949 Stadttheater Göttingen, 1951 Hbg. u. 1959 Bayer. Staatsoper); 1959-78 Prof. f. Gesang Musikakad. Detmold u. Freiburg, s. 1978 Prof. f. Gesang University of Southern California, Los Angeles, USA. U. v. a. Papageno u. Barbier; Fernsehen: Zar - hält regelmäß. Kurse a. amerik. Univ. u. in Japan, Schweden, Holland und Frankreich - Liebh.: Gartenkultur - Spr.: Engl., Ital., Franz.

GÜNTER, Roland

Dr. phil. habil., Prof., Hochschullehrer - Werrastr. 1, 4200 Oberhausen 12 (Eisenheim) (T. 0208 - 66 98 68) - Geb. 21. April 1936, verh. m. Janne, 2 T. (Tine, Gitte) - Altspr. Gymn.; Stud. Kunstgesch., Phil., Gesch. Univ. Münster, München, Istanbul, Rom; Promot. 1965 München; Habil. 1986 Hamburg - 1965-70 Landesdenkmalamt Rhld.; 1970/71 Planungsteam Quickborn; s. 1971 FH Bielefeld; s. 1986 Priv.-Doz. Univ. Hamburg; 1977/78 Advanced Studies Wassenaar/Leiden; Rettung v. hist. Altstädten, Arbeitersiedlungen u. Fabriken. Kulturpolitiker - BV: Rettet Eisenheim, 1972; Fotografie als Waffe, 1977, 2. A. 1982; Spanische Treppe Rom, 1978; Ruhrgebiet im Film, 1978; Kultur-Katalog, 1979; Amsterdam, 1982; Toskana, 1985, Urbino, 1988, Rimini/Ravenna, 1988 - 1978 Kulturpreis d. Kulturpolit. Ges.; s. 1988 korr. Mitgl. d. Akad. der Wiss. Lucca - Spr.: Engl., Franz., Ital., Span., Holl.

GÜNTHER, Arnold

Dipl.-Kfm., Vorstandsmitglied Honeywell AG - Kaiserleistr. 39, 6050 Offenbach/M. - Geb. 8. Juli 1938 Heiligenstadt/Eichsfeld, verh., 2 Kd. - Dipl.-Kfm. Univ. Mannheim - Geschäftsf. (Vors.) Centra-Bürkle GmbH, Schönaich, u. Honeywell Braukmann GmbH, Mosbach; VR-Mitgl. FEG Ges. f. Logistik mbH., München - Spr.: Engl., Russ.

GÜNTHER, Christian

Dr., Wiss. Rat, Prof. f. Physik Univ. Bonn (s. 1972) - Drosselstr. 4, 5300 Bonn-Beuel.

GÜNTHER, Eberhard

Dr. jur., Prof., Präs. a. D. Bundeskartellamt (1958-76) - Taunushöhe 19, 6233 Kelkheim/Ts (T. 06195 - 26 13) - Geb. 25. Dez. 1911 Bad Freienwalde/O. (Vater: Landgerichtspräs. Cottbus), ev., verh. s. 1942 m. Edelgard, geb. Wujetz, 1 Kd. - Univ. München, Freiburg/Br. (Promot. 1938), Kiel, Berlin. Ass.ex. 1938-46 Mitgl. Geschäftsfg. Stickstoff-Syndikat GmbH., Berlin, dazw. 1939-45 Wehrdst., 1948-58 Leit. Referat Kartelle u. Monopole Bundeswirtschaftsmin., Bonn (Ministerialrat). S. 1962 Lehrbeauftr. u. Honorarprof. (1969) TU Berlin (Kartellrecht) u. s. 1978 Hon.Prof. Univ. Freiburg, Gastprof. Univ. Philadelphia, Berkeley u. Georgetown Univ. Wash. D. C. (USA), Keio Univ. Tokio - BV: Wege z. europ. Wettbewerbsordnung, 1967; Probleme d. Fusionskontrolle, 1970. Mithrsg.: Wirtschaft u. Wettbewerb; - verf.: Dt. Kartellgesetz - 1965 Commandador Orden del Merito Civil (Span.); 1968 Gold. Zuckerhut IKOFA (München); 1969 BVK I. Kl.; 1972 Alexander-Rüstow-Plak.; 1973 Gr. BVK, 1976 Stern dazu; 1982 Hermann-Lindrath-Pr. - Liebh.: Theater, Segelsport - Spr.: Engl., Franz., Span.

GÜNTHER, F. Robert

Geschäftsf. Barmer Ersatzkasse - Richard-Strauß-Allee 14a, 5600 Wuppertal-Barmen - Geb. 3. Juni 1906.

GÜNTHER, Friedrich

Versicherungsdirektor - Johann-Sebastian-Bach-Str. 43, 8013 Haar/Obb. - Geb. 26. Aug. 1931 - Vorst. Münchener Verein-Gruppe.

GÜNTHER, Fritz-Werner

Dr. med., Chefarzt Kinderklinik Wuppertal (s. 1958) - Schwartnerstr. 1, 5600 Wuppertal-B. - Geb. 1. Juli 1916 Hannover (Vater: Prof. Friedrich G., Oberstudiendir.; Mutter: Clara, geb. Herzog), ev., verh. s. 1942 m. Margot, geb. Piepho, 4 Söhne (Karl-Werner, Wolfgang, Martin, Christoph) - Univ. Köln, Tübingen, Königsberg, Hamburg, Würzburg, Göttingen (Promot. 1941) - B. 1945 Truppenarzt, dann klin. Tätigk. Div. Facharb. - Liebh.: Lit. - Spr.: Franz. - Bek. Vorf.: Rudolf Herzog, Schriftst. (u. a. D. Wiskottens).

GÜNTHER, Götz

Dr. med., Prof. f. Allg. Pathologie u. Pathol. Anat. Univ. Mainz, Chefarzt - Städt. Krankenanstalten/Krankenhausstr. 2, 6580 Idar-Oberstein - Geb. 2. Mai 1939 (Vater: Prof. Dr. med. Oswin G., Immunologe) - Promot. (1964) u. Habil. (1972) Frankfurt/M. - 1965-73 Pathol. Frankfurt; s. 1973 Chefarzt Idar-Oberstein. Spez. Leber- u. Nebennierenrindenregeneration. Fachveröff. - 1965 Carl-Oelemann-Preis Landesärztekammer Hessen.

GÜNTHER, Hans

Dr. rer. pol., Dipl.-Kfm., Hauptgeschäftsführer Bundesverb. dt. Banken, Köln (s. 1961) - Geb. 10. Juli 1921 Dresden, ev., verh. s. 1954 m. Stefanie, geb. Leppla, 2 Kd. (Hubertus, Alice) - Dipl.-Kfm. (1954) u. Promot. (1955) Frankfurt/M. - Industrie- u. Banktätigk. - BV: Bankbetriebslehre, 1961 (m. Kalversam).

GÜNTHER, Hans

Dipl.-Ing., Geschäftsführer BASF Kraftwerk Marl GmbH., Marl, Direktor u. Leiter Energieversorgung BASF AG., Ludwigshafen - Mannheimer Str. 36, 6703 Limburgerhof - Geb. 15. Okt. 1926 Nienburg (Vater: Franz G., Elektrom.; Mutter: Hilda, geb. Butzmann), ev., verh. s. 1952 m. Maria, geb. Kuhne, 3 Kd. (Katharina, Carolin, Johannes) - Karls-Gymn. Bernburg; TU Berlin (Dipl. 1951) - S. 1972 wie oben.

GÜNTHER, Hans-Ludwig

Dr. jur., o. Prof. f. Strafrecht u. Strafprozeßrecht Univ. Tübingen - Ursrainer Ring 105, 7400 Tübingen - Geb. 25. Febr. 1949 Bochum - 1. jurist. Staatsex. 1972 OLG Hamm, Promot. 1975 Bochum, 2. jurist. Staatsex. 1976 Düsseldorf; Habil. 1981 Trier - 1981-84 Prof. in Bonn, s. 1984 o. Prof. in Tübingen - BV: Verurt. im Strafproz. trotz subsumtionsrelevanter Tatsachenzweifel, 1976; Strafrechtswidrigkeit u. Strafunrechtsausschluß, 1983. Mithrsg.: Fortpflanzungsmedizin u. Humangenetik - Strafrechtl. Schranken? (1987).

GÜNTHER, Harald

Dr. rer. nat., o. Prof. f. Organ. Chemie (Lehrst. II) Universität GH Siegen - Zur Alten Burg 31, 5900 Siegen 21 - Geb. 8. Juli 1935 Halle/S. - Promot. 1961 Heidelberg; Habil. 1968 Köln - Zul. Wiss. Rat u. Prof. Univ. Köln - BV: NMR-Spektroskopie - E. Einf., 2. Aufl. 1983 (engl. Ausg. 1980, poln. Ausg. 1983, russ. Ausg. 1984). Üb. 150 Einzelarb. - 1973 Chemie-Preis Akad. d. Wiss. Göttingen.

GÜNTHER, Harry

Dr., Vorstandsmitglied Westf. Zellstoff-AG. Alphalint, Wildshausen (s. 1970) - Kaiserwiese 11, 5777 Freienohl/Sauerl. - Geb. 9. Jan. 1927 - Dipl.-Forstw.; Dipl.-Kfm.

GÜNTHER, Hartmut

Dr., Prof., Dozent f. Bibl. Theol. Luth. Theol. Hochschule Oberursel (zeitw. Rektor) - Altkönigstr. 150, 6370 Oberursel/Ts.

GÜNTHER, Heinz

Assessor, stv. Hauptgeschäftsführer Bundesverb. d. Dt. Groß- u. Außenhandels - Kaiser-Friedrich-Str. 13, 5300 Bonn (T. 34 32 08) - Geb. 23. Juli 1919 Hamburg, verh. m. Henny, geb. Sprenger - Univ. Prag, Hamburg, Köln - S. 1951 Gf. Verbandswesen.

GÜNTHER, Heinz

Verleger (Hestia, Diana u. Neff-Verlag), Schriftst. (Ps.: Heinz G. Konsalik) - Elisabethenhof, 5340 Aegidienberg b. Bad Honnef/Rh. (T. H. 31 46) - Geb. 28. Mai 1921 Köln (Vater: Arno G., Versicherungsdir.; Mutter: Wanda, geb. Konsalik), ev., verh. s. 1948 m. Elsbeth, geb. Langenbach, 2 Kd. (Almut, Dagmar) - Gymn. Köln; Univ. Köln, München, Wien (Theaterwiss., German., Lit.-gesch.) - 1946-48 Leit. Dramaturgie Liberator-Verlag; 1950 stv. Chefredakt. Lustige Illustr. - BV/R. (GA. üb. 72 Mill.; z. T. b. zu mehr als 36 Übers.); Wir sind nur Menschen (1953), Morgen ist auch noch e. Tag (1953), Viele Mütter heißen Anita (1953), D. Arzt v. Stalingrad (1956; A. etwa 3 Mill.; verfilmt), Ein Mensch wie du (1956), D. Lied d. Schwarzen Berge (1957), Sie fielen v. Himmel (1957; verfilmt), Schicksal aus 2. Hand (1958), Strafbatl. 999 (1959; verfilmt), D. rostende Ruhm (1959), D. Rollbahn (1959), D. Himmel üb. Kasakstan (1960), Ich beantrage Todesstrafe (1960), Frontttheater (1961), Dr. med. Erika Werner (1961), D. letzte Gefangene (1961), Natascha (1962), D. geschenkte Gesicht (1963), D. Herz d. 6. Armee (1964), Liebesnächte in d. Taiga (1966; verfilmt), D. Tochter d. Teufels (1967), Liebe auf heißem Sand (1968), Bluthochzeit in Prag (1969), Liebe am Don (1970), D. Wüstendoktor (1971), Heiß wie d. Steppenwind (1971), D. Drohung (1972), Ein Sommer mit Danica (1973), Wer stirbt schon gerne unter Palmen, 1-2 (1972-73), Haie an Bord (1976), Engel d. Vergessenen (1976), D. Verdammten d. Taiga (1977), Im Tal d. bittersüssen Träume (1977), Eine glückliche Ehe (1978), Das Doppelspiel (1978), Sie waren Zehn (1979), Wie e. Hauch v. Zauberblüten (1981), Frauenbataillon (1982), Heimaturlaub (1983), E. Kreuz in Sibirien (1983), D. strahlenden Hände (1984), Promenadendeck (1985), Sibir. Roulette (1986), D. gold. Meer (1987), D. Bernsteinzimmer (1988), Tal ohne Sonne (1989). B. Ende 1989 sind 137 Bücher erschienen. Herausg.: Stalingrad (Bildband, 1968) - Liebh.: Opern, Reisen, Völkerkulturen, ostasiatische Kunst, Hunde und Pferde - Letzter Sproß e. uralten sächs. Rittergeschlechts, d. Freiherren v. Günther Rittern zu Augustusberg (bek. durch d. Affäre v. Prinz Lieschen z. Z. August d. Starken; Adel wurde im Wilhelmin. Zeitalter abgelegt).

GÜNTHER, Helmut W.

Gesellschafter u. Beiratsmitglied Bischof + Klein Verpackungswerke - Rahestr. 45, 4540 Lengerich/W.; priv.: Buchenstr. 7 - Geb. 15. Juni 1922.

GÜNTHER, Henning

Dr. phil., Prof. f. Allg. Didaktik u. Schulpäd. Univ. Köln - Scheidemannstr. 14, 5210 Troisdorf 22 - Geb. 27. März 1942 Lüdenscheid (Vater: Heinz G., Realschuldir.; Mutter: Hildegard, geb. Ellerbrock), 3 T. (Ulrike, Dorit, Evelyn) - Promot. Köln; Habil. Münster (PH) - Leit. Forschungsst. Jugend u. Familie Bonn - BV: Hermann Cohen, 1972; Auf d. Weg zu e. neuen Schule, 1974; Walter Benjamin, 1974; D. Großstadt, 1976; Grundlegung e. bejah. Erziehung - D. Gewalt d. Verneinung, 1978; Alarm um d. Familie, 1979; Buthelezi - schwarze Befreiung in Südafrika, 1981; Was uns dt. Schulbücher sagen - empir. Analyse, 1982; Neue Werte - empir. Jugenduntersuchung., 1982; Freud, 1987.

GÜNTHER, Herbert

Dr. jur., Minister a. D., MdL Hessen (s. 1987, Vizepräs.) - Schloßplatz 1, 6200 Wiesbaden - Geb. 13. März 1929 (Eltern: Sebastian u. Lina G.), ev., verh. m. Hertha, geb. Kranz, 2 Kd. (Barbara, Ulrich) - Landrat Untertaunuskr. u. Kassel; 1974-87 Hess. Min. d. Justiz. AR-Mand. - SPD (1987ff. Vors. Bez. Hessen-Nord).

GÜNTHER, Herbert

Freier Schriftsteller - Vor dem Ellershagen 5, 3403 Friedland 1 - Geb. 14. Juni 1947, verh. m. Ulli, geb. Kunzmann, S. David - Buchhandelslehre - Leit. e. Kinder- u. Jugendbuchhandl. Göttingen; Lektor - BV: u.a. Onkel Philipp schweigt, 1974; Unter Freunden, 1976; Vermutungen üb. e. argloses Leben, 1982; Lieber Onkel Paul, 1984; D. Geburtstag d. Indianers, 1989; 5 Drehb. f. d. Kinderfilmserie: Neues aus Uhlenbusch u. Bettkantengeschichten (ZDF) - Liebh.: Tischtennis, Wandern, Reisen - Spr.: Engl.

GÜNTHER, Horst

Dipl.-Ing., Freiberufl. Industrieberater - Leuchtenbirkener Weg 38, 5272 Wipperfürth - Geb. 19. Jan. 1923 - Zul. Vorst.smitgl. Felten & Guilleaume Carlswerk AG., Köln.

GÜNTHER, Horst

Dr. med., Dr. med. dent., Prof., Facharzt f. Mund-, Kiefer- u. Gesichtschirurgie - Colonnaden 9, 2000 Hamburg 36 (T. 34 24 39) - Geb. 24. März 1926 - S. 1962 (Habil.) Lehrtätigk. Univ. Hamburg (1968 apl. Prof.). Fachveröff.

GÜNTHER, Horst

Gewerkschaftssekretär DAG, MdB (s. 1980) - Insterburger Weg 53, 4100 Duisburg 26 - Geb. 17. Juli 1939 Rheinhausen, ev., verh., 2 Kd. - 1954-57 Ausb. Ind.kaufm. - 1957-60 kaufm. Angest. Fried. Krupp-Hüttenwerk AG, Rheinhausen; 1960-71 Gewerksch.sekr. DAG (Geschäftsf.), Duisburg; 1971-77 Ressortleit. Tarif- u. Betriebspolitik DAG Nordrh.-Westf., 1977-82 Landesverb.leit. ebd. 1975-77 Gesamtbetriebsratsvors. DAG. 8 J. Sozialrichter Duisburg. AR Horten AG u. Victoria-Versich.-Ges. CDU s. 1962.

GÜNTHER, Joachim

Prof. e. h., Schriftsteller, Herausg. Neue Dt. Hefte (s. 1954) - Kindelbergweg 7, 1000 Berlin 46 (T. 711 20 33) - Geb. 13. Febr. 1905 Hofgeismar (Vater: Bürgerm.), ev., verh. (Ehefr.: Barbara) - Realgymn.; Stud. Phil., Literatur-, Kunstgesch., Theol. (alles Berlin) - Journ. - BV: D. letzte Jahr, Kriegstageb. 1948; D. verwechselte Schicksal, Erz. 1948; D. zahme Sphinx, Rätsel 1954; D. Möwenstadt, Erz. 1955; Wiener Papageienbüchlein, 1957; D. sehr ernste Märchen v. Gott - Zwischenfragen an

Theol. u. Kirche, 1970; Findlinge, Aphorism. 1976; Berliner Spaziergänge, 1982; Seestücke, 1985. Herausg.: Kultur- u. Lit.ztschr.: Neue Dt. Hefte (s. 1954); Dank u. Erkenntnis - Paul Fechter z. 75. Geburtstag (1955) - Mitgl. Dt. Akad. f. Sprache u. Dichtung - 1974 Joh. Heinr. Merck-Preis.

GUENTHER, Joachim

Dr. rer. pol., Dipl.-Kfm., Vorstandsmitglied i. R. Agrippina Rückversicherung AG., Köln (s. 1963) - Stumpf 9, 5204 Lohmar 21 (T. 02205 - 45 22) - Geb. 22. Juni 1922 Reutlingen (Vater: Fritz G., Oberregierungsrat; Mutter: Elsa, geb. Canabaeus), ev., verh. s. 1961 m. Erika, geb. Walther, S. Hans-Joachim - Dipl.-Kfm. (1949) u. Promot. (1957) Hamburg - S. 1951 Rückversich. - Liebh.: Fotogr., Kunst - Spr.: Engl., Franz., Span., Ital.

GÜNTHER, Karl-Heinz

Dr. phil., Prof. f. Allg. Pädagogik PH Ludwigsburg - Gerokweg 5, 7030 Böblingen/Württ..

GÜNTHER, Klaus

Dipl.-Kfm., Gf. Gesellschafter Fa. Bischof + Klein, Lengerich, Präsid.-Mitgl. Arbeitsgemeinsch. selbst. Unternehmer (ASU) - Rahestr. 47, 4540 Lengerich (T. 05481 - 3 20) - Geb. 10. Juni 1948 Lengerich, verh. s. 1976, 4 Kd. - Dipl.-Prüf. f. Kaufleute 1971 Univ. Hamburg.

GÜNTHER, Klaus

Dr. rer. nat., Prof. f. Mathematik PH Freiburg - Am Birkenhof 13, 7815 Kirchzarten/Br.

GÜNTHER, Klaus-Dietrich

Dr. med. vet. (habil.), o. Prof. u. Dir. Inst. f. Tierpsychol. u. Tierernährung, Vizepräsident Univ. Göttingen (1981-83), Vors. d. Ges. f. Ernährungsphysiologie d. Haustiere (1979-83) - Senderstr. 23, 3400 Göttingen (T. 2 11 02) - Geb. 21. Juni 1926 Berlin (Vater: Kurt G., Beamter; Mutter: Friedel, geb. Buchholz), ev., verh. s. 1957 m. Christa, geb. Eilers, 3 Kd. (Frank, Susan, Annette) - 1977-78 Dekan Landwirtschaftl. Fak. Univ. Göttingen. 1977-85 Fachgutachter d. Dt. Forsch.gem. Herausg. u. Mitarb. in mehreren wiss. Ztschr. - 1970 Henneberg-Lehmann-Pr. - Spr.: Engl., Franz.

GÜNTHER, Knut

Kunsthändler, Geschäftsführer Dynamik-Hausverwaltungs-Gesellschaft m.b.H. (s. 1979) - Auf d. Körnerwiese 19-21, 6000 Frankfurt 1 (T. 55 09 39) - Geb. 19. Febr. 1943 Cottbus (Vater: Dr.-Ing. Wolfgang G.; Mutter: Maria Anna W., geb. Ferger), ev., verh. s. 1989 m. Manon, geb. Mohammady - Gymn. Heidelberg u. Oberursel (Abit. 1963); Stud. Masch.bau u. Wirtsch.ing. Darmstadt, Kunstgesch. Frankfurt - S. 1963 Kunsthandel u. Immobilienmakler, s. 1968 intern. Kunsth., Belief. v. Museen; 1971 Niederlass. London, 1972 Paris (m. Galerie); s. 1972 Kunst- u. Weinversteigerungen; s. 1974 öfftl. best. u. vereid. Sachverst. f. Möbel u. Kunstgew. m. Schwerp. 19. u. 20. Jh., s. 1975 öfftl. best. u. vereid. Versteigerer, 1978-85 Mitgl. Künstl. Beir. d. Staatl. Porzellanmanufaktur Berlin (KPM), s. 1988 Vors. d. Vereins z. Förderung d. Tafelkultur, Frankfurt/M. - BV: Rudolf Alexander Agricola, 1971; 1900 - Objekte d. Jahrhundertwende, 1971; Les artistes décorateurs des Années 20 et 30, Emile-Jacques Ruhlmann et quelques autres, 1973; Clemens Pasch, 1987 - Spr.: Franz., Engl.

GÜNTHER, Konrad

Dr. rer. nat., Prof. f. Geologie Univ. Hannover - Eickenhof 7, 3012 Langenhagen - Zul. Doz.

GÜNTHER, Michael

Autor u. Regisseur - Geb. 16. Juli 1935 Berlin (Vater: Johannes G., Komp.; Mutter: Lucie, geb. Brucks), verh. s. 1964 m. Ilse, geb. Kiewiet, T. Stefanie - Rd. 80 Theater- u. TV-Insz.; Filme: D. Pfingstausflug, Weichselkirschen, D. zerbrochene Haus - Spr.: Dän., Engl., Franz.

GÜNTHER, Otmar

Arbeitsdirektor, Vorstandsmitglied Krupp Stahl AG. - Alleestr. 165, 4630 Bochum - Geb. 28. Okt. 1930.

GÜNTHER, Ralph,

s. Meyer, Günther

GÜNTHER, Reimar

Kaufmann, gf. Gesellsch. Lünemann & Co. KG. (Eisengroßhdl.), Göttingen, Vizepräs. IHK Hannover-Hildesheim, Hannover - Kurze Geismarstr. Nr. 16, 3400 Göttingen - Geb. 7. Nov. 1931.

GÜNTHER, Reinhard

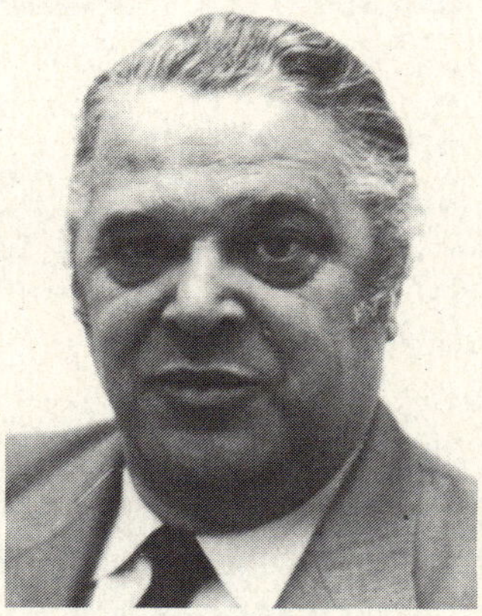

Prof. h. c. (São Luis, Brasilien), L.L. D. h. c./Davidson Coll., Dipl.-Volksw., Verwaltungsjurist, Kanzler d. Univ. Würzburg, Beiratsmitgl. f. Wiss.- u. Hochschulfragen d. Bayer. Staatsmin. f. Wiss. u. Kunst, München - Sieboldstr. 3, 8700 Würzburg (T. 0931 - 8 19 70) - Geb. 31. März 1927 Saaz (Vater: Gustav G., Kaufm.; Mutter: Anna, geb. Steinbrecher), kath., verh. s. 1950 m. Paula, geb. Pichler, 3 Kd. (Ulrike, Friederike, Bernhard) - BVK am Bd.; BVK I. Kl.; Landkreismed. in Gold Landkr. Neustadt/Aisch; Gold. Stadtsiegel Stadt Würzburg - Spr.: Engl.

GÜNTHER, Renate

Dr. phil., Prof. f. Musik einschl. Didaktik Erziehungswiss. Hochschule Rheinland-Pfalz/Abt. Landau - Leibnizstr. 1, 6750 Kaiserslautern.

GÜNTHER, Rolf W.

Dr. med., Prof., Direktor Abt. Radiologische Diagnostik Klinikum RWTH Aachen - 5100 Aachen - Geb. 24. Febr. 1943 - Staatsex. 1968; Promot. 1968 Heidelberg - BV: Ultraschalldiagnostik, 1986; Interventionelle Radiologie, 1988 - 1980 Alken-Preis.

GÜNTHER, Theodor

Dr. med., Prof. f. Biochemie u. Klin. Chemie FU Berlin (Inst. f. Molekularbiol. u. Biochem.) - Waldhüterpfad 63, 1000 Berlin 37 - Geb. 14. Juni 1930 Hedersleben/Thür. - Promot. 1956 - S. 1966 (Habil.) Lehrtätigk. Berlin (1969 Prof.). Üb. 100 Facharb. - 1966 Karl-Thomas-Preis.

GÜNTHER, Ulrich

Dr. phil., o. Prof. f. Musikpädagogik - Husbrok 4, 2900 Oldenburg/O. (T. 6 19 81) - Geb. 19. Sept. 1923 Magdeburg - Gymn.; Päd. Hochsch. Celle; Univ. Frankfurt/M. u. Erlangen-Nürnberg; Musikhochsch. Frankfurt. Staatsex. f. d. höh. Lehramt 1957/58 Frankfurt; Promot. 1967 Erlangen - 1948-61 Volks-, Berufssch. u. Gymn.; s. 1961 Doz./Prof. PH/Univ. Oldenburg (Lehrstuhl f. Musikpäd.); 1971-74 Vors. Arbeitskreis Musikpäd. Forschung AMPF; s. 1985 Vorst. Bundesfachgr. Musikpäd. Bfg. - BV: Z. Bedeut. d. Instruments in Musikerzieh. u. -unterr., 1964; ...über alles in d. Welt? - Stud. z. Geschichte u. Didaktik d. dt. Nationalhymne, 1966; D. Schulmusikerzieh. v. d. Kestenberg-Reform b. z. Ende d. III. Reiches, 1967; Musik in d. Kollegsch., 1984. Mithrsg.: Musiklehrerausb. an d. Univ. (1974); Musikunterr. an d. Grundst. (1974); Wiener Instrumentalschulen (1976ff.); Musikunterr. in d. Sekundarstufe II - Beitr. z. Musikdidaktik (1978); Musikmachen im Klassenunterr. (1984); Musikunterr. 1-6 (1982); Musikunterr. 5-11 (1983) - Lit.: F. Ritzel u. W. M. Stroh, Musikpäd. Konzeptionen u. Schulalltag. Versuch e. kritischen Bilanz d. 70er Jahre, hg. aus Anlaß d. 60. Geburtstags v. U. G. (1984).

GÜNTHER, Ursula

Dr. phil. (habil.), Prof., Musikwissenschaftlerin - Rohnsterrassen 12, 3400 Göttingen - B. 1976 Privatdoz., dann apl. Prof. Univ. Göttingen (Musikwiss. Inst.).

GÜNTHER, Wilhelm

Dr. rer. nat., o. Prof. f. Theoret. Mechanik - Hauptstr. 114c, 7500 Karlsruhe-Rintheim (T. 6 10 93) - Geb. 21. Aug. 1910 Aurich/Ostfriesl. (Vater: Max G., Malermeister), ev., verh. s. 1948 m. Christa, geb. Ackenhausen, S. Edzard - Gymn. Ulricianum Aurich; Univ. Tübingen u. Kiel, TH Braunschweig (Promot. 1946). Habil. 1952 - 1938-45 Berechnungsing. Flugzeugind.; 1946-61 Assist., Doz. (1953) u. apl. Prof. (1958) TH Braunschweig; s. 1961 ao. u. o. Prof. (1962) TH Karlsruhe - BV: Torsionstheorie, 1958 (m. C. Weber).

GÜNTHER-KONSALIK, Heinz

s. Günther, Heinz

GÜNTNER, Bruno

Diplomat, Energie- u. Rohstoffreferent Botschaft d. Bundesrep. Deutschl. in London i.R. (b. Juli 1984) - 23 Belgrave Square, London, SWI, Großbrit.

GÜNTSCH, Fritz-Rudolf

Dr.-Ing., Prof., Ministerialdirektor, Leit. Abt. 4 Bundesmin. f. Forschung u. Technol. - Heinemannstr. 2, 5300 Bonn-Bad Godesberg - Geb. 1925 Berlin - 1947-54 Stud. Theoret. Physik Berlin u. Karlsruhe; Dipl. u. Promot. TU Berlin - 1943-46 Luftwaffe/Kriegsgefangensch.; 1954-58 Rechenzentrumsleit. u. Lehrbeauftr. TU Berlin; 1958-69 AEG-Telefunken, zul. Leit. Fachgeb. Großrechenanl.; 1969-71 Min.dirig. u. Leit. Unterabt. Wehrforsch. Bundesmin. d. Verteidig.; 1971 Min.dir. u. Leit. Abt. Luftfahrtforsch., Raumfahrtforsch. u. -technik Bundesmin. f. Bild. u. Wiss., jetzt Leit. Abt. 4 Inform. u. Prod.techniken, Arbeitsbeding. neue Technol.; 1982 Hon.-Prof. Fak. f. Informatik Univ. Karlsruhe; stv. AR-Vors. Ges. f. Mathematik u. Datenverarbeit. GmbH. Birlinghoven; Mitgl. Kurat. Max-Planck-Inst. f. Festkörperphysik Stuttgart; Präsid.-Mitgl. DIN - Ehrenbürger v. Huntsville, Alabama, USA; Eisernes Kreuz II; Verwundetenabz. schwarz; BVK I. Kl.; Offizier d. Nationalen Franz. VO.

GÜNTZER, Ulrich

Dr. rer. nat., Prof. f. Mathematik - Eschenrieder Str. 50a, 8031 Gröbenzell/Obb. - Geb. 14. Febr. 1941 Trier/M. - Promot. 1966; Habil. 1970 - Univ. Göttingen, Münster, Berlin (FU), TU München (1976 Wiss. Rat u. Prof., 1978 Prof.). USA-Aufenth. Facharb.

GÜNZLER, Claus

Dr. phil., Prof. f. Philosophie - Freiburger Str. 7, 7517 Waldbronn 1 - Geb. 2. Juni 1937 Dortmund (Vater: Wilhelm G., Ingenieur/Kaufm.; Mutter: Irma, geb. Schacht), ev. verh. s. 1963 m. Helga, geb. Lötzsch, 2 T. (Stefanie, Nicola) - Tricoronatum Köln (Abit. 1957); 1957-63 Univ. Köln, Wien, Freiburg/Br. (Phil., German., Päd.). Promot. 1964 Freiburg - S. 1967 Doz. u. Prof. (1970) PH Karlsruhe (1970-74 Prorektor); s. 1984 Dir. Hodegetisches Inst.; 1988 1. Vors. Dt. Hilfsverein f. d. Albert-Schweitzer-Spital Lambarene - BV: Anthropolog. u. eth. Dimensionen d. Schule, 1976; Erziehen z. ethischen Verantwort. (zus. m. G. M. Teutsch) 1980; Bildung u. Erz. im Denken Goethes, 1981; Ethik u. Erziehung, 1988. Üb. 60 Einzelarb.

GÜNZLER, Eberhard

Dr. rer. nat., Prof. f. Biologie FH Nürtingen (s. 1984) - Zeppelinstr. 6A, 7000 Stuttgart 1 - B. 1984 Prof. f. Biol. PH Esslingen.

GÜNZLER, Hans

Dr. rer. nat., o. Prof. f. Mathematik - Birkenweg 26, 2300 Melsdorf/Post Kiel 1 (T. 04340 - 89 05) - Geb. 21. Mai 1930 Fürth/Bay. - S. 1962 (Habil.) Lehrtätigk. Göttingen (1969 Wiss. Rat u. Prof.) u. Kiel (1971 Ord.). Fachaufs.

GÜRS, Karl

Dr. phil. nat., Physiker, Honorarprof. Univ. Frankfurt/M. (s. 1972) - Weißdornweg 23, 6236 Eschborn 2/Ts. - Geb. 5. Nov. 1927 Frankfurt/M. (Vater: Karl G.; Mutter: Katherina, geb. Bernhardt), ev., verh. s. 1960 m. Ursula, geb. Preuschen, 4 Kd. (Inge, Karl, Irmgard, Ursula) - Goethe-Gymn. (Abit. 1949) u. Univ. Frankfurt (Physik; Dipl. 1954 b. Prof. Hund). Promot. (1959) u. Habil. (1965) Frankfurt - S. 1960 Siemens AG, München (Laborleit. f. Festkörperlaserentwickl.) u. Battelle-Inst., Frankfurt, Leit. Wiss. Berat. S. 1986 selbst., div. Berat., Vertragsforsch., u. a. freie Mitarb. b. TZN - BV: Laser-Grundl., Eigensch. u. Anwend. in Wiss. u. Technik, 1970. Üb. 50 Publ. (auch Buchbeitr.) - Liebh.: Sammeln u. Präparieren v. Fossilien - Spr.: Engl. - Div. Erf. (Patente: Auskoppelmodulation, Fernanalyse, Isotopentrennung durch Laser, versch. Lasersysteme).

GÜRT, Elisabeth,

geb. Balcarek

Schriftstellerin - Schaumburgergasse 16, A-1040 Wien (Österr.) (T. 654 84 85) - Geb. 18. Mai 1917 Wien (Vater: Emil Balcarek, Staatsbeamter; Mutter: Wilhelmine, geb. Mihowsky, Lehrerin), kath., gesch. - Höh. Schule (Abitur); Sprachstud. - B. 1938 wiss. Sekr. dann Lehrerin, s. 1942 fr. Schriftst. - BV: E. Frau f. 3 Tage, R. 1941 (verfilmt Ufa); E. Leben f. Heimo, R. 1946; Besuch aus Wien, R. 1947; Es gehört dir nichts, R. 1947; Licht, d. nie vergeht, R. 1948; E. Boot treibt dahin, R. 1948; Liebling, benimm dich!, Plaud. 1949; In 3 Wochen kommt mein Mann, R. 1950; Fremdling Mann, R. 1951; E. Mädchen ohne Bedeutung, R. 1952; ...bis daß der Tod euch scheidet, R. 1953; E. Stern namens Julia, R. 1956; Meine Herren, man könnte weinen, Pl. 1958; Aber, aber, meine Damen, Pl. 1959; Reise auf geteilte Rechnung, R. 1959; Wer wirft den ersten Stein?, R. 1960; Kein Mann f. alle Tage, R. 1961; Es hätte ja sein können, R. 1962; Du mußt warten lernen, R. 1964; D. Sprung üb. d. Schatten, R. 1966; Irgendwann am Sonntag, R. 1969; Gib mir d. Hand, R. 1971; Solange du bei mir bist, R. 1971; Damals in Positano, R. 1973; Franziska, R. 1975; Entscheidung auf Ischia, R. 1976; U. plötzlich wie e. Fremder, R. 1977; Lieben Sie Alpenrosen?, R. 1978; Was jetzt, Cornelia?, R. 1979; Verzaubert v. Tuju, R. 1980; Vierzig Jahre u. e. Sommer, R. 1981; Denkst du noch an Korfu?, R. 1982; Du bist kein Kind mehr, Gundula!, Jugend-R. 1983; Hinter weißen Türen, R. 1984; Erwachsen wirst du über Nacht, Jugend-R. 1984; Manchmal träum ich v. Venedig, R. 1985; Lutschbonbons & Liebeskummer, Jugend-R. 1986; Komm doch mit nach Ischia, R. 1987; Wo warst Du damals, Mutter?, R. 1989 - 1982 Silb. Ehrenz. f. Verd. um d. Rep. Österr. - Liebh.: Sport, insb. Schwimmen u. Skilauf, Wandern, Reisen - Spr.: Engl., Franz.

GÜRTELER, Richard
Bäckermeister, MdL Bayern (s. 1975) - Marktplatz 3, 8019 Glonn (T. 08093 - 4 81) - Geb. 1936 - 1984 bayer. Med. f. bes. Verdienste um d. kommunale Selbstverw. - CSU.

GÜRTLER, Oswald
Dr. rer. nat., Dr. sc., Prof. f. Angew. Chemie Univ.-GH Duisburg (s. 1978) - Baerler Str. 128, 4134 Rheinberg 4 - Geb. 27. Dez. 1928 Prohn (Vater: Franz G.; Mutter: Maria, geb. Würl), verh. s. 1950 m. Elisabeth, geb. Krause, 1 Kd. (Kerstin) - Obersch.; Chemielaborausbild.; Stud. Chemie. Dipl.-Chem. (1961), Promot. 1965 u. 74 (alles Leipzig) - 1961 Wiss. Assist., 1965 Oberassist., 1970 Doz. Übers. aus d. Tschech. (Fachlit.) - Liebh.: Altertumsgesch., Musik (Opern, Symphonien), Sport - Spr.: Tschech., Engl.

GÜRTNER, Thomas
Dr. med., Chefarzt Abt. f. Anaesthesiologie u. Intensivpflege BG-Unfallkrkhs., Frankfurt, Honorarprof. f. Anaesthes. Univ. ebd. - Friedberger Landstr. 430, 6000 Frankfurt/M.

GÜSA, E. W.
s. Sabetzki, Günther

GUESMER, Carl
Schriftsteller (Lyriker) - Postf. 5, 3550 Marburg 7 - Geb. 14. Mai 1929 Kirch-Grambow/Meckl. (Vater: Johannes G., Propst; Mutter: Irmgard, geb. Dahms), ev.-luth., led. - S. 1951 Bibliothekar Marburg, s. 1961 Univ. Bibliothek Marburg - BV/Ged.: Frühling d. Augenblicks (1954), Ereignis u. Einsamkeit (1955), V. Minuten beschattet (1957), Alltag in Zirrusschrift (1960), Zeitverwehung (1965), Dächerherbst (1970), Abziehendes Tief, Ged. (1974), Auswahl 1949-79, Ged. (1979), Z. Ferne aufspielen, Ged. (1985), Geschehen u. Landschaft, Prosa (1967) - Fördergabe d. Lessing-Preis d. Freien u. Hansestadt Hamburg 1962; Andreas-Gryphius-Förderungspreis 1976 - Liebh.: Kammermusik (Rundf., Schallpl.), Reisen.

GÜTERMANN, Alex P.
Fabrikant, gf. Gesellsch. Gütermann & Co., Gutach, Präs. Verb. d. Baden-Württ. Textilind. - Stuttgart (1982ff.) - 7809 Gutach/Br. - Geb. 2. Okt. 1928.

GÜTERMANN, Horst R.
Fabrikant Gütermann & Co., Nähfadenfabriken Gutach - Herrenweg 2, 7809 Gutach/Br. (T. Waldkirch 2 11) - Geb. 19. Juni 1922 Freiburg/Br. (Vater: Senator h. c. Richard C. G., Fabr. †; Mutter: Hertha, geb. Lahmann †), verh. m. Dagmar, geb. Reinhard - Spr.: Engl., Franz. - Rotarier.

GÜTERMANN, Peter
Dr. oec. publ., Fabrikant, pers. haft. Gesellschafter u. Geschäftsführer Gütermann & Co. - Landstr. 1, 7809 Gutach/Br. - Geb. 17. Dez 1933 - VRPräs. Interfina AG, Zürich, Gütermann & Co. AG, Zürich, AR Kollnauer Spinnerei u. Weberei AG, 7808 Waldkirch-Kollnau.

GÜTERMANN, Rainer L.
Vorstandsmitglied Kollnauer Spinnerei u. Weberei AG Waldkirch-Kollnau - Ludwigstr. 16, 7809 Gutach/Br. - Geb. 24. Nov. 1934.

GÜTH, Volker
Dr. med. (habil.), Wiss. Rat u. Prof. Orthopäd. Klinik, apl. Prof. f. Physiologie Univ. Münster (vorher Privatdoz.) - Große Helkamp 11, 4400 Münster/W.

GÜTHLEIN, Herbert
Rechtsanwalt, MdL Bayern (1970-75) - Erutolfstr. Nr. 29, 8600 Bamberg/Ofr. (T. 2 30 72) - Geb. 1935 - SPD.

GÜTHLING, Horst
Verwaltungsangestellter, MdA Berlin (s. 1971) - Müllerstr. 97f, 1000 Berlin 65 - Geb. 16. März 1922 Berlin, verh., 2 Kd. - Volks- u. Aufbausch.; kaufm. Lehre - B. 1941 (Einberuf.) Angest. Borsig, n. 1945 Bezirksamt Pankow, s. 1948 BA Wedding. SPD s. 1957.

GÜTING, Klaus Rainer
Dr., Prof. f. Didaktik d. Mathematik - Mittelbeune 24, 6453 Seligenstadt (T. 2 23 16) - Geb. 7. Nov. 1935 Berlin (Vater: Hans Fr., Buchhdl.; Mutter: Hildegard, geb. Kroh), ev. Freik., verh. s. 1966 m. Dorothea, geb. Fischer, 4 Kd. (Matthias, Damaris, Thomas, Debora) - Stud. Theol. u. Math. Münster, Mainz; Promot. 1962 Univ. Michigan - 1962-63 Assist. Prof. Wheaton Coll., 1963-65 u. 1965-69 Lect. Univ. East Africa, dazw. Wiss. Assist. Univ. Stuttgart, 1969-74 Sen. Lect. u. Reader Univ. Zambia, s. 1975 Prof. f. Didaktik d. Math. Univ. Frankfurt. Mitgr. Fr. Christl. Schulen Frankfurt/M. (s. 1980 Vors.) u. Hanau (s. 1985) - BV: Einführung in Pascal, 2. A. 1986 - Spr.: Engl., Franz.

GÜTLICH, Philipp
Dr.-Ing., o. Prof. f. Anorgan. u. Analyt. Chemie Univ. Mainz (s. 1975) - Georg-Büchner-Str. 9, 6101 Roßdorf 1/Kr. Darmstadt - Geb. 5. Aug. 1934 Rüsselsheim (Vater: Philipp G., Landw.; Mutter: Eva, geb. Rabenstein), ev., verh. s. 1969 m. Angelika, geb. Stoeck, 2 Kd. (Katja, Daniel) - Gymn. Rüsselsheim; TH Darmstadt (Chemie; Dipl. 1961). Promot. 1963; Habil. 1969 (beides Darmstadt) - 1972-75 Prof. TH Darmstadt - BV: Mössbauer Spectroscopy and Transition Metal Chemistry, 1978, (m. Link u. Trautwein); ca. 130 Veröff. üb. Spektroskopie an Übergangsmetallkomplexen - Liebh.: Musik, Sport.

GÜTSCHOW, Gerhard

Dipl.-Ing., Prof., Vorstandsmitglied Germanischer Lloyd, Hamburg - Vorsetzen 32, 2000 Hamburg 11; priv.: Schulstr. 8, 2057 Reinbek - Geb. 8. Febr. 1931 Stettin - Stud. Schiffsmasch.bau TH Hannover - S. 1985 Vorstandsmitgl. Germanischer Lloyd, Hamburg - Honorarprof. Univ. Hannover.

GÜTT, Friedel
Dr. jur., Staatsrat a.D., Vorstandsmitgl. Bavaria-St. Pauli-Brauerei, Präs. Hamburger Sportbund, Vorst. Dt. Fußballbund - Hopfenstr. 15, 2000 Hamburg 4 - Geb. 18. Jan. 1933 Hamburg (Vater: Arthur G. Staatssekr.; Mutter: Jenny, geb. Henrard), 3 Kd. (Beate, Corinna, Wolfgang) - Naturwiss. Gymn. Opladen (Abit. 1953), 1953-58 Univ. Freiburg u. Göttingen (Rechtswiss.). 2. Staatsprüf. (1963) u. Promot. (1964) Hamburg - 1966-71 Leit. Abt. Protokoll u. Ausw. Angelegenh. Senatskanzlei Hamburg; 1971-76 Ltd. Fachbeamter Behörde f. Ernährung u. Landw.; 1976-78 Staatsrat Gesundheits- u. Arbeits- u. Sozialbeh.;

1978-82 Staatsrat Gesundheitsbeh. ebd. - Liebh.: Fußball, Jagd - Spr.: Engl.

GÜTT, Jürgen
Schriftsteller - Hohenstaufenstr. 5, 8000 München 40 (T. 39 92 87) - Geb. 1926, verh. (Ehefr.: Ursula) - Viele Hör- (üb. 50) u. Fernsehsp. (etwa 30), Theaterstücke - Eltern s. Dieter G. (Bruder).

GÜTTER, Ernst

Bankkaufm. i.R., Schriftsteller - Landwehrstr. 12a, 8000 München 2 (T. 089-59 12 57) - Geb. 4. Dez. 1928 Oberlohma, vern. - 1943 Handelsakad. Eger; 1949 Verlegerfachsch. u. priv. Handelssch. München. 1966-70 Präsid.-Mitgl. Dt. Skiverb.; stv. Vors. Bayer. Autorenvereinig. München; Mitgl. div. Autorenverb. - BV: Hohe Nacht, 1961; Pistengrantler, 1962 u. 65; V. d. Großstadt ins Skigeb., 1968; Mauern, 1978; Siegburger Pegasus, 1982; Erde u. Menschen, 1982; Gauke's Jahrb., 1981; Autoren stellen sich vor, 1983; Lebenszeichen 84, 1984; Erdwogen, 1986; Grantlerg'schichten, 1986; Lichtraum u. Erde, 1987; D. Bergbahn, 1988. Mitarb. div. Literaturztschr. - 1949/50 Mitgl. d. Meisterturnriege MIV 79 München - 1970 Ehrenurkunde Bayer. Skiverb. - Liebh.: Skifahren, Bergsteigen, Segeln, Lit., Musik, Malerei, Phil. - Spr.: Engl. - Lit.: Kürschners Dt. Lit.-Kalender 1988; Taschenlex. z. Bayer. Gegenwartslit. Univ. München u. weiterer Fachlex.

GÜTTGEMANNS, Erhardt
Dr., Prof. (C 3) f. Neues Testament, Linguistik u. Semiotik Univ. Bonn - Dechant-Kreiten-Str. 8, 5309 Meckenheim (T. 02225 - 76 45) - Geb. 6. März 1935 (Vater: Georg G., Metallarbeiter; Mutter: Anna, geb. Paulußen), ev., verh. s. 1981 m. Zsófia Eva, geb. Török - Univ. Göttingen, Bonn; Promot. 1963, Habil. 1970 - 1970 Gründ. d. linguistisch-semiot. Theol. in Deutschland, 1978 Beirat d. DGS - 7 Bücher, 60 Aufsätze üb. Linguistik/Semiotik u. Theologie - Liebh.: Fotografie, Zaubern - Spr.: Engl., Franz.

GÜTTICH, Helmut
Dr. med., Prof., Hals-, Nasen- u. Ohrenarzt - Frühlingstr. 22c, 8035 Gauting/Obb. - Geb. 14. März 1921 Berlin (Vater: Prof. Dr. med. Alfred G., zul. Ord. f. HNOheilkd. Univ. Köln (s. X. Ausg.); Mutter: Elfriede, geb. Erxleben), ev., verh. s. 1954 m. Mauth, geb. Fiedler, 3 Kd. (Ulrich, Gudrun, Götz) - S. 1962 (Habil.) Lehrtätig. Univ. München (1968 apl. Prof. f. HNOheilkd.). Oberstabsarzt d. R. d. Luftw. a. D. - BV: Antigermanismus, 1986; D. andere Lucrezia Borgia, 1987; Aids, 1988; 2 Generationen erlebter dt. Medizingeschichte, in Dt. Annalen 1988, Krummstab u. Kronen (im Druck). Üb. 90 Fachveröff. - 1963 Albert-Krecke-Preis (Otogener Schwindel) - Spr.: Engl., Franz.

GÜTTLER, Rainer Carl
Geschäftsführer Dt. Ges. f. Europ. Erziehung - Priv.: Haidfeldstr. 1, 8156 Otterfing (T. 08024 - 29 61); dstl.: Sendlinger Str. 64, 8000 München 2 (T. 089-29 90 10) - Geb. 27. Sept. 1944 Wismar (Vater: Theodor G., Oberstltn. a. D.; Mutter: Brunhilde, geb. Wahrmann), kath., verh. s. 1972 m. Gabriele, geb. Wagner - Univ. München, Berlin u. Innsbruck (Jura, Polit. Wiss.) - 1970-77 außerschul. Jugendarbeit; 1972-77 Lehrauftr.; 1977-84 Hauptgeschäftsf. Kath. Bundesarbeitsgem. f. Erwachsenenbild. (KBE) - BV: Kath. EB in d. Bundesrep. Deutschl., 1984 - Mitgl. Kurat. d. Theodor-Heuss-Preis-Stiftg. - Liebh.: Philatelie, Musik, Familiengesch. - Spr.: Engl.

GÜTZKOW, Horst
Dr. jur., Bundesrichter - Am Rupenhorn 18b, 1000 Berlin 19 (T. 304 43 37) - Geb. 4. Juli 1920 Stettin (Vater: Willi G., Kaufm.), ev., verh. s. 1944 m. Gertrud, geb. Imm, 2 Töcht. (Dorothea, Monika) - Marienstiftsgymn. Stettin; Univ. Berlin u. Freiburg/Br. (Rechtswiss.); Promot. 1944) - 1946-49 Amtsrichter Karlsruhe, 1949-52 Verw.gerichtsrat ebd., 1952-58 Oberverw.gerichtsrat Stuttgart u. Karlsruhe, s. 1959 Richter u. s. 1977 Vorsitzender Richter am Bundesverw.gericht Berlin, s. 1974 Honorarprof. Liegenschaftsrecht TU Berlin, Vors. d. Verw.gerichtshofs d. Ev. Kirche d. Union, Vors. Bundesrichterverein - Gr. BVK - Liebh.: Musik.

GUGEL, Ernst
Dr. mont., Dipl.-Ing., Leiter Forschungsinst. d. Cremer-Gruppe, Honorarprof. f. Keramik Ruhruniversität Bochum - Lauterburgstr. 47a, 8633 Rödental.

GUGEL, von, Fabius
Maler, Graphiker - Maria-Theresia-Str. 25, 8000 München 80 (T. 089-98 26 80) - Geb. 13. Sept. 1910 Worms - Ausb. Akad. Rom, München - Tätigk. als Bühnenausstatter in Rom, Salzburg, Darmstadt, Wien, Berlin, Düsseldorf, Hamburg, Frankfurt, u.a.: Mitarb. e. Porzellanfabrik, Selb - BV: Aschenbrödel, 1960; Trionfi, 1964; Lob d. Verzweifl., Lyrik 1984 - Ausmalung Palazzo Cicogna, Venedig - Schwabinger Kunstpreis - Lit.: H. Hofstätter du Mont, Fabius v. Gugel - D. graph. Werk; Hocke, Manierismus; Hocke, Neomanierismus; Marie Luise Kaschnitz, Baron Fabius Gugel.

GUGEL, Günter
Prof., Dozent f. Violine Staatl. Hochsch. f. Musik Köln - Dagobertstr. 38, 5000 Köln.

GUGGENBERGER, Vinzenz
Weihbischof in Regensburg (s. 1972) - Niedermünstergasse 1, 8400 Regensburg (T. 5 69 90) - Geb. 21. März 1929 Osterham-Hofkirchen - Phil.-Theol. Hochsch. Regensburg. Priesterw. 1953 - Zul. Dompfarrer Regensburg - Dompropst.

GUGGENBICHLER, Otto

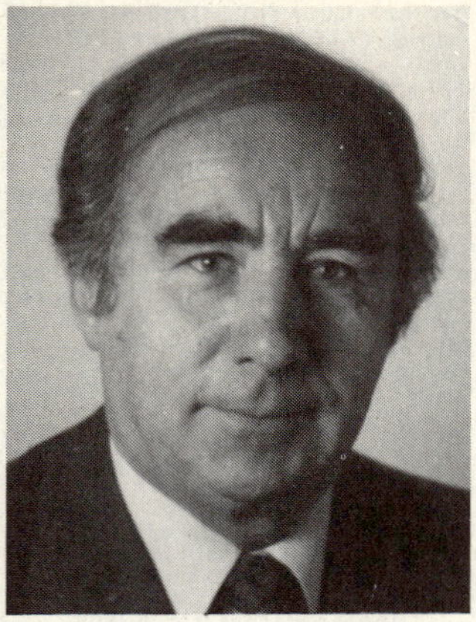

Dr. phil., Geograph, Hauptabteilungsleit. Bayer. Rundfunk Kultur u. Zeit (FS), Abteilungsleit. Land u. Leute (Hörfunk) - Puppenweg 17, 8000 München 83 (T. 089 - 60 46 83) - Geb. 30. Mai 1924 Tegernsee, kath., verh. m. Dr. med. Hertha, 2 Kd. (Dr. med. Stephan, Barbara) - Stud. Coburg; Dr. phil.; Geograph - Zun. mehrere J. Ltd. Redakt.; 1968-71 Leit. ARD-Studio Rom; Fernsehredakt. u. Regiss. s. d. Anfängen d. Bundesrep. - BV: Buch üb. d. Jachenau Landkreis Tölz; Aufs.; ca. 50 Filme - Filmpreise speziell f. landeskundl. Dokumentationen (Schwerp.: Nationalparks); Cavalliere Ufficiale, Rep. Italia; BVK am Bde. - Liebh.: Bergbesteigungen in 5 Erdteilen; Volks- u. Siedlungskunde - Spr.: Engl., Franz., Ital. - Bek. Vorf.: Meinrad Guggenbichler, Bildhauer (1649-1723).

GUGGENMOS, Josef

Schriftsteller (Erz., Lyrik, Theater, Kinderb.) - Am Staffel 21, 8951 Irsee b. Kaufbeuren (T. 08341 - 37 55) - Geb. 2. Juli 1922 Irsee/Allgäu (Vater: Ignaz G., Pfleger; Mutter: Theresia, geb. Maierhauser), kath., verh. (Ehefr.: Therese), 3 Kd. (Ruth, Vera, Bettina) - Gymn. St. Ottilien; Stud. German., Kunstgesch., Indologie - 1953-56 Verlagslektor - Neuere BV: Was denkt d. Maus am Donnerstag?, Kinderged. 7. A. 1975; Gugummer geht üb. d. See, Ged. 1968; E. Elefant marschiert d. Land, Kinderb. 1968; Gorilla, ärgere dich nicht, Ged. 2. A. 1972; Theater, Theater - Einakter 1974; D. Geisterschloß, Ged. 1974; Es las e. Bär e. Buch im Bett, 1978; Das & Dies, 1980; Wenn Riesen niesen, 1980; Wer braucht tausend Schuhe?, 1980; D. Bär auf d. Berg, 1981; Sonne, Mond u. Luftballon, 1984 - 1968 Prämie z. Dt. Jugendbuchpreis u. Ehrenliste z. Europ. Jugendbuchpreis Citta di Caorle; 1975 Ehrengabe Bayer. Akad. d. Schönen Künste; 1980 Europ. Jugendbuchpreis „Provincia di Trento"; 1980 Preis d. Akad. Amriswil; Mitgl. PEN-Zentrum BRD; 1983 Bayer. VO; 1984 Friedrich-Bödecker-Preis - Liebh.: Entomologie, Ornithol., Modellieren - Spr.: Engl. - Lit.: Peter Härtling, Palmström grüßt Anna Blume (1961); H.-J. Kliewer, Elemente u. Formen d. Lyrik (1974); Dino Larese: J. G. (1980); Kurt Franz, Josef Guggenmos u. d. Kinderged., Handb. d. Lit. in Bayern - Rotarier.

GUGL, Wolfgang Dietrich

Litt. D. h.c., Schriftsteller, Grafiker (Ps. Wolfdietrich Thomssen) - Am Freigarten 12/15, A-8020 Graz (T. 0316 - 91 52 41) - Geb. 24. Juli 1946 Frohnleiten (Vater: Helmut G., Amtsleiter i.R.; Mutter: Annemarie, geb. Thomssen), ev., ledig - Bundeshandelssch. Wien, Autodidakt. - Herausg.: Dietrichsblatt; Kulturaussch. Frohnleiten (1975); Leit. Klub österr. Literaturfreunde u. Autoren (1977-80); s. 1981 Vorst.smitgl. Steirischer Schriftst.bd. - BV: Kein Wind, d. meine Tränen trocknet, Lyrik, 1978; So? ...finden Sie?, Lyrik, Nonsens, 1979. Herausg. Lyrik-Anthol.: An d. Ufern d. Hippokrene; Beitr. in Anthol. - Grafik (Ps. Wolf de Thom) - 1976 Theodor Körner-Preis f. Wiss. u. Kunst., (Lit.förd.); 1982 Diploma di Merito u. Ehrendoktor Litt. D. - Liebh.: Reisen, Astronomie, Gesch., Musik; Init. d. Tags d. Lit.ztschr. - Spr.: Engl. - Lit.: Herbert Dobrovolny: Papier als Gesprächspartner.

GUGLIELMI, Johannes

Dr. rer. nat., Wiss. Rat (Physiolog.-Chem. Inst./Biochemie III), Prof. f. Physiol. Chemie u. Biochemie Univ. Tübingen - Eichenweg 5, 7400 Tübingen 1 - Privatdoz. u. apl. Prof.

GUHL, Karl

I. Bürgermeister - Rathaus, 7410 Reutlingen.

GUHL, Ortwin

Dipl.-Volksw., Vorstandssprecher Kreissparkasse Tuttlingen - Zu erreichen üb. Kreissparkasse Tuttlingen, Postf. 120, 7200 Tuttlingen (T. 07461-70 02 15) - Geb. 21. Okt. 1942 (Vater: Paul Guhl, Steuerberat.), kath., verh. s. 1975 m. Brigitte, geb. Schoder, 2 Kd. (Thomas, Kristina) - Human. Gymn. Rottweil; Stud. Theol. u. Volksw. Univ. Tübingen; Dipl. 1967; 1967/68 Volont. Dt. Bank Stuttgart - 1968-69 Treuarb. Frankfurt; 1969-72 Württ. Sparkassen- u. Giroverb. Stuttgart; 1972-83 Abt.leit. Landeskreditbank Baden-Württ.

GUHRT, Joachim

Pfarrer, Generalsekr. Reformierter Bund (s. 1973), Mitgl. Exekutivaussch. Reform. Weltbd. (s. 1977) - Klapperstiege 13, 4444 Bad Bentheim - Geb. 23. Nov. 1925 Kl.-Ziethen/Potsdam, ev., verh.

GUITTON, Helga

Funk- u. Fernseh-Moderatorin - Zu erreichen üb. Radio Luxemburg, Luxemburg 1002 - Geb. 18. Dez. Königsberg/Ostpr. (Vater: Herbert Schwender; Mutter: Gisela, geb. Penner); ev., gesch., S. Hansjörg - 1955-63 Ausb. in Tanz, Schausp., Spr. - 1958-60 Ballettänzerin Theater Heidelberg, 1960-62 FS-Sprecherin b. SR, s. 1964 RTL-Rundf.-Moderatorin, s. 1973 FS-Moderat. Zahlr. Eurovisionssend., Midem-Festival in Cannes, Aktuelle Schaubude (NDR, Red. u. Mod.), 1979-80 Liederzirkus (ZDF) - Liebh.: Mod. Jazztanz, Wasserski, Tischtennis, Einkaufen, Golf - Spr.: Franz., Engl., Ital.

GULDAGER, Reinhardt

Dr.-Ing., Regierungsbaudirektor a. D., o. Prof. f. Entwicklungsplanung u. Siedlungswesen TU Braunschweig (s. 1973) - Im Gettelhagen 96, 3300 Braunschweig.

GULDAN, Ernst

Dr. phil., Bibl. Leiter a. d. Bibliotheca Hertziana (Max-Planck-Institut), Rom - Via Gregoriana 28, I-00187 Roma (T. 679 73 52) - Geb. 30. Dez. 1927 Prag - Promot. Univ. Göttingen 1954. Forschungsstipendiat am Zentralinst. f. Kunstgesch. München 1954-56, wiss. Assist. am Kunstgeschichtl. Seminar Univ. Göttingen 1956-63, wiss. Bibliothekar Bibliotheca Hertziana (MPI) Rom s. 1964, Leiter d. Bibl. s. 1977 - BV: Eva u. Maria. Eine Antithese als Bildmotiv, 1966; Wolfgang Andreas Heindl, 1970; Aufsätze in dt., österr., ital. u. frz. Fachzeitschriften; Rezensionen; Vorträge. Herausg.: Beiträge z. Kunstgeschichte (Festschrift H. R. Rosemann) 1960.

GULDEN, Walter

Dr., Bankdirektor - Ludwigstr. 13, 8000 München 2 - S. 1978 Vorst. Landeszentralbank in Bayern.

GULLMANN, Erich

Dipl.-Volksw., Vorstandsmitglied i. R. Ackermann-Göggingen AG. - Schiffmacherweg 1, 8900 Augsburg 22 (T. 9 11 20) - Geb. 4. Dez. 1921 Bonn, ev.-luth., verh. s. 1954 m. Margarethe, geb. Strobel, 2 T. (Monika, Marion).

GULLOTTA, Filippo

Dr. med., o. Prof. f. Neuropathologie Univ. Münster (1983ff.) - Augustinusstr. 34, 5300 Bonn 1 - Geb. 4. Febr. 1931 Catania/Ital. (Vater: Giovanni G., Chirurg; Mutter: Adelaide, geb. Boratto), verh. m. Helmtrud, geb. Goeken, 3. S. (Giovanni, Giorgio, Giulio) - Habil. 1966 - 1958 Stip. Alex. v. Humboldt-Stiftg. Inst. f. Neuropath. Bonn; 1961-63 Max Planck Inst. f. Psychiatrie München; 1963-82 Inst. f. Neuropath. Univ. Bonn; ab 1983 Münster. Forsch.schwerpunkte: Hirntumore, Muskelkrankh., Mißbildungen u. degener. Erkrank. d. Nervensystems - BV: D. sog. Medulloblastom, 1967. Zahlr. Aufs. in Lehrb. d. Pathol., Neuropathol., Neurochir. Üb. 250 Einzelarb. - Mitgl. in zahlr. in- u. ausl. Fachges. - Spr.: Ital., Deutsch, Engl.

GULYA, János

Dr. phil., o. Prof. f. Finn.-Ugr. Philologie Univ. Göttingen (s. 1977) - Am Ebelhof 17, 3400 Göttingen.

GUMBRECHT, Alfons

Generalsekretär Dt. Touring Automobil Club e. V. - Elisabethstr. 30, 8000 München 13 (T. 37 65 81); priv.: Lipowskistr. 14, 25 (T. 77 57 00).

GUMBRECHT, Hans Ulrich

Dr. phil., Univ.-Prof. f. Roman. u. Allg. Literaturwiss. Univ. Siegen (1983-89), Prof. of Romance Lit. in the Departm. of Comparativ Lit. Stanford Univ. Palo Alto, Calif./USA (1989ff.) - Dept. of Comparative Literature, Stanford Univ., Building 40, Stanford, CA 94305/2087, USA - Geb. 15. Juni 1948 Würzburg (Vater: Dr. med. Hanns G., Chefarzt (Urologe); Mutter: Dr. Thea Bender), gesch., 3 Kd. (Marco, Sara, Christopher Vincent) - Schule Würzburg (Abit. 1967); Stud. (Stip. Stiftg. Maximilianeum) München, Regensburg, Salamanca, Konstanz. Promot. (1971) u. Habil. (1974) Konstanz - O. Prof. Univ. Bochum (1976), Ruf Univ. California/Berkeley (1983), Univ. Frankfurt (1987), Hochsch. St. Gallen (1988); Gastprof. Rio de Janeiro (1977 u. 1982), Berkeley/Calif. (1980 u. 1983), Paris (1982); s. 1982 Directeur de rech. associé an Ecole d. Hautes Etudes en Sciences Sociales, Paris; Univ. Barcelona (1986); Ungarische Akad. d. Wiss. (1987); Université de Montréal u. Buenos Aires (1988); 1981-83 stv. Vors. Dt. Romanistenverb.; 1987-89 Sprecher d. lit.- u. kommunikationswiss. Graduiertenkollegs an d. Univ. Siegen - BV: Funktionswandel u. Rezeption, 1971; Zola im histor. Kontext, 1977; Funktionen parlam. Rhetorik in d. Franz. Revolution, 1978 (auch franz.). Herausg.: Grundriß d. roman. Literaturen d. Mittelalters (1975ff.), Honoré de Balzac (m. K. Stierle/R. Warning, 1980), Sozialgesch. d. Aufklär. in Frankr. (m. R. Reichardt/T. Schleich, 1981), D. Diskurs d. Lit.- u. Sprachhistorie (m. B. Cerquiglini, 1983); Epochenschwellen u. Epochenstrukt. im Diskurs d. Lit. u. Sprachhistorie (m. U. Link-Heer, 1985); Stil (m. K. L. Pfeiffer, 1986) - Liebh.: Sport (passiv) - Spr.: Engl., Franz., Span., Ital., Portug., Arab.

GUMIN, Heinz

Dr. rer. nat., Prof., Vorstandsmitglied Siemens AG - Wittelsbacherplatz 2, 8000 München 2 (T. 089 - 234 48 00) - Geb. 19. Aug. 1928 Dortmund - Univ. Berlin, Tübingen, Münster (Math., Physik); Promot. 1954 - S. 1955 Siemens & Halske, bzw. Siemens AG (1969 stv., 1972 o. Vorst.-Mitgl.) - Spr.: Engl.

GUMLICH, Gertrud

Dr. med., Internistin, stv. Vors. Aktion Sühnezeichen/Friedensdienste (s. 1986) - Triberger Str. 3, 1000 Berlin 33 (T. 030 - 821 33 50) - Geb. 29. Jan. 1930 Hamburg, ev., verh. s. 1972 m. Prof. Hans-Eckhart G., Sohn Matthias (aus 1. Ehe) - 1954-60 Stud. Med. Univ. Hamburg u. München; Staatsex. 1960 Hamburg, Promot. 1961 ebd. - Vorstandsmitgl. Ev. Akademikersch., Landesverb. Berlin (s. 1976); Mitgl. Regional-Synode Ev. Kirche Berlin-Brandenburg (s. 1979); Mitgl. EKD-Synode (s. 1985) - Liebh.: Musik, Malerei, Fotogr.

GUMLICH, Hans-Eckhart

Dr.-Ing., o. Prof. i. Inst. f. Festkörperphysik TU Berlin - Tribergerstr. 3, 1000 Berlin 33 (T. 821 33 50) - Geb. 10. März 1926 Markersdorf (Vater: Walther G., Pfarrer; Mutter: Elisabeth, geb. Kruspi), ev., verh. s. 1972 m. Gertrud, geb. Ahringsmann - Promot. (1958) u. Habil. (1968) TU Berlin - 1959-62 u. wied. 1963-69 Fritz-Haber-Inst. (MPG), Berlin; 1962/63 Univ. of. Delaware/USA; s. 1969 Hochschullehrer TU - BV: D. Energietransport in d. Elektrolumineszenz u. Elektrophotolumineszenz v. II-VI-Verbindungen, 1970; Phosphore d. ZnS-Gruppe, 1970 (m. N. Riehl; in: Einf. in d. Lumineszenz) - Spr.: Engl., Franz. - Bek. Vorf.: Physiker Ernst G. (Magnetismus), Großv.

GUMM, Horst

Dipl.-Kfm., Generalbevollmächtigter Gelsenwasser AG, Gelsenkirchen, Sprecher d. Geschäftsfg. Niederrh. Gas- u. Wasserwerke GmbH, Duisburg, Geschäftsf. Vereinigte Gas- u. Wasserversorgung GmbH, Rheda-Wiedenbrück - Hünxer Heide 36, 4224 Hünxe - Geb. 6. Dez. 1930.

GUMMER, Michael

Dr. med., Arzt, Fachjournalist, Schriftst. - Kruckenburgstr. 4, 8000 München 70 - Geb. 14. Dez. 1956 München, kath., verh. s. 1984 m. Karin, geb. Kortschack, 2 Kd. (Ernst Wenzel, Elisa Jorinde) - Abit. 1976 Human. Gymn.; Stud. German., klass. Phil. u. Med. München - BV: Anfangs sucht' ich drinnen u. fand, 1981; Münchner Erfahrungen, 1982; D. Abschied in uns, 1982; Lyrischer Oktober, 1985; Eigentlich Einsam, 1985. Mitautor Lit.ztschr. Zwischenbereiche (s. 1981); Üb. d. Abenteuer e. Lit.ztschr. zu machen (1987). Mithrsg. Lit.ztschr. Rind u. Schlegel (1977-89) - 1982 III. Preis München leuchtet - leuchtet München? (VDS Bayern) - Liebh.: Musik (Klavier), ital. Lit. - Spr.: Ital., Engl.

GUMMERT, Helmut

Dr., Hauptgeschäftsführer Kurat. f. Technik u. Bauwesen in d. Landw., Darmstadt - Fiedlerweg 30, 6100 Darmstadt - Geb. 2. Juli 1929.

GUMP, Johann

Dr. rer. comm., Dipl.-Kfm. - Auf d. Weinberg 7, 3501 Ahnatal-H. - Geb. 10. Dez. 1934 Nürnberg (Vater: Friedrich G., Fleischerm.; Mutter: Rosa, geb. Bäuerlein), ev., verh. s. 1961 m. Marit-Anita, geb. Hensel, 2 Kd. (Götz, Christian) - Realgymn. u. Wirtschafts-Oberrealsch. Nürnberg (Abit. 1954); 1952-54 Fleischerlehre b. Vater; 1954-59 Hochsch. f. Wirtschafts- u. Sozialwiss. ebd., Univ. Hamburg u. München (Dipl.-Kfm. 1959), 1959-60 Hochsch. f. Welthandel Wien (Promot. 1960) - 1960-65 Treuverkehr AG WP, Bielefeld, Frankfurt; 1963-65 Geschf. CEBU Centralbuch.ges. mbH Berlin-Charlottenburg, 1963-65 Geschf. kommiss. Ampex Europa GmbH Frankfurt, 1965-88 Vorst.-Vors. HAFEKA eG Kassel, 1969-88 Geschf. Fortan u. Fleischerdienst GmbH Kassel, s. 1970 gf. Vorst.-Mitgl. Häuteverb. Hessen e. V., 1971-85 VR Verb. Dt. Häuteverwertungen e. V. Essen, Bamberg, Inter. Gem. f. Lederforsch. u. Häuteschädenbekämpf. Frankfurt-Hoechst, 1971-85 Vorst.-Mitgl. Bundesverb. Dt. Talg- u. Schmalzind. e. V. Bonn, s. 1974 e.a. Richter Hess. Finanzgericht Kassel, 1976-85 Vizepräs. AEVP Association Européenne des Ventes Publiques de Cuirs et Peaux bruts Paris, AR Zentrag eG Frankfurt, 1976-88 stv. VR-Vors. Schlachthof Kassel GmbH & Co., Verwaltungs-KG, 1977-82 VR CURA Treukapital GmbH Frankfurt, s. 1978 AR Raiffeisenbank Kurhessen e. G. Kassel, 1980-85 Vizepräs. Verb. Dt. Häuteverwert. e. V. Bamberg - BV: D. betriebsw. Beratung im Handwerk als Maßnahme d. Gewerbeförd. unt. bes.

Berücks. d. Fleischerhandw., 1960 (Diss.) - Liebh.: Klass. Musik, Phil., Bergwandern, Schwimmen - Spr.: Engl., Franz.

GUNDEL, Dieter

Dipl.-Verwaltungswirt (FH), I. Bürgermeister Stadt Leutershausen - Rathaus, 8811 Leutershausen/Mfr. - Geb. 14. Okt. 1940 Würzburg - Zul. Stadtoberinsp.

GUNDEL, Hans Georg

Dr. phil., Prof. f. Alte Geschichte (emerit.) - Am Alten Friedhof 20, 6300 Gießen (T. 4 74 15) - Geb. 20. Okt. 1912 Gießen (Vater: Prof. Dr. phil. Wilhelm G., Klass. Philologe †1945 (s. X. Ausg.); Mutter: Johanna, geb. Zimmermann †1962), ev., verh. s. 1943 m. Lore, geb. Bill, 2 Kd. (Konstanze, Ingrid) - Univ. Gießen, Bonn, München, Marburg (Gesch., Klass. Philol., Altertumswiss.; Promot. 1937) - B. 1940 Assist. Thes. ling. Lat. München, dann Wehrdst. (zul. Oblt. d. R.), 1945-48 Privatgel., 1948-68 höh. Schuldst. Gießen (Oberstudienrat), s. 1953 Lehrbeauftr., Honorarprof. (1962) u. Ord. (1968) Univ. Gießen - BV: Unters. z. Taktik u. Strategie d. Germanen, 1937; Wilhelm Gundel z. Gedächtnis, 1947; Sternglaube, -religion u. -orakel, 1959; V. d. Urzeit b. z. Ende d. Absolutismus, 1963; Astrologumena - D. astrolog. Literatur in d. Antike u. ihre Geschichte, 1966; Weltbild u. Astrologie in d. griech. Zauberpapyri, 1968; Zodiakos, 1972; Stud. b. Gesch., 1974 (m. a.); D. alten Statuten d. Gießener Univ., 1977; D. ältest. Statuten d. Gieß. Med. Fak., 1979; Rektorenliste d. Univ. Gießen 1605-1971, 1979; D. alte Orient u. d. griech. Antike, 1981; Statuta Academiae Marpurgensis deinde Gissensis de anno 1629, 1982; Gießener Gelehrte in d. ersten Hälfte d. 20. Jh., 2 Bde. (m.a.), 1982; D. Siegel d. Univ. Gießen, 1983; Editionen Gieß. Papyri n. 1945, 1984. Zahlr. Einzelarb. - Mitgl. Assoc. Intern. de Papyrologues u. Hess. Hist. Kommiss. (Darmstadt u. Marburg); Korr. Mitgl. Dt. Archäol. Inst.; 1982 Gesch.preis Univ. Gießen - Lit.: W. Bietz, Verzeichn. d. Schriften von H. G. G., 1977, II (1977-87), 1987.

GUNDELACH, Volkmar G.

Prof., Dipl.-Physiker, Privatier - Graf-Stauffenberg-Ring 32, 6380 Bad Homburg v.d.H. - Geb. 13. Juli 1923 Münster/Westf., verh. - Lehrbeauftr. f. Meßtechnik Techn. Fak. Univ. Erlangen-Nürnberg - Spr.: Engl., Franz.

GUNDERMANN, Dietrich

s. Gundermann, Karl-Dietrich

GUNDERMANN, Hans P.

Dr. jur., Vorstandsmitglied DEUTAG Deutsche Tiefbohr-AG (s. 1988) - Deilmannstr. 1, 4444 Bad Bentheim (T. 7 23 40) - Geb. 30. Nov. 1930 - Zul. Vorst.-Mitgl. Mobil Oil AG, 2000 Hamburg.

GUNDERMANN, Karl-Dietrich

Dr. rer. nat., em. Univ.-Prof. f. Organ. Chemie, Direktor Organ.-Chem. Inst. Bergakad. bzw. TU Clausthal (1964-88; 1973-80 Rektor) - Birckenbachstr. 2, 3392 Clausthal-Zellerfeld (T. 24 64) - Geb. 20. Febr. 1922 Breslau (Vater: Fritz G., Generalsekr.), kath., verh. 1947-83 m. Elisabeth, geb. Rottmann †, 4 Kd. (Elisabeth, Maria-Eva, Thomas, Andreas), ab 1984 m. Josefa Rottmann-Gundermann - Univ. Berlin (Dipl.-Chem. 1941) u. Münster (Promot. 1948) - 1949-64 Assist., Oberassist. (1953) u. Kustos Organ.-Chem. Inst. Univ. Münster (1954 Privatdoz., 1960 apl., 1962 ao. Prof.) - Liebh.: Kakteen - Spr.: Engl., Franz. - Rotarier.

GUNDERMANN, Knut-Olaf

Dr. med., o. Prof. u. Direktor Abt. Hygiene, Sozialhygiene u. Gesundheitswesen Univ. Kiel - Brunswiker Str. 2-6, 2300 Kiel 1 (T. 597 25 72) - Geb. 22. Okt. 1933 Magdeburg (Vater: Werner G., Beamter; Mutter: Charlotte, geb. Bohne), ev., verh. s. 1964 m. Karin, geb. Möller - Univ. Hamburg, Innsbruck, Kiel (Staatsex.). Promot. 1958 u. Habil. (Hyg. u. Sozialhyg.) 1969. 1974 apl. Prof. Univ. Kiel, 1976-80 o. Prof. u. Leit. Inst. f. allg. Hygiene FU Berlin, 1977-81 Vors. Sekt. Hygiene Dt. Ges. f. Hygiene u. Mikrobiol., s. 1987 Vizepräs. - Zahlr. Facharb., Mithrsg. ZBL Bakt. Hyg. 1. Abt. Reihe B - Spr. Engl.

GUNDL, Hans

Dipl.-Kfm., Vorstandsvorsitzer Gemeinn. Bayer. Wohnungsges. AG., München (b. 1981, Ruhest.) - Stengelstr. 25, 8000 München 23 (T. 39 34 37) - Geb. 20. Febr. 1917.

GUNDLACH, Friedrich W.

Dr.-Ing., o. Prof. f. Hochfrequenztechnik - Klopstockstr. 6, 1000 Berlin 37 (T. 801 74 16) - Geb. 2. Febr. 1912 Berlin (Vater: Georg G.; Mutter: geb. Thomas), verh. s. 1941 m. Käte, geb. Pigors - TH Berlin. Promot. Berlin; Habil. Karlsruhe - Fast 10 J. Industrietätigk. (Pintsch, Berlin); s. 1949 o. Prof. TH Darmstadt u. TU Berlin (1954; 1965-67 Rektor). 1960-62 Vors. VDE; 1964-66 Mitgl. Wiss.rat - BV: Grundl. d. Hochfrequenztechnik, 1949. Mithrsg.: Taschenb. d. Hochfrequenztechnik, 1956, 62 u. 68. Üb. 50 Einzelarb. - 1976 Ehrenring VDE, 1979 Siemens-Stephan-Gedenkplatte, 1987 Ehrensenator TU Berlin, 1988 Beuth-Denkmünze DIN.

GUNDLACH, Gerd

Dr. rer. nat., o. Prof. f. Biochemie (Lehrstuhl II) Univ. Gießen (s. 1971) - Finkenweg 15, 6301 Leihgestern (T. dstl.: Gießen 702 40 91) - Geb. 7. Aug. 1930 - Habil. 1965 Würzburg - Zul. Abt.svorsteher u. Prof. Univ. Saarbrücken (Klin.-Chem. Abt./Urolog. Klinik Homburg). Facharb.

GUNDLACH, Heinrich

Landrat a. D. - Im Rosengärtle 10, 7500 Karlsruhe-Durlach (T. 0721 - 4 29 04) - Geb. 2. Dez. 1908 Berlin (Vater: Ludwig G., Justizrat; Mutter: Käthe, geb. Koffka), ev., verh. s. 1934 m. Ilse, geb. Schuster, 3 Kd. (Heinz-Ludwig, Werner, Irene) - Schiller-Gymn. Berlin-Lichterfelde; Univ. Marburg u. Berlin (Rechts- u. Staatswiss.). Gr. jurist. Staatsprüf. - U. a. Justitiar Mannesmannröhren-Werke, Hauptabt.sleit. Reichsvereinig. Kohle Berlin. Kriegsdst., 1945-52 Landrat Königshofen i. Grabfeld, Ufr., danach Mitgl. d. Geschäftsf. Raab Karcher GmbH Karlsruhe/Essen, Landesbeirat Gerling-Konzern, Kurat. Haus d. Kunst, München.

GUNDLACH, Karl-Bernhard

Dr. rer. nat., Prof. f. Mathematik Univ. Marburg (s. 1973) - Berliner Str. 12, 3576 Rauschenberg (T. 10 33) - Geb. 4. Jan. 1926 - S. 1958 (Habil.) Lehrtätigk. Univ. Göttingen, Münster (1964 apl. Prof.), Tucson (Arizona, USA), Tata Institute of Fundamental Research Bombay (Indien), Univ. Marburg.

GUNDLACH, Werner

Bereichsleiter DG BANK - Röder Weg 13, 6240 Königstein (T. 06174 - 46 54) - Geb. 6. Mai 1931 Hannover (Vater: Albert G., Bäckermeister; Mutter: Auguste, geb. Beulshausen), ev., verh. s. 1958 m. Eva, geb. Böhm, 3 Söhne (Günter, Ronald, Axel) - Abit.; Werbekfm.; Univ. Frankfurt (Betriebsw.) - Liebh.: Klass. Musik, Samml. mod. Grafiken - Spr.: Engl., Franz.

GUNDLACH, Willi

Dr. phil., Prof., Hochschullehrer - Markusstr. 13, 4600 Dortmund-Syburg - U. a. o. Prof. f. Musik u. ihre Didaktik, Univ. Dortmund.

GUNKEL, Karl

Dipl.-Kfm., Verbands-Geschäftsführer - Ernteweg 35, 5442 Mendig (T. 02654 - 25 10) - Geb. 7. Sept. 1948 Horb - Geschäftsf. Verb. Rhein. Sägewerke, Dt. Holzschutzverb. f. großtechn. Imprägnierung.

GUNKEL, Peter

Dr., Geschäftsführer Zentralverb. d. Augenoptiker - Stresemannstr. 12, 4000 Düsseldorf - Geb. 13. Mai 1928.

GUNKEL, Rudolf

Bezirksverordneten-Vorsteher von Berlin-Reinickendorf (1975-79), Leiter Abt. f. Sozialwesen BA Reinickendorf (1971-75) - Mescheder Weg 17, 1000 Berlin 27 - Geb. 22. Nov. 1915 Berlin, verh., 3 Kd. - Volkssch.; Schriftsetzerlehre - Zul. Korrektor. 1950-54 u. 1979-81 Bezirksverordn. Reinickendorf; 1954-71 MdA Berlin. CDU s. 1947 (1965-74 Kreisvors. R'dorf).

GUNNESSON, Uwe

Dipl.-Hdl., Oberstudienrat a. D., MdL Schlesw.-Holst. - Leuscherstr. 3, 2390 Flensburg - Geb. 10. Mai 1935 Flensburg - Doz. f. Verkehrspolitik FH Hamburg. SPD - BVK.

GUNNEWEG, Antonius H. J.

Dr. theol., em. o. Prof. f. Altes Testament - Raiffeisenstr. 3, 5300 Bonn 1 (T. 21 35 84) - Geb. 17. Mai 1922 Rotterdam, ev. - S. 1963 (Habil.) Lehrtätigk. Univ. Marburg u. Bonn (1968 Ord.) - BV: Leviten u. Priester, Hauptlin. d. Traditionsbildg. u. Gesch. d. israelit.-jüdisch. Kultpersonals, 1965; Gesch. Israels b. Bar Kochba, 1972, 5. A. 1984, 6. erw. A. 1989: Gesch. Israels. V. den Anfängen b. Bar Kochba u. v. Th. Herzl b. z. Gegenwart (span. Übers. 1974, korean. 1975); Vom Verstehen d. AT - Hermeneutik, 1977, 2. A. 1988 (engl. Übers. 1978, ital. Übers. 1986); Leistung, 1978 (engl. Übers.); Herrschaft, 1980 (engl. Übers.); D. Buch Esra, 1985; D. Buch Nehemia, 1987. Fachveröff.

GUNSCH, Elmar

Rundfunk- u. Fernsehjournalist - Schlehenweg 19, 6000 Frankfurt/M. 50 (T. 069 - 54 54 87) - Geb. 14. Jan. 1931, gesch., T. Katja - German.-Stud. Univ. Erlangen, Stud. Theaterwiss. Wien - Tätigk. b. Theater, Rundf., Fernsehen - BV: Donnerwetter, 1984 - Spr.: Engl.

GUNSELMANN, Winfried

Dr. rer. nat., apl. Prof. f. Med. Statistik u. Dokumentation - Zu erreichen üb. Bayer AG, Aprather Weg, 5600 Wuppertal 1 - Geb. 31. März 1944 Bamberg, kath., verh. m. Dr. Ursula, geb. Felkel, 3 Kd. - Stud. Univ. Erlangen-Nürnberg, Oberlin College, Ohio, USA; Promot. (Math.) 1973; Habil. (Med. Statistik u. Dokumentation) 1979 - Inst. f. Biometrie Bayer AG Wuppertal - 1980 Paul-Martini-Preis (m. Forscherteam d. Univ. Oxford).

GUNSSER (ß), Walter

Dr. rer. nat., Prof. f. Physikal. Chemie - Am Häg 2, 2082 Moorrege/Holst. - Geb. 13. Dez. 1927 Oberriexingen/Württ. (Vater: Wilhelm G., Mechaniker; Mutter: Julie, geb. Grotz), ev., verh. s. 1955 m. Lore, geb. Könninger, 4 Kd. (Cornelia, Susanne, Klaus-Jochen, Christoph) - Gymn. Vaihingen u. Ludwigsburg; Univ. Tübingen (Phys., Chem.). Dipl. 1953 Stuttgart; Promot. 1958 Tübingen; Habil. 1965 Hamburg.

GUNTERMANN, Ernst

Unternehmer, Vors. Arbeitsgem. Dt. Schieferind., Koblenz - Wehrscheid 17, 5949 Fredeburg - Geb. 18. Febr. 1933.

GUNTERMANN, Hans

Dr.-Ing., Geschäftsführer Elektro-Thermit GmbH., Essen u. Berlin (2 Firmen) - Augenerstr. Nr. 94, 4300 Essen 14 - Geb. 1. Jan. 1927.

GUNTERMANN, Willi H.

Dr. jur., Rechtsanwalt u. Notar, Geschäftsf. Getreide- u. Produktenbörse Dortmund - Papenkamp 78, 4600 Dortmund - Geb. 20. Mai 1927.

GUNZERT, Gerhard

Dr. rer. nat., Prof., Direktor - Nonnenweg 19, 3380 Goslar/Harz (T. 7 11) - Geb. 31. Aug. 1920 Berlin (Vater: Theodor G., Jurist, u. a. Vortr. Legationsrat Ausw. Amt; Mutter: Elisabeth, geb. Wille), ev. - Univ. u. Bergakad. Berlin (Geologie, Bergbau) - 1947-56 Reg.geologe Hessen; s. 1956 Chefgeologe Preussag AG, Hannnover, u. Dir. (Geschäftsber. Bergbau) Preussag AG, Metall, Goslar. S. 1958 (Habil.) Privatdoz. u. apl. Prof. (1965) Marburg (Geol.). Fachveröff. - Spr.: Engl., Franz. - Bek. Vorf.: Prof. Dr. phil. Jakob Wille, Historiker, Heidelberg.

GUPTA, Derek

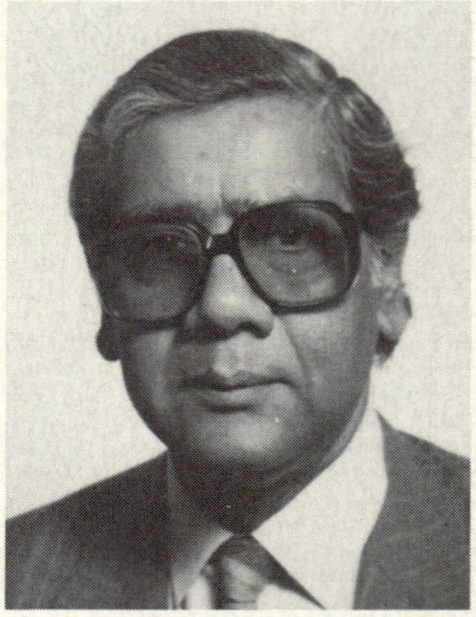

Ph. D. (Lond.) F.R.C.Path (Eng.), Wiss. Rat, Dir. Abt. f. Laboratoriumsdiagnostik v. Hormon- u. Stoffwechselstörungen/Kinderklinik Univ. Tübingen - Lange Gasse 6, 7400 Tübingen 1 - Geb. 1. Febr. 1928 Kalkutta/Ind. (Vater: Jagat Ranjan G., Politiker; Mutter: Uma, geb. Sen), verh. s. 1979 m. Dr. Bhakti Datta - B. Sc. 1948 (Kalkutta), M. Sc. 1965 u. Ph. D./Med. 1968 (London) - 1948-53 Doz. Univ. Kalkutta; 1953-58 Biochemiker Univ. Med. College, Kalkutta; 1958-69 Doz. London; s. 1971 Privatdoz. u. Prof. (1973) Tübingen - BV: Hypothalamic Hormones, 1975 u. 78; Radioimmunoassay of Steroid Hormones, 1975; Erkrank. d. Nebennierenrinde, 1977; Hormone im Kindesalter, 1979; Pubertät, 1984; Endokrinologie d. Kindh. u. Adoleszenz, 1984; Paediatric Neuroendocrinol., 1984; Neuroendocrinology of Hormone-Transmitter Interactions, 1985; The Pineal Gland during Development, 1986; The Pineal Gland and Cancer, 1987. Herausg.: Neuroendocrinolgogy Letters u. v. 12 weit. intern. Journalen - 1977 Men of Achievement (Schild); 1977 Mitgl. Royal Soc. of Medicine, Royal College of Pathologists.

GURATZSCH, Dankwart

Dr. phil., Korrespondent D. WELT in Frankfurt/M. - Zu erreichen üb. D. WELT, Westendstr. 8, 6000 Frankfurt/M. 1 (T. 069 - 71 73 11) - Geb. 14. Juni 1939 Dresden (Vater: Curt G., Lehrer, Politiker, Schriftst.; Mutter: Margarete, geb. Männchen), ev. - Internatssch. d. Dresdner Kreuzchors; Stud. Univ. Marburg, München u. Hamburg; Promot 1971 - Korresp. D. WELT f. Städtebau/Arch. - BV: Macht durch Org., 1974; Baumlos in d. Zukunft, 1984; D. Neue Berlin, 1987 - 1976 Journalistenpreis Dt. Nationalkomitee f. Denkmalschutz; 1980 Dt. Preis f. Denkmalschutz; 1986 Literaturpr. Dt. Arch.- u. Ing.-Verb. - Bruder: Herwig G., Dir. d. Wilh.-Busch-Mus. Hannover.

GURATZSCH, Herwig

Dr. phil., Direktor Wilhelm-Busch-Museum (s. 1978) - Georgengarten 1, 3000 Hannover 1 (T. 71 40 76) - Geb. 21. Mai 1944 Dresden (Vater: Curt G., Studienrat; Mutter: Margarete, geb. Männchen), ev., verh. s. 1971 m. Gudrun, geb. Helwig, 2 Kd. (Saskia, Constantin) - Kreuzchorschule Dresden; Stud. Theol. (Staatsex. 1967 Rostock), Kunstgesch.

(Promot. 1976 München) - BV: D. gr. Zeit d. niederl. Malerei, 1979; D. Auferweck. d. Lazarus in d. niederl. Kunst v. 1400 b. 1700 (2 Bd.), 1981; Wilhelm Busch, Lebenszeugnisse, 1987. S. 1978 Redakt. Wilh.-Busch-Jahrb., Ausst.-Kataloge Wilh.-Busch-Mus. Hrsg. Busch-Faksimiles: Balduin Bählamm (1980); Brannenburger Skizzenb. (1982) - Mitgl. Lions-Club, Johanniter-Orden.

GUSCHALL, Hans-Joachim

Dr. jur., Rechtsanwalt, Aufsichtsratsvorsitzender Getreideheberges. mbH, u. Hamburger Getreide Lagerhaus AG, bde. Hamburg, Beirat E. Strasser Spezialtransp., München - Am Rehwinkel 3, 2050 Börnsen.

GUSEK, Wilfried

Dr. med., Prof., Direktor Patholog. Inst. d. Stadt Karlsruhe (s. 1969) - Moltkestr. 14-16, 7500 Karlsruhe 1 - Geb. 14. Nov. 1928 Gelsenkirchen, ev. verh. s. 1957 m. Dr. med. Charlotte-Luise, geb. Sanden, 2 T. (Gabriele, Ulrike) - Med. Staatsex. 1955 - S. 1960 (Habil.) Lehrtätigk. Univ. Hamburg (1966 apl. Prof. f. Allg. Pathol. u. Pathol. Anat.), s. 1971 Univ. Heidelberg. Mitgl. mehr. Fachges., F.R.S. - BV: Submikroskop. Unters. z. Feinstruktur aktiver Bindegewebszellen, 1962 - Div. Einzelarb. - 1964 Dr.-Martini-Preis - Spr.: Engl.

GUSHURST, Egon

Verbandspräsident, Wirtschaftsprüfer Badischer Genossenschaftsverb., Bad.-Württ. - Windener Weg 9, 7573 Sinzheim (T. 07221 - 85 44) - Geb. 20. Juni 1930 Baden-Baden, kath., verh. s. 1962 m. Margit, geb. Joas, 4 Kd. - Wirtschaftsprüferex. - Spez. Aufgabengeb.: Genoss.-Wesen.

GUSKI, Rainer

Dr., Prof. f. Kognitions- u. Umweltpsychologie Univ. Bochum (s. 1982) - Postf. 10 21 48, 4630 Bochum 1 - Zun. Wiss. Angest. Physikal.-Techn. Bundesanstalt Braunschweig; zul. Prof. TU Berlin - BV: Deutsche Briefe üb. Ausländer, 1986; Lärm - e. psych. Sachb., 1987.

GUSSMANN (ß), Werner

Geschäftsführer Arbeiterwohlfahrt/Bezirksverb. Hessen-Süd - Am Aufstieg 11, 6242 Kronberg/Ts.

GUSSONE, Hans-Achim

Dr. rer. nat., Prof., Leiter Niedersächs. Forstl. Versuchsanstalt Göttingen - v.-Bar-Str. 43, 3400 Göttingen - Geb. 7. Jan. 1926 Schneidemühl (Vater: Hans G., Oberlandforstmstr.; Mutter: Hilde, geb. Siewert), ev., verh. s. 1953 m. Cecilie, geb. v. Treuenfels, 3 Kd. (Maximilian, Hans-Eberhard, Franziska) - Gymn. Templin, Bad Freienwalde, Montabaur; Forststud. Freiburg, Göttingen; Promot. 1962 Freiburg; Habil. 1972 Göttingen, apl. Prof. Univ. Göttingen 1976. 1953 Ruhr-Stickstoff AG (Forstl. Forsch.stelle), 1971 Kurat. Waldarbeit u. Forsttechnik (Chem. techn. Abt.), 1976ff. Niedersächs. Forstl. Versuchsanst. - BV: Faustzahlen f. Düngung im Walde, 1964; Waldbau auf ökol. Grundl., 2 Bd. (m. E. Röhrig), 5. A. 1982. Mitherausg.: Schriften aus d. Forstl. Fak. d. Univ. Göttingen u. d. Nieders. Forstl. Versuchsanst. Üb. 70 Veröff. Herausg.: Forst u. Holz.

GUSTAS, Aldona

s. Holmsten, Aldona

GUTBROD, Anton

Dipl.-Ing. FH Hochbau, Gesellschafter-Geschäftsführer d. Firmen Gutbrod u. Isarkies - Werkstr. 2, 8059 Berglern (T. 08762 - 8 11) - Geb. 23. Juli 1929 Kempten (Vater: Anton G., Tiefbauing.; Mutter: Katharina, geb. Lex), kath., verh. m. Lotte, geb. Zehentbauer, S. Jörg - Stud. Oskar v. Miller Polytechnikum München - Liebh.: Tennis, Segeln, Wasserski - Spr.: Engl.

GUTBROD, Jürgen

Dr. phil., Verleger, Geschäftsf. W. Kohlhammer GmbH., Verlag/Druckerei, Stuttgart, u. a. - Brunnenwiesen 30, 7000 Stuttgart-Riedenberg - Geb. 14. Febr. 1935.

GUTBROD, Rolf

Dipl.-Ing., Prof., Architekt - Ebereschenallee 27, 1000 Berlin 19 (T. 304 90 55) u. Schoderstr. 10, 7000 Stuttgart 1 (T. 25 22 92) - Geb. 13. Sept. 1910 Stuttgart (Vater: Dr. med. Theodor G., Internist; Mutter: Eugenie, geb. Wizemann), ev., gesch., 3 Töcht., wieder verh. m. Karin, geb. Schwenda - Fr. Waldorfsch. Stuttgart; Th Berlin u. Stuttgart - Oberreg.sbaurat; s. 1953 ao. u. o. Prof. (1961) TH u. Univ. Stuttgart (Innenraumgestalt.); 1978 Übergabe d. Büros an d. Arch. Henning, Kendel, Riede, jetzt Berater. Wohn-, Geschäftshäuser (u. a. IHK Stuttgart (m. Prof. Gutbier), IBM u. Dorlandhaus Berlin), Industriebauten (Porsche), Univ.forum Köln, Liederhalle (erster asymmetr. Konzertsaal; m. Prof. Abel) u. Funk- u. Fernsehstudio Stuttgart (Villa Berg; m. Prof. Witzemann u. Weber), Dt. Pavillon Weltausstell. Montreal 1967 (m. Prof. Frei Otto), Planung d. Staatl. Museen Berlin, Reg.-bauten Saudi-Arab., Konfz. Zentrum Mecca (beid. m. Prof. Frei Otto) - Wiederh. I. Preise b. Wettbew.; 1967 Auguste-Perret-Preis Union Intern. des Architests Prag; 1972 Gr. BVK m. Stern; 1980 Aga-Khan-Preis Lahore; 1983 Berliner Kunstpreis; o. Mitgl. Akad. d. Künste Berlin (1971 stv. Dir. Abt. Baukunst); 1971 Mitgl. Orden Pour le Mérite f. Wiss. u. Künste; Mitgl. Anthroposoph. Ges.; 1983 Gr. Berliner Kunstpreis - Rotarier.

GUTBROD, Wolfgang

Geschäftsführer i. R. Gutbrod-Werke GmbH - Rotenbühlerweg 72, 6600 Saarbrücken 3 (T. 0681 / 37 12 55) - Geb. 10. Okt. 1925 Stuttgart, verh. m. Lisalex, geb. Gräfin Strachwitz - Spr.: Engl., Franz. - Rotarier - Bruder: Walter G.

GUTEKUNST, Dieter

Dr. jur., Ministerialdirigent, Leit. Abt. Wohnungsbau bayer. Innenmin. München - Spitzstr. 11a, 8034 Germering (T. 089 - 84 37 99) - Geb. 22. April 1934 Dessau, ev., verh. s. 1961 m. Sibylle, geb. Petzsch-Kunze, 2 S. (Christian, Alexander) - 1953-59 Stud. Rechtswiss. u. Promot. Univ. Würzburg - Lehrbeauftr. f. Wohnungsw. TU München. VR-Mitgl. Bayer. Landesbank Girozentrale; AR-Mitgl. dreier Wohnungsuntern. - BV: Kommentare z. Wohngeldgesetz u. z. Modernisierungs- u. Energieeinsparungsgesetz - Liebh.: Musik, Malerei - Spr.: Engl., Franz.

GUTENSOHN, Wolf

Dr. rer. nat., Prof. f. Anthropol. u. Humangenetik Univ. München - Lohengrinstr. 34, 8034 Germering (T. 089-59 96-621) - Geb. 1. Sept. 1937 Fürstenfeldbruck, verh. s. 1965 m. Christiana, geb. Pagany, Sohn Michael - Chemiestud. Univ. München (Dipl. 1964, Promot. 1968, Habil. 1980) - 1971-72 Visiting Fellow Inst. of Health, Bethesda, Md. (USA); s. 1982 Professur f. Biochem. Humangenetik in München - 1957-64 Stip. Maximilianeum, München.

GUTER, Josef

Direktor Kreisvolkshochschule Diepholz (s. 1973), Volksbildungswerk. MdBB (1975-79), Leit. Akad. f. Kunst u. Kulturgesch. Bremen - Prager Str. 31, 2800 Bremen (T. 23 01 52) - Geb. 7. Sept. 1929 Vöhringen (Vater: Josef G., Fabrikarb.; Mutter: Auguste, geb. Link), kath., verh. s. 1959 m. Magdalena, geb. Rossmanek, T. Eva - Stud. d. Geisteswiss.; 1. u. 2. Lehrerprüfg. f. Grund-, Haupt- u. Realsch. - Vors. Arb.kr. Schule u. Politik, Bremen - BV: Gesch. u. Ziele d. EWG, 1967 (m. a.); Automation, 1968 (m. a.); Päd. in Utopia, 1968; Chines. Märchen, 1973; Märchen aus

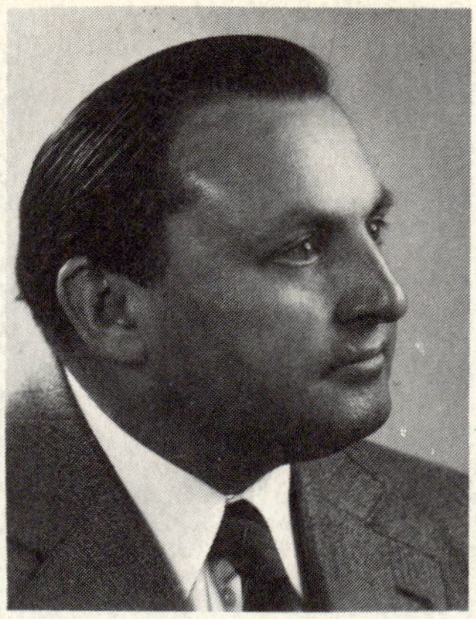

Sibirien, 1978; Kaukasische Märchen, 1980; Verwünscht, verzaubert u. verhext, 1980; Geraubt, gefesselt u. befreit. Räubermärchen a. aller Welt, 1981; M. Tamburin u. Flöten - Chines. Scherenschnitte u. Ged., 1985; D. schöne Buch chin. Märchen, 1986; D. Prinz, der d. Froschmädchen heiratete, Brevier d. Weltmärchen 1988; D. schöne Buch d. ägyptischen Weisheit, 1988 - 1966 1. Preistr. Georg-Michael-Pfaff-Stiftg.; 1969 Ausz. d. Stiftg. Mitarb. - Spr.: Engl.

GUTFLEISCH, Herbert

Handwerksmeister, Präs. Handwerkskammer Mannheim - Zu erreichen üb.: B1 1-2, 6800 Mannheim (T. 180 02 11; priv.: 79 23 06).

GUTH, Ernst

Dr. oec., Sozialdirektor - Krelingstr. 10, 8500 Nürnberg (T. 0911 - 35 65 51) - Geb. 12. März 1914 Nürnberg, ev., verh. s. 1950 m. Hilde, geb. Heger, 2 Kd. (Rüdiger, Ulrike) - Kaufm. Lehre; Univ. Melbourne u. Erlangen-Nürnberg - Kaufm. Tätigk. Übersee (im Krieg in Australien interniert); 1948-55 wiss. Tätigk. Ges. f. Konsumforsch.; s. 1955 Leit. Sozialarb. Ev.-Luth. Kirche in Bayern - BV: Kollektive Verbraucher-Vertretungen in d. USA, 1957. Zahlr. Einzelveröff., dar. Franken - Versuch e. Strukturanalyse (in: Franken II, 1959) - 1972 BVK a. Bd. - Liebh.: Reisen, Musik - Spr.: Engl.

GUTH, Fredi

Drogist, Vorstand Drogerien-Förderungs- u. Handels AG, Mannheim, Präs. Verb. Dt. Drogisten, Köln - Zu erreichen üb. Amerikaner Str. 13 A, 6800 Mannheim; u. Fr.-Schmidt-Str. 53, 5000 Köln 41 - Geb. 15. Nov. 1932 - Zahlr. Mand.- u. Ehrenämter.

GUTH, Klaus

Dr. phil., Prof. f. Volkskd. u. Hist. Landeskd. - Am Kranen 12, 8600 Bamberg (Fak. Gesch.- u. Geowiss.) - Geb. 3. Aug. 1934 Bamberg (Vater: Max G., Lehrer; Mutter: Theresia, geb. Löhr), kath. - Stud. Lehramt f. Gymn.; Promot. 1963 Würzburg, Habil. 1977 Bamberg; Stud. Univ. München, Würzburg, Lille, London, Bamberg - 1964-70 Höh. Schuldienst; 1970-73 OSt.-Rat u. Assist.; 1973-80 Doz., 1980 Prof. in Bamberg - Mitgl. versch. wiss. Ges. - BV: Guibert v. Nogent, 1970; Oberfranken im Hoch-MA, 1973; Kirche u. Religion im Spät-MA u. z. Beginn d. Neuzeit in Oberfranken, 1979; Johannes v. Salisbury, 1978; D. Heiligen im christl. Brauchtum, 1983; Volkskultur in d. frühmittelalterl. Kontaktzone zw. Islam u. Christentum, 1984; Konfession u. Relig. in Oberfranken, 1984; Geschichtl. Abriß d. marian. Wallfahrtsbeweg. im deutschspr. Raum, 1984; Alltag u. Fest, 1985; Lebendige Volkskultur, 2. A. 1985; Landjudentum in Franken, 1986; D. Heiligen Heinrich u. Kunigunde, 1986; Alltagsgeschichte u. Alltagskultur in Bayern (zus. m. W. Protzner), 1987; Jüd. Landgemeinden in Oberfranken (1800-1942), 1988; Migration in u. aus Franken im 19. Jh., 1988; Kulturkontakte zw. Deutschen u. Slawen nach Thielmar v. Merseburg, 1988; D. dreifache Schriftsinn, 1989.

GUTH, Manfred E. F.

Dr. jur., Bankier, Rechtsanwalt u. Fachanwalt f. Steuerrecht - Meyerhofstr. 1, 2000 Hamburg 52 - Geb. 6. Nov. 1939 Hamburg, ev., verh. - Promot. 1968 Univ. München - Mitinh. CTB-BANK Thielert & Rolf KG, Essen - BV: D. Eingriffsbefugnisse d. Bankenaufsicht gegenüb. d. Geschäftsbanken, 1968 (2. A. 1969).

GUTH, Wilfried

Dr. rer. pol., Vorsitzender d. Aufsichtsrates d. Deutsche Bank AG, AR-Vors., stv. Vors. u. AR-Mitgl. einer Reihe größerer Gesellschaften - Taunusanlage 12, 6000 Frankfurt/M.1 - Geb. 8. Juli 1919 Erlangen.

GUTHARDT, Helmut

Bankdirektor, Vorstandsvorsitzender DG BANK Deutsche Genossenschaftsbank (s. 1981) - Am Platz der Republik, 6000 Frankfurt/M. (T. 74 47 01) - Geb. 8. Juni 1934 Breuna (Hessen) - Im Bankgewerbe s. 1951, Vorst.-Vors. Raiffeisen-Zentralkasse Kurhessen eGmbH, Kassel (1965-70); Vorst. DG BANK (s. 1970) - AR-Vors. AGAB Aktiengesellschaft f. Anlagen und Beteiligungen, Frankfurt/M., Dt. Genossenschafts-Hypothekenbank AG, Hamburg/Berlin, DG Agropartners Absatzberatungs- u. Projekt GmbH, Frankfurt, DG Diskontbank AG, Frankfurt/M., DG Finance Company B.V., Amsterdam, Ev. Kreditgenossensch. eG, Kassel, Vereinigte Kunstmühlen AG, Ergolding; stv. AR-Vors. Fröhlich Bauuntern. AG, Felsberg-Gensungen, Oelmühle Hamburg AG, Hamburg; AR Bausparkasse Schwäbisch Hall AG, Schwäbisch Hall, Otto AG f. Beteilig., Hamburg, R+V Allg. Versich. AG, Wiesbaden, SAT 1-Satellitenfernsehen GmbH, Mainz, Süddt. Zucker-AG, Mannheim/Ochsenfurt, Süddt. Zuckerrübenverwert. Genoss. eG, Stuttgart, Thyssen Stahl AG, Duisburg, VEBA AG, Düsseldorf, Zuckerfabrik Franken GmbH, Ochsenfurt; VR-Vors. DG BANK Luxembourg S.A., Luxemburg; VR BHF-BANK Berliner Handels- u. Frankfurter Bank, Frankfurt, Kreditanst. f. Wiederaufbau, Frankfurt/M., Landwirtsch. Rentenbank, Frankfurt/M., Liquiditäts-Konsortialbank GmbH, Frankfurt/M.

GUTHEIL, Hermann

Dr. med., Kinderarzt-Kardiologie, Prof., ehem. Leiter Kardiol. Abt. Kinderklinik Univ. Erlangen-Nürnberg - Zanderstr. 15, 8520 Erlangen.

GUTHER, Max

Dr.-Ing. E.h., Architekt u. Stadtplaner BDA, SRL, Prof. emerit. Technische Hochschule Darmstadt (1954-74) - Fichtestr. 37, 6100 Darmstadt (T. 4 83 71) - Geb. 12. Febr. 1909 Neu-Ulm, ev., verh. m. Hildegunt, geb. Mayer, 4 Kd. - Dipl. TH Stuttgart - 1934-45 selbst. Hamburg u. Schwerin, 1945-47 Stadtbaurat Wismar, 1947-54 Stadtbaudir. u. Beig. Ulm - Mitgl. Dt. Akad. f. Städtebau u. Landesplanung u. Akad. d. Künste Berlin (1971) - Städtebaul. Planungen u. Beratungen f. viele Städte.

GUTHKE, Frank

I. Regisseur ZDF - Frundsbergerstr. 7, 8022 Grünwald - Geb. in Leipzig - Städt. Konservat. u. FU Berlin - S. 1962 1. Regiss. ZDF; zus. freisch. - Insz. u.a.: Totenfloß, Physiker, Achterloo; Ferns.: D. Krähenbaum, D. Dienstagmann - Liebh.: Musik - Spr.: Engl.

GUTHMÜLLER, Hans-Bodo

Dr. phil., o. Prof. f. Roman. Philologie Univ. Marburg - Weintraustr. 24, 3550 Marburg/L. - Geb. 27. April 1937 Wiera/Treysa - Stud. Marburg, München, Caen, Urbino, Rom. Promot. 1964; Habil. 1972 - 1974-78 Dir. Dt. Studienzentrum Venedig; 1981 Gastprof. Tours, 1988 Gastprof. Venedig - BV: D. Aufbau d. Metamorphosen Ovids, 1964; D. Rezeption

Mussets im Second Empire, 1973; Ovidio Metamorphoseos Vulgare, 1981; Musset, Dramen 1981; Buck, Studia humanitatis, (Hrsg.) 1981; Sand, Sie u. Er, 1982; Libro e Basilica, 1982; La Città italiana del Rinascimento, (Hrsg.) 1984; Studien z. antiken Mythol. in d. ital. Renaissance, 1986 - 1963 Preis Univ. Marburg; 1983 Palmes académiques.

GUTHOFER, Wilhelm

Vorstandsmitglied Vereinigte Dt. Nickel-Werke AG. - Rosenweg 15, 5840 Schwerte/Ruhr; priv.: Rembrandtweg 25 - Geb. 28. Jan. 1930.

GUTIERREZ-GIRARDOT, Rafael

Dr. phil., Prof., Ordinarius f. Hispanistik Univ. Bonn/Phil. Fak. (s. 1970) - Rheinaustr. 142, 5300 Beuel/Rh. - Geb. 5. Mai 1928.

GUTJAHR, Lilli,

geb. Schuch

Komplementär Fa. Adolf Schuch KG., Lichttechn. Spezialfabrik, Worms - Am Kirschberg 10, 6520 Worms 24 - Geb. 10. Nov. 1920 Worms (Vater: Kurt Schuch, Fabrikant; Mutter: Liesel, geb. Günther), ev., verh. s. 1950 m. Karl G., 2 Kd. (Otto, Lilli).

GUTKNECHT, Christoph

Dr. phil., Prof. f. Engl. Philologie u. Linguistik - Baumkamp 26, 2000 Hamburg 60 - Geb. 24. März 1939 - Promot. 1965 - S. 1972 Wiss. Rat u. Prof. u. o. Prof. (1976) Univ. Hamburg. Herausg. u. Übers.

GUTMANN, Erich

I. Bürgermeister Stadt Kirchenlamitz (s. 1978) - Rathaus, 8671 Kirchenlamitz/Ofr. - Geb. 6. Juni 1928 Kirchenlamitz - Zul. Stadtoberinsp.

GUTMANN, Gernot

Dr. rer. pol., o. Prof. f. Volkswirtschaftslehre - Albertus-Magnus-Platz, 5000 Köln 41 (T. 470 44 10) - Geb. 26. Nov. 1929 Freiburg/Breisgau (Vater: Franz G., Elektromeister; Mutter: Hilde, geb. Hug), kath., verh. s. 1958 m. Ursula, geb. Legenhausen, 3 Kd. (Michael, Patrizia, Monika) - Oberrealsch. u. Univ. Freiburg (Dipl.-Volksw. 1954). Promot. 1956 Freiburg; Habil. 1963 Marburg - S. 1963 Lehrtätigk. Univ. Marburg (1965 Mitdir. Forschungsst. z. Vergleich wirtschaftl. Lenkungssysteme; 1970 Wiss. Rat u. Prof.) u. Köln (1971 Ord. u. Seminardir.); 1982/83 Dekan Wirtschafts- u. Sozialwiss. Fak. Univ. Köln, 1983-85 Rektor. S. 1985 gf. Vorst. Forschunggsst. f. gesamtd. wirtschaftl. u. soz. Fragen Berlin; s. 1987 Vors. Ges. f. Wirtschafts- u. Sozialwiss., Verein f. Soc.politik; s. 1988 Mitgl. d. Dt. UNESCO-Kommiss. - Div. Fachveröff. - 1968 Brüder-Murhard-Preis Stadt Kassel - Liebh.: Hochgebirgstouren, Tanzen - Spr.: Engl., Franz.

GUTMANN, Hermann

Journalist u. Schriftst. (Ps. Fabian Lith) - Luisental 21, 2800 Bremen 33 (T. 0421 - 23 32 43) - Geb. 4. Okt. 1930 Bremerhaven, verh. s. 1955 m. Marie Louise, geb. Hübner, S. Dominik - Kaufm. Lehre; 1954-56 journ. Volont. Hannover - 1957-74 Weser-Kurier, Bremen (zul. verantw. Lokalredakt.); 1974-84 Ztschr. essen & trinken (verantw. Reiseredakt.); s. 1985 fr. Journ. u. Schriftst. - Glossen in Funk u. FS (Radio Bremen) - BV: Mehrere Bremen-Bücher; So schön ist unser Land - Nieders.; Romantische Reise durch Deutschl.; Land an Nord- u. Ostsee; Veröff. üb. dt. Wein. Unterhaltung: Gesch. aus d. Radio, 1984; Wenn sich Felix d. Welt so anguckt, 1986; Hat's geschmeckt?, 1988.

GUTMANN, Stefan

Dr., Hauptgeschäftsführer Bad. Landwirtschaftl. Hauptverb. - Friedrichstr. 41, 7800 Freiburg - Dipl.-Ing. agr. Univ. Hohenheim.

GUTSCHE, Horst

Dr. med., Prof., Chefarzt Innere Abt./ Krankenhaus Neukölln, Berlin 47 (s. 1973) - Stubenrauchstr. 18, 1000 Berlin 37 - Geb. 8. Jan. 1925 Berlin - Promot. (1951, Humboldt) u. Habil. (1971, Freie) Berlin - S. 1971 Lehrtätigk. FU Berlin (gegenw. apl. Prof. f. Inn. Med.). Üb. 100 Facharb.

GUTSCHE, Klaus-Jürgen

Dr. phil., Prof. f. Sportpädagogik TU Braunschweig - Schopenhauerstr. 9, 1000 Berlin 38 - BV: Z. Gegenw. Problematik d. Sportpäd., 1975; Strukturen im Hochschulsport (m. H. Binnewies), 1976; Aktionsformen u.Curriculum d. Hochschulsports (m. S. Köris), 1978; Berufssport - kein Sport f. alle, 1982; Ellen-Cleve-Schule - E. Beitr. z. Zeitgesch. d. Gymnastik, 1984; Gymnastik - E. Beitrag z. Bewegungskultur unserer Ges. (m. H. J. Medau), 1989.

GUTSCHOW, Harald

Prof. i. R. f. Didaktik d. Engl. Sprache u. Lit. FU Berlin - Nassauische Str. 56, 1000 Berlin 31.

GUTTENBERGER, Jürgen

Dipl.-Verwaltungswirt, Arbeitsberater, MdL Nordrh.-Westf. - Nelkenweg 1, 5657 Haan 2 (T. 02104 - 6 01 61) - Geb. 18. Juni 1941 Krakau/Polen - Realsch., mittl. Reife 1958; Lacklaborant 1961, 1969-70 Verw.ausbild., 2. Verw.prüf. - 1962 Gewerksch.sekr. DGB, 1964 Ref. SPD, s. 1971 Tätigk. Bundesanst. f. Arbeit, s. 1979 Leit. Abt. f. gewerbl. Berufe Arbeitsamt Bochum - SPD s. 1961, s. 1958 Mitgl. versch. DGB-Gewerksch., Mitgl. Rat Stadt Hilden (1969-72), 1974-80 Mitgl. Rat Stadt Haan, s. 1975 MdK Mettmann, s. 1980 MdL NRW.

GUTTING, Ernst Josef

Weihbischof u. Dompropst, Bischofsvikar f. d. Seelsorge - Gr. Greifengasse 11, 6720 Speyer (T. 10 23 45) - Geb. 30. Jan. 1919 Ludwigshafen/Rh. (Vater: Richard G., Gewerksch.sekr.; Mutter: Maria, geb. Schnetzer), kath. - Gymn.; Theol. u. Phil. Würzburg, Eichstätt, Tübingen; Kaplan 1949-56, Diözesanjugendseelsorger 1956-59, Diözesankaplan d. CAJ 1956-66, Diözesanfrauenseelsorger 1959-68, Gen.-Präses Kath. Frauengem. u. Leit. Bischofshauptst. f. Frauenseelsorge 1968-72, Weihbischof u. Bischofsvik. s. 1971, Dompropst s. 1974 - BV: Nur d. Liebe zählt, 1. A. 1965.

GUTTING, Hugo

Geschäftsführer Arbeiterwohlfahrt/Bezirksverb. Pfalz - Maximilianstr. 31, 6730 Neustadt.

GUTTKE, Werner

Geschäftsführer Köllisch-Plastic GmbH. - Kunigundenstr. 75, 8500 Nürnberg; priv.: Schmiedebergerstr. 5 - Geb. 7. Juli 1919.

GUTTMANN, Alfred

s. Goodman, Alfred G.

GUTZ, Herbert

Dr. rer. nat., o. Prof. f. Genetik TU Braunschweig (s. 1976) - Am Meinefeld 4, 3300 Braunschweig - Geb. 16. Juni 1928 Berlin (Vater: Karl G., Spediteur; Mutter: Helene, geb. Grühn), ev., verh. s. 1953 m. Martha, geb. Sandrock, 4 Kd. (Cornelia, Angelika, Helga, Reinhard) - FU Berlin (Botanik; Prof. Drawert). Promot. (1955; FU) u. Habil. (1963; TU) Berlin - 1959 Stip. DFG Univ. Zürich; 1965-69 Assist. bzw. Assoc. Prof. Southwest Center for Advanced Studies, Dallas (USA); 1969-76 Assoc. Prof. Univ. of Texas, ebd.; 1983 Gastprof. f. Genetik Univ. Kopenhagen. Spez.: Hefegenetik. Üb. 50 Facharb. - Liebh.: Politik, Photogr. - Spr.: Engl.

GUTZSCHHAHN, Uwe-Michael

Dr. phil., Lektor, Schriftst. - Nr. Ib, 7996 Schwarzenbach (T. 07542 - 2 11 98) - Geb. 31. Jan. 1952 Langenberg/Rhld. - Stud. German., Angl. Ruhr-Univ. Bochum, Promot. 1978 - Journ., Verlagslektor - BV: Windgedichte, 1978; Miriam od. im Abstieg der Schönheit, Nov. 1979; Fahrradklingel, Ged. 1979; Prosa u. Lyrik Christoph Meckels, Diss. u. Bibliogr. 1980; D. Leichtsein verlieren, Ged. 1982; In d. Hitze d. Mittags, Ged. 1982; D. Paradiese in unsren Köpfen, Ged. ab 15, 1983 (Hrsg.); Grüner Himmel, Ged. 1986; Landunter, Ged.-Zykl. 1987; Zack - fang den Hut!, Kinderb. 1989. Übers.: Brian Patten, D. Elefant u. d. Blume, Kinderb. 1985; Brian Patten, D. gestohlene Orange, Ged.-Auswahl 1987; Brian Patten, Springende Maus, Kinderb. 1987; Ted Hughes, D. Eisenmann, Kinderb. 1987; Pearl S. Buck, Frau Star, alle Titel aus d. Engl.; - 1979 Förderungspreis Land NRW; 1982 Preis d. 2. NRW-Autorentreffens; 1984 Würzburger Lit.preis - Spr.: Engl., Ital.

GUZZONI, Ute

Dr. phil., Prof. f. Philosophie - Hildastr. 56, 7800 Freiburg/Br. - Geb. 2. Nov. 1934 Greifswald - Promot. 1961; Habil. 1969 - S. 1969 Doz. u. Prof. (1976) Univ. Freiburg. Facharb.

GWINNER, Manfred P.

Dr. rer. nat., Dipl.-Geol., Prof. f. Geologie - Gundelsheimer Str. 3, 7100 Heilbronn/N. (T. 7 74 73) - Geb. 24. Juni 1926 Stuttgart, verh. (Ehefr.: Isolde), 2 Söhne (Albrecht, Gerald) - TH Stuttgart (Dipl.-Geol.). Promot. u. Habil. Stuttgart - S. 1961 Doz. u. apl., s. 1975 o. Prof. Univ. Stuttgart, dazw. Univ. Mannheim - BV: D. Schwäb. Jura, 1962 (m. Geyer); Geol. v. Baden-Württ., 3. A. 1986 (m. dems.); Geometr. Grundl. d. Geol., 1965; Geol. d. Alpen, 2. A. 1978; Nordwürtt., 1971 (m. Bachmann); Geol. Führer Stuttgart, 1976 (m. Hinkelbein); Upper Jurassic of SW-Germany, 1976; Einführ. i. d. Geologie, 1979; D. Schwäb. Alb u. ihr Vorland, 1979 - 1972 Korr. Mitgl. Österr. Geol. Ges.; Vors. Oberrhein. geol. Verein - Spr.: Engl.

GYLSTORFF, Irmgard

Dr. med. vet., em. Prof. f. Geflügelkunde - Hohenstauffenstr. 6, 8000 München 13 (T. 34 58 10) - Geb. 3. April 1912 München (Vater: Martin Hampp, zul. Rektor), kath., verh. s. 1952, Sohn Björn - 1931-35 Univ. München, Prüfung f. d. Tierärztl. Staatsdst. 1939 - 1936-52 Assist. Univ. München (Inst. f. Tierpathol.; 1952 Privatdoz., 1958 apl. Prof.); 1952-60 Aufbau u. Leitg. Kleintiergesundheitsdst. in Bayern; s. 1960 o. Prof. Tierärztl. Hochsch. Hannover (Tierhyg. u. Geflügelkrankh.) u. Univ. München (1965) - BV: Handb. d. Geflügelkrankh., 7. A. 1957 (m. Grzimek); Geflügelwirtschaft auf d. Bauernhof, 6. A. 1965 unt. d. Titel: Neuzeitl. Geflügelw. (m. Hahneberg); Vogelkrankheiten, 1987. Handbuchbeitr. z. spez. pathol. Anatomie d. Haustiere v. Joest, z. Geflügelphysiol. v. Mehner u. Hartfiel, Ed. Mycoplasmenmonographie, Ed. Avian Pathology - Mitgl. World Poultry Science, World Veterinary Poultry Assoc., Ehrenpräs. Dt. Ges. f. Pathol., Dt. Ges. f. Mikrobiol. - Spr.: Franz., Engl.

GYSEL, Gottfried

Dipl.-Ing., Vorstandsmitgl. Rheinkraftwerk Säckingen AG. - Murger Weg 1, 7880 Säckingen/Baden - Geb. 25. Jan. 1911.

H

HAACK, Dieter

Dr. jur., Bundesminister a.D., MdB (s. 1969; Wahlkreis 228/Erlangen; 1971-72 Vors. SPD-Landesgruppe Bayern) - Loewenichstr. 19, 8520 Erlangen (T. 2 21 59; Amt: Bonn 60 21) - Geb. 9. Juni 1934 Karlsruhe (Vater: Dr. Albrecht H., Chemiker; Mutter: Irmgard, geb. Faber), ev., verh. s. 1959 m. Ursula, geb. Dostert, 4 Kd. (Katrin, Dorothee, Matthias, Manuel) - Gymn.; Stud. Rechtswiss. Promot. 1961 Erlangen - 1962-63 bayer. Staatsdst. (Reg.sass.); 1963-69 Bundesmin. f. gesamtd. Fragen (1966 ff. Ref. Min.büro Wehner; zul. Reg.dir.); 1978-82 Bundesmin. f. Raumordn. u. Städtebau. SPD s. 1961 - 1981 Bayer. VO.

HAACK, Dietmar

Dr. phil., o. Prof. f. Anglistik m. Schwerp. Amerikanistik GH Duisburg - Falkstr. 129, 4100 Duisburg 1.

HAACK, Wolfgang

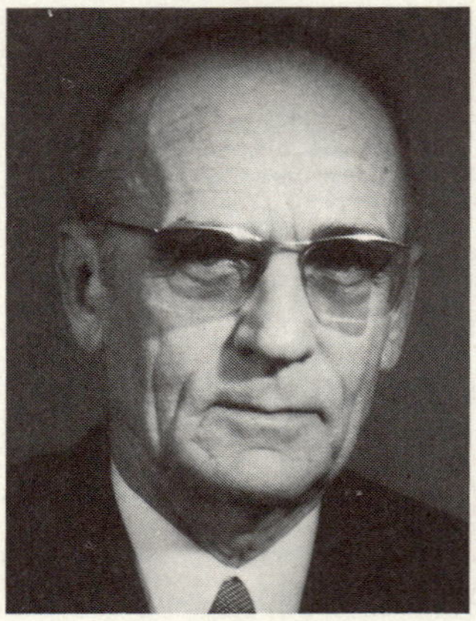

Dr. phil. nat., Dr. phil. h. c., Dr. rer. nat. h. c., o. Prof. f. Mathematik (emerit. s. 1968) - Koenigsallee 55b, 1000 Berlin 33 (T. 826 32 26) - Geb. 24. April 1902 Gotha (Vater: Prof. Dr. Hermann H., Geograph; Mutter: geb. König), verh. s. 1936 m. Dr. Marianne, geb. Blumentritt †1985 - Promot. 1926 Jena; Habil. 1929 TH Danzig - 1938 ao., 1940 o. Prof. TH Karlsruhe, 1944 TH, 1949 TU Berlin (Dir. Inst. f. Math. u. Mech.), 1950-68 Hon.-Prof. FU u. Dir. (1959) Sektor Math. Hahn-Meitner-Inst. f. Kernforsch. ebd. Erf.: Geschoßformen kleinsten Widerstandes (1941), Automation Flugsicherungsdst. durch Computer (1964) - 1961/62 Vors. Dt. Mathematiker-Vereinig. - BV: Differentialgeometrie, 2. T. 1948/49; Darstellende Geometrie, 3 T. 1954/57; Elementare Differentialgeometrie, 1955; Vorles. üb. Partielle u. Pfaffsche Differentialgleichungen, 1969, engl. 1972 (m. W. Wendland) - Ehrendoktor Univ. Jyväskylä (1975) u. FU Berlin (1982); 1983 BVK I. Kl. - Lit.: In honor of Prof. Dr. W. H. (Applic. Analysis 2, 1972); z. 80 Geb. v. W. H. (in: Math. Meth. in the Appl., 1982).

HAACKE, Heinz-Rolf

Dr., Staatssekretär Finanzmin. Nordrh.-Westf., Düsseldorf - Jägerhofstr. 6, 4000 Düsseldorf (T. 4 97 21) - Geb. 11. Febr. 1926 Köln - VR-Mitgl. Westdeutsche Landesbank, Mitgl. Kred.A. Westdeutsche Landesbank; AR-Mitgl. Neue Schauspielhaus GmbH Düsseldorf - 1986 Gr. BVK m. Stern.

HAACKE, Johannes

Dr. rer. pol., Dipl.-Kfm., Geschäftsleitung Allcaps GmbH, Backnang - Marderweg 4, 7268 Gechingen (T. 07056 - 30 98) - Geb. 22. Okt. 1929.

HAACKE, Wilmont

Dr. phil. habil, o. Prof. f. Publizistik (emerit.) - Ludwig-Beck-Str. 5, 3400 Göttingen - Geb. 4. März 1911 Montjoie (Vater: Hermann H., Studienrat; Mutter: Elfriede, geb. Eisenträger), ev., verh. in 2. Ehe (1963) m. Ruth, geb. Usselmann, 3 Kd. (Felicitas a. 1. E., Percy, Eva) - Univ. Göttingen, Berlin (Promot. 1936), Wien, Prag. Habil. 1942 Prag - 1936-39 Feuilletonredakteur Berliner Tageblatt, Korrespondent European Herald, 1939-42 Assistent Institut für Zeitungswissensch. Univ. Wien,

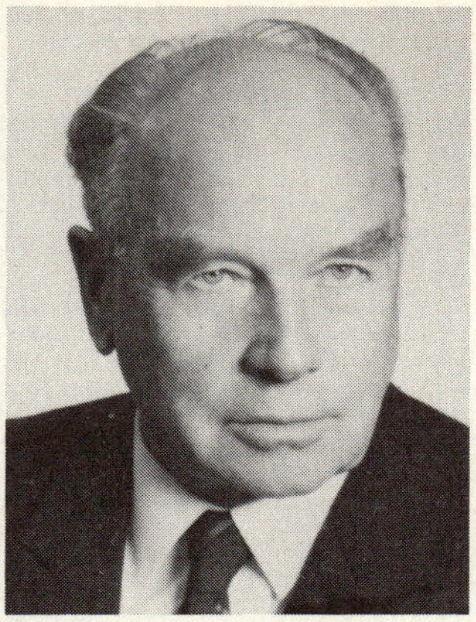

1942-46 Dir. Inst. f. Ztg.wiss. Univ. Freiburg/Br., 1946-47 Leit. d. Pressest. u. Berufsberat. Univ. Mainz, 1947-49 Verlagsdir., dann Assist. Inst. f. Publizistik (b. 1953) u. 1953-63 Lehrbeauftr. f. Pressegesch. Universität Münster, ab 1953 Doz., apl. Prof. (1955) u. Leit. Inst. f. Publizistik Hochsch. f. Sozialwiss., Wilhelmshaven (b. Auflös.), s. 1963 Ord. u. Inst.-Dir. Univ. Göttingen. 1951-67 Vertr. d. Bundes b. Arbeits- u. Hauptaussch. Freiw. Filmkontrolle - BV: Notizbuch d. Herzens, Feuill. 1942; D. Jugendliebe, N. 1943; Handb. d. Feuilletons, 3 Bde. 1951/53; D. Zeitschrift - Schr. d. Zeit, 1961; Aspekte u. Probleme d. Filmkritik, 1962; Publizistik - Elemente u. Probleme, 1962; D. polit. Ztschr., I 1968, II 1982; Erscheinung u. Begriff d. polit. Ztschr., 1968; Publizistik u. Ges., 1970. Herausg.: D. Luftschaukel (Feuill.-Anthol., 1939), D. Ringelspiel (Wiener Feuill.-Anthol., 1940), Einer bläst d. Hirtenflöte (Feuill.-Auswahl v. Victor Auburtin, 1941), Schalmei (Nachlaßausw. v. V. Auburtin, 1948), Federleichtes (Neue Feuill.-Ausw. v. V. Auburtin) 1953, Facsimile Querschnitt durch d. „Querschnitt“ (m. A. v. Baeyer) 1968. Mithrsg.: Ztschr. Publizistik, Vierteljahreshefte f. Kommunikationsforsch. (s. 1956), Verlagspraxis (1964-71) - Liebh.: Reisen - Spr.: Franz., Engl. - Bek. Vorf.: Johann Caspar H., Theaterdir., Lehrer d. Neuberin (Karoline Neuber), Lit.: Festschr. f. W. H.: Publizist. als Gesellschaftswissensch. (1973), Publizistik 1961, 6. Jg. Heft 2; 1971, 16. Jg. Heft 1; 1981, 26. Jg. Heft 1.

HAACKE, Wolfhart

Dr. rer. nat., Prof. f. Mathematik GH Paderborn - Tannenweg 11, 4790 Paderborn/W. - Geb. 23. Mai 1919 Berlin - Stud. Math. Promot. 1951 - Tätigk. TH Braunschweig u. Ingenieursch. Dortmund. Facharb.

HAACKER, Klaus

Dr. theol., Prof. f. Neues Testament Kirchl. Hochschule Wuppertal - Missionsstr. 1b, 5600 Wuppertal 2 - Geb. 26. Aug. 1942 Wiesbaden (Vater: Bernhard H., Bäckerm.; Mutter: Erna, geb. Dreßler), ev., verh. s. 1964 m. Dorothea, geb. Damrath, 2 S. (Markus, Christoph) - 1961-67 Stud. Ev. Theol.; Ex. 1967 Heidelberg, Promot. 1970 Mainz - 1970-74 Inst. Judaicum Tübingen; ab 1974 Lehrst. Neues Testament Wuppertal. S. 1970 Mithrsg.: Theol. Beiträge - BV: D. Stiftg. d. Heils. Unters. z. johanneischen Theol., (Diss.) 1972; D. Autorität d. Hl. Schrift, 1972 (finn. Übers. 1975); Neutestamentl. Wiss. E. Einf. in Fragestell. u. Meth., 1981, 2. A. 1985; Aus d. Freiheit leben. Kleinere Paulusbriefe I: Galater - Thessalonicher - Philemon (Bibelausleg. f. d. Praxis Bd. 23), 1982; Wege d. Wortes. Apostelgesch. (Bibelausl. f. d. Praxis Bd. 20); 1984; Grüße an Orpheus, Ged. 1986.

ten HAAF, Wilm

Regisseur - Savitsstr. 45, 8000 München 61 (T. 93 23 07) - Geb. 24. Febr. 1915 Emmerich/Rh., kath., verh. s. 1955 m. Czita, geb. Schneider - Gymn.; Stud. German. u. Theaterwiss. - 1950-52 Oberspiell. Radio Saarbrücken; 1952-56 OSpL Bayer. Rundfunk (Fernsehen); s. 1962 Fernsehberat d. Int. Saarl. Rundfunk. Üb. 120 gr. Produktionen, dar. Gaslicht, Mariana Pineda, Judith, Ostern, Wölfe u. Schafe. FS: D. Geisterbehörde, Alberta u. Alice od. D. Unterwerf. (1981). Bühneninsz.: Bernarda Albas Haus, D. Troubadour, Nacht in Venedig u. v. a.

HAAG, Ansgar

Regisseur - Königsseestr. 57, 7000 Stuttgart 50 (T. 0711 - 53 26 70) - Geb. 5. Juli 1955, kath., led. - Stud. Theaterwiss., Psych., Amerikanist. Univ. München, Dramatic Art Inst., Berkeley CA, USA - Hörsp. (Autor) Hess. Rundf., Frankfurt, ORF Studio Graz, 1980/83. S. 1979 Insz. Bonn, Darmstadt, Krefeld-Mönchengladbach, Ulm, Leningrad, UdSSR. S. 1986 Spielleit. Staatstheater Darmstadt. S. 1989 Oberspielleiter Landestheater Salzburg - Spr.: Engl.

HAAG, Ernst

Dr. theol., Lic. bibl., o. Prof. f. Alttestamentl. Exegese - Sickingenstr. 35, 5500 Trier/Mosel (T. 4 20 09) - Geb. 6. Febr. 1932 Trier, kath. - S. 1963 Lehrtätigk. Theol. Fak. Trier (1968 Ord.) - BV: Studien z. Buche Judith, 1963; D. Mensch am Anfang, 1970; D. Buch Jeremia I, 1973; II, 1977; D. Errett. Daniels aus d. Löwengrube. Untersuch. z. Ursprung d. bibl. Danieltradition, 1983.

HAAG, Friedrich

Gärtnereibesitzer, MdL Baden-Württ. (s. 1972; Wahlkr. 3/Stuttgart III), Präs. Württ. Gärtnereiverb. - Lerchenfeld 1, 7000 Stuttgart 70 (T. 76 11 14) - Geb. 14. Sept. 1930 Stuttgart, ev., verh., 3 Kd. - Gymn. Stuttgart; Gärtnerlehre. Meisterprüf. 1955 - S. 1949 (Tod. d. Vaters) Familiengärtnerei. FDP/DVP.

HAAG, Gerhard

Dr. rer. pol., Dipl.-Ing., Wirtschaftsingenieur - Plattenwaldallee 125, 7150 Backnang (T. 07191 - 6 53 10) - Geb. 24. Juni 1920 Gräfenhainichen (Vater: Carl H., Betriebsleit.; Mutter: Emmy, geb. Koch), ev., verh. s. 1946 m. Marianne, geb. Schmortte, 2 S. (Helmut, Ulrich) - TU Berlin (Dipl.-Ing. 1947, Promot. 1958) - Generalbevollm. AEG i. R.; 1972-84 Vorst.-Mitgl. ZVEI - BV: Theorie d. Materialdisposition (Diss.) - 1984 Goldene Ehrenplak. ZVEI; 1986 BVK am Bde. - Spr.: Engl., Franz.

HAAG, Helmut

Dipl.-Physiker, Prokurist, Leiter Systemtechnik Nachrichtenbereich AEG Kabel AG - Herderstr. 2, 5177 Titz (T. 02463 - 68 45) - Geb. 17. Jan. 1948 Berlin, ev., verh. s. 1974, 2 Töcht. (Melanie, Daniela) - Stud. TU Stuttgart, Dipl.-Physik 1975 - Üb. 20 Patente auf d. Gebiet d. Kabeltechnik - Zahlr. Veröff. im In- u. Ausl. üb. Nachrichtenkabeltechnik, insb. Lichtwellenleiter-Luftkabel - Liebh.: Ski, Tennis - Spr.: Engl., Franz.

HAAG, Herbert

Dr. theol., o. Prof. f. Alttestamentl. Theologie - Haldenstr. 26, 6006 Luzern/Schweiz - Geb. 11. Febr. 1915 Singen/Hohentw. (Vater: Reinhold H.; Mutter: Stephanie, geb. Kälin), kath. - Stud. Phil., Theol., Oriental. Rom (1934-39), Paris (1939-41), Fribourg (1941-42). Promot. 1942 Fribourg; Lic. f. Bibelwiss. 1947 Rom - S. 1948 o. Prof. Univ. Luzern u. Tübingen (1960). 1964-73 Vors. Kath. Bildungswerk Stuttgart - BV: D. Handschriftenfunde in d. Wüste Juda, 2. A. 1966; Bibl. Schöpfungslehre u. kirchl. Erbsündenlehre, 4. A. 1968 (auch engl., ital., span.); Abschied v. Teufel, 7. A. 1984 (auch franz., ital., niederl., span.); V. alten u. neuen Pascha, 1971 (auch ital.); D. Land d. Bibel 1976, 3. A. 1989; D. Buch d. Bundes. Aufs. z. Bibel u. zu ihrer Welt, 1980; D. Gottesknecht bei Deutero-Iesaja, 1985 - Herausg.: Bibel-Lexikon (2. A. 1968; auch engl., ital., span.); Bibl. Wörterb. (1971; auch span.); Teufelsglaube (1974, 2. A. 1980; auch ital., span.); Vor d. Bösen ratlos? (2. A. 1989) - Mithrsg.: Theol. Quartalschr. (1960ff.); Ursprung u. Wesen d. Menschen (1968); Wenn er mich doch küßte. D. Hohe Lied d. Liebe (1983); Stört nicht die Liebe (1986) (bde. m. K. Elliger) - Spr.: Arab., Engl., Franz., Hebr., Ital., Niederl., Pers., Span.

HAAG, Karl-Heinz

Dr. phil. (habil.), Prof., Philosoph - Königsteiner Str. 64, 6230 Frankfurt/M.-Höchst - Geb. 17. Okt. 1924 Höchst/M. - S. 1956 Lehrtätigk. Univ. Frankfurt (1962 apl. Prof.) - BV: u. a. Kritik d. neueren Ontologie, 1960; D. Lehre v. Sein in d. mod. Phil., 1963; Phil. Idealismus, 1967; D. Fortschr. d. Phil., 1984.

HAAG, Klaus

Schriftsteller (Ps. Nikolas Holland), Sprachkorresp., Übers., Dolmetscher - Zu erreichen üb. Postfach 11 12, 6823 Neulußheim/Baden (T. 06205-3 21 39) - Geb. 13. Dez. 1954 Neulußheim/Baden, led. - Stud. Übers. u. Dolm., German., Ling. u. Phil. Univ. Heidelberg - Mitgl. Verb. Dt. Schriftst. u. div. literar. Vereinig.; Theaterarb. in fr. Theatergr. (u.a. 1981 Hrsg. u. Mitverf. d. Revue Manche habens Mühsam) - BV: Lebendig oder tot ..., Erz. 1978; D. Existenz d. Herrn Wussnik, Gesch. 1980; D. erste Grad d. Freiheit, R. 1985. Herausg.: D. Beerdigung v. P.A. Kropotkin in Moskau (zweispr. Bildbd., 1988) - 1980 u. 1982 Mannheimer Lit.pr. - Liebh.: Büchersammeln, Lesen, Gesch., Reisen - Spr.: Engl., Span. - Lit.: D. M. Graef: K. Haag, e. kreativer Schnellschreiber in: Künstlerporträt Rhld.-Pfalz, Kürschners Dt. Lit.kalender (s. 1981).

HAAG, Rudolf

Dr. rer. nat., o. Prof. II. Inst. f. Theoret. Phys. Univ. Hamburg (s. 1966) - Oeltingsallee 20, 2080 Pinneberg (T. 6 22 44) - Geb. 17. Aug. 1922 Tübingen (Vater: Albert H., Studienrat; Mutter: Anna, geb. Schaich; Schriftst. s. unt. Anna Haag), ev., verh. s. 1948 m. Kaethe, geb. Fues, 4 Kd. (Albert, Friedrich, Elisabeth, Ulrich) - TH Stuttgart (1946-48), Univ. München (1948-51; Physik). Promot. (1951) u. Habil. (1954) München - 1951-54 Assist., 1954-56 Doz. Univ. München. Gastprof. Princeton Univ. (1957-59), Univ. Marseille (1959-60), Univ. of Illinois (1960-66). Spez. Arbeitsgeb.: Theorie d. Elementarteilchen, Grundl. d. Quantenphysik. Üb. 30 Fachaufs. - 1970 Max-Planck-Med. Dt. Physikal. Ges. - Spr.: Engl., Franz.

HAAGE, Bernhard Dietrich

Dr. phil., Dr. med. habil., Priv.-Doz., Akad. Oberrat, Schriftst. - V.-Berlichingen-Str. 15, 6990 Bad Mergentheim - Geb. 5. Okt. 1942 Olmütz/Mähren (Vater: Walter H., Gymnasialprof.; Mutter: Utha, geb. Weiser), kath., verh. s. 1969 m. Gudrun, geb. Enger - 1961-69 Univ. Heidelberg, Berlin (FU), London, München. Promot. 1968, Staatsex. 1969, beides Heidelberg, Habil. (med.) 1988 Univ. Würzburg - B. 1974 Kath. Univ. Nijmegen, dann Univ. Mannheim - BV: D. Traktat v. dreierlei Wesen d. Menschen, 1968 (Diss.); D. Arzneib. d. Erhart Hesel, 1972; D. Kunstbüchl. d. Alchemisten Caspar Hartung v. Hoff, 1975; V. d. Minnenden Seele, 1983; Heidelbg. Schicksalsb., 1981; Sternzeichen aus e. alten Schicksalsb., 1982; Wolframs Parzival als Gegenstand medizinhistor. Forsch., 1988 - Spr.: Lat., Engl., Niederl., Franz.

HAAGER, Karl

Dr. jur., Bundesverfassungsrichter - Schloßbezirk 3, 7500 Karlsruhe - Geb. 25. Febr. 1911 Mannheim - Univ. Heidelberg - S. 1955 BGH u. BVG (1962). 1939-45 Wehrdst. (zul. Oblt.).

HAAGMANN, Hans Günter

Leit. Direktor d. Staatl. Zentralstelle f. Fernunterricht d. Länder d. Bundesrep. Deutschl. (ZFU) a. D., Köln - Petersbergstr. 12, 5307 Wachtberg-Liessem (T. 0228 - 34 36 71) - Verh. s. 1949 m. Helga, geb. Bernhard, S. Holger - Gymn.; Stud. Phil., Staatsex. 1948; Referendar; Ass. - Doz. VHS; Lehrbeauftr.; Gymnasiallehrer; Ministerref. Kultusmin. NW; stv. Abteilungsleit. Kultusministerkonf.; Geschf. ZFU; s. 1977 leit. Dir. ZFU; 1956-60 Mitgl. Rundfunkrat WDR; s. 1973 Mitgl. in Bund-Länder Bildungsgrem., in europ. Bildungsgrem.; 1987 Gen.Sekr. Interparlam. Ges. Bildungsmedien, Bonn - BV: Form, Text d. Ratgeber f. Fernunterr., jährl. s. 1977; D. dt. Fernsch., 1968; Z. Didaktik d. Fernunterr., 1970; Bildungschance Fernunterr., 1974; Fernunterr., Stufen z. berufl. Erfolg, 1978; Info-Buch i. A. d. AA üb. berufl. Weiterbild. Deutscher u. Deutschsprech. im Ausland, 1989 - EK I u. II; 1974 Goldmed. f. Verd. um d. Fernlehrwesen d. AkF; 1979 BVK; 1983 Ehrenkr. f. Wiss. u. Kunst 1. Kl. d. Rep. Österr.; 1987 BVK I. Kl. - Spr.: Engl., Franz. - Lit.: u.a. Handb. d. Erwachsenenbild., 1978; Schule u. Unterr., 1981; D. Gr. Bertelsmann Lexikothek u. Wege zu Wissen u. Bildung, 1984.

HAAK, Dieter

Dr. jur., Landesminister a. D., MdL (1975-80 Fraktionsvors. SPD) - Wildestr. 22, 5800 Hagen/W. (T. 5 31 80) - Geb. 18. März 1938 Breckerfeld/W., verh., 3 Kd. - Gymn.; Stud. Rechts- u. Staatswiss. Beide jurist. Staatsprüf. - S. 1968 Staatsdst. NRW (zul. 1980ff. Min. f. Bundesangelegenh., 1984-85 Justizminister NRW). 1969ff. Ratsherr Hagen. SPD s. 1962 (1984 Vorst.-Mitgl.).

HAAK, Friedhelm Erich

Dr. rer. pol., Geschäftsführer Verlagsges. Madsack GmbH & Co. (Hannoversche Allgemeine Zeitung, Neue Presse, Göttinger Tageblatt) - Zeppelinstr. 1, 3000 Hannover 1 - Geb. 11. Nov. 1945 Boekzetelerfehn/Ostfriesl., verh. s. 1983 m. Renate, geb. Hiltерhaus - Stud. Betriebsw. TU u. FU Berlin, Dipl.-Kfm.; Stud. pol. Wiss. FU Berlin, Dr. rer. pol. 1974; Stud. Publiz. FU Berlin u. UC Berkeley/USA - Div. Fachveröff. im Bereich Informationswiss. - Spr.: Engl., Franz., Span.

HAAKE, Manfred

Dr., Prof. f. Pharmazeut. Chemie Univ. Marburg - Vogelsbergstr. 33, 3550 Marburg.

HAAN, Jürgen

Dr. med., Wiss. Rat, Prof. f. Pharmakologie u. pathol. Physiol. TU Braunschweig (s. 1972) - Schulstr., 3171 Wedesbüttel.

de HAAN, Wolfgang

Dr. jur, Hauptgeschäftsf. Vereinig. d. Schleswig-Holst. Unternehmensverb. u. a. - Adolf-Steckel-Str. 17, 2370 Rendsburg (T. 52 32).

HAAR, Ernst

Vorsitzender d. Gewerksch. d. Eisenbahner Deutschlands (s. 1979), MdB (s. 1965; Wahlkr. 162/Stuttgart) - Laubeweg 29, 7000 Stuttgart 80 (T. 715 70 43 u. 069 - 753 62 08) - Geb. 26. Jan. 1925 Stuttgart (Vater: Max H., Hafner; Mutter: Emilie, geb. Würtele), ev., verh. s. 1947 m. Hannelore, geb. Friz, 2 Kd. - Volks- u. Höh. Handelssch.; kaufm. Lehre - 1942-45 Kriegsdst.; Bankangest.; ab 1952 Geschäftsf.; 1959-72 Bezirksleit. Gewerksch. d. Eisenbahner Dtschl., 1972-79 Parlam. Staatssekr. Bundesverk.min.; s. 1982 VR-Vizepräs. Dt. Bundesb.; s. 1983 Vorst.-Mitgl. Intern. Transportarbeiter-Föderation; 1959-65 Mitgl. Stadtrat Stuttgart. SPD s. 1950 (1960-72 Kreisvors. Stuttgart) - 1976 BVK I. Kl. - Liebh.: Musik.

HAAR, Richard

Hauptgeschäftsführer Arbeiterwohlfahrt/Bundesverb. - Oppelner Str. 130, 5300 Bonn - Geb. 30. Juni 1929 - ARsmitgl. Bank f. Sozialw. GmbH., Berlin.

HAARBECK, Ako

D. Dr. theol., Landessuperintendent

(Bischof) Lipp. Landeskirche (s. 1980) - Gutenbergstr. 18, 4930 Detmold/Lippe (T. Büro: 05231 - 7 40 30/74 03 11) - Geb. 20. Jan. 1932 Hoerstgen/Krs. Moers, ev.-ref., verh. s. 1961 m. Hildegard, geb. Weber, 3 Kd. (Christoph, Kathrin, Tilman) - Stud. Theol.; Promot. 1961 - Pfarrer, 1971 Superint., 1981-86 Vors. EKD-Jugendkammer; s. 1985 Mitgl. Rat d. Ev. Kirche in Deutschl. (EKD); s. 1987 Vors. Dt. Bibelges., Stuttgart - BV: Ludwig Hofacker u. d. Frage nach d. erwecklichen Predigt, 1960; jährl. Bibelwochenheft f. d. Gemeinde, s. 1969.

HAAREN, van, Kurt

Vorsitzender Dt. Postgewerkschaft/DPG (1982ff.), stv. Vors. Postverwaltungsrat (s. 1982), Europa-Vors. d. Intern. d. Personals d. Post-, Telefon- u. Telegraphenbetr. (IPTT) (s. 1983) - Rhonestr. 2, 6000 Frankfurt/M. 71 - Geb. 1938 Emmerich/Rh. (Vater: Betriebsschlosser) - Volkssch. - Postdst., Sozialarbeiterex. - Zul. Bezirksvors. Bremen/Weser-Ems DPG. SPD s. 1963.

HAARER, Dietrich

Dr. rer. nat., Prof. f. Exper. Physik Univ. Bayreuth - Hangweg 30, 8580 Bayreuth (T. 0921 - 9 32 99) - Geb. 23. Juni 1938 Stuttgart (Vater: Theodor H., Gymnasiallehrer; Mutter: Mathilde, geb. Kayßer), ev., verh. s. 1966 m. Arnhild, geb. Beduhn, 3 Kd. (Franziska, Johannes, Stefanie) - Univ. Stuttgart; Dipl.-Phys. 1966, Promot. 1969, 1970-80 IBM, San Jose/USA (postdoctoral fellow, Res., Staff member, Res. Group Manager u. Departm.-Manager) - s. 1980 Prof., Lehrst. f. Exp. Phys. in Bayreuth - Pat. im Ber. d. opt. Informationsspeicher. Veröff. in engl. Spr. - Spr.: Engl., Franz.

HAARMANN, Dieter

Dr. phil., Prof. f. Didaktik d. Grundschule - Severusstr. 60, 6000 Frankfurt/M. 50 - Geb. 5. April 1926 - Promot. 1969 Frankfurt - S. 1970 Studienrat u. Prof. (1972) Univ. Frankfurt (Fachbereich Erziehungswiss.). Fachveröff.

HAARMANN, Ulrich

Dr. phil., B. A., Prof. f. Orientalistik - Universität, 7800 Freiburg/Br. - Geb. 22. Sept. 1942 Stuttgart - B. A. 1965 Princeton; Promot. 1969 u. Habil. 1972 Freiburg - B. 1971 DAI Kairo, dann Univ. Freiburg (1976 Prof.). Gastprof. Univ. Kairo, McGill Montréal u. Los Angeles, 1978-80 Dir. Orient-Inst. Dt. Morgenländ. Ges. Beirut; 1987 Mitgl. Inst. for Advanced Study Princeton. Fachveröff. - 1971 Preis Freibg. Wiss. Ges., 1980 Gold. Med. libanes. Kulturmin.

HAARMEYER, Paul

Dipl.-Kfm., Bäckermeister, Mitgl. Hbg. Bürgerschaft (s. 1966, CDU) - Hoheluftchaussee 75, 2000 Hamburg - Geb. 14. Juli 1928 Hamburg, verh., 3 Kd. - Bäckerhandw.; Univ. Hamburg (Wirtschaftswiss.) - Großhandel, Verbandswesen, Bankfach, s. J. Bäckereigewerbe (Mitinh. Bäckerei u. Konditorei Robert Haarmeyer, Hamburg).

HAAS, Axel

Dr., Gf. Gesellschafter Erzquell Brauerei Bielstein Haas u. Co. KG u. Erzquell Brauerei Siegtal Haas u. Co. KG - 5276 Wiehl-Bielstein - Geb. 30. Mai 1945 - Stud. Betriebsw. (Ex. 1972), Promot. 1974.

HAAS, Erwin

Dr. med., Prof., Direktor d. Klinik f. HNO-Krankh. u. Plast. Gesichtschir. - St. Vincentius-Krankenhaus, 7500 Karlsruhe - Geb. 18. Sept. 1923 Mainz, kath., verh. s. 1953 m. Dr. med. dent. Gerda, geb. Baur (Zahnärztin) - S. Habil. Lehrtätig. Univ. Mainz (1965 apl. Prof. f. HNOheilkd.) - Spez. plast. Gesichts- u. Halschir. Mitarb.: Handb. d. plast. Chir. (1968), Hb. d. Lokalanästhesie (1973), Hb. d. HNO-Heilkunde (1976).

HAAS, Franz Josef

Rechtsanwalt u. Notar, Fachanwalt f. Steuerrecht, Vors. Arbeitsgem. d. Fachanwälte f. Steuerrecht u. Vorst.-Vors. Dt. Anwaltsinst., bde. Bochum - Brüderstr. 2, 4630 Bochum.

HAAS, Gerhard

Dr. phil., Prof. f. Dt. Sprache u. Lit. PH Heidelberg (s. 1987) - Friedrich-List-Str. 31, 7408 Kusterdingen - Geb. 12. April 1929 Weiden/N. - Promot. 1966. - S. 1970 Prof. PH Reutlingen - Bücher u. Aufs. zu Essay, Jugend-Lit. u. Lit.didaktik.

HAAS, Gerhard

Dr., Zoodirektor i. R. - Boetzenstr. 6, 7813 Staufen (T. 07633 - 53 97) - Geb. 28. Juni 1923 Sulzburg/Baden (Vater: Franz H., Handwerksm. †; Mutter: Emilie, geb. Mutterer †), kath., verh. s. 1960 m. Erika-Maria, geb. Konwalinka - Realgymn.; Univ. Freiburg/Br. (Zool., Botanik, Geol.; Promot. 1955) - S. 1955 Zoo Frankfurt/M. (Wiss. Assist.) u. Wuppertal (1959 Wiss. Assist., 1967 Dir., jetzt i.R.). Spez. Arbeitsgeb.: Verhaltensforsch.

HAAS, Gerhard

Dr. rer. nat., Dipl.-Phys., Prokurist i. R., ehem. Vors. Normenaussch. Informationsverarb./DIN, Berlin (1972-81) - Behnkeweg 35, 2085 Quickborn - Geb. 27. Jan. 1920 Troppau/Schles. (Vater: Dr. med. August H., Arzt; Mutter: Angela, geb. Lichnofsky), verh. s. 1953 m. Gertrud, geb. Lauschmann - TH Brünn, Univ. Kiel (Dipl. 1950, Promot. 1952) - 1956-61 Techn.-wiss. Berat. Valvo GmbH., Hamburg; 1961-81 Prok. Philips GmbH. u. Leit. Abt. Datenverarb./Forschungslabor. Hamburg - BV: Grundl. u. Bauelemente elektron. Rechenmaschinen, 1961 (engl., franz., span.) - 1975 DIN-Ehrennadel - Liebh.: Natur- u. Tierphotogr., Zeitgesch., Anthropol. - Zahlr. Erf. auf elektron. u. elektromech. Gebiet.

HAAS, Gottfried

Dr., Botschaftsrat, Wirschaftsref. Botschaft d. BRD in Singapore - Orchard Road 545,, Singapore 9.

HAAS, Hans

Dr. med., Honorarprofessor Univ. Heidelberg (s. 1966) - Ettlinger Str. 10, 7506 Bad Herrenalb (T. 07083 - 42 76) - Geb. 23. Jan. 1907 Kleve, kath., verw., 2 Kd. (Brigitte, Rainer) - Promot. Düsseldorf; Doz. 1942 Leipzig. 1946 Prof. Bonn - Entd.: Arzneimittel: Ispotin, Akineton u.a. - BV: Spiegel d. Arznei, 1956; Ursprung, Gesch. u. Idee d. Arzneimittelkd., 1980; Parabeln d. Kräutermed., 1989 - Spr.: Engl.

HAAS, Hans-Dieter

Dr. phil., Prof. f. Wirtschaftsgeographie - Zirler Str. 1, 8038 Gröbenzell (T. 08142 - 77 46) - Geb. 24. Okt. 1943 Wirsitz - Abit. 1963; Univ. Tübingen, Promot. 1969, Habil. 1976 - 1969 Wiss. Assist., 1972 Akad. Rat, 1976 Priv. Doz., 1979 Prof. Univ. München - BV: Junge Industrialis. im n.ö. Bad.-Württ., 1970; Wirtsch.sgeogr. Faktoren i. Gebiet d. Stadt Esslingen, 1972; D. Industrialisierungsbestr. auf d. Westind. Inseln, 1976 - 1977 Jubil.smed. Univ. Tübingen - Spr.: Engl., Franz.

HAAS, Hans-Georg

Dr. phil., Dr. med., o. Prof. f. Physiologie u. Institutsdir. (II) Univ. Bonn (s. 1972) - Nußallee 11, 5300 Bonn; priv.: Büchsenacker 11, 6904 Ziegelhausen - Zul. Privatdoz. Univ. Heidelberg.

HAAS, Helmut

Dr., Geschäftsführer Chem. Werke Salamander GmbH. - Goethestr. 6, 7014 Kornwestheim/Württ.; priv.: Friedrich-Schiller-Str. 20 - Geb. 21. Okt. 1929.

HAAS, Herbert

Dr. phil. nat., Ltd. Bibliotheksdirektor a. D. - Zul. 6900 Heidelberg 1 - Geb. 11. Juli 1910 Bruchsal (Vater: Jakob H., Oberpostinsp.; Mutter: Ottilie, geb. Bulling), ev., verh. s. 1940 m. Thea, geb. Kämpf, T. Heide - Oberrealsch. Bruchsal; 1929-33 Univ. Heidelberg (Naturwiss.). Promot 1933 (Mineral.), s. 1935 Univ.Biblioth. Heidelberg, 1937-38 Bayer. Staatsb. München, 1966-75 Univ.B. Mannheim (Ltd.Dir.) - Ztschr.beitr.

HAAS, Hermann Josef

Dr. rer. nat., Prof. f. Physiol. Chemie Univ. d. Saarlandes - In der Dell 4, 6650 Homburg/Saar - Geb. 31. März 1929 Heidelberg (Vater: Dr. Anton H., Prof.; Mutter: Hildegard, geb. Freundgen), kath., verh. s. 1964 m. Anneliese, geb. Schmitz - Dipl.-Chemiker 1956, Promot. 1958, Habil. 1964 f. Physiol. Chemie; 1958 Wiss. Mitarb. Max-Planck-Inst. Heidelberg; 1970 Prof. Univ. d. Saarl. (1979-81 Dekan) - Spr.: Engl.

HAAS, Jean Peter

Dr. med., Prof., Arzt f. Radiologie u. Nuklearmedizin, Chefarzt Radiologisches Inst. Städt. Kliniken - Pacelliallee 4, 6400 Fulda - Geb. 22. März 1932 Mainz - Lehrtätigk. Univ. Mainz (Prof. f. Radiol.).

HAAS, Karl

I. Bürgermeister (s. 1978) - Rathaus, 8343 Triftern/Ndb. - Geb. 2. März 1922 Neckargemünd - Kaufm.

HAAS, Karl-Friedrich

Elektromeister, Präs. Zentralverb. d. Dt. Elektrohandwerks, Frankfurt/M., Vors. Fachverb. Elektrotechnik Hessen ebd. - Steinbacher Hauptstr. 17, 6301 Fernwald 1 Kr. Gießen - Geb. 7. April 1921 - 1981 BVK am Bde., 1987 BVK. I. Kl.

HAAS, Ludwig

Schauspieler - Margeritenstr. 50, 8190 Wolfratshausen (T. 08171 - 2 92 85) - Geb. 16. April 1933 Eutin, gesch. - Staatl. Hochsch. f. Musik u. Theater Hamburg; Dipl. 1953 - Alle wesentl. Charakterrollen an vielen dt. Bühnen; Dr. Dressler in TV-Serie Die Lindenstraße - Spr.: Engl., Franz., Span.

HAAS, Manfred

Geschäftsf. Württ. Sparkassen- u. Giroverb., Stuttgart - Danziger Str. 26, 7076 Waldstetten - Geb. 27. Juli 1940 Schw. Gmünd (Vater: Karl H., Betriebsleit. †; Mutter: Maria, geb. Wahl), kath., verh. s. 1963 (Ehefr.: Ursula), 2 S. (Jochen, Oliver) - Volks-, Höh. Handelssch., Sparkassenlehre, Württ. Sparkassensch. (Stuttgart), Lehrinst. f. d. komm. Sparkassen- u. Kreditwesen (Bonn) - Ämter u. Mand. - Liebh.: Musik, Sport - Spr.: Engl., Franz.

HAAS, Otto

Ministerialrat, Präs. d. Bayer. Akad. d. Werbung - Geb. 24. Juni 1920 - Seitnerstr. 29 , 8023 Pullach/Isartal.

HAAS, Rainer

Dr. med., Prof., Kinderarzt (Krebsspezialist) - Lindwurmstr. 4, 8000 München 2 - Geb. 29. Sept. 1936 Leipzig, verh. (Ehefr.: Brigitte, Psychotherapeutin), 3 S. (Hans-Peter, Stefan, Tilmann) - Promot. 1962; Habil. 1970 (Klin. Physiologie) u. 75 (Pädiatrie) - S. 1976 Prof. Univ. München - Liebh.: Sport (Tennis, Squash, Surfen), Wandern, Radfahren - 1971 Wiss.preis Stadt Ulm, 1976 Arthur-Pappenheim-Preis Dt. Ges. f. Hämatologie.

HAAS, Roland

Dr. phil., Dramaturg f. Schauspiel Staatstheater Stuttgart, Publizist - Zu erreichen üb. Staatstheater, Oberer Schloßgarten 6, 7000 Stuttgart 1 - Geb. 4. April 1949 Frankfurt/M., ev., T. Sarah Issaia - Staatsex. f. höh. Lehramt u. Promot. 1974-76 Univ. Frankfurt/M. - 1978-80 Organisationsleit. u. Dramat. Nationalth. Mannheim; 1983 Organisationsleit. u. künstler. Leit. Wiblinger Festsp., Ulm; 1984-85 Leit Freiburger Theaterfestival; 1982-85 Ref. d. Int. Freiburger Theater. Mitgl. Vorbereit.-Kommiss. Baden-Württ. Theatertage; Gründ. Theaterztg. in Ulm (1981) u. Freiburg (1983) - BV: Lesend wird sich d. Bürger s. Welt bewußt, 1977; Lehrerjahrb. 1977. Opernlibretto: Hunger u. Durst (n. Ionescu, UA 1986 Freiburg) - Opern- u. Konzertfestival Ulm (1983); Multimediales Schulprojekt Theater Stuttgart (1986) - 1983 Med. Stadt Ulm - Spr.: Engl.

HAAS, Rudolf

Dr. phil., o. Prof. f. Engl. Philologie (m. bes. Berücks. d. Sprache u. Kultur Nordamerikas) - Moorbirkenkamp 2a, 2000 Hamburg 64 (T. 526 29 31) - Geb. 5. Febr. 1922 Bad Cannstatt - S. 1958 (Habil.) Privatdoz., ao. (1959) u. o. Prof. (1961) Univ. Hamburg (Dir. Sem. f. Engl. Spr. u. Kultur); S. 1966 Mitgl. Wiss.srat - BV: Wege z. engl. Lyrik in Wiss. u. Unterr., 1962; Anglistikstud. u. Englischunterr., 1963; Amerik. Literaturgesch., 1972 ff. Div. Einzelarb.

HAAS, Sandra Ingrid

Komponistin, Texterin u. Sängerin (Künstlername Sandra) - Utrechter Str. 2, 5024 Pulheim-Stommeln - Geb. 25. Mai 1950 Volkmarsen/Kassel, ledig - Ausb. Gesang u. Gitarre - Repräsent. d. Bundesrep. als Komp. u. Sängerin b. Agustin-Lara-Worldfestival Mexico City, 6. Song Olympiade Athen, Worldsongfestival Seoul, Korea u. Intern. Songfestival Vina del Mar/Chile. Komp. u. prod. m. Claudio Szenkar d. Ps. Song-Team im eig. Studio. Film-, Fs- u. Schallplattenmusik. 3 Langspielp. u. 11 Singles. Zahlr. Auftr. in Funk u. Fs., u.a. Hauptrolle in: Wintermärchen (v. Heinrich Heine, WDR) - Liebh.: Fotogr., Sportschießen, Katzen, Hunde, Lit. - Spr.: Engl. Ital.

HAAS, Walter

Dr., Prof., o. Prof. f. germanische Philologie Univ. Freiburg/Schweiz - Stalden 12, CH-1700 Freiburg (T. 037 - 23 15 80) - Geb. 14. Sept. 1942 Kriens/LU (Schweiz), kath., verh. s. 1968 m.

Annemarie, geb. Lötscher, T. Anna - Primarlehrpat. 1963 (Hitzkirch); Promot. 1971 (Univ. Freiburg-Schweiz); Habil. 1978 (Univ. Freiburg-Schweiz) - 1963-64 Grundschullehrer; 1971-78 Assis. Univ. Freiburg/Schweiz; 1974-76 Lehrauftr. Univ. Bern; 1978-80 Wiss. Beamter Bundeskanzlei Bern; 1979-80 Lehrauftr. ETH Zürich; 1980-81 Lehrauftr. Univ. Freiburg/Breisg.; 1980-83 Mitarb. Sprachatlas d. dt. Schweiz; 1983-86 Prof. f. germ. Phil., Dir. dt. Sprachatlas I, Philipps-Univ. Marburg - BV: Franz Alois Schumachers Isaac, 1975; Sprachwandel u. Sprachgeogr., 1978; D. Wörterb. d. schweizerdt. Spr., 1981; D. viersprachige Schweiz (Teile 1 u. 2), 1982; Fünf Komödien d. 16. Jh. (zus. m. M. Stern), 1989 - Spr.: Franz., Ital., Engl., Niederl.

HAAS, Walter

Dr.-Ing., Prof. f. Baugeschichte TH Darmstadt (s. 1978) - Petersenstr. 15, 6100 Darmstadt; priv.: Wilramstr. 33, 8000 München 80 - Geb. 4. Okt. 1928 Nürnberg (Vater: Dr. med. Hermann H., prakt. Arzt; Mutter: Hedwig, geb. Rhodius), ev., verh. s. 1957 m. Elfriede, geb. Merz, 3 Kd. (Ulrich, Christine, Rudolf) - Gymn. Nürnberg; 1948-55 TH Stuttgart (Arch.). Dipl.-Ing. (1955) u. Regierungsbaum. (1958) Stuttgart; Promot. 1966 Braunschweig - 1958-61 fr. Mitarb. Landesamt f. Denkmalpflege Rhld.-Pf. Speyer; 1961-78 Ref. f. Bauforsch. Bayer. Landesamt f. Denkmalpfl. München - BV: D. Dom zu Speyer, 3 Bde. 1972 (m. H.-E. Kubach); D. Bamberger Dom, 1973; Romanik in Bayern, 1985 (m. U. Pfistermeister).

HAAS, Walter

Geschäftsführer - Karl-Koch-Str. 3, 4500 Osnabrück (T. 5 19 46) - Geb. 9. Jan. 1920 Osnabrück, verh. s. 1946 m. Else, geb. Nitschke, S. Ralf - Höh. Schule (durch Tod d. Vaters nur b. 1934); Schlosserlehre - Ab. 1938 Maschinenschlosser Klöcknerwerke Osnabrück; 1942-45 Wehrdst.; 1947-54 Angest. Krankenkassenwesen; 1954-63 Kreisgeschäftsf. Arbeiterwohlfahrt Osnabrück; s. 1963 Gf. Bauwesen (Ing.büro) ebd. S. 1946 Ratsmitgl. Osnabrück (1953 Fraktionsvors.). 1959-74 MdL Nieders. (1970-74 Vizepräs.). SPD (Mitgl. Parteirat u. 1968-74 stv. Bezirksvors.).

HAAS, Waltraut

Schauspielerin - Königlberggasse 45, A-1130 Wien - Geb. 9. Juni 1929 Wien, ev., verh. 1966 m. Erwin Strahl (Schausp.), S. Markus - Volks-, Haupt-, Mode- u. Schauspielsch. - Bühne, Film, Fernsehen. Vornehml. Theatergastsp. Üb. 70 Filme, dar.: Hofrat Geiger, 1. April 2000, D. Mädchen f. Pfarrhaus, D. Lied v. Kaprun, Licht d. Liebe, Stimme d. Sehnsucht, D. Bettelstudent, Lumpazivagabundus, Weißes Rößl, Saison in Salzburg, Hochzeitsnacht im Paradies, Mariandl - 1959 Sympathiepreis Filmfestival Mar del Plata (Perle d. Atlantik) - Liebh.: Musik - Spr.: Engl.

HAAS, Werner

Dr.-Ing., Generalbevollm. Direktor u. Mitgl. d. Geschäftsleitg. Med. Technik Siemens AG - Henkestr. 127, Postf. 32 60, 8520 Erlangen (T. 09131 - 8 40).

HAASE, Ernst

Vorstandsmitglied Bremen-Vegesacker Fischerei-Ges., Bremen - Kellerstr. 22, 2800 Bremen-Lesum - Geb. 13. März 1910.

HAASE, Gottfried

Rektor, MdL Baden-Württ. (s. 1964) - Schulstr. 16, 7251 Heimsheim (T. Weil d. Stadt 3 12 49) - Geb. 20. Aug. 1923 Dürröhrsdorf/Sa., ev., verh., 4 Kd. - Obersch. Pirna (Reifeprüf. 1942); 1947-48 Päd. Inst. Stuttgart. Beide Prüf. f. d. Lehramt an Volkssch. - 1942-45 Wehrdst. (mehrm., z. T. schwer verwundet); s. 1945 Volksschullehrer u. Rektor (1960) Heimsheim. MdK Leonberg (1959). SPD s. 1946 (1962-68 Kreisvors.).

HAASE, Günter

Dr. rer. nat., Dr. phil. nat. habil., em. o. Prof., Inst. f. Chemie Inform.-Aufzeichnung TU München (s. 1970) - Sommerfeld 4, 8024 Oberhaching/Obb. (T. München 613 33 03) - Geb. 23. Juli 1918 Gelsenkirchen, ev., verh. m. Elisabeth Haase-Scholl, S. Dr. phil. Wolfgang Haase - Studium Physik. Promot. 1941; Habil. 1944 - 1948-70 Lehrtätigk. Univ. Frankfurt (1954 apl. Prof. f. Angew. Physik; 1961 Leit. Abt. f. Wiss. Photogr./Inst. f. Angew. Physik; 1963 Wiss. Rat u. Prof.) - BV: Lehrb. d. Physik f. Mediziner, 5. A. 1978; D. Grundl. d. photogr. Prozesse m. Silberhalogeniden, 3 Bde. 1968ff. Zahlr. Fachaufs.

HAASE, Günter

Dr. med. dent., Zahnarzt, Honorarprof. f. Zahnärztl. Prothetik FU Berlin - Viktoriastr. 9a, 1000 Berlin 42.

HAASE, Günther

Dr. jur., Rechtsanwalt, gf. Vorst.-Mitgl. Bundes Gütegemeinsch. Montagebau u. Fertighäuser e. V., Präs. u. Generalsekr. World Assoc. for Element-Building and Prefabrication (WAEP), Vors. PREFAB in Federation Europeene d. Syndicats de Fabricants, de Menuiseries Industrielles de Batiment - Schlüterstr. 6, 2000 Hamburg 13 (T. 45 18 75) - Geb. 17. Mai 1929 - BV: Landesbauverordn. u. Musterbauordn. Zahlr. Veröff.

HAASE, Hans-Joachim

Dr. med. (habil.), Dr. phil., Prof., ehem. Ärztl. Direktor Pfalzklinik Landeck, Nervenfacharzt - Untere Hofwiese 6, 6749 Klingenmünster 1 - Geb. 12. Juli 1922 Berlin (Vater: Dr. med. Alfons H., Arzt; Mutter: Ida. geb. Siegel), ev., verh. m. Waltraut, geb. Archut †, 2 Kd. (Thomas, Monika) - Stud. Med. u. Psych. S. 1958 Privatdoz. u. apl. Prof. (1964) Univ. Düsseldorf. S. 1973 Aufbau bürgernaher Psychiatrie m. Patenschaftsaktionen f. Langzeitkranke u. ehrenamtl. Laienhilfe f. psychotisch Kranke; 1986 Gründ. e. Liga f. psychotisch Kranke in d. BRD - BV: Amnest. Psychosyndrome, 1959; The Action of Neuroleptic Drugs, 4. A. 1976 (m. P. A. J. Janssen); Therapie m. Psychopharmaka, 5. A. 1982; D. Alkoholkranke in Klinik u. Praxis, 1974; D. Behandl. d. Psychosen d. schizophrenen u. manischdepressiven Formenkr., 1976; Depressionen, 1976, Depressive Verstimmungen, 1980; D. unter sich selbst leiden, 1980. Zahlr. Fachveröff. - 1982 BVK, 1988 VO. Rhld.-Pfalz.

HAASE, Heinz

Vorstandsmitglied Niedersachsen Versicherungs-AG., Hamburg - Kortenwisch 9, 2000 Hamburg 65 - Geb. 6. Nov. 1924.

HAASE, Henning

Dr. phil., Prof. f. Psych. Univ. Frankfurt/M. - Hedwig-Dransfeld-Str. 16, 6000 Frankfurt (T. 77 66 05) - Geb. 21. Sept. 1939 Mülheim/R. (Vater: Alfred H., Ing.; Mutter: Anneliese, geb. Wiescher), verh. s. 1966 m. Gisela, geb. Schürmann, T. Nicola - Stud. d. Psych.; Promot. 1969 - BV: Psych. Tests im Bildungswesen, 1972; Psych. Probl. Personbeschr., 1977; Tests im Bildungswesen, 1978; Handb. d. angew. Psych., Bd. III (m. Molt) 1981; Kinder, Medien u. Werbung, 1981; Trainingswissenschaften, Bd. I (Mitverf.) 1982; Fortschr. d. Marktpsych., 1983 - Liebh.: Mod. Graphik, antike Möbel - Spr.: Engl.

HAASE, Herwig Erhard

Dr. rer. pol., Privatdozent, MdA Berlin - Hohenzollernstr. 14B, 1000 Berlin 49 (T. 838 40 45) - Geb. 15. Jan. 1945 Hohensalza (Westpr.) (Vater: Dr. med. Erhard H., Arzt; Mutter: Ella, geb. Broneske), ev., verh. s. 1966 m. Christa, geb. Kränow, 2 T. (Kathrin, Kristin) - Abit. 1964; FU Berlin (Dipl.-Volksw. 1969, Promot. 1976, Habil. 1987) - S. 1977 Wiss. Mitarb. Osteuropa-Inst. FU Berlin. S. 1983 MdA Berlin. CDU. Üb. 40 Facharb., u. a. Hauptsteuern im sozialistischen Wirtschaftssystem, 1980; Development Trends in the GDR Economy during the 1980s, 1980; D. Wirtschaftssyst. d. DDR. E. Einf., 2. A. 1988 - Liebh.: Sport, Schach, Theater.

HAASE, Horst

Rechtsanwalt, MdB (s. 1972; Wahlkr. 229/Fürth) - Schmerlerstr. 18, 8510 Fürth/Bay. (T. 77 01 78) - Geb. 26. Okt. 1933 Königsberg/Pr. (Eltern: Artur (Sparkassendir.) u. Elsa H.), ev., verh. - Obersch.; Abit. 2 1/2 J. später; Stud. Sozialwiss. u. Jura (Staatsex.) - 1962-72 MdL Bayern (zul. stv. Fraktionsvors.). 1961 ff. Vors. Arbeitsgem. jg. Sozialdemokr. Franken. Mitgl. Wirtsch.-aussch. Dt. Bundestag. SPD (Mitgl. Bezirksvorst. Franken, Landesschatzmeister).

HAASE, Joachim

Dr. med., o. Prof. f. Physiologie u. Institutsdir. Univ. Düsseldorf - Schillerstr. 13, 4006 Erkrath 2 - Geb. 31. Okt. 1924 Liegnitz/Schl. - Wiss. Mitarb. MPG Göttingen, Nobel-Inst. Stockholm, MPI f. Exp. Med. Göttingen; s. 1962 (Habil.) Lehrtätigk. Univ. Göttingen (1968 apl. Prof.) u. D'dorf (1972 Ord.). Facharb.

HAASE, Lothar

Dipl.-Volksw., Verwaltungsoberrat a. D., MdB (1961-83), Oberst d. Res. d. BW., Mitgl. Europ. Rechnungshof - 29, Rue Aldringen, Luxemburg; Hunrodstr. 48, 3500 Kassel-W'höhe (T. 3 44 50) - Geb. 30. Aug. 1923 Kassel, ev., verh. s. 1956 m. Dr. Erika, geb. Büscher, S. Joachim - Oberrealsch.; 1948-52 Univ. Marburg (Volksw.) - 1942-48 Wehrdst. (Panzerjäger) u. engl. Gefangensch. (Ägypt.); 1953-61 Bundesanst. f. Arb./Zentr.st. f. Arb.vermittl. Frankfurt; 1956-60 Mitgl. Kreistag Kassel-Land; 1961-83 MdB (1961-83 Mitgl., 1981-83 Vors. Haushaltsaussch.); s. 1983 Mitgl. Europ. Rechnungshof Luxemburg - CDU (s. 1948; s. 1962 Bezirksvors. Nordhessen) - Gr. BVK; 1981 Bayer. VO - Spr.: Engl.

HAASE, Manfred

Kaufm. Geschäftsführer Vereinigte Kunststoffwerke GmbH, Staufen, Vorstand Gütegemeinschaft kalandrierte PVC-Hart-Folien f. Verpackungszwecke e.V., Mitgl. Vollversammlung der IHK Südlicher Oberrhein, Hauptstelle Freiburg - Strenzleweg 22, 7813 Staufen - Geb. 2. Nov. 1918.

HAASE, Richard

Dr. jur., Amtsgerichtsdirektor a. D., Honorarprof. f. Bürgerl. Recht Univ. Hohenheim (s. 1971), u. f. Keilschriftrecht Univ. Tübingen (s. 1987), Dozent VWA Stuttgart (s. 1969) - Heinrich-Längerer-Str. 32, 7250 Leonberg/Württ. - Geb. 8. Juli 1921 Rausenbruck/Mähren - S. 1950 Richter - BV: Einf. i. d. Stud. keilschriftl. Rechtsquellen, 1965; Grundlagen u. -formen d. Rechts, 8. A. 1989 (m. R. Keller). Herausg.: Bürgerl. Gesetzb./Textausg. (3. A. 1980), D. keilschriftl. Rechtssamml. in dt. Fass. (2. A. 1979), Texte z. hethit. Recht (1984). Bespr. v. BGH-Entsch., Beiträge z. altoriental. Recht in in- u. ausl. Ztschr.

HAASE, Rolf

Dr. phil., o. Prof. f. Physikal. Chemie (Lehrstuhl II) - Melatener Str. 107, 5100 Aachen (T. 8 48 82) - Geb. 10. Aug. 1918 Berlin, verh. 1948 m. Dr. phil. Lieselotte, geb. Moß (Dipl.-Chemikerin) - S. 1951 (Habil.) Lehrtätigk. Univ. Marburg u. TH Aachen (1957 apl., 1964 ao., 1968 o. Prof.) - BV: Thermodynamik d. Mischphasen, 1956; Thermodynamik d. irreversiblen Prozesse, 1963 (engl. 1969); Solid-Liquid Equilibrium, 1969 (m. H. Schönert); Thermodynamik, 1972; Elektrochemie, I 1972; Transportvorgänge, 1973. Zahlr. Einzelarb. - 1958 Nernst-Preis.

HAASE, Wolfgang

Dr. rer. nat., Prof. f. Physikal. Chemie TH Darmstadt (s. 1971) - Im Trappengrund 72, 6107 Reinheim 1 - Geb. 25. Okt. 1936 Reinholdshain/Glauchau, verh. s. 1963 m. Dr. Ingeburg, geb. Karer, 2 Kd. (Ingram, Berit) - Fach- u. Hochschulstud. Magdeburg (Ing. Chem.), Jena (Dipl.Chem., Dr. rer. nat.) u. Marburg (Habil.).

HAASE, Yorck Alexander

Dr. phil., Direktor Hess. Landes- u. Hochschulbibliothek (s. 1977) - Schloß, 6100 Darmstadt; priv.: Woogstr. 18, 6109 Mühltal 4 - Geb. 20. Febr. 1934 Frankfurt/M. (Vater: Franz H., Bankkfm.; Mutter: Gertrud, geb. Demuth), ev., verh. s. 1965 m. Vera, geb. Ohlenmacher - Lessing-Gymn. Frankfurt (Abit. 1954); 1955-61 Univ. ebd. u. Wien (Theaterwiss., Kunstgesch.) - Verlagsredakt. u. Bibliotheksrefer.; 1966-67 Bibliotheksass. Dt. Bibl. Frankfurt; 1967-77 stv. Dir. Herzog-August-Bibl. Wolfenbüttel; 1985-87 Vors., s. 1987 stv. Vors. Verein Dt. Bibl. - Spr.: Engl.

HAASEN, Peter

Dr. rer. nat., o. Prof. f. Metallphysik - Tannenweg 18, 3400 Göttingen-Geismar (T. 79 21 13) - Geb. 21. Juli 1927 Gotha (Vater: Dr. Herbert H., Jurist; Mutter: geb. Samwer), ev., verh. s. 1958 m. Barbara, geb. Kulp, 3 Töcht. (Christine, Elisabeth, Dorothea) - Univ. Göttingen (Physik; Promot. 1953) u. 1954-56 Chicago (Metallphysik) - 1956-58 wiss. Mitarb. Max-Planck-Inst. f. Metallforsch.; s. 1959 Ord. u. Dir. Inst. f. Metallphysik Univ. Göttingen. 1971 Gastprof. Univ. Philadelphia; 1978 Gastprof. Univ. Paris-N., 1984 W. Schottky Prof. Stanford Univ. 1966ff. Senatsmitgl. Dt. Forschungsgem.; 1968ff. ausw. Wiss. Mitgl. MPI f. Metallforsch., 1966 O. Mitglied, 1982 Präs. Akad. d. Wiss. Göttingen, 1981 ausw. Mitgl. US Natl. Acad. Engineering Washington, 1987 Mitgl. Akad. Leopoldina Halle/S. Fachveröff. Mithrsg.: Ztschr. f. Metallkd. (1963 ff.), Acta Metallurgica (1964ff.), Physikal. Metallkd. (1974/1978 engl. u. 1981 japan. Übers.) - Spr.: Engl., Franz.

HAASIS, Heinrich

Landrat, MdL Baden-Württ. (s. 1976; Wahlkr. 63, Balingen) - Asterstr. 11, 7457 Bisingen (T. 07433 - 14-1) - Geb. 21. April 1945 Balingen-Streichen - 1971-81 Bürgermeister Bisingen, s. 1981 Landrat Zollernalbkr., stv. Vors. CDU-Frakt. Baden-Württ.

HAASIS, Hellmut G.

Schriftsteller, Märchenclown - Tannenstr. 17, 7410 Reutlingen-Betzingen - Geb. 7. Jan. 1942 Mühlacker/Enz, verh. s. 1980 m. Gerlinde, geb. Hummel, 2 Kd. (Flora Vera, Simon Benjamin) - Stud. 1961-66 ev. Theol., Gesch., Politik, Soziol. - BV: Spuren d. Besiegten, 1984; Morgenröte d. Republik, 1984; Gebt d. Freiheit Flügel, 1988 - Inter.: Mini-Verlag D. FREIHEITSBAUM f. Ausgrabung verschollener Freiheitslit. - Spr.: Engl., Ital.

HAASS (ß), Dieter

Dr., o. Vorstandsmitglied G. M. Pfaff AG, Kaiserslautern (s. 1984) - Spinozastr. 25, 6750 Kaiserslautern/Pf. - Geb. 28. Nov. 1928 - B. 1984 stv. Vorst.-Mitgl., dann s. o.

HAASS, Elmar

Dipl.-Volksw., Redakteur, Ref. f. Presse u. Öfftl.keitsarbeit Hauptverw. Dt. Bundesbahn - Dienstl.: Friedrich-Ebert-Anlage 43-45, 6000 Frankfurt/M. (T. 0611 - 265 62 04); priv.: Goethestr. 98a, 6070 Langen (T. 06103 - 2 27 52) - Geb. 10. Febr. 1937 Düsseldorf (Vater: Gustav H., Finanzkaufm.; Mutter: Helene, geb. Brockhagen), kath., verh. s. 1962 m. Waltraud, geb. Riebling, 2 S. (Guido, Jörg) - Stud. Volksw. Univ. Köln, Dipl. 1961 - 1961-67 Geschäftsf. Bundesverb.; 1967-72 Redakt. Handelsblatt; 1972 ff. Dt. Bundesbahn - Spr.: Engl., Franz.

HAASSENGIER (ß), Dieter

Staatssekretär im Nieders. Kultusministerium (s. 1989) - Leonidengasse 15, 3008 Garbsen 1 (T. 05137 - 7 15 68) - Jurist. CDU (1968-76 u. 1981-82 Generalsekr. Nieders.; 1970-76 MdL); 1986-88 Staatssekr. im Nieders. Min. d. Innern.

HAASTERT, Winfried

Vorstandsmitglied Thyssen Industrie AG (1984ff.) - Am Thyssenhaus 1, 4300 Essen 1 - Zul. Vorst. Thyssen-Henschel, Kassel.

HABBE, Karl-Albert

Dr. rer. nat., Prof., Institut f. Geographie Univ. Erlangen-Nürnberg - Kochstr. 4, 8520 Erlangen.

HABBE, Rainer

Dipl.-Kfm., Geschäftsführer Papierfabrik Meldorf GmbH., Meldorf - Dorfstr. 24, 2223 Nindorf - Geb. 24. März 1943.

HABBEL, Wolfgang R.

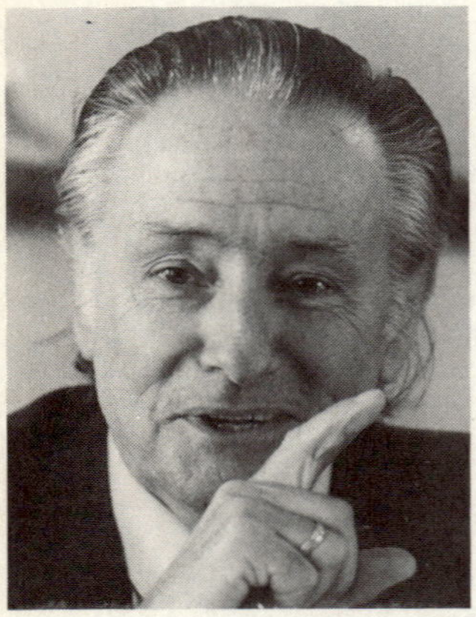

Dr. jur., Aufsichtsratsmitglied AUDI AG, Ingolstadt, Gerresheimer Glas AG, Düsseldorf-Gerresheim, Triumph-Adler, Nürnberg, Digital Equipment GmbH, Maynard, USA, Dt. Sport-Marketing GmbH, Frankfurt, Präs. IHK London, Dt. Stiftg. Denkmalschutz, Bonn, Präsid.-Mitgl. Landesverb. Bayer. Ind., München, Kurat.-Mitgl. Landesverb. Bayern d. Stifterverb. f. d. Dt. Wiss, Essen, Dt. Museum, München, Senior Executive Dir. Russell Reynolds Assoc., Inc., Frankfurt/London/New York - Höhenstr. 5, 8068 Pfaffenhofen - Geb. 25. März 1924 - B. 1969 Personal Export-Ltg. Ford-Werke AG, Köln, Ford Europa, London, dann gf. Gesellsch. C. H. Boehringer Sohn, Ingelheim. Kurat.-Mitgl. Dt. Sporthilfe, Frankfurt - 1982 Bayer. VO; 1984 Staatsmed. f. bes. Verdienste um die bayer. Wirtsch.; 1984 Manager d. J. Industriemagazin; Ehrensenator Univ. Bayreuth; 1987 BVK I. Kl.

HABECK, Dietrich

Dr. med. Prof., Neurologe u. Psychiater - Schelmenstiege 23, 4400 Münster/W. (T. 02534 - 13 53) - Geb. 6. März 1925 Stettin - Promot. (1956) u. Habil. (1967) Münster - S. 1971 apl. Prof. u. Prof. Univ. Münster, 1977/78 u. 1978/79 Dekan Med. Fak., 1979/80 u. 1980/81 Prodekan; Gf. Dir. Inst. f. Ausb. u. Studienangelegenh. d. Med. Fak.; s. 1980 Vors. Ges. f. Med. Ausb. (Dt. Sektion d. Assoc. f. Medical Education in Europe). Zahlr. Facharb. - Spr.: Engl., Franz.

HABECK, Fritz

Dr. iur., Prof., Schriftsteller - Grillparzerstr. 6, A-2500 Baden b. Wien (T. 02252 - 8 62 58) - Geb. 8. Sept. 1916, verh. s. 1951 m. Gerda, geb. Vilsmeier, 4 Kd. (Wolfgang, Gwen, Rowena, Tilman) - Stud. Univ. Wien, Promot. 1950 - 1937-46 Soldat; 1946-48 Regie-Assist., Dramat.; 1953-55 Generalsekr. Österr. Schriftstellerverb.; 1953-77 Lektor, Leit. Abt. Lit. Österr. Rundf., Studio Wien; 1978-80 Präs. Österr. PEN-Club - BV: D. Scholar v. linken Galgen, 1941; D. Ritt a. d. Tiger, 1958; D. Piber, 1965; D. schwarze Mantel meines Vaters, 1976; u.v.m. - 1949 Goethe Reise Stip. Stadt Wien; 1952 Förderungspreis (Österr. Staatspr.) u. Förderungspr. Stadt Wien; 1963 u. 67 Jugendbuchpr. Österr.; 1969 Prof.-Titel; 1973 Adalbert Stifter Pr.; 1975 Kulturpr. Stadt Baden u. Gold. Ehrenz. Stadt Wien; 1977 Ehrenkreuz f. Kunst u. Wiss. I. Kl.; 1982 Pr. d. Stadt Wien; u.v.m. - Interesse: Gesch. - Spr.: Engl., Franz. - Lit.: Lennartz, Dt. Dichtung d. Gegenw.; F. Knily, Dt. Lautsprecher; W. Jambor, Österreichbild unserer zeitgenöss. Lit.; W. Kraus in Lit. u. Kritik, 1982.

HABECK-TROPFKE, Hans-Hermann

Dipl.-Ing., Prof. f. Siedlungswasserwirtschaft, Müll- u. Abfalltechnik Bergische Univ. GH Wuppertal - Einern 130, 5600 Wuppertal 2 - BV: Abwasserbiologie, 1980; Müll- u. Abfalltechnik, 1985.

HABEDANK, Manfred

Dr. med., Prof., Arzt f. Kinderheilkunde u. Med. Genetik - Birkengrund 11, 5100 Aachen - Geb. 1. April 1929 Leipzig (Vater Richard H., Ledergroßhändler u. Gerberoberm.; Mutter: Johanna, geb. Geßler), ev., verh. s. 1955 m. Christine, geb. Rölz, 2 Kd. (Georg, Beate) - 1939-46 König-Albert-Gymn. Leipzig; 1949-55 FU Berlin. Promot. 1956 - S. 1973 (Habil.) Lehrtätigk. TH Aachen/Med. Fak. (1976 Wiss. Rat u. Prof.; Oberarzt Abt. Kinderheilkunde u. Leit. Lehrgeb. Klin. Cytogenetik) - BV: Humangenetik - Kurzlehrb. u. Komment. z. neuen Gegenstandskatalog, 1978 (m. J. Faust) 2. A. 1981. Zahlr. Aufs. dt. u. engl. Fachpresse - Spr.: Engl.

HABEL, Reinhardt

Dr. phil., Prof. f. Neuere Dt. Literatur Univ. Marburg (s. 1972) - Tulpenstr. 1, 3550 Marburg 7 - Geb. 12. April 1928 Stuttgart (Vater: Walter H., Kaufm.; Mutter: Ria, geb. Wefels), verh. s. 1958 m. Inge, geb. Gittermann, 2 S. (Wolfram, Robert) - Friedrich-Eugens-Gymn. Stuttgart (Abit. 1947); Univ. Tübingen u. Freiburg/Br. (German., Gesch., Phil.; Staatsex. 1953, Promot. 1956) - Zul. Akad. Rat Univ. Marburg. Spez. Dt. Lit. v. 18. b. 20. Jh. - BV: Joseph Görres - Stud. üb. d. Zusammenhang v. Natur, Gesch. u. Mythos, 1960. Herausg.: Goethe, Schr. z. Farbenlehre (1959/63); Editionsleit.: Christian-Morgenstern-Gesamtausg. (1987ff.) - Spr.: Engl., Lat., Griech.

HABENICHT, Walter

Dr. rer. pol., Prof., Ordinarius f. Industriebetriebslehre Univ. Hohenheim (s. 1986) - Zeppelinstr. 13, 7014 Kornwestheim (T. 07154 - 37 63) - Geb. 29. März 1946, ev., verh. s. 1968 m. Christa, geb. Bruns, 2 Kd. (Stefanie, Tina) - Abitur 1966; Stud. 1968-73 Univ. Göttingen, Dipl.-Hdl. 1973; Promot. 1976 Göttingen; Habil. 1984 Stuttgart - 1973-77 Wiss. Angest. Univ. Göttingen, 1978-86 Akad. Rat Univ. Stuttgart - BV: Ausgew. Enum.-Strat. z. Lösg. ganzz. lin. Opt.-Probl., 1976; Interakt. Lös.-Verf. f. diskr. Vektoropt.-Prob., 1984.

HABER, Heinz

Prof. Dr., Astronom u. Physiker - Falkenstein 44, 2000 Hamburg-Blankenese 55 - Geb. 15. Mai 1913 Mannheim (Vater: Karl H., Industrieller; Mutter: Maria, geb. Saar), protest., verh. in 2. Ehe (1960) m. Irmgard, geb. Koch, 3 Kd. (Kai, Cathleen aus 1., Marc-Philip aus 2. E.) - Univ. Leipzig, Heidelberg, Berlin (Physik, Astron.); Promot. 1939, Habil. 1944 Berlin - 1942-45 Leit. Abt. Spektroskopie Kaiser-Wilhelm-Inst. f. physikal. Chemie, Berlin; 1946-52 Forschungstätigk. Unites States Air Force School of Aviation Medicine, Randolph Field/Texas; 1952-55 Lehrtätigk. Univ. of California, Los Angeles (Assistant Prof. f. Astrophysik); 1955-58 wiss. Chefkonsultant Walt Disney Production, Burbank; s. 1958 selbst. Produzent f. d. dt. u. amerik. Fernsehen Entwickl. d. Weltraummed. (m. Prof. Dr. H. Strughold) - BV (zahlr. Übers.)/Dt. Titel: Menschen, Raketen u. Planeten, 1955; Unser Freund d. Atom, 1958; Lebendiges Weltall, 1959; Unser blauer Planet - D. Entwicklungsgesch. d. Erde, 1965; D. Stoff d. Schöpfung, 1965; D. offene Himmel, 1968; Unser Wetter, 1971; Drei Welten, 1971; Sterne erzählen ihre Gesch., 1971 (m. Ehefr.); Stirbt unser blauer Planet?, 1973; Gefangen i. Raum u. Zeit, 1974; Planet im Meer d. Zeit, 1975; Geschichten a. d. Zukunft, 1976 (m. Ehefr.); Eine Frage, Herr Professor, 1978; D. Erde schlägt zu, 1980; Unser Sternenhimmel, 1981; Prof. Haber's Sternatlas, 1981; Mein Kind - Väterl. in heiteren Versen, 1985; Wenn unser Planet zürnt - Erdbeben u. Vulkane, 1986; D. Zeit - Geheimnis d. Lebens, 1987. Herausg. u. Chefredakt.: Ztschr. bild d. wiss. (1964ff.) - S. 1955 350 wiss. Fernsehbeitr. (Autor u. Moderator) in USA u. BRD - 1962 Preis f. d. beste wiss. Jugendb. Thomas Alva Edison Foundation New York (Lebend. Weltall), 1964 Adolf-Grimme-Preis (Fernsehsend.: D. Laser), 1965 Gold. Kamera (ZDF-Sendereihe: Unser blauer Himmel), 1967 Sonderpreis Stifterverb. f. d. Dt. Wiss. (WDR-Produktion: Kosmos u. Sterne), 1977 Preis d. Dt. Photograph. Ges. (f. Ztschr. bild d. wiss.), 1987 Hubertus-Strughold-Med. d. Dt. Ges. f. Luft- u. Raumfahrtmed. Mitgl. Optical Soc. of America, Aero-Aerospace Medical Assoc., American Rocket Soc. - Liebh.: Schach, Tennis - Spr.: Engl.

HABER, Wolfgang

Dr. rer. nat., o. Prof. f. Landschaftsökologie TU München (s. 1966) - Untergartelsh. Weg 10, 8050 Freising/Obb. (T. 08167 - 4 78) - Geb. 13. Sept. 1925 Datteln/W. - S. 1981 Mitgl. Rat v. Sachverst. f. Umweltfragen d. Bundesreg.; Kustos Landesmuseum f. Naturkd. Münster/W. Fachveröff. - 1973 Bayer. VO; 1986 BVK I. Kl.

HABERBERGER, Hanni

I. Bürgermeister Stadt Auerbach (s. 1978) - Rathaus, 8572 Auerbach/Opf. - Geb. 22. März 1928 Auerbach - Zul. Justizamtsrat. CSU.

HABERER, Peter

Staatsanwalt, MdL Rhld.-Pfalz (s. 1971) - Dorndorfstr. 26, 6660 Zweibrücken (T. 4 01 10) - Geb. 17. Nov. 1935 Saarbrücken - Gymn. (Abit. 1955); Univ. Frankfurt/M., München, Würzburg (Rechtswiss.). Jurist. Staatsex. 1959 (Würzburg) u. 63 (Mainz), 1964-66 techn. Ber. u. Dozent am Inst. f. soziale Studien d. Christl. Gewerkschaften u. Genossenschaften in Bogota/Kolumbien - S. 1967 Justizdst. (1969 Staatsanw.). 1969 ff. Stadtratsmitgl. Zweibrücken. CDU s. 1953.

HABERER, Udo

Geschäftsführer Hildebrand Kakao- u. Schokoladenfabrik GmbH. - Metzener Str. 32, 1000 Berlin 48.

HABEREY, Florian

Dr.-Ing., Leiter Arbeitsgruppe Magnet. Oxidwerkstoffe/Lehrst. f. Werkst. d. Elektrotechnik, Prof. f. Werkst. u. Bauelem. d. Elektrot. Univ. Bochum - Markstr. 264, 4630 Bochum.

HABERICH, Franz-Josef

Dr. med., o. Prof. f. Angew. Physiologie - Frankfurter Str. 39, 3550 Marburg/L. - Geb. 20. Sept. 1925 Köln - S. 1957 (Habil.) Lehrtätigk. Univ. Berlin/Freie (1966 apl. Prof.; zul. Wiss. Rat u. stv. Dir. Physiol. Inst.) u. Marburg (1969 o. Prof. u. Inst.sdir.). Facharb.

HABERKORN, Axel

Dr. rer. nat., Prof., Zoologe, Leit. Labor. f. Protozool./Bayer AG (s. 1963), Schriftl. u. Schatzm. Dt. Tropenmed. Ges. (1973ff.) - Fuhlrottstr. 99, 5600 Wuppertal 1 - Geb. 19. Okt. 1933 Gießen (Vater: Carl H., Bankbeamt.; Mutter: Hildegard, geb. v. Lemmers-Danforth), ev., verh. s. 1961 m. Ursula, geb. Schulz, 2 T. (Ulrike, Ute) - Dipl.-Biol. 1961; Promot. 1963 (beides Hamburg) - 1980ff. Lehrauftr. Univ. Bonn. Üb. 70 Fachveröff. (Ztschr./Handb.) - Spr.: Lat., Altgriech., Engl. - Entdeckte Lampit(R) - erstes kausalwirk. Mittel z. Behandl. d. südamerik. Chagas-Krankh.

HABERKORN, Horst

Geschäftsführer Thomas Fischer GmbH. & Co. KG. (Herrenartikel), Krefeld - Beethovenstr. 49, 5657 Haan/Rhld. - Geb. 16. Mai 1916 - Kaufm. Werdegang.

HABERKORN, Karl

Dipl.-Verw.-Wirt, hauptamtl. Bürgermeister Stadt Mitterteich (s. 1978) - Rathaus, 8596 Mitterteich/Opf. (T. 09633 - 8 90) - Geb. 2. März 1941 Mitterteich - Freie Wähler.

HABERL, Fritz

Dipl.-Kfm., Kraftfahrzeugmeister, Präsident Zentralverb. Kfz.-Handw., Vizepräs. Weltverb. d. Kraftfahrzeughandw. (IOMTR), MdB (1976-83) - Schleibinger Str. 10, 8000 München 80; priv.: Mühlfeld 12, 8036 Herrsching/Ammersee - Geb. 2. Jan. 1933 München (Vater: Kaspar H.; Mutter: Katharine, geb. Luber), kath., verh. s. 1968 m. Ute, geb. Täubner, 4 Kd. (Peter, Andrea, Bettina, Julia) - Oberrealsch. München (Abit. 1952); Stud. d. Wirtsch.s- u. Sozialwiss. Univ. Köln; Kfz.-Lehre, Gesellenprüf. 1953; Meisterprüf. 1955-60 - Geschäftsf. Ges. V.A.G. Vertriebszentr. GmbH & Co. Südbayern KG; Ges. Mahag Münchner Automobil-Handel Haberl GmbH & Co. KG, Oberland-Garage Hacker GmbH, Autohaus Albrechtstraße GmbH & Co. Kfz-Handels KG, Autohaus Haberl KG, Caravan-Center Haberl & Co. KG, Vers.- u. Finanz.-dienst München Haberl KG, Grundstücksverw.ges. Hochstraße mbH, alle München; Autohaus Erding Vierthaler KG, Erding, Autohaus Freising Herzog KG, Freising, Automobilhandels GmbH Mühldorf & Co. Betriebs KG, Mühldorf; AR-Vors. Münchner Bank e. G., München; stv. AR-Vors. Südd. Treuhand AG München; u. a. Mand. Vorst.-Mitgl. Arbeitsgem. Mittelstand CSU Oberbayern, Generalkonsul von Panama, Präs. Bayer. Handwerkstag, Vors. Gesamtverb. d. Bayer. Handw., Vizepräs. Handwerkskammer f. München u. Oberbayern, Präsid.-Mitgl. Zentralverb. dt. Handwerks, Vizepräs. Vereinig. Arbeitgeberverb. in Bayern, Präs. Zentralverb. d. Kfz-Gewerbes, Bonn, Präs. Verb. d. Kfz-Gewerbes Bayern, Landesinnungsmeister d. Kfz-Handwerks Bayern, Vorst.-Mitgl. Verkehrswacht München, Mitgl. Wirtschaftsbeir. d. Union - 1983 BVK I. Kl.; 1985 Gold. Verdienstnadel ADAC (Gau Südbayern).

HABERLAND, Detlef

Dr. phil., Literatur- u. Reisehistoriker - Herwarthstr. 26, 5300 Bonn 1 - Geb. 25. Febr. 1953 Teltow/Potsdam, ev., verh. m. Irene, geb. Clasen, T. Monica - Gymn. Bonn; Hermann Lietz-Schule Schloß Bieberstein, Buchenau; Stud. German., Span., Reise- u. Geographiegesch. Univ. Bonn u. Univ. Zürich; Promot. 1985 - 1981-85 Präsid.-Mitgl. IBERO-Club Bonn - Herausg.: Seligmann Hirsch (1987, Ferdinand v. Saar); Herausg. u. Komm.: Moskowitische u. Persische Reise (1986, Adam Olearius); D. Blaue Kammerherr (1986/87, W. v. Niebelschütz); Ferdinand v. Saar 1833-1906, Ausstellungskatalog (1983; erw. A. 1984); Ferdinand v. Saar u. d. Judentum (1983). Mitarb. an Bertelsmann Lit.lex.; Alexander v. Humboldt-Studienausg. (1987ff.). Div. Rezens. - Spr.: Engl., Span., Franz.

HABERLAND, Eike

Dr. phil., Prof. f. Völkerkunde Univ. Frankfurt u. Direktor Frobenius-Inst., ebd. (s. 1967) - Frauenlobstr. 100, 6000 Frankfurt/M. (T. 77 28 49) - Geb. 18. Mai 1924 Detmold (Vater: Fritz H., Oberregierungsrat; Mutter: Käte, geb. Baumert), ev., verh. s. 1953 m. Dr. Helga, geb. Hoffmann-Berling, 1 Kd. (Friederike) - Victoria-Gymn. Potsdam; Univ. Frankfurt u. Tübingen (Völkerkd., Oriental., Afrikan. Spr.) - 1963 Privatdoz. Univ. Frankfurt, 1965-67 o. Prof. u. Inst.sdir. Univ. Mainz. 6 Exped. Süd-Äthiopien (1950-52, 1954-56, 1967, 1970, 1972, 1974), 2 Neuguinea (1961 u. 63). Mitgl. UNESCO-Kommiss. f. Afrikan.

Geschichte (1971ff.), Vollz.aussch. Dt. UNESCO-Kommiss. (1977ff.), Wiss. Beirat Goethe-Inst. (1980ff.), Senat DFG (1981ff.), Council of Intern. Union of Ethnologists (1968ff.), o. Mitgl. Dt. Archäol. Inst. - BV: Galla Süd-Äthiopiens, 1963; Unters. z. äthiop. Königstum, 1965; D. Yimar, 1974 - 1965 Heinrich-Barth-Preis Dt. Afrika-Ges., 1971 Preis Kaiser Haile Selassie - Liebh.: Afrikan. u. ozean. Kunst - Spr.: Engl., Franz., Ital. - Rotarier.

HABERLAND, Georg

I. Bürgermeister Stadt Zwiesel (s. 1971) - Franz-Betz-Str. 22, 8372 Zwiesel/Ndb. - Geb. 29. Juli 1934 Dorfen-Stadt (Vater: Georg H., Zahnarzt; Mutter: Fanny, geb. Zauner), kath., verh. s. 1961 m. Brigitte, geb. Förstner, 2 Kd. (Michael, Betina) - 1945-54 Gymn. Rosenheim; 1954-59 Univ. München (Rechtswiss.). Jurist. Staatsex. 1959 u. 65 - Wirtsch., Straßenbauämter Landshut u. Deggendorf sow. Landratsamt Deggendorf (Regierungsrat) - Liebh.: Schöne Lit., Krimis, Klass. Musik - Spr.: Engl.

HABERLAND, Gert L.

Dr. med., Dr. med. h. c., Prof. f. Pharmakologie (Leit. Werk Elberfeld Bayer AG.) - August-Jung-Weg 12, 5600 Wuppertal-Elberfeld 1 (T. 72 16 30) - Geb. 15. Juni 1928 Uerdingen (Vater: Prof. Dr. phil. Dr. h. c. Ulrich H., Chemiker, zul. Vorstandsvors. Farbenfabr. Bayer (s. XIII. Ausg.); Mutter: Ilse, geb. Koennecke), ev., verh. s. 1957 m. Karin, geb. Herbst, 3 Töcht. (Ulrike, Betina, Nadine) - Stud. Bonn, Freiburg/Br., Rochester (USA) - S. 1963 (Habil.) Lehrtätigk. Univ. Bonn (1968 apl. Prof. f. Pharmak. u. Toxikol.). Fachveröff. - 1975 Ehrendoktor Univ. München; Mitgl. New York Acad. of Sciences u. Akad. d. Wiss. u. d. Lit. Mainz (1972; korr.) - Spr.: Engl.

HABERLAND, Karlheinz

Prof., Regisseur, Vizedir. Volksoper Wien (Ps. Henryk Roberts) - Sieveringerstr. 190, A-1190 Wien (T. 44 34 10) - Geb. 28. Dez. 1924 Bielsko/Polen, ev., verh. s. 1953 m. Ellinor, geb. Halman (ehem. Konzertsängerin) - Schauspielschule Horak-Konservat./Wien - Regie-Assist. Wiener Staatsoper, Abschlußpr. als Regiss. in Wien - 1950-56 Regiss. Volksoper Wien; 1956-59 Chefdisponent Dt. Oper am Rhein; 1959-63 Stv. Intend. Städt. Bühnen Köln; 1963-68 Generalintend. Vereinig. Bühnen Graz; 1961-74 Operndir. Frankfurt; 1974-81 Intend. Landestheater Salzburg; 1981-85 Dir. Dt. Theater München - BV: Theaterstücke Später Besuch u. Konflikt, Mitternachtswalzer, E. Mädchen schwebt vorüber ... Mann im Zwielicht, Österr. Bühnenverl. Kaiser & Co - Insz. Festspiele: Mörbisch, Bregenz, Salzburg, Versailles, u.v.m.; Regie bei 8 Fernsehfilmen; Doz. Musikhochsch. Köln; Meisterkurse Mozarteum Salzburg - Verleih. Prof.-Titel in Österr. f. Verd. um d. Nachwuchsförder. b. österr. Theater; Gold. Verdienstzeichen Land Salzburg (beides 1981) - Spr.: Poln., Engl.

HABERLANDER, Franz

I. Bürgermeister Stadt Traunreut (s. 1978) - Arberweg 6, 8225 Traunreut/Obb. - Geb. 6. Nov. 1915 Teisendorf - Optiker.

HABERLANDT, Walter F.

Dr. med., Prof., Abt. f. Klin. Genetik/Inst. f. Anthropologie u. Humangenetik Univ. Tübingen - Wiesengrund 5, 7403 Ammerbuch 1 (T. 07073 - 64 59) - Geb. 21. Febr. 1921 Innsbruck (Vater: Prof. Dr. med. Ludwig H., Physiologe; Mutter: Therese, geb. Brem), ev., verh. s. 1964 m. Jutta, geb. Solarek, 4 Kd. (Kirsten, Solveig, Dagmar, Herdis) - Univ. Wien u. Innsbruck (Med. Staatsex. 1945). Promot. 1945 Innsbruck - S. 1960 (Habil.) Lehrtätigk. Univ. Münster, Med. Akad. Düsseldorf (1960), Universität Tübingen (1964; apl. Prof., 1968 Abteilungsvorst.). Fachmitgliedschaften - BV: Amyotroph, Lateralsklerose, 1964. Zahlr. Einzelarb. - Liebh.: Musik, Sport, Briefmarken - Spr.: Engl., Franz., Ital., Span. - Bek. Vorf.: Prof. Dr. phil. Gottlieb H., Botaniker; Prof. Dr. phil. Valentin Haecker, Zoologe.

HABERMANN, Ernst

Dr. med., Prof. f. Pharmakologie - Waldstr. 45, 6307 Linden (T. 06403 - 6 12 02) - Geb. 31. Juli 1926 Gössenheim (Vater: Dr. Alfred H.), verh. m. Dr. Christa, geb. Wagner - S. 1955 (Habil.) Lehrtätigk. Univ. Würzburg (1962 apl. Prof.) u. Gießen (1966 Ord.).

HABERMANN, Günther

Dr. med., Prof., Hals-Nasen-Ohrenarzt - Beethovenstr. 7, 6232 Bad Soden/Ts. - Geb. 29. Dez. 1913 Berlin (Vater: Dr. phil. Paul H., Oberstudiendir.; Mutter: Clara, geb. Zetler), ev., verh. s. 1943 m. Marianne, geb. Jungblut, 2 Töcht. (Helga, Ursula) - Gymn. u. Univ. Berlin. Promot. 1938 Berlin; Habil. 1954 Leipzig - B. 1950 Oberarzt Univ.-HNO-Klinik Leipzig, dann Chefarzt Städt. HNO-Klin. Karl-Marx-Stadt (Chemnitz), 1958-80 fachärztl. Praxis u. Chefarzt Frankfurt. Doz. Univ. Berlin/Humboldt (1954ff.) u. Frankfurt (1961ff.); gegenw. Honorarprof.) - BV: D. Physiologie u. Phonetik d. lauthaften Lachens - Unters. z. Ausdruck im Stimmklang u. z. Bildung d. Stimmlaute, 1955 (Leipzig); Stimme u. Sprache, Einführung in ihre Physiologie und Hygiene, 1978, 2. A. 1986. Üb. 70 Einzelarb. z. Stimm- u. Sprachheilkd., so Funktionelle Stimmstörungen u. ihre Behandlung (Kongreßber. 1980) - Spr.: Engl.

HABERMANN, Willi

Gymnasialprof. i. R., VHS-Leit. a.D., Schriftst. - Schwabstr. 11, 6990 Bad Mergentheim (T. 07931-26 62) - Geb. 12. Febr. 1922 Neu-Ulm, kath., verh. s. 1952 m. Lydia, geb. Pelfrène, verw. s. 1980, 3 Kd. (Christoph, Michaela, Birgit) - Stud. German., Franz., Gesch. u. Phil. Univ. München, (Staatsex. 1949) - 1952-82 Lehrer am Gymn.; 1963-75 Leit. VHS Bad Mergentheim - BV: Wia der Hond heißt, 1979; S Leba bisch Lompadock du, 1983; Du bist mein Freund, Psalmen schwäb. gebetet, 1982/83; Ich bin m. dir. Neue Psalmen auf schwäb., 1985; In Anthol.: Schnittlinien, Z. 70. Geb. Grieshabers, 1979; Psalmen v. Express. b. z. Gegenwart, 1978; Das Huhu, 1979; Zwingli u. d. Fernsehbild, 1986 (m. Preis ausgez. v. d. Vereinig. f. Ev. Publiz.); Fisch ohne Netz, Ged. hochd. u. schwäb. 1988; Bloß falsch naglangt, Ged. schwäb. 1988 - Liebh.: Theol., Menschen, Völker, Lyrik - Spr.: Lat., Griech., Franz., Schwäb.

HABERMAS, Jürgen

Dr. phil., Prof. f. Philosophie Univ. Frankfurt - 6000 Frankfurt/M. - Geb. 18. Juni 1929 Düsseldorf, ev., verh. s. 1955 m. Ute, geb. Wesselhoeft, 3 Kd. (Tilmann, Rebekka, Judith) - Univ. Göttingen, Zürich, Bonn. Habil. 1961 Marburg - 1961 ao. Prof. f. Phil. Univ. Heidelberg; 1964 o. Prof. f. Phil. u. Soziol. Univ. Frankfurt/M.; 1971 Dir. Max-Planck-Inst. z. Erforsch. d. Lebensbedingungen d. wiss. techn. Welt; 1983 Ausw. wiss. Mitgl. MPI f. Psych., München. Zahlr. Buchveröff. - 1974 Hegel-Preis Stuttgart, 1976 Sigmund-Freud-Preis, 1980 Adorno-Preis Frankfurt/M., 1985 Geschwister Scholl-Preis Stadt München, 1986 Leibniz Preis Dt. Forschungsgemeinsch., 1987 Sonning Preis Univ. Kopenhagen; Mitgl. Dt. Akad. f. Sprache u. Dicht., Darmstadt, Honorary Member of the Acad. of Arts and Sciences, Cambridge, Mass./USA.

HABERMEHL, Adolf

Dr. rer. nat., Dipl.-Phys., Prof. f. Med. Physik (Bereich Humanmed.) Univ. Marburg (s. 1972) - Zum Lahnberg 44, 3550 Marburg - Geb. 30. April 1933 Willofs (Vater: Heinrich H., Landw.; Mutter: Elisabeth, geb. Schaub), ev., verh. s. 1962 m. Inge, geb. Dunst, 2 S. (Uwe, Dirk) - Realgymn. Lauterbach; Univ. Marburg. Promot. 1968; Habil. 1970 - BV: Computer in d. Nuklearmed., 1969; Computersysteme in d. Med., 1973 - 1972 Paul-Martini-Preis; 1986 Agfa-Preis f. bildgeb. Verf. - Spr.: Engl., Franz. - Patent z. Computertomogr.

HABERMEHL, Gerhard

Dr. rer. nat., o. Prof. f. Allg. u. Organ. Chemie Tierärztl. Hochschule Hannover, Direktor Chem. Institut - Eichhörnchensteg 18, 3000 Hannover 51 (T. 0511 - 65 23 43) - Geb. 19. Febr. 1931 Seligenstadt (Vater: Georg H., Architekt; Mutter: Emmy, geb. Fischer), kath., verh. s. 1961 m. Irmentrud, geb. Hefner, 2 Kd. (Georg, Karin) - Max-Planck-Gymn. Groß-Umstadt; TH Darmstadt (Dipl.-Chem. 1957). Promot. (1960) u. Habil. (1964) Darmstadt - BV: Röntgenstrukturanalyse organ. Verbindungen, 1973; Gifttiere u. ihre Waffen, 4. A. 1987 (engl. 1981)); Mitteleurop. Giftpflanzen u. ihre Wirkstoffe, 1985. Üb. 140 Einzelarb. - Spr.: Engl., Franz., Schwed., Portug. - Bek. Vorf.: Erasmus Habermel, Hofinstrumentenmacher Rudolphs II. (†1606 Prag).

HABERMEHL, Karl-Heinz

Dr. med. vet., o. Prof. f. Veterinäranatomie - Waldgirmeser Str. 19, 6335 Lahnau 3/Atzbach - Geb. 28. Mai 1921 Friedberg, verh. s. 1946 m. Gertrud. A. M., geb. Künnemann, 2 Kd. (Doris, Lehrerin, Klaus, Jurist) - S. 1953 (Habil.) Lehrtätigk. Univ. Gießen (1960 apl. Prof.) u. Zürich (1968 Ord.), s. 1972 Univ. Giessen (4-Prof.), 1978-82 Präs. Europ. Ver. Vet.-Anat. (EVVA). 1986 Dr. med. vet. h.c. Univ. München - Zahlr. Fachveröff. Trilogie üb. Altersbeurteilung b. Tieren.

HABERMEHL, Karl-Otto

Dr. med., o. Prof. f. Klin. u. Exper. Virologie, Direktor Inst. f. Klin. u. Exper. Virologie FU Berlin - Meisenstr. 10, 1000 Berlin 33 - Geb. 31. Jan. 1927 - S. 1964 (Habil.) Lehrtätigk. FU Berlin - Vors. Berliner Med. Gesellschaft, Vorst.-Mitgl. u. Schatzm. Dt. Vereinig. z. Bekämpfung d. Viruskrankh., Vors. Kuratorium Kuhn Stiftg. im Stifterverb. f. d. Dt. Wissenschaft, 2. Vors. Dt. Nationalkomit. f. d. Intern. Unions of the Biological and of the Microbiological Soc., Vors. Sekt. Chemotherapie d. Viruskrankheiten d. Paul Ehrlich Ges.; Mitgl. Nationaler AIDS-Beirat d. Bundesrep. Dtschl. Zahlr. Publ. in Klin. u. theoret. Virologie - Diploma con special honor Univ. Buenos Aires, Ernst-v.-Bergmann-Plak., Verdienstmed. FU Berlin.

HABERSTOCK, Lothar

Dr. rer. oec., Dipl.-Kfm., o. Prof. f. Betriebswirtschaftslehre Univ. Hamburg - Agnesstr. 60, 2000 Hamburg 60 - Geb. 5. Aug. 1940 - Prof. Univ. Saarbrücken, dann Duisburg.

HABETHA, Klaus

Dr. rer. nat., o. Prof. f. Mathematik TH Aachen (s. 1975) - Hangstr. 35, 5100 Aachen - Geb. 14. Febr. 1932 Berlin (Vater: Hugo H., Amtsrat a. D.; Mutter: Katharina, geb. Sauer), ev., verh. s. 1962 m. Jutta, geb. Treuchel, 2 Kd. - Stud. Math., Physik, Chemie Frankfurt/M. u. Berlin. Promot. u. Habil. Berlin - S. 1962 Lehrtätigk. TU Berlin (1967 apl. Prof.) u. Univ. Dortmund (1969 Ord.). 1967/68 Gastprof. TH Göteborg; 1984-87 Prorektor, 1987 Rektor RWTH Aachen. 1966-69 Vorstandsmitgl. Berliner Math. Ges. S. 1982 Mitherausg. Fachztschr. Complex Variables. Spez. Arbeitsgeb.: Funktionentheorie, partielle Differentialgleich. Fachaufs. - Spr.: Engl., Schwed.

HABICH, Johannes

Dr. phil., Landeskonservator - Landesamt f. Denkmalpflege Schleswig-Holstein, Schloß, 2300 Kiel - Geb. 8. Dez. 1934 Danzig.

HABICHT, Christian

Dr. phil., Prof. f. Alte Geschichte - 273 Western Way, Princeton, New Jersey 08540 (T. 924-8520) - Geb. 23. Febr. 1926 Dortmund - 1957 Privatdoz. Univ. Hamburg; 1961 Ord. Univ. Marburg, 1965 Univ. Heidelberg, 1973 The Institute for Advanced Study, Princeton, N. J. - BV: Gottmenschentum u. griech. Städte, 1956 (2. A. 1970); Altertümer v. Pergamon VIII 3: D. Inschriften d. Asklepieions, 1969; 2. Makkabäerbuch, 1976 (Jüd. Schriften aus hellenist.-röm. Zeit I 3); Untersuchungen zur polit. Gesch. Athens im 3. Jh. v. Chr., 1979; Stud. z. Gesch. Athens in hellen. Zeit, 1982; Pausanias' Guide to Ancient Greece, 1985 - Mitgl.: 1970 Heidelberger Akad., 1961 Dt. Archäol. Inst., 1972 österr. Archäol. Inst., 1983 Americ. Phil. Soc.

HABICHT, Rudolf

Direktor m. Generalvollm. Dt. Bank AG - Taunusanlage 12, 6000 Frankfurt/M. - Aufsichts- u. Beiratsmand.

HABICHT, Werner

Dr. phil., o. Prof. f. Anglistik - Universität, Inst. f. Engl. Philologie, Am Hubland, 8700 Würzburg - Geb. 29. Jan. 1930 Schweinfurt - 1949-57 Univ. München, Baltimore (Johns Hopkins), Paris (Angl., Roman., Phil.). Promot. (1957) u. Habil. (1965) München - 1957-60 FU Berlin (Wiss. Assist.); 1960-66 Univ. München (Wiss. Assist.; 1965 Privatdoz.); 1966-70 Univ. Heidelberg (Ord.); 1970-78 Univ. Bonn (Ord.); s. 1978 Univ. Würzburg (Ord.). 1976-88 Präs., 1988ff. Vize-Präs. Dt. Shakespeare Ges. (West); 1983ff. o. Mitgl. Akad. d. Wiss. u. d. Lit., Mainz - BV: D. Gebärde in engl. Dichtungen d. Mittelalters, 1959; Studien z. Dramenform vor Shakespeare, 1968. Herausg.: Engl. and American Stud. im German (1969-83.); Engl.-dt. Studienausg. d. Dramen Shakespeares (1976ff.); Jahrb. Dt. Shakespeare Ges. West (1981ff.) - Spr.: Engl., Franz., Ital.

HABIG, Helmut

Dr. jur., Vorstandsmitglied Westfalia Separator AG. - Werner-Habig-Str. 1, 4740 Oelde 1.

HABIG, Hubert Josef

Autor, Regisseur Nationaltheater Mannheim - Heinrich-Lanz-Str. 33, 6800 Mannheim - Geb. 22. Febr. 1952 - BV (Stücke): Helden-Leben, Schlamassel, Schlußphase, Ödipus 2000 - Insz. u. a.: Barbaren, D. war d. Hirbel, Burning Love, Ödipus 2000.

HABIG, Wolfgang

Dipl.-Kfm., Vorstandsvorsitzer Westfalia Separator AG., Separatoren, Dekanter, Melkmaschinen - Postf. 3720, 4740 Oelde 1 - Geb. 16. Sept. 1939.

HABIGHORST, Ludwig-Volker

Dr. med., Prof., Radiologe, Chefarzt Städt. Krankenhaus Kemperhof, Koblenz (s. 1973) - Kurt-Schumacher-Str. 2a, 5400 Koblenz - Geb. 7. Dez. 1935 Ahrweiler (Vater: Dr. med. Georg H., Arzt; Mutter: Maria, geb. Kraemer), kath., verh. s. 1960 m. Brigitte, geb. Buri - 1954-59 Univ. Bonn, Würzburg, Wien, München, Mainz - S. 1970 (Habil.) Lehrtätigk. Univ. Mainz (Prof. f. Klin. Radiol.).

HABSBURG-LOTHRINGEN, von, Otto

Dr., Schriftsteller, Präs. Paneuropa-Union (s. 1973; 1957ff. Vizepräs.), Abg. Europa-Parlament (s. 1979) - Hindenburgstr. 15, 8134 Pöcking Kr. Starnberg - Geb. 20. Nov. 1912 Reichenau/Österr. (Vater: Erzherzog Karl, Kaiser v. Österr. u. König v. Ung.; Mutter: Zita, geb. Prinzessin v. Bourbon-Parma), kath., verh. s. 1951 m. Regina, geb. Prinzessin v. Sachsen-Meiningen, 7 Kd. (Andrea, Monika, Michaela, Gabriela, Walburga, Karl, Georg) - Univ. Löwen/Belg. (1935 Dr. d. Polit. u. Soz. Wiss.) - Intern. Pressetätigk. u. Vortr. 25 Bücher (7 Übers.), zul. Europa - Garant d. Freiheit, D. Reichsidee - Gesch. u. Zukunft e. übernat. Ordnung - Zahlr. Ehrungen, dar. Großkr. Päpstl. Gregorius-Orden m. Band u. Stern, Bayer. VO., Europ. Karls-Pr., Robert-Schuman-Goldmed.,

Konrad-Adenauer-Pr.; 1983 Benedikt-Preis f. Heimat- u. Brauchtumspflege Paneuropa-Union; div. Mitgliedsch. - Spr.: Engl., Franz., Ung., Span. u.a. - CSU s. 1982.

HABSBURG-LOTHRINGEN, von, Walburga

Dr. jur., Redakteurin, Parlam. Assist. b. Europaparlament - Hindenburgstr. 15, 8134 Pöcking (T. 08157 - 70 15) - Geb. 5. Okt. 1958 Berg b. Starnberg (Vater: Otto v. H.-L., Schriftst. u. Abgeordn.; Mutter: Regina, Prinzessin v. Sachsen-Meiningen), kath. - 1968-77 Gymn. Tutzing; 1977-82 Univ. Salzburg (Promot. 1982); 1983 Redakteursausb. National Journalism Center (Washington, D.C.) - S. 1983 Reader's Digest. S. 1975 stv. Bundesvors. Paneuropa-Jugend; s. 1979 Vors. Brüsewitz-Zentr.; s. 1983 Assist. Europaparlam. - 1983 Ehrenbürgerin Dallas - Liebh. u. Interessen: Gesch., klass. Musik, Reiten, Europ. Einig. - Spr.: Franz., Engl., Span. - Bek. Vorf.: Kaiser Karl u. Kaiserin Zita v. Österr. (Großeltern), u. a.

HABSCHEID, Walther

Dr. jur., Dr. jur. h. c. mult., o. Prof. f. Zivilprozeßrecht u. Rechtsvergl. - Cäcilienstr. 5, CH-8032 Zürich; priv.: Schilerstr. 2, 8702 Veitshöchheim, u. Lütisâmetstr. 120, CH-8706 Meilen - Geb. 6. April 1924 Wittlich/Rhld. - 1955 Privatdoz. Univ. Bonn, 1957 Univ. Münster, 1958 ao., 1961-83 o. Prof. Univ. Genf u. Würzburg (1967/68 Dekan Jur. Fakultät; 1968/69 Rektor Univ. u. gleichz. Vors. Bayer. Rektorenkonferenz); 1982/83 Vors. Konferenz d. Dekane d. Jurist. Fak. Bundesrep. Deutschl.; s. 1987 Vizepräs. Verw.gericht Bank f. Intern. Zahlungsausgleich/Basel - BV: Wiederholung d. abgewiesenen Heimtrennungsklage, 1953; D. Streitgegenstand im Zivilprozeß und im Streitverf. d. Freiw. Gerichtsbarkeit, 1956; Neues Familienrecht, 2 Bde. 1957/58 (m. Klaus Meyer); Freiw. Gerichtsbark., 7. A. 1983; Les systèmes de procédure civile, 1968; D. Immunität ausl. Staaten nach Völkerrecht u. dt. Zivilprozeßrecht, 1968 (m. Wilfried Schaumann); Territoriale Grenzen d. staatl. Rechtsetzung, 1973 (m. Walter Rudolf); Droit judic. privé suisse, 2. A. 1981; Introduzione al diritto processale civile comparato, 1985; Schweiz. Zivilprozeßu. Gerichtsorganisationsrecht, 1986 - 1972 Mitgl. Inst. intern. de droit procédural; 1982 Ehrenmitgl. Jap. Ges. f. Zivilprozessrecht; 1983 Gen.Sekr., Ehrendoktor Univ. Caen u. Demokritos-Univ. Thrazien; Vors. Wiss. Vereinig. f. Intern. Verf.R. u. Verf.Rechtsvergl.; 1984 Inst. belge de droit judiciaire; 1986 Korr. Mitgl. Acad. Peloritana dei Pericolanti/Messina; 1973 Bayer. VO; 1984 BVK I. Kl.; 1985 Officier dans l'ordre des Palmes Acad. - Spr.: Engl., Roman. Spr.

HACH, Wolfgang

Dr. med., Prof. f. Angiologie Univ. Gießen, Chefarzt - Tacitusstr. 66, 6000 Frankfurt (T. 069 - 57 32 71) - Geb. 15. Juni 1930 Berlin (Vater: Walter H., Kaufm.; Mutter: Margarete, geb. Schade), ev., verh. s. 1953 m. Helga, geb. Höbel, 3 Kd. (Viola, Marion, Volker) - Stud. Univ. Berlin (Ex. 1954, Promot. 1955, Habil. 1980) - 1962 Arzt f. Chir.; 1969 Arzt f. Inn. Med.; 1982 Prof., 1969-75 Ltd. Arzt DRK-Krankenhs. am Zoo, Frankfurt; s. 1975 Dir. William-Harvey-Klinik Bad Nauheim - BV: Phlebographie d. Bein- u. Beckenvenen, 1969, 1977, 1985; Spez. Diagnostik d. primären Varikose, 1981; D. Krampfaderkrankh., 1986; Kongreßber., Buchbeitr., üb. 200 wiss. Veröff. - 1981 Erich-Krieg-Preis Dt. Ges. f. Phlebol. u. Proktol. - Liebh.: Fotografie; Medizingesch. - Spr.: Engl., Russ.

HACHENBERG, Otto

Dr. rer. nat. (habil.), o. Prof. f. Radioastronomie Univ. Bonn (s. 1964) - Brüsseler Str. 25, 5300 Bonn - Geb. 25. Juni 1911 Anhausen/Rhld., ev. - Univ. Göttingen u. Berlin (Physik, Astronomie) - U. a. 10 J. Dir. Heinrich-Hertz-Inst. Berlin (Adlershof), s. 1969 Dir. Max Planck-Inst. f. Radioastron. Bonn (Bau d. 100 m-Radioteleskops Effelsberg). Div. Facharb. - Mitgl. Dt. Akad. d. Wiss., Berlin (1961) korr. u. Akad. d. Wiss. u. d. Lit., Mainz (1966).

HACHFELD, Eckart

Dr. jur., Journalist, Schriftst. (Satire) - Traubinger Str. 19, 8132 Tutzing/Obb. (T. 08158 - 85 75) - Geb. 9. Okt. 1910 Mörchingen/Lothr. - Neben zahlr. Drehb. f. Film u. Fernsehen sow. Hörsp. div. Bücher, dar. Amadeus geht durchs Land (1957), Kuckuckseier (1964), Eulenspiegeleien (1965), D. ganze Wahrheit üb. d. Ehe (1965), Bienenstiche (1967), Museum d. dt. Seele (1969), Üb. d. Umgang m. Journalisten (1973) - 1980 Mitgl. Dt. PEN-Zentrum (BRD).

HACHMANN, Rolf

Dr. phil., em. o. Prof. u. Direktor Inst. f. Vor- u. Frühgesch. Univ. Saarbrücken (s. 1959) - Neuwieser Weg 1, 6603 Sulzbach-Neuweiler (T. 06897 - 28 80) - Geb. 19. Juni 1917 - Habil. 1956 Hamburg - BV: Bericht üb. d. Ergebn. d. Ausgrab. in Kamid el-Loz (Libanon) i. d. J. 1963 u. 64 (m. A. Kuschke), 1966; D. Goten u. Skandinavien, 1969; Vademecum d. Grabung Kamid el-Loz, 1969; Ber. üb. d. Ergebn. d. Ausgrab. in Kamid el-Loz 1966 u. 1967, 1970; Kamid el-Loz - Kumidi (m. D. O. Edzard, P. Maiberger u. G. Mansfeld), 1970; D. Germanen, 1971; Verz. d. vor- u. frühgeschichtl. Bibliogr., 1971 (m. G. Gerlach); Ber. üb. d. Ergebn. d. Ausgrab. in Kamid el-Loz 1968-70, 1980; Ber. üb. d. Ergebn. d. Ausgrab. in Kamid el-Loz 1971-74, 1982; Frühe Phöniker im Libanon. 20 Jahre dt. Ausgrab. in Kamid el-Loz, 1983; Ausgew. Bibliogr. z. Vorgesch. v. Mitteleuropa, 1984; Ber. üb. d. Ergebn. d. Ausgrab. in Kamid el-Loz 1977-81, 1986.

HACHMANN, Udo

Dr. jur., Stadtdirektor Uelzen - Rehwiese 24, 3110 Uelzen 1 (T. 0581 - 63 54) - Geb. 4. Jan. 1939 Warendorf - Stud. Münster, Lausanne, Berlin u. Paris; As.sex. 1967; 1970 Ecole Nationale d'Administration, Paris - 1968-70 Rechtsabt. Fa. Pfaff, Kaiserslautern; s. 1971 Stadtrat; s. 1973 Stadtdir. Stadt Uelzen - BV: Kommunalverfass. in Frankr. (Diss. 1968).

HACHMEISTER, Wilhelm

Dipl.-Kfm., Unternehmensberater, pers. haft. Gesellsch. u. Geschäftsf. Hachmeister & Co. KG Essen, u. a. - Schützenstr. 27, 4970 Bad Oeynhausen (T. priv.: 05731 - 90 13; dstl.: 84 92) - Geb. 20. Nov. 1907 Bad Oeynhausen (Vater: Wilhelm H., Landw.; Mutter: Paula, geb. Oppermann), ev., verh. s. 1951 m. Martha, geb. Gremm - Großhandelslehre; Stud. Betriebswirtsch. Univ. Königsberg (Dipl.-Kfm. 1933) - 1937 Vorst.-Mitgl. Prüfungsverb.; 1949 Unternehmensberater; 1951 Verleger, Inh. Max-Verlag; b. heute Ges. db Dienstleistungsges. f. Bekleidungshäuser GmbH & Co KG, ZR Zentralregulierungsges. mbH & Co KG Bad Oeynhausen-Gohfeld - BV: D. Nachkriegsbilanz, 1948; DM-Eröffnungsbilanz, 1949/50.

HACK, Bertold

Redakteur-Publikation „Buchhandelsgeschichte" i. Archiv f. Gesch. - Gr. Hirschgraben 17-19, 6000 Frankfurt/M. (T. 13 06-1) - Geb. 22. Aug. 1925 Hamburg - Publ.: D. Antiquariat, 1949; D. Bücherkatalog, 1956. Herausg. u. Übers.: Aesop-Fabeln, 1949; Hrsg.: C. E. Goethe - Briefe, 1964; A. Schopenhauer - Briefe u. Selbstzeugn., 1965.

HACK, Hubert

Dr. jur. can., em. Prof. f. Kirchenrecht - Hinterburg 4a, 6400 Fulda (T. 8 72 83) - Geb. 1. Jan. 1917 (Vater: Johannes H., Konrektor; Mutter: Anna, geb. Weber), kath. - Gymn. Fulda; 1936-48 (m. Kriegsunterbr.) Phil.-Theol. Hochsch. Fulda (Phil., Theol.), 1950-53 Univ. Rom/Gregoriana (Kirchenrecht), 1953-54 Univ. München (Kirchenr.). Promot. 1955 München - 1948-50 Kaplan; ab 1955 Ass.; s. 1961 Doz. u. o. Prof. (1963-83) PhThH/Theol. Fak. Fulda. 1955ff. Defensor Bischöfl. Diözesangericht Fulda; 1977 Ordinariatsrat - BV: D. Rechtsstreit zw. d. Fürstbischof v. Würzburg u. d. Fürstabt v. Fulda an d. röm. Kurie um d. geistl. Hoheit im Gebiet d. Stifts Fulda (1688-1717), 1956 (Diss.) - 1979 Päpstl. Ehrenprälat; 1983 Ehrendomkapitular.

HACKBEIL, Werner

Dr., Vorstandsmitglied ARAG Allg. Versicherungs-AG., Düsseldorf - Hans-Sachs-Str. 56, 4000 Düsseldorf 1 - Geb. 8. Aug. 1928.

HACKE, Friedrich

Dipl.-Landw., Geschäftsführer Verb. d. kartoffelverarb. Industrie, Sekr. Arbeitsgem. d. Dt. Kartoffelstärke-Ind., Generalsekr Union Européenne des Industries de la Pomme de Terre pour l'Alimentation Humaine - 5201 Oberpleis-Frohnhard (T. 20 28) - Geb. 19. Juli 1906.

HACKEL, Wolfgang

Dr. rer. pol., gf. Gesellschafter Versorgungs- u. Betreuungs GmbH, Berlin, Inh. VBG curamus KG - Zu erreichen üb. VBG curamus KG, Hohenzollerndamm 99, 1000 Berlin 33 (T. 030 - 823 40 93) - Geb. 27. Nov. 1942 Oberliebich/Sdl. (Vater: Emil H., Drogist; Mutter: Berta, geb. Löbel), kath., verh., 2 Kd. (Oliver, Sabrina) - Abit. 1963; Stud. Polit. Wiss. u. Volkswirtsch. FU Berlin - 1975 MdA Berlin; 1980 MdB; 1986 MdEP. CDU - Spr.: Engl.

HACKENBERG, Lutz

Designer, Gf. Vorstandsmitgl. Allianz dt. Designer (AGD) - Güldenstr. 10, 3300 Braunschweig (T. 0531 - 1 67 57, Telefax 0531 - 1 69 89) - Beirat Künstlersozialkasse, VR-Mitgl. Verwertungsges. Bild-Kunst, Vors. Sozialwerk d. Verwertungsges. Bild-Kunst - BV: Berufswirtschaftl. Kompendium f. Grafik-Designer, 1982.

HACKENBRACHT, Kurt

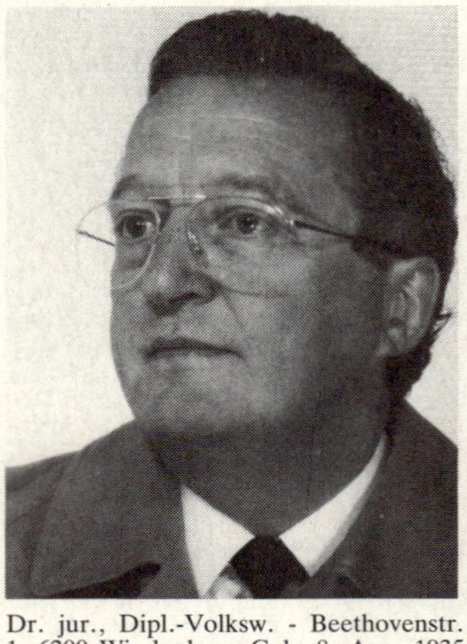

Dr. jur., Dipl.-Volksw. - Beethovenstr. 1, 6200 Wiesbaden - Geb. 8. Aug. 1935 Wuppertal, verh. s. 1968 m. Lore, geb. Jösting, Sohn Claus - Univ. Tübingen, Göttingen u. Bonn; Promot. 1964 Bonn - Beirat Haftpflichtverb. d. Dt. Ind., Hannover - BV: Preisdiskriminierung u. Wirtschaftsverfass., Diss. 1964 - Spr.: Engl., Franz., Niederl.

HACKENBROCH, Wolfgang

Dr., Dipl.-Phys., o. Prof. f. Math. Univ. Regensburg (s. 1974) - Kornweg 28, 8400 Regensburg - Geb. 18. April 1937 Köln (Vater: Prof. Dr. Matthias H., s. dort; Mutter: Ida, geb. Martini), kath., verh. s. 1965 m. Elisabeth, geb. Ehring, 6 Kd. - Hum. Gymn. Köln; Stud. Univ. Köln, Zürich, Saarbrücken - 1969-70 Gastprof. USA; 1971-74 Abt.svorst. u. Prof. Univ. Saarbrücken, s. 1974 o. Prof. Univ. Regensburg.

HACKENSPIEL, Leopold

I. Bürgermeister Stadt Cham (s. 1984) - Rathaus, 8490 Cham/Opf. - FW.

HACKENTHAL, Eberhard

Dr. med., Prof. f. Pharmakologie u. Toxikol. Univ. Heidelberg - Schlittweg 47, 6905 Schriesheim - Geb. 16. Febr. 1931 Berlin - Promot. 1960; Habil. 1966 - Üb. 40 Facharb.

HACKER, Hans

Dr. med., Prof. - Thorwaldsenpl. 4, 6000 Frankfurt 70 - Geb. 2. Nov. 1930 Hannover (Vater: Hans H., Kaufm.; Mutter: Martha, geb. Hagen), ev., verh. s. 1957 m. Dr. Inge H., 2 Kd. (Konstanze, Katharina) - Stud. Freiburg/Br., Paris, München; Promot. 1956 ebd.; Habil. 1969 Frankfurt - Assist.arzt München, Harvard, Freiburg, s. 1964 Leit. neuroradiol. Abt. Klinikum Univ. Frankfurt, s. 1971 Prof. ebd. Fachmitgl.sch. Zahlr. Fachveröff. - Liebh.: Musik, Kunst - Spr.: Engl., Franz., Ital. - Rotarier.

HACKER, Hans-Friedrich

I. Bürgermeister - Rathaus, 8656 Thurnau/Ofr. - Geb. 24. März 1919 Felkendorf - Architekt.

HACKERT, Klaus

Unternehmer, Stadtrat, Präs. Handwerkskammer Heilbronn, stv. Fraktionsvors. CDU, Verwaltungsrat Südd. Rundfunk - Allee 76, 7100 Heilbronn/N. - Geb. 10. Febr. 1938 Heilbronn - AR-Mitgl. Südwestd. Salzwerke AG, Heilbronn - 1983 BVK.

HACKETHAL, Joachim

Schauspieler, Schriftst. - Preysingstr. 26, 8000 München 80 (T. 448 43 24) - Geb. 7. Nov. 1928 Gotha (Vater: Paul H., Sped.kfm.; Mutter: Carola, geb. Cresto dei Manfreddi), verh. m. d. Autorin Carlamaria Heim †1984 - Zahlr. Fernsehsp. u. Spielfilme (u. a. Blechtrommel). Autor Münchner Lach- u. Schießges., Kom(m)mödchen, Machtwächter, D. Amnestierten - Verb. Dt. Schriftst. im Mediengew., VR-Mitgl. Verwertungsges. Wort, Beirat Künstlersozialk. SPD (Abg. Bez.tag Oberbay.) - 1975 Dt. Kleinkunstpreis.

HACKETHAL, Julius

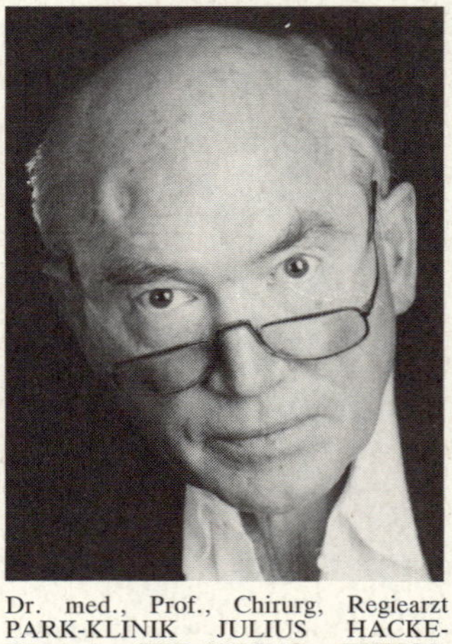

Dr. med., Prof., Chirurg, Regiearzt PARK-KLINIK JULIUS HACKETHAL im GUT SPRENG - EUBIOS-PRAXISKLINIK f. Ganzheitsmed. u. Ausgew. Chirurgie m. Tagesklinik, EUBIOS-Akad. u. Gesundheits-Gutspark - 8201 Riedering/Chiemgau-Seealpen - Geb. 6. Nov. 1921, verh. in 2. Ehe (1984) m. Waltraud Pfeffer - Promot. 1945; Habil. 1955; 1956-64 Oberarzt Chir. Univ. Klinik Erlangen-Nürnberg; 1965-74 Chefarzt Städt. Krkhs. Lauenburg; 1974-79 Praxisklinik f. Chir. in Lauenburg m. Bettenstation in d. Diana-Klinik Bad Bevensen ; 1980-84 Praxis m. OP-Abt. in Aschau u. Regiearzt Privatklin. Chiemseewinkl, Bernau am

Chiemsee; 1980-84 Regiearzt EUBIOS-ZENTRUM AM CHIEMSEE - BV: Sudeck-Syndrom, 1958; Bündel-Nagelung, 1961; Auf Messers Schneide, 1976; Nachoperation, 1977; Sprechstunde, 1978; Keine Angst v. Krebs, 1978; Krankenhaus, 1979; Operation - Ja o. Nein?, 1980; Humanes Sterben, 1988. Zahlr. Einzelarb.

HACKL, Georg

Rennschlittensportler - Ramsauerstr. 100, 8240 Berchtesgaden - Geb. 9. Sept. 1966 Berchtesgaden, kath., ledig - Mittl. Reife; Bau u. Kunstschlossergeselle - 1985 Europajuniorenm.; 1987 Vizeweltm.; 1988 Europam. u. Silbmed. Olymp. Spiele Calgary - Spr.: Engl.

HACKL, Max(imilian)

Dr. jur., Vorstandsmitglied (Sprecher) Bayer. Vereinsbank, München, Vorst. Bundesverb. Dt. Banken (s. 1985) - Albrecht-Dürer-Str. 11, 8033 Krailling/Obb. (T. München 859 96 45) - Geb. 20. Dez. 1924 - 1972 ff. Mitgl. Präsid. Bayer. Börse; 1976 Vizepräs. IHK München u. Oberbay. ARsmandate.

HACKMANN, Werner

Senator f. Inneres Hamburg (s. 1988) - Zu erreichen üb. Rathaus, 2000 Hamburg 1 (T. 36 81-1) - Zul. Staatsrat Senatsbeh. f. Inneres u. Staatsarchiv Hamburg, u. Senatsamt f. d. Verw.dst. u. Justizbehörde.

HACKSTEIN, Rolf

Dr.-Ing., o. Prof., Direktor Inst. f. Arbeitswissenschaft, gf. Vorstandsmitgl. Forschungsinst. f. Rationalisierung TH Aachen (s. 1967) - Preusweg 56, 5100 Aachen (T. 7 27 81) - Geb. 27. Juni 1925 Stolberg (Vater: Alfred, Schulrektor; Mutter: Anny, geb. Kehren), kath., verh. s. 1952 m. Margret, geb. Dammer, 2 T. (Susanne, Sabine) - Dt. Obersch. Rom (Abit.), Stud. TH Aachen (Masch.bau), Dipl. 1952, Promot. 1955. 1955-64 Geschäftsf. Verb. Textilind. Westf., 1964-67 Dir. Buderus AG - BV: Arbeitswiss. im Umriß, 2 Bde., 1977; Produktionsplan. u. -steuer., 1984; Einf. in d. techn. Ablauforg., 1985, 2. A. 1988. Üb. 250 Ztschr.beitr.- Silb. u. gold. Ehrennadel Verb. f. Arbeitsstud. u. Betriebsorg. - Spr.: Ital., Franz., Engl., Span.

HADDENBROCK, Siegfried

Dr. med., Prof., ehem. Direktor Psychiatr. Landeskrankenhaus Emmendingen - Zul. 7830 Emmendingen/Baden - Geb. 5. Sept. 1913 Erfurt - Habil. 1945 Göttingen - Vordem Dir. Psychiatr. Landeskrkhs. Schussenried/Württ.; s. 1954 apl. Prof. f. Neurol. u. Psych. Univ. Göttingen u. Freiburg/Br. (1965). Spez. Arb.geb.: forensische Psychiatrie.

HADDING, Ulrich

Dr. med., Prof. f. Med. Mikrobiologie - Tucholskyweg 1, 6500 Mainz-Lerchenberg - Geb. 10. Jan. 1937 Kassel - Promot. 1963 - S. 1971 (Habil.) Lehrtätigk. Univ. Mainz. Üb. 50 Aufs.

HADELER, Hans-Friedrich

Dipl.-Kfm., Geschäftsführer Rank-Xerox-GmbH - priv.: Brend'amourstr. 30, 4000 Düsseldorf (T. 58 86 67) - Geb. 23. März 1943 Bonn (Vater: Stephan H., Architekt; Mutter: Franziska, geb. Bohr), kath., led. - Dipl.-Kfm. Univ. Münster, Dipl.-Mark. Inst. of Marketing, London England; Harvard PMD Boston, USA. 1967-68 Rank Xerox GmbH Düsseldorf, 1968-72 Rank Xerox Ltd., London, Marketing Controller, 1972-75 Xerox Corporate Offices Stamford, Mgr. Intern. Financial Planning, 1975-78 Gf. Xerox do Brazil, Rio de Janeiro.

HADELER, Karl-Peter

Dr., Prof. - Auf der Morgenstelle 10, 7400 Tübingen - Geb. 16. Okt. 1936 Hamburg, verh., 2 Kd. - Stud. Hamburg - S. 1971 o. Prof. f. Math. u. Biomath. Univ. Tübingen.

HADER, Kurt

Stadtrat (s. 1984) - Rathaus, 8670 Hof/S. - 1966-84 II. Bgm. - SPD - 1984 BVK (abgelehnt).

HADEWIG, Bernd

Studienleiter Friedr.-Naumann-Stiftg. u. Lehrer Waldorfsch. Eckernförde - Flensburger Str. 95, 2330 Eckernförde - Geb. 2. Juli 1946 Wedel, ev., verh., 4 Kd. - Gymn.; Stud. Theol. u. Päd. Hamburg u. Kiel - 1973-75 Mitarb. Bundestagsabg. Uwe Ronneburger; 1975-83 MdL Schlesw.-Holst. Ämter Jungdemokr. (1972-74 Landesvors. SH). FDP s. 1967 (1974ff. Mitgl. Landesvorst.; 1983ff. Pressesprecher f. SH).

HADLOK, Rainer

Dr. med. vet., Prof. f. Tierärztl. Lebensmittelkunde u. Fleischhyg. Univ. Gießen - Dresdener Str. 32, 6301 Biebertal 1.

HADRYS, Helmut

Dr.-Ing., Vorstand Claudius Peters AG, Hamburg, Vorst. Dt.-Koreanische Ges. - Lottbekkoppeln 19, 2000 Hamburg 65 - Geb. 25. Jan. 1941, verh., 2 Kd. - Stud. TU Berlin, MIT Cambridge/USA; Promot. Berlin/Cambridge 1967 - Robert Durrer Preis TU Berlin - Liebh.: Golf, Ski - Spr.: Engl. - Rotarier.

HÄBER, Jürgen

Dipl.-Forstwirt, Dipl.-Holzwirt, Geschäftsführer Verb. d. Dt. Holzwerkstoffind., Gießen - Eichendorffstr. 11, 6350 Bad Nauheim (T. 06032-8 21 22) - Geb. 7. Sept. 1928 Dresden, verh., T. Sabine - Stud. Forstwirtsch. (Dipl. 1953); Stud. Holzwirtsch. (Dipl. 1957) - Geschäftsf. Arbeitskr. Buche, Gießen.

HAEBERLE, Karl Erich

Unternehmensberater (s. 1961; eig. Fa. f. Marketing) - Helene-Christaller-Weg 7, 6104 Seeheim-Jugenheim - Geb. 28. Juni 1924 Stuttgart - Realgymn.; kaufm., werbl., künstler. u. naturwiss. Ausbild. Fach- u. Hochsch. - Industrietätigk. (zul. ltd.) - BV: Phänomen Nachfrage, 1963; Erfolg auf Messen u. Ausstell., Handb. 2. A. 1967; Zehntausend Jahre Waage - Aus d. Entwicklungsgesch. d. Wägetechnik, 1967; Stuttgart u. d. Elektrizität, 1983.

HÄBERLE, Peter

Dr. jur., o. Prof. f. Öfftl. Recht, Rechtsphil. u. Kirchenrecht, ständ. Gastprof. f. Rechtsphilosophie in St. Gallen - Postfach 10 12 51, 8580 Bayreuth - Geb. 13. Mai 1934 Göppingen (Vater: Dr. med. Hugo H.; Mutter: Ursula, geb. Riebensahm), ev. - Univ. Tübingen, Bonn, Freiburg/Br., Montpellier. Promot. (1961) u. Habil. (1969) Freiburg - S. 1969 Ord. Univ. Marburg, Augsburg (1976) u. Bayreuth (1981) - BV: u. a. Wesensgehaltgarantie d. Art. 19 Abs. 2 GG, 3. A. 1983; Öfftl. Interesse als juris. Problem, 1970; Verfassung als öfftl. Prozeß, 1978; Kommentierte Verfassungsrechtsprechung, 1979; Kulturpolitik in d. Stadt - e. Verfassungsauftrag, 1979; Verfassung d. Pluralismus, 1980; Kulturverfassungsrecht im Bundesstaat, 1980; Klassikertexte im Verfassungsleben, 1981; Erziehungsziele u. Orientierungswerte im Verfassungsstaat, 1981; Rezensierte Verfassungsrechtswiss., 1982; D. Grundgesetz d. Literaten, 1983; Verfassungsschutz d. Familie, 1984; Feiertagsgarantien als kulturelle Identitätselemente d. Verfassungsstaates, 1987; D. Menschenbild im Verfassungsstaat, 1988; D. Sonntag als Verfassungsprinzip, 1988. Herausg.: Verfassungsgerichtsbarkeit (1976); Kulturstaatlichk. u. Kulturverfassungsrecht (1982); s. 1983 Herausg. d. Jahrbuchs d. Öff. Rechts.

HÄBERLE, Siegfried

Dr. rer. nat., o. Prof. u. Direktor Inst. f. Waldarbeit u. Forstmaschinenkd. Univ. Göttingen (s. 1967) - Tilsiter Str. 3, 3406 Bovenden (T. Göttingen 8 28 09) - Geb. 16. Nov. 1929 Mühlacker/Württ. - Habil. 1965 Freiburg/Br. - Facharb.

HAEBERLIN, Hans Ulrich

Dr. jur., Assessor, Dir. u. Prok. Wintershall AG, Celle/Kassel, u. Kali und Salz AG, Kassel; Geschäftsf. Erdöl-Raffinerie Franken GmbH, Vorst. Orthopäd. Klinik Hess.-Lichtenau - Am Mühlenkopf 8, 3513 Spiekershausen - Geb. 4. Nov. 1926 - Mitgl. Lions-Club, Kassel.

HAEBERLIN, Urs Robert

Dr. phil., o. Prof. u. Direktor Heilpäd. Institut Univ. Freiburg/Schweiz - Kleinschönberg 28, CH-1700 Freiburg - Geb. 8. Dez. 1937 Zürich, ev., verh. s. 1961 m. Magdalena, geb. Weber, S. Matthias - Stud. u. Promot. Univ. Zürich 1967, Habil. Univ. Tübingen 1975, 1960-67 Sonderschullehrer, 1968-73 Forsch.assist. Univ. Konstanz, 1974-77 Univ. Tübingen, 1977-79 Prof. Univ. Heidelberg - BV: D. Phantasie i. Erziehung u. Heilerzieh., Bern/Stuttgart 1968; Schulreform - zwischen Praxis, Politik u. Wissenschaft, Weinheim 1971; Wortschatz u. Sozialstruktur, Zürich/Köln 1974; Identitätskrisen, Bern/Stuttgart 1978; Allgem. Heilpädagogik, 1985; D. Menschenbild f. d. Heilpäd., 1985.

HAECKEL, Rudolf

Dipl.-Ing., Vorstandsmitglied Kleinschanzlin Pumpen AG., Homburg, stv. Vorstandsmitgl. Klein, Schanzlin & Becker AG., Frankenthal/Pfalz - Max-Planck-Str. 5, 6650 Homburg/Saar (T. 51 25) - Geb. 27. Mai 1909 Sagan/Schles. - Spr.: Franz. - Rotarier.

HÄCKER, Fritz

Generaldirektor, Vorstandsvors. Ges. f. Spinnerei u. Weberei, Ettlingen - Bismarckstr. 18, 7505 Ettlingen/Baden - Geb. 9. Juli 1920 Osnabrück.

HAECKER, Hans-Joachim

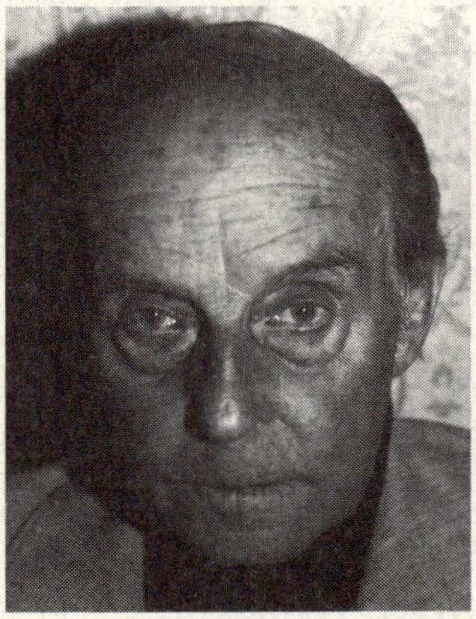

Schriftsteller, Oberstudienrat i. R. - Krasseltweg 34, 3000 Hannover 51 (T. 0511 - 604 52 40) - Geb. 25. März 1910 Königsberg/Pr. (Vater: Artur H., Eichungsoberinsp.; Mutter: Margarete, geb. Garske), ev., verh. s. 1938 m. Irmtraut, geb. Krause, verw. s. 1976, 4 Kd. (Jörg, Dörte, Antje, Andreas); s. 1980 Lebensgefährtin Eva Schulz - 1929-34 Universitäten Königsberg, Berlin, München (Phil., German., Anglistik) - BV: Hiob, Mysteriensp. 1937; Segler geg. Westen, Columbus-Dr. 1941; D. Insel Leben, Ged. 1943; Teppich d. Gesichte, Ged. 1947; D. Tod d. Odysseus, Trag. 1948; Dreht euch nicht um, 3 Dr. 1962; Gesetzt den Fall, V. 1967; Insonderheit, V. 1968; Werke Michelangelos, Ged. 1975; Lautloser Alarm, Ged. 1977; D. Traum v. Traume d. Lazarus, Essay 1978; Nicht i. Hause - nicht a. d. Straße, Dr. 1978; Begegnung Haecker/Buchwald, Ged. 1978; Registriert im XX. Jh., Ged. 1980; Gekauft auf d. Trödelmarkt, Erz. 1980; Im Spiegel, Ged. 1981; Friedrich Meckseper, Monogr. 1982; Limericks 1983; Existentialismus d. Distanz, Aufs. 1984; Ged., 1985; Renaissance-Fantasien v. August Ohm, 1986; ... muß neu durchdacht werden, Ess. 1986. Bühnenstücke: D. Stadt, Segler gegen Westen, D. Tod d. Odysseus, David vor Saul, D. Öl d. Lampen, Nicht im Hause - nicht auf d. Straße (auch franz.), Piavara, Dreht euch nicht um (11 Übers.), Gedenktag, D. Briefträger kommt, D. Tür - Näheres üb. d. Tod Agamemnons, Löschung e. Registers. Hörsp. - 1961 Gerhart-Hauptmann-Preis; 1979 Nieders. Künstlerstip.; 1983 Mölle-Preis (Schweden) - Liebh.: Kunst, Archäol. - Lit.: Franz Lennartz, Dt. Schriftst. d. Gegenw.; Gerhard Reuter, D. Dramatiker H.-J. H., in: Volksbühnenspiegel Jg. 9; Heinz Beckmann, H.-J. H., in: Zeitwende/Neue Furche Jg. 34; Carl Heinz Kurz: Diagonalen (Leben u. Werk d. H.-J. H.), 1977, u. Schriftstellerskizzen, 1977; K. O. Buchner: Laudatio auf H.-J. H., im Protokoll e. Ehrung, 1980; Heiko Postma: H.-J. H. in: Profile/Impulse, 1981.

HÄCKER, Hartmut

Dr. phil., Univ.-Prof. f. Psychologie Univ. Wuppertal - Theodor-Heuss-Str. 91, 5600 Wuppertal 1 - Geb. 24. Juli 1938 Bräunisheim (Vater: Otto H., Pastor; Mutter: Frida, geb. Bohn), ev., verh. s. 1964 m. Imke, geb. Peise, Dipl-Psych.; Staatsprüf. f. d. Lehramt 1962; Dipl.-Psych. 1965 (Tübingen) - S. 1978 Prof. - BV: Einf. in d. Psych., 1977 - Spr.: Engl.

HÄDECKE, Wolfgang

Lehrer, Schriftsteller - Melanchtonstr. 34, 4800 Bielefeld - Geb. 22. April 1929 Weißenfels/S., verh. s. 1955 m. Susanne, geb. Zimmermann - Stud. German. u. Angl. - Schuldienst - BV: Uns steh'n d. Fragen auf, Ged. 1958; Leucht-spur im Schnee, Ged. 1963; D. Steine v. Kidron - Aufz. aus Ägypten, d. Libanon, Jordanien u. Israel, 1970; E. Rußlandreise, 1974; D. Leute v. Gomorrha, R. 1977. Bühnenst.: D. Brüder (Dr., 1960). Essays. Buch- u. Theaterkritik - 1965 Förderpreis Nordrh.-Westf.; 1972 Mitgl. PEN-Zentrum BRD - Spr.: Engl.

HÄDER, Donat-Peter

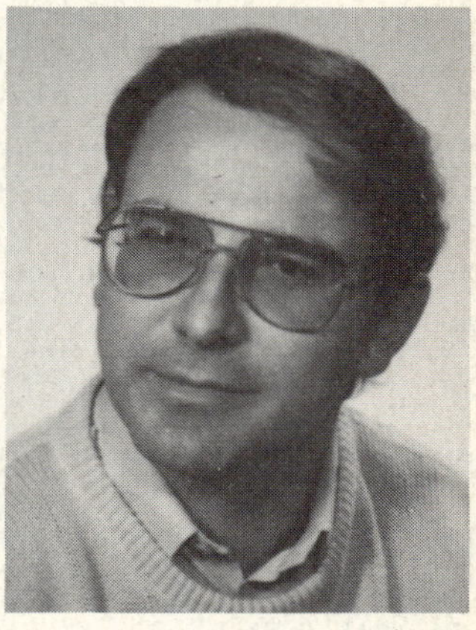

Dr. rer. nat., Prof. f. Botanik Univ. Erlangen (s. 1988) - Neue Straße 6, 8521 Möhrendorf (T. 09131 - 4 87 30) - Geb. 27. Juni 1944 Prenzlau, ev., verh. s. 1975 m. Maria, geb. Vettenhofen - Stud. 1964-69 Univ. Marburg; Promot. 1973; Habil. 1979 (Biologie, Anglistik) - 1969-79 Wiss. Assist.; 1979-88 Priv.-Doz.; 1978-79 Research Assoc. Michigan State Univ. USA - BV: Allg. Photobiol. (m. Tevini), 1985 (engl. 1987). Übers. v. Heath: Physiol. d. Photosynthese, 1972. Üb. 100 Publ. - Inter.: Weltraumbiol., Mikroorganismen, Umweltprobl. (Ozonschicht), Photo- u. Bewegungsphysiol., Elektronik, Computer - Spr.: Engl., Franz., Ital.

HÄDICKE, Franz-Hubert

Dipl.-Volksw., Hauptgeschäftsführer i. R. IHK Hannover/Hildesheim - Saarbrückener Str. 22, 3000 Hannover (T. 52 98 68; Büro: 310 72 38) - Geb. 19. Nov. 1919 Hannover (Vater: Franz H., Fabrikdir.; Mutter: Hanna, geb. Schmidtchen), ev., verh. s. 1951 m. Käte, geb. Wohltmann), 3 Kd. (Hans-Uwe, Wolf-Diethard, Cornelia-Christine) - Gymn. Hannover; Stud. Rechtswiss. u. Volksw. Hannover, Königsberg, Göttingen (Dipl.-Volksw. 1948) - S. 1945 IHK Hannover (b. 1970 stv., dann Hgf.). Div. Ehrenstell., dar. Vorstandsvors. Wirtschaftswiss. Ges. z. Stud. Nieders. u. E-Kuratoriumsvors. Leibniz-Akad., beide Hannover - 1964 Ritter belg. Kronenorden; 1967 Hans-Buchholz-Med.; 1973 BVK I. Kl.; 1985 Gr. BVK.

HÄDLER, Christian

Dr. rer. pol., Dipl.-Kfm., Mitherausgeber u. Verlagsgeschäftsf. - Grabenstr. 31a, 1000 Berlin 45 - Geb. 9. Juni 1934 Asch (Vater: Ernst H., Kaufm.; Mutter: Anna, geb. Voit), ev., verh. s. 1959 m. Monika, geb. Wende, 2 S. (Mathias, Carsten) - 1954-58 Stud. Wirtschaftswiss. (Dipl.-Kfm.). Promot. 1960 Erlangen/Nürnberg - S. 1964 Prok. u. 1968 Geschäftsf. Verlag D. Tagesspiegel, Berlin, 1963 Geschäftsf. Graph. Werkstätten GmbH, Berlin, 1984 Geschäftsf. Mercator Druckerei GmbH, Berlin, u. Pressestiftg. Tagesspiegel gGmbH. 1975ff. Handelsrichter LG Berlin.

HAEDRICH, Günther

Dr. rer. pol., Dipl.-Kfm., Prof. f. Marketing Freie Univ. Berlin (s. 1972) - Wissmannstr. 19, 1000 Berlin 33 (T. 892 93 06) - Geb. 21. Juli 1934 Berlin (Vater: Gerd H., Kaufm.; Mutter: Margarete, geb. Arndt), ev., verh. s. 1961 m. Ilse-Ingrid, geb. Pirente, 2 Kd. (Doris, Holger) - Abit. 1953; Kaufm.sgehilfenprüf. 1955; Dipl. 1959 u. Promot. 1961 Berlin - 1961-63 Leit. Abt. Marktforsch. Scherk, Berlin; 1963-67 Geschäftsf. Dorland-Werbeagentur, ebd.; 1967-70 Mitgl. Geschäftsltg. Euroadvertising GmbH., Düsseldorf; 1970-72 Mitglied Geschäftsleitung Roland Berger & Partner, München - BV: D. Interviewereinfluß in d. demoskop. Marktforsch., 1964; Werbung als Marketinginstrument, 1976. Herausg.: Schriftenr. Marketing-Management (1976 ff.) - Spr.: Engl., Franz.

HAEDRICH, Heinz

Dr. jur., Ministerialdirigent im Bundeskanzleramt a. D., Rechtsanwalt (s. 1985) - Rheinallee 64, 5300 Bonn 2 - Geb. 3. Okt. 1920, verh. m. Helga, geb. Nienhaus, 2 T. (Blanche, Sandra) - Stud. Rechtswiss. u. Volksw.; Gr. jurist. Staatsprüf. 1949 München; Promot. 1952 Köln - 1949 Bayer. Staatsmin. d. Justiz; 1950-52 Bundesmin. d. Justiz (Mitgl. dt. Delegat. b. d. Verhandl. z. Gründ d. Eur. Gem.); 1952-68 Ausw. Amt; 1952-54 Konsul Nairobi; 1955-58 Ref.-Leiter Pol. Abt. Ausw. Amt; 1958-65 Botschaftsrat I. Kl. Botsch. Europ. Gem.; 1965-68 Planungsstab Ausw. Amt; 1968-85 Bundeskanzleramt - BV: Europ. Atomverträge, 1966; Kommentar Atomgesetz, 1986. Mitautor: Strupp-Schlochauer, Wörterb. d. Völkerrechts, 1960; Hallstein-Schlochauer, Festschr. C. F. Ophüls, 1965; Groeben-Boeckh-Thiesing, Kommentar EWG-Vertrag, 1974 - Gr. BVK - Spr.: Engl., Franz., Span.

HÄDRICH, Rolf

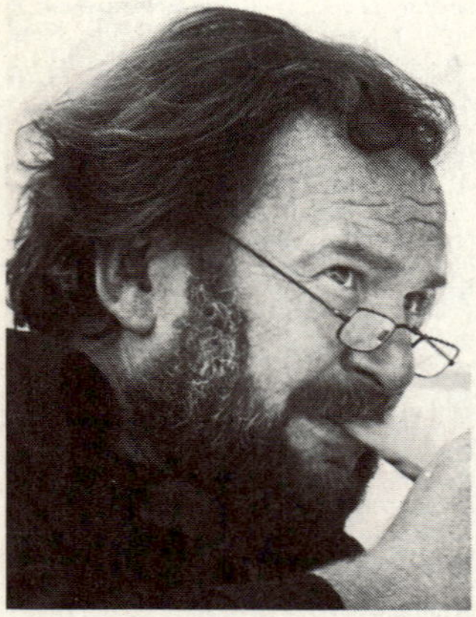

Regisseur - Jenfelder Allee 90, 2000 Hamburg 70 (T. 413 62 54); u. Orgevaux, CH-1833 Les Avants - Geb. 24. April 1931 Zwickau/Sa. (Vater: Arno H., Kaufm.; Mutter: Elisabeth Soellner), 2 x gesch., 2 Kd. (Stephan, Ariane) - Obersch. Eisenberg; 1949-54 Univ. Jena, Berlin, Hamburg (Theaterwiss., Gesch.) - S. 1956 Oberspiell. FS HR u. NDR. Bühne: D. 10. Mann, D. kl. Herr Nagel, 10 Min. b. Buffalo, Kataki, Gr. Wut d. Philipp Hotz; Wölfe u. Schafe, Kur in Bad Wiessee, Tod eines Handlungsreisenden. Film: Verspätung in Marienborn, Among the Cinders, 1984. Fernsehen: Brennpunkt, Dr. Murkes gesammeltes Schweigen, Nachruf auf Jürgen Trahnke, Schlaf d. Gerechten, Friedhöfe, D. Schlinge, Warten auf Godot, D. Revolution entläßt ihre Kinder, Von Menschen und Mäusen, Karol, Grenzziehung, Heydrich in Prag, Zuchthaus, Haben, Stimme hinter d. Vorhang, Graf Oederland, Biografie, Mord in Frankfurt, Kraft d. Gesetzes, Unser Sohn Nicki, Alma Mater, Kennen Sie Georg Linke?, Erinnerung an e. Sommer in Berlin, D. Fischkonzert (2 T., 1973), D. Stechlin 1974 (3-teilig); Mach's gut, Florian, 1978; D. wiedergefund. Paradies, 1979 (3-teilig); Nirgendwo ist Poenichen, 1978 (7-teilig); Bergpredigt, 1983 (ARD); U. er nahm mich bei d. Hand, 1984; Backfischliebe, 1985; Friedenspolka, 1987; Langusten, 1988 - BV: Mord in Frankfurt, 1970 (auch USA); Grabinschriften, Ged. 1972. Lyrik in: Jg. Lyrik (1958), Lyrik aus ds. Zeit (1961 u. 64), Blätter u. Bilder (1963), Ohne Visum (1964), Hand- u. Fußnoten - 1961 Lyrikpreis SR, 1964 Grand Prix Eurovision Cannes, Jacob-Kaiser-Preis Berlin, Preis f. Freiheit u. Gerechtigkeit Berlin, Filmpreis Stadt Zürich, Bundesfilmpreis (f.: Verspät. in Marienborn), 1965 Silb. Taube V. Festival Monte Carlo, 1968 Preis V. Intern. Fernseh-Festival Prag, Regiepreis Dt. Akad. d. Darstell. Künste (Mord in Frankfurt), 1969 Adolf-Grimme-Preis in Gold, 1974 Adolf-Grimme-Preis in Silber Dt. Volkshochschul-Verb. u. Gold. Kamera Hörzu (Mord in Frankfurt); 1980 Ritter d. Falkenordens Island; Akad. d. darstell. Künste, Frankfurt, Akad. d. Künste, Berlin, Freie Akad. d. Künste, Hamburg; PEN-Club Liechtenstein - Spr.: Engl., Franz.

HAEFEKER, G.

Dr., Dipl.-Chem., Vorsitzender Normenaussch. Druck- u. Reproduktionstechnik - Zu erreichen üb.: Burggrafenstr. 4-10, 1000 Berlin 30.

HÄFELE, Carl Heinz

Dipl.-Ing., Fabrikant, Handelsrichter LG Mönchengladbach - Bergstr. 83, 4050 Mönchengladbach - Geb. 1. Dez. 1914 - B. 1985 Geschäftsf. u. pers. haft. Gesellsch. d. Rhein. Armaturen- u. Maschinenfabrik Albert Sempell KG, AR-Vors. d. Sempell AG.

HÄFELE, Hans Georg

Dr. rer. nat., Univ.-Prof., Lehrstuhlinh. f. Exper. Physik - Walther-v.-d.-Vogelweide-Str. 49, 8700 Würzburg - Geb. 30. Okt. 1928 Biberach/Riß - Stud. Physik. Promot. 1956, Habil. 1971 - Lehrtätigk. Univ. Würzburg (1972 Prof. u. Mitvorst. Physikal. Inst.). Spez. Festkörperphysik, Quanten-Optik.

HÄFELE, Hansjörg

Dr. jur., Rechtsanwalt, Parlam. Staatssekr. Bundesmin. d. Finanzen a. D. (1982-89), MdB (s. 1965; Wahlkr. 190/Schwarzwald-Baar) - Postfach 1145, 7737 Bad Dürrheim/Schwarzw. - Geb. 6. März 1932 Uttenweiler Kr. Biberach (Vater: Michael H., Gymnasialoberlehrer; Mutter: Maria, geb. Neurohr), kath., verh. s. 1964 m. Ingeborg, geb. Stein - Hum. Gymn. Wangen; Univ. Tübingen (Rechtswiss., Volks.), Hochsch. f. Verw.wiss. Speyer - 1961-65 Innenverw. Baden-Württ.; s. 1983 AR-Mitgl. Saarbergw. AG, Saarbrücken. CDU s. 1961; s. 1978 Finanzpol. Sprecher CDU/CSU-Bundestagsfraktion - BV: Reform d. Parlamentarismus, in: Die Zukunft d. CDU, 1968 Bürokratisierung d. Parlaments?, in: D. Bundestag v. innen gesehen, 1969; D. überforderte Staat u. d. Finanzpolitik, in: Schlankheitskur f. d. Staat, 1979 - Liebh.: Waldlauf, Golf, Schwimmen, Wandern - Spr.: Franz., Engl. - Rotarier. - Lit.: Heinzgünter Klein, gefragt: Hansjörg Häfele, 1976; Walter Henkels, Bonner Köpfe, 1981; FAZ: Schwäbischer Hitzkopf, Okt. 1981.

HÄFELE, Wolf

Dr. rer. nat., Physiker, Vorstandsvors. Kernforschungsanlage Jülich GmbH (KFA) (s. 1981), Honorarprof. f. Reaktortechnik TU Karlsruhe (s. 1964), u. f. Energietechnik TU Wien (s. 1975) - Victor-Gollancz-Str. 42, 5170 Jülich - Geb. 15. April 1927 Freiburg/Br. (Vater: Walter H., Pfarrer; Mutter: Luise, geb. Ullrich), ev., 3 Kd. (Walter, Elisabeth, Hermann) - 1946-50 TH München (Dipl.-Phys. 1950), Promot. 1955 Göttingen. 1953-55 Max-Planck-Inst. f. Physik Göttingen, dann Kernforschungszentr. Karlsruhe (1960-73 Ltr. Projekt Schneller Brüter u. Dir. Inst. f. Angew. Reaktorphysik). Intern. Inst. for Applied Systems Analysis Laxbg.-Wien (1973-81); Deputy Dir. d. Inst. (1974-81); ab 1981 Vorst.-Vors. KFA Jülich. Foreign Member of the U.S. National Academy of Engineering, u. Ausw. Mitgl. d. Schwed. Akad. d. Ing.wissensch, 1988 Ausw. Mitgl. d. Sowj. Akad. d. Wiss., Fellow of American Nuclear Society u. Mitgl. d. Kerntechn. Ges., 1972 Ritter franz. Orden Palmes academiques; 1982 BVK I. Kl.; 1983 Österr. Ehrenkreuz I. Kl. - Spr.: Engl.

HAEFELIN, Trude

Schauspielerin - Faganenstr. 8, 8152 Vagen (T. 08062 - 21 50) - Geb. 1. Juli 1919 Passau, kath., verh. m. Jürgen Scheller (Schausp.), 1 Kd. aus früh. Ehe - Falckenberg-Schule München - Zahlr. Bühnen, u. a. Berlin. Heidelberger Festspr. Kabatt; Film - Ehrenbürgerin Heidelberg - Liebh.: Musik - Spr.: Engl., Franz.

HÄFELINGER, Günter

Dr., Dipl.-Chem., Prof. f. theor. organ. Chemie - Hauffstr. 11/1, 7400 Tübingen (T. 07071 - 2 64 27) - Geb. 23. Mai 1937 Freiburg/Br. (Vater: Friedrich Ernst H., Zolloberinsp.; Mutter: Anna, geb. Weßbecher), verh. s. 1963 m. Brigitte, geb. Weis, 2 S. (Michael, Steffen) - Realgymn. Karlsruhe (Abit. 1957); 1957-62 TH Karlsruhe (Dipl. 1962); Univ. München u. Tübingen; Promot. 1965, Berkeley Post-Doc. 1967, Habil. 1970 Tübingen - 1965-70 Wiss. Assist., 1973 apl. Prof.; 1975 Wiss. Rat u. Prof., S. 1981 Prof. (C3). Mehrere Fachbücher u. Veröff. - Spr.: Engl., Franz. - Bek. Vorf.: Prof. Dr. Ernst Kriech (Univ. Heidelberg).

HAEFFNER, Gerd

Dr., Prof. - Kaulbachstr. 32, 8000 München 22 - Geb. 6. Juli 1941 Nürnberg - Stud. Phil. u. Theol. Pullach, München, Lyon u. Tübingen; Lic. phil. 1966, Dr. phil. 1971, Lic. theol. 1984 - Gast-Prof. in Québec (Canada), Paris, Tokyo u. Kinshasa (Zaire). 1978 Prof. f. Phil. Anthropol., Gesch.phil. u. Gesch. d. Phil. Hochsch. f. Phil. München, 1982-88 dort Rektor - BV: Heideggers Begriff d. Metaphysik, 2. A. 1981; Phil. Anthropol., 2. A. 1989. Zahlr. Aufs.

HÄFNER, Gerald

MdB, Lehrer u. Sozialforscher - Zu erreichen üb. Bundeshaus, 5300 Bonn (T. 0228 - 16 91 77) - Geb. 3. Nov. 1956, ledig - Stud. Sozialwiss. Univ. Bochum u. Waldorfpäd. Inst. f. Waldorfpäd. Witten/Ruhr; Dipl. 1984 - 1979/80 Kreisvors. d. Grünen in München; 1980/81 Landesgeschäftsf. u. Pressesprecher d. bayer. Grünen; 1984-87 wiss. Tätigk. Inst. f. Sozialforsch. Achberg; Vorst.-Mitgl. bzw. Mitbegr. u. Sprecher Aktion Volksentscheid, Volksentscheid gegen Atomanlagen, sow. Europ. Initiative f. Direkte Demokratie - Liebh.: Natur, Kunst, Politik, Menschen - Spr.: Engl., Franz.

HÄFNER, Heinz

Dr. med., Dr. phil., o. Prof. f. Psychiatrie u. Neurologie - Am Büchsenackerhang 27, 6900 Heidelberg-Ziegelhausen (T. 80 20 80) - Geb. 20. Mai 1926 München (Vater: Heinrich H., Kaufmann; Mutter: Elisabeth, geb. Gerner), kath., verh. m. Dr. Wiltrud, geb. Ranabauer, 4 Kd. (Gilbert, Gerald, Constantin, Sibylle) - Univ. München (Medizin, Psych., Phil.; Promotion 1950 u. 51) - S. 1960 (Habil.) Lehrtätigk. Univ. Heidelberg (1965 apl. Prof.; 1968 Ord. u. Dir. Sozialpsychiatr. Klinik/Klinikum Mannheim), 1971-78 Sprecher Sonderforsch.bereich 116-Psych. Epidemiologie, 1971-75 stv. Vors. Sachverständ.-Kommiss. Psychiatrie Bundesreg., 1975ff. Dir. Zentralinst. f. Seel. Gesundh. u. Dir. Psychiatr. Klinik ZISG, 1975-83 Mitgl. d. Med. Aussch. d. Wiss.rats (1980-83 Vors.), 1977-83 Beruf. durch d. Bundespräs. als Mitgl. d. Wiss.rats, 1979-83 Vors. Wissenschaftl. Kommission d. Wiss.rats; 1976-80 Mitgl. d. European Advisory Committee for Medical Research d. WHO; 1984ff. Consultant d. WHO f. Mental Health; Mitgl. Intern. Advisory Bd. WHO-Collab. Ctr. f. Research in Functional Psychoses, Nagasaki, Collab. Ctr. f. Res. u. Train. in Mental Health, Aarhus (DK) u. d. WHO-Collab. Ctr. f. Research and Training in Mental Health, Italien (Rom, Mailand, Neapel u. Verona). Honorary Consultant d. Schizophrenia Research Foundation of India, Madras - BV: Schulderleben u. Gewissen, 1956 (auch ital. u. span.); Psychopathen, 1961; Psychiatrie d. Verfolgten, 1964 (m. v. Baeyer u. Kisker); Gewalttaten Geistesgestörter, 1973 (m. W. Böker, auch engl.); Psych. Epidemiologie, 1978; Estimating Needs f. Mental Health Care, 1979; Forsch. f. d. seel. Gesundheit, 1982; Psych. Gesundh. im Alter, 1986; Mental Health in the Elderly, 1986 (m. Moschel u. Sartorius); Search for the Causes of Schizophrenia (m. Gattaz u. Janzarik). Zahlr. Einzelarb. - 1966 Preis Michael-Stiftg. (f. Forsch. z. Myoklonusepilepsie), 1973 Hermann-Simon-Preis (f. Gewalttaten Geistesgestörter); 1982 BVK I. Kl.; 1986 Erik Strömgren Med.; s. 1981 Korr. Mitgl. Finnish Psychiatr. Ass. u. Ehrenmitgl. Foundation f. Psychiatr. Research in Finnland; Vorst.-Mitgl. Internat. Ges. f. Psychiatr. Epid.; Mitgl. Exekutivkomit. d. Arbeitsgem. Europ. Psychiater (AEP); Ehrenmitgl. Portug. Ges. f. Psychiatr. Epid. - Spr.: Engl.

HAEFNER, Klaus

Dr. rer. nat., Prof. f. Angew. Informatik - Im Alten Hofe 6, 2863 Ritterhude - Geb. 6. Juli 1936 - Promot. 1965 Berlin (FU); Habil. (Genetik) 1969 Freiburg/Br. - S. 1972 Prof. Univ. Bremen - BV: D. große Bruder - Chancen u. Gefahren f. e. Informierte Ges., 1980; D. neue Bildungskrise - Herausforderung d. Informationstechn. an Bild. u. Ausbild., 1982; Mensch u. Computer im J. 2000 - Ökonomie u. Politik f. e. human computerisierte Ges., 1984; Denkschrift z. 100j. Jubiläum d. Automobils; D. vollautomat. Automobil, 1985; Denkzeuge, 1987. Ca. 120 Einzelarb.

HÄFNER, Peter

Dr. rer. nat., Prof. f. Biologie PH Heidelberg - Güldensteinstr. 43, 7100 Heilbronn-Sontheim.

HAEFS, Gisbert Jakob

Schriftsteller u. Übers. - Petersbergstr. 4, 5300 Bonn 2 - Geb. 9. Jan. 1950 Wachtendonk/Niederrh. - Staatsex. 1976 Bonn (Span. u. Engl.) - BV: Mord am Millionenhügel, 1981; Und oben sitzt e. Rabe, 1983; D. Doppelgrab in d. Provence, 1984; Mörder & Marder 1985; D. Waffenschmuggler v. Shilgat, 1986; D. Mördermütter v. Pasdan, 1986; D. Freihändler v. Cadhras, 1986; D. Gipfel v. Banyadir, 1986; D. Triumvirat u. a. kriminelle Gesch., 1987; Kipling-Companion, 1987; D. Schattenschneise, 1989; Hannibal - D. Roman Karthagos, 1989. Übers. bzw. Herausg.: Jorge Luis Borges, 5 Bde. 1981-83; J. L. Borges/A. Bioy Casares, 2 Bde. Gemeins. Werke 1983/85; A. Conan Doyle, 3 Bde. 1984;

Ambrose Bierce, D. Teufels Wörterb. 1986; Jorge Luis Borges, D. letzte Reise d. Odysseus, 1987; Rudyard Kipling, Werke 5 Bde. 1987; Horrorgesch., 1988; Lichtenberg, Sudelbrevier, 1988. LP: Skurrile Gesänge, eig. Chansons (1982). Ferner Hörspiele, Funkfeatures etc.

HÄGE, Martin

Bürgermeister Aidlingen - Lilienstr. 11, 7031 Aidlingen (T. 07034 - 50 48) - Geb. 3. April 1935 Göttingen (Vater: Martin H., Landw.; Mutter: Margarete, geb. Schall), ev., verh. s. 1962 m. Hedwig, geb. Hauff, 2 T. (Cornelia, Alexandra) - Dipl.-Verwaltungswirt (FH).

HÄGELE, Albert

Fabrikdirektor (Fa. W. Stohrer Maschinenfabrik, Leonberg), Vizepräs. IHK Ludwigsburg - Lisztstr. 17, 7250 Leonberg/Württ. (T. 2 94).

HÄGELE, Gerhard

Dr. rer. nat., Prof. - Kerschensteinerweg 13, 4010 Hilden - Geb. 14. April 1938 Mannheim - Promot. 1969 Aachen - S. 1972 (Habil.) Lehrtätigk. Heinrich-Heine-Univ. Düsseldorf (Anorgan. Chemie, NMR, Analytik). Fachaufs., Monographie.

HAEGELE, Karl Eugen

Oberbürgermeister Gr. Kreisstadt Horb a. N. - Landhausstr. 18, 7240 Horb (T. 07451 - 20 66) - Geb. 19. Juli 1922, kath., verw., 4 Kd., verh. in 2. Ehe s. 1981 - Gymn. Göppingen; höh. Verw.sch. (Dipl. engl. Sprache 1948, Staatsex. 1950) - 1950-55 Bürgerm. Gden. Reichenbach u. Winzingen; 1955-80 Bürgerm. Stadt Horb, s. 1981 Oberbürgerm. Gr. Kreisstadt Horb, s. 1959 MdK (stv. Vors.); s. 1960 VR Kreisspark.; s. 1965 Gewährsverb.abg.; s. 1969 Vorst.-Mitgl. Spark.- u. Giroverb., AR-Vors. Bauges. Horb, u. a. Ämter - 1968 BVK, 1980 Dr. Johann-Christian Eberle-Med., 1980 Verdienstmed. Gemeindetag; 1982 Bürgermed. Stadt Horb z. 60. Geburtstag - Spr.: Engl., Franz.

HAEGELE, Rudolf

Prof., Maler - Silcherstr. 1, 7148 Remseck 3, Hochberg a. N. - Geb. 21. April 1926 (Vater: Rudolf H.; Mutter: Helene, geb. Seyboldt), kath., verh. m. Ilse, geb. Gabriel, T. Dagmar - 1946-51 Kunstakad. Stuttgart (dazw. 1949 Paris) - S. 1965 Doz. u. Prof. (1967). Werke in- u. ausl. Besitz. Kunstakad. Stuttgart - 1952 Kunstpreis d. Jugend.

HAEGERT, Lutz

Dr. rer. pol., o. Prof. f. Betriebswirtschaftslehre Univ. Augsburg (s. 1971) - Am Ährenfeld 1, 8935 Fischach/Schw. - Geb. 3. April 1936 Berlin (Vater: Georg H., Kaufm.; Mutter: Margarete, geb. Tietzmann), ev. - Promot. 1963 Berlin (FU); Habil. 1970 Mannheim - Steuerberat. Fachveröff. - Spr.: Engl., Franz.

HAEHSER, Karl

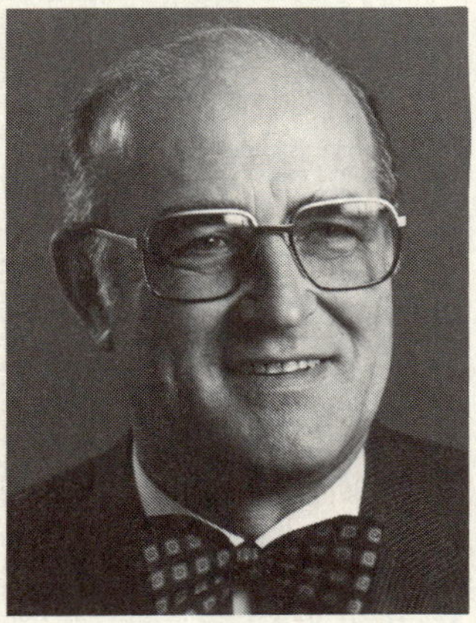

Parlam. Staatssekretär a.D., Geschäftsführer, MdB (1965-87), Vors. SPD Unterbez. Trier (1967-86) - Klausenerstr. 10, 5500 Trier/Mosel (T. 3 17 63) - Geb. 31. März 1928 Bendorf-Sayn/Rh., ev., verh. s. 1949 m. Anita, geb. Schmidt, 2 Töcht. (Karla, Ute) - Volkssch. Bendorf-Sayn; 1942-45 Lehrerbildungsanstalt Sinzig - S. 1947 Angest. SPD Unterbez. Koblenz, Bezirksjugendsekr. SPD Rhld./Hessen-Nassau (1949) u. Gf. SPD Reg.-bez. Trier (1950). 1955-65 MdL Rhld.-Pfalz; 1965-87 MdB; 1974-82 Parlam. Staatssekr. Bundesmin. d. Finanzen. 1960-69 Stadtratsmitgl. Trier. Bezirks-(Rhld.-Hessen-Nass.; 1960-64) u. Landesvors. Jungsozialisten (Rhld.-Pfalz; 1962-64). 1964-67 Mitgl. Rundfunkrat SWF; 1970-74 Mitgl. VR Dt. Bundesbahn; 1973-83 AR Salzgitter AG (ab. 1974 Vors.); s. 1977 Mitgl. Verwaltungsrat d. Deutschen Welle, (s. 1986 stv. Vors.).

HÄMER, Hardt-Waltherr

Architekt, Prof. Hochschule der Künste Berlin - Bismarckstr. 67, 1000 Berlin 12 (T. 341 50 82) - 1971-73 Wiss. Geschäftsf. Inst. Wohnen u. Umwelt, Darmstadt - 1967 Kunstpreis Stadt Ingolstadt (f. d. Stadttheater); 1979 Dt. Architekturpreis; 1970 o. Mitgl. Akad. d. Künste Berlin.

HÄMMERLEIN, Hans

Dr. jur., Prof., Rechtsanwalt, Vors. Bundesverb. Priv. Wohnungsunternehmen, Bonn (1974-85), Lehrbeauftr. Univ. Köln (s. 1972) - Curtiusstr. 16, 4006 Erkrath 2/Rhld. - Geb. 25. Febr. 1923 Berlin, ev., verh., T. Petra - Gr. jurist. Staatsprüf. - 1952-72 Ministerialbeamter (zul. Ltd. Min.rat); 1972-85 Gf. Entwicklungsges. Hochdahl mbH - BV: Öffentlichkeit u. Verw., 1966; D. verw. Wohnungspolitik, 1968; Gemeinn. Wohnungsuntern.-Intern., 1972; D. untern. Wohnungswirtsch., 1988. Herausg.: Beamtenspiegel (1965) - Spr.: Franz., Engl.

HÄMMERLIN, Günther

Dr. rer. nat., o. Prof. f. Angew. Mathematik u. Vorst. Math. Inst. Univ. München (s. 1965) - Margaretenstr. 52a, 8033 Krailling/Obb. (T. München 857 31 72) - Geb. 31. Juli 1928 Karlsruhe - TH Karlsruhe, Univ. Freiburg; Promot. 1954; Habil. 1961 - Zul. Doz. Univ. Freiburg. Fachveröff. - BV: Numerische Mathematik I, B. I. Hochschultaschenb. 1970, 2. A. 1978; Numerische Mathematik (zus. m. K.-H. Hoffmann), 1989 - 1978 Soc. Onor. Accad. Naz. Sci. Lett. Arti di Modena.

HÄNDEL, Wolfgang

Dr. rer. pol., gf. Gesellschafter TRV-Treuhandvermögensverwaltung GmbH - Barer Str. 9, 8000 München 2 - Geb. 27. Okt. 1939 Stuttgart, verh. s. 1966, 3 Kd. - Dipl.-Kfm. (1964) u. Promot. (1968) Köln - Geschäftsf. Frigoscandia GmbH; Präsid. Dt. Schutzvereinig. f. Wertpapierbesitz, Düsseldorf; Beirat Frigoscandia GmbH - BV: D. wirtschaftl. Leistung als Bestimmungsfaktor d. Marktstellung v. Betrieben, 1969 - Spr.: Engl., Schwed.

HÄNDLER, Wolfgang

Dr. rer. nat., em. o. Prof. f. Mathematische Maschinen u. Datenverarbeitung (Informatik) - Sachsenstr. 1, 8520 Erlangen (T. 2 59 47) - Geb. 11. Dez. 1920 Potsdam (Vater: Bruno H.), verh. s. 1950 m. Hanna, geb. Röhrig, 2 Kd. - S. 1962 (Habil.) Lehrtätigk. Univ. Saarbrücken (Privatdoz.), TH Hannover (1963 ao. Prof.), Univ. Erlangen-Nürnberg (1966 o. Prof. u. Inst.vorst., 1986 emerit.). BV: Rechnerarchitektur (m. Prof. Dr. A. Bode), 2 Bde. Üb. 100 Fachveröff. - 1982 Verdienstkr. 1. Kl. d. VO d. Bundesrep. Dtschld.

HAENDLY, Wolfgang

Dr. phil., Prof., Dompropst, Ordinariatsrat im Bischöfl. Ordinariat Berlin - Johann-Georg-Str. 8, 1000 Berlin 31 (T. 892 48 08) - Geb. 6. Juli 1911 Berlin, kath. - Leibniz-Gymn. Berlin; Stud. Freiburg/Br. u. Rom (Gregoriana). Promot. 1932; Lic. Theol. 1936.

HÄNEL, Gottfried

Dr. Prof. f. Meteorologie Univ. Frankfurt/M. - Mecklenburger Str. 41, 6231 Schwalbach/Ts.

HÄNFLING, Georg

1. Bürgermeister (s. 1956), berufsm. 1. Bürgerm. (s. 1972) - Rathaus, 8501 Eckental/Mfr. - Geb. 3. Nov. 1926 Mitteldorf - Vorst.-Vors. Raiffeisenbank Eschenau. CSU.

HAENISCH, Günther

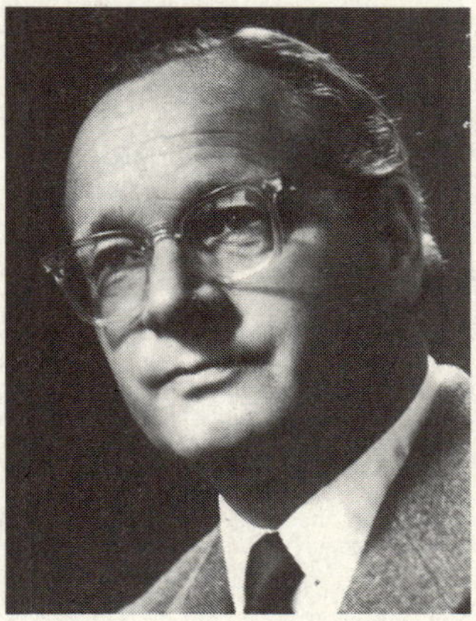

Dr. med., Prof., Chirurg u. Urologe - Schwarzbuchenweg 15, 2000 Hamburg 65 (T. 040 - 536 21 12) - Geb. 30. März 1907 Hamburg (Vater: Prof. Dr. med. Fedor H., Röntgenologe, Chefarzt †; Mutter: Gertrud, geb. Stapenhorst †), ev., verh. s. 1948 m. Hildegard, geb. Völckers, 3 Kd. (Rolf, Hildegard, Fedor) - Johanneum Hamburg, Abit. 1925; 1925-30 Med.-Stud. Freiburg, München, Hbg., Staatsex. 1930, Approb. 1932, Promot. 1934 Hbg. - Schiffsarzt, Sanitätsoffz. im Krieg, Gefangensch., 1948-60 Chirurg. - Univ.-Klin., AK Heidberg, AK St. Georg, Hbg., 1960-72 Chefarzt 1. Chir. Abt. AK Barmbek - Zahlr. wiss. Aufs., Leitart., med. u. berufspol. Veröff. (Zeichen: GH) - Div. Ehrenämter, u.a. 1953-55 Vors. Marburger Bund (LV Hbg.), 1954-86 Vorst. Ärztekammer Hbg., Aussch.-Vors. Bundesärztekammer, 1970-79 Vors. Hbg. Verb.leit. Krkhs.-Ärzte, 1980-89 Vors. Ethik-Kommiss. Ärztekammer Hamburg. S. 1973 Vizepräs. Verb.leit. Krkhs.-Ärzte Deutschl., 1980-89 Vors. Ethik-Kommiss. Ärztekammer Hamburg, s. 1978 Vors. VR Versorg.werk ebd., s. 1979 Schriftl.: Arzt u. Krkhs.; Kriegsausz., 1977 Paracelsus-Med. d. Dt. Ärztesch. - Liebh.: Reisen, Fotogr., Sammeln Althamb. Stiche - Spr.: Engl.

HAENSCH, Günther

Dr. phil., o. Prof. f. angew. Sprachwissenschaft (Romanistik) u. Leit. Sprachenzentrum Univ. Augsburg (s. 1973) - Ulrich-Hofmaier-Str. 39, 8900 Augsburg - Geb. 22. April 1923 München (Vater: Ernst H., Kfm.; Mutter: Kunigunde, geb. Nüßl), ev., verh. m. Marina, geb. Duenas, 5 Kd. (Isabel, Stefan, Beatrix, Florian, Rafael) - Univ. Genf, Barcelona, München (Roman., Gesch.). Promot. (1954) u. Habil. (1967 München - U. a. Chefdolmetscher Hohe Behörde d. Montanunion, Dir. Sprachen- u. Dolmetscherinst. München, Vorst. Sem. f. Roman. Sprachen u. Auslandskd. Univ. Erlangen-Nürnberg. Mithrsg.: Ztschr. Lebende Sprachen (1956-63), Idioma (1964-69). Hrsg.: Lebende Sprachen (s. 1980) - BV: u. a. Las hablas de la Alta Ribagorza, 1962 (Zaragoza); Le francais tel qu'on le parle (m. J. Marot), 5. A. 1979; Español Vivo (m. M. Puy Costa), 8. A. 1977; Klett Wörterb. Span./Dt. u. Dt./Span. (m. J. M. Dominguez), 2. A. 1980; Dt.-Franz. Wirtschaftssprache (m. R. Renner), 6. A. 1987; Dt.-Span. Wirtschaftsspr. (m. F. Casero), 3. A. 1985; Wörterb. d. Intern. Beziehungen u. d. Politik - Dt./Engl./Franz./Span., 2. A. 1975; Wörterb. d. Landw. - Dt./Franz./Engl./Span. (m. G. Haberkamp), 5. A. 1987; Dt.-Franz. Verwaltungsspr., 1965; España contemporánea - Handb. d. Auslandskd.: Spanien, 3 Bde., 1975; Wörterb. d. Biologie (m. G. Haberkamp), 2. A. 1980; La Lexicografía. De la linguistica teórica a la Lexicografía prática, 1983 (Madrid, m. Ettinger, Wolf, Werner); Frankr. - Staat u. Verw., Bd. I, 2. A. 1985; Kl. Frankr.lexikon (m. P. Fischer), 2. A. 1987; Kl. Span.-Lexikon (m. G. Haberkamp de Antón), 1989 - 1965 Ehrenmitgl. Cervantes-Ges., Madrid; 1969 korr. Mitgl. Real Acad. Española ebd., 1983 Acad. Chilena de la Lengua u. Acad. Norteamericana de la Lengua Española; 1984 korr. Mitgl. Acad. Porteña del Lunfardo; 1986 korr. Mitgl. Acad. Boliviana de la Lengua, 1989 Acad de Ciencias, Rep. Dominicana; 1989 Prof. Hon. d. Univ. Católica Madre y Maestra, Rep. Dominicana - Liebh.: Jagd, Reisen, Musik - Spr.: Engl., Franz., Span., Katalan., Ital.

HÄNSCH, Klaus

Dr. phil., Dipl.-Pol., Redakteur, MdEP (s. 1979) - Akazienstr. 5, 4000 Düsseldorf 12 (T. 0211 - 20 19 78) - Geb. 15. Dez. 1938 Sprottau (Vater: Willi H., Schlosser; Mutter: Erna, geb. Sander), ev., verh. s. 1969 m. Ilse, geb. Hoof - Oberrealsch.; Stud. Betriebsw., Soziol., Gesch., Politol. Köln, Paris, Berlin (Dipl. 1965, Promot. 1969) - 1965 Lehrauftr. FU Berlin; 1968/69 Chefredakt.; s. 1969 Mitarb. Min.-Präs. NRW, 1970/76 Presseref. u. 1977/79 Fachref. Min. f. Wiss. u. Forsch. NRW; s. 1976 Lehrauftr. Univ. Duisburg - BV: Frankr. zw. Ost u. West. D. Reaktion auf d. Ausbruch d. Ost-West-Konflikts 1946-48, 1972 - 1973 Straßburg-Preis Stiftg. F.V.S. - Spr.: Franz., Engl.

HAENSCH, Rudolf

Dr. med., Univ.-Prof. f. Dermatologie u. Venerol. Univ. Düsseldorf (s. 1971) - Schillerstr. 52, 4050 Mönchengladbach - Geb. 10. Dez. 1921 Dresden (Vater: Rudolf H., Bankdir.), ev., verh. s. 1958 (Ehefr.: Dr. Sieglinde), 3 S. (Rudolf, Wolfgang, Carl-Albrecht) - Staatsgymn. Dresden-Neustadt; Univ. Leipzig, Berlin, Königsberg/Pr., Münster/W. (Med.). Promot. 1948; Habil. 1968 - S. 1965 Hautklinik D'dorf (Oberarzt). Zahlr. Fachveröff. - Spr.: Engl., Franz.

HÄNSCH, Theodor Wolfgang

Dr. rer. nat., Prof. f. Physik Univ. München, Direktor am Max-Planck-Inst. f. Quantenoptik Garching - Barerstr. 62, 8000 München 40 - Geb. 30. Okt. 1941 Heidelberg, kath. - Stud. Univ. Heidelberg; Promot. 1969 - 1972-75 Assoc. Prof. Stanford Univ., USA; 1975-86 Full Prof. - Entw. schmalbandiger abstimmb. Farbstofflaser; Methoden d. Dopplerfreien Laserspektroskopie - Üb. 100 Veröff. in wiss. Ztschr. - Nat. u. intern. Preise u. Ausz.

HÄNSEL, Rudolf

Dr. rer. nat., o. Prof. f. Pharmakognosie - Westpreußenstr. 71, 8000 München 81 (T. 93 93 26) - Geb. 5. Jan. 1920 Zinnwald/Böhmen (Vater: Wenzel H., Kaufm.; Mutter: Maria, geb. Rudolf), kath., verh. s. 1947 m. Margarete, geb. Hölzlmeyer, 3 Kd. (Klaus-Dieter, Birgit, Ruth-Margit) - Gymn. Teplitz-Schönau; 1943-47 Univ. Wien u. München (Pharmazie; Promot. 1950) - 1948-56 Assist. u. Privatdoz. (1954) Univ. München, dann ao. u. o. Prof. (1963) FU Berlin - BV: Lehrb. d. Pharmakognosie, 4. A. 1988 (m. E. Steinegger); Lehrb. d. Pharmazeut. Biol., 1980 (2 Bde.). Zahlr. Fachveröff. - Spr.: Engl., Tschech., Span.

HÄNSLER, Eberhard

Dr.-Ing., Prof. f. Theorie d. Signale TH Darmstadt - Erbacher Str. 56d, 6100 Darmstadt - Mitgl. Fachaussch. 1.1 (Informat.- u. Systemtheorie) Informationstechn. Ges. (ITG) u. Kommiss. C (Signale u. Syst.) U.R.S.I. Veröff. in Fachztschr. - BV: Grundl. d. Theorie statist. Signale, 1983 - Spr.: Engl.

HAENTJES, Werner
Musikdirektor Schauspielhaus Köln, Komponist - Paul-Humburg-Str. 62, 5000 Köln 60 - Geb. 16. Dez. 1923 Bocholt (Vater: Cornelius H.; Mutter: Elisabeth, geb. Sauerwald), kath., verh. s. 1953 m. Hanni, geb. Höck, 3 Kd. (Cornelia, Thomas, Stephan) - Hochsch. f. Musik, Köln - Musikal. Leit. an versch. Bühnen - Kompos. v. Fernseh- u. Bühnenopern, Orch.- u. Bühnenwerken.

HAENTZSCHEL, Georg
Komponist - Warneckstr. 6, 1000 Berlin 31 (T. 823 54 87) - Geb. 23. Dez. 1907 Berlin - Realsch. u. Stern'sches Konservat., Berlin - Orchester- u. Kammermusik; Filmmusiker.

HÄNTZSCHEL, Günter
Dr. phil. habil., Univ.-Prof. f. Neuere deutsche Literaturgeschichte - Von-Erckert-Str. 40, 8000 München 82 (T. 089 - 430 19 95) - Geb. 10. Aug. 1939 Göttingen (Vater: Dr. Ludwig H., Buchhändl.; Mutter: Ilse, geb. Strecker), ev., verh. s. 1967 m. Dr. Hiltrud, geb. Schlotke, 3 Kd. (Jörg, Heike, Olaf) - Human. Gymn. Hann., Buchhändl.-Lehre, Stud. German., Roman. Göttingen, Freiburg, Heidelberg, Besançon, München, Promot. München 1967 - 1959-61 Buchhändler; 1968-75 wiss. Assist., 1976/77 Privatdoz., 1978-80 Universitätsdoz., s. 1980 Prof.; 1985 Gastprof. Univ. Minnesota, Minneapolis/USA - BV: Trad. u. Originalit. Allegor. Darst. im Werk Annette v. Droste-Hülshoffs, 1968; Johann Heinrich Voß. S. Homer-Übers. als sprachschöpfer. Leist., 1977; Heinrich Heine, sämtl. Schriften. Bd. 2: Reisebilder, 1969, 2. A. 1976; Nikolaus Lenau. Annette v. Droste-Hülshoff. August v. Platen. Forschungsber. In: Z. Lit. d. Restaur.epoche 1815-1848, 1970; Mehr. Studien z. Sozialgesch. d. Lyrik d. 19. Jh.; Gabriele Wohmann; Bildg. u. Kultur bürgerl. Frauen 1850-1918, 1986; G. A. Bürger. Sämtl. Werke, 1987 (m. Hiltrud H.) - Zahlr. Editionen u. Aufs. in Fachztschr. - Lit.: Kürschners Gelehrten-Kalender 1980 u. 1987.

HÄNZE, Siegfried
Dr. med., Prof., Chefarzt, Internist - Waldstr. 104, 5300 Bonn 2 - Geb. 5. März 1926 Nordhausen, verh. m. Leonore, geb. Wagemann, 4 Kd. (Sabine, Jörg, Bernd, Martin) - Humanist. Gymn. Nordhausen; Stud. Med., Natur- u. Wirtschaftswiss. Halle, Clausthal u. Mainz. Med. Staatsex. u. Promot. 1952; Habil. 1961 - 1952-70 Med. Poliklinik u. I. Med. Klinik Univ. Mainz (1967 apl. Prof.), dann Prof. Univ. Bonn; 1970 ff. Chefarzt Med. Abt. Ev. Krankenhaus Bonn 2 - Publ. üb. Nephrol., Mineralstoffwechsel, Endokrinol., Hypertonol., Kreislauferkrankg. u. klin. Pharmakol.

HÄRDER, Theo
Dr.-Ing., Prof. f. Datenverwaltungssysteme (Fachgebiet I) TH Darmstadt (Fachbereich Informatik) - Händelstr. 9, 6101 Wixhausen.

HAERDTER, Michael
Dr. phil., Leiter Künstlerhaus Bethanien, Berlin - Knesebeckstr. 33, 1000 Berlin 12 (T. 883 57 56) - Geb. 3. Dez. 1934 Darmstadt (Vater: Dr. phil. Robert H., Journ. (s. dort); Mutter: Magdalena, geb. Rebentisch), verh. s. 1974 in 2. Ehe m. Sumie, geb. Kawai, 3 Kd. (Florian, Miyabi, Hanna) - H.-v.-Gagern-Gymn. Frankfurt; Stud. Roman. u. Theaterwiss. Paris, Tübingen, München, Wien. Promot. 1963 Wien - 1958-59 Regieassist. Schauspielhaus Zürich; 1965-68 Dramat. Schiller- u. Schloßparktheater Berlin; 1969-71 Präsidialsekr. Akad. d. Künste Berlin - BV: Samuel Beckett inszeniert D. Endspiel, in: Materialien zu Becketts Endspiel, 1968; D. Rebellion d. Körpers-Butoh, 1986 - Spr.: Engl., Franz.

HAERDTER, Robert
Dr. phil., Journalist - Markelstr. 50, 7000 Stuttgart (T. 65 35 59) - Geb. 25. Mai 1907 Mannheim, ev., verh. 1933 m. Magdalena, geb. Rebentisch (†1966), 2 Kd. - Oberrealsch. Konstanz; Univ. Berlin, Wien, Heidelberg (Gesch., Soziol., Promot.) - 1933-34 Redakt. Voss. Ztg., Berlin dann lit. Assist. Dt. Buchgem. ebd., 1936-43 Redakt. Frankfurter Ztg., 1944-45 Wehrdst. u. amerik. Kriegsgefangensch., 1945-58 Mithrsg. Gegenwart, Frankfurt, 1959-65 Chefredakt. Stuttgarter Ztg.; s. 1966 Redakt. Stuttg. Nachr. - BV: D. Schuß auf d. See, N. 1942; Bodensee-Wanderung, 1949; Span. Capriccio, 1957; Tageb. Europa, 1967; Signale u. Stationen, 1974; Schauplatz Europa, 1981 - Dt. Journalistenpreis 1965, Theodor-Wolff-Preis 1967; 1970 Mitgl. PEN-Zentrum BRD.

HÄRDTLE, Hans-Günther
Masch.-Bau-Ing., Kaufmann, Vulkaniseur-Meister, gf. Gesellschafter Härdtle Reifen GmbH Ulm, Komplementär Hans Härdtle KG Ulm - Blaubeurer Str. 68, 7900 Ulm-Donau - Geb. 14. März 1928 Ulm, verh. s. 1962 m. Christine, geb. Zollmann, 3 Kd. (Nicole, Petra, Hans Alexander) - 1945-60 berufl. Aufenth. in Afrika, Asien, Europa. 1969 Vulkaniseur-Obermeister Württ.; 1988 Landesinnungsmeister Baden-Württ.; 1975 Präs. Zentralverb. Dt. Vulkaniseur-Handw.; 1980 Ehrenpräs.; 1977 Präs. RAL-Güteschutzgem. Reifenerneuerung, Stuttgart; 1982 Vors. intern. Techn. Komitee BiPAVER Zürich; 1984 Vors. Fachverb. Reifenhandel u. Technik Baden-Württ. 1968 Öfftl. best. u. vereid. Gerichtssachverst. f. Reifen u. Vulkaniseur-Handw. S. 1975 Handelsrichter LG Ulm - BVK I. Kl.

HÄRING, Hermann
Ministerialdirigent Bayer. Staatsministerium d. Innern (Leit. d. Abt. Öfftl. Sicherheit u. Ordnung) - Odeonsplatz 3, 8000 München 22.

HAERING, Manfred
Dr. med., Prof., Chefarzt, Ärztl. Direktor - Rolander Weg 7, 4000 Düsseldorf (T. 62 47 25) - Geb. 13. Aug. 1932 Liebau, kath., verh. s. 1966 m. Dr. med. Erika, geb. Poths, 2 Kd. (Caroline, Stephan) - Stud. Univ. Freiburg, München, Gießen, Köln, D'dorf - Chefarzt u. Ärztl. Direktor Frauenklinik St. Vinzenz-Krankenh., D'dorf, apl. Prof. Univ. D'dorf. Mitgl. Dt. Ges. f. Gynäkol. u. Geburtshilfe. Zahlr. Wiss. Arb. üb. Rh-u. ABO-Inkompatibilität, operative Gynäkol. - Liebh.: Tennis, Ski - Spr.: Engl.

HÄRING, Rudolf
Dr. med., Prof. f. Chirurgie - Im Dol 66, 1000 Berlin 33 - Geb. 3. Nov. 1928 Urmitz/Rh. - Promot. 1956 Bonn - S. 1966 (Habil.) Lehrtätigk. FU Berlin (1969 Prof.); Abt.Leit. f. Allg., Gefäß- u. Thoraxchir., gf. Dir. Chir. Klinik u. Poliklinik - BV: zahlr. Büch., u. a. Tierexper. Unters. z. Ersatz d. chir. Naht durch Klebstoff, 1966. Ca. 350 Einzelarb. u. Vortr. - Korr. Mitgl. Österr. Ges. f. Chir. u. Griech. Ges. f. Chir.

HÄRLE, Franz
Dr. med., Dr. med. dent., Prof. f. Kieferchirurgie - Zu erreichen üb. Kieferklinik, Arnold Hellerstr. 16, 2300 Kiel (T. 597-28 20), priv.: Reventlouallee 5, 2300 Kiel (T. 56 41 40) - Geb. 17. Juli 1937 Berlin (Vater: Dr. Franz H. Arzt; Mutter: Dr. Liesel, geb. Hepp, Zahnärztin), kath., verh. s. 1964 m. Liesel, geb. v. Werder, OSt.rätin, 3 Kd. (Philipp, Christoph, Josefine) - Gymn.; 1957-64 Univ. Berlin, Tübingen, Wien, München, Freiburg (Med. u. Med.dent.) - 1966 wiss. Assist. Klinik Freiburg, 1970 Oberarzt, 1971 Doz., 1978 Prof. - Entd.: 1974 Visierosteotomie z. plast. Aufbau d. atrophierten Unterkiefers - BV: D. Zeitwahl d. Osteoplastik b. Lippen-Kiefer-Gaumenspalten, 1972 - 1971 Wassmundpreis Dt. Ges. f. Mund-Kiefer-Gesichtchir. - Spr.: Engl., Franz.

HÄRLE, Josef
Dr. phil., Prof. f. Geographie u. Geoökologie PH Weingarten - Sonnenrain 11/3, 7988 Wangen (T. 07522 - 64 80); dstl.: Kirchplatz 2 (PH), 7987 Weingarten - Geb. 8. Juli 1937 Otterswang (Vater: Josef H., Landw.; Mutter: Hilda, geb. Lang), kath., verh. s. 1967 m. Marianne, geb. Holderbach, 2 Kd. (Herwör-Hildeg., Sigrun-Ruth) - Facharb. - Spr.: Franz., Engl.

HÄRLE, Wilfried
Dr. theol., Prof. f. Systemat. Theologie u. Gesch. d. Theol. Univ. Marburg (Fachbereich Ev. Theol.) - Tirpitzstr. 1, 3570 Stadtallendorf/Hessen - Geb. 6. Sept. 1941 Heilbronn/N. (Vater: Otto H., Pastor; Mutter: Hedwig, geb. Reidt), ev., verh. s. 1964 m. Elisabeth, geb. Pillmeier, 3 Kd. (Uta, Michael, Tobias) - Gymn. Hof/S. u. Nürnberg; 1961-65 Univ. Heidelberg u. Erlangen (Theol.). Promot. 1969 Bochum; Habil. 1973 Kiel - S. 1978 Hochschullehrer - BV: D. Theol. d. ‚frühen' Karl Barth in ihrem Verhältnis z. Theol. Martin Luthers, 1969 (Diss.); Sein u. Gnade, 1975; D. Frage nach Gott, 1978; Rechtfertigung (m. E. Herms), 1980; System. Philosophie, 2. A. 1987; Lehrfreiheit u. Lehrbeanstandung (m. H. Leipold), 2 Bde. 1985; Ausstieg aus d. Kernenergie? Einstieg in d. Verantwortung!, 1986; Theologenlexikon (m. H. Wagner), 1987; Marburger Jahrbuch Theologie I u. II (m. R. Preul), 1987/88.

HÄRLIN, Benedikt
Journalist, MdEP (s. 1984) - Potsdamer Str. 96, 1000 Berlin 30; u. Europ. Parlam., Europazentrum, Kirchberg, Postf. 16 01, Luxemburg (T. 00352 - 4 30 01) - D. Grünen.

HAERTEL, Kurt
Dr. jur., Dr. oec. h. c., Dr. jur. h. c., Präsident a. D. Dt. Patentamt, München - Mühlaustr. 1a, 8913 Schondorf - Geb. 26. Sept. 1910 Berlin, ev., verh. s. 1959 m. Renate, geb. Kreusler, 4 Kd. - Univ. Berlin (Rechtswiss.). Gr. jurist. Staatsprüf. 1937 - 1949-63 Bundesjustizmin. (1961 Ministerialdirig. u. Leit. Zentralabt.) - 1973 Bayer. VO.; Luxemburg. VO.; Ehrenpräs. d. Verwaltungsr. d. Europ. Patentorg.; 1977 Gr. Verdienstkreuz m. Stern d. Bundesrep. Dtschld., Gr. silb. Ehrenz. m. Stern d. Rep. Österr.; 1979 Komturkreuz königl.-schwed. Nordsternorden.

HÄRTEL, Roland
Lehrer, MdL Rheinland-Pfalz (s. 1979) - Eugen-Jäger-Str. 65, 6720 Speyer/Rh., - Geb. 12. Nov. 1944 - SPD.

HÄRTHE, Dieter
Kaufmann, Präs. Verband d. Selbständigen u. Gewerbetreibenden - Birlinghovener Str. 13a, 5300 Bonn 3 (T. 0228 - 48 43 71 priv.; 0228 - 21 83 38 Büro) - Geb. 29. Nov. 1948 Waldbröl (Vater: Alfred H., Autosattlerm.; Mutter: Marta, geb. Windhausen), ev.-freikirchl., verh. m. Marlies, geb. Barion, 2 S. (Marc, Constantin) - 1963-66 Lehre Autosattler; 1970-72 kaufm. Lehre; 1973-74 Grundwehrdienst - S. 1975 Präs. Verb. d. Selbst.; 1977-82 Präs. Inst. f. Betriebsberat., Wirtschaftsförd. u. -forsch. (s. 1982 Dir.); 1980-84 Vorst. Dt. Inst. f. Untern.-Berat.; s. 1984 Hauptgeschäftsf. Bundesverb. mittelständ. Wirtsch. (BVMW); Vorst. Intern. Ges. f. Politik, Frieden- u. Umweltforsch.; Vors. Verb. Selbst. u. Gewerbetreibender (VSG); 1986-88 VR Dt. Stiftg. z. Förd. d. Gesundh. - Herausg. Monatszeitschr.: erfolgreich selbständig (s. 1977) - Liebh.: Kunst - Spr.: Engl.

HÄRTL, Alfred
Dr. jur., Staatssekretär a. D., Präs. Landeszentralbank Hessen, Hauptverw. Bundesbank, Frankfurt/M. - Taunusanlage 5, 6000 Frankfurt/M. - AR: Ruhrkohle AG, Essen; Werbung im Rundf. GmbH, Frankfurt; Junior-Film GmbH, Frankfurt. VR: Hess. Rundf., Frankfurt; Beir.- u. Kurat.-Mand.

HÄRTL, Manfred
Kaufmann, gf. Gesellsch. Unifleisch GmbH & Co. KG, Erlangen - Platenstr. 6, 8520 Erlangen (T. 09131 - 2 42 89) - Geb. 22. Febr. 1940 Erlangen (Vater: Arno H., Kaufm.; Mutter: Gunda, geb. Wirth), kath., verh. s. 1966 m. Christine, geb. Kalchschmidt, 2 S. (Günter, Wolfgang) - 1946-60 Schule u. Berufsausb. - S. 1966 Gf. Gesellsch. Unifleisch GmbH & Co. KG, Erlangen; s. 1986 Vors. Groß- u. Außenhandel m. Vieh u. Fleisch (1974-86 Vorst.-Mitgl. das.); AR-Mitgl. Fleischergenoss. Erlangen u. CMA; 1978 Mitgl. Ind.- u. Handelsgremium Erlangen, Vors. Bundesverb. Versandschlachtereien, Mitgl. Viehzählungsaussch. Bundesmin. f. Ernährung, Landw. u. Forsten, Mitgl. Fachbeirat Bundesanst. f. landw. Marktordn., Frankfurt, Vorst.-Mitgl. Europ. Union d. Versandschlachter, AR-Vors. Fleischergenoss. Erlangen, AR-Mitgl. (1981 stv. Vors.) Vereinigte Tierversich. Ges. AG, Wiesbaden - Spr.: Engl.

HÄRTLING, Peter
Schriftsteller u. Journalist - Finkenweg 1, 6082 Mörfelden-Walldorf (T. 06105 - 61 09) - Geb. 13. Nov. 1933 Chemnitz/Sa. (Vater: Rudolf H., Rechtsanw.; Mutter: Erika, geb. Häntzschel), ev., verh. m. Mechthild, geb. Maier, 4 Kd. (Fabian, Friederike, Clemens, Sophie) - Mittl. Reife - Ab 1952 Journ., u. a. Deutsche Zeitung, Mitherausg. D. Monat (1964 ff.), 1967-73 Cheflektor u. Verlagsleit. Fischer - BV: Poeme und Songs, 1953; Yamins Stationen, Ged. 1955; In Zeilen zuhaus, Ess. 1957; Unter d. Brunnen, Ged. 1958; Im Schein d. Kometen, R. 1959; Palmström grüßt Anna Blume, Ess. u. Anthol. 1961; Spielgeist - Spielgeist, Ged. 1962; Niembsch oder D. Stillstand, R. 1964; Vergessene Bücher, Ess. u. Anthol. 1966; Janek oder D. Explosion, R. 1966; D. Familienfest oder D. Ende d. Geschichte, R. 1969; ...und d. ist d. ganze Familie - Tagesläufe m. Kindern, 1970; E. Abend, e. Nacht, e. Morgen, Erz. 1971; Zwettl - Nachprüf. e. Erinner., R. 1973; Eine Frau, R. 1974; Oma, Erz. 1975; Hölderlin, R. 1976; Anreden, Ged. 1977; Hubert oder Die Rückkehr nach Casablanca, R. 1978; Nachgetragene Liebe, R. 1980; Lit. als Widerstand, Ess. 1981; Vorwarnung, Ged. 1983; D. Windrad, R. 1983; Felix Guttmann, R. 1985; Krücke, Erz. 1986; Brief an meine Kinder, 1986; D. Mörsinger Pappel, Ged. 1987; Waiblingers Augen, R. 1987; D. Wanderer, R. 1988; D. Gedichte, 1953-88; Briefe von drinnen u. draußen, Ged. 1989; Fränze, Erz. 1989. Bühnenstücke: Gilles (1970). Herausg.: D. Väter - Berichte u. Gesch. (1968) Otto Flake, Hortense oder D. Rückkehr n. Baden-Baden (1970), Leporello fällt aus d. Rolle (1971) - 1964 Literaturpreis Verb. d. Dt. Kritiker, 1967 Preis d. franz. Lit.-kritiker, 1971 Gerhart-Hauptmann-Preis (f.: Gilles), 1973 Schubart-Preis d. Stadt Aalen; 1965 Ehrengabe Kulturkr. d. BDI; 1976 Dt. Jugendb.-Preis; 1977/78 Stadtschreiber v. Bergen-Enkheim; 1978 Wilhelmine-Lübke-Pr. (f.: Oma); 1984 Poetik-Doz. Univ. Frankfurt; 1987 Hermann-Sinsheimer-Pr. Freinsheim; 1987 Hölderlin-Pr. Bad Homburg; 1966 Mitgl. PEN-Zentrum BRD; o. Mitgl. Akad. d. Wiss. u. d. Lit., Mainz, u. Akad. d. Künste, Berlin; 1982 Mitgl. Dt. Akad. f. Sprache u. Dicht., Darmstadt; 1983 Stiftg. Namenspreis f. Kinderlit.; 1988 Ehrensenator Univ. Tübingen.

HÄRZSCHEL, Kurt
Staatssekretär a.D. - Belchenstr. 10, 7860 Schopfheim/Baden (T. 07622 - 84 87) - Geb. 8. Juni 1924 Groß-Mangersdorf/OS., ev., verh., 3 Kd. - Volkssch.; Betriebsschlosserlehre - B. 1963 Maschinenschlosser Industrie (1956ff. Betriebsratsvors.); s. 1966 Sozialsekr. Ev. Landeskirche Baden. 1941-48 Kriegsdst. u. engl. -gefangensch. (1944). 1965ff. Mitgl. Stadtrat Schopfheim; 1963-65 u. 1967-76 MdB; zul. Staatssekr. Min. f. Arbeit, Gesundh. u. Sozialordn. Baden-Württ. (b. 1984). CDU s. 1956.

HAESE, Günter
Bildhauer - Sittarder Str. 5, 4000 Düsseldorf - Geb. 18. Febr. 1924 Kiel (Va-

ter: Max H., Masch.-Schloss.; Mutter: Emma, geb. Krüger), ev., verh. 1950-73, verw., S. Günter-Georg - 1950-57 Staatl. Kunstakad. Düsseldorf - 1966 1. Preis David E. Bright-Foundation auf d. 33. Biennale, Venedig; 1967 Cornelius-Preis Stadt Düsseldorf; 1967 Preis d. Solomon R. Guggenheim-Foundation, New York.

HÄSEMEYER, Ludwig
Dr. jur., o. Prof. f. Bürgerl. Recht u. Zivilprozeßrecht Univ. Heidelberg - Bergstr. 79, 6900 Heidelberg.

HAESKE, Horst
Dr. rer. nat., Dipl.-Physiker - Im Schmidtstück 4, 6233 Kelkheim 3 (T. 06174 - 6 31 22) - Geb. 27. Mai 1925 Breslau, verh. m. Gisela, geb. Werner, 2 Töcht. (Bettina, Eva Alexandra) - Dipl. Physik 1952, Promot. 1955, bd. Univ. Göttingen - 1962 Leit. Abt. Akustik, 1968 Leit. Hptabt. Informatik, 1974-85 gf. Vorst.-Mitgl. Battelle-Inst., Frankf., 1976-85 zusätzl. Vice Pres. Battelle Memorial Inst. Columbus, Ohio/USA; Mb. div. Kurat. u. Komit.

HÄSLER, Alfred Adolf

Dr. theol. h. c., Publizist, Schriftsteller - Buchzelgstr. 59, CH-8053 Zürich (T. 53 87 59) - Geb. 19. März 1921 Wilderswil (Vater: Johannes H., Landw.; Mutter: Margerita, geb. Wyss), ref., verh. s. 1948 m. Zofia, geb. Pawliszewska, T. Johanna - 1958-77 Redakt. D. Tat, Zürich; s. 1964 Ex Libris, Zürich; 1977-84 D. Weltwoche, Zürich - BV: D. Boot ist voll (Schweiz. Flüchtlingspolitik 1933-1945), 1967; Schulnot im Wohlstandsstaat (24 Gespräche), 1967; Knie. Gesch. e. Circus-Dynastie, 1968; D. Aufstand d. Söhne (D. Schweiz u. ihre Unruhigen), 1969; Leben m. d. Hass (21 Gespräche), 1969; Zw. Gut u. Böse, 1971; Mensch ohne Umwelt?, 1972; Gott ohne Kirche? (13 Gespräche), 1975; D. Ende d. Revolte, 1968 u. d. J. danach, 1976; D. Weizenkönig v. Tanganjika (Leben u. Werk d. Schweizer Pioniers August Künzler), 1979; Gotthard - Als d. Technik Weltgesch. schrieb, 1982; Stark f. d. Schwachen (Gesch. d. Schweizer Beobachters), 1982; Außenseiter-Innenseiter. Porträts aus d. Schweiz, 1983; Emil Zbindens Holzschnitte d. Gotthelf-Ausg. d. Büchergilde Gutenberg, 1984; D. Abenteuer Migros. D. 60 J. junge Idee, 1985; Berner Oberland-Gesch. u. Gesch., 1986; D. älteren Brüder - Juden u. Christen gestern u. heute, 1986; Hans Erni. Lebendige Zeitgenossenschaft, 1987; Durch-Sicht. Texte u. Gespräche aus 20 J., 1987. Übers. ins Franz., Engl., Span., Japan., Ital. - Honorary fellow Hebr. Univ. Jerusalem; Mitgl. Thomas Mann-, Erich Fromm-, Manès Sperber Ges. u. d. Schweiz. Schriftsteller-Verb.

HÄSSELBARTH, Ulrich
Dr., Prof., Chemiker, Abteilungsleiter Inst. f. Wasser-, Boden- u. Lufthygiene d. Bundesgesundheitsamtes - Corrensplatz 1, 1000 Berlin 33 - Geb. 23. Juni 1928 Berlin, verh. s. 1962 m. Dr. Barbara, geb. Krause, S. Alexander - Stud. Chemie, Diplom 1955, Promot. 1958 FU Berlin - Forschungsarb. a. d. Geb. d. Trinkwasserversorg. u. d. Bäderhygiene - Interesse: Polit. u. Soz. Gesch. - Spr.: Engl., Franz.

HAESSNER (ß), Frank
Dr. rer. nat., o. Prof. u. Institutsdirektor (Werkstoffwiss.) TU Braunschweig - Julius-Leber-Str. 46, 3300 Braunschweig - Geb. 6. Jan. 1927 Königsberg/Pr. (Vater: Siegfried H., Landw. Rat; Mutter: Erna, geb. Struppeck), ev., verh. s. 1953 m. Dr. med. Elisabeth, geb. Gerdts, 2 Kd. (Silke, Joachim) - Stud. d. Physik, physikal. Chemie, Werkstoffkd. Univ. Göttingen; Promot. 1953 - 1953-57 wiss. Assist. ebd.; 1957-73 Max-Planck-Inst. f. Metallforsch. Stuttgart (zul. Abt.Leit.) - BV: Recrystallization of metallic materials, Fachb. 1971 u. 1978 - Liebh.: Tennis, alte Teppiche u. Uhren - Spr.: Engl.

HÄTTICH, Manfred
Dr. rer. pol., Prof. f. Politikwissenschaft Univ. München, Direktor Akad. f. Polit. Bildung, Tutzing (s. 1970) - Buchensee, 8132 Tutzing/Obb. (T. 13 56) - Geb. 12. Okt. 1925 Öwingen - Habil. 1965 Freiburg - 1967-70 Ord. Univ. Mainz (Politikwiss.) - BV: Lehrb. d. Politikwiss., 3 Bde. 1969/70; Weltfrieden durch Friedfertigkeit? - E. Antwort an Franz Alt, 1983 - 1984 Bayer. VO.

HAEUFLER, Wolfgang William

Dr. phil., Oberstudienrat i. R. - Stettiner Str. 10, 6340 Dillenburg (T. 02771 - 69 09) - Geb. 9. Aug. 1922 (Vater: Prof. Dr. Ludwig H.), kath., verh. s. 1945 m. Christel, geb. Hoefner, 4 Kd. (Bärbel, Eckehard, Mechthild, Winfried) - Volksssch. Dittersbach; Human. Gymn.; Stud. German., Gesch., Politik, Volkskunde, Kinder- u. Jugendpsych.; Promot. 1955 Marburg (Diss. Zeitkritik u. Polit. Satire in d. Werken E.T.A. Hoffmanns); 1. Staatsex. 1956, 2. Staatsex. 1958 - 1941-46 Kriegsd. u. Gefangenschaft (schwere Kriegsbeschädigung); 1947 u. 48 Mitgründer VdK u. BVD in Hessen; Gründer d. HC. Andersen-Kreises (Förd. d. Verständnisses zw. Deutschen u. Dänen, Jugend- u. Lehreraustausch; s. 1969 Mitgl. Prüfungs-Ausch. Krankenpflegeschule Dillenburg (Psych.) - BV: Friedr. v. Gentz u. d. Unterbau d. Restauration, 1951; Wohnungselend u. Jugendkriminalität, 1962; H. C. Andersen u. d. Deutschl. v. heute, 1973; Polit. Romantik - romant. Politik, 1979; Faust - Sage, Wirkl., Dichtung, Idee, 1982; Brauchen Kinder Märchen?, 1982; Gewalt u. Politik in d. Weimarer Republ., 1987; Über d. Ironie u. ihre Wirkung, 1987; Erlittene Wirklichkeit (üb. d. oberschles. Expressionisten Bruno Schmialik), 1988 - 1973 Ehrenbrief Ld. Hessen; 1975 BVK; 1982 Ehrenkr.-Beigeordn. - Liebh.: Numismatik, Heimat-Land-Gesch. (Schles./Hessen) - Spr.: Engl., Franz., Lat., Griech.

HAEUPLER, Henning
Dr. rer. nat., Prof. Arbeitsgr. Geobotanik Univ. Bochum (s. 1983) - Paracelsusweg 24, 4630 Bochum - Geb. 3. Dez. 1939, ev., verh. m. Ilse, geb. Dopheide (Lehrerin), T. Alexandra - Stud. Univ. Göttingen; Promot. u. Habil. Göttingen - Vertr. e. Prof. in Gießen - BV: Atlas z. Flora v. Südnieders., 1976; D. Harz in Farbe, 1978; D. Weserbergland u. s. Pflanzenwelt, 1983; Mallorca in Farbe, 1983 (m. Ilse H., auch in holl.); Evenness als Ausdruck d. Vielfalt d. Vegetation, 1982; Führer z. Flora von Mallorca (m. Straka u. Orell), 1987, in mehreren Spr.; Atlas d. Farn- und Blütenpflanzen d. BRD (m. Schönfelder), 1988; Herausg. d. Floristischen Rundbriefe - 2. Vors. d. floristisch soziol. Arbeitsgemeinsch.

HÄUPLER, Karl
Wirtschaftsing., Geschäftsführer Süd-Eisen Häupler GmbH. (Eisengroßhandel), Häupler-Wenker GmbH - Augsburger Str. 90, 8832 Weißenburg/Bay. - Geb. 6. Jan. 1944 - Vors. Ind.- u. Handelsgrem. Weissenburg.

HÄUSER, Karl
Dr. rer. pol., em. o. Prof. f. Wirtschaftl. Staatswissenschaften - Dettweiler Str. 5, 6242 Kronberg/Ts. (T. 7 94 83) - Geb. 21. Okt. 1920 Obermühle (Vater: Wilhelm H., Sägewerkbes.), ev., verh. s. 1955 m. Jutta, geb. Jootzer, S. Christoph - Univ. München u. Frankfurt/M. Promot. 1950 - 1948-50 wiss. Mitarb. Bank dt. Länder Frankfurt, 1951 Financial Consultant US High Commission Berlin, 1952-58 Assist. u. Privatdoz. (1956) Univ. Frankfurt, dazw. 1953-54 Rockefeller-Stip. ECE Genf, s. 1958 Ord. Univ. Kiel u. Frankfurt (1962); Leit. Inst. f. Kapitalmarktforsch.; Mitgl. Wiss. Beirat Bundesfinanzmin. - BV: D. dt. Wirtsch. s. 1870 (m. G. Stolper) Volksw.slehre - Mitgl. Verein f. Sozialpolitik, Am. Ec. Ass. - Friedrich-List-Ges. - Spr.: Engl.

HAEUSGEN, Helmut
Vorstandssprecher Dresdner Bank AG. (s. 1977) - Lerchesbergring 118, 6000 Frankfurt/M. (T. 62 51 31) - Geb. 11. Febr. 1916 Alexandria (Ägypten), verh. m. Annelene, geb. Krohn - S. 1933 DB. ARsmandate - Rotarier.

HÄUSLER, Ulf
Dr., Präsident Bundesbahndirektion Stuttgart - Heilbronner Str. 7, 7000 Stuttgart 1.

HÄUSLER, Walter
Dr. rer. nat., em. Prof. f. Sporterziehung Päd. Hochsch. Göttingen (s. 1954), s. 1978 Erz.wissenschaftl. Fachber. Univ. Göttingen, 1966/68 Rektor - Münchhausenstr. 12, 3400 Göttingen - Geb. 25. Nov. 1912 Lublinitz/OS. - Herausg. einer Loseblattreihe f. d. Sportunterr. (s. 1960). Mitverf. v. Sportb.

HÄUSSER (ß), Erich
Dr. jur., Präsident Dt. Patentamt (s. 1976) - Hofbuchstr. 8, 8130 Starnberg - Geb. 9. Juni 1930 Markt Taschendorf/Steigerw. (Vater: Otto H., Lehrer; Mutter: Paula, geb. Vogt), ev., verh. s. 1963 m. Lieselotte, geb. Fuchs, 3 Kd. (Erich, Katja, Thomas) - 1957-58 RA; 1958-63 Bayer. Justiz- u. 1963-65 Bundesjustizmin.; 1965-72 Richter Bundespatentgericht; 1972-75 Bundesrichter BGH, 1982 Vorstandsvors. Dt. Inst. f. Erfindungswesen - BV: Einsicht in Patenterteilungsakten, 1974 - Liebh.: Ski, Tennis, Bergsteigen, Hobby-Schreiner - Spr.: Engl.

HÄUSSER, Hermann
Dr., Geschäftsführer Polycarbona Chemie GmbH., Homberg - Buschstr. 55, 4130 Rheinkamp-Utfort - Geb. 13. Aug. 1911 - Stud. Chemie.

HÄUSSER, Robert
Prof. f. Fotografie - Ladenburger Str. 23, 6800 Mannheim 31 (T. 0621 - 73 38 59) - Geb. 8. Nov. 1924 Stuttgart (Vater: Beamter), ev., verh. s. 1946 m. Elfriede, geb. Meyer, T. Regine - Ausbild. als Bildjourn. u. Fotogr. Dipl. Kunstsch. Weimar - Bildautor v. üb. 30 Bildbänden; üb. 10 000 Einzelaufn. in Ztschr. u.

Magaz. Zahlr. Ausstell. in Museen u. Gal. Werke in zahlr. öfftl. Museen d. In- u. Auslandes. Bühnenbild: So e. Liebe (Pavel Kohut)/Luzerner Festwochen - Goldmed. Venedig, Schiller-Plak. Mannheim, Kunstpreis Nordhorn, I. Preis Dt. Städtetag, Hill-Med. Ges. Dt. Lichtbildner GDL, BVK I. Kl. - Liebh.: Mod. Kunst (Samml.) - Spr.: Franz., Engl. - Mitgl. GDL, DGPH, DKB, dwb, Akad. d. Künste Mannheim - 2 Fernsehfilme üb. R. Häusser.

HÄUSSERMANN, Dieter
Dr. rer. pol., Dipl.-Kfm., Direktor - Hirtenstr. 5, 7120 Bietigheim-Bissingen - Geb. 8. Jan. 1938 - Vorst. DLW AG./Bodenbeläge, Bietigheim-B.

HÄUSSERMANN, Hartmut
Dr. rer. pol., Prof. f. Stadt- u. Regionalsoziologie Univ. Bremen - Bremer Str. 14, 2800 Bremen 1 (T. 7 55 17) - Geb. 6. Juli 1943 - 1964-70 Stud. Soziol., Phil., Politol. u. Volksw. FU Berlin; Promot. 1975 - 1976-1978 Prof. f. Planungs- u. Verw.soziol. Univ. Kassel; s. 1978 Univ. Bremen.

HAEUSSERMANN, Walter
Dr.-Ing., Raketenforscher - 1607 Sandlin Ave. S. E., Huntsville, Ala./USA (T. 536 - 56 15) - Geb. 2. März 1914 Künzelsau/Württ. (Vater: Otto H., Kaufm.; Mutter: Margarete Henn), ev., verh. s. 1940 m. Ruth Knos - TH Stuttgart u. Darmstadt (Elektrotechnik; Dipl.-Ing. 1938, Promot. (Math. u. Physik) 1944 - 1937-39 Assist. TH Darmstadt, 1939-42 Versuchsing. Heeresversuchsanst. Peenemünde, 1942-47 wiss. Mitarb. TH Darmstadt (Inst. f. techn. Physik), 1948-50 Entwicklungsing. Guided Missile Research and Development Fort Bliss, 1950-54 Abt.leit. Guidance and Control Laboratory Operations Div. Huntsville, 1954-60 Dir. Guid. und Contr. Labor. Army Ballistic Missile Agency, b. 1969 Dir. Guid. u. Contr. Labor. George C. Marshall Space Flight Center ebd. Führung d. Entwickl. v. Raketensteuerungen, insb. f. d. ersten Explorer-Satelliten u. Saturn Träger-Raketen; s. 1963 Prof. electr. engineering, Auburn Univ. of Alabama. 1969-72 Dir. Central Systems engineering, 1972-75 Ass. Dir. for Science, 1975-78 Office of Engineering, retired 1978 von NASA, s. 1978 Berat. Tätigk. a. d. Geb. Steuerungs- u. Regelungstechn. Verschiedene Patente über Lagesteuerung v. Raumflugkörpern - Award Department of the Army Exceptional Civilian Service, 1963 NASA awards Outstanding Leadership; 1969 Exceptional Service Medal; Inst. f. Navigation Superior Achievement Award; Fellow American Inst. f. Aeronautics and Astronautics (AIAA); Fellow American Astronaut. Soc. (AAS); Mitgl. Inst. f. Navigation; 1985 Verdienstmed. Baden-Württ.; 1988 Wernher-von-Braun Ausz. d. Dt. Ges. f. Luft- & Raumfahrt - Liebh.: Fotogr., Basteln - Spr.: Engl.

HÄUSSLER, Georg
Dr. med. (habil.), Chefarzt Neurochir. Abt. Allg. Krkhs. Heidberg, apl. Prof. f. Neurochir. Univ. Hamburg (S. 1952) -

Haynstr. 9, 2000 Hamburg 20 (T. 48 11 76) - Facharb.

HÄUSSLER, Gerhard
Dr., Prof., Hauptgeschäftsführer Industrie- u. Handelskammer Nordschwarzwald - Dr.-Brandenburg-Str. 6, 7530 Pforzheim.

HÄUSSLER, Gerhart
Musiker, Musiklehrer, Komp. (Ps. Jerry Larguito Romanini) - Waldstr. 15, 8011 Vaterstetten (T. 08106-3 22 31) - Geb. 10. Juni 1932 Hongkong, ev., gesch. - Luitpold-Oberrealsch. (Abit. 1950); Münchner Orchestervorsch., Staatl. Hochsch. f. Musik in München, Schulmusiker. Karr.: Conservatorio Nal de Colombia, Kammermus., 1964 Solobratscher d. Phil. Orch. Bad Wiessee, 1966 Geiger in Bad Nauheim, 1970 Stv. Solo-Bratscher zu Hof, 1971 stv. Stehgeiger in Bad Bocklet - 1983 Ehren-Diplom d. Accad. Italia - Liebh.: Klavier, Domino, Schach (Chesumian Isžikoff) - Spr.: Engl., Franz., Span.

HÄUSSLER (ß), Reinhard
Dr. phil., Prof. f. Klass. Philologie (apl. 1976; C 3: 1980) - Preußenstr. 14, 4030 Ratingen 6 - Geb. 3. Mai 1927 Stuttgart (Vater: Dr. Max H., Studiendir. †; Mutter: Johanna, geb. Schempp †), ev., verh. s. 1964 m. Inge, geb. Strauss, 2 Kd. (Andreas, Monika) - Eberhard-Ludwigs-Gymn. Stuttgart; Stud. Univ. Tübingen u. Freiburg/Br.; Promot. (1961) u. Habil. (1971) Freiburg - S. 1972 Lehrtätigk. Univ. Freiburg, s. 1973 Univ. Düsseldorf - BV: Tacitus u. d. histor. Bewußtsein, 1965; D. hist. Epos d. Griechen u. Römer bis Vergil, 1976; D. hist. Epos v. Lucan bis Silius u. s. Theorie, 1978 - Liebh.: Musik, Bild. Künste, Wandern - Spr.: Franz.

HÄUSSLING, Angelus Albert
Dr. theol., Prof., Benediktiner d. Abtei Maria Laach - Abtei, 5471 Maria Laach - Geb. 19. April 1932 Lambrecht, Pfalz, kath. - Promot. 1965 Salzburg - Prof. Phil.-Theol. Hochsch. Benedikbeuern - Herausg. d. Archiv f. Liturgiewiss.

HÄUSSLING (ß), Ansgar
Dr. phil., Dipl.-Phys., Prof. f. Physik u. ihre Didaktik Erziehungswiss. Hochschule Rheinland-Pfalz/Abt. Worms - Hemsbergerweg 16, 6140 Bensheim-Zell.

HÄUSSLING (ß), Josef M.
Dr. phil., Prof. f. Rechtswissenschaft (Jugendrecht/Kriminologie/Rechtsphilosophie) u. Rektor (1983-87) Berg. Univ.-GH Wuppertal - Rennbaumer Str. 43, 5600 Wuppertal 12 (T. 0202 - 40 24 53), u. 6, rue St. Julien-le-Pauvre, Paris - Geb. 7. Nov. 1923 Lambrecht (Vater: Dr. Aloys H.; Mutter: Maria, geb. Schlosser), kath., verh. s. 1967 m. Hortense, geb. Fourneau, Malerin, 4 Töcht. (Magdalena, Judith, Sibylle, Séraphine) - Human. Gymn.; Univ. (Phil.; O. F. Bollnow; Martin Heidegger); Promot. 1952, Wesen d. Versprechens; Stud. d. Rechtswiss. Univ. Würzburg, 1. u. 2. jurist. Staatsex. 1959-62 wiss. Ass. u. akad. Rat Univ. Würzbg. - S. 1978 Assoc.-Prof. Univ. Paris (II Sorbonne); 1974-77 Dekan FB 1 Univ.-GH Wuppertal; s. 1979 Dir. Intern Dok.- u. Stud.-Zentrum f. Jugendkonflikte; Berichterst. f. Kriminol. im Europarat. 1989 wiss. Geschäftsf. Präsid. Univ. Witten/Herdecke - BV: Einf. in d. strafrechtl. u. strafproz. Denken, 1969; Wuppertaler Beitr. z. Straffälligenpädagogik, Prophylaxe u. Rehabilitation, 3 Bde. 1975 (m. G. Deimling); Jugendrecht in d. DDR u. BRD, 1976; Jugendkonflikte - Kriminol. Forschung u. Analysen aus 9 Ländern, 1981 (m. M Brusten u. P. Malinowski); Polit. Criminelle des pays de l'Est et des pays occidentaux - Spr.: Franz., Engl., Ital.

HAFENBERG, Bernd Dieter
Amtsrat, Oberstleutnant d. Res. Dt. Botschaft Bogotá/Kolumbien - Postfach 1500, 5300 Bonn 1 - Geb. 11. Juli 1940 Berlin (Vater: Fritz H., Beamter a. D.; Mutter: Käthe, geb. Graumann), ev.-lt., verh., 2 Kd. - Gymn. (b. 1960); b. 1962 Offz.ausb.; b. 1965 Beamtenausb.- Ausw. Dienst; 1970-75 Dt. Botsch. Amman/Jordanien (Wirtsch.), 1975-79 Botsch. Santiago de Chile (Kultur), 1979-81 Generalkonsulat Barcelona, 1981-85 Botsch. Managua/Nicaragua (Verw., Rechts- u. Konsularangelegenh.), ab 1985 Bogotá/Kolumbien (Handelsattaché) - 1975 Jordan. Orden m. Stern; 1980 Ehrenritterkreuz Johanniterorden - Liebh.: Gesch., Verteidigungspolitik, Völkerkd., Reisen - Jäger u. Sportschütze (Teilnahme an intern. Wettbew.) - Spr.: Engl., Span., Franz.

HAFENBRACK, Hans
Pfarrer, Chefredakt. Ev. Pressedienst/ epd (1981 ff.) - Friedrichstr. 2-6, 6000 Frankfurt/M. (T. 069 - 71 57 0) - Geb. 1936 - B. 1978 Pfr. Württ., dann Redakt. epd.

HAFER, Xaver
Dr.-Ing., Prof. f. Flugtechnik (emerit.) - Heinrich-v.-Kleist-Str. 8, 6101 Roßdorf 1 - Geb. 6. Okt. 1915 Hannover - S. 1966 Ord. TH Darmstadt. BV: Flugleistungen, 2. erw. A. 1986; Flugmechanik, 1980; Senkrechtstarttechnik, 1982 - 1984 Ehrenmitgl. Dt. Ges. f. Luft- u. Raumfahrt (DGLR).

HAFERKAMP, Günter
Dr. med., apl. Prof. f. Neurologie Med. Hochschule Hannover - Aachener Str. 13, 3000 Hannover 1 - Geb. 2. Jan. 1937 Worms (Vater: Dr. Hans H., Arzt †; Mutter: Charlotte, geb. Brenner), ev., verh. s. 1962 m. Marianne, geb. Strabel, 2 Kd. (Susanne, Hans-Peter) - Schloßgymn. Mainz; Univ. Tübingen, Mainz, Göttingen, München, Würzburg (Med.). Staatsex. 1961; Arzt f. Neurologie 1971. Promot. 1962; Habil. 1976 - 1972-80 gf. Oberarzt Neurol. Univ.Klin. Mainz, s. 1980 Chefarzt Neurol. Klinik Henriettenstiftg. Hannover - Liebh.: Fotogr. - Spr.: Engl., Franz.

HAFERKAMP, Hans Hermann
Dt. Botschafter in Island (s. 1985) - Túngata 18, POB 400, IS-121 Reykjavik (T. 1 95 35-6; FS: 2002 aarvk is) - Geb. 15. Mai 1926 Duisburg, verh. - Abit. 1944; Stud. Bonn, Oxford (Jura, Philol.); Staatsex. höh. Lehramt - 1952 Ausw. Amt; Auslandstätigk. Karibik (1970-74), Togo (1976-78). Ref.leit. f. West- u. Zentralafrika im AA. Ständ. Vertr. d. Botsch. in Kopenhagen - Teiln. an zahlr. intern. Seminaren. Vortr. üb. alle Geb. d. Ausw. Dienstes, insb. üb. Kultur u. Technik in ihrer Bedeutung f. d. Außenpolitik.

HAFERKAMP, Heinz
Dr.-Ing., Dipl.-Ing., Prof., Direktor d. Inst. f. Werkstoffkunde Univ. Hannover - Tiefes Moor 32, 3008 Garbsen 1 (T. 05137 - 1 06 55) - Geb. 30. Jan. 1933 Duisburg-Meiderich (Vater: Heinrich H., Ing.; Mutter: Else, geb. Buschmann), ev., verh. s. 1960 m. Charlotte, geb. Lakemacher (Realschullehrerin), S. Rolf - Stud. Allg. Maschinenbau TH Hannover; Dipl.ex. 1960; Promot. 1963; Habil. 1966 - 1966-68 Obering. u. Hauptabt.-leiter Luitpoldhütte AG, Amberg, 1969-81 Dir. d. Forschung u. Entwicklung d. Salzgitter AG. Sachverst. Inst. f. Bautechn. Berlin, Gutachter Dt. Forschungsgem., Kurat. Fraunhofer-Inst. f. Werkstoffmech.; Vorst.-Mitgl. RKW; AR mehrerer Ind.untern., VDI, Ges. d. Freunde d. Herzog-August-Bibl. u. Michael-Pretorius-Ges.; Sachverst. d. BMFT; Mitgl. RSK., Vors. VMPA - BV: Glasfaserverstärkte Kunststoffe, VDI-Taschenb. 1971; Antennenverkleidungen aus Polyurethan-Hartschaumstoffen, 1973. Üb. 100 Fachveröff. - 1983 BVK; 1987 Ehrenmed. VDI - Liebh.: Golf - Spr.: Engl. - Rotarier.

HAFERKAMP, Wilhelm
Dipl.-Volksw., Vizepräsident Kommission d. Europ. Gemeinschaften (s. 1970) - 200 Rue de la Loi, Brüssel; priv.: Rodenwaldstr. 14, 4033 Hösel b. Düsseldorf - Geb. 1. Juli 1923 Duisburg (Vater: Hermann H., Chemotechniker), ev., verh. s. 1951 m. Ursula, geb. Bartz - 1946-49 Univ. Köln (Wirtschafts- u. Sozialwiss.) - 1957-62 Vors. DGB-Landesbez. Nordrh.-Westf.; 1962-67 Vorstandsmitgl. DGB (Leit. Hauptabt. Wirtschaftspolitik); 1967-70 Mitgl. Europ. Kommission, b. 1984 EG-Kommissar; 1958-66 u. zeitw. 1967 MdL NRW (b. 1963 stv. Vors. SPD-Fraktion) - Liebh.: Musik, Sport.

HAFERKORN, Hans J.
Dr. phil., Prof. f. Erziehungswissenschaft (Schwerp. Gesch. d. Erzieh.) Univ. Bremen - Simon-Hermann-Post-Weg 25, 2800 Bremen 33.

HAFERKORN, Henner
Vorstandsmitglied ARAG Allg. Rechtsschutz-Versicherungs-AG. u. ALL-RECHT Rechtsschutzversich. AG. - Brehmstr. 110, 4000 Düsseldorf - Geb. 27. Febr. 1935.

HAFERLAND, Friedrich
Dr.-Ing., em. o. Prof., Architekt - Distelkamp 25, 3000 Hannover 91 - Geb. 4. Mai 1924 Antendorf - Stud. TH Hannover; Promot. 1964, Habil. 1969 - 1967-73 Wiss. Rat u. Prof. f. Baustoffkd. u. Bauphysik TU Hannover; 1973-86 o. Prof. f. Baukonstruktion TU Delft/Nl. - Forsch. u. Veröff. üb. Bauphysik, Bauschäden u. baukonstr. Entw. (Patente).

HAFERLAND, Hans-Ulrich
Dipl.-Ing. (FH), Unternehmensberater, Vors. Verwaltungsrat Ytong Zürich AG - Freihamer Str. 22, 8032 Gräfelfing/Obb. (T. München 85 26 44) - Geb. 3. Febr. 1929.

HAFERLAND, Peter
Chefredakteur BILDWOCHE - Zu erreichen üb. Axel-Springer-Verlag, Kaiser-Wilhelm-Str. 6, 2000 Hamburg 36 (T. 040 - 347 38 31); priv.: Am Heidberg 27, 2105 Seevetal 3 - Geb. 5. Jan. 1940 Cottbus, verh., 3 Kd. - Ehem. Chefredakt. FÜR SIE, Chr. BELLA, u. Kochen + genießen - CDU-Abg. Gemeinderat Seevetal; Vorst. Musikschule Seevetal.

HAFFNER, Sebastian
(eigtl. Raimund Pretzel) Publizist - Ehrenbergstr. 33, 1000 Berlin 33 - Geb. 27. Dez. 1907 Berlin, verh. s. 1982 m. Christa, geb. Rotzoll (Journ.) - Stud. Rechtswiss. - U. a. Mitarb. Voss. Ztg.; 1938 n. Engl. emigr.; in London f. die dt.sprach. Zeitung u. d. Observer tät. Zahlr. Bücher, dar. zul. Anmerkungen zu Hitler u. Preußen ohne Legende - 1978 Heinrich-Heine-Preis Düsseldorf; 1983 Wurzacher Lit.preis.

HAFFNER, Steffen
Journalist, verantw. Sportredakt. Frankfurter Allg. Zeitung - Zu erreichen üb.: FAZ, Postf. 2901, 6000 Frankfurt/ M. 1 - Geb. 28. Dez. 1940 Liegnitz/ Schles., verh., 2 Kd. (S. u. T.) - Schule Friedberg (Abit.); Militärdst. Koblenz (Panzereinh.); Stud. German. u. Soziol. Frankfurt (n. abgeschl.) - S. 1963 FAZ-Sport (1980 wie oben). Berichte v. viel. gr. Sportereign. (1978 f. e. Aufs. üb. Wimbledon v. Verb. Dt. Sportpresse ausgez.) - Liebh.: Waldlauf, Tennis, Skiwandern.

HAFFNER, Willibald
Dr. rer. nat., Prof. f. Geographie Univ. Gießen - Tulpenweg 6, 6301 Linden-Leihgestern 1 - Stud. Geogr., Biol., Chem.; Promot. 1963 Bonn, Habil. 1973 Aachen - Prof. f. Geogr. am FB Geowiss. u. Tropenzentrum d. Univ. Gießen.

HAFINK, Arthur
s. Fink, Arthur-Hermann

HAFKE, Volker
Rechtsanwalt, Pers. Referent d. Intendanten DLF (s. 1988), Leiter d. Intendanz (1988) - Schlehdornweg 3, 5000 Köln 40 - Geb. 27. Nov. 1946 Bad Bramstedt (Vater: Hans-Adalbert H., Kaufm.; Mutter: Martel, geb. Kotzan), kath., verh. s. 1972 m. Gerlinde, geb. Hergott, Tochter Simone Renée - Abit. 1966; Jura-Stud. Univ. Köln u. Bonn (Refer.-Ex. 1972, 2. Staatsex. 1974) - 1975 Rechtsanw.; s. 1976 Westd. Rundf.; b. 1980 Gruppenleit. Personalabt., 1981-88 Pers. Ref. d. Chefredakt. Fernsehen WDR. Oberlt. d. R. (Presseoffz.) - Spr.: Engl., Franz.

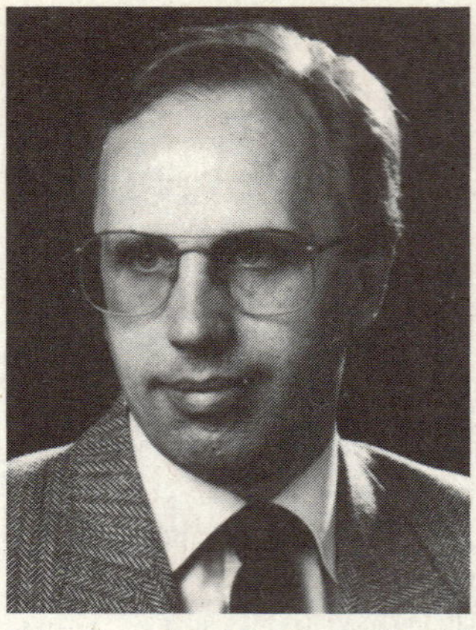

HAFNER, Anton
Bankier, Mitinh. Bankhaus Anton Hafner, Augsburg, AR-Mitgl. Eichbaum-Brauereien AG., Mannheim - Maximilianstr. 29, 8900 Augsburg - Geb. 30. Nov. 1941 Augsburg.

HAFNER, German
Dr. phil., Prof., Klass. Archäologe - Am Eselsweg 66, 6500 Mainz-Bretzenheim (T. 3 49 45) - Geb. 3. März 1911 Wilhelmshaven, verh. - S. 1951 (Habil.) Privatdoz., apl. Prof., Wiss. Rat u. Prof. Univ. Mainz. Spez. Arbeitsgeb.: Etrusk. u. röm. Kunst - BV: u. a. Viergespanne in Vorderansicht, 1938; Corpus Vasorum Antiquorum, 2 Bde. 1951/52; Späthellenist. Bildnisplastik, 1954; Judicium Orestis, 1958; Gesch. d. griech. Kunst, 1961; Ein Apollon-Kopf, 1962; Kreta u. Hellas, 1968 (auch engl., franz., ital., sloven.); D. Bildnis d. Quintus Ennius, 1968; Athen u. Rom, 1969 (auch engl., franz., ital., holl., sloven., serbo-kroat.); Sternstunden d. Archäologen, 1978; Tatort Antike, 1979; Prominente d. Antike, 1981 (auch russ. u. litauisch); Als Kunst Geschichte machte, 1983.

HAFNER, Klaus
Dr. phil. (habil.), Dipl.-Chem., o. Prof. f. Organ. Chemie - Steinbergweg 32A, 6100 Darmstadt (T. 4 44 63) - Geb. 10. Dez. 1927 Potsdam, ev. - Univ. Marburg (Chemie) - 1951-55 Wiss. Assist. Max-Planck-Inst. f. Kohlenforsch. Mülheim/ Ruhr; 1956-61 Doz. Univ. Marburg; 1962-64 ao. Prof. Univ. München; s. 1965 o. Prof. TH Darmstadt. Mitgl. mehrerer Fachges. Hrsg. v. Liebigs Annalen d. Chemie u. Mithrsg. and. wiss. Journ. Üb. 150 wiss. Veröff. in Fachztschr. - 1980 Adolf-v.-Baeyer-Denkmünze Ges. Dt. Chemiker, Carus-Med. Dt. Akad. d. Naturforsch. Leopoldina, Carus-Preis Stadt Schweinfurt; 1986 Mitgl. Dt. Akad. d. Naturforscher Leopoldina - Spr.: Engl. - Rotarier.

HAFNER, Lutz
Dr. rer. nat., Prof. f. Biologie (Botanik) TU Berlin - Krusauer Str. 80, 1000 Berlin 49 - Geb. 7. Nov. 1942 Berlin - Askan. Gymn. u. FU Berlin (Biol., Chem., Geogr.) - B. 1975 Gymnasial-, dann Hochschullehrer - BV: Einf. in d. Organ. Chemie, 1974; Biochemie, 1980; Mitverf.: Genetik, 1977, Neubearb. 1984 (m. Hoff); Ökologie, 1978, Neubearb. 1986 (m. Philipp); Übers.: Grundl. d. Zellbiol., 1980 (Stephenson); Grundl. d. organischen Chemie, 1986 (m. Jäckel).

HAFNER, Stefan
Dr. rer. nat., Prof. f. Kristallographie u. Mineral. Univ. Marburg - Zur Klause 41, 3550 Marburg/L.

HAFT, Fritjof
Dr. jur. habil., o. Prof. f. Strafrecht, Strafprozeßrecht, Rechtsphil., Rechtsinformatik - Wilhelmstr. 7, 7400 Tübingen 1 (T. 07071 - 29 25 53) - Geb. 18. Sept. 1940 Berlin, ev., verh. s. 1968 m. Brigitte, geb. Vogt, 2 S. (Klaus, Ralf) - Jurastud., Ass., Habil. - o. Prof. Univ. Tübingen - BV: Strafrecht - Allg. T., 3. A. 1987, Bes.T. 3. A. 1988; Jurist. Rhetorik, 3. A. 1985; Einf. in d. Rechtsinformatik, 1977 (niederl. Übers. 1980); Einf. in d. jurist. Lernen, 4. A. 1988; Strukturdenken, 1985; Aus d. Waagschale d. Justitia, 3. A. 1988.

HAFTENDORN, Helga
Dr. phil., Univ.-Prof. f. Polit. Wissenschaft unt. bes. Berücks. d. Theorie, Empirie u. Geschichte d. ausw. u. intern. Politik - Ihnestr. 21/22, 1000 Berlin 33 - Geb. 9. Sept. 1933 Erfurt - Promot. 1960 Frankfurt/M.; Habil. 1973 Hamburg - S. 1973 Ord. Hochsch. d. Bundeswehr Hamburg u. FU Berlin. 1978/79 Konrad Adenauer Lehrst., Georgetown Univ. Washington, D.C.; 1982/83 Visit. Prof., Stanford Univ. USA; 1988 Visit. Fellow, Harvard Univ. - BV: Militärhilfe u. Rüstungsexporte d. BRD, 1971; Abrüstungs- u. Entspannungspolitik zw. Sicherheitsbedürfnis u. Friedenssicherung, 1974; Verwaltete Außenpolitik. Sicherh.- u. entspann.polit. Entscheid. in Bonn, 1978; Security and Detente: Conflicting Priorities in German Foreign Policy, 1985; Sicherh. u. Entspann. Z. Außenpolitik d. BRD 1955-1982, 1986; Sicherh. u. Stabilität. Außenbezieh. d. Bundesrep. zw. Ölkrise u. NATO-Doppelbeschluß, 1986; E. schwierige Partnerschaft. BRD u. USA im Atlant. Bündnis, 1986; D. Rekonstruktion amerik. Stärke. Sicherh.- u. Rüstungskontrollpolitik d. USA während d. Reagan-Administration, 1988 - 1986 Wissenschaftspreis d. Dt. Bundeswehrverb.; 1989-91 Präs. d. Intern. Studies Assoc.

HAGE, Franz
Dipl.-Kfm., Vorstandsmitglied Brauerei K. Silbernagel AG. - Hauptstr. 78, 6729 Bellheim/Pf. - Geb. 16. Sept. 1897 - BVK I. Kl.

HAGE, Fritz
Dipl.-Ing., Prokurist, Hauptabteilungsleit. Metallgießerei GmbH, Hildesheim - Bergäcker 16, 3200 Hildesheim (T. 2 45 55) - Geb. 8. Mai 1927 Hildesheim - Stud. Maschinenbau u. Eisenhüttenwesen - Spr.: Engl. - Rotarier.

HAGE, Volker
Dr., Journalist, verantw. Redakt. f. Lit. DIE ZEIT - Zu erreichen üb. Die Zeit, Pressehaus, 2000 Hamburg 1 - Geb. 9. Sept. 1949 Hamburg, verh. s. 1985 m. Jeanette, geb. Stickler, T. Laura - Promot. - BV: D. Wiederkehr d. Erzählers, 1982; Max Frisch, 1983; Alles erfunden, 1988.

HAGE, Wolfgang
Dr. theol., Prof. f. Kirchengeschichte u. Ostkirchengesch. Univ. Marburg (s. 1981) - In der Gemoll 40, 3550 Marburg (T. 06421 - 3 37 62) - Geb. 5. Nov. 1935 Römhild/Thür. (Vater: Ewald H., Pfarrer; Mutter: Gertrud, geb. Scheller), ev., verh. s. 1967 m. Edda, geb. Ziegler, 2 Kd. (Carsten, Andrea) - Stud. Univ. Bonn, Tübingen, Münster; Promot. (1964) u. Habil. (1970) Marburg - 1960 Redakt.assist. Bucer-Edition, Münster; 1962 wiss. Assist. Univ. Marburg (1965 m. Lehrauftr.; 1972 Prof.); 1975 Prof. Univ. Göttingen - D. syr.-jakobit. Kirche in frühislam. Zeit, 1966. Buchbeitr. - Spr.: Engl., Franz.

HAGEDORN, Günter
Dr. phil., Dipl.-Sportl., Prof. f. Sensomotor. Entwicklung u. Sozialisation unt. bes. Berücks. von Spiel u. Sport Univ. Bremen - Am Lehester Deich 30a, 2800 Bremen.

HAGEDORN, Herbert
Dr. rer. nat., Prof., Abt.vorsteher Botan. Inst. Univ. Münster (1970) - Besselweg 5, 4400 Münster/W. (T. 86 27 72) - Geb. 26. März 1922 Osnabrück, ev., verh. s. 1954 m. Iris, geb. Czabainsky, 1 Kd. - Stud. Biol., Chemie, Physik - S. 1961 (Habil.) Lehrtätigk. Münster (Allg. Botanik u. bes. Berücks. d. Mikrobiol.). Mitgl. Dt. Botan. Ges., Dt. Bodenkundl. Ges., Ges. f. Hygiene u. Mikrobiol. Üb. 50 Fachaufs.

HAGEDORN, Horst
Dr. rer. nat., Prof. f. Geographie - Allerseeweg 23, 8706 Höchberg/Ufr. - S. 1971 Ord. u. Mitvorst. Inst. f. Geogr. Univ. Würzburg.

HAGEDORN, Jürgen
Prof., Dr. rer. nat. (habil.), Prof. am Geograph. Inst. Univ. Göttingen (s. 1972) - Jupiterweg 1, 3400 Göttingen-Roringen (T. 0551 - 2 13 23) - Geb. 10. März 1933 Hankensbüttel, Kr. Gifhorn (Vater: Ernst H., Bankangest.; Mutter: Dorothea, geb. Schulze), ev., verh. s. 1965 m. Ingeborg, geb. Carl, Tocht. Sibylle - 1952-58 Geogr., Math., Physik TH Hannover, Univ. Göttingen. Staatsex. 1958; Promot. 1963; Habil. 1968 - Veröff.: Geomorphol. d. Uelzener Beckens (Gött. Geogr. Abh. 31, 1964), Beitr. z. Quartärmorphol. Griech. Hochgebirge (ebd. 50, 1969) - Mitgl. Akad. d. Wiss. Göttingen.

HAGEDORN, Paulus J.
Dipl.-Ing., Geschäftsführer Fahrleitungsbau GmbH. - Wolbeckstr. 19, 4300 Essen 12.

HAGEDORN, Peter Bernd
Dr., Prof. Inst. f. Mechanik TH Darmstadt (s. 1974) - Haydnweg 12, 6104 Seeheim-Jugenheim (T. 06257 - 8 28 33) - Geb. 15. April 1941 Berlin (Vater: Rolf H., Dipl.-Ing.; Mutter: Rosemarie, geb. Fingerhut), kath., verh. s. 1965 m. Gabriele, geb. Zyturus, 3 Kd. (Christian, Michael, Monica) - Stud. (Maschinenbau) Escola Politecnica da Univ. de Sao Paulo/Bras.; Promot. ebd.; Habil. 1972 Karlsruhe - 1973/74 Forschungsaufenthalt Stanford Univ./USA; 1985 Russel Severance Springer Visit. Prof. Univ. of California, Berkeley/USA. Spez. Arbeitsgeb.: Dynamik, Schwingungslehre - BV: Nichtlineare Schwingungen, 1978 (engl. Übers. 1981, 2. A. 1988, portug. Übers. 1984); Diff. Games a. Applications, Fachb. 1977; Vibrations and Impedances of Rectangular plates with free Boundaries (m. Kelkel u. Wallaschek), 1986; Techn. Schwingungslehre (m. Otterbein), 1987, Bd. 2 1989; Aufgabensammlung Techn. Mechanik, 1988. Ca. 90 wiss. Veröffentl. in versch. Fachzeitschr. - Liebh.: Reisen, Wandern, Fotogr. - Spr.: Portug., Engl.

HAGEDORN, Werner Clemens

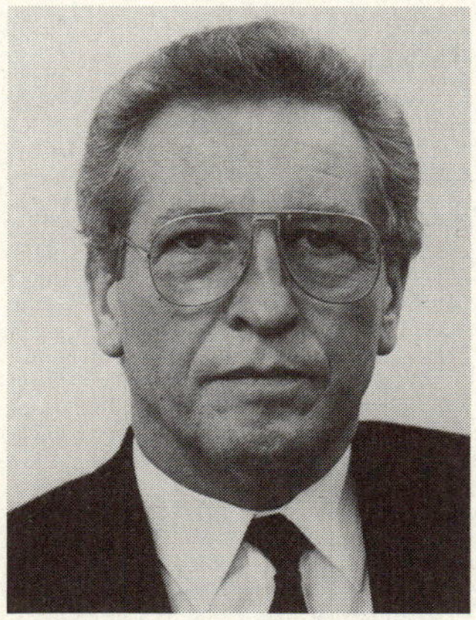

Steueramtsrat a.D., Bundesvors. Dt. Beamtenbund DBB (s. 1987) - Priv.: Am Lohsiepen 36, 5600 Wuppertal-Ronsdorf (T. 0202 - 46 15 53); dstl.: In der Raste 14, 5300 Bonn (T. 0228 - 23 90 86/97) - Geb. 1. Sept. 1929 Remscheid (Vater: Hermann H., Schneiderm.; Mutter: Elisabeth, geb. Spiegel), kath., verh. s. 1954 m. Christel, geb. Manns, 4 Kd. (Monika, Klaus, Barbara, Regina) - Gymn. Remscheid-Lennep - 1969 stv. Bundesvors. DStG, 1975 Bundesvorst. DBB, 1979 Bundesvors. DStG, 1987 Bundesvors. DBB - BVK; Gold. Sportabz. - Spr.: Engl.

HAGEMANN, Gerd
Dr. rer. nat., Leit. Arbeitsbereich Exper. Radiologie, Prof. f. Exper. Radiol. Med. Hochschule Hannover (s. 1975) - Feldstr. 21, 3006 Burgwedel 1 - Geb. 5. Juli 1926 - Stud. Physik.

HAGEMANN, Heinrich
Ing., Gastwirt, Kreispräsident, MdL Schlesw.-Holst. (s. 1975, Wahlkr. 41/ Lauenburg-O) - 2411 Hollenbek - Geb. 22. Juli 1921 Hollenbek, ev., verh., 3 Kd. - Obersekundarreife 1937; Facharbeiterprüf. als Metallflugzeugbauer; 1943 Ing. f. Luftfahrttechnik - B. 1944 Betriebsing. Dornierwerke Wismar, dann Kriegsdst. u. -gefangensch., ab 1947 Betonwarenhersteller, 1962 Übern. väterl. Gastw. 1955 ff. Gemeindevertr., stv. u. Bürgerm. (1959) Hollenbek; 1963 ff. MdK Herzogt. Lauenburg; 1974 ff. Kreispräs. CDU s. 1955.

HAGEMANN, Josef
Kaufmann, Vors. Bundesverb. Dt. Leder- u. Schuhbedarfsgroßhändler, Koblenz - Schmittstr. 6, 6530 Bingen 1 (T. 06721 - 1 49 81) - Geb. 19. April 1918 Bingen (Vater: Anton H., Kaufm.; Mutter: Wilhelmine, geb. Blank), kath., verh. s. 1960 m. Annemarie, geb. Klees, 2 Kd. (Stefan, Beatrix) - Realsch.; Lehre Einzelhandelskaufm. - S. 1956 Mitgl. Vollvers. IHK Mainz - Spr.: Engl.

HAGEMANN, Ludwig
Dr. theol., Univ.-Prof. f. Missionswiss. Univ. Würzburg - Sanderring 2, 8700 Würzburg (T. 0931 - 3 12 58); priv.: Neubergstr. 27, 8702 Kürnach - Geb. 28. Dez. 1947 Niederlangen/Ems, kath., led. - Stud. Phil., Theol., Religionswiss. Univ. Frankfurt, Tübingen, Münster, Beirut, Kairo u. Tunis; Promot. 1975 Münster; Habil. 1982 Trier - BV: D. Kur'ān in Verständnis u. Kritik b. Nikolaus von Kues, 1976; Christentum - F. d. Gespräch m. Muslimen, 3. A. 1986; Christentum u. Islam zw. Konfrontation u. Begegnung, 1983; Nicolai de Cusa Cribratio Alkorani (Op. omnia VIII), 1986; Christentum u. Christen im Denken zeitgen. Muslime, 1986 (m. A. Th. Khoury); Thomas v. Aquin - De rationibus fidei, 1987 (m. R. Glei) Mithrsg. d. Corpus Islamo-Christianum; Schriftleit. d. Series Latina - Spr.: Lat., Engl., Franz., Griech., Arabisch.

HAGEMANN, Wilhelm
Dr. phil., Prof. f. Medienpäd./Berufspäd. Univ.-GH Paderborn (s. 1980) - Am Jordanpark 35, 4792 Bad Lippspringe (T. 05252 - 61 42) - Geb. 13. Febr. 1939 Vörden (Westf.) (Vater: Otto H., Tischler; Mutter: Franziska, geb. Schmereim), kath., verh. s. 1972 m. Rita, geb. de Longe, 3 Kd. (Heidrun, Martin, Mechthild) - 1. Staatsex. 1966, Promot. 1972, 2. Staatsex. 1973 - 1954-58 Schlosser; 1966-72 Hochschulassist.; 1973-80 Tätigk. in e. Forschungsinst. - BV: Einf. in d. Mediendidaktik, 1978; Unterrichtsplan. u. Medienerstell., 1979; Medienpäd., 1979; Kognition u. Moralität in polit. Lernproz., 1982; Lehren u. lernen im Politikunterr., 1985 (z. T. m. a.) - Spr.: Engl.

HAGEMANN, Wolfgang
Dr. rer. nat., Prof., Botaniker - Werderpl. 11a, 6900 Heidelberg - Geb. 30. Sept. 1929 Wiesbaden - Promot. 1957 Mainz; Habil. 1962 Saarbrücken - S. 1964 Prof. Univ. Heidelberg (Wiss. Rat u. Prof.; 1970 apl. Prof.). Facharb.

HAGEMEIER, Rainer Georg
Geschäftsführer Mitteldt. Hartstein-Ind. GmbH - Mainzer Landstr. 27-31, 6000 Frankfurt/M. 1 - Geb. 30. April 1945, verh., 2 Kd. - Stud. Rechtswiss.; Ass. - Vors. Fachvereinig. Natursteine Hessen; Präsid. Dt. Asphalt Verb.; Beirat Arbeitg.verb. Steine u. Erden Hessen; Arbeitg.vertr. Steinbruchsberufsgenoss.

HAGEMEIER, Reinhard
Verwaltungsratsvors. Mitteld. Hartstein-Ind. Holding GmbH, Frankfurt/M. - Brunnenstr. 7, 6480 Wächtersbach (T. 06053 - 6 51) - Geb. 21. Dez. 1914 Dorndorf/Rh., ev., verh. s. 1943 m. Hildegard, geb. Backe, 3 Söhne (Rainer-Georg, Christian, Achim) - Abitur - Div. Ehrenstell., dar. Ehrenvors. Fachvereinig. Natursteine Hessen u. Vorst. Bundesverb. Natursteine Bonn - Liebh.: Jagd, Tennis (Ehrenvors. Rot-Weiß Wächtersbach) - Spr.: Engl., Franz. - Rotarier - Eltern s. Heinrich-Georg H. (Bruder).

HAGEMEISTER, Ursula
Dr. phil., Prof. f. Erziehungswissenschaft (Geistigbehindertenpäd.) Univ. Hamburg (s. 1972) - Starenkamp 67, 2080 Pinneberg.

HAGEN, Dieter
Dipl.-Kfm., Gf. Gesellsch. Franz Barth Wollweberei, Hof (s. 1960) - Röntgenstr. 38, 8670 Hof/S. (T. 09281-20 91) - Geb. 14. Sept. 1935 Hof (Vater: Dr. Robert H., Landgerichtsdir.; Mutter: Margot, geb. Eichler), ev., verh. s. 1970 m. Hannelore, geb. Dehn, 2 Kd. (Barbara, Hans Christian) - Abit. 1954 Hof; 1954-58 Stud. Betriebsw. Univ. München u. Erlangen-Nürnberg; Dipl. 1958 Nürnberg. AR Volksbank Hof; Vorstandsmitgl. Verb. nordbayer. Textilind. Handelsrichter LG Hof - Liebh.: Tennis, Segeln - Spr.: Engl.

HAGEN, Egon
Dr. rer. pol., Kaufmann, Vorstandsmitglied Otto Versand, Hamburg (s. 1967) - Sarenweg 62, 2000 Hamburg 65 - Geb. 20. Juni 1929 Falkenberg (Vater: Hans H.; Mutter: Gertrud, geb. Neumann), kath., verh. s. 1959 m. Angela, geb. Sperber, 2 Töcht. (Isabel, Ines) - Stud. Kiel (Dipl.-Volksw. 1953; Promot. 1955) - 1953-55 wissenschaftl. Assist. Inst. f. Weltw.; 1955-58 Dt. Erdöl AG, Heide; s. 1958 Otto Versand, Hamburg; AR: 3 Suisses Intern. S. A., Croix/Frankr., Spiegel, Inc., Chicago/USA, Heinrich Heine GmbH & Co., Karlsruhe, Fegro-Großhandelsmarkt GmbH & Co., Eschborn, Hermes Versand Service GmbH & Co., Hamburg - Liebh.: Reiten, Musik - Spr.: Engl., Franz.

HAGEN, von, Friedrich
Dr. phil., o. Prof. f. Zoologie, Humanbiologie u. Didaktik d. Biologie Univ. Duisburg - Amselweg 30, 5628 Heiligenhaus - Geb. 8. Juli 1911 Bochum.

HAGEN, Gert
Dr., Dipl.-Chemiker, Vorstandsvorsitzender Hagen Batterie AG, Soest (s. 1988) - Zu erreichen üb. Hagen Batterie, Coesterweg 45, 4770 Soest (T: 02921 - 70 30) - Geb. 2. Dez. 1941 Soest, ev., verh. s. 1970 m. Friedel, geb. Frey, Sohn Markus - Promot. 1971 Univ. Bonn - Beirat Aachener & Münchener Beteilig.-AG, Dt. Bank, Bez. Bielefeld, Unternehmensverb. Südöstl. Westf.; stv. Vors. Kurat. Univ. GH Paderborn - Liebh.: Golf, Jagd - Spr.: Engl.

HAGEN, von, Heinrich-Otto
Dr. rer. nat., Prof. f. Zoologie, Evolution d. Tiere u. Biol. d. Menschen Univ. Marburg - Höhenweg 39, 3550 Marburg/L. - Geb. 15. Febr. 1933 - Promot. 1962 Univ. Münster, Habil 1971 Univ. Karlsruhe - Hauptforsch.obj. Krebse u. Säugetiere.

HAGEN, Horst
Dr. jur., apl. Prof. Univ. Kiel, Vors. Richter Bundesgerichtshof Karlsruhe -

HAGEN, Jochen
Pharma-Kaufmann, Geschäftsführender Gesellschafter - Wilhelmstr. 38, 4500 Osnabrück (T. 0541 - 6 72 54) - Geb. 29. Aug. 1934, ev., verh. s. 1958 m. Gisela, geb. Stemmann, 2 Söhne (Thomas, Klaus-Sönke) - Ratsgymn.; Höh. Handelssch.; Lehre; Volont. in Österr. - Liebh.: Reitsport, Segelsport.

HAGEN, Karl
Dr. rer. pol., Dipl.-Kfm., Prof. f. Revision u. Treuhandwesen GH Siegen - Goerdelerstr. 7, 5900 Siegen 1.

HAGEN, Kurt
Dr. rer. pol., Vorstandsmitglied Schwäb. Zellstoff AG., Ehingen - Am Ramminger 9, 7930 Ehingen/D. - Geb. 17. April 1924.

HAGEN, Manfred
Dr. phil., Univ.-Prof. f. neuere u. russ. Gesch. Univ. Göttingen - Gervinusstr. 5, 3400 Göttingen (T. 0551 - 5 85 11) - Geb. 2. April 1934 Dresden, ev., verh. s. 1961 m. Dr. Brigitte, geb. Leonhardi - Stud. Univ. Halle u. Göttingen; Staatsex. 1959 u. 1961; Promot. 1962 Göttingen; Habil. 1980 - 1959-68 Gymnasien, s. 1968 im Hochschuldst., Beteiligung an vielen Versuchen d. Schul- u. Hochschulreform - BV: D. Entfaltung polit. Öffentlichkeit in Rußland 1906-1914, 1982. Spez. Arbeitsgeb.: Vorbolschewist. Rußland, Dtschl. n. 1945, Filmquellenedition - Liebh.: Musik, Fotografie - Spr.: Engl., Russ.

HAGEN, Peter
Dipl.-Ing., Prof. f. Schiffs- u. Meerestechnik GH Duisburg - Ludwig-Richter-Ring 88, 4130 Moers 1.

HAGEN, Reinold
Dr. h. c. - Kautexstr. 51, 5300 Bonn-Holzlar - Geb. 1. Jan. 1913 Siegburg - Ing.ausbild. - S. 1935 selbst.

HAGEN, Siegfried

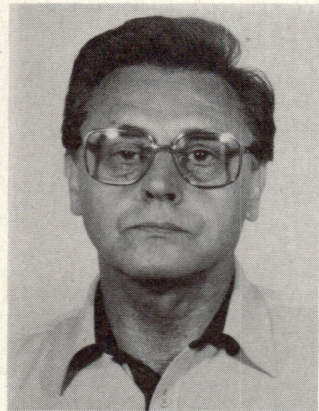

Verlagslektor - Türnicher Str. 3, 5000 Köln 51 (T. 0221 - 360 42 31) - Geb. 17. Okt. 1925 Bad Charlottenbrunn/Schles. (Vater: Gerhard H., kfm. Angest., Planer; Mutter: Gertrud, geb. Hoffmann), ev., ledig - Human. Gymn. Dessau; Stud. German. u. Altphilol. Halle/S. u. Münster - Lektor DuMont-Buchverlag - BV: Fritz Usinger. Endlichkeit u. Unendlichkeit, Monogr. 1973; Henry Benrath. D. Dichter u. s. Werk, Monogr. 1978; Chimärische Geschichten, 1979; Entwurf z. e. Menschenbild, 1980; Weil Form nur faßt... Hommage à Beauclair, 1985; Einige Gedichte, 1985; Eigener Anteil, Ged. 1987. Herausg.: D. Götter lesen nicht. Fritz Usinger z. 80. Geb., Festschr. (1975); Werke Fritz Usingers (Friedberger Ausg., 1984-88); Fritz Usinger, Stefan George, Ess. (1988); Rede auf Gotthard de Beauclair (1988) - 1982 Ehrenschild d. Stadt Friedberg H.; Mitgl. d. FDA.

HAGEN, Ulrich
Dr. rer. nat., Dr. med., Prof., Abteilungsleiter Inst. f. Biologie, Gesellsch. f. Strahlen- u. Umweltforsch., München - Karwinskistr. 64, 8000 München 60 (T. 8 11 64 20) - Geb. 21. Febr. 1925 - S. 1961 (Habil.) Lehrtätig. Univ. Freiburg, Karlsruhe u. München (1968 apl. Prof., 1983 Hon.-Prof. f. Strahlenbiol.). Üb. 150 wiss. Veröff.

HAGEN, Freiherr vom, Volker
Dr. phil., Journalist - Fliedernstr. 74, 6200 Wiesbaden (T. 50 37 39) - Geb. 28. Juli 1923 Berlin, verh. s. 1949 - Abitur Berlin; Promot. Frankfurt/M. (1954) - 1949-51 Redakt. u. Chefreporter D. Neue Ztg., Frankfurt/M., 1951-54 Assist. Inst. f. Sozialforsch. ebd., 1954-55 Redakt. D. Welt, Hamburg, 1955-62 Chef v. Dienst u. Abt.ltr. Hess. Rundfunk, Frankfurt, seither Abt.- u. Hauptabt.leit., stv. Chefred. ZDF, 1984 Koordinator Satellitenfernsehen ZDF/ORF/SRG, s. 1989 fr. Journalist - Herausg.: Forschung in Dtschl. (1974) - Spr.: Engl., Schwed. - Rotarier.

HAGEN-GROLL, Walter
O. Prof. Hochsch. Mozarteum, Chordirektor d. Salzburger Festspiele (s. 1965) - Mirabellplatz 1, A-5020 Salzburg - Geb. 15. April 1927 Chemnitz/Sa. (Vater: Alfred H.-G., Apotheker; Mutter: Margarete, geb. Wenzel), ev., verh. s. 1952 m. Renate, geb. Offenhäußer, 2 Töcht. (Bettina, Regine) - Oberrealsch. Chemnitz; Klavier- u. Orgelunterr. Eugen Richter (Organistenzeugnis Ev. Landeskirche Sachsen); 1947-52 Musikhochsch. Stuttgart (Musiklehrer- u. Dirigentendiplom) - 1952-57 Solorepetitor u. stv. Chordir. Württ. Staatsoper Stuttgart; 1957-61 Chordir. u. Kapellm. Städt. Bühnen Heidelberg; 1961-84 Chordir. Dt. Oper Berlin; 1984-86 Chordir. Wiener Staatsoper; 1971-75 künstler. Leit. New. Philharmonia Chorus, London; Schöpfer Berliner Chorstil. Schallpl. - BV: D. Jahreszeiten von Haydn; Praxis d. Chorprobe, 1975 - 1966 Dt. Kritikerpreis; 1975 Titel: Prof.; 1976 Nomin.: Grammy; 1980 BVK; 1981 Gold. Verdienstz. Land Salzburg; 1984 BVK I. Kl. - Liebh.: Literatur - Spr.: Engl., Franz., Ital.

HAGENAU, Heinz
Kammersänger, Opernsänger Oper Frankfurt - Staufenstr. 24, 6239 Eppstein/Ts. - Geb. 22. Juli 1929 Hamburg, ev., verh. s. 1953 m. Lisa, geb. Krönert, 2 Kd. (Margrit, Rudolf) - Maurerlehre Hamburg, gleichz. Gesangsstud. (b. 1956) - Ab 1956 Opernsänger in Hamburg, Flensburg, Lübeck, München, 1963 Frankfurt. S. 1965 Landesvors. Genoss. Dt. Bühnen-Angehör. (GDBA) f. Hessen-Rhein-Pfalz-Saarl.; 1977-85 Stadtverordn. Heusenstamm; VR- u AR-Mand. SPD - Partien: Alle gr. seriösen Spielbaßpartien, u.a. Frankfurt, München, Hamburg, Berlin, Mannheim, London, Wien, Barcelona, Buenos Aires, Amsterdam, Parma, Bologna, Venedig, Athen, Nizza - 1963 Richard-Wagner-Med.; 1979 BVK; Gr. Gold. Ehrenzeichen GDBA - Interessen: Ges.- u. Sozialpolitik, Musik, Malen - Spr.: Engl.

HAGENBÜCHLE, Roland
Dr. phil. habil., Prof. f. Amerikanistik Kath. Univ. Eichstätt - Clara-Staiger-Str. 73b, 8078 Eichstätt - Geb. 13. Okt. 1932 Homburg/Schweiz (Vater: Ferdinand H., Obergerichtspräs. Kanton Thurgau), kath., verh. s 1964 m. Dr. phil. Helen, geb. Imfeld - Univ. Zürich, Cambridge u. Yale; Promot. 1967, Habil. 1975 (bd. Univ. Zürich) - 1974 Gastprof. Univ. Göttingen, 1975 FU Berlin, 1976 Univ. Bern, 1976-80 Wiss. Rat u. Prof. Univ.-Gesamthochsch. Wuppertal, 1980ff. Kath. Univ. Eichstätt - BV: Sündenfall u. Wahlfreiheit in Miltons Paradise Lost, 1967; Emily Dickinson: Wagnis d. Selbstbegeg., Habil.-Schr. 1975; Hrsg. (m. Joseph T. Swann): Poetic Knowledge: Circumference and Centre, 1980; Hrsg. (m. Herwig Friedl): American Transcendentalism, in Amerikastudien/American Studies, 28, no. 1, 1983; Herausg.: American Poetry between Tradition and Modernism: 1865-1914 (1984); Poetry and Epistemology: Turning Points in the History of Poetic Knowledge (1986; m. Laura Skandera); Emily Dickinson: Wagnis d. Selbstbegegnung (1987); Poetry and the Fine Arts (1989; m. Jacqueline S. Ollier). Zahlr. Publ. in dt., schweiz., österr., poln., u. amerik. Sammelbänden, Zeitschr. u. Zeitungen - Liebh.: Musik, Bergwanderungen - Spr.: Engl., Franz., Ital.

HAGENER, Caesar
Dr. phil., o. Prof. f. Erziehungswissenschaft (Didaktik, Geschichte u. Politik) Univ. Hamburg (Fachbereich Erziehungswiss.) - Stockflethweg 126, 2000 Hamburg 62 (T. 527 05 93) - Zul. Päd. Inst. Univ. Hamburg.

HAGENI, Alfred
Schriftsteller - Katzenpfuhl 10, 6750 Kaiserslautern 27 - Geb. 8. Febr. 1917, kath., verh. m. Gertrud, geb. Wagner - Stud. German. Univ. München - BV: Alles f. Schneeblume; D. Paxton-Boys; Ich will nach Indien - Christoph Columbus; Herren üb. Wind u. Meer; Segel am Horizont; Karavellen Kurs West; Zauber d. Ferne; Gefangen im Dschungel; Gefährliche Fracht; D. Raub d. Chinabaumes; Aufstand am Rio Negro; Im Namen d. Menschlichk.; In Kanadas Wildnis; D. Riesenschnurrbart; u.a., alle 1955-88 - Ausz. durch d. Dt. Akad. f. Kinder- u. Jugendlit. - Spr.: Engl., Franz.

HAGENLOCHER, Horst
Dr. med. vet., Tierarzt, Präsident Europ. Union (Brüssel), Bundesverb. prakt. Tierärzte, Frankfurt u. Europ. Tierärzteföderation - 7241 Eutingen/Württ. - Geb. 12. April 1924 - Versch. EG-Aussch. Chefredakt. Ztschr. D. prakt. Tierarzt - Zahlr. Veröff. - Gr. BVK.

HAGENMAIER, Hanspaul
Ph. D., Prof., Chemiker - Liegnitzer Str. 8, 7400 Tübingen 1 - Geb. 31. Dez. 1934 Geislingen/Steige - Promot. 1965 New York (Cornell); Habil. 1969 Tübingen - S. 1973 apl. Prof., u. Wiss. Rat u. Prof. Univ. Tübingen. Üb. 50 Facharb.

HAGENMÜLLER, Karl-Friedrich
Dr. rer. pol., Prof. - Hardtbergweg 9, 6240 Königstein - Geb. 9. Jan. 1917 Naila/Oberfr. - 1936 Abitur, n. Wehr- u. Kriegsdienst (b. 1945) Stud. Betriebswirtschaftsl. Univ. München, 1947 Dipl.-Kfm., 1948 Promot., 1950 Habil u. 1952 ao. Prof., 1953 o. Prof. u. Dir. Seminar f. Bankbetriebslehre, Univ., Dir. Inst. f. Genossenschaftswesen, Dir. Forschungsinst. f. Handwerkswirtsch., alle Frankfurt/M.; 1966 Honorarprof. Univ. Frankfurt/M. 1959-60 Dresdner Bank AG, Düsseldorf, 1964-65 Dresdner Bank AG, Frankfurt, 1966 stv. Vorst.-Mitgl. Dresdner Bank AG, Frankfurt/M.; 1967-82 o. Vorst.-Mitgl., Gesellsch. u. Vors. d. Beirates MERO Dr. Ing. Max Mengeringhausen KG f. Plan. u. Entwickl., Würzburg, Vors. d. Beir. MERO-Werke, Würzburg, Ges. f. Konsum-, Markt- u. Absatzforsch. GmbH, Nürnberg; Gesellsch. u. Vors. d. Beirates AL Aviation Leasing GmbH, Düsseldorf; AR-Vors.

Curator Internationale Revisions- u. Treuhand AG, Ffm.; Vorst.-Mitgl. Dt. Schutzvereinig. f. Wertpapierbes., Düsseldorf; Geschäftsf. Präsidialmitgl. Dt. Inst. f. Betriebswirtsch., Frankfurt; AR-Vors. Ludwig Wünsche Holding OHG, Hamburg - BV: D. Bankbetrieb (3 Bde.), Bankbetriebslehre i. programmierter Form, Leasing-Handbuch, Der Bankbetrieb (Hagenmüller/Diepen) - 1982 Ehrenplak. d. IHK Frankfurt/M.; 1989 BVK I. Kl. - Liebh.: Jagd, Bergsteigen, Musik - Spr.: Engl. - Lit.: D. Bankbetrieb zw. Theorie u. Praxis, Festschr. z. 60. Geburtstag. (Herausg.: Prof. Dr. Süchting).

HAGER, Achim
Dr. rer. nat., o. Prof. f. Allg. Botanik u. Pflanzenphysiologie - Auf d. Morgenstelle 1 (Inst. f. Biol. I), 7400 Tübingen - Geb. 9. März 1928 Naila, ev., verh. s. 1969 m. Bärbel, geb. Bauer, 2 Kd. (Ulrike, Martin) - Stud. Biol. Chemie, Geogr. Promot. (1956) u. Habil. (1962) München - S. 1962 Lehrtätig. Univ. München (1969 apl. Prof.), Münster (1970 Ord., Dir. Botan. Inst. u. Bot. Garten) u. Tübingen (s. 1975). Zahlr. Veröff. üb. Pflanzenphysiol. u. Biochemie.

HAGER, Christof
I. Bürgermeister (s. 1978) - Rathaus, 8671 Weißenstadt/Ofr. - Geb. 25. Nov. 1920 Weißenstadt - Betriebsleiter.

HAGER, Erich Dieter

Dr. med., Dr. rer. nat., Chefarzt Fachklinik Friedenweiler - Kurhausweg 2, 7829 Friedenweiler 2 (T. 07651 - 2 08-0); priv.: Buchensteige 2, 6901 Gaiberg (T. 06223 - 4 69 86) - Geb. 15. Jan. 1947 Karlsruhe (Vater: Ewald H., Goldschmied; Mutter: Elfriede, geb. Kunzmann), ev., verh. s. 1970 m. Anita, geb. Hager, 3 Kd. (Marsha, Jonas, Simon) - 1967-74 Stud. Physik TU Berlin (Dipl. 1974; Promot. 1977 in Biol.); 1974-80 Stud. Med. FU Berlin, Univ. Göttingen u. Oxford (Promot. in Medizin 1989) - 1980-87 Dir. med.-wiss. Abt., Prokurist Fa. Cytobiol. Lab.; Chefarzt Fachklinik Friedenweiler, Vizepräs. Ges. f. Biol.

Krebsabwehr; stv. Vors. Dt. Ges. f. Onkol.; Vors. Kooperation Organotherapeutika - BV: Handb. d. Organotherapie, 1983; Biomodulation u. Biotherapie d. Krebses, 1986, 87 (Bd. I, II); Thymusforsch. u. Thymustherapie, 1986; Hauptschriftleit. Dt. Ztschr. f. Onkologie - Liebh.: Segeln, Ski - Spr.: Engl., Franz.

HAGER, Günter

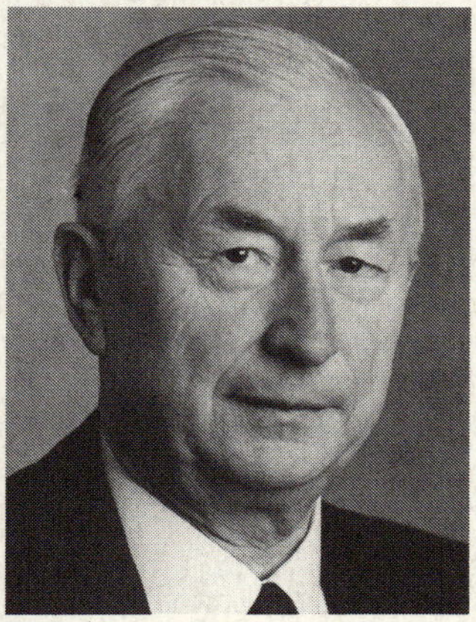

Dr. med., Univ.-Prof. f. Augenheilkunde - Wendersstr. 9, 4000 Düsseldorf 30 - Geb. 24. Nov. 1923 Pretzier/Altm. (Vater: Johannes H., Mühlenbes.; Mutter: Emma, geb. Ramm), ev., verh. s. 1964 m. Dr. med. Barbara, geb. Mehlan, 2 Kd. (Annette, Günter Dirk) - Jahn-Gymn. Salzwedel; Univ. Berlin, Würzburg, Rostock (Med. Staatsex. u. Promot. 1950) - S. 1958 (Habil.) Lehrtätigk. Univ. Rostock (Oberarzt; 1963 Prof.), Berlin (1966 Ord. u. Dir. Augenklin./Charité), Bochum (1980 Ord. u. Lehrstuhlinh.). Üb. 120 Fachveröff., darunt.: Axenfeld-Pau Lehrb. u. Atlas d. Augenheilkd. (12. A. 1980), H. J. Küchle Aktuelle Ophthalmol. (1976); E. Fritze D. ärztl. Begutachtung (1982, 2. neubearb. A. 1986), E. Fritze/H. Viefhues D. ärztl. Gutachten (1984) - Spr.: Engl., Franz.

HAGER, Günter

Dr. jur., o. Prof. f. Bürgerliches Recht, Handelsrecht, Rechtsvergleichung u. Intern. Privatrecht, Gf. Direktor Inst. f. Privatrechtsvergleichung Univ. Marburg - Rudolf-Klapp-Str. 11, 3550 Marburg (T. 06421 - 1 21 15) - Geb. 16. Sept. 1943 Abtsee b. Laufen/Oberbay., ev., verh. s. 1988 m. Bettina, geb. Kolberg, S. Philipp - Stud. Rechtswiss. Univ. Münche u. Freiburg; 1. jurist. Staatsex. 1968 Freiburg, 2. jurist. Staatsex. 1979 Stuttgart; Promot. 1974 Univ. Freiburg, Habil. 1978 Univ. Freiburg - 1985/86 Dekan FB Rechtswiss. Univ. Marburg. Arb.geb.: Schuldrecht, insb. Vertrags- u. Haftungsrecht (Umwelt-, Produkthaftung) sow. Intern. Privatrecht - BV: D. Rechtsbehelfe d. Verkäufers wegen Nichtabnahme d. Ware nach amerik., dt. u. Haager Einheitlichem Kaufrecht, 1975; D. Gefahrtragung b. Kauf - E. rechtsvergleichende Untersuchung, 1982.

HAGER, Heinz

Oberstadtdirektor - Ruhrstr. 32, 4330 Mülheim/Ruhr; priv.: Sternstr. 36 - Geb. 21. Febr. 1927 - ARsmand. (Vors.).

HAGER, Horst

Sozialarbeiter, MdL Schlesw.-Holstein (s. 1975) - Aschhooptwiete 25, 2080 Pinneberg - Geb. 9. Jan. 1933 Heidelberg, verh., 4 Kd. - Volkssch.; Tischlerlehre; 2. Bildungsweg z. Sozialarb. Staatsex. 1958 - 3 J. Tischler; gegenw. Leit. Heilpäd. Kinderheim d. Arbeiterwohlfahrt Pinneberg. 1966 ff. Ratsherr Pinneberg; 1971 ff. MdK Pinneberg. SPD s. 1953 (1965 ff. Vors. Ortsverein; 1974 ff. stv. Kreisvors.).

HAGER, Josef

Verbandspräsident i. R. - Ensheimer Str. 147, 6670 St. Ingebert - Geb. 15. Juni 1916 - U. a. Landrat Kr. St. Ingbert; zul. Vors. Sparkassen- u. Giroverb. Saar, VR-Vors. Landesbank Saar Girozentrale (b. 1981).

HAGER, Leopold

Generalmusikdirektor, Leit. Mozarteum-Orchester (s. 1968). Ab 1981 Chefdirigent Radio Luxemburg - Mozarteum, Salzburg (Österr.) - Geb. 1935 - 1965-69 GMD Freiburg/Br. Gastdirig. Staatsoper Wien u. München.

HAGER, Thorolf

Dr. med., Dr. med. habil., Prof., Chirurg, Chefarzt allgemeinchir. Abt. Kreiskrankenhaus Kronach - Friesener Str. 41, 8640 Kronach - Geb. 8. Dez. 1942, kath., verh., 2 Töcht. (Alexandra, Helen) - Abit.; Stud. Univ. Erlangen; med. Staatsex. u. Promot. 1971, Habil. 1982 - Mitgl. Dt. Ges. f. Chir., Dt. Ges. f. Endoskopie, Amerikan. Ges. f. Dickdarmchir., Pan American medical Assoc., Intern. Ges. Univ.-Dickdarmchirurgen. Mehrere Buchveröff. u. Originalarb. üb. Erkrank. d. Dickdarms u. Krebschir. - Liebh.: Flugsport - Spr.: Engl., Franz.

HAGIN, Karl Heinz

Dr. phil., Schriftsteller, ehem. Abteilungsleiter f. Kulturpolitik b. DGB-Bundesvorstand, Leot. Recklinghausen (b. 1976) - Clarenbachstr. 6, 4040 Neuss (T. 02101 - 54 27 55) - Geb. 25. Nov. 1914 Magdeburg (Vater: Karl H., Opernsänger; Mutter: Viktoria, geb. Bradbury), ev., verh. s. 1946 m. Ruth, geb. Feller, S. Karl-Heinz - Realgymn. Liegnitz; Univ. Breslau u. Berlin. Staatsex. (1939) u. Promot. (1940) Berlin - 1935-40 Schausp., Dramat., Regiss. Liegnitz, Breslau, Berlin, Frontbühnen; 1940-45 Soldat; 1945-49 Studienrat; s. 1949 Tätigk. DGB (Kreis Miltenberg, 1951 Kr. Nürnberg, 1966 Bundesvorst.). 1966-76 Leit. Ruhrfestsp. Recklinghausen. Spez. Arbeitsgeb.: Theater, Lit.-Medien - 1976 BVK I. Kl. - Liebh.: Musik, Sport (Jugendschwimmeister) - Spr.: Engl., Franz. - Bek. Vorf.: Heinrich H., Regiss. u. Theaterdir.; Charles Bradbury, Artist.

HAGMANN, Reinhard

Dr., Journalist, Vors. Landesverb. d. Haus- u. Grundeigentümer v. Rheinland-Pfalz - Zu erreichen üb.: Lütticher Str. 1-3, 5000 Köln 1.

HAGMÜLLER, Peter

Dr. phil., Dipl.-Hdl., Univ.-Prof. Univ. Hohenheim - Albert-ten-Brink-Str. 24, 7703 Rielasingen 1 - Geb. 13. Nov. 1942 Berlin (Vater: August-Wilhelm H., Wirtschaftsprüfer; Mutter: Anita, geb. Schleyen), verh. m. Ingeborg, geb. Scheerer, 2 Kd. (Holger, Helen) - Univ. Mannheim u. London (Wirtschaftswiss., Erziehungswiss., Angl.; Dipl.-Hdl. 1968, Promot. 1972) - 1968-70 wiss. Assist. PH Freiburg; 1970-73 Akad. Oberrat Schuldez. Stadt Mannheim; 1973-74 Doz. u. Prof. PH Heidelberg; 1974-88 Prof. Berufspäd. Hochsch. Esslingen; s. 1988 Univ.-Prof. Univ. Hohenheim; Lehrbeauftr. Univ. Düsseldorf (1972/73) u. Univ. Konstanz (1973/74) - BV: Versuchsbegleitende Forsch. an Gesamtsch., 1973/75; Berufsreife: Merkmale u. Instrumente z. ihrer Unters., 1975; Empir. Forschungsmeth., 1979; Einf. in d. Unterrichtsvorb., 1980; Erziehungsziele heute, 1983; Meth. u. Techniken d. Lernens, 1985 - Spr.: Engl., Franz., Ital.

HAGN, Herbert

Dr. rer. nat., Prof., Geologe u. Paläontologe - Försterweg 1, 8034 Germering (T. 089 - 84 38 27) - Geb. 9. Juni 1927 München (Vater: Hans H., Feinmech.Mstr., Mutter: Anny, geb. Angerer), r.-kath., verh. s. 1957 m. Emmy, geb. Mayer, 3 Kd. (Hans, Barbara, Irmengard) - Univ. München, Dipl.-Geologe 1950, Dr. rer. nat. u. Promot. 1952, Habil. 1955 - S. 1962 apl. Prof. Univ. München - BV: Fazies u. Mikrofauna d. Gesteine d. Bayer. Alpen, Leiden 1955. 85 Publ., vor allem Alpengeologie u. Mikropaläontologie - Liebh.: Volkskunde, Keramik, alte Bücher - Spr.: Kenntn. in Engl., Ital., Russ.

HAHL, Willy

Dr., Dipl.-Kfm., Vorsitzender d. Geschäftsfg. Fürstliche Brauerei Thurn u. Taxis Regensburg GmbH, Fürstliche Brauerei Thurn u. Taxis Schierling, Hofbrauhaus Berchtesgaden - Regerstr. 4, 8400 Regensburg - Geb. 20. März 1930.

HAHLBROCK, Dietrich

Dr. agr., Generaldirektor, Vorstandsvors. Nordfleisch AG (Versandschlachthof) u. Raiffeisen Viehzentrale Schlesw.-Holst. eG, Geschäftsf. Nordfleisch GmbH u. Schlesw.-Holst. Fleischzentrale GmbH - Neuer Pferdemarkt 1, 2000 Hamburg 6; priv.: Meyerhofstr. 14, 2000 Hamburg 52 - Geb. 7. Mai 1923 Hameln/Weser - Stud. Landw.

HAHLBROCK, Karl-Heinz

Dr. med., Prof., Hals-Nasen-Ohren-Arzt Koblenz - Rheinau 6, 5400 Koblenz-Oberwerth (T. 3 33 13) - Geb. 1917 Hameln/Weser, ev., verh. m. Ruth, geb. Alfes, 2 Kd. - Univ. Freiburg/Br., München, Bonn, Göttingen. Med. Staatsex. 1944; Habil. 1956 - S. 1956 Privatdoz. u. apl. Prof. (1962) Univ. Freiburg. Mitgl. Dt. Audiol. Arbeitsgem. u. Intern. Audiol. Ges. - BV: Sprachaudiometrie, 1957 u. 1970. Zahlr. Einzelarb. - 1965 Haymann-Preis Ges. Dt. HNOärzte, 1979 gold. Ehrennadel Dt. Grünes Kreuz, 1980 Alexander Graham-Bell-Med. Fördergem. Gutes Hören.

HAHLWEG, Dietmar

Dr., Oberbürgermeister - Bogenweg 4, 8520 Erlangen - Geb. 31. Dez. 1934 Jagdschütz/Schles. - AR-Vors. Gemeinn. Wohnungsbauges. Stadt Erlangen, u. Erlanger Stadtwerke AG; Vors. Verein Naherholungsgeb. um Erlangen, Sonderaussch. Umweltschutz b. Dt. Städtetag.

HAHMANN, Paul F.

Dipl.-Volksw., Geschäftsführer Glaswerk Schuller GmbH. - Faserweg 1, 6890 Wertheim/M.; priv.: Untere Leberklinge 24 - Geb. 8. März 1938.

HAHN, Alois

Dr. phil., Prof. f. Soziologie Univ. Trier (s. 1974) - Wintersdorfer Berg 1, 5501 Ralingen - Geb. 1941 - Stud. Freiburg u. Frankfurt (Soziol., Ethnol., Philos., Nationalökonomie); Promot. 1967 Frankfurt; Habil. 1973 Tübingen - 1967-71 Wiss. Assist. f. Soziologie; dan. Doz. u. Prof. f. Soziol. u. Politik PH Esslingen; s. 1974 Prof. Univ. Trier. Arbeitsschwerp.: Familien-, Religions- u. Kultursoziol. - 1987 Dir. d'Etudes assoc. Ecole Pratique d. Hautes Etudes Paris, 1987/88 Dir. d'Edtudes assoc. Ecole des Hautes etudes en Sciences Soc. Paris - BV: Einstellungen z. Tod u. ihre soz. Bedingheit (m. H. Braun), 1968; Wiss. v. d. Ges., 1973; Systeme d. Bedeutungswissens - Prolegomena zu e. Soziol. d. Geisteswiss., 1973; Religion u. d. Verlust d. Sinngebung, 1974; Soziol. d. Paradiesvorstellungen (m. H.A. Schubert/H. J. Siewert), 1976; Gemeindesoziol., 1979. Herausg.: Selbstthematisierung u. Selbstzeugnis: Bekenntnis u. Geständnis (1987; m. Hahn/Kapp). Zahlr. Beiträge, u. a. in d. Kölner Ztschr. f. Soziol. u. Sozialpsych.

HAHN, Annely

Schriftstellerin (Ps. Viola Larsen) - Kelterbergstr. 4, 7562 Gernsbach (T. 07224-16 02) - Geb. 14. Febr. 1926, ev., verw., Tochter Jasmin - Gymn., Staatl. Theaterakad. (Schauspiel) - Freiberufl. Roman- u. Funk-Autorin - BV: Unterhaltungsromane, Taschenb., Funk Sketche, Quiz - Liebh.: Reisen, Filmen - Spr.: Franz.

HAHN, Artur

Dr. phil., Wiss. Rat, Prof. f. Theorie d. Werkstoffe u. Bauelemente d. Elektrotechnik Univ. Bochum - Ruhrhöhe 45, 5810 Witten 3.

HAHN, Carl Horst

Dr. rer. pol., Vorstandsvorsitzender Volkswagen AG, Ehrensenator Techn. Univ. Carolo Wilhelmina, Braunschweig - Postfach, 31 80 Wolfsburg 1 - Geb. 1. Juli 1926 Chemnitz/Sa. (Vater: Dr.-Ing. Carl H.), verh. m. Marisa, geb. Traina - AR-Vors. Audi AG, Ingolstadt u. Gerling-Konzern Spez. Kreditversich.-AG, Köln; stv. AR-Vors. Aktienges. f. Industrie u. Verkehrswesen, Frankfurt/M.; AR Gerling-Konzern Allg. Versich.-AG, Köln, GERLING KONZERN Versich.-Beteilig.-AG, Thyssen AG, Dt. Messe- u. Ausst.-AG, Hannover, Commerzbank AG, Wilhelm Karmann GmbH, Osnabrück, Erste Allg. Versich., Wien; Mitgl. Außenwirtschaftsbeirat b. Bundesminist. f. Wirtschaft, Bonn, Intern. Beirat Salk Inst., La Jolla, Calif.; Vorst.-Mitgl. Stifterverb. d. Dt. Wiss.; Kurat.-Mitgl. Stiftg. Volkswagenwerk; Mitgl. Präsid. u. Vizepräs. d. VDA u. d. BDI; VR Dt. Automobilges. mbH, Hannover; Mitgl. Board of Dir. CCMC - Comité des Constructeurs d'Automobiles du Marché Commun - 1986 Landesmed. Nieders.; Senator Stiftg. Nieders.; Ehrendoktor rer. pol. Göttingen.

HAHN, Dietger

Dr. rer. pol., o. Prof. f. Betriebswirtschaftslehre Univ. Gießen (s. 1968) - Licher Str. 62, 6300 Gießen (T. 702 51 70) - Spez. Arbeitsgeb.: Ind.betriebslehre, Unternehmensplan. - BV: Planungs- u. Kontrollrechn., 1985; Strategische Unternehmungsplanung (Hrsg.), 1984.

HAHN, Eugen C.

Fabrikant, pers. haft. Gesellsch. INDEX-Werke KG. Hahn & Tessky, Esslingen - 7300 Esslingen/Neckar - Geb. 13. April 1907 - Akad. d. Technik Chemnitz - 1967 Ehrensenator Univ. Stuttgart; 1982 Ehrensenator FH f. Technik Esslingen.

HAHN, Ferdinand

Dr. theol., o. Prof. f. Neues Testament - Schellingstr. 3, 8000 München 40 - Geb. 18. Jan. 1926 Kaiserslautern, ev. - 1947-53 Univ. Mainz, Göttingen, Heidelberg. Promot. (1961) u. Habil. (1963) Heidelberg - S. 1964 Ord. Univ. Kiel, Mainz (1968) u. München (1976) - BV: Christolog. Hoheitstitel, 1963, 4. A. 1974 (engl. 1969); D. Verständnis d. Mission im NT, 1963, 2. A. 1965 (engl. 1965); D. Prozeß Jesu n. d. Johannes-Evangelium - Ev.-kath. Kommentar z. Neuen Testament, 1970 (Zürich); D. urchristl. Gottesdienst, 1970 (ital. 1972, engl. 1973); Mainzer Predigten, 1972; Methodolog. Überleg. z. Rückfrage nach Jesus, 1974; Kirchl. Amt u. ökumen. Verständ., 1975; Einheit d. Kirche u. Kirchengemeinsch. in neutest. Sicht, 1979; Formgesch. d. Evangeliums, 1985; D. Erzähler d. Evangeliums, 1985; Exeget. Beitr. z. ökumen. Gespräch, 1986. Fachaufs. Hrsg.: Krit.-exeget. Kommentar üb. d. NT; Mithrsg.: Wiss. Monogr. z. AT u. NT, Bibl.-Theol. Studien. Div. Fachztschr.

HAHN, Gerhard

Dr. phil., Prof., Lehrstuhlinh. f. Dt. Philologie (Mediävistik) Univ. Regensburg (s. 1974) - Gandershoferstr. 19, 8403 Bad Abbach/Ndb. - Geb. 22. Dez. 1933 Asch/Böhmen - Promot. 1961; Habil. 1971 - BV: u. a. D. Einheit d. Ackermann aus Böhmen, 1963; Martin Luther - D. geistl. Lieder, 1967; Evangelium als literar. Anweisung, 1981; Walther von d. Vogelweide, 1986.

HAHN, Gerhard

Dr. rer. nat., Prof. f. Paläontologie Univ. Marburg - Berliner Str. 31, 3576 Rauschenberg - Geb. 28. Jan. 1933, verh. s. 1960 m. Dr. rer. nat. Renate, geb. Kardell, Paläontologin - Dipl. 1959;

Promot. 1962; Habil. 1965 - S. 1962 Assist. f. Geol. u. Paläontol. FU Berlin; 1969 apl. Prof., 1969 Wiss. Rat u. Prof., 1971 o. Prof. FU Berlin; 1973 o. Prof. f. Paläontol. Univ. Marburg - S. 1979 Mitgl. Intern. Kommiss. f. Zoolog. Nomenklatur; Mitgl. d. dt. Subkommiss. f. Karbonstratigraphie. Mithrsg.: Gealogica et palaeontologica (s. 1981). Hauptarb.geb.: Karbon- u. Permtrilobiten, Mesozoische Säugetiere - S. 1988 korr. Mitgl. d. Senckenberg. Naturforsch. Ges.

HAHN, Hans Georg
Dr. rer. nat. habil., o. Prof. f. Techn. Mechanik Univ. Kaiserslautern - An d. Sommerhalde 30, 6750 Kaiserslautern 27 - Geb. 5. Aug. 1929 Augsburg - Lehrtätigk. TU München - BV: Meth. d. finiten Elemente in d. Festigkeitslehre, 1975, 2. A. 1982; Bruchmechanik, 1976; Elastizitätstheorie, 1985.

HAHN, Hans Hermann
Dr., Dipl.-Ing., o. Prof. u. Institutsdirektor Univ. Karlsruhe (s. 1969) - Kastellstr. 12, 7500 Karlsruhe (T. 4 17 55) - Geb. 2. Aug. 1940 Immenstadt (Vater: Rudolf H., Offz. †; Mutter: Brigitte, geb. Hosemann), ev., verh. s. 1974 m. Nancy, geb. Wilde, 2 S. (Hans Hermann jr., Christopher Samuel Field) - Stud. TH München u. Harvard Univ. (M. S. 1965, Ph. D. 1968) - 1968-69 Lecturer Harvard. In- u. ausl. Fachmitgliedsch. - BV: Anwendung d. Operations Res. in d. Siedlungswasserwirtsch., Bd. I u. II 1972/74; Umweltschutz i. Wasserbau, 1976; Wasserversorgung und Abwasserableitung in Entwicklungsländern, 1982 - Gordon McKay Fellowship (Harvard) Hon.Mb. of Delta Omega - Liebh.: Ski, Jagd- u. Geländeritt, Hausmusik - Spr.: Engl., Franz.

HAHN, Hans-Otto
Dr., Pfarrer, Direktor Diakonisches Werk d. EKD/Brot f. d. Welt - Staffenbergstr. 76, 7000 Stuttgart 1 (T. 0711 - 21 59-0) - 1984 Ehrendoktor Thiel College Greenville (USA); 1988 BVK I. Kl.

HAHN, Harro H.
Dr. rer. nat., Prof. f. Theoret. Physik TU Braunschweig (s. 1969) - Voßstr. 34, 3000 Hannover - Geb. 2. Aug. 1932 Mülheim/Ruhr - Stud. Univ. Göttingen u. Vancouver; B. C.; Promot. u. Habil. RWTH Aachen - 1957-69 Wiss. Mitarb. KFA Jülich; 1967/68 Oak Ridge National Lab., USA; 1980/81 C.E.N. Saclay, Frankr. - Fachveröff. zu Theorie kondensierter Materie, Computational Physics - Liebh.: Musik, Sprachen.

HAHN, Harry
Dr.-Ing., o. Prof. f. Anorgan. u. Analyt. Chemie (s. 1980 emerit.) - Brunnenwiesen 64, 7000 Stuttgart 75 - Geb. 30. Jan. 1915 Lodz/Polen (Vater: Emil H., Mutter: Elfriede, geb. Klehr), ev., verh. s. 1946 m. Hildegunde, geb. Hösl, 3 Kd. (Adelheid, Klaus, Susanne) - Dt. Gymn. Lodz; TH Danzig (Chemie; Promot. 1939). Habil. 1945 Heidelberg - 1946 Privatdoz. Univ. Heidelberg, 1952 apl. Prof. Univ. Kiel, 1957 Wiss. Rat, 1959 ao. Prof. Univ. Würzburg, 1963 o. Prof. LH, j. Univ. Hohenheim (Inst. f. Chemie; Oberleit. Landesanst. f. landw. Chemie. 1964 Honorarprof. TH, jetzt Univ. Stuttgart. Üb. 100 Fachveröff. - Spr.: Poln., Russ., Engl.

HAHN, Heinz W.
Dr.-Ing., Deputy Chairman IVECO, Executive Vice President IVECO (s. 1981) - Schillerstr. 2, 7900 Ulm; priv.: Ginsterweg 31, 7910 Neu-Ulm/Pfuhl - Geb. 13. Febr. 1929 - TH Darmstadt u. Karlsruhe - 1961-69 Chefkonstrukteur Hanomag-Henschel, Hannover; 1970-74 Vorst.-Mitgl. Klöckner-Humboldt-Deutz AG., Köln; 1975-81Vorst.-Vors. Magirus Deutz AG, Mitgl. gf. Aussch. IVECO.

HAHN, Hellmuth
Dr., Ehrensenator d. Univ. Tübingen, Erster Dir. Landesversicherungsanst. Württ. a. D. - Zeppelinstr. 20, 7056 Weinstadt - Geb. 23. Sept. 1922 Weinstadt - Stud. d. Rechts-, Volks- u. Betriebswirtschaft.

HAHN, Helmut
Dr. med., o. Prof. f. Medizin. Mikrobiologie FU Berlin - Tietzenweg 78, 1000 Berlin 45 - Zul. Wiss. Rat u. Prof. Ruhr-Univ. Bochum.

HAHN, Helmut
Dr., em. o. Prof. f. Sozial- u. Wirtschaftsgeographie - Universität, 5300 Bonn - Geb. 15. Sept. 1921 Boppard/Rh. - S. 1956 (Habil.) Privatdoz., ao. (1961) u. o. Prof. (1965); Univ. Bonn - BV: D. dt. Weinbaugebiete, 1956; D. Erholungsgebiete d. Bundesrep., 1958; D. Stadt Kabul, 2 Bde. 1964/65; Hist. Wirtschaftskarte d. Rheinl. um 1820, 1973; Sozialökonomische Struktur u. Wahlverhalten in Essen, 1985.

HAHN, Hugo J.
Dr. iur., Dr. iur. h. c., o. Prof. f. Staats- u. Völkerrecht Univ. Würzburg (s. 1974) - Frankenstr. 63, 8700 Würzburg 1 (T. 0931 - 28 42 86) - Geb. 15. Jan. 1927 Dieburg (Vater: Heinrich H., Studienrat; Mutter: Anna, geb. Ott), kath., verh. s. 1956 m. Waltraud, geb. Jaeger, 2 Kd. (Hildegard, Hanns Michael) - Jurastud. Univ. Frankfurt, Harvard, Paris; I. u. II. Staatsex. 1950 u. 1956 Frankfurt; Promot. 1952 (LL.M.) Harvard; Habil. 1965 Mainz - 1950-51 Max-Planck-Inst. f. ausl. öfftl. u. Völkerrecht Heidelberg, 1953-56 Justitiar Dt.-Amerik. Wirtsch.verb. Frankfurt, 1956-58 Bundesmin. f. Atomfragen (u. a. Mitgl. dt. Deleg. f. Gründung v. EWG u. Euratom), 1958-68 Justit. OEEC u. OECD, Paris, 1969-74 o. Prof. Univ. Linz; 1963 Gastprof. Acad. de Droit Intern., Den Haag, u. 1971 Soc. Franc. pour le Droit Intern., Orléans. Mitgl. Aussch. f. Geldrecht d. Intern. Law Assoc. (s. 1963), 1973ff. Vors.; Mitgl. Soc, Franc. p. le Droit Intern., Harvard Law School Assoc., Harvard L. S. Assoc. of Europe; 1976ff. Vors. Dommusikverein Würzburg - BV: Rechtsfragen d. Diskontsatzfestsetzung, 1966; D. Geld im Recht d. parlament. Diplomatie, 1970; D. Währungsrecht d. Eurodevisen, 1973; D. OECD, 1976; Funktionenteilung im Verfassungsrecht Europäischer Organisationen, 1977; (Hrsg.) Währungsordnung u. Konjunkturpolitik, 1977; Aufwertung u. Abwertung im Internat. Recht, 1979; (Hrsg.) Banken u. Bankengr. 1980; Bardepot u. Währungsrecht, 1980; Währungsrecht u. Gestaltwandel d. Geldes, 1981; D. Dt. Bundesbank im Verfassungsrecht, 1982. Herausg.: Institutionen d. Währungswesens (1983); D. Geld im Recht (1986); Geldverfassung u. Ordnungspolitik (1989) - 1982 BVK I. Kl.; 1984 Palmes Académiques (Frankr.); 1987 Dr. iur. h. c. (Univ. Caen) - Spr.: Engl., Franz., Ital., Span.

HAHN, Joachim
Dr. med. vet., Abteilungsvorsteher (Klinik f. Geburtshilfe u. Gynäk. d. Rindes) u. Prof. f. Geburtsh. u. Gynäk. d. Rd. Tierärztl. Hochschule Hannover (s. 1969) - Ellernstr. 25, 3000 Hannover 1 - S. 1966 Hochschultätigk.

HAHN, Karl
Dr. phil., o. Prof. f. Politikwiss. Westf. Wilh.-Univ. Münster (s. 1988) - Im Drostebusch 6 D, 4400 Münster - Geb. 2. Nov. 1937 Zipplingen/Württ. (Vater: Karl H., Landw.; Mutter: Emilie, geb. Götz), kath., verh. s. 1971 m. Doris, geb. Kaulmann, 3 Töcht. (Felicitas, Alexandra, Cornelia) - Stud. d. Politikwiss., Gesch., Phil., Päd. Univ. Tübingen, München, Berlin (Freie); Promot. 1968 München; Habil. 1974 Aachen - Zun. Lehrer u. Assist., s. 1974 Doz. u. Prof. RWTH Aachen - BV: Staat, Erziehung u. Wiss. b. J. G. Fichte, 1969; Föderalismus. D. demokr. Alternative (Unters. zu P.-J.-Proudhon), 1975 - Spr.: Franz.

HAHN, Klaus
Dr. med., Prof., Direktor Abt. f. Nuklearmedizin Univ. Mainz - Lion-Feuchtwanger-Str. 59, 6500 Mainz 42 - Geb. 25. Aug. 1940 München (Vater: Georg H., Ingenieur; Mutter: Charlotte, geb. Weberbauer), kath., verh. s. 1969 (Ehefr.: Maria), 2 Kd. (Christoph, Ulrike) - 1961-66 Univ. Freiburg u. München. Med. Staatsex. 1966; Approb. 1969. Promot. 1966; Habil. 1975 - 1973 Oberarzt Univ. Mainz (1976 Wiss. Rat u. Prof.); s. 1983 C4-Prof. - BV: Pädiatr. Nuklearmed., Bd. I 1979, Bd. II 1980, Bd. III. 1985, Bd. IV 1987 - Spr.: Engl.

HAHN, Klaus-Jürgen
Dr. med., apl. Prof. f. innere Medizin u. Klin. Pharmakologie Univ. Heidelberg, Arzt f. Innere Med., Pharmakologie u. Klin. Pharmakologie, Leit. Bereich Herz/Kreislauf in d. Forschung u. Entwicklung Knoll AG - Postfach 21 08 05, 6700 Ludwigshafen 1 (T. 0621 - 5 89 - 25 10); priv.: Mombertplatz 23, 6900 Heidelberg (T. 06221 - 38 21 14) - Geb. 1. Juni 1936 - Veröff. in Ztschr. u. Büchern z. Arzneimittelentwickl., -anwend. u. Rheumatol.

HAHN, Kurt
Kaufmann, gf. Gesellsch. Hussmann & Hahn GmbH., Cuxhaven, Präs. IHK Stade (s. 1968; vorher Vizepräs.), Vorstandsmitgl. Bundesverb. d. dt. Fischind. u. d. Fischgroßhandels e. V., Hamburg - Heringskai, 2190 Cuxhaven (T. 2 30 84) - Geb. 30. Sept. 1907 Geestemünde, ev., verh. s. 1948 m. Ursula, geb. Andree, 3 Söhne (Thomas, Andreas, Stefan) - Kaufm. Ausbild. - Liebh.: Jagd, Musik (Orgel, Klavier) - Spr.: Engl. - FDP.

HAHN, Manfred
Dr. phil., Prof. f. Geschichte d. bürgerl. Gesellschaft - Rabienstr. 28a, 2862 Worpswede-Neu St. Jürgen - Geb. 13. April 1938 Leipzig - Promot. 1966 - S. 1971 Prof. Univ. Bremen - BV: Bürgerl. Optimismus im Niedergang - Stud. zu Lorenz Stein u. Hegel, 1969.

HAHN, Michael
Dr. phil., Prof., Indo- u. Tibetologe - Steinbachstr. 30, 5357 Swisttal 6 - Geb. 7. Mai 1941 Ostermdorf/E. - Promot. 1967 Marburg; Habil. 1972 Hamburg - S. 1974 apl. Prof., s. 1982 Prof. Univ. Bonn (Leit. Indo-tibet. Abt.), s. 1988 Prof. Univ. Marburg (Leit. Fachgeb. Indologie) - BV: u.a. Lehrb. d. klass. tibet. Schriftsprache, 5. A. 1985. Zahlr. Fachaufs.

HAHN, Norbert
Dr. med. habil., Prof. f. Angew. Physiologie - Fuchspfad 5, 5330 Königswinter 41 - Geb. 23. März 1932 Berlin (Vater: Prof. Dr. Helmut H., Arzt; Mutter: Ingeborg, geb. Goldscheider), verh. s. 1959 m. Erika, geb. Niemczyk, 2 T. (Corinna, Anne-Kristin) - Karl-Friedrich-Gymn. Mannheim; Univ. Heidelberg (Med. Staatsex. 1956). Promot. 1956; Habil. 1970; apl. Prof. 1974 - 1959-64 Physiol. Inst. Heidelberg, ab 1964 Leit. Exp. Chir. Univ. Bonn, 1980 Prof. C 3. - BV: Physikal. Grundl. d. Physiologie, 1974 (m. B. Ramm); Biomathematik, 1976 (m. B. Ramm). Üb. 80 Fachaufs. - Spr.: Engl.

HAHN, Norbert
Dr. rer. pol., Dipl.-Volksw., Direktor Arbeitsamt Lübeck (s. 1976) - Stadtweide 115, 2400 Lübeck 1 (T. 0451 - 4502263/4) - Geb. 22. Jan. 1939 Berlin, kath., verh. s. 1966 m. Elke, geb. Günther, 3 Kd. - Stud. Wirtschaftswiss. - S. 1966 Bundesanst. f. Arbeit (ltd. Posit.), Dienstst. Göttingen u. Belgrad/Jugosl.

HAHN, Ortwin
Dr.-Ing., o. Prof. f. Werkstoff- u. Fügetechnik GH Paderborn - Scherfelder Str. 48, 4790 Paderborn/W.

HAHN, Oswald
Dipl.-Kfm., Dr. rer. pol. (habil.), o. Prof. f. Betriebswirtschaftslehre, insb.

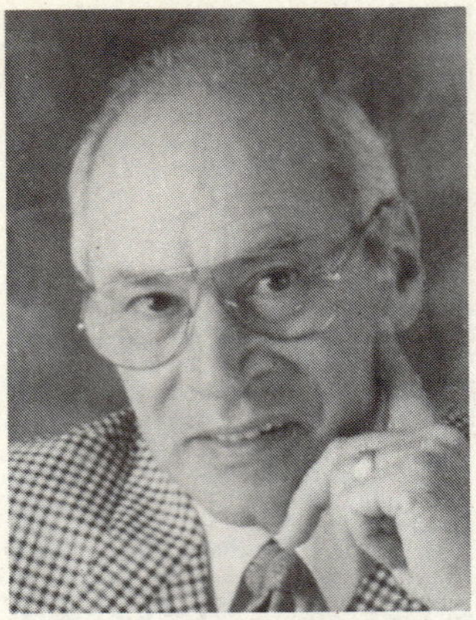

Betriebslehre d. Banken u. Versicherungen, Univ. Erlangen-Nürnberg (s. 1967) - Waldstr. 44, 8501 Rückersdorf/Mfr. (T. 0911 - 57 90 26) - Geb. 31. Jan. 1928 Ludwigshafen/Rh. (Vater: Dipl.-Ing. Ludwig H.; Mutter: Martha, geb. Immendörfer), ev., verh. s. 1962 m. Christa, geb. Czygan, S. Ulrich Larry - Realgymn.; Ind. (Kfm. L.); Stud. Univ. Mannheim u. Köln; Promot. 1954; Habil. 1960 - 1954-55 Bankbeamter; 1955-67 Assist.; Privatdoz. (1960) u. apl. Prof. (1962) Univ. Köln (Betriebsw.l.); 1962-65 Prof. Univ. Kabul. Mitgl. Präs. Dt. Ges. f. Betriebswirtsch. - BV: Zahl.mittelverk. d. Untern., 1962; D. Skonto in d. Wirtsch.praxis, 1962; Möglichk. e. Förd. d. Scheckverkehrs, 1962; Geld- u. Devisenhandel, 1964; Bankbetriebslehre, 1966; Währungsbanken d. Welt, 2 Bde. 1968; D. Instrumentarium d. Währungsbank, 3 Bde. 1968; Finanzwirtsch., 2. A. 1983; Führung d. Bankbetriebs, 1977; Postbank, 1977; Untern. Phil. e. Genossenschaftsbank, 1980; Betriebsw. u. Streitkräfte (Hrsg.), 1980; Struktur d. Bankwirtsch., 3 Bde., 1981-85; Absich. v. Risiken b. Ausl.-Invest, 1982. Mithrsg.: Ztschr. f. d. ges. Genoss.wesen (s. 1969). 240 Aufs. - Oberst d. Res. - Spr.: Engl., Franz.

HAHN, Ottokar
Dr., Minister f. Bundesangelegenheiten u. besondere Aufgaben Saarland - Gersweiler Str. 78, Postfach 1010, 6600 Saarbrücken (T. 0681 - 5 70 21) - Geb. 4. Nov. 1934 Berlin, verh. s. 1964 m. Petra, geb. Schmoll, 3 Kd. (Carsten, Anke, Silke) - Gymn., Abit. 1955 Berlin; 1955-59 Stud. Rechtswiss. u. Volksw. Fr. Univ. Berlin u. Köln; 1959 1. u. 1963 2. jurist. Staatsprüf. Berlin; Promot. 1965 Köln - S. 1985 Min. d. Saarlandes u. Bevollm. d. Saarl. b. Bund in Bonn - AR-Mitgl. Saarl. Investitionskreditbank (SIKB), u. d. Thermoplast u. Apparatebau GmbH, Idstein; Präsid.-Mitgl. Bankenkonsortium Saar-Lor-Lux; Beirat LZB - BV: D. Besteuerung d. Stiftg., 1965, 2. A. 1976.

HAHN, Peter
Dr. med., Prof. f. Allg. Klin. u. Psychomat. Medizin - Strahlenberger Str. 11, 6905 Schriesheim - Geb. 10. April 1931 - Promot. 1958 Heidelberg - S. 1970 (Habil.) Lehrtätigk. Univ. Heidelberg 1973 apl. Prof.; 1979 Ärztl. Dir. Abt. Innere Medizin II (Schwerpunkt: Allgemeine Klin. u. Psychosomat. Med.), Psychoanalytiker (DPG, DGPPT) - BV: D. Herzinfarkt in psychosomat. Sicht, 1971; Enzyklopädie XX. Jahrh. 1979 Bd. IX (Psychosomatik), Psychosomatische Medizin, 1985. Zahlr. Einzelveröff. - 1972 Michael-Balint-Preis (Schweiz).

HAHN, Rainer
Beigeordneter, Bürgerm. Stadt Reutlingen (Ressort Finanzwesen) (s. 1984) - Rheinstr. 90, 7410 Reutlingen (T. 07121 - 3 03-3 08) - Geb. 20. Febr. 1939 Tübingen, kath., verh. s. 1964 m. Renate, geb. Friz, 3 Kd. (Robert, Dagmar, Sibylle) - Stud. Rechtswiss. Tübingen u. Bonn; Rechtsrefer. OLG-Bezirk Stuttgart - 16 J. Tätigk. Wirtsch.min. Baden-

Württ. (zul. als Reg.-Dir.); s. 1965 kommunalpolit. engagiert: Kreistag Tübingen, Gemeinderat Stadt Rottenburg, Regionalverb. Neckar-Alb; Mitgeschäftsf. Gemeinn. Wohnungsges. u.a. städt. Unternehmen.

HAHN, Roland

Dr. rer. nat., Prof. f. Geographie Univ. Stuttgart - Rainstr. 28, 7000 Stuttgart 60 - Mitarb. b. G.-E.-Inst. f. intern. Schulbuchforsch., Braunschweig - BV: USA-Länderprofil, 1981.

HAHN, Ronald

Schriftsteller - Werth 62, 5600 Wuppertal 2 (T. 0202 - 59 77 43) - Geb. 20. Dez. 1948 Wuppertal, verh. s. 1968 m. Karin, geb. Finis, 2 Töcht. (Daniela, Judith) - 1963-66 Schrifts.-Lehre. B. 1977 Schrifts. - BV: D. Temponauten, 1983 (auch franz. u. ital.); Lexikon d. Science Fiction-Films (m. Volker Jansen), 1983; Kultfilme (m. Volker Jansen), 1985; Lexikon d. Horror-Films, 1985; Lexikon d. Fantasy-Films, 1986; Lexikon d. Science Fiction-Lit., 1987; D. rote Gott, 1988 - 1980 u. 81 Kurd-Laßwitz-Preis (f. beste Science Fiction-Kurzgesch.) - Liebh.: Film, Ferns., Jack London - Spr.: Engl., Niederl. - Lit.: Reclams Science Fiction-Führer.

HAHN, Theo

Dr. rer. nat., o. Prof. u. Direktor Inst. f. Kristallographie TH Aachen (s. 1963) - Zweiweiherweg 10, 5100 Aachen (T. 6 12 86) - Geb. 3. Jan. 1928 Duisburg - Habil. 1960 Frankfurt/M. - Zul. Doz. Univ. Frankfurt. Fachaufs. Hrsg.: Intern. Tables for Crystallography, 2. A. 1987 - Mitgl. Executive Committee, Intern. Union of Crystallography (s. 1981), Präs. (1984-87); Vors. Dt. Mineralogische Ges. (1982-84).

HAHN, Ulla

Dr. phil., Schriftstellerin, Redakteurin - Richard-Wagner-Str. 11-13, 2800 Bremen - Geb. 1946 Brachthausen - Realsch., Bürolehre; 2. Bild.weg: Stud. German., Soziol., Gesch.; Promot. - Lehrauftr. Univ. Hamburg, Bremen, Oldenburg. Literaturkritikerin - BV: Lyrik: u. a. Herz üb. Kopf, Ged. 1981; Spielende, Ged. 1983; Freudenfeuer, Ged. 1985; Unerhörte Nähe, Ged. 1988 - 1981 Leonce u. Lena-Preis f. d. souveränen Umgang m. d. lyr. Tradition - 1982/83 Villa-Massimo-Stip.; 1984 Stip. Märk. Kreis; 1985 Hölderlin-Pr.; 1986 Roswitha v. Sandersheim Med.; 1987/88 Stadtschreiberin Bergen-Enkheim - Liebh.: Lit., Musik, Wandern - Spr.: Engl., Franz., Ital.

HAHN, Volker

Dr.-Ing., Direktor, Honorarprof. Univ. (TH) Stuttgart (s. 1971) - Friesenstr. 17, 7022 Leinfelden-Echterdingen - Geb. 19. April 1923 - Ehem. Vorst.-Mitgl. Züblin - Emil-Mörsch-Denkmünze Dt. Betonverein; Konrad-Zuse-Med. Zentralverb. d. dt. Baugewerbes.

HAHN, von, Walther

Dr. phil., o. Prof. f. Informatik - Moorweg 25f, 2075 Ammersbek - Geb. 26. April 1942 Marburg/L. - Promot. 1969 Marburg - S. 1977 Prof. Univ. Hamburg. Spez. Arbeitsgeb.: Informat.-wiss. - BV: D. Fachspr. d. Textilind. im 17. u. 18. Jh., 1971; Fachsprachen, 1980; Fachkommunikation, 1983; Künstliche Intelligenz, 1985 - 1981 Forschungspreis Techn. Kommunikation.

HAHN, Werner

Dr. med. dent., Dr. med., em. o. Prof. f. Zahn-, Mund- u. Kieferheilkunde - Danziger Str. 10, 2300 Kiel-Altenholz-Stift (T. 32 16 84) - Geb. 7. März 1912 Trier, ev., verh. s. 1942 m. Gisela, geb. Martini, 3 Kd. (Volker, Wiebke, Simone) - Gymn. Trier; Stud. Bonn, Düsseldorf (Dr. med. dent. 1934), Berlin, Münster/W. (Dr. med. 1952) - Assist. Univ.-Kieferklinik, Berlin (Prof. Axhausen), Assist. u. Oberarzt Univ.-Kieferklin. Münster (Prof. Wannenmacher; 1955 Privatdoz., 1961 apl. Prof.), 1961 ao. u. o. Prof. (1965) Univ. Kiel (emerit. 1980). 1958-69 Vorstandsmitgl. Arbeitsgem. f. Kieferchir.; 1965 Fellow Intern. Ass. of Oral Surgeons; 1972 FDI-Chairman Commission on Dental Res. IADR, s. 1981 Leit. H. Hammer-Fortb.Inst. Kiel - 1969 Fellow Intern. Acad. of. Cytology.

HAHN, Wilhelm

Dr. theol., D. theol. h. c., Dr. med. h. c., Kultusminister a. D., MdL Baden-Württ. (1968-80), Mitgl. Europ. Parlament (1979-87) - Im Hofert 3, 6900 Heidelberg-Schlierbach (T. 06221 - 80 28 17) - Geb. 14. Mai 1909 Dorpat/Estl. (Vater: Prof. D. Traugott H., Theologe, ermordet 1919 Dorpat; Mutter: Anna, geb. v. z. Mühlen), ev., verh. s. 1937 m. Elisabeth, geb. Rutgers, 2 Kd. - Gymn. Gütersloh/W.; Univ. Tübingen (Promot. 1937), Göttingen, Bonn, Münster. 1937-48 Pfarrer i. Minden/Westf., 1949 Superint.; 1950 ord. Prof. Univ. Heidelberg, 1958-60 Rektor. 1955-62 Mitgl. d. dt. Aussch. f. Erziehungs- u. Bildungswesen. 1962 MdB., 1964 Amtsniederl., 1964-78 Kultusmin. v. Bad.-Württ., 1972-78 stv. Ministerpräs. - 1967-77 Mitgl. d. Bundesvorst. d. CDU; 1962-79 stv. Vors. d. evgl. Bundesarbeitskr. d. CDU; 1978 Vorstandsvors. d. Inst. f. Auslandsbezieh.; 1978 Präs. d. Dt.-Ind. Ges.; 1979-87 Mitgl. Europ. Parlament - BV: D. Mitsterben u. -auferstehen m. Christus b. Paulus, 1937; Erneuerung d. Kirche aus d. Evangelium, 1946; D. christl. Glaube u. d. Mensch d. Gegenw., 1948; Gottesdienst u. Opfer Christi, 1951; Anfechtung u. Gewißheit, 1958; D. Mitte d. Gemeinde, 1959; Mehr Bildung, mehr Leistung, mehr Freiheit, 1972; Demokratische Bewährung, 1965; Ich stehe dazu - Erinn. e. Kultusmin., 1981; Bildungspolitik mit Ziel u. Maß, 1974. Festschrift f. W. Hahn - 1958 Ehrendoktor Univ. Tübingen; 1969 Gr. BVK m. Stern; 1974 BVK m. Schulterbd. u. Stern; 1977 Dr. med. h. c. Ulm - Bek. Vorf.: Dr. Carl Hugo H., Pioniermissionar Südw.-Afrika (Urgroßv.); D. Traugott Hahn, Pastor Reval, bedeut. kirchl. Vertr. Estlands (Großv.); Europ. Kulturpolitik. Aufs. üb. Bildung, Medien u. Kirche, 1987.

HAHN-WEINHEIMER, Paula

Dr. phil. nat., Prof. f. Mineralogie u. Geochemie - Lothstr. 92, 8000 München 40 - Promot. (1947) u. Habil. (1958) Frankfurt/M. - S. 1966 TU München (1970 Prof.). Üb. 50 Fachveröff.

HAHN-WOERNLE, Siegfried

Dipl.-Ing., Gesellschafter Aufzugs- u. Fördertechnikfa. C. Haushahn GmbH + Co., Stuttgart-Feuerbach/Illingen/München - Hauptmannsreute 96a, 7000 Stuttgart (T. 63 36 52) - Geb. 29. Nov. 1918 Stuttgart - TH Stuttgart - S. 1943 Familienuntern. (gegr. v. Großv. Immanuel Hahn) - 1983ff. Präs. Dt. Inst. f. Normung, Berlin - Spr.: Engl. - Rotarier.

HAHNE, Werner

Kaufmann, Inh. STAMA Rüthen - Unter den Eichen 17, 4784 Rüthen - Geb. 23. Nov. 1928 Witten (Ruhr) (Vater: August H., Handwerksmstr.; Mutter: Klara, geb. Nordnoff), ev., verh. s. 1951 m. Irmg., geb. Lohkamp, 2 T. (Barbara, Brigitte) - Kfm. Handelssch. Bochum, kfm. Lehre - S. 1948 Prokurist, Geschäftsf. u. Inh. STAMA Stahl- u. Masch.bauges. Hahne u. Mollenhauer GmbH Rüthen/Möhne - Liebh.: Sport, preuß. Gesch. - 1977 Gold. Sportabz. - Spr.: Engl.

HAHNENFELD, Günter

Dr. jur., Ministerialdir., Leiter Abt. Verwalt. u. Recht Bundesmin. d. Verteidig. a. D. (1974-82) - Goerdelerstr. 74, 5300 Bonn-Hardtberg (T. 0228 - 62 27 69) - Geb. 12. Juli 1921 Salzwedel (Vater: Albert H., Konrektor; Mutter: Leni, geb. Petri), ev., verh. s. 1950 m. Hedi, geb. Bein, 2 Kd. (Helge, Rainer) - 1. u. 2. Rechtswiss. Staatsex. - 1966-70 Personalzentralref. (ziv.) Bundesmin. d. Verteidig., 1970-73 stv. Wehrbeauftr. d. Bundestages u. ltd. Beamter Dienstst. d. Wehrbeauftr. - BV: Kommentar z. Wehrpflichtgesetz, Losebl., 3. A. 1985; Kommentar z. Arbeitssicherstellungsgesetz, 1969; Kriegsdienstverweigerung, 1966; Wehrverfassungsrecht, 1965; Soldatenrecht, 1963 - Gr. BVK - Liebh.: Kunstgesch. - Spr.: Engl., Franz., Ital., Span.

HAHNL, Hans Heinz

Dr. phil., Redakteur, Schriftst. - Haymogasse 24, A-1238 Wien XXIII - Geb. 29. März 1923 Oberndorf (Österr.) - BV: D. verbotenen Türen, Erz. 1951; In Flagranti erwischt, Ged. 1976; Die Einsiedler d. Anninger, R. 1978; D. Riesen v. Bisamberg, R. 1979; D. verschollenen Dörfer, R. 1980; D. Geheimnis d. Wilis, R. 1982; Vergessene Literaten - 50 österr. Lebensschicksale, 1984. Theaterst.: D. byzantin. Demetrius (Dr., 1972). Hörsp. u. a. - 1972 Literaturpreis Wiener Kunstfonds, 1973 Pr. Stadt Wien, Lit.pr. Ld. Niederösterr.; Mitgl. PEN.

HAHNZOG, Klaus

Dr. jur., Bürgermeister - Rathaus (Marienpl.), 8000 München 2; priv.: Hochkalterstr. 10, 8000 München 90 - Geb. 1936 Stuttgart, verh., 2 Kd. - 1973-82 Kreisverw.ref.; s. 1984 III. Bürgerm. SPD.

HAIBACH, Marita

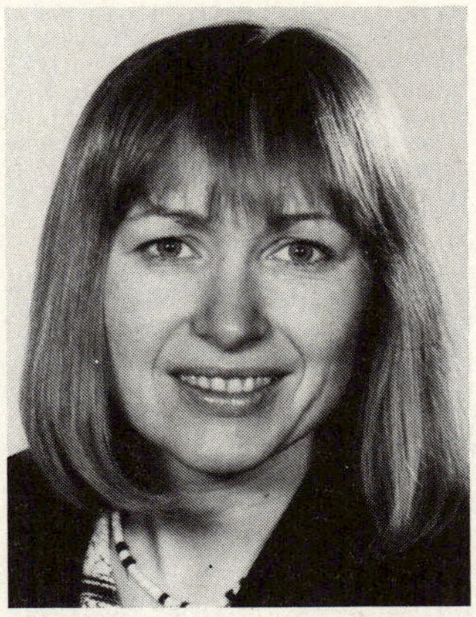

Dipl.-Dolm., M.A., Staatssekretärin a. D. (1985-87), MdL (1982-85) - Am Sattelbach 11, 6395 Weilrod 4 - Geb. 7. Febr. 1953 Gemünden/Taunus, gesch., 1 Sohn - Lehre Industriekaufm., 1972-75 Stud. Köln (Dipl.-Dolmetscherin in Engl. u. Span.); 1975-82 Stud. Univ. Frankfurt (M.A. in Amerikanistik, Gesch., Politik; 1. Staatsex. f. höh. Lehramt in Engl. und Sozialkd.) - Div. Lehrauftr. f. Engl. an VHS u. Schulen. 1985-87 Staatssekr. f. Frauenfragen Hessen, 1988-90 Visiting Research Fellow the American Univ. Washington, DC. Mitbegr. Frauengr. d. Grünen Hessen, Mitgl. Verein Frauen helfen Frauen, Hochtaunus-Kr. Grüne s. 1981.

HAIBACH, Otto

Dr. phil. (habil.), Berg- u. Vermessungsrat a. D., apl. Prof. f. Grubenrißwesen TU Clausthal - Auf der Gathe 5, 4300 Essen-Heisingen.

HAIBEL, Hans

Direktor, Sprecher d. Geschäftsfhg. Goetzewerke Friedrich Goetze Friedberg GmbH., Friedberg, Präs. IHK f. Augsburg u. Schwaben, Augsburg (1979ff.), stv. Vors. Vereinig. d. Arbeitgeberverb. in Bayern/Bezirksgr. Schwaben, Vorstandsmitgl. Verein d. Bayer. Metallind./Bezirksgr. Schw. - Englschalkstr. 1, 8904 Friedberg - Geb. 27. Mai 1931 Augsburg, kath., verh. s. 1956 m. Inge, geb. Marquardt, 2 S. (Hans-Peter, Michael) - Ingenieurausbild. (Maschinenbau) - 1976 BVK; 1984 Staatsmed. f. bes. Verdienste um d. bayer. Wirtsch. - Liebh.: Bayer. Kirchengesch. - Spr.: Engl., Franz.

HAIDER, Albert

Geschäftsführer Arbeiterwohlfahrt/Bezirksverb. Weser-Ems - Haareneschstr. 70, 2900 Oldenburg/O.

HAIDER, Gerhard

Dr. rer. nat., Prof., Hydro- u. Fischereibiologe - Silvanerstr. 22, 7143 Vaihingen/E 5 (T. 07042 - 2 25 88) - Geb. 27. Okt. 1935 Nürnberg (Vater: Karl H., Oberst a.D.; Mutter: Else, geb. Schwenk), ev., verh. s. 1962 m. Traudel, geb. Münk, 2 Kd. (Uwe, Claudia) - 1954-61 Stud. Erlangen u. Graz. Promot. 1961 Erlangen; Habil. 1971 Stuttgart - S. 1971 Lehrtätigk. TH bzw. Univ. Stuttgart (1976 Prof. f. Hydrobiol./Inst. f. Siedungswasserbau); s. 1985 Hon.-Prof. Univ. Hohenheim - BV: Monogr. d. Familie Urceolariidas, 1964; Nutzfische halten, 1985; Urceolariidae in: Protozoenfauna 7/1, 1988.

HAIER, Ulrich

Dr.-Ing., Dr.-Ing. E. h. - Welfenstr. 19, 8500 Nürnberg 50 - Geb. 6. April 1923 Eßlingen/N., verh. m. Ruth, geb. Remboldt - TH Stuttgart (Elektrotechnik); Promot. 1954 - 1948-84 Siemens AG (16 J. Vorstandsmitgl.; b. 1981 Leit. Zentrallabor Technik, dann Bereich Bauelemente). B. 1983 Präs. DIN Berlin - 1979 Ehrensenator Univ. Stuttgart - Spr.: Engl.

HAIKE, Horst Joachim

Dr. med., Prof., Chefarzt - Fichtenweg 1, 4930 Detmold-Hiddesen (T. 8 84 32) - Geb. 12. Mai 1924 Berlin (Vater: Bruno H., Beamter; Mutter: Marga, geb. Reinicke), ev., verh. s. 1960 m. Heide, geb. Recknagel, 2 Kd. (Astrid, Alexandra) - Promot. Göttingen; Habil. Düsseldorf. Facharzt f. Chir. 1959 u. f. Orthopäd. 1962 - Zusatzanerkennung Sportmed. 1977, Physikal. Therapie 1977. S. 1968 Chefarzt Krankenh. Detmold, Orthop. Abt., u. a. Sportärztebund - BV: Orthopäd. Krankheiten, 1974. Zahlr. Buchbeitr., Fachveröff. - Liebh.: Kunst, Sport - Spr.: Engl., Franz.

HAIN, Dieter

Verlagsbuchhändler, Verleger, Gesellsch. Verlag Anton Hain - Carl-Hellermannstr. 10, 6554 Meisenheim/Glan (T. 06753 - 43 53 u. 32 02) - Geb. 4. Sept. 1927 Krefeld (Vater: Anton H., Verleger; Mutter: Trude, geb. Nolten), ev., verh. s. 1955 m. Renate, geb. Adams, 3 Kd. (Andreas, Ulrike, Olav) - Abit., Verlagsbuchhandelslehre.

HAIN, Walter

Dr. rer. pol., Industriekonsulent d. Girozentrale u. Bank d. Österr. Sparkassen AG, Wien, stv. AR-Vors. Television-Carinzia AG u. Tele-Uno-Center AG, Villach (Kärnten), gf. Gesellsch. versch. Firmen im In- u. Ausland - Witzfeldstr. 53, 4005 Meerbusch 1 - Geb. 8. Juli 1920 Köln, verh., 3 Kd. - B. 1985 Vorst.-Vors. u. Generaldir. Papierfabrik Laakirchen AG, Laakirchen/Oberösterr. u. Bunzl & Biach AG, Wien; b. 1982 Vorst.-Mitgl. Feldmühle AG, Düsseldorf; b. 1976 gf. Gesellsch. J.G.M. Vermögens- u. Verw. GmbH & Co. u. Hauptgeschäftsf. J. G. Mouson & Co., Frankfurt; b. 1969 Vorst.-Mitgl. Herbol-Werke Herbig Haarhaus AG, Köln.

HAINDL, Clemens

Dr., Komplementär G. Haindl'sche Papierfabriken KG., Augsburg, Geschäftsf. Haindl Papier GmbH., ebd. - Aystetter Str. 19, 8901 Ottmarshausen - Geb. 23. Juli 1936 - Stv. Vorstandsmigl. Arbeitgeberverb. d. Bayer. Papierind.

HAINDL, Ernst

Dipl.-Ing., Pers. haft. gf. Gesellschafter G. Haindl'sche Papierfabriken KG, Augsburg; Sprecher d. Geschäftsfg. Haindl Papier GmbH, Augsburg - Höhenweg 2, 8901 Leitershofen - Geb. 5. April 1926 - Präs. u. Vorst. Verb. Dt. Papierfabriken, Bonn; Vorst.-Mitgl. Verb. Bayer. Papierfabr., München; AR Martini & Cie., Augsburg.

HAINICH, Rainer
Vorstandsvorsitzer Dornier GmbH, Friedrichshafen/München (1985ff.; s. 1974 Vorst.) - Fuchshölle 49, 8126 Hohenpeißenberg (T. 08805 - 15 46) - Geb. 20. Juli 1928 Tauscha (Vater: Alfred H., Textilarb.; Mutter: Marta, geb. Berger), verh. s. 1966 m. Uta, geb. Scholber, 2 Kd. (Matthias, Ulrike) - Mittel- und Handelsschule; kaufm. Lehre Industrie; 1945-50 sowjet. Gefangensch.; 1950-53 Hochschulinst. f. Wirtschaftskd. Berlin - B. 1959 Textilind. (zul. Abt.leit.), dann Borsig AG bzw. GmbH, Berlin (Leitg. Geschäftsbuchh. u. Rechnungswesen, 1967ff. Vorstandsmitgl. bzw. Geschäftsf.). Spez. Arbeitsgeb.: Rechnungswesen, Finanzen, Materialw. - ADAC-Motorsportabz. in Gold - Spr.: Engl., Russ. - Rotarier.

HAINZ, Josef Georg
Dr. theol., Prof. f. Exegese d. Neuen Testaments Univ. Frankfurt - Am Buchwald 3 b, 6233 Eppenhain/Ts. (T. 06198 - 78 56) - Geb. 25. Sept. 1936 Holzkirchen (Vater: Josef H., Landw.; Mutter: Elisabeth, geb. Manhart), kath. - Synodalex. 1961 Freising, Promot. 1970 München, Habil. 1974 ebd. - 1962-65 Kaplan, 1965-72 Präfekt u. Doz., 1974 Privatdoz., 1980 Prof. - BV: Ekklesia. Strukturen paulinischer Gde-Theol. u. Gde-Ordn., 1972; D. Blaue Bibel, 1975; Kirche im Werden, 1976; Koinonia. Kirche als Gemeinsch. b. Paulus, 1982 - Spr.: Latein, Griech., Ital., Engl., Franz., Hebräisch.

HAISCH, Hermann
Dr. med. vet., Landrat Kr. Unterallgäu (s. 1978) - Landratsamt, 8948 Mindelheim/Schw. - Geb. 6. Dez. 1938 Nördlingen - Zul. Veterinäroberrat. CSU.

HAISCHER, Klaus Adelbert
Rechtsanwalt, stv. Vorstandsvorsitzender d. Landesanstalt f. Kommunikation Baden-Württ. - Hauptstr. 16, 7238 Oberndorf/N. (T. 07423 - 52 18 u. 71 00) - Geb. 5. Febr. 1949 Oberndorf/N. (Vater: Alfred H., kaufm. Angest.; Mutter: Anna, geb. Haigis), kath., ledig - 1. Staatsex. 1973 Univ. Tübingen, 2. Staatsex. 1976; Studienreisen Nord- u. Südamerika, Afrika - SPD: Stadt- u. Kreisrat, ehem. MdL - Liebh.: Musik - Spr.: Engl., Ital.

HAJEK, Otto Herbert

Prof. Dr. h. c., Bildhauer, Prof. f. Bildhauerei Staatl. Akad. d. Bild. Künste Karlsruhe (s. 1980) - Stephanienstr. 80-82, 7500 Karlsruhe; priv.: Hasenbergsteige 65, 7000 Stuttgart - Geb. 27. Juni 1927 (Vater: Wendelin H.; Mutter: Anna, geb. Matejka), kath., verh. m. Katja, geb. Goertz, 5 Kd. (Katja, Eva, Aurelia, Urban, Anna) - S. 1954 freischaffend - Präs. Dt. Künstlerbund; Mitbegründ. Initiative Nord-Süd-Kulturdialog; 1981 Aufnahme in d. Porträtsammlung Galleria degli Uffizi Florenz; Ehrensenator Eberhard-Karls-Univ. Tübingen; Mitgl. dt.-franz. Kulturrat; ständ. Gast im Kurat. d. Kultur-Stiftg. d. Länder. Vortragsreisen m. Ausst. in Europa, Südamerika, Indien, Südostasien, UDSSR - Arbeiten im Ber. d. Kunst im Raum d. Architektur. Einzel- u. Gruppenausst. im In- u. Ausl. Retrospektive Ausst. in Rom, Florenz, Nürnberg, Prag, Moskau - 1982 BVK; 1987 Lovis-Corinth-Preis.

HAKE, Bruno
Dr.-Ing., Unternehmensberater, gf. Gesellsch. Societät f. Unternehmensplan. u. Personalberat.-S.U.P. - Weinfeldstr. 24, 6200 Wiesbaden (T. 8 69 79) - Geb. 1. Dez. 1930 Groningen (Vater: Hermann H., Bankdir.; Mutter: Else, geb. Kortheuer), ev., verh. s. 1961 m. Eva, geb. Bochmann, 3 Kd. (Caroline, Susanne, Andreas) - Promot. u. Habil. TH Graz - B. 1973 Vice President, Fry Consultants - BV: Marktgerechte Plan. durch Funktionsanalysen, 1973; Hazards of Growth - How to succeed through Company Planning; D. Suche n. neuen Produkten - Liebh.: Segelflug, Angeln - Spr.: Engl.

HAKE, Günter
Dr.-Ing., Dr. phil. h. c., Univ.-Prof. a. D., zul. Prof. f. Topographie u. Kartogr. Univ. Hannover (1967-84) - Börie 58, 3005 Hemmingen 1 (T. 0511 - 42 20 27) - Geb. 27. Mai 1922 Hannover (Vater: Wilhelm H., Kaufm.; Mutter: Magdalene, geb. Feuerstake), verh. s. 1954 m. Edeltraud, geb. Prill, 2 Kd. (Sabine, Volker) - Leibniz-Sch. (1932-40) u. TH Hannover (1945-49; Geodäsie); Dipl.-Ing.). Promot. 1954 - 1953-67 Nieders. Vermessungs- u. Katasterverw. (1958 Vermessungsr., 1964 -oberrat, 1966 -dir.). Mitgl. Dt. Geod. Komm. s. 1967, Braunschweig. Wiss. Ges. s. 1978, Korresp. Mitgl. Akad. f. Raumforsch. u. Landesplanung s. 1982 - BV: Kartographie, 2 Bde. (I: 6 A. 1982, II: 3 A. 1985; Samml. Göschen).

HAKEN, Hermann

Dr. phil. nat., Dr. rer. nat. h. c. mult., o. Prof. f. Theoret. Physik, Begründer s. Synergetik - Sandgrubenstr. 1, 7032 Sindelfingen - Geb. 12. Juli 1927 Leipzig, kath., verh. s. 1953 m. Dr. Edith, geb. Bosch †1987, 3 Kd. - 1946-50 Univ. Halle/S. u. Erlangen (1948) - 1952-60 Assist. u. Privatdoz. (1956) Univ. Erlangen; s. 1960 Ord. Univ. Stuttgart. S. 1965 Honorarprof. Univ. Hohenheim - BV: Laser Theory, 1970; Quantenfeldtheorie d. Festkörpers, 1973 (engl., russ., japan. Übers.); Synergetics, 3. A. 1983 engl. (dt., russ., japan., chines., ungar. Übers.); Licht u. Materie I, 1979, II, 1981; Atom- u. Quantenphysik, 2. A. 1983 (m. H. C. Wolf, engl. Übers.); Light: Waves, Photons, Atoms, 1981; Erfolgsgeheimnisse d. Natur, 4. A. 1987 (ital., engl., span., japan., chin. Übers.); Advanced Synergetics, 1983 (russ., japan. Übers.); Laser Light Dynamics, 1985; Information A. Selforganization. Üb. 250 Fachveröff. - 1976 Max-Born-Preis (Dt. Physikal. Ges./Brit. Inst. of Physics); 1981 Albert A. Michelson Med. (Franklin Inst. USA). 1982 Korr. Mitgl. Bayer. Akad. d. Wiss.; 1982 Mitgl. Dt. Akad. d. Naturforscher (Leopoldina); 1984 Mitgl. Orden pour le mérite); s. 1984 Ehrenmitgl. poln. Ges. f. Synergetik; 1985 EPS travel lectureship award; Ehrendoktor; s. 1986 Ehrenprof. Shanghai Inst. of Technology u. Northwestern Univ. Xian; s. 1986 Ehrenmitgl. Shanghai Assoc. u. Chinese Soc. of Systems Engineering; 1988 Mitgl. Braunschweig. Wiss. Ges.

HAKEN, von, Niels Nelissen
(Ps. Bernie Butterfisch, Hermann Kaludrigkeit) Journalist, Abteilungsleiter Regionale Hörfunkprogramme Radio Bremen - Peter Henlein Str. 6, 2800 Bremen 33 (T. 0421 - 27 13 48) - Geb. 18. Nov. 1949 Hamburg, verh. s. 1987 m. Anette, geb. Alt, T. Nina - Volontariat Burgdorfer Kreisblatt u. Neue Hannoversche Presse - Hannoversche Allg. Ztg., Bildztg., 1974-77 Redakt. Weser Kurier Bremen, 1977-81 Ltd. Korresp. Reuters f. Nieders. u. Bremen, 1981/82 Saarländ. Rundf. Kultur Aktuell - Liebh.: Gesch., Kochen, Sammeln v. Hampelmännern - Spr.: Engl.

HAKESTAD, Olav
Dipl.-Ing., Geschäftsführer ASEA GmbH, Bad Honnef - Breite-Heide-Str. 29, 5342 Rheinbreitbach.

HALÁSZ, Michael
Generalmusikdirektor Hagen, Dirig., Fagottist - Am Hange 14, 5800 Hagen 5 (T. 02334 - 5 54 42) - Geb. 21. Mai 1938 Klausenburg/Rumän. (Vater: Ladislaus H., Jurist; Mutter: Anna, geb. Farkas), jüd., verh. s. 1968 m. Gertraud, geb. Kiefel, Tocht. Judith - Stud. Fagott Budapest, Zürich, Wien u. Dirig. Folkwang-Hochsch. f. Musik Essen - 1957-65 Solofagottist Philharmonia Hungarica; 1965-72 Doz. f. Fagott Folkwang-Hochsch. f. Musik Essen; 1972-75 2. Kapellm. Staatstheater am Gärtnerplatz, München; 1975-77 1. Kapellm. Oper Frankfurt; 1977-78 Staatsoper Hamburg; s. 1978 Generalmusikdir. Hagen - 1. Preis Intern. Musikwettbew. Genf m. d. Bläserquintett d. Philhamonia Hungarica - Spr.: Ungar., Engl., Ital.

HALASZ, v., Robert
Dr.-Ing. E. h., o. Prof. f. Allg. Ingenieurbau (emerit.) - Graetschelsteig 26, 1000 Berlin 20 (T. 361 22 80) - Geb. 24. Juli 1905 Höxter/Weser (Vater: Hermann v. H.; Mutter: Stephanie, geb. Rehm), kath., verh. s. 1957 m. Ingelore, geb. Haenicke, T. Gertraud - TH Berlin (Diplompruf. 1931). Reg.baurat 1942 - 1931-36 Prokurist, Betriebsleit. u. Geschäftsf. Formsand- u. Braunkohlengruben Petersdorf, 1936-42 Chefkonstrukteur, Leit. Techn. Büro A. Plattner KG, Berlin, u. Ref. Reichsst. f. Baustatik ebd., 1943-49 Chefing. Pr. Bergwerks- u. Hütten-AG, Rüdersdorf; s. 1948 Ord. TU Berlin. Entwickl. d. Stahlbeton-Fertigbaues (Serienfertig. v. Industriebauten u. Großtafelbauten), s. 1973 Seniorpartner seines Ingenieurbüros in Berlin - BV: Stahlbeton im Wohnungs- u. Siedlungsbau, 1939; Holzbau-Taschenb., 8. A. 1989; Anschaul. Verfahren z. Berechnung v. Durchlaufbalken u. Rahmen, 1951; Großtafelbauten - Konstruktion u. Berechnung, 1966; Industrialisierung d. Bautechnik, 1966; Schriftl. (1954-84) Bautechnik (Ztschr.).

HALBACH, Hans
Dr. med., Dr.-Ing. Prof. - 8210 Prien - Geb. 2. Jan. 1909 Hörde/W. (Vater: Ludwig H., Verlagsbuchhändler; Mutter: Hedwig, geb. Andree), ev. - Stud. Organ. Chemie u. Med. München. Dr.-Ing. (1935), Dr. med. (1939), Habil. (1953) München - S. 1953 Lehrtätig. Univ. München (1965ff. Honorarprof. f. Pharmakol.). 1954-70 Weltgesundheitsorganisation Genf (Dir. Abt. f. Pharmakol. u. Toxikol.) - Entd.: Konstitutionsaufklärung d. Stercobilins. Herausg.: Zt. Drug & Alcohol Dependence.

HALBACH, Hans
Journalist - Zu erreichen üb.: Frankfurter Allg. Zeitung, Postf. 2901, 6000 Frankfurt/M. 1 - Geb. 2. Jan. 1938 Frankfurt/M. - Gymn.; Buchhändlerlehre; Stud. German., Phil., Gesch., Polit. Wiss. - S. 1970 FAZ (1977 Berlin-Korresp.).

HALBACH, Peter
Dr.-Ing., habil., Univ.-Prof. f. Geochemie, Angew. Mineralogie u. marine Rohstoffkde., Inst. f. Mineralogie u. Mineral. Rohstoffe TU Clausthal - 3392 Clausthal-Zellerfeld (T. 05323 - 72 23 24); priv.: Am Ehrenhain 20, 3392 Clausthal-Zellerfeld - Geb. 10. Mai 1937 - Ca. 70 Publ., Herausg. u. Koautor v. mehreren Büchern üb. marine Rohstoffvorkommen; wiss. Fahrtleitung bzw. Teiln. an 9 Meeresexped. m. FS Valdivia, FS Sonne u. RV Sagar Kanya; intern. Experte f. marine Exploration u. ozeanische Rohstofflagerstätten, stv. Vors. Forsch.kollegiums Lagerstätten (FKL).

HALBAUER, Siegfried
Dr., Prof. - Stammestr. 74b, 3000 Hannover (T. 42 39 65) - Geb. 1. Sept. 1914 Limbach/Sa. (Vater: Edwin H., Oberpostinsp.; Mutter: Marie, geb. Schäfer), ev., verh. s. 1950 m. Ilse, geb. Henschel, Sohn Rainer - Abitur Realgymn. Schneeberg/Erzgeb.; Promot. Humboldt-Univ. Berlin (1960) - Kriegsdst. u. sowjet. Gefangensch., ab 1950 Lehrer, 1952-53 Doz. Lehrerbildungssem. Zwickau, seither Lektor TH Dresden (Techn. Fremdspr.), Hochsch. f. Verkehrswesen ebd., Prof. TH bzw. TU Hannover (1962; Naturwiss. u. Techn. Russ.). Spez. Arbeitsgeb.: Elektronenlinguistik (Unters. russ. Fachspr.) - BV: Verkehrsökonomik, 1956; Russ. f. Naturwiss.ler u. Ingenieure, 1969; Russ.-dt. Wörterb. f. Naturwiss.ler u. Ing., 1969 - Liebh.: Literaturgesch. - Spr.: Russ., Engl., Franz.

HALBERSTADT, Ernst
Dr. med., Prof. f. Geburtshilfe u. Gynäk. Univ. Frankfurt/M. - Frankfurter Str. 19, 6101 Wixhausen.

HALBERSTADT, Gerhard
Gewerkschaftssekretär, Mitgl. DAG-Bundesvorst. (1980-87), Bundesarbeitsrichter - Max-Eichholz-Ring 45b, 2050 Hamburg 80 (T. 040 - 738 48 08) - Geb. 18. Juni 1927 Hannover (Vater: Wilhelm H., Elektrotechniker; Mutter: Ida, geb. Christ), verh. in 2. Ehe (1980) m. Hildegard, geb. Golderer, T. Kerstin - Gymn. Hannover u. Chemnitz; Ausbild. Nieders. Landesvermessungsamt - S. 1954 (Volont.) DAG. Wiss. Mitarb. Fritz-Erler-Akad. (1971) u. Leit. Friedrich-Ebert-Stiftg. (1971) - BV: Mitwirkung u. -bestimmung d. Arbeitnehmers, 1972 (Komm.); Handb. d. Betriebsverfassungsrechts (1968, 72); D. fr. Wort, u. 2. A. 1979; Rhetorik-Versammlung u. Demonstrat., 1987; Kommentar z. Ta-

rifvertrag Versich.wirtsch., 1989. Mithrsg.: Betriebsverfass. in Recht u. Praxis/Loseblattsamml. (1977ff.) - BVK - Liebh.: Lesen, Musik, Wandern, Fotogr. - Spr.: Engl., Franz.

HALBEY, Hans-Adolf

Dr. phil., Prof., Direktor Gutenberg-Museum a. D. - Liebfrauenplatz, 6500 Mainz (T. 12 26 40) - Geb. 19. Aug. 1922 (Vater: Hermann H.; Mutter: Maria, geb. Müller), ev., verh. m. Marianne, geb. Schwank, 4 Kd. (Joachim, Ulrike, Horst, Christoph) - 1957-77 Dir. Klingspormuseum, Offenbach - Rotarier.

HALBFAS, Hubertus

Dr. theol., Prof. f. Religionspädagogik Päd. Hochsch. Reutlingen (s. 1967) - Gräfin-Sayn-Str. 6, 5962 Drolshagen/Sauerland - Geb. 12. Juli 1932 Drolshagen/Sauerl., kath., verh. s. 1970 m. Ursula, geb. Hitzges, 3 Kd. (Ansgar, Bernward, Ina) - Gymn. Olpe; Phil.-Theol. Paderborn u. Univ. München (Theol.) - 1957-60 Vikar Brakel; 1960-67 PHThH Paderborn - BV: Handb. d. Jugendseelsorge u. -führung, 1960; Jugend u. Kirche, 1964; D. Religionsunterr., 1965; Fundamentalkatechetik, 1968; Aufklärung u. Widerstand - Beitr. z. Reform d. Religionsunterr. u. d. Kirche, 1971; Das Menschenhaus, 1972; Lehrerhandbuch Religion, 1974; Zus. m. F. Maurer u. W. Popp (Hg.), Neuorientierung d. Primarbereichs, 6 Bde., 1972-76; Religion (Reihe: Themen d. Theol.), 1976; D. Sprung in d. Brunnen, 1981; Das dritte Auge. Religionsdidaktische Anstöße, 1982; D. Welthaus. Religionsgesch. Leseb., 1983; Religionsunterr. in d. Grundsch., Bde. I-IV 1983-86; Religionsb. f. d. erste (b. vierte) Schulj., 1983-86; Wurzelwerk. Geschichtl. Dimensionen d. Religionsdidaktik, 1989; Religionsb. f. d. 5./6. Schulj., 1989.

HALBFASS, Hans-Joachim

Dr. med., Prof., Chirurg (Organtransplantation) - Zu erreichen üb. Städt. Klinikum, Postf., 2900 Oldenburg - Geb. 25. Febr. 1937 Nieder-Weisel (Vater: Karl H., Tierarzt; Mutter: Loni, geb. Halbfass), ev., verh. s. 1968 m. Inge, geb. Spalckhaver, 2 Kd. (Philipp, Julia) - Univ. Marburg, Zürich, Freiburg sowie Harvard Medical School Boston - Oberarzt Chir. Univ.klinik Freiburg u. Leit. Transplantationschirurgie; spez. Arbeitsgeb. Chir. portal. Hypertonie - BV: Mitarb. Lehrb. Allg. Chir., 1969; Lehrb. üb. Nierenkrankh., 1976; zahlr. Veröff. Dt. Med. Wochenschr. u. Ztschr. D. Chirurg.

HALBFASS, Wilhelm

Dr. phil., Prof. of Indian Philosophy Univ. of Pennsylvenia, Philadelphia, USA (s. 1973) - 1120 Montgomery Ave., Narberth, PA 19072, USA (T. 215 - 667 59 25) - Geb. 11. Mai 1940 Northeim/Hann., verh. s. 1968, 2 Kd. - 1959-66 Stud. Univ. Göttingen, Wien (Phil., Indol., Klass. Philol.), Studienstiftg. d. Dt. Volkes; Promot. (Phil.) 1966; Habil. (Indol.) Hamburg - 1970-73 Assist./Assoc. Prof. of Phil. St. Catharines, Canada; 1978/79 Gastprof. Münster, 1981/82 Hamburg, 1988 Tokyo, 1989/90 Berlin (Wiss.kolleg) - BV: Descartes' Frage n. d. Existenz d. Welt, 1968; Indien u. Europa, 1981 (erw. amerik. Ausg. 1988); Studies in Kumārila a. Sankara, 1983 - Spr.: Engl., Franz., Lat., Griech., Sanskrit u. and. ind. Spr.

HALBGEWACHS, Ernst

Dipl.-Ing., Vorstandsmitgl. a. D. DEKRA Stuttgart - Eichenrain 14, 7148 Remseck 4 (T. 07146 - 4 17 57) - Geb. 8. Jan. 1929 Stuttgart, verh. s. 1959 m. Brigitte, geb. Spahn, Sohn Reinhard - Abit. 1948 Stuttgart; 1948-50 Lehre Kfz.-Handw.; 1950-56 Stud. TH Stuttgart; Dipl.-Ing. - 1967-84 Vorst.-Mitgl. Bereich Technik u. Vertrieb DEKRA Stgt. 1967-77 Techn. Ref. ONS-Oberste Nation. Sportkommiss. - BV: D. merkantile Minderwert, s. 1963 (10. Aufl.); Sachverst. in e. Org. - Liebh.: Veteranen-Fahrzeuge, Schießsport - Spr.: Engl.

HALBIG, Karl

Friseurmeister, Präs. Handwerkskammer f. Mittelfranken (Nürnberg), Mitgl. Bayer. Senat (München) - Waldstr. 21, 8510 Fürth/Bay. - 1980 Bayer VO; 1984 Gr. BVK.

HALDER, Alois

Dr. phil., o. Prof. f. Geschichte d. Philosophie Univ. Augsburg/Kath.-Theol. Bereich (s. 1972) - Riedweg 18, 8900 Augsburg 28.

HALDER, Thomas

Pers. Referent des Ministers f. Kultus u. Sport Baden-Württemberg Gerhard Mayer-Vorfelder - Neues Schloß, 7000 Stuttgart 1 (T. 0711-20032667).

HALDER-SINN, Petra

Dr. phil., Prof., Hochschullehrerin f. Psychol. Diagnostik Univ. Gießen (s. 1981) - Postf. 11 33, 6231 Sulzbach - Geb. 7. Febr. 1944 Landshut (Vater: Rudolf H., Dipl.-Ing.; Mutter: Ilse, geb. Wagner), ev., verh. s. 1979 m. Dr. Helmut Sinn, 2 T. (Rebekka, Miriam) - 1964-68 Stud. Psych. Freiburg i.Br.; Dipl.-Psych. 1968; 1970 Promot. Dr. phil., Habil. Univ. Freiburg 1976 - 1977-80 Universitätsdoz. Freiburg; 1980-81 Prof. f. Psych. Freiburg - BV: Verhaltenstherapie, 1973, 3. A. 1984; Der Farbpyramidentest, 1975 (zus. m. R. Heiss), übers. ins Portug.; Verhaltenstherapie u. Patientenerwartung, 1977 - Spr.: Engl.

HALE, Horstmar

Angestellter, MdA Berlin (s. 1975) - Am Hüllepfuhl 27, 1000 Berlin 20 - Geb. 6. Nov. 1937 Frankfurt/Oder - SPD.

HALFWASSEN, Heinz

Dipl.-Kfm., Vorstandsmitgl. ZANDERS Feinpapiere AG - Postfach, 5060 Bergisch Gladbach 2; priv.: Schreibersheide 42, 5060 Bergisch Gladbach 2 - Geb. 11. Aug. 1929, ev., verh. s. 1957 m. Helga, geb. Becker, 3 Kd. (Jens, Insa, Peer) - Ratsmitgl. Stadt B. Gladbach, Geschäftsf. Gemeinn. Gartensiedlungs-Ges. Gronauerwald mbH, Gladbach, Vorstandsmitgl. Arbeitgeberverb. d. Rhein.-Westf. Papiererzeug. Ind. Düsseldorf, AR-Vors. Berg. Licht-, Kraft- u. Wasserw. GmbH Gladbach u. Ev. Krkhs. Berg. Gladbach gGmbH, weit. AR-Mand.

HALHUBER, Max J.

Dr. med., Prof., Ärztl. Direktor a. D. Herz- u. Kreislaufklinik Höhenried - An der Gontardslust 17, 5920 Bad Berleburg (T. 02751-75 66) - Geb. 29. Febr. 1916 Innsbruck - Promot. u. Habil. Innsbruck - Apl. Prof. Univ. Innsbruck u. TU München.

HALIN, Rudolf

Dr. rer. nat., Prof. f. Mathematik - Kaiser-Friedrich-Str. 4, 2410 Mölln - Geb. 3. Febr. 1934 Uerdingen/Krefeld (Vater: Wilhelm H., Studienrat; Mutter: Margarethe, geb. Limmer), ev. - Gymn. Uerdingen; Univ. Köln (Staatsex. 1960). Promot. 1962 - S. 1966 (Habil.) Lehrtätigk. Univ. Köln u. Hamburg (1971 Prof.). 1971/72 Gastprof. USA - BV: Graphentheorie I, 1980; Graphentheorie II, 1981. Üb. 50 Facharb. - Liebh.: Musik, Dichtung - Spr.: Engl., Franz.

HALL, Wolfgang

Dipl.-Volksw., Vorstandsmitglied Vereinte Krankenversich. AG, Vereinte Lebensversich. AG, Vereinte Versich. AG im Unternehmensverbund, Vereinte Versicherungsgruppe (s. 1970 Vereinte Versich., s. 1976 Vereinte Kranken, s. 1989 Vereinte Leben) - Zu erreichen üb. Vereinte Versicherungen, Fritz-Schäffer-Str. 9, 8000 München 83.

HALLARD, Ruth

s. Tetzner, Ruth

HALLAUER, Fridolin J.

Dr. med. h. c., Ministerialdirigent, Honorarprof. f. Planungsprobleme im Hochbau Univ. Bochum - Abteiweg 25, 5650 Solingen-Gräfrath.

HALLAUER, Werner

Dr. med., Prof., Chefarzt II. Medizin. Klinik/Städt. Krankenhaus Kemperhof - 5400 Koblenz - Doz. Univ. Freiburg; Prof. Univ. Mainz (n. b.).

HALLE, Armin

Chefmoderator Aktuell Presse Fernsehen (SAT 1 BLICK), Hamburg/Mainz (s. 1985) - Von-Thünen-Str. 15, 2000 Hamburg 52 - Geb. 24. Febr. 1936 Lemgo (Vater: Dr. August H., Zahnarzt; Mutter: Paula, geb. Barlage), ev., verh. m. Marianne, geb. Akselsson, 3 Söhne - Abit.; 6 J. Bundeswehr (Jugendoffz); Stud. Päd. u. Phil. - Redakt. BR; Redakt u. Korresp. Süddt. Ztg.; 1973-77 Leit. Inf. u. Pressestab Bundesmin. d. Vert., Bonn. 1977-79 Leit. Kommunikation- u. Information (Redeentwürfe) im Bundeskanzleramt, Bonn; 1979-83 Informationsdir. NATO, Brüssel - Moderator in Fernseh-Talkshows: NDR-Talkshow u. (ab 1982) Kölner Treff - BV: Geschichte d. Panzer; satir. Essays - Ang. Aachener Ordens wider d. tier. Ernst.

HALLEN, Otto

Dr. med., o. Prof. f. Neurologie - Werderstr. 34, 6800 Mannheim (T. 383 22 09) - Geb. 11. Aug. 1921 Düsseldorf (Vater: Hubert H.), Ehefrau: Rosemarie - Stud. Marburg, Bonn, Düsseldorf, Freiburg, Heidelberg. Promot. u. Habil. Heidelberg - S. 1959 Lehrtätigk. Univ. Heidelberg (1968 Ord. Fak. f. Klin. Med. Mannheim; 1972-74 Dekan). Zahlr. Fachveröff. (u. a. 2 Lehrbücher). Hrsg. v. Fachztschr.

HALLER, Frank

Dr. rer. pol., Dipl.-Volksw., Senatsdirektor b. Senator f. Wirtschaft, Technologie u. Außenhandel, Bremen - Katzbachstr. 31, 2800 Bremen 1 - Geb. 9. Okt. 1943 Verden, ev., verh. s. 1970 m. Marlene, geb. Maaßen, T. Eva - Univ. Bonn (Volkswirtsch.); Promot. 1972 Münster.

HALLER, Fritz

Geschäftsführer Bühler-Miag GmbH./Mühlenbauanstalt - Ernst-Amme-Str. 19, 3300 Braunschweig.

HALLER, Heinz

Dr. rer. pol., Drs. h. c., em. Prof., Staatssekretär a. D. - Dorfhalde 12, CH-8712 Stäfa, Kt. Zürich (Schweiz) - Geb. 19. März 1914 Schwenningen/N. (Vater: Martin H., Opernsänger; Mutter: Ursula, geb. Schlenker), ev., verh. s. 1939 m. Hildegard, geb. Maurer, 2 Kd. (Gert, Bettina) - Oberrealsch. Basel, Wuppertal-Barmen, Schwenningen; Univ. Tübingen (Promot. 1936) - 1938-46 Schwäb. Treuhand AG., Stuttgart (Buch- u. Bilanzprüfung), dazw. 1939-45 Wehrdst., s. 1946 Univ. Tübingen (Assist., 1948 Doz., 1953 apl. Prof.), Kiel (1954 Ord.), Heidelberg (1957), Zürich (1967-81), 1970-72 (Rücktr.) Staatssekretär (Bundesmin. d. Finanzen bzw. f. Wirtschaft u. Finanzen, Bonn) - BV (größtent. mehrere Aufl.): Gibt es e. Lohntheorie?, 1936; Typus u. Gesetz in d. Nationalökonomie, 1950; Lohnhöhe u. Beschäftigung, 1955 (m. W. Krelle); Finanzpolitik, 1957 (span. 1963, jap. 1971, türk. 1975); D. Steuern - Grundl. e. rationalen Systems öfftl. Abgaben, 1964; D. Problem d. Geldwertstabilität, 1966; Besteuerung u. Wirtschaftswachstum, 1970; Z. Frage d. zweckmäßigen Gestalt gemeindlicher Steuern, 1987 - Liebh.: Musik, Malerei - Spr.: Engl., Franz.

HALLER, Horst

Dr. phil., Prof., f. Dt. Sprache u. Literatur u. ihre Didaktik Univ. Dortmund - Am Derkmannsstück 75, 5840 Schwerte 4 (T. 7 04 19) - Geb. 30. Dez. 1930 Solingen (Vater: Josef H., Former; Mutter: Karoline, geb. Leonhardt), ev., verh. s. 1963 m. Ute, geb. Pabst - 1952-59 Kirchl. Hochsch. Wuppertal u. Univ. Münster (Ev. Theol., German., Phil., Päd.) - 1959 Assist.; 1961 Doz. Mithrsg.: Interpretationen zu Erzählungen d. Gegenw. 3. A. 1977 - Spr.: Engl, Franz.

HALLER, Urs

Dr. med. (habil.), Chefarzt (Frauenklinik), apl. Prof. f. Gynäkologie u. Geburtsh. Univ. Heidelberg - Kanton-Spital, St. Gallen (Schweiz).

HALLER, Wilhelm

I. Bürgermeister (s. 1972) - Rathaus, 8015 Markt Schwaben/Obb.; priv.: Rektor-Hauhofer-Str. 5 - Geb. 11. Okt. 1926 Markt Schwaben - Zul. Amtsrat. CSU.

HALLERBACH, Helga

Dr. med., Prof. f. Röntgenol. u. Strahlenheilkd. Univ. Bonn (s. 1969) - Meckenheimer Allee 164, 5300 Bonn - Geb. 9. April 1923 Bonn - Promot. 1949; Habil. 1961 - S. 1961 Lehrtätigk. Bonn - BV: Ergebnisse d. Kontrastdarst. d. thorakalen Aorta, 1967. Einzelarb. u. Filme.

HALLERMANN, Hermann

Dr. jur., Rechtsanwalt u. Notar, Konsul d. Niederlande - Flandernstr. 77, 4400 Münster/W. (T. 2 61 56) - Geb. 1. April 1924 Münster (Vater: Prof. Dr. jur. Hermann H., Rechtsanw. u. Notar (s. XIII. Ausg.); Mutter: Regina, geb. Sträter), kath., verh. s. 1952 m. Hedi, geb. Berghoff, 2 Kd. (Hermann, Sybille) - Gymn.; Stud. Rechtswiss. - Aufsichts- (z. T. Vors.) u. Beiratsmandate - Rotarier.

HALLERMANN, Ludger

Dr.-Ing., Prof. f. Geodäsie, Leit. d. Abt. Ingenieurgeodäsie im Geod. Inst. Univ. Bonn s. 1974 - Schultheißstr. 20, 5300 Bonn 3 - Geb. 2. Nov. 1936 Hamm/W. - Promot. 1965; Habil 1973 - Bücher u. Aufs.

HALLGARTEN, Charles

s. Seufert, Karl Rolf

HALLIER, Hans Joachim

Dr. jur., Botschafter in Tokyo (s. 1986) - Zu erreichen üb. Ausw. Amt, Postf. 1500, 5300 Bonn 1 - Geb. 25. April 1930 Offenbach, verh., 2 Kd. - Stud. Rechtswiss. u. Volksw. Frankfurt/M. u. Cleveland/USA, 1. u. 2. jurist. Staatsprüf., Promot. 1962 - 1955-60 Wiss. Assist. u. Ref. Max-Planck-Inst. f. ausl. öfftl. Recht u. Völkerr., Heidelberg, s. 1960 Ausw. Dienst: Botsch. Jakarta (Leg.rat 1962-66), Botsch. Tokyo (Leg.rat I. Kl. 1966-69); s. 1972 Leit. Min.büro (als Vortr. Leg. I. Kl.), 1973 auch Leit. Leitungsstab, 1974-76 Botsch. in Malaysia, 1976-80 Leit. e. Unterabt. im A.A., 1981-83 Botsch. in Jakarta, 1983-86 Leit. Zentralabt. AA.

HALLMAN, Viola

Dr., Vorsitzende d. Geschäftsf. Theis-Gruppe - Bandstahlstr. 14-18, 5800 Hagen-Halden (T. 02331-6 93-0) - Geb. 8. Dez. 1944, verh. s. 1971 m. Arch., Dipl.-Ing. Olof Jon Hallman, Tochter Olivia-Cayetana - Stud. Wirtschaftswiss. Univ. Hamburg, Marburg, Padua; Promot. 1970 Univ. Padua - Vors. d. Geschäftsf. Friedr. Gustav Theis Kaltwalzwerke GmbH m. d. Werken Bandstahlwerk Hagen-Halden (1972) u. Edelstahlwerk Hagen-Fley (1977), Friedr. Gustav Theis GmbH & Co., Flachdraht-u. Profilwerk Hagen-Hohenlimburg (1972), Theis Packsystem GmbH, Packbandwerk Gelsenkirchen (1975), Alte & Schröder GmbH + Co., Stahl- u. NE-Veredlungswerke Halver u. Hagen-Halden (1979) - Buch: Unternehmer - Beruf ohne Zukunft? - 1979 Manager d. Jahres 1979 (Umfr. d. Ztschr. Capital); 1985 Mitgl. Bundesaussch. Betriebswirtsch. (BBW) d. Rationalisier.-Kurat. d. Dt. Wirtschaft, Eschborn (RKW) - Liebh.: Lit., Gesch., Reiten - Spr.: Engl., Franz., Ital., Span., Russ., Niederl., Portug.

HALLMAYER, Kurt

Dr. jur., Vorstandsmitglied Schloemann-

Siemag AG., Düsseldorf/Hilchenbach - Achenbachstr. 107, 4000 Düsseldorf 1 - Geb. 7. Mai 1927.

HALLSTEIN, Ingeborg
Kammersängerin, Mitgl. Bayer. Staatsoper, München (Lyr. Koloratursopran) - Tengstr. 35, 8000 München 40 - Geb. 23. Mai 1939 München (Vater: Kunstmaler) - Gesangsssch. Elisabeth Hallstein (Mutter; bek. Liedersängerin d. 20er Jahre); Schauspielsch. Marie-Theres Gernot-Heindl; Ballett- u. Klavierunterr. - Operngastsp. Wien, London, Stockholm, Helsinki, Bern, Buenos Aires, Salzburger Festsp., Festwochen München, Wien, Berlin, Amsterdam. Konzertreisen In- u. Ausland. Bekannte Partien: Königin der Nacht, Susanne, Constanze, Despina, Zerbinetta, Violetta, Sophie, Gilda, Rosina, Norma. Schallpl.; Rundfunk- u. Fernsehaufn. - 1968 Bayer. Kammers., s. 1978 Professor Staatl. Musikhochsch. Würzburg f. Gesang - Liebh.: Kochen, Wandern, Musik - Spr.: Engl., Franz., Ital - Lit.: Walter Panofsky - 1977 BVK.

HALLWACHS, Otto
Dr. med., Prof., Direktor Urolog. Klinik/Städt. Kliniken - Grafenstr. 9, 6100 Darmstadt - Apl. Prof. f. Urol. Univ. Heidelberg Lehrbeauftr. der Univ. Frankf.

HALM, Heinz
Dr. phil., Prof. f. Islamkunde Univ. Tübingen - Auf den Beeten 7, 7403 Ammerbuch 4 - Geb. 21. Febr. 1942 Andernach (Vater: Fritz H., Mutter: Berta, geb. Gärtner), verh. s. 1974 m. Christa, geb. Guédé - Stud. Islamkd., Semitistik, Alte, Mittlere u. Neue Gesch. Univ. Bonn; Promot. 1967, Habil. 1975 in Tübingen - S. 1980 Prof. f. Islamkd. Univ. Tübingen; s. 1987 Prof. associé Univ. Paris IV (Sorbonne) - BV: D. Ausbreit. d. šafi'itischen Rechtsschule, 1974; Kosmologie u. Heilslehre d. frühen Isma'iliya, 1978; Ägypten nach d. mamlukischen Lehensregistern, 1979/82; D. islam. Gnosis, 1982; D. Schia, 1988.

HALM, Peter
Rechts-, Betriebs- u. Sportdezernent, Stadtdirektor Stadt Hannover - Rathaus, 3000 Hannover 1 - Geb. 18. Nov. 1938 Dresden, ev., verh., 2 Kd. - Stud. Volksw.; Dipl.-Volksw. - AR-Mitgl. Brauergilde Hannover AG; VR-Vors. Großmarkt Hannover GmbH.

HALMÁGYI, Miklós

Dr. med., Prof. f. Anästhesiologie - Langenbeckstr. 1, 6500 Mainz - Geb. 17. Dez. 1933 Budapest - Promot. 1959 Heidelberg - S. 1961 Univ. Mainz (Habil. 1968) - Vorst.-Mitgl. Dt. Ges. f. künstliche Ernährung, u. Ges. Mainzer Narkophilisten - BV: Veränderungen d. Wasser- u. Elektrolythaushalts durch Osmotherapeutika, 1970. Üb. 250 Einzelarb.

HALSBAND, Heinrich
Dr. med., Prof., Direktor Klinik f. Kinderchirurgie Med. Univ. zu Lübeck - Dstl.: Ratzeburger Allee 160, 2400 Lübeck 1 (T. 0451 - 500 25 80); priv.: Im Trentsaal 9, 2400 Lübeck 1 (T. 0451 - 50 17 63) - Geb. 6. Okt. 1936 Bochum (Vater: Heinrich H., Ing.; Mutter: Hedwig, geb. Hardes), kath., verh. s. 1961 m. Marita, geb. Weidemann, 4 Kd. (Matthias, Michael, Marc, Simone) - Univ. Bonn, Göttingen, Kiel (Staatsex. u. Promot. 1962); Habil. 1977 Lübeck - S. 1978 Prof. in Lübeck (Dir. Klinik f. Kinderchir.) - Entw. v. Operationsverf. e. Ersatzplastik d. thorakalen Ösophagus m. freien Jejunumtransplantaten (1977). Rd. 80 Beitr. in med. Fachztschr. - 1978 Richard-Drachter-Preis Dt. Ges. f. Kinderchir. - Liebh.: Kinderbilder in d. Malerei, Reiten - Spr.: Engl.

HALSTENBERG, Friedrich

Dr. jur., Prof., Staatsminister a. D., Staatssekretär a. D. - Wirmerstr. 16, 4000 Düsseldorf (T. 0211 - 43 80 181) - Geb. 12. Juni 1920 Werfen (Vater: Friedrich H., Rektor i. R.; Mutter: Maria, geb. Schröder, 5 Kd. (Hans Günther, Regine, Wolf, Jost, Christine) - Stud. d. Rechtswiss. I. u. II. Staatsexamen (1951 u. 55) u. Promot. (1957) Köln - 1954-62 Generalsekr. Dt. Verb. f. Wohnungswesen, Städtebau u. Raumplanung; 1959-62 zugl. Beigeordn. u. Chefsynd. Verb. Kommunaler Unternehmen; 1962-65 Min. dirig. Bundesmin. f. Wohnungswesen, Städtebau u. Raumordnung; 1965/66 Dir. Siedlungsverb. Ruhrkohlenbezirk; 1967-72 Staatssekr. u. Chef Staatskanzlei NRW, 1972 Landtagsmand. NRW; 1972-75 Min. f. Bundesangelegenheiten u. d. Staatskanzlei; 1975-78 Finanzmin.; 1978-84 Bundesschatzmeister u. Mitgl. d. Präsid. d. SPD. S. 1963 Lehrbeauftr. u. Honorarprof. (1966) Techn. Hochschule bzw. TU Hannover (Planungs- u. Baurecht). Maßgebl. Anteil an d. Entwickl. d. Rechtes d. Landes-, Regional- u. Ortsplanung. - BV: u. a. D Versorgungswirtsch. im Städtebaurecht, 1963; Bau - Boden, 1963 (m. Bonczek); Bau-Lexikon, 1963. Viele Einzelveröff. Treuhand-AR DDVG, Mitgl. Eschweiler Bergwerksverein (EBV), Mitgl. Akad. f. Raumforsch. u. Landesplanung (Hannover) u. Dt. Akad. f. Städtebau u. Landesplanung (Köln), Gr. BVK m. Stern u. Schulterbd. - Liebh.: Segeln, Motorboot - Spr.: Engl., Franz.

HALSTRICK, Adolf
Dipl.-Ing., Geschäftsführer Papierwerke Halstrick KGaA, Raubach/Ww. Mitgl., Beirat Dt. Bank - Friedr.-Ebertstr. 36, 5450 Neuwied - Geb. 18. Nov. 1930.

HALSTRICK, Werner
Dr. jur., gf. Gesellschafter Papierwerke Halstrick KGaA, Raubach/Ww., Wellpappen- u. Papierfabrik Alzenau/Ufr.; Erw. Vorst. Verb. d. Wellpappenind. e.V., Darmstadt, Vizepräs. IHK Aschaffenburg - Am Wingert 14, 8759 Hösbach - Geb. 10. Nov. 1933 - Beirat Dresdner Bank AG, Düsseldorf.

HALTENBERGER, Axel
Vorsitzender d. Geschäftsfg. Landesversicherungsanstalt Niederbayern/Oberpfalz - Am Alten Viehmarkt 2, 8300 Landshut - Geb. 6. Jan. 1931 Aschaffenburg, ev., verh., 2 Kd. - Stud. Rechtswiss.; Gr. jurist. Staatsprüf. 1958 München - 1959 Ref., 1965 Mitgl. d. Geschäftsfg. u. s. 1977 Vors. d. Gfg. LVA Niederbayern/Oberpfalz - 1981 BVK - Spr.: Engl., Franz.

HALTER, Klaus
Dr. med., Prof., Chefarzt i. R. - Am Fischtal 76d, 1000 Berlin 37 (T. 813 50 88) - Geb. 16. Jan. 1909 Muskau/OL., ev., verh.s. 1961 m. Karin, geb. Gerold, 1 Kd. - Promot. 1935 Breslau - 1935 Assist.-, 1938 Oberarzt (Hautklin.), 1941 Privatdoz. Univ. Breslau, 1946 Assist. Univ. Hamburg, 1947 Oberarzt, 1948 apl. Prof. Univ. Mainz, 1954 FU Berlin; 1951-72 Chefarzt Hautklinik Städt. Krkhs. Spandau. 1964 Vors. Berliner Dermatol. Ges. Üb. 60 fachwiss. Veröff. - Korr. Mitgl. Argentin. Ges. f. Dermatologie u. Syphililogie (1957) u. Österr. Dermatol. Ges. (1961), Ehrenmitgl. Berliner Dermatol. Ges. (1982).

HALTERMANN, Hermann Johann
Kaufmann, Beiratsmitglied Fa. Joh. Haltermann, Hamburg - Anna-Hollmann-Weg 9a, 2000 Hamburg 55 - Geb. 10. Okt. 1914 Hamburg (Vater: Johann H., Kaufm.; Mutter: Nelly, geb. Findlay), ev., verh. s. 1943 m. Lilli, geb. Mössen, gesch. 1969, 4 Kd. (Andreas, Marianne, Renate, Susanne), s. 1986 in 2. Ehe m. Jutta, geb. Schmidt-Egk - Kaufm. Lehre Hamburg; Pitman College London - 1935-37 Verkäufer in Schwed.; 1938-40 Kaufm. Angest. Hamburg; 1940 Prok. Johann Haltermann Hamburg, 1954-79 Geschäftsf. - 1975 BVK - Liebh.: Segeln, Garten - Spr.: Schwed., Engl., etwas Franz. - Bek. Vorf.: Kapt. Hermann H., Mitbegr. Dt. Seewarte in Hamburg 1885 (Großv.).

HAMACHER, Hermann
Dr. oec., Dipl.-Volksw., Geschäftsführer Fachverb. d. Kaffeemittelind. (1948-71), i. R. - Königstr. 21, 5300 Bonn (T. 21 07 98) - Geb. 14. Nov. 1906 Strempt, Kr. Schleiden (Vater: Peter H.; Mutter: geb. Liebertz), kath., verh. s. 1937 m. Gertrud, geb. Oehmen.

HAMACHER, Joseph
Dr. med., Univ.-Prof., Pharmakologe u. Toxikologe - Am Wingert 31, 5000 Köln 50 - Geb. 22. Aug. 1923 Köln; verh. s. 1953 m. Marianne, geb. Klöckner - 1949 Promot.; 1959 Habil.; 1966 apl. Prof.; 1971 Wiss. Rat; 1969-74 Vertr. d. Lehrstuhls f. Pharmakologie u. Toxikologie, 1980 Prof. a. d. Univ. zu Köln - BV: Pharmakol. Methodik, Herz-Kreislauf-Pharmakolog., Klin. Pharmakolog., Kombinationseffekte. Fachwiss. Veröffentl.

HAMANN, Brigitte,
geb. Deitert
Dr. phil., Historikerin - Tallesbrunngasse 8, A-1190 Wien - Geb. 26. Juli 1940 Essen, verh. s. 1965, 3 Kd. (Sibylle, Bettina, Georg) - Stud. Gesch., German. Univ. Münster u. Wien; Promot. 1978 Wien - BV u.a.: Biographie Kronprinz Rudolf, 1978; Elisabeth Kaiserin wider willen, 1981; Bertha v. Suttner, 1986. Herausg.: Lex. d. Habsburger (1988) - Premio Comisso (Treviso); Donauland-Sachbuchpreis.

HAMANN, Bruno
Dr. phil., Prof. f. Pädagogik Univ. München - Geschwister-Scholl-Platz 1, 8000 München 22 - Geb. 24. Mai 1927 Schlierstadt, kath., verh. s. 1954 m. Agnes, geb. Zankl, 5 Kd. (Heribert, Beate, Birgitta, Annette, Ulrike) - Lehramtsex. 1954 Univ. Freiburg, Promot. 1964 Würzburg - 1954 Lehrer, 1964 Doz., 1970 Prof. EWH Rhld.-Pf./Abt. Worms (1974 o. Prof.) - BV: D. Grundl. d. Päd., 1965; Religiöse Erzieh. als Unterr.prinzip, 1970; Sexualerzieh. in d. Schule v. heute, 1977; D. Problem d. Normativität in d. mod. Erziehungswiss.,

1979; Sozialisationstheorie auf d. Prüfstand, 1981; Jugend im Blickfeld d. Wiss., 1982; Päd. Anthropol., 1982; Geschichte d. Schulwesens, 1986; Familie heute, 1988.

HAMANN, Carl Heinz
Dr. rer. nat., Prof. f. Angew. Physikal. Chemie Univ. Oldenburg - Kiebitzhörne 6, 2882 Ovelgönne 1 (T. 04737-437 u. 0441-798 38 06) - Geb. 17. Febr. 1938 Hamburg - BV: Lehrbücher f. Elektro- u. Physikal. Chemie - Liebh.: Automobilsport (Gold. Sportabz. ADAC).

HAMANN, Elisabeth
Dr. med., MdL Bayern (s. 1975) - Kräpelinstr. 63, 8000 München 40 (T. 300 25 32); priv.: Schenkendorfstr. 14, 8070 Ingolstadt (T. 39 77) - Geb. 1915 - SPD.

HAMANN, Evelyn

Schauspielerin - Wohnhaft in Hamburg - Geb. Hamburg (Vater: Bernhard H., Konzertmeister) - Staatl. Hochsch. f. Musik u. Schausp. Hamburg, Leit. Prof. Eduard Markus - Hauptrollen: Margarethe Tietze in Loriots Spielfilm Ödipussi, Anne Michaelis in Schwarzwaldklinik, Special Evelyn u. d. Männer. Theater in Göttingen, Heidelberg, Bremen, Hamburg. Hörbuch-Cassette d. Romans Rebecca v. D. Du Maurier; Schallpl. m. Loriot. Eig. Soloabend m. Texten v. Loriot, Karl Valentin, Tucholsky u. Busch. Komödie Winterhuder Fährhaus in Hamburg u.a. Städten; Fromme Helene v. Wilhelm Busch als LP u. Compact (1989). Auftritt in d. Hamburger Musikhalle m. NDR Symphonie-Orch. Hannover m. Karneval d. Tiere (Text Loriot) - 1977 Gold. Kamera f. d. TV-Ansagerin v. d. TH-Versprecher; 1987 Gold. Publikumskamera in Bronze v. HÖRZU - Liebh.: Malen, Musik, Menschen - Spr.: Engl. - Bek. Vorf.: Jan Gesterkamp, Konzertm. in Hamburg (Großv.).

HAMANN, Günter O.
Dr., Prof., Fachhochschullehrer f. Informatik FH Wilhelmshaven, FB Wirtschaft - Bahnhofstr. 78, 2948 Schortens 1 (T. 04461 - 8 07 39) - Geb. 16. Juli 1942 Hamburg, verh. s. 1968 m. Dr. Elsbeth, geb. Schultz, T. Maja Ahn Cha Rim - BV: Logik d. Programmierung, 3. A. 1985; Datenverarb. m. BASIC, 6. A. 1988; Datenverarb. m. COBOL a. d. Personal Computer, 2. A. 1987. Div. Bücher üb. versch. BASIC-Dialekte, Betriebssyst., Schach-Programmierung.

HAMANN, Hans Heinz
Dipl.-Kfm., Geschäftsführer Kraftwerk Kassel GmbH., Kassel - Am Sandgraben 43, 3500 Kassel - Geb. 30. Dez. 1928.

HAMANN, Hans-Jürgen
Ehrenvorsitzender d. Aufsichtsrates Schering AG, Berlin/Bergkamen, 1. stv. AR-Vors. Zoolog. Garten Berlin - Schünemannweg 8, 1000 Berlin 46 (T. 774 10 75) - Geb. 26. Nov. 1914 Berlin (Vater: Albrecht H., Kaufm.; Mutter: Marie, geb. Hansen), verw. - Abit. - S.

1933 Schering AG, Berlin (langj. Auslandstätigk. Buenos Aires u. Bogota, 1947 Vertriebschef Pharma Ausland, 1958-78 Vorst.-Mitgl., dann AR-Vors.). Div. Ehrenstell. u. Mandate. 1963-78 kolumbian. Honorarkonsul in West-Berlin - Condecoracion de Comendador, Orden von San Carlos; 1981 Gr. BVK, 1986 Stern dazu.

HAMANN, Karl

Dr. rer. nat., o. Prof. f. Techn. Chemie - August-Lämmle-Weg 46, 7250 Leonberg/ Württ. - Geb. 8. Sept. 1906 Itzehoe/ Holst. - Tätigk. chem. Ind.; s. 1953 Ord. u. Direktor Institut f. Techn. Chemie Univ. Stuttgart, zugl. Dir. Forschungsinst. f. Pigmente u. Lacke e. V. ebd.; emerit. s. 1977 - BV: Chemie d. Kunststoffe, 1960. Fachaufs. Mithrsg.: Ullmann, Enzyklopädie d. Techn. Chemie - Spr.: Engl. - Rotarier.

HAMANN, Manfred

Dr., Ltd. Archivdirektor, Leit. Nieders. Hauptstaatsarchiv - Am Archiv 1, 3000 Hannover 1.

HAMANN (Hamann-Mac Lean), Richard H. L.

Dr. phil., o. Prof. f. Kunstgesch. (emerit.) - Binger Str. 26, 6500 Mainz (T. 39 22 58); priv.: Niklas-Vogt-Str. 14 (T. 8 29 16) - Geb. 19. April 1908 Berlin (Vater: Prof. Dr. phil. Richard H., Kunsthistoriker †1961 (s. XIII. Ausg.); Mutter: Emily, geb. MacLean), ev., verh. s. 1934 m. Hedwig, geb. Fuhrmann, 4 Kd. - Promot. 1934; Habil. 1939 - 1934 Doz. Städelsch. Frankfurt/M., 1940 Privatdoz. Univ. Halle, 1945 Univ. Marburg, 1949 apl. Prof., 1964 Wiss. Rat, 1967 Ord. Univ. Mainz - BV: Beitr. z. Problem d. Naumburger Meisters, 1935/43/49/66/71/82; Olymp. Kunst, 1936; Frühe Kunst im Westfränk. Reich, 1939 (m. J. Verrier); D. Lazarusgrab in Autun, in: Marbg. Jb. f. Kunstwiss., 1936; Antikenstudium in d. Kunst d. Mittelalters, ebd. 1948; Merowingisch oder frühromanisch?, in: Jb. Röm.-German. Zentralmuseum, 1957; D. Monumentalmalerei in Serbien u. Makedonien (11.-14. Jh.), 1963/76 (m. H. Hallensleben); Z. Baugesch. d. Kathedrale v. Reims, in: Gall-Gedenkschr., 1965; Zu Nikolaus v. Verdun, 1971-74 u. 1976-79;D. Freigrab, in: Ztschr. Dt. Verein f. Kunstwiss., 1978; D. Kathedrale v. Reims, in: Marbg. Jb. f. Kunstwiss., 1981; Reimser Denkmale d. franz. Königtums im 12. Jh., in: Nationes Bd. 4, 1982; Künstlerlaunen im Mittelalter, in: Skulptur d. MA - Funktion u. Gestalt (hg. F. Möbius u. E. Schubert), 1987; Stilwandel u. Persönlichkeit (ges. Aufs.; hg. P. C. Claussen), 1988; D. Kathedrale v. Reims, T. I, 3 Bde. 1989. Herausg.: Forsch. z. Kunstgesch. u. christl. Archäol., Hefte d. Kunstgesch. Inst. Mainz; R. Hamann (†), Theorie d. bild. Künste, 1978 - Liebh.: Graphik.

HAMANN, Ulrich

Dr. rer. nat., Prof. f. Spez. Botanik Univ. Bochum (s. 1969) - Sprockhöveler Str. 30, 4320 Hattingen-Blankenstein - Geb. 26. Sept. 1931 Görlitz/Schl. - Stud. Berlin. Promot. 1958; Habil. 1965 - Fachveröff. (Mitverf.: Bibliogr. z. Flora v. Mitteleuropa, 2. A. 1977; Mitherausg.: Hegi Ill. Flora v. Mitteleuropa, 2./3. A.).

HAMANN, Werner

Vorstandsmitglied Versorgungskasse d. Volksfürsorge V.V.a.G., Hamburg - Siebeneichen 15, 2000 Hamburg 62 - Geb. 18. Okt. 1929 - ARsmand.

HAMBERGER, Hanns

Oberbürgermeister a.D. (1970-88) - Römerauterrasse 12, 8910 Landsberg/ Lech - Geb. 11. Sept. 1923 Unterbernbach.

HAMBERGER, Wolfgang

Dr., Oberbürgermeister - Stadtschloß, 6400 Fulda: - B. 1969 Bürger-, 1970 Oberbgm. Fulda. Vizepräs. Hess. u. Präs.mitgl. Dt. Städtetag; Mitgl. Gewährträgervers. Hess. Landesbank; Präs. d. Hess. Spark.- u. Giroverbandes. CDU.

HAMBLOCH, Hermann

Dr. rer. nat., Prof. Inst. f. Geographie Univ. Münster - Breslauer Str. 48, 4400 Münster/W. (T. 24 83 01) - Geb. 27. März 1929 Bielefeld - S. 1961 (Habil.) Lehrtätigk. Münster - BV: Allg. Anthropogeogr., 1972, 5. A. 1982; D. Beneluxstaaten, 1977; Kulturgeogr. Elemente im Ökosystem Mensch-Erde, 1983. Fachaufs. Mitherausg. d. Münsterschen Geogr. Arbeiten.

HAMBURGER, Michael

B.A., M.A., LITT. D. (h. c.) Univ. of East Anglia, Lyriker, Schriftst., Übers. - Middleton, Suffolk, England (T. 0728 - 7 32 47) - Geb. 22. März 1924 Berlin (Vater: Prof. Dr. med. Richard H., Kinderarzt; Mutter: Lili, geb. Hamburg), verh. s. 1951 m. Anne, geb. File, 3 Kd. (Mary Anne, Richard, Claire) - 1937-41 Westminster School London; 1941/42 u. 1947/48 Christ Church Oxford - 1943-47 Militärdst., dann fr. Schriftst., 1952-55 Asst. Lecturer Univ. College London, 1955-64 Lecturer u. Reader (ao. Prof.) Univ. Reading, 1966/67 Purington Prof. Mount Holyoke College (USA), 1974 Prof. Boston Univ. - BV in d. Bundesrep.: Hugo v. Hofmannsthal, 2 Studien, 1964; Jesse Thoor, Sonette, Lieder, Erz., 1965 (Hrsg.); Zwischen d. Sprachen, Prosa u. Ged. 1966; Vernunft u. Rebellion, 1969, 2. A. 1974; D. Dialektik d. modernen Lyrik, 1972 (Neuaufl. als Wahrheit u. Poesie, 1985); Gedichte (zweispr.), 1976; Lit. Erfahr., 1981; Heimgekommen, Ged. 1984; Verlorener Einsatz, Erinn. 1987; The Glade, Ged. engl./deutsch 1988. Engl./USA Lyrik: Flowering Cactus, 1950; Poems 1950-51, 1952; The Dual Site, 1957; Feeding the Chickadees, Ged. 1968; Travelling, Ged. 1969; Weather and Season, 1963; In Flashlight, 1965; Ownerless Earth, 1973; Real Estate, 1977; Moralities, 1977; Variations, 1981; Collected Poems, 1984; Trees, Ged. 1988; Selected Poems, Ged. 1988. Literaturkritik; Reason and Energy, 1957; From Prophecy to Exorcism, 1965; The Truth of Poetry, Ess. 1969; Art as Second Nature, 1975; A Proliferation of Prophets, 1984; After the second Flood, 1987. Übers.: Hölderlin, Goethe, Beethoven, Hofmannsthal, Büchner, Trakl, Grass, Celan, Huchel - 1963 Übersetzerpreis Kulturkr. Bundesverb. d. Dt. Ind., Köln; 1964 Dt. Akad. f. Sprache u. Dicht., Darmstadt; 1978 Schlegel-Tieck-Preis u. Wilhelm-Heinse-Preis; 1986 Goethe-Med. d. Goethe-Inst.; 1988 österr. Staatspreis f. Lit. Übers.; Mitgl. Dt. Akad. f. Sprache u. Dicht., Darmstadt, Akad. d. Künste, Berlin, Bayer. Akad. d. Schönen Künste, München - Liebh.: Zoologie, Botanik, Musik - Spr.: Lat., Engl., Franz., Ital.

HAMDORF, Kurt

Dr. rer. nat., Wiss. Rat (Bereich Tierphysiologie), Prof. f. Sehphysiologie Univ. Bochum/Abt. f. Biol. (s. 1970) - Hiddinghauser Str. 5, 5812 Herbede-Bommerholz - Geb. 4. Okt. 1929 - Promot. (1958) u. Habil. (1968) Hamburg - S. 1969 Lehrtätigk. Bochum. Facharb.

HAMEL, Lambert

Schauspieler, Mitgl. Münchener Kammerspiele - Johann-v.-Werth-Str. 4, 8000 München 19 - Geb. 1940 - Fernsehen (u. a. Luther).

HAMEL, Peter Michael

Komponist - Hans Sachs Str. 10, 8000 München 5 - Geb. 15. Juli 1947 (Vater: Kurt Peter R., Regiss. u. Autor †1979) - Musikhochsch. München, TU Berlin - Zahlr. Orchesterw., zul. E. Menschentraum (Oper, UA. 1981 Kassel), Kassandra (Oper, UA. 1987 Frankfurt) - 1974 Bonner Beethoven-Preis, 1975 Stuttgarter Förderungspreis, 1977 Münchener Musikpreis, 1978 Preisträger Villa Massimo Rom; 1980 dtv: Durch Musik Zum Selbst (Taschenb.), Schallplatten bei Schott/Wergo, Mainz u. Kuckuck/ Teldec.

HAMEL, Winfried

Dr. rer. pol., Univ.-Prof. - Biggestr. 13, 5000 Köln-Lindenthal 41 - Geb. 5. Febr. 1943 Breslau, ev., verh. s. 1969 m. Brigitte, geb. Krüger - Dipl.-Kfm. 1967 Univ. Mannheim; Promot. 1972 Univ. München; Habil. 1979 Univ. Saarbrücken - 1987 Gastprof. Tsinghua-Univ. Peking/VR China - BV: Zieländerungen im Entscheidungsprozeß, 1974; Bilanzierung unt. Mitbestimmungs-Einfluß, 1982; zahlr. Aufs.; Herausg.: Wiss. Reihe Untern.führung u. Personalwirtschaft - Liebh.: Klass. Musik, Gesch. - Spr.: Engl., Franz.

HAMELMANN, Horst

Dr. med., o. Prof. f. Chirurgie - Arnold-Hellerstr. 7, 2300 Kiel (T. 597 43 01) - Geb. 26. Mai 1924 Gütersloh (Vater: Heinrich H., Realschullehrer), verh. m. Ingrid, geb. Essen - Schule Kolberg; Univ. Berlin, Prag, Münster. Promot. 1949; Habil. 1961 - S. 1961 Lehrtätigk. München (1967 apl. Prof.) u. Marburg (1969 Ord. u. Klinikdir.), 1978 o. Prof. Univ. Kiel. Dir. Abt. Allg. Chirurgie - Zahlr. Fachveröff.

HAMER, Isabel

s. Leins, Isabel

HAMER, Jürgen

Dr. med., Prof. f. Neurochirurgie Univ. Heidelberg (apl.), Neurochirurg, ltd. Oberarzt Univ.-Klinik Heidelberg - Am Fürstenweiher 41, 6900 Heidelberg-Ziegelhausen - Geb. 11. Jan. 1941 Münster.

HAMER, Kurt

Realschulkonrektor a. D., - Am Stadtpark 44, 2353 Nortorf (T. 52 41) - Geb. 24. April 1926 Neumünster, verh., 3 Kd. - Volkssch.; Lehrerbildungsanstalt - S. 1948 Volksschullehrer, Realschullehrer (1957) u. -konrektor. 1959-82 Stadtvertretung Nortorf; 1971-83 stv. Fraktionsvors., 1975-87 1. Landtagsvizepräs. SPD - 1984 Ritterkreuz I. Kl. d. Dannebrogordens; 1985 Gr. BVK.

HAMER, Sabine

Realschullehrerin, MdL Schlew.-Holst. - Rudolf-Kinau-Weg 30, 2202 Barmstedt - Geb. 13. Juli 1953, verh. s. 1982 m. Hans-Ulrich H., 2 Kd. (Karoline, Florian) - Abit.; 1. Staatsex. (Geogr. u. Sport) Kiel, 2. Staatsex. Pinneberg; Fernstud. z. Personalassist. Bad Harzburg - Ratsfrau Barmstedt, Mitgl. SPD-Landesvorst.

HAMERLA, Horst

Dr. jur., Dipl.-Kfm., Geschäftsführer MONA Strumpf- u. Wirkwaren F. W. Hofmann GmbH & Co., Karlsruhe, u. Kosmetikversand GmbH, Ettlingen - Carl-Hofer-Str. 20, 7500 Karlsruhe - Geb. 6. Mai 1929.

HAMESTER, Gustav

Fabrikant, Präsidialmitgl. Bundesverb. d. Dt. Süßwaren-Industrie - Elbchaussee 251, 2000 Hamburg 52 - Geb. 26. Jan. 1909 Basthorst - S. 1930 Hamburger Kakao- u. Schokoladenfabr. Gustav Hamester GmbH, Hamburg.

HAMM, Bernd

Dr. rer. pol., Prof. f. Soziologie Univ. Trier - 5500 Trier - Geb. 5. Aug. 1945 Groß Gerau (Vater: Franz H., Fahrlehrer; Mutter: Marianne, geb. Fink), gesch., 2 Töcht. (Karin, Janka) - Mittl. Reife, Schrifts.lehre, Univ. Bern (Soziol., Volks- u. Betriebsw., Arbeitsrecht); lic. rer. pol. 1974, Promot. 1975. 1964-69 Schrifts., 1974-77 fr. Forsch.- u. Berat.tätigk., s. 1977 Prof. f. Soziol. (insb. Siedl.- u. Planungssoziol.); 1985 Gastprof. Univ. Manitoba, Kanada; 1986-88 Lehrauftr. RWTH Aachen - BV: Betrifft: Nachbarschaft, 1973; Materialien z. Siedlungssoziol. (hg. zus. m. Peter Atteslander) 1974; D. Organisation d. städt. Umwelt, 1977; Lebensraum Stadt, 1979; Indikatoren d. Stadtentw., 1979; Einf. in d. Siedlungssoziol., 1982; Urban and Regional Sociol. in Poland and West Germany (hg.), 1984; Urbanism and Human Values (hg. zus. m. Bohdan Jalowiecki), 1984; Soziale Segregation im intern. Vergleich, 1987; The Social Nature of Space (hg. zus. m. Bohdan Jalowiecki), 1989; Progress in Social Ecology (hg.), 1989 - 1974 Seminarpreis Rechts- u. Wirtschaftswiss. Fak. Univ. Bern, 1978 1. Preis Julius Bär-Stift., 1984 Vors. Fachaussch. Sozialwiss. Dt. UNESCO-Kommiss. - Spr.: Engl., Franz.

HAMM, Berndt

Dr. theol., o. Prof. f. neuere Kirchengesch. Univ. Erlangen - Drosselweg 12, 8525 Uttenreuth (T. 09131 - 5 79 37) - Geb. 17. Nov. 1945 Tauberbischofsheim, ev., verh. s. 1969 m. Dr. Christel, geb. Balk, 2 Töcht. (Kerstin, Ulrike) - Theol.-Stud.; Ex. 1970, Promot. 1975, Habil. 1981 Tübingen - 1981-84 Doz. Tübingen; 1983/84 Pfarrer in Reutlingen (Marienkirche); s. 1984 Ord. Erlangen - BV: Religio d. Menschheit, 1970; Freiheit u. Selbstbindung Gottes, 1977; Frömmigkeitstheol., 1982; Zwinglis Reformation d. Freiheit, 1988 - Liebh.: Bergsteigen, Fußball, Dichtung, Klass. Musik, Chansons.

HAMM, Helmut A.

Dr. rer. nat., Wiss. Rat (Mathemat. Institut), Prof. f. Mathematik Univ. Münster - Südlohnweg 32, 4400 Münster/W.

HAMM, Jean-Paul

Vorstandsmitglied UAP Intern. Versich., Saarbrücken, Hauptbevollmächtigter L'Union des Assurances de Paris, Direktion f. Dtschl. - Neumarkt 15, 6600 Saarbrücken (T. 0681 - 50 05-0) - Geb. 23. Juli 1932 Straßburg - Univ. Straßburg - Spr.: Franz.

HAMM, Josef

Dr. med., Prof., Chefarzt Med. Klinik Städt. Krankenanstalten Remscheid (s. 1966) - Bergfrieder Weg 7, 5630 Remscheid (T. 34 11 14) - Geb. 25. Juli 1920 Felbecke/W., verh., 3 Kd. - S. 1957 (Habil.) Lehrtätigk. Göttingen u. Marburg (1958; 1963 apl. Prof., gegenw. Honorarprof. f. Inn. Med.). Üb. 100 Fachveröff.

HAMM, Ludwig

Dr. jur., Staatssekretär a. D., Rechtsanwalt - Leibnizstr. 48, 6750 Kaiserslautern - Geb. 6. Dez. 1921 Kaiserslautern, verh., 4 Kd. - Gymn.; Univ. Göttingen u. Mainz - 1940-45 Wehrdst. (zul. Oblt.); 1952-66 u. s. 1967 Rechtsanw.; 1966/67 Kabinett Rhld.-Pfalz (Wirtsch.min.); 1961-66 MdB (Vors. Gesundheitsaussch.). 1953-69 (Austr.) FDP (u. a. Vors. Bezirksverb. Westpfalz); s. 1971 CDU - Kriegsausz. (u. a. Dt. Kreuz in Gold).

HAMM, von, Michael

Verleger, Geschäftsf. Flensburger Zeitungsverlag GmbH., Flensburg - Lutherstr. 13, 2380 Schleswig - Geb. 6. April 1938.

HAMM, Richard

Dr. jur., Notar, Ehrenpräs. Bundesnotarkammer u. Rhein. Notarkammer, Köln - Lortzingstr. 1, 5000 Köln 41 (T. 40 24 64) - Geb. 12. Jan. 1911 - 1972 Gr. BVK, 1980 Stern dazu - Rotarier.

HAMM, Walter

Dr. rer. pol., em. o. Prof. f. Volkswirtschaftslehre - Zur Klause 28, 3550 Marburg 6 (T. Marburg 8 11 74) - Geb. 30. Nov. 1922 Frankfurt/M., ev., verh. s. 1950 - Univ. Frankfurt (Dipl.-Volksw. 1948). Promot. 1952 Frankfurt; Habil. 1961 Mainz - 1961 Privatdoz. Univ. Mainz; 1963 Ord. Univ. Marburg. VR-Mitgl. Forschungsinst. f. Wirtsch.politik Univ. Mainz; Kurator u. Gesellsch. FAZIT-Stift. Gemeinnützige Verlagsges. mbH, Frankfurt - BV: Schiene u. Straße, 1954; Wertstaffel u. Standortpolitik, 1957 Kollektiveigentum, 1961; Preise als verkehrspolit. Ordnungsinstrument, 1964;

Binnenwasserstraßenpolitik, 1973; Irrwege d. Gesundheitspolitik, 1980 - 1965 van-Gunst-Preis (f. d. drittletzte Buch); Goldene Ehrennadel Dt. Genossenschafts- u. Raiffeisenverb.; 1988 Ludwig-Erhard-Preis f. Wirtschaftspubliz. - Spr.: Engl. - Rotarier.

HAMM-BRÜCHER, Hildegard, geb. Brücher

Dr. rer. nat., Dr. h. c., Staatsministerin a.D. (1977-82, Auflös. soziallib. Koalition), MdB (s. 1976) - Zul. 5300 Bonn - Geb. 11. Mai 1921 Essen (Vater: Dr. Paul Brücher; Mutter: Elisabeth, geb. Pick), ev., verh. m. Dr. jur. Erwin Hamm (CSU-Stadtrat München, Betriebs- u. Krankenhausref.), 2 Kd. (Florian, Verena) - Schulen Berlin, Dresden, Salem, Konstanz; 1939-45 Univ. München (Chemie). 1949/50 Stip. Harvard Univ. (USA) - 1945-48 wiss. Redakt. D. Neue Ztg., München; 1967-69 Staatssekr. Hess. Kultusmin.; 1969-72 (Rücktr.) Staatssekr. Bundesmin. f. Bildung u. Wiss. Ab 1948 Mitgl. Stadtrat München; 1950-66 u. 1970-76 MdL Bayern (1972 Fraktionsvors.). Gründerin Vors. Stiftg. Theodor-Heuss-Preis, div. Ehrenstell. FDP s. 1948 (1972-76 stv. Bundesvors.); Initiatorin u. Sprech. d. Interfrakt. Initiative Parlam.reform im BT - BV: Lernen u. Arbeiten - Berichte üb. d. sowjet. Schul- u. Bildungswesen, 1965; Auf Kosten unserer Kinder, 1965; Aufbruch ins Jahr 2000 oder Erziehung im techn. Zeitalter, 1967 (rororo-Taschenb.); Gegen Unfreiheit in d. demokr. Gesellschaft, 1968; Unfähigkeit z. Reform?, 1972; Reform d. Reform, 1973; Bildung ist k. Luxus, 1976; Kulturbeziehungen weltweit, 1979; D. Politiker u. s. Gewissen, 1983 u. 87; Theodor Heuss-Biogr., 1983; Gerechtigkeit erhöht e. Volk, 1984; Kämpfen f. e. demokr. Kultur, 1986 - 1982 Ehrendoktortitel Kath. Univ. Lima (Peru); 1966 Wolfgang-Döring-Med.; 1984 W.-Leuschner-Med. Mitgl. dt. PEN Zentrum u. d. EKD Synode - Liebh.: Schwimmen, Skilaufen, Lesen.

HAMMACHER, Klaus

Dr. phil., Prof. f. Philosophie RWTH Aachen - Schillerstr. 63, 5100 Aachen - Geb. 24. Nov. 1930 Aachen (Vater: Karl H., Forstrat; Mutter: Cläre, geb. Flötgen), kath., verh. s. 1958 m. Silvia, geb. Delseith, 3 S. (Ludwig, Georg, Achim) - Univ. Freiburg, Bonn, München, Köln (Phil., Gesch., Dt., Rechtswiss.; Staatsex. 1959). Promot. 1958; Habil. 1967 - 1970ff. apl. Prof. - BV: D. Phil. F. H. Jacobis, 1969; Unmittelbarkeit u. Kritik b. Hemsterhuis, 1970; F. H. Jacobi. Katalog e. Ausst., 1985. Hrsg. F. H. Jacobi - Philosoph u. Literat d. Goethezeit, 1971; Erneuerung d. Transzendentalphil., (m. A. Mues) 1979; D. transzendentale Gedanke, 1981; Descartes: Les Passions de l'Ame, 1984. Mithrsg.: Studien z. Transzendentalphil. (1981ff.). Div. Abh. - Spr.: Engl., Franz., Ital.

HAMMACHER, Konrad

Dr. med., o. Prof., Ärztl. Direktor i. R. Lehrstuhl II f. Gynäkologie u. Geburtshilfe (Geburts- u. Perinatal-Medizin) Univ. Tübingen (1977-85) - Brunsstr. 31, 7400 Tübingen (T. 2 75 43) - Geb. 29. Jan. 1928 Essen (Vater: Heinrich H., Dr. med., prakt. Arzt; Mutter: Berta, geb. Troullier), kath., verh. s. 1958 m. Dr. Monika, geb. Schilde, 3 Kd. (Susanne, Ralph, Barbara) - Helmholtz-Gymn. Essen, Univ. Bonn u. Innsbruck, Promot. 1958 Düsseldorf, Habil. 1974 Basel - S. 1985 aus gesundheitl. Gründen als Facharzt u. Ärztl. Dir. im Ruhest. - Erf.: Cardiotokographie: Überwach. d. Herztätigk. d. ungebor. Kindes u. d. mütterl. Wehen; Feedbackgeregelte Elektrodenheiz. z. Messung v. Gasdrucken durch d. Haut insbes. b. Neugeborenen; Cardiorespirator; Herzphasen-gesteuerte künstl. Beatmung z. Verbess. d. Lungenperfusion - BV: D. kontinuierl. elektron. Überwachung d. fetalen Herztätigk. vor u. während d. Geburt, Bd. II Stuttgart 1967 (span. A. 1970); The clinical significance of Cardiotocography, Stuttgart 1969; Über d. Anwendung d. Cardiotokographie (CTG) i. d. Spätschwangerschaft u. unter d. Geburt, München 1974; Kardiotokografija (m. M. S. Ramzin), Zagreb 1977 (in jugosl. Spr.). Üb. 80 Fachveröff. in dt. u. ausl. Fachzeitschr. - Maternité-Preis Dt. Ges. f. Perinatale Medizin, 1969; s. 1982 Ehrenmitgl. Dt. Ges. f. Geburtshilfe u. Gynäkol. Berlin; 1986 Ehrenplak. Ges. f. Perinatale Med. d. DDR - Liebh.: Wassersport, Photographie - Lit.: Brockhaus-Enzyklopädie (1973) 18. Bd., S. 741; Mensch u. Gesundheit. Bertelsmann Lexikothek (1973) S. 20; 25 Jahre Bundesrepublik Deutschland, Fritz Molden Verlag (1974) S. 307 - Spr.: Engl.

HAMMAD, Farouk

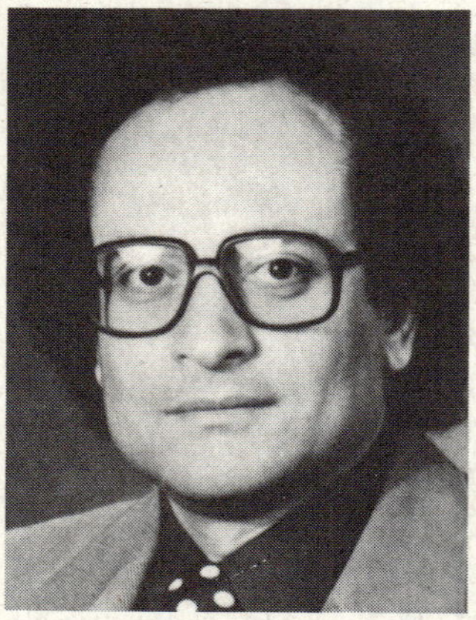

Dipl.-Ing., Univ.-Prof. f. Industrial Design Hochsch. f. Bildende Künste Braunschweig - Vogelsangweg 6, 3013 Barsinghausen 1 (T. 05105 - 8 33 46) - Geb. 23. Mai 1933 Alexandria, Muslim, verh. s. 1962 m. Ingeborg, geb. Kramer, T. Karima - Techn. Industrie-Dipl. 1954 Abutig; Stud. Päd. (Kunst, Math.) 1957 Assut; Abschlußex.; Industrial Design 1960 WKS Hannover; allgem. Maschinenbau 1970 Univ. Hannover - Doz. f. Kunst u. Leit. d. Plastikabt. in Kairo; Wiss. Assist. Univ. Hannover, Industrial Design; Techn. Mitarb. im Vorst. d. Fa. Meaplan. Frankfurt; Lehrbeauftr. FH Hannover, Univ. Hannover u. Univ. Braunschweig; Univ.-Prof. f. Industrial Design an d. HBK Braunschweig; Industrial Design-Sem. im Ausl. Mitgl. d. VDI, VDID, IDZ u. BDÜ - Übers. in d. arab. Spr. - Liebh.: Malen, Fotogr. - Spr.: Arab., Engl.

HAMMANN, Peter

Dr. oec. publ., Dipl.-Kfm., o. Prof. f. Betriebswirtsch.lehre Univ. Bochum (s. 1974) - Wasserstr. 66, 4630 Bochum 1 - Geb. 2. April 1938 München (Vater: Dr. Ernst H., Kaufm.; Mutter: Margherita, geb. Euler), verh. s. 1968 m. Ursula, geb. Seyboth, 3 Kd. (Sabine, Christoph, Michael) - Promot. (1965) u. Habil. (1970) München - 1966-70 Univ. München; 1970-74 Prof. TU Berlin (1970-72 Dekan); 1972-73 Massachusetts Inst. of Technol., Cambridge/USA. In- u. ausl. Fachmitgl.sch., dar. Präs. Europ. Acad. f. Adv. Res. in Marketing - BV: Neuere Ansätze d. Marketingtheorie, 1974 (m. W. Kroeber-Riel, C. W. Meyer); Entscheidungsanalyse im Marketing, 1975 (m. B. Erichson, W. D. Scheel); Marktforschung, 1978 (m. B. Erichson) - Liebh.: Lit., Kunst, Musik - Spr.: Engl., Franz., Ital.

HAMMAR, Carl-Heinz

Dr. med., Prof., Chefarzt Med. Klinik II/Städt. Klinik/Fulda - Anton-Schmitt-Str. 23, 6400 Fulda - Geb. 18. Juli 1930 Kiel - Promot. 1957 Mainz - S. 1970 (Habil.) Lehrtätigk. Univ. Mainz (gegenw. n. b. Prof. f. Inn. Med.).

HAMMEL, Anton Dieter

Dr., Geschäftsführender Direktor Mitteldt. Simonsbrot-Fabrik - Weidenhäuser Str. 2, 3440 Eschwege (Tel. 05651 - 86 74) - Geb. 29. Juli 1937 Eschwege, verh. m. Ute Hammel-Feith, 2 Kd. - Präs. Verb. d. Dt. Brot- u. Backwarenind., Düsseldorf; Mitgl. Vollvers. IHK Kassel; ehrenamtl. Finanzrichter; AR-Mitgl. Volksbank Kassel - Mehrere Patente - Spr. Engl., Franz.

HAMMEL, Walter

Dr. phil., Prof. f. Pädagogik Univ. Paderborn (s. 1970) - Rolandsgärten 1, 4790 Paderborn/W. - Geb. 1. Jan. 1928 Oberhausen - Promot. 1951 Freiburg - BV: u. a. Krise u. Bildung, 1967; Wandel d. Bildung, 1970; Bildsamkeit u. Begabung, 1970; Autorität, 1973; Aspekte sittl. Erzieh., 1976; Lernen u. Lehren, 1982; Jugend zw. Beanspruch. u. Selbstverwirklichung, 1985; Natur-Erfahrungen, Natur-Einstellungen, 1987. Zahlr. Einzelarb.

HAMMEN, Werner

Kaufmann, Vors. Wormser Getreide- u. Produktenbörse - Zu erreichen üb.: Mälzerei Schill., 6522 Osthafen.

HAMMER, Achim

Schauspieler, Fernsehmoderator - Maximilian-Wetzger-Str. 3, 8000 München 19 (T. 089 - 15 51 59) - Geb. 12. Dez. 1940 Plauen (Vater: Werner H., Kaufm.; Mutter: Hildegard H.), verh. s. 1983 m. Beatrice, geb. Schmöger - 1957-60 Staatl. Schauspielsch. Berlin - 1970 Ende d. Engagements Schausp.haus Zürich (Prometheus, Gräfin v. Rathenow, u.a.). Moderat. im FS, u.a. Kino aktuell, (BR III) 1980, Weltsprache Musik (ZDF) 1982/83, Die Germanen (ARD) 1984, Maria Stuart (ZDF) 1988, Schlösser u. Gärten in d. DDR (WDR) 1989; div. Hörfunkprod. 88/89.

HAMMER, Christian

Dr. rer. nat., Vorstandsmitglied Aachener u. Münchener Versicherungs-AG., Aachen - Obersteinstr. 77, 5190 Stolberg/Rhld. - Geb. 17. Febr. 1921 Stolberg.

HAMMER, Günter

Herausgeber - Zu erreichen üb. Westf. Rundschau, Bremer Str., 4600 Dortmund - Geb. 29. März 1922 Essen, verh. s. 1954 m. Ilse, geb. Niggemann - Volkssch.; kaufm. Lehre; Abendsch.; Priv. Sprachsch. (Engl., Franz) - Ab 1938 kaufm. Angest., 1942-48 Wehrdst. u. Kriegsgefangensch., dann Mitarb. Westf. Rundschau (1951 stv., 1968 Chefredakt.). 1970-85 VR-Mitgl. (vorher stv. Rundfunkratsvors.) WDR - Spr.: Engl.

HAMMER, Hans Herbert

Dr.-Ing., Dipl.-Ing., o. Prof. u. Direktor Inst. f. Brennstoffchemie u. Physik.-chem. Verfahrenstechn. TH Aachen (s. 1972; 1973-75 Leit. Fachabt. Chemie/Biol.) - Sandweg 11, 5100 Aachen (T. 0241 - 80 65 60; priv.: 17 26 87) - Geb. 10. Dez. 1924 Elbing/Westpr. (Vater: Arthur H., Obering.; Mutter: Erna, geb. Clausnitzer), ev., verh. s. 1954 m. Gudrun, geb. Boesler, 3 Kd. (Karsten, Ute, Gerhild) - Stud. TU Berlin; Promot. 1959 (Chem.); Habil. 1968 (Techn. Chemie) - 1942-49 Kriegsdst. u. -gefangensch.; 1968 Privatdoz., 1969 Wiss. Rat u. Prof. TU Berlin (dazw. Ind.tätigk.). Mitgl. GDCh, Dt. Bunsen-Ges. f. physikal. Chemie, Dt. Ges. f. chem. Apparatewesen u. Dt. Ges. f. Mineralölwiss. u. Kohlechemie. B. 1976 Präsidiumsmitgl. Synode d. Ev. Kirche d. Union Bundesrep. u. Berlin-West; div. Ehrenämter Ev. Kirche Berlin-Brandenburg (b. 1972) u. Rhld. (b. 1982); Vertrauensdoz. Konrad Adenauer-Stiftg. f. Aachen (s. 1973) - Forsch. Schwerpkt.: Heterogene Katalyse, chem. Reaktionstechnik, Kohlechemie. - Spr.: Engl., Franz.

HAMMER, Hans Otto

Dr. rer. nat., o. Prof. f. Chemie u. ihre Didaktik Univ. Köln - Siebengebirgsallee 34, 5000 Köln 41 (T. 0221 - 41 25 60) - Geb. 30. März 1924 Kenten/Krs. Bergheim-Erft - Univ. Köln u. Bonn (Chem. u. Physiol. Chem. u. Zool.), 1. u. 2. Staatspr. f. d. Lehramt Gymn. 1955-70 Höh. Schuldst., s. 1970 o. Prof. PH Ruhr/Abt. Essen, 1972 GH Essen, 1975 PH Rhld./Abt. Köln, 1980 Univ. Köln. S. 1976 Mithrsg. Schriftenr. D. Chemieunterr.

HAMMER, Klaus

Dr. jur., Vorstandsmitglied Deutsche Ausgleichsbank, Bonn (s. 1970) - Kronprinzenstr. 10, 5300 Bonn 2 (T. 83 15 12) - Geb. 6. Febr. 1923, ev., verh. s. 1966 m. Rita, geb. Rössler (Reg.-Dir.), S. Michael - Goethe-Sch. (W'dorf) u. Univ. Berlin (Rechts- u. Staatswiss.) - Zul. Hauptgeschäftsf. Verb. öfftl.-rechtl. Kreditanstalten, Bonn - BV: Emissionsrecht, 1963; Bilanzen d. Kreditinst., 1979; Realkreditgesetze, 1974. Herausg.: Archiv bankrechtl. Entscheidungen (1958) - Spr.: Engl., Franz., Ital.

HAMMER, Rainer

Geschäftsführer Schuhfabrik Ferdinand Rinne GmbH., Hess. Oldendorf - Nonnenkamp 8, 3253 Hess. Oldendorf - Geb. 17. Febr. 1934.

HAMMER, Rudolf

Landrat a. D., Vorstandsvors. i.R. (s. 1977) Sparverein eGmbH., Grünstadt - An d. Markscheide 14, 6900 Heidelberg (T. 3 50 72) - Geb. 8. Jan. 1912 Ludwigshafen/Rh. (Vater: Richard H., Redakt.; Mutter: Friederike, geb. Müller), freirelig., verh. s. 1947 m. Helene, geb. Holl, 3 Kd. (Eckart, Jutta, Ulrich) - HH Mannheim (Wirtschaftswiss.); Dolmetscher-Inst. Mannheim/Heidelberg (Franz., Rumän.) - B. 1935 Auslandskorresp. Knoll AG., L'hafen, dann Prokurist Knoll S.A.R., Bukarest, 1942-45 Wehrdst., 1945-48 Reg.srat Bezirksreg. Neustadt/Weinstr., anschl. Landrat L'hafen u. Frankenthal (1951) - BV: La Trace de l'Homme / D. Spur d. Menschen, (2spr. im Selbstverlag) - Spr.: Franz., Rumän., Engl. - Rotarier.

HAMMER, Walter

Präsident Kirchenamt d. EKD, AR-Vors. Ev. Familienfürsorge, Detmold - Herrenhäuser Str. 12, 3000 Hannover 21 (T. 71 11-110) - Geb. 5. Aug. 1924.

HAMMERICH, Kurt

Dr. phil., Prof., Soziologe - Kommendeweg 24, 5000 Köln 40 (T. 02234 - 7 84 63) - Geb. 31. März 1940 Borken/W. (Vater: Artur H., Finanzbeamter; Mutter: Anny, geb. Hillers), kath., verh. s. 1966 m. Christa, geb. Gerfertz, 3 Kd. (Stefan, Georg, Magdalena) - S. 1971 Lehrtätigk. TH Aachen - BV: Aspekte e. Soziol. d. Schule, 1975; Krit. Studien z. Freizeitpäd. u. -soziol., 1978; Soz. Engagement u. wiss. Legitimierung, 1989. Mithrsg.: Texte z. Soziol. d. Sports (1975) u. Materialien z. Soziol. d. Alltags (1978) - Spr.: Engl.

HAMMERICH, Kurt

Dr. rer. pol., Leiter d. Marketingforschung d. ExperTeam GmbH, Wachstums-, Innovations- u. Gründungsberat. GmbH, Dortmund - Thesdorfer Weg 121, 2080 Pinneberg (T. 04101 - 6 37 17) - Geb. 7. Nov. 1931 Kr. Segeberg/Holst., ev., verh. m. Erika, geb. Merkel, 2 Kd. - Dipl.-Volksw. 1957, Promot. 1961 - Führungsposit. im Marketing (Verkaufsleit., Produktmanager, Marktforscher) - Liebh.: Psych., Lit., Sport - Spr.: Engl., Franz.

HAMMERL, Alfons

Dipl.-Forstw., Präsident Bayer. Holzwirtschaftsrat, 1. Vors. Verb. bayer. Säge- u. Holzindustrie, Arbeitgeberverb. bayer. Säge- u. Holzbearb.ind., Holzhandlungen u. angeschl. Betriebe, Verb. Südd. Fertighausindustrie u. Bayer. Holzhandelsverb., alle Prannerstr. 9/I, 8000 München 2 (T. 089 - 29 45 61-63); priv.: Prößlstr. 19, 8000 München 90.

HAMMERL, Johann

I. Bürgermeister - Rathaus, 8077 Reichertshofen/Obb.; priv.: Marktstr. 8 - Geb. 13. März 1927 Reichertshofen.

HAMMERMANN, Herbert

Dipl.-Ing., Patentanwalt, Präs. Dt. Erfinderring/Intern. Neuheitenring - Schlegelstr. 17, 8500 Nürnberg - Geb. 18. Sept. 1898.

HAMMERS, Paul

Geschäftsf. Gesellschafter d. Hammers Beteiligungsges. m.b.H., Hamburg - Schemmannstr. 12, 2000 Hamburg 65 - Geb. 9. Nov. 1914.

HAMMERSCHMID, Josef

Dipl.-Ing., I. Bürgermeister Stadt Vohburg (s. 1978) - Rathaus, 8075 Vohburg/Donau; priv.: Gimpelweg 14 - Geb. 10. Juni 1931 Vohburg - Maschinenbau, insb. Landm.

HAMMERSCHMID, Josef

Dr. med., Arzt, Schriftsteller, (Ps. Josef Gollwitzer) - Burgweg 3, 8023 Pullach (T. 089 - 793 18 00 - 793 33 43) - Geb. 15. Febr. 1920 München (Vater: Josef H., städt. Angest.; Mutter: Rosalie, geb. Augustin), kath., verh. s. 1960 m. Lisa, geb. Gollwitzer, 5 Kd. (Margot, Ulrike, Evelyne, Helmut, Klaus) - Univ. München, Promot. 1950 München - 1958-67 Chefarzt - Entd.: 1952 Wundgranulationshormone Chirurg. Univ. Klinik München - BV: D. 6. August, R. 1975 (engl. africans); D. aufgeklärte Patient, 1976; Wörterbuch d. med. Fachausdrücke, 1978; Mutterschaftsvorsorge, Fortbild.sfilm f. Ärzte, 1. Univ. Frauenklinik München - Spr.: Engl., Franz.

HAMMERSCHMIDT, Ernst

Dr. theol., Dr. iur., Dr. phil., Mag. iur., B. Litt., o. Prof. f. Afrikan. Sprachen u. Kulturen - Hegestr. 39, D-2000 Hamburg 20 (T. 460 19 02) u. Lange Gasse 5-7/7, A-1080 Wien (T. 437 59 53) - Geb. 29. April 1928 Marienbad, alt-kath., verh. s. 1955 m. Ilse, geb. Brüner, 2 Kd. (Ulrich, Verena) - Stud. Phil., Oriental. Sprachen, Theol., Rechtswiss. Bamberg (1946-48), Innsbruck (1949-50), St. Florian (1950-51), Salzburg (1951-52), Wien (1952-53), Münster/W. (1954-55), Oxford (1955-57), Wien (1957-58 u. 1980-86). Promot. 1952, 1953 u. 1986. Priesterweihe 1958 - S. 1962 (Habil.) Lehrtätigk. Univ. Saarbrücken (1968 apl. Prof.) u. Hamburg (1970 Ord.). Synodalexaminator (1988) - BV: Grundriß d. Konfessionskunde, 1955 (ital. 1957); D. kopt. Gregoriosanaphora, 1957; Äthiop. liturg. Texte d. Bodleian Library in Oxford, 1960; Studies in the Ethiopic Anaphoras, 1961; Kultsymbolik d. kopt. u. d. äthiop. Kirche, in: Symbolik d. Religionen X, 1962; Stellung u. Bedeut. d. Sabbats in Äthiopien, 1963; Symbolik d. oriental. Christentums (Tafelbd.), 1966; Äthiopien - Christl. Reich zw. Gestern u. Morgen, 1967; Äthiopistik an dt. Univ., 1968 (engl. 1970); Illuminierte äthiop. Handschr., 1968 (m. O. A. Jäger); Äthiop. Handschr. v. Tānāsee, 1 1973, 2 1977; Codices Aethiopici, 1 1977; Äthiop. Handschr., 1 (Staatsbibl. Berlin) 1983 (m. V. Six); Hrsg. Äthiopist. Forschungen, s. 1977. Zahlr. Fachaufs. - 1967 Fellow Higher Inst. of Coptic Studies, Kairo; 1968 Kardinal-Innitzer-Preis (Österr.) - Liebh.: orientalist., theol. u. jurist. Literatur (Privatbibl.) - Spr.: Engl. - Österr. Staatsangeh.

HAMMERSCHMIDT, Jost

Dr. rer. pol., Dipl.-Kfm., Generalbevollm. Direktor Siemens AG - Wittelsbacher Platz 2, 8000 München 2 (T. 089 - 234 28 40) - Geb. 1935 Nürnberg, verh. - BV: Inflationsrechnung im Untern., 1984.

HAMMERSCHMIDT, Rudolf

Dr. jur., Rechtsanwalt, Landesgeschäftsführer Dt. Rotes Kreuz Rheinl.-Pfalz - DRK, Mitternachtsgasse 4, 6500 Mainz (T. 06131 - 28 28-0) - Geb. 13. Sept. 1950 Limburg.

HAMMERSCHMIDT, Wolfgang

Chefdramaturg - Postfach 1264, 6200 Wiesbaden - Geb. 6. Febr. 1925 Cottbus - Gymn.; 1943-45 polit. Verfolgung, Haft, Flucht, Illegalität; 1947-50 Univ. Berlin (Lit., German. Theaterwiss.) - 1949-50 I. Dramat. Stadttheater Cottbus; 1950-52 Chefdramat. Landestheater Sachsen-Anhalt, Halle; 1952-54 Chefdramat., stv. Int., I. Regiss. Theater d. Altmark, Stendal; 1954-60 Chefdramat. Komische Oper Berlin; 1960-62 fr. Mitarb. SFB, Bayer. u. Südd. Rundfunk; 1961-62 Hörspiel- u. Featuredramat. RIAS Berlin; 1963-70 I. Redakt., Leit. Abt. Fernsehspiel/Film, Chefdramat. (1967), s. 1973 Redakt.-Leit. Dokumentarspiel, 1985ff. Redakt.-Leit. f. Sonderaufg./Programmdirekt. ZDF, Mainz. 1971ff. Vors. Dramaturg. Ges., Berlin. Opernbearb. u. -insz.: u. a. Paisiello, D. Barbier v. Sevilla (Schwetzingen u. Berlin 1960) - BV: Landestheater Sachsen-Anhalt 1945-51, 1951; 10 J. Kom. Oper, 1957; Schriftenreihe d. Dramat. Ges. Berlin 1972-76 - Liebh.: Musik - Spr.: Franz. - Eltern s. Helmut H. (Bruder).

HAMMERSCHMITT, Günther

Dipl.-Volksw., Mitglied d. Vorstandes Ost-West Handelsbank AG, Frankfurt (s. 1978) - Stephanstr. 1, 6000 Frankfurt (Main) (T. 2 16 80) - Geb. 2. Nov. 1929 Bad Homburg (Vater: Heinrich H., Beamter; Mutter: Maria, geb. Steuernagel), ev., verh. s. 1955 m. Hilde, geb. Solz, 2 Kd. (Karin, Peter) - Gymn. (Abit.); Stud. Wirtsch.swiss. - 1954-56 Volontär, dann Bankentätigk. (1965-74 stv. Leit. Fil.büro Bank f. Gemeinwirtsch., 1966 Prokura, 1967 Dir.).

HAMMERSEN, Frithjof

Dr. med., Prof., Direktor Anatom. Inst. TU München (s. 1976) - Biedersteiner Str. 29, 8000 München 40 - Geb. 26. Mai 1932 Hamburg, verh. s. 1979 m. Elke, geb. Möhring, 2 Söhne (Nicolai, John-Philip) - 1951-56 Med.-Stud. Univ. Hamburg; Promot. 1957 Hamburg; Habil. 1965 Freiburg; 1967 apl. Prof. Univ. Freiburg - 1972-76 Dir. Inst. Exper. Morphol. Deutsche Sporthochsch. Köln - BV: Atlas d. Histologie, 3. A. 1985 (übers. in mehrere Spr.) - Spr.: Engl.

HAMMERSTEIN, von, Franz

Dr. theol., Dr. h.c., Pfarrer, Vorsitzender Ges. f. Deutsch-Sowjetische Freundschaft Berlin-West - Kurfürstendamm 72, 1000 Berlin 31 - Geb. 6. Juni 1921, ev., verh. s. 1952 m. Verena, geb. Rordorf, 3 Söhne (Adrian, Stephan, Kaspar) - Promot. 1957 Univ. Münster - Mitbegr. (1958/59) u. Leit. (1967-75) Aktion Sühnezeichen, 1975-78 in Genf ÖRK (Christl.-jüd. Dialog), 1978-86 Dir. Ev. Akad. Berlin - BV: Verantwortliche Gde. in Amerika, 1957; D. Messiasproblem b. Martin Buber, 1958; 10 J. Aktion Sühnez., 1968; Von Vorurteilen z. Verständnis, z. jüd.-christl. Dialog, 1976 - 1967 Ehrendoktor Howard Univ., Washington; D.C. USA; s. 1973 Companion d. Order of the Cross of Nails, Coventry Cathedral; s. 1975 Mitgl. Kurat. d. Aktion Sühnez. Fetendsdste. - Bek. Vorf.: Kurt Frhr. v. Hammerstein (Vater), b. 1934 Chef d. Heeresleit., Widerst. gegen NS-Diktatur.

HAMMERSTEIN, Jürgen

Dr. med., Prof., Leiter Abt. f. Gynäkolog. Endokrinologie, Sterilität u. Familienplanung d. Frauenklinik im Klinikum Steglitz FU Berlin - Gärtnerstr. 4a, 1000 Berlin 45 (T. 771 28 93) - Geb. 19. April 1925 Berlin (Vater: Richard H., Bankier; Mutter: Lotte, geb. Hildebrand), ev., verh. s. 1948 m. Christiane, geb. Mallet, 2 Söhne (Peter, Klaus) - 1946-51 Univ. München, Köln, Berlin (Humboldt), Heidelberg, Berlin (Freie). Promot. u. Habil. Berlin - S. 1960 Privatdoz. u. apl. Prof. (1966) FU Berlin (Gynäkolog. Endokrinologie, Sterilität und Familienplanung). 1979-80 Präs. Dt. Ges. f. Endokrinologie. Üb. 180 Wiss. Veröff. u. Buchbeitr. - 1975 Laqueur-Med. - Spr.: Engl.

HAMMERSTEIN, Notker

Dr. phil., Prof. f. Mittlere u. Neuere Geschichte Univ. Frankfurt/M. - Kaiser-Friedrich-Promenade 109, 6380 Bad Homburg.

HAMMERSTEIN, Reinhold

Dr. phil., em. o. Prof. Univ. Heidelberg (s. 1963) - Wintererstr. 86, 7800 Freiburg (T. 0761 - 3 20 70) - Geb. 9. April 1915 Lämmerspiel/Hessen (Vater: August H., Rektor; Mutter: Friederike, geb. Pauly), verh. s. 1943 m. Dr. Irmgard, geb. Hueck, 3 Kd. (Dorothee, Konstanze, Roland) - Stud. Musikwiss. Promot. 1940; Habil. 1954 - Lehrtätigk. Musikhochsch. (1946-58) u. Univ. Freiburg (1955-63; 1962 apl. Prof.) - BV: u. a. D. Musik am Freibg. Münster, 1952; D. Gesang d. geharnischten Männer - E. Studie zu Mozarts Bachbild, 1956; D. Musik d. Engel - Unters. z. Musikanschauung d. Mittelalters, 1962; D. Musik in Dantes Divina Commedia, 1964; Komposition u. Interpretation in d. Musik, 1966; Üb. d. gleichz. Erklingen mehr. Texte, 1970; Diabolus in Musica - Studien z. Ikonographie d. Musik i. Mittelalter, 1974; Vers. üb. d. Form im Madrigal Monteverdis, 1975; Tanz u. Musik d. Todes. D. mittelalterl. Totentänze u. ihr Nachleben, 1980; Musik u. bild. Kunst. Z. Theorie u. Gesch. ihrer Beziehungen, 1984; Macht u. Klang Tönende Automaten als Realität u. Fiktion in d. alten u. mittelalterl. Welt, 1986; D. verwandelte Figaro od. d. Gesetz d. Gattung, 1987.

HAMMERSTEIN-EQUORD, Freiherr von, Ludwig

Journalist - Falkenried 11, 1000 Berlin 33 (T. 831 35 75) - Geb. 17. Nov. 1919 Berlin (Vater: Kurt v. H.-E., Generaloberst, 1930-34 Chef Heeresleitg. (s. X. Ausg.); Mutter: Maria, geb. v. Lüttwitz), ev., verh. s. 1950 m. Dorothee, geb. Claessen, T. Juliane - Abitur - Akt. Offz. (am Staatsstreichversuch v. 20. Juli 1944 beteiligt); 1946-49 Korresp. u. Redakt. D. Welt; 1950-60 Presseref. Bundesmin. f. gesamtd. Fragen; 1961-73 stv. Int. NDR; 1974-84 Int. RIAS. 1961 Vorstandsmitgl. Inter Nationes; Kuratoriumsmitgl. Stiftg. 20. Juli 1944 - Spr.: Engl. - Rotarier.

HAMMESFAHR, Manfred

Geschäftsführer H. Bahlsens Keksfabrik KG., Hannover - Hedwigsweg 22, 3000 Hannover 72 - Geb. 3. Febr. 1927.

HAMPE, Johann Christoph

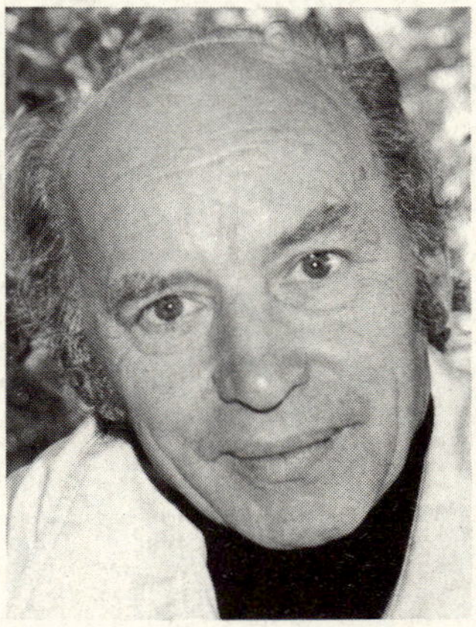

Pastor, Journalist, Rundf. u. FS-Autor, fr. Schriftst. - Forststr. 33, 8021 Hohenschäftlarn/Isar (T. 08178 - 45 78) - Geb. 23. Jan. 1913 Breslau (Vater: Wolfgang H., Richter BFH; Mutter: Margarete, geb. Rauch), ev., verh. s. 1941 m. Elisabeth, geb. Schönfelder, 2 Töcht. (Susanne, Ellinor) - Gymn. Breslau, Magdeburg u. Kiel; kaufm. Lehre, buchhändl. Lehre Königsberg/Pr., Breslau u. München, Kriegsdst. (Offz. Frankr., SU, Ital.); Stud. Univ. Göttingen, Genf, Tübingen (Theol., Phil., Roman.); Staatsex. 1951 u. 53 Göttingen - 1953 Lektor Stuttgart; 1954-62 Redakt. Dt. Allg. Sonntagsblatt, Hamburg; Ausl.-Korresp. USA, Italien, 1962-65 Berichterstatter Rom; s. 1962 fr. Schriftst., Journ. Rundf. u. FS-Autor - BV/Erz.: D. Angefochtenen, 1947; D. blaue Schabracke, 1948; Ind. Lilien, 1955; Fahrt u. Irrfahrt, 1956; Sternenfährte, 1957; Geschrei aus Babylon, 1962; D. Nacht m. d. Buddha, 1987; Reichenbacher Jubel, 1987; Sommergewitter, 1988; Schwere Stunden, 1988; Zeit ist d. Mantel nur, Ged. 1987. Ess.: Freundschaft m. d. Fremde, 1959; Paulus, 1960; Gott strahlt v. Menschlichk., 1965; D. Grund u. d. Freude, 1975; Türen ins Freie, 1976; Also auch auf Erden, 1980; Was d. Welt dir bietet, 1981; U. ich sprach zu meinem Herzen, 1985; Kreuzweg u. Auferstehung, 1984; Fundamente u. Grenzen, 1985; Flieder über'm Gartenzaun, 1986; Sachb.: Was erwarten wir v. d. sich wandelnden Kirche?, 1969; E. neue Kirche f. e. neue Zeit, 1970; Elend u. Ehre d. Aufklärung, 1971; Sterben ist doch ganz anders, 1975; Was wir glauben, 1977; Jugendb.: Dein Tag bricht an, 1955; Das soll dir bleiben, 1956. Herausg.: Joseph Wittig: Leben Jesu in Palästina, Schlesien und anderswo (1963); Im Feuer vergangen - Tageb. aus d. Getto (1964); Ende d. Gegenreformation? (1964); Pier Paolo Pasolini: D. Evangelium n. Matthäus (1965); D. Autorität d. Freiheit - Gegenw. d. Konzils u. Zukunft d. Kirche (Bd. I, II, III 1966-68); D. Geschenk d. Tränen (1988) - 1956 Dt. Jugendbuchpreis - Spr.: Engl., Franz., Ital., Lat., Griech., Hebr. - PEN-Zentrum.

HAMPE, Karl-Alexander

Dr. jur., Botschafter - Gotenstr. 157, 5300 Bonn 2 - Geb. 22. Dez. 1919 Berlin (Vater: Ulrich H.; Mutter: Hertha, geb. Mittelstaedt), ev., verh. s. 1955 m. Elisabeth, geb. Hamann - Dt. Schulen Mailand u. Brüssel; Univ. Brüssel u. Hamburg (Promot.; Diss.: Amtshaftung im engl. Recht). Ass.ex. - 1953 Legationssekr. Gesandtsch. Dublin, 1955 Gesandtsch.rat Botsch. Wien, 1962 Legationsrat Botsch. Lagos (Nigeria), 1967 Botschafter La Paz (Boliv.), 1977 Tätigk. AA (Beauftr. f. Lateinamerik. Politik), 1979 Ständ. Vertr. Europarat Straßburg; 1985 hist. Stud. u. Arbeit an Gesch. d. AA; Abh. in Europa Archiv, Außenpolitik, Hist. Jahrb. - EK I; BVK u. ausl. Orden - Liebh.: Wandern - Spr.: Engl., Franz., Ital., Span.

HAMPE, Michael

Dr. phil., Prof., Oper Köln - Offenbachplatz 1, 5000 Köln 1 - Geb. 3. Juni 1935, verh., T. Konstanze - Schauspielausb., Regisseur; Stud. Theaterwiss.; Promot. - Int., Dir.-Mitgl. Salzb. Festsp., Regiss., Vorst.-Mitgl. Intern. Musikzentr. Wien - Insz. an intern. Opernhs. (Scala Mailand, London, Paris, Salzb. Festsp.) - BVK - Spr.: Engl., Franz., Ital. - Bek. Vorf.: Johannes Scherr, Kunsthist. (Urgroßv.), Karl Hampe, Hist. (Großv.) - Lit.: Carl H. Hiller, V. Quatermarkt z. Offenbachpl., Oper in Köln (1975-85).

HAMPE, Wilfried

Dr. rer. nat., o. Prof. u. Direktor Inst. f. Angew. Physik Univ. Münster (s. 1967) - Breslauer Str. 54, 4400 Münster/W. (T. 2 45 88) - Geb. 25. Juni 1922 - Habil. 1964 Stuttgart - Zul. Doz. TH Stuttgart. Facharb.

HAMPE-MICHELS, August

Hotelier, Ehrenpräsident Verb. d. Hotel- u. Gaststättengewerbes, Braunschweig - Hamburger Str. 72 (Hotel Forsthaus), 3300 Braunschweig.

HAMPEL, Adolf

Dr. theol., Prof. f. Moraltheologie u. Kirchengesch. Univ. Gießen - Schloß 9, 6303 Hungen.

HAMPEL, Gunter

Komponist, Instrumentalist, Bandleader - Philipp-Reis-Str. 10, 3400 Göttingen (T. 0551-3 18 71) - Geb. 31. Aug. 1937 Göttingen, 2 Kd. (Ruomi, Cavana) - Abit., Stud. Architektur u. Musik; Schallplattenprod., Dir. Birth Records, Komponist - Üb. 600 Kompos. f. Film,

Fernsehen, Radio; üb. 50 Schallplatten, u.a. The Music of G. H. - In der Weltrangliste unter d. besten 8 auf Vibraphon, Bassclarinette, Flöte; intern. Ausz., u.a. 1982 Kunstpreis d. Min. f. Wiss. u. Kunst, Hannover - Spr.: Engl., Holl.

HAMPEL, Klaus Erich

Dr. med., Prof. f. Innere Medizin FU Berlin, Dir. Abt. f. Innere Med. m. Schwerp. Gastroenterol. Univ.-Klinikum Rudolf Virchow Standort Charlottenburg - Spandauer Damm 130, 1000 Berlin 19 (T. 030 - 303 53 09/5 91) - Geb. 18. März 1932 - Promot. 1960, Habil. 1967 - 1976-78 Dekan u. Ärztl. Leiter Univ.-Klinikum Charlottenburg; 1984-86 Präs. d. European Assoc. for Gastroenterology and Endoscopy.

HAMPL, Franz

Dr. phil., o. Prof. f. Alte Geschichte - Klausenerstr. 3, A-6020 Innsbruck/Tirol (Österr.) - Geb. 8. Dez. 1910 Bozen, ev., verh. s. 1939 m. Edith, geb. Weber, 3 Töcht. - Univ. Leipzig, Kiel, Frankfurt/M. - Assist., 1939 Privatdoz. Univ. Leipzig, 1941 ao. Prof. Univ. Gießen, 1946 o. Prof. Univ. Mainz, 1947 Univ. Innsbruck - BV: D. König d. Makedonen, 1934; D. griech. Staatsverträge d. 4. Jh. v. Chr. Geburt, 1938; Alexander d. Gr., 1958; D. Problem d. Kulturverfalls in universalhistor. Sicht, 1963; Krit. u. vergl. Stud. z. Alten Gesch. u. Universalgesch. (Mithrsg. u. Mitverf.), 1974; Geschichte als krit. Wissensch. hrsg. v. I. Weiler, I u. II (1975), III (1979); Vergleich. Geschichtswissensch. (Mithrsg. u. Mitverf.), 1978 - Liebh.: Bergsteigen.

HAMPRECHT, Bodo

Ph. D., Prof. f. Theoret. Physik FU Berlin (s. 1970) - Hüningerstr. 54, 1000 Berlin 33 - Geb. 12. Okt. 1940 Hannover - Promot. 1967 Cambridge (Engl.); Habil. 1969 Berlin - Facharb.

HANACK, Ernst-Walter

Dr. jur., o. Prof. f. Straf- u. Prozeßrecht sowie Kriminol. Univ. Mainz (s. 1970) - Weidmannstr. 34, 6500 Mainz (T. 8 22 21) - Geb. 30. Aug. 1929 Kassel (Vater: Dr. med. Walter H., Facharzt; Mutter: Elisabeth, geb. Preger), ev. - Realgymn. Kassel; Univ. Marburg (Rechts- u. Staatswiss.). Jurist. Staatsprüf. Marburg (1953) u. Kassel (1958); Promot. (1956) u. Habil. (1961) Marburg - 1961 Privatdoz. Univ. Marburg; 1963 Ord. Univ. Heidelberg - BV: D. strafrechtl. Zulässigkeit künstl. Unfruchtbarmachungen, 1959; D. Ausgleich divergierender Entscheid. in d. oberen Gerichtsbarkeit, 1962; Z. Problematik d. gerechten Bestraf. nationalsozialist. Gewaltverbrecher, 1967; Empfiehlt es sich, die Grenzen d. Sexualstrafrechts neu zu bestimmen?, Gutachten f. d. 47. Dt. Juristentag, 1968; Mitverf.: Alternativ-Entwurf e. Strafgesetzb.

HANACK, Michael

Dr. rer. nat., Prof. f. Org. Chemie - Panoramastr. 39, 7400 Tübingen-Hagelloch (T. 6 66 61) - Geb. 22. Okt. 1931 Luckenwalde (Eltern: Georg u. Elisabeth H.), ev., verh. m. Dr. Ingrid, geb. Grabert, 2 Kd. (Matthias, Juliane) - 1949-54 Stud. Chemie. Dipl.-Chem. 1954, Promot. 1957, Habil. 1962 (alles Tübingen) - S. 1962 Lehrtätigk. Univ. Tübingen (1967 apl. Prof.) u. Saarbrücken (1971 Ord.), s. 1975 o. Prof. Univ. Tübingen - BV: Conformation Theory, 1966 (Academic Press, New York); Vinyl Cations, 1979 - Fellow New York Acad. of Sciences - Spr.: Engl.

HANAU, Peter

Dr. jur., Dr. h.c., o. Prof. f. Bürgerl. Recht u. Arbeitsrecht - Albertus-Magnus-Platz, 5000 Köln 41 - Geb. 13. Juli 1935 Berlin - Verh. m. Dr. med. Eva - Habil. Göttingen - 1968-71 FU Berlin; s. 1971 Dir. d. Forsch.-Inst. f. Sozialrecht Univ. Köln; 1986-89 Rektor Univ. Köln; Mitgl. Ständ. Deputation d. Dt. Juristentages u. Vorst. d. Dt. Arbeitsgerichtsverb. - 1989 Ehrendoktor.

HANAUER, Rudolf

Rechtsanwalt, Landtagspräsident a. D., Vors. Schutzgem. Dt. Wald Landesverb. Bayern u. Bayer. Landesverb. f. Heimatpflege - Rudolf-Hanauer-Str. 8, 8036 Herrsching/Ammersee (T. 12 39) - Geb. 4. März 1908 Mellrichstadt/Ufr. (Vater: Hugo H., Richter; Mutter: Sonja, geb. Lutz), kath., verh. s. 1941 m. Marion, geb. Hölzlmeier, S. Klaus - Gymn. Straubing; Univ. München (Rechts- u. Staatswiss.) - 1932-36 Mitgl. Geschäftsfg. Bayer. Industriellenverb.; s. 1935 RA München; 1940-45 Wehrdst. (Nachrichtentruppe). 1948-55 Gemeinderat u. Finanzref. Herrsching; 1946-84 MdK Starnberg; 1954-78 MdL Bayern (1960-78 Präs.); Mitbegr. CSU - 1964 Großkreuz VO BRD, 1960 Bayer. VO u. Gr. Silb. Ehrenz. f. Verdienste um d. Rep. Österr.; 1961 Großkreuz St.-Sylvester-Orden; Ehrenpräs. SOS-Kinderdorf Hermann-Gmeiner-Fonds f. Dtschl.; 1969 Hohenfels-Med.; 1970 Gold. Zirkel Vereinig. freischaff. Architekten Dtschl.; 1979 Bayer. Denkmalschutzmed.; 1983 Ehrenbürger Herrsching; Ehrenmitgl. Presse-Club München; 1984ff. Präs. Arbeitsgem. Bayer. Heimattag.

HANCKE, von, Albrecht

Prof., Maler, Dozent f. Zeichnen Kunstakad. Karlsruhe - Gartenstr. 44b, 7500 Karlsruhe.

HANDERER, Hermann

Prof., Musikpädagoge, Honorarprof. f. Musikerzieh. Univ. Regensburg - Amselweg 5, 8411 Wenzenbach/Opf. - Geb. 21. April 1914 Tiefenbach - Zul. Hochschullehrer Regensburg - BV: Kontinuierl. Musikerzieh. in d. Volkssch., 1958. Zahlr. Einzelarb.

HANDKE, Freimut Werner

Dr. rer. pol., Generalkonsul a. D. - Malaxenborda, 64122 Urrugne, Frankreich (T. 59 - 47 94 88) - Geb. 9. Aug. 1920 Breslau (Vater: Gustav H., Beamter; Mutter: Luise, geb. Hirsch), verh. s. 1952 m. Annemarie, geb. Kirchner, 4 Töcht. (Christiane, Annette, Sabine, Amelie) - 1949-52 Wirtschaftsjourn.; 1953-85 AA/Ausl.posten (Hongkong, Oslo, OECD Paris, Washington, Tokyo, Kalkutta, Shanghai); Vorst.-Mitgl. Asien-Inst. Hamburg - BV: D. Wirtschaft Chinas, 1959; Zentralismus u. Regionalismus in Indien, 1983; Schanghai, E. Weltstadt öffnet sich, 1986 - BVK.

HANDKE, Peter

Schriftsteller - Zu erreichen üb. Suhrkamp-Verlag, 6000 Frankfurt/M. - Geb. 6. Dez. 1942 Griffen/Kärnten (Vater: Bankbeamter) - Gymn. Klagenfurt; Univ. Graz (Rechtswiss.) - BV: D. Hornissen, R. 1966; Begrüßung d. Aufsichtsrats, Prosatexte, 1967; Der Hausierer, R. 1967; D. Innenwelt d. Außenwelt d. Innenwelt, 1969; Prosa - Gedichte - Theaterstücke - Hörspiele - Aufsätze, 1969; Dt. Gedichte, 1969; D. Angst d. Tormanns b. Elfmeter, R. 1970 (Fernsehinsz. 1972); Chronik d. lfd. Ereignisse, Filmb. 1971; Ich bin e. Bewohner d. Elfenbeinturms, Erz. 1972; D. kurze Brief z. lg. Abschied, R. 1972; Wunschloses Unglück, R. 1972 (1974 verfilmt); Als d. Wünschen noch geholfen hat, 1974; D. Stunde d. wahren Empfindung, 1975; D. linkshändige Frau, Erz. 1976 (1977 verfilmt); D. Gewicht d. Welt, 1977; Langsame Heimkehr, Erz. 1979; D. Lehre d. Sainte-Victoire, Erz. 1980; D. Ende d. Flanierens, 1980; Kindergeschichte, 1981; D. Chinese d. Schmerzes, Erz. 1983. Hörspiele u. Sprechstücke: Publikumsbeschimpfung, Weissagung, Selbstbezichtigung, Hilferufe, Kaspar (abendfüllend; auch Buch), D. Ritt üb. d. Bodensee, D. Unvernünftigen sterben aus, Über d. Dörfer, Dramat. Gedicht 1982 (auch Buch) - 1967 Gerhart-Hauptmann-Preis Freie Volksbühne Berlin (f. d. ersten 4 Sprechst.), 1972 Schiller-Preis Stadt Mannheim u. Peter-Rosegger-Lit.preis, 1973 Georg-Büchner-Preis, 1978 Prix Georges Sadoul, 1979 Franz-Kafka- u. Gilde-Preis (Hauptverb. Dt. Filmtheater); 1985 Anton-Wildgans-Preis (zurückgegeben) - Lit.: Michael Schrang, Üb. P. H., 1973.

HANDL, Horst H.

Hotelkfm., Generaldir. Hotel Inter-Continental Düsseldorf - Karl-Arnold-Pl. 5, 4000 Düsseldorf (T. 43 78 18) - Geb. 2. Sept. 1938 Cilli (Vater: Josef H., Kfm.; Mutter: Dorothea, geb. Hermann), kath., verh. s. 1964 m. Renate, geb. Hofmeister, 2 T. (Andrea, Doris) - Gymn. Graz; Hotelfachsch. Gastein; 1 Sem. Volkswirtsch.stud. Cornell-Univ./USA - S. 1969 Fremdenverkehrswirtsch. u. Hotelfach (Americ. Chamber of Commerce, Brillat Savarin Stiftg., Americ. Soc. of Travel Agents, Chaîne des Rotisseurs, L'Ordre des Coteaux de Champagne) - Spr.: Engl., Franz., Span. - Bek. Vorf. Generalltn. Rudolf H. †1975 (Onkel) - Lions Intern.

HANDLGRUBER, Veronika

geb. Rothmayer

Dr. phil., Schriftstellerin, Bibliothekarin, Büchereileit. i.R. - Hessenplatz 4/2, A-4400 Steyr (T. 07252 - 24 21 63) - Geb. 7. Febr. 1920 Wien, ev., verh. s. 1942 m. Walter H., Dipl.-Kfm., 2 Kd. (Rainer, Birgit) - Matura 1938 Steyr; Stud. Phil. Univ. Wien; Promot. 1942 (German.) - 1956-80 Bibl., 1969-80 Leit. Städt. Büchereien Steyr, 1955-73 Kulturbericht-erst. f. Linzer Ztg. - BV: Kinder- u. Jugendb. (1943-75); 3 Lyrikbde. (1949, 62 u. 85); Jugendhörsp.; D. Steyrer Krippenl, e. Kulturführer 1970; Mitarb. an zahlr. Ztg., Ztschr., Anthol. u. Jahrb. - 1939 Erzählerpreis d. Pause.

HANDLOS, Franz

Journalist, MdB - Mittlere Bachgasse 1, 8370 Regen/Ndb. - Geb. 9. Dez. 1939 Rusel-Irlmoos/Ndb., kath., verh. s. 1967 m. Helga, geb. Zankl, T. Corinna - Gymn. Pfarrkirchen (Abit. 1960); Bundeswehr (zul. Oblt. d. R.); Stud. Rechtswiss., Polit. Wiss. Jurist. Staatsex.; Diplomex. f. Polit. Wiss. - Ab 1966 Redakt f. Innenpol. Münchner Merkur; 1967-70 Pressesprecher CSU-Fraktion Bayer. Landtag; ab 1970 Chefredakt.; zweitw. Rundfunksratsmitgl. BR.; 1970-72 MdL Bayern; s. 1972 MdB (Mitgl. Verteid.aussch.); b. 1983 CSU (Austr.); 1985 Gründ. Freiheitl. Volkspartei (FVP). 1976-80 Mitgl. Europarat Straßburg u. Westeurop. Union Paris. Verleger mehrerer Ztschr. (u.a.: EUROPA). CSU b. 1983, jetzt fraktionslos.

HANDSCHIN, Edmund

Dr.-Ing., o. Prof. f. Elektr. Energieversorgung - Rotgerweg 6, 4600 Dortmund 50 - Geb. 18. Nov. 1941 Wädenswil (Schweiz), ev., verh. s. 1971, 2 Kd. (Alexander, Jon) - Promot. 1969 London; Habil. 1973 Zürich - 1969-74 Industrie- (Wiss. Mitarb. BBC-Forschungszentrum Baden/Schweiz), 1974 o. Prof. Univ. Dortmund - BV: Re-l-Time Control of Electric Power Systems (hg), 1972; Einsatz d. Arbeitsplatzcomputers in d. Technik (hg), 1981; Elektr. Energieübertragungssysteme Bd. 1 u. 2, 1984; rd. 60 wiss. Veröff. zum Thema Netzleittechnik, Netzdynamik u. -stabilität sowie Einsatz d. Mikrorechners f. Meß- u. Schutztechnik - Spr.: Engl., Franz., Span.

HANDSCHUMACHER, Ernst

Dr. jur., Rechtsanwalt, Bürgermeister, AR-Vors. ARAG Allg. Rechtsschutz-Versicherung AG., Düsseldorf - Neustr. 40, 4000 Düsseldorf; priv.: Poststr. 75, 4005 Meerbusch 1 - Geb. 30. Nov. 1924 Rheydt - U. a. Vorstandsmitgl. Köln. Lebensversich. a. G. u. Köln. Sachversich. a. G., beide Köln.

HANDWERK, Norbert

Generalkonsul, Werbefachmann, Gesellschafter Insel-Film-Produktion Norbert Handwerk + Partner GmbH & Co, Leiter Dt. Funkwerbung Norbert Handwerk GmbH, Dt. Film-, Funk-, Fernsehwerbung GmbH. & Co. - Sonnenstr. 2, 8000 München 2 (T. 59 28 76) - Geb. 6. April 1909 Frankfurt/M. (Vater: Wilhelm H., Grossist u. Importeur; Mutter: Clara, geb. Kraus), verh. s. 1958 m. Eva, geb. Fischmann - Oberrealsch. (Mittlere Reife); höhere Handelsschule; kaufm. Lehre - Freiberufl. Werbeberat.; 1940-45 Wehrdst.; s. 1947 Werbe-, Dokumentations- u. Inforamtionsfilmhersteller. Vors., jetzt Ehrenvors. Bayer. Werbeverb., Ehrenpräs. d. Bayer. Akad. d. Werbung - Generalkonsul v. Ruanda; Bayer. VO., Bayer. Staatsmed. f. Verd. i. d. Wirtsch., Gold. Nadel u. Weidemüller-Plak. Werbewiss. Inst. München; 1971 Bayer. VO.; Dr. Neven-DuMont Medaille Werbefachliche Akademie Köln 1979.

HANDWERKER, Hermann O.

Dr. med., o. Prof., Direktor Inst. f. Physiologie u. Biokybernetik Univ. Erlangen-Nürnberg - Rühlstr. 14, 8520 Erlangen - Geb. 21. Juli 1940 Villach/Kärnten (Vater: Hermann H., Notar; Mutter: Annie, geb. Lassnig) - Promot. 1967 Würzburg, Habil. 1973 Heidelberg - Spez. Arbeitsgeb.: Neurophysiol., Sinnesphysiol., insbes. Physiol. d. Schmerzes.

HANDWERKER, Rudolf

I. Bürgermeister Stadt Haßfurt (s. 1978) - Zirkelstr. 1, 8728 Haßfurt/Ufr. - Geb. 2. März 1944 Klingenberg (Vater: Dr. Hermann H., Notar; Mutter: Anni, geb. Lassnig), kath., verh. s. 1965 m. Regine, geb. Höfer, 3 Kd. (Annette, Christian, Klaus) - Gymn.; Stud. Rechtswiss. As-s.ex. - Regierung Unterfranken u. Landratsamt Haßberge (zul. ORR). CSU - Liebh.: Sport - Spr.: Engl.

HANEBUTH, Klaus

Dr., Hauptgeschäftsführer Waren-Verein d. Hamburger Börse - Plan 5, 2000 Hamburg 1.

HANEBUTT-BENZ, Eva-Maria

Dr. phil., Museumsdirektorin Gutenberg-Museum Mainz (s. 1987) - Weintorstr. 4, 6500 Mainz - Geb. 25. Dez. 1947 Hamburg - Stud. Kunstgesch., Angl., Archäol., Soziol. Univ. Hamburg; Promot. 1979 Hamburg - 1981-87 Kustodin Museum f. Kunsthandwerk Frankfurt a. M., Abt. Buchkunst u. Grafik (Linel-Sammlung) - Stud. z. dt. Holzstich im 19. Jh., 1984; D. Kunst d. Lesens, 1985. Herausg. d. Jahrb. Imprimatur (1989). Zahlr. Ausst.kataloge u. Aufs. - Senatorin Druckmuseum El-Puig (Span.).

HANEKE, Wolfgang

Dr. rer. nat., Prof. f. Mathematik Univ. Marburg - Am Kornacker 45, 3551 Wehrda.

HANEL, Alfred

Dr. rer. pol., Prof. f. Wirtschaftsprobleme der Entwicklungsländer u. Genoss.slehre Univ. Marburg - Pommernweg 4, 3550 Marburg/L. (T. 4 21 54).

HANEL, Wolfgang

Journalist Sender Freies Berlin - Haus d. Rundfunks, 1000 Berlin 19 - Geb. 10. März 1930 Berlin - 25 Jahre Moderator, Reporter, Redakt. Berliner Abendschau, jetzt Redakt. Stadtgespräch (3. FS Programm).

HANEMANN, Wilhelm

Dr. rer. pol., Dipl.-Kfm., Ministerialdirektor a. D. - Hahnhofstr. 15, 7570 Baden-Baden (T. 21 25 46) - Geb. 30. Sept. 1910 Mannheim (Vater: Alfred H.), 3 Kd. (Michael, Dorothee, Bettina) - Univ. Frankfurt/M., Berlin, Heidelberg. Dipl.-Kfm. 1933; Promot. 1934 - 1951-73 m. Auslandsunterbr. (Washington, Paris) Bundeswirtschaftsmin. (b. 1970 Min.dirig., dann -dir./Leit. Abt. V: Außenwirtschaft u. Entwicklungshilfe) - Ausz., u. a. 1972 Gr. BVK.

HANF, Dieter

Vorstandsmitglied Hilgers AG., Rheinbrohl - Kantorie 110, 4300 Essen - Geb. 16. Juli 1936 - Ass.ex.

HANF, Ehrhart
Dr. oec., Prof. f. Ökonometrie u. Unternehmensforsch. Univ. Hohenheim (s. 1974) - Postfach 70 05 62, 7000 Stuttgart 70 - Geb. 4. Dez. 1936 Halle/S. - Promot. 1969; Habil. 1973 - BV: Üb. Entscheidungskriterien b. Unsicherheit, 1970.

HANF, Theodor
Dr. phil., Prof. - A.B.I., Windausstr. 16, 7800 Freiburg/Br. - Geb. 1936 Düsseldorf - Stud. Soziol., Politikwiss., Päd. Bonn, Paris, Beirut, Freiburg - 1972ff. Dir. Arnold-Bergstraesser-Inst. Freiburg. 1972ff. o. Prof. f. Soziol. u. Leit. Abt. Soziol./Dt. Inst. f. Intern. Päd. Forsch. Frankfurt. 1973ff. Honorarprof. f. Wiss. Politik Univ. Freiburg. Gastprof. Univ. Stanford (1967), Lovanium (1968), Ann Arbor (1970), Beirut (1971) - BV: Erziehungswesen in Rwanda, 1974; Soz. Wandel, 2 Bde. 1975; Südafrika - Friedl. Wandel?, 1978 (engl. 1979); La société de Concordance, 1986; Entwicklungspolitik, 1986.

HANFELD, Hubert
Geschäftsführer Lloyd-Schuhfabrik Meyer & Co. GmbH. - Bogenstr. 3-6, 2838 Sulingen.

HANFGARN, Werner
Schriftsteller, Journ., Redakt. Mainz-Vierteljahreshefte - Kaiserstr. 59, 6500 Mainz (T. 06131 - 61 12 34) - Geb. 24. März 1925 Duisburg, verh. s. 1960 m. Anita, geb. Berger, T. Martina - Stud. Theaterwiss., Deutsch, Gesch., Kunstgesch. - 1952-59 Journ. f. Tageszeitg. 1959-83 f. Rundf. (SWF), 1962-83 Abt.-leit. Kultur SWF Mainz - BV: Saudantzens abenteuerl. Historie, 1961; Mainz, Bilder aus e. geliebten Stadt 1975, 76, 77, neubearb. u. erg. 1983 (Übers. in Franz., Engl., Serbokroat.); Jockel Fuchs, Episoden aus 60 J. 1979; Südl. Weinstraße (m. D. Hörner), 1981; Fünfundachtzig Mainzer Jahre (m. B. Mühl, F. Schütz), 1983; Vers u. Prosa (Einf. N. Erné), 1985. Herausg.: Lit. aus Rhld.-Pfalz (zus. m. a., 1976); Mainzer Erinnerungen, Erz. u. Gesch. (1979); Lit. aus Rhld.-Pfalz II (zus. m. a., 1981); Mainz, d. amput. Stadt (1984, 86); D. Fuchs Jos. m. Erich Stather, 1985); Lit. aus Rhld.-Pfalz III (zus. m. a., 1986); Adolf Fraund, Dok. u. Erinnerungen (1987). Redakt.: Kunst aktuell (1976-78); Mainz, Vierteljahreshefte f. Kultur, Politik, Wirtsch., Gesch. (s. 1981), Garden-Brevier (1987); Redakt.ausch. Blätter d. Carl-Zuckmayer-Ges. (1977-84); Redakt.beirat Narrhalla, Mainzer Karnevals-Ztg. (s. 1984). Erz. u. Ess. in Anthol. - 1980 BVK; 1985 Gutenbergplak. - Spr.: Franz.

HANFLAND, Ulrich
Dr. rer. pol., Geschäftsführer u. Doz. - Georgenstr. 24, 8000 München 40 - Geb. 28. Juni 1939, kath., verh. s. 1963 m. Jutta Elisabeth, geb. Niehaus - 2 Kd. (Susanne, Sebastian) - Dipl.-Kfm., Dipl.-Volksw., Promot., alle Köln - Geschäftsf. Dr. Rosenkranz-Beratungs-Ges. f. Org., Rationalis. u. Automat. (BDU), München; Doz. Ribos-Inst. f. org. Schulung u. Berat. Tegernsee; Vorst.-Mitgl. Bundesverb. Dt. Unternehmensberat. (BDU), Bonn; Vorst.-Vors. schule beruf resozialisierung, München - Liebh.: Bergwandern.

HANGERT, Ilse
Fr. Schriftstellerin (Ps. Esli Tregnah), Malerin - Am Murbach 5, 5653 Leichlingen 1 (T. 02175 - 28 06) - Geb. 6. Nov. 1925 Köln, verh., 2 Söhne - Mittl. Reife, kaufm. Ausb. - Mitgliedsch. Autorenkreis Ruhr Mark, Interessengem. d. Autoren, Literaturbüro Unna, GEDOK. Arbeitsgeb.: Lyrik, Prosa, Essay - BV: Jeder trägt im Herzen Sehnsucht, Ged. 1982; Manchmal möcht ich d. Erde umarmen, Ged. 1986; Veröffentl. in Anthol., Jahrb., Ztschr. u. Ztg. - Liebh.:

Biol. Nutzgarten, Reisen - Spr.: Engl., Franz.

HANGSTEIN, Hans-Joachim
Assessor jur., Direktor, Geschäftsf. Halle Münsterland GmbH., Münster - Am Hawerkamp 6, 4400 Münster/W. (T. 0251 - 6 60 00) - Geb. 30. Juli 1924 Breslau (Eltern: Dr. jur Erich u. Constanze H.), ev., verh. s. 1953 m. Gisela, geb. Edle v. Oetinger, T. Adrienne - Kaufm. Lehre; Stud. Rechtswiss. - Div. Ehrenämter, u. a. Präs. Intern. Verb. d. Stadt-, Sport- u. Mehrzweckhallen e. V. (VDSM) u. Ehrenpräs. Bund Dt. Radfahrer e. V., Vors. Verein z. Förd. d. Leistungssports - BVK I. Kl. - Liebh.: Schwimmen, Reisen - Spr.: Engl., Niederl.

HANHART, Werner
Rechtsanwalt, Syndikus, Hauptgeschäftsf. Landesverb. Bauind. Rhld.-Pfalz, Koblenz - Südallee 31, 5400 Koblenz (T. 0261 - 3 70 33) - Geb. 16. März 1934 Koblenz (Vater: Dr. Heinrich H., Apotheker; Mutter: Marga, geb. Lippe), kath., verh. s. 1963 m. Elfriede, geb. Bretz, 2 Töcht. (Ruth, Ute) - Abit. 1954. Staatsex. 1958 Münster, 1962 OLG Koblenz - S. 1962 Geschäftsf. s. 1964 RA; s. 1975 Beiratsmitgl. Fachhochsch. Rhld.-Pfalz, Abt. Koblenz, s. 1979 Vorst.mitgl. Rechtsanw.kammer Koblenz.

HANIEL, Klaus
Bergassessor a. D. - Schlederloh 10, 8021 Icking (T. 08171 - 12 27) - Geb. 14. Jan. 1916 München (Vater: Curt H.; Mutter: Hedwig, geb. v. Hepperger), verh. 1949 m. Johanna, geb. Lutteroti, 3 Kd. (Ellen, Hans-Jacob, Franz Markus) - TH Aix-la-Chapelle u. Berlin - U. a. Vorst.-Mitgl. - Spr.: Engl. - Bek. Vorf.: Franz H., Begr. d. mod. Tiefbergbaus, 1779-1868 (Ururgroßv.).

HANISCH, Cornelia
Berufsschullehrerin, Weltmeisterin im Fechten - Zu erreichen üb. Fechtclub Offenbach, 6050 Offenbach/M. - Geb. 1953, ledig - 3 x Olympia-Siegerin, 3 x Weltmeist. im Fechten (zul. 1985) - 1985 Sportlerin d. Jahres - Interessen: Skifahren, Tennis. Sprecherin Initiative: Sportler f. d. Frieden.

HANISCH, Joachim
Bürgermeister Markt Bruck (Oberpfalz) - Hintere Marktstraße 13, 8466 Bruck i. d. OPf. (T. 09434 - 21 85) - Geb. 25. Mai 1948) Schwandorf (Vater: Josef H., Landwirt; Mutter: Anna, geb. Ehemann), kath., verh. s. 1971 m. Erika, geb. Frankl, 2 T. (Tanja, Tina) - Dipl.-Verw.wirt (FH) 1973 - 1969-70 Bundeswehr (Ltn.); 1971-79 Geschäftsltg. Markt Bruck; 1980 ff. 1. Bürgerm. ebd.; 1979 ff. 2. Kreisvors. Reservistenverb. - BV: Bruck in alten Ansichten, 1981 - Liebh.: Sport (Tennis, TT, Ski-Alpin u. Langlauf) - 1980 5. Pl. Dt. Meistersch. Militärpatrouille Borken - Spr.: Engl., Latein.

HANISCH, Werner
Dr., Vorsitzender Richter am Verwaltungsgericht - Rembrandtstr. 35, 4000 Düsseldorf 1 (T. 0211 - 66 45 32) - Geb. 5. Juni 1942 Frankenstein/Schles. - S. 1986 Vors. Bund Deutscher Verw.-Richter, Düsseldorf.

HANKE, Manfred
Obergerichtsvollzieher, Vors. Dt. Gerichtsvollz.-Bund - Düppelstr. 19, 4300 Essen 1 (T. 0201 - 28 19 10).

HANKE, Wilfried
Dr. rer. nat., Prof., Zoologe - Medersbuckel 10, 7500 Karlsruhe 41 - Geb. 9. Juni 1927 Frankfurt/M., ev., verh. s. 1954, 2 Kd. - 1946-52 Univ. Frankfurt (Zool., Botanik, Chemie, Physik). Promot. u. Habil. Frankfurt - S. 1952 Assist., Oberassist. (1958), apl. Prof. (1964), Wiss. Rat Univ. Frankfurt (1965; Zool. Inst.) u. o. Prof. Univ. Karlsruhe. Div. Fachmitgliedsch. - BV: Hormone, 1968 (Samml. Göschen); Vergl. Wirkstoffphysiol. d. Tiere, 1973. Zahlr. Einzelarb. Mitarb.: D. Tierreich (nach Brehm); Prakt. d. Zoophysiologie, 1978; Allg. Zool., Bd. I 1980 - Spr.: Engl.

HANKE, Wolf
Journalist, ARD-Fernsehkorrespondent in Madrid - Zu erreichen üb.: Hessischer Rundfunk, Bertramstr. 8, 6000 Frankfurt/M. (T. 15 51) - Geb. 18. Febr. 1928 Löwenberg/Schles. - ev. - Zul. Chefredakt. u. Leit. Hauptabt. Politik u. Kultur Fernsehen Hess. Rundfunk.

HANKE-FÖRSTER, Ursula
Bildhauerin - Teltower Damm 139, 1000 Berlin 37 (T. 815 17 48) - Geb. Berlin - Kunsthochsch. Berlin (Prof. Max Kraus u. Gustav Seitz) - Vor Stud. graph. Zeichnerin. Bronzeplastiken Berlin (u. a. D. Fischer/Spandau u. Im Fluge/Lichtenrade), Bonn, Bochum, Münster, Duisburg, Hannover, Lübeck u. a. - Bek. Vorf.: Großv. (Maler).

HANKEL, Wilhelm
Dr. rer. pol., Prof., Wirtschaftswissenschaftler - Berghausenerstr. 190, 5330 Königswinter 21 - Geb. 10. Jan. 1929 Langfuhr/Danzig (Vater: Oskar H., Kfm.; Mutter: Jenny, geb. Schoffmann), verh. m. Dr. Uta, geb. Wömpner, 3 Kd. (Andrea, Daniela, Valeric) - Gymn.; 1948-53 Stud. Wirtschaftswiss. Mainz u. Amsterdam. Dipl.-Volksw. (1951) u. Promot. (1953) Mainz - 1959-68 Kreditanst. f. Wiederaufb. (zul. Dir.), 1968-72 Bundesmin. f. Wirtsch. bzw. Wirtsch. u. Finanzen (Min.dir.), 1972/73 Hess. Landesbk. (Präs.) 1971ff. Honorarprof. Univ. Frankfurt. 1978-80 Lehrauftr. Hopkins-Univ. Italien - BV: u. a. Währungspolitik, 2. A. 1972; Heldensagen d. Wirtsch., 1975; Weltw., 1977; Caesar, 1978; Gegenkurs - V. d. Schuldenkrise z. Vollbeschäftig., 1984; John Maynard Keynes, 1986; Vorsicht, unser Geld, 1989 - Spr.: Engl., Franz. u. Holl.

HANKO, Walter
Prof., Hochschullehrer - Götzenstalstr. 64, 7073 Lorch/Württ. - Ehem. Gewerbe. Prof. f. Werken u. Technik PH Schwäb. Gmünd.

HANNASCH, Rolf
Direktor i. R. - Dr.-Rudolf-Veh-Str. 5, 8219 Rimsting/Chiemsee (T. 08051 - 52 62) - Geb. 15. April 1907 Berlin (Vater: Paul H.; Mutter: Irma, geb. Endemann), kath., verh. in 2. Ehe (1977 m. Gerda, geb. Adam, 2 Kd. (Jutta, Marion) - Hohenzollern-Realgymn. Berlin (Abit. 1925) - S. 1925 Agefko Kohlensäure-Werke GmbH., Düsseldorf (zul. D. Geschäftsf.). Zeitw. Vorstandsmitgl. Fachverb. Kohlensäure-Ind. ARSmandate. Mitgl. Lions-Club Traunstein/Obb. - Spr.: Engl., Franz., Ital.

HANNE, G. Friedrich
Dr. rer. nat., Prof. f. Experimentelle Atomphysik, Physikal. Inst., Univ. Münster - Wilhelm-Klemm-Str. 10, 4400 Münster - Geb. 3. Okt. 1945 Rothenburg o.d.T., verh. m. Gerlinde, 2 Töcht. - Stud. Physik Univ (TH) Karlsruhe; Dipl. 1971, Promot. 1975 Münster, Habil. 1982 Münster - 1973-84 Wiss. Assist. Univ. Münster; 1984-86 Heisenberg-Stip.; 1986/87 Prof. of Physics Univ. of Oklahoma/USA.

HANNEMANN, Dieter P.-H.

Dipl.-Phys., Dipl.-Ing., Dr. rer. nat., Prof., Hochschullehrer u. Firmeninhaber - Hermann-Löns-Str. 6, 4650 Gelsenkirchen-Buer (T. 0209 - 39 76 47) - Geb. 11. Jan. 1941 Bochum, kath., verh. s. 1964 m. Irmgard, geb. Peternellj, 2 Kd. (Markus, Iris) - Volkssch., Abendrealsch.; Ing.sch. 1964 Ing. d. Kernverfahrenstechn.; Univ. Braunschweig, Bochum, Dipl.-Phy. 1970; Promot. 1973 Bochum - 1964 Entw.stud. üb. nukleare Raumfahrtantriebe; 1969/70 Experimente m. Höhenforschungsraketen in Kiruna u. USA, in Zusammenarb. m. d. NASA; 1975 Prof. FH Bochum (Experimentalphysik u. Mikrocomputertechn.); 1982 Gründung Fa. PTFE-Mikrocomputer - 3 Pat.: Radionuklidbatterie, Energieaustauscheinr., Polarimeter - BV: Einf. in d. Mikrocomputertechnik, 3. A. 1984; Programmierung v. Mikroprozessoren I, 1984, II, 1986; versch. Buchbeitr. Insg. 53 Veröff. - Liebh.: Parapsych., Reisen, Wassersport, Fotografie, Drechseln.

HANNEMANN, Kurt
Landesminister a. D., Pastor em. - An der Trave 41f, 2360 Bad Segeberg - Geb. 5. Juni 1923 Templin/Uckermark - Stud. Rechtswiss. u. Theol. Berlin u. Kiel; dazw. Wehrdst. - 1954-69 Pastor Leezen u. Landeskirchenrat Kiel, 1969 Kultusmin. Schlesw.-Holst., s. 1970-81 Pastor Bad Oldesloe. CDU s. 1955.

HANNEMANN, Ruprecht
Major a. D., Fabrikant, Vors. Verb. d. Dt. Parkettind., Düsseldorf - Postf. 1128, 8704 Uffenheim/Mfr. - Geb. 27. Dez. 1912 - Stadtrat u. 2. Bürgerm. Uffenheim. Präs. Föderat. Europ. Parkettind. - Verb. - 1983 u. 1987 BVK - Liebh.: Homöopathie, Reiten - Spr.: Engl., Franz.

HANNEMANN, Volker
Dipl.-Geogr., Ltd. Regierungsdirektor, Leit. Statist. Landesamt Bremen - An d. Weide 14-16, 2800 Bremen 1; u. Theodor-Storm-Str. 20, 2803 Weyhe (priv.) - Geb. 9. Febr. 1914.

HANNICK, Christian
Dr. phil., Prof. f. slavische Philologie Univ. Trier - Universität, Lehrstuhl f. slavische Phil., Postfach 3825, 5500 Trier - Geb. 3. Sept. 1944 Neufchateau/Belg. - Promot. Univ. Wien 1969, Habil. ebd. 1979 - Vors. Kommiss. z. Herausg. d. altslav. Musikdenkmäler in d. Intern. Slavistenkomitee - BV: Studien z. liturg. Hss. d. Österr. Nationalbibliothek, 1972; Fundamental Problems of Early Slavic Music and Poetry, 1978; Maximos Holobolos in d. kirchenslav. homilet. Lit., 1981 - Liebh.: Musica antiqua.

Prinz von HANNOVER, Georg Wilhelm

Dr. jur. - Georgi-Haus, 8162 Neuhaus/ Schliersee (T. Schliersee 72 65) - Geb. 25. März 1915 Braunschweig, ev., verh. s. 1946 m. Sophia, geb. Prinzessin v. Griechenl. u. Dänemark (Schwester d. Herzogs v. Edinburgh), 8 Kd. (Welf † 1981) - Obersch. Hameln/Weser, Marlborough College (Engl.), Schule Schloß Salem (Abitur); 1944-48 Univ. Wien u. Göttingen (Rechts- u. Staatswiss.). Promot. 1948 (Diss.: D. völkerrechtl. Stellung Dtschl.s nach d. Kapitulation) - 1934-44 (Entlass. auf Befehl Hitlers) akt. Offz. Kavallerie (zul. Major; jetzt Oberstlt. a. D./Bundeswehr), 1948-59 Leit. Salemer Schulen; 1959-61 Leit. Aufbaustelle Reitakad. München - Spr.: Engl. - Div. Ehrenstell., dar. Ehrenpräs. Altsalemer Vereinig., Präs. Olympl. Akad. Olympia (1966-71), Mitgl. Org.-komit. Olymp. Spiele München u. NOC f. Deutschl.; Leiter der Wasserwacht Schliersee 1959-71; Gemeinderat Markt Schliersee 1966-72; Honoray Vicepresident Intern. Union of Buildingsocieties and Savingbanks, s. 1985 - Siegreich Mannschaft große Vielseitigkeitsprüf. 1939; Mitgl. Military Nationalmannschaft 1939; 2. Bayer. Meister im Military Reiten 1962; goldenes Sportabzeichen 1959; goldenes Abzeichen der Bay. Wasserwacht 1970; silbernes Leistungsabzeichen Ski der Schweiz 1962; Goldene Gams von Zürs/Arlberg (Abfahrt).

Prinz von HANNOVER, Welf Heinrich

Dr. jur., Leiter Volkswirtschaftsabt. Bankhaus B. Metzler seel. Sohn & Co., Frankfurt (b. 1988) - Neuwiesenstr. 22, 6000 Frankfurt/M. (T. 67 31 73) - Geb. 11. März 1923 Gmunden/Oberösterr. (Vater: Ernst August Herzog zu Braunschweig u. Lüneburg; Mutter: Viktoria Luise, geb. Prinzessin v. Preußen), verh. s. 1960 m. Sophie Alexandra, geb. Prinzessin zu Ysenburg u. Büdingen - 1935-41 Landerziehungsheime Hermann Lietz, Ettersburg u. Bieberstein; 1942-53 Univ. München, Wien, Göttingen - Arbeitsgruppe Weltraumrecht Dt. Ges. f. Luft- u. Raumfahrt e. V., Intern. Astronaut. Föderation Arbeitsgruppe III Inst. f. Weltraumrecht, Paris - 1953 Grotius-Med. (f. d. Diss.: Luftrecht u. Weltraum).

HANNSMANN, Margarete

Schriftstellerin - Zur Schillereiche 23, 7000 Stuttgart - Geb. Heidenheim - Vorstandsmitgl. VS Baden-Württ. - BV: Tauch in d. Stein, Ged. 1964; Drei Tage in C, R. 1964; Maquis im Nirgendwo, Ged. 1966; Zerbrich d. Sonnenschaufel, Ged. 1966; Grob Fein u. Göttlich, Lyrik u. Prosa 1970; Zw. Urne u. Stier, Ged. 1971; D. andere Ufer vor Augen, Ged. 1972; Ins Gedächtnis d. Erde geprägt, Ged. 1973; In Tyrannos - E. Friedhofsgespräch, Ged. 1974; Fernseh-Absage, Ged. 1974; Raubtier Tag, Ged. 1989. Hörsp.: D. letzte Tag (1967), D. Wand (1969), Auto (1973), Blei im Gefieder, Ged. (1975), Aufzeichn. ü. Buchenwald (1978), Canto Athen (1979), Chauffeur b. Don Quijote, R. (1976); Schaumkraut, Ged. (1980); Landkarten, Ged. (1980); Spuren, Ged. (1981); D. helle Tag bricht an, Roman (1982); Du bist in allem, Ged. (1983); Drachmentage, Ged. (1986); Pfauenschrei/Meine Jahre m. HAP Grieshaber, 1986; Rabenflug, Ged. (1987) - 1976 Schubart-Preis, 1981 Lit.-preis Stadt Stuttgart, Präsidiums-Mitgl. PEN-Club Dtschl.

HANNWACKER, Hannsgünter

Ministerialrat a. D., Leiter Hessische Landeszentrale f. Fremdenverkehr u. Geschäftsf. Hess. Fremdenverkehrsverband (b. 1989), tour info Hannwacker Information Kommukation Beratung - Bierstadter Str. 25, 6200 Wiesbaden (T. 06121 - 30 77) - Geb. 29. Jan. 1925 Würzburg.

HANS, Heinrich

Dr. jur., Vors. Richter OVG a.D., Honorarprof. Univ. ebd. (Übungen u. Repetorien im Öfftl. Recht) - Propsteistr. 53, 4400 Münster/W.

HANSCHMIDT, Alwin

Dr. phil., Prof. f. Neuere Geschichte u. Didaktik d. Gesch. Univ. Osnabrück, Abt. Vechta - Händelstr. 14, 2848 Vechta - Geb. 7. Aug. 1937 Rietberg/ Westf. - S. 1975 Prof. Univ. Osnabrück, Abt. Vechta - BV: Franz v. Fürstenberg als Staatsmann, 1969; Republikan.-demokr. Internationalismus im 19. Jh., 1977. Herausg.: V. d. Normalschule z. Univ. (1980, m. J. Kuropka); Weltpolitik, Europagedanke, Regionalismus. FS f. Heinz Gollwitzer (1982, m. H. Dollinger u. H. Gründer); 500 J. Pfarrkirche St. Johannes Baptista Rietberg (1983); 700 J. Stadt Rietberg 1289-1989 (1989) - Mitgl. Hist. Kommiss. f. Westfalen, Nieders. u. Bremen.

HANSELMANN, Johannes

Dr. phil., D., Landesbischof Ev.-Luth. Kirche in Bayern (Landeskirchenamt), Präs. Luth. Weltbund (1987ff.) - Meisenstr. 13, 8000 München 37 - Geb. 9. März 1927 Ehingen/Ries, verh. m. Ruth, geb. Hanemann, 4 Kd. (Matthias, Paul-Gerhardt, Jörg, Ruthild) - Stud. Univ. Erlangen u. USA - 1977-87 Vizepräs. Luth. Weltbd. Div. Schr. - Ehrendoktor Univ. München; Bayer. VO; 1978 Theodor-Heuss-Med.

HANSEN, Andreas

Werbekaufmann (Plakatanschläge), Vors. Verb. d. Werbung Hamburg/ Schlesw.-Holst. - Lurper Hauptstr. 66, 2000 Hamburg 53.

HANSEN, Conrad

Prof., Konzertpianist - Grottenstr. 24, 2000 Hamburg 52 (T. 82 96 85) - Geb. 24. Nov. 1906 Lippstadt/W., kath., verh. in 1. Ehe (1937-53) m. Prof. Eliza, geb. Ghiul, S. Niels, in 2. Ehe s. 1956 m. Maria, geb. Lange, S. Holger - Gymn. Lippstadt; m. 8 J. Klavierunterricht; 1922-30 Musikhochsch. Berlin (Meisterschüler v. Edwin Fischer) - M. 9 J. erstes öfftl. Auftreten, b. z. 15. Lebensj. Konzerttätigk. als Wunderkd., 1924 erstes Orch.konzert München unt. Eugen Jochum, 1922-30 Privat-Stud. Berlin (Meisterschüler v. Edwin Fischer, Staatl. Anerkennung 1930); 1930 erster Klavierabend Berlin (Beethovensaal), Konzerte mit Edwin Fischer (Bach, Mozart für 2 und 3 Klav.), Solist unt. Furtwängler, v. Karajan, R. Strauss, Mengelberg u. a., s. 1945 Klaviertrio m. Erich Röhn u. Arthur Troester. Päd. Tätigk.: 1932-35 Assist. Musikhochsch. Berlin (Edwin Fischer), 1936-40 Ausbildungskl. Klindworth-Scharwenka-Konservat., 1940-44 Meisterkl. Konservat. (ehem. Stern'sches Konservat.) ebd., nach d. 2. Weltkr. Konzert-Tourneen in Europa - Rußland - Japan. 1946-60 Prof. u. Leit. Meisterkl. Nordwestd. Musikakad. Detmold, dann Musikhochsch. Hamburg. S. 1974 zweiter Lehrauftr. Staatl. Musikhochsch. Lübeck - Mithrsg.: Beethoven Klavier-Sonaten - 1964 Ehrenring Stadt Lippstadt, Ehrenmitgl. Musik-Verein, ebd.

HANSEN, Eliza

Prof. f. Klavier u. Cembalo Musikhochsch. Hamburg u. Musikhochschule Lübeck - Magdalenenstr. 64, 2000 Hamburg 13 (T. 45 02 65) - Geb. 31. Mai 1909 Bukarest (Vater: Prof. Ghiul H.; Mutter: Aurelia Mihailescu).

HANSEN, Franz H.

Dr., Vorstandsmitglied Dt. Shell AG., Hamburg, Geschäftsf. Dt. Shell Chemie GmbH., Frankfurt/M. - Kälberstücksweg 23, 6380 Bad Homburg v.d.H.

HANSEN, Fritz

Dr. med., Prof., Kinderarzt - Helenenweg 13, 4020 Mettmann - Geb. 10. Juni 1910 Essen, verh. in 2. Ehe m. Dr. med. Katharina, geb. Manthey, 2 Söhne (Günter, Gerhard) - Promot. (1936) u. Habil. (1939) Düsseldorf - S. 1936 Assistenzarzt, Privatdoz. (1941), Oberarzt (1950) u. apl. Prof. (1952) Med. Akad. bzw. Univ. (1966) Düsseldorf (Kinderklinik), 1971 Chefarzt d. städt. Kinderkl. Düsseldorf-Gerresheim, dazw. 1939-49 Wehrdst. (Fronttruppe) u. sowjet. Gefangensch. - BV: Allg.-menschl. Bezieh. in d. Familie, 1959. Üb. 70 Einzelarb. (vornehml. Infektionskrankh. u. Schutzimpfungen).

HANSEN, Georg

Dr. rer. soc., Prof. f. Erziehungswissenschaft, Bildungsplanung, -politik, ökonomie Univ. Münster - Querstr. 16, 4600 Dortmund - Zul. Prof. PH Ruhr, Dortmund.

HANSEN, Gerd

Dr. rer. pol., Dipl.-Volksw., Prof. f. Ökonometrie Univ. Kiel - Seeblick 1, 2315 Kirchbarkau - Geb. 1. Jan. 1938 Pansdorf (Vater: Wilhelm H. Landw.; Mutter: Käthe, geb. Hardt), verh. s. 1964 m. Renate, geb. Lentin - Stud. Univ. Kiel; Promot. 1967 Hamburg; Habil. 1971 ebd. - 1972-79 Prof. Univ. Frankf. - Fachmitgl.sch., Fachveröff. - Spr.: Engl.

HANSEN, Hans

Dr., Geschäftsführer Maschinenfabrik H. Eberhardt GmbH. & Co., Wolfenbüttel - Steintorwall 2, 3300 Braunschweig - Geb. 13. Febr. 1925 Braunschweig - 1946-52 Univ. Kiel (Dipl. sc. pol.) - Funkt. Sozialversich. u. Fachverb. Handelsrichter.

HANSEN, Hans

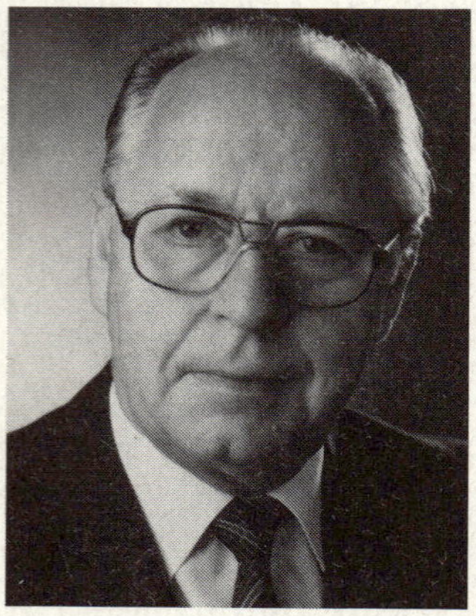

Präsident Dt. Sportbund (s. 1986), u. Landessportverb. Schlesw.-Holst. - Zu erreichen üb. Winterbeker Weg 49, 2300 Kiel - Vors. Rundfunkrat NDR.

HANSEN, Hans Erik

Vorstandsvorsitzer Union-Bank AG. - Große Str. 2, 2390 Flensburg - Geb. 15. März 1936.

HANSEN, Hans Georg

Dr. med., o. Prof., Ord. u. Direktor Kinderklinik Med. Hochsch. Lübeck (s. 1966) - Elsässer Str. 47, 2400 Lübeck (T. 6 71 61) - Geb. 6. Mai 1922 Flensburg (Vater: Georg H.; Mutter: Margarethe, geb. Philipsen), verh. s. 1944 m. Ursula, geb. Hartmann, 2 Kd. (Owe, Birgit) - Abit. 1939; 1939-44 Univ. Berlin u. Würzburg. Promot. 1944 Würzburg; Habil. 1957 Kiel - 1950 Facharzt f. Innere Med., 1954 f. Pädiat., bde. Kiel; 1954 Oberarzt Univ.-Kinderklinik Kiel; 1963 apl. Prof., 1966 o. Prof., 1969/70 Dekan Med. Fak. Lübeck. Spez. Arbeitsgeb.: Hämatol., Endokrinol., Röntgenol. - BV: D. Phasenkontrastverf. in d. Hämatologie, T. I-III (m. Rominger); D. Physiol. d. Lymphocytenwechsels u. s. Beeinflußbarkeit durch Hormone d. Hypophysen-Adrenal-Systems; Pädiatr. Differentialdiagnose (m. Catel; auch ital. u. span.); Hämatol. Zytologie d. Speicherkrankh. (auch engl.). Zahlr. Handbuchbeitr. u. a. - Korr. Mitgl. Ges. f. Pädiatrie, Minas Gerais (Brasil.), Europ. Soc. for Pediatric Res., Europ. Soc. for Pediatric Radiology, Europ. Soc. for Hematology, Intern. Soc. for Pediatrie u. a. - Liebh.: Segeln, zeitgen. Malerei, mittel- u. südamerik. Kulturen - Spr.: Engl., Franz. - Mitgl. Lions-Club.

HANSEN, Helmut F. H.

Vorstandssprecher Hafen Hamburg - Verkaufsförd. u. Werbung, Vorstandsvors. Beratungs- u. Forschungsstelle f. Versandverp./Inst. f. Exportverp., ebd. - Jes-Juhl-Weg 8, 2000 Hamburg 52 (T. 880 54 70) - Geb. 18. Febr. 1926, verh. s. 1949 - Ehrenmitgl. Fachhochsch. Hbg., Gr. silberne Ehrenz. f. Verdienste um d. Rep. Österr. - Liebh.: Gesch., Religion, Politik.

HANSEN, Horst

Vorstandsmitglied (Finanzen) Otto-Versand, Hamburg - Wandsbeker Str. 3-7, 2000 Hamburg 71.

HANSEN, Joachim

Schauspieler - Harthausener Str. 10, 8011 Neukeferloh b. München (T. 46 81 21) - Geb. 28. Juni 1930 Frankfurt/O. (Vater: Alfred H.; Mutter: Agnes, geb. Radtke), kath., gesch. s. 1979, wiederverh. (Ehefr. Marion) - Gymn. (Abitur); Sprachensch. (Engl., Franz.) u. Max-Reinhardt-Theatersch. Berlin - Bühne (zul. Des Teufels General); Film (42 Rollen); Fernsehen 30 Rollen, zul. Heidi) - Liebh.: Klass. Musik, Jagd - Spr.: Engl. (Dolmetscherex.), Franz., Ital.

HANSEN, Johannes

Landwirt, Generallandschaftsrat a. D., Ehrenpräs. d. Nordd. Genossenschaftsverb. (Raiffeisen) - Westerdorf 15, 2395 Ausacker/Kr. Flensburg (T. Husby 5 22) - Geb. 21. Juli 1915 Ausacker (Vater: Johannes H., Amtmann u. Bauer; Mutter: Grete, geb. Jensen), ev., verh. s. 1943 m. Hanna, geb. Grünler, 3 Söhne (Hanns-Jürgen, Ernst, Jens) - Oberrealsch. (Abit.); landw. Ausbild. - Mitgl. Lions-Club Flensburg - 1969 Gold. Raiffeisen-Nadel; 1973 Gr. BVK, 1981 Stern dazu; 1975 Gr. Raiffeisenmed.; Gr. gold. Ehrenmed. Raiffeisen-Schultze-Delitzsch; Ehrenritter Johanniter-Orden - Spr.: Engl. - Großv. (ms.) Landesökonomierat Peter Jensen, Mitgl. Dt. Landw.rat.

HANSEN, Jürgen

Dipl.-Kfm., Vorstandsvorsitzender Pelikan Aktiengesellschaft - Poelzigweg 3 B, 3000 Hannover - Geb. 3. April 1932 Kappeln/Schlei, verh. m. Dorothea, geb. Miehlke - 18 J. Nestlé-Konzern (Assist. d. Vorstandsvors., zul. Marketing-Manager), 6 J. Reynold's Industries Inc. (Generalmanager Zigarettenfabrik Haus Neuerburg KG, Köln).

HANSEN, Kai

Dr. rer. nat., Prof. f. Zoologie Univ. Regensburg - Rehfeld 8, 8401 Pentling/ Opf. - Geb. 2. Sept. 1935 Hamburg - Promot. 1961 Berlin (FU); Habil. 1968 Heidelberg - Üb. 30 Facharb.

HANSEN, Karl-Heinz

Studiendirektor i.R., MdB (s. 1969) - Aldekerstr. 7, 4000 Düsseldorf-Heerdt (T. 50 03 14) - Geb. 17. Mai 1927 Linderhofe/Lippe (Vater: Karl H., Amtsrat; Mutter: Anna, geb. Kiesau), ev., verh. s. 1954 m. Anneliese, geb. Ebach, S. Ralph-Eric - Gymn.; Stud. Angl., Roman., Gesch. - S. 1959 Studienrefer., - ass. (1961), -rat (1964), Obertudienrat (1968) u. Stud.-Dir. (1969), Vors. Fachgr. Gymn. Gewerksch. Erzieh. u. Wiss. NRW. Parteilos (1961-81 SPD) - Liebh.: Film - Spr.: Engl., Franz. - Lit.: Bernt Engelmann: Was lange gärt, wird endlich Wut (Dokument.), 1981.

HANSEN, Klaus

Jurist, Parlament. Geschäftsführer, Mitglied Hamburg. Bürgerschaft (s. 1978) - Glindersweg 18, 2050 Hamburg 80 - SPD.

HANSEN, Kurt

Dr.-Ing., Dr. rer. nat. h. c., Dipl.-Kfm., Chemiker, Honorarprof. f. Chemie Univ. Köln (s. 1963) - Sürder Str. 14, 5090 Leverkusen-Schlebusch (T.

5 18 50) - Geb. 11. Jan. 1910 Yokohama/Japan (Vater: Hans H., Exportkfm. Illies & Co. Hamburg), verh. m. Irmingard (Irmi), geb. Strähuber (Arzttochter München), 2 Kd. (Karin, Gert) - Promot. 1935 München (Summa cum laude) - S. 1936 IG Farbenind. AG bzw. Farbenfabr. Bayer AG bzw. Bayer AG (1955 Prok., 1956 Dir., 1957 Vorst.-Mitgl., 1961 -vors., 1974 AR-Vors., 1984 Ehren-AR-Vors.). Div. Ehrenstell., dar. Präs. Verb. d. Chem. Ind. (1970/71), Präs. G. d. Ch. (1974/75). AR-Mandate - 1960 Ehrendoktor TH Aachen; Ehrensenator Tierärztl. Hochsch. Hannover (1962), Univ. Bonn (1963), Köln (1963) u. Mainz (1964); 1970 Horst-Koehler-Gedächtnispreis Dt. Gartenbau-Ges. u. Ehrenring Stadt Leverkusen; 1980 Ehrenmitgl. BDI; 1985 Ehrenbürger TU München u. 1988 Univ. Köln - Liebh.: Wandern, Segeln, Schwimmen - Lit.: Ferdinand Simoneit, D. Neuen Bosse, 1966.

HANSEN, Niels

Dr. jur., Botschafter, Deutscher Ständiger Vertreter b. d. NATO - Blvd. Léopold III, B-1110 Brüssel; dt. Anschrift: Postf. 15 00, 5300 Bonn 1 - Geb. 1924 Heidelberg (Vater: Prof. Dr. med. Karl H. (†1962); Mutter: Mary, geb. Sulzer), verh. s. 1959 m. Dr. med. Barbara, geb. Bartels, 3 Kd. (Kornelia, Sibylle, Ulrike) - Katharineum Lübeck (Abit.); 1942-45 Wehrdst.; Stud. d. Med. u. Rechtswiss. Göttingen, Hamburg, Heidelberg, Zürich, Genf; Lic. en droit 1951 - 1951-52 Wiss. Assist. Genf; s. 1952 AA: Wirtsch.deleg. Wien, Büro Min. v. Brentano, Botsch. Lissabon u. Bern, Generalkonsul. New York, Ref.leit. Mittelmeer, dann Europ. Integration, UNO-Vertr. New York, 1975-79 Gesandter Botsch. Washington, 1979-81 Leit. Planungsstab, 1981-85 Botsch. in Israel - Korr. Mitgl. Sociedade de Geografia Lissabon; Rechtsritter Johanniterorden; belg., dt., ital., luxemb., niederl., österr., port., span., vatik. Orden - Liebh.: Mod. Plastik, Querflöte - Spr.: Franz., Engl., Ital., Portug., Hebr.

HANSEN, Reimer

Dr. phil., Prof. f. Neuere Geschichte FU Berlin (s. 1980) - Rhodeländer Weg 40b, 1000 Berlin 47 - Geb. 4. Febr. 1937 Heide/Holst. (Vater: Johannes H., kaufm. Angest.; Mutter: Anni, geb. Claussen), verh. s. 1965 m. Ingeborg, geb. Hucke, 3 Kd. (Jan, Olde, David) - Gymn.; 1957-62 Univ. Kiel (Gesch., German., Päd.). Staatsprüf. f. d. höh. Lehramt 1963. Promot. 1965 Kiel - 1964-70 Wiss. Assist. Univ. Kiel, 1970 o. Prof. f. Gesch. PH Berlin, s. 1980 f. Neuere Gesch. FU Berlin. Bücher u. Aufs. - Lit.: Kürschners Dt. Gelehrten-Kalender 1987.

HANSEN, Richard

Dr. agr., Prof., ehem. Leiter Inst. f. Stauden, Gehölze u. angew. Pflanzensoziol. FH Weihenstephan (s. 1947), Honorarprof. TH München /Fak. f. Landw. u. Gartenbau (s. 1963) - Steinbreite 1, 8050 Freising/Obb. (T. 22 59) - Geb. 10. Juli 1912 Nortorf/Holst. (Vater: Georg H., Pastor; Mutter: Charlotte, geb. Dethleffsen), ev., verh. s. 1940 m. Renate, geb. v. Wilmowsky, 2 S. (Stephan, Georg) - Gymn. Kiel; prakt. Ausbild. Baumschulen u. Staudengärtnereien; Univ. Berlin (Diplom-Gärtner 1939) - BV: D. Garten u. s. Gehölze, 1955; D. Garten u. s. Stauden, 1963 (beide m. Stahl); Sichtungsgarten Weihenstephan, 1977; D. Stauden u. ihre Lebensbereiche, 1981 - Mitgl. Royal Horticultural Soc. (Engl.) u. Intern. Stauden-Union - Buchpreis Dt. Gartenbau-Ges., 1980 Max-Schönleutner-Med. TU München; 1983 BVK am Bde.; 1983 Georg Arends-Med. Zentralverb. Gartenbau; 1986 Silb. Bürgermed. Stadt Freising; 1986 von Sckell-Ehrenring d. Bayer. Akad. d. Schönen Künste; 1987 Ehrenmitgl. d. Dt. Ges. f. Gartenkunst u. Landsch.pflege.

HANSEN, Svend Olav

Oberfinanzpräsident, Leit. OFD Kiel - Adolfstr. 14-28, 2300 Kiel.

HANSEN, Ursula,

geb. Otto

Dr. rer. pol., Prof. Inst. f. Betriebsforsch. (IFB) Univ. Hannover - Wunstorfer Str. 14, 3000 Hannover 91 (T. 762 56 13/14) - Geb. 10. Mai 1939 Hannover (Vater: Friedrich O., Baumeister; Mutter: Käthe, geb. Gundlach), ev., verh. s. 1968 m. Dr. P., S. Lorenz - Sophiensch. Hannover (Abit. 1958); Stud. d. Betriebswirtsch.lehre Univ. Wien, Kiel, Göttingen; Promot. 1968 ebd.; Habil. 1975 - BV: Stilbildung als absatzwirtschl. Problem d. Konsumgüterind., 1969; Produktgestaltung, 1972 (m. E. Leitherer); Absatz- u. Beschaffungsmarketing d. Einzelhandels, Bd. I u. II 1976; Lexikon u. Arbeitsbuch z. Handelsbetriebslehre, 1979 (m. J. Algermissen); Marketing u. Verbraucherpolitik (m. B. Stauss u. M. Riemer); Verbraucherabt. in priv. u. öffentl. Unternehmen, 1985 (m. I. Schoenheit); Verbraucherzufriedenheit u. Beschwerdeverhalten, 1987 (m. I. Schoenheit). Herausg.: Marketing u. Verbraucherarbeit (m. G. Rosenberger) - 1966 Forschungsstip. USA; 1983 Forschungsreise Japan.

HANSEN, Ursula

Dr. med., Ärztin, Staatsministerin f. Soziales u. Familie Rhld.-Pfalz (s. 1985), MdL - Zu erreichen üb. Min. f. Soz. u. Familie, Bauhofstr. 4, 6500 Mainz (T. 1 61) - Geb. 1935, kath., verh. m. Vinzenz H., Verbandsbürgerm., 4 Kd. - Ärztin in Prüm/Eifel (zul. in Landpraxis). Vizepräs. Zentralkommitee d. Dt. Katholiken, u. a. Ehrenämter. CDU s. 1970.

HANSEN, Uwe

Dipl.-Kfm., Generalbevollm. BDO Dt. Warentreuhand-AG, Hamburg - Ferdinandstr. 59, 2000 Hamburg 1 (T. 040 - 30 29 30) - Geb. 24. Sept. 1941 - Dipl.-Kfm. 1968, Wirtschaftsprüfer 1974.

HANSEN, Uwe

Feuerwehrbeamter a.D., MdB (s. 1984 Landesliste Hamburg) - Marmstorfer Weg 30, 2100 Hamburg 90 - Geb. 19. Sept. 1938 Hamburg, ev., verh., 2 Kd. - Techn. Obersch. (mittl. Reife 1955); Matrose, Steuermann/Küstenschiffahrt; s. 1964 Feuerwehrbeamter Hamburg. Mitgl. ÖTV. S. 1974 Bezirksabgeordn. (1978-83 stv., ab 1983 Fraktionsvors.). SPD s. 1966 (1972 Kreisvorst.-Mitgl., 1978ff. Landesvorst., s. 1983 stv. Landesvors.).

HANSEN, Uwe C.

Reeder, Geschäftsf. Flensburger Schiffsparten-Vereinig. AG. & Co. GmbH., Flensburg u. Flensbg. Befrachtungskonto Uwe C. Hansen & Co., Vorstandsmitgl. Flensbg. Schiffsparten-Vereinig. AG. ebd. - Marienhölzungsweg 53, 2390 Flensburg (T. 5 36 60) - Geb. 29. Mai 1920 Kiel - Spr.: Engl. - Rotarier.

HANSEN, Walter

Dr. rer. nat., o. Prof. (em.) (s. 1956) - Dorfstr. 21, 2081 Hasloh (T. 04106 - 25 17) - Geb. 15. Aug. 1909 Hamburg (Vater: Andreas H., Ing.; Mutter: Hedwig, geb. Statthaus), verh. s. 1940 m. Elli, geb. Behrmann, 3 Töcht. (Heike, Silke, Ute) - U. a. Dt. Hydrogr. Inst. Zahlr. Fachveröff.

HANSEN, Walter

Schriftsteller - Stengelstr. 6, 8000 München 40 (T. 089 - 36 93 90) - Geb. 4. April 1934 Waltendorf, kath., Tochter Eva - Stud. Univ. München - BV: D. Ritter, 1976; D. Reise d. Prinzen Wied, 1978; D. große Hausbuch d. Volkslieder, 1978; D. Buch d. Balladen, 1978; D. Detektiv v. Paris, 1980; D. Edda m. Kommentaren, 1980; Nibelungenlied, 1982; Asgard, 1985; D. Spur d. Sängers, 1987; D. Spur d. Helden, 1988 - 1980 ZDF-Jugendbuchpreis - Spr.: Engl., Franz. - Lit.: Kürschners Dt. Lit.-Kalender; D. Barke (Österr. Buchclub d. Jugend); Bayer. Literaturlex.

HANSEN, Wolfhard

Dr. rer. nat., Prof., Lehrstuhlinh. f. Mathematik Univ. Bielefeld - Ludwig-Beck-Str. 19, 4800 Bielefeld 1.

HANSEN-WESTER, Peter

Dipl.-Ing., Vorstandsmitglied Howaldtswerke-Dt. Werft AG, Hamburg u. Kiel (s. 1981) - Streitberg 2, 2300 Molfsee (T. 04347 - 25 38) - Geb. 30. Juli 1932 Kiel - Geschäftsf. Thyssen Nordseewerke GmbH., Emden, zul. Vorst.-mitgl. AG Weser, Bremen - Spr.: Engl.

HANSER-STRECKER, Peter

Dr. jur., Musikverleger (B. Schott's Söhne) - Weihergarten, 6500 Mainz; priv.: Gluckstr. 6, 6200 Wiesbaden - Geb. 10. Juli 1942 München - Promot. 1968 Frankfurt/M. - BV: D. Plagiat in d. Musik, 1968 - Spr.: Engl.

HANSI, Alfred

Bankdirektor i. R. - Harnackstr. 22, 1000 Berlin 33 (T. 832 41 86) - Geb. 8. Mai 1913 Posen - Reform-Realgymn. (Abitur); kaufm. Lehre Industrie - Ab 1936 Unternehmerverb. u. Wirtschaftsverw.; s. 1950 Berliner Bank AG. (1961 Vorstandsmitgl.). ARsmandate u. a.

HANSING, Ernst-Günter

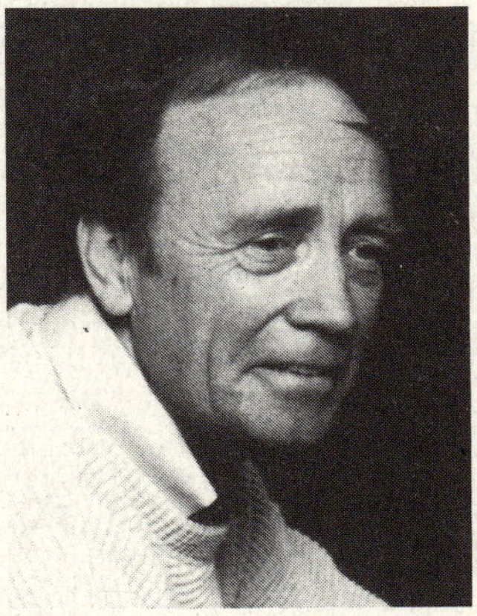

Prof. h.c., Maler, Bildhauer - Am Zopenich 1, 5340 Rhöndorf u. 7, rue Gozlin, Paris VI - Geb. 15. Juni 1929 Kiel (Vater: Hermann H.; Mutter: Anneliese, geb. Marten), ev., verh. s. 1955 m. Eva, geb. Schreder, 3 Kd. (Michael, Marc, Matthias) - Gymn.; Goldschmied; Autodidakt; Förder. d. Oskar Kokoschka; Stud. Paris b. Fernand Léger (Stip. d. franz. Reg.); 1955 Stud. Hochsch. f. Bild. Künste Berlin (Stip. Bundesverb. d. dt. Ind.) - Bildkompositionen in abstraktem expressivem Surealismus. Porträts u. Porträtreihen u. a. v. Adenauer, Kardinal Frings, de Gaulle, Papst Paul VI. (7,5 qm gr. Ölgemälde), B. Beitz, H. Wehner, C. Malraux, F. Leger, 1955, H. H. Jahnn 1956, L. Erhard 1978; Porträtreihe Walter Scheel 1976-79, 1972-74 Christusthema f. d. Vatikan; Prof. H. Lützeler 1980; Prof. A. Möller 1981; Papst Johannes Paul II. 1980-81 u. 1983-84; A. Henze 1983; H. Krone 1983-84; R. N. Ketterer 1984; Chagallskizzen i. St. Paul de Vence, 1984; Bildthema Hommage á Chagall, 1985; G. Stoltenberg, 1988; D. Lean, 1988/89; F. Mitterand, 1989; 1973-74 Kapellengesamtausgestaltung. Rom; Kreuzwegstationen f. d. Vatican; Glasfenster (Dietrich-Bonhoeffer-Kirche Hamburg, Erzbischöfl. Palais Köln); Metallplastiken; Gestalt. Pontificats-Med. d. Vatikans u. Papstgewand z. Eröffn. d. Hl. Jahres 1983/84. Alleinausst. (Hamburg, Kiel, Köln, Schleswig, Bonn, Paris, New York, Rom, Florenz, Hannover). Arbeiten in Museen u. Privatsammlungen in Frankr., Dtschl., Ital., USA - 1970 Grand Prix de New York -1976 Kunstpreis Land Schlesw.-Holst. - Lit.: C. Malraux: Portrait et Abstraction E. G. H. (1966), A. Henze: E. G. H., Monographie, vierspr. (1975), G. Wietek: E. G. H. Persönlichk. u. Deutung (1978), H. Lützeler: Politikerporträts E. G. H. (1979), A. Verdet: Visages et Paysages (1980), ZDF Kulturmagazin Aspekte: E. G. H. Werke im Vatikan u. Ital. (1983).

HANSMANN, Karl-Werner

Dr. rer. pol., Dipl.-Kfm., Prof. f. Betriebswirtschaftslehre - Corveystr. 7, 2000 Hamburg 54 - Geb. 21. Mai 1943 Kassel (Vater: Carl H., Raumausstatter; Mutter: Elisabeth, geb. Wagner), verh. s. 1969 m. Gisa, geb. Seeck, S. Björn - Gymn. Kassel; Univ. Marburg u. Hamburg (Betriebsw.; Dipl.-Kfm. 1967) - B. 1977 Doz., dann Prof. Univ. Hamburg - BV: Entscheidungsmodelle z. Standortplanung d. Industrieuntern., 1974; Dynam. Planung v. Aktienanlagen, 1979 - Liebh.: Klass. Musik (spielt Klav.) - Spr.: Engl., Franz., Span.

HANSMANN, Manfred

Dr. med., Prof. f. Frauenheilkunde u. Geburtshilfe - Rheinufer 100, 5330 Königswinter 1 (T. 02223 - 2 47 81) - Geb. 29. April 1936 Kassel (Vater: Georg H., Ing.; Mutter: Maria, geb. Abel), ev. gesch., S. Marcus - Med.stud. 1958-61 Univ. Frankf., 1961-64 Univ. Heidelberg, Promot. 1964, Habil. 1975 Univ. Bonn - 1971 Facharzt f. Frauenheilk. u. G., 1976 O.arzt Univ.-Frauenkl. Bonn, 1980 ltd. OA u. Leit. d. Abt. f. Praenatale Diagnostik UFK Bonn - BV: Ultraschalldiagn. i. d. Med., 1981; 80 Aufs. i. Ztschr. f. Gynäk. u. i. 10 Sachbüchern; Wiss. Beirat: Gynäk. Praxis H. Marseille Verl., Ultrasound i. Med. a. Biology Pergamon-Press, Ultraschall i. d. Med.. - 1979 Sekr. d. Dt. Ges. f. Ultraschall i. d. Med. (DEGUM) - Ehrenmitgl. Jugosl. Ges. f. Ultraschall i. d. Med. - Liebh.: Antiquitäten (Uhren) - Spr.: Engl., Franz.

HANSMEYER, Karl Heinrich

Dr. rer. pol., Dipl.-Kfm., o, Prof. f. Wirtschaftl. Staatswissenschaften - Ulmenallee 124, 5000 Köln 51 (T. 38 20 19) - Geb. 30. Juli 1929 Lennep - S. 1961 (Habil.) Lehrtätigk. Univ. Köln, Mainz (1964 Ord. f. Volksw.slehre u. Finanzwiss.), Köln (1967 wie oben). Mitgl. Sachverständigenrat f. Umweltfragen, Dt. Ges. f. Ausw. Politik, Ges. f. Wirtschafts- u. Sozialwiss. Mitgl. Inst. Intern. de Finances Publiques. Spez. Arbeitsgeb.: Finanzwiss., Kommunalwiss., Umweltpolitik - BV: D. Weg z. Wohlfahrtsstaat, 1957; Finanzielle Staatshilfen f. d. Landw., 1963; D. öfftl. Kredit, 2. A. 1970; D. Gebühren, 1968 (m. Fürst); Gesetz z. Förder. d. Stabilität u. d. Wachstums d. Wirtsch.; Kommentar 2. A. 1972 (m. K. Stern u. P. Münch); Staatswirtschaftl. Planungsinstrumente, 1973 (m. B. Rürup). Zahlr. Einzelarb.

HANSSLER, Hugo

Dr. med., Prof., Chefarzt i. R., St. Hedwigs-Kinderkrkhs. Regensburg (s. 1958) - Prüfeninger Schloßstr. 14, 8400 Regensburg (T. 3 51 60) - Geb. 29. März 1917 Tafern b. Überlingen/B. (Vater: Albert H., Landw.; Mutter: Elisabeth, geb. Mossmann), verh. s. 1942 m. Elisabeth, geb. Schmid - S. 1954 (Habil.) Lehrtätigk. Univ. Tübingen (1961 apl. Prof. f. Kinderheilkd.). Fachaufs. - Ehrenmitgl. d. Süddt. Ges. f. Kinderheilkunde.

HANSSON, Per-Ulf

Geschäftsführer Wilhelmstal-Werke GmbH Papiersackfabriken - Fautenbacher Str. 24, 7590 Achern/Baden.

HANSTEIN, von, Fritz Huschke

Kaufmann, EhrenVice-Präs. d. Automobilclub f. Dtschl. (AvD), Ehrenpräs. d. O.N.S. (Oberste Nat. Sportkomm. f. d. Automobilsport i. Dtschl.), Vice-Président d'honeur d. FISA (Federation Intern. du Sport Automobile) - Am Kräherwald 169, 7000 Stuttgart (T. 8 91 41) - Geb. 3. Jan. 1911 Halle/Saale (Vater: Carl v. H.; Mutter: Anne, geb. v. Dippe), ev., verh. s. 1950 m. Ursula, geb. v. Kaufmann (Verf.: 666 Tips f. d.

perfekte Gastgeberin, 1969, Lexikon Mod. Etikette, 1971, Delikat essen - schlank bleiben, 1973) - Gymn. Quedlinburg; landw. u. kaufm. Ausbild; Univ. Göttingen (Refer.ex. 1936). Dolmetscherex. f. Engl. College Exeter (Engl.) - Gutsbes. Wahlhausen/Werra, ab 1936 Aktionär u. Geschäftsf. Gebr. Dippe AG, Quedlinburg, ab 1938 Geschäftsf. Mahndorfer Zuchten, n. Kriegsende stv. Geschäftsf. Gebr. Dippe Saatzucht, Herford, 1950-52 Verkaufsleit. Hoffmann-Werke, Lintorf (Einf. VESPA in Dtschl.), 1952-68 Prokurist u. Rennleit. Dr.-Ing. h. c. F. Porsche KG, Stuttgart, spät. Berat. VW-Porsche Vertriebsges. Zahlr. Erfolge bei Motorrad- u. Autorennen (zul. auf Porsche; 1939/40 dt. Sportwagenmeister, Gesamtsieger d. Mille Miglia, beides auf BMW) - Gold. Motorsportabz. ADAC, AvD u. DMV, 1959 Gold. AvD-Sportabz. m. Eichenlaub u. Brillanten; Komturkreuz span. Orden d. hl. Isabella; 1975 Officier 1er Classe de l'ordre de l'Education Physique et des Sports des Fürstentums Monaco; Off. de l'Ordre National de La Rep. Ivoire - Liebh.: B. 1945 (Enteign. d. Güter) Pferdesport u. -zucht, jetzt Fotogr. u. Filmen - 1965 u. 67 Christophorus-Preis; 1970 Silb. Lorbeerbl. d. Bundespräs.; 1984 BVK I. Kl. - Spr.: Engl., Franz., Ital. - Europa-Bergmeister im Automobilsport (Porsche).

HANSTEIN, v., Helmar

Chefdramaturg Städt. Bühnen Augsburg (s. 1982) - Pippinstr. 19 1/2, 8035 Gauting - Geb. 5. Nov. 1944, verh. s. 1982 m. Astrid, geb. Kube - Stud. Theaterwiss., Kunstgesch., German. München - S. 1971 Dramaturg Staatstheater Karlsruhe, Stadttheater Bremerhaven, Städt. Bühnen Essen, Staatstheater Darmstadt, Ruhrfestsp. Recklinghausen, Schauspielhs. Nürnberg.

HANSTEIN, Walter G.

Dr. rer. nat., Prof., Biochemiker - Hufelandstr. 15, 4630 Bochum-Querenburg (T. 0234 - 70 26 32) - Geb. 23. April 1934 Lörrach (Vater: Günther H., Zahnarzt; Mutter: Walburg, geb. Bender), kath., verh. s. 1970 m. Ursula, 4 Kd. (Conrad, Nicola, Oliver, Sabine) - Chemiestud. Univ. Basel, Heidelberg, Freiburg; Dipl.-Chem. 1961 Freiburg, Promot. 1966 Freiburg - 1969-78 Ass. Member, Scripps Clinic & Res. F. (La Jolla); 1978 ff. Prof. C 3 Inst. f. Physiol. Chemie, Ruhr-Univ. Bochum - 1970 US-PHS Career Development Award - Liebh.: Musik, Squash, Tauchen - Spr.: Engl.

HANSZEN (ß), Karl-Joseph

Dr., Prof., Direktor a. D. Physikal.-Techn. Bundesanstalt Braunschweig - Geb. 27. Jan. 1921 Wald b. Solingen - Promot. 1952; Habil. 1971 - S. 1952 PTB (1968 Leit. Gruppe Elektronen- u. Röntgenstrahlen). 1971ff. Lehrtätigk. TU Braunschweig (1976 apl. Prof. f. Physik). 1968/69 Gastprof. Univ. Tucson (USA). Rd. 100 Facharb.

HANTEL, Michael

Dr. rer. nat., o. Univ.-Prof., Inst. f. Meteorol. u. Geophysik Univ. Wien - Hohe Warte 38, A-1190 Wien (T. 0043 - 222-364453-3001) - Zul. Prof. f. Meteorol. Univ. Bonn.

HANTEN, Alfred

Dr. phil., Personalberater - Im Schorner 18, 7842 Kandern 5 (T. 7626-10 70) - Geb. 10. Sept. 1905 Erkrath (Vater: Hubert H., Fabrikant; Mutter: Maria, geb. Huppertz), kath., verh. I) 1938 Anna-Maria, geb. Cramer (†1945), II) 1947 Dipl.-Psych. Irmgard, geb. Bartram, 5 Kd. (Gisela, Klaus, Dieter, Dirk, Silke) - Hindenburg-Sch. Düsseldorf; Univ. Bonn u. Freiburg/Br. (Päd., Phil., Hauptf. Psych.; Promot. 1933) - 1937-40 Heerespsychologe; 1940-43 Reg.srat Reichsluftfahrtmin.; 1943-45 Frontoffz.; 1945-49 kaufm. Tätigk.; 1949-52 Geschäftsf. FORFA (Forschungsinst. f. Arbeitspsych. u. Personalwesen); s. 1952 selbst. Unternehmensberatung, s. 1976 Hauptgesellsch. u. Gf. Degefia (Priv. Ges. f. Ind.ausbild. im Ausl. mbH.) - Liebh.: Sport (bes. Reiten), Reisen, Musik, Garten - Spr.: Franz., Engl.

HANTSCHE, Irmgard

Dr. phil., Wiss. Rätin, Prof. f. Neuere Geschichte u. ihre Didaktik GH Duisburg (s. 1974) - Frühlingstr. 6, 4300 Essen - Geb. 17. Mai 1936 Grünberg/Schl. - Promot. 1968; Habil. 1973 - BV: D. Problem d. engl. Bürgerkr. b. James Harrington, 1968.

HANTSCHMANN, Norbert

Dr. med., Prof. f. Chirurgie Univ. Kiel, Chefarzt Krankenhaus Itzehoe (Akad. Lehr-Krkhs.) - Buschweg 7, 2210 Itzehoe-Edendorf (T. 04821 - 7 65 75) - Geb. 21. Nov. 1932 Königsberg/Ostpr. (Vater: Prof. Dr. Leo H., Chefarzt; Mutter: Dr. med. Magdalene, geb. Steube), ev., verh. s. 1960 m. Dr. med. Jutta, geb. Costede, 3 Kd. (Bodo, Imme, Peer) - Stud. Med. u. Psych. Univ. Freiburg, Tübingen u. Kiel; Staatsex. u. Promot. 1958, Habil. 1970, alles Kiel - Mediz.-Assist. Oberhausen, Harburg u. Hamburg; Hospitant (Endokrinol.) Hbg.-Eppendorf; Oberarzt u. ltd. Oberarzt Kiel; s. 1975 Chefarzt Itzehoe. Ztschr.-beitr. üb. Themen d. Endokrinol., Magenchir., Thoraxchir. u. Therapie u. Diagnostik entzündl. Darmerkrank. - Liebh.: Musik (ausüb. Kammermusik), Malerei, Dicht. u. Reisen - Spr.: Engl., Franz.

HANYS, Bedrich

Schauspieler, Regiss. - Eltviller Str. 17, 6200 Wiesbaden (T. 4 85 50) - Geb. 25. Sept. 1939 Vysoke Myto/CSSR (Vater: Dr. Bedrich H., Tierarzt; Mutter: Marie, geb. Kosova), verh. s. 1961 m. Dana, geb. Bufkova, T. Barbara - Akad. d. Mus. Künste (Theaterfak.) Prag (Dipl.); Fachausbild. Fialka ebd. - Bühnen Prag u. Mainz (Schwarzes Theater D. Velvets); s. 1967 eig. Truppe (Velvets) - Insz. Pantomime: Kontraste, Menschl. Kom., D. kl. Prinz, Nur keine Angst Bubu, Variationen, Alice im Wunderl., D. Verwandl. d. Herrn K. Dokumentar- u. Puppenf. sow. Trickf. ARD/ZDF - Ehrenpr. Stadt Mainz, I. Pr. Festival Atti Unici Arezzo - Spr.: Tschech., Dt., Engl.

HANZ, August

Angestellter, MdB (1965-72 u. 1976 ff.) - Ortstr. 30, 5431 Meudt-Dahlen/Westerw. - Geb. 3. April 1925 Hinterkirchen/Ww., kath., verh., 5 Kd. - Volkssch.; kaufm. Ausbild. - 1942-48 Arbeits- u. Wehrdst. sow. franz. Gefangensch., dann Großhandel, 1953 b. 57 CDU-Geschäftsf., 1957-72 Landesleit. f. Öffentlichkeitsarb., anschl. Ref. Landesvertr. Rhld.-Pf. in Bonn. Zeitw. MdK u. -L. CDU.

HAPKE, Hans-Jürgen

Dr. med. vet., Prof., Inst. f. Pharmakologie, Toxikologie u. Pharmazie Tierärztl. Hochsch. Hannover - Kantstr. 7, 3160 Lehrte (T. 05175 - 73 19) - Geb. 6. Okt. 1931 Peine (Vater: Otto H., Sparkasseninsp.; Mutter: Erna, geb. Redecke), ev., verh. s. 1959 m. Dr. med. Hildegard, geb. Wagner, 3 Kd. (Kornelia, Armin, Isabelle) - Obersch.; Univ. Erlangen (Zool., 1951-52) u. München (Veterinärmed., 1952-54), TiäH Hannover (Vet.med., 1954-57) - S. 1965 (Habil.) Lehrtätigk. Tierärztl. Hochsch. Hannover (1967 Abt.vorst. u. Prof.). Mitgl. Kommiss. f. Reinhalt. d. Luft VDI (1968ff.), f. Rückstände in Lebensmitteln u. f. Pflanzenschutzmittel DFG (1970ff.), Bundesgesundheitsrat - BV: Exper. Unters. üb. d. Einfluß versch. Pharmaka auf d. Adrenalin- u. Noradrenalingehalt, 1966; Toxikologie für Veterinärmed., 1976, 2. A. 1987. Kompendium d. Pharmakologie u. Toxikologie, 1977; Arzneimitteltherapie in d. tierärztl. Klinik u. Praxis, 1980, 2. A. 1983. Schriftl. d. Dt. Tierärztl. Wochenschr. Üb. 250 Fachaufs. - Liebh.: Numismatik - Spr.: Engl.

HAPKE, Jobst

Dr.-Ing., Prof. f. Chemieapparatebau - Universität, 4600 Dortmund 50 - Geb. 9. Juni 1940 - b. 1974 Hauptabt.-Leit. f. Physikal. Entwickl. im Krupp Forschungsinst., Essen; b. 1977 Hauptabt.-Leit. f. Umwelttechnik d. Thyssen Engineering GmbH, Essen; 1981-83 Dekan d. Abt. Chemietechn. Univ. Dortmund; 1987-88 Senator Univ. Dortmund, s. 1988 Vorst.-Mitgl. Förderverein Umwelttechnol. Univ. Dortmund.

HAPP, Heinz

Dr. phil., Prof., Klass. Philologie - Weißdornweg 2, 7400 Tübingen 1 - Geb. 8. Mai 1931 - Promot. 1958, Habil. 1966 - Lehrtätigk. Univ. Tübingen (1966 Doz.; 1973 apl. Prof.; 1979 Prof.) - BV: Hyle - Stud. z. aristotel. Materiebegriff, 1971; Grundfragen e. Dependenz-Grammatik d. Lat., 1976; D. Dependenzgrammatik im Fremdspr.unterr., in: W. Kleine (Hg.); Perspektiven d. Fremdspr.unterr. in d. BRD, 1979; paradigmatisch-syntagmatisch, 1985; Luxurius. Text, Unters., Kommentar, 2 Bde., 1986. Zahlr. Einzelarb.

HAPP, Josef

Bauingenieur, MdL Rhld.-Pfalz - Im Felster 20, 5450 Neuwied 12 - Geb. 16. März 1938 - CDU.

HAPPE, Bernhard

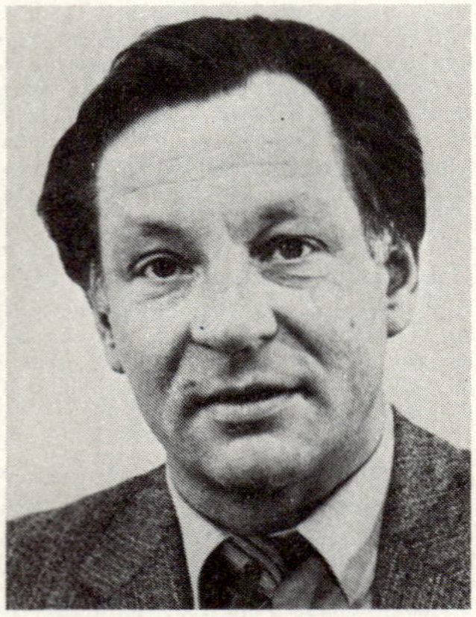

Dr. jur., stv. Hauptgeschäftsführer Dt. Städtetag (s. 1986), Vorst. Bundesanst. f. Arbeit - Spreelerweg 16, 5828 Ennepetal (T. 02333 - 7 17 72) - Geb. 23. Febr. 1935 Schwelm (Vater: Bernhard H., Kaufm.; Mutter: Olga, geb. Wenster), kath., verh. s. 1963 m. Marlis, geb. Westheide, S. Bernd-Olaf - 1. jurist. Staatsex. 1959; Promot. 1962 Univ. Köln; Ass. 1963 - Präs. Dt. Krankenhausges.; Vorst. Dt. Sparkassen- u. Giroverb.; s. 1986 s. o. - BVK I. Kl. - Spr.: Engl.

HAPPE, Günter

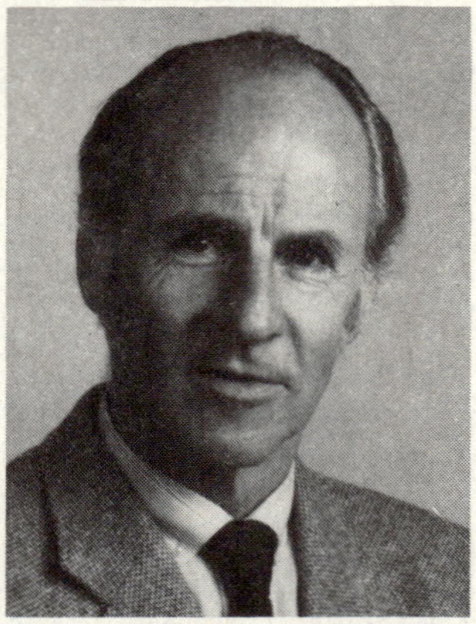

Dr. jur., Landesrat b. Landschaftsverb. Westfalen-Lippe, Münster (1966-89) - Nünningweg 52, 4400 Münster - Geb. 9. Febr. 1925 Ennepetal, kath., verh. I) 1955-81 m. Maria v. d. Waar †, II) s. 1984 m. Elke, geb. Saegeling, 3 Kd. (Klaus, Petra [tödlich verunglückt 1986], Gerald) - Stud. Rechtswiss.; Refer. 1950, Ass. 1953, Promot. 1954 Univ. Köln - 1954 Anwaltsass.; 1955-66 Referatsleit. Landesjugendamt Rhld. Düsseldorf u. Köln; ab 1966 Leit. Landesjugendamt Westf.-Lippe, Münster; 1969-73 2. Vors. Jugendhilferechtskommiss. BMJFG Bonn; s. 1971 Vors. Caritas-VR b. Diözesan-Caritasverb. Münster; s. 1981 Vors. Fachaussch. II - Jugendhilfe, Jugendförderung, Jugendpolitik - Dt. Verein f. öfftl. u. priv. Fürsorge Frankfurt - BV: Kommentar z. Jugendwohlfahrtsges., 2. A. (m. Jans u. Saurbier), u. Kommentar z. Ges. z. Neuregelung d. Rechts d. elterlichen Sorge, 1980 (m. Jans) - Bruder: Dr. Bernhard H., stv. Hauptgeschäftsf. Dt. Städtetag, Vorst. Bundesanst. f. Arbeit (s. dort).

HAPPEL, Otto Bernhard

Dr.-Ing., Dipl.-Ing., Fabrikant - Dorstener Str. 18, 4690 Herne 2 - Geb. 9. Febr. 1948 Bochum (Vater: Otto H., Fabrikant; Mutter: Elisabeth, geb. Schulenberg), kath., verh. s. 1976 - Geschäftsf. GEA Luftkühlerges. Happel GmbH & Co. u. Happel GmbH & Co.

HAPPENSACK, Hans-Christoph

Dr., Senatsdirektor Senatsverw. f. Soziales, Jugend u. Sport - Bahnhofspl. 29, 2800 Bremen.

HAPPLE, Rudolf

Dr. med., Prof., Direktor Hautklinik, Universitätsklinikum Nijmegen/NL - Pompweg 12, NL-6574 AR Ubbergen - Geb. 18. Mai 1938 Freiburg/Br. (Vater: Hugo H., Stud.Prof.; Mutter: Charlotte, geb. Dittmer).

HARANGOZÓ, Gyula

Solotänzer Wiener Staatsoper - Opernring 2, 1010 Wien/Österr. - Geb. 4. Mai 1956 Budapest (Vater: Guyla H., Tänzer, Choreogr. u. Ballettdir. Ungar. Staatsoper; Mutter: Iren, geb. Hamala), verh. s. 1977 m. Irina, geb. Lebedsewa, Tänzerin (s. dort), Sohn Gyula - Ausb. Bolschoj-Theater Moskau; Solotänzer: Budapester, Wiener u. Münchener Staatsoper. Rollen: Prinz in Dornröschen, Schwanensee, Nußknacker, Giselle, Coppelia-Franz, Fille Mal Gardee-Colas, Sylvia-Amintas, Romeo, Don Quisote-Basil, D. Holzgeschnitzte Prinz, Balanchine, Agon, Serenade, Symphony C, Bournonville, La Sylphide, James, Napoli, Gennarro, Les Sylphides u.a. - Goldmed. Ballettwettbew. in Tokyo; 1983 Künstler d. J. München - Liebh.: Lesen, Sport - Spr.: Russ., Deutsch, Engl.

HARBAUER, Heinz-Georg

DAG-Landesverbandsleiter Bayern, München - Rumfordstr. 42, 8000 München 5 - Geb. 1. Juli 1943, kath., verh. s. 1977 m. Ingrid, geb. Busse - S. 1984 Mitgl. Bayer. Senat - Liebh.: Fotogr.

HARBEKE, Guenther

Dr. rer. nat., Prof. f. Physik - Im Weinberg 23, CH-8910 Affoltern am Albis - Univ. Münster u. TH Braunschweig - BV: D. L. Greenaway a. G. Harbeke, Optical Properties a. Band Structure of Semiconductors, 1968; G. Harbeke, ed. Polycrystalline Semiconductors - Physical Properties and Applications, 1985 - Spr.: Engl.

HARBERS, Eberhard

Dr. med., o. Prof. f. Biophysik - Ratzeburger Allee Nr. 160, 2400 Lübeck - Geb. 24. April 1919 Bremen (Vater: Rolf H., Kaufm.; Mutter: Johanne, geb. Hildebrand), verh. 1954 m. Helga, geb. Jablonowski - TH Braunschweig (2 Sem.); Univ. Göttingen (Med.). Promot. u. Habil. Göttingen - S. 1958 Prof. Univ. Göttingen (apl.; Oberassist. Inst. f. Med. Physik u. Biophysik) u. Med. Hochsch. Lübeck (1969 o.). Buch- u. Ztschr.beitr.

HARBICH, Helmut

Hauptgeschäftsf., MdL Nordrh.-Westf.

(s. 1975) - Braunsstr. 25, 4050 Mönchengladbach 1 (T. 3 61 12) - Geb. 14. Okt. 1932 - CDU.

HARBODT, Kurt

Geschäftsführer Montanges. mbH, Köln - Malmedyer Str. 4, 5000 Köln 41 - Geb. 26. März 1930 Essen (Vater: Josef H., Beamter; Mutter: Hedwig, geb. Condné), verh. in 2. Ehe (1974) m. Brigitte, geb. Neuhoff, S. Ingo - Gymn.; kaufm. Lehre; weiterbild. Stud. In- u. Ausl. - 1975ff. Vorst. Intern. Magnesium Assoc., Washington (USA) - Liebh.: Malerei, Lit., Völkerkd., Sport - Spr.: Engl., Franz.

HARBORTH, Heiko

Dr. rer. nat., Prof. f. Mathematik - Bienroder Weg 47, 3300 Braunschweig - Geb. 11. Febr. 1938 Celle - Stud. Braunschweig (Promot. 1965) - S. 1972 (Habil.) Lehrtätigk. TU Braunschweig (1975 apl. Prof./beamt.). Facharb.

HARDACH, Gerd

Dr. rer. pol., Prof. f. Sozial- u. Wirtschaftsgeschichte Univ. Marburg (s. 1972) - Wilhelm-Röpke-Str. 6, Block C, 3550 Marburg/L. - Geb. 29. Sept. 1941 Essen (Vater: Prof. Dr. Fritz-Wilhelm H., Ltd. Angest.; Mutter: Bernardine, geb. Effert), verh. s. 1968 m. Irene, geb. Pinke, 3 Kd. (Felix, Mathis, Sophie-Maria) - Univ. Münster, Paris, Berlin - Zul. Wiss. Assist. - BV: The First World War 1914-18, 1977 (London/Berkeley); Dt. Kindheiten 1700-1900, 1978 (m. d. Ehefr.); D. Buch v. Markt, 1980 - Spr.: Engl., Franz.

HARDACH, Karl

Dr. rer. pol., Dipl.-Volksw., o. Prof. f. Wirtschaftsgeschichte Univ. Düsseldorf (s. 1977) - Universitätsstr. 1 (Histor. Sem.), 4000 Düsseldorf 1 - Geb. 1. Dez. 1936 Köln - Promot. 1965 Frankfurt - 1967-77 Ausl. Lehr- u. Forsch.tätigk.

HARDE, Otto

Dr. phil. - Bruchweg 10, 3005 Hemmingen - Geb. 1914 Dortmund, ev., verh. s. 1940 m. Ingeborg, geb. Neumann, Tocht. Astrid - Gymn.; Päd. Hochsch.; Univ. Berlin u. Göttingen - Ab 1938 Schuldst.; 1957-61 Schulrat Duisburg; seither Stadtschulrat Hannover. Mitarb. an d. Entwickl. d. programmierten Unterrichts in Dtschl. - BV: Neue Unterrichtspraxis auf psych. Grundl., 1949; Programmierter Rechenunterricht, 1966; Programmiert. Mathematikunterr., 1971; Herausg. d. Zeitschr. Bildung u. Politik, 1962-78.

HARDEGEN, Reinhard

Korvettenkaptitän a. D., Kaufmann, ehem. Mitgl. Brem. Bürgerschaft (1959-79, 1967 Mitgl. Präsid.; CDU), Deputierter Hafendeput. - Kapitän-König-Weg 16-18, 2800 Bremen-Oberneuland (T. 25 15 53) - Geb. 18. März 1913 Bremen, ev., verh., 4 Kd. - Gymn. (Abit.) - Seeoff.s-Laufbahn; 1947-52 selbst. Vertr.; 1952-83 eig. Fa.: Großhandel v. Mineralölen - 1942 Eichenlaub z. Ritterkreuz - Spr.: Engl.

HARDEGG, Wolfgang

Dr. med., o. Prof. f. Versuchstierkunde - Im Gabelacker 3, 6900 Heidelberg (T. 41 23 56) - Geb. 29. Aug. 1923 Ludwigsburg (Vater: Richard H., Chemiker; Mutter: Gertrud, geb. Schmieg), ev., verh. s. 1950 m. Elisabeth, geb. Kröner, 2 Kd. (Christiane, Gundram) - Gymn. (1934-39) u. Realgymn. (1939-41); 1942-49 Stud. Med. Promot. 1949; Habil. 1958 - S. 1958 Lehrtätigk. Univ. Heidelberg (1965ff. apl. bzw. o. Prof.). Spez. Arbeitsgeb.: Enzymologie d. Erregungsprozesse, Physiologie v. Versuchstieren, Struktur- u. Bauplan. Med. Forsch.- u. Ausbild.stätten u. spez. Versuchstieranlagen; Med. Ausbildung - BV: Physiol., in: Lehrb. d. Krankengymnastik, 4. A. 1978. Zahlr. Einzelarbeiten.

HARDELAND, Rüdiger

Dr. rer. nat., Prof. f. Zoologie Univ. Göttingen - Hambergstr. 7, 3405 Rosdorf - Geb. 23. Juni 1943 Lodz (Vater: Hermann H., Dipl.-Ing.; Mutter: Gertrud, geb. Rohrer), verh. s. 1968 m. Gisa, geb. Volling, 2 T. (Ingrid, Ulrike) - 1962-68 Biol.-Stud.; Promot. 1968 Göttingen, Habil. 1973 ebd. - 1969 DFG-Stip.; 1971 wiss. Assist.; 1974 Univ.-Doz.; 1975 apl. Prof.; 1978 Prof. Göttingen (1983-85 Dekan FB Biol.). S. 1978 Editor-in-Chief J. interdiscipl. Cycle Res. - BV: Allg. Biol., 1975 (m. a.); zahlr. Fachveröff. - Spr.: Engl., Franz., Portug.

HARDENBERG, Graf von, Ernst-Henning

Bankkaufmann, Vorstandsmitgl. Berliner Industriebank AG (ab 1987) - Landecker Str. 2-3, 1000 Berlin 33 - Geb. 7. Okt. 1940 Berlin - Zul. Dir. Industriekreditbank AG Deutsche Industriebank, Leit. d. Niederl. Berlin. Präsid.-Mitgl. Verein Berliner Kaufleute u. Industrieller; AR-Mitgl. Wirtschaftsförderung Berlin GmbH u. Vereinigte Tufting-Werke Berlin GmbH & Co. KG.

HARDENBERG, Graf von, Hans Carl

Botschafter a. D. - Gustaf-Freytag-Str. 11, 8000 München 81 - Geb. 11. Dez. 1909 Hannover (Vater: Hans Graf von H., Major; Mutter: Alice, geb. v. Campe), ev., verh. s. 1937 m. Martha-Elisabeth, geb. Willmer, 2 Kd. (Gustava Alice, Carl) - Klostersch. Roßleben; Univ. Lausanne, Washington (Georgetown), Göttingen. Gr. jurist. Staatsprüf. 1936 - 1938-42 Reichswirtschaftsmin. (Handelspolit. Abt., Reg.srat); 1943-53 Wehrdst. u. sowjet. Gefangensch. (1945); 1953-73 AA Bonn (Referatsleit. Handelspolit. Abt.; 1958 Leit. Büro Staatssekr.; 1961 Bevollm. Europ. Büro UNO u. Generalkonsul Genf; 1964 Min.dirig. Handelspolit. Abt.; 1968 Ständ. Vertr. OECD Paris) - Komturkreuz Orden Isabel la Católica (Span.), VO. Rep. Peru, Orden v. Weißen Elefanten Thailand, Gr. Silb. Ehrenz. m. Stern Rep. Österr., Komturkreuz Orden Mayo al Mérito Argentin. Rep., Komturkreuz VO. Ital. Rep., Gr. BVK (1969) - Spr.: Engl., Franz.

HARDENBERG, Graf von, Wilfrid

Ministerialdirigent a. D. - Eupener Str. 27, 5100 Aachen - Geb. 2. Aug. 1922 Berlin, verh., 2 Kd. - 1966-77 Polizeipräs. Bochum; 1977-87 Leit. Abt. Verfassungsschutz im Innenmin. Nordrh.-Westf. - Gr. BVK.

HARDER, Dietrich

Dr. phil. nat., Prof. f. Mediz. Physik u. Biophysik - Konrad-Adenauer-Str. 26, 3400 Göttingen (T. 0551 - 2 26 12) - Geb. 11. Febr. 1930 Stettin (Vater: Dr. rer. pol. Hans H., Mutter: Maria Charlotte, geb. Fischer), ev., verh. s. 1962 m. Brigitte, geb. Pflügel, 4 Kd. (Uta, Martin, Sigrid, Ulrike) - Abit. Bad Homburg 1948, Dipl. Frankf. 1955, Promot. Frankf. 1957, Habil. Würzburg 1966 - Normenaussch. Radiologie, Vorst. Röntgenges., Strahlenschutzkomm., ICRU, IRPA - Entd.: Ähnlichkeitsregel f. Bremsung u. Streuung schneller Elektronen - BV: Elektronen u. Betateilchen. Elektronendosimetrie in: Dosimetrie u. Strahlenschutz, 1974 - Holthusenring, DIN-Ehrenn., BVK; 1982 Präsid. Weltkongr. f. Med. Physik u.Biomed. Technik - Spr.: Engl., Franz.

HARDER, Eric

Dr. jur., Botschafter Kathmandu - Embassy of the Federal Rep. of Germany, Kantipath, POB 226, Kathmandu/Nepal - Geb. 17. Febr. 1922 Memel/Ostpr. (Vater: Harry H., Verlagskfm.; Mutter: Sophie Charlotte, geb. Siebert), ev., verh. s. 1962 m. Esther, geb. Freiin v. Canstein, 2 T. (Stephanie, Marie-Louise) - Stud. Rechts- u. Staatswiss., 1. jur. Staatsprüf. 1949, Promot. - S. 1953 A.A. Bonn (Ausl.posten: 1956 Vizekonsul Göteborg, 1958 Konsul New York, 1967 Botsch. Kairo, 1971 San Francisco, 1975-81 Generalkonsul Lyon, 1981-84 Botsch. Kigali/Ruanda) - Liebh.: Reiten, Musik, Kunstsammeln - 1967 gold. Sportabz. - Spr.: Engl., Franz., Schwed.

HARDER, Günter

Dr. rer. nat., o. Prof. f. Mathematik, insb. Algebra u. Zahlentheorie - Wegeler Str. 2, 5300 Bonn - Geb. 14. März 1938 Ratzeburg - Promot. 1964; Habil. 1966 - S. 1969 Ord. Univ. Bonn u. GH Wuppertal (1974). Mithrsg.: Math. Annalen.

HARDER, Günter

Dr.-Ing. (habil.), Prof. Univ. Hannover - Heisterkamp 18, 3005 Hemmingen 1 (T. 0511 - 41 31 21) - Geb. 5. Jan. 1930 Breslau (Vater: Walter H., Oberkirchenrat; Mutter: Charlotte, geb. Nass), ev., verh. s. 1963 m. Anja, geb. Wiss, 4 Kd. (Thoralf, Veikko, Raimo, Kaija) - Maurerges. 1951 Magdeburg; Univ. Hannover (Dipl.-Ing. 1959, Promot. 1966, Habil. 1973) - 1959-61 pers. Mitarb. v. Prof. Hillebrecht; 1961-66 wiss. Assist.; 1967-73 Obering.; 1974-80 Univ.-Doz.; 1980 ff. Prof. - Herausg. Fachb.reihe Gemeinde-Stadt-Land (s. 1977, bisher 11 Bde. ersch.) - Spr.: Engl., Franz., Russ.

HARDER, Hans-Bernd

Dr. phil., o. Prof. u. Direktor Slav. Institut Univ. Marburg (s. 1967) - Bunter Kitzel 1, 3550 Marburg/L. (T. 1 44 63; Inst.: 28 47 30) - Geb. 16. Juni 1934 Hamburg (Vater: Prof. Johannes H.), verh. 1960 m. Ruth, geb. Haeckel, 2 Kd. (Ulrich, Agnes) - 1954-59 Univ. Marburg u. FU Berlin (Slav., Phil., German., Osteurop. Gesch.). Promot. 1961; Habil. 1966 - 1960-66 Tätigk. Univ. Frankfurt/M. (Slav. Sem.); Vizepräs. d. Herder-Forschungsgr. Marburg (s. 1975).

HARDER, Hermann

Dr. rer. nat., o. Prof. Sedimentpetrographie - Goldschmidtstr. 1, 3400 Göttingen - Geb. 16. Nov. 1923 Essen (Vater: Hermann H., Ing.; Mutter: Carola, geb. Tiggemann), ev. - Realgymn. Oberhausen-Sterkrade; 1945-50 Univ. Göttingen. Promot. (1950) u. Habil. (1955) Göttingen - 1955 Doz. Univ. Göttingen, 1959 TH Braunschweig, 1960 ao., 1965 o. Prof. Univ. Münster, 1966 Univ. Göttingen. Fachveröff.

HARDER, Manfred

Dr. jur., Prof. f. Röm. u. Bürgerl. Recht sow. Privatrechtsgesch. d. Neuzeit (s. 1972), Richter OLG Zweibrücken (s. 1987) - Alfred Mumbächer Str. 36, 6500 Mainz - Geb. 15. Nov. 1937 Frankfurt/M. - Promot. 1967; Habil. 1971 - Prof. FU Berlin (1971); 1980-84 Präs. Univ. Mainz. Gastprof. Kolumbien u. Japan - BV: Zuwend. unt. Lebenden auf d. Todesfall, 1968; D. Leistung an Erfüllungs Statt, 1976; Grundzüge d. Erbrechts, 2. A. 1983. Mitarb. am Soergel-BGB-Kommentar. Beitr. in Festschr. f. U. v. Lübtow 1970 (I), J. Bärmann 1975, M. Kaser 1976, U. v. Lübtow 1980 (II), O. Mühl 1981. Aufs. in jurist. Zeitschr. 1970-86 - 1988 BVK - Spr.: Engl., Franz., Ital., Latein.

HARDER, Theodor

Dr. rer. pol., Prof., Lehrstuhlinh. f. Methodologie u. Mathematik d. Sozialwissenschaften (s. 1970) - Universität, 4800 Bielefeld - Geb. 7. Juni 1931 - Promot. 1960 Köln - BV: Elementare math. Modelle in d. Markt- u. Meinungsforsch., 1966 (engl. 1969); Dynam. Modelle in d. empir. Sozialforsch., 1973; Werkzeug d. Sozialforsch., 1974; Daten u. Theorie, 1975. Etwa 50 Fachaufs.

HARDER, Uwe

Dr., Oberbürgermeister - Rathaus, 2350 Neumünster - VR-Mitgl. Landesbank u. Girozentrale Schlesw.-Holst. u. KGSt - Kommunale Gemeinschaftsstelle f. Verwaltungsvereinfachung Köln; VR-Vors. Stadtspark. Neumünster; AR-Vors. Wohnungsbau GmbH Neumünster; Vorst. Städtetag Schlesw.-Holst. u. auf Bundesebene; Vors. d. Kommunalen Arbeitg.verb. Schlesw.-Holst.; Hauptaussch.mitgl. Vereinig. d. Kommunalen Arbeitg.verb. Köln; Vorst.-Mitgl. Sparkassen- u. Giroverb. Schlesw.-Holst.

HARDER, Werner

Kaufmann, Vorstandsmitgl. F. Reichelt AG./Pharmaz. Großhandel - Zu erreichen üb. Reichelt AG, Pharma-Großhdl., Rahlau 88-90, 2000 Hamburg 70.

HARDER, Wilhelm

Dr. rer. nat., Prof., Zoologe - Rammertstr. 12, 7400 Tübingen 1 - Geb. 29. Jan. 1921 Krefeld - 1945-50 Univ. Kiel, Promot. 1950 - S. Habil. Lehrtätigk. Univ. Tübingen (gegenw. apl. Prof.) - BV: Anatomie d. Fische, 1964 (Handb. d. Binnenfischerei Mitteleuropas, engl. 1975, erw. A.). Erf.: Coecotrophie d. Nagetiere - Spr.: Engl., Franz., Span., Dän.

HARDER-GERSDORFF, Elisabeth

Dr. phil., Dipl.-Volksw., o. Prof. f. Geschichtswiss. Univ. Bielefeld - Detmolder Str. 131, 4800 Bielefeld (T. 0521 - 2 12 42) - Geb. 2. Juli 1932 Leer - Dipl.-Volksw. 1956 Univ. Köln; Promot. 1960 Univ. Hamburg - 1971 o. Prof. PH Westf.-Lippe. Arbeiten z. Wirtsch.- u. Sozialgesch. d. Ost-Westbezieh. im 16.-18. Jh.

HARDERS, Harald

Dr. med., Prof., Ltd. Ärztl. Direktor Allg. Krankenhaus Heidelberg (s. 1969; Chefarzt I. Med. Abt.), Hamburg 62 - Harvestehuder Weg 85, 2000 Hamburg 13 (T. 44 42 20) - Geb. 23. Jan. 1924 Hamburg (Vater: Rechtsanw. u. Notar), ev., verh. s. 1945 m. Ingeborg, geb. Giese, 1 Kd. (Kristin) - Gelehrtenschule des Johanneums (Abitur 1942) und Universität Hamburg (1943-48 Med.). Promot. (1949; Summa cum laude) u. Habil. (1956) Hamburg - S. 1956 Lehrtätigk. Univ. Hamburg (1962 apl. Prof.); 1965-69 Ltd. Oberarzt I. Med. Klinik Eppendorf). Spez. Arbeitsgeb.: Gastroenterol., Diabetes, Kapillarkreislauf, Rheumatol., Stoffwechselerkrank. S. 1966 Vizepräs. Intern. College of Angiology, New York; Mitgl. Dt. Ges. f. Inn. Med. Zahlr. Fachveröff. Herausg.: Advances in Microcirculation; Ehrenmitgl. British Microcirculation Soc. - Spr.: Engl., Franz., Ital. - Rotarier - 1969 Ruf Univ. Homburg (Saar) (Lehrstuhl f. Inn. Med.) abgelehnt.

HARDERS, Nikolaus

Prof., Dozent f. Werkerziehung u. ihre Didaktik Univ. Bremen - Landwehr, 2875 Ganderkesee.

HARDEWIG, Alfred

Dr. med., Prof. f. Innere Medizin Univ. Marburg - Am Annablick 10, 3550 Marburg/L.

HARDEY, Evelyn B.

Medienautorin, Tanzpäd. - Geisenheimer Str. 40, 1000 Berlin 33 - Geb. 2. März 1930, gesch., 4 Töcht. - Bühnentanzstud. Berlin - Filmballett u. Operettentheater; Ltg. v. Volkshochschulkursen - Veröff.: Üb. 150 Kinderhörspiele, 3 TV-Filme, zahlr. Kinderb., Jugendromane, Sachb., Beitr. in Anthol.; Übers. - Liebh.: Tiere u. Pflanzen - Spr.: Engl.

HARDING, Fred O.

s. Herder-Dorneich, Philipp

HARDÖRFER, Ludwig

Dr. phil., Leit. Regierungsschuldir. a.D., apl. Prof. f. Erziehungswiss. Univ. Düsseldorf (s. 1976) Charles-de-Gaulle-Str. 20, 5140 Erkelenz - BV: Denkenlernen u. Gesamtorientierung, Ein integratives Bildungskonzept, München 1978; Stufenbez. Didaktik, Paderborn 1982; Möglichk. u. Grenzen d. Entwicklung stufenbezogener Didaktiken. In: Handb. Schule u. Unterr.

HARDT, Detmar
Fabrikant, pers. haft. Gesellsch. Fa. Johann Wülfing & Sohn, Kammspinnerei u. Tuchfabrik, Remscheid-Lennep - 5609 Hückeswagen-Kleinhöhfeld - Geb. 23. Mai 1909.

HARDT, Erwin N.
Dipl.-Kfm., Mitglied d. Vorstandes d. Siemens AG - Zu erreichen üb. Siemens AG, Hofmannstr. 51, 8000 München 70 (T. 089 - 722-2 60 90) - Geb. 10. Juli 1931 Hemau - Spr.: Engl., Griech., Türk.

HARDT, Hanno
Ph. D., Prof., gf. Direktor Inst. f. Publizistik u. Dokumentationswiss./FU Berlin - Hagenstr. 56, 1000 Berlin 33 - Geb. 4. Dez. 1934 Stettin - Promot. 1967 - Jahrel. Lehrtätig. USA.

HARDT, Hans Joachim
Fabrikant (Fa. Hardt, Pocorny & Co., Dahlhausen) - 5608 Dahlhausen/Wupper; priv.: 5609 Hückeswagen - Geb. 29. Juni 1905 Lennep (Vater: Fritz H., Industrieller; Mutter: geb. Scheidt), verh. s. 1946 m. Ruth, geb. Frowein - Zeitw. Vors. Verein Dt. Kammgarnspinner - BVK I. Kl.

HARDT, Horst-Dietrich
Dr. rer. nat., Prof. f. Anorg. Chemie i. R. - Hohe Wacht 22, 6600 Saarbrücken (T. 5 43 40) - Geb. 16. Juli 1917 Brüssel (Vater: Ludwig H., kaufm. Direktor; Mutter: Johanna, geb. Martin), ev., verh. s. 1948 m. Elisabeth, geb. Clemens - 1946-53 Univ. Heidelberg u. Saarbrücken (Chemie). Dipl.-Chem. 1951; Promot. 1953; Habil. 1957 - 1936-45 Wehrmacht; s. 1957 Lehrtätig. Univ. Saarbrücken (1963 Prof.). Entd.: Fluoreszenz-Thermochromie (1970) - BV: D. period. Eigenschaften d. chem. Elemente, 2. A. 1987 - Spr.: Engl., Franz., Holl., Ital., Russ.

HARDT, Karin

Schauspielerin - Hohenzollerndamm 94, 1000 Berlin 33 (T. 826 21 79) - Geb. 28. April Hamburg (Eltern: Hermann u. Paula H.), gottgl. - Schauspielsch. Berlin - Bühne: u. a. Kabale u. Liebe, Egmont, Minna v. Barnhelm, König Nicolo, My Fair Lady (1961-64), D. mut. Seefahrer. Üb. 40 Filme, darunt. 8 Mädels im Boot, Abel u. d. Mundharmonika, Zw. Himmel u. Erde, Hermine u. d. 7 Aufrechten, Daphne u. d. Diplomat, D. Mann, d. nein sagen konnte, Sommer - Sonne - Erika, Männerwirtsch., Kameraden, Liebe, Leidensch. u. Leid, Port Arthur, D. Frau am Scheidewege, Via Mala. Fernseh-: Forellenhof (Serie), D. Neffe, Einer fehlt b. Kurkonzert; Fernseh-Serie: Schwarzwaldklinik; Liebling Kreuzberg; Ein Heim f. Tiere.

HARDT, Manfred
Dr. phil., o. Prof. f. Romanistik/Italianistik Univ. Duisburg - GH (Arbeitsgeb.: Roman. Philol. m. d. Schwerp. Franz. u. Ital. Lit., Mediävistik, Lit.theorie, Grenzgebiete d. Lit.wiss.) - An den Erzgruben 3, 6238 Hofheim 5 - Geb. 22. Sept. 1936 (Vater: August H., Ing. u. Erf.; Mutter: Luise, geb. Roth), verh. s. 1983 m. Dr. phil. Petra Christina, geb. Langenberger, 3 Kd. - Promot. 1964 u. Habil. 1972 b. Hugo Friedrich - Ab 1974 Prof. f. Roman. Philol. Univ. Freiburg/Br.; ab 1979 Ord. f. Romanistik/Italianistik Duisburg - BV: D. Bild i. d. Dichtung, 1966; Flauberts Spätwerk, 1970; D. Zahl in d. Divina Commedia, 1973; Poetik u. Semiotik. D. Zeichensystem d. Dichtung, 1976; Lit. Avantgarden, (Hrsg.) 1988; Ciaò bellezza. Dt. Dichter üb. Italien, (Hrsg.) 1988; Gesch. d. ital. Lit. v. d. Anfängen b. z. Gegenw., 1989 - 1977 Premio Montecchio di studi italotedeschi.

HARDT, Rolf
Inhaber Exportkontor Rolf Hardt, Dir. Powdrex Limited, Tonbridge, Kent, England - Benrather Schloßufer 51, 4000 Düsseldorf 13 - Geb. 3. April 1928 Weingarten/Württ. - Zul. Vors. Geschäftsleitg. Wewag Westd. Werkzeugmaschinen GmbH, Langenfeld.

HARDTMANN, Gertrud
Dr. med., o. Prof. f. Sozialpädagogik TU Berlin - An d. Rehwiese 14, 1000 Berlin 38.

HARDWIG, Werner
Dr. jur., Prof. f. Strafrecht u. Rechtsphil. - Eilbektal 60, 2000 Hamburg 76 - Geb. 8. März 1907 Lötzen/Ostpr. - S. 1953 (Habil.) Lehrtätig. Univ. Hamburg (1959 apl. Prof.), s. 1972 emerit.

HARENBERG, Bodo
Journalist, Buchautor, Verleger, Herausg. Zeitschriften Buchreport, Buch aktuell (1970ff.), taschenbuch magazin (1977ff.) - Postfach 1305 (Westfalendamm 67), 4600 Dortmund (T. 0231 - 4 34 40) - Geb. 26. Juli 1937 Magdeburg (Vater: Ernst H.; Mutter: Brunhilde, geb. Gernß) - BV: u.a. Offizielles Standardwerk d. NOK v. d. olymp. Spielen in München, 1972; Aral-Autobuch, 1973; Schlemmer-Atlas, 1974; Knaurs Kulturf., 1976; D. Bibliothek d. dt. Klassiker in 60 Bänden, 1982; Chronik d. 20. Jh., 1982; Chronik d. Deutschen, 1983; Chronik d. Menschh., 1984; Chronik-Jahresbände, ab 1982; Chronik-Bibl. d. 20. Jh. in 101 Bänden, 1985ff. Aktuell. D. Lexikon d. Gegenw., 1984; Gr. Erzählerbibl. d. Weltlit. in 100 Bänden ab 1984; Momente d. Welt, 1985; Harenbergs Lexikon d. Weltlit. in fünf Bänden, 1989; u.a. Verleger TB-Reihe: D. biblioph. Taschenb. - 1966 Theodor-Wolff-Preis.

HARENKAMP, Gerhard
Direktor, Geschäftsführer Fa. Gedelfi, Köln - Zu erreichen üb. Fa. Gedelfi, Postf., 5000 Köln - Zul. Mitgl. d. Geschäftsfg. Schulte & Dieckhoff GmbH, Horstmar.

HARFF, Paul
Dr. rer. pol., Univ.-Prof. Univ.-GH Paderborn (s. 1985), Bürgermeister Barntrup - Im Schürenbruch 1, 4924 Barntrup (T. 05263 - 24 09) - Geb. 14. Okt. 1938 Riga (Vater: Paul H., Dipl.-Kfm.; Mutter: Elisabeth, geb. Schrempff), ev., verh. s. 1966 m. Gudrun, geb. Colditz, 2 Kd. (Babette, Christoph) - 1958/59 TH Aachen (Bau-Ing.), 1959 u. 1959/60 Münster u. 1960-65 Göttingen (Volksw.), Dipl.-Volksw. 1965 - 1969-71 Dt. BP AG; s. 1971 FHS Lippe; s. 1979 Bürgerm. Barntrup - BV: Beitrag eigener Handelsflotten z. wirtsch. Entw. d. lateinamerik. Länder, (Diss.) 1970; Wirtschaftsstatistik (m. M. Stöckmann); Mexiko, Wirtschaftsstruktur u. Wirtschaftsplanung, 1977; Mexiko, Wirtschaftsstruktur u. Entwicklungspolitik, 1988.

HARFST, Gerold
Justizangestellter Staatsanwaltschaft (s. 1974) - von-Mieg-Str. 20, 8700 Würzburg (T. 0931 - 41 15 75) - Geb. 21. Dez. 1936, ev., verh. s. 1965 m. Adelheid, geb. Hoffmeister, S. Holger-Joachim - Versicherungskaufm.; Mittelsch.; Mittl. Reife in USA 1960 (n. Auswand.); Stud. Univ. of Maryland 1971 - BV: Rauschgift-Szenen - Jargon v. A-Z, 1985; Suchtstoffe unt. intern. Kontrolle, dt. u. engl.; D. intern. Drogenszene. D. Geheimcode, dt. u. engl.; Germain Criminal Law (Übers. d. Gesetzestexte), Bd. I: Criminal Code/Narcotics Law, Bd. II: Code of Criminal Procedure/Youth Court Law - 1974 Ehrenurk. d. US-Rauschgiftbekämpfungsbehörde DEA (Justizmin.) f. herausrag. Zusammenarb. u. Unterstützung b. d. intern. Bekämpfung d. Rauschgiftkriminalität, 1982 Sonderausz. d. gl. Behörde aufgr. erfolgr. Zusammenarb. u. Unterstützung - Tätigk. als Sprachforscher, insbes. im Ber. d. Decodierung d. geheimen Codes d. Rauschgiftszene im intern. Bereich; Sprachforschung im Ber. Gesetzestexte; Vors. Verein WIRD (Würzburger Inform.zentr. f. Rauschgift u. Drogen); vorbeugende Maßnahmen z. Eindämmung d. Drogensucht - Spr.: Amerik. - Lit.: Kritiken in Ztg. u. Ztschr.

HARGASSER, Franz
Dr. phil., Prof. f. Allg. Pädagogik RWTH Aachen, Päd. Fak. - Oppener Str. 44, 5102 Würselen.

HARIEGEL, Werner
Verbandsgeschäftsführer - Helgolandstr. 42, 4350 Recklinghausen - Geb. 15. Febr. 1948 Marl/W., ev., verh. s. 1978 - S. 1964 Einzelhandelsverb. Kr. Recklingen (1975 Gf.) u. Bundesverb. Parfümerien, Fachverb. Einzelh. m. Parfümerien, Kosmetik u. Körperpflegem. in d. Hauptgem. d. Dt. Einzelh. (1979 Gf.). Div. Ehrenämter.

HARIG, Ludwig
Schriftsteller - Oberdorfstr. 36, 6603 Sulzbach/Saar - Geb. 18. Juli 1927 Sulzbach/Saar - Volksschullehrer - 1979 Mitgl. Dt. Akad. f. Sprache u. Dicht. Darmstadt - BV: Hl. Kühe d. Deutschen, 1981; Trierer Spaziergänge, 1983; Ordnung ist d. ganze Leben, 1986 - 1981/82 Deidesheimer Turmschreiber; 1985 Carl-Zuckmayer-Med.; 1986 Lesezeichen-Preis f. Poesie & Politik Literaturztschr. Lesezeichen; 1987 Kölner Lit.preis (s. auch XIX. Ausg.).

HARING, Claus
Dr. med., Prof. f. Psychiatrie Univ. Düsseldorf (s. 1977) - Bergische Landstr. 2, 4000 Düsseldorf - Geb. 16. Mai 1926 Merseburg - Stud. Phil., Slawistik, German., Med.; Staatsex. 1954, Promot. 1958, Habil. 1973 FU Berlin - Zul. Privatdoz. FU Berlin - BV: Wörterb. d. Psychiatrie u. ihrer Grenzgeb., 1968; Lehrb. d. Autogenen Trainings, 1978.

HARING, Fritz

Dr. rer. nat., Prof., Oberlandwirtschaftsrat a. D. - von Barstr. 25a, 3400 Göttingen (T. 3 55 21) - Geb. 11. Jan. 1907 Dessau (Vater: Fritz H.; Mutter: geb. Mayländer), ev., 2 Söhne - Woltersdorf-Gymn. Ballenstedt/Harz; landw. Lehre Domäne Neustadt/Harz u. Hoym/Anh.; Univ. Jena u. Halle (Dipl.-Landw.) 1931, Promot. 1932). Staatl. Prüf. f. Tierzuchtleit. 1933 Berlin; Habil. 1949 Halle - 1932-33 Assist. Staatl. Versuchsw. f. Schweinehalt., Ruhlsdorf, 1934-37 Assist. u. Oberassist. Inst. f. Tierzucht Univ. Halle, 1937-44 Hauptgeschäftsf. Reichsverb. Dt. Schweinezüchter, Berlin, 1946-49 Tierzuchtberat. Univ.sversuchsgüter Halle, 1949-72 (Emerit.) Ord. Univ. Rostock (Dir. Inst. f. Tierzucht u. Inst. f. Tierzuchtforsch. Dummerstorf) u. Göttingen (1952; Dir. Inst. f. Tierzucht u. Haustiergenetik) - BV: Handb. d. Tierzüchtung, (m. J. Hammond u. J. Johansson), Bd. III (Rassenkd.) 1959/61; Schafzucht, 1975-84; Autobiogr. 1985 - 1968 Intern. Preis Uovo d'oro; 1972 Lazzaro Spalhanzani Med. Milano; 1972 Uni Aristotelian Med. Tessaloniki; 1976 Richard-Götze-Med.; 1977 Ehrenmitgl. d. Arbeitsgem. Dtsch. Tierzüchter; 1982 Thaer-Thünen-Med.; 1984 H. v. Nathusius-Med. (Züchtungskd.); 1986 Ehrenmitgl. ehem. Echemer; 1987 BVK I. Kl.

HARK, Hans-Ulrich
Dr. rer. nat., Erdölgeologe, Honorarprof. f. Erdölgeol. Univ. Hannover - Klaus-Groth-Weg 1, 3006 Burgwedel 1 - Chef-Geologe d. Union Rhein. Braunkohlen Kraftstoff AG Wesseling a. D.; Dir. u. Prof. a. D. NLFB, Hannover; Consultant f. Kohlenwasserstoff-Exploration.

HARKEN, Claus Dieter
Dipl.-Ing., Geschäftsführer Management Beratung Kienbaum Untern.gruppe (s. 1987) - Königsberger Str. 6, 2904 Hatten - Geb. 24. Juni 1935 Wilhelmshaven, verh. s. 1976 m. Isolde, geb. Teichmann, 2 Kd. (Harriet, Harro) - Lehre: FU Berlin; TH Berlin, Dipl. - AEG Telefunken: Betriebsleit., Techn. Leit., Fabrikleit., Kommiss.leit.; Arbeitgeberverb. Berlin; Geschäftsf. versch. Untern., Vorst.-Mitgl. Gießerer Verb. - Liebh.: Reitsport, Reisen. - Spr.: Engl.

HARLANDER, Florian
Generalbevollmächtigter d. CSU f. Finanzfragen - Nymphenburger Str. 64, 8000 München 2 (T. 089-1 24 31) - Geb. 5. Mai 1928 Regensburg, kath., verh., 5 Kd. - 1961-65 Bundessekr. JU Dtschl. (CDU/CSU); 1965-67 Presseref. CSU; 1967-71 Leit. Abt. Parteiorg.; 1971-82 Landesgeschäftsf. CSU.

HARLANDER, Willy
Volksschauspieler - Zu erreichen üb. Residenztheater, Max-Josef-Pl. 1, 8000 München 22 - Geb. 29. April 1931 - Zeitw. Polizei - Viele Bühnen-, Film- u. Fernsehrollen.

HARLING, Rudolf
Oberkreisdirektor - Kreisverwaltung, 4770 Soest/W.; priv.: Helle 12 - Geb. 9. Juli 1927 - AR-Mandate.

HARLINGHAUSEN, Martin
Generalleutnant - An der Bleiche 13, 4830 Gütersloh - Geb. 17. Jan. 1902 Rheda/Westf. (Vater: Wilhelm H., Fabrikant; Mutter: Therese, geb. Zurmühlen), verh. s. 1940 m. Inge, geb. Ruhenstroth - Gymn. - Stud. (1. Sem Rechtswiss.) - S. 1923 Kriegsmarine (akt. Offz.), 1933 Übertritt zur Luftwaffe (Staffelkapitän, Generalstabsoffz., Geschwaderkommodore, Komm. General); n. 2 1/2 J. Kriegsgefangensch. Industriekfm.; ab 1957 Bundeswehr (zul. Komm. General Luftwaffengr. Nord) - Spanienkr. in Gold m. Schwertern u. Brill., Eichenlaub z. Ritterkreuz - Liebh.: Segeln, Fliegen, Gartenbau, Politik, Sport - Mitgl. Intern. Club d. Luftfahrt.

HARLOFF, Günter
Kundenberater, MdA Berlin (s. 1971) - Sonnenscheinpfad 54, 1000 Berlin 48 (T. 775 59 54) - Geb. 4. Mai 1925 Berlin, verh. - N. Mittl. Reife kaufm. Lehre - 1964-71 Bezirksverordn. Tempelhof. SPD s. 1955.

HARLOS, Manfred
Direktor, Geschäftsf. Deckenwerk

Schlewecke Fertigbauteile GmbH - Am Seckauberg 16, 3370 Seesen-Engelade (T. 05381-43 96) - Geb. 16. Okt. 1943 Moers, verh. s. 1966 m. Siegrid, geb. Kirste, 2 S. (Ralph, Wolf-Christian) - 1960-67 Thyssen AG; b. 1971 Walzstahlkontor West; b. 1974 Fried. Krupp Hüttenwerke; b. 1976 Prok. u. danach Dir. PDI-Plettenberger Draht-GmbH; s. 1978 Geschäftsf. Stumm-Konzern d. Deckenwerk Schlewecke GmbH, Plettenberger Draht GmbH - Spr.: Engl., Span.

HARM, Wolf

Dr. jur., Notar, Ehrenvors. Vorst. Ev. Krkhs. Bethesda, Hamburg-Bergedorf, Ehrenpräses Oberalten-Collegium (Hospital z. Heiligen Geist, Hbg.-Poppenbüttel), Vors. Verwaltungsrat u. Kurat. Stiftg. Das Rauhe Haus, stv. Vors. KV St. Michaelis, alle Hamburg - Alsterdorfer Damm 6a, 2000 Hamburg 60 - Geb. 29. Aug. 1905 Hamburg (Vater: Theodor H., Außenhandelskfm.; Mutter: Dora-Maria, geb. Kaßbaum), ev., verh. s. 1931 m. Hildegard, geb. Siemers, 3 Kd. (Ingeborg, Cramer, Gerhild Sieveking, Wolfgang) - Realgymn. Hamburg (Johanneum); Univ. Tübingen, München, Hamburg, Promot. (beide Rechte) 1929, Ass.ex. 1931, 1932-34 Rechtsanw. Hamburg, 1934-36 Richter AG Hamburg; s. 1936 Notar Hamburg; währ. d. Krieges Oberstabsint. Marine-Oberkdo. Ost u. Admiral Atlantikküste - 1942 u. 1944 KVK m. Schwertern II. u. I. Kl.; 1970 Bugenhagen-Med.; Diak. Kronenkreuz i. Gold - Liebh.: Gesch., Musik, Golf - Spr.: Engl., Franz., Span. - Rotarier.

HARMJANZ, Dietrich

Dr. med., Leiter Kardiolog. Abt./Allg. Krankenhaus Celle, apl. Prof. f. Inn. Med. Med. Hochsch. Hannover (s. 1973) - Fuchswinkel 20, 3101 Groß Hehlen.

HARMS, Berend

Dezernent f. Umwelt u. Ordnung, Neumünster (s. 1987) - Sandhafer 1, 2202 Heede (T. Barmstedt 31 60) - Geb. 27. März 1939 Bilsen, ev., verh. - Obersch. Uetersen (Abit.); Stud. Physik, Math. u. Phil. Hamburg. Beide Staatsex. - Schuldst. Hamburg u. Quickborn. 1970-75 MdK; 1971-87 Landtag SH, 1980-83 Parlam. Geschäftsf. SPD-Frakt. SPD.

HARMS, Dieter

Dr. med., Prof. f. Kinderpathologie - Grunewaldstr. 14, 2300 Kiel-Russee (T. 0431 - 6 95 13) - Geb. 31. Dez. 1935 Uetersen (Vater: Hans-Werner H., RA u. Notar; Mutter: Lilly, geb. Landahl), ev., verh. s. 1966 m. Annemargret, geb. Freitag, S. Bodo - Univ. Marburg u. Kiel, Staatsex. u. Promot. 1962, Habil. Kiel 1970, Prof. Kiel 1974 - Dir. Abt. Paidopathol., Klin. d. Christian-Albrechts-Univ. Kiel.

HARMS, Eckhard

Dr. sc. agr., Dipl.-Agr., Haupgeschäftsführer Landesverb. Nieders. Landvolk (s. 1980) - Warmbüchenstr. 3, 3000 Hannover - Geb. 3. Jan. 1937 Hannover, ev., verh. s. 1967, 2 Kd. - Abit. 1956 Johanneum Lüneburg; Stud. Univ. Göttingen (Landwirtsch.); Promot. 1966 - 1966-80 Ref. f. Agrarpolitik.

HARMS, Erik

Dr. med., o. Prof. f. Pädiatrie Univ. Münster - Albert-Schweitzer-Str. 33, 4400 Münster (T. 83 77 31) - Geb. 11. Aug. 1943 Gera/Thür. (Vater: Prof. Dr. med. Heinrich H.), ev. - Gymn. Tübingen; Univ. Tübingen u. Freiburg/Br.; Promot. 1970 Univ. Heidelberg, Habil. 1979 - Oberarzt Kinderklinik TU München (Leit. Stoffwechsel-Labor). 1978-80 Univ. of California, San Diego/USA; 1980 Privatdoz.; 1985 ao. Prof.; 1987 Dir. Univ.-Kinderklinik Münster - Spr.: Engl.

HARMS, Franz

Dr. med. vet., Prof., Direktor Staatl. Veterinäruntersuchungsamt, Hannover - Eintrachtweg 17, 3000 Hannover - Geb. 5. Nov. 1911 Wieren, Kr. Uelzen, luth., verh. m. Lieselotte, geb. Küch, 2 Kd. - Realgymn.; Tierärztl. Hochsch. Hannover (Promot. 1934) - S. 1942 (Habil.) Lehrtätigk. Tierärztl. Hochsch. Hannover (1947 apl. Prof. f. Angew. Mikrobiol.). Üb. 80 Fachaufs.

HARMS, Hanns

Ing., Fabrikant, gf. Gesellsch. Westd. Elektrogeräte GmbH. (WEG), Soest - Kleimweg 24, 4770 Soest/W. - Geb. 12. Febr. 1908.

HARMS, Hans Heinrich

Dr. theol., D., Bischof i. R. (s. 1986) - Beethovenstr. 9, 2900 Oldenburg/O. (T. 1 43 84) - Geb. 4. Juli 1914 Scharmbeck/Hann. (Vater: Wilhelm H., Kaufm.; Mutter: Christine, geb. Tapking), ev., verh. s. 1940 m. Marianne, geb. Kiel, 2 Töcht. (Anne Dorothea, Ulrike) - Schulen Osterholz-Scharmbeck u. Bremen; 1932-37 Theologiestud. Göttingen, Bonn, Princeton (USA). Promot. 1941 Göttingen - Ab 1937 Vikar Gadenstedt u. Pfarrer Duderstadt (1939), 1939-45 Wehrdst. u. Kriegsgefangensch., dazw. 1943 Pfr. Roringen u. Herberhausen, 1949-51 Studieninsp. Bremer Studienhaus Göttingen, 1950-52 Oberkirchenrat Kirchl. Außenamt EKD (Ref. f. ökumen. Fragen), 1952-60 Sekr. u. beigeordn. Dir. (1954) Studienabt. Ökumen. Rat d. Kirchen Genf, 1958 b. 67 Sekr. u. berat. Sekr. Konferenz Europ. Kirchen, 1960-67 Hauptpastor Hauptkirche St. Michaelis, Hamburg, u. Stellv. d. Bischofs Ev.-Luth. Kirche im Hbg. Staate (Senior), 1967-85 Bischof Ev.-Luth. Kirche in Oldenburg. 1962ff. Vors. Dt. Ev. Missionsrat u. Dt. Ev. Missionstag, 1972ff. Vors. Arnoldshainer Konfz., 1974-75 Vors. Verbindungsaussch. d. Ev. Arbeitsgem. f. Weltmission, 1975-80 Vors. Evang. Missionswerk im Bereich der Bundesrep. Dtschl. u. Berlin West, 1961-68 u. 75-83 Mitgl. Zentralaussch. Ökumen. Rat d. Kirchen, 1975-83 Mitgl. Executivaussch. Ökumen. Rat d. Kirchen, 1973-85 Ratsmitgl. d. Ev. Kirche in Dtschl. Zeitw. Lehrbeauftr. Univ. Hamburg u. Göttingen - BV: Bekenntn. u. Kircheneinheit b. d. Jg. Kirchen, 1952. Mithrsg.: D. Kirchen d. Welt - 1963 Ehrendoktor Univ. Göttingen - 1980 Gr. VK d. Nieders. VO.; 1985 Nieders. Landesmed. - Spr.: Engl., Franz.

HARMS, Heinrich

Dr. med. (habil.), em. o. Prof. f. Augenheilkunde - Hohe Steige 19, 7400 Tübingen (T. 6 30 58) - Geb. 5. Febr. 1908 Stralsund (Vater: Dr. med. Hermann H., Augenarzt; Mutter: Elsa, geb. Krey), ev., verh. s. 1933 m. Brigitte, geb. Niethammer, 9 Kd. - Gymn. Stralsund; Univ. Tübingen, München, Bern, Berlin, Rostock. Fachausbild. Breslau, Prag, Freiburg, Berlin - 1938 Privatdoz., 1943 apl. Prof. Univ. Berlin, 1949 Univ. Bonn, 1952 Ord. u. Klinikdir. Univ. Tübingen. Spez. Arbeitsgeb.: Physiol. d. Sehens, Neuroophthalmol., Motilitätsstör., Mikrochir., Verkehrsmed. u. Glaukomforsch. - BV: Augenoperationen unt. d. Mikroskop, 1966 (auch engl.). Zahlr. Fachaufs. - v.-Eicken-(1944) u. v.-Grafe-Preis (1949) -Spr.: Engl.

HARMS, Henry

Dr. med., Prof., Wiss. Rat II. Med. Univ.sklinik Hamburg - Langenhorner Chaussee 560, Haus 127, 2000 Hamburg 62 (T. 527 45 88) - Geb. 13. Mai 1927 Bremen (Vater: Heinrich H.), verh. m. Dr. med. Susanne, geb. Hildebrandt - Vorles. üb. Pathophysiol. d. Kreislaufs u. d. Atmung.

HARMS, Joachim

Gewerkschaftsangestellter, MdL Schlesw.-Holst. (s. 1971) - Max-Beckmann-Pl. 4, 2200 Elmshorn - Geb. 21. März 1932 Schwerin/Meckl., ev., verh., 2 Kd. - Obersch. (b. 1946); Abendunterr.; Hochsch. f. Wirtschaft u. Politik Hamburg (1951 b. 53) - 1946-51 Arbeiter Landw. u. Baugewerbe; s. 1953 Gewerkschaftsangest. (1956 ff. Rechtsstellenleit. DGB Elmshorn). B. 1971 Kreis- (1962) u. stv. Landrat (1970). SPD.

HARMS, Joachim H.

Dr., Vorstandsmitglied Klöckner & Co AG - Eintrachtstr. 87, 4330 Mülheim/Ruhr-Speldorf - Geb. 24. März 1929.

HARMS, Manfred Robert

Großhandelskfm., Vorst.-Mitgl. u. Vors. Tarifkommiss. Fachvereinig. Heizöl-Kohle, Berlin (s. 1970), Mitgl. Vollvers. (s. 1971) u. Aussch. f. Sozialw. (s. 1972) IHK Berlin - Barnhelmstr. 17d, 1000 Berlin 38 (T. 803 89 23) - Geb. 5. April 1936 Berlin (Vater: Hugo H., Kaufm.; Mutter: Elly, geb. Ohm), ev., verh. s. 1964 m. Ursula, geb. Behrendt, Sohn Stefan - Abit. 1957 Berlin; Kaufmannsgehilfenprüf. 1959 ebd. - Interessen: Psych., Phil., Golfsport - Spr.: Engl.

HARMS, Rainer-Ute

Dipl.-Volksw., MdL Schlesw.-Holst. (s. 1971) - Hemdinger Str. 3, 2081 Bilsen (T. Quickborn 26 22) - Geb. 6. Okt. 1940 Bilsen, ev. - Gymn. Uetersen; kaufm. Lehre; n. Abendabitur Stud. Volksw. u. Phil. Hamburg u. Birmingham - CDU s. 1963.

HARMS, Ulrich

Kaufmann, Inh. Ahlmann-Betriebe, Rendsburg (s. 1974) - Schöne Aussicht 24, 2000 Hamburg 76 (T. 040 - 220 88 38) - Geb. 7. Febr. 1932 Hamburg (Vater: Paul Heinrich H., Kaufm.; Mutter: Elisabeth, geb. Tipke), ev., verh. s. 1954 m. Thea, geb. Schuback, 2 Kd. (Joachim, Kristina) - 1955 Übernahme Fa. Beckedorf (Bergungsuntern.), Entwickl. u. Konstrukt. d. 12 größten Schwimmkräne (Magnus) d. Welt, 1972 Untern.verkauf, s. 1966 Interessenvertr. in d. Schiffahrt auf d. Werftgebiet - Liebh.: Segeln, Tennis - Spr.: Engl.

HARMS, Wolfgang

Dr. jur., Prof., Lehrstuhl f. Bürgerl. u. Wirtschaftsrecht, Direktor Zentrum f. Kartellrecht u. Inst. f. Energierecht FU Berlin - Riemeisterstr. 21, 1000 Berlin 37; priv.: Wachtelstr. 10, -33 - Geb. 5. April 1929 Peine, 2 Kd. (Gundel, Wolf-Rüdiger) - S. 1967 (Habil.) Lehrtätigk. Univ. Mainz, Kiel (1969 Ord.), Münster (1974) u. Berlin (1986) - BV: Konzerne im Recht d. Wettbewerbsbeschränkungen, 1968; Preisbindungen, 1972; Handelsrecht, 3. A.; Wertpapierrecht, 2. A.; Sachenrecht, 4. A., s. 1974; Gem. Kommentar GWB, 4. A., 23a 1981, 24 1986, 24a,b 1989. Herausg.: Aschendorff's Jurist. Handb.; Berliner Beitr. z. Wirtschaftsrecht.

HARMS, Wolfgang

Dr. phil., o. Prof. f. dt. Philologie (Dt. Literatur d. 12.-18. Jh.) - Schellingstr. 3, Inst. f. dt. Philologie, 8000 München 40 - Geb. 7. Jan. 1936 Bellavista b. Lima/Peru (Vater: Siegfried H., Kaufm.; Mutter: Annemarie, geb. Dörwald, Oberstud.rätin), ev., verh. in 2. Ehe m. Ulla-Britta, geb. Kuechen, 3 Kd. (Franka, Felix, Bendix) - Stud. Germanistik, Altphilologie u. Psychologie Göttingen, Tübingen u. Kiel. Promot. 1963 - Assist. Kiel u. Münster; 1969 Priv.doz. Münster; ab 1969 o. Prof. Univ. Hamburg; 1975-78 Präs. Joachim-Jungius-Ges. d. Wiss., Hamburg; s. 1979 o. Prof. Univ. München - BV: D. Kampf m. d. Freund o. Verwandten in d. dt. Lit. bis um 1300, 1963; Homo viator in bivio, Studien z. Bildlichkeit d. Weges, 1970; Außerlit. Wirk. barocker Emblembücher, 1975 (hg. m. H. Freytag); D. dt. Literatur d. späten Mittelalters (hg. m. L. P. Johnson), 1975; Verbum et signum, 2 Bde. 1975 (hg. m. H. Fromm u. U. Ruberg); Dt. illustr. Flugblätter d. 16. u. 17. Jh., Bd. 1-4, 1980/88; Natura loquax. Naturkd. u. allegor. Naturdeutung v. Mittelalter b. z. frühen Neuzeit (m. H. Reinitzer), 1981; J. M. Moscherosch, Philander, 1986; J. Camerarius Symbola et emblemata (m. U.-B. Kuechen), 1986/88. Buchreihen Mikrokosmos. Mithrsg.: Beiträge z. Lit.wiss. u. Bedeut.forsch. (1975ff.) u. Emblematisches Cabinet (1986ff.); Antike u. Abendland (1975ff.); Archiv f. Kulturgesch. (s. 1982); Arbitrium (s. 1983; m. W. Frühwald).

HARMSTORF, Alnwick

Reedereikaufmann, Inh. u. Geschäftsf. Unternehmen d. Harmstorf-Gruppe - Falkenstein 41, 2000 Hamburg 55 - Geb. 20. März 1912 - Stud. Schiffbau (Ing.).

HARNACK, Falk

Dr. phil., Regisseur - Haderslebener Str. 26, 1000 Berlin 41 (T. 824 18 28) - Geb. 2. März 1913 Stuttgart (Vater: Prof. Dr. phil. Otto H., Literaturhistoriker u. Goetheforscher †1914; Mutter: Clara, geb. Reichau, Malerin †1962), ev., verh. m. Käthe, geb. Braun (Schausp. u. Autorin) - Univ. Berlin u. München (Theaterwiss., German., Volksw., Ztg.wiss.; Promot. 1937) - 1937-41 Regiss., Dramat., Schausp. Dt. Nationaltheater Weimar, dann Wehrmacht, 1943 Münchner Studentenprozeß (Scholl-Schmorell), Flucht ins Ausl., 1945-47 Regiss. u. Dramat. Bayer. Staatsschauspiel München, 1947-49 stv. Int. Dt. Theater u. Kammersp. Berlin, 1949-51 künstler. Leit. DEFA Dt. Film-AG., 1952-54 künstler. Berat. CCC-Film Berlin-West. Zahlr. Insz. (u. a. München: D. Kreidekreis v. Klabund, Und Pippa tanzt, Berlin: D. Kassette, Haben, Emilia Galotti, Wie es Euch gefällt, Heiraten?, Hamburg: Tasso, Endstation Sehnsucht, Leben u. leben lassen, Frankfurt/M.: Bürger Schippel). Film: D. Beil v. Wandsbek (1951), D. 20. Juli, Nacht d. Entscheid., Anastasia, Wie e. Sturmwind, Unruhige Nacht, Arzt ohne Gewissen; Fernsehen: D. Fall Pinedus, Prozeß Mary Dugan, D. Marquise v. Arcis, Jeder stirbt f. sich allein, D. Wölfe, D. Gärtner v. Toulouse, Point of no return, D. Ersten u. d. Letzten, Kampf um Kautschuk, Unwiederbringlich, Graf Zeppelin, Peenemünde (2 T.), D. Ding an sich, E. Fall f. Herrn Schmidt, D. Verfolger, D. Tote v. Pont Neuf, Silverson, Epitaph f. George Dillon u. a. - BV: D. Dramen Carl Bleibtreus, 1938 u. 1967; D. Aufg. d. dt. Theaters in d. Gegenw., 2. A. 1948 - 1967 Mitgl. Dt. Akad. d. darstell. Künste, Frankfurt/M.; Mitgl. PEN-Zentrum BRD; 1971 Ehrenvorsitzender Berliner Kulturrat, Berlin; 1984 Ehrenmitgl. Aktives Mus. - Faschismus u. Widerstand, Berlin; 1983 Dt. Filmpreis (Filmband in Gold) - Bek. Vorf.: Prof. Dr. Dr. D. Adolf v. H., Kulturpolitiker u. Kirchenhist., Begründer u. erster Präs. Kaiser-Wilhelm-Gesellsch. z. Förderung der Wissenschaft (jetzt Max-Planck-Ges.), 1851- 1930 (Onkel); Prof. D. Theodorius H., Theologe, Rektor Univ. Dorpat, 1816-89 (Großv.) - Lit.: Gerhard Schoenberner, Hommage an F. H., hrsg. v. d. Freunden d. Dt. Kinemathek, Berlin (1983); G. Schoenberner, F. H. z. Ehren, in: Jahrb. Film 83/84 (1983).

HARNACK, von, Gustav-Adolf

Dr. med., o. Prof. f. Kinderheilkunde - Virchowstr. Nr. 13, 4000 Düsseldorf - Geb. 31. Jan. 1917 Hindenburg/OS. (Vater: Ernst. v. H., Regierungspräs.; Mutter: Anna, geb. Wiggert), ev., verh. s. 1942 m. Ursula, geb. Walther - Univ. Freiburg/Br., Berlin, Innsbruck - S. 1952 (Habil.) Lehrtätigk. Univ. Hamburg (1959 apl. Prof.), Med. Akad. bzw. Univ. (1966) D'dorf (Ord. u. Dir. Kinderklinik) - BV: Wesen u. soziale Bedingtheit frühkindl. Verhaltensstörungen, 1953; Nervöse Verhaltensstörungen b. Schulkind - E. med.-soziol. Unters., 1958; Arzneimitteldosierung im Kindesalter, 1965 - Spr.: Engl., Franz. - Bek. Vorf.: Justus v. Liebig, Karl Thiersch, Adolf v. H.

HARNACK, Uwe

Dipl.-Kfm., Hauptgeschäftsführer Dt.-Kanad. Industrie- u. Handelskammer (s. 1977) - 480 Univ. Ave., Suite 1410, Toronto, Ont. M5G 1V2 - Geb. 23. Nov. 1939 Königsberg/Pr., verh., 2 Kd. - Lehre Groß- u. Außenhdl. Hamburg; Stud. Betriebsw. München u. Hamburg; Dipl.-Kfm. 1968 Hamburg - 1968-72 Treuarbeit AG, Bundesbürgschaften

(Hermes) Hamburg u. Bonn; 1972-76 Geschäftsf. Dt.-Thail. Handelsk. Bangkok; s. 1977 s. o.

HARNDT, Raimund

Dr. med., Dr. med. dent., o. Prof. f. Zahnerhaltungskunde - Knesebeckstr. 68/69, 1000 Berlin 12 (T. 88 19 22) - Geb. 6. Jan. 1930 Berlin (Vater: Ewald H., Prof. Dr. med., Dr. med. dent.; Mutter: Frieda, geb. Köpnik), verh., T. Olga Katharina - Promot. 1956 (m. d.) u. 61 (m.); Habil. 1965 - S. 1969 Ord. FU Berlin (gf. Dir. Poliklinik f. Zahnerhalt. Paradontol.) - BV: Üb. d. Lokalisation reduz. Substanzen in menschl. Zahnkeimen u. Zähnen, 1967. Zahlr. Einzelarb. - 1961 Miller-Preis (Dt. Ges. f. ZMKheilkd.); Ehrenmitgl. Dt. Ges. f. Zahnerhaltung u. Kgl. Belg. Zahnärztl. Ges. - Liebh.: Jagen, Segeln, Skifahren - Spr.: Franz.

HARNISCH, Heinz

Dipl.-Ing., Bergass. a. D., Bergwerksdirektor - Paul-Geisler-Weg 9, 4600 Dortmund-Lücklemberg (T. Büro: 1 98-1) - Geb. 17. Febr. 1916 Gera/Thür. - Stud. Bergbau TH Berlin - Vorstandsmitgl. Bergbau-Berufsgenoss., Bochum, Westf. Berggewerkschaftskasse ebd., ARsmitgl. Versuchsgrubenges. mbH., Dortmund u. Harpen A.G. - BV: D. Energiew. d. Volksrep. China, 1973.

HARNISCH, Heinz

Dr., Dr.-Ing. E. h., Dipl.-Chem., Prof. Univ. Köln, Vorstandsmitglied Hoechst AG, Frankfurt - Zu erreichen üb. HOECHST AG, Postf. 80 03 20, 6230 Frankfurt/M. 80 (T. 069 - 305 30 53) - Geb. 24. April 1927 Augustusburg - Chemiestud., Promot. 1955 - 1976 Honorarprof. Univ. Köln; 1979 Dir. Hoechst AG. 1981/82 Vors. Dt. Bunsenges.; 1982 Senat d. Dt. Forschungsgem.; s. 1984 Vorst. Gesellsch. Dt. Chemiker; Vors. AR Sigri GmbH; Senat Fraunhofer-Ges.

HARNISCH, Wolfgang

Dr. theol., Prof. f. Neues Testament Univ. Marburg (Fachbereich Ev. Theol.) - Am Vogelherd 16, 3550 Marburg-Cappel.

HARNISCHFEGER, Horst

Dr. jur., Generalsekretär Goethe-Institut z. Pflege d. dt. Sprache u. z. Förd. d. intern. kulturellen Zusammenarbeit e. V. - Lenbachpl. 3, 8000 München 2; priv.: Gernerstr. 27, -19 - Geb. 20. März 1938 Frankfurt/M. (Vater: Oberstudienrat), verh. s. 1974 m. Magdalena, geb. Roedel, T. Jessica - Mustersch. Frankfurt; Univ. ebd., Lausanne, Hamburg (Rechts- u. Staatswiss. sow. Phil.); 1965-66 Ecole Nationale d'Administration Paris. Jurist. Staatsex. Hamburg u. Berlin; Promot. 1966 Hamburg - 1961-66 Wiss. Mitarb. Europa-Kolleg Hamburg; 1966-70 W. Mitarb. MPI f. Bildungsforsch. Berlin; 1970-75 Leit. Planungsabt. Senator f. Schulwesen Berlin; s. 1975 Vorstandsmitgl., Leit. Abt. Pers. u. Verw. u. Generalsekr. (1976) Goethe-Inst. München - BV: D. Rechtsprechung d. Bundesverfassungsgerichts zu d. Grundrechten, 1966; Planung in d. sozialstaatl. Demokratie, 1969; (m. Heimann u. Siewert) Rechtsfragen d. Gesamtschule, 1970. Zahlr. Fachaufs. - Liebh.: Musik - Spr.: Engl., Franz.

HARPPRECHT, Klaus

Schriftsteller, Filmproduzent - 15, Boulevard des Palmeraies, F-83420 La Croix Valmer, Var (Frankreich) oder: c/o 1203 Old Stable Road McLean, Virginia 22102 (T. 703-827-0960) - Geb. 11. April 1927 Stuttgart (Vater: Christoph H., Dekan; Mutter: Dorothea, geb. Bronisch), ev., verh. m. Renate, geb. Lasker (Verf. unter Lasker-Harpprecht; Familienspiele, R. 1972) - Ev.-Theol. Sem. Blaubeuren; Volontär Christ u. Welt, Stuttgart; Studien Stuttgart, München, Tübingen - S. 1951 Bonner u. Berliner Korresp. Christ u. Welt, Kommentator RIAS Berlin, Leit. Bonner Büro SFB, Komment. WDR (1956), Prod. Dokumentarfilme (1960), Amerika-Korresp. ZDF (1962), Leit. S. Fischer Verlag (1966), gf. Redakt. D. Monat (1969-71), Berat. Willy Brandt u. Leit. Schreibstube im Bundeskanzleramt (1973/74), Prod. Dokumentalfilme u. Schriftst. USA (s. 1974). SPD s. 1968 - BV unt. Stefan Brant: D. Aufstand, 1954; D. Bundesdeutsche lacht, 1955; eig. Namen: Viele Grüße an d. Freiheit, 1964; Beschädigte Paradiese, 1966; Willy-Brandt - Porträt u. Selbstporträt, 1970; Dt. Themen, 1974; D. fremde Freund - Amerika: E. innere Geschichte, 1982. Herausg.: Ernst Reuter - Bildbiogr. (1956) - 1965 Theodor-Wolff-Preis, 1966 Joseph-E.-Drexel-Preis; Mitgl. PEN-Zentrum BRD - Spr.: Engl., Franz. - Bek. Vorf.: Johannes (Prof.; Ord. u. zeitw. Rektor Univ. Tübingen) u. Ferdinand Christoph H. (Jurist).

HARRACH, Carl Ferdinand

Verleger, gf. Gesellsch. Wirtschaftswerbung Harrach KG. (s. 1961), Inter-Kunst u. Buch GmbH. (s. 1974) - Geb. 20. Mai 1923 Bad Kreuznach (Vater: Walther H., Druckereibes.; Mutter: Elisabeth, geb. Vopelius), ev., gesch., Sohn Bodo-Alexander - Abit.; graf. Fachsch.; journ. Ausbild. - 1973 Gold. Ehrennadel Dt. Werbe-Club, Silb. Ehrennadel Rheinl.-Pfalz - Liebh.: Segel- u. Motorflug, Ski, Golf, Mod. Kunst - Spr.: Franz., Engl. - Rotarier.

HARRACH, Tamas

Dr. agr., Prof. f. Angew. Bodenkunde Univ. Gießen - Klein-Lindener Str. 35, 6300 Gießen-Allendorf.

HARREIS, Horst

Dr. rer. nat., o. Prof. f. Didaktik d. Physik Univ.-GH Duisburg (s. 1976) - Tiergartenstr. 30a, 4150 Krefeld (T. 02151 - 59 61 32) - Geb. 15. Mai 1940 Erlangen (Vater: Hans H., Techniker; Mutter: Luise, geb. Hopf), ev., verh. s. 1970 m. Dietlinde, geb. Gerigk, 2 Kd. (Holger Martin, Birgit Christina) - TH Aachen (Physik; Dipl.-Phys. 1966). Promot. 1970 Aachen; Habil. 1973 Siegen - 1966-71 Wiss. Ass., II. Phys. Inst. RWTH Aachen, 1971-74 Doz. GH Siegen; 1974-76 Prof. GH Kassel - BV: Physik d. Elektrizitätsleitung u. techn Anwend., 1974; Ionisierende Strahlung, Bd. I u. II (m. H. G. Bäuerle), 1982 - 1971 Borchers-Plak. - Liebh.: Alte Bücher, Wandern - Spr.: Engl., Franz.

HARREIS, Sigi

s. Harreis-Langer, Siglinde

HARREIS-LANGER, Siglinde, geb. Dannenmann

Journalistin, Fernseh-Moderatorin (Ps. Sigi Harreis) - Zu erreichen üb. Südwestfunk, 7570 Baden-Baden (T. 07221 - 276 22 20) - Geb. 28. April Tübingen (Vater: Dr. Hans Dannenmann; Mutter: Friedel, geb. Hermann), ev., verh. in 2. Ehe m. Klaus Langer, 2 Kd. (Caroline, Till) - Stud. Neuphil. u. intern. Recht - Fremdsprachl. Wirtschaftskorresp. u. Verhandlungsdolmetscherin in Span. u. Engl.; fr. Journ. b. Funk u. FS; Autorin, Regiss., Moderat. (u. a. Talentschuppen, Magazin FREIZEIT, Montagsmaler, s. 1983 Aktuelle Stunde/WDR) - 1980 AVD: voix sympathique; 1984 Gold. Kamera HÖRZU - Spr.: Span., Franz.

HARREN, Franz

Dr. med. (habil.), Dr. phil., Prof., Internist - Gregor-Mendel-Str. 46, 5300 Bonn - B. 1956 Privatdoz., dann apl. Prof. Univ. Bonn.

HARRER, Friedrich

1. Bürgermeister Stadt Burghausen (s. 1984) - Unghauser Str. 31, 8263 Burghausen/Obb. (T. 08677 - 44 12) - Geb. 1930 - Oberpostmeist.; 1970-84 MdL Bayern. CSU - 1980 Bayer. VO.

HARRER, Heinrich

Prof., Forschungsreisender, Präs. Österr. Golf-Verb. (s. 1964) - F.L. 9493 Mauren - Geb. 6. Juli 1912 Hüttenberg/Österr., verh. in 3. Ehe (1962) m. Katharina, geb. Haarhaus, S. Peter - Univ. Graz (Geogr.) - BV: 7 Jahre Tibet, Mein Leben am Hofe d. Dalai Lame, 1952; Meine Tibet-Bilder, 1953; D. weiße Spinne D. Gesch. d. Eiger-Nordwand, 1958; Tibet - verlorene Heimat, 1960; Ich komme aus d. Steinzeit (Neu-Guinea), 1963; Huka Huka - Indianer am Amazonas, 1967; D. Götter sollen siegen - Wiedersehen in Nepal, 1968; Geister u. Dämonen - Mag. Erlebnisse in fernen Ländern, 1969; D. letzten 500 - Exped. zu d. Zwergvölkern auf d. Audamanesen; Meine Forschungsreisen, 1986; D. Buch v. Eiger, 1988. Bildbde.: Afrika, Ladakh u. Der Himalaja blüht; Tibetische Impressionen; Unterwegs, Ratgeber f. Reisen; Unter Papuas; Meine Forschungsreisen, Bildbd. z. 75. Geb. B. 1972 17 Expeditionen in 5 Kontinenten. Vortragsreisen Europa u. Übersee. Zahlr. Filme; Fernseh- u. Rundfunksend. 1983 Heinrich Harrer-Mus. in Hüttenberg/Kärnten (Geb.ort) - Liebh.: Bergsteigen (Erstbesteig. Eiger-Nordwand, Bergriesen Alaska u. Neuguinea), Skilaufen (u. a. Studenten-Weltmeister), Golf (1958 österr. Golfm.), Samml. ethnogr. Funde (jetzt Univ. Zürich), Geldbörsen aus aller Welt - 1965 Prof.-Titel durch d. österr. Bundespräs.; 1972 Eiger-Goldmünze; anläßl. d. 70. Geburtst. Gold. Ehrenz. Steiermark, Gold. Ehrenz. Kärnten, Ehrenkreuz I. Kl. f. Kunst u. Wiss., Österr., Gr. BVK; 1982 Donauland Sachbuchpreis; 1983 Ehrenbürger Hüttenberg; 1985 Gold. Med. Humboldt-Ges.

HARRIES, Heinrich

Dr. Dr., Vorstandsmitglied d. Kreditanstalt f. Wiederaufbau (s. 1986) - Palmengartenstr. 5-9, 6000 Frankfurt/M. (T. 069 - 74 31 26 05) - Geb. 24. Aug. 1931 Flensburg, ev., verh. s. 1956 m. Hanne, geb. Kroman, 4 Töcht. (Birgitte, Marianne, Edith, Christine) - Landschulheim am Solling, Holzminden (Abit. 1950); 1950-54 Stud. Rechtswiss. Univ. Freiburg/Br., Genf, Göttingen, Paris; Jurist. Staatsex. 1954 Celle, 1959 Hamburg; Promot. 1955 Göttingen, 1956 Paris - 1956 Jurist. Berater b. Regierungskonfz. EWG - Euratom in Brüssel; 1957-60 Assist. u. Ref. am Max-Planck-Inst. f. ausl. u. intern. Privatrecht, 1960/61 Deutsche Bank AG, s. 1961 Kreditanstalt f. Wiederaufbau, s. 1974 Chefsyndikus - BV: Aufs. z. intern. Recht u. z. Kreditrecht - Liebh.: Gesch., Lit., Wandern - Spr.: Franz., Engl., Dän., Span., Ital., Portug.

HARRIES, Klaus

Oberkreisdirektor Kr. Lüneburg - Schillerstr. 35, 3140 Lüneburg - Geb. 27. Jan. 1929 Celle - ARsmandate.

HARS, Peter

Dipl.-Kfm., Vorstandsmitglied Ulmer Volksbank eG (s. 1972) - Olgaplatz 1, 7900 Ulm/D. - Geb. 20. Juni 1934 Hamburg.

HARSCH, Anton

Dipl.-Ing., Geschäftsführer Liebherr-Hausgeräte GmbH. - Memminger Str., 7955 Ochsenhausen/Schw. - Geb. 7. März 1923.

HARSCHE, Edgar

Dr. agr., Prof. f. Land- u. Agrarsoziologie Univ. Gießen - Steinkaute 18, 6300 Gießen.

HARSDORFF, Manfred

Dr. rer. nat., Prof. f. Angew. Physik - Kiefernboden 24, 2056 Glinde - B. 1977 Privatdoz., dann Prof. Univ. Hamburg (stv. Dir. Inst. f. Angew. Physik).

HARSTICK, Hans-Peter

Dr. phil., Historiker, Univ.-Prof. TU Braunschweig - Werner-Schrader-Str. 13, 3340 Wolfenbüttel (T. 05331 - 7 71 08); Elpermeer 212, 1025 AN Amsterdam - Geb. 9. Juli 1937 Hildesheim, kath., verh. s. 1965 m. Annegret, geb. Borchard, 2 Kd. (Ulrike, Eike) - 1957-65 Stud. d. Gesch., German., Phil., Rechts- u. Staatswiss. Univ. Münster - 1962-65 Wiss. Mitarb. Univ. Münster; 1965-75 Abt.-Leit. am Intern. Inst. f. Sozialgesch./Amsterdam; 1975 o. Prof. PH Nieders. 1978 o. Prof. TU Braunschweig; 1983-85 Dekan d. Erziehungswiss. Fachber. - Arbeitsgeb.: Neuere Gesch. unt. bes. Berücks. d. Verfassungs- u. Sozialgesch. - BV: Quelleneditionen, Monogr. u. Aufs. in Fachztschr. z. Sozialgesch.; polit. Ideengesch. u. Historiographie, insbes. d. Marx-Engels-Forschung, zumeist in Zusammenarb. m. d. Intern. Inst. f. Sozialgesch. d. Kgl. Akad. d. Wiss., Amsterdam.

HART, Franz

Dr.-Ing. E. h., em. o. Prof. u. Direktor Inst. f. Hochbaukonstruktion u. Baustoffkd. TH bzw. TU München (s. 1948) - Söltlstr. 18, 8000 München 90 (T. 4 74 54) - Geb. 25. Nov. 1910 München (Vater: Franz H.; Mutter: geb. Krün), kath., verh. (Ehefr.: Irene) - Gymn.; TH München - Architekt. Bauten: u. a. 2 Kraftwerke b. Landshut, Niedernach-Kraftw. Walchensee, Verw.gebäude BELG Bayreuth (Umbau), Dt. Patentamt München (m. G. H. Winkler), Mensa TH, Bayer. Staatsbank (Erweit.) ebd. - BV: Baukonstruktion f. Architekten, 1951; Skelettbauten, 1956; Technik u. Kunst d. Wölbung, 1965 - 1962 o. Mitgl. Bayer. Akad. d. Schönen Künste, München - Liebh.: Alte chines. Keramik, Musik.

HART, Wolf (Wolfgang)

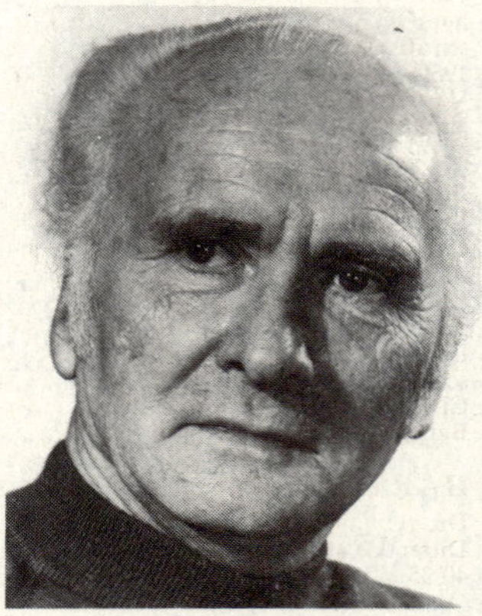

Filmregisseur, -autor u. -produzent - Birkensteinstr. 47, 8165 Fischbachau (T. 08028 - 13 58) - Geb. 13. Juni 1911 Meiningen (Vater: Ernst H., Regiss. u. Schausp.; Mutter: Margarethe, geb. Volck), ev., verh. s. 1952 m. Helga, geb. Schuh (Freiburg/Br.), 3 Kd. (Brita, Sabine, Christian) - Gymn. u. Univ. Freiburg (3 Sem. Gesch., Kunstgesch., Geogr., Sport) - 1933-36 Kameraassist. Sepp Allgeier, dann Kameramann, s. 1941 Filmregiss. u. -autor (b. 1945 Ufa u. Tobis), s. 1948 auch -prod. (Hart-Film), Kulturfilme: Heide, Feuer im Schiff, Hafen, Wer hat Angst vor'm schwarzen Mann?, E. Landbriefträger, Kinder reisen, Dämmerung üb. d. Teufelsmoor, Nach d. Krieg, Werftarbeiter, Was d. Bauer nicht kennt, D. Leben ist in uns, M 4 fährt an, D. Strom führt Eis, Artisten d. Hafens, ...erwachsen sein dagegen sehr, Regen, Kl. Weltentdeckung, Nord-Ostsee-Kanal, Buddelschiff, Kaischuppen 76, Hafenrhythmus, Stadt im Umbruch, Energie-Schwerpunkt Südwest, Bauhütte 63, Lebensläufe e. Stadt, Ich bin Schwester, Bilanz e. Stadt, Freiburg, Sie kommen wieder, Sag' mir wie man Betten baut, Worpswede, Künstlerdorf im Teufelsmoor, E. Fächer wird aufgeschlagen - Karlsruhe, Sie bauen Schiffe, u. a. - BV: D. Skulpturen d. Freiburger Münster, 1975; D. Freiburger Münster, 1978; D. künstlerische Ausstattung d. Freiburger Münsters, 1981 - Zahlr. intern. Preise u. Erwähnungen, darunt. versch. Bundesfilmpreise u. -prämien (zul. 1981 Bundesfilmband in Gold); 1961 Curt-Oertel-Med. - Liebh.: Malen - Spr.: Engl.

HART NIBBRIG, Christiaan Lucas

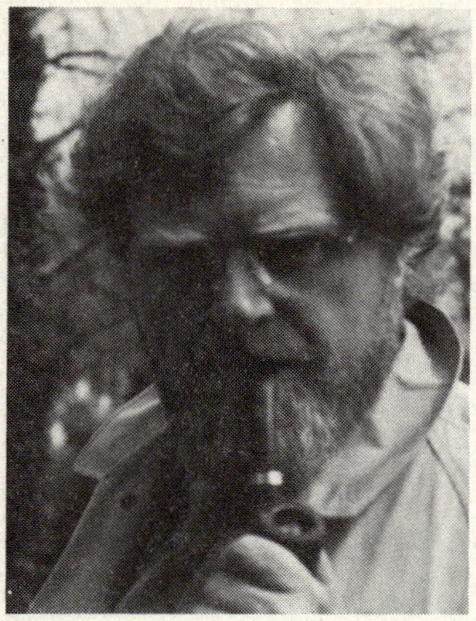

Dr., Prof. f. Neuere deutsche Literatur Univ. Lausanne - 20, chemin des Pierrettes, CH-1025 St. Sulpice - Geb. 2. Aug. 1944 Basel (Vater: Ferdinand Eliza H. N., Kunstmaler; Mutter: Elsbeth, geb. Witt) - Stud. Basel, Berlin, Frankfurt, London - Wiss. Assist., 1971-80 Priv.-Doz. Univ. Bern; Gastprof. in USA - BV: Verlorene Unmittelbarkeit, 1973; Ja u. Nein, 1974; Aesthetik, 1978; Rhetorik d. Schweigens, 1981; Fragment u. Totalität (Hrsg. m. L. Dällenbach), 1984; Warum lesen? 1983; D. Auferstehung d. Körpers im Text, 1985; Spiegelschrift, 1987; Ästhetik d. letzten Dinge, 1989 - Spr.: Engl., Franz., Holl. - Bek. Vorf.: Kunstmaler Ferdinand Hart Nibbrig, Laren/Holland (Großvater).

HARTARD, Bertram

Konrektor i. R., MdL Rhld.-Pfalz (s. 1970) - Pestalozzistr. 4, 6748 Bad Bergzabern - Geb. 11. Dez. 1929 Speyer/Rh., kath., verh., 3 Kd. - Oberrealsch. Speyer; 1950-52 Päd. Hochsch. Landau. Lehrerprüf. 1952 u. 56 - S. 1952 Volksschuldst. (1968 Konrektor Edesheim). CDU s. 1953 (Kreisvors. Landau-Bad Bergzabern).

HARTE, Cornelia

Dr. rer. nat., em. o. Prof. Univ. Köln - Dürener Str. 168, 5000 Köln 41 (T. 40 35 57) - Geb. 6. Juni 1914 Altona (Vater: Johannes H., Angest.; Mutter: Anna, geb. Kuijlaars), kath., led. - Univ. Berlin, München, Freiburg/Br. (Promot. 1941). Habil. 1948 Freiburg - S. 1948 Lehrtätigk. Univ. Freiburg u. Köln (1951 ao., 1967 o. Prof.). Spez. Arbeitsgeb.: Genphysiol. höherer Pflanzen. Zahlr. Fachveröff. - Spr.: Niederl., Engl., Franz.

HARTEL, Walter

Dr.-Ing., Direktor i. R., Honorarprof. f. Starkstromtechnik i. R. TU München (s. 1964) - Flemingstr. 78, 8000 München 81 - Geb. 17. Dez. 1912 Wigstadtl (Vater: Josef H., Krankenhausverwalter; Mutter: Emilie, geb. Mohr), verh. s. 1945 m. Hella, geb. Koschel, Sohn Kurt - TH Prag. Dipl.-Ing. 1935; Promot. 1937 - Langj. Tätigk. Siemens-Schuckertwerke bzw. Siemens AG (zul. Generalbevollm. Dir.) - BV: Transduktorschaltungen; Einf. in die Stromrichtertechnik - Liebh.: Sport, Malerei - Spr.: Engl.

HARTEL, Wilhelm

Dr. med., Oberstarzt, Leit. Abt. Chirurgie (II)/Bundeswehrkrankenhaus Ulm, Honorarprof. f. Chir. Univ. Frankfurt/M. - Oberer Eselsberg 40, 7300 Ulm - Geb. 29. April 1930 Opladen (Vater: Ludwig H., Rentner; Mutter: Gertrud, geb. Herf), kath., verh. s. 1959 m. Etna, geb. Suppiger, 3 Kd. (Markus, Barbara, Eva) - Publ. üb. Lungen- u. Magenchir. sow. z. Schock - Liebh.: Sport - Spr.: Engl., Franz.

HARTEN, Hans-Ulrich

Dr. rer. nat., em. Prof. Univ. Göttingen - Ludwig-Beck-Str. 17, 3400 Göttingen (T. 2 26 48) - Geb. 10. März 1920 Gumbinnen (Vater: Konrad H., OLGsrat; Mutter: Elfriede, geb. Lambrecht), verh. m. Ricarda, geb. Dill, 2 Kd. (Eva, Ulrich) - Habil. 1963 Hamburg - S. 1950 Industrietätigk. Hamburg (zul. Prokurist Philips Zentrallabor.) - BV: u. a. Physik f. Mediziner, 1974/77/80/87, Festkörperphysik, 1978.

HARTEN, Jürgen

Direktor Städt. Kunsthalle Düsseldorf (s. 1972) - Grabbepl. 4, 4000 Düsseldorf 1 (T. 0211-13 14 69) - Geb. 24. Sept. 1933 Hamburg, verh. s. 1980 in 2. Ehe m. Doreet LeVitté-Harten - 1956-61 Stud. Erzieh.wiss., phil. Anthropol., Kunstgesch. - 1961-67 Volks- u. Realschullehrer Hamburg; 1967-68 Sekr. documenta 4, Kassel; 1969-72 Wiss. Assist. u. stv. Dir. Städt. Kunsthalle Düsseldorf - Spr.: Engl., Franz.

HARTENSTEIN, Helge

Direktor, Vorst. Knoeckel, Schmidt & Cie. Papierfabriken AG., Lambrecht - Lambrechter Str. 44, 6731 Lindenberg/Pf. - Geb. 9. Mai 1927 Breslau.

HARTENSTEIN, Liesel,

geb. Rössler

Dr. phil., Pädagogin, MdB (s. 1976) - Kelterrainstr. 1, 7022 Leinfelden-Echterdingen 2 (T. 0711 - 79 39 82) - Geb. 20. Sept. 1928 Steinehaig (Vater: Hans R., Landw.; Mutter: Lina, geb. Gräter), ev., verh. s. 1951 m. Eberhard H., 2 Kd. (Andrea, Hans-Ulrich) - Stud. d. Roman., German., Phil., Gesch. Univ. Tübingen; Promot. 1958 - 1959-64 freiberufl. Journ.; 1964-76 Gymn.lehrerin. SPD (1968 Gde.rätin; 1971 Kreisverordn.) - BV: Bücher u. Buchbinder im Wandel d. Jahrhunderte, 1959. Herausg.: Facsimile-Querschnitt Kladderadatsch (1965). Mitarb. Ztschr. Germanistik - Spr.: Franz., Engl.

HARTENSTEIN, Reiner W.

Dr.-Ing., Dipl.-Ing., Prof. Univ. Kaiserslautern (s. 1977), Lehrst. f. Rechnerstrukturen u. Techn. Informatik, Spezialgeb.: Computer-gestützter Entwurf hochintegrierter Digital-Bausteine u. Systeme (VLSI-CAD), Universalprozessoren m. Hocharch. Akzeleratoren, Leit. Forsch.gr. f. Rechnerstrukturen u. Techn. Informatik (FRT) - 7520 Bruchsal 1 (T. 07251 - 35 75) - Geb. 18. Dez. 1934 Berlin (Vater: Jacob H., Obering.; Mutter: Johanna, geb. Dietz), kath., gesch., 2 Kd. (Sigrid, Klaus) - Promot. 1969 Karlsruhe (b. Prof. K. Steinbuch) - B. 1965 Entwicklungsing. Ind., dann Univ.tätigk.; 1975-81 Generalsekr. Euromicro. In- u. ausl. Fachmitgl.sch. Stv. Vors. d. Arbeitskr. Europ. Polit. Studien (AEPS e. V.) (s. 1978); Gastprof. Computer Science Division Univ. of California, Berkeley, USA (1981); Mitbegr. d. E.I.S.-Projekt (1983/88); 1983-86 Leit. v. 3 Subtasks d. CVT-Projekt (CAD for VLSI in Telecommunications, Vorläufer d. ESPRIT); Leit. e. Subtask d. CVS-Projekt (CAD for VLSI Systems) im ESPRIT-Progr. d. EG; Gesamtleitg. PATMOS-Projekt (im ESPRIT-Progr.) - BV: Fundamentals of Structured Hardware Design, 1977. Mithrsg.: Microarchitecture of Computer Systems (1975); Computer Hardware Description Languages and their Applications (1982); Hardware Description Languages (1985) - 1982 Senior member IEEE (Inst. o. Electr. and Electronics Engineers), New York, USA; 1984-89 chairman working group 10.2 (digital system design and description tods and methods) d. IFIP (Intern. Federation of Information Processing), Genf; 1986-88 Vors. Arbeitskr. Information Technology in Engineering Curricula (ITEC) d. Soc. Europ. de Formation d. Ing. (SEFI), Brüssel; Mitbegründ. Fachaussch. Arch. v. VLSI-Bausteinen d. Ges. f. Informatik u. d. Informationst. Ges.; wiss. u. Gesamtleitg. mehrerer intern. Fachkonfz. - Liebh.: Ski, Tennis, Jazz - Spr.: Engl., Franz.

HARTERT, Hellmut

Dr. med., Prof., Chefarzt - Turmstr., 6750 Kaiserslautern 27 - Geb. 1. Sept. 1918 Tübingen (Vater: Prof. Dr. med. Wilhelm H., Chirurg. Krkhs.dir.; Mutter: Hanna, geb. Iben), ev., verh. s. 1956 m. Elisabeth, geb. Klug, 4 Kd. (Felicitas, Sabine, Daniel, Benjamin) - Univ. München, Berlin (Promot. 1944), Freiburg, Breslau. Habil. 1953 Heidelberg - 1944-45 Wiss. Mitarb. Physikal.-Chem. Inst. Militärärztl. Akad. Berlin, dann Assist. u. Oberarzt (1956) Med. Univ.-klinik Heidelberg, ehem. Chefarzt s. 1962 Med. Klin. I (Akad. Lehrkrkhs. Univ. Mainz), Städt. Krankenanstalten Kaiserslautern. S. 1954 Lehrtätigk. Univ. Heidelberg (1959 apl. Prof. f. Inn. Med.) u. Saarbrücken; Lehrauftr. Univ. Kaiserslautern (s. 1977). Entd.: Elastizität d. Fibrins (1944); Thrombelastographie, Resonanzthrombographie, Orbitometrie (Meth. z. Unters. d. Blutgerinnung; erstmals publ. 1946, 1970 u. 1987) - BV: D. Blutgerinnung in Physiol. u. Klin., 1961. Beitr.: Herz u. Kreislauf b. Operationen (m. K. Matthes), in: Handb. d. Inneren Med. (Bd. IX 4. A.); Theoretical and Clinical Hemorheology (m. A. L. Copley) 1971; Praktische Augiologie, 1974 - Mitgl. Dt. Ges. f. Innere Med., Intern. Soc. of Biorheology (New York), Dt. Ges. f. klin. Hämorheologie, Fellow Internat. Coll. of Angiology (F.I.C.A.), Dt. Arbeitsgem. f. Blutgerinnungsforsch., u.a.m. - 1984 B VK I. Kl. - Liebh.: Architektur - Spr.: Engl. - Bek. Vorf.: Lucas Cranach d. Ä. (Maler), Ernst H. (Prof. Ornithologe London; Herausg. v. Standardw.) - Lit.: Festschr. z. 60. Geb. v. H. Hartert. Laudatio Prof. G. V. R. Born, Oxford; Special Double Issue of Biorheology J. Ney York 1983, dedicated to H. H., seventh recipient of Poiseuille Gold Medal Award.

HARTFIEL, Wilhelm

Dr., Wiss. Rat (Leit. Abt. Futtermittelkunde/Inst. f. Tierernährung), Prof. f. Tierernähr. u. Futtermittelkd. Univ. Bonn (s. 1971) - Sebastian-Kneipp-Str. Nr. 17, 5350 Euskirchen.

HARTGE, Karl-Heinrich

Dr. rer. hort., Prof. Inst. f. Bodenkunde Univ. Hannover (s. 1965), Ehrenmitgl. u. Altpräs. Dt. Bodenkundl. Ges. - Kurt-Schumacher-Str. 16, 3008 Garbsen - Geb. 18. März 1926 Dorpat - BV: D. physikal. Unters. v. Böden, 2. A. 1989; Einf. in d. Bodenphysik, 1978.

HARTGE, Rolf

Hüttendirektor i. R. (Beckingen), s. XXVII. Ausg.

HARTH, Dietrich

Dr. phil., Prof., Literaturhistoriker - Oppelner Str. 49, 6900 Heidelberg - Geb. 28. Dez. 1934 Wiesbaden - Externes Abit. 1957, Großhandelskaufm. b. 1959; Promot. 1967, Habil. 1973, s. 1973 Prof. Univ. Heidelberg (Neuere dt. Literaturgesch.) - BV: Philol. u. prakt. Phil., 1970; Propädeutik d. Lit.wiss., 1973; Erkenntnis d. Lit. (hg. m. P. Gebhardt), 1982; Pazifismus zw. d. Weltkriegen (hg. m. D. Schubert u. R. M. Schmidt), 1985; Denis Diderot od. d. Ambivalenz d. Aufklärung (hg. m. M. Raether), 1987; zahlr. Aufs. üb. Lit.-Theorie, Fachgesch., Lit. d. 18. Jh., Historiographie u. phil. Themen.

HARTH, Victor

Dr. med., Internist, Vors. Bundesverb. Dt. Ärzte f. Naturheilverf. - Zu erreichen üb.: Hainstr. 9, 8600 Bamberg.

HARTH, Wolfgang

Dr. rer. nat., o. Prof. f. Allg. Elektrotechnik u. Angew. Elektronik TU München (s. 1973) - Arcisstr. 21, 8000 München 2 - Geb. 7. Febr. 1932 Straubing - Promot. 1962; Habil. 1964 - 1969-73 Prof. TU Braunschweig - 1984 Fellow New Yorker Inst. of Electrical and Electronics Engineers (IEEE) - BV: Halbleitertechnol., 1972; Hochfrequenz-Halbleiterelektronik, 1972 (m. Unger); Mikrowellendioden, 1980 (m. Claassen); Sende- u. Empfangsdioden f. d. Optische Nachrichtentechnik. Üb. 90 Einzelarb.

HARTHERZ, Peter

Oberregierungsrat a. D., MdL Hessen (s. 1974) - Kurt-Schumacher-Str. 9b, 6392 Neu-Anspach 1 (T. 76 09) - Geb. 27. Juli 1940 - SPD.

HARTING, Friedhelm

Dr. jur., Rechtsanwalt, Bereichsleit. Recht Verbände Hertie Waren- u. Kaufhaus GmbH, Frankfurt/M. (s. 1986) - Zu erreichen üb. Hertie Waren- u. Kaufhaus GmbH, 6000 Frankfurt/M. - Ev., verh. s. 1967, 3 Kd. - 1967-69 RA in Schwenningen; s. 1969 Versandhaus Neckermann (1977 Leit. Rechtsabt., 1978 AR) - Mitgl. Jury f. Lit.preis: Stadtschreiber v. Bergen-Enkheim - Liebh.: Reiten, Segeln - Spr.: Engl., Franz. - Rotarier.

HARTINGER, Andreas

Finanzbeamter, Präs. Dt. Schützenbund - Schmalkaldener Str. 34, 8000 München 40 (T. 089 - 35 51 29) - Geb. 20. Aug. 1925 Niederhummel, kath., verh. s. 1952 m. Anna, geb. Steinle, T. Anni - Fachhochsch. (Dipl.-Finanzwirt) - S. 1963 Vors. Bayer. Sportschützenbd.; dann Präs. Dt. Schützenbd., stv. Präs. Europ. Schützenkonföderation - 1973 BVK; 1978 Bayer. VO - Liebh.: Schmalfilmen - Spr.: Engl.

HARTJE, Wolfgang

Dr. phil., Dipl.-Psych., Prof. f. Neuropsychologie RWTH Aachen (s. 1981)- Hermann-Heusch-Platz 2, 5100 Aachen (T. 0241 - 4 90 86) - Geb. 30. Juni 1941 Baden-Baden - 1961-66 Psych.-Stud. Univ. Freiburg/Br. (Dipl. 1966, Promot. 1969, Habil. 1978).

HARTKAMP, Heinrich

Dr. rer. nat., Dipl.-Chem., o. Prof. f. Analyt. Chemie GH Wuppertal - Haselweg 4, 5628 Heiligenhaus.

HARTKE, Friedrich

Dr. phil., Prof. f. Psychologie Univ. Dortmund, Abt. 14 - Ostkirchstr. 115, 4600 Dortmund 30 - Geb. 3. Jan. 1924 Wanne-Eickel (Vater: Friedrich H., Verw.-Beamt., Mutter: Emmy, geb. Wienecke), verh. s. 1954 m. Hannelore, geb. Glathe - Stud. Psych. u. Päd., Lehrer-Ex. 1950, Dipl.-Ex. u. Promot. z. Dr. phil. 1953 Bonn, 1953-54 Assist b. Prof. Dr. H. Hetzer in Weilburg, 1954-60 Schuldst. als Lehrer, Rektor u. Schulrat, 1961 o. Prof. PH (s. 1980 Univ.) Dortmund, 1968 u. 1976-80 Abt.Dekan - BV: Psych. d. Schulalltags, 1961; D. Seele d. Kindes in Zeichnung u. Schrift, 1962; D. Psych. in d. Schule, 1966. Div. Einzelarb. insbes. z. Päd. Psychologie.

HARTKE, Klaus

Dr. phil., o. Prof. u. Direktor Inst. f. Pharmaz. Chemie Univ. Marburg - Heinrich-Heine-Str. 23, 3553 Cölbe (T. Marburg 8 21 15) - Geb. 27. Dez. 1930 Altbewersdorf/Pom. - S. 1966 (Habil.) Doz. u. Prof. (1967) Univ. Marburg (1970 Ord. f. Pharmaz. Chemie/Lehrst. II) - BV: Dt. Arzneib., 7. A., Kommentar 2. A. 1973 (m. H. Böhme), Europ. Arzneib., Bd. I u. II, Kommentar, 1976, u. III, 1979 (m. H. Böhme); Dt. Arzneib., 8. A., Komm. 1981 (m. H. Böhme); DAB 9-Kommentar, Bd. 1-3, 1987/88 (m. E. Mutschler). Zahlr. Fachaufs.

HARTKE, Stefan

Dr., Dr. habil., Dipl.-Volksw. - Papehof 6c, 3000 Hannover - Geb. 26. März 1948 Hanau (Vater: Prof. Dr. Dr. h. c. Wolfgang H.; Mutter: Herta, geb. Seitz), ev., verh. s. 1972 m. Ulrike, geb. Apelt, 2 T. - Abit. 1967 München; 1967-72 Stud. Univ. München u. Köln (Wirtsch.s- u. Sozialwiss.), Ex. 1972, Promot. 1979 Bielefeld; Habil. 1986 (Landesplanung u. Regionalforsch., EDV f. Planer); ab 1987 Grundsatzreferat nieders. Min. Wirtsch., Technol., Verkehr - 1973 wiss. Mitarb. Zentralinst. f. Raumplanung Münster; 1974-87 wiss. Assist. u. Hochschulassist. Landesplanung Univ. Hannover - BV: Meth. z. Erfass. d. phys. Umwelt, 1975; Stadtentwicklung ohne Wachstum, 1978; Regionale Entwicklung d. aktive Kommunalpolitik, 1986; wiss. Art. z. kommunalwiss. Themen u. Landesentwicklungspolitik - Spr.: Engl.

HARTKE, Wolfgang
Dr. phil., Dr. rer. nat. habil., Dr. h. c., o. Prof. f. Geographie (emerit.) - Tengstr. 3, 8000 München 40 (T. 271 19 48) - Geb. 4. April 1908 Bonn (Vater: Prof. Lic. theol. Dr. phil. Dr. paed. h. c. Wilhelm H., Berlin/Ost (siehe XV. Ausgabe/Band II); Mutter: Tilly, geb. Kühne), verh. s. 1939 m. Herta, geb. Seitz, 2 Kd. - Univ. Berlin u. Genf - Lehrtätigk. Univ. Frankfurt/M., 1952-73 o. Prof. u. Dir. Geogr. Inst. TU München. 1962/63 Vors. Zentralverb. d. Dt. Geographen - BV: Frankr. als sozialgeogr. Einheit, 1964, 3. A. 1968. Zahlr. Fachveröff. z. Sozial-, Agrar- u. Stadtgeogr. v. Westeuropa. Mithrsg.: Münchner Geogr. Hefte (s. 1953). Beir. (s. 1948) Erdkunde, Norois (s. 1952), Espace Géographique (s. 1971), Espace. Populations. Sociétés (s. 1983). - 1972 Ehrendoktor Univ. Straßburg; 1956 korr. Mitgl. Geogr. Ges. Wien, 1961 Ehrenmitgl. Frankfurter Geogr. Ges., 1963 Ehrenmitgl. Kgl. Niederl. Geogr. Ges., 1972 Ungar. Geogr. Ges., 1983 Geogr. Ges. Paris, 1984 Slov. Geogr. Ges; 1978 Retzius Med. in Gold Schwed. Anthropol. u. Geogr. Ges.; 1980 BVK; 1986 Eduard Rüpell Med. - Liebh.: Mod. Lit. - Bruder: Prof. Dr. phil. Werner H., Berlin/Ost (s. XIV. Ausg./Bd. II) - Lit.: Standort d. Soz.geogr. W. H. u. 60. Geb., Münchner Geogr. - Stud. z. Sozial- u. Wirtsch.Geogr. Bd. 4, 1968; K. Ganser, W. H. z. 65. Geb., in: Ber. z. dt. Landeskd., Bd. 47.

HARTKOPF, Günter
Dr. jur., Staatssekretär a. D. - Kißbergweg 6, 4000 Düsseldorf-Gerresheim (T. 28 17 14) - Geb. 1. Juni 1923 Elberfeld (Vater: Zolloberinsp.), verh. s. 1946 m. Hildegard, geb. Homburg - Schule Düsseldorf (Abitur 1941); 1941-45 Kriegsdst. (Marine, zul. Oblt. d. R.); 1945-49 Univ. Göttingen (Rechts- u. Staatswiss.). Jurist. Staatsprüf. 1949 u. 53 - Oberfinanzdir. Düsseldorf (Reg.rat), Finanzmin. Nordrh.-Westf. (Oberreg.rat), Bundesfinanzmin. (1962 Min.rat), Senatsverw. f. Bundesangelegenh. Berlin (1963 Senatsdir.), Bundesinnenmin. (1969-83 Staatssekr.). Div. Veröff. FDP s. 1958.

HARTKOPF, Paul C.
Gf. Präsident Gesellschaft f. Goldschmiedekunst - Loogepl. 3, 2000 Hamburg 20.

HARTKOPF, Walfrid
Dr. med., Chefarzt Chir. Abt. Humboldt-Krkhs. Tegel (s. 1968) - Emmentaler Str. 43 - 1000 Berlin 51 (T. 49 66 56) - Geb. 1912 Kothlow/Pom. - Univ. Rostock, Göttingen, Marburg, Heidelberg - S. 1946 Krkhs.tätigk. Berlin (1953 ff. Oberarzt Humboldt).

HARTKOPF, Willi
Oberbürgermeister Stadt Remscheid (s. 1968) - Hans-Böckler-Str. 35, 5630 Remscheid 11 (T. 02191 - 5 01 70) - Geb. 3. Nov. 1920 Duisburg (Vater: Wilhelm H.; Mutter: Getrude, geb. Götz), ev., verh. s. 1946 m. Anni Henriette, geb. Brügger, 3 Kd. (Lothar, Norbert, Iris) - Ausb. Eisenbahn-Fachsch. u. a.; Feinmechanikerhandw. - 1970 gold. Bürgermed. Stadt Remscheid; 1972 BVK I. Kl.; 1985 Gr. BVK; 1985 Dr. Eberle-Med. Rhein. Spark. u. Giro-Verb.; 1. Vors. Kurat. Bergische Univ.-

GH Wuppertal; 1. Vors. Kommunale Arbeitsgem. Bergisch-Land.

HARTL, Hans
Dr. rer. nat., Prof. f. Anorgan. Chemie FU Berlin - Wolziger Zeile 42, 1000 Berlin 49.

HARTL, Paul Walter
Dr. med., Prof., Leit. Arzt Rheumaklinik u. Rheumaforschungsinst. Aachen, apl. Prof. Med. Fak. (Rheumatol.) RWTH Aachen, Präs. Dt. Ges. f. Rheumatologie (1987/88) - Fuchserde 11, 5100 Aachen (T. 6 45 48) - Geb. 19. März 1925 (Vater: Otto H., Ingenieur; Mutter: Marie, geb. Hory), ev., verh. s. 1955 m. Ursula, geb. Arnold, 4 Kd. (Claudia, Christine, Bettina, Urs) - Stud. Bonn, Tübingen u. Heidelberg, Ex. 1951 Bonn, Promot. 1951. Med. Ausbild. 1951-53 Sanatorium du Midi, Davos/Schweiz, 1953-55 Hyg.-Inst. Univ. Lausanne/Schweiz, 1955/56 Haynes Memorial Hospital, Boston Univ., 1956-70 Assist.arzt, dann Oberarzt b. Prof. Bock, zun. Med. Univ.klinik Marburg, d. Med. Univ.klinik Tübingen, Habil. 1967 Med. Fak. Univ. Tübingen, Umhabil. 1971 Med. Fak. RWTH Aachen, s. 1970 Leit. Arzt Rheumaklinik u. Rheumaforsch.inst. Aachen. Vorlesungen z. klin. Rheumatologie u. Immunologie sow. z. physikal. Therapie rheumat. Erkrankungen.

HARTLAGE, Hermann
Vorstandsmitglied Dortmunder Ritterbrauerei AG. - Lütgendortmunder Hellweg 242, 4600 Dortmund 72 - Geb. 2. Juni 1918.

HARTLAUB, Geno(vefa)
Schriftstellerin - Böhmersweg 30, 2000 Hamburg 13 (T. 41 88 96) - Geb. 7. Juni 1915 Mannheim (Vater: Dr. phil. Gustav F. H., Museumsdirektor (s. X. Ausg.); Mutter: Felicie, geb. Meyer) - BV/Erz. u. R.: u. a. D. Entführung, Noch im Traum, Anselm d. Lehrling, D. Kindesräuberin, Scheherezade erzählt, D. Tauben v. San Marco, D. Große Wagen, Windstille vor Concador, Gefangene d. Nacht (1961), D. Mond hat Durst (1963), D. Schafe d. Königin (1964); Nicht jeder ist Odysseus (1967), Rot heißt auch schön (1969), Lokaltermin Feenteich (1972), Wer d. Erde küßt (1975); D. Gör (1980); Freue dich, du bist e. Frau (1981); D. gläserne Krippe (1983); Noch ehe d. Hahn kräht (1984); Sprung üb. d. Schatten (1984); Muriel (1985); D. Uhr d. Träume (1986). Reiseb.: Unterwegs nach Samarkand - E. Reise durch d. Sowjetunion (1965) - 1956 Mitgl. PEN-Zentrum BRD; 1962 o. Mitgl. Fr. Akad. d. Künste, Hamburg; 1989 Alexander Zinn Preis d. Stadt Hamburg - Liebh.: Aquarellmalerei - Herausg. d. lit. Nachlasses ihres Bruders: D. Gesamtwerk, Im Sperrkreis - Bruder: Felix H. (April 1945 in Berlin verschollen).

HARTLEB, Hans
Dr. phil., Opern-Regisseur - Romanstr. 62a, 8000 München 19 (T. 17 00 38) - Geb. 3. Mai 1910 Kassel (Vater: Alfred H.; Mutter: Marie, geb. Teteberg) - Univ. Göttingen, Frankfurt, Berlin, Paris, München - Opernregie u.a.: Amsterdam, Antwerpen, Berlin, Buenos Aires, Chicago, Düsseldorf, Köln, Leipzig, Los Angeles, Frankfurt, Genf, München, Paris, Seoul, Tokio, Wien, Zürich. Festspiele: Berlin, Bern, München, Paris, Salzburg, Schwetzingen, Amsterdam. Fernsehen: Hamburg, Köln, München, u.a. Wozzek/Berg, Bohème/Puccini, Belsazar/Händel, Hänsel u. Gretel/Humperdinck. Dt. Erstauff.: u.a. LULU/Berg, Brücke v. San Luis Rey/Reutter, D. Sturm/Martin, D. Wald/Fortner, Prigioniero/Dallapiccola - BV: Deutschl. erster Theaterbau, 1936. Opernübers. aus d. Ital., Franz., Engl. u. Tschech. - 1967 Ital. VO. Offizierskreuz.

HARTLEIB, Jakob
Dr. med., Prof., Chefarzt - Mozartstr. 12, 6233 Kelkheim (T. 06195 - 31 30) - Geb. 8. Jan. 1924 Frankfurt-Höchst (Vater: Jakob H., Kaufm.; Mutter: Ilse, geb. Grote), kath., verh. s. 1954 m. Helga, geb. Basting, 2 Kd. (Cornelia, Karin) - Gymn. Höchst; Stud. Univ. Frankfurt - 1951-57 Univ.skl. Frankfurt/M., 1957-60 Hospital Central San Christóbal/Venezuela, 1960-69 wieder Univ.skl. Frankfurt/M., s. 1970 Chefarzt Chir. Abtl. Kreiskrankenh. Bad Soden - Spr.: Engl., Franz., Span. - Rotarier.

HARTLIEB, von, Horst
Prof., Rechtsanwalt, gf. Vorstandsmitgl. Verb. d. Filmverleiher - Langenbeckstr. 9, 6200 Wiesbaden (T. 0615/10 u. 11); priv.: Sooderstr. 2 - Geb. 16. Juli 1910 Mülhausen/Els. (Vater: Hans v. H., Offz.; Mutter: geb. Blakeley), verh. s. 1951 m. Emmely, geb. Lorenz - Ab 1938 Anw. Berlin; 1943-47 Wehrdst. u. Kriegsgefangensch.; spät. Anwalt in Wiesbaden; Vorst.-Mitgl. Spitzenorg. d. Filmwirtsch. (SPIO), Wiesbaden - BV: Handb. d. Film-, Fernseh- u. Videorechts, 1984 - 1988 Gr. BVK; Prof.-Titel e. h.

HARTLIEB von WALLTHOR, Alfred
Dr. phil., Ltd. Landesverwaltungsdirektor a. D., Honorarprof. u. Lehrbeauftr. f. Westf. Landesgesch. Univ. Münster - Auf den Bohnenkämpen 6, 4930 Detmold - Geb. 23. Jan. 1921 Feldkirch - Promot. 1950. Bücher u. Aufs.

HARTMANN, Adolf
Gewerkschafter, Bundesvors. Gewerkschaft Dt. Bundesbahnbeamten, Arbeiter u. Angest. im Dt. Beamtenbund - Westendstr. 52, 6000 Frankfurt 1 (T. 069 - 71 40 01 - 0) - Geb. 20. April 1936 Warburg, kath., verh. s. 1958 m. Marianne, geb. Henze, 2 T. (Claudia, Petra) - Eintr. als Jungwerker Dt. Bundesbahn, zul. Bundesbahn-Oberamtsrat; dzt. Bundesvors. GDBA. Mitgl. Bundeshauptvorst. u. Bundesvorst. DBB, VR Dt. Bundesbahn, AR Dt. Eisenbahn-Versich. - 1985 BVK - Liebh.: Sport.

HARTMANN, Alois
Bankkaufmann, Geschäftsführer KI Kapital-Invest Kapitalanlagenges. mbH (s. 1987) - Kettelerstr. 36, 6072 Dreieich (T. 06103 - 3 18 60) - Geb. 1. Aug. 1932 Rothaugest, kath., verh. s. 1957 m. Margit, geb. Müller, 2 Kd. (Uwe, Heike) - Bankkaufm.; Bilanzbuchhalter - B. 1987 Leit. Fondsverw. Dt. Investment-Trust; Vorst. Dt. Vereinig. Finanzanalyse (DVFA) - BV: Börsenterminhandel, 1969 - 1984 Verdienstmed. d. VO d. Bundesrep. Deutschl. - Liebh.: Lit., Sport - Spr.: Engl. - Rotarier.

HARTMANN, Dieter
Dr. rer. nat., Prof. f. Mikro- u. Strahlenbiologie FU Berlin - Dahlemer Weg 144, 1000 Berlin 37 - Geb. 11. Juli 1930 Leipzig, Ehefr. Hannelore (Ärztin), 2 Kd. (Annette, Ärztin, Andreas, Student).

HARTMANN, Dieter
Dipl.-Ing., Gf. Gesellschafter Praxis Personal Service GmbH, u. PPC convertec Beratungsges. mbH, Oberursel - Talmühle 5, 6382 Friedrichsdorf 3 (T. 06007 - 29 99) - Geb. 29. Jan. 1926 Liebenwalde - Sportflieger - Spr.: Engl.

HARTMANN, Dietger
Dr. rer. nat., Chemiker, Geschäftsführer Dr. Hartmann KULBA-Bauchemie GmbH & Co. KG - Steinfeldstr. 18, 8800 Ansbach (T. 0981-9 41 22) - Verh., 5 Kd. - Chemiestud., Promot. 1963 Univ. Graz - Mitgl. Vorst. u. Aussch. Industrieverb. Bauchemie u. Holzschutzmittel.

HARTMANN, Dietrich
Dr. phil., Prof. f. Dt. Sprache - Hackstückstr. 83, 4320 Hattingen - Geb. 27. Jan. 1937 - Promot. 1966 - S. 1974 Prof. TU bzw. Univ. Hannover, s. 1982 Prof. Ruhr-Univ. Bochum. Zahlr. Facharb. aus Sprachwissenschaft.

HARTMANN, Edi
Dipl.-Volksw., Steuerberater, MdL Bayern (s. 1970) - Goethestr. 15, 7910 Neu-Ulm - Geb. 1940 - SPD.

HARTMANN, Erwin

Dr. rer. nat., Prof. f. Physik u. Biophysik Univ. München - Lossenstr. 4, 8000 München 50 (T. 089 - 812 25 57) - Geb. 24. Febr. 1924 Regensburg (Vater: Sylvester H.; Mutter: Maria, geb. Regnath), kath., verh. s. 1957 m. Gisela, geb. Lingenfelder, 2 S. (Peter, Walter) - Dipl. 1957, Promot. 1962, Habil. 1969, Univ.-Prof. 1971 - Leiter versch. Fachnormenausch. u. Arbeitskr. - BV: Beleucht. u. Sehen am Arbeitsplatz, 1970; Optimale Beleucht. am Arbeitsplatz, 1977; Reaktionszeit v. Kraftfahrern, 1980; Gestalt. v. Arbeitsplätzen f. leicht Sehbehinderte, 1980; Lichtimmission, 1984; D. Nachtunfall, 1984; Optimale Sehbedingung am Bildschirmarbeitsplatz, 1985; Sehvermögen m. Mehrstärken- u. Gleitsichtbrillen am Arbeitsplatz, 1987 - Ehrenmitgl. Wiss. Vereinig. f. Augenoptik; 1987 Goldener Dieselring - Liebh.: Elektronik, klass. Musik - Spr.: Engl., Franz.

HARTMANN, Fritz
Dr. med., o. Prof. f. Innere Medizin - Birkenweg 48, 3004 Isernhagen NB-Süd (T. H. Hannover 64 35 10) - Geb. 17. Nov. 1920 Osterfeld, ev., verh., 3 Kd. - S. 1950 (Habil.) Lehrtätig. Univ. Göttingen (1955 apl. Prof.), Univ. Marburg (1957 ao., 1958 o. Prof. u. Dir. Med. Poliklinik), Med. Hochsch. Hannover (1964 o. Prof. u. Dir. Med. Klinik; 1967-69 Rektor). Emerit. 1988. Spez. Arbeitsgeb.: Krankh. d. Bewegungsorgane u. d. Stoffw. Zeitw. Präs. Dt. Ges. f. Rheumatol. (1960ff.). Mitgl. Gründungsaussch. Univ. Bremen - BV: D. ärztl. Auftrag, 1956. Herausg.: Klinik d. Gegenw. - Ehrenmitgl. Schweizer. Ges. Rheumatol. u. physikal. Med., Dt. Ges. f. Gesch. d. Med., Naturwiss. u. Technik, u. Dt. Ges. f. Allgemeinmed.,

Mitgl. Dt. Akad. d. Naturforscher Leopoldina.

HARTMANN, Georg
Dipl.-Ing., Vorstandsmitglied Stadtwerke Duisburg AG., Duisburg - Trarbacher Str. 29, 4100 Duisburg-Huckingen - Geb. 17. Aug. 1915 Duisburg.

HARTMANN, Gerhard
I. Bürgermeister Stadt Leipheim (s. 1978) - Rathaus, 8874 Leipheim/Schw. - Geb. 12. Febr. 1943 Ulm - Zul. Stadtamtm.

HARTMANN, Gerhard F.
Dr. rer. nat., Prof., Zoologe - Martin-Luther-King-Platz 3, 2000 Hamburg 13 - Geb. 5. Dez. 1928 Goslar (Vater: Friedrich H., Kaufmann; Mutter: Elisabeth, geb. Wundenberg), verh. s. 1955 m. Dr. Gesa, geb. Schröder - Gymn. Goslar; Univ. Kiel (Zool., Geol., Botanik). Promot. 1953 Kiel; Habil. 1962 Hamburg - 1953-55 Gastforscher El Salvador u. Peru (1954), 1956-59 Assist. Museum Osnabrück, 1959-61 Leit. Zool. Abt. (Gründer) Inst. Central de Biologia Concepción (Chile), s. 1962 Leit. Abt. Niedere Tiere II Univ. Hamburg (1968 apl. Prof. f. Zool.), 1973-74 Gastforscher USA. 1967 Exped. Angola, Südafrika, Rhodesien, Mocambique, 1972/73 Exped. Peru, 1975/76 Australien/Südsee, 1982 Polynesien, 1987 Antarktis. Zahlr. Fachaufs. Mitarb.: Bronn, Klassen u. Ordnungen d. Tierreichs (bish. 4 Lfg., 5. Lfg. im Druck); Ostracoda in Traité de Zoologie; Reproduction of Marine Invertebrates (Blackwell Scientific Publ., Palo Alto) - Liebh.: Paläontol., Botanik - Spr.: Engl., Span.

HARTMANN, Günther
Dr. phil., Prof. f. Ethnologie FU Berlin (s. 1982), Oberkustos Museum f. Völkerkd. d. Staatl. Museen Preuß. Kulturbesitz, Berlin, Ethnologe - Bahnhofstr. 38, 1000 Berlin 45 (T. 772 50 01) - Geb. 13. Jan. 1924 Berlin (Vater: Adolf H., Chemiker; Mutter: Eva, geb. Gotthardt), ev., verh. s. 1959 m. Ursula, geb. Mörchel, 2 Söhne (Matthias, Andreas) - Univ. - S. 1953 Vorstandsmitgl. Berliner Ges. f. Anthropol., Ethnol. u. Urgesch. - BV: Masken südamerikan. Naturvölker, 1967; Litjoko-Puppen d. Karaja/Brasilien, 1973; Silberschmuck d. Araukaner/Chile, 1974; Molakana - Volkskunst d. Cuna, 1980; Keramik d. Alto Xingú, Zentral-Brasilien, 1986; Xingú - Unter Indianern in Zentral-Brasilien, 1986. Herausg.: Ztschr. f. Ethnol. (1965ff.) - 1988 Philip-v.-Martius-Med. f. wiss. Forschungen in Brasilien; 1989 Rudolf Virchow Med. in Silber f. Verd. um d. Ethnologie; Korr. Mitgl. Ethnolog. Ges. Hannover.

HARTMANN, Guido
Dr. rer. nat., o. Prof. u. Direktor Inst. f. Biochemie - Karlstr. 23, 8000 München 2 - Habil. Würzburg.

HARTMANN, Hans Albrecht
Dr. phil., o. Prof. f. Psychologie - Memminger Str. 14, 8900 Augsburg - Geb. 7. Okt. 1938 Breslau (Vater: Wolfgang H., Kaufm.; Mutter: Erika, geb. Maydorn) - 1949-58 Gymn. Freiburg/Br.; 1958-62 Univ. Freiburg u. München (Dipl.-Psych.). Promot. 1967 - S. 1971 Ord. Univ. Gießen u. Augsburg (1976) - BV: Weltanschaul. Einstellungen, 1969; Psych. Diagnostik, 1970; Advances in Economic Psych., 1981. Herausg.: Lehrb. d. Holtzman-Inkblot-Technik (5 Bde., 1977ff.); Moralisches Urteilen u. soz. Umwelt, 1982; Psychol. Begutachtung, 1984; Moral Development and the Social Environment, 1985.

HARTMANN, Hans Immanuel
Dr. iur., Ministerialrat a. D. - Parkstr. 3, 8035 Gauting (T. 089 - 850 13 70) - Geb. 24. Febr. 1908 Posen, ev., verh. s. 1938 m. Herta, geb. Nordhausen, 3 Kd. - Gymn. Kaiserslautern; Univ. Berlin, Paris, Leipzig, Tübingen (Rechts- u. Staatswiss.). Promot. 1932; Ass.ex. 1935 - B. 1945 Reichsfinanz-, dann Bayer. Staatsverw. (1957 Min.rat Finanzmin.). 1967-72 Vors. Bundesverb. d. Verw.-beamten d. höh. Dienstes in d. BRD, 1963-74 stv. Treuhänder Bayer. Landesbank, München, 1964-75 stv. Vors. Collegium Augustinum, ebd., 1970-83 Vorst. Friedrich-Oberlin-Stiftg., Kirchl. Stiftg. d. öfftl. Rechts, ebda - BV: Kommentar z. Bayer. Beamtengesetz, 5. A. 1979 (m. F. Janssen u. U. Kühn); Chronik d. Collegium Augustinum, 1974; Weit. Beitr. dazu, 1979. Üb. 30 Fachaufs. - 1973 BVK I. Kl. - Liebh.: Kulinarismus, Zirkuskunde - Spr.: Lat., Franz., Ital.

HARTMANN, Hans-Dieter
Dr. rer. hort., Prof., Dozent f. Gemüse- u. Samenbau Forschungsanst. f. Weinbau, Gartenbau, Getränketechnol. u. Landespfl. - 6222 Geisenheim/Rhg. - Geb. 8. Mai 1925 Königsberg (Vater: Dr. Hans H., Chemiker; Mutter: Maria, geb. Heubes), ev., verh. s. 1954 m. Eleonore, geb. Bonne, 2 Söhne (Hans-Christoph, Klaus-Martin) - Gymn. (b. 1943); 1945-47 Gärtnerlehre; 1947-48 Ergänz. Schule; TH Hannover (Erwerbsgartenbau; Promot. 1955; Habil. Univ. Gießen, 1974; Honorarprof. Univ. Gießen 1978 - Spez. Arbeitsgeb.: Gemüsebau Freiland u. Unterglas.

HARTMANN, Hans-Joachim
Dr. rer. pol., Dipl.-Volksw., Geschäftsführer Pott-Racke-Dujardin - Am Eichelgarten 30, 6200 Wiesbaden (T. 0672 - 54 02 26) - Geb. 20. Juli 1934, verh., 2 Kd. - Stud. Volksw. - Beirat Dresdner Bank; Mitgl. Vollvers. IHK Rheinhessen - Spr.: Engl., Franz., Span.

HARTMANN, Harro Lothar
Dr.-Ing., Dipl.-Ing., o. Prof. f. Nachrichtensysteme TU Braunschweig (s. 1972) - Kuckucksweg 2, 3300 Braunschweig (T. 0531 - 35 28 98) - Geb. 6. Sept. 1932 Venedig (Vater: Franz H., Ind.kfm.; Mutter: Erna Elisabeth, geb. Reimann), ev., Ehefr. Ingrid (verh. s. 1964), 2 Kd. (Heike, Elke) - Realgymn.; Funkmechanikerlehre; Stud. d. Elektrotechn. (Dipl.ex. 1962) - 1954-56 Funkmechaniker; 1962-67 Ind.- u. s. 1968 Hochschultätigk. (zun. Obering.). Spez. Arbeitsgeb.: Integrated Services Digital Network (ISDN). Mitgl. Informationstechn. Ges. im VDE. Auslandsaufenth. Schweiz, USA, UdSSR, China - BV: D. Synchronisierproblem in digital arbeitenden Kommunikationsnetzen, Monogr. 1971/72; Stochastische Prozesse in Nachrichtensystemen, Monogr. 1980 - 1968 Preis d. Nachrichtentechn. Ges. - Liebh.: Tennis, Fotogr. - Spr.: Engl.

HARTMANN, Heinz
Ph. D., o. Prof. f. Soziologie, Direktor Inst. f. Wirtschafts- u. Sozialwiss. Univ. Münster/W. (s. 1964) - Pastorsesch 10, 4400 Münster (T. 21 23 62) - Geb. 12. Febr. 1930 Köln (Vater: Franz H., Lokomotivführer; Mutter: Thea, geb. Badorf), verh. s. 1975 m. Marianne, geb. Heyers, 3 Kd. (Nina, Tobias, Lukas) - Univ. Köln, Bonn, Chicago, Princeton. M. A. 1953 Chicago; Ph. D. 1957 Princeton; Habil. 1962 Münster - BV: u. a. Unternehmer-Ausbild., 1958 (auch engl. u. franz.); Authority and Organization in German Management, 1959 (Princeton), dt.: D. dt. Unternehmer - Autorität u. Org., 1968; Enterprise and Politics in South Africa, 1962 (Princeton); Amerik. Firmen in Dtschl. - Beob. üb. Kontakte u. Kontraste zwischen Industrieges., 1963; Funktionale Autorität - Systemat. Abh. zu e. soziol. Begriff, 1964; Univ. u. Unternehmer, 1967 (m. Hanns Wienold); D. Unternehmerin - Selbstverständnis u. soziale Rolle, 1968. Herausg.: Moderne amerik. Soziologie - Beitr. z. soziol. Theorie (1967; 2. umgearb. A. 1973); D. Unternehmerin (m. G. Eberlein u. S. Unterfichter), 1968; Empirische Sozialforsch.: Probleme u. Entw. (1970, 2. A. 1972); Org. d. Sozialforsch., 1971; Ltd. Angestellte: Selbstverständnis u. kollekt. Forderungen, 1973; Soziologie d. Personalarbeit (m. Paul Meyer), 1979; Kritik in d. Wissenschaftspraxis: Buchbesprech. u. ihr Echo, (m. Eva Dübbers) 1984. Herausg.: Entzauberte Wiss.: Z. Relativität u. Geltung soziol. Forschung, (m. Wolfgang Bonß) 1985; Mitherausg.: Soziol. Revue u. Soziale Welt.

HARTMANN, Herbert
Dr. phil., Prof., Ordinarius f. Sportwissenschaft unt. bes. Berücks. v. -päd. TH Darmstadt - Beethovenring 9, 6101 Seeheim - Zul. Prof. Univ. Marburg.

HARTMANN, Herbert
Dr. med., Prof., Chefarzt Chirurg. u. Urol. Klinik Städt. Krankenanstalten Remscheid - Burger Str. Nr. 211a, 5630 Remscheid (T. 4 22 25) - Geb. 18. Juni 1923 Stuttgart - S. 1960 (Habil.) Lehrtätigk. Univ. Marburg (1968 apl. Prof. f. Chir.). Üb. 40 Fachaufs. - Spr.: Franz. - Rotarier.

HARTMANN, Hugo
Dr.-Ing., o. Prof. f. Verfahrenstechnik (Lehrst. II) - Parkstr. 9, 5100 Aachen-Richterich - S. 1972 Ord. TH Aachen.

HARTMANN, Irmfried
Dr.-Ing., Dipl.-Phys., o. Prof. TU Berlin - Nienkemperstr. 38, 1000 Berlin 37 - Geb. 21. Mai 1932 Berlin (Vater: Ernst H., Beamter; Mutter: Frieda, geb. Ulbrich), ev., verh. s. 1955 m. Gisela, geb. Mann, S. Lothar - Ing.stud. Ing.sch. Beuth, Berlin; Stud. d. Physik FU Berlin (Dipl.ex. 1961) - BV: Lineare Systeme, 1976 - Spr.: Engl.

HARTMANN, Karl Max
Dr. rer. nat., Prof. f. Photobiologie - Gaisbühlstr. 28, 8520 Erlangen 23 - Geb. 14. Juni 1935 Berlin (Vater: Dr. med. Hans H., Höhenphysiologe, † 1937 a. Nanga Parbat; Mutter: Gertrud, geb. Klein), ev., verh. s. 1956 m. Gisela, geb. Clemens, 2 T. (Christine, Ulrike) - Abit. Lindenberg/Allg. 1953, Masch.-Baupraktik. Lindau, 1955-56, Univ. Tübingen 1953-55 u. 1956-62 (Math., Botanik, Angew. Physik, Physiol. Chemie), Promot. 1962 Tübingen, Habil. 1973 Erlangen - 1956-57 Wiss.-techn. Hilfskraft Max-Planck-Inst. f. Biologie Tübingen, 1962-66 Wiss. Assist. Bot. Inst. Freiburg, 1966-70 Akad. Rat, 1970-73 Visiting Associate Prof. Purdue Univ. Lafayette/Indiana/USA, 1972 Lehrst. Botanik Univ. Bonn (abgelehnt), 1973 Wiss. Rat Botanik Erlangen, 1978 Extraordinarius - Entd.: Steuerpigment d. Hochintensitätsreaktion d. Photomorphogenese: Phytochrom - BV: Mitverfasser: Biophysik, ein Lehrbuch, 1977, 1978, 1982 (Übers. Engl. 1983) - Liebh.: Biomath., Bergsteigen, Möbelrest., Musikinstr. - Spr.: Engl., Franz., (Latein) - Bek. Vorf.: Prof. Dr. Max Hartmann 1876-1962, Biologe u. Naturphilosoph (Großv.)

HARTMANN, Klaus
Dipl.-Kfm., Vorstandsmitglied Kaufhof AG., Köln - Peter-Kintgen-Str. 8, 5000 Köln 41 - Geb. 5. Juli 1929.

HARTMANN, Klaus
Dr. med., o. Prof. f. Heilpäd. Psychiatrie PH Rhld./Abt. f. Heilpäd. Köln - Im Lg. Bruch 28, 5000 Köln 91 - Geb. 23. Jan. 1925 Berlin - Stud. Berlin. Promot. 1953; Habil. 1969 - BV: u. a. Theoret. u. empir. Beitr. z. Verwahrlosungsforsch., 1970. Etwa 80 Aufs.

HARTMANN, Klaus
Landrat Kr. Nürnberger Land (s. 1984) - Waldluststr. 1, 8560 Lauf a. d. Peg. (T. 09123 - 7 93 04) - Geb. 16. Okt. 1935 Nürnberg, ev., verh. s. 1964, 2 Kd. - Oberrealsch. Hersbruck; Univ. Erlangen u. Kiel (Rechtswiss.). Gr. jurist. Staatsprüf. 1962 - 1963 Ass. Reg. Ansbach; 1964 Reg.srat Landratsamt Hersbruck, 1965-72 Landrat ebd., 1972-78 stv. Landrat Nürnbg. Land, 1972-84 Rechtsanwalt in Hersbruck. 1976-84 MdB. CSU - 1972 Gold. Ehrenring Landkr. Hersbruck; 1988 BVK; zahlr. Verbandsausz. - Liebh.: Jagd, Bergsteigen, Skifahren - Spr.: Engl.

HARTMANN, Klaus
Dr. phil., Prof., Philosoph - Alte Burse (Phil. Sem.), 7400 Tübingen - Geb. 5. Sept. 1925 Berlin - Promot. (1953) u. Habil. (1962) Bonn - S. 1962 Lehrtätigk. Univ. Bonn (1967 apl. Prof.; 1969 Wiss. Rat u. Prof.). 1953-55 Commonwealth Fund Fellow Yale Univ.; 1965-66 Visiting Prof. Univ. of Texas - BV: Grundzüge d. Ontologie Sartres in ihrem Verhältnis zu Hegels Logik, 1963 (engl. 1966: Sartre's Ontology); Sartres Sozialphil., 1966; D. Marxsche Theorie, 1970; Polit. Phil., 1981; Studies in Foundational Philosophy, 1988 - Spr.: Engl.

HARTMANN, Klaus-Ulrich
Dr. med., Dr. rer. nat., Prof. f. Immunbiologie Univ. Marburg (Bereich Humanmed.) - Ulmenweg 7, 3550 Marburg/L.

HARTMANN, Knut
Dr. phil., Mitarbeiter d. HOECHST AG, Abt. Funktions- u. Fortbildung - Mozartstr. 22 a, 6232 Bad Soden a. Ts. - Geb. 28. Juli 1947 Duisburg (Vater: Egon H., Angest.; Mutter: Gertrud, geb. Ohletz), kath., verh. s. 1970 m. Christa, geb. Langmeier, 2 Kd. (Arno, Lisanne-Christiane) - Stud. Gesch., Phil. u. Rechtswiss. Univ. München u. Karlsruhe; Promot. 1976 - B. 1978 Bundesmin. f. Arbeit u. Sozialordn., Planungsgr.; b. 1981 SPD-Bundestagsfrakt. (Ref. f. Sozialpolitik); b. 1981 Leiter Wilhelm-Gefeller-Schule d. IG Chemie-Papier-Keramik - BV: Auf d. Weg z. gewerkschaftl. Org., (Diss.) 1976 - Spr.: Engl., Franz., Ital.

HARTMANN, Nikolaus
Dr. phil., Prof. f. Pädagogik d. Mehrfachbehinderten PH Heidelberg - Wielandtstr. 43, 6900 Heidelberg.

HARTMANN, Peter
Direktor Deutsche Bank AG, Fil. Bremen - Parkallee 221, 2800 Bremen - Geb. 17. Mai 1928 - AR-Vors. Nordstern Lebensmittel AG, Bremerhaven u. aqua signal AG, Bremen; AR-Mitgl. Wirtschaftsförderungsges. d. Freien Hansestadt Bremen GmbH; Mitgl. d. Plenums d. Handelskammer Bremen; Beirat VVG Versorgungsschiff Verw.-Ges. mbH; Beiratsmitgl. Landeszentralbank Bremen, Bremen; Beiratsvors. SLH Lebensmittelhandelsges. mbH & Co., Bremerhaven.

HARTMANN, Peter C.
Dr. phil., Dr. U (h.)/Univ. Paris, o. Prof. f. Geschichte Univ. Mainz - Saarstr. 21, 6500 Mainz - Geb. 28. März 1940 München (Vater: Alfred H., Dipl.-Ing.; Mutter: Manfreda, geb. Knote), kath., verh. s. 1972 m. Beate, geb. Just, 4 Kd. (Pia, Emanuel, Aurelia, Patrick) - Univ. München u. Paris (Gesch. u. Roman.; Promot. 1967 München u. 1969 Paris-Sorbonne, Habil. 1976 München) - 1970-81 wiss. Mitarb. Dt. Hist. Inst. Paris; s. 1979 gleichz. Privatdoz. München, s. 1982 Prof. Univ. Passau, s. 1988 o. Prof. Univ. Mainz - BV: Pariser Archive, Bibl. u. Dok.zentren, 1976; Geld als Instr. europ. Machtpolitik im Zeitalter d. Merkantilismus, 1978; D. Steuersystem d. europ. Staaten am Ende d. Ancien Regime, 1979; Karl Albrecht-Karl VII. Glückl. Kurfürst. Unglücklicher Kaiser, 1985; Franz. Gesch. 1914-1945. Lit.bericht (HZ, Sonderheft 13), 1985; Franz. Verf.gesch. d. Neuzeit (1450-1980). E. Überblick (Grundzüge), 1985. Mithrsg.: 100 J. Fritz Schäffer, Ausstellungskatalog 1988; Bayerns Weg in d. Gegenwart. Vom Stammesherzogtum b. z. Freistaat heute, 1989 - Intern. Straßburgpreis - Bek. Vorf.: Prof. Rudolf H. (ehem. Staatsint.).

HARTMANN, Rolf Wolfgang
Dr. rer. nat., Prof., Univ.-Prof. f. Pharmazeutische Chemie Univ. d. Saarlandes (s. 1989) - Zu erreichen üb. Univ. d. Saarlandes, 6600 Saarbrücken (T. 0681 - 302 34 24) - Geb. 4. Mai 1952 Mannheim (Vater: Rolf K.-H. H. (Dipl.-Ing.); Mutter: Marlies, geb. Gebhard), ev.,

gesch., 2 Kd. (Rolf, Marlies) - 1972-77 Gymn. Burghausen; Stud. Chemie/ Pharmazie TU u. Univ. München; Promot. 1981; Habil. 1987 Univ. Regensburg. 1988 Priv.-Doz. Univ. Regensburg; 1988 Prof. FU Berlin - Forsch.geb.: Arzneimittelentwicklung, Krebsforschung - Zahlr. Fachpubl. - 1982 Johann-Georg-Zimmermann-Preis f. Krebsforschung.

HARTMANN, Rudolf

Dr., Geschäftsführer Grace GmbH./ Chem. Erzeugnisse - Erlengang 31, 2000 Norderstedt 1; priv.: Rehkamp 27 - Geb. 13. Nov. 1931.

HARTMANN, Siegfried

Dr. rer. nat., Dipl.-Chem., Präsident Kronos Int. Inc., Vizepräsident NL Chemicals Inc., Geschäftsf. NL Ind. (Deutschl.) GmbH - Peschstr. 5, 5090 Leverkusen 1 (T. 0214 - 35 60) - Geb. 1. Nov. 1926 Pforzheim, 4 Kd. - Stud. d. Chemie TU Karlsruhe - 1968-75; 1982-87 Gf. Kronos-Titan-GmbH, Leverkusen, s. 1972 Techn. Leit. NL Pigments Europe.

HARTMANN, Stefan

Dr. phil., Archivoberrat, Fachautor - Retzowstr. 53, 1000 Berlin 46 (T. 030 - 775 23 17) - Geb. 7. Febr. 1943 Kassel (Vater: Walter H., Rektor; Mutter: Margarete, geb. Wolf), ev., verh. s. 1977 m. Helgard, geb. Roller, 2 Kd. (Walter, Sigrid) - Abit. 1962; Staatsex. f. Lehramt an Gymn. 1967, Promot. 1969, alles Univ. Marburg; Archivass. 1972; Archivrat 1975 - 1978 Archivoberrat; o. Mitgl. Balt. Hist. Kommiss. d. Hist. Kommiss. f. ost- u. westpreuß. Landesforsch., d. Hist. Kommiss. f. Nieders. u. Bremen, d. Preuß. Hist. Kommiss. d. J. G. Herderforschungsrates - BV: Reval im Nord. Krieg, 1973; Grundriß z. Verwaltungsgesch. Oldenburgs, 1978; Publ. in Veröff. d. Nieders. Archivverw., 1978-79; D. Bezieh. Preußens z. Dänemark 1688-1789, 1983; Als d. Schranken fielen. D. dt. Zollverein (Ausst.kat.), 1984; Beitr. in wiss. Ztschr. - Liebh.: Gesch. (Osteurop., Schiffahrts- u. Handels-, Verw.gesch.) - Spr.: Engl., Franz., Latein, Griech., Russ., Poln.

HARTMANN, Theo

Assessor, Hauptgeschäftsführer Zentralinnungsverb. d. Schornsteinfegerhandwerks (Bundesinnungsverb.) - Worringer Str. 57, 4000 Düsseldorf (T. 35 43 18); priv.: Pillauer Weg 21, 4044 Kaarst - Geb. 7. Juni 1918.

HARTMANN, Thomas

Dr. rer. nat., o. Prof. f. Pharmazeut. Biologie TU Braunschweig (s. 1976) - Walter-Hans-Schultze-Str. 21, 3300 Braunschweig.

HARTMANN, Ulrich

Dipl.-Volksw., Geschäftsführer Hamburger Gaswerke GmbH, Hamburger Gas Consult Gastechn. Berat. GmbH - Heidenkampsweg 99, 2000 Hamburg 1 (T. 23 66 33 02); priv.: Sierichstr. 4, 2000 Hamburg 60 (T. 270 53 32) - Geb. 8. April 1938 Bremen - Vorst. Bundesverb. Dt. Gas- u. Wasserwirtsch. (BGW), Landesgr. Hamburg-Schlesw.-Holst. d. BGW; Präsid. d. ASUE (Arbeitsgem. f. spars. u. umweltfreundl. Energieeinsatz), Frankfurt; AR-Vors. NEA Nordd. Energieagentur f. Ind. u. Gewerbe GmbH, Hamburg; AR Wirtschaftl. Vereinig. dt. Versorgungsuntern. AG - Mitgl. d. Hbg. Bürgersch. SPD (1970-86), SPD-Fraktionsvors. (1973-82).

HARTMANN, Volker

Dipl.-Volksw., Hauptgeschäftsführer d. Verbandes d. Berliner Bekleidungsindustrie, Geschäftsf. Berliner Mode Forum u. Verb. Damenoberbekleidung, Köln, Generalsekr. Intern. Verb. d. Bekleidungsind. (IAF) - Wichmannstr. 20, 1000 Berlin 30 - Geb. 24. Mai 1946.

HARTMANN, Walter

Dr. jur., Ministerialdirigent i.R., Leit. Zentralabt. Hess. Finanzmin. (s. 1963) - Walkmühlstr. 63a, 6200 Wiesbaden (T. 52 16 88) - Geb. 29. Juli 1915 Kaltennordheim/Rhön (Vater: Karl H., Oberstaatsanw.; Mutter: Carola, geb. v. Münchow), ev., verh., 5 Kd. - Univ. Marburg, Leipzig, Kiel, Jena (Rechts- u. Staatswiss., Gesch., Psych.). Promot. 1939 Jena; Ass.ex. 1950 Hamburg - B. 1958 Ref. Finanzmin. Schlesw.-Holst., dann Leit. Abt. Kunstpflege u. Erwachsenenbild. Hess. Kultusmin.; 1963-80 Leit. Zentralabtl. Hess. Finanzmin.

HARTMANN, Wilfried

Dr. phil., Univ.-Prof. f. Erziehungswiss. - Tannenweg 51, 2000 Hamburg 62 - Geb. 16. Mai 1941 Hamburg (Vater: Fritz H., Repro-Fotom.;Mutter: Wilma, geb. Rinke), ev. luth., verh. s. 1968 m. Priv.Doz. Dr. rer. nat. Heidrun, geb. Osterwald, 2 T. (Anja Victorine, Ina Jennifer) - Gymn. Bad Oeynhausen, Univ. Hbg. u. Tübingen (German., Theol., Phil., Päd.), 1. Staatsex. 1966, 2. 1968, 1967-70 Stud. allg. vergl. Sprachwiss., Promot. 1970 - 1966-68 Stud.ref., 1967-71 wiss. Assist., 1970/71 Ass., 1971-79 Doz. f. Deutschdidaktik, s. 1980 Prof. 1983-87 Sprecher d. FB Erz.-Wiss.; s. 1985 Mitgl. Kirchenkreissynode Alt-Hamburg; Mitgl. d. Synode d. NEK - BV: Grammatik im Deutschunterr., 1975; Sprachwiss. f. d. Unterr., 1978 - Med. d. Univ. Helsinki - Liebh.: Science Fiction, Märchen, Reisen - Spr.: Engl., Franz., Span.

HARTMANN, Winfried

Kreisverwaltungsdirektor a. D., MdL Nieders. (s. 1974) - Iriswеg 8, 4470 Meppen (T. 1 22 28) - CDU.

HARTMANN, Wolfgang

Dipl.-Volksw., Bezirksstadtrat a. D., Direktor Rechnungshof Ev. Kirche Berlin-Brandenburg/Westl. Teil (s. 1972) - Geygerstr. 2, 1000 Berlin 44 (T. 687 47 01) - Geb. 7. Nov. 1921 Berlin, verh., Kd. - N. Kriegsdst. u. Externer-Abitur Stud. Volksw. - Berliner Finanzverw. (u. a. 1957 Reg.srat u. Leit. Betriebsprüf. LFA); 1959-72 Bezirksamt Neukölln (Leit. Abt. Finanzen u. 1971 ff. zugl. Wirtschaft). Mitgl. Ev. Provinzialsynode. 1950-59 Bezirksverordn. Neukölln. CDU s. 1947 (1958-71 Kreisvors. Neukölln).

HARTMEIER, Winfried

Dr.-Ing., o. Prof. f. Technische Biochemie Univ. Hohenheim (s. 1987) - Melatener Str. 145a, 5100 Aachen - Geb. 19. Aug. 1943 Plaidt (Vater: Alfons H., Offz.; Mutter: Maria, geb. Marci), kath., verh. s. 1970 m. Ursula, geb. Hill, 3 Kd. (Michael, Markus, Gabriele) - 1963-67 Stud. TU Berlin; Dipl.-Ing. 1967; Promot. 1972 - 1968-72 Wiss. Mitarb. Inst. f. Gärungsgewerbe u. Biotechnol., Berlin; 1972-81 Forsch.tätigk. in d. chem.-pharmaz. Ind.; 1981-87 Prof. f. Angew. Mikrobiologie RWTH Aachen - BV: Immobilisierte Biokatalysatoren, 1986; Immobilized Biocatalysts, 1988 - Spr.: Engl., Franz.

HARTNAGEL, Hans L.

Dr., Dr.-Eng., Prof. f. Hochfrequenztechnik TH Darmstadt (s. 1978) - An d. Ziegelhütte 1, 6101 Modautal 1 - Geb. 9. Jan. 1934 Geldern (Vater: Heinrich H., Kaufm.; Mutter: Anna, geb. Cox), kath., verh. s. 1962 m. Helen, geb. Relph, 3 Kd. (Renate, Martin, Andrea) - TH Aachen - 1971-78 Prof. Electronic Engineering Univ. Newcastle (Engl.) - BV: Semiconductor Plasma Instabilities 1969; Gunn Effect Logic, 1973. Mithrsg.: Lehrb. d. Hochfrequenztechn. II - Spr.: Engl., Franz.

HARTONG, Konrad

Dr. phil., Prof. f. Schulpädagogik Univ. Osnabrück - Reichweinstr. 9, 4550 Bramsche.

HARTTUNG, Arnold

s. Spitz, Arnold

HARTUNG, Fritz

Dr.-Ing., em. Prof. f. Wasserbau u. - wirtsch. - Lehrstr. 19, 8036 Herrsching/ Ammersee (T. 82 44) - Geb. 11. Juli 1910 Dessau, ev., verh. s. 1934 m. Jolanda, geb. König, 2 Kd. (Wulf, Ursula) - Gymn.; TH Danzig (Promot. 1943) u. Berlin (Bauing.wesen, spez. Wasserbau; Dipl.-Ing. 1933) - 1932-34 Assist. TH Berlin; 1934-46 Projekt- u. Obering. MAN, Gustavsburg; 1946-50 Projekting. US-Luftw., Dayton u. St. Louis; 1950-55 Obering. u. Dir. Rheinstahl-Union Brückenbau AG., Dortmund; 1955-77 o. Prof. u. Dir. Versuchsanst. f. Wasserbau TH bzw. TU München.

HARTUNG, Hans

Dr. med., Prof., Chirurg - Sundgauallee 19, 7800 Freiburg/Br. - B. 1977 Doz., dann Prof. Univ. Freiburg.

HARTUNG, Hans Rudolf

Journalist, Schriftsteller - Kohlbrink 5, 4770 Soest (T. 44 05) - Geb. 10. April 1929 Münster/Westf. (Vater: Clemens H., Beamter; Mutter: Helene, geb. Breidenbach), kath., verh. s. 1956 m. Mar.-Antoinette, geb. Freiin v. Eltz-Rübenach, 3 Kd. (Markus, Stephanie, Christoph) - Stud. u. a. Jura; Redakt.svolont. Jurist. Staatsex. - 1951 Redakt. Westfalenpost; Landschaftsverb. Rhld. (1956 Pressechef, 1972 Kulturdezern., 1980 Erster Landesrat); 1958 Gründ. Kulturztschr. Neues Rheinland - BV: Rheinland von oben, 1960; Rheinisches, 1985; D. Kreis Soest, 1989.

HARTUNG, Harald

Prof., Hochschullehrer, Lyriker - Chausseestr. 51, 1000 Berlin 39 - Geb. 29. Okt. 1932 Herne/W. (Vater: Richard H., Bergmann; Mutter: Wanda, geb. Stern), verh., 2 S. (Stefan, Daniel) - 1954-60 Univ. München u. Münster (German., Gesch.) - S. 1960 Schul- (Lehrer höh. Schulen Ruhrgeb.) u. Hochschuldst. (b. 1971 Doz., dann Prof. f. Dt. Sprache u. Lit. TU Berlin), s. 1983 Mitgl. Kunstakad. Berlin - BV: Hase u. Hegel, Ged. 1970; Reichsbahngelände, Ged. 1974; Exper. Lit. u. konkr. Poesie, 1975; D. gewöhnl. Licht, Ged. 1976; Augenzeit, Ged. 1978; Dt. Lyrik s. 1965, Ess. 1985; Traum im Dt. Museum, Ged. 1986 - 1979 Förderpreis z. Berliner Fontane-Pr.; ab 1983 Mitgl. Kunstakad. Berlin.

HARTUNG, Horst

Dipl.-Kfm., Vorsitzender d. Geschäftsfg. Krupp MaK Maschinenbau GmbH - Falckensteiner Str. 2-4, 2300 Kiel 17; priv.: Luisenweg 6, 1 - Geb. 29. Jan. 1926 Friedrichroda/Thür., kath., verh. s. 1961, 2 Kd. - Univ. Frankfurt/M. - AR-Vors. FWI Fahrzeuginstandsetzungsw. Ichendorf GmbH.; AR-Mitgl. Machinefabr. Bolier, Dordrecht; Beiratsmitgl. Landeszentralbk. Schleswig-Holstein, Schiffshypothekenbk. zu Lübeck AG, d. Präs. d. Bundesbahndirektion Hamburg; Mitgl. d. Hauptvorst. VDMA, Mitgl. d. Außenhdl.aussch. d. VDMA, Vorstandsmitgl. Arbeitgeberverb. Hamburg/ Schlesw.-Holst.

HARTUNG, Joachim

Dr., Wiss. Rat (Leit. Abt. f. Angew. Statistik/Inst. f. Landw. Betriebslehre) u. Prof. Univ. Bonn (s. 1975) - Uckerather Str. 84, 5330 Königswinter-Oberpleis.

HARTUNG, Klaus

Dr. med. vet., Prof. f. Radiologie - Ravensweg 15, 1000 Berlin 37 - Geb. 26. Febr. 1938 Oldenburg/O. - Promot. 1962; Habil. 1971 - S. 1973 FU Berlin/Fachber. Veterinärmed. (1971 Prof.). Üb. 50 Fachveröff., 2 Fachbuchübers, 2 Handb.Beitr.

HARTUNG, Kurt

Dr. med., em. Prof. f. Kinderheilkunde, Lehrst. Humanbiologie TU Berlin - Eleonore-Sterling-Str. 7, 6000 Frankfurt a. M. 50 - Geb. 1. Sept. 1918 Lemgo (Vater: Karl H., Kaufm.; Mutter: Lina, geb. Wieneke), ev., verh. s. 1944 m. Christa, geb. Tietz, 3 Söhne (Günter, Ulrich, Klaus) - 1939-44 Med.-Stud. (Staatsex. u. Promot. 1944, Habil. 1958

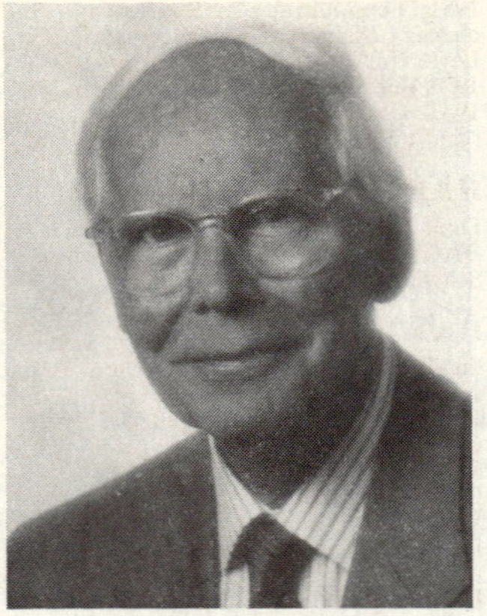

Mainz; Umhabil. 1966 Frankf.) - 1965 apl. Prof.; 1959-69 Ltd. Jugendarzt Stadt Frankfurt/M.; s. 1969 Prof. PH (ab 1980 TU) Berlin; 1967-74 Vors. Stiftg. f. d. behind. Kind, jetzt Vorst.-Mitgl.; 1974-77 Präs. Dt. Ges. f. Sozialpädiatrie, 1978-88 Vizepräs.; s. 1981 Vizepräs. Dt. Zentrale f. Volksgesundheitspflege Frankf. - BV: Strahlenbelast. u. Strahlenschutz in d. päd. Röntgendiagnostik, 1959; Klimakuren b. Kindern (m. Nitsch), 1961; Praktikum d. Infektions- u. Impfschutzes, 9. A. 1988; Schulbeginn u. seel. Gesundh. d. Kindes (Hrsg.), 1975; D. Schulsport - e. Bestandsaufn. aus ärztl. Sicht (Hrsg.), 1977; Leitf. f. d. Schularzt (m. and.), 2. A. 1972; Kinderkuren u. Kinderheilverfahren, 1988. Redakt. Publ. Gesundheitsfürsorge - Gesundheitsvorsorge (1963-88); D. öfftl. Gesundheitswesen (1969-86), Diagnostik (1970-85), Sozialpädiatrie in Praxis u. Klinik (s. 1979) - 1978 Meinhard v. Pfaundler-Med.; 1981 Bernhard-Christoph Faust-Med.; 1986 BVK; 1988 Ehrenmitgl. Dt. Ges. f. Sozialpädiatrie.

HARTUNG, Wilfried

Dr.-Ing., berat. Ingenieur, Honorarprof. f. Konstruktiven Wasserbau TU Braunschweig (s. 1972) - Im Gettelhagen 94, 3300 Braunschweig.

HARTUNG, Wolfgang

Dr. med., o. Prof. f. Pathologie Ruhr-Univ. Bochum (s. 1973) - Schattbachstr. 50, 4630 Bochum 1 (T. 0234 - 70 41 42) - Geb. 11. Febr. 1926 Braunschweig (Vater: Georg H., Richter; Mutter: Margret, geb. Rampendahl), verh. s. 1955 m. Maria, geb. Wienert, 4 Kd. (Robert, Ernst, Hans, Hermann) - 1955 Promot. Göttingen, 1961 Habil. f. allg. Pathol. u. path. Anatomie Münster - 1969 Ltr. Abt. Thoraxpathologie, Path. Inst. Münster - Zahlr. Facharb. z. Lungenpath. u. Pathologie d. Atmung in versch. Fachztschr. - BV: Lungenemphysem, 1964; Bronchitis, Obstruktion u. a., in: Handb. Inn. Med., 1979; Pathol. d. Lungentuberkulose, in: Handb. d. Tuberkulose, 1983; Atemwege u. Lungen, in: Pathol., Bd. 1, 1984 - Liebh.: Neuere Gesch. - Spr.: Engl.

HARTUNG, Wolfgang

Dr. phil. nat., Prof., Museumsdirektor i. R. - Weidamm 4, 2900 Oldenburg/O. (T. 1 25 89) - Geb. 18. Febr. 1907 Berlin, ev., verh. s. 1933 m. Elfriede, geb. Stöver, 2 Kd. - Univ. Berlin (Promot. 1933) u. Marburg. Habil. 1938 Berlin - 1933 Museum f. Naturkd. Berlin, 1935 Assist., 1937 Bezirksgeologe Pr. Geol. Landesanst., spät. Reichsamt f. Bodenforsch. ebd., 1945 Leiter Staatl. Museum f. Naturkd. u. Vorgesch. Oldenburg. 1963 Honorarprof. Univ. Münster (Paläobotanik u. Quartärgeol.), Lehrbeauftr. Univ. Hamburg. Mitgl. Histor. Kommiss. f. Nieders. u. Dt. Röm.-German. Kommiss. B. 1981 Beauftr. Naturschutz u. Landsch.pflege im Reg.-Bez. Weser-Ems - BV: Flora u. Alterstellung des Karbons von Hainichen-Ebersdorf und Borna b. Chemnitz, 1938; Mellum, e. Vogelparadies in d. Nordsee, 1950; Wangeroog, wie es wurde, war u. ist,

1951; Fossilführung in Stratigr. im Aachener Steinkohlengebirge, 1966; D. Leybucht, Probl. ihrer Erhaltung 1983 - 1974 Verdienstkreuz I. Kl. Nieders. VO; 1983 Oldenburg-Preis d. Oldb. Landschaft; 1987 Gr. Stadtsiegel Stadt Oldb.

HARTWICH, Gerhardt
Dipl.-Ing., Vorstandsmitglied STRABAG Bau-AG., Köln-Deutz - Moritz-v.-Schwindt-Str. 2, 5000 Köln 50.

HARTWICH, Günter
Dr.-Ing. E.h., Produktionschef, Vorstandsmitgl. Volkswagenwerk AG. (s. 1972) - Oberer Kamp 2, 3180 Wolfsburg - Geb. 23. April 1935 Berlin, verh., Kd. - Schule Berlin; Lehre Maschinenbau; Beuth-Sch. ebd. (Ing. grad.) - S. 1957 VW - 1984 Ehrendoktor TU Berlin - Liebh.: Schwimmen, Segeln.

HARTWICH, Hans-Hermann
Dr. rer. pol., o. Prof. f. Polit. Wissenschaft Univ. Hamburg (s. 1973) u. Präsident Wissenschaftszentrum Nordrh.-Westf.-Inst. Arbeit u. Technik, Gelsenkirchen (s. 1988) - Treudelbergkamp 12, 2000 Hamburg 65 (T. 040 - 608 38 50) - Geb. 3. Nov. 1928 Warnkenhagen (Vater: Hermann H., Kirchenrat; Mutter: Annemarie, geb. Thiede), ev., verh. s. 1975 m. Berthild, geb. Kögler, 3 Kd. (Annegret, Susanne, Fabian) - Ind.-Kfm., Stud. Polit. Wissensch. u. Volkswirtschaftsl. sowie Arbeitsrecht. Promot. 1959, Habil. 1969, Berlin - O. Prof. Freie Univ. Berlin, 1970-73. 1983-88 Vors. Dt. Vereinig. f. Polit. Wiss. - BV: Sozialstaatspostulat u. gesellschaftl. status quo, div. Aufl., 1970ff.; Arbeitsmarkt, Verbände u. Staat 1918-33, Berlin 1967; Politik im 20. Jh. (Hrsg. u. Autor), 10. A. s. 1964, Neuausg. 1984. Herausg.: Sozialkunde u. Sozialwiss. (1963); Arbeitslosigkeit (1975); Strukturpolitik (m. Dörge, 1980); Gesellschaftl. Probleme als Anstoß u. Folge v. Politik (1983); Regionale Umweltpolitik (1984); Policy-Forsch. in d. Bundesrep. Dtschl. (1985); Politik u. d. Macht d. Technik (1986); Politikwiss. (1987); Macht u. Ohnmacht politischer Institutionen (1989). Mithrsg. Gegenwartskunde (s. 1965).

HARTWICH, Hellmut
Kaufmann, Vors. Bundesverb. d. dt. Versandbuchhändler, Wiesbaden - Auenweg 50, 5000 Köln 50 - Geb. 7. Mai 1922 Gelsenkirchen - Gf. Gesellsch. Ges. f. Lit. u. Bild. mbH, Köln.

HARTWICH, Hermann
Kaufmännischer Geschäftsführer Theater u. Philarmonie Essen GmbH - Zu erreichen üb. Rolandstr. 10, 4300 Essen 1 (T. 0201 - 812 21 10); priv.: Alfredstr. 4, 4330 Mülheim/R.

HARTWIEG, Oskar
Dr. jur., Prof. f. Recht d. intern. Wirtschafts- u. Arbeitsbeziehungen Univ. Hannover - Rehmenbreiten 9, 3005 Hemmingen 1 - Geb. 4. Dez. 1936 Braunschweig - BV u. a.: D. geh. Materialien z. Kodifikation d. dt. Intern. Privatrechts, 1973; Rechtstatsachenforsch. im Übergang, 1976; D. Entscheidung im Zivilprozeß, 1981; D. Kunst d. Sachvortrags im Zivilprozeß, 1988. Fachaufs.

HARTWIG, Frank
Geschäftsführer Rheinbraun Mineraloel KG, Gelsenkirchen, u. Fritz Hartwig GmbH & Co., Dortmund, Präs. Landesverb. Groß- u. Außenhandel NRW, Düsseldorf - Neue Ringstr. 76, 4600 Dortmund 30 (T. 02304 - 8 11 40) - Geb. 13. April 1940 Dortmund (Eltern: Hans u. Margot H.), ev., verh. s. 1968 m. Christa, geb. Retzke, 2 Kd. (Frank, Britta) - Jura-Stud. Univ. München u. Bonn; 1. jurist. Staatsex. 1966 Hamm; 2. Ex. 1970 Düsseldorf - Vors. Tarifgemeinsch. Verb. Groß- u. Außenhdl. NRW Düsseldorf, u. Groß- u. Außenhdl.-Verb. Westf.-Mitte, Dortmund, sowie Vizepräs. Bundesverb. d. Dt. Groß- u. Außenhdl., Bonn; Vorst. Landesvereinig. Arbeitgeberverb. NRW, Düsseldorf; Vizepräs. IHK Dortmund; Beirat Landeszentralbank Nordrh.-Westf., Düsseldorf.

HARTWIG, Hans
Konsul, Ehrenpräsident Bundesverb. Dt. Groß- u. Außenhandel (s. 1977), Ehrenpräs. IHK Dortmund, gf. Gesellsch. Fritz Hartwig GmbH & Co., Dortmund - Grabbepl. 5, 4600 Dortmund (T. 5 75 85-13) - Geb. 14. Juni 1917 Dortmund, ev., verh., 3 Kd. - Realgymn. - Zahlr. Ehrenstell., dar. Präs. IHK Dortmund (1963-69 u. 1973-77) u. Verb. Dt. Groß- u. Außenhandel (s. 1977). Mitgl. d. Vorst. Deutschen Industrie- u. Handelstages, Ehrenvors. Groß- u. Außenhandelsverb. Westfalen-Mitte, Dortmund; Wirtsch.beir. Westd. Landesbank - Girozentrale. Ehrenpräs. Bund d. Baustoffhändler - 1967 Kgl.-Niederl. Wahlkonsul in Dortmund; 1981 Gold. Handwerkszeichen; 1981 Gr. BVK m. Stern; 1982 Commandeurkreuz d. Ordens v. Oranien Nassau - NL-Orden; 1982 Ehrenring Stadt Dortmund.

HARTWIG, Hans-Georg
Dr. med., o. Prof. f. Anatomie Univ. Düsseldorf (s. 1985) - Haus-Endt-Str. 148, 4000 Düsseldorf - Geb. 1. Febr. 1944 Gießen (Vater: Dr. med. Hans H., Internist; Mutter: Annegret, geb. Adams), ev., verh. s. 1966 m. Gudrun, geb. Happel, 2 Kd. (Annette, Ernst-Otto) - 1957-64 Gymn. Dinslaken; 1964-70 Univ. Gießen (Studienstiftg. d. Dt. Volkes); Promot. (1971) u. Habil. (1976) Gießen - Assist. Gießen u. Doz. Lund (Schweden), 1981 Cooperating Editor of Cell and Tissue Research.; zul. Prof. Univ. Kiel - BV: Functional Morphology of Neuroendocrine Systems, Evolutionary and Environmental Aspects, 1987 (m. B. Scharrer, H.-W. Korf). Üb. 80 Facharb. - Liebh.: Musik (spielt Klavier), Lit., Fotogr. - Spr.: Engl.

HARTWIG, Helmut
Prof., Ordinarius f. Didaktik d. Bild. Kunst Hochschule d. Künste Berlin - Halberstädter Str. 9, 1000 Berlin 31 - BV: Sehen lernen, 1976; Jugendkultur, 1980; D. Grausamkeit d. Bilder, 1986.

HARTWIG, Karl-Hans
Dr. rer. pol., Univ.-Prof. f. Volkswirtschaftslehre Univ. Münster - Emil-Nolde-Weg 7, 4400 Münster - Geb. 14. Mai 1948 Kassel (Vater: Rudolf H., Kaufm.; Mutter: Annemarie, geb. Schneider), verh. m. Gabriele, geb. Ramb, 2 Kd. - Stud. Univ. Marburg (Soziol. u. Volkswirtschaftsl.); Dipl.-Volksw. 1971; Promot. 1978 Marburg; Habil. 1983 Bochum - 1972-83 wiss. Assist. Univ. Marburg, Essen, Bochum; 1983 Priv.-Doz., 1984 Prof. Univ. Bochum; s. 1984 Prof. Univ. Münster - BV: Kritisch rationale Methodologie u. ökonomische Forschungspraxis, 1977; Monetäre Steuerungsprobl. in sozialist. Planwirtsch., 1987.

HARTWIG, Sylvius
Dr. rer. nat., Prof., Dekan FB Sicherheitstechnik Univ. Wuppertal - Gaußstr. 20, 5600 Wuppertal 1 - Geb. 8. Aug. 1938, kath., verh. m. Marita, geb. Schunck, 2 Kd. (Markus, Martina) - Stud. Physik Freiburg, MPI-Heidelberg; Dipl. 1967, Promot. 1971 - 1972-74 Wiss. Assist. Univ. Freiburg, Desy Hamburg; 1974-82 Wiss. Leit. Battelle-Inst.; 1982 Prof. Univ. Wuppertal. Edit. Board Environmental Monitoring and Assessment - BV: Heavy Gas and Risk Assessment I, II, III, 1980, 83, 86; Gr. techn. Gefahrenpotentiale (m.a.), 1983; Schwere Gase (m. G. Schnatz), 1986; Strömungsverhalten schwerer Gase b. Störfallfreisetzung, Monogr. 1989.

HARTWIG, Thomas
Autor, Regisseur, Filmprod. (1974ff. eig. Firma JOJO) - Ringstr. 24, 1000 Berlin 45 (T. 030 - 833 20 36) - Geb. 28. Febr. 1941 Rostock (Vater: Ted H., Schausp.; Mutter: Margrit, geb. Schmitz), ev., gesch. - N. Mittl. Reife Lehre als Filmkopienfertiger; 1966-68 Stud. Film- u. Fernsehakad. - BV: D. verheissene Stadt, 1986. Dokumentarfilme, Fernsehsp., Spielf. - 1986 DAG Fernsehpreis in Silber (f. Drehb.: Im Schatten v. gestern) - Liebh.: Gesch., Lit. - Spr.: Engl.

HARTZ, Fritz
Dipl.-Ing., Geschäftsführer Dt. Boots- u. Schiffbauer-Verb. - Jungiusstr. 13, 2000 Hamburg 36 (T. 35 28 17).

HARTZ, von, Ludwig
Dipl.-Ing., Hafendirektor, Geschäftsf. Bundesverb. öfftl. Binnenhäfen - Hammer Landstr. 3, 4040 Neuss/Rh. 1.

HARTZ, Peter
Dipl.-Betriebswirt, Arbeitsdirektor - Dechant-Held-Str. 19, 6639 Rehlingen-Siersburg - Geb. 9. Aug. 1941 St. Ingbert - Vorst. (Personal) Dillinger Hüttenwerke AG, Dillingen; Geschäftsf. Saarstahl Völklingen, Völklingen.

HARTZ, Wilhelm
Dr. jur., Prof., Senatspräsident a. D. - Groffstr. 20, 8000 München 19 - Geb. 4. Juni 1904 - U. a. Bundesrichter u. Senatspräs. Bundesfinanzhof, München. S. 1967 Lehrbeauftr. u. Honorarprof. Univ. Regensburg (Finanz- u. Steuerrecht) - 1984 Gold. Doktorurk. Univ. Erlangen-Nürnberg.

HARTZEL, Hans-Jürgen
Dipl.-Kfm., Director International Division HAG GF AG, Bremen - Albersstr. 10, 2800 Bremen 1 (T. 0421 - 34 51 06) - Geb. 5. Juni 1938 Hamburg (Vater: Franz H., Kfm.; Mutter: Liselotte, geb. Wendeborn), S. Jan - Human. Gymn., Univ. Hamburg, Dipl.- Kfm. 1962 - 1962 Marktforsch. Unilever, 1967 Product Manager GF, 1973 Product Group Manager GF, 1974 Marketing Manager, 1976 General Manager, Dir. Staff Service, 1983 Marketing Director HAG GF Vertriebs GmbH - Spr.: Engl.

HARVIE, Christopher Thomas
Dr., Prof., Historiker (Britische Zeitgeschichte) - Schwarzlocherstr. 32, 7400 Tübingen (T. 0717 - 29 32 57) u. 1. Rheidol Terrace, London NI (T. 01 - 359-70-53) - Geb. 21. Sept. 1944 Motherwell/Schottland (Vater: George H., Lehrer; Mutter: Isobel, geb. Russell), verh. s. 1980 m. Virginia, geb. Roundell, Tochter Alison - St. Boswells' Primary Sch. b. 1956; 1956-58 Kelso High Sch.; 1958-62 Royal High Edinburgh; 1962-66 Edinburgh Univ.; M.A. Ist. CL. Hons 1966, Ph. D. 1972 - 1969-77 Lecturer Open Univ. England, 1977-80 Senior Lecturer, 1980ff. Prof. v. Engl. Landeskunde Tübingen, 1983-84 Acad. Visitor, Nuffield College, Oxford. - BV: Industrialisation and Culture (Herausg.), 1970; The Lights of Liberalism, 1976; Scotland and Nationalism, 1977; Illustrated Dictionary of British History (Hrsg.), 1980; A History of Scotland 1914-1980, 1981, revised 1987; Oxford Illustrated History of Britain (Contributor), 1984; Scotland 2000 (Contributor), 1987; Notes from the Province, 1987 - 1970-80 8 Fernsehfilme f. BBC/Open Univ.; 1987 Grasping the Thistle BBC Fernsehfilme. 1984 u. 86 2 Radio Documentaries BBC - Liebh.: Reisen (Eisenb. u. Schiff), Malerei, Musik - Spr.: Deutsch, Franz., Ital.

HARWEG, Roland
Dr. phil., o. Prof. f. germanist. Linguistik Univ. Bochum (s. 1969) - Ruhrstraße 83, 5810 Witten (T. 8 28 63) - Geb. 20. Aug. 1934 Dortmund (Vater: Eduard H., Soldat; Mutter: Helene, geb. Halbig), ev., verh. s. 1970 m. Elke, geb. Gränzdörfer, 2 Kd. (Mirjam, Thomas) - Stud. allg. u. indogerm. Sprachwiss., klass. Philol., oriental. Spr. Univ. Münster; Promot. (1961) u. Habil. (1965) Münster - 1960-69 Wiss. Assist. u. Doz. (1965) Univ. Münster - BV: Kompositum u. Katalysationstext, vornehml. im späten Sanskrit, 1964; Pronomina u. Textkonstitution, 1968 - Liebh.: Schach - Spr.: Engl., Franz., Ital., u. a.

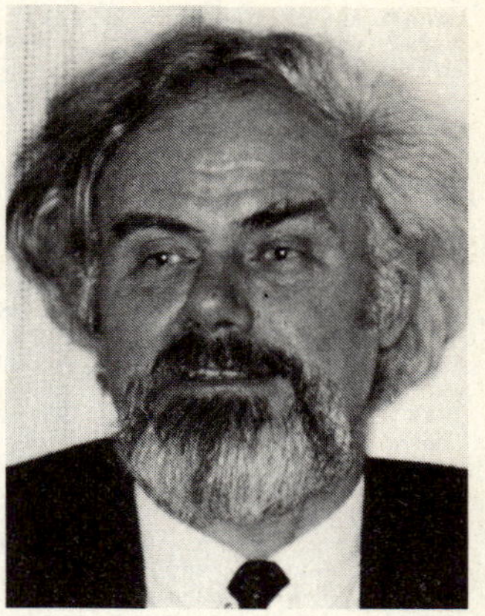

HARZ, Kurt

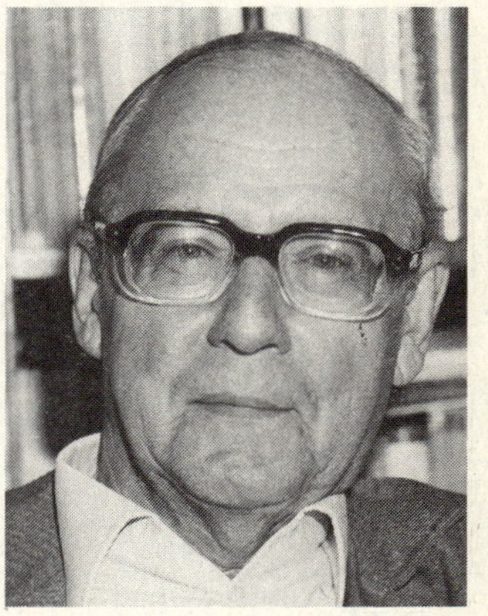

Dr. rer. nat. h.c., Biologe - Endsee 44, 8801 Steinsfeld/Mfr. (T. 09843 - 17 10) - Geb. 2. März 1915 München (Vater: Franz H., Beamt.; Mutter: Emilie, geb. Schreiber), kath., verh. in 2. Ehe (1955) m. Anna, geb. Botsch, 2 Söhne (Lothar, Peter) - Durch Querschnittslähm. (5. Lebensj.) weder Schule noch Ausbildung - 1938-45 Behördenangest. (Sekr.); 1963-72 Schriftleit. Ztschr. Atalanta u. 1975ff. Ztschr. Articulata - BV: Geradflügler Mitteleuropas, 1957; Geradflügler Dtschl., 1960; Orthopteren Europas, 3 Bde. 1969-76; Schmetterlinge, 1973. Herausg.: Bäume - Sträucher (1955-66) - 1958 Fabricius-Med.; 1976 Korr. Mitgl. Nat. Hist. Mus. Wien; 1982 Ehrendoktor Univ. München; 1980 Ehrenmitgl. Sudetend. Akad. d. Wiss. u. Künste; 1980 Ehrenmitgl. Dt. Forschungszentrale f. Schmetterlingswanderungen (1963-72 Leit.); 1984 Ehrenmitgl. Int. Entom. Verein Frankfurt; 1983 BVK; 1986 Gold. Ehrennadel Bund Naturschutz; 1988 Ehrenmed. d. Organis.komitees f. d. Entomofaunistik Mitteleuropas, Kiew; 1989 Ehrenmitgl. of Orthopterists' Society (of the world), Detroit - Liebh.: Malen, Basteln - Spr.: Engl., Russ. (perfekt; weniger gut Franz., Span., Ital.) - Bek. Vorf.: Prof. Dr. C. O. Harz (München) - Entdeckte 75 neue Orthopterenarten.

HARZHEIM, Egbert
Dr. rer. nat., Prof., Wiss. Rat, Mathematiker - Pallenbergstr. 23, 5000 Köln 60 - Geb. 11. Febr. 1932 Köln (Vater: Engelbert H., Kaufm.; Mutter: Cäcilie, geb. Bougnard), led. - 1952-57 Univ. Köln (Staatsex.). Promot. 1961 - S. 1965 (Habil.) Lehrtätigk. Univ. Köln u. Düsseldorf (1968; 1970 Prof.). WS. 1970/71 Gastprof. TU Berlin - BV (Lehrb.): Einf. in d. allg. Topologie, 1975; Einf. in d. kombinator. Topol., 1978 - Liebh.: Naturschutz, Paddeln.

HASE, Axel
Geschäftsführer Zentralverb. Elektro-

HASE, von, Karl-Günther
Botschafter a. D., Intendant Zweites Dt. Fernsehen (1977-82), 1. Vors. Dt. Engl. Ges., Vorst.-Mitgl. Peter Klöckner Stiftung - Am Stadtwald 60, 5300 Bonn 2 - Geb. 15. Dez. 1917 Wangern/Schles. (Vater: Günther v. H., Oberst; Mutter: Ina, geb. Hicketier), ev., verh. s. 1945 m. Renate, geb. Stumpff, 5 Töcht. (Jutta, Cornelia, Verena, Bettina, Angelika) - Prinz-Heinrichs-Gymn. Berlin (Abit.); 1943-44 Kriegsakad. Hirschberg; 1950-51 Diplomatensch. Speyer - Akt. Offz. (b. d. 1944 Major i. G., dann Truppendst.); 1945-49 sowjet. Kriegsgefangensch.; 1951-62 Tätigk. AA Bonn (1953 Gesandtschaftsrat Ottawa; 1958 Sprecher AA; 1961 Ministerialdir. u. Leit. Abt. West II); 1962-67 Staatssekr. u. Leit. Presse- u. Informationsamt d. Bundesreg.; 1967-69 Staatssekr. Bundesmin. f. Verteidig.; 1970-77 Botschafter Großbritannien - 1982 Gr. BVK m. Stern u. Schulterbd.; Ausl. Orden; 1987 Jurist. Ehrendoktor (Hon. LLD) Univ. Manchester; 1967 Karnevalorden Wider d. tier. Ernst (Aachen) - Liebh.: Reiten, Jagd - Spr.: Engl., Franz., Russ. - Bek. Vorf.: Prof. Carl v. H., Kirchenhist., Jena (Urgroßv.).

HASEL, Karl
Dr. rer. nat., o. Prof. f. Forstpolitik (emerit.) - Schüsselstr. 3, 7800 Freiburg/Br. - Geb. 25. Jan. 1909 Karlsruhe - 1953-63 Privatdoz. u. apl. Prof. (1959) Univ. Freiburg; 1964-74 Ord. u. Institutsdir. Univ. Göttingen - BV: Grundriß d. Forstgesch., 1985. Zahlr. Fachveröff. - 1983 Wilhelm-Leopold-Pfeil-Preis.

HASELIER, Günther
Dr. phil., Prof., Präsident Landesarchivdirektion a. D. - Zu erreichen üb.: Fichtestr. 1a, 7500 Karlsruhe 1 - Geb. 19. April 1914 Freiburg/Br. - 1954-79 Landesarchivdir. Baden-Württ. (1970 wie oben). Bücher u. Einzelarb.

HASELMANN, Helmut
Dr. med., em. o. Prof. f. Wiss. Mikroskopie - Haußnerstr. 92, 7400 Tübingen (T. 6 54 23) - Geb. 4. Okt. 1917 Mannheim (Vater: Dr. Dr. Alfred H., Dir.; Mutter: Erna, geb. Ritter), verh. s. 1949 m. Dr. med. Gisela, geb. Roebig - TH Danzig, Univ. Heidelberg u. Würzburg - 1950-63 Privatdoz. u. apl. Prof. (1956) Univ. Heidelberg (Anat.); 1956-63 Wiss. Mitarb. Carl Zeiss, Oberkochen; 1963-83 ao. u. o. Prof. Univ. Tübingen (1963 Dir. Inst. f. Wiss. Mikrosk.), emerit. 1983 - Wiss. Aufs. - Div. Fachmitgliedsch., dar. 1959 Royal Microscopical Soc.; s. 1982 Honorary Fellow of the Royal Microscopical Soc.

HASELMANN, Roland E.

Dr.-Ing., Dipl.-Wirtsch.-Ing., Vorstandsvorsitzender AC Alpha Consulting AG - Kreuzenäckerweg 15, 6242 Kronberg/Ts. - Geb. 15. Mai 1944, verh. s. 1982 m. Richterin Blanka, 3 Kd. (Cosima, Felicitas, Roman) - Stud. Wirtschaftsing. TU Berlin, Assist. in Betriebswirtschaftslehre b. Prof. Dr. Mellerowicz, Promot.; Lehrbeauftr. u. Privatdoz. in Allg. Betriebswirtschaftslehre - Handelsrichter Landgericht Frankfurt/M. - Spr.: Engl., Franz.

HASELOFF, Günther
Dr. phil., o. Prof. d. Vor- u. Frühgeschichte - Klara-Löwe-Straße 1, 8700 Würzburg (T. 8 25 31) - Geb. 19. Juni 1912 Rom (Vater: Prof. Dr. phil. Arthur H., Kunsthistoriker (s. XII. Ausg.); Mutter: Ada, geb. Preyer), verh. s. 1964, 4 Kd. aus I. Ehe - Univ. Kiel, New York, Berlin, Bonn, Göttingen (Promot. 1936) - 1936 Assist., 1944 Privatdoz. Univ. Kiel, s. 1948 ao. u. o. (1970) Prof. Univ. Würzburg - BV: D. Psalter-Illustration im 13. Jh., 1938; D. Tassilokelch, 1951; D. german. Tierornamentik d. Völkerwanderungszeit. Stud. z. Salin's Stil I., 3 Bde. 1981 - Hon. Member of the Royal Irish Acad.

HASELOFF, Otto W.
Dr. med., Prof., Dipl.-Psychologe u. Psychotherapeut - Stubenrauchstr. 13, 1000 Berlin 37 - Geb. 17. Febr. 1918 Königsberg/Pr. (Vater: Walter H., Bankkaufm.), verh. m. Dr. med. Karin, geb. Bergemann-Gorski, 2 Kd. (Helga, Harald) - Univ. Berlin, Leipzig, Greifswald. Med. Staatsex. 1945; Dipl.-Psych. 1954 - 1945-46 Assist. III. Med. Univ.sklinik Berlin; s. 1946 Doz. u. Prof. (1954) FU Berlin (o. Prof. f. Psych.). Inh. u. Ltr. Sigma-Institut f. angew. Psychologie u. Marktforschung - BV: Lernen u. Erziehung, 1969; Struktur u. Dynamik d. menschl. Verhaltens, 1970; Kleines Lehrbuch d. Statistik (m. H. J. Hoffmann), 4. A. 1970; Psychologie d. Lernens (m. E. Jorswieck), 1971; Wirkungen d. Fernsehens, 1971; Kommunikation, Transformation u. Interaktion, 1973; El Aprender Psycologia del Aprendizaje (m. E. Jorswieck), 1975; Direkte Kommunikation u. ihre Bedeut. f. Meinungsbildung u. Kaufentscheid, 1975; Stern, Strategie u. Krise einer Publikumszeitschrift, 1977. Üb. 200 Fachveröff. - Liebh.: Bibliophilie, Garten - Spr.: Engl.

HASEMANN, Klaus
Dr. phil., Dipl.-Psych., Dipl.-Volksw., Prof., Ministerialrat - Auf dem Köllenhof 32, 5307 Wachtberg-Liessem - Geb. 24. Sept. 1929 Ströbitz (Vater: Hans H., Oberbergrat; Mutter: Meta, geb. Koepper), ev., verh. s. 1961 m. Ingeborg, geb. Rüde, 3 Kd. (Friederike, Christine, Volker) - Dipl.-Psych. 1956, Dipl.-Volksw. 1958, Promot. 1956, Habil. 1969, alles Freiburg, apl. Prof. 1977 Bonn - 1958-61 Ind.-Tätigk.; 1961-68 Wiss. Assist. Univ., 1969-70 Doz. Univ., s. 1970 Referatsleit. Minist. - BV: Ausbild.- u. Schulungsmaßn. in d. dt. Ind., 1956; Verhaltensbeob. u. verhaltensbeurt. in d. psych. Diagnostik, 1964; Kriterien d. Hochsch.reife, 1970; (m. H. Hiltmann) Myokinetische Psychodiagn., 1965.

HASENACK, Wolfgang
Kaufmann u. Geschäftsf., pers. haft. Gesellsch. WGF Colcoton-Garn Hasenack & Co. - Am Wupperstollen 2, 5600 Wuppertal 23 - Geb. 29. Nov. 1926 Schwelm (Vater: Karl H., Kaufm.; Mutter: Margarete, geb. Schmidt), ev., verh. s. 1950 m. Marianne, geb. Stratmann, 3 Kd. (Monika, Anette, Klaus) - Abit. 1944; Höh. Handelssch., Ausb. z. Textiltechniker, Abschl. Färberlehre 1950 - S. 1965 pers. haft. Gesellsch. u. Geschäftsf. s. o. S. 1975 Gesamtverb. d. Dt. Textilveredel.-Ind., 1983 Arbeitskr. Mittelstandsaussch. BDI - Spr.: Engl.

HASENCLEVER, Alexander
Dr. med., Internist - Dillgestr. 6, 1000 Berlin 46 (T. 73 71 70) - Geb. 6. Aug. 1918 Orjechowo-Sujewo b. Moskau, verh., 3 Kd. - Hoh. Gymn. Berlin (Sch'berg); 1939-43 Univ. ebd. u. Rostock. Med. Staatsex. u. Promot. 1943 Berlin - 1937-39 Arbeits- u. Wehrdst.; 1940-45 Kriegseins.; 1945-46 Assistenzarzt Städt. Krkhs. Steglitz; 1946-50 u. s. 1969 Wiss. Assist. Univ. Berlin. 1967-71 Präs. Ärztekammer Berlin. 1963-67 u. 1969-81 MdA Berlin (CDU) - 1981 Gr. BVK; 1984 Stadtältester v. Berlin.

HASENCLEVER, Rolf
Senator h. c., Dipl.-Ing., Honorarkonsul Rep. Österr., pers. haft. Gesellschafter Hasco-Normalien, Hasenclever + Co., Lüdenscheid, Nürnberg, Bietigheim-Bissingen u. Berlin - Oenekinger Weg 103, 5880 Lüdenscheid - Geb. 25. Mai 1928 - Gf. Gesellsch. Hasco Austria Ges. m.b.H., Guntramsdorf, Hasco Belgium, Landen/Belgien, Hasco France, Paris, Foba Formenbau GmbH, Lüdenscheid; Chairman of the Board: Hasco Internorm Ltd. Daventry/Großbrit., Hasco Singapore (Pte.) Ltd., Hasco Internorm Corp., Fairfield N. J./USA, Hasco Internorm Corp. West, Chatsworth Ca./USA; Gesellsch. W.H. Werkzeughandel GmbH, Lüdenscheid, u. Runo Rundnorm GmbH, Halver. Stv. AR-Vors. Signal-Unfallversich. a. G.; Präsid.mitgl. d. AR Signal-Versich.; Vorst. Dt. Handelsk. in Österr. Zahlr. Mitgliedsch. CDU - Ehrensenator Techn. Univ. Wien; Ehrenpräs. Intern. Metall-Union u. Bundesverb. Metall; Ehren-Vorstandsmitgl. Rhein.-Westf. Handwerkerbd. (RWHB) - Gr. BVK; Kommandeurkreuz Ritterorden d. Hl. Gregor d. Gr.; Gr. Verdienstkreuz d. VO d. Bundesrep. Dtschl.; Gr. Gold. Ehrenz. Rep. Österr.; Gr. Gold. Ehrenz. Niederösterr.; Gold. Med. Handwerksk. Düsseldorf; Ehrenring Bundesverb. Metall; Gold. Ehrennadel m. Brillanten Fachverb. Handel NRW; Ehrenmünze in Gold Kreishandwerkersch. Märkischer Kr.; Gold. Ehrennadel Verein Österr. Kunststoffverarbeiter (VÖK); Dt. Handwerksz. in Gold; Gold. Med. Bayer. Handwerkstag; Gold. Verdienstmed. Handwerksk. Arnsberg; Konrad-Adenauer-Med.; Verdienstmed. Landesverb. Westf.-Lippe DRK.

HASENCLEVER, Wolf-Dieter
Direktor d. Internatsgymnasiums Marienau b. Hamburg - 2121 Dahlenburg (T. 05851 - 5 17) - Geb. 19. Nov. 1945 Remscheid (Vater: Dr. Dieter H., Dipl. Phys.; Mutter: Rose, geb. Federschmidt), ev., verh. s. 1969 m. Cornelia, geb. Siber, 2 Kd. (Felix, Daniela) - Gymn. Bonn; Univ. Bonn, Freiburg; Staatsex. Math. u. Physik 1970 Freiburg - 1967 ASTA-Vors. Freiburg, Kurat.-Mitgl. Dt. Umweltstiftung - 1979-80 Gründ.-Vors. D. GRÜNEN Bad.-Württ., 1980-83 Vors. d. GRÜNEN im Landtag v. Baden-Württ. - BV: Ökologischer Humanismus in: Die Grünen, 1980; 1980: Grüne Zeiten (m. Cornelia H. Kösel), 1982; D. Versöhnung m. d. Natur..., in: Rettet die Umwelt, 1985 u. a.

HASENFUSS, Ivar
Dr. rer. nat., Prof. f. Zoologie - Karlsbader Str. 9, 8523 Baiersdorf - Geb. 23. Mai 1932 Lettland - Schüler v. Prof. Dr. H.-J. Stammer, Erlangen - S. 1980 Univ.sprof. Erlangen-Nürnberg - Arb. üb. Morphologie u. Systematik v. Insekten - BV: D. Larvalsystematik d. Zünsler (Pyralidae), 1960.

HASENFUSS (ß), Willy
Prokurist - Zu erreichen üb.: Badenwerk AG., 7500 Karlsruhe - Geb. 13. Juli 1929 Karlsruhe - Stud. Rechtswiss. BRD und USA. Gr. jurist.-Staatsprüf. - B. 1961 Badenwerk AG. (Handlungsbevollm.), 1961-68 Kernkraftwerk Obrigheim GmbH. (Geschäftsf.), s. 1969 wieder Badenwerk AG. (Prokurist).

HASENHÜTTL, Gotthold
Dr. phil., Dr. theol., o. Prof. f. System. Theologie - Philippinenstr. 23, 6600 Saarbrücken - Geb. 2. Dez. 1933 Graz (Vater: Franz H., Redakt.; Mutter: Margarete, geb. Simml), kath., led. - Univ. Graz u. Univ. Gregoriana Rom, Promot. 1962 u. 1971, Habil. 1969 - 1969-73 Doz. Tübingen, 1973-74 apl. Prof. Tübingen, s. 1974 Prof. Saarbrücken - BV: D. Glaubensvollzug, 1963; Charis-

ma, 1969 (ital. 1973); Füreinander dasein, 1971; Gott o. Gott, 1972 (holl. 1973); Herrschaftsfreie Kirche, 1974; Krit. Dogmatik, 1979 (ital., engl. in Vorber.); Einf. in d. Gotteslehre, 1980 (ital., engl. in Vorb.); Freiheit in Fesseln, 1985 - Spr.: Lat., Hebr., Griech., Engl., Franz., Ital.

HASENJAEGER, Gisbert
Dr. rer. nat., em. o. Prof. f. Logik u. Grundlagenforsch. - Lehmkuhler Platz 2, 5970 Plettenberg (T. 1 01 79) - Geb. 1. Juni 1919 (Vater: Oberbürgerm. a. D. Erwin H. †1972 (s. XVI. Ausg.); Mutter: Gertrud, geb. Müller) - S. 1953 (Habil.) Lehrtätig. Univ. Münster (1960 apl. Prof.) u. Bonn (1962 ao., 1964 o. Prof., 1984 emerit.) - BV: Grundzüge d. math. Logik, 1961 (m. H. Scholz); Einf. in d. Grundbegriffe d. mod. Logik, 1962 (span. 1968, engl. 1972). Div. Einzelarb. - 1953 Mitgl. Assoc. for Symbolic Logic.

HASENKAMP, Gottfried

Dr. phil., Verlagsleiter i. R., Schriftsteller, Ehrenvorsitzender Annette-v.-Droste-Ges. - Manfredstr. 24, 4400 Münster/W. (T. 3 55 91) - Geb. 12. März 1902 Bremen (Vater: Dr. Hermann H.; Mutter: Elisabeth, geb. Mallet), kath., verh. s. 1925 m. Lisa, geb. Brill, 5 Kd. - Univ. Bonn, Münster (Promot. 1923), Tübingen (Deutsch, Gesch., Kunstgesch., Phil.) - Zul. Verlagsleit. Westf. Nachr., Münster - W: D. Magd, Sch. 1923; Hymnen, 1924; Sponsa Christi, Sp. 1924; Wintersonnenwende, Sp. 1924; Religion u. Kultur, Ess. 1926; D. Spiel v. Antichrist (Übertrag.), 1932, 5. A. 1961; Salzbg. Elegie, 1932, 3. A. 1950; D. Königstuhl v. Aachen, Ged. 1932; D. Meer, Ged. 1938; Carmina in nocte, Ged. 1946; Gedächtnis aller Gefallenen, Gebete 1946; In memoriam Clemens August Kardinal v. Galen u. Adolf Donders, Dicht. 1946; D. brennende Licht, Kindergebete 1946; Wie ds. Ring ist ganz in sich vollendet, Sonette d. Ehe, 1947; Zw. Endzeit u. Altar, Ess. 1947; Münster. Dombauspiel 1947; D. Totenopfer, Ged. 1948; E. Romfahrt im hl. Jahr, 1950, 2. A. 1951; D. Brautbecher, Sp. 1952; D. Morgentor, Ged. 1956; D. Kardinal -

Taten u. Tage d. Bischofs v. Münster Clemens August, Kardinal v. Galen, Ess. 1957, 4. A. 1987; Röm. Pilgerwoche, 1958, 2. A. 1960; D. Jugend, d. wir finden, altert nicht, Ged. 1967; Es kommt Dein Tag, Dicht. u. Schriften. Herausg.: D. Siegel - Jb. kath. Lebens (I 1924, II 1926), D. Kathedrale - Blätter z. Wiederaufbau d. dt. Dome u. Kirchen (1947-49); D. Worte verpflichtet - 250 Jahre Verlag Aschendorff, 1970. Mithrsg.: D. Kirche in d. Welt (Losebl.-Lexikon) - 1971 Ritter d. Ordens v. hl. Gregor d. Gr. - Bek. Vorf.: Joh. Gerh. H., Theologe u. Schulm. Duisburg (Freund Lavaters).

HASENPUSCH, Otto
Dipl.-Ing., Prof. f. Elektr. Energietechnik, insb. Math. Elektro- u. Hochspannungstechnik, GH Wuppertal - An der Blutfinke 23, 5600 Wuppertal 21.

HASENZAHL, Erwin

Altbürgermeister - Waldstr. 83, 6120 Michelstadt (T. 06061 - 30 20) - Geb. 19. Juni 1914 Erbach/Odw. (Vater: Ludwig H., Geschäftsf., 1912-23 MdR u. Mitgl. Nationalvers. Weimar; Mutter: Marie, geb. v. d. Heyden), ev., verh. s. 1939 m. Lisl, geb. Körber, 2 Kd. (Christiane, Bernd) - Realsch.; Verw.ausbild. (Prüf. A 1938, B 41) - 1929-35 u. 1937-38 Verw.dst.), 1935-37 Wehrdst. (Wehrpflicht), 1938-39 Ind.kfm., 1939-47 Kriegsdst. u. Gefangensch., 1948-54 Handelsvertr., 1954-79 Bgm. Michelstadt, ab 1979 i. R. Div. Ehrenämter als Vors., Ehrenvors., o. Mitgl. in Vereinen, Verb. u. Org. auf lokaler u. überlokaler Ebene, z.T. als deren Gründer, Ausz. u. a.; KVK I. Kl.; BVK I. Kl.; Frhr.-v.-Stein-Plak. Ld. Hessen; Silb. Ehrenplak. HMLUF; Europakreuz CEAC; Gold. Ehrenplak. Odenwaldkr.; Ehrenbürger Hulst (Ndl.), Rumilly (Frankr.), Michelstadt - Liebh.: Münzen, Stadtgesch. u. Altstadterhalt.

HASER, Fritz J.
Dipl.-Kfm., Prof. FU Lissabon, Dir. u. Leit. Volkswirtsch. Abt. Dachverb. d. Portugies. Ind., Lissabon (s. 1983) - Rua D. João de Castro 8, Santo Amaro de Oeiras, P-2780 Oeiras/Portugal - Geb. 18. Jan. 1929 Haslach/K. (Vater: Friedrich H., Oberlehrer; Mutter: Berta, geb. König, kath., gesch., T. Gesine (geb. 1969) - 1948-50 Banklehre; 1950-51 Univ. Freiburg (Rechtswiss., Volksw.) u. 1951-53 WH Mannheim (Betriebsw.; Dipl.-Kfm. 1953) - 1954-57 Dresdner Bank AG., Mannheim; 1958-61 Dt.-Brasil. IHK, São Paulo (2. Gf.); 1961-80 Hauptgeschäftsf. Dt.-Portugies. IHK, Lissabon; s. 1980 unabh. Wirtsch.berat., freiberufl. journalist. Tätigk. (Wirtsch./Wirtsch.politik) Mitgl. BDVB, BDÜ, Portugies. Autorenverb. u. Verb. z. Stud. d. Europ. Integration, Lissabon - Spr.: Portugies., Engl., Franz. - Rotarier.

HASERODT, Klaus
Dr. rer. nat., o. Prof. f. Geographie TU Berlin (s. 1975) - Clayallee 249, 1000 Berlin 37 - Geb. 6. Sept. 1934 Mühlhausen/Th. - Promot. 1964 München - Zul. Oberreg.rat. Fachveröff. Mithrsg.: Beitr. u. Mat. z. Reg. Geographie.

HASFORD, Alfred E.
Dr. jur., Unternehmensberater, Vorstandsvorsitzender Wohnhochhaus Ramses, Geschäftsf. Ges. BTG Beratungs- u. Treuhandges. mbH, bde. München - Fichtenstr. 1, 8032 Lochham/Obb. (T. 85 12 06) - Geb. 6. Aug. 1914 Homberg/Ndrh. (Vater: Heinrich H., Schiffahrtsdirektor Franz Haniel GmbH. u. AG., Duisburg/Basel), ev., verh. s. 1946 m. Elisabeth, geb. König, 4 Kd. (Heiner, Jörg, Karin, Christian) - Gymn.; Univ. Basel (Promot. 1938) u. Freiburg/Br. - Franz Haniel GmbH, Duisburg, Braunschweig, Kohlenbergwerke AG, Helmstedt, DATAG Wirtschaftsprüfungsges., München, Opel-Häusler ebd., Metzeler AG, ebd. Mitgl. Wirtschaftsbeirat d. CSU, d. Ges. f. Auslandskunde, d. Reinhold-Schneider-Ges. u. d. Schweiz.-Dt. Wirtschaftsclubs, München. Zahlr. Fachveröff. - Liebh.: Malerei, Lit. - Spr.: Franz., Engl.

HASINGER, Albrecht
Staatssekretär Senatsverw. f. Gesundheit u. Soziales v. Berlin (Bereich Gesundh., 1981-89), Hauptgeschäftsf., MdB (1976-80) - An der Urania 12-14, 1000 Berlin 30 - Geb. 3. Juli 1935 München, kath., verh., 3 Kd. - Univ. München u. Freiburg (Rechtswiss.). Jurist. Staatsprüf. 1957 u. 62 - 1962-66 Bayer. Finanzmin. (zul. Oberreg.rat), 1966-69 Bundesmin. f. Arbeit u. Sozialordnung (Pers. Ref. d. Staatssekr.), 1969-75 CDU/CSU-Bundestagsfrakt. (Wiss. Angest.), 1975-71 CDU-Sozialaussch. (Hgf.), 1982ff Vors. Bundesfachaussch. Gesundheitspol. d. CDU, 1984ff. Präs. Dt. Familienverb. (DFV). CDU.

HASL, Josef
Schriftsteller - Wilhelm-Kuhnert-Str. 17, 8000 München 90 (T. 651 54 14) - Geb. 16. März 1930 München (Eltern: Josef u. Maria H., geb. Ulrich), kath., verh. s. 1967 m. Inge Alice, geb. Burghartz, S. Amadeus - Abit. München; Stud. ebd. (Jura, Phil., Kunstgesch.) - 1964-75 Theatertätig. (Bayer. Staatsoper); s. 1976 staatl. Bibliotheksdst. - BV: Robespierre, Operntext 1966; E. Abschied, Operntext 1968; D. weiße Pfau, Liedertexte 1968; Zwischenzeit, Ged. 1974; Schneidersitz, Ged. 1976; Atemspur, Ged. 1978. Rundfunkbeitr., zahlr. Publ. in Anthol., Ztg. u. Ztschr.- Liebh.: Bild. Kunst, Lit., Musik.

HASLEHNER, Elfriede,
geb. Götz

Dr. phil., Schriftstellerin u. Publizistin (Ps. Haslehner-Götz) - Hochwaldstr. 37, A-2230 Gänserndorf-Süd (T. 02282 - 7 12 22) - Geb. 17. Juli 1933 Wien, gesch., 3 Kd. (Wolfgang, Martin, Irene) - Ausb. z. Sozialarbeiterin (Dipl. 1976); Promot. (Phil., German., Soz.gesch.) 1985 Univ. Wien (Diss. üb. d. Ausschluß d. Frauen aus d. Kultur) - Jun. Büroangest.; Sozialarb., Rundfunkbeitr., Lektorin, Redakt., freisch. Mitbegr. Wiener Frauenverlag - BV: 4 Gedichtbde.: Spiegelgalerie, 1971; Zwischeneiszeit, 1978; Nebensprüche, 1980; Schnee im September, 1988; 1 Prosabd.: Notwehr, 1983. Mithrsg. d. Frauen-Lit.ztschr.: Entladungen (s. 1985) - 1971 Förderungspreis Theodor Körner-Stiftungsfonds; 1979 Österr. Staatsstip. f. Lit.; u.a. - Spr.: Engl.

HASLER, Jörg
Dr. phil., Prof. f. Anglist. u. Amerikanist. Literaturwissenschaft Univ. Trier - Auf Krein 61, 5501 Mertesdorf - Geb. 22. März 1935 Aarau (Schweiz) - Promot. (1963) u. Habil. (1973) Basel. 1984 Vizepräs. u. 1987 Präs. Univ. Trier - BV: Shakespeare's Theatrical Notation: The Comedies (1974). Facharb. - Spr.: Engl., Franz.

HASS(ß), Dieter
Kanzler d. Pädagog. Hochschule Flensburg - Mürwiker Str. 77, 2390 Flensburg.

HASS, Hans

Dr. rer. nat., Prof., Meeres- u. Evolutionsforscher, Unternehmensberater - Triesenberg (Liechtenstein) - Geb. 23. Jan. 1919 Wien, kath., verh. in 2. Ehe mit Lotte, geb. Bayerl (Verf.: E. Mädchen auf d. Meeresgrund, 1970), 2 Kd. (Hans (aus d. gesch. Ehe m. Hannelore Schroth), Meta) - Theresianum Wien; Univ. ebd. u. Berlin (Promot. 1943) - Versch. Unterwasser-Exped. (Westindien, Ägäis, Rotes Meer, Australien, Galapagos-Insel, Ind. Ozean) - BV: Jagd unter Wasser m. Harpune u. Kamera, 1939; Unter Korallen u. Haien, 1941; Photojagd am Meeresgrund, 1942; 3 Jäger auf d. Meeresgrund, 1948; Menschen u. Haie, 1950; Manta, Teufel im Roten Meer, 1952; Ich fotografierte in d. 7 Weltmeeren, 1956; Wir kommen aus d. Meer, 1957; Expedition ins Unbekannte, 1961 (Bildbd.); Wir Menschen - D. Geheimnis unseres Verhaltens, 1968; Energon - D. verborgene Gemeinsame, 1970; In unberührte Tiefen - D. Bezwingung d. trop. Meere, 1971; Welt unter Wasser - D. abenteuerl. Vorstoß d. Menschen ins Meer, 1973; D. Schöpfung geht weiter, 1978; Wie d. Fisch z. Menschen wurde - D. faszinierende Gesch. unserer Entwicklung, 1979; Im Roten Meer, 1980; Abenteuer unter Wasser - Meine Erlebnisse u. Forschungen im Meer, 1986; Naturphil. Schriften (4 Bde); D. Ball u. d. Rose, 1987; D. Hai im Management - Instinkte steuern u. kontrollieren, 1988. Unterwasserfilme: Pirsch unt. Wasser, Wasser, Menschen unt. Haien, Abenteuer im Roten Meer, Unternehmen Xarifa, Fernsehen (Reihe: Exped. ins Unbek., Wir Menschen, Unterwasser-Report) - Div. Ausz. (u. a. 1952 I. Preis Biennale Venedig u. 59 OSCAR Los Angeles).

HASS(ß), Otto
Dipl.-Math., Wiss. Oberrat, Lehrbeauftr. f. Math. f. Wirtschaftswiss.ler Univ. Erlangen-Nürnberg - Lehrgerstr. 33, 8500 Nürnberg.

HASS, Reiner
Dr. rer. nat., Prof. f. Mathematik Univ. Hamburg (Inst. f. Angew. Math.) - Föhrenschlucht 6, 2110 Buchholz.

HASSAUER, Friederike

Dr. phil., M.A. (USA), Priv.-Doz., Literaturwissenschaftlerin, Publiz. - Altes Rathaus Zimmern, 8772 Marktheidenfeld am Main (T. 09391 - 13 07) - Geb. 29. Nov. 1951 - Abit. Mozartgymn. Würzburg; Stud. Roman., German., Phil., Kunstgesch. in Würzburg, Tübingen, St. Louis/USA, Bochum, Paris, Madrid, Salamanca, Siena; M.A. (USA) 1975; Promot. 1980 Bochum; Habil. 1988 Siegen - BV: Kinderwunsch (m. Peter Roos), 1982; D. weibl. Körper - d. männl. Blick (m. Félicien Rops), 1984; Frauen m. Flügeln, Männer m. Blei (m. Peter Roos), 1986; D. Phil. d. Fabeltiere, 1986; Arthur Schopenhauer: Üb. d. Weiber, 1986; Berlin 1930 (m. Peter Roos), 1987; Extensionen d. Schrift: Santiago de Compostela, 1988. Filme: Nach Santiago (WDR 1982); D. infame Fély (WDR 1985) - Spr.: Engl., Franz., Ital., Lat., Span. - Lit.: Manfred Bissinger, in: Auskunft üb. Dtschl., Hamburg (1988).

HASSE, Gerhard
Vorstandsvorsitzender Deutsche Rückversicherung AG., Berlin/Hamburg - Krietkamp 82, 2000 Hamburg 65 (T. 536 52 10) - Stud. Rechtswiss. Gr. jurist. Staatsprüf.

HASSE, Jörg U.
Dr., Dipl.-Phys., Prof. f. Experimentalphysik Univ. Karlsruhe - Kaiserstr. 12, 7500 Karlsruhe (T. 608-34 42) - Geb. 9. Aug. 1929, verh. s. 1957, 3 Kd. - Promot. Göttingen; Habil. Karlsruhe - Zun. wiss. Mitarb. GFKF Aachen.

HASSE, Karl
Dr.-Ing., Prof. f. Stromrichtergespeiste Antriebe TH Darmstadt - Carl-Legien-Str. 9, 6102 Pfungstadt.

HASSE, Lutz
Dr. rer. nat., Prof. f. Meteorologie - Zu erreichen üb. Inst. f. Meereskunde Univ. Kiel, Düsternbrooker Weg 20, 2300 Kiel - Geb. 17. Aug. 1930 Hindenburg/O.Schles. - S. 1970 Prof. Univ. Hamburg, s. 1980 Prof. Inst. f. Meereskd. Univ. Kiel. Spez. Arbeitsgeb.: Wechselwirkung Ozean-Atmosphäre.

HASSEL, Hermann
Dr. jur., Geschäftsführer Wirtschaftsverb. Stahlverformung, Fachverb. Grubenausbau u. Fachverb. Pulvermetallurgie - Goldene Pforte 1, 5800 Hagen-Emst (T. 5 10 41).

HASSEL, von, Horst
Senator a. D. - Rembertiring 8-12, 2800 Bremen (T. 36 11) - Geb. 1928 - 1979-83 Bildungssenator Bremen (Rücktr.); 1983ff. Bildungs- u. Kulturstadtrat Bremerhaven. S. 1971 Mitgl. Brem. Bürgersch. SPD.

HASSEL, von, Kai-Uwe
Dr. phil. h. c., Bundesminister a. D.,

Bundestagspräsident a. D. - Lyngsbergstr. 39b, 5300 Bonn 2 - Geb. 21. April 1913 Gare/Tanganjika (Vater: Theodor v. H., b. 1919 Hptm. d. Schutztruppe, Pflanzer u. Großwildjäger; Mutter: Emma, geb. Jebsen), ev., verh. I) 1940 m. Elfriede, geb. Frölich (Samoa) †1971, 2 Kd. (Jochen, 1970 als Oblt. m. d. Starfighter F 104 G tödl. verunql.; Barbara, verehel. Weisse), II) Dr. phil. Monika, geb. Weichert, kath. (Landesverw.rätin a. D.), S. Jan Friedrich - Reform-Realgymn. (Abit.); Landw., kaufm. u. techn. Sonderausbild. für Übersee - 1935-40 (Ausweis.) Pflanzungsassist., -leit. u. -kaufm. Tanganjika, dann Wehrm. (Ltn. d. R.), n. Kriegsende Kreisverw. Flensburg. 1947-50 Bürgerm. Glücksburg, 1948-54 MdK Flensburg, 1950-62 Bürgervorsteher Glücksburg, MdL, 1951-64 stv. u. CDU-Landesvors. (1955), 1953-54 u. 1965-80 MdB (1969-72 Präs., 1972-76 Vizepräs.), 1954-62 Ministerpräs. Schlesw.-Holst. u. Mitgl. Bundesrat (1955/56 Präs.), 1956-69 stv. Bundesvors., 1969-76 Mitgl. Parteipräs. CDU, 1962-69 Bundesmin. d. Verteidig. u. f. Vertriebene, Flüchtlinge u. Kriegsgeschädigte (1966), s. 1980 Ehrenvors. CDU; SH. Gründer (1968) u. Vors. Hermann-Ehlers-Stiftg. f. staatsbgl. Bildung. 1973-80 Präs. Europ. Union Christl. Demokraten u. Vizepräs. Weltunion; s. 1975 Präs. Dt.-Iran. Ges. 1977-80; Präs. Parl. Vers. d. Westeurop. Union (WEU). 1979-84 Mitgl. Europ. Parlament; s. 1984 Mitgl. Kommiss. bedeut. Staatsmänner, Mitgl. Europarat, Straßburg - BV: Verantw. f. d. Freiheit - Reden u. Aufs., 1965 - 1956 Großkreuz des VO. d. BRD; hohe ausl. Ausz.; 1985 Dr. phil. h.c., Ankara - Liebh.: Farbfotogr. - Spr.: Suaheli, Engl., Franz.

HASSEL, Kurt
Verwaltungsamtmann, Vors. Bund d. Sozialversicherungs-Beamten u. -Angest., Bonn, u. Vorstandsmitgl. Dt. Beamtenbd., Bad Godesberg (s. 1960) - Idastr. 19, 5270 Gummersbach (T. 32 71) - Geb. 28. Febr. 1912 Bünghausen (Vater: Heinrich H., Handwerker; Mutter: Emmi, geb. Siebel), ev., verh. s. 1937 m. Adele, geb. Gerlach, S. Udo - Mittlere Reife; Verw.sprüf. 1933 u. 1935 - Krankenkassen- und Kommunaldst. (bis 1963) - Gold. Sportabz.

HASSELBACH, Wilhelm
Dr. med., Prof., Direktor Inst. f. Physiologie/Max-Planck-Inst. f. Med. Forschung, Heidelberg - Wilckensstr. 39, 6900 Heidelberg - Geb. 15. Okt. 1921 Falkenstein/Ts. - S. 1956 (Habil.) Lehrtätig. Univ. Heidelberg (1961 Hon. Prof. f. Physiol.). Fachveröff. - 1963 Ferdberg-Preis; 1987 Morawitz-Preis.

HASSELBLATT, Arnold
Dr. med., o. Prof. f. Pharmakologie u. Toxikol. - Robert-Koch-Str. 12, 3400 Göttingen (T. 3 28 25) - Geb. 20. Juni 1929 - S. 1962 (Habil.) Lehrtätig. Göttingen (1969 apl., 1971 o. Prof.). Fachveröff.

HASSELFELDT, Gerda
Dipl.-Volksw., Bundesministerin f. Raumordnung, Bauwesen u. Städtebau (s. April 1989) - Deichmanns Aue, 5300 Bonn 2 (T. 0228 - 3 37-0) - Geb. 7. Juli 1950 Straubing, kath., verh. s. 1974 m. Volker H., 2 Kd. (Bernd, Claudia) - Stud. Volkswirtsch.lehre München u. Regensburg; Dipl. 1975 Regensburg - Abt.-Leit. Arbeitsamt Deggendorf. S. 1987 MdB (CDU/CSU-Frakt.).

HASSELL, von, Henning L.
Dr. jur., Generalkonsul d. Bundesrep. Deutschl. in Toronto/Kanada - 77 Admiral Road, Toronto, Ontario/Kanada M5R 2L4 - Geb. 18. April 1929 Königsberg/Pr. (Vater: Carl v. H., Oberpräsidialrat; Mutter: Ottony, geb. v. Puttkamer), ev., verh. s. 1956 m. Renate, geb. Börner, 3 Kd. (Nikola, Konstantin, Julian) - Friedrichskollegium Königsberg, Katharineum Lübeck; Univ. Tübingen; 1. jurist. Staatsex. 1950; Promot. 1952 Tübingen, 2 jurist. Staatsex. 1955 Stuttgart, Prüf. f. d. Höh. Ausw. Dst. 1957 - 1958-61 Vizekonsul u. Konsul San Francisco; 1961-66 Legationsrat Botsch. b. Heiligen Stuhl; 1969-74 Generalkonsul Saloniki; 1974-78 Botschaftsrat I. Kl. Santiago de Chile; 1981-85 Gesandter Ankara; s. 1985 Generalkonsul Toronto - 1963 Commendatore San Silvestro (Vatikan); 1964 Com. St. Gregorio Magno; 1977 BVK I. Kl.; 1979 Komturkreuz VO v. Chile - Liebh.: Lit., Musik, Archäol., Gesch., Wandern - Spr.: Engl., Franz., Span.

HASSELMANN, Klaus
Dr. rer. nat., o. Prof. f. Strömungsphysik - Bundesstr. 55, 2000 Hamburg 13; priv.: Kayhude, Geb. 25. Okt. 1931 Hamburg (Vater: Dr. phil. Erwin H., Publizist (s. dort); Mutter: Dorothea, geb. Leo), ev., verh. s. 1957 m. Susanne, geb. Barthe, 3 Kd. (Meike, Knut, Annette) - Schulen England; 1949-54 Univ. Hamburg (Physik, Math.); Dipl.), 1955-57 Göttingen (Promot.) - 1957-61 Assist. Univ. Hamburg (Inst. f. Schiffbau); 1962-63 Assistant Prof. Univ. San Diego (USA); s. 1965 Wiss. Rat u. Prof. (Inst. f. Schiffbau), Abt.sdir. (1969; Geophysikal. Inst.), o. Prof. (1972) Univ. Hamburg. 1975ff. Dir. Max-Planck-Inst. f. Meteorologie, Hamburg. Viele Fachveröff. - 1963 Carl-Christiansen-Gedächtnispreis, 1964 James Macelwane Award (American Geophysical Soc.), 1970 Preis d. Phys. Akad. d. Wiss. Göttingen, 1971 Sverdrup Medal American Meteorol. Union, 1981 Belfotop-Eurosense Award d. Remote Sensing Soc. - Liebh.: Musik, Segeln, Sport - Spr.: Engl., Franz.

HASSELMANN, Wilfried

Landwirt, Nieders. Minister d. Innern (1986-88), MdL - 3101 Nienhof 3 - Geb. 23. Juli 1924 Celle (Vater: Otto H., Landwirt; Mutter: Hertha, geb. Rehwinkel), ev., verh. s. 1955 m. Marianne, geb. Thiele, 2 Söhne (Cordt, Karsten) - Ober- u. Landw. Fachsch. Celle; landw. Ausbild. in Fremdbetrieben. Meisterprüf. - Landw.; 1965-70 (Rücktr.) nds. Min. f. Ernährung, Landw. 1962-69 Vors. Bund d. Dt. Landjugend. S. 1963 MdL (b. 1965 Mitgl. Fraktionsvorst.; 1970ff. Fraktionsvors.); 1976-86 Min. f. Bundesangelegenh. u. 1978ff. stv. Ministerpräs. CDU (1968 Landesvors.; 1969 Mitgl. Parteivorst.). Oberst d. R. - Ehrenzeichen in Gold; Gr. BVK m. Stern u. Schulterbd.; 1975 Gr. Verdienstkreuz Nieders. VO. - Onkel: Edmund Rehwinkel (s. dort).

HASSELSWEILER, Benno
Verlagsdirektor Beratungsbüro f. publiz. Unternehmen - Jakob Engels Str. 26, 5223 Nümbrecht - Geb. 6. Febr. 1922 Köln (Vater: Wilhelm H., Kaufm.; Mutter: Emmi, geb. Kortenhaus), ev., verh. s. 1948 m. Ingeborg, geb. Zischkau, 3 Kd. (Erdmute, Ekkehart (Prof. Dr. jur.), Dietlinde) - Staatl. Gymn. Köln; Univ. Köln, Göttingen (Jura, German., Erziehungswiss., Musikwiss.) - 1970-76 Beirat Verb. d. Schulbuchverl., 1970-79 AR Inst. f. Bild.medien, 1972-77 Seglerrat des SSS - Spez. Arbeitsgeb.: Neue Medien - Versch. milit. Ausz. im 2. Weltkrieg - Liebh.: Musik, Hochseesegeln - Spr.: Engl.

HASSEMER, Volker
Dr. jur., Senator f. Kulturelle Angelegenh. (1983-89) - Europa-Center, 1000 Berlin 30 (T. 86 71) - Geb. 20. Jan. 1944 Metz (Vater: Martin H., Bundesbahndir. i. R.; Mutter: Maria, geb. Deister), kath., verh. s. 1969 m. Sieglinde, geb. Beyhl, 3 Kd. (Max, Hanna, Julius) - Stefan-George-Gymn. Bingen; Univ. Saarbrücken, Mainz, Berlin (FU). Jurist. Staatsex. 1968 (Saarbrücken) u. Berlin (1971) - Rechtsamt Wedding, Senatsverw. f. Schulwesen, Umweltbundesamt (1974ff.; alles Berlin). S. 1979 MdA Berlin; 1981-83 Senator f. Stadtentw. u. Umweltschutz Berlin. CDU - BV: Delictum sui generis im Strafrecht, 1974 (Diss.).

HASSEMER, Winfried
Dr. jur., Prof. f. Rechtstheorie, -soziologie u. Strafrecht - Blanchardstr. 14, 6000 Frankfurt/M. - Geb. 17. Febr. 1940 - Promot. 1967 - S. 1972 (Habil.) Lehrtätigk. Univ. Frankfurt (1973 Prof.). Vorst.-Mitgl. Dt. Sektion d. Intern. Vereinig. f. Rechts- u. Sozialphil. sow. in d. Vereinig. f. Rechtssoziol. Facharb.

HASSENPFLUG, Helwig
Dr. jur., Dr. h.c., Rechtsanwalt, Verleger, pers. haft. Gesellschafter Verlag Walter de Gruyter & Co. Berlin (s. 1985) - Pücklerstr. 8, 1000 Berlin 33 (T. 030 - 26 00 51 15) - Geb. 10. März 1936 Hamburg, ev., verh. s. 1965 m. Blandine, geb. Ebinger (Schauspielerin) - Jura-Stud. 1958-60; Promot. 1963; RA 1963 - 1969-84 Leit. jurist. Verlag b. Walter de Gruyter & Co.; s. 1985 Mitgl. d. Geschäftsleitg. Walter de Gruyter & Co. - S. 1962 Herausg. d. Reihe ....leicht gemacht (6 Titel), Reihe Definitionenkalender u. Rechtsprechungsübersichten (18 Titel); Festschr. f. Karl Schäfer (1979) - Spr.: Engl., Franz., Ital. - 1989 Ehrendoktor Univ. Würzburg - Bek. Vorf.: Kurhess. Min.präs. Hassepflug, D. Hessen Fluch (Urgroßvater).

HASSENSTEIN, Bernhard
Dr. rer. nat., o. Prof. f. Biologie - Herchersgarten 19, 7802 Merzhausen b. Freiburg/Br. (T. 0761 - 40 66 01) - Geb. 31. Mai 1922 Potsdam (Vater: Prof. Dr. Walter H., Astronom), ev., verh. s. 1953 m. Helma, geb. Schrader - Gymn.; 1940/41 u. 1945-48 Univ. Berlin, Göttingen, Heidelberg. Promot. 1950 - 1948-54 Assist. Max-Planck-Inst. f. Verhaltensphysiol.; 1954-60 Assist. u. Doz. (1958) Univ. Tübingen; 1958-60 wiss. Mitarb. Forschungsgruppe Kybernetik MPI f. Biol.; 1960-84 o. Prof. Univ. Freiburg. 1967-70 Mitgl. Wiss.rat; 1974-81 Vors. Kommiss. Anwalt d. Kindes Kultusmin. Bad.-Württ. - BV: Biol. Kybernetik, 5. A. 1977; Verhaltensbiol. d. Kindes, 4. A. 1987; Instinkt-Lernen-Spielen-Einsicht. Einf. in d. Verhaltensbiol., 1980; Klugheit. Bausteine zu e. Naturgeschichte d. Intelligenz, 1988 - 1961 o. Mitgl. Heidelbg. Akad. d. Wiss.; 1965 Mitgl. Dt. Akad. d. Naturforscher (Leopoldina); 1975 Ehrenmitgl. Dt. Ges. f. Kinderheilkd.; 1981 Max-Born-Med. - 1981 Karl-Küpfmüller-Ring d. TH Darmstadt; 1984 Dr. Albert Wander-Preis, Bern - Spr.: Engl. - Bek. Vorf. ms.: Prof. Dr. h. c. Bernhard Wanach, Geodät.

HASSENSTEIN, Friedrich
Dr. phil., Prof. f. Deutsche Sprache u. Didaktik d. Deutschunterr. Universität Göttingen - Stauffenbergring 25, 3400 Göttingen - Geb. 16. Juni 1925 Potsdam (Vater: Prof. Dr. Walter H.), verh. m. Renate, geb. Curtius.

HASSERT, Günter
Dipl.-Volksw., geschäftsf. Vorstandsmitglied Verb. Westfäl. Holzind. u. Kunststoffverb., u. Verb. d. Dt. Polstermöbelind. - Engerstr. 4b, 4900 Herford (T. 40 71) - Geb. 2. Juni 1926.

HASSERT, Günther
Regisseur - Gustav-Heinemann-Ufer 92, 5000 Köln 51 (T. 38 63 54) - Geb. 7. Mai 1919 Erfurt (Vater: Bernhard B.; Mutter: Elsa, geb. Rennebach), ev., verh. s. 1956 m. Erika, geb. Hanf, S. Hermann - Filmakad.; Dipl. Accad. Italia - S. 1950 Regiss. - Zahlr. Shows, Ballette, Opernsend. u. Features - 1982 Gold. Zentaur Accad. Italia; 1982 Goldmed. Intern. Parlam., USA; 1983 Accad. delle Nazioni; 1986 Gold. Palme Accad. Europa; 1987 Dr. h. c. - Spr.: Engl., Franz., Ital.

HASSINGER, Erich
Dr. phil., o. Prof. f. Neuere Geschichte (emerit.) - Eichhalde 53, 7800 Freiburg/Br. (T. 5 44 23) - Geb. 22. Sept. 1907 Wien (Vater: Prof. Dr. Hugo H., Geograph; Mutter: Helene, geb. Payr), ev., verh. s. 1939 m. Johanna, geb. Huizinga - Univ. Basel, München, Freiburg (Promot. 1931), Inst. f. Archivwiss. Berlin - S. 1950 Doz., apl. (1956) u. o. Prof. (1957) Univ. Freiburg - BV: Studien zu Jacobus Acontius, 1934; Brandenburg-Preußen, Schweden u. Rußland 1700-13, 1953; D. Werden d. neuzeitl. Europa, 1959; Empirisch-rationaler Historismus, 1978. Mithrsg.: Archiv f. Reformationsgesch.

HASSKAMP(ß), Peter
Dr., Vorstandsvorsitzender Bremer Landesbank Kreditanstalt Oldenburg - Girozentrale- (s. 1984) - Domshof 26, 2800 Bremen 1 - Zul. Westd. Landesbk.

HASSLER, Kurt
Dipl.-Ing., Vorstandsmitglied Heilmann & Littmann AG., München - Karolinenstr. 2, 6101 Seeheim/Bergstr. - Geb. 13. Febr. 1925.

HASTENPFLUG, Josef
Assessor, Geschäftsf. Landsiedlung Rheinland-Pfalz GmbH., Koblenz, Vors. Bundesverb. d. gemeinn. Landges., Bonn - Im Mühlental 77, 5400 Koblenz - Geb. 5. April 1921 - Stud. Rechtswiss.

HATLAPA, Hans-Heinrich

Dr. sc. päd. h.c., Forstwirt, Fabrikant -

Zu erreichen üb. Hatlapa Uetersener Maschinenfabrik, Postf., 2082 Uetersen; u. Forsthof Eekholt, 2351 Großenaspe - Geb. 27. Mai 1920 Uetersen (Vater: Max H.; Mutter: Johanna, geb. Strecker), ev., verh. s. 1954 m. Theda, geb. Gräfin Finck v. Finckenstein, 4 Kd. (Christoph, Peter, Hubertus, Gabriele) - Stud. Volksw. u. Betriebsw. Univ. Toronto u. Hannover - Mitinh. Hatlapa Uetersener Masch.fabrik u. Fördertechnik Hamburg (FTH); 1945-80 Mitgeschäftsf. Hatlapa, Uetersen; Leit. Umwelterziehungsstätte Wildpark Eekholt - BV: Wild in Gehegen (m. Reuß); D. Praxis d. Wildtierimmobilisation (m. Wiesner) - 1983 Umweltschutzpreis LBS Schlesw.-Holst.; 1986 BVK am Bde. - Interessen: Veterinärmed., Wildbiol. - Gold. Sportabz. - Spr.: Engl., Franz.

HATTEMER, Klaus
Dr. jur., Unternehmensberater - Elfgenweg 8, 4000 Düsseldorf 11 (T. 0211 - 59 13 04) - Geb. 16. Jan. 1932 Klingenberg/M. - Promot. 1957 Würzburg - Selbst. Berater u. Publizist (u.a. Kolumne in Capital, Handelsblatt); 1982-86 Gf. Vorst.-Mitgl. Wirtschaftsverb. Dt. Werbeagenturen; 1987-89 Geschäftsf. Verlagsgr. Handelsblatt - BV: D. vergessene Milliarde, Werbefachb. 1965. Mithrsg. Jahrb. d. Werbung 1967-76 (m. E. Neumann u. W. Sprang) - 1964 Theodor-Wolff-Preis.

HATTEN, van, Pieter
s. Glock, Karl Borromäus

HATTIG, Josef
Geschäftsführer Brauerei Beck & Co., Bremen (s. 1972), Vors. Bremer Brauer-Soc. u. Vorstandsmitgl. Dt. Brauer-Bund (1981ff.) - Am Deich 18/19, 2800 Bremen - Stud. Rechtswiss. Gr. jurist. Staatsprüf. - S. 1982 AR-Vors. Haake-Beck Brauerei AG.

HATTINGBERG, von, Michael
Dr. med., Prof. f. Kinderheilkunde, insb. Pharmakokinetik, Univ. Gießen - Marburger Str. 6, 6300 Gießen.

HATZOLD, Karl
Vorsitzender d. Vorstandes d. Albert-Frankenthal AG., Frankenthal/Pfalz - Hanns-Fey-Str. 3, 6710 Frankenthal - Geb. 28. Aug. 1923 - Stud. Rechtswiss. - Gr. jurist. Staatsprüf. - 1981 Bayer. VO.

HAU, Theodor F.

Dr. med., Dipl.-Psych., Prof., Leiter Inst. f. Psychoanalyse u. -therapie Freiburg (1965-89), Ärztl. Dir. Werner-Schwidder-Klin., Bad Krozingen (s. 1979) - Becherwaldstr. 25, 7802 Merzhausen/Br. - Geb. 29. Jan. 1924 Essen (Vater: Maximilian H., Ing., zul. Dir.; Mutter: Frieda, geb. Prümm), verh. s. 1952 m. Dipl.-Psych. Elisabeth, geb. Oelkers (Psychoanalytikerin), T. Cornelia - Univ. Göttingen (Med., Psych., Ethnol.). Promot. 1956 Göttingen; Habil. 1971 Freiburg - S. 1975 apl. Prof. f. Psychosomat. Med. Univ. Freiburg - BV: Frühkindl. Schicksal u. Neurose, 1968; Psychoanalyt. Perspektiven d. Persönlichkeit, 1979. Üb. 100 Einzelarb. Herausg.: Psychosomat. Med. (1973); Klin. Psychotherapie (1975); Psychosomat. Med., Lehr- u. Handb. d. Krankheitsbilder (1986). Mithrsg.: Psychoanalyse heute (1977); Pränatale u. Perinatale Psychosomatik (1982); Therapeut. Anwendungen d. Psychoanalyse (1985); Psychoanalyse u. Klin. Psychotherapie (1988) - Liebh.: Kulturgesch., Jagd, Reiten - Spr.: Engl.

HAUB, Erivan K.
Dipl.-Volksw., Kaufmann, alleingf. Gesellsch. Wilh. Schmitt-Scholl, Tengelmann Warenhandelsges., Mülheim/Ruhr, d. Emil Tengelmann, Heilbronn, Mitinh. Kaiser's Kaffee-Geschäft AG, Viersen, u. a. - Wissollstr. 5-43, 4330 Mülheim/Ruhr (Telefon 58 06-0); priv.: Hasengartenstr. 25, 6200 Wiesbaden - Geb. 29. Sept. 1932.

HAUB, Fritz
Dr. rer. nat., Prof. f. Biologie u. Didaktik d. Biologieunterr. Erziehungswiss. Hochsch. Rheinland-Pfalz/Abt. Koblenz - Platanenstr. 28, 6500 Main 42 - Geb. 9. Juni 1931 Mainz-Weisenau - Promot. 1967 Mainz - S. 1973 Prof. Spez. Arbeitsgeb.: Morphologie u. Systematik d. Mallophagen.

HAUBENSAK, Gert
Dr. phil., Prof. f. Psychologie Univ. Gießen - Brucknerstr. 7, 6301 Pohlheim 1 - Geb. 13. März 1939 Reutlingen.

HAUBNER, Karl
Dr. rer. nat., Generalsekr. Akademie f. Raumforschung u. Landesplanung, Hannover i. R. (1965-87) - St.-Wendel-Weg 2, 3000 Hannover-Kirchrode - Geb. 5. Dez. 1923 Aussig - Promot. 1955 - BV: D. Stadt Göttingen im Eisenbahn- u. Industriezeitalter, 1964.

HAUBOLD, Christoph
Vorstandsmitglied REWE-Zentral AG. u. REWE-Zentralfinanz eG. (1981 ff.) - Jakordenstr. 3-17, 5000 Köln 1 - Geb. 1934 (?) - 1970-81 Geschäftsf. Gedelfi Großeinkauf GmbH. & Co. KG., Köln.

HAUBOLD, Erhard
Journalist (Asienkorresp.) - Zu erreichen üb. FAZ, Postf. 2901, 6000 Frankfurt/M. 1 - Geb. 8. Sept. 1936 Ansbach/Mfr., verh., 2 Töcht. - Univ. Erlangen-Nürnberg (Wirtschaftswiss., Publiz.; Diplomprüf. 1959). Fulbright-Stip. USA (1 J.) - B. 1967 Redakt. Handelsbl., dann Auslandskorr. Neue Zürcher Ztg. (Neu-Delhi, 1972 Sydney) u. FAZ (1976; 1980 Südostasienkorr., ebenf. Sydney; 1987 Asien-Korresp. Süd- u. Südostasien, Sitz Neu Delhi.

HAUBOLD, Friedrich
Realschullehrer a. D., MdL Niedersachsen - Am Kurpark 7, 2903 Bad Zwischenahn (T. 04403 - 23 12) - Geb. 21. Juni 1950 Oldenburg (Vater: Gerhard H., Friseur; Mutter: Hedwig, geb. Gerund), ev., ledig - 1970-78 PH und Univ. Oldenburg - Realschullehrer. D. Grünen (1980 MdK Ammerland; 1982 Landtag Nieders.) - Spr.: Franz., Engl.

HAUBOLD, Karl
Dr. rer. nat., Prof. f. Physik Univ. Oldenburg - Kasperweg 115b, 2900 Oldenburg/O. - Zul. Frankfurt/M.

HAUBOLD, Ulrich
Dr. med., Prof. f. Strahlentherapie u. Nuklearmedizin (s. 1972) - Borussnetr. 15, 1000 Berlin 38 - Geb. 13. Aug. 1936 Berlin - Promot. 1963 München - S. 1972 (Habil.) Lehrtätigk. FU Berlin (Klinikum Rudolf Virchow). Üb. 30 Fachaufs.

HAUBOLD, Wolfgang
Dr. rer. nat., Prof. f. Anorgan. u. Analyt. Chemie Univ. Hohenheim - Elfenstr. 68, 7000 Stuttgart 80 - Geb. 12. März 1937 Wolfen/Bitterfeld (Vater: Max H., Dipl.-Ing.; Mutter: Wilhelmine, geb. Knietsch), ev., verh. s. 1967 m. Renate, geb. Hammann, 2 Söhne (Jens, Jan) - 1956-63 Stud. Chemie Univ. Heidelberg u. Karlsruhe; (Promot. 1965), Habil. 1975 Univ. Stuttgart - 1965-75 wiss. Assist. Heidelberg u. Stuttgart; dazw. res. assoc. Bloomington/Ind. (USA); 1975 Privatdoz., 1977 Univ.-Doz. Stuttgart; 1980 Lehrst. f. Anorgan. u. Analyt. Chemie Univ. Hohenheim (1986 Vizepräs.). 45 Publ. (insbes. üb. Bor- u. Phosphor-Verbind.) in Fachztschr.; Handbuchart. - Spr.: Engl., Franz., Latein.

HAUBRICH, Hans-Jürgen
Dr.-Ing., Prof. - Kastanienweg 3, 4755 Holzwickede - Geb. 1. März 1941 Montabaur, verh., 2 Kd. - Studium TH Darmstadt (Elektrotechnik); Dipl. 1965, Promot. 1971 - Ltd. Angest. in d. Energiewirtsch.; Honorarprof. Univ. Bochum; Lehrbeauftr. Univ. Dortmund - Mithrsg.: etzArchiv - 1975 Literaturpreis Energietechn. Ges. im VDE.

HAUBRICH, Hartwig
Dr. rer. nat., Prof. f. Geographie - Birkenrain 34, 7811 St. Peter/Br. - Geb. 26. Mai 1932 Marienrachdorf (Vater: Willi H., Landwirt; Mutter: Johanna, geb. Mohr), kath., verh. s. 1957 m. Hildegard, geb. Eberz - PA Trier; Univ. Mainz. Beide Lehrerprüf. Promot. 1965 Mainz - 1954-61 Haupt- u. Realschullehrer; s. 1966 Lehrtätigk. PH Koblenz u. Freiburg (1969); 1988 Vors. d. Kommiss. Geographical Education d. Intern. Geographical Union - BV: u. a. Sozialgeogr., 1972; Konkrete Didaktik d. Geogr., 1978; Unterrichtsprogr. (auch dän. u. ital.), Geogr. Plansp., Drehb. z. Fernseh- u. Unterrichtsfilmen, AV-Medien, 1980; Geogr. Erziehung im intern. Blickfeld, 1982; Intern. Focus on Geogr. Education, 1982; Perception of People a. Places, 1984; Intern. Trends on Geogr. Education, 1987; How I see my country, 1988.

HAUBRICH, Richard H.
Dr. med., Prof., Medizinaldirektor, Direktor Zentral-Röntgeninst. u. Strahlenklinik Karlsruhe (s. 1956) - In der Tasch 3, 7500 Karlsruhe-Durlach (T. 4 26 84) - Geb. 24. Juli 1914 Wiesbaden (Vater: Thomas H.; Mutter: Paula, geb. Lieck), verh. s. 1940 m. Dr. med. Angela, geb. Huppertz, 4 Kd. (Birgit, Thomas, Ulrike, Dorothee) - S. 1948 (Habil.) Privatdoz. u. apl. Prof. f. Röntgenol. u. Strahlenheilkd. (1954) Univ. Bonn. Mitgl. Ges. Dt. Naturforscher u. Ärzte u. Dt. Röntgen-Ges. - BV: Zwerchfellpathol. im Röntgenbild, 1956; Klin. Röntgendiagnostik innere Krankh., 4 Bde. 1963/66/72 (I: Thorax, II: Abdomen, III/1 u. III/2: Skelett) - Spr.: Franz., Portugies.

HAUBRICH, Walter

Journalist, Auslandskorresp. Frankfurter Allg. Ztg. in Madrid - Zu erreichen üb. FAZ, Postf. 29 01, 6000 Frankfurt/M. 1 - Geb. 25. Aug. 1935 - Stud. Roman. Philol. u. Dt. Lit. Frankfurt, Dijon, Salamanca, Madrid, Mainz; Staatsex. Dt., Span., Franz. - N. mehrj. Lektortätigk. (Santiago de Compostela u. Valladolid) s. 1968 FAZ (1969 Spanienkorresp.) - BV: Francos Erben. Spanien auf d. Weg in d. Gegenw., 1976; Andalusien, 1983; Madrid-Toledo, 1987 - 1986 Augsburger Univ.-Preis f. Spanien- u. Lateinamerikastud.

HAUBRICHS, Wolfgang
Dr. phil., Prof. f. Germanistik - Dr.-Schier-Str. 14K, 6670 St. Ingbert - Geb. 22. Dez. 1942 Saarbrücken (Vater: Willi H., RA; Mutter: Erika, geb. Schaap), ev., verh. s. 1978 m. Doris, geb. Leismann, 2 Kd. (Joerg, Corinna) - 1961-67 Stud. Germ. u. Gesch. Univ. Bonn u. Saarbrücken; Promot. 1967, Habil. 1975 Saarbrücken - 1967-69 Stip. DFG; 1972-77 Assist.-Prof., 1977 o. Prof. - BV: Ordo als Form, 1969; Erz.forsch.; 3 Bde., 1976-78; D. Kultur d. Abtei Prüm z. Karolingerzeit, 1979; Georgslied u. Georgsleg. im frühen Mittelalter, 1979. Herausg.: Ztschr. f. Literaturwiss. u. Linguistik - Spr.: Engl., Franz.

HAUBST, Rudolf
Dr. theol., Dr. h. c., o. Prof. f. Dogmatik - Mercatorstr. 11, 6501 Mainz-Marienborn (T. 3 49 59) - Geb. 18. April 1913 Maring/Mosel (Vater: Matthias H., Winzer; Mutter: Angela, geb. Lichter), kath. - Promot. (1950) u. Habil. (1955) Bonn - 1938-46 Kaplan Koblenz u. Trier (dazw. 4 J. Wehrdst.); 1946-50 Rektor u. Religionslehrer Kloster u. Schule Nonnenwerth; 1950-52 Stud. Vatikan. Bibl. Rom; s. 1954 Lehrtätig. Univ. Bonn (Lehrauftr. f. Scholast. Phil., 1955 Privatdoz.) u. Mainz (1958; Ord.). S. 1960 Vors. Cusanus-Ges. u. Dir. Inst. f. Cusanus-Forsch. (Univ. Mainz); s. 1980 Univ. u. Theol. Fak. Trier - BV: D. Bild d. Einen u. Dreieinen Gottes in d. Welt nach Nikolaus v. Kues, 1952; D. Christologie d. N. v. Kues, 1956; V. Sinn d. Menschwerdung - Cur Deus homo, 1968. Zahlr. geistesgeschichtl. Unters. u. Veröff. Herausg.: Mitt. u. Forschungsbeitr. d. Cusanus-Ges. (1961ff.); D. Cusanus-Jubiläum (1964). Veröffentl. v. Symposien (Ref. u. Diskussionen): NvK in d. Geschichte d. Erkenntnisproblems (MFCG 11, 1975); D. Friede unter d. Religionen nach NvK (MFCG 16, 1984); D. Sehen Gottes n. NvK (MFCG 18, 1989). Buchreihe d. Cusanus-Ges. (1964ff.); Nicolai de Cusa Sermones (1970ff.); Kleine Schriften d. Cusanus-Ges. H.12: Nikolaus v. Kues - Pförtner d. neuen Zeit; Nikolaus v. Kues, Textauswahl in dt. Übers., H. 1, D. Friede im Glauben, H. 2, D. Vaterunser - Erklärung in d. Volkssprache (1982), H. 3, De visione Dei - D. Sehen Gottes (1985) - 1973 Dr. theol. h.c., 1975 BVK I. Kl. - Festgabe z. 65. Geburtstag: D. Menschenbild d. Nikolaus von Kues u. d. christliche Humanismus (=MFCG 13, 1978).

HAUCH, Hans-Jürgen
Dr. med., Prof., Chefarzt II. Innere Abt. Allg. Krkhs. St. Georg - Heilwigstr. 6, 2000 Hamburg 20 - Geb. 3. Mai 1918 Hamburg - S. 1959 (Habil.) Privatdoz. u. apl. Prof. (1966) Univ. Hamburg. Üb. 50 Fachveröff.

HAUCHLER, Ingomar
Dr., Prof. f. Wirtschaftswiss. Hochsch. Bremen (s. 1976), Bundestagsabgeordneter (s. 1983; Landesliste Nieders., Mitgl. Finanz- u. Entw.aussch., stv. entw.polit. Sprecher SPD-Bundestagsfrakt.) - Bundeshaus, 5300 Bonn 1 - Geb. 15. März 1938 Biberach/Riß - Schatzm. Stiftg. Entw. u. Frieden - SPD.

HAUCK, Erich
I. Bürgermeister Stadt Amorbach (s. 1970) - Rathaus, 8762 Amorbach/Ufr. - Geb. 25. Febr. 1922 Aschaffenburg - Zul. Geschäftsf. SPD.

HAUCK, Günther
Dr. med., Prof. f. Physiologie Univ. Münster (s. 1972) - Lippestr. 19, 4400 Münster/W. - Geb. 31. Jan. 1926 - Promot. 1952 Heidelberg; Habil. 1967 Würzburg - Facharb.

HAUCK, Hartwig
Dr., Geschäftsführer Nürnberg Messe, gf. Vorst.-Mitgl. Deutscher Kanalverein - Messezentrum, 8500 Nürnberg 50.

HAUCK, Karl
Dr. phil., em. o. Prof. f. Mittelalterl. Geschichte - Habichtshöhe 21, 4400 Münster/W. - Geb. 21. Dez. 1916 Leipzig, ev., verh. m. Dr. med. Ilse, geb. Nebelung, 3 Kd. - 1943 Privatdoz. Univ. Straßburg, 1945 Univ. Erlangen, 1950 apl., 1958 ao. Prof. f. Bayer. u. Fränk. Landesgesch., 1959 o. Prof. u. Mitdir. Histor. Sem. Univ. Münster. 1960-82 Mitgl. Histor. Kommiss. Westf. - BV: Goldbrakteaten aus Sievern, 1970 (Münstersche Mittelalterschr. I). Herausg.: Z. german.-dt. Heldensage (1961); Frühmittelalterl. Studien (I 1967 - XXI 1987); D. Einhardkreuz (1974); D. Goldbrakteaten d. Völkerwanderungszeit (1985-89, Münstersche Mittelalterschr. XXIV, 1-3) - 1961 korr. Mitgl. Dt. Archäol. Inst.; 1969 o. Mitgl. Göttinger Akad. d. Wiss.; 1986 o. Mitgl. Acad. Mediterranea Delle Scienze Catania; 1989 korr. Mitgl. Bayer. Akad. d. Wiss. München.

HAUCK, Michael
Bankkaufmann, pers. haft. Gesellschafter Georg Hauck & Sohn Bankiers KG a.A., Frankfurt, VR-Präs. Hauck Banquiers Luxembourg S. A., Luxembourg - Kaiserstr. 24, Postf. 3107, 6000 Frankfurt/M. 1 - Geb. 22. April 1927 (Vater: Alexander Hauck; Mutter: Anne Marie, geb. Oswalt), verh. m. Doraline, geb. Gr. Grote, 2 Kd. - Humanist. Gymn. Frankfurt; Banklehre u. -ausbild. im In- u. Ausland - S. 1956 Hauck & Sohn. Div. AR-Mandate, u. a. Michelin Reifenwerke KGaA, Karlsruhe, Ciba-Geigy GmbH, Wehr, Beamtenversicherungsverein d. Dt. Bank- u. Bankiergewerbes (a.G.), Berlin, Universal-Investment-GmbH, Frankfurter Hypothekenbank, sämtl. Frankfurt; Beirat-Mitgl. Hoessrich Verw.-Ges. mbH, Bad Homburg; stv. Vors. Anlageausschuß Deutsche Gesellsch. f. Wertpapiersparen mbH, Frankfurt; Vorst.-Vors. Frankfurter Wertpapierbörse; Mitgl. Vollvers. IHK Frankfurt, Mitgl. Verw.aussch. Freies Dt. Hochstift Frankfurter Goethe-Museum; Vorst.-Mitgl. Städelscher Museumsverein, Frankfurt - Spr.: Engl., Franz.

HAUCK, Rudolf
Sozialarbeiter, MdB (s. 1965; 1969-82 Vors. Aussch. Jugend, Familie, Gesundh., jetzt stv. Vors.) - Roter Torweg 7, 3330 Helmstedt - Geb. 20. April 1924 Schweinfurt, ev., verh., 2 Kd. - Volkssch.; 1938-41 kaufm. Lehre (Ind.); 1949 b. 51 Sem. f. Sozialberufe (Staatsex.) - 1941-45 Luftwaffe (als Angest. dienstverpfl.); ab 1946 Geschäftsf. Kreisjugendring Schweinfurt; 1952-56 Kreisjugendpfleger Helmstedt; 1952ff. Leit. Kreisjugendamt Helmstedt, 1956ff. Ratsmitgl. Helmstedt. SPD s. 1946 (Bezirksvors. Braunschweig) - 1975 Gr. BVK, dann Stern dazu.

HAUCK-TREIBER, Illon Astrid
Theaterleiterin, Schauspielerin - Klosterweg 4, 6653 Blieskastel (T. 06842 - 24 50) - Geb. 19. Juli 1949 Blieskastel (Vater: Herbert H., Weinkaufm.; Mutter: Hildegard, geb. Uebel), kath., verh. s. 1976 m. Dr. Roland T., 2 S. (Andreas, Dirk) - Realgymn. Homburg; Staatl. Hochsch. f. Musik (Abt. Schauspiel), Saarbrücken; Staatsex. 1968 - Engagements in: Saarbrücken (1967), Darmstadt (1969), Memmingen (1970), Kaiserslautern (1973). S. 1977 (Gründ.) Leit. Parktheater Blieskastel - Liebh.: Musik, Tanz, Schwimmen, Spaziergänge, Gartenarbeit, Tischtennis.

HAUENHERM, Wolfgang
Dipl.-Ing., Prof. f. Städtebau Univ.-GH Essen, Architekt, Stadtplaner - Im Brauke 11, 4300 Essen 17 (T. 0201 - 57 09 81) - Geb. 23. Okt. 1932 Rheine (Vater: Bernhard H.; Mutter: Catharina, geb. Gude), kath., verh. s. 1960 m. Ottilie, geb. Linowsky, 4 Kd. (Justus, Eckhard, Eva, Henrike) - 1952-58 RWTH Aachen (Arch., Dipl. 1958; städtebaul. Ausb. b. Prof. Erich Kühn) - 1960 Stadtplanungsamt Gladbeck; 1961 Planungsamt Osnabrück; 1962-65 Münster; 1966 Baurat/Oberbaurat, Ing.-Schule Essen, Prof. Univ. Essen (1975 Prodekan, 1987/88 Dekan) - 1. Preise b. städtebaul. Wettbew.: 1970 Wohnbebauung Wanne-Eickel (ausgef.), 1974 Ortskern Avenwedde (nicht ausgef.) - Spr.: Engl., Ital.

HAUENSCHILD, Carl
Dr. rer. nat., o. Prof. Zool. Inst. TU Braunschweig - Akeleiweg 1, 3300 Braunschweig (T. Braunschweig 36 00 13) - Geb. 16. April 1926 München - S. 1954 (Habil.) Lehrtätigk. Univ. Tübingen, Univ. Freiburg (1960 apl. Prof.), TU Braunschweig (1967 Ord.). Fachveröff.

HAUENSCHILD, Karl
Gewerkschaftsvorsitzender a.D. - Wundramstr. 16, 3005 Hemmingen-Westerfeld - Geb. 30. Aug. 1920 Hannover - S. 1948 IG Chemie - Papier - Keramik (1969-82 Vors.). 1970ff. Präs. Intern. Föderation v. Chemie-, Energie- u. Fabrikarb.verb. SPD s. 1948 - 1975 BVK I. Kl., 1981 Gr. BVK.

HAUER, Gunther
Prof. f. Musik Hochsch. Karlsruhe, Pianist - Esternaystr. 61, 7517 Waldbronn (T. 07243 - 6 64 08) - Geb. 8. Juni 1935 Rüdersdorf/b. Berlin, verh. m. Michaela, geb. Weber, 3 S. (Florian, Johannes Friedrich, Caspar-Felix) - 1953-61 Stud. Klavier Staatl. Hochsch. f. Musik Leipzig - S. 1980 Prof. f. Klavierspiel Karlsruhe - 1961-67 Lehrer Staatl. Hochsch. f. Musik Leipzig; 1969-72 Bad. Konservat.; ab 1972 Staatl. Hochsch. f. Musik Karlsruhe (1980 Prof.) - Spr.: Engl., Russ. - Bek. Vorf.: Joachim Ringelnatz, Schriftst. (Großonkel).

HAUER, Karl
Rechtsanwalt, Geschäftsf. Landesverb. d. Bekleidungsind. f. Baden - Marktstr. 40, 7630 Lahr/Schwarzw. (T. 25 05).

HAUER, Rudolf
Geschäftsführer Binder Magnete GmbH. - Mönchweiler Str. 1, 7730 Villingen-Schwenningen/Schwarzw. - Obering.

HAUF, Alfred
Sparkassendirektor, Vors. Industrie- u. Handelsgremium Neu-Ulm - Franz-Lehar-Str. 40, 7910 Neu-Ulm (T. 0731 - 70 92 70) - Geb. 18. Mai 1924 Ottobeuren (Vater: Gottfried H., Hauptlehrer; Mutter: Antonie, geb. Schwägele), kath., verh. s. 1947 m. Gertrud, geb. Schlaffner, 4 Kd. (Reinhard, Bertram, Markus, Angela) - Ausb. z. Sparkassen-Betriebswirt (Dipl.) - Schatzm. Rotes Kreuz u. Verkehrswacht Neu-Ulm, Vors. Verkehrswacht Neu-Ulm - 1984 Gold. Ehrenring IHK f. Augsburg u. Schwaben; 1984 BVK am Bde.

HAUF, Günter
Dr. rer. pol., Dipl.-Kfm., Dipl.-Chem., Geschäftsführer Polymer-Chemie GmbH., Sobernheim, u. Johann Hay GmbH. & Co. KG., Bockenau - Bösgrunder Weg 42a, 6550 Bad Kreuznach/Nahe - Geb. 20. Juli 1930.

HAUF, Rudolf
Dr. med., Prof., Ltd. Reg. Med.-Dir. i. R., Leiter gewerbeärztl. Dienst u. Institut f. prakt. Arbeitsmed., em. Lehrbeauftr. f. Arbeitsmed. Univ. Freiburg u. f. Elektropathol. TU München - Reutebachgasse 11, 7800 Freiburg/Br. (T. 5 62 01) - Geb. 9. Aug. 1917 Rastatt - Hrsg. Schriftenr.: Beitr. z. Ersten Hilfe u. Behandl. v. Unfällen durch elektr. Strom - Spr.: Engl., Franz.

HAUFF, Alfred
Dr.-Ing., Vorstandsvorsitzender Leybold AG, Hanau - Wilhelm-Rohn-Str. 25, 6450 Hanau 1 (T. 06181 - 34-14 21) - Geb. 9. Dez. 1929 - S. 1970 Geschäftsf. u. s. 1973 Vors. d. Gfg. LH; Vorst.-Vors. TÜV Hessen; Beirats-Vors. Dt. Arb.gemeinsch. Vakuum (DAGV); Vorst.-Mitgl. Dechema u. d. Dt. Feinmechan. u. Opt. Ind.; AR-Mitgl. Schenck AG, Darmstadt.

HAUFF, Günther W.
Dr. med. h. c., Verleger, pers. haft. Gesellsch. Georg Thieme Verlag, Geschäftsf. Verlag Ferdinand Enke, Pres. Thieme Medical Publishers, Inc. - Rüdigerstr. 14, 7000 Stuttgart 30 - Geb. 17. April 1927 Leipzig.

HAUFF, Volker
Dr. rer. pol., Bundesminister a.D., Oberbürgermeister d. Stadt Frankfurt (s. 1989), MdB (s. 1969; Wahlkr. Frankfurt) - Telemannstr. 33, 6000 Frankfurt - Geb. 9. Aug. 1940 Backnang (Vater: Richard H., Oberstudiendir.; Mutter: Ilse, geb. Dieter), ev., verh. s. 1967 m. Ursula, geb. Irion, 2 Söhne (Matthias, Thadeusz) - Gymn.; FU Berlin (Wirtschafts- u. Sozialwiss.; Dipl.-Volksw. 1966). Promot. 1968 - 1966-70 Leit. eines Inst. f. Datenverarb. u. Städtesanierung; 1971-72 Mitarb. IBM. 1967 USA-Aufenth. (Univ. of Michigan); 1972-78 Parlam. Staatssekr. b. Bundesmin. f. Forsch. u. Technol.; 1978-80 Bundesmin. f. Forsch. u. Technol.; s. 1979 Mitgl. SPD-Parteivorst.; 1979-87 Vors. Kommiss. f. Umweltfragen u. Ökologie d. SPD-Parteivorst.; 1980-82 Bundesmin. f. Verkehr; 1983-88 stv. Vors. SPD-Bundestagsfraktion u. Leit. Arbeitskr. Umwelt u. Energie d. SPD-Bundestagsfraktion; 1984ff. dt. Mitgl. UNO-Kommiss. f. Umwelt u. Entw.; s. 1986 Mitgl. SPD-Landesvorst. Hessen; Vors. d. Kommiss. d. SPD-Parteivorst. Sichere Energieversorg. ohne Atomkraft. SPD s. 1959 - BV: Wörterb. d. Datenverarb., 3. A. 1969; Mitverf.: Programmierfibel - E. verständl. Einf. in d. Programmieren digitaler Automaten, 1965; F. e. soz. Bodenrecht, 1972; Modernisierung d. Volkswirtsch., 1975 (m. a.); Sprachlose Politik, 1979; Energie-Wende, 1986. Herausg.: Dt. Risikostudie Kernkraftwerke (1979). Mithrsg.: Berufschancen in d. elektron. Datenverarb. (1973), Forschungspolitik f. e. lebenswerte Zukunft (1974), Politik als Zukunftsgestalt. (1976), Damit d. Fortschritt nicht zum Risiko wird (1978) - Liebh.: Mod. Malerei, Kochen - Spr.: Engl., Franz., Ital.

HAUG, Albert
Dr. phil., Dipl.-Ing., Prof. f. Elektron. Meßtechnik - Schwalbenweg 8, 7910 Neu-Ulm 3 - Geb. 19. April 1927 Tübingen (Vater: Franz H., Studienrat; Mutter: Marta, geb. Friderich), kath., verh. s. 1956 m. Hildegard, geb. Mailänder, 3 Kd. (Franz, Gundi, Gero) - 1948 Rundfunkhandw.; 1953 Dipl.-Ing. (Stuttgart), 1975 Promot., 1982 Habil./Labordidaktik (bei Klagenfurt) - 1953-57 Mitarb. DFG; 1958-60 Entwicklungsing.; s. 1960 Doz. bzw. Prof. Fachhochsch. Ulm (1964-73 Prorektor). Arbeitsgeb.: Elektron. Meßtechnik, Ing.-päd. Labordid. (11 Bücher, ca. 80 Aufs.) - 1977 Wiss.preis Stadt Ulm.

HAUG, Eberhard
Dr. rer. nat., Prof. f. Physik Univ. Tübingen - Römerstr. 11/4, 7430 Metzingen (T. 07123 - 4 11 76) - Geb. 8. März 1936 Urach (Vater: Hermann H., Beamter; Mutter: Marta, geb. Kirschbaum), ev., verh. - Univ. Tübingen (Physik-Dipl. 1962, Promot. 1966) - 1968-75 Wiss. Assist., 1975-80 Privatdoz., 1980 Prof. Univ. Tüb. - Liebh.: Musik, Bergsteigen - Spr.: Franz., Engl.

HAUG, Frigga
Dr. phil. habil., Dozentin Hochschule f. Wirtsch. u. Politik Hamburg (s. 1978) - Krottnaurerstr. 72, 1000 Berlin 38 (T. 030 - 803 73 82); u. Rappstr. 2, 2000 Hamburg 13 - Geb. 28. Nov. 1937 Mülheim/Ruhr (Vater: Dipl.-Volksw. Heinz Langenberger; Mutter: Dipl.-Volksw. Melanie L.), verh. s. 1966 m. Wolfgang Fritz H., T. Marion - Gymn. Mülheim; Stud. FU Berlin; Dipl.-Soz. 1971; Promot. 1976; Habil. (Soz.psych.) 1978 - 1971-76 Wiss. Assist. Psych. Inst. FU Berlin; 1977 Gastprof. Kopenhagen, 1985 Sydney/Austral., 1986 Innsbruck - BV: Kritik d. Rollentheorie, 1972, 3. A. 1974; Gesellschaftl. Produktion u. Erzieh., 1977; Sexualisierungs d. Körpers, 1983, 2. A. 1988 (engl. 1987). 8 Bücher z. Arbeits- u. Automationsforsch. 1975-88; 7 Bücher z. Frauenforsch. 1980-89. Herausg. Ztschr. D. Argument; Redakt. Forum Krit. Psych. - Liebh.: Intern. sozialist. feminist. Frauenpolitik, Reisen - Spr.: Engl., Franz. - Lit.: Kornelia Hauser: Viele Orte überall? Feminismus in Bewegung, Festschr. f. F. H (1987).

HAUG, Hartmut
Dr., Dipl.-Phys., o. Prof. f. Theoret. Physik Univ. Frankfurt (s. 1973) - Am Hirschsprung 4, 6240 Königstein - Geb. 24. Juli 1936 Stuttgart (Vater: Ernst H., Amtm.; Mutter: Hedwig, geb. Jaus), ev. - 1967-69 Prof. Univ. of Wisconsin, Madison, 1969-73 Philips Forschungslabor., Eindhoven; 1976 Gastprof. Univ. Tokio, Japan, 1980 Gastforscher IBM Lab, San Jose, Kalifornien; 1983 Gastprof. Univ. Campinas, Brasilien; 1984 Gastprof. Indiana Univ. Bloomington, USA; 1988 Gastprof. Univ. Straßburg u. Univ. Arizona, Tucson - Herausg. Optical/Nonlinearities and Instabilities of Semiconductors Acad. Press, N.Y. (1988); Optical Switching in Low-Dimensional Systems, Plenum, N.Y. (1989). Mithrsg.: Journ. of Luminescence. Ca. 135 Veröff. z. Theorie d. Laser, Tieftemperaturphysik, Halbleiterphysik u. Eigensch. hochangereter Materie - Spr.: Engl., Holl.

HAUG, Heinz
Direktor, Vorstandsmitglied Alte Leipziger Versicherung AG. u. Alte Leipziger Rückversicherung AG., Oberursel/Ts. - Wingertstr. 30, 6074 Rödermark-Waldacker bis Offenbach/M. (T. 06074 - 9 06 49) - Geb. 27. Juni 1921 Heilbronn/N., ev., verh. s. 1944 m. Else, geb. Vogt, 2 Söhne (Hans-Joachim, Michael) - Kaufm. Lehre; Wirtschaftshochsch. Nürnberg (1946-49; Betriebsw.).

HAUG, Herbert
Dr. med., em. o. Univ.-Prof., Anatomie Med. Univ. Lübeck (s. 1972) - Goldberg 5, 2400 Lübeck - Geb. 4. Aug. 1920 Stuttgart, verh. s. 1968 m. Hanna, geb. Hesse - Med. Staatsex. 1952; Promot. 1952; Habil. 1957; - 1952-65 Anat. Inst. Univ. Erlangen; 1963 apl. Prof.; 1965 Oberarzt Anat. Inst. Univ. Hamburg; 1969 Oberarzt Anat. Inst. Univ. Kiel; emerit. 1988. 1975-79 Pres. Intern. Soc. of Stereology - Etwa 150 Art. in wiss. Ztschr.; 3 Monogr. Themen: Neuroanat., Stereologie - Spr.: Engl.

HAUG, Horst
Bürgermeister Stadt Schwaigern - 7103 Schwaigern, Kr. Heilbronn (T. 07138 - 2 10) - Geb. 12. Mai 1936 Friedrichshafen (Vater: Georg H., Polizeibeamter †; Mutter: Maria, geb. Anhorn), ev., verh. s. 1970 m. Hannelore, geb. Dähn - Gymn.; FHS f. öfftl. Verw. (Ex. 1959) - 1959-62 Insp. u. Oberinsp. Stadt Schwaigern, s. 1963 Bürgerm. - Liebh.: Musik, Reisen, Sport, Biogr.

HAUG, Ulrich
Dr. rer. nat., Prof. f. Astronomie Univ. Hamburg/Sternwarte (s. 1972) - Gojenbergsweg 112c, 2050 Hamburg 80.

HAUG, Walter
Dr. phil., o. Prof. f. Dt. Philologie Univ. Tübingen (s. 1972) - Im Tannengrund 9, 7400 Tübingen (T. 07472 - 65 43) - Geb. 23. Nov. 1927 Glarus (Schweiz) - Habil. 1967 München - 1968-73 o. Prof. Univ. Regensburg. Facharb.

HAUG, Wolfgang Fritz
Dr. phil., Prof. f. Philosophie - Krottnaurer Str. 72, 1000 Berlin 38 (T. 030 - 803 73 82) - Geb. 23. März 1936 Eßlingen/N. (Vater: Walter H., Optikermstr.; Mutter: Lisel, geb. Stadler), verh. s. 1966

m. Frigga, geb. Langenberger - Gymn. Esslingen, Feinmechanik.lehre b. Kodak, Univ. Tübingen, West-Berlin, Montpellier, Perugia - 1965 Wiss. Assist., 1971 Assist.-Prof., 1979ff. Prof. FU Berlin - BV: Kritik d. Warenästhetik, 1971 (9. A. 1987; übers. Schwed., Serbokroat., Engl., Jap.); Vorles. z. Einf. in KAPITAL, 1974 (4. A. 1987; übers. Schwed., Span., Griech., Serbokroat., Slowen., Franz., Finnisch); Kritik d. Absurdismus, 1976; D. Zeitungsroman, 1980; Warenästhetik u. kapit. Massenkultur, Bd. 1, 1980 (übers. Finnisch, Span.); D. Faschisierung d. bürgerl. Subjekts, 1986, 2. A. 1987; Pluraler Marxismus, 3 Bde., 1985/87/89; V. hilflosen Antifaschismus z. Gnade d. späten Geburt, 1987, 2. A. 1989; Gorbatschow - Versuch üb. d. Zusammenhang seines Denkens, 1989; gemeins. m.: Projekt Ideologie-Theorie: Theorien üb. Ideologie, 1979 (3. A. 1986); Faschismus u. Ideologie, 2 Bde., 1980; Commodity Aesthetics, Ideology and Culture, 1987. Herausg.: Kritisches Wörterb. d. Marxismus, 8 Bde. (1983-88); Ztschr.: D. Argument (1959ff.) - Liebh.: Garten, Wein, Musik - Spr.: Engl., Franz., Span., Ital.

HAUGWITZ, Eleonore

s. Mutius, von, Dagmar

HAUK, Viktor

Dr. phil., Prof. f. Werkstoffkunde - Gerhart-Hauptmann-Str. 29, 4000 Düsseldorf (T. 63 33 36) - S. 1948 (Habil.) Privatdoz. u. apl. Prof. (1957) TH Aachen. 1969 ff. Vors. Dt. Ges. f. Zerstörungsfr. Prüfverfahren - 1969 Mitgl. Committee on Standardization of Tubular Goods u. Manufacturer Subcommittee American Petroleum Institute.

HAUKE, Harry

Dr. phil., Prof. f. Erziehungswissenschaft - Banaterstr. 27, 7072 Heubach (T. 07173 - 89 09) - Geb. 15. Nov. 1924 Bielitz/OS. (Vater: Hans H., Fabrikdir.), verh. s. 1948 m. Herta, geb. Daub, 4 Kd. (Heidi, Hanspeter, Stephan, Matthias) - Gymn.; Lehrerbildungsanst. Karlsruhe; Univ. Mainz u. Tübingen (Päd., Phil., Psych., Theol.) - B. 1967 Doz., dann Prof. Päd. Hochsch. Schwäb. Gmünd.Herausg.: Lernen m. Kleinkindern, Aspekte d. künft. Schule, Aspekte d. Geschlechtlichkeit, Asp. d. Lernens, Aktuelle Erziehungsprobleme; Mithrsg.: Wiss., Bildung u. päd. Wirklichk. (m. Buck u. Zahn).

HAUL, Robert A. W.

Dr.-Ing., o. Prof. (emerit.) Inst. f. Physikal. Chemie Univ. Hannover (s. 1964) - Callinstr. 3a, 3000 Hannover - Geb. 31. Mai 1912 Hamburg - TH Braunschweig, Graz, Danzig (Dipl.-Ing.), Berlin (Promot. 1938). Habil. 1942 Dt. TH Prag - 1937 b. 1945 wiss. Mitarb. u. Abt.-Leit. Kaiser-Wilhelm-Inst. f. Physikal. Chemie Berlin; 1946-49 Doz. Univ. Hamburg; 1949-56 Principal Research Officer National Chemical Research Laboratory Pretoria (Südafrika); 1956-64 apl., ao. (1958) u. o. Prof. (1962) Univ. Bonn. In- u. ausl. Fachmitgliedsch. Veröff. üb. Grenzflächenchemie u. Katalyse - Spr.: Engl.

HAUMANN, Friedel

Kaufmann, Mitinh. Fa. R. Vogeler - Am Nussberger Pfad 29, 5000 Köln 30 (T. 59 23 22) - Geb. 4. Sept. 1929 Köln (Vater: Friedrich H., Beamter; Mutter: Agnes, geb. Patt), kath., verh. s. 1954 m. Resi, geb. Merker, 4 Kd. (Norbert, Elisabeth, Gabriele, Hans-Georg) - Abit.; Kaufm. Lehre - BVK I. Kl.

HAUN, Helmut

Ministerialdirigent a. D., Landesbeauftr. f. Vertriebene, Flüchtlinge u. Aussiedler im Staatsmin. Baden-Württ. (1977-87) - Königsberger Str. 174, 7302 Ostfildern 2 (T. 0711 - 34 11 41) - Geb. 7. April 1919 Eger - 1938 Abit. Dux, 1938-45 Berufsoffz.; 1946-53 Stud. German. Tübingen, Genf u. Bern - 1953ff. Kultur- u. Presseref. Vertriebenmin. Baden-Württ.; 1960-76 Ref.leit., b. 1980 Abt.leit. Innenmin. 1950-52 MdL Baden-Württ.; 1959-64 Gemeinderat Esslingen/N. 1971-87 Vors. Sudetend. Heimatrat; 1981-87 Landesvors. Bund d. Vertriebenen; Vizepräs. Intern. Lenauges.; Mitgl. Rundfunkrat SDR; VR Landeskreditbank Baden-Württ. u. Dt. Ausgleichsbank Bonn - Gr. BVK; Verdienstmed. Land Baden-Württ., Gr. silb. Ehrenz. d. Rep. Österr.; Päpstl. Gregoriusorden; Ehrenbrief Sudentend. Landsm.; EK I Kl.

HAUNFELDER, David

Dr. med., Dr. med. dent. habil., o. Prof. f. Zahn-Mund-Kieferheilkunde (emerit.) - Gröninger Str. 2, 4400 Münster (T. 10 26) - Geb. 21. März 1912 Roth/Mfr., verh., 2 Kd. (Dagmar, Bernd-Michael) - S. 1953 Lehrtätigk. Univ. Würzburg (1959 apl. Prof.), Saarbrücken (1963 Ord. u. Klinikdir.), Münster (1966 dass.) - BV: Zahnärztl. Mundchir., 1981 (m. S. Lehnert); Praxis d. Zahnheilkd., 1968 (m. L. Hupfauf, W. Ketterl, G. Schmuth). Zahlr. Einzelarb.

HAUNGS, Peter

Dr. phil., Prof. f. Politikwissenschaft, Vors. Dt. Ges. f. Politikwiss. (s. 1987) - Heinrich-Lübke-Str. 36, 5500 Trier/Mosel - Geb. 12. April 1939 Lahr/Schwarzw. - Promot. 1966 Heidelberg - S. 1972 Prof. Univ. Trier - BV: Wahlkampf u. Wählertradition, 1965 (m. Bernhard Vogel); Reichspräs. u. parlam. Kabinettsreg., 1968; Res Publica. Dolf Sternberger z. 70. Geb., 1977 (Hrsg.); Parteiendemokr. in d. BRD, 2. A. 1981; 40 J. Rheinl.-Pfalz. E. polit. Landeskunde, 1986 (Hrsg.); Parteien in d. Krise?, 1987 (hg. m. Eckhard Jesse). Mithrsg.: Polit. Bildung (s. 1982).

HAUNGS, Rainer

Dipl.-Volksw., selbst. Unternehmer, MdB - Schlehenweg 38, 7630 Lahr - Geb. 7. Sept. 1942, kath., verh., 2 Kd. - Stud. Volksw. Freiburg - Gf. Gesellsch. Haungs GmbH, Südwest-Gerüstbau GmbH, bde. Lahr; 2. Vors. ASU-Arbeitsgemeinsch.

HAUNSS, Peter

Dr. rer. oec., Dipl.-Kfm., Gf. Gesellschafter Wilh. Pfau GmbH & Co., Heilbronn, Vors. Verb. d. Papier, Pappe u. Kunstst. verarb. Ind. Baden-Württ. - Wilhelmstr. 51, 7100 Heilbronn (T. 07131 - 6 89 81) - Geb. 22. Okt. 1940 Heilbronn (Vater: Emil H., Kaufm.; Mutter: Elsbeth, geb. Pfau), ev., verh. s. 1973 m. Ingeborg, geb. Scheuerle, 3 Kd. (Barbara, Peter, Eva) - 1961-67 Stud. Betriebsw. Univ. Mannheim; Promot. 1969-71 Univ. Innsbruck - Ab 1972 Fa. Pfau; s. 1978 Verb.-Vors. (s. o.) - BV: Kauf- u. Absatzentsch. d. Verbraucher u. Untern., 1973.

HAUPT, Dieter

Dr. rer. nat., o. Prof. f. Betriebssysteme - Am Kupferofen 38, 5100 Aachen - S. 1971 Ord. TH Aachen (stv. Leit. Rechenzentrum).

HAUPT, Harald

Dr. med., Prof., Chefarzt Städt. Kinderklinik Duisburg - Zu d. Rehwiesen 9, 4100 Duisburg - Geb. 22. Juni 1924 Bonn (Vater: Prof. Dr. med. Walther H., Ord. f. Geburtshilfe u. Frauenheilkd. †1944 (s. X. Ausg.); Mutter: Paula, geb. Seifert), ev., verh. s. 1953 m. Brigitte, geb. Sidow †1985, 4 Kd. (Ulrike, Eckhard, Meike, Brigitte) - Gymn.; Stud. Med. Med. Staatsex. 1950 Jena; Promot. 1950 Greifswald; Habil. 1962 Würzburg - S. 1962 Lehrtätigk. Univ. Würzburg, Bochum u. Essen (apl. Prof.). Zul. Oberarzt Kinderklinik/Klinikum Essen - BV: D. Neugeborene, 1971, 2. A. 1974 (span. 1974), 3. A. 1982; Differentialdiagnose b. Neugeborenenkrankh., 1985. Mitautor mehrerer Fachb., dar. Handb. d. Kinderheilkd. (1966). Zahlr. Einzelarb.

HAUPT, Heinz-Gerhard

Dr. phil., Prof. f. westeuropäische Sozialgesch. - Gleimstr. 3, 2800 Bremen 1 (T. 0421 - 7 35 62) - Geb. 21. März 1943 Göttingen, verh. m. Heide, geb. Schimke, 3 Kd. (Anna, Sarah, Lotta) - Gymn. Corvinianum, Northeim; Stud. Univ. Göttingen, FU Berlin, Paris; Promot. 1972 FU Berlin; Habil. 1974 Univ. Bremen - 1975/76 Gastprof. Univ. Paris-Vincennes, 1980 Univ. Nanterre, 1985/86 Univ. Lyon-2; 1986/87 Dir. d'études Ecole des Hautes Etudes en Sciences sociales, Paris - BV: Nationalismus u. Demokratie im Frankreich d. Restauration, 1974 (m. K. Hausen); D. Pariser Kommune, 1978; D. radikale Mitte, 1985.

HAUPT, Josef

Dr. phil., Prof. f. Mathematik (emerit.) - Am Laugrund 10, 4790 Paderborn/W. - Zul. GH Paderborn.

HAUPT, Jürgen

Dr. phil., Prof. f. Neuere dt. Literturgesch. Univ. Hannover - Flintweg 18, 3000 Hannover 91 - Geb. 8. Febr. 1940 Hamburg, verh. s. 1970 - Stud. Univ. Hannover, Wien, Freiburg/Br. (Staatsex. 1965, Promot. 1967, Habil. 1975) - 1967-73 Wiss. Assist. (b. Prof. Hans Mayer); 1973-80 Akad. Rat; 1980ff. Prof. f. Neuere dt. Lit.gesch. (Schwerp. 18. u. 20. Jh.) - BV: Konstellationen Hugo v. Hofmannsthals, 1970; Unters. z. Gesellschaftsstruktur im höfisch. Roman (Diss.), 1971; Heinrich Mann, 1980; Natur u. Lyrik. Naturbez. im 20. Jh., 1983; Aufs. in Fachztschr.

HAUPT, Klaus

Dr. phil., Geschäftsführer u. Inh. Mato GmbH, Metallwarenfabrik & Co. KG, Offenbach/M., Gf. u. Inh. psyma Arbeitsgruppe f. psych. Marktanalysen, Rückersdorf - Fliedersteig 17, 8501 Rückersdorf (T. 0911 - 5 70 51-3), ev., verw., 4 Kd. - Dipl.-Psych. 1955, Promot. 1956 Erlangen - 1968-74 u. 1977-87 Vorstandsmitgl. Arbeitskreis dt. Marktforschungsinst. (ADM) - BV: Marketing Enzyklopädie, (m. a.) 1974 - Spr.: Engl., Franz.

HAUPT, Peter

Dr.-Ing., Prof. f. Mechanik GH Kassel-Univ. (s. 1989) - Neuweg 17a, 6105 Ober-Ramstadt - Geb. 5. April 1938 Lüdenscheid - Stud. TU Berlin 1958-65, Dipl. (Theoret. Maschinenbau) 1965, Promot. 1971, Habil. 1975 - 1977-89 Prof. f. Mechanik TH Darmstadt - BV: Viskoelastizität u. Plastizität: Thermomechan. konsistente Materialgleichungen, Berlin, Heidelberg, New York 1977.

HAUPT, Peter

Dipl.-Ing., o. Prof. f. Baukonstruktion u. Einf. in d. Entwerfen TU Berlin (s. 1966) - Reichsstr. 107, 1000 Berlin 19 (T. 302 56 58) - Geb. 8. Sept. 1923 Berlin, verh. (Ehefr.: Dorothea) - Architekt.

HAUPT, Peter W.

Beauftragter f. Jahrestagungen Intl. Währungsfond/Weltbank Berlin 1988 a. D. - 1000 Berlin 19 - Geb. 8. Juni 1924 Berlin, verh. m. Ilse, geb. v. Barton gen. v. Stedman, 2 Töcht. (Betina, Verena) - S. 1961 Dt. Lufthansa, zul. b. 1977 Leit. Abt. Geschäftssonderreisen, s. 1977 Generalbevollm. Intern. Congress Centrum (ICC), Berlin; Gründungsmitgl. u. VR-Mitgl. Dt. Kongreßbüro; s. 1974 Vorst.-Mitgl. Intl. Congress u. Convention Assn (ICCA); Doz. f. Kongreß-Betriebswirtsch. FH Heilbronn; Mitgl. American. Soc. of. Assn. Exc. (ASAE)

HAUPT, Ullrich

Schauspieler u. Regisseur - Eichleite 41a, 8022 Grünwald (T. 641 48 96) - Geb. 30. Okt. 1915 Chicago (Vater: Ullrich H., Schausp. u. Prod. USA; Mutter: Anna, geb. Böhmer), verh. s. 1961 m. Beatrice Norden (Schausp.), T. Jennifer - 1941 München, dann Berlin, s. 1951 Düsseldorf, Hamburg, Zürich (u. a. Prof. Kürmann, in: Biografie, UA. 1968), München (1972; Wallenstein, unt. Walter Felsenstein), Schauspielhaus Zürich u. Schiller-Theater Berlin; 1980/81/82 Staats-Theater München. Film; Fernsehen (Knüpf d. Netz nach d. Fisch, 1968), Faust 1970-71, FS-Serien Kommissar ca. 8 x, Derrik ca. 10 x, David Balfour, 4-Teiler (1978), D. Alte. 80 Regien an allen gr. dtsch.-spr. Theatern, Salzburger u. Bregenzer Festspiele, Ruhr-Festspiele Recklinghausen.

HAUPT, Walter

Dr.-Ing., em. Univ.-Prof. Inst. f. Markscheidewesen TU Clausthal (s. 1966) - Bremer Stieg 11, 3392 Clausthal-Zellerfeld (T. 21 95) - Geb. 16. Mai 1921 Essen (Vater: Konrad H., Handlungsbevollm. Fried. Krupp; Mutter: Marie, geb. Böttger), ev., verh. s. 1949 Edeltraud, geb. Kalberg, 3 Kd. (Ingeborg, Barbara, Andreas) - Goethe-Obersch. Essen; Bergakad. Clausthal (Markscheidewesen; Dipl.-Ing. 1950). Promot. 1963 - 1951-66 Hütten- u. Bergwerke Rheinhausen AG (Markscheider) u. Steinkohlenbergbauverein Essen (Dezernatsleit.). Spez. Arbeitsgeb.: Bergschäden, Lagerstättenbewert. Facharb. - Rotarier.

HAUPT, Walter

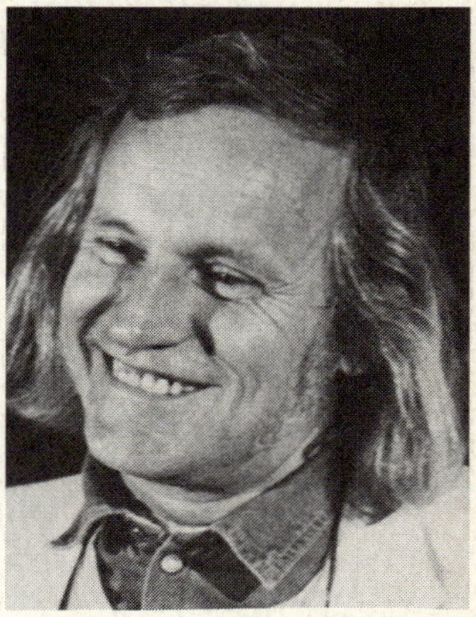

Komponist, Dirigent, Inszenator, Klangarch. (1969-86), Leit. Experimentierbühne Bayer. Staatsoper München - Zu erreichen üb. Klangwolken-Büro W. H., Saturnstr. 55, 8011 Aschheim (T. 089 - 903 78 37) - Geb. 28. Febr. 1935 München (Vater: Theodor H.; Mutter: Maria), S. Oliver - Staatl. Hochsch. f. Musik München; Kompos.stud. b. Hans Werner Henze Mozarteum Salzburg - 1969 Gründ. Exper.bühne a. d. Bayer. Staatsoper München - Auftragswerke f. exper. Musik-Theater: Sensus (Kuppel-Projektions-Musik-Raum); Träume (variabler Spiegelraum m. Licht, Wort u. Bewegung); Laser-Light-Environment (z. Eröff. Olymp. Spiele München); Neurosen-Kavalier (Opera dipsa) - Opern-Komps.Auftr.: Marat; Pier Paolo (Pasolini) - Ballett-Kompos.Auftr.: Moira, Rilke, Herzlich willkommen!, Mars, Sylvia Plath, Pasolini, Mörder Woyzeck, Peer Gynt, Golgatha. FS- u. Schallpl.aufzeichn. Open-Air-Projekte: Musik f. e. Landschaft, Klangwolken in Linz, München, Sarajewo, Köln, Zürich; Jerusalem in light; Musik-Theater-Spektakel Marat (200 J. Franz. Revolution) - 1971 Festspielpreis, 1974 Förderungspreis f. Musik Stadt München, 1980 Medien-Rose, 1985 Grand Prix des Belgrader BITEF, 1986 Schwabinger Kunstpreis, u. Ehrung f. Sylvia Plath Weltausst. Vancouver, Künstler d. Jahres, 7 AZ-Sterne, 5 TZ-Rosen - Spr.: Engl.

HAUPT, Werner

Generalsekretär Oberste Motorradsport-Kommission (OMK), Frankfurt - Waidmannstr. 47, 6000 Frankfurt/M. 70 (T. 069 - 63 40 11; Telex 413149) - Geb. 9. Juni 1934.

HAUPT, Wolfgang

Dr. rer. nat., em. o. Prof. f. Botanik - Erlenstr. 28, 8551 Röttenbach (T. 09195 - 37 25) - Geb. 24. Jan. 1921 Bonn (Vater: Prof. Dr. med. Walther H., Gynäkologe (s. X. Ausg.); Mutter: Paula, geb. Seifert), verh. s. 1950 m. Gerda, geb. Rohde, 4 Kd. (Gerhild, Thorolf, Giselheid, Eike) - Gymn. Bonn u. Jena; Univ. Erlangen u. Tübingen (Botanik, Zool.,

Chemie, Physik). Promot. (1952) u. Habil. (1957) Tübingen - 1957-62 Doz. Univ. Tübingen; 1962-88 o. Prof. Univ. Erlangen-Nürnberg. 1969-76 Vors. Verb. Dt. Biologen; 1979-85 Präs. Dt. Botan. Ges. Spez. Arbeitsgeb.: Bewegungsphysiol. u. Photobiol. d. Pflanzen - BV: Bewegungsphysiol. d. Pflanzen, 1977; Hrsg. (m. M. E. Feinleib) Encycl. Plant Physiol. Vol. 7, 1979 - 1975 Mitgl. Dt. Akad. d. Naturforscher/Leopoldina, Halle/S.; 1984 Ehrenmitgl. Verb. Dt. Biol.; 1988 Mitgl. Königl. Physiograph. Ges. Lund (Schweden); Finsen-Med. - Liebh.: Klass. Musik - Spr.: Engl. - Großv.: Prof. Dr. med. Otto S.; Onkel: Prof. Dr. Otto H. †1988 (Mathematiker).

HAUPT, Wolfgang

Dipl.-Kfm., Steuerberater, Geschäftsf. KPMG Peat Marwick Treuhand GmbH - Büro Gr. Gallusstr. 10-14, 6000 Frankfurt/M. 1 (T. 069 - 2 16 40) - Geb. 2. Jan. 1942 Bonn, kath., verh. s. 1964 m. Annette, geb. Arens, 2 S. - Lehre Dt. Bank, Bonn; Stud. Betriebs- u. Volksw. Univ. Bonn u. Köln; Dipl.-Kfm. 1967 Köln; Stip. DAAD, 1967/68 Sonderstud. Columbia Business School New York - 1968/69 Intern. Steuerabt., Büro New York; s. 1970 Steuerabt. Büro Frankfurt; s. 1974 Partner; s. 1983 Senior Tax Partner Continental Europe; s. 1984 Chairman Peat Marwick Intern. Tax Committee. Beirat Karl Otto Braun KG, Wolfstein; s. 1987 Chairman KPMG Tax Committee VR Trinkhaus & Burkhardt KGaA, Düsseldorf; Vorst. Dt. Treuhand-Ges. AG - Spr.: Engl., Franz.

HAUPTMANN, Elmar

Dr. jur., Präsident Oberpostdirektion Karlsruhe - Ettlinger-Tor-Platz 2, 7500 Karlsruhe; priv.: Breslauer Str. 52c, 7500 Karlsruhe.

HAUPTMANN, Gerhard

Dr. jur., Vizepräsident Landeszentralbank in Niedersachsen, Hannover (1968-84) - Schopenhauerstr. 22, 3000 Hannover-Kleefeld - Geb. 9. Dez. 1926 Königsberg/Pr., ev., verh. s. 1956 m. Renate, geb. Westermann, 2 Kd. (Ariane, Ralf) - Friedrichs-Kolleg Königsberg; 1947-50 Univ. Freiburg/Br. u. Göttingen (Rechtswiss.). Promot. 1952. Ass.ex. 1954 - S. 1964 LZB in Nieders. (1968 Vizepräs.).

HAUPTMANN, Günther

Dr. jur., Erster Bürgermeister Stadt Lichtenfels (s. 1959); Vorstandsmitgl. Bayer. Städtetag - Schönbornstr. 2, 8620 Lichtenfels (T. 7 95-1) - Geb. 12. Jan. 1925 Eger (Vater: Adalbert H., Studienrat; Mutter: Amalie, geb. Mader), kath., verh. in 2. Ehe (1962) m. Brigitte, geb. Fürnkäs, 2 Kd. (Thomas Jörg Mano, Ira Regine Maria) - Gr. jurist. Staatsprüf. 1952 - Reg. Mittelfranken, Landratsämter Staffelstein u. Lichtenfels - Liebh.: Musik, Lyrik, bild. Künste - Bayer. Sport-Leistungsabz. i. Gold, 1973; Dt. Sportabz. i. Gold, 1973, Oberfrankenmed., BVK - Spr.: Engl.

HAUPTMANN, Peter

Dr. theol., Prof. f. Kirchengeschichte Osteuropas Univ. Münster - Warendorfer Str. 5, 4400 Münster (T. 0251 - 4 52 45) - Geb. 25. März 1928 Chemnitz (Vater: Dr. Arnold H., Kaufm.; Mutter: Susanne, geb. Wünsche), ev., ledig - 1939-47 Staatsgymn. Chemnitz; 1947-53 Stud. Ev. Theol. Univ. Berlin, Rostock u. Münster; Promot. 1953, Habil. 1968 - 1958-70 Wiss. Assist.; s. 1971 Prof. f. Kirchengesch. Osteuropas Univ. Münster (s. 1976 Leit. Ostkirchen-Inst.) - BV: Altruss. Glaube, 1963; D. Katechismen d. Russ.-orth. Kirchen, 1971. S. 1978 Herausg. Jahrb. Kirche im Osten u. gleichnam. Monogr.reihe.

HAUPTMEYER, Carl-Hans

Dr. phil., Prof. f. Geschichte TU Hannover - Rodbraken 57, 3000 Hannover 91 (T. 0511 - 41 17 56) - Geb. 21. Okt. 1948 Hannover (Vater: Carl H., kaufm. Angest.; Mutter: Irene, geb. Heierding), ev., verh. s. 1971 m. Dorothea, geb. Hoffheinz, T. Sabine Dorothea - 1967-72 Stud. Gesch. u. Geogr. TU Hannover (Promot. 1975, Habil. 1978) - 1973-80 Wiss. Assist. TU Hann.; 1980-81 Vertr.-Prof. Univ. Hamburg; 1981 Prof. TU Hannover - BV: Div. Bücher u. Aufs. z. dt. Regional- u. Lokalgesch. d. Mittelalters u. d. Neuzeit.

HAURAND, Alfred (Ali)

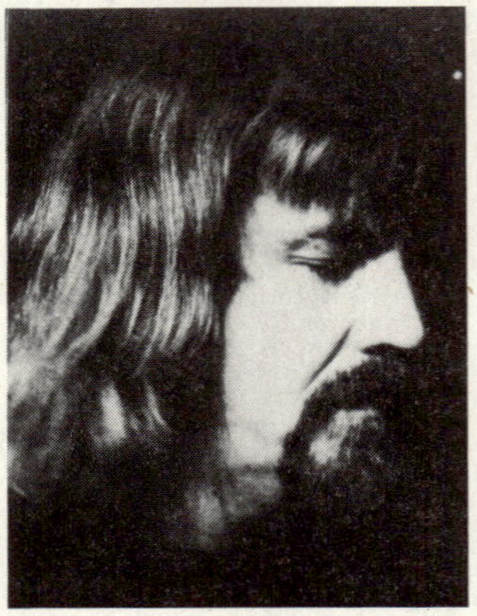

Musiker, Bandleader, Komponist (Ps. Ali Haurand) - Konrad-Adenauer-Ring 10, 4060 Viersen 1 (T. 02162 - 1 84 08) - Geb. 15. Nov. 1943 Viersen, kath., verh. s. 1971, Tochter Lena - Handelssch., kaufm. Lehre, Musikstud. Folkwangschule in Essen-Werden (1967-72), Rheinisches Konserv. Wuppertal (1972/73); Leiter Europ. Jazz Ensemble (10 Musiker aus 8 europ. Ländern), Intern. Jazz Quintet, Leit. d. Gruppe Third Eye, The Quartet, Lehrer Kreismusiksch. Viersen Abtlg. Jazz; Vortr. u. Seminare üb. Improvis. u. Jazz - 30 Lanspielplatten u.a. m. A. Skidmore Trio Europ. Jazz Quintet, Teiln. an namh. Jazz Festivals in Europa - Liebh.: Musik - Spr.: Engl., Holl.

HAUS, von, Gerhard

Oberkreisdirektor Landkreis Leer (s. 1979) - Osterkamp 7, 2950 Leer (T. 0491 - 83-3 00) - Geb. 22. Sept. 1937 Gummersbach, ev., verh. s. 1970 m. Karin, geb. Siegel - Dipl.-Kfm., Stud. polit. Wiss. d. Betriebs- u. Volksw.lehre - Geschäftsf. Leer-Nord GmbH, d. Verkehrsbetriebe d. Landkr. Leer, d. Zweckverb. d. Kreis- u. Stadtspark. Leer-Weener; VR-Vors. Kreis- u. Stadtspark. Leer-Weener; AR-Vors. Technologiepool GmbH; Akad.leit. Verw.- u. Wirtsch.-Akad. Leer - Liebh.: Malerei - Spr.: Engl., Franz.

HAUS, Oscar

Dr., Hauptgeschäftsführer Verb. Dt. Papierfabriken - Adenauerallee 55, 5300 Bonn (T. 0228 - 26 70 50).

HAUS, Wolfgang

Dr. phil., Historiker, freier Journalist, Intendant a.D. SFB (1978-83) - Taubertstr. 23a, 1000 Berlin 33 - Geb. 26. Juli 1927 Berlin (Vater: Paul H., Kaufm.; Mutter: Helene, geb. Krumm), ev., verh. s. 1955 m. Vera, geb. Kahl, T. Carola - Max-Planck-Sch. Berlin; Univ. Berlin u. Bonn (Neuere Gesch., Öfftl. Recht). Promot. 1955 Berlin (FU) - S. 1955 Dt. Städtetag. 1971ff. Rundfunkratsvors. SFB. Zeitw. Lehrbeauftr. FU Berlin, Geschäftsf. Kommunalwiss. Forschungszentrum u. Ver. f. Kommunalwiss., Berlin; Leit. Dt. Inst. f. Urbanistik, 1973-78; MdA 1967-78. SPD s. 1951 - BV: Z. Gesch. Berlins als Hauptstadt Dtschl. in: Berlin - Brennpunkt dt. Schicksals, 1960 (auch engl.). Herausg.: Kommunalwiss. Forschung (1966). Mithrsg.: Gemeindeordnungen in Europa (4sprach., 1967), Quellen z. mod. Gemeindeverf.recht in Dtschl. (1974); Städte, Kreise u. Gemeinden (1986); Berliner Demokratie 1919-33 (1987); D. moderne Staat (1988); Ztschr. Archiv f. Kommunalwiss.

HAUSAMEN, Torsten-Udo

Dr. med., Internist, apl. Prof. f. Innere Medizin Univ. Düsseldorf (s. 1975) - Beurhausstr. 40/Städt. Krankenanstalten, 4600 Dortmund - Zul. Privatdoz. D'dorf.

HAUSBERGER, Karl

Dr. theol., Prof. f. Hist. Theologie Univ. Regensburg - Wacholderweg 4a, 8411 Zeitlarn - Geb. 24. Mai 1944 Bonbruck/Bay., kath. - Dipl.-Theol. 1969, Promot. 1972, Habil. 1981 - 1972-76 Kaplan u. Religionslehrer; 1976-81 Wiss. Assist. Univ. München; 1981 Privatdoz. ebd.; 1982 Prof. Univ. Regensburg - BV: Gottfried Langwerth v. Simmern (1669-1741), Bistumsadministr. u. Weihbischof z. Regensburg, (Diss.) 1973; Staat u. Kirche nach d. Säkularis., (Habil.-Schr.) 1983; Bayer. Kirchengeschichte, 1985; Geschichte d. Bistums Regensburg, 2 Bde. 1989.

HAUSBURG, Hubertus

Dr., Dipl.-Forstwirt, Präsident Fürstlich Leiningensche Verwaltung - Herzogin v. Kent-Str. 3, 8762 Amorbach (T. 09373 - 13 13) - Geb. 27. Mai 1933 Wittstock/Dosse (Vater: Paul H., Oberförster; Mutter: Karla, geb. Duncker), ev., verh. s. 1957 m. Hella, geb. Petermann, 2 T. (Christine, Annette) - B. 1966 wiss. Tätigk. Univ. Freiburg; prakt. Forstdst. 1971 Leit. Gesamtbetr. Fürst zu Leiningen. Mitgl. versch. Beiräte. 1979-84 Präs. Dt. Namibia Stiftg., s. 1984 Präs. d. Dt.-Namibischen Entwicklungsges. - Spr.: Engl.

HAUSCHILD, Reinhard

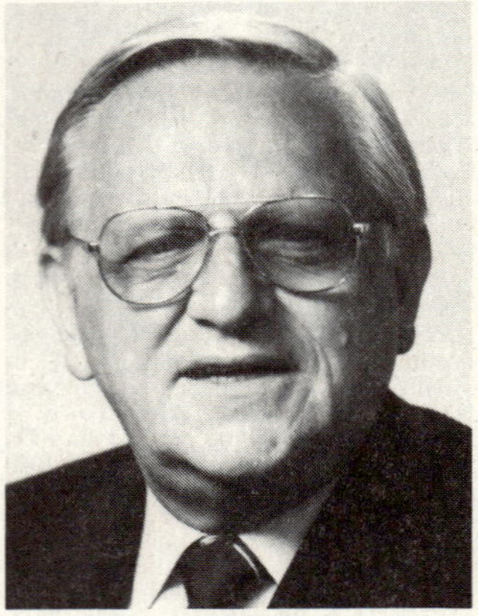

Oberst a.D., Journalist, Schriftst. - Loeschckestr. 13, 5300 Bonn 1 - Geb. 14. April 1921 Koblenz, kath., gesch., 3 Söhne (Ulrich, Thomas, Michael) - S. 1984 Präs. Wirtschaftspolit. Club, Bonn, Gf. Vizepräs. Freier Dt. Autorenverb. (FDA) - BV: plus minus null? - D. Buch d. Armee, d. in d. eingeschloss. Ostpreußen unterging, 1952, Neuaufl. als Taschenb. unter d. Titel Flammendes Haff, 1983; Raketen (Co-Autor), 1958; Beurteilung f. Hauptmann Brencken, Bundeswehr-R., 1974; D. Buch v. Kochen u. Essen, 1975; Ich glaub' mich knutscht e. Elch - Sprüche aus d. Bundesw. (Co-Autor), 1980; Ich glaub' mich tritt e. Pferd - E. curieuses Militairbrevier, 1983; Geheimsender gegen Frankreich - D. Täuschungsoperation Radio Humanité (Co-Autor), 1984; D. springende Reiter, Bildbd. 1984; D. sieben Geschichten d. Auges u. a. Märchen (Hrsg.), 1985; Ich glaub' mich knutscht e. Elch/tritt e. Pferd (Ausw. aus zwei Büchern, s. o.), 1985 - Liebh.: Geschichte, Hobbykoch.

HAUSCHILD, Wolf-Dieter

Dr. theol., Prof. f. Kirchengeschichte - Zu erreichen üb. Universitätsstr. 13-17, 4400 Münster; priv.: Wulferdingheide 1, 4400 Münster (T. 0251 - 32 86 84) - Geb. 7. Aug. 1941 Lübeck (Vater: Arno H., Pastor; Mutter: Ilse, geb. Wagner), ev.-luth., verh. s. 1966 m. Sabine, geb. Szperalski, 4 S. - Katharineum Lübeck, Theol. Stud. Göttingen, Tübingen, Hamburg; Promot. 1967 Hbg., Habil. 1971 München - 1971 Univ.doz. München; 1974 Oberkirchenrat Hann. (Ev. Kirche in Deutschl.); 1977 Prof. Univ. München; 1982 Prof. Univ. Osnabrück; 1984 Prof. Univ. Münster - BV: D. Pneumatomachen, 1967; Gottes Geist u. d. Mensch, 1972; Basilius-Briefe, 1973; D. röm. Staat u. d. frühe Kirche, 1974; Kirchengesch. Lübecks, 1981. Div. Einzelarb.

HAUSCHILD, Wolf-Dieter

Prof., Generalmusikdirektor u. Chefdirigent Stuttgarter Philh. - Vogelsangstr. 147, 7000 Stuttgart 1 (T. 0711 - 65 42 65) - Geb. 6. Sept. 1937 Greiz/Thür., ev., verh. s. 1959 m. Christine, geb. Schneider, 2 Kd. (Cathrin, Thomas) - Hochschulabschl. m. Dipl. als Kapellm. 1959 Weimar - S. 1970 Chefdirig. Rundfunk DDR (u.a. RSO Leipzig); Gastdirig. intern. Orch. u. Opernhäuser; Dirig. Eröffn. d. Semperoper Dresden; s. 1980 Prof. S. 1985 BRD, dort feste Vertr. Staatstheater Stuttgart u. Hannover. Div. Rundf.- u. Fernsehaufn., Schallplatteneinspielungen - Mehrf. Ehrungen in d. DDR (u.a. 1984 Nationalpreis) - Liebh.: Opernregie u. Kompos., auch Cembalo- u. Klavierspiel m. eig. u. Gastorch.

HAUSCHILDT, Jürgen

Dr. rer. pol., Dipl.-Kfm., Univ.-Prof. Kiel - Königstr. 3 u. 5, 2300 Kiel 17 - Geb. 27. Mai 1936 Hamburg, verh. s. 1964 - Abit. 1954; Ind.-Kfm. 1956, Dipl.-Kfm. 1960, Promot. 1964 - 1970 Privatdoz. u. o. Prof.; 1970-79 Prof. Univ. Saarbrücken; 1979ff. Univ. Kiel. Entd. Midias-Analysesystem. 1986 stv. AR-Vors. Treuverkehr AG - BV: Absatzpolitik d. Energieversorgungsuntern., 1964; Öfftl. Untern. im Interessenkonflikt (m. Witte), 1966; Finanzorg., 1970; Entscheid.-Ziele, 1977; Finanzplan u. Finanzkontrolle (m. Sachs u. Witte), 1981; Controller im Bankbetrieb, 1982; Entscheid. d. Geschäftsfg. (m. a.), 1982; Erfolgs- u. Finanzanalyse, 2. A. 1987; Krisendiagnose durch Bilanzanalyse, 1988 - Spr.: Engl.

HAUSCHILDT, Karl

Dr. theol., Probst i. R. - An der Schwale 8, 2350 Neumünster - Geb. 28. Febr. 1920 Kiel, ev., verh. s. 1944 m. Ingeborg, geb. Hornberger, 7 Kd. (Elisabeth, Margret, Friedrich, Rudolf, Dietrich, Eberhard, Hanna) - Promot. 1950 Kiel - 1953 Leit. d. Katechetischen Amtes, Oberlandeskirchenrat; Vors. d. Konfz. Bekennender Gemeinschaften in d. ev. Kirchen Dtschl. - BV: Christusverkündig. im Weihnachtslied unserer Kirche, 1950; Konfirmation ganz anders, 1958; Helfer im Kindergottesdst., 1961; Zeichen, denen widersprochen wird (Wunder im NT), 1965; Bejahtes Leben u. Sterben, 1975; Verföff. plattdt. Morgenansprachen, 1971-88 - Lit.: Pflüget e. Neues Festschr. z. 65 Geb. (1985).

HAUSCHILDT, Paul

Dr. oec., Dipl.-Kfm., Ass., Kaufm. Direktor, Vorstandsvors. Stadtwerke Kiel AG. (s. 1968) - Geibelallee 25, 2300 Kiel - Geb. 17. Mai 1911.

HAUSCHKA, Ernst R.

Dr. phil., Leitender Bibliotheksdirektor a. D. - Bischof-v.-Senestrey-Str. 18, 8400 Regensburg (T. 9 23 10) - Geb. 8. Aug. 1926 Aussig/Elbe (Vater: Ernest H., Theatermusiker; Mutter: Paula, geb. Neumann), kath., verh. s. 1952 m. Helene, geb. Heiss, 3 Söhne (Christoph, Thomas, Clemens) - Univ. München u. Regensburg (Phil., Päd., Theol., Zeitungswiss.) - S. 1956 höh. Bibl.dst. - BV: Weisheit unserer Zeit, 1965; Handb. mod. Lit. im Zitat, 1968; Gefangene unt. d. silb. Mond, Erz. 1969; Wortfänge, Ged. 1970; Erwägungen e. männl. Zugvogels, Ged. 1971; Sich nähern auf Distanz, Ged. 1972; Türme e. schweigs. Stadt, Ged. 1973; D. Violinstunde, Ged. 1974; D. Zeitbahn hinunter, Ged. 1974; Marienleben, 1976; Regensburg - Schaubühne d. Vergangenheit, 1976; Wetterzeichen (Aphorismen), 1978; Gott ist schwach im Mächtigen, Ged. 1979;

Atemzüge, Aphor. 1980; Vom Sinn u. Unsinn d. Lesens, Aphor. 1982; Szenenfolge, Ged. 1982; Lesen macht Spaß, 1983; Sprechzeit, Aphor. 1986; Worte, d. reden können, Aphor. 1988 - 1973 Sudetend. Anerkennungspreis f. Schrifttum, 1973 Gold. Feder d. IGdA, 1974 Schubart-Literaturpreis (2. Preis), 1976 Kulturpreis Ostbayern; 1982 Nordgaupreis; 1983 BVK; 1984 P.E.N. (Schweiz) - Liebh.: Theater, Reisen. - Bek. Vorf.: Vinzent H., Freund Beethovens.

HAUSDÖRFER, Jürgen
Dr. med., Prof. u. Institutsleiter f. Anästhesiologie - Zweibrückener Str. 40, 3000 Hannover/Kirchrode - Geb. 29. Okt. 1936 München (Vater: Paul H., Pharmakfm.; Mutter: Annemarie, geb. Faust), ev., verh. s. 1963 m. Ingetraud, geb. Thoma, 2 T. (Ulrike, Karen) - Med.stud. München u. Wien, Staatsex. u. Promot. München 1963, FACA 1971 Philadelphia/USA, Habil. 1976 Tübingen. Inst.sleit. u. Hochsch.prof. Med. Hochsch. Hann. (s. 1977) - BV: Schädel-Hirn-Traumen u. Enzymveränd., 1977; 25 wiss. Veröff. im In- u. Ausland - Liebh.: Bach, Thomas Mann - Spr.: Engl.

HAUSEGGER, von, Friedrich
Prof., Musiker, Dozent f. Violine u. Kammermusik Staatl. Hochschule f. Musik u. Theater Hannover - In den Sieben Stücken 15, 3000 Hannover (T. 64 26 22) - Geb. 19. Dez. 1912 Hamburg (Vater: Siegmund v. H., Dirigent; Mutter: Hertha, geb. Ritter), ev., verh. s. 1944 m. Lilli, geb. Grimm, 2 Kd. (Barbara, Siegmund) - 1942 ff. Konzertm. Kölner, Münchner Kammer-Orch. (1946), Stadttheater Göttingen (1947); 1949 ff. Lehrtätig. Landesmusik- bzw. Hochsch. f. Musik u. Theater Hannover (1969 stv. Dir.); 1948 ff. Hausegger-Streichquartett, 1954 ff. -Kammerorch. - Liebh.: Kulturgesch., Garten - Bek. Vorf. (Großv.): Friedrich v. H., Alexander Ritter.

zur HAUSEN, Harald
Dr. med., Dr. h.c., Prof. (Ord.), Vorsitzender Stiftungsvorst. Dt. Krebsforschungszentrum, Heidelberg (s. 1983), wiss. Vorst. Dt. Krebsforschungszentrum, Heidelberg (1983ff.) - Geb. 11. März 1936 Gelsenkirchen-Buer (Vater: Eduard z. H.; Mutter: Melanie, geb. Lehmann), verh. s. 1964 m. Elke, geb. Hühner, 3 Kd. - Stud. Univ. Bonn, Hamburg, Düsseldorf - 1962-65 Wiss. Assist. D'dorf; 1965-69 Assist. Prof. Philadelphia/USA; 1969-72 Privatdoz. Univ. Würzburg; 1972-77 o. Prof. Univ. Erlangen; 1977-83 o. Prof. Univ. Freiburg - Spez. Arbeitsgeb.: Tumorvirologie, Krebsforsch. - 1984 Ehrendoktor Univ. Chicago, USA; 1971 Walther-Richtzenhein-Preis; 1974 Wilhelm-Warner-Preis; 1975 Robert-Koch-Preis; 1985 Lila Gruber Award d. Americ. Acad. of Dermatology; 1986 Mitgl. d. Heidelberger Akad. d. Wiss.; 1986 Dt. Krebspreis; 1986 Charles S. Mott Preis d. General Motors Found. of Cancer Research.

HAUSEN, von, Max
Architekt, Prof. f. Arch. Abt. f. Kunsterzieher Münster/Kunstakad. Düsseldorf - Schlesienstr. 82, 4400 Münster.

HAUSEN, Peter
Dr. rer. nat. (habil.), Prof. f. Biologie, Direktor Max-Planck-Inst. f. Entwicklungsbiologie - Spemannstr. 35/V, 7400 Tübingen 1.

HAUSER, Alo(ysius)
Rechtsanwalt, MdB (s. 1965; Wahlkr. 63/ Bonn) - Horionstraße 14, 5300 Bonn-Bad Godesberg (Tel.36 55 07) - Geb. 7. Okt. 1930 Bad Godesberg, kath., verh., 4 Kd. - Stud. Rechts- u. Staatswiss. Gr. jurist. Staatsprüf. 1959 - S. 1959 RA. S. 1956 Mitgl. Stadtrat Bad Godesberg; 1956-61 MdK Bonn-Land; 1958-65 MdL Nordrh.-Westf. 1962 ff. Vors. Jg. Union Rhld. CDU s. 1952 (1963 Kreisvors.).

HAUSER, Bodo H.

Journalist, Leiter Magazin STUDIO 1 (s. 1988) - Zu erreichen üb. ZDF, Postf. 40 40, 6500 Mainz (06131 - 70 45 00) - Geb. 23. Febr. 1946 Krefeld, ev., verh. s. 1979 m. Barbara, geb. Peifer, 2 Kd. (Marc, Nina) - Abit. 1966 Krefeld; Stud. Rechts- u. Staatswiss. 1968-72 Univ. Freiburg, Lausanne, Cambridge u. Bonn - 1973-76 fr. Mitarb. ZDF Studio Bonn; 1976-78 ZDF-Korresp. Studio Düsseldorf; 1978-81 stv. Leit. Magazin Länderspiegel ZDF-Hauptredakt., Innenpolitik Mainz; 1984 Stud.aufenthalt Havard Univ.; 1981-87 ZDF-Korresp. Studio Bonn, Moderator Sendung bonner perspektiven - Liebh.: Jagd, Tennis - Spr.: Engl., Franz.

HAUSER, Erich
Prof., Bildhauer - 7210 Rottweil/Württ. - Geb. 15. Dez. 1930 Rietheim (Vater: Ludwig H.; Mutter: Berta, geb. Mayer), verh. m. Gretel, geb. Kawaletz, 2 Kd. (Markus, Andrea) - 1969 Premio Itamaraty (10000 Dollar) X. Kunstbiennale São Paulo (f. 8 gr. Stahlplastiken). 1970 Mitgl. d. Akademie d. Künste; 1970 Begründer d. Forum Kunst in Rottweil; 1975 Biennale Preis f. Kleinplastik Budapest; 1979 BVK 1. Kl.; 1980 Aktion Koffer f. Rottweil; 1984 Gastprof. Hochsch. f. bildende Künste Berlin; 1986 Verleihung Prof.-Titel durch d. Ministerpräs. Land Baden-Württ.

HAUSER, Gerd
Dr.-Ing., Prof. f. Bauwesen GH/Univ. Essen - Schwarzensteinweg 3, 4300 Essen 17 (T. 0201-57 03 68) - Geb. 8. März 1948 Bad Kissingen (Vater: Ernst, Stadtbaumeister; Mutter: Käthe Menton), verh. s. 1972 m. Inge Jürgensmeyer, Tochter Andrea - 1967-72 Stud. Maschinenbau TU München, Dipl., Promot. 1977 Univ. Stuttgart - 1972-77 Wiss. Mitarb. Inst. f. Bauphys. d. Fraunhofer-Ges.; 1977-83 Obering. i. Fachgeb. Bauphys. u. Baustofflehre Univ. Essen - BV: Baul. Wärmeschutz, Feuchteschutz u. Energieverbrauch. Kontakt & Studium, Bauwesen, Band 131 (zus. m. Möhl, Müller), 1984. 1977 Verleihung Preis d. Freunde d. Univ. Stuttgart f. bes. wiss. Leistungen.

HAUSER, Hans

Direktor - Gutenbergstr. 7, 7560 Gaggenau/Murgtal - Geb. 31. Jan. 1916 Innsbruck (Vater: Josef H., Justizbeamter; Mutter: Marianne, geb. Mensik), vd., verh. s. 1944 m. Elfriede, geb. Lorenz, 2 S. (Hans- Joachim, Gerd-Udo) - N. Abit. Offz.laufb. (zul. Major); kaufm. Ausb.; Führungssem. usw. - Div. Ehrenämter, u. a. stv. Vors. Max-Eyth-Ges.; 1. Vors. Dt. Landw.-Mus. Hohenheim - 1980 Gr. Verdienst-Med. d. VDMA in Gold, silb. Verdienstmed. d. LAV, Max Eyth-Verdienstmünze in Silb. d. DLG; 1981 Gold. Ehrenz. HAG; 1982 BVK; 1986 Prof. Wilhelm Niklas-Med. v. Bundesmin. f. Ernährung, Landwirtschaft u. Forsten.

HAUSER, Hansheinz
Bäckermeister, MdB, Oberbürgermeister a.D., stv. Vors. d. CDU/CSU-Bundestagsfrakt. - Carl-Schurz-Str. 13b, 4150 Krefeld - Geb. 23. Juni 1922 Krefeld (Vater: Johannes H., Bäckerm., Oberbürgerm. Krefeld, zeitw. MdL (s. XIII. Ausg.); Mutter: Paula, geb. Feltes), kath., verh. s. 1956 m. Annemarie, geb. Hülbusch, 4 Kd. - Internat. Bäckerhandw. (Meisterprüf. 1948) - S. 1956 selbst. S. 1964 Rat Stadt Krefeld, 1968-82 Oberbürgerm. Krefeld; 1958 MdL Nordrh.-Westf. CDU s. 1949 (Jg. Union, 1956 Kreisvors. Krefeld, Vors. Landesmittelstandsvereinig. NRW, 1962 Mitgl. Landesvorst. Rhld., 1964 Bundesaussch. S. 1972 MdB, Mitgl. Wirtschaftsausschuß, Fraktionsvorst., Vors. Diskussionskr. Mittelst. d. CDU/CSU Bundestagsfraktion. Vizepräs. Zentralverb. d. Dt. Bäckerhandw.; s. 1985 Präs. Handwerkskammer Düsseldorf; s 1988 Vorst.-Mitgl. Dt. Handwerkskammertag; s. 1988 Präsid.-Mitgl. Zentralverb. d. Dt. Handwerks; s. 1988 Präs. Rheinisch-Westf. Handwerkerbd. (RWHB) - Gold. Sportabz. - Spr.: Engl. - Rotarier.

HAUSER, Karl-Heinz
Dipl.-Volksw., Geschäftsführer Gesamtverb. Dt. Textilgroßhandel, Geschäftsf. Verb. Dt. Groß- u. Außenhandel f. Krankenpflege- u. Laborbedarf - Neumarkt 35-37, 5000 Köln 1.

HAUSER, Otto
Bundestagsabgeordneter (s. 1983; Wahlkr. 165/Esslingen) - Bundeshaus, 5300 Bonn 1 - Geb. 11. Juli 1952 Göppingen, ev., verh. - Lehre als Bankkfm., anschl. betriebswirtschaftl. Aufbaustud. - Volontariat Esslinger Ztg.; polit. Redakt. Die Welt, Bonn; 1975/76 Wehrdst. - CDU u. JU (s. 1969); Orts- u. Kreisvors. JU, Mitgl. JU-Landesvorst. Baden-Württ., Vors. Sicherheitspolitik JU Nordwürtt., Mitgl. Landes- u. Bundesfachaussch. d. CDU f. Sicherheitspolitik. CDU.

HAUSER, Richard
Dr. oec. publ., Prof. f. Sozialpolitik - Hardtbergweg 13, 6240 Königstein/Ts. - Geb. 8. Okt. 1936 München, kath., verh. s. 1962 (Ehefr.: Elisabeth), 2 Kd. - Bankausbild. u. Stud. München (Dipl.-Volksw. 1963, Promot. 1968) - 1964-74 Assist. Univ. München; dazw. 1969-71 Research Fellow Yale Univ. New Haven; s. 1974 Ord. TU Berlin u. Univ. Frankfurt/M. (1977, 1986 Vizepräs.) - BV: Vermögensverteilung b. schleich. Inflation, 1969; D. Wirkungen d. Inflation auf d. Einkommens- u. Vermögensverteilung, 1975 (m. W. J. Muckl); Chancengleichheit u. Effizienz an d. Hochsch., 1978 (m. H. Adam); Niedrigeinkommen, Armut u. Unterversorgung in d. BRD, 1981 (H. Cremer-Schäfer u. U. Nouvertné); Soz. Sicherung u. Einkommensverteilung, 1985 (m. B. Engel) - Spr.: Engl., Franz.

HAUSER, Siegfried
Dr. rer. pol., Prof. f. Volkswirtschaftslehre, insb. Statistik - Sundgauallee 70, 7800 Freiburg/Br. - Geb. 31. Okt. 1940 Fischingen (Vater: Fidel H., Arbeiter; Mutter: Viktoria, geb. Hipp), kath., verh. s. 1965 m. Ilse, geb. Mayer, 2 Kd. (Guido, Karin) - 1960-65 Univ. Berlin u. Tübingen (Wirtschaftswiss.; Dipl. 1965). Promot. 1969 Tübingen; Habil. 1975 Freiburg - BV: Wahrscheinlichkeitstheorie u. Schließende Statistik, 1978; Daten, -analyse u. -beschaff. u. d. Wirtschafts- u. Sozialwiss., 1979; Statist. Verfahren z. Datenbeschaffung u. Datenanalyse, 1981 - Spr.: Franz., Engl.

HAUSER, Ulrich
Dr. rer. nat., o. Prof. f. Experimentalphysik, u. Direktor I. Physikal. Inst. Univ. Köln (s. 1967) - Am Frankenhain 60, 5022 Junkersdorf (Telefon Köln 48 62 16) - Geb. 29. Mai 1926 Berleburg (Vater: Adolf H.; Mutter: Emmy, geb. Trainer), verh. m. Irmgard, geb. Noltenius - Univ. Göttingen. Promot. (1956) u. Habil. (1962) Heidelberg - 1960-62 Research Fellow Pasadena (USA). Etwa 40 Facharb.

HAUSER, Walter
Dr. med., Prof., Wiss. Rat, Dermatologe u. Venerologe - Endenicher Str. 262, 5300 Bonn - S. 1954 (Habil.) Lehrtätig. Univ. Würzburg (1960 apl. Prof.) u. Bonn (apl. Prof.; 1969 Wiss. Rat u. Prof.). Zahlr. Facharb., dar. Handbuchbeitr. (Cytodiagnostik, klinische Dermatologie, insbes. Lokalisationsprobl.).

HAUSGENOSS, Leopold
Dr., Vorstandsmitglied Hourdeaux-Bergmann AG., Lichtenfels - Inselweg 5, 8183 Rottach-Egern/Tegernsee - Zeitw. Vors. Verb. d. Kinderwagen-Ind. u. verw. Zweige, Frankfurt/M.

HAUSHOFER, Bert A.
Dipl.-Forstw., Geschäftsführer VEDAG GmbH, Frankfurt - Meisenweg 18, 6240 Königstein/Ts.-Johanniswald - Geb. 4. April 1932 München (Vater: Dr. Heinz H., Dipl.-Landw., Prof. f. Agrargesch.; Mutter: Adrienne, geb. Knorr), kath., verh. m. Margrit, geb. Diefenthal, 2 Kd. (Marcus, Jane) - Abit. Schloßschule Salem 1952; 1952 Stip. Schottl. Gordonstoun School, 1953-57 Stud. Forstwirtsch. Univ. München (Dipl. rer. pol.) - 1957-59 Techn. Assist. Univ. München; 1959-86 Geschäftsltg. A. W. Andernach KG, Bonn; 1987 Vorst.-Vors. VDD Industrieverb. Bitumen-Dach- u. Dichtungsbahnen, Frankfurt; Vorst.-Mitgl. Verb. d. Kaltaspphaltind., Hamburg; Sprecher Öffentlichkeitsausschuß d. VDD - Spr.: Engl., Franz.

HAUSHOFER, Martin
Dr. oec., Dipl.-Ing. agr., Land- u. Forstwirt, Präsident Bayer. Bauernverb., Bez.-Verb. Oberbayern, Vors. Arbeitgeberverb. Land- u. Forst Bayern, Präs. Landesverb. f. Gartenbau u. Landespflege, Präs. Raiffeisenverb., Bez. Verb. Oberbayern (s. 1985), MdL Bayern (s. 1984) - Hartschimmelhof, 8211 Pähl - Geb. 15. März 1936 Berlin (Vater: Dr. Heinz H., Min.rat a. D. (s. dort); Mutter: Luise, geb. Renner), kath., verh. s. 1967 m. Renate, geb. Gräfin v. Lüttichau, T. Alexandra - AR Bayer. Raiffeisenverb. u. Bayer. Landessiedl.

CSU - 1983 BVK I. Kl. u. Bayer. Staatsmed. f. Soz. Verdienste; 1986 Staatsmed. f. Verdienste d. Land-Forstwirtsch. - Spr.: Engl.

HAUSKA, Günter

Dr. phil., Prof. f. Botanik Univ. Regensburg - Machthildstr. 45, 8400 Regensburg - Zul. Doz. Bochum (Biochemie).

HAUSLAGE, Dietrich Albert

Dr. jur., Pers. haft. Gesellschafter d. Hauslage & Co. KG, Frankfurt - Lerchenweg 2, 6240 Königstein - Geb. 25. Aug. 1928 Stettin, verh. s. 1957 m. Gertrud, geb. Klingelhöffer - 1971-82 Vorst.-Mitgl. Bank f. Gemeinwirtschaft; AR-Mitgl. Schweizer Rückvers. Beteilig. AG.

HAUSMANN, Bernhard

Dipl.-Holzw., Holzindustrieller (Blomberger Holzind. B. Hausmann GmbH & Co. KG), Präs. IHK Lippe zu Detmold u. Verb. europ. Sperrholzindustrie (FEIC), Vors. Verb. Dt. Holzwerkstoffindustrie (VHI) - Ulmenallee 30, 4933 Blomberg - Geb. 16. Juli 1930 Blomberg.

HAUSMANN, Frank R.

Dr. phil., habil. Prof. f. Roman. Philologie - TH Aachen; Kármánstr. 17-19, 5100 Aachen; Oranienstr. 21, 5100 Aachen - Geb. 5. Febr. 1943 Hannover - S. 1974 Wiss. Rat u. Prof. bzw. Prof. in Freiburg, s. 1981 Aachen o. Prof.

HAUSMANN, Franz Josef

Dr. phil. habil., Prof. f. Angewandte Sprachwissenschaft - Steinhilberweg 19, 8520 Erlangen - Geb. 13. April 1943 Prüm, kath., verh. s. 1970, 2 Kd. - Abit. 1962 Gerolstein; Staatsex. (Franz., Gesch.) 1969 Univ. Saarbrücken, Promot. 1972 ebd., Habil. 1978 Univ. Tübingen - 1974-80 Wiss. Assist. Univ. Tübingen, 1980/81 Heisenberg-Stip.; 1981 Lehrst. Univ. Erlangen - BV: Linguistik u. Fremdspr.unterr., 2. A. 1977; Einführ. in d. Benutz. d. neufranz. Wörterbücher, 1977; Louis Meigret. Humaniste et linguiste, 1980; Stud. zu e. Linguistik d. Wortspiels, 1974; Hrsg. L. Söll, Gesprochenes u. geschrieb. Franz., 3. A. 1985; Sprache in Unterr. u. Forsch., 1979; L. Meigret, Le Traité, 1980; Etudes de grammaire française, 1983; D. franz. Sprache v. heute, 1983; H. Malige-Klappenbach, WG. d. dt. Gegenwartssprache, 1986. 90 wiss. Aufs.; 120 Rezens.

HAUSMANN, Gottfried

Dr. phil., em. o. Prof. f. Erziehungswissenschaft - Bebelallee 152, 2000 Hamburg 60 (T. 51 21 37) - Geb. 18. Sept. 1906 Düren/Rhld. (Vater: Gottfried H., Lehrer; Mutter: Bertha, geb. Schumacher), verh. 1934-76 m. Ellen, geb. Klee †, 1 Kd. - Gymn. Düren; Päd. Akad. Frankfurt/M., Univ. ebd. u. Gießen (Promot. 1933) - 1929-32 Volksschuldst., 1933-40 wiss. Lehrer, dann Assist., Privatdoz. (1942) u. apl. Prof. (1953) Univ. Mainz, 1950-55 Abt.leit. Schulfunk u. Hauptabt.leit. Bildung u. Erzieh. (1953) Hess. Rundfunk, 1955-59 Gastprof. Univ. Ankara, s. 1960 Ord., Dir. Sem. f. Erziehungswiss. u. Päd. Inst. Univ. Hamburg. Zeitw. Vors. Dt. Arbeitsgem. f. vergl. Erziehungswiss.; Ehrenmitgl. Europ. Ges. f. vergl. Erziehungswiss. Dt. UNESCO-Kommiss., Wiss. Beirat Päd. Zentrum Berlin u. Bundesmin. f. wirtsch. Zusammenarb. (b. 1976), Vereinig. Dt. Wissensch., GEW - BV: Unters. z. Gesch. u. Deutung d. Ahnungsbegriffes (Habil.schr.); Didaktik als Dramaturgie d. Unterrichts - Spr.: Franz., Engl. - Krause u. a. Festschr. z. 65. Geb., Hbg. 1972.

HAUSMANN, Hanns Axel

Dr. rer. nat., Prof., Physiker - Lohergraben 8, 5100 Aachen - Lehrtätigk. TH Aachen (apl. Prof.; 1974 Wiss. Rat u. Prof./Experimentalphysik f. Mediziner).

HAUSMANN, Karl Josef

1. Bürgermeister Büchenbach - Am Jordan 40, 8541 Büchenbach (T. 09171 - 32 21) - Geb. 15. Aug. 1940 Abenberg (Vater: Karl H., Maurer; Mutter: Maria, geb. Scheidel), kath., verh. s. 1962 m. Erika, geb. Kraft, 3 T. (Andrea, Christine, Karin) - B. 1961 Verw.-Lehre; 1970-73 Verw.-Sch. f. gehob. Dst. - Bundeswehr; 1962-78 geschäftl. Beamter; 1978 ff. 1. Bürgerm., s. 1972 MdK Roth - Liebh.: Altenfürsorge, Sportfischerei.

HAUSMANN, Klaus Wilhelm

Dr. rer. nat. habil., Prof., Biologe - Rothenburgstr. 27b, 1000 Berlin 41 (T. 030 - 792 16 58) - Geb. 24. April 1947 Gelsenkirchen (Vater: Albert H., Dreher; Mutter: Anna, geb. Wagner), kath., verh. s. 1971 m. Dr. rer. nat. Erika, geb. Tenge, Studienrätin, 5 Kd. (Susanna, Thomas, Daniel, Judith, Sarah) - Altsprachl. Gymn. Gelskirchen, Biol.stud. Bonn, Dipl. 1972, Promot. 1973, Habil. Univ. Heidelb. 1980 - 1974-78 wiss. Assist., 1978-84 akad. Rat, 1980-84 Priv.-Doz. Univ. Heidelb.; s. 1985 Prof. FU Berlin - BV: Taschenatlas d. Protisten (m. D. J. Patterson), 1983; Protozoologie, 1985; Biologie u. Computer (m. T. Bühner), 1987. Mitautor: Lehrb. d. Zoologie, Bd. I, 1980; Bd II, 1985. Üb. 140 Fachveröff. - S. 1987 Managing Editor d. Europ. of Protistol.

HAUSMANN, Rudolf

Dr., Prof. f. Genetik - Mauracher Str. 36, 7809 Denzlingen/Br. - S. 1969 Wiss. Rat u. Prof. bzw. Prof. Univ. Freiburg.

HAUSMANN, Ulrich

Dr. phil. (habil.), o. Prof. f. Klass. Archäologie - Ob dem Viehweidle 8, 7400 Tübingen (T. 6 22 98) - Geb. 13. Aug. 1917 Bremen - Assist. Dt. Archäol. Inst. Athen; 1957 Privatdoz. Univ. Würzburg; 1960 Ord. Univ. Tübingen - BV: Apollonsonette Rilkes u. ihre plast. Urbilder; Kunst u. Heiligtum; Hellenist. Reliefbecher; Griech. Weihreliefs; D. röm. Herrscherbild II/1: Julia, Titi, Domitilla, Domitia; Römerbildnisse i. Württ. Landesmuseum, Stuttgart; Zur Typologie u. Ideologie d. Augustusporträts, in: ANRW II 12,2 (1981). Herausg. Handb. d. Archäol. (1969ff.). Versch. Aufs. z. hellenistischen u. römischen Reliefkeramik.

HAUSNER, Hans

Dr., Dipl.-Chem., o. Prof. TU Berlin (s. 1972) - Richard-Strauss-Straße 30, 1000 Berlin 33 (T. 825 54 33) - Geb. 23. Mai 1927 Neustadt/Waldnaab (Vater: Hans H., Ing., Dir.; Mutter: Margarete, geb. Pöhlmann), kath., verh. s. 1956 m. Marlene, geb. Aumeier, 4 Kd. (Dieter, Peter, Brigitte, Martina) - Stud. d. Chemie TU München; Promot. 1954 ebd. - 1954-61 Ind.tätigk.; 1961-72 Europ. Atomgemeinsch. In- u. ausl. Fachmitgl.sch., 1983 Seger-Plakette, Dt. Keram, Ges.- Liebh.: Tennis - Spr.: Engl., Franz., Ital.

HAUSS, Werner H.

Dr. med., em. o. Prof. f. Innere Medizin, Direktor Med. Klinik u. Poliklinik Univ. Münster u. Ehrenvors. Inst. f. Arterioskleroseforsch. a. d. Univ. Münster - Nünningweg 39, 4400 Münster/Westfalen (T. 86 15 79) - Geb. 20. Dez. 1907 Krefeld (Vater: Richard H., Rektor; Mutter: Maria, geb. Hassel), kath., verh. 1945 m. Annemarie, geb. Mannborg (†), 5 Kd. (Dipl.-Ing. Cathrin, Prof. Dr. med. Jan, Dipl.-Ing. Antje, Sibylle, RA Christian) - Stud. Bonn, Heidelberg, Düsseldorf, Berlin. Habil. 1940 Leipzig - S. 1940 Lehrtätigk. Univ. Leipzig, Frankfurt/M. (1948 apl. Prof.), Münster (1955 Ord. u. Dir. Med. Klinik u. Poliklinik). Zeitw. Präs. Dt. Ges. f. Rheumatologie (1959ff.; gegenw. Vorst.-Mitgl.) - BV: Angina pectoris, 1954 (auch ital., span., rumän.); Struktur u. Stoffwechsel d. Bindegeweb., 1960; Hypertonie, 1962; Lehrb. d. Inn. Med., 2. A. 1973; D. unspezif. Mesenchymreaktion, 1968; Geriatrie in d. Praxis, 1975; Koronarsklerose u. Herzinfarkt, 1976; State of Prevention and Therapy in Human Arteriosclerosis and in Animal Models, 1978 - 1960 Vesalius-Med., 1967 Claude-Bernard-Medaille, 1970 Ratschow-Gedächtnisplakette, 1973 Silbermed. d. Univ. Helsinki, 1978 Gr. BVK, 1981 Günther Buch-Preis, Hamburg, 1983 Willy-Pitzer-Preis, Bad Nauheim; 1987 Carol-Nachman-Med., Wiesbaden; 1987 Paul-Linser-Med., Tübingen; 1987 Silbermed. d. Akad. d. Wiss. Heidelberg; 1956 Ehrenmitgl. Dt. Ges. f. Inn. Med. u. 1959 Türk. Liga gegen den Rheumatismus, 1968 Rhein.-Westf. Ges. f. Inn. Med.; 1967 Mitgl. Dt. Akad. d. Naturforscher (Leopoldina), Halle/S.; Rhein.-Westf. Akad. d. Wiss.; 1976 Ehrenmitgl. Hungarian Association of Arteriosclerosis Research; 1985 Ehrenmitgl. Rhein.-Westf. Ges. f. Inn. Med. u. Ehrenmitgl. d. Dt. Ges. f. Rheumatol. - Liebh.: Musik, Sport (versch. Tennismeistersch.) - Spr.: Franz., Engl.

HAUSSER, Karl

Dr. rer. nat., Prof., Physiker - Jahnstr. 29, 6900 Heidelberg (T. 4 55 43) - Geb. 28. Juni 1919 Berlin (Vater: Prof. Dr. K. W. H.; Mutter: Isolde, geb. Ganswindt), verh. s. 1980 m. Angela, geb. Kumpmann - Univ. Heidelberg (Dipl.-Phys. 1945). Promot. (1950) u. Habil. (1956) Tübingen - S. 1950 Wiss. Mitarb. u. Dir. (1966) Max-Planck-Inst. Heidelberg. S. 1956 Lehrtätigk. Univ. Tübingen (1962 apl. Prof.) u. Heidelberg (apl. Prof.; 1967 Honorarprof.). Emerit. 1987. 1956-57 Forschungstätigk. Univ. Chicago. Zahlr. Fachveröff. - Liebh.: Reiten, Ski, Tennis.

HAUSSIG, Hans Wilhelm

Dr. phil., Prof. f. Geschichte Vorder- u. Mittelasiens u. Byzantin. Gesch. - Meisenstr. 14, 1000 Berlin 33 - Geb. 3. Okt. 1916 Berlin - Ab 1956 Privatdoz. u. Prof. (1968) FU Berlin; 1969-82 Wiss. Rat u. Prof. Ruhr-Univ. Bochum, jetzt Ruhest. - BV: Kulturgesch. v. Byzanz, 2. A. 1966 (4 Übers.); Byzantin. Gesch., 1968. Einzelarb.

HAUSSMANN, Hans Georg

Dr. med., Honorarprof. f. Transfusionsmedizin TU München (s. 1970) - Werderstr. 32, 7570 Baden-Baden - Geb. 23. Mai 1919 Stuttgart - Promot. 1944 Straßburg - B. 1956 Univ.-Hygiene-Inst. Frankfurt/M., dann DRK-Blutspendedst. Baden-Württ. (Auf- u. Ausbau in Baden-Baden u. Ulm/Donau; Ltg. als Dir. u. Hauptgf., s. 1985 i. R.). Üb. 50 Facharb. - BVK I. Kl.

HAUSSMANN, Helmut

Dr. rer. pol., Dipl.-Kfm., Bundesminister f. Wirtschaft (s. 1988), MdB (s. 1976) - Am Forst 1, 7432 Bad Urach 1 - Geb. 18. Mai 1943 Tübingen (Vater: Emil H., Kaufm.; Mutter: Elisabeth, geb. Rau), ev., verh. s. 1980 m. Margot, geb. Scheu - Gymn. Metzingen; Stud. d. Wirtsch.- u. Sozialwiss.; Promot. 1975 - 1968-71 Geschäftsf. Privatwirtsch.; 1971-75 wiss. Mitarb. Univ. Erlangen-Nürnberg. 1975-80 Stadtrat Urach. FDP s. 1969 (1978ff. Mitgl. Bundesvorst.), 1980-84 wirtschaftspol. Spr. d. FDP Bundestagsfrakt.; 1984-88 FDP-Generalsekretär - BV: Demokratie in d. Arbeitswelt, 1974 (m. a.); Unternehmensordnung u. Selbstbestimmung, 1977 - Liebh.: Tennis, Golf - Spr.: Engl., Franz.

HAUSSMANN, Werner

Dr. rer. nat., o. Prof. f. Mathematik GH Duisburg - Mendener Str. 107b, 4330 Mülheim/Ruhr - Zul. Wiss. Rat u. Prof. Bochum.

HAUSSÜHL, Siegfried

Dr. rer. nat., Dipl.-Phys., o. Prof. f. Kristallogr. - Blessemerstr. 31, 5042 Erftstadt - Geb. 25. Nov. 1927 Gunzenhausen, verh. s. 1961 m. Arnhild, geb. Kunert, 5 Kd. (Thorsten, Inken, Eiken, Kirsten, Erken) - Univ. Tübingen (Phys., Mineral., Astron.); Promot. (1956) u. Habil. (1960) Tübingen - S. 1960 Lehrtätigk. Univ. Tübingen, Freiburg (1964 ao. Prof.), Köln (1966 o. Prof. u. Inst.sdir.) - BV: Kristallgeometrie, Taschentext, 1977; Kristallstrukturbestimmung, Taschentext, 1979; Kristallphysik, Taschentext, 1983. S. 1978 Herausg. Zeitschr. f. Kristallographie. Fachveröff. - 1963 Ernst-Abbé-Preis.

HAUSTEIN, Erik

Dr. rer. nat. (habil.), Prof., Botaniker - Habichtstr. Nr. 5, 8520 Erlangen (T. 4 78 60) - Geb. 21. Juli 1910 München (Vater: Josef H.), verh. 1941 m. Lina, geb. Biehler - S. 1952 Privatdoz. u. apl. Prof. (1960) Univ. Erlangen bzw. -Nürnberg. Facharb.

HAUSTEIN, Werner

Dr.-Ing., Vorstandsmitglied STRABAG Bau-AG., Köln-Deutz (s. 1969) - Heinrich-Heine-Str. 30, 5038 Rodenkirchen/Rhld. - Geb. 1. Nov. 1916 Satzung.

HAUSWEDELL, Peter Christian

Ph. D., Diplomat, Leiter Wirtschaftsdienst Generalkonsulat d. BRD in Hongkong - Consulate General Federal Rep. of Germany, 21th fl. United Centre, 95, Queensway, G.P.O. Box 250, Hongkong (T. 29 88 55) - Geb. 6. Febr. 1941 Lübeck, verh. s. 1968 m. Marianne, geb. Ernst, 3 T. (Anna, Verena, Tessa) - 1962-66 FU Berlin (Dipl.-Polit. 1966); 1966-67 St.-Antony's College, Oxford/Engl.; 1967-73 Cornell Univ., Ithaca, N.Y./USA, (Ph.D. 1976) - 1977-81 Dt. Botsch. Peking; s. 1981 Leit. Wirtschaftsdienst in Hongkong - Liebh.: Bibliophilie, Ostasiat. Kunst - Spr.: Engl., Franz., Chines., Indones.

HAUSWIRTH, Otto

Dr. med., Prof. f. Physiol. Univ. Bonn (s. 1973) - II. Physiolog. Inst. Wilhelmstr. 31, 5300 Bonn; priv.: Lindenweg 26, 5305 Alfter-Oedekoven - Geb. 10. Mai 1932 Gallspach/Österr. (Vater: Dr. Otto H., Facharzt; Mutter: Edith, geb. Lienhard), kath. - Gymn. Schondorf/Ammersee, Kremsmünster, Wien; Univ. Wien (Med.). Promot. 1958 Wien; Habil. 1972 Heidelberg - 1964-71 Forschungstätigk. Oxford (Engl.), Zürich u. Bern. Art. u. Einzelarb. - Entd.: Mechanismus d. Wirkung v. Adrenalin auf d. Herzschrittmacher; Nachw.: Bezieh. zw. Schrittmacherstrom u. beta-Rezeptoren; Review (m. B.N.Singh, Los Angeles): Ionic Mechanisms in Heart Muscle in relation to the genesis and the pharmacological control of cardiac Arrhythmias. Pharmac. Rev. 30, 5-63, 1979 - Liebh.: Ski, Wasserski, Musik, Theater - Spr.: Engl.

HAUTEVILLE, von, Tankred

Dipl.-Ing., Direktor i. R. - Brunhildenweg 3, 7000 Stuttgart-Degerloch - Geb. 22. Febr. 1908 Liegnitz/Schles. - 1967-74 stv. u. o. Vorstandsmitgl. (1970) Standard Elektrik Lorenz AG./SEL (Bereich: Funk u. Navigation).

HAUTMANN, Wilhelm

Dr. jur., Syndikus, 1. Vors. Bundesverb. Union Dt. Fotofinisher, Generalsekr. Bundesverb. Fotogroßlaboratorien - Büro: Autharipl. 15, 8000 München 90 (T. 089 - 64 72 84; Telex 5213822; Telefax 6421885) - Geschäftsf. Ges. z. Förder. d. Photogr. u. Haus Waldeck GmbH. Bundesarbeitsrichter a.D.

HAVEKOST, Hermann

Ltd. Bibliotheksdirektor, Leit. Universitätsbibl. Oldenburg - Ofener Str. 3, 2900 Oldenburg/O. - Geb. 13. Juni 1935 Elsfleth (Vater: Hermann H.; Mutter: Helene, geb. Hobbie), luth., verh. 1966-76 (gesch.), 2 T. (Carola, Frauke) - Univ. Mainz u. Hamburg (Rechtswiss.). 2. jurist. Staatsprüf. u. Bibl.ass.ex. Hamburg - Verlagskfm.; Rechtsanw.; Bibl.dir. (1974ff.). Fachämter - Spr.: Engl., z. Verständ. Ital.

HAVEMANN, Klaus

Dr. med., Prof. f. Innere Medizin Univ. Marburg - Am Annablick 7, 3550 Marburg/L.

HAVER, Eitel Fritz
Fabrikant, pers. haft. Gesellsch. Haver & Boecker/Drahtweberei u. Maschinenfabrik - Carl-Haver-Pl. 3, 4740 Oelde/W. - Geb. 5. Mai 1921 (Vater: Fritz H., Fabrikant; Mutter: Aenne, geb. Doermer), ev., verh. s. 1950 m. Hertha, geb. Brand, 4 Kd. (Fritz, Walter, Peter, Hertha).

HAVERBECK, Peter
Vorstandsmitglied Continental Aktiengesellschaft, Hannover - Priv.: Poelzigweg 5 b, 3000 Hannover 71 (T. 0511 - 51 35 20); dstl.: Continental AG, 3000 Hannover - Geb. 22. Febr. 1935 Göttingen - 1957-60 Stud. Volkswirtsch.; Staatsex. 1960, Promot. 1962 - 1963-72 Continental Gummi-Werke; 1972-78 Vors. Geschäftsfg. Vergölst, Bad Nauheim; 1978ff. Vorst.-Mitgl. Continental-Gummi-Werke.

HAVERBECK, Werner Georg
Dr. phil., Prof. a.D., Pfarrer i.R. - Bretthorststr. 199, 4973 Vlotho/Weser (T. 05733 - 26 80) - Geb. 28. Okt. 1909 Bonn (Vater: Albert H., Stadting.; Mutter: Emmy, geb. Bethe), Christengem., verh. s. 1970 in 2. Ehe m. Ursula, geb. Wetzel - 1928-37 Stud. Kultur- u. Religionswiss., Neuere Gesch.; Promot. 1937 Univ. Heidelberg, Ordin. als Pfarrer 1950, Prof. 1973 - 1950-60 Pfarrer Christengem. Marburg/L.; 1960-62 wiss. Tätigk.; 1963 Begründ. Collegium Humanum (Inst. f. Angew. Menschenkd. u Betriebspäd., s. 1975 Akad. f. Umwelt u. Lebensschutz, Heimvolkshochsch.); 1967-80 Lehrtätigk. Ing.-Wesen, s. 1971 Fachhochsch. Bielefeld (Aufbau Lehrf. Angew. Sozialwiss. im Ing.ber.); 1974-82 Präs. dt. Sektion Weltbd. z. Schutze d. Lebens - BV: D. Ziel d. Technik - d. Menschwerd. d. Erde, 1965; D. andere Schöpf. - Technik e. Schicksal v. Mensch u. Erde, 1978; Entschluß z. Erde, 1983 - 1982 Adalbert-Schweigart-Med. - Liebh.: Musik, Fotografieren, Wandern, Kanu - Spr.: Latein, Griech., Franz., Engl.

HAVERKAMP, Alfred
Dr. phil., Univ.-Prof. f. Mittelalterl. Geschichte Univ. Trier - Auf der Lai 2, 5501 Gusterath - Geb. 16. Mai 1937 Holdorf - Promot. 1964; Habil 1969 - S. 1970 o. Prof. Bücher u. Aufs.

HAVERKAMP, Heinrich
Generalbevollmächtigter Westdt. Landesbank Girozentrale Düsseldorf/Münster, Mitgl. d. Geschäftsltg. Investment Banking - Zu erreichen üb. Westd. Landesbank Girozentrale, Herzogstr. 15, 4000 Düsseldorf 1.

HAVERKAMP, Wilhelm
Vorstandsmitglied Ferrostaal AG./Eisen- u. Stahlgroßhandel - Huyssenallee 22, 4300 Essen 1; priv.: Am Mühlenbach 66 - Geb. 28. Okt. 1919.

HAVERKAMPF, Hans-Erhard
Dr. rer. pol., Baudezernent Stadt Frankfurt/M. - Sandgasse 4, 6000 Frankfurt 1 (T. 069 - 212 51 00-51 43) - Geb. 31. Okt. 1940 Mühlhausen/Thür., verh. s. 1982 m. Christel, geb. Brenner, T. Anna - Stud. Betriebsw. Univ. Köln (Ex. 1967, Promot. 1970) - Beigeordn. f. d. Bauwesen Stadt Frankfurt. AR-Mand. - BV: Simulation d. Finanzausgleichs in NRW, 1971; div. Aufs. - Liebh.: Bienenzucht - Spr.: Engl.

HAVERS, Christoph
Sozialpäd., Schriftsteller - Selfkantstr. 7, 4040 Neuss (T. 02101-81121) - Geb. 14. Dez. 1955, verh. s. 1975 m. Christa, geb. Lange, T. Stephanie - Stud. Sozialpäd. (m. Schwerp. in d. Erwachsenenbild.); z. Zt. Stud. German. u. Phil. - BV: Plakatmenschen, Puppen u. heiße Nächte, Ged. u. Gesch., 1981; zahlr. Veröff. in Literaturztschr. u. Anthol. (z.B.: Wo liegt euer Lächeln begraben?).

HAVERS, Leo
Dr. med., Wiss. Rat (Inst. f. Anästhesiologie), Prof. f. Anästhes. Univ. Bonn (s. 1970) - Kaufmannsommer 10, 5253 Lindlar-Linde (T. 02266 - 30 47) - Geb. 10. Dez. 1919 Bern (Schweiz) - 1963 Privatdoz.

HAVSTEEN, Bent Heine
Dr. phil., Dipl.-Ing., Prof. f. Physiologische Chemie - Knooper Landstr. 3, 2300 Kiel-Altenholz (T. 0431 - 36 35 05) - Geb. 7. Aug. 1933 Kopenhagen/Dänemark (Vater: Eigil H., Oberst; Mutter: Ingeborg, geb. Buch), ev., verh. s. 1976 m. Brigitte, geb. Heyck, T. Inger - Dipl.-Ing., TU Kopenhagen 1956, Ph.D., (Biochem.) Cornell Univ. N.Y./USA 1962; Promot. (habil.) Univ. Kopenhagen 1968 - 1957-58 Ing. Colonial Sugar Refining Co. Sydney; 1962-63 Lehrst.-vertr. Cornell Univ./ USA; 1967-72 Abt.-leit., Aarhus Univ., 1972 ff. Ord. f. Physiol. Chem. Univ. Kiel, 1979-81 Senator Univ. Kiel - Mitgl. New York Academy of Sciences 1981 - Entd.: Zielsuchgerät. Dän. Patent (1978) - Etwa 90 wiss. Veröff., u. a. Elektrizitätserzeugung d. Osmose 1980; - BV: Med. Forsch. E. Einführung, 1978 - Liebh.: Segeln - Spr.: Engl., Deutsch, Franz.

HAWERKAMP, Manfred
Ing., Mitinhaber u. Geschäftsf. Troisdorfer Bau- u. Kunststoff GmbH, Wiehl, Vizepräs. Gesamtverb. kunststoffverarb. Ind., Frankfurt/M., Vors. FNK - Altenrather Str. 5, 5210 Troisdorf - Geb. 14. Juli 1937.

HAX, Herbert
Dr. rer. pol., o. Prof. f. Betriebswirtschaftslehre - Merlostr. 16, 5000 Köln 1 - Geb. 24. Sept. 1933 Köln - Dipl.-Kfm. Univ. Frankfurt 1957, Dr. rer. pol. Univ. Köln 1960, Habil. Univ. Köln 1964 - 1964-72 o. Prof. Univ. Saarbrücken, 1972-76 o. Prof. Univ. Wien, s. 1976 o. Prof. Univ. Köln u. s. 1982 Honorarprof. Univ. Wien. S. 1982 Vorst. Inst. f. Mittelstandsforsch., Bonn; s. 1989 Mitgl. Sachverst.rat z. Begutachtung d. Gesamtwirtsch. Entw. - BV: D. Koordination v. Entscheidungen, 1965; Investitionstheorie, 1970; Entscheidungsmodelle in d. Unternehmung, 1974; Finanzwirtsch. d. Untern. u. Kapitalmarkt (m. G. Franke), 1988.

HAXEL, Otto
Dr. rer. nat., Dr. E. h., Prof., Physiker - Scheffelstr. 4, 6900 Heidelberg (T. 4 67 69) - Geb. 2. April 1909 Neu-Ulm (Eltern: Karl u. Emma H.), kath., verh. m. Ilse, geb. Bartz, 2 Kd. (Philipp, Christoph) - TH München u. Univ. Tübingen. Promot. 1933 Tübingen; Habil. 1936 Berlin - 1936 Doz. TH Berlin, 1947 ao. Prof. Univ. Göttingen, 1950 o. Prof. u. Dir. II. Physikal. Inst. Univ. Heidelberg. 1970-74 Gf. Ges. f. Kernforsch. mbH., Karlsruhe, 1978-82 Präs. Heidelberger Akad. d. Wiss. Üb. 50 Fachveröff. Herausg.: Ztschr. f. Physik, Nuclear and Instruments and Methods - 1971 Gr. BVK, 1980 Otto-Hahn-Preis Stadt Frankfurt.

HAY, Paul Helmut
Vorstandsmitglied Mannesmann-Demag AG., Duisburg (Ressort Finanz- u. Rechnungswesen, 1981 ff.) Birkhahnweg 1, 4030 Ratingen - Geb. 1. Okt. 1932 Remscheid - ARsmand. u. a.

HAY, Peter
Dr. iur., Prof. d. Rechte Univ. of Illinois/USA, Hononarprof. Univ. Freiburg - 2302 Shurts Circle, Urbana, Il. 6/801/ USA - Geb. 17. Sept. 1935 Berlin, kath., verh. s. 1974 m. Grazina, geb. Parokas, 3 S. (Cedric, Tomas, Tadas) - 1953-58 Univ. of Michigan, Promot. Univ. Göttingen u. Heidelberg - 1961-63 Prof. d. Rechte Univ. of Pittsburgh, s. 1963 Univ. of Illinois, 1979-89 Dekan Univ. of Illinois; s. 1975 Hon.-Prof. Univ. Freiburg. Gastprof. 1963 Univ. of Michigan, 1966 Stanford Univ., 1966, 1970, 1973 Freiburg - BV: Einf. in d. amerik. Recht, 1975, 2. A. 1987; Conflict of Laws (m. Scoles), 1982, 1984, 1986; Ungerechtfertigte Bereicherung im IPR, 1978; zahlr. Aufs. - Gewähltes Mitgl. Americ. Acad of Foreign Law, Americ. Law Inst., Acad. Intern. de Droit Comparé - Liebh.: Musik, Reisen - Spr.: Engl., Franz.

HAYEK, von, Friedrich August
Dr. jur., Dr. rer. pol., D. sc. (Econ), em. Prof., zul. Univ. Freiburg - Urachstr. 27, 7800 Freiburg (T. 060761 - 7 72 16) - Geb. 8. Mai 1899 Wien (Vater: August v. H., Arzt u. Univ.-Prof.), verh. in 2. Ehe m. Helene, geb. Bitterlich, 2 Kd. aus 1. Ehe (Christine, Laurence) - Promot. 1921 u. 1923 Wien - 1921-31 Dir. Österr. Inst. f. Konjunkturforsch.; 1931-50 Prof. Univ. of London; 1950-62 Prof. Univ. of Chicago; s. 1962 Prof. Univ. Freiburg. Zahlr. BV üb. Wirtsch.theorie u. -politik, Psychol., in versch. Spr. übers. - 1974 Nobel Memorial Prize in Economics; Mitgl. Orden Pour le mérite; Mitgl. zahlr. Akad. u. versch. Ehrendoktorate.

HAYMANN, Alfred
Vorstandsmitglied a.D. Varta Batterie AG., Hannover, Ehrenmitgl. Fachverb. Batterien im ZVEI ebd. - Haus im Eulengrund, 7292 Baiersbronn 1 - Geb. April 1918.

HAZLEHURST, John
Dr. phil., Prof. f. Astronomie Univ. Hamburg/Sternwarte (s. 1973) - Gojenbergsweg 4, 2000 Hamburg 80.

HAZOD, Wilfried
Dr. phil., o. Prof., Lehrstuhlinh. f. Mathematik IV (Maß- u. Integrationstheorie) Univ. Dortmund (s. 1976) - Postf. 500500, 4600 Dortmund 50 - Geb. 26. Juni 1943 Linz/Österr. - Stud. Math. u. Physik Univ. Wien (1961-67) - Zul. Univ. Tübingen.

HEBBEL, Hartmut
Dr. rer. nat., Prof. Univ. Dortmund - Helfkamp 18c, 5810 Witten (T. 02302 - 4 74 03) - Geb. 7. Nov. 1943 Gumbinnen/Ostpr., ev., verh. s. 1972 m. Ursula, geb. Wiese, 2 Kd. (Daniela, Matthias) - Stud. TU Berlin (Math.); Dipl. 1972; Promot. 1978 Dortmund; Habil. (Statistik) 1982 Dortmund - Vertr. d. Fachgeb. Datenanalyse am FB Statistik Univ. Dortmund - Spr.: Engl., Franz.

HEBBERING, Bernd
Stv. Vorstandsvorsitzender Karstadt AG, Essen (s. 1986) - Zu erreichen üb. Karstadt, Theodor-Althoff-Str. 2, 4300 Essen - Begann als Verkaufslehrling b. Karstadt, zul. dass. Mitgl. d. Verkaufsleitg.; 1973-85 Horten AG, Düsseldorf (1977 Sprecher d. Vorst., zul. Vorstandsvors.) - Zahlr. Mand., Vizepräs. IHK D'dorf.

HEBBORN, Albert
Ltd. Regierungsdirektor, Leit. Versorgungsamt Dortmund - Gabelsbergerstr. 4, 4600 Dortmund 1 (T. 0231 - 51 53 90) - Geb. 20. Dez. 1931 Bergisch Gladbach, kath., verh. s. 1957 m. Margarete, geb. Weber, 3 Kd. (Dr. Gabriele, Dietmar, Ulrike) - Gymn. Bergisch Gladbach; Stud. Rechtswiss. Univ. Köln; Gr. Staatsprüf. 1959 Düsseldorf - S. 1976 Bundesvors. Gewerksch. d. Versorgungsverw. im Dt. Beamtenbd., Dortmund. Herausg. Fachztschr. f. Soziales Entschädigungsrecht u. Schwerbehindertenrecht (D. Versorgungsverwaltung).

HEBECKER, Christoph
Dr. rer. nat., Prof. f. Anorgan. Chemie Univ. Gießen - Heinrich-Buff-Ring 58, 6300 Gießen.

HEBEL, Franz
Dr., Prof., Hochschullehrer - Mörfelder Landstr. 242, 6000 Frankfurt a.M. 70 - Geb. 11. April 1926 Frankfurt a.M. - S. 1972 Prof. TH Darmstadt (Didaktik Deutsch). Bücher u. Einzelarb.

HEBELER, Gisbert W.
Dipl.-Betriebsw. VWA, Unternehmer - Erlenweg 15, 4750 Unna (T. 02303 - 8 08 01) - Geb. 26. Jan. 1942 Gütersloh, ev., verh. s. 1967 m. Jutta, geb. Kahmen, 3 Kd. (Jan, Kerstin, Björn) - 1960 Ex. Höh. Handelssch., Ausb. Groß- u. Außenhdl.kaufm.; Stud. Leibniz-Akad. 1967-72 Hannover - S. 1974 Abt.-Leit. Hoesch Handel AG, Dortmund; s. 1988 Geschäftsf. Fa. Maria Hebeler Rohst.-Stahlservice u. Inh. Rohragentur G.W. Hebener, bde. Unna. 1972-82 Vorst.-Mitgl. Wirtschaftsjunioren WKG Dortmund; 1974-76 Vorst.-Sprecher, s. 1976 Mitgl. Westf. Kaufmannsgilde Dortmund - S. 1984 Ehrenamtl. Richter VG Gelsenkirchen - Liebh.: Dt. Gesch., Familienforsch., Klass. Musik, Jazz - Spr.: Engl., Franz.

HEBER, Gerhard
Dr. rer. nat., o. Prof. f. Theoret. Physik Univ. GH Duisburg - Am Bruckend 4, 4232 Xanten-Wardt - Geb. 26. Febr. 1927 Dresden - Stud. TH Dresden u. Univ. Jena; Promot. 1951, Habil. 1953, bde. Jena - 1953 Doz. Univ. Jena; 1960 o. Prof. f. theor. Physik Univ. Leipzig, 1966 TU Dresden, 1974 Univ.-GH Duisburg - Hauptarb.geb. Theorie d. Festkörpermagnetismus.

HEBER, Johann
Dr. rer. nat., Prof. f. Festkörperphysik TH Darmstadt - Wiesenstr. 16, 6109 Mühltal 2 - Geb. 28. Mai 1935 - Spez. Arbeitsgeb.: Laserspektroskopie, nichtlineare Dynamik.

HEBER, Ulrich
Dr. rer. nat., Dipl.-Chem., o. Prof. f. Botanik - Mittl. Dallenbergweg 64, 8700 Würzburg (T. 7 30 85) - Geb. 25. Okt. 1930 Freital/Sa., verh. - TH Aachen, Univ. Bonn (Chemie, Biol.). Promot. u. Habil. Bonn - 1956-66 Assist., Oberassist. (1962), Doz. (1964) Univ. Bonn; s. 1966 Wiss. Abt.vorsteher u. Prof., o. Prof. Botan. Inst. (1971) Univ. Düsseldorf, 1979 Univ. Würzburg. Research Fellow Univ. Berkeley (1960/61), Carnegie Inst. Stanford/USA (1967/68) C.S.I.R.O. Canberra/Australien (1972/73), Rikagaku Kenkyusho, Wako-shi/Japan (1977), Timiriasev Akad. d. Wiss., Moskau/UdSSR (1984/85). Spez. Arbeitsgeb.: Biochemie u. Physiol. d. Pflanzen. Zahlr. Fachveröff. - 1986 Gottfr.-Wilh.-Leibniz-Preis d. Dt. Forsch.gemeinschaft - Spr.: Engl.

HEBERER, Georg
Dr. med., o. Prof. f. Chirurgie - Am Stadtpark 38, 8000 München 60 - Geb. 9. Juni 1920 Dietzenbach/Hessen, ev., verh. s. 1952 m. Dr. Renate, geb. Schubert, 3 Kd. (Michael, Jörg, Christiane) - Oberrealsch. Offenbach/M.; Univ. Marburg, Gießen, Heidelberg, Tübingen. Promot. 1945; Habil. 1953 Marburg - 1945-51 Städt. Krankenanstalten Mannheim, 1951-59 Chir. Univ.sklinik Marburg (1953 Privatdoz., 1958 apl. Prof. u. komm. Leit.), 1959-73 Univ. Köln (o. Prof., Dir. II. Chir. Lehrstuhl Städt. Krankenanstalt-Merheim, 1963 I. Chir. Klinik-Lindenthal), s. 1973 Univ. München (o. Prof., Dir. Chir. Klinik) - BV: D. Lungenresektionen, 1954 (m. R. Zenker u. H.-H. Löhr); Aorta u. große Arterien, 1966 (m. G. Rau u. Löhr); Angiol.-Grundlagen - Klinik u. Praxis, 1974 (m. G. Rau u. W. Schoop); D. Indikation z. Operation (Mithrsg.: G. Hegemann). Zahlr. Publik. aus Bauch-, Thorax- u. Gefäßchir. - Mitgl. Dt. Akad. d. Naturforscher (Leopoldina) Halle/S.; 1983 ff. Präs. Dt. Ges. f. Katastrophenmed., Präs. Dt. Ges. f. Chirurgie, 1979/80, - Liebh.: Musik, Kunst, Skisport - Spr.: Engl.

HEBERMEHL, Gerd
Dr. rer. pol., Geschäftsführer Bonner Fahnenfabrik GmbH., Vizepräs. IHK Bonn, Handelsrichter LG Bonn - Achim-v.-Arnim-Str. 30, 5300 Bonn - Geb. 29. Juli 1927.

HEBICH, Roger
Vorstandsvorsitzender BHW-Bank AG, Dir. Finanzwesen BHW-Bausparkasse - Dienstl.: Lubahnstr. 2, 3250 Hameln 1 (T. 05151-18 44 00); priv.: Hauptmannstr. 22, 3250 Hameln 1 (T. 05151-2 17 56) - Geb. 11. Juli 1931, verh. s.

1958 m. Lotti, geb. Schröder - Obersch.; 1950-52 Lehre Dt. Bank AG Hamburg - Spr.: Engl., Franz.

HEBOLD, Gottfried
Dr. med., Prof., Pathologe, Toxikologe, Pharmakologe - Eislebener Weg 3, 6800 Mannheim 41 - S. (Habil.) Lehrtätig. Univ. Heidelberg (gegenw. apl. Prof. f. Exper. Pathol.).

HEBOLD, Gustav G.
Fabrikant Hebold GmbH & Co., Apparatebau u. Maschinenfabrik - Theodor-Storm-Str. 17, 2190 Cuxhaven (T. 04721 - 2 10 51-53) - Geb. 31. Juli 1918, verh. s. 1943 - Schule (Abit.), TU Berlin - Präs. IHK Stade f. d. Elbe-Weser-Raum (1981), Ehrenvors. AGV Cuxhaven (1981), Vorst.-Mitgl. FG 19 im VDMA, Ehrenmitgl. d. Vorst. d. Hafenwirtschaftsgemeinsch. Cuxhaven - Spr.: Engl. u. Franz. - Rotarier.

HECHELTJEN, Peter Max
Dr. rer. pol., Dipl.-Wirtschaftsing., o. Prof. f. Volkswirtsch.lehre Univ. Trier (s. 1975) - Peter-Lambert-Str. 4, 5500 Trier (T. 2 59 33) - Geb. 20. Aug. 1944 Bensheim/Bergstr., kath., verh. s. 1978 m. Josefa, geb. Schreiner, 1 Sohn (Martin) - Dipl.ex. 1969 Darmstadt; Promot. 1972 Frankfurt/M. - 1973-75 Doz. Univ. Frankfurt.

HECHT, Franz
Dr. phil. nat., bevollm. Direktor, Honorarprof. Univ. Hamburg (s. 1958) - Müllenhoffweg 58, 2000 Hamburg 52 (T. 82 02 53) - Geb. 30. Mai 1909 Cuxhaven, ev., verh. s. 1935 m. Christel, geb. Pistor, 3 Kd. - Univ. Kiel u. Frankfurt/M. Promot. 1933 - S. 1932 Erdölind. In- u. Aus. (u. a. Chefgeologe u. bevollm. Dir. DEA bzw. Texaco) - Spr.: Engl., Franz., Holl.

HECHT, Hans-Joachim
Angestellter, Intern. Schach-Großmeister - Westendstr. 19, 8080 Fürstenfeldbruck - Geb. 29. Jan. 1939 Luckenwalde, verh., 2 Kd. - BV: Schach- u. Turniertaktik, 1980; D. besten Partien dt. Schachgroßmeister, 1983 (m.a.); Schach-Spiel, Sport, Wiss., Kunst, 1984 (m.a.) - S. 1969 Intern. Meister; 1970 Dt. Meister, 1973 Intern. Dt. Meister; 1962-86 10 Schacholympiaden; s. 1973 Intern. Großmeister; 10 x Dt. Mannschaftsmeister m. Solingen u. Bayern München - 1974 Ehrenring Stadt Solingen; 1975 Silb. Lorbeerblatt - Spr.: Engl.

HECHT, Ingeborg
s. Studniczka, Ingeborg

HECHT, Martin

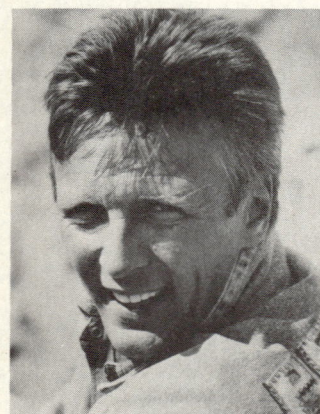

Rundfunk- u. TV-Moderator - Beethovenstr. 38, 6000 Frankfurt/M. 1 (T. 069 - 75 23 23) - Geb. 29. Sept. 1946 Bad Harzburg, ev., verh. s. 1987 m. Irene, geb. Rudolph (Art Director), T. Daniela - Abit. 1966, Autodidakt - Moderation v. Rundf.- u. FS-Sendungen; Produktion v. Werbespots u. Veranstalt. - Liebh.: Autos (alt u. schnell) - Spr.: Engl., Franz. -

Bek. Vorf.: Ur-Ur-Großvater: Senior Behrmann (Hamburger Kirchenfürst).

HECK, Bruno
Dr. phil., Prof., Bundesminister a. D., Ehrenvors. Konrad-Adenauer-Stiftg. - Rathausallee 12, Postf. 12 60, 5205 Sankt Augustin/b. Bonn - Geb. 20. Jan. 1917 Aalen/Württ. (Vater: Josef H.; Mutter: Magdalena, geb. Ernst), kath., verh. s. 1943 m. Gertrud, geb. Mattes, 6 Kd. (Ludwig, Ingbert, Birgit, Bernhard, Eva, Margret) - Univ. Tübingen (Phil., Theol., Altphil., German., Gesch.). Promot. 1950 - 1938-45 Wehrm.; Stud.; 1950-52 Reg.rat Kultmin. Württ.-Hoh.; 1952-58 Bundesgeschäftsf. CDU; 1957-76 MdB (b. 1961 Vors. Aussch. f. Kulturpolitik u. Publizistik); 1962-68 (Rücktr.) Bundesmin. f. Familie u. Jugend; 1967-71 Generalsekr. CDU. 1961ff. VR-Vors. Dt. Welle; Vors. INTERAUXILIA, Kurat.-Vors. Stiftg. Bundeskanzler-Adenauer-Haus - BV: D. Verschwörung d. Catilina; Auf festem Grund (Reden u. Aufs.); Hans Filbinger - D. Fall u. d. Fakten, 1980; Vaterland Bundesrep.?, 1984; Grundlagen u. Wandel, 1987. Herausg. d. Zwei-Monats-Ztschr. D. Politische Meinung - Span., jap., ital., vatikan., tunes., portug., el salvadorianische Orden; 1964 Gold. Sportabz.; 1969 Gr. BVK m. Stern, 1978 Schulterbd., 1987 Großkreuz dazu; 1986 kolumbian. Orden Gran Cruz de la Orden de San Carlos; 1987 Verdienstmed. d. Kath. Univ. Lublin, Polen; 1987 Robert-Schumann-Med. d. EVP; 1988 Verleih. d. Gr. Gold. Ehrenz. m. d. Stern d. Rep. Österr.; 1988 Großkreuz d. Ordens merito civil Spanien.

HECK, Dieter (Thomas)
(eigentl. Carl Dieter Heckscher) Rundfunk- u. Fernsehmoderator, Sänger, Schauspieler - Schloß Aubach, 7598 Lauf/Baden - Geb. 29. Dez. 1937 Flensburg (Vater: Carl H., Kaufm.; Mutter: Else H.), ev.-luth., verh. s. 1976 in 2. Ehe m. Ragnhild, geb. Möller, 3 Kd. (Rolf-Nils-Ernst, Thomas-Kim-Ralf, Saskia-Fee-Isabel) - Kaufm. Lehre (Autokaufm.); Gesangsausb. - Tätig. im Musikverlag; b. Rundfunk (SWF; BR u. RIAS) - Fernsehen ZDF: Pyramide, Ihr Einsatz bitte u. Melodien f. Millionen. ARD: Tag d. Dt. Schlagers. Rollen in: Tatort, Café Wernicke u. Bülowbogen - Gold. Kamera; 1984 BVK - Liebh.: Antiquitäten, Garten, Haus, Bücher.

HECK, Eberhard
Dr. phil. (habil.), Prof. f. Klass. Philologie (Lateinische Phil., bes. christl. lat. Lit.) Univ. Tübingen - Karl-Jaggy-Str. 1, 7406 Mössingen - Geb. 7. Nov. 1937 Tokyo-Omori (Japan) - Staatsex. 1961, Promot. 1963 u. Habil 1971 Tübingen - 1963 Wiss. Assist., 1965 Wiss. Mitarb. Thesaurus linguae Latinae, 1967 Wiss. Assist. (1971ff. Priv.doz., 1974 apl. Prof.), 1976 Oberassist., 1980 Prof. - BV: D. Bezeug. v. Ciceros Schr. De re publica, 1966; D. dualist. Zusätze u. d. Kaiseranreden b. Lactantius, Heidelberg, 1972; Me theomachein od.: D. Bestrafung d. Gottesverächtern, 1987. Div. Aufs., Rezensionen u. Lexikonart.

HECK, Elisabeth
Lehrerin, Schriftst. - Kolumbanstr. 14, CH-9009 St. Gallen - Geb. 5. Juni 1925 St. Gallen, kath., ledig - Lehrersem., Sprachstud., Ausb. z. Legasthenie-Therapeutin - 4 J. kaufm. Beruf, 25 J. Lehrerin; 1976-84 Legasthenie-Therap.; Ltg. v. Lehrerkursen; Autorenvorles. - BV: Kinderb.: u.a. D. junge Drache, 1982, TB 4. A. 1987 (span. 8. A. 1988); D. andere Schaf (engl., dän., ital., jap., span., holl.), 3. A. 1988. Lyrik: Übergangenes, 1981; Aus dunklen Kernen, 1982; Tropfen auf Stein - 1981 Literaturpreis Ascona; 1982 Anerkennungspreis Stadt St. Gallen; 1988 St. Galler Förd.preis f. Lit. - Liebh.: Lit., Sport, Reisen - Spr.: Ital., Span., Franz., Engl. - Lit.: Prof. Dr. Joh. Anderegg.

Hochsch. St. Gallen, zu: Aus dunklen Kernen.

HECK, Friedrich
Dipl.-Ing., Geschäftsführer Heck GmbH (s. 1976), Sachverst. f. Herstell. u. Bauanwend. v. Schaumkunststoffen (1967ff.) - Heckenpfad 15, 6702 Bad Dürkheim - Geb. 26. Febr. 1928 Ludwigshafen/Rh. (Vater: Alfons H., Beamt.; Mutter: Katharina, geb. Neumair), kath., verh. s. 1955 m. Rita, geb. Schollenberger, 2 Kd. (Felicia, Matthias) - 1949-52 Fachhochsch. Essen - Fachveröff. - Erf.: Außenwanddämmsystem m. Hartschaumplatten u. Mineralputzen.

HECK, Gernot
Studiendirektor, MdL Rhld.-Pfalz (s. 1975) - Wendelsheimer Str. 4, 6509 Nieder-Wiesen - Geb. 12. April 1940 - CDU.

HECK, Heinz
Journalist - Rodderbergstr. 51, 5300 Bonn 2 - Geb. 14. Dez. 1934 Oberhausen (Vater: Hans H., Beamter; Mutter: Katharina, geb. Pohen), verh., 2 S. (Thomas, Volker) - Stud. f. Volkswirtsch.lehre Univ. Frankfurt, Mainz (Dipl.ex. 1959) - 1960-64 Angest. IHK Mexico-City; 1964-69 Mexiko- u. Brasilienkorresp. f. Nachr. f. Außenhandel; 1970-76 Korresp. Frankfurter Allg. Ztg. Bonn, s. 1976 Wirtsch.korresp. D. Welt Bonn - 1973 Theodor-Wolff-Preis - Liebh.: Photogr., Jazz - Spr.: Engl., Span., Portug.

HECK, Wilhelm
Dr. med., Prof., Direktor Städt. Kinderklinik Bremen i. R. - Sangerhauser Str. 25, 2800 Bremen - Geb. 20. Juli 1912 Gondelsheim (Vater: Wilhelm H.; Mutter: Caroline, geb. Kiefer), verh. m. Hertha, geb. Wagner, 4 Kd. (Ute, Dietrich, Steffi, Gunter) - Univ. Freiburg, Rostock, München - S. 1954 Lehrtätig. Univ. Göttingen (gegenw. apl. Prof. f. Kinderheilk.) - BV: u. a. Pädiatr. EKG-Atlas, 1959 (m. Joachim Stoermer).

HECKEL, Hans-Wulf
Selbst. Unternehmensberater (s. 1980) - Schulweg 1, 2093 Stelle-Ashausen (T. 04171 - 5 01 26) - Geb. 2. Febr. 1922 - Gf. Krupp Maschinenfabr. Bremen/Hamburg, Hamburg, zul. Vorst. Phoenix AG., Hamburg.

HECKEL, Klaus
Dr.-Ing., Prof. f. Werkstoffkunde Univ. d. Bundeswehr München - Anton-Bruckner-Str. 21, 8011 Vaterstetten (T. 08106 - 10 64) - Geb. 31. März 1928 Roth - Stud. TU München (Techn. Physik); Dipl.-Ing. 1954, Promot. 1962, Habil. 1966 - S. 1972 apl. Prof. TU München; s. 1977 Prof. Univ. d. Bundeswehr - BV: Einf. in d. techn. Anwend. d. Bruchmechanik, 1970 (russ. Übers. 1974), 2. A. 1983.

HECKEL, Martin
Dr. jur., o. Prof. f. Öfftl. Recht u. Kirchenrecht - Lieschingstr. 3, 7400 Tübingen - Geb. 22. Mai 1929 Bonn - Habil.

1960 Heidelberg - S. 1960 o. Prof. Univ. Tübingen - BV: Staat - Kirche - Kunst/Rechtsfragen kirchl. Kulturdenkmäler, 1968; Dtschl. im konfessionellen Zeitalter, 1983; D. theol. Fakultäten im weltlichen Verfassungsstaat, 1986; D. Menschenrechte im Spiegel d. Reformatorischen Theologie, 1987; Gesammelte Schriften. Staat, Kirche, Recht, Gesch., 2 Bde. 1989. Div. Einzelarb.

HECKEL, von, Max
Stadtkämmerer a.D., MdL Bayern (s. 1984) - Guardinistr. 135, 8000 München - Geb. 16. Nov. 1935 München, verh. (Ehefr.: Hildegard), 3 Kd. - Univ. München u. Erlangen (Rechtswiss.). Ass.-Ex. - Zul. Regierungsdir. u. Stadtkämmerer - Div. Mandate. SPD (1978 als Unterbezirksvors. München bestätigt).

HECKELMANN, Dieter
Dr. jur., o. Prof. f. Bürgerl. Recht, Handels-, Gesellschafts-, Arbeits- u. Zivilprozeßrecht FU Berlin (s. 1975; 1977 Vize-, 1983 u. 87 Präs.) - Fliednerweg 3, 1000 Berlin 33 - Geb. 23. Okt. 1937 Wiesbaden - Promot. 1965; Habil. 1972 - Hon.-Prof. Univ. La Paz, Bolivien - BV: Abfindungsklauseln in Gesellschaftsverträgen, 1973; Ehe- u. Ehegüterrecht in Erman-Komm. z. BGB, 7. A. 1981; div. Einzelarb.

HECKELMANN, Edgar
Dr. rer. pol., Dipl.-Kfm., Senator h. c., Generalkonsul, Hauptgesellsch. DEBA Dt. Bauträger GmbH & Co., Klosterbrauerei Biburg GmbH & Co., Vorstandsvors. Bayer. Ges. f. Wirtschaftshilfe - Möhlstr. 44, 8000 München 80 - Geb. 12. Okt. 1933 München, kath. - Dipl.-Kfm. München; Promot. Nürnberg - Ehrensen. Univ. München; Generalkonsul v. Pakistan f. Bayern u. Baden-Württ. (Sitz München); Bayer. VO.; Großkreuz päpstl. Sylvester-Orden - Liebh.: Pferdezucht (Haflinger).

HECKELMANN, Erich

Schulrat a. D., MdL Nordrh.-Westf. (1978-80 u. s. 1981), MdK Neuss (s. 1975), Fraktionsvors. Kreis Neuss (s. 1975), stv. Vors. DJH LV Rheinland (s. 1987) - Ackerstr. 15, 4048 Grevenbroich 13 - Geb. 20. Febr. 1935 Daaden/Rhld.-Pf., verh., 2 Kd. - Gymn. (Abit.); PH; Fernstud. Ev. Theol. Staatsprüf. 1957 u. 61 - S. 1957 Schuldst. (1968 Hauptlehrer, 1971 Rektor/Hauptsch. Kaarst). 1964-74 MdK Grevenbroich. Landesvizepräs. u. Rat Europ. Beweg.; 1986 Vors. AWO Kreis Neuss; 1988 Vizepräs. Aero Club NW. SPD s. 1956 (1972 stv., 1983 Vors. Unterbez. Neuss) - 1983 Dipl. Otto Lilienthal.

HECKER, Erich
Dr. rer. nat., o. Prof. f. Biochemie Univ. Heidelberg, Direktor Biochem. Inst. Dt. Krebsforschungszentrum ebd. (beides s. 1964) - Im Neuenheimer Feld 280, 6900 Heidelberg (T. 48 45 00) - Geb. 7. Juli 1926 Tübingen (Vater: Gottlieb H. †1939; Mutter: Anna, geb. Mozer), ev., verh. s. 1975 m. Hermine, geb. Hohenstatt, verw. Zeuner, 4 Kd. (Claus, Bar-

bara, Ariane, Arvid) - Univ. Tübingen (Dipl.-Chem. 1950). Promot. 1952 Tübingen; Habil. 1962 München - 1958-64 Abt.leit. Max-Planck-Inst. f. Biochemie, München; 1962-64 Privatdoz. Univ. München. Mitgl. versch. Fachges. Chemie u. Biochemie, Stoffwechsel u. Wirkungsmechanismus östrogener Hormone, Krebserzeugende Faktoren, deren Stoffwechsel u. Wirkungsmechanismus - BV: Verteilungsverfahren im Laboratorium, 1955 (auch poln. u. jap.); Aspects of Cocarcinogenesis, in Sc. Foundations of Oncology, 1976; Environmental Carcinogenesis (m. E. Grundmann), 1981; Carcinogenesis - A comprehensive Survey, Vol. 7: Cocarcinogenesis and Biological Effects of Tumor Promoters (m. N. E. Fusenig u.a.), 1982; Cellular interactions by environmental tumour promoters (m. H. Fujiki u.a.), 1984; Chem. Karzinogenese, in: Klinische Onkologie, 1985; Natürliche Solitär- u. Kokarzinogene - Fortschritte in d. Erkennung u. Bewertung v. Krebsrisikofaktoren. Chem. f. Labor u. Betrieb, 1987. Herausg.: Journal of Cancer Res. and Clinical Oncology. Zahlr. Buchbeiträge u. Einzelarb. - 1971 Dr. Emil-Salzer-Preis f. Krebsforschung Baden-Württ.; 1988 Otto-Wallach-Plak. Ges. Dt. Chemiker - Liebh.: Fotogr., Skilaufen, Bergsteigen - Spr.: Engl.

HECKER, Gerhard

Dipl.-Ing., Vorstandsmitglied Elektromark Kommunales Elektrizitätswerk Mark AG., Hagen, Geschäftsf. Elektromark Pumpspeicherwerk GmbH., ebd. - Am Höing 12, 5800 Hagen 1 - Geb. 12. Jan. 1926 Reddighausen - 1981ff. Vors. Vereinig. Dt. Elektrizitätswerke (VDEW), Frankfurt/M. - 1986 BVK I. Kl.

HECKER, Gerhard

Dr. phil., o. Prof. u. Leiter Seminar f. Sportdidaktik II/Dt. Sporthochschule Köln - Leipziger Str. 5, 5000 Köln 40 - Zul. Ord. GH Siegen.

HECKER, Hans

Dr. phil., Prof. f. osteurop. Geschichte - Zum Hedelsberg 35, 5000 Köln 50 (T. 02236 - 6 66 08) - Geb. 2. Jan. 1942 Leipzig (Vater: Konrad H., Bibliothekar; Mutter: Hilde, geb. Wolf), kath., verh. s. 1971 m. Bärbel, geb. Heuckmann, 2 T. (Katrin, Astrid) - Promot. 1971 Univ. Köln, Habil. 1980 ebd. - 1971-73 Wiss. Mitarb. Ostkolleg Bundeszentrale f. polit. Bildung; 1973-82 Wiss. Assist. Univ. Köln; 1982ff. Prof. Univ. Düsseldorf; 1983-85 Prorektor - BV: D. Tat u. ihr Osteuropabild 1909-1939, 1974; Russ. Universalgesch.schreibung, 1983 - Liebh.: Lit., Musik, Wandern.

HECKER, Karl

Dr. phil., o. Prof. f. Altorientalistik u. Seminardir. Univ. Münster - Paul-Keller-Str. 27, 4400 Münster/W. - Geb. 25. Juli 1933 Hagen/W. - Promot. 1962; Habil. 1971 - Zul. Doz. Univ. Freiburg/Br. u. Wiss. Rat Univ. Erlangen-Nürnberg. Fachb.

HECKER, Rudolf

Dr. rer. nat., Prof., Direktor Inst. f. Reaktorentwickl./KFA, Jülich (s. 1971) - Zu erreichen üb. Kernforschungsanlage Jülich GmbH, Stetternicher Forst, 5170 Jülich - Geb. 9. Sept. 1926 Köln - Stud. Physik. Promot. 1958 - S. 1973 (Habil.) Lehrtätigk. TH Aachen (1976 apl. Prof. f. Exper. Kerntechnik). Üb. 50 Facharb.

HECKER, Waldemar

Dr. med., o. Prof. f. Kinderchirurgie - Martinsrieder 11, 8032 Gräfelfing/Obb. (T. München 85 59 53) - Geb. 15. Febr. 1922 Potsdam - 1945-50 Univ. Hamburg (1950 Med. Staatsex.). Promot. 1961 Hamburg; Habil. 1962 Berlin - S. 1962 Lehrtätigk. Heidelberg (1967 apl. Prof. f. Chir.) u. München (1969 Ord.). 1973 ff. Präs. Dt. Ges. f. Kinderchir.; 1982 ff. Vors. Vereinig. d. Bayer. Chir. Üb. 150 Fachveröff.

HECKER, Werner

Ehrenvorsitzender d. Kunststoffrohr-Verb., Bonn (s. 1979) - Albert-Überle-Str. 36, 6900 Heidelberg.

HECKER, Wilhelm

Konzertpianist, Prof. f. Liedbegleitung Staatl. Hochschule f. Musik Rheinland/ Musikhochsch. Köln - Volbacher Berg 1, 5060 Berg. Gladbach 4.

HECKING, Klaus

Dipl. oec. publ., Geschäftsführer u. Mitinhaber Carl Hecking Textilwerke - Windmühlentor 9a, 4426 Vreden (T. 02564 - 8 36) - Geb. 19. Juli 1941 Bocholt (Vater: Albert H., Pensionär; Mutter: Franzis, geb. Schulze-Siehoff), kath., verh. s. 1973 m. Dr. Evelyn, 2 Kd. (Claus, Carola) - Stud. Betriebswirtsch. Freiburg, Wien, München; Ex. 1968 - Spr.: Engl., Franz., Niederl.

HECKING, Peter C.

Textilkaufmann, Geschäftsf. u. Mitinh. Carl Hecking Textilwerke - Altstadt 11, 4426 Vreden (T. 02564 - 3 09 31 u. 43 60) - Geb. 23. April 1939 Münster (Vater: Ferdinand H., Textilkfm.; Mutter: Anny, geb. Zumbusch), kath., verh. s. 1967 m. Rosé, geb. Hölting, T. Anja - Gymn., Höh. Handelssch., kfm. Lehre, Textiltechnik. Reutlingen - Liebh.: Jagd (Mitgl. im DJV), Natursch., Marine (Mitgl. im DMB u. DGSM), Kammer- u. Orgelmusik - Spr.: Engl., Franz., Niederl. - Bek. Vorf.: Bildhauer Caspar v. Zumbusch, Maler Ludwig v. Zumbusch (Großonkel).

HECKLAU, Hans

Dr. rer. nat., Prof. f. Wirtschafts- u. Sozialgeogr. Univ. Trier - Mühlenstr. 84, 5500 Trier-Irsch - Geb. 4. Juni 1930 Heiligenthal - Promot. 1962; Habil. 1973 - Div. Publ.

HECKMANN, Harald

Dr. phil., Vorstand Dt. Rundfunkarchiv (s. 1971) - Bertramstr. 8, 6000 Frankfurt/ M. (T. 55 06 66) - Geb. 6. Dez. 1924 Dortmund (Vater: Dr. Wilhelm H.; Mutter: Marie, geb. Schulte), verh. s. 1953 m. Elisabeth, geb. Dohrn - 1944-52 (Promot.) Stud. Musikwiss., German., Kunstgesch., Gesch. Univ. Freiburg - Doz. f. ev. Kirchenmusikgesch. u. Hymnol. Musikhochsch. Freiburg, Mitarb. Handwörterb. d. musikal. Terminol.; 1954-71 Leit. Dt. Musikgesch. Archiv Kassel. Mitgl. Musikgesch. Kommiss., 1959-74 Generalsekr., 1974-77 Präs. Association Intern. des Bibliothèques musicales, s. 1980 Ehrenpräs.; Vizepräs. Répertoire intern. de Littérature musicale, s. 1988 Präs. Répertoire intern. des Sources musicales, Copräs. Répertoire intern. d'Iconographie musicale, Schriftf. Intern. Schubert-Ges. (b. 1972) u. Ges. f. Musikforsch. (1968-74), Geschäftsf. Kuratorium Neue Schubert-Ausg., s. 1972 stellv. Vors. Studienkr. Rundfunk u. Geschichte, s. 1982 Beiratsvors. Dt. Musikarchiv d. Dt. Bibl., s. 1982 Vorst.-Mitgl. Robert-Schumann-Ges. Frankfurt a. Main - BV: Elektron. Datenverarb. in d. Musikwiss., 1967. Herausg.: C. W. Gluck, La rencontre imprévu (1964), W. A. Mozart, Pantomimen u. Ballette (1963), S. de Brossard, Dictionnaire de musique (1965), D. Tenorlied. Mehrstimmige Lieder in dt. Quellen 1450-1580, Bde. 1-3 (1979, 82 u. 86). Redakt. Catalogus Musicus u. Documenta Musicologica (b. 1972), Mitteilungen d. Studienkreises Rundfunk u. Gesch. (1975-86) - Lit.: Musikdokumentation gestern, heute u. morgen. H. H. z. 60. Geburtstag am 6. Dez. 1984.

HECKMANN, Heinz

Staatssekretär Finanzministerium Baden-Württ., MdL (s. 1972; Wahlkr. 37/ Bruchsal) - Flüsselweg 12, 7520 Bruchsal/ Baden - Geb. 22. März 1932 Bad Langenbrücken/Baden (Vater: Gustav H., Schneider; Mutter: Käthe), ev., verh. s. 1958 m. Ursula H., 2 T. (Barbara, Ulrike) - Gymn. Bruchsal; 1953 Dipl.-Verw.-Wirt (FH) - 1961-78 Kreiskämmerer Landkr. Bruchsal bzw. Karlsruhe; 1978-80 Parl. Geschäftsf. CDU-Frakt. Landtag Baden-Württ.

HECKMANN, Herbert

Dr., Prof., Schriftsteller, gf. Vizepräs. Dt. Akad. f. Sprache u. Dicht., Darmstadt (1982ff.) - Liesmayerstr. 9, 6368 Bad Vilbel-Gronau/Hessen - Geb. 25. Sept. 1930 - Hochschullehrer (German.) - BV: D. Portrait, Erz. 1958; Benjamin u. s. Väter, R. 1962; D. 7 Todsünden, Erz. 1964; Schwarze Geschichte, Erz. 1964; D. kl. Fritz, Erz. 1968; Gesch. v. Löffelchen, Erz. 1970; D. gr. Knockout, R. 1972; Sägemehlstreuer, Erz. 1973; Ubuville, Erz. 1973; D. Junge aus d. 10. Stock, Erz. 1974; Gastronom. Fragmente, Ess. 1975; D. große O, Erz. 1977; Knolle auf d. Litfaßsäule, Erz. 1979 - 1962 Bremer Literaturpreis.

HECKMANN, Hermann-Hubertus

Dr.-Ing., Dr. phil., Prof., Architekt - Wegzoll 31, 2000 Hamburg 65 (T. 040 - 601 84 75) - Geb. 16. Aug. 1925 Kreuzburg/OS. (Vater: Georg H., Oberbaurat; Mutter: Elisabeth, geb. Korn), ev., verh. s. 1951 m. Ursula, geb. Meyer, 2 S. (Martin, Ulrich) - Human. Gymn. Oppeln (Abit. 1943); TH Dresden (Päd., Archit.), Dipl.-Ing. (Prof. K. W. Ochs), 1. Promot. TH Dresden 1953, 2. Promot. Univ. Bochum 1975 - 1951-53 wiss. Assist. TH Dresden; 1953-62 Architekt. Dresden u. Hamburg; s. 1962 Lehrtätigk. Hamburg (FHS) - BV: M. D. Pöppelmann als Zeichner, 1954; M. D. Pöppelmann (m. Pape), 1962; M. D. Pöppelmann, Leben u. Werk, 1972; Halle, so wie es war (m. Timm), 1977; Sonnin, Baumeister d. Rationalismus, 1977; Dresden - Bauten u. Baumeister, 1984; Hist. Landeskde. Mitteldeutschlands (hg): Bd. Sachsen, 1985; Bd. Thüringen, 1986; Bd. Sachsen-Anhalt, 1986; M. D. Pöppelmann u. d. Barockbaukunst in Dresden, 1986 - Bauwerke: u. a. Kindertagesstätte Leipziger Str. Dresden, Erweiter. Amtsgericht Hamburg-Wandsbek, Ortsamt Hbg.-Bramfeld, Säuglingsheim Hbg.-Poppenbüttel - 1986 Pöppelmann-Med. Stadt Herford - Liebh.: Reiseskizzen.

HECKMANN, Klaus

Dr. rer. nat., Prof. f. Zool. u. Direktor Zoolog. Inst. Univ. Münster (s. 1970) - Nordhornstr. 12, 4400 Münster (T. 86 24 72) - Geb. 20. Aug. 1934 Mannheim (Vater: Hans H., Geodät.; Mutter: Emma, geb. Sattler), ev., verh. s. 1960 m. Katrin, geb. Schmelzer, 3 Kd. (Henrike, Ulrike, Manfred) - Stud. d. Biol. Univ. Heidelberg u. Tübingen; Promot. 1962; Habil. 1968 - 1962-65 wiss. Assist. Tübingen; 1965-68 Assist. Prof. Southwest Center f. Adv. Stud. Dallas/Texas; 1968-70 Leit. Abt. f. Zellforsch. Univ. Tübingen.

HECKMANN, Klaus Dietrich

Dr. rer. nat., o. Prof. f. Physikal. Chemie (s. 1969) - Universität, 8400 Regensburg - Geb. 24. Nov. 1926 Bonn.

HECKMANN, Martin

Sparkassendirektor Bezirkssparк. Weinheim - Nächstenbacher Weg 34, 6940 Weinheim - Geb. 29. Nov. 1928 Weinheim, ev., verh. s. 1952 m. Hildegard, geb. Engel, 3 Kd. (Ursula, Peter, Eva-Maria) - 1958/59 Lehre; Fachprüf. Lehrinst. f. d. Kommun. Spark- u. Kreditwesen, Bonn - Mitgl. Gemeinderat Stadt Weinheim - 1984 Bürgermed. Stadt Weinheim - Liebh.: Politik.

HECKMANN, Otto

Bezirkssekretär, Geschäftsf. SPD/Bez. Hessen-Nord - Humboldtstr. 8a, 3500 Kassel.

HECKMANN, Paul Henrich

Dr. rer. nat., Prof. f. Experimentalphysik - Virchowstr. 20, 4630 Bochum - Geb. 15. Sept. 1930 Duisburg - Stud. Physik. Promot. 1959 Göttingen; Habil. 1973 Bochum - Wiss.ler Univ. Göttingen, KFA Jülich, Univ. Bochum. BV: Einf. i. d. Spektroskopie d. Atomhülle (Autoren: P.H. Heckmann, E. Träbert), Vieweg, 1980. Fachveröff.

HECKMANN, Sepp Dieter

Vorstandsmitglied Deutsche Messe AG - Messegelände, 3000 Hannover 82 - Geb. 18. Mai 1943 - 1. Vors. Verein D. gute Industrieform Hannover, Mitgl. Ostaussch. d. dt. Wirtschaft, Vors. d. GV Fachausst. Heckmann Hannover-Bremen GmbH - Gr. Ehrenzeichen f. Verdienste um d. Rep. Österr.

HECKMANN, Ulrich

Dr. med., Prof., Chefarzt Geburtshilfl.-Gynäkolog. Abteilung/Knappschafts-Krankenhaus, Dortmund - Wieckesweg 27, 4600 Dortmund-Brackel - Geb. 18. März 1930 - Promot. 1955 Frankfurt/M.; Habil. 1966 Saarbrücken - S. 1971 apl. Prof. f. Geburtsh. u. Frauenheilkd. Univ. Saarbrücken u. Münster (1975). Üb. 60 Facharb.

HECKNER, Fritz

Dr. med., Prof., Chefarzt i. R. Innere Abt. Stadt- u. Kreiskrkhs. Einbeck - Molderamweg 14, 3352 Einbeck (T. 49 49) - Geb. 26. Juni 1921 Naarden/ Holl. (Vater: Robert H., Kaufm.; Mutter: Paula, geb. Zimmermann), ev., verh. m. Hildegard, geb. Brinkmann, Tocht. Ulrike - 1939-44 Stud. Jena u. Göttingen. Promot. u. Habil. Göttingen - S. 1944 Univ. Göttingen (Assist., 1957 Oberarzt; gegenw. apl. Prof. f. Inn. Med.) - BV: Leitf. d. Blutzellkd., 1965; Praktik d. mikroskop. Hämatol., 1973, 1981, 1986. Zahlr. Einzelarb. - Liebh.: Musik - Spr.: Engl.

HECKNER, Hans

Dipl.-Kfm., Dipl.-Brau-Ing., Verkaufsdirektor Löwenbräu AG, München - Waldtruderinger Str. 30, 8000 München 82 (T. 430 49 66) - Geb. 13. April 1934 Freising, kath., verh. s. 1963, 2 Kd. - Kaufm. u. techn. Stud. m. Dipl. abgeschl., Brauerlehre - Liebh.: Sport; 1950 Gold. Sportabz. - Spr.: Engl., Franz.

HECKSCHER, Berthold

Oberbürgermeister - Waldschmidtweg 33, 8360 Deggendorf/Ndb. (T. 40 21) - Geb. 17. März 1917 Saalfeld/Thür. (Vater: August H.), verw. - Volkssch. Deggendorf; Friseurhandw. ebd. - 1937 b. 1945 Wehr- u. Kriegsdst. (Sanitäter); s. 1950 Mitgl. Stadtrat, 3. Bürger- (1956) u. Oberbürgerm. (1962) Deggendorf, 1962-66 Mitgl. Niederbayer. Bezirkstag; 1966-70 MdL Bayern. SPD. 1979 gold. Sparkassenmed. u. BVK I. Kl., div. Ehrungen.

HEDDEN, Kurt

Dr. rer. nat., Prof., Physikochemiker - Ludwig-Tieck-Str. 8, 7500 Karlsruhe 51 (T. 88 37 45) - Geb. 8. März 1927 Schmalenfleth (Vater: Heinrich H., Landw.; Mutter: Anna, geb. Lohse), ev., verh. s. 1954 m. Rita, geb. Lacü, 3 Töcht. (Christiane, Bettina, Kathrin) - Univ. Göttingen (Physik, Chemie; Dipl.-Phys. 1952). Promot. 1954 Göttingen; Habil. 1961 Münster - B. 1961 Assist. Univ. Göttingen, Hamburg, Münster, dann Privatdoz., Wiss. Rat u. Prof. (1964), apl. Prof. (1965) Univ. Münster, 1966-73 apl. Prof. f. chem. Technologie TH Darmstadt, s. 1973 o. Prof. Univ. Karlsruhe (Engler-Bunte-Inst.); 1964-70 Chefwiss.ler u. Vorst.-Mitgl. (1967) Pintsch Bamag AG, Berlin/Butzbach, 1970-72 Geschäftsf. Bamag Verfahrenstechnik GmbH, Butzbach/Berlin; s. 1988 AR-Mitgl. d. VEBA ÖL AG, Gelsenkirchen. Spez. Arbeitsgeb.: Chemie u. Technik v. Gas, Erdöl u. Kohle - 1962 Arnold-Eucken-Preis Verfahrenstechn. Ges. im VDI - Spr.: Engl.

HEDDERGOTT, Hermann

Dr. rer. nat., Abteilungsdirektor Landwirtschaftskammer i. R., Honorarprof. f. Pflanzenschutz Univ. Münster (s. 1959) - Vahlbusch 9, 4400 Münster-Gremmendorf - Geb. 30. Juni 1913 Dortmund

(Vater: Ernst H., Präparator), ev., verh. s. 1939 m. Gertrud, geb. Hennig (†), 2 Kd. (Erna, Ernst) - Gymn. Dortmund; Univ. Münster (Biol., Chemie, Physik; Promot. 1938) - S. 1938 LK Westf.-Lippe (Biologie) u. Inst. f. Pflanzenschutz, Saatgutunters. u. Bienenkd. Münster (1947; 1964 Dir., 1967 Ltd. Dir., 1973 Abt.sleit.). 1950 Studienaufenth. USA. Berat. FAO/UN (Jugosl., Ägypten, Sudan, Mali, Nigeria) u. Bundesreg. (Indien, Iran). Veröff. üb. angew. Entomol. - 1970 BVK I. Kl. - Spr.: Engl., Franz.

HEDEMANN, Hans-Adolf

Dr. rer. nat., Prof., Dipl.-Geol., Honorarprof. f. Erdölgeologie Univ. Erlangen-Nürnberg (s. 1972) - Honingserstr. 30, 8521 Langensendelbach - Geb. 1920, verh. - Spr.: Engl.

HEDEMANN, Walter

Oberstudienrat, Kabarettist, Schriftst. - Fritz-Reuter-Weg 6, 3250 Hameln 1 - Geb. 17. Juli 1932 Lübeck, verh. s. 1957 m. Dr. Almut, geb. Cramer, 4 Kd. (Markus, Andreas, Sebastian, Nicola) - 1950-54 Musikstud. (Hauptf. Klavier) Halle u. Berlin; 1954-59 Stud. dt. u. engl. Philol. Berlin (Staatsex.); päd. Staatsex. 1961 Hannover - S. 1961 Gymnasiallehrer Hameln; 1963 Funk-Debut Radio Bremen (eig. Chansons), seither Kabarettist u. Chansonnier. Zahlr. Hörfunk- u. Fernseh-Prod. Veröff.: Div. Stücke f. Amateurtheater; Hörsp., Schallpl. 1966-85 (Chanson, Kabarett) - Lit.: Kürschners dt. Literatur-Kal.; Kaarel Siniveer: Folk-Lexikon; Matthias Henke: D. großen Chansonniers u. Liedermacher (Hermes Handlexikon), 1987.

HEDERGOTT, Winfrid

Geschäftsführer, MdL Nieders. (1951-70 u. 1974-78; 1955-67 Vizepräs.; 1958-70 u. 1974-78 Fraktionsvors.), Mitgl. Nieders. Staatsgerichtshof (s. 1983) - Beethovenstr. 10, 3410 Northeim (T. 55 50) - Geb. 1. Juni 1919 Bernau, verh. (Ehefr.: Ilse), 3 Töcht. (Astrid, Inga, Karen) - Univ. Göttingen (Rechtswiss.) - Soldat (1937-45; u. a. Fernaufklärer), Dolmetscher, Sprachlehrer, Werkstudent, Angest.; Berater u. Planer, Honorarprof. TU Hannover. 1952-86 Ratsmitglied Northeim (zeitw. Beigeordn. u. Bürgerm.). FDP (1949-57 stv. Landesvors.; Mitgl. Bundesvorst.) - BV: D. Northeimer Seenplatte - Hohe Kriegsausz.; Gr. Verdienstkreuz Nds. VO.; 1969 Gr. BVK, 1978 Stern dazu; 1975 Nieders. Landesmed.; Ehrenbürger d. Stadt Northeim - Briefmarkensammler.

HEDEWIG, Roland

Dr. rer. nat., Prof. f. Didaktik d. Biologie GH Kassel - Theodor-Haubach-Str. 2, 3500 Kassel (T. 0561 - 40 52 35) - Geb. 7. April 1936 Chemnitz (Vater: Oskar H., Stadtsekr.; Mutter: Johanna, geb. Veit), ev., verh. s. 1962 m. Heidi, geb. Zwirner, 3 Kd. (Frank, Guta, Wolfram) - Stud. Biol., Chemie, Geogr. u. Päd. Univ. Halle u. Göttingen. 1. u. 2. Staatsex. f. d. Lehramt an Gymn. 1963/66, Promot. 1979 in Zool., Kassel - 1966-72 Lehrtätigk. Päd. Fachinst. Kassel; 1971 FHS-Lehrer; s. 1973 Prof. GH Kassel. S. 1978 Mitherausg. Ztschr. Unterr. Biologie; 1982-87 Vors. Sektion Fachdidaktik im Verb. Dt. Biol.; s. 1983 Kurat.-Mitgl. Ev. Akad. Hofgeismar - BV: Menschenkd. - Unters. u. Experimente, (m. D. Eschenhagen u. B. Krüger) 1976; Biol. Lehrpläne u. ihre Realisier., (Hrsg. m. D. Rodi) 1982; Biologieunterr. in d. Diskuss., (Hrsg. m. L. Staeck) 1984; Biologieunterr. außerhalb d. Schulgebäudes, (Hrsg. m. J. Knoll) 1986; D. Naturlehrpfad, 1986; Biologieunterricht u. Ethik, (Hrsg. m. W. Stichmann) 1988; D. Landschafts- u. Naturschutzgebiet Dönche (m. U. Schaffrath), 1988 - Liebh.: Astronomie - Spr.: Engl., Russ.

HEDIGER, Heini Peter

Dr. phil., Dr. med. vet. h. c., Prof., Zoodirektor i. R. - Gfennstr. 29, CH-8603 Schwerzenbach (Schweiz) (T. Zürich 825 43 44) - Geb. 30. Nov. 1908 Basel, kath., verh. s. 1942 m. Kathi, geb. Zurbuchen, S. Peter - Gymn. u. Univ. Basel - 1938 Leit. Städt. Tierpark Dählhölzli Bern; 1944 Dir. Zoolog. Garten Basel; 1954-74 Dir. Zool. Garten Zürich. 1954-78 Titular-Prof. Univ. Zürich, Begründer Tiergartenbiol. - BV: Wildtiere in Gefangensch., 1942 (auch engl. u. franz.); Jagdzool. - auch f. Nichtjäger, 1951; Kl. Tropen-Zool., 2. A. 1966; Beob. z. Tierpsych. im Zoo u. im Zirkus, 1961 (auch engl. u. franz.); Tier u. Mensch im Zoo - Tiergartenbiol., 1965 (auch engl.); Exot. Freunde im Zoo, 1968. Herausg. D. Straßen d. Tiere (1967), Tiere sorgen vor (1973), Zoologische Gärten Gestern-Heute-Morgen (1977); Tiere verstehen (1980).

HEDRICH, Klaus-Jürgen

Studienrat a. D., MdB (s. 1983; Wahlkr. 39/Celle-Uelzen) - Krietenberg 26, 3110 Uelzen 1 (T. 47 58) - 1974 MdL Nieders. CDU-Vors. Arbeitskreis Wissenschaft u. Kunst.

HEDTKAMP, Günter

Dr. rer. pol., Dipl.-Kfm., o. Prof. f. Nationalökonomie u. Finanzwissenschaft - Neideckstr. 47, 8000 München 60 (T. 871 45 70) - Geb. 11. Febr. 1928 Lünen/W. (Vater: Wilhelm H., kaufm. Angest.; Mutter: Hedwig, geb. Gründken), verh. s. 1956 m. Dipl.-Kfm. Edith, geb. Giesen, 2 Kd. (Vera, Christoph) - Stud. Rechts- u. Staatswiss. Saarbrücken u. Paris, Wirtschaftswiss. Köln. Licencié en Droit 1952; Promot. 1954; Dipl.-Kfm. 1956; Habil. 1958 - 1958 b. 1973 Lehrtätigk. Univ. Gießen (b. 1964 Leit. Akad. Auslandsamt; 1965 Ord.); s. 1973 Ord. Univ. München u. Dir. Osteur.-Inst.; 1960-64 u. 1979-83 Vorst.-Mitgl. Ges. f. Wirtsch.- u. Sozialwiss., u. s. 1982 Dt. Ges. f. Osteuropakd.; Mitgl. American Economic Assoc., Inst. Intern. de Finances Publiques, List-Ges., Mitgl. Wiss. Beirat b. Bundesmin. d. Finanzen - BV: Instrumente u. Probleme westl. u. sowjet. Wirtschaftslenkung, 1958; Planification in Frankr., 1966; Lehrb. d. Finanzwiss., 2. A. 1977; Wirtschaftssysteme, 1974; D. sowjet. Finanzsystem, 1974; D. öfftl. Finanzwirtsch. als Systemelement, in: Materialien z. Lage d. Nation im geteilten Dtschl., 1987; Neuere Entwicklungen im Rat f. Gegenseitige Wirtschaftshilfe (RGW), in: Osteuropa, 1988; E. allgem. persönl. Vermögenssteuer in e. rationalen Steuersystem, in: Finanzarchiv, 1988 - Spr.: Engl., Franz., Russ.

HEEB, Reiner

Dr. jur., Landrat Kreis Böblingen (s. 1973) - Beethovenstr. 31, 7030 Böblingen (T. 6 63-2 00) - Geb. 15. Sept. 1935 Stuttgart (Vater: Adolf H., städt. OBaudir. a. D.; Mutter: Erika, geb. Würth), ev., verh. m. Elke, geb. Englert, 2 S. (Gunter, Jochen) - Wilhelmsgymn. Stuttgart (Abit.); Stud. d. Rechtswiss. Univ. Hamburg, Tübingen (1. u. 2. Staatsex.; Promot.) - Zun. Bankprokurist, dann Reg.dir. AR- u. VR-Mand., dar. Vors. Kreissparkasse Böblingen, Region. Rechenzentrum Mittl. Neckar GmbH u. Gemeinn. Werkstätten GmbH., Sindelfingen; Mitgl. Verb.aussch. Landeswohlfahrtsverb. Württ.-Hohenzollern, Vors. DRK-Kreisverein Böblingen, VR Südwestdt. Landesbank, Stuttgart.

HEEDE, Konrad

Dipl.-Ing., Vorstandsmitglied Maschinenfabrik Müller-Weingarten, Weingarten - Gründenbühlstr. 47, 7992 Tettnang - Geb. 21. Dez. 1938 Düsseldorf, verh. s. 1977 m. Monika, geb. Block, T. Andrea - Stud. TH Aachen u. TH Braunschweig; Dipl.-Ing. (Maschinenwesen) - Mitgl. Hauptvorst. VDMA.

HEEGE, Hermann-J.

Dr. agr., Prof., Lehrst. f. Landwirtschaftl. Verfahrenstechnik Univ. Kiel (s. 1981) - Grevenkamp 22, 2300 Altenholz (T. 0431 - 32 35 40) - Geb. 7. Sept. 1931 Flechum/W. (Vater: Franz H., Landw.; Mutter: Maria, geb. Kötter), kath., verh. s. 1960 m. Hildegard, geb. Lohmöller, 4 Kd. - Promot. 1963; Habil. 1967 - BV: Getreidebestellung, 2. A. 1978.

HEENE, Dieter Ludwig

Dr. med., Prof., Ord. f. Innere Medizin, Dir. I. Med. Klinik Klinikum Mannheim, Fak. f. klin. Med. Mannheim d. Univ. Heidelberg - Brüder-Grimm-Str. 5, 6800 Mannheim 51 - Zul. Univ. Gießen.

HEENE, Helmut

Dipl.-Kfm., geschäftsf. Gesellschafter Fa. Streit & Co Intern. Spedition, Regensburg - Güntherweg 4, 8400 Regensburg (T. 0941 - 798 84 44) - Geb. 28. April 1936 Mannheim, kath., verh., 2 Kd. - Univ. München - Präs. IHK Regensburg, Vors. Gr. Verkehrsaussch. d. DIHT Bonn - 1986 BVK.

HEENE, Rainer

Dr. med., Prof. (Neurologie u. Psychiatrie) Univ. Marburg, Chefarzt Abt. Neurologie, Schwarzwaldklinik (Rehabilitationskl.) - Im Sinnighofen 1, 7812 Bad Krozingen.

HEEPE, Fritz

Dr. med., Prof., Chefarzt Med. Klin. Städt. Krankenanstalten Stade (1961-83) - Vogelsang 25, 2160 Stade/E. - Geb. 8. Juli 1920 Neddemin - S. 1952 (Habil.) Privatdoz. u. apl. Prof. (1958) Univ. Göttingen u. Münster (b. 1961 Oberarzt Med. Klin.) - BV: D. unspezif. Bluteiweißreaktionen, 1953; D. Vitamine in d. Diät- u. Küchenpraxis, 1961; Spezielle Diätetik, 1989. Üb. 60 Fachaufs.

HEER, Hans-Hermann

Dr. rer. pol., Dipl.-Kfm., Unternehmensberater - Buchenstr. 1, 5620 Velbert-Neviges - Geb. 16. Juni 1926.

HEER, Oskar

Dr.-Ing., Prof., Präsident a. D. - Eschenbacher Str. 26, 6392 Neu-Anspach 4 - Geb. 4. Okt. 1904 - Stud. Hochfrequenztechnik Berlin - Ab 1934 Reichsflugsicher. (Leit. nachrichtentechn. Einheiten Ungarn, Rußl., Sizilien, Norw. im Krieg); s. 1951 Vorbereit. dt. Flugsicher., s. 1953 Bundesanst. f. Flugsich. (BFS), Frankfurt (b. 1969 Präs.). 1964ff. Prof.f. Flugsicher. TH Darmstadt. Gegenw. Berater Dt. Mus. München.

HEERD, Ewald

Dr. med., Prof. f. Physiologie Univ. Gießen - Gießener Str. 42, 6301 Heuchelheim.

HEEREMAN von ZUYDTWYCK, Freiherr, Constantin

Landwirt, Dt. Bauernverb. (s. 1969), Westf.-Lipp. Landwirtschaftsverb. (s. 1968), MdB (Wahlkr. 98/Steinfurt II) - Schloß Surenburg, 4446 Hörstel-Riesenbeck - Geb. 17. Dez. 1931 Münster/W. (Vater: Theodor Freiherr H. v. Z.; Mutter: Elisabeth, geb. Freiin v. dem Bongart), verh. s. 1956 m. Margaretha (Gitty), geb. Freiin v. Wrede-Melschede, 5 Kd. - Jesuitenkolleg Bad Godesberg; landw. Ausbild.; staatl. gepr. Landw. 1954 (Höh. Landbausch. Soest) - S. 1955 Leitg. landw. Betrieb. Zahlr. Ehrenstell., dar. Präs. Westf.-Lipp. Landwirtschaftsverb., Dt. Bauernverb., Landesjagdverb.; VR-Vors. Absatzfonds, Landwirtsch. Rentenbank; AR-Vors. Raiffeisen-Warengenoss. eG Riesenbeck, Bayer AG, Leverkusen, Dt. Genossenschaftsbank, Frankf., Kreditanstalt f. Wiederaufbau, Dt. Bundespost. CDU. Bundeswehr (Hptm. d. R.) - Vorf. d. Linie Surenburg erwarben im 17. Jh. d. holl. Herrschaft Zuydtwyck - 1976 BVK I. Kl.; 1980 Ernst-Reuter-Plak.; 1981 Gr. Verdienskreuz d. VO d. Bundesrep. Dtschl. u. Gold. Niklas-Med. (v. Bundesminist. f. Ernährung, Landw. u. Forsten) - Liebh.: Pferde, Jagd, Ski.

HEEREMAN von ZUYDTWYCK, Freiherr, Johannes

Rechtsanwalt, Generalsekr. Malteser-Hilfsdienst (s. 1979) - Leonhard-Tietz-Str. 8, Postf. 29 01 40, 5000 Köln 1 (T. 0221 - 29 02 63) - Geb. 21. März 1944 Göttingen (Vater: Dipl.-Ing. Sylvester Frhr. H. v. Z.; Mutter: Alexandra, geb. Gräfin v. Hardenberg), kath., verh. s. 1970 m. Michaela, geb. Freiin z. Guttenberg, 5 Kd. (Nina-Sophie, Sylvester, Franziskus, Robert, Vincenz) - Stud. Rechtswiss. Jurist. Staatsex. 1969 (Köln) u. 72 (Düsseldorf) - 1973-76 Geschäftsf. Heilbad Bad Neustadt; 1976-78 Landesgf. Malteser-Hilfsdst. Rhld.-Pf. u. Hessen; 1978-79 RA Simmern. AR-Vors. Rhönklinikum GmbH. Bad Neustadt (1975ff.), Beiratsmitgl. Christl. Bildungsw. ebd. (1978ff.), Mitgl. ZK d. dt. Katholiken (1979ff.), Zentralvorst. Dt. Caritasverb. (1979ff.) - Spr.: Engl.

HEEREMAN von ZUYDTWYCK, Freiherr, Valentin

Dipl.-Kfm., Gf. Gesellschafter Capital Treuhand GmbH, Berlin - Kurfürstendamm 151, 1000 Berlin 31 (T. 892 10 41) - Geb. 22. Nov. 1942 Misburg/Hann. (Vater: Sylvester H. v. Z., Dipl.-Ing.; Mutter: Alexandra, Gräfin v. Hardenberg), kath., verh. m. Ass.jur. Marie Catherine, Gräfin v. Waldburg-Wolfegg-Waldsee, 3 Kd. (Nicolaus, Monika, Ida) - Univ. Köln (Dipl.-Kfm. 1968; Ass.jur. 1983) - U. a. FORESTA Management GmbH, Berlin; Diözesan- u. Landesleit. Malteser Hilfsdienst in Berlin; Mitgl. Caritasrat Caritasverb. f. Berlin - BVK am Bde.; Sonderstufe d. Feuerwehr- u. Katastrophenschutz-Ehrenz. Land Berlin - Spr.: Engl. - Lit.: Nachschlagewerke.

HEERS, Waldemar

Dr. rer. pol., Vorstandsmitglied Nordd. Volksbanken AG./Zentralbk., Hannover/Hamburg - Schultesdamm 15, 2000 Hamburg 65 - Geb. 21. Aug. 1929 - Div. Mand.

HEES, Gebhard

Dr.-Ing., Prof. f. Statik d. Baukonstruktionen TU Berlin - Weinbergshöhe 1, 1000 Berlin 20 (T. 030 - 363 52 52) - Geb. 8. April 1926 Jungenthal (Vater: Albert H., Stadtrentmeister; Mutter: Emma, geb. Lotz), ev., verh. s. 1958 m. Helga, geb. Geuder, T. Carla - Maurergeselle 1950; Ing. (grad.) 1954 Koblenz, Dipl.-Ing. 1959 TH Stuttgart, Promot. dort 1965, Habil. 1968 - 1950-52 Hilfspolier; 1954-57 Statiker u. Konstrukteur Kocks KG; 1959-68 wiss. Mitarb. u. wiss. Assist. TH Stuttgart; 1968-72 Doz. u. wiss. Rat Univ. Stuttgart; s. 1972 Prof. TU Berlin. S. 1970 Prüfing. f. Baustatik, s. 1985 Schriftleit. d. Bautechnik.

HEES, van, Horst

Dr. phil, Kunsthistoriker, Geschäftsf. (wiss.) Akad. Studienreisen Heidelberg (b. 1988) - Kaiserstr. 28a, 6600 Saarbrücken 1 (T. 0681 - 390 52 49) - Geb. 8. Dez. 1930 Saarbrücken, kath., verh. m. Renate, gb. Mügel, 2 S. (Leonhard u. Horst-Gerhard) - Stud. Rechtswiss. u. Kunstgesch., Klass. Archäol. u. Franz. Philol. Univ. Paris, München, Mainz, Saarbrücken (Promot. 1973) - Wiss. Stip. Fritz Thyssen Stiftg. Köln; Geschäftsf. Dt. Ges. f. Christl. Kunst, München - BV: D. lothringische Skulptur d. 16. Jh. (Diss.) 1973 Veröff. in Fachzschr. Reclams Kunst-Führer Frankr. III - Lothringen, Ardennen, Ostchampagne, Maastal (m. Peter Volkelt), 1983 - Spr.: Engl., Franz., Span., Portug., Arabisch.

HEESCH, Heinrich

Dr. phil., Prof. f. Mathematik - Im Moore 19, 3000 Hannover - Geb. 25. Juni 1906 Kiel (Vater: Heinrich H., Landeskanzleivorsteher; Mutter: Bertha, geb. Herzer) - Univ. (Math.) u. Staatl. Akad. d. Tonkunst München (Violine). Promot. 1929 Zürich; Habil. 1958 Hannover - S. 1958 Privatdoz. u. apl. Prof.

(1966) TH bzw. TU Hannover - BV: Flächenschluß, 1962 (m. Prof. Kienzle); Reguläres Parkettierungsproblem, 1968; Unters. z. Vierfarbenproblem, 1969.

HEESCHEN, Walther

Dr. med. vet., Prof., Direktor Bundesanstalt f. Milchforschung, Kiel (s. 1974), apl. Prof. f. Milchhyg. FU Berlin (s. 1972) - Hermann-Weigmann-Str. Nr. 1-27, 2300 Kiel - Geb. 20. Aug. 1931 Hildesheim - Promot. 1958 Hannover (TiäH); Habil. 1972 Berlin (FU) - S. 1961 BfM. Üb. 200 Facharb. Mithrsg.: Ztschr. Milchwiss. (1975 ff.).

HEESE, van, Diethard

Schriftsteller - Goerdeler Str. 4, 5657 Haan 1 - Geb. 19. Sept. 1943, verh. s. 1975 m. Helga, geb. Kaiser - Abit. 1964 Göttingen; kaufm. Prakt. - S. 1973 Unterhaltungsschriftst. (Anthol.); fr. Mitarb. b. Tageszeitg. u. Ztschr.; lit. Übers. aus d. Amerikan.; Rezensent: Mitgl. Verb. Dt. Schriftst. (VS) - BV: Lustreise, R. 1975; Neue Geschichten d. Grauens, Samml. satir. u. utop. Gesch. 1978; Erot. Reisen durch Raum u. Zeit, Samml. (zus. m. André Montand), 1984; Ruhe sanft, liebe Schwester, R. 1985; D. Nächte d. Samurai, R. 1985; u.a. - Liebh.: Politik, Lit., Med., Japanol. - Spr.: Engl., Franz., Lat.

HEESING, Albert

Dr. rer. nat., Prof. Organ.-Chem. Institut Univ. Münster - Borkumweg 45, 4400 Münster/W. - Geb. 10. Febr. 1926 Münster - S. 1963 (Habil.) Lehrtätigk. Münster (1969 apl. Prof. f. Organ. Chemie).

HEESTERS, Johannes

Schauspieler - Heimgartenstr. 21, 8135 Söcking/Obb. (T. Starnberg 1 28 54) - Geb. 5. Dez. 1903 Utrecht (Holl.), verh. s. 1930 m. Wiesje Ghijs, Operettens.), 2 Töchter (Nicole, Wiesje) - Schauspiel- u. Gesangsausb. - S. 1922 Bühnentätigk. (langj. Operettentenor, 1982 in Wien 500. Aufführ.: D. lustige Witwe [Danilo]). Filme: D. Bettelstudent, D. Hofkonzert, Wenn Frauen schweigen, Gasparone, Nanon, Hallo, Janine!, D. lust. Vagabunden, Liebesschule, Illusion, Immer nur Du, Jenny u. d. Herr im Frack, Karneval d. Liebe, Es lebe d. Liebe!, Es fing so harmlos an, Frech u. verliebt, Glück b. Frauen, D. Fledermaus, Wiener Melodien, Zweimal verliebt, Wenn e. Frau liebt, Hochzeitsnacht im Paradies, Prof. Nachtfalter, Tanz ins Glück, D. Czardasfürstin, Im weißen Rößl, D. Jungfrau auf d. Dach (Hollywood), Liebeskrieg n. Noten, D. gesch. Frau, Hab' ich nur Deine Liebe..., Gestatten, mein Name ist Cox, Stern v. Rio, Heute heiratet mein Mann, Opernball, Viktor u. Viktoria, V. allen geliebt, Bühne frei f. Marika!, Frau im besten Mannesalter, Besuch aus heiterm Himmel, D. unvollk. Ehe, Verliebt - verlobt - verheiratet, Jg. Leute brauchen Liebe; Fernsehen - BV: Es kommt auf d. Sekunde an, 1978 - 1967 Ehrenpreis Stadt Wien; 1975 Gold. Filmbd. Filmfestsp. Berlin; 1981 Ehrenmitgl. Theater d. Westens Berlin; Staatstheater am Gärtnerpl. München; 1982 1. Träger d. neugeschaff. Johannes-Heesters-Rings d. Theaters an d. Wien (f. hervorrag. Vertreter d. leichten Muse); 1983 Med. München leuchtet; 1983 Ehrenmitgl. Staatstheater am Gärtnerpl. München; 1984 Bayer. VO; 1984 Gold. Vorhang Berliner Theater-Club.

HEFERMEHL, Wolfgang

Dr. jur., Dr. jur. h.c., em. o. Prof. f. Bürgerl. Recht, Handels- u. Wirtschaftsrecht - Karl-Christ-Str. 11, 6900 Heidelberg-Ziegelhausen (T. 80 07 31) - Geb. 18. Sept. 1906 Berlin - Promot. 1953 Köln; Habil. 1945 Berlin - Justizdst. (zul. OLGRat); s. 1956 Ord. WH Mannheim (jetzt Univ.; 1961 Honorarprof.), Univ. Münster (1959) u. Heidelberg (1961); 1972 Honorarprof. Univ. Salzburg. Zahlr. Fachveröff., dar. div. Kommentare - 1983 Ehrendoktor Univ. Salzburg.

HEFTRICH, Eckhard

Dr. phil., o. Prof. u. Direktor German. Inst. Univ. Münster (s. 1974), Präs. Dt. Thomas-Mann-Ges. - Domplatz 20-22, 4400 Münster (T. 83 44 33) - 1970-74 Wiss. Rat u. Prof. Univ. München - BV: D. Phil. u. Rilke, 1962; Nietzsches Phil., 1962; Stefan George, 1968; Novalis - V. Logos d. Poesie, 1970; Zauberbergmusik - Üb. Thomas Mann, 1975; Lessings Aufklärung. Zu den theol.-philos. Spätschr., 1977; V. Verfall z. Apokalypse - Üb. Thomas Mann II, 1982; Musil, 1986.

HEGE, Hans-Ulrich

Dipl.-Landw., Inhaber Saatzucht Dr. h.c. Hege u. H. U. Hege, Saatzuchtmasch. Hohebuch-Waldenburg - Domäne Hohebuch, 7112 Waldenburg/Württ. - Geb. 15. März 1928 Stuttgart (Vater: Dr. h.c. Hans H.), verh. s. 1955 m. Magdalene, geb. Zeller, 5 Kd. - Landw. Ausb.; Stud. Univ. Hohenheim u. Bonn (Pflanzenzücht. u. Landw.) - Pflanzenzüchter u. Maschinenbauer; Übernahme d. väterl. Betriebes. AR-Vors. Volksbank Öhringen, LKG-Raiffeisen AG, Öhringen; Vors. Verb. Südw. Pflanzenzüchter; Vorst.-Mitgl. Dt. Pflanzenzüchter. Mitgl. Gemeinderat Stadt Waldenburg (stv. Bürgerm.) - Erf.: mehrere landw. Sorten; Masch. u. Geräte f. landw. Versuchswesen - Spr.: Engl., Franz.

HEGEL, Eduard

Dr. phil., Dr. theol., emerit. o. Prof. f. Mittlere u. neuere Kirchengeschichte - Gregor-Mendel-Str. 29, 5300 Bonn (T. 23 22 73) - Geb. 28. Febr. 1911 Barmen/Wuppertal (Vater: Albert H.; Mutter: Maria, geb. Ommer), kath. - Univ. Bonn, Münster, München (Theol. u. Gesch.) Promot. (1933 u. 44) u. Habil. (1948) Bonn - 1937 Seelsorgetätigk. (b. 1947), 1946 Archivar Histor. Archiv d. Erzbistums Köln, 1948 Privatdoz. Univ. Bonn, 1949 o. Prof. Theol. Fak. Trier, 1953 Univ. Münster u. 1966 Bonn. 1948 Mitgl. Ges. f. Rhein. Gesch.skde. u. 1954 Histor. Kommiss. Westf.s, 1967-79 Vors. Histor. Verein f. d. Niederrh., 1973 Mitgl. Rhein.-Westf. Akad. d. Wiss. - BV: D. kirchenpol. Bezieh. Hannovers, Sachsens u. d. nordd. Kleinstaaten z. röm. Kurie 1800-46, 1933; Colonia Sacra, 1947; Karl Koch, 1950; D. Vita d. Prämonstratensers Hermann Joseph v. Steinfeld, 1957; Kirchl. Vergangenheit im Bistum Essen, 1960; Gesch. d. Kath.-Theol. Fak. Münster/W. (1773-1964), 2 Bde. 1966/71; D. kath. Kirche Dtschl.s unter d. Einfluß d. Aufklärung d. 18. Jhrh., 1975; D. Erzbistum Köln zw. Barock u. Aufklärung, 1979; Ecclesiastica Rhenana, 1986; D. Erzbistum Köln zw. d. Restauration d. 19. Jh. u. d. Restauration d. 20. Jh. 1815-1962, 1987 - Lit.: Festschr. Eduard Hegel z. 65. Geburtstag, hg. v. S. Corsten, G. Knopp, N. Trippen (1976).

HEGEL, Hans

Dipl.-Volksw., Geschäftsführer Fachverb. Installationsmaterial u. Fachverb. Elektrorohr - Kaiserstr. 21-27, 5270 Gummersbach/Rhld. (T. 2 29 45).

HEGEL, Ulrich

Dr. med., Dr. rer. nat., Dipl.-Phys., Prof. f. Physiologie u. Pathophysiol. - Frobenstr. 33, 1000 Berlin 46 - Geb. 2. Mai 1930 Berlin - Promot. Heidelberg (1960; r. n.) u. Berlin/FU (1968; m.) - S. 1970 (Habil.) Lehrtätigk. FU Berlin.

HEGELHEIMER, Armin

Dr. rer. pol., o. Prof. f. Bildungsökonomie u. -planung Univ. Bielefeld (s. 1974) - Bayerische Str. 31, 1000 Berlin 15 - Geb. 6. Sept. 1937 Berlin (Vater: Albert H., Offz.; Mutter: Maria, geb. Rabis) - 1957-61 Univ. München u. FU Berlin (Wirtschafts- u. Sozialwiss.; Dipl.-Volksw. 1962). Promot. (1968, FU) u. Habil. (1970, TU) Berlin - 1965-68 MPI f. Bildungsforsch. Berlin; 1971-73 Prof. f. Bildungsök. TU Berlin - BV: Wirtschaftslenkung u. Preisintervention, 1969; Bildungs- u. Arbeitskräfteplanung, 1970; Berufsbild. u. Arbeitswelt, 1971; Berufsausbild. in Dtschl., 1972; Bildungsplanung u. Beruf, 1973; Problem e. Fondsfinanzierung, 1974; Texte z. Bildungsök., 1975; Qualifikationsforschung, 1975; Finanzierungsprobleme d. Berufsausbildung, 1977; Berufsanalyse u. Ausbildungsordnung, 1977; Bildungssystem u. Berufsaussichten v. Hochschulabsolventen, 1978; D. Umsetzung neuer Ausbildungsordn. in d. betriebl. Praxis, 1979; D. Realsch. im Bildungs- u. Beschäftigungssystem, 1980; Struktur- u. Prognosemodell d. Berufsbildungssyst., 1981; Beschäftigte u. Hochschulsbsolv. in freien Berufen, 1983; Bildung u. Beschäftigung. Ergebn. e. Sonderauswert. d. Volkszähl. 1970, 1983; Bildung u. Beruf. Perspektiven f. d. Zukunft, 1983; Strukturwandel d. Akademikerbeschäft. Vergangenheitsentwickl. u. Zukunftsperspek., 1984; Kosten u. Finanzier. d. Schul-, Berufs- u. Hochschulbild. in d. Bundesrep. Deutschl., 1985; Costs and Financing of Secondary, Vocational and Higher Education in the Federal Rep. of Germany, 1986; Financiación de la formación profesional, 1986; Hochsch.-Absolventen - Herausforderung u. Chance f. Wirtsch. u. Ges., 1986; Financing of Vocational Training, 1986; Gleichwertigkeit v. allg. u. berufl. Bildung, 1986; Entw. v. Ausbildungsordn. u. Möglichk. ihrer Übertragbarkeit in Partnerländer, 1986; Akademikerberufe in d. Bundesrep. Deutschl., 1987; Financial Aspects of Higher Education in the Federal Rep. of Germany, 1987 - Instructor Dt. Stiftg. f. intern. Entw.; Chairman f. Probl. d. Hochschulfinanzierung World Conference of Higher Education.

HEGELS, Gerhard

Dr. rer. pol., Dipl.-Kfm., Vorstandsmitgl. Neue Baumwoll-Spinnerei u. Weberei Hof AG. - Emil-v.-Behring-Str. 1, 8670 Hof/S. - Geb. 15. Nov. 1928 Osnabrück.

HEGEMANN, Carl Georg

Dr. phil., Dramaturg - Burgstr. 18, 6000 Frankfurt/M. 1 (T. 069 - 495 01 27) - Geb. 6. März 1949 Paderborn - Abit. 1969 Paderborn; 1968/69 Dramat.- u. Bühnenbildassist. Westf. Kammersp. Paderborn; Stud. Phil., German. u. Gesellschaftswiss. Univ. Frankfurt; 1. Staatsprüf. f. d. Lehramt 1975, Promot. 1979 - 1979-81 Dramat. u. Schausp. Tübinger Zimmertheater; 1981 Mitgr. Frankfurter Kurorch.; Theaterprod. Frankfurter Theater am Turm; Prod. Hess. Rundf./Ferns.; 1982/83 Dramt. u. redakt. Betreuung v. Fernsehserien ZDF; 1984/85 Dramat. Hess. Staatstheater Wiesbaden; 1986-89 Dramat. u. Regiss. b. Ensemble d. Ruhrfestspiele Recklinghausen; s. 1989 Dramat. Städt. Bühnen Freiburg. S. 1980 Lehrbeauftr. Univ. Frankfurt (Gesellschaftswiss., Theaterwiss.) - BV: Identität u. Selbst-Zerstörung, 1982 - Spr.: Engl., Ital., Griech., Lat.

HEGEMANN, Ferdinand

Dr. med., Prof. f. inn. Med., Chefarzt - Zu erreichen üb. Westf. Wilh.-Univ., Med. Fak., Schloßpl. 2, 4400 Münster - Geb. 30. Juli 1911 Suttrop, kath. - S. 1952 (Habil.) Privatdoz. u. s. 1958 apl. Prof. Univ. Münster.

HEGER, Hans-Jakob

Dipl.-Ing., Geschäftsführer u. Gesellsch. Fa. Heger & Müller, Eisenwerk Enkenbach GmbH, Vors. Pfälz. Metall Ind., stv. Vors. Verb. d. Pfälz. Ind., Mitgl. Vollvers. IHK, Präsid.-Mitgl. Dt. Gießerei-Verb., Düsseldorf - 6753 Enkenbach-Alsenborn - Geb. 23. März 1938 Kaiserslautern (Vater: Hans H., Geschäftsf.; Mutter: Josefine, geb. d'Hone), kath., verh. s. 1977 m. Renate, geb. Posbrig, 3 Kd. (Johannes, Nikola, Natalie) - Dipl.-Ing. 1964 TH Karlsruhe - Spr.: Franz., Engl.

HEGER, Klaus

Dr. phil., o. Prof. f. Allg. Sprachwissenschaft - Kleinschmidtstr. 17, 6900 Heidelberg (T. 2 91 38) - Geb. 22. Juni 1927 Wiesbaden - Habil. 1962 Heidelberg - S. 1963 Ord. Univ. Kiel u. Heidelberg. Bücher u. Aufs.

HEGER, Lutz

Dipl.-Ing., Vorstandsmitglied Landesgasversorgung Niedersachsen AG - Jacobistr. 3, 3203 Sarstedt; priv.: Giesener Str. 75 - Geb. 17. Febr. 1939 Breslau (Vater: Karl H., Prokurist; Mutter: Johanna, geb. Burghardt), 2 Kd. (Martina, Christoph) - TH Dresden u. Aachen (Dipl. 1966).

HEGER, Norbert

Abteilungspräsident, Geschäftsf. Bundesbahn-Betriebskrankenkasse - Karlstr. 4-6, 6000 Frankfurt/M. - Geb. 12. Juli 1938.

HEGERFELDT, Gerhard

Dr. rer. nat., Prof. f. Theoretische Physik - Am Herberhäuser Weinberge 35, 3400 Göttingen (T. 0551 - 39 76 76) - Geb. 2. Nov. 1939 Rendsburg, verh. s. 1969 m. Dr. Birgit, geb. Teuteberg, 2 T. (Anne, Sonja) - Stud. Physik, Math. Kiel, Cambridge (Engl.), Marburg - 1969 Priv.-Doz. Univ. Marburg, s. 1970 Göttingen - Veröff.: Quantenfeldtheorie, statist. Physik. Zahlr. Aufs. in in- u. ausl. Ztschr. - 1979/80 Visiting fellow Princeton Univ. u. 1984/85 California Inst. of Technology, Pasadena, USA.

HEGEROVÁ, Hana

Schauspielerin, Chansons. - Zu erreichen üb.: top-tour-berlin, Postf. 3069, 1000 Berlin 30 - Geb. Bratislava (CSSR) - 1951-53 Staatl. Konservat. Bratislava - Zahlr. Bühnenauftr. (auch Olympia Paris) - Div. Preise - Spr.: Tschech., Dt., Franz., Engl.

HEGGELBACHER, Othmar

Dr. theol., Dr. jur., Prof. f. Kirchenrecht Univ. Bamberg (s. 1954; 1971-73 Rektor) - Weide 8, 8600 Bamberg (T. 6 15 25) - Geb. 19. Nov. 1912 Leimbach/Baden (Vater: August H., Landw.; Mutter: Maria, geb. Jäger), kath. - Habil. Freiburg/Br. - BV: D. christl. Taufe als Rechtsakt. n. d. Zeugnis d. frühen Christenheit, 1953 (Paradosis VIII); V. röm. z. christl. Recht - Jurist. Elemente in d. Schriften d. sog. Ambrosiaster, 1959; D. Gesetz im Dienste d. Evangeliums, 3. A. 1984; Kirchenrecht u. Fragen d. Psychiatrie, 1967; Gesch. d. frühchristl. Kirchenrechts b. z. Konzil v. Nizäa 325, 1974; Kirchenr. u. Psychiatrie, 1975 - Prälat; 1977 Commandeur Lazarusorden, 1979 BVK am Bde.

HEGMANN, Bruno

Musikdirektor - Quellwiese 49, 4500 Osnabrück (T. 43 06 51) - Geb. Juli 1910 Goch, kath., verh. s. 1975 m. Ursula, geb. Jaeger, 1 Kd. (Svea) - Musikhochsch. Köln - 1938 Musikdir. Recklinghausen, 1945 Theaterkapellm. Kiel, 1947 Musikdir. Osnabrück.

HEGMANN, Franz

Großhandelskaufmann, I. Bürgermeister (s. 1967) - Rathaus, 8766 Großenheubach/Ufr. - Geb. 13. Juni 1928 Hanau.

HEHENKAMP, Theodor

Dr. rer. nat., Prof., Metallforscher - Schöneberger Str. 12, 3400 Göttingen (T. 7 49 03) - Geb. 17. Sept. 1930 Osnabrück - S. 1966 (Habil.) Lehrtätigk. Univ. Münster (Doz.) u. Göttingen (1969 Abt.svorsteher u. Prof.). Vorles. u. Veröff. üb. Metallkd.

HEHL, Franz-Josef

Dr. phil., Dr. med. habil., Dipl.-Psych., Prof. f. Psychologische Diagnostik - Christophstr. 93, 4000 Düsseldorf (T. 0211 - 34 85 17) - Geb. 5. Aug. 1940 Wirges (Vater: Alois H., Schreinerm.; Mutter: Hildegard, geb. Kuch), kath., verh. s. 1967 m. Roswitha, geb. Steigerwald, Studienrätin, gesch., T. Stanetta - Human. Gymn., Univ. Gießen (Psych.) - S. 1979 Hochsch.lehrer - Entwickl. v. 2 Tests (PSS 25; PEF) - BV: Einzelfallanalyse, 1979; Psych. Diagnostik, 3 Bde. 1985 - Liebh.: Skifahren, Reisen - Spr.: Engl.

HEHLERT-FRIEDRICH, Volker
Dipl.-Ing., Leiter Werk Lehrte Miele & Cie. GmbH & Co, Lehrte, Prokurist Miele & Cie GmbH & Co., Mielewerke GmbH Gütersloh - Markscheiderweg 17, 3160 Lehrte (T. Büro: 05132 - 59 11 01; priv.: 38 81) - Geb. 10. Okt. 1931 Liegnitz (Vater: Erwin H., Kaufm.; Mutter: Erna, geb. Friedrich), ev., verh. m. Renate, geb. Schreiber, 3 Kd. (Anja, Carsten, Mirko) - Stud. TH Hannover (Dipl.ex. 1957) - Spr.: Engl.

HEHN-KYNAST, Juliane, geb. Kynast
Verlegerin, Geschäftsf. Gesellschafterin Erika Klopp Verlag Berlin/München (s. 1988) - Hohenzollernstr. 86, 8000 München 40 - Geb. 25. Dez. 1948 Annaberg/Erzgebirge, verh. s. 1973 m. Martin H. G. Hehn - Franz. Gymn. Berlin, Abit.; Stud. Hochsch. d. Künste Berlin - 1973-87 Lektorin Dt. Taschenb. Verlag - Spr.: Franz., Engl.

HEHNER, Georg
Exekutiv Direktor, Verkauf, Kundendienst u. Teile, Vorst. Adam Opel AG Rüsselsheim (s. 1987) - Hermann-Hesse-Str. 35, 6500 Mainz 31 (T. 06131 - 77 68) - Geb. 26. Aug. 1929 Ober-Ramstadt, ev., verh. s. 1955 m. Maria Luise, geb. Wüstenhöfer, 2 Kd (Claudia, Harald) - Abitur; Lehre - Innerh. d. Adam Opel AG: 9 J. in versch. Positionen im Teile & Zubehör-Bereich einschl. Außendienst, 1 1/2 J. Auslandstätig. Chile, Distriktleit., 1969 Zonenleit., 1970 Leit. Außenvg., 1974 Verkaufsleit., 1983 Dir. Export Org. (verantw. f. d. Koordination aller europ. General Motors Niederl., gleichz. AR-Mitgl. GM Austria, Wien u. GM France, Paris, 1985 Dir. Inlandsvertrieb - Liebh.: Reisen, Wandern - Spr.: Engl., Span.

HEHRLEIN, Friedrich Wilhelm
Dr. med., Chirurg, Prof. u. Leiter d. Klinik f. Herz- u. Gefäßchir. Justus Liebig Univ. Gießen - Sandfeld 52, 6300 Gießen - Geb. 26. Aug. 1933 Kaiserslautern (Vater: Friedrich Ludwig H., Forstbeamter; Mutter: Friedel, geb. Mergenthaler), kath., verh. s. 1959 m. Dr. phil. Elisabeth, geb. Wolf, 2 Kd. (Fritz Christoph, Yacin Andreas) - Hum. Gymn.; Stud. d. Med. Univ. Marburg, München, Heidelberg; Facharztbild. Houston, Cleveland (USA) - Üb. 200 Veröff. in wiss. Ztschr., 8 Buchbeitr.; 6 wiss. Filme.

HEIB, Rudolf
Sparkassendirektor, Vorstandsvors. Stadt-Sparkasse Gelsenkirchen - In der Esch 19, 4650 Gelsenkirchen (T. 0209 - 14 46 26) - Geb. 11. Sept. 1935 Gelsenkirchen, kath., verh., 2 Kd. - Sparkassenlehre Abschl. Sparkassenakad. 1966 Bonn - AR Schufa; stv. Vorst.-Mitgl. Rhein.-Westf. Börse Düsseldorf. Ehrenamtl. Vors. Dt. Rote Kreuz, Kreisverb. Gelsenkirchen - Spr.: Engl.

HEIBE, Carolus
s. Berndt, Karl-Heinz

HEIBER, Harald
Dr. agr., Geschäftsführer Bildungsstätte d. Dt. Gartenbaues (s. 1966) - Simrockallee 10, 5300 Bonn 2 - Geb. 30. Sept. 1925 Birkau/Sa. (Vater: Dr. jur. Egon H., Landw.; Mutter: Margarethe, geb. Stein), ev., verh. s. 1954 m. Marlis, geb. Reich, S. Ulrich - Obersch. Bautzen; Landw. Lehre; 1943-45 Wehrdst.; Stud. Land- u. Volksw. Dipl.-Landw. (1951) u. Promot. (1954) Bonn - Assist. Univ. Bonn (1951ff.), Geschäftsf. Fachgruppe Obstbau (1956ff.) u. Bundesaussch. f. Obst u. Gemüse (1964ff.); Generalsekretär Zentralverb. Gartenbau (1966-87) Vors. Lese- u. Erholungs-Ges. Bonn (s. 1977); AR Buga-GmbH, CMA u. ZMP -

BVK I. Kl.; v.-Wilmowsky-Med.; Verdienstmed. d. Gartenbaus.

HEIBEY, Claus
Kaufmann, pers. haft. Gesellsch. Wullbrandt & Seele KG. (Eisengroßhdl.), Braunschweig - Petritorwall 14, 3300 Braunschweig - Geb. 2. Nov. 1920.

HEICHERT, Christian
Dr. phil., o. Prof. f. Erziehungswissenschaft GH Paderborn - Berliner Ring 51, 4790 Paderborn/W. - Geb. 2. April 1927 Fulda - Promot. 1959 - S. 1963 Hochschultätig. Bielefeld u. Paderborn. Buchverf.

HEICKE, Bernd Andreas
Dr. med., Prof. f. Physiolog. Chemie Univ. Mainz (nichtbedienstet), Facharzt f. Labormedizin - Rochusallee 24, 6530 Bingen/Rh.

HEID, Hans

Dr. päd., M.A., Prof. f. Erziehungswissenschaft u. Sexualerziehung - Am Ruhr 2, 4320 Hattingen 15 (T. 02324 - 2 45 66) - Geb. 3. März 1932 Velbert - 1954-58 Univ. Köln - 1958-68 Lehrer (Realsch., Gymn.), 1964 M.A. Köln, s. 1971 Hochsch.lehrer Essen - BV: S. 1970 div. Veröff. z. Sexualerziehung.

HEID, Helmut
Dr. rer. pol., Dipl.-Hdl., o. Univ.-Prof. - Machthildstr. 136, 8400 Regensburg - T. 7 35 25) - Geb. 21. März 1934 Köln (Vater: Adolf H.; Mutter: Marta, geb. Brenig), kath., verh. s. 1962 m. Rita, geb. Harforth, 3 Kd. (René, Mirko, Sascha) - Kaufm. Lehre; Stud. d. Wirtsch.-, Erzieh.wiss., Soz. Univ. Köln; Dipl.-Hdl 1958; Promot. 1964; Habil. 1968; 1. u. 2. Staatspr. f. d. Höh. Lehramt - 1958-60 Schuldst.; 1960-69 Univ. Köln (Wiss. Assist., 1969 Privatdoz.), dann FU Berlin, s. 1969 Univ. Regensburg (1971/72 Dekan Fachber. Phil., Psych., Päd., 1978-86 Vorst.-Mitgl. Dt. Ges. f. Erz.wiss.), 1982-86 1. Vors. Dt. Ges. f. Erz.wiss.; 1978-81 Mitgl. Fachaussch. Päd. d. DFG; 1982-84 Dekan Phil. Fak. (Psychol./Päd.) - BV: D. Berufsaufbausch., 1965; Erziehung z. Handeln, 1978; Sozialisationsprobl. arbeitender Jugendlichen, 1978; Päd. im Umbruch?, 1978. Ca. 60 Fachveröff. - Liebh.: Neue Kunst.

HEID, Walter
Kaufmann, MdL Rhld.-Pfalz (s. 1971) - Schubertring 16, 6729 Rülzheim/Pf. (T. 10 12) - Geb. 4. Juni 1925 Neupotz - Volkssch.; kaufm. Ausbild. (Ind.) - Arbeits- u. Wehrdst. (zul. Ltn. d. R.; schwerverwundet), dann Tätigk. elterl. Betrieb, 1947-55 Geschäftsf. Raiffeisenbank Neupotz, s. 1956 selbst. 1964 ff. Gemeinderatsmitgl. Rülzheim (Fraktionsf.). CDU s. 1962 (u. a. Ortsvors. Rülzheim u. Kreisvors. Germersheim.

HEIDBERG, Joachim
Dr. phil. nat., Prof., Vorstand Inst. f. Physikal. Chemie u. Elektrochemie Univ. Hannover (s. 1981) - Zuckmayerstr. 9, 3000 Hannover 91.

HEIDE, Dieter
Geschäftsführer B. & J. Gabor GmbH & Co KG Schuhmode - Marienberger Str. 31, 8200 Rosenheim - Geb. 1935 - Zul. Salamander AG (1981-85 Vorstandsmitgl.).

auf der HEIDE, Eberhard
Versicherungsdirektor i. R. - Johanna-Melber-Weg 14, 6000 Frankfurt/M. (T. 61 89 81) - Geb. 21. Febr. 1908 - S. 1973 Elektra Versich.s-AG., Frankfurt (b. 1973 Vorstands-, dann ARsmitgl.).

HEIDE, Gerhard
Dr. rer. nat., Prof. f. Zoologie Univ. Düsseldorf - Hans-Holbein-Str. 24, 4006 Erkrath (T. 0211 - 24 55 76) - Geb. 4. Febr. 1933 Adelsbach, verh. s. 1966 m. Gerda, geb. von d. Ohe, 2 Kd. (Barbara, Marcus) - Stud. Biol., Physik, Chemie u. Sport TH Hannover, Univ. Würzburg, Düsseldorf (Promot. 1969, Habil. 1975) - 1969 wiss. Assist. Univ. Düsseldorf; 1970-71 Res. Fellow California Inst. of Technol. Pasadena/USA; 1975 (Habil.) Priv.-Doz.; 1980 apl. Prof., 1982 Prof. Univ. Düsseldorf (Zoophysiol./Neurophysiol.: Sensomotorik) - Spr.: Engl.

HEIDE, Hans
Chemiker, Vorstandsmitgl. Wessel-Werk AG., Bonn - Zülpicher Str. 12, 5300 Bonn.

HEIDE, Holger
Dr. sc. pol., Prof. f. Stadt- u. Regionalplanung unt. bes. Berücks. d. Umweltplanung Univ. Bremen - Hermann-Löns-Weg 10, 2808 Wachendorf.

HEIDE, Manuel
Dr. jur., Rechtsanwalt, MdA Berlin - Dambockstr. 44, 1000 Berlin 27 - Geb. 13. Mai 1955, ev., ledig - Abitur 1947; 1975-80 Stud. Rechtswiss. FU Berlin; Refer.-Ex. 1980; gr. jurist. Staatsprüf. 1983; Promot. 1987 (Dr. jur.) 1980-81 wiss. Mitarb. FU Berlin; 1980-83 Rechtsrefer.; s. 1983 Rechtsanw.; s. 1985 MdA CDU (s. 1973) - Liebh.: Sport - Spr.: Engl.

HEIDE, Winfried
Dr. phil., Generalkonsul Bundesrep. Deutschl. in Johannesburg/Südafrika - P.O.Box 4551, Johannesburg 2000 (T. 725-15 19) - Geb. 19. Sept. 1938 Siegen (Vater: Otto H., Mutter: Anne, geb. Große-Wiedemann), kath., verh. s. 1968 m. Dr. jur. Ilse Heide-Bloech, 2 Kd. (Martin, Anke) - Stud. Univ. Münster, München u. Paris; Promot. 1963; Studienass. 1964 (Lehrbefähigung: Latein, Griech., Franz., Phil.) - S. 1965 Ausw. Dienst: Polit. Abt., Bundespräsidialamt, Planungsstab; Auslandsvertret. in Helsinki, Nancy, Brüssel (NATO) - BV: D. Martyrium d. hl. Theodula, Forschungen z. Volkskd., Heft 40, 1965; Rüschhaus, Schlaun u. d. Droste, 1985 - Liebh.: Reiten, Ski, Gesch.

HEIDEBRECHT, Brigitte
Schriftstellerin - Quellenweg 22, 7120 Bietigheim-Bissingen (T. 07142 - 6 22 53) - Geb. 11. Febr. 1951 - BV: u.a. Lebenszeichen, 1980; Komm doch, 1983; Das Weite suchen, 1983; Folge mir, sprach mein Schatten, 1986; Kommen u. gehen, 1987. Herausg.: Wer nicht begehrt, sich nicht verkehrt (1982); Laufen lernen (1982); Dornröschen nimmt d. Heckenschere (1983); End-lich leben (1988).

HEIDEBRECHT, Hans-Jürgen
Chefredakteur Braunschweig. Zeitung (s. 1970) - Postf. 275, 3300 Braunschweig - Geb. 1920.

HEIDECKE, Günter
Dr. jur., Präsident a. D. - Moselstr. 38, 5000 Köln 50 - Geb. 10. Nov. 1922 Köln, kath., verh. s. 1953 m. Gisela, geb. Meier, 2 Kd. (Stefanie, Andreas) - Univ. Köln (Promot.). Gr. jurist. Staatsprüf. - B. 1955 Richter, dann Justitiar u. Leit. Kölner Schulamt, 1965-67 Beigeordn.

Stadt Köln (Dezern. f. Personal u. Org.), 1967-78 Regierungspräs. Köln, Präs. a. D. Landesrechnungshof NW, Düsseldorf.

HEIDEMANN, Beate
s. Schley-Heidemann, Renate

HEIDEMANN, Eckhart
Dr. rer. nat., Prof. f. Gerbereichemie - Am Darsberg 1, 6104 Seeheim 2 - S. 1963 Privatdoz. u. Prof. TH Darmstadt.

HEIDEMANN, Erwin
Dr. sc. pol., Ltd. Wiss. Direktor, Leiter Bibliothek Institut f. Weltwirtschaft u. Zentralbibliothek Wirtschaftswissensch. (s. 1961) - Düsternbrooker Weg 120, 2300 Kiel s. Geb. 23. Juli 1927 Königsberg/Pr. - Dipl.-Volksw. (1952) u. Promot. (1959) Kiel - Herausg.: Bibliogr. d. Wirtschaftswiss. (1968 ff.).

HEIDEMANN, Gerhard
Fabrikant, Inh. Heidemann-Werke GmbH & Co. KG., Einbeck, Vors. Vorstandsaussch. Verb. d. Fahrrad- u. Motorradind., Bad Soden - Knickebrink 2, 3352 Einbeck/Hann. (T. Büro: 317-1) - Geb. 17. Okt. 1918.

HEIDEMANN, Gerhard
Dr. rer. nat., Chemiker, Leit. Textilforsch.-Anst. im Dt. Textilforsch.-Zentrum Nord-West e.V. - Zu erreichen üb. Dt. Textilforschungszentrum Nord-West e.V., Frankenring 2, 4150 Krefeld 1 (T. 02151 - 77 00 18) - Geb. 18. Juli 1929 Gadderbaum/b. Bielefeld - TH Aachen (Dipl.-Chem. 1958, Promot. 1961) - S. 1981 Leit. Textilforsch.-Anst. im Dt. Textilforsch.-zentrum Nord-West e.V. - Spr.: Engl.

HEIDEMANN, Jürgen
Dr., Bankdirektor (Dresdner Bank AG, München) - Promenadepl. 7, 8000 München 2 - Geb. 3. März 1928 Frankfurt/M. - Fachfunkt. u. Mand.

HEIDEMANN, Karl
Dr., Staatssekretär a. D. Nieders. Innenmin. - von-Flotow-Str. 19, 4400 Münster - Geb. 31. Mai 1929 Stadtlohn - Gr. BVK.

HEIDEN, Christoph
Dr. rer. nat., Dipl.-Phys., Univ.-Prof. f. Angew. Physik Justus Liebig Univ. Gießen (s. 1976) u. Kernforschungsanlage Jülich (s. 1988) - Kartäuser Str. 13, 5170 Jülich (T. 0246 - 22 00) - Geb. 27. April 1935 Kirchen/Sieg (Vater: Franz H.; Mutter: Aenne, geb. Stamm), verh. s. 1973 m. Ursula, geb. Grohe - Gymn. Betzdorf; Stud. Univ. Münster, München; Dipl.ex. 1961; Promot. 1964; Habil. 1971 Münster - 1963-72 wiss. Assist (dazw. 1966-68 Res. Assoc. Univ. of California, Berkeley); Wiss. Rat u. Prof. Univ. Münster, 1972 - Mitgl. Dt. Physikal. Ges. u. Europ. Physikal. Ges. - Spr.: Engl., Franz.

HEIDEN, Leonhard
Sozialoberamtsrat, MdL Bayern (s. 1966) - von-Soden-Straße 29, 8500 Nürnberg-Altenfurt (Tel. 83 57 97) - Geb. 24. Okt. 1919 Nürnberg (Vater: Hermann H., Werkmeister †1927; Mutter: Kunigunde, geb. Luber) - Realgymn. Nürnberg (Mittl. Reife); kaufm. Lehre; 1947-49 Soziale Schule ebd. (Staatsex. f. Jugendwohlfahrtspflege) - B. 1939 kaufm. Angest., dann Soldat, s. 1945 öfftl. Dienst (1949 ff. Leit. Kreisjugendamt Landratsamt Nürnberg), 2. Bürgerm. Gde. Fischbach. MdK Nürnberg; 1962-66 Mitgl. Bezirkstag Mittelfranken. SPD.

HEIDENREICH, Bärbel
Dipl.-Päd., Regisseurin u. Filmautorin Yorckstr. 5, 5000 Köln 60 (T. 0221 - 760 47 40) - Geb. 22. März 1944 Bialystok (Polen), gesch. - Stud. Illustration/Freie Grafik sow. Stud. d. Päd. u. Soziol.; 1961-66 künstl. Tätigk. Nürnberg, 1972-78 Stud. kunstsoziol. Diplomabschl. in Dortmund - S. 1979 als Regiss. u. Autorin f. Fernsehanst. tätig - Features

in d. Bereichen: Wiss., Wirtsch. u. Sozialpolitik, Gesch./Zeitgesch. (WDR), sow. Kultur u. Ges. (ZDF).

HEIDENREICH, Gert
Schriftsteller - Bacherner Weg 14, 8084 Inning/Ammersee - Geb. 30. März 1944 Eberswalde, verh. s. 1979 m. Gisela, geb. Edelmann, 2 S. (Julian, Johannes) - Abit. Human. Gymn. Darmst.; Stud. München - BV: Zahlr. Ess., Kinder-Gesch. u. Lieder, 9 Theaterst., zul. D. Gestiefelte Nachtigall, 1976; Abriß, 1977; Siegfried - E. dt. Karriere, 1979; Strafmündig, 1982; D. Wetterpilot, 1983; Blaue Augen, E. Heimspiel, 1985; Füchse Jagen, 1988. Prosa u.a.: D. Aussteig, R. 1982; D. Steinesammlerin, R. 1984; D. Gnade d. späten Geburt, Erz. 1986. D. ungeliebte Dichter, Dok. 1981. Lyrik: Rechtschreibung, Ged. 1971; Eisenväter, Ged. 1987. Übers. (zus. m. Gisela Heidenreich): Raymond Briggs, Strahlende Zeiten (1984); Arthur Kopit, D. Ende d. Welt (1985); Pinheiro, The Magistrate (1987). Herausg.: Berthold Viertel, Schriften z. Theater (1970); D. Kinderliederb. (1981); Und es bewegt sich doch - Texte wider d. Resignation (1981) - Mitgl. PEN - Spr.: Engl., Franz.

HEIDENREICH, Otto
Dr. med., o. Prof. f. Pharmakologie - Preußweg 82, 5100 Aachen (T. 7 11 06) - Geb. 12. Okt. 1924 Beuthen/OS. (Vater: Fedor H., Pastor; Mutter: Dr. med. Paula, geb. Kühn), ev., verh. s. 1956 m. Dr. med. Anna, geb. Thilo, 2 S. (Fedor, Stefan) - Abitur 1943 Beuthen; Promot. 1954 Freiburg/Br.; Habil. 1959 ebd. - 1959 Privatdoz. Univ. Freiburg, 1964 apl. Prof. ebd., 1967 o. Prof. TH Aachen (Vorst. Abt. Pharmak./Med. Fak.). Spez. Arbeitsgeb.: Pharmak. d. Elektrolyt- u. Wasserhaushalts u. d. Niere. Zahlr. Fachbeitr., dar. in: Heffter, Handb. d. exper. Pharmak. Spr.: Engl.

HEIDENREICH, Peter
Dr. med., Prof., Chefarzt Inst. f. Nuklearmed. Zentralklinikum Augsburg - Kobelstr. 28, 8902 Neusäß (T. 0821 - 48 12 60) - Geb. 14. Dez. 1939 München, kath., verh. s. 1962 m. Brigitte, geb. Oberdorfer, 3 S. (Andreas, Martin, Florian) - Promot. 1966 Univ. München, Habil. 1976 TU München - S. 1982 apl. Prof. TU München - Liebh.: Musik, Alpinismus.

HEIDENREICH, Ulrich
Pastor, Direktor, Vorst. Stiftg. Das Rauhe Haus, Hamburg (s. 1972) - Beim Rauhen Haus 21, 2000 Hamburg 74 (T. 655 91 100) - Geb. 11. Juni 1933 Plau/Meckl. (Vater: Otto H., Kaufm.; Mutter: Erna, geb. Tischler), ev., verh. s. 1959 m. Elisabeth, geb. Entorf, 5 Kd. (Christiane, Beate, Andreas, Ulrike, Matthias) - Stud. Univ. Hamburg u. Kiel; 1. u. 2. theol. Ex. 1957 bzw. 1959 - 1959-66 Gde.pastor Lunden; 1966-69 Jugendpastor Lübeck; 1969-72 Leit. Diakon. Werk ebd.; 1972 ff. Vorst. Diakonenanst. d. Bruderschaft D. Rauhen Haus, s. 1973 Vors. Landesverb. d. Inneren Mission, u. Gotthold-Donndorf-Stiftg., s. 1975 Vors. Cläre-Jung-Stiftg., alle Hamburg - BV: Kirche ohne Jugend. Hilfe f. d. Einordnung d. Jugendarb., 1968 - Liebh.: mod. Dramatik - Spr.: Engl. - Rotarier.

HEIDENREICH, Wolfgang
Rundfunkjournalist, Studioleit. Südwestfunk/Landesstudio Freiburg - Saalenbergstr. 11, 7801 Sölden - Geb. 22. Nov. 1933 Freiburg.

HEIDENREICH-KRAWSCHAK, Regina
Dr. phil., Prof. f. Anglistik FU Berlin - Holländerstr. 4, 1000 Berlin 51.

HEIDEPRIEM, Jürgen
Dr.-Ing., Prof., Lehrstuhl I f. Automatisierungstechnik d. Berg. Univ.-GH Wuppertal - Remscheider Str. 75, 5630 Remscheid 11 (T. 02191 - 5 40 64) - Geb. 18. Mai 1935 Berlin (Vater: Erich H., Angestellter; Mutter: Lucie, geb. Rottmann), verh. in 2. Ehe s. 1978 m. Dr. med. Ingrid Kastner-Heidepriem, geb. Filla, 6 Kd. - Dipl. TU Berlin 1959, Promot. TU Berlin 1965, Habil. TU Clausthal 1974. Arbeitsschwerp.: Rechnereinsatz in d. Stahlind., Realzeitsimulatoren, künstl. Intelligenz, Mustererkennung.

HEIDER, Egon
Dr. jur., Dipl.-Kfm., Gf.Präsidialmitglied Dt. Hotel- u. Gaststättenverb./ DEHOGA, Bonn (s. 1973), Gf. INTERHOGA, Ges. z. Förd. D. Dt. Hotel- u. Gaststättengewerbes mbH, Gf. Bundesvereinig. d. Musikveranst., Vorst. Berufsgenoss. Nahrungsm. u. Gastst., VR Bundesanst. f. Arbeit - Wiethasestr. 25, 5000 Köln 41 - Geb. 18. Sept. 1924 Köln (Vater: Jakob H., Amtsgerichtsrat; Mutter: Johanna, geb. Torbeck), kath., verh. s. 1955 m. Anneliese, geb. Gluch, 2 S. (Stephan, Axel) - Apostel-Gymn. u. Univ. Köln. Jurist. Staatsex. 1952; Dipl.-Kfm. 1954; Promot. 1955 - Kriegsdst. u. sowjet. Gefangensch. (b. 1948); 1955-73 Prok. u. gf. Gesellsch. Herrmann Brot GmbH., Köln. 1973-83 Hauptgf., dann gf. Präsidialmitgl. DEHOGA - 1954 Dt. Reiterabz. in Silber; 1964 Gold. Sportabz. - 1967 (Bronze) u. 77 (Silb.) Plak. Dt. Reiterl. Vereinig., 1972 Gr. Med. Verb. d. Reit- u. Fahrvereine Rhld.; 1984 BVK - Liebh.: Reiten, Jagen, Skilaufen - Spr.: Engl.

HEIDER, Hans
Verleger, Geschäftsf. Joh. Heider Verlag GmbH u. Heider Druck GmbH, Bergisch Gladbach - Keltenweg 3, 5060 Bergisch-Gladbach 2 (T. 02202 - 5 30 47) - Geb. 10. Juni 1925 Bergisch Gladbach, kath., verh., 4 K. (Roswitha, Hans-Martin, Guido, Roberto) - Spr.: Franz., Ital., Niederl.

HEIDER, Manfred
I. Bürgermeister Stadt Waldershof (s. 1972) -Martin-Luther-Str. 1, 8598 Waldershof/Opf. - Geb. 27. Aug. 1934 Waldershof (Vater: Otto H., Fabrikschmied; Mutter: Barbara, geb. Reithmeier), kath., verh. s. 1960 m. Katinka, geb. Kricsfalussy-Hrabár, 2 Kd. (Alexander, Judith) - Abit. 1954, Kaufmannsgehilfenprüf. (Bankfach) 1956 - 1970 Dt. Bankkfm. Hypobank.

HEIDER, Werner
Komponist - An der Lauseiche 14, 8520 Erlangen - Geb. 1. Jan. 1930 Fürth (Vater: Georg H., Kaufm.), verh. s. 1958 m. Lydia, geb. Kusser, 2 Kd. - Musikstud. München u. Nürnberg - Zahlr. Kompos. - Div. Preise, dar. Rompreis (1965-67).

HEIDERMANNS, Klaus

Dipl.-Ing., Prof. Hochschullehrer - Grumberg 13, 5600 Wuppertal 22 (T. 60 43 05) - Geb. 24. Juli 1930 Bonn (Vater: Prof. Dr. phil. Curt H., zul. Ord. f. Vergl. Tierphysiol. Univ. Köln †1972 (s. XVII. Ausg.); Mutter: Ruth, geb. Speckan, 3 Kd. (Frank, Astrid, Doris) - Abit. 1950 Jülich; Dipl. (Nachrichtentechnik) 1958 Aachen (TH) - 1958-64 Entwicklungsing. Siemens, München; 1964-72 Baurat Ing.sch.; s. 1972 Prof. f. Elektr. Nachr.techn. Univ./GH Wuppertal - BV: Elektroakustik, Lehrb. 1979 - Spr.: Engl. - Bek. Vorf. ms.: Prof. Karl † (Großv.), Paul Clemen (Großonkel), u. Wolfgang Clemen (Onkel; s. dort) - Patent: Zählimpulsübertrag. b. Schleifenwahlsystemen.

HEIDGER, Gerd
Generalmusikdirektor - Am Weidacker 54, 6301 Wettenberg 3 - Geb. 1. Okt. 1926 Düsseldorf (Vater: Jakob H., Kaufm.; Mutter: Alma, geb. Güllering), kath., verh. s. 1953 m. Elinor, geb. Lang, 2 T. (Danae, Floriane) - 1946-48 Univ. u. Musikhochsch. Köln - S. 1948 Kapellmeister (b. 1957 Köln, b. 1959 Frankfurt); 1959-63 stv. GMD Krefeld-Mönchengladbach; ab 1965 Musikdir. Gießen. Gastdirig. in Spanien, Frankr., Griechenl., Jugosl., Norw., Schwed. - Rundf., Fernsehen, Schallpl.

HEIDINGER, Joseph
Dr., Direktor, stv. AR-Vors. Aktienbrauerei Simmerberg - Schäferstr. 4, 8950 Kaufbeuren/Allg. - Geb. 6. Jan. 1911 Platting/Ndb. - Zul. Vorst. Aktienbrauerei Kaufbeuren.

HEIDLAND, August
Dr. med., Prof. f. Innere Medizin - Neubergstr. 5, 8702 Veitshöchheim/Ufr. - B. 1978 apl. Prof., dann Prof. Univ. Würzburg (Leit. Abt. Klin.-Exper. Nephrologie).

HEIDLER, Hans
Dr. jur., Ministerialdirektor Min. f. Justiz, Bundes- u. Europaangelegenh. Bad.-Württ., MdL Bad.-Württ. 1972-78 (Wahlkr. 38/Neckar-Odenw.), Vors. Unters.ausch. Finanzgebaren d. Universitäten - Schillerplatz 1, 7000 Stuttgart 1 (T. 20 03 - 27 02) - Geb. 24. März 1927 Chodau/Egerland, kath., verh., 2 Kd. - Obersch. (m. 16 J. Luftwaffenhelfer, Arbeits-, Kriegsdst. u. -gefangensch.); v. Reifeprüf. (Realgymn. Heppenheim) 1947-50 Univ. Heidelberg, Promot. 1953 - S. 1954 Justizdst. (1972 OLGrat Karlsruhe). CDU - 1978 BVK am Bd.; 1986 BVK I. Kl.

HEIDMANN, Manfred

Schauspieler - Borbecker Str. 237, 4300 Essen 11 (T. 0201 - 68 64 75) - Geb. 27. Dez. 1923 Lübeck (Vater: Karl H., Schauspieler; Mutter: Clarice, geb. Niemann), kath., verh. s. 1944 m. Ilse, geb. Hausmann.

HEIDRICH, Hanns J.
Dr. med. vet., o. Prof. f. Geburtshilfe u. Klauentierkrankh. - Ringstr. 16, 1000 Berlin 45 (T. 833 27 57) - Geb. 31. März 1914 Ratibor/OS. - Habil. 1951 FU Berlin - S. 1952 Lehrtätig. FU Berlin (1959 Ord. u. Dir. Klin. f. Geburtshilfe, Klauentierkrankh. u. tierärztl. Ambulanz) - BV: Tiergeburtshilfe, 1960, 2. A. 1978 (m. Richter-Götz); Krankh. d. Milchdrüse b. Haustieren, 1963 (m. Renk); Mitarb. Handlexikon d. Tierärztl. Praxis. Üb. 50 Einzelarb.

HEIDRICH, Hans C.
Chefredakteur - Mathildenstr. 1a, 8032 Gräfelfing/Obb. (T. 85 32 05) - Geb. 11. Okt. 1909 Berlin, verh. m. Inge, geb. Rüdiger (Schriftst.; s. dort), 2 Kd. - Gymn. u. Univ. Berlin; redaktionelle Ausbild. Reichsbote ebd. - Redakt. bzw. Chefredakt. Wochenztg. Sonntag Morgen, Südd. Sonntagspost, Regenbogen, D. Welt d. Frau u. e. Werkztschr. - BV: Serenade f. d. Dame, 1952; Rondo Capriccioso, Damen-Alm, 1957; D. Welt d. Maler u. d. Bilder, 1959; D. Alpen - Abenteuer d. Jahrhunderte, 1970 - S. 1978 Redakt. d. Wochenztg. Frau mit Herz.

HEIDRICH, Ingeborg
geb. Rüdiger
Schriftstellerin - Mathildenstr. 1a, 8032 Gräfelfing/Obb. (T. München 85 32 05) - Geb. 6. April 1908 Bärenstein/Erzgeb., ev., verh. mit Hans C. H. (Chefredakteur; s. dort), 2 Kd. - Gymn. - Univ. Neuchâtel - BV: Meine Freunde waren Tiere, 1955; Immer schön sein, 1955; Immer froh sein, 1955; Es lebt sich gut m. schönen Dingen, 1956; Ted u. Penny, 1957; Wie sie groß wurden, 1959; D. Gesch. v. Nuja, d. Fohlen, 1960; Wiedersehen m. Nuja, 1962; Kiu d. Kater, 1963; Dui u. Corinna, 1965; Freundschaft m. Lissy, 1966; Corine wieder auf d. Berghof, 1967; Freund Pferd, 1968; King der Schimmel, Agi u. die Pferde, Mein Rabe Abraxas, Siona die Hirtenhündin, Nujas Tochter (alle n. 1970).

HEIDRICH, Joachim
Dipl.-Kfm., Wirtschaftsprüfer u. Steuerberater - Geffckenstr. 21, 2000 Hamburg 20 (T. 040-47 50 93) - Geb. 4. Aug. 1925 Breslau, verh. s. 1946 m. Eva, geb. Papke, 4 Kd. (Ursula, Joachim, Volker, Martin) - Gymn. Berlin; Stud. Betriebsw. Hamburg - S. 1959 Steuerberater, s. 1962 Wirtschaftsprüfer. S. 1963 Vorstandsmitgl. Wirtschafts-Revision u. Treuhand AG, u. Geschäftsf. Treumandat GmbH Steuerberatungsges., bde. Hamburg.

HEIDRICH, Rudolf
Geschäftsführer HAGENUK vorm. Neufeldt & Kuhnke GmbH., Kiel - Fritz-Reuter-Weg 2, 2301 Strande - Geb. 23. April 1917 - Vorstandsmitgl. Arbeiteberverb. d. Metallind. in Schlesw.-Holst.

HEIDSIECK, Carl
Dr. med., Dr. med. dent., Prof. f. Zahn-, Mund- u. Kieferheilkunde (n. b.) - Boedeckerstr. 69, 3000 Hannover - Geb. 24. Juli 1927 Leipzig - S. 1959 (Habil.) Lehrtätig. Univ. Mainz.

HEIDT, Frank-Dietrich
Dr.-Ing., Dipl.-Phys., Prof. f. Ingenieurphysik Univ.-GH Siegen - Bürgerstr. 66, 5901 Wilnsdorf 3 - Geb. 9. Juni 1944 Rastatt - 1964-69 Stud. Physik TH Karlsruhe, Dipl. 1969, Promot. 1975 - 1969-71 Tätigk. im Ing.büro f. Bauverfahrenstechnik; 1971-76 Wiss. Mitarb./Projektleit. Sonderforsch.ber. 80 Univ. Karlsruhe; 1976-80 Fa. Dornier System GmbH, Friedrichshafen (Thermodynamik u. Energietechnik); s. 1980 Prof. in Siegen. Spez. Arbeitsgeb.: Angew. Physik, Nichtkonvent. Energietechnik, Fr. Konvektionsström. Rd. 45 Veröff. in versch. Fachztschr. u. Berichtsreihen (1969-88).

HEIDTMANN, Frank
Dr., Prof. Inst. f. Bibliothekarausb. FU Berlin - Laubacher Str. 6, 1000 Berlin 33 - Geb. 17. Nov. 1937 Lietzow (Vater: Friedr.-Wilh. H., Gastwirt; Mutter: Betty, geb. Bradhering), verh. s. 1969 m. Magdalene, geb. Molsbeck, S. Florian - Dipl.-Soz. 1968, Bibl.-Ass. 1971, Promot. u. Prof. 1974 - Bibl.rat a.D., Prof. FU Berlin - BV: 22 Bücher z. bibl., bibliogr. u. fotogr. Themen, Hrsg., zahlr. Ztschr.-Aufs. - Kodak-Fotobuchpreis (3x) - Liebh.: Fotografie, Malen.

HEIDTMANN, H.-J.
Dr., Geschäftsführer Dt.-Griech. Industrie- u. Handelskammer - Doryleou Str. 10-12, GR 115 21 Athen (T. 01 / 644 45 02).

HEIDUK, Franz
Dr. phil., Dozent Univ. Würzburg (Polit. Wiss.) - Schönleinstr. 3, 8700 Würzburg 1 (T. 0931-51659) - Geb. 12. Juni 1925 Breslau, kath., verh. s. 1961 m. Marianne, geb. Kloock, 4 Kd. (Claudia, Christoph, Stefan, Matthias) - Stud. Ing. Breslau, Phil. Erlangen u. Frankfurt (Promot. 1970) - B. 1975 Gymnasialdst. Hessen u. Bayern; s. 1969 Leit. Eichendorff-Ges. (Herausg. vieler Publ. f. d. Ges.) - BV: D. Dichter d. galanten Lyrik, 1971; J. v. Eichendorff, Leben u. Werk in Texten u. Bildern (m. W. Frühwald), 1988. Herausg.: C. Hölmann, Galante Ged.; E. Neumeister, De poetis germanicis (1978); C. Hoffmann v. Hoffmannswaldau, Gesammelte Werke (1985ff.) - 1972 Förderpreis Oberschles. Kulturpreis; 1982 Eichendorff-Med. - Liebh.: Kultur u. Geistesgesch.

HEIDUK, Günter
Dr. rer. pol., Dipl.-Volksw., Univ.-Prof. f. Volkswirtschaftslehre, Intern. Wirtschaftsbez., Univ.-GH Duisburg - Luiter Str. 15, 4133 Neukirchen-Vluyn - Geb. 4. Mai 1942 Königshütte/OS (Vater: Wilhelm H., kaufm. Angest.; Mutter: Anneliese, geb. Goetze), ev., verh. - 1963/64 Univ. Erlangen-Nürnberg; 1964/68 Univ. Köln (Dipl.-Volksw.); Promot. 1971 RWTH Aachen, Habil. 1978 ebd. - 1968-78 Wiss. Assist. RWTH Aachen; 1978-80 Privatdoz. Aachen, s. 1980 Univ.-Prof. Duisburg (1984-87 Dekan FB Wirtschaftswiss.). S. 1985 Vors. Forschungsinst. f. wirtsch.-techn. Entwicklungen in Japan u. im Pazifikraum - BV: Theorie intern. Güter- u. Faktorbeweg., 1980; Arzneimittelmarkt u. europ. Wettbewerbsrecht, 1985 - Liebh.: Musik, Tanzsport - Spr.: Engl., Franz.

HEIER, Dieter
Dr. rer. pol., Prof. f. Volkswirtschaftslehre, insb. in Arbeit u. Sozialstrukturen, GH Wuppertal - Augustastr. 75, 5600 Wuppertal 1.

HEIERHOFF, Friedrich-Wilhelm
Rechtsanwalt, Geschäftsführer d. CMS China-Markt-Service GmbH, Köln - Am Eichförstchen 28, 4030 Ratingen - Geb. 19. Jan. 1931.

HEIERMANN, Wolfgang
Rechtsanwalt, Vorsitzender Dt. Gesellschaft f. Baurecht, Frankfurt am Main, Präs. Inst. f. dt. u. intern. Baurecht, Bonn - Schümannstr. 53, 6000 Frankfurt (T. 0611 - 74 88 93, 74 87 51, 74 66 51, 75 22 90) - Geb. 8. Jan. 1935 Stolp/Pommern - Stud. Rechts- u. Volksw. Univ. 1982 Honorarprof. Univ. Dortmund - BV: Kommentar z. Verding.sordn. f. Bauleistungen (VOB), Kommentar z. Schiedsgerichtsordn. f. d. Bauwesen, VOB-Praxis, Bd. 1 u. 2; VOB-Kommentar i. 3. A., VOB Praxis Bd. 1-4.

HEIFER, Ulrich
Dr. med., Wiss. Rat (Inst. f. Gerichtl. Medizin), Prof. f. Gerichtl. Med. Univ. Bonn (s. 1970) - Lutfridstr. 18, 5300 Bonn - Geb. 1. Okt. 1930 Siegen/W. - Promot. 1957 - s. 1967 (Habil.) Lehrtätigk. Bonn. Üb. 80 Fachaufs.

HEIGERMOSER, Alois
I. Bürgermeister, Installationsmeister - Bahnhofstr. 30, 8221 Waging am See/Obb. - Geb. 20. Nov. 1929 Otting - CSU.

HEIGERT, Hans
Dr. phil., Ltd. Redakteur Südd. Zeitung - Eichenstr. 12, 8034 Unterpfaffenhofen/Obb. - Geb. 21. März 1925 Mainz, kath., verh. s. 1951 m. Hildegard, geb. Straub, 5 Kd. (Johannes, Andreas, Christiane, Matthias, Barbara) - Gymn. Ludwigsburg; TH Stuttgart, WH Mannheim, Univ. Heidelberg u. Oklahoma (Gesch., Volksw., Soziol., Rechtswiss.). Promot. 1949 - 1950-56 polit. Redakt. Dt. Zeitung u. Wirtschaftsztg.; 1957-60 Leit. Jugendfunk Bayer. Rundf.; 1961-69 Chefredakt. Fernsehen BR (b. 1970 Moderator Report München), 1969 u. ab 1985 ltd. Redakt. Südd. Ztg., 1979ff. Vors. Chefredaktion. 1984 Präsidiumsmitgl., 1989 Präs. Goethe-Inst., München - BV: Stätten d. Jugend, 1958; Sehnsucht n. d. Nation, 1967; Deutschlands falsche Träume, 1968 - 1969 Theodor-Heuss-Preis; 1972 Mitgl. PEN-Zentrum BRD; Theod.-Wolf-Preis; Bayer. VO.; BVK I. Kl. - Spr.: Engl.

HEIGL, Anton
Dr. oec. publ., Dipl.-Kfm., Univ.-Prof. f. Betriebswirtsch.lehre, insb. Steuerlehre u. Dir. Betriebswirtschaftl. Inst. Univ. Erlangen-Nürnberg (s. 1971), Senator Univ. Erlangen-Nürnberg 1978/79, Wiss. Beirat u. VR-Mitgl. Dt. Institut Interne Revision (1976) - Hans-Carossa-Str. 4, 8035 Gauting 2 (Stockdorf) (T. München 857 24 59) - Geb. 3. Mai 1930 München - B. 1967 Ord. Univ. Bochum (1969/70 Dekan). 1974 Sachverst. zu Fragen d. Umweltschutzes im Bundesmin. d. Inn. - BV: D. aktienrechtl. Prüf., 1957 (m. Uecker); Betriebl. Ertragsteuer-Kennzahlen, 1974; Betriebl. Steuerpolitik, 1974 (m. Melcher); Abschreibungsvergünstigungen für Umweltschutzinvestitionen, 1975; Handb. d. Umweltschutzes, 1977 (m. Vogl u. Schäfer, Hrsg.); Controlling und Interne Revision, 1978 u. 89; Betriebswirtschaftl. u. Recht, 1979 (m. Uecker, Hrsg.); Controlling - Interne Revision - Arbeitsb., 1981 (m. Haas); D. Prüfung d. japan. AG, 1985. Rd. 80 Fachveröff. - Liebh.: Lit., Reitsport - Spr.: Engl.

HEIGL, Curt

Direktor Kunsthalle Nürnberg (s. 1971) - Lorenzerstr. 32, 8500 Nürnberg (T. 0911 - 16 24 03) - Geb. 16. Juni 1923 Schliersee/Obb. - Kunstakad. München - Zul. Leit. Gewerbemuseum Nürnberg - 1977 BVK.

HEIGL-EVERS, Annelise
Dr. med., Prof. f. Psychotherapie, Psychosomatik u. Klinikdir. Univ. Düsseldorf (s. 1977) - Bergische Landstr. 2, 4000 Düsseldorf (Rhein. Landesklinik) - Zul. Prof. u. Leit. Forsch.stelle f. Gruppenprozesse Univ. Göttingen.

HEIKAMP, Detlef
Dr. phil., o. Prof. f. Kunstgeschichte - Str. d. 17. Juni 150-52, 1000 Berlin 12 - S. 1967 (Habil.) Lehrtätigk. Univ. Würzburg (Privatdoz.) u. TU Berlin (1969 Ord.).

HEIKS, Michael
Dr., Direktor Landesfunkhaus Schlesw.-Holst. Nordd. Rundfunk (s. 1988) - Eggerstedtstr. 16, 2300 Kiel 1 (T. 0431 - 98 71 00) - Geb. 31. Aug. 1954 Halberstadt, verh. s. 1987 m. Dr. Ursula Egerin-H., 2 Kd. (Svenja, Julian) - Promot. 1981 Münster - Journ. b. Lokalztg., DLF u. WDR; 1982-84 Redakt. WDR; 1984-87 Pers. Ref. d. Stv. Int./NDR; 1987/88

Fernsehchef u. stv. Dir. Landesfunkhaus Schlesw. Holst. NDR - BV: Politik im Magazin, 1982.

HEIL, Erhard
Dr., Prof. f. Math. TH Darmstadt (s. 1970) - Schloßgartenstr. 7 (TH, Fachber. Math.), 6100 Darmstadt - Geb. 29. Juli 1937 Erpen (Vater: Gustav H., Lehrer; Mutter: Erna, geb. Borgmann), verh. s. 1967 m. Adelheid, geb. Schmidt, T. Elisabeth Charlotte - Stud. Univ. Köln, Münster - S. 1963 TH Darmstadt (wiss. Assist.; 1968 Doz.). Fachmitgl.sch. - BV: Differentialformen, 1974.

HEIL, Hans B.
Dr. rer. pol., Generalkonsul, Pers. haft. Ges. Bankhaus Schliep & Co., Düsseldorf - Schadowplatz 14, 4000 Düsseldorf 1 (T. 0211 - 13 00 30) - Geb. 18. Juni 1919 Hofbieber/Hessen, verh. m. Maria, geb. Petersen - Univ. Köln - N. mehrj. Gesellsch. Bankhaus Poensgen, Marx & Co., Düsseldorf, u. Vorst. Rhein. Bank AG, ebd.). ARs- u. Beiratsmand.; Generalkonsul v. Madagaskar für Nordrh.-Westf. u. Hessen.

HEIL, Helga
Ballettmeisterin, Mitgl. Städt. Bühnen Frankfurt (s. 1950) - Untermainanlage 11, 6000 Frankfurt - Geb. 24. März Frankfurt/M. (Vater: Charly H., berühmter Sachsenhäuser), ev., verh. - Ausb. b. Alf Bern u. Käte Jäger, Frankfurt - Tänzerin, Choreographin, Ballettm.; b. 1985 Org.-Leit. - BV: 40 J. Frankfurter Ballett, 1986.

HEILAND, Doris
Freie Regisseurin - Rückertstr. 3, 1000 Berlin 12 (T. 030 - 313 84 99) - Geb. 28. März 1940 Wuppertal, ledig - Buchhändlerlehre Essen; Schauspielausb. Berlin - Künstler. Leitg. d. Rocktheaters Reineke Fuchs Berlin. Gastinsz.

HEILAND, Helmut
Dr. phil., Prof. f. Allg. Didaktik u. Schulpäd. Univ. Duisburg (s. 1974) - Insterburger Str. 4, 4048 Grevenbroich 5 - Geb. 8. Mai 1937 Nürtingen (Vater: Emil H., Lehrer; Mutter: Emma, geb. Koch), ev., verh. s. 1965 m. Waltraud, geb. Oberdorff, 2 Kd. (Susanne, Frank) - 1947-56 Gymn. Backnang; 1956-58 PI Schwäb. Gmünd; 1960-65 Univ. Tübingen u. München (Päd., Phil., Gesch.). Promot. 1965 - Zul. Prof. PH Dortmund u. Ludwigsburg - BV: Fröbels Symbolwelt, 1967; Fröbelforsch., 1972; Schulprakt. Studien, 1973; Lehrer u. Schüler heute, 1979; Motivation, 1979; Pädagogikunterr. in d. Sekundarstufe II, 1981; Friedrich Fröbel. Bildmonogr., 1982; Stud. z. Wirkungsgesch. Fröbels, 1982; Fröbelforschungsbericht, 1983; Praxis Schulleben in d. Weimarer Rep., 1985.

HEILENKÖTTER, Jürgen
Dipl.-Kfm., Vorstandsvorsitzender Neue Heimat Aktiengesellschaft, Hamburg - Nachtigallenweg 64, 2070 Ahrensburg - Geb. 11. Jan. 1930 - Stud. Betriebswirtsch. Univ. Köln - Beirat Dt. Bank AG, Hamburg, Mühlan + Co. Intern., Hamburg, Hans O. Lütkens GmbH + Co., Hamburg.

HEILER, Josef
Landwirt, MdL Bayern (s. 1975) - 8151 Elendskirchen 58 (T. 08063 - 3 40) - Geb. 1920 - CSU.

HEILER, Siegfried
Dr. rer. pol., Prof. f. Statistik Univ. Konstanz (s. 1987) - Mozartstr. 8, 7750 Konstanz (T. 07531 - 6 57 42) - Geb. 20. Okt. 1938 Wangen (Vater: August H., Bürgerm.; Mutter: Lotte, geb. Fleischer), kath., verh. s. 1977 m. Dr. H. Rausch-Heiler, 3 Kd. (Eva (aus 1. Ehe), Mark, Patrick) - Promot. 1967 Tübingen; Habil. 1971 Berlin (TU) - 1971/72 Prof. TU Berlin, 1972-87 Univ. Dortmund. S. 1988 Vors. d. Dt. Statistischen Ges. Bücher u. Aufs. - Liebh.: Sport, Musik - Spr.: Engl., Franz.

HEILFURTH, Gerhard

Dr. phil. habil., o. em. Prof. u. em. Direktor Inst. f. Europ. Ethnologie u. Kulturforschung Univ. Marburg, Honorarprof. Univ. Gießen - Götzenhainweg 1, 3550 Marburg (T. 6 53 03) - Geb. 11. Juli 1909 Schneeberg/Erzgeb. (Vater: Max. H., Bergrevisor; Mutter: Emilie, geb. Gerber), ev., verh. s. 1939 m. Juliane, geb. Bruhns, S. Günther - Univ. Heidelberg u. Leipzig, Habil. 1943 - 1940-45 Wehrdst.; 1945-49 Univ.Doz.; 1949-60 Aufbau u. Dir. (1954) Ev. Sozialakad. Friedewald u. Univ. Prof. Gießen. 1947 Mitbegr. u. Vors. Jugendaufbauwerk; 1961-69 Vors. Dt. Ges. f. Volkskd.; s. 1970 Fachkomm.-Vors. im Herder-Forschungsrat - BV: u. a. Neustädtel u. s. Bergbaulandschaft, 1935; D. Volkssänger Anton Günther, 1937 (8. A. 1981); Jugend ohne Geborgenheit, 1951 (3. A. 1952); D. Bergmannlied, 1954; Kirche u. Arbeiterschaft, 1954 (auch engl.); Glückauf (Großgesch.), 1958; Volkskd. jens. d. Ideologien, 1961; D. Heilige u. d. Welt d. Arbeit, 1963 (2. A. 1965); Bergbau u. Bergmann i. d. dtschspr. Sagenüberlief. Mitteleuropas, 1967; Volkskd.-Handb. d. empir. Sozialforsch., 1974 (3. A.); D. Bergbau u. s. Kultur, 1981; Bergbaukultur in Südtirol, 1984; Weihnachtsland Erzgebirge, 1988. Begr. u. Mithrsg. D. Mitarbeit, Zs. z. Ges.- u. Kulturpolitik (s. 1951) u. a. - 1959 Gr. BVK; 1960 Ehrenbürger Friedewald; 1984 Goldenes Kronenkreuz d. Diakonie - Lit.: Kontakte u. Grenzen - Festschr. z. G. H. z. 60. Geburtstag (1969); G. H. - Z. Kultur d. Bergbaus (1974); B. Martin, G. H. - Leben u. Werk (1974); Kirche, Ges., Kultur (D. Mitarbeit Doppelnr.) G. H. z. 70. Geburtstag (1979); K. Tenfelde, D. Lebenswerk e. Montanhistorikers (D. Anschnitt 34/1, 1982).

HEILIG, Bruno
Prof., Pädagoge - Kitzingstr. 16, 7070 Schwäb. Gmünd - Geb. 3. Aug. 1941 - S. 1970 PH Schwäb. Gmünd (1975 Prof. f. Schulpäd.).

HEILIGER, Bernhard
Prof., Bildhauer - Käuzchensteig 8, 1000

HEILIGER

Berlin 33 (T. 831 20 12) - Geb. 11. Nov. 1915 Stettin - Prof. f. Plastik, ab 1949 Hochsch. d. Künste Berlin-Charlottenburg. Ausstell. Europa u. Übersee, u. a. Monumentalplastik Dt. Pavillon Weltausstell. Brüssel, Plastik Flamme Berlin (Ernst-Reuter-Pl.), zweiteilige Hängeplastik Kosmos 70, Reichstag Berlin, 1972; Plastik Montana Bonn (Bundespräsidialamt), Auge d. Nemesis, Stadt Berlin (Schaubühne) 1983. Arbeiten Museen und Sammlungen In- und Ausland (u. a. Nationalgalerie Berlin, Musees des Beaux Arts Antwerpen, Museo Moderna São Paulo, Museum of Modern Art New York), Hakone - Open-Air-Museum Tokyo - 1950 Kunstpreis Stadt Berlin, 1952 Kunstpreis Stadt Köln, 1953 Nationaler u. Intern. Preis Institute of Contempory Art, London, 1956 Gr. Kunstpreis Nordrh.-Westf.; 1955 o. Mitgl. Akad. d. Künste Berlin; 1975 Lovis-Corinth-Preis - Mitgl. Accademia Fiorentina, Florenz, 1978 - Lit.: Hanns Theodor Flemming, B. H., 1964; A. M. Hamacher: B. H., St. Gallen 1979.

HEILINGBRUNNER, Horst
Dipl.-Ing., Bauunternehmer - Prinzenhöhe 32, 4330 Mülheim - Geb. 27. Aug. 1933 Duisburg (Vater: Josef H., Bauuntern.; Mutter: Johanna, geb. Scharte), kath., verh. s. 1962 m. Richel, geb. Richartz, 3 Kd. (Jörg, Bettina, Ulrich) - Dipl. Bauing.wesen. 1958 TH München.

HEILINGBRUNNER, Petra
M.A., Journalistin - Zu erreichen üb. Süddeutsche Zeitung, 7000 Stuttgart 1 - Geb. 26. Mai 1958 München - Stud. Politikwiss., Soziol., Kommunikationswiss.; M.A. 1985 München - Journ. Tätigk. f. Süddt. Ztg., D. Zeit u.a. - Liebh.: Lesen, Schreiben, Menschen, Reisen - Spr.: Engl., Franz., Portug. - Bek. Vorf.: Thomas Knorr (Urgroßonkel), Verleger d. Münchner Neueste Nachrichten (spätere Süddt. Ztg.).

HEILINGER, Franz

Dr. rer. nat., wiss. Angestellter i. R. - Bertramstr. 20A (Postf. 27 44), 3300 Braunschweig (T. 0531 - 79 64 16) - Geb. 26. Okt. 1921 Mähr.-Aussee (Vater: Josef H., Friseurmeister; Mutter: Stefanie, geb. Skarpil), kath., ledig - S. 1943 Univ. Prag (Beurlaub. Wehrdst.); 1946-52 Univ. Frankfurt/M. (Naturwiss.), Promot. - 1951 Hygien. Inst. Stadt u. Univ. Frankfurt/M., 1952-56 Biol. Forsch.inst. Limburg/L., 1956-82 Bundesforsch.anst. f. Landwirtsch. Braunschweig-Völkenrode. Entd.: u.a. Zeitl. Verkürz. d. automat. Analyse v. Aminosäuren (1967); D. Einfluß d. Prolins auf d. Chlorophyllbild. in Kartoffelkeimen (1967, genehmigte u. dann verwehrte Habil.) - 1977 Dipl.-Urk. u. Med. Intern. Biogr. Centre Cambridge/Engl.; 1983 AWMM-Autorenpr. - Arb.gemeinsch. f. Werbung, Markt- u. Meinungsforsch.; Träger u. Betreuer d. s. 1986 öfftl. Sudetendt. Heimatsamml. f. Bereich Mährisch-Aussee, Braunschweig; Ehrenämter u. Ehrenz. Sudetendt. Landsmannsch. u. BdV - Spr.: Engl., Tschech., Latein - Lit.: Men of Achievement, Biogr. (1977); Sudetenland 12. Jg. (1978); Mitt. Suddt. Archiv 85. Folge (1986).

HEILMANN, Adolf
Dipl.-Ing., Abteilungspräsident i. R., Honorarprof. f. Theorie u. Technik d. Antennen TH Darmstadt (seit 1963) - Pupinweg 5, 6100 Darmstadt T. 89 16 26).

HEILMANN, Eberhard
Kaufmann, Geschäftsf. W. Erich Heilmann GmbH., Essen, Optilon W. Erich Heilmann GmbH., Zug (Schweiz), Zipp Werk GmbH., Nürnberg, Dir. Lightning Fasteners Ltd., Birmingham (Engl.), u. Opti-Nederland, Winschoten - Eifelhag 2, 4300 Essen-Bredeney - Geb. 1. Dez. 1929 Schmölln/Thür.

HEILMANN, Edelgard
Dr. med., Prof. f. Innere Medizin u. Hämatologie Univ. Münster, Ärztl. Direktor Kurklinik Mühlenweg - Kurklinik Mühlenweg, 4782 Erwitte (T. 02943 - 89 80) - Geb. 7. Sept. 1941 Westkilver - Abit. 1961, Staatsex. 1967, Promot. 1967, Habil. 1975; apl. Prof. 1978 - Publ. auf d. Geb. d. Inn. Med., bes. Hämatologie; Differentialdiagnose Hämatologie, 1981; Ambulante Chemo- u. Hormontherapie, 1984; Hämatologie im Alter, 1985; Prävention u. Therapie d. koronaren Herzkrankheit, 1988 - Spr.: Engl., Franz.

HEILMANN, Ernst-Adolf
Dr. rer. pol., Dipl.-Kfm., Geschäftsführer Heilmann & Heilmann GmbH, Heilmann & Heilmann GBR, Software Entwicklung u. Vertrieb - Katernberger Str. 238, 5600 Wuppertal-Elberfeld - Geb. 15. Dez. 1927.

HEILMANN, Hans-Dietrich
Dr. rer. nat., Prof. - Am Dormannsbusch 27, 4040 Neuss (T. 02101 - 15 52 38) - Geb. 10. Sept. 1940, verh. s. 1966 m. Gudrun, geb. Hemmann, 2 Kd. (David, Ines) - Stud. Univ. Gießen, Tübingen (Chemie); Dipl. 1965; Promot. 1967 Tübingen; Habil. (Biochemie) 1977-81 apl. Prof. - wiss. Mitarb./Assist. TH Darmstadt; Scripps FDN; Lajolla Calif.; Univ. Bochum; 1982 Leit. Klin. Forsch. Antibiotica, Beecham-Wülfing, Neuss.

HEILMANN, Harald
Komponist - Brombacher Str. 32, 6932 Brombach (T. 06272 - 5 11) - Geb. 9. April 1924 Aue/Sa. (Vater: Arthur H., Exportkfm.; Mutter: Else, geb. Müller), ev., verh. s. 1954 m. Hildegard, geb. Leuckfeld, Tocht. Agnes - 1946-50 Stud. Kompos. Staatl. Hochsch. f. Musik Leipzig; Reifeprüf. in Musiktheorie - 106 Publ. in 15 Musikverlagen in USA, Deutschl. u. d. Schweiz - 1979 BVK; 1980 Stamitzpreis - Liebh.: Pilze sammeln - Spr.: Engl., Lat.

HEILMANN, Heidi H.,
geb. Werner
Dr. rer. soc. oec., Univ.-Prof. f. Wirtschaftsinformatik Univ. Stuttgart - Hinter Lehen 25, 7043 Grafenau 1 (T. 07033 - 4 45 22) - Geb. 27. Okt. 1934, ev., verh. s. 1956 m. Dr. Wolfgang Heilmann, 4 Kd. (Ann, Frank, Dirk, Gert) - Dipl.-Volksw. 1958 Tübingen; Promot. 1981 Linz - 1965-86 gf. Gesellsch. INTEGRATA GmbH, Tübingen; 1983-86 Prorektor FH Furtwangen; s. 1987 Präsid.-Mitgl. Ges. f. Informatik Bonn, s. 1987 Kurat.-Mitgl. WVWA, Stuttgart - BV: Einsatzplanung f. e. Datenverarbeitungsanlage, 1968; Strukturierte Systemplanung u. Systementwicklung, 1979; Benutzermitwirkung in Mensch-Computer-Systemen, 1981. Verantw. Schriftleit. d. HMD (Handbuch d. Modernen Datenverarbeitung) s. 1982 - Spr.: Engl., Franz. (schriftl.).

HEILMANN, Irmgard
Verlegerin, Schriftst. - Brahmsallee 26, 2000 Hamburg 13 (T. 040 - 45 06 01) - Geb. Zeitz (Vater: Otto H., Arch.; Mutter: Helene, geb. Burggraf) - Oberrealsch. (Abit.) - Journ., Gründ. I. Heilmann-Verlag (Ltg. b. 1973; Hamburg Bildkal. u. Hamburg Bildbde.), Mitbegr. Bundesverb. Dt. Autoren; 2. Vors. Hamburger Autorenvereinig. (b. 1983) - BV: Wahlheimat am Meer, 1944; Sylter Inselsommer, 1952; Pension Dünenblick, 1955; D. Nachtigall stieg herab, 1982; Aylsdorfer Kirschkuchen. Erinnerungen an Thüringen, 1987; D. Sängerin im Meer - Erz. v. Sylt b. Afrika, 1989 - Spr.: Engl., Franz.

HEILMANN, Joachim
Vorstandsmitglied Hermann Rothhaupt Furnier- u. Sägewerk AG. - 8741 Stockheim/Ufr. - Geb. 10. Jan. 1924.

HEILMANN, Klaus
Dr. med. (habil.), Prof., Augenarzt - Ismaninger Str. 22, 8000 München 80 - B. 1977 Privatdoz., dann apl. Prof. TU München (gegenw. Oberarzt Augenklinik).

HEILMANN, Lutz
Dipl.-Volksw., Vorstandsmitglied Alusuisse (s. 1975) - Am Rheinstahlhaus 3, 4300 Essen - Geb. 23. Nov. 1930 Stettin - Univ. Freiburg (1953 Dipl.-Volksw.) - Mannesmann, Trebel-Werke, Carborundum-Werke (Geschäftsf.), General Electric (1966 Bereichsleit. Dtschl.-Holl.-Schweiz-Österr.), Honeywell (1970 Vors. d. Gfg.).

HEILMANN, Sigmar
Chefredakteur Mannheimer Morgen - Zu erreichen üb. Mannheimer Morgen, R 1, 6800 Mannheim 1 (T. 0621 - 1 70 20) - Geb. 1. Nov. 1930 Essen, ev., verh., 1 Kd. - Stud. Pol. Wiss.; journ. Ausb. Werner Friedmann-Inst. München 1959-87 Politischer Redakt./Ressortleit. Mannheimer Morgen, Handelsbl., Dt. Ztg., Mannheimer Morgen.

HEILMANN, W. Erich
Fabrikant (Heilmann-Gruppe, umfaßt heute üb. 25 in- u. ausl. Unternehmen m. etwa 10000 Beschäftigten) - Meckenstocker Höfe 2, 4300 Essen-Bredeney - Geb. 9. März 1901 - B. 1945 Ost-, spät. Westdtschl. (Opti-Werk GmbH. Co.). U. a. 1955 Kunststoff-Reißverschluß.

HEILMANN, Wilhelm
Dipl.-Kfm., Vorstandsmitglied Hermann Rothhaupt Furnier- u. Sägewerke AG. - 8741 Stockheim/Ufr. - Geb. 5. Okt. 1934.

HEILMANN, Willibald
Dr. phil., Prof. f. Klass. Philologie Univ. Frankfurt/M. - Hermann-Löns-Str. 15, 6052 Mühlheim - Geb. 9. März 1928.

HEILMANN, Wolfgang
Dr. phil., o. Prof. f. Philosophie Univ. Dortmund (s. 1959) - Reichenspergerstr. 52, 5500 Trier - Geb. 20. April 1913 - Zul. Privatdoz. Phil.-Theol. Hochsch. Bamberg.

HEILMANN, Wolfgang
Dr., Vorsitzender d. Geschäftsführung INTEGRATA-Gruppe Tübingen - Hinter Lehen 25, 7043 Grafenau 1 (T. 07033 - 4 45 22) - Geb. 16. Aug. 1930, verh. s. 1956 m. Dr. Heidi, geb. Werner, 4 Kd. (Ann, Frank, Dirk, Gert) - Stud. Wirtschaftswiss. u. Phil. Frankfurt u. Tübingen; Promot. 1959 Tübingen - 1959-62 Instruktor b. e. Computerhersteller; 1962-64 Leit. d. kaufm. Verw. e. Maschinenfabrik; 1964 Gründ. d. INTEGRATA als Einmannbetrieb, 1973 Umwandl. in GmbH u. gf. Gesellsch. INTEGRATA GmbH, Unternehmensberatung, BDU, Tübingen, 1985 Präsident INTEGRATA AG, Baden/Schweiz. Beruf. Fortb. d. Tongji-Univ. Shanghai - BV: D. Sozialutopien u. d. Sozialutopismus. E. Unters. üb. d. Grenzen d. Sozialpolitik, Diss. 1959; Einsatzplanung f. e. Datenverarb.anlage, 1968; Büroorg. m. d. Computer, 1970; Strukturierte Systemplanung u. Systementw., 1979; Elektron. Fertigungsregelung in: Management-Enzyklop. Bd. 2, 1970, 2. A. 1982 (Bd. 3); Teleprogrammierung - D. Org. d. dezentralen Software-Produktion, 1987. Herausg.: Schr.reihe f. integr. Datenverarbeit (s. 1968).

HEILMANN, Wolf-Rüdiger
Dr. rer. nat., o. Prof. f. Versicherungswiss. - Parkstr. 21, 7500 Karlsruhe 1 - Geb. 27. Sept. 1948 Rendsburg (Vater: Wilhelm H., Kaufm.; Mutter: Ursula, geb. Schröder), verh. s. 1970 m. Ingrid, geb. Benn, 3 Töcht. (Larissa-Valeska, Lisa-Maria, Lydia Sara) - Abit. Rendsburg, Dipl., Promot., Habil. Univ. Hamburg -1974-80 wiss. Assist., 1980-82 Prof. f. Angew. Math. Statistik Univ. Hamburg; 1982-85 Prof. f. Versicherungsmath. Univ. Hamburg; s. 1985 o. Prof. f. Versicherungswiss. Univ. Karlsruhe (TH) - BV: Grundbegriffe d. Risikotheorie, 1987; Fundamentals of Risk Theory, 1988. Herausg.: Versicherungsmärkte im Wandel (1987); Geld, Banken, Versicherungen (1988) - Liebh.: Lit., Bild. Kunst, Musik, Sport - Spr.: Engl., Lat., Franz.

HEILMEYER, Ludwig
Dr. rer. nat., o. Prof. f. Physiolog. Chemie Univ. Bochum (s. 1974) - Girondelle 93, 4630 Bochum - Geb. 28. Aug. 1937 Jena - Promot. 1965 Freiburg; Habil. 1971 Würzburg.

HEILMEYER, Wolf-Dieter
Dr. phil., Direktor Berliner Antiken-Museum (s. 1978), Prof. f. Klass. Archäologie FU Berlin (s. 1977) - Tietzenweg 92, 1000 Berlin 45 - Geb. 14. März 1939 Königsberg/Pr. - Promot. 1965 Frankfurt/M.; Habil. 1974 Tübingen - 1975-77 Kustos Antiken-Samml. Tübingen.

HEIM, Burkhard

Dipl.-Phys., Direktor Dt. Forschungsinst. f. Feldphysik - Wilhelmstr. 25, 3410 Northeim/Hann. - Geb. 9. Febr. 1925 Potsdam, ev., verh. s. 1950 m. Gerda, geb. Straube - Univ. Göttingen (Dipl.-Phys.) - Entd.: Mesofeldtheorie - Vorträge: u. a. D. dynam. Kontrabarie als Lösung d. astronaut. Problems (Stuttgart 1952), D. Antrieb d. Dynamokontrabartors (München 1953), Vergleich d. dy-

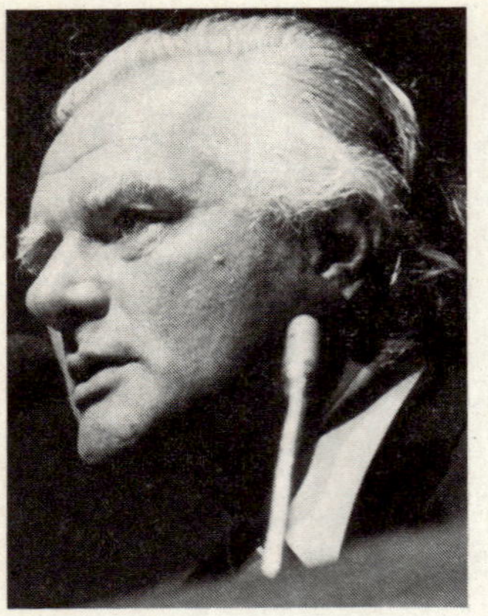

nam. Kontrabarie m. d. Raketenprinzip (Zürich), Üb. Gravitation (Nürnberg 1958), Gravitation u. Magnetismus (Bremen 1958), Gravitation u. Materie (Rom 1959); Vortr. in Brixen 1974, Augsburg 1976, Innsbruck 1978 u. 1982 - BV: u. a. D. kosmische Erlebnisraum d. Menschen; D. Elementarprozeß d. Lebens; Postmortale Zustände; Vorschlag z. einheitl. Beschreibung d. Elementarteilchen, in: Ztschr. f. Naturforschung, März/April 1977; Elementarstrukturen d. Materie, Bd. I 1980, Bd. II 1984; Einführungsband in Elementarstrukturen d. Materie.

HEIM, Dieter

Dr. rer. nat., Prof. f. Geologie u. Petrogr. Univ. Mainz - Alte Kehr 5, 6208 Bad Schwalbach.

HEIM, Ernst

Dr. rer. nat., Dipl.-Chem., Vorstandsvorsitzender Intern. Sportmode-Inst. (ISI), München (s. 1985) - Thomas-Mann-Str. 2, 7819 Denzlingen (T. 07666 - 24 78) - Geb. 14. Aug. 1929 Potsdam - Chemielaborantenex. 1951 Kassel; Stud. d. Chemie TH Darmstadt, Karlsruhe - Vorst.-Mitgl. Dt. Inst. f. Textil- u. Faserforsch., Stuttgart - Spr.: Engl., Franz.

HEIM, Harro

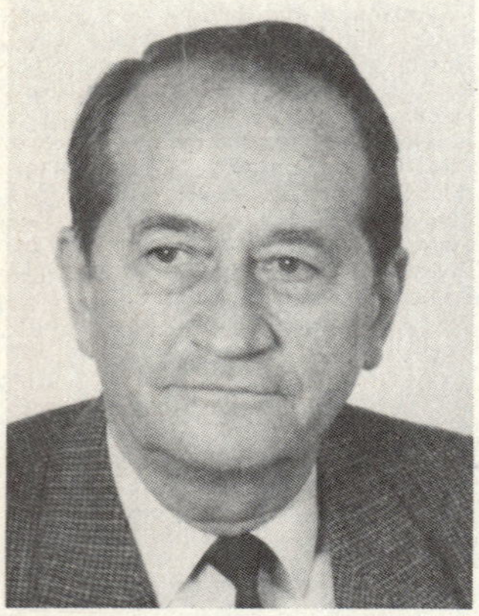

Dr. phil., Ltd. Bibliotheksdirektor a.D., Leit. Universitätsbibl. Bielefeld (1968-84) - Universitätsstr. 25, 4800 Bielefeld 1; priv.: Kahlerkrug 19, 15 - Geb. 4. April 1919 Hamm/W. (Vater: Rudolf H., Oberregierungs- u. Baurat; Mutter: Emilie, geb. Eller), verh. s. 1951 m. Elisabeth, geb. Hartmann, 2 Söhne (Ortwin, Ralf) - Dreikönigsgymn. Köln (Abit. 1937); 1937-45 Kriegsmarine; 1945-53 Univ. Köln u. Bonn (German., Biol., Phil.), Promot 1952, Staatsex. 1953; 1953-55 Bibl.ausbild. - Zul. stv. Dir. Univ.bibl. Bochum. Herausg.: Bibl.stud. (Reihe). Zahlr. Veröff. z. Datenverarb., Bibliothekswiss. u. a. - 1984 Dr. Josef Bick-Ehrenmed. in Silb. (1. Dt. Inhaber) - BVK - Liebh.: Numismatik, Märchenb., Burgenkd., Önol. - Spr.: Franz.

HEIM, Wilhelm

Dr. med., Prof., Chirurg. Chefarzt u. Ärztl. Direktor Rudolf-Virchow-Krankenhaus (1948-71) - Lyckallee 17, 1000 Berlin 19 (T. 304 47 71) - Geb. 2. Nov. 1906 Berlin - Leibniz-Gymn. Berlin; Univ. ebd. u. Innsbruck. Promot. u. Habil. Berlin - Langj. Tätigk. Urban-Krkhs. 1942 Doz. Univ. Berlin, 1949 FU, 1955 apl. Prof. (Chir.), 1961 Honorarprof. TU ebd. (Krhs.bau). 1958 Leit., 1972 Geschäftsf. Akad. f. Ärztl. Fortbild. Berlin; s. 1972 Gf. Kaiserin-Friedrich-Stiftg. f. d. ärztl. Fortbildungswesen. Begr. Berliner Blutbank. Div. Ehrenstell., dar. Präs. Berliner Ärztekammer (1975-83). Spez. Bauchchir. u. Krebstherapie - BV: D. Blutbank, 1953 (m. Dahr); D. Operationen an d. Brustdrüse, in: Bier-Braun-Kümmell, Chir. Operationslehre, Bd. II 1953. Zahlr. Einzelarb. - Ernst-v.-Bergmann-Plak.; Paracelsusmed. - Liebh.: Sport, Lit., Musik (Pianist).

HEIM, Willi

Dr.-Ing. E.h., Dipl.-Ing., Vorstandsmitglied Kali + Salz AG, Kassel - Werraweg 5, 3500 Kassel-W'höhe - Geb. 21. Febr. 1928 - AR-Mand. u. a.

HEIMANN, Eduard

Assessor, Vorstandsmitglied Ruberoidwerke AG (s. 1973) - Billbrookdeich 134, 2000 Hamburg 74 (T. 7 31 10-1); priv.: Haus Eichenkamp, 2070 Schmalenbek - Geb. 17. Jan. 1924 Stuttgart (Vater: Joseph H., Bankdir.; Mutter: Adele, geb. Westphal), verh. s. 1963 m. Felicitas, geb. Kynast, T. Alexandra - Zahlr. Fachveröff. (Arb.recht u. -psychol.). B. 1973 stv. Vorstandsmitgl.

HEIMANN, Erich H.

Schriftsteller, Journalist, Übersetzer - Schloßstr. Nr. 15, 4000 Düsseldorf 30 (T. 44 38 63) - Geb. 5. Okt. 1939 Düsseldorf - Stud. Angl. u. Gesch. - Freiberufl. tätig. Arbeitsgeb.: Technik u. ihre Gesch. Chefredakt. Résidence - BV: u. a. Und unter uns d. Erde, 1967; V. Zeppelin z. Jumbo-Jet - D. Gesch. d. dt. Luftverkehrs, 1971; A. Kunststoff selbstgemacht, 1973 (engl. 1975); D. große Augenblick i. d. Chemie, 1976; D. schnellsten Flugzeuge d. Welt 1906-heute, 1978; D. Flugzeuge d. Dt. Lufthansa 1926 b. heute, 1980 - 1968 Dt. Jugend-Sachbuchpreis - Spr.: Engl., Franz.

HEIMANN, Erwin

Schriftsteller - Heiligenschwendi/Schweiz (T. 033 - 43 10 66) - Geb. 20. Febr. 1909 Bern, protest., verh. s. 1936 m. Gertrud, geb. Heizmann (Jugendschriftst.), 2 Kd. - Sekundarsch. Bern; Mechanikerlehre - Mechaniker, Monteur f. Kühlanlagen u. Heizungen, Lastwagenfahrer, Reporter, Verlagslektor (1946 ff. Francke, Bern), s. 1963 fr. Schriftst. - BV: (1935-56 s. XVIII. Ausg.) D' Röschtiplatte, Erz. 1956; Narren im Netz, R. 1960; Jung u. Alt - Generationsproblem heute, Ess. 1960; Vor em Fänschter, Erz. 1962; Du u. d. Andern, Ess. 1965; Die Maurizio, R. 1966; Wie sie St. Jakob sah, R. 1970; Haben wir alles falsch gemacht, Ess. 1971; E. Blick zurück, Autobiogr. 1974; D. Gestraften, R. 1981; Zeichen z. Zeit, ges. Kolumnen 1984. Fernsehen: An allem schuld, Film (1985). Hörfolgen - Preise Stadt u. Kanton Bern, Schweiz. Schillerstiftung, Preis Schweizer Radio.

HEIMANN, Gerhard

Prof., Senator a. D., Staatssekretär a. D. u. MdB/Vertr. Berlins (s. 1983) - Orelzeile 7, 1000 Berlin 20 (T. 363 85 65) - Geb. 12. Febr. 1934 Peine, ev., verh. s. 1960, 2 Söhne (Justus, Felix) - Neusprachl. Gymn. Peine; 1955-58 Freie Univ. Berlin (Rechtswiss.). Gr. jurist. Staatsprüf. 1964 - 1964-67 Reg.sass., 1967 Reg.srat; 1967-69 Max-Planck-Inst. f. Bildungsforsch. (wiss. Mitarb. Abt. Recht u. Verw.), 1969-71 Päd. Hochsch. (1971 Prof.), 1971-77 Staatssekr. (Senatsdir.) Senatsverw. f. Wiss. u. Kunst, 1977-79 Chef Senatskanzlei v. Berlin, 1979-81 Senator f. Bundesangelegenh., Hochschull. TU Berlin.

HEIMANN, Hans

Dr. med., o. Prof. f. Psychiatrie - Goethestr. 23, 7400 Tübingen 1 - Geb. 25. April 1922 Biel (Schweiz) - S. 1953 (Habil.) Lehrtätigk. Univ. Bern (1963 ao. Prof.) u. Tübingen (gegenw. o. Prof.).

HEIMANN, Holger

Lehrer, MdL Bad.-Württ. (D. Grünen) - Klausenpfad 25, 6900 Heidelberg (T. 06221 - 47 17 65) - Geb. 7. Mai 1951 Laufenselden (Vater: Hans H., Lehrer; Mutter: Luise, geb. Müller), verh. s. 1979 m. Bärbel, geb. Mager, 2 Kd. (Lisa Jitka, Paul Jakob) - Gymn. Wiesbaden: Univ. Frankfurt, Staatsex. als Lehrer f. Haupt- u. Realsch. - S. 1980 Landtagsabg. d. „Grünen" i. Bad.-Württ.

HEIMANN, Karl-Heinz

Herausgeber kicker-sportmagazin - Schöpfstr. 29, 8500 Nürnberg 30 - Geb. 20. Dez. 1924 Östrich/Westf., ev., verh. s. 1954 m. Margrit, geb. Oppermann, S. Erich - Erste Dt. Journalistensch. Aachen - 1951/52 Aachener Nachrichten; s. 1952 Kicker, 1968-88 Chefredakt. kicker-sportmagazin - Herausg.: Kicker-Almanach (s. 1958, jährlich) - 1987 Gold. Ball brasil. Sportpresse; 1988 Ehrenmitgl. Verb. Dt. Sportjourn. (VDS) - Spr.: Russ.

HEIMANN, Walter

Dr. phil., Prof. f. Musikwissenschaft Univ. Oldenburg - Schramperweg 121, 2900 Oldenburg - Geb. 1. April 1940 Breslau (Vater: Walter H., Studiendir.; Mutter: Edith, geb. Hodurek), verh. s. 1974 m. Ulrike, geb. Graichen, 2 Kd. (Andrea, Michael) - Stud. Schulmusik, Musikwiss., Soziol. - 1970 Lehramt an höh. Schulen; 1975 Assist. PH Rheinland, Abt. Neuss; 1980 Prof. Univ. Oldenburg - BV: D. Generalbaß-Satz u. seine Rolle in Bachs Choralsatz, 1973; Musikal. Interaktion. Grundzüge e. analyt. Theorie d. elementar-rationalen musikal. Handelns, 1982.

HEIMBACH, Heinz-J.

Dr. jur., Vorstandsmitglied Concordia Versicherungsges. a. G., Hannover - Steimbker Hof 11, 3000 Hannover 61 - Geb. 16. Okt. 1939 kath., verh.

HEIMBURG, Werner

s. Kaesbach, Karl H.

HEIME, Klaus

Dr. rer. nat., Univ.-Prof. f. Halbleitertechnik Rhein.-Westf. TH Aachen (s. 1989) - Gierstr. 10, 5100 Aachen - Geb. 1. Aug. 1935 Heidelberg (Vater: Richard H., Dirigent; Mutter: Anneliese, geb. Wehner), ev., verh. s. 1961 m. Irmgard, geb. Griese, 2 S. (Andreas, Christian) - 1955-61 TH Darmstadt u. Univ. Bonn (Dipl.-Phys. 1961). Promot. 1967 Darmstadt - 1961-71 Wiss. Mitarb. Postforschungsinst. Darmstadt; 1971-75 Wiss. Rat u. Prof. TH Aachen; 1975-89 o. Prof. f. Halbleitertechnik u. -technol. Univ. GH Duisburg - BV: Laufzeitdioden, 1976; InGaAs-Field Effect Transistors, 1989 - Spr.: Engl., Franz.

HEIMEN, Volker

Wirtschaftsberater, MdL Nieders. (s. 1976) - Wilhelmstr. 1b, 4800 Bielefeld - Geb. 2. Okt. 1943, verh., 1 Kd. - 1958 Mittl. Reife; 1962 Kaufmannsgehilfenprüf. - B. 1976 Mitarb. Steuer-Wirtschaftsberatungsbüro, dann selbst. 1969 ff. Ratsmitgl. Bielefeld. CDU s. 1965 (1970 Landesdeleg.).

HEIMENDAHL, v., Manfred

Dr. rer. nat., Wiss. Rat u. apl. Prof. f. Werkstoffwiss. u. Metallkd. Univ. Erlangen-Nürnberg (s. 1972) - Hohe Warte 2, 8521 Spardorf.

HEIMERL, Hans

Geschäftsführer Bauges. Hanau, MdL Hessen (s. 1974) - Steinheimer Str. 1, 6450 Hanau (T. 2 42 91) - Geb. 19. April 1930 - SPD.

HEIMES, Rudolf

Landesschatzmeister u. Vors. Landesfachaussch. f. Wirtschaftspolitik CDU Saar u. a. - Faktoreistr. 4, 6600 Saarbrücken (T. 0681 - 4 10 10); priv.: Rittershofer Str. 25, 6601 Heusweiler - Geb. 1. Febr. 1923 Heusweiler (Vater: Ferdinand H., Rektor; Mutter: Helene, geb. Dewes), kath., verh. s. 1953 m. Mechthild, geb. Kautenberger - Kriegsdst. u. sowjet. Gefangensch. (b. 1950); Stud. Rechtswiss. Beide Staatsex. 1954 u. 57 Saarbrücken - AR-Vors. Stahl- u. Apparatebau Hans Leffer GmbH, Saarbrücken-Dudweiler; AR: DSD Dillinger Stahlbau GmbH, Saarlouis, Saarbrücker Ztg. Verlag u. Druckerei GmbH, Saarbr., Saarstahl Völklingen GmbH, Völklingen, TECHNOSAARSTAHL GmbH, Völklingen; Beirats-Vors. Marion-Gruppe, Saarlouis; Beirat: DSD Dillinger Stahlbau GmbH (Konzernbeirat), Saarlouis, Globus-Handelshof-Gruppe, St. Wendel, Siplast Deutschland GmbH, Saarwellingen; Vorst.-Vors. Arbeitskreis Wirtsch. Carl-Duisberg-Ges.; Mitgl. Finanzaussch. Saarländ. Schwesterverb., Ottweiler, Kurat. Union-Stiftg., Saarbrücken; stv. Mitgl. Universitätsrat d. Saarlandes - Spr.: Franz., Engl.

HEIMES, Theo

Bauunternehmer, MdL Nordrh.-Westf. (s. 1975) - Starenstr. 7, 5940 Lennestadt 14 (Saalhausen) (T. 02972 - 328/329; priv.: 02723 - 88 86) - Geb. 6. Nov. 1923, SPD.

HEIMES, Wilfried

Dr. phil., Referent, MdL Nordrh.-Westf. (s. 1970) - Basunestr. 25, 4300 Essen 12 (T. 34 75 75) - Geb. 28. Sept. 1927 Haan/Rhld., verh., 4 Kd. - Abit. 1947; Stud. Dt., Gesch., Geogr., Phil. Univ. Köln; Promot. 1961 - Kath. Jugendarb.; 1954-56 Kreisgeschäftsf. CDU Rhein-Wupper; 1956-64 Jugendbildungsref.; s. 1964 Ref. Erwachsenenbild. Bistum Essen. 1957-64 Vors. Landesaussch. Kath. Jugend NW, 1961-63 Vors. Landesjugendring. 1957-64 Mitgl. Gutachteraussch. f. Fragen d. Jugendpflege b. Arbeitsmin. NW, 1958-64 Mitgl. Landesjugendwohlfahrtsaussch. Rheinl.; s. 1977 Vors. Kath. Elternsch. Dtschl. Landesverb. Nordrh.-Westf.; 1981-85 Vizepräs. Kath. Elternsch. Dtschl. 1980-85 Vors. Aussch. d. Landtags NW f. Wiss. u. Forsch.; s. 1985 stv. Vors. d. Hauptaussch. d. Landtags NW; s. 1986 Mitgl. Aussch. f. Schule u. Weiterbild.; Kurat.-Mitgl. Fernuniv. Hagen, Univ.-GH Essen, Fürstin-Franziska-Christine-Stift. u. Marienhospital Essen-Altenessen; Vorst.-Mitgl. d. Schwesternschaft DRK Essen; stv. Mitgl. Rundfunkrat WDR u. Aussch. f. Rundfunkentw. WDR. CDU s. 1947 (1949 Kreisparteivorst. D'dorf-Mettmann, 1963/64 Parteivors. Köln-Mülheim, 1969-83 Parteivors. Essen, 1975-79 Ratsmitgl. Stadt Essen, s. 1983 Ehrenvors. Kreispartei Essen, s. 1986 Ehrenvors. Ortsverb. Essen-Altstadt-Mitte - 1985 BVK I. Kl.

HEIMESHOFF, Bodo

Dr.-Ing., o. Univ.-Prof. f. Baukonstruktion u. Holzbau (einschl. Leitg. Labor. f. d. konstruktiven Ingenieurbau) TU München (s. 1970, 1973-75 Dekan) - Wolf-Ferrari-Str. 9, 8033 Krailling/Obb. - Geb. 8. März 1926 Hannover - Stud. TH Hannover; Promot. 1966, Habil. 1969.

HEIMPEL, Christian

Dr. rer. pol., Gf. Direktor Dt. Übersee-Inst. Hamburg - Uhlenhorsterweg 47, 2000 Hamburg 76 (T. 040-220 26 70) - Geb. 29. Nov. 1937 Leipzig (Vater: Prof. Dr., Dr. h.c. Hermann H.), ev., verh. s. 1959 m. Heide, geb. Weissenfels, 3 Kd. (Caroline, Heinrich, Yvonne) - Dipl.-Landw. 1960 Göttingen, Promot. 1964 ebd., Habil. 1974 (Sozialökonomie d. Agrarentw.) Berlin - 1971 Abteilungsleit. Dt. Inst. f. Entwicklungspolitik, Berlin; 1978 Dir. Development Center OECD, Paris; 1980 Dir. Dt. Übersee-Inst. - BV: Ansätze z. Planung landw. Entwicklungsprojekte, 1973 - Liebh.: Kammermusik (Cello) - Spr.: Engl., Franz., Portug.

HEIMPLÄTZER, Fritz

Dr. phil., Chefredakteur Westfalenpost, Hagen - Friedrichstr. 6, 5800 Hagen 7 (T. 02331 - 4 29 78) - Geb. 18. Aug. 1925 Hamm, verh. s. 1959 m. Therese, geb. Leuchter, 2 Kd. (Simone, Tobias) - Stud. German., Gesch., Phil. Univ. Heidelberg u. Münster; Promot. 1953 Heidelberg - 1962-75 Korresp. f. dt. u. öst. Ztg. London, 1975-84 Paris - Spr.: Engl., Franz.

HEIMSOETH, Harald

Dr., Botschafter a.D. - Zu erreichen üb.: L. Projekt-Abt., Senior-Experten Service, Postfach 14 46, 5300 Bonn 1 - Geb. 3. Okt. 1916 Ludwigsburg (Vater: Heinz H., Univ.-Prof.; Mutter: Adelheid, geb. Baader), kath., verh. s. 1952 m. Christa-Maria, geb. Stumpff, 2 Kd. (Hans-Jürgen, Stefanie) - Stud. Rechtswiss., Volksw. Köln, München, Chicago - 1939-49 Kriegsdst. u. Gefangensch., 1950 Refer. OLG Köln; s. 1951 AA (1953-56 Botschaft New Delhi, 1956-59 AA, 1960-65 UN-Vertr., New York, 1965-68 Botsch. Djakarta, 1968-70 Botsch. Brüssel, 1971-73 AA, 1973-79 Nairobi), 1979-81 Botsch. Sofia - Gr. BVK - Spr.: Engl., Franz. - Bek. Vorf.: Ludolf Camphausen, Preuß. Min.präs. 1848 (Ururgroßv.).

HEIN, Edmund

Dipl.-Volksw., Minister d. Finanzen (1984-85), MdL Saarland (s. 1970) - Albert-Einstein-Str. 36, 6630 Saarlouis (T. 8 11 28) - Geb. 13. Aug. 1940 Nalbach/S., kath., verh., 2 Kd. - 1954-60 Gymn. Linz/Rh. (Abit.); 1960-64 Stud. Univ. d. Saarl. (Dipl. Volksw. 1964) - Tätigk. Landeszentrale f. Polit. Bildung, Landesarbeitsamt, Min. f. Öfftl. Arbeiten u. Wohnungsbau sow. Landesplanungsbehörde, Ref.-Tätigk. in d. Erwachsenenbild. - 1960 Eintritt Junge Union (JU). 1961 CDU. 1963-66 JU-Vors. Schwalbach, 1967-71 JU-Kreisvors. Saarlouis, 1968-70 Gemeinderat Schwalbach; 1972-80 Vors. CDU Saarlouis-Steinrausch. S. 1980 CDU-Kreisvors. Saarlouis; 1974-81 Vors. CDU-Kreistagsfraktion Saarlouis, 1979-84 Mitgl. Stadtrat Saarlouis; 1970/75/80 u. 1985 MdL. 1977-84 stv. Vors. CDU-Landtagsfraktion.

HEIN, Erika, geb. Hoer

Schriftstellerin - Hegelberg 4, 7238 Oberndorf (T. 07423-5979) - Geb. 7. Mai 1939 Schramberg/Kr. Rottweil, gesch., 4 Kd. (Benita, Wilfried, Ralf, Silvia) - Kinderkrankenschwester, Kontoristin - BV: Wir zwei in e. Haus; Zwei Mädchen u. viele Pferde; Freundschaft m. Sultan; D. Mädchen v. Ponyhof; Andrea ist stolz auf ihre Pferde, u.a. - Liebh.: Reiten, Lesen, Wandern.

HEIN, Gerhard

Dr.-Ing., Dipl.-Ing., Vorstandsmitglied i. R., u. a. Bevollm. Gesellsch. Westphal-Gruppe, Neu-Isenburg - Höhenweg 10, 5901 Wilnsdorf-Obersdorf (T. 0271 - 39 01 53) - Geb. 16. Jan. 1928 Gröbnig, Krs. Leobschütz, Oberschles. (Vater: Adalbert H.; Mutter: Maria, geb. Junke), verh. m. Ruth, geb. Mezger, 4 Kd. (Ute, Annette, Gerhard-Friedrich, Friederike) - Ausb. TU München - Obering. TÜV-Bayern; Projektf. f. Kernkraftwerke AEG, Frankfurt; Techn. Leit. Industriegas Tyczka KG; Dir. Rheinstahl Hüttenwerke AG; 1. Geschäftsf. Ruhrstahl Apparatebau GmbH; Vorst. Siegener AG; Vorst. bzw. Geschäftsf. VKJ-Rheinhold & Mahla AG bzw. GmbH, Mannheim. AR-Mandate.

HEIN, Gerhard

Dr. jur., Rechtsanwalt, Hauptgeschäftsführer u. gf. Präsidialmitgl. Bundesvereinig. d. Dt. Ernährungsindustrie BVE (s. 1983) - Rheinallee 18, 5300 Bonn 2 (T. 0228 - 35 10 51); priv. Saynstr. 17, 5300 Bonn 3 (T. 48 02 44) - Geb. 18. April 1930 Köln (Vater Dr. jur. Hans H., zuletzt Senatspräsident (†); Mutter: Mareka, geb. Schomerus), ev., verh. s. 1953 m. Britta, geb. Klostermann, 2 Kd. (Dagmar, Ricarda) - Schule u. Univ. Köln (Rechtswiss.) - 1958-63 Ref. Bundesverb. d. Dt. Ind. Veröff. z. Lebensmittelrecht u. z. Lebensmittelwirtsch.; Ständ. Aussch. Vereinig. d. Ernährungsind. d. EWG; VR-Mitgl. Bundesanst. f. landwirtschaftl. Marktordn.; AR-Mitgl. Zentrale Markt- u. Preisberichtsst. f. Erzeugn. d. Landwirtsch.; Kurat. Bund f. Lebensmittelrecht u. -kunde; VR-Mitgl. Versorg.verb. Dt. Wirt.org.; Präsid.-Mitgl. Auswertungs- u. Informationsdienst f. Ernährung, Landwirtschaft u. Forsten (AID) - Liebh.: Reisen - Spr.: Engl.

HEIN, Günter

Studiendirektor, Schriftst. - Am Störlein 6, 8721 Oberwerrn (T. 09726 - 22 40) - Geb. 12. April 1942 Schweinfurt, verh. s. 1969 m. Elvira, geb. Kospach, 2 Kd. (Janine, Isabel) - Stud. Angl. u. Roman. Univ. Würzburg u. Aix-en-Provence; Staatsex. f. d. Höh. Lehramt 1966 u. 1968 - Staatl. Schuldst. - BV: Transleithanien, 1979; Stammtisch im Stern, 1980 (bde. Erzählbände); D. Thronfolger, Kom. 1983 - Spr.: Engl., Franz.

HEIN, Horst

Steueramtsrat, MdL Nordrh.-Westf. (1975-85) - Sudetenstraße 27, 3470 Höxter 1 (T. 05271 - 3 15 84) - Geb. 7. Dez. 1940 - Vors. SPD-Unterbez. Höxter-Warburg s. 1971, stv. Vors. SPD-Bezirk Ostwestf.-Lippe s. 1982, stv. Mitgl. WDR-Rundfunkrat.

HEIN, Jürgen

Dr. phil., Prof. Univ. Münster - Landgrafenstr. 99, 5000 Köln 41 (T. 0221 - 40 14 32) - Geb. 12. Jan. 1942 Köln (Vater: Walter H., Polizeibeamter; Mutter: Emma, geb. Clemens), kath., verh. s. 1966 m. Ingrid, geb. Niederwipper, 3 Kd. (Volker, Ingolf, Veronika) - Univ. Köln (Staatsex. 1966; Promot. 1968, Habil. 1972) - 1967-69 Wiss. Assist. Univ. Köln; 1969-73 Lektor, Doz., Wiss. Rat u. Prof. Köln (PH); 1973ff. Prof. Univ. Münster. 1979ff. Mitgl. Studienreformkommiss. NRW; Vizepräs. d. Intern. Nestroy-Ges. - BV: Spiel u. Satire in d. Komödie J. Nestroys, 1970; F. Raimund, 1970; Theater u. Ges.; D. Volksstück im 19. u. 20. Jh., 1973; Dorfgesch., 1976; Dt. Anekdoten, 1976; D. Wiener Volkstheater, 1978; J. Nestroy, Werke. Hist.-krit. Ausg. 1977ff.; Parodien d. Wiener Volkstheaters, 1986. Volksstück: V. Hanswurstspiel z. sozialen Drama d. Gegenwart (1989).

HEIN, Manfred

Dr. rer. pol., Prof. f. Allg. Betriebswirtschaftslehre, Bank- u. Finanzw. FU Berlin - Friedrichshaller Str. 6A, 1000 Berlin 33 - Geb. 17. Jan. 1936 Berlin - Promot. 1966; Habil. 1971 - S. 1972 Prof. - BV: D. intern. Geldmarktgeschäfte westd. Banken, 1966; Struktur d. Bankwesens in Großbritannien, 3. A. 1977; ...Japan, 2. A. 1971; Einführung in d. Bankbetriebslehre, 1981.

HEIN, Manfred Peter

Schriftsteller - Karakalliontie 14.0.95, SF-02620 Espoo (Finnl.) - Geb. 25. Mai 1931 Darkehmen - BV/Ged.: Ohne Geleit, 1960; Taggefälle, 1962; Gegenzeichnung, 1974 u. 83 (Lyrik d. J. 1962-82); Zwischen Winter u. Winter, 1987; D. Kanonisierung e. Romans. Alexis Kivis Sieben Brüder 1870-1980, 1984; Auf Harsch Palimpsest, 1988; Kinderb.; Hörsp. Div. Übers.; Essays - 1964 Weilin & Göös-Preis; 1974 Finnischer Staatspreis; 1984 Peter-Huchel-Preis.

HEIN, Olaf

Prof., Commendatore (Comm.), M. A., Privatgelehrter (Geschichte d. Naturwiss., Astronomie, Kirchengesch., Buch- u. Bibliothekswesen. Spez. Forschungsber.: Stadttopographie v. Rom, Leben u. Werk v. Athanasius Kircher S.J., ägypt. Obelisken, 17. Jh.), Verleger, Präs. mehrerer wissenschaftl. Ges. - Postfach 2609, 6200 Wiesbaden - Geb. 3. Juni 1940 Stettin/Polen (Vater: Gerhard H., Berufs-Offiz.; Mutter: Maria, geb. Buchal (Nichte des Komponisten Hermann Buchal)), röm.-kath., led. - 1950-60 Leibniz-Gymnasium Wiesbaden; 1960-68 wissenschaftl. Stud. (Geschichte d. Naturwissensch., Astronomie, Kirchengesch., Geogr., Physik, lat. Philol., ital. Philol., Buch- u. Bibliothekswesen) Johann-Wolfgang-Goethe-Univ., Frankfurt/M., u. d. Pontificia Università Gregoriana Rom; 1979-84 Stud. Johannes Gutenberg-Univ. zu Mainz; s. 1984 Doktorand ebd.; s. 1960 üb. 100 Forschungsreisen n. Rom (wiss. Unters. üb. Athanasius Kircher S. J. u. d. ägypt. Obelisken), 1964 wiss. Mitarb. Bayer. Akad. d. Wiss. (NDB); 1967-77 wiss. Mitarb. Astronom. Inst. Univ. Frankfurt/M.; s. 1968 Präs. Intern. Athanasius Kircher Forschungsges., Wiesbaden-Rom; 1971-77 Generaldir. Intern. wiss. Verlagshaus Edizioni del Mondo GmbH, Wiesbaden-Rom; s. 1977 Präs. Intern. Ges. zur Erforsch. u. Restaurierung antiker Obelisken, Wiesbaden-Rom - BV: D. Studium d. Geschichte d. Naturwissenschaften (v. George Sarton; ins Deutsche übers., m. Comm. H. Kastl), 1965; Z. Geschichte d. Kometen-Astronomie (= Veröffentl. d. Astronom. Inst. Univ. Frankfurt), 1967 (m. Comm H. Kastl); Gli Obelischi di Roma e le loro Epigrafi, 1970 (m. Kastl; lat., dt., engl. u. ital); Opera Omnia Athanasii Kircheri S. J., 66 Bde. 1972 ff. (m. Kastl); zahlr. Veröffentl. i. Fachzeitschr. (meist m. Kastl) - Mitgl. Dt. Ges. f. Geschichte d. Medizin, Naturwissensch. u. Techn. (s. 1960); Mitgl. Ges. Deutscher Naturforscher u. Ärzte (s. 1960); Mitgl. Astronom. Ges. (s. 1963) - 1971 Commendatore d. päpstl. Ritterord. v. Heiligen Grabe zu Jerusalem, 1971 Verdienstmed. d. Malteser-Ord. (S.M.O.M.), 1971 Cavaliere d. Ritterordens Sant'Agata Republik San Marino; 1974 Commendatore d. Verdienstord. d. Republik Italien, 1977 Mitgl. Accademia Tiberiana, Rom; versch. and. Auszeichn. f. wissenschaftl. Verdienste - Liebh.: Bücher, Briefmarken, Münzen, Reisen, Musik - Spr.: Engl., Ital., Latein - A spasso sugli Obelischi/Helmut Kastl e Olaf Hein, autori di importanti pubblicazioni scientifici (Il Tempo 21), 1972; Wiss. Film (Dt. Ferns., Hess. Rundf.), Arch.-Nr.: 31-7-73, Spektrum d. Geistes (Lit.kal.), 1978; Kürschners Dt. Gelehrten-Kalender 1987.

HEIN, Wolfgang-Hagen

Dr. rer. nat., Prof., Apotheker - Pfaffenwiese 53, 6230 Frankfurt/M. 80 - Geb. 7. Febr. 1920 Halle/S. (Vater: Otto H., Apoth.; Mutter: Jutta, geb. Frost), ev., verh. s. 1949 m. Thilde, geb. Dürrfeld, 3 Kd. (Monika, Michael, Stefan) - 1929-37 Stadtgymn. Halle; 1937-39 Hof- u. Stadtapoth. Eisenberg (Prakt.); 1939-40 u. 1943-44 Univ. München (Pharmazie). Promot. 1948 München - S. 1960 Lehrbeauftr. u. Honorarprof. (1970) Univ. Würzburg (Gesch. d. Pharmazie). 1969ff. Vors. Dt. Ges. f. Gesch. u. Pharm., 1985 Vors. Dt. Apotheken-Museums-Stiftg. - BV: D. dt. Apotheke, 2. A. 1967; D. Pharm. in d. Karikatur, 2. A. 1967; Emailmalereigläser aus dt. Apotheken, 1972; Christus als Apotheker, 1974; Dt. Apothekerbiogr. (m. H. D. Schwarz) 2 Bd., 1975 u. 1978, Ergänzungsbd. 1986; Dt. Apotheken-Fayencen (m. D. A. Wittop Koning), 1977; D. Apotheke in d. Buchmalerei (m. D. A. Wittop Koning), 1981; A. v. Humboldt u. die Pharmazie, 1988. Herausg.: Illustr. Apoth.-Kal. (1954ff.); Veröff. d. Intern. Ges. f. Gesch. d. Pharmazie (1969ff.); A. v. Humboldt. Leben u. Werk, 1985 - 1959 Schelenz-Plak., 1978 Urdang-Med. (USA), 1980 Winkler-Plak. - Liebh.: Sammlung d. Lebenserzeugn. Alexander v. Humboldts - Spr.: Engl. - Lit.: Pharmaz. Ztg. 5/1980 u. Dt. Apoth.-Ztg. 5/1980; Orbis Pictus, Festschr. F. H. (1985).

HEINATZ, Hasso

Dipl.-Phys., Prof. f. Mathematik GH Paderborn (Fachber. Energietechnik, Soest) - Mönneker Breite 9, 4770 Soest/W.

HEINDRICHS, Heinz-Albert

Prof. Univ.-GH Essen, Komponist, Lyriker, Zeichner - Auf Böhlingshof 23, 4650 Gelsenkirchen (T. 0209 - 20 31 14) - Geb. 15. Okt. 1930 Brühl, kath., verh. s. 1958 m. Dr. Ursula, geb. Wiegers, 3 Söhne (Gordian, Gereon, Sebastian) - 1957-65 Kapellm. u. Bühnenkomp. (u.a. in Essen u. Wuppertal); 1965ff. Lehrtätigk. Univ. Essen. Schwerp.: Komposition, rd. 200 Theater-, Hörspiel- u. Filmmusiken; Vert. mod. Lyrik (Aichinger, Eich, Celan, Sachs, Meister, Bachmann, Goll); Ged.: Zikadenmusik (1978); Überfahrt (1979); Musikged. (1986); Vor d. Stille (Zeitged. 1987); Weil es dich gibt (Liebesged., 1988); Augenged. (1989); Bilder: No-tationen (aus Notenschr. entw. Zeichnungen) u. Musikaquarelle; zahlr. Ausst. - 1954 Lindströmpreis f. Kompos., Köln.

HEINE, Friedrich

Dr. med., Prof., Abteilungsdirektor - Auf dem Draun 50, 4400 Münster/W. (T. 8 14 53) - B. 1960 Privatdoz., dann apl. Prof. Univ. Münster (Inn. Med. u. Lungenkrankh.).

HEINE, Fritz (Friedrich)

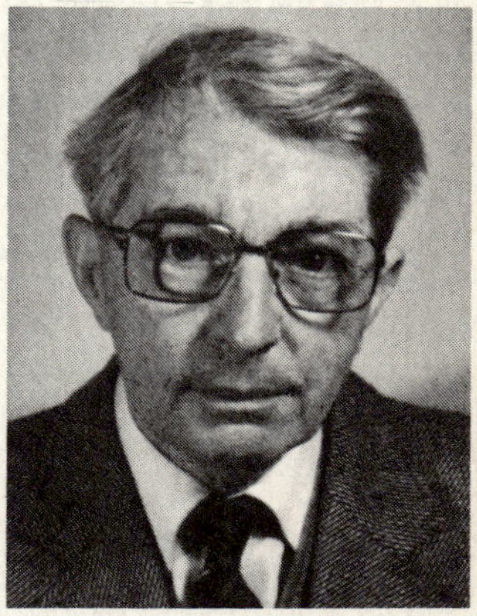

Geschäftsführer - 5358 Bad Münstereifel-Scheuren - Geb. 6. Dez. 1904 Hannover (Vater: Friedrich H., Orgelbauer; Mutter: Luise, geb. Stock), evh. -Volkssch.; kaufm. Lehre; HH - 1923-25 Angest. Bank - Versicherungs- u. Werbewesen, dann Sekr. Vorstand SPD, 1933-45 emigr. Parteivorstand Prag, Paris (1938, dort als Vorst.-Mitgl. kooptiert) u. London (1941), 1946-57 Mitgl. gf. Parteivorstand u. Pressechef SPD, 1958-74 Geschäftsf. Konzentration GmbH, Bonn, Vorst. Fr.Ebert-Stiftg. Div. Publ., dar. Kurt Schumacher (1970). SPD s. 1922 - 1987 Ausz. v. Yad Vachem, Gerechter d. Völker, Wenzel-Jaksch-Preis - Liebh.: Stahlstichsamml. - Spr.: Engl., Franz.

HEINE, Karl-Heinrich

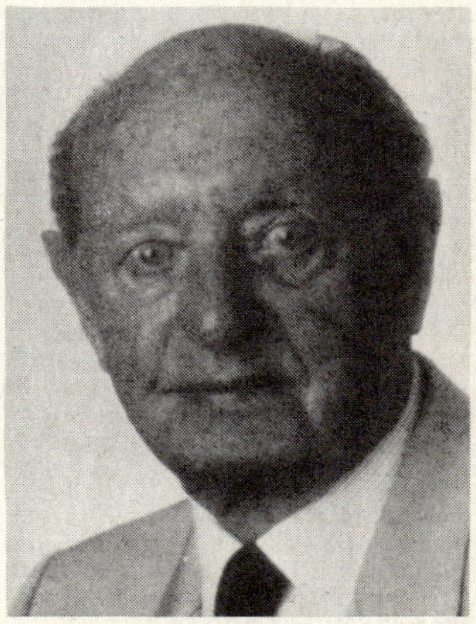

Dipl.-Kfm. - Guntherstr. 2, 7500 Karlsruhe - Geb. 17. März 1906 Halberstadt (Vater: Felix H., Kfm.; Mutter: Helene, geb. Koller), verh. s. 1943 m. Eva, geb.

Hildenbrandt, 4 Kd. (Christian, Wolfgang, Thomas, Bettina) - Univ. Leipzig u. Köln, Dipl.Kfm. Leipzig 1929 - Gründer d. Großversandhauses Heinrich Heine Karlsruhe (1951-76) - 1961-65 Kanzler Ambassador Club Dtschl. BV: Damals in Halberstadt, Chronik 1981 - 1972 BVK a. Bde. - Liebh.: Gläsersamml. (ausgest. im Bad. Landesmuseum Karlsruhe) - Spr.: Engl., Franz. - Bek.-Vorf.: Großvater (Reichstagsabg.).

HEINE, Klaus-Henning

Dr. rer. pol., Vorstandsmitglied Saarbergwerke AG (s. 1982) - Trierer Str. 1, 6600 Saarbrücken - Geb. 21. Juni 1929 Halberstadt - Stud. Univ. Mainz, Frankfurt; Dipl. 1954; Promot. 1958 - 1961 Steuerberater; 1962 Wirtsch.prüfer. 1954-82 Treuarbeit AG (zul. Vorst.-Mitgl.).

HEINE, Willi

Dr. med. vet., Prof., Direktor u. Geschäftsf. Zentralinst. f. Versuchstierzucht, Hannover - Hermann-Ehlers Allee 57, 3000 Hannover 91 - Geb. 6. März 1930 Hannover (Vater: Dipl.-Landw. Otto H.; Mutter: Herta, geb. Koch), ev., verh. s. 1959 m. Ursula, geb. Borges, 3 Kd. (Ulrike, Utz, Elke) - Obersch. Delitsch/Sa., Dt. Obersch. Riga/Lettl., Karl-Marx-Sch. Bernburg/S.; Tierärztl. Hochsch. Hannover. Staatsex. u. Approbat. 1958; Promot. 1959; Habil. 1970 (alles Hannover) - S. 1959 ob. Einricht./ DFG (1971 Dir. u. Gf.). 1970ff. Privatdoz. u. apl. (1976) TiHo Hannover (Versuchstierkd.) - BV: Gnotobiotechnik, 1968. Div. Einzelarb. - Liebh.: Geogr., Ethnol., Fotogr., Filmen - Spr.: Engl.

HEINEBERG, Heinz

Dr. rer. nat., o. Prof. f. Geographie u. Institutsdir. Univ. Münster - Wiedehagen 95, 4400 Münster/W.

HEINECKER, Rolf

Dr. med., Prof., Chefarzt a. D. - Max-Planck-Str. 20, 3500 Kassel-W'höhe (T. 3 78 93) - Geb. 26. März 1922 Kreuzburg/ OS., verh. s. 1953 m. Christel, geb. Stoek, 2 Kd. (Volkmar, Carsten) - Oberrealsch. Marne/Holst.; Stud. Univ. Jena u. Marburg (Staatsex. u. Promot. 1949) - Strahleninst. Univ. Marburg, Konitzky-Stift (Städt. Krkhs.) Bad Nauheim; 1952-63 Med. Univ.klinik I Frankfurt/M.; s. 1964 Honorarprof. Univ. Marburg, 1964-87 Chefarzt II. Med. Klinik Städt. Kliniken Kassel - BV: EKG in Praxis u. Klinik, 12. A. 1986 (auch ital., jap., span.); EKG-Quiz, 2. A. 1975 - 1974 E.-v.-Bergmann-Plak. - Spr.: Engl.

HEINEKE, Richard

Dr., Vorstandsmitglied Nordfleisch AG., Hamburg - Ulzburger Landstr. 479, 2085 Quickborn - Geb. 24. Juni 1929.

HEINELT, Gottfried

Dr. phil., Dipl.-Psych., Prof. f. Psychologie Päd. Hochsch. Freiburg, Lehrbeauftr. Univ. Freiburg - Rosenweg 3, 7801 Oberried (T. 44 06) - Geb. 17. Juni 1923 Jauernick - S. 1962 Doz. u. Prof. (1966) PH Freiburg, Lehrbeauftr. Hochsch. f. Politik München - BV: Kreative Lehrer - kreative Schüler, 1974; Umgang mit aggress. Schülern, 1978; Einführung i. d. Psychologie d. Jugendalters, 1982; Einführ. in d. Pädagog. Psychologie, 1983.

HEINEMANN, Erich

Direktor Allg. Ortskrankenkasse Marienburg, Hildesheim - Am Neuen Teich 69, 3200 Hildesheim (T. 05121 - 2 42 44) - Geb. 23. Jan. 1929 Hildesheim, ev., verh. s. 1954 m. Anni Werk, S. Thomas - Verw.-Prüf. f. d. geh. Dienst 1957 - Vorst. wiss. Karl-May-Ges. - BV: Verrat am Apachenpaß, 1974 (Übers. Dän. 1975, Schwed. 1977); Noch 1000 Meilen b. Nevada, 1977; Üb. Karl May, 1980; Da kam e. stolzer Reiter, 1981; Jahre zw. gestern u. morgen, 1983; Im alten Hochstift. Wege u. Stätten im Hildesh. Land, 1987; Für Kaiser u. Vaterland, Hildesheim im Ersten Weltkrieg, 1989; Hildesheim. Rund um d. Marktplatz, 1989 - Liebh.: Lit., Gesch. - Spr.: Engl. - Bek. Vorf.: Hans Ferd. Maßmann (1797-1874), Schriftst. (Urgroßonkel) - Lit.: Kürschners Dt. Literatur-Kal. (s. 1967); Lexikon d. Jugendschriftst. in dt. Sprache (1968); Nieders. literarisch (1977 u. 81).

HEINEMANN, Günter

Dr. med., Prof., Chefarzt Chirurg. Abt. - Stadt- u. Kreiskrankenhaus, 4950 Minden/W. - Geb. 24. Jan. 1923 Gevelsberg - S. 1960 (Habil.) Lehrtätigk. Univ. Mainz (1966 apl. Prof. f. Chir.). Fachveröff.

HEINEMANN, Günther

Geschäftsführer Fa. Heinemann & Co. GmbH & Co. KG, Neuss - Hagebuttenweg 12, 4040 Neuss 1 (T. 15 04 71; Büro: 2 81 16).

HEINEMANN, Hans

Dipl.-Ing., Vorstandsmitglied Gebr. Heinemann AG., St. Georgen - Klosterbergstr. 33, 7742 St. Georgen/ Schwarzw. - Geb. 30. Sept. 1923.

HEINEMANN, Hans-Joachim

Dr. oec. publ., Prof. f. Volkswirtschaftslehre Univ. Hannover - Arnswaldtstr. 23, 3000 Hannover 1.

HEINEMANN, Helmut

Prof. - Zul. 2120 Lüneburg - Geb. 24. Juni 1906 Hildesheim (Vater: Otto H., Kaufm.), verh. s. 1938 m. Elisabeth, geb. Friese, 2 Söhne (Joachim, Jörg) - Gymn. Andreanum Hildesheim; Univ. Leipzig, Innsbruck, Berlin (German., Phil., Gesch., Leibesüb.). Staatsex. 1933 Berlin - Studienass. Berlin u. Potsdam, 1940 Studien-, 1943 Oberstudienrat Potsdam, 1946 Doz. Päd. Hochsch. Lüneburg (Sporterzieh. u. Laiensp.). Laiensp.: D. selts. Abenteuer d. Herrn X, Schreie in d. Nacht (auch holl.), D. Geheimnis d. Dr. Wu, Thema u. Variationen, D. Mann, d. es dreimal versuchte, D. Gold v. Williams Ranch, Nur eine Million - Liebh.: Bergsteigen, Skilaufen, Faltbootfahrten, Malen - Spr.: Engl., Franz.

HEINEMANN, Heribert

Dr. iur. can., Prof. f. Kath. Kirchenrecht - Kollegstr. 10, 4630 Bochum 1 - Geb. 21. Dez. 1925 Euskirchen - Promot. 1960 - S. 1965 Prof. Bischöfl. Priestersem. Essen u. Univ. Bochum (1969). Domkapitular in Essen. Bücher u. Aufs.

HEINEMANN, Hermann

Minister f. Arbeit, Gesundheit u. Soziales d. Landes Nordrh.-Westf. (s. 1985), Vors. SPD-Bezirk Westl. Westfalen , Mitgl. Fernsehrat ZDF, Mainz, u. a. - Horionplatz 1, 4000 Düsseldorf - Geb. 24. Juni 1928.

HEINEMANN, Klaus

Dr. rer. pol., Prof. f. Soziologie - Allende Platz 1, 2000 Hamburg - Geb. 15. Okt. 1937 Hamburg - Promot. 1965; Habil. 1968 - S. 1970 Ord. Univ. Trier, 1981 Univ. Hamburg - BV: Externe Effekte d. Produktion u. ihre Bedeutung f. d. Wirtschaftspolitik, 1966; Grundzüge e. Soziol. d. Geldes, 1969; Polit. Ökonomie heute, 1974; Arbeitslose Jugendl. - Ursachen u. individuelle Bewältigung e. soz. Problems, empir. Unters., 1978; Einf. in d. Soziol. d. Sports, 1979; Arbeitslose Frauen im Spannungsfeld v. Erwerbstätigk. u. Hausfrauenrolle, 1980; Texte z. Ökonomie d. Sports, 1984; Berufsfeld Sport, 1987; Betriebswirtschaftl. Grundlagen d. Sportvereins, 1987; Akademikerarbeitslosigkeit - neue Formen d. Erwerbstätigkeit, 1989. Div. Einzelarb.

HEINEMANN, Manfred

Dr. med., Prof., Hals-Nasen-Ohrenarzt - Langenbeckstr. 1, 6500 Mainz - Geb. 10. Aug. 1938 Magdeburg (Vater: Richard H., Kaufm. Angest.; Mutter: Alwine, geb. Peters), ev., verh. s. 1964 m. Christiane, geb. Viaud, S. Christoph - Humboldt-Univ. Berlin u. Med. Akad. Magdeburg. Habil. Leipzig - 1972-76 Abt.leit. Univ. Leipzig (HNOklin.); 1978-85 Wiss. Rat u. Prof. TH Aachen/ Med. Fak. (Lehrgeb. Phoniatrie); s. 1985 Dir. d. Klinik f. Kommunikationsstörungen d. Johannes Gutenberg Univ., Mainz - BV: Hormone u. Stimme, 1976.

HEINEMANN, Manfred

Dr. phil., Prof. f. Allg. Erziehungswissenschaften Univ. Hannover - Grenzstr. 20, 3000 Hannover 61 - Geb. 27. März 1943 Lippstadt, verh. s. 1968 - S. 1962 Stud. Gesch., German., Erzieh.- u. Sozialwiss. Univ. Münster, Hamburg u. Bochum (Promot. 1971) - 1971-79 Wiss. Assist. Sekt. Sozialpsych. u. Sozialanthropol. Ruhr-Univ. Bochum; s. 1979 Prof. in Hannover. 1980-89 Vors. Hist. Kommiss. Dt. Ges. f. Erzieh.wiss.; 1979 ständ. Mitgl. Committee Intern. Standing Conference for the History of Education - BV: Schule im Vorfeld d. Verw., 1974; Landschulreform als Ges.initiative, (m. W. Rüter) 1975. Herausg.: Sozialisat. u. Bildungswesen in d. Weimarer Rep. (1976); D. Lehrer u. s. Org. (1977); D. hist. Päd. in Europa u. d. USA (1979); Erzieh. u. Schul. im Dritten Reich (1980); Umerzieh. u. Wiederaufbau (1981); Hochschuloffiziere u. Wiederaufbau d. Hochschulwesens in Westdtschl. 1945-52 (1989) - 1982 Med. Univ. Budapest - Spr.: Engl.

HEINEMANN, Rudolf

Prof., Domkapellmeister a. D., Ord. f. Kath. Kirchenmusik u. Orgel Hochsch. d. Künste Berlin (s. 1972) - Bamberger Str. 5, 1000 Berlin 30 - Zul. Leit. Bischöfl. Kirchenmusiksch. Domkapellmeister Trier.

HEINEMEYER, Walter

Dr. phil., Prof. f. Histor. Hilfswissenschaften u. Archivwiss. - Gerichtsweg 14, 3550 Marburg/L. (T. 28 45 65) - Geb. 5. Aug. 1912 Eimelrod/Waldeck - 1942 Staatsarchivrat Potsdam; 1960 Hon.-Prof., 1963 ao., 1966 o. Prof. Univ. Marburg (Dir. Inst. f. Mittelalterl. Gesch. u. F. Inst. Lichtbildarchiv älterer Or.Urk.) - BV: u. a. Polit. Archiv d. Landgrafen Philipp d. Gr. v. Hessen, 2 Bde. 1954/59; Studien u. Gesch. d. Got. Urkundenschr., 1962; Chronica Fuldensis, 1976. Herausg.: Archiv f. Diplomatik (1964ff.) - 1989 Goethe-Plak.; Gr. BVK.

HEINEN, Edmund

Dr. rer. oec., Dr. h. c. mult., Dipl.-Kfm., o. Prof. f. Betriebswirtschaftslehre - Rosmarinstr. 7, 8000 München 45 (T. 32 51 37) - Geb. 18. Mai 1919 Eschringen/Saar, kath., verh. s. 1946 m. Thea, geb. Langenbahn, 1 Kd. - TH Aachen u. Danzig, Univ. Minnesota, Frankfurt (Dipl. 1948) u. Saarbrücken (Promot. 1949). Habil. 1951 Saarbrücken - 1951 Privatdoz. Univ. Saarbrücken, 1954 ao. Prof., 1957 o. Prof. Univ. München, 1968 Honorarprof. Univ. Innsbruck; Ehrenpromot.: Innsbruck 1974, Zürich 1977, München (BW) 1985, George A. Miller Disting. Prof. of Accountancy, Illinois/USA 1977. Diverse Fachmitgliedschaften - BV: Die Kosten, ihr Begriff und ihr Wesen, 1956; Anpassungsprozesse u. ihre kostenmäß. Konsequenzen, 1957; Steuern u. Unternehmungspolitik, 1958 (Festschr.); Handelsbilanzen, 12. A. 1986; Betriebsw. Kostenlehre, 6. A. 1983 (übers. in 4 Spr.); D. Zielsystem d. Unternehmung, 3. A. 1976; D. Kapital in d. betriebsw. Kostentheorie, 1966; Betriebsw.lehre heute, 1966; Einf. in d. Betriebsw.lehre, 9. A. 1985 (auch jap.); Industriebetriebslehre - Entscheidungen im Industriebetrieb, 8. A. 1985; Grundfr. d. entscheidungsorientierten Betriebsw.-lehre, 1966; Betriebsw. Führungslehre, 2. A. 1984; Unternehmenskultur, 1987 - 1979 BVK - Liebh.: Reisen, Garten, Schach, Briefmarken - Spr.: Franz., Engl.

HEINEN, Ernst

Dr. phil., o. Prof. f. Geschichte, bes. Neuere Gesch., Didaktik d. Gesch. u. Polit. Bildung Univ. Köln, Erz. Wiss. Fak. - Dachsweg 62, 5000 Köln 40 - Geb. 4. Sept. 1933 Mülheim/Köln (Vater: Peter H., Handwerker; Mutter: Johanna, geb. Seidel), kath., verh. s. 1959 m. Marietheres, geb. Becker, T. Ursula - Gymn. Deutz; PA (1954-56) u. Univ. Köln (1957-62; Gesch., Lat., Philol., Phil.). Promot. 1962 - 1956-63 Schuldst. Köln; 1963-64 PH Neuss (Assist.); 1964-71 PH Westf.-Lippe/Abt. Siegerl. (1969 Wiss. Rat u. Prof.); 1971-80 PH Rhld., Abt. Köln (o. Prof.) - BV: u. a. Zeitgesch. in d. Schule, 1966; Staatl. Macht u. Katholizism. in Dtschl., 2 Bde. 1970/ 79 - Spr.: Engl., Franz.

HEINEN, Gert

Dr. med. (habil.), Prof., Ltd. Oberarzt Univ.s-Frauenklinik Homburg - Hibergstr. 75, 6601 Riegelsberg/S. - B. 1968 Privatdoz., dann apl. Prof. Univ. d. Saarl. (Geburtshilfe u. Gynäk.).

HEINEN, Heinrich

Dr. phil., Verleger (Herausg.: Kölnische Rundschau · Bonner Rundschau) - Vorgebirgstr. 1a-b, 5000 Köln - Geb. 17. März 1921.

HEINEN, Heinz

Dr. phil., Prof. f. Alte Geschichte - In der Pforte 11, 5500 Trier/Mosel - Geb. 14. Sept. 1941 St. Vith (Belg.) - Promot. 1966; Habil. 1970 - 1970 Privatdoz. Univ. München; 1970 Wiss. Rat u. Prof. Univ. Saarbrücken; 1971 o. Prof. Univ. Trier. Bücher u. Einzelarb. - BV: u.a. Trier u. d. Trevererland in Römischer Zeit, 1985.

HEINEN, Klemens

Dr. phil., Prof. f. Musikerziehung Päd. Hochsch. Rheinland/Abt. Aachen - Starenweg, 5021 Großkönigsdorf/Rhld. (T. 9294 / 41 00) - Geb. 12. Jan. 1911 Oberpleis (Vater: Dr. Franz H., Apotheker; Mutter: Antonie, geb. Mehliß), kath., verh. s. 1938 m. Berta, geb. Brassel, 3 Söhne (Klemens, Ulrich, Hans Ludwig) - Gymn.; Univ.; Musikhochsch. - Studienrat (b. 1961); Dezernatsleit. Bundeswehr (b. 1962). Erf. im Zusammenhang m. d. Entwickl. d. commeativen Prinzips in d. Musikerzieh. (Klangspielschule, -box, Notensystemschieber, Musiktheorie in programmierter Unterweis. (8 Programme), Polyphontastatur u. Lichteinricht.). Kompos.: Sololieder u. a.

HEINEN, Norbert

Dr. jur., Vorstandsmitglied Provinzial-Versicherungsanst., Düsseldorf (s. 1985) - Rheinstr. 41, 5430 Montabaur (T. 02602 - 27 00) - Geb. 28. Nov. 1936 Betzdorf/ Sieg (Vater: Dr. Heinrich H., RA u. Notar, Justizrat; Mutter: Berta, geb. Peerenboom), kath., verh. s. 1964 m. Jutta, geb. Janson, 3 Kd. (Guido, Judith, Nicolaus) - Abit. 1956; 1956-60 Stud. Rechts- u. Staatswiss., jur. Staatsprüf. 1960 u. 1965, Promot. 1968 - 1965-69 Dezern. Bez.-Reg. u. Kreisverw. Montabaur; 1969-70 Leit. Büro d. Ministerpräs. Rhld.-Pfalz; 1970-74 Landrat Unterwesterwaldkr.; 1974-84 Landrat Westerwaldkr. - Liebh.: Zeitgesch., Kultur, Wandern - Spr.: Engl.

HEINER, Walter

Dipl.-Kfm., Geschäftsführer Gemeinschaftskraftwerk Hannover-Braunschweig GmbH., Hannover - Hopfengarten 8, 3301 Schapen - Geb. 2. Juni 1910.

HEINER, Wolfgang A.

Evangelist, Schriftsteller (Ps. -Heiw.-) - Postf. 1180, 3432 Großalmerode (T. 05604 - 50 66) - Geb. 16. Juli 1933 Saalburg/S. (Vater: Erich H.; Drogist; Mutter: Gertrud, geb. Koch), ev., verh. s. 1963 m. Christel, geb. Dahlke, 3 S. (Tobias, Carsten, Jons-Daniel) - 1953 Konditor-Lehre; Prediger-Ausb. (ordiniert 1959) - Gründ. u. Leit. Missionswerk Frohe Botschaft - BV: 25 Bücher, u.a. Warum unbedingt Jesus? 9. A. (Übers. franz. u. engl.); Tom, d. Zettelschneider, 9. A.; Bekannte Lieder, 3. A.; Hörspiel-Cass. (üb. 40); Schallpl., Unterrichtsmaterial - Komp. mehrerer

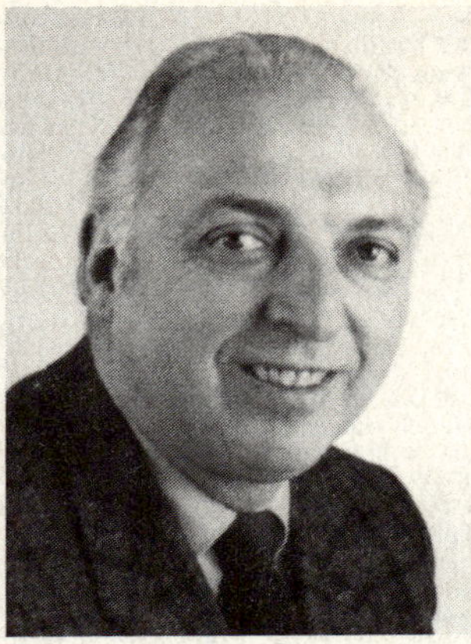

Lieder - Liebh.: Musik, Schreiben, Regie - Spr.: Engl.

HEINERTH, Klaus

Dr., Dipl.-Psych., Prof. - Gerolsbacher Str. 100, 8898 Schrobenhausen - Geb. 31. Dez. 1940 Düsseldorf (Vater: Dr. Erich H., Chem.; Mutter: Helga, geb. v. Wolf), verh. m. Dr. Reni, geb. Heldrich, 4 Kd. (Pennelope, Oliver, Michael, Moritz) - Univ.-Prof. München, Psychotherapeut u. Lehrtherapeut. Veröff. bes. z. Klin. Psych.

HEINHOLD, Josef

Dr. rer. nat., o. Prof. f. Angew. Mathematik u. math. Statistik - Römerstr. 49, 8035 Gauting/Obb. (T. München 850 34 43) - Geb. 4. Juli 1912 Düsseldorf (Eltern: Aloys (Angest.) u. Katharina H.), kath., verh. s. 1940 m. Renate, geb. Dubenkropp, 2 Kd. (Barbara, Michael) - Neues Realgymn., Univ. u. TH München - Assist., 1941 Privatdoz., 1946 apl., 1950 ao., 1955 o. Prof. TH München (Vorst. Inst. f. Angew. Math.) - BV: Theorie u. Anwendung d. Funktionen e. komplexen Veränderl., Bd. I 1948; Mitverf.: Fachbegriffe d. Programmierungstechnik, 1962; Moderne Rechenanlagen, 1962; Ingenieur-Statistik, 1964, 4. A. 1979; Analogrechnen, 1969; Lineare Algebra u. Analyt. Geometrie, 2 Bde, 1971/72, Aufgaben u. Lösungen dazu, 2 Bde. 1970/71; Zufall u. Gesetz, 1974; Grundzüge d. Linearalgebra, 1974; Grundzüge d. O. R., 1976; Höhere Mathematik I-IV, 1976; álgebra lineal y geometria analitica, 1981; 1983 BVK I. Kl.; 1985 Hon.member of the Intern. Ass. for Mathematics and Computers in Simulation - Liebh.: Kammermusik, Bergsteigen, Basteln - Spr.: Engl., Franz. - Rotarier.

HEINICKE, Arndt

Dr. rer. oec., Steuerberater, Vorst.mitgl. a.D. Dunlop AG., Hanau/M. - Finkenweg 7, 6368 Bad Vilbel (T. 06101 - 8 60 36) - Geb. 3. April 1921 Riesa/Elbe, ev. verh. s. 1942 m. Ursula, geb. Jech, S. Arndt-Jürgen - Abit., Facharzt, Urologe, 1941-48 Univ. u. Handelshochsch. Leipzig (m. Unterbr.), Dipl. Betriebsw., Promot. - 1949 Wiss. Assist., 1950 Ref. Finanzbehörde, 1951 Wirtschaftsprüfungsges., s. 1951 Steuerber., s. 1965 Vorstandsmitgl. s.o. Beiratsmitgl. Gerling-Konzern, Köln - Spr.: Engl.

HEINIG, Peter

Univ.-Prof., Erziehungswiss. Fak. d. Univ. Köln, Sem. f. Bild. Kunst u. ihre Didaktik - Elsa-Brandström-Str. 72 B, 5300 Bonn 3 - Geb. 19. Nov. 1924 - BV: Didakt. Grundrisse, Kunstunterricht, 3. A. 1981; Spielobjekte im Kunstunterricht, 1973; Repetitorium Fachdidaktik Kunst, 1983. 20 Ausst.beteilig., 6 Einzelausst. v. Grafik, Malerei, Plastik, Fotografie, Video.

HEINIKEL, Rosemarie

Produzentin - Wohn. in München - Geb. 4. Juni 1946 - Arzthelferinnen-Dipl.; priv. Schauspielausb. b. H. P. Cloos - Tätigk. als Schausp., Regiss., Sängerin, Schriftst., Komp., Journ., Verlegerin u. Produz. - BV: Rosy Rosy, 1971; Ulysses box d. Kerle raus, 1979; D. hungrige Wolf, 1983 - Spr.: Engl.

HEININGER, Heinz

I. Bürgermeister Stadt Dingolfing (s. 1960) - Rathaus, 8312 Dingolfing/Ndb. - Geb. 29. Okt. 1923 Unterreichenstein - Zul. Verwaltungsangest. SPD.

HEINK, Gisela

Prof., Hochschullehrerin - Furtwänglerstr. 15, 1000 Berlin 33 - Gegenw. Prof. f. Didaktik d. Mathematik PH Berlin.

HEINKE, Ernst

Dr. med., Dr. med. dent., Prof., Dermatologe - Mainzer Str. 117, 5400 Koblenz (T. 3 13 42) - Geb. 3. Jan. 1912 - S. 1952 (Habil.) Privatdoz. u. apl. Prof. (1958) Univ. Gießen.

HEINKE, Siegfried

Dr. jur., Landesminister a. D., Honorarprof. TH Hannover - Müdener Weg 43, 3000 Hannover-Kleefeld (T. 55 25 94) - Geb. 21. Okt. 1910 Sachsenburg/Sa., ev., verh. (Ehefr.: Eva), 2 Kd. (Johanna, Klaus-Ulrich) - U. a. Kreiskämmerer Flensburg u. Pinneberg, 1955-62 Stadtkämmerer Remscheid u. Hannover, 1962-70 Staatssekr. Nieders. Finanzmin., 1970-75 Nds. Finanzmin. AR-Mandate; 1975-86 Präs. d. DRK, Landesverb. Nds.; s. 1979 Bundesschatzm. d. DRK - Liebh.: Musik (bes. Gesang) - Rotarier.

HEINKEL, Karl-Ernst

Industrieller - Robert-Bosch-Str. 3, 7000 Stuttgart - Geb. 20. Nov. 1938 Berlin (Vater: Prof. Dr. h. c. Ernst H., Flugzeugkonstrukteur (s. XII. Ausg.); Mutter: Lisa, geb. Nürnberger), verh. s. 1958 m. Ingrid, geb. Overtheil, 3 Töcht. (Christiane, Ingrid, Katharina) - Gymn.; WH Mannheim (6 Sem. Betriebsw.) - Gegenw. Alleingeschäftsführer Heinkel-Firmenverb. Zahlr. Mitgliedsch., u. a. Club d. Luftfahrt u. Lions-Club - Liebh.: Literatur, Musik, Jagd - Spr.: Engl., Franz.

HEINLE, Erwin

Dipl.-Ing., Prof., Freier Architekt, Gesellsch. d. Sozietät Heinle, Wischer u. Partner, fr. Architekten, u. Gesellsch. Heinle, Wischer u. Partner Planungsges. m.b.H.; o. em. Prof. Staatl. Akad. d. bildenden Künste Stuttgart, Lehrstuhl f. Architektur (1965-81) - Schottstr. 110, 7000 Stuttgart 1 (T. 29 41 45; Büro: 28 02 91) - Geb. 5. April 1917 Vaihingen/Fildern (Vater: Paul H., Bauunternehmer; Mutter: Karoline, geb. Stäbler), ev., verh. s. 1945 m. Gisela, geb. Bruckhausen, 3 Kd. (Gudrun, Eva, Thomas) - 1946-49 TH Stuttgart (Dipl.-Hauptprüf. 1949) - 1950-54 Ass. u. fr. Mitarb. bei Prof. Wilhelm, Stgt. (Leiter des Büros); 1954-56 künstl., techn. u. geschäftl. Oberleitg. Fernsehturm Stgt. (Bonatz-Preis); 1956-58 Planung Kollegiengeb. I TH Stgt. als fr. Mitarb. v. Prof. Gutbier/Siegel/Wilhelm, Stgt. (Bonatz-Pr.); 1958-61 Entw., Planung, Ausf. Landtagsgeb. Baden-Württ., Stgt. (Bonatz-Pr.); Planung u. Ausf. Päd. Hochsch. u. Staatl. Sportsch. Ludwigsburg u. Dt. Krebsforschungszentrum Heidelberg. 1962 Bürogem. m. Prof. Robert Wischer, Stgt. - U. a. Fernsehtürme Mannheim, Nürnberg, Köln u. zahlr. Fernmeldetürme; ICI-Nylonfaserwerk Östringen; Olymp. Dorf, München; Zentrale Hochschulsportanl. München; Kulturzentr. Ludwigsburg; IBM-Verwaltungsgeb. m. Rechenzentrum, Ffm.; Wasserwerk Langenau u. Leipheim; Hochsch. d. Bundeswehr München in Neubiberg; Stadthaus Bonn; Intern. Bachakad., Stuttgart; Bundespostmin., Bonn; Textilforschungsinst. Denkendorf/Württ.; Min. f. Post- u. Fernmeldewesen, Bonn - BV: Bauen in Sichtbeton, 1966; Türme (m. Prof. Dr.-Ing. F. Leonhardt), 1988. Zahlr. Veröff. in Fachzeitschr. - Bonatz-Preis; 1987 BVK I. Kl. - Liebh.: Tennis, Ski - Spr.: Engl., Franz. - Rotarier.

HEINLEIN, Leo

Dr. rer. pol., Geschäftsführer i.R. Joh. A. Benckiser GmbH., Ludwigshafen - Am Michelsgrund 22, 6940 Weinheim/Bergstr. - Geb. 6. Dez. 1925 - 1984 Ruhestand.

HEINLEIN, Ursula

Kaufm. Angestellte, MdL Nieders. (s. 1978) - Horster Weg 11, 2116 Hanstedt (T. 04184-78 55) - SPD.

HEINLEIN, Walter

Dr.-Ing., Prof. f. Elektrotechnik (Optische Nachrichtentechnik) Univ. Kaiserslautern - Spinozastr. Nr. 20, 6750 Kaiserslautern (T. 0631 - 2 32 50) - Geb. 31 Dez. 1930 Remscheid, ev., verh. m. Ursula, geb. Engelke, 2 Kd. - TH Stuttgart, Dipl.-Ing. 1955, Dr.-Ing. 1958 - Gutachter versch. Tagungen u. Industrietätigk. 1957-75 - 40 Patente (z. T. m. Miterfindern) - BV: Active Filters for Integrated Circuits, 1974 (m. W. H. Holmes); Grundlagen d. faseroptischen Übertragunstechnik, 1985 - NTG-VDE-Preis 1962 - Liebh.: Musik - Spr.: Engl., Franz.

HEINLOTH, Klaus

Dr. rer. nat., Prof. f. Experimentalphysik Univ. Bonn (apl.; s. 1975) - Friesenstr. 143, 5357 Swisttal-Odendorf.

HEINOLD, Wolfgang Ehrhardt

Personal- u. Unternehmensberater, Verleger - Eulenhof, 2351 Hardebek (T. 04324 - 5 02) - Geb. 17. Juli 1930 Neuhausen/Erzgeb. - 1949-51 Buchhändlerlehre - 1961-67 Geschäftsf. Marion-v.-Schröder-Verlag GmbH; s. 1968 selbst. Mitgl. Bundesverb. Dt. Unternehmensberater/BDU - BV: Handb. d. Buchhandels, Bd. 2: D. Verlagsbuchhandel, 1975; Sachsen wie es lacht, 1968; Sachsen - Erzähltes u. Erinnertes, 1975; Holzspielzeug aus aller Welt, 1982; Erfolgreich durch method. Arbeiten, 1987; Bücher u. Büchermacher, 1987; Bücher u. Buchhändler, 1988; Erfolgreich durch strat. Marketing, 1989; Erfolgreich durch strat. Denken u. Handeln, 1989 - Liebh.: Sammelt Veröff. üb. d. Verlagswesen, Saxonia u. Dresdensia, Holzspielzeug u. Volkskunst aus d. Erzgeb.

HEINRICH, Dieter

Vorsitzender Landesverb. d. Verleger u. Buchhändler Saar - Zu erreichen üb.: Bock & Seip, Postf. 41, 6600 Saarbrücken.

HEINRICH, Franz-Josef

Prof., Schriftsteller - Küffelstr. 6, A-4033 Linz - Geb. 15. Juli 1930 Linz, verh. s. 1957 (Ehefr.: Elisabeth), 3 Kd. (Thomas, Wolfgang, Katharina) - Gymn. f. Berufst., 3 J. Sommerakad. Salzburg - Angest.; Lyriker, Dramatiker, Epiker. 1979-81 Generalsekr. PEN-Club, Sektion f. Oberösterreich - BV: 5 Gedichtbde., 8 Theaterst., 4 Novellenbde., 2 Romane (Ged. u. Nov. übers. ins Slowak. u. Kroatische) - 1964 Lyrikpr. Land Oberösterr.; 1976 Dramenpr.; 1977 Buchpr. österr. Unterrichtsmin.; 1978 Kulturwürdigungspr. Land Oberösterr.; 1981 Prof.-Titel Österr.; Ehrenmitgl. Akad. d. Künste Parma - Liebh.: Astronomie.

HEINRICH, Fritz

Dr. med., Internist, Prof. Univ. Heidelberg, Chefarzt Bruchsal - Krankenhaus, 7520 Bruchsal - Geb. 21. Nov. 1931 Böhm. Kamnitz (Vater: Friedrich H., Lehrer; Mutter: Hildegard, geb. Venus), kath., verh. s. 1961 m. Dietlind, geb. Hartmann, 3 Kd. (Ulrike, Gudrun, Volkhart) - Stud. d. Med. Univ. Frankfurt/M.

HEINRICH, Gerd

Dr. phil., o. Prof. f. Histor. Landeskunde FU Berlin (s. 1980) - Frohnauer Str. 39, 1000 Berlin 28 (T. 404 39 26) - Geb. 30. Mai 1931 Berlin (Vater: Gerhard H., Berufs- u. Handelsschuldir.; Mutter: Cläre, geb. Bürgel), ev., verh. I) 1955 m. Gerda, geb. Krause, II) 1971 Felicitas, geb. Jäger, 2 Kd. (Lutz-Gebhard, Gerhild-Dorothee) - 1949-59 Humboldt- u. Freie Univ. Berlin (Gesch., German., Phil.). Promot. 1959 - 1960-68 Histor. Kommiss. zu Berlin. Zahlr. Fachmitgliedsch. - BV: D. Grafen v. Arnstein, 1961; Histor. Handatlas v. Brandenburg u. Berlin, 1965-80 (Mitherausg.); Acta Borussica, Behördenorg., Bd. 16, 1970-81 (m. P. Baumgart); Handb. d. Histor. Stätten Deutschlands, Berlin-Brandenburg u. Neumark, 1985; Gesch. Preußens, 1981/84; Aufs. z. brandenburg.-preuß. Gesch., Sozialgesch. u. Landeskd.; K.L.v. Prittwitz, Berlin 1848, 1985 - Liebh.: Lit., Kunst.

HEINRICH, Gerhard

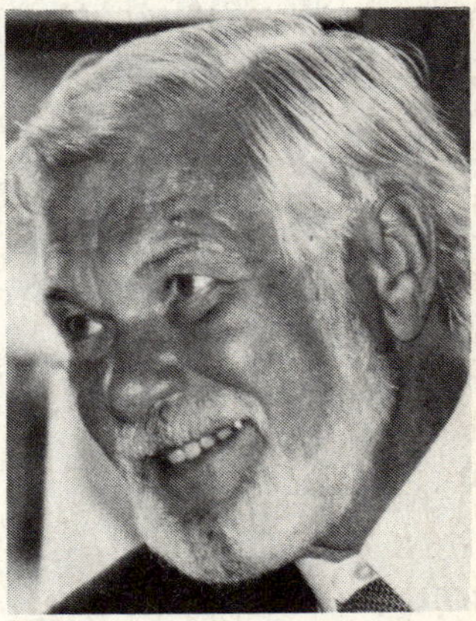

Dr. med., Prof. f. Chirurgie, Chefarzt i. R. - Prof.-Kurt-Huber-Str. 44b, 8032 Gräfelfing - Geb. 1. Febr. 1914 Lissa (Vater: Paul H., Oberstadtinsp.; Mutter: Auguste, geb. Kurpisch), ev., verh. s. 1949 m. Dr. Irmtraut, geb. Paschke, 2 S. (Christian, Wolf-Dieter) - Oberrealsch. Glogau; Univ. München (Med.). Promot. 1939 München; Habil. 1957 Würzburg - 1948-50 ärztl. Tätigk. Privatklinik Dr. Wahlig, Aschaffenburg, Karl-Olga-Krkhs., Stuttgart (1951), Chir. Univ.klinik Würzburg (1952 Prof. Wachsmuth; 1957 Privatdoz., 1964 apl. Prof.), 1961-76 Chefarzt Chir. Abt. Ev. Krankenh. Gelsenkirchen - 57 Veröff. - 1954 Diplom Prêmio do Primeiro Quinquênio Rio de Janeiro (Brasil.); 1965 Gold. Sportabz. - Liebh.: Aquarellmalerei, Mineralogie, Bergbau-Archäol. (13 Veröff.) - Spr.: Engl., Franz.

HEINRICH, Hellmuth C.

Dr. med., Prof., Dirøktor Abt. f. Med. Biochemie/Inst. f. Physiol. Chemie Univ. Hamburg - Alsterterrasse 4, 2000 Tangstedt-Rade (T. 607 15 02) - Geb. 28. Mai 1928 Hamburg - Schule u. Univ. Hamburg. Promot. (1955) u. Habil. (1959) Hamburg - S. 1959 Lehrtätigk. Hamburg (1966 apl. Prof. f. Physiol. Chemie). Üb. 200 wiss. Veröff. - 1971 Martini-Preis (m. Dr. Erich E. Gabbe).

HEINRICH, Horst Wilhelm

Hauptlehrer a. D., MdL Bayern (s. 1974) - Loisachstr. 7, 8900 Augsburg 21 (T. 34 96 42) - Geb. 1938 München, rk., verh. s. 1964, 5 Kd. - SPD (s. 1974 Vors. SPD Augsburg, Mitgl. SPD-Bezirksvorst. Südbayern).

HEINRICH, Johannes

Dr. phil., Prof. f. Musik u. ihre Didaktik Univ. GH Siegen - Blücherstr. 39, 5900 Siegen 1.

HEINRICH, Jutta

Schriftstellerin - Papendamm 23, 2000 Hamburg 13 (T. 040-45 68 60) - Geb. 4. April 1940 Berlin, ev., ledig - Ab 1972 Stud. Sozialpäd. (m. Abschl.); ab 1975 Stud. Literaturwiss./German. Hamburg - S. 1975 fr. Schriftst. - S. 1985 Vors. f. Lit. Gedok, Hamburg; Mitgl. Verb. Dt. Schriftst. (VS) - BV/Veröff.: D. Entstehung e. Insz. d. Stückes Maria Magdalena im Dt. Schauspielhaus Hamburg v. ersten Probengespr. b. z. Premiere, 2-

teil. Hörbild NDR, 1976; Brokdorf - e. Vision - e. Langsprechpl., 1977; D. Geschlecht d. Gedanken, R. 1978 (Übers. Niederl., Dän., Finn., Schwed., Norw., Franz. u. Ital. in Arbeit), verfilmt 1983; Unterwegs, Theaterst. 1978; Texte (Prosa u. Interviews) in: Verständigungstexte, 1979; Drehb. u. Versionen f. d. Verfilm. d. Romans: D. Geschlecht d. Gedanken, 1980; M. meinem Mörder Zeit bin ich allein, R. 1981 (Übers. in Niederl.); Lautlose Schreie, Theaterst. (UA 1983 München); Monolog, 1984; Männerdämmerung - e. Lustsp., 1986; Eingegangen - e. Pathogramm nach e. Reaktorkatastrophe, R. 1987; M. meinem Mörder Zeit bin ich allein, 1987; D. Geschlecht d. Gedanken, 1988; Kurzgesch. in zahlr. Anthol., Rezens. u. Aufs. f. Ztschr. u. Ztg.; Hörsp. f. NDR u. WDR - Zahlr. Stip. - Lit.: Krit. Lit.-Lexikon d. Gegenw. (1985), Jutta Heinrich - Texte/Analysen/Porträts (1985).

HEINRICH, Klaus

Dr. phil., o. Prof. f. Religionswissenschaft - Selerweg 34, 1000 Berlin 41 - Geb. 23. Sept. 1927 Berlin - Promot. 1952 - S. 1964 (Habil.) Lehrtätigk. Berlin (1971 Ord. FU) - BV: u. a. Versuch üb. die Schwierigkeit nein zu sagen, 1964, 1982; Verhältnis v. Phil. u. Mythol., 1966, 1982 (auch jap. u. ital.); Tertium datur - E. religionsphil. Einf. in d. Logik, 1981, 1987; Vernunft u. Mythos, 1983; Anthropomorphe - Z. Probl. d. Anthropomorphismus in d. Religionsphil., 1986; D. Floß d. Medusa. 3 Stud. z. Faszinationsgesch., 1988.

HEINRICH, Kurt

Dr. med., Prof. - Novalisstr. 1, 4000 Düsseldorf 30 - Geb. 7. Okt. 1925 Mainz (Vater: Robert H., Kaufm.; Mutter: Karoline, geb. Lampe), kath., verh. s. 1954 m. Hedda, geb. Pfirrmann, 2 Kd. (Eva, Martin) - Stud. Straßburg, Mainz - 1970-72 Dir. Pfälz. Nervenklinik, Landeck, s. 1972 Ltd. Arzt Rh. Landesklinik - Psych. Klinik Univ. D'dorf - BV: Psychopharmaka in Klinik u. Praxis, 1976 - Spr.: Engl.

HEINRICH, Lothar F.

Dipl.-Kfm., Vorsitzender d. Geschäftsfg. Transamerica Instruments GmbH, Friedberg, u. Turbine-Delaval GmbH, Weckesheim, Managing Dir. Transamerica Instruments, Basingstoke/England, VR-Vors. Transamerica Instruments, Mailand/Italien, VR-Präs. WEKA AG, Wetzikon/Schweiz, Dir. General Transamerica Instruments, Rungis/ Frankreich - Am Ringelsberg 1, 6741 Frankweiler - Geb. 13. Dez. 1932.

HEINRICH, Michael

Dr., Geschäftsführer Vorwerk & Co. Teppichwerke KG - Kuhlmannstr. 11, 3250 Hameln (T. 05151 - 1 03-0) - Geb. 12. Aug. 1951.

HEINRICH, Peter

Dirigent, Chordirektor Städtische Bühnen Münster - Am Nubbenberg 17, 4400 Münster (T. 0251 - 21 19 08) - Geb. 6. April 1942 Berlin, ev., verh. s. 1970 m. M.A. Helgard, geb. Brauns - Abit. 1961 Berlin; Städt. Konservat. u. Musikhochsch. Berlin (Hauptfach Dirigieren); Künstl. Reifeprüf. 1965; Stud. Musikwiss. FU Berlin u. Univ. Helsinki; 1966 Teiln. Dirigentenkurs d. Mozarteums Sommerakad. Salzburg; 1967 Teiln. an Franco Ferraras Dirigentenkurs b. d. Vacanze musicali Venedig; 1977 Teiln. an Eric Ericsons Meisterkurs f. Chordirig. - Leit. Musikvereinchor Stadt Münster; Doz. Hochsch. f. Musik Detmold, Abt. Münster - Dirigierte: UA d. szen. Neufassung v. Hans-Ulrich Engelmanns Dramat. Kantate Die Mauer, 1983; Dt. Erstauff. d. Originalfass. f. Arenabühne v. Lars Johan Werles Thérèse - e. Traum, 1985 - 1966/67 Stip. conducting fellow b. Cleveland Orch. unt. George Szell; 1983 Preis Ges. d. Musik- u. Theaterfreunde Münster u. Münsterland - Spr.: Engl., Ital., Franz., Finn. - Lit.: zahlr. Nachschlagew.

HEINRICH, Peter Claus

Dr. rer. nat., Prof. f. Biochemie - Oelegarten 3, 7801 Bollschweil (T. 07633 - 72 83) - Geb. 23. Sept. 1939 Leipzig (Vater: Paul H., Bankkfm.; Mutter: Charlotte H.), ev., verh. s. 1967 m. Baerbel, geb. Reinsch - Chem.-Stud. Univ. Frankf., Dipl. 1964, Promot. 1966 Marburg, Res. Ass. 1967/68 Yale Univ. New Haven/USA - 1968-70 wiss. Assist. Freiburg, 1970-73 wiss. Mitarb. pharm. Fa. Basel, 1974 Assist. Prof. Univ. Indianapol./USA, Habil. 1974 Freiburg, 1975-79 O.-Assist. u. 1980 Prof. (C2) Biochem. Inst. Freiburg, 1988 Prof. (C4) Inst. f. Biochemie d. RWTH Aachen - Entd.: Coenzym-Bind. v. Thiamindiphosphat a. Apotransketolase, niedermolekulare RNA in nukleären u. zytoplasmatischen RNP-Partikeln, Biosynthese v. Cytochrom c Oxidase, Regulation d. Synth. v. Entzündungsproteinen, Interleukin-6-Rezeptor - Spr.: Engl.

HEINRICH, Rolf

Kaufmann, Präsident Einzelhandelsverb. Schleswig-Holst. (s. 1972) - Markt 12, 2300 Kiel 1 (T. 0431-9 19 09) - Geb. 13. Sept. 1922, ev., verh. s. 1950 m. Sophie, geb. Okkens, 2 S. (Peter, Claus) - Kfm. Lehre - S. 1970 AR-Vors. Kieler Volksbank; Beiratsmitgl. Hamburg-Mannheimer Vers.Ges., Norddt. Genossenschaftsbank; Mitgl. Vollversamml. d. IHK zu Kiel; Vors. Verein f. lauteren Wettbewerb Schlesw.-Holst., Gesellsch. Förderges. f. d. Einzelhdl. Schlesw.-Holst. u. d. Handelshof Alter Markt GmbH Kiel - Spr.: Engl., Franz.

HEINRICH, Willi

Schriftsteller - Liebigstr. 12, 7500 Karlsruhe - Geb. 9. Aug. 1920 Heidelberg (Vater: Wilhelm H., Kaufm.; Mutter: Berta, geb. Koch), kath., verh. s. 1955 m. Erika, geb. Stocker - Volks- u. Handelssch. - 1934-54 m. Kriegsunterbrech. kaufm. Angest.; s. 1955 fr. Schriftst. - BV/R. (auch in zahlr. Übers.): D. geduldige Fleisch, 1954 (verfilmt 1977 unter Steiner - Das eiserne Kreuz); D. goldene Tisch, 1956; (neuer Titel: In stolzer Trauer, 1978); D. Gezeichneten, 1958; Alte Häuser sterben nicht, 1960; Gottes zweite Garnitur, 1962; Ferien im Jenseits, 1964; Maiglöckchen oder ähnlich, 1965; Mittlere Reife, 1966; Geometrie einer Ehe, 1967; Schmetterlinge weinen nicht, 1969; Jahre wie Tau, 1971; So long, Archie, 1972; Liebe u. was sonst noch zählt, 1974; E. Handvoll Himmel, 1976; In e. Schloß zu wohnen, 1976; E. Mann ist immer unterwegs, 1978; Herzbube u. Mädchen, 1980; Allein gegen Palermo, 1981; Vermögen vorhanden, 1982; Traumvogel, 1983; Männer z. Wegwerfen, 1984; Freundinnen, 3 Erz. 1985; D. Verführung, 1986; Zeit d. Nymphen, 1987; D. Väter Ruhm, R. 1988; D. Reisende d. Nacht, R. 1989.

HEINRICHS, Alfred

Dr., Geschäftsführer i.R. Verwertungsstelle d. Bundesmonopolverw. f. Branntwein - 6050 Offenbach/M. - Geb. 9. Febr. 1910.

HEINRICHS, Erich-Joseph

Schriftsteller - Am Stallberg 33, 5200 Siegburg (T. 02241 - 38 59 00) - Geb. 14. Sept. 1933, verh. s. 1966 m. Roswitha, geb. Wallschmidt, 2 Töcht. (Bettina-Anna, Nicole-Marie) - Abit. Anlagenberater, Schriftst. Mitorg. Siegburger Literaturwochen, Herausg. Literaturztschr. Carmen, Vorst.-Mitgl. Kunstverein Rhein-Sieg, Mitgl. Verb. Dt. Schriftst. - BV: Meines Bruders Hüter sein, 1978; Am Himmel unten wohnt kein Gott, 1979; Innenbilder, 1983; D. Splitter in d. Anderen Auge, 1981 - 1984 Lyrikpreis Soli Deo Gloria Witten - Liebh.: Reisen, Jogging - Spr.: Engl., Franz. - Lit.: Rezensionen. D. Welt,

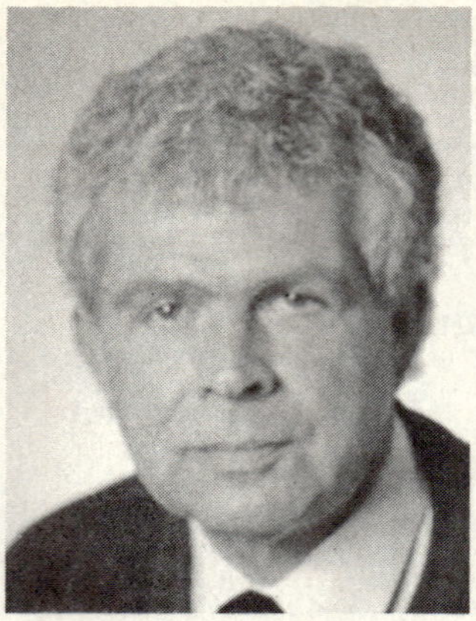

Kölner Stadt Anzeiger, Bonner Rundschau u.a.

HEINRICHS, Helmut

Präsident Hanseat. Oberlandesgericht (1981ff.) - Peter-Henlein-Str. 110, 2800 Bremen - Geb. 13. Jan. 1928 Bremen (Vater: Handelsschiffkapt.) - B. 1960 Justizverw., dann Richter OLG u. ab 1973 LG-Präs. (alles Bremen).

HEINRICHS, Heribert

Dr. phil., em. Univ.-Prof. f. Medienwissenschaft - Marienburger Platz 22 (Audiovisuelles Zentrum), 3200 Hildesheim - Geb. 4. Aug. 1922 Wassenberg/ Rhld. - S. 1958 Doz. u. Prof. (1961) PH Alfeld, s. 1970 Univ. Hildesheim, gleichz. Leit. Audiovisuelles Zentrum. Wiss. Beirat Hörzu - BV: D. Schulfunk, 1956; D. Praxis d. Schulfunks, 1958; Brennpunkte neuzeitl. Didaktik, 1961 (div. A.); Roboter vor d. Schultür, 1964; Schulfernsehdidaktik, 1968; So wird Ihr Kind e. besserer Schüler, 1971; Unterrichtsfernsehen, 1966; Audiovis. Praxis in Wort u. Bild, 1972; Bibliogr. Lehr- u. Lernmittel, 1973; Aggression u. Ferns., 1974; E. Kind ist e. Buch, 1980; Wasserberg. Gesch. e. Lebensraumes, 1987; Medien zw. Kultur u. Kult. Zum 65. Geb. v. Heribert Heinrichs, 1987. Film: AVZ-Hildesheim-Produktion. Herausg.: Lexikon d. audiovis. Bildungsmittel (1971), Kamps Päd. Taschenb. Zahlr. Fachaufs. - Spr.: Engl., Franz., Ital. - BVK I. Kl. - Rotarier.

HEINRICHS, Johannes

Dr. phil. (habil.), Schriftsteller - Wiederschall, 5202 Hennef 41 - Geb. 17. Sept. 1942 Rheinhausen (Duisburg), ledig - Abit. 1962; 1962-64 Noviziat SJ, Phil.; Liz. 1967 Pullach; Promot. 1972 Bonn, Theol. Dipl. 1974 Frankfurt, Habil. (Phil.) 1975 Frankfurt - 1967-70 Assist. Phil. Hochsch. Pullach; 1975-78 Doz. Phil.-theol. Hochsch. SJ Frankfurt u. Gastprof. Gregoriana Rom; 1978-81 Doz. u. Geistl. Rektor Kath. Akad. D. Wolfsburg, Mülheim; Ordens- u. Kirchenaustr.; 1981/82 Lehrstuhlvertr. Univ. Bonn. Forsch.auftr. Vorst. Inst. f. Sozialökologie, Hennef - BV: D. Logik d. Phänomenol. d. Geistes, 1974 u. 83; Reflexion als soz. System, 1976; Freiheit-Sozialismus-Christentum, 1978; Dialogik f. Ohr, Ged. 1980; Auferstehung d. Ungesagten, Ged. 1980; Reflexionstheoretische Semiotik, Bd. 1 (Handlungstheorie) u. Bd. 2 (Sprachtheorie) 1981; D. Logik d. Vernunftkritik, 1986; D. Liebe buchstabieren, 1987 - 1973 Preis d. Freunde u. Förderer d. Univ. Bonn - Liebh.: Lit., Sologesang, Wandern - Spr.: Engl., Franz. - Lit.: A. Léonard, Pour une exegèse renouvelée de la phénoménologie de l'esprit de Hegel, in: Revue philosophique de Louvain 74 (1976); Spiegel, Nr. 33/1982, S. 53-55.

HEINRICHS, Josef

Amts- u. Gemeindedirektor a. D. - Otto-Suhr-Str. Nr. 21, 5160 Düren 6 (T. 5 28 20) - Geb. 15. April 1919 Berrendorf Kr. Bergheim/Erft, kath., verh., 3 Kd. - Volkssch.; kaufm. Lehre; Verwaltungssch. Münster. II. Prüf. 1957 Verw.-Akad. Köln - 1945-58 Angest. Arb.s-verw., 1948 ff. Bürgerm. u. Gemeindedir. Lendersdorf u. Mariaweiler. 1958-62, 65/66 u. 1969-75 MdL NRW. B. 1946 CDU (1945 mitbegr.), dann SPD (div. Funktionen, u. a. Mitgl. Bezirksvorst. Mittelrh.) - 1969 BVK I. Kl., 1975 Gr. BVK.

HEINRICHS, Siegfried

Kaufm. Angestellter, Geschäftsf. Oberbaum-Verlag GmbH, Taschen-, Kunst- u. Sachbuchverlag - Pannierstr. 54, 1000 Berlin 44 - Geb. 4. Okt. 1941 Alleringersleben, ev., gesch., T. Claudia - BV: mein schmerzliches land, ged., 1978; Die Erde braucht Zärtlichk., 1980; Kassiber, 1983; Frauen, 1984; Ankunft in e. kalten Land, 1982; Anno Domini, 1984 (Handpressendruck Fuchstaler Presse); Leben m. d. Tochter, Ged. 1986 (Handpressendruck Fuchst. Presse); Maria od. Sehet d. Vögel unter d. Himmel. Herausg.: Reguiem (Anna Achmatowa, zweispr., 1987); D. roten Türme (Anna Achmatowa, zweispr., 1988); Ausgew. Ged. (Nicolai Gumiljov, zweispr., 1988); Ossip Mandelstam - Briefe an Nadeska (zweispr., 1989); Marina Zwetajewa - Briefe an Bachrach u. Ausgew. Ged. (zweispr., 1989) - 1984 Andreas Gryphius-Förderpreis u. Stip. d. Hermann-Sudermann-Stiftg.; 1986 USA-Reisestip. Ausw. Amt.; Schweden-Stip. Ausw. Amt.

HEINRICHT, Johannes

Dr. jur., Geschäftsführer u. Gesellsch. Brennerbund GmbH, Berlin - Marathonallee 13, 1000 Berlin 19 (T. 030 - 45 09-0) - Geb. 2. Dez. 1903 Berlin, ev., verh. s. 1975 m. Iris Behrendt - Hauptgeschf., Chefredakteur - BV: Kommentar z. Branntweinmonopolgesetz (m. Hoppe) - BVK I. Kl.; Gr. Gold. Delbrück-Denkmünze; Ehrenpräs. Union Europeenne d. Alcools, Eaux-de-Vie et Spiritueux- Spr.: Franz.

HEINRITZ, Günter

Dr. rer. nat., o. Prof. f. Geographie TU München - Ostenstr. 41, 8060 Dachau/ Obb. (T. 08131 - 7 13 50) - Geb. 12. Aug. 1940 Nürnberg - Univ. Erlangen u. Tübingen - 1975-77 Vorst.smitgl. Zentralverb. Dt. Geogr., Vors. Geogr. Ges. München - Zahlr. Fachveröff.

HEINSCHKE, Horst

Schriftsteller - Otto-Suhr-Allee 72, 1000 Berlin 10 (T. 030 - 341 21 71) - Geb. 8. Febr. 1928 Küstrin/Neumark (Vater: Erich H., Kaufm.; Mutter: Franziska, geb. Mzyk, Kauffr.), kath., verh. s. 1950 m. Edith, geb. Rohrbach, 6 Kd. (Michael, Dietmar, Ulrich, Georg, Barbara, Ursula) - N. Wehrdst. u. Gefangensch. (1947 Abitur) Univ. Hamburg u. Berlin/ Freie (German., Gesch., Theaterwiss., Phil.; Staatsex.) - Währ. Stud. versch. Tätigk. (Werft-, Bau-, Fabrik-, Friedhofsarb.); 1956-71 Berliner Schuldst. (zul. Oberstudienrat Schiller-Gymn. Charl.). S. 1981 fr. Schriftst. - 1958-67 Bezirksverordn. Charl.; 1967-71, 1975 u. 1987-89 MdA Berlin; 1971-81 Bezirksstadtrat, Leit. Abt. Sozialwesen BA Berlin-Charl. - BV/Theaterstücke: Ich widerrufe! 8 Stationen aus d. Leben u. Leiden d. Kardinals J., 1973; Knastbrüder, 1975; Übrigens, Herr Nachbar, Volksst. 1975; Aufstand b. Etagenmüllers, Kom. 1982; Fünfzig J., 1984; Vorhang auf! Sketche, Szenen, Blackouts, 1986. Mitverf.: E. fideles Müllerhaus, Musical 1982; Donnerwetter - Bombenstimmung, Kabarett 1982; Sie wissen zwar nicht, was sie wollen ..., Kabarett 1984; D. hat uns gerade noch gefehlt!, Kabarett 1986; Stille Nacht, heilige Nacht, Weihnachtserz., 1986; Ham Se schon jehört?, Kabarett 1987; Mal nicht d. Teufel an d. Wand, Kabarett 1989. Div. kab. Send. im Hörfunk - BVK; Marie-Juchacz-Verdienstmed. - Liebh.: Malen, Sport (bes. Mittelstreckenlauf, Ski), Reisen - Spr.: Engl., Franz.

HEINSEN, Ernst

Dr. jur., Rechtsanwalt - Jungfernstieg 38, 2000 Hamburg 36 (T. 34 54 81) - Geb. 1924 - 1966-74 Senator (Bevollmächtigter d. Freien u. Hansestadt Hamburg b. Bund u. Präses d. Justizbeh. Hamburg).

HEINSS (ß), Fritz

Direktor, Techn. Leit. Stadtwerke Heilbronn, Lauffen (GmbH.) u. Weinsberg (GmbH.) - Gellertstr. 55, 7100 Heilbronn/N. - Geb. 14. Mai 1922 Heilbronn - AR Gasversorgung Süddeutschl. GmbH, Stuttgart.

HEINTZE, Ernst

Dr. rer. nat., (Mathemat. Inst.), Prof. Univ. Münster - Roxeler Str. 64, 4400 Münster/W. - Lehrbefugnis: Mathematik.

HEINTZE, Gerhard

Dr. theol., Landesbischof (s. 1982 i. R.) - Herdweg 100, 7000 Stuttgart 1 - Geb. 14. Nov. 1912 Wehre (Vater: Karl H., Pastor; Mutter: Cölestine, geb. Schwerdtmann), ev., verh. m. Ilse, geb. Hoppe †1977, 5 Kd. (Anna-Maria, Irmela, Michael, Dorothea, Andreas), wiederverh. s. 1979 m. Renate, geb. Wigand - Altes Gymn. Bremen; Univ. Tübingen u. Göttingen (Promot. 1957) - Ab 1942 Pastor Twielenfleth (Holl.), 1946-50 Missionsinsp. Hermannsburg, dann Studiendir. Predigersem. Erichsburg/Hann. bzw. Hildesheim (1953), 1957-65 Super- u. Landessuperint. Hildesheim, 1965-82 Bischof Braunschweig. Ev.-Luth. Landeskirche Wolfenbüttel - BV: Luthers Predigt v. Gesetz u. Evangelium, 1958.

HEINTZE, Joachim

Dr. rer. nat., Prof. f. Physik, Physikal. Inst. d. Univ. Heidelberg - In der Unteren Rombach 4, 6900 Heidelberg (T. 80 22 83) - Geb. 20. Juli 1926 Berlin.

HEINTZELER, Wolfgang

Dr. jur., Direktor i. R. - Schloß-Wolfsbrunnen-Weg 78, 6900 Heidelberg (T. 80 34 93) - Geb. 24. Okt. 1908 Besigheim/Württ. (Vater: Dr. jur. Oskar H., Rechtsanw.; Mutter: geb. Oelschläger), ev., verh. s. 1933 m. Ruth, geb. Magenau, 2 Kd. - Gymn.; Univ. Tübingen, München, Berlin (Rechtswiss.). Promot. 1931 - 1933-34 Ass. württ. Justizdst., 1934-36 Amtsgerichtsrat Reichsjustizmin., 1937-73 jurist. Mitarb. Dir. (1950) u. Vorstandsmitgl. (1952) Bad. Anilin- u. Soda-Fabrik AG. (BASF), Ludwigshafen (Ressort: Recht u. Steuern). 1974-83 AR BASF - Zahlr. Ehrenstell. - BV: Volkskapitalismus u. freiheitl. Wirtschaftsordnung d. Zukunft, 1968; D. Mensch im Kosmos: Krone d. Schöpfung o. Zufallsprodukt?, 1981; D. Rote Faden, 1983 - 1957 Ehrensenator Hochsch. f. Verw.-wiss., Speyer/Rh.; 1983 BVK I. Kl. - Spr.: Engl., Franz. - Rotarier.

HEINTZEN, Paul

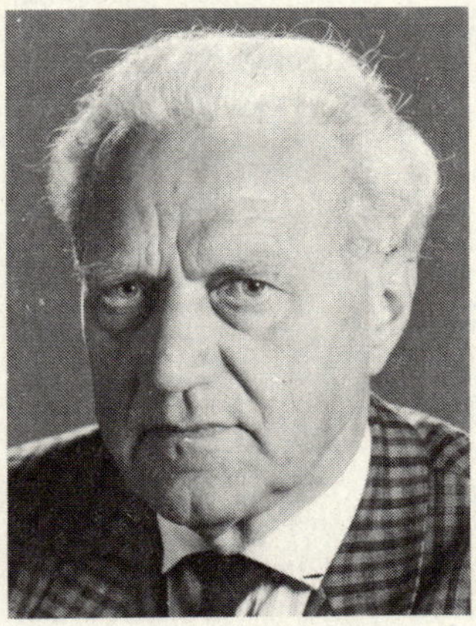

Dr. med., Prof., Dir. Abt. f. Kinderkardiologie u. Biomed. Technik/Zentrum f. Konservative Medizin II Univ. Kiel - Birkenweg 112, 2308 Preetz/Holst. (T. 38 04) - Geb. 8. Mai 1925 Essen (Vater: Paul H., Obering.; Mutter: Gertrud, geb. Bahrenberg), kath., verh. s. 1957 m. Heinke, geb. Thiessen, 6 Kd. (Dr. med. Matthias, Frauke, Christian, Andreas, Annette, Gesine) - Helmholtz-Obersch. Hilden (Abit. 1943); Univ. Bonn (1945-48), Med. Akad. Düsseldorf (1948-51). Promot. Düsseldorf; Habil. Kiel - S. 1954 Univ. Kiel (1959 Privatdoz., 1965 apl. Prof., 1966 Wiss. Rat u. Prof., Abeitungsleit., 1974 Prof. u. Abt.dir., 1980/87 Dir. Zentrum f. konservative Medizin II). 1969 I. Vors. Dt. Ges. f. Kinderkardiol.; 1988/89 Präs. Deutsche Ges. für Herz- u. Kreislaufforschung; Fellow American College of Cardiology; Fellow European Soc. Cardiol. - BV: Quantitative Phonokardiographie, 1960; Roentgen-, Cine- and Videodensitometry, 1971; Roentgen-Video-Techniques, 1978; Digital Cardiovascular-Radiology, 1982; Ventricular Wall Motion, 1982; Angiocardiography, 1986; Progress in Digital Angiocardiography, 1988. Div. Einzelarb., dar. Buchbeitrag (Differentialdiagnose v. Herzerkrankungen im Kindesalter): Werner Catel, Differentialdiagnose v. Krankheitssymptomen b. Kindern u. Jugendl. (1963/64; ital. 1965, span. 1967) - 1976 Paul-Morawitz-Preis Dt. Ges. f. Kreislaufforsch.; 1985 Edgar Mannheimer Lecturer, Europ. Ass. Ped. Cardiol.; 1987 W. Rashkind Lecturer, Amer. Heart Assoc. - Spr.: Engl.

HEINZ, Andreas

Dr. theol., Prof. f. Liturgiewissenschaft - Maximinerweg 46, 5521 Auw a. d. Kyll (T. 06562 - 81 55); dstl.: Jesuitenstr. 13c, 5500 Trier - Geb. 3. Okt. 1941 Auw a. d. Kyll/Eifel (Vater: Max H.; Mutter: Barbara, geb. Gasper), kath. - Human. Gymn. Trier, Päpstl. Univ. Gregoriana Rom, Lic. phil. 1965, Lic. theol. 1969, Promot. 1976 Trier - 1968 Priesterweihe, 1971 Assist. Liturg. Inst. Trier, 1976 Wiss. Assist. Theol. Fak. Trier, 1979 Prof. Ruhr-Univ. Bochum, 1981 o. Prof. f. Liturgiewiss. Theol. Fak. Trier - BV: D. sonn- u. feiertägl. Pfarrmesse im alten Erzbistum Trier (TThSt 34), 1978; D. Zisterzienser u. d. Anfänge d. Rosenkranzes: AnalCist 33, 1977 - 1979 Ehrenmitgl. der Section Historique d. Großherzogl. Inst. Luxemburg; Berater d. Liturgiekom. d. Dt. Bischofskonfz. - Spr.: Engl., Franz., Ital., Serbo-kroat.

HEINZ, Dieter A.

Ing. grad., Vorstand Trepel AG - Schwarzwaldstr. 3, 6204 Taunusstein 2 (T. 06128 - 4 11 43) - Geb. 7. Aug. 1940 Wiesbaden - Vice Pres. German Airport Equipment e.V. - Entd. im Bereich Flughafenausrüstung.

HEINZ, Erhard

Dr. rer. nat., o. Prof. f. Mathematik Univ. Göttingen - Wartburgweg 7, 3400 Göttingen (T. 7 37 06) - Zul. München.

HEINZ, Erich

Dr. med., Prof. f. Biochemie Univ. Frankfurt, z. Zt. Prof. am Max-Planck-Inst. f. Systemphysiologie - Rheinlanddamm 201, 4600 Dortmund 1 (T. 0231-1206487) - Geb. 10. Jan. 1912 Essen, ev., verh., 3 Kd. (Bettina, Agnes, Peter) - Realgymn.; Univ. Münster u. Kiel. Med. Staatsexamen 1939 - 1941 Assist. Physiol.-Chem. Inst. Univ. Kiel (1941-44 Wehrdst.). 1949 Privatdoz., 1952 Diätendoz., 1955 Assoc. Prof. Tufts Univ., Boston, 1957 Research Assoc. Harvard Univ. ebd., 1958 Res. Prof. George Washington Univ., Washington, 1959 o. Prof. u. Dir. Inst. f. Veget. Physiol. Univ. Frankfurt, zugl. Dir. Chem.-Physiol. Inst. ebd.; Adjunct Prof. f. Physiol. and Biophysics, Cornell Univ. Med. College, New York NY, Prof. u. freier Mitarb. Max-Planck-Inst. f. Systemphysiol. Editorial Board Biochim. Biophys. Acta, Amer. J. Physiol. (s. 1981), Sponsoring Commitee of Intern. Conference on Biological Membranes (s. 1970) - Mitgl. Ges. f. Physiol. Chemie, American Soc. of Biological Chemistry, The Biophysical Soc., Ges. d. Naturforscher u. Ärzte, Wissenschaftl. Ges. a. d. J. W. Goethe Univ. Frankfurt, Gründungsaussch. d. Med. Hochsch. Hannover u. Med. Fak. TU Aachen; Consultant U.S. Nat. Science Foundat. (1982-85).

HEINZ, Günter

Dr., Geschäftsführer Schwab Sanitär-Plastic GmbH, Reutlingen (Marketing/Vertrieb) - Elsterweg 98/4, 7417 Pfullingen - Geb. 15. März 1934 Bochum (Vater: Hermann H., Oberstudienrat a. D.; Mutter: Käthe, geb. Grube), verh. s. 1961 m. Margrit, geb. Kilian, 2 Kd. (Thorsten, Anke-Karen) - N. Abit. kaufm. Lehre; Stud. Dipl.-Kfm. 1960 Göttingen; Promot. 1964 Graz - 1970-72 Doz. Wirtschafts- u. Verwaltungsakad. Braunschweig - Liebh.: Musik, Geschichte - Spr.: Engl., Franz., Ital.

HEINZ, Hans-Günther

Kaufmann - Kolberger Str. 17, 5560 Wittlich - Geb. 11. Jan. 1933 Trier/M. - 1979-83 MdL Rheinl.-Pfalz. FDP (1981-83 Landesvors. Rhld.-Pfalz (Rücktr.)). FDP.

HEINZ, Klaus

Dr.-Ing., o. Prof. f. Fertigungsvorbereitung Univ. Dortmund (s. 1976) - Sindernweg 6, 4600 Dortmund 30 - Geb. 2. Dez. 1937 Prüm/Eifel, kath., verh. - Promot. 1967 TH Aachen.

HEINZ, Rudolf

Dr. phil., Prof. f. Philosophie (Psychoanalyse) - Auguststr. 123, 5600 Wuppertal 1 - Geb. 6. Febr. 1937 Perl/Saar - B. 1980 Prof. Univ. Düsseldorf - BV: Franz. Kant-Interpreten im 20. Jh., 1966; Geschichtsbegriff u. Wissenschaftscharakter d. Musikwiss. in d. zweiten Hälfte d. 19. Jh.s, 1968; Musik u. Psychoanal., 1977 (m. F. Rotter); D. Wolf im Schafspelz, 1978 (m. H. Dahmer u. N. Elrod); Taumel und Totenstarre, 1981; Psychoanal. u. Kantianismus, 1981; Schizo-Schleichwege (m. G. Ch. Tholen), 1983; Minora aesthetica, 1985; Stil als geisteswiss. Kategorie, 1986; Hermesiade, 1986; Pathognostische Studien I u. II, 1986/87; Omissa aesthetica, 1987.

HEINZ, Theo

M. A., Komponist, Arrangeur, Pianist, Doz. f. Keyboards-, Percussions-Instr. u. Harmonielehre - Adlerweg 9, 5024 Pulheim (T. 02238 - 5 58 94) - Geb. 30. Aug. 1928 Karlsruhe - Abit. 1948; Kaufm. Lehre; Musikhochsch. Stuttgart, Univ. Hamburg u. Köln - Liebh.: Musik, Lit. - Spr.: Engl., Franz.

HEINZ, Walter R.

Dr. phil., Prof. f. Soziologie u. Sozialpsychologie Univ. Bremen - Humboldtstr. 91, 2800 Bremen - 1982/83 Gastprof. an d. Univ. Vancouver, B.C., Canada; 1984-86 Konrektor f. Forsch. Univ. Bremen.

HEINZ, Werner

Dr. rer. nat., Prof. f. Physik Univ. Karlsruhe, Direktor Inst. f. Techn. Physik Kernforschungszentrum Karlsruhe - Straße des Roten Kreuzes 56, 7500 Karlsruhe 1 (T. 0721 - 47 39 00) - Geb. 1. Jan 1924 Pöhl (Vater: Arno H., Landwirt; Mutter: Milda, geb. Löscher), ev., verh. s. 1946 m. Margit, geb. Bode, 2 Kd. (Bärbel, Wolfgang) - FU Berlin; Dipl.-Phys. 1958, Promot. 1960 - 1966 Privatdoz. u. Wiss. Rat; 1967 o. Prof. f. Physik Univ. Karlsruhe (1970-72 Dekan; 1967 Dir. Inst. f. Techn. Physik Kernforsch.zentr., 1979-82 Vors. Wiss.-Techn. Rat). Spez. Arbeitsgeb.: Supraleit., Tieftemperaturtechnik, Kernfusion. Europ. Herausg. Ztschr. Cryogenics. - Wiss. Art. in genannten Fachgeb. - Spr.: Engl., Franz.

HEINZ, Wolfgang

Leiter Büro Brüssel d. Friedrich-Naumann-Stiftg. (s. 1985) - Zu erreichen üb. Friedrich-Naumann-Stiftg., 26, Av. Palmerston, B-1040 Bruxelles (T. 0032/2/231 13 35) - Geb. 31. Juli 1938 Grünstadt/Pfalz, verh., 4 Kd. - Stud. German., Gesch., Päd., Polit. Wiss. - Journalist - 1964-66 Leit. Abt. Innenpolitik Verb. Dt. Studentensch., 1966-67 Leit. Bildungspolit. Ref. FDP-Bundesgeschäftsst., 1968 wiss. Ref. Inst. f. Polit. Planung u. Kybernetik, alle Bonn; 1981-85 Dir. Theodor-Heuss-Akad. Gummersbach. 1969-73 MdK Rhein-Sieg-Kr. (Fraktionsvors.). FDP s. 1964 (u. a. Vors. Rhein-Sieg-Kr. 1968-85), MdL NW (1970-80), Parlam. Geschäftsf. (1973-79), Vors. (1980) FDP-Fraktion, Mitgl. FDP-Landesvorst. NW (1972-86) - Veröff. üb. Bildungs- u. Hochschulpolitik, Denkmalschutz, Datenschutz - 1986 BVK I. Kl.

HEINZ, Wolfgang

Dr. jur., o. Prof. f. Kriminologie u. Strafrecht Univ. Konstanz - Holdersteig 13, 7750 Konstanz 16 (T. 07531-4 45 09) - Geb. 23. April 1942 Pforzheim, ev., verh. s. 1972 m. Maria, geb. Glücklich, T. Eva-Maria - Univ. Freiburg/Br. Jura, Volksw. u. Soziol. (Stud.-Stiftg. d. Dt. Volkes), Promot. 1972; Habil. 1976 - 1976 Prof. Univ. Augsburg, 1976-78 Prof. Univ. Konstanz; 1978-81 Prof. Univ. Bielefeld, s. 1981 wieder Konstanz (gf. Dir. Inst. f. Rechtstatsachenforschung, s. 1982). Mitgl. wiss. Beirat Zentrum f. interdiszipl. Forschung Univ. Bielefeld (s. 1981). Vors. d. Landesgruppe Baden-Württemb. in d. Dt. Vereinig. f. Jugendgerichte u. Jugendgerichtshilfen - BV: Bestimmungsgründe d. Anzeigebereitsch. d. Opfers, 1972; Rechtstatsachenforschung heute, (Hrsg.) 1986; Konstanzer Schriften z. Rechtstatsachenforschung (Hrsg.); Erzieherische Maßnahmen im dt. Jugendstrafrecht (m. Hügel), 1987.

HEINZE, Axel

Geschäftsführer Bundesverb. d. Geschäftsstellen d. Assekuranz - Kaiser-Wilhelm-Ring 15, 5000 Köln 1 - Geb. 25. Juli 1937.

HEINZE, Burger

Dr. phil., Dipl.-Psych., Prof. f. Psychologie Univ. Hamburg (s. 1977) - Jahnckeweg 30, 2057 Reinbek - Geb. 4. März 1944 Hahnenklee-Bockswiese/Harz (Vater: Walter H., Kaufm.; Mutter: Charlotte, geb. Klickow), ev., verh. s. 1968 m. Käthe, geb. Leppin, 2 S. (Robert, Hermann) - Stud. Psych. (Dipl. 1968 Hamburg) u. Math. - 1968-77 Wiss. Assist. u. Oberrat (1973) - Spr.: Engl., Franz.

HEINZE, Harald

Oberstadtdirektor, Hauptverwaltungsbeamter Stadt Dortmund - Südwall 2-4, 4600 Dortmund 1 (T. 542-2 20 31) - Geb. 6. April 1941, ev., verh. m. Johanna, geb. Schmauck, 3 Kd. (Georg, Melissa, Guido) - 1. jur. Staatsex. 1966, 2. jur. Staatsex. 1969; Mitgl. Landschaftsvers. Westf.-Lippe; Beirat Dortmunder Eisenbahn GmbH - Spr.: Engl., Franz.

HEINZE, Hartmut

Germanist, Schriftst., Doz. - Straße 178, 1000 Berlin 22 - Geb. 16. Jan. 1938 Berlin - M.A. 1964 FU Berlin - BV/Lyrik: Pokhara & Bruckner, Indischer Weg, Berliner Elegien, Neues Palais, 1974-79, Rabe im Käfig, 1987. Essays: D. dt. Märtyrerdrama d. Mod., D. gläserne Glück d. Kinder Evas b. Gottfried v. Straßburg, Hofmannsthal u. Goethe, Goethes Ethik, Lohenstein - e. dt. Tacitus, Poet. Reue - tragische Gerechtigkeit - im Faust-II-Finale, 1981-85, Goethes Gestalt d. Fitz, Goethe in Schles., D. Zwiespalt im Denken Weischedels, Goethes letzter Wandrer, Pustkuchen kontra Goethe, Tod in Apulien, Kafkas Selbstgericht ist Weltgericht, 1981-87, Das also war d. Pudels Kern! - Goethe u. d. Hund d. Aubri, 1988; Goethes Eduard - e. neuer Tristan?, Johann Karl Wezel heute, 1988.

HEINZE, Helmut

Dr. jur., Vorsitzender Richter Bundessozialgericht - Graf-Bernadotte-Pl. 5, 3500 Kassel-W'höhe - Geb. 13. Jan. 1917 - Zul. Vizepräs. LSG Berlin.

HEINZE, Kurt

Dr. phil., Prof., Entomologe - Humboldthöhe, Apt. 1601, 5414 Vallendar - Geb. 23. März 1907 Berlin - 1936-72 Biol. Reichs- bzw. Bundesanstalt Berlin.

S. 1962 (Habil.) Privatdoz. u. apl. Prof. (1966) TU Berlin (Schädlingskd.). 1968-71 Experte d. Food & Agriculture Organization Rom (F.A.O.) in Jamaica. Zahlr. Veröff. üb. Phytopathol. u. a. Schädl. Krankh. im Gemüsebau, 1974, im Obst- u. Weinbau, 1979, im Ackerbau, 1983; Vorrats- u. Materialschädlinge, 1983 - 1973 BVK I. Kl.

HEINZE, Meinhard

Dr. jur., Prof. f. Bürgerl. Recht, Arbeits- u. Wirtschaftsrecht, Zivilprozeßrecht Univ. Gießen - Licher Str. 72, 6300 Gießen - Geb. 7. Juni 1943 - Stud. Rechtswiss. 1962-67 Univ. Tübingen; Promot. 1972 ebd.; Habil. 1977 Bochum - S. 1978 Ord. Univ. Gießen - BV: u. a. Bochumer Kommentar z. Sozialgesetzb., 1979; Personalplanung, Einstellung u. Kündigung, 1982; Einstweiliger Rechtsschutz im Zahlungsverkehr d. Banken, 1984; Handb. d. Sozialrechts, 1988.

HEINZELMANN, Friedrich

Fabrikant, gf. Gesellsch. Westform Plastikwerke GmbH u. Friedrich Heinzelmann GmbH - Hommericher Str. 1, 5253 Lindlar (Ortst. Hommerich)

HEINZELMANN, Walter

Kaufm. Direktor Mahle GmbH Werk Fellbach i. R. - 7012 Fellbach/Württ.; priv.: Schurwaldstr. 15, 7300 Eßlingen-Berkheim - Geb. 13. Juni 1924 Lombach/Württ. - Beiratsvors. Arbeitsgem. Gießereitechnik Fachhochsch. Aalen.

HEINZINGER, Albert

Maler, Präs. Neue Münchener Künstlergenoss. - Panoramastr. 1, 8919 Utting/Ammersee (T. 08806 - 78 48) - Geb. 1911 - Zahlr. Bildw.

HEINZL, Joachim

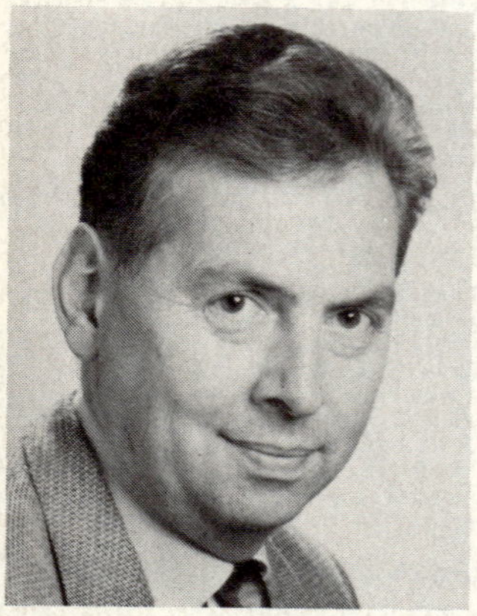

Dr.-Ing., o. Prof. f. Feingerätebau u. Getriebelehre TU München (s. 1976) - Dreiseesselberg 16, 8000 München 90 - Geb. 6. Sept. 1940 Aussig a.d. Elbe (Vater: Anton H., Oberstltn.; Mutter: Leonore, geb. Zipse), ev., verh. s. 1966 m. Waltraud, geb. Knebel - Dipl. 1965 u. Promot. 1970 TU München - 1968-78 Entwicklungsing. Siemens AG, s. 1976 Hon.-Prof. TU München, s. 1978 o. Prof. f. Feingeräte u. Getriebelehre. S. 1979 wiss. Leit. d. Ztschr. F & M - Feinwerktechnik u. Meßtechnik. Arb. üb. Kinematik u. Tintendruck.

HEINZLE, August

Aufsichtsratsvorsitzender Bodenseewerk Gerätetechnik GmbH, stv. AR-Vors. Bodenseewerk Perkin-Elmer & Co. GmbH, Bodenseewerk Geosystem GmbH, alle Überlingen - Zum Weller 1, 7770 Überlingen-18 (Nußdorf) - Geb. 4. Dez. 1919 - BVK am Bde., BVK I. Kl.

HEINZLE, Joachim

Dr. phil., o. Prof. f. Deutsche u. German. Philol. Univ. Marburg - Louis-Beißel-Str. 4, 5100 Aachen - Geb. 2. Aug. 1945 Konstanz - 1. Vors. d. Wolfram v. Eschenbach-Ges. - BV: Stellenkommentar zu Wolframs Titurel, 1972; Mittelhochdt. Dietrichepik, 1978; Wandl. u. Neuansätze im 13. Jh., 1984; D. Nibelungenlied, 1987.

HEINZLER, Franz

Dr. med., Prof. f. Med. Strahlenkunde Univ. Düsseldorf (apl.; s. 1971) - Steinauer Str. 3, 4010 Hilden.

HEINZMANN, Richard

Dr. theol., o. Prof. f. Christl. Philosophie u. Theol. Propädeutik (s. 1977), Vorst. Grabmann-Inst. z. Erforsch. d. mittelalterl. Theol. u. Phil. Univ. München (s. 1973) - Pater-Rupert-Mayer-Str. 28A, 8023 Pullach (T. 793 37 82) - Geb. 29. Okt. 1933 Wiesloch (Vater: Karl H.; Mutter: Elisabeth, geb. Mundel), kath., verh. s. 1962 m. Katharina, geb. Steinberger, 3 S. (Michael, Richard, Andreas) - Gymn. Heidelberg; Stud. Phil. u. Theol. Univ. Freiburg u. München; Promot. 1962, Habil. 1973 München -B BV: D. Unsterblichk. d. Seele u. d. Auferstehung d. Leibes, 1965; D. Summe Coligite fragmenta d. Magister Hubertus, 1974. Herausg. Veröff. d. Grabmann-Inst. (m. M. Schmaus u. W. Dettloff).

HEINZMANN, Ulrich

Dr., Univ.-Prof. f. Molekül- u. Oberflächenphysik Univ. Bielefeld (s. 1984) - Zu erreich. üb. Univ. Bielefeld, Lehrstuhl f. Molekül- u. Oberflächenphysik, Postf. 8640, 4800 Bielefeld 1 - Physik-Stud. Univ. Karlsruhe Dipl. 1971; Promot. 1975 u. Habil. 1980 Univ. Münster - 1980 Imperial Coll. London; 1981-84 Fritz Haber Inst. Max Planck Ges. Berlin - 1981 Physikpreis Dt. Physikalische Ges.

HEIPERTZ, Wolfgang

Dr. med. (habil.), Prof. f. Orthopädie u. Klinikdir. Univ. Frankfurt (s. 1970) - Marienburger Str. 2, 6000 Frankfurt/M.-Niederrad - Geb. 20. Mai 1922 Neustrelitz - BV: u. a. Einf. in d. Sportmed., 4. A. 1972. Zahlr. Einzelarb.

HEIPP, Günther

Schriftsteller, Bibliotheksleit. Intern. Friedensbibliothek (BIP-Bibliothèque Internationale de la Paix) - Feldmannstr. 40, 6600 Saarbrücken - Geb. 28. Febr. 1932 Saarbrücken (Vater: Ludwig H.; Mutter: Sofie, geb. Jacob), ev., verh. s. 1959 m. Evelyn, geb. Friedrich, 3 Kd. - Realgymn. Saarbrücken, Stud. Ev. Theol., Rechtswiss., Volkswirtsch., Politikwiss., Ökol. Univ. Bonn, Tübingen, Mainz, Saarbrücken, Metz, Kirchl. Hochsch. Wuppertal - 1952-57 Mitbegr. u. Vorst.-Mitgl. v. Hochschulgr. f. gesamtdeutsche Politik (Wuppertal, Bonn, Tübingen); Pfarrer in St. Alban (1959), Homburg/S., Rockenhausen u. Rieschweiler (1964-79); 1972 Sprecher Komit. Bundesrep. Deutschl. d. Intern. Umweltaktion Dai Dong (Gemeinsch. d. Menschen); Vors. Umweltschutz-Zentr. Saarbrücken; s. 1969 Leit. Albert-Schweitzer-Friedens-Zentr.; 1972 Mitbegr. Bundesverb. Bürgerinitiat. Umweltschutz; 1965-74 Beiratsmitgl. Humanist. Union; 1980 Gründ. d. BIP (s. o.) - BV: D. Arzt v. Lambarene, 1956; Christen u. Obrigkeit im geteilten Deutschland (m. Hans Rücker), 1962; Es geht ums Leben! - D. Kampf gegen d. Bombe. Dok. 1965; Charismat. Diakonie - In memoriam Alb. Schweitzer, 1966; An alle! Wann kommt d. BASF zur Vernunft? (Gegen Atomkraftwerke), 1972; Mensch u. Umwelt '73, 1973; Warnung vor d. Atomstaat, 1977. Herausg.: IDN-Informationsdienst z. Notstandsgesetzgebung (1966-68) - Ehrenmitgl. Foyer des Jeunes, Spichern (Frankr.) - Liebh.: Musik - Spr.: Engl., Franz., Latein, Griech.

HEISCH, Günter

Dr. iur., Generalkonsul in Kapstadt - P.O.Box 42 73, Kapstadt 8000, Südafrika - Geb. 28. Okt. 1933 Plön, ev., verh. s. 1967 m. Eike, geb. Lenssen, 2 Töcht. (Silvia, Katharina) - 1. jurist. Ex. 1958 Schleswig, 2. jurist. Ex. 1963 Hamburg, Promot. 1966 Kiel - S. 1964 Ausw. Dst., Auslandsposten in Caracas, Cotonou, Prag, Colombo, Mexiko-Stadt u. Wien.

HEISE, Albrecht

Prof. em., Didaktik d. Engl. Sprache Univ. Osnabrück - Ameldungstr. 21, 4500 Osnabrück - Geb. 24. April 1907 Danzig.

HEISE, Hans-Jürgen

Lyriker, Essayist, Literaturkritiker, Übersetzer - Graf-Spee-Str. 49, 2300 Kiel 1 - Geb. 6. Juli 1930, verh. s. 1961 m. Annemarie, geb. Zornack, Lyrikerin - 1949/50 Inst. f. Ztg.wiss. Berlin (Ost) - BV u.a.: Vorboten e. neuen Steppe, Ged. 1961; Poesie, Ged. ital.-dt. 1967; E. bewohnbares Haus, Ged. 1968; Uhrenvergleich, Ged. 1971; Drehtür, Parabeln, 1972; Underseas Possessions, Ged. 1972 (2 spr.); Besitzungen in Untersee, Ged. 1973; D. Profil unter d. Maske, Ess., 1974; V. Landurlaub zurück, Ged. 1975; D. zwei Flüsse v. Granada, Ess. 1976 (m. A. Zornack); Nachruf auf e. schöne Gegend, Ged. u. Kurzprosa 1977; Ariels Einbürgerung im Land d. Schwerkraft, Ess. 1978; Ausgew. Gedichte 1950-78, 1979; In schönster Tiefflugłaune, Ged. 1980; Natur als Erlebnisraum d. Dichtung, Ess. 1981; Meine kl. Freundin Schizophrenia, Prosaged. 1981; Ohne Fahrschein reist d. Seewind, Ged. 1982; D. Phantasie Segel setzen, Ges. Ged. 1983; Vermessungsstäbe bilden d. Gottesbegriff, Ess. 1985; D. Zug n. Gramenz, Ged. 1985; E. Galgen f. d. Dichter - Stichw. z. Lyrik, Ess. 1986; Bilder u. Kläge a. al-Andalus, Ess. 1986; D. Macho u. d. Kampfhahn - Unterw. in Spanien u. Lateinamerika, Ess. 1987 (m. A. Zornack); D. zweite Entdeckung Amerikas - Annäh. an d. Lit. d. lateinamerik. Subkontinents, Ess. 1987; D. gr. Irrtum d. Mondes, Ged. 1988; Einhandsegler d. Traums - Ged., Prosaged., Selbstdarst. (Extrakt aus 20 Lyrikbänden), 1989. Übers.: Archibald MacLeish, Journey (1965), T. S. Eliot, Gelächter zw. Teetassen (Ged. 1972) - 1972 Mitgl. PEN-Zentrum Bundesrep. Dtschl.; 1973 Ehrengabe Andreas-Gryphius-Preis, 1974 Kieler Kulturpreis; 1976 The Malta Cultural Award; 1988 Kultur aktuell - Spr.: Lat., Engl., Span. - Lit.: Stud. in Büchern u. zahlr. Rezens. in Ztschr., Ztg. u. Rundf. d. In- u. Auslands, Lexikonart. (u.a. v. Rafae) Sevilla in: KLG, m. Werk- u. selekt. Sekundärlit.-Verz.

HEISE, Herbert

Dipl.-Ing., Präsident Bundesbahndirektion Hamburg (s. 1976) - Museumstr. 39, 2000 Hamburg 50 (T. 39 18-3 00) - Geb. 6. Aug. 1929 Mülheim/R. - Mitgl. Direkt. d. Hbg. Verkehrsverbundes (HVV); AR-Vors. Kraftverkehr GmbH (KVG), Stade; AR-Mitgl. Autokraft GmbH (AK), Kiel.

HEISE, Michael

Dirigent Dt. Oper Berlin - Wiesenerstr. 37, 1000 Berlin 42 (T. 030 - 785 60 44) - Geb. 22. Juli 1940 Berlin, ev., verh. s. 1965 m. Angelika, geb. Nosky, 2 S. (Jens, Jörk) - Abit. (altspr. hum.) 1958; 1959/60 FU Berlin (Phil., Musikwiss.), 1959-63 Hochsch. f. Musik Berlin (Dirig., Klavier), 1963 Abschlußprüf. Dirig., Klavier sehr gut - 1954-66 Konz. als Pianist, Berlin; 1966-72 Dirigentenlaufb. Mannheim, Braunschweig, s. 1972 Dirig. Berlin, s. 1975 Konz. BRD, UdSSR, Rumän., Ital., USA, Niederl., Span. - 1954 3. Preis b. Steinway Wettbewerb - Liebh.: Ausdauersport, Schach.

HEISE, Werner

Dr. rer. nat., Prof. f. Mathematik - Pantagenweg 35, 8050 Freising/Obb. - Geb. 12. Mai 1944 Litzmannstadt - Promot. (1969) u. Habil. (1971) Hannover - S. 1973 TU München (1972 Prof.) - BV: Einf. in d. Kombinatorik, 1976; Informations- u. Codierungstheorie, 1983, 2. A. 1989. 55 Facharb. - Liebh.: Großwildjagd - Spr.: Engl., Franz., Ital.

HEISENBERG, Martin

Dr. rer. nat., Prof. f. Genetik - Schloß, 8701 Reichenberg/Ufr. - S. 1975 Ord. u. Mitvorst. Inst. f. Genetik u. Mikrobiol. Univ. Würzburg - BV: Vision in Drosophila. Genetics of Microbehavior, 1984.

HEISENBERG, Monika

Dr. phil., Schriftstellerin (Ps. Monika Christen) - Bonner Talweg 246, 5300 Bonn 1 (T. 0228 - 21 37 56) - Stud. German., Roman. u. Phil., Promot. - Zun. wiss. tätig, dann Verlagslektorin; s. 1986 fr. Schriftstellerin - BV: Spiel als Spiegel d. Wirklichk. D. Zentrale Rolle d. Theaterauff. in d. Romanen Heinrich Manns, 1977; in wirklichkeit ist eiszeit - weg aus d. frost, Ged. 1986. Lyrik, Prosa.

HEISER, Irmlind

Kreisgeschäftsführerin, MdL Schlesw.-Holst. (Landesliste) - Husumer Str. 89b, 2390 Flensburg (T. 0461 - 9 73 33, 2 27 07) - Geb. 15. März 1940 Flensburg - CDU.

HEISIG, Norbert

Dr. med., Prof., Internist, Chefarzt Med. Klinik u. Ärztl. Direktor Krkhs. Reinbek (s. 1972) - Zu erreichen üb. Krankenhaus Reinbek St. Adolfstift, Hamburger Str. 41, 2057 Reinbek (Hamburg) (T. 040 - 72 70 64 30) - Geb. 24. Nov. 1933 Breslau, verh. s. 1961 m. Barbara, geb. Eispert - Stud. Freiburg, Tübingen, Hamburg; Promot. 1961. 1967 Priv.-Doz. Univ. Hamburg; 1971 Prof. f. Innere Medizin Univ. Hamburg - Vorst.-Vors. Louise-Eylmann-Stiftg. z. Förd. d. Gerontologie. Spez. Arb.geb.: Innere Med., klin. Geriatrie - BV: Aktuelle Gastroenterologie, 1968; Diabetes u. Schwangerschaft, 1975; Innere Medizin in d. ärztl. Praxis, 2. A. 1985. Zahlr. Beiträge in Lehrb. u. wiss. Ztschr. - 1964 Carl-Christiansen-Gedächtnispreis - Spr.: Engl.

HEISING, Gerd Stephan

Dr. med., Nervenarzt, Psychoanalytiker, Prof. Univ. Gießen, Gf. Leit. Abt. Klinik Psychosomatik u. Psychotherapie Univ. Gießen - Friedrichsplatz 9, 3550 Marburg (T. 06421/2 46 74) - Geb. 14. Juni 1928 Saarbrücken (Vater: Stephan H., Ing.; Mutter: Elisabeth, geb. Schmidt), verh. s. 1955 m. Susanne, geb. Pöllath, 2 Kd. (Christine Elisabeth, Edith Charlotte) - Hum. Gymn. Saarbrücken; Stud. d. Med. Univ. Saarbrücken, Paris, Freiburg/Br. - Zun. Abt.- u. Oberarzt Univ.klinik Freiburg/Br.; Vors. Inst. f. Psychoanalyse u. Psychotherapie (I.P.V.) - BV: Co-Therapie in Gruppen, 1976 (m. E. Wolff); Sozialschicht u. Gruppenpsychotherapie (zus. m. M. Brieskorn u. W.-D. Rost), 1982 - Liebh.: Sport.

HEISING, Ulrich

Regisseur - Paulastr. 3 b, 8000 München 71 - Geb. 15. April 1941, ledig, S. Florian Scheibe - Stud. - Regie-Assist. b. Hans Schweikart u. Fritz Kortner - 50 Theatерinsz. in München, Hamburg, Berlin, Zürich, Köln, Düsseldorf, New York. 40 Hörspiele, 3 Fernsehfilme - 1973 1. Preis bitef; 2 Einlad. z. Berl. Theatertreffen - Spr.: Engl.

HEISLER, Herfried

Rechtsanwalt, Hauptgeschäftsf. Landesvereinig. Baden-Württ. Arbeitgeberverb. u. Verb. d. Metallind. BW - Hölderlinstr. 3a, 7000 Stuttgart 1.

HEISS (Heiß), Korbinian

I. Bürgermeister (s. 1978) - Rathaus, 8201 Bad Feilnbach/Obb.; priv.: Sulzbergstr. 6 - Geb. 12. April 1919 Feilnbach - Bauuntern. CSU.

HEISS (Heiß), Martin

Mitglied gf. Bundesvorst. DGB (1972-80) - Hans-Böckler-Str. 39, 4000 Düsseldorf (T. 4 30 11) - Geb. 17. Okt. 1922 - Zul. stv. Vors. Gewerksch. Textil-Bekleid.

HEISS (Heiß), Otto

I. Bürgermeister Stadt Greding (s. 1978) - Rathaus, 8547 Greding/Mfr. - Geb. 19. Febr. 1939 Untermässing - Zul. Lehrer. CSU.

HEISS, Rudolf
Dr.-Ing., em. Prof., Dir. Inst. f. Lebensmitteltechnol. u. Verpack., München (s. 1941) - Schragenhofstr. 35, 8000 München 50 (T. 141 10 91) - Geb. 27. Sept. 1903 Straubing/Ndb. (Vater: Oberveterinärrat Dr. med. vet. Hugo H., bek. Schlachthoferbauer (s. X. Ausg.); Mutter: Katharina, geb. Leser), ev., verh. s. 1933 m. Margarete, geb. Dirks, 3 Kd. - Diplomprüf. 1926 TH München, Promot. 1930 u. Habil. 1936 TH Karlsruhe - 1936-41 Initiator u. Leit. Reichsinst. f. Lebensmittelfrischhalt., Karlsruhe. S. 1936 Lehrtätigk. TH Karlsruhe u. TH bzw. TU München (1942; 1957 apl. Prof.). Begr. Lebensmitteltechnol. u. Verpackungsforsch. in Dtschl. - BV: D. Aufg. d. Kältetechnik in d. Bewirtsch. Dtschl.s m. Lebensmitteln, 1939; Fortschr. d. Lebensmittelforsch., 1942; Fortschritte d. Vorratstechnik, 1944 (m. F. Kiermeier u. G. Kaess); Anleit. z. Frischhalten d. Lebensmittel, 1945; Lebensmitteltechnol., 1950 u. 88; Fortschr. in d. Technol. d. Konservierung v. Gemüse u. Obst, 1955; Packstoff-Tabellen, 1955 (m. G. Schricker); Verpack. feuchtigkeitsempfindl. Güter, 1956; Grundl. d. Verfahrenstechnik in d. Lebensmittelind., 1957; Packstoffe u. Verpack., 1959 (m. Schricker); Fortschr. d. Verfahrenstechnik in d. Verpackungs- u. Lebensmittelind., 1962; Haltbarkeit u. Sorptionsverhalten feuchtigkeitsempfindl. Lebensmittel, 1968; Principles of Food Packaging - An intern. Guide, 1970; Verpack. v. Lebensmitteln, 1980; Haltbar machen von Lebensmitteln, 1984 (m. K. Eichner); Lebensmitteltechnol., 2. A. 1988 - 1972 Joseph-König-Gedenkmünze d. Ges. dt. Chem.; 1968 Bayer. Verdienstmed. in Silber; 1969 BVK I. Kl.; 1973 Bayer. VO., 1975 Dr. h. c. Univ. Wien, 1982 Fellow Inst. of Food Technologists/USA.

HEISS, Wolf-Dieter
Dr. med., Prof., Direktor Max-Planck-Institut f. neurol. Forschung, Dir. Neurol. Univ.-Klinik Köln-Lindenthal - Othegravenstr. 3, 5000 Köln 41 (T. 0221 - 43 76 73) - Geb. 31. Dez. 1939 Zell am See, Österr., verh. s. 1965 m. Dr. med. Brigitte, geb. Kroiß, 2 Kd. (Susanne, Julian) - Realgymn. Salzburg, Med. Univ. Wien, Promot. 1965; 1965 Hochschulass. u. Gastarzt Psych. Neurol. Univ.-Klin. Wien; 1965-69 Assistenzarzt Cambridge/USA, Stockholm, Wien, Buffalo, USA; 1969 Leit. Neuronuklearmed. Abt. u. Oberarzt d. Psych.-Neurol. Univ.-Klin. Wien; 1970 Priv.-Doz. Univ. Wien; 1974 Wiss. Mitarb. Dept. of Neurology State Univ. of Minnesota, Minneapolis, USA; 1976 apl. Prof. Univ. Wien; 1978 Dir. Forschungsst. f. Hirnkreislaufforsch. Max-Planck-Inst. f. Hirnforsch. u. Dir. Neurol. Klinik Köln-Merheim; 1982 Dir. Max-Planck-Inst. f. neurol. Forsch. u. Dir. Neurol. Klin. Köln-Merheim; s. 1985 Dir. Neurol. Univ.-Klinik Köln-Lindenthal u. Dir. MPI f. neurol. Forsch. Köln-Merheim - 1969 Eiselsberg-Preis - Liebh.: Archäol., klass. Musik, Skifahren - Spr.: Engl.

HEISSENBÜTTEL (ß), Helmut
Schriftsteller - Dorfstr. 7, 2209 Borsfleth (T. 04824 - 18 91) - Geb. 21. Juni 1921 Wilhelmshaven (Vater: Hans H., Gerichtsvollzieher; Mutter: Klara, geb. Lorenz), ev., verh. s. 1954 m. Ida, geb. Warnholtz, 4 Kd. (Ruth, Dietrich, Esther, Hanna) - Realgymn.; TH Dresden, Univ. Leipzig u. Hamburg (Literatur-, Kunstgesch., Engl.) - 1955 b. 1957 Werbeleit. Claassen Verlag, Hamburg; 1957-58 fr. Mitarb. Südd. Rundfunk; ab 1959 Leit. Redaktion Radio-Essay SDR (s. 1981 i. R.) - BV: Kombinationen, 1954; Topographien, 1956; Ohne weiteres bekannt, 1958; Textbuch 1-11, 1960-87; Üb. Literatur, 1966; D'Alemberts Ende, R. 1970; Z. Tradition d. Moderne - Aufs. u. Anmerk. 1964-71, 1972. Hörspiele, Gelegenheitsgedichte u. Klappentexte, 1973; D. Durchhauen d. Kohlhaupts, 1974; Eichendorffs Untergang, 1978; Wenn Adolf Hitler d. Krieg nicht gewonnen hätte, 1979; D. gold. Kuppel d. Comos Arbogast od. Lichtenberg u. Hamburg, 1980; D. Ende d. Alternative, 1980; Ödipus made in Germany, 1981; Von fliegenden Fröschen..., 1982; Neue Herbste, 1983 - 1956 Stip. Lessing-Preis Hamburg, 1960 Hugo-Jacobi-Preis, 1969 Georg-Büchner-Preis, 1970 Hörspielpreis d. Kriegsblinden; 1980 BVK I. Kl.; 1960 Mitgl. PEN-Zentrum BRD; 1967 o. Mitgl. Akad. d. Künste Berlin, 1971 Akad. d. Wiss. u. d. Lit. Mainz, 1972 Dt. Akad. f. Sprache u. Dicht. Darmstadt - Liebh.: Fotogr., Krimis, Musik, Kunst.

HEISSIG, Walther
Dr. phil., em. o. Prof. f. Sprach- u. Kulturwissenschaft Zentralasiens Univ. Bonn - Regina-Pacis-Weg 7, 5300 Bonn; priv. Heideweg 43, 6542 Rheinböllen (T. 06764 - 21 45) - O. Mitgl. Rhein. Westf. Akad. d. Wiss.; korr. Mitgl. Bayer. Akad. d. Wiss.; Hon.-Fellow SOAS London.

HEISTER, Rolf
Musiker, Prof. f. Kontrabaß Staatl. Hochschule f. Musik Ruhr/Folkwang-Hochsch. - Abtei, 4300 Essen 16.

HEISTERHAGEN, Werner
Rechtsanwalt, Geschäftsführer Stahlflaschen-Treuhand GmbH u. Fachverb. Kohlensäure-Industrie, bde. Koblenz - Löhrstr. 127, 5400 Koblenz (T. 0261 - 3 10 36; Telefax 0261-37385).

HEISTERKAMP, Günter
Dr. phil., Dipl.-Psych., Wiss. Rat, Prof. f. Psychologie PH Rhld./Abt. Neuss - Carl-Zöllig-Str. 30, 4030 Ratingen.

HEISTERMANN, Dieter
Angestellter, MdB (Landesliste NRW) - Danziger Str. 89, 3472 Beverungen 1 (T. 05273 - 69 81) - SPD.

HEISTERMANN, Walter
Dr. phil., em. o. Prof., Philosoph - Kurfürstenstr. 39b, 1000 Berlin 46 (T. 773 22 33) - Geb. 14. Sept. 1912 Augustdorf (Vater: Hermann H., Landw.), ev., verh. in 2. Ehe (1952) m. Ina, geb. Sommerlatte, 3 Kd. (Elja, Jörg, Anja) - Gymn. Detmold; Univ. Berlin (Promot. 1940) u. Jassy/Rumän. (Phil., Rechtswiss., German., Gesch., Vergl. Religionswiss.) - 1942 Lektor Univ. Bukarest; 1945 Gymnasiallehrer; 1946 Pers. Ref. Oberbürgerm. v. Groß-Berlin; 1947 o. Prof. (emerit. 1980 TU Berlin) u. Inh. Lehrstuhl f. Phil. Päd. Hochsch. Berlin (1969-79 Rektor). Vors. Kant-Ges. Berlin - BV: Staatsformen u. -gewalt, 1949; Erkenntnis u. Sein, 1951; D. Wiss. v. Menschen als phil. Anthropol., 1954. Zahlr. Ztschr.aufs. - BVK I. Kl. - Spr.: Rumän., Russ., Franz., Engl.

HEITE, Hans-Joachim
Dr. med., Prof., Facharzt f. Dermatologie u. Venerologie, Allergologie - Rebackerweg 3, 7808 Waldkirch/Br. (T. 07681 - 98 19) - Geb. 27. Aug. 1913 Berlin, ev., verh. s. 1940 m. Gretl, geb. Koetter, 2 Töcht. (Karin, Jutta) - Helmholtz-Realgymn. u. Univ. Berlin (Promot. 1938). Habil. 1951 Münster - S. 1952 Oberarzt Univ.-Hautklinik Marburg (1957 apl. Prof.; 1960 komm. Dir.) u. Freiburg (1976 o. Prof. u. Ärztl. Dir. Abt. Andrologie). S. 1978 eig. Facharzt-Praxis. 1962-82 Leit. Arbeitsgem. Malignes Melanom d. DFG; 1975-83 Präs. Dt. Ges. z. Bekämpf. d. Geschlechtskrankh. - BV: Statistische Urteilsbildung, 1951 (m. H. Gebelein); Gonorrhoe u. Syphilis, Lehrb. 1976 (m. H. Walther); Männerheilkunde, Lehrb. d. Androl., 1980 (m. H. Wokalek). Zahlr. fachwiss. Veröff. auch in Lehr- u. Handb. Mitbegr. d. Ztschr. EDV in Medizin u. Biologie, u. Aktuelle Dermatologie - 1967 silb. Ehrennadel d. Dt. Ges. f. Dokumentation; 1967 Ehrenmitgl. Dän. Dermatol. Ges.; Ehrenmitgl. deutschspr. mykolog. Ges.; 1988 Ehrenmitgl. d. Dt. Ges. f. Andrologie; 1967 korr. Mitgl. Poln. Dermatol. Ges. - Spr.: Engl.

HEITFELD, Karl-Heinrich
Dr. rer. nat., o. Prof. f. Ingenieur- u. Hydrogeologie TH Aachen (s. 1970) - Reimserstr. 55, 5100 Aachen - Geb. 3. Nov. 1924 Hamm/Westf. (Vater: Karl H., Malermstr. †; Mutter: Wilhelmine, geb. Schelte †), ev., verh. s. 1953 m. Dr. Hildegard, geb. Patt, 3 Kd. (Gabriele, Martin, Michael) - Staatl. Aufbauschule Unna/Westf., Stud. Univ. Münster (Dipl.-Geol. 1951, Promot. 1952) - 1952 Gewerkschaft Brigitta, Hannover (Erdöl), 1953-65 Ruhrtalsperrenverein, Essen, 1965-70 selbst. Ingenieurbüro, Olpe - Spr.: Engl.

HEITJANS, Albert
Bürgermeister a.D. Stadt Emsdetten - Goldbergweg 64, 4407 Emsdetten - Geb. 18. April 1914 Emsdetten, kath., verh. s. 1944 m. Josefa H., 4 Kd. - 1928-37 Weber; n. Kriegsdst. 1947-77 Gewerkschaftssekr., ab 1951 Geschäftsf. Gew. Textil-Bekleid. Verw.-Stelle Emsdetten-Borghorst, 1946-84 Ratsmitgl. Stadt Emsdetten, 1964-72 stv. Bürgerm., 1972-84 Bürgerm. - 1984 Ehrenbürger Stadt Emsdetten.

HEITJANS, Paul
Dr. rer. nat., Prof. Inst. f. Physikal. Chemie Univ. Hannover (s. 1987) - Callinstr. 3a, 3000 Hannover 1 - Geb. 27. Juni 1946 - Promot. 1975 Heidelberg, Habil. 1983 Marburg (Physik) - Ausw. Mitgl. Inst. f. Festkörperforsch. KFA Jülich.

HEITKÄMPER, Peter
Dr., Prof. Univ. Münster - Janningsweg 49, 4400 Münster - Geb. 2. Mai 1943 Münster, kath., verh. s. 1968 m. Marianne, geb. Berger, 2 T. (Edith, Cordelia) - Univ. Innsbruck, Paris, Bochum - Univ.-Prof.; 1978 Gastprof. Sorbonne. EIP (Unterorg. d. Unesco); s. 1982 Vors. AG Friedenspäd. Dt. Ges. f. Erziehungswiss. - BV: Personalitätsbegriff Hamelin, 1971; Friedenserzieh. als Lernproz., 1976; Wortschatzunters. Kinderspr., 1977; Engagement z. Frieden, 1980. Herausg.: Neue Akzente d. Friedenspäd. (1984); Allgemeinbildung im Atomzeitalter (1986) - Liebh.: Klavier u. Orgel - Spr.: Franz., Span., Engl.

HEITKAMP, Engelbert
Dr.-Ing., Dr. rer. pol., Gf. Gesellschafter u. Vors. d. Gesamtgeschäftsfg. Unternehmensgruppe Heitkamp - Langekampstr. 36, 4690 Herne 2 (T. 02325 - 57 00) - Geb. 13. Nov. 1947 Bochum, ev., verh. s. 1974 m. Monika, geb. Bontempi, 3 Kd. (Engelbert, Anne, Robert) - Dipl.-Ing. 1974 TU Hannover, Dipl.-Wirtsch.-Ing. 1976 TU München, Promot. (Dr.-Ing.) 1976 Hannover, Promot. (Dr. rer. pol.) 1978 München - Honorarkonsul Rep. Peru f. NRW, Vorst. Dt. Beton-Verein Wiesbaden; Lehrbeauftr. Ruhr-Univ. Bochum; Vizepräs. IHK Bochum. Fachveröff. - Spr.: Engl.

HEITMANN, Klaus
Dr. phil., o. Prof. f. Roman. Philologie - Hausackerweg 3b, 6900 Heidelberg (T. 2 32 55) - Geb. 5. Juli 1930 Mülheim - Univ. Köln, Freiburg/Br., Pisa - Promot. 1955 Freiburg; Habil. 1963 Marburg - S. 1964 Ord. TU Berlin, Univ. Marburg (1965) u. Heidelberg (1971) - BV: Fortuna u. Virtus - E. Studie zu Petrarcas Lebensweisheit, 1958; Ethos d. Künstlers u. Ethos d. Kunst, 1962; D. Immoralismus-Prozeß gegen d. franz. Lit. im 19. Jh., 1970; Renatae litterae, 1973; D. franz. Roman, 2 Bde. 1975; D. franz. Theater d. 16. u. 17. Jh., 1977; D. franz. Realismus von Stendhal bis Flaubert, 1979; Neues Handbuch d. Literaturwiss., Bd. 15, 1982; D. Rumänenbild im dt. Sprachraum, 1986; Rumänisch-deutsche Interferenzen, 1986. Mitherausg.: Archiv f. d. Stud. d. neueren Sprachen u. Lit.; Studia romanica.

HEITMEIER, Adolf
Dipl.-Ing., Direktor - Rüdigerstr. 27, 7000 Stuttgart-Feuerbach - Geb. 15. Jan. 1908 Dortmund, kath., verh. s. 1946 m. Anneliese, geb. Rupertus, S. Rainer - TH Berlin (Starkstromtechnik; Diplomprüf. 1934) - S. 1935 AEG; dazw. 1941-45 Wehrdst. 1954 ff. Vors. Fachabt. Transformatoren u. Meßwandler/ZVEI. 30 Patente In- u. Ausl. - Spr.: Engl., Franz.

HEITSCH, Ernst
Dr. phil., o. Prof. f. Klass. Philologie - Mattinger Str. 1, 8400 Regensburg (T. 3 19 44) - Geb. 17. Juni 1928 Celle (Vater: Ernst H., Vermessungsoberinsp.; Mutter: Luise, geb. Meineke), ev., verh. s. 1961 m. Paula, geb. Sötemann, 3 Kd. (Christian, Dorothea, Fabian) - Gymn.; Stud. Klass. Philol., Phil., Theol. Promot. 1955; Habil. 1960 - 1960 Privatdoz. Univ. Göttingen, 1966 apl. Prof. ebd., 1967 Ord. Univ. Regensburg; 1977 ord. Mitgl. d. Akad. d. Wiss. u. d. Literatur - BV: D. griech. Dichterfragmente d. röm. Kaiserzeit, 2 Bde. 1961/64 (I 2. A. 1963); Aphroditehymnos, Aeneas u. Homer, 1965; Hesiod, 1966; Ep. Kunstsprache u. homer. Chronologie, 1968; Gegenwart u. Evidenz b. Parmenides, 1970; D. Entdeckung d. Homonymie, 1972; Parmenides, 1974; Parmenides u. d. Anfänge d. Erkenntniskritik u. Logik, 1979; Recht u. Argumentation in Antiphons 6. Rede, 1980; Xenophanes, 1983; Antiphon aus Rhamnus, 1984; Platon üb. d. rechte Art zu reden u. zu schreiben, 1987; Überlegungen Platons im Theaetet, 1988. Zahlr. Fachaufs.

HEITZ, Ewald
Dr. rer. nat., Chemiker, Honorarprof. f. Physikal. Chemie Univ. Frankfurt/M., Leiter Abt. Werkstoffe u. Korrosion, Dechema-Inst. - Zu erreichen üb. DECHEMA, Theodor-Heuss-Allee 25, 6000 Frankfurt/M. - Geb. 3. Juni 1931.

HEITZ, Walter
Dr. rer. nat., Prof. f. Polymere Univ. Marburg - Am Schmidtborn 5, 3574 Kirchhain - Geb. 6. Juli 1932 Mainz, verh. s. 1961, S. Thomas - Chemiestud. Univ. Mainz; Promot. 1960; Habil. 1968 - 1974 Prof. f. Makromolekulare Chemie Univ. Marburg; 1985-89 Vice-Pres. d. Polymer Division d. Intern. Union of Pure and Applied Chemistry.

HEITZER, Hans
Dr., Vorstandsvorsitzer Bayernwerk AG. - Blutenburgstr. 6, 8000 München 2 - S. üb. 9 Jahren wie oben - 1985 Gr. BVK.

HEITZER, Willi
Vorstandsvorsitzer Landesversicherungsanstalt Oberbayern, München, Vors. Bundesverb. d. Ortskrankenkassen, Bonn, u. BdO/Landesverb. Bay., München - Thomas-Dehler-Str. 3, 8000 München 83 - 1986 BVK I. Kl.

HEIZLER, Rudolf
Journalist (Ps.: Maximilian Wolf) - Kastanienweg 2, 5042 Erftstadt (T. 02235 - 38 41) - Geb. 26. Nov. 1912 Karlsruhe (Vater: Artur H., Amtsgerichtsrat; Mutter: Maria, geb. Wolf), kath., verh. s. 1943 m. Maria, geb. Witwer, 2 Töcht. (Barbara, Petra) - Oberrealsch.; Univ. München (Rechtswiss.) - 1935-36 Volontär Germania, Berlin, 1937-41 Redakt. Frankfurter Ztg., 1941-45 Wehrdst., 1946-48 Redakt. Schwäb. Ztg., Leutkirch, u. Münchner Merkur (1947), 1948-61 Redakt. u. Chefredakt. (1949) Abendztg., München, s. 1961 Chefredakt. u. polit. Korresp. (1974), Kolumnist Köln. Rundschau/Bonner Rundschau. 1967ff. Lehrbeauftr. Univ. Mainz (Ztg.wesen). Stadtverordn.; Verwaltungsrat VG WORT. Mitverf.: Mein Rechtsberater - M. Steuerberat. BV: D. Exekution u. andere Beobachtungen e. Zeitzeugen - 1970 Theodor-Wolff-Preis; 1976 Ritter d. Ehrenlegion; 1982 BVK I. Kl. - Spr.: Engl., Franz.

HEIZMANN, Adolf
Lehrer i. R., Schriftsteller - Eschenstr. 1, CH-4123 Allschwil - Geb. 20. Sept. 1911 Thalwil b. Zürich, protest., verh. s. 1937 m. Gertrud, geb. Schweizer, 2 Kd. - Primar-, Real- u. Oberrealsch. Basel;

Lehrersem. Schiers. Lehrerdiplom 1931 Glarus - B. 1972 Hilfssch. f. entwicklungsgehemmte Kinder u. Mädchensekundarsch. (1962), beide Basel - BV (1946-58 s. XVIII. Ausg.): Treffpunkt Salling, Jgd.erz. 1962; In Grado fing es an, Jgd.erz. 1969; Wirbel um Anita, Jgd.erz. 1969; D. Fische sind an allem schuld, Jgd.erz. 1971; Flug in d. Vergangenheit, Erz. 1973. Div. Hörsp. - 1956 Jugendbuchpreis d. Basler Schulsynode, u. Anerkennungspr. d. Schweiz. Jugendschriftenwerks; 1976 Ehrenmitgl. Schweiz. Heilpäd. Ges.

HEIZMANN, Lieselotte,
geb. Stumpf

Verlegerin Uhu-Presse Merzhausen Lieselotte Heizmann (s. 1976) - Alte Str. 17, 7802 Merzhausen b. Freiburg (T. 0761 - 40 53 18) - Geb. 25. Aug. 1920 Offenbach/M., ev., verh. s. 1952 m. Theodor H., Schreinermeister, Sohn Lothar - Abit. 1938 Offenbach/M.; Ausb. b. d. Dichter Dr. Fritz Usinger, Mitgl. in versch. Ges. - Herausg.: Alterswerk v. Fritz Usinger, u.a. Große Elegie; Gesänge jenseits d. Glücks, Ged. d. J. 1976; D. geflügelte Sandale (1927); Endlose Wirklichkeit; Grund u. Abgrund, Ged. aus d. J. 1977/78; Rückblick u. Vorblick, Aufs.; Atlas, Ged. aus d. J. 1978 u. 1979; Alphabet-Gedichte; Miniaturen; Huldigung f. Hans Arp; Fritz Usinger Werke: Friedberger Ausgabe, hrsg. v. S. Hagen, e. Veröff. d. Uhu-Presse, angel. auf 6-8 Bde.; Siegfried Hagen: Chimärische Gesch., Wunderbar wahrt d. Wahrheit u. Einige Ged. (1985); Eigener Anteil, Ged. (1987); Rede f. Gotthard de Beauclair, 1988 - Liebh.: Lit. - Spr.: Franz., Engl. - Lit.: Kürschners Dt. Literaturkalender.

HEKTOR, Erich

Dr.-Ing., em. o. Prof. f. Geodäsie (Lehrstuhl II) u. ehem. Direktor Geodät. Inst. TH Aachen - Freiherrenstr. 9, 5100 Aachen-Richterich (T. 1 45 10) - Geb. 22. Mai 1921 Hofgeismar (Vater: Wilhelm H., Justizbeamter; Mutter: Margarete, geb. Kühn), ev., verh. s. 1951 m. Dr. Gisela, geb. Caselitz, 2 Söhne (Klaus, Jens) - Gymn. Bad Hersfeld (Abit. 1939); Univ. Jena (1943; Naturwiss.) u. Bonn (1946-49; Geodäsie); Dipl.-Ing. 1949; Promot. 1955 - 1955-68 Hess. Kataster- u. Vermessungsverw. (zul. Regierungsvermessungsdir. Landesvermessungsamt). 1965ff. Lehrbeauftr. TH Darmstadt. Mitgl. Dt. Geodät. Kommiss. b. d. Bayer. Akad. d. Wiss. (s. 1969). Spez. Arbeitsgeb.: Automatisierung vermessungstechn. Berechnungen, Sonderanwendungen d. Photogrammetrie - 1984 Gold. Sportabz. mit d. Zahl 5 - Liebh.: Tennis.

HELBICH, Peter

Pfarrer, Direktor Evang. Buchhilfe e. V. - Schöne Aussicht, Pf. 3180, 3502 Vellmar (T. 0561 - 82 60 81) - Geb. 1. Juni 1937 Bad Steben (Vater: Hans-Martin H., D. theol. Generalsuperintendent; Mutter: Marianne, geb. Kleiber), ev., verh. s. 1963 m. Edda, geb. Neumann, 4 Kd. (Hans-Martin, Christian, Marianne,

Ulrike) - Stud. Theol. Erlangen, Wien u. Berlin - Autor mehrerer Bücher üb. Sprache, Meditation, Gebet, Text-Bild-Bde. Herausg. v. Fachb., Anthol. u.a.

HELBICH, Wolfgang

Dr. phil., Prof. f. Neuere Geschichte (bes. Nordamerikas) Univ. Bochum - Äskulapweg 2, 4630 Bochum 1 (T. 0234 - 70 22 37) - Geb. 24. März 1935 Berlin (Vater: Hans H., Arzt; Mutter: Gertraud, geb. Carras), gesch., 2 Söhne (Hans, Thomas) - Abit. Berlin-Steglitz, 1953-60 FU Berlin, Heidelberg, Paris u. Princeton (Gesch., Angl., Roman.), BA Princeton 1958, Staatsex. Berlin 1960, Promot. FU Berlin 1962; 1964-66 American Council of Learned Societies fellow - BV: D. Reparationen in d. Ära Brüning, 1962; Franklin D. Roosevelt, 1971; Briefe aus Amerika, 1988; Alle Menschen sind dort gleich; 1988 - Liebh.: Ski, Übersetzungen - Spr.: Engl., Franz., Ital.

HELBIG, Gerd

Dr. phil., Fernsehjournalist - Zu erreichen üb. ZDF, Postf. 4040, 6500 Mainz 1 - 1973-75 USA-Korresp., 1975-80 Moderator auslandsjournal, 1980-84 Nahostkorresp., 1985 Moderator Heute Journal, s. 1986 USA-Korresp.

HELBIG, Hans-Dieter

Dr. med., Prof., Chefarzt Chirurg. Abt./ Städt. Kinderklinik Köln - Im neuen Forst 38, 5038 Hahnwald (T. 09296 - 6 47 56) - Geb. 17. Juni 1924 Braunschweig - S. 1961 (Habil.) Lehrtätigk. Univ. Würzburg (1967 apl. Prof.) u. Köln (apl. Prof.; Chirurgie, insb. Kinderchir.). Fachveröff.

HELBIG, Herbert

Dr. phil., Dr. jur. h. c., emerit. o. Prof. f. Mittelalterl. u. neuere Wirtsch.s- u. Sozialgesch. - Camphausenstr. 1, 1000 Berlin 37 (T. 801 73 58) - Geb. 4. Juli 1910 Leipzig (Vater: Paul H., Kaufm.; Mutter: Anna, geb. Liebschner), ev., verh. s. 1946 m. Dr. phil. Ursula, geb. Quilisch, 2 Kd. (Christiane, Fritz) - Schule Leipzig; Univ. Freiburg/Br. u. Leipzig (Gesch., German., Geogr.). Habil. 1949 Leipzig - S. 1951 Privatdoz., apl. (1956), ao. (1958) u. o. Prof. (1961) FU Berlin - BV: D. Kirchenpatrozinien in Sachsen, 1940; D. Reformation d. Univ. Leipzig im 16. Jh., 1953; D. Wettin. Ständestaat, 1955; D. Träger d. Rapallo-Politik, 1958; Urkunden z. dt. Ostsiedlung im Mittelalter, 2 Bde. 1968/69; Gesellsch. u. Wirtsch. d. Mark Brandenburg im MA, 1973 - Orden d. aufgehenden Sonne, Tokio 1974.

HELBIG, Ludwig

Dr. phil., Prof. f. Wiss. Politik u. Gemeinschaftskunde PH Ludwigsburg a. D. - Stoltzestr. 11, 6078 Neu-Isenburg - Geb. 10. Febr. 1925 Reichstädt (Eltern: Georg (Lehrer) u. Elisabeth H.), verh. s. 1950 m. Helga, geb. Ryssel, 2 Kd. (Ulrike, Ekkehard) - 1953 Studienrefer., 1956 -ass.; 1968 Oberstudienrat; 1970 Prof. - BV: Politik im Aufriß, Bd. I 6. A. 1981, II 4. A. 1981; Lernfeld Sozialisation, 1977; Lernf. 3. Welt, 1978; Sozialisation. E. Einführung, 1979; Politik im Aufriß 5/6, 1982; „Und sie werden im nicht mehr frei, ihr ganzes Leben". Kindheit u. Jugend im 3. Reich, 1982; Mythos Deutsch-Südwest, 1983 (zus. m. Helga H.); Politik im Aufriß, Ausg. B. 1985 (II); Schule u. Erziehung gegen Apartheid. Befreiungspäd. in Südafrika (zus. m. N. Alexander), 1988.

HELBIG, Reinhard

Dr. rer. nat., Prof. f. Physik Univ. Erlangen-Nürnberg (s. 1979) - Zeppelinstr. 23a, 8520 Erlangen (T. 09131 - 1 63 84) - Geb. 6. Juli 1938 Bad Wilsnack, ev., verh. s. 1961 m. Ingeburg, geb. von Kovatsits, 2 Kd. - 1956-64 Physikstud. Berlin u. Erlangen; Promot. 1970; Habil. 1976 - Ab 1964 wiss. Assist. Univ. Erlangen; 1984 Forschungsaufenthalt in d. Industrie - Spr.: Engl., Russ.

HELBLING, Hanno

Dr. phil., Leiter Feuilletonredakt. Neue

Zürcher Zeitung (NZZ) - Steinwiesstr. 21, CH-8032 Zürich (T. 01 251 95 28) - Geb. 18. Aug. 1930 Zuoz (Engadin), ref., verh. s. 1955 m. Barbara, geb. Gloor, 3 Kd. (Niklaus, Regine, Ursula) - Promot. 1953 Univ. Zürich (Gesch.) - Weit. Stud. Neapel, München, Rom - S. 1958 NZZ - BV: Arb. z. mittelalterl. u. z. neuesten Kirchen- u. Geistesgesch.; Übers. franz., ital. u. engl. Lit. - 1986 Johann-Heinrich-Voß-Preis Dt. Akad. f. Spr. u. Dichtung; 1987 Petrarca-Übersetzerpreis.

HELCK, Hans-Wolfgang

Dr. phil. (habil.), o. Prof. f. Geschichte u. Kultur d. Alten Orients - Knockenholt 5, 2000 Hamburg 65 (T. 536 25 44) - Geb. 16. Sept. 1914 Dresden - 1951 Privatdoz. Univ. Göttingen; 1957 apl., 1963 o. Prof. Univ. Hamburg - BV: D. Einfluß d. Militärführer in d. 18. ägypt. Dynastie; Beamtentitel d. Alten Reiches; Manetho u. d. ägypt. Königslisten; Urkunden d. 18. Dynastie; Verw. d. Mittleren u. Neuen Reiches; Bezieh. Ägyptens zu Vorderasien; Betrachtungen z. Gr. Göttin; D. altägypt. Gaue; Politische Gegensätze im Alten Ägypten; Unters. u. Thinitenzeit.

HELD, Christa,
geb. Fleischmann

Schriftstellerin (Ps. Ruth Flensburg) - Bayernring 28, 1000 Berlin 42 (T. 030 - 786 13 14) - Geb. 12. Aug. 1929 Riga, ev.-freikirchl., verh. s. 1950 m. Wolfgang H., 3 Kd. (Cornelia, Christian, Claus-Martin) - Obersch. East-London/Süd-Afrika (ohne Abschl.), Höh. Handelssch. Berlin; Senatsausb. als Lehrerin (1. u. 2. Staatsex.). Kinder- u. Frauenarb. in der Kirche - BV: Nachtwache d. Eva Billinger, 1965; Aufruhr in d. Neunten, 1960 u. 79; Dodo, 1963; Pardon - ich komm' wohl etwas überraschend, 1983; Hast Du mir was mitgebracht, 1984; Können Engel Auto fahren?, 1987; div. Übers. aus d. Engl. - Liebh.: Lesen - Spr.: Engl. - Bek. Vorf.: Pastor Erich Fleischmann, bek. See- u. Landschaftsmaler in Süd-Afrika.

HELD, Ernst

Unternehmer, Präs. Handwerkskammer Konstanz, Kreisrat - Münsterplatz 3, 7750 Konstanz/B. - Geb. 16. April 1919 - Mitgl. Rundfunkrat SWF.

HELD, Günter

Dr. jur., Botschafter Vereinigte Arabische Emirate Abu Dhabi - Postf. 1500, 5300 Bonn 1 - Geb. 20. Juni 1935 Bernburg (Vater: Wilhelm H., Studienrat; Mutter: Margarete, geb. Fischer), ev., verh. s. 1982 m. Angelika, geb. Malek, 2 Töcht. (Claudia, Candida) - Stud. Rechts- u. Wirtschaftswiss. I. Jurist. Staatsex. 1957; Promot. 1963 - Botschaften Tunis, Beirut, Kairo, Djidda, Freetown; 1972-76 Botschaft. Sanaa/Aden, Ausw. Amt, 1979-83 Botsch. Tripolis, 1983-87 Kampala; s. 1987 Botsch. Abu Dhabi - Spr.: Engl., Franz., Arab.

HELD, Heinz Joachim

Dr. theol., Dr. h. c., Präsident im Kirchenamt d. Ev. Kirche in Deutschl., Leit. d. Hauptabt. Ökumene u. Auslandsarb. (Kirchl. Außenamt) - Herrenhäuser Str. 12, 3000 Hannover 21 - Geb. 16. Mai 1928 Wesseling/Rh. (Vater: Heinrich H., Pfarrer, zul. Präses d. Ev. Kirche im Rhld.; Mutter: Hildegard, geb. Röhrig), ev., verh. s. 1959 m. Anneliese, geb. Novak, 4 Kd. (Annedore, Ulrike, Beate, Joachim) - Goethesch. Essen, Stud. Theol. Wuppertal, Göttingen, Heidelberg, Bonn. Promot. 1957 Heidelberg - 1953-56 Assist. Kirchl. Hochsch. Wuppertal, 1957-64 Pfarrer in Friedrichsfeld/Ndrh., 1964-68 Theol. Lehrer a. d. Luth. Fakultät in José C. Paz b. Buenos Aires, 1968-74 Kirchenpräs. Ev. Kirche am La Plata in Buenos Aires - BV: Matthäus als Interpret d. Wundergesch., in Überlief. u. Ausleg. im Matthäusevangelium, 1960 (m. G. Bornkamm, G. Barth) - 1985 Ehrendoktor Ev. (Luth.) Theol. Akad. Budapest - Spr.: Engl., Span.

HELD, Hubert

Dipl.-Volksw., Schriftsteller - Tübinger Str. 24, 7400 Tübingen 2-Weilheim - Geb. 1926 - Stud. Volksw. u. Pharmazie Univ. Freiburg - BV/Lyrik: Klagende Gitter, 1974; D. Kreis, 1975; Fallende Engel, 1976; D. schwarze Nachtigall, 1977; Verbrannte Erde, 1980; Landleben, 1982; Heimatlos, 1983; Um d. Taubergießen, 1986; D. gläserne Dach, Erz. 1988 - 1985 AWMM-Lyrikpreis.

HELD, Julius S.

Dr. phil., em. Prof., Kunsthistoriker - 81 Monument Ave. Bennington, Vt. USA. 05201 - Geb. 15. April 1905 Mosbach/Baden - Stud. Heidelberg, Berlin, Wien, Freiburg - 1931-33 Assist. Berliner Museen; 1934 emigr.; 1935-41 Lecturer, New York Univ.; 1937-44 Barnard College, Columbia Univ.; 1944-50 Assist. Prof. Barnard College, Columbia Univ.; 1950-54 Assoc. Prof. u. 1954-70 Prof. ebd.; 1967-70 Chairman Art History Department. 1944 Visiting Lecturer, Bryn Mawr College, 1946-47 The New School, 1954 u. 1958 Gastprof. Yale Univ., 1969 u. 1974 Clark Prof. of Art, Williams College, 1972-73 Andrew W. Mellon Prof., Pittsburgh Univ., 1975-81 Gastprof. Williams College - BV: Rubens in America (m. Jan-Albert Goris), 1947; Rubens, Selected Drawings (2 vols.), 1959, 2. A. 1986; Rembrandt's Aristotle and Other Rembrandt Studies, 1969; 17th and 18th Century Art; Baroque Painting, Sculpture and Architecture (m. Donald Posner), 1972; The Oil Sketches of Peter Paul Rubens, 1980; Rubens and His Circle (A Collection of Ess.), 1982; Flemish and German Paintings of the 17th Century in the Detroit Inst. of Arts, 1982; Rembrandt-Studien, Seemann-Beitr. z. Kunstwiss., 1983; Rubens Studien, Seemann-Beitr. z. Kunstwiss., 1987. Üb. 100 Art. in führenden Kunstperiodika - 1972 Doctor of Letters h.c. Williams College; 1977 Doctor of Letters h.c. Columbia Univ.; 1982 Governor's Award for Excellence in the Arts (Vermont); 1983 Doctor of Fine

Arts, Dickinson College; 1986 Ehrendoktor Univ. Heidelberg. Div. Mitgliedsch. in intern. Kunstvereinig.

HELD, Jutta
Dr., Prof. f. Kunstgeschichte Univ. Osnabrück - Voigts-Rhetz-Str. 1a, 4500 Osnabrück - Stud. Univ. Tübingen, Freiburg, Madrid u. Hamburg - Prof. Queen's Univ. Kingston/Kanada; Gastprof. Los Angeles - BV: D. Genrebilder d. Madrider Teppichmanufaktur u. d. Anfänge Goyas, 1971; Francisco Goya, 1980; Kunst u. Kunstpolitik in Deutschl. 1945-49, 1981; Kunst u. Alltagskultur, 1981 (Hrsg.); Kultur zw. Bürgertum u. Volk, 1983 (Hrsg.); Kunst u. Kultur v. Frauen (Loccumer Protokolle 1/85), 1985 (Hrsg.); A. Watteau, Einschiffung nach Kythera, 1985; u. a. Veröff. üb. Kunst d. 17.-20. Jh.

HELD, Klaus
Dr. phil., Prof. f. Philosophie GH Wuppertal (s. 1974) - Worringer Str. 57, 5600 Wuppertal 1 - Geb. 1. Febr. 1936 Düsseldorf (Vater: Josef H., Gebrauchsgraphiker; Mutter: Lieselotte, geb. Steinkuhl), kath., verh. s. 1963 m. Margret, geb. Albert, 3 Kd. (Angela, Bettina, Georg) - Wilhelm-Dörpfeld-Gymn. Wuppertal; Univ. München, Freiburg/Br., Bonn, Köln (Klass. Philol., Phil.). Promot. (1962) u. Habil. (1969) Köln - 1971-74 Wiss. Rat u. Prof. TH Aachen; 1985 Ruf an d. Univ. Tübingen - S. 1987 Präs. d. Dt. Ges. f. phänomenologische Forsch. - BV: Lebend. Gegenwart, 1966; Heraklit, Parmenides u. d. Anfang v. Phil. u. Wiss., 1980; Stato, interessi e mondi vitali, 1981. Herausg. v. Werken E. Husserls u. M. Heideggers. Zahlr. Fachaufs.

HELD, Kurt
Landrat Kr. Kulmbach (1970-84) - 8650 Kulmbach/Ofr. - Geb. 14. Aug. 1917 Trebgast - Zul. Rektor. Überparteil. Wählergemeinsch. Kulmbach (ÜWG).

HELD, Martin
Prof. E.h., Schauspieler - In der Halde 9, 1000 Berlin 33 - Geb. 11. Nov. 1908 Berlin, verh. s. 1967 m. Lore, geb. Hartling, 3 Söhne (Thomas (aus 1. Ehe †1961), Albert, Maximilian) - Staatl. Schauspielsch. Berlin (L. Jessner) - S. 1931 bühnentätig, u. a. Albert-Theat. Dresden, Stadttheater Bremen, Landestheater Darmstadt, Städt. Bühnen Frankfurt/M. (1941) u. Berlin (1951 ff. m. Unterbr.; Graf Almaviva, Wehrhahn, Malvolio, Jacques, Graf Leicester, Don Juan, Mephisto, Obermüller, Orlas, Holofernes, Prospero, Sir Novelty Fashion, Falstaff u. a.). Film: u. a. Canaris, Alibi, Vor Sonnenuntergang, D. Barrings, Spion f. Dtschl., D. Hptm. v. Köpenick, Banktresor 713, D. Fuchs v. Paris, Nasser Asphalt, Meine Tochter Patricia, Rosen für den Staatsanw., Bumerang, D. letzte Zeuge, D. Ehe d. Herrn Mississippi, Frau Cheneys Ende, 90 Min. n. Mitternacht, D. schwarz-weißrote Himmelbett, E. fast anständ. Mädchen, D. große Liebesreigen, Verdammt z. Sünde, Lange Beine - lg. Finger, Fast e. Held, D. Weihnachtsmann kommt nicht nur im Dezember, D. Herren m. d. weißen Weste; Fernsehen: D. Hose, Spion unt. d. Haube, Rumpelstilz, Yvonne - Prinzessin v. Burgund, Frohe Ostern, Eines lg. Tages Reise durch d. Nacht, Unordnung u. frühes Leid (daf.: i. Kairo: „Goldene Nofretete“, 1977), D. Pfingstausflug u. a. - 1952 Preis Verb. d. dt. Kritiker, 1955 Bundesfilmpreis/Filmband in Gold (für: Heydrich, in: Canaris), 1958 Berliner Kunstpreis, 1967 Ernst-Lubitsch-Preis Club d. Filmjourn. (f.: Lg. Beine - lg. Finger), 1970 Gold. Kamera (f.: Prof. Leu, in: Rumpelstilz) u. Preis f. d. beste männl. Darstell. VII. Intern. Filmfestival Prag (f.: Prof. Leu); 1968 Ehrenmitgl. Schiller- u. Schloßpark-Theater Berlin; o. Mitgl. Dt. Akad. d. darstell. Künste, Hamburg (1956) u. Akad. d. Künste Berlin (1961); 1958 BVK I. Kl., 1973 Gr. BVK, 1981 Stern dazu; 1980 Gold. Vorhang Berliner Theaterd. u. Bundesfilmpreis/ Filmbd. in Gold; 1963 Berliner Staatsschausp. - FS/ARD: Begegnung m. M. H. (10. Nov. 1973) - Rotarier.

HELD, Philipp
Dr. jur., Bayer. Staatsminister f. Justiz - Dr.-Radlmeier-Straße 1, 8050 Wolfersdorf 1 (T. dstl.: 089 - 5 59 71) - Geb. 2. Dez. 1911 Regensburg/Donau (Vater: Dr. phil. Dr. oec publ., Dr.-Ing. E. h. Heinrich H., Verleger (Verlag Josef Held), 1924-33 Bayer. Ministerpräs. (s. X. Ausg.); Mutter: Marie, geb. Habbel), kath., verh. s. 1939 m. Hedwig, geb. Peslmüller - Gymn. Metten; Univ. München, Erlangen, Berlin (Rechts- u. Staatswiss.). Gr. jurist. Staatsprüf. München - Gerichtsass. u. Amtsgerichtsrat Lindau u. Freising; 1940-45 Wehrdst.; 1945 Reg.srat Landratsamt Freising; 1945-66 Landrat Kr. Freising; s. 1966 bayer. Justizmin. 1954-75 MdL Bayern. 1960-66 Präs. Dt. Landkreistag. CSU - 1959 Bayer. VO., 1969 Gr. BVK m. Stern, 1974 Schulterbd. dazu; Goldmed. f. bes. Verdienste um d. kommunale Selbstverw; 1985 Bayer. Verfassungsmed. in Gold.

HELDMAIER, Gerhard
Dr. rer. nat., Prof. f. Tierphysiol. Univ. Marburg (s. 1982) - Im Hain 9, 3550 Marburg (T. 06421 - 28 34 09) - Geb. 3. Aug. 1941 Schrozberg, ev., verh. s. 1965 m. Margarete, geb. Herrmann, 2 S. (Wolfram, Clemens) - Stud. Univ. Tübingen (Biol., Chemie, Geogr.); Promot. (Zool.) 1969; Habil. 1975 München - 1976-82 Prof. f. Zool. Univ. Frankfurt; Sprecher Sonderforsch.-Bereich 305 Ökophysiologie Verarbeitung von Umweltsignalen - Zahlr. Veröff. in wiss. Fachztschr. (u.a. Nature, Science, J. comp. Physiol.) - Liebh.: Musik - Spr.: Engl.

HELDMANN, Horst
Dr. oec., Ministerialdirektor - Lommerwiese 17b, 5330 Königswinter/Rh. (T. 2 45 07) - Geb. 24. Jan. 1930 Würzburg (Vater: Josef H., Bundesbahnoberrat; Mutter: Irma, geb. Müller), kath., verh. s. 1959 m. Elfriede, geb. Pühler, 3 Söhne (Christian, Michael, Stephan) - Volkssch. Würzburg, Nürnberg, Stettin, 1940-49 Obersch. Stettin, Lohr/M., Nürnberg; 1949-52 Univ. Erlangen, 1957-58 Hochsch. f. Wirtschafts- u. Sozialwiss. Nürnberg (Promot. m. Prädikat). Jurist. Staatsprüf. 1953 u. 57 (m. Präd.) - B. 1959 Bundesbahn (zul. Bundesbahnrat u. Leit. Güterabfertig. Hamburg-Wandsbek), dann Bundesverkehrsmin. (1964 Oberreg.rat, 1966 -dir., 1969 Min.rat, 1972 -dirig., 1973 -dir. u. Leit. Zentralabteilung), AR-Mitgl. Ges. f. Nebenbetriebe auf Bundesautobahnen (Vors.), Rhein-Main-Donau AG u. Bayer. Lloyd AG - Liebh.: Literatur, Wandern, Sport (1947ff. Mitgl. 1. FC Nürnberg; 1951 bayer. Handballmeistersch.) - Spr.: Engl.

HELDMANN, Werner
Dr. phil., Prof. f. Erziehungswissenschaft Univ. Düsseldorf - Albecker Steige 32, 7900 Ulm (T. 0731 - 2 25 77) - Geb. 20. Dez. 1927 Remscheid - Promot. 1953 - Zul. Prof. Univ. Düsseldorf - BV: u. a. Ges. - Bildung - Schule, 1960; Ausb. d. Lehrer an Gymnasien (Hg.), 1968; Lehrerausb. u. Bildungsplanung, 1973; Gymn. u. mod. Welt, 1980; Studierfähigk. - Ergebnisse e. Umfrage, 1984. Herausg.: Studierfähigk. durch berufl. Ausbildung? (1986); Studienfähigk. - konkret (1987); Gymnasiale Bildung. Erziehung f. d. Lebenswelt (1988).

HELDRICH, Andreas
Dr. jur., Prof. f. Bürgerl. Recht, Intern. Privatrecht, Rechtsvergl. u. -soziol. - Kolberger Str. 29, 8000 München 80 (T. 98 29 75) - Geb. 20. Jan. 1935 Jena (Vater: Prof. Dr. jur. Karl H., Ord. d. Rechte (s. X. Ausg.); Mutter: Lotte, geb. Salzer), kath., verw. - Gymn.; Stud. Rechtswiss. Jurist. Staatsprüf. 1957 u 61; Promot. 1959; Habil. 1965 (alles München) - 1958-62 wiss Assist. München; 1962-65 wiss. Ref. Hamburg; s. 1965 Ord. Münster (Dir. Inst. f. Rechtsvergl.) u. München (1972; Vorst. Inst. f. Intern. Recht); 1979-82 Vors. Wissenschaftsrat - BV: D. allgemeinen Rechtsgrundsätze d. außervertragl. Schadenshaft im Bereich d. Europ. Gemeinsch., 1961; Intern. Zuständigkeit u. anwendbares Recht, 1969; Gerechtigkeit als Beruf, 1982; Freiheit d. Wiss. - Freiheit z. Irrtum?, 1987. Mitarb.: Palandt, BGB (s. 33. A. 1974) - Spr.: Engl., Franz.

HELDT, Andreas
s. Pfeiffer-Belli, Erich

HELDT, Hans Walter
Dr. phil., Dipl.-Chem., Prof. f. Biochemie - Ludwig-Beck-Str. 5, 3400 Göttingen - Geb. 3. Jan. 1934 Berlin (Vater: Johann H., Rektor; Mutter: Charlotte, geb. Kratz), ev., verh. s. 1960 m. Fiona, geb. Stewart, 3 S. (Philipp, Oliver, Nikolaus) - Chemiestud. Innsbruck, Edinburgh, Marburg - 1970-78 Priv.-Doz. u. Prof. München; 1978 Prof. f. Biochemie d. Pflanze Univ. Göttingen. Forschungsgeb.: Mitochondrienstoffwechsel, Metabolittransport in Chloroplasten, Regulat. d. Photosynthese u. d. Zuckerstoffwechsels in grünen Pflanzenzellen. Zahlr. Veröff. u. a. in Biochimica Biophysica Acta u. Plant Physiology.

HELDT, Hans-Joachim
Botschafter d. Bundesrep. in Tschad (s. 1984) - B.P. 893, N'Djamena-Tschad - Zul. Botsch. in Benin.

HELFENBEIN, Karl-August
Dr. phil., Prof. f. Erziehungswissenschaft (Schwerp. Päd. u. Didakt. d. Primarstufe) Univ. Gießen - Am Kalkofen 2, 6420 Lauterbach - Geb. 20. Aug. 1929 Lauterbach/Oberhess. (Vater: Georg H., Dipl.-Ing.; Mutter: Ida, geb. Holler), ev. - Abit. Aufbauschule Fulda 1948, PI Darmstadt 1949-52, Univ. Frankfurt 1952-60, Staatsprüf. 1952 u. 55, Promot. 1965 Frankfurt/M. - 1952-57 Lehrer in Dornheim u. Groß-Gerau, 1961-63 Assist. Comenius-Inst. Münster/W., 1963-67 wiss. Assist., 1970 Oberstudienrat in Hochschuld., 1974 Prof. Univ. Gießen - BV: D. Sozialerzieh. d. Dürerschule Hochwaldhausen-Z. Geschichte u. Analyse e. reformpädag. Institution, 1987; Gr. Aufs. z. Syst. Erziehungswiss. u. Bildungsgesch. - Interess.: Phil., Mod. Lit., Gesch. - Liebh.: Schwimmen, Gartenarb., Gestalt. v. Essays f. Tageszig. - Spr.: Engl.

HELFER, Christian
Dr. jur., o. Prof. f. Vergl. Kulturwissenschaft Europas - Kapellenäckerstr. 3, 8000 München 50 (T. 14 24 87) - Geb. 8. März 1930 Plauen/Vogtl. (Vater: Dr. jur. Alfred H., Landgerichtsdir.; Mutter: Annemarie, geb. Sturm), ev., verh. s. 1960 m. Leonie, geb. v. Massow, 3 Kd. (Malte, Sarah, Afra) - Gymn. Plauen (1940-45) u. Bad Harzburg (1946-49); 1949-53 Stud. Rechtswiss. Erlangen u. Bonn; Promot. 1956 Bonn; 1958 Ass., 1959 Diplomé du Collège d'Europe, Bruges; 1959/60 Stud. neuere Gesch. Univ. Montreal; 1960-62 Assist. Hochsch. f. Sozialwiss. Wilhelmshaven; 1962-66 Assist. Univ. Göttingen, Habil 1966; ab 1966 Privatdoz. - S. 1969 Ord. Univ. Saarland - BV: Lexicon Auxiliare (dt.-lat. Wörterb.), 2. A. 1985; Kösener Brauch u. Sitte, 1987. Rechts- u. kriminalhist. Fachveröff. - 1978 Mitbegr. Societas Latina, Saarbrücken - Spr.: Engl., Franz., Span., Lat. - Liebh.: Schach - Bek. Vorf.: Clemens Müller (1828-1902), Industrieller Dresden (Urgroßv. ms.).

HELFFERICH, Rudolf
Dipl.-Ing., Geschäftsführer Deilmann-Haniel GmbH, Haniel & Lueg GmbH, bde. Dortmund - Rosa-Luxemburg-Str. Nr. 36, 4600 Dortmund - Geb. 7. Juli 1924 - AR-Mitgl. Gebhardt & Koenig Gesteins- u. Tiefbau GmbH, Recklinghausen; Beiratsvors. Wix + Liesenhoff GmbH, Dortmund.

HELFFERT, Maximilian
s. Görgen, Hermann M.

HELFRICH, Erwin
Kaufmann, Kompl. Nicoline Herrenwäschefabrik, Mannheim, Vors. Industrieverb. Wäsche- u. Hausbekleid., Bielefeld - Apfelstr. 9, 6941 Gorxheimertal/BW.

HELFRICH, Hans-Peter
Dr. rer. nat., Prof. f. Praktische Mathematik, Math. Sem. d. Landwirtschaftl. Fak. Univ. Bonn - Nußallee 15, 5300 Bonn 1.

HELFRICH, Heinz
Dr., Prof. f. Englisch, einschl. d. Didaktik, Erziehungswiss. Hochschule Rheinland-Pfalz/Abt. Landau (s. 1973) - Hussongstr. 18, 6750 Kaiserslautern - Geb. 22. Jan. 1935 Lemberg/Pf. - Promot. 1971.

HELFRICH, Rudolf

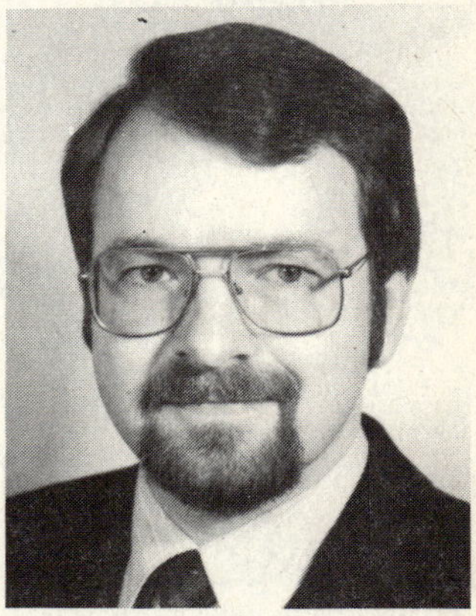

Dipl.-Volksw., Bundesgeschäftsführer Bildungswerk d. DAG u. Dt. Angestellten-Akad. (DAA), Geschäftsf. Bildung u. Reisen GmbH - Zu erreichen üb. Bildungswerk d. DAG, Holstenwall 5, 2000 Hamburg 36 - Geb. 28. Febr. 1953 Köln (Vater: Valentin H., Techn. Angest.; Mutter: Sibilla, geb. Diefenbach), ledig - 1976-79 Stud. Volks- u. Betriebswirtsch., Soziol. u. Rechtswiss. Hochsch. f. Wirtsch. u. Politik Hamburg - Zahlr. Auslandsreisen, u. a. nach Japan, China, Malaysia, Singapur, Indien, Nepal, Ägypten, Sowjetunion, Nord-, Mittel- u. Südamerika. Stv. Vors. Intern. Jugendaustausch- u. Besucherdienst d. Bundesrep. Deutschl. (IJAB); AR-Mitgl. DAG-Technikum GmbH; stv. Vors. DAG-Bildungswerk f. kulturelle u. polit. Bildung in Hamburg; Vorst. Verein z. Förderung d. Dt. Sprache; 1983-85 Vors. Dt. Bundesjugendring u. 1985 stv. Vors. Nat. Kommiss. f. d. Intern. Jahr d. Jugend (IJJ).

HELGE, Hans
Dr. med., o. Prof. f. Kinderheilkunde FU Berlin (gf. Dir. Kinderklinik/Kaiserin-Auguste-Victoria-Haus) - Heubnerweg 6, 1000 Berlin 19; priv.: Oldenburgallee 7.

HELL, Harald
Dr. phil., Hypnose-Therapeut, Traumanalytiker, Doz. Akad. f. Heilpädagogik München - Seydlitzpl. 6, 8000 München 50 (T. 089 - 14 53 46) - Geb. 18. Febr. 1936 München, kath., verh. s. 1961 m. Irmentraud, geb. Lauer, 2 S. (Bernhard, Lothar) - Stud. Phil., Soziol., Päd., Psych. Univ. München (Promot. 1970); Hypnoseausb. u.a. IAP-Inst. München; Ausb. f. Autogenes Training: Unterstufe u. Oberstufe - Tätigk.: Hypnose, Traumanalyse, Kurse f. Autogenes Training (Unter- u. Oberstufe) f. Erwachsene u. Kinder - Liebh.: Schach.

HELL, Rudolf
Dr.-Ing., Dr.-Ing. E. h., Fabrikant (Nachrichtengeräte, Elektron. Satz- u. Reproduktionstechnik) - Bismarckallee 6, 2300 Kiel - Geb. 19. Dez. 1901 Eggmühl (Vater: Karl H., Amtm.; Mutter: Lidwina, geb. Meyringer), verh. I) m.

Martha, geb. Pahlke, II) 1968 m. Jutta, geb. Remme, T. Veronika - TH München. Promot. München (Diss. üb. Funkpeilung) - S. 1929 eig. Fa. Berlin u. Kiel (1947; 1971 GmbH., Mehrheitsbeteilig. Siemens AG.; b. 1972 gf. Gesellsch., dann AR-Vors.). Viele Erf., dar. Bildzerlegerröhre f. d. Fernsehen (1925) u. Hellschreiber (1929) - 1967 Gr. BVK, 1980 Stern dazu; 1968 Ullstein-Ring u. Kieler Kulturpreis; 1973 Ehrendoktor Univ. München; 1977 Gutenbergpreis Stadt Mainz; 1978 Werner-v.-Siemens-Ring; 1980 Ehrenvors. AR Dr.-Ing. Rudolf Hell GmbH; 1980 Robert F. Reed-Technology-Med.; 1981 Med. f. Verdienste um d. graf. Ind.; 1979 Ehrenbürger Univ. Kiel; 1981 Ehrenbürger Stadt Kiel - Liebh.: Segeln (Mitgl. KYC) - Spr.: Engl.

HELLBERG, Dagmar

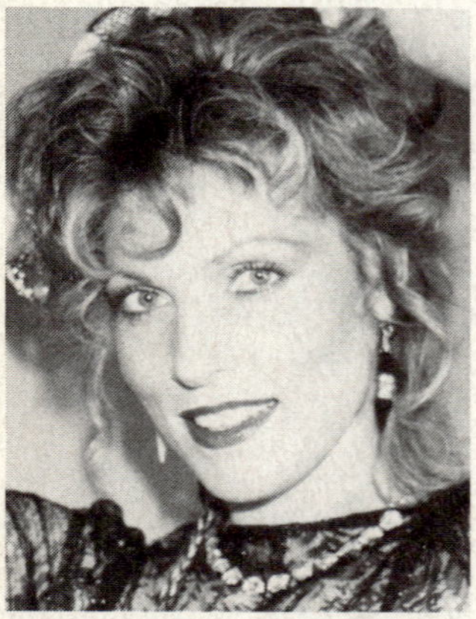

Schauspielerin u. Sängerin - Waldtruderinger Str. 29, 8000 München 82 - Geb. 17. Jan. Karlsruhe, ev., verh. s. 1980 m. Dr. phil. Helmut Schorlemmer, Regiss. - Als Kind div. Auftritte b. Funk u. TV im In- u. Ausl. gem. m. d. Eltern; 1965-72 Klavier-, Gesangs- u. Harmonielehreunterr. Karlsruhe; Abit.; 1975-78 Stud. German./Gesch. Univ. Heidelberg u. München; 1981-83 Schauspielsch. Ruth v. Zerboni, München; Ballettstud. in Klassik-, Jazz- u. Stepptanz u.a. b. William Milié, München; Pantomime b. Samy Molcho, Wien u. Andy Geer, München - S. 1978 Sängerin in Münchner Musikstudios; 1979 Gründungsmitgl. d. Vokalgr. The Hornettes; später Jazz-Rockformation Panarama, sow. Gastsängerin b. versch. Schallplattenprodukt. u.a. f. Klaus Doldinger, Michel Kunze, Milva, Marius Müller-Westernhagen; dan. 1981-85 Moderatorin b. BR (Send. Pop nach 8 und Nachtrock Intern.), b. WDR (Send. Show-Mix); s. 1981 fr. Schausp. u. Sängerin an versch. Bühnen in Dtschl., Österr. u. Schweiz, u.a. in Andre Hellers Flic-Flac (1981), Brechts Dreigroschenoper (1982), Giraudoux' Trojanischem Krieg (1983), John Hopkins' Losing Time (1986). Musicals: als Eva Peron in Evita 1986/87; Berlin, Theater d. Westens in d. Musicals Guys & Dolls u. Company (Regie: Helmut Baumann), 1984-86; als Nancy in Oliver (Regie: Prof. August Everding), 1987. Mitwirk. in TV-Musiksend. u.a. RTL-Plus, WWF-Club, Aktuelle Schaubude, als Schausp. in TV-Prod. u.a. Der Alte, Hess. Gesch., Lukas & Sohn, Hotel Paradies, Plattenaufn. als Solistin, als Mitgl. d. o.a. Gruppen, sowie Duettpartn. v. Angelika Milster b. d. dt. Originalversion a. d. Musical Chess - Liebh.: Musik, Songschreiben, Malen, Tanz, Sport - Spr.: Engl., Franz. - Vorf.: Hellberg-Duo, bek. dt. Gesangsduo (Eltern).

HELLBORN, Klaus

s. Rhein, Eduard

HELLBRÜGGE, Theodor

Dr. med., Dr. h. c., o. Prof. f. Sozialpädiatrie, Kinderarzt, Dir. Inst. f. Soz. Pädiatrie u. Jugendmed. Univ. München - Aitelstr. 15, 8084 Inning/Ammersee (T.

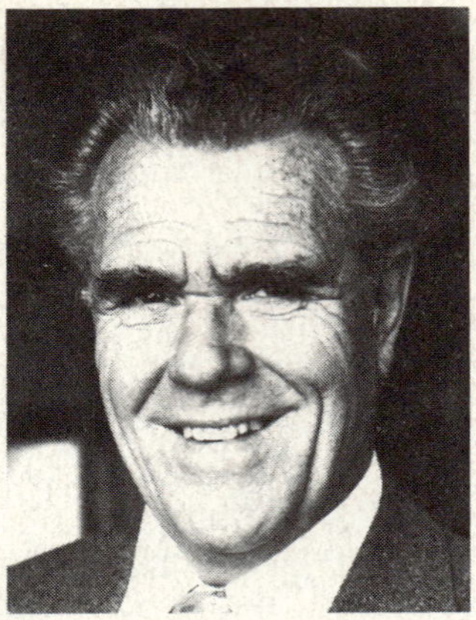

08143 - 6 57) - Geb. 23. Okt. 1919 Dortmund (Vater: Dr. med. Theodor Christian H., Arzt; Mutter: Johanna, geb. Busch), verh. s. 1943 m. Jutta, geb. Thiemann, 6 Kd. - Univ. Münster/W. u. München. Med. Staatsex. 1945 - S. 1954 (Habil.) Privatdoz. u. a.o. Prof. (1960) u. o. Prof. (1976) Univ. München; Vorstandsvors. Stiftg. f. d. Behinderte Kind, u. Aktion Sonnenschein-Hilfe f. d. mehrfach behinderte Kind; Leiter d. Dt. Akad. f. Entw.-Rehabilitation; Gründ. Kinderzentrum München (1968) als Modell e. interdisziplin. Entw. Rehabil. einschl. Montessori-Kindergärten u. -Schulen m. Erzieh. gesunder u. behinderter Kinder - BV: Konnatale Toxoplasmose, 1957; Schlafen u. Wachen in d. kindl. Entw., 1959; Gesundheit u. Leistungsfähigkeit im Kindes- u. Jugendalter, 1960; Vorsorgeunters. b. Jugendlichen, 1962; Kindl. Entw. u. Sozialumwelt, 1962. Mitarb.: Handb. d. Kinderheilkd. (Bd. II/1: Pädiatr. Diagnostik, II/2: Pädiatr. Therapie, III: Soz. Pädiatrie); Probl. d. behindert. Kindes, 1973; Kindl. Sozialis. u. Sozialentw., 1975, 2. A. 1978; Integr. Erzieh., 1975; D. ersten 365 Tage im Leben e. Kindes, 1973 (Span. 1975, Holl. 1976, Griech. 1976, Fläm. 1978, Franz. 1979, Jap. 1979, Korean. 1980, Serbokroat. 1980, Engl. 1981), 5. A. 1975; D. sollten Eltern heute wissen, 1977; Unser Montessori-Modell, 1977; D. Montessori-Pädag. u. d. behind. Kind, 1978; D. Münchener Funktion. Entw.diagn., 1978 (Jap. 1979, Span. 1980); D. Kind v. 0-6, 1979; D. Kinder ausl. Arbeitnehmer, 1980; Klin. Sozialpädiatrie - e. Lehrb. d. Entw. Rehabil. im Kindesalter, 1981; Entw. d. kindl. Sexualität, 1982; Perinatalstudie Nieders. u. Bremen, 1983; Screening u. Vorsorgeunters. im Kindesalter, 1985; Entwicklungs-Rehabilitation in Japan u. d. Bundesrep. Deutschl., 1985; Drogen im Kindes- u. Jugendalter, 1988; Erkrankungen m. Immunschwäche, einschl. AIDS, 1988. Schriftltr. Fortschritte d. Medizin u. Kinderarzt. Herausg.: Sozialpäd. in Praxis u. Klinik; Kindergesundheit; Kinderkrankenschwester; Videoztschr. tele-forum Kinderarzt; Schriftenr.: Documenta Pädiatrica; Fortschritte d. Sozialpäd. Üb. 800 Einzelarb. in Handb. u. Ztschr. - 1959 Moro-Preis Dt. Ges. f. Kinderheilkd.; 1964 Ernst-v.-Bergmann-Plak.; 1968 Wischnewsky-Med.; 1973 Theodor-Heuss-Preis; 1977 Pestalozzi-Preis; 1978 Bayer. VO.; 1981 BVK; 1984 Gold. Ehrenplak. Dt. Parit. Wohlfahrtsverb.-Gesamtverb.; 1986 Meinhard-von-Pfaundler-Med.; Ehrendoktor Soph. Univ.; Ehrenmitgl. poln. u. türk. Ges. f. Kinderheilkd. u. d. Berufsverb. d. Kinderärzte Deutschlands; korr. Mitgl. Österr. Ges. f. Kinderheilkd.; 1984 Amriswiler Apfelbaum, Preis d. Schweizer Akad. Amriswil f. hervorrag. Verd.; Ehrenmitgl. Berufsverb. d. Kinderärzte Deutschlands; 1987 Gr. BVK - Lit.: D. Kinderarzt als Pädagoge v. Bernhard Hassenstein; Begegn. m. Th. H. v. Dino Larese; Johannes Pechstein, Th. H. in d. Akad. Amriswil am 12. Febr. 1984; Kurt Hartung, Prof. Dr. Dr. h. c. Th. H. z. 65. Geb.; Werner Schmid, D. Kinderärzte u. ihr Kinderarzt; Norbert Beleke, Unkompliziert u. phänomenal.

HELLENBROICH, Heribert

Präsident a. D. Bundesnachrichtendienst (BND), München - Barthelstr. 75, 5000 Köln 30 - Geb. 1937 Köln (Vater: Lehrer) - Stud. Rechtswiss., Ass.ex. - 1970ff. Bundesamt f. Verfassungsschutz (1980 Leit. Grundsatzabt., 1981 Vizepräs., b. 1985 Präs.). CDU.

HELLENTHAL, Wolfgang

Dr. rer. nat., Prof., Physikal. Inst. Univ. Münster - Auf dem Draun 13, 4400 Münster (T. 8 16 31) - Geb. 5. Febr. 1926 Landsberg/W., verh. m. Dr. med. Erika, geb. Terrahe, 4 Kd. - Lehrtätigk. s. 1963 (Habil.): Physik, auch Lehrtechnol. - Fachveröff., Studienbücher.

HELLER, Alois

Dr. theol., o. Prof. f. Katechetik u. Liturgik - Adalbert-Stifter-Weg 7, 8833 Eichstätt/Bay. - Geb. 18. Sept. 1913 Kraftsbusch, kath. - Gymn. Eichstätt; Pont. Universitá Gregoriana Rom. Lic. phil 1937; Promot. 1942 - 1942 Seelsorger, 1951 ao., 1956 o. Prof. Phil.-Theol. Hochsch. Eichstätt. Facharb.

HELLER, Erich

Dr. jur., Ph. D., Litt. D. h. c., Prof., Literaturwissenschaftler - Zu erreichen üb. Northwestern University, Evanston, Ill. 60201 (USA) - Geb. 27. März 1911 Komotau/Böhmen (Vater: Dr. med. Alfred H., Arzt; Mutter: Else, geb. Hönig), led. - Gymn. Komotau; Dt. Univ. Prag (Rechtswiss., Phil., Lit.; Promot. 1935), Univ. Cambridge (Ph. d. 1948) - S. 1943 Lehrtätigk. School of Economics London, Univ. Cambridge (1945), Univ. Swansea (1948), Northwestern Univ., Evanston (1960; Avalon Prof. in the Humanities). Gastprof. USA u. BRD (Hamburg, Heidelberg, München); jetzt emerit. - BV: Enterbter Geist, Ess. 1954, 1981 (auch engl., ital., jap.); Nietzsche, Ess. 1964; Thomas Mann, d. iron. Deutsche, Ess. 1959, 1970, 1976 (auch engl.); The Poet's Self and the Poem, 1976; D. Reise d. Kunst ins Innere, Ess. 1968 (auch engl.); Goethe, Ess. 1970; Franz Kafka, 1974; Nirgends wird Welt sein als innen, 1975; D. Wiederkehr d. Unschuld, Ess. 1977 (auch engl.); Im Zeitalter d. Prosa, 1984 (auch engl.); The Importance of Nietzche, 10 Ess. 1988. Zahlr. Einzelarb. u. Rezensionen - 1965 Dr. h. c. Emory Univ. 1958 Preis BDI-Kulturkr., 1970 Johann-Heinrich-Merck-Preis; 1968 Goldmed. Goethe-Inst. München; 1967 Mitgl. PEN-Zentrum BRD; korr. Mitgl. Dt. Akad. f. Sprache u. Dicht. (1964) u. Bayer. Akad. d. Schönen Künste (1966); 1971 Fellow American Acad. of Arts and Sciences; 1978 Gr. BVK.

HELLER, Franz

Dipl.-Ing., Gf. Vorstandsmitglied Bundesverband d. Großhandels m. Dünge- u. Pflanzenbehandlungsmitteln e.V. - Buschstr. 2, 5300 Bonn 1; priv.: Am Weichselbaum 3, 8221 Vachendorf - Geb. 24. Aug. 1926 - Dipl.-Ing. (FH).

HELLER, Gert

Dr. rer. nat., Prof. f. Anorgan. Chemie FU Berlin (s. 1971) - Nickisch-Rosenegk-Str. 10, 1000 Berlin 38 - Geb. 4. Juli 1935 Berlin - Promot. 1962; Habil. 1969 - Fachveröff.

HELLER, Kurt A.

Dr. phil., Dipl.-Psych., o. Prof. f. Psychologie Univ. München - Hauptstr. 6, 8031 Wörthsee (T. 08153 - 77 36) - Geb. 22. Aug. 1931 Külsheim (Baden) (Vater: Arthur H.; Mutter: Therese, geb. Schwind), kath., verh. s. 1957 m. Irmgard, geb. Holz, 2 Kd. (Christian, Susanne) - Univ. Freiburg u. Heidelberg, Lehramtsex. 1956 (VoSch), 1961 (SoSch), (Dipl.-Psych. 1964, Promot. 1968, 1969 Doz., 1971 o. Prof. Bonn, 1976 o. Prof. Köln, 1982 o. Prof. München - BV: Aktivier. d. Bildungsreserven; Intelligenzmessung; Leistungsdiagnostik in d. Schule; Handbuch d. Bildungsberat. (3 Bde.); Intelligenz u. Begab.; Psych. in d. Erziehungswiss., 4 Bde. (m. H. Nickel); Modelle u. Fallstud. z. Erziehungs- u. Schulberat. (m. H. Nickel); Prognose d. Schulerfolgs (m. B. Rosemann u. K. Steffens); Rollenproblematik d. Lehrers als Berater (m. H. Vieweg); Identifying and Nurturing the Gifted (m. J. Feldhusen); u. a.; 100 Ztschr.-Art. u. Sammelbdbeitr., 6 Tests; Mitherausg. Ztschr. Psych. i. Erziehung u. Unterr., d. Buchreihe Monogr. z. Päd. Psych. u.a. - Liebh.: Ski- u. Wassersport - Spr.: Engl.

HELLER, Luz

Dr. med., Prof., Gynäkologe - Schleifweg 16, 8800 Ansbach (T. 8 81 88) - Geb. 23. Febr. 1921 Leipzig (Vater: Sanitätsrat Dr. med. Fritz H., Kinderarzt; Mutter: Alice, geb. Taeuber), verh I) m. Anny, geb. Wollscheid (gesch.), II) Renate, geb. Groetsch, III) Dr. Danuta, geb. Broda, 2 Töcht. (Barbara, Annette) - König-Albert-Gymn. Leipzig; Univ. Leipzig u. Würzburg - S. 1954 Privatdoz. u. apl. Prof. (1959) Univ. Frankfurt; Dir. Krkhs. Ansbach a. D. - BV: Z. Problem d. Eiweißzufuhr b. Spättoxikosen, Akute Notfälle in d. Gynäk. u. Geburtsh. Üb. 140 Einzelarb. dar. Handbuchbeitr. - Ehrenmitgl. Ital. Ges. f. Geburtsh. u. Gynäk. Rom - Bek. Vorf.: Hugo Grotius (Huigh de Groot), niederl. Jurist, Humanist u. Staatsmann (Begr. d. Völkerrechts).

HELLER, Manfred

Bankier - Distelkamp 9, 3000 Hannover 91 - Geb. 12. Mai 1932 Stuttgart (Vater: Rudolf H. ; Mutter: Juliane, geb. Metzoldt), ev. luth., verh. s. 1956 m. Sigrid, geb. Basse, 4 S. (Andreas, Berndt-Uwe, Christian, Dirk) - Liebh.: Klass. Musik, Jagd, Golf, Ski-, Tennis- u. Tanzsport (Gold. Tanzsportabz.) - Spr.: Engl.

HELLER, Otto

Dr. phil., Prof. f. Psychologie (s. 1971) - Alter Pfarrhof, 8702 Gerbrunn/Ufr. - Geb. 15. Febr. 1925 (Vater: Hermann H., Kaufm.; Mutter: Frida, geb. Pehe), ev., verh. m. Marianne, geb. Stech, S. Dieter - Ord. Univ. Erlangen u. gegenw. Würzburg (Mitvorst. Inst. f. Psych.).

HELLER, Siegfried

Dr. med., Prof., Ltd. Arzt Frauenklinik - Kreiskrankenhaus, 7140 Ludwigsburg/Württ. - Geb. 6. Febr. 1937 Stuttgart - Promot. 1961; Habil. 1971 - S. 1975 apl. Prof. Univ. Tübingen (Frauenheilkd. u. Geburtsh.). Üb. 40 Facharb.

HELLER, Werner

Dr., stv. Vorstandsmitglied Landesbank Schleswig-Holstein/Girozentrale, Kiel - Martensdamm 6, 2300 Kiel 1 - Geb. 13. Juni 1933 - AR-Mand. u. a.

HELLER, Wilhelm

Dipl.-Volksw., Vorstandsmitglied Diskont u. Kredit AG., Düsseldorf, u. a. - Jasminweg 18, 4030 Ratingen 1 - Geb. 4. April 1927.

HELLER, Wolfgang

Dr. jur., Rechtsanwalt, Schriftleit. Zeitschr. f. Bergrecht (hrsg. im Auftrag d. Bundeswirtschaftsmin.) - Alte Brühler Str. 8, 5000 Köln 50 - Geb. 30. Aug. 1925 Nürnberg - 1958-68 Geschäftsf. Verein Rhein. Braunkohlenbergw. u. Dt. Braunkohlen-Ind.-Verein, Köln; 1968-72 Geschäftsf. Unternehmensverb. Nieders. Steinkohlenbergbau (Preussag) - BV: Dt. Berggesetze (m. Lehmann), 1961; D. Familienrecht in Mitteldtschl. (m. v. Friesen), 1967; Energiemarktrecht (m. Zydek), 1968; Dt. Bergrecht (m. Zydek), 1983.

HELLER, Wolfgang

Dr. rer. nat. (habil.), Prof. f. Chemie PH Ludwigsburg, apl. Prof. Univ. Tübingen - Keplerstr. 2, 7440 Nürtingen.

HELLFRITZSCH, Werner

Dr. jur., Direktor Dt. Oper am Rhein (Theatergem. Düsseldorf/Duisburg) -

Heinrich-Heine-Allee 16a, 4000 Düsseldorf 1 (T. 0211 - 8 90 81) - Geb. 27. März 1948 Flensburg - 1971-77 Stud. Rechtswiss. u. Sozialpäd.; Promot. 1980 u. Assessorex. - 1981-84 Ref. Kaufm. Direktion Thalia Theater, 1984-86 Verw.-Leit. Thalia Theater, Gründungsmitgl. d. Anton-Dvorak-Ges. - BV: D. außerdienstl. Fehlverhalten d. Beamten, 1980 - Lit.: D. Spiegel Nr. 31/ 1980, S. 6566.

HELLIESEN, Tore

Rechtsanwalt, Honorarkonsul d. Bundesrep. Deutschl. in Stavanger/Norwegen - Kongsgt. 10, N-4000 Stavanger (T. 04 - 52 25 94) - Geb. 23. Sept. 1934 Stavanger (Vater: Reidar H., Rechtsanw.; Mutter: Ester, geb. Braadland), verh. s. 1964 m. Anne, geb. Rasch, 3 Kd. (Nina, Reidar, Tore Chr.) - Jurastud. Univ. Oslo - Liebh.: Golf - Spr.: Deutsch, Engl.

HELLIGE, Gerhard

Dr. med., Prof. f. Experim. Kardiologie - Guldenhagen 41, 3400 Göttingen (T. 0551 - 7 32 62) - Geb. 24. Mai 1943 Berlin (Vater: Dr. phil. Walther H., Mus.-Dir., MdB a.D.; Mutter: Erna, geb. Waßmann), verh. s. 1968 m. Sabine, geb. Beckendorf, 4 Kd. (Hendrik, Alexandra, Gerrit, Nils-Christian) - Human. Gymn. Göttingen; Med.-Stud. Göttingen, Ex. 1969, Promot. 1970, Habil. 1973 - S. 1977 Leit. Abt. f. Experim. Kardiologie d. Univ. Göttingen - Üb. 100 Veröff., Vorträge, Buchbeitr., wiss. Filmbeitr. - Liebh.: Ant. Möbel, Musikinstr. - Spr.: Engl.

HELLING, Jürgen

Dr.-Ing., Univ.-Prof. u. Direktor Inst. f. Kraftfahrwesen RWTH Aachen (s. 1971), Gesellsch. u. Gf. Forschungsges. Kraftfahrwesen mbH, Aachen, AR-Mitgl. Zahnradfabr. Friedrichshafen AG, Wiss. Beirat Bundesmin. f. Verkehr, u. Fichtel & Sachs AG, Schweinfurt - Botzelaer 36 A, B-4680 Gemmenich/Plombieres Belgien - Geb. 27. Juni 1928 Wuppertal (Vater: Dr. phil. Fritz H., OStud.dir.), verh. s. 1975 m. Brigitte, geb. Zimmermann, 2 Kd. - Ausb. Modellschlosserlehre; Wehrdst.; Abitur 1947; Stud. Phys. u. Maschinenb. TH Aachen. Diplom 1954; externe Promot. 1964 - Nutzkraftwagen-Entw. b. Fried. Krupp, Essen (b. 1967), u. Rheinstahl-Hanomag-Henschel AG, Hannover; 1969-71 Volkswagenwerk AG, Wolfsburg (Forsch.leit.) - Spr.: Engl.

HELLINGER, Marlis

Dr. phil., Prof. f. Engl. Sprachwissenschaft Univ. Hannover - Steinmetzstr. 11, 3000 Hannover 1 - Lehrtätigk. Univ. Newcastle-upon-Tyne (Engl.), Mainz, Marburg, Hannover - Schwerp.: Kontrastive Linguistik, Kreolistik, Feministische Linguistik.

HELLMANN, Diethard

Prof. Hochschule f. Musik München, Organist, Dirigent - Josefstr. 25, 8024 Deisenhofen - Geb. 26. Dez. 1928 Grimma/Sa. (Vater: Willi H., Kirchenmusikdir.; Mutter: Elisabeth, geb. Wittig), ev., verh. s. 1951 m. Ruth, geb. Kümmel, 3 Kd. (Matthias, Andrea, Christoph) - 1944-48 Musikhochsch. Leipzig - B. 1955 Kantor u. Organist Leipzig, dann Mainz (Christuskirche). S. 1948 Doz. Musikhochsch. Leipzig (Orgelsp., Chorltg.), Cornelius-Konservat. Mainz (1955), Lehrbeauftr. (1958) u. Honorarprof. (1963) Univ. Mainz (Kirchenmusik); s. 1974 o. Prof. Hochsch. f. Musik München, 1978-81 I. Vizepräs., 1981-88 Präs.; 1962 u. 80 künstler. Leit. Intern. Bachfest; Vorst.-Mitgl. Neue Bach-Ges., Vorst.-Mitgl. Intern. Bach-Ges; 1955-85 Leit. Bachchor u. Bachorch. Mainz. 50 Herausg. in Musikverlagen; Rekonstrukt. d. Markus-Passion u. d. Kantate BWV 190a v. J. S. Bach - Kompos. f. Chor u. Orgel; Musik auf Himmelfahrt - Preis Intern. Bach-Wettbew. Leipzig (1950) u. Südwestfunk f. Kompos. (1958); 1962 Honorarprof. Univ. Mainz; 1973 Cornelius-Plak. Rhld.-Pfalz; 1974 Rheingoldplak. Stadt Mainz; 1980 BVK; 1982 VO Rhld.-Pfalz; 1985 Gutenberg-Plak. Stadt Mainz; 1987 BVK I. Kl. - Liebh.: Theol., Gesch. - Spr.: Engl.

HELLMANN, Ernst

Dr. med. vet., o. Prof. f. Mikrobiologie u. Veterinärhygiene FU Berlin - Birkbuschstr. 60b, 1000 Berlin 41.

HELLMANN, Hans

Dipl.-Ing., Geschäftsführer Starkstrom-Gerätebau GmbH., Regensburg - Spessartstr. 13a, 8400 Regensburg - Geb. 26. März 1933 Gera/Thür.

HELLMANN, Heinrich

Dr. phil., Dr. rer. nat. h. c., Prof., Dipl.-Chem., ehem. Vorstandsmitgl. Chem. Werke Hüls (s. 1962; Ress.: Forsch. u. Entwickl.) - Langehegge 313, 4370 Marl/ W. - Geb. 10. Dez. 1913 Wismar/Meckl., verh. s. 1943 m. Gisela, geb. Jensen, 2 Kd. - Stud. d. Chemie Univ. Freiburg/ Br., München, Göttingen, TH Danzig, Berlin (Promot. 1938); 1939-44 Wehrdst. - 1945 b. 1955 Kaiser-Wilhelm-, bzw. Max-Planck-Inst. f. Biochemie u. Physiol. chem. Inst. Univ. Tübingen; Habil. 1951 Tübingen; 1955-62 Lehrst. f. org. Chemie u. Vorst. org. Abt. d. chem. Inst. Univ. Tübingen; 1962 Honorarprof. Univ. Tübingen u. 1963 Univ. Münster. Kurat.-Mitgl. Dt. Museum, München; Vorst. Verb. techn. wiss. Vereine; Stiftungsrat Werner v. Siemens-Ring - 1975 Dr. rer. nat. h. c. TU Clausthal.

HELLMANN, Herbert

Industriekaufm., Landesminister a. D., MdL Nieders. (s. 1959) - Humboldtring 12, 2940 Wilhelmshaven - Geb. 24. Juni 1920 Osnabrück - Wehrdienst (Uffz. Luftw.) u. sowjet. Gefangensch.; Angest. Stadtverw. u. -werke Wilhelmshaven; 1959-67 Prok. Schiffahrtsges. JADE mbH. ebd.; 1967-76 Nieders. Min. f. Bundesangelegenh. u. nds. Bevollm. b. Bund, Kreisverb.vors. Arbeiterwohlfahrt u. Mitgl. Bez.vorst. Weser-Ems. SPD s. 1945 (Unterbezirksvors. Wilhelmshaven u. Mitgl. Bezirksvorst. Weser-Ems).

HELLMANN, Jobst

Rechtsanwalt, Hauptgeschäftsführer Arbeitgebervereinigung Nahrung u. Genuß - Annaberger Str. 28, 5300 Bonn 2 - Geb. 6. Febr. 1938.

HELLMANN, Manfred

Dr. phil., em. o. Prof. f. Osteurop. Geschichte - Kriemhildenstr. 22, 8000 München 19 (T. 089 - 178 17 50) - Geb. 24. Juni 1912 Riga, verh. - Univ. Riga u. Königsberg; Promot. 1938 ebd.; Habil. 1952 Freiburg - S. 1952 Lehrtätigk. Univ. Freiburg/Br. u. Münster (1960 ao., 1964 o. Prof.; 1969/70 Dekan Phil. Fakultät; 1978 em.) - BV: u. a. Iwan IV., d. Schreckliche (auch holl.); D. russ. Revolution 1917; Fischer Weltgesch. 31 (m. a.; ital. 1973, span. 1975); Grundzüge d. Gesch. Venedigs, 1976; Hdb. d. Gesch. Rußlands, Bd. I (Hrsg.), 1976 ff. - 1976 korr. Mitgl. Bayer. Akad. d. Wiss.

HELLMANN, Ulrich

Prof., Hochschullehrer - Heinrich-v.-Meißen-Str. Nr. 11, 6500 Mainz 42 - Prof. f. Metall Univ. Mainz (Fachbereich Kunsterzieh.).

HELLMER, Joachim

Dr. jur., Prof. f. Straf-, -prozeßrecht u. Kriminologie - Olshausenstr. 40, 2300 Kiel 1 (T. 880 - 35 75) - Geb. 1. Okt. 1925 Cranz/Ostpr. (Vater: Paul H., Generallandschaftssynd.; Mutter: Lucie, geb. Biesold), ev. - 1944-48 Univ. Greifswald u. Berlin (Rechtswiss.). Jurist. Staatsprüf. 1949 u. 53 - 1954-55 Jugendrichter; s. 1955 Assist., Privatdoz. (1961), Prof. (1966) u. Dir. Kriminol. Sem. (1971) Univ. Kiel. Mitgl. Ges. f. d. ges. Kriminol. - BV: Erziehung u. Strafe, 1957; Kriminalpädagogik, 1959; Strafaussetz. i. Jugendstrafrecht, 1959; D. Gewohnheitsverbrecher u. d. Sicherungsverwahrung, 1961; Jugendkriminalität, 4. A. 1978; Kriminalitätsatlas d. BRD, 1972; Verdirbt d. Ges?, 1982; D. ethische Probl. in d. Kriminol., 1984; Anpassung od. Widerstand, 1987 - Liebh.: Musik, Dichtung - Spr.: Franz.

HELLMER, Klaus

s. Rhein, Eduard

HELLMICH, Adolf

Dipl.-Sozialw., Geschäftsführer i. R. - Ubierring 17, 5000 Köln 1 (T. 31 53 04) - Geb. 11. Febr. 1925 Abschwangen (Vater: Ernst H., Bundesbahnbeamt.; Mutter: Auguste, geb. Hoffmann), ev., verh. s. 1948 m. Irmgard, geb. Obe, S. Dieter - Akad. f. Gemeinw. (1951 Dipl.) - Wiss. Assist. Sozialforschungsst. Dortmund u. UNESCO-Inst. Köln; 1953-88 Angest., Gf. Unterstützungskasse u. Personalchef Kaufhof AG. Köln. 1964ff. Ratsmitgl. Köln; 1975ff. Mitgl. Landschaftsvers. Rhld.; Mitgl. Verwaltungsbeirat Westd. Landesbank; VR-Mitgl. Rheinl.-Verlag- u. Betriebsges. d. Landschaftsverb. Rheinland mbH (RVBG); AR-Mand. (u. a. Vors. Fleischerversorg. Köln, stv. AR-Vors. Zoo AG, Köln) - BV (Mitautor): D. Dorf im Spannungsfeld d. industriellen Ges. - Gold. Malteser-Med.; BVK - Spr.: Engl.

HELLMICH, Sigurd

Dr. med., Prof., Chefarzt Hals-Nasen-Ohrenklinik/St.-Johannes-Hospital, Dortmund (s. 1976) - Roholte 15, 4600 Dortmund 30 - Geb. 17. Jan. 1936 Erfurt - Promot. 1960 - S. 1972 Privatdoz. u. apl. Prof. f. HNOheilkd. (1976) TH Aachen/Med. Fak. (zeitw. Oberarzt HNOklinik) - BV: D. Verpflanz. konserv. Knorpelgewebes, 1974.

HELLMUND, Frank

Regisseur, Schauspieler, Oberspielleiter Stadttheater u. Werkstattbühne Ingolstadt - Zul. 8000 München 40 - Geb. 22. Jan. 1943, verh. s. 1982 m. Susanne Bühler - Staatl. Hochsch. f. Musik u. Theater Hannover; Schauspieler in Bern, Oberhausen, Stuttgart; Regisseur in Celle, Hildesheim, Darmstadt, Augsburg, Kassel, Frankfurt, Düsseldorf, Zürich, Stuttgart - Insz.: Brecht, Ibsen, Horvath, Miller, etc.; Rollen: Mephisto Faust I+II, Peer Gynt, Höffgen, Leicester (Maria Stuart), Oppenheimer.

HELLNER, Erwin

Dr. rer. nat., o. Prof. f. Mineralogie - Bienenweg 21, 3550 Marbach/L. - Geb. 20. April 1920 Schneidemühl (Vater: Emil H., Reichsbahnoberwerkm.; Mutter: Martha, geb. Baum), ev., verh. s. 1954 m. Dr. Renate, geb. Rubbel, 3 Kd. (Dieter, Heike, Kirsten) - Oberrealsch. Schneidemühl; Univ. Göttingen (Chemie; Dipl.-Chem. 1944). Promot. 1945 Göttingen; Habil. 1954 Marburg - S. 1959 o. Prof. u. Inst.sdir. Univ. Kiel u. Marburg (1964). 1958/59 Gastprof. Univ. Chicago. Spez. Arbeitsgeb.: Exper. Mineral. (Aufklärung v. Kristallstrukturen m. Röntgenstrahlen). Mitgl. Dt. Mineral. Ges., American Mineral. Assoc., American Crystallogr. Soc. Fachveröff. - 1958 Victor-Moritz-Goldschmidt-Preis Dt. Mineral. Ges. - Liebh.: Kunstgesch. - Spr.: Engl.

HELLNER, Jürgen

Dr. jur., Botschafter - Zu erreichen üb. Ausw. Amt, Postf. 11 48, 5300 Bonn 1 - Geb. 1. Sept. 1935 Lübben/Spreewald (Vater: Hans H., Oberregierungs- u. Baurat; Mutter: Annemarie, geb. Bubbé), ev., verh. s. 1964 m. Barbara (Bärbel), geb. Schroeder, 2 T. (Daniela, Angelika) - Gymn. Münster/W., Mannheim, Duisburg; Univ. Bonn, Kiel, Berlin, Chicago (MLL), Lyon (Rechtswiss., Volksw., Phil.). Jurist. Staatsex. 1960 u. 66 - S. 1966 Ausw. Amt (1970 stv. Leit. Schutzmachtvertr. Botschaft Damaskus, 1974 Nahostref. Polit. Abt. Bonn, 1977-81 Botsch. Doha) - BV: D. Vorlageverf. d. Gerichtshofes d. Europ. Wirtschaftsgem. unt. bes. Berücks. d. innerstaatl. Rechts d. Mitgliedsstaaten d. EG (Diss.) - Liebh.: Phil., Gesch., Oriental. - Spr.: Arab., Franz., Engl.

HELLNER, Karl-Anton

Dr. med., Prof. f. Physiolog. Chemie - Rienziweg 8, 2000 Hamburg 56 - B. 1974 Privatdoz., dann Prof. Univ. Hamburg (Dir. Abt. f. Ophthalmol. Elektrophysiol./Augenklinik).

HELLNER, Thorwald

Dr. jur., stv. Hauptgeschäftsführer u. Chefsyndikus Bundesverb. dt. Banken, Köln - Zauberkuhle 9, 5090 Leverkusen 3 (T. 5 68 09) - Geb. 9. Mai 1929 Westerland/Sylt - AR-Mitgl. Ges. f. Zahlungssysteme mbH, Frankfurt/M. - Spr.: Engl.

HELLRIEGEL, Klaus-Peter

Dr. med., Prof., Internist, Chefarzt II. Innere Abt. Krkhs. Moabit - Turmstr. 21, 1000 Berlin 21 (T. 030 - 39 37-430); priv.: Stallupöner Allee 40, 1000 Berlin 19 (T. 030 - 304 46 56) - Geb. 5. Juli 1939 Lörrach, ev., verh., 2 Söhne (Martin, Mathias) - Spezialgeb.: Hämatologie u. Onkologie.

HELLRIEGEL, Werner

Dr. med., Prof., Direktor i. R. Strahlenklinik Katharinenhosp. Stuttgart (s. 1964) - Einsteinstr. 66, 7250 Leonberg - Geb. 11. Febr. 1913 Hörlitz/NL., ev., verh. s. 1940 m. Dr. Christine, geb. Littner, 2 Kd. (Rainer, Angelika) - Med. Staatsex. 1939 Leipzig - 1939 Knappschaftskrkhs. Senftenberg; 1940/41 Landarzt; s. 1941 Univ. Frankfurt (Oberarzt Röntgeninst.; 1955 Privatdoz., 1960 apl. Prof.) - BV: Neurologie, in: Prakt. Strahlentherapie, 1959; Strahlentherapie d. Bronchial-Ca, in: Handb. d. Strahlentherapie u. -biol., 1959; Primäre Sarkom. d. Weichteile, Oesophaguscarcinom u. Lippen-Ca, bilateral. Ma-Ca. in: Handb. d. Med. Radiologie, 1961; Larynx-Ca, Histologie u. Strahlenempfindlichkeit, Weichteil-Sarkome, in: Symposium on High-Energy Electrons, 1964; Lehrb. d. Strahlentherapie, 1976; Betatrontherapie, in: Kerntechnik in d. Med., 1968 - 1959 Ehrenmitgl. Türk. Radiobiol.-Ges.; Ehrenmitgl. Südwestdt. u. Hessische Röntgen-Verein; 1984 BVK.

HELLWEGE, Hans Günther

Installateur- u. Zentralheizungsmeister, Einzelhändler (Hausrat/Glas/Prozellan/ Eisenwaren), MdL Nieders. (1978-86) - Marktstr. 18, 2165 Harsefeld; priv.: Am Auetal 10, Bargestedt - Geb. 28. April 1927 Harsefeld (Vater: Hans H., Lehrer; Mutter: Emma, geb. Kröger), ev., verw. s. 1981, 2 Kd. (Sabine, Hans Günther), verh. in 2. Ehe s. 1984 m. Ulla, geb. Hoppe, 2 Kd. (Ursula, Andrea) - N. Abit. Handwerk - 1972-86 Bürgerm. Harsefeld u. MdK Stade; 1978-86 stv. Landrat Kr. Stade. CDU.

HELLWEGE, Hans Henning

Dr. med., Prof. f. Kinderheilkunde Univ. Hamburg - Dammannweg 6a, 2000 Hamburg 52 (T. 040 - 82 84 40) - Geb. 18. Aug. 1941 Göttingen, ev., verh. m. Dr. Ursula, geb. Winkler, 2 Töcht. (Christiane, Katrin) - 1960-61 Stud. Physik u. 1961-67 Stud. Med. Univ. Kiel u. Hamburg; Promot. 1968 Hamburg, Habil. 1980 ebd. - 1970-71 DFG-Stip.; 1972-78 wiss. Assist. Hamburg; 1978 Oberarzt Univ.-Kinderklinik Hbg.; s. 1982 Prof. f. Kinderheilkd. Zahlr. Fachpubl.

HELLWEGE, Heinrich Peter

Bundesminister u. Niedersächs. Ministerpräsident a. D., Industriekaufm. - 2152 Neuenkirchen, Kr. Stade (T. 04163 - 22 64) - Geb. 18. Aug. 1908 Neuenkirchen (Vater: Johann H., Kaufm.; Mutter: Anna H.), ev., verh., 3 Kd. - Gymn. Stade; kaufm. Lehre - B. 1933 kaufm. Angest. Hbg. Im- u. Exportfirmen, dann Fortführung väterl. Geschäft unt. eig. Namen (Chem. u. techn. Erzeugn. f. Landw., Ind. u. Baugew.), Führer illeg. Nieders. Freiheitsbeweg., 1939-45 Soldat, Mitgl. Gemeinderat Neuenkirchen, Kreistag Stade u. Hannoverscher Landtag, Mitbegr. u. Vors. Direktorium Nieders. Landespartei bzw. DP (1947-61), Landrat Kr. Stade, 1947-

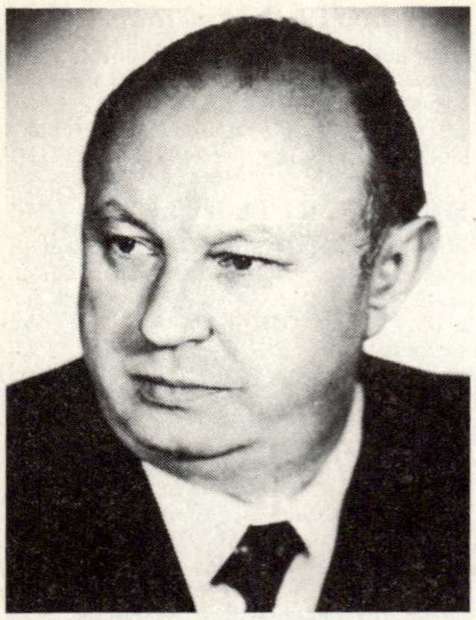

63 m. Unterbr. MdL Nieders. u. Fraktionsvors. Mitgl. Zonenbeirat f. d. brit. Zone, Synode Ev.-Luth. Landeskirche Hannover u. Dt. Rat d. Europ. Beweg., 1945-49 Präsidialmitgl. IHK Stade, 1949-55 MdB (2 x gewählt) u. Bundesmin. f. Angelegenh. d. Bundesrates, 1955-59 Nieders. Min.präs. u. Mitgl. Bundesrat, parteilos - Großkreuz VO. BRD (1955) u. Kgl. Griech. St.-Georgs-Orden; 1956 Ehrensenator TH Hannover; 1959 nieders. Landesmed. - Spr.: Engl., Franz. - Rotarier.

HELLWEGE, Johann Diedrich

Dr., Prof., Staatssekretär a. D. Min. f. Wirtsch. u. Verkehr Nieders. - Zu erreichen üb. Min. f. Wirtsch. u. Verkehr, Friedrichswall 1, 3000 Hannover 1 (T. 0511 - 120-64 04) - (Vater: Heinrich Peter H., s. dort) - Geschäftsf. Wirtschaftsrat d. CDU; 1980ff. Staatssekr. Min. f. Bundesangelegenh., 1982-86 Wirtschaftsmin. Land Nieders.

HELLWEGE, Karl-Heinz

Dr. phil., o. Prof. f. Techn. Physik - Ohlystr. 6, 6104 Seeheim-Steigerts (T. 87 16) - Geb. 23. Okt. 1910 Bremerhaven (Vater: Johann H., Lehrer; Mutter: Henriette, geb. Bullwinkel), verh. 1939 m. Dr. rer. nat. Anne-Marie, geb. Roever - Univ. Marburg, München, Kiel, Göttingen - S. 1939 (Habil.) Lehrtätigk. Univ. Göttingen (1950 apl. Prof.) u. TH Darmstadt (1952 Ord. u. Inst.sdir.); 1953-68 Leit. Dt. Kunststoff-Inst. Darmstadt - BV: Einf. in d. Physik d. Atome, 1949, 4. A. 1974; Einf. in d. Festkörperphysik, Bd. I 1967, Bd. II 1970; Einf. in d. Physik d. Molekeln, 1974; Einführung in die Festkörperphysik/Gesamtwerk, 1976, 3. A. 1988. Mithrsg.: Landolt-Börnstein, Zahlenwerte u. Funktionen aus Physik, Chem., Astron., Geophys., Technik (1950ff.). Gesamtherausg.: Landolt-Börnstein, Neue Serie (1961ff.).

HELLWIG, Fritz

Dr. phil., Volkswirt - Klosterbergstr. 117c, 5300 Bonn 2 - Geb. 3. Aug. 1912 Saarbrücken (Vater: Friedrich H.; Mutter: Albertine, geb. Christmann), ev., verh. s. 1939 m. Dr. Margarete, geb. Werners, 3 Kd. - Univ. Marburg, Wien, Berlin (Phil., Volksw., Gesch., Staatenkd.; Promot. 1933). Habil. 1936 Heidelberg - 1933-39 Mitgl. Geschäftsfg. IHK Saarbrücken, Leit. Saarwirtschaftsarchiv, 1940-43 Geschäftsf. bezirkl. Org.en d. Eisenhütteníind. Düsseldorf u. Saarbrücken, 1943-47 Wehrdst. u. Kriegsgefangensch., dann Wirtschaftsberat., 1951-59 Leit. Dt. Industrieinst., Köln, Mitgl. Bundesvorst. CDU u. Vorst.-Mitgl. Bundesaussch. f. Wirtschaftspolitik, 1953-59 MdB (1956-59 Vors. Wirtschaftsaussch.), 1959-67 Mitgl. Hohe Behörde d. Europ. Gemeinsch. f. Kohle u. Stahl, Luxemburg, 1967-70 Vizepräs. Kommiss. d. Europ. Gemeinsch., Brüssel, 1971-73 gf. Präsidialmitgl. Verb. Dt. Reeder, Hamburg - BV: D. Kampf um die Saar, 1860-70, 1934; C. F. Frhr. v. Stumm-Halberg, 1936; D. Saarwirtschaft u. ihre Org., 1939; Lothringen - e. gemeinfaßl. Wirtschaftskunde, 1942; Bergbau u. Hüttenind. in Lothr. u. Ostfrankr. 1919-39, 1942; Westeuropas Montanwirtschaft, Kohle u. Stahl b. Start d. Montan-Union, 1953; Saar zwischen Ost u. West - D. wirtschaftl. Verflechtung, 1954; 10 J. Schuman-Plan, 1960; Gemeins. Markt u. nationale Wirtschaftspolitik, 1961; Möglichkeiten u. Grenzen e. Teilintegration - Rückblick n. 10 J. Montan-Union zwischen Bewährung u. Belastung, 1963; D. polit. Tragweite d. europ. Wirtschaftsintegration, 1966; D. Forschungs- u. Technologiepolitik d. EG, 1970; D. schöne Buch u. d. Computer, 1971; Seeschiffahrt u. EG, 1971; D. dt. Seeschiffahrt - Strukturwandel u. künftige Aussichten, 1973; Z. älteren Kartographie d. Saargegend, 1977; Alte Pläne v. Stadt u. Festung Saarlouis, 1980; Zur Kartographie d. Saargegend im 17. u. 18. Jh., 1981; Landkarten d. Pfalz am Rhein 1513-1803 (zus. m. W. Reiniger u. K. Stopp), 1984; Mittelrhein u. Moselland im Bild alter Karten, 1985; Überwindung d. Grenzen-Chancen d. Föderalismus?, 1986. Herausg.: D. Hogenberg-Geschichtsblätter (1983) - 1971 Gr. BVK m. Stern u. Schulterbd. - Liebh.: Alte Städteansichten u. Landkarten, Bergsteigen - Spr.: Engl., Franz. - Rotarier.

HELLWIG, G.

Dr.-Ing., Geschäftsführer Normenaussch. Mechanische Verbindungselemente, Instandhaltung, Stahldraht u. -erzeugn. - Burggrafenstr. 4-10, 1000 Berlin 30; Kamekestr. 8, 5000 Köln 1.

HELLWIG, Gerhard

Dirigent, Verleger - Kurfürstenstr. 81, 1000 Berlin 30 - Geb. 17. Juli 1925 Berlin (Vater: Bruno H., Musikmeister; Mutter: Richardis, geb. Herrmann), ev., verh. m. Janis, geb. Martin, S. Robert - Stud. Musikhochschule Weimar/Thür. u. Berlin - S. 1947 Dirig. Schöneberger Sängerknaben (eig. Gründ.); 1958-71 Leit. künstler. Org. Bayreuther Festsp. (pers. Referent Wieland Wagner); 1962-64 stv. Operndir. Frankfurt; 1972-74 Int. Philharmonia Hungarica; 1974-79 Int. Radio-Symph. Orch. Berlin. 1965 Dir. Berliner Theatertreffen Kuratoriumsmitgl. Christl.-jüd. Zusammenarb. - 1963 Richard-Wagner-Med. Bayreuth, 1967 Ehrenmed. Dt. Pavillon Weltausst. Montreal, Gold. Ehrennadel Bund d. Berliner - 1982 BVK.

HELLWIG, Günter

Dr. rer. nat., o. Prof. f. Mathematik - Pommerotterweg 37, 5100 Aachen - (T. 0241 - 6 45 73) - Geb. 9. Febr. 1926 Oberschöna/Sa., (Eltern: Martin H. u. Frida, geb. Sohr), ev.-luth., verh. s. 1961 m. Birgitta, geb. Öman, 4 Kd. (Annette, Armin, Veronika, Angelika) - Univ. Göttingen (Math., Physik; Dipl.-Math. 1949). Promot. (1951) u. Habil. (1952) TU Berlin - 1952-66 Doz., apl. u. o. Prof. (1958) TU Berlin (Dir. Math. Inst.); s. 1966 o. Prof. TH Aachen (Dir. Math. Inst.). 1954-55 Research Associate (Fulbright Grantee) New York Univ. (Inst. of. Math. Science) - BV: Partielle Differentialgleichungen, 1960 (engl. (USA) 1964); Differentialoperatoren d. math. Physik, 1964 (engl. (USA) 1966); Höh. Math. I., 1971.

HELLWIG, Hans

Dr. rer. pol., Direktor Dt. Inst. z. Förd. d. industriellen Führungsnachwuchses, Köln (1965-82) - Durbuscher Straße 28, 5204 Lohmar 21 (T. 02205 - 29 54) - Geb. 10. Febr. 1913 Hamburg, ev., verh. s. 1939 m. Minchen, geb. Lahtz - Univ. Hamburg (Dipl.-Volksw. u. Promot.) - 1959-64 Chefredakt. Dt. Ztg. u. Wirtschaftsztg., Köln (Erscheinen eingest.); ab 1965 Geschäftsf., s. 1982 Kurat.-Mitgl. Ges. z. Förd. d. Unternehmensnachw.; ab 1974 Vorst.smitgl., s. 1980 Förd. Mitgl. Dt. Vereinig. z. Förd. d. Weiterbild. v. Führungskräften (Wuppertaler Kreis) e. V., 1976-81 Vorst.smitgl. Ges. f. Unternehmensgeschichte e. V. (alle Köln). 1967-83 Lehrbeauftr. TH Aachen (Unternehmensführung) - BV: Kreditschöpfung u. -vermittlung, 1958; D. Aufwertung d. Dt. Mark, 1961.

HELLWIG, Hans-Jürgen

Dr. jur., Rechtsanwalt u. Notar, Fachautor - Bockenheimer Landstr. 51, 6000 Frankfurt/M. 1 (T. 069 - 17 09 50) - Geb. 1. Nov. 1940 Saarbrücken (Vater: Dr. habil. Fritz H.; Mutter: Dr. Margarete, geb. Werners), ev., verh. s. 1972 m. Ursula Marie, geb. Uebe, 4 Kd. (Barbara, Heidi, Joachim, Sonia) - Stud. Rechtswiss. Univ. Marburg, Lausanne/Schweiz u. Bonn; 1. Staatsex. 1964; Promot. 1967 Bonn, 2. Staatsex. 1968 - Partner in d. Anwaltssoz. Mueller-Weitzel-Weisner, Frankfurt. Zahlr. AR-Mand.; Mitgl. Stadtverordnetenvers. Frankfurt/M. (s. 1972) - BV: Z. Systematik d. zivilprozeßrechtl. Vertrages, 1969; D. Bankwesen in Deutschl., (m. Dr. Schneider u. Kingsman), 4. A. 1986; div. Aufs. - Liebh.: Musik, Kunst - Spr.: Engl., Franz.

HELLWIG, Helmut

Geschäftsführer, MdL Nordrh.-Westf. (s. 1970) - Heimstr. 1a, 4680 Wanne-Eickel (T. 7 56 21) - Geb. 20. Dez. 1933 Wanne-Eickel, verh., 3 Kd. - Volkssch.; Postlehre - Verwaltungsangest. u. Beamter Wanne-Eickel; Geschäftsf. Falken-Landesverb. NRW. 1963-69 Mitgl. gf. Bundesvorst. Falken. 1965 ff. Ratsherr Wanne-Eickel (1969 Fraktionsf.); 1969 ff. Mitgl. Landschaftsvers. Westf.-Lippe. SPD s. 1953.

HELLWIG, Klaus

Konzertpianist, Prof. f. Klav. Hochschule d. Künste Berlin - Herderstr. 5, 1000 Berlin 12 - Geb. 3. Aug. 1941 Essen (Vater: Dr. med. Walter H., Arzt; Mutter: Maria, geb. Schlagermann), kath. - Folkwang-Sch. Essen (Detlef Kraus); Privatstud. Paris (Pierre Sancan; Kurse Wilhelm Kempf u. Guido Agosti - 1968-69 Doz. Musashino-Musikakad. Tokyo. 1970-80 Prof. Staatl. Hochsch. f. Musik Ruhr/Folkwang Hochsch. Essen; s. 1980 Prof. Hochsch. d. Künste Berlin - Konzertauftr. Europa, USA, Fernost. Rundfunk-, Fernseh- u. Schallplattenaufn.

HELLWIG, Martin

Ph. D., Prof. f. Nationalökonomie - Bernoullistr. 10, CH-4056 Basel - Geb. 5. April 1949 Düsseldorf (Vater: Dr. habil. Fritz H.; Mutter: Dr. Margarete, geb. Werners), ev., verh. m. Dr. Dorothee, geb. Eckle, 4 Kd. - 1967-71 Stud. Volkswirtsch.lehre, Gesch. Univ. Marburg, Heidelberg (Dipl. 1970); Promot. 1973 Massachusetts Inst. of Technol. - 1973/74 Res. Ass. Univ. Stanford; 1974-77 Assist. Prof. Princeton; 1977-79 Wiss. Rat u. Prof. Univ. Bonn, 1979-87 o. Prof. Univ. Bonn, s. 1987 o. Prof. Univ. Basel. Zahlr. Fachveröff. bes. z. Informationsökonomie u. Geldtheorie - 1981 Fellow Econometric Soc.

HELLWIG, Peter

Dr., Ordinarius f. Computerlinguistik Univ. Heidelberg - Kastellweg 21, 6900 Heidelberg (T. 06221 - 47 23 66) - Geb. 12. Juli 1940 - Stud. German. u. Informatik; Promot. 1974, Habil. 1980 - Entw. Sprachverarbeitungsprogr. PLAIN - Versch. Veröff. z. Grammatiktheorie, log. Semantik, masch. Sprachverarb. Texttheorie.

HELLWIG, Renate

Dr. jur., Staatssekretärin a.D., 1980 ff. MdB - Hauptstr. 45/I, 7120 Bietigheim - Geb. 19. Febr. 1940 Beuthen/OS. - Gymn. München (Abit. 1959); Univ. München u. Berlin (Rechts- u. Wirtschaftswiss.). Ass.ex. u. Promot. 1967 - S. 1969 baden-württ. Kultusmin. (Ref. f. Öffentlichkeitsarb.). CDU (Mitgl. Bezirksvorst. Nordwürtt.); 1972-75 MdL Baden-Württ.); 1975-80 Staatssekr. Sozialmin. Rhld.-Pfalz.

HELLWINKEL, Dieter

Dr. rer. nat., Prof., Chemiker - Horst-Schork-Str. Nr. 78, 6700 Ludwigshafen/Rh. - Geb. 6. Juni 1935 Ludwigshafen - Promot. 1961 - S. 1966 (Habil.) Lehrtätigk. Univ. Heidelberg (1972 apl. Prof.; 1973 Wiss. Rat u. Prof.) - BV: D. systemat. Nomenklatur d. Organ. Chemie, 1974.

HELM, Johann Georg

Dr. jur., o. Prof. f. Privat- u. Wirtschaftsrecht Univ. Erlangen-Nürnberg - Schwarzer Weg 8, 6240 Königstein - Geb. 17. Febr. 1931 Hanau/M. (Vater: Dr. med. Otto H., Kinderarzt; Mutter: Annie, geb. Kipper), ev., verh. s. 1960 m. Gertrud, geb. Bender, 3 Kd. - Stud. Rechtswiss. Jurist. Staatsprüf. 1954 u. 58. Promot. 1957, Habil. 1965 - 1968 o. Prof. Univ. Erlangen-Nürnberg; 1983 Corresponding Collaborator Unidroit Rom; 1983-85 Dekan WiSo-Fak.; 1985 stv. Vorst.-Vors. Dt. Ges. f. Transportrecht - BV: D. Rechtsstellung d. Zivilbevölkerung u. ihrer geschichtl. Entwicklung, 1957 (Diss. Frankfurt); Haftung f. Schäden an Frachtgütern, 1966; Handels- u. Gesellschaftsrecht - Fälle u. Lösungen n. höchstrichterl. Entscheidungen, 2. A. 1974; Grundkurs im Bürgerl. Recht, 4. A. 1987; Großkommentar z. HGB Abschn. Speditionsrecht, 4. A. 1986 (auch als Sonderausg.), Abschn. Frachtrecht, 3. A. 1979.(auch als Sonderausg.), Eisenbahnfrachtrecht, 3. A. 1981 - Bek. Vorf.: Prof. Dr. phil. Dr. h. c. Karl H., Philologe, s. X. u. XII. Ausg. (Großv.).

HELM, Karl

Kammersänger Bayer. Staatsoper München - Am Weiher 7, 8021 Strasslach/München (T. 08170 - 73 51) - Geb. 3. Okt. 1938 Passau, kath., verh. s. 1963 m. Erika, geb. Leuxner - 2 Töcht. (Marion, Ruth).

HELMCHEN, Hanfried

Dr. med., o. Prof. u. Direktor Psychiatr. Klinik FU Berlin (s. 1971) - Eschenallee 3, 1000 Berlin 19 (T. 30 03-7 00) - Geb. 12. Juni 1933 (Vater: Dr. Helmut H., Arzt; Mutter: Eva, geb. Breest) - Promot. 1956 Heidelberg; Habil. 1967 Berlin - 1979/80 Präs. Dt. Gesellsch. f. Psych. u. Nervenheilkunde - BV: Bedingungskonstellationen paranoid-halluzinator. Syndrome, 1968; Entwicklungstendenzen biol. Psychiatrie, 1975 (m. H. Hippius), Antiepileptische Langzeitmedikation, 1975 (m. L. Diehl); Fernsehen i. d. Psychiatrie, 1978 (m. E. Renfordt); Psychiatrische Therapie-Forsch., 1978 (m. B. Müller-Oerlinghausen); Depression, Melancholie, Manie, 1982 (m. O. J. Rafaelsen); Psychotherapie in d. Psychiatrie, 1982 (m. M. Linden, U. Rüger); Depressionsbehandlung in d. Praxis, 1984 (m. H. Hippius, P. Kielholz); Himdiagnostik m. bildgebenden Verfahren, 1985 (m. J. Hedde, A. Pietzoker); D. Differenzierung v. Angst u. Depression, 1986 (m. M. Linden); Versuche m. Menschen, 1986 (m. R. Winau); Biological Perspectives of Schizophrenia, 1987 (m. F. A. Henn).

HELMCKE, Hans

Dr. phil., o. ö. Prof. f. Engl. Philol., spez. Amerikanistik (Lehrstuhl V) Univ. Mainz (s. 1975) - Martinstr. 10, 6200 Wiesbaden (T. 37 26 92) - Geb. 22. Sept. 1922 Wiesbaden (Vater: Johannes H.; Mutter: Hedwig, geb. Jacob), ev., verh. s. 1955 m. Inge, geb. Schlemmer, S. Thomas - Stud. Angl. u. Psychol. Mainz; Promot. (1955); Habil. (1966) ebd. - 1966 Privatdoz. Mainz, 1969-75 o. ö. Prof. Marburg - BV: D. Funktion d. Ich-Erzählers in H. Melvilles Roman Moby-Dick, 1957; D. Familie im Romanwerk v. Thomas Wolfe, 1967; Mithrsg. (m. K. Lubbers, R. Schmidt-v.-Bardeleben): Lit. u. Sprache d. Vereinigt. Staaten, 1969. Aufs. in Fachztschr.

HELMCKE, Johann-Gerhard

Dr. phil., o. Prof. f. Biologie (emerit.) - Am Fischtal 14, 1000 Berlin 37 (T. 813 60 82) - Geb. 3. Mai 1908 Hannover (Vater: Gerhard H., Versicherungsdirektor; Mutter: Paula, geb. Müller), verh. 1935 m. Dr. med. Magdalene, geb. Gdaniec, 3 Kd. (Konrad, Gerhard, Dietrich) - 1927-31 Univ. Berlin (Biol., Anthropol., Paläontol.). Promot. u. Habil. (1945) Berlin - Zool. Museum Berlin; 1951-69 Leit. Forschungsgruppe f. Mikromorphol. in d. MPG bzw. TU

Berlin; s. 1954 ao. u. o. Prof. (1962) TU Berlin (s. 1969 Max-Volmer-Inst.) - BV: Atlas d. menschl. Zahnes im elektronenmikroskop. Bild, 2 Bde. 1953/57; Diatomeenschalen im elektronenmikr. Bild, 10 Bde. 1953/76 (m. W. Krieger); Forts.: Micromorphol. of Diatom Valves (m. K. Krammer), 1982. Zahlr. Einzelarb. ehem. Mithrsg.: Handb. d. Zool. (1949ff.); Zusammenarb. üb. Biolog. u. Bauen m. Frei Otto u.a., s. 1961 - 1959 ORCA-Preis, 1961 GIRS-Preis, 1967 Jahresbestpreis Dt. Ges. f. ZMKheilkd., 1968 EM Soc. Royale Belge Stomat., 1977 IADR; Science Award in recognition of outstanding basic research in biological mineralization. - Liebh.: Allg. Kulturgesch.

HELMDACH, Henry

Dipl.-Kfm., Verbandsdirektor, Vorstand Nordwestd. Genossenschaftsverb./ Schulze-Delitzsch (s. 1972) - Rethwiese 24, 2080 Pinneberg - Geb. 10. Juni 1928 - Wirtschaftsprüfer u. Steuerberat.; AR: Mittelstandskreditbank AG, Hamburg, Dt. Genossenschaftsverlag eG, Wiesbaden, Genossenschafts-Rechenzentrale Norddeutschl., Lehrte, VODAG Rechenzentrale nordwestdt. Volksbanken eG, Hannover.

HELMENSDORFER, Erich

Journalist - Hellerhofstr. 2-4, 6000 Frankfurt/M. 1 - Geb. 28. Mai 1920 Nürnberg, ev., gesch., 2 S. (Thomas, Wolfgang) - Stud. Rechtswiss. - 1947-60 Journ. DENA u. dpa (Nürnberg, Bonn, Berlin, München, Kairo), 1961 Chef v. Dienst D. Presse, Wien, 1961-63 Redaktionsleit. Münchner Abendztg., dann fr. Mitarb. ARD/Fernsehen (Leit. Sendung Alles oder nichts (b. 1971 61 x), 1972-73 Ente gut - alles gut, 1975 Reden wir mal drüber), 1968-69 Chefredakt. Münchener tz, 1973 Nahost-Korresp. u. 1976 Lokalchef FAZ - BV: Heißes Herz u. kühler Kopf, 1968; Hartöstl. v. Suez, 1972; Westl. v. Suez, 1973; Meine Anstaltsjahre - Freud u. Leid im Fernsehen, 1979; Frankfurt - Metropole am Main, 1982 - 1963 Theodor-Wolff-, 1964 Joseph-E.-Drexel-Preis, 1967 Gold. Kamera; BVK I. Kl. - Spr.: Engl., Franz., Arab. - Rotarier.

HELMER, Claus

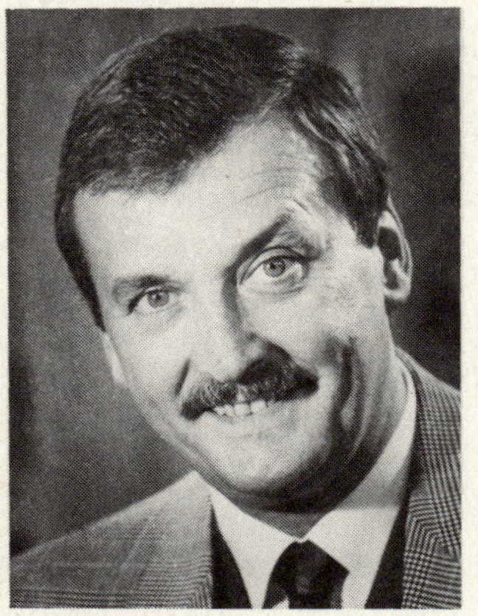

Theaterdirektor, Schauspieler, Regisseur - Zu erreichen üb. Die Komödie, Neue Mainzer Str. 18, 6000 Frankfurt/M. - Geb. 23. Febr. 1944 Brünn (Vater: Ernst Georg H., Schauspieler; Mutter: Maria H.), S. Alexander - 1959/60-1961/62 Max Reinhardt-Sem. Wien - 1981 Ehrenkreuz f. Kunst u. Wiss. Österr. Rep.; 1981 Verleihung d. Frankf. Harlekin - Liebh.: Tennis - Spr.: Engl. - Mitgl. Lions-Club.

HELMER, Karl

Dr. habil., Dr. phil., apl. Prof. f. Allgemeine Päd. Univ. Duisburg (s. 1986) - Zu erreichen üb. Univ. Duisburg, Lotharstr. 65, 4100 Duisburg (T. 0203 - 379 24 42) - Geb. 28. Mai 1936 Sythen (Krs. Recklinghausen), kath., verh. s. 1964 m. Johanna, geb. Hovenjürgen, T. Susanne - Stud. Philol. (Deutsch, Gesch., Philos. Päd.); 1958-64 Univ. Münster, Marburg, Gießen; 1. u. 2. Staatsex. f. d. Lehramt am Gymn.; Promot. 1976 Univ. Gießen; Habil. 1982 Univ. Duisburg - 1966-74 Gymn.lehrer Bocholt; 1974 AOR; 1984 StD i.H. - BV: Üb. Möglichkeiten u. Grenzen d. Erziehung (n. A. Schopenhauer), 1977; Weltordnung u. Bildung (G. Ph. Harsdörffer), 1982. Zahlr. Beitr. in Sammelbd. u. Fachztschr. z. Gesch. d. Päd. u. Phil. d. Erziehung - Liebh.: Bergwandern - Spr.: Engl., Franz.

HELMLE, Bruno

Dr. jur., Oberbürgermeister - Beethovenstr. 42, 7750 Konstanz/B. (T. 6 22 50) - Geb. 5. Febr. 1911 Mannheim (Vater: Josef H., Hauptlehrer), kath., verh. s. 1939 m. Magda, geb. Brust, T. Corinna - Gymn.; Univ. Berlin u. Heidelberg (Rechts- u. Staatswiss., Phil., Volksw.). Gr. jurist. Staatsprüf. 1938 - 1940-58 Reg.s.- u. Oberreg.srat Finanzverw.; s. 1959 Oberbürgerm. Konstanz. CDU - BV: D. Pfandrecht d. Spediteurs, Frachtführers u. Lagerhalters, 1934 (Diss.) - Liebh.: Theater, Musik (Konzerte) - Spr.: Franz., Engl.

HELMLÉ, Eugen

Sprachwissenschaftler, Übersetzer, Lehrbeauftr. f. Spanisch Univ. Saarbrücken - Pestalozzistr. 54, 6603 Sulzbach-Neuweiler/S. (T. 06897 - 25 20) - Geb. 9. Sept. 1927 Ensdorf/S. - Zahlr. Übers. - 1972 Saarl. Kunstpreis (f.: Übers. hervorrag. Werke aus d. Franz.); Mitgl. PEN-Zentrum BRD.

HELMREICH, Ernst J. M.

Dr. med., Prof. f. Physiolog. Chemie - Werner-v.-Siemens-Str. 83, 8700 Würzburg - Geb. 1. Juli 1922 München - Promot. 1949 Erlangen; Habil. 1953 München - Zeitw. Prof. Biochemistry, Washington; Univ. Medical School St. Louis, Missouri (USA); s. 1968 Ord. u. Mitvorst. Physiol.-Chem. Inst. Univ. Würzburg. Zahlr. Fachveröff.

HELMRICH, Herbert

Rechtsanwalt u. Notar, MdB (s. 1976, Wahlkr. 35/Harburg-Land), Vors. Rechtsaussch. d. Dt. Bundestag u. d. Ges. z. Förd. d. Entbürokratisierung. - Föhrenschlucht 13, 2110 Buchholz/ Nordheide - Geb. 1. Jan. 1934 Luckau/ NL., ev., verh., 3 Kd. - Stud. Rechts-, Staatswiss., Volksw., Soziol. Jurist. Staatsprüf. 1963 u. 67 - S. 1967 Anwaltspraxis (1969 auch Notar). 1984ff Vors. Bundestags-Rechtsaussch.- CDU s. 1966.

HELMS, Dietrich

Prof. f. Freie Kunst Kunsthochsch. Hamburg - Behnstr. 59, 2000 Hamburg 50 - Geb. 13. März 1933 Osnabrück - 1952-58 Stud. Kunst u. Deutsch Hamburg u. Kassel - Mithrsg. Kunst + Unterricht (s. 1968). Intern. Künstler Gremium, Mitgl. AICA, Vorst. d. Kunstfonds, Bonn. Fachveröff., Kunstobjekte u. Zeichnungen.

HELMS, Eberhard

Prof., Hochschullehrer - Roonstr. 35, 1000 Berlin 37 - Geb. 9. März 1924 Friedland/NL. (Vater: Dr. med. Hans H.; Mutter: Olga, geb. Schoewe), gesch., 2 S. (Stefan, Martin) - Stud. Biol. d. Leibeserzieh. - Lehrer; gegenw. Prof. FU Berlin (Sportpädagogik u. Didaktik d. Leibeserzieh.).

HELMS, Erwin

Dr. phil., em. Prof. f. Didaktik d. Engl. Sprache Univ. Göttingen, Erz.wiss. Fachbereich (s. 1962), Lehrbeauftr. f. Amerikakd. Univ. ebd. (s. 1953) - Auf d. Allerberg 34, 3407 Gleichen-Reinhausen (T. 05592 - 2 79) - Geb. 1. Juli 1913 Barver (Vater: Alfred H., Lehrer; Mutter: Wilhelmine, geb. Bertram), ev., verh. s. 1939 m. Dorothee, geb. Agricola, 3 Söhne (Evert, Klaus, Bernhard) - Oberrealsch. Hannover; Stud. Engl., Gesch., Geogr. Univ. Göttingen, Manchester, Tübingen (Promot. 1939) - 1939-40 Studienass.; 1940-42 Lektor (Florenz); 1950-62 Studien- u. Oberstudienrat. 1960 Visiting Lecturer Univ. Wisconsin; 1965 Visit. Prof. Univ. Colorado; 1968 Visit. Prof. La Verne College (Calif.). Zeitw. stv. Vors. Dt. Ges. f. Amerikastudien - BV: Englands innere Weltreichspropaganda z. Erhalt. d. Reichseinheit, 1939; D. jüngste Gesch. d. USA - e. didakt. Entwurf, 1966. Herausg.: The British Commonwealth-Speeches and Documents (2. A. 1964); William Goyen - Short Stories (1964); I Am A Negro - An Anthol. of Afro-American Poetry (2. A. 1971); USA - Staat u. Gesellschaft (1969/ 72/75/78/81/85/89); Black America (1970); D. Hochsch.ref. in d. USA u. ihre Bedeutung f. d. BRD (1971); Youth in America (1980, m. B. Tracy); American Dreams/American Nightmares (1981, m. B. Tracy); The German-Americans, An Invisible Minority? (m. B. Tracy); Life, Liberty and the Pursuit of Happiness (1987) - 1939 Preis Univ. Tübingen (Phil. Fak.) - Liebh.: Reisen, Arch., Malerei - Spr.: Engl., Ital.

HELMS, Hermann C.

Vorstandsmitglied Germanischer Lloyd AG - Vorsetzen 32, 2000 Hamburg 11 (T. 36 14 90) - Geb. 2. Juli 1928 - Beiratsmitgl. Deutsche Bank AG, Hamburg, Dt. Schiffahrtsbank AG, Bremen.

HELMS, Jan

Dr. med., Prof. f. Hals-, Nasen- u. Ohrenheilkunde u. Direktor d. Univ.-HNO-Klinik Würzburg - Josef-Schneider-Str. 11, 8700 Würzburg.

HELMS, Siegmund

Dr. phil., Prof. f. Musikpädagogik u. Leit. Inst. f. Schulmusik Staatl. Hochschule f. Musik Rheinland/Musikhochsch. Köln - Fürvelser Str. 31, 5000 Köln 80.

HELMS, Wilhelm

Landwirt, Mitgl. Europ. Parlament (I. Wahlp.) - 2832 Twistiringen-Bissenhausen 2/Nieders. - CDU.

HELMS, Wilhelm

Dr. jur., Rechtsanwalt u. Notar - Hohenzollernstr. 6, 3000 Hannover 1 (T. 0511 - 34 26 27) - Geb. 10. Juli 1938 Hannover, ev., verh. s. 1964 m. Oberstud.rätin Margrit, geb. Hartmann, 4 Kd. (Björn, Arne, Tim, Friederike) - Jurastud. 1958-62 Univ. Heidelberg, Freiburg, Bonn u. Göttingen; währ. d. Stud. 1 J. Volont. in Nord/LB; 1. Staatsex. 1962; Stip. Paris 1963; 2. Staatsex. 1967; Promot. 1973 Göttingen - 1972-75 Vorst. Dt. Anwaltverein, 1972-76 Rechtsanw.-kammer Celle; 1976-80 Lehrauftr. Univ. Hannover. S. 1979 AR Continental AG, s. 1987 Magdeburger Versich. (Mitgl. Personalaussch.); s. 1987 Beiratsvors. Asmus GmbH & Co. KG, Rinteln - Liebh.: Klass. Musik, Tennis, Lyrik - Spr.: Engl., Franz., Lat., Schwed.

HELMS, Winfried

Dr., Rechtsanwalt, Geschäftsf. Dt. MTM-Vereinig. (s. 1962) u. Dt. MTM-Ges. Ind.- u. Wirtschaftsberat. mbH, Vorstand Intern. MTM Direktorat (s. 1966), European Federation of Productivity Services (s. 1972, Präs. s. 1983), Generaldir. f. Europa Intern. MTM-Direktorat (s. 1975) - Elbschaussee 352, 2000 Hamburg 52 (T. 82 55 30) - Geb. 30. Mai 1927 Hannover (Vater: Karl H., Bankkfm.; Mutter: Anna-Maria, geb. Nitzlader), kath., verh. s. 1966 - Ratsgymn. Hannover, Altes Gymn. Bremen; Univ. Göttingen, Hamburg - Spr.: Engl.

HELMSCHROTT, Josef

Angestellter, MdL Bayern (1954-74), Mitgl. Rundfunkrat BR (s. 1972) - Bauernstr. 8, 8906 Gersthofen (T. Augsburg 49 14 21) - Geb. 1. Jan. 1915 Göggingen, kath. - Oberrealschule Augsburg; Stud. Phil. u. Gesch. Dillingen u. München - 1938 b. 1946 Wehrmacht (Gebirgsj., zul. Oblt.) u. amerik. Kriegsgefangensch. (1943); 1946-52 Bürgerm. Gersthofen; s. 1948 MdK; s. 1952 Sachbearb. f. Bewert. u. Feststell. CDU s. 1947 (1951 Kreisvors.) - Spr.: Engl. (Dolmetscherprüf.).

HELMSTÄDTER, Ernst

Dr. rer. pol. (habil.), o. Prof. f. Volkswirtschaftslehre, Mitgl. Sachverständigenrat (s. 1983) - Rinscheweg 38, 4400 Münster (T. 0251 - 21 44 15) - Geb. 22. April. 1924 Mannheim - S. 1965 Ord. Univ. Bonn u. Münster (1969; Dir. Inst. f. Wirtschafts- u. Sozialwiss. u. f. Industriew. Forschung); 1983-86 Vors. Ges. f. Wirtschafts- u. Sozialwiss., Verein f. Socialpolitik (gegr. 1872); Vizepräs. Intern. Schumpeter Ges.; stv. Vors. List Ges.; 1983-88 Mitgl. Sachverst.rat z. Begutacht. d. gesamtw. Entw. - BV: u. a. Wirtschaftstheorie Lehrb. I (3. A. 1983) u. II (3. A. 1986).

HELMSTÄDTER, Wilfried

Dipl.-Volksw., Steuerberater, (ehem. MdL Baden-Württ. (b. 1980) - Sautterweg 5/34, 7000 Stuttgart 80 (T. 715 78 29) - Geb. 19. März 1930 Calw/ Württ., verh., 4 Töcht. - Univ. Tübingen (Wirtschaftswiss.; 1953 Dipl.-Volksw.) - S. 1960 Steuerberater. 1962ff. Mitgl. Gemeinderat Stuttgart (1969-72 Fraktionsvors.). S. 1973 SPD-Fraktionsvors. Regionalverb., s. 1986 stv. Verbandsvors. Regionalverb. Mittl. Neckar - 1978 BVK.

HELPAP, Burkhard

Dr. med., Wiss. Rat (Patholog. Inst.), Prof. f. Allg. Pathol. d. Pathol. Anat. Univ. Bonn (s. 1974) - Turmfalkenweg 10, 5300 Bonn-Ippendorf - Geb. 25. Juli 1935 Pillau/Ostpr. (Vater: Dr. Kurt H., Arzt; Mutter: Ursula, geb. Gewert), ev., verh. s. 1964 m. Dr. Elke, geb. Härtig, 3 S. (Christian, Björn, Jens) - Gymn. Bremerhaven; Univ. Marburg, Kiel, Wien, Erlangen, Bonn. Promot. 1962 Kiel; Habil. 1969 Marburg - S. 1972 Prof. Bonn; Dir. Patholog. Inst.; Ärztl. Dir. Akad. Lehrkrkhs. Univ. Freiburg, Singen - BV: Paraganglien u. -liome, 1978; Kryochirurgie, 1980; Gewebsverbrennung, 1983; Megakaryozyt, 1984; Prostata, Bd. 1 1983, Bd. 2 1984, Bd. 3 1985, Bd. 4 1988; Entzündungslehre, 1987; Pathologie d. ableitenden Harnwege u. d. Prostata, 1989. Div. Einzelarb. - Liebh.: Klass. Musik, mod. Lit. - Spr.: Engl.

HELTAU, Michael

Schauspieler, Mitgl. Burgtheater Wien - Sulzweg 11, A-1190 Wien - Geb. 5. Juli 1938 Ingolstadt/D. - Max-Reinhardt-Sch. Wien - S. 1952 Bühnentätigk. Wien. Vornehml. klass. Figuren, dar. Hamlet u. Romeo. Film; Fernsehen. Div. Liederplatten.

HELTEN, Elmar

Dr. rer pol., Dipl.-Math., Univ.-Prof. f. Betriebswirtschaftslehre u. Leit. Inst. f. Betriebswirtschaftl. Risikoforsch. u. Versicherungswirtschaft Univ. München (s. 1987) - Possenhofener Str. 12, 8130 Starnberg - 1973-87 Univ. Mannheim. 1979ff. Beirat Bundesaufsichtsamt f. d. Versich.wesen, Berlin. Fachveröff.

HELTEN, Fritz

Kaufmann, Inh. Helten-Einrichtungen, Göttingen - Düstere Str. 15, 3400 Göttingen (T. 0551 - 4 70 32) - Geb. 10. Okt. 1937 Göttingen (Vater: Wilhelm H., Techn.Zeichn.; Mutter: Marie, geb. Schubert), ev.-luth., verh. s. 1959 m. Renate, geb. Rosenstock, 2 Kd. (Kerstin, Torsten) - Ausb. Ind.-, Möbel- u. Textil-Kaufm. - 1959-66 Ltd. Angest.; 1966 Geschäftsgründ. Inneneinricht., Innenarchit., Krawattenentw. Vorstandmitgl. Creative Inneneinrichter - Liebh.: Politik, Psych., Kunst.

HELVERSEN, von, Otto

Dr. rer. nat., o. Prof., Direktor Inst. Zoologie II Univ. Erlangen-Nürnberg - Schloß Neuhaus, 8551 Adelsdorf (T. 09195 - 26 41) - Geb. 9. Aug. 1943, kath., verh. s. 1970 m. Dr. Dagmar, geb. Uhrig, 3 Kd. (Thomas, Bettina, Martin) - Univ. Freiburg; Dipl. (Biol.), Promot. u. Habil. ebd.

HELWIG, August

Dipl.-Ing., Fabrikant - Höhenweg 14,

3578 Treysa (T. 06691 - 14 72) - Geb. 24. Juni 1914 Treysa (Vater: Karl H., Fabrikant; Mutter: Maria, geb. Gimpel), ev., verh. s. 1948 m. Irmgard, geb. Schildhauer - Realgymn. Marburg; Stud. d. Naturwiss. u. Maschinenbau TH Berlin (Dipl.ex. 1939) - Im Krieg Reserveoffz. (Raketen-Entwicklung). Vorstandsmitgl. Hess. Diakoniezentrum, Mitgl. Landessynode Kurhessen-Waldeck - BVK - Liebh.: Gesch., Bibliophilie - Spr.: Franz., Engl. - Rotarier.

HELWIG, Helmut
Dr. med., Prof., Chefarzt (Pharmakotherapie) - Kinderkrankenhaus St. Hedwig, 7800 Freiburg/Br. - Geb. 21. Juli 1931 Berlin (Vater: Dr. Burghard H., Pharmazeut; Mutter: Maria, geb. Kullmann), kath., verh. s. 1955 m. Silvia, geb. Piontek, 5 Kd. (Michael, Axel, Joachim, Angela, Peter) - Promot. 1957 Heidelberg - S. 1970 (Habil.) Lehrtätig. Univ. Köln u. Freiburg (1971; 1976 apl. Prof. f. Kinderheilkd.). - Üb. 100 Fachveröff. u. a. Antibiotika-Chemotherapeutika, 1970, 1973, 1975, 1989 (auch jap.); Stoffwechselwirk. v. Trometamol, 1974; Arzneimittel, 6. A. 1988; Päd. Therapie, 1983 (auch ital.) - Spr.: Engl.

HELWIG, Karl-Heinz
Dr. rer. nat., o. Prof. f. Höh. Mathematik u. Analyt. Mechanik TU München - Adalmuntstr. 12, 8032 Grafrath/Obb. - S. 1974 Ord.

HELZER, Hans-Gerhard
Rektor a. D., MdL Rhld.-Pfalz (1971-87) - Auf dem Steinchen 6, 5230 Altenkirchen/Westerw. (T. 36 77) - Geb. 12. Aug. 1927 Niederhausen/Westerw., ev., verh., 2 Kd. - Volkssch.; Lehrerbildungsanst. (durch Kriegsdst. unterbr.) - S. 1950 Lehrer (1965 Rektor Betzdorf, 1970 Hamm/Sieg). SPD s. 1946 (Ortsvors. Altenkirchen, Vors. Kulturpolit. Aussch. Landtag Rheinl.-Pfalz 1977-87).

HEMBD, Hermann
Dr. rer. nat., Prof. f. Mathematik GH Paderborn - Pohlweg 14, 4790 Paderborn/W.

HEMBERGER, Adolf
Dr. phil., Dipl.-Volksw., Univ.-Prof., Pädagoge - Kropbacher Weg 37, 6300 Gießen (T. dstl.: 702 53 00) - Geb. 4. Nov. 1929 - Dipl.-Volksw. Marburg. Promot. Heidelberg - 1961-65 Schuldst.; 1965-70 Lehrer. Lehrerbild., s. 1970 Univ. Gießen (Prof.), Erster Vors. Institut für Verhaltenstherapie und Präventivmedizin, Bad Nauheim - BV: u. a. D. historisch-soziologische Verhältnis d. westeurop. Anarcho-Synidikalismus z. Marxismus, 1963 (Diss.); Organisationsformen, Rituale, Lehren d. mag. Thematik d. freimauer. u. -mauerart. Bünde im deutschen Sprachraum Mitteleuropas, 1971ff. Psychosomatische Beitr.

HEMBERGER, Karl

Betriebswirt, Prokurist ENKA AG, Wuppertal, Präsidiumsmitgl. Dt. Sportbund - Sattelhecke 26, 8752 Johannesberg - Geb. 9. Aug. 1928 Aschaffenburg

- Vors. Bundesaussch. f. Recht, Soziales u. Steuern, Vors. Amateurkommiss., BLSV-Verwaltungsrat, ZDF-Fernsehrat 1974 BVK.

HEMBERGER, Margot-Jolanthe

Bildhauerin, Malerin, Grafik. - Freudenstädter Str. 7-9, 7298 Lossburg 1 (07446 - 5 80) - Geb. 2. Dez. Stuttgart, kath., led. - Höhere Fachsch. f. graf. Gewerbe Stuttg. 1938-40, Akad. d. bild. Künste 1941-44 Stuttgart - S. 1945 Einzelausst. im In- u. Ausland sow. Kollekt. Ausst. - Arb. f. viele öffentl. Gebäude v. Staat, Städten, Fabriken u. Kirchen Plastik-Reliefs, Malereien (Holz, Stein, Kupfer, Edelstahl, Glasfenster u. Wandmalereien). S. 1979 Pilotprojekt f. Kreativ-Unterr. d. Adzubi b. d. Fischerwerken Tumlingen; 1951-54 Stuttgarter Schulen, u.a. Luginsland (Mosaikbrunnen u. Granitbrunnen), 1954 Wandbild Schule Lossburg, 1964 Wandbild Rathaus ebd., 1969 Kupferrelief Martinskirche Lossburg, 1974 Glasfenster Friedhofshalle Tumlingen; 1986 Holzrelief Krhs. Freudenstadt; 1987 Altarwand (Holz) Martin-Haug-Stiftg. ebd.; 1988 Holzrelief ev. Kirche Lossburg - BV: Bildhauerei, Malerei, Grafik. Phil. in Farbe u. Form, 1987; sow. Kataloge - 1951 Württ. Jugendkunstpreis f. Bildhauerei, 1952 f. Malerei.

HEMEYER, Karl-Heinz
Dr., Dipl.-Kfm., Fabrikant, Lauterberger Ges. f. Ind.technik mbH, bde. Bad Lauterberg, Schwelmer Verpack. GmbH, Schwelm - Scharzfelder Str. 18-22, 3422 Bad Lauterberg; u. Hattinger Str. 1, 5830 Schwelm (T. 02336 - 1 09 09).

HEMFLER, Karl
Staatsminister a. D., MdL Hessen (s. 1970) - Druseltalstr. 60, 3500 Kassel (T. 3 61 37) - Geb. 16. April 1915 Lodz - Deutsches Gymnasium Lodz (Abitur 1934); Stud. Rechtswiss. Gr. jurist. Staatsprüf. 1949 Frankfurt/M. - S. 1954 Landgericht Kassel, dann Stadtverw. ebd. (Stadtrat, Bürgerm., Kämmerer), 1967-69 hess. Justiz- u. Innenmin. (Staatssekr.), 1969-74 Justizmin. Wehrdst. SPD.

HEMLEBEN, Vera
Dr. rer. nat., Prof., Biologin - Panoramastr. 47, 7400 Tübingen - S. Habil. Lehrtätig. Univ. Tübingen (gegenw. Prof. Inst. f. Biol. II).

HEMMELRATH, Helmut
Dr. rer. pol., Dipl.-Volksw. - Tennenhof, 8763 Klingenberg/M. - Geb. 31. Juli 1927 Köln (Vater: Jakob H., Lackfabrikant; Mutter: Käthe, geb. Heller), kath., verh. s. 1952 m. Ingrid, geb. Alexander, 2 S. (Alexander, Peter) - Univ. Würzburg (Volksw.) Dipl.-Volksw. 1950, Promot. 1951 - Gf. Gesellsch. CINETEL GmbH, München; AR-Vors. CINEMA 77, München - Spr.: Engl. - Lit.: Hunters Treibjagd, Greater: Leute.

HEMMELRATH, Wolfgang
Fabrikant, gf. Gesellsch. Hemmelrath Lackfabrik GmbH. - 8763 Klingenberg/M. - Geb. 8. Aug. 1931.

HEMMER, Frank D.
Dr.-Ing., Prof., Architekt, Vorstandsmitglied d. Inst. f. Bau- u. Entwicklungsplanung Univ. Hannover - Habichtshorststr. 22, 3000 Hannover 51 (T. 0511 - 69 75 66) - Geb. 28. April 1930 Goyana/Brasil. (Vater: Werner D., Dipl.-Ing.; Mutter: Sophie, geb. Kloess), ev.-luth., verh. s. 1961 m. Helga, geb. Schmitz, 3 Kd. (Florian, Cornelis, Lucius) - Human. Gymn., Techn. Hochsch., Dipl. 1957, Promot. 1965, Habil. 1969 - Univ.-Doz. 1969; Prof. 1975 - Typenentwickl. f. Kindergärten (anerk. als wirtsch. wicht. Erfind. d. Nieders. Min. f. Wirtschaft 1973) - BV: Tagesstätten f. Kinder, Monogr. 1967; Theaterbau (m. G. Graubner), 1968; Gestaltentw. d. Unterr.-Raumes, Forsch.-Stud., 1970; Schule, Forsch.-Stud., 1972 - Kindergärten, Beschützende Werkst., Sonderschulen, Berufssch. - Bes. Interesse: Förderung pädag. Ziele durch Architektur - Spr.: Engl.

HEMMER, Hans-Otto
Chefredakteur Gewerkschaftl. Monatshefte - Hans-Böckler-Str. 39, 4000 Düsseldorf 30 (T. 0211 - 4 30 10) - Geb. 11. Mai 1946 Velbert (Vater: Otto H., Handw.; Mutter: Klara, geb. Meisloch), verh. s. 1981 m. Sigrid, geb. Putsch, 3 Kd. (Katharina, Benjamin, Milena) - Stud. Lehramt an höh. Schulen (Gesch., German.) - 1972-77 Redakt. Gewerkschaftl. Monatshefte s. 1981 Chefredakt., 1977-81 Referatsleit. b. DGB-Bundesvorst.

HEMMER, Hans-Rimbert
Dr., Prof. f. Volkswirtschaftslehre u. Entwicklungsländerforschung Univ. Gießen (s. 1971), Dir. Zentrum f. region. Entwicklungsforsch. (ebd.) - Auf der Platte 6, 6301 Wettenberg 2 - Geb. 22. April 1941 Essen (Vater: Johann H., Angest.; Mutter: Margot, geb. Dunkels), kath., verh. s. 1965 m. Ingrid, geb. Meyenschein, 2 Kd. (Petra, Torsten) - Hum. Gymn. Karlsruhe (Abit. 1960); Stud. d. Volkswirtsch.slehre Univ. Heidelberg, Köln, Mainz; Promot. (1967) u. Habil. (1971) ebd. - 1965 b. 1968 Assist. Mainz; 1968-69 Sachbearb. Kreditanst. f. Wiederaufbau. Mitgl. Verein f. Sozialpolitik; Atlantic Economic Society; Wissenschaftl. Beirat d. BMZ - BV: Produktdifferenzierung u. Wohlstandsmaximum, 1967; Strukturprobleme d. Wirtschaftswachstums, 1972; Wirtschaftsprobleme d. Entwicklungsländer, 1978; Z. Problematik d. gesamtw. Zielfunktion i. Entwicklungsländ. (2. A.), 1978 - Spr.: Engl.

HEMMER, Helmut
Dr. rer. nat., Dipl.-Biologe, Prof. f. Zoologie Univ. Mainz, stv. Direktor Naturwiss. Technikum Landau - Anemonenweg 18, 6500 Mainz-Ebersheim - Geb. 7. Dez. 1940 Kaiserslautern (Vater: Rudolf H., Kaufm.; Mutter: Hedwig, geb. von Kennel), verh. s. 1968 m. Elisabeth, geb. Becker - Univ. Mainz (Biol.; Dipl. 1964). Promot. 1966; Habil. 1976 - Spez. Arbeitsgeb.: Wirbeltier-Evolutionsbiol., Domestikationsforschung, Tierschutz, Humanbiol., Biol.-Didaktik - BV: Allometrie-Untersuchungen zur Evolution d. menschl. Schädels u. s. Rassentypen, 1967; Kröte u. Frosch im Unterr., 1978; Domestikation - Verarmung d. Merkwelt, 1983; Historia Biològica del Ferreret (m. J. A. Alcover), 1984; Nutztier Damhirsch, 1986. Zahlr. Einzelarb. - Spr.: Engl., Franz.

HEMMER, Karl-Heinz
Direktor i.R. - 1972-84 Vorstandsmitgl. Dt. Texaco AG, Hamburg - Siegrunweg 30, 2000 Hamburg 56 (T. 81 44 34).

HEMMER, Robert
Dr. med., em. Prof., Neurochir. Universitätsklinik Freiburg - Mettackerweg 76, 7800 Freiburg/Br. - Geb. 18. Dez. 1920 - S. 1959 (Habil.) Lehrtätig. Freiburg (1965-86 Univ.-Prof. f. Neurochir.). Üb. 200 Fachveröff. (auch Bücher, vorw. Pädiatrische Neurochir.).

HEMMERICH, Peter
Dr. phil. nat., o. Prof. f. Biol. Chemie Univ. Konstanz - Hoheneggstraße 100, 7750 Konstanz/B. (T. 3 14 82) - Geb. 30. Dez. 1929 Frankfurt/M. (Vater: Hans H., Kaufm.; Mutter: Erna, geb. Haurand), kath., verh. s. 1957 m. Marianne, geb. Hirschfeld, 3 Kd. (Stefan, Andreas, Christiane) - Promot. (Chemie; 1957) u. Habil. (1963) Basel - Spez. Arbeitsgeb.: Bio(an)organische Chemie.

HEMMERLE, Klaus
Dr. theol., Prof., Bischof Aachen - Friedlandstr. 2, 5100 Aachen - Geb. 3. April 1929 Freiburg/Br. - S. 1967 (Habil.) Lehrtätig. Univ. Freiburg, Bochum (1970 o. Prof. f. Fundamentaltheol.) u. erneut Freiburg (1973 o. Prof. f. Christl. Religionsphil.); s. 1968 Geistl. Dir. bzw. Geistl. Assist. Zentralkomit. d. dt. Katholiken; s. 1975 Bischof v. Aachen. Wiss. Veröff. - 1982 Komturkreuz m. Stern d. Ritterordens v. Hl. Grab; 1988 Dr. phil. E.h d. RWTH Aachen.

HEMMERLEIN, Alfred
Ltd. Regierungsdirektor, Kanzler Univ. Bamberg - Kapuzinerstr. 16, 8600 Bamberg/Ofr.

HEMPEL, Amadeus
Bürgerschaftsabgeordneter (s. 1974) - Sierichstr. Nr. 70, 2000 Hamburg 60 - FDP.

HEMPEL, Gert
Dr. jur., Vorsitzender d. Vorst. Köln-Düsseldorfer Deutsche Rheinschiffahrt AG, Köln - Bayentalgürtel 25, 5000 Köln 51 - Geb. 6. April 1925 Köln.

HEMPEL, Gotthilf
Dr. rer. nat., Prof., Direktor Alfred-Wegener-Inst. f. Polar- u. Meeresforsch. Bremerhaven - Eidergrund 5, 2300 Kiel-Schulensee (T. 65 07 73) - Geb. 8. März 1929 - S. 1963 (Habil.) Lehrtätig. Univ. Hamburg u. Kiel (1966 Ord. f. Meereskunde, insb. Fischereibiol.); 1979-82 Präs. Intern. Rat f. Meeresforsch.; s. 1987 Vors. Arbeitsgem. d. Großforsch.einrichtungen (AGF). Etwa 120 Fachveröff. Herausg.: Polar Biology, Arbeitsgeb.: Biol. d. Fische, Meeresökol., Polarforsch., Wissenschaftspolitik, bes. Kooperation m. Entwicklungsländern.

HEMPEL, Heinz-Werner
Geschäftsführender Gesellschafter Roland Legierungsmetall GmbH & Co. KG, Bremen/Oberhausen, Vors. Verein Brem. Importeure - Im Wiesengrund 6, 2800 Bremen (T. 0421 - 23 51 08) - Geb. 1. Dez. 1928 Bremen (Vater: Friedr.-Wilh. H., Kaufm.; Mutter: Elisabeth, geb. Schenk), verh. s. 1955 m. Sheila, geb. Taylor, 2 Kd. (Robert Patrick, Maria).

HEMPEL, Karl-August
Dr. rer. nat., o. Prof. f. Werkstoffe d. Elektrotechnik - In den Hehnen 21, 5100 Aachen - Geb. 8. März 1930 Gelsenkirchen - Stud. Physik. Promot. 1962 - S. 1968 (Habil.) Lehrtätig. Univ. Münster u. TH Aachen (1970 Ord. u. Inst.dir.) - Üb. 30 Fachaufs.

HEMPEL, Klaus
Dr. med., Dr. rer. nat., Prof. f. Med. Strahlenkunde u. -biochemie - Rothweg 5, 8700 Würzburg - B. 1978 Privatdoz., dann Prof. Univ. Würzburg (Fachber. Med.).

HEMPEL, Klaus-Joachim
Dr. med., Prof., Ärztlicher Direktor . Allg. Krankenhaus Heidberg, Chefarzt Abt. f. Pathologie Hamburg 62 - Kakenhaner Weg 107a, 2000 Hamburg 65 (T. dstl.: 52 47 20 92) - Geb. 6. Juni 1927 Zwickau/Sa. (Vater: Prof. Dr. med.

Erich H., Chirurg; Mutter: Charlotte), ev. - Thomasschule (Thomanerchor) u. Univ. Leipzig. Promot. Leipzig; Habil. Mainz - 1952-57 Univ. Leipzig; 1957-59 Inst. f. Hirnforsch. u. allg. Biol. Neustadt/Schwarzw. (Prof. Dr. med., Dr. h. c. Oskar Vogt), s. 1959 Univ. Mainz (1967 apl. Prof.; zul. Vorst. Abt. f. Neuropathol.) u. Hamburg (apl. Prof.; Allg. Pathol., Pathol. Anat., Neuropathol.). Bes. Arbeitsgeb.: Qualitativmorpholog. Unters. d. Gehirns. Zahlr. Fachveröff. - Spr.: Engl.

HEMPEL, Ludwig

Dr. rer. nat. (habil.), Prof., Geograph - Weierstraßweg 10, 4400 Münster/W. (T. 86 24 12) - Geb. 21. Juni 1922 Hamburg - S. 1955 Privatdoz., apl. Prof. (1961) u. Wiss. Rat (1963), Prof. (1980) Univ. Münster - BV: Struktur- u. Skulpturforsch. im Raum zw. Leine u. Harz; Frostbodenbild. u. Lößanweh. in d. Würmeiszeit auf Muschelkalk u. Buntsandstein b. Göttingen; Stud. üb. Verwitt. u. Formenbild. im Muschelkalkgestein; Stud. in nordd. Buntsandsteinlandsch.; Reliefformen Südwestfalens; Bodenerosion in Dtschl.; Geomorpholog. u. Kulturgeogr. Probl. im Mittelmeerraum, Kanar. Inseln u. d. Sowjetunion; Einführung in d. Physiogeographie (5 Bde.); Klima u. Vegetationsänd. in Griechenland im Jungquartär. Grenzfragen anthropogen bedingter u. natürl. Abtragung.

HEMPEL, Wido

Dr. phil., o. Prof. f. Roman. Philol. u. vergl. Lit.wiss. Univ. Tübingen (s. 1975) - Wilhelmstr. 50, 7400 Tübingen (T. 07071 - 29 23 76) - Geb. 13. April 1930 Bonn, verh. - Univ. Köln u. Bologna (Roman. u. German. Philologie); Promot. (1958) u. Habil. (1963) Köln - 1964-75 Ord. Hamburg; 1985/86 Dekan Neuphil. Fak. Univ. Tübingen. Mitgl. Kurat. Prix Strasbourg Stift. F.V.S. (s. 1971); Präs. Dt. Hispanistenverb. (1977-81); Vizepräs. Asociación Intern. de Hispanistas (1983-86); Fachgutachter f. Roman. b. DFG (1980-88) - BV: u. a. In Onor della Fenice Ibera - Üb. d. Essequie poetiche di Lope de Vega (Venedig 1636), 1964; Philipp II. u. d. Escorial in d. ital. Lit. d. Cinquecento, 1971; D. Darstellung d. Menschenmenge b. Manzoni, Scott u. in d. histor. Romanen d. franz. Romantik, 1974; Entre el Poema de Mio Cid y Vicente Aleixandre, 1983. Hrsg. Fachztschr.: Roman. Forsch. (s. 1981) - Mitgl. Akad. d. Wiss. u. d. Lit. Mainz (s. 1982) u. Real Acad. Española Madrid (s. 1982); Kurat.-Vors. Europ. Übersetzer-Preis Stiftg. F.V.S. (s. 1984).

HEMPEL-SOOS, Karin

Schriftstellerin, Kabarettistin - Prof. Neu-Allee, 5300 Bonn 3 (T. 0228 - 46 66 00) - Geb. 13. März 1939 Dresden, verh. s. 1960, 2 Kd. (Sarah, Boris) - Abit.; Stud. German., Phil., Volksw. - Engag. Tätigk. in Gewerkschaft (VS) u. SPD; fr. Autorin f. Presse, Funk, FS - BV: Meine unsortierten J., 1980; F. Männer verboten, 1983; Blütenblättermüll, 1986; Feuerlilien - Katzenhaar, 1987; D. Böse mehrt sich üb. Nacht, 1989. Zahlr. Anthol. u. Solo-Kabarettprogramme - Jacques Offenbach Med. Fr. Volksbühne Bonn - Liebh.: Männerbenachteiligung in allen Lebenslagen! - Lit.: ARD-Film Spottdrossel v. Bonn; versch. Porträts im Hörf., Neues Rhld. u.v.a.

HEMPELMANN, Gunter

Dr. med., Prof., Facharzt f. Anästhesie - Birkenweg 46, 6301 Wettenberg 3 (T. 0641 - 8 24 45) - Geb. 19. Mai 1940 Elmshorn (Vater: Dr. Johannes H., ltd. Verwaltungsdirektor; Mutter: Marianne, geb. Hinrichsmeyer), kath., verh. s. 1969 m. Dr. Wiltrud, geb. Hiltermann, 2 Kd. (Susanne, Ulf) - High School Arlington (Stip. American Field Service; Dipl. 1958), Gymn. Nürnberg (Abit. 1960); 1967/68 Univ. Helsinki (Stip. finn. Medizinalbehörde). Promot. 1966 Erlangen; Habil. 1973 Hannover - 1977 apl. Prof. Hannover; gegenw. Prof. u. Leit. Abt. f. Anaesthesiologie u. Intensivmed. Justus-Liebig-Univ. Gießen. Spez. Arbeitsgeb.: Hämodynam. u. blutgasanalyt. Unters. b. myokardial geschädigten Patienten. Zahlr. Facharb. - Liebh.: Segeln, Malerei - Spr.: Engl.

HEMPFER, Klaus Willy

Dr. phil., o. Prof. f. Roman. Philol. u. Allg. Literaturwiss. FU Berlin (s. 1977) - Podbielskiallee 40, 1000 Berlin 33 (T. 831 20 80) - Geb. 3. Nov. 1942 Augsburg - Promot. 1970, Habil. 1974 - 1975-77 Wiss. Rat u. Prof.; 1978-79 Dekan. 1986 Vors. Bund Freiheit d. Wiss. (BFW) - BV: Tendenz u. Ästhetik, 1972; Gattungstheorie, 1973; Poststrukturale Texttheorie u. narrative Praxis, 1976; Diskrepante Lektüren. D. Orlando-Furioso - Rezeption im Cinquecento, 1987. Zahlr. Veröff. in Fachztschr. u. Sammelw. Herausg. mehrerer Sammelw. u. Reihen - Spr.: Engl., Franz., Ital.

HEMPFER, Paul

Prof., Hochschullehrer - Bannried, 7981 Waldburg/Württ. - Gegenw. Prof. f. Leibeserzieh. PH Weingarten.

HEMPFLING, Baptist

I. Bürgermeister Stadt Kronach (s. 1978) - Rathaus, 8640 Kronach/Ofr. - Geb. 14. Jan. 1918 Kronach - Zul. Geschäftsf. CSU.

HENATSCH, Hans-Dieter

Dr. med., em. o. Prof. f. Physiologie - Markwinkel 2, 3401 Waake b. Göttingen (T. 05507-840) - Geb. 5. Juni 1920 Frankfurt/O. - S. 1956 (Habil.) Lehrtätigk. Univ. Göttingen (1962 apl., 1966 ao., 1967 o. Prof.). Abt.-Leit. f. Neuro- u. Sinnesphysiol. Spez. Arbeitsgeb.: Neurophysiol. d. Motorik, Neurophil. Zahlr. Fachveröff.

HENCKEL, Wolfram

Dr. jur., Prof. f. Zivil-, Handels- u. Prozeßrecht - Liegnitzer Straße 20, 3406 Bovenden 1 (T. 0551 - 8 15 60) - Geb. 21. April 1925 - S. 1960 (Habil.) Lehrtätigk. Univ. Heidelberg u. Göttingen (1962 Ord.; 1966/67 Rektor). 1969-72 Mitgl. Wiss.srat - BV: Parteilehre u. Streitgegenstand im Zivilprozeß, 1961, Neubearb. v. Jaeger, Konkursordnung, 9. A. ab 1977; Prozeßrecht u. materielles Recht, 1970 - Ruf Univ. Kiel (1961), Bonn (1964), Freiburg (1967) u. München (1971); 1973ff. stv. Mitgl. Nieders. Staatsgerichtshof; 1975-87 Mitgl. Senat Max-Planck-Ges.; 1977ff. Mitgl. Nieders. Staatsgerichtshof; 1983 Mitgl. Akad. d. Wiss. Göttingen; 1985 BVK I. Kl.

HENCKEL von DONNERSMARCK, Graf, Friedrich Carl

Dr. phil., Dipl.-Kfm., Direktor Kärntner Montan-GmbH., Klagenfurt - Johann-Ure-Weg 5, Klagenfurt (Österr.), (T. 2 11 92) - Geb. 27. Mai 1905 Romolkwitz/Schles. (Vater: Edwin Graf H. v. D., Grundbesitzer u. Industrieller; Mutter: Wilhelmine, geb. Gräfin Kinsky), kath., verh. s. 1935 m. Anna-Ilse, geb. v. Zitzewitz, 2 Söhne (Leo-Ferdinand, Ulrich) - Univ. Breslau, Innsbruck, München, Köln, WH Berlin - Ab 1935 ltd. Tätigk. Bergwerksges. The Henckel v. Donnersmarck-Beuthen Estates, Ltd., Beuthen/OS., 1945-50 Generalbevollm d. Fürsten zu Castell, sd. wie oben - Großkreuz souv. Malteser-Orden - Liebh.: Jagd - Spr.: Engl.

HENCKMANN, Wolfhart

Dr., Prof. f. Philosophie Ludwig-Maximilians-Univ. München - Korbinianstr. 16, 8045 Ismaning (T. 089-96 57 52) - Geb. 3. Febr. 1937 Gersfeld/Kr. Fulda (Vater: Wolf H., Berging.; Mutter: Edeltraut, geb. Gudowius), ev., verh. s. 1965 m. Dr. Gisela, geb. Frischkorn, 2 Kd. (Joachim, Antje) - 1958-65 Stud., Promot. 1965, Habil. 1976 Univ. München - S. 1980 Prof.; 1974-76 Lehrauftr. phil. Ästhetik Hochsch. f. Fernsehen u. Film München, s. 1977 Lehrauftr. f. Wiss.theorie Hochsch. f. Musik München - BV: Üb. d. Wesen d. Kunst in d. Ästhetik M. Deutingers, 1966; Ästhetik (Hrsg., Sammelbd.), 1979 - Spr.: Engl., Franz.

HENDRICHS, Rolf

Geschäftsführer Paul Lösenbeck KG., Solingen, Vors. Industrieverb. Schneidwaren u. Bestecke ebd. - Höhscheider Weg 46, 5650 Solingen 11.

HENDRICKS, Alfred

Dr. rer. nat., Dipl.-Geol., Museumsdirektor Westf. Museum f. Naturkunde u. Planetarium - Zu erreichen üb. Westf. Museum, Sentruper Str. 285, 4400 Münster - Geb. 17. Mai 1948.

HENDRICKS, Claus

Dr.-Ing., Vorstandsmitglied Thyssen Industrie AG - Am Thyssenhaus 1, 4300 Essen 1.

HENDRICKS, Wilfried

Dr. phil., Prof. f. Didaktik d. Technik (Arbeitslehre) TU Berlin (s. 1980) - Schulzendorfer Str. 82a, 1000 Berlin 27 - Geb. 23. Nov. 1943 Kleve (Vater: Wilhelm H., Beamter; Mutter: Clara, geb. Dercks), kath., verh. s. 1967 m. Marianne, geb. Hartmann, 3 Kd. (Morten, Birte, Kirsten) - B. 1967 PH Ruhr/Abt. Dortmund; b. 1974 Univ. Marburg (Erziehungswiss., Wiss. Politik, Wirtschaftswiss.; Promot.) - 1967-70 Lehrer Medebach; 1970-74 Hochschulassist. Dortmund u. Hagen; 1975-80 PH Berlin - BV: Arbeitslehre in d. BRD, 1975; Mithrsg.: Zw. Theorie u. Praxis/Marbg. Kolloquium f. Didaktik (1977); Arbeitslehre - Unterricht u. Entwicklungstendenzen aus Lehrersicht (m. Ziefuss u. Reuel, 1984) - Spr.: Engl., Franz., Dän.

HENDRICKX, Heinz

Dr. rer. nat., Dipl.-Chem., Inhaber L.D.B. Lösungsmitteldestillationsges. m.b.H., Biebesheim - Brückenweg 13a, 6146 Alsbach/Bergstr. - Geb. 25. Juli 1923 - Beiratsmand.

HENDRIKSON, Kurt Heinrich

Dr. rer. pol. habil., Wirtschaftsprüfer, Gesellsch. Hendrikson Associierte Consultants GmbH Frankfurt (s. 1971) - Rembrandtstr. 18, 6000 Frankfurt/M. 70 (T. 63 53 12) - Geb. 18. Nov. 1913 Podblon/Baltikum (Vater: Peter H., Landw.; Mutter: Alma, geb. Mohr), ev., verh. s. 1938 m. Dr. med. Elisabeth, geb. Rammul, 2 Kd. (Peter Martin, Kristina) - Habil. 1943 Friedr.-Wilhelm-Univ. Berlin - S. 1948 Wirtschaftsprüfer. In- u. ausl. Fachmitgl.sch. - BV: D. Technik d. Kreditwürdigkeitsprüfung, 1956; Rationelle Unternehmensführung in d. Ind., 1966; Prakt. Entwicklungspolitik, 1971. Fachveröff. - Spr.: Engl., Franz., Russ., Span., Ital.

HENDRIOCK, Paul

Kaufm. Direktor, Geschäftsf. Hamburger Wasserwerke GmbH. - Mönckebergstr. 8, 2000 Hamburg 1; priv.: Köstenbergstr. 81, -55.

HENECKA, Hans Peter

Dr. phil., Prof., Lehrstuhlinh. f. Soziologie PH Heidelberg (s. 1973) - Bergstr. 25, 7520 Bruchsal - Geb. 3. April 1941 Karlsruhe - Stud. Univ. Heidelberg, Köln, Berlin (Soziol., Sozialpsych., Politikwiss., Völkerrecht); Forschungsaufenth. Univ. Jerusalem, Tunis, Bern. Promot. 1969 Heidelberg - 1965-68 Wiss. Mitarb. Inst. f. Christl. Soziallehre Mannheim, Assist. Kath. Hochschulgde. Würzburg (1969), Wiss. Assist. PH Karlsruhe (1970). Spez. Arbeitsgeb.: Erziehungs-, Ethno- u. Betriebssoziol. - BV: Unruh. Jugend?, 1970; D. jurass. Separatisten, 1972; Schulsoziol., 1978; Grundkurs Erziehungssoziol., 1980; Soziol. Grammatik, 1984; Grundkurs Soziol., 2. A. 1989. Zahlr. Fachaufs. - Spr.: Engl., Franz.

HENEKA, Hubert

Dr. rer. nat., Dipl.-Chem., Vorstandsvorsitzender VEBA OEL AG - Postfach 20 10 45, 4650 Gelsenkirchen; priv.: Gildenstr. 63, 4390 Gladbeck - Geb. 7. Dez. 1931 - Rotarier.

HENGEL, Martin

Dr. theol., Drs. h. c., o. Prof. f. Neues Testament u. antikes Judentum Univ. Tübingen (s. 1972) - Schwabstr. 51, 7400 Tübingen (T. 5 24 53) - Geb. 14. Dez. 1926 Reutlingen (Vater: Gottlob H.), ev., verh. s. 1957 m. Marianne, geb. Kistler - Promot. u. Habil. Tübingen - S. 1968 Ord. Univ. Erlangen-Nürnberg u. Tübingen - BV: Die Zeloten, 2. A. 1976 (engl. 1989); Nachfolge u. Charisma, 1968 (übers. in 3 Spr.); Judentum u. Hellenismus, 3. A. 1973 (engl. 1974, jap., ital.); War Jesus Revolutionär?, 4. A. 1973 (übers. in 6 Spr.); Gewalt u. Gewaltlosigk., 1971 (übers. in 4 Spr.); Eigentum u. Reichtum in d. frühen Kirche, 1973 (auch engl.); Christus u. d. Macht, 1974 (auch engl.); D. Sohn Gottes, 1975 (auch engl., franz. u. ital.); Juden, Griechen u. Barbaren, 1976 (auch engl. u. ital.); Crucifixion, 1977 (engl., franz. u. ital.); Urchristl. Gesch.schreibung, 1979 (engl., franz. u. ital.); Atonement, 1981 (engl.); Achilleus in Jerusalem, 1982; Between Jesus and Paul, 1983 (engl.); D. Evangelienüberschriften, 1985; Studies in Mark (engl. 1985) - Corr. Fellow of the Brit. Acad. (s. 1975), Mitgl. Heidelberger Akad. (s. 1978), 1979 Ehrendoktor Uppsala, 1981 St. Andrews, 1985 Durham, 1988 Strasbourg.

HENGLEIN, Arnim

Dr. rer. nat., o. Prof. f. Strahlenchemie TU (s. 1960) u. Direktor Hahn-Meitner-Inst. Berlin (Bereich Strahlenchemie) - Glienicker Str. 42, 1000 Berlin 39, (T. 805 33 84) - Geb. 23. Mai 1926 Köln (Vater: Prof. Dr. phil. nat. Dr. h. c. Friedrich August H., zul. Ord. f. Chem. Technik TH Karlsruhe †1968 (s. XV. Ausg.); Mutter: Gertraude, geb. Christ), ev., verh. s. 1961 m. Gudrun, geb. Fröhlich, 3 Kd. (Frank, Friederike, Franziska) - TH Karlsruhe (Chemie; Dipl.-Chem. 1949). Promot. Mainz; Habil. Köln - 1951-53 Assist. Max-Planck-Inst. f. Chemie Mainz; 1953-55 Physiker Farbenfabr. Bayer, Leverkusen; 1955-58 Oberassist. Univ. Köln; 1958-60 Senior Fellow Mellon Inst. Pittsburgh (USA); Gastprof.: Univ. Kyoto (1972), Gainesville/Florida (1972), Paris-Sud (1975), Lausanne (1978), Notre Dame/Ind. (1979) - BV: Einf. in d. Strahlenchemie, 1969 (m. W. Schnabel u. J. Wendenburg) - 1977 J. J. Weiss Med. Assoc. for Radiation Research; 1988 J. Heyrovsky Med. in Gold Akad. Wiss. Prag - Spr.: Engl., Franz., Span.

HENGSBACH, Franz

Dr. theol., Dr. jur. h. c., Kardinal, Bischof v. Essen - Burgplatz 2, 4300 Essen (T. 220 42 01) - Geb. 10. Sept. 1910 Velmede/Ruhr, kath. - Priesterweihe 1937 - Seelsorger Herne/W., 1946 Generalsekr. Akad. Bonifatius-Einig., 1947 Zentralkomitee d. dt. Katholiken, 1948 Leit. Erzb. Seelsorgeamt Paderborn, 1953 Weihbischof Erzbistum Paderborn, 1957 Bischof Ruhrbistum Essen (neugegr.), 1961-78 kath. Militärbischof - BV: D. Konzilsdekret ‚Über das Apostolat der Laien', 1967 b. 1974 Ehrendoktor Univ. Pamplona; 1974 Großprior dt. Statthalterei Ritterorden v. hl. Grab; 1969 Gr. BVK m. Stern; 1971 Ehrenfeldjäger Batl. 730; 1982 Ehrenmitgl. Päpstl. Röm. Akad. f. Theol.

HENGST, Friedrich

Fabrikant (Albert Moll & Comp.), Vors. Bundesverb. Kunststoff- u. Schwergewebekonfektion, Düsseldorf) - Postf. 100134, 5630 Remscheid-Lennep - Geb. 26. Febr. 1917.

HENGST, Karl

Dr. theol., Prof. f. Kirchengeschichte, Direktor Erzbischöfl. Akad. Bibliothek - Jühengasse 4, 4790 Paderborn (T. 05251 - 2 52 24) - Geb. 5. Jan. 1939, kath., ledig - Stud. Univ. Paderborn, München, Bochum (Gymn.-Stud. Phil., Theol. Gesch.); Dipl. 1962; Promot. 1973; Habil. 1979 Bochum; 1964 Priesterweihe Paderborn - 1964-68 Vikar Dortmund; 1968-73 Vikar Bad Driburg; 1973-79 wiss. Assist. Bochum; s. 1980 Prof. Paderborn, s. 1984 gleichz. Bibl.dir. - BV: Kirchl. Reformen im Fürstbistum Paderborn unt. Dietrich v. Fürstenberg (1585-1618), 1974; Jesuiten an Univ. u. Jesuitenuniv. Z. Gesch. d. Univ. in d. Oberdt. u. Rhein. Provinz d. Ges. Jesu im Zeitalter d. konfess. Auseinandersetzung, 1981; D. Bischöfe u. Erzbischöfe v. Paderborn (m. H. J. Brandt), 1984; D. Weihbischöfe in Paderborn (m. H. J. Brandt), 1986; Felix Paderae Civitas. D. heilige Liborius 836-1986 (m. H. J. Brandt), 1986; D. Erzdiözese Paderborn (m. H. J. Brandt), 1989; div. Art. u. Aufs. - Liebh.: Kunst, Sport, Musik - Spr.: Lat., Griech., Hebr., Engl., Ital.

HENGST, Martin

Prof. (emerit.) f. Ernährungswiss. u. Statistik - Giesebrechtstr. 8, 1000 Berlin 12 (T. 883 53 96) - Geb. 27. Dez. 1907 Berlin (Vater: Otto H., kaufm. Angest.; Mutter: Clara, geb. Kammrath), verh. s. 1947 m. Karin, geb. Pommer, S. Thomas - Univ. Berlin (Math., Physik, Chemie, Phil.). Staatsex. 1933 - 1934-41 Wiss. Mitarb. Lebensmittelind.; 1946-50 Dir. Versuchsanstalt f. Getreideverwert.; 1950-53 wiss. Industrieberat.; 1953-58 höh. Lehramt; 1958 b. 1973 ao. u. o. Prof. Päd. Hochsch. Berlin; Mitarb. NA DIN - BV: Einf. in d. Math. Statistik u. ihre Anwend., 1966 (BI-Hochschultaschenb. 42/42a).

HENGST, Wolfgang

Dr. med., Prof., Oberstarzt, Leit. Nuklearmed. Abt./Bundeswehrzentralkrkhs. Koblenz - Rübenacher Str. (BZK), 5400 Koblenz - Privatdoz. Univ. Frankfurt/M.; gegenw. n. b. Prof. Univ. Mainz.

HENGSTENBERG, Eckart

Dipl.-Ing., Gf. Gesellschafter Fa. Rich. Hengstenberg GmbH + Co., Esslingen - Mettinger Str. 109, 7300 Esslingen (T. 0711 - 39 20) - Geb. 12. Juli 1941 Esslingen, verh., 2 S. (Philipp, Magnus) - Abit. Esslingen; Stud. Lebensmitteltechnol. TU Berlin (Dipl. 1969) - Liebh.: Kunst, Wandern, Skifahren - Spr.: Engl., Franz.

HENGSTENBERG, Hans-Eduard

Dr. phil., o. Prof. f. Philosophie (emerit.) - Zeppelinstr. 23, 8700 Würzburg - Geb. 1. Sept. 1904 Homberg/Rh. (Eltern: Eduard (Kaufm.) u. Anna H.), kath., verh. 1933 m. Agnes, geb. Brust, 3 Kd. - Univ. Köln (Psych., Phil., Geogr.; Promot. 1928) - Fr. wiss. Schriftst.; s. 1946 Doz. u. Prof. (1948) Päd. Akad. Oberhausen, Bonn (1953) u. o. Prof. Päd. Hochsch. d. Univ. Würzburg (1961). Emerit. 1969; Philos. Fak. III Univ. Würzburg 1980 - BV: (1931-50 s. XVIII. Ausg.) Phil. Anthropologie, 4. A. 1984; Sein u. Ursprünglichkeit, 2. A. 1959; Freiheit u. Seinsordnung - Ges. Aufs. z. Allg. u. spez. Ontologie, 1961; Evolution u. Schöpfung - E. Antwort auf d. Evolutionismus Teilhard de Chardins, 1963; Mensch u. Materie - Z. Problematik Teilhard de Chardins, 1965; Grundleg. d. Ethik, 1969; Seinsüberschreitung u. Kreativität, 1979; Sinn u. Sollen - Z. Überwindung d. Sinnkrise, 1980 - Lit.: J. Binkowski, Christl. Phil. d. Existenz - Zu Hengstenbergs Philosophia Trinitatis (Ztschr. Wiss. u. Weisheit, H. 3 1949); W. Weier, Wege e. metaphys. Phänomenologie (Freibg. Ztschr. f. Phil. u. Theol., Bd. 16, H. 3); Juan Cruz-Cruz: De la Antropologia a la Etica - La obra de H. (Valladolid 1971).

HENGSTENBERG, Helmut

Dr. jur., Kaufmann, gf. Gesellsch. Fa. Rich. Hengstenberg GmbH + Co., Weinessig-, Sauerkonserven- u. Feinkostfabriken, Esslingen (s. 1968) - Mettinger Str. 109, 7300 Esslingen/N. (T. 39 21) - Geb. 27. Mai 1935 Esslingen.

HENGSTENBERG, Wolfgang

Dr. rer. nat., Wiss. Rat, Prof. f. Physiologie d. Mikroorganismen Univ. Bochum (s. 1978) - Kattenjagd 39, 5810 Witten/Ruhr - Geb. 1. Febr. 1939 Mannheim (Vater: Josef H., Physiker; Mutter: Anna, geb. Doerr), ev., verh. s. 1965 (Ehefr.: Hanna), 2 Kd. (Kristin, Andreas) - Univ. Freiburg/Br. (Dipl.-Chem. 1963) - Zul. Privatdoz. Univ. Heidelberg. Spez. Arbeitsgeb.: Biochemie d. Zuckertransports in Mikroorganismen - Liebh.: Reisen, Ski, Kajak - Spr.: Engl.

HENGSTMANN, Hermann

Dr. med., Prof., Chefarzt Inn. Abt. u. Ärztl. Direktor a. D. - Robert-Koch-Str. 16, 3110 Uelzen/Hann. (T. 50 50) - Geb. 23. Juli 1911 - S. 1952 (Habil.) Lehrtätigk. Univ. Erlangen bzw. Nürnberg (1967 apl. Prof. f. Inn. Med.). Üb. 50 Fachaufs. - Rotarier.

HENGSTMANN, Peter W.

Dipl.-Kfm., Vorstandsmitglied Küppersbusch AG, Gelsenkirchen - Graf Stauffenberg-Ring 62, 6380 Bad Homburg (T. 06172-3 75 59) - Geb. 30. Sept. 1934 Berlin, ev., verh. s. 1961 m. Annemarie, geb. Kyser, 2 Kd. (Daniela, Rolf) - Stud. Betriebsw.; Ex. 1960 FU Berlin - 1960-79 AEG-Telefunken; 1979-80 Geschäftsf. Rowenta GmbH, Offenbach; 1981 ff. Vorst. Küppersbusch - Liebh.: Fotogr., Lit., Theater, Tennis, Fußball, Schwimmen - Spr.: Engl., Franz., Span.

HENHAPL, Wolfgang

Dr. phil., Prof. f. Praktische Informatik TH Darmstadt - Am Erlenberg 24, 6107 Reinheim.

HENHSEN, Hugo

Dr. rer. pol., Dipl.-Kfm., Sprecher Geschäftsführung d. Westf. Privat-Brauereien Nies GmbH, Lippstadt, Hamm, Paderborn (s. 1980) u. AR Isenbeck Privat-Brauerei Nies AG, Hamm (s. 1976) - Feldgarten 36, 4700 Hamm 1 - Geb. 5. Jan. 1929 Rheydt (Vater: Walter H., Kaufm.; Mutter: Maria, geb. Caumanns), ev., verh. s. 1955 m. Elisabeth, geb. Pangels, 2 Töcht. (Ulla, Susann) - Stud. Betr.- u. Volksw. Univ. Köln; Promot. 1955 Köln - 1955-62 Prok. Union-Brauerei, Dortmund; 1963-64 Vorst.-Mitgl. Apollinaris Brunnen AG; 1965-76 Geschäftsf. u. stv. Vors. Herta KG Karl Schweisfurth; Vors. Beirat Brauerei Weissenburg Nies KG, Lippstadt u. Paderborner Brauerei (b. 1980); Beiratsmitgl. Unternehmensverb. Hamm; Mitgl. Vollvers. Industrie- u. Handelskammer zu Dortmund.

HENISCH, Peter

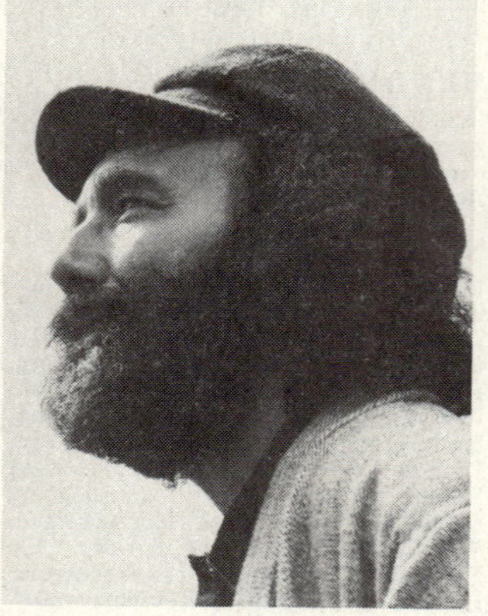

Schriftsteller - Neudeggerg. 10/7, A-1080 Wien (T. 0043222 - 75 34 98) - Geb. 27. Aug. 1943 Wien, T. Miriam - Stud. d. Phil. - BV: Vom Baronkarl, 1971; D. kleine Figur meines Vaters, 1975 (überarb. Neufassung 1987); Hofmanns Erzählungen, 1983; Pepi Prohaska Prophet, 1986; Steins Paranoia, 1988; Hamlet, Hiob, Heine, 1989 - 1971 Förderungspreis z. österr. Staatspreis f. Lit., 1973 d. Stadt Wien f. Lit.; 1976 Sonderpr. z. Rauriser Lit.pr.; 1977 Anton Wildgans-Preis - Spr.: Engl., Ital. - Lit.: Peter Henisch, E. Monographie (Diss. d. Univ. Wien v. Dr. Eva Schobel, ersch. b. VWGÖ, Wien, 1988).

HENIUS, Carla

Sängerin, Dramaturgin, Schriftstellerin, Leiterin musik-theater-werkstatt b. Musiktheater im Revier, Gelsenkirchen u. Freiburg im Br. - Charles-Ross-Ring 47, 2300 Kiel 1 (T. 0431 - 33 28 70); u. Wilhelmstr. 58, 6200 Wiesbaden (T. 06121 - 30 95 15) - Geb. Mannheim (Mutter: Irene Eden), ev., verh. s. 1954 m. Dr. Joachim Klaiber - 1937-43 Hochsch. f. Musik Berlin (Konzertreifeprüf. f. Gesang u. Klavier); Priv. Gesangsstud. b. Maria Ivogün - S. 1949 Teiln. u. Solistin Intern. Ferienkurse f. Neue Musik, Darmstadt; Sängerin (zeitgenöss. Musik), Gastdoz. in Europa u. USA; s. 1976 Musikdramat.; s. 1986 Hess. Staatstheater Wiesbaden - BV: D. undankbare Geschäft m. neuer Musik, 1974; Beitr. im Buch: Texte v. u. üb. Luigi Nono, 1976; D. wirkl. u. d. erdachte Musik im Dr. Faustus v. Thomas Mann, (in: Horizonte) 1980. Div. Beitr. in Musikkonzepte - 1987 Kulturpr. d. Stadt Kiel - Spr.: Engl., Franz., Ital.

HENK, Heinz

Bürgerschaftsabgeordneter (1970-74) - Haferacker Nr. 4a, 2104 Hamburg 92 (T. 701 98 97) - SPD.

HENKE, Gerhard

Assessor, Hauptgeschäftsf. Handwerkskammer Hannover - Große Heide 28, 3000 Hannover 51 (T. 0511 - 6 58 79; Büro: 0511 - 34 34 34) - Geb. 15. März 1927 - Spr: Engl. - Rotarier

HENKE, Hans Jochen

Oberbürgermeister Stadt Ludwigsburg (s. 1985) - Am Zuckerberg 79/8, 7140 Ludwigsburg (dstl. T. 07141 - 910-3 10-2 20) - Geb. 12. Juli 1945 Hirsau (Kreis Calw/Nordschwarzwald), ev., verh. s. 1971 m. Astrid, geb. Bomke, 2 Töcht. (Julia, Britta) - Abit. 1966 Stuttgart; Stud. Rechtswiss. 1966-71 Univ. Tübingen u. Freiburg; Gerichtsrefer. 1971-74 Berlin - 1974/75 Rechtsanwalt in Stuttgart; 1975/76 Regierungsass. Landratsamt Ludwigsburg; 1976-78 Innenmin. Baden-Württ. (Pers. Ref. v. Innenmin. Schiess, dan. v. Innenmin. Späth); 1978-82 Leit. persönl. Büro v. Min.präs. Späth; 1982-84 Leit. Abt. Verwaltung, Recht u. Finanzen im Staatsmin. - 1984 Wahl z. Oberbürgerm. Ludwigsburg (auf 8 J.), 1985 Amtseinsetzung.

HENKE, Horst-Eberhard

Dr. jur., o. Prof. f. Bürgerl. Recht u. Zivilprozeßrecht - Niemannsweg 111, 2300 Kiel 1 (T. (8 59 48) - Geb. 2. April 1927 Berlin - S. 1965 (Habil.) Lehrtätigk. Univ. Berlin/Freie, Erlangen-Nürnberg (1966 Ord.), Kiel (1970 Ord.). Fachveröff.

HENKE, Klaus-Dirk

Dr. rer. pol., o. Prof. f. Volkswirtschaftslehre Univ. Hannover (s. 1976) - Im Mühlenteich 14, 3007 Gehrden-Leveste (T. 05108 - 43 91) - Geb. 17. Sept. 1942 Hannover (Vater: Fritz H., kfm. Dir.; Mutter: Luise, geb. Bünte), ev., verh. s. 1968 m. Jutta, geb. Kaulbach, 4 Kd. (Anja, Jan-Michael, Sabine, Katja) - Univ. Köln, London, Ann Arbor/USA; Promot. 1970; Habil. 1976 - 1970-76 Assist. u. Doz. Univ. Marburg, 1974-75; 1980-81 Guest Scholar Brookings Inst., 1979/80 Mitgl. Akad. f. Raumforsch. u. Landesplan., s. 1984 Mitgl. d. Wiss. Beirats b. Bundesmin. d. Finanzen, s. 1985 Mitgl. d. Sachverst.rates f. d. Konzertierte Aktion im Gesundheitswesen - BV: Savings-Bonds als Instrument d. Finanzpol., 1971; D. Verteil. v. Gütern u. Diensten auf d. versch. Bevölk. schichten, 1975; Öfftl. Gesundheitsausg. u. Verteilung, 1977; Lehrb. d. Finanzwissen., 5. A. 1987 (m. H. Zimmermann) - Spr.: Engl.

HENKE, Norbert

Dr. jur., Generaldirektor, Vorstandsvors. Bremer Vulkan AG Schiffbau u. Maschinenfabrik (s. 1982) - Hohrott 13, 2305 Heikendorf - Geb. 19. Febr. 1925 Regensburg (Vater: Franz H.), verh. m. Hella, geb. Schwab - B. z. Zusammenschl. Vorstandsmitgl. Kieler Howaldtswerke AG., dann Howaldtswerke Dt. Werft AG., Hamburg/Kiel (1970-74 stv., dann o. Vorstandsvors.). 1971 ff. Vorstandsmitgl. Verb. Dt. Schiffswerften.

HENKE, Wilhelm

Dr. jur., o. Prof. f. Öfftl. Recht - Hohe-Rott-Weg 2, 3407 Gleichen-Gr. Lengden (T. 05508 - 5 30) - Geb. 2. Mai 1926 Göttingen, ev., verh. s. 1951 m. Friederike, geb. Gogarten, 3 Kd. - Univ. Göttingen u. Tübingen (Rechtswiss.). Jurist. Staatsprüf. 1953 u. 1958. Promot. 1957; Habil. 1963 - 1963 Privatdoz. Univ. Göttingen; 1967 Ord. Univ. Erlangen-Nürnberg; 1988 Univ.-Prof. a. D. - BV: D. verfassungsgeb. Gewalt d. dt. Volkes, 1957; D. Recht d. polit. Parteien, 1964, 2. A. 1972; D. subjektive Öfftl. Recht, 1968; D. Recht d. Wirtsch.subventionen, 1979; Recht u. Staat, 1988.

HENKE, Wolfgang

Dr. rer. nat., Prof. f. Mathematik Univ. Köln - Auf dem Knippen 12, 5064 Rösrath 3 (T. 02205 - 83895) - Geb. 25. April 1941 Bremen (Vater: Dr. Karl H.; Mutter: Dr. Hedwig, geb. Michaelis), ev., verh. s. 1972 m. Regina, geb. Caspari, Tocht. Sonja - 1960-66 Stud. Math. u. Physik Univ. Bonn; Lehramtsprüf. 1967, Promot. 1971, Habil. 1976 Univ. Köln - 1967-73 wiss. Assist.; 1973-74 Akad. Rat/Oberrat; 1976 Privatdoz.; 1982 apl. Prof.; 1983 Prof. Univ. Köln.

HENKEL, Arthur

Dr. phil., em. Prof. f. Dt. u. Vergl. Literaturgeschichte - Heiligenbergstr. 9a, 6900 Heidelberg (T. 06221 - 40 18 02) - Geb. 13. März 1915 Marburg (Vater: Ludwig H.; Mutter: Anna, geb. Velte), verh. s. 1942 m. Elisabeth, geb. Brauer († 1982), 4 Kd. (Dr. Martin, Marianne Adorján, Prof. Christoph, Asmus) - Habil. 1952 Marburg - S. 1953 Privatdoz. Marburg, Göttingen (1955 apl. Prof.), Heidelberg (Ord. 1957) - BV: Entsagung. E. Studie z. Goethes Altersroman, 1954, 2. A. 1964; Wandrers Sturmlied, 1962; Emblemata. Handb. z. Sinnbildkunst d. 16. u. 17. Jh., 1967 (m. A. Schöne); erg. Neuausg. 1976; Sonderausg. 1978; Goethe-Erfahrungen, 1982; Goethe u. d. Bilder d. ird. Paradieses, 1982; D. Zeiten Bildersaal, 1983. Herausg.: Johann Georg Hamann: Briefw. (7 Bde. 1955/79), Johann Heinrich-Merck-Werke (1968); K.W. Zincgref: Emblematum . . . centuria, komment. Neudr. (1986, m. W. Wiemann); J.G. Hamann: Briefe, ausgew., eingeleit. u. m. Anm. versch. A. H. (1988); Mithrsg.: Euphorion-Ztschr. f. Literaturgesch. (m. R. Gruenter; 1966, 84) - 1965 o. Mitgl. Heidelb. Akad. d. Wiss. - Geist u. Zeichen. Festschr. f. A. H. (1977).

HENKEL, Bernt

Dipl.-Ing., Prof. f. Elektr. Meß- u. Regelungstechnik - Beethovenstr. 10, 5628 Heiligenhaus - Geb. 3. Sept. 1928 Kassel (Vater: Walther H., Ing.; Mutter: Erna, geb. Moeller), ev., verh. s. 1961 m. Eva-Maria, geb. Hewig, S. Rainer - Realgymn. Kassel (Abit. 1948); Praktik. Henschel & Sohn ebd.; TH Darmstadt (Elektrotechnik; Dipl. 1954) - B. 1960 Industrie- (Projektionsing. AEG Heiligenhaus), dann Lehrtätigk. (Staatl. Ing.sch., Fachhochsch. u. GH Duisburg) - Spr.: Engl. - Bek. Vorf.: Gustav H., Ing. (Kassel).

HENKEL, Christoph

Prof. Musikhochsch. Freiburg, Solocellist - Leimbachweg 11, 7801 Bollschweil - Geb. 26. Sept. 1946 Marburg (Vater: Prof. Dr. Arthur H., Germanist) - 1959-66 Ausb. G.-U. v. Bülow, Heidelberg, 1967-71 b. Janos Starker (Indiana Univ., USA) - 1969-71 Assist. Indiana Univ.,

Doz. Illinois State Univ.; s. 1973 Prof. Freiburg; 1973-74 Solocellist NDR Hamburg; 1974-76 Solocellist Hess. Rundf. Frankfurt - Erf.: Arm-Bogen-Corrector (ABC), Lernhilfe f. Streichinstr. - Spr.: Engl., Franz.

HENKEL, Dieter

Schauspieler - Nadistr. 10, 8000 München 40 - Geb. 3. Aug. 1933 Wuppertal (Vater: Albert H.; Mutter: Klara, geb. Dornoff), ledig, Sohn Sebastian - Konservat. Bern/Schweiz - S. 1976 Leit. Theater Unterwegs (Tourneetheater) - Rd. 100 Rollen im Fernsehen, Theater zul. u. a.: D. Diener zweier Herren, Irma la Douce.

HENKEL, Erwin

Bürgermeister a.D., Geschäftsf. Hess. Städte- u. Gemeindebd. - Henri-Dunant-Str. 13, 6052 Mühlheim/M.

HENKEL, Gerd Jürgen

Direktor Bundesanstalt Technisches Hilfswerk - Deutschherrenstr. 93, 5300 Bonn 2 (T. 0228 - 8 40-1) - Geb. 26. Febr. 1941 Wissen/Sieg., ev., verh. m. Marion, geb. Toebrock, T. Silke - Stud. Rechts- u. Staatswiss. Univ. Marburg u. Bonn.

HENKEL, Gerhard

Dr. rer. nat., Prof. f. Anthropogeographie - Eilerner Str. 12, 4798 Fürstenberg (T. 02953 - 83 30) - Geb. 28. Sept. 1943 Fürstenberg (Vater: Johannes H., Bauuntern.; Mutter: Franziska, geb. Ebbers), kath., verh. s. 1975 m. Maria, geb. Drolshagen, 3 Kd. (Rudolf, Johannes, Wiltrud) - 1. u. 2. Staatsex. f. d. Lehramt Höh. Sch. 1969 u. 1971; Promot. 1971, Habil. 1976 - 1970/71 Refer., 1972-77 Wiss. Assist., 1977-79 Doz., s. 1980 Prof. - BV: D. Wüstungen d. Sintfeldes, 1973; D. Strukturwandel ländl. Siedl. in d. BRD, 1976; Dorferneuerung, 1982; D. Dorf als Forsch.gegenstand d. Geogr., 1983; Kommunale Gebietsreform u. Autonomie im ländlichen Raum, 1986 - Liebh.: Tennis, Wandern, Radeln - Spr.: Engl.

HENKEL, Hans-Olaf

Vorsitzender d. Geschäftsführung IBM Deutschland GmbH (s. 1987) - Pascalstr. 100, 7000 Stuttgart 80 - Geb. 14. März 1940 Hamburg - Lehre als Sped.kaufm.; Stud. Soziol. u. Betriebswirtschaftsl. - 1962 IBM Dtschl; 1966-69 Vertriebsposit. im asiat.-pazif. Raum; 1969-73 Manufacturing Ind. Center München; 1975-78 u. 1980-85 in Paris verantw. f. versch. europ. u. außereurop. Regionen; zul. Präs. d. Areas Division; dazw. 1978-80 Dir. Personalbereich d. IBM Corp. in Armonk, N.Y.; s. 1987 Board of Dir. d. IBM World Trade Europe/Middle East/ Africa Corp.

HENKEL, Konrad

Dr.-Ing., Dr. rer. nat. h. c., Chemiker - Postfach 1100, 4000 Düsseldorf 1 - Geb. 25. Okt. 1915 Düsseldorf, verh. s. 1955 m. Gabriele, geb. Hünermann, 4 Kd. - Stud. Chemie - S. 1980 AR-Vors. Henkel KGaA; AR Dt. Gold- u. Silberscheideanst., Frankfurt/M.; Präs. Industrie-Club u. Steuben-Schurz Ges., Düsseldorf; Ehrenmitgl. Präsid. Verb. d. Chem. Industrie, Frankfurt/M. - 1976 Ehrenbürger Stadt Düsseldorf; 1980 Gr. BVK; 1985 Normann-Med. Dt. Ges. f. Fettwiss. (DGF).

HENKEL, Roland

Bundesrichter Bundesgerichtshof (s. 1969) - Herrenstr. 45a, 7500 Karlsruhe - Geb. 8. Juni 1924 - 1961-69 OLGsrat Stuttgart.

HENKEL, Willi

Dr. theol., Direktor Päpstl. Missionsbibliothek u. d. Univ.-Bibliothek d. Urbaniana - Via Aurelia 290, I-00165 Rom (T. 00396 - 637 02 51) - Geb. 17. Jan. 1930 Wittges/Fulda, kath., Ordensmann O.M.I. - Lizentiat Phil. u. Theol. Gregoriana, Rom; Promot. 1967 Münster - Dipl. in Bibliothekswiss. d. Vatikan-Bibliothek; 1973 Prof. f. Missionsgesch. Univ. Urbaniana; Mitgl. d. Intern. Assoc. of Mission Studies u. Sekr. d. Commitee for Documentation, Bibliography and Archives - BV: Bibliografia Missionaria, jährl. v. 1978-1988; Mitarb. an ders. 1966-78, Mitarb.: Streit-Dindinger, Bibliotheca Missionum Bd. 25-30 (1967-1974); S. C. Propaganda Fide Memoria Rerum, 1971-1976; D. Druckerei d. Propaganda Fide, 1977; D. Konzilien in Lateinamerika, Bd. I: Mexiko 1555-1897, 1984 - Spr.: Ital., Engl., Franz., Span.

HENKEL, Wolfgang

Dr. med., o. Prof., Direktor Inst. f. Med. Mikrobiologie Univ. Lübeck - Ratzeburger Allee 160, 2400 Lübeck (T. 0451 - 500 28 15) - Geb. 14. April 1931 Stettin, ev., verh. s. 1958 m. Erika, geb. Naggies, 2 T. (Barbara, Birgit) - Medizinstud. Tübingen u. Kiel (Studienstiftg. d. dt. Volkes); Staatsex. 1958 Kiel; Promot. 1959; Habil. 1968 - 1975 Ablehnung Ruf FU Berlin; 1976 Lehrst. f. Med. Mikrobiologie in Lübeck; 1977-87 Ärztl. Dir. d. Klinikums; s. 1987 Prorektor. S. 1979 Vorst.-Mitgl. Dt. Ges. f. Hyg. u. Mikrobiologie - Beiträge in versch. Lehrb., 79 Veröff.

HENKEL-TAPPERT, Marie-Luise

Rechtsanwältin, Geschäftsf. Verb. Rhein.-Westf. Zeitungsverleger - Schadowstr. 39, 4000 Düsseldorf.

HENKELMANN, Erich

I. Bürgermeister (s. 1978) - Rathaus, 8721 Kolitzheim/Ufr. - Geb. 23. April 1936 Michelau - Zul. Oberlehrer. CSU.

HENLE, Christian-Peter

Kaufmann, pers. haft. Gesellsch. Klöckner & Co. KGaA - Klöckner-Haus, 4100 Duisburg 1 - Geb. 9. Nov. 1938 (Vater: Dr. jur. Dr. phil. h. c. Günter H., Industrieller † (s. XVIII. Ausg.); Mutter: Anne-Liese, geb. Küpper) - Stud. Polit. Wiss. u. a. - Aufsichts- u. Beiratsmand.

HENLE, Jörg A.

Vorstandsvorsitzender Klöckner & Co AG - Neudorfer Str. 3-5, 4100 Duisburg 1 - Geb. 12. Mai 1934 - AR-Vors. Klöckner-Werke AG, Duisburg; AR Allianz Lebensversich.-AG, Stuttgart, Robert Bosch GmbH, Stuttgart, Rhein.-Westf. Boden-Credit-Bank AG, Köln, u. Mietfinanz GmbH, Mülheim/Ruhr; Beirat Hermes Kreditversich.-AG, Hamburg/Berlin; Vizepräs. Niederrhein. IHK, Duisburg-Wesel-Kleve, Duisburg.

HENLE, Wilhelm

Dr. jur., Ministerialdirigent a. D., Honorarprof. f. Finanzverfass. d. Bundesrep. Univ. München (s. 1966) - Lerchenfeldstraße 8, 8000 München 22 (Telefon29 20 79) - Geb. 5. Jan. 1911 - 1969 BVK I. Kl. 1976 Bayer. VO.

HENN, Günter

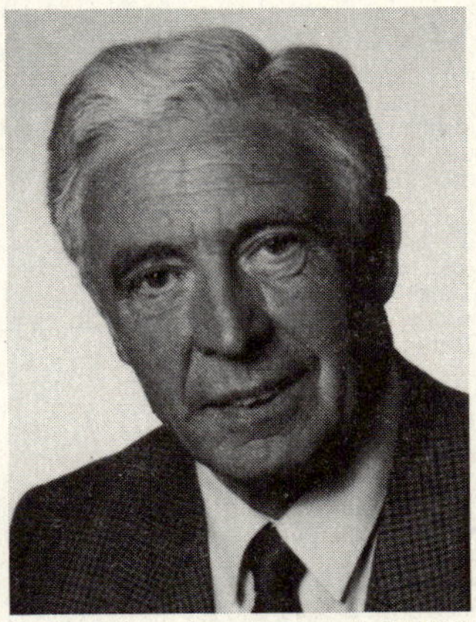

Dr. jur., ehem. Vorstandsmitglied AUDI AG - Sonnenhalde 13, 7107 Neckarsulm/ Württ. - Geb. 28. März 1925 Tübingen, kath., verh. s. 1959 m. Erika, geb. Baur, 2 Kd. (Ingeborg, Harald) - Stud. Rechts- u. Wirtschaftswiss.; Promot. 1950 Tübingen; gr. jurist. Staatsprüf. 1952 - 1952 Treuarbeit Frankfurt; 1953-58 Telefunken Berlin/Ulm; 1959-62 Justitiar Eur. Investitionsbank Brüssel; 1963-75 AUDI AG. S. 1976 Rechtsanwalt - BV: Problematik u. Systematik d. Intern. Patent-Lizenzvertrages, 1967; Handb. d. Aktienrechts, 1978, 3. A. 1987; D. Rechte d. Aktionärs, 1984; Schiedsverfahrensrecht, 1986; Patent- u. Know-how-Lizenzvertrag, 1988, 2. A. 1989.

HENN, Ludwig

Kaufmann, Geschäftsf. Adolf Henn GmbH., Säge-, Hobelwerk, Holzgroßhandl., Untere Pfeifermühle b. Kaiserslautern, Vors. Verb. d. Pfälz. Sägewerke, Neustadt - Turnerstr. 13, 6751 Weilerbach/Pf. (T. Büro: 06374 - 62 33) - Geb. 5. Aug. 1915.

HENN, Rudolf

Dr. rer. pol., o. Prof. f. Volkswirtschaftslehre - Heinrich-Weltz-Str. 22, 7500 Karlsruhe 41 - Geb. 9. Nov. 1922 Neuwied - S. 1953 (Habil.) Lehrtätigk. WH Mannheim, Univ. Heidelberg (1956), Hochsch. f. Wirtschaft u. Sozialwiss. St. Gallen (1958 ao. Prof.). Univ. Göttingen (1964 o. Prof.), TH bzw. Univ. Karlsruhe (s. 1966 o. Prof.; Dir. Inst. f. Wirtschafts- u. Sozialwiss.). Fachveröff., dar. Bücher u. Buchbeitr.

HENN, Walter

Dr.-Ing., Dr. techn. h. c., em. Prof. f. Baukonstrukt. u. Ind.bau - Petritorwall 20, 3300 Braunschweig (T. 4 54 80) - Geb. 20. Dez. 1912 Reichenberg (Vater: Karl H., Ing.; Mutter: geb. Bretschneider), verh. s. 1938 m. Dr. med. Hilde, geb. Leistner, 5 Kd. (Karin, Adelheid, Volker, Gunter, Ursula) - Arch.; s. 1946 Ord. TH Dresden u. TH bzw. TU Braunschweig (1954; 1957 Dir. Inst. f. Industriebau). 1969-75 Mitgl. Wiss.rat. Industriebauten Berlin, Hamburg, München, Ruhrgeb., Moselkraftw., Luxemburg, Ital., Singapore, USA - BV: Bauten d. Industrie, 2 Bde. 1955 (auch russ.); Industriebau, 4 Bde. Bd. II 1961 (auch engl., span., jap., franz., ital.), III 1962 (auch franz., engl., span., ung.), IV 1966 (auch ung., poln., russ.); D. flache Dach, 1.-5. A. 1967 (auch franz. u. bulg.); Fußböden, 1964 (auch franz.); D. Trennwand, 1969 (auch span.); Stahlbau-Atlas, 1. A. 1974 (auch engl., franz., span., ital., holl., jap., russ.), 2. A. 1982; Außenwände, 1975. Fachaufs. - 1964 Peter-Joseph-Krahe-Preis Stadt Braunschweig; 1962 Mitgl. Akad. d. Wiss. u. d. Lit. Mainz; s. 1986: Jährl. Verleihung d. Walter Henn-Preises durch d. Polnischen Architekten-Verb. SARP.

HENNE, Ernst J.

Kaufmann (Auto-Henne - Mercedes-Benz Großvertr., München), Präs. Dt. Motoryachtverb., Präsidialmitgl. ADAC - Kidlerpl. 8, 8000 München 25 (T. 77 69 57) - Geb. 22. Febr. 1904 Weiler/Allgäu (Vater: Jakob H.; Mutter: Kreszenzia, geb. Müller), kath., verh. s. 1929 m. Magdalena, geb. Riepp, 2 Kd. - Techn.-kaufmänn. Ausbild. - Rennfahrer. Sieger vieler intern. Motorrad- u. Autorennen In- u. Ausl., Sieger u. Führer dt. Nationalmannsch. Six Days (Intern. 6.-Tage-Fahrt) Engl., Ital. u. Dtschl. mehrmals dt. Meister; 1929-37 76 Motorradweltrekorde (1937-51 m. 280 km/st schnellster Motorradfahrer d. Welt) - Gold. Ehrenmed. FICM London, höchste gold. Sportabz. (teils m. Brillanten) ADAC, AvD, BAC; 12 Ehrenbriefe Stadt München (f. außergew. sportl. Leistungen); 1972 Bayer. VO.; 1985 Gr. BVK - Liebh.: Golf, Skilaufen.

HENNE, Helmut

Dr. phil., o. Prof. f. Germanist. Linguistik TU Braunschweig (s. 1971) - Platanenstr. 27, 3340 Wolfenbüttel - Geb. 5. April 1936 Kassel, verh. s. 1963 m. Arnhild, geb. Naumann, 2 Kd. (Thomas, Anja) - Univ. Göttingen u. Marburg. Promot. 1964; Habil. 1970 - BV: Hochsprache u. Mundart im schles. Barock, 1966; Semantik u. Lexikogr., 1972; Sprachpragmatik, 1975; Einf. in d. Gesprächsanalyse, 2. A. 1982 (m. H. Rehbock); Jugend u. ihre Sprache, 1986. Mithrsg.: Lex. u. Ztschr. f. german. Ling. (1973ff.); Bibliothek zur histor. dt. Studenten- u. Schülersprache, 6 Bde. 1984 - Spr.: Engl., Franz.

HENNEBERG, Claus H.

Schriftsteller, Dramaturg - Zu erreichen üb.: Oper d. Stadt Köln, Offenbachplatz, 5000 Köln 1 - Geb. 4. Febr. 1936 Kiel (Vater: Georg H.; Mutter: Hildegard, geb. Schröder) - Stud. Theaterwiss., German. u. Kunstgesch. Univ. Köln u. FU Berlin - S. 1965 Regie-Assist. u. Dramat. (1971) Dt. Oper Berlin. Libretti: Melusine, Lear (Reimann), Fettklößchen (Wahren), Kinkakuji (Mayuzumi). Übers. aus d. Engl., Franz., Ital. - Ab 1979 Künstlerischer Berater.

HENNEBERG, Georg

Dr. med., Prof., Präsident a. D. - Asternplatz 1, 1000 Berlin 45 (T. 832 47 71) - Geb. 12. Okt. 1908 Berlin (Vater: Prof. Dr. Wilhelm H., Mikrobiologe (s. X. Ausg.); Mutter: Charlotte, geb. Schwerin), ev., verh. s. 1937 m. Dr. med. Amalie, geb. Langer (Fachärztin) - Med. Staatsex. 1935 Kiel - 1936/37 Assist. Hyg. Inst. Univ. Kiel, 1937-45 Leit. Bakt. Abt. Schering AG, Berlin, dann Abt.leit. I. Dir. u. Prof. (1955) Robert Koch-Inst., 1960-73 Vizepräs. u. Präs. (1970) Bundesgesundheitsamt ebd. S. 1950 (Habil.) Privatdoz. u. apl. Prof. (1956) FU Berlin - BV: Einf. in d. bakt. Unters.technik z. Penicillintherapie, 2. A. 1949; Weg, Ziel u. Grenzen d. Streptomycintherapie, 1953; Bildatlas pathogener Mikroorganismen, Bd. I 1957, 2. A. 1962, II 1963, III 1969; Praktikum d. Virusdiagnostik, 1961. Herausg.: Zentralbl. f. Bakt. (Originale u. Referate) - 1969 Mitgl. Dt. Akad. d. Naturforscher (Leopoldina), Halle/S.; 1969 BVK I. Kl., 1974 Gr. BVK.

HENNEBERG, Ulrich

Dr. med., Prof. f. Anaesthesiologie (s. 1969) - Fontanestr. 13a, 1000 Berlin 33 - Geb. 28. Juli 1927 Schloßberg/Ostpr. - Promot. 1955; Habil. 1967 - 1972-78 geschäftsf. Dir. Inst. f. Anaesthesologie Klinikum Steglitz FU Berlin, s. 1978 Chefarzt Abt. f. Anaesthesie u. operative Intensivmed. Krkhs. Am Urban - BV: u. a. Kontrolle d. Ventilation in d. Neugeborenen- u. Säuglingsanaesthes., 1968. Üb. 85 Einzelarb. (ü. sept. Schock, parent. Ernähr., Allg. Anaesth. u. Reg. Anaesth).

HENNEBERG, Werner

Dr. jur., Ministerialrat a. D., Vorstandsmitgl. Zahnradfabrik Friedrichshafen AG. (s. 1973; Finanzressort) - Frenkenbacher Str. 10, 7759 Hagnau/B. - Geb. 15. April 1920 Quedlinburg/Harz - Zul. Vorstandsmitgl. Saarbergwerke AG., Saarbrücken.

HENNEBO, Dieter

Dr. agr., Prof. f. Geschichte d. Gartenkunst u. Wiss. Rat Inst. f. Grünplanung u. Gartenarch. TU Hannover - Stammestr. 84, 3000 Hannover-Ricklingen - Geb. 15. Juni 1923 - U. a. Oberlandw.s-rat; s. 1962 (Habil.) Lehrtätigk. TH bzw. TU Hannover (1965 wie oben) - BV: Staubfilterung durch Grünanlagen, 1955; Dieter Hennebo/Alfred Hoffmann, Gesch. d. dt. Gartenkunst, 3 Bde. 1962 ff.

HENNECKE, Dietmar K.

Ph. D., Prof. TH Darmstadt - Wingertsweg 25, 6101 Rossdorf 2 (T. 06071 - 46 95) - Geb. 16. Aug. 1939, verh., S. Marcus - Promot. 1970 Univ. of Minnesota, USA - B. 1984 Industrietätigk. Fa. MTU-Motoren- u. Turbinen-Union München GmbH, s. 1984 Leit. Fachgeb. Flugantriebe TH Darmstadt - Zahlr. Veröff. in Fachztschr. - Spr.: Engl.

HENNECKE, Hans Peter

Dr.-Ing. (Dipl.-Berging.), Geschäftsführer Dolomitwerke GmbH, Wülfrath u. Rhein. Kalksteinwerke GmbH, Wülfrath - Gut Fuhr, Rützkausen 34, 5620 Velbert 1 - Geb. 2. März 1938 Berlin-Wilmersdorf, kath., verh. s. 1966 m. Renate, geb. Roeder, 3 T. (Nikola, Katja, Mira) - Stud. Bergakad. Clausthal; Dipl. 1965, Promot. 1986 RWTH Aachen - 1965-70 Direkt.-Assist. u. Prok. Kalkwerk Anton Linneborn KG, Finnentrop; 1971-74 stv. Werksleit. Hönnetal u. 1975-79 Werksleit. Dornap d. Rhein. Westf. Kalkwerke AG; 1980-83 Geschäftsf. Rhein. Westf. Kalkwerke Dornap GmbH. Beiratsmitgl. Wülfrather Zement GmbH u. a. Tochter-/Beteiligungsges.; Vorst. Arbeitgeberverb. Kalk- u. Dolomitind. Wuppertal, Bundesverb. Dt. Kalkind., Sozialpolit. Arbeitsgem. Dt. Zementind., GDMB-Ges. Dt. Metallhütten- u. Bergleute Clausthal-Zellerfeld, Sozialpolit. Arbeitsgem. d. Steine u. Erden-Ind. - Ehrenamtl. Richter Landesarbeitsgericht Düsseldorf - Spr.: Engl., Franz.

HENNEKEUSER, Hans-Heinrich

Dr. med. (habil.), Prof., Chefarzt Med. Klinik - Krankenhaus d. Barmherz. Brüder, 5500 Trier/Mosel - apl. Prof. Univ. Freiburg/Br. (Inn. Med.).

HENNEMANN, Friedrich

Dr., Vorstandsvorsitzender Seebeckwerft AG, Bremerhaven, Vorst.-Mitgl. Bremer-Vulkan AG, Bremen-Vegesack - Zu erreichen üb. Bremer-Vulkan AG, Lindenstr. 10, 2800 Bremen 70.

HENNEMANN, Hans-Martin

Dr. med., Prof., Chefarzt Nephrol. Abt. Landkrankenhaus Coburg (s. 1980) - Max Reger-Weg 11, 8630 Coburg (T. 09561 - 3 69 59) - Geb. 18. Nov. 1941 Nürnberg, ev., verh. s. 1974 m. Brigitte, geb. Krämer, 2 T. (Julia, Kathrin) - Stud. Univ. München, Innsbruck u. Würzburg; Promot. 1970, Habil. 1974, bde. Würzburg - Entd.: Kohlefilter z. diagnost. Hämoperfusion b. Sepsis - BV: D. urämische Sympathicopathie, 1976; Physiol. u. Pathophysiol. d. Niere in d. Schwangerschaft, 1984 - 1974 Ludwig Heilmeyer-Med. - Liebh.: Med. Hobbies, Ahnenforsch. - Spr.: Engl., Franz., Latein.

HENNEMANN, Heinz Harald

Dr. med., em. o. Prof. f. Innere Medizin Klinikum Mannheim Univ. Heidelberg - Geb. 20. Sept. 1919 Lychen/Mark, ev., verh. s. 1945 m. Dr. med. Gisela, geb. Seyfarth, 3 Kd. - Realgymn. Berlin; Univ. ebd. u. Heidelberg - 1945-47 Assist. Pathol. Inst. Leipzig, 1947-48 Tbc-Krkhs. Berlin-Buch, 1948-58 Assist., Oberarzt u. Leit. I. Med. Univ.klinik (1957) Charité Berlin (1950 Doz., 1954 apl. Prof.), 1958-64 Oberarzt Med. Klinik Köln-Merheim u. Univ.-Poliklinik Köln (1960 apl. Prof.); 1964-88 (em. X/88) Lehrst. Inn. Med. II, Dir. III Med.-Klinik, Klinikum Mannheim, Univ. Heidelberg - BV: Erworbene hämolyt. Anämien - Klin. u. Serol., 1957; Praktikum d. Immunhämatol., 2. A. 1960; Hämatologische Erkrankungen, 1981 - Spr.: Engl., Franz., Span.

HENNEMANN, Susanne

Dipl.-Dolm., Lyrikerin, Schriftstellerin - Bugenhagenstr. 29, 2400 Lübeck (T. 0451 - 3 27 27) - Verh. m. Dr. H. Hennemann (Facharzt f. Innere Krankh.) - Abitur; Med. Prakt.; Dipl. Dolmetscher Ex. - Sprachunterr.; Praxis-Assist.; Lyrik-Lesungen - BV: Ged.bde.: Davidsgesänge, 1980; Auge in Auge, 1982; D. Räderwerk, 1983; Blaue Räume, 1984; Woher nahmst du den Mond, 1985; Und ich fand e. Land, 1986; Wo liegt Euer Lächeln begraben, Anthol. S. 1981 200 Veröff. in Ztg., Ztschr., Anthol., in d. Nordschau d. ARD z. Lübecker Hansetag, Vorstellung u. Interview als zeitgen. Lübecker Dichterin - Inter.: Schreiben,

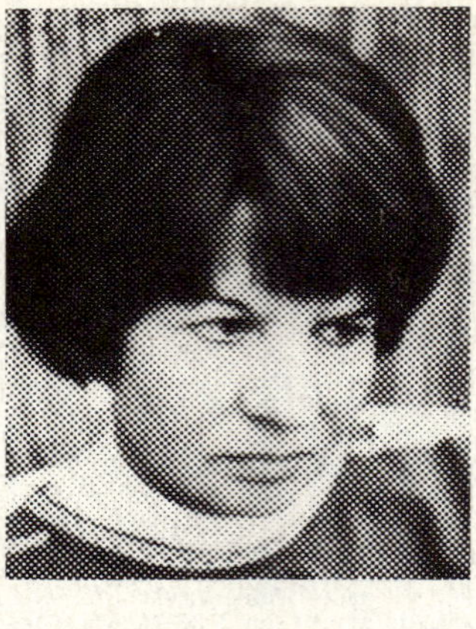

Reisen, Begegnungen m. Menschen, Tieren u. Natur, Bücher, Musik, Theater, Ballett - Spr.: Engl., Franz., Ital.

HENNERKES, Brun-Hagen

Dr. jur., Prof., Rechtsanwalt - Sprollstr. 27, 7000 Stuttgart 70 (T. 0711 - 72 10 05) - Geb. 4. Okt. 1939, verh., 3 Kd. - Stud. Rechtswiss. Univ. Freiburg, Hamburg u. Saarbrücken; Promot. 1966 Freiburg - Prof. f. Unternehmenssteuerrecht Univ. Stuttgart. AR-Vors. Jakob Nohl GmbH, Darmstadt, Marquardt GmbH, Rietheim-Weilheim, Hugo Boss AG, Metzingen, Inovan GmbH & Co. KG, Birkenfeld, u. Bijou Brigitte modische Accessoires AG, Hamburg; AR-Mitgl. Dethleffsen Spirituosen AG, Flensburg, Stiebel Eltron Gruppe, Holzminden, Harpener AG, Dortmund, GMO Ges. f. Management u. Organisation AG, Hamburg, u. Dt.-Schweiz. Bank AG, Frankfurt/M.; Beiratsvors. Robert Krups Stiftg. & Co. KG, Solingen, Karl Pfisterer Elektrotechn. Spezialartikel GmbH & Co. KG, Stuttgart, Ruefach, Rundfunk-, Elektro-, Fernseh-Fachhandel, Ulm, EFKA-Werke Fritz Kiehn GmbH, Trossingen, u. Johann Birkart Intern. Spedition GmbH & Co. KG, Aschaffenburg; Beiratsmitgl. Commerzbank AG, Frankfurt, Herm. G. Dethleffsen AG & Co., Flensburg, H. Redlefsen GmbH & Co. KG, Satrup, Wulf Gaertner GmbH & Co., Hamburg, Heinrich Thordsen KG, Husum, Firmengr. Grau, Schwäbisch-Gmünd, M. M. Warburg-Brinckmann, Wirtz & Co., Hamburg, Privatbrauerei Dortmunder Kronen GmbH & Co., Dortmund, u. Adolf Würth GmbH & Co. KG, Künzelsau; ferner Mitgl. Fachinst. d. Steuerberater, Düsseldorf, u. Steueraussch. Schmalenbachges. - DGfB, Köln-Berlin. CDU (Mitgl. Wirtschaftsrat) - BV: D. GmbH & Co., 7. A. 1984 (m.a.).

HENNICKE, Hans Walter

Dr. rer. nat., Dipl.-Chem., o. Prof. f. nichtmetall. anorgan. Werkstoffe u. deren Technologie (Glas u. Keramik) - Am Turmhof 8, 3392 Clausthal-Zellerfeld (T. 22 74) - Geb. 22. Jan. 1927 Düsseldorf, ev., verh., 5 Kd. - Obersch. Osnabrück u. Lingen; TH Aachen (Chemie; Dipl.-Chem. 1954, Promot. 1955) - 1955-62 Laborleit. Industrie; 1962-64 Kustos TH Aachen; s. 1964 ao. u. o. Prof. (1967) Bergakad. bzw. TU Clausthal. Mitgl. Dt. Keram. Ges., Ges. Dt. Chem., Ver. Dt. Emailfachl.; 1972 Mitgl. Braunschweig. Wiss. Ges.

HENNICKE, Wiegand

Dr. jur., Vorstandsmitglied Dt. Girozentrale/Dt. Kommunalbank (s. 1972) - Taunusanlage 10, 6000 Frankfurt/M. (T. 26 93-0) - Geb. 28. Sept. 1928 Berlin, ev., verh. (Ehefr.: Helga), 3 Kd. (Ludwig, Annegret, Roland) - Arndt-Gymn. u. Univ. Berlin (Humboldt u. Freie; Volksw., Rechtswiss.). Ass.ex. 1955; Promot. 1959 Münster - 1965-72 Vorstandsmitgl. Berliner Pfandbriefbank. 1959-72 MdA Berlin. CDU - Spr.: Engl. - Rotarier.

HENNIES, Günter

Vizepräsident - Invalidenstr. 52, 1000 Berlin 21 (T. 35 01 41) - Geb. 26. März 1921 - S. 1954 Sozialgerichtsbarkeit (b. 1972 Senats-, dann Vizepräs. LSG).

HENNIES, Jürgen

Dr.-Ing., Geschäftsführer Barbara Rohstoffbetriebe GmbH, Wülfrath, Vors. Unternehmensverb. Eisenerzbergbau, Bonn, Vorst.-Mitgl. Wirtschaftsvereinig. Bergbau, Bonn, u. Bergbau-Berufsgenoss., Bochum - Zu erreichen üb. Barbara Rohstoffbetriebe GmbH, Zur Fliethe 23, 5603 Wülfrath-Wilhelmshöhe - Geb. 31. Okt. 1926.

HENNIG, Eike

Dr., M.A., Prof. - Danziger Str. 5, 6231 Schwalbach - Geb. 1. April 1943 Kassel (Vater: Hansmartin H.; Mutter: Ella, geb. Kalisch), verh. s. 1968 m. Monika H., 2 Kd. (Mirko, Jana) - S. 1974 Prof. f. Ges.wiss. Univ. Frankfurt (1975/76 u. 1976/77 Dekan), 1978 Gastprof. Univ.-center Århus, Dänemark, nach Habil. (1976 TU Hannover), 1981 Prof. f. Polit. Theor. Gesamthochsch. Kassel (1985-86 Dekan), s. 1979 Vors. d. Inst. f. histor.-soz. Analysen - BV: Massenmedien u. Meinungsbild., 1970 (m. R. Zoll); Thesen z. dt. Soz.gesch. 1933-38, 1973; Faschismus u. bürgerl. Ges. in Deutschl., 1977, 2. A. 1982; Neonazist. Militanz u. Rechtsextremismus unter Jugendl., 1982; Hessen unterm Hakenkreuz, 1983; Z. Historikerstreit, 1988 - Spr.: Engl., Franz.

HENNIG, Heinz

Prof., Dozent f. Dirigieren Staatl. Hochschule f. Musik u. Theater -Emmichplatz 1, 3000 Hannover.

HENNIG, Jörg

Dr. phil., Prof. f. Linguistik d. Deutschen (Massenkommunikation) - Germanisches Seminar, Von-Melle-Park 6, 2000 Hamburg 13 - Geb. 2. April 1941 Stolp/Pom., verh. (Ehefr.: Dr. Beate), 2 Kd. - S. 1977 Prof. Univ. Hamburg.

HENNIG, Ottfried

Dr. jur., Parlam. Staatssekretär Bundesmin. f. Innerdt. Beziehungen (1982ff.), MdB - Godesberger Allee 140, 5300 Bonn 2 - Geb. 1. März 1937 Königsberg/Pr., ev., verh. m. Dr. med. Claudia, geb. Schneidermann, S. Lennart - Stud. d. Rechtswiss. u. Volkswirtsch. Freiburg u. Kiel; 1962 1. jurist. Staatsprüf., Promot. 1976; Assist. v. Prof. Dr. Boris Meissner (Ostrecht) - 1963-67 CDU-Bundesgeschäftsst. Bonn (Leit. d. Referats Rundfunk u. Fernsehen, 1967-71 pers. Ref. Dr. Rainer Barzel, 1972/73 Bundesgf.). 1974-75 Gutachter Konrad-Adenauer-Stiftg. zu Entwicklungsprojekten in Lateinamerika. 1969-73 u. s. 1984 VR-Mitgl. Deutschlandfunk. S. 1976 MdB. S. 1979 Sprecher Landsmannsch. Ostpr.; s. 1982 Parlam. Staatssekr., s. 1989 Landesvors. CDU Schlesw.-Holst. - BV: D. Bundespräsenz in West-Berlin. Entwicklung u. Rechtscharakter, 1976.

HENNIG, Ursula

Dr. phil., Prof. f. Dt. Philologie (Ältere dt. Sprache u. Lit.) FU Berlin - Schopenhauerstr. 47, 1000 Berlin 38 - Geb. 28. März 1930 Königsberg - Promot. 1959; Habil. 1967.

HENNIG, W.

Dr., Geschäftsführer Normenausschüsse Bürowesen u. Druck- u. Reproduktionstechnik - Burggrafenstr. 4-10, 1000 Berlin 30.

HENNIGE, Albert

Prof. d. Musik - Ahornstr. 18, 7612 Haslach (T. 07832 - 57 24) - Geb. 13. Okt. 1906 Mannheim, ev., verh. - Ausbild. Fagott: Otto Lenzer, Mannheim (Solofag. Nationaltheat.), Klav.: Prof.en Eduard Jung, August Leopolder, Alfred Hoehn, alle Frankfurt/M. 1930-32 2. Fagottist Duisburg Opernorch., 1932-45 1. Fag. Frankf. Opernorch., 1946-49 Pianist Hess. Rundf., seither Doz., Prof. (1956) u. beamt. Prof. (1963) Nordwestd. Musikakad. Detmold (Fagott, Klav., Kammermus.). Gastdoz. u. Ehrenprof. Univ. Tokio. Konzerte In- u. Ausl., dar. 2 x gr. Ostasienreisen 1962 u. 64. Juror b. DAAD, Dt. Musikrat, Rundf.wettbew.; grand prix de disques.

HENNIGER, Gerd

Dr. phil., Lyriker, Essayist, Übersetzer - Züricher Str. 24, 1000 Berlin 45 - Geb. 26. Juni 1930 - BV: zul.: Spuren ins Offene, Ess. 1984; Weiße Musik, Ged. 1986 - 1984 Kritikerpreis; 1987 Wielandpr. f. Übers.

HENNIGFELD, Jochem

Dr. phil., apl. Prof. Univ.-GH Siegen - Werstener Feld 62, 4000 Düsseldorf 13 (T. 0211 - 76 22 39) - Geb. 19. Sept. 1943 Immenstadt - Staatsex. 1969, Promot. 1972 Univ. Köln, Habil. 1981 Univ. Siegen - BV: Mythos u. Poesie. Interpret. z. Schellings Phil. d. Kunst u. Phil. d. Myth., 1973; Sprachphil. d. 20. Jh., 1982.

HENNING, Eckart

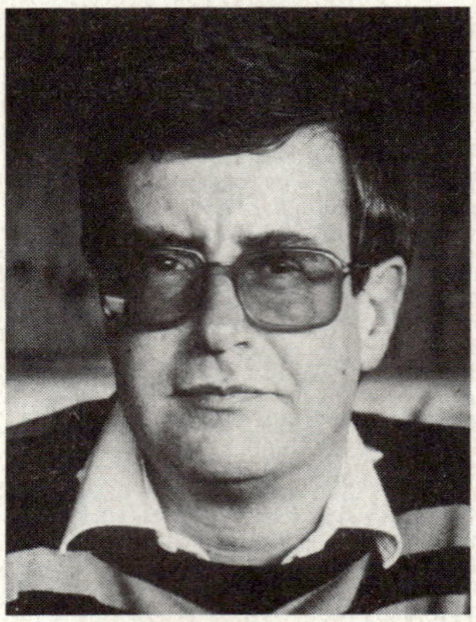

Dr. phil., M.A., Direktor Archiv z. Gesch. Max-Planck-Ges. - Boltzmannstr. 14, 1000 Berlin 33 (T. 830 54 91) - Geb. 27. Jan. 1940 Berlin (Vater: Erhardt H., graph. Abt.leit.; Mutter: Gerda, geb. Clages), ev., verh. I) 1967-74 m. Dr. med. Gisela, geb. Stapf (T. Beatrix), II. s. 1974 m. Dipl.-Bibl. Herzeleide, geb. Uhde v. Reichenbach - 1946-61 Schulen in Schleusingen/Thür. Wald u. Berlin, Ext.abit. 1961. 1961-67 Stud. Gesch., Hist. Hilfswiss., German., Phil. u. Erziehungswiss. FU Berlin, Univ. Wien u. Marburg (Staatsex. 1967 f. d. höh. Lehramt, Magister-Ex. 1968 (M.A.), Politol. Prüf. 1969, Gr. Latinum 1971, Staatsprüf. f. d. höh. Archivdst. 1972, Promot. 1980) - 1967-69 Assist. Lehrst. f. german. u. mittellatein. Philol. FU Berlin; 1970-72 Refer.; 1972 Archivrat z.A. u. Leit. Fachref. I b. Geheimen Staatsarchiv Preuß. Kulturbesitz Berlin-Dahlem, desgl. 1975 Archivrat u. 1978 Archivoberrat; 1984 Dir. (s. o.); 1986 Lehrauftr. Hist. Hilfswiss. FU Berlin - BV: Handb. d. Geneal., 1972; Geheimes Staatsarchiv Preuß. Kulturbesitz, 1974; Nachweise bürgerl. Wappen in Dtschl., 1975 u. 1985; Taschenb. f. d. Familiengeschichtsforsch., 8. A. 1975, 9. A. 1980, 10. A. in Vorber.; Bibliogr. z. Henneberg. Gesch., 1976; Berliner Archive, 1977, 2. A. 1980, 3. A. 1983; Jahrb. f. Brandenburg. Landesgesch., (Hrsg. s. Bd. 29) 1978ff.; D. gefürstete Grafsch. Henneberg-Schleusingen im Zeitalter d. Reformation, 1981; La Carte, Visitenkarten v. gestern u. heute, 1982; Wappensamml. in öfftl. u. priv. Besitz, T. 1 1983; Bibliogr. z. Heraldik, 1984; Festschr. d. Landesgeschichtl. Vereinig. f. d. Mark Brandenburg zu ihrem hundertj. Bestehen, 1984; Archiv z. Gesch. d. Max-Planck-Ges., 1988; Friedrich d. Große, Bibliogr. 1988; Chronik d. Kaiser-Wilhelm-Ges., 1988; zahlr. weit. Beitr. in wiss. Ztschr. - 1976 Mitgl. Intern. Akad. f. Heraldik, Genf; 1979 Korr. Mitgl. Ges. Adler Wien; 1982 kooptiertes Mitgl. Wiss. Arbeitskr. f. Mitteldtschl., Marburg, u. Ges. f. Fränk. Gesch., Würzburg; 1985 Prix Amerlinck - Liebh.: Preuß. Archiv- u. Wiss.gesch., fränk. u. brandenburg. Landesgesch., Hist. Hilfswiss. u. ihre Fachbibliogr.; sammelt Visitenkarten d. 18. b. 20. Jh. - Spr.: Engl., Franz., Latein.

HENNING, Friedrich

Dr. phil., Archivleiter i.R., Publizist - Heinrich-v.-Kleist-Str. 21, 5300 Bonn - Geb. 26. Dez. 1917 Weimar/Thür. (Eltern: Arthur (Pfarrer) u. Dorothea H.), ev., verh. s. 1955 m. Marga, geb. Zeilmann - Stud. Jena, Bonn, Köln, Halle, Wien, Bamberg, Erlangen (Gesch., Rechtswiss.); Archivausbild. Wien. Promot. 1943; I. jurist. Staatsex. 1953 - B. 1961 Archivar FDP, dann b. 1982 FNS - BV: Kl. Gesch. Thür., 1964; Gesch. d. dt. Liberalismus, 2. A. 1976 (Mitverf.); F.D.P. Die Liberalen, 1982; Heuss. S. Leben v. Naumann-Schüler z. Bundespräs., 1984; D. Haußmanns. D. Rolle e. schwäb. Familie in d. dt. Politik d. 19. u. 20. Jh., 1988. Herausg.: Thomas Dehler - Begegnungen (1977); Theodor Heuss: Lieber Dehler! Briefwechsel m. Thomas Dehler (1983) - 1986 BVK.

HENNING, Friedrich-Wilhelm

Dr. rer. pol., Dr. jur., Dipl.-Landw., Prof., Wiss. Direktor Rhein.-Westf. Wirtschaftsarchiv zu Köln (s. 1972) - Unter Sachsenhausen 10-26, 5000 Köln 1; priv.: Gregor-Vosen-Str. 48, 5042 Erftstadt 18 - Geb. 22. März 1931 Trebitz - S. 1967 Lehrtätigk. Univ. Göttingen u. Köln (1971 Ord.). Bücher u. Einzelarb.

HENNING, Hans-Joachim

Dr.-Ing., Geschäftsführer Pierburg Luftfahrtgeräte Union GmbH. - Bataverstr. 80, 4040 Neuss/Rh.; priv.: Pestalozzistr. 2a - Geb. 29. Juni 1924.

HENNING, Hansjoachim

Dr. phil., o. Prof. f. Wirtschafts- u. Sozialgeschichte Univ. Duisburg - Kapellener Str. 45, 4100 Duisburg 46.

HENNING, Hans-Joachim

Dr. phil., Honorarprof. f. Statist. Methoden in d. Textilchemie u. Markomolekularen Chemie TH Aachen (s. 1973) - Lousbergstr. 22, 5100 Aachen.

HENNING, Helmut

Beamter, MdA Berlin (s. 1975) - Hundsteinweg 42, 1000 Berlin 42 - Geb. 12. April 1940 Berlin - CDU.

HENNING, Horst

Industriemeister, MdL Nordrh.-West. (s. 1975) - Immenweg 7, 5090 Leverkusen (T. 2 24 19) - Geb. 8. März 1937 - SPD.

HENNING, Joachim

Prof., Mathematiker - Rotenburger Str. 15, 3807 Achim-Baden - Gegenw. Prof. Univ. Bremen (Math. u. ihre Didaktik).

HENNING, Manfred

Dipl.-Volksw., Vorstandsmitglied AQUA Butzke-Werke AG, Berlin, Geschäftsf. Butzke-Werke Vermögensverwaltungs-Ges. mbH, ebd., Geschäftsf. Eggemann GmbH, Iserlohn, Mitgl. Hauptvorst. VDMA (Verb. Dt. Maschinen- u. Anlagenbau) - Blakenheideweg 1, 1000 Berlin 20 (T. 361 75 45) - Geb. 25. Dez. 1924 Berlin - Vorst.-Mitgl. Fachgruppe NE-Armaturen im VDMA; stv. Vorst.-Vors. Wirtschaftsverb. Eisen-, Maschinen u. Apparatebau (WEMA) ebd.; Vors. VDS-Vereinigung Dt. Sanitärwirtschaft.

HENNING, Rudolf

Dr. theol., Dipl.-Volksw., o. Prof. f. Christl. Gesellschaftslehre Univ. Freiburg (s. 1964) - Türkenlouisstr. 3, 7800 Freiburg/Br. - Geb. 14. Dez. 1921 Benningsen - BV: D. Maßstab d. Rechts im Rechtsdenken d. Gegenw., 1961.

HENNING, Ulf

Dr. med., Prof., Biochemiker, Direktor am Max-Planck-Inst. f. Biologie, Tübingen (s. 1966) - Im Schönblick 36, 7400 Tübingen (T. 60 12 29) - Geb. 22. Sept. 1929 Leipzig, verh. m. Ursula, geb. Coy - 1965-66 Privatdoz. f. Biochem. Genetik Univ. Köln; seit 1967 Honorarprof. Univ. Tübingen.Facharb.

HENNING, Wilhelm

Dr. jur., Vorstandsvorsitzer Hannoversche Lebensversicherung a.G. (s. 1976), Vizepräs. Intern. Vereinig. d. Versich.-Ges. a.G. (AISAM; s. 1982) - Aegidientorpl. 2a, 3000 Hannover 1; priv.: Lothringer Str. 39, -71 - Geb. 13. Sept. 1931 Hannover - Ass.ex. - 1961-76 Bundesaufsichtsamt f. d. Versich.wesen, Berlin (zul. Abt.präs.).

HENNINGER, Joseph

Dr. phil., Dr. theol., Prof., Völkerkundler - Anthropos-Institut, 5205 St. Augustin/Rhld. (T. Siegburg 23 73 12) - Geb. 12. Mai 1906 Wiesbaden (Vater: Martin H., Oberpostschaffner; Mutter: Pauline, geb. Dichmann), kath., led. - Gymn. Wiesbaden; 1926-29 Missionspriestersem. St. Augustin; 1929 b. 1934 Päpstl. Gregorian. Univ. Rom; 1934-38 Univ. Wien; 1935-36 Päpstl. Bibel-Inst. Rom. Dr. theol. 1934; Dr. phil. 1938; Habil. 1945 - S. 1934 Mitgl. Anthropos-Inst.; s. 1945 Privatdoz. u. Prof. (1954 ao., 1956-76 Titular; Völker- u. Sprachenkd., bes. Westasiens, Nord- u. Ostafrikas). 1936-49 stv. Redakt., 1978-79 Redakt. Anthropos. Univ. Fribourg; 1964-74 zugl. Lehrbeauftr. Univ. Bonn (Kulturgesch. d. Vorderen Orients) - BV: D. Familie bei d. heut. Beduinen, 1943 (Holland); Üb. Lebensraum u. Lebensformen d. Frühsemiten, 1968 (Dtschl.); Les fêtes de printemps chez les Sémites et la Pâque israélite, 1975 (Frankr.); Arabica Sacra, 1981 (Schweiz); Arabica Varia, 1989 (Schweiz) - Spr.: Engl., Franz., Ital.

HENNINGER, Klaus

Landrat Kr. Lindau (s. 1972) - Landratsamt, 8990 Lindau/Bodensee - Geb. 17. Juni 1929 Gera - Zul. Ministerialrat. CSU.

HENNINGS, Peter

Dr. jur., Hauptgeschäftsführer IHK Lüneburg-Wolfsburg (s. 1974) - Heinrich-Heine-Str. 14, 2120 Lüneburg (T. 04131 - 4 12 68) - Geb. 3. März 1931 Lüneburg (Eltern: Wilhelm † (Rektor i. R.) u. Johanna H. †), ev., verh. s. 1955 m. Ursula, geb. Meier, 4 Kd. (Susanne, Ulrich, Sibylle, Cornelie) - 1950-55 Stud. Rechtswiss. u. Volksw. Univ. Kiel u. Freiburg/Br. - 1960 Geschäftsf. Hochschulverb.; 1960-65 Unilever; 1965-68 Leit. Rechts- u. Versich.samt Stadt Lüneburg; 1968 Leit. Abt. Recht u. Steuern, Abt. Handel IHK Lüneburg.

HENNINGS-HUEP, Klaus

Dipl.-Kfm., Geschäftsführer Gerro Kaiser Dosenwerk GmbH & Co. KG, Recklinghausen - Ruhrstr. 48, 4006 Erkrath 2 - Geb. 19. März 1944.

HENNINGSEN, Dierk

Dr. rer. nat., Univ.-Prof. Inst. f. Geologie u. Paläontol. Univ. Hannover (s. 1971) - Tiefes Moor 66, 3008 Garbsen 1 - Geb. 12. Sept. 1935 Kiel - Stud. Geol. - S. 1965 (Habil.) Lehrtätigk. Univ. Gießen, Köln, Hannover - BV: u. a. Einf. in d. Geol. d. BRD, 3. A. 1986. Zahlr. Aufs.

HENNIS, Ilse

Dr. med. dent., Prof. f. Kieferorthopädie Univ. Marburg - Am Teich 3, 3350 Marburg.

HENNIS, Wilhelm

Dr. jur., em. o. Prof. f. Wiss. Politik Univ. Freiburg (s. 1967) - Anemonenweg 13, 7800 Freiburg/Br. (T. 55 25 91) - Geb. 18. Febr. 1923 Hildesheim (Vater: Wilhelm H., Botaniker; Mutter: Gertrud, geb. Hellberg), ev., verh. s. 1955 m. Dr. Haide, geb. Gundelach, 3 Kd. (Leontine, Sophie, Johann Christian) - Jugendzeit Südamerika; Internat Dresden; 4 J. Kriegsdst.; 1945-50 Univ. Göttingen. Promot. 1951 Göttingen, Habil. 1960 Frankfurt/M. - 1960-62 Prof. Päd. Hochsch. Hannover; 1962-67 o. Prof. Univ. Hamburg. 1964ff. stv. Vors. Kommiss. z. Beratung d. Bundesreg. in Fragen d. polit. Bildung. 1971 Mitgl. ZDF-Fernsehrat; 1974-86 Vors. Aussch. Kultur u. Wiss. 1946 Mitbegr. SDS. 1970 Gründungs- u. Vorst.-Mitgl. Bund Freiheit d. Wiss. 1946-70 SPD, d. CDU - BV: Meinungsforschung u. repräsentative Demokratie, 1957; Politik u. prakt. Phil., 2. A. 1977; Richtlinienkompetenz u. Regierungstechnik, 1964; Große Koalition ohne Ende?, 1968; Politik als prakt. Wiss. - Aufs. z. polit. Theorie u. Regierungslehre, 1968; D. dt. Unruhe - Studien z. Hochschulpolitik, 1969; Demokratisierung, 1970; D. mißverstandene Demokratie, 1973; Organisierter Sozialismus, 1977; Regierbarkeit I, 1977, II, 1979; Max Webers Fragestellung, 1987 (engl. u. jap. Übers. 1988) - 1966 korr. Mitgl. Political Studies Assoc. of the United Kingdom; 1982 korr. Mitgl. Wiss. Ges. d. J. W. Goethe-Univ. Frankfurt/M.; 1987 Gr. BVK; 1988 korr. Mitgl. Akad. d. Wiss. Göttingen.

HENRICH, Dieter

Dr. phil., o. Prof. f. Philosophie - Gerlichstr. 7a, 8000 München 60 (T. 811 91 31) - Geb. 5. Jan. 1927 Marburg - S. 1956 (Habil.) Lehrtätigk. Univ. Heidelberg, Berlin/Freie (Ord.), Heidelberg (Ord.), München (Ord.). Ständ. Gastprof. u. a. Harvard Univ. - BV: u. a. Der ontologische Gottesbeweis, 1960; Fichtes ursprüngl. Einsicht, 1967; Hegel im Kontext, 1971; Identität u. Objektivität, 1976; Fluchtlinien, 1982; Selbstverhältnisse, 1982; D. Gang d. Andenkens, 1986; Konzepte, 1987. Zahlr. Einzelarb. - Mitgl. d. Heidelberger Akad. d. Wiss. u. d. Bayer. Akad. d. Wiss.

HENRICH, Dieter

Dr. jur., o. Prof. f. Bürgerl. Recht, Rechtsvergl. intern. Privatrecht - Platz d. Einheit 1, 8400 Regensburg - Geb. 1. Dez. 1930 Düsseldorf (Vater: Karl H., Oberstudienrat i. R.; Mutter: Klara, geb. Trauth), kath., verh., 2 Kd. (Norbert, Daniela) - Univ. München (Rechtswiss). Promot. u. Habil. München - 1958-62 Wiss. Ref. Max-Planck-Inst. f. ausl. u. intern. Privatrecht; s. 1962 Lehrtätigk. Univ. Münster (Privatdoz.), Marburg (1964 o. Prof.) u. Regensburg (1967 o. Prof.; 1976-81 Präs. d. Univ.) - BV: Vor-, Options-, Vorrechtsvertrag, 1965; Familienrecht, 3. A. 1979; Einf. in d. engl. Privatrecht, 1971; Intern. Familienrecht, 1989.

HENRICH, Franz

Dr. theol., Direktor Kath. Akademie in Bayern (s. 1967) - Mandlstraße 23, 8000 München 40 (T. 089 - 38 10 20) - Geb. 8. Nov. 1931 Niedergailbach/St. Ingbert (Saarpf.) (Vater: Georg H. †; Mutter: Ella) - Univ. Mainz, München, Speyer; Priesterweihe 1959, Promot. 1966 - 1959-62 Kaplan in Ludwigshafen, s. 1967 Dir. Kath. Akad. in Bayern; s. 1967 Vors. Kath. Landesarb.gem. für Erwachsenenbild. in Bayern (KLE), 1972-81 Vors. Leiterkreis Kath. Akad. in d. Bundesrep. Dtschl.; 1977-81 Vors. Kath. Bundesarbeitsgem. f. Erwachsenenbild. (KBE); Lehrbeauftr. f. Erwachsenenbild. Hochsch. f. Phil. München; s. 1972 Mitgl. Rundfunkrat u. Vors. Hörfunkaussch. Bayer. Rundfunk - BV: D. Bünde kath. Jugendbewegung. Ihre Bedeutung f. d. liturg. u. eucharist. Erneuerung, 1968. Herausg.: Erwachsenenbild. in d. pluralen Gesellsch. (1978); Schriften d. Kath. Akad. in Bayern (1967ff.); Romano Guardini Werke (1986ff.) - 1979 Päpstl. Ehrenprälat; 1979 Schwabinger Kunstpreis (Ehrenpr.) - Liebh.: Musik, Sport - Rotarier.

HENRICH, Günther

Ing. (grad.), Journalist - Göllesheimer Weg 5, 5307 Wachtberg-Niederbachem (T. 0228 - 34 33 35) - Geb. 23. Mai 1935 Husum, ev., verh. s. 1969 m. Sybille, geb. Kopp, S. Gunnar u. Görge - Obersch., kaufm. Ausbild., Fachhochsch. f. Photogr. - 1958-64 Photoind. (Werbung), 1964-77 u. 1981 Journalist (Nordd. Rundf. Studioleit. Bonn), dazw. CDU-Sprecher - 1988 BVK am Bde. - Spr.: Engl.

HENRICH, Hermann

Dr. jur., Rechtsanwalt, Vorstandsmitgl. Zusatzversorgungskasse d. Baugewerbes, Geschäftsf. Urlaubs- u. Lohnausgleichskasse d. Bauwirtschaft, Wiesbaden - Bahnholzstr. 1, 6200 Wiesbaden-Sonnenberg (T 06121-54 03 86) - Geb. 13. April 1938, kath., verh. s. 1961 m. Annemarie Lohmann, 2 Kd. (Nicola, Frank) - Stud. d. Rechtswiss. Univ. Frankfurt; Ex. 1963 u. 67, Promot. 1968 - S. 1967 Rechtsanw.; 1967-74 Justitiar IG Bau-Steine-Erden; 1971-76 Vorstandsmitgl. u. Geschäftsf. Sozialkassen d. Dachdeckerhandw.; ab 1975 s. o. - BV: Versch. Komment. auf d. Gebiet d. Bauarbeitsrechts u. d. gemeins. Einricht. d. Tarifvertragsparteien - 1985 BVK I. Kl. - Liebh.: Musik, Kunst, alte Sportwagen - Spr.: Engl., Franz., Ital.

HENRICH, Jürgen

Dr. rer. pol., Geschäftsführer Commerz- u. Industrie-Leasing GmbH. (s. 1976), Frankfurt/M. - Johann-Strauß-Str. 70, 6233 Kelkheim/Ts. - Geb. 1. Juni 1939 Berlin.

HENRICHS, Norbert

Dr. phil., Prof. f. Philosophie u. Informationswiss. Univ. Düsseldorf (s. 1974) - Im Luftfeld 80, 4000 Düsseldorf 31 - Geb. 5. Juli 1935 Essen.

HENRICHSMEYER, Rudolf

Dipl.-Volksw., Vorstandsmitglied Allg. Hypothekenbank AG., Frankfurt/M. - Sodener Str. 11, 6374 Steinbach/Ts. - Geb. 31. Mai 1928.

HENRICHSMEYER, Wilhelm

Dr. habil., o. Prof. f. Volkswirtschaftslehre, Agrarpolitik u. Landw. Informationswesen - Oberdorf Nr. 53, 5305 Alfter-Impekoven - Geb. 24. Juli 1935 Bielefeld - Promot. 1965 - S. 1969 Prof. Univ. Göttingen u. Bonn (1971 Ord.). Facharb.

HENRY, Robert

Prof., Konzertpianist, Dozent f. Klavier Musikhochsch. Hamburg - Schlüterstr. 4, 2000 Hamburg 13 (T. 41 77 00).

HENSCHE, Detlef

Dr. jur., Gewerkschaftler, stv. Vors. IG Druck u. Papier - Zu erreichen üb.: Friedrichstr. 15, 7000 Stuttgart 1 (T. 0711 - 2 01 81) - Geb. 1936 Wuppertal (Vater: Unternehmer) - Stud. Rechtswiss.

HENSCHEID, Arnold Matthias

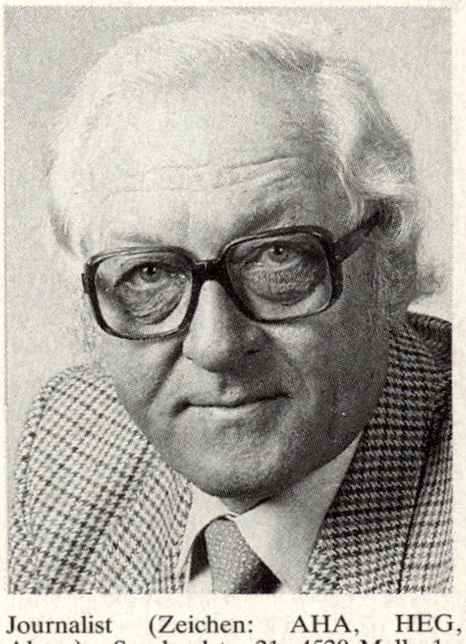

Journalist (Zeichen: AHA, HEG, Ahem) - Saarlandstr. 21, 4520 Melle 1 - Geb. 22. Juni 1923 Essen-Bredeney (Vater: Arnold H., Bergw.-Dir.; Mutter: Käthe, geb. Eickhorst), kath., verh. m. Christa, geb. Büscher, 5 S. (Reinhold, Hartmut, Arnold, Michael, Matthias) -

1943/44 Stud. Physik TH Dresden; Volont. Dresdner Ztg. u. Magdeburger Ztg. - Spr.: Franz.

HENSCHEID, Eckhard
M. A., Schriftsteller - Eisbergweg 12, 8450 Amberg u. Adalbert Stifter Str. 13, 6000 Frankfurt - Geb. 14. Sept. 1941 Amberg, verh. - BV: R.: D. Vollidioten, 1973; Geht in Ordnung, 1977; D. Mätresse d. Bischofs, 1978; Dolce Madonna Bionda, 1983; Helmut Kohl - Biogr. e. Jugend, 1985; Erledigte Fälle, Polemiken 1986. E. scharmanter Bauer, Prosa 1980; Roßmann, Roßmann... (Erz.); D. Neger (Negerl), (Prosa); Unser Goethe (Anthologie). Außerd. Erz. u. a. - Liebh.: Klavier, Schach, Fußball.

HENSCHEL, Ekkehard
Dr. med. vet., Prof. f. Anatomie, Histologie u. Embryologie FU Berlin (Fachber. Veterinärmed.) - Oertzenweg 22c, 1000 Berlin 37.

HENSCHEL, Harald
Kaufmann, Aufsichtsratsvorsitzender Dt. Unilever GmbH, Unileverhaus Verw. GmbH, stv. AR-Vors. Elida-Gibbs GmbH, Schafft Fleischwerke GmbH, Unichema Chemie GmbH, 4P Folie Forchheim GmbH, 4P Rube Göttingen GmbH, Vorst. Pensionskasse Berolina VVaG, Vorst.-Mitgl. CIAA, Brüssel, Präsidialmitgl. Bundesvereinig. d. Dt. Ernährungsind. - Ramckeweg 14, 2000 Hamburg 55 (T. 87 42 15) - Geb. 20. Juni 1927 Hamburg (Vater: Friedrich H., Kaufm.; Mutter: Anna, geb. Böse), ev., verh. s. 1950 m. Ingrid, geb. Thedens, 3 Kd. (Peter-Michael, Dirk-Harald, Inke) - Spr.: Engl.

HENSCHEL, Karl-Anton
Kaufmann - 15, rte de Berne, CH-1700 Fribourg/Schweiz - Geb. 15. Juli 1912 Kassel (Vater: Kommerzienrat Karl H.; Mutter: Hildegard, geb. v. Scheffer), ev., verh. s. 1936 m. Helga, geb. v. Herman-Wain, 5 Kd. - Lyceum Alpinum, Zuoz (Schweiz); TH Berlin u. München - B. 1948 Lions International - Spr.: Engl., Franz.

HENSCHEL, Waldtraut,
geb. Villaret
Freie Schriftstellerin u. Lektorin (Ps. Waldtraut Villaret) - Giselherstr. 16, 8000 München 40 (T. 089 - 30 15 86) - Geb. 22. April 1914 Riga (Sowjetrep. Lettland), gesch., 4 Kd. (Karl-Wilhelm, Wolfgang F., Eberhard, Elisabeth) - Gymn.; Musikstud. - 1947 Gründungsmitgl. 1. dt. Autorenverb. - BV: Liebe sucht verlorenes Land (mehrf. Aufl., auch unter d. Titel D. wandernden Feuer); Braskowka (mehrf. Aufl., auch unter d. Titel Milja); Poln. Wirtsch. (mehrf. Aufl.); insges. 8 Romane u. Erz.bde. - Spr.: Engl., Franz., Ital., Russ., Lett.

HENSCHEL, Walter F.
Dr. med., Prof., Facharzt f. Anästhesie, Ärztlicher Dir. ZKH Bremen (s. 1976) - Max-von-Laue-Str. 21, 2870 Delmenhorst (T. 04221 - 1 72 25) - Geb. 11. Jan. 1926, verh. s. 1977 m. Ingrid, geb. Meyer, 3 Kd. (Cornell, Carola, Marcus) - Medizinstud. 1948-51 Univ. Jena, 1951-53 Humboldt-Univ. Berlin; Staatsex. 1953 Berlin; Promot. 1954 Jena - S. 1961 Chefarzt in Bremen; 1975-76 Präs. Dt. Ges. f. Anästhesie u. Intensivmed.; 1966-74 Präs. Berufsverb. Dt. Anästhesisten; 1976-86 Vizepräs. Chefarztverb. - Entw.: Klinische Anwendung d. Neurolept-Analgesie - BV: D. Neuroleptanalgesie, 1966; Neuroleptanalgesie - Klinik u. Fortschritte, 1967; Probleme b. d. Planung, Organisation u. Funktion v. Anaesthesieabt., 1968; Neue klin. Aspekte d. Neuroleptanalgesie, 1970; Postoperative Schmerzbekämpfung, 1972; Neuroleptanalgesie - spez. Probleme, Einsatz in d. nicht-operativen Med., 1972; Schädigung d. Anaesthesiepersonals d. Narkosegase u. -dämpfe (m. Ch. Lehmann), 1975; Probleme d. intravenösen Anaesthesie, 1976; Droperidol u. Fentanyl b. Schock, 1976; D. Rolle v. Kalium-Magnesium-Aspartat in d. operativen Med. u. Intensivtherapie, 1977; Notfallsituationen b. d. Intensivbehandlung, 1982; Klinische Primärversorgung Polytraumatisierter, 1983; Infektionsprobleme in d. Intensivtherapie, 1984; Klinische Aspekte d. künstl. Beatmung, 1985; Organfunktion unter Intensivtherapie (im Druck); Anästhesiologie - klinisches Fach auf drei Säulen. Bericht üb. d. Intern. Bremer Anästh.-Symposion 1986 (im Druck) - Liebh.: Musik, Segelsport - Spr.: Engl., Span.

HENSCHEL, Wolfgang F.
Regisseur u. Schriftsteller - Mainzer Str. 15a, 8000 München 40 (T. 089-36 93 77) - Geb. 1. März 1943 Elsenau, verh. s. 1966 m. Christine, geb. Klein, Sohn Fabian - Ass. in d. verschied. Produktionsbereichen d. Fernsehens; 1964 erste Regie; b. 1966 Dramat.; s. 1967 freier Regiss. - BV: Blau riecht leise (Kinderb.), 1980. Üb. 200 Fernseh-Send. f. ARD u. ZDF, u.a. alpha-alpha (Sciencefiction-Serie); D. Hinrichtung (sat. Fernsehspiel); D. gr. Kapitulation (Fernsehspiel); Theaterinsz.; Drehbücher - 1980 Silberplak. f. Slapstick Intern. Film- u. TV-Festival New York; 1982 Bronze ebd. f. short-comedy; Bronzemed. Art-Dir.-Club f. Kinospot - Spr.: Engl.

HENSCHLER, Dietrich
Dr. med., o. Prof. f. Toxikologie u. Pharmak. - Frankenstr. 53, 8700 Würzburg - Geb. 19. Nov. 1924 Chemnitz/Sa. (Vater: Walter H.; Mutter: Elly, geb. Richter), verh. s. 1956 m. Dr. Annelore, geb. Greifelt - 1946-51 Stud. Würzburg. Promot. (1951) u. Habil. (1957) Würzburg - S. 1957 Lehrtätigk. Univ. Würzburg (1965 Ord. u. Inst.leit.). Üb. 150 Facharb.

HENSE, Franz
Dr. jur., Präsident d. Oberlandesger. a. D. - Rotdornschleife 8, 4700 Hamm/W. (T. 2 34 67) - Geb. 9. Jan. 1910 Eickelbron (Vater: Heinrich H., Gutsbesitzer; Mutter: Maria, geb. Lohmann), kath., verh. s. 1938 m. Lore, geb. Otto, S. Burkhard - Rechtsanw. u. Wirtschaftspr.; Promot. 1935; Ass.ex. Essen; s. 1967 Präs. OLG Hamm. Mitarb. Fachztschr. u. Kommentare - Liebh.: Malerei - Rotarier.

HENSEL, Friedrich
Dr. rer. nat., Prof. f. Physikal. Chemie Univ. Marburg - Am Sonnenhang 23, 3550 Marburg/L. - Geb. 16. Juli 1933 - Stud. Physik - Spr.: Engl., Franz.

HENSEL, Georg
Redakteur, Theaterkritiker, Schriftst. - Park Rosenhöhe 1, 6100 Darmstadt (T. 71 21 41) - Geb. 13. Juli 1923 Darmstadt, verh. s. 1950, S. Norbert - Abitur - 1945-74 Redakt. u. Feuilletonchef Darmstädter Echo, s. 1975 Theaterkritiker Frankfurter Allg. Ztg. - BV: Nachtfahrt, 1949; Etappen, 1956; Griechenl. f. Anfänger, 1960, 2. A. 1963; Ägypten f. Anf. 1962; Kritiken - E. Jahrzehnt Sellner-Theater in Darmstadt, 1961; Spielplan - Schauspielführer v. d. Antike b. z. Gegenw., 2 Bde. 1966, 5. A. 1986; Samuel Beckett, 1968, 3. A. 1977 (span. 1972); Stierkampf, 1970; Theater d. Zeitgenossen, 1972; Wider d. Theaterverhunzer, 1972; D. Theater d. siebziger Jahre, 1980; Theaterskandale u. a. Anlässe z. Vergnügen, 1983. Hg. Indiskrete Antworten, 1985. - Theater-, Film-, Lit.kritik - 1968 Johann-Heinrich-Merck-Preis; 1981 Carl-Zuckmayer-Med.; 1981 Julius-Bab-Kritikerpr.; 1983 Egon-Erwin-Kisch-Pr.; 1958 Mitgl. PEN-Club; 1984 Mitgl. Dt. Akad. f. Sprache u. Dicht. Darmstadt - Spr.: Engl.

HENSEL, Horst
Dr. päd., Schriftsteller, Lehrer, Wissenschaftler - Bramweg 5, 4708 Kamen (02307 - 3 15 51) - Geb. 2. Mai 1947, verh. s. 1970 m. Viktoria, geb. Löffelholz, 2 Töcht. (Katja, Alexandra) - Lehre Fernmeldehandwerker (Gesellenbrief); 2. Bildungsweg; Stud. Polit.

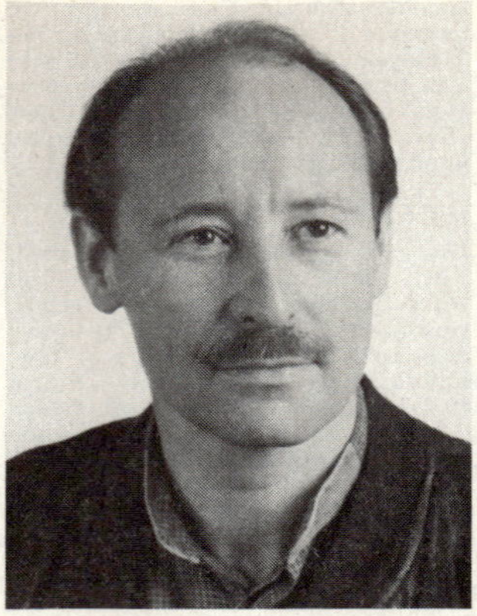

München u. Päd. Dortmund; Vordipl.; 1. u. 2. Staatsex.; Promot. - Tätigk. als Arb., Werkstud., Hochschulassist. (Bielefeld), Lehrer. Tätigk. im Schriftst.verb. - BV: nenn mal schulwetter, 1981; in d. scherben deiner augen, 1980; Werkkreis od. d. Organis. polit. Lit.arb., 1980; Aufstiegsversagen, 1984; D. Sehnsucht d. Rosa Luxemburg, 1987; D. Name Mathilde, 1989; Gesch. v. Starken Balthasar, 1989. Herausg. v. Fachztschr. Ca. 250 Aufs. in Fachztschr.; außerd. Erz., Hörsp., Filme, Stücke. Übers. ins Poln. u. Jap. - 1979 Lyrikpreis Buchmesse Frankfurt; 1988 Hörsp.preis KVR - Spr.: Engl. - Lit.: Toshitada Mandokora: H. Hensels kubistische Schreibweise (1988).

HENSEL, Ingo
Dr. med., Prof. f. Physiologie, Facharzt f. Anaesthesiologie - Hohe Liethweg 4, 2854 Düring (T. 30 08) - Geb. 10. Dez. 1938 Halberstadt (Vater: Rudolf H., Kfm.; Mutter: Irmgard, geb. Gräßner), ev., verh. s. 1965 m. Marianne, geb. Schmidt, 3 Kd. (Beleke, Jenne, Alexander) - Abit. 1963, 1963-69 Med.stud. (Bonn, Köln), Univ. Göttingen, Promot. 1970, Habil. (Physiologie) 1974 u. Habil. (Anaesthesiol.) 1981, Facharzt f. Anaesthesiologie, 1978 apl. Prof., 1980 pl. Prof. - 1969-75 Univ. Göttingen, Physiol. Inst. I, 1975-85 Inst. f. klin. Anaesthesiologie, s. 1985 Inst. f. Anaesthesiologie u. operative Intensivmedizin, Zentralkrkhs. Reinkenheide, Bremerhaven - BV: zahlr. Abh. üb. Kreislauf- u. Narkoseprobl. in Fachztschr. - Liebh.: Klavier, Kontrabass - Spr.: Engl., Franz.

HENSEL, Kurt
Gesandter a.D. - Tannenwaldallee 60c, 6380 Bad Homburg v.d.H. - Geb. 3. April 1919 Marburg/L. (Vater: Prof. Albert H., Steuerrechtler; Mutter: Marieluise, geb. Flothmann), ev., verh. s. 1952 m. Madeleine, geb. Picard, S. Claus-Albert - Höh. Schulen Bonn, Königsberg/Pr., Marburg (Abit.); 1937-38 Volontär Nederlandsche Handel-Maatschappij N. V., Amsterdam; 1938-47 Univ. Genf, München, Marburg, Heidelberg (Rechtswiss.); dazw. 1940-45 Wehrdst. u. Kriegsgefangensch. I. jurist. Staatsex. 1947 - S. 1950 Ausw. Dienst (1951 Gesandtschaft Oslo, 1953 Botschaft Den Haag, 1955 London, 1956 Rabat, 1959 Zentrale Bonn, 1963 Konsulat Melbourne (Konsul bzw. Generalkons.), 1967 Bonn, 1968 Botschaft Tel Aviv (Vertr. d. Botschafters)) - 1943 EK II u. Verwundetenabz.; 1955 Offz.skreuz Orden Menelik II (Äthiopien), 1956 Orden v. Oranien-Nassau (Niederl.), 1969 BVK I. Kl., Gold. Sportabz. - Liebh.: Meißener Porzellan (18. Jh.), Reisen, Fotogr., Golf - Spr.: Engl., Franz., Holl., Ital. - Rotarier (Clubmitgl. Tel-Aviv-Yafo-South) - Bek. Vorf.: Moses Mendelssohn (Urururururgroßv.); Fanny Hensel, geb. Mendelssohn-Bartholdy (Schwester v. Felix M.-B., verehel. m. Wilhelm H., pr. Hofmaler; Urururgroßm.); Luise H., Dichterin (Schwester v. Wilhelm H.).

HENSELDER-BARZEL, Helga

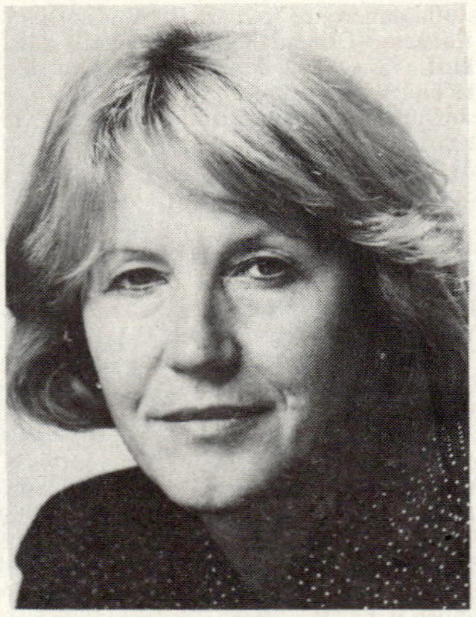

Dr. rer. pol., Vorsitzende Dt. Welthungerhilfe (s. 1984) - Adenauerallee 134, 5300 Bonn 1 - Geb. 4. Jan. 1940 Koblenz, ev., verh. m. Dr. Rainer Barzel - Stud. Paris, Cambridge, Univ. Köln. Promot. 1971 (Stiftg. Volkswagen) - Spr.: Engl., Franz.

HENSELER, Heinz
Dr. med., o. Prof. f. Psychoanalyse, Psychotherapie u. Psychosomatik Univ. Tübingen - Neckargasse 7, 7400 Tübingen (T. 07071 - 29 67 19) - Facharzt f. Psychiatrie u. Neurol., Facharzt f. Kinder- u. Jugendpsychiatrie, Psychoanalytiker (DPV/IPV) - BV: Narzißtische Krisen, 1974; Selbstmordgefährdung, 1982 (m. Ch. Reimer).

HENSELER, Klaus
Geschäftsführer J. M. Voith GmbH, Heidenheim - Schlesienstr. 24, 7920 Heidenheim (T. 07321-4 22 23) - Geb. 16. April 1934 Saarbrücken, verh. - Stud. Maschinenbau, Ingenieursch. Konstanz - AR-Vors. O. Dörries GmbH u. Appleton Mills/USA, AR-Mitgl. Voith-Tolosa/Span., Voith Inc./USA, Voith-Morden/USA, Larsen & Toubro/Indien.

HENSELER, Kurt
Dr., Prof. f. Arbeitslehre m. Schwerp. Technik Univ. Oldenburg - Wittingsbrok 43, 2900 Oldenburg/.

HENSELER, Rudolf
Dr. jur. can., Prof. f. Kirchenrecht Phil.-Theol. Hochsch. Hennef (s. 1980) - Waldstr. 9, 5202 Hennef 1 (T. 02242 - 60 96) - Geb. 22. Juli 1949 Bonn, kath. - Abit. 1969 Bonn; 1970-76 Phil.-Theol. Stud. Hennef; Priesterweihe 1975; Promot. 1979 München - S. 1981 Diözesanrichter am Erzbisch. Offizialat Köln - BV: D. Mitbestimmungsrechte d. Mitgl. zentralistischer klösterl. Verb. an d. verb.intern. Leitungsaufg. in d. Zeit n. d. II. Vaticanum, 1980; Z. Gesch. d. nachkonziliaren Ordensrechts, 1980; Ordensrecht, 1987 - Liebh.: Mozart, Schach - Spr.: Lat., Griech., Hebr., Engl., Ital.

HENSELMANN, Heinz
Geschäftsführer Dt. Lehrerverb. - Rochusstr. 151, 5300 Bonn 1 - Geb. 1. März 1917.

HENSELMANN, Lothar
Dr. med. (habil.), Prof., Chefarzt II. Medizin. Abteilung/Städt. Krankenhaus München-Neuperlach - Oskar-Maria-Graf-Ring 51, 8000 München 83 - B. 1975 Privatdoz., dann apl. Prof. TU München (Inn. Med.).

HENSEN, Friedhelm
Dr.-Ing., Prof., Prokurist - Virschowstr. 2, 5630 Remscheid 11 - Geb. 18. Jan. 1933 Hilfarth (Vater: Wilhelm H., Landw. †; Mutter: Mathilde, geb. Henssen), ev., verh. s. 1959 m. Susanne, geb. Grünberger, 2 Kd. (Sabine, Martin) - Gymn. Erkelenz; TH Aachen (Dipl.-

Ing. 1958). Promot. (1962) u. Habil. (1974) Aachen - S. 1963 BARMAG AG, Remscheid-Lennep (Spartenleit. Kunststoffanlagen; 1971 Prok.); s. 1974 TH Aachen (Doz., 1978 Privatdoz., apl. Prof. f. Anlagenbau in d. Kunststofftechnik) - BV: Anlagenbau in d. Kunststofftechnik, 1974. Mithrsg.: Kunststoff Extrusionstechnik (Handb. 1986) - Liebh.: Malen, Bildhauern, Fotogr. - Spr.: Engl.

HENSEN, Karl

Dr. rer. nat., Prof. f. Physikalische Chemie Univ. Frankfurt - Priv.: Kösliner Weg 3, 6380 Bad Homburg (T. 06172 - 3 61 46); dstl.: Inst. f. Physik. u. Theor. Chemie, Niederurseler Hang, 6000 Frankfurt/Niederursel (T. 0611 - 58 00 91 40) - Geb. 1. März 1935 Aachen (Vater: Karl H., Obering.; Mutter: Käthe, geb. Heuerz) - Dipl. in Chemie 1960, Promot. 1962, Habil. (Anorg. u. Theoret. Chemie), 1968 - 1971 Prof. f. Physikal. Chemie; Vertrauensdoz. Studienstiftg. d. dt. Volkes. Arb. üb. Lewis-Säure-Base-Komplexe, Theorie d. chem. Bind., Präparative anorg. Chemie - BV: Theorie d. chem. Bind., 1974; Molekülbau u. Spektren, 1983 - Liebh.: Med., Röm. Gesch., Musik - Spr.: Latein, Engl.

HENSEN, Theo

Bürgermeister a. D., Landwirt u. Kaufmann - Talstr. 17, 4053 Jüchen 2 (T. 02164 - 25 23) - Geb. 14. April 1907 Hochneukirch (Vater: Theo H.; Mutter: Gertrud, geb. Weitz), ev., verh. s. 1932 m. Gertrud, geb. Terfoorth, 4 Kd. (Marieluise, Ingeburg, Karl-Theo, Hans) - B. 1980 Bgm. Div. AR-Mand. - 1982 BVK I. Kl.; Ehrenvors. Bundesverb. landw. Fachschulabsolventen - Liebh.: Reiten, Reisen.

HENSMANN, Jan

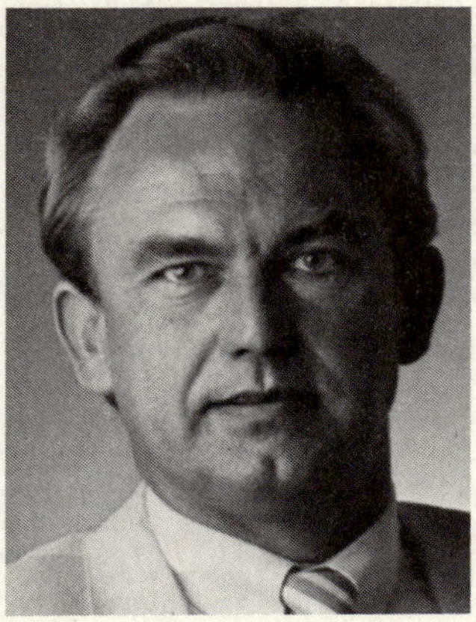

Dr. rer. pol., Honorarprof. f. Marketing Univ. Münster, Unternehmensberater - Oesterleystr. 90c, 2000 Hamburg 55 (T. 040 - 86 36 30) - Geb. 1. Jan. 1941 Leer/Ostfr. - Abit. 1960, Stud. Betriebswirtsch., Volkswirtsch., Jura, Dipl.-Kfm. 1966, Promot. 1969 - Inst. f. Marketing, Münster; 1971-83 Gruner & Jahr, 1977 Vorst.-Mitgl. u. s. 1981 stv. Vorst.-Vors.; 1984 Prof. Univ. Münster; Vorst. d. Wiss. Ges. f. Marketing u. Unternehmensführung - BV: versch. Schr. In- u. Ausl. zu Verlags- u. Kommunikationsmarketing, Intern. Marketing - Spr.: Engl., Franz., Ital., Schwed.

HENSS, Walter

Dr. phil., Prof., Bibliotheksdirektor - Moltkestr. 6, 6900 Heidelberg (T. 40 10 87) - Geb. 12. Febr. 1927 St. Wendel/Saar (Vater: Wilhelm H., Landmesser; Mutter: Luise, geb. Pallokat, Lehrerin), ev., verh. s. 1955 m. Erika, geb. Abendroth, Oberstud.rätin, 2 Kd. (Almut, Dietmar) - 1946/47-53 Stud., Staatsex. u. Promot. (German., Angl., Lat., Phil.), 2. Staatsex. (Bibliothekswesen) 1955 - Bibliothekar u. Lehrbeauftr. Univ. Marburg (1953/54), Köln (1954-56), Heidelberg (s. 1956); stv. Dir. Univ.-Bibl. (s. 1970) - 1980 Honorarprof. Univ. Hdbg. - BV: Monograph. u. Aufs. z. Kirchengesch. Ält. German. u. z. Wiss.sorganisation.

HENSSEN (ß), Aino

Dr. phil. (habil.), o. Prof. f. Systemat. Botanik - Biegenstr. 52, 3550 Marburg/L. (T. 6 62 41) - B. 1970 Privatdoz., dann Honorarprof. u. Ord. Univ. Marburg. Facharb.

HENSSGE (ß), Joachim

Dr. med., Prof., Direktor Klinik f. Orthopädie d. Med. Univ. Lübeck (s. 1970) - Im Trentsaal 7, 2400 Lübeck (T. 50 16 71) - Geb. 21. Dez. 1927 Dresden (Vater: Dr. med. Ernst H.; Mutter: Maria, geb. Kilian), verh. m. Lore, geb. Köster, 4 Kd. (Jörg, Ulrich, Jutta, Katrin) - Univ. Freiburg u. Kiel - S. 1963 (Habil.) Lehrtätigk. Lübeck (1972 ord. Prof. f. Orthopädie). Fachveröff.

HENTIG, von, Hartmut

Dr. phil., Prof. f. Pädagogik - Universität, 4800 Bielefeld/W. - Geb. 23. Sept. 1925 Posen (Vater: Dr. jur. et rer. pol. Dr. h. c. Werner Otto v. H., Botschafter a. D. †1984 (s. XVIII. Ausg.); Mutter: Nita, geb. v. Kügelgen) - B. 1968 Ord. Univ. Göttingen, dann Bielefeld - BV (s. 1960): Probleme d. altsprachl. Unterrichts, 1960; Wie hoch ist d. höhere Schule?, 1962; D. erste Studienj. an d. Univ., 1963; Hellas u. Rom, 1964; D. Schule im Regelkreis, 1965; Platon. Lehren, 1966; Univ. u. Höh. Schule, 1967; Öfftl. Meinung, öfftl. Erregung, öfftl. Neugier - Pädag. Überlegungen z. e. polit. Fiktion, 1968; Systemzwang u. Selbstbestimmung, 1969; Spielraum u. Ernstfall, 1969; D. Bielefelder Oberstufen-Kolleg, 1971; D. Bielefelder Laborsch., 1971; Cuernavaca oder Alternativen z. Schule, 1971; Magier oder Magister? - Üb. d. Einheit d. Wiss. im Verständigungsprozeß, 1972; Schule als Erfahrungsraum?, 1973; D. Wiederherstellung d. Politik - Cuernavaca revisited, 1973; D. Sache u. d. Demokratie, 1975; Was ist eine humane Schule?, 1976; Paff d. Kater, 1978; D. entmutigte Republik, 1980; D. Krise d. Abiturs u. e. Alternative, 1980; Aufwachsen in Vernunft, 1981; Erkennen durch Handeln, 1982; Aufgeräumte Erfahr., 1983; D. allmähl. Verschwinden d. Wirklichk., 1984; Ergötzen, Belehren, Befreien, 1985; Wie frei sind freie Schulen?, 1985; D. Menschen stärken, d. Sachen klären - E. Plädoyer f. d. Wiederherstellung d. Aufklärung, 1985; Arbeit am Frieden - Übungen im Überwinden d. Resignation, 1987; Humanisierung - e. verschämte Rückkehr z. Pädagogik? 1987; Bibelarbeit, 1988 - 1969 Schiller-Preis Stadt Mannheim; 1986 Lessing-Preis Stadt Hamburg; 1986 Sigmund-Freud-Preis f. wiss. Prosa d. Dt. Akad. f. Sprache u. Dichtung; s. 1987 Vizepräs. Dt. Akad. f. Sprache u. Dicht.

HENTSCHEL, Bernd

Betriebswirt, Vorstandsvors. Ges. f. Datenschutz u. Datensicherung Bonn - Göttinger Str. 23, 5000 Köln 40 (T. 02234-7 89 13) - Geb. 8. Nov. 1938 Wolfenbüttel, verh. s. 1963 m. Inge C. Hentschel - Mittl. Reife; kaufm. Lehre; Betriebswirt (VWA) - Ref. u. Doz. f. Lohnsteuerrecht, Beitragsrecht, EDV u. Datenschutz; Mitgl. Sachverständigenkr. b. Bundesverb.; Gesellsch. Datakontext-Verlag - BV: DAFTA-Tagungsbde., ab 1980; Personalinformationssyst. in d. Diskuss., 1983; Jahrb. Lohn- u. Gehaltsabrechn., 1984/85; Vorrangige Rechtsvorschr., 1985 - Liebh.: Archäol., Zukunftstechnol., Informationstechnol. - Spr.: Engl.

HENTSCHEL, Hans-Dieter

Dr. med., Internist, Prof., Leit. Arzt Seb. Kneipp- Akad. - Kathreinerstr. 24, 8939 Bad Wörishofen (T. 08247 - 88 89) - Geb. 16. Nov. 1921 Berlin - Univ. Gießen, TU München - BV: Hamam - das Bad im islamischen Kulturbereich, 1985. Mitarb. W. Brüggemann, Lehrb. Kneipp-Ther., 1986; Mitarb. K.L. Schmidt, Physikal. Med. im höh. Lebensalter, 1987; Mitarb. K.L. Schmidt, Kompendium d. Balneologie u. Kurortmed., 1989 - Liebh.: Malerei - Spr.: Engl., Franz., Span., Ital.

HENTSCHEL, Helga

Dipl.-Psych., Staatssekretärin f. Frauen, Senatsverw. f. Frauen, Jugend, Familie, Berlin (s. 1989) - Reichenbergerstr. 185, 1000 Berlin 36 - Geb. 30. Juni 1953 Rheydt, verh. - Dipl. Psych. 1982 - 1982-87 Wiss. Mitarb. FU-Berlin; 1987-89 Mitgl. Abgeordnetenhaus Berlin (Aussch.-Vors. f. Frauenfragen).

HENTSCHEL, Lothar

Bürgermeister Stadt Marl, MdL Nordrh.-Westf. (s. 1975) - Freiligrathstr. 99, 4370 Marl (T. 6 59 58) - Geb. 19. Febr. 1930 - SPD.

HENTSCHEL, Volker

Dr. rer. pol., Prof. f. Wirtschafts- u. Sozialgesch. Univ. Mainz (s. 1980) - Finther Landstr. 38, 6500 Mainz-Gonsenheim - Geb. 29. Jan. 1944 Aue/Sachsen, ev., verh. s. 1986 m. Christine, geb. Lenz - 1961-64 Lehre als Ind.-Kfm.; 1968-74 Stud. Wirtschaftswiss., Wirtschafts- u. Sozialgesch. Hamburg; Dipl.-Kfm. 1972; Promot. 1974; Habil. (Neuere Gesch.) 1978 - 1974-80 Wiss. Assist. u. Priv.-Doz. f. Neuere Gesch. Heidelberg - BV: Weimars letzte Monate, 1978; Wirtsch. u. Wirtschaftspolitik im wilhelminischen Deutschl., 1978; Preußens streitb. Gesch., 1980; Dt. Sozialpolitik 1880-1980, 1983; Wirtschaftsgesch. d. mod. Japans, 1986 - Liebh.: Lit., Theater, Musik.

HENTSCHEL, Wolf-Peter

Ltd. Regierungsdirektor, Kanzler Univ. Bayreuth - Münzgasse 9, 8580 Bayreuth.

HENTSCHKE, Richard

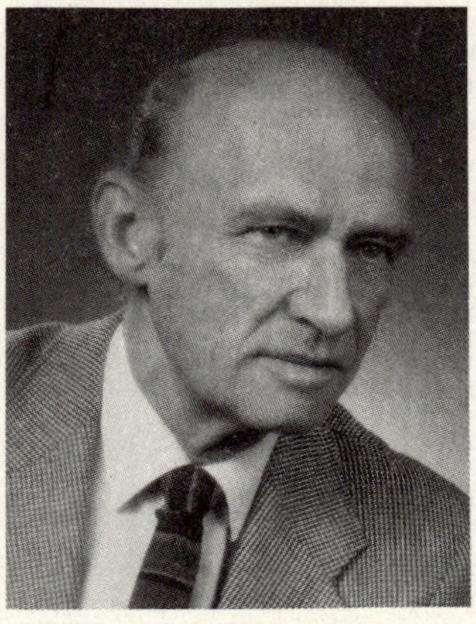

Dr. theol., Prof. f. Altes Testament - Teutonenstr. 18, 1000 Berlin 38 (T. 803 72 06) - Geb. 25. Mai 1922 Lodz (Vater: Ernst H., Industrieller; Mutter: Johanna, geb. Hansen), ev., verh. s. 1954 m. Rita, geb. Zedler, 2 Töcht. (Karin, Irene) - Neusprachl. Gymn. Lodz; Univ. Marburg, Edinburgh, Münster (Ev. Theol., Orientalistik). Promot. (1957) u. Habil. (1959) Münster - 1959-64 Privatdoz. Univ. Münster. 1964-65 Lehrstuhlvertr. Univ. Bonn; s. 1965 Prof. Kirchl. Hochsch. Berlin (1966-68 Rektor) - BV: D. Stellung d. vorexil. Schriftpropheten z. Kultus, 1957; Satzung u. Setzender - E. Beitrag z. israelit. Rechtsterminologie, 1963 - Spr.: Poln., Engl.

HENTZE, Joachim

Dr. rer. pol., Dipl.-Hdl., Univ.-Prof. f. Betriebswirtschaftslehre TU Braunschweig (s. 1974) - Brachvogelweg 4, 3004 Isernhagen 1 - Geb. 23. Juni 1940 Rechlin (Vater: Dipl.-Ing. Wilhelm H.; Mutter: Erna, geb. Klage), ev., verh. s. 1970 m. Ursula, geb. Klippel - Dipl. 1966 Univ. Göttingen, Promot. 1969 Univ. Hannover, Habil. 1985 Univ. Oldenburg - 1972/73 Dekan Univ. Hannover - BV: Kfm. Buchführ. in Krankenhäusern, 1978; Kosten- u. Leistungsrechn. in Krankenhäusern, 1979; Arbeitsbewerb. u. Personalbeurteil., 1980; Personalwirtsch.lehre Bd. 1 u. 2, 3. A. 1986; Unternehmungsführ. u. Mitbestimm., 1985; Unternehmungsplan., 1985, Org.lehre, 1985; Personalführ.lehre, 1986 - Liebh.: Sport, Kunst - Spr.: Engl.

HENZE, Arno

Dr. rer. pol., Prof. f. Agrarmarktlehre Univ. Hohenheim - Schoß, 7000 Stuttgart-Hohenheim.

HENZE, Dieter

Dr. jur., Arbeitsdirektor, Vorstandsmitglied Hannover-Braunschweig. Stromversorgungs-AG - Humboldtstr. 33, 3000 Hannover 1 (T. 0511 - 16 66-229) - Geb. 19. April 1936 Denkiehausen - Abit. 1956; 1956-61 Univ. Göttingen (Rechtswiss. u. Soziol.); Promot. 1962 - 1967 Lagerleit. Grenzdurchgangslager Friedland; 1969 Stadtdir. Rinteln; 1974 Oberkreisdir. Landkr. Helmstedt; 1982 Vorst.-Mitgl. Hannover-Braunschweig. Stromversorg.-AG.

HENZE, Hans Werner

Dr. h. c., Prof., Komponist, Dirigent - 00047 Marino (Roma), Italia - Geb. 1. Juli 1926 Gütersloh/W. (Vater: Franz H., Lehrer; Mutter: Margarete, geb. Geldmacher), led. - Staatsmusiksch. Braunschweig u. Kirchenmusikal. Inst. Heidelberg; priv. Fortner u. Leibowitz - 1948-49 musikal. Leit. Dt. Theater Konstanz (H. Hilpert); 1950-52 künstler. Ballettleit. Hess. Staatstheater Wiesbaden; s. 1961 Leit. Kl. f. Kompos. Mozarteum Salzburg; 1976-81 Gründer u. künstl. Dir. Cantiere Intern. d'Arte, Montepulciano (Siena); 1980/81 Doz. Musikhochsch. Köln; 1982 künstl. Dir. Accademia Filarmonica Romana; 1987 Gastprof. Royal Acad. of Music, London; 1988 künstl. Gesamtleitg. d. Münchener Biennale f. neues Musiktheater - Opern: D. Wundertheater, Boulevard Solitude, König Hirsch, D. Prinz v. Homburg, Elegie f. jg. Liebende, Il Re Cervo, D. jg. Lord, D. Bassariden, La Cubana oder E. Leben f. d. Kunst (Text: Hans Magnus Enzensberger), We come to the river (UA. Covent-Garden, London), The English Cat (libretto v. Edward Band) 1983; Il Ritorno di Ulisse in Patria v. Claudio Monteverdi (neue Lesart). Funkopern: E. Landarzt (n. Kafka), D. Ende e. Welt, Ball.: Jack Pudding, Tancred u. Cantylene, Variationen, Labyrinth, D. Idiot, Apoll u. Hyazinth, Maratona, Undine, Nachtigall, Orpheus, 7 Sinfonien, 5 Streichquartette, Bläserquintett, Klavier- u. Violinkonz., Orat. D. Floß d. Medusa, Lieder, Konzertstck. Natascha Ungeheuer, Barcarola, El Rey de Harlem u. a. Schallplatten: 6 Sinf., Neapolitan. Lieder, Kammermusik 1958, Elegie f. jg. Liebende (Ausschn.), Lucy Escott Variationen, Six Absences, 7 Liebeslieder f. Violincello u. Orchester 1987, An eine Äolsharfe. Musik f. Gitarre u. kleines Orchester - BV: D. Ende e. Welt, 1953; - Tageb. e. Balletts, 1959; Essays - E. Samml. v. Vortr. u. Aufs. aus d. J. 1952-62, 1963; Musik u. Politik, TB 1976; D. Engl. Katze - E. Arbeitsb. 1979-82, 1983 - 1971 Ehrendoktor Univ. Edinburgh; 1951 Robert-Schumann-Preis Düsseldorf, 1953 Prix Italia, 1956 Gr. Kunstpreis Nordrh.-Westf., 1957 Gold. Sibelius-Med. London, 1958 Berliner Kunstpreis, 1962 Gr. Nieders. Kunstpreis, 1976 Ludwig-Spohr-Preis, Braunschw.; 1983 Hbg. Bach-Preis; Mitgl. Akad. d. Künste Berlin (1960; 1968 ausgetr.), Accad. Filarmonica Rom (1961), Bayer. Akad. d. Schönen Künste München (1964), Dt. Akad. d. Künste Berlin/Ost (1968; korr.), 1975 Ehrenmitgl. Royal Academy of Music, London, s. 1980 Meisterkl. f. Kompos. Staatl. Hochsch. f. Musik Köln - 1983 o. Mitgl. Dt. Akad. d. Sprache u. Dicht., Darmstadt - Liebh.: Musik - Lit.: Klaus Geitel, H. W. H., 1968.

HENZE, Heiner

Generalsekretär Dt. Leichtathletik-Verb. (s. 1973) - Julius-Reiber-Str. 19, 6100 Darmstadt (T. 88 09 20) - Zul. Geschäftsf. u. stv. Generalsekr. NOK.

HENZE, Joachim
Dr. agr., Prof. f. Obstbau Univ. Bonn (s. 1970), Leit. Abt. Frischhaltung u. Konservierung v. Obst u. Gemüse/Inst. f. Obst- u. Gemüsebau - Maarweg 70, 5300 Bonn-Duisdorf - Geb. 29. März 1928 Hollern/Stade - Promot. 1958; Habil. 1968 - Facharb.

HENZE, Jürgen
Studienrat, MdL Rhld.-Pfalz, spez. f. Umweltschutz (s. 1971) - Am Rauhen Biehl 8a, 6587 Baumholder (T. 06783 - 36 37) - Geb. 15. Nov. 1937 Berlin (Vater: Hans H., Verw.angest.; Mutter: Edith, geb. Lein), ev., verh. s. 1975 m. Irmgard, geb. Brand, 2 Kd. (Katja, Alexander) - Gymn. Diepholz u. Idar-Oberstein (Abitur 1957); Stud. Engl. Sprache u. Geogr. Mainz u. Bristol (Engl.). Staatsex. 1965 u. 66 - S. 1970 Neues Gymn. Idar-Oberstein. 1969-75 Stadtratsmitgl. Baumholder. SPD s. 1965 (1969 Kreisvors. Birkenfeld, 1970-80 Mitgl. Bez.-Vorst. Rhld.-Hess.-Nass., 1974-84 Kreistag Landkr. Birkenfeld, 1974-84 Mitgl. Verbandsgemeinderat Baumholder); s. 1984 Stadtbürgerm. Baumholder; stv. Landesvors. Dt. Vereinigung f. Polit. Bildung Rheinl.-Pfalz s. 1974 - 1979 BVK - Liebh.: Reisen, Fotogr. u. Filmen, Bergwandern, Sport - Spr.: Engl., Franz.

HENZE, Karl Ludwig
Geschäftsf. Verlag Das Beste GmbH, Anzeigendirektor - Freiligrathstr. 11, 4000 Düsseldorf - Geb. 13. Febr. 1920.

HENZE, P. Wilhelm
Dr. phil., em. o. Prof. f. Sportwiss./Sportpäd. Univ. Göttingen - Schlegelweg 1, 3400 Göttingen - Geb. 8. März 1910 - Vors. Nieders. Inst. f. Sportgesch., Ehrenpräs. Dt. Verb. Mod. Fünfkampf - BVK I. Kl.

HENZE, Rolf
Dipl.-Volksw., Geschäftsführer Bundesinnungsverb. f. Orthopädie-Schuhtechnik - Ricklinger Stadtweg 92, 3000 Hannover; priv.: Sollingstr. 30, 3005 Hemmingen 4 - Geb. 28. Juli 1937 Lübeck (Vater: Wilhelm H., 1942 gef.; Mutter: Traute, geb. Kutzleb), ev., verh. s. 1964 m. Gisela, geb. Bredel, 3 S. (Rüdiger, Volker, Eckart) - Univ. Hamburg u. FU Berlin (Dipl.-Volksw. 1963) - 1965 Handwerkskammer Lübeck; 1969 Kreishandwerksch. Kiel; 1973 Bundesinnungsverb. Orthop.-Schuhtechn. Hannover.; 1973 Generalsekr. Intern. Verb. d. Orthopädiesschuhtechniker - Liebh.: Handwerksgesch., Studienreisen - Spr.: Engl., Franz., Span.

HENZE, Walter
Dr. phil., Prof., Hochschullehrer - Rosenstr. 7, 3004 Isernhagen 2 HB, (T. 0511 - 77 24 83) - Geb. 1923 Hildesheim - S. 1960 Doz. u. Prof. Päd. Hochsch. Nieders./Abt. Hannover (Dt. Sprache u. Lit. u. ihre Didaktik); s. 1978 Univ. Hannover; Vors. d. Goethe-Gesellsch. Hannover.

HENZI, Max
Dipl.-Ing., Direktor, Vors. d. Geschäftsfg. Escher Wyss GmbH., Ravensburg (s. 1969) - Klosterweg, 7993 Nonnenhorn - Geb. 2. Nov. 1923 - ETH Zürich - Spr.: Engl., Franz. - Rotarier.

HENZLER, Martin
Dr., Prof. f. Experimentalphysik Univ. Hannover (s. 1976) - Appelstr. 2, 3000 Hannover 1 - Geb. 18. Mai 1935 Kitzingen/M. (Vater: Friedrich H., Pfarrer; Mutter: Rosa, geb. Ruf), ev., verh. s. 1962 m. Dr. Christine, geb. Hilber, 2 Kd. - Stud. Univ. Erlangen u. München; Promot. (1966) u. Habil. (1970) Aachen - 1971-76 Prof. u. Abt.svorst. TU Clausthal (s. 1976), Inst. f. Festkörperphysik Univ. Hannover.

HEPP, Josef
Dr., Prof. f. Religionspädagogik Univ. Bamberg - Ottostr. 27, 8600 Bamberg (T. 0951 - 2 81 57) - Geb. 24. Nov. 1928 Bergrothenfels (Vater: Valentin H., Landwirt; Mutter: Anna, geb. Kohlhepp), kath., ledig - Promot. 1962 Univ. Würzburg, Habil. 1969 ebd. - S. 1972 Prof. in Bamberg - BV: Impulse z. alttestamentl. Verkündig., 1972; Didaktik d. Religionsunterr. (m. and.), 1979.

HEPP, Karl Dietrich
Dr. med., Internist, Prof., Chefarzt Krankenhaus München-Bogenhausen - Gotthelfstr. 53, 8000 München 80 (T. 91 55 89) - Geb. 25. Sept. 1936 München (Vater: Dr. med. Günther H., Arzt u. Alpinist, †1937 Nanga Parbat; Mutter: Fe, geb. Obermayer), ev., verh. s. 1962 m. Renate, geb. Doerfler, 2 Kd. (Felicitas, Patricia) - Wilhelmsgymn. München (Abit. 1954); Stud. Univ. München u. Freiburg/Br.; Promot. 1960 - In- u. ausl. Fachmitgl.sch. Üb. 100 Veröff. (Endokrinol., klin. Biochemie) - 1972 Friedrich-Bertram-Preis; 1976 Oskar Minkowski Award - Liebh.: Alpinismus, Malerei - Spr.: Engl., Holl.

HEPP, Volker
Dr. rer. nat., Prof. f. Physik. Univ. Heidelberg - Zentgrafenstr. 45, 6905 Schriesheim - Geb. 2. Aug. 1938 Leipzig - Promot. (1966) u. Habil. (1970) Heidelberg - 1971 Princeton (USA), 1974-77 CERN, Genf, 1979-80 DESY, Hamburg. Üb. 80 Facharb.

HEPPES, Kurt-Heinz
Dipl.-Kfm., Vorstandsmitglied Frankenthaler Brauhaus - Johann-Klein-Str. 22, 6710 Frankenthal/Pf.

HEPTING, Axel
Dipl.-Volksw., Geschäftsführer Carl Hepting & Co. GmbH./Lederwaren- u. Gürtelfabrik, Stuttgart - Gerlinger Str. 4, 7250 Leonberg/Württ. - Geb. 15. Aug. 1926.

HERAN, Herbert
Dr. phil., em. o. Prof. Inst. f. Zoologie, Vergl. Physiol. Univ. Graz - Universitätspl. 2, A-8010 Graz (Österr.) - Zul. Ord. Univ. Würzburg.

HERBER, Rolf
Dr. jur., Prof. f. Handelsrecht Univ. Hamburg, Ministerialdirigent a.D., GD Institut f. Seerecht u. Seehandelsrecht, Vors. Dt. Ges. f. Transportrecht - Heimhuder Str. 71, 2000 Hamburg 13 - Geb. 23. März 1929 Aachen (Vater: Dipl.-Ing. Paul H.; Mutter: Hilde, geb. Biesantz), ev., verh. s. 1957 m. Inge, geb. Nühlen, T. Martina - Gymn. Essen; 1949-52 Univ. Köln (Rechtswiss.). 1956 Promot. Köln; 1957 Ass. Düsseldorf; 1958-84 Bundesjustizmin.; s. 1974 Honorarprof. Univ. Frankfurt/M. - Mitverf.: Dölle, Einheitl. Kaufrecht. Herausg. Ztschr. Transportrecht. Zahlr. Fachaufs. - 1984 Gr. BVK - Spr.: Engl., Franz.

HERBERG, Dieter
Dr. med. (habil.), Prof., Chefarzt Innere Abteilung - Kreiskrankenhaus, 7600 Offenburg/Baden - S. 1969 apl. Prof. Univ. Freiburg/Br. (Inn. Med.).

HERBERG, Götz
Dr.-Ing., Dipl.-Ing., Vorstand Klöckner Stahl GmbH Duisburg, Geschäftsf. Klöckner Mannstaedt Hohl- u. Kaltprofil GmbH, Troisdorf - Zu erreichen üb. Klöckner-Stahl GmbH, Postf. 14 62, 5210 Troisdorf - Geb. 6. Sept. 1938 Berlin, verh. m. Ute, geb. Eckemann, 2 Kd. - Stud. RWTH Aachen; Dipl. 1964; Promot. 1966 Aachen - Geschäftsf. Stahlausbu Gelsenkirchen, Moll, Witten.

HERBERG, Horst
Dr. rer. pol., Dipl.-Math., o. Prof. f. Volkswirtschaftslehre Univ. Mannheim (1973-79), Univ. Kiel (s. 1980) - Alte Dorfstr. 2, 2315 Klein Barkau - Geb. 12. Sept. 1934 Lüdenscheid - Promot. 1966; Habil. 1971 - BV: Wirtschaftswachstum, Außenhandel u. Transportkosten, 1966; Preistheorie - E. Einführung, 1985.

HERBERHOLD, Claus
Dr. med., Prof. f. Hals-Nasen-Ohrenheilkunde - Sigmund-Freud-Str. 25, 5300 Bonn-Venusberg - Geb. 24. Febr. 1938 Soest/W. (Vater: Dr. med. Theodor H., Dermatologe; Mutter: Elfriede, geb. Hofferberth), kath., verh. m. Cornelia, geb. Pfalzgraff - Promot. 1963 Tübingen; Habil. 1972 Aachen - S. 1972 Lehrtätigk. TH Aachen, Univ. Bonn (1974; 1975 apl. Prof.) u. Hamburg (1978 o. Prof.); o. Prof. Bonn 1985 - BV: Lymphbahnen d. menschl. Schilddrüse, 1968 (m. W. Eickhoff); Klin. Computer-Olfaktometrie, 1973. Hand- u. Lehrbuchbeitr. - 1974 v.-Troeltsch-Preis.

HERBERHOLD, Max
Dr. rer. nat., Prof. f. Anorganische Chemie Univ. Bayreuth - Neunkirchen 66, 8588 Weidenberg - Geb. 2. Aug. 1936 Münster (Vater: Franz H., Landesarchivdir. †; Mutter: Elisabeth, geb. Zenger †), kath., verh. s. 1964 m. Gisela, geb. Gugumus, 2 S. (Christoph, Thomas) - 1955-60 Univ. München (Chemie, Dipl. 1960, Promot. 1963) - S. 1970 Privatdoz. TU München; vorher Postdoct. Fellow Calif. Inst. of Technol. Pasadena/USA u. Wiss. Assist. TU München; 1972-77 Wiss. Rat, 1978 Prof. TU München; s. 1978 Prof. f. Anorgan. Chemie Univ. Bayreuth; s. 1986 Vors. Fachgr. Chemieunterr. Ges. Dt. Chemiker. Bücher in engl. u. russ. Sprache.

HERBERHOLZ, Horst
Dr. rer. pol., Vorstandsmitglied Hessische Landesbank - Girozentrale -, Frankfurt/M. - Geb. 17. Juli 1933 Winningen (Mosel), verh., 2 Kd. - Rheinische Friedrich-Wilhelms-Univ. Bonn, Dipl.-Volksw. (1961), Promot. (1969). Commerzbank AG (1953-66), Dt. Spar- u. Kreditbank AG, Direktor (1967); Bankenunion Frankfurt/M. AG, bde. Frankfurt/M., Vorstandsmitgl. (1970); National-Bank AG, Essen, Vorstandsmitgl.(1974); Hessische Landesbank (s. 1975) - BV: Die Bank als Partner d. mittelständ. Industrie, 1970.

HERBERICH, Gerhard Edwin
Dr. rer. nat., o. Prof. f. Anorgan. Chemie TH Aachen (s. 1973) - Jahnstr. 18, 5100 Aachen (T. 80 46 45; priv.: 6 18 44) - Geb. 24. Nov. 1936 - 1956-62 Stud. TH Karlsruhe u. Univ. München; Promot. 1962 (b. E. O. Fischer); Habil. 1967 TH München - 1971 Karl Winnacker Stip.; 1973 Preis f. Chemie d. Akad. d. Wiss. zu Göttingen.

HERBERS, Rudolf
Redakteur, Vorsitzender Konzernbetriebsrat Gruner + Jahr AG, Hamburg - Isestr. 119, 2000 Hamburg 13 (T. 040 - 480 89 94) - Geb. 29. Juli 1935 Dortmund, verh., 3 Kd. - Redakt.volont. Ruhr Nachrichten Dortm. - 1966-68 Chefredakt. Bonnier-Verlag, Stockholm; AR-Mitgl. Gruner + Jahr AG, Hamburg. 1976 MdB - Lit.: Handb. 7. Dt. Bundestag.

HERBERT, Klaus
Dipl.-Kfm., Vorstand DG Diskontbank AG, Frankfurt - Ohlystr. 63A, 6100 Darmstadt - Geb. 18. Nov. 1940 München - Stud. Betriebsw. Mannheim (1964 Dipl.).

HERBERT, Manfred Eberhard
Dipl.-Wirtsch.Ing., Geschäftsführer Herbert Maschinen- u. Anlagen GmbH. - Borsigallee 39, 6000 Frankfurt/Main 60 (T. 06194 - 38 50) - Geb. 12. April 1939 Frankfurt (Vater: Adolf H., Ingenieur; Mutter: Hildegard, geb. Köhler), led. - Abit. Realgymn. Frankfurt 1960, Dipl. Wirtsch.ing. Darmstadt 1969 - B. 1975 Geschäftsf. Leonh. Herbert Masch.fabr., dan. Geschäftsf. Herbert Masch. u. Anl. GmbH (Thyssen Industrie AG). S. 1982 VR-Mitgl. Gebr. Bachert GmbH + Co., Bad Friedrichshall - Spr.: Engl.

HERBERT, Rolf
s. Scholz, Günther

HERBERTS, Hermann
Journalist, Oberbürgermeister a. D. - Neuenhofer Str. 13, 5600 Wuppertal-Küllenhahn (T. 71 12 19) - Geb. 4. April 1900 Wuppertal-Cronenberg - Kaufm. Lehre; Heim VHS Tinz; Staatl. Wirtschaftssch. Düsseldorf - Partei- u. Verlagsangest.; ab 1928 Journ.; n. 1933 selbst.; 1946-51 Redakt.; 1953-56 Pressechef DGB; 1956-61 u. 1964-69 Oberbgm. Wuppertal; 1961-64 Geschäftsf. 1947-49 Mitgl. Frankfurter Wirtschaftsrat; 1964-69 MdB. ARsmandate. SPD.

HERBERTS, Kurt
Dr. rer. nat. h.c., Dr. Ing., Prof., Senator, Sachbuch-Autor - Hirschstr. 12, 5600 Wuppertal 2 (T. 0202 - 8 18 41) - Geb. 17. Febr. 1901 Barmen, verh. s. 1963 in 2. Ehe m. Ursula, geb. Wissmann, Sohn Kurt-Dieter - Chemie-Stud., Dr.-Ing. 1923 TH Stuttgart - S. 1924 selbst. Unternehmer (Farben u. Lacke); s. 1976 Autor v. philos.-weltansch. Sachbüchern; Vizepräs. Humboldt-Ges. Mannheim; versch. Positionen in wirtsch. u. kulturell. Gremien - BV: u.a. Offenbarungen in d. Malerei d. 20. Jh., 1966; Verantwortung in d. industr. Ges., 1971; D. Selbstentfremdung d. Abendlandes, 3. A. 1979; Ich suche d. Menschen, 1980; Brücken z. Unvergängl., 2. A. 1983; ... dann mag d. Erde in d. Sonne verglühn, 2. A. 1984; Zurück zu Humboldt, 1986; Goethes Lebenswerk als Weg zu e. geistgemäßen Naturwiss., in: Chem. Ind., Jg. 1, Nr. 4, 1949 - 1961 Ehrendoktor TH Aachen; 1963 Senator TH Stuttgart; 1965 Prof. NRW; 1969 Ehrenring Stadt Wuppertal - Liebh.: Kunstwiss. - Spr.: Engl., Franz., Lat. - Lit.: Swiridoff, Porträts aus d. dt. Wirtsch., 1966; Ich üb. mich. 50 prominente Wuppertaler erz., 1969; Deimling, G.: Menschenbildung in d. Industrieges., in: Ztschr. f. Sozialhilfe, Nr. 2/1981; Lothar Bossle (hg.), Wirkung d. Schöpferischen, Festschr. z. 85. Geb. v. K. H.

HERBERTZ, Joachim
Dr.-Ing. habil., Prof. f. Ultraschall - Klosterstr. 35, 4150 Krefeld (T. 2 97 48) - Geb. 12. Juli 1940 Aachen (Vater: Dr.-Ing. Theodor H., Prof.; Mutter: Karola, geb. Meessen, Dipl.-Ing.), kath., verh. s. 1972 m. Marlies, geb. Korte, 2 Kd. (Yvonne Samantha, Nils Tassilo) - 1958ff. Stud. d. Physik TH Aachen; Promot. 1972; Habil. Univ.-GH Duisburg 1979 - 1964-77 Forsch.tätigk. TH Aachen, 1980 Prof. Univ. Duisburg - Mitgl. Intern. Editorial Board Ztschr. Ultrasonics; 1987 Komit.-Vors. Ultrasonics d. Intern. Elektrotechn. Kommiss. - Zahlr. wiss. Veröff. u. Patente z. Ultraschall - 1978 Bertholdpreis Dt. Ges. f. zerstörungsfreie Prüfverfahren - Spr.: Engl., Franz., Niederl.

HERBERTZ, Theo(dor)

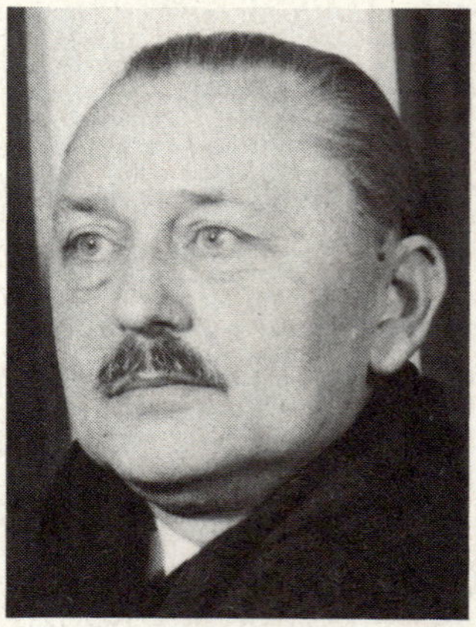

Dr.-Ing., Prof., Chemiker - Roermonder Str. 202, 5100 Aachen (T. Aachen 1 28 77) - Geb. 8. April 1912 Düsseldorf (Vater: Theodor H., Weinhändler; Mutter: Maria, geb. Sieben), kath., verh. s. 1978 m. Gertrud, geb. Nuber, 5 Kd. a. 1. Ehe (Joachim, Lothar, Georg, Karla,

Theodor) - Leibniz-Gymn. D'dorf; TH Aachen (Dipl.-Chem. 1938). Promot. 1940; Habil. 1952 - B. 1952 Industrie-, dann Hochschultätigk. (1954 ao. Prof. Staatl. Berufspäd. Inst. Köln, 1968 TH Aachen). Spez. Arbeitsgeb.: Organ. Chemie (Olygoine, -goinene, -goinamine, -goinenamine). CDU s. 1945 (Gründungsmitgl.), Austritt 1987 - Liebh.: Geschichte, Kulturpolitik - Spr.: Niederl., Franz., Engl.

HERBIG, Herbert

Dr. med., Prof., Chirurg - Heiligenstr. 27, 4000 Düsseldorf-Benrath - Geb. 31. Okt. 1905 Düsseldorf - Jahrel. Chefarzt Chir. Abt. Krkhs. Benrath. S. 1949 (Habil.) Lehrtätigk. Med. Akad. bzw. Univ. Düsseldorf (1955 apl. Prof.). Zahlr. Fachveröff.

HERBIG, Manfred

Dr. phil., Prof. f. Allg. Didaktik u. Methodik Univ. Bochum (s. 1977) - Schinkelstr. 14, 4650 Gelsenkirchen - Geb. 12. Jan. 1941 Baldenburg (Vater: Paul H., Böttcherm.; Mutter: Ortrud, geb. Zemke), ev., verh. s. 1966 m. Apothekerin Irmingard, geb. Brunner, 3 Kd. (Sebastian, Veronika, Christopher) - Goethe-Sch. Flensburg; TU Braunschweig. Staatsex. 1968 u. 69 (Math. u. Phys.); Promot. 1973 (Päd.), alles Braunschweig - 1969-77 Hochschullehrer TU Braunschweig (zul. Oberstudienrat) - BV: Differenzierung durch Fächerwahl, 1974; Praxis lehrzielorient. Tests, 1976 - Liebh.: Kammermusik (bes. Barytonsp.) - Spr.: Engl., Franz.

HERBIG, Oskar

I. Bürgermeister (s. 1970, Wiederwahl 1982) - Rathaus, 8744 Mellrichstadt/Ufr. - Geb. 29. Jan. 1924 Mellrichstadt - Zul. Stadtoberamtm. CSU.

HERBOTH, Hermann

Dr. jur., Landgerichtspräsident - Mühlweg 21, 6730 Neustadt/Weinstr. (T. 21 64) - Geb. 18. Mai 1914 Ludwigshafen-Oggersheim/Rh., verh. s. 1940 m. Magda, geb. Ludwig, S. Dr. med. Rainer - S. 1966 Präs. LG Frankenthal/Pfalz - Spr.: Engl., Franz. - Rotarier.

HERBST, Alban Nikolai

Schriftsteller - Waldschmidtstr. 29, 6000 Frankfurt/M. 1 (T. 069 - 49 32 34) - Geb. 7. Febr. 1955 - BV: Marlboro, 1981; D. Verwirrung d. Gemüts, 1983; Joachim Zilts Verirrungen, 1986; D. Blutige Trauer d. Buchhalters Michael Dolfinger, 1986; Ausfälle, nämlich d. Ambivalenz, 1989 - 1981 Nieders. Nachwuchsstip. f. Lit.; 1987 Casa Baldi-Aufenthalt.

HERBST, Axel

Dr. jur., Botschafter i.R. - zu erreichen üb. Ausw. Amt, Adenauerallee 99-103, 5300 Bonn 1 - Geb. 9. Okt. 1918 Mülheim/R., verh. s. 1943 m. Elfe, geb. Bretschneider, 2 Kd. (Marion-Petra, Beatrice) - Nach Kriegsdst. Stud. d. Rechtswiss., Volks- u. Betriebswirtsch. Univ. Berlin, Köln, Münster/W., Völkerrechtsakad. im Haag u. Law Soc. School of Law, London; 1. u. 2. jur. Staatsex. 1948 u. 51; Promot. 1949 - S. 1951 Ausw. Amt (1953 LegR; 1957 LegR I. Kl.; 1960 Vortr. LegR I. Kl.; 1968 MinDirig.; 1969 MinDir.), Ausl.sposten: 1953-57 Washington, 1960-68 Kommiss. d. Europ. Gemeinsch. Brüssel (zun. stv. Generalsekr., dann Generaldir.), 1973-76 Botsch. u. Leit. Ständ. Vertret. b. d. Vereinten Nat., Genf; 1968-73 wied. AA Bonn (Unterabt.leit. u. 1969 Abt.leit. Handels- u. Entwicklungspolitik u. europ. wirtschtl. Integration); 1976-83 Botsch. in Frankr. - Buchbeitr.

HERBST, Dietrich

Verleger, Mitinh. Verlag Moritz Diesterweg u. Verlag Otto Salle, beide Frankfurt - Grommetstr. 11, 6000 Frankfurt/M.50 (T. 52 41 37) - Geb. 18. Jan. 1928 Frankfurt/M. (Vater: Erich H., Verleger; Mutter: Johanna, geb. Wieler), ev. - Banklehre Gebr. Bethmann, Frankfurt; Univ. Mainz, Pisa, Frankfurt (Rechtswiss.); 1978 Ordre des Palmes Académiques; 1984 Ordre des Arts et des Lettres (Frankr.) - Spr.: Engl., Franz., Ital. - Rotarier.

HERBST, Donald

Dipl.-Ing., Geschäftsführer Dr. Walter Herbst Ing.büro - Marienpl. 11A, 1000 Berlin 45 - Geb. 5. Juni 1939.

HERBST, Gerhard

Dr. jur., Rechtsanwalt am Kammergericht, ehem. Vorstandsmitglied Deutsche Bank Berlin AG (s. 1968) - Glockenstr. 19, 1000 Berlin 37 - Geb. 21. Nov. 1919 Berlin - Zul. pers. haft. Gesellsch. Bankhaus C. G. Trinkaus, Düsseldorf. AR-Mand.

HERBST, Gerhard

Dr. jur., Präsident Bayer. Oberstes Landesgericht - Zu erreichen üb. Schleißheimer Str. 139, 8000 München 40 - Geb. 15. Sept. 1928 Regensburg - 1948-52 Univ. München, 1. jurist. Staatsprüf. 1952, 2. jurist. Staatsprüf. 1957; 1953-54 Southern Methodist Univ. Dallas; Promot. 1955 München - 1969 Landgerichtsdir. am LG München I; 1970 Min.-rat; 1977 Min.dirig. (Leit. Zivilrechtsabt.) im Bayer. Staatsmin. d. Justiz; 1988 Präs. Bayer. Oberstes Landesgericht. 1980-88 Kurat.-Mitgl. d. Max-Planck-Inst. f. ausl. u. intern. Patent-, Urheber- u. Wettbewerbsrecht - BV: Rechtspflegergesetz, 1970, jetzt: Gesetz üb. d. Angelegenh. d. freiwilligen Gerichtsbarkeit/Rechtspflegergesetz v. Bassenge/Herbst, 4. A. 1986 - 1985 BVK I. Kl. - Spr. Engl., Franz.

HERBST, Gottfried

Konzertpianist - Walchstadter Str. 51, 8021 Icking/Isartal (T. 08178 - 56 97) - Geb. 3. April 1928 Lyck/Ostpr., ev., ledig - 1948-53 Klavier-Ausb. b. Prof. Elisabeth Dounias-Sindermann, Berlin, 1952-57 b. Prof. Wladimir Horbowski, Stuttgart; 1957-63 Prof. Maria Hindemith, München. 1951-56 Stud. FU Berlin (Phil. u. Musikwiss.) - 1960-69 Assist. v. Géza Anda b. d. Meisterkursen d. Luzerner Festwochen - 1977 Ostpreuß. Kulturpreis - Liebh.: Malerei, Lit. - Spr.: Engl., Franz., Ital., Dän., Poln., Russ. - Lit.: Hans-Peter Range: D. Konzertpianisten d. Gegenw.

HERBST, Heiner

Rechtsanwalt u. Notar, MdL Nieders. (s. 1978) - Bismarckstr. 5, 3300 Braunschweig - CDU.

HERBST, Patrick

Dr. jur., Vorstand Dr. Walter Herbst AG, Berlin - Haynauer Str. 47, 1000 Berlin 46.

HERBST, Rolf

Dr. med., Prof. f. Exper. Pathologie einschl. Elektronenstrahl u. Ultrastrukturforsch. FU Berlin - Babelsberger Str. 45, 1000 Berlin 31.

HERBST, Werner

Dr.-Ing., o. Prof. TU Berlin, Fachgeb. Eisenbahnwesen u. spurgeb. Nahverkehr - ZAZ 5, Hardenbergplatz 2, 1000 Berlin 12 - Geb. 17. Dez. 1928 Nürnberg, kath., verh. - Abit.; Stud. TU München (Bauingenieurw.); 2. Staatsex. 1958 (Regierungsbaumeister), Promot. TU München - 1954/55 Statiker in Ing.büro; 1955-72 Bau- u. Betriebsdst. b. d. Dt. Bundesbahn u. jew. mehrere J. in Zentralämtern zust. f. d. Automatisierung der Rangierbahnhöfe, d. Oberbauforsch. u. d. Weichenkonstr.; s. 1972 Ord. f. Eisenbahnwesen u. Dir. d. angeschl. Inst. TU Berlin, nach Umorg. Leit. d. Fachgeb. Eisenbahnwesen u. spurgeb. Nahverk. - Verantwortl. f. d. Realisierung d. ersten vollautom. Ablaufbetr. b. d. DB u. Entw. u.a. d. ersten elektron. Stellwerks (Frankfurt/M.); Verbess. v. Weichen- u. Oberbaukonstr.; in TU Berlin neue Radmeßtechn., neue Fahrbahnkonstr., neuartige Schalldämpfungseinr. u. neue Trassierungsverf.; derz. Forschungsschwerp.: Oberbau, Fahrzeug/Fahrbahndynamik, Schallreduz. durch Dämpfungs- u. Dämmaßn., Optimierung d. Rangierbahnhöfe, Realisierung e. neuen Güterzugdispositionssystems u. neuer Güterverkehrsstrategien - Spr.: Engl.

HERBURGER, Günter

Schriftsteller - Elisabethstr. 8, 8000 München 40 - Geb. 6. April 1932 Isny/Allgäu - BV: E. gleichmäß. Landschaft, Erz. 1964; Ventile, Ged. 1966; D. Messe, R. 1969; Training, Ged. 1969; Jesus in Osaka, R. 1970; Birne kann alles, Kindergesch., 1971; Birne kann noch mehr, Kindergesch. 1971; D. Eroberung d. Zitadelle, Erz. 1972; Operette, Ged. 1973; D. amerik. Tochter, Sammelbd. 1973; D. Augen d. Kämpfer, R. 1980; Makadam, Ged. 1981; D. Flackern d. Feuers im Land, Erz. 1983. Hörsp. u. Drehb. - 1973 Bremer Literaturpreis (f.: Erob. d. Zitadelle); 1980 Gerrit-Engelke-Lit.preis Hannover; 1969 Mitgl. PEN-Zentrum BRD.

HERCHENBACH, Heinz-Joachim

Dipl.-Ing., Gesellschafter Reifenhäuser GmbH & Co. - Spicher Str. 46-48, 5210 Troisdorf-Sieglar - Geb. 8. Jan. 1943.

HERCHENBACH, Wolfgang

Dr. rer. nat., Dipl.-Phys., Aufsichtsratsmitglied Schock & Co. GmbH, Schorndorf - Seestr. 35, 8913 Schondorf/Ammersee - Geb. 5. Mai 1925.

HERCHENRÖDER, Christian

Redakteur f. Kunst u. Musik - Friedrich-Lau-Str. 16, 4000 Düsseldorf 30 - Geb. 3. Juni 1942 Essen (Vater: Karl-Heinrich H., Redakt.; Mutter: Martha, geb. Güllmann), ledig - Univ. Köln (Phil.) - S. 1970 verantw. Redakt. f. Kunst u. Kultur Handelsblatt - BV: D. Kunstmärkte, 1978 (Übers. Ital.); Meistergraphik - Graphikmarkt/Sammeln - Preise - Geschmack, 1984.

HERCHENRÖDER, Karl-Heinrich

Wirtschaftspublizist - Gerstäckerstr. 11, 4000 Düsseldorf (T. Büro: 8 38 81) - Geb. 14. April 1907 Frankfurt/M. (Vater: Christian H., Architekt; Mutter: Mathilde, geb. Hafenreffer), verh. s. 1941 m. Martha, geb. Güllmann, 2 Kd. - Liebig-Oberrealsch. Darmstadt; Univ. Frankfurt/M. (Betriebs- u. Volksw.) - 1928-45 Handelsredakt. WTB, Frankfurt/M. u. Essen (1930), u. DNB, Essen (1933), s. 1946 Chefredakt. u. Mithrsg. (1972) Handelsblatt, Düsseldorf (b. 1975). Ehrenvors. Wirtschaftspublizist. Vereinig., D'dorf - BV: D. Nachfolger d. Ruhrkonzerne, 1953; Neue Männer an d. Ruhr, 1958; Soz. Marktw. - Leistung u. Herausforderung, 1973 - Liebh.: Theater - Spr.: Engl., Franz.

HERCZOG, Istvan

Solotänzer, Choreograph, Merkurstr. 23, 4044 Kaarst 1 - Geb. 18. Nov. 1943 Budapest, kath., verh. s. 1970 m. Katalin Devay, Dipl.-Tanzpädagogin, T. Dominika - Abit.; Dipl. staatl. Ballett-Inst. Budapest 1962 - Engagem. Budapest, Stuttgart, München, s. 1974 Düsseldorf (D. Oper am Rh., 1. Solotänzer), s. 1980 auch Choreogr. - Hauptrollen als Solotänzer: Petruschka, Pierot lunaire (Choreogr. Glen Tetley); Lenski in Onegin (Choreogr. John Cranco); Prinz in Nußknacker (Choreogr. John Neumeier); Colas in La fille mal gardée (Choreogr. Frederick Ashton); Joseph in Joseph Legende, Pulcinella; Kalevala, Dvořak Cello- Konzert, Die steinerne Blume, La Sylphide, Geist d. Rose, Prinz in Schwanensee u. Dornröschen u.a. - Choreogr.: Schostakowitsch-Sinf. Nr. 6 (1980), B. Martinu-Sinfonietta Giocosa (1983), Brahms-Sinf. Nr. 3 (1984), Kodaly-Tänze aus Galanta (1985).

HERDA, Falko-Romeo

Regierungsdirektor, Behördenleit. Bundesbeauftr. f. d. Behandl. v. Zahlungen an d. Konversionskasse - Fasanenstr. 87, 1000 Berlin 12; priv.: Ortlerweg 44, -45 - Geb. 13. Nov. 1927 - Div. Mand.

HERDA, Georg

Journalist - Am Eisernen Schlag 75, 6000 Frankfurt/M. (T. 53 18 64) - Geb. 16. Juli 1917 Rawitsch/Schles. - U. a. Frankfurter Rundschau (Chef v. Dienst).

HERDAN, von, Alice

s. Herdan-Zuckmayer, Alice

HERDAN-ZUCKMAYER, Alice

Schriftstellerin - CH-3906 Saas-Fee/Wallis (Schweiz) - Geb. 4. April 1901 Wien, verh. 1925 m. d. Dramatiker Dr. h. c. Carl Zuckmayer, † 1977 (s. XVIII. Ausg.), T. Winnetou - BV: D. Farm in d. grünen Bergen, 1949; D. Kästchen - Geheimnisse e. Kindheit, 1962; D. Scheusal - Gesch. e. sonderb. Erbsch., 1972; Genies sind im Lehrplan nicht vorgesehen, 1979.

HERDE, Peter

Dr. phil., o. Prof. f. Geschichte. Univ. Würzburg (s. 1976) - Am Hubland (Univ.), 8700 Würzburg - Geb. 5. Febr. 1933 Ratibor/OS. (Eltern: Reinhard (Konrektor) u. Hildegard H.), kath., verh. s. 1965 m. Dr. Rosemarie, geb. Meyer, S. Robert - Gymn. Neheim-Hüsten; Univ. Heidelberg u. München (Gesch., German., Angl., Mittellat. Philol.). Promot. (1958) u. Habil. (1964) München - 1960-62 Dt. Histor. Inst., Rom; 1965-68 Univ. München (Doz.); 1966 Univ. of California, Berkeley (Prof.); s. 1968 Univ. Frankfurt (Ord.); 1971 Gastprof. Univ. of Washington, 1971-72 u. 84 Inst. for Advanced Study, Princeton, 1973 Univ. of Chicago, 1979 Harvard Univ. (Dumbarton Oaks) - BV: Beitr. z. päpstl. Kanzlei- u. Urkundenwesen im 13. Jh., 1961, 2. A. 1967; Marinus v. Eboli, 1964; Audientia litterarum contradictarum, 2 Bde. 1970; Dante als Flor. Politiker, 1976; Pearl Harbor 7.12.1941, 1980; Karl I. v. Anjon, 1979; Cölestin V, 1981; Ital., Dtschl. u. d. Weg in d. Krieg im Pazifik 1941, 1983; Guelfen u. Neoguelfen, 1986; Pearl Harbor (ital.), 1986 - Mitgl. mehr. in- u. ausl. wiss. Ges. u. Kommiss., u.a. Commission intern. de diplomatique, Frankfurter Wissenschaftl. Ges. (Sekr.) Fellow Royal Hist. Soc. London - Liebh.: Fotogr., Sport (1968 Bayer. Leistungssportabz. in Gold) - Spr.: Engl., Franz., Ital., Span.

HERDEN, Carl-Heinrich

Kaufmann, Generalkonsul Rep. San Marino, Ehrensenator Wien - Frankfurter Str. 180-188, 5202 Hennef/Bonn (T. 02242 - 40 51) - Geb. 3. Dez. 1919 Siegburg (Vater: Ludwig H., Reichsbahnbeamter; Mutter: Elisabeth, geb. Clemens), kath., verh. s. 1950 m. Änne, geb. Schweisthal, 2 Kd. (Carl-Friedrich, Angelica) - Präs. Dt. Ges. f. Agrar- u. Ernährungshilfe in Entwicklungsländern e.V., Bonn; Dt. Agrarhilfe e.V., Bonn; Vors. u. Geschäftsf. Dt. Exportgem. Agrartechnik, Bonn; Leit. Generalkonsulat Rep. San Marino in Bonn. AR Inst. f. Auslandsbez., Stuttgart u.a., Präsidiumsmitgl. IFA Zentrale, Hamburg u.a., Vizepräs. Unio Caritatis, Rom, Österr.-Dt. Kulturges., Wien; Vicepräs. Europ. Schützenbund - BVK I. Kl.; Großkr. St. Sebastianus-Orden m. Schulterbd. u. Stern; Großkr. m. Schulterbd. u. Stern Ritterorden v. Hl. Grabe z. Jerusalem; Großoffz. Ritterorden St. Agatha; Großoffz. griech.-orthodox. Ritterorden v. Hl. Grabe u. d. First independence Order of the hashemitish Kingdom from Jordan.

HERDING, Klaus

Gf. Gesellschafter Weberei Carl Herding u. babybest - Industriestr. 1, 4290 Bocholt - Geb. 11. Dez. 1923, kath., verh., 2 Kd. - Beirat Messe Köln (Kind u. Jugend) u. Messe Frankfurt (Heimtextil); Vors. DRK, Kreisverb. Bocholt; Mitgl. Hauptaussch. Textil Verb. Westf., Münster u. Ind.verb. Gewebe Frankfurt.

HERDING, Klaus

Dr. phil., Prof. f. Kunstgeschichte Univ. Hamburg - Innocentiastr. 78, 2000 Hamburg 13 (T. 040 - 420 26 52) - Geb. 27. Dez. 1939 München (Vater: Otto H., Univ.-Prof., s. dort), verh. s. 1980, 1 Kd. - 1960-68 Stud. Univ. Tübingen, München, Münster, Paris, Aix-en-Provence, Lille; Promot. 1968 Münster, Habil. 1977 Hamburg - 1968-70 Assist. Nationalgal. Berlin, 1971-74 TU Berlin; 1974/75 Assist.-Prof. FU Berlin; s. 1975 Prof. Univ. Hamburg. Gastprof.: 1978 Univ. Bordeaux, 1980 Marburg, 1981 Zürich, 1985 New York, 1988/89 Paris - BV: Pierre Puget, 1970; Propyläen-Kg. Bd. 8, (Mitarb.) 1970; Daumier-Kat., (Mitarb.) 1974; Kunst u. Alltag im NS-System, (m. H. Mittig) 1975; Intern. Realismus heute, (m. U. M. Schneede) 1978; Realismus als Widerspr., (Hrsg.) 1978, 2. A. 1984; Courbet-Kat. (Mitarb.), 1979; Karikaturen (m. G. Otto), 1980; Les voyages secrets de M. Courbet (m. K. Schmidt), 1984; Funkkolleg Kunst (Mitarb.), 1985; Proudhons Kunsttheorie (Herausg. u. Übers.), 1988; Bildpublizistik d. Franz. Revolution (m. R. Reichardt), 1989. Zahlr. Aufs. z. Kunst d. 17.-20. Jhs. (s. 1966). Herausg.: Kunststück, Werkmonogr.-Reihe (bisher 45 Bde.), 1984ff. Filme (Mitarb.): Courbet: D. Woge (1974); Magritte: D. bedrohte Mörder (1982) - Spr.: Franz., Engl., Ital. - Bek. Vorf.: Agnes Sapper, Karl Brater, Politiker (1819-69).

HERDING, Otto

Dr. phil. (habil.), o. Prof. (em.) f. Mittelalterl. Geschichte; Humanismusforschung, Dt. Territorialgesch. - Pfarrgarten 4, 7800 Freiburg i. Br. (T. 4 39 50) - Geb. 8. Juni 1911 Sulzbach/Bay., verh. s. 1938 m. Pia, geb. Wittmann, 6 Kd. - Hum. Gymn., Univ. Erlangen (Promot. 1936), Birmingham, Wien, München (Gesch., German., Anglistik, Philos.); 1941 Doz. Univ. Erlangen; 1943 ao. Prof. Tübingen, 1955 o. Prof. Münster, 1965 Freiburg, 1980 Vors. Kurat. Stift. Humanismus heute Land Bad.-Württ. - Mitgl. d. Conseil internat. pour l'edition des oeuvres complètes d'Erasme - Versch. Aufs z. Ideengesch. d. Mittelalters i. Zeit- u. Festschr.; landesgesch. Unters. 1938/39 u. 1946ff.; Probleme d. früh. Humanismus Arch. f. Kulturgesch. 1956; Werke Jakob Wimpfelings, hg., u. komment. I, 1965, II,1 (m. D. Mertens), 1970; Ausg. Erasmus, Panegyricus ad Philippum, Inst. principis Christiani Amsterdam, 1974; Querela Pacis Amsterdam, 1977; einz. Aufs. zu Erasmus; Beitr. z. Wolfenbütteler Renaissance-Mitt., 1977ff.; D. Testament d. Hans v. Schönau, Freibg. Diöz. Arch. 1979; Pädag., Politik, Gesch. b. Jakob Wimpfeling, 1979; Aspekte d. Korresp. Jakob Wimpfelings, 1981; Erasmus v. Rotterdam, Mittelalterlexikon, 1986; Erasmische Friedensschr. im 17. Jh., Festschr. Cornelis Reedijk, 1986; Colloque érasmien de Liège, 1987 (Precatio ad dominum Jesum u. Querela Pacis). N.: Das andere Leben, 1949; Schattengeschichte, 1976; Erasmus u. d. Politik, Jb. Thomas Morus-Ges., 1982; Drei Gespräche - Engel-Trilogie (Ged. in: Prosa u. Poesie), 1983 - Bek. Vorf.: Karl Brater, Polit., 1819-69; Agnes Sapper, Schriftst., 1852-1929, Max Planck - Lit: Landesgesch. u. Geistesgesch., Festschr. 1977.

HERDLEIN, Hans

Präsident Genossenschaft Dt. Bühnen-Angehörigen (s. 1972) - Zu erreichen üb.: GDBA, Feldbrunnenstr. 74, 2000 Hamburg 13; priv.: München.

HERDMANN, Günter

Dr. rer. nat., Dipl.-Chem., Inh. DGH-Industrieberat., Dortmund - Baststr. 4, 4600 Dortmund 30 - Geb. 23. Juli 1932, verh. s. 1954 m. Dr. Ingrid, geb. Klotz, 2 S.

HERDT, Hans K.

Chefredakteur Börsen-Zeitung, Frankfurt - Düsseldorfer Str. 16, 6000 Frankfurt/M. (T. 069 - 2 73 20) - Geb. 7. März 1935 Mannheim - Lit.: D. Buch d. Aktie (1984); Bosch 1886-1986 (1986).

HERETH, Michael

Dr. phil., Dipl.-Volksw., Prof., Politikwissenschaftler - Holstenhofweg 85, 2000 Hamburg - Geb. 1. Dez. 1938 Bayreuth/Ofr., verh., 2 Kd. - Gymn. Stuttgart (Abit. 1958); Univ. München, Bonn, Erlangen (Volksw., Soziol., Polit. Wiss.). Dipl.-Volksw. 1962 München; Promot. 1968 Erlangen - S. 1963 Doz. Friedrich-Ebert-Stiftg. Bergneustadt, Studienleit. Georg-v.-Vollmar-Akad. Kochel (1964), Univ. Bochum (1968; Wiss. Assist., Prof.), Gesamthochsch. Duisburg (1972 Prof.). 1976 Prof. Univ. d. Bundeswehr, Hamburg. 1970-75 MdL Nordrh.-Westf. SPD s. 1961 - BV: Dt. Parlamentarismus, 1968 u. 1971; Polit. Ökonomie, 1974 u. 1976; Der Fall Rudel, 1977; Alexis de Tocqueville, 1979 - Spr.: Lat., Engl., Franz.

HERFF, Eduard E.

Dr. phil., Univ.-Prof. f. Allg. Didaktik u. Schulpäd. Univ. Köln - Monheimer Str. 19, 5000 Köln 60 - Geb. 12. Juli 1924 Köln (Vater: Eduard H., Architekt; Mutter: Wilhelmine, geb. Pawlowski), kath., verh. s. 1956 m. Ingeborg, geb. Fahlenbock, 2 Kd. (Ingeborg, Eduard) - Gymn. Köln; PA Bonn; Univ. Bonn, Münster, Köln. Promot. 1959 Köln - S. 1947 Lehrer, Sonderschulrektor (1958), Hochschull. (1963 Doz., 1970 Prof.) - BV: Schulreife als päd.-psych. Problem, 1967; Museen im Dienst d. Schule, 1967; Verbreit. u. Erfolg d. vorschul. Lesenlernens, 1973 - Liebh.: Archäol. - Spr.: Lat., Engl. - Bek. Vorf.: Engelbert H., Maler, Aachen, 1824-61 (Urgroßv.).

HERFORT, Ronald

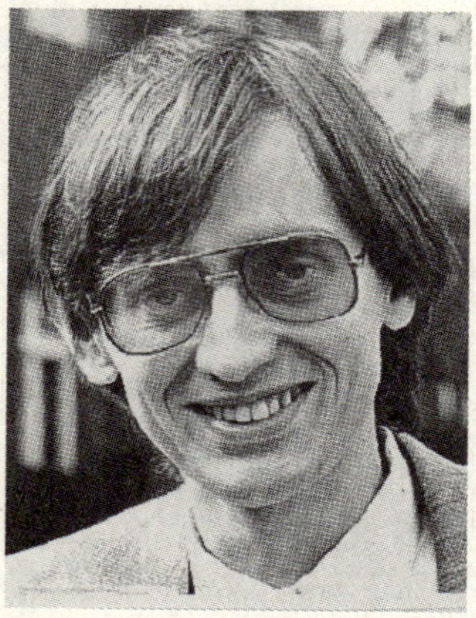

Lehrer, Mitglied Abgeordnetenhaus v. Berlin (SPD-Frakt.) - Flensburger Str. 27, 1000 Berlin 21 (T. 030 - 393 64 73) - Geb. 7. Okt. 1953 Berlin, ev., led. - Stud. TU Berlin; 2. Staatsex. (Math. u. Physik) - Lehrer. Mitgl. Landesvorst. SPD-Berlin; Kreisvors. SPD Berlin-Tiergarten - Liebh.: Jazz-Freund, Liebhaber d. Schleswig-Holst. Landschaft - Spr.: Engl.

HERFS, John

Schulleiter, Vorstand Zentralverb. dt. Kosmetikfachsch. (s. 1979) - Lindenthalgürtel 102, 5000 Köln 41 (T. 0221-40 11 92) - Geb. 29. Aug. 1952 Heinsberg, kath., ledig - S. 1975 Schulleit. Berufsfachsch. f. Kosmetol. Köln; s. 1981 Leit. Rhein. Fußpflegefachsch. Köln/Bonn; s. 1982 Leit. Berufsfachsch. f. Kosmetol. Bonn. S. 1976 Vors. Landesverb. Rhld. Bundesberufsverb. d. Fachkosmetikerinnen in Dtschl.

HERFURTNER, Rudolf

M.A., Schriftsteller - Wohnh. in München - Geb. 19. Okt. 1947 - Stud. German., Angl., Theaterwiss. (M.A.) - BV: Hard Rock, R. 1979; D. Bibermänner, Hist. R., TB 1984; Café Startraum, Jugendtheaterst. 1982; Rita Rita, Theaterst. 1983, R. 1984, FS-Film 1985; D. Ende d. Pflaumenbäume, R. 1985; Rosalinds Elefant ..., Kinderb. 1988; Gloria v. Jaxtberg, Bilderb. 1988; Erz., Kinderb., Rezens., Übers., Fernsehsp., Hörsp. - 1981 Förderpreis Stadt München; 1985 Hans im Glück-Preis.

HERGET, Horst-Ferdinand

Dr. med., Dr. med. dent., Arzt u. Zahnarzt, Prof. f. Anästhesiologie Justus-Liebig-Univ. Gießen (s. 1974) - Grüninger Weg 12, 6301 Pohlheim 1 (T. 06403 - 6 14 21) - Geb. 28. März 1929 Frickhofen (Vater: Richard H., Zahnarzt; Mutter: Emmy, geb. Müller), kath., verw. u. wiederverh. s. 1977 m. Majda, geb. Pepelnik, 3 Kd. (Harald, Stefan, Horst Marjan) - Studium der Zahnheilkunde u. Humanmedizin Univ. Frankfurt u. Gießen - B. 1967 eigene Praxis; s. 1968 Chir. Univ.sklinik Gießen/Anästhesieabt.; Entwickl.; Kombinierte Akupunkturanalgesie. Mitgl. Dt. Ärzteges. f. Akupunktur, Dt. Ges. f. Anästhesie u. Wiederbelebung - BV: Grundsätzliches zu Zeichen u. Pigmenten in d. Iris u. deren Physiolog. Zusammenhänge, 3. A. 1976; Neuro- u. Phytotherapie schmerzhafter funktioneller Erkrank., Bd. 1 1979, Bd. 2 1984 - Liebh.: Außenseitermedizin; Musik, insb. oldtime Jazz - Spr.: Engl., Jugosl.

HERGET, Winfried

Dr. phil., Prof. f. Amerikanistik Univ. Mainz - Carl-Orff-Str. 25, 6500 Mainz 33 - Geb. 12. Okt. 1935 Dillenburg - Promot. 1964 - 1968-70 Harvard-Univ.; 1972 ff. Univ. Saarbrücken. Facharb.

HERGT, Raimund

Botschafter i. R. - Zu erreichen üb. Ausw. Amt, Adenauerallee 99-103, 5300 Bonn 1 - Geb. 2. Mai 1916 Speyer (Vater: Raimund H., Bankdir.; Mutter: Anna, geb. Bickel), kath., verh. s. 1954 m. Belinde, geb. Wischer - Gymn. München; Rechtswiss. Univ. ebd. Jurist. Staatsprüf. 1948 - 1936-45 Kriegs- u. Wehrdst.; 1950 Tätigk. Bundesjustizmin.; 1951-59 Legationsrat AA, 1959-61 Botschaftsrat Luxemburg, 1961-68 ständ. Vertr. d. Leit. Handelsvertr. Helsinki, 1968-74 Vortr. Legationsrat I. Kl. u. Referatsleit. AA; 1974-81 Botsch. Island.

HERHAUS, Ernst

Schriftsteller - Hansaallee 19, 6000 Frankfurt/M. (T. 59 29 19) - Geb. 6. Febr. 1932 Ründeroth (Vater: Willi H., Kaufm.; Mutter: Ruth, geb. Kleinjung), verh. s. 1959 (Ehefr.: Eleonora) - Gymn.; fr. Stud. Phil., Soziol., Lit.; Schüler v. Prof. Max Horkheimer - Verlagstätigk. - BV: D. homburg. Hochzeit, R. 1967 (auch holl.); Roman e. Bürgers, R. 1968; Kinderb. f. kommende Revolutionäre, 1970; D. Eiszeit, R. 1970; Notizen währ. d. Abschaffung d. Denkens, 1970; Siegfried (m. Jörg Schröder), 1972; Trilogie „Alkoholismus u. Gruppenselbsthilfe": I Kapitulation (1977), II D. zerbrochene Schlaf (1978), III Gebete in d. Gottesferne (1979), D. Wolfsmantel, R. 1983 - 1970 Mitgl. PEN-Zentrum BRD - Spr.: Engl., Franz.

HERHAUS, Friedrich Wilhelm

Stadtdirektor - Rathaus, 4780 Lippstadt; priv.: Erlenstr. 11 - Geb. 3. März 1927 Schwerte.

HERHAUS, Werner

Dr., Dr., Dipl.-Volksw., Hauptgeschäftsführer a. D. Handwerkskammer Hannover, Lehrbeauftr. f. Polit. Wiss. Univ. Hannover - Lothringer Str. 25, 3000 Hannover 71 - Geb. 30. März 1926 - Div. Mitgliedsch. Zahlr. Veröff. wirtschafts- u. sozialwiss. Inhalts - Gr. Österr. Ehrenz.

HERHAUSEN, Wolfgang Günter

Kaufmann, Vors. Drogistenverb. Berlin e.V. - Manfred-v.-Richthofen-Str. 201, 1000 Berlin 42 - Geb. 9. März 1921 Berlin (Vater: Francis Charles H.; Mutter: Charlotte, geb. Winde), ev., verh. s. 1945 m. Ursula, geb. Müller, 2 Kd. (Frank John, Thomas Theodore) - Kaufm. Gehilfen- u. Drogistenprüf. 1939 - S. 1976 Vors. Drogistenverb. Berlin e.V. - Liebh.: Segeln, Schach, Skilaufen - Spr.: Engl. - Bek. Vorf.: Otto Theodore H., Mitbegr. d. brit. Kolonie Nagasaki (Japan, 1862-1880), Großv.

HERING, Christoph

Dr. phil. nat., o. Prof. f. Mathematik - Forschenweg Nr. 26, 7400 Tübingen 1 - Geb. 24. Nov. 1939 Oedelsheim/Hofg. (Vater: Dr. Heinzchristian H., Forstm., Doz.; Mutter: Sibylle, geb. Hollender), ev., verh. s. 1963 m. Gisela, geb. Graichen, 2 T. (Karoline, Milena) - 1950-59 Realgymn. Königstein/Ts., Abit. 1959; 1959-62 Stud. Math. u. Physik Univ. Frankfurt; Promot. 1962, Habil. 1966 Univ. Mainz - 1962/63 u. 1965/66 Forsch.stip DFG; 1963/64 Assist. Frankfurt; 1964/65 Visit. Assist.-Prof. Univ. of Illinois Urbana/USA; 1966-68 Priv.-Doz. Univ. Mainz; 1968-72 Univ. of Illinois at Chicago Circle, Chicago/USA; s. 1973 o. Prof. Univ. Tübingen (1975/76 Dekan FB Math.) - 1962 Studienstiftg. d. Dt. Volkes, 1978 Res. Fellow Jap. Soc. f. the Promotion of Science - Spr.: Engl., Franz., Portug. - Bek. Vorf.: Wilhelm Roscher (Urgroßv.).

HERING, Franz

Dr. rer. nat., Wiss. Rat, Prof. Univ. Dortmund (Fachgeb. Statist. Versuchsplanung) - Kohlenbankweg 3c, 4600 Dortmund 50 - Geb. 11. Jan. 1936 - Promot. 1968; Habil. 1972 - Fachaufs.

HERING, Gerhard F.

Dr. phil., Prof., Intendant a. D., Schriftsteller, Regisseur - Park Rosenhöhe, Edschmidweg 25, 6100 Darmstadt - Geb. 28. Okt. 1908 Rogasen/Posen, ev., verh. m. Dr. Vita Huber-Hering - Stud. Phil., Soziol., German., Kunst- u. Musikwiss. Univ. Berlin u. Heidelberg; Promot. 1932 Heidelberg - 1934-37 Feuilletonchef Magdeburgischen Ztg., 1937-41 d. Kölnischen Ztg.; V. NS-Regime z. Berufsaufgabe gezwungen. N. d. Krieg in Konstanz Chefdramat. u. Regiss. b. Heinz Hilpert. 1947-49 Herausg. d. Ztschr. Vision; 1949-51 Leit. Otto Falckenberg-Schauspielsch. München; 1951-53 Chefdramaturg u. Regiss. Württ. Staatstheater Stuttgart; 1953-59 fr. Schriftst. u. Regiss.; 1959-61 Leit. WDR-Studio Kultur Düsseldorf; 1961-71 Int. Landestheater Darmstadt; Hon.-Prof. f. Theaterwiss. Univ. Gießen; s. 1971 Schriftst. u. fr. Regiss. - Zahlr. Veröff., Abh., Ess. - Zahlr. Inszenierungen, u.a. in Stuttgart, Frankfurt, Darmstadt, München, Berlin, Wien, Zürich, u.a. Lessing, Schiller, Kleist, Genet, Sartre etc.; viele Ur- u. dt. Erstaufführ., Film Peterchens Mondfahrt m. Hein Heckroth - 1965 Grillparzer-Ring d. Rep. Österr.; 1968 Goethe-Plak. d. Landes Hessen; 1968 Joh. Heinr. Merck-Ehrung u. Silb. Verdienstplak. d. Stadt Darmstadt - Spr.: Franz. - Lit.: Gabriele Wohmann: Theater v. innen.

HERING, Hans-Jürgen

Dr. med., Dr. med. dent., Prof., Ärztl. Direktor/Dekan Fachber. Humanmedizin Univ. Marburg - Rob.-Koch-Str. 3, 3550 Marburg/L. (T. 06421 - 28 20 35) - Geb. 9. Juli 1925 - S. 1962 (Habil.) Lehrtätigk. Marburg (ZMKheilkd.); 1982 Generalsekr. Bundesverb. f. Mund- u. Kieferchir. Fachveröff. - 1983 Silb. Ehrennadel u. Med. Bundesärztekammer.

HERING, Heinrich

Dr. rer. nat. habil., Prof. f. Mathematik Univ. Göttingen - Lotzestr. 13, 3400 Göttingen - Geb. 26. Jan. 1940 Berlin.

HERING, Hermann

Dr. rer. nat., Prof. f. Mathematik u. ihre Didaktik Rhein.-Westf. TH Aachen - Rebenhang 22, 5020 Frechen-Buschbell.

HERING, Jürgen

Ltd. Bibliotheksdirektor - Olivenstr. 1, 7000 Stuttgart 75 - Geb. 15. Sept. 1937 Chemnitz/Sa. (Vater: Karl H., Oberlehrer †1983; Mutter: Margot, geb. Schubert), ev., verh. s. 1961 m. Inge, geb. Rich, 3 Kd. (Steffen, Sabine, Sonja) - Obersch. Chemnitz (Abit.); Univ. Stuttgart, München, Tübingen. Staatsex.

1966 Tübingen (Dt., Gesch., Russ.); Bibliothekarprüf. 1968 Köln - S. 1968 Univ.bibl. Stuttgart (1975 wie oben). 1979-83 Vors. Verein Dt. Bibliothekare, 1983-85 1. stv. Vors.; 1982 Geschf. Max-Kade-Stiftg., Stuttgart; 1986 Wiss. Beirat Bibl. f. Zeitgesch., Stuttgart; 1988 Vorst. Dt. Bibliotheksverb.

HERING, Knut

Dr.-Ing., Prof. u. Leiter Lehrgebiet Baumechanik (Inst. f. Stahlbau) TU Braunschweig (s. 1974; apl./beamt.) - Am Hasengarten 50, 3300 Braunschweig.

HERINGER, Hans Jürgen

Dr. phil., o. Prof. f. Germanistik Univ. Augsburg - Universitätsstr. 10, 8900 Augsburg (T. 59 87 79) - Geb. 26. April 1939 Idar-Oberstein (Vater: Jakob H.; Mutter: Ella, geb. Forster), verh. s. 1971 m. Doris, geb. Fröhlich, 2 Kd. (Georg, Anja) - Stud. d. German. u. Roman. Heidelberg - BV: Theorie d. dt. Syntax, 2. A. 1973; Prakt. Semantik, 1974 (engl. 1978); Wortwechsel. Sprachb. f. d. Grundschule, 1976ff.; Wort f. Wort. Interpret. u. Grammatik, 1978 (portug. 1987); Wege z. verstehenden Lesen. Lesegrammatik f. Deutsch als Fremdsprache, 1987; Lesen lehren lernen. E. rezeptive Grammatik d. Deutschen, 1988. Herausg.: Holzfeuer im hölzernen Ofen (1982) - Spr.: Engl., Franz., Ital., Span., Katal.

HERION, Erich

Dipl.-Ing., Fabrikant, pers. haft. Gesellsch. u. Geschäftsf. Herion-Werke KG. Regel- u. Steuertechnik - Stuttgarter Str. 120, 7012 Fellbach/Württ.

HERION, Günther

Dr.-Ing., Mitinhaber d. Bauunternehmung Ernst Lückhoff GmbH & Co. KG, Duisburg, Präs. Hauptverb. d. Dt. Bauindustrie Wiesbaden/Bonn (s. 1978), Vizepräs. Bundesverb. d. Dt. Ind. (s. 1982) - Zu erreichen üb. Hauptverb. d. Dt. Bauind., Am Hofgarten 9, 5300 Bonn - Geb. 29. Juli 1923 Essen (Vater: Dr.-Ing., Dr.-Ing. E. h. Ernst H.; Mutter: Christa, geb. Müller), ev., verh. s. 1950 m. Ursula, geb. Lückhoff, 4 Kd. (Thomas, Christian, Annette, Günther) - TH Karlsruhe (Bauing.wesen; Dipl.-Ing.), TH Aachen (Dr.-Ing.) - S. 1951 Hochtief AG (1961-75 Niederlass.leit. Ruhrgebiet, 1973-74 Generalbevollm., 1975-78 stv. Vorst.-Mitgl. Hochtief AG, Essen).

HERION, Wolfgang

Dipl.-Kfm., M. A., Gf. WMH-Herion GmbH., Pfaffenhofen - Wittelsbacherstr. 28, 8068 Pfaffenhofen (Ilm) - Spr.: Engl., Franz. - Rotarier.

HERKE, Horst W.

Dr. rer. pol., Vorstandsvorsitzender Adam Opel AG (1986-89) - Bahnhofsplatz 1, 6090 Rüsselsheim - Geb. 2. Dez. 1931 Mainz, verh. m. Barbara, T. Christina - Dipl.-Volksw.; Promot. - 1959 Leit. Finanzwirtsch. Abt., 1974-76 Finanzstab Übersee General Motors Corp., 1976 Assist. d. Vorst.-Vors., 1977 Treasurer, 1982 Dir. Einkauf, 1984 Generaldir. General Motors Espana; s. 1989 Vizepräs. Economic Affairs General Motors, Zürich.

HERKEN, Hans

Dr. med. (habil.), o. Prof. f. Pharmakologie em. - Am Fischtal 70c, 1000 Berlin 37 (T. 813 44 08) - Geb. 30. Juni 1912 Düsseldorf - 1943 Doz. Univ. Berlin, 1949 ao., 1953 o. Prof. u. Dir. Pharmak. Inst. FU ebd. Zeitw. Vors. Dt. Pharmak. Ges. u. Berl. Med. Ges., Ehrenmitgl. beider Ges.; Mitgl. Dt. Akad. d. Naturforsch. Leopoldina. Fachveröff.; Neuropharmakologie, Neurobiochemie, Elektrolyt- u. Wasserhaushalt - 1983. Gr. BVK.

HERKENRATH, Adolf

Dipl.-Landw., Dr. h. c., Bürgermeister, MdB (s. 1980) - Turmweg, 5200 Siegburg (T. 6 65 42) - Geb. 8. April 1928 Siegburg (Vater: Heinrich H., Studienrat; Mutter: Clara, geb. Sauerbier), kath., verh. s. 1955 m. Lydia, geb. Freckwinkel, 2 Kd. (Michael, Heide) - Univ. Bonn, Univ. of Massachusetts (USA), Diplomprüf. 1953 Bonn - 1954-57 Diözesanjugendführer u. -landjugendref. Köln; 1957-60 Bundessekr. Hauptst. Kath. Jugend Düsseldorf; s. 1960 Fachberat. Düngekalk-Hauptgem. Köln; s. 1964 Bürgerm. Stadt Siegburg, 1959-65 Schatzm. World Assembly of Youth, Brüssel, Vors. Intern. Kommiss. Dt. Bundesjugendring, Bonn; 1966-73 Leit. Inst. f. Intern. Solidarität Konrad-Adenauer-Stiftung, Bonn. S. 1973 Hauptgeschäftsf. Kommunalpolit. Vereinig. d. CDU/CSU - Ehrendoktor Univ. Rosario; 1976 BVK a. Bd. - Spr. Engl., Franz., Span.

HERKENS, Rudolf

Dr. jur., Rechtsanwalt - Schaertzgensweg 24, 4005 Meerbusch 1 - Geb. 1929 - (Dipl. Supérieur de Droit Comparé Luxembourg) - 1960-65 stv. Leit. Rechtsabt. Pintsch Bamag AG; 1965-68 Dir. Wanderer-Werke AG, Köln, u. Nixdorf Computer AG ebd., 1968-70 Geschäftsf. Liquid Gas Anlagen Union GmbH, Bad Godesberg, 1970-80 Gf. Rank Xerox GmbH Deutschland, Düsseldorf.

HERKNER, Norbert

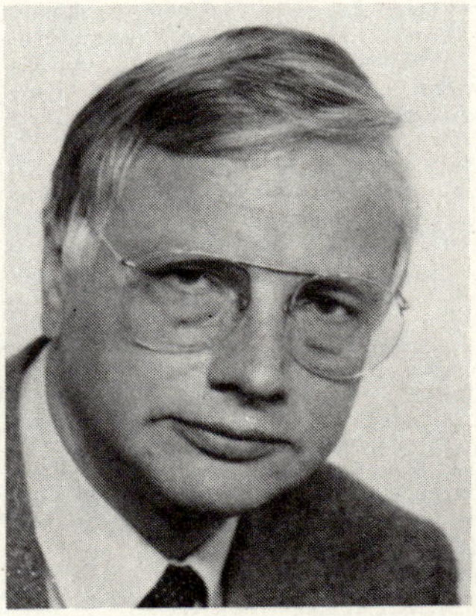

Dr. jur., Abteilungspräsident, Leit. Personalabt. d. Landespostdir. Berlin - Seehofstr. 30a, 1000 Berlin 37 (T. 030 - 328 53 00) - Geb. 5. Jan. 1932 Bautzen (Vater: Johannes H., Studienrat; Mutter: Margarete, geb. Libor), kath., verh. s. 1964 m. Christel, geb. Bölicke, T. Christiane - Abit. Bautzen; Stud. Rechtswiss. Tübingen, Münster u. Berlin; Promot. 1959 Tübingen; Jurist. Staatsprüf. 1956 Hamm u. 1960 Düsseldorf - BV: D. Münzen d. Kirchenstaates v. 1740-1870 u. 1700-1740, 1974 u. 1975 - Spr.: Engl., Ital., Franz.

HERKOMMER, Sebastian

Dr. phil., Prof. f. Soziologie FU Berlin (s. 1971) - Carmerstr. 1, 1000 Berlin 12 - Geb. 1. Sept. 1933 - Promot. 1966 Frankfurt/M.; Habil. 1971 Berlin (FU) - BV: Situation u. Wirksamkeit polit. Bildung an Volksschulen, 1966; Einführung Ideologie, 1985. Mitverf.: Erzieh. z. Anpass.?, 1967; Klassenlage u. Bewußtseinsformen d. techn.-wiss. Lohnarb., 1973. Mitverf.: Ende d. Illusionen?, 1977; Ges.bewußtsein u. Gewerksch., 1979; Industriesoziol., 1979; Alltag, Bewußtsein, Klassen, 1984.

HERLE, Rudolf

Dr., stv. Hauptgeschäftsführer i. R. Verb. d. Chem. Industrie, Frankfurt/M. - Karlstr. 21, 6000 Frankfurt/M. (T. 255 64 33) - Geb. 9. Febr. 1924 - Spr.: Engl., Franz. - Rotarier.

HERLEMANN, Hans-Heinrich

Dr. rer. techn., Dr. agr. h. c., em. o. Prof. f. Agrarpolitik u. landw. Marktwesen - Lintnerstr. 6, 8050 Freising/Obb. (T. 47 57) - Geb. 5. Okt. 1908 Lubahn/Westpreußen (Vater: Heinrich H.; Mutter: geb. Künkel), ev., verh. m. Else, geb. Kruse, 4 Kd. (Ingrid, Karl-Heinz, Dieter, Elke) - Dipl.-Landw. 1933 Univ. Bonn, Promot. 1935 TH Danzig; Habil. 1939 ebd. - 1936 Assist. TH Danzig (Landw.Inst.), 1939 Abt.leit. II B Landesbauernschaft Danzig-Westpr., 1943 Wehrdst., 1948 wiss. Dezern. Inst. f. Weltw. Univ. Kiel, 1949 Doz., 1951 apl., 1954 o. Prof., 1959 TU München (Fak. f. Landw. u. Gartenbau) - 1976 Emerit. - BV: D. Getreidew. Polens, 1936; D. Versorg. d. westd. Landw. m. Mineraldünger, 1950; Branntweinpolitik u. Landw., 1952; Produktionsgestalt. u. Betriebsgröße in d. Landw. unt. d. Einfluß d. wirtschaftl.-techn. Entwickl., 1958 (poln. 1963); Vertriebene Bauern im Strukturwandel d. Landw., 1959; Grundl. d. Agrarpolitik, 1961; V. Ursprung d. dt. Agrarprotektionismus, 1965. Mithrsg.: Schriftenreihe Agrarpolitik u. Marktwesen (Hamburg/Berlin; 1963ff.) - 1976 Dr. agr. h. c. Univ. Kiel.

HERLES, Helmut

Dr. phil., M. A., Journalist, Schriftsteller (Ps.: Hieronymus) - Fritz-Schäffer-Str. 13, 5300 Bonn (T. 0228 - 228 91 01) - Geb. 9. Mai 1940 Komotau (Vater: Dr. Otto H., Jurist; Mutter: Maria, geb. Günzel), kath., verh. s. 1967 m. Hildegard, geb. Pahlke, 2 Töcht. (Elisabeth, Monika) - Abit. 1960 Gelnhausen; Stud. German., Russ., Volkskd. Univ. Frankfurt/M., Bonn u. Wien; Magister 1966 Frankfurt; Promot. 1969 ebd. - 1966-69 Redakt. FAZ Frankfurt, 1970-72 Korresp. Publik Rom, 1972-75 Korresp. Süddt. Ztg. Frankfurt, 1975 Korresp. FAZ Bonn - BV: Johann Nestroy. D. Talisman, 1971; Vatikan intern, 1973 (m. A. B. Hasler, Niederl.); Nestroys Komödie D. Talisman. V. d. ersten Notiz z. vollend. Werk. Mit bisher unveröff. Handschriften, 1974; D. Bundestag. 1949-1979. Porträt e. Parlaments, 1979, überarb. Neuaufl. 1982; Typisch deutsch: D. Bundesrat, 1981; Machtverlust, 1983; Fürchtet Euch nicht. Von Kanzlern u. Komödianten, Parlamentariern u. Vaganten, v. Menschen im Staatstheater Bonn, 2. A. 1985; E. Villa am Rhein. D. dt. parlamentarische Ges. in Bonn (m. Hilde Purwin), 1986; Flieder in Lobeditz. V. Furcht u. Hoffnung, 1987 - 1982 Theodor-Wolff-Preis (f. hervorrag. journ. Leist.) - Lit.: Sepp Seifert: Komotauer im Strom d. Zeit.

HERLES, Wolfgang

Dr. phil., Journalist, Studioleiter Bonn ZDF - Trierer Str. 147, 5300 Bonn (T. 0228 - 88 61) - Geb. 8. Mai 1950 Tittling, kath., verh. s. 1981 m. Barbara, geb. Lippsmeier, 2 S. (Benedikt, Christian Valentin) - 1972 Dt. Journ.sch. München; Univ. München; Promot. 1981 - 1975-80 Bonner Korresp. BR; 1980-84 Redakt. FS BR München; 1984-87 Redaktionsleit. Innenpolitik ZDF Mainz - 1975 Kurt-Magnus-Preis d. ARD - Spr.: Engl.

HERLISCHKA, Bohumil

s. Hrdlička, Bohumil

HERLITZ, Günter

Fabrikant, Vorstandsvorsitzender Herlitz AG., Papierverarbeitungswerk, AR-Mitgl. Dt. Bank Berlin AG - Herthastraße 17, 1000 Berlin 33 (T. 34 00 22 65) - Geb. 1913 Berlin (Vater: Carl H., 1904 Firmengründ., urspr. Papierwarengroßh.), verh., 5 Kd. (Dr. Peter, Heinz, Dr. Klaus, Annemarie verh. Boeder, Susanne) - Gilt als d. größte dt. Lernmittelhersteller.

HERLITZ, Klaus

Dr. rer. pol., Vorstandsmitglied Herlitz AG, Berlin - Reuchlinstr. 10, 1000 Berlin 21 (T. 030 - 34 62-207) - Geb. 27. Sept. 1947 Berlin, ev., verh. s. 1972 m. Eva, geb. Knufinke, 3 Kd. (René, Ricky, Ray) - Dipl.-Kfm. 1972 FU Berlin, Promot. 1975 ebd. - S. 1979 Vorst. Herlitz AG.

HERLITZ, Peter

Dr. rer. pol., Kaufmann, Vorst. Herlitz AG., Berlin - Reuchlinstr. 10, 1000 Berlin 21 - Geb. 9. Febr. 1940 Berlin - Ing. (grad.) München 1962, Dipl.-Kfm. Köln 1966, Promot. Berlin 1968 - Spr.: Engl.

HERLYN, Gerrit

Pastor i.R. - Ulrichstr. 15, 2950 Leer (T. 0491 - 1 31 15) - Geb. 20. Juli 1909 Midlum/Ostfr., ev.-ref., verh. s. 1943 m. Elisabeth, geb. Gies †1984, 6 Kd. (Sonka, Gerrit, Wilmientje, Jakob, Heinrich, Elsbeth) - Abit. Klostersch. Ilfeld; Stud. Ev. Theol. in Zürich, Kampen (NL), Debrecen, Wien - Schriftleit. d. ref. Sblattes; Mitgl. Landeskirchenvorst.; Diakoniebeauftr. d. Landeskirche; Präsid.-Mitgl. EKD - Übers. d. NT u. d. Psalmen in ostfries. Plattdt.; viele Erzählhefte in plattdt. u. hochdt. Spr. Mithrsg.: Plattdt. Wörterb. v. Buurman (12 Bde.) - 1926 Neanderplak.; 1975 BVK; 1986 Ubbo Emmius Med. - Spr.: Niederl.

HERLYN, Okko

Dr. theol., Pfarrer - Beim Knevelshof 57, 4100 Duisburg 28 (T. 0203 - 70 29 88) - Geb. 27. Aug. 1946 Göttingen, ev., verh. s. 1983 m. Daniela, geb. Block, Tänzerin - Stud. Theol. Wuppertal, Göttingen, Zürich, Tübingen; Theol. Ex. 1972 Düsseldorf, Promot. 1977 Tübingen - 1972-74 Wiss. Assist. Kirchl. Hochsch. Wuppertal; s. 1977 Pfarrer in Duisburg-Wanheim - BV: Relig. od. Gebet, 1979; Singen unt. d. Zweigen, 1986; Theol. d. Gottesdst.gestalt., 1988 - Zahlr. neue geistl. Lieder; Ged. u. Kurzprosa - Liebh.: Lit., Jazz - Spr.: Engl., Altspr. - Bek. Vorf.: Karl Immer, Initiator d. Barmer Bekenntnissynode 1934 (Großonkel).

HERLYN, Ulfert

Dr. disc. pol., Prof. f. Planungsbezogene Soziologie - Ernst-Curtius-Weg 12, 3400 Göttingen - Geb. 19. Jan. 1936 Göttingen - Stud. Soziol. - S. 1974 Wiss. Rat u. Prof. u. Ord. TU bzw. Univ. Hannover - BV: Wohnen im Hochhaus, 1970. Herausg.: Stadt- u. Sozialstruktur (1974).

HERM, Gerhard

Schriftsteller - Zu erreichen üb. Verlag Hoffmann & Campe, Harvestehuder Weg 45, 2000 Hamburg 13 - Geb. 1931 - BV: D. Phönizier, D. Kelten, D. Diadochen, Sturm am Gold. Horn, 1982; Karl d. Große, 1987; Habsburg, 1988. Zahlr. Dokumentarfilme.

HERMAND, Jost

William F. Vilas Research Prof. of German (s. 1958) Univ. of Wisconsin - 845 Terry Place, Madison, Wisconsin, USA 53701 (T. 608 - 233 - 51 44) - Geb. 11. April 1930 Kassel (Vater: Heinz H., Angest.; Mutter: Annelies, geb. Hucke), verh. m. Elisabeth, geb. Jagenburg - Realgymn. Berlin u. Kassel; Staatsex. u. Promot. 1955/56 Univ. Marburg. Gastprof. in Texas, Harvard, FU Berlin, Univ. Bremen, Marburg, Gießen, Essen, Kassel, Freiburg - BV: D. lit. Formenwelt d. Biedermeiers, 1958; Synthetisches Interpretieren, 1968; Epochen dt. Kultur, 1959-75 (m. Richard Hamann); Sieben Arten an Deutschl. zu leiden, 1979; Konkretes Hören, 1981; Kultur im Wiederaufbau. D. Bundesrep. Deutschl. 1945-1965, 1986; Adolph Menzel, 1986; D. alte Traum v. neuen Reich. Völkische Utopien u. Nationalsozialismus, 1988 - 1963 ACLS Fellowship; 1967 Vilas Professorship - Interessen: Dt. Kultur u. Lit. s. 1800 - Spr.: Engl., Franz., Lat.

HERMANEK, Paul

Dr. med., Vorstand Abt. f. Klin. Pathologie (s. 1969) u. Extraordin. Univ. Erlangen-Nürnberg (s. 1972) - Masurenweg 15, 8520 Erlangen - Geb. 8. März 1924 Wien (Vater: Karl H., Börsenmakler; Mutter: Ilse, geb. Steiner), kath., verh. s. 1955 m. Christine, geb. Zimmermann, 2 Kd. (Peter, Eva) - Univ. Wien. Promot. 1950 Wien; Habil. 1969 Erlangen - BV: D. intraoperative Schnellschnittunters., 1972; Grundl. d. Klin. Onkologie, 1979; Lungentumoren, 1979; Atlas kolorektaler Tumoren, 1983; Chir. Onkologie, 1986; TNM Klassifikation, 1987. Viele Einzelarb. - 1987 Georg Zimmermann-Preis; 1988 Dt. Krebspreis - Spr.: Engl.

HERMANN, Armin

Dr. rer. nat., o. Prof. f. Geschichte d. Naturwissenschaften (s. 1968) - Universität, 7000 Stuttgart - Zul. Privatdoz. Univ. München, Vors. d. Kepler-Ges. - BV: Lexikon Gesch. d. Physik A-Z, 1972; Max Planck, Biogr. 1973; Werner Heisenberg, Biogr. 1976; D. Jahrhundertwissenschaft, 1977; D. Neue Physik, 1979; Weltreich d. Physik, 1980; Wie d. Wiss. ihre Unschuld verlor, 1982; History of CERN, 1987. Mithrsg. Wiss. Briefwechsel Wolfgang Pauli (1979 u. 85); Ende d. Atomzeitalters? (1986).

HERMANN, Egon

Dr., Vorstandsmitglied Vereinsbank in Nürnberg AG - Marienstr. 3, 8500 Nürnberg - Geb. 7. April 1929 Asch/Böhmen.

HERMANN, Eugen

Dipl.-Kfm., Vorstandsmitglied Boswau + Knauer AG., Düsseldorf, Geschäftsf. Dt. Bauhütten GmbH. ebd. u. Berliner Fertigbau GmbH., Berlin - Königshütter Str. 14, 6500 Mainz - Geb. 14. Nov. 1928.

HERMANN, Gerd

Dr. rer. nat., Prof. Univ. Gießen - Leipziger Str. 6, 6301 Linde-Leihgestern (T. 06403 - 6 19 59) - Geb. 15. Aug. 1941 Kassel (Vater: Erwin H., Kaufm.; Mutter: Else, geb. Blecher), verh. s. 1967 m. Inge, geb. Gieselberg, 2 S. (Dirk, Frank) - 1962-67 Physikstud. Univ. Gießen (Promot. 1971) - 1969-73 wiss. Mitarb. Univ. Gießen; 1973-75 Doz. ebd.; 1975-79 Univ.-Prof. GH.-Kassel; ab 1979 Prof. Univ. Gießen.

HERMANN, Ingo

Dr. theol., Redakteur - Zu erreichen üb. Postf. 40 40, ZDF-Programm-Direkt., 6500 Mainz - Geb. 23. Jan. 1932 Bocholt/W. (Vater: Gottfried H., Volksschullehrer; Mutter: Paula, geb. Tögemann), kath., verh. m. Anne, geb. Voss, 3 Kd. (Monika, Julia, David) - Univ. Münster, München, Innsbruck (Phil., Theol.). Promot. 1958 München - B. 1963 kirchl. Dienst, 1963-69 Westd. Rundfunk (1966 Redakt. Kulturabt.), dann ZDF (Leit. Abt. Erzieh., s. 1985 Leit. Redakt. Kultur, Bildung u. Ges.) - BV (z. T. in Übers.): Kyrios u. Pneuma-Studien z. Christologie d. paulin. Hauptbriefe, 1961; Begegnung m. d. Bibel, 2. A. 1964; D. Experiment m. d. Glauben, 1963; Endstation Mensch, 1966; Kommentar z. Markus-Evangelium, 2 Bde. 1965/67; D. Christen u. ihre Probleme, 1970; Wege z. Frieden, 1972 - 1968 Dt. Journalistenpreis; 1980 Adolf-Grimme-Preis.

HERMANN, Peter

Dr. rer. nat., Prof. f. Mathematik TH Aachen - Reimser Str. 48, 5100 Aachen - Geb. 30. Dez. 1942 - 1962-68 Stud. Math. u. Physik TH Aachen - BV: S. 1971 Publ. in versch. Fachztschr.

HERMANN, Peter K.

Dr.-Ing., Prof. f. Elektr. Meßtechnik - Schrockstr. 10, 1000 Berlin 37 (T. 801 57 67) - Geb. 25. Jan. 1904 Bremen (Vater: Gerhard H., Kaufm.; Mutter: Auguste, geb. Leipoldt), ev., verh. s. 1930 m. Anna-Maria, geb. Schaffrath †1987, 12 Kd. (Rosemarie, Ingrid, Monika, Dieter, Anneliese, Marie, Helfried, Peter, Johannes, Elisabeth, Christoph, Roswitha) -Dipl.-Ing. 1929 TH Dresden; Promot. 1934 TH Berlin; Habil. 1951 TU Berlin - B. 1969 Wiss. Mitarb. (ltd. Angest.) AEG-Forschungsinst. Berlin. S. 1951 apl. Prof. f. Elektr. Meßtechnik (1961) TU Berlin a. D. Spez. Arbeitsgeb.: Elektro- u. Meßtechnik. Üb. 30 Fachveröff. - Spr.: Engl.

HERMANN, Winfried

Studienrat, MdL Baden-Württ. (Wahlkr. 2, Stuttgart II) - Im Lauch 10, 7000 Stuttgart 75 (T. 0711 - 47 11 27) - Geb. 19. Juli 1952 Rottenburg a.N. - Die Grünen.

HERMANNS, Arnold

Dr. Dr., Univ.-Prof. f. Betriebswirtschaftslehre Univ. d. Bundeswehr München - August-Föppl-Str. 27, 8000 München 50 (T. 089 - 812 63 14) - Geb. 29. Nov. 1942 Krefeld - Stud. Univ. Wien, Freiburg, Köln u. Erlangen-Nürnberg; Promot. 1972 Erlangen-Nürnberg, Habil. 1979 Univ. Augsburg; 1980 Prof. - BV: Sozialisat. durch Werbung, 1972; Konsument u. Werbewirkung, 1979; Theorie d. Wirtschaftswerbung (m. Paul W. Meyer), 1981; Neue Kommunikationstechniken - Grundl. u. betriebsw. Perspektiven, 1986; Computer Aided Selling (CAS) (m. St. Prieß), 1987. Herausg.: Zukunftsorient. Marketing f. Theorie u. Praxis (1984, m. Anton Meyer); Sport- u. Kultursponsoring (1989) - 1973 Gruner u. Jahr-Preis f. Mediaforsch. - Spr.: Engl., Franz.

HERMANNS, Fritz

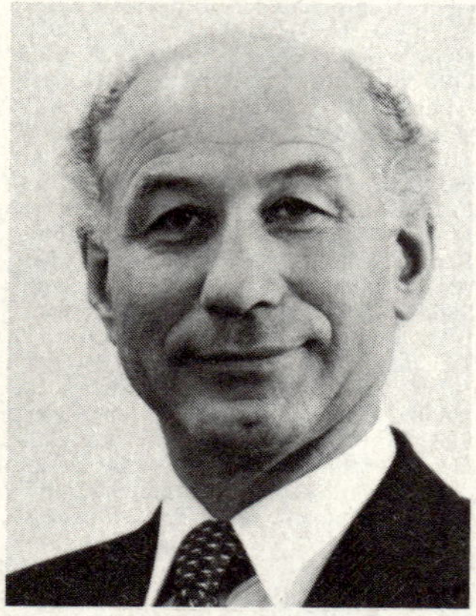

Vorstandsvorsitzender Stadtsparkasse Köln - Habsburger Ring 2-12, 5000 Köln 1 - Geb. 1. Okt. 1925 Bronsfeld/Eifel, kath., verh., 4 Kd. - S. 1940 Kreissparkasse Schleiden, Kreissparkasse Köln (1951; zul. Dir.-Sekr.), Stadtsparkasse Dortmund (1956; Vorst.-Mitgl.), Stadtsparkasse Köln (1962-71 Vorst.-Mitgl., dann Vors.). Zeitw. Doz. Lehrinst. f. d. kommunale Sparkassen- u. Kreditwesen Bonn. Div. AR-Mand., Mitgliedsch., Ämter u. Ehrenämter, dar. Mitgl. Vollvers. IHK Köln, Vorst.-Mitgl. Rhein.-Westf. Börse Düsseldorf, Mitgl. Fachbeirat IIS (Intern. Inst. d. Sparkassen, Genf) - 1970 BVK, 1983 BVK I. Kl., 1988 Gr. BVK.

HERMANNS, Heinz

Dr. rer. pol., Dipl.-Kfm., Geschäftsführer Industrie- u. Handelskammer zu Köln - Zu ereichen üb. Ind.- u. Handelskammer, Unter Sachsenhausen 10-26, 5000 Köln 1 - Geb. 13. Dez. 1931 Alsdorf b. Aachen (Vater: Werner H., Reviersteiger; Mutter: Gertrud, geb. Gebhardt), kath., verh. s. 1957 m. Marita, geb. Allelein, 2 T. (Ulrike, Stephanie) - Abit. staatl. Gymn. Alsdorf/Aachen; Dipl. f. Kaufleute Univ. Köln, Promot. ebd. - Geschäftsf. Planungsstelle Gewerbl. Ansiedl. u. Innenstadtsanier., Vorst.-Mitgl. Kölner Verkehrsverein, VR Ges. z. Förd. d. Inst. f. Handelsforsch. Univ. Köln, Vorst. Intern. Verein Stadtentw. u. Handel (Urbanicom), Brüssel, Vors. dt. Sektion - BV: D. Handelskammer f. d. Kreis Mülheim am Rhein (1871-1914) u. D. Wirtsch. d. Köln-Mülheimer Raumes (Diss.), veröff. als Bd. 21 d. Schr. z. Rhein.-Westf. Wirtschaftsgesch. - Liebh.: Lit., Kunstgewerbe (insb. Keramik), Haus u. Garten - Spr.: Engl., Franz.

HERMANNS, Walter

Dr. med. vet., Prof. u. Vorstand Inst. f. Tierpathol. Univ. München (s. 1987) - Zu erreichen üb. Univ. München, Veterinärstr. 13, 8000 München 22 - Geb. 22. Febr. 1949, verh. m. Ulrike, geb. Tünnermann, 3 Söhne (Johannes, Markus, Clemens) - Stud., Promot., Habil. TiHo Hannover; Heistenberg-Stip. - Lehrtätigk. Univ. München - Mitgl. zahlr. wiss. Ges.

HERMANOWSKI, Georg

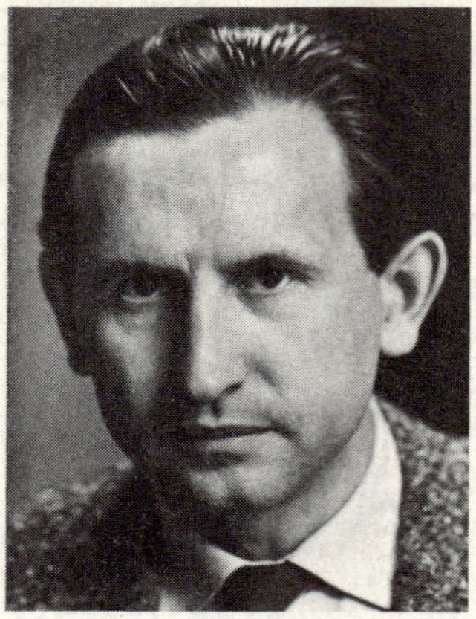

Schriftsteller - Zeppelinstr. 57, 5300 Bonn-Bad Godesberg (T. 33 23 39) - Geb. 27. Nov. 1918 Allenstein/Ostpr. (Vater: Josef H., Tischlereitechniker; Mutter: Marta, geb. Borzanowski), kath., verh. s. 1950 m. Irene, geb. Stifkens, 2 Söhne (Anno, Guido) - Gymn. Allenstein; Univ. Berlin u. Bonn (German., Kunstgesch., Archäol.) - W.: (1941-60 s. XVIII. Ausg.) D. Stimme d. schwarzen Löwen, Gesch. d. fläm. R.s, 1961; D. moderne fläm. Lit., 1963; Umgang m. Belgiern, 1964; Reise in d. Vergangenh., R. 1966; Säulen d. mod. fläm. Prosa - Soziol., 1969; Ged. aus Flandern 1920-70 in dt. Nachdichtung; Johannes Gutenberg, Biogr. 1970; Nicolaus Coppernicus, Biogr. 1971; Gerupfte Worte, 1971; D. Fisch begann am Kopf zu stinken, Satiren, 1976; Knautschkat, 1977. Ostpreußenlexikon, 1980; Ostpreußen Wegweiser, 1982; D. Ermland, 1984; Ostpreußen in Farbe, 1985; Nikolaus Kopernikus - zw. Mittelalter u. Neuzeit - Weimarer Klassik, 1986; Johann Gottfried Herders Schulreform, 1986; Ostpreußen, heilig, vertraut, uralt, 1988; Ostpreußen, Westpreußen, Danzig, Memel (m. R. Naujok), 1988. Ged. in Anthol. Hörspiele. Zahlr. Übers. aus d. Fläm., Niederl., Amerikanischen - 1962 Belg. Staatspreis f. Lit., 1970 Hörspielpreis Ostd. Kulturrat, 1972 Ehrengabe Andreas-Gryphius-Preis; 1963 Ritter belg. Kronorden; 1975 Nicolaus-Copernicus-Preis; 1981 AWMM-Lyrik-Preis; Internat. Nicolaus Copernicus Med. - Lit.: Wolfgang Schwarz: G. H. in „Bausteine zur Kultur", 1975; G.H. in: Sie schreiben zwischen Goch und Bonn, 1975.

HERMANS, Hubert

Staatssekretär a. D. - Planstr. 63, 5400 Koblenz-Güls (T. 4 28 20) - Geb. 20. März 1909 Köln, kath., verh. m. Susanna, geb. Hillesheim (Landtagsabg.; s. dort), 2 Kd. - Stud. Rechtswiss. Gerichtsass.ex. 1934 - 1944-71 Landgericht Koblenz (1946 LGsdir.), Oberpräsid. Rhld.-Hessen-Nassau, Justizmin. Rhld.-Pfalz (1947 Min.rat), Staatskanzlei ebd. (1948 Leit. Rechts- u. Gesetzgebungsabt.), Bevollm. Rhld.-Pf. b. Bund (1952; Staatssekr.). 1972 ff. Mitgl. Enquete, Bund- u. Länder-Kommiss.

HERMANS, Susanne,

geb. Hillesheim

Sozialarbeiterin (grad.), Hausfrau, MdL Rhld.-Pfalz (s. 1951, Vizepräs. s. 1981) - Planstr. 63, 5400 Koblenz-Güls (T. 4 28 20) - Geb. 26. Aug. 1919 Güls, kath., verh. m. Staatssekr a. D. Hubert Hermanns (s. dort), 2 Kd. - Obersch. (Abitur); 1939-41 Soz. Frauensch. Aachen (Staatsex. als Fürsorgerin) - 1941-53 Städt. Jugendamt Koblenz. CDU s. 1946, s. 1951 Mitgl. sozialpol., Petitionsaussch. u. Strafvollzugskomm. (1971-81 Vors.), s. 1973 Vors. Sozialdienst kath. Frauen Koblenz, s. 1981 Mitgl. Zentralrat Sozial. D. kath. Frauen Dtschl. - 1981 Gr. BVK m. Stern.

HERMEL, Wolf-Rainer

Vorstandsmitglied Feuersozietät Berlin/Öfftl. Lebensversicherung Berlin (Verkauf/Marketing, Lebensversich., Finanzen) - Am Karlsbad 4/5, 1000 Berlin 30; priv.: Hewaldstr. 10, -62 - Geb. 23. März 1940.

HERMENS, Ferdinand A.

Dr. rer. pol., o. Prof. f. Polit. Wissenschaft (emerit.) - 10500 Rockville Pike, Apt. 413, Rockville, Md. 20852 (USA) - Geb. 20. Dez. 1906 Nieheim/W. (Vater: Joseph H., Landw.; Mutter: Theresia, geb. Hoffmeister), verh. 1937 m. Ruth, geb. Roberts - Univ. Bonn (Promot.) - Langj. USA-Aufenth. (u. a. 1938ff. Prof. Univ. Notre Dame); 1959-72 Ord. Univ. Köln (Dir. Forschungsinst. f. Polit. Wiss.) - BV: u. a. Demokratie oder Anarchie?, 1951; Europe between Democracy and Anarchy - The Representative Republic, 1952; D. Verfassungslehre, 2. A. 1968; D. Ost-West-Konflikt, 1961; Wirtschaftl. u. staatl. Stabilität, 1964. Herausg.: Jahrb. Verfassung u. -wirklichkeit (1966ff.) - 1972 Gr. BVK.

HERMES, Hans

Dr. rer. nat., em. o. Prof. f. Mathemat. Logik u. Grundl. d. Math. (emerit. 1977) - Schlehenrain 16, 7800 Freiburg/Br. (T. 5 33 43) - Geb. 12. Febr. 1912 Neunkirchen/Saar (Vater: Joseph H., Studienprof.; Mutter: Eleonore, geb. Richter), kath., verh. s. 1941 m. Hedwig, geb. Breuer, 3 Kd. (Ulrich, Barbara, Annelore) - Univ. Freiburg, München, Münster (Math., Physik, Chemie, Biol., Phil.) - S. 1947 (Habil.) Lehrtätigk. Univ. Bonn, Münster/W. (1948; 1953 Ord.), Freiburg (1966 Ord.). 1959 u. 66 Gastprof. Univ. of California - BV: u. a. Einf. in d. Verbandstheorie, 1955, 2. A. 1967; Aufzählbarkeit - Entscheidbarkeit - Berechenbarkeit, 1961, 3. A. 1978 (engl. 1965, 2. A. 1969; ital. 1975); Einf. in d. math. Logik, 1963, 3. A. 1972 - Mitgl. Heidelbg. Akad. d. Wiss., Korr. Mitgl. Rhein.-Westf. Akad. d. Wiss. - Spr.: Engl.

HERMES, Hermann

Dipl.-Kfm., Dipl.-Volksw., Alleingeschäftsführer Fa. HAAS + SOHN - SINN, Haus- u. Kochtechnik GmbH - Postfach 162, Herborner Str. 7-9; priv.: Klüsenerskamp 5, 4600 Dortmund 50 (T. 0231 - 77 88 58) - Geb. 18. März 1931 Meppen, kath., verh. s. 1957 m. Dr. Hildegard, geb. Dahm - Stud. Univ. Köln; Dipl.-Ex. 1956 u. 57 - Spr.: Engl.

HERMES, Karl

Dr. phil., Prof., Lehrstuhlinh. f. Geographie Univ. Regensburg (s. 1970) - Langer Weg 28, 8400 Regensburg-Burgweinting.

HERMES, Liesel,

geb. Königs

Dr. phil., Prof. f. Englisch - Im Speitel 128, 7500 Karlsruhe-Grötzingen - Geb. 15. Okt. 1945 Iserlohn/W. (Vater: Dr. med. Gustav Königs, Lungenfacharzt; Mutter: Liesel, geb. Ehlert), kath., verh. s. 1970 m. Ulrich H., T. Claudia - 1956-65 Marien-Sch. Lippstadt; 1965-70 Univ. Münster u. Tübingen (Angl., Phil., Päd.) - S. 1970 PH Münster (Wiss. Assist.) u. Karlsruhe (1974 Doz., 1977 Prof.) - BV: Formen u. Funktionen d. Symbolgebrauchs in d. Werken Iris Murdochs, 1972; Texte im Englischunterr. d. Sekundarstufe I - Auswahl u. Einsatz, 1979. Mithrsg.: D. Roman im Engl.unterr. d. Sekundarst. II - Theorie u. Praxis (2. A. 1981) u. D. Short Story im Engl.unterr. d. Sekundarst. II - Th. u. Pr. (1979); Easy English - Materialien f. d. Engl. Unterr. in d. Hauptsch. (1982). Herausg. engl. Romane f. d. gymn. Oberstufe: Stan Barstow. Joby (1976); Barry Hines. Kes (1983); Margaret Drabble. The Millstone (1988).

HERMES, Peter
Dr. jur., Botschafter a. D. - Am Hasenberg, 5486 Krälingen - Geb. 8. Aug. 1922 Berlin (Vater: Andreas H., Reichsmin. f. Landwirtsch.), verh. m. Maria, geb. Wirmer, 6 Kd. (Anna, Ursula, Andreas, Marie, Josef, Charlotte) - S. 1953 Ausw. Amt (Beauftragter f. Handelsverhandl., Botschafter, Leit. Abt. f. Außenwirtsch.- u. Entwicklungspolitik u. europ. Wirtsch.integration); 1975-79 Staatssekretär; 1979-84 Botsch. USA, 1984-87 Botsch. b. Heiligen Stuhl - Liebh.: Wandern, Tennis, Lit. - Spr.: Engl., Franz., Ital., Span.

HERMES, Rudolf
Steuerberater, MdL Nieders. (Wahlkr. Einbeck, 1982-86) - Am Osterbergsee 5, 3353 Bad Gandersheim (T. 05382 - 15 01; u. 30 84) - Geb. 18. Aug. 1941 Frankenholz/Saar - CDU.

HERMESDORF, Herbert
Dr. phil., Oberstudiendirektor i. R., Bürgermeister Stadt Schleiden (1975-84) - Schloßberg, 5372 Schleiden (T. 02445 - 4 19) - Geb. 17. Juli 1914 Euskirchen (Vater: Dr. Peter H., Stud.rat; Mutter: Berta, geb. Hespers), kath., verh. s. 1951 m. Ursula, geb. Franke, 3 T. (Irmgard, Birgitta, Ingeborg) - Gymn. Euskirchen; Univ. Tübingen u. Bonn (Phil., German., Gesch., Latein); Wehr- u. Kriegsdst. (amerik. Gefangensch.; zul. Hptm.) - Ab 1946 Schuldst.; s. 1952 Ostud.dir.; 1958-69 MdL in NRW, 1969-72 MdB. 1969-73 Berat. Vers. d. Europarates u. Vers. d. Westeurop. Union - BV: Gegenwartskd., Lehrb. f. polit. Erziehung u. Bild., 1951 - 1977 Gr. BVK; 1978 Kommandeurskreuz Belg. Kronenorden - Spr.: Franz.

HERMINGHAUS, Hellmut
Dr. rer. nat., Vorstandsmitglied Ewald Dörken AG. - Wetterstr. 58, 5804 Herdecke/Ruhr - Geb. 20. Jan. 1924 - Stud. Chemie.

HERMISSON, Hans-Jürgen
Dr. theol., o. Prof. f. Altes Testament - Stauffenbergstr. 11, 7400 Tübingen - Geb. 17. Mai 1933 Falkenstein/Nm. (Vater: Karl-Friedrich H., Pfarrer; Mutter: Gertrud, geb. Lüder), ev., verh. s. 1968 m. Susanne, geb. Heinle, 3 Kd. (Joachim, Ulrich, Mirjam) - Theol.-Stud. Berlin, Heidelberg, Basel; Promot. Berlin 1962; Habil. (AT) Heidelberg 1967 - 1963-67 Wiss. Assist. Heidelberg, 1967-77 Univ.doz./apl. Prof. ebd.; s. 1977 o. Prof. Bonn, 1980/81 Dekan Ev.-Theol. Fak. Bonn; s. 1982 o. Prof. Tübingen; 1987/88 Dekan Ev.-Theol. Fak. Tübingen - BV: Sprache u. Ritus im altisrael. Kult, 1965; Studien z. israelit. Spruchweish., 1968; Glauben (zus. m. E. Lohse), 1978.

HERMS, Dieter
Dr. phil., Prof. f. Amerik. Literaturgeschichte Univ. Bremen (s. 1975) - Vorstr. 73, 2800 Bremen (T. 0421 - 23 34 50) - Geb. 22. Mai 1937 Hannover - Stud. Anglistik/Amerikanistik u. German.; Staatsex. Bonn 1963; 1962-63 Lektor f. Deutsch, Aberystwyth; 1964-67 Lektor f. Engl., Göttingen; 1967-75 Akad. Rat/Oberrat Regensburg - BV: Engl.-dt. Übers., Arbeitsbuch f. Studenten, 1971; Agitprop USA, 1973; Upton Sinclair - amerik. Radikaler, 1978; V. James Baldwin z. Free Southern Theatre (m. B. Witzel), 1979; Polit. Volkstheater d. Gegenwart (m. A. Paul), 1981; Grundkurs Englisch, eine Einführung in Amerikanistik, 1982; E. Vierteljh. San Francisco Mime Troupe (m. G. Burger), 1984; Upton Sinclair zw. Pop, zweiter Kultur u. herrschender Ideologie, 1986. Herausg.: Studienbuchkritik (1975/76); Gulliver, dt.-engl. Jahrbücher (s. 1976); Upton Sinclair, Werke in Einzelausg. (s. 1978); Bremer Beitr. z. Lit.- u. Ideologiegesch. (s. 1985).

HERMS, Eilert
Dr. theol., Prof. f. Theologie Univ. Mainz - Saarstr. 21, 6500 Mainz - Geb. 11. Dez. 1940 Oldenburg - 1962-68 Univ. Berlin, Tübingen, Mainz u. Göttingen (ev. Theol., Phil., German.) - 1970/71 Vikar in Oldenburg; 1971-78 Wiss. Assist. u. Privatdoz. in Kiel; 1979-85 Prof. f. Theol. in München; s. 1985 Prof. f. Theol. Mainz. S. 1984 1. Vors. Sektion Syst. Theol. Wiss. Ges. f. Theol. u. Mitgl. wiss. Beirat d. DSB - BV: Herkunft, Entfalt. u. erste Gestalt d. Systems d. Wiss. b. Schleiermacher, 1974; Radical Empiricism. Stud. z. Psychologie, Metaphysik u. Religionstheorie v. William James, 1977; Theol. - e. Erfahrungswiss., 1978; Rechtfertig. - D. Wirklichkeitsverst. d. christl. Glaubens, 1980; Theorie f. d. Praxis - Beitr. z. Theol., 1982; Einheit d. Christen in d. Gemeinsch. d. Kirchen. Die oek. Bewegung d. röm. Kirche im Lichte d. reformator. Theol., 1984; Luthers Auslegung d. Dritten Artikels, 1987; Von d. Glaubenseinheit z. Kirchengemeinschaft, 1989.

HERMS, Hans-Joachim
Dr. med., Arzt f. Röntgenologie, Vorstand ASCHE AG Pharmaz. Erzeugnisse - Fischers Allee 49, 2000 Hamburg 50 - Geb. 23. Sept. 1932.

HERMS, Wolfgang
Dr. med., Internist (Chefarzt Med. Klinik/Ev. Krankenhaus, Düsseldorf), apl. Prof. f. Inn. Med. Univ. Düsseldorf (s. 1970) - Kirchfeldstr. 40, 4000 Düsseldorf 1 - Geb. 21. Febr. 1930 Hannover - Promot. 1955; Habil. 1965 - Etwa 100 Fachaufs.

HERMSDORF, Hans
Präsident Landeszentralbank in der Freien u. Hansestadt Hamburg i. R. (1974-82) - Elbblöcken 14, 2000 Hamburg 52 - Geb. 23. Dez. 1914 Spandau, verh., 2 Kd. - Volkssch. u. Wirtschaftsobersch., kfm. Lehre, Disponent i. d. Privatwirtsch., 1928-33 Mitgl. Sozialist. Arbeiterjugend, 1932 Mitgl. SPD, 1935 wegen illegaler Betätig. zu zwei Jahren Gefängnis verurteilt, nach 1945 Bürgermeister Oberlichtenau u. Chemnitz. Mitgl. Landesvorst. Sachsen d. SPD. 1946 als Gegner d. Verschmelzung v. SPD u. KPD nach Westdtschld. geflüchtet, 1946-49 Zentralsekr. d. Jungsozialisten, ab 1949 pers. Ref. Parteivors. Ollenhauer bis zu dessen Tod; 1964-74 Mitgl. Parteivorst. SPD, 1971-74 Vors. d. AR Salzgitter AG, stv. Vors. d. AR Volkswagenwerk AG, 1953-74 MdB, 1971-72 Parlament. Staatssekr. b. Bundesminister f. Wirtsch. u. Finanzen; 1973-74 b. Bundesmin. f. Finanzen.

HEROLD, Albrecht
Gewerkschafter, Landtagspräsident u. MdL Saarl. - Zu erreichen üb. Franz-Josef-Röder-Str. 7, 6600 Saarbrücken 1; priv.: Gehnbachstr. 197, 6670 St. Ingbert/Saar (T. 48 72) - Geb. 20. Aug. 1929 St. Ingbert, verh., 1 Kd. - Volkssch.; Dreherlehre - S. 1946 Gewerkschaftsfunktionär. MdK St. Ingbert (Fraktionsf.). 1960-79 SPD; 1975-80 1. Vizepräs. Landtag d. Saarl. (s. 1980 Präs.) - S. 1974 Vorst.-Mitgl. IG Metall f. d. Bundesrep. Dtschl. - Saarl. VO. u. BVK m. Stern u. Schulterbd.

HEROLD, Alfred
Dr. rer. nat., Prof. f. Geographie - Rottendorfer Str. 26, 8708 Gerbrunn/Ufr. - Geb. 29. Jan. 1929 Würzburg - Promot. u. Habil. Würzburg - S. 1964 Lehrtätigk. Univ. Mainz (1968 Wiss. Rat u. Prof.) u. Univ. Würzburg (1973 Wiss. Rat u. Prof.). Zahlr. Facharb. (z. T. preisgekrönt) z. Landeskunde Mittel-, Nord- u. Südosteuropas sowie z. Siedlungs-, Wirtschafts- u. Verkehrsgeographie.

HEROLD, Ferdinand
Dipl.-Kfm., Direktor VIAG Aktiengesellschaft, Bonn, Geschäftsführer ILSE Bergbau-GmbH, Bonn, u. Reichs-Kredit-Gesellschaft mbH, Berlin - Eschenweg 16, 5300 Bonn 2 - Geb. 14. März 1933.

HEROLD, Horst
Bankier - Hodenberger Str. 33, 2800 Bremen-Oberneuland (T. 25 94 54) - Geb. 25. Febr. 1912 Hamburg, verh. m. Lotty, geb. Schlotterhose, Kd. - 1946-61 gf. Dir. Stadtsparkasse Gelsenkirchen, zul. pers. haft. Gesellsch. Bankhaus Martens & Weyhausen, Bremen - Spr.: Engl. - Rotarier.

HEROLD, Werner
Dr. et Lic. rer. pol., Dipl.-Ing., Prof. f. Betriebswirtschaftslehre, insb. Datenverarb. u. Org., GH Paderborn - Berliner Ring 39, 4790 Paderborn/W.

HERON, Alasdair Iain
Dr. theol., o. Prof. f. reformierte Theol. Univ. Erlangen-Nürnberg - Kochstr. 6, 8520 Erlangen (T. 09131 - 85 22 02) - Geb. 24. Juli 1942 Murree (Vater: John H., Pfarrer; Mutter: May, geb. Campbell), ev.-ref., verh. s. 1968 m. Helen, geb. Thomson, 2 Tōcht. (Jeanette, Patricia) - 1961-65 Univ. Cambridge (M.A.); 1965-68 Univ. Edinburgh (B.D.); 1968-69 Univ. Tübingen (Promot. 1973) - 1971-73 Assist. f. Kirchengesch. Univ. Tübingen; 1973-74 Doz. f. Syst. Theol. Irish School of Ecumenics, Dublin; 1974-81 Doz. f. Christl. Dogmatik u. Syst. Theol. Univ. Edinburgh; 1981ff. o. Prof. f. Reform. Theol. Erlangen - BV in engl. Spr. - Liebh.: Jogging, Gesch., Musik - 1964 Schott. Meister im 3000 m-Hindernislauf; 1965 Kanad. Meister im Sechs-Meilen-Lauf - Spr.: Engl., Franz., Deutsch.

HERR, Wilfrid
Dr. rer. nat., o. Prof. u. Direktor Inst. f. Kernchemie Univ. Köln - Franz-Seiwert-Str. 3, 5000 Köln 41 (T. 48 75 74) - Geb. 21. Sept. 1914 Mühlhausen/Thür., ev., verh. s. 1952 m. Auguste, geb. Mellin - TH Berlin (Dipl.-Chem. 1942). Promot. 1944 Tübingen; Habil. 1957 Mainz - Wiss. Assist. Kaiser-Wilhelm- bzw. Max-Planck-Inst. f. Chemie; s. 1958 Univ. Köln. Üb. 200 fachwiss. Aufs. - Spr.: Engl.

HERR-BECK, Maria
Dr., Staatssekretärin Min. f. Soziales u. Familie (s.1985) v. Rheinland-Pfalz - Bauhofstr. 4, 6500 Mainz - b. 1985 Staatssekr. Min. f. Soz., Gesundheit u. Umwelt.

HERRE, Franz
Dr. phil., Publizist u. Historiker - Stephan-Ludwig-Roth-Str. 10, 8036 Herrsching am Ammersee - Geb. 11. April 1926 Fischen/Allgäu - Zul. stv. Chefredakt. u. Leit. Zentrale Dienste Dt. Welle, Köln (b. 1981) - BV: D. Augsburger Bürgertum im Zeitalter d. Aufklärung, 1951; Nation ohne Staat - D. Entsteh. d. dt. Frage, 1967; Anno 70/71 - E. Krieg, e. Reich, e. Kaiser, 1970; Paris - e. histor. Führer, 1972; Freiherr vom Stein/S. Leben - s. Zeit, 1973; D. amerikan. Revolution, 1976; D. vollkomm. Feinschmecker, 1977; Kaiser Franz Joseph v. Österreich, 1978; Kaiser Wilhelm I. D. letzte Preuße, 1980; Radetzky, 1981; Metternich, Staatsmann d. Friedens, 1983; Dt. u. Franzosen, 1983; Moltke. D. Mann u. s. Jh., 1984; Ludwig II., 1986; Kaiser Friedrich III., 1987; Napoleon Bonaparte, 1988. Herausg.: Bibliogr. z. Zeitgesch. (1955) - Bayer. VO.

HERRE, Wolf
Dr. sc. nat., Dr. med. h. c., em. o. Prof. f. Zool. Anat. u. Physiol. d. Haustiere - Gutenbergstr. 16, 2300 Kiel (T. 56 75 55) - Geb. 3. Mai 1909 Halle/S. (Vater: Karl H.; Mutter: geb. Taatz), ev., verh. s. 1941 m. Dr. Ilse, geb. Rabes, 2 Kd. - Reform-Realgymn. Halle; Univ. Graz u. Halle (Promot. 1932) - 1933 Assist., 1936 Privatdoz., 1942 ao. Prof. Univ. Halle (nebenamtl. Leit. Naturhistor. Museum Braunschweig), 1945 Univ. Kiel, stv. Leit. Zool. Inst. u. Mus., 1947 Dir. Inst. f. Haustierkd., 1948 Kustos Zool. Mus., 1951 o. Prof. Univ. Kiel (1967-68 Rektor). Forschungsfahrt: Lappland (1941/42); Studienreisen: Anatolien (1953), UdSSR (1966; b. Kaukasus), Nepal (1968), Japan (1973). Exped.: Argentinien, Boliv., Peru, Chile (1956-57), Argent., Parag., Brasil. (1962), Westafrika (1962), Rhodes. (1963), 1961-66 Vors. Dt. Ges. f. Säugetierkd.; 1948-71 Schriftf. Dt. Zool. Ges. - BV: D. Schwanzlurche d. mitteleozänen Braunkohle d. Geiseltales u. d. Phylogenie d. Urodelen, 1935; D. Ren als Haustier, 1943; Domestikation u. Stammgesch., 1945; Fragen u. Ergebn. d. Domestikationsforsch., 1955; Abstammung u. Domestikaton d. Haustiere, 1958; D. Rasse- u. Artbegriff, 1960; Z. Problematik d. innerartl. Ausformung bei Tieren, 1964; Z. Abstammungsproblem v. Amphibien u. Tylopoden sowie üb. Parallelbild. u. z. Polyphyliefrage, 1964; Studien an Gehirnen südamerik. Tylopoden, 1965; Probleme mod. Zool., 1967; Gedanken üb. Beziehungen zw. Morphol., Genetik u. Evolution, 1974; Tier-„sprache" u. Domestikation, 1988; Haustiere - zoolog. gesehen, 1989. Herausg.: Ztschr. f. wiss. Zool., Zool. Anz., Zs. f. zool. Systematik u. Evolutionsforsch., Zs. f. Säugetierkd., Zs. f. Tierzüchtung u. Züchtungsbiol. u. a. - 1964 Ehrendoktor Univ. Frankfurt/M., 1963 Ehrenmitgl. Zool.-Botan. Ges. Wien; 1961 Korr. Mitgl. Dt. Archäol. Inst.; 1975 Ehrenmitgl. Dt. Ges. f. Säugetierkd.; 1979 Ehrenmitgl. Dt. Zool. Ges.; 1984 Ehrensenator Univ. Kiel; 1979 o. Mitgl. Dt. Akad. Naturf. Leopoldina.

HERREN, Rüdiger
Dr. jur., Prof. f. Kriminologie, Kriminalistik, Kriminalpolitik, Strafvollzugswesen - Erbprinzenstr. 17a, 7800 Freiburg/Br. - Geb. 9. Sept. 1931 Basel - Promot. 1962; Habil. 1970 - S. 1964 Univ. Freiburg (1971 Doz., 1973 Wiss. Rat u. Prof. bzw. Prof.) - BV: Gesinnung im Rahmen d. vorsätzl. Tötungsdelikte, 1966; Freud u. d. Kriminol., 1973; Lehrbuch d. Kriminologie. Bd. I D. Verbrechenswirklichkeit, 3. A. 1982. Bd. III Denktraining in Kriminalistik u. Kriminologie. Fallanalysen, 1982.

HERRENBERGER, Justus
Dr.-Ing., o. Prof. f. Baukonstruktionen Univ. Braunschweig (s. 1959) - Ginsterweg 22, 3300 Braunschweig (T. 69 11 69) - Geb. 27. Mai 1920 Neu-Ulm (Vater: Dipl.-Ing. Heinrich H., Oberstadtbaurat; Mutter: Emma, geb. Römer), ev., verh. m. Dipl.-Ing. Helga, geb. Wippermann, 2 Kd. - TH Braunschweig (Dipl.-Ing. 1947) - Studentenheime, Geschäftshäuser - Denkmalpflege - Spr.: Engl., Franz. - Rotarier.

HERRGEN, Erich
Dr., Vorstandsmitglied Bayer. Rückvers. AG, München - Sederanger 4-6, 8000 München 22 - Geb. 11. Juli 1941.

HERRHAUSEN, Alfred
Dr., Vorstandssprecher Deutsche Bank AG (s. 1985) - Taunusanlage 12, 6000 Frankfurt/M. - Geb. 30. Jan. 1930 - Vors., stellv. Vors. u. Mitgl. d. Aufsichtsr. einer Reihe größ. Ges.

HERRIG, Gerhard
Dr. rer. nat., o. Prof. f. Päd. Psychologie Univ. Frankfurt (s. 1968) - Wolfsgangstr. 43, 6000 Frankfurt/M. (T. 59 66 33) - Geb. 1. Febr. 1920 Braunschweig - 1961-68 Prof. Päd. Hochsch. Aachen.

HERRIG, Horst
Dipl.-Volksw., Geschäftsführer Stromversorgung Osthannover GmbH. - Sprengerstr. 2, 3100 Celle.

HERRLICH, Horst
Dr. rer. nat., Prof. f. Mathematik - Feldhäuserstr. Nr. 69, 2804 Lilienthal - Geb. 11. Sept. 1937 Berlin - Promot. 1962 - S. 1965 (Habil.) Lehrtätigk. FU Berlin (1969 Prof.), Univ. Bielefeld (1970 Prof.), Bremen (1971 Ord.) - BV: Cadegory Theory, 1973 (m. G. E. Strecker). Üb. 50 Einzelarb.

HERRLICH, Peter
Dr., Prof. Univ. Karlsruhe - Kernforschungszentrum, Postf. 3640, 7500

Karlsruhe 1 (T. 07247 - 82 32 92) - Geb. 10. Nov. 1940 München (Vater: Albert H., Hochschullehrer; Mutter: Wilhelmine, geb. Saemmer), verh. s. 1966 m. Christiane, geb. Goertz, 3 Kd. - Med.-Stud. (Promot. 1964) - BV: Was ist Leben, Jugendbuch 1977; Gentec pop onc, Sachb. 1985. Herausg. m. Werner Dosch: Ächtung d. Giftwaffen, 1985.

HERRLIGKOFFER, Karl M.

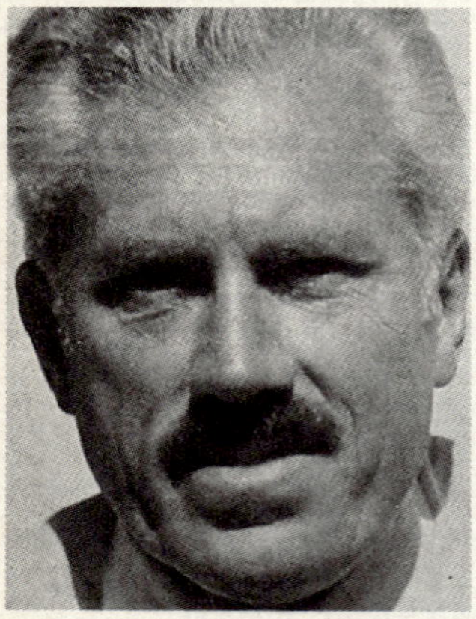

Dr. med., Dr. med. habil., Arzt, Honorarprof. f. Psychologie - Plinganserstr. 120a, 8000 München 70 (T. 723 21 09) - Geb. 13. Juni 1916 Schweinfurt (Vater: Rudolf H., Reichsbahnoberinsp.; Mutter: Therese, geb. Merkl), led. - Oberrealsch.; Univ. München (Promot. 1940). Habil. 1944 München - B. 1945 Anatom, dann prakt Arzt München. Vors. Dt. Inst. f. Auslandsforsch., München, u. Dt. Himalaya-Club, ebd. Leit. Himalaya-Exped. 1953, 54, 61, 62, 63, 64, 68, 70, 71, 72, 73, 75, 78, 80, 81, 82, 86 u. 89. Arktis-Exped. 1966, 74, 76, 77 - BV: Willy Merkl, E. Weg z. Nanga Parbat, 1936; Ovulation u. Konzeptionsoptimum, 1948; Migräne u. ihre Heilung, 1951; D. Mensch (Reclams Taschen-Anat.); Nanga Parbat, 1953; Im Banne d. Nanga Parbat, Bildband d. dt.-österr. Willy-Merkl-Gedächtnis-Exped., 1953; Deutsche am Broad Peak 8047 m, 1955; D. letzte Schritt z. Gipfel, 1958; Nanga Parbat - 7 Jahrzehnte Gipfelkampf in Sonnenglut u. Eis, 1967; Kampf u. Sieg am Nanga Parbat, 1971; Mount Everest, 1972; Himalaya-Abenteuer, 1974; Bergsteiger erzählen, 1976; Everest ohne Sauerstoff, 1979; Nanga Parbat - D. Geschichte e. Achttausender, 1981; Mount Everest - Thron d. Götter, 1982; Sieg am Kanchenjunga, 1983; Mein Weg in d. Himalaya, 1989; Abschied vom Himalaya, 1989. Div. Filme - Hohe Ausz. Pakistans - Liebh.: Klass. Musik - Halbbruder: Willy Merkl (leitete d. Nanga-Parbat-Exped. 1932 u. 34 u. kam b. d. zweiten Unternehmen ums Leben); Urgroßvater: Prof. Dr. Josef Ringelmann (Welt-erster Prof. d. Zahnheilkd.).

HERRLITZ, Hans-Georg

Dr. phil., Prof. f. Pädagogik Univ. Göttingen - 3400 Göttingen-Deppoldshausen (T. 0551 - 30 08 62) - Geb. 10. Okt. 1934 Parlin - Univ. Kiel (Staatsex. 1959, Promot. 1962, Habil. 1970) - 1962-70 Wiss. Assist. Univ. Kiel; s. 1971 o. Prof. Göttingen - BV: D. Lektüre-Kanon d. Du am Gymn., 1964; Hochschulreife in Deutschl., 1968; Stud. als Standesprivileg, 1972; Einf. in d. dt. Schulgesch., 1981.

HERRMANN, Axel

Dr. rer. nat. habil., apl. Prof. Univ. Würzburg, Geologieoberrat a. D. - Bergstr. 49, 8533 Scheinfeld (T. 09162 - 14 43) - Geb. 2. Mai 1926 Leipzig (Vater: Walter H., Lehrer; Mutter: Margarete, geb. Rambach), ev., verh. s. 1950 m. Dorothea, geb. Kolander, 3 Kd. (Carola, Gerald, Randolf) - Thomassch. Leipzig; Stud. Univ. Greifswald, Berlin; Dipl.ex. 1952; Promot. 1953 FU Berlin; Habil. 1966 Würzburg - 1953-68 Nieders. Landesamt f. Bodenforsch., 1968-72 selbst., 1972ff. Dir. Fa. Gebr. Knauf Westd. Gipswerke Iphofen. Vereidigt. Sachverst. Steine u. Erden-Lagerst. - BV: D. Asphaltkalklagerstätte b. Holzen, 1971. Zahlr. Fachveröff. (Zechstein, Buntsandstein, Halokinese, (Gips) Karst, Rekultivierung u. Umweltprobl. d. Steine u. Erden-Abbaues) - Liebh.: Architektur, Botanik, Weinbau - Spr.: Engl., Franz.

HERRMANN, Bernd

Dr. rer. nat., Prof. f. Anthropologie Univ. Göttingen (s. 1978) - Bürger Str. 50, 3400 Göttingen (T. 0551 - 39 36 42) - Geb. 3. Febr. 1946 Berlin - Stud. Zool./Anthropol. FU Berlin, Dipl. 1970, Promot. 1973, Habil. 1975. Coordinator Europ. Netzwerk (Europarat) f. European Historical Anthropology. Arbeitsgeb.: überw. method. u. analyt. Arb. z. Biologie d. vor- u. frühgeschichtl. Menschen, hist. Anthropologie, Umweltgesch. - BV: u. a. Mensch u. Umwelt im Mittelalter, 1986; Innovative Trends in d. prähist. Anthropologie, 1986; Determinanten d. Bevölkerungsentwicklung im Mittelalter (m. R. Sprandel), 1987; Trace Elements in Environmental History (m. G. Grupe), 1988.

HERRMANN, Dieter

Dr. med., Dr. med. dent., Prof. f. Mundkrankheiten u. Zahnärztl. Röntgenologie FU Berlin - Barthstr. 22, 1000 Berlin 28.

HERRMANN, Ernst Otto

Dr. jur., Ministerialdirektor a. D., vorher Leit. Zentralabt. Bundesmin. f. d. Post- u. Fernmeldewesen (1974-82) - Auf d. Köllenhof 126, 5307 Wachtberg-Ließem - Geb. 10. Juli 1920 Plauen/V., verh. s. 1944 m. Annemarie, geb. Schott, 3 Kd. (Frank, Silke, Katrin) - Gymn. Univ. Leipzig, Heidelberg, Jena, Rostock (Phil., Rechtswiss.). Staatsprüf. 1948 u. 52; Promot. 1949 - 1970ff. Präs. Bundespost-Führungsakad. AR Dt.-Atlant. Telegraphenges. AG - BV: Staatslehre, 4. A. 1977; Dt. Bundespost, 1986 - 1982 Gr. BVK - Spr.: Russ., Engl.

HERRMANN, Erwin

Dr. med., Neurologe u. Psychiater, Honorarprof. Univ. Marburg - Saldahlumer Str. 90, 3300 Braunschweig.

HERRMANN, Frank

Geschäftsführer Kunststoffwerk Lahr GmbH., Lahr - Sonnhalde 7, 7630 Lahr/Schwarz. - Geb. 6. Dez. 1925.

HERRMANN, Franz August

Dipl.-Kfm., Direktor, Mehrheitsgesellsch. Ges. f. Schiffahrt u. Handel mbH, Mülheim - Elsaßstr. 12, 4300 Essen 15 (T. 0201-46 17 66) - Geb. 12. Juni 1921 Bottrop, kath., verh. s. 1956 m. Ruth, geb. Buthe - Lehre Industriekaufm.; Stud. Betriebsw. Univ. Köln (Dipl. 1954 m. Prädikat), danach Prüfungsleiter in e. Wirtschaftsprüfungsgesellsch. Ab 1956 Werftdir. u. ab 1958 zugl. Reedereidir., 1964 Vors. d. Geschäftsfg.; 1967 Mehrheitsges. u. Geschäftsf. Mitgl. Bewertungsaussch. b. Ausgleichsamt (Sachverst. f. Werften/Schiffbau u. eisenverarb. Betriebe); langj. Handelsrichter LG Duisburg - Liebh.: Sportfliegen (Privatpilotenlizenz VFR), Astron. - Spr.: Engl.

HERRMANN, Friedrich R.

Mitinh. u. Geschäftsführer, d. Fa. Gaenslen & Völter - Friedrich-Hermann-Str. 6, 7430 Metzingen - Geb. 4. Aug. 1935.

HERRMANN, von, Friedrich-Wilhelm

Dr. phil., Prof. f. Philosophie - Albert-Stolz-Str. 18, 7800 Freiburg/Br. - Geb. 8. Okt. 1934 Potsdam (Vater: Lic. theol. Wilhelm v. H., Pfarrer; Mutter: Johanna, geb. Krummacher), ev., verh. I) m. Arngard, geb. v. Winterfeld, Sohn Hans-Christian; II) m. Dr. Veronika Mueller-Osthaus - Stud. Berlin u. Freiburg; Promot. (1961) u. Habil. (1970) Freiburg - S. 1971 Doz. u. Prof. (1976) Univ. Freiburg; 1972-76 pers. Mitarb. Martin Heideggers; Mitgl. Fr. Dt. Hochstift, Dt. Schillerges., Martin-Heidegger-Ges. (Kurator), Schweiz. Ges. f. Daseinsanalyse; Wiss. Beirat d. Daseinsanalyse - BV: D. Selbstinterpr. M. Heideggers, 1964; Bewußtsein, Zeit u. Weltverständnis, 1971; Husserl u. d. Meditationen d. Descartes, 1971; Subjekt u. Dasein. Interpr. zu Sein u. Zeit, 2. A. 1985; Heideggers Philosophie d. Kunst, 1980; D. Begriff d. Phänomenol. b. Heidegger u. Husserl, 2. A. 1988; Hermeneut. Phänomenol. d. Daseins. E. Erläuterung v. Sein u. Zeit, 1. Bd. 1986. Mithrsg.: Heidegger-Gesamtausg. letzter Hand; Heidegger-Studies; Kunst u. Technik. Gedächtnisschrift z. 100. Geb. v. Martin Heidegger (1989) - Bek. Vorf.: Friedrich Adolf Krummacher, Theologe u. Parabeldichter (1767-1845); Dr. jur. et med. Hermann v. Lucanus, Wirkl. Geheimer Rat u. Exzellenz, Chef d. Zivilkabinetts Kaiser Wilhelms II. (1831-1908).

HERRMANN, Gerda

Prof. f. Gesang Staatl. Hochschule f. Musik Westf.-Lippe/Nordwestd. Musikakad. - Zu erreichen üb. Staatl. Hochsch. f. Musik, Allee 22, 4930 Detmold 1.

HERRMANN, Günter

Dr. rer. nat., Dipl.-Chem., o. Prof. f. Kernchemie - Kehlweg 74, 6500 Mainz-Gonsenheim (T. 47 28 99) - Geb. 29. Nov. 1925 Greiz - S. 1962 (Habil.) Lehrtätigk. Univ. Mainz (1967 ao., 1968 o. Prof.). S. 1970 Mitgl. Wiss. Direktorium Ges. f. Schwerionenforschung. Zahlr. Fachveröff. - 1984 Korresp. Mitgl. Akad. d. Wiss. u. d. Lit. Mainz. 1987 Miller-Forsch.gastprof. Univ. Berkeley/Kalifornien; 1988 Preis f. Kernchemie d. Amerik. Chem. Ges.

HERRMANN, Günter

Dr. jur., Prof., Intendant SFB a. D. (1987-89) - Masurenallee 8-14, 1000 Berlin 19 - Geb. 31. März 1931 Leipzig (Vater: Dr. jur. Ernst H. †; Mutter: Johanna, geb. Schatte †), ev., verh. s. 1961 m. Ingrid, geb. Bernert, S. Arnd Günter - Thomassch. Leipzig; Reproduktionsfotogr., Techn. Kaufmann; Stud. d. Rechtswiss. Univ. Tübingen, Bonn, Köln; Promot. 1961 ebd.; Habil. 1974 Mainz - 1961-71 Syndikusanwalt Westd. Rundfunk, 1971-86 Justitiar WDR; 1969-73 Lehrbeauftr. Univ. Bochum, s. 1974 Prof. f. öff. Recht Univ. Mainz. Fachmitgl.sch., dar. Inst. Urheber- u. Medienrecht, München; - BV: Johan Nikolaus Hert u. d. dt. Statutenlehre, 1963; Rundfunkgesetze, 1977 (2. Aufl.); Ferns. u. Hörfunk in d. Verfassung d. Bundesrep. Dtschl., ...1975; Org. d. Rundfunks 1948-62 (m. H. Brack u. H. P. Hillig).

HERRMANN, Günter

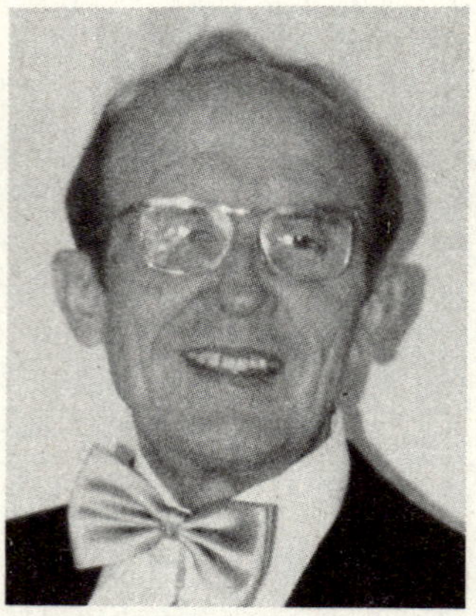

Publizist, Generaldirektor Togo-Service S.A.R.L., Import-Export, Lomé/Rep. Togo, Präs. Dt.-Togoles. Ges./Soc. Allemande-Togolaise (s. 1972), Mitgl. GEMA (s. 1989) (Künstlername: Günter Herrman-Togo) - Marbacher Str. 19, 7140 Ludwigsburg/Württ. (T. 07141 - 5 52 63) - Geb. 31. Dez. 1916 Breslau (Vater: Erich H., Beamter; Mutter: Selma, geb. Schmidt), kath., verh. s. 1949 m. Herta, geb. Schöniger, S. Günter - N. Abit. kaufm. Ausbild. - Bauherr d. gemeinn. Herzog Adolf Friedrich-Zentrum (Deutsches Haus) in Lomé, Republik Togo, Westafrika - S. 1963 freischaff. - BV: In Togo nichts Neues, 1982; 100 J. Dt.-Togoles. Freundschaft, Liederb. 1984; Fern v. Hamburg, Seemannsliederb. 1988 - L'Ordre de la Milice du Saint-Sépulcre Protectorat Byzantin; L'Ordre Dynastique de Saint Sava de Serbie; VO. d. SAT in Gold - Spr.: Franz.

HERRMANN, Hans Peter

Dr. phil., Prof. f. Neuere dt. Literaturgeschichte - Maximilianstr. 8, 7800 Freiburg/Br. - Geb. 21. April 1929 Weimar - Promot. 1955; Habil. 1967 - S. 1969 Wiss. Rat u. Prof., s. 1972 Prof. Univ. Freiburg - BV: Naturnachahmung u. Einbildungskraft - Z. Entw. d. dt. Poetik v. 1670 b. 1840, 1970; Friedrich Schiller: Kabale u. Liebe, 1983; Friedrich Schiller: Maria Stuart, 1989.

HERRMANN, Hans W.

Dr. med. dent., Prof. (entpflichtet 1979) - Am Hähnchen 13, 5300 Bonn 3 (T. 48 16 44) - Geb. 21. Aug. 1914 Berlin - S. 1963 (Habil.) Lehrtätigk. Bonn (1968 apl. Prof. f. ZMKheilkd.); 1986-89 Univ. Witten-Herdecke - Beirat DIN-NA Dental, Mitgl. ISO/TC 106, CEN/TC 55 (Chairman), FDJ/CDP; 1982 Ehrenmitgl. DGZPW u. Proth. Ges. d. Türkei. Üb. 100 Fachaufs.

HERRMANN, Hans-Joachim

Dr. jur., Kanzler Univ. Siegen, Lehrbeauftr. f. Recht f. Ingenieure ebd. - Hölderlinstr. Nr. 3, 5900 Siegen - Geb. 7. Okt. 1930.

HERRMANN, Hans-Joachim

Bundesrichter - Zu erreichen üb.: Bundesfinanzhof, Postf. 860240, 8000 München 86 - B. 1981 Richter FG Hamburg, dann BFH München.

HERRMANN, Hans-Volkmar

Dr. phil., em. o. Prof. f. Archäologie Univ. Köln - Tönneshofweg 20, 5000 Köln 40 - Geb. 18. Febr. 1922 Rostock - Promot. 1951, Habil. 1964 - S. 1952 Ausgrabungstätigk. (Türkei u. Griechenl.); 1956-59 Ref. in Athen; 1959-69 Assist. u. Privatdoz. in Tübingen; 1969 Prof. Univ. Regensburg; s. 1973 Univ. Köln - BV: Omphalos, 1958; Olymp. Forsch. VI, 1966; Olymp. Forsch. XI, 1979; Olympia, Heiligtum u. Wettkampfstätte, 1972; D. Funde aus Olympia (m. A. Mallwitz), 1980; D. Olympia-Skulpturen, 1987 - Mitgl. Dt. Archäol. Inst.

HERRMANN, Harald

Dr. jur., Univ.-Prof. f. Bürgerliches Recht, Handels- u. Wirtschaftsrecht Univ. Lüneburg - Wichernstr. 10, 2120 Lüneburg - Geb. 3. Mai 1944 Görlitz, Schlesien, ev., verh. s. 1981 m. Jutta, geb. Brech, 2 Kd. (Danielle, Philip) - Stud. Theol. u. Rechtswiss. Univ. Heidelberg, Göttingen, Kiel; Promot. 1971 Kiel; 1980-81 DfG-Stip. in Washington; Habil. 1982 Bielefeld - 1970-71 Rechtsanwaltstätigk. in Kiel u. Paris; 1980-81 Wiss. Mitarb. Intern. Law Inst. Georgetown-Univ. Washington; s. 1982 Prof. Univ. Hamburg; s. 1985 Prof. Univ. Lüneburg - BV: D. Verhältnis v. Recht u. pietist. Theol. b. Christian Thomasius, 1971; Interessenverb. u. Wettbewerbsrecht, 1984; Handelsgesetzb., Kommentar (m. Emmerich u. a.), Bd. 1-4, 1989. Herausg.: Elemente erfolgreicher Untern.politik. Unternehmenskultur, Kundennähe u. Quasi-Eigenkapital (1989, m. Albers u. a.) - Liebh.: Querflöte, Tennis - Spr.: Engl., Franz., Lat., Griech., Hebr.

HERRMANN, Helmut

Dipl.-Ing. (FH) - 8069 Paunzhausen - Geschäftsführer Erdgas Schwaben GmbH, Augsburg, AR Mittelfränkische Erdgas GmbH, Nürnberg, Energieversorgung Sylt - Stadtwerke, Westerland GmbH, Westerland, Erdgas Südbayern GmbH, München; VR Fränk. Gas-Lieferungs-Ges. mbH, Bayreuth; Gesellschaftervers.: Gasversorgung Unterfranken GmbH, Würzburg, Energieversorgung Selb-Marktredwitz GmbH, Selb; Beirat Energieversorgung Lohr-Karlstadt u. Umgebung GmbH, Karlstadt.

HERRMANN, Helmut
Regisseur - Isoldenstr. 26, 8000 München 40 (T. 089-36 62 18) - Geb. 20. Sept. 1926 Berlin, ev., led. - Oberschule, 1943 Schauspielsch. b. Lydia Samonova, Berlin, 1952-56 Bühnenbild- u. Kostümstud. Hochsch. f. Bild. Künste, Berlin (b. Prof. Willi Schmidt), 1952-56 Regieassist. Volksbühne (Theater a. Kurfürstendamm, b. Prof. O. F. Schuh), Berlin, 1957-59 Regieassist. NDR, Hamburg - Ab 1960 eig. Fernsehinsz.: u.a. D. arme Matrose (Milhaud/Cocteau), Oper; Cliff Dexte (Serie); Werner Müllers Schlagermagazin (Unterhaltg.); E. verrücktes Paar; Sesamstraße; u.v.m. Theaterinsz.: D. liebe Familie, D. Fenster z. Flur - Liebh.: Kochen, Lesen - Spr.: Engl., Franz.

HERRMANN, Herbert
Schauspieler - Zu erreichen üb. ZDF, Postf. 4040, 6500 Mainz 1 - Geb. 1941 Bern (Schweiz) - Schriftsetzerlehre; Theatersch. - Bühne (Gigi u.a.) u. Ferns. (u.a. Showreihe: Herbert ist Herrmann).

HERRMANN, Horst

Dr. theol. (habil.), Prof. f. Soziologie Univ. Münster - Auf den Esch 11, 4418 Nordwalde - Geb. 1. Aug. 1940 Schruns, verh. s. 1981 m. Dr. Barbara, geb. Freitag. 2 S. (Sebastian Alexander, Fabian Christopher) - 1959-64 Stud. kath. Theol. u. Rechtswiss. Tübingen, Bonn, München, Rom, Promot. 1960, Habil. 1970 Bonn - 1971ff. o. Prof. Univ. Münster (1974/75 Prodekan u. Dekan, 1981 Lehrst. f. Soziol.), Mitgl. dt. PEN-Zentrum - BV: Ecclesia supplet, 1968; D. Stellung unehel. Kinder nach kanon. Recht, 1971; D. priesterl. Dienst - Kirchenrechtl. Aspekte d. heutigen Problematik, 1972; Kl. Wörterbuch d. Kirchenrechts f. Stud. u. Praxis, 1972; Ehe u. Recht, 1972 (auch portug.); E. unmoralisches Verhältnis - Bemerkungen z. Lage von Staat u. Kirche in d. BRD, 1974; D. 7 Todsünden d. Kirche, 1976 (Nachwort von Heinr. Böll); Savonarola, 1977 (auch russ.); Ketzer in Deutschland, 1978; Zu nahe getreten. Aufs. 1972-78, 1979; Papst Wojtyla, 1983; Martin Luther, 1983; Vaterliebe, 1989; Stichwörter, Lyrik 1989; D. Angst d. Männer vor d. Frauen, 1989 - Spr.: Engl., Franz., Ital. - Lit.: P. Rath (Herausg.), D. Bannbulle aus Münster o. Erhielte Jesus heute Lehrverbot?, 1976.

HERRMANN, Ingo
Erster Kriminalhauptkommissar, Vors. Bund Dt. Kriminalbeamter (BDK) - Saalower Str. 44a, 1000 Berlin 49 (T. 030 - 744 74 91) - Geb. 16. Jan. 1931 Berlin (Vater: Erwin H., Reichsbankoberinsp.; Mutter: Erna, geb. Janson), ev. - Mittl. Reife; 1947-51 Lehre Fernmeldemonteur - S. 1951 Polizei Berlin (1959 Kripo), 1968 Mitbegründ. BDK-LV Berlin, 1969 Bundesgeschäftsf., 1977 Bundesvors., 1970-74 Vors. Personalrat Berliner Kripo, s. 1975 Vors. Personalrat Dir. f. Spezialaufg. d. Verbrechensbekämpf. Berlin - 1981 BVK a. Bde.

HERRMANN, Joachim
Dr. jur., LL.M., o. Prof. f. Strafrecht u. -prozeßrecht Univ. Augsburg (s. 1972) - Gerstenstr. 26, 8902 Ottmarshausen/ Schw. - Geb. 31. Jan. 1933 Berlin - Univ. Heidelberg, Basel, Freiburg, New Orleans (LL.M.). Promot. 1959 Freiburg/ Ass.ex. 1963 Stuttgart - BV: D. Anwendbarkeit d. polit. Strafrechts auf Deutsche im Verhältnis zw. d. BRD u. d. DDR, 1960; D. Reform d. dt. Hauptverhandlung nach d. Vorbild d. angloamerik. Strafverfahrens, 1971.

HERRMANN, Jobst
Dr.-Ing., Prof. - Steinhalde 10, 7080 Aalen 15-Dewangen - Geb. 7. Mai 1932 Beuthen - 1969 stv., dann o. Vorst.- Mitgl. Pittler Maschinenfabrik AG., Langen; 1976 Vorst.-Mitgl. Carl Zeiss, Oberkochen. S. 1965 (Habil.) Privatdoz. u. apl. Prof. (1970) TH Aachen (Grundl. d. Fertigungsplanung u. -steuerung u. Prod.verf. d. Feinwerktechnik). Fachaufs. - Spr.: Engl., Span. - Rotarier.

HERRMANN, Karl
Dr. rer. nat., Apotheker, Lebensmittelchemiker, em. o. Prof. f. Lebensmittelchem. Univ. Hannover (s. 1969) - Kansteinweg 3, 3000 Hannover 21 - Geb. 12. Febr. 1919 Leipzig (Vater: Willy H., Arch.; Mutter: Anna, geb. Fink), ev., verh. s. 1950 m. Maria, geb. Schulze, T. Gloria - Stud. d. Chem., Pharmazie, Lebensmittelchem. Univ. Leipzig u. Halle - 1954-58 Doz. Univ. Halle; 1959- 69 Leit. chem. Untersuchungsstellen Hannover u. Stuttgart - BV: Obst, Obstdauerwaren u. -erzeugnisse, 1966; Gemüse u. Gemüsedauerwaren, 1969; Tiefgefrorene Lebensmittel, 1970 (span. Ausg. 1976); U. tägl. Nahrung, 1972; Exotische Lebensmittel, 1983, 2. A. 1987 - Spr.: Engl.

HERRMANN, Karl-Albrecht
Prof., Violinist - Im Burgfeld 212, 6000 Frankfurt/M. (T. 57 32 56) - Geb. 28. Aug. 1914 Manila/Philippinen (Vater: Dr. Rafael H., Geologe u. Violinpäd.; Mutter: Alida, geb. Geyer), ev., verh. s. 1946 m. Evarose, geb. Salzmann, 3 Söhne (Klaus-Otto, Andreas, Georg) - Gelehrtensch. d. Johanneums Hamburg; Voigt'sches Konservat. ebd. u. Rhein. Musiksch. Köln; Musikhochsch. Frankfurt/M. Meisterkurse Prof. Carl Flesch u. Jacques Thibaud - Violinist Stross (1944- 48), Lenzewski-Quartett (1949-54) u. Herrmann Streichtrio (s. 1953); 1950-53 Konzertm. Fuldaer Kammerorch. S. 1950 Doz. Musikhochsch. Frankfurt u. Lehrauftr. Dr. Hochs Konservat., Frankfurt; s. 1961 Lehrbeauftr. Univ. Frankfurt/ Abt. f. Erziehungswiss. (Violinpäd. u. Collegium Musicum); s. 1964 Violin-Prof., s. 1976 Fachbereichsltr., 1978-80 Dekan Künstler. Abt. Musikhochsch. Frankfurt/Main, s. 1979 Lehrauftr. Musikhochsch. Frankfurt, Kammermusikkurse Rottach-Egern (jrl. Aug./Sept.) - Übers.: a. d. Engl.: Menuhin, Musikführer Violine u. Viola, 1978; Ivan Galamin, Principles of Violin Playing and Teaching; James Holland, Percussion, Menuhin Music Guides. Besprech. v. neuer Violin- u. Kammermusik-Lit. in d. Neuen Musikztg. - 1939 Musikpreis Musikhochsch. Frankfurt - Spr.: Engl., Franz. - Rotarier.

HERRMANN, Klaus
Dr. rer. nat., o. Prof. f. Techn. Mechanik Univ. Paderborn - Scherfeder Str. 68, 4790 Paderborn/W. - Geb. 20. Mai 1937 Königszelt - Stud. Physik Univ. Halle-Wittenberg. Promot. 1964; Habil. 1969 - 1973 Privatdoz. Univ. Karlsruhe, 1974 Doz. Univ. Karlsruhe, 1975 apl. Prof. Univ. Karlsruhe - 1975-77 Lehrstuhlvertr. Univ. Karlsruhe, s. 1977 o. Prof. f. Techn. Mechanik Univ. Paderborn - BV: Fracture of Non-Metallic Materials (m. L. H. Larsson), 1986. Fachveröff. - 1981 Mitgl. Acad. of Sciences, New York.

HERRMANN, Klaus J.
Assoc. Professor of Political Science Concordia University (s. 1965) - 25 Henley Avenue, Ville Mont Royal, P.Q., Montreal (Kanada) - Geb. 21. Juli 1929 Cammin/Pom., jüd., verh. s. 1965 m. Shirley, geb. Mackie - Univ. Minnesota/ USA (B. A. 1954, M. A. 1958, Ph. D. 1960) - 1948-52 u. 1954-57 Militärdst. USA; 1960-62 Lecturer Univ. Maryland (European Division); 1963-65 Assistant Prof. American Univ. Washington D.C. (School of Governement and Public Administration). Wiss. Veröff.

HERRMANN, Konrad
Prof. Univ.-GH Essen, öffnl. best. Sachverständiger - Henri-Dunant-Str. 91, 4300 Essen 1 - Geb. 30. Dez. 1917 Berlin (Vater: Arzt), ev., verh. s. 1944 m. Astrid, geb. Schild - Spr.: Engl., Ital.

HERRMANN, Ludwig
Dr. rer. techn., Dipl.-Landw., Techn. Direktor Vorstandsmitgl. Württ. Milchversorgung SÜDMILCH AG., Geschäftsf. Milei GmbH. u. Südmilch-Eiskremwerk GmbH. - Steinenbergstr. 2, 7410 Reutlingen - Geb. 13. Jan. 1906 Gönningen/Württ. (Vater: Ludwig H., Landw.; Mutter: geb. Haubensak), verh. 1934 m. Berta, geb. Eisenlohr - Stud. Hohenheim, Wangen, Danzig.

HERRMANN, Manfred

Dr. rer. nat., Prof. f. Mathematik Univ. Köln - Endenicher Allee 7, 5300 Bonn 1 (T. 63 71 67) - Geb. 14. Nov. 1932 Königszelt, ev., verh. s. 1961 - Univ. Halle (Dipl. 1956, Promot. 1958, Habil. 1963) - 1966 Prof. Univ. Halle; 1970 Prof. Univ. Berlin; 1979 Prof. Univ. Köln - BV: Geometrie auf Varietäten, Lehrb. (m. and.) 1975; Theorie d. normalen Flachheit, Monogr. (m. and.) 1977; Equimultiplicity and Blowing up, Monogr. (m. and.) 1988 - Mitgl. Dt. Akad. d. Naturforscher Leopoldina.

HERRMANN, Oskar
Dr. rer. nat., Prof., Mathematiker - Zeppelinstr. Nr. 100, 6900 Heidelberg - Geb. 21. März 1928 Heidelberg - Promot. 1953; Habil. 1962 - S. 1965 Doz. u. Prof. Univ. Heidelberg (1968 apl. Prof.; 1973 Wiss. Rat u. Prof.). Fachaufs.

HERRMANN, Peter
Dr. phil., o. Prof. u. Direktor Seminar f. Alte Geschichte Univ. Hamburg - Am langen Sal 6, 2110 Buchholz/Nordheide (T. 62 19) - Geb. 22. Mai 1927 Reichstadt/Böhmen - S. 1967 (Habil.) Privatdoz. u. Ord. (1968) Univ. Hamburg. Fachveröff.

HERRMANN, Reimer
Dr. rer. nat., o. Prof. f. Hydrologie Univ. Bayreuth - Deubzerstr. 9, 8580 Bayreuth.

HERRMANN, Reiner
Dr. med., Prof., Chefarzt - Märchenring 42, 7500 Karlsruhe-Rüppurr - Geb. 15. Nov. 1922 - Promot. 1951 Mainz; 1959 Habil. Tübingen - 1970 ff. apl. Prof. Univ. Tübingen (Hals-, Nasen- u. Ohrenheilkd.) - BV: D. rhinogenen Erkrankungen d. Orbita u. d. Lider, 1958.

HERRMANN, Reinhold G.
Dr. phil., Prof. f. Botanik Univ. Düsseldorf (s. 1971) - Orthstr. 21, 8000 München 60 - Geb. 24. Okt. 1939 Warmensteinach - Promot. 1965 Wien; Habil. 1970 Heidelberg - 1965-71 Wiss. Assist. MPI f. Pflanzengenetik Ladenburg; 1971- 82 Wiss. Rat u. Prof., 1982-85 Dir. Inst. Botanik IV Univ. Düsseldorf; 1985 Vorst. Inst. Botanik I Ludwig-Maximilians-Univ. München. Facharb.

HERRMANN, Richard
Dr. med., Prof. f. Hämatol. u. Onkologie FU Berlin, Internist - Schweinfurthstr. 23A, 1000 Berlin 33 (T. 030 - 30 35 22 42) - Geb. 18. Sept. 1947, ev., verh. s. 1971 m. Christine, geb. Willburger, 2 S. (Axel, Thomas) - Gymn. Heidelberg, Mosbach, Windsbach; Univ. Heidelberg, Promot. 1973; FLEX 1979 Boston; Habil. 1985 Heidelberg; 1977-79 Clinical Research Fellow Buffalo, N. Y. - 1978 u. 79 RPMI Fellow Award; 1985 Farmitalia Carlo Erba Preis.

HERRMANN, Siegfried
Dr. theol. (habil.), Dr. phil., o. Prof. f. Altes Testament - Paracelsusweg 14, 4630 Bochum-Querenburg (T. 70 17 75) - Geb. 15. Mai 1926 Dresden - 1960 Doz. Humboldt-Univ. Berlin; 1966 Ord. Univ. Bochum - BV: Unters. z. Überlieferungsgestalt mittelägypt. Literaturwerke, 1957; D. prophet. Heilserwartungen im Alten Testament - Ursprung u. Gestaltwandel, 1965; Gesch. Israels in alttestamentl. Zeit, 1973, 2. A. 1980; Bibl. Komm. Altes Testament: Jeremia, in Lfg. ab 1986 - S. 1973 Mitgl. Rhein. Westf. Akad. d. Wiss. Düsseldorf; s. 1980 Präs. v. Cansteinsche Bibelanstalt; 1983/84 Fellow Inst. f. Advanced Studies Hebr. Univ. Jerusalem.

HERRMANN, Ulrich
Dr. phil., Prof., Pädagoge u. Historiker - Engelfriedshalde 101, 7400 Tübingen 1 (T. 07071 - 6 18 76) - Geb. 7. Nov. 1939 Velbert/Rhld., verh. m. Eva-Marie, geb. Bruhn, 1 Tocht. - 1960-68 Stud. Univ. Heidelberg u. Köln. Promot. 1968 Köln - S. 1975 (Habil.) Lehrtätig. Univ. Tübingen (Prof. f. Allg. u. Histor. Päd., Inst. f. Erziehungswiss. I) - BV: W. Dilthey, Bibliogr. 1969; D. Päd. W. Diltheys, 1971; Gesch. d. Kindheit, in Familie u. Gesellschaft, Bibliogr. 1980. Herausg. v. päd. Quellenschriften: F.H.C. Schwarz (1968); A.H. Niemeyer (1971); W. Dilthey (1972); E.Chr. Trapp (1977); HB d. Frauenbewegung (5 Bde., 1901-6) (1980); W. Flitner, Ges. Schriften (1982ff.); Dilthey-Jahrbuch f. Geistesgesch. u. Philos. d. Geisteswiss. (s. 1983); Päd. Magazin f. Industrie u. Armenpflege (6 Bde., 1789-1803) (1982); Materialien z. Gött. Mag. (1983). Herausg.: W. Dilthey, Ges. Schriften, Bde. XV-XVII (1970-74); H. Gerth, Bürgerl. Intelligenz um 1800 (1935) (1976); Hist. Päd. (1977); Schule u. Ges. im 19. Jh. (1977); Univ. heute (m. A. Flitner, 1977); Campe, Allg. Revision (16 Bde., 1785-92) (1979); J. Gillis, Gesch. d. Jugend (übers. m. L. Roth, 1980); D. Päd. Jh. Volksaufklärung im 18. Jh. (1981); D. Bildung d. Bürgers. D. Formierung d. bürgerl. Ges. im 18. Jh. (1982); Bibliogr. d. dt. erz. wiss. Hochschulschriften 1885- 1945 (m. G. Friederich, 1983); H.-H. Groothoff, Ges. Abh. 1957-1985 (m. Chr. Berg u. K. Stratmann, 1985); D. Formung d. Volksgenossen. D. Erziehungsstaat d. 3. Reiches (1985); Aufklärung als Politisierung - Politisierung d. Aufklärung (m. H.E. Bödeker, 1987); Neue Erziehung - Neue Menschen. Erz.- u. Bildungsreform zw. Kaiserreich u. Diktatur (1987); Üb. d. Prozeß d. Aufklärung im 18. Jh. (m. H.E.Bödeker, 1987); Päd. u. Nationalsozialismus (m. J. Oelkers, 1988). Mithrsg.: Ztschr. f. Päd. (1974ff.). Üb. 100 Fachveröff. z. Allg. u. Hist. Päd. v. 18. Jh. b. z. Gegenwart - 1976-84 Gutachter u. Aussch.-Vors. bei d. DFG.

HERRMANN, Wolfgang Anton

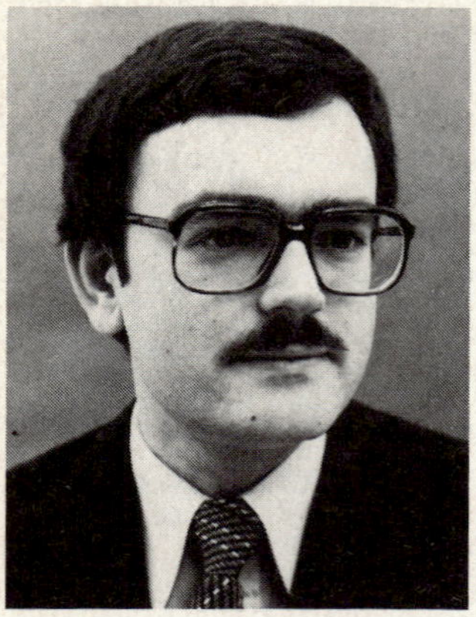

Dr. rer. nat., Prof. f. Anorgan. Chemie TU München - Lichtenbergstr. 4, 8046 Garching (T. 086 - 3209-3080-3082) - Geb. 18. April 1948 Kelheim (Vater: Ferdinand H., Rektor; Mutter: Maria, geb. Ritter), kath., verh. s. 1986 m. Freya, geb. Wawarta, 4 Kd. (Florian, Isabel, Ursula, Katharina) - 1967-71 TU München (Chemie; Ex. 1971), Promot. 1973 Univ. Regensburg, Habil. 1978 ebd. - S. 1979-81 Prof. Univ. Regensburg; 1982-84 Prof. Univ. Frankfurt/M. (Lehrst. f. Anorgan. Chemie); s. 1985 Ord. TU München. S. 1984 Fachgutachter Anorg. Chem. Alexander v. Humboldt-Stiftg. - Üb. 200 Veröff. z. Metallorgan. Chemie. Mithrsg. Polyhedron u. Journal of Organometallic Chemistry (s. 1986) - 1979 Chemie-Preis Göttinger Akad. d. Wiss.; 1979-84 Winnacker-Stip.; 1982 Otto Klung-Preis Berlin; 1986 Leibniz-Forschungspreis d. DFG; 1988 Karl Ziegler-Gastprof. MPI Mülheim/R.; 1989 Alexander von Humboldt-Preis f. d. dt.-franz. Zusammenarb. - Liebh.: Musik - Spr.: Engl.

HERRMANN, Wolfgang S.

Dr. phil., Dipl. Psych., Prof. f. Didaktik d. Dt. Sprache u. Lit. Univ. Frankfurt/M. (s. 1975) - Homburger Str. 60a, 6365 Rosbach 1 - Geb. 3. Mai 1944 Görlitz/Neiße (Vater: Siegfried H., Offz.; Mutter: Ingeborg, geb. Weichert), ev., verh. s. 1966 m. Hannelore, geb. Hildebrandt, 2 Kd. (Christoph, Maike) - Gymn. Ratzeburg; Univ. Kiel, Heidelberg, Mannheim, Erlangen (German.), Gießen (Psych.), Frankfurt (Med.) - 1968-71 Gymnasiallehrer; 1971-75 Hochschulassist.; 1987 Psychotherapeut - BV: D. Leib- u. Seele-Problem in Gottfrieds Tristan, 1971 (Diss.); Situation u. Norm, 1976 (Habil.schr.); Kontrastive Aufsatzdid., 1978; D. Tenniskrankh., 1979; Standardsituationen, 1984; D. Sprachentw. v. Kindern m. Lippen-Kiefer-Gaumenspalten, 1987 - Spr.: Engl., Franz.

HERRSCHAFT, Hans

Wirtschaftsberater, freier Publizist (Spez. Südostfragen) - Glockenblumenstr. 36, 8000 München 45 (T. 351 41 10) - Geb. 10. Okt. 1919 Guttenbrunn/Banat (Vater: Johann H., Landw. †; Mutter: Elisabeth, geb. Lukhaup †), verh. m. Gertrud, geb. Mergl, 2 Kd. (Hagen Hans, Journ., Agnes Gertrud, Dipl.-Psych.) - Stud. Staatswiss., Volksw., Gesch. Univ. Breslau u. Berlin - Zahlr. Veröff., u.a. üb. Nationalitätenfragen in: Neuland (Salzburg), Neue Politik (Hamburg) u. ZMO-Notizen (Köln) - Spr.: Franz., Rumän. - Lit.: B. Engelmann: 66 Zeitgenossen, 1968; Brockhaus u. Meyer's Enzyklopädie (Stichwort: Banat).

HERSCHLEIN, Hans-Joachim

Dr. med., Prof., Chefarzt Geburtshilfl.-Gynäkolog. Abteilung/Marienhospital Stuttgart - Am Bopserweg 24, 7000 Stuttgart 1 - Geb. 13. März 1937 Freudenstadt - Promot. (1962) u. Habil. (1969) Tübingen - 1974 ff. apl. Prof. Univ. Tübingen (Frauenheilkd. u. Geburtsh.) - BV: D. antiproteolyt. Therapie generalis. u. lok. Störungen d. Blutgerinnung in Geburtsh. u. Gynäk., 1970. Üb. 40 Einzelarb.

HERTEL, Eckard

Dr. med. (habil.), Chefarzt Orthopäd.- u. Unfallabteilung/Eduardus-Krankenhaus, Köln, apl. Prof. f. Orthop. Univ. Münster/W. - Custodisstr. 3-17, 5000 Köln 21.

HERTEL, Georg

Dipl.-Psych., Prof. f. Päd. Psychologie PH Karlsruhe - Ostpreußenstr. 9, 7500 Karlsruhe-Wettersbach.

HERTEL, Ingolf Volker

Dr. rer. nat., o. Prof. (C 4) Fak. f. Physik Univ. Freiburg (s. 1986) - Hermann-Herder-Str. 3, 7800 Freiburg - Geb. 9. Juni 1941 Dresden, ev., verh. s. 1965 m. Erika, geb. Schneppat, 4 Kd. (Tobias, Ivonne, Melanie, Cornelia) - Ing. (grad.) 1963 Lübeck; Dipl.-Phys. 1967 Freiburg; Promot. 1969 ebd. - 1970-78 Wiss. Rat bzw. Abt.vorst. u. Prof. Univ. Kaiserslautern; 1978-86 o. Prof. FU Berlin. Wesentl. wiss. Beitrag: Einf. v. Lasern für d. Stud. Atomarer u. Molekularer Stoßprozesse, Clusterphysik - Mitgl. in Fachvereinig. Co-Editor; Z. Phys. D (Atoms, Molecules and Clusters) - Spr.: Engl.

HERTEL, Ludwig

Dr. rer. nat., Prof. f. Lagerstättenforschung u. Rohstoffkd. TU Berlin (s. 1971) - Hohenzollerndamm 53, 1000 Berlin 33 (T. 824 31 53) - Geb. 4. Mai 1926 Melsungen (Vater: Prof. Eduard H.; Mutter: Lieselotte, geb. Friedrichs), verh. s. 1960 m. Marie-Luise, geb. Haugk, 2 Kd. (Sabine, Susanne) - Stud. d. Geologie u. Mineralogie Univ. Bonn u. Kiel; Promot. 1958 Bonn - 1959-71 wiss. Assist. u. Akad. Rat (1968). Fachmitgl.sch.

HERTEL, Rainer

Dr., o. Prof. f. Molekularbiologie Univ. Freiburg (s. 1969) - Wintererstr. 35, 7800 Freiburg/Br. (T. 3 54 74).

HERTERICH, Günter

Historiker, MdB (Wahlkr. 62/Köln IV) - Graf-Gessler-Str. 8, 5000 Köln 21 (T. 81 72 71) - Geb. 15. Juni 1939 - 1975 MdL Nordrh.-Westf. SPD.

HERTING, Andreas

Dr., Hauptgeschäftsführer Industrie- u. Handelskammer für d. Pfalz - Ludwigspl. 2/3, 6700 Ludwigshafen (T. 0621 - 59 04-1 10) - Geb. 20. April 1941 Berlin, kath., verh. s. 1969 m. Hildegard Berges, 2 Kd. (Elisabeth, Christoph) - 1961-67 Stud. Rechts- u. Wirtschaftswiss. FU Berlin; Dipl.-Kfm. 1967, Promot. (Dr. rer. pol.) 1970 FU Berlin - 1968-70 Fak.assist. WiSo-Fak. FU Berlin; 1971-86 IHK f. Augsburg u. Schwaben in versch. Positionen, zul. Geschäftsf. - Spr.: Engl., Franz., Ital.

HERTL, Michael

Dr. med., Prof. Univ. Heidelberg, Chefarzt Kinderklinik Krankenhaus Neuwerk - Dünnerstr. 214-216, 4050 Mönchengladbach 1; Schwogenstr. 101 - Geb. 5. Juli 1926 Neuss (Vater: Michael H., Beamter; Mutter: Anna, geb. Imberger), kath., verh. s. 1955 m. Dr. Renate, geb. Diekmann, 4 Söhne (Sebastian, Stefan, Michael, Martin) - Univ. Heidelberg. Promot. 1952, Habil. 1963 - S. 1969 Prof. Vorst. Dt. Leukämie-Forsch.hilfe, Vors. Beirat Kind-Philipp-Stiftg. f. Leukämieforsch., Mitgl. wiss. Beirat Dt. Ges. f. Sozialpädiatrie u. Aktionskomitee Kind im Krankenhaus - BV: D. Gesicht d. kranken Kindes, 1962; D. Wirkung d. Brille, 1965; Zytochemie d. Zellen d. akuten Leukose, 1966; Kinderheilkd. u. Kinderkrankenpflege f. Schwestern, 1968, 7. A. 1989; Mutter u. Kind, 1968; D. chron.-kranke Kind in d. Schule, 1968; Päd. Differentialdiagnose, 1977 (auch span., ital., portug., poln., russ.), 2. A. 1986; Gastarbeiterkinder in d. Bundesrep. Deutschl. zw. Integration u. Sonderstatus, 1978; D. Gesicht d. Kranken, 1980; m. a.; Laokoon, m. R. Hertl, 1968; Kranke u. behinderte Kinder in Schule u. Kindergarten, 1979; D. kranke Kind, 1981, 2. A. 1986. Zahlr. Fachveröff. in Handb. u. Ztschr., 200 Aufs.; Herausg. u. Mithrsg.: Ergebnisse päd. Onkol.

HERTLEIN, Jürgen

Direktor Dt. Blindenstudienanstalt - Am Schlag 8, 3550 Marburg 1 (T. 06421 - 6 70 53) - Geb. 23. März 1942 Mannheim, verh., S. Stefan - Abit.; Sonderschullehrerausb. - B. 1978 Dir. Blindeninstitutsstiftg. Würzburg, dann Dir. s.o.; stv. Landesvors. Parität. Bildungsw., Mitgl. Bundesvorst. u. stv. Landesvors. Dt. Parität. Wohlfahrtsverb.; Geschäftsf. Elektronik u. GGmbH, Gemeinn. EntwicklungsGes. mbH u. Arbeitsgem. d. Blindenhörbüchereien - Veröff. in in- u. ausl. Ztschr. z. Blindenwesen - Spr.: Engl.

HERTLER, Günther

Prof., Hochschullehrer - Neufferstr. 5, 7145 Markgröningen/Württ. - Gegenw. Prof. f. Franz. PH Ludwigsburg.

HERTRAMPF, Jürgen G.

Direktor, Mitgl. d. Geschäftsfg. CEBAL Verpackungen GmbH & Co. KG - Schweinauer Hauptstr. 80, 8500 Nürnberg; priv.: Grünangerweg 26, 8501 Burgthann-Grub - Geb. 14. März 1940 - Stud. Braunschweig (Maschinenbau) u. München (Betriebsw.).

HERTSCH, Bodo-Wolfhard

Dr. med. vet., Prof. f. Allg. Chirurgie, Pferdekrankheiten, Röntgenol. u. Hufbeschlag Tierärztl. Hochsch. Hannover - Burgwedeler Str. 85, 3004 Isernhagen 2 (T. 0511 - 73 81 45) - Geb. 27. Juni 1943 Potsdam (Vater: Kurt H., Architekt; Mutter: Elfriede, geb. Thaermann), ev., verh. s. 1971 m. Ingrid, geb. Banning, 2 Kd. (Claudia, Florian) - 1963-68 Stud. Berlin, Promot. 1970, Habil. 1982 - 1973 Fachtierarzt f. Pferde; 1979 Tierarzt f. Chir.; Prof. Klinik f. Pferde Tierärztl. Hochsch. Hannover - BV: Angiograph. Unters. an d. Extremitäten b. Pferd, 1983; Anatomie d. Pferdes, 1984. Herausg. Zentralblatt Pferd (1984).

HERTWECK, Friedrich

Dr. rer. nat., Direktor am MPI f. Plasmaphysik, Garching, Honorarprof. f. Informatik TU München (s. 1973) - Fuchsweg 24, 8011 Baldham - Geb. 27. Nov. 1930.

HERTZ, H. Gerhard

Dr. rer. nat., o. Prof. f. Physikal. Chemie - Str. d. Roten Kreuzes 45, 7500 Karlsruhe-Bergwald - Geb. 13. Juni 1922 Hamburg - S. 1960 (Habil.) Lehrtätigk. Univ. Münster (ao. Prof.) u. TH bzw. Univ. Karlsruhe (1965 o. Prof. u. Dir. Inst. f. Physikal. Chemie u. Elektrochemie). Fachveröff.

HERTZ-EICHENRODE, Albrecht

Dipl.-Kfm., Vorstandsvorsitzender HANNOVER Finanz GmbH - Leisewitzstr. 37b, 3000 Hannover 1 (T. 0511 - 280 07 13) - Geb. 29. Mai 1944 Kaiserdorf/Westpr., verh. s. 1973 m. Ursula, geb. Oldenheimer, 2 Kd. (Julia-Elgin, Goetz-Timo) - 1964-66 Univ. Bonn, 1966-67 Iowa Wesleyan College, Mt. Pleasant/USA (B.A.); 1967-68 Inst. Univ. de Hautes Etudes Intern., Genf (License) - 1969-74 Management Consultant A. T. Kearney GmbH, Düsseldorf; 1975-79 Controller Bong Mining Co., Monrovia/Liberia; s. 1979 Vorst. (1987 Vors.) HANNOVER Finanz - Spr.: Engl., Franz.

HERTZ-EICHENRODE, Dieter

Dr. phil., Prof. f. Neue Geschichte - Gerdsmeyerweg 5b, 1000 Berlin 42 - Geb. 18. Sept. 1932 Dabrowo - Promot. 1957 - S. 1971 (Habil.) Privatdoz. u. Prof. (1971) FU Berlin - BV: Politik u. Landw. in Ostpr. 1919-30, 1969; Wirtschaftskrise u. Arbeitsbeschaff. Konjunkturpolitik 1925/26 u. d. Grundlagen d. Krisenpolit. Brünings, 1982.

HERTZ-EICHENRODE, Wilfried

Journalist - Am Reisenbrook 14a, 2000 Hamburg 67 - Geb. 1920 - U.a. 1981-85 Chefredakt. DIE WELT.

HERTZBERG, Peter

Prälat, Geistl. Vertr. d. Bischofs d. Ev. Kirche v. Kurhessen-Waldeck (Landeskirchenamt) - Heideweg 21, 3500 Kassel - Geb. 13. Juni 1927 Jerusalem (Vater: Prof. D. Hans Wilhelm H.; Mutter: Elsa, geb. Hofmann), ev., verh. s. 1952 m. Ruth, geb. Flotho, 2 Kd. (Hans Martin, Christine) - Realgymn. Hofgeismar, Theol. Fak. Univ. Marburg u. Göttingen; Theol. Seminary Princeton (N. J./USA), Magister d. Theol. - Gemeindepfarrer, Jugend- u. Schülerpfarrer, Synodaler, Dekan (1972-75), Prälat s. 1975 - Liebh.: Garten - Spr.: Engl.

HERTZER, Heinrich Siegfried

Dipl.-Ing., Generalbevollmächtigter - Hersbrucker Str. 32, 8500 Nürnberg 30 - Geb. 17. Okt. 1919 Baden-Baden (Vater: Dr. jur. Werner H., Rechtsanw. u. Nt.; Mutter: Mathilde, geb. Hilgenstock), ev., verh. s. 1958 m. Ilse, geb. Heyde, 1 Kd. (Dominique) - 1946-49 TH München (Dipl. f. Hochfrequenz- u. Fernmeldetechnik) - S. 1950 Dominit-Werke, Hoppecke (Entwicklungsing.), Koch & Sterzel, Essen (1951; Entw.ing. u. Vertriebsleit.), AEG, Bad Cannstatt (1956; stv. Vertriebschef), SEL, Nürnberg (1957; Vertriebsleit., 1960 Dir., 1965 Marketingleit., 1978 Generalbevollm.) - Liebh.: Elektroakustik, Fotogr. - Spr.: Engl., Ital., Franz. - Patent: Spezialtransformator (1950).

HERWARTH von BITTENFELD, Hans-Heinrich

Staatssekr. a. D. - Schloss, 8643 Küps - Geb. 14. Juli 1904 Berlin (Vater: Hans Richard H. v. B., Major a. D.; Mutter: Ilse, geb. v. Tiedemann), ev., verh. s. 1935 m. Elisabeth, geb. v. Redwitz, T. Alexandra, verehel. Marchl - Gymn. Berlin; 1922-24 prakt. Tätigk. Orenstein & Koppel AG u. Dt. Erdöl-AG; Univ. ebd., Breslau, München (Rechtswiss. und Nat.ök.) - 1926 jurist. Vorbereitungsdst. München (AG), 1927 Eintritt AA Berlin (1929 Diplomat.-konsular. Prüf.), 1930 Dt. Botschaft, Paris, 1931-39 Attaché u. Legationssekr. Dt. Botschaft Moskau, 1939-45 Wehrdst. (zul. Rittm. d. R.), 1945-49 Oberreg.rat, Reg.dir. (1946) u. Min.rat (1949) Bayer. Staatskanzlei, München, danach Leit. Arbeitsstab Protokoll Bundeskanzleramt, Bonn, 1950 Min.dirig., 1951-55 Chef Protokoll AA ebd. (1952 Gesandter), 1955-61 Botschafter Großbritannien, 1961-65 Staatssekr. u. Chef Bundespräsidialamt, 1965-69 Botschafter Ital. Republik, 1969-71 Vors. Kommiss. z. Reform d. Auswärt. Dienstes, 1969-77 Präs. Goethe-Inst. z. Pflege d. dt. Sprache u. Kultur im Ausl., München. B. 1977 AR-Vors. Dt. Unilever GmbH u. Union Dt. Lebensmittelwerke GmbH; Präs. Internat. berat. Komité z. Rettung Venedigs; Vors. Arbeitskr. Venedig d. Dt. Unesco-Komm. - BV: Zwischen Hitler u. Stalin, Erinn. 1931-45, 1982 (dt. Taschb.Ausg. 1985) - Großkreuz Victoria-Orden, Gr. BVK m. Stern u. Schulterbd., Bayer. VO - Liebh.: Kunst, Skilaufen - Spr.: Franz., Engl., Ital., Russ.

HERWIG, Oscar

Konsul, Kaufmann, Gesellschafter Röhlig & Co., Hamburg/Bremen (s. 1955) - Elbblöcken 10, 2000 Hamburg 52 (T. Büro: 31 10 10) - Geb. 29. Okt. 1912 - S. 1933 Röhlig - 1965 Honorarkonsul d. Rep. Senegal.

HERZ, Albert

Dr. med., Prof. f. Pharmakologie u. Toxikol. - Joseph-Haas-Weg 28, 8000 München-Pasing(T. 88 64 31) - Geb. 5.

Juni 1921 Sonthofen/Allg. - S. 1959 (Habil.) Lehrtätigk. Univ. München (1967 apl. Prof.), Direktor Max-Planck-Inst. f. Psychiatrie, München.

HERZ, Hanns-Peter
Staatssekretär a.D., fr. Journalist - Onkel-Bräsigstr. 16, 1000 Berlin 47 - Geb. 21. Juni 1927 Berlin - FU Berlin (Rechtswiss.) - B. 1964 RIAS Berlin (Kommentator), dann Senat Berlin (1967 Senatssprecher, Chef Senatskanzlei); b. 1985 Bezirksstadtrat f. Bauwesen u. stv. Bürgerm.; s. 1986 RIAS Berlin.

HERZ, Peter
s. Herz Hanns-Peter

HERZ, Thomas
Dr. rer. pol., Prof. f. Soziologie u. Empir. Sozialforsch. Univ.-GH Siegen - Alteburger Str. 329 c, 5000 Köln 51 - Geb. 20. April 1938 Norrköping/Schweden - 1980 Gastprof. Europ. Hochschulinst. Florenz; 1983/84 Univ. of Houston, Texas, USA. 1983 Forsch.-Aufenthalt am Maison des Sciences de l'Homme, Paris - BV: Soziale Bedingungen f. Rechtsextremismus in d. Bundesrep. Dtschl. u. in d. Vereinigten Staaten, 1975; Europa in d. öfftl. Meinung, 1978; Berufl. Mobilität in d. Bundesrep., 1979; Klassen-Schichten-Mobilität, 1983; Social Mobility, 1986.

HERZBERG, Ernst Günther
Staatssekretär a. D. - Vogelrohrsheide 24, 4400 Münster - Geb. 20. Dez. 1923 Schneidemühl, verh., 2 Kd. - Obersch.; Päd. Akad. Kiel - Kriegsdst. (Seeoffz.); Lehrer Lübeck; Bibliothekar Dortmund; Lehrer Münster; 1966-67 Leit. Landesamt f. Polit. Bildung, Jugend u. Sport Düsseldorf; 1967 b. 1970 (Rücktr.) Staatssekr. Kultusmin. Nordrh.-Westf. 1958-67 (Mandatsniederleg.) MdL NRW (1962 ff. stv. Vors. FDP-Fraktion). 1955-60 Landes-, 1958-60 stv. Bundesvors. Dt. Jungdemokr. Div. Parteiämter (u. a. 1959-70 Vors. Bezirksverb. Westf.-N). Korvettenkapt. d. R. dt. Bundesmarine.

HERZBERG, Joachim-Johann
Dr. med., Prof., Direktor Dermatol. Klinik - Städt. Krankenanstalten, St.-Jürgen-Str., 2800 Bremen - Geb. 9. Juli 1914 Berlin (Vater: Richard H., Apotheker; Mutter: Marie, geb. Puhlschneider), verh. m. Brunhild, geb. Christoph, 2 Kd. (Angela, Michaela) - S. 1949 (Habil.) Privatdoz. u. apl. Prof. (1955) Univ. Hamburg (zul. Oberarzt Hautklinik). Üb. 70 Fachveröff. - Offz. Orden Palmes Académiques; Mitgl. Dermatol. Ges. Frankr. u. Venezuela - Liebh.: Tennis, Skilaufen.

HERZBERGER, Jürgen
Dr. rer. nat., Prof. f. Angew. Mathematik Univ. Oldenburg - Dahlienweg 1, 2906 Wardenburg - Zul. Doz. Univ. Karlsruhe.

HERZBRUCH, Kurt
Cellist, Prof. f. Violoncello Staatl. Hochschule f. Musik Rheinland/Musikhochsch. Köln - Rurstr. Nr. 17, 5000 Köln 50 - Geb. 3. Aug. 1921 Köln (Vater: Dr. med. Max H.; Mutter: Wilhelmine, geb. Burger), ev., verh. s. 1953 m. Eliane, geb. Oberheide, 2 Kd. (Dagny, Gerik) - Musikhochsch. Köln, außerd. Prof. Becker München - S. 1949 Hochschuldoz. Köln, Düsseldorf (1950) u. wied. Köln (1973). Mitwirk. Schröter-Trio, Kehr-Trio, Schäffer-Quart., Schubert-Trio. Unzähl. Konz. In- u. Ausl. Rundfunkaufn. u. Langspielpl. - Spr.: Engl., Franz. - Großv.: Präs. Intern. Gerichtshof Kairo.

HERZENSTIEL, Werner
Dr. phil., Prof. f. Pädagogik - Lindelbrunnstr. 72, 6740 Landau - Geb. 19. Juni 1925 Herxheim - Promot. 1969 - S. 1971 Prof. EWH Rhld.-Pf./Abt. Landau - BV: u. a. Humanisierung d. berufl. Lernens, 1975.

HERZFELD, Frank
Dr. rer. nat., Prof. f. Molekulare Biologie u. Bota-nik Univ. Hannover - Leistlingerstr. 31b, 3008 Garbsen 7 - Zul. Doz. Univ. Hannover.

HERZHOFF, Wolfgang A.
Dipl.-Kfm., Geschäftsführer KEUCO GmbH & Co KG - Oesestr. 36, 5870 Hemer (02372 - 58-200); priv.: Im Knapp 2, 5970 Plettenberg (T. 02391 - 5 20 33) - Geb. 10. Mai 1938.

HERZIG, Gudrun
s. Scheibner-Herzig, Gudrun

HERZIG, Heinz (Heinrich)
Spediteur, Aufsichtsratsvorsitzender Straßen-Verkehrs-Genoss. Hessen-Fern eGmbH, stv. AR-Vors. KRAVAG Lebensversich.verb. d. Dt. Kraftverkehrs V. a. G., Beiratsvors. Dt. Transportbank GmbH, Präs. Zentralarbeitsgem. d. Straßenverkehrsgewerbes (ZAV) (b. 1971 Vizepräs., dann Präs.), Vors. Vereinig. d. Verkehrsgewerbes in Hessen, alle Frankfurt - Habelbergstr. 7, 6400 Fulda - Geb. 27. Juni 1920 - 1983 Gr. BVK.

HERZIG, Manfred
Präsident Landgericht Berlin (s. 1986) - Tegeler Weg 17-21, 1000 Berlin 10 (T. 34 60 42 10) - Geb. 16. Sept. 1934 - 1971 Kammergerichtsrat; 1973 Senatsrat; 1980 Ltd. Senatsrat u. Präs. Justizprüfungsamt Berlin.

HERZIGER, Gerd
Dr.-Ing., o. Prof. RWTH Aachen, Lehrst. f. Lasertechnik u. Leit. Fraunhofer-Inst. f. Lasertechnik Aachen - Steinbachstr. 15, 5100 Aachen - Zul. Prof. f. Angew. Physik Univ. Bern, dann TH Darmstadt.

HERZOG, Dietrich
Dr. phil., Prof. f. Polit. Soziologie - Hackerstr. 9, 1000 Berlin 41 - Geb. 28. Juli 1931 Zeitz - Promot. 1964; Habil. 1972 - S. 1972 Prof. FU Berlin. 1972/73 Gastprof. Univ. Essex - BV: u. a. Polit. Karrieren, 1975.

HERZOG, G. H.

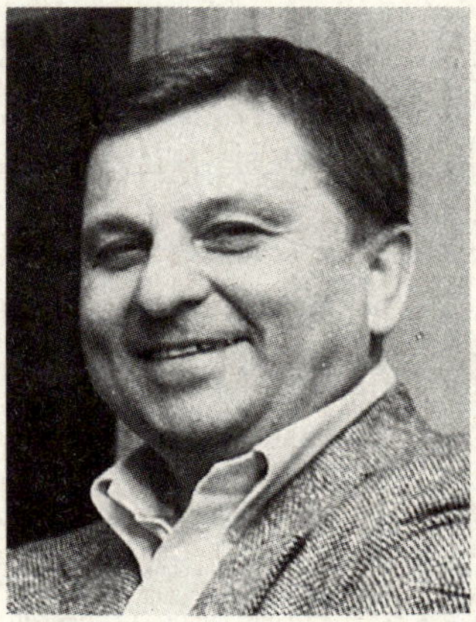

Schriftsteller, Heraus., Übers. - Bockenheimer Anlage 7, 6000 Frankfurt/M. 1 - Geb. 25. Febr. 1927 Karwina/Nordmähren, verh. s. 1956 m. Marion, geb. Hoinkis, Sohn Felix - 1948-52 Hochsch. d. bild. Künste München (Kl. Prof. Emil Preetorius) - S. 1962 Buchveröff.; 1977 Initiator, Gründ. u. Editor Heinrich-Hoffmann-Mus., Frankfurt; 1981 Gründ. u. Vorst.-Mitgl. Heinrich-Hoffmann-Ges.; 1982 Initiator u. Gestalter Struwwelpeter-Mus. (ehrenamtl. Leit.); Samml. d. Originale Dr. Heinrich Hoffmanns (Nachlaß), Frankfurt; Herausg. e. zehnb. Ausg. v. Heinrich Hoffmanns Werken (m. Else Hessenberg u. Helmut Siefert) Insel-Verlag, Frankfurt - Spr.: Engl., Poln., Tschech., Slowak.

HERZOG, Gerulf
Dipl.-Ing., Bauassessor, Landrat d. Landkr. Mainz-Bingen (s. 1985) - Lohnbergstr. 4, 6501 Dexheim (T. 06133 - 5 98 88) - Geb. 2. Juni 1936 Mainz, kath., verh. s. 1958 m. Inge, geb. Saathoff, 3 Kd. (Steffen, Heike, Gregor) - Stud. Elektrotechnik; Dipl. 1961, Bauass. 1964; Stud. Berufspäd., Arbeitswiss., Sem. jurist. Fak. d. Univ. Gießen - B. 1973 Oberpostdir.; 1973-80 Bürgerm. Stadt Grünberg; 1980-85 Hauptamtl. 1. Kreisbeigeordn. Landkr. Gießen, 1985 Landrat d. Vogelsberg Kr. - Veröff. im techn., gesellschaftl. u. polit. Ber. - Spr.: Engl., Franz.

HERZOG, Günther
Dr., Hauptgeschäftsführer Landesvereing. Rhld.-Pfälz. Unternehmerverb., Mainz, Verb. d. Pfälz. Industrie, Neustadt, Geschäftsf. Verb. d. Pfälz. Metallind., Verb. d. papiererzeugenden Ind. Rheinl.-Pfalz - Friedrich-Ebert-Str. 11-13, 6730 Neustadt/Weinstr. (T. 8 52-0), priv.: Römerweg 48a - Stud. Volksw. - 1975 BVK I. Kl.

HERZOG, Martin Hans
Minister für Wirtschaft, Mittelstand u. Technologie d. Landes Baden-Württemberg, MdL Baden-Württ. (s. 1988; Wahlkr. Esslingen) - Seemooser Weg 17, 7990 Friedrichshafen - Geb. 28. Dez. 1936 Schramberg (Vater: Hans H., Pensionär; Mutter: Klara, geb. Flaig), kath., verh. s. 1963 m. Beate, geb. Beller, 3 T. (Sabine, Barbara, Beate) - 1956-60 Jurastud. Tübingen - 1973-77 Landrat d. Bodensee-Kreises, 1977-84 OB d. Stadt Friedrichshafen, s. Dez. 1984 Minister f. Wirtschaft, Mittelstand u. Technol.d. Landes Baden-Württ., 1978-85 AR-Vors. Zahnradfabr. Friedrichshafen AG, 1979-85 Zeppelin-Metallwerke GmbH, 1984-85 Lemförde Metallwaren. CDU - Liebh.: Musik, Jagd, Fliegen - Spr.: Engl., Franz., Span.

HERZOG, Reinhart
Dr. phil., Prof., Lehrstuhlinh. f. Literaturwissenschaft Univ. Bielefeld (s. 1972) - Schwalbenweg 1, 4970 Bad Oeynhausen - Geb. 12. Juli 1941 - Promot. 1964; Habil. 1972 - Zul. Univ. Konstanz - BV: D. allegor. Dichtkunst d. Prudentius, 1966; D. Bibeldicht. d. lat. Spätantike, 1975 ff.

HERZOG, Rolf
Dr. phil., em. o. Prof. u. Direktor Inst. f. Völkerkunde Univ. Freiburg (s. 1965) - Sommeracker 4, 7800 Freiburg/Br. (T. 6 78 28) - Geb. 14. Mai 1919 Oppach/OL. - Habil. 1956 Berlin - U. a. Ref. Dt. Archäol. Inst. Kairo (1958 ff.) - BV: D. Nubier, 1957; Sudan, 2. A. 1961; Seßhaftwerden v. Nomaden, 1963; Punt, 1968.

HERZOG, Roman
Dr. jur., Prof., Landesminister a. D., Präs. Bundesverfassungsgericht (s. 1987) - Schloßbezirk 3, 7500 Karlsruhe 1 (T. 14 92 12) - Geb. 5. April 1934 Landshut, ev. - Promot. u. Habil. München - 1966-73 Ord. FU Berlin u. Hochsch. f. Verw.wiss. Speyer (1969), 1971-80 Vors. EKD-Kammer f. öfftl. Verantw.; 1973-78 Bevollm. v. Rheinl.-Pf. b. Bund, 1978-83 Vors. Ev. Arbeitskr. CDU/CSU; 1978-80 Minister f. Kultus u. Sport, 1980-83 Innenmin. Baden-Württ.; 1979-83 Bundesvorst. CDU; 1983-87 Vizepräs. Bundesverfassungsgericht - Christ u. Welt - BV/Mitverf.: Kommentar z. Grundgesetz (m. Maunz u. Dürig), 1968ff.; Staaten d. Frühzeit - Ursprünge u. Herrschaftsformen, 1988. Mithrsg.: Ev. Staatslexikon (3. A. 1987); Rhein. Merkur (s. 1981). Zahlr. Einzelarb. - 1984 Hon.-Prof. Hochsch. f. Verw.wiss. Speyer; 1986 Honorarprof. Univ. Tübingen.

HERZOG, Thomas
Dr., o. Univ.-Prof., Fachgeb. Entwerfen u. Gebäudetechnik TH Darmstadt, Architekt - Imhofstr. 8, 8000 München 40 - S. 1973 Prof. GH Kassel; s. 1987 Lehrst. TH Darmstadt - S. 1971 eig. Architekturbüro. Bauteilentw. üb. industriell produzierte Teile u. solare Energiesysteme. Teilnahme an intern. Ausst. Zahlr. Veröffentl.; 2 Fachb. - 1971/72 Rompreis Villa Massimo; 1979 Mies v. d. Rohe-Preis; 1981 u. 1983 BDA-Preis, Bayern.

HERZOG, Ulrich
Dr.-Ing., o. Prof. f. Rechnerarchitektur u. Verkehrstheorie, Vorstand d. Inst. f. Math. Maschinen u. Datenverarb. (Informatik) - Weiherstr. 20, 8551 Röttenbach - Lehrf. Rechnerarchitektur, insbes. Multiprozessorsysteme, Kommunikationsnetze, Verkehrstheorie.

HERZOG, Werner
I. Bürgermeister Stadt Herrieden (s. 1972) - Rathaus, 8808 Herrieden/Mfr. - Geb. 11. Jan. 1940 Vorderbreitenthann - Zul. Regierungsoberinsp. Kreisrat im Kreistag Ansbach u. Kreisaussch.-Mitgl. (s. 1972). CSU.

HERZOG, Werner
Dr. phil., Dr.-Ing., o. Prof. f. Angew. Physik (emerit. 1978) - Beuthener Str. 33, 6500 Mainz (T. 57 33 54) - Geb. 21. Sept. 1910 Marburg/L. (Vater: Karl H., Sprachlehrer; Mutter: Auguste, geb. Brand), ev., verh. s. 1941 m. Felicitas, geb. Müller-Rieder v. Riedenau, 5 Kd. (Werner, Veronika, Ruth, Cornelia, Felicitas) - Oberrealsch. Wiesbaden; Univ. Frankfurt/M. u. Bonn (Promot. 1935), TH Darmstadt (Promot. 1959) - 1935-46 Industrietätigk.; s. 1946 apl., ao. (1953) u. o. Prof. (1967) Univ. Mainz (Dir. Inst. f. Elektrotechnik) - BV: 180 Veröff. u. a. Siebschaltung m. Schwingkristallen, 1949, 2. A. 1962; Oszillatoren m. Schwingkristallen, 1958; Aufgabensammlung: Elektrizität u. Elektrotechnik, 1979 - Spr.: Franz., Engl.

HERZOG, Wolfgang
Dr. med., Prof., ehem. Chefarzt Chir. Abt. Städt. Krkhs. Gummersbach (1960-84); Fachbeirat Rettungsdst. MAGS Nordrh.-Westf.; Facharzt-Prüfungskommiss. Ärztekammer Nordrh. - Robert-Koch-Str. 2, 5270 Gummersbach-Strombach (T. 2 48 22) - Geb. 20. April 1922 Kiel (Vater: Herbert H., Beamter, †1942 Luftangriff Kiel; Mutter: Luise, geb. Fiehöfer), ev., verh. s. 1959 m. Dr. med. Marianne, geb. Wiese, 2 Söhne (Thomas, Axel) - 1940-45 Univ. Berlin. Promot. Berlin; Habil. Köln - S. 1955 Privatdoz. u. apl. Prof. (1962) Univ. Köln (Chir.). Mitgl. in- (2) u. ausl. Facheinricht. (5) - BV: u. a. Z. Morphol. u. Pathol. d. Lig. flavum, 1949; Z. Pathogenese d. Priapismus, 1953; D. Bezieh. d. Gefäßsystems z. Magen- u. Zwölffingerdarmgeschwür, 1955; Z. Mikroangiographie, 1957; Z. Problematik d. medialen Schenkelhalsfraktur, 1962; Lymphographie, 1968; Erstversorg. am Unfallort m. Hilfe e. ländl. Rett.dienstes (Gummersbacher Modell), 1973; Sicherheits-Gurtverletzungen, 1980; Fournier'sche Gangrän, auch bei Frauen?; D. Intern. Vereinigung d. Ärzte - Zivilverteidigung, 1986; 25 J. Notarztdienst im Oberbergischen Kreis, 1988 - 1972 BVK.

HERZOGENRATH, Wulf A.
Dr. phil., Direktor Kölnischer Kunstverein - Löwenburgstr. 32, 5000 Köln 41 - Geb. 23. März 1944, ev., verh. m. Stephanie, geb. Langer, 4 Kd. - 1963-70 Stud. Kunstgesch. Univ. Kiel, Berlin, Bonn; Promot. 1970 Bonn (Prof. v. Einem) - 1971/72 Mitarb. Mus. Folkwang Essen (Leit. d. Kunstrings). Beirat Goethe-Inst. München; Vors. d. Arbeitsgem. dt. Kunstvereine, org. Kunstlandschaft Bundesrep. (1985) - BV: Selbstdarstellungen, 1973; Oskar Schlemmers Wandgestaltungen, Diss. 1973; Max Ernst in Köln, 1980; Nam June Paik, Monogr. 1983; Rheingold, 1985 (Hrsg.) - Mitarb. documenta 6 (1977) u. documenta 8 (1987).

HESBERG, Walter
Dr. rer. pol., Vorstandsmitglied Rheinboden Hypothekenbank Aktiengesellschaft, Köln - Bucheckerweg 9, 5000 Köln 91 - Geb. 8. Nov. 1929 - AR-Mand.

HESCH, Rolf-Dieter
Dr. med., Internist, Vorst. Department Innere Medizin, apl. Prof. Med. Hochsch. Hannover (s. 1978) - Mühlenweg 6, 3001 Isernhagen NB.

HESELER, Kurt
Dr. rer. pol., Dipl.-Kfm., Mitgl. Geschäftsführung Thyssengas GmbH., Duisburg-Hamborn - Gleiwitzer Straße 12, 4220 Dinslaken (T. Büro: D.-H.5 55 54 99) - Geb. 6. Juni 1924 - S. 1952 Thyssengas (stv., 1967 o. Vorstandsmitgl., 1971 Mitgl. d. Geschäftsführ.).

HESELHAUS, Clemens
Dr. phil. (habil.), o. Prof. f. Neuere dt. Literaturgeschichte - 6301 Pohlheim 2 (T. 06404 - 25 84) - Geb. 18. Juli 1912 Burlo/W. - Lektor Univ. Pisa u. Mailand, 1944 Doz. Univ. Halle, 1946 Univ. Münster, 1952 apl. Prof., Wiss. Rat ebd., 1961 Ord. Univ. Gießen (1966/67 Rektor) - BV: Anton Ulrichs Aramena, 1939; Annette v. Droste-Hülshoff, D. Entdeck. d. Seins in d. Dicht. d. 19. Jh.s, 1943; Annette v. Droste-Hülshoff - Werk u. Leben, 1971. Aufs. üb. Kafka, Trakl, mod. Lyrik, Metamorphose-Stud. u. vergl. Lit.gesch. Herausg.: Jb. d. Droste-Ges. (1947 ff.) u. W. Droste-Hülshoffs (1953 ff).

HESPOS, Hans-Joachim
Komponist, Selbstverleger - Riedenweg 16, 2875 Ganderkesee (T. 04222 - 61 71) - Geb. 13. März 1938 Emden - Abit., päd. Stud. - Schuldienst; s. 1967 zahlr. Kompositionsaufträge aus d. In- u. Ausland, Auff. in aller Welt; Gastdoz. in Israel, USA, Brasilien, Japan; Doz. b. d. intern. Ferienkursen f. neue Musik Darmstadt; Eigenverleger seiner Arbeiten - Üb. 90 Werke f. Solo, Kammermusik, Ensemble, Orchester, Radio, Film, zahlr. Kompositionspreise u. Förderungen.

HESS, Anton
I. Bürgermeister (s. 1978) - Rathaus, 8501 Rückersdorf/Mfr. - Geb. 13. Dez. 1927 Tschesterek, kath., verh. s. 1955 m. Katharina, geb. Warre, S. Uwe - Ingenieur; Prokurist Grundig AG.

HESS, Benno

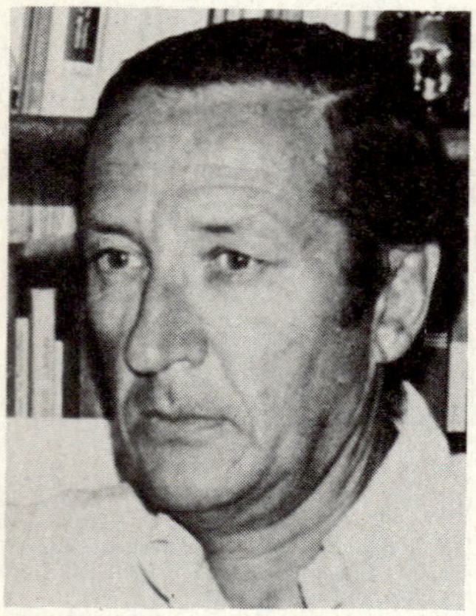

Dr. med., Prof., Direktor Max-Planck-Inst. f. Ernährungsphysiologie, Dortmund (s. 1965), Vizepräs. u. Senator Max-Planck-Ges. z. Förd. d. Wiss., München (s. 1980) - Harnackstr. 61b, 4600 Dortmund (T. 120 63 80) - Geb. 22. Febr. 1922 Berlin (Eltern: Dr. phil. Ludwig (Chemiker; s. X. Ausg.) u. Hertha H.), kath., verh. s. 1955 m. Ulrike, geb. Haas, 5 Kd. (Katharina, Ruprecht, Christine, Julia, Stephanie) - Univ. Berlin u. Heidelberg. Promot. (1948) u. Habil. (1957) Heidelberg - S. 1957 Privatdoz., Diätendoz. (1960) u. apl. Prof. (1964) Univ. Heidelberg, Honorarprof. Univ. Bochum (1970). Mitgl. v. Fachges., darunt. American Assoc. for the Advancement of Science (Washington), Royal Soc. of Medicine (London) u. European Molecular Biology Organisation (EMBO), Hon. Member of the American Soc. of Biol. Chemists, Intern. Cell Research Org. (ICRO), Europ. Cell Res. Org. (ECRO), Solvay Inst. Intern. de Physique et de Chimie, Brussels - BV: Enzyme im Blutplasma, 1962 (auch engl.). Zahlr. Einzelarb. - Mitgl. Dt. Akad. d. Naturforscher Leopoldina, Rhein.-Westf. Akad. d. Wiss. u. Heidelberger Akad. d. Wiss.

HESS, Bernhard
Dr. phil., o. Prof. f. Physik (emerit.) - Aichahof 9, 8400 Regensburg-Winzer - Geb. 30. Aug. 1906 Mönchberg/Ufr., verh. s. 1943 m. Dorothea, geb. May - S. 1948 ao. u. o. Prof. (1953) Physikal. Inst. Regensburg. Facharb.

HESS (ß), Claus
Dr., Inhaber Fa. Schöll Büroorg. Würzburg, Präs. Dt. Ruder-Verb., Hannover (s. 1966) - Greinbergweg 21, 8706 Höchberg/Ufr. (T. Würzburg 4 84 34) - Geb. 1933 - 1973ff. Vizepräs. NOK, 1979 Vizepräs. Intern. Ruderverband - 1960 Silb. Lorbeerblatt; 1983 Ehrenpräs. DRV; 1984 BVK I. Kl. - Liebh.: Rudersport (u. a. 1959 Europam. im Vierer m. Steuerm.) - Spr.: Engl. - Rotarier.

HESS (ß), Dieter
Dr. rer. nat., o. Prof. u. Direktor Inst. Pflanzenphysiologie Univ. Hohenheim (s. 1967) - Brunnenwiesen 47c, 7000 Stuttgart 75 (T. 47 46 27) - Geb. 11. Mai 1933 Karlsruhe (Vater: Dipl.-Volksw. Ludwig H.; Mutter: Thea, geb. Oehler), ev., verh. s. 1964 m. Annekatrin, geb. Martens, 2 Kd. (Kerstin, Jörg) - Univ. Freiburg u. Tübingen (Botanik, Zoologie, Chemie). Promotion (1957) u. Habil. (1961) Freiburg - 1961-67 Wiss. Assist. Max-Planck-Inst. f. Zellchemie, München, u. MPI f. Züchtungsforsch., Köln (1962). Mitgl. Dt. Botan. Ges., Ges. Dt. Naturforscher u. Ärzte, Ges. f. Biol. Chemie, Genet. Ges. - BV: Botan. Wanderungen um Freiburg, 1961; Biochem. Genetik höh. Pflanzen, 1968; Genetik, 9. A. 1982; Fahrplan d. Gene, 1972; Entwicklungsphysiol. d. Pflanzen, 4. A. 1981; D. Blüte, 1983; Pflanzenphysiol., 8. A. 1988 - Liebh.: Bergwanderungen, Alte Kunst - Spr.: Engl., Franz.

HESS, Friedhelm
Dr. med., o. Prof. f. Klin. Radiologie - 3550 Marburg 18 (T. 06421 - 7 85 80) - Geb. 29. Okt. 1924 - S. 1960 (Habil.) Lehrtätigk. Univ. Marburg (1967 apl. Prof. f. Röntgenol. u. Strahlenheilkd., 1969 Ord. f. Klin. Radiol.). Zahlr. Fachveröff.

HESS, Günter
Dr. jur., Dipl.-Volksw., Geschäftsf. u. Generalbevollm. Unternehmensgruppe Wald, Frankfurt/Hamburg/Toronto - Böge 16, 2057 Reinbek b. Hambg. (T. 040 - 722 46 61) - Geb. 12. Juni 1935 Köln (Vater: Christian H., Wirtsch.s-prüf.; Mutter: Eugenie, geb. Vogel), verh. s. 1965 m. Charlotte, geb. Roos, 2 Söhne (Christian Friedrich, Philipp Alexander) - 1. jurist. Staatsex. 1959 Köln; Dipl. des College d'Europe 1961 Brügge; Promot. 1962 u. Dipl.-Volksw. 1964 Köln - 1964 Dir.sassist. Klöckner-Humboldt-Deutz; 1965-68 C. Bertelsmann Verlag, 1968-75 Unternehmensgr. Werner Otto, Hamburg (Geschäftsf. versch. Konzernges. u. Werner Otto Stift.); s. 1976 Geschäftsf. d. Firmen Unternehmensgr. Hubertus Wald, Hamburg, Frankfurt, Toronto u. Generalbevollm. S. 1986 MdK Stormarn/Schlesw.-Holst. - BV: D. Verordnungsrecht nach d. Vertrage üb. d. Montanunion, 1962 - Liebh.: Golf, Fliegenfischerei, Radrennsport - Spr.: Engl., Franz.

HESS, Hans Georg
Dr. jur., Rechtsanwalt, Unternehmensberat. (HESS-PRESS - PR e. sicherer Service), Journalist - Am Wiesengrund, 3050 Wunstorf-Idensen - Geb. 6. Mai 1923 Berlin (Vater: Kurt H., Univ.s-prof.; Mutter: Margarethe, geb. Carstens), ev., verh. m. Heilwig, geb. v. Bülow, 5 Kd. - BV: Aus Betriebsverfass., Berufsbild. u. Menschenführung - Film: D. Vorteile überwiegen (z. Thema Marktwirtsch.); Ämter in Unternehmerorg. - Seeoffz., RK.

HESS (ß), Hans-Jürgen

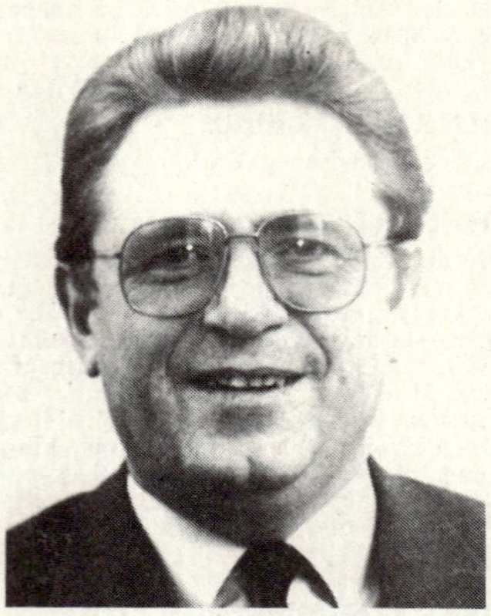

Dr., Dipl.-Politol., Ministerialrat, MdA Berlin (1971-81 u. s. 1985) - Von-Luck-Str. 32, 1000 Berlin 38 - Geb. 12. Juni 1935 Berlin - Dipl.ex. 1964, Promot. Dr. rer. pol. 1983 - 1965-74 Vors. Dt. Postgewerksch. Berlin, s. 1974 Leit. Verw. Dt. Bundestag in Berlin (Reichstagsgebäude). SPD; 1982-84 1. Vors. FC Hertha 03 Zehlendorf.

HESS, Joachim
Regisseur, Drehbuchautor - Wilhelm-Keim-Str. 9a, 8022 Grünwald/Obb. - Geb. 21. Nov. 1925 Gelsenkirchen (Vater: Carl H., Oberstlt. a.D.; Mutter: Käthe, geb. Pabst, Cellistin) - Theaterausbild. Bernhard Minetti - U. a. Filmregieassist. Helmut Käutner u. Fritz Kortner. Zahlr. Insz., dar. Staatsoper Hamburg, Schauspielhaus Hamburg, Teatro S. Carlo Neapel u. Schiller-Theater Berlin. Üb. 170 Fernsehinsz. - Goldmed. Film- u. TV-Festival New York (f.: Orpheus in d. Unterwelt), Amerik. Fernsehpreis (f.: Wozzek), Fernsehpr. Filmfestsp. Besançon (f.: D. Teufel v. Loudon); Premio Mondiale della Cultura Statua Della Vittora 1984 - Liebh.: Märchenb., Musik, Tennis.

HESS, Johann (Hans)
Dr. med., Prof., Internist - Thaddäus-Eck-Str. 3, 8000 München 60 (T. 811 12 75) - Geb. 7. Nov. 1918 (Vater: Hans H., Verwaltungsinsp.; Mutter: Mathilde, geb. Krakowitzer), kath., verh. s. 1950 m. Anna-Elisabeth, geb. Selzer, 5 Kd. (Irene, Elisabeth, Franziska, Martin, Dominika) - Theresien-Gymn. München; Univ. ebd. u. Straßburg - S. 1958 (Habil.) Privatdoz. u. apl. Prof. (1964) Univ. München (1968 Abt.-Vorst. Med. Poliklinik); 1983 Privatklinik Josefinum München. Spez. Arbeitsgeb.: Gefäßkrankh. Mitgl. Dt. Ges. f. Inn. Med., f. Kreislaufforsch. u. d. Angiologie (3) - BV: Üb. d. ärztl. Schweigepflicht; D. Obliterierenden Gefäßkrank.; Thrombolyt. Therapie; Zerebrale arterielle Durchblutungsstörungen. Zahlr. Einzelarb. - 1959 Fraenkel-Preis; 1983 Ehrenmitgl. Dt. Ges. f. Angiologie - Spr.: Engl., Ital.

HESS (ß), Jürgen
Kanzler Univ. Konstanz - Zu erreichen üb. Universitätsstr. 10, Postf. 55 60, 7750 Konstanz.

HESS, Manfred
Dipl.-Ing., Geschäftsführer Hedowa Metallverarbeitung GmbH - Kirchstr. 12, 6113 Babenhausen 7 - Geb. 2. Juli 1932 Daleiden/Eifel, gesch., 3 Kd. - Abit. Prüm/Eifel 1951, Dipl.ex. Masch.bau TH Aachen 1957 - 1957-62 Dir.assist. Englebert-Reifen, Aachen; 1962-70 Techn.-Leit. Voss-Armaturen, Wipperfürth; 1970-73 Techn. Geschäftsl. Glückauf-Hydraulik, Gelsenk.; seith. Untern.-Ber., Manag. a. Z. Krisenmanag. - Spr.: Engl., Franz.

HESS, Moshe Gerhard
Direktor i. R. Bank f. Gemeinwirtschaft AG, VR-Mitgl. Isrop (The Israel European Company S. A.), Luxemburg (s. 1974), Präsid.-Mitgl. Dt. Israel. Wirtschaftsvereinig., Frankfurt (s. 1984), Ehrenmitgl. d. Banken Aussch. Intern. Genossenschaftsbund, Genf (s. 1984), Vorst.-Mitgl. Bundesverb. Ges. d. Freunde d. Hebr. Univ. Jerusalem in Dtschl., Frankfurt (s. 1970), Vors. d. Freunde d. Hebr. Univ. Jerusalem Frankfurt a. Main (s. 1984); Vorst.-Mitgl. Deutsch-Israel. Ges., Bonn (s. 1977) - Im Wingert 18, 6236 Eschborn (T. 06196 - 4 38 06) - Geb. 16. Sept. 1918 Berlin (Vater: Arthur H., Kaufm., Fabrikant; Mutter: Erna, geb. Hirsch), jüd., verh. s. 1967 in 2. Ehe m. Anneliese, geb. Hübner, 4 Töcht. (Zippora, Ilana, Cyrille, Miriam) - Goethe-Gymn. Berlin (b. 1934); Abit.; 1937-40 Stud. Jerusalem (Abschl.ex.); extern. Prüf. Univ. Cambridge u. London - 1942-44 u. 1948-50 Militärdst.; 1940-42 u. 1944-46 Lehrer; 1946-48 Education Off. Erzieh.-min. Tel Aviv; 1950-63 dipl. Dienst Staat Israel; s. 1964 Bank f. Gemeinw. AG - 1982 BVK; 1989 BVK I. Kl. - Interessen: Intern. Bezieh. - Spr.: Dt., Engl., Franz., Hebr.

HESS, Oswald
Dr., Prof. f. Allg. Biologie Univ. Düsseldorf (s. 1970) - Bachstr. 103, 5657 Haan - Geb. 10. März 1930 Darmstadt (Vater: Wilhelm H.; Mutter: Katharina, geb. Mößer), ev., verh. s. 1963 m. Christel, geb. Joneleit, 2 Kd. (Annette, Katharina) - Stud. TH Darmstadt, 1955/56 Univ. Utrecht/Niederl, 1957/58 Univ. Bern/Schweiz, 1959/60 Stazione Zoologica, Neapel/Ital. - 1960-68 Max-Planck-Inst. f. Biol., Tübingen, 1965 Habil. Univ. Freiburg (Zoologie), s. 1970 o. Prof. f. Genetik Univ. Düsseldorf. 1979-80 Dekan d. math.-naturwiss. Fak. Univ. Düsseldorf; 1983-85 Prorektor f. Forsch. u. wiss. Nachwuchs d. Univ. Düsseldorf; 1982-87 stv. Vors. d. Genetischen Ges.; s. 1985 Mitgl. wiss. Beirat Biotec (Nowea/Düsseldorf) - Spr.: Engl., Franz., Ital.

HESS, Otto H.
Verlagsbuchhändler - Endestr. 21, 1000 Berlin 39 (T. 805 37 77) - Geb. 7. Dez. 1911 Berlin (Vater: Robert H., Börsenmakler; Mutter: Sonja, geb. Pitz), ev., verh. s. 1947 m. Anna, geb. Gross, 3 Kd. (Aja, Nina, Stefan) - Realgymn. Berlin (Abit. 1931); 1931-34 kaufm. Lehre Telefunken; 1946-53 Humboldt- u. Freie Univ. Berlin - 1935-44 Werbeleit. Telefunkenplatte; s. 1948 Inh. Colloquium-Verlag. 1973-75 I. Vors. Berliner Verleger- u. Buchhändlervereinig.; ltd. Funktionen in div. buchhändler. Verb. - 1987 BVK I. Kl.; 1988 Ehrenmitgl. FU Berlin - Liebh.: Lesen - Spr.: Engl., Franz.

HESS (ß), Paul
Steingutfabrikant, Vors. Verb. d. Krugfabrikanten d. Unterwesterwaldkr., Ransbach - 5431 Mogendorf (T. 02623 - 27 03).

HESS, Peter
Dr. rer. nat. Prof. f. Physikal. Chemie Univ. Heidelberg - Im Langgewann 37, 6900 Heidelberg 1.

HESS, Rainer
Dr. phil., Prof. f. Roman. Philologie - Im Grün 5, 7801 Stegen-Eschbach - Geb. 15. April 1936 Karlsruhe - Promot. 1961 Freiburg; Habil. 1969 Erlangen - S. 1970 Ord. Univ. Freiburg - BV: u. a. D. Anfänge d. mod. Lyrik in Portugal, 1978.

HESS, Reimund
Dr. phil., Hauptabteilungsleiter Unterhaltende Musik b. SWF Baden-Baden (s. 1978) - Winkelberger Höhe 12, 7558 Bischweier (T. 07222 - 4 21 00) - Geb. 23.

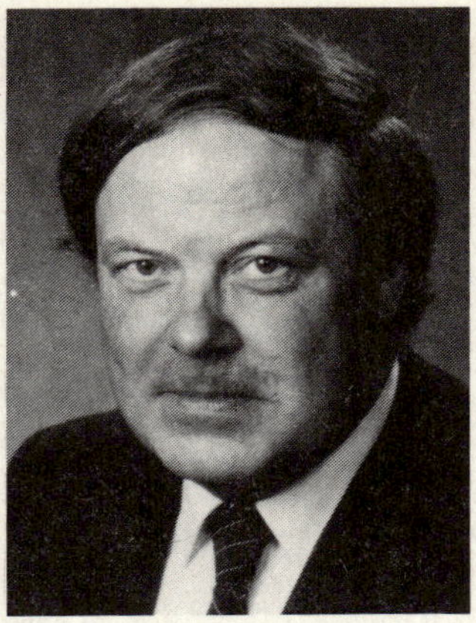

Jan. 1935 Neustrelitz/Mecklenb. (Vater: Theodor H., Realschulkonrektor/Doz.; Mutter: Käthe, geb. Reinke), kath., verh. s. 1961 m. Veronika, geb. Krayer, 2 Söhne (Christopher, Elmar) - Stud. Musikwiss., Schulmusik, Angl., Amerik. u. Phil. Univ. Mainz; 1. Staatsex. 1961, 2. Staatsex. (Studienrat) 1964; Promot. 1963 - 1964 Musikredakt. Hess. Rundf.; 1966 Abt.leit. Saarl. Rundf. Lehrauftr. u. Gastvorl. b. Musikhochsch. u. Universitäten - BV: Serenade, Cassation, Notturno u. Divertimento b. Michael Haydn, 1963; regelm. Fachbeitr. f. elektronische Medien, Printmedien, Fachlexika - Schallplatten, Rundf.- u. Fernsehaufn., Notenpubl. vorw. v. unterhaltender Musik u. Chormusik (u.a. Szen. Kantate D. Dampflok-Story n. d. Text v. James Krüss) - 1965 Wissenschaftspreis Bundesland Salzburg - Liebh.: Lit., Kunst, Architektur, Reisen - Spr.: Engl., Lat., Alt-Griech.

HESS, Roland
s. Hill, Roland

HESS, Siegfried
Dr. rer. nat., Physiker, apl. Prof. Univ. Erlangen-Nürnberg (s. 1976) - Auf d. Höhe 5, 8551 Röttenbach.

HESS, Willy
Musikschriftsteller u. Komponist - Winzerstr. 41, Winterthur (Schweiz) (T. 25 20 19) - Geb. 12. Okt. 1906 Winterthur, Diss., verh. I) 1939 m. Gertrud, geb. Schudel, II) 1956 Frieda, geb. Friedrich, 2 Kd. (Andreas, Verena) - Abit.; Diplome f. Klavier u. Musiktheoret. Fächer - BV: Das v. d. Musik verklärte Drama, 1939; Beethovens Oper Fidelo u. ihre 3 Fassungen, 1953; Beethoven, 2. A. 1976; Verz. d. nicht in d. Gesamtausg. veröfftl. Werke Beethovens, 1957; D. Harmonie d. Künste, 1960; D. Dynamik d. musik. Formb., 2 Bde. 1960/64; V. Metaphysischen im Künstlerischen, 1962; Beethovens Bühnenwerke, 1962; V. Doppelantlitz d. Bösen in d. Kunst - dargest. am Beispiel d. Musik, 1963; D. Werke Sven Hedins, Bibliogr. 1962; Beethoven-Studien, 1972; D. Werke v. Silvio Gesell, 1975; Parteilose Kunst, parteilose Wiss., 1976; Aus m. Leben, 1976; Silvio Gesell, s. Werk u. s. Persönlichkeit, 1978; Z. Lösung d. soz. Frage in Freiheit, 1981; Beethoven, Studien zu s. Werk, 1981; Silvio Gesell u. d. Freiwirtschaft, 1985; D. Fideliobuch, 1986 - 1986 Ehrenmitgl. Münchener Beethoven-Ges.

HESS-LÜTTICH, Ernest W.B.
Dr. phil., Dr. paed., M.A., M.I.L. (Lond.), Univ.-Prof. - Traunsteiner Str. 3, 1000 Berlin 30 - Geb. 24. April 1949 - M.I.L. 1972 London; M.A. 1974 Bonn; Dr. phil. 1976 Bonn; Habil. 1980 Berlin; Dr. paed. 1985 Bonn - 1975-80 wiss. Assist. Berlin; 1980-85 wiss. Assist. u. Priv.-Doz. Bonn; 1985-89 Prof. f. Dt. Philol. u. Allg. Linguistik FU Berlin - Gastprof. u.a. Univ. München, Essen, Saarbrücken, Graz, Madison/Wisconsin, Bloomington/Indiana, Montréal/Québec; 1986-88 2. Vors. dt. Ges. f. Angew. Linguistik - BV (Auswahl): Texttheorie u. Soziolinguistik, 1976; Grundl. d. Dialoglinguistik, 1981; Kommunikation als ästhetisches Problem, 1984; Zeichen u. Schichten in Drama u. Theater, 1985; Angew. Sprachsoziol., 1987; Linguistik studieren (m. Clément u. Fiehler), 1987; Knaurs Grammatik d. dt. Sprache (m. Götze), 1989. Herausg. (Auswahl): Soziolinguistik u. Empirie (1977); Lit. u. Konversation (1980); Multimedial Communication (1982); Theatre Semiotics (1982); Textproduktion u. Textrezeption (1983); Zeichengebrauch in Massenmedien (m. Bentele, 1985); Integration u. Identität (1985); Text Transfers (1987). Ztschr. u. Buchreihen: Kodikas/Code. Intern. Journ. of Semiotics, Ars semeiotica, Kodikas Supplement Series, forum Angew. Linguistik, Stud. z. Semiotik u. Kommunikationsfg., Studies in Intercultural Communication; ca. 150 weit. Fachveröff. in german., linguist., semiot. Fachztschr. u. Sammelwerken.

HESSE, Diethard
Dr. rer. nat., Prof. f. Techn. Chemie Univ. Hannover (s. 1984) - Henckellweg 25, 3000 Hannover 91 (T. 0511 - 42 37 56) - Geb. 18. Aug. 1940 Münsterberg (Vater: Alfred H.; Mutter: Hildegard, geb. Wenzel), kath., ledig - Ab 1961 Stud. Physik; Dipl. 1967; Promot. 1969 (Physikal. Chemie); Habil. 1978 Univ. Münster - 1975-84 Lehrtätigk. (Chem. Verf.-Techn.), 1977-84 wiss. Assist. Univ. Münster - Liebh.: Lit., Musik - Spr.: Engl., Franz.

HESSE, Eberhard
Organisationsberater u. Geschäftsf. - Norderstr. 34, 2952 Weener 1 (T. 04951 - 6 66; priv.: 5 05) - Geb. 13. Sept. 1911 Weener, verw., T. Monika - 1947-74 Mitgl. Vollversamml. IHK, Emden, u. viele Jahre Vors. im Großhandelsaussch. u. Mitgl. Präsidium; 1951 Initiator Großhandelskette fachring (heute IFA); 1958 u. 1960 Mitgründ. ORGA-consult m. Inst. nachrichten-anwender, u. freizeit-beratung m. d. Verein FREIZEIT-FREUNDE.

HESSE, Ernst O.
Konsul, Kaufmann - Sybelstr. 26a, 4000 Düsseldorf 1 (T. 62 23 01) - Geb. 6. Mai 1908 Düsseldorf (Vater: Dr. Julius Hesse), verh. m. Ursula, geb. Patscher - Inh. H. Schmincke & Co., Erkrath; Isländ. Konsul s. 1956. Kommandeurkr. Isl. Falkenord.; BVK I. Kl. - Liebh.: Jagd - Spr.: Engl., Franz.

HESSE, Eva
Schriftstellerin - Franz-Josef-Str. 7, 8000 München 40 (T. 33 37 10) - Geb. 2. März 1925 Berlin - S. 1972 Senior Editor Paideuma Univ. of Maine/USA - BV: Beckett, Eliot, Pound - 3 Textanalysen, 1971; T. S. Eliot u. d. Wüste Land - E. Analyse, 1973; D. Wurzeln d. Revolution - Theorien d. individuellen u. d. kollektiven Freiheit, 1974; Ezra Pound. V. Sinn u. Wahnsinn, 1978. Zahlr. Herausg. u. Übers. - 1968 Preis Dt. Akad. f. Sprache u. Dicht. (f. Übers. amerik. Lyrik).

HESSE, Franz
Dr., Vorstandsmitglied Carl Schenk AG./Maschinenfabrik - Landwehrstr. 55, 6100 Darmstadt.

HESSE, Franz
D. theol., em. o. Prof. f. Alttestamentl. Wissenschaft - Lindenstr. 86, 4515 Bad Essen - Geb. 11. Juni 1917 Loga/Ostfriesl. (Vater: Hermann K. H., Superint. u. rhein. Kirchenhistor.; Mutter: geb. Reimann), ev., verh. s. 1946 m. Ruth Hanna, geb. Bohnen, 5 Kd. - Gymn. Wuppertal; Theol. Schule ebd., Univ. Marburg u. Erlangen (Promot. 1949, Habil. 1953) - 1953 Doz. Univ. Erlangen, 1954 Univ. Marburg, 1958 ao. Prof., 1960 o. Prof. Univ. Münster, 1982 emerit. - BV: D. Fürbitte im Alten Testament, 1952 (Diss.); D. Verstockungsproblem im AT, 1955 (Habil.schr.); D. AT als Buch d. Kirche, 1966; Abschied v. d. Heilsgesch., 1971; Hiob (ZBK), 1978. Mitarb.: F. Heiler, D. Religionen d. Menschheit; -hrsg.: Kommentar z. AT - 1960 Ehrendoktor Univ. Erlangen.

HESSE, Gerhard
Dr. phil., o. Prof. f. Chemie (emerit.) - Wohnstift Rathsbergerstr. 63, App. 2339, 8520 Erlangen (T. 82 53 39) - Geb. 21. Juli 1908 Tübingen (Vater: Prof. Dr. Richard H., Hochschullehrer; Mutter: Thekla, geb. Pfleiderer), ev., verh. s. 1935 m. Cleo, geb. Lotz, 4 Kd. - Realgymn. Bonn; Univ. Bonn u. München (Promot. 1932). Habil. 1937 München - 1932 Assist. Chem. Staatslabor. München, 1938 Oberassist. Chem. Inst. Univ. Marburg, 1944 ao. Prof. u. Abt.sleit. Chem. Inst. Univ. Freiburg, 1952 o. Prof. u. Leit. Inst. f. Organ. Chem. Univ. Erlangen. Spez. Forschungsgeb.: Chromatographie, Organ. Naturstoffe, Reduktone - BV: Chromatogr. Praktikum, 1968. Üb. 166 Einzelarb. - 1972 Fresenius-Preis Ges. Dt. Chemiker; Tswett-Medaillen von Houston/USA (1975) u. Akad. d. UdSSR (1978); 1964 o. Mitgl. Bayer. Akad. d. Wiss. - Liebh.: Fotogr., Biol. - Spr.: Engl., Franz. - Rotarier.

HESSE, Hans
Bundesinnungsmeister, Vors. Bundesverb. Schneid- u. Schleiftechnik, BIV Schneidwerkzeugmechaniker-Handwerk, Krefeld - Braunschweiger Str. 30, 4500 Osnabrück.

HESSE, Hans Albrecht
Dr. rer. pol., Prof. f. Rechtssoziologie u. Rechtsdidaktik - Hanomagstr. 8, 3000 Hannover; priv.: Friedenstr. 4 - Geb. 26. April 1935 Hameln/Weser - Promot. 1967 - S. 1970 (Habil.) Lehrtätigk. TU bzw. Univ. Hannover (1973 Wiss. Rat u. Prof., 1974 Ord.). Bücher u. Aufs.

HESSE, Helmut
Dr. rer. pol., Prof., Präsident Landeszentralbank in Nieders. (s. 1988) - Georgsplatz 5, 3000 Hannover (T. 0511 - 12 33-2 31) - Geb. 28. Juni 1934 Gadderbaum, verh. s. 1962 m. Hiltrud, geb. Stephan, 2 Söhne (Jürgen, Volker) - 1954-58 Univ. Köln u. Kiel (Volksw.) - 1958-66 Univ. Münster (Assist., 1965 Doz.); 1966-88 Univ. Göttingen (Univ.-Prof.). 1983-84 Konrad-Adenauer-Lehrstuhl Georgetown Univ. Washington D.C.; s. 1989 Hon.-Prof. Univ. Göttingen. 1979-82 Vors. Mitgl. Verein f. Socialpol., 1981/82 Vors. American Econ. Assoc. u. Wiss. Beirat b. Bundesmin. f. Wirtsch., 1985-88 Mitgl. Sachverst.rat z. Begutacht. d. gesamtwirtsch. Entw. Intern. Wirken (Club of Rome, Weltbank u.a.) - Spr.: Engl.

HESSE, Joachim
Dr. rer. nat., Physiker, Direktor Unternehmensbereich Meß- u. Analysentechnik Leybold AG, Honorarprof. Univ. Frankfurt/M. - Am Mainkanal 8, 6450 Hanau - Geb. 1. März 1937 - Promot. 1964 Göttingen - S. 1972 (Habil.) Lehrtätigk. Frankfurt. AR-Vors. Heinrich-Hertz-Inst. f. Nachrichtentechnik Berlin GmbH; Vorst.-Mitgl. Verb. d. dt. feinmechan. u. optischen Ind. - Herausg.: Ztschr. Technisches Messen. Üb. 40 Fachaufs.

HESSE, Konrad
Dr. jur. h. c., o. Prof. f. Staats-, Verwaltungs- u. Kirchenrecht, Richter Bundesverfassungsgericht a.D. - Schloßweg 29, 7802 Merzhausen - Geb. 29. Jan. 1919 Königsberg (Vater: Prof. Dr. jur. et phil. Albert H., zul. Ord. f. Wirtschaftl. Staatswiss. Univ. Breslau †1965 (S. XIV. Ausg.); Mutter: Dora, geb. Deutecke), verh. 1949 m. Ilse, geb. Krahl - Univ. Breslau u. Göttingen (Rechtswiss.) - S. 1955 (Habil.) Lehrtätigk. Univ. Göttingen u. Freiburg (1956 Ord.) - BV: D. Rechtsschutz durch staatl. Gerichte im kirchl. Bereich, 1956; D. normative Kraft d. Verfassung, 1959; D. unitar. Bundesstaat, 1962; Grundzüge d. Verfassungsrechts d. BRD, 1967, 16. A. 1988; Ausgewählte Schriften, 1984.

HESSE, Manfred
Oberstudienrat, Übers., Schriftst. - Hans-Böckler-Str. 106, 6200 Wiesbaden-Dotzheim (T. 06121 - 42 18 89) - Geb. 24. Mai 1935 Remscheid, verh. s. 1960 m. Helga, geb. Falkenberg, 3 Kd. - Abit. 1955; Lehrerstud. (1. Staatsex. Engl. u. Franz. 1964, 2. Staatsex. 1966) - BV: D. Steig. d. Fortschritts, Ged. 1981; Aus d. Chronik d. Ölbäume, Ged. 1982; Tamul. Nächte, 1984 (übers.); V. guten König Vikrama, 1985 (übers.); Flurstück 219, Grünland, Ged. 1988; Ethnos Folk Tales, 3 Bde. (Hg.); Wachwerden, Ged. 1989 - Liebh.: Sammlung erz. Volkslit. aus aller Welt (Märchen, Sagen).

HESSE, Michael
Dr. phil., Kunst- u. Architekturhistoriker, Prof. f. Mittl. u. Neuere Kunstgesch. Univ. Bochum (s. 1986) - Zu erreichen üb. Kunstgeschichtl. Inst., Ruhr-Univ. Bochum, 4630 Bochum (T. 0234 - 700 26 44) - Geb. 13. Okt. 1951 Dortmund - 1971-79 Stud. Univ. Bochum, Paris (Studienstiftg. d. dt. Volkes); Staatsex. (Kunstwiss. u. Gesch.) 1976; Promot. (Kunstgesch.) 1979 Bochum; Habil. (Mittl. u. Neuere Kunstgesch.) 1986 Bochum - 1979 wiss. Mitarb. Kunstgesch. Inst. Univ. Bochum; 1982-86 Hochschulassist. ebd.; s. 1980 zud. Lehrbeauftr. f. Baugesch. u. Architekturtheorie, Abt. Bauwesen Univ. Dortmund, s. 1987 zud. Doz. am Theaterwiss. Inst. Univ. Bochum; 1984-86 Mitarb. am Funkkolleg Kunst; s. 1988 Mitarb. in d. Forsch.gr. The Classical Tradition and the Americas am ANRW Res. Center d. Boston Univ. - BV: V. d. Nachgotik z. Neugotik. D. Auseinandersetzung m. d. Gotik in d. franz. Sakralarch. d. 16., 17. u. 18. Jh., 1984; Studien zu Renaissance u. Barock (m. Max Imdahl), 1986 - Liebh.: Musik, hist. Tasteninstr. (Organologie) - Spr.: Franz., Engl., Lat., Ital., Niederl.

HESSE, Peter
Dipl.-Kfm., Fabrikant, Management-Trainer - Otto-Hahn-Str. 2, 4006 Erkrath (T. 0211 - 25 09-440) - Geb. 5. April 1937 New York (Vater: Ernst O., Fabrikant; Mutter: Ilse, geb. Renard), ledig - Stud. Betriebswirtsch. u. Trainer-Ausb. - Interesse: Entwicklungshilfe - Spr.: Franz., Engl.

HESSE, Wolfgang
Dipl.-Kfm., Aufsichtsratsvorsitzender Maizena GmbH, Hamburg, Vize-Präs. CPC Intern. Incorporation, Englewood Cliffs, Vors. CPC Europe Ltd., Brüssel - Zu erreichen üb. CPC Intern. Inc., Englewood Cliffs/Großbrit. - Geb. 28. April 1928 Berlin.

HESSE-FRIELINGHAUS, Herta
s. Hesse, Herta

HESSELBACH, Josef
Dr. agr., Arbeitsgruppenleiter (MPI f. Züchtungsforschung, Köln, Prof. f. Landw. Betriebslehre Univ. Mainz (s. 1972) - Hofgartenstr. 5, 6550 Bad Kreuznach/Nahe - Geb. 4. Dez. 1931 Unsleben/Bay., kath., verh. s. 1957 m. Inge, geb. Winter, 6 Kd. - Promot. 1958; Habil. 1968 - S. 1970 MPI - BV: Z. Ermittl.arbeitsw. Daten hochmechanis. Arbeitsverf., 1968. Etwa 250 Einzelarb.

HESSELBACH, Walter
Drs. h. c., Präsident Bundesverb. d. gemeinwirtschaftl. Unternehmen - Ginnheimer Stadtweg 148, 6000 Frankfurt/M. - Geb. 20. Jan. 1915 Frankfurt/M. (Vater: Wilhelm H.; Mutter: Elisabeth, geb. Mayer), verh. s. 1953 m. Hedwig, geb. Huth - 3 Töcht. (Elke, Petra, Hedi) - Wöhler-Realgymn., Banklehre (J. Dreyfus & Co.) u. Univ. Frankfurt (Betriebsw.) - 1935-39 Angest. Dt. Überseeische Bank, Berlin, u. Chem. Fabrik E. Merck, Darmstadt (1937), 1939-40 Sekretär Georg v. Opel, Frankfurt, 1940-47 Wehrdst. u. Gefangensch., 1947-52 Beamt. Landeszentralbank v. Hessen u. Bank dt. Länder

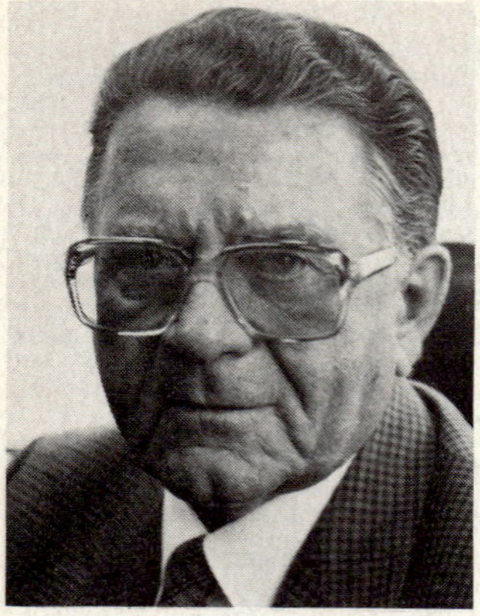

(1954), bde. Frankfurt, 1952-58 Vorst.-Mitgl. LZB v. Hessen, 1958 Vorst.-Mitgl. u. Vors. 1961-77 Bank f. Gemeinwirtschaft AG, Frankfurt, 1952-77 Stadtrat Frankfurt. Div. Ehrenämter, Ehrenpräs. Bankenkomitee Intern. Genoss.bd. u. Dt. Israel. Ges., Bonn, Präs. d. Kurat. Friedrich-Ebert-Stiftg., Bundesverb. d. Ges. d. Freunde d. Hebr. Univ. Jerusalem in Dtschl. u. Dt.-Israel. Wirtschaftsvereinig., AR-Vors.: Allgemeine Hypothekenbank AG, Frankfurt, BSV Bank f. Sparanl. u. Vermögensbild., Frankfurt/M., Intern. Genossenschaftsbank AG, Basel; VR-Vors. Dt. Beamtenversich. Wiesbaden; Präs. Bundesverb. gemeinwirtschaftl. Untern.; Vors. Stiftungsrat Stiftg. Inst. f. Sozialforsch. Univ. Frankfurt; Mitgl. d. Administration d. Städelschen Kunstinst., Frankfurt - BV: D. gemeinwirtschaftl. Unternehmen, 1970 (Übers. ins Engl., Frz., Span. u. Hebr.) - Ehrendoktor San Carlos Univ. Cebu-City/Philipp. (1968), Univ. Tel-Aviv (1970) u. Jerusalem (1974); 1973 Gold. Römerplak. Stadt Frankfurt; 1980 Gr. BVK m. Stern; 1976 Wilhelm-Leuschner-Plak.; 1980 Frankfurter Goethe-Med.; 1980 Golda-Meir-Preis; 1985 Gr. BVK m. Stern u. Schulterbd.; Ehrensenator J.W. Goethe-Univ. Frankfurt/M. - Liebh.: Sportl. Betätigung (fr. Boxer Mittelgewicht u. Judo) - Spr.: Engl. - Lit.: Ferdinand Simoneit, D. neuen Bosse, 1966 - Rotarier - 1984 Stiftg. Namenspreis (BfG).

HESSELMANN, Malte

Dr. jur., Rechtsanwalt - Gudrunstr. 96, 2000 Hamburg 56 (T. 81 39 60) - Geb. 31. Okt. 1931 Wesermünde (Vater: Martin H., Oberst; Mutter: Christel, geb. Zülch), ev., verh. s. 1960 m. Helene, geb. Tappe, 4 Kd. (Martin, Hendrik, Friederike, Christian) - Gymn.; Stud. Rechtswiss. u. Betriebsw. Beide jurist. Staatsex. - Herausg.: Handbuch d. GmbH. & Co. (16. A. 1980) - Beirats-Mand. - Spr.: Engl., Holl., Span.

HESSENAUER, Ernst

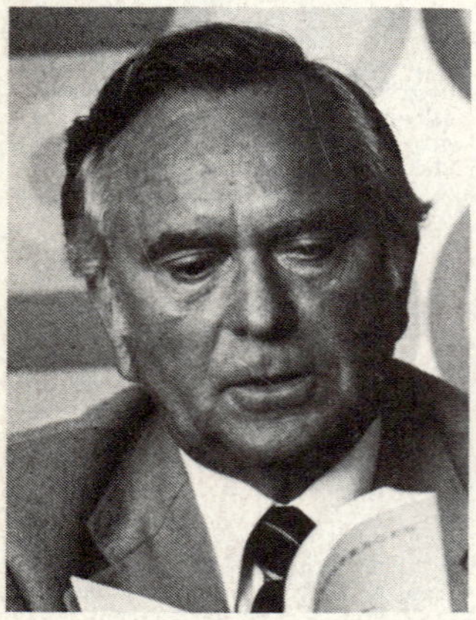

Dr. phil., Direktor a. D. - Schützenwall 37, 2300 Kiel - Geb. 17. Febr. 1922 Nußloch (Vater: Karl H., Angest.; Mutter: Rosa, geb. Heck), ev., verh. s. 1945 m. Ortrud, geb. Völckers, 2 Töcht. (Ortrud, Gesa) - Stud. Päd., Gesch., Psych., Nebenf. Polit. Wiss. u. Theol. - Ref. f. Erwachsenenbild. u. Büchereiwesen Landesreg. SH; 1956-84 Leit. Amt f. staatsbürgerl. Bildung Kultusmin. SH. 1954-70 Landesvors. Europa-Union; s. 1955 Landesvors. Dt.-Engl. Ges. Mitbegr. Jg. Union (1946-47 1. Zonensprecher d. Jg. Union d. Brit. Zone). CDU s. 1945 - BV: Überforderung d. Staates u. Staatsverdrossenheit, 1957, 2. A. 1961; Schöngeist. Lit. u. unser Zeitgeschehen, 1958; D. Jugend u. d. Wiedervereinig. Dtschl., 1962; Parteidisziplin u. Gewissensentscheid., 1968; D. Leistungsges. u. Daseinsgestalt., 1972; Wo stehen wir heute?, 1974 - Konrad-Adenauer-, Ludwig-Erhard- u. Europa-Med. (1970; erster Bürger SH); 1970 Honorary Officer of the Civil Division of the Most Excellent Order of the British Empire (ebenf. erster Bürger SH); 1978 Terra-Sancta-Med. Israel; 1979 BVK; 1978 Europ. Verdienstmed. in Silber v. Verb. d. Heimkehrer u. Kriegsgefangenen (VdH); 1982 Verdienstmed. Holocaust-Gedenkstätte Yad Vashem/Jerusalem; 1983 BVK I. Kl.; 1986 Gold. Ehrennadel Europa-Union - Liebh.: Tennis, Reiten, mod. Lit. - Spr.: Engl., Franz.

HESSENBERG, Kurt

Prof., Komponist - Fuchshohl 76, 6000 Frankfurt/M. (T. 52 18 85) - Geb. 17. Aug. 1908 Frankfurt/M. (Vater: Eduard H., Rechtsanw. u. Notar; Mutter: Emma, geb. Kugler), ev., verh. s. 1939 m. Gisela, geb. Volhard, 5 Kd. (Monika, Rainer, Gabriele, verehel. Schmitthenner, Matthias, Cornelia) - 1927-31 Landeskonservat. Leipzig (Klavier: Robert Teichmüller, Kompos.: Günter Raphael) - 1931-33 Privatmusiklehrer Leipzig, dann Lehrtätigk. Dr. Hoch's Konservat. bzw. Staatl. Hochsch. f. Musik, Frankfurt (1942 Doz., 1953 Prof.). Kompos.: u. a. 4 Symphonien, 2 Konzerte, 3 Suiten, Regnart-Variationen f. Orch., Werke f. Streichorch. u. Kammerorch., 2 Klavierkonzerte, Violinkonzert, Cellokonzert, Fagottkonzert, Oboenkonzert, Konzert f. 2 Klav. u. Orch., Chorw. m. Orch. (Fiedellieder, Weihnachtskantate, Psalmen-Triptychon, Passionsmusik nach Lukas, Messe (1981), V. Wesen u. Vergehen, Struwwelpeter-Kantate, Kantate v. dankbaren Samariter, Weinlein, nun gang ein u. a.), Motetten, Chorlieder, Kammermusikw. f. Streicher u. Bläser, auch m. Klavier, Lieder, Klavier- u. Orgelw. - 1940 Musikpreis Baden-Baden, Nat. Musikpreis, 1951 Robert-Schumann-Preis Düsseldorf, 1973 Goethe-Plak. Stadt Frankfurt - Bek. Vorf.: Dr. Heinrich Hoffmann (Verf.: Struwwelpeter) - Lit.: Karl Laux, Musik u. Musiker d. Gegenw. (1949); Gottfried Schweizer, Einleit. z. Werkverz. v. K. H. (1968); Otto Riemer, K. H., in: Musica 1953 H. 2; Rainer Mohrs, D. Orgelmusik K. H., in: Musica Sacra H. 4 (1988); Mathias Kohlmann, Zum Orgelschaffen K. H., in: Kirchenmusikalische Mitt., H. 24 (1988).

HESSENBRUCH, Friedhelm

Prof. Musikhochsch. Stuttgart, Sänger (Baß) - Sommerhalde 4, 7263 Bad Liebenzell (T. 07052 - 5 66) - Geb. 15. Febr. 1926 Köln (Vater: Dr. Helmut H., Arzt; Mutter: Elisabeth H.), ev., verh. s. 1959 - Abit.; Musikstud. Musikhochsch. Stuttgart - Engagem. 1949-51 Staatstheater Stuttgart, 1951-53 Flensbg., 1953-55 Zürich, dann Konzertsänger; s. 1966 Doz., s. 1979 Prof. Musikhochsch. Stuttgart - 1958 Aufn. als einz. Sänger in d. Stiftg. Konzertierende junge Künstler.

HESSLER (ß), Hans-Wolfgang

Direktor d. Gemeinschaftswerkes d. Ev. Publizistik, Fernsehbeauftr. Rat d. Evangel. Kirche in Dtschld. (EKD), Frankfurt/M. (1981ff.) - Friedrichstr. 2-6, 6000 Frankfurt (T. 7 15 70); priv.: Wiesenau 22 - Geb. 26. Juli 1928 Apolda/Thür. (Vater: Reinhold H., Pfarrer; Mutter: Lucie, geb. Köhler), ev., verh. s. 1954 (Ehefrau: Dr. Gisela), Sohn Philipp-Andreas - Thomassch. Leipzig; Stud. Theologie u. Publizistik - 1949-52 Berliner Anzeiger bzw. Morgenpost; 1952-53 Ökumen. Inst., Bossey b. Genf; 1953-57 Ev. Pressedst., Bethel (Redakt.); 1957-60 Berl. Morgenpost (zul. Ressortchef Innenpolitik); 1960-68 Luth. Weltbund, Genf (ltd. Redakt. Informationsbüro), 1968-81 Chefredakt. Zentralredakt. d. Ev. Pressedienst (epd) - Spr.: Engl.

HESSLER, Ole

Dipl.-Ing., Prof. f. Entwerfen, insb. systemorient. Skelettbauten, GH Paderborn (Fachber. Arch., Höxter) - Papenbrink 16, 3470 Höxter.

HESTERMEYER, Wilhelm

Dr. phil., o. Prof. f. Math. u. ihre Didaktik Univ. Bielefeld - Ritterholz 26, 4799 Borchen - Geb. 15. März 1924 Sudenfeld (Vater: Johannes H., Bäcker u. Landw.; Mutter: Anna, geb. Minnerup), verh.m. Gisela, geb. Lippmann (Lehrerin) - Stud. Univ. Münster (Math., math. Logik, Geogr., Phil., Päd.).

HETMANN, Frederik

s. Kirsch, Hans-Christian

HETTINGER, Theodor

Dr. med., em. Prof. Inst. f. Arbeitsmedizin, Sicherheitstechnik u. Ergonomie Berg. Univ.-GH Wuppertal - Peterstr. 6, 4330 Mülheim-Speldorf/Ruhr (T. 0208 - 59 00 36) - Geb. 20. März 1922 Niederselters (Vater: Otto H., Beamter; Mutter: Helene, geb. Gruschka), kath., verh. s. 1949 m. Anneliese, geb. Kipker - Promot. 1948; Habil. 1968 TH Aachen - Tätigk. Krkhs. Katzenelnbogen, MPI f. Arbeitsphysiol., Dortmund, dazw. Lankenau Hosp., Philadelphia (USA), 1960-76 Rheinstahl AG, Mülheim (Leit. Betriebsärztl. Zentralst.). 1968-76 Privatdoz. u. apl. Prof. (1971) TH Aachen - BV: Physiology of Strength, 1961; Arbeitsphysiol. Meßmethoden, 1964; Fit sein - fit bleiben, 8. A. 1989; Isometr. Muskeltraining, 5. A. 1972 (auch jap. u. ung.); Ergonomie am Arbeitsplatz, 2. A. 1980; Sportmed. - Arbeits- u. Leistungsgrundl., 2. A. 1988 - Preis Kongress f. Arbeitsschutz u. Arbeitsmed., 1972 Ruhr-Preis f. Kunst u. Wiss. - Spr.: Engl.

HETTL, Rudolf

I. Bürgermeister Stadt Waldkirchen (s. 1978) - Rathaus, 8392 Waldkirchen/Ndb. - Geb. 30. Nov. 1932 Ruckasing - Kreis- u. Sparkassenrat u. Dipl. Rechtspfleger (FH), CSU.

HETTLAGE, Erich

Dipl.-Kfm., Kaufmann (Fa. Hettlage oHG., Wiesbaden), Vizepräs. IHK Wiesbaden - Mainzer Str. Nr. 32, 6200 Wiesbaden (T. 3 90 59).

HETTLAGE, Karl M.

Dr. jur., Prof., Staatssekretär a. D. - Zul. 8000 München 80 - Geb. 28. Nov. 1902 Essen (Vater: Karl H., Präs.; Mutter: Klara, geb. Brandenburg), kath., verh. s. 1929 m. Margarete, geb. Brenken, 4 Kd. (Birgitta, Peter, Jan Bernt, Karin) - Gymn. Eschweiler; Univ. Köln u. Münster/W. - Pr. Reg.sass.; Beigeordn. (Finanzen) Dt. Städtetag; 1934-38 Stadtkämmerer Berlin; 1938-51 Vorstandsmitgl. Commerzbank; s. 1949 Honorarprof. f. Kredit- u. Bankwesen Univ. Bonn; s. 1951 o. Prof. f. Öfftl. Recht Univ. Mainz; 1958-62 Ministerialdir. u. Staatssekr. (1959) Bundesfinanzmin.; 1962-67 Mitgl. Hohe Behörde d. Europ. Gemeinschaft f. Kohle u. Stahl (Montanunion); 1967-69 wied. Staatssekr. BFM. Div. Ehrenstell., dar. Präs. Ifo-Inst. f. Wirtschaftsforsch. (1965-76) u. Mitgl. Wiss.rat (1966 ff.). Zahlr. Fachveröff. Herausg.: D. Verwaltung (2 Bde. 1957); Ztschr. Öfftl. Verw. (1953 ff.). 1967 Gr. BVK m. Stern u. Schulterbd. - Liebh.: Geige, Garten - Rotarier.

HETTLAGE, Robert

Dr. rer. pol., Dr. phil., Prof. f. Soziologie Univ. Regensburg - Unterer Batterieweg 143, CH-4059 Basel (T. 061 - 35 76 29) - Geb. 24. Juli 1943 Königsberg (Vater: Benno H.; Mutter: Walburga, geb. Buchner), kath., verh. s. 1969 m. Andrea, geb. Varjas, 2 Töcht. (Raphaela, Saskia) - Univ. Fribourg (Schweiz); Lic. rer. pol. 1966; Promot. (rer. pol.) 1969 u. (phil.) 1971; Habil. 1978 Univ. Basel - 1971 Projektleit. in Warenhaus-Konz.; 1972 Assist. Soziol. Sem. Univ. Basel; 1978 Fr. Mitarb. Prognos AG, Basel; 1980 o. Prof. f. Soziol. Univ. Regensburg - BV: D. Wirtsch. zw. Zwang u. Freiheit, 1971; Mobilisier. od. Scheinmobilisier., (m. C. Giordano) 1975; Persistenz im Wandel, (m. C. Giordano) 1979; Genossenschaftstheorie u. Partizipationsdisk., 2. A. 1987; Selbsthilfe in Andalusien (m. D. Goetze), 1989. Herausg.: Zwischenwelten d. Gastarbeiter (1984); D. posttraditionale Welt d. Bauern (1989) - Spr.: Franz., Engl., Ital., Span.,- Bek. Vorf.: Prof. Dr. Karl Maria H., ehem. Staatssekr. im Bundesfinanzmin.

HETTLER, Manfred G.

Dr. med., Prof., Radiologe - Gebsattlerstr. 60, 8500 Nürnberg 60 - Geb. 17. Jan. 1925 - Zul. Chefarzt Städt. Krkhs. Braunschweig. S. 1964 (Habil.) Privatdoz. u. Honorarprof. (1970) Univ. Marburg (Radiol.). Fachveröff.

HETTLER, Walther

Dr. med., Chefarzt - Oberesslinger Str. 51, 7300 Eßlingen/N. - Geb. 5. Juli 1919 Söhnstetten (Vater: Karl H., Pfarrer), ev., verh. s. 1947 m. Doris, geb. Kußmaul, 3 Kd. (Sibylle, Wolfgang, Bettina) - Lehrauftr. PH Esslingen u. Univ. Tübingen - 1952 Oberarzt Städt. Kinderklinik Stuttgart; 1957 ärztl. Leit. Kinderklinik Esslingen. Div. Fachveröff. (Mongolismus, Scharlach, Poliomyelitis, Zwillingsforsch u. a.) - Spr.: Engl.

HETTLING, Ludwig

Klempner, MdB (s. 1983, Landesliste Bremen) - Senator-Teil-Str. 30, 2800 Bremen 61 - Geb. 9. Okt. 1938 Bremen, verh., 1 Sohn - Volkssch. Bremen; Lehre Klempner u. Kupferschmied - B. 1969 Flugzeugklempner, dann Sachbearb. Arbeitsvorb. Messerschmitt-Bölkow-Blohm, Bremen (s. 1972 Betriebsratvors.). S. 1960 Mitgl. IG Metall. 1982 MdBB. SPD s. 1966.

HETTRICH, Heinrich

Dr. phil., o. Prof. f. Vergleichende Sprachwiss. Univ. Würzburg - Ernst-Haeckel-Str. 23, 8000 München 50 (T. 089 - 812 84 34) - Geb. 8. Okt. 1947 Scheidt/Saar, ev., verh. s. 1976 m. Ursula, geb. Joggerst, 2 Kd. (Max, Sophie) - Promot. 1974 Saarbrücken; Habil. 1984 München - Lehrtätigk. Univ. Saarbrücken, München, Salzburg, Zürich, Marburg, Würzburg - BV: Kontext u. Aspekt in d. altgriech. Prosa Herodots, 1976; Untersuchungen z. Hypotaxe im Vedischen, 1988 - 1988 Akad.preis Phil.-Hist. Klasse Akad. d. Wiss. Göttingen.

HETTWER, Hans

Dr.-Ing., Prof. f. Verkehrswesen u. Verkehrsbau Univ.-GH Essen - Zu erreichen üb. Univ., Universitätsstr. 15, 4300 Essen 1 - Geb. 26. März 1930 Breslau - TH Braunschweig (Dipl.-Ing. 1960, Gr. Staatsprüf. 1965, Promot. 1968) - Zahlr. Fachveröff.

HETTWER, Hubertus

Dr. phil., Prof. f. Pädagogik - Frölingstr. 53, 6380 Bad Homburg - Geb. 28. Juni 1927 Brieg/Schles. (Vater: Franz H., Straßenmeister †; Mutter: Maria, geb. Wolf), kath., verh. s. 1956 m. Ursula, geb. Schrobitz - Realgymn.; PH Trier u. Weilburg; Univ. Frankfurt, Würzburg, Mainz (Päd., Rechtswiss., Phil., Politol.). Promot. 1964 - S. 1971 Prof. PH Karlsruhe, s. 1975 Univ. Mainz - BV: Herkunft u. Zusammenhang d. Schulordnungen, 1965; Pädagogen u. Paragraphen, 2. A. 1970; Begabungsförd. u. Schule, 1967 (m. Th. Ballauf); Lehr- u. Bildungspläne 1921-74, 1976; D. Bildungswesen d. DDR, 1976.

HETZEL, Gerd
Direktor - Im Langenfeld 17a, 6380 Bad Homburg-Dornholzhausen - Geb. 13. Juni 1917 Köln - Vorstandsmitgl. Königsteiner Bausparkasse AG.

HETZEL, Wolfgang
Dr. phil., Dipl.-Volksw., Prof., Leiter Abt. f. Afrikaforsch./Geogr. Inst. Univ. Köln (s. 1967) - An den Eichen 21, 5300 Bonn 1 (Röttgen) (T. 25 24 25) - Geb. 26. Jan. 1922 Wörlitz/Anh. - Habil. 1966 Bonn - Facharb.

HETZLER, Hans Wilhelm
Dr. rer. pol., Dipl.-Kfm., o. Prof. f. Soziologie - Kastanienweg 2, 2000 Hamburg 65 (T. 6 04 74 70) - Geb. 8. Juli 1929 Frankfurt/M. (Vater: Karl H., kfm. Angest.; Mutter: Anna-Ottilie, geb. Böhlmann), ev., verh. s. 1965 m. Catherine, geb. Mc Nulty - Schulen Frankfurt (Abit. 1948), Univ. Frankfurt (Dipl.-Kfm. 1954), Promot. Münster 1959, Habil. TU Berlin 1969 - S. 1969 Prof. TU Berlin u. Univ. Hamburg (1973). Vors. Dt. Sektion Intern. Ind. Relations Assoc. - BV: D. Bewert. v. Bürotätigk., 2. A. 1964; Soziale Strukturen d. Organis. Forsch., 1970; Staatl. Innoventionspolitik, 1978; Arbeitsstrukturier. durch Verhandl., 1980 - Spr.: Engl.

HEUBAUM, Werner
Senatsdirektor - Bamberger Str. 42, 1000 Berlin 30 (T. 24 81 08) - Geb. 2. Sept. 1931 Berlin, verh., 1 Kd. - Obersch.; 1949-51 Maschinenschlosserlehre; 1958 b. 1960 Stud. Otto-Suhr-Inst./FU Berlin; 1. und 2. Verw.sprüf. - S. 1951 Verw.sdst. (1973 b. Senator f. Finanzen Berlin) 1967-73 MdA Berlin. SPD s. 1952.

HEUBECK, Georg
Dr. phil., Prof., Versicherungsmathematiker, Ehrenvors. Arbeitsgem. f. betriebl. Altersversorg. ABA (1984ff.; vorh. Vors.) - Leyboldstr. 13a, 5000 Köln 51 - Geb. 24. Juni 1911 Neustadt - Promot. 1936 - S. 1970 Lehrbeauftr. u. Honorarprof. (1973) Univ. Köln. Zahlr. Veröff.

HEUBERGER, Anton
Dr. rer. nat., Prof., Direktor Fraunhofer-Inst. f. Mikrostrukturtechnik - Dillenburger Str. 53, 1000 Berlin 33 (T. 030 - 829 98-100) - Geb. 20. Febr. 1942 München, verh. s. 1976 m. Ingrid, geb. Romerio - Univ. München (Physik) - Promot. 1973 - Prof. TU Berlin - 1988 Philip Morris-Preisträger - Spr.: Engl.

HEUBERGER, Helmut
Dr. phil., o. Prof. f. Geographie Univ. Salzburg - Erlenstr. 19, A-5020 Salzburg (T. 0662 - 84 96 11) - Geb. 8. Jan. 1923 Innsbruck (Vater: Prof. Dr. Richard H., Historiker), ev., verh. s. 1956 m. Dr. Adelheid, geb. Hardorp - Stud. Geogr., Geol., Gesch., German., Völkerkd.; Promot. 1952 Innsbruck, Habil. 1965 Innsbruck - 1950 Hilfsassist., 1958 Assist. Univ. Innsbruck; 1967/68 Gastdoz. Hamburg; 1969/70 Lehrstuhlvertr. FU Berlin; 1972 Prof. u. Abt.-Vorst. Univ. München; 1980 o. Prof. Salzburg. 1982-86 Vizepräs. Dt. Quartärvereinig. DEUQUA; Vorst.-Mitgl. ARGE f. vergleich. Hochgebirgsforsch. München (s. 1973); Kommiss. f. Glaziologie Bayer. Akad. d. Wiss. - BV: Gletschergesch. Unters. in d. Zentralalpen zw. Sellrain- u. Ötztal. Wiss. Alpenvereinshefte 20, 1966 - 1965 Kardinal-Innitzer-Preis (Habilschr.); 1978 korr. Mitgl. Österr. Akad. d. Wiss. - Liebh.: Musik, Lit., Bergsteigen - Spr.: Engl., Franz. - Bek. Vorf.: Richard Heuberger, Komp. Wien (Großv.).

HEUBES, Jürgen
Dr., Prof., Wirtschaftswissenschaftler - Spitzwegstr. 42, 8400 Regensburg - Geb. 10. April 1940 Rhens (Vater: Josef H.; Mutter: Else, geb. Engers) - Stud. Bonn - 1965-75 Wiss. Assist. Bonn u. Münster, 1975 Wiss. Rat u. Prof. Gesamthochsch. Paderborn, s. 1975 Prof. f. Wirtsch.theorie Univ. Regensburg - BV: Makroökonomie, 1982; Finanztheorie, 1985; Grundzüge d. Konjunkturtheorie, 1986.

HEUBL, Franz

Dr. jur., Landtagspräsident Bayern, MdL (s. 1953; 1958-60 Vors. Kulturpolit. Aussch., Vors. CSU-Fraktion, 1978 Präs.) - Maximilianeum , 8000 München 85 (T. 089 - 412 62 04); priv.: Anna-Dandler-Str. 8, 8000 München 60 - Geb. 19. März 1924 München (Vater: Franz H., Oberreg.srat; Mutter: Maria, geb. Huber), kath., verh. s. 1947 m. Lore, geb. Keulers (Hilden/Rhld.), 2 Töcht. (Claudia, Monika) - Oberrealsch.; Univ. München (Promot.), Ass.ex 1950 - 1943-45 Wehrdst., dann Stud., 1948 Sekr. Verfassungskonvent auf Herrenchiemsee, 1950-60 RR, ORR u. Reg.dir. Bayer. Unterrichts- u. Kultusmin.; 1952-55 Mitgl. Stadtrat München; 1960-62 Staatssekr. u. Leit. Bayer. Staatskanzlei; 1962ff. Bayer. Min. f. Bundesratsangelegenh. u. Bevollm. d. Freistaates Bayern b. Bund (Bonn), Mitgl. Bundesrat; s. 1978 Präs. Bayer. Landtag. CSU s. 1945 (mitbegr.; 1970 stv. Landesvors.), 1981 ff. Vors. Bayer. Bergwacht - Kdr.kreuz Ehrenlegion (Staatsbesuch de Gaulles 1962), Gr. Gold. Ehrenz. m. Stern Rep. Österr., Bayer. VO., Gr. BVK (1969), Stern dazu (1972) u. Schulterbd. (1977); Großkreuz Kgl. Griech. Phönixorden, Päpstl Orden Equite Commendant. Ordinis Sancti Silvestri Papae; Ehrenbürger Gde. Oberreute (Allgäu) u. Wasserburg am Bodensee; Gold. Bürgerring Stadt Lindau; 1982 Großoffizierskreuz ital. VO; 1983 Großkreuz VO BDR; 1984 Ehrenmitgl. Presseclub München - Liebh.: Bergsteigen - Spr.: Engl., Franz., Portug.

HEUBL, Walter
Dr. h. c., Prof. f. Betriebswirtschaft, Generalkonsul, Fabrikant - Bergstr. 7, 8901 Aystetten/Schwaben (T. 0821 - 48 13 55) - Geb. 18. Juni 1918 Augsburg (Vater: Johann H., Werkm.; Mutter: Maria, geb. Thenn), ev., verh. s. 1973 m. Ilona, geb. Schreiner, 3 Kd. (Werner, Walter, Renate) - Metallfacharb.; Gründ. u. Inh. Propper-Werke GmbH. - 1970 Präs. u. Landesvors. BKV; 1981 Senatspräs. Akad. MIDI; Präs. Maison Intern. d. Intellekt. MIDI; Ehren-Präs. Westdt. Akad.; Mitgl. Intern. Akad. d. Wiss. (AIS); Präs. Bayer. Soldatenbund (BSB) 1874 - 1973 Generalkonsul Rep. Burkina Faso/Obervolta (1982 Großoffz.); 1978 Kdr. Amerik. Legion in Europa; 1972 Bayer. VO., 1978 Gr. BVK; Gr. Konturkreuz Rep. Österr.; Franz. Tapferkeitsmed.; Europakreuz u. weit. intern. hohe Ausz.; Ehrenmitgl. Intern. Akad. d. Wiss. (AIS), Ehrenmitgl. Acad. Berrichonne, Genf.

HEUCHEMER, Karl-Heinz
Fabrikant, gf. Gesellsch. der Heuchemer Verpackung KG, Bad Ems, Vors. Bundesverb. Holzpackmittel, Paletten, Exportverpack., Trier - Wilhelmsallee 55, 5427 Bad Ems - Geb. 2. Aug. 1923 Bad Ems (Vater: Carl H.; Mutter: Isa, geb. Philippi), verh. m. Helga, geb. Hermann - 1983 BVK.

HEUCK, Friedrich
Dr. med., Prof., Ärztl. Direktor i. R. Radiolog. Inst., Zentrum f. Radiologie,

Katharinenhospital Stuttgart (s. 1964) - Niersteiner Str. 53, 7000 Stuttgart 31 - Geb. 20. Jan. 1921 Glogau/Schles. (Vater: Dr. phil. Julius H., Oberstudiendir.; Mutter: Helene, geb. Pennigsdorf), ev., verh. s. 1949 m. Ingeborg, geb. Pfeiffer, 3 Söhne (Klaus, Dieter, Andreas) - Stud. Berlin, Danzig, Innsbruck, Wien (Med.). Promot. 1944 Berlin; Habil. 1957 Kiel - S. 1957 Privatdoz. u. apl. Prof. (1963) Univ. Kiel (1957-63 Oberarzt Röntgenabt.), Hon.-Prof. Univ. Stuttgart (1970), apl. Prof. Univ. Tübingen (1971). 1972 Präs. Dt. Röntgenkongr. Stuttgart; 1984-86 Präs. Intern. Skeletal Soc.; 1986-88 Präs. Dt. Ges. f. Osteologie - BV: D. Streifenatelektasen d. Lunge, 1959; D. Bauchspeicheldrüse, 6. A. 1965; D. radiolog. Erfass. d. Mineralgehaltes d. Knochens, Bd. IV/1, 1970; Skelet 1 u. 2 in Klin. Röntgendiagnost. in Krankh. Bd. III, 1972; Allgem. Radiologie u. Morphol. d. Knochenkrankh. Hdb. d. Medizin. Radiologie Bd. V/1, 1976; Radiol. d. gesund. Skelettes - Qualitative u. quantitative radiol. Analyse d. Knochens, Bd. II/1, Lehrb. d. Röntgendiagn. v. Schinz, 6. A. 1979; Radiology Today 1, 1981; Radiology Today 2, 1983; Radiology Today 3, 1985; Radiology Today 4, 1987; Radiological Functional Analysis of the Vascular System, 1983; Klin. Radiol. Üb. 280 Arb. u. etwa 300 Vorträge. Herausg.: Lehrb.-Reihe Klin. Radiologie (1986). Mithrsg.: Handb. med. Radiologie, Frontiers in European Radiology, Medical Radiology; Ztschr.: D. Radiologe, Biomedizin. Technik - Übers.: Röntgen Diagnosis, Lehrb. (1967) - 1974 Mitgl. Intern. Skeletal Society, 1976 Korresp. Mitgl. Finn. Radiol. Ges., 1981 Ehrenmitgl. Tschech. Radiol. Ges. u. 1982 d. Österr. Röntgenges., 1984 Albers-Schönberg Med.; 1984 Ehrenmitgl. d. Ungar. Röntgen-Ges., 1984 Ehrenmitgl. d. Belg. Röntgen-Ges., 1987 Ehrenmitgl. d. Dt. Röntgen-Ges., 1989 Ehrenmitgl. d. Bulgar. u. d. Poln. Radiol.-Ges.; Carl-Wegeliüs-Med. Finn. Radiologen-Ges.; BVK - Spr.: Engl.

HEUDORF, Heinz
Geschäftsführer SIEMAG Siegener Maschinenbau GmbH., Dahlbruch - Am Höchsten 1, 5912 Hilchenbach-Dahlbruch/W. - Geb. 4. Dez. 1914 Hamburg.

HEUER, Dieter
Dr. rer. nat., Prof. f. Didaktik d. Physik - Trautenauer Str. 57, 8700 Würzburg - S. 1972 Mitvorst. Physikal. Inst. Univ. Würzburg - BV: Computer-Versuchsanalyse, 1988; Fachveröff.

HEUER, Ernst
Vizepräsident d. Bundesrechnungshofes - Berliner Str. 51, 6000 Frankfurt/M. - Geb. 12. Juli 1933 Berlin, verh., 3 Kd. - Bankkaufm., Jurist - BV: Handb. d. Finanzkontrolle; Komment. zum Arbeitsförderungsgesetz.

HEUER, Hans
Dr. jur., Rechtsanwalt - Senner Hellweg 33, 4800 Bielefeld 12 - Geb. 1. Mai 1910 - Mitgl. Gesellschafterausschuss. Bankhaus Hermann Lampe KG, Bielefeld (s. 1972; vorher Geschäftsl.); ARsvors. Claas oHG; Beir.- u. Aufs.sratsmand.

HEUER, Helmut
Dr. phil., Prof., Univ. Dortmund - In der Lohwiese 19, 4600 Dortmund-Benninghofen (T. 48 05 26) - Geb. 31. Juli 1932 Cuxhaven (Vater: Friedrich H., Volksschulrektor; Mutter: Hilde, geb. Albers), ev., verh. s. 1962 m. Gisela, geb. Franke, 2 Kd. (Andreas, Annette) - Univ. Hamburg, Marburg, Tübingen, München - 1959-65 Studienrefer., -ass. u. -rat; s. 1965 Hochschullehrer, b. 1967 Doz., dann o. Prof. f. Didaktik d. Engl. Sprache Päd. Hochsch. Ruhr (1972-74 Dekan)) - BV: D. Engl.stunde - Fallstud. z. Unterrichtsplanung u. -forsch., 1968; Brennpunkte d. Englischunterrichts, 1970; Lerntheorie d. Engl.unterr., 1976; Grundwissen d. engl. Fachdidaktik, 1979. Mithrsg.: Let's Learn English (Lehrb., 5 Bde. 1966-71), Good Engl. (Lehrw. 6 Bde. 1975-81); Englischmethodik (m. F. Klippel, 1987); Schriftleit. u. Mithrsg. d. Fachztschr. Englisch (s. 1987).

HEUER, Hermann
Dr. phil., em. o. Prof. f. Anglistik Univ. Freiburg - Spittelhofstr. 14, 7811 St. Peter/Schwarzw. (T. 07660 - 3 05) - Geb. 8. Febr. 1904 Duisburg, ev., verh. s. 1931 m. Gertrud, geb. Kühler, T. Hella - Stud. Angl., Roman., Gesch. Univ. Marburg, Berlin, Paris; Staatsex. 1928 Marburg; Promot. 1927 Marburg; Habil. 1931 Gießen - 1935-38 Dozent Kiel, 1938 ao. Prof. Münster/Westf.; 1943 o. Prof. Münster; 1950 o. Prof. Freiburg; 1972 emerit.; 1957/58 USA Forschungsprof. Yale Univ., Folger Shakespeare Library, Washington, USA. 1948-86 Vizepräs. Dt. Shakespeare-Ges. West - BV: Romaneske Elemente b. Charles Dickens, 1927; Stud. z. syntakt. u. stilist. Funktion d. Adverbs b. Chaucer, 1932. Herausg.: Jahrb. d. Dt. Shakespeare-Ges. (1950-80); zahlr. literaturwiss. u. sprachwiss. Aufs. in in- u. ausl. Fachztschr. u. Festschr. - Liebh.: Musik, Sprachen, Lit., Theol., Phil., Gesch., Politik, Schach, Botanik, engl. Versübers. (Goethe, Schiller, Morgenstern, Wilh. Busch) - Spr.: Klass. Spr., roman. Spr., Engl., Russ., Niederl. - Lit. - a. R. Stamm, Bad. Ztg. (1969); K. Schlüter, Freiburger Univ.-Blätter (1974); Jahrb. d. Dt. Shakespeare-Ges. W. (1975); R. Haas, FAZ (1984); Bad. Ztg. (1989).

HEUER, Jürgen Hermann Bernhard
Dr. rer. pol., Dipl.-Volksw., Prof., Gf. Vorstand awos, Bochum - Zu erreichen üb. awos, Wirmerstr. 28a, 4630 Bochum; priv.: Waldfrieden 3, 4300 Essen 1 - Geb. 15. Febr. 1926 Münster, ev., verh. s. 1952 m. Dr. med. Gertrud Heuer-Borchers, 3 Kd. (Christiane, Hendrik-Jürgen, Hans-Christoph) - Staatl. Schillergymn. Münster (Abit.); 1946-50 Stud. Volksw. Univ. Münster (Dipl. u. Promot.) - 1950-61 wiss. Assist.; Geschäftsf. Inst. f. Siedlungs- u. Wohnungswesen Univ. Münster; b. 1985 Vorst. VEBA Wohnst. u. Westd. Wohnhäuser. Lehrauftrag Münster u. ab 1966 Ruhr-Univ. Bochum, 1969 Honorarprof., zugl. ab 1982 Lehrbeauftr. Univ. Mannheim; 1986 Honorarprof. ebd. - BV: D. sozialpolit. Probl. e. Metienanpass., 1950; D. Eigenheim - E. soziol. u. volkswirtschaftl. Analyse, 1955; D. Bodenfrage, 1973; Siedlung (II) Städt. Siedlung, 1953; Neue Städte in Dtschl., 1960; Wohnungswirtsch., HDS Bd. 12 1965; Lehrb. d. Wohnungswirtsch., 1979, 2. A. 1985; Wohnungswesen, Handb. Grundriß d. Raumordn., 1982.

HEUER, Walter
Bankdirektor i. R. - Saseler Mühlenweg 71, 2000 Hamburg 65 (T. 601 66 67) - Geb. 8. Okt. 1909 Winsen/Luhe - S. üb. 40 Jahren Zentralkasse nwd. Volksbk. (1963 Vorst.). AR-Mand. Kreditkasse f. Hausinstandsetzung, u. a.

HEUER-CHRISTEN, Beata
Prof. f. Gesang Staatl. Hochsch. f. Musik

Freiburg, Konzertsängerin - Hinterdorfstr. 2, 7806 March (T. 07665 - 17 15) - (Vater: Cäsar Chr., Musiker; Mutter: Greti, geb. Schiffmann, Musikerin), verh. m. Friedrich H., Gymnasiallehrer - Gesamtstud. Bern (Maria Helbling), Freiburg/Br. (Margarete v. Winterfeldt) u. Zürich (Dorothea Ammann-Goesch) - Konzertsängerin (Oratorien, Lieder, Funk- u. Fernsehaufn., Neue Musik); s. 1980 Prof. Staatl. Hochsch. f. Musik.

HEUERMANN, Erich

Vorstandsmitglied OMAG Ostfries. Maschinenbau AG. - Westfalenstr. 2, 2970 Emden; priv.: Tonstr. 4 - Geb. 20. März 1920.

HEUERMANN, Hartmut

Dr. phil., M. A. (Boston Univ) Prof. f. Amerikanistik TU Braunschweig - Billrothstr. 19, 3300 Braunschweig - Geb. 3. Nov. 1941 Bielefeld (Vater: August H., Kfm.; Mutter: Alma, geb. Hülsmann), verh. s. 1970 m. Stephanie, geb. Wenzel, S. Philipp - Abitur 1961 Bielefeld, 1963-69 Stud. Anglistik, Amerikanistik u. Romanistik Univ. Marburg u. Boston/USA, Master of Arts in engl. Spr. u. Lit. 1968, Promot. 1970 - Wiss. Assist. PH Westf.-Lippe (Bielefeld) Univ./GH Paderborn, 1975 Prof. TU Braunschweig, 1980-83 Dekan Fachber. Phil. u. Sozialwiss., 1983/84 Gastprof. Department of English Univ. Boston, 1987-89 Vizepräs. TU Braunschweig, Mitgl. Dt. Ges. f. Amerikastudien, u. Dt. Ges. f. Fremdsprachenforsch. - BV: Erskine Caldwells Short Stories, 1970; Lit. u. Didaktik, 1973; Literar. Rezeption, 1975; Science Fiction USA, 1978; Werkstruktur u. Rezeptionsverhalten, 1982; Fremdspr. vs. mutterspr. Rezeption, 1983; D. Utopie in d. angloamerik. Lit., 1984; D. Science-Fiction-Roman in d. angloamerikan. Lit., 1986; Mythos, Lit., Ges., 1988 - Liebh.: Klaviermusik, Katzen.

HEUFEL, Heinz

Dipl.-Ing., Prof. f. Wasserbau, insb. Stauanlagen GH Siegen - Robert-Schumann-Str. 8, 5900 Siegen 21.

HEUKÄUFER, Anneliese, geb. Altmann

Kunstmalerin - Auf dem Siepen 9, 4350 Recklinghausen (T. 02361 - 2 25 87) - Geb. 7. Juni 1924 Essen (Vater: Wilhelm A., Prokurist; Mutter: Anna, geb. Bonnenberg), ev., verh. s. 1952 m. Alfred H., 2 S. (Alfred, Betriebsw.; Armin Claus, Arzt) - 1940-43 Folkwangsch. Essen, 1943-45 Wuppertaler Meistersch. (Staatsex.; Lehrer: u. a. Brandenberg, Prof. Urbach, Wilhelm Geißler) - 1945-52 eig. Handweberei u. s. 1945 eig. Atelier. Spez. Arbeitsgeb.: Entwürfe f. Wandbehänge u. Teppiche; Thema menschl. Bez. (Mischtechnik); Portrait, Landschaft (Öl, Aquarell, Pastell). Ausst. u. a. in Hamburg, Düsseldorf, Hamm, Essen, Kettwig, Recklinghausen, Herne, Bochum. Mitgl. Vestischer Künstlerbd. Recklinghausen - Liebh.: Exot. Vogelzucht. - Lit.: Allg. Verz. d. kunstschaffenden Ziese; u.a. Nachschlagewerke.

HEUKELUM, van, Horst

Dipl.-Kfm., Unternehmensberater - 6242 Kronberg 3 - Geb. 8. Nov. 1926 Bremerhaven (Vater: Senator Gerhard van H., Ehrenbürger Bremerhaven †1969 (s. XV. Ausg.); Mutter: Henriette, geb. Gehrken), ev., verh. s. 1959 m. Ursula, geb. Bugenhagen, 2 Söhne (Gerd, Thomas) - 1943-46 Lehre; 1954-55 Akad. f. Gemeinwirtschaft; 1955-58 Univ. Hamburg - In- u. ausl. AR- u. Beiratsmand. SPD s. 1945 - Spr.: Engl.

HEUMANN, Achim

Dr., Geschäftsführer Dr. L. C. Marquart GmbH./Chem. Fabrik - Siegburger Str. 7, 5300 Bonn-Beuel - 1978 ff. Präs. IHK Bonn.

HEUMANN, Heinz

Dr. jur., Stadtdirektor - Hugo-Wolf-Str. 9, 4500 Osnabrück (T. 323 41 02) - Geb. 12. Okt. 1925 Minden/W. (Vater: Heinrich H. †; Mutter: Paula, geb. Boernecke †), ev., verh. s. 1952 m. Edeltraut, geb. Burghardt, S. Jürgen - Bessel-Gymn. Minden; Univ. Münster (Rechts- u. Staatswiss.) - S. 1956 LSG NRW (Hilfsrichter), nieders. Finanzverw. (1957; Reg.rat), Stadtverw. Osnabrück (1963; Oberrat, 1964 Beigeordn. u. Wirtschaftsdezern., 1968 Stadtdir.) - BV: D. Konzentrations- u. Eventualmaxime im dt. Zivilprozeßrecht, 1955 (Diss.) - Liebh.: Tennis, Leichtathlektik, Skilauf.

HEUMANN, Klaus Gustav

Dr.-Ing., Prof. f. Anorgan. Chemie Univ. Regensburg - Eichenstr. 33, 8411 Sinzing - Geb. 16. Sept. 1940 Dietzenbach - Promot. (1969) u. Habil. (1974) Darmstadt - 1980-82 Vors. d. Arbeitsgemeinsch. Massenspektrometrie, 1986-88 Vors. d. Arbeitskr. f. Mikro- u. Spurenanalyse d. Elemente; 1987-89 Vorst.-Mitgl. Fachgr. Analyt. Chemie in d. GDCh. S. 1985 Titular Member IUPAC-Commiss. f. Atomic Weights and Isotopic Abundances; s. 1987 Mitgl. d. Bundesjury Jugend forscht (Fachrichtung Chemie). Fachveröff. 1983 Ruf an d. TU Graz u. 1985 GH-Univ. Kassel - Hochschulpreis Darmstadt; 1987 Océ-van-der-Grinten-Preis.

HEUMANN, Klemens

Dr.-Ing., Prof. TU Berlin, Inst. f. Allg. Elektrotechnik - Benediktinerstr. 81, 1000 Berlin 28 - Geb. 15. Mai 1931 Lünen/W. (Vater: Aloys H., Arzt; Mutter: Maria, geb. Frank), kath., led. - Schule (Abit. 1951); TH Aachen (Elektrotechnik). Promot. 1961 Berlin; Habil. 1968 Berlin - 1956-78 AEG, Forschungsinst. Berlin - BV: Thyristoren-Eigenschaften u. Anwendungen, 1969; Grundl. d. Leistungselektronik, 1975; Handbuch Stromrichter, 1978 - Spr.: Engl.

HEUMANN, Theodor

Dr. rer. nat., o. Prof. f. Metallforschung - Schreiberstr. 30, 4400 Münster/Westf. (T. 8 19 20) - Geb. 6. April 1914 - S. 1950 (Habil.) Lehrtätigk. Univ. Münster (1956 apl., 1958 ao., 1964 o. Prof.; Dir. Inst. f. Metallforsch.) - BV: Diffusion in Metallen, 2. A. 1955 (m. Seith). Zahlr. Fachaufs.

HEUMANN, Wolfram

Dr. rer. nat., em. o. Prof. u. Vorst. a. D. Inst. f. Mikrobiologie u. Biochemie Univ. Erlangen-Nürnberg (1967-86) - Rudelsweiherstr. 2, 8520 Erlangen - Geb. 8. Nov. 1914 Berlin (Vater: Prof. Dr.-Ing. Hermann H.; Mutter: Selma, geb. Preuß), verh. 1951-85 m. Barbara, geb. Stein v. Kamienski †, 2 Kd. (Irene, Heiko) - Univ. Berlin (Naturwiss.). Promot. 1942 Berlin; Habil. 1958 Braunschweig - Lehrtätigk. TH Braunschweig. Forschungsaufenth. USA (1956/57 Prof. Joshua, Lederberg; 1965-67 Southwest Center for Advanced Studies, Dallas); emerit. 1986. Spez. Arbeitsgeb.: Bakteriengenetik, Biolog. Stickstoffixierung, genetische Wechselwirkung Pflanzen-Bakterien. Fachaufs. - Spr.: Engl., Franz.

HEUMÜLLER, Oskar

Vorstandsmitglied d. Thyssen Handelsunion AG., Düsseldorf - An Dreilinden 10d, 4000 Düsseldorf 12 - Geb. 19. März 1913 Mülheim/Ruhr - Mitbegr. Bundesverb. d. Dt. Stahlhandels, D'dorf (1973 Vorst.svors.); 1975 Präs. Fianatm (Verein eur. Stahl- u. Metallhdl.).

HEUN, Hans

Dr., Oberbürgermeister (s. 1970) - Rathaus, 8670 Hof/S. - Geb. 16. April 1927 Hof - Zul. Handelsschuldir. CSU.

HEUSCHELE, Otto

Prof., Schriftsteller - Korber Str. 36, 7050 Waiblingen/Württ. (T. 2 15 62) - Geb. 8. Mai 1900 Schramberg/Württ. (Vater: Hermann H., Gärtnereibesitzer; Mutter: Mina, geb. Reinhardt), ev., verh. s. 1932 m. Annalore, geb. Lerch, 1 Kd. - Oberrealsch. Stuttgart-Cannstadt; Univ. Tübingen u. Berlin - BV: (1929-49 s. XVIII.

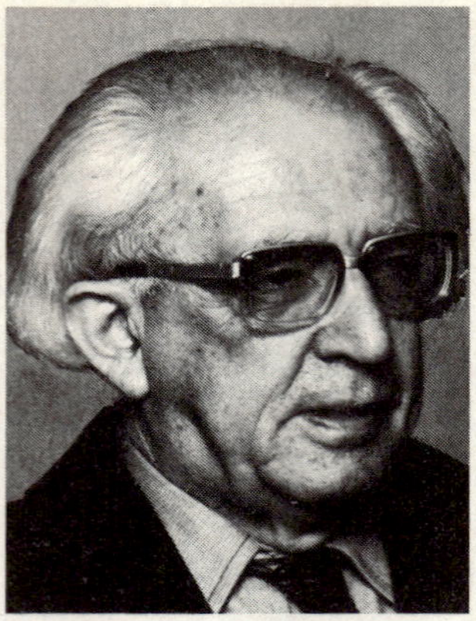

Ausg.) Ins neue Leben, Erzählung 1950; Natur u. Geist, Selbstbildnis 1954; Am Abgrund, R. 1961; Glückhafte Reise - Landschaften, Städte, Begegnungen, 1964; Essays - E. Auswahl, 1965; Inseln im Strom, ges. Erz. 1965; Hugo v. Hofmannsthal, Ess. 1965; Carl J. Burckhardt, Humanist u. Staatsmann, 1966; Augenblicke d. Lebens, Aphor. 1968; Prisma - Ausgew. Ged. 1929-69, 1970; D. Unzerstörbare, Ess. 1970; Umgang m. d. Genius, Ess. 1974; Immer sind w. Suchende, Pr. 1975; Hölderlins Freundeskreis, Ess. 1975; Schwaben unt. sich üb. sich, Pr. 1975; Unsagbares, Neue Ged. 1976; Signale, Aphorismen, 1977; Heimat d. Lebens, Besinnungen u. Deutungen, 1978; D. Nacht d. Prinzen Eugen, Erzähl. 1979; Gespräche zw. d. Generationen, Ess. 1979; Schwäbisch-fränkische Impressionen, 1980; E. Leben m. Goethe, Ess. 1980; D. Jahreslauf in d. Dichtung, 1980; Unerwartete Geschenke, 1981; Begegnungen u. Fügungen, Ess. 1984; Ausgewählte Kostbarkeiten, Ausw. 1984; Johann Wolfgang Goethe als Begleiter in allen Lebenslagen, Anthologie 1985; Zw. Blumen u. Gestirnen, Tagebuch 1985; Im Herzen d. Welt, Ess. 1986. Zahlreiche Hrsg. - O. Mitgl. Dt. Akad. f. Spr. u. Dichtg., Darmstadt; Mitgl. PEN-Zentrum BRD; BVK I. Kl.; Verdienstmed. d. Landes Bad.-Württ. Humboldt-Plakette - Lit.: Emil Wezel, O. H., 1937; Hermann Hesse, Brief an e. schwäb. Dichter, 1951; Jean Mouy, Un Humanist allemand contanporain O. H., 1952; Heinz Helmerking, O. H. - Werk u. Leben, 1959; Walter Mönch, Brücke üb. d. Zeiten. O.H. S. Werk u. s. Leben f. d. Dichtung, 1960; Dino Larese, O. H., 1965; Walter Riethmüller, Wegmarken - Leben u. Werk v. O. H., 1970; Bibliogr. 1973; Festschr.: Überlieferung u. Auftrag (1950), Auftrag u. Erfüllung (1960), Dank u. Dienst (1965), V. d. Beständigkeit (1970).

HEUSER, Hans Heiner

Dr.-Ing., Honorarprof. f. Binnenschiffbau TH Aachen (s. 1975), Direktor u. Vorst.-Vors. Versuchsanst. f. Binnenschiffbau Duisburg - Kiefernkamp 21, 4130 Moers 1.

HEUSER, Harro

Dr. rer. nat., o. Prof. f. Mathematik (Lehrstuhl V) - Universität, 7500 Karlsruhe; priv.: Im Rheinblick 20, 6530 Bingen/Rh. - Geb. 26. Dez. 1927 Nastätten (Vater: Heinrich H., Kfm.; Mutter: Elsa, geb. Schlenck), verh. s. 1952 m. Elisabeth, geb. Schwarz, 4 Kd. (Isabella, Marcus, Anabel, Marius) - S. 1962 (Habil.) Lehrtätigk. TH Karlsruhe, Päd. Hochsch. Kiel (Prof.), Univ. Mainz (apl. Prof.; Wiss. Rat Inst. f. Angew. Math.), Univ. Karlsruhe (1969 Ord.; 1969-72 Dekan); Gastprof. 1964/65 College Park/USA, 1968 u. 72 Bogotá/Kolumb., 1971 Perugia/Ital., 1973 u. 80 Toronto/Kanada, 1985 Montréal/Kanada, 1976, 79, 86 u. 88 Palermo/Ital. - BV: Funktionalanalysis, 1975; Analysis I, 1980; Analysis II, 1981; Functional Analysis, 1982; Algebra, Funktionalanalysis u. Codierung (m. H. Wolf), 1986; Gewöhnliche Differentialgleichungen, 1989 - Liebh.: Antike Kulturen, Gartenkunst - Spr.: Engl., Franz., Ital.

HEUSER, Hermann

Dr. rer. pol., Wiss. Rat, Prof. f. Sozialwiss. Grundlagen d. Bau- u. Stadtplanung TH Aachen (s. 1973) - Breiniger Berg 74, 5192 Stolberg-Breinig/Rhld.

HEUSER, Loni

Schauspielerin - Kissinger Str. 60, 1000 Berlin 33 (T. 823 22 06) - Geb. 22. Jan. 1908 Düsseldorf (Vater: Kaufm.), kath., verh. 1950 m. Theo Mackeben, Komp. (†1953) - Lyz. Potsdam u. Kloster Engl. Frl. Wiesbaden; Gesangsausbild. Hartung (Hamburg) u. Strauß (Berlin) - S. 1929 bühnentät., b. 1932 Operette Breslau u. Hamburg, dann Varieté u. Kabarett Berlin, s. 1945 Theater ebd. u. Film. Bühne: u. a. Meine Nichte Susanne, Adam u. Eva, E. Frühlingstag - Liebh.: Musik, Kochen, Autofahren.

HEUSER, Magdalene

Dr. phil., Prof. f. Literaturwiss. Univ. Osnabrück - Goldpohl 28, 4512 Wallenhorst (T. 05407 - 3 12 32) - Geb. 17. März 1937 Dahlerau/W. (Vater: Arthur H., Pfarrer; Mutter: Helene, geb. Frielingsdorf), led. - 1956-62 Stud. German., Phil., Kunstgesch. Staatsex. 1962 u. 73; Promot. 1967 - Lektorin f. Dt. Spr. u. Lit. Univ. Aarhus/Dänem. (1962) u. Oxford/Engl. (1968-70); 1963-68 Wiss. Assist. Univ. Münster u. Bochum (Prof. H. J. Schrimpf); 1970-72 Visit. Assist. Prof. f. German. Univ. Bloomington/USA; 1972-73 Refer. Gymn. Viersen; 1973-85 Doz. u. Prof. (1980) f. Dt. Spr. u. Lit. u. ihre Didaktik PH bzw. Univ. Göttingen; s. 1985 Prof. Univ. Osnabrück - BV: Formen d. Personenbeschreib. im Roman, 1970. Herausg.: Frauen-Spr.-Lit. (1982). Div. Einzelarb. - Spr.: Engl., Franz.

HEUSER, Otto Mel

Kaufmann, pers. haft. Gesellsch. Max Naumann KG, Marburg - Steinweg 42, 3550 Marburg/Lahn (T. 06421 - 6 48 98) - Geb. 5. Sept. 1926 Weidenau/Sieg (Vater: Karl H., Offizier; Mutter: Martha, geb. Betz, Lehrerin), protest., verh. s. 1950 m. Gisela, geb. Naumann, 5 Kd. (Nora, Ulrich, Jutta, Jörg, Martin) - Oberrealsch. I Kassel, ab 1942 Kriegsdienst, 1943 Luftwaffenhelfer, 1944/45 Zugführer in e. Panzereinheit (Rußld.-Kurland). S. d. 16. Lebensj. mehrf. ausgezeichn. wegen Tapferkeit - E. handwerkl. u. e. kaufm. Lehre; Stud. Gesch., Phil. u. Theol. - Tätigk. in mehr. Großstädten - 1961-65 Fraktionsvors. Marburger Stadtverordnetenvers. f. d. FDP; 1965-69 Stadtrat i. Magistrat Stadt Marburg; 1962-66 Sozialrichter, 1967-75 Vizepräs. IHK Kassel; 1967-77 Mitgl. Handelsaussch. d. Dt. Industrie- u. Handelstages, Bonn - Dokumentarfilm „Romantische Begegnungen“ für u. über die Stadt Marburg - Div. Veröffentl. volksw., soziolog. u. geschichtl.-polit. Art - Ehrenvors. Schmalfilmclub Marburg, Mitbegr. Lionsclub Marburg u. Olymp. Ges. - Spr.: Engl., Lat. - Bek. Vorf.: Amerik. Pres. Theodore Roosevelt (vs.).

HEUSER-SCHREIBER, Hedda, geb. Demme

Dr. med., Medizinjournalistin, Politikerin (FDP) - Brünnsteinstr. 13, 8203 Oberaudorf (T. 08033 - 23 27) - Geb. 16. Okt. 1926 Köln, ev., verh. in 2. Ehe m. Dr. Georg Schreiber, 2 Kd. (Hendrik, Nadja) - Med. Staatsex. u. Promot. Univ. Düsseldorf 1951 - 1962-65 u. 1968-69 MdB (FDP); 1972-87 Mitgl. Wirtsch.- u. Sozialaussch. EG; AR Horten AG; Präs. Dt. Ärztinnenbundes; Präsidiumsmitgl. Dt. Ärztetag, Mitgl. Bundesgesundheitsrat, Stiftungsrat Dt. Müttergenesungsw. FDP s. 1946 - Zahlr. Veröff. sowie Mitwirkung an TV- und Rundfunkprodukt. gesundheits-, sozial- u. frauenpol. Thematik - BV: Patientenführung in d. Praxis, Patientenführung im Krankanhaus, Arzneimitteltherapie heute, 1983-85 - BVK I. Kl.; Ehrenmed. Dt. Apothekerschaft; Hartmann-Thie-

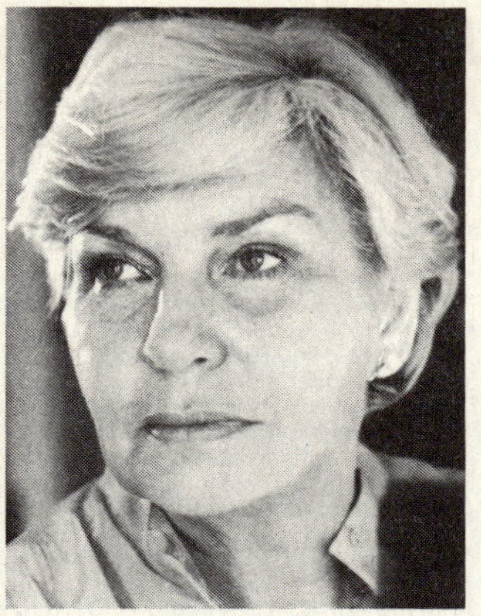

ding-Plak.; 1983 Publiz.-Preis: Med. im Wort; Bayer. VO - Lit.: Frauen in der Politik, Die Liberalen, Herausg. L. Funcke, 1984 - Spr.: Engl.

HEUSINGER, von, Eberhard
Aufsichtsratsmitglied Altana AG - Seedammweg 55, 6380 Bad Homburg v.d.H. - Geb. 15. Aug. 1925 - S. 1966 Varta AG (1972-79 Vorst.-Mitgl., 1979-81 Vorst.-Vors.), Altana AG (1981-87 Vorst.-Mitgl.). AR-Mand.

HEUSINGER, Helmut
Dr. rer. nat., Prof. f. Radio- u. Strahlenchemie - Ilmstr. 8, 8069 Steinkirchen - Geb. 9. Jan. 1930 - Promot. 1957 - S. 1965 (Habil.) Lehrtätigk. TU München (1971 apl. Prof., 1972 Abteilungsvorst. u. Prof., 1978 Prof.). 1958/59 Kanada-Aufenth. Üb. 60 Facharb.

HEUSINGER, Lutz
Dr. phil., Prof., Akad. Direktor, Kunsthistoriker - Rotenberg 16, 3550 Marburg (T. 06421 - 29 20 11) - Geb. 9. Dez. 1939 Blankenburg (Vater: Bruno H., Präs. BGH; Mutter: Sigrid H.), verh. s. 1964 m. Jutta, geb. Leskien, gesch., 2 Kd. (Josefine, Moritz) - 1959-64 Stud. Kunstgesch., Archäol., Phil. Univ. München, Wien u. Florenz; Promot. 1967 München - 1968-69 Tätigk. in Florenz, 1970-71 in Rom, 1972-1975 FU Berlin. S. 1975 Dir. Bildarchiv Foto Marburg d. Philipps-Univ. Marburg - BV: Jacobello u. Pierpaolo dalle Masegne, 1967; Michelangelo, 1969; D. Sixtin. Kapelle, 1970; Midas-Handb., 1989 - Liebh.: Bergsteigen, Segeln - Spr.: Engl., Ital.

HEUSINGER, Peter
I. Bürgermeister (s. 1976) - Polichstr. 7, 8721 Niederwerrn/Ufr. (T. 09721 - 4 00 53) - Geb. 6. Okt. 1943 Unsleben - Zul. Gemeindeamtm. CSU (Kreis- u. Bezirksrat).

HEUSLER, Helmut
Dr.-Ing., Prof., Unternehmensberater - Am Walde 16, 4600 Dortmund-Kirchhörde - Geb. 28. März 1923 Liegnitz/Schles. - Honorarprof. Techn. Univ. Braunschweig.

HEUSLER, Konrad
Dr., Dipl.-Chem., Prof. TU Clausthal (s. 1971) - Einersberger Blick 21, 3392 Clausthal-Zellerfeld - Geb. 22. März 1931 Heidelberg (Vater: Otto H., Chemiker; Mutter: Elisabeth, geb. Lehmann), ev., verh. s. 1965 m. Marianne, geb. Volhard, 3 Kd. (Angelika, Beate, Cordula) - Stud. Univ. Göttingen; Promot. 1957; Habil. 1966 - 1957-71 wiss. Mitarb. Max-Planck-Inst. f. Metallforschung (m. Unterbrechung). Fachmitgl.sch. Zahlr. Fachveröff. - Spr.: Engl.

HEUSS (ß), Alfred
Dr. phil., Dr. jur., o. Prof. f. Geschichte d. Altertums - Tuckermannweg 15, 3400 Göttingen (Telefon-5 64 62) - Geb. 27. Juni 1909 Gautzsch/Sa. (Vater: Dr. phil. Alfred H.; Mutter: geb. Elwert), ev., verh. s. 1941 m. Annelotte, geb. Rehbein, T. Annette - Univ. Tübingen, Wien, Leipzig. Promot. u. Habil. Leipzig - 1938 Doz. Leipzig, 1938 Vertr. e. Professur Königsberg, 1941 ao., 1943 o. Prof. Breslau, 1945 Gastprof. Kiel, 1946 Köln, 1949 o. Prof. Kiel, 1954 Göttingen - BV: D. völkerrechtl. Grundl. d. röm. Außenpolitik, 1933; Stadt u. Herrscher d. Hellenismus, 1937; Th. Mommsen u. d. 19. Jh., 1956; Verlust d. Gesch. 1959; Röm. Gesch., 1960; Theorie d. Weltgesch., 1968; Ideologiekritik, ihre theoret. u. prakt. Aspekte, 1975; B. G. Niebuhrs wissenschaftl. Anfänge, 1981; Versagen u. Verhängnis, 1984. Mithrsg.: Propyläen-Weltgesch. - 1957 o. Mitgl. Akad. d. Wiss. Göttingen; 1983 Preis Hist. Kolleg.

HEUSS (ß), Ernst T. V.
Dr. rer. pol. (habil.), o. Prof. f. Volkswirtschaft Univ. Erlangen-Nürnberg - Lange Gasse 20, 8500 Nürnberg - Geb. 28. Mai 1922 Leipzig - 1962-66 Prof. Univ. Erlangen-Nürnberg; 1966-74 Prof. Univ. Marburg; 1975 Prof. Univ. Erlangen-Nürnberg - BV: Wirtschaftssysteme u. intern. Handel, 1955; Allg. Markttheorie, 1965; D. Verbindung v. mikro- u. makroökonom. Verteilungstheorie, 1965; Grundelemente d. Wirtschaftstheorie, 1970, 2. A. 1980.

HEUSS-GIEHRL, Gertraud
Dr. phil., Dipl.-Psych., Prof. f. Grundschuldidaktik Univ. München - Arzfeldstr. 3, 8411 Eilsbrunn - Geb. 2. Dez. 1931 Memmingen, verh. - Univ. München (Päd., Psych. u. Soziol.); Hauptdipl. Psych. 1964, Promot. 1970 - S. 1963 Doz. PH München; s. 1973 Ord. f. Grundschuldidaktik; 1986/87 Prodekan, 1987-89 Dekan d. Fak. f. Psychol. u. Pädagogik LMU München - BV: Vorschule d. Lesens, 1971, 3. A. 1980; zahlr. Fachart. u. -aufs.; Schulb.; Herausg. u. Mithrsg. fachdidakt. Lit.

HEUSSEN, Eduard
Pressesprecher SPD - Kaiserstr. 71, 5300 Bonn 1 - Geb. 27. März 1949 Wuppertal, kath., S. Paul - Staatsex. 1973 Tübingen - 1973 Assist. Univ. Berkeley; 1975 wiss. Berater im Bundeskanzleramt; 1978 Redakt. b. SPD-Vorst. - BV: Wie sieht d. CDU-Staat aus?, 1982.

HEUSSEN, Gregor Alexander
Lic. phil., Lic. theol., Kath. Priester, Autor, Regiss., Doz. f. Kommunikation u. Medien Phil.-Theol. Hochsch. Sankt Georgen, Frankfurt - Haydnweg 11, 6100 Darmstadt (T. 06151 - 71 85 35) - Geb. 7. Juni 1939 Berlin, kath., ledig - 1960-63 Stud. Phil. München, 1965-69 Theol. Frankfurt; Priesterweihe 1968 (Jesuit s. 1958) - S. 1970 fr. Autor u. Regiss.-Realisator. BV: 62 Leute v. Nebenan, 1974; Sehen-erleben-beten, 1978; entdeckenerproben, Relig. Früherziehung, 1981; D. Geräusche d. Tals, Ged. 1982; Entdeck., Gesch. 1984 - Dokumentarfilme in ARD u. ZDF z. Themen v. Glaube, Ges., Gerechtigk. u. Diakonie, u.a. Abgeschoben u. was dann, HR 1972; Blicke, d. weh tun, HR 1973; F. d. Kinder leben, ZDF 1975; Abstellgleis, ZDF 1977; Wenn Krokodile größer werden, ZDF 1980; 14 Folgen Gespräche m. Christen, BR 1982-85; Wenn meine Hoffnung auf d. Wahrheit stürzt, ZDF 1986; Angst v. Berührung, ZDF 1988 - 1973 Adolf Grimme-Preis; 1978 Wilhelmine Lübke-Preis - Spr.: Engl., Franz.

HEUSSNER (ß), Hermann
Dr. jur., Prof., Richter des Bundesverfassungsgerichts - Zu erreichen üb. Bundesverfassungsgericht Karlsruhe (T. 0721 - 14 92 26) - Geb. 2. März 1926 Gießen (Vater: Hermann H., Rechtsanw.; Mutter: Elisabeth, geb. Schäfer), kath., verh. s. 1955 m. Dr. Gertraud, geb. Rübsam, 3 Kd. (Elisabeth, Hermann, Ruth) - 1947-50 Univ. Marburg/L. (Jura), Refer.ex. 1951, Ass.ex. 1955, Promot. 1953 - 1955-60 Richter Amts- u. LG, 1960-64 wiss. Mitarb. BAG, 1964-69 Richter am LSG (NRW), 1969-79 Richter am BSG (s. 1974 Vors.), s. 1979 Bundesverfass.-Richter, s. 1977 Hon.-prof. Univ. Gießen - Zahlr. wiss. Veröff. z. Datenschutz, Datenverarb. im Recht, Prozeß-, Arbeits-, Sozial- u. Verfass.-recht - Liebh.: Recht- u. Ges.politik, Gesch.

HEUSSNER (ß), Horst
Dr. phil., Prof. f. Musikwissenschaft - In d. Badestube 29, 3550 Marburg/L. - Geb. 10. Juli 1926 Kassel (Vater: Heinrich H.; Mutter: Elly, geb. Semmelrock), ev., verh. s. 1962 m. Dr. Ingeborg, geb. Skuthaus - Konservat. u. Musiksem. Kassel; Univ. Marburg (Musikwiss.) - S. 1970 Leit. Musikwiss. Inst. u. Prof. (1972) Univ. Marburg. S. 1972 Redakt. Catalogus Musicus - BV: Collectio Musica - Musikbibliogr. in Dtschl. b. 1625, 1973; D. Brahmsschüler Gustav Jenner, 1985; Mozart. Krit. Bericht. Klavierkonz. Bd. 6, 1986. Zahlr. Aufs. u. Art. in In- u. ausl. Ztschr. sow. Werkausg. - Silb. Mozart-Med. d. Intern. Stftg. Mozarteum Salzburg.

HEUTELBECK, Dieter
Vorstandsmitglied Basse & Uerpmann Heutelbeck AG. - Postf. 308, 5860 Iserlohn/W. - Geb. 15. Aug. 1938.

HEUTGER, Nicolaus
Dr., Dr. theol., Kirchenhistoriker, Pastor Hildesheim, Berat. d. Äbt. d. 858 gegr. Stiftes Bassum u. Beauftragter d. Sprengels Hildesheim f. Weltanschauungs- u. Sektenfragen - Kaiser-Friedrich-Str. 18, 3200 Hildesheim - Geb. 7. Jan. 1932 Rinteln (Vater: Fritz H., Bankdir.; Mutter: Laura, geb. Spanuth), ev., verh. s. 1964 m. Ursula, geb. Reinhard, 2 Kd. (Nicolaus, Viola) - Gymn. Ernestinum Rinteln; Univ. Göttingen, Heidelberg (Theol., Archäol., Erziehungswiss.); Promot. 1959 Münster (Kirchengesch.) - 1961-82 Pastor St. Martin Nienb., gleichz. Lehrtätigk., s. 1982 Pastor St. Lamberti, Hildesheim - BV: Ev. Konvente i. d. welfisch. Landen; D. Stift Möllenbeck, 1962; Amelungsborn, 1968; D. ev. theol. Arb. d. Westf. i. d. Barockzeit, 1969; Bursfelde u. s. Reformklöster, 2. A. 1975; Loccum 1971; Herder in Nieders., 2. A. 1978; Histor. Weserstud., 1972; Zukunft f. uns. Vergangenh., 1975; Einf. i. d. Münzkunde, 1975; Weltreligionen u. Christentum im Gespräch (m. G. Klages), 1977; 850 Jahre Kloster Walkenried, 1977; Nieders. Juden, 1978; Prakt. Münzkunde, 1979; Schöpfungsglaube u. Naturwissenschaft, 1980; 1100 Jahre Bücken, 1982 - 1968 Dr.en Théol. Montpellier; 1973 Stip. Dt. Ev. Inst. f. Altertumswiss. d. Heilig. Landes i. Jerusalem; 1976 Gastvorl. Mahamakut-Univ. Bangkok - Liebh.: Wandern, Alte Kunst.

HEUTLING, Dieter
Dr. rer. pol., Dipl.-Kfm., Vors. d. Geschäftsfg. L. & C. Steinmüller GmbH., Gummersbach, u. a. - Schlehdornweg 8, 5931 Netphen-Deuz - Geb. 3. Sept. 1930 Bernburg/S. - Zul. Vorstandsmitgl. Siegener AG., Geisweid.

HEUTLING, Werner
Prof., Dozent f. Violine Staatl. Hochschule f. Musik u. Theater, Hannover - Münder Heerstr. Nr. 5, 3015 Wennigsen/Deister - Geb. 6. Dez. 1921 Aue/Sachsen, verh. 1950 m. Anna Elisabeth Heiler, 3 Kd. (Malte Friedrich, Franziska, Amadeus) - Oberrealsch. - Gründer u. Primarius Heutling-Quartett - 1950 Intern. Bachpreis Leipzig; 1969 BVK.I. Kl.

HEWEL, Horst
Meßingenieur, Sachverst. f. Fernsehtechnik - Scheelestr. 58, 1000 Berlin 45 (T. 772 54 45) - Geb. 25. April 1908 (Vater: Dr. jur. Ferdinand H.; Mutter: Margarete, geb. Büttner), ev., 3 Kd. - Stud. Elektrotechnik (TH) - 1929-33 Eig. Fernsehentwickl.; 1933-45 Entwicklungs- u. Forschungsing. Telefunken (Fernsehen); 1951-73 Meßing. NWDR Berlin u. SFB. 1948/49 Bau erster Koffer-Fernsehkamera f. NWDR Hamburg; s. 1957 Radiomess. v. Erdsatelliten (Radio Tracking Station) f. COSPAR, NASA usw. Senior Fernseh-Techn. Ges. - BV: Einf. in d. Fernseh-Praxis, 1954 - Liebh.: Biologie (Zucht v. Siamkatzen, Alpenveilchen u. a.), Radfahren - 1973 Hans Bredow-Med. - Spr.: Engl., Franz.

HEY, Dieter
Dr. med. (habil.), Leiter Innere Abteilung II/Städt. Krankenhaus Bietigheim, Honorarprof. f. Inn. Med. Univ. Gießen - Riedstr. 12, 7190 Bietigheim-Bissingen.

HEYD, Werner P.
Dr. phil., Journalist i. R. - Rosäckerstr. 36, 7238 Oberndorf (T. 07423 - 34 02) - Geb. 31. Okt. 1920 Stuttgart, verh. s. 1947 m. Grete, geb. Weisschuch, 1 Tochter - 1945-51 Univ. Tübingen (Phil.); Promot. 1951; 1950-52 Buchdruckerei-Volont. - Schriftst.; Doz. 1946-49 VHS Tübingen; 1955-61 Doz. Höh. Fachsch. f. d. Graph. Gewerbe, Stuttgart - BV: Bauernweistümer, I 1971, II 1973; Künstlermonogr.: Landenberger als Zeichner, 1977; Lilo Rasch-Nägele, 1976; M. Hofheinz-Döring, 1979; Schwäb. Köpf, 1980; Gottfried Graf u. d. entartete Kunst in Stuttgart, 1987. Herausg.: Gottfried Graf, D. neue Holzschnitt (Repr. 1976); Marx, Ged. (1985) - Liebh.: Bild. Kunst, Musik, Lit. - Spr.: Engl., Franz.

HEYDE, von der, Carl-Ferdinand
Direktor a. D. - Klerschweg 5, 5000 Köln-Bayenthal (T. 38 37 49) - Geb. 22. März 1910 (Vater: James v. d. H., Diplomat; Mutter: geb. Rohde), verh. m. Sabine, geb. v. Braun - Banklehre Berlin (Dreyfuß & Co.) - 1936 Vereinigte Leichtmetallwerke, Hannover, 1947 Dt. Messe- u. Ausstellungs-AG, Hannover, 1953 Messe- u. Ausstellungs-GmbH, Köln (b. 1971 o. Gf., 1972-75 Sprecher d. Gf.). Ehrenbeirats-Mitgl. Wirtschaftspolit. Club Bonn; Ehrenmitgl. Dt. Tunes. Kammer Tunis; Vicepräs. Dt.-Tunes. Ges. Bonn - Komturkr. Orden d. Finn. Löwen; Gr. Silb. Ehrenz. Rep. Österr.; Gr. BVK, Ritter d. franz. Ehrenlegion, 1970 AUMA-Med. in Gold; Komturkr. d. Republ. Italien; Commander of British Empire; Ehrenmitgl. d. Dt.-Finnischen Ges. Köln - Liebh.: Wandern, Camping, Schwimmen.

HEYDE, Werner
Dr. oec. publ., Dipl.-Kfm., Unternehmensberater - Portenlängerstr. 34, 8022 Grünwald b. München (T. 089 - 641 30 57) - Geb. 25. Nov. 1934.

HEYDEMANN, Berndt
Dr. rer. nat., Prof., Minister f. Natur, Umwelt u. Landesentwicklung Schlesw.-Holst. (s. 1988) - Grenzstr. 1-5, 2300 Kiel 14 - Geb. 27. Febr. 1930 - Promot. 1953; Habil. 1964 - S. 1970 Prof. Kiel - BV: Biol. Grenze Land-Meer, 1964; D. biozökot. Entwickl. v. Vorland z. Koog, 2 Bde. (I: Aranea, II: Coleptera) 1960/62; Biol. Atlas f. Schleswig-Holst. (zus. m. J. Müller-Karch). Fast 100 Einzelarb. - 1984 Bruno-H.-Schubert-Preis f. Naturschutz.

HEYDEMANN, Günther
Dr. phil., Akad. Rat, Historiker - Zu erreichen üb.: Univ. Bayreuth, Kanalstr., 8580 Bayreuth - Assist. Univ. Erlangen-Nürnberg (Lehrst. f. Osteurop. Gesch. u. Zeitgesch.). Wiss. Mitarbeiter Dt. Historisches Inst. London - 1980 Ernst-Richert-Preis (f. d. Unters.: Geschichtswiss. im geteilten Dtschl.).

HEYDEN, Gerd
Dr.-Ing., Wiss. Assistent, MdA Berlin (s. 1971) - Kettlinger Str. 34a, 1000 Berlin 49 (T. 741 47 79) - Geb. 10. Jan. 1941 Berlin - N. Abitur (1959) Praktikum Bergbauschachtanlagen; 1960-66 TU Berlin (Bergbauwiss.; Dipl.-Ing. 1966). Promot. 1971 - 1967-71 Bezirksverordn. Tempelhof. CDU s. 1963.

HEYDEN, Jürgen
Dipl.-Kfm., Geschäftsführer Vorwerk & Co. Elektrowerke KG - Zu erreichen üb.

Mühlenweg 17-37, 5600 Wuppertal 2 (T. 0202 - 5 64-0) - Geb. 15. Jan. 1946.

HEYDEN, Paul

Dr. med., Dr. med. dent. (habil.), Prof. f. Zahn-, Mund- u. Kieferheilkunde - Himmelgeister Str. Nr. 222, 4000 Düsseldorf - S. 1954 (Habil.) Lehrtätigk. Med. Akad. bzw. Univ. D'dorf (1960 apl. Prof.).

HEYDER, Walter

Dr.-Ing., Dr.-Ing. E. h., Direktor i. R. - Am Flöth 16, 3006 Burgwedel 1 (T. 05139 - 41 39) - Geb. 17. Febr. 1903 Geringswalde/Sa. (Vater: Hugo H.; Mutter: Emma, geb. Thalheim), ev., verh.s. 1930 m. Elly, geb. Herrmann, 2. Kd. (Helga, Horst) - TH Dresden (Promot. 1927) - 1927-56 IG Farbenind. AG., Bitterfeld, u. Nachfolgefa. (zul. Generaldir.); 1957-71 Kali-Chemie AG., Hannover (Vorstandsmitgl., 1963 -sprecher). Div. ARsmandate. Entwicklung des imprägnierten Grafits f. d. chem. Apparatebau (IG-Farben-Patent 1942) - 1953 Ehrendoktor TH, jetzt TU Dresden.

HEYDORN, Volker Detlef

Maler, Graphiker, Schriftsteller - Frenssenstr. 28a, 2000 Hamburg 55 (T. 86 58 28) - Geb. 17. Juni 1920 Blankenese (Vater: Wilhelm H., Pfarrer; Mutter: Dagmar, geb. Huesmann), verh. s. 1944 m. Eva, geb. Stürmer, 3 Kd. (Nikolas, Ascan, Dortje) - Gymn. (Abit.); Kunstsch. Schmilinsky (1939-40) u. Landeskunstsch. (1945-48) - Mitarb. div. Verlage (Schutzumschl., Illustr.), Werke in in- u. ausl. Besitz u. zahlr. öfftl. Samml. - BV: Maler in Hamburg, 3 Bde. 1974; Carl Hilmers, Monogr. 1976; Erich Hartmann, Monogr. 1976 - 1970 Edwin-Scharff-Preis Stadt Hamburg.

HEYDT, von der, Freiherr von Massenbach, Peter

Bankier, Bankhaus Delbrück & Co. - Gereonstr. 15, 5000 Köln 1 - Geb. 2. Sept. 1938 Neuhof, verh., 5 Kd. (Michael, Imre, Susanne, Stephanie, Thomas) - Prakt. Lehre, Stud. Betriebsw., MBA Tulane Univ. 1961.

HEYDTMANN, Horst

Dr. phil. nat., Prof. f. Chemie f. d. Lehramt Univ. Frankfurt/M. (s. 1971) - Zeilstr. 9, 6242 Kronberg/Ts. 3 - Geb. 19. Aug. 1931 Frankfurt/M., verh. s. 1960 m. Ingrid, geb. Mölter, 4 Kd. - Realgymn. Kronberg; King College Bristol (USA); Univ. München u. Frankfurt (1959 Dipl.-Chem.). Promot. 1961 u. Habil. 1968 (Physikal. Chemie) Frankfurt - Facharb. - Liebh.: Bild. Kunst, Ornithologie - Spr.: Engl.

HEYE, Werner

Dr.-Ing., Abteilungsvorsteher (Abt. Werkstoffprüf./Inst. f. Metallkunde u. -physik) u. Prof. TU Clausthal - Einersberger Blick 21, 3392 Clausthal-Zellerfeld.

HEYEN, Franz-Josef

Dr. phil., Prof., Direktor Landeshauptarchiv Koblenz u. Leit. Landesarchivverw. Rheinland-Pfalz (s. 1972) - Karmeliterstr. 1-3, 5400 Koblenz; priv.: Karl-Härle-Str. 70 - Geb. 2. Mai 1928 Blankenheim (Vater: Wilhelm H., Eisenbahner; Mutter: Katharina, geb. Marx), kath., led. - 1948-54 Univ. Mainz, Tübingen, Zürich, Göttingen (Gesch., German., Theol.); 1954-56 Archivsch. Marburg - S. 1954 Staats- bzw. Landesarch. Koblenz - BV: Reichsgut im Rhld., 1956; Kaiser Heinrichs Romfahrt, 1965 (Taschenb. 1978); Nationalsozialismus im Alltag, 1967; D. Stift St. Paulin vor Trier, 1972; Dokument. z. Gesch. d. jüd. Bevölk. in Rhld.-Pf., 1974ff.; Parole d. Woche. E. Wandztg. im Dritten Reich, TB 1983. Herausg.: Jahrb. f. westd. Landesgesch. (1975ff.); Peter Altmeier - Reden (1979); Gesch. d. Landes Rheinl.-Pf. (1981); Rheinland-Pfalz entsteht (1984); Balduin v. Luxemburg (1985); D. Arenberger. Gesch. e. europ. Dynastie (1987); Andernach. Gesch. e. rhein. Stadt (1988).

HEYENN, Günther

Amtsrat a. D., MdB (s. 1976) - 2361 Blomnath (T. 04556-388) - Geb. 13. Aug. 1936 Hamburg, verh. 1 Kd. - Mittl. Reife - S. 1953-76 Beamter Landesversicherungsanstalt Hamburg. SPD (s. 1973 Schatzm. Landesverb. Schlesw.-Holst.); 1971-76 MdL Schlesw.-Holst.

HEYER, Friedrich

Dr. theol., o. Prof. f. Histor. Theologie (Konfessionskunde) - Landfriedstr. 7, 6900 Heidelberg (T. 2 16 93) - Geb. 24. Jan. 1908 Darmstadt (Vater: Dr. med. Hermann H.; Mutter: Hedwig, geb. Klaas), ev., verh. s. 1934 m. Hedwig, geb. Lisco, 3 Kd. - Ludwig-Georgs-Gymn. Darmstadt; Univ. Tübingen, Gießen, Montpellier, Göttingen (Theol.) - Schloßprediger Ernstbrunn (Österr.), Stadtadjunkt Braunschweig, Pastor St. Michaelis Schleswig, n. 1945 Studienleit. Ev. Akad. Schleswig-Holstein ebd., 1951-64 Privatdoz. u. apl. Prof. (1963) Univ. Kiel, seither Ord. Univ. Heidelberg - BV: D. Kirchenbegriff d. Schwärmer, 1939; Selbstdarstellung d. luth. Kirche vor d. orthodoxen Christen (russ.), 1950; D. orthodoxe Kirche in d. Ukraine, 1951; D. Tanz in d. modernen Gesellschaft, 1958; Geschichte d. orthodoxen Kirche in Amerika, 1962; D. kath. Kirche v. Westfäl. Frieden b. z. I. Vatikan. Konzil, 1963 (engl. 1969); D. Kirche Äthiopiens - E. Bestandsaufnahme, 1971; Religion ohne Kirche: D. Bewegung d. Freireligiösen, 1977; Konfessionskunde, 1977; D. Kirche Armeniens, 1978; D. Kirche in Däbrä Tabor, 1981; Kirchengesch. d. Heiligen Landes, 1984 - Spr.: Franz., Engl., Russ. - Bek. Vorf.: Helene Christaller (Schriftst.); Geheimrat Dr. Adolph Klaas (Einf. d. Flurbereinigung).

HEYER, Günther

Dipl.-Kfm., Versicherungsdirektor, Vorstandsmitgl. i. R. Gerling-Konzern (s. 1962) - Robert-Blum-Str. 10, 5000 Köln 41 - Geb. 24. Sept. 1919 (Vater: Otto H., Mutter: Helma, geb. Kilian), ev., verh. m. Josefine, geb. Bronig, 3 Kd. (Margret, Robert, Bernd) - S. 1935 Gerling.

HEYER, Herbert

Dr. rer. nat., o. Prof. f. Math. Univ. Tübingen - Bohnenbergerstr. 19, 7400 Tübingen (T. 6 41 95) - Geb. 7. Sept. 1936 Kassel (Vater: Richard H.; Mutter: Erika, geb. Hensel), ev., verh. s. 1964 m. Maria, geb. Loos, 2 Kd. (Andrea, Katrin) - Stud. Göttingen, Wien, Hamburg, Berkeley/Cal.; Promot. Hamburg 1964, Habil. Erlangen 1968 - Gastprof. New Orleans, Rio de Janeiro, Lausanne, Perth (West-Australien), La Jolla (Kalif.), Sapporo (Japan). Fachmitgl.sch. - BV: Dualität lokalkompakter Gruppen, 1970; Math. Theorie statist. Experimente, 1973, Neuaufl. engl. 1983; Probability Theory on Locally Compact Groups, 1977, Übersetzung russ. 1981; Einf. in d. Theorie Markoffscher Prozesse, 1979 - Spr.: Engl., Franz.

HEYL zu HERRNSHEIM, von, Cornelius Adalbert

Ministerialrat - Heidebergenstr. 5, 5300 Bonn 3 - Geb. 7. April 1933 Worms/Rh. (Vater: Dr. jur., Dr. rer. pol., Cornelius, Frhr. v. H. z. H.; Mutter: Hilda-Marie, geb. v. Bismarck-Osten), ev. verh. s. 1958 m. Marianne, geb. Rufer, 3 Kd. (Charline, Julian, Daniela) - Odenwaldsch. Heppenheim; Univ. Innsbruck, Freiburg/Br., Marburg (Rechtswiss.). Jurist. Staatsex. 1956 u. 60 - 1961-70 Kanzlei EKD (zul. OKR); 1970-76 Anwaltspraxis Bonn; s. 1976 Sozialmin. Rhld.-Pf. (MR). 1967-73 Präs. Ev. Aktionsgem. f. Familienfragen; 1973-85 Präses d. Synode d. Ev. Kirche in Dtschl. (EKD) - Spr.: Engl.

HEYL zu HERRNSHEIM, Freiherr von, Ludwig C.

Fabrikant - Pfauenmoos, CH-9305 Berg S (T. 071 - 48 11 80) - Geb. 18. Mai 1920 Worms (Vater: Ludwig Cornelius v. H. zu H., Industrieller (s. XIV. Ausg.); Mutter: Eva-Marie, geb. v. d. Marwitz), verh. s. 1945 m. Gisela, geb. Greiser, 4 Kd. - S. 1945 Lederwerke Heyl & Waeldin AG Worms/Lahr, 1968-76 Vors. Verb. Dt. Lederind., Frankfurt, b. 1976 Präs. Konföderation d. Europ. Gerberverb. u. Vizepräs. Intern. Council of Tanners, London, Kurat.-Vors. Kunsthaus Heylshof, Worms am Rhein; Mitgl. Stiftungsrat Familienstiftg. Pfauenmoos Berg, St. Gallen - 1970 BVK I. Kl., 1978/79 District-Governor 186. District Rotary International, Rechtsritter Johanniter-Orden - Spr.: Engl., Franz., Holl.

HEYLAND, Klaus-Ulrich

Dr. agr., o. Prof. f. Spez. Pflanzenbau Univ. Bonn - Am Weisenstein 10, 5330 Königswinter - Geb. 28. Mai 1927 - S. 1961 (Habil.) Lehrtätigk. LH Hohenheim, Univ. Kiel (1967 Wiss. Rat u. Prof.) u. Bonn (1969 Ord., 1980/81 u. 1987/88 Dekan Landw. Fak.), 1981-83 Vors. Fakultätentag f. Landwirtsch. u. Gartenbau - BV: Spez. Pflanzenbau, Lehrb. 1975 (m. Fischbeck u. Knauer) - 1982 Max v. Eyth Medaille in Silber; 1985 BVK am Bde.

HEYM, Christine

Dr. med., Prof. f. Anatomie - Quinckestr. 37, 6900 Heidelberg - Geb. 21. Nov. 1932, verh. - Promot. 1959, Habil. 1971 - 1977 apl. Prof., gegenw. C3 Prof. Univ. Heidelberg. Facharb. auf d. Geb. d. Cytologie, Histochemie u. Immuncytochemie d. autonomen Nervensystems. Lehrb. d. Neuroanatomie.

HEYMANN, von, Dietrich

Dr. theol., Prof. f. Ev. Theologie u. Religionspäd. PH Freiburg - Erwinstr. 37, 7800 Freiburg/Br. - Geb. 15. April 1935 Eisenach/Thür. (Vater: Offizier), ev., verh. s. 1959 m. Erika, geb. Schellong, 2 Kd. (Isabell, Anselm) - Stud. Kirchenmusik u. Theol. - Facharb. z. Management in Kirche u. Schule. Handwörterb. d. Pfarramts; Handb. d. Schulleitung; Schulleiterhandb.

HEYMANN, Kurt

Dr.-Ing., Chemiker, Direktor Schering AG., Berlin, Spartenleitung Galvanotechnik, Berlin, Vorstandsmitgl. Fachverb. Galvanotechnik/ZVEI, Frankfurt/M. - Reichsstr. 84, 1000 Berlin 19 - Geb. 28. Mai 1925 - Board Member, Chemcut Corp. Pennsylvania; Vors. Fachbeirat Produktronika Müncher; Vors. Ausstellerbeirat Surtec, Berlin; Kurat.-Mitgl. Fraunhofer Ges.

HEYMANN, Rudolf

Geschäftsführer Klöckner-Pentaplast GmbH., Montabaur, Klöckner-Pentapack GmbH., Ranstadt - Kohlstr. 30, 4030 Ratingen 6 - Hösel (T. 02102 - 6 91 44) - Geb. 13. Nov. 1919 Crimmitschau/Sa. (Vater: Richard H., Bankprokurist; Mutter: Else, geb. Fehling), verh. m. Gisela, geb. Kroog, 3 Söhne (Klaus-Michael, Götz, Axel) - Abit. 1938 - Kriegsmarine (Ing.-Offz.; Schlachtschiff Gneisenau u. U-Boote); 1950ff. Mineralölind.; 1956ff. Heizölhandel, Klima-, Heizungs-, Verpackungstechnik - Kriegsausz. (EK II u. I, U-Boot-Frontspange) - Liebh.: Garten, Sport (Gold. Sportabz. 1960), Reiten (Bronz. Reiterabz. 1964) - Spr.: Engl.

HEYME, Hansgünther

Schauspieldirektor Bühnen Essen (s. 1985) - Zu erreichen üb. Schauspiel Essen, II. Hagen 4-6, 4300 Essen 1 - Geb. 22. Aug. 1935 Bad Mergentheim (Vater: Walter H., Tanzlehrer (gef. 1943); Mutter: Erika, geb. Heyme-Fischer, geb. Knapp), ev., verh. I) m. Ortrud, geb. Teichert (gesch.), S. Sebastian, II) Helga, geb. David (Schausp., Wien), T. Cordula - Engl. Inst. Heidelberg (Abit. 1955); TH Karlsruhe (2 Sem. Arch.), Univ. Heidelberg (7 Sem. Soziol., German., Phil.) - B. 1964 fr. Regiss., dann Oberspiell. d. Schauspiele Hess. Staatstheater Wiesbaden, s. 1969 Oberspiell., s. 1972 Schauspieldir. u. Int. Städt. Bühnen Köln, 1979-85 Schauspieldir. Staatstheater Stuttgart. Operninsz.: Berg: Wozzeck, Lulu, Wagner: Rheingold, Händel: Cäsar. Regie: Hinkemann (Heidelberg, 1957), Advent (Lübeck, 1958), Marat (Wiesbaden, 1964), Medea (W., 1964), Gustav Adolf (W., 1965), Antigone (W., 1965), Wilhelm Tell (W., 1965), u. s. 1984 D. Beute (Hamburg, 1966), Haben (Zürich, 1966), Antike Dramen, Schillerzyklus, Maria Magdalena, Nibelungen, Egmont (alle Köln). Stuttgart: Mephisto, Nathan d. Weise, Minna v. Barnhelm, Dantons Tod, Leone u. Lena. Fernsehen: Volpone (ZDF, 1965), Oscar Wilde (ZDF, 1972) Hulla di Bulla (SWF, 1984), D. Parasit (HR, 1985), Blanche (ZDF, 1985), Tatort (SWF, 1985), Miele (NDR) u. a. - Preis Verb. d. Dt. Kritiker (Marat, Maria Magdalena, Demetrius, Tell, Nathan).

HEYMEL, Hans

Dipl.-Volksw., Hauptgeschäftsführer Industrie- u. Handelskammer Fulda, Vors. d. Telekommunkations-Centrum Fulda - Heinrichstr. 8, 6400 Fulda (T. 0661 - 2 84 16) - Geb. 31. Okt. 1927.

HEYMEN, Norbert

Prof., Hochschullehrer - Heiligenseestr. 42, 1000 Berlin 27 - Gegenw. Prof. f. Didaktik d. Leibeserzieh.

HEYMER, Berno

Dr. med., Prof. Univ. Ulm - Leutkircher Str. 41, 7900 Ulm (T. 0731 - 4 24 35) - Geb. 10. Okt. 1936 Bonn (Vater: Adolf H., Hochschullehrer; Mutter: Mariedele, geb. Hetzer), kath., verh. s. 1967 m. Annerose, geb. Beerhalter, 2 T. (Anne, Gisa) - 1956-62 Med.-Stud. Univ. Tübingen, Wien u. Bonn (Promot. 1962), Habil. 1969, apl. Prof. 1974 Univ. Ulm - 1962-67 Univ. Bonn; 1967-68 Univ. Cleveland, USA; 1969 ff. Univ. Ulm. Beitr. z. versch. med. Lehrb.; rd. 130 med.-wiss. Ztschr.-Publ. - Liebh.: Kunst, Gesch. - Spr.: Engl., Franz.

HEYN, Karl

Dr. jur., Rechtsanwalt u. Notar - Gr. Bockenheimer Str. 45, 6000 Frankfurt/M. (T. 28 70 72) - Geb. 27. Juli 1928 Dresden, ev., verh. m. Nina, geb. Hesse - Jurist. Staatsex. 1952 u. 56; Promot. 1953 (alles Frankfurt) - Freiberufl. RA u. Notar; Mittestamentsvollstr. Nachlaß Harald Quandt. Beirat Rheinnadel GmbH, Aachen, Beirat Frankfurter Ges. f. Handel, Ind. u. Wiss.; Kurator Facit Gemeinn. Verlagsges. mbH (Holding FAZ GmbH u. Frankfurter Societätsdruckerei GmbH). Spez. Arbeitsgeb.: Wirtschafts- u. Ges.recht.

HEYN, Wolfram

Fachhochschullehrer a. D., MdL Hessen (s. 1974) - Rostocker Straße 22, 6451 Bruchköbel (T. 06181 - 7 29 73) - Geb. 7. Dez. 1943 - SPD.

HEYNCKES, Josef (Jupp)

Fußball-Trainer - Zu erreichen üb. FC Bayern München, 8000 München - Geb. 9. Mai 1945 Mönchengladbach (Vater: Mathias H., Schmied; Mutter: Anna, geb. Gingter), kath., verh. s. 1967 m. Iris, geb. Vollenbroich, T. Kerstin - 1959-62 Stukkateur Mönchengladb.; s. 1964 Fußball-Profi (Stürmer) b. Borussia Mönchengladb. (b. 1967 u. 1970-78), 39 Ländersp. u. 2 B-Sp., 220 Bundesligatore (2. d. ewigen Torschützenliste); 1978 Fußballehrer Sporthochsch. Köln; 1979-87 Chef-Trainer b. Borus. Mönchengladb., s. 1987 b. FC Bayern München - BV: Profi m. Herz - Jupp Heynckes; Fußball aktiv - Training u. Spiel, Lehrb. 1981 - 1974 Silb. Lorbeerblatt - Liebh.: Tennis - Sportl. Leist.: 1972 Europameister; 1973 DFB-Pokalsieger, 1974 Weltmeisterschaftsteiln.; 1975 UEFA-Pokalsieger; 4 Dt. Meistersch. - Spr.: Engl.

HEYNE, Isolde
Schriftstellerin, Journ. - Parkstr. 31, 6250 Limburg 1 - Geb. 4. Juli 1931 Prödlitz, verh. m. Wolfgang H., Arch. - 1961-64 Inst. f. Lit. Johannes R. Becker, Leipzig (Dipl. 1964) - Mitgl. dt. Schriftstellerverb. (SV) - BV: Tschaske Wolkensohn, 1975; ... u. keiner hat mich gefragt, 1981; D. Sklave aus Punt, 1982; Na flieg doch schon, 1983; Treffpunkt Weltzeituhr, 1984; D. Kröten-Krieg v. Selkenau, 1985; Was geschah m. Anja Hagedorn, 1985; E. König namens Platzke, 1986; Ankunft im Alltag, 1986; Funny Fanny, 1987; D. Held v. Zickzackhausen, 1987; E. Ticket z. Sonne, 1987; Sternschnuppenzeit, 1988; Lösegeld, 1988; D. Ferienhund, 1988; Garitterblumen, 1989; u.a. auch Rundf. u. Fernsehen - 1985 Dt. Jugendlit.preis.

HEYNE, J. E.
Geschäftsführer Schaeffler Wälzlager oHG, INA Lineartechnik oHG, bde. Homburg/Saar - Birkenstr. 59, 6600 Saarbrücken - Geb. 16. März 1935.

HEYNE, Ralf
Bürgerschaftsabgeordneter (s. 1974) - Heidkrug Nr. 10, 2104 Hamburg 92 - SPD.

HEYNE, Rolf
Verleger - Zu erreichen üb. Wilhelm Heyne Verlag, Türkenstr. 5-7, 8000 München 2 - Geb. 2. Mai 1928 - Spr.: Engl.

HEYNEMANN, Peter
Geschäftsführer WKV Waren-Kredit-Bank GmbH., Berlin 12 - Machnower Str. 79, 1000 Berlin 37 - Geb. 4. Okt. 1920 Berlin.

HEYSE, Hans-Joachim
Intendant - Stadttheater, 5300 Bonn - Geb. 1930 (?) - 1964-66 Oberspiell. Bonn, dann Bochum, s. 1970 Int. Bonn.

HEYSE, Horst
Dr. jur. utr., Rechtsanwalt, Vorstandsmitgl. DAS Dt. Automobil Schutz/Allg. Rechtsschutz-Versicherungs-AG. (s. 1964) - Prinzregentenstr. 14, 8000 München 22 (T. 21 88-1) - Geb. 17. Nov. 1917 Danzig (Vater: Carl H., Großkfm.; Mutter: Maria, geb. Pollack), ev., verh. s. 1965 m. Ane Marie, geb. Haala, 2 T. (Gabriele, Jutta) - Univ. Freiburg/Br. (Rechts- u. Staatswiss.) - EK II u. I, Minensuchabz. - Liebh.: Fotogr. - Spr.: Franz., Engl.

HEYSER, Alfred
Dr.-Ing., Physiker, Honorarprof. f. Meßmethoden u. Versuchsanlagen d. Strömungstechnik TH Aachen (s. 1966) - Freiheitsstr. 41, 5210 Troisdorf-Spich (T. 4 18 41) - Tätigk. DVL, Porz-Wahn.

HEYSZENAU, Heinrich
Dr. phil., Prof. f. Theoret. Physik Univ. Hamburg (s. 1974) - Jungiusstr. 9, 2000 Hamburg 36 - Geb. 1942 - 1968-71 Gulf General Atomic San Diego, USA, 1971-74 Max Planck Inst. f. Festkörperforsch., Stuttgart.

HIBY, Julius W.
Dr. rer. nat., Prof. a.D., apl. Prof. Inst. f. Verfahrenstechnik TH Aachen - Jahnstr. 11, 5100 Aachen (T. 6 11 37) - Geb. 26. Aug. 1909 Totteridge/Engl. (Vater: Dr. Walther H., Geschäftsf. Ingenieurbau; Mutter: Gladys, geb. Biram), ev., verh. s. 1946 m. Susanne, geb. Bütterlin, S. Stefan - Dt. Oberrealsch. Den Haag (Abitur 1928); Univ. Bonn, Berlin, München (Physik). Promot. 1938 München; Habil. 1968 Aachen - Wiss. Mitarb. Kaiser-Wilhelm-Inst. f. Physik (1943) u. MPG-Forschungsst. f. Spektroskopie (1950). Facharb. - Spr.: Niederl., Engl., Franz.

HICKEL, Erika
Dr. rer. nat., Prof. f. Geschichte d. Pharmazie u. Naturwiss. TU Braunschweig (s. 1978; Prof. C 3), MdB (1983-85; Landesliste Nieders.) - Ferdinandstr. 8, 3300 Braunschweig - Geb. Königsberg/Pr. - Promot. u. Habil. Braunschweig - Bücher u. Einzelarb. - Grüne.

HICKEL, Rudolf

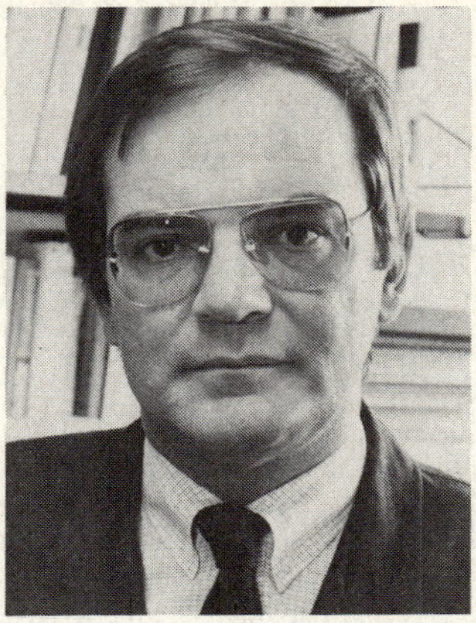

Dr. rer. pol., Prof. f. Wirtschaftswissenschaft Univ. Bremen - Postfach 33 04 40, 2800 Bremen (T. 0421 - 218 30 70 u. 30 66) - Geb. 17. Jan. 1942 Nürnberg (Vater: Rudolf H., Konzertmeister; Mutter: Elisabeth, geb. Falkenhain) - Stud. Wirtschaftswiss. Univ. Tübingen u. Berlin; Promot. 1970 - S. 1972 Prof. f. Polit. Ökonomie Univ. Bremen - BV: u.a. Edition v. Karl Marx: D. Kapital v. 1972-78; E. neuer Typ d. Akkumulation - Kritik d. Marktorthodoxie, 1987; Finanzpolitik f. Arbeit u. Umwelt, 1989. Mithrsg. d. Ztschr. Leviathan u. Blätter f. dt. u. intern. Politik.

HICKMANN, Ellen
Dr. phil., Prof. Hochsch. f. Musik u. Theater, Hannover - Lister Meile 7, 3000 Hannover 1 - Geb. 28. Juli Flensburg, verh. 1958-68 m. Prof. Dr. Hans H.†, 2 Kd. (Kei, Astrid) - Stud. Musikwiss., Ethnol., Archäol. Univ. Hamburg u. Wien, Musikhochsch. Hamburg; 1. u. 2. Staatsex., Promot. - S. 1976 Prof.; 1977-84 Leit. Nationalkomitee BRD im ICTM; 1978-84 Vors. Fachgr. Instrumentengr. f. Musikforsch.; 1982 Vorstandsmitgl. VDW (Vereinig. Dt. Wissensch.); 1983 Chairperson Study Group on Music Archaeol. im ICTM - BV: Musica instrumentalis. Stud. z. Klassifikat. d. Musikinstrumentariums im Mittelalter, 1971; Beitr. üb. pharaon. Musik u. Musikinstrumente im Lex. d. Ägyptol., s.1972; Forschungsprojekt Präkolumbische Musikinstrumente in Andenkulturen Südamerikas, s. 1984 - Spr.: Engl., Franz., Span., Lat.

HIEBER, Manfred
Dr., Prof. f. Wirtschaftl. Staatswissenschaften Univ. Bonn (s. 1973) - Auf dem Romert 17, 5340 Bad Honnef/Rh. 6.

HIEDL, Heinrich
Ministerialrat a. D., Landesgeschäftsführer Bayer. Rotes Kreuz (s. 1973) u. Dir. d. Blutspendedienstes - Holbeinstr. 11, 8000 München 86 (T. 9 24 11) - Zul. Bayer. Staatskanzlei.

HIEHLE, Joachim
Dr. jur., Staatssekretär a. D., Wirtschaftsjurist - Auf dem Köllenhof 11, 5307 Wachtberg-Ließem (T. Bonn 34 15 35) - Geb. 21. Dez. 1926 Berlin, ev., verh. s. 1957 m. Dr. med. Agnes, geb. Schäfer, 2 Töcht. (Antje, Kerstin) - 2. jurist. Staatsprüf. - 1957 Bundeszollverw., spät. Bundesfinanzmin., dort Hilfsref., Ref., Unterabt.leit., Abt.leit. u. Staatssekr.; 1978-84 Staatssekr. Bundesverteidig.min.; ab 1985 in d. Ind.

HIEL, Ingeborg
Schriftstellerin - Stuhlingeregg, A-8063 Eggersdorf (T. 03117-21 28) - Geb. 15. Juni 1939 Graz, verh., 1 Sohn - Dipl.-Auslagenarrangeurin, Innenarch., Mannequin, Galeristin, Hausfrau, Schriftst. - BV: 41 Gespenster u. 41 Räubergesch. s. 1972; Bunte Spuren, 85 Ged. 1976; D. kleine Musketier (auch japan.); D. Mondkratzer, 1979 (Jugendbuchpreis); Viele Tage, Romandok. 1984; Istrienmappe, 1980 (auch slowen.); Schatten im Licht, Nov. u. Ged. 1987; Bunte Spuren II, Ged. 1988; Anthol., Beitr. in in- u. ausl. Ztschr. - 1976 Preise f. Kurzprosa u. Lyrik; 1979 Jugendbuchpreis Land Steiermark - Spr.: Franz.

HIELSCHER, Hans-Georg
Dr. phil., Prof. f. Erziehungswissenschaft Univ. Hamburg (s. 1983) - Spitzerfurth 6, 2202 Barmstedt - Geb. 3. Juli 1938 Sorau (Vater: Georg H., Kaufm.; Mutter: Charlotte, geb. Fiebach), verh. m. Gabriele Heller-H., geb. Haard, 5 Kd. (Birgitta, Stefanie, Berit, Benedikt, Bernadette) - Univ. Freiburg u. Kiel. 1962 b. 1966 Lehrer; Promot. 1970 Kiel - 1970-75 Doz. u. Prof. (1972) PH Kiel, 1975-83 Univ. Bonn - BV: Jugend u. Werbung, 1971; Einf. in d. Allg. Did., 1974; Leben in soz. Bezügen, 1975; Unterr.-Prinzipien u. Modell, 1976; Materialien z. soz. Erzieh., 1976; Sozialerzieh. konkret, 1977; Päda-Lotse, 1979; Erziehung u. Ges. 1981; Spielen macht Schule, 1981; Spielen m. Eltern, 1984; Schulkinder achten u. fördern, 1986; Du und ich - ihr und wir, 1987; Verkehrserziehung behinderter Kinder u. Jugendl., 1989.

HIELSCHER, Hans-Jürgen
Abgeordneter d. Hessischen Landtags, umweltpolitischer Sprecher d. FDP-Fraktion - Seelenberger Str. 10, 6000 Frankfurt/M. 90 - Geb. 14. Febr. 1960, ev., ledig - Abit.; Wehrdst.; Ausbild. als Verlagskaufm.; Stud. Rechtswiss. Univ. Frankfurt - S. 1982 Fraktionsgeschäftsf. Umlandverb. Frankfurt, s. 1986 Pressesprecher. S. 1985 Landesvors. Hessen d. Jungen Liberalen; s. 1985 Mitgl. d. FDP-Landesvorst. Hessen.

HIELSCHER, Margot
Schauspielerin u. Sängerin - Gustav-Freytag-Str. 2, 8000 München 27 (T. 48 08 92) - Geb. 29. Sept. 1919 Berlin (Vater: Fritz H., Kaufm.), verh. s. 1959 m. Friedrich Meyer (Komp.) - Ausbild. Modezeichnerin; Gesangunterr. - Kostümberat. Ufa. Gastspieltätigk. Theater: Lady Frederick (München 1983). Filme: D. Herz e. Königin, Auf Wiederseh'n, Franziska!, Liebespremiere, Frauen s. k. Engel, Reise in d. Vergangenheit, In fragranti, D. Lied d. Nachtigall, D. Täter ist unt. uns, Spiel im Schloß, 3 x Komödie, Hallo, Fräulein!, D. blaue Strohhut, Liebe a. Eis, Dämon. Liebe (d. letzten beiden Hielscher-Meisel-Kollektive), Heimweh n. Dir, Salto Mortale, D. Mücke, D. ewige Lied d. Liebe u. a. - Liebh.: Fliegen, Kochen.

HIELSCHER, Udo
Dr. rer. pol., Prof. f. Betriebswirtschaftslehre - Technische Hochschule Darmstadt, Hochschulstr. 1, 6100 Darmstadt - Geb. 23. Okt. 1939 Breslau (Vater: Arthur H., Konsul, Kaufm.; Mutter: Bertha, geb. Koehler) - Deutschorden-Gymn. Bad Mergentheim; TH Darmstadt (Dipl.-Wirtschaftsing. 1964 - Preis f. hervorrag. Leistungen) - Promot. 1968 - S. 1971 Prof. TH Darmstadt; 1982-84 gf. Dir. Inst. f. Betr.wirtsch.lehre TH Darmstadt; 1985-86 Dekan FB 1, Rechts- u. Wirtsch.wiss. TH Darmstadt - BV: D. optimale Aktienportefeuille, 3. A. 1970; Finanzierungskosten, 1976; Innovationsfinanzierung mittelständischer Unternehmungen, 1982. Herausg.: Industrielle Kommunikation (1978); Mithrsg.: Hoppenstedt-Charts (lfd. Ausg.). Üb. 50 Fachaufs.; mehrere 100 aktuelle Fachbeitr. - Spr.: Engl.

HIENZ, Hermann A.
Dr. med., Dr. rer. nat., Prof., Direktor Inst. f. Pathologie - Städt. Krankenanstalten, 4150 Krefeld - Geb. 14. Nov. 1924 Hermannstadt/Siebenbürgen (Vater: Dr. phil. Hermann H., Seminarprof.; Mutter: Hildegard, geb. Schullerus), ev., verh. s. 1964 m. Waltraud, geb. Lenz, 4 Kd. (Ulrike, Hermann, Hildegard, Adelheid) - Gymn. Hermannstadt; Univ. Heidelberg (1948-53 Medizin, 1950-52 u. 1956-58 Biol.). Promot. (1953, 58) u. Habil. (1959) Heidelberg - Lehrtätigk. Univ. Heidelberg (1959), Münster/W. (1964 I. Oberarzt Pathol. Inst./Klinikum Essen; 1965 apl. Prof.), Bochum (1967 Wiss. Rat u. Prof.), Krefeld (1969). Div. Fachmitgliedsch. - BV: D. Zellkernmorpholog. Geschlechtserkennung in Theorie u. Praxis, 1959; Chromosomen-Fibel, 1971; Beiträge z. Schriftst.-Lexikon d. Siebenbürger Dt., 1980 ff. Zahlr. Einzelarb. - 1943 Hartmut-Palmhert-Preis (Biol.), 1965 Wilhelm-Warner-Preis (Krebsforsch.) - Liebh.: Musik, Fotogr. - Spr.: Rumän., Engl. - Bek. Vorf.: Samuel Baron Bruckenthal, Gouverneur Siebenb. (unter Maria Theresia).

HIERHOLZER, Günther
Dr. med., Prof. Univ.-GH Essen, Direktor Berufsgenoss. Unfallklinik - Großenbaumer Allee 250, 4100 Duisburg 28 (T. 0203 - 768 31 00) - Geb. 24. April 1933 Engen/Hegau (Vater: Dr. med. vet. Erhard H., Tierarzt; Mutter: Isolde, geb. Werner), kath., verh. m. Dr. Sabine, geb. Wegehaupt, 4 Kd. (Annette, Gundel, Christian, Bärbel) - Stud. 1953-56 Freiburg, 1956-67 Innsbruck, 1957-59 wied. Freiburg; Staatsex. 1959, Promot. 1961, Habil. 1973 - S. 1976 apl. Prof. - S. 1972 Ärztl. Dir. BG-Unfallklinik. 1978 Präs. Dt. Ges. f. Plast. u. Wiederherstell.chir. Präs. Dt. Ges. f. Unfallheilkd.; Wiss. Leit. Berufsgenoss. Inst. f. Traumatol., Präs. Dt.-Nigerian. Ärzteges. - BV: D. posttraumat. Osteomyelitis; Transplantatlager u. Implantatlager b. verschied. Operationsverf.; Chir. d. Knochen u. Gelenke; Prae- u. postop. Behandl. u. Pflege; Konservative Knochenbruchbehandl.; Hygieneanford. an Operationsabt.; PVP-Jod in der operativen Med.; Fixateur-externe-Osteosynthese; Manual on the AO/ASIF Tubular External Fixator; Korrekturosteotomien nach Traumen an d. unteren Extremität; Prodome dringl. Krankheitsbilder; Corrective Osteotomies of the Lower Extremity after Trauma; Unfallchir. - Aufgabenstellung in d. Chir.; Chir. Handeln; Gutachtenkoloquium Bd. 1-4 - Spr.: Engl.

HIERHOLZER, Klaus
Dr. med., o. Prof. f. Klin. Physiologie - Thielallee 26, 1000 Berlin 33 (T. 832 69 49) - Geb. 8. Juni 1929 Konstanz/B. (Vater: Dr. med. vet. Erhard H., Regierungsveterinärrat; Mutter: Isolde, geb. Werner), ev., verh. s. 1956 m. Dr. Christhel, geb. Mauthe, 4 Kd. (Babette, Andreas, Johannes, Nicola) - Realgymn.; Univ. Frankfurt/M., Tübingen, Innsbruck, Freiburg/Br. (Promot. 1954) - S. 1964 (Habil.) Lehrtätigk. FU Berlin (1968 Ord. Klinikum Steglitz). Gast Cornell Univ. New York; Yale Univ., New Haven; Univ. Texas, Dallas - BV: Grundzüge d. Nierenphysiol. (m. K. J. Ullrich), in: H. Sarre, Nierenkrankh.; Endokrinologie (m. Neubert, Neumann u. Quabbe), in: Gauer-Kramer-Jung: Physiol. d. Menschen; Nierenphysiologie (m. M. Fromm), in: Scheunert/Trautmann: Vet. Physiologie - Spr.: Engl., Franz.

HIERL, Josef
Dr. jur., Rechtsanwalt, MdL Bayern (s. 1975) - 8431 Buchberg Nr. 78 (T. 09181 - 86 21) - Geb. 1942 - CSU.

HIEROLD, Alfred Egid
Dr. jur. can., Prof. f. Kirchenrecht - Josefstr. 12, 8600 Bamberg (T. 0951 - 2 59 07) - Geb. 29. Dez. 1941 Vohenstrauß (Vater: Lorenz H., Landwirt; Mutter: Anna, geb. Bodensteiner), kath. - Human. Gymn. Weiden; Stud. Phil.-Theol. Hochsch. Regensburg u. Univ. München (Theol., Jura u. kanonist. Fachausb.), Theol. Abschlußex. 1966, Lic. jur. can. 1975, Promot. 1978 - 1967-68 Kaplan Eggenfelden; 1971-75 Verw.-Assist., 1975-81 Wiss. Assist.; s. 1981 o. Prof. Univ. Bamberg; s. 1983 Erzb. Vizeoffizial; s. 1989 Vizepräs. d. Univ. Bamberg - BV: Grundleg. u. Organisa-

tion kirchl. Caritas unter bes. Berücksicht. d. dt. Teilkirchenrechts, 1979 - Spr.: Engl., Franz., Ital.

HIERONYMI, Günther

Dr. med., Prof., Chefarzt Patholog. Inst. Stadtkrankenhaus Offenbach - Hamburger Str. 57, 6050 Offenbach - Geb. 14. Sept. 1918 - S. 1955 (Habil.) Lehrtätigk. Univ. Heidelberg (1963 apl. Prof. f. Allg. Pathol. u. pathol. Anat.) - BV: Angiologie, 1959. Einzelarb.

HIERONYMUS

s. Herles, Helmut

HIERSCHE, Ernst-Ulrich

Dr.-Ing., o. Prof. (Straßen- u. Eisenbahnwesen) Univ. Karlsruhe, (TH), Hon.-Prof. RWTH Aachen, Landesrat a.D. - Im Oberviertel 28, 7500 Karlsruhe 41 (T. 0721 - 48 19 37) - Geb. 28. Juni 1931 Braunschweig - 1951-57 Stud. Bauing.wesen TH Karlsruhe; Promot. 1967 - 1957-62 Verkehrsplaner bad.-württ. Straßenbauverw.; 1962-68 Assist. u. Obering. Lehrst. f. Straßenwesen, Erd- u. Tunnelbau RWTH Aachen; 1968-74 in versch. Leitungsfunkt. in d. Bundesanst. f. Straßenwesen Köln, zul. Leit. Ber. Unfallforsch.; 1975-82 Leit. Abt. Straßenbau im Landschaftsverb. Rheinl., Köln; s. 1982 Ord. Univ. Karlsruhe. Mitgl. in mehreren nat. wiss. Ges. u. Vereinig. sow. intern. Forschergr. - Zahlr. Veröff. in in- u. ausl. Fachztschr. sow. Buchbeitr. - 1968 Borchers-Plak. f. bes. wiss. Leistungen RWTH Aachen.

HIERSCHE, Hans-Dieter

Dr. med. habil., apl. Prof. Univ. Mainz, F.I.F.J.A.G. MIAC, Direktor Frauenklinik Akad. Lehrkrankenhaus, Kaiserslautern - Im Dunkeltälchen 41, 6750 Kaiserslautern - Geb. 12. April 1934 Braunschweig, verh. in 2. Ehe m. Dr. med. Karin Groß-H., 2 Kd. aus 1. Ehe (Frank, Silke) - Med.stud. u. Promot. Heidelberg; Habil. 1969 Mainz; 1959 Weiterbild. Pathol., Facharztausbild. Gynäk. u. Geburtshilfe in Karlsruhe, Mainz u. Prag - BV: Geburtshilfe (m. Friedberg), 1975 u. 83; Praxis d. Gynäk. im Kindes- u. Jugendalter (m. Huber), 1977 (Übers. ins Ital., u. Russ. 1987). Herausg: Euthanasie (1975); Grenzen ärztl. Behandlungspflicht b. schwerstgeschädigten Neugeborenen (m. Hirsch u. Graf-Baumann, 1987); D. Sterilisation geistig Behinderter (m. Hirsch u. Graf-Baumann, 1988); Transplantationsmed. (m. Hirsch u. Graf-Baumann, 1989). Ca. 200 Publ. auf d. Geb. d. Gynäk. u. Geburtshilfe (Einzelveröff., Lehr- u. Handb.beitr.) - S. 1986 Präs. Dt. Ges. f. Medizinrecht. Berater b. d. Reform d. § 218 StGB u. d. Schaffung e. Transsexuellen-Gesetzes sow. e. Gesetzes z. Sterilisation.

HIERSCHE, Rolf

Dr. phil., o. Prof. f. Vergl. Sprachwissenschaft - Hofäckerweg 5, 6301 Wettenberg 1 (T. Gießen 8 26 32) - Geb. 28. Juli 1924 Sömmerda/Thür. (Vater: Kurt H., Lehrer; Mutter: Marie, geb. Hecker), ev., verh. s. 1949 m. Ursula, geb. Brandt, 2 Töcht. (Yvonne, Korinna) - Obersch.; Univ. Jena (Klass. Philol., Indol., Indogerman.). Promot. 1952 Jena; Habil. 1962 Berlin (West) - S. 1962 Lehrtätigk. FU Berlin (1967 apl. Prof.) u. Univ. Gießen (1970 Ord.), 1967-69 Gastprof. Univ. Lille u. 1975/79 Univ. Paris-Sorbonne IV. Mitgl. Indogermanische Gesellschaft (1965) u. Soc. de linguistique de Paris (1968) - BV: Unters. z. Frage d. Tenues aspiratae im Indogerman., 1964; Grundzüge d. griech. Sprachgesch. b. z. klass. Zeit, 1970; Deutsches etymologisches Wörterbuch A, 1986 - Spr.: Franz.

HIERSEMANN, Fritz

Beamter, MdA Berlin (1971-85) - Humboldtstr. 24, 1000 Berlin 51 (T. 496 45 52) - Geb. 22. März 1930 Stettin (Vater: Robert H., Kommunalbeamt.; Mutter: Lina, geb. Leddin), ev., gesch., 2 Kd. - Abit. 1949 Berlin; Dipl.-Polit. 1957 ebd. - S. 1950 Bezirksamt Reinickendorf (ltd. Fachbeamter Abt. Jugend, s. 1975), Mitgl. Kurat. Pestalozzi-Fröbel-Haus, Berlin. SPD s. 1960 - Liebh.: Lit., Theater, Schwimmen, Katzen - Spr.: Engl.

HIERSEMANN, Karl Gerd

Verleger - Rosenbergstr. 113, 7000 Stuttgart 1 (T. 0711 - 63 82 65) - Geb. 23. Juni 1938 Leipzig, verh. m. Oda, geb. v. Breitenbuch, 4 Kd. - Abit. Stuttgart; Univ. Hamburg; Ausb. in München, Oxford u. Paris - Verleger; Handelsrichter; Oberstleutnant d. Res. u. BtlKdr. Sigmaringen; Beirat d. Dt. Bibliothek, Frankf./M.; Präs. Lit. Verein in Stuttgart - BV: 100 J. Hiersemann, 1984; Lexikon d. gesamten Buchwesens, 1987 - Spr.: Engl., Franz.

HIERSEMANN, Karl-Heinz

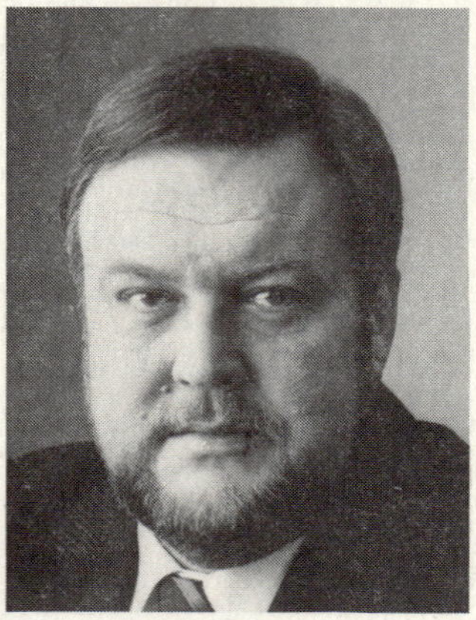

Rechtsanwalt, MdL Bayern (s. 1974), Vors. d. SPD-Landtagsfrakt. - Maximilianeum, 8000 München 85 (T. 4 12 62 66) - Geb. 17. Aug. 1944 - SPD (Vors. Bezirk Franken).

HIERSIG, Heinz M.

Dr.-Ing., Prof. Ruhr-Univ. Bochum (s. 1980), Mitinh. u. Geschäftsf. Rhein-Getriebe GmbH, Meerbusch - Gemünder Str. 11, 4000 Düsseldorf-Oberkassel - Geb. 22. Juni 1915 Dresden, kath., verh. s. 1944 m. Hannelore, geb. Niese, 3 Kd. (Thilo, Susann, Roman) - TH Dresden (Maschinenbau, Betriebswiss.; Dipl.-Ing. 1939). Promot. 1943 Braunschweig - 1939-45 Betriebsleit. Rheinmetall-Borsig AG., Düsseldorf; 1947-59 gf. Gesellsch. Rhein-Getriebe GmbH., Meerbusch; 1957-60 Geschäftsf. Rheinfeuer GmbH., Meerbusch, 1960-81 Gf. Lohmann & Stolterfoht GmbH. Div. Ehrenämter, dar. Vorstandsmitgl. Fachgem. Antriebstechnik im VDMA - Zahlr. Fachaufs. - Ehrenmed. VDI, Ehrenmitgliedsch. VDI, BVK I. Kl. - Liebh.: Jagd, Zukunftswiss. - Spr.: Engl., Franz.

HIESEL, Franz

Prof., Schriftsteller - Pfarrgasse 4, A-7444 Mannersdorf/R. (T. 02611 - 23 30) - Geb. 11. April 1921 Wien, kath., verh. s. 1941 m. Adele, geb. Nemetz - 1945 Holzfäller; 1946 Straßenbahnschaffner; 1951 Bibliothekar, 1960 Chefdramat. (NDR); 1968 fr. Schriftst.; 1977-83 Leit. d. Abt. Hörspiel u. Literatur, ORF/ Landesstudio Wien; 1983ff. wieder fr. Schriftst. - BV: Dschungel d. Welt, 2 Hörspiele 1956; Auf e. Maulwurfshügel, Hörspiel 1960; Ich kenne d. Geruch d. wilden Kamille, Erz. u. Hörspiel 1961. 35 Hörspiele (übers. ins Dän., Holl., Ital., Serbokroat., Tschech., Sloven., Ung.) u. 3 Fernsehsp. (An d. schönen blauen Donau, gesendet 1965 Bundesrep., Schweiz, Österr., Belg.; Blaues Wild, ges. 1971 Bundesrep., Schweiz, Österr.; Die Ausnahme, ges. NDR-ORF). 3 aufgef. Bühnenst. (1951-53 Wien bzw. Linz) - 1952 Förderungspreis f. Dramatik u. 1954 f. Hörspiel d. Österr. Staatspr., 1956 Hörspielpr. Bayer. Rundf.; 1959 Hörspielpr. d. Kriegsblinden; Ehrenkreuz f. Wiss. u. Kunst; I. Kl.-Ehrenmed. d. Stadt Wien in Gold; Mitgl. Österr. P.E.N.-Club.

HIESTAND, Rudolf

Dr. phil., Prof. f. Mittelalterl. Geschichte Univ. Düsseldorf (s. 1976) - Rheinallee 120, 4000 Düsseldorf 11 - Geb. 30. Aug. 1933 Zürich - Promot. 1958 Zürich; Habil. 1972 Kiel - Zul. Privatdoz. Univ. Kiel. Korr. Mitgl. Akad. d. Wiss. Göttingen. Sekr. d. Pius-Stiftg. f. d. Herausgabe d. älteren Papsturkunden. Facharb. u. a. Byzanz u. d. Regnum Italicum im 10. Jh., 1964; Papsturkunden f. Templer u. Johanniter, 1972; Papsturk. f. Templer u. Templer. Neue Folge 1984; Papsturk. f. Kirchen im Heiligen Lande, 1985.

HIESTERMANN, Hermann

Unternehmer, Mitgl. IHK Celle - Celler Str. 1, 3103 Bergen 1 (T. 05051 - 50 48) - Geb. 9. Juni 1908 Hermannsburg (Vater: Wilhelm H., Untern.; Mutter: Marie, geb. Hornbostel), ev., verh. s. 1939 m. Elly, geb. Otte, 3 Kd. (Karin, Margot, Hermann) - Privatsch., kaufm. Ausb. - Spr.: Franz., Engl.

HIETSCH, Otto

Dr. phil., M. Litt., o. Prof. f. Anglistik Univ. Regensburg (s. 1967) u. Direktor Inst. f. Anglistik (1973-75, 1978-80, 1983-87) - Gumpelzhaimerstr. 5b, 8400 Regensburg (T. 2 22 01) - Geb. 14. Jan. 1924 Wien (Vater: Julius H., Reg.-Rat; Mutter: Josefa, geb. Waldbrecht), kath., verh. s. 1978 m. Ingrid, geb. Pachl - Univ. Berlin, Gießen, Paris, Wien (Promot. 1948), Durham (Master of Letters 1950), Padua (Dott. in Lettere 1952), Habil. 1958 Wien - 1948-63 Prof. Technologisches Gewerbemuseum Wien; 1952-63 Prof. Incaricato Univ. Padua; 1958 b. 1963 Doz. Univ. Wien; 1963-67 Ord. u. Inst.sdir. TU Braunschweig - BV: D. moderne Wortschatz d. Englischen, 1957; D. Petrarca-Übers. Sir Thomas Wyatts - E. sprachvergl. Studie, 1960. Herausg.: Österr. u. d. angelsächs. Welt - Kulturbegegnungen u. Vergleiche (2 Bde. 1961/68), Unterr. in mod. Fremdsprachen, 1972; Bavarica anglica: A Cross-Cultural Miscellany, 1978; Austria: Land of Enchantment, 1979. Schriftenr. Forum Anglicum (s. 1975) - Liebh.: Musik, Malerei, Schach - Spr.: Engl. (Dolmetscher-Ex. 1941 Wien), Ital., Franz.

HIETZIG, Joachim M.

Dr.-Ing., Konsul v. Malta, Inhaber EXPOGERMA Joachim Hietzig Agentur Marketing Consulting f. Messen u. Ausstellungen, Gründer IMAG Intern. Messe- u. Ausst.dienst GmbH München, Geschäftsf. b. 1980 - Adamstr. 4, 8000 München 19 (T. 18 45 22) - Geb. 9. April 1919 Köthen/Anh. (Vater: Max H., Fabrikdir.; Mutter: Margarete, geb. Leimer), verh. m. Renate, geb. Andorff, 3 Kd. - TH Berlin - 1966-70 Hauptgeschäftsf. Münchener Messe- u. Ausst.-GmbH, Präs. INTEREXPO Komitee f. offiz. Beteilig. intern. Messen. Lions Club - Hohe dt. u. intern. Dekorationen u. Preise - Spr.: Engl., Franz., Ital.

HILB, Erich

Dr., Hauptgeschäftsführer Bauern- u. Winzerverband Rheinland-Nassau - Mainzer Str. 60a, 5400 Koblenz (T. 3 30 37).

HILBER, Walter

Dr., Prof. Kath. Univ. Eichstätt - Ahornweg 35, 8901 Stadtbergen (T. 0821 - 52 52 51) - Geb. 10. Nov. 1939 Augsburg (Vater: Max H., Techn. Fernmeldebetriebsinsp.; Mutter: Rosa, geb. Hitzel), kath., verh. s. 1962 m. Ursula, geb. Mayer, 2 Kd. (Thomas, Claudia) - Gymn.; PH (Lehramtsex. 1962 u. 1965, Promot. 1970) - 1962-70 Lehrer; 1970-77 Wiss. Assist.; s. 1977 Prof. - BV: Arb. z. Päd. Anthropol. in versch. Büchern - Interessen: Päd. Anthropol., Flamenco (bes. Flamenco-Gitarre) - Spr.: Engl., Franz., Span.

HILBERG, Wolfgang

Dr.-Ing., Prof. f. Digitaltechnik TH Darmstadt (s. 1972) - Im Geißner 11, 6101 Groß-Bieberau - Geb. 7. Febr. 1932 - Promot. 1963 Darmstadt - 1958-72 Telefunken, Ulm (Forsch.) - BV: Charakterist. Größen elektr. Leitungen, 1972; Elektronische digitale Speicher, 1975; Grundl. digitaler Schaltungen, 1978; Electrical Characteristics of Transmission Lines, 1979; Impulse auf Leitungen, 1981; Mikroelektronik, 1982; Funkuhren, 1983; Assoz. Strukturen, 1984. Etwa 100 Aufs. - 1964 NGT-Preis.

HILBERT, Lothar Wilfried

PH.D. (Cantab)

Docteur de l'Université de Paris, mention droit (ex.), D.E.S. Droit comparé u. Etudes européennes, Prof. f. Quellenkunde u. Geschichte d. Europ. Diplomatie u. d. Vertragswesens Univ. Tübingen (s. 1968) - Ochsenweide 3a, 7400 Tübingen 1 - Stud. Heidelberg, Göttingen, Cambridge, Europa Kolleg Nancy u. Paris - BV: The Rôle of Military and Naval Attachés in the British and German service 1871-1914, 1954; Dt. Zollverein - Histor. Vorbild f. EWG oder EFTA?, 1961; Metternich était-il un Européen?, 1964; Falkenhayn - L'homme et sa conception de la bataille de Verdun, 1976; D. Liquidierung d. 2. Weltkrieges, 1985 - Visiting Fellowship Univ. Cambridge 1973/74, 1979/80 u. 1985/86 - Liebh.: Tennis, Schwimmen, Wandern, Memoiren- u. Reiselit. d. 19. Jh. - Gold. Sportabz. (10) - Spr.: Engl., Franz.

HILD, Helmut

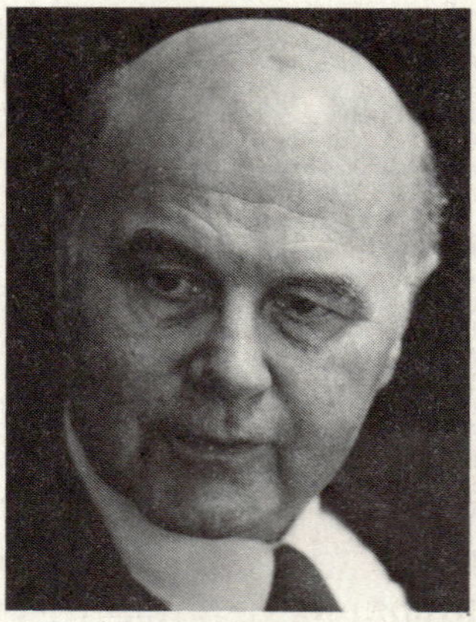

Pfarrer i. R., Kirchenpräs. a. D., (Ev. Kirche in Hessen u. Nassau, 1969-85) - Wohnh. in 6100 Darmstadt - Geb. 23. Mai 1921 Weinbach/Hessen - Pfarrer Westerburg/Westerw., dann Pfr. Frankfurt-Unterliederbach, ab 1960 Pfr. f. Öffentlichkeitsarb. Frankfurt; ab 1964 Vors. Ev. Gemeindeverb. Frankfurt; Rat d. EKD. 1974 Vertr. d. EKD im ZDF-Fernsehrat; 1985-88 Vorst.-Vors. Gemeinschaftswerk d. ev. Publiz., Frankfurt - 1974 Ehrendoktor Christl.-Theol. Akad. Warschau; 1981 Gr. BVK m. Stern; 1988 Komturkreuz d. VO d. VR Polen.

HILD, Rudolf

Dr. med., Prof., Chefarzt Innere Abteilung/St.-Josefs-Krankenhaus - Landhausstr. 25, 6900 Heidelberg - Geb. 1. Mai 1928 - Promot. 1963 Erlangen - S. 1963 (Habil.) Privatdoz. u. apl. Prof. (1969) Univ. Heidelberg (Inn. Med.). Bücher u. Einzelarb. (üb. 100).

HILDEBRAND Gerhard Konrad

Dr. phil., Univ.-Prof. f. Schul- u. Medienpädagogik - Rahestr. 43, 4600 Dortmund 12 (T. 0231-25 86 53) - Geb. 16. Dez. 1923 Dortmund-Brackel (Vater: Hermann H., Reitlehrer u. -meister im Polizeidienst; Mutter: Anna Marie, geb. Hühner), ev., verh. s. 1954 m. Else Margarete, geb. Schütt, S. Achim Armin - Gymn. Rathenow; 1942-47 Soldat u. Kriegsgefangensch. (UdSSR); 1951-53 Päd. Akad. Dortmund, Univ. Münster (Päd., Psych., Publiz.); Promot. 1968 - 1953-61 Volks- u. Realschullehrer; s.

1961 im Hochschuldst. als wiss. Assist., Akad. Rat, Oberrat, Stud.-Prof.; 1981 Prof. Univ. Dortmund; Begründer u. Leit. d. Mediendidakt. Zentr. d. Univ. Dortmund; 1973-85 Schulfernsehbeirat WDR Köln; 1971-73 Lehrplankommiss. b. Kultusmin. NRW; 1974-77 Beirat d. Projekts d. Bund-Länder-Kommiss. Unterrichtsdok. - BV: D. programmierte Instruktion u. d. bildende Unterr., 1969; D. techn. Medienwesen in Forsch., Lehre u. Praxis, 1976; Z. Gesch. d. audiovisuellen Medienwesen in Deutschl. (Hrsg.), 1976; D. verbale Verarb. visueller Information (Hrsg.), 1978; Medien-Dimensionen u. Themen, 1978; weitere Beitr. in Fachztschr.; Film- u. Videoproduktionen - Liebh.: Familienforschung - Spr.: Engl.

HILDEBRAND, Günter

Hauptgeschäftsführer Landessportverband Schlesw.-Holst. - Winterbeker Weg 49, 2300 Kiel.

HILDEBRAND, Hanns-Botho

Wirtschaftsingenieur, Ehrenvors. WEMA Wirtschaftsverb. Eisen-, Maschinen- u. Apparatebau, Berlin 19 - Augustastr. 15, 1000 Berlin 45 - Geb. 24. März 1912 Breslau - Handelsrichter - 1972 Gr. BVK.

HILDEBRAND, Hermann

Angestellter, MdL Nieders. (1966-78) - Argestr. 20, 2960 Walle/Ostfriesl. (T. Aurich 81 60) - Geb. 30. Dez. 1919 Carolinensiel/Ostfriesl., verh., 2 Kd. - Volkssch.; Verw.slehre - Berufssoldat (1943 als Jagdflieger üb. Nordafrika abgeschlossen u. schwer verwundet); s. 1945 Angest. Landkrankenkasse Aurich (b. 1962 Betriebsprüfer, dann Abt.sleit.). Bürgerm. u. Gemeindedir. Walle; MdK Aurich. SPD (1980 ausgetr.).

HILDEBRAND, Jürgen W.

Sprecher d. Geschäftsführung Peroxid-Chemie GmbH, Höllriegelskreuth - Hubertusstr. 40, 8022 Grünwald/Obb. (T. 089 - 641 27 94) - Geb. 8. Sept. 1932 Berlin (Vater: Dietrich H., Offz.; Mutter: Gisela, geb. Muff), ev., verh. s. 1964 m. Friederike, geb. Schulze-Forster, 2 Kd. (Yvonne, Michael) - Gymn. Zossen/Berlin u. Bad Pyrmont, College Dublin/Irl. - S. 1971 Geschäftsf. Peroxid-Chemie - Liebh.: Reiten, Skilaufen - Spr.: Engl., Franz.

HILDEBRAND, Klaus

Dr. (habil.), o. Prof. f. Mittelalterliche u. Neuere Geschichte Univ. Bonn (s. 1982) - Unter dem Klorenrech 26, 5305 Alfter - Geb. 18. Nov. 1941 Bielefeld (Vater: Ewald H., Kaufm.; Mutter: Maria, geb. Tausch), ev., verh. s. 1972 m. Erika, geb. Krebber, S. Daniel - Abitur; Stud. Geschichte, Sozialwiss., Lit.; Promot. 1967; Habil. 1972 Univ. Mannheim. 1965-72 Wiss. Assist. Univ. Mannheim; 1972-74 Wiss. Rat u. Prof. Univ. Bielefeld; 1974-77 o. Prof. f. Mittlere u. Neuere Gesch. Univ. Frankfurt/M.; 1977-82 o. Prof. f. Neuere Gesch. Univ. Münster/W. - BV: Vom Reich zum Weltreich. Hitler, NSDAP u. koloniale Frage, 1969; Bethmann Hollweg - d. Kanzler ohne Eigenschaften?, 1. u. 2. A. 1970; Dt. Außenpolitik 1933-45. Kalkül oder Dogma?, 1971, 4. A. 1980 (Engl.: The Foreign Policy of the Third Reich, 1973); Das Dritte Reich, 1. A. 1979, 2. A. 1980, 3. A. 1987 (Ital. 1983, Engl. 1984, Franz. 1984, Jap. 1987, Span. 1988); V. Erhard z. Gr. Koalition 1963-1969, 1984 - Mitgl. Histor. Kommiss. Bayer. Akad. d. Wiss., Mitgl. Kommiss. f. d. Gesch. d. Parlamentarismus u. d. polit. Parteien, Mitgl. Editional Advis. Board Ztschr. The Intern. History Review.

HILDEBRAND, Wilhelm

Dipl.-Ing., Geschäftsführer Thyssen Bandstahl Berlin GmbH. - Berliner Str. 19, 1000 Berlin 27; priv.: Wiltinger Str. 13, 28.

HILDEBRANDT, Alfred

Dr. med., Prof. f. Pharmakologie u. Toxikologie, Leit. Max von Pettenkofer-Inst. d. Bundesgesundheitsamtes - Höhmannstr. 6, 1000 Berlin 33.

HILDEBRANDT, Bernd

Dr. jur., Rechtsanwalt, Vorstandsvors. Deutsche Hagel-Versicherungs-Ges. a. G. f. Gärtnereien usw., Wiesbaden (s. 1968) - v.-Frerichs-Str. 10, 6200 Wiesbaden (T. 56 03 89) - Geb. 21. Dez. 1933 Berlin, verh. s. 1958 m. Margot, geb. Wessel, T. Claudia - Gärtnermeisterprüf. 1958 Berlin; Abitur (extern) 1958 Berlin; Promot. 1965 Heidelberg - 1950-58 prakt. Gartenbau; 1964-68 Direktionsassist. S. 1973 Vizepräs./Präs. Intern. Vereinig. d. Hagelversich. Zürich; 1982-85 Präs. Zentralverb. Gartenbau Bonn - BV: D. Beeinträchtigung d. zwischenstaatl. Handels - E. Unters. zu Art. 85 EWG-Vertrag, 1965 (Diss.) - Spr.: Engl., Franz. - Rotarier.

HILDEBRANDT, Dieter

Schauspieler, Kabarettist - Rollenhagenstr. 3b, 8000 München 83 (T. 60 47 26) - Geb. 1928 (?) - Langj. Mitgl. Münchener Lach- u. Schießges. (b. 1972, Auflös.) - 1982 Journalistenpreis D. grüne Zweig (f. d. FS-Send. Scheibenwischer); 1984 Fernsehpreis Verb. d. Dt. Kritiker.

HILDEBRANDT, Dieter

Dr. phil., Publizist, Schriftsteller, Filmautor - Hölderlinstr. 12, 1000 Berlin 19 (T. 302 52 12) - Geb. 1. Juli 1932 Berlin - BV: Voltaires Candide, 1963 (Reihe: Dichtung u. Wirklichkeit); D. Mauer ist keine Grenze, 1964; Minna v. Barnhelm, 1968; Deutschland - deine Berliner, 1973 (m. Zeichnungen v. Heide Luft); Ödön v. Horváth, 1975 (Monogr.); Lessing-Biogr. e. Emanzipation, 1979. Dokumentarfilm: D. gelbe Stern, 1980; D. Leute v. Kurfürstendammm, R. 1982; Pianoforte, Roman d. Klaviers, 1985; Revue: Da kann ja jeder kommen, 1987.

HILDEBRANDT, Franz

Dr.-Ing., Prof. f. Systemtechnik, Arbeitsplanungsmethoden u. -ingenieurwesen TH Aachen (s. 1971) - Maria-Theresia-Allee 14, 5100 Aachen - Geb. 31. Okt. 1921 Putzig (Vater: Max H., Landw.; Mutter: Bertha, geb. Limp), verh. s. 1959 m. Marga, geb. Erdmann - Abit. 1948 Flensburg; Maschinenschlosser 1950; Ing. (grad.) 1952; Dipl.-Ing. 1957, Dr.-Ing. 1966; Dr.-Ing. habil. 1968. Industrietätigk. 1952/53, Wiss. Angest. u. Assist. 1957 b. 1965, Obering. TH 1967/68, Doz. 1968-71, Wiss. Rat u. Prof. 1971, Prof s. 1980 - Fachveröff. - Liebh.: Geo- u. Astrophysik - Spr.: Engl., Span., Ital., Franz., Poln., Neugriech., Indones.

HILDEBRANDT, Fritz

Dipl.-Kfm., Président-Directeur-Général de la Société Alsacienne d'Aluminium S.A. (1977-80, s. 1981 i. R.) - Quellenweg 8, 5330 Königswinter 41 - Geb. 30. Juli 1917 Memel (Vater: Gustav H., Landesrat; Mutter: Anna, geb. Rathmann), ev., verh. s. 1942 m. Ursula, geb. Dalchow, Tochter - TH Berlin, Univ. Köln (Dipl.-Kfm. 1948) - S. 1949 Ver. Aluminium-Werke (zul. Vorstandsmitgl.), 1972-77 VAW-Leichtmetall GmbH, Bonn; Vors. d. Geschäftsf.

HILDEBRANDT, Gerd

Dr. rer. nat. (silv.), Prof. f. Fernerkundung, Forsteinricht. u. Forstl. Betriebsw. - Lichtenbergstr. 94, 7800 Freiburg/Br. - Geb. 27. Nov. 1923 Leipzig (Vater: Otto H., Stadtverw.Dir. (†1945); Mutter: Louise, geb. Sander (†1981)), s. 1947 verh. m. Isabella, geb. Selder, 5 Kd. (Gabriele, Michael, Christoph, Therese, Andreas) - Promot. Berlin (1953) u. Freiburg (1958) - S. 1963 (Habil.) Lehr- u. Forschungstätigk. Univ. Freiburg (1969 Prof.); 1980-84 Präs. Dt. Ges. f. Photogrammetrie u. Fernerkundung. Zahlr. Facharb. - Ehrenmitgl. Soc. of American Foresters.

HILDEBRANDT, Gerhard

Dr.-Ing., Prof., Physiker - Katzwanger Steig 2, 1000 Berlin 22 - Geb. 30. Mai 1922 Berlin, verw., 2 Kd. - Dipl.-Ing. 1951, Promot. 1958, Habil. 1970 (alles TU Berlin) - 1958-87 FHI/MPG. Etwa 60 Fachveröff. (dar. 7 Buchbeitr.) - 1958 Karl-Scheel-Preis.

HILDEBRANDT, Gerhard

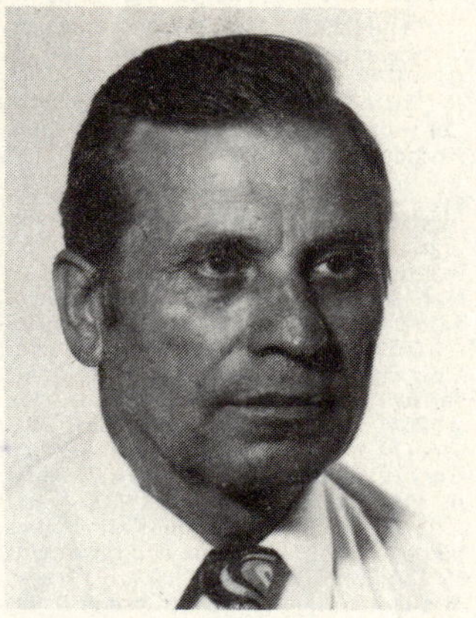

Dr. phil., Akad. Oberrat Univ. Göttingen - Sudetenlandstr. 30, 3400 Göttingen (T. 0551 - 7 21 52) - Geb. 23. März 1919 Hierschau, Mennonit, verh. s. 1956 m. Julia, geb. van Delden, 4 Kd. (Jan, Elisabeth, Cornelie, Burghard) - Stud. Univ. Göttingen (Slawistik, Osteurop. Gesch., Theol.); Promot. 1956 Univ. Göttingen - Stv. Vors. d. Kulturrates d. Dt. aus Rußland, u. d. Hist. Kommiss. z. Erforsch. d. Gesch. u. Gegenwart d. Dt. in Rußland/UdSSR; Vors. Kommiss. Intern. Mennonitische Kontakte (IMK) - BV: D. Leben d. Protopopen Avvakum (Übers. aus d. Altruss.), 1965.

HILDEBRANDT, Gunther

Dr. med., o. Prof. f. Arbeitsphysiologie u. Rehabilitationsforsch. - Calvinstr. 13, 3550 Marburg/L. (T. 2 75 47) - Geb. 12. Jan. 1924 Freiburg/Br. (Vater: Prof. Dr. med. Wilhelm H., Internist (s. IX. Ausg.); Mutter: Anna-Luise, geb. Evers), ev., verh. s. 1951 m. Dr. med. Guntrud, geb. Evers, 7 Kd. (Gudrid, Gesine, Uwe, Wulf, Aino, Horst-Joachim, Imke) - Gymn. Bad Doberan; Univ. Tübingen, Straßburg, Hamburg, Marburg. Promot. (1949) u. Habil. (1959) Marburg - 1951-61 Assist. u. Dir. (1959) Balneolog. Forschungsst. Bad Orb; s. 1961 Abt.leit. Physiol. Inst. u. Dir. Abt. f. Arbeitsphysiol. u. Rehabilitationsf. (1964) Univ. Marburg (1964 ao., 1967 o. Prof.). 1967ff. Vors. Dt. Ges. f. Physikal. Med.; 1968ff. Vors. Mittelrhein. Studienges. f. Klimatol. u. Balneol.; 1971ff. Vizepräs. International Society for Chronobiology. Div. Fachmitgliedsch., dar. Intern. Soc. for Biometeorology; 1985 Präs. Europ. Ges. f. Chronobiologie, Leiden (Holland) - BV: Oszillograph. Praxis, 1958 (m. A. Hildebrandt); Biol. Rhythmen u. ihre Bedeut. f. d. Bäder- u. Klimaheilkd., in: Handb. d. Bäder- u. Klimaheilkd., 1962; Durchblutungsmessung m. Wärmeleitelementen, 1963 (m. K. Golenhofen u. H. Hensel). Herausg.: Biologische Rhythmen u. Arbeit (1976); Biological Adaptation (m. H. Hensel, 1982); Balneologie u. med. Klimatologie (3 Bde., m. W. Amelung, 1985/86) - 1968 korr. Mitgl. Österr. Ges. f. Balneol. u. Med. Klimatol.; 1986 Ehrenmitgl. Poln. Ges. f. Balneologie; 1988 Ehrenmitgl. Ges. f. Physiotherapie d. DDR - Liebh.: Musizieren, Malen.

HILDEBRANDT, Helmut

Dr. rer. nat., Prof. Geograph. Inst./ Univ. Mainz - Philipp-Wasserburg-Str. 35, 6500 Mainz-Gonsenheim - Geb. 29. Juli 1936 Berlin - Promot. 1967 Marburg; Habil. 1975 Mainz - BV: Regelhafte Siedlungsformen im Hünfelder Land, 1968; Studien z. Zelgenproblem, 1980.

HILDEBRANDT, Helmut W.

M. A., Polizeihauptkommissar a. D., MdA Berlin (s. 1979) - Zu erreichen üb. Abgeordnetenhaus, John F. Kennedy-Pl., 1000 Berlin 62 - Geb. 23. Nov. 1931 Berlin (Vater: Walter H., Kürschner; Mutter: Johanna, geb. Hesse), verh. s. 1954 (Ehefr.: Gertrud), 3 Kd. (Marion, Andre, Karsten) - Volkssch.; 1946-49 Kürschnerlehre; Abit. Abendsch. 1962 - Ab 1952 Polizeidst. (1964 ltd.); 1970-75 Stud. Sozialwiss. Dozentur. SPD (1971 Mitgl. Landesvorst. Berlin) - Liebh.: Angeln - Spr.: Engl., Franz.

HILDEBRANDT, Hermann

Stellvertretender Generalsekretär d. Kultusministerkonfz. (KMK) (s. 1987), Senatsdirigent - Bredowallee 13, 5300 Bonn 1 (T. 25 40 70) - Geb. 21. Jan. 1928 Göttingen (Vater: Hermann H., Krankenpfleger; Mutter: Hilde, geb. Gräf), ev., verh. s. 1957 m. Carla, geb. Jacobi, 4 Kd. (Andreas, Elke, Matthias, Thomas) - 1942-44 Verw.-Lehre in Univ. Göttingen; 1948-53 Abendschule Göttingen (Hochschulreife); 1953-58 Stud. Rechtswiss. Univ. Göttingen (1. jurist. Staatsprüf. 1958, Ass.-Ex. 1962) - 1948-53 Verw.-Angest. Univ. Göttingen; 1962-69 Ass. Berliner Verw.; 1970-72 Kanzler FU Berlin; 1973-87 Leit. Hochschulabt. b. Senator f. Wiss. u. Kunst Berlin - BV: Wiss. in Berlin, in: Berlin Fibel, 1975 - Liebh.: Preuß. Gesch. - Spr.: Engl.

HILDEBRANDT, Reiner

Dr. phil., Prof. f. Linguistik d. Deutschen u. Ältere Dt. Philol. Univ. Marburg (s. 1971) - Am Zuckerberg 2, 3550 Marburg/L. - Geb. 21. März 1933 Hachenburg (Eltern: Hermann (Pfarrer) u. Charlotte H.), ev., verh. s. 1963 m. Dr. Renate, geb. Günther, 2 Kd. (Henrike, Henrik) - Univ. Marburg u. Bonn (German., Theol., Psych.). Promot. (1963) u. Habil. (1970) Marburg. Gf. Dir./Abt.leit. Forsch.inst. f. dt. Spr. (Dt. Sprachatlas). Redaktionsmitgl. Europ. Sprachatlas (ALE) - BV: Ton u. Topf - Zur Wortgesch. d. Töpferware im Deutschen, 1963; Summarium Heinrici, textkrit. Ausg., 2 Bde., 1974 u. 1982. Herausg.: Dt. Dialektographie (DDG), Bd. 100ff. (1974ff.); Hist. Wortforschung, Bd. 1 (1986).

HILDEBRANDT, Reinhard

Dr. phil., Univ.-Prof., Historiker - Tittardsfeld 106, 5100 Aachen - Geb. 26. Febr. 1937 - Promot. 1966 Hamburg; Habil. 1972 Berlin (FU) - S. 1973 Prof. TH Aachen (Leit. Lehrgeb. Gesch. d. früh. Neuzeit) - D. Georg Fuggerschen Erben - Kaufm. Tätigk. u. soz. Status 1555-1600, 1966.

HILDEBRANDT, Rüdiger

Verlagsberater in d. Verlagsgruppe Georg von Holtzbrinck, Stuttgart - Alois-Johannes-Lippl-Str. 19 A, 8032 Gräfelfing (T. 089 - 854 25 99) - Geb. 10. April 1929 Hiddesen (Vater: Kurt H., Stud.rat; Mutter: Hanni, geb. Granzow), ev., verh. s. 1953 m. Irmgard, geb. Bax, 2 Söhne (Jan-Peter, Christian) - Leopoldinum Detmold; 1945-48 Lehre Sortimentsbuchh. - 1949-55 Carl Heymanns Verlag; 1955-79 Hoffmann u. Campe Verlag; 1979-80 K. G. Saur Verlag; 1981-88 Droemer Knaur Verlag; 1983-88 zusätzl. Kindler Verlag. 1974-79 Vorst.-Mitgl. Nordd. Verleger- u. Buchh.verb. u. Mitgl. Verlegeraussch. Börsenverein d. dt. Buchhandels - 1980-83 Vorst.-Mitgl. Börsenverein d. dt. Buchhandels, s. 1979 Beirat Berliner Buchhandels-Zentrum - Spr.: Engl.

HILDEBRANDT, Stefan

Dr. rer. nat., o. Prof. f. Mathematik Univ. Bonn - Drachenfelsstr. 23, 5205 St. Augustin 2 - Geb. 13. Juli 1936 Leipzig - Stud. 1954-60 Leipzig, Mainz. Promot. 1961, Habil. 1965 Mainz; o. Prof. Mainz (s. 1967), in Bonn (s. 1970). Facharbeiten - Mitgl. Dt. Akad. d. Naturforscher LEOPOLDINA in Halle.

HILDEBRANDT, Walter

Dr. phil., o. Prof. f. Soziologie u. Sozialpäd. Univ. Bielefeld (s. 1965) - Winterbergstr. 90, 4973 Vlotho/Weser (T. 42 20) - Geb. 24. Juli 1912 Leipzig (Vater: Otto H., Stadtverws.dir.; Mutter: Louise, geb. Sander), ev., verh. s. 1938 m. Elfriede, geb. Schreiber, s. 1977 m. Irma, geb. Bucher, 3 Kd. (Frauke, Jan, Hille) - Oberrealschule; Universitäten Königsberg, Prag, Wien, Leipzig (Soziol., Nationalök., Geschichte). Promot. 1937 - 1937-38 Forschungsbeauftr. d. Reichsarbeitsgem. f. Raumforsch.; 1939-45 Oberassist. Südosteuropa-Inst., Leipzig; 1951-54 Chefredakt. Osteuropa-Handb.; 1958-66 Hauptschriftl. Ztschr. Moderne Welt. Mitherausg. Dt. Studien, Vierteljahreshefte. Erster Vors. Gesamteurop. Studienwerk e. V., Vlotho; Vizepräs. Ost-Akad., Lüneburg; Mitgl. Wiss. Beirat Südosteuropa-Ges. - BV: D. Kl. Wirtschaftsentente, 1938; D. Landflucht in Franken, 1940; D. Volksdemokr. Albanien, 1951; D. Triestkonflikt, 1953; D. Sowjetunion - Macht u. Krise, 1955; D. Schwerind. in d. Sowjetunion, 1957; Siegt Asien in Asien? - Traditionalismus, Nationalismus, Kommunismus / Strukturprobleme e. Kontinents, 1966; D. nachlib. Zeitalter, 1973; Mut z. Mühe, 1984; Leben aus d. Kraft d. Stille, 1986; Versuche gegen d. Kälte - Schriften zu Lit. u. Zeitgeistforsch., 1987 - Spr.: Engl., Franz.

HILDEN, Hans

Dr. rer. nat., Prof. f. Mathematik GH Paderborn - Südstr. 8, 4795 Delbrück/W. - Stud. Math.

HILDENBRAND, Gebhard

Dr. rer. nat., Prof. e. wiss. Hochsch. - Geb. 7. Juni 1932 - Oosstr. 16, 7517 Waldbronn 1 - Arbeitsgeb.: Methodik-Didaktik d. Chemieunterr., Ökol. Unters. an Fließgewässern, experimenteller Umweltschutz.

HILDENBRAND, Werner

Dr. rer. nat., o. Prof. f. Mathemat. Wirtschaftstheorie Univ. Bonn (s. 1969) - Am Sonnenhang 7, 5300 Bonn-Ippendorf - Geb. 25. Mai 1936 Göttingen (Vater: Dipl.-Ing. Eduard H.; Mutter: Elisabeth, geb. Degen), 3 Kd. - Stud. Math. - Promot. 1964; Habil. 1968 - 1966-68 Lehrstuhlinh. Univ. Berkeley (USA), 1968-70 Res. Prof. Université Catholique de Louvain, Belgien - BV: Equilibria and Core of Large Economies, 1974; Lineare ökon. Mod., 1975 (m. K. Hildenbrand); Introduction to Equilibrium Analysis, 1976 (with A. Kirman).

HILDENBRANDT, Eberhard

Dr. phil., Prof. f. Sportwissenschaft Univ. Marburg - Cappeler Str. 40, 3550 Marburg/L. - Geb. 19. Mai 1933 Friedrichsthal/Saar - Stud. Saarbrücken, Marburg; Promot. 1969 - 1978/79 u. 1985/86 Dekan. Arbeitsgeb.: Trainingswiss., Sprache u. Bewegung, Sport m. Sehgeschädigten.

HILDESHEIMER, Wolfgang

Dr. phil. h. c., Schriftsteller - CH-7742 Poschiavo, Kt. Graubünden/Schweiz (T. 082 - 5 04 67) - Geb. 9. Dez. 1916 Hamburg (Vater: Dr. Arnold H., Chemiker; Mutter: Hanna, geb. Goldschmidt), jüd., verh. in 2. Ehe (1952) m. Silvia, geb. Dillmann, 2 Stieftöcht. - Odenwald-Sch.; Frensham Heights School, Farnham (Engl.); Central School of Arts and Crafts, London; Sommerakad. Salzburg - 1938-40 fr. Maler u. Graphiker; 1940-45 brit. Informationsoffz.; 1946-49 Simultandolm. Nürnberger Prozesse - W: Lieblose Legenden, Kurzgesch. 1952; Paradies d. falschen Vögel, R. 1953; D. Ende e. Welt, Textb. e. Funkoper, 1953; D. Drachenthron, Kom. 1955; Ich trage e. Eule n. Athen, Kurzgesch. 1956; Spiele, in denen es dunkel wird, Sch. 1958; D. Verspätung, Sch. 1961 (FS. 1970); Vergebl. Aufzeichnungen, Nachtst. 1963; Tynset, R. 1964; Rivalen, Lsp. 1965; Wer war Mozart?, Ess. 1966; Mary Stuart, Sch. 1970; Zeiten in Cornwall, Aufz. 1971; Masante, R. 1973; Mozart, Biogr. 1977; Marbot, Biogr. 1981 - 1955 Hörspielpreis der Kriegsblinden (Prinzessin Turandot), 1966 Bremer Literaturpreis (Tynset) u. Georg-Büchner-Preis; 1982 Lit.preis Bayer. Akad. d. Künste; korr. Mitgl. Dt. Akad. f. Sprache u. Dicht.; Mitgl. Akad. d. Künste Berlin; Mitgl. PEN-Zentrum d. BRD; 1982 Ehrenbürger Poschiavo u. Ehrendoktor Univ. Gießen - Spr.: Engl., Ital.

HILDMANN, Henning

Dr. med., Prof., Hals-Nasen-Ohrenarzt - Gabelsberger Str. 62, 4630 Bochum 1 - B. 1978 Privatdoz., dann apl. Prof. RWTH Aachen (Med. Fak.); s. 1979 Lehrstuhl f. HNO-Heilk. Ruhr-Univ. Bochum.

HILF, Willibald

Staatssekretär a. D., Intendant Südwestfunk (s. 1977) - 7570 Baden-Baden - Geb. 26. Mai 1931 Niederlahnstein, kath., verh. s. 1961 m. Helga, geb. Heise, 2 Söhne (Johannes, David) - Gymn.; Univ. Mainz (Rechts- u. Staatswiss.); Gr. Jurist. Staatsprüf. 1959 - Parlam. Geschäftsf. d. CDU-Landtagsfrakt. RP. 1963-76 MdL RP.; 1969 Staatssekr. u. Chef d. Staatskanzlei RP; 1968-77 Mitgl. d. Verw.rats d. SWF (ab 1973 Vors.); 1974-76 stv. Vors. Kommiss. f. d. Ausbau d. techn. Kommunikationswesens; 1977 Ehrensen. d. Hochsch. f. Verw.-Wissensch. Speyer; Federführung d. dt.-franz. Zusammenarbeit im Rundfunk (Hörfunk u. Fernsehen); Großoffz.kr. d. Ordens v. Oranien-Nassau u. Komturritterkr. d. Ordens d. Hl. Gregors d. Gr.; BVK I. Kl.; Orden Chevalier de la Legion d'Honneur - Liebh.: Klavier, Orgel, Tennis - Gold. Sportabz. 1972.

HILFENHAUS, Rudolf

Bundesbahnbeamter, MdL Hessen (s. 1974) - Hauseller 9, 6405 Eichenzell-Welkers (T. 21 82) - Geb. 11. Juni 1937 - SPD.

HILGARTH, Manuel

Dr. med., Prof. f. Gynäkologie, Vorsitzender Arbeitsgemein.: Cervix uteri (s. 1984), Generalsekr. Intern. Akad. f. Zytologie (s. 1989) - Robert-Koch-Str. 1, 7800 Freiburg (T. 27 66 95) - Geb. 18. Juni 1936, T. Natalie - Med.-Stud. Freiburg, Wien; Promot. 1963, Habil. 1976, Prof. 1980, alles Freib. - Fellow Intern. Akad. Cytolog. OA.; Frauenkl. Univ. Freib., Leit. Amb. u. Zytolog.-Labor - BV: Div. Veröff. in gynäkolog. Fachztschr. - Spr.: Engl., Franz.

HILGENBERG, Fritz

Dr. med., Prof., Leiter Kardiolog. Abt./Univ.s-Kinderklinik Münster (s. 1969) - Am Schloßgarten 17, 4400 Münster/W. (T. 8 13 73) - Geb. 24. April 1924 (Vater: Prof. Dr. med. Friedrich C. H., Chefarzt Städt. Frauenklinik Essen; Mutter: Marianne, geb. Goebel), kath., verh. s. 1952 m. Christa, geb. Förster, 6 Kd. (Christiane, Annelie, Friederike, Frank, Jost, Fritz) - Goethe-Obersch. Essen; Univ. Marburg, Med. Akad. Düsseldorf - S. 1963 (Habil.) Lehrtätigk. Univ. Münster (1968 apl. Prof.; gegenw. Wiss. Rat u. Prof.) - BV: Indikatormethoden in d. Diagnostik kindl. Herzfehler, 1965 (Basel/New York). Fachaufs. Mitgl. Assoc. of European Paediatric Cardiologists - Spr.: Engl., Franz.

HILGENBERG, Wilhelm

Dr. phil. nat., Prof. f. Botanik Univ. Frankfurt - Siesmayerstr. 70, 6000 Frankfurt 11.

HILGENDORF, Tycho

Rechtsanwalt, Vorstandsvors. Öfftl. Lebensversicherung Braunschweig, Öfftl. Sachversich. Braunschweig, Braunschw. Landes-Brandversich.s-Anstalt - Wolfenbütteler Str. 86, 3300 Braunschweig; priv.: Adolf-Bingel-Str. 5 - Geb. 5. Nov. 1924.

HILGER, Erwin

Dr. rer. nat., Prof. f. Exper. Physik Univ. Bonn (s. 1986) - Fuchsweg 18, 5300 Bonn 1 (T. 0228-64 57 38) - Geb. 23. Jan. 1941 Bonn, kath., verh. s. 1969 m. Dietgard, geb. Sieburg, 2 T. (Katrin, Astrid) - Stud. 1960-67 Univ. Bonn; Promot. 1971 - 1974-76 Stanford Univ.; 1983-86 Prof. Univ. Hamburg.

HILGER, Gustav

Dr. oec. publ., Landrat a. D. - Schönlinder Str. 29, 8920 Schongau/Obb. (T. 49 72) - Geb. 8. Nov. 1904 Weilheim/Obb. (Vater: Josef H., Kaufm.; Mutter: Amalie, geb. Bernhuber), kath., verh. s. 1934 m. Elisabeth, geb. Sachsperger, 3 Kd. (Werner, Klaus-Josef, Edeltraud-Elisabeth) - Stud. Volksw. u. Rechtswiss. Promot. (1930) u. Ass.ex. (1931) München - 1933-38 u. 1948-49 Reg.srat; 1938-43 Landrat; 1943-46 Wehrdst. u. Kriegsgefangensch.; 1949 b. 1970 Landrat. 1967-70 Präs. Bayer. Sparkassen- u. Giroverb. - Zahlr. Ehrenmitgliedsch. (Trachtenvereine u. a.); Bayer. VO.; Kommunalverdienstmed. in Gold; DRK-Ehrenz.

HILGER, Hans Hermann

Dr. med., o. Prof. f. Innere Medizin (Lehrstuhl III) u. Dir. Med. Univ.-Klinik III/Kardiologie Köln (s. 1971) - Rheingoldstr. 19, 5030 Hürth-Hermülheim (T. 02233 - 7 22 38; Köln 478(1) - 45 03) - Geb. 16. März 1928 Remscheid, verh. I) m. Dr. med. Dorothee, geb. Graf († 1981); II) s. 1984 m. Renate, geb. Bracht, verw. Kullmann, 4 Kd. (Karin, Renate, Sigrid, Detlef) - S. 1964 (Habil.), 1969 (apl. Prof.), 1970 (Wiss. Rat u. Prof.) Univ. Bonn, Med. Univ.-Klinik; 1971 (o. Prof.) Univ. Köln, Univ.-Kliniken - BV: Pathophysiol. I Herz u. Kreislauf, 1974; Koronarinsuffizienz, in: Innere Med. in Praxis u. Klinik, 1973/76/84; Signal Averaging Technique in Clinical Cardiologie, 1981; Holter Monitoring Technique, 1985; Invasive Cardiovascular Therapy, 1987; üb. 300 Fachveröff. - 1985 Intern. fellow Council on Clinical Cardiology American Heart Assoc. - Rotarier.

HILGER, Marie-Elisabeth,

geb. Vopelius

Dr. rer. pol., Dipl.-Soziol., Prof. f. Sozial- u. Wirtschaftsgeschichte - Allendeplatz 1, 2000 Hamburg 13 - Geb. 19. Dez. 1935 Berlin (Vater: Dipl.-Landw. Dr. Oswalt Vopelius; Mutter: Luise, geb. Albrecht), ev., verh. s. 1977 m. Prof. Dr. phil. Dietrich H. † - S. 1975 Prof. Univ. Hamburg.

HILGER, Marie-Luise

Dr. jur., Prof., Vors. Richterin BAG a. D. - Graf-Bernadotte-Pl. 3, 3500 Kassel-W'höhe; priv.: Uhlenhorststr. 18 - Geb. 17. Aug. 1912 Bremen - Promot. 1940 Kiel; Habil. 1959 Heidelberg - S. 1952 Lehrtätigk. Univ. Heidelberg u. Göttingen (1959; Honorarprof. f. Arbeitsrecht einschl. s. bürgerl.-rechtl. Grundl.) - Spr.: Engl., Franz.

HILGER, Peter

Dr. rer. pol., Dipl.-Kfm., Geschäftsführer (Spedition/Lagerei, Handel) - Orlamünder Weg 3, 2800 Bremen 1 - Geb. 16. Febr. 1930 Blumenthal (Vater: Hermann H., Bundesbahnbeamter; Mutter: Sofie, geb. Kiel), kath., verh. s. 1955 m. Hildegard, geb. Kreutzer, 2 Kd. (Birgit, Peter) - Gymn.; Univ. Köln (Dipl.-Kfm. 1953; Promot. 1955) - Ref. Bundesverb. Spedition u. Lagerei, Bonn; s. 1968 Geschäftsf. Transthermos GmbH., Bremen, Thermo Transport Systeme GmbH, Bremen, Speditionsges. f. Kühlverkehr GmbH. & Co. KG., Agrartrans GmbH & Co. KG. ebd., Schmuck KG., Delkenheim. Div. Mandate - BV: Paletten, 1965; Verkehrsbetriebe im Wettbew., 1967 - Spr.: Engl.

HILGER, Werner

Oberbürgermeister Stadt Dillingen (1978-84) - 8880 Dillingen/Donau - Geb. 17. Juni 1935 Pegnitz - Zul. Regierungsdir. CSU.

HILGER, Wolfgang

Dr. rer. nat., Dipl.-Chem., Prof. f. Chemie Univ. Frankfurt, Vorstandsvors. Hoechst AG - Postf. 80 03 20, 6230 Frankfurt/M. 80 - Geb. 16. Nov. 1929 - S. 1958 Hoechst, s. 1985 Lehrauftr. üb. techn. anorgan. Chemie Johann Wolfgang Goethe-Univ., Frankfurt/M., AR-Mand. u. a.

HILGERMANN, Reinhard

Dr. med., Prof. f. Rechtsmedizin Univ. Marburg - An der Haustatt 46, 3550 Marburg.

HILGERS-HESSE, Irene

Dr. phil., Prof., Malaiologin, gf. Vorstandsmitgl. Dt. Indones. Ges. - Lortzingstr. 72, 5000 Köln 41 - Lehrtätigk.

HILGERT, Siegfried

Dr. rer. pol., Dipl.-Kfm., Geschäftsführer R. Auffermann GmbH (Thyssen-Konzern) - Höherweg 271a, 4000 Düsseldorf - 1952-56 Stud. Betriebswirtsch. Univ. Köln; Promot. 1959 Univ. Köln (Prof. Erich Gutenberg).

HILGNER, Isolde

Prof., Hochschullehrerin - Sertorius Ring 305, 6500 Mainz-Finthen - Prof. f. Textil Univ. Mainz (Fachbereich Kunsterzieh.).

HILKE, Wolfgang O. H.

Dr. rer. pol., Dipl.-Kfm., o. Prof. f. Betriebswirtschaftslehre Univ. Freiburg (s. 1978) - Wertmannplatz 1, 7800 Freiburg/Br. - Geb. 19. Mai 1941 Cottbus (Vater: Dr. Otto H., Physiker; Mutter: Ilse, geb. Liebenow), verh. s. 1965, 2 Kd. - N. Abit. Praktik. Großbank; 1960-64 Univ. Hamburg (Betriebsw.; Dipl.-Kfm.). Promot. u. Habil. Hamburg - 1976-78 Privatdoz. Univ. Hamburg; 1981/82 Dekan Wirtschaftswiss. Fak. Univ. Freiburg - BV: Stat. u. dynam. Oligopolmodelle, 1973; Zielorient. Produktions- u. Programmplanung, 1978; Dynam. Preispolitik, 1978; Ablaufplanung, 1981; Bilanzpolitik, 1983 - Liebh.: Theater, Ornithol., Sport - Spr.: Engl., Franz.

HILKER, Helmut F.

Journalist, Autor - Jordanstr. 15, 3000 Hannover - Geb. 16. Nov. 1927 Köln - U. a. Mitarb. Bundespresseamt. Üb. 350 Hörsp. - 1983 Robert-Mayer-Preis (VDI).

HILL, Dieter

Dipl.-Ing., Vorstandsmitglied Dt. Babcock Maschinenbau AG, Ratingen, Geschäftsf. Turbo Lufttechnik GmbH, Zweibrücken - Zu erreichen üb. Turbo Lufttechnik GmbH, Gleiwitzstr. 7, 6660 Zweibrücken - Geb. 10. März 1931 Kaiserslautern, verh. s. 1962, S. Oliver - Realgymn. Homburg/S.; TU Karlsruhe (Allg. Maschinenbau; Dipl. 1957).

HILL, Dietrich

Dr., Verbandsdirektor, gf. Vorstandsmitgl. Norddt. Genossenschaftsverb. Schlesw.-Holst. u. Hamburg (Raiffeisen-Schulze-Delitzsch) e.V. (s. 1971) - Raiffeisenstr. 1, 2300 Kiel (T. 0431 - 6 69 21).

HILL, Hans

Vorsitzender Richter BGH - Andersenstr. 6, 7500 Karlsruhe 51 - Geb. 19. Mai 1913.

HILL, Hans

Bezirksstadtrat a. D., Leit. Abt. f. Sozialwesen Bezirksamt Spandau (1971-85) - Wohnh. in 1000 Berlin - Geb. 9. Mai 1930 Berlin, verh., 2 Kd. (Dagmar, Karola) - Mittelsch.; Maurerl. (berufsunfäh. d. Unfall), Verwaltungsausbild. - Tätigk. Bezirksamt Spandau (Ausgleichsamt, Abt. Personal u. Verw. u. 1969ff. Sozialwesen). Vors. AWO, Kr. Spandau (s. 1978). BSE. SPD s. 1946.

HILL, Klaus

Dr. med., Prof., Chefarzt Patholog. Inst./Ev. Krankenhaus, Hamm - Heideweg 194, 4700 Hamm-Berge - Lehrtätigk. Univ. Mainz (Prof. Allg. Pathol. u. Pathol. Anat.).

HILL, Roland
Journalist - 43 The Downs, London S W 208HG - Geb. 2. Dez. 1920 Hamburg (Vater: Rudolf Hess, Kaufm.; Mutter: Ella, geb. Löry, österr. Sängerin), kath., verh. s. 1972 m. Amelia Natan - Johanneum Hamburg u. Gymn. Wien; Univ. Mailand u. n. 1945 London (Gesch.). Bachelor of Arts - Journ. Österr.; außenpolit. Redakt. engl. Wochenztschr. Tablet; Lektor engl. Verlag Herder; s. 1956 Londoner Korresp. Frankf. Allg. Ztg., Stuttgarter Ztg., Hannoversche Allg. Ztg., Kölner Stadt-Anz., D. Presse, Wien - BV: Großbritannien, 1981; Typisch Englisch, 1983; Typisch Itisch, 1985; Schottland, 1988; Margaret Thatcher, 1988; London, 1989 - Spr.: Engl., Franz., Ital.

HILL, Tilman Oliver
Direktor, Inh. Werbe-, PR- u. Schulungs-Agentur creaktiv 80, Wiesbaden - Brunhildestr. 52, 6384 Niederreifenberg - Geb. 30. Dez. 1940 Frankfurt/M. - Inh. general news press, Wiesbaden. Mitgl. BDW e.V. Bonn, DPRG (Dt. Public Relations-Ges.) e.V. Köln, Marketing Club Rhein-Main, Wirtschaftsclub Rhein-Main, Intern. Federation of Journalists, cpa Christliche Presse Akademie, IHK Wiesbaden u. a. Org. - 1978 Ritter d. Schlaraffia; 1979 Friend of the Jamaican Government.

HILL, Werner
Dr. phil., Redakteur, NDR-Sonderkorresp. f. Recht u. Justiz (s. 1981) - Hegelstr. 32, 3013 Barsinghausen 1 (T. 05105 - 8 27 72) - Geb. 19. Nov. 1930 Dortmund - 1978-81 Dir. Funkhaus Hannover im NDR - BV: Gleichheit u. Artgleichheit, 1966 - 1969 Dt. Journalistenpr. (Thema: D. Bürger u. s. Recht), 1970 Ernst-Reuter-Pr. (Thema: Gesellschaftl. Gerichte in d. DDR); 1976 Fritz-Bauer-Pr. Human. Union; 1977 Ernst-Reuter-Pr. (Thema: Weinhold-Prozeß); 1985 Pressepr. Dt. Anwaltverein.

HILLE, Hans-Joachim
Dr. phil., Botschafter a. D. - Dahlienweg 20, 5307 Wachtberg - Geb. 23. April 1921 Zittau/Sa. (Vater: Walter H.; Mutter: Käte, geb. Hoffmann), ev., verh. s. 1964 m. Gesa, geb. Boit, 2 Kd. (Joachim, Hubertus) - Gymn., 1946-50 Stud. Gesch., Engl., Phil. Promot. 1950 Frankfurt/M. - 1939-46 Kriegsdst. u. -gefangensch.; 1950-52 Forschungsassist.; s. 1952 Ausw. Amt (1955 Legationsrat Botschaft Paris, 1958 stv., 1961 Presseref. Bonn, 1964 Botschaftsrat Botsch. Ankara, 1967 Botschafter Jordanien, 1971 Ecuador, 1974 Inspekteur, 1978 Beauftr. f. Nah- u. Mittelostpolitik AA, 1979 Botschafter Ägypten, 1982-86 Peru). Mitgl. Ges. f. Ausw. Politik - 1969 BVK, 1979 BVK I. Kl., 1986 Gr. BVK - Spr.: Engl., Franz., Span.

HILLE, Heinz
Bürgermeister Stadt Kassel a. D. - Druseltalstr. 62, 3500 Kassel (T. dstl.: 787-33 03) - Geb. 13. Juli 1923 Kassel (Vater: Heinrich H., Kaufm.; Mutter: Frieda, geb. Müller), ev., verh. I) 1947 m. Julia, geb. Göbler †, II) s. 1986 m. Barbara, geb. Uloth, 2 Söhne (Hans-Joachim, Michael) - Gymn.; Stud. Volksw., Rechts- u. Staatswiss. Gr. jurist. Staatsprüf. - S. 1955 Stadtverw. Kassel (1960 Polizeipräs., 1965 Stadtrat f. Rechts- u. Ordnungswesen, gegenw. Bürgerm.). Vors. Gemeinnütz. Wohnungsbauges. Stadt Kassel mbH. SPD - Silb. Ehrennadel Dt. Verkehrswacht; Gold. Sportabz.; BVK I. Kl. - Liebh.: Sport.

HILLE, Hellmut
Dr. med., Prof., Wiss. Rat Inst. f. Balneologie u. Klimaphysiol. Univ. Freiburg - Sickingenstr. 52, 7800 Freiburg/Br. (T. 6 77 84) - Geb. 25. Mai 1924 Bautzen/Sa. - S. 1962 (Habil.) Lehrtätigk. Freiburg (1969 apl. Prof. f. Balneol. u. Klimaphysiol.). Fachveröff.

HILLEBRAND, Elmar
Prof., Bildhauer - Am Rheinberg 9, 5000 Köln 50 (T. 02236 - 6 48 64) - Geb. 11. Okt. 1925 Köln - S. 1964 ao. u. o. Prof. (1968) TH Aachen.

HILLEBRAND, Max Josef
Dr., em. Prof. f. Psychologie Univ. Bonn - Rüdigerstr. 92, 5300 Bonn 2 (T. 34 37 77) - Geb. 7. Dez. 1896 Wehrden/Weser (Vater: Josef H., Verw.-Insp.; Mutter: Therese, geb. Hillebrand), kath., verh. s. 1934 m. Dr. Elisabeth, geb. Helle, 3 Kd. (Jörg, Arno, Ekkart) - Ab 1925 Stud. Univ. Köln, Bonn, Prag (Promot. 1930) - 1930-33 Doz. Landwirt. Abt.; 1939-45 Reg.rat in d. Heerespsychol.; ab 1945 Univ. Prag; 1946ff. o. Prof. PH u. Univ. Bonn; 1955-61 Rektor PH Bonn; 1961 emerit. Stv. Vors. PH-Senat d. Landes Nordrh.-Westf. - BV: D. Aktivität d. Seele, 1933; D. seel.-geist. Entwickl. in anthropol. Betracht., 1954; Probl. d. Schulreife, 1958; 3. A. 1963; Kind u. Spr., T. I u. II, 3. A. 1955, 1965, 1966; Psych. d. Lernens u. Lehrens, 1958 u. 1967 (Span. Übers.); Handb. d. Psych., 10. Bd.: Begriffsbestimm. u. geschichtl. Entwickl. d. Pädagog. Psych., 1959; Päd. Psych. in sowjet. u. demokrat. Ges., e. vergl. Enzyklopädie, Bd. 4, 1971; Einf. in d. päd. Psych., 1973 - Lit.: Brennpunkte d. Päd. Psychol., Herausg. (Mickel/E. Langhorst, Psychol. Seminar 1973). Horst Mickel, M. J. H. z. Vollend. d. 80. Lebensj. (in: Psych. in Erzieh. u. Unterr.), 1976.

HILLEBRECHT, Hildegard
Kammersängerin - Gartenstr. 19, 8011 Baldham/Obb. (T. 08106 - 16 22) - Geb. 26. Nov. Hannover, ev., verh. s. 1956 m. Karlrobert Stöhr - Schule Hannover (Abitur); Gesangsstud. Hannover, Freiburg (Frau Prof. v. Winterfeld), Düsseldorf (Frau Prof. Martienssen-Lohmann) - S. 1951 Bühnen Freiburg, Zürich (1953), Düsseldorf (1954; Dt. Oper am Rhein), München (1961; Bayer. Staatsoper, daneben langj. Bindungen Dt. Oper Berlin u. Württ. Staatstheater Stuttgart). Mitwirk. Salzburger, Bayreuther, Edinburgher Festsp. u. a. Gast Metropolitan Opera New York, San Francisco Opera, Teatro Colon Buenos Aires u. führ. europ. Opernhäuser (Athen, Hamburg, London, Rom, Wien). Hauptpartien: Ariadne, Kaiserin, Marschallin, Chrysothemis, Leonore (Fidelio), Sieglinde - 1961 Bayer. Kammers.; 1970 Bayer. VO. - Liebh.: Architektur - Spr.: Engl.

HILLEBRECHT, Rudolf
Dr.-Ing. E. h., Prof., Stadtbaurat i. R. - Gneiststr. 7, 3000 Hannover (T. 88 58 62) - Geb. 26. Febr. 1910 Hannover (Vater: Ernst H., Kaufm.; Mutter: Bertha, geb. Arning), verh. I) 1937 m. Ruth, geb. Frommhold, Graphikerin (†), T. Janina, II) 1967 (Moskau) Oksana, geb. Saweljewa, Doz. f. Deutsch - TH Hannover (Dipl.-Ing. 1933) u. Berlin - 1933-34 Mitarb. Gropius, Berlin, 1934-37 Reg.sbauf. Hannover, Travemünde, Hamburg, 1937-45 Bürochef Arch.büro Gutschow, Hamburg, 1945 b. 1946 stv. Abt.sleit. (Abt. Bauwirtsch.) Zentralamt f. Wirtsch. in d. brit. Zone, Bad Pyrmont, 1946-48 Sekr. f. Bauwesen Zonenbeirat f. d. brit. Z., Hamburg, 1948-75 Stadtbaurat Hannover. S. 1951 Honorarprof. TH bzw. Univ. Hannover. 1969 ff. Präs. Gottfried-Wilhelm-Leibniz-Ges.; 1973-79 Präs. Dt. Akad. f. Städtebau u. Landesplanung - Publ.: Neubebauung zerstörter Wohnviertel, 1951; Neuaufbau d. Städte, 1957; Städtebau als Herausforderung, 1975. Zahlr. Fachaufs. (z. T. übers. Engl., USA, UdSSR) - 1958 Ehrendoktor TH Aachen; 1964 Orden Pour le Mérite Friedenskl.; 1960 Gold. Diesel-Ring Verb. d. Motorjourn.; 1965 Gr. BVK m. Stern; 1975 Schulterbd. dz.; 1967 Heinr.-Plett-, 1972 Camillo-Sitte-Pr.; 1968 Schinkel-Plak., 1969 Cornelius-Gurlitt-Denkmünze, 1975 Karmarsch-Denkmünze; 1980 Ehrenbürger Hannover - Spr.: Engl., Franz., Russ. - Rotarier.

HILLEBRECHT, Wilfried
Vors. Richter Bundesarbeitsgericht (Bundesrichter s. 1971) - Graf-Bernadotte-Pl. 3, 3500 Kassel-W'höhe - Geb. 5. Juni 1932 - Zul. Arbeitsgerichtsdir. Bremen.

HILLECKE, Werner
I. Bürgermeister (s. 1976) - Rathaus, 8706 Höchberg/Ufr. - Geb. 25. April 1933 Menden - Zul. Angest. SPD.

HILLEMANNS, Hans-Günther
Dr. med., o. Prof. u. Direktor Univ.s-Frauenklinik Freiburg - Schlierbergstr. 3, 7800 Freiburg/Br. (T. 40 47 21) - Geb. 4. Aug. 1923 Freiburg/Br. - Promot. u. Habil. Freiburg - S. 1967 Prof. Univ. Freiburg (apl., jetzt o.). Spez. Krebsforsch. Fachveröff. - Vors. Krebsverb. Bad.-Württ. - 1968 Wilhelm-Warner-Preis.

HILLENKAMP, Thomas
Dr. jur., Prof. f. Strafrecht u. Strafprozeßrecht Univ. Heidelberg - Ezanvillestr. 50, 6900 Heidelberg - Geb. 2. Juni 1943 Dresden, verh. s. 1969 m. Annemarie, geb. Goliberzuch, 3 Kd. (Kathrin, Florian, Anna) - 1962-67 Stud. Rechtswiss. Univ. Freiburg, Hamburg u. Göttingen; 1. jurist. Staatsex. 1967 Celle, 2. jurist. Staatsex. 1972 Hannover, Promot. 1970 Göttingen, Habil. 1980 ebd. - BV: D. Bedeutung v. Vorsatzkonkretisier. b. abweichendem Tatverlauf, 1972; Vorsatztat u. Opferverh., 1981; 28 Probl. aus d. Strafrecht Allg. Teil, 5. A. 1985; 36 Probl. aus d. Strafrecht Bes. Teil, 5. A. 1985.

HILLER, Armin
Dr. jur., Botschafter d. Bundesrep. Deutschl. im Kongo - Zu erreichen üb.: Ausw. Amt, Adenauerallee 99-103, 5300 Bonn 1 - Geb. 22. Dez. 1938 Perleberg (Vater: Walther H.; Mutter: Ruth, geb. Treffkorn), ev., verh. s. 1964 m. Barbara, geb. Kersten - Stud. Rechtswiss. u. Volksw. Univ. Tübingen, Würzburg u. Paris - 1970-72 Reg.rat Bundesverkehrsmin.; 1972-76 Botschaft Washington (Wirtschaftsabt.); 1976-79 Botsch. Maputo/Mosambik (Ständ. Vertreter); 1979-83 Ausw. Amt (VLR, Pol. Abt.); s. 1983 Botsch. Kongo - Spr.: Engl., Franz., Portugies.

HILLER, Erwin
Dr. med., Prof., Chefarzt Innere Abt. Krkhs. d. Barmherzigen Brüder, München - Nachtigallstr. Nr. 23, 8000 München 19 (T. 17 08 28) - Geb. 8. Juli 1916 (Vater: Dr. Karl H.), verh. m. Erika, geb. Grass, 2 Kd. - S. 1948 Privatdoz. u. apl. Prof. (1952) Univ. München. Zahlr. Fachveröff.

HILLER, Friedrich
Dr. phil., o. Prof. u. Direktor Archäol. Inst. Univ. d. Saarl. (s. 1967) - Kaiserslauterner Str. 83, 6600 Saarbrücken (T. 6 24 41) - Geb. 12. März 1926 - Habil. 1965 Marburg - Fachveröff.

HILLER, Gotthilf G.
Dr. phil., Prof. f. Lernbehindertenpädagogik PH Ludwigsburg - Asternweg 8, 7410 Reutlingen 3 - BV: Konstruktive Didaktik, 1973; Stücke zu e. mehrperspektiv. Unterr., 1975 (m. a.); Ausbruch aus d. Bildungskeller, 1989 - 1979-82 Conseiller Pédagog. Général et Technique in Kamerun.

HILLER, Heinz Herbert
Dr.-Ing. E. H., Dipl.-Ing., Industrie-Beratungen - Gervinusstr. 17-19, 6000 Frankfurt; priv.: Am Hirschgraben 1, 6056 Heusenstamm 2 (T. 06106 - 92 54) - Geb. 1. Febr. 1921 - Oberrealsch. (Abit. 1940) Berlin; 1943-50 TU Berlin (Maschinenbau, Brennstofftechnik) - Assist. Lehrstuhl f. Brennstofftechnik TU Berlin. 1967-86 Geschäftsf. Lurgi GmbH, Frankfurt. Versch. Patente - Spr.: Engl.

HILLER, Reinhold
Bundestagsabgeordneter (s. 1983; Wahlkr. 11/Lübeck) - Bundeshaus, 5300 Bonn 1 - SPD.

HILLER, Werner
Dr. rer. pol., Dipl.-Kfm., Generaldirektor i. R., 1970-82 AR-Vors. Brauerei Rob. Leicht AG, Stuttgart 80; b. 1982 AR-Vors. LEGA Hotel- u. Gaststättenbetriebs-GmbH - Johann-Strauss-Str. 7, 7032 Sindelfingen (T. 07031 - 8 42 16) - Geb. 8. Nov. 1911 Lausanne/Schweiz, ev., verh., 2 T. (Patricia, Sonja) - S. 1950 Leicht (b. 1970 Vorst. ob. Brauerei).

HILLER-KETTERER, Ingeborg
Dr. phil., Prof. f. Allg. Pädagogik/ Schulpädagogik PH Ludwigsburg, FB Sonderpädagogik/Reutlingen - Asternweg 8, 7410 Reutlingen 3 - BV: Kind, Ges., Evangelium, 1971; Leistung u. Gerechtigk. (m.a.), 1972.

HILLERMEIER, Karl
Dr. jur., Staatsminister f. Arbeit u. Sozialordnung (b. 1988), MdL Bayern (s. 1962, CSU) - Winzererstr. 9, 8000 München 40 - Geb. 1. Dez. 1922 Wallmersbach (Vater: Bauer), ev., verh., 2 Kd. - Progymn. Uffenheim u. Altes Gymn. Würzburg (Abit. 1941); ab. 1946 Univ. Erlangen (Rechtswiss.). Ass.ex. 1952 - 1941-45 Wehrdst.; s. 1953 Bayer. inn. Verw. (1953 Landratsamt Uffenheim, 1964 Reg. v. Mittelfranken), 1966 Staatssekr. Min. f. Arbeit u. Soz. Fürsorge, 1970 Staatssekr. Finanzmin., 1974 Justizmin., s. 1977 Stellv. d. Bayer. Ministerpräs., 1982 Innenmin., 1986 Arbeitsmin., Ehrenvors. Europa-Union Bay., Europabeauftragter, Vors. Europ. Akad. Bayern; Bez.vors. CSU Mittelfranken, Mitgl. Ev.-luth. Landessynode - 1980 Gr. BVK m. Stern u. Schulterbd., 1984 Bayer. Verfassungsmed. in Gold.

HILLGÄRTNER, Rüdiger
Dr. phil., Prof. Univ. Oldenburg (s. 1975) - Wardenburgstr. 28, 2900 Oldenburg - Geb. 31. Dez. 1941 Darmstadt (Vater: Wilhelm H., Obersteuerrat i. R.; Mutter: Hildegard, geb. Metzger) - Stud. d. Angl., Roman., Phil.; Stud.aufenthalte in Frankr. u. Großbritannien; Promot. 1971 Frankfurt/M. - 1972-75 Doz. Univ. Frankfurt - BV: Bürgerl. Individualismus u. revolutionäre Moral, 1974; s. 1979 Mithrsg. Ztschr. Engl.-Amerikan. Studien. Zahlr. Veröff. z. engl. Lit. u. Kulturtheorie - Spr.: Engl., Franz.

HILLIGEN, Wolfgang

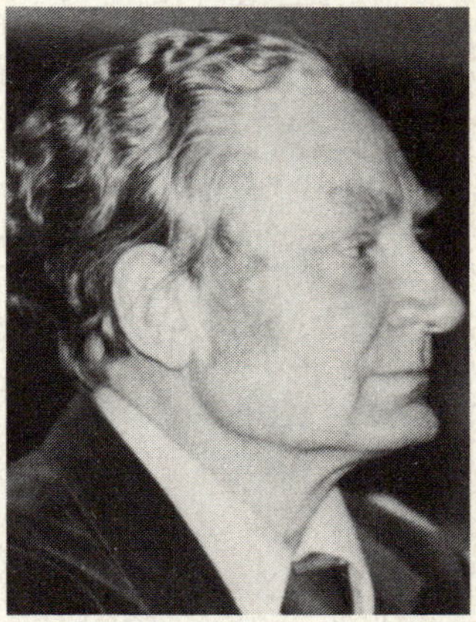

Prof. (emerit.) f. Didaktik d. Gesellschaftswissenschaften - Karl-Glöckner-Str. 21, 6300 Gießen (T. 702 52 46) - Geb. 13. Mai 1916 Groß-Tinz/Schles. (Vater: Walter Switalski, ab 1940 Hilligen, Hauptlehrer), verh. m. Magdalena, geb. Gloger, 2 Kd. (Sigrid, Otfrid) - St. Matthiasgymn. Breslau; Hochsch. f. Lehrerbild. Hirschberg - U. a. Realschuldir., Oberschulrat Frankfurt/M.; s. 1966 Prof. Univ. Gießen - BV: sehen - beurteilen - handeln (Unterr.werk), 1960, 1969, 1978, 1984; Didakt. u. method. Handreichungen, 1964ff., Lehrerhandbuch, 1979, 1985; Z. Didaktik d. polit. Unterr., Bd. I 1975, Bd. II 1976; Neubearb. 1985. Mithrsg.: Ges. u. Staat, Lex. d. Politik, 7. A. 1989; Menschenwürde, 1980; Theory and content of political education in West Germany, 1981. Ztschr. Gegenwartskunde/Ges., Staat - Erziehg. Übers.: Forsch. i. Ber. Social Studies, in Handb. d. Unterr.forsch. (1971). Zahlr. Einzelarb. - 1971 Dt. Jugendbuchpreis; 1983 BVK I. Kl. - Liebh.: Wandern - Festschr. z. 60. Geburtst.; Reden anl. d. Emeritierung, 1982.

HILLIGER, Hans G.
Dr. med. vet., Prof. f. Tierhygiene Tierärztl. Hochschule Hannover (s. 1975) - In der Bebie 20, 3000 Hannover 72 - Geb. 7. Aug. 1926 Berlin (Vater: Bruno H., Patentanw.; Mutter: Hanna, geb. Arendt), ev., verh. s. 1949 m. Maria, geb. Löber, 4 Kd. (Gerhard, Andreas, Reinhart, Claudia) - 1946-47 Landw. Lehre; 1948-49 Höh. Landbausch. Potsdam; 1952-57 FU Berlin (Vet. med.). Promot. (1957) u. Habil. (1969) FU Berlin - 1966-75 Oberassist., Prof. (1969), Wiss. Rat u. Prof. (1971) FU Berlin. Fachveröff. - Liebh.: Geogr., Gesch. - Spr.: Engl.

HILLMANN, Hans-Heinrich
Geschäftsf. Gesellschafter Dreyer & Hillmann GmbH & Co. KG/Holzeinfuhr + Hobelwerk - Beim Industriehafen 57, 2800 Bremen 21.

HILLMANN, Karlheinz
Dr. phil., Prof. f. Dt. Philologie unt. bes. Berücks. d. Neueren dt. Literaturgesch. - Warnckesweg 27, 2000 Hamburg 60 - S. 1971 Prof. Univ. Hamburg.

HILLMER, Gero
Dr. rer. nat., Prof. f. Geologie u. Paläontol. - Jägerdamm 4a, 2000 Hamburg 61 - B. 1977 Doz., dann Prof. Univ. Hamburg - BV: Wirbellose Tiere d. Vorzeit. Leitfaden d. systemat. Paläontologie, 1980 (engl. Übers.).

HILLNHÜTTER, Adolf
Techn. Direktor, Vorstandsmitgl. AG. Vulkan, Köln - Friedrich-Schmidt-Str. 9, 5000 Köln-Lindenthal.

HILMER, Jürgen
Dr. phil., Prof., Pädagoge - Schöneberger Str. 56, 3400 Göttingen (T. 79 40 80) - Geb. 5. Jan. 1926 Bonstorf/Hannover (Vater: Peter H., Landwirt; Mutter: Maria, geb. Mohwinkel), ev., verh. 1965 m. Barbara, geb. Haegert (†) - Gymn.; Päd. Hochsch. Celle; Univ. Göttingen (Päd., Soziol., Psych.) - 1952-57 Lehrer Volkssch. u. Gymn.; 1958-62 Hochschulassist. u. -doz.; 1963-65 Geschäftsf. Konfz. Päd. Hochsch. d. BRD; 1965-67 Ref. f. Lehrerbild. Nieders. Kultusmin.; s. 1967 Prof. f. Schulpäd. Päd. Hochsch. Göttingen; s. 1978 Univ. Göttingen - BV: Grundl. e. päd. Theorie d. Bewegungsspiele - E. Beitrag z. Didaktik d. Leibeserzieh., 1969; Allgem. Didaktik - Fachdidaktik, 1979 - Liebh.: Sport (Tennis, Ski, Volleyball) - Spr.: Engl.

HILMER, Walter
Dr. med., Internist, Leit. Sportmed. Abt. u. apl. Prof. f. Inn. Med. Univ. Erlangen-Nürnberg (s. 1972) - Friedrich-Löffler-Str. 26, 8500 Nürnberg.

HILPERT, Egon
Innensenator Hansestadt Lübeck (1976-88) - Reetwarder 11, 2400 Lübeck 1 (T. 0451 - 39 37 13) - Geb. 14. Juli 1930 Lübeck, ev., verh. s. 1964 m. Christa Maria, geb. Schledt, 3 Kd. (Lars-Hendrik, Birte, Sven-Lennard) - Realsch.; Modelltischlerlehre (Gesellenprüf., Meisterprüf. 1955); Fremdenreifeprüf. 1958; Stud. Univ. Hamburg; 1. Staatsex. f. d. berufspäd. Dst. 1963; 2. Staatsex. 1965 - 1963-76 Berufsschuldst. Hamburg (zul. Oberstudienrat). 1966-76 Mitgl. Bürgersch. Hansestadt Lübeck (1968-70 2. stv. Stadtpräs.); 1973-76 Fraktionsvors. SPD-Bürgerschaftsfrakt. 1970-76 Kultussenator Hansestadt Lübeck, 1976-88 Innensenator - 1976 Freiherr-v.-Stein-Gedenkmed. Land Schlesw.-Holst. - Liebh.: Mod. Lit. (Lenz u. Böll), klass. Musik - Spr.: Engl.

HILPERT, Horst
Präsident Verfassungsgerichtshof d. Saarlandes u. d. Landesarbeitsgerichts Saarland - Obere Lauerfahrt 10, 6600 Saarbrücken 3 (T. 0681 - 50 11) - Geb. 28. Nov. 1936.

HILPERT, Peter
Dr. med., Prof., Internist - St.-Elisabeth-Str. 23, 8440 Straubing/Opf. - Geb. 14. Febr. 1929. Promot. 1958 - S. 1970 (Habil.) Lehrtätig. Univ. Tübingen (gegenw. apl. Prof. f. Lungen- u. Bronchialkd.). Facharb.

HILPERT, Wilhelm (Willi)

I. Bürgermeister Stadt Gunzenhausen (s. 1978; hpt.berufl.) - Krackerstr. 6, 8820 Gunzenhausen - Geb. 11. Febr. 1932 Altenmuhr - Kreisrat, 1. Vors. Zweckverb Altmühlsee, ea. THW-Ortsbeauftr. - BVK I. Kl., Gold. THW-Abz. m. Kranz, THW-Ehrenz. in Gold.

HILSBECHER, Walter
Schriftsteller, Übersetzer - Zipfelweg 15, 6308 Butzbach 1 (T. 06033 - 12 26) - Geb. 9. März 1917 Frankfurt/M., verh., 3 Kd. - Oberrealsch. (b. Unterprima) aus polit. Gründen relegiert) - Tätigk. Werbung; 1939-45 Wehrdst. (Frankr., SU); Rundfunksprecher - BV: Ernst Jünger u. d. neue Theologie, Ess. 1949; Sporaden, Aphor. 1953; Wie modern ist e. Literatur?, Ess. 1965; Lakon. Geschichten, Erz. 1966; Sporaden - Aufz. aus 20 Jahren, 1969; Schreiben als Therapie, Ess. 1967; Eulenflug/Traumaufzeichn.; An- u. Absage/Ged.; Les Adieux/Ged. u. Kurzprosa, 1984; 13 lakon. Geschichten, erw. Ausg. 1986; V. Träumern, Suchern u. Schimären, Erz. 1986; Kopfsprünge/ Zufäll. Notizen, 1987; Zum Beispiel Ödipus/Varianten e. Daseinsmodells, Ess. 1987. Übers. aus d. Franz. u. Engl. - Mitgl. PEN-Zentrum BRD.

HILSCHER, Werner
Dr. med., Pathologe (Abteilungsleit. Inst. f. Lufthyg. u. Silikoseforsch.), apl. Prof. f. Allg. Pathol. u. Pathol. Anat. Univ. Düsseldorf (s. 1970) - Stefan-Georg-Weg 3, 4040 Neuss-Norf.

HILSE, Gotthard
Dr., Geschäftsführer Bundesverb. d. Dt. Fleischwarenind., Bonn, Vors. Förderges. d. Bundesanst. f. Fleischforsch., Kulmbach - Schlaunstr. 8, 5040 Brühl/ Rhld. - Geb. 18. Febr. 1935 - Dipl. Landw., Dipl.-Volksw.

HILSE, Kurt
Dr. rer. nat., Prof. f. Molekulare Biologie - Habichtweg 36, 7800 Freiburg/Br. - B. 1978 Doz., dann Prof. Univ. Freiburg.

HILTBRUNNER, Otto
Dr. phil., em. o. Prof. f. Klass. Philologie Inst. f. Altertumskd. Univ. Münster (s. 1962) - Spitzingweg 5, 8038 Gröbenzell - Geb. 29. Dez. 1913 Burgdorf (Schweiz), kath., verh. s. 1937 m. Barbara, geb. Meier-Scherr - Gymn. Burgdorf; Univ. Bern, Königsberg/Pr., Göttingen. Promot. 1943 Göttingen; Habil. 1957 Bern, 1961 München - 1940-61 Mitarb. u. Redakt. Thesaurus linguae Latinae - BV: Kl. Lexikon d. Antike, 1946, 5. A. 1974; Motiv- u. Wiederholungstechnik d. Aischylos, 1950 (Diss.); Latina Graeca, 1958 (Habil.schr.); Bibliogr. z. latein. Wortforsch., 1981ff. (Hrsg.).

HILTERMANN, Heinrich

Dr. phil. nat., Paläontologe, apl. Prof. Univ. Göttingen, Wiss. Direktor a. D. - Milan-Ring 11, 4518 Solbad Laer, Bez. Osnabrück (T. 05424 - 93 93) - Geb. 14. Juni 1911 Osnabrück (Vater: Heinrich H., Seminaroberlehrer; Mutter: Clementine, geb. Haber), verh. m. Irma, geb. Schweppe, 2 Kd. (Wiltrud, Andreas) - Univ. Münster, Freiburg, Innsbruck, Kiel. Promot. 1937 Kiel; Habil. 1952 Göttingen - 1938-73 Geologe Landesanstalt Berlin, Reichsamt f. Bodenforsch. ebd. bzw. Bundesanst. f. Bodenforsch. Hannover. 1946-70 Correspondent Depart. Micropal. Amer. Mus. Natur. History, 1953-65 1. Vors. Naturhist. Ges. Hannover, 1947-70 Associate Editor Contribut. f. the Cushman Foundation on Foraminifer Res. Washington - BV: Mikrofaunen a. d. Tertiär Nordwestdtschl., 1940; Bibliogr. stratigr. wicht. mikropaläontol. Publ., 1960. Redakt.: Mikroskopie in d. Geol. sedimentär. Lagerstätten Bd. 2, 3 (Handb. d. Mikroskopie in d. Technik 1958) - 1968 Colaborador honorifices of Revista de Micropaleontologia Madrid; 1974 Ehrenmitgl. Naturwiss. Ver. Osnabrück; 1968 Verdienstkreuz I. Kl. Nieders. VO.; 1976 BVK a. Bd.; 1978 Ehrenmitgl. Heimatbund Osnabrücker Land; 1979 Naturhist. Ges. Hannover, 1986 Joseph A. Cushman Award; 1987 Ehrenbürger v. Bad Laer T.W.; Cushman Foundation for Foraminiferal Res. (USA) - Liebh.: Genealogie - Bek. Vorf.: Eduard Haber, Gouverneur v. Neuguinea.

HILTL, Otto
Dr. jur., Oberstadtdirektor - Rathaus, 8520 Erlangen; priv.: Ebrardstr. 18 - Geb. 4. Aug. 1913 - 1976 BVK I. Kl.

HILTMANN, Hildegard
Dr. phil. et med., o. Prof. f. Angew. Psychol. i. R. - Auf der Roete 9b, 7840 Müllheim (T. 41 82) - Geb. 15. Juni 1916 Berlin (Vater: Dr. med. Conrad H., prakt. Arzt; Mutter: Elisabeth, geb. Ring), ev., led. - Grunewald-Gymn. Berlin; Stud. Med. u. Psych. Göttingen, München, Berlin, Freiburg/Br. Promot. (1944) u. Habil. (1951) Freiburg - S. 1945 Volontärassist. (Pathol. Inst.), Assist. (Psych. Inst.; 1946), Privatdoz. (1951), apl. (1957), u. o. Prof. (1968) Univ. Freiburg. Spez. Arbeitsgeb.: Psych. Diagnostik, Klin. u. Forens. Psych. Mitgl. Intern. Assoc. of Applied Psychology; Berufsverb. dt. Psychol. u. Soc. for Personality Assessment - BV: Kompendium d. psychodiagnost. Tests, 1960, 3. neu bearb. A. 1977 (span. 1961, 3. A. 1978) - Spr.: Franz., Engl. - Bek. Vorf.: Otto Ring, Erf. Syndetikon (Großv. ms.).

HILTROP, Hans
Direktor, Vorstandssprecher Thyssen Handelsunion AG., Düsseldorf, u. - mitgl. Thyssen AG, Duisburg - Zu erreichen üb. Thyssen Handelsunion AG, August-Thyssen-Str. 1, 4000 Düsseldorf 1 - Geb. 13. Febr. 1918 Bottrop - Stud. Rechtswiss. u. Betriebsw. - B. 1968 Vorstandsmitgl., dann -vors. Westf. Union AG., Hamm; s. 1973 Thyssen. Zeitw. Vors. Eisendraht-Vereinig. u. Fachvereinig. Draht - 1983 Ehrensenator Univ. Gießen.

HILZ, Helmuth
Dr. rer. nat., o. Prof. u. Direktor Physiol.-Chem. Inst. Univ. Hamburg - Hochallee 81, 2000 Hamburg 13 (T. Inst.: 468 23 90) - Geb. 13. Nov. 1924 Landau/Pf. - S. 1960 (Habil.) Lehrtätig. Hamburg (1966 apl. Prof., 1967 Abt.svorst. u. Prof., 1969 Ord. u. Inst.sdir.). Fachveröff. - Konjetzny- (1962), Domagk- (1964), Martini-Preis (1964).

HIMBERT, Gerhard
Dr. rer. nat., Prof. f. Chemie Univ. Kaiserslautern - Robert-Koch-Str. 47, 6612 Schmelz (T. 06887 - 22 37) - Geb. 13. Jan. 1943 - (Vater: Wilhelm H., Eisenbahner; Mutter: Regina, geb. Hager), kath., verh. s 1967 m. Margit, geb. Leidinger, 2 S. (Patrick, Carsten) - Univ. Saarbrücken (Dipl. 1969, Promot. 1972); Habil. 1980 Kaiserslautern - 1972-74 Assist.; 1975-80 Assist.-Prof.; 1980 Prof. Rd. 60 Publ. in Ztschr. - Liebh.: Tennis - Spr.: Engl., Franz.

HIMMELEIN, Volker
Dr. phil., Prof., Direktor Bad. Landesmuseum (1981 ff.) - Schloß, 7500 Karlsruhe 1 - Geb. 1940 - Zul. Württ. Landesmus. Stuttgart.

HIMMELHAN, Kurt
Dr., Oberfinanzpräsident i. R., Leit. OFD München - Sophienstr. 6, 8000 München 2.

HIMMELHEBER, Hans
Dr. phil., Dr. med., Ethnologe - Wielandstr. 32, 6900 Heidelberg (T. 41 25 62) - Geb. 31. Mai 1908 Karlsruhe, konfessionsl., verh. m. Ulrike, geb. Roemer, 3 Kd. - Univ. Berlin, München, Tübingen (Dr. phil 1934), Freiburg, Heidelberg (Dr. med. 1948) - 1933-76 eig. völkerkundl. Exped. West-, Zentralafrika u. Alaska (insges. 14) - BV: Negerkünstler, 1934; Eskimokünstler, 1939; D. gefrorene Pfad, Volksdichtung d. Eskimos, 1951; Auro Poku, Volksdicht. d. Neger, 1951; D. gute Ton b. d. Negern, 1957; Die Dan, E. Bauernvolk im westafrikan. Urwald, 1958 (m. Ehefr.); Negerkunst u. -künstler, 1959; Maskenbrevier, 1960.

HIMMELHEBER, Max

Dipl.-Ing., Inhaber Ing.-Büro f. Recyclingverfahren (s. 1945) - Saarstr. 7, 7292 Baiersbronn (T. 07442 - 30 61) - Geb. 24. April 1904, led. - Abit. 1922; Dipl. Ing. 1926; Lokomotivführer-Dipl. DRB, Flugzeugführer aller Kl. - 1926-28 Wiss. Assist. TH Karlsruhe; 1928-32 Univ.

Basel - 1945 Erf. d. Spanplatte aus gezielt erzeugten Spänen vorbestimmter Struktur; 56 dt., 23 ausl. Patente; 1989 weltweit 800 Fabriken n. Erf. v. 1945-80; Holzabfallrecycling; 1970 Gründ., Herausg. u. Verleger d. Ztschr. SCHEIDEWEG; 1970 Gründ. Max-Himmelheber-Stiftg., Gemeinn. GmbH - 1987 Theodor-Heuss-Med. - Liebh.: Naturphil., Ökol., Hochseesegeln - Spr.: Engl., Franz., Lat.

HIMMELMANN-WILDSCHÜTZ, Nikolaus
Dr. phil. (habil.), o. Prof. f. Klass. Archäologie - Universität, 5300 Bonn - Geb. 31. Jan. 1929 Münster/W. - S. 1958 Lehrtätig. Univ. Marburg, Saarbrücken (1962 Ord. u. Inst.dir.), Bonn (1966) - BV: Bemerkungen z. geometr. Plastik, 1964; Utopische Vergangenheit, 1977; Üb. Hirten-Genre in d. ant. Kunst, 1980; Alexandria u. d. Realismus, 1983; Ideale Nacktheit, 1985; Antike Götter im Mittelalter, 1986 - 1963 Mitgl. Dt. Archäol. Inst. Berlin; 1967 Dt. Akad. d. Wiss. u. d. Lit. Mainz; 1973 Nordrh.-Westf. Akad. d. Wiss. Düsseldorf; 1986 British Acad.; 1987 Dr. h. c. Univ. Athen.

HIMMELREICH, Fritz-Heinz
Dr., Dipl.-Volkswirt, stv. Hauptgeschäftsführer Bundesvereinigung d. Dt. Arbeitgeberverb. u. Vorst.-Vors. Bundesanstalt f. Arbeit, Nürnberg - Gustav-Heinemann-Ufer 72, 5000 Köln 51 - Geb. 27. Febr. 1930 Essen, ev., verh. s. 1958 m. Ruth, geb. Faber, 3 Kd. (Jörg, Anke, Katrin) - Stud. Univ. Freiburg u. Köln, Promot. 1958 Freiburg - 1983 BVK - Liebh.: Politik, gesch. Literatur, Malerei, Musik - Spr.: Engl., Franz., Lat.

HIMMELS, Heinz
Ass., Stv. Generalsekretär Malteser Hilfsdienst e.V. - Liebigstr. 7, 5000 Köln 40 (T. 02234 - 7 65 76) - Geb. 20. April 1940 Köln (Vater: Franz H., Kaufm.; Mutter: Barbara, geb. Mayer), kath., verh. s. 1966 m. Hannegret, geb. Peil, 3 Kd. (Julia, Tobias, Andreas) - Jura-Stud.; 1. Staatsex. 1970 Köln, 2. Staatsex. 1974 Düsseldorf - S. 1970 stv. Generalsekr. MHD (1980 Mitgl. d. Präsid.) - 1979 Offz.-Kreuz d. Malteser-Ritterordens - Liebh.: Briefmarken, Fußball, Lesen - Spr.: Engl.

HIMSTEDT, Günter
Vorstandsvorsitzender Leonberger Bausparkasse AG (s. 1985), u. Allgemeine Rentenanstalt AG, Stuttgart (s. 1989) - Lindenstr. 21, 7250 Leonberg/Württ.

HIMSTEDT, Jürgen
Dipl.-Kfm., Vorstandsmitglied Raab Karcher AG - Rüttenscheider Stern 5, 4300 Essen 1 (T. 0201 - 79 99-1 51) - Geb. 31. Dez. 1941 ern., 2 Kd. - AR-Mitgl. Readymix AG f. Beteilig. - Spr.: Engl., Franz.

HIMSTEDT, Werner
Dr. rer. nat., Prof. f. Zoologie TH Darmstadt - Heidelberger Str. 132, 6100 Darmstadt - Zul. Doz. Wien.

HINCK, Walter
Dr. phil., o. Prof. Univ. Köln (s. 1964) - Am Hammergraben, 5064 Rösrath-Hoffnungsthal (T. 02205 - 51 47) - Geb. 8. März 1922 Selsingen (Vater: Johann H., Handw.; Mutter: Anna, geb. Steffens), ev., verh. s. 1957 m. Sigrid, geb. Graupe, Tocht. Valeria - Stud. Univ. Göttingen - 1957-64 wiss. Assist. Univ. Göttingen u. Kiel; 1964 Privatdoz. Kiel - Spez. Arbeitsgeb.: Dt. Lit. 18.-20. Jh. - BV: D. Dramat. d. späten Brecht, 6. A. 1977; D. dt. Lustspiel d. 17. u. 18. Jh., 3. dial. Komödie, 1965; D. dt. Ballade v. Bürger b. Brecht, 3. A. 1978; D. mod. Drama in Dtschl., 1973; Neues Handb. d. Lit.wiss., Bd. 11: Europ. Aufklär. I, 1974; Zw. Satire u. Utopie - Z. Komiktheorie u. z. Gesch. d. europ. Komödie (m. Reinhold Grimm), 1982; Goethe u. d. Theaters, 1982; Germanistik als Lit.-Krit., 1983. Herausg.: V. Ausgabe d. Komödie, 1977; Textsortenlehre-Gattungsgesch., 1977; D. dt. Komödie, 1977; V. Heine zu Brecht. Lyrik im Gesch.prozeß, 1978; Ausgew. Ged. Brechts m. Interpretat., 3. A. 1981 ; Sturm u. Drang, 1978; Gesch. im Gedicht, 1979 ; Handbuch d. dt. Dramas, 1980; Rolf Hochhuth - Eingriff in d. Zeitgesch., 1981; Gesch. als Schauspiel, 1981; D. Ged. als Spiegel d. Dichter - Z. Gesch. d. dt. poetolog. Ged., 1985; Schläft e. Lied in allen Dingen - Poet. Manifeste v. Walther v. d. Vogelweide b. z. Gegenw., 1985; Theater d. Hoffnung 1988 - S. 1974 Mitgl. Rhein.-Westf. Akad. d. Wiss. - Spr.: Engl., Franz. - Lit.: Hans Dietrich Irmscher/Werner Keller, Drama u. Theater im 20. Jh. - Festschr. z. 60. Geb. (1982).

HINCKELDEY, von, Joachim-Hans
Bankier - Walleitnerstr. 4, 8022 Grünwald - Geb. 30. März 1915 Berlin - AR- u. VR-Mand.

HINDENBURG, von, Hubertus
Kaufmann, Unternehmensberater - Zur Wöllenbök 12, 4300 Essen 16 - Geb. 29. Juni 1928 Berlin (Vater: Oskar v. H., Landw. u. Offz.; Mutter: Margarete, geb. Freiin v. Marenholtz), ev., verh. s. 1964 m. Vera, geb. Lax, 2 Kd. - Spr.: Engl., Franz., Portugies., Span.

HINDERER, Fritz
Dr. rer. nat., Prof., Astronom - Presselstr. 14, 1000 Berlin 41 (T. 796 58 14) - Geb. 24. Sept. 1912 Stuttgart - S. 1960 (Habil.) Lehrtätig. FU Berlin (1967 Prof.). Fachveröff.

HINDERER, Karl
Dr. rer. nat., o. Prof. Institut für Math. Statistik Univ. Karlsruhe (s. 1976) - Albstr. 14, 7517 Waldbronn 1 (T. 6 66 80) - Geb. 12. April 1931 Göppingen/Württ. - Stud. Math. - 1968-75 o. Prof. Univ. Hamburg - BV: Foundations of Non-stationary Dynamic Programming with discrete Times-Parameter, 1970; Grundbegr. d. Wahrscheinlichkeitstheorie, 1972.

HINDERLICH, Horst

Geschäftsführer d. R. & B. Food Handels GmbH - Rembertistr. 10, 2800 Bremen 1 (T. 0421 - 32 85 60; Telefax 0421 - 32 85 62) -Geb. 17. Dez. 1942 Langewahl, ev., verh. s. 1969 m. Hilde, geb. Scharf, S. Hauke - Lehre, Industriekaufm. Berlin; Stud. Betriebsw. Bremen (Abschl. 1971). Major d.R. (Luftwaffe) - Ehrenamtl. Arbeitsrichter Arbeitsgericht Bremen, Prüfungsaussch. Handelskammer Bremen - Erinnerungszeichen f. Rettung aus Gefahr Stadt Berlin - Liebh.: Lesen, Langlauf, Golf - Spr.: Engl.

HINDERLING, Robert
Dr. phil., o. Prof. f. Dt. Sprachwissenschaft Univ. Bayreuth - Knappertsbuschstr. 3, 8580 Bayreuth.

HINDERMANN, Erich August
Ing., Unternehmensberater, Vorstands-

mitgl. Ind.-Technik Erich A. Hindermann AG - Sagirain 2, CH-6403 Küssnacht a. R. (T. 041 - 81 20 01) - Geb. 17. Dez. 1913 Göttingen - S. 1964 Fabrikant. Arbeitsgeb.: Förder-, Silo-, Misch- u. Dosiertechn. f. Schüttgüter. In- u. Auslandspatente. Zahlr. Dok. u. polit. Publ. - 1934-45 Liberaldemokr. (mehrf. Gestapohaft); 1945 Ost-CDU (b. 1955 in sowj. u. DDR-Straflagern) - 1980 Ehrenmitgl. Kurat. d. Ludwig-Frank-Stiftg. f. e. einheitl. Europa; Verw.-Abz., Reitsport- u. Reiterabz. - Liebh.: Musik, Lit., Malen, Reiten - Spr.: Engl., Lat. - Bek. Vorf.: Ferdinand Avenarius.

HINDERMANN, Federico
Dr. phil., Prof., Romanist - Bachstr. 63, CH-5000 Aarau (Schweiz) - 1966-69 Prof. Univ. Erlangen-Nürnberg, 1971-86 Leit. Manesse-Verlag, Zürich - BV: Quanto silenzio, ital. Ged. 1978; Docile contro, Ged. 1980; Zugelaufen, Aphor. 1981; Trottola, Ged. 1983; Baratti, Ged. 1984; Ai ferri corti, Ged. 1985; Quest'episodio, Ged. 1986.

HINGST, Klaus
Dr. phil., em. o. Prof. f. Geographie u. Didaktik d. Geographieunterr. Päd. Hochsch. Kiel - Hohenbergstr. 20, 2300 Kiel - Geb. 25. Nov. 1919 Kiel - Univ.-B. 1964 höh. Schul-, dann Hochschuldst. Facharb. - 1982 BVK a. Bde.

HINK, Wolfgang
Dr. rer. nat. (habil.), o. Prof. f. Exper. Physik u. Vorst. Physikal. Inst. Univ. Würzburg (s. 1964) - Mittlerer Steinbachweg 13, 8700 Würzburg (T. 7 53 42) - Zul. Lehrtätig. Berlin.

HINKE, Ferdinand
Kaufmann, Inh. Fa. Super 2000 KG. Warenvertrieb F. F. Hinke u. Hinke Filialbetrieb - Paulborner Str. 88, 1000 Berlin 31 - ARsvors. Edeka Zentrale AG., Edekabank AG., Vors. Verb.-saussch. Edeka Verb., alle Hamburg.

HINKEL, Hermann
Dr. phil., o. Prof. f. Kunst Univ. Dortmund - Klein-Lindener Str., 6300 Gießen-Allendorf - Geb. 8. Sept. 1934 Lich - Stud. I: Päd., Kunstpäd., II: Kunstgesch., Archäol., Gesch. Beide Staatsex. - Zul. Prof. Univ. Gießen - BV: Wie betrachten Kinder Bilder, 1972; Lernbereich Fotogr., 1974; Z. Funktion d. Bildes im dt. Faschismus, 1975; Kinderbildnisse, 1988; Mithrsg. Ztschr. Kunst u. Unterr.

HINKELMANN, Karl-Heinz
Dr. rer. nat., o. Prof. f. Theoret. Meteorologie Univ. Mainz (s. 1968; vorher apl. Prof.) - Beethovenstr. Nr. 84, 6053 Obertshausen, Kr. Offenbach/M. - Geb. 16. April 1915 Geringswalde - Habil. Mainz - Zul. Ltd. Reg.sdir. u. Leit. Forschungsabt. Zentralamt d. Dt. Wetterdst., Offenbach.

HINN, Albert K.
Dipl.-W.Ing., Fabrikant, Geschäftsführer Südrad GmbH, Ebersbach, gf. Gesellsch. Karges-Hammer-Maschinen GmbH. & Co. KG. - Postfach 3069, 3300 Braunschweig.

HINNE, Walter
Generaldirektor a. D. - Am Gulloh 55, 4600 Dortmund 16 (Brechten) (T. 0231 - 80 03 56) - Geb. 10. Mai 1907 Dortmund (Vater: Georg H.; Mutter: Emilie, geb. Grüneberg), ev., verh. m. Margarete, geb. Sokol - Mittl. Reife; Lehre (Industriekfm.) - S. 1931 Versicherungswirtsch., 1946-70 Vorstandsvors. Volkswohl-Krankenversicher. VaG, Dortmund (1952 Initiator d. Konzernb. m. Dt. Pensionsverein, München; 1960 Einf. mod. Tarife priv. Krankenvers.), 1963 Gründung Volkswohl Allg. Vers. AG. Dortmund, 1965 Erwerb Continentale Allg. Vers. AG. Hannover (1966 Fusion). Div. Ehrenämter Vers.switsch. u. IHK. Verb.stätig. - Liebh.: Garten, Farbfotogr., Sport.

HINNENBERG, Klaus

Kaufmann, Gf. Gesellsch. Panroyal-Agentur f. Marketing u. Verkauf GmbH, Wuppertal, Panroyal Management GmbH - Unternehmensberat., Marketing, Marktforsch., Goslar, Panroyal Kommunikat. GmbH, Norderstedt, Panroyal Promotion, Offenburg, Panroyal Kongress-Agentur, Wuppertal, Panroyal-Kabel-TV, Hamburg, D. Schulungs-Team GmbH, Kompass-Reisekontor GmbH, Eurotours-Reisebüro GmbH, Decoplan, alle Wupeprtal, Convention Enterprises Ltd., Nassau/Bahamas, Cater King, Wuppertal, u. Kaiserworth Hotel GmbH, Goslar - Postf. 1, 5600 Wuppertal 12 (T. 0202 - 47 00 00) - Geb. 29. Dez. 1941 Wuppertal, ev., verh. s. 1972 m. Monika H., T. Nicole - Liebh.: Golf, Kunst - Spr.: Engl.

HINNEY, Dettmar
Prof., Hochschullehrer - Falkenberg 53, 5600 Wuppertal 1 - Gegenw. Prof. f. Didaktik d. Musik Gesamthochsch. Wuppertal.

HINRICHER, Raymund
Dipl.-Ing., Präsident Wasser- u. Schiffahrtsdirektion West - Cheruskerring 11, 4400 Münster/W.

HINRICHS, Diedrich
Dr. rer. nat., Oberstudienrat a. D., MdL Nieders. (1970-78, SPD), komm. Bezirksgeschäftsf. Nord-Nieders. (1979-87) - Hastedtstr. 15, 2150 Buxtehude - 1951-70 nieders. Schuldst.; daneben journalist. u. schriftstell. Tätigk.; 1955-70 Schriftleit. v. Wir machen mit Ztschr. f. Schülermitverw. (SMV). S. 1961 kommunalpol. Mandat - BV: SMV im Umbruch, 1969.

HINRICHS, Ernst
Dr. phil., Prof. f. Geschichte d. frühen Neuzeit Univ. Oldenburg (beurlaubt), Direktor Georg-Eckert-Inst. f. intern. Schulbuchforsch., Braunschweig - Robert-Bosch-Str. 11, 2903 Bad Zwischenahn-Ofen (T. 0441 - 6 97 93) - Geb. 22. Mai 1937 Hamburg (Vater: Adolf H., Apotheker; Mutter: Anneliese, geb.

Lorenzen), ev., verh. s. 1963 m. Heike, geb. Schmutzler - 1957-63 Stud. Gesch., German., Phil. Hamburg, Göttingen, Freiburg; Promot. 1966 - 1966-74 Wiss. Ref. Max-Planck-Inst. f. Gesch. Göttingen; 1975 o. Prof. f. Gesch. d. frühen Neuzeit Univ. Oldenburg; 1984 Dir. Georg-Eckert-Inst., 1988 Mitgl. Dt. UNESCO-Kommiss. - Arbeitsgeb.: Sozial- u. Kulturgesch. Europas 16.-frühes 19. Jh., Gesch. Frankr. im Ancien Regime, Regionalgesch. - BV: Fürstenlehre u. polit. Handeln im Frankr. Heinrichs IV, 1969; Einf. in d. Gesch. d. frühen Neuzeit, 1980; Regionalgesch., 1980; Absolutismus, 1986; Ancien Régime u. Revolution, 1989 - Liebh.: Musik, Tennis, Lit. - Spr.: Engl., Franz.

HINRICHS, Hajo

Prof., Präsident Hochsch. f. Musik u. Darstell. Kunst Hamburg i. R. - Aumühler Weg 69b, 2000 Hamburg 73 (T. 672 59 57) - Geb. 20. März 1911 Oldenburg (Vater: August H., Schriftst. (s. XII. Ausg.); Mutter: Helene, geb. Hanken), verh. m. Gisela, geb. Hornberger - Spr.: Engl. - Rotarier.

HINRICHS, Hans

Dr., Ministerialdirektor, Leit. Abt. Raumordnung u. Städtebau Bundesmin. f. Raumordnung, Bauwesen u. Städtebau - Deichmannsaue, 5300 Bonn 2 - Geb. 11. Sept. 1930 (Vater: Friedrich H., Beamter), ev., verh. (Ehefr.: Lieselotte/Lilo), 2 S. (Peter, Ingo) - Stud. Rechtswiss. u. Betriebsw. Beide jurist. Staatsprüf. - ARsvors. Frankfurter Siedlungs-Ges. mbH., Frankfurt/M., u. Dt. Baurevision AG., Düsseldorf - Spr.: Engl.

HINRICHS, Hans

Generalleutnant a. D. - Elisenhof, 5400 Koblenz 1 - Geb. 9. März 1915 Darmstadt (Vater: Dr. Hans H., Oberstudiendir. †; Mutter: Elisabeth, geb. Daub), ev., verh. s. 1943 m. Hanna, geb. Poensgen, 3 Kd. (Gerd, Renate, Werner) - Gymn. (Abit. 1933); Kriegsakademie (1943); Brit. Staff College (1956) - 1934-45 (Kriegseinsatz Frankreich, Sowjetunion, Nordafrika; u. a. Batl.kommandeur u. Generalstab) u. s. 1956 Berufsoff. (1962 Abt.kdr. Führungsakad., 1963 Kdr. PzGrenBrig 4 Göttingen, 1965 Chef Operationsabt. AFCENT Fontainebleau, 1966-74 Kdr. Führungsakad., zul. Kdr. General I. Korps); 1945-46 amerik. Kriegsgefangensch.; Redakt. Wehrkunde - U. a. Dt. Kreuz in Gold - Liebh.: Musik, Golf, Ski - Spr.: Engl., Franz. - Rotarier.

HINRICHS, Hans-Jürgen

Dipl.-Volksw., Vorstandsmitglied Daimler-Benz AG (1981-88) - Zu erreichen üb. Daimler-Benz AG, Mercedesstr 136, 7000 Stuttgart 60 - Geb. 21. Jan. 1933 Rodenwalde/Kr. Hagenow, verh. s. 1956 m. Maria, geb. Hinz, 3 Kd. - 1953-57 Stud. Volksw. Univ. Marburg u. Kiel - 1958-75 VW AG; s. 1976 Daimler-Benz AG; AR-Mitgl. Gerling-Konzern Vertriebs-AG, UR Carl Zeiss.

HINRICHS, Horst

Dipl.-Ing., Vorsitzender d. Geschäftsfg. Wabco Westinghouse Fahrzeugbremsen GmbH, Hannover (s. 1983) - Zu erreichen üb. Wabco Westinghouse, Postf., 3000 Hannover.

HINRICHS, Wolfgang

Dr. phil., Prof. f. Erziehungswiss. (Allg. Didaktik u. Schulpäd.) Univ. GH Siegen (s. 1970) - Hölderlinstr. 2, 5900 Siegen 21 - Geb. 19. März 1929 Georgsmarienhütte (Kreis Osnabrück), ev., 4 Töcht. (Susanne, Ute, Marie Luise, Marianne) - Stud. Phil., Päd., Deutsch Tübingen u. Stuttgart; Promot. 1966 Tübingen - Rd. 10 J. Volkssch.lehrer, zul. Konrektor, Baden-Württ.; s. 1966 Doz. (Lehre u. Forsch.) Siegen - Üb. 70 Veröff. (Bücher u. Aufs. in Fachztschr., Sammelw.: u. a. päd.-phil. Schleiermacherforsch., Forsch. zu Fragen d. Lehrplankonzeption, Lehrplanprinzipien u. -ziele, d. fächerübergreif. Unterr., d. Sachunterr., d. Heimatkd.theorie, d. Schulreform, Theorie d. Hauptsch. u. Hauptschulbild., d. Lehrerbild., d. Schulpraktika in Lehramtsstud., d. Idee d. Gesamthochsch., d. Univ.idee, d. Wiss.theorie, insbes. d. Dialektik u. Hermeneutik sowie d. Standpunktfrage s. Schleiermacher.

HINRICHS, Wolfgang

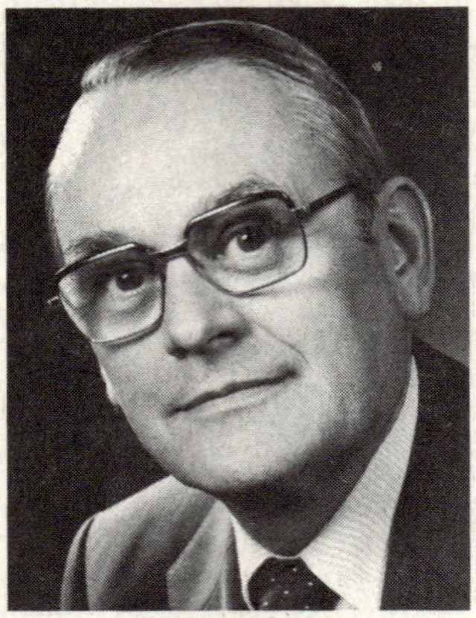

Dipl.-Volksw., Kaufmann, MdB (s. 1983; Landesliste Bremen) - Bundeshaus, 5300 Bonn 1; priv.: Emmastr. 19, 2800 Bremen 1 - Geb. 28. Aug. 1922 - Präs. Hauptgemeinsch. d. Dt. Einzelhandels, Köln; stv. Vors. Einzelhandelsabt. Handelskammer Bremen u. Einzelhandelsverb. Nordsee Bremen; AR Iduna Verein. Lebensversich. aG, Hamburg; VR Dt. Ausgleichsbank, Bonn, Sparkasse Bremen; Beirat Mittelstand u. fr. Berufe b. Bundesmin. f. Wirtsch. CDU.

HINRICHSEN, Georg

Dr. rer. nat., Prof., Inst. Nichtmetall. Werkstoffe-Polymerphysik/Techn. Univ. Berlin - Devrientweg 22, 1000 Berlin 45 - Geb. 15. März 1941 Kellinghusen/Holst., verh. - Stud. Univ. Göttingen, Mainz; Promot. 1970 - 1966-70 Studienrat Erwachsenenbildung; 1970-75 Ltd. Angest. Bayer AG; 1975-80 Prof. Univ. Dortmund; 1978-80 Dekan d. Abt. Chemietechnik; s. 1980 o. Prof. TU Berlin, FB Werkstoffwiss..; s. 1984 gf. Dir. Inst. Nichtmetall. Werkstoffe; s. 1987 Geschäftsf. Berl. Verb. f. Polymerforsch. Ca. 80 wiss. Publ.

HINRICHSEN, J. Kurt

Dr. agr., o. em. Prof. f. Tierhaltung u. -produktion in d. Tropen u. Subtropen Univ. Hohenheim - Gregor-Mendel-Str. 12, 6300 Gießen - Geb. 13. Okt. 1913, verh. s. 1943 m. Toni, geb. Jendreizak, 3 Kd. - Stud. Landw. TH Danzig u. Univ. Gießen. Promot. u. Habil. Gießen - S. 1948 Univ. Gießen; s. 1968 Hohenheim; emerit. 1981. Fachveröff. u. Gutachten in Entwicklungsprojekten.

HINRICHSEN, Klaus

Dr. med., o. Prof. f. Anatomie - Äskulapweg 9, 4630 Bochum 1 - Geb. 7. Juli 1927 Süderbrarup/Angeln - S. 1959 (Habil.) Lehrtätigk. Univ. Göttingen (apl. Prof.), Tübingen (o. Prof.) u. Bochum (s. 1970). Fachveröff.

HINSCHE, Wilhelm

Landrat a. D., Verwaltungsangestellter, MdL Nieders. (s. 1959) - Berliner Str. 14, 3220 Alfeld/Leine (T. 58 65) - Geb. 17. Juni 1914 Kiel - Volkssch. - Berufssoldat (Offz.), spät. Angest. Arbeitsamt Alfeld, 1949-55 Bürgerm. u. Gemeindedir. e. Landgde., dann Landrat Kr. Alfeld. Div. Ehrenämter. SPD - Ehrenmitgl. Dt. Heimkehrerverb.; 1972 BVK I. Kl.

HINSKE, Norbert

Dr. phil., Lic. phil., Prof. f. Philosophie - Im Wiesengrund 25, 5500 Trier - Geb. 24. Jan. 1931 Berlin (Vater: Erhard H., Regierungsoberinsp.; Mutter: Helene, geb. Stegmann), kath. - Promot. 1955; Habil. 1966 - S. 1970 Ord. Univ. Trier - BV: u. a. Kant als Herausford. an d. Gegenwart, 1980; Lambert-Index, 1983ff.; Lebenserfahrung u. Phil., 1986; Kant-Index, 1986ff. Zahlr. Einzelarb. - O. Mitgl. Wiss. Senat Lessing-Akad. Wolfenbüttel; korr. Mitgl. Accad. Senese degli Intronati.

HINSKEN, Ernst

Bäckermeister, Konditor u. Lebensmitteleinzelhändler, MdB (Wahlkr. 217/ Straubing) - Haus Nr. 106, 8441 Haibach (T. 09963 - 518) - CSU.

HINTENBERGER, Heinrich

Dr. phil., Prof., Physiker - Albanusstr. 33, 6500 Mainz 1 - Geb. 7. Febr. 1910 Obergrafendorf/Nd.-Österr. (Vater: Heinrich H., Beamter; Mutter: Barbara, geb. Gotsbachner), verh. 1942 m. Theresia, geb. Zippelt - Univ. Wien - B. 1937 Univ. Wien (Physikal. Inst. u. Chem. Labor.), dann Siemens-Werke Berlin, 1944-50 Kaiser-Wilhelm-Inst. f. Chemie Berlin, s. 1951 Max-Planck-Inst. f. Chemie (Otto-Hahn-Inst.) Mainz (1956-78 Dir. Abt. f. Massenspektroskopie u. Isotopenkosmologie u. Mitgl. Dir.-Kollegium); dazw. 1949-51 Univ. Bern (Habil. 1950), s. 1952 Univ. Mainz (AB apl. Prof. f. Experimentalphysik). 1968-78 Principal Investigator NASA f. d. Untersuch. v. Mondproben f. alle Apollo-Landungen, s. 1978 emerit. - BV: u. a. Methoden u. Anwend. d. Massenspektroskopie, 1953 (m. H. Ewald). Hrsg.: Atomic Masses and their Determination (1957). Etwa 160 Einzelarb.

HINTERBERGER, Ernst

Schriftsteller - Margaretengürtel 122/1, A-1050 Wien (T. 553 06 32) - Geb. 10. Okt. 1931 Wien, verh. s. 1958 m. Grete, geb. Chlaupek, Sohn Eduard - Büchereischule Wien - BV/Romane: Beweisaufnahme, 1965; Salz d. Erde, 1966; Wer fragt nach uns, 1975; Abbruchhaus, 1977; Jogging, 1984; Kleine Leute, R. 1989; Fernsehsp. u. -Serien, Hörsp., Bühnenst. - 1972 Preis Stadt Wien; 1974 A. Wildgans-Preis; 1984 Preis Girozentrale - Liebh.: Lit., Politik, Kunstgesch., Relig. (Buddh.).

HINTERDOBLER, Anton

Hauptgeschäftsführer Handwerkskammer Niederbayern-Oberpfalz (s. 1968) - Am Bäckerholz 19, 8390 Passau (T. 4 15 05) - Geb. 2. Juni 1927 Reutern (Vater: Anton H., Kaufm.), kath., verh. s. 1952 m. Waltraud, geb. Kluge, 3 Kd. (Antonius, Thomas, Susanne) - Oberrealsch. Passau; Univ. Erlangen (Rechtswiss., Volksw.). Gr. jurist. Staatsprüf. 1955 - S. 1956 Rechtsanw., stv. u. Hauptgeschäftsf. (1963) Handwerkskammer Niederbayern-Oberpfalz; AR-Mitgl. Gewerbetreuhand GmbH, Steuerberatungsges., u. Ostbayer. Datenverarb.ges. mbH ODAV, Sparkasse Passau. Mitgl. Lions-Club - Spr.: Engl.

HINTERHOLZER, Peter A.

Journalist - Zeppelinstr. 91, 5300 Bonn-Bad Godesberg (T. 6 47 84) - Geb. 7. Mai 1905 München - Stud. Theol., Volksw., Zeitungswiss. - Korresp. Berliner Morgenpost, Redakt. Hamburger Fremdenbl. u. Frankfurter General-Anzeiger, Bonner Korresp. Westf. Rundschau, Chefredakt. rf-Brief u. D. Diplomat. Brief, Bonn.

HINTERSBERGER, Benedikta (Gertraud)

Dr. theol., Dominikanerin, Moraltheologin - Bei St. Ursula 5, 8900 Augsburg (T. 0821 - 3 64 64) - Geb. 9. März 1941 Augsburg, kath. - Dipl. Theol. 1972 Univ. München, Promot. 1977 - 1980-86 Univ. München; s. 1987 Schulleitg. in d. Realschule St. Ursula, Augsburg - BV: Theol. Ethik u. Verhaltensforsch., 1978; Unser Kind im Streß, 1977; M. Jugendlichen meditieren, 1981.

HINTZ, Eduard

Dr. rer. nat., o. Prof. Experimentalphysik Univ. Bochum (s. 1976), Direktor Inst. f. Plasmaphysik/KFA Jülich - Otto-Hahn-Str. 10, 5170 Jülich-Stetternich - Geb. 2. Okt. 1929 Solingen.

HINTZE, Peter

Bundesbeauftr. f. d. Zivildienst (1984ff.) - Zu erreichen üb.: Kennedyallee 105-7, 5300 Bonn 2 (T. 0228 - 30 81) - Geb. 25. April 1950 Honnef/Rh., ev., verh. - Stud. Theol. - 1980-83 Gemeindepfarrer Königswinter. CDU - Entstammt e. Juristenfam.

HINTZE, Ulrich

Kanzler Gesamthochschule Paderborn - Warburger Str. 100, 4790 Paderborn.

HINÜBER, von, Oskar Leuer

Dr. phil., Prof., Indologe - Kartäuserstr. 136, 7800 Freiburg (T. 3 91 12) - Geb. 18. Febr. 1939 Hannover (Vater: Oscar H., Realsch.l.; Mutter: Erika, geb. Tidow) - Stud. (Altphilol., Indogerman.) Tübingen, Erlangen, Mainz - S. 1967 Univ.slaufbahn (Assist. 1972, apl. Prof. 1974) - BV: Stud. z. Kasussyntax des Pali, 1968; D. Erforsch. d. Gilgit-Handschriften, 1979. A new fragmentary Gilgit manuscript of the Saddharmapundarikasutra, 1982; Arrian: Indische Gesch., 1985; D. ältere Mittelindisch im Überblick, 1986 - Spr.: Engl., Franz., Ital., Span., Port., Sanskrit, Hindi, Pali, Russ., Thai.

HINZ, Erhard

Dr. rer. nat., Prof., Parasitologe - Eichelbergweg Nr. 15, 6901 Neckarsteinach - Geb. 15. Juni 1931 Altdamm - Promot. 1960; Habil. 1971 - B. 1964 Industrie-(Asta-Werke, Brackwede), dann Hochschultätigk. (Univ. Heidelberg). Forschungsreisen Afrika u. Asien. Zahlr. Facharb.

HINZ, Gerhard

Dr. agr. (habil.), Dipl.-Gärtner, Prof., Garten- u. Landschaftsarchitekt - Golfstieg 2, 3388 Bad Harzburg - Geb. 29. Aug. 1904 Stettin (Vater: Wilhelm H., Lehrer; Mutter: Helene, geb. Bettaque), verh. 1929 m. Maria, geb. Lampe - Stud. Berlin. Promot. 1935; Habil. 1939 - S. 1940 Lehrtätigk. Univ. Berlin u. TH bzw. TU Braunschweig (1952; 1962 apl. Prof.). Veröff., u. a. üb. P. J. Lenné.

HINZ, Günther F.

Direktor, Vorstandsvors. a.D. - Hohenstaufenstr. 43, 2850 Bremerhaven (T. 2 26 22) - Geb. 12. Sept. 1920 Gilgenburg - Kaufm. Werdegang. B. 1983 Vorstandsvors. AG, Weser, jetzt AR Seebeckwerft AG - Spr.: Engl. - Rotarier.

HINZ, Hermann

Dr. phil., em. o. Prof. u. Direktor Inst. f. Ur- u. Frühgeschichte Univ. Kiel (s. 1965; emerit. s. 1981) - Käsenbachstr. 10/ 3, 7400 Tübingen (T. 2 21 62) - Geb. 13. Febr. 1916 Wangerin/Pom. - Hochsch. f. Lehrerbild. Lauenburg/P.; Univ. Freiburg/Br. u. Greifswald (Vor-, Kunstgesch., Klass. Archäol., Volkskd., Geol., Anthropol., Gesch.; Promot. 1941) - N. 1945 Volksschuldst. Schlesw.-Holst.; 1954-65 Rhein. Landesmuseum Bonn (Landesmuseumsrat).

HINZ, Jochen

Dr. rer. nat., Dipl.-Psych., Lehrbeauftr. Hochsch. f. Musik u. Theater Hannover - Husarenstr. 34, 3300 Braunschweig (T. 33 24 49) - Geb. 25. Jan. 1943 Celle - 1965-68 Stud. PH Braunschweig; Lehrerex.; 1968-74 Stud. Psych. TU Braunschweig; Dipl.; Promot. 1980 ebd. - 1967-74 Kunsterzieher Celle; 1974-77 Jugendforschung Hannover; 1977-83 Wiss. Assist. Univ. Hannover; ab 1979 Lehrbeauftr. Hochsch. f. Musik u. Theater Hannover; ab 1984 Psych. Praxis - Liebh.: Restaur. hist. Kfz.

HINZ, Manfred

Dr. jur., Prof. f. Bürgerl. Recht, Zivilprozeßrecht u. Dt. Rechtsgesch. FU Berlin - Boltzmannstr. 1, 1000 Berlin 33.

HINZ, Michael

Schauspieler u. Regiss. - Zu erreichen üb. Agentur Alexander, Lamontstr. 9, 8000 München 80 - Geb. 28. Dez. 1939 Berlin (Vater: Werner H., Schausp.;

Mutter: Ehmi Bessel), verh. m. Viktoria Brams-Hinz (Schausp.), 2 Kd. (Vivian, Patrick) - Staatl. Musikhochsch. Hamburg (Abt. Schausp.) - S. 1958 Schausp.; s. 1970 Regiss. - S. 1959 Film; s. 1960 Fernsehen - Berliner Senatspreis, Bundesfilmpreis - Spr.: Engl., Franz., Ital.

HINZ, Richard

Landesverbandsvorsitzender u. -gf. Arbeiter-Samariter-Bund/Schlesw.-Holst. - Wilhelmstr. 36, 2222 Marne.

HINZ, Siegfried

Dr. rer. pol., Dipl.-Kfm., pers. haft. Gesellsch. Freudenberg & Co., Mitgl. Unternehmensltg. Freudenberg & Co. u. Carl Freudenberg, Weinheim/Bergstr. - Lützelsachsener Str. 35, 6940 Weinheim - Geb. 5. Aug. 1927 Brunshaupten/Mecklenburg - U. a. Generalbevollm. Standard Elektrik Lorenz AG, Stuttgart, u. Vorst.-Mitgl. Klöckner-Humboldt-Deutz AG, Köln, s. 1973 Freudenberg. In- u. ausl. AR- u. Beiratsmand.

HINZ, Theo

Geschäftsführer Filmverlag der Autoren, München - Rambergstr. 5, 8000 München 40 (T. 381 70 00) - Geb. 13. Aug. 1931 Tretenwalde/Pommern (Vater: Erich-Karl H., Schriftst.; Mutter: Charlotte, geb. Binsch), ev., 2 S. (Thomas, Martin) - Oberrealsch.; Kaufm. Lehre; Werbefachsch. Hamburg (1950-51) - 1951-55 Werbeassist. KLM Royal Dutch Airlines; 1955-76 Pressechef u. Werbeleit. Constantin-Film GmbH - S. 1977 Geschäftsf. Filmverlag d. Autoren, Vorst.-Mitgl. Verb. d. Filmverleiher, Mitgl. div. and. Gremien d. Filmförderungsanst. - Spr.: Engl.

HINZ, Uwe

Dr. h.c., Kaufmann, Architekt f. Garten- u. Landschaftsbau, Konsul v. Grenada - Winterbeker Weg 78, 2300 Kiel (T. 0431 - 68 16 83) - Geb. 11. Juni 1928 Kiel (Vater: Ernst H., Baumschulenbes.; Mutter: Gertrud, geb. Wolter), ev., verh. s. 1955 m. Margrit, geb. Röpke, S. Lars - 1965 Inh. u. Geschäftsf. Firmengr. Hinz. 1976 Konsul v. Grenada - Kriegsausz.; Silb. Verdienstnadel Dt. Jagdschutzverb.; Ehrendoktor - Liebh.: Jagd, Pferde, Foto - Spr.: Engl.

HINZ, Walther

Dr. phil., o. Prof. f. Oriental. Philologie (emerit.) - Calsowstr. 69, 3400 Göttingen - Geb. 19. Nov. 1906 Stuttgart (Vater: Bartholomäus H., Kaufm.; Mutter: Katharina, geb. Schmidt), freichristl., verh. s. 1931 m. Berthe, geb. Beyer, 4 Kd. - Promot. 1930 Leipzig - 1934 Doz. Univ. Berlin, Reg.srat Reichserziehungsmin. ebd., 1937 ao., 1941 o. Prof. Univ. Göttingen (1945 v. d. Brit. Militärreg. suspendiert, da währ. d. Krieges Abwehroffz. im Ausl.; 1957 wiedereinges., spät. Dir. Sem. f. Iranistik), 1951 polit. Redakt. Göttinger Ztg. - BV: Irans Aufstieg z. Nationalstaat im 15. Jh., 1936; Iran, Politik u. Kultur v. Kyros b. Reza Schah, 1938; Altpers. Wortschatz, 1942; Zarathustra, 1961; D. Reich Elam, 1964; Altiran. Funde u. Forschungen, 1969; Neue Wege im Altpers., 1973. Altiran. Sprachgut d. Nebenüberlieferungen, 1975; Darius u. d. Perser - E. Kulturgesch. d. Achämeniden, I-II, 1976, 1979; Elamisches Wörterbuch (m. Heidemarie Koch), I-II 1987. Herausg.: Pers.-arab. Staatshandb. (1952) - 1974 Ehrendoktor Univ. Teheran; 1964 o. Mitgl. Dt. Archäol. Inst. - Liebh.: Farbfotogr.

HINZE, Heinz F. W.

Publizist (Ps. H. F. Wilhelm, James Wilding), Hon.-Prof., Fachschuldoz. i. R. - Grundstr. 15, 7022 Leinfelden-Echterdingen 3 (T. 0711 - 79 69 20) - Geb. 18. April 1921 Ludwigslust/Mecklenburg, ev., verh. s. 1963 m. Ingeborg Uebele, T. Tove-Ingunn - 1931-39 Realgymn. Ludwigslust, Dolmetscher-Diplom f. Englisch Univ. Hamburg 1941, 1947-49 Stud. Ges.- u. Wirtsch.-Wiss., Gesch., Lit., Sprachen Univ. Rostock; s. 1949 Journalist u. Schriftst., Fachschuldoz., Übersetzer, Sprachlehrer; s.

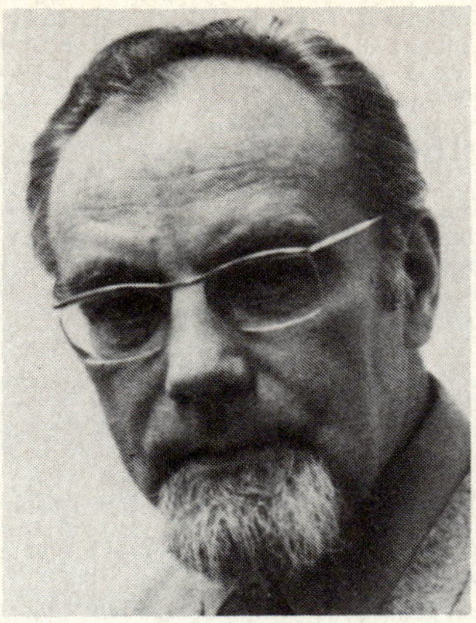

1966 auch Redakt., Ressortleit., Chefredakt. in Zeitschriftenverl. - BV: 25 Sachb.-Herausg. m. eigenen Beiträgen, u.a. Raumfahrt - d. gr. Abenteuer; Report 1998; Signale v. Jupitermond; Mach mehr aus deiner Freizeit; Übers. Daniel Defoe: D. Pest in London, 1954; Leopold v. Ranke - Künder d. Einheit d. roman. u. german. Völker, 1986; Preußen u. d. altständische Mecklenburg im Nordd. Bund 1867-71, 1987. Hörspiele, Hörbilder, histor. u. sozialkrit. Sendereihen - 1949 Hörspielpreis Berliner Rundfunk; 1982 Mitgl. d. Intern. Biograph. Ges., Cambridge/Engl. - Liebh.: Reitsport, Heraldik - Spr.: Engl., Franz., Lat.

HINZE, Jürgen

Ph. D., Prof., Lehrstuhlinh. f. Chemie Univ. Bielefeld (s. 1975) - Telgter Str. 46, 4800 Bielefeld 1 - Geb. 28. Juni 1937 Berlin (Vater: Robert H., Ingenieur; Mutter: Eva, geb. Braun) - Abit. 1957 Stuttgart; Vordipl. Chemie ebd.; 1962 Ph. D. Cincinnati (USA) - 1967-75 Prof. Univ. Chicago - BV: Selected Papers of R. S. Mulliken, 1975; The Permutation Group in Physics and Chemistry, 1979; Numerical Integration of Differential Equations and Large Linear Systems, 1980; The Unitary Group, 1981; Electron-Atom and Electron-Molecule Collisions, 1982; Energy Storage and Redistribution in Molecules, 1983. Üb. 70 Einzelarb. - Spr.: Engl., Franz.

HINZE, Norbert

Chefredakteur ELTERN - Matterhornstr. 19, 8000 München 82 - Geb. 2. Dez. 1942 Magdeburg, verh. s. 1969 m. Heide, geb. Brinckmann, 2 Kd. (Daniel, Anika) - Stud. Psych.

HINZE, Reinhardt Wilhelm

Bürgerschaftsabgeordneter (s. 1974) - Jersbeker Weg 4, 2000 Hamburg 62 - Geb. 18. Nov. 1929 Hamburg (Vater: Wilhelm H., Heizer; Mutter: Wanda, geb. Schubert), verh. s. 1954 m. Gisela, geb. Meyer, S. Holger - Volkssch. m. Aufbauzweig; Maurerlehre - Meister Bauwerkst. HGW. SPD (1966-74 Bez.abg. Hbg.-Mitte, s. 1983 Personalleit. HGW, 1969-81 Frakt.vors. im Ortsausschuß Veddel/Rothenburgsort), 1968ff. Vors. Kontrollaussch. Landesbund Hbg. d. Gartenfreunde, AR-Mitgl. Hamburger Gaswerke s. 1978.

HINZEN, Dieter H.

Dr. med., Prof. f. Physiol., Leiter Pharmaforschung u. Entwicklung Fa. Hoffmann-La Roche & Co. AG, Basel - Oberer Rebbergweg 45, CH-4153 Reinach BL (T. 061 - 76 59 29) - Geb. 31. Mai 1939 Köln, kath., verh. m. Dr. Brigitte, geb. Seiferth, 2 Söhne (Berthold, Wolfram) - Univ. Köln u. Freiburg; Promot. 1964; Habil. 1971 Köln - 1972-75 Gastprof. CNRS Gif sur Yvette, Frankr.; 1975 apl. Prof.; 1977 Wiss. Rat u. Prof.; 1982-87 Boehringer Ingelheim - Rd. 70 Fachveröff., bes. z. Thema Funktion u. Stoffwechsel d. Herzens u. d. Zentralnervensystems - Spr.: Engl., Franz.

HINZEN, Hermann

Dr. rer. pol., Dipl.-Kfm., Vorstandsmitglied Hüls AG, Marl - Waldfrieden 1, 4300 Essen - Geb. 19. Febr. 1929.

HINZPETER, Alwin

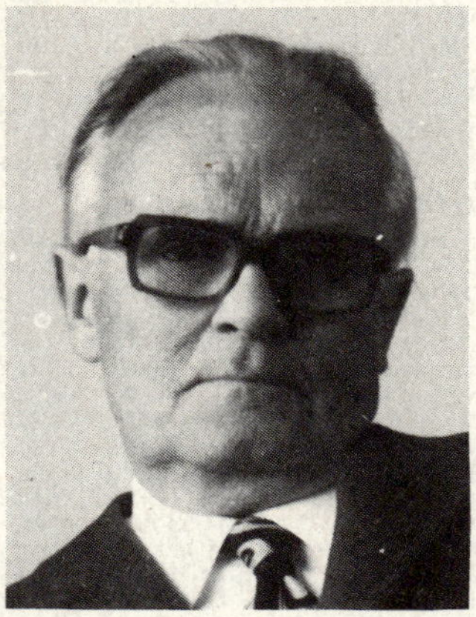

Dr.-Ing., o. Prof. f. Angew. Physik (emerit.) - Mehrleinweg 6, 2400 Lübeck - Geb. 9. Juni 1907 Berlin, ev., verh. m. Hildegard, geb. Goldmann, 3 Kd. - Oberrealsch. Lübeck, TH Hannover (Elektrotechn., Phys. Studienstiftg. d. Dt. Volkes), Dipl.-Ing. 1930, Promot. 1933. S. 1937 (Habil.) Lehrtätigk. TH bzw. U Hannover (1945 apl., 1952 o. Prof. u. Inst.dir.). 1935 Lehrauftr. Tierärztl. Hochsch. Hannover, 1939-45 Kriegsdienst (Luftwaffe), 1974 emerit. - BV: Physik als Hilfswiss., Stud.b., 5 Bde. 1971-83 - 1965 Hon.-Prof. Tierärztl. Hochsch. Hannover. Wiss. Arbeit: Radioaktivität v. Luft u. Wasser - 1944 Ritterkreuz z. Kriegsverdienstkreuz m. Schwertern.

HINZPETER, Hans

Dr. rer. nat., em. Prof. f. Geophysik, insb. Meteorologie - Caprivistr. 31, 2000 Hamburg 55 - S. 1975 Ord. Univ. Hamburg (gf. Dir. Meteorol. Inst.), emerit. 1986, s. 1976 Dir. Max-Planck-Inst. f. Meteorologie.

HIOB, Hanne

Schauspielerin - Trabener Str. 70, 1000 Berlin 33 (T. 886 90 03) - Geb. 12. März 1926 München (Vater: Bertolt Brecht, Schriftst.; Mutter: Marianne, geb. Zoff, jetzt verehel. Lingen), kath., gesch. - Lyz.; Tanz- u. Schauspielausbild. privat - U. v. a. 1959 UA. D. hl. Johanna d. Schlachthöfe (Schauspielhaus Hamburg).

HIPP, Erwin G.

Dr. med., o. Prof. f. Orthopädie - Assenbucher Str. 53, 8137 Leoni/Berg, Starnberger See (T. 08151 - 59 00) - Geb. 29. Aug. 1928 Zell/Allgäu, kath., verh. s. 1956 m. Hannelore, geb. Rast, 5 Kd. - Univ. Freiburg/Br. u. München - S. 1962 (Habil.) Lehrtätigk. Univ. (1968 apl. Prof.) u. TH bzw. TU München/Fak. f. Med. (1969 o. Prof.); 1966-70 Chefarzt d. Orthopäd. Klinik d. Städt. Kliniken Dortmund - BV: Angiographie b. Knochengeschwülsten; Gefäße d. Hüftkopfes; Traumatologie; Lehrb. d. Orthop. u. Traumatologie. Zahlr. Einzelarb. - 1962 Preis Dt. Orthop. Ges. - Spr.: Engl.

HIPP, Wolfgang

Dr. jur., stv. Hauptgeschäftsführer Dt. Industrie- u. Handelstag, Bonn - Berghausener Str. 69, 5330 Königswinter 21 - Geb. 18. Mai 1909 Hamburg (Vater: Dr. jur. Ernst H., Oberlandesgerichtsrat; Mutter: Ilse, geb. Sudeck), verh. 1940 m. Dorothee, geb. Gräfin Dohna-Schlodien - U. a. Rechtsanw. 1969 ff. Mitgl. Wirtschafts- u. Sozialaussch. Europ. Gemeinschaften.

HIPPE, Werner

Dr. rer. pol., Verleger, Präs. Verb. Dt. Zeitschriftenverleger (1987ff.), Vors. Verein d. Zeitschriftenverlage in Nordrh.-Westf. (1973-85), Vorstandsmitgl. Verb. Dt. Ztschr.verleger (1973-85 u. ab 1987), Mitgl. Dt. Presserat (1977-87) - Einsteinstr. 10, 5205 St. Augustin 3 - Geb. 21. Jan. 1925 Waldenburg/Schles. (Vater: Fritz H., kaufm. Angest. †; Mutter: Elfriede, geb. Löge †), ev., verh. 1955-86 m. Annelore, geb. Mai †, T. Dorothee; in 2. Ehe m. Silvia, geb. Müller - Abit. 1943 Waldenburg; Dipl.-Hdl. 1959 Köln; Dipl.-Volksw. 1961; Promot. 1965 ebd. - BV: D. Problem d. Bestandsrentenanpass. in den Rentenversich. d. Arbeiter u. d. Angest., 1966 - Spr.: Engl.

HIPPEL, von, Eike

Dr. jur., M.C.L., Prof., Wiss. Mitarbeiter (leit. USA-Ref.) MPI f. Ausl. u. Intern. Privatrecht, Hamburg (s. 1965) - Sandmoorweg 34, 2000 Hamburg 56 - Geb. 28. Jan. 1935 Frankfurt/M. (Vater: Prof. Dr. jur., Dr. jur. h. c. Fritz v. H., Rechtswiss.ler (s. XVIII. Ausg.); Mutter: Dr. phil. Berta, geb. Kretschmar), ev., verh. s. 1968 m. Dipl.-Psych. Gudrun, geb. Pfeiffer, 2 Kd. (Thomas, Bettina) - Jurastud. Freiburg, London, Chicago. MCL 1959 Chicago; Promot. 1962 Freiburg; Habil. 1968 Hamburg - S. 1968 Lehrtätigk. Univ. Hamburg (1976 Prof.) - BV: Grenzen u. Wesensgehalt d. Grundrechte, 1965; Schadensausgl. b. Verkehrsunfällen - Haftungsersetz. durch Versicherungsschutz, 1968; Verbraucherschutz, 3. A. 1986; Grundfragen d. soz. Sicherheit, 1979; Grundfragen d. Weltwirtschaftsordn., 1980; D. Schutz d. Schwächeren, 1982 - Liebh.: Musik, Sport - Spr.: Engl., Franz. - Bek. Vorf.: Robert (Großv.), Fritz (Vater) u. Ernst v. H. (Onkel s. XVIII. Ausg.).

HIPPEL, von, Reinhard

Dr. jur., o. Prof. f. Straf- u. Strafprozeßrecht u. Kriminol. Univ. Marburg - Simmestr. 13, 3550 Marburg/L. 7 - Geb. 12. Febr. 1931 - BV: Unters. üb. d. Rücktritt v. Versuch, 1966; Gefahrurteile u. Prognoseentscheid. in d. Strafrechtspraxis, 1972; Reform d. Strafrechtsreform, 1976.

HIPPEL, von, Wolfgang

Dr. phil., Prof. f. Neuere Geschichte Univ. Mannheim (s. 1974) - Moltkestr. 1, 6900 Heidelberg - Geb. 28. Aug. 1936 München, ev., verh. s. 1974 m. Ursula, geb. Große-Thie, 2 S. (Georg, Albrecht) - 1955-61 Stud. Gesch. u. Lat. Promot. 1965 Freiburg; Habil. 1973 Heidelberg - 1968-74 Wiss. Assist. Univ. Heidelberg - BV: F. L. K. v. Blittersdorff, 1967; D. Bauernbefreiung im Königreich Württ., 2 Bde. 1977; Auswander. aus Südwestdeutschl., 1984; Freiheit, Gleichheit, Brüderlichkeit?, 1989 - Eltern s. unt. Eike v. H. (Bruder).

HIPPIUS, Hanns

Dr. med., o. Prof. f. Psychiatrie - Am Forst 4A, 8032 Gräfelfing/Obb. (T. München 85 32 46) - Geb. 18. April 1925 Mühlhausen/Thür. (Vater: Wilhelm H.; Mutter: Margarete, geb. Klug), verh. m. Waltraut, geb. Weber - Stud. Med. u. Chemie Freiburg, Marburg, Berlin. Promot. (1950) u. Habil. (1963) Berlin (FU) - S. 1968 Ord. u. Klinikdir. FU Berlin u. Univ. München (1971). Bes. Arbeitsgeb.: Methodenprobleme psychiatr. Forschung, Biol. u. Pharmak. Psych. Fachveröff. Mithrsg.: Ztschr. Pharmacopsychiat. u. Monogr. Gesamtgeb. Psychiatrie.

HIRCHE, Hansjürgen

Dr. med., o. Prof. f. Angew. Physiologie Univ. Köln - Kanalstr. 20, 4040 Neuss (priv.); Robert-Koch-Str. 39, Inst. f. Angew. Physiologie, 5000 Köln 41 (dstl.) - Geb. 19. Okt. 1929 Görlitz (Vater: Alfred H., Ing.; Mutter: Charlotte, geb. Peukert), ev., verh. s. 1959 m. Dr. med. Annemarie H., 2 Kd. (Annette, Frank) - 1949-53 Med. u. Zahnmed. Univ. Erlangen, Staatsex. Zahnmed. Univ. Erlangen 1953,1953-55 Stud. Düsseldorf, Ex. 1955, Promot. 1956 - 1955-60 wiss. Assist. II. Med. Klinik Univ. D'dorf; 1960-71 wiss. Assist. Physiol. Inst. D'dorf, 1965 Habil (Physiol.); s. 1971 o.

Prof. Univ. Köln (1982/83 Dekan, 1983/84 Prodekan Med. Fak.) - BV: Ü. 100 Veröff. In- u. Ausl. in wiss. Ztschr. üb. Probl. d. Herz-Kreislauf-Physiol. - 1969 Arthur-Weber-Preis Dt. Ges. f. Kreislaufforsch. - Spr.: Engl.

HIRCHE, Herbert

Dipl.-Architekt, Prof., Arch. u. Designer - Tarlerstr. 64, 7000 Stuttgart 1 - Geb. 20. Mai 1910 - Tischlergesellenprüf., Wanderschaft, 1930-33 Stud. am Bauhaus Dessau u. Berlin (b. Albers, Kandinsky, Hilbersheimer, Schüler von Mies van der Rohe u. langj. Mitarb.) - 1948-51 Prof. f. Arch., Hochsch. f. Angew. Kunst Berlin-Weissensee (Ost). S. 1952 Lehrer, Prof. f. Innenarch. u. Möbeldesign Staatl. Akad. d. bild. Künste Stuttgart (1969-71 Rektor), s. 1975 emerit. - 1977 Ehrenmitgl. Staatl. Akad. d. Bild. Künste; 1960-70 Präs., seither Ehrenpräs. Verb. Dt. Ind.-Designer, s. 1964 Vorst.-Mitgl. Dt. Rat f. Formgebung, 1984 Mitgl. Freie Akad. d. Künste Mannheim - Buchveröff. - 1979 Ehrenmitgl. Bd. Dt. Innenarch., 1979 Verdienstmed. Bad.-Württ.; 1982 BVK.

HIRCHE, Peter

Schriftsteller - Kreuznacher Str. 22, 1000 Berlin 33 (T. 821 31 64) - Geb. 2. Juni 1923 Görlitz (Vater: Gerhard H., Versicherungsmathematiker; Mutter: Katharina, geb. Fielsch), ev., verh. s. 1952 m. Ursula, geb. Haupt, T. Gabriele - Gymn. Görlitz (Abit. 1941) - 1941-45 Kriegsdst.; s. 1949 fr. Schriftst. Berlin. Bühnenst.: Triumph in 1000 Jahren (1955), D. Söhne d. Herrn Proteus (1960), Zero (1963). Hörsp.: D. seltsamste Liebesgesch. d. Welt (1953), D. Lächeln d. Ewigkeit (1953), Lob d. Verschwendung (1954), D. Heimkehr (1954), Nähe d. Todes (1961), D. Unvollendete (1961), Lehmann (1962), Miserere (1963), Gemischte Gefühle (1966), D. Krankheit u. d. Arznei (1967); Fernsehsp.: D. Träumer (1961), E. gescheiterte Existenz (1965). Film (Drehb.): Verlorenes Leben (1976). Übers. aus d. Engl. - 1955 Preis Ital. Rundfunk (f.: D. Heimkehr), 1956 Gerhart-Hauptmann-Preis (Triumpf in 1000 J.), 1966 Hörspielpreis d. Kriegsblinden (Miserere), 1967 Preis Tschechoslow. Rundfunk (Miserere), 1976 Eichendorff-Preis - Spr.: Engl.

HIRCHE, Walter

Wirtschaftsarchivar, Nieders. Minister f. Wirtschaft, Technol. u. Verkehr (s. 1986), MdL - Krasseltweg 2 D, 3000 Hannover 51 (T. 0511 - 60 13 00) - Geb. 13. Febr. 1941 Leipzig (Vater: Walter H., ltd. Angest.; Mutter: Erika, geb. Quint), ev.-luth., verh. s. 1972 m. Monika, geb. Vetter, 2 S. (Stefan, Frederik) - Stud. Gesch., Roman. u. Politikwiss. Univ. Heidelberg u. Grenoble; Ass. f. d. höh. Lehramt 1973 - 1969-72 Leit. Landesbüro Friedrich-Naumann-Stiftg.; 1973-75 FDP-Landesgeschäftsf.; 1978-82 Wirtschaftsarchivar. 1986 AR-Mitgl. Volkswagen AG, Wolfsburg. 1974-78 u. 1982ff. MdL (Fraktionsvors.) - BV: 30 Thesen f. e. neue Deutschlandpolitik, 1968 - Spr.: Franz., Engl.

HIRDT, Willi

Dr. phil., o. Prof. f. Roman. Philologie Univ. Bonn (s. 1973) - Petersbergweg 23, 5300 Bonn-Beuel - Geb. 7. Febr. 1938 Kiel (Vater: Robert H., Detailkonstrukteur; Mutter: Sophie, geb. Christiansen), ev., verh. s. 1965 m. Irene, geb. Czock, 2 Kd. (Christian, Kai) - Hebbel-Sch. u. Univ. Kiel (Staatsex. 1964). Promot. (1966) u. Habil. (1972) Saarbrücken, 1982/83 Dekan Phil. Fak. Univ. Bonn - Zul. Privatdoz. u. apl. Prof. Univ. Saarbrücken - BV: Studien z. Metaphorik Lamartines, 1967; Stud. z. ep. Prolog, 1975; Boccaccio in Dtschl., 1976; Ital. Bänkelsang, 1979; Trissinos Porträt d. Isabella d'Este, 1981; Ausg. u. Kommentar: Sämtl. Erzähl. v. P. Mérimée, 1982. Div. Aufs. - 1977 Montecchio-Preis.

HIRLINGER, Rudolf

Kaufmann, pers. haft. Gesellsch. ERHACO Rudolf Hirlinger KG, gf. Gesellsch. Julius Hinckel Söhne GmbH, Bad Dürkheim, Präs. Groß- u. Außenhandelsverb. Pfalz e.V., Neustadt - Holzweg 123b, 6702 Bad Dürkheim - Geb. 6. April 1920 Ludwigshafen, verh. s. 1946 m. Elisabeth, geb. Hinckel, 3 Kd. (Ursula, Cornelia, Franz-Hermann) - Mitgl. Vollvers. IHK f. d. Pfalz, Ludwigshafen, Vertretervers. LVA Rheinl./Pfalz; Richter Sozialgericht Speyer; Handelsrichter LG Frankenthal - Spr.: Engl., Franz.

HIRRLINGER, Walter

Staatsminister a. D. - Wiflingshauserstr. 129, 7300 Eßlingen/N. - Geb. 24. Juni 1926 Tübingen, ev., verh., T. Claudia - Volkssch.; kaufm. Lehre - Kriegsdst. (schwer verwundet); Journalist; 1961-68 hauptamtl. Mitarb. VdK (u. a. Landesverbandsgeschäftsf. Baden-Württ.); 1968-72 Arbeits- u. Sozialmin. BW. Ab 1953 Mitgl. Stadtrat Esslingen (1957ff. Fraktionsvors.); 1959ff. Kreisverordn. ebd.; 1960-72 MdL BW (1966-68 Fraktionsvors.). SPD (1964-68 stv. Landesvors.). S. 1972 stv. Landesvors. VdK BW, s. 1974 Vors. Regionalverb. Mittlerer Neckar, s. 1982 Präsidiumsmitgl. u. Bundesschatzm. d. VdK Deutschl., s. 1979 Präs. AEH Luxemburg - 1978 Verdienstmed. BW, 1979 Gr. BVK, 1984 Stern dazu.

HIRSCH, Burkhard

Dr. jur., Landesminister a.D., Rechtsanwalt, MdB (1972-75 u. s. 1980) - Rheinallee 120, 4000 Düsseldorf 11 (T.5 13 31) - Geb. 29. Mai 1930 Magdeburg (Vater: Alfred H., Landgerichtsdir.; Mutter: Hedwig, geb. Wöhler), verh. s. 1969 m. Margaretha, geb. Schmitz, 2 Kd. (Alexander, Friederike) - Schule Halle/S. (Abit. 1948); Univ. Marburg (Staats- u. Rechtswiss.; Promot. 1961). Jurist. Staatsex. 1959 - Ab 1964 RA Düsseldorf; 1967-71 Justitiar Walzkontor West GmbH., Rheinhausen; 1973 Dir. Mannesmann AG. Düsseldorf; Beiratsmitgl. Barmenia Lebensversich., Wuppertal u. Friedr.-Naumann-Stiftg. 1964-72 Ratsmitgl. Düsseldorf; 1972-75 MdB; 1975-80 Min. Nordrh.-Westf., ab 1980 MdB. 1948 LPD (Halle); 1949 FDP (Mitgl. Landesvorst. Nordrh.-Westf., 1979 Vors., 1983 zurückgetr.) - 1975 Theodor-Heuss-Preis - Spr.: Engl.

HIRSCH, Fritz

Kaufm. Direktor, Vorstandsmitgl. Münchener Tierpark Hellabrunn AG. - Siebenbrunner Str. 6, 8000 München 90; priv.: Schieggstr. 11, 71 - Geb. 10. Sept. 1923.

HIRSCH, Hans

Dr. phil., Prof., Leiter Hauptredaktion Theater u. Musik (s. 1985) - Zu erreichen üb. ZDF, Postf. 4040, 6500 Mainz 1 - Geb. 24. Apr. 1933 Reichenberg/Böhmen - U.a. Prof. Musikhochsch. Hamburg (1979ff.) - Div. Ehrenstell.

HIRSCH, Hans

Dr. rer. pol., Prof. Inst. f. Wirtschaftswissenschaften TH Aachen (s. 1967) - Am Schaafweg 3, 5100 Aachen-Walheim (T. 02408 - 73 31) - Geb. 22. Dez. 1924 Göttingen (Vater: Emanuel H., Theologe; Mutter: Rose, geb. Ecke), ev., verh. s. 1954 m. Lisa, geb. Schmidt, verw. Lustfeld, 5 Kd. - Univ. Göttingen (Volksw.lehre, Rechtswiss.; Dipl.-Volksw. 1952) - 1953-67 Wiss. Assist. u. Doz. (1964) Univ. Hamburg. Mitgl. List-Ges., Verein f. Socialpolitik, Inst. Intern. de Finances Publiques - BV: Mengen- u. Preisplanung in d. Sowjetunion, 1957 (engl. Philadelphia/USA 1961); Alfred Marshalls Beitrag z. modernen Theorie d. Unternehmung, 1965; Ökonom. Maßstäbe f. d. kommunale Gebietsreform, 1971. Hrsg.: J. G. Fichte, D. geschloßne Handelsstaat, (Phil. Bibl. 316) 1979.

HIRSCH, Hans

Dr. med., Dr. phil., em. o. Prof. f. Physiologie - Theodor-Körner-Str. 13, 5000 Köln (T. Köln 39 11 57) - Geb. 4. Dez. 1921 Remscheid - S. 1956 (Habil.) Lehrtätigk. Univ. Köln (1967-87 Ord. u. Dir. Inst. f. normale u. pathol. Physiol.). Üb. 70 Fachveröff.

HIRSCH, Hans A.

Dr. med., o. Prof. f. Frauenheilkunde u. Geburtshilfe - Schleichstr. 4, 7400 Tübingen 1 - Geb. 26. April 1930 Tirschenreuth - Promot. 1956 München; Habil. 1967 Frankfurt - S. 1975 Ord. Univ. Tübingen.

HIRSCH, Hans Joachim

Dr. iur., Dr. iur. h. c., o. Prof. f. Straf-, Strafprozeßrecht u. Rechtsphilosophie Univ. Köln - Winckelmannstr. 20, 5000 Köln 30 - Geb. 11. April 1929 Wittenberge/Prignitz (Vater: Dipl.-Ing. Arnold H., Hydrologe), verh. s. 1960 m. Rosemarie, geb. v. Schmiedeberg, 2 Kd. - Promot. 1957; Habil. 1966 - BV: D. Lehre v. d. negativen Tatbestandsmerkmalen, 1960; Ehre u. Beleidigung, 1967; Körperverletzungsdelikte, 1972, Neubearb. 1981; Gründe, welche d. Strafe ausschließen o. mildern, 1974, Neubearb. 1984; Handlungs- u. Unrechtslehre, 1981/82; Bilanz d. Strafrechtsreform, 1986; Entwicklung d. Strafrechtsdogmatik s. Welzel, 1988. Mithrsg. u. Gesamtschriftleit. d. Ztschr. f. d. ges. Strafrechtswiss. Div. Einzelarb. - S. 1984 Ehrenmitgl. Jap. Ges. f. Strafrecht.

HIRSCH, Hans-Helmuth

Dr. med., Prof., Leiter Ev. Krankenanstalten Duisburg - Fahrner Str. 135, 4100 Duisburg - Geb. 17. März 1923 Lübeck - Zul. Prof. u. Leit. Herzchir. Abt./Chir. Univ.sklinik Univ. Frankfurt. Üb. 50 Fachaufs.

HIRSCH, Helmut

Prof., Dr., Historiker, Honorarprof. Univ. Duisburg (s. 1973) - Kleiansring 48, 4000 Düsseldorf 31 (T. 40 28 62) - Geb. 2. Sept. 1907 Barmen (Vater: Emil H., Kaufm.; Mutter: Hedwig, geb. Fleischhacker), ev., verh. s. 1933 m. Eva, geb. Buntenbroich, s. 1964 in 2. Ehe m. Anne, geb. Henecka, s. 1973 in 3. Ehe m. Marianne, geb. Tilgner, 2 Söhne (Helmut Villard, Mark Alexander) - Realgymn.; Univ. München, Berlin, Bonn, Köln, Leipzig, Chicago. Ph.D. 1945 Chicago - 1943-44 Instructor Univ. of Wyoming, 1945-57 Assoc. Prof. Roosevelt Univ., 1946 Vis.prof. Univ. of Chicago; 1958-59 Leit. Ausl.inst. Dortmund; 1960-61 Vis.prof. Lake Erie Coll. u. 1965-66 Inst. Universitaire d'Etudes Europ., Turin; s. 1969 Projektleit. Continuity Research Team - BV: Ferdinand Lassalle, 1963; E. revisionist. Sozialismusbild. Drei Vortr. v. Eduard Bernstein, 2. A. 1976; Carlos Baker: Ernest Hemingway, 1967 (a. d. Amerik. v. H. H.); Friedrich Engels, 1968, 9. A. 1986; John A. Hobson: D. Imperialismus, 2. A. 1970 (übers. a. d. Engl. v. H. H.); Rosa Luxemburg, 1969, 14. A. 1988 (auch holl. u. span.); Friedrich Engels, Profile, 1970; August Bebel, 1973, 3. A. 1988; Eduard Bernsteins Briefwechsel m. Friedrich Engels, 1970; Lehrer machen Gesch., 1971; Experiment in Demokratie, 1972, 2. A. 1979; Freiheitsliebende Rheinländer, 1977; Der Fabier Eduard Bernstein, 1977; Marx u. Moses, 1980; Sophie v. Hatzfeldt, 1981; Bettine v. Arnim, 1987, 2. A. 1988 - 1943 Scholar Univ. of Chicago; 1944 Fellow Encyclop. Britannica; 1947 Soc. Sci. Res. Council Grant; 1963-64, 68 Forsch.freijahr Dt. Forsch.gemeinsch.; 1974 Eduard v. d. Heydt-Preis Wuppertal; 1977 BVK I. Kl.; 1980 Saarl. VO; 1988 VO NRW; 1984-87 Präsidialmitgl. PEN Zentrum BRD; 1989 Dr. phil. Karl-Marx Univ. Leipzig - Spr.: Engl., Franz. - Bek. Vorf.: James Simon (Großonkel) - Lit.: Im Gegenstrom, 1977 (Festschr. hg. v. Horst Schallenberger u. Helmut Schrey); Albert H. V. Kraus: H. H. (in: saarheimat 3/78). Festschr. hg. v. Uwe Lemm (in: Int. Jahrb. d. Bettina-von-Arnim-Ges., 2/88).

HIRSCH, Joachim

Dr. rer. pol., Dipl.-Kfm., Prof. f. Polit. Bildung Univ. Frankfurt (s. 1971) - Melemstr. 10, 6000 Frankfurt/M. - Geb. 22. April 1938 Schwenningen/N. - Promot. 1965 - BV: u. a. Staatsapparat u. Reproduktion d. Kapitals, 1974; D. Sicherheitsstaat, 1980.

HIRSCH, Martin

Dr. jur., Rechtsanwalt, Vors. Verb. Dt. Mineralbrunnen, Bonn - Birkenwaldstr. 149, 7000 Stuttgart 1 - ARsmitgl. Mineralbrunnen Überkingen-Teinsch-Ditzenbach AG., Bad Überkingen.

HIRSCH, Martin

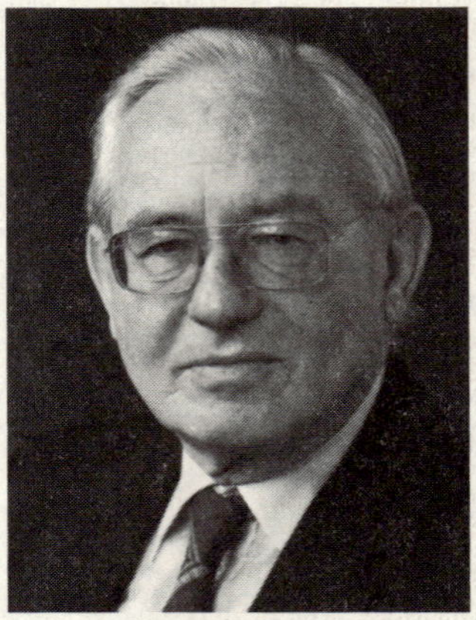

Prof., Bundesverfassungsrichter (1971-81) - Ludwig-Marum-Str. 10, 7500 Karlsruhe (T. 0721 - 8 47 93); priv.: Kuckucksweg 6, 1000 Berlin 33 (T. 832 89 77) - Geb. 6. Jan. 1913 Breslau (Vater: Baurat Bernhard H.; Mutter: Margarete, geb. Wüllenweber), ev., verh. in 2. Ehe (1945) m. Lotte, geb. Pikart, 5 Kd. (Michael, Marianne, Sibylle, Thomas, Matthias) - Gymn. Breslau; Univ. ebd., Innsbruck, Berlin. Ass.ex. 1939 - Anwaltsvertr. Görlitz u. Berlin, 1939-41 Justitiar Kontrollst. Natronpapier u. Papiersäcke Berlin, 1941-45 Wehrdienst (Panzerartl.), dann Rechtsanw. Marktredwitz u. Berlin (1963); s. 1971 Richter BVG, Karlsruhe, 1981 pensioniert, s. 1982 Rechtsanw. Karlsruhe. 1948-54 Stadtrat Marktredwitz; 1954-61 MdL Bayern; 1961-71 MdB (Mitgl. Fraktionsvorst.). SPD s. 1945 (1968-70 Mitgl. Parteivorst.); 1980 Vors. Arbeitsgem. sozial-demokr. Juristen; s. 1983 Honorarprof. Univ. Bremen - Liebh.: Bücher (Mitgl. Dt. Bibliophilenges.), Musik, Theater, bild. Kunst, Skilaufen, Tennis - Spr.: Engl. - Bek. Vorf.: Theodor u. Ferdinand H., Historiker (Herausg. Gebhards Handb. d. Dt. Gesch.).

HIRSCH, Peter

Dr. rer. nat., Prof. f. Mikrobiologie - Am Vogelsang 2, 2313 Raisdorf/Kiel (T. 04307 - 64 44) - Geb. 29. Jan. 1928 Plön/Holst. (Vater: Hans H., St.R. i. R.; Mutter: Marie Louise, geb. Stein), ev., verh. s. 1960 m. Alice M., geb. Cobb, 3 Kd. (Karen, Klaus, Kersten) - Gymn. Wandsbek, Univ. Hamburg, Biol.-Dipl. 1954; Promot. 1957 - 1958 Mikrobiol. in d. Ind., 1958/59 Cornell Univ. Ithaca N.Y., 1959-62 Assist. Univ. Göttingen, 1962-64 Res.Ass. Dartmouth College Hanover N.H., 1964-1967 Assist. Prof. Yale Univ. New Haven/USA, 1967-1970 Ass. and Full Prof. Mich. State Univ. East Lansing Michigan, 1970ff. Dir. Inst. f. Allg. Mikrobiol. Univ. Kiel - BV: 140 wiss. Publ. - 1989 BVK am Bde. - Liebh.: Mycologie, Archäologie, Fotogr., Reisen - Spr.: Engl., Dän.

HIRSCH, Peter

Dirigent, 1. Kapellmeister Oper Frankfurt/Main (s. 1984) - Thüringer Str. 25, 6000 Frankfurt 1 - Geb. 19. Mai 1956 Köln, ev., led. - Musikhochsch. Köln (Ausb.) - 1979 Assist. v. M. Gielen, 1981 2. Kapellm., alles Oper Frankfurt - Opernprodukt.: 1983 Makropulos (Frankfurt), 1984 Onegin, Lulu; 1985 Prometeo v. L. Nono (Mailand).

HIRSCH-WEBER, Wolfgang
Dr. phil., em. o. Prof. f. Polit. Wissenschaft Univ. Mannheim (s. 1972) - Am Gr. Wald 4, 6901 Gaiberg (T. 06223 - 4 06 02) - Geb. 20. Juli 1920 Mannheim (Vater: Willi H.; Mutter: Mathilde, geb. Weber), ev., verh. s. 1981 m. Dr. Blanca, geb. Castillo, S. Andreas - Stud. Univ. Heidelberg (Promot. 1956), (Habil. 1968) Berlin - 1947-49 Kaufm. Dir. staatl. Bergwerksges. Bolivien; 1955-65 Abt.leit. Inst. f. polit. Wiss. FU Berlin; 1966-68 Repräsentant Friedrich-Ebert-Stiftg. in Lateinamerika, Gastprof. Univ. de Chile; 1969-72 Abt.leit. Lateinamerika-Inst.; Prof. FU Berlin; 1973-76 Prorektor Univ. Mannheim - BV: Wähler u. Gewählte (m. Klaus Schütz u.a.), 1957; Gewerksch. in d. Politik, 1959 (span. Übers. 1961); Verb. u. Gesetzgeb. (m. Otto Stammer u.a.), 1965; Politik als Interessenkonflikt, 1969 (span. Übers. 1971); Lateinamerika: Abhängigk. u. Selbstbestimm., 1972; Bismarck to Bullock, (m. Wilfred Brown), 1983 - Spr.: Span., Engl.

HIRSCHBERG, Axel
Mitglied d. Geschäftsleitung Merck, Sinck & Co. (s. 1982) - Pacellistr. 4, 8000 München 2 - Geb. 17. Mai 1939, ev., verh. m. Marina v. Breisky, 2 T. (Tania, Olivia) - Banklehre; New York Univ. (MBA Program), Stanford Univ. (SEP) - 1965-82 Dir. Chase Manhattan Bank - Spr.: Engl., Franz.

HIRSCHBERG, Dieter
Dramaturg (Hörspielabt. Südwestfunk), Schriftst. - Hauptstr. 83, 7570 Baden-Baden (T. 07221-7 59 49) - Geb. 22. März 1949 Hagen, verh. m. Melsene, geb. Killy, T. Gwendolyn - Stud. German. u. Theaterwiss. Berlin - Regieassist.; Regiss.; Dramat. an div. Bühnen (u.a. Schauspielhs. Bochum); Hörspieldramat. in Baden-Baden - Theaterst., u.a. 15, 16, 17, in: Spectaculum 25, 1976; D. Räumung; Dortmund. D. Nichts; u. Hörsp., u.a. Hilfe; D. Ernennung; Safari. Div. Übers. - Spr.: Engl., Franz., Ital.

HIRSCHBERG, Hubertus
Versicherungsdirektor - Höhenstr. 21, 6242 Kronberg/Ts. - Geb. 7. Dez. 1924 - Vorst. Alte Leipziger Lebensversicherungsges. a.G. u. A. L. Versich. AG., beide Oberursel. ARsmand.

HIRSCHBERG, Lothar
Dr. jur., Prof. f. Zivil- u. Arbeitsrecht - Yorckstr. 5, 3000 Hannover 1 - Geb. 16. Febr. 1939 Breslau - Stud. Rechtswiss. Univ. Göttingen, Berlin, München, Caen; Promot. 1967, Habil. 1978 - BV: D. Interzonale Währungs- u. Devisenrecht d. Unterhaltsverbindlichk., 1968; D. Grundsatz d. Verhältnismäßigk., 1981.

HIRSCHLER, Adolf

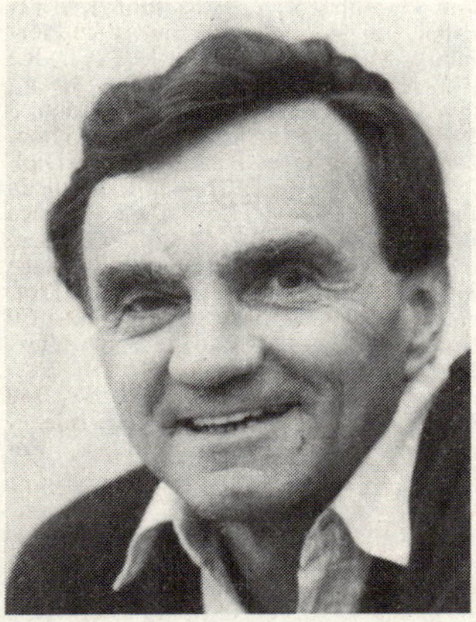

Journalist, Schriftsteller (Ps. Ivo Hirschler) - Hans-Mauracher-Str. 9a, A-8044 Graz (T. 39-18-84) - Geb. 26. Okt. 1931 Stadl/Mur (Vater: Hans H., Lehrer; Mutter: Friederike, geb. Duscher), ev., verh. s. 1955 m. Ruth, geb. Kussian, 2 Töcht. (Gudrun, Barbara) - S. 1970 Leit. Feuilleton-Redakt. Neue Zeit, Graz - BV: Tränen f. d. Sieger, R. 1961 (auch Niederl.); Denn d. Gras steht wieder auf, R. 1962 (auch Niederl.); E. Köder f. Haie, R. 1965; Pauschalreise in d. Hölle, R. 1966; D. Unfall d. Mr. Ross, R. 1968; Sieger in d. besten Jahren, R. 1980. Ca. 50 Hörsp. (gesendet im ORF), 3 Hörsp.-Serien (ORF). Theaterstück: Weibergesch., 1982 (Schauspielhaus Graz, Österr. FS), ad Weibergesch., 1985 (Bad. Landesbühnen); Türkenglück 1985 in Deutschlandsberg; 1987 im ORF. Zahlr. Kurzgesch. - Österr. Verkehrssicherheitspreis, Förder.preis d. Österr. Staatspreises; Paula-Grogger-Preis - Liebh.: Hobby-Schiffahrt, Sport, Holzarb.

HIRSCHLER, Ivo
s. Hirschler, Aolf

HIRSCHMANN, Erwin
Dr. med., Arzt f. Kinderheilkunde, Bundesvors. NAV-Verb. d. niedergelassenen Ärzte Deutschl., Köln (s. 1982) - Hansastr. 134, 8000 München 70 (T. 089-760 05 96) - Geb. 22. Jan. 1931 Nürnberg, ev., verh. s. 1957 m. Anne, geb. Ney, 3 Kd. (Martin, Christina, Sabine) - Abit.; Stud. Med. Univ. Erlangen u. München (Staatsex. 1955, Promot. 1957) - 1958-61 Truppenarzt Sanitätsdst. d. Bundeswehr; 1962-66 wiss. Assist. Universitätskinderklinik Erlangen; 1968ff. Generalstabslehrg. Führungsakad. d. Bundeswehr Hamburg - Liebh.: Phil., Gesch. - Spr.: Lat., Griech., Engl.

HIRSCHMANN, Hans
Journalist, Hauptabteilungsleit. Fernsehen-Unterhalt. u. Vorabendprogramm SWF (s. 1967), Vors. ARW-Programmkommiss. (s. 1980) - Am Birkenbuckel 22, 7570 Baden-Baden (T. 07221 - 2 58 04) - Geb. 22. Juli 1930 Stuttgart (Vater: Wilhelm H., Bankdir.; Mutter: Maria, geb. Maaßen), kath., verh. s. 1955 m. Brigitte, geb. Escher, 2 Kd. (Tobias, Martina).

HIRSCHMANN, Hans
Dipl.-Ing., Vorstandsmitglied Siemens AG - Berliner Str. 295-303, 6050 Offenbach (T. 069 - 807 30 20).

HIRSCHMANN, Johannes
Dr. med., o. Prof. f. Neurologie - Bohnenbergerstr. 26, 7400 Tübingen (T. 6 14 32) - Geb. 7. März 1910 Plauen/Vogtl., ev., verh., 4 Kd. - Promot. 1934 Leipzig; Habil. 1944 Tübingen - S. 1944 Doz., apl. (1950), ao. (1957) u. o. Prof. (1966) - 1964 Gründer d. Neurolog. Univ.sklinik Tübingen; Mitgl. d. ärztl. Beirates d. DMSG.; Landesbeirat d. AMSEL (Baden-Württ.) - Ehrenmitgl.: Royal Soc. of Medicine, Section of Neurologie, Ges. f. d. ges. Kriminologie, Ges. f. Verkehrsmedizin - Deutsch-argent. Med. Ges., Dt. Ges. f. Neurologie.

HIRSCHMEIER, Michael
Schriftsteller, Lernanimateur - Alemannenallee 8, 4440 Rheine 1 (T. 05971 - 7 20 09) - Geb. 4. Okt. 1952 Rheine, kath., verh., 4 Töcht . (Daniela, Meike, Miriam, Ulrike) - Bäckerlehre in Rheine; Abit. Bad Driburg; Stud. Theol., Phil., Geogr. Münster, Ernährungswiss. Lemgo u. Detmold - BV: D. Testament meiner Mutter, 1983; Ich denk ja nur nach, 1984; D. Erbe bin ich, 1988 - 1983 Hungertuch Frankfurt; 1984 Kulturpreis Stadt Rheine.

HIRST, Lester L.
Ph. D., Prof. f. Theoret. Physik Univ. Frankfurt - Fallerslebenstr. 16, 6000 Frankfurt/M.

HIRT, Alfred
Dr., Hauptgeschäftsführer Verb. d. Pfälz. Ind., Geschäftsf. Verb. d. Textilind. v. Hessen u. Rheinl.-Pfalz, Landesverb. Bekleidungsind. Rheinl.-Pfalz, Verb. Pfälz. Brauereien u. Verb. d. Nahrungsmittelind. f. d. Pfalz - Friedrich-Ebert-Str. 11-13, 6730 Neustadt/ Weinstr. (T. 85 21).

HIRT, Edgar D.
Ministerialdirektor i.e.R. - Fasanenstr. 4, 5300 Bonn-Bad Godesberg - Geb. 24. Mai 1937 Liegnitz (Vater: Arno H., Kaufm.; Mutter: Johanna, geb. Scholz), verh. s. 1969 m. Marlies, geb. Keller, T. Mirja - Lehre, Abendsch.; Stip. Hans Böckler-Stiftg., Stud. Sozialwiss. Münster u. Berlin. Staatsex. - Schuldezern. u. Wiss. Assist. d. SPD Bundestagsfrakt.; 1969-82 Leit. Abt. I (Humanit. Aufg. u. Strukturmaßn. im Zonenrandgebiet, ständiger Vertr. d. Staatssekr., pers. Beauftr. d. Bundeskanzlers f. Verhandl. m. d. Reg. d. DDR) Bundesmin. f. innerd. Bezieh. - 1980 BVK I. Kl.; 1982 Gr. BVK; ausl. Ausz. - Liebh.: Kochen, Sammeln alter Kochbücher, Musik (Ravel, Mozart u. Puccini).

HIRT, Peter
Dr.-Ing., Vorstand Bayer. Zugspitzbahn AG. (s. 1975), Geschäftsf. Hotel Schneefernerhaus/Zugspitze u. Fellhornbahn GmbH, Oberstdorf - Hörmannstr. 16, 8100 Garmisch-Partenkirchen - Geb. 30. Dez. 1938 Augsburg (Vater: Peter H., Obering.; Mutter: Elisabeth, geb. Küspert), ev., verh. s. 1968 m. Charlotte, geb. Winkler, 2 Töcht. (Ines, Isabel) - Stud. Masch.bau TH München (Dipl. 1964; Promot. 1970) - 1972 Betriebsleit., 1974 stv. Vorstand Bayer. Zugspitzbahn - Liebh.: Malerei, Bergsteigen - Spr.: Engl., Franz.

HIRT, Wilhelm
Vorstandsmitglied Vereinigte Aluminium-Werke AG., Berlin/Bonn - Drachenfelsstr. 32, 5205 St. Augustin/Rhld. - Geb. 4. April 1924 - Dipl.-Phys.

HIRTE, Klaus

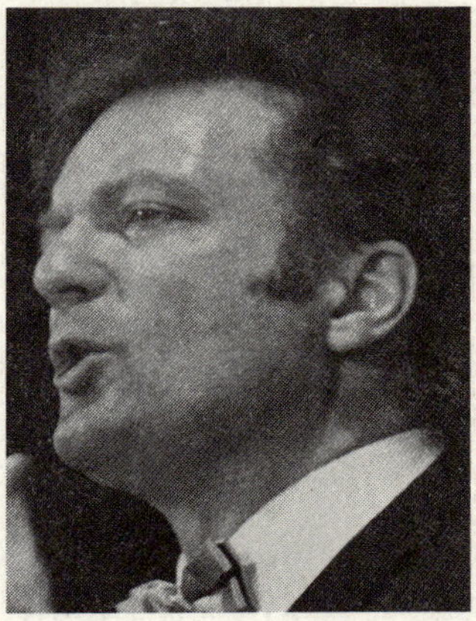

Kammersänger, Opernsänger - Waldburgstr. 156, 7000 Stuttgart 80 (Vaihingen) (T. 0711 - 73 45 45) - Geb. 28. Dez. 1937 Berlin (Vater: Paul H., Eisenbahner; Mutter: Frieda, geb. Sturm), ev., verh. s. 1965 m. Alice, geb. Knorr, 3 Kd. (Marc, Josefin, Robin) - 1953-56 Werkzeugmacher-Lehre; 1958-59 Bundeswehr (Fallschirmjäger); 1960-64 Musikstud. Staatl. Hochsch. f. Musik, Stuttgart; Gesang b. Prof. Hans Hager. S. 1988 künstl. Leit. e. Veranstaltungsreihe d. Stadt Calw/Schwarzw. ...in d. Aula b. Klaus Hirte - S. 1964 Engagem. Württ. Staatsoper, Stuttgart (Charakterbariton, Hauptpartien). Neuinsz. u. Gastsp.: Festsp. Bayreuth u. Salzburg; Staatsopern München, Hamburg, Wien, Basel, Rom, Venedig, Warschau, Lissabon, Paris, San Antonio/Texas, Chicago, Portland/Oregon u. fast alle dt. Opernbühnen. Rollen: u. a. Beckmesser (Meistersinger v. Nürnberg), Alberich (Ring d. Nibelungen), Wozzeck - 1976 Baden-Württ. Kammersänger-Titel - Liebh.: Jazz-Musik, Lesen.

HIRTE, Roswitha
Geschäftsführerin Bundesfachverband Großküchen e.V. - Gottesweg 52, 5000 Köln 51 (T. 0221 - 36 96 24 u. 360 39 20) - Vertreterin d. Mitgliedervers. f. d. Arbeitgeberseite b. d. BG Nahrungsmittel u. Gaststätten; Mitgl. Arbeitskr. Gemeinsch.verpflegung b. d. Ernährungsind.; Gründ.mitgl. Gewürzforsch.inst. (GEFI); Beiratsmitgl. ANUGA, u. hogatec; Aussch.-Mitgl. b. Bund f. Lebensmittelkd.

HIRTREITER, Kaspar
I. Bürgermeister (s. 1972) - Rathaus, 8162 Schliersee/Obb.; priv.: Hans-Miederer-Str. 10a - Geb. 18. Aug. 1925 Schliersee - Zul. Verwaltungsangest. SPD.

HIRTREITER, Wolfgang
Bildhauer - Bahnhofstr. 59, 8031 Gröbenzell/Obb. (T. 96 19) - Geb. 6. März 1922 Zwiesel/Bay. Wald, verh. m. Gertrud, geb. Fickenscher, 2 Kd. (Gundel, Inge) - Stud. 12 Sem. Akad. d. bild. Künste München - 1959 Silb. Ehrenmed. d. Stadt Graz, 1972 Ostbayer. Kulturpreis - Arbeiten i. zahlr. Kirchen, Freie Plastik u. Brunnen, Emaille-Arbeiten.

HIRZEBRUCH, Friedrich
Dr. rer. nat., o. Prof. f. Mathematik - Thüringer Allee 127, 5205 St. Augustin 2 (T. 02241 - 33 23 77) - Geb. 17. Okt. 1927 Hamm/W. (Vater: Fritz H., Oberstudiendir.; Mutter: geb. Holtschmit), ev., verh. s. 1952 m. Ingeborg, geb. Spitzley, 3 Kd. - Univ. Münster/W. (Promot. 1950) u. ETH Zürich - 1950 Assist. Univ. Erlangen, 1952 Member Inst. for Advanced Study, Princeton/ USA, 1954 Privatdoz. Univ. Münster, 1955 Assistant Prof. Princeton Univ., 1956 o. Prof. Univ. Bonn, 1981 Dir. Max-Planck-Inst. f. Mathematik Bonn. 1961/62 Vors. Dt. Mathematiker-Vereinig.; Mitgl. amerik., franz: u. dt. Fachvereinig. - BV: Neue topologische Methoden in d. algebraischen Geometrie, 1956 (auch engl.); Gesammelte Abh., 2 Bd. 1987 - Silb. Med. ETH Zürich; Mitgl. Dt Akad. d. Naturforscher (Leopoldina), Halle/S., Akad. d. Wiss. Heidelberg, Rhein.-Westf. Akad. d. Wiss., Akad. d. Wiss. u. Lit. Mainz, Kgl. Niederl. Akad. d. Wiss., Bayer. Akad. d. Wiss., Akad. d. Wiss. zu Berlin, Finnish Acad. of Sciences, Nat. Acad. of Sciences, Akad. d. Wiss. d. DDR, Sowjet. Akad. d. Wiss.; 1980 Dr. h.c. Univ. of Warwick, 1982 Dr. h.c. Univ. Göttingen, 1984 Ehrendoktor Univ. Oxford, 1987 Dr. h. c. Univ./GH Wuppertal; 1988 Wolf prize in Math.; 1989 Dr. h. c. Univ. of Notre Dame - Spr.: Engl.

HIRZEBRUCH, Ulrich
Dr. rer. nat., Prof. f. Mathematik Univ.-GH Siegen (s. 1974) - Hölderlinstr. 3, 5900 Siegen 21; priv.: Zum Bernstein 28, 5900 Siegen 21 - Geb. 27. April 1934 Hamm (Vater: Dr. Fritz H., Oberstudiendir.; Mutter: Martha, geb. Holtschmit), ev., verh. s. 1961 m. Irmgard, geb. Brökert, 2 Kd. (Stefan, Annette) - Schulen Hamm; Univ. Münster. Promot. (1960) u. Habil. (1970) Münster - Zul. Wiss. Rat u. Prof. Univ. Münster. Facharb.

HISS (ß), Dieter
Dr. rer. pol., Dipl.-Volksw., Präsident Landeszentralbank Berlin, Mitglied Zentralbankrat - Leibnizstr. 9-10, 1000 Berlin 12 - Geb. 10. Juli 1930 Freiburg/ Br., ev., verh. s. 1957, 4 Kd. - Human. Gymn.; Univ. Freiburg, Kiel (Wirtsch.wiss.). Dipl.-Volksw. u. Promot. Freiburg - Univ.assist.; Abt.leit. Dt. Inst. f. Wirtsch.forsch., Berlin; Abt.leit. Bundesmin. f. Wirtsch., Bundesmin. d. Finanzen u. Bundeskanzleramt, Bonn - BV: Kosten u. Preise in d. BRD 1950-60. Entwickl. u. Probleme, 1963 - Liebh.: Malerei, Musik, Wintersport - Spr.: Engl., Franz.

HISSEN, Wolfgang
Dr. med., Prof., Chirurg, Chefarzt Abtlg. f. Allgemeinchirurgie - Evangelisches Stift St. Martin, 5400 Koblenz - S. Habil. Privatdoz. u. apl. Prof. Univ. Heidelberg (Kommiss. Dir. Chirurg. Univ.-Klinik).

HISSERICH, Karl
Amtsrat, MdL Hessen (s. 1970) - Marburger Str. 19, 6313 Homberg Kr. Alsfeld (T. 06633 - 9 89) - Geb. 30. Nov. 1926 Homberg, verh., 2 Kd. - N. Mittl. Reife Rechtspflegerausbild. u. -sch. (Ex.) - U. a. Amtsrat AG Alsfeld. 1956 ff. Stadtverordn. Homberg (1960 Vorsteher). SPD s. 1956.

HITZ, Bruno
Dramaturg Schauspielhaus Zürich - Dufourstr. 78, 8008 Zürich/Schweiz - Geb. 21. Nov. 1940 Zürich, verh. s. 1966 m. Antje Maass, S. Valentin - 1972-77 Stud. German. u. Phil. Univ. Zürich, Ex. Lic. phil. - 1966-68 Dramat. Stadttheater Bern; 1968-71 Staatstheater Stuttgart; s. 1980 Burgtheater Wien. Gymnasiallehrer Zürich, Theaterkritiker Weltwoche - Liebh.: Phil., Reisen - Spr.: Franz., Engl.

HITZBLECK, Heinrich
Kaufmann, Vors. d. Geschäftsfg. DEUMU Dt. Erz- u. Metall-Union GmbH, Hannover (s. 1979), Vorst. BDS Bundesverb. Dt. Schrottwirtsch., Düsseldorf, Vice-Präs. Fachsp. Schrott im BIR Bureau Intern. de la Récupération, Brüssel, Präs. COFENAF, Brüssel - Zu erreichen üb. DEUMU, Dt. Erz- u. Metall-Union GmbH, Postf. 14 45, 3000 Hannover 1 - Geb. 14. Mai 1924 - Zul. Klöckner & Co.

HITZFELD, Otto Maximilian
General d. Infanterie a. D. - Kirchstr. 26, 6915 Dossenheim (T. 06221 - 8 59 06) - Geb. 7. Mai 1898 Schluchsee, kath., verw. - Offz.; zul. Kommand. General, Oberbefehlshaber (b. 1945), Stud. Gesch., Phil. u. Sport - Dipl.-Sportlehrer, Reitlehrer, Skilehrer - BV: E. Infanterist in 2 Weltkriegen - Ritterkreuz, Eichenlaub, Schwerter - Liebh.: Reisen, Lesen.

HITZIGRATH, Rüdiger
Jurist, selbst. Versicherungsvertreter (s. 1983), MdEP (s. 1984) - Wiclefstr. 44, 1000 Berlin 21 (T. 030 - 396 23 68) - Geb. 27. Dez. 1929 Berlin - Gymn. Berlin, Cottbus, Potsdam (Abit. 1948); FU Berlin (Rechtswiss.) - Ab 1958 fr. Prozeßvertr. Bundesversicherungsanstalt f. Angest. SPD s. 1963; ÖTV s. 1966. 1967-71 Bezirksverordn. Wilmersdorf. 1971-81 MdA, 1977-80 stv. Frakt.vors. d. SPD, 1981-83 MdB. S. 1988 stv. Vors. VdK Berlin.

HLAWATY, Graziella
Schriftstellerin - Ungargasse 28, A-1030 Wien (T. 0222 - 846 08 44) - Geb. 2. Febr. 1929 Wien/Österr. - Univ.stud. - BV: Endpunktgesch., Erzählbd. 1977; Bosch od. D. Verwunderung d. Hohltierchen, R. 1979; Erdgesch., Erzählbd. 1981; Gun-Britt Sundström, D. and. Hälfte (Übers. schwed.), 1978. Hörsp.: D. Wettbewerb (1980); E. Höhlenbesichtigung (1983); Dort draußen, auf d. Insel (1985) - 1984 Theodor Körner-Preis; 1986 Bertelsmann Erzähler-Preis; 1987 Literaturpr. Niederösterr. - Spr.: Schwed. - Lit.: Hans Thöni, D. Sinnfrage im Werk v. G. H. (1983).

HLAWITSCHKA, Eduard
Dr. phil., o. ö. Prof. f. Mittelalterl. Geschichte - Panoramastr. 25, 8036 Herrsching (T. 08152 - 49 91) - Geb. 8. Nov. 1928 Dubkowitz/Böhmen - Habil. 1966 Saarbrücken - 1966 Privatdoz. Univ. Saarbrücken, dann Ord. u. Institutsdir. Düsseldorf (1969) u. München (1975). 1963 Mitgl. (1964-75 Vorst.) Kommiss. f. Saarl. Landesgesch. u. Volksforsch.; 1968 Mitgl. Ges. f. Rhein. Geschichtskd.; 1970 korr. Mitgl. Hist. Kommiss. d. Sudetenländer; 1979 Mitgl. Sudetend. Akad. d. Wiss. u. Künste. Fachveröff., auch Bücher - 1987 Sudetend. Kulturpr. f. Wiss.

HOBBENSIEFKEN, Günter
Dr. disc. pol., Dipl.-Sozialw., Dipl.-Hdl., o. Prof. f. Wirtschaftspädagogik, Arbeits- u. Berufswiss. GH Wuppertal (s. 1973) - Böckingstr. 6, 5340 Bad Honnef 1 - Geb. 25. Aug. 1929 Eggelogerfeld - Promot. 1958 - Zul. Prof. f. Berufspäd. TH Darmstadt. Bücher u. Aufs., insbes. z. Berufsforsch.; Einf. in traditionelle u. mod. Theorien, 1980.

HOBE, von, Bertram
Chefredakteur Westf. Nachrichten/ZENO Zeitungen, Münster - Soester Str. 13, 4400 Münster (T. 0251 - 6 90-7 01) - Geb. 13. Juni 1945 Mühlenkoppel/Kr. Flensburg, kath., verh. m. Christiane v. d. Burchard, 4 Kd. (Marc, Nico, Christian, Alexandra Ruth) - Altspr. Abit.; Ltn. d. R.; Jura-Stud. (o. Abschl.); Zeitungsvolont./Redakt. b. d. Tagesztg. Die Welt, Westf. Anzeiger u. Kurier (Hamm), D. Glocke (Oelde), Saarbrücker Ztg. - Bek. Vorf.: Generallt. a.D. Cord v. H. (Vater); Generaloberst a.D. Franz Halder (Großv. ms).

HOBEIN, Herbert
Dipl.-Ing., Direktor i. R. - Renteilichtung 8, 4300 Essen 1 - Geb. 25. Dez. 1906 Einbeck - S. üb. 35 Jahren PAG Preßwerk AG., Essen (dav. 26 J. Vorst., zul. b. 1971 -vors.). S. 1973 Mitgl. auf Lebenszeit Kurat. Gesamtverb. d. kunststoffverarb. Ind. - 1928 Olympiamed. in Bronze im Hockey.

HOBERG, Fritz-Werner
Landwirt, MdL NRW v. 1970-80 - 4724 Wadersloh-Liesborn Kr. Warendorf (T. 02945 -56 56) - Geb. 26. Aug. 1913 Liesborn, verh., 6 Kd. - Realgymn. (Abit.; 5 Sem. Jurastud. München, Königsberg/Pr., Bonn, Kiel - Wehrmacht (zul. Oberstlt. u. Regt.skdr.); n. Umschul. s. 1950 Landw. u. Brennereibes. 1952 ff. Mitgl. Amtsvertr. Liesborn-Wadersloh (1956-65 Bürgerm.); 1960-64 Mitgl. Landschaftsvers. Westf.-Lippe; 1965-77 stv. Präs. Bundesverb. Dt. Kornbrenner, v. 1971-80 Präs. Westf. Gen.verb. CDU (1969 ff. MdK Beckum, bzw. Warendorf).

HOBERG, Heinz
Dr.-Ing., Dipl.-Ing., Prof. u. Direktor Inst. f. Aufbereitung, Kokerei u. Brikettierung TH Aachen (s. 1971) - Am Rosenhügel 21, 5100 Aachen-Laurensberg (T. 1 35 07) - Geb. 24. Sept. 1932 Münster (Vater: Ewald H., Justizoberamtsrat; Mutter: Elisabeth, geb. Kother), kath., verh. s. 1958 m. Helene, geb. Felten, 3 Kd. (Horst, Armin, Heike) - Bergbaustud.; Promot. 1967 Aachen - 1963-71 Abt.leit. f. Aufbereitung Ruhrbergbau. Forsch.schwerpunkte: Sortierung schwer aufbereitbarer mineralischer Rohstoffe u. Abfallaufbereitung - 1968 Borchers-Plak. TH Aachen (f. Promot. m. Ausz.) - Spr.: Engl.

HOBERG, Hermann
Dr. theol., Prälat, Domherr an St. Peter (1980) - Citta del Vaticano, Piazza S. Marta, Rom (T. 698 43 92) - Geb. 11. Dez. 1907 Osnabrück (Vater: Hermann H., Weinhändler; Mutter: Gertrud, geb. Dütemeyer), kath. - Gymn. Carolinum Osnabrück; Univ. Innsbruck, Phil.-Theol. Hochsch. St. Georgen Frankfurt/M. Promot. 1938 Freiburg/Br. - 1933-37 Vikar Flensburg, 1938-49 Mitgl. Histor. Inst./Görres-Ges. Rom u. Kaplan Dt. Camposanto b. St. Peter, s. 1950 Archivar u. Vizepräfekt (1956) Vatikan. Archiv Rom - BV: D. Gemeinschaft d. Bekenntnisse in kirchl. Dingen - Rechtszustände im Fürstentum Osnabrück v. Westf. Frieden b. z. Anf. d. 19. Jh.s, 1939; D. Inventare d. päpstl. Schatzes in Avignon, 1944; D. Einnahmen d. Apostol. Kammer unt. Innozenz VI., 1955 - 1972 Gr. BVK u. Österr. Ehrenz., Dr. phil. h. c. Bonn, Ehrendomherr Osnabrück - Spr.: Ital., Engl.

HOBERG, Rudolf
Dr. phil., Prof. f. Sprachwissenschaft - Biengartenstr. 55, 6143 Lorsch/Hessen - Geb. 10. März 1936 Neukirchen - 1969 Mitarb. Inst. f. Dt. Sprache Mannheim; 1975 Prof. TH Darmstadt; Vorst.-Mitgl. Ges. f. dt. Sprache - BV: D. Lehre v. sprachl. Feld, 2. A. 1973; Spr. u. Beruf (Mithrsg.), 1980ff.; Handb. z. Sprachwiss. u. Spr.didaktik (Mithrsg.), 1981ff.; Lesen, Darstellen, Begreifen (Mitverf.), 6 Bde., 1982ff.; Sprachprobl. ausl. Jugendlicher. Aufg. d. berufl. Bildung, 1983; Deutschunterr. an berufl. Schulen. Anforderungen an s. Lehrer (Mitverf.), 1985; Grammat. Grundkurs (Mitverf.), 1985; Sprache u. Bildung. Beitr. z. 150. Todestag Wilhelm v. Humboldts, 1987; Dt. Grammatik, 1988. Herausg.: Rechtschreibung im Beruf (1985); Texterfahrungen (1986). Mithrsg.: Aufrüstung d. Begriffe? (1989); Ztschr. Muttersprache (s. 1987). Aufs. zu Wortsemantik, Grammatik, sprachl. Normen, Fachsprachen, Rechtschreibung, Sprache u. Beruf, Deutsch als Muttersprache u. Deutsch als Fremdsprache, Sprache u. Politik.

HOBOM, Gerd
Dr. med., Dr. rer. nat., Prof. f. Molekularbiologie u. Mikrobiol. Univ. Giessen - Arndtstr. 14, 6300 Giessen - Geb. 3. Mai 1933 Bomlitz, ev. luth., verh. s. 1968 m. Dr. rer. nat. Barbara, geb. Schnegg - Gymn. Walsrode, Univ. Göttingen, Münster, München (Chemie, Med.) - S. 1978 Zentr. Komm. f. Biol. Sicherh. (ZKBS) b. BMFT, Bonn; stv. Vors. - BV: Biochemie, Lehrb., 1977 - Spr.: Engl.

HOCH, M. Oswald

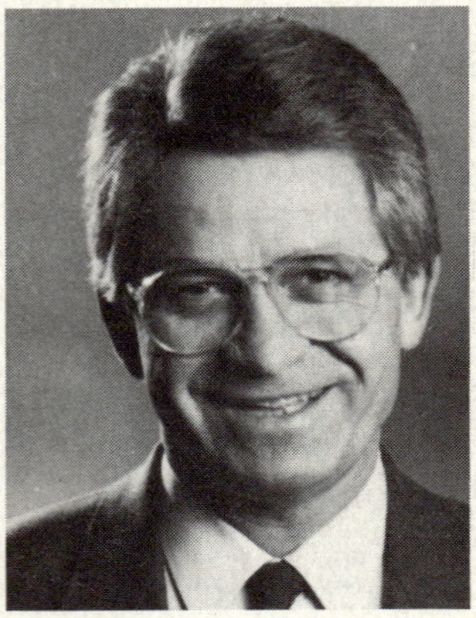

Dipl.-Ing., Handwerksmeister, MdL Nieders. (s. 1971, SPD) - Zum Isetal 21, 3170 Gifhorn (T. 05371 - 7 32 32) - Vors. Umweltaussch., Kreistagsabgeordn., Stadtrat Gifhorn, Mitgl. Humanist. Union, DGB Landesaussch. f. Umweltfragen, Büro f. Vermögensberat.

HOCH, Peter
Komponist, Dozent Bundesakademie f. musikalische Jugendbildung - Postfach 11 58, 7218 Trossingen (T. 07425 - 50 58) - Geb. 1937 Pirmasens - Stud. Hochsch. f. Musik Saarbrücken (Meisterkl. f. Kompos. b. Heinrich Konietzky); Staatsex. (Musiklehrer); Stud. b. Henry Pousseur u. Karlheinz Stockhausen - 1961-74 Musiklehrer Gymn. Dahn/Pfalz (nebenamtl.); s. 1974 Doz. Bundesakad. Trossingen - Kompos.: Kammermusiken, Orch.werke, experiment. Konzeptkompositionen, Hör-Spiele, Lyrik; Rundfunkprodukt. u. Publ. im In- u. Ausl. - Förderpreis Kultusmin. Rhld.-Pfalz u. Südwestfunk; Mitgl. Accademia Italia - Lit.: Nachschlagewerke.

HOCHBERG, Klaus
Dr. med., Prof., Urologe (Chefarzt) - Städt. Krankenhaus, 7750 Konstanz/B. - S. Habil. Lehrtätigk. Univ. Heidelberg (gegenw. apl. Prof.).

HOCHE, Hans-Ulrich
Dr. phil., Univ.-Prof. f. Philosophie - Kiefernstr. 29, 4320 Hattingen - Geb. 16. Febr. 1932 Erfurt/Thür. (Vater: Bodo H., Chemiker; Mutter: Luise, geb. Gille), ev., verh. s. 1958 m. Gertrud, geb. Methfessel, 2 Töcht. (Gabriele, Susanne) - Promot. 1962 Köln - 1962-65 Lehrtätigk. Univ. of the Philippines - S. 1973 Prof. Univ. Bochum - BV: Nichtempir. Erkenntnis, 1964; Handlung, Bewußtsein u. Leib, 1973; Analyt. Philos. (m. W. Strube), 1985.

HOCHGARTZ, Günther
MdL Nordrh.-Westf. (1980-85) - Brockhoffstr. 4, 4290 Bocholt (T. 3 96 75) - Geb. 10. Juli 1918 Bocholt, ev., verh. s. 1944 m. Gretel, geb. Schilpp, 3 Kd. (Gabriele, Jörg, Dirk) - Gymn. (b. Obertertia); Elektrohandw. Meisterprüf. - 1935-36 Arbeitsdienstf.; 1937-39 Jugenderzieher; 1939-45 akt. Soldat (zul. Major u. Batl.kdr.); s. 1946 Elektrokfm. (Fa. G. Hochgartz/Elektr. Industrieanlagen). 1964ff. Oberbürgerm., s. 1983 Ehrenoberbürgerm. Bocholt. CDU s. 1955 - Liebh.: Schwimmen (1955 Dt. Wasserballm. VOW), Reiten, Skilaufen - 1943 Ritterkreuz, Gold. Verwundetenabz., 1944 Ehrenblattspange; 1965 Gold. Sportabz.; 1970 Ritter-Offz. v. Orden d. Verdienstkreuzes d. Rep. Italien; 1973 BVK I. Kl.; 1983 Ehrenring Stadt Bocholt; 1983 Gr. BVK; 1986 Ehrenbürger d. Stadt Bocholt.

HOCHGESAND, Gerhard
Dr.-Ing., gf. Direktor Lurgi GmbH, Frankfurt - Im Wiesenring 6, 6056 Heusenstamm - Geb. 20. Mai 1930 München.

HOCHGESAND, Peter
Dr. med., Augenarzt, Prof. f. Augenheilkd. Univ. Mainz (n. b.) - Scharftriebweg 80, 6500 Mainz 1 - Geb. 8. Mai 1941 Heidelberg - Promot. 1966; Habil. 1974 - Zeitw. Univ. Iowa (USA). Facharb.

HOCHGÜRTEL, Hans
Dr. jur., Rechtsanwalt, Generalbevollm. Hülskens & Co., Wesel, Vors. Bundesverb. Dt. Kies- u. Sandind., Duisburg, Fachverb. Kies u. Sand, Mörtel u. Transportbeton NRW, Vizepräs. d. Präs. Bundesverb. Steine u. Erden, Frankfurt/M. - Am Wäldchen 15, 4230 Wesel 13 (T. Büro: 20 41) - Geb. 29. Nov. 1924 - 1983 BVK I. Kl.

HOCHHEUSER, Kurt
Dr., Vorstandsmitglied Commerzbank AG - Breite Str. 25, 4000 Düsseldorf (T. 0211-82 71) - Geb. 28. Jan. 1936 - AR-Mandate.

HOCHHUTH, Rolf
Schriftsteller - Postfach 661, CH-4002 Basel - Geb. 1. April 1931 Eschwege (Vater: Schuhfabrikant), verh., 3 Söhne - Höh. Schule; Lehre Sortimentsbuchhandel - Ab 1955 Lektor Bertelsmann Lesering, Gütersloh u. Rütten & Loening Verlag, Hamburg - BV: D. Berliner Antigone, Erz. 1963; Krieg und Klassenkrieg, Ess. 1970; E. Liebe in Deutschl.; Erz. 1978 (verfilmt 1983); Machtlose u. Machthaber, Ess. u. Ged. 1979; Schausp.: D. Stellvertreter (UA. 1963 Berlin), Soldaten (UA. 1967 Berlin), Guerillas (UA. 1970 Stuttgart); Juristen, 1979; Ärztinnen (1984 DEFA-Film); Kom.: D. Hebamme (UA. 1971 Zürich u. a.), Lysistrate u. d. Nato (1973), Tod eines Jägers, UA. Salzburg 1977. Herausg.: Wilhelm Busch (1959), Deutsche Erzähler d. 20. Jh. (1963 u. 79), D. 2. Klasse - Dt.sprach. Erzähler d. Jahrgänge 1850-1900 (2 Bde. 1983) - 1963 Berliner Kunstpreis; Mitgl. PEN-Zentrum BRD; 1976 Baseler Kunstpreis; 1981 Lessing-Preis - Lit.: Siegfried Melchinger, R. H., 1967; Dietrich Simon, Nur d. Spitze d. Eisberg - E. Reader, 1982.

HOCHLEITNER, Anton
Schulrat a. D., MdL Bayern (1962-82) - Leidlstr. 11, 8390 Passau (T. 71 26) - Geb. 5. Dez. 1927 Oberreit/Ndb., verh. s. 1953 m. Brigitte, geb. Sturm, 3 Kd. - Aufbausch. Straubing; 1943-44 Lehrerbildungsanstalt München-Pasing, 1946-50 Straubing. Lehramtsprüf. 1950 u. 53 - 1944 b. 1945 Soldat (Kriegsfreiw.); s. 1952 Schuldst. Passau. 1957-59 Vors. Arbeitsgem. Bayer. Junglehrer. 1959 ff. Schriftl. Monatsschr. D. Junglehrer. 1960 ff. Stadtratsmitgl. Passau. SPD, s. 1971 Vors. Aussch. f. kulturpolit. Fragen i.

Bayer. Landtag, s. 1981 Vors. Ges. f. Archäol. Bayern - 1971 Bayer. VO., 1978 BVK a. Bd.; 1981 Med. f. bes. Verdienste um d. bayer. Denkmalpflege; 1982 Kommunale Verdienstmed.; 1982 Gold Ehrenring Stadt Passau.

HOCHMUTH, Karl

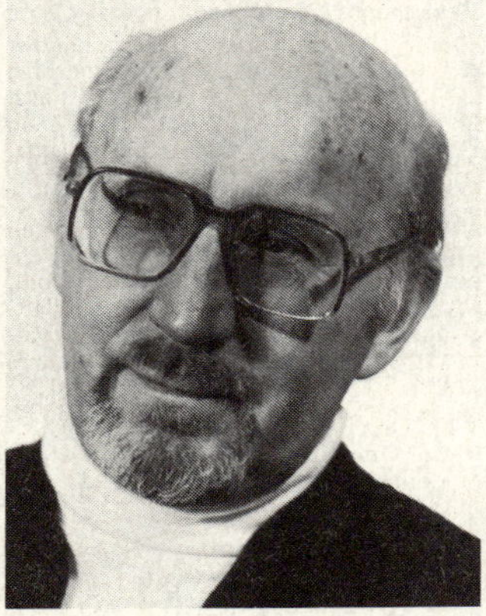

Dr. phil., Dozent, Schriftst. - Stefan-Krämer-Str. 16, 8708 Gerbrunn/Würzburg (T. 70 69 24) - Geb. 26. Okt. 1919 Würzburg (Vater: Johann H., Postbeamter), kath., verh. s. 1951 m. Elisabeth, geb. Schneider, 4 Kd. (Cornelia, Constanze, Veit, Christine) - Gymn. u. Univ. Würzburg (Gesch., Literaturgesch., Geogr., Phil., Päd.; Promot. 1957) - 1938-48 Wehr-, Kriegsdst. u. Gefangensch. (1944); 1950-59 Volksschullehrer Gerbrunn u. Würzburg; 1959-66 Realschullehrer Würzburg; s. 1966 Doz. Erzieh.wiss. Fak. Univ. Würzburg - BV: D. Leutnant u. d. Mädchen Tatjana, R. 1957, letzte A. 1980 (auch engl. 1973, 75, 79 u. 88); Arm u. reich u. überhaupt..., R. 1960; E. Mensch namens Leysentretter, R. 1965; D. samtenen Nüstern, Erz. 1976; D. griech. Schildkröte, Erz. 1978; Weihnachtl. Spektrum Unterfranken, Texte u. Bilder 1981/83; Wo bist du - Würzburg?, Texte u. Bilder 1985; D. Kiesel am Strand v. Bordighera, Erz. 1986; Riml, Erz. 1988. Jugendb., Anthol., Hörbilder, Funkerz., 6 Hörsp. (1963, 65, 68, 72, 81, 84) - 1965 u. 1979 Dauthendey-Plak., 1974 Lit.preis VdK Dtschl.; 1980 Friedlandpreis; 1984 Prosapreis d. Stadtbibl. Nürnberg - Spr.: Engl.

HOCHREIN, Hans

Dr. med., Prof., Internist, Kardiologe, Chefarzt Univ.-Klinikum Rudolf-Virchow - Senheimer Str. 33, 1000 Berlin 28 - S. Habil. Lehrtätigk. FU Berlin (gegenw. apl. Prof. f. Inn. Med.); Wiss. Tätigk.: Herzinfarkt, Intensiv- u. Notfallmed.

HOCHSTÄDTER, Dieter

Dr. rer. pol., Prof. f. Statistik Univ. Frankfurt - Mertonstr. 17, 6000 Frankfurt/M.; priv.: Heidweg 3, 6380 Bad Homburg v.d.H..

HOCHSTETTER, Herbert

Senator e. h., Ministerialdirektor a. D., Stiftungskommissar d. Carl-Zeiss-Stiftung (s. 1972) - Belaustr. 23, 7000 Stuttgart 1 - Geb. 24. Okt. 1917 - Hum. Gymn.; Universität (Rechtsw.) - 1946 b. 1967 Kultusmin. BW (Justitiar, Abt.-Ltr.), 1967-77 Wirtsch.min. (ständ. Vertr. d. Min.) - BV: Schulrecht BW, 1952; Rechts- u. Staatskunde, 1961; Schulgesetz f. BW, 1964 - Verd.Med. BW.

HOCHSTRAATE, Lutz

Regisseur, Schauspieler, Intendant Salzburger Landestheater - Geb. 7. Jan. 1942, ev., verh. - Max Reinhardt-Sch. Berlin.

HOCHSTRATE, Dieter

Dipl.-Kfm., Geschäftsführer C. H. Knorr GmbH u. Maizena Markenartikel GmbH, Heilbronn - Helfenbergstr. 35, 7104 Obersulm 1 (T. 07130 - 80 38) - Geb. 6. März 1931 Hagen (Vater: Emil H., Dipl.-Ing., Dir.; Mutter: Leni H.), verh. s. 1964 m. Gaby, geb. Saul, 2 T. (Carolin, Marion) - Univ. München (Dipl.-Kfm. 1956) - Lehrbeauftr. f. Marketing FHS Heilbronn, Präs. Marketing Club, Heilbronn.

HOCK, Bertold

Dr. rer. nat., o. Prof. f. Botanik TU München (s. 1978) - (Fak. f. Landwirtschaft u. Gartenbau), 8050 Freising-Weihenstephan - Geb. 19. Sept. 1939 Schwäb. Gmünd (Vater: Georg H., Apotheker; Mutter: Magda, geb. Aicher), ev., verh. s. 1966 m. Dr. Ursula, geb. Schuster, 4 Kd. - Dipl.-Biol. u. Promot. 1965 Freiburg; Habil. 1970 Tübingen - 1970-78 Wiss. Rat u. Prof. Univ. Bochum. Mitgl. Forschergr. Serolog. Nachweis v. Pestiziden u. deren Metaboliten im Wasserkreislauf. 1965-67 sowie 1984 Forschungsaufenth. USA. Üb. 100 Fachveröff. aus d. Bereich d. Planzenphysiol., Mykologie u. Pflanzentoxikol. BV: Pflanzentoxikologie (m. E. F. Elstner), 1984, 2. A. 1988. Wiss. Filme, Bildplatten.

HOCK, Fromund

Dr. Ing., Prof. Univ. Hannover, gf. Leit. Inst. f. Meßtechnik im Maschinenbau - Nienburger Str. 17, 3000 Hannover 1 (T. 762 32 34) - Geb. 1927 Gießen (Vater: Prof. Dr. Lothar H.; Mutter: Marie, geb. Schoeler), ev., verh. s. 1956 m. Ilse, geb. Pfeiffer, 3 Kd. - Dipl.-Phys. Marburg, Promot. Stuttgart - Üb. 20 J. Ind.tätigk. (Geräteentwickl. auf d. Geb. d. Optik, Regelungs- u. Meßtechn.). Fachmitgl.sch. VDI, DPG, DGaO.

HOCK, Manfred

Dr. phil., geschäftsf. Gesellsch. Gradmann & Holler GmbH., Stuttgart; Geschäftsf. VW-Versich.vermittl. GmbH, 3180 Wolfsburg 1 - Wodanstr. 6, 4000 Düsseldorf-Oberkassel - Geb. 30. Nov. 1925.

HOCK, Wolfgang

Dipl.-Ing., Geschäftsführer SF-Bau Ges. f. schlüsselfertig. Bauen mbH, BT-Plan Ges. f. bautechn. Planen mbH, SF Cologne Consultants GmbH, alle Köln, u. SSG System Service Ges. f. Gebäude-Instandhaltung mbH, München - Taubenstr. 25, 5060 Bensberg - Geb. 10. März 1925.

HOCK, Wolfgang

Konzertmeister - Im Rad 11, 7562 Gernsbach (T. 07224 - 14 08) - Geb. 17. Jan. 1936 Zweibrücken, verh. s. 1960 m. Elly, geb. Schley, 3 Kd. (Arlette, Pascale, Nicole) - Solistendipl. Musikakad. Basel (b. Sàndor Végh) - 1970 1. Konzertmeist. Sinfonieorch. SWF; 1978 Lehrbeauftr. Staatl. Hochsch. f. Musik Karlsruhe. Gründ. Bad. Kammerorch.-ensemble 13 u. Orchesterschule Wolfgang Hock - 1983 BVK.

HOCKEL, Hans L.

Dr.-Ing., Vorstandsvorsitzender Rheinstahl Hanomag (b. 1963 Vorst.-Mitgl.) - Riedersteinstr. 35, 8180 Tegernsee - Geb. 1. Aug. 1924 Temeschburg - 1971 Vorst.-Mitgl., dann -vors. Rheinmetall Berlin AG, Berlin/Düsseldorf; AR-Vors. Wasag Chemie AG, WNC-Nitrochemie GmbH, Maschinenfabrik Rheinhausen GmbH; AR-Mitgl. Bohlen Ind. GmbH; Beiratsvors. Scheubeck GmbH & Co.; VR-Vors. Bell-Hermetic GmbH & Co.

HOCKERTS, Hans Günter

Dr. phil., Prof. f. Zeitgeschichte Inst. f. Neuere Gesch. Univ. München - Trautenwolfstr. 3, 8000 München 40 - Geb. 7. Febr. 1944 Echternach, kath., verh. s. 1970 m. Doris, geb. Schreier, 2 S. (Philip, Gregor) - Promot. 1969 Univ. Saarbrücken, Habil. 1977 Univ. Bonn; 1981/82 Prof. Inst. f. Neuere Gesch. Univ. München; 1982/86 Prof. Hist. Sem. Univ. Frankfurt - Mitgl. Kommiss. f. Zeitgeschichte e. V. u. Kommiss. f. Gesch. d. Parlamentarismus u. d. polit. Parteien e. V. - BV: D. Sittlichkeitsprozesse gegen kath. Ordensangehörige u. Priester 1936/37, 1971; Sozialpolit. Entscheidungen im Nachkriegsdeutschland, 1980. Mitherausg. Reihe: Quellen u. Forschungen z. Zeitgesch.

HOCKERTS, Theodor

Dr. med., Prof., Kinderarzt - Josef-Schneider-Str. Nr. 2, 8700 Würzburg (T. 5 08 69) - Geb. 15. Juli 1918 Wanne-Eickel - S. 1953 (Habil.) Privatdoz. u. apl. Prof. (1959) Univ. Würzburg (gegenw. Leitg. Kinder-Chirurgie u. Exp. Chirurgie Chir. Klinik Würzburg) - Ztschr.beitr.

HOCKL, Hans Wolfram

Prof., Schriftsteller - Kindergartenstr. 11, A-4063 Hörsching (Oberösterr.) - Geb. 10. Febr. 1912 Lenauheim/Banat (Rumän.), kath., verh. I) m. Karoline, geb. Reiner, 3 Kd., II) Elisabeth, geb. Schummer, 1 Kd. - Hochsch. Bukarest - 1936-44 Lehrer Dt. Knabenlyzeum Temeschburg/Banat - BV (Ausw.): Brunnen, tief u. klar, Ged. 1956; Schloß Cumberland, R. 1958; Ungewisse Wanderung, Autobiogr. 1960; Tudor u. Maria, N. 1961; Schwabenstreiche, Erz. 1964; Freunde in Amerika, Reiseb. 1964; D. Schwachen, R. 1967; 200 Jahre Friedenswerk Lenauheim, 1967; Dt. Jugendbeweg. im Südosten, 1969; Warm scheint d. Sunn, Ged. 1973; Bei d. Landsleuten in Amerika, Reiseber. 1973; Unser liewes Banat, Ged. 1976; In einer Tour m. Amor, satir. Ged. 1976; Helft allen Schwachen, 1977; Memoiren zufried. Menschen, 1978; Steh still, mein Christ, geh nicht vorbei, R. 1978; Jugend i. Aufbruch, 1925-30, 1979; Ewiger Zauber, Kinderged. 1980; Offene Karten, Dok. z. Gesch. d. Deutschen in Rumän. 1980; Kl. Kicker, gr. Klasse, Jugenderz. 1981; Liebe auf Capri, Variat. v. d. Trauminsel, 1981; Schöne Häuser, wo Ruinen waren, 14 Erz. aus Ost u. West, 1982; Regina unsere Mutter. Blüte u. Frucht e. dt. Stammes, Romantrilogie, 1982; Media in morte, Kantaten vor d. Abschied, Ged. 1984; Atominferno Deutschl.?; D. Kaiserhexe, Ereignisse auf Burg Allerzeith, R. 1986; Deutscher als d. Deutschen, Studie 1987; Feuerliebe, R. 1987; Oweds am Brunne, Ged. 1988; Glühwürmchen üb. Dtschl. u. Österr. Öfters auch heiter, 1989. Herausg.: Heimatb. d. Donauschwaben (1960); Rumänien - 2000 J. zw. Morgen- u. Abendl. (Bildbd., 1968); Lit. aus Rheinl.-Pfalz. Anthol. III. (1986); Lit. Rheinl.-Pfalz heute, Autorenlex. (1988). Mithrsg.: Wir Donauschwaben - Heimat im Herzen (1950) - 1964 Lutz-Kulturpreis Graz, 1971 Eimann-Plak. Neustadt/Pf., 1972 Kulturpreis Baden-Württ. - Lit.: N. Engelmann, H. W. H. (1952); M. Heber, H. W. H. - Mensch u. Werk (1953); H. Erk, D. Dichter H. W. H. (1962); J. Schmidt, D. Dichter H. W. H. (1962); F. E. Gruber, Erlebte Jugend - H. W. H. (1962); K. Günther, H. W. H. 60 Jahre (1972); J. Wolf, H. W. H. z. 60. Geb. (1972); H. Diplich, H. W. H. (1972); M. Müller, Sänger seines Volkes (1974); H. I. Reiter, Kraft u. Impulse (1975); J. A. Stupp, H. W. H. - ein Siebziger (1982); H. Fassel, Gespräch m. H. W. H. (1986); J. Habenschuß u. O. Feldtänzer, Filmstr. z. H. W. H. 75. Geb.; H. Dama, H. W. H. im Wandel d. Zeiten (1987); H. Bockel, z. H. W. H. 75. Geb. (1987).

HOCKS, Michael

Intendant d. Jahrhunderthalle Hoechst (s. 1986) - Zeilstr. 5, 6242 Kronsberg/Ts. (T. 06173 - 7 85 00) - Geb. 21. Dez. 1943 Spittal, (Vater: Dr. med. H. H., Chefarzt; Mutter: Nadja, geb. Michejew), verh. s. 1977 m. Erika, geb. Firl, T. Simone - Stud. Rechtswiss. Univ. München (1. jurist. Staatsex. 1970) - 1970-73 fr. Mitarb. Goethe-Inst. München; 1973-83 Angest., später Mitinh. Konzertdir. H. U. Schmid, Hannover u. Musikhaus Döll, Hannover (Kommanditist); 1984-86 Dir. d. musikal. Betriebs Hamburg. Staatsoper - BV: D. Musikprogr. an d. Zweigst. d. Goethe-Inst. - Liebh.: Kunst (Malerei, Graphik, Antiquitäten), Reisen (Arch.) - Spr.: Engl., Franz.

HOCKWIN, Otto

Dr. rer. nat., Prof., Diplomchemiker - Tulpenweg 4, 5205 St. Augustin 1 (T. 02241 - 20 30 48) - Geb. 22. Aug. 1925 Guben/Lausitz (Vater: Richard H., Kaufm.; Mutter: Martha, geb. Fichtner), ev., verh. s. 1949 m. Gisela, geb. Hückler, 3 Kd. (Ulrike, Thomas, Sabine) - Obersch. Guben u. Gymn. Laurentianum Arnsberg/W.; 1947-54 Univ. Bonn (Dipl.-Chem.). Promot. (1956) u. Habil. (1961) Bonn - S. 1957 Univ. Bonn (Assist., 1961 Privatdoz., 1961 Oberassist., 1967 apl. Prof., 1968 Wiss. Abt.vorsteher u. Prof. (Leit. Abt. Biochemie/Inst. f. Exper. Ophthalmologie - Med. Fak.). Spez. Arbeitsgeb.: Biochemie d. Auges. Exper. Ophthalmol., Oculotoxizität v. Arzneim., Datenbearb., Analyt. Chemie - 1974-78 Generalsekr., 1978-81 Präs. Assoc. for Eye Res., 1978 Chairman Steering Committee European Concerted Action on Ageing Research, 1984 Vice-Pres. Intern. Soc. for Eye Res., 1986 Secret. of the Initiating Committ. Intern. Soc. of Ocular Toxicol. - BV: Arzneimittelnebenwirk. a. Auge (m. H.-R. Koch), 1977, 1982; Advances in Lens Biochemistry Research, Hrsg. m. D. F. Cole, 1974; Progress of Lens Biochemistry Research, 1976; Lens Ageing and Development of Senile Cataracts, 1978; Gerontological Aspects of Eye Research, 1978; Progress in Anterior Eye Segment Research and Practice (m. W. B. Rathbun), 1979; Radiant Energy and the Eye (m. S. Lerman) 1980; Ageing of the Lens (m. F. Regnault, Y. Courtois) 1980; Probl. d. arzneimittelbedingten Oculotoxizität (m. P. Grosdanoff u. a.) 1980; Altern d. Linse. Symposium Strasbourg 1982, Hrsg.: O. Hockwin, Mayr, Miesbach, 1982; Biochemie d. Auges, Enke (Hrsg), 1985. Hrsg. Ophthalmic Res. (1970ff.); Concepts in Toxicology, Vol. 4: Drug Induced Ocular Side-Effects and Ocular Toxicity (1987) - 1972 Wissenschaftspreis Verein Rhein.-westf. Augenärzte; 1980 Bausch & Lomb Award, USA - Visiting Prof. Emory Univ. School of Medicine, Dep. of Ophthalm. Atlanta, Georgia; 1984 Lichfield-Lecturer Univ. of Oxford; 1985 Scheimpflug-Award; 1988 von Graefe-Preis d. Dt. ophthalm. Ges. - Spr.: Engl.

HODANN, Volker

Dr. rer. pol., Bürgermeister, Abg. Main-Taunus-Kr. (1981ff.) - Am Kl. Hetzel 3, 6232 Bad Soden/Ts. (T. 06196 - 20 82 14) - Geb. 16. Okt. 1937 Frankfurt/M. (Vater: Dr. phil. Paul H., Studienrat; Mutter: Annemarie, geb. Schuchardt), verh. s. 1967 m. Doris, geb. Englert, Zwill. Jens u. Eike - Realgymn. Biedenkopf; bergmänn. Lehre; Friedrich-List-Sch. Wiesbaden (Abit. 1962); Univ. Frankfurt, Innsbruck, Marburg (Volksw.) - Firmen- u. Verbandstätigk.; s. 1977 Bgm. Stadt Bad Soden - 1980 Silb. Europa-Verdienstmed.; 1982 silb. Hess. Brandschutzehrenz. - Spr.: Engl.

HODAPP, Felix

Geschäftsführer, MdL Baden-Württ. (Wahlkr. 52, Kehl) - Im Katzenfeld 11, 7890 Achern-Önsbach (T. 7841 - 40 51) - Geb. 21. Nov. 1926 Önsbach - CDU.

HODEIGE, Christian Heinrich

Dr. rer. pol., Geschäftsführer Rombach GmbH, Verleger - Hochmeisterstr. 3, 7800 Freiburg (T. 0761 - 3 76 94) - Geb. 21. Okt. 1958 Freiburg, ledig - 1977 Intern. Baccalaureate Lester B. Pearson Coll., Canada; 1980 Bachelor of Science (Honours) London School of Economics; 1981 Master of Science London School of Economics; 1985 Promot. (Wirtschaftswiss.) Freiburg - S. 1987 AR Badische Ztg., Freiburg; s. 1986 Kurat.-Mitgl. Dt. Komitee United World Colleges, Bonn - BV: Job Search im strukturierten Arbeitsmarkt, 1985 - Liebh.: Volkswirtschaftstheorie, Theater, Schwarze Musik - Spr.: Engl.

HODEIGE, Fritz

Dr. phil., Verleger - Sonnhalde 66, 7800 Freiburg/Br. (T. 5 66 06) - Geb. 18.

Dez. 1920 Berlin (Vater: Max H., Kaufm.; Mutter: Elise, geb. Buizinga), ev., verh. s. 1955 m. Eleonore, geb. Rombach, 3 Kd. (Andreas, Christian, Cornelia) - 1940ff. Univ. Berlin, Greifswald, Marburg (Soziol., Lit.wiss., Phil.). Promot. 1949 - 1956-87 Geschäftsf. d. Firmengruppe Romback in Freiburg. 1963/64 Vors. Verb. d. Verleger u. Buchhändler in Baden-Württ. - BV: D. Stellung v. Dichter u. Buch in d. Ges., 1952 (Diss.). Herausg.: Werk d. Bücher (1957), D. Recht am Geistesgut (1964) - 1970 Ehrensen. Univ. Freiburg.

HODENBERG, Freiherr von, Alexander

Rechtsanwalt, pers. haft. Gesellsch. Gebr. Weyersberg, Berg & Co. u. Gebr. Weyersberg-Elektronik GmbH. & Co. KG., Solingen-Ohligs - Hastener Str. 140, 5600 Wuppertal-Cronenberg (T. 47 04 37) - Geb. 9. Jan. 1928 Bremen (Vater: Dr. Luthard Frhr. v. H.; Mutter: Alexandra, geb. Gräfin Wengersky), ev., verh. s. 1952 m. Sigrid, geb. Korff, 3 Kd. (Gabriele, Wilken, Marquardt) - Univ. Köln (Rechtswiss.) - Zul. Geschäftsf. Vereinig. v. Banken u. Bankiers in Rhld. u. Westf., Köln - Sammelt alte Orgeln - Spr.: Engl., Franz. - Rotarier.

HODIN, Josef Paul

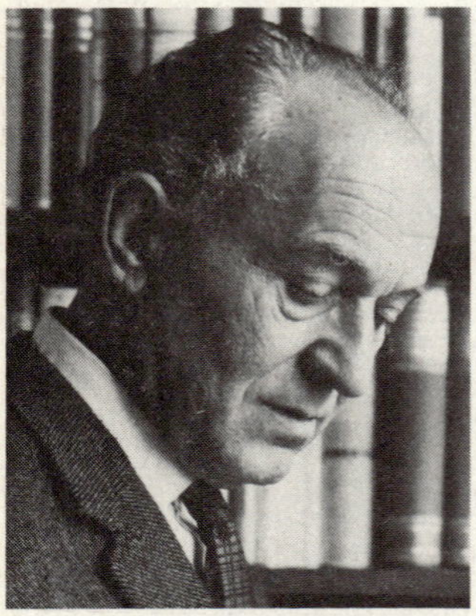

Dr. jur., Prof. f. Kunstgeschichte Wien, Hon. Ph. D., Autor, Kunsthistoriker, Kunstkritiker - 12 Eton Avenue, London NW3 3EH (T. 01 - 794 36 09) - Geb. 17. Aug. 1905 Prag, ev., verh. s. 1944 m. Doris Pamela, geb. Simms, 2 Kd. (Michael, Annabelle) - Realsch. u. Realgymn. Prag; Karls Univ. Prag; Promot. 1924; Courtauld Inst. London Univ.; Kunstakad. Dresden u. Berlin - 1944/45 Presseattaché Norweg. Reg. in London; 1949-54 Dir. of Studies and Librarian, Inst. of Contemporary Arts, London - BV: Monogr. üb. Sven Erixson, 1940; Ernst Josephson, 1942; Edvard Munch, 1948; Isaac Grünewald, 1949; Art and Criticism, 1944; In J.A. Comenius and Our Time, 1944; The Dilemma of Being Modern, 1956; Henry Moore, 1956; Ben Nicholson, 1957; Barbara Hepworth, 1961; Lynn Chadwick, 1961; Alan Reynolds, 1962; Bekenntnis zu Kokoschka, 1963; Edvard Munch, D. Genius d. Nordens, 1963; Kokoschka, The Artist and His Work, 1966; D. Maler Walter Kern, 1966; The Painter Ruszkowski, 1967; Bernard Leach. A Potter's Work, 1967; Kokoschka. S. Leben, s. Zeit, 1968; Kafka u. Goethe, 1968; Giacomo Manzù, 1969; Emilio Greco. His Life and Work, 1970; D. Brühlsche Terrasse. E. Künstler-R., 1970; The Painter Alfred Manessier, 1971; Kokoschka, The Psychography of an Arist, 1971; Edvard Munch, 1972; Modern Art and the Modern Mind, 1972; Bernard Stern. Paintings and Drawings, 1972; Hilde Goldschmidt, 1973; Ludwig Meidner, 1973; Paul-Berger-Bergner, 1974; D. Leute v. Elverdingen, Erz. 1974; Kokoschka and Hellas, 1976; Alfred Aberdam, 1977; John Milne, 1977; Else Meidner, 1978; Elisabeth Frink, 1981; Douglas Portway, 1981; Franz Luby, 1981; Mary Newcomb, 1984; Dieses Mütterchen hat Krallen. D. Gesch. e. Prager Jugend, 1986; F. K. Gotsch, 1986; Verlorene Existenzen, Erz. 1987; Manzù, Pittore, 1988; Jan Brazda, Leben u. Kunst, 1989. Beiträge z. Lit. u. Kunst in intern. Ztschr. - S. 1955 Ehrenmitgl. Editorial Council of the Journal of Aesthetics and Art Criticism Cleveland; s. 1960 Mitgl. Executive Committee u. Editorial Consultative Committee of the British Society of Aesthetics; 1974-77 Präs. British Section Intern. Assoc. of Art Critics (AICA); 1956/57 Co-Editor: Prisme des Arts, Paris; 1956-66 Quadrum Brussels; 1965-75 Dir. Intern. Relations Studio Intern., Journal of Mod. Art, London; 1954 Ist Intern. prize for art criticism, Biennale Venice; 1947 D.S.M. Ist cl. (Czechoslovakia); 1956 Cavaliere Uffiziale; 1958 St. Olav Medal (Norway); 1966 Commander, Order of Merit (Italy); 1968 Grand Cross, Order of Merit (Austria); 1969 Hon. Ph. D. (Uppsala Univ.); 1969 Order of Merit Ist Class (Germany); 1972 Silver Cross of Merit (Vienna); 1976 Hon.-Prof. (Austria); 1986 The Grand Cross of the Order of Marit (W.-Germany - Liebh.: Reise, Lektüre, Kunst - Spr.: Engl., Franz., Schwed., Tschech. - Lit.: J. P. Hodin, European Critic, A Symposium, London (1965); Pierre Rouve, Beauty, Harmony and Humanism A Triburte to the Work of J. P. Hodin, Hamburg (1980) - Mitgl. PEN.

HÖBEL, Max

Dr. med., Prof. f. Pharmakologie u. Toxikol. Univ. Heidelberg - Jakob-Neu-Str. 2, 6901 Eppelheim.

HOEBEL-MÄVERS, Martin

Dr. rer. nat., Prof. f. Erziehungswissenschaft (Didaktik d. Biologie) Univ. Hamburg (s. 1971) - Heidlohe 11a, 2000 Hamburg 74.

HÖBER, Karl-Heinz

Senatsrat, Leit. Abt. Öfftl. Sicherheit u. Ordnung/Senatsverw. f. Inneres - Contrescarpe 22-24, 2800 Bremen.

HÖBICH, Michael

Kanzler TU Berlin - Str. d. 17. Juni 135, 1000 Berlin 12.

HÖCHERL, Hans

Dr., Dr., Regierungsdirektor, MdL Bayern - 8024 Oberbiberg Nr. 24/Post Deisenhofen - Geb. 24. März 1923 Oberbiberg.

HÖCHERL, Hans-Michael

Dr. rer. pol., Vorstandsmitgl. Lahmeyer AG., Frankfurt/M., Rheinelektra AG., AG. f. Energiewirtsch., beide Mannheim - 6240 Königstein/Ts. - Geb. 2. Sept. 1929 Berlin - ARsmand., dar. -vors. Stierlen-Werke AG., Rastatt.

HOECK, Klaus

Dr., Dipl.-Kfm., Unternehmensberater f. Management Information u. Externe Unternehmensinformation - 4292 Rhede (T. 02872 - 62 68, 62 78) - Geb. 16. Okt. 1934 (Vater: Dr. Karl H.) - Stud. Univ. Köln u. Hochsch. f. Welthandel Wien.

HÖCK, Wilhelm

Dr. phil., Direktor i. R. - Gleiwitzer Str. 3, 3320 Salzgitter 1 (T. 4 21 65) - Geb. 21. Okt. 1907 Köln, kath., verh., 2 Töcht. - Realgymn. Köln-Nippes; Univ. Bonn (Promot. 1934) u. Göttingen (Physik) - 1935-38 Tätigk. Südd. Telefon-Apparate-Kabel- u. Drahtwerke AG. (TeKaDe), Nürnberg, u. Dortmund-Hörder Hüttenverein (1938), 1941-45 Leit. Versuchsanstalt Stahlwerke Braunschweig GmbH., Salzgitter-Watenstedt, dann Geschäftsf. Fahrzeug- u. Maschinenbau GmbH., Watenstedt, u. Linke-Hofmann Busch-GmbH. ebd. Mitbegr. CDU Land Braunschweig, 1946 ehrenamtl. Beigeordn., Stadtrat, stv. (1947) u. Oberbürgerm. Salzgitter (1948), 1953-61 MdB - BVK I. Kl., Nieders. VO I. Kl., 1959 Ritter Ord. v. Heil. Grabe zu Jerusalem; Ehrenbürger Salzgitter, Ehrenratsherr d. Stadt Salzgitter.

HÖCKER, Hartwig

Dr. rer. nat., Dipl.-Chem., Prof. f. Textilchemie u. Makromol. Chemie RWTH Aachen (s. 1985), Direktor Dt. Wollforschungsinst. (s. 1986) - Am Dorbach 23, 5100 Aachen - Geb. 18. Okt. 1937 Halle/W. (Vater: Erich, Beamter; Mutter: Hildegard, geb. Wirtz), ev., 2 Kd. (Camilla, Markus) - Ratsgymn. Bielefeld (Abit. 1957), Stud. Univ. Mainz. Dipl. 1963; Promot. 1965; Research Associate Stanford Univ./USA; Habil. 1972 Mainz - 1973-77 Prof. Univ. Mainz, 1978 Univ. München, 1978-85 Univ. Bayreuth - BV: Zahlr. Fachveröff. in in- u. ausl. Ztschr. Hauptherausg.: D. Makromolekulare Chemie - Stip. Stud.stiftg. d. dt. Volkes, Harkness Stip. Commonwealth Fund New York - Liebh.: Schwimmen, Ski - Spr.: Engl.

HÖCKER, Karl-Heinz

Dr. rer. nat., em. o. Prof. f. Kernenergetik u. Energiesysteme - Königsbergerstr. 122, 7302 Ostfildern 2 - Geb. 27. Dez. 1915 Bremen - S. 1948 (Habil.) Doz., apl. u. o. Prof. TH bzw. Univ. Stuttgart (Dir. Inst. f. Kernenergetik u. Energiesysteme). Mitgl. FN Kerntechnik - BV: Lexikon d. Kern- u. Reaktortechnik, 1959 (m. K. Weimer); Theorie d. Kernreaktoren, 2. A. 1982 (m. D. Emendörfer). Üb. 80 Einzelarb.

HOEDE, Mareile

Dr. med., niedergel. Ärztin f. Haut- u. Geschlechtskrankheiten - Untere Heerbergstr. 7, 8700 Würzburg (T. 0931 - 2 61 77) - Geb. 28. April 1920 Düsseldorf (Vater: Dr. phil. habil. Julius Paulus, Chemiker), kath., verh. s. 1946 m. Prof. Dr. med. Karl H. †1973, 2 T. (Ursula, Carola) - Abit.; 1 J. Bankkaufm.; 5 J. Medizinstud. Bonn u. Düsseldorf; Promot. 1945 Würzburg (Diss. üb. Syphilis-Spätfolgen) - 1945/46 Assist. Chief of Venereal Disease Progr. of Unterfranken m. 7 Hospitälern; Wiederaufbau d. Univ. Hautklinik Würzburg - In 43 Vereinen aktiv, u.a. Vizepräs. Liberal Intern., dt. Gruppe; VR-Vors. Collegium Musicum Pommersfelden; Sachverst. in Fachaussch. d. FDP in Bund u. Land Bayern (Umwelt, Gesundheit, Europa u. Außenpolitik); 1978-84 Stadträtin Würzburg - Wiss. Veröff. z. Behandl. d. Herpes simplex u. Alopecia areata - 1986 BVK am Bde. - Interessen: Gesundh.- u. Umweltpolitik, z. Z. Schwerpunkte: Aids u. Gen-Technol. - Spr.: Engl., Franz., Ital.

HOEDERATH, Günter

Direktor, Bankkaufm. The Sanwa Bank Ltd. Düsseldorf - Schwalbacher Str. 7, 5000 Köln 51 (T. 0221 - 36 28 48) - Geb. 9. Sept. 1936 Köln, kath., verh. s. 1970 m. Hildegard, geb. Hütten, S. Sascha - Banklehre; grad. Betriebswirt Fachricht. Außenhdl. - B. 1987 Vorst. o. Mitgl. div. Aussch. IHK Köln; Doz. d. Vereinig. f. Bankberufsbildung; Mitgl. Forex-Club; Funkt. im Dt. Hockey-Bd., Westdt. Hockey-Verb. (Gold. Ehrennad.); s. 1988 Geschäftsf. Kölner Hockey- u. Tennisclub Blau-Weiß - Liebh.: Musik, Sport, Kunst - Spr.: Engl., Franz.

HÖDL, Ludwig

Dr. theol., o. Prof. f. Dogmatik - Heinrich-König-Str. 38, 4630 Bochum-Weitmar - Geb. 19. Nov. 1924, kath. - S. 1958 (Habil.) Lehrtätigk. Univ. München, Bonn (1959 Ord.), Bochum (1964). Fachveröff.

HOEDT, Helmut K. F.

Baustofforscher, Geschäftsf., Berat. Saudi Engineering Almatrood Soc., Geschäftsf. Gralitbeton Bauteile GmbH., Frankfurt; Vizepräs. Gralitbeton Hongkong, Australien u. Frankreich - Kaiserstr. 42, 6000 Frankfurt/M. (T. 23 10 71) - Geb. 7. Juni 1935 Mainz (Vater: Helmut H., Direktor; Mutter: Elisabeth, geb. Bergman), ev. - Stud. Chemotechnik - Erf.: Gralitbeton/Baustoff ohne Wasser u. Zement (Werke Riyadtes u. Alkhobar/Saudi-Arab.) - Vizepräs. Gralitbeton Marocco u. Gralitbeton India; Technical-Transfer - Liebh.: Gemälde - Spr.: Engl.

HÖER, Paul-Werner

Dr. med., Prof., Chefarzt Patholog. Abteilung/Nordwest-Krankenhaus - Steinbacher Hohl 2, 6000 Frankfurt/M. - S. Habil. Privatdoz. u. apl. Prof. Univ. Heidelberg (Allg. u. Spez. Pathol.).

HÖFER, Ernst

Dr. rer. nat., Prof. f. Mathematik PH Schwäb. Gmünd - Eugen-Ruoff-Str. 17, 7054 Korb/Württ. - Geb. 16. Juli 1939 Waiblingen (Vater: Richard H., selbst. Zimmerm.; Mutter: Elisabete, geb. Braun), ev., verh. s. 1967, geb. Ecker, 2 Töcht. (Monika, Silke) - Reifeprüf.1958, Stud. Math. u. Physik Univ. Stuttgart, Wissensch. Prüf. f. d. Lehramt an Gymn. 1965, Päd. Prüf. f. d. Lehramt an Gymn. 1966, Promot. 1970 Univ. Stuttgart - 1966 Stud.ass. Aalen, 1968 Univ. Stuttgart, 1972 PH Schwäbisch Gmünd, 1978-86 Prorektor PH Schwäbisch Gmünd.

HÖFER, Karlheinz

Prof., Hochschullehrer - Am Dobben 8, 2848 Vechta/Oldbg. (T. 33 43) - Doz. f. Musikerzieh. Univ. Osnabrück/Abt. Vechta.

HÖFER, Milan

Dr., Univ.-Prof. (Mikrobiologie) - Mirabellenstr. 2, 5309 Meckenheim-Merl - Geb. 15. Febr. 1936 Landskron (Vater: Wenzel H., Beamter; Mutter: Anna, geb. Schwab), verh. s. 1962 m. Eva, geb. Kvasnickova, 2 Kd. (Radka, Viktor) - Univ. Prag (Chemie; RNDr.), Akad. d. Wiss. Prag (Mikrobiol.; C.Sc.). Habil. 1971 Bonn - 1963-70 Akad. d. Wiss. Prag; s. 1970 Univ. Bonn (1972 Doz., 1973 apl. Prof., 1980 Prof.); Visiting Prof. (1979/80 Univ. of Alexandria/Ägypt.; 1985 Univ. of Missouri-Columbia/USA) - BV: Transport durch biol. Membranen, 1977, engl. A. 1981 - 1987 L.F.A.B.I. (Life Fellow of the American Biographical Inst.) - Spr.: Tschech., Engl.

HOEFER, Walter

Dr. med., Prof., Chefarzt Fachkrankenhaus f. Erkrankungen d. Atmungsorgane an d. Lieth - Nonnenstieg 93, 3400 Göttingen - B. 1971 Lehrbeauftr., dann Honorarprof. Univ. Göttingen (Tuberkulose). Fachveröff.

HÖFER, Werner

Journalist - Appellhofpl. 1, 5000 Köln (T. 22 01); priv.: Ufer 31, 5000 Köln 50 - Geb. 21. März 1913 Kaisersesch Kr. Cochem/Mosel (Vater: Beamter), kath., verh. ab 1938 m. Elfriede, geb. Scheurer († 1982), 2 Töcht. (Angelika, Candida) - Gymn. Mayen; Univ. Köln (Theater- u. Ztg.wiss.) - Redakt. Köln u. Berlin; 1946-61 NWDR (Köln) bzw. WDR (Leit. Aktuelle Abt.); zeitw. Chefredakt. Neue Illustrierte, Köln; 1964-77 Dir. III. Fernsehprogramm u. Fernsehdir. (1972) WDR. 1952-87 Geprächsleit. sonntägl. Rundfunk- u. Fernsehsend. (b. 1980: 1500 x) Intern. Frühschoppen; 1977-78 Bonner Redakt. Ill. stern, Mitarb. in- u. ausl. Ztg., Ztschr. u. Sender - BV: Hrsg. zeitgesch. Bücher - Wiederholt Gold. Bildschirm, 1967 u. 1982 Adolf-Grimme-Preis, 1972 Gold. Kamera, 1973 Gr. BVK.

HÖFFE, Dietmar

Dr. paed., o. Univ.-Prof. f. Kath. Theologie (Schwerp.: Religionspäd. u. Katechetik) Erziehungswiss. Hochschule Rheinland-Pfalz, Abt. Koblenz (s. 1980) - Moselweißer Str. 122-128, 5400 Koblenz 1 - Geb. 10. Juni 1942 Beuthen/OS., kath., led. - Promot. 1972; Habil. 1975 - 1976-80 o. Prof. Erziehungswiss. Hochsch. Rheinl.-Pf., Abt. Landau - BV: Curriculare Forschungen u. Neuorientierungen schul. Religionsunterr., 1973; Problemorient. Religionsunterr. u. Systematik, 1975.

HÖFFE, Otfried

Dr. phil. habil., Prof. f. Ethik u. Sozialphil. Univ. Miséricorde, Schweiz (s. 1978) - Albert-Schweitzerweg 4, CH-1700 Freiburg (T. 037 - 28 44 18) - Geb. 12. Sept. 1943 Leobschütz/OS, kath., verh. m. Evelyn, geb. Anetsberger, 3 Kd. (Moritz, Julia, Teresa) - Stud. Phil., Gesch., Theol., Soziol. Univ. Münster, Tübingen, Saarbrücken u. München; Promot. 1970 München; Habil. (Phil.) ebd. - 1977 o. Prof. f. Phil. Univ. Duisburg. Gastprof. an d. Univ.: Klagenfurt, Bern, Basel, St. Gallen, Zürich, ETH Zürich; 1983/84 Dekan Phil. Fak. Freiburg; 1985/86 Mitgl. Wiss.kolleg Berlin - BV: Prakt. Phil. - D. Modell d. Aristoteles, 1971; Strategien d. Humanität. Z. Ethik öffentl. Entscheidungsproz., 1975; Ethik u. Politik. Grundmodelle u. -probleme d. prakt. Phil., 1979, durchgeseh. Ausg. 1984; Sittlich-politische Diskurse, Phil. Grundlagen - polit. Ethik - biomed. Ethik, 1981; Immanuel Kant. Leben, Werk, Wirkung, 1983 (span. u. ital. 1986, 2. A. 1988); Introduction a la phil. pratique de Kant. La morale, le droit, l'histoire et la religion, 1985; Politische Gerechtigkeit. Grundlegung e. krit. Phil. v. Recht u. Staat, 1987; Estudios sobre Teoria del Derecho y la Justicia, 1988; Phil. politique anglo-saxonne, 1988; D. Staat braucht selbst e. Volk v. Teufeln. Phil. Versuche z. Rechts- u. Staatsethik, 1988. Herausg.: Einf. in d. utilitaristische Ethik (1975); Lex. d. Ethik (1977, 3. A. 1986); franz. Ausg.: Dictionnaire de morale (1983); Über John Rawls' Theorie d. Gerechtigkeit (1977); John Rawls. Gerechtigkeit als Fairness (1977); Große Denker (1980); Klassiker d. Phil. (2 Bde. 1981, 2. A. 1985); Zeitschr. f. phil. Forsch. (1978). Mithrsg.: Jean Paul II et les Droits de l'Homme. Une année de pontificat (1980); Reader z. Funkkolleg - Prakt. Phil./Ethik 2 (1981); Paradigmes de Théologie phil. (1983); L'Eglise et la question sociale aujourd'hui.

HÖFFE, Wilhelm L.

Dr. phil., Prof. (em.) - Kolpingstr. 4, 4417 Altenberge - Geb. 7. Jan. 1915 Ratibor/OS. - Stud. German., Sprechwiss., Gesch., Musikwiss. Promot. 1938 Breslau; Habil. 1954 Jena - 1939 Univ.-Lehrbeauftr. Breslau, 1940 beamt. Doz. Päd. Akad. Beuthen, s. 1959 ao. u. o. Prof. (1962) PH Ruhr/Dortmund (Dt. Spr. u. Lit. u. ihre Didakt. u. Sprechwiss.), s. 1980 Univ. Dortmund - BV: Karl v. Holtei als Dramenvorleser, 1939; D. Deutschstunde, 2. A. 1966; Gesprochene Sprache, 1965; Sprachl. Ausdrucksgehalt u. akust. Struktur, 1966; Sprechgestaltende Interpretation v. Dichtung in d. Schule, 1967; Sprachpäd. - Lit.päd., 1969; Hören - Verstehen - Formulieren, 1971. Mitherausg.: Sprache u. Sprechen, 1968ff. - Lit.: Eberhard Ockel: Sprechwiss. u. Deutschdidaktik, Festschr. f. Prof. Dr. W. L. Höffe, 1977.

HÖFFGEN, Heinrich

Bundesvorsitzender Deutscher Postverband - Schaumburg-Lippe-Str. 5, 5300 Bonn 1 (T. 0228-22 46 79) - Geb. 11. Febr. 1928 Köln, kath., verh. m. Margarete, geb. Schäfer, 3 Kd. (Georg, Hannelore, Gabriele) - Verwaltungsprüfung Dt. Bundespost.

HÖFFKEN, Ernst

Dr., Vorstandsmitglied Thyssen Industrie AG., Essen - Remberger Str. 50, 4100 Duisburg-Huckingen.

HOEFFKEN, Walther

Dr. med., Prof., Chefarzt Strahlenklinik - Machabäerstr. 19, 5000 Köln 1 (T. 0221 - 12 50 61); priv.: Am Hermannshof 8, 5000 Köln 50 (Hahnwald) (T. 02236 - 6 54 44) - Geb. 29. Okt. 1917 Köln (Vater: Eugen H., Notar; Mutter: Elisabeth, geb. Horeschi), verh. 1957 m. Dr. med. Helmy, geb. Schnütgen - Habil. Köln - S. 1956 apl. Prof. (1964) Köln (Med. Strahlenkd., Referenz-Zentrum für Knochentumoren) - BV: Mammographie, Handbuch- u. Ztschr.beitr.

HÖFFKES, Peter

Bürgermeister a. D., Rechtsanwalt, MdB (s. 1976) - Fontanestr. 3, 8500 Nürnberg 43 - Geb. 9. April 1927 Duisburg, ev., verh., 3 Kd. - Phil.-Theol. Hochsch. Bamberg u. Univ. Erlangen. 2. Jurist. Staatsprüf. 1953 - S. 1953 Anwaltspraxis Nürnberg; 1956-72 I. Bgm. (zeitw. ehrenamtl.). 1943-45 Wehrdst. CSU - 1984 BVK I. Kl.

HÖFFLER, Dietrich

Dr. med. (habil.), Prof., Internist, Direktor III. Med. Klinik Städt. Kliniken Darmstadt (s. 1973) - Rappmühlstraße. 10, 6101 Weiterstadt 3 (T. 06150 - 20 81) - Geb. 8. Okt. 1934 Tilsit (Vater: Dipl.-Ing. Gerhard H.; Mutter: Grete, geb. Brandes), ev., verh. s. 1966 m. Marianne, geb. Brandt, 3 Kd. (Anke, Heike, Felix) - Med.stud. Marburg, Hamburg, Innsbruck, Göttingen - Habil. (1970) Oberarzt I. Med. Univ.-Klin. Mainz - BV: Antibiotikatherapie b. Niereninsuffizienz; Nephrol., Hypertonie, Pharmakokinetik, Klin. Bakteriologie. Fachb.- u. zahlr. -veröff. - Spr.: Engl.

HOEFFLIN, Johannes

Prof., Hochsch. d. Künste Berlin - Niebuhrstr. 10 A, 1000 Berlin 12 - Geb. 5. Juli 1932 Freiburg/Br. - Sänger, Gesangspädagoge, Maler.

HÖFIG, Hans-Joachim

Geschäftsführer BWA Basketball Werbe- u. Ausstattungs GmbH (s. 1982) - Krusensteiner Weg 12, 5828 Ennepetal-Voerde - Geb. 21. Dez. 1915 Sprottau (Vater: Max H., Polizeibeamter; Mutter: Ottilie, geb. Ubrich), verh. s. 1955 m. Helga, geb. Altmann, 6 Kd. (Dagmar, Gudrun, Brigitte, Jürgen, Ute, Anke) - Wehrmachtsbeamter (zul. Stabsint.); 1949 b. 1950 Ref. North German Iron and Steel Control; 1950-81 Geschäftsf. Coca-Cola-Konzession Gevelsberg; 1981-84 Marketingberater - 1964-73 Präs. u. 1973-82 Vizepräs. Dt. Basketball Bund (DBB); s. 1982 Träger Sportplak. Land NRW; 1986 Ehrenpräs. DBB; 1986 BVK am Bde. - Liebh.: Sport (Gold. Sportabz.), Jagd.

HÖFLER, Manfred

Dr. phil., o. Prof. f. Romanistik - Egilweg 17, 4000 Düsseldorf - Geb. 21. Okt. 1937 Mannheim - Univ. Heidelberg u. Montpellier. Promot. (1965) u. Habil. (1969) Heidelberg - S. 1969 Ord. Univ. Düsseldorf. Gastprof. Univ. Hamburg (1969/70) u. Nantes (1976) - BV: Unters. z. Tuch- u. Stoffbenennung in d. franz. Urkundensprache, 1967; Z. Integration d. neulat. Kompositionsweise im Franz., 1972; Dictionnaire des anglicismes, 1982.

HÖFLER, Wolfram

Dr. med., Prof., Tropenmediziner - Waldeckstr. 5, 7400 Tübingen 1 - Geb. 13. Aug. 1924 Heidelberg - S. 1962 (Habil.) Lehrtätigk. Univ. Tübingen (gf. Dir. Tropenmed. Inst.). Fachveröff.

HÖFLING, Erich

Dr. rer. nat., Prof. f. Chemie PH Schwäb. Gmünd - Albert-Lortzing-Str. 11, 7070 Schwäb. Gmünd.

HÖFLING, Helmut

Schriftsteller - Gernsbacher Str. 34, 7560 Gaggenau 1 - Geb. 17. Febr. 1927 Aachen - BV: u.a. Detektive m. d. Spaten, 1975; D. Kosmos auf d. Spur, 1976; Minus 69 Grad, 1976; Morde, Spuren, Wissenschaftler, 1977; Menschenzüge-Völkerströme, 1977; Helden gegen d. Gesetz, 1977; Geier üb. d. Sudan, 1977; D. gr. Südsee-Abenteuerbuch, 1979; D. Gefangene d. Königs, 1980; Ufos, Urwelt, Ungeheuer; Alarm im Jahre 2000, 1981; Gehet hin u. lehret alle Völker, 1982; Heißer als d. Hölle, 1982; D. Geister d. Mondberge, 1982; Sie veränderten die Welt, 1983; Sibirien - d. schlafende Land erwacht, 1985; Computer unter uns, 1985; Sherlock Holmes in unserer Zeit, 1986; D. große Applaus, 1987; Römer, Sklaven, Gladiatoren, 1987; Spähen, Spitzel u. Spione, 1989 - Versch. Lit. - Ausz.

HÖFLING, Helmut

Dr. phil., Prof. f. Philosophie PH Flensburg - Am Thingpl. 24, 2392 Glücksburg/Ostsee.

HÖFLINGER, Peter

Dr., Kaufm. Vorstand Stuttgarter Straßenbahnen AG - Schockenriedstr. 50, 7000 Stuttgart 80 (T. 0711 - 78 85 26 07) - Geb. 11. Juli 1945 Reutlingen, verh. m. Karin, geb. Hübner, 3 Kd. (Nikolas, Patrick, Vivien) - 1966-70 Stud. Univ. Mannheim; Promot. 1974 - 1980-83 Wirtschaftsprüfer u. Steuerberater - BV: Bestimmbarkeit optimaler Informationen in betriebl. Individualentscheidungsproz., 1975 - Liebh.: Fotogr. - Spr.: Engl.

HÖFNER, Klaus

Dr. oec. publ., Dipl.-Kfm., Inhaber u. Vorsitzender d. Geschäftsfg. Dr. Höfner & Partner Management-Beratung BDU, München, Gesellsch. Dr. Höfner, Elser & Partner Management- u. Personalberatung BDU, Stuttgart, Geschäftsf. H.M.S. Dr. Höfner Management Software GmbH, München - Baierbrunner Str. 33, 8000 München 70 (T. 089 - 78 00 30) - Geb. 11. Juli 1932 München, verh. m. Rosemarie, geb. Haber, S. Andreas - Lehre als Mineralölkaufm.; Abschl. 1952; Stud. Betriebswirtschaftslehre; Dipl. 1956; Promot. 1966 - BV: D. Markttest als Instrument d. Marketingforsch. f. Konsumgüter-Markenartikel; D. Stand d. Strategischen Unternehmensführung in d. Bundesrep. Deutschl. u. Westberlin; Fünf neue, einkommensstarke Verbraucherzielgruppen in Westeuropa - Konsequenzen aus d. Altersstruktur- u. Wertewandel f. d. Zielgruppen-Marketing - Liebh.: Ski, Bergwandern, Belletristik, Reisen - Spr.: Engl.

HÖFNER, Werner

Dr. agr., Prof. f. Pflanzenernährung Univ. Gießen - Moosweg 8, 6300 Gießen - Geb. 16. Juni 1928 - Promot. 1957; Habil. 1967 - Ca. 50 Facharb.

HÖGEL, Rolf

Dr. phil., M.A., Prof., Direktor Engl. Seminar, Leit. Akad. Auslandsamt PH Kiel - Schlieffenallee 24, 2300 Kiel (T. 0431 - 3 44 01) - Geb. 24. April 1925 Kötzschenbroda/Sa. (Vater: Kurt H.; Mutter: Erna, geb. Böttger), ev., verh. s. 1959 m. Elfriede, geb. Claassen, 3 S. (Dietmar, Wolfram, Rainer) - 1951-53 PH Oldenburg; 1953-58 Univ. Bonn. Promot. 1969 - 1959-73 Gymn. Holzminden (Fachgruppenleit. f. Sprachen); s. 1973 PH Kiel (Prof. f. Anglistik/Amerikanistik). 1979-87 Kurat.-Mitgl. d. DAAD. Herausg.: A. Miller, A Memory of Two Mondays (1976) u. After the Fall (1978); Mithrsg.: Engl. auf d. Sekundarstufe (I, 1978). Div. Einzelveröff. - Spr.: Engl., Franz., Span.

HÖGENER, Gerd

Oberstadtdirektor a. D. (b. 1987) - Wettinerstr. 13, 4000 Düsseldorf 11 - AR-Mand.

HÖGER, Diether

Dr. phil., Dipl.-Psych., Prof. f. Psychologie Univ. Bielefeld - Barlachstr. 36, 4800 Bielefeld 1 (T. 0521 - 88 55 48) - Geb. 9. Febr. 1936 Deutsch-Liebau (Vater: Willibald H., Oberstudienrat; Mutter: Johanna, geb. Blaschke), ev., verh. s. 1962 m. Christa, geb. Schwolkowsky, 3 Kd. (Christof, Angelika, Bettina) - 1957-62 Stud. Psych., Päd., Psychopathol. Univ. Freiburg (Dipl.-Psych. 1962, Promot. 1963, Habil. 1968) - 1962-64 Wiss. Mitarb. Inst. f. ärztl. päd. Jugendhilfe Univ. Marburg; 1964-71 Wiss. Assist. Psych. Inst. Univ. Freiburg; 1971-80 Prof. PH Westf.-Lippe, Abt. Bielefeld; s. 1980 Prof. Univ. Bielefeld - BV: Einf. in d. Päd. Psych., 1972 (span. 1978) - Liebh.: Musik, Fotografie - Spr.: Engl., Franz.

HOEGES, Dirk

Dr. phil., Prof. f. Romanische Philologie Univ. Hannover (s. 1987), Dekan d. FB Literatur- u. Sprachwiss., Gesch. Leit. d. Roman. Sem. (s. 1989) - Welfengarten 1, 3000 Hannover 1; priv.: Classen-Kappelmannstr. 26, 5000 Köln 41 (T. 0221 - 40 78 99) - Geb. 27. Juli 1943 Lindlar (Vater: Dr. rer. pol. Heinz H.; Mutter: Helene, geb. Lersch), kath. - Stud. Roman., Gesch., Phil., Soziol., Jura Univ. Köln, Paris, Besancon, Siena; Staatsex. u. Promot. 1972 Köln, Habil. 1977 Bonn - Lehrstuhlvertr. Univ. Bielefeld, Siegen, Essen; b. 1987 Prof. in Bonn - BV: Aufklärung u. d. List d. Form, 1978; Lit. u. Evolution, 1980; F. Guizot u. d. Franz. Revolution, 2 A. 1981; Alles Veloziferisch, Z. Ästhetik d. Geschwindigk., 1985. Herausg.: E. Hennequin, La critique scientifique (1982); André Gide, Chopin (m. Nachw. zus. m. D. Gojowy) (1987); P. Mérimée, Colomba (Nachw.) (1988); Kontroverse v. d. Abgrund: E. R. Curtius-K. Mannheim 1929-32 (1988). Autor v. Rundf.-Features zu Lit. u. Musik (A. Gide, Chopin, Futurismus, Venedig, Rimbaud, Carpentier-Varèse, u.a.) - 1964 Viktor-von-Scheffel-Preis; 1974 Prix Strasbourg Stiftg. F.V.S.

HOEHER, Ernst

Vorstandsmitglied Mannesmann-Handel AG, Düsseldorf - Lindenstr. 51, 4019 Monheim/Rhld. - Geb. 23. Dez. 1934 - 1980 Vors. Bundesverb. Dt. Stahlhandel; 1986 Präs. Club des Marchands de Fer de la C.E.C.A.

HOEHL, Egbert

Journalist - Friedrichplatz 8, 6800 Mannheim (T. 44 16 46) - Geb. 7. April 1927 Mannheim (Vater: Emil H.; Mutter: Elisabeth, geb. Baeslau), verh. s. 1962 m. Hannelore, geb. Wilke - Handelssch.; kaufm. Lehre - Industriekfm.; Publizist; Redakt. - BV: Ehe - heute u. morgen, 1962. Mitarb. an Anthol. Herausg.: Lenau, Werke in einem Band (1966).

HÖHL, Gudrun

Dr. phil., o. Prof. f. Geographie - Im Lohr 22, 6800 Mannheim 24 - Geb. 21. Jan. 1918 Marktbreit/M. (Vater: Eberhard H.; Mutter: geb. Kögler), ev., led. - Univ. Göttingen u. Prag (Dt.). Promot. 1942 Prag; Habil. 1959 Erlangen - S. 1959 Lehrtätigk. Univ. Erlangen, Saarbrücken (1964 Wiss. Rat u. Prof.). WH bzw. Univ. Mannheim (1965 o. Prof. u. Inst.dir.; 1968/69, 1971/72 u. 1983/84 Dekan). Spez. Arbeitsgeb.: Geomorphologie, Agrar- u. Stadtgeographie. Vizepräs. Humboldt-Ges. f. Wiss., Kunst u. Bild.; 1. Vors. Verein f. Naturkd. Mannheim, u. Dt. Verb. berufstätiger Frauen Club Mannheim-Ludwigshafen - BV: Bayreuth - Die Stadt u. ihr Lebensraum; Stadtgeogr. Forsch. in Franken; Beob. üb. Doppelgrate in d. Ostalpen; D. untere Grenze v. Strukturbodenformen in d. Gurk- u. Seetaler Alpen; Städt. Funktionen Bamberg im Spiegel s. Stadtlandsch.; Bamberg - E. geogr. Deutung d. Stadt; D. Typen d. Marktorte im östl. Unterfranken; Z. Frage d. Entsteh. d. Gaustädter Profils (Franken); Fränk. Städte u. Märkte in geogr. Vergleich; D. Marktorte im belg.-luxembg.-dt. Grenzbereich um St. Vith; Betracht. üb. funktionelle Geogr. m. bes. Berücks. d. Agrargeogr.; D. Coburger Landschaft u. prähistor. Zeit; Talräume am Obermain; Stadtteilgefüge v. Mannheim u. Ludwigshafen; Der Rhein-Neckar-Raum; Geomorpholog. Detailkartierung; Hohenloher Land; 100 Jahre Dt. Geographentag.

HÖHL, Hans Leopold

Konsul, AR-Mitgl. Max Giese-Bau GmbH, Kiel - Postf. 16 84, 2400 Lübeck 1 - Geb. 17. Mai 1910 Bruchhausen (Vater: Dipl.-Ing. Oswald H.; Mutter: Josefine, geb. Otten), verh. m. Lina Mary, geb. Kilstofte-Nielsen s. 1948, 2 Söhne - Vorst. Kuratorium Marli-Werkst. GmbH., Lübeck, u. Kuratorium Marienkrkhs., Lübeck; 1961 Senator E. h. TU Braunschweig - 1972 Gr. BVK u. Gr. u. Gold. Ehrenz. Rep. Österreich.

HÖHLER, Gerhard
Dr. rer. nat., o. Prof. f. Theoret. Kernphysik - Heinrich-Weitz-Str. 27, 7500 Karlsruhe-Durlach (Bergwald) (T. 47 22 85) - Geb. 12. Sept. 1921 Berlin (Vater: Willy H.; Mutter: geb. Lukas), verh. 1952 m. Hildegard, geb. Friedrich - Promot. 1950; Habil. 1956 - S. 1956 Lehrtätigk. Univ. München u. TH bzw. Univ. Karlsruhe (1960 Ord.). Fachveröff.

HÖHLER, Gertrud
Dr. phil., Prof., Hochschullehrerin - Mallinckrodtstr. 25, 4790 Paderborn/W. - Geb. 10. Jan. 1941 Wuppertal (Vater: Heinrich H., Pfarrer; Mutter: Helene, geb. Horn), ev., led., S. Abel - Univ. Bonn, Zürich, Berlin, Mannheim. Promot. 1967 - S. 1977 Prof. GH Paderborn (Allg. Literaturwiss./German.); s. 1987 fr. Autorin u. Unternehmensberaterin; Beiratsmitgl. Innere Führung b. Bundesverteidigungsmin. u. Rohwohlt-Verlage; Vorst. Dt. Stiftg. Denkmalschutz - BV: Unruh. Gäste (üb. Wilhelm Raabe), 1969; Gesinnungskonkurrenz d. Intellektuellen, 1978; Niemandes Sohn - Z. Poetologie R. M. Rilkes, 1979; D. Anspruchsges., 1979; D. Glück, 1981; D. Kinder d. Freiheit, 1983; D. Bäume d. Lebens, 1985; D. Zukunftsges., 1986; Spielregeln d. Glücks, 1988; Offener Horizont, 1988 - 1965 Wuppertaler Kulturpreis f. Lyrik; 1988 Orden wider d. tierischen Ernst; 1988 Konrad-Adenauer-Preis f. Lit. - Liebh.: Reiten, Ski - Spr.: Lat., Griech., Engl., Franz.

HÖHLING, Hans-Jürgen
Dr. rer. nat., Prof., Wiss. Rat Inst. f. Med. Physik Univ. Münster - Am Klosterwald 38, 4403 Hiltrup (T. 38 95) - Geb. 21. Nov. 1930 Tönning/Eider (Vater: Jürgen H., Lehrer), verh. m. Rita, geb. Grünert, 2 Kd. (Jörg-Michael, Christiane) - S. 1964 (Habil.) Lehrtätigk. Münster (1969 apl. Prof.; 1971 Wiss. Rat u. Prof.) - BV: D. Bauelemente v. Zahnschmelz u. Dentin aus morpholog., chem. u. struktureller Sicht, 1966; Kollagenmineralisierung, in: Handb. inn. Med. VI/1, 1979. Üb. 100 Fachaufs. üb. Hartgewebsbild. u. -erkrankungen u. Bindegewebe. Jahrespreis Dt. Ges. f. Zahn-Mund-Kieferheilkd.

HÖHN, Artur
I. Bürgermeister Stadt Helmbrechts (s. 1977) - Rathaus, 8662 Helmbrechts/Ofr. - Geb. 6. Dez. 1922 Helmbrechts - Zul. Oberamtsrat. SPD.

HÖHN, Carola
Schauspielerin - Am Fischerwinkel 19, 8022 Grünwald/Obb. (T. München 641 26 65) - Geb. 30. Jan. 1910 Wesermünde (jetzt Bremerhaven), ev., verh., Sohn Michael aus d. verw. 1. Ehe - Lyz.; Schauspielsch. - Langj. Bühnentätigk. (dzt. Gastsp.; zul. Olivia, Caroline, D. Kaktusblüte). Film (Hauptrollen s. XIII. Ausg.); Fernsehen - Liebh.: Journalismus (1959 ff. Interviews f. Film u. Frau) - Spr.: Engl.

HÖHN, Charlotte
Dr. phil. habil., Direktorin Bundesinst. f. Bevölkerungsforsch. Wiesbaden (s. 1988) - Zu erreichen üb. Postf. 55 28, 6200 Wiesbaden (T. 06121 - 75 22 35) - Geb. 19. Sept. 1945 Wiesbaden, ev., gesch., T. Annette - Dipl.-Volksw. 1970 Univ. Frankfurt; Promot. 1982 TU Berlin, Habil. 1988 Univ. Gießen - 1970-72 Assit. Statistisches Seminar Univ. Frankfurt; 1972-80 Ref. Statistisches Bundesamt Wiesbaden; 1980-88 Wiss. Oberrätin - Üb. 80 Fachveröff., dar. 7 Bücher - Liebh.: Opern, Gesch., Sport - Spr.: Engl., Franz.

HÖHN, Elfriede
Dr. phil., em. Prof. f. Erziehungswissenschaft u. Päd. Psychologie (Ordinarius) - Karl-Reiss-Platz 11, 6800 Mannheim (T. 41 57 46) - Geb. 1. April 1915 Freudenstadt (Vater: Fritz H., Gutsverwalter; Mutter: Mathilde, geb. Häußler), ev. - Päd. Hochsch.; Stud. Psych., Anglistik, German., Gesch. Dipl.-Psych. 1944, Promot. 1946, Habil. 1966 (alles Tübingen). 1937-41 Volksschullehrerin; 1955-66 Doz. u. Prof. (1961) Sem. z. Ausbild. v. Hilfsschullehrern Reutlingen; s. 1966 o. Prof. WH bzw. Univ. Mannheim; 1982 emerit. - BV: D. Soziogramm - D. Erfass. v. Gruppenstrukturen, 4. A. 1976 (m. G. Seidel); D. berufl. Fortkommen v. Frauen, 1964; D. schlechte Schüler, 1967, 8. A. 1980 (holl. 1974); Berufl. Grundbild. in versch. Org.- u. Kooperationsformen (m. G. Maier u.a.), 1983; Sonderformen d. Berufsgrundbild. in Rhld.-Pfalz (m. G. Maier u.a.), 1983. Hrsg.: Ungelernte in d. BRD - Soz. Situation, Begabungsstruktur u. Bildungsmotivation (1974) - 1980 BVK; 1985 Med. Univ. Mannh. in Gold; 1986 Verdienstmed. d. Landes Baden-Württ. - Spr.: Engl., Franz.

HÖHN, Ernst-Gerhard
Dr. rer. nat., Prof. f. Chemie PH Ludwigsburg - Bildäckerweg 4, 7150 Backnang-Strümpfelbach - Zul. Doz.

HÖHN, Franz
Gf. Gesellschafter Servonaft Handel GmbH, Hamburg - Parkberg 7, 2000 Hamburg 65 - Geb. 9. Juni 1936, kath., verh. s. 1962 m. Marlies, geb. Birkelbach, 2 S. (Markus, Klaus) - Stud. Volksw. Betriebsw. Wirtschaftsakad. Essen - Liebh.: Gesch., Golf, Segeln - Spr.: Engl., Span.

HÖHN, Karl
Dr. phil. nat., em. o. Prof. f. Botanik u. Allg. Biologie - Am Gonsenheimer Spieß 6, 6500 Mainz (T. 38 14 07) - Geb. 15. Aug. 1910 Wiesbaden (Vater: Karl H., Ing.; Mutter: Emilie, geb. Siebert), ev., verh. s. 1969 m. Gerta, geb. Müller v. Berneck - Abit. Mannheim; Univ. Heidelberg (Promot. 1934) - 1939-44 Marine-Meteorologe; s. 1946 Privatdoz., apl. (1953), ao. (1962), u. o. Prof. (1968), Dekan Fachber. Biol. Univ. Mainz (1973-77), emerit. 1978. Arbeiten üb. Entwicklungsphysiol., pflanzl. Wasserhaushalt, Pflanzenkrebs u. allg. Biol. Mitautor biol. Lehrb. f. Hochsch. u. Gymn. - Liebh.: Segeln.

HOEHN, Karl
Inhaber u. Geschäftsf. Möbel-Höhn KG, Nördlingen - An den Langenwiesen 1, 8860 Nördlingen - Geb. 1. Okt. 1927 Nördlingen, ev., verh. s. 1951 m. Ella, geb. Schwab, 3 Kd. (Brunhilde, Karl, Susanne) - 2. Bürgerm. Stadt Nördlingen, Kreis- u. Stadtrat.

HÖHN, Reinhard
Dr. jur., Prof., Vorstand Akademie f. Führungskräfte d. Wirtschaft, Bad Harzburg (s. 1956), Vorstand Dt. Volksw. Ges., Hamburg, Präs. Wirtsch.akad. f. Lehrer u. d. Akad. f. Fernstud., Bad Harzburg - Amsbergstr. 22, 3388 Bad Harzburg 1 (T. 7 31) - Geb. 29. Juli 1904 Gräfenthal/Thür. - Vor 1945 Dir. Inst. f. Staatsforsch., Berlin - BV: Sozialismus u. Heer, 3 Bde. 1959-69; Menschenführung im Handel, 4. A. 1971; D. vaterlandslosen Gesellen, 1965 ff.; Führungsbrevier d. Wirtschaft, 9. A. 1977; D. Führung m. Stäben in d. Wirtsch., 2. A. 1970; D. Stellvertretung im Betrieb, 3. A. 1971; Stellenbeschreib. u. Führungsanweis., 9. A. 1976; D. Dienstaufsicht u. ihre Technik, 2. A. 1970; Verwaltung heute - Autoritäre Führung oder mod. Management?, 1970; Verwirklich. d. Führung im Mitarbeiterverhältnis in d. Verw., 1971; Mod. Führungsprinzipien in d. Kommunalverw., 1972; Ressortlose Unternehmensführ., 1972; D. Unternehmen in d. Krise, 1974; Mod. Führ.stil in d. Forstw., 1974; Wofür wird d. Unternehmensführung bezahlt?, 2. A. 1977; Stellenbeschreibungen - aber richtig, 1978; D. tägl. Brot d. Management, 3. A. 1985; Betriebsverfassungsges., Stellenbeschr. u. Führungsrichtlinie, 1978; D. Techn. d. geist. Arbeit, 1979; Wofür haftet d. Vorst. e. Genoss. pers.?, 1979; Wofür haftet d. AR e. Genoss. pers.?, 1981; Brevier f. Aufsichtsräte v. Genoss., 1981; D. Nein d. AR, 1982; D. innere Kündig. im Untern. - Ursache/Folgen/Gegenmaßn., 1983; Examen ohne Angst, 1984; Brevier f. Vorstände v. Genoss., 1985; fit u. froh im Büro, 1986; D. Geschäftsleitung d. GmbH - Organis., Führung u. Verantwort., 1987; D. innere Kündigung in d. öffentl. Verwaltung, 1989.

HÖHN, Siegfried
Dr. rer. pol., Dipl.-Kfm., Marketingdirektor - Bachstelzenweg 15, 6082 Mörfelden/Walldorf (T. 61 31) - Geb. 30. Juli 1925 Perasdorf (Vater: Wilhelm H., Rektor; Mutter: Anna, geb. Wurstbauer), kath., verh. s. 1953 m. Carola, geb. Herbst, 2 Kd. (Sigrid-Heike, Rüdiger-Thorsten) - Dipl.-Kfm. 1952; Promot. 1954 - 1957-59 Standard Elektrik Lorenz AG., Stuttgart (Assist. d. Generaldir.); 1959-66 Fakir-Werke, Mühlacker (Vertriebschef); 1966-68 Singer GmbH., Frankfurt/M. (Geschäftsf.); 1968-70 Singer Sewing Machine Company, London (Marketingdir. Osteuropa/European Division), s. 1970 Dt. Bernina GmbH., Konstanz (gf. Gesellsch.) - Liebh.: Musik - Spr. Engl.

HÖHN, Walter
Mitgl. d. Geschäftsfg. Verb. d. Pfälz. Ind. u. Industrieverb. Steine u. Erden Rhld.-Pfalz - Gimmeldinger Str. 6b, 6730 Neustadt (T. priv.: 06321-8 38 57; gesch.: 85 20) - Geb. 5. Juli 1923 Niedermoschel (Pfalz), ev., verh. s. 1949 m. Hildegard, geb. Dietz, 2 Kd. (Achim, Angelika) - Abit. - Stv. Geschäftsf. Landesverb. Beton-Ind. Rhld.-Pfalz, Verb. Transportbeton- u. Mörtelind. Hessen-Rhld.-Pfalz, Fachverb. Ziegelind. Südwest, Verb. Papier, Pappe u. Kunststoff verarb. Ind. Rhld.-Pfalz u. Saarland, Fachabt. Kies u. Sand, Naturstein, Naturwerkstein; Geschäftsf. Güteschutzverb. Beton, Güteschutzvereinig. Beton Rhld.-Pfalz, Baustoffüberwach. Transportbeton Mörtel Mitte, Güteschutzvereinig. Lava Rhld.-Pfalz; stv. Geschäftsf. Gütesicherungsverb. Felsgestein Rhld.-Pfalz u. Baustoffüberwach. Kies u. Sand Rhld.-Pfalz; Vors. Aussch. Förderkr. Stiftg. Naturschutz Rhld.-Pfalz; Beiräte f. Landespflege Stadt Landau u. Landkr. Bad Dürkheim u. Germersheim. Vorstandsmitgl. Philharmon. Chor Liedertafel Neustadt - Liebh.: Reisen, Sport - Spr.: Engl., Franz.

HÖHNE, Dieter
Assessor, Hauptgeschäftsf. IHK Siegen - Koblenzer Str. 121, 5900 Siegen 1 - Stud. Rechtswiss.

HÖHNE, Eitel O.
Landrat a. D. - Wolfsgraben 13, 3440 Eschwege (T. 05651 - 1 05 50) - Geb. 19. Juli 1922 Dresden - N. Abitur Wehrdst.; Stud. Rechts- u. Staatswiss. Staatsex. 1951 - 1955-61 Landesrat u. Personaldezern. Landeswohlfahrtsverb.; 1961-88 Landrat Werra-Meißner-Kr.; Vors. VR Hess. Rundf. Zeitw. stv. Vors. SDS; s. 1985 Präs. d. Verbandsversamml. d. Landeswohlfahrtsverb. Hessen. 1948ff. MdK Eschwege; 1950-70 MdL Hessen (Mitgl. Fraktionsvors.). SPD - 1972 BVK I. Kl.; 1982 Gr. BVK; Wilhelm-Leuschner-Med.

HÖHNE, Günter
Dr. med., Prof., Ltd. Oberarzt Univ.s-Frauenklinik Hamburg - Stresemannstr. 19a, 2000 Hamburg 54 (T. 460 18 93) - Geb. 4. Juni 1924 Dessau/Anh. (Vater: Franz H., Techniker; Mutter: Ida, geb. Fahland) - Univ. Tübingen, Marburg, Göttingen - S. 1959 (Habil.) Lehrtätigk. Univ. Hamburg (1965 apl. Prof. f. Geburtshilfe, Gynäk., Strahlenbiol. u. -genetik). Zahlr. Fachveröff.

HÖHNE, Karl-Heinz
Dr. rer. nat., Prof. f. Informatik u. Datenverarb. in d. Medizin - Martinistr. 52, 2000 Hamburg 20 - S. 1978 Dir. d. Inst. f. Mathem. u. Datenverarb. i. d. Medizin, Univ. Hamburg.

HÖHNE, Klaus
Schauspieler - An der Kiesgrube 3, 8150 Holzkirchen 2 (T. 08024-76 55) - Geb. 13. Juni 1927 Hamburg, verh. s. 1959 in 2. Ehe m. Karla Balzer, Sohn Christian aus 1. Ehe - Bühnenreife 1949 Hamburg; 1951-62 festengagiert, s. 1962 freiberufl. als Schauspieler, Regisseur; s. 1978 Gastdoz. Mozarteum Salzburg - Zahlr. Hauptrollen im Fernsehen - Liebh.: Kochen, Gärtnern - Spr.: Engl., Ital.

HÖHNEN, Heinz Anton
Prof., Dirigent u. Musikwissenschaftler - Auf dem Gesetz 2, 5400 Koblenz 1 - Geb. 8. Aug. 1932 Differten (Vater: Josef H., Kantor; Mutter: Luzia, geb. Rehm), kath., verh. s. 1962 m. Margarita, geb. Kaballo, 2 Kd. (Markus, Verena) - N. Abit. (1952) Stud. Kirchen-, Schulmusik, Musikwiss., German., Päd. - B. 1964 Gymnasial-, dann Hochschullehrer (b. 1969 Doz. f. Musik PH Koblenz, dann Prof. f. Musik u. Didaktik d. Musikunterr. EWH Rhld.-Pf./Abt. Koblenz). Leit. gr. Oratorienauff. (bes. Bach) - BV: Lehrerbild. in Koblenz - Gesch. u. heut. Stand, 1977 (m. Schaaf) - Spr.: Franz.

HÖHNEN, Heinz Werner
Prof., Leiter Studienbereich Schulmusik Folkwang Hochschule Essen (s. 1970; 1973ff. stv. Direktor) - Tiergartenstr. 22-24, 4300 Essen 16; priv.: Lasinskystr. 23, 5500 Trier - Geb. 15. Febr. 1929 Alf, kath., verh. s. 1959 m. Oranna, geb. Feiten, Goldschmiedin, 5 Kd. (Irmina, Helena, Oranna, Egbert, Gangolf) - Staatl. Musikinst. Trossingen; Univ. Mainz - Zul. Studiendir. Friedrich-Wilhelm-Gymn. Trier - BV (Mitverf.): Einf. in d. Notenhören, 1971; Entw. neuer Ausbildungsgänge f. Lehrer d. Sekundarstufen I u. II im Fach Musik, 1978. Herausg.: J. H. Knecht, D. durch e. Donnerwetter unterbrochne Hirtenwonne (1982); J. H. Knecht, Le portrait musical de la nature (1984) - Spr.: Engl., Franz.

HÖLDER, Egon
Präsident Statistisches Bundesamt - Zu erreichen üb.: Gustav-Stresemann-Ring 11, 6200 Wiesbaden (T. 06121 - 75 21 00) - Geb. 30. Mai 1927 Pforzheim - Abit. 1947 Pforzheim; Stud. Rechtswiss. u. Volkswirtsch. Univ. Karlsruhe u. Heidelberg - Ab 1955 Bundesinnenmin. (Abordn. BVG), 1963 Ref.Leit. f. Zivil- u. Katastrophenschutz, 1967 Ref.Leit. f. Org. d. Bundesreg. u. Bundesbehörden, 1970 Ministerialdirig., 1974 Leit. Unterabt. f. kultur. Angel. d. Bundes u. polit. Bild., ab 1983 Präs. Statist. Bundesamt u. Bundeswahlleit.

HÖLDER, Ernst
Dr. phil., o. Prof. f. Mathematik (emerit.) - Friedrichsstr. 36, 6500 Mainz-Gonsenheim (T. 47 44 55) - Geb. 2. April 1901 Leipzig (Vater: Prof. Dr. Otto H., Mathematiker), verh. m. Ragna, geb. Leskien, 2 Kd. (Peter, Birgit) - Carola-Gymn. u. Univ. Leipzig - 1926 Assist., 1929 Privatdoz. (1939 entlass.), 1945 Prof. m. Lehrauftr., 1946 m. Lehrst. u. Inst.dir. Univ. Leipzig, 1958 Ord. Univ. Mainz - Mitgl. Sächs. u. Dt. Akad. d. Wiss. u. Dt. Akad. d. Naturforscher (Leopoldina).

HÖLDER, Helmut
Dr. rer. nat., em. o. Prof. f. Paläontologie Geolog.-Paläontol. Inst. Univ. Münster (s. 1963) - Besselweg 51, 4400 Münster/W. (T. 86 24 48) - Geb. 18. Jan. 1915 Stuttgart (Vater: Karl H., Gymnasialprof.; Mutter: Helene, geb. Lorberg), ev., verh. s. 1944 m. Erna, geb. Werner, 3 Töcht. (Irmela, Isolde, Dorothee) - Karls-Gymn. Stuttgart; Univ. Tübingen u. Königsberg (Geol. u. Paläontol.) - 1945 b. 1963 Assist., Doz. (1949) u. Konservator (1951) (Inst. u. Mus. f. Geol. u. Paläontol.) Univ. Tübingen - BV: Geol. u. Paläontol. in Texten u. ihrer Gesch., 1960; Naturgesch. d. Lebens, 1968, 2. A. 1989; Kurze Gesch. d. Geol. u. Paläontol., 1989. Herausg.: Goethes Schr. z. Geol. u. Mineral., 1960 (Cotta-Ausg., Bd. 20) - H.Z.: Paläontolog. Zeitschr. (1973-86). Mitarb.: Handb. stratigr. Geol. (Herausg. F. Lotze), Bd. 4: Jura; Mineralogie, Geologie u. Pa-

läontologie a. d. Univ. Tübingen, v. d. Anfängen bis z. Gegenwart (zus. m. W. v. Engelhardt), Contubernium 20, 1977. Zahlr. Aufs. u. Abhandl.

HÖLEMANN, Hans
Dr. rer. nat., Dipl.-Chem., Prof. f. Brand- u. Explosionsschutz GH Wuppertal - Tannenstr. 31, 4600 Dortmund 41.

HÖLKER, Rudolf
Dipl.-Ing., Prof. f. Kolben- u. Strömungsmaschinen sow. Energietechnik GH Paderborn (Fachber. Maschinentechnik II, Meschede) - An d. Tränke 3, 5779 Eversberg.

HÖLLBAUER, Josef
Dipl.-Ing. TU, I. Bürgermeister Schrobenhausen (s. 1984) - Rathaus, 8898 Schrobenhausen/Bay. - Geb. 1932 - FW.

HÖLLE, Matthias

Opern- u. Konzertsänger (Baß) Staatstheater Stuttgart - Vischerweg 11, 7290 Freudenstadt (T. 07441 - 62 82) - Geb. 8. Juli 1951 Rottweil (Vater: Karl A. H., fr. Architekt; Mutter: Margarete, geb. Funk), kath., verh. s. 1977 m. Gertrud, geb. Rohloff, S. Sebastian - 1976 Konzertreife Staatl. Hochsch. Stuttgart (b. Prof. G. Jelden); Konzertex. 1980 Staatl. Hochsch. Köln (b. Prof. J. Metternich) - Konzert- u. Gastiertätig.: u.a. Berlin, Bonn, Hamburg, Hannover, Stuttgart, Scala Milano, Met New York, Houston, Paris, London, Wien, Genf, Köln, Neapel, Amsterdam, Tel Aviv, Bologna, Florenz, Rom, Turin, Bayreuther u. Salzburger Festsp. - 1974 Felix-Mendelssohn-Bartholdy-Preis d. Stiftg. Preuß. Kulturbesitz; 1976 1. Preis Kulturkreis im Bundesverb. d. Dt. Ind. (BDI) - Liebh.: Medizin, Naturheilverf.

HÖLLER, Helmut
Dr. phil., Prof., Mineraloge u. Petrograph - Rechbauerstr. 30, A-8010 Graz (Österr.) - Geb. 23. April 1930 Graz - Stud. Graz. Promot. 1956 - S. 1968 (Habil.) Lehrtätig. Univ. Graz, Mainz (1970; gegenw. n. b. Prof.), Graz (1973 Honorarprof., 1975 Ord.). Üb. 50 Veröff.

HÖLLER, Hugo
Dr. med. vet., Prof. f. Physiol. u. Ernährungsphysiol., Physiol. Inst. Tierärztl. Hochschule Hannover (s. 1970) - Zimmereistr. 2b, 3100 Celle - Geb. 24. Juli 1929 Augsburg - Promot. 1957; Habil. 1969 - Zahlr. Facharb.

HÖLLER, Karl
Prof., Komponist - Neuwiesstr. 17, 8165 Fischbachau - Geb. 25. Juli 1907 Bamberg (Vater: Valentin H., Domorganist u. Kgl. Musikdir. Bamberg; Mutter: Anna, geb. Drausnick), kath., verh. s. 1939 m. Thoma, geb. Hecht, 2 Kd. - Gymn. Bamberg; Univ. u. Staatskonservat. Würzburg (H. Zilcher), Univ. u. Akad. d. Tonkunst München (Meisterschüler v. J. Haas u. S. v. Hausegger) - 1933-72 Lehrtätig. Akad. d. Tonkunst München, Hochsch. f. Musik Frankfurt/ M. (1937; 1942 Prof.) u. München (1949; Prof. u. Leit. Meisterkl. f. Kompos. (Nachf. v. Joseph Haas), 1954 Präs.); s. 1972 Ehrenpräs. Hochsch. f. Musik München - W: Hymnen op. 18, Symphon. Phantasie op. 20 (Frescobaldi-Themen), Passacaglia u. Fuge op. 25 (m. Frescobaldi), Symph. cis-moll op. 40, Sweelinck-Variationen op. 56, Toccata, Improv. u. Fuge (n. op. 16), Orgel-Cembalokonz., Klavierkonz., 2 Violinu. 2 Cellokonz., 7 Violinson., 6 Streichquart., Klarinettenquint., Klaviertrio, quart. u. -quint., Klavier- u. Orgelw., Chöre, Film- u. Hörspielmusik - 1931 Felix-Mottl-Preis München, 1940 Nationalpr. f. Kompos., 1950 Kulturpr. München, 1952 Musikpr. Bayer. Akad. d. Schönen Künste, 1957 Ludwig-Spohr-Pr. Braunschweig; 1967 Richard-Strauss-Med.; 1970 GEMA-Ehrenring; o. Mitgl. Akad. d. Künste Berlin (1955) u. Bayer. Akad. d. Schönen Künste (1958); 1959 Bayer. VO.; 1967 Gr. BVK, 1974 Stern dazu - Liebh.: Farbfotogr., Autosport, Malen u. Gartenarbeit - Bek. Vorf.: Georg H., Domorganist Würzburg (Großv.).

HÖLLERER, Walter
Dr. phil. (habil.), o. Prof. f. Literaturwissenschaft - Heerstr. 99, 1000 Berlin 19 (T. 304 58 79) - Geb. 19. Dez. 1922 Sulzbach-Rosenberg (Vater: Hans H.; Mutter: Christine, geb. Pürkner), ev., verh. s. 1965 m. Renate, geb. v. Mangoldt (Theaterfotogr.) - Gymn. Amberg; Univ. Erlangen, Göttingen, Heidelberg (Phil., Gesch., German., vergl. Lit.wiss.) - 1956 Doz. Univ. Frankfurt; seit 1959 o. Prof. TU Berlin. Gf. Dir. Lit. Colloquium Berlin - BV: D. andere Gast, Ged. 1952; Zw. Klassik u. Moderne, 1958; Gedichte, 1964; D. Gästehaus, R. 1965 (m. a.); Theorie d. modernen Lyrik, 1965; Mod. Theater auf kl. Bühnen, 1966; Außerhalb d. Saison, Ged. 1967; E. Gedicht u. s. Autor, 1967; Systeme. Neue Gedichte 1969, Elite u. Utopie, 1969/82; D. Elephantenuhr, R. 1973; Hier, wo d. Welt anfing, Erz. 1974; Berlin - abem Damm u. durch d. Dörfer, Fotobuch, Essays, 1978 (m. R. v. Mangoldt); Alle Vögel alle, Komödie u. Bericht 1978; Gedichte 1952-1982, 1982; Autoren im Haus, Zwanzig Jahre Lit. in Berlin, 1982; Walter Höllerers Oberpfälzische Weltei-Erkundungen, 1987 - Herausg.: Akzente - Zeitschr. f. Dichtung (1954ff.); Transit - Lyrikbuch d. Jahrhundertmitte (1956), Sprache im techn. Zeitalter (1961ff.); Mithrsg.: Movens - Dokumente u. Analysen z. mod. Lit., Kunst u. Musik (1960), Evergreen Review (New York) - 1965 Bundesfilmpreis/Filmband in Silber (f.: Lit. Colloquium), 1966 Berliner Kunstpreis (Fontane-Pr.); 1975 Joh.-Heinr.-Merck-Preis Dt. Akad. f. Sprache u. Dichtung, Darmstadt; o. Mitgl. Dt. Akad. f. Sprache u. Dicht. u. Akad. d. Künste Berlin; Mitgl. PEN-Zentrum BRD.

HÖLLERICH, Gerhard

Sänger (Ps. Roy Black) - Zu erreichen üb. Künstler-Management Wolfgang Kaminski, Dahlienweg 2, 5804 Herdecke (T. 02330 - 1 33 44) - Geb. 25. Jan. 1943 Straßberg/Bay., kath., gesch., S. Thorsten - Stud. Betriebswirtsch.; Ausb. z. Sänger, Schauspielunterr. - Hauptrolle in 12 Musikfilmen - 13 Löwen Radio Luxemburg, div. Ottos, Gold. Schallplatten, Herm.-Löns-Med. u.a. - Spr.: Engl. (Gesang auch in Franz., Ital.).

HÖLLERMANN, Peter W.
Dr. rer. nat., o. Prof. f. Geographie - Universität, 5300 Bonn - Geb. 22. März 1931 - B. 1967 Univ. Göttingen (Wiss. Rat u. Prof.), 1967 Research Fellow Univ. of California, Berkeley, dann Bonn (Ord.). Mithrsg.: Erdkunde, Bonner Geogr. Abh., Arb. z. Rhein. Landeskd. Facharb. z. Geomorphologie u. Geoökologie, auch Bücher - 1978 Korr. Mitgl. Akad. d. Wiss. Göttingen.

HÖLSCHER, Dieter
Generalkonsul d. Bundesrep. Deutschl. in Karachi, Pakistan - 90, Clifton, Karachi 6/Pakistan - Geb. 31. Mai 1929 Bünde, ev., verh. s 1956 m. Gisela H., 3 Kd. (Uta, Carsten, Barbara) - Univ. Marburg, Hamilton/New York u. Bonn (2. jurist. Staatsex.) - Ab 1959 Ausw. Amt; Auslposten 1961 Botsch. Washington, 1967 Botsch. Bukarest, 1970 Botsch. Athen, 1978 Generalkons. Sao Paulo, 1981 Generalkons. Porto Alegre - Liebh.: Lesen - Spr.: Engl., Franz., Portug.

HÖLSCHER, Friedrich-Wilhelm
Kaufmann, MdB (s. 1972) - Wiesentalstr. 57, 7022 Leinfelden-Echterdingen 3 - Geb. 22. Juni 1935 Schwelm/W., verh., Tochter - Gymn. Schwelm (Mittl. Reife 1953); Lehre Elektro- u. Eisenwarengroßhandel - S. 1961 selbst. Stuttgart (Krefft-Vertr. f. Baden-Württ.). Mitgl. FDP (1971 Mitgl. Landesvorst. BW, 1973 Vors. Stuttgart, 1974 Mitgl. Bundesvorst.).

HÖLSCHER, Günter
Geschäftsführer MDS Mannesmann Demag Sack GmbH, Düsseldorf - Lilienthalstr. 36, 4000 Düsseldorf 30 - Geb. 5. Aug. 1926.

HÖLSCHER, Karl-Heinz
Prof., Fachhochschullehrer - Distelbeck 6, 5600 Wuppertal 1 - Gegenw. Prof. f. Industrial- u. Schmuckdesign sow. Produktgestalt. GH Wuppertal.

HOELSCHER, Ludwig

Prof., Cellist - Graf Viereggstr. 2, 8132 Tutzing/Obb. - Geb. 23. Aug. 1907 Solingen (Vater: Heinrich H., Juwelier; Mutter: Elisabeth, geb. Humberg), kath., verh. s. 1940 m. Marion, geb. Stephan, 2 Kd. (Marion, Andreas) - Meistersch. v. Prof. Lamping, Hugo Becker u. Klengel - Elly-Ney-Trio (1930) u. Strub-Quartett; Prof. Musikhochsch. Berlin (1937), Mozarteum Salzburg (1939) u. Musikhochsch. Stuttgart (1954; Sonderkl.). Konzertreisen in alle Kontinente. Zahlr. Urauff. zeitgenöss. Kompon. u.a. Pfitzner, Krenek, Fortner, Henze, Höller, Sutermeister. Ltd. Mitgl. d. Humboldtges. - 1930 Mendelssohn-Preis Berlin (Europ. Erstauff. v. Hindemith); 1953 Ehrenprof. Akad. Ueno/Tokio; Ehrenmitgl. Verein Beethovenhaus Bonn; 1972 Gr. BVK, 1979 Stern dazu; 1974 Bayer. VO u. Solinger Kulturpreis; 1975 Ehrenmed. Bregenzer Festsp.; 1981 Bayer. Akad. d. schönen Künste, München; 1984 Bayer. Maximilians-Orden f. Wiss. u. Kunst, Ehrenbürger Wahlheimat Tutzing - Lit.: Valentin, Wolf-Eberhard v. Lewinski, Festschr. z. 75. Geb. (1972); Max Kaindl-Hönig: D. großen Interpreten.

HÖLSCHER, Tonio
Dr. phil., o. Prof. f. Klass. Archäologie Univ. Heidelberg - Albert-Fritz-Str. 70, 6900 Heidelberg - Geb. 2. Nov. 1940 Königsfeld/Schwarzw. - Promot. 1965; Habil. 1972 - Bücher u. Einzelarb. Mithrsg.: Beitr. z. Archäol. (1970ff.); D. römische Herrscherbild (1988ff.). Herausg.: Archäol. u. Gesch. (1988ff.).

HÖLSCHER, Uvo
Dr. phil., o. Prof. f. Klass. Philologie - Georgenstr. Nr. 20, 8000 München 40 (T. 39 10 55) - Geb. 8. März 1914 Halle/S. (Vater: Prof. Gustav H., Theologe; Mutter: Borghild, geb. Gjessing), ev., verh. s. 1940 m. Dr. phil. Dorothea, geb. Lohmeyer, 3 Kd. - Gymn. Bonn; Univ. Frankfurt (Promot. 1937 b. Prof. Karl Reinhardt). Habil. 1944 Hamburg - 1946 Privatdoz. Univ. München, 1951 apl. Prof. ebd., 1954 o. Prof. FU Berlin, 1962 Univ. Heidelberg, 1970 Univ. München. 1937-46 Militär. - Kriegsdst., Gefangensch. Publ.: u. a. Unters. z. Form d. Odyssee, 1936 (Hermes-Beiheft 6); D. Schweigen d. Arete, 1960 (Hermes 88); Empedokles u. Hölderlin, 1965; D. Chance d. Unbehagens - Z. Situation d. klass. Studien, 1965; Anfängl. Fragen - Stud. z. frühen griech. Phil., 1968. Herausg.: Mörike - Griech. Lyrik, Homer - Ilias, Pindar - Siegeslieder, Homer - Odyssee, K. Reinhardt - D. Ilias u. ihr Dichter - o. Mitgl. Heidelbg. Akad. d. Wiss.

HÖLTERS, Maria
Geschäftsführerin, MdL NRW (s. 1958) - Pflugstr. Nr. 50, 4000 Düsseldorf (T. 63 32 05) - Geb. 24. Dez. 1910 Düsseldorf, kath., verh. (Ehem. kriegsvermißt), 1 Kd. - Gymn. (Abit.) - 1952-62 Ratsherrin D'dorf. Vors. Kath. Arbeitsgem. Mütterbildung u. Landesarbeitsgem. kath. Mütterschulen NRW, stv. Vors. Familienbund dt. Katholiken in d. Erzdiözese Köln. CDU. Vor 1933 Windthorstbd.

HÖLTERSHINKEN, Dieter
Dr. phil., Univ.-Prof. f. Allg. Pädagogik Univ. Dortmund - Plauener Str. 40, 4600 Dortmund (T. 0231 - 12 54 70) - Geb. 18. März 1935 Osnabrück, kath., verh. s. 1960 m. Christel, geb. Niemann, 4 Kd. (Martin, Stephan, Barbara, Heinrich) - 1958 u. 1963 1. u. 2. Statsex. f. Lehramt, Promot. 1970 Univ. Münster - 1968-74 Wiss. Assist. u. Hochschuldoz. PH, dann Univ. Osnabrück; s. 1974 Lehrst. Allg. Päd. Univ. Dortmund - BV: Anthropol. Grundl. personalist. Erziehungslehren, 1971; Vorschulerzieh., Bd. I u. II (Hrsg.), 1971 u 1973; Päd. Anthropol. im dtschspr. Raum (Hrsg.), 1976; Frühkindl. Erz. u. Kindergartenpäd. (Hrsg.), 1977; Gemeins. auf d. Spielpl., 1978; M. Kindern fernsehen, 1979; Spielzeit, 1980. Rd. 70 Fachveröff.

HÖLTGEN, Karl Josef
Dr. phil., o. Prof. f. Allg. Inst. f. Anglistik u. Amerikanistik Univ. Erlangen-Nürnberg (1968) - Zanderstr. 23, 8520 Erlangen (T. 5 15 41) - Geb. 2. Nov. 1927 Haan/Rhld. (Vater: Karl H., Prokurist; Mutter: Maria, geb. Conrads), kath., verh. s. 1958 m. Freda, geb. Morley, S. Daniel - Humboldt-Gymn. Solingen; Univ. Bonn (Philol.). Promot. (1955) u. Habil. (1968) Bonn - 1958-59 Lektor Univ. Leicester (Engl.); 1959-68 Assist. u. Oberassist. Univ. Bonn (Engl. Sem.); 1972 Visiting Fellow Clare Hall, Cambridge; 1972-73 Dekan Philos. Fak. Univ. Erlangen-Nürnberg; 1974 Cecil Oldman Medal in Bibliography Univ. Leeds; 1975 Vorst. Philos. Fakultätentag;

1981 Visiting Senior Member Linacre College, Oxford - BV: Zur Lyrik Else Lasker-Schülers, 1958 (Diss.); Ausg. engl. Emblembücher, 1971-75; Francis Quarles (1592-1644), e. biogr. u. krit. Studie, 1978; Aspects of the Emblem, 1986. Mithrsg.: Tradition u. Innovation in d. engl. u. amerik. Lyrik d. 20. Jh. (1986); Word and Visual Imagination (1988).

HÖLTJE, Georg
Dr. phil., o. Prof. f. Bau- u. Kunstgeschichte (emerit.) - Alte Herrenhäuser Str. 11c, 3000 Hannover (T. 79 59 94) - Geb. 16. März 1906 Hannover - Stud. Kunstgesch. Rostock, Hannover, München, Halle. Promot. 1929 (b. Prof. Frankl); Habil. 1932 - 1939 b. 1954 Emigration (Brasil.); 1956-71 Ord. u. Inst.sdir. TH bzw. TU Hannover - BV: Laves - E. Baumeister s. Zeit, 1964 - Spr.: Portugies., Engl. - Rotarier.

HÖLTJE, Gerhard
Dipl.-Ing., Prof., Direktor i. R. - Am Karpfenteich Nr. 44a, 2000 Hannover 63 (T. 538 61 04) - Geb. 15. Juli 1907 Berlin (Vater: Heinrich H., Architekt; Mutter: Helene, geb. Gotzkowsky), ev., verh. m. Hildegard, geb. Schöpwinkel - Siemens-Oberrealsch. u. TH Berlin (Verbrennungskraftmaschinen) - 1932 b. 1945 Dt. Lufthansa-AG., Berlin (Leit. Versuchsabt.); 1946-51 United States Air Force ebd. (Chefing.); 1954-72 Dt. Lufthansa AG., Hamburg/Köln (Vorstandsmitgl.). S. 1957 Lehrbeauftr. u. Honorarprof. (1966) TH bzw. TU Braunschweig (Luftverkehr u. Flugbetrieb). 1968/69 Präs. Intern. Luftverkehrsverb. - 1972 Ehrenmitgl. Bundesverb. d. Dt. Luft- u. Raumfahrtind.

HÖLTZEL, Hans Michael
Hornist, Dirigent, Prof. Staatl. Hochschule f. Musik Detmold (s. 1973) - Brokhauser Str. 76, 4930 Detmold 1 (T. 05231 - 2 40 12) - Geb. 22. April 1936 Tübingen (Vater: Friedrich H., Prälat i. R.; Mutter: Maria, geb. Seelig), ev., verh. s. 1964 m. Ingeborg, geb. Spiess, 2 Kd. (Wolfgang, Thomas) - Abitur 1955, Musikexamen Stuttgart 1958, Mozarteum Salzburg, künstler. Reifeprüf. 1960 - Solohornist Bamberger Symphoniker 1963-69 u. Münchner Philharmoniker 1969-73; Lehrer f. Horn Mozarteum Salzburg 1966-75. Gastprof. Indiana Univ. 1970/71/75/76/81, s. 1978 Dirigent Philharmonia da Camera - Schallplatte: B. als Solist u. Dirig. W. A. Mozart Hornkonzerte m. d. Camerata Academica, Salzburg 1973; Schule für Horn, 1981 - Liebh.: Jagd, Malerei - Spr.: Engl., Franz. - Club Schlaraffia.

HOELTZENBEIN, Josef
Dr. med., Prof., Chefarzt Chirurg. Abt. St.-Franziskus-Hospital, Münster - Zum Guten Hirten 105, 4400 Münster/W. (T. 3 41 96) - S. 1962 (Habil.) Lehrtätig. Univ. Münster (1969 apl. Prof. f. Chir. u. Urol.).

HÖLZ, Karl
Dr. phil., Prof. f. Romanist. Literaturwissenschaft Univ. Trier - Ruwerstr. 13, 5501 Gutweiler - Geb. 2. Juni 1942 Köln (Eltern: Heinrich u. Margarete, geb. Bremer), kath., verh. s. 1969 m. Regina, geb. Skaletz, 3 Kd. (Nina, Karoline, Jonas) - Facharb. z. franz., ital., span. u. mexikan. Lit. - 1980 Straßburg-Preis f. d. Habil.-Schr. Konstruktion u. Destruktion. Stud. z. Sinnverstehen in d. mod. franz. Lit.; 1988 Hidalgo-Preis d. mexikan. Reg. f. d. Arb.: La novela de la revolución y el tema de la americanidad.

HÖLZ, Peter
Dr. jur., Oberstadtdirektor d. Stadt Solingen (s. 1981) - Rathaus, 5650 Solingen - Geb. 26. Juli 1937, verh. m. Dorothee, geb. Lohoff, 4 Kd. - Stud. Rechts- u. Staatswiss. Univ. Tübingen, Bonn u. Köln - Versch. Mand. in kommunalen Verb.

HÖLZEL, Klaus
Geschäftsführer Vorwerk & Co. Teppichwerke KG - Zu erreichen üb. Kuhlmannstr. 11, 3250 Hameln (T. 05151 - 1 03-0) - Geb. 1. Juni 1937.

HÖLZER, Karl Heinz
Dr. med., Prof. f. Innere Medizin u. Diätetik - Waldweg 14, 2085 Quickborn-Heide - S. 1977 Prof. Univ. Hamburg (Ärztl. Dir. u. Sprecher Fachber. Med.).

HÖLZER, Rita
Prof. emer. für Sporterziehung - Säntisstr. 70, 7770 Überlingen (T. 07551 - 6 58 20), kath., verw., Tocht. Gabriele Meyer - BV: Tanzbogen, 1973; Kindertänze, 1975 - Spr.: Engl., Franz.

HÖLZL, Johann
Amtsrat, Bürgermeister a. D., MdL Bayern (s. 1974) - Nittenauer Str. 13, 8466 Bruck/Opf. (T. 09434 - 12 49) - Geb. 1924 - SPD.

HÖLZL, Josef
Dr. rer. nat., Prof. f. Pharmazeut. Biologie Univ. Marburg, Apotheker - Haspelstr. 37, 3550 Marburg - Geb. 22. Nov. 1929 Freising/Bay., kath., verh. m. Gertrud, geb. Heepen, 2 Kd. (Florian, Regina) - Stud. Univ. München; Promot. 1959; Habil. 1975 - 1965 Akad. Dir. Univ. München; s. 1978 Prof. Univ. Marburg, 1981/82 Dekan - 1987 Scheurich-Preis.

HÖLZLER, Erwin
Dr.-Ing., Direktor i. R. - Promenadeweg 12, 8023 Großhesselohe/Isartal (T. 79 51 24) - Geb. 19. Jan. 1908 Bromberg/Posen, ev., verh. s. 1934 m. Irene, geb. Maske, verw. 1976, 4 Söhne - Wilhelms-Gymn. Königsberg/Pr.; TH München u. Danzig (Dipl.-Ing. 1933). Promot. 1941 Berlin - 1934-73 Siemens AG., Berlin/München (1962 stv. Vorst.-Mitgl.; 1969 Leitg. Zentrale Forsch. u. Entwickl.) - BV: Theorie u. Technik d. Pulsmodulation (m. Herbert Holzwarth), Nachrichtenübertragung (m. Dietwald Thierbach); Pulstechnik I u. II (m. Herbert Holzwarth u. a.) - VDE-Ehrenring 1976; Dr.-Ing. E.h. d. TU München 1981.

HÖMBERG, Johannes
Dirigent, Prof. f. Chorleitung, Leiter Hochschulchor u. Vokalensemble Pro Musica, Köln, Musikhochsch. Köln - Juck 14, 5060 Berg. Gladbach 1 - Geb. 3. Dez. 1931 Bochum, verh. s. 1984 m. Regina, geb. Ziebarth, 2 Kd. (Christoph, Anne) - 1959-64 Dirig. u. Hochschull. Salvador/Bahia (Brasilien), 1965-69 Univ. Musikref. Goethe-Inst. München - BV: Liederb., Chor- u. Kammermusik. - Schallplatten: Dufay, Schütz, D. Messe, D. Kantate, Bach, (Orgelbüchlein, h-moll-Messe) u. a.

HÖMBERG, Walter
Dr. phil., Prof. f. Kommunikationswiss. Univ. Bamberg (s. 1986) - An der Universität 9, 8600 Bamberg (T. 0951-86 34 53-52) - Geb. 11. Aug. 1944 Meschede - Stud. Geistes- u. Sozialwiss. Univ. Kiel, FU Berlin, Tübingen; Staatsex. 1970; Promot. 1973 Univ. Salzburg - 1974-84 wiss. Mitarb. Univ. München; 1984-86 Akad. Rat Univ. Eichstätt - BV: Zeitgeist u. Ideenschmuggel, 1975; Lesen auf d. Lande, 1977 (m. Karlheinz Rossbacher). Herausg.: Journalistenausbildung (1978). Zahlr. Aufs. - 1975 Theodor-Körner-Förderungspreis.

HÖMIG, Herbert
Dr. phil., Prof. f. Neuere Geschichte Köln/Aachen - Grüner Brunnenweg 73, 5000 Köln 30 (T. 53 18 96) - Geb. 22. Sept. 1941 Gotha/Thür. (Vater: Michael H., Elektr.; Mutter: Lore, geb. Strege), kath., verh. s. 1970 m. Ursula, geb. Mertens, 4 T. (Barbara, Irene, Cornelia, Regine) - Abit. 1962, Stud. Köln, Gesch., Germ., Phil.; Staatsex. 1968, Promot. 1969, 2. Phil. Staatsex. 1970, Habil. 1976, 1979 apl. Prof., 1980 Prof. - BV: Rhein. Katholiken u. Liberale, 1971 - D. preuß. Zentr. i. d. Weimarer Rep.,

1979. Herausg.: Cronica sant Elisabet zcu Deutsch (1981); R. L. d'Argenson, Polit. Schr. (1985); Mithrsg.: Im Bannkreis d. klass. Weimar (1982); Ch. l. de Saint-Pierre, Kritik des Absolutismus (1988) - Spr.: Engl., Franz.

HOEN, Ernst
Dr. med., Prof., Chefarzt Kinderkrkhs. Eleonorenheim, Darmstadt - Peter-Behrens-Str. 40, 6100 Darmstadt - Geb. 16. Aug. 1910 Köln - S. 1950 (Habil.) Privatdoz. u. apl. Prof. Univ. Heidelberg (zul. Oberarzt Kinderklinik). Fachaufs.

HOENERBACH, Wilhelm
Dr. phil., o. Prof. f. Islamwissenschaft u. Semitistik - Nachtigallenweg 9, 5205 St. Augustin 3 (Menden) (T. 02241 - 31 18 40) - Geb. 21. März 1911 Köln - Habil. 1939 Breslau - S. 1954 apl. Prof. Univ. Bonn, full prof. Univ. Los Angeles/USA (1959), o. Prof. Univ. Kiel (1962), Univ. Bonn (1970) - BV: Span.-islam. Urkunden, 1965; Islam. Gesch. Spaniens, 1971; Dichterische Vergleiche d. Andalus-Araber, 1973 Mitgl. Real Acad. de Buenas Letras Barcelona - Mitherausg. Zeitschr. Andalusa Islamica (Granada) - 1982 Dr. h.c. Univ. Barcelona - Spr.: Mehrere europ. u. islam.

HÖNERLOH, Heinrich
Dr.-Ing., Prof. f. Operations Research Univ. Bremen (Elektrotechnik/Kybernetik) - Gaußstr. 39, 2804 Lilienthal.

HÖNES, Hannegret
Journalistin, MdB (s. 1985; Landesliste Baden-Württ.) - Stauferstr. 23, 7064 Remshalden - Geb. 16. Jan. 1946 Mollnitz, ev., verh., 2. Kd. - Gymn. Calw (Abit. 1967); journ. Ausb. - 1969 Mitarb. an Wochenztg.; 1976 Lehrtätig. Univ. Nairobi/Kenia. Grüne s. 1979 (1980 Mitgl. Kreisvorst. Rems-Murr, 1981-83 Mitgl. Landesvorst. Baden-Württ.).

HÖNES, Winfried

Dipl.-Bibl., Leiter Stadtbücherei Kleve (s. 1974) - Hermannstr. 7, 4190 Kleve 1 (T. 02821 - 3 03 86) - Geb. 22. Febr. 1934 Düsseldorf, kath., verh. s. 1969 m. Maria Elisabeth, geb. Heddergott, S. Eberhard-Maximilian - Steuerassist. 1953 Düsseldorf; Jugendleit. 1960 Altenberg; Dipl.-Bibl. 1963 Bonn - 1972/73 Büchereileit. Stadtbücherei Gummersbach; s. 1968 Schriftsteller; s. 1968 Initiator u. Leit. Archiv z. Rezeptionsgesch. Lüdenscheid - BV: Des Wassers Spuren (Haiku), 1984; Blitze in d. heiteren Himmel (Aphor.), 1985. Herausg.: D. Mädchen Justitia (1987); S. Äskulaps Zeiten (1988); Lob d. Erziehung (1988); Lob d. Kritik (1989); Auch frisset er entsetzlich (1989) - Liebh.: Fotografie, Musik, Lit., Kunstgesch. - Spr.: Engl., Franz., Lat.

HOENESS (ß), Uli
Manager FC Bayern (s. 1979) - Pinkenstr. Nr. 14a, 8012 Ottobrunn - Geb. 5. Jan. 1952 Ulm (Vater: Erwin H., Metzgerm.; Mutter: Paula, geb. Seybold), kath., verh. s. 1973, T. Sabine - Gymn. (Abit.); Stud. (Angl.) - B. 1979 Lizenzspieler FC Bayern, 1972 Europau. 1974 Weltmeisterschaft i. Fußball, 1974 u. 1975 Europapokalsieger; 1974 Silb. Lorbeerblatt - Spr.: Engl.

HÖNICK, Hans Hermann
Dipl.-Ing. FH, Managing Director Lucas Car Braking Systems, AR-Vors. Lucas Automotive GmbH, Koblenz - Zu erreichen üb. Lucas Automotive GmbH, Carl-Spaeter-Str., Postf. 7 20, 5400 Koblenz - Geb. 4. Juni 1926 Arzberg (Vater: Martin H.; Mutter: Emma, geb. Schwarzer), ev., verh. s. 1953 m. Eleonore, geb. Schmitt, S. Hans-Peter - Lehre als Automechaniker; Ing.stud. Oskar-v.-Miller-Polytechnikum, München - 4 Jahre BMW, 11 Jahre Porsche, Leiter Fahrgestell- u. Rennkonstruktion; s. 1963 Lucas-Girling - 20 in- u. ausl. Patente - BVK am Bde. - Liebh.: Malerei (in Öl u. Aquarell), Golf - Spr.: Engl.

HOENISCH, Michael
Dr. phil., Prof. f. Nordamerik. Literatur FU Berlin - Beerenstr. 3, 1000 Berlin 37 - Geb. 25. Febr. 1938 Gohlis/Sa. - B. A. 1960; Promot. 1968 - S. 1971 Prof. - BV: Unters. z. Formwandel im Werk v. F. Scott Fitzgerald, 1969; USA - Dtschl. Kulturpolitik 1942-1949 (ed.), 1980.

HÖNLE, Ludwig
Geschäftsführer Gemeinn. Siedlungs- u. Wohnungsbauges. Baden-Württ. mbH., Sigmaringen - Liegnitzer Str. 4, 7400 Tübingen (T. 3 34 88) - Geb. 30. April 1920, verh. s. 1943 m. Albertine, geb. Speth, 2 Söhne - Ehrenämter: Stadtrat, Kreisverordn., Landesvors. BW u. Vizepräs. Verb. d. Kriegs- u. Wehrdst.opfer, Behinderten u. Sozialrentner Dtschl. e. V., Bonn - 1970 Gr. BVK, 1975 Verdienstmed. Land Baden-Württemberg.

HÖNN, Günther
Dr. jur., Prof. f. Bürgerl., Handels-, Wirtschafts- u. Arbeitsrecht d. Univ. Saarlandes - Semperstr. 47, 6600 Saarbrücken 3 - Geb. 7. Aug. 1939 Jena (Vater: Dr. Gerhard H., Obermagistratsrat †; Mutter: Ilse, geb. Marienhagen), ev., verh. m. Angelika, geb. Dietz, S. Christopher - Promot. 1969 Univ. Frankfurt/M., Habil. 1980 Mainz - 1970-73 Leit. Rechtsabt. Lever Sunlicht GmbH Hamburg; 1982 Prof. FU Berlin; 1984 Univ. d. Saarlandes - BV: Kompensation gestörter Vertragsparität. Ein Beitrag z. inneren System d. Vertragsrechts, München 1982; Fälle u. Lösungen z. Wettbewerbs- u. Kartellrecht, 1988; Mitbearb. v. Soergel, BGB 11 u. 12; Fachaufsätze.

HÖNNIGHAUSEN, Lothar
Dr. phil., o. Prof. f. Engl. Philologie Univ. Bonn (s. 1973) - Alter Heeresweg 20, 5330 Königswinter/Vinxel - Geb. 15. Aug. 1936 Hennef/S. - Promot. 1963; Habil. 1969 - Zul. o. Prof. Bücher u. Einzelarb.

HÖNOW, Günter

Dipl.-Ing., Prof., Architekt - Otto-Erich-Str. 20, 1000 Berlin 39 (T. 805 30 72) - Geb. 21. Okt. 1923 Stahnsdorf b. Berlin

(Vater: Paul H., Landw.; Mutter: Helene, geb. Mudrich), ev., verh. s. 1951 m. Christel, geb. Kühne, S. Klaus - 1949-51 u. 1953-55 Kunsthochsch. Berlin - 1960ff. Entwurfsdoz. Staatl. Werkkunstsch. Berlin; 1971ff. Prof. Kunsthochsch. ebd. Mitgl. Dt. Werkbd. - Einfamilienhäuser Berlin (u. a. INTERBAU 1957), Wohnblöcke Köln (Neue Stadt) u. Berlin (Gropiusstadt), Verw.gebäude, dar. Dt. Bank Berlin; Ausbau Berlin-Museum (Altes Kammergericht) u. S-Bhf. Charlottenburg - 1957 Preis d. Otto-Bartning-Stiftg.; 1961 Preis Jg. Generation (Berliner Kunstpreis), 1967 Kölner Architekturpreis; 1976 Aufnahme in d. Werkbund-Dok.; div. I. Preise b. Wettbew. u. a., 1978 Intern. Preis Habitation Space.

HÖNSCHEID, Jürgen

Dr. phil., Prof. FH f. Bibliotheks- u. Dokumentationswesen Köln - Mühlenstr. 203, 4050 Mönchengladbach 2 (T. 02166-2 08 49) - Geb. 16. April 1939 Remscheid, ev., verh. s. 1966 m. Anneliese, geb. von Ameln, 2 S. (Christoph, Christian) - Staatsex. (Klass. Philol.) 1966 Köln, (ev. Theol.) 1968 Bonn; Prüf. f. d. höh. Bibl.dst. 1971; Promot. 1972 Köln - 1969-71 Bibliotheksref. Köln; wiss. Hilfskraft (Patrist). Kommiss. d. Akad. d. Wiss. Heidelberg, Außenst. Bonn; 1973 Dir. Hochschulbibl. PH Rheinl., Köln; 1980 Doz. Bibliothekar-Lehrinst. Köln; 1982 Prof., 1982-86 Prorektor FH f. Bibliotheks- u. Dokumentationswesen Köln; Lehrbeauftr. f. Klass. Philol. Univ. Köln - Herausg. u. Übers.: Didymus d. Blinde: De trinitate Buch I, 1975; Aufs. in wiss. Ztschr.

HÖPCKE, Walter

Dr.-Ing., em. Prof., ehem. Direktor Geodätisches Institut - Kühnsstr. 4, 3000 Hannover 71 - Geb. 19. Aug. 1908 Kiel - Fachbuch: Fehlerlehre u. Ausgleichsrechnung 1980 - Fachveröff.

HÖPER, Wolfgang

Staatsschauspieler Württembergisches Staatstheater Stuttgart (s. 1964) - Asangstr. 42, 7000 Stuttgart 61 (T. 0711-32 26 28) - Geb. 15. März 1933 Braunschweig, ev., verh. s. 1957 m. Rosemaria, geb. Schumacher, 2 Kd. (Corinna, Thomas) - 1956 Hochsch. f. Musik u. Theater, Hannover; Schausp. am Theater u. in Fernsehfilmen; künstl. Sprecher Südf. Stuttgart u. Südwestf. Baden-Baden; Doz. Hochsch. f. Musik u. darstellende Kunst Stuttgart - Rollen: Möbius/Physiker, Krapp/D. letzte Band, Kontrabassist/Süskind, Sultan, Saladin/Nathan d. Weise, Theseus u. Oberon/Sommernachtstraum, Kulygin/Drei Schwestern, Wehrhahn/Biberpelz, Malvolio, Stefan/Bek. Gesichter - gemischte Gefühle, Baxter/Diese Gesch. v. Ihnen ..., Fred Graham/Kiss me Kate, Dare Moss/Hanglage Meerblick, Frederick Fellows/D. nackte Wahnsinn, Carlos/Clarigo, Jack McCracken/Familiengeschäfte.

HOEPFFNER, Dietrich W.

Rechtsanwalt - Wentzelstr. 9, 2000 Hamburg 60 - Geb. 8. Nov. 1924, verh. m. Maria-Alexandra von der Ropp, 2 Kd. - 1946-50 Stud. Rechtswiss. Univ. Tübingen u. Hamburg; 1950-53 Schulungen im Ausw. Dienst, Refer. u. Ass. - AR-Vors. Theodor Höhns KG, Mölln; Beirat Nordd. Hotelges. mbh - Conti Hansa Hotel, Kiel, Moelven Brug GmbH, Hamburg, Viking-Stavanger Handelsges. mbH, Hamburg, Glamox Elektro Handelsges. mbH, Neu-Isenburg, Isola-Platon GmbH, Hamburg, DNH GmbH, Hamburg, Peter Möller Omega-3 GmbH, Hamburg, Skatron GmbH, Norderstedt - Ritter v. Königl. Norweg. VO.

HÖPFINGER, Stefan

Parlam. Staatssekretär Bundesmin. f. Arbeit u. Sozialordn. a. D. (1984-89), MdB (s. 1976; Wahlkr. 238) - Hammerschmiedweg 92d, 8900 Augsburg (T. 7 43 54) - Geb. 1925, kath. - S. 1959 Diözesansekr. Augsburg. 1970-76 MdL Bayern. CSU (s. 1952; 1984ff. Vors. Bezirksverb.) Augsburg - 1984 BVK I. Kl.

HOEPFNER, Albrecht

em. Prof. f. Textiltechnik (insbes. Webereitechnol.), Dipl.-Ing. - Haeselerstr. 15, 5600 Wuppertal 11 (T. 0202 - 78 31 19) - Geb. 17. Jan. 1922 Goldap/Ostpr. (Vater: Georg H., Studienrat; Mutter: Helene, geb. Klaer), ev.-freik., verh. s. 1960 m. Margot, geb. Albuszies, 4 Kd. (Detlef, Uwe, Annke, Christina) - Gymn. (Abit.), Tischlerlehre, Textilingenieursch., TH (Textiltechnik) - Lehramt f. berufsbild. Schulen; b. 1957 Industrietätigk., dann Doz. Ing.sch., 1972 Prof. Univ. Wuppertal, 1980 FH Niederrh./Mönchengladbach, emerit. 1987 - Lehr- u. Forsch.gebiet: Weberei, Bandweberei - Liebh.: Arbeiten in Holz, Technikgesch., Musik (Dirig. Männerchor Ev.-Freik. Gde. Wuppertal) - Spr.: Franz., Engl., Rumän.

HÖPFNER, Arno

Dr. rer. nat., Prof. f. Physik. Chemie - Oberer Rainweg 51/1, 6900 Heidelberg - Geb. 20. März 1934 Gera/Thür., verh. s. 1959 m. Helga-Maria, geb. Kumme (Dipl.-Chem.), 4 Kd. (Anke-Maria, Carola, Georgia, Isabel) - Promot. 1962, Habil. 1967, Wiss. Rat 1972 - S. 1979 Prorektor Univ. Heidelberg (apl. Prof. 1973). Arbeitsgeb.: Physik. Chemie d. stabilen Isotope - BV: Irreversible Thermodynamik, 1976; üb. 30 wiss. Publ. - 1978 Mitgl. Präs. Hochschulverb. - Liebh.: Kammermusik.

HÖPFNER, Niels

Publizist u. Schriftst. - Postfach 18 03 62, 5000 Köln 1 - Geb. 10. Nov. 1943 - Lit.- u. Kulturkritik f. Frankfurter Rundschau, D. Spiegel, u. zahlr. Rundfunkanst. - BV: D. Hintertreppe d. Südsee, Figuren & Personen (Theaterst., Hörsp., Aufs.), 1979.

HÖPKER, Wilhelm

Dr. med. (habil.), Arzt - Gasmert, 5974 Herscheid (T. 23 41) - Geb. 16. April 1914 Soest, verh. m. Dr. phil. Elisabeth, geb. Herberg, 5 Kd. (aus früh. Ehen) - Univ. Freiburg/Br., München, Berlin, Marburg, Königsberg/Pr., Frankfurt/M. - 1938-48 Med. Univ.sklinik Frankfurt/M. (Prof. Volhard), 1948-51 Hirnforsch.-sinst. Neustadt/Schwarzw. (Prof. Vogt), 1952-55 Diabetesforsch.sinst. Karlsburg u. Med. Univ.sklinik Greifswald, 1956-76 Chefarzt Inn. Abt. Kreiskrkhs. Lüdenscheid. 1972 Gründ. Internat f. diabet. (vorwieg. verhaltensgestörte) Jugendl., b. 1984 dessen Leit. Arbeitsgeb.: Hirnanatomie u. -histopathol., Diabetologie, spez. Hypoglykämie, Antidiabetica, soz. Fragen, Endokrinologie - BV: D. Wirkung d. Glucosemangels auf d. Gehirn, 1954; Z. Theorie d. diabet. Stoffwechselstörung, 1956. Etwa 65 Einzelarb. - Interessen: Judaismus, griech. Philosophie - Liebh.: Segelsport - Spr.: Engl.

HÖPKER, Wilhelm-Wolfgang

Dr. med., Prof. f. Pathologie - Schrödersweg 10, 2000 Hamburg 61 - Geb. 15. Juli 1942 Frankfurt (Vater: Dr. med. habil. Wilhelm H., Arzt; Mutter: Ruth, geb. Gätjens), ev., verh. s. 1970 m. Dr. med. Doris Höpker-Herfel, 2 Kd. (Tilo, Katja) - Ärztl. Prüf. 1969; Promot. 1970; Habil. 1974; apl. Prof. 1977; 1979-87 Prof. in Heidelberg, s. 1987 Ltd. Arzt Patholog. Abt. AK Barmbek (Hamburg). S. 1987 Gen.-Sekr. d. Dt.-Chin. Ges. f. Medizin - BV: Spätfolgen extremer Lebensverhältn., 1974; Allg. Path., 1975 (m.a.); Obdukt.gut, 1976; Problem d. Diagnose, 1976; Mißbildungen, 1984; Meniskus, 1984; Lungenkarzinom, 1987 - Ehrenprof. d. Med. Tongji-Univ. (VR China, Wuhan) - Spr.: Engl.

HÖPNER, Thomas

Dr. rer. nat. habil., Univ.-Prof. f. Biochemie Inst. f. Chemie u. Biologie d. Meeres d. Univ. Oldenburg - Postf. 25 03, 2900 Oldenburg (T. 0441 - 798 37 84); priv.: Scheideweg 101, 2900 Oldenburg (T. 0441 - 30 17 79) - Geb. 18. Mai 1936 - Beiratsmitgl. f. Naturschutz u. Landschaftspflege b. Bundesmin. f. Umwelt, Naturschutz u. Reaktorsicherheit; Mitgl. Nationalparkbeirat Nieders. Wattenmeer; Vors. d. Aussch. f. Umweltfragen b. DGB-Landesbez.-vorst. Nieders.

HOEPPE, Brigitte,

geb. Feldt

Malerin - Rudolf Herzog-Weg 9, 3430 Witzenhausen (T. 05542 - 10 83) - Verh. s. 1965 m. Prof. Dr. Carl H. (s. dort), 3 Kd. (Jens, Patricia, Götz) - 1965-70 Stud. Asien (Meisterschülerin v. Madam Boehnert, Manila, Prof. Chang Tan Nung, Singapur); Stud.-Aufenth. in Malaysia, Thailand, Philippinen, Taiwan, Indonesien, Kambodscha, Hongkong, Pakistan, Griechenland - Aquarell-Malerei, s. 1972 Einzel- u. Gruppenausst.

HOEPPE, Carl

Dr. agr., Prof. f. trop. Pflanzenbau GH Kassel - Rudolf Herzog-Weg 9, 3430 Witzenhausen 1 (T. 05542 - 10 83) - Geb. 4. Sept. 1930 Zuchow (Vater: Ewald H., Forstbeamter; Mutter: Adeline, geb. Schmidt), ev., verh. s. 1965 m. Brigitte, geb. Feldt, Malerin (s. dort), 3 Kd. (Jens, Patricia, Götz) - Landw.-Lehre m. Gehilfenprüf., Meisterprüf. 1957, staatl. gepr. Landw. 1955; Stud. Univ. Gießen (Dipl. 1958); Promot. 1959; Ing. agr. trop. 1959 Witzenhausen - 1960-70 wiss. Mitarb. BASF AG (Ausl.); 1970-71 Doz. Ing.-Sch. f. ausl. Landw., Witzenhausen; s. 1971 Hochschullehrer f. trop. Pflanzenbau in Kassel; s. 1973 Prof. - Liebh.: Prakt. Naturschutz - Spr.: Engl.

HOEPPENER, Rolf

Dr. rer. nat., o. Prof. f. Geologie, insb. Endogene Geologie - Am Heidchen 15a, 5330 Königswinter 41 (T. 02244 - 8 01 03) - Geb. 24. Mai 1919 Reval/Estl. (Vater: Max H., Chemiker; Mutter: Elisabeth, geb. Thomson), ev., verh. s. 1949 m. Dr. Ulrike, geb. Köster, 2 Kd. (Bernd, Ursula) - Gymn. Bad Godesberg (Dt. Kolleg); Univ. Bonn. Promot. (1949) u. Habil. (1955) Bonn - S. 1959 Lehrtätigk. Univ. Bonn (1962 apl. Prof.; 1963 Wiss. Rat. Geol. Inst.) u. Bochum (1966 Ord.). Mitgl. Geol. Vereinig., Dt. Geol. Ges., Intern. Ges. f. Felsmechanik u. Ingenieurgeol. - Veröff.: Grundlagenforsch. Tektonik.

HÖPPNER, Hans

Chefredakteur Volksblatt Berlin - Neuendorfer Str. 101, 1000 Berlin 20 (T. 330 00 60) - Geb. 9. Okt. 1929.

HÖR, Gustav

Dr. med., Prof. f. Allg. Nuklearmedizin u. Leit. Abt. f. Allg. Nuklearmed./Zentrum f. Radiologie Univ. Frankfurt - Theodor-Stern-Kai 7, 6000 Frankfurt/M. - Geb. 2. Aug. 1932 Preßburg - Promot. 1959; Habil. 1970 - Zul. apl. Prof. Univ. München. Üb. 400 Fachaufs.

HÖRAUF, Fritz W.

Fabrikant - Altenburg 151, 8331 Gern/Obb. (T. Eggenfelden 4 87) - Geb. 10. Mai 1908 Nürnberg, ev., verh. s. 1948 m. Magda, geb. Knott, 2 Kd. - Volkssch.; Werkzeugmacherlehre - Werkzeugmacher u. Mechaniker versch. Ind.betriebe, 10 J. Werkm. Viktoria-Werke, Nürnberg, 1946 komm., spät. stv. Landrat Kr. Eggenfelden, s. 1947 Geschäftsf. u. Mitinh. (1948) Fa. Otto Knott, Herdfabrik, Eggenfelden. 1953-69 MdB. SPD s. 1926 - 1965 Bayer. VO. - Liebh.: Sport, Bücher, Briefm.

HÖRBIGER, Christiane

Schauspielerin - Frankengasse 28, CH-8001 Zürich (Schweiz) - Geb. 13. Okt. 1938 Wien (Vater: Prof. Attila H. †1987; Mutter: Paula, geb. Wessely, beide Schausp.; s. dort), kath., verh. I) 1962 m. Wolfgang Glück (Regiss.), II) 1967 Dr. Rolf R. Bigler (Chefredakt. Weltwoche, Zürich), verw. s. 1978, S. Oliver - S. 1957 Mitgl. Burgtheater Wien u. Schauspielhaus Zürich (1967). Rollen: Gretchen (Faust I), Louise (Kabale u. Liebe, unt. Kortner), Hero, Recha, Inken Peters, Franziska (Viel Lärm um Nichts, unt. Lindtberg), Rösslwirtin (Weißes Rössl) Volksoper Wien, u. a. 1956-60 7 Spielfilme; s. 1960 Fernsehen (u. a. Ltn. Gustl, Anatol, D. Hofloge, E. Phönix zuviel, Tee u. Sympathie, Donauwalzer, 1985) - 1986 Bayer. Filmpreis (f. Film Donauwalzer); 1988 Goldene Kamera (f. Fernsehfilm D. andere Leben) - Spr.: Engl.

HOERBURGER, Felix

Dr. phil., Prof., Musikwissenschaftler - Salzstr. 1, 8229 Ainring - Geb. 9. Dez. 1916 München - Promot. 1941; Habil. 1963 - S. 1963 Lehrtätigk. Univ. Erlangen-Nürnberg u. Regensburg (1970; 1971-79 apl. Prof. f. Musikwiss., insb. musikal. Volks- u. Völkerkd.) - BV: u. a. D. Tanz m. d. Trommel, 1954; D. Zwiefachen, Gestaltung u. Umgestaltung d. Tanzmelodien, 1956; Volkstanzkd., 2 Bde. 1961/64; Musica vulgaris. Lebensges. d. instrumentalen Volksmusik, 1966; Volksmusik in Afghanistan, 1969; Stud. z. Musik in Nepal, 1975. Schriftstellerische Arb. auf d. Geb. d. mundartl. Nonsenslit. Viele Einzelarb.

HÖRCHNER, Franz

Dr. med. vet., o. Prof. f. Parasitologie FU Berlin u. gf. Dir. Inst. f. Parasitol. u. Tropenveterinärmed. FU Berlin - Bergengruenstr. 55c, 1000 Berlin 37.

HÖRDEMANN, Karl-Otto

Dr. rer. pol., Vorstandsmitglied i. R. - Brandbruchstr. 8, 4600 Dortmund 30 (T. 0231 - 46 58 76) - Geb. 22. Okt. 1925 Kassel - Zul. Vorst.-Mitgl. RHENUS AG, Dortmund.

HOERDER, Dirk

Dr. phil., M. A., Prof. f. Sozialgeschichte d. USA Univ. Bremen (s. 1977) - Postf. 330440, 2800 Bremen; priv.: Fichtenweg 8, 2862 Worpswede 1 - Geb. 15. Mai 1943 (Vater: Rolf H., Richter; Mutter: Johanna, geb. Koch), T. Anna - Abitur 1963; Stud. Univ. Hamburg, FU Berlin, Univ. of Minnesota; Promot. Dr. phil., 1971; Master of Arts 1968 - 1970-73 Wiss. Assist. FU Berlin, 1973-74 John F. Kennedy Memorial Fellow, Harvard Univ., 1974-75 Charles Warren Fellow, Harvard Univ. - BV: Crowd Action in Revolutionary Massachusetts, 1765 b. 1780, New York 1977; Protest, Direct Action, Repression, München 1977 (Hrsg.); Berichte dt. Diplomaten u. Agenten üb. d. amerikan. Arbeiterbewegung 1878-1917, München 1981; Labor Migration in the Atlantic Economies, Westport Ct. 1985 (Hrsg.); Struggle a Hard Battle: Working-Class Immigrants, De Kalb, III 1986 (Hrsg.) - Spr.: Engl., Franz.

HOEREN, Jürgen Peter

M.A., Dipl.-Theol., Journalist - Schartenbergstr. 42, 7570 Baden-Baden 23 (T. 07223 - 65 67) - Geb. 28. Nov. 1946 Duisburg (Eltern: August u. Anna H.), kath., verh. s. 1972 m. Margarethe, geb. Silber, 2 Kd. (Claudia, Markus) - Univ. Münster, Freiburg, Taipeh/Taiwan (Dipl. theol., M.A.) - Stv. Abt.leit. Südwestfunk (Kirchenfunk), Vorst.-Mitgl. b. Kath. Bibelwerk, Stuttgart - BV: China - Gesch., Probl., Perspektiven, 1981; Heilkraft d. Glaubens, 1983; Gottesbilder, 1988 - Spr.: Engl., Franz., Chines.

HOERES, Walter

Dr. phil., Prof. f. Philosophie - Schönbornstr. 47, 6000 Frankfurt/M. (T. 51 46 59) - Geb. 6. Mai 1928 Gladbeck/W. (Vater: Dr. Otto-Josef H., Regierungsrat, Verf. steuerrechtl. Werke; Mutter: Anna, geb. Lanser), kath., verh. s. 1963 m. Barbara, geb. Fritsch - Stud. Phil., Kath. Theol., Soziol., Päd. Promot. 1951 Frankfurt/M.; Habil. 1957 Salzburg - Lehrtätigk. Univ. Salzburg (1957 ff.; Doz. u. ao. Prof. Phil. Inst./Theol. Fak.) u. Päd. Hochsch. Freiburg/Br. (1963 ff.; Prof.). CDU - BV: Sein u. Reflexion, Bd. XI Forschungen z. neueren Phil. u. ihrer Gesch., 1956; D. Wille als reine Vollkommenheit nach Duns Scotus, Bd.

I Salzbg. Studien z. Phil., 1962; Kritik d. transzendentalphil. Erkenntnistheorie, 1969.

HOERING, Walter
Dr. phil., Dr. rer. nat., Dipl.-Phys., Prof. Philosoph. Seminar/Univ. Tübingen - Bursagasse 1, 7400 Tübingen 1.

HÖRLER, Rolf
Lehrer, Schriftst. - Seestr. 15, CH-8820 Wädenswil (T. 01-780 66 06) - Geb. 26. Sept. 1933 Uster (Kanton Zürich), kath. - Klostersch. St. Gallen; Lehrersem. Mariaberg Rorschach - Lehrer in Burgau, Flawil, Zürich u. Richterswil - BV: Lyrik, Prosa, Hörsp., Einakter, u.a.: Zwischenspurt f. Lyriker, 1973; Abgekühlt v. Sommer war d. Luft, 1977; Hilfe kommt vielleicht aus Biberbrugg, 1980; Windschatten, 1981; Auswärtsspiele, 1983; Vereinzelte Aufhellungen, Ausgew. Ged. 1984 - 1976 Conrad Ferdinand Meyer-Preis.

HÖRMANDINGER, Rudolf
Betriebswirt, Geschäftsf. Verb. d. Verlage u. Buchhandlungen in Nordrh.-Westf. - Marienstr. 41, 4000 Düsseldorf 1 - Geb. 26. Juni 1945.

HÖRMANN, Georg
Dr. med., em. o. Prof. f. Geburtshilfe u. Frauenheilkunde - Pacelliallee 29, 1000 Berlin 33 (T. 8 32 86 31) - Geb. 31. Mai 1914 Oldenburg/O., ev., verh. s. 1941 m. Lieselotte, geb. Kaiser (Kiel), 1 Kd. - Univ. Heidelberg, Königsberg, München, Kiel - 1947-63 Privatdoz. u. apl. Prof. (1953) Univ. Kiel (1961 komm. Dir. Frauenklinik); s. 1963 ao. u. o. Prof. (1966) FU Berlin (Dir. Frauenklinik Städt. Krkhs. Moabit bzw. Klinikum Steglitz); emerit. 1982 - BV: Sulfonamide in Frauenheilkd. u. Geburtshilfe, 1946; Systemat. klin. u. morpholog. Unters. üb. d. entwicklungsunfäh. Schwangerschaft, 1949; D. Kieler Univ.s-Frauenklinik u. Hebammen-Lehranstalt 1805-1955, 1955 (m. E. Philipp). Handbuchbeitr.: D. menschl. Plazenta, m. H. Lemtis; D. Chorionzotten d. menschl. Plazenta untersucht m. elektronenopt. Methoden, m. R. Herbst; Morpholog. Plazentadiagnostik (Schwalm-Döderlein, Bd. III), D. Genitalverletz. (Käser-Friedberg-Ober-Thomsen-Zander, Gynäk. u. Geburtsh.).

HÖRMANN, Helmut
Dr. phil., Prof., wiss. Gruppenleiter Max Planck-Inst. f. Biochemie Martinsried b. München - Am Schloßpark 12, 8035 Gauting (T. 089-850 46 68) - Geb. 24. Mai 1926, kath., verh. s. 1957 m. Christel, geb. Beige, 2 Kd. (Reinhold, Ingrid) - Promot. (Chemie) 1951 Univ. Innsbruck, Habil. (Biochemie) 1966 Univ. München.

HÖRMANN, Hermann
Fabrikant, pers. haft. Gesellsch. Hörmann KG., Amshausen, Steinhagen, Freisen (Saar), Bielefeld, Werne a. d. L., Eckelhausen (Saar), Verkaufsgesellsch. Hörmann KG Steinhagen, Steinhagen-Brockhagen, Hörmann KG Anstriebs- u. Steuerungstechnik, Marienfeld; Vorst.: Fachverb. Stahlblechverarb., Hagen; VdAR: N. V. Hörmann Belgié S. A., Genk, Belgien - Geb. 14. Sept. 1912 Steinhagen (Vater: Fabr.) - S. 1944 Leit. väterl. Untern. (gegr. 1935) - 1986 Offz. d. Ordens Leopold II (Belgien).

HÖRNER, Dieter
Journalist, MdL Rhld.-Pfalz - Mörlheimer Str. 22, 6741 Bornheim - Geb. 23. April 1941 - CDU.

HÖRNER, Hadwig
Dr. phil., Prof. f. Klass. Philologie Univ. Frankfurt - Gräfstr. 76, 6000 Frankfurt/M.

HÖRNER, Heinz
Dr. rer. pol., Dipl.-Kfm., Vorstandsvorsitzer Volksbank Öhringen eG - Zum Römerbrunnen 10, 7110 Öhringen (T. 07941 - 69 01 27) - Geb. 22. Aug. 1930 Öhringen, ev., verh. s. 1961 m. Ingeborg, geb. Heyder, 3 Kd. (Gabriele, Wolfgang, Klaus Dieter) - Gymn., Abit. 1950; Banklehre, Wirtschaftswiss. Univ. Mannheim, Dipl. 1955, Promot. 1958 ebd. - 1955/56 wiss. Mitarb. Univ. Mannheim; 1958/59 Zentralkasse Südwestdt. Volksbanken Karlsruhe, s. 1960 Volksbank Öhringen, Bevollm., stv. Vorstandsmitgl., Vorstandsmitgl., Vorstandsvors., AR-Mitgl. Genossenschaftl. Zentralbank AG Stuttgart, Mittelständ. Kreditbank eG Stuttgart; stv. Mitgl. Verbandsrat BVR, Bonn; stv. Beiratsvors. Bausparkasse Schwäbisch Hall AG - Liebh.: Tennis, Ski, Philatelie - Spr.: Engl., Franz.

HÖRNER, Horst

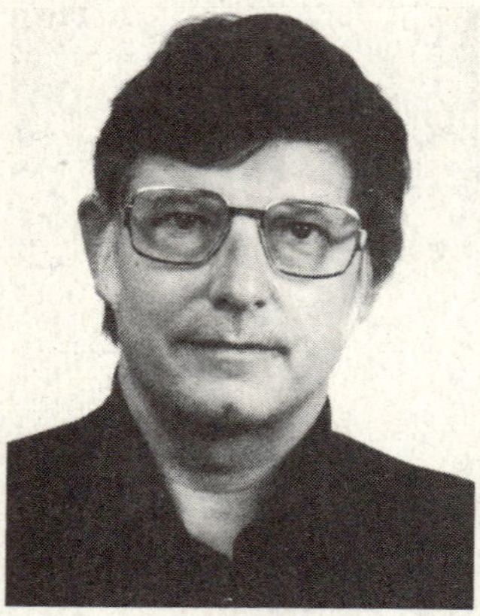

Dr. phil., Prof. f. Schulpädagogik PH Heidelberg - v.-d.-Tann-Str. 62, 6900 Heidelberg - Geb. 19. Sept. 1933 Heidelberg, verh. s. 1957 m. Joan-Louise, geb. Möller, 3 Kd. - Gymn.; Lehrerex.; Schuldst.; daneb. Stud. Psychol., Päd. u. Psychopathol. Univ. Heidelberg; Promot. 1969 - Lehrbeauftr. Univ. Heidelberg (1969 Doz.); 1972 Prof. f. Schulpäd. PH Heidelberg, s. 1986 Rektor - Veröff. z. Vergl. Erziehungswiss., Friedenspäd, Kreativität, Unterrichtsplanung sow. zahlr. fachwiss. Übers. aus d. Schwed.

HÖRNICKE, Heiko
Dr. med. vet., o. Prof. f. Zoophysiologie, Fachtierarzt f. Versuchstierkunde - Eichbergstr. 61, 7420 Münsingen - Geb. 17. Jan. 1927 Königsberg (Vater: Dr. med. Carl H., Arzt; Mutter: Dr. med. Elisabeth, geb. Steding, Ärztin), ev., verh. s. 1958 m. Christel, geb. Tiedje, S. Klaus - 1944-49 Tierärztl. Hochsch. Hannover. Promot. u. Habil. Hannover - S. 1950 Univ. Göttingen (Physiol. Inst.), Max-Planck-Inst. f. Med. Forsch. Heidelberg (1952), TiäH Hannover (1954-70 Physiol. Inst.), Univ. Hohenheim (1970-87 Ord.). Mitgl. Dt. Physiol. Ges. - 1966 Henneberg-Lehmann-Preis, 1979 Preis f. Versuchstierforschung (1. Träger) - Spr.: Engl., Franz.

HÖRNING, Karl Heinz
Dr. rer. pol., Prof., f. Soziologie RWTH Aachen - Zu erreichen üb. Inst. f. Soziologie RWTH, Kármán-Forum, 5100 Aachen (T. 0241-80 60 93) - Geb. 19. Okt. 1938 Heidelberg, verh., 1 Kd. - Stud. Soziol. u Wirtschaftswiss. Univ. Heidelberg, München u. Mannheim (Dipl. u. Promot. 1966), Habil. 1972 Bochum; 1966/67 Postdoctorat Fellow Harvard Univ. - 1967-69 Assist. Prof. State Univ. of New York; o. Prof. GHS Kassel; s. 1979 Aachen - BV: Secondary Modernization, 1970; D. neue Arbeiter, 1971; Soz. Ungleichheit, 1976; Gesellschaftl. Entw. u. soz. Schichtung, 1976; Bildungsexpansion u. Beschäftigungspolitik, 1979; Soziol. d. Berufs, 1981; Angest. im Großbetr., 1982.

HÖROLDT, Dietrich
Dr. phil., Ltd. Städt. Archivdirektor, Leit. Stadtarchiv Bonn - Schenkendorfstr. 14, 5300 Bonn 2 - Geb. 4. Dez. 1927, ev., verh. s. 1959 m. Renate, geb. Philipps, 3 Kd. (Hans Wilhelm, Ulrike, Barbara) - 1948-50 Ausbild. Landesarchiv Magdeburg z. Staatl. gepr. Archivar (geh. Dienst); 1950-57 Stud. Univ. Berlin, Münster, Bonn; Promot. 1956 - 1957-59 Archivrefer. Bundesarchiv, 1959 Archivass.; 1959-64 Landesarchivass. u. - Rat Archivberatungsst. Rheinl. in Köln; s. 1965 Leit. Stadtarchiv u. d. Wiss. Stadtbibl. Bonn - BV: D. Stift St. Cassius zu Bonn, 1957; Inventar d. Arch. d. Pfarrkirche St. Lambertus in Düsseldorf, 1963; 25 J. Bundeshauptstadt Bonn, 1974; Inventar d. Burgarch. Rösberg, 1981; V. Römerkastell z. Bundeshauptstadt, 4. A. 1985 (m. Edith Ennen); Bonn - ehem., gestern, heute, 1983.

HOERSCHELMANN, von, Wolf
Ministerialdirigent, Leiter Abteilung Öffentliche Sicherheit im Hess. Innenministerium - Friedrich-Ebert-Allee 12, 6200 Wiesbaden (T. 06121-35 33 80) - Geb. 5. Jan. 1940 Berlin; verh. s. 1966 m. Monika, geb. Hinz, 2 Kd. (Olaf, Celia) - Gymn. in Frankfurt a.M. u. Paris; Stud. Rechtswiss. Univ. New York u. Frankfurt a.M. - Fachveröff. - Liebh.: Alte Gesch., Malerei - Spr.: Engl., Franz.

HÖRSCHGEN, Hans
Dr. oec. publ., Dipl.-Kfm., o. Prof. f. Betriebswirtsch.lehre Univ. Hohenheim, Leit. Forsch.stelle f. Angew. Marketing (FORAM) - Im Asemwald 22, 7000 Stuttgart 70 (T. 72 17 51) - Geb. 1. Dez. 1936 Mülheim/R. (Vater: Ernst H., Ing.; Mutter: Gertrud, geb. Schade), ev., verh. s. 1973 m. Anne, geb. Autengruber, Tocht. Eva Katharina - Univ. Marburg (Volksw.) u. München (Betriebsw.) - BV: Der zeitliche Einsatz d. Werbung, 1967; Grundzüge d. Marketing, 3. A. 1976 (m. F. Böcker, D. v. Eckardstein u. a.); Marketing, 15. A. 1988 (m. R. Nieschlag, E. Dichtl); Grundbegr. d. Betriebswirtschaftslehre, 2. A. 1987 - Spr.: Engl.

HÖRSCHLER, Josef
Rechtsanwalt, gf. Vors. Verb. d. Arzneimittel-, Drogen-, Körperpflege- u. Seifengroßhandels f. d. Dt. Bundesgebiet, Köln (vorher Geschäftsf.) - Ingendorfer Weg 56, 5000 Köln 30.

HÖRSTEBROCK, Reinhard
Dr. med., Prof., Pathologe, ehem. Leit. Prosektur Oldenburg - Wechloyer Weg 121, 2900 Oldenburg/O. (T. 7 28 25) - Geb. 30. Juli 1911 Ibbenbüren/W. (Vater: Hans H., Pfarrer; Mutter: Helene, geb. Herbener), verh. s. 1942 m. Hilde, geb. Barckhausen - S. 1952 (Habil.) Privatdoz. u. apl. Prof. Univ. Münster.

HOERSTER, Horst
Industriekaufmann, Generalbevollm. Direktor Siemens AG, Leiter Außenstellen Bonn u. Frankfurt - Am Wichelshof 40, 5300 Bonn 1 - Geb. 5. Okt. 1925 Mailand (Vater: Heinrich H.; Mutter: Luise, geb. Werner), verh. s. 1955 m. Merona, geb. Aghababian - Spr.: Engl., Franz., Ital.

HÖRSTER, Joachim
Bürgermeister, MdL Rhld.-Pfalz - Waldstr. 11, 5438 Westerburg - Geb. 26. März 1945 - CDU.

HOERSTER, Norbert
Dr. jur., Dr. phil., M.A., o. Prof. f. Rechts- u. Soz.phil. Univ. Mainz (s. 1974) - Saarstr. 21, 6500 Mainz - Geb. 15. März 1937 Lingen (Vater: Ferdinand H., RR; Mutter: Maria, geb. Sunder-Plaßmann), verh. s. 1985 m. Dorothea, geb. Syfus - BV: Utilitarist. Ethik u. Verallgemeinerung, 1971 (span. 1975) Herausg.: Texte z. Ethik (1976), Klass. Texte d. Staatsphil. (1976), Recht u. Moral, Texte z. Rechtsphil. (1977), Glaube u. Vernunft, Texte zur Religionsphil. (1979), Klassiker d. philos. Denkens, 2 Bd. (1982); Religionskritik (1984) - Spr.: Engl.

HÖRTER, Rudolf H.
Dr. jur., Generaldirektor i. R. - Wildenbruchstr. 31, 6000 Frankfurt/M. (T. 52 49 96) - Geb. 21. Juni 1908 Ludwigshafen/Th. (Vater: Rudolf H., Dir.; Mutter: geb. Müller), verh. s. 1937 m. Annelies, geb. Hoffmann - Stud. In- u. Ausl. (Cambridge, Paris, Madrid, Sevilla) - U. a. IG Farben, 1950-73 Linotype GmbH., Frankfurt/Berlin (zul. Vors. d. Geschäftsfg.) u. Gf. Mergenthaler Setzmaschinen-Fabrik GmbH., Frankfurt - Liebh.: Bibliophilie, Malen, Skilaufen, Tennis - Spr.: Engl., Franz., Ital., Span.

HÖRTER, Willi
Bauingenieur, Oberbürgermeister - Hammpfad 2, 5400 Koblenz-Karthause (T. 4 41 52) - Geb. 13. Jan. 1930 Koblenz, kath., verh., 2 Kd. - Mittelsch. Koblenz; Maurerhandw.; 1949-51 Höh. Techn. Lehranstalt Trier (Tiefbauing.) - S. 1951 Bauamt Koblenz u. Landesstraßenverw. Rhld.-Pf. Mainz (1956). S. 1956 Mitgl. Stadtrat u. Oberbürgerm. (1972) Koblenz (1964 ff. Fraktionsvors.). 1965-75 MdL Rhld.-Pf. (1971-72 Fraktionsvors.). CDU s. 1951.

HOESCH, Edgar
Dr. phil. (habil.), Prof., Historiker - Geschw.-Scholl-Pl. 1, 8000 München 22 - Geb. 20. Aug. 1935 Aschaffenburg - B. 1967 Univ. München (Privatdoz.), dann Univ. Saarbrücken (apl. Prof.; Abt.s-vorst.), 1971-75 Univ. Würzburg (o. Prof.), s. 1975 Univ. München. Vorles. üb. Gesch. Ost- u. Südosteuropas. Fachveröff., auch Bücher.

HÖSCH, Willi
Dr., Rechtsanwalt, Geschäftsführer AKA Ausfuhrkredit GmbH, Ges. zur Finanzierung v. Industrieanlagen mbH, Liquiditäts-Konsortialbank GmbH, Vorst.-Mitgl. Privatdiskont AG, AR-Mitgl. WWK Lebensversich. a. G., WWK Allg. Versich. AG - Im Rehwinkel 4, 6056 Heusenstamm 2 - Geb. 1. April 1925 Alexanderhütte/Bayern, verh. s. 1962, 2 Kd.

HÖSE, Friedrich
Staatssekretär Nieders. Ministerium d. Justiz - Am Waterlooplatz 1, 3000 Hannover (T. 0511 - 12 01) - Zul. Staatssekr. Nieders. Innenmin.

HÖSL, Hans
Oberbürgermeister (s. 1984) - Rathaus, 8390 Passau/Donau - CSU.

HÖSLE, Johannes
Dr. phil., o. Prof. f. Romanistik (s. 1968) - Prebrunnallee 1, 8400 Regensburg (T. 2 31 46) - Geb. 25. Febr. 1929 Erolzheim b. Biberach/Riß (Vater: Johannes H., Schuhmacherm.; Mutter: Klara, geb. Veit), verh. s. 1955 m. Carla, geb. Gronda, 3 Kd. (Vittorio, Clara, Adriana) - Gymn. Ehingen/D.; Univ. Tübingen u. Poitiers (Roman., German., Angl.) - Promot. Tübingen 1954; 1956-65 Lektor u. Lehrstuhlvertr. Univ. Mailand; 1960-65 Leit. Dt. Bibl. (Goethe-Inst.) Mailand; Habil. Tübingen 1967 - BV: Cesare Pavese, 1961, 2. A. 1964; Pietro Aretinos Werk, 1969; A. Manzoni. D. Verlobten, 1974; Molières Komödie „Dom Juan", 1978; Grundzüge d. ital. Lit. d. 19. u. 20. Jhs., 1979; Die katalanische Lit. v. d. Renaixença bis z. Gegenwart, 1982; D. ital. Theater v. d. Renaissance b. z. Gegenreformat., 1984; Molière. S. Leben, s. Werk, s. Zeit, 1987. Herausg.: Texte zum Antipetrarkismus, 1970; Fs. K. Wais, 1972; Herausg. u. Übers.: Katalanische Erzähler, 1978; Erzählungen d. ital. Realismus, 1985; Mithrsg. u. Übers. Katalan. Lyrik, 1970; Mithrsg. Ital. Lit. d. Gegenwart i. Einzeldarst., 1974; K. Wais: Europ. Lit. im Vergleich, 1983.

HÖSS, Dieter
Grafiker, Satiriker - Marsdorfer Str. 58-60, 5000 Köln 40 (T. 0221 - 8 81 50) - Geb. 9. Sept. 1935, verh. s. 1964, 1 Kd. - Kölner Werkschule, graph. Lehre, Abit. Abendgymn. Köln - 10 J. freischaff. Grafiker, daneb. erste satir. Arb. f. d. Simpicissimus, seith. Veröff. in d. Süddt.

Ztg., im Stern, in d. Zeit u.v.a. mehr sow. im Funk u. FS - BV: ... an ihren Büchern sollt ihr sie erkennen, 1966; ... an ihren Dramen sollt ihr sie erkennen, 1967; Schwarz-Braun-Rotes Liederb., 1967; D. besten Limericks, 1973; Wer einmal in d. Fettnapf tritt, 1973; HÖSSlich bis heiter, 1979; Kanal voll, 1980; Olympericks, 1983; Fortschritt d. Menschheit, 1985.

HÖSS (ß), Irmgard

Dr. phil., Prof., Historikerin - Balthasar-Neumann-Str. 76, 8500 Nürnberg 30 (T. 57 17 99) - Geb. 1. Nov. 1919 Nürnberg (Vater: Dr. jur. Hermann H., Synd.; Mutter: Elsa, geb. Linck), ev., led. - Lyz. Jena; Lehre Verlags- u. Sortimentsbuchhandel Weimar u. Jena; Univ. München u. Jena (Gesch., German., Kirchengesch.; Promot. 1945). Habil. 1951 Jena - 1945-58 Assist., Doz. (1952) u. Prof. m. Lehrauftr. f. Mittelalterl. Gesch. (1956) Univ. Jena; s. 1958 wiss. Mitarb. Münchner Histor. Kommiss.; s. 1962 apl. Prof. Univ. Erlangen bzw. Erlangen-Nürnberg (1968/69 Lehrstuhlvertr.), s. 1978 Extraordinaria ebd., s. 1985 i. R. - BV: D. dt. Stämme in d. Zeit des Investiturstreites, 1945 (Dissertation; als Mikrofilm 1951); Georg Spatalin - Ein Leben in d. Zeit d. Humanismus u. d. Reformation, 1956, 2. A. 1989. Mitverf.: Gesch. Thüringens, in: H. Patze/W. Schlesinger, D. Zeitalter d. Humanismus u. d. Reformation (Bd. III 1967). Div. Einzelveröff. - Bek. Vorf.: Prof. Gottlob Linck, Mineraloge, Jena, 1858-1947 (Großv. ms.).

HÖSS (ß), Josef

Dr., Oberbürgermeister (s. 1970) - Rathaus, 8960 Kempten (Allgäu) - 25. Dez. 1931 Aach - Zul. Stadtkämmerer.

HÖTZEL, Dieter

Dr. agr., o. Prof. f. Ernährungswissenschaft - Lahnstr. 8, 5205 St. Augustin 2 (T. Inst. 73 36 80) - Geb. 3. April 1929 Eisenach/Thür. (Vater: Paul H., Finanzbeamter; Mutter: Anni, geb. Mansfeld), ev., verh. s. 1953 (Berlin) m. Gudrun, geb. Krütze, 2 Söhne (Matthias, Oliver) - Stud. Univ. Jena, Berlin u. Bonn; Promot. 1955 (agr.) Bonn; Habil. (med.) 1961 Gießen - S. 1961 Lehrtätigk. Univ. Gießen (1963 Doz., 1966 Wiss. Rat u. Prof.) u. Bonn (1968 Ord. Prof. u. Inst.-Dir.). 1963-64 Tätigk. Cornell Univ. Ithaca (USA). Div. Mitgl.sch., u.a. Präs. ISFE u. GEN, Rückständekommiss. DFG, Bundes-Gesundheitsrat, Präsidiumsmitgl. DGE, Sprecher Arbeitskr. Jodmangel. Üb. 150 Fachveröff. (aus versch. Geb. d. EW) - 1968 Fellow American Inst. of Nutrition - Spr.: Engl.

HÖTZEL, Norbert

Dr. theol. - Heidhauser Str. 182, 4300 Essen 16 - Geb. 22. Okt. 1923 Beckern/Schles., kath. - Zul. Ord. Phil.-Theol. Hochsch. Fulda - BV: D. Uroffenbarung im franz. Traditionalismus, 1962.

HÖTZER, Ulrich

Dr. phil., Prof., Hochschullehrer (PH) f. Didaktik der dt. Sprache u. Lit. Edition - Pfalzhaldenweg 8, 7400 Tübingen (T. 07071 - 21 27 12) - Geb. 18. Okt. 1921 Stuttgart (Vater: Karl H., Volkssch.lehrer; Mutter: Gertrud, geb. Azone), ev., verw., 3 Kd. (Christiane, Bettina, Andreas) - Ev.-theol. Seminare Schöntal/Urach, Univ. Tübingen, Heidelberg, dt., latein. u. engl. Philologie; Dr. phil. 1950 (Phil. Fak. Univ. Tübingen). Lehrer an Gymnasien (Stuttgart), Doz./Prof. an PHen (Stuttg., Ludwigsburg, Weingarten) - BV: D. Gestalt d. Herakles in Hölderlins Dichtung, 1956. Hrsg.: E. Mörike: Hist.-krit. Ausg., Bd. 8,1 (1976), Bd. 8,3 (1981).

vom HÖVEL, Gerd

Dipl.-Kfm., Direktor, Geschäftsf. Münchener Messe- u. Ausstellungsges. mbH., Vizepräs. Intern. Union d. Bauzentren (UICB), München (s. 1983) - Säbener Str. 150, 8000 München-Harlaching (T. 642 19 34) - Geb. 24. Nov. 1929 Gladbeck (Vater: Max v. H., Arzt; Mutter: Grete, geb. Mersmann), kath., verh. s. 1962 m. Edith, geb. Geldner, 2 Töcht. (Doris, Marion) - Gymn.; Univ. München (Dipl.-Kfm. 1955) - 1955-65 Organisations-, Verkaufsleit. m. HV in Groß- u. Einzelhandelskonzern; s. 1965 Dir. Bauzentrum München. Vorst. nation. u. intern. Org. - 1983 BVK I. Kl. - Liebh.: Segeln, Wandern, Reisen - Spr.: Engl.

HÖVEL, Paul

Dr. phil., Verlagsdirektor i. R. - Kaiserswerther Str. 4, 1000 Berlin 33 (T. 832 65 49) - Geb. 31. Aug. 1904 Mönchengladbach (Vater: Wilhelm H., Kaufm.; Mutter: Johanna, geb. Deussen), ev., verh. s. 1936 m. Elisabeth, geb. Möller, 2 Kd. (Uta, verehel. Rummelspacher; Prof. Dr.-Ing. Wolfhard) - 1924-33 Stud. Theol., Gesch., Nationalök., Staatswiss. Tübingen, Bonn, Marburg, Münster, Heidelberg. Promot. 1933 Heidelberg (m. wirtschaftswiss. Diss.) - 1933-34 Univ.inst. f. Sozial- u. Staatswiss. Heidelberg (Assist. bei Prof. Arnold Bergstraesser), dann Wirtschaftsst. d. dt. Buchhandels, Berlin (Leit.), 1945-72 Springer-Verlag, Berlin/Heidelberg/New York (1961 Dir.). S. 1961 Vors. Dt. Kultur-Gemeinsch. Urania Berlin (mitbegr.), 1979 Ehrenvors. - Plak. Börsenverein d. dt. Buchhandels (Förderer d. dt. Buches) - Liebh.: Zeit- u. Kulturgesch., Wandern.

HÖVELS, Otto

Dr. med., em. o. Prof. f. Kinderheilkunde - Theodor-Stern-Kai 7, 6000 Frankfurt/M. - Geb. 26. März 1921 Mülheim/Ruhr (Vater: Otto H., Regierungsobersekr.), ev., verh. s. 1944 m. Irmgard, geb. Meyer, 2 Söhne (Christoph, Wendelin) - Univ. Göttingen. Med. Staatsex. 1946 - 1946-48 Physiol.-Chem. Inst. Univ. Göttingen (Assist.); 1948-56 Univ.-Klinderklinik Frankfurt/M. (Assist.; Privatdoz.); 1956-63 Univ.-Kinderklinik Erlangen (Oberarzt; 1959 apl. Prof.; 1963-65 Städt. Kinderklinik Nürnberg (Vorst.); 1965-71 Univ.-Kinderklinik Frankfurt (Dir.; o. Prof.); 1971-75 Dekan Fachber. Humanmed., ebd., Leit. Abt. Allg. Pädiatrie I/Zentrum d. Kinderheilkd., s. 1986 emerit. Zahlr. Facharb. Mitarb.: Opitz-de Rudder, Pädiatrie; Fanconi-Wallgren, Lehrb. d. Pädiatrie; von Harnack, Kinderheilkd. Schriftleit.: Kinderheilkd. (Monatsschr.) - 1970 Ernst-von-Bergmann-Plak., 1986 BVK I. Kl. - Liebh.: Reiten - Spr.: Engl., Franz. - Rotarier.

HÖVER, Albert

Bürgermeister a. D. - Brückstr. 51, 4030 Ratingen (T. 2 15 96) - Geb. 1. Mai 1911 Anrath b. Krefeld (Vater: Michael H., Uhrmacher; Mutter: Helene, geb. Franken), kath., verh. s. 1940 m. Hildegard, geb. Geuter, 4 Kd. (Michael, Adelheid, Roswita, Christoph) - Oberrealsch. (Abit. 1930); Rechtspflegerausbild. - Ref. Justizmin. Nordrh.-Westf. (u. a. Min.rat); 1961-63 Bürgerm. Ratingen. S. 1956 Stadtverordn. Ratingen; 1962-66 MdL NRW. CDU - BV: Gerichtl. Kostenbestimmungen, 1951; Kosten in Landw.ssachen, 1955; Gesetz üb. d. Entschädig. v. Zeugen u. Sachverst., Kommentar 1957 - 1982 BVK I. Kl.

HÖVERMANN, Jürgen

Dr. rer. nat., o. Prof. - Nelkenweg 10, 3410 Northeim-Hillerse (T. 05551 - 33 86) - Geb. 15. März 1922 Muschaken (Ostpr.) - Habil. Göttingen - 1951-60 Privatdoz. u. apl. Prof. Univ. Göttingen; 1961-72 o. Prof. FU Berlin; s. 1972 o. Prof. Univ. Göttingen - BV: Morphol. Unters. im Mittelharz, 1949; D. Entwickl. d. Siedlungsformen in d. Marschen d. Elb-Weser-Winkels, 1951. Üb. 80 Einzelarb. - 1958 Ehrenmed. Univ. Liège; 1967 Offiziերskreuz Rep. Tchad; 1978 Ehrenmitgl. Soc. Serbe de Géographie; 1984 Ehrenmitgl. Geogr. Ges. Lübeck; 1987 Ehrenprof. am Xian College of Geology (VR China).

HÖYNCK, Klaus-Martin

Stv. Chefredakteur Fränkisches Volksblatt, Würzburg - Grundweg 10a, 8702 Waldbüttelbrunn (T. 0931 - 40 96 60) - Geb. 13. Febr. 1942 Berlin.

HÖYNCK, Rainer

Journalist - Zu erreichen üb. RIAS Berlin, Kufsteiner Str. 69, 1000 Berlin 62 (T. 8503 467) - Geb. 10. Juni 1927 Berlin (Vater: Hans H.) - N. Abitur Volont. D. Tagesspiegel, Berlin, Redakteur RIAS Berlin (s. 1948), Kritiker f. Theater, Film, bild. Kunst. S. 1958 auch Fernsehen ARD - BV: Werther Geschäftsfreund, Feuill. 1959. Mithrsg. u. Mitverf.: Berlin auf d. 2. Blick, Fotob. 1980; D. Berlin-Buch, 1986; Blickwechsel - 25 J. Berliner Künsterprogr., 1988. Libretti f. 2 Fernseh-Musicals. Buch u. Regie v. kulturellen Dokumentationen u. Features f. Hörfunk u. Ferns. Mitgl. Dt. Werkbund u. Intern. Theaterinst., Herausgebergremium Werk u. Zeit, Kurat. Werkbund-Archiv; Kultur-Korresp. Handelsblatt, Düsseldorf - Spr.: Engl. - Rotarier.

HOF, von, Friedrich Carl

Dipl.-Ing., Geschäftsf. Gesellschafter Friedrich v. Hof GmbH u. Co. KG, Tiefbauunternehm., Bremen, Präs. d. Bundesvereinig. d. Firmen im Gas- u. Wasserfach e.V., Köln, Vors. Rohrleitungsbauverb. ebd. - Gartenstr. 16, 2800 Bremen 44 - Geb. 11. Dez. 1926 - 1982 BVK I. Kl.; 1986 Gr. BVK.

HOFACKER, G. Ludwig

Dr. rer. nat., o. Prof. f. Theoret. Chemie TH München (s. 1968) - Kaiserstr. 56, 8000 München 40 (T. 39 58 00) - Herausg. intern. Ztschr. Chemical Physics.

HOFACKER, Winfried

Ing. (grad.), Verleger Ing. W. Hofacker GmbH. - Tegernseestr. 18, 8150 Holzkirchen (T. 08024 - 73 31) - Geb. 8. Juni 1944 Fulda (Vater: Christian H., Lehrer; Mutter: Josefine, geb. Reith), kath. - Elektrikerlehre; Stud. FHS, Ex. Würzburg 1968 - Ca. 130 Bücher auf d. Geb. d. Elektronik u. Microcomputertechnik; Herausg. d. ältesten Fachzeitschr. f. Microcomputer i. Deutschl. - Liebh.: Personal-Computing - Spr.: Engl.

HOFBERGER, Anton

I. Bürgermeister - Rathaus, 8064 Altomünster/Obb.; priv.: Dr.-Lang-Str. 1 - Geb. 16. Jan. 1921 Altomünster - Landw. CSU.

HOFE, von, Hans

Dr.-Ing., Prof., Direktor i. R. Schweißtechn. Lehr- u. Versuchsanstalt Duisburg d. Dt. Verb. f. Schweißtechnik (1958-75) - Hohendyk 106, 4150 Krefeld - Geb. 16. April 1912 Berlin (Vater: Prof. Dr. phil. Christian v. H., Ord. f. Militär. Erkundungstechnik (Optik) TH Berlin u. Wien (s. X. Ausg.); Mutter: Alma, geb. Dau), ev., verh. s. 1938 m. Hildegard, geb. Ahrweiler, 4 Kd. (Wybe, Peter, Detlef; Christian †) - TH Berlin (Promot. 1939) - Schweißtechn. Beratungsing.; 1954-75 SLV. S. 1950 Lehrbeauftr. u. Honorarprof. (1966-75) TH Braunschweig (Schweißtechn.) - Liebh.: Fotografieren, Kunstbücher, Völkerkd. (Etrusker, Kreter) - Spr.: Engl., Franz.

HOFER, Gunter

Dr. med., Akad. Direktor (Arbeitsbereich Vergl. Psychopathologie), apl. Prof. f. Psych. Med. Hochschule Hannover (s. 1971) - Tiergartenstr. 144, 3000 Hannover 71 - Geb. 12. Mai 1923 Göttingen (Vater: Ernst H.; Mutter: Hanna, geb. Henning), ev., verh. s. 1952 m. Ingeborg, geb. Hantelmann, T. Sibylle - Stud. Med. Berlin, Prag, Göttingen, Promot. 1951 Göttingen; Habil. 1967 MH Hannover - 1970-88 Leit. ob. Arbeitsgr. - BV: D. Mensch im Wahn, 1968; Psychiatrie - E. Einf., 1972, 2. A. 1976, 3. A. 1980 (Mitverf., span. u. türk. 1985). Herausg.: Imaginäre Welten - Gestalteter Wahn (1970), D. Wirklichk. d. Unverständlichen (1974), D. Sprache d. Anderen (1976). Film: D. transsex. Mensch (1974, franz. Fass., 1976).

HOFER, Helmut

Dr. phil., Dr. rer. nat. h. c., Prof., Zoologe - Zool. Inst. Univ. Kassel, Heinrich-Plett-Str. 40, 4500 Kassel; u. Tulane Univ. Covington, La. 70433, USA (emerit. 1977) - Geb. 22. Okt. 1912 Weißkirchen - Univ. Wien (Zool., Med. Paläontol.). Promot. (1937) u. Habil. (1944) Wien - Abt.-Leit. Museum f. Tierkd. Dresden; Assist. Univ. Wien (Zool. Inst.); Abt.-Leit. f. Primatologie Max-Planck-Inst. f. Hirnforsch. Gießen; 1965 Research Associate Delta Primate Center Tulane Univ. S. 1951 Lehrtätigk. Univ. Wien (Privatdoz.), Gießen (1956 apl. Prof.), Frankfurt/M. (apl. Prof.), Covington (1967 Prof.) - BV: Stammesgesch. d. Säugetiere (m. A. Thenius); D. Sonderstell. d. Menschen (m. G. Altner) - 1975 U. S. Senior Scientists Award d. Humboldt-Stiftung - Spr.: Engl.

HOFER, Hermann

Dr. phil., Prof. f. Roman. Philologie - Haspelstr. 26, 3550 Marburg/L. - Geb. 16. Dez. 1938 Bern/Schweiz (Eltern: Dr. rer. pol. Hermann u. Hélène H.), protest., gesch., 3 Kd. (Helene, Sylvie, Pascal) - Univ. Paris (Sorbonne), Bern, Besançon. Dr. ès lettres habil. 1970 - 1961-74 Sekundar- u. Gymnasiallehrer (1964); s. 1974 Prof. Univ. Marburg - BV: Barbey - E. verh. Priester, 1968; Présence de Balzac, 1970; Barbey et Berlioz, 1972; Barbey Romancier, 1974; Mercier précurseur et sa fortune, 1977; Lendemains Nr. 11, 1978; Nodier - D. Krümelfee, 1979; Barbey, Correspondance, Bd. I, 1980, Bd. II, 1982, Bd. III, 1983, Bd. IV, 1984, Bd. V, 1985, Bd. VI, 1986, Bd. VII, 1987, Bd. VIII, 1988, Bd. IX, 1989; Lendemains Nr. 25/26, 1982, Lendemains Nr. 31/32, 1983 - 1968 Prix d'Aurevilly; 1986 Orden Palmes Académiques.

HOFER, Manfred

Dr. rer. nat., o. Prof. f. Erziehungswissenschaft u. Päd. Psychol. - Neckargrün 6, 6800 Mannheim - Geb. 14. Juli 1942 Mailand/Ital. (Vater: Paul H., Beamter; Mutter: Vilma, geb. v. Szalay), verh. s. 1968 m. Ute, geb. Krauss, 3 T. (Kristin, Petra, Sabine) - Gymn.; Musikkonservat; Univ. Marburg u. Hamburg (Psych.; Dipl. 1966). Promot. 1969; Habil. 1976 - 1967-78 Wiss. Tätigk. Univ. Düsseldorf, Marburg (1969), Heidelberg (1971), Braunschweig (1978), Mannheim - BV: D. Schülerpersönlichk. im Urteil d. Lehrers, 1969; Theorie d. Angew. Statistik, 1975 (Lehrb.). Funkkolleg: Päd. Psych. 1974; Informationsverarb. u. Entscheidungsverh. v. Lehrern 1981; Forschungswörterb. 1982; Sozialpsych. erzieher. Handelns, 1986 - Liebh.: Musik (Cello, Klav.), Ski - Spr.: Ital., Engl. - Bek. Vorf.: Prof. Dr. Alfred Amonn, Nationalökonom, Bern (Großonkel).

HOFER, Walther

Dr. phil. (habil.), o. Prof. f. Neuere allg. Geschichte - Heckenweg 9, CH-3066 Stettlen, Kt. Bern (Schweiz) - Geb. 10. Nov. 1920 Kappelen, ev., verh. s. 1975 m. Margarita, geb. Penkova, 2 Kd. - Univ. Bern u. Zürich (Promot. 1947) - 1947-50 Assist. Univ. Zürich (Histor. Sem.) u. Doz. ETH ebd. (Militärgesch.), 1950-60 Gast-, Privatdoz. (1952), ao. (1954) u. o. Prof. (1959) FU Berlin (Wiss. v. d. Politik, insb. Gesch. u. Theorie d. ausw. Politik); s. 1960 o. Prof. Univ. Bern. 1963ff. Mitgl. schweiz. Parlam.; 1967ff. Mitgl. Europarat - BV: d. europ. Revolutionsjahr 1848, 1948; Geschichtsschreibung u. Weltanschauung, 1950; D. Entfesselung d. II. Weltkr., 2. A. 1955, Neuausg. 1984 (auch engl., jap., franz., ital., span.); Geschichte zw. Phil. u. Politik, 1956; D. Neutralität als Maxime d. schweiz. Außenpolitik, 1956 (auch engl.); D. Nationalsozialismus, 1957, Neuaufl. 1983 (auch jap., engl., ital., franz., span., portugies., holl., dän.); Dt. Geschichte 1933-39 (Handb. f. Dt. Gesch.), 1960 (auch engl. u. ital.); V. d. Freiheit u. Würde d. Menschen, 1962; Perspektiven d. Weltpolitik, 1964; D. Reichstagsbrand, 1972, Bd. II, 1978 - Herausg.: Wiss. im totalen Staat (1964); Europa u. d. Einheit Dtschl. (1970);

Mithrsg.: Friedrich Meineckes Werke u. Jahrb. d. Weltpolitik - Präs. Auslandschweizer-Org.; Mitgl. Patronat Menuhin-Akad. Gstaad; BVK - Liebh.: Musik - Spr.: Franz., Engl., Ital. - Lit.: U. Altermatt, J. Garamvölgyi (Hg.), Innen- u. Außenpolitik. Primat od. Interdependenz? Festschr. z. 60. Geb. v. W. H. (1980); Mächte u. Kräfte im 20. Jh. Ges. Aufs. u. Reden z. 65. Geb., hrsg. v. P. Maurer (1985).

HOFF, Gerd

Prof., Hochschullehrer f. Grundschulpäd. - Kaiser-Friedrich-Str. 17, 1000 Berlin 10 (T. 030 - 341 21 87) - Geb. 19. Dez. 1940 Berlin, ev., verh. s. 1988 m. Elyse A. Dodgson, geb. Kramer, 2 Kd. (Markus, Stefanie) - Geschäftsf. Dir. Inst. f. Interkulturelle Erziehung u. Bildung FUB Berlin - BV: Ausländerkinder im Konflikt (m. H. Essinger), 1981; Interkulturelle Päd. im intern. Vergleich (m. M. Borrelli), 1988 - Liebh.: Klass. Musik - Spr.: Engl.

HOFF, von, Hans-Viktor

Dr. phil., Dipl.-Volksw., Geschäftsführer Bundesverb. d. werbenden Buch- u. Zeitschriftenhandels - Pecher Hauptstr. 2c, 5307 Wachtberg-Pech (T. 0228 - 32 41 17; Telefax 0228 - 32 58 67) - Geb. 8. Nov. 1937, ev. - Stadtentwicklungsplaner in Herne u. Münster, Gemeindedir. a.d. - Wirtschafts- u. sozialgesch. Veröff. üb. d. Ruhrgebiet, 1968-78. Versch. Veröff. in d. Stadtentwicklungsplanung allg. sowie zu Teil- bzw. Fachentwicklungsplanung u. zu Medienfragen - Liebh.: Segeln, Reisen - Spr.: Engl., Franz.

HOFF, Heinz-Hermann

Regisseur, Schausp. - Kurhausstr. 12, 6690 St. Wendel (T. 06851-24 07) - Geb. 28. Sept. 1941 St. Wendel, kath., ledig - Abit.; Stud. German., Phil., Kunstgesch. u. Sprechwiss. Univ. d. Saarl. (Geprüf. Sprecherzieh.); Schauspielausb. (Dipl. 1965 Frankf.) - 1965 Lektor f. Sprecherzieh. Dolmetscher-Inst. d. Univ. d. Saarl.; 1967/68 Lektor (auch f. Schulspiel) theol. Fak. u. PH Trier; 1969/70 Lektor Univ. Gießen; dann Regiss. u. Schausp. Paderborn, Westf. Landestheater Castrop-Rauxel, Düsseldorf, Krefeld, Würzburg - Insz.: Himmel u. Erde, Draußen vor der Tür, Wildente, Helden, Furcht u. Elend d. 3. Reiches, Kunst d. Kom., Auf hoher See, Karol, Meine dicke Freundin, Bett voller Gäste, Herbst, Doktor Faustus, Arsen u. Spitzenhäubchen, So gut, so schlecht, Bremer Freiheit. Rollen: Aston, Mandelstam, Riccaut, Marat, Sergius Saranoff, Orin, Graf Dracula, Münzer, Jupiter, Artur, Illo, Shu Fu, u.a.

HOFF, Hellmut

Dr. phil., Botschafter a. D. - Eichhörnchenweg 2, 2110 Buchholz-Sprötze - Geb. 14. Mai 1924 Rellingen, verh. s. 1956 m. Waltraut, geb. Hawer, 2 T. - Stud. d. Gesch., Span., Völkerkd. Univ. Hamburg; Promot. 1955 - S. 1956 Ausw. Amt Bonn (Ausl.posten: Mexiko, Santiago de Chile, Kabul, Montreal, Asuncion, La Paz) - BVK I. Kl.; Gr. Kreuz Bolivien u. Paraguay; Komturkreuz Brasilien; u.a. - Spr.: Engl., Franz., Span.

HOFF, Kay

Dr. phil., Schriftsteller - Stresemannstr. 30, 2400 Lübeck (T. 0451 - 79 63 28) - Geb. 15. Aug. 1924 Neustadt/Holst., ev., verh. s. 1951 m. Marianne, geb. Schilling, 4 Kd. (Andreas, Gisela, Wolfgang, Claus) - 1945-49 Univ. Kiel (Psych., German., Kunstwiss.). Promot. 1949 - B. 1952 Bibliothekar, dann fr. Journ., 1958-67 Redakt. Neues Rheinland (Zweimonatsschr., Köln), 1970-73 Leit. Dt. Kulturzentr. u. Hirsch-Bibl., Tel Aviv - BV: In Babel zuhaus, Ged. 1958; Zeitzeichen, Ged. 1962; Bödelstedt oder Würstchen bürgerlich, R. 1966; E. ehrl. Mensch, R. 1967; Netzwerk, Ged. 1969; Drei - Anatomie e. Liebesgesch., R. 1970; Zwischenzeilen, Ged. 1970; W. reisen n. Jerusalem, R. 1976; Bestandsaufn., Ged. 1977; Hörte ich recht? Hörsp. 1980; Gegen d. Stundenschlag, Ged. 1982;

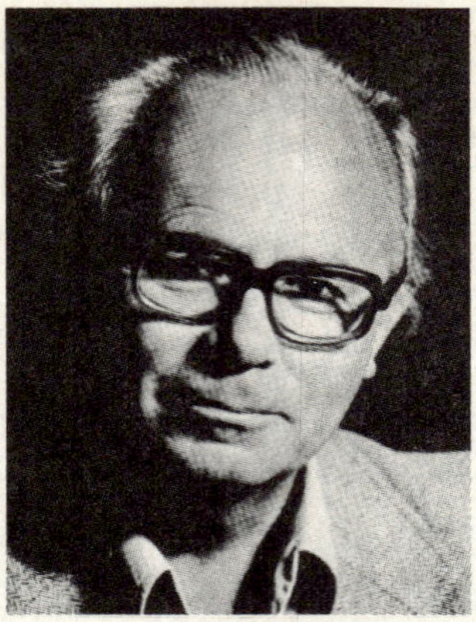

Janus, R. 1984; Z. Zeit, Ged. 1987; Zeit-Gewinn, Ges. Ged. 1953-1989, 1989. Hörsp. u. a. Kein Gericht dieser Welt, Nachtfahrt, Alarm, E. Unfall, D. Chance, Dissonanzen, Nachrufe, Inventur, Im Durchschnitt, Konzert an 4 Telefonen, Stimmen d. Libal, Totentanz f. Querflöte u. Solostimmen, Spiegelgespräch, E. Schiff bauen, Unkraut, Materialien zu e. Liebesr., Unterwegs (auch in d. Schweiz, Frankr., Großbrit., Israel, Jugosl., d. Niederl., Belgien, Dänem. u. Norw. gesendet) - 1957 Funkerzählungspreis Südd. Rundfunk, 1960 Förderpreis z. Gr. Kunstpreis d. Ld. Nordrh.-Westf., 1965 Ernst-Reuter-Preis, 1968 Georg-Mackensen-Preis; 1969 Mitgl. PEN-Zentrum BRD.

HOFF, Magdalene

Bauing., Dozentin, Mitgl. Europ. Parlament (II. Wahlp.) - Zur Höhe 72a, 5800 Hagen/W. - SPD (1984 Vorst.-Mitgl.).

HOFFACKER, Paul

Dr. jur., Rechtsanwalt, MdB (1976-80 u. s. 1982; Wahlkr. 90 Essen III.), Vors. Aussch. f. Jugend, Fam., Frauen u. Gesundh. (1984-87), Vors. Arbeitsgr. f. Jugend, Fam., Frauen u. Gesundh. d. CDU/CSU-Bundestagsfraktion (s. 1987) - Plattenweiler 20, 4300 Essen 16 (T. 49 14 35) - Geb. 24. Nov. 1930 Büderich/Wesel (Vater: Franz H., Landwirt; Mutter: Adelheid, geb. Krämer), kath., verh. s. 1961 m. Margret, geb. Ribbekamp, 5 Kd. (Hans, Gerd, Ursula, Regina, Miriam) - Stud. d. Rechtswiss.; Ass.ex.1960; Promot. 1961 - 1961-63 Ref. Recht u. Finanzen Bistum Essen; 1963-65 Ref. f. staatsbürgerl. Angelegenh. Zentralkomit. d. Kath., Bad Godesberg, 1965-77 I. Geschäftsf. Aktion Adveniat Essen; 1972-86 Vors. Dt. Zentralverb. d. Kolpingwerkes; s. 1981 Akademiedir. Kath. Akad. D. Wolfsburg, Bistum Essen. CDU (s. 1958) - BV: Kommentar z. Marré/Hoffacker: D. Kirchensteuerrecht, 1969; Auf Leben u. Tod - Abtreibung in d. Diskuss. (m. Steinschulte, Fietz), 1985, 4. A. 1986; Chancen f. d. ungeborene Leben (m. H. v. Voss, R. v. Voss), 1988 - Spr.: Engl., Span.

HOFFBAUER, Hartmut

Dr. med., Prof. f. Geburtshilfe u. Gynäkologie - Goltzstr. 20, 1000 Berlin 49 - Geb. 22. Okt. 1914 - S. 1965 (Habil.) Lehrtätigk. FU Berlin.

HOFFE, Ilse-Ester,

geb. Reich

Schriftstellerin - Spinoza Street 23, Tel-Aviv (Israel) (T. 24 89 24) - Geb. 8. Mai 1906 Troppau/Schles. (Vater: Josef Reich, Oberbaurat; Mutter: Hedwig, geb. Nohel), jüd., verh. s. 1930 m. Otto-Heinrich H., 2 Töcht. (Anita-Ruth, Eva-Dorrit) - Lyzeum Troppau; Univ. Nancy (Diplom f. Franz. Sprache u. Lit.) - S. 1942 Sekr., Mitarb. u. Nachlaßverw. v. Max Brod (†1968) - BV: Gedichte aus Israel, 1967. Mitarb.: Kafka-Gesamtausg. Spr.: Franz., Engl., Hebr., Tschech. - Lit.: Max Brod, Streitbares Leben (Autobiogr.), 1960; Briefb. Kafka-Briefe u. Joachim Unseld: Franz Kafka, e. Schriftstellerleben, Dank an I.-E. H.

HOFFER, Ingo

Prof., Hochschullehrer - Wittekindstr. 92, 1000 Berlin 42 - Gegenw. Prof. f. Didaktik d. Sekundarreife (I).

HOFFERBERTH, Bernhard

Dr. med., Priv.-Doz., Chefarzt Neurol. Abt. u. Klin. Neurophysiol. Krkhs. Lindenbrunn (s. 1989) - Postf. 11 20, 3256 Coppenbrügge - Geb. 24. Juni 1948 Elgersburg/Thüringen, verh. s. 1975 m. Dorothea, geb. Rothe (Apoth.), 2 Söhne (Sebastian, Matthias) - Abit. 1969 Walter-Rathenau-Gymn. Berlin; Med. Staatsex. 1975; Promot. 1975 FU Berlin - B. 1989 Ltd. Oberarzt Klinik u. Poliklinik f. Neurol. Univ. Münster - Entd.: D. automatische Analyse v. Elektronystagmogrammen - BV: Otoneurologische Befunde b. vertebrobasilärer Insuffizienz, 1985; Calciumantagonisten in d. Neurol., 1988 - Liebh.: Otoneurologie, Programmierung v. Computern - Spr.: Engl., Franz.

HOFFHENKE, Heinz

Polizeibeamter, MdBB - Hastedter Heerstr. 103/105, 2800 Bremen 1 (T. 0421-44 85 65) - Geb. 10. Mai 1940 Wilhelmshaven, verh. s. 1967 m. Ursula Schumacher, 2 Kd. (Heike, Jürgen) - 1953-56 Lehre als Schmied; 1959-84 Polizeibeamter. S. 1984 stv. Landesvors. Polizeigewerksch. im Dt. Beamtenbd. (PDB). Ab 1984 Brem. Bürgersch. CDU (1977 Gründungsmitgl. u. Vors. Stadtbezirksverb. Bremen-Hemelingen).

HOFFIE, Klaus-Jürgen

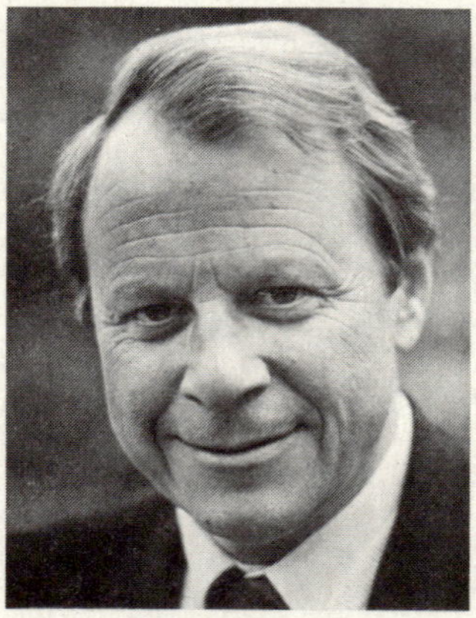

Hess. Wirtschaftsminister (einschl. Techn.) (s. 1981; 1982 zurückgetr.) - Kaiser- Friedr.-Ring 75 - 6200 Wiesbaden (T. 3 84); priv.: Waldstr. 44, 6101 Bikkenbach/Bergstr. (T. 20 10) - Geb. 14. Okt. 1936 Königsberg/Ostpr. (Vater: Friedrich H., Industriekfm.; Mutter: Elsa, geb. Ruhnke), ev. - Gymn. Darmstadt (Abit.); Univ. Frankfurt/M. (German., Polit. Wiss., Sport) - 1959-60 Nachrichtenredakt. dpa, Frankfurt; 1961-72 Referatsleit. Public Relations Dt. Lufthansa, 1970ff. Lehrbeauftr. TH Darmstadt (PR). S. 1984 Public Relation-Berater im eig. Büro f. Öffentlichkeitsarb., Bickenbach; geschäftsf. Gesellsch. media Turm GmbH; Geschäftsf. Priv. Rundf.-Organ. Rheinl.-Pfalz pro radio 4; Geschäftsf. Radio Bademia, Priv. Rundfunk-Ges. Karlsruhe mbH. 1972-81 u. 1983-87 MdB; Gemeindevertr. Bickenbach; MdK Darmstadt (Fraktionsf.). FDP s. 1968 (u. a. Mitgl. Landesvorst. Hessen; Vors. Bezirksverb. Starkenburg). MdK Darmstadt-Dieburg (s. 1989) - Liebh.: Sport, Kunst - Spr.: Engl., Franz.

HOFFMANN, von, Alexander

Dr., Prof. Freie Univ. Berlin (s. 1974) - Humboldtstr. 22, 1000 Berlin 33 - Geb. 17. Dez. 1924 Berlin (Vater: Kurt v. H., Beamter; Mutter: Eva, geb. Stöter), verh. s. 1953 m. Helga, geb. Cramer, 2 Kd. (Eveline, Helga-Alexa) - Stud. d. Gesch., Angl., Volkswirtsch.slehre; Promot. 1953 Göttingen - 1953-58 Redakt. Der Mittag, Düsseldorf, u. 1959-71 Der Spiegel, Hamburg. Mitgl. Dt. Ges. f. Publizistik u. Kommunikationswiss. - BV: Für bessere Fernsehnachrichten, 1976; Nachrichtensperre - Auskunftspflicht, 1981; Wissen, worum es geht - Z. Qualifikation d. Journalisten, 1982 - Spr.: Engl.

HOFFMANN, Alfred

Dr. phil., o. Prof. f. Sprache u. Lit. Chinas - Nußbaumweg 25, 4630 Bochum-Wiemelhausen (Telefon7 29 70) - S. 1952 (Habil.) Lehrtätigk. Univ. Marburg (apl. Prof.), Berlin/Freie (Ord.), Bochum (Ord.).

HOFFMANN, von, Bernd

Dr. jur., Prof. f. Zivilrecht, Intern. Privatrecht u. Rechtsvergleich. Univ. Trier - Heinrich-Brauns-Str. 6, 5500 Trier (T. 0651 - 14 78) - Geb. 28. Dez. 1941 - Promot. 1969, Habil. 1979, bde. Regensburg - 1971-79 Wiss. Ref. Max-Planck-Inst. f. ausl. u. intern. Privatrecht, Hamburg; 1979ff. Prof. in Trier - BV: Intern. Handelsschiedsgerichtsbarkeit, 1970; Span. Aktienrecht, 3. A. 1975; D. Recht d. Grundstückskaufs, 1982; Staatsuntern. im Völkerrecht u. im Intern. Privatrecht (m. P. Fischer), 1984. Mithrsg.: Praxis d. Intern. Privat- u. Verfahrensrechts (1981ff.); Festschr. Karl Firsching (1985); Studien z. vergleichenden u. intern. Recht (1986ff.).

HOFFMANN, Bernhard

Studienrat, Schriftst. - Wohnh. in 5501 Korlingen - Geb. 18. Okt. 1951 - S. 1983 dramat. Schaffen - BV: Jens Mark, 1976; D. Heim, 1978; Schulterror, 1982; Peter Schlemihl (Märchendr.), 1988.

HOFFMANN, Bernhard

Dr.-Ing., Prof. f. Grundwasserhydrologie Univ. Hannover - Bodeweg 65, 3012 Langenhagen - Zul. Wiss. Rat u. Prof.

HOFFMANN, Bernhard

Dipl.-Ing., Bezirksbürgermeister - Tempelhofer Damm 165/Rathaus, 1000 Berlin 42 (T. 75 02 61); priv.: Enzianstr. 2, 45 - Geb. 15. Okt. 1919 Berlin (Vater: Theodor H., Maschinenbauer; Mutter: Maria, geb. Bartsch), verh. s. 1946 m. Ursula, geb. Giminski, T. Anita - Kölln. Gymn. (Abit. 1938); Maurer-Praktikum; TH bzw. TU Berlin (Arch.; Diplom-Hauptprüf. 1950) - 1939-46 (m. Studienunterbr.) Kriegsdst. (Luftw.; 1943 Ltn.) u. -gefangensch.; s. 1950 Bezirksämter Wilmersdorf (Planungsamt), Neukölln (1953 stv. Leit. Amt f. Stadtplanung) u. Tempelhof (1959 Bezirksstadtrat f. Bau- u. Wohnungswesen, 1965 Bürgerm.). 1962 AR-Mitgl. Stadt u. Land Wohnbautenges. mbH., Berlin; 1964 Lehrbeauftr. Päd. Hochsch. Berlin. SPD s. 1953 - Liebh.: Malen (bes. Gebirgslandsch.) - Spr.: Engl., Franz.

HOFFMANN, Detlef

Dr., Prof. f. neuere Kunstgesch. Univ. Oldenburg, Kunsthistoriker - Anton-Günther-Str. 9, 2900 Oldenburg - Geb. 1940 Hamburg (Vater: Dr. med. Bernt H.; Mutter: Dorothea H.), verh. s. 1965 m. Maria, geb. Lüning, 2 S. (Robin, Patrik) - 1962-68 Stud. Univ. Hamburg, München, Berlin, Frankfurt u. Freiburg, Promot. 1962 - Vorst.-Mitgl. Kulturpolit. Ges.; Vizepräs. Intern. Playing Card Soc.; 1968-71 Forschungsauftr. z. Gesch. d. Spielkarten; 1971-81 Kustos Hist. Mus. Frankfurt (Mitarb. an neuer Museumsdidakt. Konzeption); 1981-82 Prof. f. Kunst- u. Designgesch. FHS Hamburg; s. 1982 Prof. f. neuere Kunstgesch. Univ. Oldenburg. Veröff. z. Gesch. d. Spielkarten, Kunst u. Kulturgesch. d. Neuzeit; Mus.theoret. Arb., u.v.a.

HOFFMANN, Dieter

Schriftsteller, Redakt. - Stettenstr. 40, 6000 Frankfurt/M. (T. 55 17 61) - Geb. 2. Aug. 1934 Dresden (Vater: Herbert H., Speditionskaufm.; Mutter: Erika, geb. Schmidt), ev., verh. s. 1964 m. Ilka, geb. v. Tümpling, S. Urs-Arwed - Kunstsch. - BV/Ged.: Aufzücke deine Sternenhände, 1953 u. 1972; Mohnwahn, 1956; Eros im Steinlaub, 1961; Ziselierte Blutbahn, 1964; Stierstädter Gartenb., 1964; Veduten, 1969; Lebende Bilder, 1971; Elf Kinder-Ged., 1972; Oeil de Boeuf, 1973; Seligenstädter Ged., 1973; Papiers Peints, 1974; Il Giardino Italiano, 1975; Alte Post, 1975; Norddt. Lyra, 1975; Villa Palagonia, 1976; Sub rosa, 1976; Moritzburger Spiele, 1977; Schlösser d. Loire, 1977; Ged. aus d. Augustäischen DDR, 1977; Elegien aus Teisenham, 1979; Engel am Pflug, 1979; Farbige Kreiden, 1984; Nachtprogramm, 1988. D. Weltende in d. zeitgenössischen Literatur, 1972, Heinrich Steiner, 1979; Ernst Hassebrauk - Leben u. Werk, 1981; Eugen Batz - Leben u. Werk, 1984; Helmut Schmidt-Kirstein - E. Dresdner Künstler, 1985. Herausg.: Hinweis auf Martin Raschke (1963); Max Ackermann - Zeichn. u. Bilder (1965); Personen - Lyr. Porträts (1966); Wasserriese - Fische im Ged. (1972); Hermann Teuber - Tier u. Landschaft (1974) - Rom-Preis (1963 Villa-Massimo-Stip.), 1969 Andreas-Gryphius-Förderpreis; 1969 o. Mitg. Akad. d. Wiss. u. d. Lit. Mainz (1974-80 Vizepräs.) - Lit.: G. Selvani, Alchimismi Barocchi e Pittura Naive in: Poesia e Realta, Bari 1970; Günter E. Bauer-Rabe (Hrsg.), Gespräch üb. Bäume - D. H. v. s. Freunden gewidmet, 1974.

HOFFMANN, Dieter
Dr., Dipl.-Ing. agr., Leiter d. Fachgeb. Betriebsw. u. Marktforsch. d. Forsch.anst. Geisenheim - Hauptstr. 180, 6227 Oestrich-Winkel (T. 06723 - 15 93) - Geb. 28. Nov. 1941 Winkel, ev., verh. s. 1972 m. Erika, geb. Sinß, 3 Kd. - Lehre; Ing.stud. f. Weinbau, Landwirtschaftsstud.; Promot. 1976 - Landwirtschaftsrat, Wissenschaftler. Fachveröff. üb. Weinmarketing - Liebh.: Sozialstrukturen, Politik, Reisen - Spr.: Engl.

HOFFMANN, Diether H.
Dr. jur., Vorsitzender d. Geschäftsführung der Neue Heimat Gemeinnützige Wohnungs- u. Siedlungs-GmbH u. Vorstandsvors. GSP-Ges. f. Städtebau u. Planung AG - Zu erreichen üb. Neue Heimat, Jessenstr. 1, 2000 Hamburg 50 - Geb. 30. Mai 1929 Berlin (Vater: Dr. Eduard H.; Mutter: Marie, geb. Fritze), 4 Kd. (Till, Jennie, Kim, Fabian) - Univ. Frankfurt/M. (Rechtswiss.) - 1959-64 Leit. Vorstandssekretariat Bank f. Gemeinwirtschaft AG.; 1964-67 Vorstandsmitgl. Allg. Hypothekenbank AG.; 1967-82 stv. u. o. Vorstandsmitgl. (1970-82) Bank f. Gemeinw. AG - BV: D. Petitionsrecht, 1959 (Diss.) - Spr.: Engl., Franz.

HOFFMANN, Dietrich
Dr. phil., o. Prof. f. Pädagogik, Vizepräsident Univ. Göttingen - Hainholzweg 18, 3400 Göttingen (T. 0551 - 56 99 11) - Geb. 11. Febr. 1934 Breslau - Promot. 1969 - S. 1973 Ord. PH Nieders./Abt. Göttingen bzw. Univ. Göttingen (1978) - BV: Polit. Bildung 1890-1933, 1970; Krit. Erziehungswiss., 1978; Erziehungswiss. E. Einf., 1980. Herausg.: Pädagogik an d. Georg-August-Univ. Göttingen (1987). Mithrsg.: Risiko Jugend (1988).

HOFFMANN, Dietrich
Dr. phil., Prof. f. Alte Geschichte - Börnestr. 52 - Geb. 7. April 1929 Basel (Schweiz) - Promot. Basel - B. 1970 Doz. (Wiss. Oberrat), s. 1977 Prof. Univ. Hamburg (gf. Dir. Sem. f. Alte Gesch.) - BV: D. spätröm. Bewegungsheer u. d. Notitia dignitatum, 2 Bde. 1969/70.

HOFFMANN, (Hans)-Eckart
Großhandelskaufmann, Vorsitzender Verb. d. Dt. Salzgroßhandels, Duisburg (s. 1987, vorh. Geschäftsf.) - Waisenhausstr. 38, 4133 Neukirchen-Vluyn - Geb. 12. Mai 1928 Mülheim/R., ev., verh. s. 1954 m. Witrud, geb. Maasberg, 3 Kd. - Gymn. - S. 1954 Fa. Oskar Maasberg, Duisburg (1964 Einzelprok.) - Spr.: Engl.

HOFFMANN, Erich
Senatspräsident Kammergericht Berlin (s. 1971) - Ilsensteinweg 34, 1000 Berlin 38 (T. 801 42 89) - Geb. 1. Dez. 1909 - Zul. Landgerichtsdir. Berlin.

HOFFMANN, Erich
Kaufmann, Vors. Gesamtverb. d. Dt. Brennstoffhandels, Kassel - Jul.-Loßmann- Str. 8, 8500 Nürnberg - Geb. 12. Sept. 1919 - Ehrenvors. Gesamtverb. d. Dt. Brennstoffhandels, Bonn, u. d. Bayer. Brennstoffhandels-Verb. München.

HOFFMANN, Erich
Dr., o. Univ.-Prof. Univ. Kiel (s. 1978) - Abelweg 7, 2300 Kronshagen (T. 0431- 54 22 33) - Geb. 16. Juli 1926 Flensburg, ev., verh. s. 1959 m. Inge, geb. Brandenburg, 3 T. (Annette, Bettina, Henrike) - 1. u. 2. Staatsprüf. 1953 u. 1955; Promot. 1951; Habil. 1972 Univ. Kiel - 1953-69 Lehramt an Gymn. (s. 1954 Kiel; s. 1963 Oberstudienrat); 1969 Hist. Sem. Univ. Kiel, (s. 1974 Studiendir.); 1972 Priv.-Doz.; 1976 apl. Prof. - BV: D. heiligen Könige b. d. Angelsachsen u. d. Skand. Völkern, 1975; Königshebung u. Thronfolgeordn. in Dänemark b. z. Ausgang d. Mittelalters, 1976; Spätmittelalter u. Reformation, Bd. IV, 2 d. Gesch. Schlesw.-Holst. (Hrsg. Olaf Klose), 1981ff. - 1982 Mitgl. Kgl. Akad. d. Wiss. Kopenhagen, 1986 Mitgl. Kommiss. f. d. Altertumskd. Mittel- u. Nordeuropa d. Akad. d. Wiss., Göttingen; 1987 Schlesw.-Holst.-Med. - Spr.: Lat., Griech., Dän., Engl.

HOFFMANN, Ernst
Dr. rer. nat., Abteilungsleiter i.R. Max-Planck-Institut f. Kohlenforschung, Mülheim, Honorarprof. f. Physikal.analyt. Methoden d. Organ. Chemie Univ. Gießen - Lembkestr. 30, 4330 Mülheim/Ruhr - Geb. 14. Juli 1917.

HOFFMANN, Ernst
Dr. med., Chefarzt, apl. Prof. f. Chirurgie Univ. Düsseldorf (s. 1970) - Bergstr. 6-12 (St. Josef-Hospital), 5600 Wuppertal-Elberfeld; priv.: Kaiser-Wilhelm-Allee 22, W. 1 - Geb. 19. Sept. 1926 Feldbach - Promot. 1954; Habil. 1964 - Etwa 100 Facharb.

HOFFMANN, Fernand

Dr. phil., Prof. C.U.L. (Centre Universitaire Luxembourg) - Marie-Adelheidstr. 75, L-2128 Luxembourg - Geb. 8. Mai 1929 Dudelange (Luxembourg), kath., verh. s. 1954 m. Andrée, geb. Medernach, S. Jean-Paul - Stud. German., Gesch., Altphilol. (Lat.) Tübingen, Paris, Nancy; Promot. 1954; Docteur ès Lettres 1969 Nancy - Präs. Ass. f. Lit. u. Kunst d. Großherz. Inst. v. Luxbg.; korr. Mitgl. Inst. f. d. Sprache Mannheim - BV: Geschichte d. Luxemburger Mundartdichtung, I. 1964, II. 1967; D. neue dt. Mundartdichtung, 1979; Sprachen in Luxemburg, 1979; Zwischenland, 1981 - Orden d. Eichenlaubkrone (Offizier); Nat. VO. (Kommandeur); Nassauer Zivil- u. Militärorden (Offizier); BVK I. Kl. - Liebh.: Musik, Malerei, Gastronomie, Tisch- u. Tafelsitten - Spr.: Deutsch, Engl., Franz.

HOFFMANN, Franz R. C.
Werbeberater, Inh. Contact Werbeagentur, Präs. ADVEROP Intern. Association - Leher Heerstr. 186, 2800 Bremen - Geb. 11. Mai 1920 Berlin (Vater: Franz R. H., Architekt; Mutter: Johanna, geb. Frisch), verh. s. 1966 m. Gunda, geb. Mätschke, 2 Töcht. (Christiane, Patricia) - Meistersch. f. Graphik u. Werbung u. Vereinigte Hochsch. f. fr. u. angew. Kunst, beide Berlin - BV: Anzeigen im Sommer?, 1964 - Liebh.: Golf - Spr.: Engl., Franz. - Lit.: Willi Bongard, Männer machen Märkte (1963).

HOFFMANN, Friedrich
Dr. rer. pol., Dipl.-Kfm., o. Prof. Univ. Augsburg (s. 1970) - Chamissostr. 11, 8000 München 81 - Geb. 17. Jan. 1925 Erfurt (Vater: Franz H.; Mutter: Magdalena, geb. Uebler), ev., verh. s. 1945 m. Ilse, geb. Steinmetz, 4 Kd. - Kaufm. Lehre; Stud. Betriebswirtsch. Univ. Erlangen; Promot. 1961 Nürnberg; Habil. 1968 München - 1951-66 Ind.tätig. (Dir.assist.; kfm. Dir.; Geschäftsf.), 1966-70 Univ. München (Wiss. Assist., Doz.) - BV: Entw. d. Organisationsforsch., 3. A. 1976; Führungsorganisation, Bd. 1, 1980, Bd. 2, 1984. Zahlr. Fachveröff.

HOFFMANN, Fritz
Prof., Hochschullehrer - Wilskistr. 52c, 1000 Berlin 37 - Gegenw. f. Didaktik d. Chemie PH Berlin.

HOFFMANN, Gerd E.

Freiberufl. Schriftsteller, Publizist - Reinekestr. 29, 5000 Köln 90 - Geb. 6. Juni 1932 Dt. Eylau, heute Ilawa - Ausb. z. Tagesztg.redakt. - 1976-89 Mitgl. PEN-Präsid., 1980-85 Bundesvorst. VS in d. IG Druck u. Papier (IG Medien) - BV: Experimentelle Prosa, Sachb. zu d. gesellschaftl. Auswirkungen d. Computer, Jugend- u. Kinderlit. u.a.: Chromofehle, 1967; Chirugame, 1969; Bellasten, 1970; Computer, Macht u. Menschenwürde, 1976/79; Erfaßt, registriert, entmündigt, 1979; Erlebt in Indien, 1981; E. elektron. Umarmung, 1982; Im Jahrzehnt d. Großen Brüder, 1983. Herausg. u.a.: Schaffen wir d. Jahr 2000? (1984); P.E.N. International (dt., engl., franz.; 1986) - 1969/70 Villa Massimo Aufenthalt - Spr.: Engl., Ital., Span.

HOFFMANN, Gerhard
Generalbevollm. Direktor Siemens AG. i. R. (Kaufm. Leit. UB B), Gf. Gesellsch. Inpro GmbH - Achenweg 15, 8221 Bergen (T. 08662 - 51 46) - Geb. 4. Dez. 1923 - 1982 Gr. Gold. Ehrenz. d. Landes Kärnten.

HOFFMANN, Gerhard
Dr. phil., Prof. f. Engl. Philologie - Steinbachtal Nr. 39b, 8700 Würzburg - S. 1969 Ord. Univ. Würzburg (Mitvorst. Inst. f. Engl. Philol.).

HOFFMANN, Gerhard
Dr. jur. (habil.), Dr. h. c., em. o. Prof. f. Öfftl. Recht, insb. Völkerrecht u. Europarecht Univ. Marburg (s. 1963) - Ernst-Lemmer-Str. 10, 3550 Marburg/L. (Wehrda) (T. 8 16 45) - Geb. 21. Juni 1917 Weißenfels/S. (Vater: Oskar H., Arch.; Mutter: Helene, geb. Balzer), ev., verh. s. 1973 m. Anngret, geb. Meschede, Kd. (Ann Dorothee) - Univ. Halle/S., München, Königsberg/Pr., Jena - 1960-62 Privatdoz. Univ. Erlangen-Nürnberg - Veröff. aus d. Bereichen d. Staats-, Europa- u. Völkerrechts - 1985 Ehrendoktor (Dr. iur. et rer. pol.) Univ. Pécs/Ungarn.

HOFFMANN, Gottfried
Dr. theol., Prof. f. Systemat. Theologie Luth. Theol. Hochschule (s. 1972) - Altkönigstr. 150, 6370 Oberursel/Ts. - Geb. 3. Juli 1930 Leipzig - Promot. 1972 - BV: Marburg 1529 - E. verpaßte Gelegenheit?, 1971; Luther u. d. Rechtfertig., 1984. Mithrsg.: Luth. Theol. u. Kirche (1977ff.).

HOFFMANN, Günther
Dr. med., Prof., Oberarzt Med. Univ.sklinik Freiburg - Furtwänglerstr. 9, 7800 Freiburg/Br. - Geb. 18. März 1923 Berlin - S. 1959 (Habil.) Lehrtätig. Univ. Freiburg (1964 apl. Prof. f. Inn. Med.). Mitverf.: D. Belastungsinsuffizienz d. Herzens, 1964. Üb. 60 Fachaufs. Mithrsg.: Nuclearmed. (1961 ff.).

HOFFMANN, Gustav
Dipl.-Ing., Dipl.-Betriebsw., Vorstandsmitglied LEWAG (Lehmann Werke AG, Berlin) - Motzener Str. 33, 1000 Berlin 48; priv.: Kruckenbergstr. 60, 1000 Berlin 42 (T. 030-741 48 03) - Geb. 2. Aug. 1933 Ahorngrund (Westpr.), verh. s. 1960, 2 T. (Birgitt, Dagmar) - Schlosser, Stud. Masch.-Bau, Phys., Betriebswirtsch. - Geschäftsf. Fuge GmbH, Sarstedt/Hann. - Liebh.: Tennis, Fußball - Spr.: Engl.

HOFFMANN, Hajo
Dipl.-Ökonom, Minister f. Wirtsch. d. Saarlandes (s. 1985) - Hohlweg 3, 6601 Bliesransbach - Geb. 12. Febr. 1945 Lichtenfels/Ofr., kath., verh. - Gymn. (Mittl. Reife); Kaufm. Lehre Bankwesen; n. Abitur 1970 (2. Bildungsweg) Stud. Wirtschaftswiss. u. Politol. Diplomprüf. 1974 - 1965-67 Bundeswehr (zul. Oblt. d. R.), Angest. in d. Jugendu. Erwachsenenbild., 1974-76 SPD-Landtagsfrakt. Saarbr. (Wiss. Ref.). 1976-85 MdB Wahlkr. Saarbrücken. SPD s. 1970 (u. a. Vorst.-Mitgl. Unterbez. Saarbr.). S. 1985 Min. f. Wirtschaft. Mitgl. Europa-Union, Gewerksch. HBV, Arbeiterwohlf., Arbeiter-Samariter-Bund, Naturfreunde.

HOFFMANN, Hans

Dt. Honorargeneralkonsul in Malaga (Spanien) - Paseo del Limonar 28, Villa Ibis, Málaga (Telefon 22 78 66) - Mehrere dt. u. span. Ausz. u. a.: Gr. BVK; Komturkreuz Isabel la Católica.

HOFFMANN, Hans
Dr. jur., Dipl.-Volksw., Oberbürgermeister Stadt Heilbronn - Sonnenhalde 26, 7107 Neckarsulm - Geb. 31. Okt. 1915 Lübbenau/Spreew. - Ass.ex. - ARsmandate (Vors. Heilbronner Unternehmen).

HOFFMANN, Hans Christoph
Dr., Landeskonservator, Leit. Landesamt f. Denkmalpflege Bremen - Sandstr. 3, 2800 Bremen.

HOFFMANN, Hans E. W.
Dipl.-Ing., M.S. Geschäftsführer Dornier International (s. 1989) - Zu erreichen üb. Dornier GmbH, Postfach 14 20, 7990 Friedrichshafen 1 - 1961 Weser Flugzeugbau Lemwerder; 1963 ERNO; 1969 ELDO; 1973 ERNO, 1975 Techn. Geschäftsf., 1977 zusätzl. Geschäftsf. VFW-Fokker Bremen; 1981 Generalbevollm. MBB; 1986 Geschäftsf. Intospace.

HOFFMANN, Hans F. C.
Botschafter d. Bundesrep. Deutschl. in Gaborone/Botswana - P.O. Box 315, Gaborone, Botswana - Geb. 7. Mai 1926 Paderborn (Vater: Vincenz H., Kaufm.; Mutter: Maria, geb. Kehl), ev. verh. s. 1953 m. Marianne, geb. Beck, 2 S. (Andreas, Robert) - Stud. German., Mittl. u. Neuere Gesch. Univ. Bamberg u. Köln - 1953-63 Bundespresseamt; dann ausw. Dienst (1963-66 Boston. Rio de Janeiro, 1966-71 Caracas, 1971-74 Rom); 1974-78 Ausw. Amt Bonn; 1978-81 Generalkons. Houston/USA; ab s. 1981 Botsch. Gaborone - Div. Orden u. Ehrenz., u.a. 1966 Brasilien, 1970 Venezuela, 1972 Italien - Liebh.: Fotogr. - Spr.: Engl., Span., Portug., Ital.

HOFFMANN, Hans Martin
Ph. D., D. Sc., Prof. u. Direktor Inst. f. Organ-Chemie Univ. Hannover - Samlandstr. 16, 3004 Isernhagen 2.

HOFFMANN, Hans Peter
Dr. phil., Studiendirektor, Schriftsteller (Ps. Hoffmann-Herreros, Peter Siegenthaler) - Kirchstr. 22, 5227 Windeck 1 Rosbach - Geb. 22. Nov. 1929 Wissen/ Sieg, verh. s. 1959 m. Marisa, geb. Herreros, 2 Kd. (Julia, Maite) - Staatsex. u. Promot. 1954 - S. 1954 Schuldienst, s. 1962 Lehrauftr. Univ. Köln - BV: D. Gr. Patmos Bibel, 1967/68; Zeitgenossen, 15 Pen-Porträts, 1972; D. Schweigerose, Lyr. 1974; Auf s. Wegen, Erz. 1977; Wer hätte d. gedacht? Erz. 1978; Da staunte Noachs Tochter, Erz. 1978; Mettes Geheimnis, Erz. 1978; Kirchengesch. in Bildern (Text), 1980/82; E. Entdeckung am Strand, Erz. 1986; Teresa v. Avila, Biogr. 1986; Ich lasse mich nicht einsperren (Margery Kempe), Biogr. 1987; Charles de Foucauld: D. Zukunft auf d. Spur, Biogr. 1988; Catherine u. William Booth: Sozialarb. u. Seelsorge - d. Heilsarmee, Biogr. 1989; D. Nachtflugzeug, Erz. 1989. Zeitschr.-Beitr. - Spr.: Engl., Franz., Span.

HOFFMANN, Hans-Georg
Rechtsanwalt f. Arzneimittel- u. Heilmittelwerberecht - Weißerstr. 136B, 5000 Köln 50, (T. 0221 - 35 10 28) - Geb. 10. Juli 1946 Hildesheim - S. 1977 Rechtsanw.; 1977-79 Geschäftsf. Bundesfachverb. d. Arzneimittelherst.; 1978-79 Geschäftsf. Verein f. lautere Heilmittelwerbung; s. 1982 Geschäftsf. MCM Klosterfrau; Schriftl. Ztschr. Pharma-Recht (1978-86); Komment. z. Heilmittelwerbeges. (1979); Entscheidungssamml. Heilmittelwerbeges. (1982) - Spr.: Engl.

HOFFMANN, Hans-Jürgen
Dr.-Ing., Prof. TH Darmstadt (s. 1971), FB Informatik - Strohweg 43, 6100 Darmstadt (T. 06151-16 34 10) - Geb. 6. März 1935, ev., verh. s. 1965 m. Irmgard, geb. Liese, S. Armin Matthias - Dipl.-Ing. 1959 TH Stuttgart, Dr.-Ing. 1963 TH Stuttgart.

HOFFMANN, Hartmut
Dr. phil. (habil.), o. Prof. f. Mittlere u. Neuere Geschichte Univ. Göttingen - Stellwanne 11, 3400 Göttingen-Geismar (T. 7 12 43) - Geb. 4. Mai 1930 Berlin - Zul. Doz. Univ. Bonn - BV: Unters. z. karoling. Annalistik, 1958; Gotterfriede u. Treuga Dei, 1964.

HOFFMANN, Hartmut
Dr. rer. pol., Vorstandsmitglied Veba AG, Düsseldorf u. PreussenElektra AG, Hannover - Birkenweg 17, 3000 Hannover 51 - Geb. 7. Nov. 1923 Breslau.

HOFFMANN, Heiko
Justizminister Schlesw.-Holst. (1985-88), MdL, Fraktionsvors. CDU (s. 1988), u. Oppositionsführer im Schlesw.-Holst. Landtag - Zu erreichen üb. Landeshaus, 2300 Kiel - Geb. 1935 Stettin, ev. - Abit. Limburg/Lahn; Jura-Stud. Univ. Frankfurt u. Marburg; Refer. in Schlesw.-Holst. - Ab 1967 Ass. b. Landrat Kr. Ostholstein; Oberregierungsrat Kultusmin. Kiel. S. 1973 MdL Schlesw.-Holst. (1979ff. Vors. CDU-Fraktion im Landtag). CDU s. 1954; Langj. Mitgl. Junge Union.

HOFFMANN, Heinrich
Dipl.-Ing., Prof. f. Grundl. d. Gestaltung u. Darst. Geometrie GH Wuppertal - Rheinstr. 53, 5600 Wuppertal 1.

HOFFMANN, Heinz
Geschäftsführer, MdL Nieders. (s. 1970, SPD) - Felsenkellerweg 29C, 3250 Hameln/Weser.

HOFFMANN, Heinz
Dr. phil., Prof. f. Geschichte u. Methodik d. Geschichtsunterr. Päd. Hochsch. Kiel - An d. Eichen Nr. 28, 2301 Mönkeberg.

HOFFMANN, Heinz
Dr. rer. nat., Dipl.-Chem., o. Prof. f. Physikal. Chemie Univ. Bayreuth - Waldsteinring 40, 8580 Bayreuth.

HOFFMANN, Heinz
Dr. jur., Assessor, gf. Vorstandsmitgl. Verb. industrieller Bauunternehmungen Nordbaden - Waldparkdamm 7, 6800 Mannheim.

HOFFMANN, Heinz
Dipl.-Kfm., stv. Hauptgeschäftsführer Handwerkskammer d. Pfalz, Geschäftsf. Kredit-Garantiegemeinschaft d. rhld.-pfälz. Handwerks GmbH - Am Altenhof 15, 6750 Kaiserslautern; priv.: Walter-Kolb-Str. 17, 6750 Kaiserslautern 27 - Geb. 23. Aug. 1942.

HOFFMANN, von, Helga
Bürgerschaftsabgeordnete (s. 1970) - Sierichstr. Nr. 90, 2000 Hamburg 60 (T. 279 65 85; dstl.: AFS - Intern./Interkult. Begegnungen: 45 78 80) - SPD.

HOFFMANN, Hellmut
Dr. rer. nat., Prof. f. Organ. Chemie - Tersteegenweg 17, 5600 Wuppertal-Vohwinkel - Geb. 7. Nov. 1924 Reichenberg - S. 1962 (Habil.) Privatdoz. u. apl. Prof. Univ. Mainz, Honorarprof. Univ. Wuppert. Üb. 50 Fachaufs.

HOFFMANN, Herbert
Geschäftsführer Arbeiterwohlfahrt/Bezirksverb. Unterfranken - Scanzonistr. 4, 8700 Würzburg.

HOFFMANN, Hermann
Dr. med., Dr. phil., Dipl.-Psych., Prof., Chefarzt Med. Klinik St.-Johannes-Hospital, Dortmund (s. 1967, Arztl. Dir., 1972, Vors. Krankenhausdir. 1972) - Apelbachstr. 11, 4600 Dortmund-Aplerbeck (T. 44 35 25) - Geb. 3. Jan. 1924 Gelsenkirchen (Vater: Dr. med. Hermann H., Arzt; Mutter: Christine, geb. Groß-Albenhausen), kath., verh. s. 1955 m. Ursula, geb. Kammermann, 5 Kd. (Gabriele, Eva, Christian, Thomas, Ulrike) - Gymn. Gelsenkirchen; Univ. Bonn (Med., Philol., Psych.; Dipl.-Psych. 1952, Dr. phil. 1952, Dr. med. 1953) - S. 1962 (Habil.) Lehrtätig. Univ. Bonn (1968 apl. Prof.); Präs. Verb. ltd. Krankenhausärzte Deutschl. s. 1974 - Zahlr. wiss. Einzelarb. auf d. Gebiet d. Inneren Medizin - Spr.: Engl., Franz.

HOFFMANN, Hermann
Dr. rer. nat., Prof. f. Pharmazeut. Chemie Univ. Frankfurt - Georg-Voigt-Str. 14, 6000 Frankfurt/M.

HOFFMANN, Hermann
Vorstand Bertelsmann AG, Gütersloh - Carl-Bertelsmann-Str. 270, 4830 Gütersloh 1 (T. 05241 - 80-1) - Geb. 30. Juli 1930 - AR Gruner + Jahr AG, VR Westd. Landesbank.

HOFFMANN, Hildegard,
geb. Vogels
Dipl.-Volksw., Prof. FH Niederrhein, Teilhaberin ORNIS Büro- u. Betriebsorg. (s. 1946) u. ORNIS-DRUCK GmbH (s. 1956), beide Viersen 1, Kurat.mitgl. Grassauer Kreis Stiftg., Mitgl. Schulfernsehbeirat WDR, Vors. Bundesarbeitsgem. Schule/Wirtschaft, Mitgl. Sozial- u. Bildungsausschuß Bundesvereinig. dt. Arbeitgeberverb. (s. 1964), Handelsrichter Mönchengladbach, Landessozialrichter Essen - Bleichgrabenstr. 35, 4050 Mönchengladbach 1 (T. 8 77 05) - Geb. 1. Sept. 1920 Mönchengladbach (Vater: Josef Vogels, Kaufm.; Mutter: Gertrud, geb. Zaunbrecher), kath., verh. 1945 b. 1953 (gesch.), 2 Töchter (Irene, Erika) - Univ. Bonn (Diplomprüf. 1960) - Liebh.: Antiquitäten.

HOFFMANN, Hilmar

Prof., Stadtrat, Kulturdezern. Magistrat Frankfurt (s. 1970) - Buchrainstr. 94, 6000 Frankfurt/M. (T. 65 15 20) - Geb. 25. Aug. 1925 Bremen (Vater: Felix H., Exportkfm.; Mutter: Louise, geb. Wilke-Hellemann), ev., verh. s. 1957 m. Brunhild, geb. Hülsmann (Schausp.), 2 Kd. (Kai, Katrin) - Naturwiss. Gymn. Lünen u. Oberhausen; Folkwang-Hochsch. Essen (Theater-Abt.; Regie-Diplom) - Leit. Studio D. zeitgenöss. Schauspiel Oberhausen (gegr. 1950); Dir. Städt. VHS (gegr. 1951); Dir. Westd. Kurzfilmtage ebd. (gegr. 1953); 1965-70 Beigeordn. Kultur- u. Sozialdezern. Stadtverw. Oberhausen. Lehrbeauftragter f. Filmtheorie bzw. f. Kulturpolitik Univ. Bochum, Frankfurt u. Marburg; Honorarprof. Hochsch. f. Musik u. Darst. Kunst Frankfurt (s. 1984); Gast-Prof. Univ. Tel Aviv; Jury-Mitgl. Intern. Filmfestsp., u.a. Leipzig (1956), Karlsbad (1960), Moskau (1961, 65, 67), Locarno (1962), Cannes (1963), Mitgl. Filmbewertungsst. Wiesbaden u. Vergabekommiss. d. Filmförderungsanst. Berlin; Leitung d. Stiftg. Lesen (s. 1988). SPD - BV: Chronik d. intern. Dokumentarfilme, 1959; Erwachsenenbild. 62, 1962; Tauben - Reisende Boten, 1963; D. tschechosl. Film, 1964; Theorie d. Filmmontage, 1969; Perspektiven d. kommunalen Kulturpolitik, 1974; Kultur für alle, 1979; D. Taubenbuch, 1982; Kultur-Zerstör., 1983; Kultur f. Morgen, 1985; U. d. Fahne führt uns ..., 1988. Beitr. Fachztschr. Hörfunk u. Fernsehen (Dok.film Castros Cuba, ARD 1969 - 1970 Ehrenring Stadt Oberhausen; 1976 Gold. Filmbd. Bundesmin. d. Innern; 1985 Chevalier de l'Ordre des Arts et des Lettres Rep. Frankreich; 1985 Goethe-Med. Land Hessen; 1988 Helmut-Käutner-Preis; 1988 Friedrich-Stoltze-Preis; 1989 Ehrenbürger Univ. Tel Aviv - Spr.: Engl. (Dolmetscher-Ex.).

HOFFMANN, Horst
Dr. rer. nat., Prof., Lehrstuhlinh. f. Physik Univ. Regensburg (s. 1970) - Ahornstr. 7, 8401 Pentling - Geb. 5. Nov. 1932 Breslau - Promot. (1961) u. Habil. (1965) München - 1967-68 Prof. USA. Üb. 150 Facharb.

HOFFMANN, Ingeborg,
geb. Hellmich

Hotelière, MdB (s. 1976; Wahlkr. 30) - 2724 Everinghausen 15 (T. 0228 - 16 52 45) - Geb. 26. Nov. 1923 Prag (Vater: Dr. Oswald Hellmich, RA; Mutter: Hilde, geb. Kick), ev., verh. s. 1954 m. Erwin H., 3 Kd. (Peter, Martin, Hans-Erland) - Abit.; 2 J. Höh. Handelssch.; 3 Sem. Volkswirtsch. - Präs. Fachabt. Autobahnraststätten im Dehoga. CDU - BVK I. Kl. - Liebh.: Musik, Sport, Phil. - Spr.: Engl., Franz., Tschech. - Bek. Vorf.: Friedrich Kick, Rektor Univ. Wien (Urgroßv.).

HOFFMANN, Jens
Dr. jur., Verleger (Paul Aug. Hoffmann KG., Darmstadt) - Klappacher Str. 136, 6100 Darmstadt - Geb. 6. Mai 1907 Berlin - S. üb. 50 J. väterl. Verlag. Vors. Adreßbuchausssch. d. Dt. Wirtsch., Ehrenpräs. Europ. Adressbuchverleger-Verb. - Johann-Heinrich-Merck-Ehrung Darmstadt; 1969 BVK I. Kl.

HOFFMANN, Joachim
Dipl.-Kfm., Vorstandsmitglied Gerling-Konzern, Zentrale Verwaltungs-AG, Köln - Im Fuchsbau 3, 5000 Köln 91 - Geb. 13. Juli 1926.

HOFFMANN, Johannes
Dr. theol., Prof. f. Moraltheologie u. Sozialethik FB Kath. Theol. Univ. Frankfurt - Robert-Mayer-Str. 5, 6000 Frankfurt/M. 11 - Geb. 6. April 1937 - Forsch.schwerp.: Wirtschaftsethik u. Ethik d. Technik. Mitgl. Wiss. Beirat b. Dialogprogramm Wirtsch. u. Christl. Ethik; stv. Vors. Verein Theol. Interkulturell, Frankfurt.

HOFFMANN, Johannes
Akad. Oberrat, Leiter Forschungsstelle Ostmitteleuropa Univ. Dortmund - Haubachstr. 7a, 4600 Dortmund 50 (T. 0231 - 73 71 43) - Geb. 9. Aug. 1937 Ziegenhals/Kr. Neisse (Vater: Alfred H.; Mutter: Margarethe, geb. Grummann), kath., verh. s. 1965 m. Ingrid, geb. Sauer, 2 T. (Ingrun, Corinna) - Staatl. Gymn. Dortmund (Abit.); Stud. Gesch., Latein, Geogr., Philos. u. Päd Freiburg/ Br., Berlin (FU), Münster - 1965-72 höh. Schuldist.; Ostud.Rat; 1973 Leit. Forsch.-stelle Ostmitteleuropa Dortmund (PH u. s. 1980 Univ. Hrsg. v. 4 wiss. Reihen -

BV: Völkerbilder in Ost u. West, 1980; Stereotypen, Vorurteile, Völkerbilder in Ost u. West - in Wiss. u. Unterr. E. Bibliogr., 1986; zahlr. Aufs. - Spr.: Engl.

HOFFMANN, Julius

Dr. jur., Rechtsanwalt, Botschafter a.D., Leit. d. Ständ. Vertretung d. Bundesrep. Deutschl. b. d. Vereinten Nationen, Wien (1976-84) - Kapellenweg 34a, 8137 Berg/Starnbergersee (T. 08151 - 5 14 87) - Geb. 29. Sept. 1919 Mannheim (Vater: Max J. H., Ind.-Kaufm.; Mutter: Anna, geb. Brunner), ev., verh. s. 1961 in 2. Ehe m. Marie Luise, geb. Dresler) - Abit. 1938 Mannheim; 1938-40 Stud. Rechtswiss., Nationaloek. u. Politik Univ. Heidelberg, München u. Genf; Refer. 1940, Ass. 1948; 1954-56 New York Law School, LLB, JD 1968; Promot. - 1958-59 stv. Gen.Konsul New York; 1963-65 Geschäftsträger Botsch. Algier; 1969 BPA Bonn; 1970-75 Dir. German Info Ctr. New York - BV: Dt. Niederlass. in d. Vereinigten Staaten, 1956 (m. Prof. Otto Walter, New York) - 1943 EK I; hohe ausl. Ausz.; 1971 BVK I. Kl.; 1974 Founders Medal New School for Social Res. New York - Liebh.: Europa-Politik insbes. i. V. z. USA, Neuere Gesch. Österreichs - Spr.: Engl., Franz.

HOFFMANN, Karl

Dr.-Ing., Prof. f. Übertragungstechnik (Elektr. Schaltungstechnik) TH Darmstadt (s. 1972) - Dieburger Str. 276, 6100 Darmstadt-Land - Geb. 4. Juli 1933 Rockenhausen - Stud. Darmstadt (Promot. 1967) - Zeitw. Postmitarb. Fernmeldetechn. Zentralamt - 1968 NTG-Preis.

HOFFMANN, Karl

Dr. phil., o. Prof. f. Vergl. indogerman. Sprachwissenschaft - Kleiststr. 13, 8520 Erlangen-Frauenaurach - Geb. 26. Febr. 1915 Hof/Regen - 1951 Privatdoz. Univ. München, 1952 ao. Prof. Univ. Saarbrücken, 1955 o. Prof. Univ. Erlangen, jetzt Erlangen-Nürnberg - BV: D. Injunktiv im Veda, 1968; Aufs. z. Indoiranistik I u. II, 1975/76 - 1972 Mitgl. Bayer. Akad. d. Wiss.; 1975 Korr. Mitgl. Österr. Akad. d. Wiss.

HOFFMANN, Karl-Heinz

Dr. rer. nat., o. Prof. f. Mathematik Univ. Augsburg (s. 1981) - Am Ringofen 37, 8900 Augsburg - Geb. 18. Juli 1939 Coburg - Promot. (1968) u. Habil. (1971) München - Zul. Wiss. Rat u. o. Prof. FU Berlin. Facharb.

HOFFMANN, Klaus

Präsident Bundesversicherungsanstalt f. Angestellte i. R. (1973-88) - Ruhrstr. 2, 1000 Berlin 31 (T. 8 65 - 1) - Geb. 1926 - B. 1968 Ruhrknappschaft, dann BfA.

HOFFMANN, Klaus-Hubert

Dr. rer. nat., Prof. f. Stoffwechselphysiologie der Tiere - Inst. Allg. Zoologie, Univ. Ulm, Oberer Eselsberg, 7900 Ulm (T. 0731 - 176 25 82) - Geb. 15. Sept. 1946 Erlangen (Vater: Heinrich H., Angest.; Mutter: Ingeborg, geb. Lehmann), ev., verh. s. 1971 m. Jana, geb. Bojasova, 2 T. (Claudia, Nina) - Gymn. (Abit. 1965); 1965-70 Univ. Erlangen (Biolog., Chemie), Staatsex. 1970, Promot. 1973, Habil. 1977 - 1971-77 Wiss. Assist., 1977-79 Priv.doz., s. 1979 Prof. - BV: 50 Veröff. in wiss. Ztschr. u. Bücher - Liebh.: Zoologie, Sport, Reisen - Spr.: Engl.

HOFFMANN, Konrad

Dr. phil., Prof., Kunsthistoriker - Zwerenbühlstr. Nr. 35, 7400 Tübingen 1 - Geb. 8. Okt. 1938 Berlin - Promot. 1964 Bonn - S. 1971 (Habil.) Lehrtätigk. Univ. Tübingen (gegenw. apl. Prof. u. Dir. Kunsthistor. Inst.) - BV: Taufsymbolik im mittelalterl. Herrscherbild, 1968. Div. Aufs.

HOFFMANN, Lothar

s. Hoffmann-Erbrecht, Lothar

HOFFMANN, Ludwig

Dr. oec., Dipl.-Volksw., Flughafendirektor - Ziegenstr. 119, 8500 Nürnberg 30 - Geb. 5. Mai 1933 Nürnberg - Stud. Volksw. Nürnberg (Dipl. 1956; Promot. 1958) - S. 1968 Flughafen Nürnberg (s. 1974 Geschäftsf.); 1980-86 Präs. Region Europa d. Intern. Civil Airports Assoc. Veröff. u. Vortr. üb. Luftverkehr - Liebh.: Geogr. Reisen.

HOFFMANN, Ludwig

Prof. Hochsch. f. Musik München, Pianist - Walleitnerstr. 3, 8022 Grünwald (T. 089-6412644) - Geb. 11. Juni 1925 Berlin, ledig - Stud. Wien, Berlin, Köln - s. 1970 Prof. e. Meisterkl. - Spr.: Engl., Ital., Franz.

HOFFMANN, Manfred

Dr. agr., Prof., Hochschullehrer - Haager Weg 8, 8825 Weidenbach/Mfr. (T. 09826 - 96 93) - Geb. 29. Okt. 1938 Ringenhain/Sud. (Vater: Franz H., Landw.; Mutter: Emilie, geb. Ullrich), verh. s. 1967 m. Christa, geb. Kaiser, S. Hermann - Stud. Weihenstephan (Dipl.-Agraring., II. Staatsex., Promot./Didaktik d. techn. Wiss.) - S. 1974 Lehrtätigk. FH Weihenstephan (Landtechnik). Leit. Kontaktst. f. Hochschuldidaktik; Landesvors. Arbeitsgem. Bodenfruchtbarkeit u. Qualitätserzeugung. Entw. therm. Pflanzenschutz. Schwerp.: Technik u. Qualität im alternativen Landbau - BV: Abflammtechnik, 3. A. 1986.

HOFFMANN, Manfred

Jurist, Geschäftsführer Deutsch-Kolumbianische Industrie- u. Handelskammer - Calle 84 No. 9-28, Bogotá/Kolumbien (T. 0057 - 1 - 256 53 23-265 51 82) - Geb. 17. Febr. 1950 Berlin, verh. s. 1974 m. Maria Luisa Rodriguez Martinez, 2 Söhne (Jan Rodrigo, Björn Luis) - Jurist. Ausb. in Mannheim, Heidelberg u. Frankfurt - Rechtsanwalt in Frankfurt; Wirtsch.jurist in e. dt. Großunternehmen - Spr. Engl., Span.

HOFFMANN, Michael

Dipl.-Päd., Prof. f. Allg. Schulpädagogik PH Berlin - Glaskrautstr. 31, 1000 Berlin 27.

HOFFMANN, Michael Zeljko

Schauspieler, Regiss. - Adalbertstr. 41b, 8000 München 40 (T. 089 - 272 00 71) - Geb. 25. Febr. 1943 München (Vater: Zeljko, Arzt; Mutter: Ingeborg, Schausp.) - Ausbild. Otto-Falckenberg-Sch. München - Bühnen- u. Filmtätigk. - Liebh.: Malerei, Musik - Spr.: Engl., Ital.

HOFFMANN, Paul

Dr. phil., o. Prof. f. Dt. Philologie Univ. Tübingen - Melanchthonstr. 33, 7400 Tübingen 1.

HOFFMANN, Paul

Dr. rer. pol., Verleger - Klappacher Str. 130, 6100 Darmstadt (T. 6 30 76) - Geb. 22. Aug. 1933 Berlin - Dipl.-Volksw. (1956) u. Promot. (1959) Mainz - Präs. EAV (Europ. Adreßbuchverleger-Verband) - Spr.: Engl., Franz.

HOFFMANN, Paul

Dr. theol., Prof. f. Exegese d. Neuen Testaments Univ. Bamberg - Hainstr. 37, 8600 Bamberg (T. priv.: 0951 - 2 15 90; dstl.: 0951 - 8 63-245/246) - Geb. 14. Febr. 1933 (Vater: Ludwig H., Handelslehrer; Mutter: Martha, geb. Paulczynski), kath., ledig - Stud. Phil., Theol. u. Klass. Philol. Univ. Paderborn, München u. Münster (Theol.Ex. 1956, Promot. 1959), Habil. f. Exegese NT 1967 Univ. Münster - 1961-63 kirchl. Gde.dienst in Dortmund; 1968 Assist. Kath.-Theol. Fak. Univ. Münster; 1969 Doz. ebd.; s. 1970 Univ. Bamberg - BV: D. Toten in Christus, 3. A. 1978; Stud. z. Theol. d. Logienquelle, 3. A. 1982; Orientier. an Jesus, 1973 (Hrsg. m. a.); Jesus v. Nazareth u. e. christl. Moral (m. V. Eid), 3. A. 1979; Eschatol. u. Friedenshandeln (m. a.), 1981; Ich will euer Gott werden (m. a.), 1981; Ethik im NT (m. a.), 1984; Priesterkirche, 1987 (Hrsg); D. Auferstehung Jesu in d. ntl. Überlieferung, 1988 (Hrsg.).

HOFFMANN, Peter

Dipl.-Betriebswirt, Vorstand Bentheimer Eisenbahn AG - Am Berghang 65, 4444 Bad Bentheim - Geb. 12. Dez. 1941 Nürnberg, ev., verh., 4 Kd. - Lehre als Industriekaufm. Stadtwerke Gelsenkirchen; Stud. Betriebsw.lehre Höhere Wirtsch.fachschule Dortmund; Ex. 1965 - Vorst. Bentheimer Eisenbahn AG, Geschäftsf. Kraftverkehr Emsland GmbH, Reisebüro Berndt GmbH, Nord West Reisen GmbH, Reisebüro Rheine, Nasch GmbH, Nutzfahrzeuge GmbH Nordhorn; Landesgr.-Vors. Bremen-Nieders. d. Bundesverb. Dt. Eisenbahnen - Liebh.: Sport, Gesch. - Spr.: Engl.

HOFFMANN, Reinhard W.

Dr. rer. nat., Prof. f. Organ. Chemie - Schlehdornweg 12, 3550 Marburg/L. 21 - Geb. 18. Juli 1933 Würzburg (Vater: Friedrich H., Regierungsdir. a. D.), verh. s. 1958 m. Elisabeth (Liesel), geb. Bonn, 2 T. (Brigitte, Ursula) - Gymn. Tübingen u. Landshut; Univ. Bonn. Promot. 1958 Bonn; Habil. 1964 Heidelberg - S. 1965 Lehrtätigk. Univ. Heidelberg, TH Darmstadt (1967), Univ. Marburg (1970 Prof.) - BV: Dehydrobenzene and Cycloalkynes, 1967; Aufklärung v. Reaktionsmechanismen, 1976 - Spr.: Engl.

HOFFMANN, Rolf

Dr. rer. pol., Kaufmann, gf. Gesellsch. Dr. Hoffmann GmbH u. Hoffmann Familien GmbH, Stuttgart; Mitgl. d. Geschäftsfg. u. Kommand. d. Schildknecht u. Rall & Gerber, Württ. Verb. Möbelfabriken GmbH & Co. KG, Stuttgart, u. Schildknecht Innenausbau GmbH & Co. KG, Remseck II; Vors. Verb. d. Württ. Holzind. u. Kunststoffverarb. e. V., Stuttgart; Präsidialmitgl. Hauptverb. d. Dt. Holzind. u. verw. Industriezweige, Wiesbaden, Vorstandsmitgl. Landesverb. Bad.-Württ. Ind., Stuttgart; ARsmitgl. Neue Gemeinschaft f. Wohnkultur (WK-Verb., Leinfelden-Echterd.) - Lilienthalstr. 8, 7000 Stuttgart 1 - Geb. 18. Febr. 1917 - ARsmand.

HOFFMANN, Rolf

Dr.-Ing., Prof. f. Mikroprogrammierung TH Darmstadt - Alexanderstr. 10 (Fachbereich Informatik), 6100 Darmstadt - Geb. 22. April 1945 Großörner (Vater: Walter H., Obering.; Mutter: Gerda, geb. Bergner), ev. - Dipl.-Ing. Elektrotechnik 1970 TU Berlin - 1970-75 Assist. TU Berlin; 1975-78 Arbeitsgr.leit. Heinrich-Hertz-Inst. f. Nachr.technik, Berlin; s. 1978 TH Darmstadt - BV: Rechenw. u. Mikroprogrammier., 1977 u. 1983 - Spr.: Engl., Franz., Griech.

HOFFMANN, Rudolf-Eberhard

Dr. rer. nat., Prof. f. Mathematik (Schwerp.: Topologie u. Grundlagenfragen) Univ. Bremen - Gerhard-v.-d.-Poll-Str. 29, 2807 Achim.

HOFFMANN, Rüdiger

Dr. phil., Programmdirektor Fernsehen/Radio Bremen (s. 1989) - Feldmannstr. 4, 2800 Bremen 33 - Geb. 21. Sept. 1943 Beuthen, verh. s. 1979 m. Renate, geb. Westermann, 3 Kd. (Frederieke, Philipp, Sophie) - Stud. Volkswirtsch., Soziol., Polit. Wiss., zugl. fr. Mitarb. b. WDR s. 1967; Promot. 1972 Univ. Bonn (b. Prof. Dr. Karl Dietrich Bracher). 1974-82 Lehrauftr. f. Medienkunde Univ. Köln, Bonn u. Marburg - 1974-78 WDR-Redakt. Magazin Monitor; 1978-86 Leit. ARD-Aktuell (Tagesschau/Tagesthemen WDR); 1981-85 Moderator ARD-Tagesthemen, außerd. b. 1987 ARD-Moderator f. Wahlsendungen (Infas); 1987-89 ARD FS-Korresp. Warschau - BV: Rundfunkorganisation u. Rundfunkfreiheit, 1975 - Liebh.: Reitsport - Spr.: Engl., Franz., Poln.

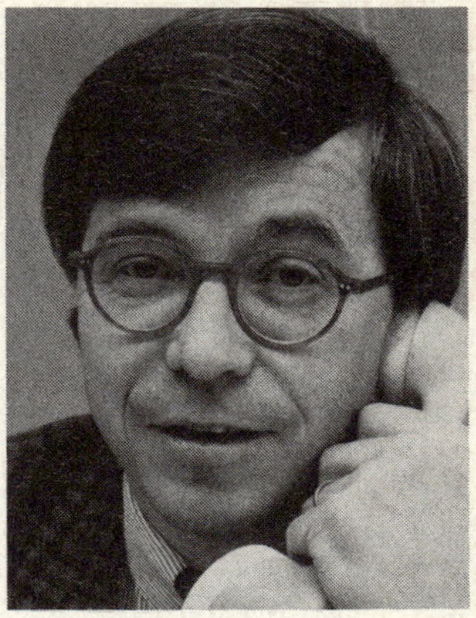

HOFFMANN, Thomas

Dr. jur., Rechtsanwalt, Geschäftsführer Wohnungsuntern. Ernst Bergeest GmbH, Grundstücks-Anlagefonds-Ges. mbH, F + V Factoring- u. Verwaltungsges. mbH, Pers. haft. Gesellsch. 10., 11. u. 12. Immobilienfonds Wolfgang Essen KG, alle Hamburg - Heilholtkamp 34a, 2000 Hamburg 60 (T. 040 - 51 86 73) - Geb. 11. Sept. 1936 Bad Salzbrunn, verh. s. 1967 m. Karin, geb. Warnke, 2 S. (Michael, Frank) - Promot. 1963 Hamburg, 2. jurist. Staatsex. 1965 ebd. - Spr.: Engl.

HOFFMANN, Waldemar

Dr., Ministerialdirektor, Leit. Abt. Seeverkehr Bundesverkehrsmin. - Bernhard-Nocht-Str. 78, 2000 Hamburg 4 - Geb. 14. Juli 1924.

HOFFMANN, Walter

s. Kolbenhoff, Walter

HOFFMANN, Walter

Geschäftsführer Handwerkskammer Hamburg, Mitgl. Hbg. Bürgerschaft (1970-74) - Schopbachweg 16b, 2000 Hamburg 54 (T. 54 41 26; dstl. Handwerkskammer: 35 90 52 35) - SPD.

HOFFMANN, Werner

Dr. phil., o. Prof. f. Ältere Germanistik Univ. Mannheim (s. 1973) - Prießnitzstr. 17, 6000 Frankfurt/M. - Geb. 19. Jan. 1931 Frankfurt/M. - Promot. 1959; Habil. 1966 - Zul. Prof. Univ. Frankfurt. Bücher u. Aufs.

HOFFMANN, Werner

Dr. phil., Prof., Schriftsteller - Prado 2918, Victoria 1644/Buenos Aires (Argentinien) - Geb. 9. April 1907 Strehlen/Schles., kath., verh. s. 1939 m. Eva v. Essen (gesch.), S. Dr. Juan Miguel (Psychoanalytiker) - Gymn. Strehlen; Univ. Heidelberg, Würzburg, Toulouse, Breslau - 1934-45 Studienrat Buenos Aires (Goethe-Sch.); 1958-69 u. 1971 ff. Prof. Univ. ebd. (del Salvador). 1969-71 Gastprof. Puerto Rico. Mitgl. Argentin. Forschungsrat. Arbeitsgeb.: Dt. Literaturgesch. d. 19. u. 20. Jh.s - BV/Belletristik: D. göttl. Landstr., Ged. 1934 (Berlin); Himmel ohne Wolken, Ged. 1939 (Buenos Aires); D. Traumkönig v. Paraguay, Erz. 1943 (B. A.); Am Abend läuten d. Glocken, Jugenderinn. 1944 (B. A.); D. Fahrt zu d. 7 Seen, Reisebeschreib. 1945 (B. A.); Gottes Reich in Peru, R. 1946 (Stuttgart; auch Span. u. Engl.); D. Fahrt ins Blaue, R. 1950 (B. A.); D. Silberstadt, R. 1961 (Köln, auch Holl.); Kl. Nachtmusik, Ged. 1978 (Remagen); Wiss. Werke: E.T.A. Hoffmanns Lebensgefühl u. Weltanschauung, 1930 (Ohlau); Clemens Brentano - Leben u. Werk, 1966 (Bern); Edición crítica de las obras del P. Anton Sepp, 3 Bde. 1971/74 (B. A.); Kafkas Aphorismen, 1975 (Bern; auch Span.); Las misiones jesúticas entre los chiqútanos, 1979 (B. A.); Vida y obra del P. Martin Schmid, 1981 (B. A.); m.

a.: Gesch. d. Deutschtums in Argentinien, m. Karl Wilhelm Körner, 1955 (B. A.); Deutsche in Argentinien, 1980 (B. A.); Ansturm geg. d. letzte ird. Grenze - Aphorismen u. Spätwerk Kafkas, 1984. Mitarb.: Die Deutschen in Lateinamerika, 1979 (Tübingen); Kafka-Handbuch, 1979 (Stuttgart). Div. Bühnenst.: Utz Schmidl, 1940 (B. A.); D. Verlorene Sohn, 1941 (B. A.); Bürger Titan (1945, 3. A.) - BVK I. Kl. - Spr.: Span., Franz., Engl. - Liebh.: Neben Lit. Musik (Kammerm.).

HOFFMANN, Werner Emil

Dipl.-Ing., Direktor, gf. Vorstandsmitgl. Vereinig. d. Techn. Überwachungs-Vereine, Essen - August-Schmidt-Str. 60, 4330 Mülheim/Ruhr (T. 0201 - 811 11 33) - Geb. 20. Jan. 1934 Grünwald (Vater: Alfred H., Glaswarenherst.; Mutter: Irma, geb. Heidrich), kath., verh. s. 1959 m. Eva, geb. Schmidt, 2 Kd. (Peter, Barbara) - Oberrealsch. Kaufbeuren; Maschinenbaustud. TU München (Dipl.ex. 1957) - 1958-65 amtl. anerkannter Sachverst.; 1971-75 Gf. Dampfkesselaussch. - BV: Dampfkessel, Errichtung u. Betrieb, Bd. II: D. Techn. Regeln f. Dampfkessel, Sicherheitstechn. Richtlinien, Normen, Auslegungen, Kommentar - Loseblatts.; D. Org. d. Techn. Überwach. in d. BRD, Bd. 59 d. Reihe: Ämter u. Org. d. BRD, 1980; Unabhängig u. neutral. D. TÜV u. ihr Verband, Bd. 19 d. Schriftenreihe: Verb. d. BRD, 1986 - Spr.: Engl., Franz.

HOFFMANN, Wolfgang

Dr. rer. nat., o. Prof. f. Mineralogie u. Kristallogr. u. Direktor Inst. f. Mineral. Univ. Münster (s. 1968; 1974-78 Rektor) - Hüfferstr. 57, 4400 Münster/W. (T. Inst.: 0251 - 83 34 61) - Geb. 9. Febr. 1935 Hamburg (Vater: Edmund H., Kaufm.; Mutter: Anny, geb. Dietrich), kath., verh. s. 1958 m. Irma Ingrid, geb. Schröder, 4 Kd. (Rüdiger, Robert, Götz, Barbara) - Univ. Hamburg (Physik, Mineral., Kristallogr.; Promot. 1961) - 1962-68 Wiss. Mitarb. ETH Zürich. Lehrbeauftr. ETH u. Univ. Zürich. Spez. Arbeitsgeb.: Anorgan. Kristallstrukturen, Defektstrukturen u. Kristallchemie. Fachveröff. - Spr.: Engl.

HOFFMANN-AXTHELM, Dieter

Dr. theol., Schriftsteller - Schlesische Str. 12, 1000 Berlin 36 (T. 030 - 618 24 41) - Geb. 24. Aug. 1940 Berlin (Vater: Prof. Dr. Dr. Walter H.-A., Kieferchirurg), ev., gesch., 4 Kd. (Moritz, Sophie, Thea, Leo), Lebensgefährtin Ludovica Scarpa - Stud. Theol., Gesch., Phil.; Promot. 1968 Münster - Mithrsg. Ästhetik u. Kommunikation (s. 1975); erweiterte Redaktion Arch (s. 1976) - BV: Anschauung u. Begriff, 1973; Theorie d. künstler. Arb., 1974; D. abreißb. Klassenbewußtsein, 1975; Sinnesarbeit. Nachdenken üb. Wahrnehmung, 1984 - Spr.: Engl., Franz., Ital.

HOFFMANN-AXTHELM, Walter

Dr. med. (habil.), Dr. med. dent., Prof., Facharzt f. Zahn-, Mund- u. Kieferkrankheiten, Ehrenvors. Verein f. d. Geschichte Berlins (gegr. 1865) - Schlierbergstr. 84, 7800 Freiburg/Br. (T. 0761 - 40 65 10) - Geb. 29. April 1908 Berlin, ev., verh. s. 1939 m. Dr. Irmtraut, geb. Milisch (Kieferorthopädin), 4 Kd. (Gisela, Diether, Friedrun, Dagmar) - Stud. Med. u. Zahnmed. Berlin u. Freiburg. Staatsex. u. Promot. 1931 u. 53; Habil. 1953 - B. 1939 eig. Praxis; Wehrdst.; 1950ff. Lehrtätigk. Humboldt-Univ. Berlin (1959 Prof. m. Lehrauftr.), 1961 Prof. m. vollem Lehrauftr.), s. 1963 Lehrtätigk. FU Berlin (b. 1977 Prof. u. Dir. Inst. f. Gesch. d. Med.) - BV: Klin. Unters. z. Fluorproblem unt. bes. Berücks. d. Kariesprophylaxe, 1959; Spez. Zahn-, Mund- u. Kieferchir., 2. A. 1963 (m. Rosenthal u. Bienengräber); Gesch. d. Zahnheilkd., 2. A. 1985 (engl. Übers. 1981, japan. Übers. 1985); Lexikon d. Zahnmed., 8. A. 1983. Etwa 100 Fachaufs. - Ehrenmitgl. American Acad. of Hist. of Dentistry - Spr.: Engl., Franz.

HOFFMANN-BECKING, Michael

Dr. jur., Rechtsanwalt, Aufsichtsratsmitgl. Hertie Waren- u. Kaufhaus GmbH, Frankfurt/M. u. Berlin - Trinkausstr. 7, 4000 Düsseldorf 1 (T. 0211-13 08 30) - Geb. 8. Febr. 1943, kath., verh. s. 1970 m. Beate, geb. Wintergerst, 2 S. (Felix, Tobias) - Univ. Freiburg, München, Münster - 1971 Rechtsanwalt - Zahlr. AR-, VR- u. Beiratsmand.

HOFFMANN-BERLING, Hartmut

Dr. med., Dr. rer. nat., Prof., Direktor Max-Planck-Inst. f. Med. Forschung, Heidelberg (s. 1966) - Tischbeinstr. 13, 6900 Heidelberg (T. 4 13 53) - Geb. 7. April 1920 Langfuhr (Eltern: Dr. med. Walter u. Dr. med. Elisabeth H., Ärzte), verh. s. 1944 m. Liselotte, geb. Frick, 2 Söhne (Eberhard, Manfred) - S. 1957 (Habil.) Lehrtätigk. Univ. Frankfurt/M. (1963 apl. Prof.) u. Univ. Heidelberg (1966 Ord. f. Mikrobiol.). Spez. Arbeitsgeb.: Molekulare Genetik. Facharb.

HOFFMANN-ERBRECHT, Lothar

Dr. phil., Prof., Musikwissenschaftler - Amselweg 9, 6070 Langen-Oberlinden/Hessen (T. 06103 - 7 35 83) - Geb. 2. März 1925 Strehlen/Schles. (Vater: Dr. med. vet. Alfred Hoffmann, Tierarzt; Mutter: Martha, geb. Erbrecht), kath., verh. s. 1952 m. Margarete, geb. Fischer, 2 Töcht. (Dietlinde, Gundula) - B. 1943 Schule (Abitur); 1946-49 Musikhochsch. Weimar; 1949-51 Univ. Jena (Musikwiss., Phil., German.). Promot. 1951 Jena; Habil. 1961 Frankfurt - S. 1961 Lehrtätigk. Univ. u. Hochsch. f. Musik Frankfurt/M. u. TH Darmstadt (1968 apl. Prof., 1971 beamteter Prof.) - BV: Dt. u. ital. Klaviermusik z. Bachzeit, 1954; Thomas Stoltzer - Leben u. Schaffen, 1964; D. Sinfonie, 1967 (engl. 1969); Henricus Finck, musicus excellentissimus (1445-1527), 1982; Musikgesch. Schlesiens, 1986. Herausg. v. üb. 100 Werken d. Klavier-, Kammer- u. Chormusik alter Meister (1954ff.) - Liebh.: Kunstgesch., Archäol. - Spr.: Engl.

HOFFMANN-HERREROS

s. Hoffmann, Hans Peter

HOFFMANN-LOHS, Herbert

Dr., Botschaftsrat, Wirtschaftsref. Botschaft d. BRD in Griechenland - POB 3071, 10210 Athen.

HOFFMANN-RIEM, Christa

Dr. rer. pol., Prof. f. Soziologie Univ. Hamburg (s. 1977) - Kätnerweg 24, 2000 Hamburg 65.

HOFFMANN-RIEM, Wolfgang

Dr. jur., LL.M., Prof. f. Öfftl. Recht, Verwaltungswiss., Finanz-, Steuer- u. Wirtschaftsrecht - Kätnerweg 24, 2000 Hamburg 65 - Geb. 4. März 1940 Hannover (Vater: Günter H., Rektor; Mutter: Erika, geb. Wohlers), ev., verh. s. 1967, 2 Kd. (Holger, Martin) - S. 1974 Prof. Univ. Hamburg, Sprecher d. Fachber. (1977-79), Dir. Hans Bredow - Inst. f. Rundfunk u. Fernsehen - Zahlr. Fachbeiträge - Spr.: Engl.

HOFFMANN von WALDAU, Goetz

Dipl.-Kfm., Geschäftsführer Spencer Stuart & Associates GmbH, Frankfurt/M. - Frauenlobstr. 34, 6000 Frankfurt 90 (T. 069 - 77 43 22) - Geb. 10. Juli 1931 Berlin (Vater: Otto H. v. W., General d. Flieger; Mutter: geb. Boden), ev., gesch., 2 Söhne (Albrecht, Maximilian) - Kaufm. Lehre Nürnberg (Abschl. 1952); Stud. Univ. Erlangen-Nürnberg (Dipl.-Kfm. 1954) - 1967-69 Hauptgeschäftsf. Österr. AEG-Telefunken, Wien; 1969-71 Geschäftsf. Vorwerk & Co. Elektrowerke, Wuppertal; 1971-75 Gf. Gesellsch. Krups, Solingen; 1975-76 Vorst. AEG-Telefunken; VR GfK, Nürnberg - Johanniterorden - Liebh.: Golf, Jagd - Spr.: Engl., Franz. - Rotarier.

HOFFMEIER, Adalbert

Hauptgeschäftsführer Landessportbund Nordrh.-Westf. - Friedrich-Alfred-Str. 25, 4100 Duisburg 1.

HOFFMEISTER, Albert

Rechtsanwalt (Syndikus), Aufsichtsratsmitgl. Volkswagenwerk AG - Breslauer Str. 20, 3320 Salzgitter 51 - Geb. 22. Jan. 1929 Salzgitter (Vater: Clemens H., Gastwirt; Mutter: Veronika, geb. Koch), kath., verh. s. 1963 m. Jutta, geb. Bierwirth, 3 T. (Christine, Bettina, Stephanie) - Jura-Stud. (1. Staatsprüf. 1955, Ass.-Ex. 1960) - S. 1977 AR VW AG, 1. Vors. Verein d. Führungskräfte d. VW-Konzerns.

HOFFMEISTER, Friedrich

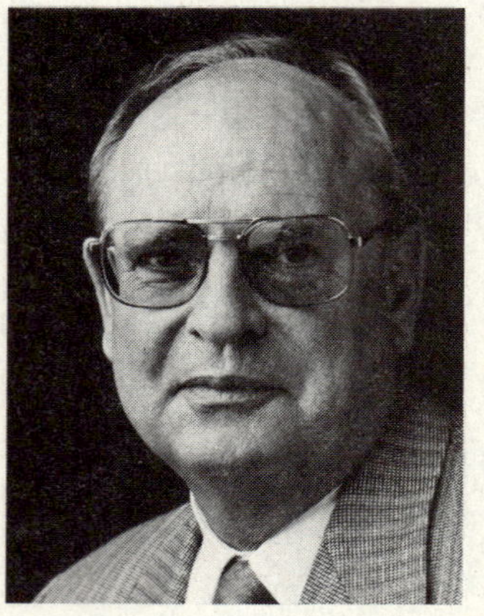

Dr., Prof., Arzt f. Pharmak., Toxikol. u. klin. Pharmak. - Katernberger Str. 262, 5600 Wuppertal 1 (T. 71 47 62) - Geb. 6. Mai 1926 Berlin (Vater: Edmund H., Generallt.; Mutter: Elisabeth, geb. Weiß), ev., verh. s. 1959 m. Fentina, geb. Munzel, 4 Kd. (Claudia, Tobias, Christian, Ulrich) - Stud. d. Med. u. Chem. Univ. München u. Mainz, Promot. 1953; Habil. 1966 - 1956-72 Pharmak. Forschung; s. 1971 apl. Prof. f. Pharmak. u. Toxikol. Univ. Düsseldorf; 1972-86 Leit. Inst. f. Pharmak. (Bayer AG); 1986-90 Leit. Pharma Forsch. u. Entw. BAYER AG. 1972ff. Mitgl. Beraterkommiss. f. Suchtfragen BGA Berlin; Mitgl. zahlr. Fachges. u. versch. Kommiss. BGA Berlin; Sachverst. im Ber. Arzneimittelw. d. FDP-BFA Soz., Jugend, Familie u. Ges. - BV: Tierexperimentelle Untersuch. üb. d. Schmerz u. s. pharmak. Beeinflussung, 1968; Psychic Dependence, Definition, Assessment in Animals and Man, Theoretic and Clinical Implications, 1973; Brain Functions in Old Age, 1979 - Liebh.: Golf, Pistolenschießen, Reiten - Spr.: Engl., Span.

HOFFMEISTER, Hans

Dr. rer. nat., Prof., Leiter Inst. f. Sozialmedizin u. Epidemiol. - Thielallee 88-92, 1000 Berlin 33; priv.: Buchsweilerstr. 3, 33 - Geb. 30. Sept. 1932 - Promot. 1963; Habil. 1968 - S. 1969 Dir. u. Prof. Bundesgesundheitsamt. 1974 ff. apl. Prof. FU Berlin. Zahlr. Facharb.

HOFFMEISTER, Hans-Eberhard

Dr. med., o. Prof. f. Chirurgie - Tübinger Str. 68, 7400 Tübingen 9 (T. 21 14 38) - Geb. 27. April 1928 - S. 1963 (Habil.) Lehrtätigk. Univ. Göttingen (1969 apl. Prof.; zul. Oberarzt Abt. f. Thorax- u. Herzgefäßchir./Chir. Klinik) u. Tübingen (1971 Abt.svorst. u. Prof.). Facharb.

HOFFMEISTER, Heinrich

Dipl.-Ing., Prof. f. Baukonstruktion GH Paderborn (Fachber. Arch., Höxter) - Gartenring 42, 3492 Brakel.

HOFFMEISTER, Klaus

Dipl.-Kfm., Gf. Gesellschafter Hoffmeister-Leuchten GmbH, Lüdenscheid, Schrauben-Betzer GmbH & Co KG, Lüdenscheid, Hoffmeister-Leuchten Ges. mbH, Prambachkirchen (Österr.), Hoffmeister-Lighting Ltd., Reading (England) - Grebbeckerweg 46, 5880 Lüdenscheid (T. 02351 - 15 92 99) - Geb. 28. Juni 1934 Lüdenscheid, verh. m. Christa, geb. Schmidt, 2 S. (Sven, Oliver) - Abit., Werkzeugmacherlehre, Stud. Wirtschaftswiss. Berlin, Frankfurt, Ex. Münster 1961 - 1977-82 Sozialrichter b. Sozialgericht Dortmund; s. 1974 Mitgl. Verw.-Aussch. d. Arbeitsamtes Iserlohn; 1982-84 Vors. Fachverb. Elektro-Leuchten im ZVEI, Frankfurt; s. 1984 Vorstandsmitgl. ZVEI, Frankfurt - Liebh.: Lit., Fotogr., Schwimm- u. Wintersport, Reisen - Spr.: Engl., Franz.

HOFFMEISTER, Lothar

Vorstandsmitglied i.R. Eumuco AG. f. Maschinenbau, Leverkusen (1971-82) - Parkstr. 7, 5231 Steimel - Geb. 5. Jan. 1918 - Jurist. Ausbild. Vorst.mitgl. Verein Deutscher Werkzeugmaschinenfabriken e. V. (VDW), Frankfurt a. Main.

HOFFMEISTER, Wolfgang

Dr. med., em. o. Prof. f. Innere Medizin - Kantstr. Nr. 13, 6800 Mannheim - Geb. 26. Juni 1910 Gengenbach/Baden - Habil. Berlin (1944) u. Heidelberg (1951) - S. 1951 Privatdoz., apl. (1956) u. o. Prof. (1964) Univ. Heidelberg (Dir. Med. Klinikum Mannheim). Fachveröff. Mithrsg.: D. Internist, Kongreßzentralbl. f. Inn. Med.

HOFFRAGE, Käthe

Hausfrau, Mitgl. Brem. Bürgerschaft (s. 1959) - Schiffdorfer Chaussee 217, 2850 Bremerhaven - Geb. 22. Juli 1920 Bremerhaven, verh., 1 Kd. - Verkäuferinnenlehre; Kaufm. Berufssch. - B. 1943 Einzelhdl., dann kriegsdienstverpfl., 1951-61 GEG Bremerhaven (8 J. Betriebsrat). 1952-68 Vors. Frauenaussch. GNG u. DGB/Kr. Bremerhaven-Wesermünde. SPD s. 1950 (Mitgl. Unterbezirksvorst. Bremerhaven).

HOFFSTADT, Josef

Dipl.-Volksw., Vorstandsmitglied Hamburger Hochbahn AG., Hamburg, u. a. - Fontanestr. 3, 2085 Quickborn - Geb. 29. April 1927 - ARsmand. (überwieg. Vors.).

HOFIUS, Otto Friedrich

Dr. theol., o. Prof. f. Neues Testament Univ. Tübingen (s. 1980) - Kleiststr. 1, 7400 Tübingen - Geb. 22. Juli 1937 Siegen (Vater: Karl H., Malerm.; Mutter: Helene, geb. Hauser), ev.-ref., verh. s. 1965 m. Elisabeth, geb. Bock, 2 Kd. (Christoph, Antje) - Gymn. Siegen; Univ. Heidelberg u. Göttingen (Theol.). Promot. 1969; Habil. 1971 - 1965-72 Pfarrer, 1972-80 Prof. GH Paderborn. 1978ff. Mitgl. Moderamen d. Ref. Bundes - BV: Katapausis - D. Vorstell. v. endzeitl. Ruheort im Hebräerbrief, 1970; D. Vorhang vor d. Thron Gottes, 1972; D. Christushymnus - Philipperbrief 2, 6-11, 1976.

HOFLEHNER, Rudolf

Prof., Bildhauer, Maler, Graphiker - Ottensteinstr. 62, A-2344 Maria Enzersdorf-Südstadt (T. 02236 - 81 47 64); Wien II., Krieau-Staatsatelier; I-53034 Colle Val D'Elsa Località Collalto, Podere Pantaneto/Prov. Siena - Geb. 8. Aug. 1916 Linz/Donau (Vater: Johann H., Bankbeamter; Mutter: Anna, geb. Ruf), kath., verh. s. 1939 m. Luise, geb. Schaffer, Tochter Hanna, verehel. Wörle - TH Graz (4 Sem. Arch.); Kunstakad. Wien (Dipl.) - B. 1951 Lehrer Kunstgewerbesch. Linz, dann freischaff. Wien, s. 1962 Prof. Kunstakad. Stuttgart. Vertr. d. figurativen Kunstricht. Vornehml. symbol. Zeichen f. menschl. Situationen in Eisen u. Stahl. Mitgl. Künstlerbd. Baden-Württ. u. Neue

Gruppe München - 1958 Goldmed. Weltausstell. Brüssel; 1959 Preis Stadt Wien, 1967 Berliner Kunstpreis, Adalbert Stifter-Preis Oberösterr., 1969 Gr. Österr. Staatspreis, 1977 Jerg-Ratgeb-Preis; 1968 o. Mitgl. Akad. d. Künste, Berlin, 1970 Bayer, Akad. d. Schönen Künste, München - Liebh.: Musik - Lit.: Werner Spies, R. K. - Krieauer Kreaturen, 1970; Werner Hofmann, 1965 (engl. 1965, franz. 1966); Wieland Schmied: D. Fall Rudolf Hoflehner, 1975; Tilmann Osterwald, Andreas Vohwinckel, Magdalena M. Moeller, Rudolf Hoflehner, 1982; Hoflehner, 1988; Wieland Schmied Hoflehner, Wandel u. Kontinuität, 1988.

HOFMANN, Abrecht W.

Dr., Prof., Direktor am Max-Planck-Inst. f. Chemie - Saarstr. 23, 6500 Mainz - Geb. 11. März 1939 Zeitz, verh. m. Julia, geb. Reinhard, 2 Kd. - 1958/59 Duke Univ. Durham N.C./USA; 1959-62 Univ. Freiburg/Br., Vordipl.; 1962-68 Brown Univ. Providence, R.I./USA, MSc. 1965, PhD 1969 (Brown Univ.) - 1968-70 Assist. am Labor f. Geochronol. Heidelberg; 1970-80 Carnegie Inst. Washington; s. 1980 Dir. am M.P.I. f. Chemie.

HOFMANN, Alfred

Dr. rer. nat., Prof. f. Physik Univ. Erlangen-Nürnberg (s. 1974) - Habichtstr. 3, 8520 Erlangen - Geb. 17. Febr. 1934 - Spez. Arbeitsgeb.: experimentelle Kern- u. Teilchenphysik.

HOFMANN, Anne-Marie

Bundesanwältin a. D. - Herrenstr. 45a, 7500 Karlsruhe - Geb. 17. Aug. 1920 Südwestdtschl. - S. 1948 Justizdst. (1960 Bundesanwaltsch. (abgeordn.), 1960 Oberstaats-, 1972 Bundesanw. ebd./erste Frau).

HOFMANN, Dieter

Dr. med., Prof. f. Kinderheilkunde Univ. Frankfurt - Steinlestr. 31, 6000 Frankfurt/M.

HOFMANN, Dietrich

Dr. phil., o. Prof. f. Altgerman., Nord. u. Fries. Philologie - Matthias-Claudius-Str. 6, 2308 Preetz/Holst. (T. 36 23) - Geb. 17. Dez. 1923 Lobenstein/Thür. (Vater: Theodor H., Pastor; Mutter: Elisabeth, geb. v. Harling), verh. 1952 m. Dr. phil. Gisela, geb. Kienitz - Univ. Leipzig u. Kiel. Promot. u. Habil. Kiel - S. 1958 Lehrtätigk. Univ. Kiel (Privatdoz.), Saarbrücken (1959 ao. Prof.), Münster (1962 o. Prof.), Kiel (1969 o. Prof.) - BV: u. a. Nord.-engl. Lehnbezieh. d. Wikingerzeit, 1955; D. k-Diminutiva im Nordfriesischen u. in verw. Sprachen, 1961. Div. Einzelarb.

HOFMANN, Dietrich (Dieter)

Dr. med., Dipl.-Phys., Prof., Gynäkologe - Husener Str. 87, 4790 Paderborn - Geb. 19. März 1925 Erlangen - S. 1958 (Habil.) Lehrtätigk. Univ. Gießen (1963 apl. Prof.) u. Münster (1964; Wiss. Rat u. Prof.; 1972 Komm. Dir. Univ. Frauenklinik Münster, 1973 Dir. Westf. Landesfrauenklinik und Hebammenlehranst. Paderborn. Monographien: 1962 Stadieneinteilung d. gynäkol. bösart. Tumoren, 1963 D. Klinik d. gynäkolog. Strahlentherapie, 1964 Gynäkolog. Strahlentherapie, 1967 u. 1969 D. Fehlgeburt 1. u. 2. A., 1974 Schwangerschaftsunterbr. Zahlr. Einzelpublikationen.

HOFMANN, Edgar

Dr. jur., Hon.-Prof. Univ. Tübingen - Näherstr. 123, 7000 Stuttgart 60 (0711 - 42 25 95) - Geb. 5. Dez. 1925 Prag, kath., verh. s. 1948 m. Hannelore, geb. Wassung - Stud. Univ. Jena; Promot. 1952, 2. jurist. Staatsprüf. 1952 Berlin (Ost) u. 1954 Stuttgart - Rechtsanw. b. LG u. OLG Stuttgart - BV: Privatversicherungsrecht, 2. A. 1983; Kraftfahrtversich., 13. A. 1986; Schadenersatz b. Ausfall v. Hausfrauen u. Müttern im Haushalt (m. Schulz-Borck), 3. A. 1987.

HOFMANN, Frank

I. Bürgermeister Gde. Oberammergau (1981-84) - 8103 Oberammergau/Obb. - Geb. 1924 - Zul. Lehrer.

HOFMANN, Franz

Dr. med., Prof. f. Physiol. Chemie - Warburgring 6, 6650 Homburg - Geb. 21. Mai 1942 Wien (Vater: Ulrich H., Hochsch.lehrer; Mutter: Renate, geb. Schiebeler), ev., verh. s. 1970 m. Heidelore, geb. Schultze, S. Tobias - Med.-Stud; Promot. 1968, Habil. f. Pharmakol. - 1978 Privatdoz.; 1981 Prof. f. Pharmakol.; 1985 Prof. f. Physiol. Chemie - Liebh.: Bergsteigen - Spr.: Engl. - Bek. Vorf.: K. A. Hofmann (Großv.).

HOFMANN, Fridolin

Dr. rer. nat., Prof., Inhaber Lehrstuhl f. Informatik IV (Betriebssysteme), Vorst. Inst. f. Math. Maschinen u. Datenverarb. Univ. Erlangen-Nürnberg (s. 1972) - Schleifweg 23, 8521 Uttenreuth.

HOFMANN, Friedrich W.

Dr. rer. pol., Bankier, gf. Gesellsch. Bankhaus Ellwanger & Geiger - Zu erreichen üb. Torstr. 15, Postf. 10 04 63, 7000 Stuttgart 10 - Geb. 19. Juni 1939 - Hon.-Konsul v. Finnland f. Baden-Württ.

HOFMANN, Gerhard

Ph. D., Prof. f. Soziol. Univ. Frankfurt - Röderichstr. 8, 6000 Frankfurt/90 - Geb. 15. April 1944 Vandsburg (Vater: Rudolf H.; Mutter: Hildegard, geb. Tews), verh. s. 1968, 2 Kd. - Stud. Univ. Frankfurt, Bowdoin Coll., Brunswick, Purdue Univ., Lafayette/Ind. - 1973-75 Sr. Staff Sociologist u. Assoc. Dir. of Operations Gary Income Maintenance Experiment, Gary.

HOFMANN, Gert

Dr. phil., Schriftsteller - Geb. 29. Jan. 1932 Limbach, verh. s. 1955, 4 Kd. - Phil.stud. Leipzig, Freiburg/Br. u. Toulouse - BV: D. Denunziation, 1979; D. Fistelstimme, 1980; Gespräch üb. Balzacs Pferd, 1981; D. Überflutung (4 Hörsp.), 1981; Auf dem Turm, 1982; Unsere Eroberung, 1984. Theaterst.: D. Bürgermeister, 1963; D. Sohn, 1964; D. Hochzeitsnacht (Fernsehst.), 1966; Kündigungen, zwei Einakter, 1969; Bakunins Leiche, 1980; D. Austritt d. Dichters Robert Walser aus d. Lit. Verein, 1983. Übers.: Le Cheval de Balzac, 1983; The Spectacle at the Tower, 1984; Der Blindensturz, Erz. 1985; Veilchenfeld, 1986; Unsere Vergeßlichkeit, R. 1987; Vor der Regenzeit, R. 1988. Übers.: Our Conquest, New York, 1985; The Parable of the Blind, New York, 1986. - 1979 Ingeborg-Bachmann-Preis; 1980 Prix Italia (RAI), Alfred-Döblin-Preis 1982.

HOFMANN, Gottfried

Vorstandsmitglied Heimstatt Bauspar-AG., München - Herterichstr. 20a, 8000 München 71 (T. 79 26 25) - Geb. 7. Nov. 1932 - Bayer. Hypotheken- u. Wechsel-Bank, München (Dir.); Heimstatt Sparkasse-AG. ebd. (stv. bzw. o. Vorstandsmitgl.).

HOFMANN, Gustav

Dr. rer. nat., em. o. Prof. f. Meteorologie - Platanenstr. 5, 8028 Taufkirchen/Obb. - Geb. 25. Dez. 1921 Dürr Kr. Eger (Vater: Adam H., Bauer; Mutter: Marie, geb. Wirnitzer), kath., verh. s. 1947 m. Gertrud, geb. Vogl, 2 Kd. (Waltraud, Walter) - Gymn. Eger; Univ. Prag (1940-42) u. München (1946-47; Dipl.-Phys. 1947). Promot. (1951) u. Habil. (1956) München - 1956-65 Privatdoz. u. apl. Prof. (1962) Univ. München; 1965-72 Ord. u. Inst.dir. Univ. Köln; 1972-87 Ord. u. Inst.vorst. Univ. München; s. 1987 emerit. Spez. Arbeitsgeb.: Mikrometeorol. - BV: Meteorol. Instrumenten-Praktikum, 1960. Div. Einzelarb. - Spr.: Engl.

HOFMANN, Hanns

Dr. rer. nat., Dr.-Ing. h. c., o. Prof. u. Vorst. Inst. f. Techn. Chemie Univ. Erlangen-Nürnberg (s. 1965) - Rathsberger Str. 21, 8520 Erlangen (T. 2 37 73) - Geb. 18. Dez. 1923 Frankfurt/M. (Vater: August H., Ingenieur; Mutter: Anna, geb. Leinberger), verh. 1950 m. Margarete, geb. Ortlepp - 1946-50 Stud. Chemie (Dipl.-Chem.) - Zul. Lehrtätigk. TH Darmstadt - BV: Einf. in d. Optimierung, 1971; Chem. Reaktionstechn., 1987. Üb. 150 Einzelarb. Mithrsg.: Chem. Eng. Sci., Catal. Rev. - Sci. Eng. u. Chem. Eng. Rev. - 1973 Achema-Plak., 1982 Ernest-Solvay-Preis u. BVK; 1984 Hon.-Prof. BICT Beijing; 1985 Ehrendoktor Univ. Löwen/Belg. - Liebh.: Briefm., Fotogr. - Spr.: Engl., Franz., Ital. - Rotarier.

HOFMANN, Hanns

Dr. jur. h. c., Syndikus, Verbandsgeschäftsführer Bayer. Möbelfachverband, Gütegemeinschaft Dt. Möbel, Dt. Wellpappenhersteller- u. Verarbeiterverband, Gütegemeinschaft Dt. Klaviere - Bayreuther Str. 6, 8500 Nürnberg (T. 55 06 62) - Geb. 3. Mai 1925 Staffelstein (Vater: Sebastian H., Schriftleit. a. D.; Mutter: Johanna, geb. Backert), kath., verh. s. 1962 m. Elisabeth, geb. Ottmann, 3 Söhne (Thomas, Roland, Johannes) - Stud. Rechts- u. Staatswiss. - 1974 Dr. jur. h. c. Staatsuniv. v. Liberia (Monrovia), Bayer. VO, BVK - Liebh.: Klass. Musik, Fechten - Spr.: Franz.

HOFMANN, Hans

Dr. rer. nat., Prof. (C3), Inst. f. Organ. Chemie, Univ. Erlangen-Nürnberg (s. 1970) - Holzgartenstr. 24, 8600 Bamberg - Geb. 31. Jan. 1929 Forchheim/Ofr., kath., verh. s. 1960, 2 Kd. - Arb. üb. Synthese, Struktur u. Reaktionen v. Siebenring-Heterocyclen.

HOFMANN, Hans

Dr. rer. pol., Prof. f. Theoret. Volkswirtschaftslehre - Parkallee 48, 2000 Hamburg 13 - Geb. 8. Jan. 1943 Berlin - Promot. 1972 - S. 1977 Prof. Univ. Hamburg - BV: Oligopolist. Werbepolitik unt. d. Einfluß potentieller Konkurrenz, 1972; D. Evolution v. Marktstrukturen, 1982.

HOFMANN, Hans L.

Dr.-Ing., Generalbevollm. Direktor Siemens AG. - Vogelweiherstr. 1-15, 8500 Nürnberg (T. 433-24 89) - Geb. 26. Juni 1924 Mannheim, verh. - Stud. Maschinenbau u. Elektrotechnik TH Karlsruhe (Dipl.-Ing. 1950) u. TH Braunschweig (Promot. 1968) - Vorstandsvors. RKW-Landesgruppe Bayern, München.

HOFMANN, Harald

Botschafter d. Bundesrep. Dtschl. in Norwegen - Oscarsgate 45, Oslo 2/Norwegen - Geb. 27. Dez. 1932 Nürnberg (Vater: Oskar H.; Mutter: Maria, geb. Meng), ev., verh. m. Alma, geb. Bälz, 3 Söhne - Stud. Rechtswiss. - 1958-61 Bayer. Innenverwalt.; 1961 b. 1969 Bundesmin. f. wirtschaftl. Zusammenarb.; 1969-73 Leit. Min.büro u. Leitungsstab AA; 1973-76 Bundesgeschäftsf. FDP. 1977-81 Botschafter Dänemark; 1981-85 Botsch. Venezuela.

HOFMANN, Hasso

Dr. jur. utr., Prof. f. Rechtsphilosophie, Staats- u. Verwaltungsrecht - Domerschulstr. 16, 8700 Würzburg - Geb. 4. Aug. 1934 Würzburg - Promot. 1964; Habil. 1970 - S. 1970 Lehrtätigk. Univ. Erlangen u. Würzburg (1976 Ord. u. Mitvorst. Inst. f. Rechtsphil., Staats- u. Verw.recht) - BV: u. a. Repräsentation - Stud. z. Wort- u. Begriffsgesch. v. d. Antike b. ins 19. Jh., 1974; Rechtsfragen d. Atomaren Entsorgung, 1981.

HOFMANN, Heinz

Dipl.-Ing., Vorstandsmitglied Hoesch Rothe Erde-Schmiedag AG, Dortmund - Tremoniastr. 5-11, 4600 Dortmund 1; priv.: Bittermarktstr. 49, 4600 Dortmund 50 - Geb. 10. August 1923 - Maschinenbau- u. Kleineisenind. Berufsgenossensch. Düsseldorf; VR Maschinenfab. Glückauf Beukenberg GmbH & Co., Gelsenkirchen; Beirat Unternehmensverb. Metallind. f. Dortmund u. Umgebung, Dortmund.

HOFMANN, Helge

Dipl.-Ing., Vorstand f. Produktion u. Technik Homag AG, Schopfloch - Birkenweg 9, 7201 Emmingen (T. 07465 - 16 48) - Geb. 29. Sept. 1944 Eime, verh. s. 1967 m. Jutta, geb. Ludwig, 2 Söhne (Björn, Lars).

HOFMANN, Herbert

Geschäftsführer, MdL Bayern (s. 1970) - 8651 Grünlas (T. 09221 - 47 58) - Geb. 1936 - U. a. Gf. BBV. CSU - 1980 Bayer. VO.

HOFMANN, Hermann

Prof., Hochschullehrer - Veielstr. 113, 7000 Stuttgart-Bad Cannstatt - U. a. Prof. f. Kunsterzieh. Päd. Hochsch. Ludwigsburg.

HOFMANN, Horst

Diplom-Kaufmann, Vors. Landesverb. d. Verleger u. Buchhändler Rheinland-Pfalz, Mainz - Bismarckstr. 98, 6700 Ludwigshafen/Rh. - Geb. 14. Mai 1933.

HOFMANN, Hubert

Dr. med. habil., Priv.-Doz., Kardiologe, Ärztl. Direktor Klinik f. Herz- u. Kreislaufkrankh. - 8139 Höhenried b. Bernried/Starnberger See (T. 08158 - 2 42 10) - Geb. 1928 - Habil. 1980 München (TU) - Tätigk. Univ.klin. Heidelberg, Harvard, Washington, Atlanta, München; s. 1967 (Gründ.) Ober-, Chefarzt, stv. u. Dir. (1981) Herzklin. Höhenried.

HOFMANN, J.

Dr. rer. nat., Prof. f. Theoret. Informatik Univ. Heidelberg/Fachhochsch. Heilbronn (Studiengang Med. Informatik) - Ernst-Wecker-Str. 2, 7100 Heilbronn/N.

HOFMANN, Josef

Dr. jur., Rechtsanwalt, Ehrenamtl. Beigeordneter: Rechts- u. Theaterdezern. Mainz (s. 1961), Präs. Rat d. Gemeinden Europas (Intern.), u. Beirat d. lokalen u. region. Geb.körperschaften Europas b. d. EG - Albanusstr. 37, 6500 Mainz-Bretzenheim (T. dstl.: 1 21) - Geb. 23. März 1927 Waldbrunn-Hausen Kr. Limburg - Univ. Mainz (Rechts- u. Staatswiss.). Ass.ex. - 1944-45 Kriegsdst.; s. 1957 Anwaltspraxis. 1960-61 Mitgl. Stadtrat Mainz; 1965-69 MdB. CDU. Mitgl. Bundesvorst. KPV d. CDU/CSU Dtschl. - 1981 BVK I. Kl.; 1987 Gr. BVK.

HOFMANN, Karl

I. Bürgermeister (s. 1972) - Rathaus, 8897 Pöttmes/Schw. - Geb. 22. Jan. 1924 Pöttmes - Zul. Verwaltungsamtm. CSU.

HOFMANN, Karl

Studienrat a. D., MdB (s. 1965) - Friesener Str. 38, 8640 Kronach/Ofr. (T. 26 79) - Geb. 11. Juli 1926 Pilnikau/Sudetenl., kath., verh., 2 Kd. - Lehrerbildungsanstalt (Reifeprüf.) - Arbeits-, Kriegsdst. u. -gefangensch. (1944-46); Volks- (10 J.) u. Realschullehrer bzw. -oberlehrer. Fraktionslos.

HOFMANN, Karl B.

Dr. theol., Generalvikar Diözese Regensburg - Niedermünstergasse 1, 8400 Regensburg (T. 5 30 21) - Päpstl. Hausprälat.

HOFMANN, Karl Heinrich

Dr. rer. nat., Prof. f. Mathematik TH Darmstadt - Odenwaldring 8, 6101 Rossdorf - Geb. 3. Okt. 1932 Heilbronn (Vater: Prof. Wilhelm H.), verh. s. 1963 m. Isolde, geb. Rösler, 2 Kd. (Claudia, Georg) - 1952-58 Univ. Tübingen u. Hamburg (1. Staatsex. 1957, Promot. 1958, Habil. 1962, alles Tübingen) - 1962-66 Doz. Tübingen; 1965-82 Prof. Tulane Univ., New Orleans/USA; 1982ff. Prof. TH Darmstadt - BV: Elements of Compact Semigroups, 1966 (m. P. S. Mostert); Cohomology Theories,

1974 (m. P. S. Mostert); A Compendium of Continuous Lattices, 1980 (m. G. Gierz u.a.) - 1970 E. Harris Harbison Award, Danforth Foundation - Spr.: Engl., Franz.

HOFMANN, Karl Siegfried
Dr. med., Prof. u. Dir. d. Klinik u. Poliklinik f. Kinderchirurgie Univ. Mainz - Im Breitenstein 25, 6501 Klein-Winternheim (T. 06136 - 8 85 58).

HOFMANN, Klaus
Dr. phil., Prof. f. Anglistik Univ. Frankfurt/M. (s. 1972) - Bergweg 53, 6370 Oberursel 4 - Geb. 25. Aug. 1935 Worms/Rh. - Promot. 1966 - BV: D. Bild in Andrew Marvells lyr. Gedichten, 1967.

HOFMANN, Klaus-Dieter
Dr. rer. nat., Dipl.-Phys., o. Prof. f. Erziehungswissenschaft (Wiss.stheorie) TU Berlin (s. 1980 [Ps. Claudio Hofmann]) - Ensteiner Str. 25, 1000 Berlin 37 - Geb. 26. April 1936 Gotha/Thür. (Vater: Hans H.; Mutter: Ilse, geb. Götze), gesch. - Schule Ilmenau (Abit. 1951); Mechanikerlehre; Stud. Phys., Math., Phil. Jena, Basel, Freiburg (Dipl.-Phys. 1959). Promot. 1961 Freiburg - 1963-67 Doz. Univ. Izmir u. Paris/Sorbonne (1965) - BV: Einf. in d. Informationstheorie, 1973; Smog im Hirn - Von d. notwend. Aufheb. d. Wissenschaft, 1981 - Spr.: Engl., Franz., Türk., Russ.

HOFMANN, Linus
Dr. theol., Dr. jur. can., Prof., Generalvikar Bistum Trier (s. 1967) - Hinter d. Dom 6, 5500 Trier/Mosel (T. 4 80 81) - Geb. 5. Nov. 1911 Nauroth (Vater: Alfons H., Bauer; Mutter: Regina, geb. Greb), kath. - Stud. Trier, Bonn, Rom. Dr. theol. 1945 Bonn; Dr. jur. can. 1953 Rom - S. 1951 Doz., ab Prof. (1953) u. Honorarprof. (1967) Theol. Fak. Trier (Kirchenrecht) - BV: Kl. Ehefibel, 1960; Exkommuniziert und nicht?, 1966; Katechismus z. Konzil, 1968 (m. W. Breuning u. B. Fischer). Mithrsg.: Trierer Theol. Ztschr. (1951 ff.).

HOFMANN, Manfred
Dr. med. dent., o. Prof. u. Vorst. Poliklinik f. Zahnärztl. Prothetik Univ. Erlangen-Nürnberg (s. 1969) - Robert-Gradmann-Str. 8, 8520 Erlangen (T. 2 26 82).

HOFMANN, Norbert
Dr. med., Dermatologe (Oberarzt Hautklinik), apl. Prof. f. Dermatol. u. Venerol. Univ. Düsseldorf (s. 1977) - Am Südpark 19, 4040 Neuss - Zul. Doz. Univ. Erlangen.

HOFMANN, Paul
Dr. jur., Dipl.-Kfm., o. Prof. f. Zivil-, Wirtschafts- u. Arbeitsrecht TH Darmstadt/Fachbereich 1 Rechts- u. Wirtschaftswiss. (s. 1968) - Heidelberger Landstr. 101 D, 6100 Darmstadt-Eberstadt (T. 53 72 31) - Geb. 6. März 1934 Worms/Rh. (Vater: Dr. Erwin H., Oberstudiendir.; Mutter: Anna, geb. Michel), kath., verh. s. 1982 m. Evi, geb. Langmann - Altsprachl. Gymn. Worms; Stud. Betriebsw. Univ. Fribourg u. Frankfurt (Dipl.-Kfm. 1955), Rechtswiss. Univ. Mainz. Jurist. Staatsprüf. 1958 u. 62 - 1958-62 Gerichtsrefer.; 1962-66 Wiss. Assist.; 1966-68 Privatdoz. - BV: D. verlängerte Eigentumsvorbehalt als Mittel d. Kreditsicherung d. Warenlieferanten, 1960 (Diss.); Subjektives Recht u. Wirtschaftsordnung, 1968 (Habil.schr.); Handelsrecht, 1977, 6. A. 1987 - Spr.: Franz.

HOFMANN, Peter
Opern- u. Rocksänger - Zu erreichen üb. 8581 Schloss Schönreuth - Geb. 1944, verh. - Ausb. z. Opernsänger (Tenor) - Engagem. U. Dt. Oper Berlin, Staatsoper Hamburg, Nationaltheater Mannheim, MET New York, Bolschoitheater Moskau, Scala Mailand, Covent Garden London, Oper Paris, Bayreuther Festsp.,

Oper Barcelona, Oper Budapest, San Francisco Opera. S. 1984 auch Popsänger m. eigener Show, Pop-Tourneen u. Popschallpl.

HOFMANN, Reinhold R.
Dr. med. vet., Fachtierarzt f. Wildtiere (Wildbiologie), Prof. f. Veterinäranatomie, -histol. u. -embryol., (Vergl. Anatomie d. Haus- u. Wildtiere) Univ. Gießen, Vors. Arbeitskreis Wildbiologie u. Jagdwiss. - Herrnstr. 3, 6301 Reiskirchen-Hattenrod - Geb. 24. April 1932 - Promot. 1959, Habil. 1966 - 1962-71 Royal Coll. Univ. of Nairobi, Head of Departm. Vet. Anat., 1967-71 Prof. and Head, 1969 Res. Assoc. Anat. Dept. Harvard Univ. Boston/Cambridge Mass. Hauptarbeitsbereich: funkt. Morphologie d. Wildwiederkäuer.

HOFMANN, Rolf

Dr. rer. pol., Dipl.-Kfm., Prof., Unternehmens- u. Personalberater, Schriftst. - 4630 Bochum 1 (T. 31 22 16) - Geb. 17. März 1924 Oberhausen (Vater: Karl H., Reg.angest.; Mutter: Lisette, geb. Finkemeier), verh. s. 1951 m. Marga, geb. Hübel, 2 Kd. (Isa, Dr. phil. Ingo) - Goethe-Gymn. Frankfurt/M.; kaufm. Ausbild. (GHH) 1942-46 Kriegsdst. (Rußl., Afrika) u. Kriegsgef. (USA, England). Univ. San Franzisco, Frankfurt, Köln, Bochum (Wirtschaftswiss., Technol.). Dipl.-Kfm. 1952; Promot. 1954 - S. 1947 HOAG, Quandt, Mannesmann, ATH, WEDAG (1962 Dir.; Vorst.-Mitgl., Geschäftsf.), BASF (1970 Dir.). Honorarprof. Univ. Heidelberg (Betriebsw.). 1976-86 Mitgl. u. Spr. d. Vorst. u. s. 1986 Mitgl. wiss. Beirat Dt. Inst. f. Interne Revision, Frankfurt/M.; 1984-86 Präs. European Confederation of Inst. of Internal Auditing. Div. Fachmitgliedsch. - BV: D. Probleme d. Planung, Durchführung u. Überwachung v. Investierungen in d. Eisen- u. Stahlindustrie, 1954; Planung u. Projektierung automatisierter Anlagen, 1958; Bilanzkennzahlen - Interne Bilanzanalyse u. -kritik, 1969, 4. A. 1977; Interne Revision - Org. u. Aufgaben d. Internen Revision, 1972; Welt-Chemiewirtsch. - Entwicklungstendenzen, 1975; Bibliogr. z. Internen Revision a. d. dt.- u. Engl.spr. Raum, 1980 u. 1986; Unternehmensüberwach. - E. Aufg.- u. Arbeitskatalog f. d. Revisionspraxis, 1985; Skrupellos m. fremdem Geld. Wirtschaftskriminalität, 1988; Manager - E. zermürbende Aufgabe?, 1989. Zahlr. Beitr. in Sammelw. Üb. 250 Fachaufs. - Spr.: Engl.

HOFMANN, Rolf
Kaufmann, Präs. IHK Siegen - Hofwiese 11, 5901 Wilnsdorf 5 (T. 0271 - 39 93 75), priv.; Carl Hortmann (Inh.), Am Eichenhang 25-33, 5900 Siegen (Tel. 0271 - 7 00 20) - Geb. 18. Juli 1924 Siegen (Vater: Kurt H., Dipl.-Kfm.; Mutter: Ilse, geb. Schleifenbaum), ev., verh. s. 1968 in 2. Ehe m. Marianne, geb. Klingspor, 2 S. (Dietrich, Henning) - Gymn., Abit. 1941, Milit. (Berufsoffz.), Lehre Ind.kfm. - Präs. IHK Siegen, Mitgl. d. Präs. u. Vors. Berufsbild.-aussch. Bundesverb. Dt. Groß- u. Außenhandels, Bonn.

HOFMANN, Rudolf
Dr. theol., o. Prof. f. Moraltheologie (emerit. 1969) - Deutschordensstr. 4, 7800 Freiburg/Br. (T. 210 84 60) - Geb. 15. März 1904 Straubing/Ndb. (Vater: Johann H., Gymnasiallehrer; Mutter: geb. Grebner), kath. - Univ. München (Promot.). Priesterweihe 1927 - 1939 Privatdoz. Univ. Würzburg, Vertr. e. Professur Univ. Prag, 1946 ao., 1948 o. Prof. Phil.-Theol. Hochsch. Passau (1955/56 Rektor), 1956 Univ. Freiburg - BV: D. heroische Tugend, 1933; D. Gewissenslehre d. Walter v. Brügge u. ihre Entwickl. d. Gewissenslehre in d. Hochscholastik, 1941; D. Menschliche im christl. Ethos, 1947; Moraltheol. Methoden- u. Erkenntnislehre, 1963.

HOFMANN, Rupert
Dr. phil., Prof. f. Polit. Wissenschaft - Betzenweg 14A, 8000 München 60 - Geb. 2. April 1937 Mannheim - Promot. 1965 - S. 1971 Ord. PH u. Univ. Regensburg (1972), s. 1974 Mitgl. Lehrkörp. Hochsch. f. Politik München - BV: Log. u. metaphys. Rechtsverständnis - Z. Rechtsbegriff Hans Kelsens, 1967. Herausg.: Gottesreich u. Revolution (1987); Erlösung d. Politik (1988). Mithrsg.: Ztschr. f. Politik (1974ff.); ANODOS, Festschr. f. Helmut Kuhn (1989). Fachveröff.

HOFMANN, Theodor
Dr. phil., o. Prof. f. Pädagogik d. Geistigbehinderten Univ. Köln, Erziehungswissenschaftl.-Heilpädagog. Fak. - Im Bruch 7, 5060 Bensberg-Refrath.

HOFMANN, Waldemar
Studiendirektor, Lehrbeauftr. f. Finanzmath. Univ. Erlangen-Nürnberg (Spez. Arbeitsgeb.: Programmierter Math.unterr.), Geschäftsf. Univ.-Bund Erlangen-Nürnberg - Heideweg 33, 8520 Erlangen - Geb. 22. Nov. 1926 Weidhausen - BV: Lehrb. d. Math. f. Volks- u. Betriebswirte, 1974; 13 Lehrprogr. Bayer. Schulb.-Verlag Kunst u. Alltag, München.

HOFMANN, Walter
Dr. med. vet., Prof., Pathologe - Turmstr. 56, 6124 Beerfelden - Geb. 14. Jan. 1928 Beerfelden - Promot. 1953 - S. 1970 (habil.) Lehrtätig. Univ. Heidelberg. Üb. 110 Facharb.

HOFMANN, Walter
Vorstandsmitglied Bayer. Rückversicherung AG., München - Sederanger 4-6, 8000 München 22 - Geb. 5. Juli 1927.

HOFMANN, Walter
Dr.-Ing. (habil.), em. o. Prof. f. Geodäsie - Am Sonnenhang 2, 5300 Bonn 1 (T. 28 33 60) - Geb. 15. Dez. 1912 Wiesbaden - Realgymn. Wiesbaden; Univ. Bonn (Geod.) - Reg.svermessungsrat, 1952 Privatdoz. Univ. Bonn, 1954 Ord. TH Darmstadt, 1958 Univ. Bonn - BV: Kosm. Geodäsie, 1960 (m. A. Berroth). Div. Einzelarb. Schriftl.: Ztschr. f. Vermessungswesen (1964-70).

HOFMANN, Walther F.
Dr.-Ing., Dipl.-Math., em. o. Prof. f. Photogrammetrie u. Kartogr. - Heinrich-Vogl-Str. 7, 8000 München 71 - Geb. 30. April 1920 Erlangen (Vater: Dr. med. Anton H., prakt. Arzt; Mutter: Alice, geb. Mai), verh. 1945 m. Gertrud, geb. v. Schmädel, 3 Kd. (Angelika, Stephan († 1968), Andrea) - Gymn.; TH München. Promot. u. Habil. München - S. 1955 Lehrtätig. TH München (1961 apl. Prof.) u. TH bzw. TU Braunschweig (1965 ao., 1967 o. Prof.), 1972-83 Univ. Karlsruhe. 1957-60 Präs. Dt. Ges. f. Photogrammetrie. Forschungsreisen: USA, Perú, Grönland, Antarktis - BV: Photogrammetrie (Lehrb.). Rund 50 Einzelarb. - 1974 Antarctic Service Medal USA - Sammelt Landkarten.

HOFMANN, Werner
1. Bürgermeister (s. 1972), stv. Landrat (Landkr. Main-Spessart) - Rathaus, 8782 Karlstadt/Ufr. - Geb. 30. April 1925 Karlstadt - Zul. Stadtbautechn. SPD.

HOFMANN, Werner
Dr. phil., Prof., Direktor - Glockengießerwall/Kunsthalle, 2000 Hamburg 1 (T. 24 82 51); priv.: Sierichstr. 154, 60 (T. 46 47 11) - Geb. 8. Aug. 1928 Wien (Vater: Leopold H.; Mutter: Anna, geb. Visvader), verh. m. Jacqueline, geb. Buron - Stud. Wien u. Paris - B. 1969 Dir. Museum d. XX. Jh.s Wien, dann Dir. Kunsthalle Hamburg, 1984 Gast Columbia Univ. New York - BV (1956-72; z. T. in Übers.): D. Karikatur d. Leonardo b. Picasso, Zeichen u. Gestalt - D. Malerei d. 20. Jh.s, D. Plastik d. 20. Jh.s, D. Ird. Paradies - Kunst im 19. Jh., Grundl. d. mod. Kunst, V. d. Nachahmung z. Erfindung d. Wirklichkeit - D. schöpfer. Befreiung d. Kunst 1890-1917, Gustav Klimt u. d. Wiener Jh.wende, Nana - Mythos u. Wirklichkeit, Bruchlinien, 1979; Gegenstimmen, 1979 - 1970 Mitgl. Akad. d. Künste Berlin; 1982 Mitgl. Dt. Akad. f. Sprache u. Dicht., u.

HOFMANN, Wilfried
Dr. jur., Botschafter d. Bundesrep. Deutschl. in Algier (s. 1987) - 165 chemin Sfindja, Alger, Algerien (T. 2 - 63 48 27) - Geb. 6. Juli 1931 Aschaffenburg, Islam, verh. s. 1977 m. Bülben, geb. Uz, S. C. J. Alexander - Union College, Schenectady, N.Y., USA 1950/51; Univ. München 1951-54; Harvard Law School 1959/60); 1. jurist. Staatsex. 1955 München, 2. jurist. Staatsex. 1958 ebd.; LL.M. 1960, Harvard; Promot. 1957 München; Ausb. Ausw. Amt 1961-63 Bonn - Tätig. in dt. Auslandsvertretungen 1961/62 Algier, 1965/66 Bern, 1967/68 Paris (NATO), 1968-70 Brüssel (NATO), 1973-76 Wien, 1976-78 Belgrad; 1983-87 Informationsdir. d. NATO Brüssel - BV: Tageb. e. dt. Muslims, 1985 (engl. 1987) - 1987 BVK I. Kl. - Liebh.: Ballettkritik, Schlagzeug, islam. Phil. - Spr.: Engl., Franz., Türk., Arab. - Bek. Vorf.: Hugo Ball (Großonkel), Begründer d. Dadaismus.

HOFMANN, Wolfgang
Prof., Dirigent u. Komponist - Hebelstr. 13, 6800 Mannheim 1 (T. 0621 - 2 67 40) - Geb. 6. Sept. 1922 Karlsruhe (Vater: Hermann H., Kammervirtuose; Mutter: Elise, geb. Kempermann), kath., verh. s. 1948 m. Erna, geb Zehner, 2 Kd. (Gabriele, Michael) - 1939-40 Gewandhaus-Orch. Leipzig; 1948-59 Konzertmeist.; 1959-87 künstl. Leit. d. Kurpfälz. Kammerorch. - BV: Gold. Schnitt u. Kompos., 1973 - 200 Werke aller Gattungen - BVK.

HOFMANN-WERTHER, Matthias
Dipl.-Kfm., Vorstandsmitglied BfG Bank - Theaterplatz 2, 6000 Frankfurt/M. 1 (T. 069 - 25 80) - Geb. 25. April 1941 - Geschäftsf. BfG Finance Company B.V., Amsterdam, AR-Mitgl. Hollandse Koopmansbank N.V., Amsterdam, Dt. Te-

lepost Consulting GmbH (DETECON), Bonn; VR-Mitgl. BfG Luxembourg S.A., Luxemburg; Beiratsmitgl. Ges. f. Kraftwerke u. öffentl. Bauten GmbH (GfK), Ensdorf (Saar), Ges. f. Kommunale Verkehrs- u. Versorgungsanlagen mbH (GKV), Stuttg.

HOFMEIER, Johann

Dr. theol., Prof. f. Kath. Religionslehre u. -pädagogik Univ. Regensburg - Talblick 30, 8417 Lappersdorf - Geb. 15. Juni 1925 Stammham (Vater: Balthasar H.; Mutter: Maria, geb. Oberbauer), kath. - BV: Seelsorge u. Seelsorger, 1967; Grundriß d. christl. Glaubens, 1969; Gottes Wort an s. Gemeinde, 1973; Sein Reich komme, 1974; Leben aus d. Glauben, 1975; Erziehung zu Offenheit u. Verantwort., 1977; Relig. Erziehung in Kindergarten u. Familie, 1978-80; Kl. Fachdidaktik Kath. Religion, 1983; Religiöse Erziehung im Elementarbereich - Spr.: Engl., Franz.

HOFMEIER, Rolf

Dr., Dipl.-Volksw., Institutsdirektor - Neuer Jungfernstieg 21, 2000 Hamburg 36 - Geb. 23. Okt. 1939 Berlin - Stud. Volksw. u. Wirtschaftsgeogr. Bonn, Paris, Berkeley, Kinshasa, München - 1970-74 Berat. Planungsmin. Tanzania, 1974-76 Leit. Regionalentwicklungsproj. Tanga ebd., s. 1976 Dir. Inst. f. Afrikakunde, Hamburg - BV: Transport and Economic Development in Tanzania, 1973; D. wirtschaftl. u. rohstoffpolit. Bedeut. Afrikas f. d. BRD, 1981; Polit. Lexikon Afrika, 3. A. 1987.

HOFMEISTER, Burkhard

Dr. rer. nat., Prof. f. Geographie TU Berlin - Hagenstr. 25a, 1000 Berlin 33 (T. 825 56 64) - Geb. 12. März 1931 Königsberg (Vater: Paul H., Mittelschullehrer; Mutter: Else, geb. Kleips), verh. s. 1960 m. Ruth, geb. Scheike, T. Heike - Promot. 1958, Habil. (Geogr.) 1965 - 1957 Wiss. Assist. FU Berlin; 1969 Prof.; 1971 o. Prof. TU Berlin - BV: Stadtgeogr., 1969, 4. A. 1980; Nordamerika, 1970, Neuaufl. 1988; Stadt u. Kulturraum Angloamerika, 1971; Berlin. E. geogr. Strukturanalyse d. zwölf westl. Bez., 1975; D. Stadtstruktur, 1980; Gemäßigte Breiten, 1985; Berlin. Problemräume Europas Bd. 5, 1987; Berlin. The spatial structure of a divided city (m. T. H. Elkins), 1988; Australia Urbanization of the Earth Bd. 5, 1988.

HOFMEISTER, Fritz

Dr. med., Prof., Orthopäde - Bettinastr. 2a, 1000 Berlin 33 - S. Habil. Lehrtätigk. FU Berlin (gegenw. apl. Prof. f. Orthop.).

HOFMEISTER, Gerd

Dr. phil., Dipl.-Math., Prof. f. Mathematik - Hinter d. Kirche 3, 6500 Mainz 41 - Geb. 1. März 1938 Berlin - Promot. 1966 Bergen (Norw.) - S. 1968 (Habil.) Lehrtätigk. Univ. Mainz.

HOFMEISTER, Hans

I. Bürgermeister Stadt Schnaittenbach - Rathaus, 8454 Schnaittenbach/Opf. - Geb. 30. Dez. 1922 Theuern - Zul. Steueramtm. CSU.

HOFMEISTER, Paul E. J.

Ehrenvors. Aufsichtsrat Norddeutsche Affinerie AG - Borchlingweg 11, 2000 Hamburg 52 (T. 880 41 34) - Geb. 28. April 1909 Bremen (Vater: Heinrich H.; Mutter: Dora, geb. Meijer), ev., verw., T. Helga - Gymn.; Handelssch.; kfm. Lehre Reederei - S. 1927 Nordd. Affinerie, Hamburg (1947 Vorst.-Mitgl., 1961 - Vors., 1976 AR-Vors., 1981 Ehrenvors. AR). AR-Vors. Bremer Woll-Kämmerei AG, Bremen, Otavi Minen AG, Frankfurt/M; AR-Mitgl. Maihak AG Hamburg. Weit. Mand. Div. Ehrenstell. Chilen. Orden Al Mérito Bernardo O'Higgins - Liebh.: Reiten, Golf, Kunstsammler.

HOFMEISTER, Walter

Dr., Oberkreisdirektor i.R, - Teichstr. 5, 2900 Oldenburg/O. - Geb. 11. März 1915.

HOFRICHTER, Hartmut

Dr.-Ing., o. Prof. f. Baugeschichte Univ. Kaiserslautern (1982 ff.) - Postf. 3049, 6750 Kaiserslautern - Geb. 3. Mai 1939 Stettin - Promot. 1971 - U. a. Lehrtätigk. Univ. Trier/Kaiserslautern (Baugesch.) u. Landeskonservator Rhld.-Pfalz (1980).

HOFSÄHS, Rudolf

Dr. rer. pol., Ministerialdirektor a.D., Beratertätigk. in Ind. u. Verlagsuntern., v. allem b. Untern.gruppe Stihl, Waiblingen - Urbanstr. 81, 7300 Esslingen am Neckar - Geb. 5. März 1931 Mühlacker/Württemb. (Vater: Gustav H., Werkmeister; Mutter: Berta, geb. Rommel), ev., verh., 2 Kd. (Ulrike, Joachim) - Gymn. (Abit.); kaufm. Lehre; Stud. Wirtschaftswiss. Tübingen u. Mannheim. Dipl.-Kfm. (1955) u. Promot. (1957) Mannheim - Wiss. Mitarb. Reg.präsid. Nordbaden u. Bundeswirtschaftsmin., zeitw. auch bei dt. EG-Botsch. Brüssel; 1965-70 Geschäftsf. Michel-Kommiss. I u. II; 1970-82 stv. u. Abt.leit. Abt. Inland im Presse- u. Informationsamt d. Bundesreg. - BV: D. Presse- u. Informationsamt d. Bundesreg., 6. A. 1981 (m. Hans Pollmann). Zahlr. Aufs. z. Medien- u. Informationspolitik - Spr.: Engl., Franz.

HOFSÄSS (ß), Gerhard

Dr. rer. nat., Prof. f. Mathematik PH Heidelberg - Dossenheimer Weg 55, 6905 Schriesheim - Geb. 23. Nov. 1937.

HOFSCHNEIDER, Peter Hans

Dr. med., Dr. phil., Prof., Biochemiker - 8033 Martinsried/Obb. (T. 089 - 85 78 22 92) - Geb. 1929 Stuttgart (Vater: Dr.-Ing. Adolf H.; Mutter: Maria, geb. Agster), ev., verh. m. Ricarda, geb. Neuner - Stud. d. Med., Biol. Psychol. Univ. Freiburg, Tübingen, Heidelberg - S. 1957 Mitarb. Max-Planck-Institut für Biochemie Martinsried (Abteilungsleit.; 1966 Wiss. Mitgl.). Vors. Wiss. Rat Max-Planck-Ges. S. 1962 (Habil.) Lehrtätigk. Univ. München (1966 apl. Prof.). Bedeut. Entd. auf d. Gebiet d. Virus-Forsch.; ca. 250 Fachveröff. - 1966 Ehrenpreis Bayer. Akad. d. Wiss.; 1976 Gerhard-Domagk-Preis; 1979 Preis d. Dr. Friedrich-Sasse-Stiftung - Liebh.: Kunst, Phil., Fremde Länder - Spr.: Engl.

HOFSOMMER, Ruth

Dr. rer. nat., Dipl.-Chem., Prof. f. Chemie u. Didaktik d. Chemie Päd. Hochsch. Kiel (s. 1966; 1983 emerit.) - Jungfernstieg 6, 2300 Kiel (T. 0431-9 38 65) - Geb. 22. April 1921 Eutin (Vater: Dr. Adolf H., Stud.rat), ev., led. - Stud. Chemie, Biol., Physik, Päd., Psychol. - Wiss. Beirat f. Chemie b. SMP (Sachunterr. u. Math. in d. Primarstufe). Spez. Arbeitsgeb.: Experimentelle Lernprogramme f. d. naturwiss. Unterr. (ELNU-Projekt) - BV: Umgang m. Waage u. Meßzylinder, Lernprogramm 1974; Brennbarkeit u. Kapillarität - Experimente m. d. Kerze, LP 1974; Verdampfen u. Verschwelen - Experimente m. brennbaren u. nicht brennbaren Stoffen, LP 1979; Experimente m. Luft u. Feuer, LP 1983 - 1962 u. 1963 Gold. Sportabz.

HOFSTADT, Carl E.

Dr. rer. nat., Vorstandsmitglied Süd-Chemie AG., München - Wehrlestr. 29, 8000 München 80 (T. 98 98 13) - Geb. 22. Dez. 1918 München, verh. m. Elisabeth, geb. Becker - Univ. München (Chemie; Promot. 1947) - S. 1961 Vorst. Süd-Chemie. AR B. V. Ashland Südchemie, Necof/Holland, Beirat Kernfest, Hilden, Präs. Süd-Chemie Italia SpA., S. Antioco, Board Member of United Catalysts Inc., Louisville/USA, Mitgl. Außenwirtsch.aussch. IHK, München, u. Wirtsch.polit. Aussch. Ver. d. Bayer. Chem. Ind. - 1981 Bayer. VO. - Spr.: Engl., Franz., Ital.

HOFSTÄTTER, Peter R.

Dr. phil., em. Prof. f. Psychologie - Lehmkuhlenweg Nr. 16, 2150 Buxtehude (T. 04161 - 8 22 95) - Geb. 20. Okt. 1913 Wien (Vater: Prof. Dr. med. Robert H., Gynäkologe; Mutter: geb. Heller), kath., verh. 1967 m. Hertha, geb. Rott, 4 Kd. - Univ. Wien (Promot. 1936; Habil. 1942) - 1937-43 Heerespsychologe (1942 Reg.srat); 1943-45 Wehrdst. (Artl., zul. Uffz.); 1947-49 Privatdoz. Univ. Graz; 1949-50 Research Associate Mass. Inst. of Technology, USA; 1950-56 Assoc. Prof. Cath. Univ. of America, Washington, D. C.; 1956-60 o. Prof. Hochsch. f. Sozialwiss., Wilhelmshaven; s. 1960 o. Prof. Univ. Hamburg, 1979 emer. - BV: Einf. in d. Tiefenpsych., 1948; Gruppendynamik, 2. A. 1971; Differentielle Psych., 1971; Psych., 2. A. 1972; Individuum u. Ges., 1972; Einf. in d. Sozialpsych., 5. A. 1973; Sozialpsych., 5. A. 1973. Zahlr. Einzelarb. - 1983 Kardinal-Innitzer-Preis f. soz. wiss. Forsch.; 1984 Konrad-Adenauer-Preis Dtschl.-Siftg. - Spr.: Engl., Ital.

HOFSTETTER, Alfons G.

Dr. med., Prof., Direktor Klinik f. Urologie Med. Univ. Lübeck, Dir. Med. Laserzentrum Lübeck - Ratzeburger Allee 160, 2400 Lübeck - Geb. 26. Juni 1938 Burghausen a. d. Salzach - S. 1984 Präs. Dt. Ges. f. Lasermed.

HOGAUST-PLEUGER, Gudrun

Generalkonsulin d. Bundesrep. Deutschl. in Nancy (Frankreich) - 15, rue de Buthégnémont, F-54052 Nancy Cedex (T. 0033 - 83 96 12 43) - Geb. 20. Okt. 1943 Siegen (Vater: Dr. Walter Hogaust; Mutter: Erika, geb. Born), 2 Kd. - Gymn. Siegen Abit., Stud. Roman. u. Polit. Wiss. München, Grenoble u. Bonn; 1969-71 Diplomat. Akad. Wien - 1972 Ausw. Amt (Auslandsposten: 1973/74 London, 1976-79 Paris); 1979-86 Ausw. Amt Bonn (Vereinte Nationen); s. 1986 Nancy - Liebh.: Lit., Ski, Sportfliegen.

HOGE, Rüdiger

Dr.-Ing., Architekt - Alter Schulweg 5, 2302 Flintbek - Geb. 20. Nov. 1925 Hindenburg (Vater: Max H., Bauuntern.; Mutter: Johanna, geb. Reichhelm), ev., verh. s. 1959 m. Elisabeth, geb. Gräfin Pourtalès, 2 Kd. (Ulrike, Martin) - Gymn.; TH Braunschweig (Arch., Prof. Kraemer; Hauptdiplom 1953) - Div. Ämter, u. a. Präs. Architektenkammer Schlesw.-Holst. (1975 ff.), Lehrbeauftr. Fachhochsch. Eckernförde (1976 ff.) - Liebh.: Kunst- u. Baugesch. - 1977 Mitgl. Akad. d. Städtebau u. Landesplanung.

HOGREBE, Wolfram

Dr. phil., Prof. f. Philosophie Univ. Düsseldorf - Zu erreichen üb. Universität Phil. Inst., Universitätsstr. 1, 4000 Düsseldorf - Geb. 27. Sept. 1945 Warburg, verh. s. 1971 m. Ursula, geb. Bisinger, 3 Kd. (Natan, Judit, Esther) - 1967-72 Stud. Univ. Münster u. München; Promot. 1972 Univ. Düsseldorf, Habil. 1976 ebd. - 1972-76 Wiss. Assist. Phil. Inst. Univ. D'dorf; 1976-79 Priv.-Doz., 1979 apl. Prof., s. 1980 Prof. 1978 Gast-Prof. staatl. Uni. Belo Horizonte/Brasilien - BV: Kant u. d. Probl. e. transzendentalen Semantik, 1974; ital. Per una semantica trascendentale, 1979; Archäol. Bedeutungspostulate, 1977; Argumente u. Zeugnisse, 1985; Dt. Philosophie im XIX. Jh., 1987; Prädikation u. Genesis, 1989 - Spr.: Engl., Altgriech., Latein.

HOHEISEL, Karl Robert

Dr. phil. Lic. theol., apl. Prof. f. Religionswissensch., wiss. Mitarb. Franz-Joseph-Dölger-Inst. f. Antike u. Christentum - Merler Allee 68, 5300 Bonn 1 (T. 0228 - 25 15 40) - Geb. 16. April 1937 Langendorf (Vater: Josef H., Landwirt; Mutter: Martha, geb. Rother), kath., verh. s. 1974 m. Elisabeth, geb. Ilgen, T. Dorea - Human. Gymn. Bad Driburg (Abit. 1958), phil.-theol. Hochsch. Wien, Gregoriana Rom (Lic. Theol. 1964), Univ. Bonn, Promot. 1971, Habil. 1974 - 1974-80 Vorst. DVRG - BV: D. ant. Judent. in christl. Sicht, 1978; D. Urteil üb. nichtchristl. Relig., 1972 - Spr.: Engl., Franz., Ital., Ivrith.

HOHENDAHL, Peter Uwe

Dr. phil., Prof. of German and Comparative Literature - Department of German Literature, Cornell Univ., Ithaca, NY 14853 - Geb. 17. März 1936 Hamburg, ev., verh. s. 1965 m. Icky Maria, geb. Zoetelief, 2. T. (Deborah, Gwendolyn) - Stud. Univ. Bern, Göttingen, Hamburg (Literaturwiss., Gesch.); Promot. 1964 Hamburg - 1964/65 Postdoc. Fellow, Harvard Univ.; 1965-68 Assist. Prof. Pennsylvania State Univ.; 1968/69 Assoc. Prof. Washington Univ.; 1970-77 Full Profl; 1977ff. Full Prof. Cornell Univ. - BV: D. Bild d. bürgerl. Welt im expressionistischen Drama, 1967; Lit.kritik u. Öffentlichk., 1974; D. europ. Roman d. Empfindsamk., 1977; The Institution of Criticism, 1982; Lit. Kultur im Zeitalter d. Liberalismus, 1985. Herausg.: Probleme d. Dichtung (1986); Modern German Culture and Literature (1988ff.) - 1981 u. 87 Fellow d. ZiF Bielefeld; 1983-84 Guggenheim Fellow; Ernennung z. Jacob Gould Schurman Prof. of German and Comp. Lit. - Liebh.: Musik - Spr.: Engl., Franz., Lat.

HOHENEMSER, Herbert

Dr. phil., Prof., Stadtrat i. R. - Zellstr. 8, 8000 München 80 (T. 48 18 48) - Geb. 21. Sept. 1915 Mannheim (Vater: Joseph H., Bankdir.; Mutter: geb. Zacharias), verh. s. 1986 m. Vera, geb. Reiss, 3 Kd. (Silvia, Henri, Peter) - Karl-Friedrich-Gymn. Mannheim; Univ. München (German., Roman., Kunstgesch., Theaterwiss.); Promot. 1939 - 1946-56 Feuilletonredakt. Münchner Merkur; 1956-76 Stadtrat (Kulturref.) München. SPD - BV: Pulcinella, Harlekin, Hanswurst - E. Versuch üb. d. Typus d. Narren auf d. Bühne, 1940 - 1964 Officer Order of the British Empire - Liebh.: Schach.

HOHENEMSER, Kurt

Dr. rer. pol., Finanzberater, Vorst.-Mitgl. Dt. Schutzvereinig. f. Wertpapierbesitz - Meisengasse 8, 6000 Frankfurt/M. (T. 069 - 28 31 81) - Geb. 29. Juni 1919 Mannheim (Vater: Josef H., Bankier; Mutter: Leopoldine, geb. Zacharias), ev., T. Nicole - Univ. Wien (Dipl.-Volksw. 1947, Promot. 1948) - Zahlr. AR-Mand., u.a. stv. Vors. Gaggenau Werke, BASF, Dt. Vermögensbildung Ges. m.b.H., Wertpapier-Verlags GmbH - BVK I. Kl. - Liebh.: Lit., Malerei, Theater - Spr.: Engl., Franz.

HOHENESTER, Walther

Apotheker, Journ. - Georgenstr. 16, 8033 Planegg (T. 089 - 859 83 07) - Geb. 13. Dez. 1935 München, ev., verh. m. Irene, geb. Stählin, 2 T. (Christine, Sabine) - Pharmaziestud. Univ. München - Chefredakt.: apotheke aktiv (Fachmagazin f. Apotheker); Mitarb. Südd. Ztg. (Glossen, Reise). Gemeinderat Planegg; Mitgl. Landesverb. Bayer. Apotheker; Deleg. Bayer. Landesapothekerkammer - BV: Da ging d. Mond nach Hause, Da nahm d. Mond sein Pfeifchen, Da blies d. Mond sein Lämpchen aus (Kinderb.); D. Apotheke am Markt, Sachb.; Durch meine Augenglasl - Notizen e. Gemeinderats, Glossen - Liebh.: Mineralien, Radwandern, Sauna, Fischen, Reisen - Spr.: Engl.

HOHENFELLNER, Rudolf

Dr. med., o. Prof. f. Urologie - Urol. Univ.-Klinik, Langenbeckstr. 1, 6500 Mainz - Geb. 11. Aug. 1928 Wien - S. 1964 (Habil.) Lehrtätigk. Univ. Saarbrücken u. Mainz (1967 Ord.). Fachveröff.

Fürst von HOHENZOLLERN, Friedrich Wilhelm

Land- u. Forstwirt, Industrieller - Schloß, 7480 Sigmaringen - Geb. 3. Febr. 1924 Umkirch b. Freiburg/Br. (Vater: Friedrich Fürst v. H.; Mutter: Margarethe Herzogin zu Sachsen), verh. s. 1951 m.

Margarita, geb. Prinzessin zu Leiningen - Stud. Volksw. - Liebh.: Fliegerei, Skilaufen, Jagd.

HOHL, Hubert Georg

Dr. phil., Leiter Referat Allg. Verw. u. Organisation Zentralverw. Goethe-Inst. München - Kießlingerstr. 32a, 8000 München 82 - Geb. 4. März 1936 Laupheim, kath., verh. s. 1958 m. Eva, geb. Tenckhoff, 2 Kd. (Michael, Sabine) - 1955-62 Stud. Phil., Kath. Theol. u. German. Tübingen, Löwen/Belgien, Freiburg; Promot. 1960 Freiburg (b. Max Müller), Staatsex. 1963 - 1960-62 fr. Mitarb. Herder-Verlag Freiburg; 1962-64 Lektor Univ. Hué; 1964-67 Lektor Univ. Saigon (bde. Vietnam); 1968-76 Dir. Goethe-Inst. Lille (Frankr.); 1976-81 Dir. Kulturzentr. d. BRD Belgrad (Jugosl.); 1981-85 Dir. Dt. Kulturinst. Ankara. Generalsekr. Türkisch-Dt. Kulturbeirat Ankara/Türkei - BV: Lebenswelt u. Gesch., 1962 u. 79 (Japan. Übers. 1983); On Nhu Hau: Cung oan ngam chuc Das Klagelied der Odaliske (ins Dt. übers.), 1967; Essais et Conferences sur Leibniz, Kafka, Th. Mann, Heidegger, 1967; Introduction à la Phénoménol. de Edmund Husserl, 1967 - 1976 Gr. Silb. Verdienst-Med. Stadt Lille - Spr.: Franz., Engl., Serbokroat.

HOHLEFELDER, Walter

Dr., Ministerialdirektor, Abteilungsleit. Reaktorsicherh. u. Strahlenschutz im Bundesmin. f. Umwelt, Naturschutz u. Reaktorsicherheit (s. 1986) - Zu erreichen üb. BMU, Husarenstr. 30, 5300 Bonn 1 - Geb. 8. Sept. 1945 Bonn, verh. m. Astrid Freifrau von Neubeck, 3 Kd. (Madlena, Luisa, Olaf) - 1965-70 Stud. Philol. u. Rechtswiss. Bonn, Lausanne u. Genf; 1. jurist. Staatsex. 1970, 2. jurist. Staatsex. 1975; 1970-75 Refer.ausb. u. Stud. Hochsch. f. Verw.wiss. Speyer, Promot. - 1975-80 Pers. Ref. u. Min.büroleit. d. Innenmin. v. Nordrh.-Westf.; 1980-85 versch. Tätigk. im Bundesmin. d. Innern, zul. Leit. d. Ref. Atomrecht; 1986 Geschäftsf. d. Ges. f. Reaktorsicherh. (GRS).

HOHLER, Franz

Kabarettist, Schriftst. - Gubelstr. 49, CH-8050 Zürich - Geb. 1. März 1943 Biel, kath., verh. s. 1968 m. Ursula, geb. Nagel, 2 Söhne (Lukas, Kaspar) - Mittelsch. m. Matura in Aarau, 5 Sem. Phil. I Univ. Zürich - S. 1965 freisch. - BV: Idyllen, 1970; D. Rand v. Ostermundigen, Erz. 1973; Wegwerfgeschichten, 1974; Wo?, Prosa 1976; E. eigenartiger Tag, 1979; D. Rückeroberung, Erz. 1982; Hin- u. Hergesch. (m. Jürg Schubiger), 1986; D. Kabarettb., 1987; Vierzig vorbei, 1988. Kinderb.: Tschipo, 1978; D. Granitblock im Kino, 1981; Der Nachthafen, 1985; Tschipo u. d. Pinguine, 1985; D. Räuber Bum, 1987. Soloprogr.: u.a. D. Nachtübung, 1973; Schubert-Abend, 1979; D. Flug nach Milano, 1985. Theaterst.: David u. Goliath, 1977; D. dritte Kolonne, 1979; D. Lasterhaften, 1981; u.v.m. Film: Dünki-Schott (Autor u. Hauptdarsteller), 1986. Viele Fernsehsdg. - 1968 Preis d. C. F. Meyer Stiftg.; 1973 Dt. Kleinkunstpreis; 1978 Oldenburger Kinderbuchpr.; 1983 Kulturpr. Kanton Solothurn; 1987 Alemannischer Lit.preis - Spr.: Franz., Ital., Span., Lat., Engl. - Lit.: Kindlers Lit.-gesch. d. Gegenwart, KLG!

HOHLFELD, Heinz

Präsident Dt. Schachbund - Fenskeweg 4, 3000 Hannover 1 - Geb. 31. Dez. 1923 Kolovere/Kalju, Estland, ev., verh. s. 1956 m. Margret, geb. Jacobi, 3 Kd. (Eva, Wolfgang, Maja) - 1958-63 u. 1966-72 Vors. Nieders. Schachverb., 1975-83 1. Vizepräs. Dt. Schachbd., s. 1983 Präs. Dt. Schachbd. - 1957 u. 1965 Niedersachsenm. im Schach, mehrf. Teiln. an Ausscheidungsturnieren z. Dt. Meisterschaft, 1959 Dt. Mannschaftm. (Hanno Schachclub) - 1972 Ehrenmitgl. Nieders. Schachverb.; 1987 Gold. Ehrennadel Dt. Schachbd. - Liebh.: Schach, Lit., Reisen.

HOHLNEICHER, Georg

Dr. rer. nat., Prof. Univ. Köln - Saarstr. 18, 5000 Köln 40 - Geb. 13. März 1937 München, kath., verh. s. 1962 m. Hildegard, geb. Kindsmüller, 2 Töcht. (Ursula, Barbara) - Stud. Physik TU München (Dipl. 1961, Promot. 1962, Habil. 1967) - 1962-68 Wiss. Assist. Inst. f. Physik. Chemie u. Elektrochemie; 1968-70 Doz.; 1971-73 Wiss. Rat, alles TU München; s. 1973 o. Prof. f. Theoret. Chemie Univ. Köln (1978-80 Dekan Math.-Naturwiss. Fak.); 1978 Gastprof. Univ. Cleveland, Ohio/USA; 1982 Gastprof. Univ. Salt Lake City, Utah/USA; 1988 Gastprof. Univ. of Washington, Seattle, USA. 1979-82 Sprecher Konfz. d. FB Chemie an d. wiss. Hochsch. d. Bundesrep. Deutschl.; 1980-86 Mitgl. Studienreformkommiss. V (Math. u. Naturwiss.) Land NRW; s. 1986 Senatsbeauftr. f. Forsch.fragen u. Leit. d. Arbeitsst. Forsch.transfer Univ. Köln - Rd. 85 Publ. in wiss. Ztschr. - Spr.: Engl.

HOHLOCH, Gerhard

Dr. jur., o. Prof. f. Bürgerl. Recht, Handels- u. Wirtschaftsrecht, IPR, Rechtsvergleichung Univ. Bochum, Postf. 10 29 48, 4630 Bochum (T. 0234 - 700 28 41) - Geb. 31. Juli 1944 Reutlingen, ev., verh., 2 Kd. - Promot. 1975 Freiburg; Habil. 1980 Freiburg - 1980 Priv.-Doz. Freiburg; 1980 Prof. Univ. d. Bundeswehr München; 1982 Prof. Ruhr-Univ. Bochum - BV: Negator. Ansprüche u. Schadensersatz, 1976; Deliktsstatut, 1984; ca. 150 Fachveröff. - Spr.: Engl., Franz., Ital., Span.

HOHM, Georg

Kaufmann, Gesellsch. u. Beiratsvors. Ritterwerk GmbH (Hauswirtschaftsgeräte), München - Wiesengrund 5, 8000 München 60 - Geb. 2. Sept. 1920 - Beiratsmitgl. Ausstellungs- u. Messeausschuss d. Dt. Wirtschaft (AUMA, Köln); Ehrenmitgl. Fachverb. Metallwaren- u. verw. Ind., Düsseldorf - BVK I. Kl.

HOHMANN, Dieter

Dr. med. (habil.), o. Prof. f. Orthopädie u. Vorst. Orthop. Klinik (Waldkrkhs. St. Marien) Univ. Erlangen-Nürnberg (s. 1969) - Jungstr. 13, 8520 Erlangen (T. 5 25 19) - 1967-69 Privatdoz. FU Berlin (Wiss. Rat u. stv. Dir. Orthop. Klinik).

HOHMANN, Joachim S.

Dr. phil., Dr. rer. soc., Publizist, Doz. f. Politische Wiss./Kulturanthropol. FH Fulda - Bachstr. 15, 6418 Hünfeld - Verh. m. Ingrid, geb. Möslein, 4 Kd. (Rose, Moritz, Adam, Nikolaus) - Journalistensch. München; geistes- u. sozialwiss. Stud., 12 akad. Grade (Dipl., Staatsex., Promot. u.a.) - 1985 Gastprof. Univ. Kassel - Veröff.: ca. 35 wiss. Monograph. u. Herausg.schaften (u.a. 2 Schriftenreihen); ca. 15 belletristische Veröff., 2 Sprech-Langspielpl. - 2 Lit.-preise; Ehrenprof. Accad. Italia - Liebh.: Oldtimer-Autos, hist. Taschenuhren - Spr.: Engl., Franz., Russ. - Lit.: Spektrum d. Geistes; Kürschners Lit.krit.; Kürschners Gelehrtenkrit.

HOHMANN, Karl Adam

Dr. rer. pol., Dipl.-Volksw., Ministerialdirektor a. D. - Johanniterstr. 8, 5300 Bonn (T. 23 13 43), priv.: Löwenburgstr. 74, 5340 Rhöndorf (T. 48 72) - Geb. 18. Mai 1916 Wuppertal, ev., verh. s. 1952 m. Eva-Maria, geb. Schmid, 4 Kd. (Ulrich, Regine, Andrea, Babette) - Kaufm. Lehre; Stud. Staatswiss. Königsberg, Stuttgart, Tübingen - 1938-45 Wehrdst. (zul. Hauptmann d. R.); s. 1948 Mitarb. Wirtschaftsmin. Württ.-Hohenzollern, Bundesmin. f. Wirtsch. (1951; zul. Min.rat, Leit. Referat Presse- u. Öffentlichkeitsarb. unter Prof. Ludwig Erhard), Bundeskanzleramt (1963; Leit. Kanzlerbüro, zul. Min.dir., stv. Chef), Presse- u. Informationsamt d. Bundesreg. (1967; Sonderaufträge Medienwesen u. Kommunikationsforsch.), Mitarb. Altbundeskanzler Prof. Ludwig Erhard, Vors. Ludwig-Erhard-Stiftung, 1980) - Herausg.: Ludwig Erhard - Erbe u. Auftrag (1977); Ludwig Erhard - Gedanken aus fünf Jahrzehnten (1988). Mithrsg.: Ludwig Erhard - Beitr. zu s. polit. Biogr. (Festschr. z. 75. Geburtstag); Grundtexte z. soz. Marktwirtsch. u. a.

HOHMANN, Manfred

Dr. phil., o. Prof. f. Erziehungswissenschaft - Sternstr. 15, 4400 Münster (T. 0251 - 66 43 91) - Geb. 27. Febr. 1934 Münster (Vater: Franz H., Buchdrucker; Mutter: Maria, geb. Althoff), kath., verh. s. 1965 m. Ilse, geb. Alander, 2 Kd. (Annette, Jochen) - Human. Gymn. Münster, Abit. 1955; 1955-57 Stud. PH Münster; 2. Prüf. f. Lehramt Volkssch. Univ. Münster 1963; Promot. 1964 - 1965-73 Doz., Wiss. Rat u. Prof. PH Rheinl./Neuss; s. 1973 o. Prof. Univ. Essen GH; 1977-84 Mitgl. e. Arbeitsgruppe z. Lehrerbildung b. Europarat; 1979-85 Evaluation v. Schulversuchen im Auftrag d. EG in d. Mitgliedsländern - BV: D. päd. Insel, 1966; Langeveld, 1971; Unterr. ausl. Kinder, 1980 (Hg.); Ausl. Kinder (m. U. Boos-Nünning, Hg.), 1980; Handlexikon d. Schulpäd. (m. K. Aschersleben), 1979; Fortbild. ausl. Lehrer (m. U. Boos-Nünning, Hg.), 1980; Interkultureller Unterr., (m U. Boos-Nünning u.a.) 1983.

HOHMEIER, Jürgen

Dr. phil., Prof. (FB Erziehungswiss., Inst. f. Sozialpäd.), Prof. f. Sozialpäd. Univ. Münster (s. 1978) - Tulpenweg 61, 4400 Münster/W. - Geb. 9. Sept. 1938 Essen, verh. s. 1968 m. Monika, geb. König, 3 Kd. - Stud. Soziol., Gesch., Publiz. Münster, Göttingen, Berlin - 1970 b. 74 Wiss. Assist. Univ. Bielefeld; 1974-78 Wiss. Rat u. Prof. PH Rhld./Abt. f. Heilpäd Köln - BV: D. Theorie d. Gruppe u. d. Gruppenhandelns bei Franz Oppenheimer, 1968 (Diss.); Aufsicht u. Resozialisierung, 1973. Mithrsg.: Stigmatisierung (m. H. Brusten, 2 Bde. 1975), Alter als Stigma (m. H.-J. Pohl, 1978).

HOHN, Maria Elisabeth

Dr. phil., o. Prof. f. Didaktik d. dt. Sprache u. Lit. Erziehungswiss. Hochsch. Rhld.-Pf./Abt. Koblenz - Goethestr. 18, 5400 Koblenz - Fachveröff.

HOHNER, Hermann

Dr., Präsident Württ. Genossenschaftsverb. Raiffeisen/Schulze-Delitzsch, Stuttgart - Eberhardstr. 15, 7968 Saulgau - Geb. 1. Nov. 1924 - Wirtschaftsprüfer.

HOHNER, Walter

Dipl.-Ing., Vorstandsmitglied Matth. Hohner AG. - Hohnerstr. 12, 7217 Trossingen/Württ. - Geb. 11. Febr. 1914 Trossingen.

HOHOFF, Curt

Dr. phil., Schriftsteller - Adalbert-Stifter-Str. 27, 8000 München 81 (T. 98 29 80) - Geb. 18. März 1913 Emden, kath., verh. m. Elfriede, geb. Federhen, 5 Kd. - Gymn. Emden; Univ. München, Berlin, Münster, Cambridge - 1948-49 Leit. Feuill. Rhein. Merkur, Koblenz u. Lit.bl. Südd. Zeitung, München (1949) - BV: D. Hopfentreter, Erz. 1942; Hochwasser, Erz. 1948; Adalbert Stifter, s. dichter. Mittel u. d. Prosa d. 19. Jh., 1949; Woina Woina, Russ. Tageb., 1951; Geist u. Ursprung - Z. mod. Lit., Ess. 1954; Paulus in Babylon, R. 1956; Heinrich v. Kleist, Biogr. 1957; D. verbotene Stadt, Erz. 1959; Gert Gaiser - Werk u. Gestalt, 1962; Schnittpunkte, ges. Aufs. 1963; Gefährl. Übergang, Erz. 1964; D. Märzhasen, R. 1966; Gegen d. Zeit - Politik/Lit./Politik, 1970; München - Porträt e. Stadt, 1970; Jakob M. R. Lenz, Biogr. 1977; D. Nachtigall, R. 1977; Grimmelshausen, Biogr. 1978; Unter d. Fischen, Erinn. 1934-39, 1982; Venus im September, R. 1984; D. verbotene Stadt, R. 1986. Herausg.: Clemens Brentano - Ausgew. Werke, 1949; Flügel d. Zeit - Dt. Ged. 1900-50, 1956; Neuausg.: Albert Soergel - Dichter u. Dicht. d. Zeit, 2 Bde. 1961-63 - o. Mitgl. Akad. d. Künste Berlin (1956) u. Bayer. Akad. d. Schönen Künste (1958).

HOHOFF, Herbert

Dipl-Ing., Vorstandsmitglied H. Klammt AG. Hoch- u. Tiefbau (s. 1971), Vors. Fachgem. Bau Berlin (1984 wiedergew.) - Joachimsthaler Str. 28, 1000 Berlin 15 (T. 883 80 81) - Geb. 14. Dez. 1925.

HOHORST, Hans-Jürgen

Dr. med., Dr. phil., o. Prof. f. Physiol. Chemie - Theodor-Stern-Kai 7 (Gustav-Embden-Zentrum d. Biol. Chem.), 6000 Frankfurt/M. 70 - Geb. 14. März 1924 Delmenhorst (Vater: Arzt), verh. m. Doris, geb. Kasche - S. 1962 (Habil.) Lehrtätigk. Marburg (1967 apl. Prof.) u. Univ. Frankfurt (1971 Ord.). Fachveröff. - 1976 Gerhard-Domagk-Preis.

HOHORST, Wilhelm

Dr. phil. nat., Prof., Zoologe - Loreleystr. 109, 6230 Frankfurt-Höchst (T. 31 25 40) - Geb. 17. Okt. 1912 Moskau, verh. m. Luise Margareta, geb. Marschang - S. 1962 Lehrtätigk. Univ. Frankfurt/M. (1968 Honorarprof. f. Parasitenkd.). Leit. Parasitolog. Laborat. Pharma-Forschung Med. Hoechst AG. Fachveröff., insb. üb. d. Rolle d. Ameisen im Entwicklungskreislauf d. Lanzettegels (Dicrocoelium dendriticum).

HOIER, Henner

Komponist, Sänger - Blankeneser Landstr. 82, 2000 Hamburg 55 (T. 040 - 86 12 31) - Geb. 19. April 1947, ledig - Stud. Konservat. Hamburg (Kompos., Querflöte, Klavier, Musikpsych.) - 1. dt. Welterfolg m. d. Titel: The Witch (The Rattles); Mitbegr. Gruppe Les Humphries Singer - Lieb.: Kochen - Spr. Engl.

HOINKA, Günther

Direktor, Leiter Weserbergland-Festhalle Stadt Hameln - Breiter Weg 77, 3250 Hameln 1 (T. 6 15 60) - Geb. 8. Jan. 1928 Hamburg, verh. s. 1954 m. Barbara, geb. Staaks, Sohn Axel - Oberrealsch. St. Georg Hamburg, Abit. 1945. Ausbild. Staats- u. Univ.-Bibl. Hamburg, Diplomprüf. 1947 - 1948-59 Dramaturg Harburger Theater Hamburg - Liebh.: Plattdeutsch, Verkehrswesen - Spr.: Engl., Franz.

HOISCHEN, Lothar

Dr. rer. nat., Prof. f. Mathematik Univ. Gießen (s. 1970) - Wartweg 41, 6300 Gießen - Geb. 22. Nov. 1935 Rüthen - Promot. 1962; Habil. 1966 - Div. Facharb.

HOISL, Richard

Dr.-Ing., o. Prof. f. Ländl. Neuordnung u. Flurbereinigung TU München (s. 1977) - Hennengasse 5, 8058 Erding/Obb.

HOJER, Ernst

Dr. phil., Prof. f. Pädagogik - Wittelsbacherpl. 1, 8700 Würzburg; priv.: Frankenstr. 6, 5024 Pulheim-Brauweiler - Geb. 24. Jan. 1930 Reichenbach - Promot. 1953; Habil. 1964 - S. 1964 Lehrtätigk. Univ. Frankfurt/M., Dt. Sporthochsch. Köln (1968 Ord.), Univ. Würzburg (1970 Ord. u. Mitvorst. Inst. f. Päd.). 1973 ff. Honorarprof. Univ. Köln - BV: D. Bildungslehre F. I. Niethammers, 1965. Übers.: Pierre de Coubertin, Schule - Sport - Erziehung (1972).

HOKE, Manfried

Dr. med., Prof. f. Experimentelle Audiologie, Dir. Inst. f. Experimentelle Audiologie Univ. Münster - Staufenstr. 36, 4400 Münster (T. priv.: 0251 - 37 46 96; Inst.: 0251 - 83-68 61) - Geb. 6. Sept. 1933 Meißen/Sa. - Stud. Med.; Promot. 1960 Hamburg, Habil. 1974 Münster; apl. Prof. 1977 Münster - 1960-63 Pharmakol. Inst. Univ. Hamburg; 1963-66 Physiol. Inst. Univ. Münster; 1966-86 Hals-Nasen-Ohrenklinik Univ. Münster - Herausg. Advances in Audiology - 1987 Helmholtz-Preis, Haymann-Preis.

HOLBACH, Hans-Peter

Publizist, Herausgeber, Chefredakteur - Fadenstr. 39, CH-6300 Zug/Schweiz (T. 042 - 22 20 33) - Geb. 16. Nov. 1944

Detmold (Vater: Dr. Peter H., Tierarzt; Mutter: Ursula, geb. Kuhnert, Apothekerin), kath., led. - Human. Gymn. Remigianum Borken (Westf.), Univ. Münster u. München (Jura, Wirtsch.wiss.)- Wirtsch.publ. m. zahlr. Veröff., Hrsgb. u. Chefredakt. vertraul. Informat.dienste Geldbrief u. Holbach Korresp., Veranst. Holbach Seminar - BV: Holbach Kalender (ersch. jährl.), „Tips & Tricks", div. Brosch. - Spr.: Engl., Niederl., Katalan.

HOLBACH, Karl-Heinz M.
Dr. med., Oberarzt Neurochirurg. Klinik, apl. Prof. f. Neurochir. Univ. Bonn (s. 1975) - Klinikgelände, 5300 Bonn-Venusberg.

HOLBE, Rainer

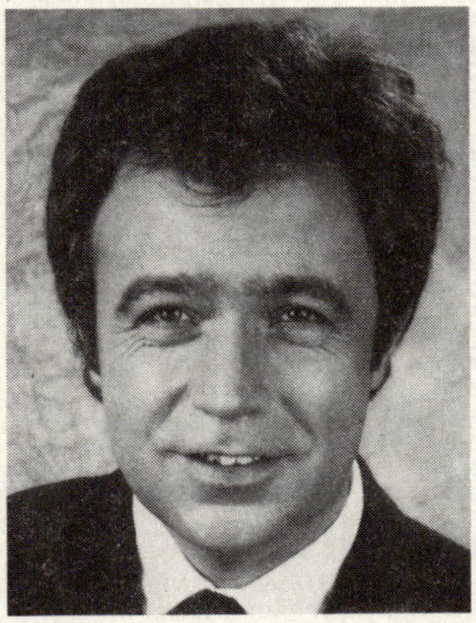

Journalist, Redakteur Radio Luxemburg (s. 1974) - Maison sur les collines, Rameldange/Luxemburg (T. 00352 - 472 08 11) - Geb. 10. Febr. 1940 Komotau (Vater: Franz H., Arch.; Mutter: Joschi, geb. Knobloch), kath., verh. s. 1964 m. Rosi, geb. Kirsch, 2 Töcht. (Julia-Carolina, Miriam) - Deutschherren-Sch. Frankfurt; Volont. Frankfurter Rundschau - Redakt. 1960-66 Frankf. Rundschau, 1966-70 Bild und Funk - BV: Jo rettet e. Fernseh-Show, Jugendb. 1972; D. verflixte Jahr, Jugendb. 1973; Guten Appetit, Mr. Morning, Kochb. 1978; Unglaubliche Geschichten, 1986; Magie, Madonnen u. Mirakel, 1987; Bilder aus d. Reich d. Toten, 1987; Unglaubliche Geschichten II, 1987; Botschaften aus and. Dimensionen, 1988; E. Toter spielt Schach, 1988; Wir von Atlantis, 1989; Botschaften d. Engel, 1989; Warum passiert mir das?, 1989. Drehb. D. Gebrüder K., 1973. Quizmaster ZDF-Serie D. verflixte Monat, Moderat. ZDF-Starparade (s. 1968) u. Talk-Show 1 + 1 = Eins, s. Mai 1982 Moderat. ZDF-Reisequiz: Rund um d. Welt. Autor u. Moderat. RTL'Serie: Unglaubl. Geschichten (Beschäft. m. PSI-Phänom.), u. Talk-Show D. Woche; 1989-90 Moderat. Frühstücks-Fernsehen RTL-PLUS - Liebh.: Reisen, Schmal-Tonfilm - Spr.: Engl.

HOLDER, Martin
Dr. rer. nat., Prof. f. Experimentalphysik Univ. Hamburg (s. 1978) - Am Sandberg 35, 2107 Rosengarten - Zul. Doz. TH Aachen. Zeitw. Wiss. Mitarb. CERN, Genf.

HOLDERBAUM, Klaus
Botschafter d. Bundesrep. Deutschl. in Bamako/Mali (s. 1986) - Zu erreichen üb. Dt. Botschaft, B.P. 100, Badalabougou Zone Est, Bamako/Mali - Geb. 1938 Berlin - Stud. Jura (bde. Staatsex. u. Volkswirtsch.) - S. 1970 Ausw. Amt (Ausl.-Missionen: 1970/71 Attaché Botsch. London, 1974-77 ständ. Vertr. d. Botsch. in Lusaka/Sambia, 1980-83 in Abidjan/Côte d'Ivoire, 1983-86 stv. Leit. d. Westeuropa-Referat im AA).

HOLDINGHAUSEN, Franz A.
Dr. phil. nat., Dipl.-Chemiker, 1. Vors. Verb. angest. Akademiker u. ltd. Angest. d. chem. Industrie (VAA) - Philipp-Weber-Str. 24, 6457 Maintal-Hochstadt - Geb. 20. Juni 1936 Wiesbaden, kath., verh. s. 1964, 2 Kd. - Univ. Frankfurt/M. u. Wien; Promot. 1968 Frankfurt - S. 1968 Ind.-Chemiker in Forsch. u. Verw.; 1978-83 AR DEGUSSA AG; s. 1979 Mitgl. d. VAA-Vorst., ab 1983 1. Vors.

HOLDORF, Willi
Diplom-Sportlehrer - Zu erreichen üb.: adidas - Sportschuhfabrik Adi Dassler KG., 8522 Herzogenaurach - Geb. 17. Febr. 1940 Blomesche Wildnis b. Glückstadt/Holst. (Vater: Wilhelm H.; Mutter: Maria, geb. Jacobsen), ev., verh. s. 1963 m. Doris, geb. Jutrzenka (bek. Handballerin), 2 Söhne (Jens, Dirk) - Lehre Starkstromelektriker; Stud. Sporthochsch. Köln - Immobilienhandel; Sportlehrer Bayer-Leverkusen; 1970 ff. Generalvertr. Adidas NRW - Leichtathlektik: 1961 u. 63 Dt. Meister, 1964 (Tokio) Olympiasieger im mod. Zehnkampf (erster Deutscher); Bobsport: 1973 Europavizem. Zweierbob m. Horst Floth (Cervinia) u. 4. Platz Weltmeistersch. (Lake Placid) - Spr.: Engl. - Mitgl. TSV Fortuna Glückstadt, MTV Herzhorn, SV Bayer 04 Leverkusen, SG Obererlenbach - 1964 Silb. Lorbeerbl. d. Bundespräs. u. Gold. Band d. Sportpresse - Lit.: Karl Seeger, W. H. - König der Athleten, 1965.

HOLDT, von, Kurt
Kaufmann, Kompl. Schröder & Co., Lübeck, Vorstandsmitgl. Arbeitgebervereinig. Lübeck u. Umgeb. - Wilhelm-Wisser-Weg 4, 2400 Lübeck-Israelsdorf (T. 37 09 54) - Geb. 3. Febr. 1912 Hamburg, ev., verh. s. 1941 m. Ursula, geb. Fries.

HOLE, Günter
Dr. med., Facharzt f. Psychiatrie u. Neurol., Psychotherapeut. o. Prof. Univ. Ulm u. Ärztl. Direktor Psychiatr. Landeskrankenhs. Weissenau (s. 1975) - Weingartshoferstr. 2, 7980 Ravensburg-Weissenau (T. 0751 - 60 11; priv.: 6 13 91) - Geb. 14. Juni 1928 Freudenstadt (Vater: Gustav H., Kaufm.; Mutter: Irma, geb. Schittenhelm), ev., verh. s. 1971 m. Eleonore, geb. Lajcsak, 2 Töcht. (Sandra, Claudia) - 1950-54 Stud. d. Evangelischen Theologie u. 1954-61 der Medizin - Bis 1974 Leiter Depressionsforschungsabteilung Psychiatr. Univ.klinik Basel - Vorst.-Mitgl. Intern. Ges. f. Tiefenpsych. Stuttgart; Mitgl. Intern. Ges. f. Selbstmordverhütung Wien, Intern. Ges. f. Religionspsych., u. a. Fachvereinig. BV: D. Glaube bei Depressiven (Forum d. Psychiatrie, Bd. 4), 1977 - Liebh.: Barockmusik (Orgel), Phil., Religions- u. Tiefenpsychol. - Spr.: Engl., Franz.

HOLENSTEIN, Elmar
Dr. phil., Prof. f. Philosophie Univ. Bochum (s. 1977) - Hustadtring 139, 4630 Bochum 1 - Geb. 7. Jan. 1937 St. Gallen/Schweiz (Vater: Adolf H.; Mutter: Johanna, geb. Fürer) - Univ. Leuven, Heidelberg, Zürich (Phil., Psych., Linguistik) - 1971-73 Wiss. Mitarb. Husserl-Archiv Leuven, 1986/87 Gastprof. Tokyo-Univ. - BV: Phänomenologie d. Assoziation, 1972; Roman Jakobsons phänomenol. Strukturalismus, 1975 (engl. 1976); Linguistik, Semiotik, Hermeneutik, 1976. Von d. Hintergehbarkeit d. Sprache, 1980; Menschliches Selbstverständnis, 1985; Sprachliche Universalien, 1985 - 1974 10. Bourse Burrus - Spr.: Engl., Franz.

HOLIK, Josef
Dr., Botschafter, Beauftragter d. Bundesreg. f. Abrüstung u. Rüstungskontrolle - Geb. 20. April 1931 Tetschen/Elbe, kath., verh. s. 1965 m. Wiltrud, geb. Magis, 3 Kd.

HOLKENBRINK, Heinrich
Staatsminister a.D., MdL Rheinland-Pfalz - Liebfrauenstr. 3, 5500 Trier (T. dstl.: Mainz 1 61; priv.: Trier 7 22 12) - Geb. 23. Jan. 1920 Handorf/W. (Vater: Wilhelm H., Bauer; Mutter: Maria, geb. Böckenholt), kath., verh. s. 1947 m. Anni, geb. Overbeck, 6 Kd. (Christoph, Thomas, Hildegard, Bernhard, Ullrich, Georg) - Gymn. Paulinum Münster/W.; Univ. ebd. (Philol.; Stud. 1940-45 durch Wehrdst. unterbr.) u. Mainz, dazw. Päd. Akad. Bad Neuenahr, 2. Lehrer- (1950) u. Ass.ex. (1954) - Gymnasialdst. Wittlich u. Trier (Studienrat); 1966-84 Vors. CDU-Bez.verb. Trier; 1967-71 Staatssekr. u. Min. f. Wirtschaft u. Verkehr Rhld.-Pfalz; 1971-85 Minister f. Wirtschaft u. Verkehr; 1959-61 u. s. 1971 MdL Rhld.-Pfalz; 1961-67 MdB. B. 1961 Landesvors. Jg. Union; Mitgl. Landesvorst. CDU - 1970 BVK I. Kl., 1975 Gr. BVK, 1985 Stern u. Schulterbd. dazu.

HOLL, Arthur
Dr. rer. nat., Prof. f. Zoologie Univ. Gießen - Baumgartenstr. 1, 6300 Gießen-Petersweiher.

HOLL, Josef
Abteilungsdirektor Verein. Saar-Elektrizitäts-AG., Saarbrücken - Heinrich-Böcking-Str. 10-14, 6600 Saarbrücken (T. 60 74 40); priv.: Siercker Weg 10, 6640 Merzig-Fitten (T. 06861 - 25 38) - Geb. 11. Febr. 1921 Saarbrücken (Vater: Albert H., Werkm. †; Mutter: Katharina, geb. Maurer), kath., verh. s. 1947 m. Ottilie, geb. Becker, T. Ruth - Volks- u. Handelssch. - Kaufm. Lehrling u. Angest. (zeitw. Buchhalter) Rhein.-Westf. Elektrizitätsw., Essen (Verw. Merzig, Trier, Merzig); dazw. 7 1/2 J. Wehrdst. (Luftw. (Funker) u. Fallschirmjr.) u. Kriegsgefangensch.; 1964-68 I. Beigeordn. Merzig, 1974-79 Fraktionsvors. Stadtrat Merzig; s. 1969 Personalchef VSE, Saarbrücken (1976 Prokura u. Dir.). 1960-75 MdL Saarl. SPD s. 1955 (1960 Unterbezirksvors.).

HOLL, Karl
Dr. phil., Prof. f. Geschichte, vor allem Dt. Parteien- u. Zeitgesch. Univ. Bremen (s. 1971) - Beethovenstr. 25, 2800 Bremen - Geb. 22. Juni 1931 Altendiez/Lahn - Promot. 1950 - Hochschulprof. Neuwied u. Koblenz. Div. Publ. - 1979-82 Mitgl. d. Brem. Bürgersch. (F.D.P.).

HOLLACK, Joachim
Dipl.-Kfm., Baukaufmann, Dir., Vorst.-Mitgl. i. R., Kaufm. Ltr. - Paracelsusstr. 4, 8000 München 45 (T. Büro: 089 - 551 70 10; priv. 089 - 316 46 36) - Geb. 20. Juni 1924 Dresden (Vater: Emil H., Forstbeamter; Mutter: Linda, geb. Geißler), ev., verh. s. 1953, 2 Kd. (Manuela, Wolfgang) - Wirtsch.sobersch. Dresden; Univ. München (Betriebsw.); TH München (Bauwesen) - Spr.: Engl.

HOLLÄNDER, Hans
Dr. phil., o. Prof. f. Kunstgeschichte - Kardinalstr. Nr. 1, 5100 Aachen - Geb. 6. Febr. 1932 Hamburg - Promot. 1959 Tübingen - S. 1964 (Habil.) Lehrtätigk. Univ. Tübingen (1970 apl. Prof.) u. THAachen (1971 Ord. u. Inst.sdir.) - BV: Mario Persico, 1968; Frühes Mittelalter, 1969; Hieronymus Bosch, 1975.

HOLLÄNDER, Hans-Jürgen
Dr. med., Prof., Chefarzt Frauenklinik St. Johannes-Hospital Duisburg-Hamborn, u. Ärztl. Direktor (s. 1986) - An d. Abtei 11, 4100 Duisburg-Hamborn (T. 555 15 98) - Geb. 2. Aug. 1936 Coesfeld (Vater: Ernst H., Oberstlt.; Mutter: Hedwig, geb. Schürmann), kath., verh. s. 1963 m. Dr. Annerose, geb. Ellinghaus, 3 Kd. (Martin, Mechthild, Thomas) - S. 1976 apl. Prof. Univ. Münster - BV: D. Ultraschalldiagnostik in d. Schwangerschaft, 3. A. 1984 - 1986 Ehrenmitgl. Dt. Ges. f. Ultraschall in d. Medizin.

HOLLÄNDER, Heinz
Dr. rer. pol., o. Prof. f. Volkswirtschaftslehre Univ. Dortmund - Dahmfeldstr. 78, 4600 Dortmund 50.

HOLLAND, Gerhard
Dr. med., Prof., Chefarzt Augenklinik Ev. Krankenanstalten, Duisburg-Nord - Fahrner Str. 133, 4100 Duisburg 11 - Geb. 19. April 1929 Gingst/Rügen - S. 1962 (Habil.) Lehrtätigk. Univ. Kiel u. D'dorf (1968 apl. Prof. f. Augenheilkd.; zul. Oberarzt Augenklinik). Fachaufs.

HOLLAND, Gerhard
Senator E. h., Dr. rer. pol. - Bernusstr. 7, 6000 Frankfurt/M. 90 - Honorar-Generalkonsul Republik Liberia, Geschäftsf. Tellus Ges. f. Halogenidmetallurgie mbH, bd. Frankfurt/M., Dt. Filmwochenschau GmbH, Blick in d. Welt, Remagen, Blick in d. Welt, Film- u. Dokumentations-GmbH, Frankfurt/M. - Herausg.: Dt. Filmwochenschau Blick in d. Welt (wöchentl. s. 1945); Buchr.: Didaktik d. Naturwiss. (Bd. I Physik in 700 Experimenten); Filmserie: 700 Filme üb. 700 Grundlagenversuche d. Physik - Kuratoriumsvors. Hess. Inst. f. Luftfahrt, Inst. TH Darmstadt - Chevalier de l'Ordre de la Couronne, Belgien; Grand Commander of the Liberian Humane Order of African Redemption; Ehrensenator TH Darmstadt.

HOLLAND, Gerhard
Dr. phil., Prof. f. Didaktik d. Mathematik Univ. Gießen (s. 1968) - Königsberger Str. 5, 6301 Pohlheim 6 - Verh. m. Else, geb. Kallenbach, 3 Kd. (Frank, Birgit, Wulf-Heiner) - BV: Geometrie f. Lehrer u. Studenten, Bd. 1 u. 2 1974/77; Problemlösen mit micro-PROLOG, 1986; Geometrie in d. Sekundarstufe, 1988.

HOLLAND, Günter
Chefredakteur Augsburger Allgemeine - Curt-Frenzel-Str. 2, 8900 Augsburg; priv.: Dr.-Rost-Str. 26, 8901 Neusäß - Geb. 13. Nov. 1923 Brambauer/W. - Zul. stv. Chefredakt., jetzt auch Herausg. AA - 1972 Bayer. VO.

HOLLAND, Jörn
Dr.-Ing., o. Prof. f. Reibungstechnik u. Maschinenkinetik u. Institutsdir. TU Clausthal (s. 1972) - Lange-Hop-Str. 47e, 3000 Hannover-Kirchrode - Daniel-Flach-Str. 6, 3392 Clausthal-Zellerfeld - Geb. 5. April 1932 Magdeburg (Vater: Gerhard H., Kaufm.; Mutter: Ruth, geb. Krause), ev., verh. s. 1959 m. Marianne, geb. Kirste, 2 Kd. (Kai, Jan) - Wilhelm-Gymn. Braunschweig; 1950-55 TH Braunschweig u. Hannover (1955; Dipl.-Ing.). Promot. 1958 - 1958-70 Prok. Eisenwerk Wülfel; 1970/71 Geschäftsf. Heylo; 1975/76 Fachber.dekan, 1980/81 Dekan d. Fak. Bergbau, Hüttenwesen u. Masch.wesen; 1989 Senatsmitgl. (Senator); 1989 Präs. d. WGMK - BV: Beitrag z. Erfassung d. Schmierverhältnisse in Verbrennungskraftmaschinen, 1959; Tribologie-Handbuch, 1978 (T. I: Grundlagen, II: Tribotechnik) - Liebh.: Sport - Spr.: Engl. - Bek. Vorf.: Wilhelm H., Generalstaatsanw. (Großv.), Dr. Friedrich Wilhelm H., Oberlandesgerichtspräs. (Onkel).

HOLLAND, Nikolas
s. Haag, Klaus

HOLLANDER, von, Jürgen
Schriftsteller - Milbertshofener Pl. 5, 8000 München 13 (T. 350 80 90) - Geb. 26. Dez. 1923 Düsseldorf, verh. s. 1950 m. Edith, geb. Schambeck, 3 Kd. (Hannes, Nikolaus, Michaela) - Stud. d. Biol. - BV (1952 ff.): E. Handvoll Zeit (R.), D. Riviera, Provence, Föhn u. a. Wetterschreck, Sizilien, München e. dt. Himmel (R.), Johann Gottfried Seume (Biogr.), Abraham a Santa Clara (Biogr.), Buch f. Münchenbummler, Wir entdecken d. Tiere u. d. Pflanzen (Kinderb.), Warum geht ein Baum nicht spazieren (Kinderb.), Brockmanns gesammelte 47er, D. nasse Element, Bergwelt f. Genießer, Wir leben m. Tieren u. Pflanzen, Affen, D. Buch vom Kuckuck, m. Trab durch d. Zeiten (Pferde), D. Buch v. d. Schnecken, Hälfte d. Lebens, D. Buch v. Alter, D. neue Waldbrevier, Aquarienbuch, Tauchbuch, Bloß e. halbe Stunde oder so, Das dts. Alpenland; Menschen, Wege, Stationen (Anthol., 3 Bde.); D. 7 Biol. Bücher f. Kinder. Hör-

u. Fernsehsp. - 1971 Tukan-Preis Stadt München; Ehrengabe d. Stiftg. z. Förd. d. Schrifttums (Bayr. Rundf.); 1983 Schwabinger Kunstpreis f. Lit. - Bek. Vorf.: Walther v. Hollander, Schriftst. (Onkel, s. XVII. Ausg.).

HOLLE, Fritz

Dr. med., o. Prof. f. Spez. Chirurgie - Lindenstr. 7, 8000 München 90 (T. 64 60 68) - Geb. 30. April 1914 Neu-Ulm (Vater: Dr. med. August H., prakt. Arzt, München), ev., verh. s. 1958 m. Dr. med. Gertrud, geb. Reiser, T. Isabel - Univ. München (Promot.) u. Berlin - Chir. Weiterbild. Prof. Eerland (Groningen), Holmes Sellors (London), Prof. Nissen (Basel) u. Janker (Bonn); 1951-61 Oberarzt Chir. Univ.klin. Würzburg (1952 Privatdoz., 1958 apl. Prof.); s. 1961 ao. u. o. Prof. (1965) Univ. München (Dir. Chir. Poliklinik) - BV: Holle-Sonntag, Grundriß d. ges. Chir., 2 Bde. 1960. Üb. 80 Einzelveröff. - Liebh.: Phil., Musik, Lit., Gesch., Segeln, Bergsport - Spr.: Engl. - Bek. Vorf. ms.: Hofrat Max Wülfert (ehem. Vorst. Münchner Kunstverein).

HOLLECK, Ludwig

Dr.-Ing., o. Prof. f. Chemie (emerit.) - Von-Mader-Str. 19, 7770 Überlingen - Geb. 2. April 1904 Wien, verh. s. 1935 m. Dr. phil. Eleonore, geb. Finke, 3 Kd. - Gymn. u. TH Wien (Dipl.-Ing. 1927, Dr. techn. 1930). Habil. 1937 Wien - Assist. TH Wien, wiss. Mitarb. Physikal.-Techn. Reichsanst., Berlin, s. 1938 Lehrtätigk. Univ. Freiburg/Br. (Doz.), Straßburg (1943 apl. Prof.), Freiburg, Hamburg, Ges.hochsch. Bamberg (1962 o. Prof.) - BV: Physikal. Chemie u. ihre rechner. Anwendung (Thermodynamik), 1950. Etwa 140 Veröff. (Physikal. Chemie u. Elektrochemie).

HOLLENBACH, Gerhard

Dr. phil., Dipl.-Psych., Prof. f. Kybernetik (Informationswiss.) TU Berlin - Franklinstr. 28/29, 1000 Berlin 10; priv.: Am Eikerberg 5, 4938 Schieder-Schwalenberg 2 - Geb. 24. Jan. 1940 Würzburg - Promot. 1970 Univ. Würzburg - 1968-70 Chefredakt. intern. Lexikon d. Psych. im Herder-Verlag Freiburg, 1973 PH Berlin, s. 1980 TU Berlin - BV: Begriffswörterb. d. kybernet. Päd.

HOLLENBERG, Cornelis Petrus

Dr. rer. nat., o. Prof. f. Mikrobiologie - Chopinstr. 7, 4000 Düsseldorf (T. 71 79 14) - Geb. 30. Okt. 1940 Akersloot/Niederl. (Vater: Petrus Nicolaas H.; Mutter: Catherina, geb. Vrouwe), verh. s. 1966 m. Reneé, geb. Krudop, 2 Kd. (Charlotte, Wouter) - Biol.-Stud. Univ. Amsterdam 1959-66, Promot. 1971 - 1967-71 wiss. Assist. Univ. Amsterdam; 1971-73 N.I.H. postdoct. fellow, res. Ass. Univ. Washington/USA u. Univ. o. British Columbia Vancouver/Canada: 1973-79 Wiss. Assist. Max-Planck-Inst. f. Biol. Tübingen; s. 1979 Inst.Dir. (Mikrobiolog.) Univ. Düsseldorf - BV: Div. Veröff. in intern. wiss. Ztschr.

HOLLENBERG, Gerd

Dr. jur., pers. haft. Gesellschafter Marcard, Stein & Co. Bankiers s. 1790, Hamburg, Köln, Braunschweig - Unter Sachsenhausen 10-26, 5000 Köln 1; priv.: Baumhofstr. 31, 4630 Bochum (T. 0221 - 16 62-0) - Geb. 23. Juni 1928 - Spr.: Engl., Franz. - Rotarier.

HOLLENDER, Wolfgang

Dipl.-Volksw., Vorstandsmitglied Dt. Hypothekenbank (AG), Hannover/Berlin - Georgsplatz 8, 3000 Hannover 1 - Geb. 11. Juni 1939 Berlin.

HOLLER, Alfred

Dr. rer. pol., Dipl.-Kfm., Vorstandsmitglied Jagenberg-Werke AG., Düsseldorf; Vors. Fachverb. Kartonverpack. f. flüss. Nahrungsmittel, Rheinstr. 36, 6200 Wiesbaden; priv.: Am Mühlenbach 1, 4005 Meerbusch - Geb. 28. Sept. 1933.

HOLLER, Erwin

Leiter Gesamtvertrieb, Sparte Spinnvliesstoffe, Fa. Carl Freudenberg, Kaiserslautern (s. 1981) - Husarenäcker 40, 6750 Kaiserslautern 28 - 1976-81 Vorstandsmitgl. Kammgarnspinnerei Kaiserslautern; Verkaufsdir. Fasern Monsanto (Dtschl.) GmbH, Düsseldorf; Geschäftsf. AGA-Garn GmbH, Crailsheim; Leit. Export-Marketing Enka Glanzstoff AG, Wuppertal.

HOLLERBACH, Alexander

Dr. jur., o. Prof. f. Rechts- u. Staatsphilosophie, Geschichte d. Rechtswiss. u. Kirchenrecht - Parkstr. 8, 7806 March-Hugstetten/Baden (T. 07665 - 22 51) - Geb. 23. Jan. 1931 Ottenau/Baden (Vater: Josef H., Bürgerm.; Mutter: Maria, geb. Eirich), kath., verh. s. 1959 m. Margrit, geb. Herrmann, 5 Kd. (Friederike, Matthias, Dorothee, Barbara, Ulrich) - Gymn.; 1950-54 Univ. Freiburg, Bonn, Heidelberg. Jurist. Staatsex. 1954 u. 59. Promot. 1956; Habil. 1964 - S. 1966 Ord. WH bzw. Univ. Mannheim u. Univ. Freiburg (1969) - BV: D. Rechtsgedanke b. Schelling, 1957; Verträge zw. Staat u. Kirche in d. BRD, 1965; Neuere Entwicklungen d. kath. Kirchenrechts, 1974 - Spr.: Engl., Franz.

HOLLFELDER, Peter

Prof., Konzertpianist - An d. Mühltannen 51, 8700 Würzburg (T. 0931 - 9 31 14) - Geb. 24. Nov. 1930 München (Vater: Lorenz H., Rechtsanw.; Mutter: Hela, geb. Hetzel), ev., verh. s. 1963 m. Ellen, geb. Potthoff, 2 Söhne (Michael, Axel) - Gymn. u. Musikhochsch. München (1950-56; Staatsprüf. Klavier 1953, Meisterdipl. 1956) - B. 1963 Konzertpianist, dann Prof. Musikhochsch. Würzburg (1974 ao., 1980 o. Prof./Lehrst. f. Klavier). Konzerttätigk. Europa u. Asien. Schallpl. (zul. Klaviermusik v. Johannes Brahms/FSM 33122 CV) - BV: Geschichte d. Klaviermusik, 1989 - Spr.: Engl. - Rotarier.

HOLLIDAY, Melanie

Lyrische Koloratursopranistin, Sängerin - Wilhelmstr. 4, 8000 München 40 (T. 089 - 39 54 50) - Mitgl. Ensemble Wiener Volksoper (Oper, Operette, Musical).

HOLLJE-LÜERSSEN, Otto

Dr., Hauptgeschäftsführer Handwerkskammer Oldenburg - Theaterwall 32, 2900 Oldenburg/Oldbg. - Geb. 8. Juni 1932.

HOLLMANN, Carlheinz

Journalist - Waldring 20, 2125 Luhmühlen (T. 04172 - 72 00 + 63 00; Autot.: 0161 - 242 30 19; Fax 04172 - 76 56) - Geb. 1. Dez. 1930 Hamburg (Vater: Gustav H., Kaufm.; Mutter: Erica, geb. Harder), ev., verh. s. 1958 m. Gerti, geb. Daub, 2 Kd. (Nils, Nicole) - Christianeum (Abit.); Kaufm. Ausb. m. Ex. - Ab 1953 Rundf. (NWDR), ab 1955 Fernsehen; ltd. Redakt. NDR u. RTL; s. 1963 freiberufl. Tätigk. als PR-Berater; ab 1984 Axel Springer-Verlag (Chefredakt. Hörfunk); ab 1988 Produzent KLARtext, RTL PLUS - Fernsehen: Moderator Aktuelle Schaubude, Schaufenster Deutschl, D. ist ihr Leben - Liebh.: Sport, Weltraum - Spr.: Engl., Franz.

HOLLMANN, Gerhard

Dipl.-Ing., Vorstandsmitglied Friedrich Deckel AG./Präzisionsmechanik u. Maschinenbau (s. 1972) - Franz-Josef-Str. 23, 8000 München 40.

HOLLMANN, Helmut

Rechtsanwalt, Hauptgeschäftsf. Fachverb. d. Schlauchwebereien - Rumannstr. 10, 3000 Hannover.

HOLLMANN, Rolf

Kaufmann, Vorstandsmitglied CO-OP Ostwesthandel + Import AG - Hahnstr. 72, 6000 Frankfurt/M. (dstl.) - Geb. 31. Juli 1925 Wuppertal, verw., S. Michael.

HOLLMANN, Wildor

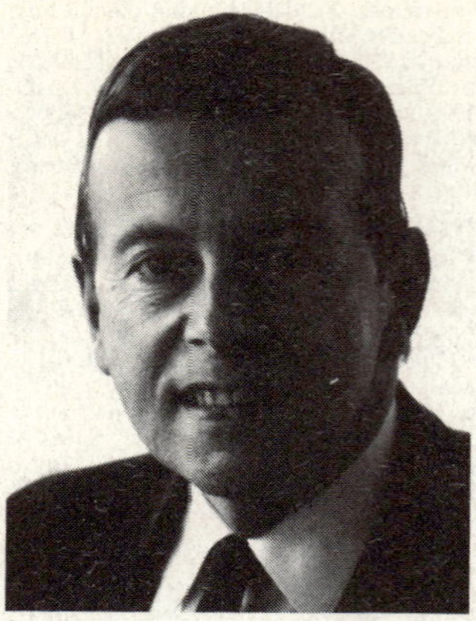

Dr. med., Dr. h. c., Prof., Lehrstuhlinh. f. Kardiologie u. Sportmed., Gründ. u. Leit. Inst. f. Kreislaufforsch. u. Sportmed. Dt. Sporthochsch. Köln - Roermonder Str., 4057 Brüggen/Ndrh. (T. 02163 - 54 30, dstl.: Köln 498 25 27) - Geb. 30. Jan. 1925 Menden/Sauerl. (Vater: Albert H., Prokurist; Mutter: Henriette, geb. Bomnüter), kath., verh. s. 1954 m. Ingeborg, geb. Cüsters, 2 Kd. (Helmut, Ulrike) - Schule Menden; Stud. Engl. u. Köln (Promot. 1954). Habil. 1961 Köln - S. 1958 Sporthochsch. Köln (1965 o. Prof., 1969-71 Rektor), u. a. Entwicklung neuer Untersuchungsmeth. v. Herz, Kreislauf, Atmung, Muskelstoffwechsel - BV: D. Arbeits- u. Trainingseinfluß auf Kreislauf u. Atmung, 1959; Höchst- u. Dauerleistungsfähigkeit d. Sportlers, 1963; Körperl. Training als Prävention v. Herz-Kreislaufkrankh., 1965. Herausg.: Zentrale Themen d. Sportmed., Sportmed. - Arbeits- u. Trainingsgrundl. (1976; m. Hettinger), 2. A. 1980. Üb. 400 Einzelarbeiten. Hauptschriftltr.: Dt. Z. f. Sportmed. (Fachbl. Dt. Sportärztebd.) - 1961 Carl-Diem-Preis; 1964 Hufeland-Preis; 1969 Max-Bürger-Preis; 1976 Noel-Baker-Forsch.-Preis UNESCO; Ehrenvizepräs. südafrikan. Ges. f. Prävention u. Recreation, Ehrenmitgl. mehrerer Ges. f. Sportmed., 1975 Ernst-v.-Bergmann-Plak. Bundesärztekammer, 1975 Goldmed. Jap. Ges. f. Alterssport; 1982 Gr. BVK; 1984 Präs. Dt. Sportärztebd.; 1986 Ehrenpreis f. Forsch. d. U.S.-Akad. f. Sport; Dr. h. c. Univ. Brüssel; Präs. Weltverb. f. Sportmed.

HOLLMANN, Wilhelm

Landwirt, MdL Schlesw.-Holst. (Wahlkr. 10/Dithmarschen Nord) - 2242 Oesterdeichstrich/Post Büsum (T. 04834 - 14 74) - Geb. 3. Okt. 1922 Hohenelbe/Sudetenland - CDU.

HOLLREISER, Heinrich

Prof., Dirigent - Zu erreichen üb. Deutsche Oper, Richard-Wagner-Platz 10, 1000 Berlin 10 - Geb. 24. Juni 1913 München, kath., verh., 1 Kd. - Gymn. u. Akad. d. Tonkunst München, Schüler v. Clemens Krauß - Ab 1935 Opernkapellm. Darmstadt, Mannheim (1937), Duisburg (1939), 1942-45 I. Kapellm. Staatsoper München, 1945-52 Generalmusikdirektor u. Stellvertreter d. Generalintendanten Düsseldorf, dann I. Kapellm. Staatsoper Wien, 1961-65 Chefdirig. Dt. Oper Berlin, seither ständ. Gastdirig. Dt. Oper Berlin, Staatsoper Wien u. München, Bamberger Sinfoniker, Bayreuther Festsp. sow. Metropolitan Opera New York. Auslandsgastsp.: San Francisco Opera, Ringzyklus d. Dt. Oper Berlin in Tokio, Tristan u. Isolde m. d. Wiener Staatsoper in Tokio, 1989 4 Parsifal-Auff. d. Wiener Staatsoper in Tokio; Gastspielverträge Dt. Oper Berlin, Wiener Staatsoper u. Staatsoper München, 1990 Staatsoper Hamburg - 1970 Österr. VO. f. Kunst u. Wiss. I. Kl. - 1973 Bayer. VO., 1978 Ehrenmedaille Wien in Gold; 1983 Ehrenmitgl. Dt. Oper Berlin; 1988 Clemens-Krauss-Med. Konzertvereinig. Wiener-Staatsopernchor.

HOLLWECK, Ludwig

Oberverwaltungsrat a.D., Bibliothekar u. Schriftst. - Schachenmeierstr. 60, 8000 München 19 (T. 089 - 18 37 19) - Geb. 26. Juli 1915 München, kath., verh. s. 1951 m. Maria, geb. Schneider - Abit.; Verwaltungsprüf. - S. 1937 Stadtbibliothek München; 1939-45 Kriegsdst., 1954-80 Leit. Monacensia-Abt. Stadtbibl. - BV: Unser München, 1967; Weiß-blau u. heiter, 1967; München, Liebling d. Musen, 1971; Karikaturen ..... Simplicissimus, 1973; Deutsch-Balten in München, 1974; Er war e. König, Ludwig II., 1979; Was war wann in München, 1982; Begegnung m. München, 1985; Joseph Kaspar Sattler, 1988; D. Englische Garten, 1989 - Poetentaler d. Turmschreiber - Liebh.: Münchner Kulturgesch., franz. Impressionisten - Spr.: Engl., Franz., Lat. - Lit.: E. Münchner erinnert sich, Autobiogr. 1985.

HOLLWEG, Uwe

Großhandelskaufmann, Mitgl. Brem. Bürgerschaft (s. 1975) - Alten Eichen 36a, 2800 Bremen 33 - Geb. 13. Okt. 1937 Bremen, ev., verh., 3 Kd. - Rudolf-Steiner-Sch. Bremen (Mittl. Reife); 2 J. Staatl. Handelssch.; Großhandelsausbild. ebd. - 1956 ff. Geschäftsf. Cordes & Gräfe Sanitär- u. Heizungsgroßhdl. u. Cordes & Gräfe Beteiligungs- u. Finanzierungsges. mbH. & Co., beide Bremen, sow. GC Sanitär- u. Heizungs-Handels-Contor GmbH., Bonn. CDU (Vorst. Landesverb. Bremen).

HOLLWICH, Fritz

Dr. med., Dr. med. h. c., em. o. Prof. u. Direktor Univ.-Augenklinik Münster - Winterthurer Str. 5/XII, 8000 München 71 - Geb. 13. Juli 1909 München - 1949 (Habil. b. Geheimrat Wessely) Lehrtätigk. Univ. München, Würzburg, Frankfurt/M. (1956 apl. Prof.), Jena (1958 Prof. m. Lehrstuhl), Münster (1964-77 o. Prof.; 1968/69 Dekan) - BV: Auge u. Allgemeinleiden, 1959; Therapie d. Augenkrankh. (m. R. Thiel), 1970; Einf. in d. Augenheilkd., 11. A. 1988 (Übers. griech., amerik., span., holl.); Atlas d. Augenkrankh., 3. A. 1986 (Übers. amerik., franz., griech., ital., span., türk.); Augenkrankheiten f. d. Krankenpflegeberufe (m. B. Verbeck), 4. A. 1988 (auch span. Übers.); Handbuch- u. Ztschr.beitr.; Hauptschriftl.: Klin. Monatsbl. f. Augenheilkd. (1968-80). Übers.: Castroviejo, Keratoplastik; Augenheilkunde in Klinik u. Praxis (Hrsg. mit J. Francois), Stuttgart Bd. I, 1978; Bd. II, 1981; Bd. III/1, 1983; Bd. III/2, 1986; Festschrift Emil Preetorius (Hrsg.) 1955; Ehrenmitgl. Inst. Barraquer, Barcelona; Amerik., Dt., Griech., Ital., Poln., Österr., Ungar., Schweiz. Gesellschaft f. Ophthalmologie, Deutsche Gesellsch. f. Plastische u. Wiederherstellungschirurgie; Mitgl. Österr. Akad. d. Wiss., New York Acad. of Sciences, Dt. Akad. d. Naturforscher/Leopoldina; Präs. Acad. Intern. Ophthalmologica (1976-80); Acad. Medica, Rom - 1974 Goldmed. Paul Chibret; Goldmedaille American Society of Contemporary Ophthalmology; 1977 Ernst von Bergmann-Plakette Bundesärztekammer u. Ehrendoktor TU München; 1978 Golden-Graefe Ital. Ophthalm. Ges. (Meridionale); 1983 Cavara Med. Univ.-Augenklinik Rom; Roll of Honor Americ. Biogr. Inst.; 1984 Sir Stewart Duke-Elder Award; 1984 Lederle Intern. Med. u. Präsidentschaftsmed. d. Acad. Intern. Ophthalmologica; 1985 Univ.-Med. Padua; Hon. Member of Res. Board of Advisors, Commemorative Medal of Honor u. Hall of Fame Americ. Biogr. Inst.; Life Patron u. 1986 Deputy Dir. General Intern. Biogr. Centre, Cambridge.

HOLLWICH, Werner

Gewerkschaftssekretär, MdL Bayern (s. 1978, Wahlkr. Unterfranken; SPD) - Hans-Lingl-Str. 9, 8720 Schweinfurt - Geb. 29. April 1929 Schweinfurt - Volkssch. Bergrheinfeld; 1943-45 Lehrerbildungsanst. Würzburg; Maurerlehre - N. Gesellenprüf. Facharbeitertätigk. Schweinfurt, Bergrheinfeld, Frankfurt/M.; 1952-78 Geschäftsf. IG-Bau-Steine-Erden, Schweinfurt; 1961-79 Stadtrat Schweinfurt; s. 1962 Vors. d. Vertretervers. AOK Schweinfurt; s. 1978 Vors. SPD-Kreisverb. Schweinfurt-Stadt. Im Landtag Mitgl. d. Aussch. f. Sozial-, Gesundheits- u. Familienpolitik u. f. Grenzlandfragen.

HOLM, Claus

Schauspieler - Bayernallee 15, 1000 Berlin 19 (T. 304 48 35) - Geb. 4. Aug. 1918 Bochum, verh. - 3 J. Bergmann - Bühne (u. a. Mitgl. Städt. Bühnen Berlin), Film (u. a. Ehe im Schatten, Grube Morgenrot, D. lustigen Weiber v. Windsor, D. Beil v. Wandsbek, Rittm. Wronski, Heideschulm. Uwe Karsten, D. Pfarrer v. Kirchfeld, Wenn d. Alpenrosen blühen, Nachts, wenn der Teufel kam, Für 2 Groschen Zärtlichkeit, D. Lindenwirtin v. Donaustrand, ...denn keiner ist ohne Sünde, Rivalen d. Manege, D. Mädchen v. Moorhof, D. ind. Grabmal, D. Tiger v. Eschnapur, Im Namen e. Mutter), Fernsehen. 1973ff. stv. Vors. GDBA/ Landesverb. Berlin.

HOLM, Rudolf J.

Kaufmann, Präs. Dt.-Uruguay. Handelskammer/Camara de Comercio Uruguayo-Alemana - Calle Zabala 1379, Montevideo.

HOLM, Werner

Dipl.-Kfm., Geschäftsführer Schwartauer Werke GmbH. & Co., Bad Schwartau - Rethwischfeld, 2060 Bad Oldesloe - Geb. 15. Juli 1940.

HOLMBERG, Börje

Dr., Prof. f. Methodenlehre d. Fernstudiums Fernuniv. Hagen - Ruhrstr. 5, 5800 Hagen (T. 02331 - 1 67 82) - Geb. 22. März 1924 Malmö/Schweden (Eltern: Carl Axel H. u. Klara, geb. Olsson), ev., verh. s. 1947 m. Anna de la Motte, 4 Kd. (Karin, Ingrid, Carl Axel, Sven) - Univ. Lund/Schwed. (Fil. Mag. 1946, Promot. 1953, Habil. 1956) - 1947-49 Leit. Volksbildungsverein Univ. Lund; 1949-52 Studienrat; 1952-55 Hochschulassist. Lund; 1956-66 Wiss. Dir. Hermods/ Schwed. (Fernstud.-Einricht.), 1966-75 Generaldir. Hermods, 1975ff. Prof. Fernuniv. Hagen - Zahlr. Veröff., mehrere Bücher - 1974 Ritter I. Kl. schwed. Vasa-Orden; 1974 Ritter I. Kl. finn. Orden d. Weißen Rose; 1985 Dr. h. c. Deakin Univ., Australien; 1986 Dr. h. c. Open Univ., Engl. - Spr.: Engl., Franz., Schwed., Deutsch.

HOLMES, Kenneth Charles

Ph.D., M.A., Dipl.-Physiker, Prof. f. Biophysik u. Direktor Max-Planck-Inst. f. med. Forschung Univ. Heidelberg (s. 1968) - Mühltalstr. 117b, 6900 Heidelberg (T. 06221-47 13 13) - Geb. 19. Febr. 1934 London, anglik., verh. s. 1957 m. Mary, geb. Scruby, 4 Kd. (Elizabeth, Andrew, Rebecca, Anna) - BA 1955 Cambridge/Engl., M.A. 1959 Cambridge, Promot. 1959 London - 1960-61 Res. Assoc. Childrens Hospital Boston; 1961-68 Scientific Staff, Labor. f. Molekularbiol., Cambridge - BV: The Use of X-Ray Diffraction in the Study of Protein and Nucleic Acio Structure, 1965 (m.a.; auch span.) - 1981 Fellow of Royal Society London - Liebh.: Rudern, Singen - Spr.: Deutsch, Engl. (Mutterspr.).

HOLMSTEN, Aldona,

geb. Gustas

Schriftstellerin, Malerin u. Graphikerin - Elßholzstr. 19, 1000 Berlin 30 (T. 216 56 75) - Geb. 2. März 1932 Karzewischken (Lit.), ev., verh. s. 1952 m. Georg H., Schriftst. (s. dort) - BV/Ged. (unt. Mädchennamen): Nachtstraßen, 1962; Grasdeuter, 1963; Mikronautenzüge, 1964; Blaue Sträucher, 1966; Notizen, 1968; Liebedichtexte, 1968; Worterotik, Ged. 1971; Frankierter Morgenhimmel, Ged. 1975; Puppenruhe, Ged. 1977; Eine Welle, eine Muschel oder Venus persönlich, Ged. u. Bilder, 1979; Luftkäfige, Ged. 1980; Sogar d. Himmel teilten wir, Ged. u. Bilder, 1981. Mitverf. v. üb. 70 Lyrikanthol., u. a. Alphabet (1961), Neue Expeditionen (1975), Berliner Malerpoeten (1974; zugl. Hrsg.); Erot. Ged. v. Frauen, TB (1985; zugl. Hrsg.); Erot. Ged. v. Männern, TB (1987; zugl. Hrsg.) - Mitgl. D. Kogge, Gedok.

HOLMSTEN, Georg

Schriftsteller u. Journalist - Elßholzstr. 19, 1000 Berlin 30 (T. 216 56 75) - Geb. 4. Aug. 1913 Riga, ev., verh. s. 1952 m. Aldona, geb. Gustas, Lyrikerin (s. unt. Aldona Holmsten) - Realgymn. Berlin - 1933 b. 1939 fr. Journ. u. Stud. (Lit. u. Gesch.), 1940-42 Chef v. Dienst Auslandsredaktion DNB, 1942-45 Wehrdst. (an Widerstandsbeweg. v. 20. Juli 1944 im OKW beteiligt), dann Schriftst. u. Lektor - BV (GA. üb. 1 Mill.): Großstadtmelodie - Berliner Miniaturen, 1946; D. Brückenkopf, Bericht v. Zus.bruch e. Armee, 1947; Okkultismus - D. Welt voller Geheimnisse, 1950; Lucrezia Borgia, histor. R. 1951; Elisabeth v. Österreich, histor. R. 1951; Ludwig XIV., histor. R. 1952; Rembrandt, histor. R. 1952; Maria Stuart, histor. R. 1953 (unt. Ps. Michael Ravensberg); Aurora v. Königsmarck u. d. Frauen um August d. Starken, histor. R. 1953; D. Königin v. Saba, histor. R. 1953; Salome, histor. R. 1954; Casanova, histor. R. 1955; Canifarciminologie, Satire 1968; Friedrich II. v. Preußen, Monogr. 1969; Voltaire, Monogr. 1971; Potsdam - Gesch. d. Stadt, d. Bürger u. Regenten, 1971; Rousseau, 1972; Brandenburg - Gesch. d. Mark, ihrer Städte u. Regenten, 1973; Endstation Berlin, 1974; Frhr. v. Stein, Monogr., 1975; 20. Juli 1944 - Personen u. Aktionen, Erlebnisber. 1975; Baedeker-Stadtführer Berliner Bez. Wilmersdorf, Wedding, Tempelhof, Kreuzberg, Steglitz, Charlottenburg, 1975-80; Deutschl. Juli 1944, 1982; Kriegsalltag 1939-1945, 1982; D. Berlin-Chronik, 1984; Berliner Miniaturen 1945, 1985. Mitverf.: Geheimnisse fremder Völker, 1956; Balt. Erbe, 1964; Spiele f. Stimmen, 1966; Nachbar Mensch, 1968; Wir erlebten d. Ende d. Weimarer Republik, 1982. Zahlr. Bearb. - 1981 BVK I. Kl.

HOLSCHNEIDER, Andreas

Dr. phil., Prof. f. Musikgeschichte, Schallplattenproduzent - Müllenhoffweg 7, 2000 Hamburg 52 - Geb. 6. April 1931 Freiburg - Promot. Tübingen 1960, Habil. Hamburg 1967 - Prof. f. Musikgesch. Univ. Hamburg; Präs. Dt. Grammophon/Archiv Prod. - Lit.: Riemann Musiklex., Kürschners Dt. Gelehrtenkalender, The New Grove Dictionary of Music and Musicians (1980).

HOLST, von, Dietrich

Dr. rer. nat., o. Prof. f. Tierphysiologie Univ. Bayreuth (s. 1975), Zoologe - Frankenwaldstr. 79, 8580 Bayreuth - Geb. 8. Aug. 1937 Danzig, verh. s. 1967 m. Doris, geb Schönfelder, 1 Sohn - Promot. (1969) u. Habil. (1971) München. Facharb.

HOLST, Hans-Rainer

Bürgerschaftsabgeordneter (s. 1974) - Foßredder Nr. 30, 2000 Hamburg 67 - SPD.

HOLST, Herbert

Dipl.-Kfm., Generalsekretär Comite d. Assoc. D'Armateur d. Communautes Europeennes, Brüssel - Ernst-Eger-Str. 22, 2100 Hamburg 90 - Geb. 25. Jan. 1929 - 1950-53 Stud. Betriebsw. Univ. Hamburg; 1953-68 Geschäftsf. Wirtschaftsvereinig. Groß- u. Außenhandel, Hamburg; 1968-87 Geschäftsf. Verb. Dt. Reeder, Hamburg.

HOLST, Horst H.

Honorarkonsul d. Bundesrep. Deutschl. in Winnipeg/Man. (Kanada) - 208-310 Donald St., R3B 2H4, Winnipeg/Man. (Kanada) - Geb. 5. Febr. 1936 Lübeck - Manager National Trust Co.

HOLST, Jürgen

Vorstandsmitglied Hertie Waren- u. Kaufhaus GmbH, Frankfurt - Zu erreichen üb. Hertie GmbH, Zentralverw., Lyoner Str. 15, 6000 Frankfurt/M. 71 - Geb. 5. Juni 1934 - Zuständ. f. Finanzen u. Controlling im Hertie-Vorst.

HOLSTE, Heinz

Geschäftsführer i.R. Imperial-Werke GmbH (b. 1983) - Birkenstr. 11, 4980 Bünde/W. - Geb. 14. Dez. 1921.

HOLSTE, Werner

Dr.-Ing. habil., Univ.-Prof., Direktor - Tannenstr. 40, 4330 Mülheim/Ruhr - Geb. 19. Sept. 1927 Beckum/W. - 1963-68 Vorst.-Mitgl. DEMAG AG, Duisburg; 1968-73 Vorst.-Mitgl. Volkswagenwerk AG, Wolfsburg (Ressort: Forsch. u. Entw.); s. 1972 Leit. Inst. für Techn. Diagnostik, Mülheim/Ruhr; s. 1977 Dir. u. geschäftsf. Vorst.-Mitgl. Techn. Akad. Wuppertal - 1957 (Habil.) Lehrtätigk. TH Aachen (1964 apl. Prof. f. Näherungsverfahren d. Schwingungslehre bzw. Auswirk. v. Gesetzgeb. auf d. Ausleg. v. Kraftfahrz.) u. TU Wien (1975 Honorarprof. f. industrielle Produktplanung). Fachveröff. - Liebh.: Jagd, Musik.

HOLSTEIN, von, Helmuth

Dr. jur., Rechtsanwalt, Geschäftsf. Verb. Bayer. Zeitungsverleger (b. 1978), Ehrenmitgl. - Adalbert-Stifter-Str. 9, 8939 Bad Wörishofen - Geb. 10. Dez. 1901 Hamburg, ev., verh. s. 1931 m. Käte, geb. Morgenroth - Univ. München, Frankfurt/M., Hamburg - S. 1931 Arbeitgeberverb. f. d. Bayer. Ztg.verlagsgewerbe u. VBZ. Verf.: Archiv Presserechtl. Entscheidungen (1945ff., Bde. I-XXII) - 1974 Bayer. VO.

HOLSTEN, Dietrich Robert

Dr. med., Leiter Röntgenabt./Krankenhaus Siloah, Hannover, apl. Prof. f. Röntgenol. u. Strahlenheilkd. Med. Hochsch. ebd. (s. 1974) - Tannenweg Nr. 9, 3007 Gehrden.

HOLT, Hans

Schauspieler, Regisseur u. Autor - Weyrgasse 5, Wien III - Geb. 22. Nov. 1909 Wien, kath., verh. m. Renate, geb. Bremer - Gymn. u. Akad. f. Musik u. darstell. Kunst Wien - S. 1930 Dt. Volkstheat. Wien, Stadttheat. Reichenberg u. Mähr.-Ostrau, Scala Wien, Renaissance- u. Dt. Theat. Berlin, Theat. in d. Josefstadt Wien (s. 1940) u. Schauspielhaus Zürich (1946-47). Viele Theater- u. Filmrollen (Aufzähl. s. XIII. Ausg.; zul. u. a. Wien, du Stadt m. Träume, D. veruntreute Himmel, Ich werde dich auf Händen tragen, D. Trappfamilie in Amerika, E. Gruß aus Wien). Fernsehen: u. a. Familie Schöngruber, Serie - BV: D. Gassen, in denen wir zu Hause sind, Ged. 1945. Aufgef. Bühnenst.: Es wird einmal (Lsp.), D. Zaun (Volksst.), D. Herzspezialist (Lsp.), Rabenmutter (Lsp.) - 1964 Josef-Kainz-Med.

HOLTERMANN, Erhard

Dr. jur., Botschafter, Chef d. Protokolls d. Bundesregierung, Ausw. Amt - Zu erreichen üb. Ausw. Amt, 5300 Bonn - Geb. 30. Sept. 1931 Aachen, kath., verh. m. Mary, geb. Mills, 2 Kd. (Robert, Nicola) - Stud. Rechtswiss. S. 1961 Ausw. Amt, 1964-68 Botsch. Rom, 1971-75 Botsch. Bangkok, 1975-79 Botsch. Malawi, 1979-82 Botsch. Mali, 1982/83 Leit. Protokollref. Staatsbesuche, 1983-88 stv. Chef d. Protokolls.

HOLTERMÜLLER, Karl-Hans

Dr. med., Prof. f. Innere Medizin u. Dir. I. Med. Klinik St. Markus-Krankenh. Frankfurt/M. - Wilhelm-Epstein-Str. 2, 6000 Frankfurt/M. - Geb. 26. Okt. 1940 Saarbrücken - Med. Staatsex. u. Promot. 1965; ECFMG 1967; Habil. 1976 - 1967-69 MPI f. Zellchemie München; 1969-73 Mayo Clinic Rochester/Minn.; 1974-83 I. Med. Klinik Univ. Mainz; 1982 Gastprof. f. Inn. Med. u. Gastroent. Univ. of Texas, Dallas (USA); s. 1983 s. o. Üb. 120 Facharb. u. Buchbeitr. sow. 150 wiss. Vortr. Herausg.: Advances in Ulcer disease (m. J. Malagelada), Excerpta Medica Amsterdam, 1980; Therapie gastroenterologischer Erkrankungen (m. R. Gugler), 1986 - Mitgl. American Gastroenterological Assoc., American Pancreatic Assoc., European Soc. of Clinical Investigation, Dt. Ges. f. Inn. Med., Dt. Ges. f. Verdauungs- u. Stoffwechselkrankh., Ges. f. Fortschritte auf d. Geb. d. Inn. Med. - Spr.: Engl., Franz.

HOLTFORT, Werner

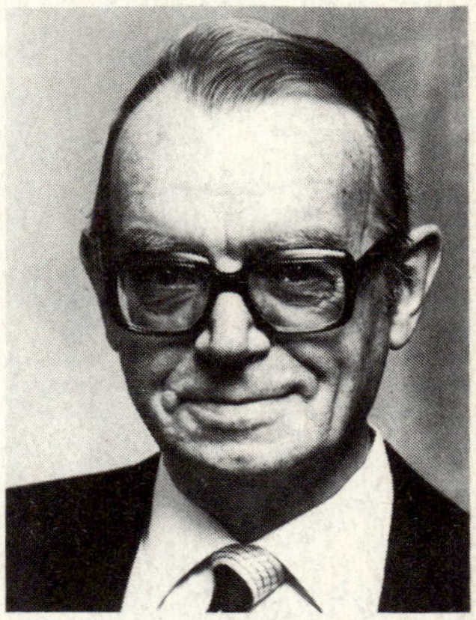

Dr. jur., Rechtsanwalt u. Notar, MdL Niedersachsen - Heinrich-Kümmel-Str. 4, 3000 Hannover 1 - Geb. 25. Mai 1920 Hannover (Vater: Bernhard H., Kaufm.; Mutter: Marga, geb. Beismann), verw. - 1946-49 Stud. Rechts- u. Staatswiss., Phil. u. Gesch. Univ. Göttingen (1. jurist. Staatsex. 1950, 2. Staatsex. 1954, Promot. 1952) - 1938 Militärdienst (Frontoffz., mehrf. verw.); 1955 Rechtsanw., 1960 Notar. 1968-73 1. Vizepräs. Rechtanw.kammer Celle; 1971-77 Präs. Notarkammer Celle, Mitgl. Präsid. Bundesnotarkammer; 1971/72 Mitgl. Nieders. Kommiss. f. d. Reform d. Juristenausb., 1973 Mitgl. Kommiss. f. d. Erricht. d. Rechtswiss. Fak. Hannover, 1972-76 Prüf. im Landesjustizprüf.amt Hannover (f. d. Gr. Staatsex.); 1977-85 Mitgl. Bundesvorst., seitd. Beiratsmitgl. Humanist. Union. Ab 1979 Gründ. u. b. 1987 Bundesvors., seitd. Ehrenvors. Republik. Anwaltsverein. SPD (1976-78 Mitgl. Rechtspolit. Kommiss. b. Parteivorst., 1978-82 stv. Bundesvors. Arbeitsgem. sozialdemokrat. Juristen; s. 1982 MdL Nieders., stv. Vors. Aussch. f. Rechts- u. Verfass.fragen u. stv. Vors. Wahlprüfungsaussch.) - BV: u. a. Strafverteidiger als Interessenvertr., 1979; Hinter d. Fassaden - Gesch. e. dt. Stadt, 1982; D. Welfen u. ihr Schatz, 1984 - 1972 BVK I. Kl. (1988 zurückgegeben) - Liebh.: Gesch., Aquarelle, Ged. - Spr.: Engl., Franz.

HOLTFRERICH, Carl-Ludwig

Dr. rer. pol., o. Prof. FU Berlin - Goßlerstr. 15, 1000 Berlin 33 (Dahlem) - Geb. 23. Jan. 1942 Everswinkel/Westf. (Vater: Karl H., Kaufm.; Mutter: Elisabeth, geb. Bisping), kath., 2 Kd. (Volker, Diemut) - Univ. Münster (Dipl.-Volksw. 1966, Promot. 1971), Habil. 1979 FU Berlin - 1967-71 Wiss. Mitarb. Univ. Münster; 1971-74 Ref. BDI Köln; 1974-80 Assist. Prof. FU Berlin, 1980-83 Prof. Univ. Frankfurt; s. 1983 o. Prof. FU Berlin - BV: Quantitative Wirtschaftsgesch. d. Ruhrkohlenbergbaus im 19. Jh., 1973; D. dt. Inflation 1914-1923, 1980. Hrsg.: Beitr. z. Inflation u. Wiederaufbau in Dtschl. u. Europa 1914-24, Bd. 1ff. (1982ff.); de Gruyter Studies on North America, Bd. 1ff. (1988ff.) - 1975/76 J. F. Kennedy fellow Harvard Univ.; 1982 Gastprof. Oxford England; 1982/83 Fellow W. Wilson Center Washington D.C. - Spr.: Engl., Franz.

HOLTHOFF, Fritz

Prof., Landesminister a. D. - Albertus-Magnus-Str. 73, 4100 Duisburg-Huckingen (T. 78 33 03) - Geb. 5. Jan. 1915 Dortmund, verh. m. Ingeborg, geb. Kleemann, 2 Söhne - Realgymn. (n. externer Weiterbild. Abitur); prakt. Vorb. im Textilfach (Gesellenprüf.) auf d. Gewerbelehrerberuf; 1938 b. 1940 Hochsch. f. Lehrerbild. Dortmund - Lehrer, Leit. VHS Rünthe, Oberschulrat u. Beigeordn. Duisburg, 1966-70 (Rücktr. aus Gesundheitsrücks.) Kultusmin. Nordrh.-Westf. S. 1969 Honorarprof. Päd. Hochsch. Ruhr (Schulrecht u. Bildungspolitik). 1950-66 u. 1967-75 MdL NRW. SPD (Kreisvors. Unna). Verf. v. Schulb. - 1969 Gr. BVK.

HOLTHUSEN, Hans E.

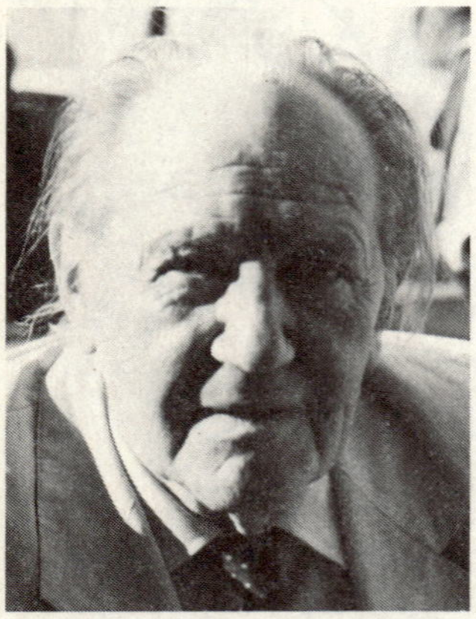

Dr. phil., Prof., Schriftsteller - Agnesstr. 48, 8000 München 40 (T. 271 21 61) - Geb. 15. April 1913 Rendsburg/Schlesw. (Vater: Johannes H., Geistl.; Mutter: geb. Hagelstein), ev., verh. in 2. Ehe (1952) m. Inge, geb. Hävemeier, S. Stefan - Gymn. Cuxhaven u. Hildesheim; Univ. Berlin, Tübingen, München (Promot. 1937) - Ab 1937 Lektor f. ausl. Studenten Univ. u. Dt. Akad. München, 1939-45 Wehrdst., dann fr. Schriftst., 1961-64 Leit. Kulturelles Programm Goethe-Haus New York, 1968-81 Prof. Northwestern Univ. Evanston/USA (Lit.) - BV: Rilkes Sonette an Orpheus, wiss. Unters. 1937; Klage um d. Bruder, Ged. 1947; D. späte Rilke, Ess. 1949; Hier in d. Zeit, Ged. 1949; D. Welt ohne Transzendenz, Ess. 1949; D. unbehauste Mensch, Ess. 1951; Labyrinth. Jahre, Ged. 1952; Ja u. Nein, Ess. 1954; D. Schiff, Aufz. e. Passagiers, 1956; D. Schöne u. d. Wahre, Neue Studien z. mod. Lit., Ess. 1958; R. M. Rilke, Monogr. 1958; Krit. Verstehen Neue Aufs. z. Lit., Ess. 1961; Avantgardismus u. d. Zukunft d. modernen Kunst, Ess. 1964; Plädoyer f. d. Einzelnen, Ess. 1967; Indiana-Campus - E. amerik. Tageb., 1969; Eduard Möricke, Monogr. 1971; Kreiselkompass, Ess. 1976; Chicago Metropolis a. Michigansee, 1981; Sartre in Stammheim, Ess. 1982; Opus 19. Reden u. Widerreden aus fünfundzwanzig J., Ess. 1983; Gottfried Benn, Leben, Werk, Widerspruch, 1886-1922, Biogr. 1986 - 1956 Kulturpreis Stadt Kiel; 1973 Bayer. VO.; 1983 Jean-Paul-Preis (Bayer. Lit.-preis); o. Mitgl. Akad. d. Künste Berlin (1956-83) u. Bayer. Akad. d. Schönen Künste (1960; 1968-74 Präs.); 1984 Bayer. Maximiliansorden; 1984 Kunstpr. d. Landes Schlesw.-Holst.; 1987 Gr. BVK - Liebh.: Klavierspielen, Wandern, Reisen, Musik, Archäologie.

HOLTKEMPER, Franz-Josef

Dr. phil., Prof. f. Erziehungswissenschaften m. bes. Berücks. d. Päd. d. Sekundarstufe Univ. GH Wuppertal - Kurneystr. 10, 4400 Münster/W. 42 - Geb. 29. März 1930 Bunnen/Oldenb. (Vater: August H., Kaufm.; Mutter: Agnes, geb. Elixmann), kath., verh. s. 1958 m. Irmgard, geb. Leyens, 3 S. (Hans-Ulrich, Markus, Andreas) - Lehramtsprüf. f. Gymn. 1954 u. 1957, Dr. phil. 1964 Univ. Münster, Habil. kath. Theol. u. Religionspäd. 1972 Univ. Kiel - 1957-76 Univ u. PH Kiel (Lehrtätigk. 1961-69, Prof. C H 4 1969-72); 1972-76 Gründungsdekan FB Sozialwesen FH-Univ. Münster, s. 1976 Berg. Univ.-GH-Wuppertal (Wiss. Rat u. Prof.); s. 1980 Prof. f. Erziehungswiss.; 1984 pens.; nebenamtl. Gymn.lehrer. 1977-82 Leitg. Intern. Symposium f. Erzieh.-Wiss. Salzburg; 1985 Mitbegr. Tusculum - BV: u.a. Z. Problematik d. Ganztagsschule, 1967; Modell e. Gesamtsch., 1967; Pädagog. Blätter, 1967; Gesch. d. Päd., Bd. 2 u. 3, 1967.

HOLTMANN, Antonius

Dr. phil., Prof. f. Sozialwissenschaften, Politische Bildung u. Politische Sozialisation Univ. Oldenburg (s. 1974), Leit. d. Forsch.stelle Nieders. Auswanderer in d. USA - 2905 Edewecht-Friedrichsfehn (T. 04486 - 84 84) - Geb. 13. März 1936 Stadtlohn (Vater: Josef H., Werkm.; Mutter: Anna, geb. Feldkamp), kath., verh. s. 1964 m. Renate, geb. Schulte, 2 Kd. (Heike, Thomas) - Stud. d. Gesch. u. German. - Höh. Schuldst.; 1966 Wiss. u. 1970 Akad. Oberrat - BV: Sozialkd. 7-10, 1984. Herausg.: D. sozialwiss. Curriculum in d. Schule (2. A. 1976) - Spr.: Engl., Franz.

HOLTMANN, Dieter

Dr. rer. pol., Prof. f. Sozialwiss. Methodenlehre Univ. Duisburg - Weissdornbogen 26, 4330 Mülheim-Saarn (T. 0208 - 48 28 62) - Geb. 9. März 1947 Wahlscheid - Univ. Köln (Dipl. 1970, Promot. 1974), Habil. 1980 Univ. Bielefeld - 1983 Prof. Bielefeld; ab 1984 Duisburg. Aufs. z. multivariaten Modellbildung in d. Soziol., Stud. üb. Auszubildende (Berufl. Bild. u. ges. Bewußtsein, 1979), üb. Studenten u. Geschlechtsrollen.

HOLTMANN, Gerhard

Geschäftsführer Ruhrfestspiele Recklinghausen GmbH. - Otto-Burrmeister-Allee 1, 4350 Recklinghausen.

HOLTMEIER, Friedrich-Karl

Dr. rer. nat., Wiss. Rat, Prof. f. Geographie Univ. Münster - Dionysiusstr. 6, 4401 Havixbeck.

HOLTMEIER, Gerhard

Dr., Generalbevollmächtigter (Vors. d. Ltg. d. Geschäftsber. Energieverteilung) AEG Aktiengesellschaft, Frankfurt - Konsul-Lieder-Allee 17, 2305 Heikendorf - Geb. 7. Febr. 1932 Bielefeld.

HOLTMEIER, Hans-Jürgen

Dr. med., Prof. (Innere Medizin) Univ. Freiburg i. Br. u. Prof. (Ernährungsphysiologie) Univ. Hohenheim (Stuttgart), Facharzt f. Inn. Med. - Füllerstr. 7, 7016 Gerlingen/Württ. (T. 07156 - 2 19 80) - Geb. 23. Okt. 1927 Bielefeld (Vater: Dr. med. Otto H., Internist; Mutter: Gertrud, geb. Schroeder), ev., verh. s. 1961 m. Elke, geb. Fliess, 3 Kd. (Gerhard, Wolfgang, Henrike) - Gymn. Bielefeld; Univ. Göttingen u. Heidelberg. Promot. 1952; Habil. 1964 - S. 1952 Univ. Zürich, Bonn (1955), Freiburg (1960; Leit. Abt. f. Ernährungsphysiol./Med. Klinik; Privatdoz., apl. Prof.), Hohenheim (1969 Abt.svorsteher u. Prof.) u. erneut Freiburg. 1975 b. 1978 Dekan Fachbereich Lebensmitteltechnologie, Ernährungswissensch. u. th. Medizin, Univ. Hohenheim. 1969 Vizepräs. Intern. Kongreß f. Fortschr. auf d. Gebiet d. Inn. Med. Buenos Aires. Zahlr. Fachmitgliedsch. - BV: 17 Monogr. üb. Ernähr. u. Inn. Med., dar. Kochsalzarme Kost, 1960, NA 1965; 2. A. 1966; Kochsalzarme Voll- u. Schonkost, 1960; Kochsalzarme Schonkost, 1960; Diät b. Übergewicht u. gesunde Ernährung, 1964, 6. A. 1975; Ernährung d. alternden Menschen, 1968, 3. A. 1979; Rezept-Taschenb. f. Diät, 1968 (m. Prof. Heilmeyer); Diät d. übergewicht. Diabetikers, 2. A. 1976; Ernährungslehre für Krankenpflegeberufe, 1977; Gesundh. a. d. Meer, 1983; Schlank werden, schlank bleiben, 1984; Überlebensernährung, 1985; Gesunde Ernährung v. Kindern u. Jugendl., 1985; D. Magnesiummangelsyndrom, 1988. Herausg: 18 Werke, dar. Handb. Ernährungslehre u. Lehrb. Pathophysiol. - 1967 Vesalius-Med.; 1963 I. Preis Franz. Ges. f. Chemie u. Technol.; zahlr. Ehrenmitgliedsch. (Med. Nationalakad. Argent., Argent. Ges. f. Pharmakol., Argent. Ges. f. Inn. Med., Dt. Ges. f. Fortschr. auf d. Geb. d. Inn. Med. u. a.) - Liebh.: Segelsport, Bergsteigen.

HOLTORF, Jürgen

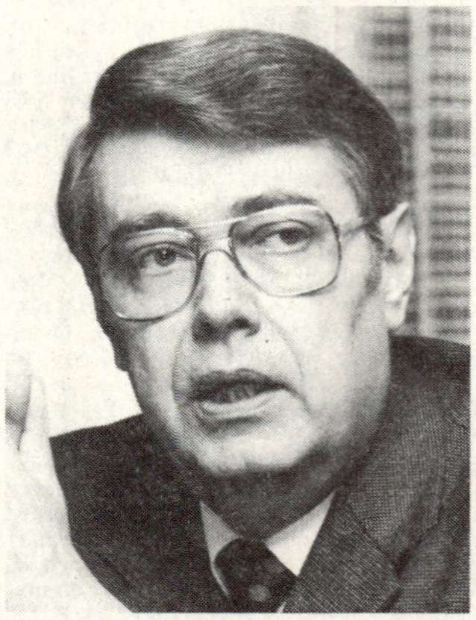

Journalist, Alt-Großmeister Vereinigte Großlogen v. Deutschl., Präs. d. Neuen philanthropischen Ges. - Seydeckreihe 14, 2000 Hamburg 70 (T. 040 - 68 01 60) - Geb. 18. Nov. 1929 Hamburg (Vater: Arthur H., Kaufm.; Mutter: Gertrud, geb. Jeske), verh. s. 1953 m. Eleonore, geb. Schrack, 2 T. (Susanne u. Sibylle) - Abit. 1949 Soltau - 1949-53 -Redakt. Lüneburger Landesztg.; 1953-81 fr. Journ.; s. 1981 Abt.leit. Presse- u. Öfft-l.arb. u. Chefredakteur Tk aktuell d. Techniker-Krankenkasse - BV: Verschwör. z. Guten, 1979; D. verschwiegene Bruderschaft, TB 1983 - 1967 Matthias-Claudius-Med.; 1977 Orden do Merito Pedro II. v. Brasilien - Liebh.: Gesundheis- u. Sozialpolitik - Spr.: Engl.

HOLTSCHMIDT, Hans

Dr. rer. nat. (habil.), Chemiker, Honorarprof. Ruhr-niv. Bochum (s. 1969) - Kalmüntener Str. 61, 5070 Berg. Gladbach - Geb. 24. Okt. 1922 Essen (Vater: Ernst H., Pfarrer; Mutter: Amalie, geb. Mack), ev., verh. m. Rosemarie, geb. Rehn, 2 Kd. (Hans-Jürgen, Angela) - B. 1940 Schule (Abitur), dann Wehrdst., 1945-49 Stud. Chemie (Dipl.-Chem.). Promot. 1952 Freiburg - 1952-76 Farbenfabriken Bayer AG., Leverkusen (1960 Abt.svorst., 1964 Prok., 1966 stv. Dir., 1967 Dir. u. Leit. Wiss. Hauptlabor., 1968 Vorstandsmitgl. u. Leitg. Gesamtforsch.). Bes. Arbeitsgeb.: Makromolekulare Chemie - Spr.: Engl.

HOLTSTIEGE, Hildegard

Dr. phil., M. A., o. Prof. f. Allg. Pädagogik - Rabertsw. 53, 4401 Harixbeck - Geb. 24. März 1927 Havixbeck/W. (Vater: Bernhard H.; Mutter: Regina, geb. Reiberg), kath. - Handelssch., Verwaltungslehre; Sonderreifeprüf.; Stud. Psych. u. Päd. (M. A. 1965). Promot. 1970 - 1972-75 Assistenzprof. EWH Rhld.-Pf.; 1975 b. 1978 Wiss. Rätin u. Prof. PH Ruhr s. 1978 o. Prof. PH Münster/WWU Münster - BV: D. Päd. V. E. Mildes (1777-1853), 1971; Erziehung - Emanzipation - Sozialisation, 1974; Sozialpäd.?, 1976; Modell Montessori, 1981.

HOLTUS, Günter

Dr., Prof. Univ. Trier - Im Tal 16, 3554 Lohra (T. 06462 - 88 45) - Geb. 14. Okt. 1946 (Vater: Wilhelm H.; Mutter: Dora, geb. Bösking), ev., verh. s. 1971 m. Elisabeth, geb. Dahmen, 3 T. (Verena, Marisa, Pamela) - Univ. Marburg (Staatsex. u. Promot. 1971); Habil. 1977 Univ. Saarbrücken - 1973-77 Wiss. Assist.; s. 1977 Prof. - BV: Céline, Voyage au bout de la nuit, 1972; Lexikal. Unters. z. Interferenz, 1979; Varietätenlinguistik d. Ital., 1982; Linguistica e dialettologia veneta, 1983; Umgangssprache in d. Iberoromania, 1984; Bataille d'Aliscans, 1985; Gesprochenes Italienisch in Gesch. u. Gegenw., 1985; Sprachl. Substandard, 1986; Rumänistik in d. Diskussion, 1986; Raetia antiqua et moderna, 1986; Latein u. Romanisch, 1987; Theaterwesen u. dramat. Lit., 1987; Romania et Slavia Adriatica, 1987; Rätoromanisch heute - Spr.: Franz., Ital., Portug., Span., Rumän., Engl., Latein, Griech.

HOLTZ, Eberhard

Dr.-Ing., Prof. f. Hochfrequenztechnik Staatl. Hochschule f. Musik Westf.-Lippe/Nordwestd. Musikakad. - Zu erreichen üb. Musikhochsch., Allee 22, 4930 Detmold 1.

HOLTZ, Erich

Geschäftsführer, MdL Nieders. (s. 1970, SPD) - Leibnizstr. 12, 3330 Helmstedt (T. 63 51).

HOLTZ, Günter

Dr. phil., Prof. f. Dt. Sprache u. Lit. FU Berlin (s. 1980) - Lohengrinstr. 11, 1000 Berlin 39 - Geb. 1. Aug. 1934 Berlin - Promot. 1970 - Herausg.: Alfred Wolfenstein, Werke Bd. 1-5, (m. Hermann Haarmann) 1982ff.

HOLTZ, Joachim

Journalist - Zu erreichen üb.: ZDF, Postf. 4040, 6500 Mainz 1 - Geb. 1943 - S. 1980 Korresp. Ost-Berlin u. Moskau (1984).

HOLTZ, Joachim

Dr.-Ing., Univ.-Prof., Lehrstuhl f. Elektr. Maschinen u. Antriebe Univ. Wuppertal - Am Forsthof 16, 5600 Wuppertal 1 (T. 0202 - 42 21 90) - Geb. 22. Aug. 1933, verh. - Dipl. 1967 TU Braunschweig, Promot. 1969 TH Braunschweig - Schriftleit. IEEE Transactions on Industrial Electronics (USA). 22 Patente. 60 wiss. Veröff. üb. Leistungselektronik u. elektr. Antriebe - Spr.: Engl., Span., Ital.

HOLTZ, Jürgen

Dr. med., Prof. f. Angew. Physiologie Univ. Freiburg - Zu erreichen üb.: Lehrstuhl f. Angew. Physiologie, Universität, Hermann-Herder-Str. 7, 7800 Freiburg/Br. - Geb. 2. März 1943 Schwangau (Vater: Hubert H., Verw.-Angest.; Mutter: Margarete, geb. Huppertz), verh. s. 1969, 3 Kd. - Abit. 1963 Füssen; 1965-71 Med.-Stud. Univ. u. TU München (Staatsex. 1971, Promot. 1972) - 1971-79 Wiss. Assist. Univ. München; s. 1979 Prof. in Freiburg. Publ. in intern. Fachztschr. - 1984 Arthur-Weber-Preis Dt. Ges. f. Herz- u. Kreislaufforsch. - Spr.: Engl.

HOLTZ, Karl Ludwig

Prof., Psychologe - Mozartstr. 22, 6900 Heidelberg - Geb. 11. März 1941 - Gegenw. Prof. f. Psych. d. Lernbehinderten PH Heidelberg - BV: Beiträge i. Fachzeitschr., Lexika u. Handbüchern, u. a. in D. Katz (Hrsg.): Kleines Handb. d. Psychologie, Basel/Stuttgart 1972. Herausg.: Sonderpäd. u. Therapie, Rheinstetten 1980.

HOLTZ, Uwe

Dr. phil., Prof., Romanist, Histor., MdB (s. 1974 Vors. d. BT-Aussch. f. wirtschaftl. Zusammenarbeit; Wahlkr. 72/ Mettmann I), Mitgl. Parl. Vers. Europarat u. Westeurop. Union (s. 1973) - Bundeshaus, 5300 Bonn 1 - Geb. 19. März 1944 Graudenz/Westpr. (Vater: Alfred H., Sparkassendir.; Mutter: Trautchen, geb. Karsten), ev., verh. s. 1970, 2 Kd. - Gymn. (Abit. 1963); Univ. Köln (Roman. Gesch.; Staatsex. 1967, Promot. 1969) - 1969-72 Wiss. Assist. Univ. Kiel, dann Lehrbeauftr. Univ. Bonn, s. 1987 Hon.-Prof.; 1975-79 Vizepräs. Wirtsch.- u. Sozialkommiss. Interparlam. Union. 1969-73 MdK Düsseldorf-Mettmann, s. 1978 AR-Mitgl.

Stahlwerke Bochum AG als Arbeitnehmervertr. SPD s. 1963 - BV: D. hinkende Teufel v. Guevara u. Lesage - E. literatur- u. sozialkrit. Studie, 1970; 50 Jahre Stadtrechte Neviges, 1972; Europa u. d. Multis, 1978; Brasilien, 1981; North-South-Policy in the Eighties, 1982, Entwicklung u. Rüstung, 1984; Verschuldungskrise d. Entwicklungsländer, 1988 - Gr. BVK, Komturkr. Mexiko - Spr.: Engl., Span., Franz., Ital., Port. - Lit.: Ansgar Burghof, U. H. - E. Porträt, 1980.

HOLTZ, Walter

Dipl.-Kfm., Vorstandsmitglied SLOMAN NEPTUN Schiffahrts-AG., Bremen - Arnold-Böcklin-Str. 2a, 2800 Bremen - Geb. 21. Sept. 1925 Rostock - AR-Mandate u. a.

HOLTZ, Wolfgang Harold

Dr. sc. agr., Prof. f. Tierzucht u. Haustiergenetik Univ. Göttingen - Von-Bar-Str. 5, 3400 Göttingen (T. 0551 - 38 04 57) - Geb. 29. Jan. 1941 Swakopmund/Südwestafrika (Vater: Ernst H., Kaufm.; Mutter: Lea, geb. Schneidenberger), ledig - 1959-63 Univ. Pretoria (Südafrika); 1963-67 Univ. Göttingen (Dipl. agr., Promot.); 1967-72 Cornell-Univ./USA (Ph.D.) - 1972-76 Oberassist. Inst. f. Tierzucht u. Haustiergenetik Univ. Göttingen; 1976-84 Abt.leit. ebd., 1984ff. Gf. Leit. - Liebh.: Sport, Musik - Spr.: Engl., Afrikaans.

HOLTZMANN, Ernst

Dr. jur., Bürgermeister a. D. - Eichendorffweg 10, 6100 Darmstadt (T. 2 37 80) - Geb. 21. Nov. 1902 Gießen, ev., verh., 4 Kd. - Univ. Gießen u. München, Promot. 1930 - 1928-67 (Ruhest.) Stadtverw. Darmstadt (1947 Oberrechtsrat, 1948 Magistratsmitgl. (Stadtrechtsrat), 1962 Bürgerm.), dazw. 1941-45 Wehrdst. Div. Ehrenstellungen u. Mand. 1954-66 MdL Hessen, Pres. d'onore Società Dante Alighieri, Comitato di Darmstadt; 1954-72 Mitgl. Landessynode Ev. Kirche Hessen u. Nassau; 1966-88 Vorst.-Mitgl. Hess. Diakonieverein, Darmstadt. CDU - BV: D. Hess. Baurecht u. d. Art. 153 d. Reichsverfass. v. 11. Aug. 1919, 1930 (Diss.); Ital. Impress.: 1980; Darmstädter Waldbrännchen, 1986; Darmstädter Waldtempel, 1989. Zahlr. Aufs. rechtl. u. polit. Inhalts - Gr. Verdienstkreuz; Cav. Uff. des Ordens al merito della Rep. Italiana, Silb. Verdienstplak. Stadt Darmstadt - Liebh.: Malen, Lit. - Spr.: Ital.

HOLTZMANN, Thomas

Schauspieler - Zu erreichen üb.: Schiller-Theater, 1000 Berlin 10 - Geb. 1. April 1927 München, kath., verh. s. 1956 m. Gustl, geb. Haienke - Schiller-Theater Berlin, Staatsschauspiel München, Städt. Bühnen Köln, Schauspielhaus Hamburg, Städt. Bühnen Berlin (1970 ff. Mitgl.). Bühne: u. v. a. Hamlet, Tasso, Prinz v. Homburg, Antonius (Antonius u. Cleopatra, Kortner-Insz. 1969 Berlin), Clavigo (Kortner-Insz. 1969 Hamburg), Heinrich IV. (1971 Berlin). Film: Wer sind Sie, Dr. Sorge? (franz.-jap. Produktion; Titelrolle) u. a. - 1959 Berliner Kunstpreis; 1963 Bayer. Staatsschausp.

HOLUBEK, Reinhard

Dr. jur., Vortr. Legations-Rat I. Kl. Auswärt. Amt Bonn - Adenauerallee 101, 5300 Bonn 1 - Geb. 27. Juli 1931 Kreuzburg/Oberschlesien, verh., 2 Kd. - Abit. 1952; 1952-54 kaufm. Lehre Hamburg; 1954-58 Stud. Rechts- u. Wirtsch.wiss.; 1. jurist. Staatsprüf. 1958; Promot.; Attachéprüfung 1963 - 1958-60 wiss. Assist.; 1960ff. Ausw. Dienst, Ausl.posten in Madrid, Mogadischu, Montevideo. 1971-74 Botsch. d. BRD in Bangui, 1978-80 Botsch. in Hanoi. 1981 Royal College of Defence Studies London. 1982-84 Leiter Kulturabteil. Botsch. London, ab 1985 Leit. Grundsatzreferat Polit. Abt. 3 Ausw. Amt.

HOLZ, Harald

Dr. phil., Prof. f. Phil. Univ. Münster (s. 1976) - Johannisstr. 8-10, 4400 Münster - Geb. 14. Mai 1930 Freiburg/Br. - Promot. 1964; Habil. 1969 - S. 1971 Wiss. Rat u. Prof., 1976 o. Prof. Univ. Münster - BV: Spekulation u. Faktizität. Z. Schellings Freiheitsbegriff, 1970; Mensch u. Menschheit, 1973; Phil. humaner Praxis, 1975; System d. Transzendentalphil. im Grundriß, 2 Bde. 1977; Evolution u. Geist, 1981; Anthropodizee, 1982; Phil.-log. Abhandl., 1984; Metaphysische Untersuchungen, e. Realphilosophie, 1987; Fundamentalhumanismus.

HOLZ, Helmut

Geschäftsführer KG Bayerische Hausbau GmbH & Co. - Denninger Str. 169, 8000 München 81.

HOLZ, Klaus-Peter

Dr.-Ing., Prof. f. Elektronisches Rechnen im Bauwesen - Löwenstr. 13, 3000 Hannover - Geb. 4. Mai 1940 Neumünster (Vater: Wilhelm H., Polizeioffz.; Mutter: Ilse, geb. Barby), ev., verh. s. 1972 m. Marie-Luise, geb. Knopf, S. Christian, T. Ulrike - Humboldt-Gymn. Solingen, Stud. Bauing.wesen Univ. Hannover, Dipl.-Ing. 1965, Dr.-Ing. 1970 u. Dr.-Ing. habil f. Mechanik 1975 Univ. Hannover - 1966-67 Angest. Recheninst. f. d. Bauwesen; 1968-70 Assist. Univ. Hannover; 1970-72 Abt.ltr. Datenzentrale Schlesw.-Holst.; 1972-75 Sonderforsch.ber. 79; s. 1975 Univ. Hannover - BV: Mathematical Modelling of Estuarine Physics, 1980; Finite Elements in Water Resources, 1982 (m. Koautoren) Tagungsberichte (engl.). Facharbeiten - Liebh.: Segeln - Spr.: Engl., Franz.

HOLZ, Peter Ludwig

Werbekaufmann, Inh. Fa. Grafic Contact Holz (Werbeagentur) - Rettenberger Str. 8, 8901 Dasing (T. 08205 - 16 50) - Geb. 24. Mai 1953 Aschaffenburg, kath., verh. s. 1981 m. Anka, geb. Neumann, 2 Kd. (Nadja, Peter) - 1969-72 Lehre Buchdrucker (auch künstler. Drucktechniken); 1973-75 Ausb. z. Offsetdrucker; Weiterbild. anschl. in künstler. Drucktechniken; Verkaufs- u. werbepsych. Schulungen - Betrieb e. Werbeagentur; Forsch. u. Rekonstruktionen auf d. Gebiet d. Marinehistorik, spez. Mittelmeerraum 15.-17. Jh.; Rekonstruktion e. portug. Karavelle f. d. Dt. Museum München; zahlr. Ber. in marinehist. Fachztschr. - BV: Hist. Modellschiffe aus Baukästen, 1985. Zahlr. Modellrekonstruktionen u. Nachbauten - Liebh.: künstler. Drucktechniken, Malerei, hist. Schiffsmodelle, Reisen - Spr.: Engl.

HOLZAMER, Karl

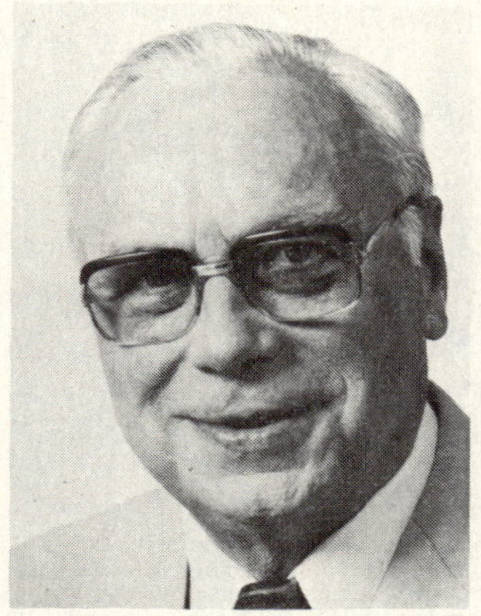

Dr. phil., Prof., Intendant Zweites Dt. Fernsehen 1962-77 - Friedrich-Schneider-Str. 32, 6500 Mainz - Geb. 13. Okt. 1906 Frankfurt/M. (Vater: Peter H., Angest.; Mutter: geb. Heer), kath., verh. s. 1932 m. Helene, geb. Uehlein, 4 Kd. - Gymn. Frankfurt; Univ. München (Promot. 1929), Paris, Frankfurt, Päd. Akad. Bonn - Schulamtsbewerber. Mithrsg. Stimmen d. Jugend, Düsseldorf, Assist. Psych. Inst. Univ. Bonn; ab 1931 Sachbearb. Westd. Rundfunk bzw. Reichssender Köln (1933; Schulfunk u. relig. Morgenfeiern), Wehrdst. (zul. Oblt.) u. Kriegsgefangensch. (b. 1946), 1946-62 Prof. Univ. Mainz (Ord. f. Phil., Psych., Päd.), b. 1960 Vors. Rundfunkrat SWF; 1957-58 Dir. Studienbüro f. Jugendfragen Bonn. CDU - BV: u. a. D. Kind vor Radio u. Fernsehen, 1966; D. Verantwortung des Menschen f. sich u. seinesgleichen - Reden u. Aufsätze, 1966; Philosophie, 8. A. 1970; D. Wagnis, 1979; D. Anders als ich dachte, 1983 - 1965 DRK-Ehrenz.; 1966 Komturkreuz päpstl. Gregorius-Orden, 1967; Ordre Nation. du Mérite (Frankr.); 1967 Bayer. VO.; 1968 Wilhelm-Polligkeit- u. Gutenberg-Med.; 1970 Ehrenplak. in Gold DRK Ortsverb. Mainz; 1971 Dt. Weinkulturpreis; 1971 Ehrenring Stadt Mainz; 1971 Gr. BVK, 1976 Stern, 1984 Schulterbd. dazu; 1982 VO Rheinl.-Pfalz; 1983 Ehrenbürger Mainz; 1983 Eduard-Rhein-Ring; 1986 Mediapreis Süddt. Rundfunk - Bek. Vorf.: Dr. Johann H., Regens Priestersem. Mainz; Wilhelm H., Schriftst. - Lit.: Integritas - Geist. Wandlung u. menschl. Wirklichkeit (Festschr. z. 60. Geburtstag).

HOLZAPFEL, Hartmut

Dipl.-Soziol., MdL Hessen (s. 1974) - Leipziger Str. 11B, 6000 Frankfurt 90 (T. 069 - 70 43 96) - Geb. 5. Sept. 1944 Röhrda (Werra-Meißner-Kr.), verh. s. 1969 m. Ulrike, geb. Eisenträger, Oberstudienrätin - Stud. Sozialwiss. Univ. Frankfurt (Dipl. 1969) - 1964-67 Vors. Junge Presse Hessen; 1969-74 Ref. Ministerbüro Hess. Kultusmin.; 1978-84 stv. Bundesvors. Gemeinnütz. Ges. Gesamtsch. 1972-74 Stadtverordn. Frankfurt; s. 1974 MdL Hessen (s. 1982 Fraktionsvorst.). SPD s. 1961 (s. 1982 Vors. d. AfB Hessen-Süd, s. 1984 Mitgl. Bildungspolit. Kommiss. PV). Mitgl. GEW.

HOLZAPFEL, Heinrich

Dr. phil., Ministerialdirigent a. D., Honorarprof. Univ. Köln - Karl-Müller-Str. 6, 4000 Düsseldorf 1 (T. 68 20 88) - Geb. 28. Febr. 1910, kath., verh. m. Elisabeth Charlotte, geb. Klüsener, 3 Kd. (aus erster Ehe m. Lieselotte, geb. Hesse, †1953) - Promot. 1936 - Höh. Schul- (1952 Oberstudiendir.; Leit. Gymn.) u. Reg.sdst. (1956 Reg.sdir.; Leit. staatl. Schulbehörde f. Gymn. Nordrh.; 1960 Ministerialdirig. u. Leit. Schulabt. Kultusmin. NRW). 1946-54 Fachleit. f. Phil., 1949-53 Leit. Studiensem. f. Refer.; 1953-60 Leit. Wiss. Prüf.samt Univ. Köln. S. 1955 Lehrauftr. u. Honorarprof. (1958) f. Pädagogik Univ. Köln - BV: u. a. Beitr. in Herders Lexikon d. Päd. (Abschnitte Höh. Schulwesen, NRW, Lehrerbild., Studiensem., Philosophicum). Hrsg.: Phil. u. polit. Bild. (1960) - 1971 Gr. BVK; 1972 Komturkreuz m. Stern Päpstl. Silvesterorden; 1974 Ritter v. Hl. Grab Jerusalem; 1979 Ehrenmitgl. Allg. Ges. f. Phil. in Dtschl.

HOLZAPFEL, Wilfried B.

Dr. rer. nat., Dipl.-Phys., Prof. f. Experimentalphysik Univ.-GH Paderborn - Am Langen Hahn 56, 4790 Paderborn-Dahl - Geb. 17. Febr. 1938 Magdeburg - 112 Beitr. in Fachztschr.

HOLZAPFEL, Wilhelm Heinrich

Dr. rer. nat., Prof., Institutsleiter Bundesforschungsanst. f. Ernährung (BFE) Karlsruhe (s. 1987) - Wichtelmännerweg 23, 7500 Karlsruhe 51 - Geb. 22. April 1942 Tulbagh (Vater: Prof. Ernst H. H., Theologe u. Missionar; Mutter: Elisabeth M., geb. Erasmus), ev., verh. s. 1967 m. Adré, geb. McDonald, 4 Kd. (Ernst, Zwingli, Sieglinde, Friedrich) - M.Sc. (Agriculturae), 1966 Univ. of the Orange Free State, Promot. (Mikrobiol.) 1969 TU München - 1969 Res. Officer, Dairy Microbiology, Irene; 1972 Priv.doz. (Senior Lecturer) f. Mikrobiol. Univ. Pretoria; 1982 Assoc. Prof. f. Mikrobiol.; 1985 o. Prof. f. Mikrobiol.; Redaktion Intern. Journal of Food Microbiol.; Mitgl. Intern. Committ. f. Food Microbiol. and Hygiene - 3 neue Bakterien Arten (Lactobacillus-spezies) beschrieben. Üb. 70 Fachveröff. - 1976 A. v. Humboldt-Stip. - Liebh.: Klass. Musik, Gesang - Spr.: Engl., Holl.

HOLZBACH, Ernst Jürgen

Dr. med., Privat-Doz., Chefarzt Psychiatrische Abt. d. St. Josefs-Hospital Oberhausen - Zu erreichen üb. St. Josef-Hospital, Mülheimer Str. 83, 4200 Oberhausen (T. 0208 - 83 71) - Geb. 23. Aug. 1941 Ravensburg, kath., verh., 2 Kd. - Veröff. in Fachztschr. auf d. Geb. Psychiatrie/Neurol., insb. Alkoholismus.

HOLZER, Hans E.

Vorstandsmitglied Hüls Troisdorf AG, Troisdorf (Ressort Finanzen) - Am Neuen Forst 18, 5000 Köln 50 - Geb. 4. Jan. 1930 Nürnberg.

HOLZER, Helmut

Dr. rer. nat., Dr. h. c., Dipl.-Chem., o. Prof. u. Direktor Biochem. Inst., Med. Fakultät Univ. Freiburg (s. 1957) - Rehhagweg 27, 7800 Freiburg/Br. - Geb. 14. Juni 1921 Neuenbürg/Württ. (Vater: Emil H., Fabrikdir.), verh. s. 1951 m. Dr. Erika, geb. Vogel - Habil. 1953 München - S. 1964 Mitgl. Dt. Atom-Kommiss. Mitgl. div. Fachaussch. - 1963 Paul-Ehrlich-Preis u. Preis Wilhelm-Warner-Stiftg.; 1970 Mitgl. u. Senator Dt. Akad. d. Naturforscher (Leopoldina), Halle/S.; 1970 Ehrenbürger Stadt Indianapolis (USA); 1973 Ehrenmitgl. Americ. Soc. of Biologic. Chemists; 1975 Otto-Warburg-Med.; Ehrenmitgl. Japanese Biochemical Soc. u. Soc. Espanola de Bioquimica; 1981 Mitgl. Akad. d. Wiss. Heidelberg; 1984 Ausl. Mitgl. Finn. Akad. d. Wiss.; 1984 Mitgl. EMBO (European Molecular Biology Organization); Ehrendoktor/Univ. Tokushima; 1977-83 Scholar-in-Residence of the Fogarty International Center, Bethesda, MD, USA; 1987 Editor FEBS Letters.

HOLZER, Karl

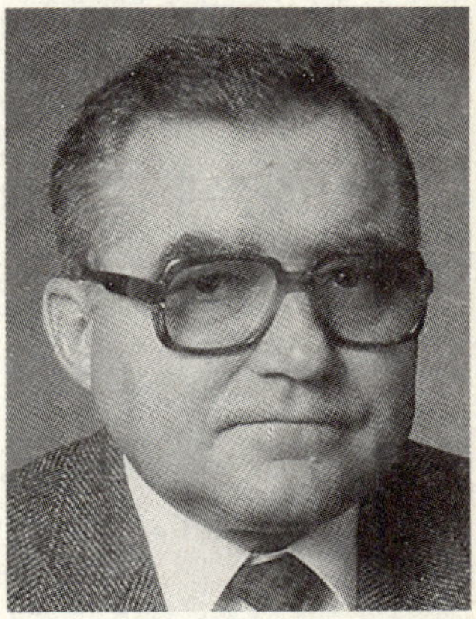

Dr., Dipl.-Kfm., gf. Gesellschafter Hüppe Form GmbH, Oldenburg, Geschäftsf. Hüppe-Bofinger GmbH, Oldenburg, Geschäftsf. Fassadenmarkisenbau GmbH, Kernen-Stetten, VR-Präs. Hüppe Form AG, Heiden (Schweiz) - Am Michelsgrund 21, 6940 Weinheim (T. 06201 - 6 42 54) - Geb. 22. Aug. 1931 Nürnberg, kath., verh. s. 1962 m. Renate, geb. Odenwälder, 2 Kd. (Herbert, Christina) - Stud., Dipl. u. Ex. Univ. Erlangen-Nürnberg, Promot. 1958 Univ. Graz - S. 1984 Lehrbeauftr. FH Land Rhld.-Pfalz - Liebh.: Jagd, Sport (Tennis, Skilaufen), Phil., Gesch.

HOLZER, Werner

Chefredakteur, Vors. d. Redaktionsltg. Frankfurter Rundschau (s. 1973) - Gr. Eschenheimer Str.-Nr. 16-18, 6000 Frankfurt/M. (T. 21 99-1) - Geb. 21. Okt. 1926 Zweibrücken (Vater: Robert H., Kaufm.; Mutter: Barbara, geb. Bauer), kath., verh. in 2. Ehe (1962) m. Monika, geb. Aschke, 2 Kd. (Katharina, Philip) - Stud. Gesch. - 1947-49 Redakt. Mannheimer Morgen u. D. Ruf; 1953-64 Chef v. Dienst Frankfurter Rundschau;

1964-73 Sonderkorresp. Südd. Ztg. Reisen: Afrika, Asien, USA - BV: D. nackte Antlitz Afrikas, 1961; Europa - woher, wohin?, 1963; Washington 6.46 Uhr, 1964; Kairo 2.24 Uhr, 1965; 26 x Afrika, 1967 (1968 14. Ts.); Vietnam oder D. Freiheit zu sterben, 1968; Bei d. Erben Ho Tschi Minhs - Menschen u. Ges. in Nordvietnam, 1971; 20 x Europa - Panorama e. halben Kontinents, 1972 - 1962 Europ. Preis Cortina Ulisse (D. nackte Antlitz Afrikas), 1964 Theodor-Wolff-Preis (Amerika-Berichte), 1967 Dt. Journalistenpreis (Vietnam-Reportagen), Mitgl. d. Dt. Pen-Zentrums, 1976 Komturkreuz VO. Rep. Ital.; 1979 BVK 1. Kl.- Spr.: Engl., Franz.

HOLZHÄUER, Günter

Management-Berater (s. 1977), Geschäftsf. Gesellsch. d. Holzhäuser-Gruppe f. Berat. - Planung - Vermittl., Mitgl. Alpha Consulting, Frankfurt - Pappelweg 5, 7929 Gerstetten-Dettingen (T. 07324 - 29 08) - Geb. 25. Sept. 1935 Backnang (Vater: Max H., Lehrer; Mutter: Gertrud, geb. Hartmann), ev., verh. s. 1964 m. Herta, geb. Peter, 2 Kd. (Thomas, Jörg) - Mittl. Reife; Textilpraktikum. Textil-Ing. 1960 Reutlingen; Wirtsch.-Ing. 1962 München - B. 1965 Leit. betriebsw. Abt. Glaswerke Schuller, Wertheim; b. 1972 Techn. Leit. Dura-Tufting GmbH., Fulda; b. 1973 gf. Dir. Lauffenmühle KG., Tiengen, 1974-76 Vorst.-Mitgl. Zoeppitz AG, Heidenheim - Miterfinder e. Ausrüstungsverfahrens f. Nadelfilz - Spr.: Engl.

HOLZHAUER, Heinrich (Heinz)

Dr. jur., Prof. f. Bürgerl. Recht, Handelsrecht u. Rechtsgesch. Univ. Münster (s. 1980) Direktor Inst. f. dtsch. Rechtsgeschichte - Von-Ossietzky-Str. 41, 4400 Münster - Geb. 21. April 1935 Bad Selters (Vater: Peter H., Ingenieur; Mutter: Martha, geb. Schrauth), ev., verh. s. 1962 - BV: Willensfreiheit u. Strafe, 1970; D. eigenhänd. Unterschrift, 1973; Erbrechtl. Unters., 1973. Herausg.: D. ges. Familien- u. Personenrecht/Loseblattsamml. (1978); Familien- u. Erbrecht, Freiwillige Gerichtsbarkeit, 1984.

HOLZHEIMER, Dieter

Dr. jur., Dipl.-Volksw., Geschäftsführer Bundesverb. dt. Banken (s. 1967) - Mohrenstr. 35-41, 5000 Köln (T. 21 99 01) - Geb. 23. Dez. 1931 Crottendorf (Vater: Hans H., Textiling. u. Kaufm.; Mutter: Erna, geb. Altmann), ev. - Stud. Wirtschafts- u. Rechtswiss. Erlangen u. Hamburg. Dipl.-Volksw. 1954; Ass.ex. 1960 - U. a. Banksynd. - BV: Zulässigkeit d. vertikalen Preisbindung n. d. Gesetz gegen Wettbewerbsbeschränkungen, 1960.

HOLZHEIMER, Franz Hermann

Botschafter, stv. Generalsekr. d. Westeurop. Union in London i. R. (s. 1989) - 9 Grosvenor Place, London SW1X 7HL - Geb. 23. Okt. 1928 Aschaffenburg (Vater: Dr. Franz H., Stadtschulrat; Mutter: Christine, geb. Nahm), kath., verh. s. 1952 m. Flora, geb. Kevorkian - Stud. Rechtswiss. Bamberg, Würzburg u. Univ. of Michigan - S. 1954 Ausw. Amt; Ausl.posten in Porto Alegre, Neu-Delhi, Toronto, Rio de Janeiro, Brasilia, Bagdad u. Chile. 1972 Kulturabt. AA, 1975 stv. Chef d. Protokolls - BVK 1. Kl.; Ehrenmitgl. Akad. d. schönen Künste Rio de Janeiro - Spr.: Engl., Franz., Portug., Span.

HOLZHEU, Franz

Dr. oec. publ., Dipl.-Volksw., o. Prof. f. Volkswirtschaft - Wilramstr. 23, 8000 München 80 - Geb. 9. März 1937 Leuterschach - Promot. 1965; Habil. 1970 - S. 1972 Ord. TU Berlin u. München (1977), Dekan Fak. f. Wirtschafts- u. Sozialwiss. (1986-88) - BV: Vermögensdispositionen, Kreditmärkte u. Kreditbezieh., 1971. Herausg.: Theorie u. Politik d. intern. Wirtschaftsbeziehungen (1980, m. K. Borchardt); Gesellschaft u. Unsicherheit (1987, m. F.X. Kaufmann, C. Graf Hoyos, u. a.).

HOLZHEY, Georg

Dr., Gf. Gesellschafter G. Haindl'sche Papierfabriken KG, Geschäftsf. Haindl Papier GmbH, bde. Augsburg - Birkenweg 15, 8891 Obergriesbach.

HOLZINGER, Dieter R.

Dr. rer. pol., Dipl.-Kfm., Generalbevollm. Dr. August Oetker KG, Bielefeld - Erikaweg 16b, 2104 Hamburg 92 - Geb. 5. Aug. 1935 Stuttgart (Vater: Dr. Walter H., Zahnarzt; Mutter: Marianne, geb. Dobler), ev., gesch., 3 Kd. (Dirk, Karen, Annette) - 1956-59 Stud. Betriebswirtsch. TU Berlin, Promot. 1962 - S. 1968 Oetker-Gr. (s. 1970 Geschäftsf. Hamburg-Südamerik. Dampfschiff.-Ges., Eggert & Amsinck, s. 1981 Generalbevollm. Dr. A. Oetker). AR u. Beiräte: Franz Kuhlmann KG, Wilhelmshaven, Dr. August Oetker Nahrungsmittel, Bielefeld, ETO Nahrungsmittelfabriken Richard Graebener, Ettlingen u. Hanseatische Hochseefischerei, Bremerhaven.

HOLZKAMP, Klaus

Dr. phil., o. Prof. f. Psychologie - Dürerstr. 18, 1000 Berlin 45 (T. 833 49 02) - Geb. 30. Nov. 1927 Berlin - S. 1963 (Habil.) Lehrtätigk. FU Berlin (1967 Ord.) - BV: Theorie u. Experiment in d. Psych., 1964 (Neuausg. 1981); Wiss. als Handlung, 1968; Krit. Psych., 1972 (ital. 1974); Sinnl. Erkenntnis - Histor. Ursprung u. gesellschaftl. Funktion d. Wahrnehmung, 1973; Gesellschaftlichkeit d. Individuums, 1978; Grundleg. d. Psychologie, 1983.

HOLZMANN, Hans

Dr. med., Prof. f. Dermatologie Univ. Frankfurt - Letzter Hasenpfad 125, 6000 Frankfurt/M. 70 (T. 68 27 43) - Geb. 7. Sept. 1929 Darmstadt (Vater: Dr. med. Hanns H., prakt. Arzt; Mutter: Jeanne, geb. van Lier), kath., ledig - Human. Gymn. (Abit. 1949); Med.-Stud. Univ. Homburg, Regensburg, München, Frankfurt/M.; Habil. 1966 - S. 1966 Oberarzt u. apl. Prof. (1970), 1972 ltd. Oberarzt, 1974 Wiss. Rat u. Prof. Univ. Mainz; 1980 Prof. (C4) u. Dir. Abt. I ZDV (Zentrum Dermatologie u. Venerologie), Frankfurt, s. 1984 gf. Dir. ZDV - BV: D. Sklerodermie u. ihr nahestehende Bindegewebsprobl. (m. G. W. Korting), 1967; Dermatol. u. Nuklearmed., 1985; Dermatol. Lexikon, 1986; D. Moulagensammlung d. Frankfurter Hautklinik, 1987; Dermatol. u. Rheuma, 1987. Üb. 360 Fachveröff. - 1971 Ehrenmitgl. Acad. Espanola de Dermatol. y Silisiogafia; 1973 korr. Mitgl. Soc. Dermatol. Israelica, 1979 Forsch.preis Dt. Psoriasis-Bund; 1980 korr. Mitgl. Soc. Napol. Carlo Curzi per lo Studio delle Malattie del Connettivo - Spr.: Engl.

HOLZMEISTER, Judith

Schauspielerin - Grinzinger Str. 6, Wien XIX - Geb. 14. Febr. 1920 Innsbruck, verh. m. I) Curd Jürgens (Schausp.), II) Bruno Dallansky (Schausp.), T. Judith (geb. 1960) - Realgymn.; Reinhardtsem. Wien - Stadttheat. Linz, Volks- u. s. 1947 Burgtheat. Wien. Gastspiele (auch Dtschl.); ab 1948 wiederh. Salzbg. Festsp. Bühne: Helena, Minna v. Barnhelm, Maria Stuart, Jungfrau v. Orleans, Kunigunde u. a.; Film: Wiener Mädeln, Triumph d. Liebe, Eroica - 1963 Österr. Ehrenkreuz f. Wiss. u. Kunst I. Kl.

HOLZSCHUHER, Veit

Dr. rer. pol., Hauptgeschäftsführer Handwerkskammer f. Oberfranken, Bayreuth - Kopernikusring 39, 8580 Bayreuth - Geb. 3. Dez. 1935 Völklingen/Saar (Vater: Dipl.-Ing. Julius H. †; Mutter: Lilli, geb. Ros †), ev., verh. s. 1959 m. Marianne, geb. Wolf, 2 T. (Kerstin, Kathrin) - Oberrealsch.; Univ. Erlangen-Nürnberg (Dipl.-Volksw. 1959; Promot. 1962) - 1959-63 Wiss. Assist. Univ. Erlangen-Nürnberg; 1964-68 Ref. IHK f. Oberfr.; s. 1968 stv. u. Hgf. (1969) Handwerksk. f. Ofr. 1972ff. Stadtratsmitgl. Bayreuth - 1976 BVK; 1985 BVK I. Kl.

HOLZWARTH, Gottfried

Dr. rer. nat., o. Prof. f. Theoret. Physik Univ. -GH Siegen - Bismarckweg 9,, 5905 Freudenberg - Geb. 24. Sept. 1941 Schwäb. Hall - Promot. 1968; Habil. 1972.

HOMANN, Gerhard

Prof., Mathematiker - Königsberger Str. 8b, 785 Lörrach/Baden - Gegenw. Prof. PH Freiburg.

HOMANN, Jochen (Joachim)

Vorstandsmitglied Fritz Homann AG., Pers. Haft. Homann K.G., Geschf. Homann Holding GmbH, Fritz Homann GmbH, Travel-Home Mietservice, alle Dissen - 4503 Dissen/Teutoburger Wald - MdK.

HOMANN, Klaus-Heinrich

Dr. rer. nat., Prof. f. Physikal. Chemie TH Darmstadt - Wilhelm-Michel-Str. 12, 6100 Darmstadt.

HOMANN-WEDEKING, Ernst

Dr. phil., o. Prof. f. Klass. Archäologie (emerit.) - Meiserstr. 10, 8000 München 2 (T. 559 15 57) - Geb. 13. Juli 1908 Bremen - Promot. 1934 München; Habil. 1950 Frankfurt/M. - 1954-73 Ord. Univ. Hamburg (Dir. Archäol. Sem.) u. München (1959; Dir. Museum f. Abgüsse klass. Bildw.) - BV: D. Anfänge d. griech. Großplastik, 1950; D. archaische Griechenl., 1966, 4. A. 1980.

HOMAYR, Jörg

Dr.-Ing., Vorstandsmitglied Nestlé Deutschland AG (s. 1987) - Lyoner Str. 23, 6000 Frankfurt/M.

HOMBACH, Bodo

Landesgeschäftsführer d. SPD-Landesverb. NRW - Elisabethstr. 3, 4000 Düsseldorf 1 (T. 0211 - 38 42 60) - Geb. 19. Aug. 1952, verh. s. 1977 - 1975-80 Landesgeschäftsf. Gewerksch. Erzieh. u. Wiss. - BV: u.a. D. SPD v. innen, D. Zukunft d. Arbeit, Aufruf f. e. Gesch. d. Volkes in NRW, D. Lokomotive in voller Fahrt d. Räder wechseln, Anders leben, Sozialstaat 2000.

HOMBERG, Horst

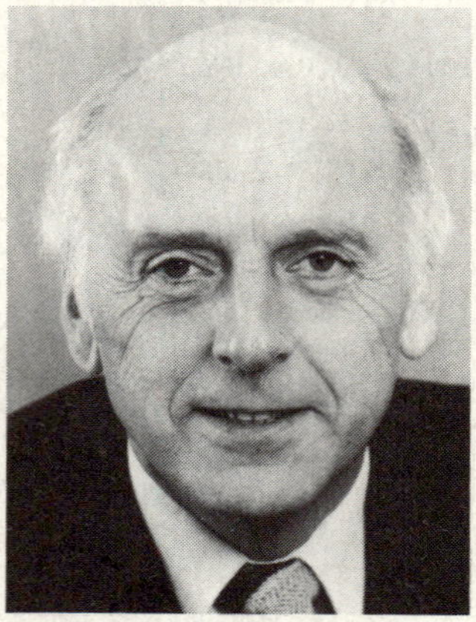

Chef f. Öffentlichkeitsarbeit, Leiter d. Abt. PR u. Marketing D. neue Tag, Oberpfälzischer Kurier, Weiden - Gladiolenweg 11, 8481 Schirmitz/Opf. (T. 0961 - 4 44 34) - Geb. 29. Aug. 1934 Wetzlar, kath., verh. s. 1957 m. Friderun, geb. Pretzlik, 2 Kd. (Birgit, Peter) - Human. Gymn. - Beirat Theaterbauverein, Vorst.-Mitgl. Kleine Bühne, VR Kabelges. Opf. Nord - Umweltschutzmed. d. Freistaats Bay. - Liebh.: Völkerkd., Lit., Theater - Spr.: Engl. - Lions-Club Weiden.

HOMEYER, Josef

Dr. phil., Bischof von Hildesheim (s. 1983) - Domhof 25, 3200 Hildesheim (T. 05121 - 30 71) - Geb. 1. Aug. 1929 Harsewinkel (Vater: August H., Bauer; Mutter: Elisabeth, geb. Herzog), kath. - 1958-61 Kaplan; 1961-66 Diözesanlandvolkseels.; 1966-72 Schulref.; 1971-83 Ltd. Sekr. Kath. Dt. Bischofskonfz., Bonn - Ehrenprälat Seiner Heiligkeit.

HOMFELDT, Hans Günther

Dr. phil., Prof. f. Allg. Pädagogik PH Flensburg - Kastanienallee 6, 2391 Tastrup - Geb. 22. Mai 1942 - Promot. 1972 - 1966-68 Lehrer; 1972-75 wiss. Assist. u. Doz. PH Kiel; ab 1975 Prof. f. Allg. Päd. PH Flensburg - BV: Stigma u. Schule, 1974; F. e. sozialpäd. Schule, 1977 (m. W. Lauff, J. Maxeiner); Erziehungsfeld Ferienlager, 1979 (m. W. Lauff); Päd. Lehre u. Selbsterfahrung, 1981 (m. W. Lauff); Klassenfahrt, 1981 (m. A. Kühn); Student sein - Lehrer werden?, 1983 (m. W. Schulz, U. Barkholz); Lernen im Lebenszusammenhang, 1984 (m. K. A. Bayer, H. Volkers); Auszug in e. fremdes Land?, 1985 (m. A. Stenzel); Erziehung u. Gesundheit, 1988.

HOMILIUS, Karl

Dr.-Ing., Dipl.-Ing., Vorstandsmitgl. VDMA - Am Elfengrund 47, 6100 Darmstadt (T. 5 25 36) - Geb. 3. Aug. 1926 Braunschweig (Vater: Carl H., Kaufm.; Mutter: Charlotte, geb. Eschenbach), ev., verh. s. 1955 m. Christa, geb. Fürstenberg, 2 Kd. (Karl Wilhelm, Detlev) - Stud. TH Braunschweig; Dipl.ex. u. Promot. ebd. - s. 1963 Schenck AG., Darmstadt (1968 Mitgl. Geschäftsführung, bzw. Vorst.) - Spr.: Engl. - Rotarier.

HOMMEL, Kurt

Dr. phil., Prof. f. Theaterwissenschaft, Dramaturg - Charlottenbrunner Str. 9, 1000 Berlin 33 (T. 030 - 832 29 61) - Geb. in Großröhrsdorf/Oberlausitz - Stud. TH Dresden, Univ. Berlin u. München (Staatsex., Promot. 1954) - 1945-48 Dramat. Städt. Bühne Ulm.; 1948-50 Dramat. Münchener Kammerspiele; 1950-54 Theaterkritiker, 1955-60 Doz. Univ. Sydney/Austr. (zahlr. Insz. an Berufsbühnen u. FS, Rundfunkles., 19 Kulturfilme besprochen); 1960-65 Lehrauftr. FU Berlin u. Hochsch. f. Bild. Künste; Gastvorles. an in- u. ausl. Univ., Goethe-Inst. Dänemark, Schweden, Norwegen, Finnland; 1966-68 Univ. Kyoto/Japan (Insz., Vorträge in Tokyo u. Osaka, Theaterkritiken f. europ. Ztg.); 1968-74 Prof. f. dt. Kulturgesch. Sangyo Univ. Kyoto; 1970-74 Gastsem. f. Theaterwiss. in Seoul/Korea; 1975 Rückkehr nach Dtschl. (Gastvorles., Vorträge, Dichterles., Buchveröff.) - BV: Gino Neppach - E. Nekrolog, 1953; D. Separatvorst. v. König Ludwig II. v. Bayern, 1963; Perlen d. Prosa I (ersch. in Tokyo), 1966; Perlen d. Prosa II (ersch. in Tokyo), 1968; D. Gewicht d. Lebens (ersch. in Tokyo), 1971; Wörterb. d. Symbolik, 1979; D. Theaterkönig Ludwig II. v. Bayern - E. Würdig., 1980 - Insz. (Bühne, Film, FS): Antigone, 1957; Und keiner weiß wohin, (UA Sydney) 1960; D. Kluge, 1960; Squirrel, (Berliner Erstauff.) 1962; Pastorale, (in Kyoto) 1966; D. Fliegende Holländer, (Sydney) 1967 - 1959 Gold. Ehrenkreuz d. Rep. Österr.; 1971 Beruf. in d. Jap. Akad. d. Wiss.

HOMMEN, Georg-Heinz

Vorstandsmitglied Dt. Renault AG (s. 1972; Bereich: Öffentlichkeitsarb.), AR Renault Credit Bank Köln (s. 1974) - Kölner Weg 6-10, 5040 Brühl-Vochem - 1988 Präs. Verb. d. Importeure v. Kraftfahrz.

HOMMERICH, Klaus Walter

Dr. med., Prof. d. Hals-, Nasen- u. Ohrenheilk. - Reichsstr. 84a, 1000 Berlin 19 (T. 304 45 00) - Geb. 5. Nov. 1918 Monschau/Eifel (Vater: Dr. med. Karl H., Gerichtsarzt; Mutter: Margarethe, geb. Schauberger), kath., verh. s. 1944 m. Dr. med. Ruth, geb. Gross, Internistin, 4 Kd. (Gabriele, Christian Peter, Angelika, Verena) - Gymn.; Univ. Erlangen u. Berlin. Med. Staatsex. u.

Promot. 1944 Berlin, Habil. 1961 - 1946 Pathologe, 1949 Rechtsmediziner, 1951 HNO-Arzt; b. 1984 Klinikum Steglitz FU Berlin, weiterhin Lehrtätigk. - BV: Intracranieller Druck u. Cochlearfunktion, 1963. Mithrsg. Zentralblatt Hals-Nasen-Ohren-Heilkde., Plastische Chirurgie an Kopf u. Hals. Üb. 90 Einzelarb. u. Hdb.Art. - 1962 Anton-v.-Tröltsch-Preis Dt. Ges. d. HNO-Ärzte.

HOMMERS, Friedrich H.

Dipl.-Volksw., Chefredakteur Fuchsbriefe, Fuchs-Devisen - Käferweg 4, 5330 Königswinter 21 - Geb. 28. Febr. 1935.

HOMMERS, Jill

s. Olsen, Ferry

HOMMES, Ulrich

Dr. phil., Dr. jur., o. Prof. f. Philosophie Univ. Regensburg, Vors. ARD-Programmbeirat (s.1980) - Rilkestr. 29, 8400 Regensburg (T. 2 18 09) - Geb. 7. Okt. 1932 Freiburg/Br. (Vater: Prof. Dr. phil. Jakob H., Philosoph †1966 (s. XV. Ausg.); Mutter: Ria, geb. Ecker), kath., verh. s. 1960 m. Sigrid, geb. v. Rauschenplat, 3 Kd. (Birgitta, Andreas, Chantal) - Habil. 1966 München - BV: u. a. D. Existenzerhellung u. d. Recht, 1962; Transzendenz u. Personalität, 1972; Erinnerung a. d. Freude, 1978; Dem Leben vertrauen, 1982.

HOMPESCH, Hans

Dr. med., Dr. rer. nat., Honorarprof. Gesundheitserziehung Univ. Dortmund - Hohenfriedberger Str. 11, 4600 Dortmund 1.

HOMUTH, Horst H.

Dr. rer. nat., Prof., Präsident Universität d. Bundeswehr, Hamburg - Kronsberg 43, 2054 Geesthacht (T. 040-6541 27 00) - Geb. 9. Okt. 1940 Helmstedt, verh. s. 1981 m. Gudrun, geb. Klein - Stud. Math. TH Braunschweig, Dipl. 1964, Promot. 1967; 1971 Wiss. Rat u. Prof. TU Braunschweig; 1973 Prof. f. Math./ Nachrichtentheorie Univ. d. Bundeswehr Hamburg. Arbeitsgeb. Kryptographie - BV: Einführung in die Automatentheorie, 1977.

HONDRICH, Karl O.

Dr. rer. pol., Prof. f. Soziologie Univ. Frankfurt (s. 1972) - Schreyerstr. 2, 6242 Kronberg/Ts. - Geb. 1. Sept. 1937 Andernach - Stud. Köln. (Promot. 1962,; Habil. 1969 - BV: D. Ideologien v. Interssenverb., 1963; Mitbestimmung in Europa, 1970; Wirtsch. Entw. soz. Konflikte u. polit. Freiheiten, 1970 (auch span.); Demokratis. u. Leistungsges., 1972; Theorie d. Herrschaft, 1973; Menschl. Bedürfnisse u. soz. Steuerung, 1975; Bedürfnisse u. Ges., 1975 (Fernstud.lehrg. Sozialk.); Theorievergleich in d. Sozialwiss., 1978; Soziale Differenzierung, 1982; Krise d. Leistungsges. (m. Jürgen Schumacher u.a.), 1988. Herausg.: Ausländer in d. Bundesrep. Dtschl. u. in d. Schweiz (1981, m. H.-J. Hoffmann-Nowotny); Bedürfnisse im Wandel (1983, m. R. Vollmer).

HONECKER, Martin

Dr., Prof. f. Sozialethik u. Syst. Theol. (ev.), Univ. Bonn (s. 1969) - Auf dem Weiler 31, 5300 Bonn 1 - vh., 4 Kd. - Mitgl. Kammer f. öffentl. Verantwortung der EKD. Mitgl. Rhein.-Westf. Akad. d. Wiss. (Düsseldorf) - BV: Kirche als Gestalt und Ereignis, 1963; Cura religionis magistratus Christiani, 1968; Konzept e. sozialeth. Theorie, 1971; Sozialethik zwischen Tradition u. Vernunft, 1977; Das Recht des Menschen, Einführung in die ev. Sozialethik, 1978. Mithsg.: Ev. Soziallexikon, 7. A., 1980; Perspektiven christl. Gesellschaftsdeutung, 1981; Zu Gast b. anderen (Zus. m. H. Waldenfels), 1983.

HONEGGER, Arthur

Journalist, Schriftst. - Brunnen, CH-9643 Krummenau (Schweiz) - Geb. 27. Sept. 1924 St. Gallen - BV: D. Fertigmacher, R. 1974; Freitag od. D. Angst vor d. Zahltag, R. 1976; Wenn sie morgen kommen, R. 1977; D. Schulpfleger, R. 1978; D. Einmalige, R. 1979; D. Nationalrat, R. 1980; D. Weg d. Thomas J., R. 1983 - Preis Kanton Zürich (1975), Stadt Zürich u. Schweiz. Schiller-Stiftg. (beide 1976).

HONERJÄGER, Richard

Dr. rer. nat. (habil.), o. Prof. f. Physik - Edelweißstr. 8c, 8038 Gröbenzell (i. R. s. 1978) - Geb. 22. Nov. 1914 Malchin/ Meckl. (Vater: Wilhelm H.; Mutter: geb. Möller), verh. s. 1942 m. Dr. Monica, geb. Sohm - Stud. Physik, Math., Chemie - 1947 Privatdoz. Univ. Frankfurt/ M., 1954 ao., 1957 o. Prof. FU Berlin (ehem. Dir. II. Physikal. Inst.) - BV: Elektromagnet. Wellenleiter u. Hohlräume, 1955 (m. G. Goubau). Div. Einzelarb.

HONERKAMP, Josef

Dr. rer. nat., o. Prof. f. Theoret. Physik - An der Rothalde 21, 7830 Emmendingen - Geb. 12. Jan. 1941 Laer/Kr. Osnabrück, verh. s. 1968 m. Dr. Roswitha, geb. Günther - Stud. Physik, Math.; Promot. 1968 - 1970-72 CERN, Genf; 1973 Wiss. Rat u. Prof. Bonn; 1974 o. Prof. Freiburg - BV: Grundl. d. Klass. Theoret. Physik, 1986 (m. H. Römer).

HONIG, Elisabeth

Dr. phil., Prof. f. Schulpädagogik u. Allg. Didaktik Päd. Hochsch. Ruhr/Abt. Hamm - Oesterholzstr. Nr. 42, 4600 Dortmund.

HONISCH, Dieter

Dr. phil., Direktor Nationalgalerie d. Staatl. Museen/Stiftg. Preuß. Kulturbesitz (s. 1975) - Potsdamer Str. 50, 1000 Berlin 30 - Geb. 11. Mai 1932 Beuthen/ OS. (Vater: Dr. Richard H., Hochschuldoz.; Mutter: Margarete, geb. Fromlowitz), kath. - Univ. Münster, Wien, Rom. Promot. 1960 - 1960-65 Geschäftsf. Westf. Kunstverein, Münster; 1965-68 Dir. Württ. Kunstverein, Stuttgart; 1968-75 Kustos Museum Folkwang Essen (Leit. Ausstellungsabt., Graph. Samml. u. Bibl.) - BV: Anton Raphael Mengs u. d. Bildform d. Frühklassizismus, 1965 (Diss.); Die Nationalgalerie Berlin, 1979; Günther Uecker, 1983; Heinz Mack, 1986.

HONKOMP, Josef

Dr. med., Prof., Chefarzt Chirurg. Abteilung/Rotes-Kreuz-Krankenhaus, Bremen (s. 1972) - St.-Pauli-Deich 24, 2800 Bremen - Geb. 15. März 1931 Steinfeld - Promot. 1956 Heidelberg - S. 1966 (Habil.) Lehrtätigk. Univ. Münster/ W. (1971 apl. Prof. f. Chir.). Facharb.

HONNEF, Klaus

Prof. f. Theorie d. Fotografie GH Kassel, Abteilungsleiter Rhein. Landesmuseum Bonn - Baumschulallee 3, 5300 Bonn 1 (T. 0228 - 65 56 81) - Geb. 14. Okt. 1939 Tilsit, (Vater: Karl H., Oberreg.- u. Baurat, Honorarprof.; Mutter: Maria, geb. Ketteniss), verh. s. 1974 m. Gabriele, geb. Harling - Stud. Gesch. u. Soz. Univ. Köln; Volont. Aachener Nachrichten - B. 1970 Ressortchef Feuill. u. Unterhalt. AN; b. 1974 Geschäftsf. Westf. Kunstverein Münster - BV: Concept Art, 1971; Verkehrskultur (Hrsg.), 1973; Gerhard Richter, 1975; 150 J. Fotogr., 1977; Lichtbildnisse (Hrsg.), 1982; Back to the USA, 1983; Aus d. Trümmern (Hrsg.); Modewelten (Hrsg.), bde. 1985; Helmut Newton - Portraits, (Text) 1987; Kunst d. Gegenwart, 1988 - Liebh.: Film, Bild. Kunst, Fotogr. - Spr.: Engl.

HONNEFELDER, Hans Georg

Vorstandsmitglied Gothaer Allgemeine Versicherung AG u. Gothaer Lebensversich. a.G., Göttingen (s. 1983), AR-Mitgl. Gothaer Krankenversich., Beiratsmitgl. Berliner Bank u. Aachener Bauspark. - Wilhelm-Busch-Str. 1, 3406 Bovenden - Geb. 2. Febr. 1934.

HONNENS, Max

Dr.-Ing., Vorstandsmitglied Hess. Elektrizitäts-AG., Darmstadt - Voglerweg 5, 6100 Darmstadt - Geb. 9. Mai 1909.

HONOLD, Eduard

Dr. rer. pol., Dipl.-Kfm., Dipl.-Hdl., Bankdirektor (Vorstandsvors. Aalener Volksbank e.G.) - Walkstr. 54, 7080 Aalen - Geb. 2. April 1929 Überlingen, ev., verh. s. 1964 m. Rosemarie, geb. Kübler, 2 Kd. (Thomas, Katja) - Banklehre Landw.- u. Gewerbebank e.G., Langenau; Stud. Wirtschaftswiss. Wirtsch.-Hochsch. Mannheim (Dipl.-Kfm. 1953; Dipl.-Handelslehrer 1954 Univ. München; Promot. 1957 Wirtsch.-Hochsch. Mannheim) - Vors. BdS (Bund d. Selbst.), Gewerbe- u. Handelsverein Aalen; AR-Vors. GENO-Finanz- u. Leasing Bank AG, Stuttgart; VR-Mitgl. Württ. Genossenschaftsverb. Raiffeisen/ Schulze-Delitzsch e.V., Stuttgart - BV: Investmentges., Dipl.-Arbeit 1953; D. Bankenaufsicht, Diss. 1956 - Liebh.: Wandern, Reisen - Spr.: Engl., Franz.

HONSEL, Hans-Dieter

Dipl.-Wirtsch.-Ing., Vorstandsmitglied Honsel-Werke AG. - Fritz-Honsel-Str., 5778 Meschede/W.; priv.: Schützenstr. 16 - Geb. 10. März 1942 Arnsberg/W. (Vater: Hans-Friedrich H., Fabrikant (s. dort); Mutter: Ada, geb. Gildemeister), ev., verh. s. 1972 m. Brigitte, geb. Wolf, 2 Kd. (Jan, Vanessa) - TH Darmstadt (Dipl. 1971) - Spr.: Engl. - Onkel: Kurt H. (s. dort).

HONSEL, Kurt

Dipl.-Volksw., Aufsichtsratsvorsitzender Honsel-Werke AG, Meschede - Unterm Hasenfeld 9, 5778 Meschede/W. - Geb. 21. Nov. 1913 Eveking/W., (Vater: Dr.-Ing. E. h. Fritz H., Firmengründ. u. Generaldir. † 1964 (s. XIV. Ausg.); Mutter: Clara, geb. Eckhoff † 1968), verh. s. 1941 m. Ellen, geb. Bornemann - Stud. Berlin - S. 1938 Honsel-Werke. U. a. Vorst. Gesamtverb. Dt. Metallgießereien, Düsseldorf - Liebh.: Jagd, Golf.

HONSTETTER, Hanns F.

Industrieberater - Haldenstr. 22, CH-6006 Luzern - Geb. 19. April 1926 Ludwigshafen/B. - 1973 Gr. österr. Ehrenz., 1978 Bayr. Verdienstorden.

HOOF, Dieter

Dr. phil., Prof. f. Schulpädagogik TU Braunschweig - Äckernkamp 11, 3300 Braunschweig (T. 0531 - 51 32 89) - Geb. 25. April 1929 Köln - Lehrer-Stud. (Staatsex., Promot. 1962) - S. 1950 Lehrer; 1964 Assist., 1968 Doz., 1974 Prof. - BV: D. Schulpraxis d. Päd. Beweg. d. 20. Jh., 1969; D. Steinbeile u. Steinäxte im Gebiet d. Niederrh. u. d. Maas, 1970. Unterrichtsstud., 1972. Handb. d. Spieltheorie Fröbels, 1977; Pestalozzi u. d. Sexualität s. Zeitalters, 1987 - Liebh.: Postgesch. u. Wirkungsgesch. d. Brandenburger Tores als Symbol.

HOOR, Dieter

Dipl.-Ing., Architekt, Prof. f. Hochbaukonstruktion u. Bauplanung Hochsch. f. bild. Künste, Hamburg - Zu erreichen üb. Hochsch. f. bild. Künste, Lerchenfeld 2, 2000 Hamburg 76 - Geb. 20. Okt. 1931 Düsseldorf (Vater: Kaufm.), verh. m. Karin, geb. Bockardt.

HOOS, Otto

Winzer u. Landwirt, Bürgermeister - Frhr.-v.-Stein-Str. 18, 6731 Mußbach/Pf. - Geb. 24. Dez. 1921 Haßloch/Pf., ev., verh., 1 Kd. - Volkssch.; kaufm. Lehre (Textilind.) - Kaufm. Angest.; 1941 b. 1945 Wehrdst. (Luftw.; Uffz.); s. 1945 Weinbau u. Landw. (b. 1952 Familien-, dann eig. Betrieb). S. 1948 Gemeinderat, I. Beigeordn. (1956) u. Bürgerm. (1960 ehren-, 1966 hauptamtl.) Mußbach. 1963-71 MdL Rhld.-Pfalz. SPD s. 1946 - 1971 BVK.

HOOSE, York

Bankdirektor i. R., ehem. Vorstandsmitgl. d. Vereins- und Westbank AG., Hamburg 11 - Gudrunstr. 76, 2000 Hamburg 56 (T. 81 40 84) - Geb. 27. März 1911 Neustadt/OS. (Vater: Gottlieb H., Kaufm.; Mutter: Anna-Marie, geb. Hoheisl), ev., verh. s. 1946 m. Hilde, geb. Eisenbarth, 3 Kd. - Realgymn. (Abit.); Lehre Bankhs. Eichborn & Co., Breslau - 1932-37 Bankhs. Eichborn & Co., 1937-48 Reichsbank, 1948-52 Landeszentralbank Hamburg, 1952-62 LZB Nieders. (Präs.). Aufsichts- u. Beiratsmandate - Liebh.: Reiten, Segeln, Orchideenzucht.

HOOVEN, van, Eckart

Dr. jur., Vorstandsmitglied Deutsche Bank AG, AR-Vors., stv. AR-Vors. u. AR-Mitgl. e. Reihe größerer Gesellschaften - Taunusanlage 12, 6000 Frankfurt/M. 1 - Geb. 11. Dez. 1925 Hamburg.

HOPEN, Peter

Chefredakteur D. Politische Meinung (s. 1989) - Peter-Schwingen-Str. 27, 5300 Bonn 2 (T. 0228 - 32 35 86) - Geb. 16. Okt. 1922 Düsseldorf (Vater: Peter H., Arb.; Mutter: Maria, geb. Kreuzer), kath., verh. s. 1966 m. Ingeborg, geb. Arenz, 2 Kd. (Petra, Peter Matthias) - Volkssch.; Städt. Handelssch.; Kaufm.-gehilfenprüf.; Wehrdst. (1941-45) - B. 1949 Redakt.volont., dann Korresp. Bonn f. Ztg., s. 1963 auch f. Fernsehen (ZDF); 1965-78 Vors. Dt. Presseclub Bonn, 1984-87 Studioleit. Bonn d. ZDF - 1972 BVK I. Kl., 1978 Gr. BVK.

HOPF, Adolf

Dr. med., o. Prof. f. Hirnforschung u. Anatomie - Virchowstr. 15, 4000 Düsseldorf (T. 34 77 26) - Geb. 20. März 1923 Frankfurt/M. (Vater: Richard H., Bankdir. i. R.; Mutter: Elise, geb. Schauffler), ev., verh. s. 1955 m. Ingeburg, geb. Lorenz, 3 Kd. (Ulrich, Beate, Claudia) - Univ. Berlin, Innsbruck, Straßburg, Frankfurt. Promot. 1948 Frankfurt. Habil. 1958 Gießen - S. 1958 Lehrtätigk. Univ. Gießen (Privatdoz. f. Psychiatrie u. Neurol.), Freiburg (1964 apl. Prof.), Med. Akad. bzw. Univ. Düsseldorf (1965 ao., 1967 o. Prof.); 1965 Dir. (vorher 1960 Leit.) Inst. f. Hirnforsch. Neustadt, jetzt C. u. O. Vogt-Inst. f. Hirnforsch. Univ. Düsseldorf); Vizepräs. Dt. Ges. f. biol. Psychiatrie. Spez. Arbeitsgeb.: Neuroanat., Lokalisationslehre, Primatol., Psychopharmak. - BV: Architekton. Unters. an sensor. Aphasien, 1958. Mithrsg. (u. Redakt.): Journal f. Hirnforsch. - Spr.: Engl.

HOPF, Andreas

Dr. phil., Verleger, Inh. Verlagsbüro Offizin Hopf & Partner - Friedrichstr. 6, 8000 München 40 (T. 39 90 77) - Geb. 11. Jan. 1940 Hamburg, verh. (Ehefr.: Angela), 2 Kd. - Stud. Phil., German., Soziol., Psych. Promot. 1967 - 1968 Lektor Hoffmann & Campe Verlag, Hamburg; 1973-76 Leit. C. Bertelsmann Verlag, München - BV: D. Struktur d. ästhet. Urteils, 1968; Baffo - e. Hundes Geschichte, R. 1988. Bei zahlr. Publ. Mitverf. - 1973 Mitgl. PEN-Zentrum BRD u. VS.

HOPF, Anton

Dr. med., o. Prof. f. Orthopädie - Ronheider Winkel 25, 5100 Aachen - Geb. 7. Nov. 1910 - S. 1957 (Habil.) Lehrtätigk. Univ. Heidelberg (1962 apl. Prof.) u. TH Aachen (1966 o. Prof. u. Vorst. Orthop. Klinik Med. Fak.); zul. Chefarzt Städt. Krankenanstalten Aachen.

HOPF, Arnulf

Dr. phil., Prof. f. Erziehungswissenschaft (Vorschul. Sozialisation u. Primarbereich) Univ. Oldenburg - Spittweg 14, 2901 Petersfehn

HOPF, Diether

Dr., Prof. Max-Planck-Inst. f. Bildungsforschung - Lentzeallee 94, 1000 Berlin 33 (T. 030-82 99 51) - Geb. 25. Nov. 1933 Eisenach, gesch., 2 Kd. (Claudia, Matthias) - Stud. Klass. Philol., Staatsex. 1960, 1964; Stud. Psych., Dipl. 1965; Stud. Erziehungswiss.; Promot. 1969; Habil. 1975 - Prof. FU Berlin; Dt. Bildungsrat, Aussch. Planung d. Bildungsforsch.; Fachgutachter DFG - BV: Übergangsauslese u. Leistungsdifferenzierung, 1970; Differenzierung in d. Schule, 1974; Mathematikunterr., e. empir. Unters., 1980; Unterr. in Klassen m. ausl. Schülern, 1984; Herkunft u. Schulerfolg ausl. Kd., 1987 - Spr.: Engl. Lat., Neugriech., Altgriech., Franz., Ital.

HOPF, Hanns Christian
Dr. med., Prof., Ordinarius u. Leiter Klinik u. Poliklin. f. Neurologie Univ. Mainz - Rembrandtstr. 28, 6500 Mainz 31 - Geb. 20. Dez. 1934 Hamburg (Vater: Prof. Dr. med. Gustav H.) - Stud. Hamburg. Promot. 1959 - 1965 Privatdoz. Univ. Würzburg; 1970 apl. Prof. Univ. Göttingen. Mithrsg.: Aktuelle Neurol. (1974 ff.). BV: Neurol. in Klinik u. Praxis, 1981.

HOPF, Hans
Kammersänger - 8031 Steinebach/Wörthsee (T. Weßling 73 71) - Geb. 2. Aug. 1916 Nürnberg, kath., verh. m. Ilse, geb. Löschner, 2 Kd. - Gymn.; Gesangstud. Paul Bender (München) u. Ragnwald Bjärne (Oslo) - 1938 Bayer. Landesbühne, 1939 Städt. Bühnen Augsburg, 1943 Staatsoper Dresden, 1948 Staatsop. München (dt. Heldentenor). Wiederholt Bayreuther Festsp. Gastverträge: Opernhs. Düsseldorf. Staatsop. Berlin u. Wien, Royal Opera Covent Garden London, Mailänder Scala, Metropolitan Opera New York, Teatro Municipal Rio de Janeiro, Gran Teatro Del Liceo Barcelona, Opera Monte Carlo, Teatro Communal Firenze, Teatro Dell'Opera Rom. Schallpl.: Decca, Columbia, Urania, Philips. Beherrscht üb. 100 Partien (ital., lyr., Wagner) - Liebh.: Tennis, Segeln, Tierhaltung, Schmieden.

HOPF, Helmuth
Dr. phil., o. Prof. f. Musikpädagogik Univ. Münster - Haus Friedeoog, 2947 Friedeburg - Geb. 7. März 1932 Göttingen (Vater: Karl H., ev. Theol.; Mutter: Gertrud, geb. Heemann), ev. 1965 m. Friede, geb. Schönfelder, 2 Kd. (Karl Friedemann, Katharina) - Musikstud. (Piano) b. d. Prof. Eliza Hansen (Hamburg) u. Conrad Hansen (Detmold), Dirig. b. GMD Walter Beck (Hannover), Wiss. Stud. Univ. Göttingen - 1964 Rektor PH Münster; 1965 Gründungsrektor PH Westf.-Lippe. Vors. Ges. f. Musikpäd. (b. 1983). Mitherausg. Reihen: Perspektiven u. Schriften z. Musikpäd. Verantw. Herausg.: Ztschr. f. Musikpäd.; Reihe Bed. Musikpäd.; Wolfgang Köhler - E. Komp. in unserer Zeit; Gottfried v. Einem - Komp. dieses Jh. (zus. m. B. Sonntag); Zeitgenöss. Musik in d. DDR (zus. m. B. Sonntag), Musik u. Musikwiss. im 3. Reich (in Vorb.). Mithrsg.: Lexikon d. Musikpäd.) - Abit. Klostergymn. Kulturztschr. Klangspuren - Liebh.: Quellenforsch. Friedrich Hölderlin.

HOPF, Herbert
Dr. phil., Prof., Ordinarius f. Sportpädagogik Univ. Göttingen (b. 1978 PH Niders./Abt. Göttingen) - Eislebener Weg 69, 3400 Göttingen.

HOPF, Uwe
Dr. med., Prof. f. Innere Medizin, Oberarzt Klinikum Charlottenburg FU Berlin - Ostpreußendamm 22 A, 1000 Berlin 45 - Geb. 6. Sept. 1941 Leipzig (Vater: Dr. med. dent. Gerhard H., Zahnarzt; Mutter: Gerda, geb. Lange), ev., verh. s. 1965 m. Dagmar, geb. Hümmelgen, 3 Kd. - Gymn. S. Thomas - 1960-66 Univ. Mainz (Med. Staatsex.). Promot. u. Habil. Mainz 1976 ff. Privatdoz. u. apl. Prof. Univ. Mainz. Spez. Gastroenterol. Facharb. - 1975 Boehringer/Ingelheim-, 1977 Thannhauser-, 1979 Basedow-Preis.

HOPF, Volker
Konzertorganist, Komponist - Am Eichhölzchen 44, 3501 Weimar b. Kassel - Geb. 26. Aug. 1931 Eisenach/Thür., ev., verh. s. 1961 m. Antje, geb. Hesse, Konzert-Altistin, 3 Kd. (Anima, Sebastian, Joachim) - Abit. Klostergymn. Hersfeld; Stud. Orgel, Klavier, Päd., Phil., Gesch., German., Religionswiss.

Univ. Göttingen, Frankfurt u. Berlin (Ahrens, Blacher, Heitmann, Pepping u.a.) - Stadthallenorganist u. Oberstudienrat in Kassel. Orgelkonzerte in ganz Europa; Rundfunkaufzeichnungen (Orgel u. Kompos. f. Orch.) - Aufs. üb. Gegenwartsmusik in Ztschr. Lieder, Klavier- u. Orgelwerke, Bühnenmusiken, Märchenoper Zwerg Nase, Orchester-Messe - Liebh.: Künstl. Photogr., Malerei, Lyrik - Spr.: Engl.

HOPF-STRAUB, Peter R.
Dr. jur., Vorstandsmitglied Spinnerei u. Zwirnerei Ramie AG. - Franz-Josef-Baumgartner-Str. 58, 7830 Emmendingen/Baden - Geb. 4. März 1926 - Zahlr. ARsmandate.

HOPF-v. DENFFER, Angela
Malerin, Schriftst. - Friedrichstr. 6, 8000 München 40 - Geb. 5. Okt. 1941 Göttingen, verh. m. Andreas Hopf (s. dort), 2 S. (Daniel, Benjamin) - Stud. Kunstpäd. Berlin u. München (Abschl. 1968); Meisterschülerin b. Prof. Fred Thieler, Berlin, u. Prof. Mac Zimmermann, München. Mitgl. VS u. PEN. Zahlr. Veröff. - Lit.: Kürschners Literaturkalender.

HOPFGARTNER, Joseph

Pater, Schriftsteller, Redakteur - Mill-Hill-Missionare, Dechaneistr. 31, 4400 Münster (T. 0251 - 3 32 23) - Geb. 22. März 1929 Luttach/Südtirol, kath., ledig - Gymn. Brixen; Stud. Phil. u. Theol. London; Journ. Ausbild. in Dtschl. u. Engl. - Redakt., Buchautor, Rektor, fr. Mitarb. b. Missionsmagazin kontinente Missio/Misereor Aachen, RAI (Bozen); 1957-65 Einsatz in Pakistan/Kaschmir - BV: Lebensweisheit v. Dach d. Welt, 1987; Für wen gehst Du?, 1986. Herausg.: Es führen viele Wege zu Gott (m. P. L. Balling, 1988). Nicht nur e. Handvoll Mais (Film f. RAI) - Liebh.: Reisen, Photogr., Sprachen, Menschen in ihrer Kultur - Spr.: Engl., Ital., Span., Franz., Urdu, Punjabi, Latein.

HOPKINS, Edwin Arnley
Dr., Prof. f. Sprachlehrforschung Ruhr-Univ. Bochum - Mercatorstr. 11, 4630 Bochum 1 (T. 0234 - 70 41 06) - Geb. 22. Sept. 1938 Hartford/USA (Vater: Henry H., Anaesthesiologe; Mutter: Violet, geb. Quackenbush), kath., verh. s. 1963 m. Heidi, 3 Kd. (Henry, Christian, Catharina) - 1956 Phillips Acad., Andover, 1960 B.A. Harvard College, M.A.T., 1961 Harvard School of Ed., 1967 Ph. D. Stanford Univ. - BV: Herausg. (m. R. Grotjahn): Empirical Research on Lang. Tchg. and Lang. Acq., 1980; Studies in Lang. Tchg. and Lang. Acq., 1981 - Liebh.: Alte Kammermusik, Weben - Spr.: Engl., Franz., Lesefähigk. Russ., Niederl.

HOPMEIER, Alfred
Kaufmann, Präs. Verb. d. Dt. Blumen-Groß- u. Importhandels, Düsseldorf - Trierer Str. 142, 5400 Koblenz-Metternich.

HOPMEIER, Fritz
Dr. jur., Rechtsanwalt u. Notar, stv. Landtagspräs. (s. 1988), MdL Bad.-Württ. (s. 1972; Wahlkr. 26/Eßlingen II u. s. 1976 Wahlkr. VIII Kirchheim) - Urbanstr., 7300 Eßlingen (T. Stuttg. 31 64 37) - Geb. 8. Jan. 1930 Wolfratshausen/Obb., ev., verh., 1 Kd. - 1949-53 Univ. Erlangen u. Freiburg (Promot. 1956). Jurist. Staatsprüf. 1954 u. 59 - S. 1959 RA Stuttgart, Nürtingen, Eßlingen (1962); s. 1981 Notar. V. 1966-72 MdK Esslingen, b. 1972 Fraktionsvors. CDU (1980-88 stv. Fraktionsvors. d. Landtagsfrak., 1987/88 auch parlam. Geschäftsf.)

HOPPE, Brigitte
Dr. phil. nat., Univ.-Prof. Univ. München (s. 1980) - Schönfeldstr. 30, 8000 München 22 - Geb. 27. Mai 1935 Freiburg, ev., ledig - Stud. Pharmazie Univ. Freiburg; Staatsex. 1960; 1961-64 Stud. Gesch. d. Naturwiss. u. d. Med. Univ. Frankfurt; Promot. 1964 Frankfurt; Habil. (Gesch. d. Naturwiss.) 1972 München; 1985 mehrmonat. Forschungsaufenth. USA - BV: Kräuterb. d. H. Bock. Wiss. hist. Unters., 1969; Biol., Wiss. v. d. belebten Materie v. d. Antike z. Neuzeit, 1976; Aus d. Frühzeit d. chem. Konstitutionsforschung: D. Tropanalkaloide ..., 1979; außerd. etwa 90 Fachveröff. bes. z. Gesch. d. Biol., Pharm. u. Chemie - Spr.: Lat., Griech., Franz., Engl.

HOPPE, Dieter
Dr. rer. nat., Prof. Inst. f. Organ. Chemie Univ. Kiel - Schneiderkamp 17e, 2300 Kiel 1 (T. 0431-31 35 50) - Geb. 6. Juli 1941, ev., verh. s 1969 m. Dr. Inga, geb. Emme - 1964-70 Chemiestud. Göttingen; Promot. 1970 Göttingen; Habil. 1977 ebd. - 1970-77 Oberassist. Univ. Göttingen; 1977/78 Gastforscher Harvard-Univ.; 1978-85 Priv.-Doz., Prof. Göttingen; 1985 Prof. u. Dir. Kiel. Spez. Arbeitsgeb.: Entw. stereoselektiver Synthese-Meth. Mithrsg. d. Fachztschr. Synthesis.

HOPPE, Gerhard
Polizeipräsident, Leiter Bayer. Grenzpolizei - Königinstr. 17, 8000 München 22 (T. 089 - 23 68 4-500) - Geb. 3. Juli 1939 Posen, verh. m. Erika, geb. Knoblauch, 2 Söhne (Henning, Carsten) - Stud. Rechtswiss., Politol., neuere Gesch. Univ. Hamburg, Freiburg, Erlangen; gr. jurist. Staatsprüf. 1968 München; 1968-72 Verwaltungsdst.; 1972-82 Rechtslehrer Bayer. Polizeischule u. Beamtenfachhochsch.; 1982 Bayer. Grenzpolizei; s. 1984 Leit. - BV: (m. Sommermann) Kommentar z. Strafgesetzb., 1983.

HOPPE, Hans-Günter
Senator a. D., MdB/Berliner Vertr. (s. 1972), Vors. Aussch. f. innerdt. Beziehungen d. Dt. Bundestag - Ahrenshooper Zeile 45, 1000 Berlin 38 (T. 801 76 04) - Geb. 9. Nov. 1922 Stettin (Vater: Artur H., Beamter; Mutter: Gertrud, geb. Wollbrecht), verh. s. 1949 m. Annemarie, geb. Müller (Apothekerin) - Gymn.; Stud. Rechts- u. Staats- wiss. Rostock u. Berlin (FU). Jurist. Staatsprüf. 1951 u. 55 - 1941-46 Wehrdst. u. Kriegsgefangensch.; 1951-63 FU Berlin (b. 1955 Jurist. Fak. (Assist.), dann akad. Verw. (zul. Univ.-Dir.); 1963-71 Finanz- u. Justizsenator (1967) v. Berlin. 1952-58 (1955 Vizepräs.) u. 1963-73 (1971 Vizepräs.) MdA Berlin. 1955-58 u. 1971-73 stv. Präs. Abgeordnetenhaus. FDP s. 1946 (1961-71 stv. Landesvors.; 1968-70 Beis. Parteipräsid.; 1977-87 ständ. Vertreter Bundestagsfrakt. im Parteipräsidium; 1975-87 stv. Vors. FDP-Bundestagsfrakt.) - AR-Mitgl. Volkswagenwerk AG, Wolfsburg; VR-Mitgl. Dt. Siedlungs- u. Landesrentenbank, Bonn u. Mitgl. Stiftungsrat d. Stiftg. Wissensch. u. Politik, Ebenhausen; Präs. Dt. Stiftg. f. intern. Entwickl., Berlin - Liebh.: Literatur, Theater.

HOPPE, Harri
Graveurmeister, Präs. Bundesinnungsverb. d. Graveure, Galvaniseure, Gürtler u. verw. Berufe - Zu erreichen üb. Elisenstr. 5, 5650 Solingen 1 - Geb. 22. Okt. 1936.

HOPPE, Heinrich
Landgerichtspräsident, Mitgl. Hannoversche Landessynode (s. 1959) u. Kirchensenat Hannover (s. 1965) - Soltauer Str. 101, 3140 Lüneburg (T. 4 13 24) - Geb. 21. Febr. 1921 Harburg.

HOPPE, Heinz

Prof., Kammersänger, Lyrischer Tenor - Kurpfalzstr. 59, Haus Drei Birken, 6831 Altlußheim (T. 06205 - 3 36 36) - Geb. 26. Jan. 1924 Saerbeck (Eltern: Franz u. Elisabeth H.), kath., verh. s 1974 m. Claudia, geb. Brauckmann, Tocht. Xenia Katinka - Gesangstud. Musikakad. Münster u. Musikhochsch. Detmold - Mozartinterpret Festspiele New York, Edinburgh, Glyndebourne, Paris, Lissabon, Brüssel - 1962 Kammersänger (jüngster d. Bundesrep. Dtschl.), s. 1977 neb. Konzerttätigk. Prof. f. Sologesang, sowie Leit. Opernschule Staatl. Hochschule f. Musik, Heidelberg-Mannheim. 500 Rundfunkaufn.; 150 Langspielpl. - Liebh.: Klass. Musik, Wandern, Fischen - Rotarier.

HOPPE, Heinz C.
Vorstandsmitglied i.R. Daimler-Benz AG. (1971-82) - Mercedesstr. 136, 7000 Stuttgart 60 - Geb. 16. Febr. 1917 Ostpreußen - Div. Mercedes-Benz AR-Mand. sow. Vors. Gesellschafterausss. Carl Freudenberg, American Express. S. 1983 Ruhest. - 1976 Ehrensenator Wirtsch.univ. Wien, 1977 BVK.

HOPPE, Heinz-Friedrich
Generaldirektor - Erwin-von-Witzleben-Str. 38, 4000 Düsseldorf-Golzheim - Geb. 10. März 1929 Solingen, verh. m. Gertrud, geb. Westhoff - B. 1969 Klöckner & Co., Duisburg, dann Beton- u. Monierbau AG., Düsseldorf (Vorstandsmitgl., 1972 -vors.). 1975 ff. Mitgl. Präsid. Hauptverb. Dt. Bauind. - Liebh.: Golf, Jagd.

HOPPE, Immo

Dr. med., Prof. f. Innere Medizin, Klin. u. Exper. Immunologie sow. Bluttransfusionswesen - Pausiner Str. 26, 1000 Berlin 20 - Geb. 6. Aug. 1933 Berlin - Promot. 1957 Marburg - S. 1969 (Habil.) Lehrtätigk. FU Berlin (1961 Leit. Blutbank/Klinikum Charlottenburg). Üb. 50 Facharb.

HOPPE, Joachim

Dr. theol., Prof. f. Theologie FU Berlin, Pfarrer - Paul-Schneider-Str. 25, 1000 Berlin 46 (T. 774 89 63) - Geb. 10. Nov. 1930 Stettin - Stud. Ev. Theol. u. Erziehungswiss. (1. u. 2. Theol. Ex.), Promot. 1958 - Pfarrer, Oberkonsistorialrat, Prof. FU Berlin - BV: Kirche u. Erziehung im Denken Schleiermachers krit. dargestellt, 1958.

HOPPE, Jörg D.

Dr. med., Arzt, Leit. Arzt d. Abt. f. Pathologie u. Ärztl. Direktor d. Krankenanstalten Düren GmbH, Vorstandsmitgl. Bundesärztekammer, Köln, Vors. Marburger Bund/Verb. d. angest. u. beamt. Ärzte Dtschl., Köln, Vizepräs. Ärztekammer Nordrhein, Düsseldorf - Roonstr. 30, 5160 Düren/Rhld. - Geb. 24. Okt. 1940.

HOPPE, Karl

Konrektor a. D., Staatssekretär Min. d. Finanzen Rhld.-Pfalz (s. 1987), MdL Rhld.-Pfalz (s. 1975) - Kurfürstenwiese, 5411 Simmern - Geb. 6. Dez. 1934 - CDU.

HOPPE, Marianne

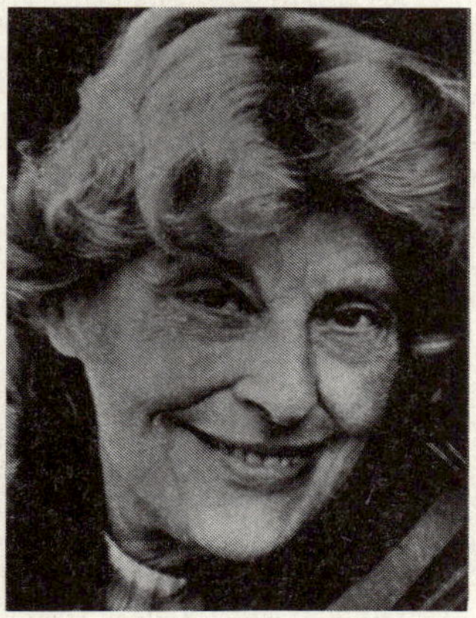

Schauspielerin - 8227 Scharam Post Siegsdorf/Obb. (T. Siegsdorf 9395) - Geb. 26. April 1911 Rostock (Vater: Gustav H., Besitzer Gut Felsenhagen/Meckl.; Mutter: Margarethe, geb. Küchenmeister), ev., jetzt kath., verh. 1936-45 m. Gustaf Gründgens, Schausp., Regiss. u. Theaterint. (†1963 Manila/Philippinen), S. Johann Benedikt - Königin-Luise-Stift u. Handelssch. Berlin; Schauspielausb. Lucie Höflich - Ab 1929 Reinhardt-Bühnen Berlin, Kammersp. München, 1935-45 Staatl. Schauspielhaus Berlin, 1947-55 Städt. Bühnen u. Schauspielhaus Gründgens Düsseldorf, spät. vornehml. Gastsp. (Hamburg, Wien, Salzburger Festsp., USA), Rundfunk u. Fernsehen. Üb. 60 Bühnenrollen, dar. Hauptr. in: Emilia Galotti, Der Widerspenst. Zähmung, Maria Stuart, Tasso, Antigone, Candida, Mädchen in Uniform, Johannisfeuer, Endstation Sehnsucht, Fliegen, Barbara Blomberg, Cocktail Party, D. Mädchen v. Lande, D. Brennglas, An Einzeltischen, Süßer Vogel Jugend, D. Totentanz, Thomas Bernhard: Jagdgesellschaft, Am Ziel. Film: Heideschulm. Uwe Karsten, D. Schimmelreiter, Krach um Jolanthe, Schwarzer Jäger Johanna, Oberwachtm. Schwenke, Wenn d. Hahn kräht, E. Frau ohne Bedeut., Capriolen, D. Herrscher, D. Schritt v. Wege (Effi Briest), Kongo-Expreß, Auf Wiederseh'n, Franziska!, Stimme d. Herzens, Romanze in Moll, Ich brauche dich, D. verlorene Gesicht, Schicksal aus zweiter Hand, Nur e. Nacht, D. Mann meines Lebens, 13 kl. Esel u. d. Sonnenhof - 1971 Berliner Kunstpreis; 1975 Hermine-Körner-Ring; 1976 gr. BVK; 1986 Gr. Berliner Kunstpreis u. Bayer. Maximiliansorden; 1965 o. Mitgl. Akad. d. Künste Berlin.

HOPPE, Rudolf

Dr. med., Prof., Direktor - Oertelstr. 8, 4000 Düsseldorf 1 - Geb. 2. Nov. 1910 Ahaus (Vater: Bernhard H., Sanitätsrat; Mutter: Antonia, geb. ten Brink), kath., verh. s. 1949 m. Dr. med. Hanna, geb. Heinzelmann, 3 Kd. (Reinhold, Rudolf, Ingrid) - Leit. ärztl. Dienst Landesversicherung Rheinprovinz, Prof. f. Sozialmed. Univ. Düsseldorf. Fachmitgl.sch., 85 Fachveröff., Buchbeitr. üb. Krebs, Tuberkulose, Soz.med. u. med. Dokumentation - Redecker-Preis, Ernst-v.-Bergmann-Plak., BVK, Ehrenmitgl.-schaften.

HOPPE, Rudolf

Dr. Dr. rer. nat. h.c., o. Prof. f. Anorgan. u. Analyt. Chemie - Universität, 6300 Gießen - Geb. 29. Okt. 1922 Wittenberg/Prignitz - S. 1958 (Habil.) Lehrtätigk. Univ. Münster (1961 Prof.) u. Gießen (1966 Ord.) - Entd. üb. 1000 neue Fluoride (z.B. XeF_2) u. Oxide (z.B. CsAuO) sowie Sulfide. Üb. 500 Fachveröff. Mithrsg. d. Ztschr. f. Anorgan. u. Allgem. Chemie (1981) - 1963 Preis f. Chemie Akad. d. Wiss. Göttingen, 1974 Alfred-Stock-Gedächtnispreis Ges. Dt. Chem., 1986 Moissan-Med. Soc. Chim. d. France, Mitgl. d. Akad. Leopoldina (Adjunkt f. d. Land Hessen), Korrespond. Mitgl. d. Österr. Akad. d. Wiss. u. d. Bayer. Akad. d. Wiss.

HOPPE, Ulf Armin

Kaufmann (Detektei Tudor, U.A. Hoppe'sche Haus- u. Liegenschaftsverw. GmbH, Tudor Geldtransporte, Tudor Bewachung, Tudor bewaff. Personenschutz), Sachverst. f. Ballistik - Rothschildallee 4, 6000 Frankfurt 60 (T. 0611 - 29 45 95) - Geb. 8. Febr. 1945 Luckau/Mark (Vater: Eberhard H., Beamt.; Mutter: Anneliese, geb. Heiden), ev. - Liebh.: Alte Gemälde, Bootssport - Spr.: Engl.

HOPPE, Werner

Dr. jur., o. Prof. f. Staats- u. Verwaltungsrecht, Dir. Inst. f. öfftl. Recht u. Politik Univ. Münster, gf. Direktor Zentralinst. f. Raumplanung Univ. Münster, gf. Direktor Freiherr-v.-Stein-Inst. - Erphorstr. 36, 4400 Münster - Geb. 18. Juni 1930 Münster (Vater: Rudolf H., Bankdir.; Mutter: Mathilde, geb. Schweins), kath., - 1959-72 RA u. Notar, s. 1972 Univ. Münster. Mitgl. d. Rates v. Sachverst. f. Umweltfragen - BV: u. a. D. Gemeinde-Verf., d. Gemeinderecht in Nordrh.-Westf. Bd. I, 2, 1962 (m. Zuhorn); Rechtsschutz b. d. Planung von Straßen, 2. A. 1981 (m. Schlarmann); D. kommunale Bauleitplanung, 1973 (m. Rengeling); Rechtsschutz b. d. kommun. Gebietsref., 1973 (m. Rengeling); Öffentl. Bau- u. Bodenrecht, Raumplanungsrecht, 2. A. 1981 (m. Ernst); Raumordn.- u. Landesplanungsrecht d. Bundes u. d. Landes Rhld.-Pfalz (m. Menke), 1986; Nordrh.-westf. Staats- u. Verwaltungsrecht, 1986; Raumordn.- u. Landesplanungsrecht d. Bundes u. d. Landes Nieders. (m. Schoeneberg), 1987. Herausg.: D. Recht d. Raumordn. u. Landesplanung in Nordrh.-Westf. in: Grimm/Papier; Umweltrecht (m. Beckmann, 1989).

HOPPE, Wolfgang

Dr. med., Dr. med. dent., Prof. - Wismarweg 5, 2400 Lübeck - Geb. 12. März 1923 Luisenthal-Stutzhaus/Thür. (Vater: Fritz H., Zahnarzt), ev., verh. s. 1952 m. Hildegard, geb. Ackermann, 3 Kd. (Ulrike, Martina, Florian) - Obersch.; Univ. Würzburg u. Erlangen. Habil. 1959 Kiel - 1949-53 Assist. Pathol. Inst. Univ. Erlangen; 1953-68 Assist. u. Oberarzt (1960) Univ.klinik f. ZMKheilkd. Kiel, s. 1968 Leit. Abt. Kieferkrankh./Med. Hochsch. Lübeck. S. 1959 Lehrtätigk. Univ. Kiel (1965 apl. Prof.) - BV: D. Lagergewebe subperiostaler Gerüstimplantate, 1960; Lippen-, Kiefer- u. Gaumenspalten, 1965 - 1960 korr. Mitgl. Ital. Ges. f. plast. Chir. - Spr.: Engl., Franz.

HOPPENHAUS, Karl Wilhelm

Dr. agr., Unternehmer, Vorstand Bundesverb. Dt. Kornbenner (s. 1972) - Am Ideck 9, 5657 Haan (T. 02129 - 30 96) - Geb. 26. Jan. 1928 Haan (Vater: Carl H., Fabrikant; Mutter: Anneliese, geb. Glaser), ev., verh. s. 1957 m. Ilse, geb. Kämmerling, 3 Kd. (Axel, Felix, Kristin) - 1949-52 TH München-Weihenstephan (Brautechnik, Dipl.-Brau-Ing.); 1952-55 Univ. Köln (Biochemie); Promot. 1955 TH München - Ab 1972 Vors. Verb. Rhein. Kornbrenner, ab 1978 Mitgl. Vollvers. IHK Düsseldorf - Spr.: Engl.

HOPPENSTEDT, Dietrich Hermann

Dr. jur., Präsident d. Niedersächs. Sparkassen- u. Giroverb. (s. 1983) - Schiffgraben 6, 3000 Hannover - Geb. 16. Sept. 1940 Osnabrück (Vater: Friedrich H., Landesforstm. a.D.; Mutter: Hanna, geb. Hemeling), ev., verh. s. 1968 m. Elke, geb. Kuckuck, 3 Söhne (Hendrik, Björn, Arne) - Stud. Rechts- u. Staaswiss. Univ. Göttingen u. Hamburg, 1. Ex. 1967, 2. Ex. u. Promot. 1971 - 1971-77 Geschäftsf. Wasserverbandstag Nieders. e.V.; 1977-79 Oberkreisdir. Uelzen; 1979-83 Staatssekr. im Nieders. Min. f. Ernähr., Landwirtsch. u. Forsten - Spr.: Engl.

HOPPENSTEDT, Roland

Dipl.-Landw., Verleger - Römheldweg 20, 6100 Darmstadt (T. 7 73 82) - Geb. 20 Juni 1924 Blankenburg (Vater: Roland H., Verleger; Mutter: Isa, geb. Thielen), ev., verh. s. 1952 m. Margarete, geb. Busch, 4 Kd. (Isa, Roland, Jan-Hendrik, Friederike) - Obersch.; Stud. Landw. (Diplomprüf. 1949) - S. 1950 Verlag Hoppenstedt & Co., Darmstadt.

HOPPMANN, Erich

Dr. rer. pol., o. Prof. f. Volkswirtschaftslehre - Hebelstr. 26, 7831 Malterdingen - Geb. 31. Dez. 1923 Gelsenkirchen - Univ. Würzburg u. Köln (Wirtschaftswiss.). Promot. 1952; Habil. 1955 - 1956 Privatdoz. Univ. Würzburg, 1960 ao. Prof. Hochsch. f. Wirtschafts- u. Sozialwiss. Nürnberg, 1962 o. Prof. Univ. Marburg, 1968 Univ. Freiburg. Vorst. Walter Eucken Inst. Freiburg - BV: (1956-64): D. Periodenanalyse als Theorie d. volksw. Dynamik; Vertikale Preisbind. u. Handel; Binnenhandel u. - politik; Exportkartell u. Wettbew. (m. E. Schäfer u. H. Eichler); Normenzwecke u. Systemfunktionen im Recht d. Wettbew.sbeschränk., 1974 (m. Mestmäcker); D. Abgrenz. d. relevanten Marktes, 1974; Preiskontrolle u. Als-Ob-Konzept, 1975; Marktmacht u. Wettbewerb, 1977. D. Konzept d. wirksamen Preiswettbewerbs, 1978; Behinderungsmißbrauch, 1980; Marktbeherrsch. u. Preismißbrauch, 1983; Wirtschaftsordnung u. Wettbewerb, 1989. Herausg.: Konzertierte Aktion - Krit. Beitr. zu e. Experiment (1972); Festschr. Friedrich A. v. Hayek (1980). Mithrsg.: Rationalisierung durch Kartelle? (1972); Schriftenreihe Wirtschaftsrecht u. -politik; Schriften d. Inst. f. Allg. Wirtschaftsforsch.; Ordo-Jahrb. Üb. 100 Einzelarb.

HOPT, Klaus J.

Dr. jur., Dr. phil., M.C.J., o. Prof. f. Bürgerl. Recht, Handelsrecht, Dt. u. Europ. Wirtschaftsrecht, Rechtsvergleichung, -soziologie u. -informatik Univ. München, Vorst. d. Inst. f. Intern. Recht - Ludwigstr. 29, 8000 München 22 - Geb. 24. Aug. 1940 Tuttlingen (Vater: Dr. med. Theo H.; Mutter: Dr. med. Maria, geb. Gruber), kath., verh. s. 1968 m. Nhu Dung Hopt-Nguyen, geb. Nguyen - Promot. München (1967) u. Tübingen (1968) - Habil. München (1973) - S. 1974 o. Prof.; Lehrtätigk. Univ. Tübingen (1974-78 u. 1980-85), Europa-Univ. Florenz (1978-1980, Leit. Fachber. Rechtswiss.), Univ. Bern (1985-87); External prof. Europa-Univ. Florenz (1988ff.). 1979 Gastprof. Univ. of Pennsylvania/Philadelphia (USA), 1981 u. 1983 Gastprof. Europa-Univ. Florenz, 1987 Gastprof. Sorbonne (Paris I), 1988 Gastprof. Univ. Kyoto (Japan), 1989/90 Gastprof. Univ. Libre de Bruxelles (Belgien). Mitgl. Intern. Faculty for Corporate and Capital Market Law (s. 1975). Richter am OLG Stuttgart (1981-85) - BV: Schadensersatz aus unberecht. Verfahrenseinltg., 1968; D. Dritte Gewalt als polit. Faktor, 1969; Europ. Insiderrecht (m. Will), 1973; Kapitalanlegerschutz im Recht d. Banken, 1975; Inwieweit empfiehlt sich e. allgem. gesetzl. Regelung d. Anlegerschutzes? Gutacht. f. d. 51. Dt. Juristentag, 1976; Gesellschaftsrecht (m. Hehl), 1979, 3. A. 1987; Handelsrecht (m. Mössle), 1986; Legal Harmonization and the Business Enterprise (m. Buxbaum), 1988; Baumbach-Hopt, Komment. z. Handelsgesetzb. (28. A. 1989); Kreditrecht (m. Mülbert), 1989. Zahlr. Aufs. u. Beitr. im In- u. Ausland. Herausg.: European Merger Control (1982); Groups of Companies (1982); Corporate Governance and Directors' Liabilities (m. Teubner) (1985); Mitherausg. versch. in- u. ausl. Ztschr. u. Reihen - 1967 Fakultätspreis München - Liebh.: Kunst u. Musik - Spr.: Engl., Franz., Ital., Span. - Rotarier.

HORA, Heinrich

Dr. Sc., Dr. rer. nat., o. Prof., Direktor Inst. Theoret. Physik Univ. New South Wales Sydney (s. 1975) - 12 Duggan Cres., Donnels Point 2221, Australien (T. 02-547 14 24) - Geb. 1. Juli 1931 Wenzelsdorf-Bodenbach (Vater: Dipl.-Ing. Otto H., Pionier d. chem. Verfahrenstechn.), kath., verh. s. 1956 m. Rosemarie, geb. Weiler, 6 Kd. (Dr. Michael, Ulrike Hora-McCluskey, Dr. Maria Carmody, Beate, Dorle Minikin, Regina) - Dipl.-Phys. 1950-56 Univ. Halle-Wittenberg; Promot. 1960 Univ. Jena; 1981 Univ. New South Wales (Dr. sc.) - 1956-61 Forsch.-Lab. Zeiss; 1961/62 IBM Lab.; 1962-75 MPI f. Plasmaphysik; 1967/68 Westinghouse Res.; 1972-75 Gemeinderat (CSU) Ottobrunn; s. 1978 UN-IAEA Austral. Deleg. ICF Ctte.; 1984/85 Präs. Austral. Inst. Phys. NSW - Entw.: Korrespondenzprinzip f. elektromagn. Wechselw.; Schwarz-Hora Effekt; nichtlineare Kraft d. Laser-Plasma Wechselw., Kluster-Laser - BV: Laser Plasmas and Nuclear Energy, 1975; Nonlinear Plasma Dynamics, 1979; Physics of Laser Driven Plasmas, 1981 (russ. 1986); Introduct. to Equations of State, 1986 (m. S. Eliezer, A. Ghatak u. E. Teller). Begründer u. Herausg.: Laser and Particle Beams, Cambridge Univ. Press (s. 1982). Gründer u. Mithrsg.: Serie Laser Interaction and Related Plasma Phenomena, 10 Bde. (s. 1971); weitere 220 Veröff. - Dt. Sportabz. (Gold. 1982) - 1972 USAF Schwarz-Hora Lctr.; 1978 Slaner Lctr. Nuclear Club Wall Street; 1979 Med. Lebedev Inst.; 1985 Ritter-von-Gerstner Med. - Liebh.: Klavier, Schwimmen, Golf - Lit.: Sudetendt. Archiv (1981).

HORACEK, Milan

Elektromonteur, Politologe, MdB (s. 1983 Landesliste Hessen) - Mainzer Landstr. 50, 6000 Frankfurt/M. - Geb. 30. Okt. 1946 Groß-Ullersdorf (Tschechosl.) - Lehre Elektromonteur; n. 2 J. Strafbataillon in CSSR, Tätigk. als Elektromonteur in d. Bundesrep. u. Arb. in Redakt. D. Gewerkschaftler, Frankfurt/M., ab 1973 Stud. Frankfurt (2. Bildungsweg) - Herausg. u. Mitgl. Redakt.-Kr. d. tschech. Ztschr.: Listy. Die Grünen (s. 1983 Gründ.-Mitgl. Liste Hessen; s. 1979 Partei; 1981-83 Stadtparlam. Frankfurt/M.).

HORATSCH, Elfriede

Geschäftsführerin JaDekor KG, Köln - Heumarkt 52, 5000 Köln 1 (T. 0221 - 21 04 31-33) - Geb. in Wien (Vater: Alfred Lugner, Berufsoffz.; Mutter: Martha, geb. Leo), verh. m. Erich Horatsch, 2 Kd. (Dolores, Michaela) - Tanz- u. Klavierausb. (Prof. Raupenstrauch), Konservat. Wien; Handelsakad. - Tätigk.

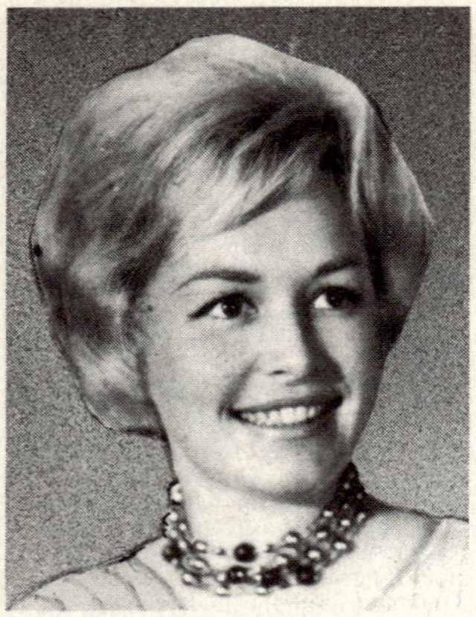

b. Theater u. Film (Staatsoper Wien Solotanz, Filme u.a. Prinzessin Sissy m. Paul Hörbiger), Journ. f. Filmztschr. (Interviews m. Schausp.), Send. im österr. Rundf.; Gründ. Kosmetikfa. Jugo (Herst. u. Vertrieb v. Kosmetikart.); s. 1966 Werbefa.; 1972 Gründ. Fa. JaDecor, Berlin (Einf. e. neuen Wandbekleid., Wandbeschicht. aus reinen Naturprod. wie Baumwolle, pflanzl. Rohstoffen, Mineralien, Leder, auf d. Sektor d. einzige reine Naturprod., baubiolog. geprüft u. empfohlen. Ständ. Qualitätskontr. durch d. Bundesanst. f. Materialforsch. u. -prüfung (BAM) Berlin. Urkunde d. Verb. d. Materialprüf.amtes (VMPA). Frau H. ist Expertin auf d. Gebiet d. Entw. u. Einf. v. Wandbeschicht. aus reinen Naturprodukten, d. v. ihr entw. Therapie ermögl. d. Menschen in d. m. JaDekor ausgestatteten Räumen gesundes Leben u. Arbeiten - Liebh.: Musik, Tanz, Lit., Sport, Asienstudienaufenthalte - Spr.: Engl., Franz., Ital.

HORATZ, Karl

Dr. med., o. Prof. f. Klin. Anaesthesiologie - Erikastr. 134, 2000 Hamburg 20 (T. 47 78 13) - Geb. 14. Jan. 1913 Köln - S. 1957 (Habil.) Lehrtätigk. Univ. Hamburg (1966 Ord. u. Dir. Abt. f. Anaesthesiol./Chir. Klinik). Fachveröff.

HORATZ, Ludwig

Dr. rer. pol., Dipl.-Kfm., Dipl.-Volksw., Vorstandsvorsitzender Phoenix AG, Hamburg - Zu erreichen üb. Phoenix AG, Hannoversche Str. 88, 2100 Hamburg 90 (T. 040 - 76 67-242) - Geb. 20. März 1929 Köln (Vater: Dr. Joseph H., Vorst.-Vors. Felten & Guilleaume Carlswerk AG, Köln †1966 (s. XIV. Ausg.); Mutter: Maria, geb. Lamine), kath., verh. s. 1957 m. Dr. Elisabeth, geb. Siebers, 4 Töcht. (Marie-Luise, Barbara, Isabel, Brigitte) - Gymn. Köln; Stud. Volks- u. Betriebsw. sow. Rechtswiss. Köln, USA, Paris (Sorbonne). Dipl.-Volksw. (1952), Dipl.-Kfm. (1953) u. Promot. (1954) Köln - 1954-56 Dt.-Atlant. Telegraphen-Ges., Köln, 1956-57 Rhein.-Westf. Revision Treuhand AG, 1957-68 Felten & Guilleaume Carlswerk AG ebd. (zul. Dir.), 1959-62 Finanzdir. Compagnie Europ. d. Tubes Telephoniques SA Paris, 1968-82 Finanzvorst. Clouth AG, Köln, zul. Vorst.-Mitgl. Phoenix AG (Ressort Finanzen, Rechnungswesen, Materialwirtsch.), Hamburg - BV: Organisation u. Finanzierung d. intern. Nachrichtenverkehrs, 1954; D. amerik. Nachrichtenges., 1957; Telegraphieverkehr, 1968; Seekabelbetriebsges., 1968 - Spr.: Engl., Franz. - Rotarier.

HORBACH, Gerd

Dipl.-Kfm., Verlagsgeschäftsführer (Bachem/Hegner) - V. d. Siebenburgen 45, 5000 Köln - Geb. 9. Nov. 1925.

HORBACH, Lothar

Dr. med., o. Prof., Vorstand d. Instituts f. Medizin. Statistik u. Dokumentation Univ. Erlangen-Nürnberg (s. 1972) - Im Pfarrgarten 9, 8525 Uttenreuth (T. 5 59 24) - Geb. 21. Dez. 1927 Ludweiler/S. (Vater: Karl H., Angest.; Mutter: Klara, geb. Müller), ev., verh. s. 1958 m. Ursula, geb. Jurksch, 4 Kd. (Ulrich, Jens, Jürgen, Regine) - Stud. Univ. d. Saarlandes, Nancy u. Paris; Promot. 1956 Homburg/Saar; Habil. 1968 Mainz - Inu. ausl. Fachmitgl.sch. 1983-85 Präs. Dt. Ges. f. Med. Dok., Informatik u. Statistik (GMDS) - BV: Fluglärmwirkungen, 1974 (m. a.); Berufskrebsstudie, 1981 (m. a.) - Liebh.: Violine, Malerei - Spr.: Engl., Franz.

HORBATSCH, Anna-Halja,

geb. Lutziak

Dr. phil., Übersetzerin u. Journ. - Michelbacherstr. 18, 6101 Reichelsheim-Beerfurth - Geb. 2. März 1924 Brodina/Bukovina, griech.-uniert, verh. s. 1948 m. Prof. Dr. Olexa H., 3 Kd. (Katerina, Marko, Marina) - Stud. Slavistik, Roman., osteurop. Gesch. Univ. Göttingen u. München; Promot. 1950 München - Fr. Mitarb. Inst. Glaube in d. 2. Welt u.a. Inst. (Schwergewicht Osteuropa) - Übers. aus d. ukrain. Lit., u.a. Blauer November (1959); E. Brunnen f. Durstige (1970); Wilde Steppe Abenteuer (1974); ukrain. Samisdatlit. u. Samisdatdok. d. Bürgerrechtsbeweg. Zahlr. Art. z. Thematik d. liquidierten Ukrain. Kath. Kirche u. ihrer Wiedergeb. im Untergrund, lit.-wiss. Beitr. zu ukrain.-dt. u. ukrain.-rumän. lit. Beziehungen, u.a. m. Marina Horbatsch: Angst, ich bin dich losgeworden, Samisdatlyr. (1983) - Spr.: Ukrain., Russ., Franz., Engl., Rumän.

HORBATSCH, Olexa

Dr. phil., o. Prof. f. Slavistik (Lehrstuhl II) Univ. Frankfurt (s. 1966) - Michelbacherstr. 18, 6101 Reichelsheim-Beerfurth (T. 06164 - 18 36) - Geb. 5. Febr. 1918 Romaniw/Galizien (Vater: Theodor H., Bauer; Mutter: Katharina, geb. Wijtowytsch), griech.-kath., verh. s. 1948 m. Dr. Anna-Halja, geb. Lutziak, 3 Kd. - Reifeprüf. 1936 Gymn. Lemberg; Promot. 1948 Ukrain. Fr. Univ. München; Habil. 1951 ebd. - 1952-66 Lektor Univ. Göttingen, Marburg (1956), Frankfurt (1958) - BV: M. Smotryckyj, Grammatik, 4. A. 1964; De tribus textibus Liturgicis Ecclesiasticae (Paleo) Slavicae in Manuscriptis Vaticanis, 1966; De Manuscripto primi ucraino-latini vocabolarii Arsenii Korećkyj-Satanovśkyj et Epiphanii Slavynéckyj typis nunc mandate, 1968; Adelphotes, D. erste gedruckte griech.-kirchenslav. Grammatik, L'viv 1591, 1973 (Spec. Phil. Slav. Bd. 2); Meletij Smotryckyj, Hrammatiki Slavenskija Pravilnoe Syntagma, Jevje 1619, 1974 (Spec. Phil. Slav. Bd. 4); Pavlo Buzuk, Istorija ukrajinskoji movy, Kyjiv 1927, 1985; Zwei Počajiver Altdrucke 1770/1790, 1985; Tymčenko Jevhen, Istoryčnyj slovnyk ukrajinskoho jazyka, I, A-Z, Kyjiv 1930-32, 1985; Hordynskyj Jaroslav, Literaturna krytyka Pidsovjetskoji Ukrajiny, L'viv-Lemberg 1939, 1986; Červinska L.F., Dykyj A.T., Pokažčyk z ukrajinskoji movy, Charkiv 1929-30, 1986; A.M. Lejtes, M.F. Jašek, Desjat' rokiv ukrajinskoji literatury, I u. II, 1986. Herausg.: Specimina Philologiae Slavicae (m. G. Freidhof), s. Schriftenverz. Studia Slavica, T.I S. 20-28 (1983). Zahlr. Arb. z. ukrain. Lexikologie u. Dialektol. - Spr.: Pol., Ukrain., Russ., Serbokroat., Tschech., Bulgar., Engl., Franz.

HORBELT, Klaus

Dipl.-Kfm., Unternehmensberater (Führungssysteme, Projektmanagement) - Hagebuttenstr. 8a, 8510 Fürth-Dambach/Bay. - Geb. 24. Okt. 1928 Nürnberg (Eltern: Willi u. Katharina H.), verh. s. 1958 (Ehefr.: Christa), S. Stefan - Wirtschaftsobersch. Nürnberg; Univ. Erlangen-Nürnberg (Betriebsw.; Dipl.) - Zul. Dir. IBM Dtschl. GmbH., Stuttgart - Spr.: Engl.

HORCH, Hans-Henning

Dr. med., Dr. med. dent., o. Prof., Mund-Kiefer-Gesichtschirurg, Dir. Klinik u. Poliklinik f. Zahn-, Mund- u. Kieferkrankheiten rechts d. Isar TU München - Ismaninger Str. 22, 8000 München 80 (T. 089 - 41 40 29 20) - Geb. 28. Sept. 1941 Breslau, verh. m. Dr. Leonore, geb. Kolb, 2 Kd. (Hans-Joachim, Caroline) - Med.-Stud. u. Stud. Zahnheilkd. Univ. Köln, Bonn u. Innsbruck; Promot. 1969 u. 1972 Bonn, Habil. f. Kiefer- u. Gesichtschir. 1978 Düsseldorf - S. 1985 Lehrst. f. Zahn-Mund- u. Kieferheilkd., insbes. Mund-Kiefer- u. Gesichtschir. S. 1981 Generalsekr. Dt. Ges. f. Mund-Kiefer- u. Gesichtschir. - BV: Laserosteotomie u. Anwendungsmöglichk. d. Lasers in d. oralen Weichteilchir., 1983 - 1978 Martin-Wassmund-Preis Dt. Ges. f. Mund-Kiefer- u. Gesichtschir.

HORCH, Werner

Dipl.-Brauereiing., Brauereidirektor i. R., Beiratsvors. Malzfabrik Rheinpfalz GmbH., Pfungstadt - Pastoratsweg 15, 4600 Dortmund 50 - Geb. 19. Aug. 1913 Pfungstadt (Vater: Dipl.-Brauereiing. Rudolf H., Brauereidir.; Mutter: Elsbeth, geb. Quodbach), verh. s. 1940 m. Christa, geb. Engelhard, 2 Kd. (Hans-Henning, Dorothee) - Realgymn. (Abit.); Brauerlehre; LH Berlin (Gärungswiss.; Dipl. 1939) - Zul. Vorstandsmitgl. Ritterbrauerei AG., Dortmund.

HORCHEM, Hans Josef

Dr. jur., Rechtsanwalt, Senatsdirektor a.D. - Godesberger Allee 99, 5300 Bonn 2 (T. 37 62 83) - Geb. 26. Aug. 1927 Erp - Stud. Gesch., Rechts- u. Staatswiss. Univ. Mainz u. Köln; Promot. 1954; Gr. jur. Staatsprüf. 1955 - 1955-57 Richter; 1957-68 Bundesamt f. Verfassungsschutz. 1969-81 Leit. Landesamt f. Verfassungsschutz Fr. u. Hansestadt Hamburg. Res. Fell. Center f. Strategic and Intern. Stud. Georgetown Univ. Washington, Center f. Strategic Stud. Tel-Aviv Univ. - BV: The Long March through the Institutions, 1973; West Germany's Red Army Anarchists, 1974; Extremisten in e. selbstbewußten Demokr., Rightist Extremism in the Federal Republic of Germany, 1979; Sowjet-Spionage als Mittel imperialist. Politik, 1983; D. verlorene Revolution, 1988 - Spr.: Engl., Franz., Span., Ital.

HORDORFF, Gerhard

Dipl.-Math., Vorstandsmitglied Frankona Rückversicherungs-Aktien-Gesellschaft - Maria-Theresia-Str. 35, 8000 München 80; priv.: Grimmelshausenstr. 2 (T. 91 64 08) - Geb. 21. Dez. 1925 Neustrelitz/Mecklenburg (Vater: Dr. Arthur H., Oberstudiendir.; Mutter: Magdalene, geb. Plenz), ev., verh. m. Ruth, geb. Schleiermacher, 2 S. (Dirk, Ulf) - Humanist. Gymn.; Stud. d. Math. Univ. Hamburg (Dipl. 1956) - S. 1956 (Handlungsbevollm.) Versicherungswirtsch. (1959 Prokurist, 1965 stv. Dir., 1969 Dir., 1971 stv. Hauptbevollm.) - Liebh.: Gesch., Tennis - Spr.: Engl.

HORENBURG, Wolf

Dipl.-Braum., Vorstandsvorsitzer Hofbrauhaus Wolters AG., Braunschweig - Wolfenbütteler Str. Nr. 38, 3300 Braunschweig - Geb. 20. Sept. 1934 Brieg/O. (Vater: Kurt H., Brauereidir. i. R.; Mutter: Illa, geb. v. Koschützky), ev., verh. s. 1964 m. Marianne, geb. Bock, 2 Kd. (Ira, Mark) - Div. Ehrenämter u. Mandate.

HORLACHER, Hellmut

Dr., Verbandsdirektor, Vorstandsvors. Bayer. Raiffeisenverb. (s. 1970) u. d. Raiffeisen-Pensionskasse aG, stv. VR-Vors. Bayern-Versich., AR-Mitgl. Bayer. Versicherungsbank Allianz AG, AR-Mitgl. BayWa AG, alle München - Zu erreichen üb.: Bayer. Raiffeisenverb., 8000 München 2 (T. 21342801) - Geb. 1927 - AR-Mitgl. SDK-Süddt. Krankenversich. AG, Stuttgart; AR-Vors. Rechenzentrale Bayer. Genoss. eG, München; AR-Vors. Bayer. Landesbuchst. Revisions- u. Steuerberatungsges. mbH f. Landw. u. Gewerbe, München.

HORMANN, Ewald

Vorstandsmitglied L. Possehl & Co. mbH - Beckergrube 38-52, 2400 Lübeck - Geb. 25. Juni 1916 Lübeck.

HORN, Adam

Dr. phil., Dr. rer. pol., o. Prof. f. Volkswirtschaftslehre - Albert-Einstein-Ring 13, 6104 Seeheim 3 (T. 06257 - 8 17 92) - Geb. 8. Juli 1911 Darmstadt (Vater: Friedrich H., Kaufm.; Mutter: Anna, geb. Schmitt), verh. s. 1936 m. Gerda, geb. Schmittdiel - Promot. (1936 u. 43) u. Habil. (1950) Gießen - S. 1950 Lehrtätigk. Univ. Gießen (1956 apl. Prof.), Hochsch. f. Sozialwiss. Wilhelmshaven (1957 Ord.), TH Darmstadt (1959; 1962/63 Rektor) - BV: Betriebsgröße u. Kapitalbedarf, 1957. Fachaufs.

HORN, Camilla

Schauspielerin - Steindlgasse 2, 8036 Herrsching/Ammersee - Geb. 25. April 1903 Frankfurt/M. (Eltern: Wilhelm (Bahnbeamter) u. Martha H.), neuapostol., gesch. - Kunstgewerbesch. (Mode); Tanzausbild. Rudolf v. Laban; Schauspielunterr. Luzzi Höflich - Viele Bühnenrollen, u. a. Gigi. Etwa 80 Filme, dar. Faust, Tempest, König d. Bernina, Friedemann Bach, Weiße Sklaven, Fahrendes Volk - 1974 Bundesfilmpreis (Filmband in Gold), 1988 Bayer. Filmpreis (Schloss Königswald) - Spr.: Engl.

HORN, Dietward

Dipl.-Wirtsch.-Ing., Vorstandsmitglied G. M. Pfaff AG. u. Sprecher Haushaltsmaschinenbereich - Königstr. 154, 6750 Kaiserslautern (T. 0631 - 8 82 00); priv.: Im Rosengärtle 1a, 7500 Karlsruhe 41 (T. 0721 - 400 14 88) - Geb. 26. Nov. 1929 Kuckerneese/Ostpr. (Vater: Dr. Friedrich H., RA u. Notar; Mutter: Helene, geb. Kosack), ev., verh. m. Inge, geb. Echler, 2 Töcht. (Birgitt, Susanne) - TH Darmstadt (Wirtsch.singenieurwesen). Dipl. 1957 - Tätigk. in Wirtsch.sverb. u. RKW; 1961 Vorstandsassist. Gritzner-Kayser AG., 1963 G. M. Pfaff AG.; 1965 Geschäftsf. Pfaff-Gritzner Export GmbH.; s. 1967 wieder G. M. Pfaff AG (stv. Vorstandsmitgl.) - Spr.: Engl., Franz.

HORN, Erna

s. Arndt, Erna

HORN, Erwin

Oberstudiendirektor a. D., MdB (s. 1969; Wahlkr. 131/Gießen) - Kirchstr. 49, 6301 Fernwald - Geb. 2. Mai 1929 Annerod, verh., 2 Kd. - Volks- u. Aufbausch. (Abit. 1948); 1949-55 Stud. Gesch., Dt., Engl., Phil., Politik. Staatsex. 1955 - 1955-62 Ausb. u. Tätigk. als Studienrat; 1962-66 Fachlehrer f. Sozial- u. Gemeinschaftskd. Studiensem. Gießen, 1966-69 Oberstudiendir. Gymn. Nidda; 1981-85 Vors. Militärausschuß Nordatlant. Vers.; s. 1985 Vors. sozialdemokrat.-sozialist. Fraktion Nordatlant. Vers. S. 1962 Unterbez.vors. SPD Gießen; 1960-76 Kreistagsabg.; 1980-83 stv. Vors. Verteidigungsaussch., s. 1983 Obmann d. SPD im Verteidigungsaussch.; 1977-88 Fraktionsvorst. SPD.

HORN, Fritz

Geschäftsführer Arbeiterwohlfahrt/Bezirksverb. Hessen-Nord - Ruhlstr. 6, 3500 Kassel.

HORN, Gerd

Dipl.-Kfm., gf. Gesellschafter MEDITRONIC GmbH (s. 1987) - Am Vorort 21-23, 4630 Bochum; priv.: Bochumer Str. 3, 6620 Völklingen (T. 06898 - 2 18 41) - Geb. 24. Nov. 1938 Essen, ev., verh. s. 1966 m. Heide, geb. Neuhaus, 2 T. (Christine, Verena) - Abit. 1956; 1956-58 Kaufm. Lehre; 1959-65 Stud. Betriebsw. Univ. Münster - 1965-68 Direktionsassist. Vertrieb Ind./Handel, 1968-70 Prok. Handel, ab 1970 Vorst./Geschäftsf. Handel/Dienstleist. - Liebh.: Musik, Lit., Wandern - Spr.: Engl.

HORN, Hannelore
Dr. phil., Prof. f. Intern. Politik u. vergl. Lehre FU Berlin - Wachtelstr. 16b, 1000 Berlin 33.

HORN, Hans
Dr. phil., Prof. f. Didaktik d. Grundschule Univ. Frankfurt/M. (Fachbereich Erziehungswiss.) - Niddering 20, 6368 Bad Vilbel 5.

HORN, Hans-Dieter

Dr. med., Arzt f. Innere Krankheiten in eig. Praxis - Benekestr. 46, 2982 Norderney (T. 04932 - 25 25) - Geb. 5. Juli 1927 Tilsit/Ostpr. (Vater: Fritz H., Gutsbesitzer v. Ernstthal I; Mutter: Marie, geb. Lautzas), verh. s. 1966 m. Marga, geb. Nitz - Abit. 1947; Univ. Mainz, Düsseldorf (Stud. gen. b. Prof. K. Holzamer, Med.); Staatsex. u. Promot. 1955 - 1955-58 Assist. Med. Akad. Düsseldorf; 1958-60 Ausbildungsstip. d. DFG am MPI f. Biochemie München (Dir. Prof. Adolf Butenandt); 1960-69 weitere Ausbild. z. Facharzt f. Inn. Krankh. in Marburg u. Homburg/S.; 1969-76 Leit. d. Inn. Abt. u. Chefarzt d. Städt. Krkhs. Norderney; 1976ff. Internist in eig. Praxis - Zahlr. Veröff. in Fachztschr. u. Lehrb. - Nationale u. intern. Ehrungen u. Ausz.: 1986 Grand Ambassador of Achievement Intern. d. Amerik. Biogr. Inst., Deputy Governor d. American Biogr. Inst. Res. Assoc.; 1987 Award of an Hon. Doct. of Med. Intern. Univ. Found., Delaware, USA; 1987 Intern. Cultural Dipl. of Honor d. Intern. Biogr. Inst. Raleigh/USA; 1988 Albert Einstein Bronze Med. Award d. A. E. Intern. Acad. Found/USA, Hon. Appointment to the Res. Board of Advisors d. Amerik. Biogr. Inst.; 1989 World Decoration of Excellence d. ABI - Raleigh, N. C., America; 1989 Award of an Honorary Doctorate of The Albert Einstein Intern. Acad. Foundation, Delaware, USA - Liebh.: früher hochalpiner Ski- u. Wandersport; jetzt dt. u. osteurop. Gesch.; Musik - Spr.: Engl.

HORN, Hans-Jürgen
Dr. phil., o. Prof. f. Klass. Philologie Univ. Mannheim (s. 1976) - Schloß, 6800 Mannheim; priv.: Goebenstr. 16, 5000 Köln 1.

HORN, Hartmut
Dr. phil., Univ.-Prof. f. Soziol. u. Sozialpäd. - Hessenbank 14, 4600 Dortmund 50 (T. 71 63 82) - Geb. 1. März 1930 Oldenburg/O. (Vater: Studienrat Dr. Johannes H., Pfarrer; Mutter: Gertrud, geb. Müller), ev., verh. (1968) m. Dr. med. Brigitte, geb. Hämmerling, 2 Söhne (Friedemann, Peter) - Univ. Marburg u. Wien (Psych., Soziol., Päd.). - Dipl.-Psych. 1956 - Volks- u. Sonderschullehrer; 1964-66 Leit. Testabt. Dt. Inst. f. Intern. Päd. Forsch. Frankfurt/M.; s. 1966 Prof. Päd. Hochsch. Ruhr, 1980 Univ. Dortmund, Fachber. Sonderpäd. u. Rehabilitation. Spez. Arbeitsgeb.: Soziol. u. Psych. d. Behinderten - BV: Volksschullehrernachwuchs, 1968. Zahlr. Fachaufs. - Spr.: Engl., Franz.

HORN, Heinz

Dr. rer. pol., Dipl.-Kfm., Vorstandsvorsitzender Ruhrkohle AG, Essen (s. 1985) - Rellinghauser Str. 1, 4300 Essen 1 (T. 0201 - 1 77-1) - Geb. 17. Sept. 1930 Duisburg (Vater: Heinrich H., Kaufm.; Mutter: Elisabeth, geb. Eckernkamp), ev. - 1965-68 Finanzdir. Eschw. Bergwerks-Verein; 1968-72 Mitgl. Geschäftsleitg. Krupp Ind.- u. Stahlbau; 1972-74 Vorst.-Mitgl. Eisen u. Metall AG, Gelsenkirchen; 1974-83 Vorst. Eschw. Bergwerks-Verein (zul. Vors.); s. 1983 stv. Vorst.-Vors. Ruhrkohle AG; 1985 s. o. - Spr.: Engl., Franz.

HORN, Heinz (Heinrich)
Dr.-Ing. E. h., Generaldirektor a. D. - Hültzstr. 24, 5000 Köln 41 (T. 43 16 58) - Geb. 29. Sept. 1905 Kalk b. Köln, verh. m. Käthe, geb. Meyer - Staatl. Ingenieursch. Köln - 1926-68 Felten & Guilleaume Carlswerk AG., Köln Mülheim (1962 ff. Vorstandsvors.). Div. Ehrenämter. Zahlr. ARsmandate (größtent. Vors.) - Ehrendoktor TH Darmstadt, Ehrenbürger TH Aachen; Offz. Großherzogl. Orden d. Eichenkrone (Luxemburg); Gr. Gold. Ehrenz. Rep. Österr.; 1970 Gr. BVK, 1979 Stern gr. Gr. BVK - Spr.: Engl. - Rotarier.

HORN, Hermann
Dr. phil., Prof. - Lösseler Str. 113a, 5860 Iserlohn (T. 02374 - 72 00) - Geb. 1. Dez. 1927 Mettmann/Rhld. (Vater: Rudolf H., Vorarb.; Mutter: Anna, geb. Karp), ev., verh. m. Renate, geb. Brendel, 2 Söhne (Matthias, Johannes) - 1946-48 Päd. Akad. Wuppertal, 1952-55 Univ. Basel, Hamburg, Göttingen. 2. Lehrerprüf. 1952; Promot. 1955 - 1948-58 Volksschull., 1958-60 Doz. kirchl. Dienst, s. 1960 Hochschull. PH Kettwig (Doz.); 1963-65 Gründungsrektor PH Hagen; 1980 o. Prof. Univ. Dortmund. Lehrgeb.: Allg. Pädagogik - BV: Glaube u. Anfecht. bei Pestalozzi, 1969; Konfessionalität u. Päd., 1971; V. Elend d. Alternativen im Religionsunterr., 1974/77; Karl Jaspers: Was ist Erzieh.?, 1977; Erzieh. ist mehr als Information u. Sozialisation, 1978; Briefwechsel Karl Jaspers - Oskar Hammelsbeck 1919-69, 1986 - 1978 Janusz-Korczak-Gedenkmed.

HORN, Joachim Christian
Dr. phil., Prof. Univ. Regensburg, Philosoph, Pädagoge u. Psychoanalytiker - Am Schlagteil 13, 8401 Großberg - Geb. 18. Nov. 1920 Kiel (Vater: Dr. Christian H., Rechtsanw. u. Notar; Mutter: Charlotte, geb. Franzius), ev. - Promot. 1952, Habil. 1969 - BV: Monade u. Begriff - D. Weg v. Leibniz z. Hegel, 3. A. 1982; D.

Struktur d. Grundes, 2. A. 1983; Lehrsätze d. Phil., 1985 (franz.-deutsch).

HORN, Karlheinz
Konsul a. D., Inh. Immobilienverwaltung Horn - Orleanspl. 3, 8000 München 80 (T. 448 00 00) - Geb. 30. April 1927 München, verh. m. Johanna, geb. Kunz - Präs. TC St. Emmeram u. d. Deutsch-Hispan. Gesellsch. - Konsul v. Costa Rica f. Bayern a.D.

HORN, Klaus

Dr.-Ing., o. Prof. f. Meßtechnik u. Austauschbau - Sanddornweg 10a, 3300 Braunschweig - Geb. 23. Okt. 1928 Köln (Vater: Dr. Federico H., Chemiker; Mutter: Elisabeth, geb. Erbe), ev., verh. s. 1955 m. Sieglinde, geb. Heim, 2 Kd. (Dagmar, Jürgen) - Gymn.; TH Karlsruhe (Elektrotechnik; Dipl. 1952). Promot. 1964 Aachen - S. 1974 Ord. TU Braunschweig. Ausschußtätig. DIN, VDI/VDE-GMA. Mitarb. AG Waagen, OIML, IMEKO-TC 3. Üb. 80 Fachveröff. m. Übers. (engl., franz., jap.). Mitautor in Handbuch d. Wagens u. Handbuch Fertigungs- u. Betriebstechnik Industrie-Berat. - Liebh.: Segeln, Surfing, Tauchen, Skilaufen, Musik (Klav.) - Spr.: Engl. - Etwa 220 in- u. ausl. Patente.

HORN, Manfred
Dipl.-Ing., Prof. f. Thermodynamik, Energietechnik u. Mechanik GH Paderborn - Dörener Weg 78, 4790 Paderborn/W. - Geb. 21. Okt. 1933 Bocholt (Vater: Wilhelm H., Bauuntern.; Mutter: Anna, geb. Zimmer), kath., verh. s. 1963 m. Wilhelmine, geb. Rausch, 2 Kd. - TH Aachen (Verfahrenstechnik).

HORN, Norbert
Dr. jur., Univ.-Prof., Lehrstuhlinh. f. Bürgerl. Recht u. dt. u. intern. Handels-, Wirtschafts- u. Bankrecht Univ. Köln (s. 1989), Dir. Inst. f. Bankrecht Univ. Köln; Univ.-Prof. Bielefeld (1973-89), Visiting Prof. London School of Economics (1973-82), Dir. Zentr. f. interdiszipl. Forschung Bielefeld (1974-81), Dir. Centre for Intern. Trade and Investment Contracts (CITIC), Köln, AR-Vors. F.W. Wollworth Co GmbH, Frankfurt - Albertus-Magnus-Pl. 1, 5000 Köln 41 - Geb. 18. Aug. 1936 Wiesbaden - Promot. 1966; Habil. 1972 - BV: u. a. Das Recht d. intern. Anleihen, 1972; Geldwertveränd., 1975; Recht u. Entsteh. d. Großunternehmen (m. Kocka), 1979; Codes of Conduct, 1980; Bürgschaft, in Staudinger Komm. z. BGB 82; Transnational Law of Commerce 82; AGB-Kommentar (m. Wolf u. Lindacher), 1984, 1989; Adaptation of Contracts, 1985; Wirtschaftsrecht d. VR China, 1987; Mitautor: Heymann Kommentar z. Handelsrecht (4 Bd., 1989) - 1966 Walter-Kolb-Preis Stadt Frankfurt.

HORN, Otto
Dr. phil., Chemiker, Honorarprof. Univ. Gießen (s. 1961) - Am Weißen Berg 7, 6242 Kronberg /Ts. - Geb. 14. Mai 1904 Gießen, ev., verh. s. 1939 m. Marianne, geb. Vogel, 2 Kd. (Claus, Gisela) - Univ. Gießen u. München, Promot. 1927 - Privatassist. Prof. Dr. K. Brand, Gießen; Assist. Kaiser-Wilhelm-Inst., Mülheim/Ruhr (Geheimrat Fischer); s. 1934 Chemiker IG. Farbenind. bzw. Farbwerke Hoechst AG. (1945 Leit. Labor f. Lösungsmittel u. Kunststoffe, 1956 Dir. Forschungsltg.). 1973-78 Vors. Forschungsges. Kunststoffe, Ffm.; 1971-79 Schatzmeister IUPAC - BV: Zwischenproduktentafeln, 1963; Umwandlungstabellen, 5. A. 1967 - 1968 korr. Mitgl. Kgl.-Schwed. Akad. d. Ingenieurwiss., Stockholm; Nordstern-Orden d. Schwed. Königs; Ehrensenator Justus Liebig Univ. Gießen u. TH Darmstadt.

HORN, Otto
Schriftsteller u. Journ. - Praterstr. 66, A-1020 Wien (T. 0222-24 01 65) - Geb. 17. Mai 1923, Wien - Verh. m. Gertrude Fanto, 2 Kd. (Vera, Max) - Realgymn. Wien (Matura 1941); s. 1946 Stud. German. u. Phil. Univ. Wien - Im 2. Weltkrieg österr. Partisanenoffz.; nach 1945 Schriftst. u. Journ., Redakt., Auslandskorresp. (Printmedien, Radio, FS). 1949-57 Vorst. Österr. Schriftstellerverb. - BV: Romane: D. Wiener Probejahr, 1955 (russ. 1966); D. Frage d. Pilatus, 1967 u. 68; Zeitzünder, 1972; Lit. Reportage: Ich liebe Jugoslawien, 1965 - Literaturpreise; 1965 Medaille f. Kämpfer gegen d. Faschismus (DDR); 1978 Ehrenzeichen f. Verdienste um d. Befreiung Österr. - Liebh.: Reisen - Spr.: Franz., Engl. - Bek. Vorf.: F. Maximilian Horn, k.u.k. Oberst (Großv.).

HORN, Peter
Schriftsteller, Videomacher - Kirchweg 86, 5000 Köln 40 (T. 0221 - 48 63 13) - Geb. 13. Febr. Tambach-Dietharz/Thür., kath., ledig - Realschulabschl. 1969 Köln; Buchhändlerlehre Köln (Abschl. 1973) - S. 1985 eig. Profi-Videostudio f. lit. Verfilm., filmt auch m. Team Bücher anderer Autoren. Mitgl. mehrerer Autorenverb., Kinderschutzbd., Humanist. Union, Arbeitsgem. humane Sexualität, Bd. d. Videoamateure - BV: Rendezvous, 1978; Knospen, 1979; Schrei d. Klaus Quijote, 1980; Abhandlung Sexualität, 1980; Bruch deiner schlafenden Zeit, 1982; Als d. Süßspeisen, 1983; u.a. - Liebh./Interessen: Phil., Psych., Päd., Biol., Astron. - Spr.: Lat., Engl.

HORN, Rosemarie
Dr. med. dent., Prof. f. Vorklin. Zahnheilkunde Univ. Gießen - Schlangenzahl 14, 6300 Gießen; priv.: An der Zahlbach 51, 3550 Marburg/L.

HORN, Sabine
Schriftstellerin - Wülfeler Str. 60a, 3000 Hannover 72 (T. 0511-87 33 64) - Geb. 10. April 1918 Königsberg/Ostpr., ev., ledig - Privatuntern. wegen spast. Lähmung (Abit.) - Als 14jährige erst kl. Erz. u. Ged. in Tageszg., danach Hörsp. im ehem. Reichssender Königsberg, 1944 Ausbomb. u. Flucht nach Westdtschl., s. 1946 im Wohnheim f. Schwerstbehinderte d. Annastiftes Hannover - BV: E. Leben im Rollstuhl, 1982; 2. A. 1984; kl. Lyrik-Bde. - 1980/81 Urk. Publications Board - Who's Who in the World; The

american intern. biogr. Roll of Honor - Liebh.: Natur u. Umwelt - Spr.: Engl., Franz., Lat. - Div. Buchbespr., Rundfunkreport.

HORN, Werner
Präsident Bundesamt f. Finanzen - Friedhofstr. 1, 5300 Bonn 3.

HORN, Wolfgang
Dr. agr., o. Prof. f. Zierpflanzenbau (Genetik u. Züchtung) TU München (s. 1977) - Blumenstr. 16, 8050 Freising-Weihenstephan/Obb. (T. 08161-71 34 16) - Geb. 5. Okt. 1925 Braunschweig (Vater: Eduard H., Gymnasiallehrer; Mutter: Margarete, geb. Linde), ev.-luth., verh. s. 1954 m. Siegrid, geb. Assmann, 2 Kd. - Promot. 1955 Berlin (TU); Habil. 1964 Hannover (TU) - Zul. apl. Prof. u. Wiss. Rat u. Prof. TU Hannover. 1956-62 Tätigk. Südafrika. Schriftltg.: Ztschr. Pflanzenzücht. (Mithrsg.); Vors. Sektion Zierpflanzen Eucarpia. Üb. 50 Facharb.

HORNBERGER, Theodor
Dr. phil., Prof., Direktor Landesbildst. Württ., Stuttgart (1958-75) - Im Rotbad 8, 7400 Tübingen (T. 6 26 19) - Geb. 1. April 1910 Forchtenberg - Promot. (1935) u. Habil. (1956) Tübingen - S. 1958 Reg.s- u. Oberreg.srat (1962). Lehrtätigk. Univ. Tübingen (1956 Privatdoz., 1963 apl. Prof. f. Geogr.) - BV: D. hohenzoller. Städte, 1937; Der Schäfer, 1955; D. kulturgeogr. Bedeutung d. Wanderschäferei in Süddtschl., 1959; Luftbilder aus Baden-Württ., 1962 (m. Brugger). Herausg.: D. Bild in Forsch. u. Lehre (1958 ff.); Mithrsg.: Beitr. z. Film-Bild-Ton-Arbeit (1958 ff.).

HORNBOGEN, Erhard
Dr.-Ing., Prof. für Werkstoffwissenschaft Inst. f. Werkstoffe Univ. Bochum (s. 1968) - Sauerbruchstr. 24, 4630 Bochum-Querenburg (T. 70 40 14) - Geb. 2. Febr. 1930 Greiz/Thür. - Habil. 1965 Stuttgart - Prof. Univ. Göttingen (Inst. f. Metallphysik) - BV: Metallkd., 1967 (m. a.; jap. 1972); Elektronenmikroskopie fester Stoffe, 1971; Werkstoffe, 1973, 4. A. 1987 (jap. 1989) - 1962 u. 63 Grossmann award American Society Metals; 1965 Masing-Preis Dt. Ges. Metallkd.; 1976 Fellow American Soc. Mat.; 1979 Inst. Met. Lecturer, R. F. Mehl Medallist, Am. Inst. Met. Engineers; 1984 Med. Réaumur Soc. Franç. Metallurgie.

HORNBOSTEL, Hans
Dr. med., Prof., ehem. Chefarzt II. Med. Abt. Allg. Krkhs. Harburg - Adolfstr. 77, 2000 Hamburg 76 - Geb. 27. März 1916 - S. 1952 (Habil.) Privatdoz. u. apl. Prof. (1959) Univ. Hamburg (zul. Oberarzt I. Med. Klin.) - BV: u. a. Aktuelle Diagnostik - Aktuelle Therapie d. Dt. Med. Wschr.; Inn. Med. in Praxis u. Klinik, 4 Bde., 3. A. 1984; Lehrbuch d. Inn. Med., 2. A. 1984 - Ehrenmitgl. Ges. f. Innere Med. (1962) u. Argentin. Med. Ges. (1968), beide Buenos Aires; Ernst v. Bergmann-Plak.

HORNDASCH, Matthias
Musiker, Komponist, Autor - Egestorffstr. 15, 3000 Hannover 91 - Geb. 17. Sept. 1961 Hannover - Pianist, u.a. im eigenen Trio The International, im Duo m. d. Saxophonisten Leszek Zadlo u. als Solist - Ballettwerk D. Odyssee d. Tracki-Hommage à Jean-Paul Sartre (Libretto u. Musik), 1988. Div. Notenwerke f. Klavier (Préludes, Nocturnes, Kinderstücke) u. Schallplatten.

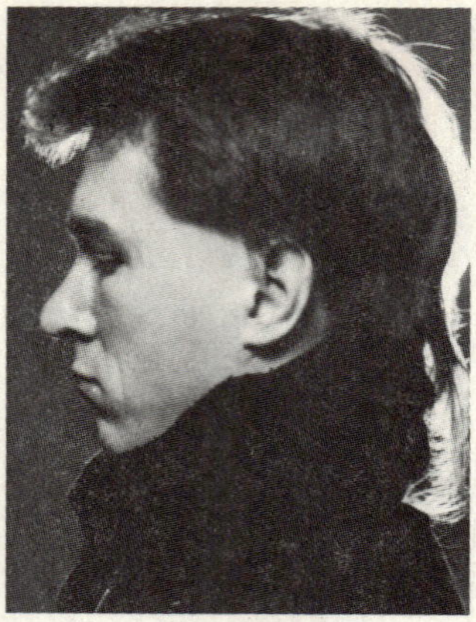

HORNEF, Heinrich
Dr. rer. pol., Geschäftsführer Boehringer Mannheim GmbH., Mannheim - Weinbergstr. 21, 6940 Weinheim/Bergstr. - Geb. 19. April 1931.

HORNEFFER, Klaus
Dr. rer. nat., Prof. f. Math. u. Grundlagen d. Phys. Univ. Bremen (s. 1971) - Tannenhügel 15, 2863 Ritterhude - Geb. 18. Juni 1936 Northeim (Vater: Dr. med. Lutz H., Facharzt; Mutter: Anneliese, geb. Biermann), verh. s. 1962 m. Hedda, geb. Classen, 2 Kd. (Astrid, Katja) - Spr.: Engl., Franz.

HORNEMANN, Dieter
Dipl.-Ing., Geschäftsführer Fachverb. Meßtechnik u. Prozeßautomatisierung/ZVEI - Stresemann-Allee 19, 6000 Frankfurt/M. 70.

HORNER, Heinz
Dr. rer. nat., o. Prof. f. Theoret. Physik Univ. Heidelberg - Siegfriedstr. 1, 6905 Schriesheim - Zul. Doz. TH Aachen.

HORNER, Leopold
Dr. phil. nat., o. Prof. f. Organ. Chemie u. Biochemie - Alfred-Mumbächer-Str. 17, 6500 Mainz-Bretzenheim - Geb. 24. Aug. 1911 Kehl/Rh. (Vater: Leopold H., Färberm.; Mutter: Maria, geb. Winkelmaier), kath., verh. s. 1944 m. Gerda, geb. Krause, 3 Kd. - Promot. (1937) u. Habil. (1941) München - Assist. u. Oberassist. Chem. Inst. Univ. Frankfurt (1950 apl. Prof.), 1953 ao., 1962 o. Prof. Univ. Mainz (1968 Mitdir. Organ.-Chem. Inst.). Arbeitsgeb.: Chemie d. o-Chinone, Phosphororgan. Verbind., Redox-Reaktionen, Photochemie, Korrosion u. katalyt. Vorgänge, präparative Elektrochemie - 1966 I. Preis Hanauer Stiftg. (als Anerk. f. photochem. Arbeiten); 1973 Liebig-Denkmünze; Mitgl. Dt. Akad. f. Naturf. (Leopoldina), Halle/S., Mitgl. Wiss. Ges. Joh. Wolfg. Goethe-Univ., Frankf./M. - Liebh.: Wandern, Angeln.

HORNFECK, Bernhard
Dr. rer. nat., o. Prof. f. Mathematik - Moosholzweg Nr. 20, 3392 Buntenbock (T. Clausthal-Zellerfeld 10 16) - Geb. 15. Okt. 1929 Dessau (Vater: Paul H., Buchhalter; Mutter: Marie, geb. Busch), ev., verh. s. 1957 m. Almut, geb. Falke - 1949-54 FU Berlin (Math.). Promot. 1954 Berlin; Habil. 1958 Braunschweig - B. 1954 FU Berlin (Assist.), dann TH bzw. TU Braunschweig (Assist., Oberassist., 1963 Wiss. Rat Inst. f. Math. C; 1958 Privatdoz., 1964 apl. Prof.), gegenw. TU Clausthal (Ord.). Fachveröff. - Liebh.: Lit., Musik, Schach - Spr.: Engl.

HORNHUES, Karl-Heinz
Dr. rer. pol. Professor (s. 1975), MdB (s. 1972; Wahlkr. Osnabrück) - Piusstr. 19, 4512 Wallenhorst (T. 05407 - 21 87) - Geb. 10. Juni 1939 Stadtlohn/W. (Vater: Anton H., Landwirt u. Viehhändler; Mutter: Elisabeth-Charlotte, geb. Ulmicher), kath., verh. s. 1965 m. Ellen, geb. Buss, 2 Söhne (Hans-Martin, Detlef) - 1946-60 Realsch. Stadtlohn u. Gymn. Ahaus (1955); 1960-65 Univ. Münster (Dipl.-Volksw. 1965, Promot. 1968) - 1966-71 Ref. u. stv. Leit. (1970) Ludwig-Windthorst-Haus/Kath. Akad. Holthausen/Ems; 1971 Ausbildungsleit. Hoffmann-La Roche AG., Grenzach/Baden; 1972-75 Kurator Kath. Fachhochsch. Norddtschl., Osnabrück/Vechta. 1972-74 Landesvors. Jg. Union Nieders. CDU s. 1961 (1972 Mitgl. Landesvorst. Nds.), Ausw. Aussch. d. Bundestages, Vors. Unteraussch. Ausw. Kulturpolitik, Vors. Dt. Afrikastiftg., stv. VR-Vors. Intern. Mitgl. Goethe Inst. - BV: Volksw. Auswirkungen d. Beschäftigung ausl. Arbeitnehmer, 1970 (Diss.) - Liebh.: Briefmarken, Münzen - Spr.: Engl.

HORNIG, Gottfried
Dr. theol., Teol. dr., o. Prof. f. Systemat. Theologie - Auf d. Aspei 36, 4630 Bochum-Querenburg (T. 70 19 14) - Geb. 21. Sept. 1927 Friedland/Schles. (Vater: D. Ernst Hornig, Bischof (s. XIV. Ausg., Bd. II); Mutter: Renate, geb. Büttner), ev., verh. s. 1957 m. Verena, geb. Risse, 3 Kd. (Ingrid, Karin, Gunnar) - Univ. Erlangen, Basel, Lund. Promot. 1953 Erlangen; Teol. lic. (1957) u. dr. (1961) Lund - 1961-63 Gymnasialdst. Hälsingborg u. Malmö (Lehrer f. Religion u. Phil.); s. 1961 Lehrtätigk. Univ. Lund (Dozent) u. Bochum (1963 Ord.). 1963 b. 1965 Gastprof. Univ. Münster u. Hamburg - BV: D. Anfänge d. histor.-krit. Theologie - Johann Salomo Semlers Schriftverständnis u. s. Stellung zu Luther, 1961; Wort u. Handlung - Unters. z. analyt. Religionsphil., 1966 (m. Lars Bejerholm); Schwangerschaftsunterbrechung - Aspekte u. Konsequenzen, 1967; Perfektibilität, 1980 (Archiv f. Begriffsgesch., Bd. 24) - Liebh.: Sport, Schach, Briefm. - Spr.: Schwed.

HORNISCHER, Edi
Bürovorsteher, fränkischer Humorpoet - Gartenstr. 28, 8711 Obernbreit (T. 09332 - 6 19) - Geb. 16. Dez. 1934 Prag, kath., verh. m. Gerda, geb. Korbsgerdi, 2 Töcht. (Doreen, Yvonne) - BV: E. Buch v. Edi, 1971; Welt ade, 1972, 76 u. 85; Leipziger Allerlei, 1974; Edis Gesangb. f. Erwachsene, 1975 u. 88; Plem-Plem, 1976/77 u. 84; Muckefuck & starker Tobak, 1978 u. 86; Kein Buch v. Edi, 1981/82 u. 88; Wie muß ich laden silberhell, 1983/84; Salmagundi, 1985; Edis Gesangbuch f. Kinder üb. 18, 1989; D. Hund im Bett, 1989/90 (alles humorist. Lyrik) - Liebh.: Dichten, Zaubern, Lesen, Texten, Komponieren, Singen, Gitarre- u. Klavierspielen - Spr.: Tschech., Engl. - Lit.: Pardon Nr. 5/76: E. Henscheid: Wie e. fränk. Provinzlyriker unbedingt berühmt werden will oder auch: D. fröhl. Masochist, d. an d. Macht d. Presse glaubt.

HORNSTEIN, Herbert
Dr., Prof. f. Erziehungswissenschaft - Burgstr. 11, 5307 Wachtberg-Villiprott - Geb. 20. Sept. 1927 Wien - S. 1956 Univ. Bonn (1970 Prof.) - Veröff.: Bildung u. Weisheit, 1968.

HORNSTEIN, Otto P.
Dr. med., o. Prof. f. Dermatologie u. Venerol. - Danziger Str. 5, 8525 Uttenreuth/Mfr. (T. Erlangen 5 24 70) - Geb. 22. Jan. 1926 München, kath., verh. s. 1955 m. Dr. Inge, geb. Jeßberger, 2 Kd. (Brigitte, Christoph) - 1946-50 Univ. Erlangen, Würzburg, München. Promot. 1951 Würzburg; Habil. 1958 Würzburg - S. 1958 Lehrtätigk. Univ. Würzburg, Bonn, Med. Akad (1963) bzw. Univ. Düsseldorf (1966; 1963 Oberarzt Hautklinik; 1964 apl. Prof.), Univ. Erlangen-Nürnberg (1967 Ord. u. Dir. Hautklinik). Üb. 300 Fachveröff. Herausg. mehr. Fachztschr. - Korr. Mitgl. mehr. ausl. Fachges.

HORNSTEIN, Walter
Dr. phil., Prof. f. Sozialisationsforsch. u. Sozialpädagogik an d. Univ. d. Bundeswehr, München - Pippinstr. 27, 8035 Gauting (T. 089 - 850 21 71) - Geb. 29. Sept. 1929, verh. s. 1958 m. Martina, geb. Zelger, 4 Kd. - Promot. 1963 Tübingen - 1967-77 Dir. Dt. Jugendinst. München, s. 1977 Prof. Univ. d. Bundeswehr München. Zahlr. Veröff. zu Jugendproblemen u. z. Verhältnis v. Wissensch. u. Politik; zul.: Unsere Jugend - Üb. Liebe, Arbeit, Politik, 1982.

HORNUNG, Hans Georg
Dr. phil., Prof., Direktor Inst. f. Experimentelle Strömungsmechanik Dt. Forschungs- u. Versuchsanst. f. Luft- u. Raumfahrt (DFVLR), Göttingen - Tannenweg 4, 3406 Bovenden (T. 0551 - 88 43) - Geb. 26. Dez. 1934 Jaffa (Vater: Friedrich H., Landw.; Mutter: Helene, geb. Wagner), verh. s. 1960 m. Gretl Charlotte, geb. Frank, 4 Kd. (Ingrid, Karl, Lisa, Jenny) - 1957-62 Univ. Melbourne/Australien, Bachelor of Mech. Engineering 1960, Master of Engineering Science 1962; 1963-65 Univ. London (Promot. 1965) - 1962-67 wiss. Assist. Australien; 1967-80 Hochschullehrer Univ. Canberra; 1974 Alex. v. Humboldt-Stip. TH Darmstadt (Prof. Dr. E. Becker); s. 1980 Inst.-Dir. Göttingen, Honorarprof. Physik Univ. Göttingen (s. 1982) - Liebh.: Motorflug - Spr.: Engl.

HORNUNG, Joachim
Dr. rer. nat., Prof. f. Medizin. Statistik u. Dokumentation FU Berlin - Hindenburgdamm 30, 1000 Berlin 45.

HORNUNG, Jürgen H.
Werbekaufmann, Vors. Werbefachverb. Hessen, Bad Vilbel-Heilsberg - Odenwaldring 102, 6050 Offenbach/M. - Geb. 11. Okt. 1935.

HORNUNG, Klaus
Dr. phil., Prof., Hochschullehrer - Roßnagelweg 11, 7410 Reutlingen - Geb. 26. Juni 1927 Heilbronn (Vater: Fritz H., Oberstudiendir. †1965; Mutter: Elfriede, geb. Starke †1984), ev., verh. s. 1962 m. Maria, geb. Rast, 4 T. (Ulrike, Beatrice, Bettina, Cathrin) - Univ. Tübingen u. München (Gesch., Politikwiss., German., Angl.; Lehrer: Hans Rothfels, Theodor Eschenburg, Rudolf Stadelmann, Willy Andreas, Eduard Spranger) - 1956 b. 1958 Studienass. Südwürtt.-Hoh.; 1958-62 Geschäftsf. Arbeitsgem. D. Bürger im Staat Baden-Württ.; s. 1962 Doz. u. Prof. (1967) Päd. Hochsch. Reutlingen (Lehrstuhlinh. f. Politikwiss.) u. s. 1974 Privatdoz. f. Politikwiss. Univ. Freiburg, s. 1987 Univ. Stuttgart-Hohenheim - BV: D. Jungdt. Orden, 1958; Etappen polit. Päd. in Dtschl., 2. A. 1965; Politik u. Zeitgesch. in d. Schule, 1966; Wohin geht Dtschl.?, 1966; Staat u. Armee - Studien z. Befehls- u. Kommandogewalt u. z. polit.-militär. Verhältnis in d. BRD, 1975; D. faszinierende Irrtum - Karl Marx u. d. Folgen, 1978, 4. A. 1982 (ital. 1979, span. 1981, korean. 1983) Hrsg.: Polit.-Pädag. Handwörterb., 1980, 2. A. 1985; Hrsg.: Frieden o. Utopie, 1983; Freiheit in unserer Zeit 1984; Hrsg.: Mut z. Wende, 1985; Wohlfahrtsdemokr. u. Sicherh., 1986; Herkunft u. Zukunft, 1989 - 1987 BVK - Liebh.: Reisen, Lit., Kunst, Musik - Spr.: Engl.

HORNUNG, Martin
Oberbürgermeister - Ludwig-Richter-Str. 52, 7920 Heidenheim-Schnaitheim (T. 32 71) - Geb. 26. Juni 1932 Heilbronn (Vater: Fritz H., OStudDir.; Mutter: Elfriede, geb. Starke), ev., verh. s. 1962 m. Ingrid, geb. Seibt, 3 Kd. (Monika, Annette, Jörg).

HORNUNG, Siegfried
Bundestagsabgeordneter (s. 1983; Landesliste Baden-Württ.) - Bundeshaus, 5300 Bonn 1 - CDU.

HORNYKIEWYTSCH, Theophil
Dr. med., Prof., Röntgenologe - Zul. 2800 Bremen - Geb. 25. Aug. 1919 Lucyznce/ehem. Österr. (Vater: Prof.

Theophil H.; Mutter: Anna, geb. v. Saß-Javorsky), verh. s. 1948 m. Dr. med. Hannelore, geb. Böhmer, 2 Söhne (Theo, Georg) - Gymn.; Univ. Wien (Med., Physik; Promot. 1942). Habil. 1952 Gießen - 1940-42 Hospitant u. Volontärassist. I. Med. Univ.sklinik Wien, dann auf Grund Notdienstverpfl. I. Assist. Krkhs. Braunschweig u. Wolfenbüttel, 1946-48 Röntgenologe Strahleninst. Braunschweig, 1948-50 Assist. Strahleninst. Univ. Marburg, anschl. Leit. Röntgen- u. Strahlenabt. u. Oberarzt Med. Univ.sklinik Gießen (1952 Privatdoz.), 1958 apl. Prof.), gegenw. Dir. Prof.-Hans-Meyer-Klinik u. Zentralinst. f. Röntgenol., Strahlenheilkd. u. Nuklearmed. Städt. Krankenanstalten Bremen/Zentralkrkhs. St.-Jürgen-Str. Mitgl. Dt. u. Hess. Röntgen-Ges., Dt. Ges. f. Stoffwechsel- u. Verdauungskrankh. - BV: Intravenöse Cholangiographie, 1956 (auch span. u. franz.). Üb. 100 Einzelveröff. - 1960 Med. Stadt Paris - Liebh.: Musik (14j. Stud., zul. Musikhochsch. Wien).

HORPÁCSY, Géza
Dr. med., Arzt, apl. Prof. Univ. Köln u. niedergel. Laborarzt, Leverkusen - Am Wingert 38, 5000 Köln 50 (T. 02236-6 44 58) - Geb. 6. Juni 1937 Szeged/Ung., kath., verh. m. Ilsemarie, geb. Richter-Mendau - 1956-62 Stud. Szeged/Ung.; Promot. 1962; Habil. 1972 Budapest; Umhabil. 1980 Köln; 1962-72 Med. Univ. Szeged (Exper. Chir.); 1970 Stip. an Martin-Luther-Univ. zu Halle; 1972 Stip. Charité Berlin; 1973-78 Oberarzt d. Inst. f. Exper. Organ-Transplant. Humboldt-Univ. zu Berlin; 1982 apl. Prof. Univ. Köln - BV: D. Anwendung d. Enzymdiagnostik in d. Praxis d. Nierentransplant., 1979; Buchkap. in mehreren dt.- u. engl.sprachigen Sammelw.; 152 Veröff. in Fachztschr. - 1978 Humboldt-Med. - Liebh.: Fotogr., Gartengestalt., klass. Musik.

HORRES, Kurt
Generalintendant Deutsche Oper am Rhein (s. 1986) - Heinrich-Heine-Allee 16a, 4000 Düsseldorf 1 - Geb. 28. Nov. 1932 Düsseldorf (Eltern: Kurt u. Elisabeth H.), verh. (Ehefr.: Ulla) - Univ. Köln (Lit., Gesch., Kunstgesch., Theaterwiss.); Schumann-Konservat. Düsseldorf - B. 1964 Stadttheater Lübeck, dann Städt. Bühnen Wuppertal u. Int. Staatstheater Darmstadt (b. 1982); 1984 Int. Hamburg. Staatsoper - 1973 Eduard-v.-d.-Heydt-Preis Stadt Wuppertal (f.: Eigenständ. Interpretation klass. Bühnenwerke u. erfolgr. Pflege zeitgenöss. Musikdramen). Prof. Folkwang Hochschule Essen.

HORRMANN, Heinrich P.

Redakteur, Ressortchef Reports, Auto/Verkehr u. Reise/Touristik D. Welt - Stiftsanger 23, 5020 Frechen - Geb. 26. Jan. 1943 Düren, kath., verh. m. Regine, geb. Jantke, Sohn Thorsten - BV: Auto im Test, 1985; Porsche-Buch, 1985; D. dt. Autojahrbuch, 1986, 87, 88; Traumreiseziele, 1988 - 1983 Reportage-Preis Detroit; 1985, 86 u. 88 Christophorus-Preis.

HORRMANN, Horst
Lehrer a. D., Kultusminister Niedersachsen (s. 1988), MdL Nieders. (s. 1974) - Theodor-KörnerStr. 18, 3150 Peine (T. 05171 - 1 92 60 u. Büro 1 50 33) - Geb. 3. Mai 1941 Poppendorf/Ostpr. (Vater: Hans H., Landwirt; Mutter: Elfriede, geb. Uhsat), ev., verh. s. 1967 m. Helga, geb. Schmidt, 2 Kd. (Holger, Heike) - S. 1972 Mitgl. Gemeinderat Schmedenstedt u. Kreistag Peine. B. 1974 Kreisvors. Jg. Union. CDU (Mitgl. Kreis- u. Landesvorst.) - Liebh.: Segeln, Wandern, Theater - Spr.: Engl., Franz.

HORST, Eberhard

Dr. phil., Schriftsteller - Weiherweg 41, 8038 Gröbenzell (T. 08142 - 5 24 73) - Geb. 1. Febr. 1924 Düsseldorf (Vater: Josef H., Kaufm.; Mutter: Luise, geb. Schubert), kath., verh. s. 1955 m. Eva, geb. Moskopf, S. Titus - 1948-55 Stud. Phil., Theol., German., Theaterwiss. Bonn, München - 1969 Mitbegr. Verb. dt. Schriftst. (VS), 1970-72 Vors. VS Bayern; 1971-73 Rundfunkrat BR; s. 1968 VR Verwert.ges. Wort - BV: Sizilien, Reiseb. 1964 u. 87; Venedig, Reiseb. 1967 u. 86; 15mal Spanien, zeitgen. Portrait e. Landes, 1973; Friedrich d. Staufer, Biogr. 1975; Was ist anders in Spanien, Bildbd. 1975; Südliches Licht, Prosa 1978; Caesar, Biogr. 1980; Geh e. Wort weiter, Aufs. z. Lit. 1983; Konstantin d. Gr., Biogr. 1984; D. kurze Dauer d. Glücks, Erz. 1987. Verf. Hörsend. u. Fernsehstücke - S. 1968 Mitgl. PEN-Club; 1975 Lit.preis d. Stiftg. z. Förder. d. Schriftt.; 1987 Tukan-Preis d. Stadt München - Liebh.: Reisen - Lit.: H. Piontek üb. E. H. in: D. Handwerk d. Lesens, 1979.

HORST, Heinz
Dr.-Ing., Prof. f. Statik Univ. Hannover - Krasselweg 40, 3000 Hannover - Zul. Doz.

HORST, Heribert
Dr. phil., Prof. f. Islam. Philologie u. Semitistik - Am Schinnergraben 58, 6500 Mainz 42 (T. 59 39 58) - Geb. 7. Sept. 1925 - S. 1962 (Habil.) Lehrtätigk. Univ. Mainz.

HORST, Peter
Dr. agr., Dipl.-Landw., o. Prof. TU Berlin (s. 1976) - Lentzeallee 75, 1000 Berlin 33 (T. 31 47 11 20) - Geb. 27. Okt. 1930 Görlitz (Vater: Alfons H., Beamter; Mutter: Marianne, geb. Bräuning), ev., verh. s. 1959 m. Karin, geb. Kirstein, 4 Kd. (Kristina, Stefanie, Matthias, Corinna) - Landw.lehre; Stud. d. Agrarwiss. - 1964 Wiss. Rat; 1969 apl. Prof. Spez. Arbeitsgeb.: Tropische Tierzucht - Spr.: Engl.

HORST, Titus
Schauspieler u. Regisseur Deutsches Theater Göttingen - Stargarder Weg 18, 3400 Göttingen (T. 0551 - 70 38 61) - Geb. 1. April 1957 München (Vater: Eberhard H., Schriftst.), ledig - Abit. 1977 München; 1978-81 Neue Münchner Schauspielsch. - 1981/82 Schausp. Düsseldorf, 1982-85 Theater Heilbronn, ab 1986 Göttingen. 1978/79 Gemeinderat Gröbenzell - Insz.: D. bleierne Zeit (Trotta); Ghetto (Sobol); Kitsch (Horst). Hauptrollen: Azdak (Kreidekreis, Brecht); Posa (Carlos, Schiller); Alfred (Wiener Wald, Horváth); Leonce (Büchner); d'Artagnan (3 Musketiere, Dumas); Theodor (Liebelei, Schnitzler) u.a. - Liebh.: Musik, Radfahren - Spr.: Engl., Franz.

HORST, Ulrich Harald
Dr. theol. habil., Prof. f. Geschichte d. Theologie u. Dogmengesch. Univ. Bonn - Rheindorfer Burgweg 9, 5303 Bornheim 3 (T. 02227-850) - Geb. 6. April 1931 Schellen/Ostpr. (Vater: Josef H., Lehrer; Mutter: Margarete, geb. Laschewski), kath. - Stud. Phil. Theol. Hochsch. Walberberg, Univ. Salamanca, München, Heidelberg - S. 1963 Prof. - BV: Gottes- u. Trinitätslehre d. Robert v. Melun, 1964 (Diss.); Umstrittene Fragen d. Ekklesiologie, 1972 (span. Übers. 1974); Gesetz u. Evangelium, 1971; Papst-Konzil-Unfehlbarkeit, 1978; Unfehlbarkeit u. Geschichte, 1982; ca. 55 Art. in wiss. Ztschr. - Spr.: Span., Engl., Franz.

HORST, Wolfgang
Dr. med., o. Prof. f. Radiotherapie u. Nuklearmedizin - Waserstr. 53, CH-8053 Zürich (Schweiz) (T. 53 60 10) - Geb. 28. Aug. 1920 Oldenburg/O. (Vater: Dr. phil. Hellmuth H.; Mutter: Frieda, geb. Wüsthoff), ev., verh. s. 1952 m. Elisabeth, geb. Bull, S. Andreas - Gymn. Oldenburg; Univ. Hamburg (Med. Staatsex. 1945). Promot. (1945) u. Habil. (1954) Hamburg - 1954-63 Privatdoz. u. apl. Prof. (1960) Univ. Hamburg (Radiol.); Leit. Abt. f. Radiotherapie u. Nuklearmed. Univ.skrkhs. Hbg.-Eppendorf; s. 1963 Ord. u. Klinikdir. Univ. Zürich. Mitgl. Dt. Bundesgesundheitsrat u. Schweiz. Inst. f. Nuklearforsch.; Consultant Intern. Atomic Energy Agency; Präs. G.-v.-Hevesy-Stiftg. f. Nuclearmed. - 1954 Konjetzki-Preis f. Krebsforsch. Hamburg, Martini-Preis, 1957 Curt-Adam-Preis, 1965 Warner-Preis f. Krebsforsch.; 1956 Holthusen-Ring; 1966 Univ.smed. Helsinki; 1978 Johann Georg Zimmermann-Preis für Krebsforschung - Bek. Vorf.: Gregor H., Arzt, Ulm (1578-1636).

HORSTER, Detlef
Dr. phil., Prof. f. Philosophie Univ. Hannover - Harnischstr. 9, 3000 Hannover 1 (T. 0511 - 66 08 60) - Geb. 12. Sept. 1942 Krefeld (Vater: Jakob H., Verw.-Beamter; Mutter: Ilse, geb. Hirsekorn, 2 Kd. (Eric, Heinrike) - 1958-61 Drogistenlehre Kempen (Niederrh.); Abit. 1966 Neuss; Stud. Univ. Köln (1. jurist. Staatsex. 1973), Promot. 1976 Univ. Hannover; Habil. 1979 ebd. - 1976/77 Lehrstuhlvertr. Ethik Univ. Utrecht; 1977 wiss. Assist. f. Phil. Univ. Hannover; 1981 Prof. f. Phil. - BV: Bloch z. Einf., 1977, 6. A. 1987 (schwed. Übers. 1980); D. Subjekt-Objekt-Bezieh. im Dt. Idealismus u. in d. Marxschen Phil., 1979; Habermas z. Einf., 1980, 4. A. 1988; Kant z. Einf., 1982; Alfred Adler z. Einf., 1984; D. Sokratische Gespräch in d. Erwachsenenbild., 1987.

HORSTER, Franz-Adolf
Dr. med., Wiss. Rat, Prof. f. Innere Medizin, insb. Nuklearmed., Univ. Düsseldorf (s. 1971) - Verdistr. Nr. 56, 4010 Hilden - Geb. 13. Juli 1929 Frankfurt/M. - S. 1965 (Habil.) D'dorf (Oberarzt Med. Klinik) - 1966 Frerichs-, 1967 Schoeller-Junkmann-Preis.

HORSTER, Hans Ulrich
s. Rhein, Eduard

HORSTICK, Georg
Dipl.-Phys., Prof. f. Grundlagen d. Elektrotechnik, Theorie elektromagn. Felder u. Leistungsmechanismen GH Paderborn - Scherfeder Str. 21, 4790 Paderborn/W.

HORSTKOTTE, Fritz
Kaufmann, Komplementär Fa. Fritz Horstkotte & Co. KG, Verw.firmeneigener Immobilien - Rockwinkeler Heerstr. 59, 2800 Bremen-Oberneuland (T. 25 07 20) - Geb. 31. Okt. 1923 Bremen, verh. s. 1949 m. Aenne, geb. Remmert, 4 Kd. (Anne, Ingrid, Frithe, Jo) - Abit. - Ehrenvors. Bremer Verb. d. Weingroßhändler u. Spirituosenhersteller - Liebh.: Schwimmen - Spr.: Engl.

HORSTMANN, Bernhard
Dr. jur., Versicherungsjurist i.R., Schriftst. (Ps. Stefan Murr) - Pirckheimerstr. 26, 8500 Nürnberg 10 (T. 0911-36 29 77) - Geb. 4. Sept. 1919 München, ev., verh. s. 1974 m. Charlotte, geb. Heiderich - Abit.; Stud. (Jura); bde. Staatsex.; Promot. 1957 Univ. Hamburg - Leit. Prozeß- u. Schadenabt. mehrerer Assekuranzuntern. - BV: Affäre Nachtfrost, R. 1982; D. Toten d. Nefud, R. 1984; D. Nacht v. Barbarossa, R. 1986; zahlr. Kriminalromane, Erz., Hörsp., Drehb. - Interessen/Liebh.: Politik, Zeitgesch., Wehrwiss., Kriegsgesch. - Spr.: Franz., Engl. - Bek. Vorf.: Dr. Ludwig Ganghofer, Volksschriftst. (Großv. ms.).

HORSTMANN, Friedrich-Edmund
Dr. jur., Vorstandsmitglied Magdeburger Feuerversicherungs-Ges., Magdeb. Allgem. Lebens- u. Rentenvers.-AG, Magdeb. Rückvers.-AG, Magdeb. Hagelvers. AG, Hannover (s. 1975) u. Union u. Rhein. Versicherungs-AG, München (s. 1976) - Bremer Str. 45, 3008 Garbsen 4 - Geb. 26. Juni 1936 - 1973-75 Vorstandsmitgl. Magdeburger Union Rechtsschutz Vers.-AG, Hannover.

HORSTMANN, Hans-Joachim
Dr. phil. nat., Prof. f. Biochemie, Med. Fak. Univ. Erlangen-Nürnberg (s. 1970) - Schlesische Str. 5, 8525 Uttenreuth - Geb. 15. März 1929.

HORSTMANN, Heinrich G.
Vorstandsmitglied Wirtschaftl. Vereinig. dt. Versorgungsuntern. AG, Kennedyallee 89, 6000 Frankfurt (T. 069 - 63 10-110) - Geb. 24. Juli 1927, 3 Kd. (Anjuta, Tjarko, Melanie) - Spr.: Engl.

HORSTMANN, Manfred
Dr. rer. nat., Prof., Lehrstuhlinh. f. Physik - Blumentalstr. 40, 4500 Osnabrück - Geb. 26. Juli 1928 Hamburg - Promot. (1959) u. Habil. (1966) Hamburg - S. 1969 Prof. Univ. Hamburg u. Osnabrück (1972 Ord.; b. 1979 Rektor, dann Präs.). Üb. 30 Fachartb. In- u. Ausl.

HORSTMANN, Martin
Dr. iur., Vorstand Victoria Lebens-Versich.-AG u. Victoria Feuer-Versich.-AG - Victoriaplatz 1, 4000 Düsseldorf - Geb. 13. März 1936 Kamen, ev. - Stud. Rechts- u. Staatswiss., Phil. Univ. Bonn; 1. u. 2. Staatsex.; Promot. Bochum - Wiss. Assist. - Liebh.: Musik, Gesch.

HORSTMANN, Winfried
Dr. med. (habil.), Prof., Chefarzt Vest. Kinderklinik Datteln - Lloydstr. 7, 4354 Datteln/W. - S. 1974 apl. Prof. f. Kinderheilkd. Univ. Freiburg/Br.

HORSTMEIER, Martin
Landwirt, MdB (s. 1965) - Horstweg 43, 4990 Lübbecke 2 (T. 05741 - 72 74) - Geb. 1. April 1929 Stockhausen, ev., verh. s. 1967, Tocht. - Volkssch.; landw. Lehre; Landw.sch. Lübbecke; Dt. Bauernhochsch. Fredeburg. Meisterprüf. 1955 - S. 1965 durch Übern. d. elterl. Hofes selbst. Vors. Westf.-Lipp. Landjugend (1959-67), Vors. Bund d. Dt. Landjgd. (1962-72); Vors. Comité d'Entente (1970-72; EWG-Landjgd.); Vors. Bez.sagrarausch. CDU Ostwf.-Lippe (s. 1966).

HORT, Peter
Dipl.-Volksw., Journalist, FAZ-Korresp. in Brüssel - Zu erreichen üb. Frankfurter

Allg. Ztg., Postfach 10 08 08, 6000 Frankfurt/M. 1 - Geb. 16. März 1939 Mannheim (Vater: Hans H., Dipl.-Kfm.; Mutter: Margot, geb. Magener), kath., verh. s. 1965 m. Hanne, geb. Schnerr, 2 Kd. (Sebastian, Nina-Maria) - 1958-65 Stud. TH Karlsruhe (techn. Volksw.) - 1965-67 kaufm. Angest. Siemens; dann Redakt. FAZ (1969-74 Berliner Korresp., 1974-86 Bonner Wirtsch.-Korresp., 1986 in Brüssel f. EG u. Belgien) - BV: Soziale Marktwirtsch., Stationen e. freiheitl. Ordnung, 1985 (m. Fack, Fritz U.) - Liebh.: Fotografieren - Spr.: Engl., Franz., Ital.

HORT, Sepp

Geschäftsführer Messerschmidt-Bölkow-Blohm GmbH., Ottobrunn - Guffertstr. 13, 8150 Holzkirchen/Obb. - Geb. 27. Juni 1924 - S. 1965 MBB; stv. Vors. Geschäftsf. Messerschmitt-Bölkow-Blohm-GmbH; Vors. Assemblée des Membres d'Euromissile, Chatillon (Paris); AR-Vors. ERNO Raumfahrttechnik GmbH, Bremen; stv. AR-Vors. Industrieanl.-Betriebsges. mbH, Ottobrunn; AR-Mitgl. Motorenwerke Bremerhaven GmbH, Bremerhaven; AR-Mitgl. Saarberg-Werkzeugtechnik GmbH, Saarbrücken; Mitgl. Landesbeir. d. Dresdner Bank AG, Frankfurt; Kurat.-Mitgl. DABEI; Vorst.-Mitgl. Hanns-Seidel-Stiftung.

HORTEN, Alphons

Fabrikant, gf. Gesellsch. J. Weck & Co., Wehr-Öflingen/Baden - Zul. Nohn/Eifel - Geb. 9. Nov. 1907 Metz-Sablon/Lothr. (Vater: Bergass. Alphons H., Generaldir.; Mutter: Elly, geb. Maurin), kath., verh. 1936 m. Elisabeth, geb. Sentrup (gen. Froning), 4 Töcht. (Christa, Mechtild, Bettina, Angela) - Gymn.; Univ. Berlin (mehrere Sem. Volksw.) - 1930-45 ltd. Stellung Nahrungsmittelind. 1965-72 MdB. Stv. Vors. Wirtschaftsrat CDU - Liebh.: Geschichte - 1969 Gold. Sportabz. - Spr.: Engl., Franz.

HORTLEDER, Gerd

Dr. phil., Prof. f. Soziologie d. Sports Univ. Frankfurt (Fachbereich Erziehungswiss.) - Habsburgerallee 112, 6000 Frankfurt/M.

HORTMANN, Wilhelm

Dr. phil., o. Prof. f. Anglistik m. Schwerp. Engl. Lit. GH Duisburg - Lierburg 1a, 4330 Mülheim-Speldorf.

HORTON, Peter

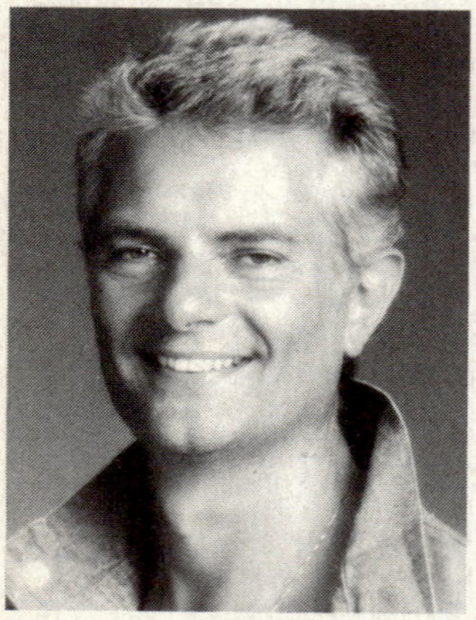

Chansonnier, Komponist, Texter, Konzertgitarrist, Autor - Zu erreichen üb. Amaton, Wannenstr. 16, 7000 Stuttgart 1 - Geb. 19. Sept. 1941 Feldsberg/Mähren (aufgew. Wien), verh. s. 1986 m. Stanislava Kantcheff (Konzertpianistin) - Ausbild. Klavier u. Klarinette Wien, Gesang u. Konzertgitarre Stuttgart, Berlin (Ost) u. Rio de Janeiro - S. 1982 Doz. Musikhochsch. Hamburg. Mitgl. Wr. Sängerknaben; 1978ff. TV-Send. Café in Takt, s. 1986 ZDF Serie Hortons Kleine Nachtmusik - BV: D. andere Saite, Lyr. 1978 (7 A.). Texte u. Chansons: Wer andern nie e. Feuer macht, 1983. Aphorism. u. Poesie: Hoffnung hat Appetit, 3. A. 1983. Intermezzo am Inn, Landschaftsbeschreibung, 1988. S. 1970 18 LP's u. 4 CD's - Liebh.: Phil. - Spr.: Engl., Franz., Ital., Span., Portug.

HORTSCHANSKY, Klaus

Dr. phil., Prof. f. Musikwiss., Direktor Musikwiss. Seminar Univ. Münster (s. 1984) - Von-Esmarch-Str. 28a, 4400 Münster/Westf. - Geb. 7. Mai 1935 Weimar (Vater: Dipl.-Landw. Dr. Curt H.; Mutter: Gertrud, geb. Wesser), ev. - Schillersch., Weimar (Abit. 1953); Stud. FU Berlin, Kiel, Perugia; Promot. 1966 Kiel - 1972-84 Prof. f. Musikwiss. Univ. Frankfurt - BV: Katalog d. Kieler Musiksamml., 1963; Parodie u. Entlehnung im Schaffen Glucks, 1973. Herausg.: J. A. Hasse, Ruggiero, 1973; Opernstudien. Anna Amalia Abert z. 65. Geburtst. (1975); Mitherausg.: Gluck-Gesamtausg. - Liebh.: Kunstgesch., Philatelie - Spr.: Ital.

HORWITZ KARGER, Reynaldo

Konsul d. Bundesrep. Deutschl. in Granada (Spanien) - Avda. Sierra Nevada 70, Consulado de la R.F. de Alemania, Granada (Spanien) - Geb. 21. Aug. 1912 Berlin (Vater: San H., Ing.; Mutter: Erna, geb. Karger) kath., verh. s. 1976 in 2. Ehe m. Marie Madeleine, geb. Serrano - Abit. Berlin; Jura-Stud. Univ. Berlin, Heidelberg, Straßburg, Bordeaux (Licence en Droit) - S. 1954 Konsul - BVK I. Kl. - Spr.: Franz., Span., Engl.

HORZINEK, Marian C.

Dr. med. vet., o. Prof. u. Direktor Inst. f. Virologie/Tierärztl. Fak. Univ. Utrecht (s. 1971), apl. Prof. f. Virol. Tierärztl. Hochsch. Hannover (s. 1975) - Haydnlaan 15, 3723 KE Bilthoven (Niederl.) - Geb. 3. Okt. 1936 Kattowitz/OS. (Vater: Alfons H., Textiling.; Mutter: Ria, geb. Kaluza), kath., gesch., 2 Kd. (Julia, Jan) - Realgymn. Karlsruhe; Stud. Tiermed. Gießen u. Hannover. Promot. 1962; Habil. 1970 - 1962 b. 1967 TiäH Hannover; 1967-68 IVIC Caracas (Venez.); 1968-71 Bundesforschungsanst. Tübingen (Wiss. Oberrat) - BV: Kompendium d. Allg. Virol., 1975, 1985 (auch span. u. niederl.) - Liebh.: Yachtsegeln - Spr.: Niederl., Engl., Franz., Span., Ital.

HOSAEUS, Lizzie

Fr. Grafikerin - Sophie-Charlotte-Str. 37, 1000 Berlin 37 (T. 030-814 11 25) - Geb. 15. Nov. 1915 Berlin, ledig - Stud. Kunstakad. Berlin u. Düsseldorf (fr. Abt.), 1934-37 Kurse f. Lithographie, Radierung, Handsatz u. Buchdruck-Techn. - BV: Magie d. Griffels, 1949; Paare, 1976; Auf Ihr Wohl, 1980 - Ankauf zeitkrit. Grafik Museum Köln, Hannover, Karlsruhe, Berlin - Liebh.: Eig. Ballett-Libretti, Kulturfilm-Exposés, Satir. Kurzgesch. - Spr.: Engl., Franz. - Lit.: Katalog-Vorwort I. Drewitz.

HOSAK, Werner

Dr. rer. pol., Reedereidirektor, gf. Gesellsch. Bremer Schiffahrtsges. mbH. & Co. KG. - Schwachhauser Heerstr. 247a, 2800 Bremen 1 - Geb. 12. März 1937 Reichenberg (Vater: Ottokar H., Tuchmacher; Mutter: Franziska, geb. Prinz), kath., verh. s. 1963 m. Sigrid, geb. Geßwein, 2 S. (York, Mark) - Univ. Innsbruck, Wien, Münster (Rechts- u. Wirtschaftswiss.; Dipl.-Volksw. 1962, Promot. 1966) - S. 1968 Gf. Firmengruppe Karl Geuther & Co. u. a. - BV: D. Einfluß d. Entwicklungsländer auf einige wicht. Determinanten ihres wirtschaftl. Wachstums, 1966 - Spr.: Engl., Span.

HOSANG, Horst

Unternehmer (Beratung u. Planung f. Labor- u. Medizintechnik) - Erlenweg 11, 2358 Kaltenkirchen (T. 04191 - 30 84) - Geb. 1. Dez. 1938 Trautenau/Sudetenl. (Vater: Walther H., Steuerrat; Mutter: Emma, geb. Bartels), ev., verh. s. 1976 m. Eve-Marie, geb. Zeller, 2 S. (Sven, Michael) - 1977-1980 Präs. Fachverb. Dt. Laborbauind. u. Vorstandsmitgl. Wirtschaftsverb. Eisen, Blech, Metall, Düsseldorf - Liebh.: Sport, Reisen, Musik, Fotogr. - Spr.: Engl., Franz.

HOSCHEK, Josef Georg

Dr., Mathematiker, Prof. TH Darmstadt (s. 1969) - Birkenweg 1, 6109 Mühltal 1 (T. 06151 - 14 60 49) - Geb. 20. Febr. 1935 Littitz/CSR (Vater: Josef H.; Mutter: Magdalena, geb. Jesenzky), kath., verh. s. 1961 m. Hella, geb. Braum, 2 Kd. (Gaby, Markus) - Stud. d. Math. u. Physik TH Darmstadt (Staatsex. 1961) - BV: Mathemat. Grundlagen d. Kartographie, 1969; Liniengeometrie, 1971 (m. G. Spreitzer); Aufg. z. Darstellenden Geometrie, 1974 - Spr.: Engl.

HOSEMANN, Gerhard

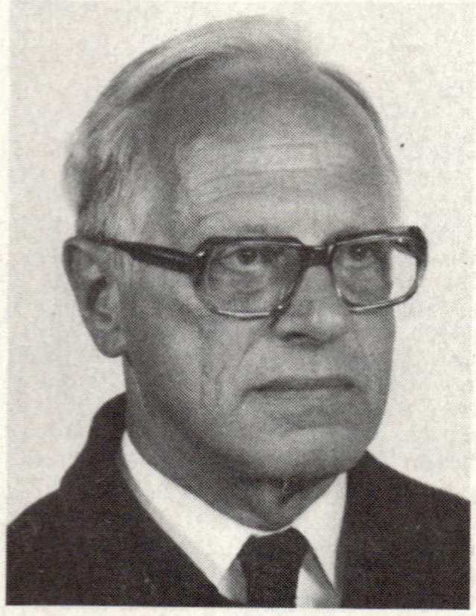

Dr.-Ing., Univ.-Prof. Univ. Erlangen - Weiherackerweg 36, 8525 Rathsberg üb. Erlangen (T. 09131 - 2 82 12) - Geb. 20. April 1922 Freiburg/Br. (Vater: Univ.-Prof. Dr. med. Gerhard H.; Mutter: Anna-Dorothea, geb. Kobert), ev., verh. s. 1951 m. Dietlind, geb. Natorp, 2 Kd. (Regine, Werner) - Dipl. 1949, Promot. 1952 Univ. Stuttgart - S. 1963 o. Prof. Darmstadt, s. 1975 Erlangen - Abteilungsleit. Brown Boveri & Cie AG; stv. Vors. Dt. Elektrotechn. Kommiss. DKE. Div. Pat. u. Anmeld. - BV: Grundl. d. Energietechnik, 3. A. 1987; Hütte Energietechnik, Bd. 3 1988. Mithrsg.: Arch. f. Eltech; etz-Archiv - Ehrenmitgl. Verb. Dt. Elektrotechniker (VDE) - Liebh.: Ski - Spr.: Engl., Franz.

HOSEMANN, Hans

Dr. med., Prof., ehem. Chefarzt Geburtshilfl.-gynäk. Abt. Städt. Krankenhaus Emden (s. 1961) - Hermann-Löns-Str. 14, 2970 Emden - Geb. 29. Sept. 1913 Rostock (Vater: Prof. Dr. med. Gerhard H., Chirurg (s. X. Ausg.); Mutter: Anna-Dorothea, geb. Kobert), ev., verh. in 2. Ehe (1966) m. Ursula, geb. Schameitat, 4 Kd. (Peter, Christine, Annette aus 1. Ehe (m. Charlotte, geb. Zeh), Axel) - Med. Staatsex. (1936) u. Promot. (1937) Freiburg/Br. - 1943 Privatdoz.; 1948 apl. Prof. (zeitw. Oberarzt Univ.-Frauenklinik Göttingen). Erf.: Inhalationsgerät z. Geburtsschmerzlinderung - BV: D. Grundl. d. statist. Meth. f. Mediziner u. Biologen, 1949; D. Lochkartensystem u. einige wicht. statist. Resultate, 1951; Schmerzlinderung m. Trichloraethylen, 1952; Normale u. abnormale Schwangerschaftsdauer, D. Behandl. d. Übertrag., in: Seitz, Biol. u. Pathol. d. Weibes, 1952; Vaterschaftsgutachten f. d. gerichtl. Praxis, 3. A. 1978; Schwangerenfürsorge, in: D. öfftl. Gesundheitswesen, Bd. IV 1962 - Gold. Sport-, Lebensrettungs-, silb. Reit- u. Fahrabz. - Spr.: Engl. - Mitgl. Lions-Club, Emden - Brüder: Gerhard u. Rolf H.

HOSEMANN, Max

Dr. jur., Dipl.-Kfm., Unternehmensberater - Fündenring 5, 8901 Bonstetten - Geb. 6. Febr. 1930.

HOSPES, Karl

Dr. med., Internist-Nephrologe, 1. Oberarzt Med. Klinik Vincenz-Krkhs. - Pohlweg 41, 4790 Paderborn - Geb. 17. Dez. 1930 Göttingen, kath., verh. s. 1960 m. Anneliese, geb. Walsemann, 4 Kd. (Bettina, Gerd-Joachim, Norbert, Rolff-Georg) - Univ. Göttingen, Promot. u. Staatsex. 1956 Göttingen - 1974-87 2. Vors. Marburger Bund Landesverb. Nordrh.-Westf./Rhld.-Pfalz; 1975ff. Kreistagsabg. (CDU) d. Kr. Paderborn; 1969ff. Deleg. d. Kammervers. d. Ärztekammer Westf.-Lippe, s. 1985 Vizepräs. AKWL - 1984 Verdienstmed. d. DRK-Landesverb. Westf.-Lippe.

HOSS, Helmut

Dr., Direktor, Vors. d. Geschäftsfg. Honeywell GmbH., Offenbach (s. 1971) - Lauterbacher Str. 2, 6484 Birstein - Geb. 14. Jan. 1936 Frankfurt/M. - Zul. Gf. Honeywell (Bereichsleit. Produktion) - Spr.: Engl. - Rotarier.

HOSSE, Jürgen

Polizeipräsident - Waidmarkt 1, 5000 Köln 1 - Geb. 13. Juni 1929 Tilsit.

HOSSENFELDER, Malte

Dr. phil., Prof. f. Philosophie Univ. Münster - Am Hasenkamp 5, 4544 Ladbergen - Geb. 27. April 1935 Bad Segeberg/Holst. (Vater: Hermann H., Studienrat; Mutter: Irmgard, geb. Jacobsen, Dipl.-Handelslehrerin) - BV: Sextus Empiricus. Grundriß d. pyrrhonischen Skepsis, 1968, 2. A. 1985; Kants Konstitutionstheorie u. d. Transzendentale Deduktion, 1978; Stoa, Epikureismus u. Skepsis, 1985.

HOSSMANN, Konstantin-Alexander

Dr. med., Dr. Univ. Paris, Prof., Direktor Max-Planck-Inst. f. neurol. Forschung, Köln - An Groß St. Martin 3, 5000 Köln 1 (T. 0221 - 21 68 44) - Geb. 31. März 1937 Breslau (Vater: Dr. Alexander H., Rechtsanw.; Mutter: Helga, geb. Hasse), ev., verh. s. 1967 m. Dr. Gisela, geb. Blume - 1956-62 Med.-Stud. Univ. Göttingen, Paris, Hamburg, München u. Berlin (Promot. 1963); Docteur de l'Univ. Paris 1968, Habil. 1972 - 1964 Wiss. Assist. Max-Planck-Inst. f. Hirnforsch. Köln; 1977 Leit. Forschst. f. Hirnkreislaufforsch. Köln; 1981 Dir. MPI f. neurol. Forsch. Köln. Zahlr. wiss. Arb. in Fachztschr., 1964ff. - 1975 Hugo-Spatz-Preis Dt. Ges. f. Neurol.; 1979 Hans-Berger-Preis Dt. EEG-Ges. - Spr.: Engl., Franz.

HOSTERT, Walter

Dr. phil., Oberstudiendirektor i. R., Landrat Märkischer Kr. (s. 1975) - Am Ramsberg 85, 5880 Lüdenscheid (T. 02351 - 2 01 40) - Geb. 19. Mai 1926 Lüdenscheid (Vater: Walter H.; Mutter: Maria, geb. Buchheister), verh. s. 1952 m. Gisela, geb. Mettenbörger, 4 S. (Christof, Thomas, Ekkehard, Markus) - Stud. Gesch., German., kath. Theol. Univ. Münster, Promot. 1960 - 1969-74 Bürgerm. bzw. Stellv. Stadt Lüdenscheid; ehrenamtl. Museumsleit. Spez. Arbeitsgeb.: Gesch. d. Metallknopfes. Zahlr. Veröff. z. Lokal- u. Regionalgesch.

HOSTICKA, Bedrich

Ph. D., Univ.-Prof. f. Elektrotechnik Univ.-GH Duisburg u. Abteilungsleiter Fraunhofer-Inst. f. Mikroelektronische Schaltungen u. Systeme Duisburg - Zieglerstr. 27, 4100 Duisburg 1 (T. 0203-33 99 40) - Geb. 9. Sept. 1944 Prag, kath., ledig - Dipl. 1972 ETH Zürich; Promot. 1977 Univ. of Calif., Berkeley (Elektrotechnik) - 1978-80 Assist. ETH Zürich; 1980-84 wiss. Mitarb. Univ. Dortmund, s. 1985 Prof. Univ.-GH Duisburg - Spr.: Tschech., Engl., Russ.

HOTH, Robert

Dipl.-Volksw., Prof. f. Volkswirtschaftslehre u. Arbeitsrecht GH Wuppertal - Ehringhausen 2, 5630 Remscheid.

HOTJE, Herbert

Dr. rer. nat., Prof. f. Mathematik Univ. Hannover - Havelweg 25, 3012 Langenhagen (T. 0511-77 24 07) - Geb. 14. Juni 1942 Herzhorn, ev., verh. s. 1972 m. Ulrike, geb. Schuster, 2 T. (Synke, Urte) - 1964-68 Stud. Univ. Hamburg; Dipl.-Math.; Promot. 1970 Hamburg; Habil. 1975 Hannover - 1978 apl. Prof.; s. 1980 Prof. - 25 Aufs. in Math.-Ztschr., insbes. z. Geometrie - Liebh.: Politik, Sport.

HOTOP, Hartmut

Dr. rer. nat., Prof. - Zu erreichen üb. Fachber. Physik, Univ. Kaiserslautern, Postf. 3049, 6750 Kaiserslautern - Geb. 29. Juni 1943 Reutte/Tirol (Vater: Dr. phil. Werner H.; Mutter: Gertrud, geb. Rottig), verh. s. 1970 m. Dr. med. Birgit, geb. Blaufuß, 2 Kd. (Iris, Harald) - Univ. Freiburg, (Dipl.-Phys. 1968, Promot. 1971, Habil. 1975) - 1977-80 Prof. Univ. Kiel; s. 1980 o. Prof. Univ. Kaiserslautern. Veröff. in Fachztschr.

HOTTER, Hans

Prof., Kammersänger i. R. - Zu erreichen üb. Bayer. Staatsoper, 8000 München - Geb. 19. Jan. 1909 Offenbach/M. (s. XIX. Ausg.), s. 1974 Beendig. d. aktiven Sängerlaufbahn. Ausgedehnte Lehrtätigk., priv. (München). Meisterkl., Liedkurse in U.S., Canada, Australien, Japan, England, Österreich, Holland, Bundesrep. Dtschl.

HOTTES, Karlheinz

Dr. phil., Dr. rer. pol., o. Prof. f. Geographie (unter bes. Berücks. d. Sozial- u. Wirtschaftsgeogr.) u. Dir. Inst. f. Entwicklungsforsch. u. -politik Univ. Bochum - Lessingstr. 56, 4630 Bochum (T. 58 06 81) - Geb. 2. Mai 1925 Köln, verh. m. Dr. rer. pol. Ruth, geb. Nies, 3 Kd. - Gymn. Köln; Univ. Gießen (1943 (Einberuf.)) u. Köln (1946 ff.; Geogr., Geol., Wirtschaftswiss., Gesch.). Promot. 1950 u. 54 Köln; 1955-66 Geschäftsf. eines Stahlbauunternehmens, Habil. 1965 Gießen - S. 1965 Lehrtätigk. Univ. Gießen (Privatdoz.) u. Bochum (1966; Ord.). Gastprof. in Kabul 1975 u. Hyderabad (Indien) 1979; Mitgl. Landesarb.gem.sch. f. Raumordnung NRW; Korr. Mitgl. Akad. f. Raumforsch. u. Landesplanung, Hannover; o. Mitgl. Study-Group Telecommunications/Telematics d. Int. Geogr. Union. Fachveröff. - Spr.: Engl., Franz., Ital.

HOTTINGER, Kurt

Gf. Gesellschafter AS-Verwaltungsges. mbH. (s. 1966), Hola-Schuh GmbH, (s. 1975), bde. Langen - Hermann-Bahner-Str. 18A, 6070 Langen (T. 06103-78 71) - Geb. 30. Aug. 1931 Frankfurt, kath., verh. s. 1955 m. Elisabeth, geb. Feuerbach, 4 S. (Andreas, Stefan, Olaf, Axel) - Gymn. Frankfurt; Lehre Industriekaufm. - S. 1956 selbst. Handelsvertreter (CDH) - S. 1983 ehrenamtl. Richter Sozialgericht Frankfurt.

HOTZ, Ernst Eberhard

Dr. phil. nat., Dipl.-Geol., Direktor, Vors. d. Geschäftsfhg. DEMINEX Dt. Erdölversorgungsges. mbH., Essen - Hohe Buchen 15, 4300 Essen 1 - Geb. 23. Juni 1926 Hattersheim (Eltern: Dr. Ernst u. Carola H.), kath., verh. s. 1953 m. Grete, geb. Schmidt, 3 T. (Eva Maria, Barbara, Renata) - Univ. Frankfurt/M. (Dipl.-Geol. 1950; Promot. 1951) - Spr.: Engl., Span.

HOTZ, Gerhart

Dr. med., Prof. u. Abteilungsleit. Inst. f. Genetik u. f. Toxikologie von Spaltstoffen Kernforschungszentrum Karlsruhe - Albert-Schweitzer-Str. 46, 7500 Karlsruhe 1 (T. 68 24 26) - Geb. 9. Nov. 1925 Karlsruhe (Vater: MinDir. i. R. Prof. Dr. Edgar H., s. XVII. Ausg.; Mutter: Hedy, geb. Schwarz), ev., verh. m. Marlis, geb. Wenner, 4 Kd. (Michael, Julia, Sabine, Oda) - Stud. d. Med. Univ. Frankfurt/M., Heidelberg; Promot. 1951 ebd. - In- u. ausl. Fachmitgl.sch. - 1962 Preis Stifterverb. d. dt. Wiss. - Spr.: Engl.

HOTZ, Günter

Dr. rer. nat., o. Prof. f. Numer. Mathematik u. Informatik - Karlstr. 10, 6670 St. Ingbert (T. 26 78) - Geb. 16. Nov. 1931 Rommelhausen/Hessen - Habil. Saarbrücken - S. 1968 apl. u. o. Prof. (1969) Univ. Saarbrücken (Lehrstuhl Angew. Math. u. Inform.); 1972-74 Dir. Rechenzentr. Univ. d. Saarlandes; 1972-82 stv. Sprecher Sonderforsch.ber. Elektron. Sprachforsch.; 1982-84 Sprecher SFB VLSI u. Parallelität - 1968 Mitgl. wiss. Beirat d. GAMM (Ges. f. Angew. Math. + Mechanik); 1969-74 Vors. Fachaussch. Theoret. Informatik; 1969-75 Präsid.-Mitgl. Ges. f. Informatik; 1969ff. Vors. Ges. f. Informatik, Bonn (Neugründ.) - S. 1985 Mitgl. Akad. d. Wiss. u. Lit. Mainz; s. 1986 Ausw. Mitgl. Akad. d. Wiss. d. DDR; 1986 Leibniz-Preis d. DFG; 1989 Saarländischer VO.

HOTZE, Bernward Georg

Dr. jur., Vizepräsident d. Bundesausgleichsamtes - priv.: Lessingstr. 10, 6380 Bad Homburg v. d. Höhe (T. 06172 - 8 48 06); dstl.: Untere Terrassenstr. 1, 6380 Bad Homburg v. d. Höhe (T. 06172 - 10 52 20) - Geb. 12. Dez. 1927 Kirchgandern/Eichsfeld (Vater: Joseph H., Lehrer; Mutter: Anna, geb. Henning), kath., verh. s. 1963 m. Erika, geb. Lahmann, 2 T. (Sylvia Maria, Gabriele Christina) - Obersch. Heiligenstadt u. Mühlhausen/Thür., Jura-Stud. u. Promot. Marburg, Staatsex. - Tätigk. im Bundesausgl.samt; s. 1959 versch. Posit.; s. 1975 Vizepräs. - BV: D. Unterhaltsverzicht d. geschied. Ehefrau u. d. öfftl. Fürsorge, 1958/60 (Diss.).

HOUBEN, Heinz

Dr.-Ing., Prof. f. Nichtlineare Schwingungen TH Aachen (apl.; s. 1976), Vice President Research and Development, Emhart-Glass - Höllsteinstr. 30, 6380 Bad Homburg v.d.H. - Zul. Doz.

HOVESTADT, Franz Josef

Pers. haft. Gesellschafter Rodgauer Kalksandsteinwerk Hovestadt KG, Dudenhofen, Geschäftsf. Kalksandsteinwerk Wiesbaden GmbH & Co., Wiesbaden - Dudenhöfer Str. 16, 6453 Seligenstadt/Hessen.

HOWALDT, Andreas

Dipl.-Kfm., Konsul, Teilhaber Heinrich Zeiss (Unionzeiss) GmbH., Frankfurt/M., Geschäftsf. Unionzeiss-Werke GmbH., Berlin, u. Unionzeiss-Werke KG. & Co., Bad Oldesloe, Vors. Gesamtverb. d. Einzelhdl. u. Verb. d. Büromaschinen-, -möbel- u. Org.mittelhdl. ebd. - Willdenowstr. 28, 1000 Berlin 45 - Geb. 21. April 1925 - Div. Mand. (AR, VR, Beirat, Vizepräs. IHK Berlin) - Honorarkonsul d. Rep. Island in West-Berlin.

HOWALDT, Hans Viktor

Kgl. Nepalesischer Konsul, Kaufmann, Inhaber Fa. Heinrich Zeiss (Unionzeiss), Frankfurt am Main, ARsvors. Großeinkaufsvereinig. Dt. Bürobedarfsgeschäfte e.G., Bensberg, u. Emil Bandell AG., Stuttgart, ARsmitgl. Triumph-Adler AG. f. Büro- u. Informationstechnik, Nürnberg - Flinschstr. 63, 6000 Frankfurt 60 - Geb. 19. Juni 1919 Lübeck (Vater: Hans H., Kapitän z. See a. D.; Mutter: Margot, geb. Schlieder), ev., verh. s. 1950 m. Hilde, geb. Schirrmeister, 2 Kd. (Dietrich, Victoria) - Abit. - Korvettenkapitän d. R. - BV: trans atlantic unter bunten Segeln, 1962 - Liebh.: Hochseesegeln - Spr.: Engl., Franz. - Bek. Vorf.: Georg H., Begründ. Schiffswerft Howaldtswerke AG. (Großv.).

HOYE, William J.

Dr. theol., Prof. f. Theologie Univ. Münster - Hittorfstr. 23, 4400 Münster (T. 0251 - 8 18 98) - Geb. 26. Mai 1940 Waterbury/USA (Vater: Joseph W.; Mutter: Marguerite, geb. Brignole), verh. s. 1972 m. Holle, geb. Frank, 2 S. (Niclas J., Lukas T.) - 1960-70 Stud. Univ. Bloomfield u. Boston (USA), Straßburg, München u. Münster (Promot. 1971) - 1971-75 Wiss. Mitarb. (DFG) Inst. f. Cusanus-Forsch. Univ. Mainz; 1975-77 Erzieh.wiss. Hochsch. Rheinl.-Pfalz, Abt. Landau; 1977-80 Hochschullehrer f. systemat. Theol. PH Westf.-Lippe; 1979-80 Gastprof. Marquette Univ. Milwaukee, USA; s. 1980 Prof. f. systemat. Theol. (insbes. theol. Anthropol.) Univ. Münster - BV: Actualitas omnium actuum, 1975; D. Verfinst. d. absoluten Geheimnisses, 1979 - 1966-68 Kontakt-Stip. Dt. Akad. Austauschdienst; 1979-80 Gastprof. Univ. Marquette, Milwaukee/USA; 1983-84 Andrew W. Mellon Fellowship Cath. Univ. of America, Washington/D.C.

HOYER, Franz A.

Dr. phil., Schriftsteller, Chefredakt. Bücherkommentare/Ztg. f. Buchkritik (s. 1970) - Schwanthalerstr. 94, 8000 München 2 (T. 53 33 64) - Geb. 19. Dez. 1913 Kempen/Rh., kath., verh. s. 1941 m. Dr. phil. Nora, geb. Tinnefeld - Univ. Köln u. Freiburg (German., Phil., Kunstgesch.; Promot. 1939) - B. 1958 Tätigk. Buchverlage - BV: Gerichte u. Gnade, Ged. 1946. Herausg.: Kleine Hand in meiner Hand, Vater-Kinder-Ged. 2. A. 1958; Erzähler d. Zeit, 1948; Dreikönigsbuch, 1949. Versch. Hörsp. - 1967 Premio UNDA-Sevilla (f. d. Hörsp.: In e. Stunde wie dieser).

HOYER, v., Galina

s. Rachmanowa, Alja

HOYER, Norbert

Dr. phil., Journalist, Auslandskorresp. Deutsche Presse-Agentur (dpa) - 33 Kasr el Nil Str. Apt. 13/4, Kairo (T. 00202 - 392 80 19) - Geb. 13. Juli 1947 Düsseldorf (Vater: Dr. Franz A., Schriftst.; Mutter: Dr. Eleonore, geb. Tinnefeld), kath., verh. s. 1970 m. Marianne, geb. Rouwen, 3 Kd. (Ann Carolin, Bimba Franziska, Niklas Dominik) - Stud. Politikwiss., Gesch., Soziol. Univ. Bonn; Promot. 1976 (Politikwiss.) - 1968-76 Fachjourn. f. Jugendfragen; s. 1976 Nachrichtenagentur ddp, dort s. 1978 Chef v. Dienst Ausl., 1980-83 stv. Chefredakt., 1983-84 Chefredakt. u. AR-Vors., 1985-88 ARD-Aktuell (Tagesthemen), s. 1988 Nachrichtenagentur dpa.

HOYER, Siegfried

Dr. med., Prof., Wiss. Rat - Gaisbergstr. 87, 6900 Heidelberg - S. Habil. Lehrtätigk. Univ. Heidelberg/Fachgr. Pathologie (gegenw. apl. Prof. f. Pathochemie u. Allg. Neurochemie).

HOYER, Ulrich

Dr. rer. nat., Dipl.-Phys., Prof. f. Philosophie (Wissenschaftstheorie, Gesch. u. Grundl. d. Physik) - Roseneck 4a, 4400 Münster-Hiltrup - Geb. 4. Juni 1938 Weimar/Thür. - Promot. 1969 Mainz - S. 1973 (Habil.) Lehrtätigk. Stuttgart u. Münster (gegenw. Prof. Phil. Sem.) - BV: D. Geschichte d. Bohr'schen Atomtheorie, 1974; Niels Bohr, Collected Works, Vol. 2, 1981 (Edition); Wellenmechanik auf statist. Grundl., 1983.

HOYER, Werner

Dr. rer. pol., Dipl.-Volksw., MdB (s. 1987) - Spitzangerweg 28, 5000 Köln 40 Lövenich (T. 0228 - 16 51 57) - Geb. 17. Nov. 1951 Wuppertal-Ronsdorf, kath., led. - Stud. Wirtsch.wiss. 1970-74; Dipl.-Volksw. 1974 Köln, Promot. 1977 ebd. - Ltd. Mitarb. Carl Duisberg Ges. Köln; Lehrbeauftr. (Intern. Wirtsch.beziehungen) Univ. Köln. S. 1984 FDP-Kreisvors. Köln; s. 1984 Mitgl. Landesvorst. NRW d. FDP. Mitgl. Verteidigungsaussch., stv. Mitgl. Haushaltsaussch. - BV: Vermögenseffekte d. Geldes, 1978; Grundlagen d. mikroökonom. Theorie (m. Rolf Rettig), 2. A. 1984 - Spr.: Engl., Franz.

HOYNINGEN-HUENE, Freiherr von, Dietmar

Dipl.-Ing., Prof., Rektor FH f. Technik, Mannheim - Kastanienstr. 4, 6805 Heddesheim (T. 06203 - 4 13 19) - Geb. 4. Juni 1943 Litzmannstadt, ev., verh. s. 1969 m. Dietlind Zeidler, 2 Kd. (Martin, Britta) - Dipl.-Ing. (Fachricht. Verfahrenstechnik) 1967 TU Karlsruhe - 1967-70 Projekting. BASF AG; 1970-72 Leit. Ing.-Abt. Fa. Koch Engineering. S. 1972 Prof. FH f. Technik Mannheim, 1981-85 Prorektor, s. 1985 Rektor. Stv. Vors. Nordbad.-Pfälz. Bezirksverein d. VDI; Vorst.-Mitgl. Techn. Akad. Mannheim - Liebh.: Technikgesch. - Spr.: Engl., Franz.

HOYNINGEN-HUENE, Freiherr von, Gerrick

Dr. jur., o. Prof. f. Bürgerl. Recht, Handels- u. Wirtsch.recht, Arbeitsrecht u. Sozialversich.recht Univ. Heidelberg (s. 1981) - Gutenbergstr. 6a, 6900 Heidelberg (T. 06221 - 47 27 84) - Geb. 16. Febr. 1944 Kempten (Vater: Erik, Frhr. v. H., Rechtsanw.; Mutter: Theodora, geb. Baillet), verh. s. 1980 m. Iris, geb. v. Detten, 2 Kd. (Louisa Sophie, Constantin) - Abit. 1964 München; Univ. München (1. Staatsex. 1969, 2. Staatsex. 1972, Promot. 1971, Habil. 1977) - 1971 Wiss. Assist. München; 1977 Univ. ebd.; 1978 Prof. Univ. Augsburg (1981 Ord.); 1983 Vors. Wiss. Beirat Management Akad. München - BV: D. Sachverständigengutachten üb. Briefmarken, 1972; D. Billigkeit im Arbeitsrecht, 1978; Komment. z. Kündigungsschutzgesetz, (m. and.) 10. A. 1980; Betriebsverfassungsrecht, 1983; Kündigungsvorschr. im Arbeitsrecht, 1985; Betriebliches Arbeitsrecht, 1987 - Liebh.: Segeln - Spr.: Engl., Franz., Ital.

HOYOS, Carl, Graf

Dr. phil., o. Prof. f. Psychologie TU München - Dammstr. 4, 8021 Hohenschäftlarn - Geb. 6. Mai 1923 Baumgarten (Vater: Landw.), verh. s. 1957 m. Barbara, geb. Gmelin, 3 Kd. - Habil. 1967 - Zahlr. Facharb., dar. Bücher.

HRBEK, Rudolf

Dr. phil., o. Prof. f. Politikwissenschaft - Engelfriedshalde 114, 7400 Tübingen 1 - Geb. 23. Sept. 1938 Prag, kath., verh. s. 1964 m. Margot, geb. Zielke, T. Anja - Promot. 1968 - S. 1973 (Habil.) Lehrtätigk. Univ. Tübingen (1974 Wiss. Rat u. Prof.; s. 1976 Ord.). S. 1979 Gastprof. Europa-Kolleg Brügge; 1985 Gastprof. Univ. of Washington, Seattle (USA) - BV: D. SPD, Dtschl. u. Europa (1945-57), 1972; D. Europ. Union als Prozeß, 1980; The European Parliament on the Eve of the Second Direct Election: Balance Sheet and Prospects, 1984; EG-Mitgliedschaft: ein vitales Interesse d. BRD?, 1984; D. Deutschen Länder u. d. Europäischen Gemeinschaften, 1986.

HRDLIČKA, Bohumil

Regisseur (Ps. Herlischka) - Gelderner Str. 10, 4000 Düsseldorf (T. 0211 - 436 01 20) - Geb. 25. April 1919 Časlav (Vater: Jaroslav H.; Mutter: Ružena, geb. Nováková), kath., verh. m. Elfi, geb. Hess - 1941-46 staatl. Konservat. f. Musik in Prag, Staatsex. 1946 - S. 1972 Regiss. u. künstler. Beirat Dt. Oper am Rh. - Insz. v. Opern, Schauspiel u. Fernsehen - Liebh.: Sakrale Kunst, Hunde - Spr.: Tschech., Deutsch, Franz.

HROMADKA, Wolfgang

Dr., Univ.-Prof. Lehrstuhl f. Bürgerl. Recht u. Arbeitsrecht Univ. Passau (s. 1985) - Innbrückgasse 1, 8390 Passau - Geb. 26. Dez. 1937 Aussig/Elbe, kath., ledig - Stud. Rechtswiss. Univ. Frankfurt, Berlin u. München, 1. u. 2. jurist. Staatsex. 1962 u. 1967 Frankfurt; Promot. 1969; Habil. 1978 - 1967-69 wiss. Assist. Univ. Zürich; 1969-76 Hoechst AG (zun. Vorst. Ass. u. Leitg. Referat Arbeits- u. Sozialrecht, s. 1973 Leit. d. Personalabt. Arbeiter, Werk Hoechst); 1976-85 Leit. PSW Messer Griesheim GmbH (s. 1976 Personaldir.); s. 1982 Ehrenamtl. Richter am BAG - BV: D. Entw. d. Faustpfandrechts im 18. u. 19. Jh., 1971; Tariffibel, 3. A. 1987; D. Recht d. leit. Angest. im historisch-gesellschaftl. Zusammenhang, 1979; D. Arbeitsordn. im Wandel d. Zeit, 1979; Rechtsbrevier f. Führungskräfte, 1987;

Arbeitsrecht f. Vorgesetzte, 1987. Herausg.: Arbeitszeitrecht im Umbruch (1988); Gleichstellung v. Arbeitern u. Angestellten (1989) - Spr.: Engl., Franz., Span.

HROUDA, Barthel
Dr. phil., o. Prof. f. Vorderasiat. Archäologie - Sternstr. 4b, 8034 Germering. (T. München 84 55 49) - Geb. 28. Juni 1929 Berlin (Vater: Fritz H., Verwaltungsinsp.; Mutter: Frieda, geb. Seelow, ev., verh., s. 1957 m. Helma, geb. Plugge, 3 Kd. (Heinz-Michael, Bettina, Jan) - Gymn. z. Grauen Kloster u. Freie Univ. Berlin. Promot. 1954 Berlin; Habil. 1963 Saarbrücken - 1963 Privatdoz. Univ. Saarbrücken; 1964 ao. Prof. Univ. München; 1967 o. Prof. FU Berlin; 1969 o. Prof. Univ. München. Spez. Arb.geb.: Archäol. Mesopotamiens u. Syriens, Ausgr. Iraq (Isin) - BV: Farb. Keramik d. 2. Jahrh. Nordmesop. u. Syr., 1957; Tell Halaf, Kleinfunde aus histor. Zeit, 1962; Kulturgesch. d. Assyr. Flachbildes, 1967; Handb. d. Archäol., Vorderasien I, 1971; Isin-Išān Bahrīyāt I, 1977; Meth. d. Archäol. (Hrsg.), 1978; Isin-Išān Bahrīyāt II, 1981; Isin-Išān Bahrīyāt III, 1987 - 1976 ord. Mitgl. Dt. Archäol. Inst., Berlin; 1980 o. Mitgl. Bayer. Akad. d. Wiss.; 1981 Ausl. Mitgl. Koninkl. Acad. v. Wetenschappen, Lett. en Schone Kunsten van Belgie.

HRUSCHKA, Erhard
Dr. rer. pol., Senatsdirektor, Leit. Statist. Landesamt Hamburg (s. 1976) - Steckelhörn 12, 2000 Hamburg 11; priv.: Ziehrerweg 32, 2000 Hamburg 73 - Geb. 13. Sept. 1931 Dresden (Vater: Herbert H., Justizamtm. †; Mutter: Charlotte, geb. Seidler †), ev., verh. s. 1960 m. Hedwig, geb. Strohmaier, 2 S. (Stefan, Christian) - N. Abit. kaufm. Lehre Industrie; 1953-57 Univ. Frankfurt/M. (Volksw.). Promot. 1964 Frankfurt 1957-58 Revisionsassist. Ind.; 1958-65 Wiss. Assist. Univ. Frankfurt (Inst. f. Verkehrswiss.); 1965-76 Stadtdir. Pforzheim (Leit. Amt f. Wirtschaft, Verkehr u. Statistik). 1978-86 Vors., s. 1986 Ehrenmitgl. Verb. Dt. Städtestatistiker. 1986-88 Vizepräs., s. 1988 Präs. Intern. Assoc. for Urban and Regional Statistics - BV: D. Wirtschaftsordnungen d. Weltmächte, 1964 (Diss.) - Liebh.: Mod. Lit., Theater, Soziol., Gesch. u. Ges. d. USA - Spr.: Engl.

HRUSCHKA, Joachim
Dr. jur., Prof. f. Rechtsphilosophie u. Strafrecht - Sperlingstr. 59, 8520 Erlangen - Geb. 10. Dez. 1935 Breslau - Promot. (1964) u. Habil. (1970) München - 1972 Prof. Univ. Hamburg, 's. 1982 Prof. Univ. Erlangen. Bücher u. Aufs.

HRUSKA, Friedrich-Theodor
Dr. med. vet., Veterinärdirektor a. D., Tierarzt, Fachtierarzt f. öffentl. Veterinärwesen, MdL Nieders. (1974-78 u. a. 1982) - An der Rehbocksweide 23, 3510 Hann. Münden (T. 3 15 55) - Geb. 13. Febr. 1930 Bergkamen (Vater: Oskar H., Bergbauarb.; Mutter: Agathe, geb. Fischer), verh. s. 1953 m. Margrid, geb. Marquardt, 3 Kd. (Friedrich-Rainer, Karin, Alexander) - Schule Höxter; Tierärztl. Hochsch. Hannover - S. 1956 Tierarzt. FDP s. 1967 (s. 1972 Mitgl. Vorst. Landesverb. Nieders., s. 1980 Bezirksvors. Südniedersachsen) - Spr.: Engl., Franz.

HUBALA, Erich
Dr. phil., o. Prof. f. Kunstgeschichte - Liebigstr. 15, 8000 München 22 (T. 089-22 14 10) - Geb. 24. März 1920 Kremsier - S. 1959 (Habil.) Lehrtätig. Univ. München (1965 apl. Prof.), Kiel (1969 o. Prof. u. Inst.-Dir.) u. Würzburg (1974 o. Prof., Inst.- u. Museums-Dir.) emerit. 1986 - BV: Epochen d. Architektur III; Renaissance u. Barock, 1968 (ital. 1973); D. Kunst d. 17. Jhs., 1970 (Propyläen Kunstgesch. IX); Venedig, 1974; Johann Michael Rottmayr, 1981; D. Residenz zu Würzburg, 1984 (m. a.); Renaissance u. Manierismus - Barock in Rokoko, 1985; Renaissance in Böhmen, 1985 (m. a.);

B. Neumann 1687-1753. D. Barockbaumeister aus Eger, 1987. Fachaufs. - O. Mitgl. Collegium Carolinum München, Sudetendt. Akad. d. Wiss. u. Künste, München; 1982 Georg-Dehio-Preis - Lit.: Intuition u. Darst., Festschr. (1985).

HUBALEK, Claus
Schriftsteller - Zu erreichen üb.: Zweites Dt. Fernsehen, 6500 Mainz - Geb. 18. März 1926 Berlin, ev. - Lehrer u. Dramat.; 1963-66 Chefdr. NDR/Fernsehen; 1968 ff. Chefdr. Schauspielhaus Hamburg - W: Unsre jungen Jahre, N. 1947; D. Glasauge, Erz. 1948; D. Hauptmann u. s. Held, Tragikom. 1953 (1955 verfilmt); Keine Fallen f. d. Füchse, Kom. 1957; D. Festung, Sch. 1958; Stalingrad, Sch. 1961; D. Stunde d. Antigone, Sch. 1961; D. Ausweisung, R. 1963. Film: Kirmes; Fernsehsp.: D. Festung, E. gefährl. Mensch, D. Std. d. Antigone; Hörsp.: D. west-östl. Diwan, In e. Garten in Aviamo; Fernsehsp.: D. 21. Juli (ZDF, 1972) - 1953 Gerhart-Hauptmann-Preis Freie Volksbühne Berlin (D. Hptm. u. s. Held), 1955 Dramatiker-Preis Dt. Bühnenverein.

HUBEL, Achim
Dr. phil., Prof. f. Denkmalpflege Univ. Bamberg - Jakobsplatz 3, 8600 Bamberg (T. 0951 - 5 22 73); Ludwig-Eckert-Str. 2, 8400 Regensburg (T. 0941 - 2 57 05) - Geb. 20. Febr. 1945 Sünching (Vater: Konrad H., Richter; Mutter: Hildegard, geb. Simeth), kath., verh. s. 1982 m. Andrea, geb. Pickl, 2 S. (Adrian, Matthias) - 1964-66 Stud. Phil. u. Theol. Univ. Regensburg, 1966-72 Stud. Kunstgesch., Archäol. u. Gesch. Univ. München; Promot. 1972 - 1972-74 Mus.-Köln u. München; 1974-81 Diözesankonservator Regensburg; 1975-81 Lehrbeauftr. Univ. Regensburg, s. 1981 Prof. Bamberg - BV: D. Regensburger Domschatz, 1976; Ausst.-Kat. Kostbark. aus kirchl. Schatzkammern, 1979; D. Glasmalereien d. Regensburger Domes, 1981 - 1979 Kulturförderpreis Stadt Regensburg - Spr.: Engl., Franz.

HUBER, Alfons
Dipl.-Kfm., Wirtschaftsprüfer, Steuerberater, Verbandsdir. i. R. Bayer. Raiffeisenverb., München - Lorenzonistr. 39, 8000 München 90 - Geb. 6. Juli 1919.

HUBER, Antje,
geb. Pust

Bundesministerin a.D. - Am Vogelherd 12, 4300 Essen - Geb. 23. Mai 1924 Stettin (Eltern: Bruno u. Charlotte P.), ev., verh. s. 1950 (Ehem.: Karl H., Redakteur) - Obersch. Berlin (Abit. 1942); journ. Ausb.; 1961-62 Sozialakad. Dortmund (Volks-, Betriebsw., Soziol., Arbeitsrecht, Sozialpolitik) - 7 J. Redakt.; b. 1969 Studienleit. Sozialakad.; 1976-82 Bundesmin. f. Jugend, Familie u. Gesundheit (1982 zurückgetreten); 1969-87 MdB (Wahlkr. 89/Essen III). SPD s. 1948 (div. Funktionen) - 1984 BVK - Gold. Sportabz. 1977 - Spr.: Engl., Franz., Schwed., Russ.

HUBER, Dietrich
s. Kasper, Hans

HUBER, Ernst Rudolf
Dr. jur., o. Prof. f. Öffntl. Recht (emerit. 1968) - In d. Röte 2, 7800 Freiburg/Br. (T. 5 37 13) - Geb. 8. Juni 1903 Idar-Oberstein (Vater: Rudolf H., Kaufm.; Mutter: Helene, geb. Wild), ev., verh. s. 1933 m. Dr. Tula, geb. Simons, 5 Söhne (Konrad, Ulrich, Albrecht, Gerhard, Wolfgang) - Univ. Tübingen, München, Bonn (Promot. 1927) - 1930 Ass. Oldenburg, 1931 Privatdoz. Univ. Bonn, 1933 Ord. Univ. Kiel, 1937 Univ. Leipzig, 1941 Univ. Straßburg/Els. (b. 1945), 1956 Honorarprof. Univ. Freiburg, 1957 Ord. Hochsch. f. Sozialwiss. Wilhelmshaven, 1962 Univ. Göttingen - BV: D. Garantie d. kirchl. Vermögensrechte in d. Weimarer Verfass., 1927; Verträge zw. Staat u. Kirche im Dt. Reich, 1930; Verfassungsrecht, 2. A. 1939; Heer u. Staat in d. dt. Geschichte, 2. A. 1943; Quellen z. Staatsrecht d. Neuzeit, 2 Bde. 1949/51; Wirtschaftsverw.srecht, 2 Bde. 2. A. 1953/54; Dt. Verfassungsgesch. s. 1789, 7 Bde 1957-84 (Bd. 1-4 in 2. A. 1975-81); Z. Problematik d. Kulturstaats, 1958; Selbstverw. d. Wirtsch., 1958; D. Empfehlungsverbot, 1959; Dokumente z. dt. Verfassungsgesch., 3 Bde. 1961/66, Bd. 1 u. 2 in 3. A. 1978/86; Rechts- u. Sozialstaat in d. mod. Industriegess., 1962; Nationalstaat u. Verfassungsstaat, 1965; Grundgesetz u. vertikale Preisbind., 1968; Grundgesetz u. wirtschaftl. Mitbestimmung, 1970; Staat u. Kirche im 19. u. 20. Jh., Bd. 1 1973; Bd. 2 1976; Bd. 3 1983 (m. Wolfgang Huber); Bewahrung u. Wandlung, 1975 - 1967 o. Mitgl. Akad. d. Wiss. Göttingen.

HUBER, Erwin
Dipl.-Volksw., Amtsrat, MdL Bayern (s. 1978, Wahlkr. Niederbay./CSU) - Kolpingstr. 10, 8386 Reisbach/Ndb. - Geb. 26. Juli 1946, kath. - Volkssch. Oberhausen u. Reisbach, Realsch. Dingolfing; n. Abendgymn. Univ. München (Volksw.) - B. 1970 Bayer. Finanzverw., dann Bayer. Finanzmin. 1972ff. MdK Dingolfing-Landau. Kreis- u. Bezirksvors. Jg. Union. S.1984 Mitgl. Fraktionsvorst. CSU-Landtagsfraktion; s. 1986 Vors. Landtagsaussch. Landesentwicklung u. Umweltfragen; 1987/88 stv. CSU-Generalsekr., s. 1988 Generalsekr.

HUBER, Franz

Dr. rer. nat., Prof., Direktor am MPI f. Verhaltensphysiologie, Seewiesen - 8130 Seewiesen/Obb. (T. 2 93 35); priv.: Watzmannstr. 16, 8130 Starnberg - Geb. 20. Nov. 1925 Nußdorf/Bayern (Vater: F. H., Landw.; Mutter: Anna, geb. Fischer), kath., verh. s. 1953 m. Dr. Lore, geb. Schneider, 2 S. (Johannes, Martin) - 1947-53 Stud. Zool. München; Promot. 1953 München; Habil. 1960 Tübingen 1954-63 Assist. u. Doz. Univ. Tübingen; 1963-73 o. Prof. u. Dir. Zool. Inst. Univ. Köln; s. 1973 Dir. am MPI. Arb. zu verhaltensphysiol. u. neurobiol. Problemen. Veröff. (auch Bücher) üb. Insektenverhalten u. Insektennervensystem, üb. 150 fachwiss. Art. - Korr. Mitgl. Rhein.-Westf. Akad. d. Wiss. u.

Akad. d. Wiss. u. Lit. Mainz, Mitgl. Dt. Akad. d. Naturforscher (Leopoldina), Halle/S; 1980 Karl-Ritter-v.-Frisch-Med.; 1983 Foreign Hon. Memb. Americ. Acad. Arts and Sciences Boston; 1983 Napoleon Cybulski Med. Polen; 1986 Foreign Memb. Americ. Philosophical Soc. Philadelphia; 1988 Ehrendoktorwürde f. Naturwiss. d. Univ. zu Köln; 1989 Mitgl. Bayer. Akad. d. Wiss. - Spr.: Engl.

HUBER, Friedo
Dr. rer. nat., o. Prof. f. Anorgan. Chemie - Carl-v.-Ossietzky-Str. 9, 4600 Dortmund 50 - Geb. 4. Juni 1929 Nürnberg (Vater: Friedrich H., Verw.beamter; Mutter: Babette, geb. Meyer), ev., verh. s. 1954 m. Wilhelmine, geb. Nething, 2 Söhne (Herwart, Bernd) - Ober- u. Oberrealsch.; Univ. München u. Graz (Chemie). Dipl.-Chem. München; Promot. Aachen - S. 1956 Univ. München (Assist.), 1960 TH Aachen (Assist., 1960 Obering., 1960 Kustos, 1967 Akad. Oberrat, 1968 Gastprof.), Univ. Dortmund (1968 Wiss. Abt.svorsteher u. Prof., 1969 Ord.). Spez. Arbeitsgeb.: Anorgan. Chemie, insb. Koordinations- u. Organometallchemie - 1977-81 Vors. GDCh-Fachgruppe Chemieunterricht. Facharb. - Gmelin Handbook of Inorganic Chemistry: Organolead Compounds - Spr.: Engl. - Rotarier.

HUBER, Gerd

Dr. med., em. Prof. f. Psychiatrie u. Neurologie Univ. Bonn - Am dem Rosenberg 18, 5307 Wachtberg-Villiprott - Geb. 3. Dez. 1921 - 1968 o. Prof. Ulm; 1974 o. Prof. Lübeck; 1978 o. Prof. Bonn. Vors. Kurat. f. Schneider-Preis u. f. Weitbrecht-Preis - Hon. memb. Österr. Ges. f. Psychiatr. u. Nervenheilkd. u. amerik. Fachges.

HUBER, Gerhard W. M.
Dipl.-Kfm., Dipl.-Volksw., Vorstandsmitglied Verbraucher-Zentrale Nordrh.-Westf./Landesarbeitsgem. d. Verbraucherverb. (s. 1965) - Mintropstr. 27, 4000 Düsseldorf 1; priv.: Sturmstr. 81 - Geb. 21. Jan. 1935 Berlin (Vater: Georg H., Kaufm.; Mutter: Alida, geb. Stegmann), kath., verh. s. 1963 m. Ingrid, geb. Winzer, 3 T. (Angelika, Barbara, Dorothea) - Isoliererhandw.; n. Abit. (Abendgymn.) FU Berlin (Dipl. 1960 u. 61).

HUBER, Hansjörg
Sparkassendirektor, Vorst.-Mitgl. d. Sparkasse Saarbrücken - Am Neumarkt, 6600 Saarbrücken - Geb. 16. Aug. 1937 Freiburg/Br. - Stud. Rechtswiss. Ass.ex., Lic. jur. (Schweiz).

HUBER, Herbert
Dr. jur., Rechtsanwalt, MdL Bayern (s. 1970) - Schneider-Ulrich-Weg 4, 8000 München 50 (T. 812 27 84) - Geb. 1930 - CSU.

HUBER, Herbert
Dr. rer. pol., Diplom-Kaufmann, MdL Bayern (s. 1970) - Bernbeckweg 11, 8300 Landshut (T. 2 53 35) - Geb. 1935 -

1966ff. Stadtrat Landshut - CSU - 1980 Bayer. VO; 1984 BVK; 1984 Gold. Verdienstmed. IHK Niederbay./Oberpf.

HUBER, Herbert

Dr. rer. nat., Prof. f. Botanik Univ. Kaiserslautern (Fachbereich Biologie) - Pfaffenbergstr. 95, 6750 Kaiserslautern - Zul. Privatdoz. Univ. Würzburg.

HUBER, Hubert

I. Bürgermeister - Rathaus, 8061 Bergkirchen/Obb. - Geb. 23. April 1932 Olching - Kaufm. CSU.

HUBER, Josef

I. Bürgermeister (s. 1978) - Rathaus, 8283 Arnstorf/Ndb. - Geb. 17. Dez. 1917 Pupping - Zul. Verwaltungsangest.

HUBER, Klaus

Prof., Komponist, Leit. Meisterkl. f. Kompos. u. Inst. f. Neue Musik Staatl. Hochsch. f. Musik Freiburg/Br. - Am Bergli 12, CH-4418 Reigoldswil/Bl. (T. Basel 96 12 28) - Geb. 1924 Bern - Zahlr. Kompos. m. intern. Resonanz - 1970 Beethoven-Preis Stadt Bonn (f.: Tenebrae), 1975 Preis Schweiz. Tonkünstlerverein., 1979 Kunstpreis Basel.

HUBER, Ludwig

Dr. jur., Dr. rer. pol. h. c., Rechtsanwalt, Staatsminister a. D., Präs. u. Vorst.-Vors. Bayer. Landesbank Girozentrale (b. 1988) - Brienner Str. 20, 8000 München 2 - Geb. 29. Dez. 1928 München, kath., verh. s. 1953 m. Waltraud, geb. Nothhaft, 2 Söhne (Alexander, Wolfgang) - Abit. 1947, 1948-51 Stud. Rechtswiss. u. Volkswirtsch. Ludwig-Maximilians-Univ. München (1. jurist. Staatsprüf. 1952, 2. 1955, Promot. 1959) - 1953-55 Jurist. Sachbearb. Bayer. Staatskanzlei, 1955-58 Gerichtsass., 1958-62 Staatsanwalt; 1958-77 Abgeord. Bayer. Landtag, 1962-72 Vors. CSU-Landtagfraktion (1963-70 stv. Landesvors.); 1964-70 Bayer. Staatsmin. f. Unterr. u. Kultus u. 1972-77 d. Finanzen, 1974-77 zugl. Stellvertr. Bayer. Ministerpräs. - 1977-88 Präs. Bayer. Landesbank Girozentrale - 1973 Dr. h. c. Univ. Augsburg; 1964 Bayer. VO, 1978 Gr. BVK m. Stern u. Schulterbd.; 1967 Großkr. Sylvester-Orden; 1977 Grande Ufficiale nell'Ordine al Merito della Repubblica Italiana; 1978 Ehrensenator TU München; 1980 Kommunale Verdienstmed. in Gold; 1983 Gr. Gold. Ehrenz. m. Stern Rep. Österr.; 1986 Großoffizierskreuz d. VO d. Großherzogtums Luxemburg - Spr.: Engl. - Rotarier (Ehrenmitgl. Rotary Club Traunstein).

HUBER, Ludwig W.

Dr. phil., Prof. f. Hochschuldidaktik (Erziehungswiss.) - Bismarckstr. 108, 2000 Hamburg 20 - Geb. 24. April 1937 Bielefeld (Vater: Theodor H., Direktor; Mutter: Ursula, geb. Levin), ev., verh. s. 1971 m. Ingeborg, geb. Hentschel - Gymn. Bielefeld; 1956-63 Stud. Klass Philol. Staatsex. f. d. höh. Lehramt 1967; Promot. 1963 Tübingen - 1963-65 Verlagslektor; 1965-67 Studienrefer.; 1967-71 Wiss. Assist.; s. 1971 Ord. Univ. Hamburg (IZHD), 1982-84 Vizepräs. d. Univ. Hamburg - Bücher (Mitverf.): Schulnahe Curriculumentwickl., 1962; Gesamthochsch., 1975; Studienreform, 1979; Junge Wissenschaftler an d. Hochsch. (m. R. Holtkamp, K. Fischer-Bluhm), 1987. Herausg.: Ausbild. u. Sozialisation in d. Hochschule. Enzyklopädie Erziehungswiss. Bd. 10 (1983); Ordnung u. Unordnung (m. G. Becker, H. Becker), 1985; Studium - nur noch Nebensache? (m. M. Wulf), 1989. Div. Einzelarb. - Spr.: Engl., Franz.

HUBER, Margaretha

Dr. phil., Philosophin (Ps. Meg Huber) - Georgenstr. 121, 8000 München 40 (T. 18 26 51) - Geb. 15. Aug. 1946 Konstanz, ledig - Stud. Phil. u. Kunstgesch., Soziol. Univ. München u. Frankfurt - Fr. Forscherin u. Schriftst. - Entd. d. weibl. Phil. - BV: Rätsel. Ich schaue in d. geheimnisvollen Raumn e. verschollenen Denkens, dessen Tür d. Romantik e. Spalt weit geöffnet hat, 1978; Herausg.: Rätsel No. 2, Ztschr. f. sait. Phil. (auch Verlegerin u. Autorin). Beitr. in: Was Philosophinnen denken, 1983; Jahrb. d. Intern. Assoz. v. Philosophinnen, Titel: Von wegen ins dritte Jahrtausend (1982).

HUBER, Max G.

Dr. rer. nat. (habil.), o. Prof. f. Theor. Physik (Kernphysik) - Am Kottenforst 37, 5300 Bonn 1 - Geb. 25. Juni 1937 Freiburg/Br. - Promot. 1964 Freiburg; Habil. 1968 Frankfurt - 1965-66 NBS Washington, 1966-67 Duke Univ., 1967-68 Univ. Frankfurt/M., 1968-69 Univ. Heidelberg, 1969-83 Univ. Erlangen-Nürnberg (o. Prof.), s. 1983 Univ. Bonn, Dir. Inst. f. Theoret. Kernphysik. Fachveröff. - Spr.: Engl., Franz. (Assist. Prof. USA).

HUBER, Michaela

Dipl.-Psych., Journalistin u. Übersetzerin (Ps.: Anna Gebhardt) - Harleshäuserstr. 74, 3500 Kassel (T. 0561 - 6 99 44) - Geb. 19. Juni 1952 München (Vater: Helmut H., Sänger; Mutter: Marianne, geb. Meier, Prok.) - Stud. Psych. Düsseldorf, Münster (Dipl. 1977) - 1978-83 Redakt. Ztschr. Psychologie heute; s. 1983 fr. Journ. u. Übers. (Ztschr., Rundf., Verlage) - BV: Blick n. vorn im Zorn (Hrsg.), 1985; Dein ist mein halbes Herz, 1989. Übers. u. a.: Augenblicke verändern uns mehr als d. Zeit (v. Ch. Wolff, Autobiogr.), 1982; E. Frau wie ich (v. Ann Oakley), 1986; D. Fernsehges. (v. J. Meyrowitz), 1987 - Spr.: Engl., Franz.

HUBER, Nicolaus A.

Komponist, Prof. f. Komposition Folkwang-Hochschule Essen - Abtei, 4300 Essen 16 - Geb. 15. Dez. 1939 - Audiovisuelle u. elektronische Kompos., sowie Solo-, Kammer- u. Orchesterwerke.

HUBER, Oswald

Dr. med. (habil.), Prof., Gerichtsmediziner - v.-Esmarch-Str. 86, 4400 Münster/W. - S. 1968 apl. Prof. Univ. Münster.

HUBER, Otmar

Dr. jur., Landrat Kr. Bad Tölz-Wolfratshausen (s. 1967) - Korbinian-Str. 10, 8170 Bad Tölz/Obb. (T. 33 97) - Geb. 29. Okt. 1927 Dörndorf (Vater: Josef H., Rektor; Mutter: Ella, geb. Kihm), kath., verh. s. 1959 m. Bilhilde, geb. Happ, 4 Kd. (Winfried, Walter, Monika, Martin) - Univ. München (1949 ff.; Rechts- u. Staatswiss.). Gr. jurist. Staatsprüf. 1956 - 1956 Reg. Mittelfranken; 1957-62 Bayer. Innenmin.; 1962-67 Landratsamt Tölz (Oberreg.Rat). S. 1964 Vors. AV-Sektion Tölz; Vors. d. Rettungszweckverb. u. Regionalen Planungsverb. Oberland sowie Bezirksverb. Oberbayern d. Landkreisverb. Bayern - Liebh.: Sport, Musik - Spr.: Engl.

HUBER, P. Reinhold

Dr.-Ing., Honorarprof. TU Braunschweig - Hürdenweg 7, 4800 Bielefeld 12 (T. 0521 - 4 09 49) - Geb. 11. März 1931, 2 Kd. (Elke-Daniela, Peter-Martin) - Gymn. Esslingen (Abit. 1950); Stud. Maschinenbau TH Stuttgart (Dipl. 1955); Daimler-Benz AG 1956-61; Wiss. Assist. 1961-67 TU Braunschweig; Promot. 1966 - 1967 Dt. Tecalemit, Bielefeld; 1970 Lehrauftr. Tribologie, TU Braunschweig; Beirat IRW, Messe Köln; Vors. Verein Automatenmarken Dtschl., Bonn - Ca. 20 Patente u. Gebrauchsmuster - BV: Spezialkatalog Automatenkarten-Dt.Bundespost, 1984. Ca. 25. Fachveröff. Philat. Ausst.: u.a. Rottweil (1984), Mophila Hamburg (1985), Stockholmia (1986), Luzern (1987) - Liebh.: Philatelie (Automatenmarken DBP, Inflation DR), Jazz, Sport - Spr.: Engl., Franz.

HUBER, Robert

Dr. rer. nat. (habil.), Prof., Abteilungsleiter MPI f. Biochemie - 8033 Martinsried/Obb. - Geb. 20. Febr. 1937 - B. 1976 Privatdoz., dann apl. Prof. TU München - 1972 E.K.-Frey Preis d. Dt. Ges. f. Chir.; 1977 Otto-Warburg-Med. d. Ges. f. Biol. Chemie; 1982 Emil-v.-Behring-Preis d. Univ. Marburg; 1987 Keilin Med. Biochem. Soc. London; 1987 Richard-Kuhn Med. Ges. Dt. Chemiker; 1987 Dr. h. c. Univ. Catholique de Louvain; 1988 o. Mitgl. d. Bayer. Akad. d. Wiss.; 1988 Nobelpreis f. Chemie.

HUBER, Simon

1. Bürgermeister (s. 1966) - Rathaus, 8201 Großkarolinenfeld/Obb. - Geb. 23. März 1926 Großkarolinenfeld - Zul. Gemeindeangest.(s. 1946), 1956-66 Gemeinderat.

HUBER, Ulrich

Dr. jur., o. Prof. f. Handels- u. Wirtschaftsrecht Univ. Bonn (s. 1973) - Weberstr. 98, 5300 Bonn 1 - Geb. 23. März 1936 Kiel - Promot. (1965) u. Habil. (1968) Heidelberg - 1971-73 Wiss. Rat u. Prof. Univ. Saarbrücken. Bücher u. Aufs.

HUBER, Wolfgang

Dr. jur., Direktor i. R., Beauftr. f. intern. Handelsfragen Raab Karcher GmbH., Karlsruhe (s. 1971) - Am Tann 7, 4300 Essen - Zul. Geschäftsf. RK.

HUBER, Wolfgang

Dr. theol., o. Prof. f. Syst. Theologie, Sozialethik - Hirtenaue 17, 6900 Heidelberg-Ziegelhausen - Geb. 12. Aug. 1942 Straßburg (Vater: Ernst Rudolf H., Prof.; Mutter: Tula, geb. Simons, Rechtsanw.), ev., verh. s. 1966 m. Kara, geb. Kaldrack, 3 Kd. (Ansgar, Jesco, Valeska) - Gymn. Freiburg; Univ. Heidelberg, Tübingen, Göttingen; Promot. Tübingen 1966, Habil. Heidelberg 1972 - Pfarrer württ. Landeskirche, 1966 Vikar Reutlingen, 1968 wiss. Mitarb., 1973-80 stv. Leiter Forsch.stätte Ev. Stud.gemeinsch. Heidelberg, 1980 o. Prof. f. Sozialethik Univ. Marburg, 1984 o. Prof. f. Syst. Theol. (Sozialethik) Univ. Heidelberg. 1973ff. Mitgl. Kammer f. Öfftl. Verantw. EKD; 1979ff. Präsidialmitgl. Dt. Ev. Kirchentag (1983-85 Präs.) - BV: Passa u. Ostern, 1969; Kirche u. Öffentlichk., 1973; Staat u. Kirche im 19. u. 20. Jh., 1973, 76, 83, 88 (m. E. R. Huber); Menschenrechte, 1977 (m. H. E. Tödt); Kirche, 1979; D. Streit um d. Wahrheit u. d. Fähigkeit z. Frieden, 1980; Folgen christl. Freiheit, 1983; Auf Gottes Erde leben, 1985; Protestantismus u. Protest, 1987 - Spr.: Franz., Engl. - Bek. Vorf.: Walter Simons, Reichsaußenmin. u. Präs. Reichsgericht (Großv.).

HUBER, Wolfgang

Dr., Dipl.-Chemiker, Vorstandsmitglied BASF Lacke + Farben AG i. R., Münster - Pierstr. 6B, 6710 Frankenthal - Geb. 27. Mai 1924 Karlsruhe (Vater: Gustav H., Finanzrat; Mutter: Margarete, geb. Schön), verh., 2 Kd. (Charlotte, Klaus Peter).

HUBER-HERING, Vita

Dr. phil., Pers. Referentin u. Chefdramaturgin Deutsche Oper am Rhein, Düsseldorf-Duisburg (s. 1986) - Zu erreichen üb. Dt. Oper am Rhein, Heinrich-Heine-Allee 16a, 4000 Düsseldorf - Geb. 27. Sept. 1938 Salzburg, kath. - Realgymn. Salzburg; Univ. Wien (Theaterwiss., German., Phil., Psych.), Promot. 1962 - 1963-71 Lektorin Landestheater Darmstadt; 1972-75 Dramat. Staatstheater Wiesbaden; 1976-81 Staatsth. Darmstadt; 1981/82 Chefdramat. Städt. Bühnen Augsburg; 1982-84 Chefdramat. u. Pers. Ref. Staatsth. Darmstadt; 1984 Pers. Ref. u. Dramat. Hamburg. Staatsoper; s. 1986 s. o. Mitgl. Intern. PEN-Club - BV: E. großer Herr, Fürst Pückler (m. Gerhard F. Hering), 1968; Flirt u. Flitter, Lebensbilder aus d. Bühnenwelt, 1970; Applaus f. d. Souffleur, Theater-Anekd., 1973; Momo, Schausp. nach Michael Ende, 1981. Übers.: Zelda, Schausp. v. Denis Llorca, 1980; Alceste, Oper v. Lully, 1981; Tolstois Kreutzersonate, (m. G. F. Hering) Schausp. 1983; Features, Essays - Spr.: Engl.

HUBER-RUPPEL, Magdalena

Direktorin d. Ausstellungsleitung Haus d. Kunst München - Heidelberger Str. 12, 8000 München 40 - Geb. 28. Jan. 1947, gesch. - Dolmetscherin f. Engl., Franz. u. Ital. - Liebh.: Kunst, Psych. - Spr.: Engl., Franz., Ital.

HUBER-STENTRUP, Eugen

Dr. jur., Präsident d. Landgerichts - Salzstr. 17, 7800 Freiburg i. Br. (T. 0761 - 2 05-20 00) - Geb. 5. Okt. 1931, verh. s. 1957 m. Beate, Dipl.-Volksw., 2 Kd. (Dorothee, Martin) - Univ. Tübingen, Berlin (Rechtswiss.); Promot. 1960 Tübingen - 1977-87 Ltd. Oberstaatsanwalt in Offenburg u. Freiburg i. Br., Kammeranwalt d. Bezirksärztekammer Südbaden; s. 1987 Präs. d. Landgerichts in Freiburg i. Br. Lehrbeauftr. Univ. Freiburg - 1987 Ehrenzeichen d. Dt. Ärzteschaft, ob merita - medici Germaniae.

HUBERT, Alex

Dr. rer. nat., Prof. Lehrstuhl f. Werkstoffwiss. VI (Werkstoffe d. Elektrotechnik) Univ. Erlangen-Nürnberg (s. 1975) - Barthelmeßstr. 7, 8520 Erlangen.

HUBERT, Nikolaus

Amtsrat, MdL Saarl. (s. 1970) - Saarlouiser Str. 66, 6601 Niedersalbach (T. 06806 - 70 64) - Geb. 14. Juni 1927 Ittersdorf/S., kath., verh. - Volks-, Handelssch.; kaufm. Lehre (durch Arbeitsu. Kriegsdst unterbr.). Beide Verwaltungsfachprüf. - S. 1948 öfftl. Dienst (u. a. Amtsleit. Min. f. Kultus, Unterr. u. Volksbild.). 1964 ff. Mitgl. Gemeinderat Niedersalbach (1967 ehrenamtl. Bürgerm.). CDU s. 1955 (Vors. Kreisverb. Saarbrücken-Land/West u. Mitgl. Landesvorst.).

HUBERTY, Ernst

Sportjournalist - Zu erreichen üb. WDR, Appellhofpl. 1, 5000 Köln 1; priv.: Königsdorf b. Köln - Geb. 1927, verh., T. Annette - 1968-82 Leit. Sportredaktion u. Moderator ARD-Sportschau; jetzt Redakt. f. Sport-Feature im 1. u. 3. WDR-Progr. (s. 1983 tgl. gemischte Sportsend. v. 15 Min.). Viele gr. Sportübertrag., vornehml. Fußball (zul. Weltmeistersch. Argentinien). Div. Sportbände - 1972 Dtschl. beliebtester Sportreporter (Zuschauerwahl); Gold. Kamera (Hörzu) - Spr.: Engl., Franz.

HUBL, Walter F.

Direktor Binding-Brauerei AG., Frankfurt, Vorstandsmitgl. Brauereiges. Meyer & Söhne, Riegel - Haus Waldheim, 7831 Riegel - Geb. 6. April 1922 Eger - U. a. Vorstandsmitgl. Hanseat. Hochseefischerei AG. u. Kohlenberg & Putz Seefischerei AG., Bremerhaven, Geschäftsf. Brauerei Fels GmbH., Karlsruhe. Zeitw. Vors. Verb. d. Dt. Hochseefischereien u. Dt. Fischwerbung, B'haven. Aufsichtsu. Beiratsmandate.

HUBMANN, Heinrich

Dr. jur., em. Prof. f. Bürgerl. Recht, Handels-, Intern. Privat-, Urheberrecht, Gewerbl. Rechtsschutz u. -phil. - Penzoldtstr. 4, 8520 Erlangen (T. 2 57 14) - Geb. 21. April 1915 Floß/Opf. (Vater: Landw.), kath., verh. s. 1948 m. Hildegard, geb. Nebel, 2 Töcht. (Anne, Irene) - Gymn. Weiden; Univ. München - 1952 Privatdoz. Univ. München; 1956 Ord. Univ. Erlangen - BV: D. Persönlichkeitsrecht, 1953, 2. A. 1967; Recht d. schöpfer. Geistes, 1954; Urheber- u. Verlagsrecht, 1959, 6. A. 1987; Gewerbl. Rechtsschutz, 1962, 5. A. 1988; Wertung u. Abwägung im Recht, 1977.

HUBRECHT, Georges

Dr. jur., Dr. h. c., Prof., Rechtsgelehrter - 28 rue de Colmar, Bordeaux (Frankr.) - U. a. Ord. Univ. Bordeaux (1933; emerit.) u. Honorarprof. Univ. Bonn (1967; Franz. Zivil- u. Handelsrecht). Bücher u. Einzelarb.

HUBRICH, Eberhard

Ministerialdirektor, Leit. Abt. II (Bundeshaushalt) Bundesfinanzmin. - Graurheindorferstr. 108, 5300 Bonn 1.

HUBRICH, Wolfgang

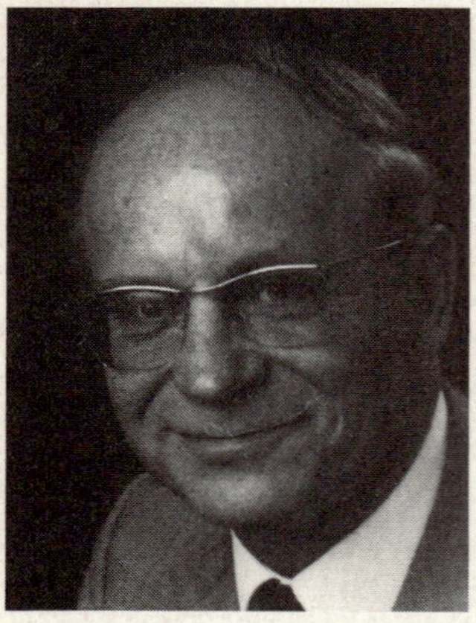

Dr. phil., Direktor Landeszentrale f. polit. Bildung Schlesw.-Holst. (s. 1984) - Esmarchstr. 68, 2300 Kiel (T. 0431 - 8 25 71) - Geb. 28. Dez. 1924 Breslau, ev., verh. s. 1966 m. Margarete, geb. Berberich, 2 Töcht. (Kirstin, Bettina) - Stud. Gesch., Deutsch, Engl.; Promot. 1956 (b. Prof. Dr. Erdmann, Kiel), Staatsex. f. Gymn. 1957; Ass.-Ex. 1959 - 1969-84 Oberstudiendir. Klaus-Groth-Gymn. Neumünster. 1970-75 Mitgl. Dt. Bildungsrat; 1969-84 Vors. Philologenverb. Schlesw.-Holst. u. Dt. Lehrerverb. SH. Aufs. z. Bildungspolitik u. z. amerik. Außenpolitik - 1978 BVK - Liebh.: Politik, Gesch., Lit., Musik - Spr.: Engl., Franz.

HUBSCHMID, Johannes

Dr. phil., Prof., Sprachwissenschaftler - Kreuzgraben 2, CH-3400 Burgdorf (Schweiz) - Geb. 14. Aug. 1916 Küsnacht (Vater: Prof. Joh. Ulrich; Mutter: Hedwig, geb. Bünzli), reform., verh. s. 1946 m. Erika geb. Schori, 3 Kd. (Hans-Ulrich, Walter, Felix) - Gymn. Zürich; Univ. Zürich, Grenoble, Paris, Florenz. Promot. 1942 Zürich; Habil. 1949 Bern - 1944-52 Linguist eidgenöss. Landestopographie; s. 1949 Privatdoz. u. Honorarprof. Univ. Bern; 1952-60 Redakt. Franz. etymolog. Wörterb.; s. 1962 Privatdoz., Wiss. Rat (1963), apl. Prof. (1964) Univ. Heidelberg (Roman. Sprachwiss. m. bes. Berücks. d. Vorroman.) - BV: Praeromanica, 1949; Alpenwörter, 1951; Pyrenäenwörter, 1952; Sard. Studien, 1953; Schläuche u. Fässer, 1955; Mediterrane Substrate, 1960; Substratprobleme, 1961; Thesaurus Praeromanicus, 1963/65; D. asko-/usko-Suffixe u. d. Problem d. Ligurischen, 1969; Rumän. etymol. Wörterbuch (in Vorber.) - Liebh.: Orientteppiche - Spr.: Franz., Ital., Span.

HUBSCHMID, Paul

Schauspieler - Im Dol 41, 1000 Berlin 33; Forschstr. 133, Zürich (Schweiz) - Geb. 20. Juli 1918 Aarau/Schweiz (Vater: Paul H., Kaufm.; Mutter: Alice, geb. Noel), verh. I) 1942 m. Ursula, geb. v. Teubern (†1963), S. Peter, II) 1967 Evelyn, geb. Renziehausen, Schausp. unt. Eva Renzi (gesch.) - N. - Eidgen. Maturität; Max-Reinhardt-Sch. Wien - Bühnen Österr. (u. a. Theater in d. Josefstadt Wien) u. Schweiz, 1961-63 Berlin (Musical: My Fair Lady; Prof. Higgins; üb. 600 Auff.). Hauptrollen in schweiz. (Füsilier Wipf, D. mißbrauchten Liebesbriefe, Palast-Hotel), dt. (u. a. n. d. Kriege Musik bei Nacht, Mit 17 beginnt d. Leben, Ungar. Rhapsodie, Schule f. Eheglück, Glückl. Reise, Ingrid - d. Geschichte e. Fotomodells, D. Frau d. Botschafters, Liebe, die d. Kopf verliert, D. goldene Brücke, D. Rommelschatz, Heute heiratet mein Mann, Du bist Musik, Salzbg. Gesch., Glücksritter, D. Zürcher Verlobung, Meine schöne Mama, Italienreise - Liebe inbegriffen, Scampolo, Ihr 106. Geburtstag, D. Tiger v. Eschnapur, D. Ind. Grabmal, Alle Tage ist kein Sonntag, Marili, D. Rote Hand, Ich bin auch nur e. Frau, D. gr. Liebesreigen, 11 J. u. 1 Tag, D. Lady, D. Herren, Karriere) u. amerik. Filmen (unt. Paul Christian). Fernsehen: Biografie (1970) - 1980 Bundesfilmpreis/Filmbd. in Gold - Liebh.: Golf.

HUCH, Burkhard

Dr. rer. pol., Prof. f. Betriebswirtschaftslehre, FB Informatik Univ. Hildesheim - Schackstr. 12, 3000 Hannover 1 (T. 0511 - 85 16 12) - Geb. 27. Aug. 1942 Northeim, ev.-luth., verh. s. 1970 m. Dr. Jutta, geb. Wehrbein) - Univ. Göttingen (Dipl.-Kfm. 1967, Promot. 1970) - 1973-82 Bahlsens Keksfabrik - BV: Kostenrechnung, 1971, 8. A. 1986; Rechnungswesen, 1974; Angew. Rationalis., 1978; rd. 40 Aufs. - Spr.: Engl.

HUCHLER, Georg

Fabrikant u. internat. Experte (Consultant) f. Patente d. Filze u. Schuhwerktechn. - Schopperweg Nr. 11, 7950 Biberach/Riß (T. 07351 - 2 33 50) - Geb. 22. Dez. 1907 Berlin, kath., verh. s. 1963 m. Lucy, geb. Schultz - Realsch. Nr. 3 Berlin - 1929-37 Dir.-Assist., Abt.sdir. Humboldt-Deutz-Motoren AG., Berlin, Ulm, Köln - 14 intern. Patente (Fertig. hohler Filzkörper) - 1962 u. 69 Médaille de Vermeil, Salon intern. Inventeurs, Brüssel; 1962 Medaglia d'oro, Unione Italiana Inventori, Ancona; 1965 Award of Merit, Int. New Products Exhibition, New York; 1973 Award of Merit, Patexpo, New York - Spr.: Engl., Franz. - Lit.: Who's who in europe, Men of achievement.

HUCHO, Ferdinand

Dr. rer. nat., Prof. f. Biochemie a. Inst. f. Biochemie FU Berlin (s. 1979) - Thielallee 63, 1000 Berlin 33 - Geb. 14. Aug. 1939 Berlin - Promot. 1968 - S. 1974 (Habil.) Lehrtätigk. Univ. Konstanz - BV: Einführung i. d. Neurochemie, 1982; Neurochemistry, 1986. Herausg.: Toxins as Tools in Neurochemistry; Neuroreceptors (1982); Molecular Basis of Nerve Activity (1985); Receptors and Ion Chamels (1987). Viele Veröff. in Fachzeitschr.

HUCHZERMEIER, Hans Martin

Dr.-Ing., Vorstandsmitglied i.R. - Lindenstr. 110, 2820 Bremen-Vegesack - Geb. 12. Okt. 1917 Gadderbaum - Zul. (b. 1982) Vorst. Bremer Vulkan Schiffbau u. Masch.fabrik. Zahlr. Ehrenstell. (u.a. AR- u. VR-Mitgl.sch., Vizepräs. HK Bremen).

HUCHZERMEYER, Cord H.

Geschäftsführer Herforder Teppichfabrik Huchzermeyer & Co. GmbH. - Oetinghauser Weg 90, 4900 Herford/W.

HUCHZERMEYER, Hans

Dr. med., Prof., Ltd. Chefarzt Med. Klinik Klinikum Minden - Friedrichstr. 17, 4950 Minden (T. 0571 - 801 30 00) - Geb. 26. Sept. 1939 Osnabrück, ev., verh. s. 1965 m. Doris, geb. Zeppelin, 3 Kd. (Martin, Jörg, Anja) - Human. Gymn.; Stud. Med. Univ. Hannover, Promot. 1969, Habil. 1977 - S. 1982 apl. Prof. f. Inn. Med. u. Gastroenterol. Hannover. Üb. 100 wiss. Arb. u. üb. 100 wiss. Vortr. - BV: Leber u. Schwangerschaft, 1978; Atraumat. Durchblutungsmessungen m. radioaktiven Edelgasen. Physikal. Grundl. u. Anwend. d. Inhalationsmeth. b. Gehirn, Leber, Milz u. Nieren (m. J. Schmitz-Euerhake u. J. Fröhlich), 1976; Gastrointest. Endoskopie im Kindesalter (m. M. Burdelski), 1981. Herausg.: Internist. Erkrank. u. Schwangersch. (1986); Chronisch-entzündl. Darmerkrank. (1986); Verdauungskrankh. - Gastroenterol. Ztschr. f. Klinik u. Praxis (s. 1983).

HUCKAUF, Peter

Bibliotheks-Mitarbeiter (Ps. Frauke Petuch) - Hildegardstr. 17, 1000 Berlin 31 (T. 030-853 34 79) - Geb. 12. Mai 1940 Bad Liebenwerda, ledig - Fernmeldetechniker-Lehre - Schriftst., Ztschr.-Herausg. - BV: Unterschlupf f. Schmetterlinge, 1978; Schwarze Elster. Manische Feste 1-1980; Frühes aus Ückendorf. Panische Geste 2-1981; Lautraits, 1981; ALLphA-beete, 1984; Bekassine. Blätter + Zeichen z. Poesie, 1978-81; Ach so. Lallschwaelle pumphuts zwerchfaelle, s. 1982; Lisch Aue, Ged. 1985; Allrapp, Ged. 1987; ClimAre, Ztschr. s. 1987 - 1980 3. Preis Spiel- u. Erzählwettb. d. Ostd. Kulturrats - Lit.: Peter Gerlinghoff, V. Sinn z. Laut? (in: Stadtansichten 1982, Jahrb. f. Lit. u. kultur. Leben in Berlin); Felix Philipp Ingold, Übers. als poet. Verfahren (in: Neue Zürcher Ztg. 21./22.1.1984).

HUCKE, Helmut

Dr. phil., Prof. f. Musikwiss. Hochsch. f. Musik u. Darstellende Kunst Frankfurt (s. 1983), Honorarprof. Univ. Frankfurt - Philipp-Reis-Str. 1b, 6382 Friedrichsdorf - Geb. 12. März 1927 Kassel (Vater: Karl H.; Mutter: Agnes, geb. Vey), kath., verh. s. 1959 m. Maria, geb. Erhart, 3 Kd. (Patrizia, Christina, Veronika) - Musikhochsch. u. Univ. Freiburg; Promot. 1952; Habil. 1967 Frankfurt - Zun. Leit. Musikabt. Dt. Histor. Inst., Rom, 1969-70 Gastprof. Brandeis Univ. Waltham, Mass./USA, 1971 Prof. Univ. Frankfurt, 1977-78 Gastprof. State University of New York, Stony Brook, 1985/86 Gastprof. Rutgers Univ., New Brunswick, New Jersey/USA; s. 1984 Prof. Hochsch. f. Musik u. Darst. Kunst, Frankfurt, Honorarprof. Univ. Frankfurt; 1989 Präs. Mediävisten-Verb.

HUCKE, Helmuth

Musiker, Prof. f. Oboe Staatl. Hochschule f. Musik Rheinland/Musikhochsch. Köln - Dechant-Hausen-Allee 8, 5020 Frechen-Königsdorf.

HUCKENHOLZ, Hans G.

Dr. rer. nat., o. Prof. f. Mineralogie u. Petrographie - Kühtal 17, 8135 Söcking/Obb. (T. Starnberg 75 24) - Geb. 1930 Dessau - Univ. Halle (Geol., Mineral.). Promot. 1958 Dresden; Habil. 1965 Köln - 1965 Privatdoz. Univ. Köln; 1968 ao., 1969 o. Prof. Univ. München (Vorst. Inst. für Mineral. und Petrogr.). 1966-68 DAAD-Fellowship Geophysical Labor. Carnegie Inst. Washington (USA). Üb. 50 Fachveröff.

HUCKLENBROICH, Volker

Rechtsanwalt u. Notar, Bezirksstadtrat f. Finanzen (s. 1965) u. f. Wirtschaft (s. 1971) v. Schöneberg (b. 1975), MdA Berlin (1950-58 u. s. 1975) - Bussealle 39, 1000 Berlin 37 (T. 802 60 38) - Geb. 10. Febr. 1925 Soest/W., verh., 3 Kd. - Humboldt-Oberrealsch. Berlin (Oberschöneweide); 1947-51 Humboldt- und Freie Univ. Berlin (Rechtswiss.). Staatsprüf. 1951 u. 55 - 1943-45 Wehrdst.; s. 1955 RA. S. 1946 LDP/Ost (1947 Jugendvertr. Zonenvorst.) u. FDP/West (1950 Vorstandsmitgl., 1954 stv. Landesvors. Berlin) - 1975 BVK I. Kl. - Liebh.: Musik, Kunst (Alte Niederländer).

HUCKRIEDE, Reinhold

Dr. phil., Prof. für Geologie und Paläontologie - Renthof 8, 3550 Marburg/L. (T. 6 77 60) - Geb. 21. Sept. 1926 Hannover - S. 1965 (Habil.) Lehrtätigk. Univ. Marburg (1968 Wiss. Rat u. Prof.). Fachveröff.

HUCKS, Helmut

Dr.-Ing., Vorstandsmitglied Thyssen Industrie AG, Essen - Schauinsland 12, 4300 Essen-Bredeney - Geb. 4. Jan. 1920 - U. a. AR-Vors. Getriebe- u. Kupplungsw. GmbH, Herne; u. Hüller Hille GmbH, Ludwigsburg; AR-Mitgl. Thyssen Nordseew. GmbH, Emden.

HUCKSCHLAG, Günter

Stadtrat a. D., Verwaltungsdirektor Nordd. Rundfunk (s. 1973) - Rothenbaumchaussee 132-34, 2000 Hamburg 13 (T. 41 31) - Geb. 9. Sept. 1930 - Zul. Stadtrat Hannover.

HUDE, von der, Georg-Henning

Dipl.-Volksw., Geschäftsführer Bundesverb. d. Großabnehmer im Dt. Tabakwarengroßhandel (b. 1984) - Beethovenallee 51, 5300 Bonn 2 - Geb. 27. Juli 1927 Berlin (Vater: Hermann H., Regierungsass.; Mutter: Luise, geb. v. Wilamowitz-Moellendorff), ev., gesch., 2 Kd. (Daniela, Kim) - Hermann-Lietz-Sch. Ettersburg u. Spiekeroog; Molkereiausbild.; Stud. Berlin (Dipl. 1955) - 1955 bis 60 Milchind.-Verb.; 1960-70 Verb. d. Landmolk. u. Dt. Raiffeisen-Verb. Mitgl. Dt. Burgen-Vereinig. - Liebh.: Architekturgesch. - Spr.: Engl.

HUDELMAYER, Dieter

Dr. phil., Prof. f. Blindenpädagogik PH Heidelberg (s. 1971) - Schützenhausstr. 14, 6917 Schönau b. Heidelberg - Geb. 6. April 1933 Schwäb. Hall - Promot. 1969 - BV: Nichtsprachl. Lernen v. Begriffen, 1970; D. Erzieh. Blinder (Dt. Bildungsrat), 1975; Blinden- u. Sehbehindertenpädag. Handb. d. Sonderpädagogik, Bd. 2 1985 (m. W. Rath).

HUDEMANN, Rainer

Dr. phil., o. Prof. f. neuere u. neueste Geschichte Univ. d. Saarlandes (s. 1985) - Eichendorffstr. 13, 6601 Scheidt - Geb. 6. Juli 1948 Heidelberg (Vater: Prof. Dr. Hans-Olaf Hudemann, Konzertsänger), verh. s. 1975 m. Dr. Calixte, geb. Simon - Stud. Gesch., Roman., Politikwiss. Heidelberg, Kiel, Paris, Trier; Promot. 1976, Habil. 1984 - 1973-79 Wiss. Mitarb. u. Hochschulassist. Univ. Trier; 1984 Vertr. e. Professur Univ. Heidelberg - BV: Fraktionsbildung im franz. Parlament 1871-1875, 1979; Sozialpolitik im dt. Südwesten 1945-53, 1988.

HUDER, Walter

Dr. phil., Prof., Archiv- u. Bibliotheksleiter - Bundesallee 106, 1000 Berlin 31 - Geb. 30. Dez. 1921 Mladé Buky (früher Böhmen) - Stud. Phil., Psych., Archäol., German., Slaw., Kunstgesch. Berlin, Promot. 1956 Berlin - S. 1959 Akad. d. Künste Berlin (Leit. Archiv u. Bibl.); s. 1959 Lehrtätigk. Jüd. VHS Berlin, PH Berlin; wiss. Vortr. im Ausl. S. 1967 Mitgl. Dt. Akad. d. Darstell. Künste, Vorst.-Mitgl. Intern. Schriftst.-Verb. Zürich u. a. Organis.; s. 1976 Honorarprof. FU.; 1986 Archivdir. Akad. d. Künste - Zahlr. Monogr., Kataloge u. Veröff. üb. Literatur, Kunst u. Zeitgeschehen, u. a.: 300 J. Jüd. Gemeinde zu Berlin, 1971 (m. Zivier); Theodor Bally, Heinr. v. Kleist. Herausg.: Alfred Wolfenstein, E. Gefangener, Ged. (1972) - 1968 Georg-Kaiser-Preis Schutzverb. Dt. Autoren im Ausl. (f. Verdienste b. Aufbau d. Georg-Kaiser-Archivs u. Beitr. z. Georg-Kaiser-Forsch.); 1974 Gedenkmed. Warschauer Getto-Aufst. u. Slowak. Nationalaufst.; 1981 BVK u. Ehrenbrief d. Society f. Exile Lit./Inc.; 1982 M. Lippmann/W. Meckauer-Med.; 1983 Mitgl. PEN-Zentr. BRD; 1987 Ehrenmitgl. C.-Einstein-Ges. Paris; 1988 Silb. Blatt d. Dramatiker-Union.

HÜBBE, Lorenz

Kaufm. Direktor, Geschäftsf. Karges-Hammer-Maschinenfabrik GmbH. & Co. KG. - Frankfurter Str. 36, 3300 Braunschweig - Geb. 15. Nov. 1929.

HÜBEL, Herbert

Dr. rer. nat., apl. Prof. f. Physik Univ. Bonn - Nußstr. 21, 5309 Meckenheim - Geb. 26. März 1941 Castrop-Rauxel, verh. m. Christel, geb. Lenz, 3 Söhne (Michael, Christian, Harald) - Stud. Univ. Bonn; Dipl. 1966, Promot. 1968, Habil. 1976 - 1960-70 Univ. Princeton, Princeton, N.J., USA; 1972 Gastprof. Univ. Leuven, Belg.; 1973-76 Akad. Rat, s. 1976 Akad. Oberrat Univ. Bonn; 1977-78 Max-Kade-Fellow, Lawrence Berkeley Lab., Berkeley, Calif., USA; 1982-83 Univ. Camberra, Austr. - 80 Fachveröff. üb. Kernspektroskopie u. Kernstruktur - Liebh.: Tennis, Skilaufen - Spr.: Engl., Franz., Lat.

HÜBENER, Erhard
Dr. rer. pol., Wirtschaftsprüfer, gf. Vorstandsmitgl. Hanns Bisegger Stiftg., Geschäftsf. Johannes Bisegger Stiftg., bde. Bielefeld - Graf-Recke-Str. 9, 4000 Düsseldorf (T. 66 29 76) - Geb. 10. Okt. 1916 Berlin (Vater: Prof. Dr. phil. Erhard H., 1946 b. 1949 (Rücktr.) Ministerpräs. v. Sachsen-Anhalt (s. XIII. Ausg.); Mutter: Ottilie, geb. Bornemann), ev., verh. s. 1946 m. Dorothee, geb. Frantzioch, 3 Kd. (Erhard, Marianne, Manfred) - Abitur 1936 Jena; Promot. 1948 Halle/S.; Steuerberat. 1954 Frankfurt/M.; Wirtschaftsprüfer 1957 ebd. - 1975 ff. Honorarprof. f. Wirtschaftsprüf. u. Revisionswesen Univ. Innsbruck - Fachveröff. - Liebh.: Tennis.

HÜBENER, Rudolf Peter
Dr. phil., o. Prof. f. Experimentalphysik Univ. Tübingen (bes. Tieftemperatur-Festkörperphysik, s. 1974) - Auf der Morgenstelle 14, 7400 Tübingen - Geb. 22. Mai 1931 Bad Nauheim (Vater: Dr. med. Gottfried H.; Mutter: Louise, geb. Becker), kath., verh. s. 1959 m. Gerda, geb. Becker, 3 Kd. (Ingrid, Christoph, Monika) - Promot. 1958 Marburg - 1960-61 Phys. Watervliet Arsenal, Watervliet, N. Y./USA; 1961-74 Phys. u. Senior Phys. Argonne Nat. Labor., Argonne, Ill./USA. Mehrf. Patentinh. (Kyrotechn. u. Supraleit.). Mitgl. D. Physik. Ges., Americ. Phys. Soc. - BV: Thermoelectricity in Metals a. Alloys, 1972; Dynamics of Magnetic Flux Structures in Superconductors, 1974; Magnetic Flux Structures in Superconductors, 1979 (russ. 1984); Scanning Electron Microscopy at Very Low Temperatures, 1987. Ca. 220 Art. in wiss. Ztschr. - 1981 Fellowship Japan Society f. the Promotion of science; 1984 Fellowship Japan Ind. Technol. Assoc. - Liebh.: Kanusport, Gesch. - Spr.: Engl., Franz.

HÜBENTHAL, Rudolf
Dipl.-Volksw., Gf. Gesellschafter Hanseatische Immobilien GmbH, Bremerhaven - Bürgermeister-Smidt-Str. 110, 2850 Bremerhaven (T. 0471 - 48 24-0) - Geb. 11. Aug. 1933 Bremerhaven - Dipl.-Volksw. 1958 Hamburg - Präs. Ring Dt. Makler; Vizepräs. IHK Bremerhaven; Mitgl. Rundf.rat Radio Bremen.

HÜBINGER, Aloys
Kaufmann, Vors. Fachverb. d. Landmaschinenhandels Rhld.-Pfalz - Koblenzer Str. 9, 5431 Horressen - Geb. 1909.

HÜBL, Lothar
Dr. rer. pol., Dipl.-Ing., o. Prof. f. Volkswirtschaftslehre TU Hannover (1973/74 Rektor), Vorst. Nieders. Inst. f. Wirtschaftsforsch. - Lüerstr. 2, 3000 Hannover 1 (T. 85 16 98) - Geb. 4. Jan. 1941 Bärn (Vater: Franz H., Reg.sveterinärrat; Mutter: Frederike, geb. Budig), kath., verh. m. Dr. rer. pol. Ulla, geb. Hohls, S. Philipp, Johannes u. Julius - Stud. Wirtschaftsing.wesen, Phil., Volkswirtsch. TU Berlin u. Univ. Oxford - BV: Bankenliquidität u. Kapitalmarktzins, 1969; Bestimmungsgründe d. nominalen Zinsentwicklung in d. Bundesrep. Dtschl., 1973; Grundkurs in Volkswirtsch.slehre, 1973; Grundkurs in Mikroökonomie, 1977; Das Deutschlandmodell, 1978; Arbeitslosigkeit, 1982; Strukturwandel u. Strukturpolitik, 1983; Einf. in d. Gesamtwirtsch. Rechnungswesen, 1986 - 1963/64 Gustav-Stresemann-Stip. - Liebh.: Mod. Kunst - Spr.: Engl.

HÜBLER, Olaf
Dr. rer. pol., Dipl.-Volksw., Prof. Univ. Hannover - Kl. Düwelstr. 20, 3000 Hannover (T. 0511 - 81 89 64) - Geb. 5. März 1944 Schönfeld (Vater: Werner H., Baumeister; Mutter: Marianne, geb. Schramm), ev., verh. s. 1978 m. Ulrike, geb. Bremer, 2 Kd. (Dominik, Clemens) - Stud. Volksw. FU Berlin; Dipl. 1970, Promot. 1974, Habil. 1978 - 1970-75 wiss. Assist. TU Berlin; 1975-82 Akad. Rat TU Hannover; s. 1982 Prof. f. Volksw. (insb. Ökonometrie) - BV: Regionale Sektorstrukturen, 1979; Arbeitsmarktpolitik u. Beschäft., 1982; Lohnstruktur in d. Bundesrep. Deutschl. (m. L. Bellmann u. K. Gerlach), 1984; Effizienzlohntheorie, Individualeinkommen u. Arbeitsplatzwechsel (m. K. Gerlach), 1989.

HÜBNER, Eberhard
Dr. theol., Prof., em. o. Prof. f. Prakt. Theologie u. Religionspäd. Univ. Münster (s. 1970) - Potstiege 30, 4400 Münster - Geb. 29. Sept. 1922 Mönchengladbach, verh. m. Ingeborg, geb. Schott, 4 Kd. (Thomas, Christoph, Barbara, Johanna) - 1960-70 Lehrtätigk. Päd. Hochsch. Dortmund bzw. Ruhr/Abt. Dortmund (1961 ao. Prof. f. Theologie u. Didaktik d. ev. Unterweis.) - BV: Ev. Theol. in u. Zeit, 3. A. 1969; Theol. u. Empirie d. Kirche. Prolegomena z. Prakt. Theol., 1985.

HÜBNER, Erhard
Dr.-Ing., Prof., Oberbaudirektor a. D. - Im Brockenfeld 17, 5100 Aachen (T. 7 18 06) - Geb. 18. Dez. 1907 Rosenthal - Zul. Leit. Staatl. Ing.sch. f. Maschinenwesen, Hagen. S. 1959 (Habil.) Privatdoz. u. apl. Prof (1966) TH Aachen (Eigenschwingungen linearer Systeme) - BV: Techn. Schwingungslehre in ihren Grundzügen, 1957.

HÜBNER, Friedrich
Dr. theol., Bischof Nordelbische Ev.-Luth. Kirche i. R. (1964-81) - Streitberg 16, 2300 Molfsee b. Kiel - Geb. 25. Juni 1911 Bangalore/Ind. (Vater: Missionar), verh., 5 Kd. (dar. 4 S.) - Stud. Theol. Bethel, Erlangen, Tübingen, Kiel. Promot. 1935 - 1937-47 missionar. Tätigk. Ind., dann Pastor Wyk/Föhr u. Oberkirchenrat Hannover, 1962-64 Propst Stormarn, s. 1981 emerit.

HÜBNER, Gerhard
Dr. rer. nat., Prof. f. Mathematik - Rudolf-Kinau-Str. 14, 2070 Ahrensburg - S. 1977 Prof. Univ. Hamburg (Inst. f. Math. Stochastik).

HÜBNER, Hans
Dr. theol., Prof. f. Biblische Theologie - Im kleinen Feld 2, 3433 Neu-Eichenberg-Hermannrode - Geb. 22. Juni 1930, ev., verh. s. 1963 m. Katharina, geb. Thom - Promot. 1964 Münster; Habil. 1971 Bochum - 1971-82 Lehrtätigk. Ev. Fachhochsch. Rhld.-Westf./Abt. D'dorf (1974 Prof.) u. Univ. Bochum (1971 Privatdoz., 1975-82 apl. Prof.), 1982 Prof. Univ. Göttingen . BV: Rechtfertigung u. Heiligung in Luthers Römerbriefvorles., 1965, 2. A. 1986; D. Gesetz in d. synopt. Tradition, 1973; Polit. Theol. u. existent. Interpretation, 1973; D. Gesetz bei Paulus, 1978; 3. A. 1982 (auch engl.); Gottes Ich u. Israel. Z. Schriftgebrauch d. Paulus in Röm. 9-11, 1984; Wörterb. z. Sapientia Salomonis, 1985. Aufs. u. Lexikonbeitr.

HÜBNER, Hans
Fabrikant (Fa. Schlundt & Co., Coburg), Vors. Verb. d. Korbwaren-, -möbel- u. Kinderwagenind. - Raststr. 9, 8630 Coburg/Ofr. - Geb. 28. Okt. 1919.

HÜBNER, Heinz
Dr. jur., o. Prof. f. Bürgerl. Recht, Handelsrecht, Röm. Recht - Hahnenstr. 3, 5030 Hürth-Efferen - Geb. 7. Nov. 1914 Wohlau/Schles. - S. 1954 (Habil.) Lehrtätigk. Univ. Erlangen, Saarbrücken (1955 o. Prof.; 1956-58 Rektor) u. Köln (1960 o. Prof.; 1968/1970 Rektor). 1961-69 Vizepräs. Dt. Hochschulverb.; 1969-75 Vorst. Zivilrechtslehrerverein; Mitdirektor Inst. f. Rundfunkrecht Univ. Köln; o. Mitgl. Akad. d. Wiss. NW - BV: Der Praefectus Aegypti, 1952; D. Rechtsverlust im Mobiliarsachenrecht, 1955; Kodifikation u. Entscheidungsfreiheit d. Richters, 1980; Allg. Teil d. BGB, 1984. Mitverf.: Staudingers Komm. z. BGB (1964 ff.); Bearb.: H. Lehmann, Allg. Teil d. BGB (1966). Einzelarb. in Sammelw. u. Fachorganen.

HÜBNER, Jürgen
Dr. theol., Prof., Pfarrer - Silcherstr. 2, 6901 Mauer b. Heidelberg (T. 06226 - 24 49) - Geb. 30. Aug. 1932 Berlin - Promot. 1967 - S. 1972 (Habil.) Lehrtätigk. Univ. Heidelberg (gegenw. apl. Prof. f. Systemat. Theologie). Wiss. Ref. Forsch.stätte Evang. Studiengemeinschaft - Veröff.: Theologie u. biolog. Entwicklungslehre, 1966; D. Theologie Johannes Keplers zw. Orthodoxie u. Naturwiss., 1975; D. Welt als Gottes Schöpfung ehren, 1982; D. neue Verantwortung f. d. Leben, 1986; D. Dialog zw. Theologie u. Naturwiss. E. bibliograph. Bericht (Hg.), 1987; weitere Bücher u. Einzelarb.

HÜBNER, Klaus
Polizeipräsident a. D. - Paderborner Str. 9, 1000 Berlin 15 (T. 891 91 95) - Geb. 19. Juni 1924 Berlin (Vater: Max H., Dreher; Mutter: Erna, geb. Tiedt), verh. s. 1958 m. Waltraud, geb. Winter, 4 Kinder (Joachim, Beate, Kai, Dirk) - Volkssch.; Lehre als Versicherungskfm. - 1942-45 Wehrdst. (Flugzeugf.), dann Bau- u. Transportarb., 1949-51 Polizist Berlin, 1951-53 Sekr. Gewerksch. d. Polizei ebd., 1953-68 Bundesgeschäftsf. Gewerksch. d. Polizei, Düsseldorf, ab 1964 zugl. Sekr. Intern. Vereinig. d. Polizeigewerksch. (UISP), 1969-87 Polizeipräs. in Berlin. 1961ff. Mitgl. Gemeinderat u. stv. Amtsbürgerm. (1964) Nievenheim; 1965 u. 1966-69 MdB. 1977 Regionalbeauftr. Weisser Ring; 1986 Vors. Arbeitsgem. d. Polizeipräs. d. Bundesrep. Deutschl. SPD s. 1952 (1962-66 Vors. Unterbez. Grevenbroich) - 1982 Chevalier de l'Ordre National du Mérite - Ju-Jutsu-Kämpfer (Blauer Gürtel, 2. Kyu-Grad).

HÜBNER, Klaus
Dr. rer. nat., Wiss. Rat, Prof. f. Physik Univ. Heidelberg - Moltkestr. 5, 6900 Heidelberg.

HÜBNER, Klaus
Dr. med., Prof. f. Pathologie u. Pathol. Anatomie Univ. Frankfurt/M., Lehrst. Pathol. II, gf. Dir. Senckenberg-Zentrum f. Pathol. - Emser Weg 4, 6232 Bad Soden - Geb. 18. Nov. 1927 Bunzlau/Schles. - Promot. 1954 Marburg - S. 1965 (Habil.) Lehrtätigk. Frankfurt (1970 Honorarprof., 1974 Ord.). Arbeitsschwerp.: Hämatopathol., Hepatologie, Gastroenterologie, Aids u. s. Folgen - Ehrenmitgl. d. Franz. Ges. f. Anat.; s. 1982 Schriftf. Dt. Ges. f. Pathol.

HÜBNER, Kurt
Prof., fr. Regisseur, Schausp., Übersetzer - Zu erreichen üb. Plinganserstr. 40, 8000 München 70 - Geb. 1916 Hamburg - N. Abitur Schauspielsch. Dt. Theater Berlin - Ab 1948 Regiss. Hannover, Göttingen, Ingolstadt, Freiburg, Chefdramat. Südd. Rundfunk, 1955-59 Chefdramat. u. Regiss. Landestheater Hannover, Chefdramat. u. Regiss. Staatstheater Stuttgart, seither Int. Stadttheater Ulm, Generalint. Bühnen d. Freien u. Hansestadt Bremen (1962), Int. Fr. Volksbühne Berlin (1973), fr. Regisseur (s. 1986). Zahlr. Insz. u. Übers.-1983 Prof. e.h. Senat v. Berlin.

HÜBNER, Kurt
Dr. phil., em. o. Prof. f. Philosophie - Langeneßweg 13, 2300 Kiel-Suchsdorf - Geb. 1. Sept. 1921 Prag (Vater: Dr. Rolf H., Verbandssynd.; Mutter: Rosa, geb. Ganghofner), kath., verh. s. 1949 m. Dr. Dita, geb. Roser, 3 Kd. (Ulrike, Rudolf, Vincent) - Univ. Prag (Dt.), Rostock, Kiel. Promot. u. Habil. Kiel - S. 1960 Ord. TU Berlin u. Univ. Kiel (1971). 1961ff. Honorarprof. FU Berlin, 1969ff. Präs. Allg. Ges. f. Phil. in Dtschl.; 1978ff. Mitg. Comité Directeur Fédération intern. Sociétes de Philosophie, 1981ff. o. Mitgl. I. Jungius Ges. d. Wiss. Hamburg, o. Mitgl. Acad. Intern. de Phil. des Sciences, Brüssel, Akad. Rat d. Humboldt-Ges. - BV: Beitr. z. Phil. d. Physik, 1963; Kritik d. wiss. Vernunft, 3. A. 1986. D. Wahrheit d. Mythos, 1985.

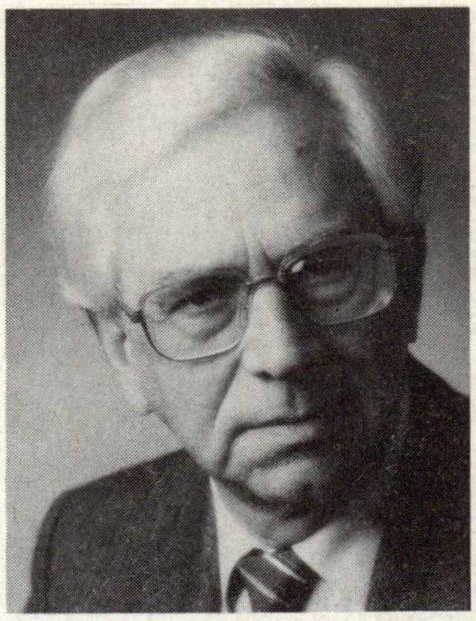

Div. Einzelarb. - 1986 Gr. Sudetendt. Kulturpreis.

HUEBNER, Nikolai
Journalist u. Rundfunkmoderator, Sprecher - Oberstr. 114, 2000 Hamburg 13 - Verh. m. Manida H. - Stud. Jura u. Phil. - S. 1970 Autor v. Hörsp., Features u. Reportagen, Sprecher (Hörfunk u. Fernsehen) in aktuellen u. künstler. Ber. - Liebh.: Lit., klass. Musik, Reisen, Fliegerei (PPL) - Spr.: Engl., Franz., Latein - Bek. Vorf.: M. Gruenewald (Maler).

HÜBNER, Peter
Dr. rer. pol., Dipl.-Soziol., o. Prof. f. Soziologie PH Berlin - Baseler Str. 22, 1000 Berlin 45.

HÜBNER, Ulrich
Dr. jur., Prof. f. Versicherungsrecht Univ. Köln - Kerpener Str. 30, 5000 Köln 41 - Geb. 26. Nov. 1942 Wohlau (Vater: Dr. Heinz H., Prof.; Mutter: Gerda, geb. Wiedemann), ev., verh. s. 1973 m. Beate, geb. Senßfelder, Sohn Leonhard - Jura-Stud. (Licence en droit 1965 Paris, 1. jurist. Staatsex. 1967 Köln, 2. jurist. Staatsex. 1972 Düsseldorf, Promot. 1971 Köln); Habil. 1976 Münster - 1978 Prof. Univ. Göttingen, 1979 Univ. Konstanz, 1983 Univ. Köln - BV: Interessenkonflikt u. Vertretungsmacht, 1977; Eigentumsvorbehalt u. AGBG (m. Graf Lambsdorff), 1982; Handelsrecht, 1985; AVB u. AGBG, 1986; Einf. in d. franz. Recht (m. V. Constantinesco), 1988; Rechtliche Rahmenbedingungen d. Wettbewerbs in d. Versicherungswirtschaft, 1988 - 1964 u. 65 Lauréat de la Faculté de Droit de Paris - Spr.: Franz., Engl.

HÜBNER, Werner
Prof., Pädagoge - Illmenauer Str. 27, 2800 Bremen - Gegenw. Prof. Erziehungswiss. Univ. Bremen (Theorie d. Lehrens u. Lernens).

HÜBNER, Wilhelm
Oberkreisdirektor a. D., Vorstandsmitgl. LINEG Linksniederrh. Entwässerungs-Genoss., Moers, Geschäftsf. Verb. d. kommunalen Aktionäre d. RWE, Essen, Mitgl. Verwaltungsbeirat Rhein.-Westf. Elektrizitätswerk, Essen - Dr.-H.-Boschheidgen-Str. 3, 4130 Moers (T. 2 51 51) - Geb. 10. Jan. 1911 Udipi/Brit. Indien (Vater: Bernhard H., Pfarrer; Mutter: Maria, geb. Wittenberg), ev., verh. m. Kläre, geb. Jansen, 4 Kd. (Klaus, Eberhard, Irmin, Gerhild) - Gymn. Mönchengladbach; Univ. Tübingen, Breslau, Bonn (Rechts- u. Staatswiss.) - Zul. Reg.sass. Reg.spräsid. Düsseldorf, Mitgl. Lions-Club - 1973 BVK I. Kl. - Liebh.: Jagd, Musik, Golf.

HÜBNER, Wilhelm
Vorsitzender Verband der Postbenutzer, Offenbach - Postfach 10 14 34, 6050 Offenbach 1 - Geb. 24. März 1929.

HÜBNER, Wolfgang
Dr. phil., Prof., Hochschullehrer - Schlautstiege 99, 4400 Münster - Geb. 18. April 1939, ev. - Stud. Univ. Mün-

chen, Paris, Tübingen, Toulouse; Promot. 1965 Tübingen, Habil. 1983 Trier - 1968-71 Thesaurus Linguae Latinae, München; 1973-76 Aktiv Univ. Venedig; 1976/77 Ass. d. Lehramts Salzgitter; 1977-84 Akad. Oberrat Univ. Trier; 1984/85 Prof. Univ. Augsburg; 1986ff. o. Prof. Univ. Münster - BV: Dirae im römischen Epos, 1970; D. Eigensch. d. Tierkreizes. in d. Antike, 1982; Zodiacus Christianus, 1983; D. Petronübers. Wilhelm Heinses, 1987; Michel Butor auf d. Harburg, 1987.

HÜBSCHER, Angelika,
geb. Knote-Bernewitz

Schriftstellerin - Beethovenstr. 48, 6000 Frankfurt/M. 1 - Verw. - Human. Gymn.; Univ. Heidelberg - Tätigk. u. a. Ausw. Amt (durch Gestapo fristlos entlassen); anschl. Gelegenheits-Arb. hilfswiss. Art; 1945 Dolmetscherin Polizei-Dir. Heidelberg, dann Verlagslekt.; 1950 Heirat m. d. Phil. Dr. Dr. h. c. Arthur H., Präs. Schopenhauer-Ges. 1936-82, seither s. wiss. Mitarb.; 1966-82 ehrenamtl. Generalbevollm. Schopenhauer-Ges.; 1986/87 Präs. Intern. Women's Club; 1987 Mitgr. v. Cultura 87, e. Kulturinitiative in oberhess. Raum; s. Zt. Archivarin d. Schopenhauer-Ges. Frankfurt/M. - BV: Genieße mit Casanova, 1964; 2 Hunderomane, 1967, 2. A. 1969. Herausg. Giacomo Casanova: Histoire de ma vie (1960-63); Zürcher Ausg. d. Werke Schopenhauers (1977); Arthur Schopenhauer. E. Biogr. in Briefen (1987); Arthur Schopenhauer. Leben u. Werk in Daten u. Bildern (1989); Arthur Schopenhauer: Philosophie in Briefen (1989, m. M. Fleiter); D. Mensch Arthur Schopenhauer (1989); u.a.m. Aufs.: Welt u. Wort, Schopenhauer-Jahrb., Ztgn. Übers.: Wilde, Russell; Redakt. V. d. Aktualität Schopenhauers, 1972 - 1967 Chevalier dans l'Ordre des Palmes Acad.; 1976 Ehrenbrief Hessen; 1977 BVK; 1982 Ehrenmitgl. Schopenhauer-Ges. - Liebh.: Ernährungsphysiol., Lyrik, Wagner, Mann - Bek. Vorf.: Joh.-Jakob v. Rambach, ev. Kirchenlied-Dichter (17. Jh.); Joh. Hinrich Lichtenstein, Zoologe (19. Jh.) - Lit.: N. Gonzáles-Caminero: Leben m. Schopenhauer. In: Festschr. V. d. Aktualität Schopenhauers f. Arthur Hübscher, S. 21ff. (1972); Schopenhauer zitieren (1983); Üb. d. Nutzbarkeit v. Schopenhauer-Zitaten (1983).

HUECK, Arnold
Dr., Fabrikant, Kompl. und Geschäftsf. EduardHueck KG., Lüdenscheid, u. Westf. Metall Industrie KG. Hueck & Co., Lippstadt - Lipperoder Str. 4, 4780 Lippstadt.

HUECK, Götz
Dr. jur., o. Prof. f. Bürgerl. Recht, Arbeits-, Handels- u. Wirtschaftsrecht Univ. München 857 17 25) - Geb. 21. Sept. 1927 Jena - Vater: Prof. Dr. Dr. h. c. Alfred H., Rechtsgelehrter †; Mutter: Auguste, geb. Ebbinghaus), ev., verh. s. 1960 m. Ilse, geb. Bötticher, 2 Söhne (Dietrich, Nikolaus) - Wilhelms-Gymn.

München; Univ. ebd. u. Münster/W. (Rechtswiss.). Promot. (1951) u. Habil. (1958) Münster; Ass.ex. 1955 München - 1952 Assist. Univ. München, 1958 Privatdoz. Univ. Münster/W., 1960 Ord. FU Berlin, 1965 Univ. Hamburg 1971 Univ. München. Div. Mitgliedsch. - BV: u. a. Lehrb., Kommentare u. Monogr. im Bereich d. Zivilrechts, insb. Gesellschafts- u. Arbeitsrecht.

HUECK, Gottfried
s. Hueck, Götz

HUECK, von, Walter
Dr. phil., Leiter Dt. Adelsarchiv, Marburg (s. 1961) - Schwalbenweg 14, 3550 Marburg-Cappel (T. 4 10 74) - Geb. 8. Juni 1931 Reval/Estl. (Vater: John v. H., Landw.; Mutter: Alice, geb. v. Ungern-Sternberg), ev., verh. s. 1961 m. Silve-Maria, geb. v. Bentivegni - Univ. München, Marburg, Göttingen, Mainz - Mitarb.: Genealog. Handb. d. Adels, Bd. 7 (1954) ff., Bd. 36 (1965) ff Hauptbearb. - Philatelist - Spr.: Engl., Schwed. - Bek. Vorf.: August v. Kotzebue, Schriftst. (1761-1819).

HÜFFER, Uwe
Dr. jur., Univ.-Prof. f. Bürgerliches Recht, Handels-, Wirtschafts- u. Arbeitsrecht Univ. Bochum - Am Krähennocken 40, 4630 Bochum-Gerthe.

HÜFFMEIER, Werner
Gewerkschaftssekretär - Papendieckstr. 57, 4980 Bünde (T. 1 04 21) - Geb. 11. Mai 1912 Südlengern/W., verh., 1 Kd. - Volkssch.; Schlosserlehre - Schlosser; s. 1947 Sekr. Gewerksch. Holz. S. 1950 Stadtverordn. Bünde; s. 1956 MdK Herford; 1962 b. 1975 MdL Nordrh.-Westf. SPD.

HÜFNER, Gerhard
Dr. rer. pol., Hauptgeschäftsführer Dt. Bäderverb. u. Wirtschaftsverb. Dt. Heilbäder u. Kurorte - Schumannstr. 111, 5300 Bonn 1 (T. 21 10 88) - Geb. 21. Aug. 1922.

HÜFNER, Jörg
Dr. rer. nat., o. Prof. f. Theoret. Physik (s. 1974) - Kastellweg 17, 6900 Heidelberg - Geb. 2. Nov. 1937 Dessau (Vater: Wilhelm H., Volksw.; Mutter: Ruth, geb. Dombrowski), 3 Kd. (Tobias, Nele, Jakob) - Promot. 1965; Habil. 1969 - S. 1971 Ord. Univ. Freiburg/Br. u. Heidelberg (1973). Fachaufs.

HÜFNER, Karl Friedrich
Dr., Prof., Direktor Ed. Züblin AG, Stuttgart - Wiesenweg 15, 7307 Aichwald-Aichelberg (T. 0711 - 36 21 66) - Geb. 19. Okt. 1934 Schwäb. Hall, ev., verh. s. 1965 m. Jutta, geb. Demmler, 3 Kd. (Stephan, Andreas, Carola) - Lehre als Baukaufm.; Stud. Volks- u. Betriebsw. Univ. Erlangen-Nürnberg u. Hochsch. f. Welthandel Wien; Dipl.-Kfm., Dipl.-Volksw. u. Promot. (Dr. merc.) 1959 - S. 1974 Lehrbeauftr. Univ. Stuttgart; pers. haft. Gesellsch. Parkhauses. Dr. Karl Friedrich Hüfner KG, Stuttgart, u. Mainzer Parkhauses. Dr. Hüfner KG, Mainz.

HÜFNER, Klaus
Dr. rer. pol., Prof. f. Volkswirtschaftslehre FU Berlin (s. 1980) - Seesener Str. 50, 1000 Berlin 31 - Geb. 22. Jan. 1939 Berlin (Vater: Fritz H., Fleischerm.; Mutter: Ruth, geb. Voerster), ev., verh. s. 1964 m. Karin-Heide, geb. Stoltz, 2 Kd. (Alexander, Julia) - Stud. Volksw., Soziol., Politikwiss. Berlin, London (1960/61), Genf (1962), Princeton (1964/65). Promot. 1969 - 1964-74 MPI f. Bildungsforsch. Berlin, 1974-80 Prof. PH Berlin. Div. Ehrenämter im VN-Bereich - BV (z. T. Herausg.): u. a. Bildungsinvestitionen u. Wirtschaftswachstum, 1970; Bildungsplanung/Methoden - Techniken - Probleme, 1971 (m. J. Naumann); D. System d. Vereinten Nationen, 1974 (m. dems.); Konjunkturen d. Bildungspolitik in d. BRD, 1977; The United Nations (D. System d. Ver. Na-

tionen) - Intern. Bibliogr., 4 Bde. 1977-79 (m. Naumann); D. Vereint. Nationen u. ihre Sonderorganisationen, 1986; Hochkonjunktur u. Flaute, 1986 (m. a.); Forschungsproduktivität in d. Wirtschaftswiss., 1987 (m. a.); D. Leistungsfähigkeit d. VN-Systems (m. K. Dicke); Kennzahlen-Systeme z. Hochschulplanung, 1988 - Spr.: Engl., Franz.

HÜFNER, Stefan
Dr. rer. nat. (habil.), o. Prof. f. Experimentalphysik Univ. d. Saarlandes (s. 1975) - 6600 Saarbrücken - Zul. Freie Univ. Berlin.

HÜHNERMANN, Harry
Dr. rer. nat., Prof. f. Experimentalphysik Univ. Marburg (s. 1972) - Lindenweg 6a, 3550 Marburg/L. - Geb. 15. April 1938 Berlin (Vater: Georg H., Industriekfm.; Mutter: Isolde, geb. v. Schmude), ev., verh. s. 1964 m. Dr. Waltraud, geb. Hehlmann, 2 Kd. - Promot. 1966; Habil. 1972 - Zahlr. Fachaufs.

HUELCK, Karl
Dipl.-Ing., Aufsichtsrat Deutsche STAR Kugelhalter GmbH, Schweinfurt (b. 1988) - Am Zückberg 8, 8730 Bad Kissingen - Geb. 18. Dez. 1913 Buer - 1936-41 TH Aachen u. Danzig - Tätigk. TH Berlin (Prof. Kienzle), Reichsluftfahrtmin. ebd., Erlanger Flugzeugw., Leipzig, Fernmeldetechnik Quante, Wuppertal, Dt. Star Kugelhalter GmbH., Schweinfurt (1956 techn. Geschäftsf.), F & S (1963-80 Vorst.).

HÜLLE-KEEDING, Maria

Dr. phil., Pianistin, Musiklehrerin, Generalsekr. Romain Rolland Ges. (s. 1988) - Feuerbacher Weg 4, 7000 Stuttgart 1 (T. 25 33 59) - Geb. 24. April 1919 Müncheberg/Kr. Strausberg, verh. m. Dr. phil. habil. Werner H. (Vorgeschichtler u. Geogr.) - Abit. 1938 Gymn. Carmen-Sylva Bukarest; Stud. Hochsch. f. Musik Berlin; Staatl. Musiklehrerprüf. 1944; Staatsex. 1970 Stuttgart u. Tübingen; Ass.-Prüf. 1973; Promot. 1973 (Roman., Phil., Musikwiss.) Univ. Tübingen - Tätigk. als Pianistin u.a 1952 Urauff. Klaviersonate v. M. Boucher Südd. Rundf.) u. Musiklehrerin; ab 1973 Oberstufenlehr. Stuttgart - Div. Art. in Fachztschr. u.a.: Beethovens Neunte im Verständnis Romain Rollands, Festschr. 1970. Mitarb. u zahlr. Vortr. in d. R. Rolland Ges. sow. Tätigk. als Dolmetscherin b. d. Inter Nationes'.

HÜLLEMANN, Klaus Diethart
Dr. med., Prof., Ärztl. Direktor Medizin. Klinik St. Irmingard - 8210 Prien/Chiemsee (geb. 5. April 1938 - Promot. 1965; Habil. 1972 - Zul. Chefarzt Klinik Höhenried Bernried/Starnberger See. Projektleit. Dt. Herzkreislaufpräventionsstudie - Gemeindestud. Modell Bergen e. V. im Landkr. Traunstein; 1975 Prof. f. innere Med. Univ. Heidelberg, 1979ff. Univ. München - Mitgl. Landesgesundheitsrat im Bayer. Staatsmin. f. Arb. u. Sozialordnung; Seminarleit.

Bundesärztekammer; 1. Vors. Klin. Inst. f. Physiol. u. Sportmed. Med. Klinik St. Irmingard - BV (Herausg. u. Mitverf.): Sportmed. f. Klinik u. Praxis, 1975, 2. A. 1983 (portug., jap. u. franz. Übers.); Präventivmed., Stufendiagnostik, Therapieleitlin. u. Berat., 1982. Üb. 150 Einzelarb.

HÜLLEN, Werner
Dr. phil., Univ.-Prof. f. Anglistik/Linguistik u. Theorie d. fremdsprachlichen Unterrichts Univ. Essen (s. 1977) - Herchenbachstr. 1, 4000 Düsseldorf 30 - Stud. Englisch, Deutsch, Phil., Promot. 1952 Köln - 1952/53 Lektor Univ. Birmingham; 1953-63 Lehrer f. Dt. u. Engl. an Gymn.; 1963-73 Prof. PH Neuss; 1973-77 o. Prof. f. Angew. Linguistik Univ. Trier; 1985 Gastprof. Wien. 1972-82 Schriftleit. Neusprachl. Mitt. Mitgl. in in- u. ausländ. Org. - BV: Linguistik u. Englunterr., 2 Bde. 1971 u 1976; Sprachstruktur u. Spracherwerb (zus. m. Lothar Jung), 1979; Engl. Grammatik f. Erwachsene, 1983; Engl. als Fremdspr., 1987; Their Manner of Discourse, 1989. Herausg.: Didaktik d. Engl.unterr. (1979); Understanding the Lexikon (zus. m. R. Schulze, 1988); mehr. Bände m. Tagungsberichten. Zahlr. Aufs. in Ztschr., Sammelbden, Lexika, Editionen u.a. aus Sprachlehr- u. lernforsch. u. z. Sprachtheorie d. 17. Jh.

HÜLLER, Gisela
Hausfrau, Mitgl. Brem. Bürgerschaft (s. 1975) - Ehmckstr. 51, 2800 Bremen 33 - Geb. 26. Sept. 1935 Delmenhorst, ev., verh., 4 Kd. - Gymn. (Mittl. Reife); Höh. Handelssch. - 1954-57 Fremdsprachenkorresp. Speditionsgewerbe; 1957-62 Angest. Senatskanzlei (Ref. Ausw. Angelegenh.); 1966-69 Angest. Bürgerschaftsverw. (alles Bremen). FDP s. 1970 (Mitgl. Landesvorst.).

HÜLLER, Oswald
Dipl.-Volksw., geschäftsf. Gesellschafter Hüller Holding KG u. Oswald Hüller GmbH. Beteiligungen GPT-Ges. f. Psychosomatische Therapie mbH, Initiativen im Gesundheitswesen; Initiierung, Realisierung u. Betrieb von Rehabilitationseinrichtungen - Lortzingstr. 65, 4010 Hilden (T. 02103 - 4 04 21) - Geb. 22. Dez. 1928 Rothau/Graslitz - Liebh.: Intern. Aktien- u. Wertpapiermärkte, Segeln - Spr.: Engl., Franz.

HÜLLSTRUNG, Herbert
Dr. med., Facharzt, apl. Prof. f. Hautkrankh. Univ. Tübingen (s. 1950) - Finsterwalderstr. 11, 8000 München 50 - Geb. 16. Okt. 1908, verh. s. 1937 m. Helene v. Loesch, 3 Töcht. (Ulrike, Beate, Irene) - S. 1939 (Habil.) Lehrtätigk. Tübingen. Zahlr. Fachveröff.

HÜLS, Helmut
Dipl.-Ing., Dipl.-Math., Vorstandsvorsitzender Ev. Familienfürsorge Lebensversicherung a. G., Detmold (s. 1965) - Kiewingstr. 65, 4930 Detmold 1 (T. 748-280) - Geb. 19. Febr. 1935 Detmold (Vater: Gustav H., Oberverw.srat; Mutter: Jutta, geb. Büngener), ev., verh.

s. 1965 m. Irene, geb. v. Hanstein, 2 Kd. (Annette, Susanne) - Altsprachl. Gymn. Leopoldinum Detmold (Abit. 1955); Univ. Bonn (Geodäsie) u. Köln (Math.) - S. 1978 Lehrbeauftr. Univ. Bielefeld - Liebh.: Sport, Philatelie - 1974 Gold. Sportabz.

HÜLSBECK, Werner

Dr. jur., Fabrikant (Hülsbeck & Fürst, Velbert), Vors. Fachverb. Schloß- u. Beschlagind., Velbert - Güterstr. 98, 5620 Velbert/Rhld.

HÜLSE, Reinhard

Dr. med., Prof., Chefarzt Radiolog. Abteilung/Ev. Stift St. Martin, Koblenz (s. 1974) - Johann-Müller-Str. 7, 5400 Koblenz - Geb. 19. Dez. 1938 Tilsit - Realgymn. Völklingen/S.; Univ. Saarbrücken - Spr.: Engl., Franz. - S. Habil. Lehrtätigk. Univ. Mainz (gegenw. Prof. f. Klin. Strahlenkd.).

HÜLSEMEYER, Friedrich

Dr. agr., Prof. f. Agrarökonomie, Leiter Inst. f. Betriebswirtschaft u. Marktforsch. d. Lebensmittelverarb., Bundesanst. f. Milchforsch., Kiel (s. 1982), u. Leiter Bundesanst. f. Milchforsch. (b. 1988) - Capt.-Thiessen-Weg 32, 2300 Molfsee-Rammsee.

HÜLSEN, Adrian

s. Rhein, Eduard

HÜLSHOFF, Klaus

Stadtdirektor - Rathaus, 4152 Kempen 1 (T. 1 32 21); priv.: Peschweg 57 - Geb. 17. Febr. 1925 - Spr.: Engl., Franz. - Rotarier.

HÜLSMANN, Hans

Oberstadtdirektor a. D., früh. Vorstandsmitglied Rhein.-Westf. Elektrizitätswerk AG, Essen (s. 1968) - Kronprinzenstr. 5, 7570 Baden-Baden - Verh. m. Felicitas, geb. Horbach - Univ. Münster, München u. Kiel. Ass.ex. 1935, 1932-39 Justizdst. (zul. LGsrat), 1939 b. 1945 Wehrmacht, 1945-68 Stadtverw. Gelsenkirchen (1950ff. Oberstadtdir.) - Offz. belg. Leopold-Orden.

HÜLSMANN, Harald K.

Verwaltungsangestellter, Autor, Grafiker (Ps. Aldo Carlo, Harry Holly u. Saihoku) - Eschbachweg 5a, 4000 Düsseldorf 12 (T. 0211-23 72 92) - Geb. 6. Juni 1934 Düsseldorf, verh. s. 1967 m. Erika Karoline, geb. Küppers - S. 1982 Präs. Senryu-Zentrum (SZ); 1981 Gründ.; s. 1984 Mitgl. Federation of intern. poetry Assoc. (FIPA; d. UNESCO angeschl.). Erf.: Finger-Galerie (Ring m. wechselnden Kunstausst., s. 1985) - BV: u.a. D. gute Gott Ambrosius, 1966; New Yorker Notizen, 1975/76; D. Clown weint f. uns, 1982 (1983 Jap.); In diesen Halbwert-Zeiten, 1982; V. Spiegeln umstellt, 1983; Unter d. Wolkenmütze d. Schweiß d. Himmels, 1985 - Kunstricht.: emotionaler Realismus; Grafiken in div. öfftl. u. priv. Kollektionen in Europa u. Übersee (u.a. AA Bonn u. TU Muroran/Japan, Heine-Mus. D'dorf (Heine-Grafiken u. Univ. D'dorf) - Med. studiosis humanitas; Broncemed. Biennale Gabrovo/Bulg.; Schwarzer-Falter-Preis f. Grafik; 1982 Senryu-Preis z. Flußweide, verb. m. Titel Senryu-Meister; 1983 Hokkaido-Senryu-Preis - Liebh.: Kunst (bes. Kleinkunst u. Schmuck) aus dem nah- u. fernöstl. Raum, Reisen, Herstellen v. Kulturkontakten, Silber - Spr.: Engl. - Lit.: R. Schröer, S. schreiben zwischen Goch u. Bonn; Prof. Dr. Walter Hinck, Nachwort in: New Yorker Notizen; Prof. Dr. C. H. Kurz, Vorwort in: V. Spiegeln umstellt; K. H. Backer, Vorwort in: Im Rachen d. Ruhe; u.a.m.

HÜLSMANN, Heinrich (Heinz)

Dr. phil., Studienprofessor, apl. Prof. f. Philosophie Univ. Münster - Pluggenheide 15, 4401 Sprakel/W. - Geb. 2. Febr. 1916 Münster/W. - Promot. 1956; Habil. 1964 - B. 1971 Univ. Salzburg, dann Münster. Bücher u. Einzelarb.

HUEMER, Hans

Dr. d. techn. Wiss., Geschäftsführer Chem. Fabrik Grünau GmbH. - Falkenweg 10, 7918 Illertissen b. Ulm/D. - Geb. 6. Nov. 1913.

HÜMMER, Ingo

Betriebswirt, Schriftst. (Ps. Ingo Cesaro) - Joseph-Haydn-Str. 4, 8640 Kronach - Geb. 4. Nov. 1941, ev., verh. s. 1968 m. Gisela Gülpen, 2 Töcht. (Inga Britt, Jana Jill) - Lehre Industriekaufm.; Abendsch. Frankfurt (Mittl. Reife); 2 Sem. Akad. f. Welthandel, Frankfurt; 4 Sem. GWV Bayreuth (Abschl. Prakt. Betriebswirt) - Mitinitiator Kronacher Sommer (Veranstaltungsreihe d. Landkr. Kronach) u. VHS-Reihe Autoren im Gespräch; Mitorganis.: oberfränk. tendenzen, Kulmbach; Leit. Altstadt-Forum, Kronach - BV: Verdauungsschwierigk., Ged. 1975; Kurzer Prozeß, Ged. 1976; Weiße Raben, Ged. 1976; Ausweitungen, Ged. 1978; Amortisation, ges. Werke, Bd. I, Ged. u. Kurzprosa 1978; Schutzimpfung, Ged. 1980; D. Goldfisch im Glas redet u. redet, Dreizeiler 1981; Brief in d. Provinz, Ged. 1983; D. einbeinig schwimmende Nichtschwimmer, Ged. 1984; Wortlandschaften u. Wasserbilder, Ged. 1985; Kuh-Marie-Gesch. ... allerhand Schnappschüsse, Kinderb. 1986; Kulturbeutel-Kultur, Prosa 1986; Erinnerungen, Ged. 1986; Nur Schminke, Grafik-Text-Mappe 1987; Hexenjagd, Ged. 1987; Fai ka Gewaaf, Übers. Lyrik 1988; Haiku, Dreizeiler 1988; Ginkgo Senryu, Dreizeiler 1989; Wölfe im Garten, Lyrik 1989; Träumereien, Dreiz. 1989; E. einsamer Rekord, Prosa 1989; Schlafliederzeit, Lyrik 1989. Div. Herausg. 4 Grafik-Text-Mappen; 9 Grafik-Text-Kalender; Texte f. polit. Kabarett. Übers. ISSA, Nachdichtungen; China, China Poesie d. Gegenw. aus d. Rep. China, Taiwan, Nachdichtungen. Zusammenarb. m. Musikern u. Komp.: Jazz & Text, Minimalmusik u. Dreizeiler; Vertonungen d. Gerhard Deutschmann, Dietmar Güngerank u. Bernd Schellhorn - 1979 Preisträger Rosenthal-Lyrik-Wettb.; 1981 3. Preis Hörsp.- u. Erz.-Wettb. Ostd. Kulturrat; 1982 Preis f. christl. Kurzprosa-Zusammenarb. m bild. Künstlern; 1986 Hafizijyeh-Lit.preis; Hafiskopf in Silber f. Prosa; 1987 Jörg-Scherkamp-Preis; 2. Preis f. Lyrik; 1. Preis Buch 2000, Bücherschau Fellbach; Mitgl. Verb. dt. Schriftsteller (VS), D. Kogge, Dt.-schweiz. P.E.N.-Zentrum, Neue Ges. f. Lit. Erlangen, Dt. Senryu-Zentrum u. Dt. Haiku-Ges. - Spr.: Engl. - KIWANIS.

HÜMPEL, Elke

Schriftstellerin (Berte-Eve Minden), Schausp. - Halstenbeker Weg 19, 2000 Hamburg 57 (T. 57 96 53) - Geb. 10. Juli 1914 Hamburg, T. Ragnhild - Helene-Lange-Oberrealschule Hamburg; Schauspielausbildung Willy Schweisguth ebd. - Schausp. (Rollen u. a.: Jungfrau v. Orleans, Natalie, Maria Stuart, Minna v. Barnhelm), 17 Fernsehrollen - W.: Wellen u. Winde, Ged. 1941; Spiel d. gold. Harfe, Erz. 1941; Heike v. Habel, Erz. 1941; D. rote Jäger, R. 1943; Ferdinande, Sch. 1943; D. Entrechteten, Sch. 1952; Trull Hullebull, Kd.erz. 1961; Geliebte Mutter meines Freundes, Brieferz. 1961. Hörsp. - Ehrenmitgl. Dt. Kulturwerk d. Europ. Geistes u. Akad. f. Bildung u. Kunst - Liebh.: Tiere, klass. Musik, schnelle Sportwagen - Spr.: Engl., Franz., Norw.

HÜNDGEN, Manfred

Dr. rer. nat., Prof. f. Zoologie Univ. Bonn, Leiter Abt. Immuntherapeutika Med.-wiss. Fa. Dr. Rentschler Laupheim - Ulmerstr. 30, 7958 Laupheim (T. 07392-83 04) - Geb. 10. Nov. 1939 Aachen, kath., verh. s. 1966 m. Ursula, geb. Stöckermann, T. Marga - Kaiser-Karls-Gymn. Aachen; Univ. Bonn (Naturwiss.); Promot. 1968; Habil. 1974; apl. Prof. 1979 - 1968-79 wiss. Assist.; 1979-83 wiss. Oberassist. Univ. Bonn; 1983 Fa. Dr. Rentschler Arzneimittel GmbH & Co. Laupheim - BV: Potential and limitations of enzyme cytochemistry, 1977; Therapie m. Interferonen, 1986 - Spr.: Engl.

HÜNEKE, Friedhelm

Abgeordneter - Distelkampsweg 35, 2800 Bremen-Borgfeld - S. 1971 Mitgl. Brem. Bürgerschaft. SPD.

HÜNEMÖRDER, Christian

Dr. phil., Prof. f. Geschichte d. Naturwissenschaften, insb. Geschichte d. Biologie - Bundesstr. 55, 2000 Hamburg 13; priv.: Dorfstr. 57, 2351 Rickling - Vater: Dr. jur. Friedrich H. († 1980); Mutter: Ebba, geb. Sarnow, verh. m. Margarete, geb. Deckert - S. 1977 Prof. Univ. Hamburg.

HÜNER, Helmut

Dr. med., Chirurg, apl. Prof. Univ. Würzburg (s. 1970), Chefarzt Chir. Abt. Kreis- u. Stadtkrankenhs. Marktredwitz - 8590 Marktredwitz.

HÜNERMANN, Hans-Joachim

Dipl.-Kfm., Mitglied d. Geschäftsfg. Krupp Atlas Datensysteme GmbH, Essen - Hohe Buchen 16, 4300 Essen 1 (T. 0201 - 41 09 31) - Geb. 30. Nov. 1932 Berlin.

HÜNERMANN, Peter Heinrich

Dr., Prof. f. Dogmatik Univ. Tübingen (s. 1982) - Engwiesenstr. 14, 7407 Rottenburg 19/Neckar - Geb. 8. März 1929 Berlin - 1971-82 Prof. f. Dogmat. Univ. Münster - BV u. a.: Trinitar. Anthropol. b. Franz Staudenmaier, 1962 (Symposium 10); Durchbruch geschichtl. Denkens im 19. Jahrh., 1967; E. Schritt z. Einheit d. Kirchen. Können d. gegenseitigen Lehrverwerfungen aufgehoben werden? (m. W.D. Hausschild, K. Lehmann, W. Pannenberg, U. Wilckens), 1986; Wie sollen wir m. d. Schöpfung umgehen? D. Antwort d. Weltreligionen (m. Adel Khoury), 1987; Theorie d. Sprachhandlungen u. heutige Ekklesiologie (m. R. Schaeffler), 1987; Offenbarung Gottes in d. Zeit. Hinführung z. Christologie, 1989. Mithrsg.: Besinnung auf d. Heilige (1966); Theol. als Wiss. (1970); Anthropologie d. Kultes (1977).

HÜNIG, Siegfried

Dr.-Ing., em. o. Prof. f. Organ. Chemie - Am Hubland, 8700 Würzburg (T. 88 83 23) - Geb. 3. April 1921 Radebeul/Sa. - Promot. 1943 Dresden - 1950 Habil. u. Doz. Univ. Marburg, 1956 apl. Prof. ebd., 1960 ao. Prof. Univ. München, 1961 o. Prof. Univ. Würzburg, emerit. 1987. Div. Fachveröff. - 1967 Otto-Bayer-Gedenkmünze Ges. Dt. Chemiker; o. Mitgl. Bayer. Akad. d. Wiss. u. Leopoldina, Halle; 1982 Mitgl. Dt. Akad. d. Naturforsch. Leopoldina, Halle; 1987 Mitgl. Schweiz. Chem. Ges.; 1988 Dr. rer. nat. h. c. Univ. Marburg.

HÜNIKEN, Manfred

Direktor (DEULA/Dt. Lehranstalten f. Agrartechnik) u. Bauer, Westerstede, Bürgerm. (s. 1976), MdL Nieders. (s. 1978) - Am Thalenbusch, Ringelmannsdamm 33, 2910 Westerstede/O. - Geb. 28. Mai 1928 Kussow/Meckl. (Vater: Georg H., Landw.; Mutter: Magna, geb. v. Schalburg), ev., verh. s. 1957 m. Elfriede, geb. Oltmanns, 4 Kd. (Andrea, Gabriele, Thomas, Bettina) - Gymn.; Landw.slehre; Fachhochsch. Dipl. Ing. 1950 Osnabrück - BV: Gutachten Agrartechnik AMTC Ägypten, 1976 - CDU. - Rotarier.

HÜNNEBECK, Hajo

Dipl.-Ing., Fabrikant, gf. Gesellsch. Hünnebeck-Gruppe u. a. - Merianstr. 27, 4030 Ratingen 4 - Geb. 18. Nov. 1921 - Div. Mandate.

HÜPER, Ernst-Georg

Hauptgeschäftsführer i. R. Nieders. Bäderges. mbH, Geschäftsf. Nordsee-Spielbanken Norderney/Borkum, Geschäftsf. Nordseeklinik Norderney, Fachklinik f. Haut- u. Allergieerkrankungen (140 Betten) - Kroneweg 18, 3003 Ronnenberg 3 (T. 46 47 42) - Geb. 20. Mai 1926 Empelde, ev., verh., 3 Söhne - Volks- u. Handelssch.; Schriftsetzerlehre - Wehrdst. (Offz.); Verlagsangest.; Redakt. Hannoversche Presse. SPD s. 1948 (Ratsmitgl. s. 1956, MdK Hannover s. 1961, MdL 1963-78).

HÜPPI, Alfonso

Prof. f. Malerei Staatl. Kunstakad. Düsseldorf, Maler u. Bildhauer - Sandgasse 2, 7570 Baden-Baden; u. Eiskellerstr. 1, 4000 Düsseldorf - Geb. 11. Febr. 1935 Freiburg/Br. (Vater: Alberto H.; Mutter: Emilia, geb. Felber), kath., verh. s. 1962 m. Brigitta, geb. Weber, 2 S. (Thaddäus, Johannes) - 1961-64 Doz. Akad. Hamburg; 1964-68 Mitarb. staatl. Kunsthalle Baden-Baden; s. 1974 Prof. Staatl. Kunstakad. Düsseldorf - BV: u.a. Katalog Städt. Mus. Leverkusen, 1974; Katalogb. Staatl. Kunsthalle Baden-Baden, 1978; Pronto, Telefonzeichn. 1980; Katalogb. Bilder-Objekte 1959-85, Galleria Henze, Campione, Kat. Gal. Medici Solothurn, 1986.

HÜRLAND-BÜNING, Agnes, geb. Oleynik

Rehabilitationsberaterin, Parlam. Staatssekretärin Bundesmin. d. Verteidigung (s. 1987), Mitgl. Ältestenrat, MdB (s. 1972) - Bierboomskamp 32, 4270 Dorsten/Westf. (T. 6 12 88) - Geb. 17. Mai 1926 Dorsten, kath., 4 Kd. - Schule (Mittl. Reife); Arbeits- u. Kriegshilfsdst.; Krankenpflege-Praktikum; Westf. Wohlfahrtssch. - U. a. Bundesanst. f. Arbeit. 1969ff. Ratsmitgl. Dorsten; b. 1987 Parlam. Geschäftsf. d. CDU/CSU-Bundestagsfraktion. CDU s. 1964.

HÜRTEN, Heinz

Dr. phil., Prof. f. Neuere u. Neueste Geschichte Kath. Univ. Eichstätt - Schwanenstr. 1a, 8070 Ingolstadt-Gerolfing - Geb. 24. Febr. 1928 Düsseldorf (Vater: Laurenz H., Ind.-Kaufm.; Mutter: Änne, geb. Stroebelt), kath., verh. s. 1978 m. Maria, geb. Vilter - Abit. 1947; Wiss. Prüf. f. d. Höh. Lehramt 1953, Promot. 1955, Habil. 1970 - 1953 Tätigk. Erw.bild. u. hist. Forsch.; 1970 Privatdoz. Bonn; 1971 apl. Prof., 1972 Ltd. Wiss. Dir. Militärgesch. Forschungsamt Freiburg; 1977 Ord. Kath. Univ. Eichstätt - BV: Akten z. Reform d. Bistums Brixen, 1958; Dt. Briefe, 1969; Waldemar Gurian (Biogr.) 1972; Militär- u. Innenpolitik, 3 Bde., 1977-80; Klett Studienb. Gesch. T. IV, 1974; Friedenssicherung u. Abrüstung, 1983; Kirchen in d. Novemberrevolution, 1984; Kurze Gesch. d. dt. Katholizismus, 1986; Verfolgung, Widerstand u. Zeugnis, 1987.

HÜRTEN, Klaus

Versicherungsdirektor - Wüllnerstr. 104a, 5000 Köln 41 - Geb. 13. März 1930 - Vorst. Bonner Lebensversich. AG, Köln, u. Rheinland-Versich.-AG, Neuss.

HÜRTER, Peter

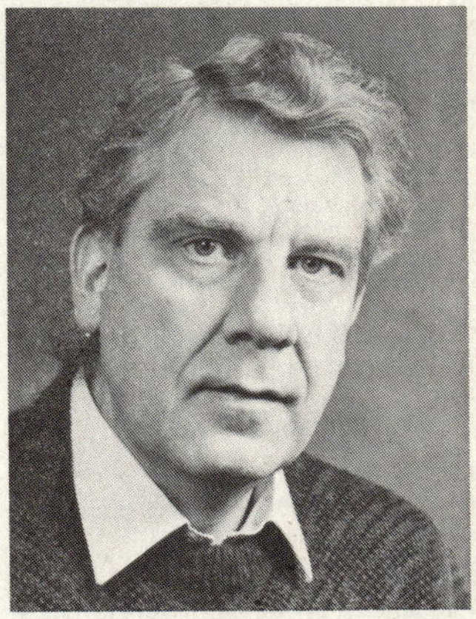

Dr. med., Ltd. Arzt Kinderkrankenhaus auf d. Bult, Hannover, apl. Prof. f.

Kinderheilkd. Med. Hochsch. ebd. (s. 1976) - Himmelreich 8, 3257 Lüdersen - Geb. 26. Okt. 1935 - Promot. 1962 Köln - S. 1971 (Habil.) Lehrtätigk. Hamburg u. Hannover - BV: Diabetes b. Kindern u. Jugendl., 3. A. 1985. Fachveröff.

HÜRXTHAL, Gerhard

Bundesrichter - Adolf-Kolping-Str. 6, 7517 Waldbronn - Geb. 3. Sept. 1921 Wieden b. Wuppertal (Vater: Walter H., Postoberamtm.; Mutter: Elfriede, geb. Knefel), ev., verh. s. 1950 m. Hildegard, geb. May, 2 Kd. (Kirsten, Anke) - 1947-49 Univ. Köln (Rechtswiss.). Ass.ex. 1952 - 1955 AGsrat Solingen, 1956 wiss. Hilfsarb. BGH Karlsruhe, 1959 Hilfsrichter OLG Düsseldorf, 1960 OLGsrat ebd., 1965 Richter BGH - Liebh.: Briefm.

HÜSCH, Erich Adam

Botschafter d. BRD in El Salvador - 3a Calle Poniente 3831, Colonia Escalon, Apartado 06-693, San Salvador (T. 23 61 40) - Geb. 10. Dez. 1912 Köln, verh., 5 Kd. - Stud. roman. Philol., Phil. u. Kunstgesch. Wiss. Prüf. f. Lehramt an höh. Schulen - Tät. in Privatw. sowie als Fachlehrer u. Doz.; 1949 Presse- u. Informationsamt d. Bundesreg.; s. 1952 Auswärt. Dienst; Botschaft Rio de Janeiro (Presseref.); Botschaften Madrid u. Athen (Kulturref.); 1970-74 Botsch. in Haiti - Dr. h. c. Univ. Port-au-Prince.

HÜSCH, Heinz-Günther

Dr. jur., Rechtsanwalt, MdB (s. 1976; Wahlkr. 76) - Promenadenstr. 9, 4040 Neuß/Rh. (T. 2 21 91) - Geb. 13. Juni 1929 Karken/Rhld., kath., verh., 5 Kd. - Gymn.; Univ. Köln (Rechtswiss.; Promot.). Gr. jurist. Staatsprüf. 1956 - S. 1957 RA. 1966-76 MdL Nordrh.-Westf. CDU (1950 Kreisvorstandsmitgl.). 1980-87 stv. Vors. Aussch. f. wirtsch. Zusammenarb.; Mitgl. Plan.aussch. Konrad-Adenauer-Stiftg.; 1986/87 Vors. Untersuchungsaussch. Neue Heimat, s. 1987 Vors. d. Vermittlungsaussch. - BV: Gewählt - 7 Tage aus d. Leben e. Abgeordneten, 1973; Obmann CDU/CSU im Flick-Untersuchungsaussch.

HÜSCHEN, Heinrich

Dr. phil., o. Prof. f. Musikwissenschaft - Elisabethstr. 5, 4970 Oeynhausen - Geb. 2. März 1915 Moers/Ndrh., ev., verh. s. 1944 m. Waldine, geb. Rosemeyer (Studiendir. i.R., Fach: Schulmusik), S. Klaus - Musikausbild. priv. u. Konservat.; Stud. Kirchen-, Schulmusik, Musikwiss. Köln u. Berlin. Staatl. Organisten- u. Chorleiterprüf. (1940); Staatsex. f. d. höh. Lehramt (1941). Promot. (1943) u. Habil. (1955) Köln - 1955-64 Privatdoz. u. apl. Prof. (1961) Univ. Köln (1948-57 Leit. Collegium Musicum); s. 1964 Ord. Univ. Marburg u. Köln (1970); Lehrbeauftr. Musikhochschule Köln; Lehrstuhlvertreter Universitäten Heidelberg (1957/58) u. Frankfurt (1967/68). Beauftr. Dt. Musikgeschichtl. Kommiss. f. Dt. Musikgeschichtl. Archiv Kassel; Mitgl. Ges. f. Musikforsch., Intern. Ges. f. Musikwiss., Dt. Musikgeschichtl. Kommiss., Vorstandsmitgl. Joseph-Haydn-Inst. Köln u. a. Bes. Arbeitsgeb.: Musik, -theorie u. -anschauung d. Mittelalters u. d. Renaissance - BV: D. Cantuagium d. Heinrich Eger v. Kalkar - 1328-1408, 1952; Unters. zu d. Textkonkordanzen im Musikschrifttum d. Mittelalters, 1955; D. Motette, 1974. Viele Einzelveröff. Umfangreiche Hrsg.-tätigk. - 1968 Dent-Med. (London), emerit. 1983.

HÜSECKEN, Horst

Fabrikant (C. M. Pieper & Co., Hohenlimburg) - Heidestr. 27, 5800 Hagen 5 - Geb. 13. Juni 1925.

HÜSER, Karl

Dr. phil., o. Prof. f. Westf. Landesgeschichte u. Didaktik d. Gesch. GH Paderborn - Auf der Natte 16, 4790 Paderborn-Wewer - Geb. 24. Sept. 1930 Emsdetten - BV: Franz v. Löher (1818-1892), 1973; Polit. Bildung in Dtschl. im 20. Jh. (zus. m. W. Beckers u. H. Küpper), 1976; M. Gott f. unser Recht. E. Beitrag z. Geschichte d. Gewerkschaftsbeweg. im Münsterland, 1978; Wewelsburg 1933-1945 - Kult- u. Terrorstätte d. SS, 1982; V. d. Weimarer Rep. ins Dritte Reich - D. Gleichschaltung Paderborns 1932-35, 1983; D. Sparkasse Paderborn u. ihre Vorgängerinnen 1825-1985, 1985.

HÜSKES, Rudolf

Bankkfm., Generalbevollm., Direktor Handels- u. Privatbank AG., Köln, Geschäftsf. Systema Leasing GmbH, Köln, u. Klosterland Grundstücksges. GmbH & Co. KG., Vorstandsmitgl. Vereinig. f. Bankbetriebsorganisation, Frankfurt - Hüttenstr. 25, 4040 Neuss 1 - Geb. 4. Sept. 1940 Krefeld (Vater: Hubert H., Angest.; Mutter: Grete, geb. Ehren), verh. s. 1971 m. Helga, geb. Graumann, 2 Kd. (Marco, Nina) - Mittl. Reife; Höh. Handelssch.; Banklehre - 1962-68 Wirtsch.prüf., 1969 US-Aufenth.; 1970 Leit. Rechnungswesen u. Org. Fa. Manufactures Hannover Trust Comp., Frankfurt/M.; s. 1971 Handels- u. Privatbank (Prok.) - Liebh.: Tennis, Fotogr., Filmen, Lesen - Spr.: Engl.

HÜSSLER, Georg

Dr. theol., Präsident Dt. Caritas-Verb. - Karlstr. 40, 7800 Freiburg/Br. (T. 20 01) - Geb. 7. Juli 1921 Einöd (Vater: Zollbeamter), kath. - 1929-39 Bischöfl. Gymn. Straßburg; 1939-42 (Einberuf. Sanitäter) Univ. Montpellier, Heidelberg, Freiburg, Straßburg (Med.), n. 1945 Collegium Germanicum Rom (Theol.). Priesterw. 1951 Rom; Promot. 1957 ebd. - S. 1957 DCV (1959 Generalsekr., 1969 Präs.). 1975 ff. Präs. Caritas Internationalis - Päpstl. Hausprälat, 1982 Ern. z. Apostol. Protonator - 1982 Gr. BVK.

HÜTER, Joachim

Dr. med., Prof., Direktor Städt. Frauenklinik - Weinberg 1, 3200 Hildesheim - Geb. 13. Dez. 1934 Mettmann, ev., verh. s. 1973 m. Dr. med. Sabina, geb. Löliger, T. Eva-Nina - Promot. 1960 Mainz; Habil. 1969 Frankfurt/M. - S. 1973 apl. Prof. Univ. Heidelberg (Geburtsh. u. Gynäk.). Üb. 100 Fachveröff. (auch Bücher) - Spr.: Engl., Franz., Russ., Span.

HÜTER-BECKER, Antje

Krankengymnastin, Ausbildungsleit. Krankengymnastiksch. Heidelberg, Vors. Dt. Verb. f. Physiotherapie - Zentralverb. d. Krankengymnasten Köln (1983-86), Chefredakt. Ztschr. Krankengymnastik - Hollmuthstr. 20, 6903 Neckargemünd (T. 06223 - 7 26 81) - Geb. 24. Okt. 1941 Freiburg/Br., verh. s. 1980 m. Prof. Dr. Georg E. Becker - Krankengymnastikausb. Köln; päd. Qualifikation Berlin (Lehrersem.) u. Frankfurt (Studienlehrgang) - Leit. staatl. anerk. Weiterbildungsstätte f. Lehrkräfte d. Krankengymnastik, Heidelberg - BV: Krankengymnastik b. neurol. Erkrankungen, 1975. Herausg.: Taschenlehrb. d. Krankengymnastik (1980ff.) - 1982 Franz-Schede-Preis f. Verdienste um d. dt. Krankengymnastik - Spr.: Engl., Franz.

HÜTHER, Helmut

Geschäftsführer, MdL Rhld.-Pfalz (s. 1971) - Virchowstr. 24, 6710 Frankenthal (T. 95 25) - Geb. 5. Juni 1926 Frankenthal - Volkssch.; Schlosserlehre - B. 1948 Werkzeugschlosser, dann Lehrlingsausbilder (Lehrwerkstatt), s. 1957 Geschäftsf. u. I. Bevollm. IG Metall (alles Frankenthal). 1952 ff. Stadtratsmitgl. Frankenthal; 1969-71 Mitgl. Pfälz. Bezirkstag. SPD s. 1946.

HÜTHER, Werner

Dr. med. (habil.), Prof., Chefarzt Kinder-Abt. Kreis- u. Stadtkrankenanstalten, Nordhorn - Schilfstr. 26, 4460 Nordhorn (T. 3 44 70) - Geb. 13. April 1926, verh. m. Dr. med. Dorothee, geb. Jacob, 3 Kd. - B. 1964 Privatdoz., dann apl. Prof. Univ. Münster (Kinderheilkd.). Facharb. - 1968 Karl-Thomas-Preis - Spr.: Engl., Franz - Rotarier.

HÜTHIG, Alfred

Dr. phil., Verleger, Gf. Gesellsch. Verlagsgruppe Dr. A. Hüthig - Bergstr. 144, 6900 Heidelberg (T. 06221 - 48 92 00) - Geb. 12. Sept. 1900 Pössneck (Vater: Emil H.; Mutter: Selma, geb. Finke), ev., verh. s. 1936 m. Marlene, geb. Wiegand, 3 Kd. (Regine, Sibylle, Bernd Holger) - Ausbild. z. Verleger u. Journal., Stud. Volkswirtsch., Jura, Zeitungswiss. Berlin, München, Leipzig - Gf. Gesellsch. Verlagsgruppe Dr. Alfred Hüthig (40 Fach- u. wiss. Ztschr. u. Verlegerkorresp.) - 1965 Ehrenbürger Johannes-Gutenberg-Univ. Mainz - Liebh.: Golf, Sammeln v. Verlagsbiographien.

HÜTHIG, Holger B.

Dipl.-Kfm., Verleger (Fachlit.) - Leimengrube 19, 6900 Heidelberg - Geb. 28. Sept. 1942.

HÜTT, Rainer

Dr.-Ing., Dipl.-Ing., Prof. f. Werkstoffkunde FH Köln - Peter-Heuser-Str. 2, 5270 Gummersbach 1 (T. 02261 - 6 79 00) - Geb. 19. Juli 1938 Berlin (Vater: Alfred H., Steuerbevollm.; Mutter: Herta, geb. Achenbach), ev., verh. s. 1963 m. Inge, geb. Flaskamp, S. Hendrik - Dipl.-Ing. 1966 Univ. Stuttgart; Promot. 1972 TU Hannover - 1967-72 wiss. Mitarb.; 1972 Prof. f. Werkstoffkd. Univ.-GH Siegen; s. 1983 Prof. FH Köln - Entd.: Kristallphysikal. Ordnungsprinzip (KPOP) - Wiss. Berichte u. Beitr. z. Büchern u. Fachztschr. - Spr.: Engl.

HÜTTEBRÄUKER, Rudolf

Staatssekretär a. D. - Uhlandstr. 43, 5300 Bonn-Bad Godesberg (T. 35 64 79) - Geb. 22. Febr. 1904 Berlin (Vater: Dr. phil. Otto H., Vizepräs. Provinzialschulkollegium Brandenburg u. Berlin), ev., verh. m. Ursula, geb. Priem, 3 Töcht. - LH Berlin (Dipl.-Landw. 1927) - 1928-34 Betriebsleit. Sachsen (Gutsverw.), 1934-45 selbst. Landwirt Uckermark, 1946-48 Tätigk. Landesbauernschaft Westf. u. Min. f. Ernährung, Landw. u. Forsten Nordrh.-Westf. (1947), 1948-62 Dir. LK Rhld., 1962 b. 1968 Staatssekr. Bundesmin. f. Ernährung, Landw. u. Forsten. 1960-68 (Austr.) FDP - 1966 Gr. BVK m. Stern u. Schulterbd., 1968 Gr. Verdienstkreuz nieders. VO.; 1968 Großoffz. niederl. Orden Oranien-Nassau; Großoffz. Ital. VO. - Rotarier.

HÜTTEL, Rudolf

Dr. phil. nat., Prof. - Hasenstr. 11, 8032 Gräfelfing - Geb. 9. Juli 1912 Amberg/Opf. - S. 1943 (Habil.) Lehrtätigk. Univ. München (1953 apl. Prof. f. techn. Chemie; 1966-77 Abt.vorst. u. Prof.). Fachveröff.

HÜTTEMANN, Karl-Josef

Dipl.-Holzw., Holzindustrieller (Hüttemann-Gruppe), Präs. Dt. Ges. f. Holzforsch., Vors. Entwicklungsgem. Holzbau, München, Vorst.-Mitgl. Studiengem. Holzleimbau, Düsseldorf - Unter'm Hagen 12, 5787 Olsberg 1-Bigge - Geb. 14. Juli 1928 Bigge, kath., verh. s. 1959 m. Eva-Maria, geb. Korthaus, 3 Kd. - 1949-53 Univ. Hamburg (Holzw.) - Spr.: Engl., schwed.

HÜTTEMANN, Theodor

Vorstandsmitgl. Kreditbank Gladbach AG., Mönchengladbach - Barbarossastr. 12, 4050 Mönchengladbach - Geb. 27. Nov. 1906 Solingen.

HÜTTENBERGER, Peter

Dr. phil., o. Prof. f. Neueste Geschichte m. bes. Berücks. d. Gesch. d. Ld. Nordrh.-Westf. u. Rektor Univ. Düsseldorf - Bendhütter Str. 237, 4050 Mönchengladbach-Neuwerk - Geb. 15. Juli 1938 Bad Kreuznach/Nahe - Gymn.; Univ. Tübingen, Bordeaux, Bonn - Mitarb. Hauptstaatsarchiv Düsseldorf u. Inst. f. Zeitgesch. München; Lehrtätigk. Univ. Bonn, Bielefeld, Düsseldorf (s. 1976) - BV: D. Gauleiter, in: NRW u. d. Entsteh. s. parlam. Demokr. (Ploetz, 29. Aufl.).

HÜTTENHOFER, Anton

Vizepräsident Bayer. Verwaltung d. Staatl. Schlösser, Gärten u. Seen (1968-78) - 8000 München - Geb. 1914 - Zul. Leit. Abt. Organisation, Personal u. Haushalt Bez.Finanzdir. München (Reg.sdir.).

HÜTTENRAUCH, Roland Johannes

Dr.-Ing., Dipl.-Ing., Physiker, Vorstand Stiftg. Warentest - Koenigsallee 49, 1000 Berlin 33 (T. 826 48 46) - Geb. 26. Jan. 1928 Oberlungwitz (Vater: Johannes H., Geschäftsinh.; Mutter: Irma, geb. Vieweg), ev., verh. s. 1964 m. Hannelore, geb. Schmidt, 2 Kd. (Stefan, Sabina) - Obersch. (Abit. 1946); Stud. der. Phys. Univ. Leipzig, Berlin; Dipl.ex. 1955, Promot. 1961, bde. TU Berlin - 1961-64 Doz. Ing.sch. Beuth, 1965 Techn. Abt.-Leit., 1967 Geschäftsf., 1972ff. Vorst. Stiftg. Warentest, sämtl. Berlin - Mitgl. Verbraucherbeirat Bundesreg., Vors. Testing Committ. Intern. Org. of Consumers Unions - 1978 BVK u. Gold. Sportabz.; 1988 BVK I. Kl. - Liebh.: Ostasiat. Kunst, Rosenzucht, Tennis - Spr.: Engl., Franz.

HÜTTER, Ulrich

Dr. rer. techn., o. Prof. u. Direktor Inst. f. Flugzeugbau Univ. Stuttgart - Schlierbacher Str. 93, 7312 Kirchheim unter Teck/Württ. - B. 1965 ao., donn o. Prof. Fachveröff.

HÜTTERMANN, Aloysius

Dr. rer. nat., Dipl.-Chem., Prof. f. Forstbotanik - Henri-Dunant-Str. 20, 3400 Göttingen - Geb. 3. Sept. 1938 Gelsenkirchen (Vater: Aloys, H., Handwerker; Mutter: Elisabeth, geb. van Hal), kath., verh. s. 1969 m. Uta, 3 S. (Aloys, Wolfram, Hubert) - Chem.-Dipl. Karlsruhe, Promot. Botanik Karlsruhe, post-doctoral Wisconsin 1968/69, Habil. Göttingen - 1964-68 Assist. Karlsruhe, 1968ff. Akad. Rat, Prof. Göttingen, 1973 Gastprof. Tromsø. 1982ff. Vorst. Forschungszentr. Waldökosysteme, Göttingen, 1983ff. Vorst. Otto-Warburg-Zentrum f. Biotechnol. Renovot, Israel - Entd.: 30 biotechnolog. Patentanmeld. - BV: Physarum-Monogr., 1973 (engl.); D. Wald als Rohstoffquelle, 1981 - Liebh.: Ornithologie, Geschichte - Spr.: Engl.

HÜTTERMANN, Armin

Dr. phil., Prof. PH Ludwigsburg - Schubartstr. 28, 7142 Marbach a. N. - Geb. 24. Sept. 1944 Reinstädt/Thür. - Stud. Göttingen, Tübingen; Promot. 1974 Tübingen; Habil. 1979 Vechta - BV: Karteninterpretation in Stichworten, 2 Bde., 1975/79; Ind.parks in Irland, 1978; Ind.parks - attrakt. industrielle Standortgemeinsch., 1985; Probl. d. geogr. Kartenauswert., 1981.

HÜTTERMANN, Jürgen

Dr. rer. nat., Dipl.-Phys., Prof. f. Biophysik Univ. d. Saarlandes - Lagerstr. 22, 6650 Homburg - Geb. 19. April 1942 Buer/Gelsenkirchen - Promot. 1969 Karlsruhe; Habil. 1972 Regensburg - Üb. 60 Facharb.

HÜTTEROTH, Wolf-Dieter

Dr. phil., o. Prof. u. Vorstand Inst. f. Geographie Univ. Erlangen-Nürnberg (s. 1969) - Seebachweg Nr. 27, 8520 Erlangen-Dechsendorf.

HÜTTINGER, Klaus J.

Dr.-Ing., Prof. f. Chem. Technik Univ. Karlsruhe - Zu erreichen üb. Univ. Fridericiana, Fak. f. Chemie, Kaiserstr. 12, 7500 Karlsruhe 1 - Geb. 14. Febr. 1938 Karlsruhe (Vater: Erwin H., Fabrikdir.; Mutter: Hedy, geb. Gegner), ev., verh. s. 1961 m. Christa, geb. Schrempp, 2 Kd. (Niels Karsten, Christine) - Univ. Karlsruhe (Dipl.-Ing. Maschinenbau 1962, Promot. 1966, Habil. 1972) - 1966-72 Oberassist. Univ. Karlsruhe; 1973-75 Forschungleit. Schunk & Ebe, Gießen;

1975ff. Prof. Univ. Karlsruhe (1980-84 Vors. d. Gr. Senats d. Univ.). Entd. auf versch. technol. Geb., u. a. auch Endoprothetik. Beitr. z. wiss. Büchern; üb. 200 wiss. Veröff. in Fachztschr. d. Chemie, Verfahrenstechnik, Werkstoffkd. u. Med. - Spr.: Engl., Franz.

HÜTTL, Adolf J.

Dipl.-Ing., Generalbevollmächtigter Direktor Siemens AG - Hammerbacherstr. 12 + 14, 8520 Erlangen (T. 09131 - 18-20 38) - Geb. 29. Aug. 1939, verh. m. Ingeborg, geb. Stanner, 2 Töcht. (Annina, Caroline) - Abit. 1959 Schwäbisch-Hall; Hauptdipl. 1965 München (TH, Maschinenbau).

HÜTTL, Ludwig

Dr. phil., Prof. f. Geschichte Univ. Köln (s. 1982) - Martinusstr. 45, 5000 Köln 71 - Geb. 22. Jan. 1945 Trostberg, kath. - 1965-70 Stud. Gesch., German., Phil. u. Theol. Univ. München, Philosoph. 1968 München; Promot. 1970 München; Habil. 1978 Köln - 1972-82 wiss. Assist. München u. Köln - BV: Caspar v. Schmid (1622-1693), e. kurbayer. Staatsmann aus d. Zeitalter Ludwigs XIV., 1971; Max Emanuel - D. blaue Kurfürst (1679-1726). E. polit. Biogr., 1.-3. A. 1976; D. Haus Wittelsbach. D. Gesch. e. europ. Dynastie (1180-1918), 1.-2. A. 1980; Dt. Schlösser - Dt. Fürsten (Bildtafeln v. Prof. Erich Lessing), 1980, 2. A. 1986; Friedrich Wilhelm v. Brandenburg, d. gr. Kurfürst 1620-1688. E. polit. Biogr., 1981, 2. A. 1984; Schlösser, 1982; Marianische Wallfahrten im süddt.-österr. Raum. Analysen v. d. Reformations- b. z. Aufklärungsepoche, 1985; Ludwig II. König v. Bayern. E. Biogr., 1.-3. A. 1986; Ludwig I. König u. Bauherr, 1986; Friedrich Wilhelm Raiffeisen. Leben u. Werk. E. Biogr., 1988. Herausg.: Festgabe f. Prof. Günter Christ (1989; zus. m. Rainer Salzmann) - 1975 Aventinus-Med. - Spr.: Engl., Franz., Griech., Lat.

HÜTTMANN, Gerd Eberhard

Dipl.-Kfm., Ass. (jur.), Ressortleiter Finanzen u. Verwaltung Katjes Fassin GmbH + Co. KG, Einzelprok. Fassin Verwaltungs GmbH & Co Immobilien KG, bde. Emmerich - Georg-Kraushaar-Str. 45, 4240 Emmerich - Geb. 13. April 1936 Essen (Vater: Dr. med. dent. Max H., Zahnarzt; Mutter: Irmgard, geb. Pollerberg), kath., verh. s. 1971 m. Carola, geb. Aryus, 2 Söhne (Axel, Peter) - Helmholtz-Gymn. (Abit. 1956) Essen; Univ. Würzburg (1956 b. 1960 Volksw., Rechtswiss., 1961-64 Betriebsw.). Jurist. Staatsex. 1960 u. 1965; Dipl.-Kfm. 1964 - Vorstandsassist. Friedr. Krupp Hüttenwerke AG, Rheinhausen (1965-66), Demag AG, Duisburg (1967) u. Assist. Vorstandsvors. (1967-68); 1969-71 Geschäftsf. Aluvogt, Aluminiumbauelemente GmbH, Vogt; 1971-76 Geschäftsf. u. Dir. Gebr. Uhl GmbH & Co KG u. Uhl GmbH, bde. Vogt - Liebh.: Philatelie, Fotografie, Botanik - Spr.: Engl.

HÜTTNER, Manfred

Dr. rer. pol., Prof. f. Betriebswirtsch. Univ. Bremen (s. 1972) - Am Vierenberg 21, 2733 Hepstedt (T. 04283 - 16 16) - Geb. 2. Aug. 1930 Kötzschenbroda, verh. s. 1960, S. Frank - Kaufm. Lehre; Stud. Berlin, Bonn u. Hamburg; Promot. 1959 - 1955-56 Dt.-Schwed. Handelskammer; 1959-62 fr. Wirtsch. Stockholm u. Hamburg; 1962-66 Höh. Wirtsch.-fachsch. bzw. Gesamthochsch. Siegen; 1966-72 Univ. Bochum. Fachmitgl.sch. - BV: Grundzüge d. Marktforsch., 4. A. 1989; Arbeitslehre als Wirtsch.lehre, 1970; Grundzüge d. Wirtsch.- u. Sozialstatistik, 1973; Multivariate Methoden i. Marketing, 1978; Informationen f. Marketing-Entscheidungen, 1979; Markt- u. Absatzprognosen, 1982; Prognoseverfahren u. ihre Anwendung, 1986.

HUF, Christoph A.

Dipl.-Ing., Zentralbereichsleiter Brown, Boveri & Cie AG, Mannheim - 6834 Ketsch (T. 06202-6 18 36) - Geb. 6. Febr. 1937, verh. s. 1964 m. Ingrid, geb. Mahnkopf, 2 T. (Deborah, Kerstin) - Gymn. (Abit.); TU Hannover (Dipl.) - Vorstandsvors. VDSI (Verein Dt. Sicherheitsing.); Vorstandsmitgl. BASI (Bundesarbeitsgem. f. Arbeitssicherheit); 1983/84 Gründungspräs. FASI (Fachvereinig. f. Arbeitssicherheit). Fachveröff. - Spr.: Engl.

HUFELAND, Klaus

Dr. phil., Prof. f. German. Philologie - Eibergweg 9, 4300 Essen 14 - Geb. 8. Mai 1932 Berlin (Spd.) - Promot. 1966 - S. 1972 (Habil.) Lehrtätigk. Univ. Bochum - BV: D. dt. Schwankdichtung d. Spätmittelalters, 1966.

HUFEN, Friedhelm

Dr. jur., Prof. f. Öfftl. Recht u. Rechtsphil. Univ. Regensburg (s. 1986) - Hauptstr. 96, 8417 Lappersdorf-Kareth (T. 0941 - 8 18 57) - Geb. 24. Dez. 1944 Winterberg (Vater: Wilhelm H., Lehrer; Mutter: Irmgard, geb. Rath), kath., verh. s. 1971 m. Gabriele, geb. Schmidt, 4 Kd. (Annelen, Benedikt, Tonia, Valentin) - Abit. Münster; Stud. Univ. Münster, Freiburg, Princeton; Promot. Freiburg, Habil. Hannover, 1. u. 2. jurist. Staatsprüf. Stuttgart - 1983-86 Prof. in Augsburg - BV: u.a. Gleichheitssatz u. Bildungsplanung, 1975; D. Freiheit d. Kunst in staatl. Institut., 1982; Fehler im Verwaltungsverfahren, 1986 - Spr.: Engl., Franz.

HUFEN, Fritz

Dr., Journalist - Am Bornberg 7, 6500 Mainz 43 (T. 8 63 61) - 1972-88 Leit. d. Presseabt. ZDF, jetzt Sonderaufgaben - BV: Politik u. Massenmedien - Beitr. zu e. ungeklärten Verhältnis - Phänomen Fernsehen (Hrsg.) - Begleitmaterialien zu ZDF-Programmen (Hrsg.).

HUFF, Gottfried

Bankjustitiar, Geschäftsführer Bankenverband Rheinland-Pfalz - Ludwigsstr. 8-10, 6500 Mainz (T. 06131 - 20 33 26).

HUFFMANN, Gert

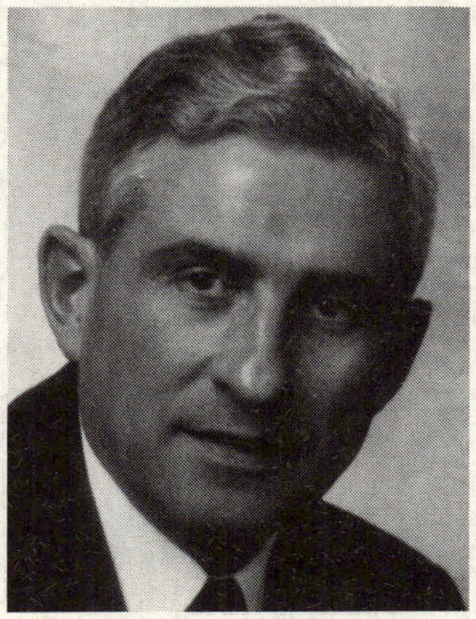

Dr. med., o. Univ.-Prof. f. Neurologie, Direktor d. Neurologischen Univ.-Klinik u. Poliklinik Marburg (s. 1980) - Rudolf-Bultmann-Str. 8, 3550 Marburg/L. (T. 06421 - 28 52 42); priv.: Pommernweg 14, 3550 Marburg/L. - Geb. 10. Jan. 1930 Königsberg/Pr., ev., verh. m. Marianne, geb. Assenmacher, 3 Kd. (Ernst, Jochen, Beate) - 1949-54 Stud. Vergl. Religionswiss. u. Med. Univ. Bonn; Promot. 1955; Habil. 1966 Köln - 1971 apl. Prof.; 1971 Wiss. Rat u. Prof.; 1979 Dir. Nieders. Landeskrkhs. Lüneburg - BV: D. neurol. u. psych. Defektsyndrom b. frühkindlichem Hirnschaden, 1968; 140 neurol., neurophysiol. u. psychiatrische Veröff.

HUFFSCHMID, Jörg

Dr. rer. pol., Prof. f. Polit. Ökonomie d. BRD unt. bes. Berücks. d. materialist. Analyse sozioök. Konzentrationsprozesse Univ. Bremen - Am Fahrenkamp 7, 2803 Kirchweyhe.

HUFNAGEL, Franz

Dipl.-Ing., Prof. f. Grundlagen d. Elektro- u. Niederfrequenztechnik GH Paderborn (Fachber. Nachrichtentechnik, Meschede) - Nelkenstr. 1, 5778 Meschede.

HUFNAGEL, Franz Josef

Dr.-Ing., Vorsitzender d. Geschäftsführung Rhein. Kalksteinwerke GmbH u. Dolomitwerke GmbH - Wilhelmstr. 77, 5603 Wülfrath - Geb. 18. März 1929 Paderborn/W. - Zul. Vorst.-Mitgl. Hoesch AG.

HUFNAGEL, Friedrich

Dr. rer. nat., Prof. f. Experimentalphysik Univ. Mainz - Draiser Str. 114, 6500 Mainz - Zul. Privatdoz.

HUFNAGEL, Gerhard

Dr. phil., Prof., Hochschullehrer f. Politikwiss. Univ. Siegen (s. 1974) - Kleine Trift 11, 5905 Freudenberg (T. 02734 - 14 28) - Geb. 2. April 1939 Völklingen/Saar (Vater: Josef H., Bau- u. Hütten-ing.; Mutter: Maria, geb. Becker), kath., verh. s. 1968 m. Anneliese, geb. Winkler, 2 T. (Corinna Veronika, Judith Valeska) - Stud. Gesch., Soziologie, Germanistik u. Philosophie Univ. Bonn, Tübingen, Cambridge/Engl., Ausbild. z. Redakteur f. Politik 1960-62, Promot. 1968 Tübingen - 1962-64 Lector St. John's College Univ. of Cambridge (England), 1966-67 Lector Univ. of East Anglia Norwich (England), 1968-74 Wiss. Assist. Seminar f. Zeitgeschichte Univ. Tübingen, s. 1974 Prof. f. Politikwiss. Univ. Siegen - BV: Kritik als Beruf, 1971. Zahlr. Übers. aus d. Engl.; u. a. von A. Solschenizyn, S. de Madariaga, K. Epstein, B. Ward, Ch. Lindblom.

HUFNAGEL, Helmut H.

Geschäftsführer Vereinig. d. Juramarmorbruchbesitzer, Industrieverb. Solnhofener Natursteinplatten, Industrieverb. Jura-Marmor, alle Pappenheim - Jurahaus, 8834 Pappenheim (T. 09143 - 5 07) - Geb. 16. Febr. 1941 Stuttgart, ev., verh. s. 1962, 3 Kd. (Hartwin, Hannelore, Herwig) - Human. Gymn.; Lehre Industriekaufm.; Stud. Verw.- u. Wirtsch.-Akad. München (Abschl. Betriebswirt (VWA) Univ. 1969) - Mitgl. Messebeirat Constructa, Hannover, u. Dt. Naturwerksteintage Nürnberg; Vorst. versch. sportl. u. kommunaler Vereine - Liebh.: Segeln, Musik.

HUFNAGEL, Karl Günther

Schriftsteller - Tengstr. 27, 8000 München 40 - Geb. 21. Juli 1928 München - BV: D. Parasiten-Provinz, R. 1960; Worte über Straßen, Erz. 1961; Draußen im Tag, R. 1979; Liebe wird nicht geliebt, R. 1979; Auf off. Straße, R. 1980. Hör- u. Fernsehsp.

HUFNAGEL, Walter

Dr., Geschäftsführer 4P-Folie Forchheim GmbH. - Zweibrückenstr. 15, 8550 Forchheim/Ofr.

HUFSCHMIDT, Wolfgang

Prof. f. Komposition u. Musiktheorie Staatl. Hochschule f. Musik Ruhr/Folkwang-Hochsch. - Abtei, 4300 Essen 16.

HUFSTADT, Karl H.

Journalist, Schriftst., Moderator - Wiesenstr. 13, 8951 Dösingen (T. 08344 - 3 51) - Geb. 11. Jan. 1941 Rheydt, ev., verh. s. 1963, 2 Kd. (Susi, Frank) - Kfz-Lehre, Kfz-Meister, Kfz-Ing. - BMW - Leiter Motorsport Presse, Technik, Motorrad - Veröff.: Automobilsport, 1976; Vollgas in Weiß-Blau, 1979; Leben - einfach so, 1984 - 1981 Motorradweltrekord: 10 km, stehender Start, 247 km/h, 1000 km, steh. Start, 233 km/h - 1983 u. 86 Christophorus-Preis HUK-Verb. (Motorrad Sicherheit) - Liebh.: Musik, Malerei, Lyrik - Spr.: Engl.

HUG, Ernst-Walter

Schriftsteller, Journ., selbst. Kaufm. (Ps. R. Hugh) - Gelbinger Gasse 16, 7170 Schwäbisch Hall - Geb. 15. Nov. 1952 - ledig - Fachhochschulreife an ev. Internat; Ausb. z. Zeitungsredakt. - BV: Träume v. Träumen od. e. Reise durch's Gedankennetz, 1976; 1000 J. Sulzdorf, Heimatb. 1976; Zuflucht, Kurzgesch. 1977; Kain Mensch, Videofilm-Drehb. z. Thema Gewalt im Alltag 1979; Anic, R. 1979; Bushveldts Kaninchen, Kurzgesch. 1985 - Interessen/Liebh.: Politik, Film, Science Fiction - Spr.: Engl., Lat.

HUG, Gebhard

Dr. rer. nat., Dipl.-Chem., persönl. haft. Gesellschafter Heinrich Mack Nachf., Illertissen - Röntgenstr. 5, 7918 Illertissen - Geb. 18. Aug. 1927.

HUG, Heinz

Vorstandsvorsitzender Wohnbau Schwarzwald AG, Zell a.H. - Jahnstr. 4a, 7615 Zell a.H. - Geb. 29. Mai 1945 Oberharmersbach, kath., verh. s. 1967 m. Wiltrud, geb. Strickler, 2 S. (Michael, Marcus) - Bankkaufmannlehre, Sparkassenfachwirt-Dipl. - 1973-79 Geschäftsf. bzw. Vorstandsvors. d. BMS AG, s. 1980 Vorstandsvors. Wohnbau Schwarzwald AG, Gf. IUB Immobilien-u. Beteiligungs-GmbH u. Gewerbe- u. Wohnbau Zell GmbH, Vors. Verb. freier Wohnungsuntern. Baden-Württ., Vors. TC Zell, VR-Mitgl. b. OFV - Liebh.: sportl. Betätig., Tennis, Ski - Spr.: Engl.

HUG, Wolfgang

Dr. phil., Prof., Hochschullehrer - Hagenmattenstr. 20, 7800 Freiburg - Geb. 9. Juli 1931 - S. 1962 Doz. u. Prof. Päd. Hochsch. Freiburg (Geschichte) - BV: Einf. in d. Verständnis d. Entwicklungsländer, 1967; Materialien z. Verst. d. Entw.sländer, 1968; D. Menschenrechte, 1978; Geschichtl. Weltkd., I bis III 1974-76; Geschichtsunterr. i. d. Praxis d. Sek. I, 1980; D. histor. Museum i. Gesch.-Unterr., 1978; D. Freiburger Münster erzählt s. Gesch., 7. A. 1987; Kappel - heute u. vor 200 J., 1980; Gesch. Weltkd., Quellenlesebuch I-III, 1981/83, Bäuerl. Lebenswelt im Schwarzwald, 1984; Unsere Geschichte I-III, 1984/86; D. Leute auf d. Wald (m. K. Hoggenmüller), 1987; Lehrerbildung u. Erziehungswiss., 1987; Unsere Geschichte, Lehrerhandb. I, 1989.

HUGEL, Heinz

I. Bürgermeister (s. 1978) - Rathaus, 8653 Mainleus/Ofr. - Geb. 28. Mai 1927 Mainroth - Zul. Kaufm. Angest. CSU.

HUGENSCHMIDT, Egon B.

Oberbürgermeister i. R. - Rosenfelsweg 13, 7850 Lörrach - Geb. 24. Juni 1925 Lörrach, verh., 5 Kd. - Univ. Basel u. Freiburg (Rechts- u. Staatswiss.). Beide jurist. Staatsex. - Regierungs- u. Verwaltungsgerichtsrat a. D.; 1960-84 Oberbgm. Stadt Lörrach. Div. Mand. - Ehrenbürger Stadt Lörrach u. Sens (Frankr.); BVK I. Kl.; Orden Palmes Académiques u. a. - Spr.: Franz.

HUGGLE, Michael

Kaufm. Direktor, Vorstandsmitgl. Schiesser AG., Radolfzell - An der Steig 35, 7750 Konstanz/B. - Geb. 9. Sept. 1934 Konstanz.

HUGH, R.,

s. Hug, Ernst-Walter

HUGHES, Louis R.

Vorstandsvorsitzender Adam Opel AG (s. 1989) - Bahnhofsplatz 1, Postfach 17 10, 6090 Rüsselsheim - Geb. 10. Febr. 1949 Cleveland, Ohio, verh., 2 Kd. - Bachelor of Mechanical Engineering General Motors Inst. Flint Michigan; Masters Degree Business Administration Harvard Univ. - 1985-87 Vizepräs. Finanzen General Motors of Kanada, 1987-89 Finanz General Motors (Europa) Zürich.

HUHLE, Fritz

Dr. rer. pol., o. Prof. f. Volksw.slehre TH Darmstadt (s. 1962) - Ohlystr. 50, 6100 Darmstadt (T. 4 88 27) - Geb. 8. Juni 1908 Oppeln/OS. (Eltern: Emil (Kaufm.) u. Helene H.), verh. s. 1940 m. Erika, geb. Lang - Promot. 1931 Leipzig; Habil 1938 Darmstadt - 1950-57 Doz. u.

apl. Prof. (1956) TH Darmstadt; 1957-62 Ord. Univ. Würzburg. 1967 ff. Vors. Dozentenkolleg. Akad. f. Welthandel, Frankfurt/M. Mitgl. Wiss. Beirat Ifo-Inst. f. Wirtschaftsforsch., München, u. Arbeitsgem. z. Verbess. d. Agrarstruktur in Hessen, Wiesbaden. Fachveröff.

HUHN, Jürgen

Dr. med. vet., o. Prof. f. Tropenveterinärmedizin FU Berlin - Limonenstr. 10, 1000 Berlin 45.

HUHNSTOCK, Karl-Heinz

Dr. med., Prof., Ltd. Arzt Innere Abteilung/Südwestd. Rehabilitationskrkhs. (s. 1971) - Johannesstr. 4, 7516 Karlsbad 1, (T. 07202 - 82 81) - Geb. 20. Sept. 1926 Aurich - Promot. 1955 - S. 1963 (Habil.) Lehrtätigk. Univ. Heidelberg (1969 apl. Prof. f. Inn. Med.). Etwa 100 Facharb. Hrsg.: Diagnose u. Therapie in d. Praxis, 5. A. 1984 - Spr.: Engl., Franz.

HUISGEN, Rolf

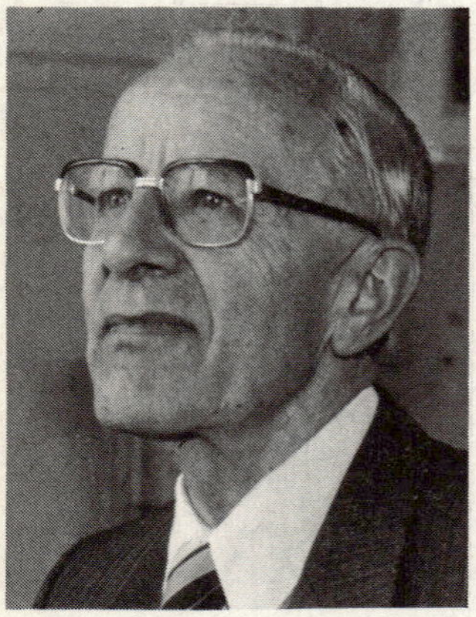

Dr. rer. nat., Drs. h.c., o. Prof. f. Organ. Chemie - Kaulbachstr. 10, 8000 München 22 (T. 28 16 45) - Geb. 13. Juni 1920 Gerolstein/Eifel (Vater: Dr. med. Edmund H., Chirurg; Mutter: geb. Flink), verh. s. 1945 m. Dr. Gertrud, geb. Schneiderhan, 2 Kd. - Univ. Bonn u. München (Dipl.-Chem. 1940, Promot. 1943) - 1947 Privatdoz., 1949 ao. Prof. Univ. Tübingen, 1952 o. Prof. u. Inst.dir. Univ. München. Emerit. 1988. Zahlr. Publ. üb. Reaktionsmechanismen, Diazoverbindungen, Radikale, mittlere Ringe, molekulare Umlagerungen, nucleophile aromat. Substitutionen, Pentau. Tetrazole, 1,3- u. 1,4-dipolare Cycloadditionen, elektrocycl. Reaktionen, Cyclooctatetraen, 2+2-Cycloadd. - 1961 Liebig-Gedenkmünze Ges. Dt. Chemiker, 1965 Med. Lavoisier Soc. Chim. de France; Mitgl. Bayer. Akad. d. Wiss. (1959), American Acad. of Arts and Sciences (1960), Dt. Akad. d. Naturforscher/Leopoldina (1964), Real Acad. de Ciencias Exactas/Spanien (1970), Ehrenmitgl. Soc. Chim. de France (1971); 1979 Otto-Hahn-Preis f. Chemie u. Physik. 1975 Dr. h. c. Univ. Complutense, Madrid, 1975 Roger-Adams-Award Americ. Chem. Soc., 1977 Ehrendoktor Univ. Freiburg, 1980 Univ. Erlangen-Nürnberg, 1984 Univ. Würzburg, 1985 Univ. Regensburg; 1982 Bayer. VO; 1981 Ehrenmitgl. Royal Soc. of Chem. London; 1984 Bayer. Maximilians-Orden f. Wiss. u. Kunst; 1987 Intern. Award Heterocycl. Chem.; 1987 A. Quilico Medal Soc. Chim. Ital.

HUISKEN, Freerk

Dr. phil., Prof. f. Erziehungswissenschaften (Schwerp.: Polit. Ökonomie d. Ausbildungssektors) Univ. Bremen - Schwachhauser Ring 102, 2800 Bremen.

HUJER, Reinhard

Dr. rer. pol., Prof. f. Statistik u. Ökonometrie - Richard-Wagner-Weg 47, 6100 Darmstadt - Geb. 6. Sept. 1940 Reichenberg - Promot. 1970; Habil. 1972 - 1972 Prof. TH Darmstadt; s. 1979 Prof. Univ. Frankfurt/M.

HULLER, Guido

Leiter d. Theaterabt. S. Fischer Verlag Frankfurt/M. (s. 1989) - Schillerstr. 70, 3400 Göttingen - Geb. 11. Nov. 1947 München, ledig, T. Sophie - Univ. München (Theaterwiss., Phil., Ital.); M.A. 1975 - 1975-82 Regie u. Dramat. in München, Dublin, Bruchsal, Dortmund, Hamburg, Nürnberg, Göttingen; 1983-89 Dir. u. Geschäftsf. Junges Theater Göttingen.

HULSMAN, Gerd W.

Dr. rer. pol., Dipl.-Kfm., Geschäftsführer Haniel Reederei GmbH (s. 1972; 1981ff. Sprecher d. Gfg.) - Franz-Haniel-Platz, 4100 Duisburg 13 (T. 80 63 30) - Geb. 19. Mai 1937 Duisburg (Vater: Joseph H., Reeder; Mutter: Johanna, geb. Schless) - Stud. Univ. Köln; Dipl.ex. 1961; Promot. 1964 - S. 1963 Franz Haniel & Cie GmbH. (zun. Dir.assist., 1967 Prokura). S. 1980 Präs. Arbeitgeberverb. dt. Binnenschiffahrt; s. 1986 Vizepräs. Bundesverb. dt. Binnenschiffahrt - BV: D. Problem d. fixen Kosten b. nichtausgenutzter Kapazität in d. Binnenschiffahrt, 1965 - 1983 Konsul d. Niederl. zu Duisburg.

HULST, van, Wilhelm

Dipl.-Kfm., Vorstandsmitglied Felten & Guilleaume Carlswerk AG., Köln - Irlenfelder Weg 48, 5060 Berg. Gladbach - Geb. 18. Juni 1929.

HUMBACH, Helmut

Dr. phil., o. Prof. f. Vergl. indogerman. Sprachwissenschaft - Universität, 6500 Mainz, FB 14-20 - Geb. 4. Dez. 1921 München (Vater: Max H.; Mutter: Charlotte, geb. Demmel) - Gymn.u. Univ. München - 1951 Lehrbeauftr. Univ. München, 1954 Privatdoz., 1956 ao. Prof. Univ. Saarbrücken, 1958 o. Prof., 1961 Univ. Mainz - BV: Die Gathas d. Zarathustra, 2 Bde. 1959; D. Kaniška-Inschr. v. Surkh-Kotal, 1960; Baktr. Sprachdenkmäler, 2 Bde. 1966/67; D. aramäische Inschr. v. Taxila, 1969; Vaetha-Nask, 1969; Pursisniha - A Zoroastrian Catechism, 1971; E. weitere aramäoiran. Inschr. d. Periode d. Asóka aus Afghanistan, 1974; D. baktr. Inschrift I DN 1 von Dasht-e Nawur (Afghan.), 1976; The Sassanian Inscription of Paikuli, Pt. 1, 1978, Pt. 2, 1980; A Western Approach to Zarathushtra, 1984. Herausg.: Münchner Studien z. Sprachwiss. (1954 ff.).

HUMBACH, Walter

Dr. rer. nat., o. Prof. u. Direktor Inst. f. Reaktortechnik TH Darmstadt (s. 1962) - Friedrich-Ebert-Str. 32, 6086 Riedstadt 3 - Geb. 23. Juli 1920 - Zahlr. Fachaufs.

HUMBS, Hubert

I. Bürgermeister Stadt Maxhütte-Haidhof (s. 1978) - Rathaus, 8414 Maxhütte-Haidhof/Opf. - Geb. 18. Aug. 1930 Katzdorf - Zul. Kolonnenf. SPD.

HUMBS, Manfred

Lehrer, MdL Bayern (s. 1978, Stimmkr. Schwandorf) - Paststr. 2, 8460 Schwandorf/Bay. - Geb. 26. März 1926 Schwandorf (Vater: Friedrich H., Kaufm.; Mutter: Berta, geb. Höfer), kath., verh. s. 1955 m. Kunigunde, geb. Furtwengler - B. 1939 Volkssch., anschl. Mus. Gymn.; 1944-45 Kriegsdst.; 1949 ff. Kaufm. Schule Regensburg; 1965-67 Päd. Hochsch. ebd. II. Lehramtsprüf. 1970 - B. 1949 Musiker, dann elterl. Geschäft (Tabak- u. Zuckerwaren; Aufbau Tw-Großhdl.; 1974 (n. Tod d. Mutter) verkauft, ab 1970 Hauptschull. Schwandorf. Mitgl. Stadt- u. Kreisrat. CSU s. 1964 (1969 Kreisvors. Schwandorf) - Liebh.: Musik, Motorsport, Reisen - Spr.: Engl.

HUMBURG, Will

Dirigent - Friedichstr. 74, 4600 Dortmund 1 - Geb. 16. März 1957 Hamburg (Vater: Dr. Hans Werner H., Rechtsanw.; Mutter: Elisabeth, geb. Maasch), ev., verh. s. 1984 m. Anna, geb. Linoli - Abit. 1974; Stud. Dirig. (u.a. b. Horst Stein u. Christoph v. Dohnanyi), Klavier, Orgel Musikhochsch. Hamburg; Dirig.-Dipl. 1979 - Engagem. in Bremen u. Hagen. S. 1983 regelmäßiger Gastdirig. Theater Regio Turin - Rundfunkkonz., Operndirigate u. Rundfunkprodukt. u. a. in Nürnberg, Frankfurt, Turin, Genua, Rom u. Neapel - 1982 2. Preis intern. Dirig.-Wettb. San Remo - Spr.: Engl., Franz., Ital.

HUMEL, Gerald

Komponist u. Dirigent - Claudiusstr. 12, 1000 Berlin 21 (T. 030-391 19 29) - Geb. 7. Nov. 1931 Cleveland/USA (Vater: Jaroslav H., Gießer; Mutter: Ružena, geb. Marková), verw. - S. 1954 Hofstra Univ. BA, 1956 Oberlin Conservat. of Music MM, 1958 Royal College of Music London ARCM, 1958/60 Univ. of Michigan, 1960-63 Hochsch. f. Musik Berlin - Freischaff. Komp. - Zahlr. Werke s. 1961, u.a. Kammerkonz., Balletts, Opern, Gesänge - 1959 BMI (Broadcast Music, Inc.) - Preis f. Kompos., 1960/62 Fulbright Stip., 1963 Arthur Shephard-Pr. f. Kammermus., 1965 Nation. Inst. of Arts a. Letters Award, 1966 Guggenheim-Pr., 1967 Dt. Kritikerpr., 1973 Berliner Kunstpr., 1976 Ital. Stip. Akad. d. Künste Berlin, 1978 Cleveland Arts Prize, s. 1980 Mitgl. Akad. d. Künste Berlin, 1983 Hofstra Univ. Distinguished Grad. Award, 1984 Carl Marie v. Weber Preis Dresdener Musikfestspiele, s. 1987 Künstler. Leit. Schreyahner Herbst Festival Musik d. 20. Jh. - Spr.: Tschech. (Mutterspr.), Dtsch., Engl. - Lit.: Musik-Lexika.

HUMKE, Wolfgang

Dr. med., Prof., Chefarzt Geburtshilfl.-Gynäkolog. Abteilung/St.-Marien-Krankenhaus Ludwigshafen - Hockenheimer Str. 19, 6703 Limburgerhof/Pf. - Geb. 6. Okt. 1928 Stettin - Promot. 1954; Habil. 1963 Mainz - Gegenw. apl. Prof. Univ. Heidelberg (Gynäk. u. Geburtsh.). Fachveröff.

HUMMEL, Bertold

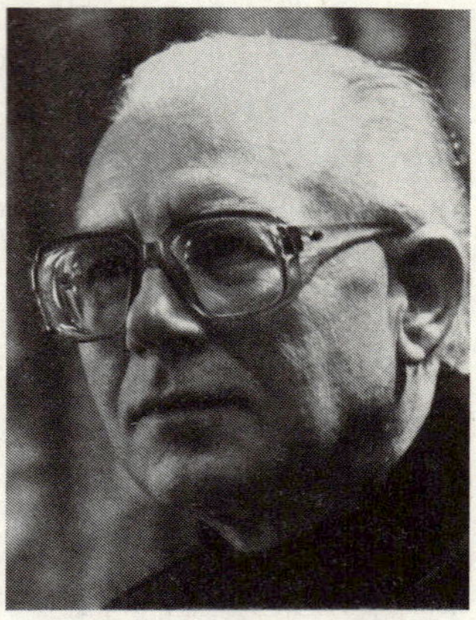

Prof., Komponist, Präsident Hochschule f. Musik Würzburg - Anne-Frank-Str. 5, 8700 Würzburg (T. 0931 - 7 27 01) - Geb. 27. Nov. 1925 Hüfingen (Baden), kath, verh. s. 1955 m. Inken, geb. Steffen, 6 Söhne (Florian, Cornelius, Martin, Lorenz, Stefan, Thomas) - Stud. Musikhochsch. Freiburg i. Br. (Kompos. b. Harald Genzmer, Violoncello b. Atis Teichmanis); 1954-56 Konzertreisen als Komponist u. Cellist durch d. Südafrikan. Union; 1956-63 Kantor Freiburg i. Br. u. freier Mitarb. d. SWF Baden-Baden; 1963 Kompositionslehrer Staatskonservat. Würzburg, Leit. Studio f. neue Musik; s. 1974 Prof. Hochsch. f. Musik Würzb.; s. 1979 Präs. - Zahlr. Werke - 1956 Stip. Bundesverb. dt. Ind.; 1960 Kompositionspreis Stadt Stuttgart; 1961 Robert-Schumann-Preis Stadt Düsseldorf; 1968 Stip. Cité des arts internationale de Paris; 1982 Mitgl. Bayer. Akad. d. Schönen Künste; 1985 BVK I. Kl.; 1988 Kulturpreis d. Stadt Würzburg; 1988 Ehrenpräs. d. Hochsch. f. Musik Würzburg - Spr.: Engl.

HUMMEL, Diether

Konsul, Inhaber Weingutsverw. Diether Hummel vorm. Geh. Kommerzienrat. H. J. Hummel-Erben, Hochheim, Besitzer d. Sektkellerei Hochheim Hummel & Co. KG in Hochheim, Vors. Verband Dt. Sektkellereien, Wiesbaden (s. 1951), Präs. IHK Wiesbaden (1967-86; vorher Vizepräs.), s. 1986 Ehrenpräs. - Geheimrat-Hummel-Pl. 1, 6203 Hochheim/M. (T. 5 02 21 u. 5 02 22) - Geb. 5. April 1908 Hochheim/M. (Vater: Hermann H.; Mutter: Barbara, geb. Wagner), verh. 1940 m. Eugenie, geb. Schmidt-Scharff de Neufville - Pädagogium Bad Godesberg; Staatl. Lehranstalt f. Weinbau u. Kellereiw., Veitshöchheim - S. 1927 Burgeff/älteste rhein. Sektkellerei (1944 Vorst.) - 1968 Konsul v. Monaco f. Hessen, Saarl., Rhld.-Pfalz; 1969 Gr. BVK - Liebh.: Jagd.

HUMMEL, Dietrich

Prof. Dr.-Ing., Inst. f. Strömungsmechanik TU Braunschweig (s. 1972) - Trinchenberg 4, 3302 Cremlingen 1 (Weddel) (T. 05306 - 45 93) - Geb. 16. Juni 1936 Stuttgart (Vater: Theodor H., Baudirektor; Mutter: Maria, geb. Ellwanger), ev., verh. s. 1963 m. Ingeborg, geb. Liske, 2 Kd. (Jörg, Frank) - Stud. Allg. Maschinenbau TH Stuttgart u. Braunschweig; Promot. 1968; Habil. 1972 Braunschweig - 1963 Assist.; 1967 Akad. Rat. Fachmitgl.sch.; Fachveröff. - 1963 Preis TU Braunschweig; 1964 Ernst-Mach-Preis Dt. Ges. f. Flugwiss. - Liebh.: Ornithologie, Vogelflugforsch. - Spr.: Engl.

HUMMEL, Dietrich O.

Dr. rer. nat., o. Prof. f. Physikal. Chemie, insb. Strahlenchemie - Oberauel, 5202 Hennef/Sieg 1 (T. 21 59) - Geb. 20. Okt. 1925 Backnang/Württ. (Vater: Alfred H., Oberstudienrat; Mutter: Hedwig, geb. Dorn), ev., verh. s. 1960 m. Doris, geb. Melior, 4 Kd. (Christian, Thomas, Annette, Katharina) - 1946-55 TH Stuttgart (Chemie; Dipl.-Chem. 1953). Promot. 1955 Stuttgart; Habil. 1961 Köln - B. 1958 Industrie- (Bosch), dann Hochschultätigk. (Univ. Köln; 1961 Privatdoz., 1963 ao. Prof., 1972 o. Prof.). 1962 Visiting Prof. Univ. Cincinnati (USA). Spez. Arbeitsgeb.: Strahlenchemie, Molekelspektroskopie, physikal. Chemie d. Hochpolymeren. Fachmitgliedsch.: Bunsenges., GDNÄ, ACS - BV: Analyse d. Tenside, 2 Bde. 1962 (engl. 1962); Infrared Spectra in the Long-Wavelength Region of Polymers, Resins and Related Substances, 1966; Atlas d. Kunststoff-Analyse, 2 Bde. 1968/73, 2. A. (3 Bde.) 1978-82; Infrared Analysis of Polymers, Resins and Additives - An Atlas, 1969; Physikal. Chemie (m. W. J. Moore), 4. A. 1986; Polymer Spectroscopy, 1974 - Ehrenmitgl. Societas Scientiarum Fennica - Liebh.: Griech. u. byzantin. Kunst u. Gesch., Lyrik - Spr.: Engl.

HUMMEL, Gerhard F.

(Ps. Piet ter Ulen), Medienexperte (Beratung b. Film-, Fernseh- u. AV-Produktionen) - Am Fuchsgraben 5/6, 5000 Köln 40-Widdersdorf - Geb. 16. April 1921 Tübingen, verh. s. 1946 m. Ossy, geb. Herrmann, 2 Töcht. (Waltraud, Ingrid) - Realgymn. Reutlingen - 1954-63 Chefdramat., Produktionschef u. stv. Geschäftsf. (1959) Constantin Film; 1964 WDR-Fernsehen (b. 1971 Produktionschef, zul. b. 1976 stv. Produktionsdir.), s. 1977 selbst. - Liebh.: Film, Lit., Drehb.-Archiv - Spr.: Franz., Engl., Ital., Kiwaner.

HUMMEL, Gert

Dr. phil., Lic. theol., Prof. f. Systematische Theologie, Fachrichtung 5.2 ev. Theologie - Univ. d. Saarlandes, 6600 Saarbrücken - Geb. 8. März 1933 Sindelfingen.

HUMMEL, Jörg-Dieter

Dr., Geschäftsführer Filterwerk Mann & Hummel GmbH. - Postf. 409, 7140 Ludwigsburg/Württ.

HUMMEL, Karl Hermann

Hauptgeschäftsführer a.D. FDP-Landesverb. Baden-Württ. - Heinestr. 93, 7000 Stuttgart-Degerloch - Mitbegr. Europa-Union Dtschl.; Vizepräs. Landeskomit. Baden-Württ. d. Europ. Bewegung; stv. Landesvors. Europa-Union Landesverb. Baden-Württ.

HUMMEL, Konrad
Dr. med., Prof. - Hermann-Herder-Str. 11, 7800 Freiburg/Breisgau - Geb. 28. Febr. 1923 Metzingen/Württ. - Kepler-Obersch. Freudenstadt; Univ. Freiburg u. Tübingen (Promot. 1947) - S. 1948 Assist., Oberassist. (1956), Privatdoz. (1954), apl. Prof. (1960), wiss. Rat (1974), 1974-88 Dir. Inst. f. Blutgruppenserol. Univ. Freiburg, s. 1988 Priv.-Inst. Blutgruppenserol. Spez. Arbeitsgeb.: Immunologie u. Blutgruppenserologie. Entd. bzw. Erf.: Kolloidmeteorol. Erscheinungen - BV: D. inkompletten Antikörper in d. Immunbiol., 1955; D. med. Vaterschaftsbegutacht. m. biostatist. Beweis, 1961; Einf. in d. Mikrobiol. u. Immunol., 1964 (m. Berger); Blutgruppenserol. Grundbegriffe, 1969; Biostatist. Abstammungsbegutachtung, I 1971, II 1973; Lanzarote - Bilder e. Insel, 1982 (m. Lippelt); Wir leben weiter, 1986 (m. U. Bühler) - Ehrenmitgl. Soc. for. Hemogen. - Liebh.: Musik, Mineral., Numismatik, Fotografie.

HUMMEL, Siegfried
Dr. rer. pol., Prof. f. Betriebswirtschaftslehre Univ. Dortmund (s. 1975) - An der Palmweide 50, 4600 Dortmund 50 - Geb. 22. April 1940 Königstein/Ts. - Promot. 1969 - Zul. Doz. Univ. Frankfurt/M. - BV: Wirklichkeitsnahe Kostenerfassung, 1970; Kostenrechnung 1 (zus. m. W. Männel), 4. A. 1986.

HUMMEL-GROSS-CARZENBURG, Kristian
Geschäftsf. Vorstandsmitglied Heimatverdrängtes Landvolk e. V. - Am Grasweg 17, 3000 Hannover.

HUMMELL, Hans J.
Dr. rer. pol., Prof. f. Soziologie Univ. Duisburg - Lotharstr. 63, 4100 Duisburg 1.

HUMMELSHEIM, Hanns
Kleiderfabrikant (Hummelsheim GmbH & Co. KG, Murnau) - Oberer Leitenweg 10a, 8110 Murnau/Obb. (T. 83 60) - Geb. 15. Dez. 1916 München (Vater: Fabr.) - Familienuntern. (gegr. 1910).

HUMMLER, Wolfgang
Dipl.-Ing., Dipl.-Kfm., Geschäftsführer Heimerle + Meule GmbH, Pforzheim, u. Dentallabor SAUTTER GmbH., Heilbronn - Ostendstr. 4, 7543 Engelsbrand 2-Grunbach - Geb. 1931, verh., 3 Kinder.

HUMOUDA, Emilio
Dr.-Ing., Repräsentant d. Eni (Ente Nazionale Idrocarburi) in d. Bundesrep. Deutschl. - Zu erreichen üb. Sonnenstr. 23, 8000 München 2 (T. 089 - 551 33 36); priv.: Gerner Str. 27, -19 (T. 089 - 15 63 08) - AR-Mand.

HUMPERT, Alfons
Dr. rer. pol., Bankdirektor, Vorstandsmitgl. DG BANK Deutsche Genossenschaftsbank (s. 1973) - Am Platz der Republik, 6000 Frankfurt/M. (T. 74 47 01) - Geb. 4. Okt. 1927 Hüttental-Weidenau - Stud. Volkswirtschaftsl. Univ. Münster, 1957 Promot. Dr. rer. pol. - 1969-72 Vorst.-Mitgl. Ländl. Centralkasse eG, Münster, dann Vorst.-Mitgl. Westd. Genossenschafts-Zentralbank eG, Münster, AR-Vors.: u.a. Dt. Kraftfutterwerke GmbH, Düsseldorf, Lohmann & Co AG, Cuxhaven; AR: Aachener Gemein. Siedl.- u. Wohnungsges. mbH, Köln, BayWa AG, München, J. H. Benecke AG, Hannover, Dt. Raiffeisen-Warenzentrale GmbH, Frankfurt, Dt. Milch-Kontor GmbH, Hamburg, Edeka-Bank, Hamburg, Immobilien u. Treuhand AG, Hamburg, Trägerges. f. Gewerbe- u. Ind.bauten mbH, Hamburg, Westfleisch Schlachtfinanz AG, Münster; VR: Einkaufs-Center-Ges. d. Unternehmensgruppe Werner Otto, Hamburg, Supervisory Board, In Trade N.V.

HUMPERT, Hans Ulrich
Prof. f. Elektron. Komposition Hochschule f. Musik, Köln - Ubierring 35, 5000 Köln 1 - Geb. 9. Okt. 1940.

HUND, Friedrich
Dr. phil., Dr. phil. nat. h.c., Dr. phil. h.c., Dr. rer. nat. h.c., Prof. f. theoret. Physik Univ. Göttingen - Charlottenburger Str. 19, 3400 Göttingen - Geb. 4. Febr. 1896 Karlsruhe, verh. m. Dr. Ingeborg, geb. Seynsche, 5 Kd. - Promot. Univ. Göttingen 1922 - 1927 Prof. f. theoret. Physik Univ. Rostock, 1929 Leipzig, 1946 Jena, 1951 Frankfurt/M., 1957 Göttingen. Zahlr. Veröff. üb. Quantentheorie u. Gesch. d. Physik.

HUND, Peter
Sozialversich.-Angestellter, MdL Baden-Württ. (Wahlkr. 24, Heidenheim) - Brucknerstr. 16, 7923 Königsbronn (T. 07361 - 59 12 13) - Geb. 16. Mai 1943 Sigmaringen - SPD.

HUND, Wolfgang

Seminarrektor, Leiter Studienseminar f. d. Lehramt an Grundschulen - Amberger Str. 6a, 8562 Hersbruck (T. 09151 - 47 16) - Geb. 16. Mai 1948 Konstanz, verh. s. 1971 m. Gabriele, geb. Scheerer, 3 Söhne (Christian, Matthias, Fabian) - Ausb. Erziehungswiss.liche Fak. 1971-74 Univ. Erlangen-Nürnberg - 1974-82 Hauptschullehrer; Zauberkünstler (Hundini): Schwerpunkt: Kinderzauberei, okkulte Tricktechnik, Aufklärungsvortr. üb. okkulte Phänomene; Mitarb. Ges. z. wiss.lichen Untersuchung v. Parawiss. (GWUP) - BV: Zauberhaftes Lernen - Zauberkunststücke als päd. u. did.-method. Elemente d. Unterr., 1988; Alles fauler Zauber?! - okkulte Phänomene - was steckt dahinter?, 1988 - Liebh.: Zauberkunst (Spezialber.): Schule, Kinder, okkulte Tricktechnik) - Spr.: Engl., Franz., Lat.

HUNDEIKER, Max Egon Ernst
Dr. med., Dermatologe, Prof. Univ. Münster (s. 1984) - Dorbaumstr. 300, 4400 Münster (T. 328 71 00) - Geb. 28. Juni 1937 Tempelburg (Vater: Ernst H., Soldat; Mutter: Elisabeth, geb. Kortum), ev., verh. s. 1964 m. Hanna, geb. Ratje, 4 Kd. (Heike, Wibke, Ulf, Friederike) - Stud. d. Med. Univ. Tübingen, Freiburg/Br.; Promot. 1963 ebd.; Habil. 1970 Gießen - S. 1970 Oberarzt Univ.-Hautklinik Gießen. S. 1984 Ltd. Arzt Fachklinik Hornheide Münster. S. 1971 Prof. Univ. Gießen; s. 1984 Prof Univ. Münster. Fachmitgl.sch.: V. f. Korrektive Dermatologie, 1975 (m. J. Petres; engl. 1978); Einf. in d. dermatol., 1980. Rd. 300 Fachbeitr. in Ztschr. u. Büchern. Mithrsg.: Zbl. Hautkr., neue Ergebn. d. Dermatologie, u.a. - Spr.: Engl., Latein.

HUNDELSHAUSEN, von, Heinrich
Vorstandsmitglied Wintershall AG., Kassel/Celle, u. Burbach-Kaliwerke AG., Kassel - Weidlingstr. Nr. 4, 3500 Kassel - Geb. 1. Mai 1909 Kassel - S. 1929 Wintershall-Bereich.

HUNDESHAGEN, Heinz
Dr. med., Dr. h. c., o. Prof., Direktor Inst. f. Nuklearmedizin u. spez. Biophysik Radiol. Zentrum u. Rektor Med. Hochsch. Hannover - Konstanty-Gutschow-Str. 9, 3000 Hannover 61 - Geb. 6. März 1928 Bad Langensalza - S. 1961 (Habil.) Lehrtätigk. Univ. Marburg u. MH Hannover (1968 Ord. f. Nuklearmed.; 1971-73, 1975-77, 1981-87; 1989ff. Rektor). Präs. Dt. Ges. f. Nuklearmed. e. V. - BV: Radiokardiographie Grundl. u. Entwickl. e. Methode, 1970. Fachaufs. - 1980 Hevesy-Gedächtnismed., Med. d'Honneur en Orde L' Univ. Bordeaux; 1981 Niedersachsenpreis f. Wiss. f. hervorr. Leistungen auf d. Gebiet d. Nuklearmedizin; Ehrenmitgl. Dt. Ges. f. Nuklearmed.; Rudolf-Schönheimer-Med. d. Ges. f. Nuklearmed. d. DDR; Georg von Mevesy Gedenkmed. d. ungar. Ges. f. Nuklearmed.

HUNDHAMMER, Richard
Dr., Ltd. Regierungsdirektor a. D. - Arnpeckstr. 3, 8000 München 90 (T. 089 - 64 55 50) - Geb. 1927 (Vater: Dr. phil. Dr. oec. publ. Alois H., bayer. Staatsmin. a. D. (s. XVII. Ausg.); Mutter: Adele, geb. Hillenbrand † 1981) - CSU - 1980 Bayer. VO, 1983 BVK; 1984 Bayer. Verfassungsmed. in Silber.

HUNDHAUSEN, Eckhard
Dr. rer. nat., Dipl.-Phys., Hauptgeschäftsführer Ortopedia GmbH, Kiel (s. 1980) - Salzredder 3, 2300 Kiel 14 - Geb. 9. Sept. 1936 Kirchen/Sieg (Vater: Alwin H.; Mutter: Erna, geb. Land) - Univ. Bonn (Dipl. 1962; Promot. 1964) - 1965-66 Boeing; 1967-68 AEG; 1969-70 Wolf; 1971-74 Braun; 1975-76 Univ. Kiel, 1976-80 Techn. Geschäftsf. Ortopedia GmbH; AR Lacoste SA, Tours (Frankr.); VR Micro-Motor AG - Fachveröff. - Spr.: Engl. (Boeing).

HUNDSNURSCHER, Franz
Dr. phil., o. Prof. f. Dt. Philologie m. bes. Berücks. d. Neuhochdeutschen - Bogenstr. 2, 4542 Tecklenburg/W. - Geb. 22. Sept. 1935 - Promot. 1967 - S. 1974 Ord. Univ. Münster (Dir. Germanist. Inst.) - BV: Neuere Methoden d. Semantik, 2. A. 1971. Herausg. (m. Wilhelm Franke): D. Verkaufs-/Einkaufs-Gespräch - E. linguist. Analyse (1985).

HUNDT, Dieter

Dr. sc. techn., Dipl.-Ing., Gesellschafter u. Gf. Allgaier-Werke GmbH, Uhingen, u. Allgaier-Maschinenbau GmbH, Uhingen, Gf. Ateliers d'Emboutissage de Faulquemont S.a.r.l., Faulquemont (Frankr.) - Steingen 6, 7321 Wangen - Geb. 30. Sept. 1938 Esslingen/N. - Hohenstaufen-Gymn. Göppingen; Stud. (Maschinenbau) ETH Zürich - 1964-75 AEG-Telefunken Kraftwerk-Union, Frankfurt (zul. Abt.dir.); 1988 Vors. Verb. Metallind. Baden-Württ.; s. 1988 AR-Mitgl. Karl Kässbohrer Fahrzeugwerke GmbH, Ulm - Spr.: Engl., Franz. - Rotarier.

HUNDT, Hans-Jürgen
Dr. phil., Prof., Museumsdirektor i. R. - Kesselbachstr. 4, 6200 Wiesbaden (T. 40 39 14) - Geb. 25. Juli 1909 Potsdam (Vater: Hermann H., Beamter; Mutter: Johanne, geb. Jabien), ev., verh. s. 1953 m. Maria, geb. Ellenberger, 3 Töcht. (Sigrid, Ortrud, Antje) - Univ. Berlin, Prag, Marburg (Prähistorie, Archäol., Kunstgesch.). Promot. 1939 Marburg - 1952-54 Leit. Museum f. Vor- u. Frühgesch. Frankfurt/M.; 1954-74 Dir. Prähistor. Abt. u. Werkstätten Röm.-German. Zentralmuseum Mainz. S. 1963 Honorar-Prof. Univ. Mainz (vorzugsw. m. bes. Berücks. ihres techn. Bereiches). Mitgl. Dt. Archäol. Inst., Hon. Fellow, Society of Antiquaries of London, Korresp. Mitgl. Schweiz. Ges. f. Urgesch., Anthropol. Ges. Wien - BV: Katalog Straubing I u. II 1958/64 (I: D. Funde d. Glockenbecher- u. d. Straubinger Kultur, II: D. Funde d. Hügelgräberbronze- u. d. Urnenfelderzeit); D. Hohmichele - E. Fürstengrab d. späten Hallstattzeit b. d. Heuneburg, 1962 (m. G. Riek); D. frühgesch. Marschensiedlung beim Elisenhof, Bd. 4; D. Textil- u. Schnurreste, 1981 - 1974 BVK; 1980 Gold. Ehrenzeichen d. Landes Salzburg - Liebh.: Vorgesch. d. Technik - Spr.: Engl.

HUNDT, Jürgen
s. Hundt, Hans-Jürgen

HUNGAR, Kristian
Dr. rer. pol., Prof. f. Soziologie u. Ethik Univ. Heidelberg - Maulbeerweg 5, 6900 Heidelberg - Geb. 14. Mai 1934.

HUNGER, Fritz
Dr.-Ing., Prof. f. Geodäsie u. Landesvermess. (emerit.) - Leichhardtstr. 51, 1000 Berlin 33 (T. 832 86 33) - Geb. 25. April 1906 Berlin (Vater: Georg H., Kaufm.; Mutter: Margarete, geb. Bohn), verh. s. 1949 m. Gisela, geb. Pfitzer, 3 Kd. (Hans, Karl, Ilse) - Staatsdst.; 1948 o. Prof. u. Dir. Geodät. Inst. TU Berlin. Ehrenmitgl. Dt. Ver. f. Vermessungswesen - BV: Beitrag z. konformen Abbild. v. Großräumen in d. Geodäsie, 1943. Div. Einzelarb.

HUNGER, Gerd
Dr. med., Dipl.-Chem., Vorstandsmitglied Chem. Fabrik v. Heyden AG., München - Höslstr. 8, 8000 München 81 (T. 91 11 90) - Geb. 6. Okt. 1914.

HUNGER, Gerhart
Dipl.-Kfm., Verbandsdirektor, Mitgl. d. Bayer. Senats - Stollbergstr. 7, 8000 München 22 (T. 089 - 22 21 96) - Geb. 27. Jan. 1930 Gunzenhausen, ev., verh., 3 Kd. - Stud. Dipl.-Kfm. - Wirtschaftsprüfer, Verbandsdirektor Verb. bayer. Wohnungsuntern., München; stv. AR-Vors. Hallesche Nationale Krankenversich. AG - BVK.

HUNGER, Herbert
Dr. phil., Dr. h. c., em. o. Prof. f. Byzantinistik - Weißgerberlände 40, A-1030 Wien - Geb. 9. Dez. 1914 Wien, kath., verh. s. 1941 m. Ruth, geb. Friedrich, 3 Kd. - Gymn. u. Univ. Wien (Promot. 1936), 1937-39 Gymnasiallehrer, 1939-47 Wehrdst. und sowjet. Gefangensch., dann Staatsbibliothekar Österr. Nationalbibl. (1956 Dir. Papyrussamml.), s. 1954 Doz., apl. (1958) u. o. Prof. (1962) Univ. Wien - BV: Katalog d. griech. Handschr. d. Österr. Nat.bibl., I 1961, II 1969, III 1976; IV 1984; Antikes u. mittelalt. Buch- u. Schriftwesen, 1961; D. byzantin. Rechnb. d. 15. Jh., 1963; Prooimion - Elemente d. byzantin. Kaiseridee in d. Arengen d. Urkunden, 1964; Reich d. Neuen Mitte -D. christl. Geist d. byzantin. Kultur, 1965; D. byzantin. Katz-Mäuse-Krieg, 1968; Johannes Chortasmenos, 1969; Byzantinist. Grundlagenforsch., 1973; D. hoch-

sprachl. profane Literatur d. Byzantiner, 2 Bde. 1978; Anonyme Metaphrase zu Anna Komnene, Alexias XI-XIII, 1981; Schreiben u. Lesen in Byzanz, 1988; Lexikon d. griech. u. röm. Mythologie, 8. A. 1988. Hrsg.: Jahrb. d. Österr. Byzantinistik (1954ff.), Wiener Byzantinist. Studien (1964ff.), Byzantina Vindobonensia (1965ff.) - 1968 Wilhelm-Hartel-Preis; 1972 Ehrendoktor Univ. Chicago u. Univ. Thessaloniki, 1982 Univ. Helsinki, 1987 Univ. Athen; 1959 korr.; 1962 wirkl. Mitgl., 1973-82 Präs. Österr. Akad. d. Wiss. - Liebh.: Kammermusik.

HUNGER, Roland
Studienrat (Deutsch, Englisch) Gesamtschule Niendorf in Hamburg (s. 1980), Mitgl. Verb. Dt. Schriftsteller (s. 1979) - Beim Grootsee 7B, 2000 Hamburg 61 - Geb. 13. Juli 1950 Salzwedel, verh. s. 1985 m. Freya, geb. Graebert, 2 Töcht. (Francisca, Susanna) - Stud. Univ. Hamburg; 1. u. 2. Staatsex. 1978 u. 1980 ebd. - 1972/73 Community Organizer sow. Herausg. e. Stadtteilztg. in Chicago, USA; 1988 stv. Vors. (Gründungs-)Vorst. Friedrich-Bödecker-Kreis Hamburg - BV: Chicago-Gettolyrik, 1978; Escape-Gesch. u. Ged., 1984; Paul Bierhof (1928-44), 1986. Herausg.: Louis Michel Lepeletier (1979); D. Atlas-Reiseged. (1980; m. Joachim Minnemann); D. Faustbuch d. Christl. Meynenden (1981; m. Anne Frings); D. erste unvermeidl. Hamburger Annäherung (Anthol. 1982) - Liebh.: Südost-, Süd-, Ostasien-Reisen - Spr.: Engl.

HUNGERKAMP, Georg
Dr., Kaufmann, Inh. Porzellan-Nientimp, pers. haft. Gesellsch. Aloys Hungerkamp KG, bde. Bocholt, Präs. Fachverb. d. Dt. Eisenwaren- u. Hausrathandels, Düsseldorf - Westend 2-6, 4290 Bocholt/W. - Geb. 22. Febr. 1934 - gf. Gesellsch. Hungerkamp + Menstell Stahl GmbH; Vorst.-Mitgl. Bundesverb. D. Stahlhdl., Düsseldorf; Mitgl. Untern.-beirat Messe Frankfurt; Mitgl. Präsidialrat Hauptgemeinsch. d. dt. Einzelhandels (HDE), Köln; Beiratsmitgl. Patria-Versich. AG, Köln.

HUNING, Alois
Dr. phil., Prof. f. Philosophie Univ. Düsseldorf (s. 1980); PH Neuss (1973-80) - Weißbdornweg 12, 5603 Wülfrath - Geb. 21. Febr. 1935 Drantum/Wiehengeb. (Vater: Johannes H., Arbeiter; Mutter: Maria, geb. Bartke), kath. verh. s. 1968 m. Brunhilde geb. Fedtke, 3 S. (Mathias, Christian, Tobias) - Stud. Phil., Theol., Gesch. Münster, Leuven, Paris. Promot. 1964 Leuven - 1965-68 Doz. Franziskaner-Hochsch. Münster, dann Leit. VDI-Hauptgruppe Mensch u. Technik Düsseldorf - BV: u. a. D. Schaffen d. Ingenieurs, 3. A. 1987 - 1979 Ehrenmed. Verein Dt. Ingenieure (VDI) - Spr.: Franz., Engl.

HUNKE, Sigrid

Dr. phil., Kulturphilosophin, Schriftstellerin - Naheweg 2, 5300 Bonn (T. 23 26 54) - Geb. 26. April 1913 Kiel (Vater: Heinrich H., Verlagsbuchhändler; Mutter: Hildegard, geb. Lau), verh.

s. 1942 m. Peter H. Schulze, 3 Kd. (Prof. Dr. Hagen; Dr. med. Sigrun, Helga) - Univ. Kiel, Freiburg, Berlin (Religionswissensch., Phil., Psych., Mittlere Geschichte; Promot. 1940). Ehrenpräs. Sigrid-Hunke-Ges. (gegr. 1993), Hon. Member of the Supreme Council for Islamic Affairs (Kairo, s. 1973) - BV: Am Anfang waren Mann u. Frau - Vorbilder u. Wandlungen d. Geschlechterbeziehungen, 1955 (erw. Neuaufl. 1987); Allahs Sonne üb. d. Abendland - Unser arab. Erbe, 1960/87 (12 Übers.; Taschenbuchausg.; GA. üb. 900 Ts.); Werden und Vergehen - Feierlieder, 1965; Das Reich ist tot - es lebe Europa / Eine europ. Ethik, 1965; Dein denk ich - Liebeslieder, 1967; Eichendorff - Lieder f. Konrad Adenauer, 1967; Lieblingslieder Konrad Adenauers, 1969; Europas andere Religion - D. Überwindung d. religiösen Krise, 1969; D. Ende d. Zwiespalts - Z. Diagnose u. Therapie e. kranken Gesellschaft, 1971; La vraie religion de l'Europe, 1985; Europas andere Religion im Bild, 1973; D. nach-kommunist. Manifest - D. dialekt. Unitarismus als Alternative, 1974; Kamele auf d. Kaisermantel - Dt.-arab. Begegn., 1976; Glauben und Wissen - D. Einheit europ. Religion u. Naturwissenschaft, 1979 (Neuaufl. 1987); Europas eig. Religion - D. Glaube d. Ketzer, 1981; Todwas ist dein Sinn, 1986; V. Untergang d. Abendlandes z. Aufgang Europas, 1989. Kleine Kompos. u. Liederzyklen - 1981 Kant-Plak.; 1985 Schiller-Preis d. dt. Volkes; 1988 Gr. Stern d. ägypt. Pour le Mérite f. Wiss. u. Kunst Höchste Stufe - Liebh.: Kochen, Filmen, Musik - Lit.: O. Wetzel, Echo zu d. Büchern v. S. H. (1973); Mitteilungen d. Sigrid-Hunke-Ges. e. V. (Hrsg. O. Wetzel); Festschr. z. Schiller-Preis.

HUNKEMÖLLER, Jürgen
Dr. phil., Prof. f. Musikwissenschaft - Jurastr. 1, 7075 Mutlangen - Geb. 20. Febr. 1939 Coesfeld - Promot. 1968 Heidelberg - 1973 Doz. u. 1976 Prof. PH Schwäb. Gmünd. S. 1969 Lehrbeauftr. MHS Heidelberg-Mannheim - BV: Mozarts frühe Sonaten f. Viol. u. Klav., 1970; Béla Bartók, Musik f. Saiteninstr., Schlagzeug u. Celesta, 1982.

HUNKEN, Karl-Heinz
Dr.-Ing., o. Prof. f. Siedlungswasserbau u. Wassergütewirtschaft - Bandtale 1, 7000 Stuttgart-Büsnau 80 - Geb. 5. Okt. 1919 Mannheim - 1966 o. Prof. Univ. Stuttgart (1964 a.o. Prof.; 1971-80 Rektor).

HUNNIUS, Klaus
Dr. phil., Prof. f. Roman. Philologie TU Berlin (1982ff.) - Wassmannsdorfer Chaussee 82, 1000 Berlin 47 - Geb. 9. Mai 1933 Duisburg, kath., verh. s. 1967 m. Gerlinde, geb. Gollais, 2 Kd. (Matthias, Sabine) - Promot. (1959) u. Habil. (1974) Bonn - S. 1964 Studienrat u. prof. (1971), apl. Prof. (1977) - BV: D. Ausdruck d. Konditionalität in mod. Franz., 1960; D. Modusgebrauch n. d. Verben d. Gemütsbeweg. im Franz., 1976 - 1975 Straßburg-Preis.

HUNOLD, Gerfried Werner
Dr. theol. (habil.), o. Prof. f. Theol. Ethik - Bubengasse 34, 7401 Nehren/Württ. (T. 07473 - 2 15 25) - Geb. 18. April 1938 Oldenburg/O. (Vater: Franz H., Kaufm.; Mutter: Käthe, geb. Steden), kath. - Theol. Abschlußex. 1966; Promot. 1971, Habil. 1978 (Bonn) - S. 1971 Lehrtätig. Münster, Bonn, Köln, Aachen, Tübingen (1981 Ord.) - BV: Ethik im Bannkr. d. Sozialontol., 1974. Herausg.: Erschaffe mir e. neues Volk (1982); D. Welt f. morgen (1986). Mithrsg.: Theol. Quartalschr.; Tübinger Theol. Stud. - 1983 Hon.-Prof. Phil.-Theol. Hochsch. Münster; 1986 Mitgl. Europ. Akad. f. Umweltfragen - Spr.: Engl., Franz., Ital., Holl.

HUNOLD, Heinz
Dipl.-Ing., Prof. f. Betriebslehre, Fertigungstechnik u. Unternehmensführung GH Paderborn (Fachber. Maschinentechnik II, Meschede) - August-Engel-Str. 14, 5779 Eversberg.

HUNSTEIN, Werner
Dr. med., o. Prof. f. Innere Medizin - Schloß-Wolfsbrunnen-Weg 41, 6900 Heidelberg - Geb. 8. Aug. 1928 Kassel - S. 1964 (Habil.) Lehrtätig. Univ. Freiburg/Br., Göttingen (1969 apl. Prof.), Heidelberg (1971 Ord.). Fachveröff.

HUNTER,
s. Obermaier, Hannes

HUNTER, Jack
s. Lehmann, Hans M.

HUNZINGER, Claus-Hunno
Dr. theol., Prof. f. Neues Testament u. spätantike Religionsgesch. Univ. Hamburg - Pappelstieg 13, 2000 Norderstedt (T. 525 15 85) - Geb. 15. Sept. 1929 Schwerin/Meckl. (Vater: Wilhelm H., Pastor; Mutter: Ida, geb. v. Storch), ev., verh. s. 1957 m. Elisabeth, geb. Hertzberg, 3 Kd. (Petra, Renate, Christa) - Gelehrtensch. d. Johanneums Hamburg; 1947-51 Univ. Heidelberg u. Göttingen (Ev. Theol.), Theol.Ex. Hamburg (1952, 56). Promot. (1954) u. Habil. (1956) Göttingen - S. 1956 Lehrtätig. Univ. Göttingen u. Hamburg (1962 ao., 1968 o. Prof.). 1959/60 Gastdoz. Drew Univ. Madison (USA). 1954/55 u. 1956/57 Mitarb. Edition Qumran-Texte Jerusalem. Wiss. Buch- u. Ztschr.beitr. - Spr.: Engl.

HUNZINGER, Moritz

Geschäftsführer u. Gesellschafter d. Unternehmensgruppe Moritz Hunzinger - Sömmerringstr. 8, 6000 Frankfurt/M. 1 (T. 069 - 15 20 03-0) - Geb. 26. Jan. 1959 Frankfurt, ledig, T. Nadine-Diana Schäfer - Gymn. Frankfurt u. St. Gallen/Schweiz; 1977 Graduation v. d. US-Militärakad. Valley Forge (Wayne, Pennsylvania) - Geschäftsz. u. Gesellsch. Hunzinger Industriewerte GmbH, d. Dt. Ges. f. Informationswirtsch. GmbH, d. Deckelbaum-Gerard-Hunzinger Ltd. (Washington u. New York) u. d. Beratungsges. f. Öffentlichkeitsarb. Moritz Hunzinger PR; Geschäftsf. Trade Consulting GmbH; Eigentümer A+I Aktueller Informationsdienst (vormals Handelsblatt-Gruppe); Vorst.-Vors. Ges. f. Parlam. Informationsreisen gemeinn.; AR-Vors. SMA Spezialmasch.bau Holding AG, München/Berlin; AR-Vors. Gespers GmbH, Lennestadt; AR Ermawerke Waffen- u. Masch.fabrik, Dachau b. München; Präs. Bundesverb. priv. Kapitalanleger; Vizepräs. Wiss. Ges. f. Arthroskopische Chir.; Präsid.-Mitgl. Steuben-Schurz-Ges.; Vorst.-Mitgl. CDU-Sozialausssch.; stv. VR-Vors. Ges. f. Kommunalbau u. Infrastrukturentwicklung GmbH, Frankfurt - Herausg.: Modell Transportbörse - D. Verkehrsmarktord. d. Zukunft (1986); Kurs 2000 - f. e. Verkehrspolitik d. Vernunft (1987) - 1985 Guinness-Buch d. Rekorde f. d. gr. Uhr d. Welt - Liebh.: Politik u. Architektur - Spr.: Engl. - Bek. Vorf.: Max Hunzinger, Erf. d. Gasmotors (Urgroßv.).

HUONKER, Gunter

Regierungsdirektor a.D., Staatsminister a. D. (1979-82), MdB (s. 1972; Wahlkr. 169/Ludwigsburg) - Schützenstr. 13, 7410 Ludwigsburg/Württ. (T. 2 33 86) - Geb. 24. Febr. 1937 Schwenningen, ev., verh., 1 Kd. - Gymn. Schwenningen; 1 J. USA-Aufenth.; Stud. Rechtswiss. u. Volksw. Beide jurist. Staatsex. - S. 1968 Bundesmin. f. wirtschaftl. Zusammenarb. (Leit. Min.büro); s. 1972 MdB; 1979-82 Staatsmin. b. Bundeskanzler; b. Okt. 1982 Parlam. Staatssekr. Bundesmin f. Finanzen. SPD.

HUPE, Adolf
Dr.-Ing., Vorstandsmitglied Körting Hannover AG - Badenstedter Str. 56, 3000 Hannover 91; priv.: Diedenhofener Str. 6 -71 - Geb. 29. Jan. 1927.

HUPE, Erich
Dr. jur., Prof. f. Straf-, -prozeßrecht u. Kriminol. Univ. Marburg (s. 1972), Mitgl. Hess. Justizprüfungsamt, Wiesbaden (1972 ff.) - An d. Schülerhecke 5, 3550 Marburg/L. - Geb. 19. März 1932 Minden/W. (Eltern †), ev. - Kant-Gymn. Bad Oeynhausen; 1953-58 Univ. Marburg (Rechtswiss.). Jurist. Staatsprüf. 1958 u. 64; Promot. 1967 - BV: u. a. D. System d. Allg. Strafrechtslehre, 1970; Mitverf.: Jugendkriminalität u. Resozialisierung, 1975. Mitarb.: Handwörterb. z. Dt. Rechtsgesch. (1974 ff.) - Spr.: Engl., Franz.

HUPE, Klaus
Dr. med., Chefarzt Allg. Chirurg. Abt. Städt. Paracelsus-Klinik, Marl, Honorarprof. Univ. Marburg - Im Natrop 2, 4370 Marl.

HUPFAUF, Lorenz
Dr. med. dent., o. Prof. f. Zahnärztl. Prothetik - Universität (Med. Fak.), 5300 Bonn - Geb. 28. März 1926 - S. 1960 (Habil.) Lehrtätig. Mainz (1966 apl. Prof. f. ZMKheilkd.) u. Bonn (1972 Ord.), 1982/83 Dekan Med. Fak.). 1976 u. 84 Vors. Ges. f. Zahnärztl. Prothetik u. Werkstoffkd.; 1977/78 1. Vors. Vereinig. d. Hochschullehrer f. Zahn-, Mund- u. Kieferheilkd. - Mithrsg. Praxis d. Zahnheilkd.; Üb. 80 Fachaufs.

HUPKA, Herbert
Dr. phil., Publizist, MdB (1969-87) - Lessingstr. 26, 5300 Bonn 1 (T. 21 51 84) - Geb. 15. Aug. 1915 Diyatalawa/Ceylon (Vater: Prof. Dr. Erich H., Physiker; Mutter: Therese, geb. Rosenthal), kath., verh. s. 1957 m. Eva, geb. Zink, S. Thomas - Gymn. Ratibor/OS; Univ. Halle u. Leipzig (German., Gesch., Geogr., Phil.; Promot.) - 1945-57 Mitarb. Radio München/Bay. Rundfunk (Leit. Abt. Kultur/Erzieh. u. Ostfragen), 1957-58 Programmdir. Radio Bremen, 1959-64 Pressechef Kurat. unteilb. Dtschl.; s. 1964 fr. Journ. S. 1954 stv. bzw. Bundesvors. (1968) Landsmannschaft Schlesien (1948 mitbegr.). 1972 SPD verlassen, Mitglied CDU - Bundesvors. Ost- u. Mitteldt. Vereinig. CDU/CSU (1977), Präs. Ostdt. Kulturrat, Vizepräs. Bund d. Vertriebenen,

Vors. Rundfunkrat Deutsche Welle (s. 1985, stv. s. 1973) - BV: Ratibor - Stadt im schles. Winkel, 1962; Schles. Credo - Reden u. Aufs. aus zwei Jahrzehnten, 1986. Mitverf.: Meine schles. Jahre, 1964; Schles. Panorama, 1966; Große Deutsche aus Schlesien, 1969 (3. A. 1985). Herausg.: Schlesien (1954, 6. A. 1965), Breslau (1955, 5. A. 1965), Max Herrmann-Neisse: Im Fremden ungewollt zuhaus (1956), D. Oder, e. dt. Strom (1957), 17. Juni - Reden z. Tag d. dt. Einheit (1964), Einladung n. Bonn (1965, 3. A. 1973), Ostpolitik im Kreuzfeuer (1971), Menschliche Erleichterungen (1974); Schlesien - Städte u. Landschaften (1979, 3. A. 1985); Meine Heimat Schlesien - Erinn. an e. geliebtes Land (1980, 2. A. 1985), Letzte Tage in Schlesien (1981, 5. A. 1988); Mut z. Wende (1985); Schlesischen Credo-Reden, Aufsätze, Dokumente aus zwei Jahrzehnten (1986) - 1984 Bayer. VO; 1986 Gr. BVK - Spr.: Engl., Franz - Lit.: Hans-Ludwig Abmeier/Helmut Neubach: F. unser Schlesien - Festschr. f. H.H. (1985).

HUPPERT, Bertram

Dr. rer. nat., o. Prof. f. Mathematik - Universität, 6500 Mainz - Geb. 22. Okt. 1927 Worms/Rh. - S. 1957 (Habil.) Lehrtätigk. Univ. Tübingen u. Mainz (gegenw. Ord. u. Mitdir. Math. Inst.). Facharb.

HUPPERT, Erwin

Prof., Hochschullehrer a. D. - Sauberbruchstr. 13, 6500 Mainz - Zul. Prof. f. Metall Univ. Mainz (Fachbereich Kunsterzieh.).

HUPPERT, Jürgen

Dr. rer. oec., Dipl.-Ökonom, stv. Hauptgeschäftsf. IHK Arnsberg - Twifelerweg 24, 4770 Soest (T. 02921-7 78 80) - Geb. 23. Febr. 1941 Dortmund (Vater: Werner H., Bankbeamter; Mutter: Erna, geb. Becker), ev., verh. s. 1967 m. Eva, geb. Rokohl, 3 Kd. (Frank, Julia, Tim) - Gymn. Dortmund; Stud. Univ. Münster, Köln u. Bochum (Wirtsch.wiss.) Promot. Bochum - 1968-73 Wiss. Assist., 1973-76 pers. Ref. Hptgeschäftsf. IHK Dortmund, s. 1977 Geschäftsf., s. 1980 stv. Hptgeschäftsf. IHK Arnsberg - BV: Arbeitskräftebedarfsplanung; Bildungsökon. Probleme d. Entwicklungsländer; Überlegungen z. Strategiebegriff - Liebh.: Franz. Lit. d. 20. Jh., Segeln, Rudern, Ski, Klass. Jazz - Spr.: Engl., Franz.

HUPPERTZ, Franz

Bezirkssekretär, Geschäftsf. SPD/Bez. Niederrhein - Kavalleriestr. 22, 4000 Düsseldorf 1; priv.: Quizinusstr. 59, 4044 Kaarst 2 - Geb. 12. April 1927 Rheydt (Vater: Franz H., Arbeiter; Mutter: Wilhelmine, geb. Jennes), ev., verh. s. 1953 m. Jakobine, geb. Vandenhouten, 2 T. (Cornelia, Petra) - Volkssch.; kaufm. Lehre - S. 1948 Parteifunkt.

HUPPERTZ, Hermann Otto

Prof., Mathematiker - Tannenweg, 2733 Vorwerk - Gegenw. Prof. f. Math. u. ihre Didaktik Univ. Bremen.

HUPPERTZ, Hubert

Prof. f. Leibeserziehung u. ihre Didaktik Erziehungswiss. Hochschule Rheinland-Pfalz/Abt. Koblenz - Trebetastr. 11, 5500 Trier-Mariahof.

HUPPERTZ, Norbert

Dr. phil., Prof. f. Allg. Pädagogik u. Sozialpäd. PH Freiburg - Hauptstr. 49, 7801 Oberried/Br. - Geb. 12. April 1938 Konzen (Vater: Johann H., Weber; Mutter: Mathilde, geb. Esser), kath., verh. s. 1968 m. Monika, geb. Scharte, 4 Kd. (Eva-Maria, Ansgar, Cornelius, Adrian) - Stud. Erziehungswiss. u. Phil. - Erzieher; Fachhochschullehrer - BV: Elternarbeit v. Kindergarten aus, 18. A. 1974; Supervision - E. problemat. Kapitel d. Sozialarb., 1975; Grundfragen d. Päd., 1975; Rollenspiel u. Vorschulmappe, 1975; Elternmitsprache im Kindergarten, 1977; Bilderb. u. didakt. Spiele, 1977; Wie Lehrer u. Eltern zusammenarbeiten u. D. Wertkrise d. Menschen, 1979; Zusammenarbeit v. Kindergarten u. Grundschule, 1980; Geliebte Kinder - liebende Kinder, 1981; D. Kindergarten stellt sich vor, 1984; D. Leitung d. Kindergartens, 1986.

HURKA, Herbert

Dr. rer. nat., Wiss. Rat, Prof. f. Botanik Univ. Münster - Finkenstr. 2, 4401 Havixbeck/W.

HURRELMANN, Klaus

Dr. soz., Prof. f. Pädagogik - Wertherstr. 122, 4800 Bielefeld 1 - Geb. 10. Jan. 1944 Gdingen (Vater: Kurt K., Kapitän; Mutter: Elisabeth, geb. Albrecht), vd., verh. s. 1971 m. Dr. Bettina, geb. Ahrendts, 2 Kd. (Achim, Annette) - Stud. Soziol., Psych., Päd. Freiburg, Münster, Berkeley. Habil. 1975 Bielefeld - S. 1975 Prof. Univ. Essen u. Bielefeld (1979). Sprecher d. Sonderforsch.ber. Prävention u. Intervention im Kindes- u. Jugendalter; Leit. v. Forsch.projekten im Ber. Bildungs- u. Jugendforsch. - BV: Abweich. Verhalten in d. Schule, 1973; Erziehungssystem u. Gesellsch., 1975; Leist. u. Versagen, 1981; Lebensphase Jugend, 1985; Schulerfolg u. Schulversagen, 1986; Social Structure and Personality, 1988; Sozialisation u. Gesundheit, 1988; Human Development, 1989; Belastung im Jugendalter, 1989. Herausg.: Sozialisation u. Lebenslauf (1977) u. Handb. f. Sozialisationsforsch. (1980) - Spr.: Engl.

HURRLE, Rüdiger

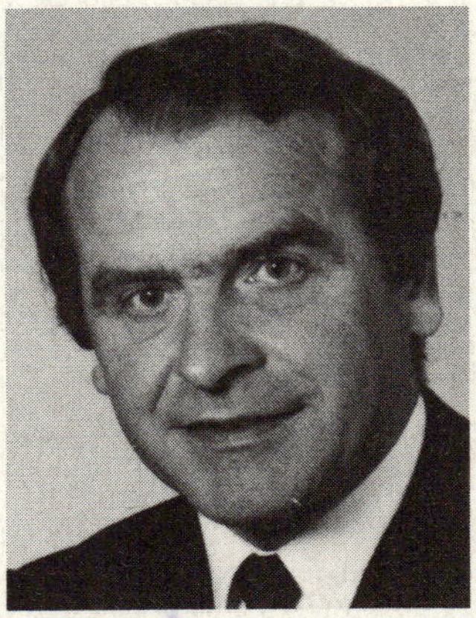

Unternehmer, gf. Gesellschafter v. z. Z. 16 Fachkliniken m. 2.920 Betten - Birkenbosch 14, 7601 Durbach - Geb. 23. Dez. 1936 Rastatt/Baden-Württ., verh. s. 1970 m. Gertraud Porsch, Dipl.-Soziol. - Wirtschaftsgymn., Kommunalverw.dst.; Volkswirtsch.-Stud. - B. 1964 Leit. Kultur-, Messe- u. Verkehrsamt d. Stadt Offenburg; b. 1972 Mitgl. d. Geschäftsfg. Burda GmbH; s. 1973 selbst. Untern. Ehrenämter in Musik- u. Sportorg. - 1985 Verdienstmed. d. Ld. Baden-Württ. - Liebh.: Zeitgenöss. Kunst (Bildhauerei, Malerei), Sport, Ökologie.

HURRLE, Theodor

Gewerkschaftssekretär, MdL Baden-Württ. (s. 1972; Wahlkr. 57/Rastatt) - Freiligrathweg 5, 7560 Gaggenau/Baden (T. 3 79 00) - Geb. 8. Dez. 1919 Ottenau/Baden, verh., 4 Kd. - Volkssch.; Werkzeugmacherlehre Daimler-Benz. Meisterprüf. 1948 - B. 1957 Daimler-Benz, dann IG Metall. 1956 ff. Mitgl. Stadtrat Gaggenau (1968 stv. Oberbürgerm.); 1959 ff. MdK Rastatt. 1940-45 Wehrdst. SPD s. 1954.

HURST, Harald

Lehrer, Schriftst. - Goethestr. 54, 7504 Weingarten (T. 07244 - 34 52) - Geb. 29. Jan. 1945 Buchen, ledig, Sohn Pablo Harald - 2. Staatsex. Angl./Roman. Univ. Mannheim u. Heidelberg - Lehrauftr. (Fachhochsch. Karlsruhe, Vollzugsanst. Bruchsal); fr. Mitarb. b. Rundf. - BV: Lottokönig Paul, 1981; Freidagnachmiddag, 1983; Menschengeschichten, 1983; Höllenangst (Bearb. f. Sandkorn Fabriktheater), 1985; Ich Bin So Frei, 1986; D. Zwiebelherz, 1987 - 1986 u. 87 Preise f. mundartl. Prosa d. Reg. Bez. Nordbaden, 1988 Stip. d. Kunststiftg. Baden-Württ. - Spr.: Engl., Franz., Span.

HURWITZ, Harold

Dr. phil., Prof. f. Polit. Ökonomie u. Soziol. FU Berlin (s. 1967) - Kilstetter Str. 30, 1000 Berlin 37 - Geb. 13. Jan. 1924 Hartford CT, USA, verh. m. Margarethe, geb. Klase - Stud. Columbia Univ. (MA), FU Berlin (Dr. phil.) - S. 1946 in Deutschl.; 1946-49 Mitarb. US Militärreg., anschl. Leitung v. Forschungsprojekten f. DGB, VCJM, Ztschr. D. Monat; Senator f. Sozialwesen Berlin. Aufbau u. Betreuung demoskopisches Forschungsprogramm Berliner Senat - BV: D. heimliche Leser, Beitr. z. Soziol. d. geistigen Widerstands, 1966; Stunde Null d. dt. Presse, D. amerik. Pressepolitik in Deutschl. 1945-49, 1972; Publikationsreihe: Demokr. u. Antikommunismus in Berlin n. 1945: Bd. 1: D. polit. Kultur d. Bevölkerung u. d. Neubeginn konservativer Politik, 1983; Bd. 2: Autoritäre Tradierung u. Demokratiepotential in d. sozialdemokr. Arbeiterbewegung, 1984; Bd. 3: D. Eintracht d. Siegermächte u. d. Orientierungsnot d. Deutschen 1945-46, 1984; Aufs. u. a. in: The New Leaders, IWK, u. Lit. im Techn. Zeitalter.

HUSCHKE von HANSTEIN, Fritz

s. Hanstein, von, Fritz Huschke

HUSLAGE, Walter W.

Vorstandsvorsitzender Bank C.I.C.-Union Européenne AG, Frankfurt/M. - Landgrafenstr. 70, 6380 Bad Homburg v.d.H. - Geb. 29. Aug. 1940 - AR-Mand. u. a.

HUSMANN, Mathias

Generalmusikdirektor in Ulm/Donau - Zu erreichen üb. Ulmer Theater, Olgastr. 73, 7900 Ulm - Geb. 21. Juni 1948 (Vater: Fritz H., Graphiker; Mutter: Adelheid Zur, Pianistin), verh. m. Frauke Wehrmann, Sängerin - Dirig., Komp. u. Liedbegleiter.

HUSS, Nikolaus

Geschäftsführer Landesverb. Baden-Württ. Die Grünen - Forststr. 93, 7000 Stuttgart 1 (T. 0711 - 61 06 61) - Geb. 11. April 1957, ledig - Stud. Univ. Bamberg u. Bielefeld; Dipl.-Päd. u. Dipl.-Soz.

HUSS (ß), Walter

Dr. rer. nat., Prof. a. D. Inst. f. Tierernährung Univ. Hohenheim - Steinwaldstr. 33, 7000 Stuttgart 70 (Steckfeld) (T. 457 96 76) - Geb. 17. Juli 1913 Stuttgart - S. 1961 (Habil.) Lehrtätigk. LH bzw. Univ. Hohenheim (1967 apl. Prof. f. Futtermittelkd.) - BV: Tierernähr. u. Futtermittelkde., 1987. Handb.-beitr.

HUSS, Werner

Dr. theol., Dr. phil. habil., Prof. f. Alte Gesch. Univ. Bamberg - Dr.-Thomas-Dehler-Str. 23, 8600 Bamberg (T. 5 85 16) - Geb. 8. Sept. 1936 Schwabmünchen (Vater: Rudolf H.; Mutter: Creszentia, geb. Fischer), verh. s. 1968 m. Karin, geb. König, 3 Kd. (Bernhard, Elke, Wolfgang) - 1959 Synodale Dillingen; Promot. 1967, Staatsex. 1971, Habil. 1975, alles München - S. 1978 Prof. f. Alte Gesch. Univ. Bamberg - BV: D. Gemeinde d. Apokalypse d. Johannes (Diss.), 1968; Außenpolitik Ptolemaios' IV., 1976; Beitr. z. Alten Gesch., 1983; Gesch. d. Karthager, 1985 - Spr.: Latein, Griech., Engl., Franz., Ital.

HUSSING, Dieter

Geschäftsführer Kreiswerke Hanau GmbH., Vizepräs. Verb.vers. d. Landeswohlfahrtsverb. Hessen, MdB (1969-76) - Katharina-Belgica-Str. 19, 6450 Hanau (T. 25 43 19) - 1975 Offz.kreuz d. nat. VO. d. Rep. Gabun; 1980 Ehrenbrief Land Hessen; 1982 BVK.

HUSSMANN, Walter

Hauptgeschäftsführer Deutscher Eissport-Verband - Betzenweg 34, 8000 München 60 (T. 811 20 35-38).

HUSSY, Karl

I. Bürgermeister (s. 1978) - Rathaus, 8722 Bergrheinfeld/Ufr. - Geb. 17. Febr. 1920 Waldaschaff - Zul. Verwaltungsamtm. CSU.

HUSTADT, Herbert

Dr. jur., Hauptgeschäftsführer Bau-Berufsgenossenschaft Wuppertal - Viktoriastr. 21, 5600 Wuppertal 1 (T. 0202 - 39 83 42) - Geb. 16. Juni 1930 Bochum, ev., verh. m. Petra, geb. Höher - Stud. Rechtswiss. Univ. München u. Bonn; 2. jurist. Staatsex. Düsseldorf; Promot. (Versich.-Recht) Univ. Köln 1971 - Spr.: Engl., Franz.

HUSTON, Joseph P.

Ph. D., o. Prof. f. Psychologie - Seidenweg 44, 4000 Düsseldorf - Geb. 29. Sept. 1940 (Vater: John K. H.; Mutter: Eleonore, geb. Mauerer), 2 Kd. (Alexander, Julia) - Ph. D. 1969 Boston/USA (Exper. Psych.) - 1969-71 Tschechosl. Akad. d. Wiss. Prag (Inst. f. Physiol.); 1971-77 Univ. Zürich (Pharmak. Inst.); s. 1977 Univ. Düsseldorf (Ord.). Spez. Hirnverhaltensforsch.

HUTAREW, Georg

Dr.-Ing., o. Prof. (emerit.) für Wasserkraftmaschinen u. Pumpen TH bzw. Univ. Stuttgart (s. 1949) - Dürrbeinstaffel 4, 7000 Stuttgart 70 (T. 47 37 01) - Geb. 1. Dez. 1906 Wien (Vater: Joh. H., Ing.; Mutter: geb. Zaunegg), verh. s. 1943 m. Emmi, geb. Crüsemann - TH Wien - Industrietätigk. (1937 Obering. Gebr. Sulzer AG., Ludwigshafen/Rh., 1945 techn. Leit. Turbinenfabrik Arzberg/Ofr., 1946 Bauleit. u. Konstrukteur Oberösterr. Kraftwerke AG., Linz/D.). S. 1954 dt. Chefdeleg. Techn. Aussch. 4 Intern. Elektrotechn. Kommiss. (IEC) - BV: Pumpen, 1943; Regelungstechnik, 1969; Techn. Hydraulik, 1974.

HUTH, Erich

Dr. med., o. Prof. f. Kinderheilkunde - Görresstr. Nr. 24, 6800 Mannheim-Feudenheim - S. 1954 (Habil.) Lehrtätigk. Med. Akad. bzw. Univ. Düsseldorf (1960 apl. Prof.) u. Univ. Heidelberg (1966 o. Prof. u. Dir. Kinderklinik/Klinikum Mannheim); zul. Chefarzt Städt. Kinderklinik Mannheim. Facharb.

HUTH, Karl

Dr. med., Chefarzt Innere Abteilung/Diakonissenkrankenhaus, Frankfurt, Honorarprof. f. Inn. Med. Univ. Gießen - Holzhausenstr. 72-92, 6000 Frankfurt/M. - Geb. 28. Febr. 1933 Dt.-Krone - Promot. 1959 - S. 1968 (Habil.) Lehrtätigk. Gießen u. Frankfurt (1971 Prof., 1974 Hon.Prof.). Facharb.

HUTH, Rupert

Dr. rer. pol., Prof., Vizepräsident Westd. Rektorenkonfz. (WRK), stv. Vorsitzender Fachhochschulrektorenkonfz. (FRK) - Tiefenbronner Str. 65, 7530 Pforzheim (T. 07231 - 60 31 12) - Geb. 5. Dez. 1934 Würzburg, kath., verh. s. 1961 m. Freya, geb. Haub, T. Christine - Stud. Volkswirtschaft; Promot. Univ. Würzburg - Rektor FH f. Wirtschaft Pforzheim; stv. Vors. Landesrektorenkonfz. Baden-Württ.; stv. VR-Vors. Studentenwerk Karlsruhe; Vorst.-Mitgl. d. Dt. Studentenwerkes; Mitgl. im Kurat. d. Dt. Akad. Austauschdienstes (DAAD) - BV: Einführung in d. Werbelehre, 1980; D. Auslandsbeziehungen Staatl. Fachhochsch. in d. Bundesrep. Dtschl., 1987; Fachhoch-

schulführer, 1989 - Liebh.: Sport, Musik - Spr.: Engl.

HUTMACHER, Rahel
Dipl.-Psych., Schriftstellerin, Doz., Supervisorin - Noldenkothen 12, 4030 Ratingen 1; Hotzestr. 29, CH-8006 Zürich - Geb. 14. Sept. 1944 Schweiz - Dipl.-Bibliothekarin, nach 10 J. Zweitstud. Psych. - BV: Wettergarten, 1980; Dona, 1982; Tochter, 1983; Wildleute, 1986 - 1980 Förderungspreis Stadt Zürich; 1981 Förderungspreis Rauris; 1980 Förderungspreis Nordrh.-Westf.

HUTSCHENREUTER, Karl
Dr. med., Dr. med. h.c., Prof. - Semmelweisstr. 5, 6650 Homburg/Saar - S. 1963 Prof. Univ.-Kliniken Homburg, 1969/70 Präs. Dt. Ges. f. Anästhesie u. Wiederbelebung, 1974-79 Präs. Berufsverb. Dt. Anästhesisten, s. 1977 Präs. Dt. Akad. f. anästhesiol. Fortbild. Üb. 250 Fachveröff. - 1974 Ernst v. Bergmann-Plak.

HUTTEN, Helmut Gerhard
Dr.-Ing., Prof. Univ. Mainz (s. 1973) - Rotkehlchenweg 14, 6500 Mainz-Finthen (T. 4 02 58) - Geb. 9. Jan. 1936 Backnang (Vater: Ulrich H., Oberlandwirtsch.rat; Mutter: Berta, geb. Munz), ev., verh. s. 1965 m. Heide, geb. Wesselmann, 3 Kd. (Elke, Dagmar, Volker) - Promot. 1969 Darmstadt; Habil. 1972 Mainz.

HUTTER, Clemens M.
Dr. phil., Redakteur (Ressortchef Außenpolitik Salzburger Nachrichten), Schriftst. - Gaisbergstr. 13A, A-5020 Salzburg (T. 0662-2 03 90) - Geb. 8. Aug. 1930 Innsbruck, kath., verh. s. 1958 m. Maria Theresia, geb. Haupt, 3 S. (Arno, Jörg, Markus) - Matura human. Gymn.; Promot. 1956 Graz; 1953/54 Fulbright Stip. Univ. of Vermont, USA - S. 1956 Journ., 7 J. Auslandskorresp. in Nahost u. Lateinamerika - BV: u.a. D. schmutzige Krieg (Guerilla), 1968; Keime künftiger Krisen, 1971; Eurokommunisten, 1978; Kristallnacht - Auftakt z. Endlösung, 1978 - Mehrere Journ.-Preise - Liebh.: Alpinistik (zahlr. Publ.), Sozial-u. Zeitgesch. - Spr.: Engl., Franz., Ital., Span.

HUTTER, Josef R.
Ing., Vorstandsvorsitzender Enka-Gruppe u. Enka AG, Wuppertal/Arnhem (s. 1985) - Zu erreichen üb. Enka-Haus, Kasinostr., 5600 Wuppertal; u. Velperweg 76, NL-6800 AB Arnhem - Geb. 30. Sept. 1929 - Zul. stv. Vorst.-Vors., verantw. f. Produktgr. Techn. Garne, Colbond u. Enka Intern.

HUTTERER, Franz
Rektor, Schriftst. - Koboldstr. 16, 8000 München 83 (T. 089 - 601 57 51) - Geb. 11. April 1925 Neufutog (Jugosl.) - Kinderb., Erz.; Übers. aus d. Serbokroat.; Verf. u. Herausg. v. Schulbuchwerken f. d. Deutsch- u. Geschichtsunterr. - Mitgl. Künstlergilde Esslingen; Vors. Südost. Kulturwerk München; Kurat.-Mitgl. Ostd. Kulturrat Bonn -

1964 Ostd. Jugendbuchpreis (f.: Bevor d. Eis bricht); 1966 Förderpr. d. Landes Baden-Württ.; Kulturpr. d. Donauschwaben.

HUTTERLI, Kurt
Schriftsteller - Luisenstr. 30, CH-3005 Bern - Geb. 18. Aug. 1944 Bern, verh. s. 1966 m. Marianne Büchler, 2 Kd. (Priska, Manuel) - Univ. Bern; Sekundarlehramt - BV: aber, 1972; D. Centovalli, 1973; Herzgrün, 1974; felsengleich, 1976; D. Faltsche, 1977; D. Matterköpfen, 1978; E. Hausmann, 1980; finnlandisiert, 1982; Ueberlebenslust, 1984; Elchspur, R. 1986; Baccalà, Kriminalgesch. aus d. Tessin, 1989; mehrere Theaterstücke u. Hörsp. - 1971 Gedichtpreis Stadt Bern; 1972 u. 78 Buchpreis Stadt Bern; 1976 Jugendtheaterpreis SADS; 1982 Welti-Preis f. d. Drama (Schweiz. Schiller-Stiftg.); 1987 Anerkennungspreis d. Bernischen Ges. f. d. Volkstheater.

HUTTMANN, Arnold
Dr. med., Prof. f. Geschichte d. Med. RWTH Aachen, Internist u. Facharzt f. Kardiologie - Maria-Theresia-Allee 179, 5100 Aachen (T. 7 73 57) - Geb. 4. Jan. 1912 Braşov (Rumän.) (Vater: Josef H., Kaufm.; Mutter: Rosa, geb. Weinreb), verw. s. 1975, 2 S. (Georg, Peter) - Ab 1929 Med.-Stud. Dt. Univ. Prag (Promot. 1935) - 1932-35 Assist. Propäd. Klinik Prag; 1946-49 Kardiol. Poliklinik Braşov (Rumän.); 1949-73 Kardiol. Chefarzt Braşov; 1979 Vertrauensarzt Aachen. 1976-79 Lehrauftr. Gesch. d. Med. RWTH Aachen; s. 1979 Honorarprof. Aachen - BV: Hilfstafeln z. elektrokardiograph. Diagnostik, 1950 (engl. u. franz. Übers.); D. Med. in Kronstadt, 1959; Handb.beitr. - Spr.: Franz., Rumän., Ungar.

HUTTNER, Gottfried
Dr. rer. nat., Prof. f. Anorgan. Chemie u. Strukturchemie Univ. Heidelberg (s. 1986) - Neckarstaden 10, 6900 Heidelberg - Geb. 1. Aug. 1937 Ludwigshafen/Rh. (Eltern: Dr. Karl (Chemiker) u. Paula H.), 5 Kd. (Jakob, Barbara, Dorothea, Benedikt, Sebastian) - Gymn. Burghausen; Univ. u. TU München (Chemie). Promot. (1966) u. Habil. (1972) München (TU) - Doz. u. Wiss. Rat TU München; Prof. f. Anorgan. Chemie Univ. Konstanz (1977); Prof. Univ. Heidelberg s.o. Etwa 300 Publikationen.

HUTZLER, Helmut
Geschäftsführer Rhein. Kunststoffwerke GmbH. - Horchheimer Str. 50, 6520 Worms/Rh.

HUTZLER, Karl-Heinz
Gemeindedirektor Schwalmtal/Ndrh. - Amselweg 9, 4056 Schwalmtal (T. 02163 - 45 01 012) - Geb. 9. März 1938 Mechernich (Vater: Heinrich H., kaufm. Angest.; Mutter: Maria, geb. Lenzen), kath., verh. s. 1964 m. Helga, geb. Obert, 3 T. (Birgit, Annegret, Claudia) - Handelsschule - S. 1956 Kommunalverw.; 1976 Stadtdir. Borgentreich; 1979 Gde.-Dir. Schwalmtal - 1982 o. Mitgl.

Dt. Akad. d. Forsch. u. Plan. im ländl. Raum, Berlin.

HUVENDICK, Jürgen
Dr. jur., Bankdirektor, Vorstandsmitgl. Dt. Centralbodenkredit-AG., Köln - Kaiser-Wilhelm-Ring 27/29, 5000 Köln 1 (T. 0221 - 572 12 91) - Geb. 20. Okt. 1940 Essen (Vater: Hermann H., LG-Dir.; Mutter: Anneliese, geb. Bracksieck) - Gymn., Jura-Stud (Refer., Ass. u. Promot.) - B. 1983 stv., dann o. Vorst.-Mitgl. Dt. Centralbodenkredit-AG.

HUXOLD, Georg
Dipl.-Kfm., Geschäftsführer BBE-Unternehmensberatung GmbH - Zu erreichen üb. BBE Unternehmensberatung, Lothringer Str. 56-68, 5000 Köln 1.

HUYN, Hans, Graf
Regierungsdirektor, MdB (s. 1976; Wahlkr. 210) - Bundeshaus, 5300 Bonn (T. 16 26 75) - Geb. 3. Juli 1930 Warschau (Vater: Hans Graf H., Diplomat; Mutter: Liselotte, geb. v. Philipp), kath., verh. s. 1959 m. Rosemary, geb. Altgräfin zu Salm-Reifferscheidt, 4 Kd. (Johannes, Marie-Christine, Franz Ferdinand, Maria Assunta) - Maximilians-Gymn. München, Ausl.sschulen (Abit.); Stud. d. Rechtswiss., Phil., Gesch., Spr. Univ. München u. Ausl.; 1. jur. Staatsprüf. 1954 München; Dolmetscherex. 1955-65 Ausw. Amt Bonn (Ausl.sposten: 1956 EWG-Verhandl. Brüssel; 1957 Tunis u. Dublin; 1959 Tokio; 1961 Legationsrat u. ständ. Vertr. d. dt. Botsch. Manila, 1964 wieder Bonn (polit. Abt.), 1965 (nach Ausscheiden a. eign. Wunsch) publizist. Tätigk., 1969 Bundesfinanzverw. (1972 Reg.sdir.), nach Beurlaub. wiss. Assist. u. außenpolit. Ref. CDU/CSU-Fraktion Dt. Bundestag. CSU - BV: D. Sackgasse - Dtschl.s Weg in d. Isolierung, 1966; D. Tiroler Weinb., 1969; D. Moskauer Vertrag v. 12. Aug. 1970, 1970; Versprochen - gehalten?, 1974; Weder Frieden noch Freiheit, 1975; D. Kreml bittet z. Kasse, 1975; D. Angriff - D. Vorstoß Moskaus z. Weltherrschaft, 1978. Buchbeitr. Herausg.: Ostpolitik im Kreuzfeuer (1971), Nora Gräfin Kinsky: Russisches Tagebuch (1976); Fünf vor Zwölf - D. Welt nach Afghanistan, 1980; F. Frieden in Freiheit (1982); Sieg ohne Krieg (1984); Weinland Südtirol (1985) - Liebh.: Ski, Bergwandern - Spr.: Engl., Franz., Span., Ital.

HUYS, Lambert
Dr. phil., Oberstudienrat a. D. - Uelzener Str. 73a, 3140 Lüneburg - Geb. 26. Aug. 1908 Ankum Kr. Bersenbrück (Vater: Lambert H.), kath., verw. - Univ. Münster/Westf. und Innsbruck. Promot. 1934; Staatsex. 1935 - S. 1938 höh. Schuldst. Norden u. Lüneburg (1944 Studien-, 1955 Oberstudienrat), 1940-45 Wehrdst., ab 1952 Ratsherr u. Senator Lüneburg, 1957-72 MdB (1972 ff. VRsmitgl. Filmförderungsanstalt, Berlin. CDU (Kreis- u. stv. Bezirksvors.) - BV: Stadt u. Klerus in Osnabrück im späten Mittelalter, 1935 (Diss.) - 1973 Gr. BVK.

HYAMS, Elke
geb. Schletz
s. Sommer, Elke

HYMER, Erwin
Dipl.-Ing., Vorsitzender Verb. Dt. Wohnwagenhersteller, Frankfurt/M. - Biberacher Str. 74, 7967 Bad Waldsee - Geb. 27. Juli 1930.

HYMMEN, Friedrich Wilhelm
Publizist, Chefredakteur Informationsdienst Kirche u. Rundfunk/Evangelischer Pressedienst (epd), Frankfurt/M. (1958-78) - Anne-Frank-Str. 14, 8700 Würzburg (T. 0931 - 7 19 74) - Geb. 8. Juni 1913 Soest/W. (Vater: D. Johannes H., Pfarrer, Vizepräs. Ev. Oberkirchenrat, 1878-1951), ev., verh. m. Gerda, geb. Gauger, 2 Kd. - Gymn.; Stud. German. u. Gesch.; redaktionelle Ausbild. - 1937-38

stv. Hauptschriftl. Ztschr. Wille u. Macht, dann fr. Schriftst., b. 1942 (Entlass. n. schw. Verwund.) Wehrdst., ab 1949 Presseref. Kriegsblindenbd.Initiator Hörspielpreis d. Kriegsblinden (Vors. Preisgericht) - W: 26 Häuser, N. 1935; Die Pfuscher, N. 1935; Zw. schiefen Wänden, Erz. 1936; Tramp m. Malkasten, Erz. 1937; D. Vasall, Trag. 1937; Beton, Dr. 1938; D. Petersburger Krönung, Trag. 1940; Briefe an e. Trauernde, 1942; D. 7 Schönsten, Tanzsp. 1944; D. Majestätsbeleidigung, N. 1949; D. Kabel/Fakten u. Illusionen, 1975. Schriftl.: Monatsschr. D. Kriegsblinde u. Kriegsblinden-Jb. (1951-60) - 1942 Hermann-Löns-Preis, 1943 Literaturpreis Stadt Hamburg, 1979 Adolf-Grimme-Preis, 1979 Hans-Bredow-Med.

HYND, Ronald
Ballettdirektor u. Choreograph - Zu erreichen üb. Bayer. Staatsoper, Nationaltheater, 8000 München (T. 089-218 53 35) - Geb. 22. April 1931 London, verh. s. 1951 m. Annette Pase (Ballerina, Ballettmeisterin), T. Louise - Ballettschule Marie Rambert u.a., London - 1949-51 Solist Ballett Rambert; ab 1952 Royal Ballett London (Gruppentänzer, 1954 Solist, 1958 Prinzipal); 1970-73 u. ab 1984 Ballettdir. Bayer. Staatsoper, dazw. freiberufl. Choreograph - Tanz-Hauptrollen: Siegfried (Schwanensee), Albrecht (Giselle), Florimund (Dornröschen), u.v.a. - Liebh.: Musik, Gartenarbeit - Spr.: Deutsch, Engl. (Muttterspr.).

I

IBACH, Harald
Dr. rer. nat., Univ.-Prof. f. Experimentalphysik - Kalkbergstr. 167, 5100 Aachen-Verlautenheide (T. - Geb. 15. April 1941 Rheine, ev., verh. s. 1963 m. Elke, geb. Heeren, 2 Kd. (Kirsten, Wolfram) - B. 1975 Doz., dann o. Prof. TH Aachen (KFA Jülich). Entwickelte d. Elektronen-Energieverlustspektroskopie - BV: Festkörperphysik, (m. H. Lüth) 1980, 2. A. 1988; Electron Energy Loss Spectroscopy and Surface Vibrations, (m. D. L. Mills) 1982. Hrsg.: Elektron Spectroscopy for Surface Analysis (1977) - Spr.: Engl.

IBACH, Helmut
Dr. phil. habil., Leit. Regierungsdirektor i. R. - Am Hochfeld 40, 8019 Glonn b. München (T. 08093 - 15 01) - Geb. 24. März 1912 Ludwigshafen/Rhein (Vater: Gustav I., Beamter; Mutter: Sabina, geb. Becht), kath., verh. s. 1939 m. Elisabeth, geb. Adam, 3 Kd. (Thomas, Petra, Sabina) - Gymn. Mannheim; Univ. Heidelberg, Freiburg, Leipzig (Gesch., German., Staatswiss., Publiz.). Promot. (1936) u. Habil. (1940) Leipzig - 1937-39 Assist. Althochd. Wörterb., 1939-46 Assist. m. Lehrauftr. Univ. Heidelberg, dazw. 1940-41 u. 1942-45 Soldat, Lektor Goethe-Inst. Brüssel, 1947-57 Redaktionsmitgl. Wort u. Wahrheit (b. 1949), Rhein. Merkur (1949-57), Neues Abendl. (1952-55), Gründungsleit. kath. Akad. Bayern; 1957-62 Dozent an d. Schule der Bundeswehr für Innere Führung, 1962-65 Bundesverteidigungsmin.; 1965-69 Offiziersch. d. Luftwaffe, Neubiberg, 1969-70 Stellv. Leiter des Wiss. Inst. f. Erziehung u. Bildung in d. Streitkräften, 1970-74 Heeresoffizierschule München, 1974-76 Führungsakademie d. Bundeswehr, Hamburg, s. 1976 Ruhest. u. fr. Publiz. S. 1982 Ehrenvors. Bayer. Presseclub - BV: Leben u. Schr. d. Konrad v. Megenberg, 1938; Wortschatz und Begriffswelt d. althochd. Benediktinerregel, 1956/61; Dt. Bürgerkd., 1960 (Mithrsg.: F. Kuhn); Kl. Feldpostille 1961; Lechfeld - Schicksalsfeld, 1966 - Donatkreuz I. Kl. Souv. Militärorden v. Malta, BVK I. Kl., Comtur Gregoriusord. - Liebh.: Griechenlandkd. - Spr.: Neugriech., Franz., Engl. - Bek. Vorf.: Carl Benz (ms.).

IBACH, J. Adolf
Fabrikant, Mitinhaber Pianofortefabrik Rud. Ibach Sohn, Schwelm - Barmer Str. 82, 5830 Schwelm/Westf. - Geb. 5. Jan. 1911 Berlin - Mitgl. d. Ehrenrats d. Dt. Musikrats.

IBACH, Karl

Bundesvorsitzender Zentralverband demokrat. Widerstandskämpfer u. Verfolgtenorg. (ZDWV) - Müggenburg 60, 5600 Wuppertal 2 (T. 0202 - 52 13 28) - Geb. 3. April 1915 Elberfeld, verh. s. 1950 m. Erika, geb. Eczold, S. Karl - Realgymn.; Buchhandelslehre, Verbandsgeschäftf. u. -präs.; Redakt.; s. 1957 Beisitzer Musterungsaussch. Kreiswehrersatzamt Wuppertal; s. 1961 Verwaltungsrichter Düsseldorf; 1956-61 Stadtverordn. Wuppertal; s. 1965 1. Vizepräs. u. s. 1986 Präs. d. Fédération Intern. Libre des Déportés et Internés de la Résistance (FILDIR), Paris - BV: Kemna, Wuppertaler KZ-Lager 1933/34, 1948, Neuaufl. 1981. Herausg.: Freiheit u. Recht, D. Stimme d. Widerstandskämpfer f. e. fr. Europa (Ztschr.) - 1981 BVK 1. Kl.; 1985 Gr. BVK; 1985 Ehrenring Stadt Wuppertal; 1982 Orden Polonia Restituta - Spr.: Franz.

IBACH, Rolf
Geschäftsführer Rud. Ibach Sohn Pianofortefabrik - Wilhelmstr. 43, 5830 Schwelm/W. - Geb. 11. Dez. 1940.

IBAÑEZ, Roberto

Dr. phil., M. A., Prof. f. Hispanist. Linguistik - Falkenburger Ring 16, 2000 Hamburg 73 - Geb. 12. Sept. 1940 Tucumán/Argent. (Vater: Francisco I., Buchhalter; Mutter: Irma, geb. Flores), led. - Stud. Allg. u. Roman. Sprachwiss. M. A. (1971) u. Promot. (1972) Köln - S. 1975 Prof. Univ. Hamburg - BV: Negation im Spanischen, 1972 - Spr.: Span., Franz., Engl., Portug., Ital.

IBE, Karla
Dr. med., Prof. f. Reanimation Intensivbehandl., Humantoxikol. u. Inn. Med. FU Berlin - Schlehenweg 12, 1000 Berlin 20.

IBEL, Wolfgang
Justizamtmann, MdL Hessen (s. 1970 u. 74 Aussch.-vors.) - Frankfurter Str. 44, 6250 Limburg/L. (T. 6298) - Geb. 11. Juni 1934 Limburg - Gymn. Limburg - S. 1953 hess. Justizdst. 1960 ff. MdK (1964 Vors. Haupt- u. Finanzaussch., 1968 Fraktionsf.). 1963 ff. Bezirksvors. Jg. Union West-Hessen. CDU (1969 Kreisvors.).

IBEN, Gerhard
Dr. phil., Prof. f. Heil- u. Sonderpädagogik unt. bes. Berücks. d. Didaktik d. Lernbehinderten Univ. Frankfurt/M. - Eichwald 14, 6351 Bad Nauheim-Wisselsheim.

IBRAHIM, Fouad Naguib
Dr. rer. nat., Prof. f. Geografie Univ. Bayreuth - Hans-Holbein-Str. 49 A, 3050 Wunstorf (T. 05031 - 1 27 41) - Geb. 3. Dez. 1938 Damanhour/Ägypten (Vater: Naguib I.; Mutter: Fayka Habib Matta), kopt.-orth., verh. s. 1965 m. Barbara, geb. Krechel, 2 Kd. (Isis, Mariam) - B.A.Ain Shams 1958 Univ. Kairo; Staatsex. f. d. höh. Lehramt 1971 Univ. Hannover, Promot. 1975 ebd., Habil. 1979 Univ. Hamburg - 1972-75 Lehrtätig. Univ. Hannover; 1975-81 Wiss. Assist. Univ. Hamburg; s. 1981 Prof. f. Geogr. Univ. Bayreuth - BV: D. Handwerk in Tunesien, (Diss.) 1975; Desertifikation in Nord-Darfur/Sudan, (Habil.schr.) 1980; Nil- u. Assuan-Hochstaudamm, 1982 (auch engl. u. arab.) - Spr.: Engl., Arab.

IBRÜGGER, Lothar
Dipl.-Ing., Stadt- u. Regionalplaner, MdB u. MdEP (1978/79) - Bastaustr. Nr. 10a, 4950 Minden (T. 20684) - Geb. 24. Dez. 1944 Bad Elster (Vater: Dipl.-Ing. Heinz I.; Mutter: Regina, geb. Gutek), verh. s. 1967 m. Imina, geb. van Delden - Stud. TU Berlin - Freiberufl. Tätigk. als Stadt- u. Regionalplaner, Lehrauftr. Städtebau FHS - Spr.: Engl.

IBSCH, Bruno

Bürgermeister a. D. - Woge 4, 3250 Hameln 1 (T. 05151 - 6 21 27) - Geb. 1. Nov. 1924 Herrmannsdorf/Schles. (Vater: Fritz I., Bäckerm.; Mutter: Klara, geb. Thamm), kath., verh. s. 1948 m. Hanna, geb. Uber, 4 T. (Gabriele, Gisela, Annemarie, Claudia) - Volkssch.; kaufm. Ausb.; Verwaltungslaufbahn in d. Sozialversich.; bde. Fachprüf. - S. 1964 Mitgl. d. Stadtrates Hameln, mehrere J. 1. Bürgerm. u. CDU-Frakt.-Vors. Mitgl. Kreistag Hameln-Pyrmont- Jetzt Landesoberamtsrat, Landesprüfer LVA Hannover - Abt.KV-BdV-Vors. Hameln-Stadt - Bundesvors. d. Neumarkter (Schles.) - BVK.

ICKSTADT, Heinz
Dr. phil., o. Prof. f. Nordamerik. Literatur FU Berlin - Lansstr. 5-9 (John-F.-Kennedy-Inst.), 1000 Berlin 33 - Geb. 18. Aug. 1936 Mainz, verh. m. Leanore, geb. Friedland, Tänzerin u. Choreographin, 2 Söhne (Markus, Michael) - Stud. Angl., Amerik. u. German. Univ. Mainz, Freiburg, Berlin, Notre Dame, USA; Promot. 1968 - 1970-78 Wiss. Assist. Univ. München, 1974/75 Americ. Council of Learned Soc. Fellow Harvard Univ., s. 1978/79 Prof. Kennedy-Inst. - BV: Hart Crane (hg. Thomas Pynchon). Veröff. in Fachztschr. zu Lit. u. Kultur d. späten 19. Jh. in d. USA, amerik. Moderne u. Postmoderne.

IDELBERGER, Karlheinz
Dr. med., Prof. h. c., o. em. Prof. f. Orthopädie - Hasselstr. 38, 4044 Kaarst 2 - Geb. 16. April 1909 Barmen (Vater: Karl I.; Mutter: Elisabeth, geb. v. Nievenheim), ev., verh. m. Dr. med. Annemarie, geb. Selmayr, 2 Kd. - Univ. Würzburg, Greifswald, Innsbruck, München (Med. Staatsex. 1934. Promot. 1936) - Wiss. Assist. Kaiser-Wilhelm-Inst. f. Genealogie u. Demogr. u. Orthopäd. Univ.sklinik München 1942 Privatdoz., 1941-45 Wehrdst., ltd. Arzt Orthopäd. Abt. Landeskrankenanst. Westerstede/O. u. Chir. Univ.klin. Göttingen, 1950 apl. Prof., 1953 o. Prof. u. Klinikdir. Univ. Gießen, 1960 dass. Med. Akad., jetzt Univ. D'dorf - BV: D. Zwillingspathol. d. angeborenen Klumpfußes, 1939; D. Erbpathol. d. sog. angebl. Hüftverrenk., 1951; Lehrb. d. Kinderorthopädie, 1959; Lehrb. d. Orthop., 4. A. 1984 - Ehrenmitgl. Soc. Française d'Orthopédie et de Traumatologie, Mitgl. Soc. Intern. d'Orthop. et de Traumatol. - Liebh.: Kunstgesch., Gesch., Sprachen, Klavier.

IDEN, Peter
Journalist, Theater- u. Kunstkrit. - Eckenheimer Landstr. 282, 6000 Frankfurt/M. (T. 541480) - Geb. 11. Sept. 1938 Meseritz/Mark - Johanneum Lüneburg; Univ. Frankfurt u. Wien (Phil., Gesch., Theaterwiss.). - U. a. Redakt. Frankf. Rundschau; Gründ. u. Aufbau Museum f. Mod. Kunst Frankfurt - BV: Üb. d. Wirklichkeit, 1963; Eduard Bond, Monographie, 1973; D. Schaubühne, 1978; Theater als Widerspruch, 1983; Gesellschaft - was ist das?, Bilder f. Frankfurt, 1985. Mithrsg.: Neues dt. Theater (1971) - 1972 Mitgl. PEN-Zentrum BRD - Spr.: Engl. (1955-56 Kalifornien-Aufenth.). Prof. Hochsch. f. Musik, Frankfurt, s. 1980.

IGNÁTIEFF, Michail

Balalaika-Konzertsolist - Silberdistelweg 5, 2000 Hamburg 65 (T. 536 67 70) - Geb. 23. Jan. 1910 Petersburg (Vater: Ewgéni, Kaufm.; Mutter: Nadéschda, geb. Alexandrowna), russ. orth., verh. s. 1960 m. Nadia, geb. Drangmeister - Autodidakt; Musiktheorie Klindworth-Scharwenka-Konservat., Berlin (Prof. Rich. Kursch) - S. 1931 Konzertreisen in Europa; eig. Bal.-Abende; Gastsp. im Rundf.; s. 1936 auch im Fernsehen; Schallplattenaufn. b. Electrola, His Master's Voice, Victor (1935) u. Decca (1951). Bearb. russischer, ukrain. u. weißruss. Volksweisen f. Balalaika Solo u. m. Klav. - BV: Schule d. künstler. Bal.-Spiels, 1951 dt.-russ., 1968 engl.-russ.; Komp. f. Bal. u. Klavier; Bal.-Alben; Übers. russ. Volkslieder - Griffbrett-Entw. f. 31-bünd. Konzert-Bal. (3 Oktav.) - Liebh.: Poesie - Spr.: Russ. -
Lit. Fritz Buek, D. Bal. u. ihre Meister, 1937; Michael Goldstein, Michail Ignátieff u. d. Bal., 1978; div. Pressekritiken in Europa.

IHBE, Kurt
Geschäftsführer Kali-Chemie Pharma GmbH., Hannover - Ostfeldstr. 13, 3000 Hannover-Kirchrode - Geb. 30. Mai 1920.

IHDE, Gösta B.
Dr. rer. pol., Dipl.-Kfm., o. Prof. f. Betriebswirtschaftslehre Univ. Mannheim (s. 1970) - Im Hefen 10, 6945 Hirschberg - Geb. 29. März 1938 Rostock - Promot. 1966; Habil. 1969 - BV: Grundl. d. Rationalisierung, 1970; Logistik, 1972; Größenersparnisse d. Distribution, 1976; Distributionslogistik, 1978; Transport, Verkehr, Logistik, 1984.

IHLAU, Fritz
Dr. phil., Komponist - Lüdorf Nr. 27, 5632 Wermelskirchen 2 (T. 02193-8 83) - Geb. 28. Aug. 1909 Hannover, ev., verh. s. 1941 m. Ursula Salewski (Schauspielerin), 2 Kd. (Olaf, Helga) - Abit. 1930, Stud. Musikwiss., Lit.- u. Theaterwiss., Gesch. u. Zeitungswiss. Univ. Marburg u. München, Promot. 1935 Univ. München; 1936 Spezialausb. Reichstonmeisterschule u. Radio Frankfurt/Main; s. 1936 Tonmeister am ehemal. Reichssender Königsberg/Pr.; Soldat; s. 1945 Komponist u. Red.; 1950 Tonmeister WDR Köln; s. 1952 Erster Tonmeister; 1961-74 zusätzl. Hauptprogrammgestalter gehobene Unterhaltungsmusik - Werke: Zigeuner-Rhapsodie; Serenade f. Flöte, Oboe u. Streichorch.; Poème passionel; Weihnachtslieder-Suite; Canzonetta; Dünen u. Meer. Üb. 100 Orchesterwerke - 1984 Ehrenurkunde Stadt Wermelskirchen; 1985 GEMA-Ehrenmed.; 1986 BVK am Bd. - Liebh.: Gartenarb., Basteln - Spr.: Franz., Engl.

IHLE, Hermann-Adolf
Hauptgeschäftsführer Dt. Landwirtschafts-Ges. - Zimmerweg 16, 6000 Frankfurt/M. (T. 7 16 80) - Geb. 1925 - S. 1962 DLG (1968 Geschäfts-, 1972 Hgf.) - 1985 Max-Eyth-Denkmünze in Silber.

IHLE, Tobias
Prof. f. Musik u. Didaktik d. Musikerzieh. Erziehungswiss. Hochsch. Rheinl.-Pfalz/Abt. Worms, Prof. f. Tonsatz Univ. Mainz - Merianstr. 1, 6520 Worms/Rh.

IHLENFELDT, Hans-Dieter
Dr. rer. nat., Prof. f. Botanik, insb. Morphologie u. Systematik - Siebentunnelweg 13, 2083 Halstenbek - Geb. 17. Juli 1932 Friedrichsort/Kiel - Promot. 1958 - S. 1964 (Habil.) Lehrtätig. Univ. Hamburg (1971 Prof.). Üb. 40 Facharb. - 1961 Carl-Christiansen-Preis.

IHM, Peter
Dr. rer. nat., Prof. u. Direktor Inst. f. Med. Biometrie Univ. Marburg (s. 1966) - Bunsenstr. 3, 3550 Marburg - Geb. 29. Dez. 1926 Darmstadt (Vater: Dr. phil. Hans I., Bibliothekar; Mutter: Wilhelmine, geb. Bellaire), 3 Kd. - Univ. Freiburg/Br. u. Paris - 1960-66 Beamter Europ. Atom-Gemeinsch. - Spr.: Franz., Engl., Ital.

IHMANN, Georg
Lyriker, Schriftst. - Tilsiter Weg 6, 8225 Traunreut (T. 08669 - 25 38) - Geb. 27. Juni 1927 Grottkau/Schl., ev., verh. s. 1954 m. Lore, geb. Gayditza, 2 Kd. (Susanne, Christian) - 1947-51 Gesangsstud. f. Oper u. Konz. - B. 1961 Sänger (Aufg. d. Berufs aus gesundheitl. Gründen, Kriegsbeschäd.); 1960-70 Leit. Laienspielgr. VHS Traunreut. Kulturref. Schles. Landsmannsch. - BV: Aus d. Dunkel in d. Licht, Bild-Gesch. 1983; D. Leben schenkt mir Sinne, Lyrik-Schallpl. 1985; Humoris causa, Ged.; Ged. d. sich Worte formt, Ged.; D. Zeit stellt mir d. Fragen, Ged. Hörsp., Laiensp., Bühnenst., u.a. ... und suchten nur d. Liebe (1963); D. Tankwart u. sein

transmission - BV: Mechanism of receptor-mediated modulation of transmitter release, 1986; Regulatory roles of opioid peptides, 1988 - Liebh.: Lit., Sport - Spr.: Ung., Engl.

ILLIES, Carl-Heinz
Kaufmann, gf. Gesellsch. Außenhandelshaus C. Illies & Co. (Maschinen- u. Anlagen-Im- u. Export), Präs. IHK Hamburg, Vizepräs. Dt. Industrie- u. Handelstag (DIHT), Bonn (s. 1986) - Gänsemarkt 45, 2000 Hamburg 36 - Geb. 1934 - Div. Ehrenämter.

ILLIG, Leonhard
Dr. med., o. Prof. f. Dermatologie u. Venerol. - Beethovenstr. 3, 6300 Gießen (T. 21520) - Geb. 29. Aug. 1920, ev. - S. 1957 (Habil.) Lehrtätig. Univ. Marburg, Freiburg (1963) (1964 apl. Prof.), Gießen (Ord. u. Dir. Klinik f. Haut- u. Geschlechtskrankh.) - BV: Lehrb. d. Angiologie, 1959 (m. Ratschow); D. terminale Strombahn, 1961. Zahlr. Einzelarb. üb. physikal Allergie d. Gefäßreaktion b. d. Psoriasis u. d. lokale Shwartzman Phänomen u. Melanom-Zytol. u. -Therapie; Melanom-Früherkennung u. Laien-Aufklärung - Liebh.: Musik, Bergsteigen - Spr.: Engl.

ILMER, Walther
Oberregierungsrat i. R., Schriftsteller (Ps. Claude Morris, Ralph M. Walters), Vorst.-Mitgl. Karl-May-Ges. - Letterhausstr. 31, 5300 Bonn 1 (T. 0228 - 62 13 98) - Geb. 4. März 1926 Köln, ev., verh., 2 Kd. - Abit. 1944; staatl. gepr. Dolm. 1956 - 36 Kriminalrom. (dar. D. Netz, 1958; Totentanz in Mersley Hall, 1958); zahlr. Ess. u. wiss. Beitr. z. Karl-May-Forsch. (s. 1974) - VO Bundesrep. Deutschl. - Interessen/Liebh.: Karl-May-Forsch., Anglo-amerik. Lit., Bergwandern, Radwandern, Musik (Verdi, Chopin, Mozart) - Spr.: Engl.-amerik. - Bek. Vorf.: Heinz Wieck, Prof. d. Phil. Univ. Leipzig (Urgroßonkel) - Lit.: Schmidtkes Pseudonym-Spiegel, Jahrb. u. Mitteil. d. Karl-May-Ges., Nachschlagewerke.

ILSCHNER, Bernhard
Dr. rer. nat., Dipl.-Phys., Prof., Werkstoffwissensch. - Ch. de Ponfilet 55, CH-1093 Conversion - Geb. 13. Dez. 1928 Danzig (Vater: Friedrich I., Bankdir.; Mutter: Dr. phil. Liselotte, geb. Voss), ev., verh. I) s. 1954 m. Dr. rer. nat. Christa, geb. Bohn († 1975), 2 Kd. (Susanne, Carola); II) s. 1979 m. Erika, geb. Eden, m. Pfarrerin, 2 Kd. (Friederike, Benjamin) - Gymn.: Abit. 1946; Stud. Univ. Rostock, Jena (1946-50); Dipl. 1950; Promot. 1954 Bonn; Habil. 1963 Göttingen - 1950-51 Wissensch. Mitarb. Akad. d. Wissensch. Berlin; 1952-54 Vacuumschmelze AG., Hanau; 1957 Mass. Inst. of Technol. (MIT); 1958-60 Abt.sleit. Zentralforschung Fried. Krupp; 1961-65 Oberassist. Univ. Göttingen; 1965ff. o. Prof. u. Inst.vorst. Univ. Erlangen-Nürnberg; 1968-69 Dekan Techn. Fak.; 1969-71 Leit. d. Hochschulplanungskomm. u. Prorektor; 1972-75 Rektor d. Univ.; ab 1982 o. Prof. Dépt. des Matériaux, Ecole Polytechnique Fédérale de Lausanne - BV: Hochtemperatur-Plastizität (wissensch. Monogr.), 1973; Werkstoffwiss., Lehrb. 1982; ca. 60 Fachveröff. - 1975 Bayer. Verdienstord.; 1984 Bayer. Maximiliansorden f. Wiss. u. Kunst - 1977-78 Vors., 1987 Ehrenmitgl. Dt. Ges. f. Metallkunde - Spr.: Engl., Franz.

ILSEMANN, von, Carl-Gero
Generalleutnant a. D. - Grüntenweg 42, 7900 Neu-Ulm - Geb. 5. Sept. 1920 Gelnhausen, ev., verh. m. Gisela, geb. Mundry, 3 Kd. (Realsch.lehrerin Angelika, Rechtsanw. Dipl.-Pol. Siegesmund, Studiendir. Dipl.-Päd. Götz Sigurd) - 1939-45 Wehrdst. (zul. Hptm. u. Abt.-Kdr.) - 1946-48 Univ. Göttingen (Jura) - Geschäftsf. Kulturring Hildesheim, Wirtsch.-Verb. Groß- u. Außenhandel u. Hotel- u. Gaststättengew.; 1951 IHK f. Südhannover. S. 1956 Bundeswehr (Inspektionschef HOS I, Generalstabsausbild., G 3, Hörsaalleit. Schule f. Innere Führ.; 1961 Btl.Kdr Schwanewede, 1963

Ref. im Bundesverteid.min. (Fü H) 1966 Kdr.-Pz.Gren.-Brig. 1; 1969 Sprecher Verteidig.min. u. Leit. Info u. Pressestabt.; 1971 Kdr. 2. Jäger-Div. Marburg, später Kassel; 1976-80 Kommand. General II. Korps Ulm) - 1980-84 Chefredakt. Wehrwiss. Rundschau/Europ. Wehrkd. - BV: D. Bundeswehr in D. Demokratie, 1969; D. Inn. Führung, 1981; Bundeswehr u. Recht u. Freiheit, 1988 - EK I u. II, Ostmed., Sturmabz., Verw.-Abz.; Sturmflutmed. Nieders.; Gold. Sportabz.; Gr. BVK u. BVK I. Kl.; Legion of Honor USA; Ordre du Mérite, Frankr., Grande Ufficiale Italien, Paul Harris Fellow - Liebh.: Gesch., Jagd - Rotarier (1981-83 Distriktgov. Baden-Württ.).

ILSEMANN, von, Wilhelm
Dr., Vorstandsvorsitzer i.R. - Überseering 35, 2000 Hamburg 60 - S. 1963 Vorst.-Mitgl., stv. -vors. (1970) u. Vors. (1979-85) Dt. Shell AG., Hamburg. 1975-87 Präs. Ständ. Rat Welt-Erdöl-Kongr. - 1983 Gr. BVK, 1985 Stern dazu.

ILTING, Karl-Heinz
Dr. phil., o. Prof. f. Philosophie Univ. Saarbrücken (s. 1966) - Winnweg 43, 6670 St. Ingbert/U. (T. 6347) - Geb. 5. März 1925 - Habil. 1962 Kiel - Zul. Doz. Univ. Kiel - BV: Platons Theorie d. Wirklichkeit, 1962; Hegels Vorles. ü. Rechtsphilos., 1973/74; Hegel, Religionsphilosophie, 1978.

ILZIG, Karl F.
Dipl.-Ing., Geschäftsf. Original Hanau Heraeus GmbH u. Dir. Heraeus GmbH Unternehmensbereich Geräte, bde. Hanau - Ad.-Stifter-Str. 10, 6450 Hanau/Main - Geb. 7. Aug. 1917 - Beiratsmitgl. Technik RKW, Mitgl. Dt. Gesellsch. f. Lichtforschung.

IMDAHL, Heinz
Kammersänger, Mitgl. Bayer. Staatsoper, Staatsoper Wien u. Staatstheater am Gärtnerplatz - Chiemgauhof, 8212 Übersee (T. 08642 - 351) - Geb. 6. Aug. 1924 Düsseldorf (Vater: Willi I.; Mutter: K., geb. Göbel), kath., verh. s. 1959 m. Hanny, geb. Holzner, 2 Kd. (Martin, Christof) - Gesangstud. Hochsch. f. Musik Köln (Lehrer: B. Pütz).

IMDAHL, Hermann
Dr. med., Prof., Direktor Chirurg. Klinik St.-Johannes-Hospital (1983-87) - Johannesstr. 9-15, 4600 Dortmund (T. 18 431); priv.: Do.-Bitterm., Blittermarkst. 66 - Geb. 25. Febr. 1922 Aachen (Vater: Josef I., Bankdir.; Mutter: Emilie, geb. Krabbel), kath., verh. s. 1951 m. Inge, geb. Delbrück, 3 Kd. (Ulrike, Charlotte, Andreas) - Gymn. Aachen (Kaiser Karl); Univ. Münster u. Bonn. Promot. 1948; Habil. 1961 - S. 1961 Lehrtätig. Univ. Bonn (1966ff. apl. Prof. f. Allg. Chir.; 1963-67 Oberarzt Chir. Klinik). 1967-83 Chefarzt, 1983-87 Dir. Chir. Klinik St. Johannes-Hospital Dortmund. Wiss. Filme: Röntgenkinematogr. Funktionsanalyse d. terminalen Oesophagus (1965 Silbermed.

II. Festival Intern. d'Cinéma Médical Nantes), Röntgenkinem. Differentialdiagnose Achalasie-Cardiacarcinom (m. Prof. Janker); D. Taktik d. totalen Gastrektomie m. isoperistaltischer Dünndarminterposition - E. Filmvergl. aus 8 dt. Kliniken (Bayer/Leverkusen) - BV: D. terminale Oesophagus, 1963. Chir. d. Hiatusbrüche u. d. Zwerchfells, 1969. Abdominalchir. im Kindesalter, 1973; Erworbene Hiatusbrüche, Refluxkrankg. u. Therap., in: Med. Welt 25, 1974; Verfahrenswahl b. Ulcusblutung, 1978; Op.-Indikat. Appendicitis. Therapiewo., 1979; Appendicitis: Übersehn. oder voreilige Diagn.?, 1979; Behandlung infizierter u. infektionsgefährd. Wunden, 1980; Was leistet d. extramucöse Cardiomyotomie f. d. Achalasie?, 1982; Akuter Thorax - e. Verbundthema d. Gesamtchir., Langenbecks Archiv 361, 1983; Chir. Techn. d. Cholecystektomie, 1984; Welche Schleimhautveränderungen m. Epithelumbau rechtfertigen am Magenstumpf e. Nachresektion aus praeventiver Sicht?, 1984; Stellungn. z. Ergehen u. Wohlbefinden Gastrektomierter m. isoperistaltischem Dünndarmersatz, 1984; D. akute Thorax, 1986; Welche Technik schützt vor e. Nahtinsuffizienz in e. termino-terminalen Colonanastomose, 1987; Bewußtseinsstörungen als Risikofaktor in d. Chir., 1988; Bedeutung d. funktionellen CT z. Risikominderung b. Eingriffen wegen akuter Pankreatitis, 1988; Prinzipien onkolog. Chir. - interdiszipl. Behandlungsstrategien, 1989. Ztschr.veröff., Vortr. u. Veröff. in Kongreßberichten. Zahlr. Einzelveröff. (Speiseröhrenerkr.; Kardia-Magenchir.; Kinderchir.; Thrombose u. Embolie, Gerinnungsphysiol.; Infektionskrankh.) - 1985 Vors. u. 1987 Ehrenmitgl. Vereinig. Niederrh. Westf. Chir.

IMELMANN, Ehrhardt
Direktor Programmbetrieb u. Sendeltg. Deutschlandfunk - Raderberggürtel 40, 5000 Köln 51 - Geb. 5. März 1924 Hamburg.

IMEYER, Gerd-Winand
Dr. rer. pol., Dipl.-Kfm., Generaldirektor, Vorstandsvors. Hanse-Merkur Versicherungsgruppe - Neue Rabenstr. 3-12, 2000 Hamburg 36 - Geb. 6. Dez. 1934 Osnabrück (Eltern: Friedrich (Oberstudienrat) u. Hilde I.), ev., verh. s. 1969 m. Petra, geb. Kolmitz, T. Annette - Lehre Papierind.; Univ. Münster u. Hamburg (Dipl.-Kfm., Promot.) - 1960 b. 1964 Verbandswesen; 1964-68 Mineralölind.; s. 1968 Versich.sw.

IMHÄUSER, Günther
Dr. med. (habil.), em. o. Prof. f. Orthopädie - Frangenheimstr. 17, 5000 Köln 41 (T. Büro: 0221 - 41 33 22; priv.: 40 65 30) - Geb. 18. Aug. 1912 Olpe/W. - 1944 Doz. Univ. Leipzig, 1952 apl. Prof. Univ. Hamburg, 1966 Ord. Univ. Köln. Emerit. 1978 - BV: Behandlung v. Fußdeformitäten im Säuglings-, Kindes- u. Erwachsenenalter; Probl. d. Hüftchir., insbes. Behandl. d. Koxarthrose, d. Hüftluxation u. d. Epiphysenlösung - 1980 Erich-Lexer-Preis; Ehrenmitgl. Dt., Österr., Ungar., Jap., Thail. u. Franz. Orthopäd. Ges.; 1986 Gr. BVK.

IMHOF, Arthur
Dr. phil., Prof. f. Neuere Geschichte FU Berlin - Habelschwerdter Allee 45, 1000 Berlin 33 (T. 030 - 838 45 17) - Geb. 20. April 1939 Naters (Schw.) - Promot. 1965 Zürich; Habil. 1973 Gießen - 1973-75 Doz. Univ. Gießen, s. 1975 Prof. Dir. d'études associé à l'Ecole des Hautes Etudes en Sciences Sociales Paris 80, 81. Gastprof. in Großbrit., Belgien, Brasilien, Australien u. Neuseeland. Vizepräs. Commiss. Intern. de Démographie Histor. Gesch. d. Neuzeit - BV: D. Friede von Vervins 1598, 1966; Grundzüge d. nord. Gesch., 1970; Bernadotte, 1970; Aspekte d. Bevölkerungsentw. in d. nord. Ländern 1720-50, 1975; Soz.gesch. u. Med., 1975 (m. O. Larsen); Einführ. in d. Histor. Demograph., 1977 (ital. 1981); D. gewonnenen Jahre, 1981; D. verlorenen Welten, 1984; V. d. unsi-

cheren z. sicheren Lebenszeit, 1987. Herausg.: Histor. Demograph. als Soz.-gesch. (1975), Biol. d. Menschen in d. Gesch. (1980). Mithrsg.: Mensch u. Gesundheit in d. Gesch. (1980). Div. Fachaufs.

IMHOF, Wendelin
I. Bürgermeister Stadt Obernburg/Main (s. 1978) - Rathaus, 8753 Obernburg/Ufr. - Geb. 5. Juni 1932 Obernburg - Architekt. CSU.

IMHOFF, Hans
Konsul, Fabrikant, AR-Vors. Stollwerck AG, Köln (s. 1974) u. Concordia-Chemie AG, Oberhausen - Eilendorfer Str. 5, 5000 Köln-Braunsfeld - Geb. 12. März 1922 Köln (Vater: Fritz I.), verh. m. Gerburg, geb. Schmidt - Automobilind. (Ford); nach 1945 Lebensmittelgroßhdl. (selbst.); s. 1947 Fabrikant; s 1981 Mehrheitsgesellsch. Sprengel GmbH, Hannover (Holding f. Stollwerck AG u. weitere Schokoladen-Firmen).

IMHOFF, Hans-Diether
Vorstand Vereinigte Elektrizitätswerke Westf. AG (VEW), Dortmund (s. 1982), Oberstadtdir. a.D. - Rotgerweg 22, 4600 Dortmund-Lücklemberg - Geb. 19. Febr. 1933 Duisburg (Vater: Hans I., Bankdir.; Mutter: Emilie, geb. Barbion), ev., verh. s. 1957 m. Maria, geb. Brunner, Sohn Michael - Helmholtz-Gymn. Essen; Univ. Bonn u. Freiburg/Br. (Rechtswiss.). Gr. jurist. Staatsprüf. 1961 Düsseldorf - 1961-82 Stadtverw. Dortmund (Rechtsrat, 1964 Beigeordn., 1967 Oberstadtdir.); b. 1982 AR-Vors. VEW, dann Vorst.-Mitgl. SPD s. 1957 - Spr.: Engl., Franz. - Mitgl. Lions-Club.

IMHOFF, Leo
Hotelkaufmann, Präsident Dt. Hotel- u. Gaststättenverband DEHOGA (s. 1971) - Graf-Bernadotte-Str. 9, 4300 Essen 1 - Geb. 28. Nov. 1921 Essen (Vater: Hubert I.; Mutter: Elisabeth, geb. Dietz), kath., verh. s. 1951 m. Gisela, geb. Düttmann, 2 Kd. (Hans-Hubert, Eva-Maria) - Abit. 1940 - BVK 1. Kl.

IMHOFF, Wilhelm
Dr. rer. pol., Großhandelskaufmann, Ehrenvors. Sozialpolit. Aussch., Bundesverb. d. dt. Groß- u. Außenhandels u. Landesvereinig. d. Arbeitgeberverb. Hamburg - Immenschuur 21c, 2000 Hamburg 67 (T. 603 43 98) - Geb. 14. Juli 1910 Kassel (s. 1975), verh. s. 1935 m. Caroline, geb. Busch, 2 Kd. (Hanna, Jochen) - Realgymn. Kassel; kaufm. Lehre; Univ. Hamburg (Promot. 1934) - 1937-48 Prokurist Metallind.; 1948 selbst. (Großhandl. f. Laborbedarf) - 1972 Bugenhagen-Med., 1976 Kronenkreuz in Gold, 1982 Med. in Silber f. Treue im Dienst am Volk, 1985 BVK - Liebh.: Musik, Theater.

IMHORST, Günter
Steuerberater, Vorstandsmitglied DATEV e.G. - Brahmsstr. 3, 4150 Krefeld - Geb. 6. Juli 1934, verh. s. 1961 - Spr.: Engl.

IMIELA, Hans-Jürgen
Dr. phil., Prof., Kunsthistoriker, Akad. Dir. Univ. Mainz - Unterer Michelsbergweg 16, 6500 Mainz (T. 06131 - 83 17 28) - Geb. 5. Febr. 1927 Hannover (Vater: Georg I., Geschäftsf.; Mutter: Alma, geb. Becker), ev., ledig - 1947-55 Stud. Kunstgesch., Archäol., Vor- u. Frühgesch. Univ. Mainz; Promot. 1955, Habil. 1975 - 1945-47 u. 1955/56 Nieders. Landesgalerie Hannover; 1956-60 Assist. TH Darmstadt; s. 1960 Univ. Mainz - BV: Max Slevogt, 1968; Max Liebermann als Zeichner, 1970; Bruno Müller-Linow, 1972; Wilhelm Loth, Zeichn., Druckgraphik, 1973.

IMIG, Harald
Assessor, Geschäftsführer Neusser Produktenmarkt e. V. - Friedrichstr. 40, 4040 Neuss/Rh. (T. 26101).

IMM, Günther
s. Bischof, Heinz

IMMENDORF, Anton
Präs. Handwerkskammer Aachen, Geschf. Ges. Fa. Käsmacher GmbH & Co. KG, Kunststoffverarbeitung - Malmedyer Str. 1, 5190 Stolberg/Rhld. - Geb. 20. Okt. 1921 Büsbach (Vater: Edmund I., Bauuntern.; Mutter: Maria, geb. Worms), kath., verh. s. 1944 m. Lisbeth, geb. Hasenack, 3 Kd. (Edmund, Uwe, Heidrun) - BVK I. Kl. - Liebh.: Sportfischerei - Spr.: Engl.

IMMENGA, Ulrich
Dr. jur., Prof. - Platz der Göttinger Sieben 5, 3400 Göttingen (T. 0551 - 39 48 71) - Geb. 5. Juni 1934 Helmstedt, ev., verh. s 1962 m. Ingeborg, geb. Mark, 3 Kd. (Dirk, Frank, Silke) - Bankl.; Stud. Göttingen, Berlin, Saarbrücken, Würzburg, Ann Arbor (USA); Promot. 1966; Habil. 1970 - 1971 Wiss. Rat u. Prof. Univ. Bielefeld, 1971-74 o. Prof. Lausanne, s. 1974 o. Prof. u. Dir. Abt. f. Intern. u. Ausl. Wirtsch.recht Univ. Göttingen, s 1979 Mitgl. u. s. 1986 Vors. d. Monopolkommission, 1985 Gastprof. Georgetown Univ. Washington, D. C., 1987 Gastprof. Paris I, 1988 Gastprof. Kobe/Japan - BV: Wettbewerbsbeschränkungen auf staatl. gelenkten Märkten, 1967; D. personalist. Kapitalges., 1970; Beteiligungen von Banken in anderen Wirtsch.zweigen, 1976 (auch engl., franz., ital., niederl. dän.); Polit. Instrumentalisier. d. Kartellrechts?, 1976; Großkommentar d. Gesetz gegen Wettbewerbsbeschränk. (Mithrsg. u. -autor), 1981; Strompreise zw. Kartell- u. Preisaufsicht, 1982 - Spr.: Engl., Franz., Span.

IMMENKAMP, Aloys
Dr. med., Dr. med. dent., Prof., Ltd. Arzt Kieferchir. Abt. Raphaelsklinik, Münster - Klosterstr. 2, 4400 Münster/W. (T. 42714) - Geb. 8. Sept. 1906 Münster/W. (Vater: Gerhard I., Sekr.; Mutter: Elisabeth, geb. Specht), verh. 1934 - B. 1944 Privatdoz., dann apl. Prof. Univ. Münster (Zahnheilkd.) - BV: D. elektr. Schneiden in d. Zahnheilkd., 1934; Basale u. extravesale Leistungsanästhesien, 1940; D. örtl. Schmerzausschalt. in d. Zahn-, Mund- u. Kieferheilkd., 1955; Chir. Kieferorthop., 1957; Allgemeinanästhesie u. örtl. Betäubung i. d. Zahn-, Mund- u. Kieferheilkd., 1970.

IMMENKÖTTER, Herbert
Dr. theol., Univ.-Prof. Univ. Augsburg - Universitätsstr. 10, 8900 Augsburg (T. 0821-59 88 26) - Kath., verh. s. 1967, 2 Kd. (Christoph, Elisabeth) - Stud. Univ. Münster, Innsbruck, Freiburg; Promot. 1969; Habil. 1974 Freiburg - S. 1980 Prof. f. Bayer. Kirchengesch. in Augsburg - BV: D. Geistl. Rat in Münster, 1972; Um d. Einheit d. Kirche, 1974; D. Augsburger Reichstag 1530, 1978; D. Confudatio d. Confessio Augustana, 1980; Hieronymus Vehus, 1982; D. fromme Revolte, 1984; Ecclesia militans, 2 Bde. 1988.

IMMENROTH, Lydia
Dr. phil., o. Prof. f. Textilgestaltung PH Ruhr, Dortmund (s. 1975) - Wilhelm-Dresing-Str. 10, 4600 Dortmund 50 - Geb. 6. Okt. 1919 Gelsenkirchen - Promot. 1968 - BV: Textilwerken, 1970. Aufs.

IMMER, Klaus
Dipl.-Landwirt, MdB (s. 1972; Wahlkr. 146/Neuwied) - Bergstr. 26a, 5320 Altenkirchen/Westerw. (T. 563) - Geb. 9. März 1924 Manslagt/Ostfriesl., ev., verh., 5 Kd. - Gymn. (Abit.), landw. Lehre; Univ. Bonn (Landw.); 1950-52 Gutsverwalter; 1952-53 Beratungstechniker; 1953-59 Landjugendref. Ev. Kirche Rhld.; s. 1959 Doz. u. Geschäftsf. Ev. Landvolkshochsch. Altenkirchen, 1944-45 Wehrdst. 1952 b. 1953 GVP; s. 1957 SPD (1969 Ortsvors.); Stv. Mitgl. Synod. d. EKD; Mitgl. ÖTV.

IMMERMANN, Udo
Hauptgeschäftsführer u. I. Syndicus Handelskammer Bremen (1981ff.) - Am Markt 13, 2800 Bremen 1 (T. 0421 - 3 63 70) - Geb. 7. April 1935 - gf. Vorst.-Mitgl. Rationalisierungs-Kurat. d. Dt. Wirtschaft, Bremen, Gf. Wirtschaftsförderungsges d. Freien Hansestadt Bremen GmbH.

IMMESBERGER, Helmut

Dr. jur., Regierungsdirektor a. D., Vorstandsmitgl. Gasanstalt Kaiserslautern AG - Rostocker Str. 72, 6750 Kaiserslautern - Geb. 24. Febr. 1934 Bad Dürkheim (Vater: Wilhelm I., Dipl.-Ing. (FH); Mutter: Luise, geb. Schaumlöffel), kath., verh. s. 1957 m. Doris, geb. Pillat, 4 Kd. (Jutta, Stephan, Thomas, Petra) - Univ. Mainz (Jura, Staatsex. 1957 u. 1961, Promot. 1962) - 1972-85 stv. Leit. Finanzamt Kaiserslautern. S. 1974 Mitgl. d. Stadtrats v. Kaiserslautern (1978-85 CDU-Fraktionsvors.). S. 1984 CDU-Fraktionsvors. d. Planungsgem. Westpfalz - BV: Z. Problematik d. Unabhängigk. d. Abg. im Dt. Bundestag (Diss.), 1962; Recht d. Konzessionsabgaben, Loseblattkomment. (18. Ergänz.), 1988 - Ehrenbürger v. Davenport/USA - Liebh.: Eisenbahnwesen, bayr. Philatelie - Spr.: Franz., Engl., Latein - Lit.: Nachschlagewerke.

IN DER SMITTEN, Franz-Josef

Dr. rer. nat., Dipl.-Phys., o. Prof. f. Nachrichtentechnik, Berg. Univ.-GH Wuppertal - Händelstr. 5, 5000 Köln 40 (Widderdorf) (T. 0221 – 50 12 81) - Geb. 24. Febr. 1929 (Vater: Julius i. d. S., Techn. Angest.; Mutter: Lamberti, geb. Theißen), kath., verh. s. 1958 m. Karola, geb. Werneke, 2 Kd. (Joachim, Renate) - Univ. Köln (Physik; Dipl. 1958, Promot. 1961), TH Aachen (Habil. 1974) - 1953-76 WDR Köln (Chefing.), 1966-77 TH Aachen (Lehrbeauftr., Priv.doz.); s. 1975 Berg. Univ.-GH Wuppertal (o. Prof.).

IN (SCHUN-LAI), Rolf-Günter
Dipl.-Ing., Prof. f. Spangebende Werkzeugmaschinen, Meßtechnik u. Vorricht. GH Paderborn - Erwin-Rommel-Str. 44, 4790 Paderborn/W.

INBAL, Eliahu
Dirigent, Chefdirigent Radio Sinfonie Orchester Frankfurt am Main - Zu erreichen üb. Hessischer Rundfunk - Bertramstr. 8, 6000 Frankfurt 1 (T. 155371) - Geb. 16. Febr. 1936 Jerusalem (Vater: Jehuda Joseph I.; Mutter: Leah Musseri), verh. s. 1968 m. Helga, geb. Fritzsche, 3 Kd. (Daniel, Dalia, David), 1952-56 Musikhochsch. Jerusalem, Conservat. Nat. Sup. Paris, 1960-62 Dirig.kurse b. Celibidache - S. 1963 Gastdirig. in Musikzentren Europas, Amerikas, Israels, u. a. Mailänder Scala, Santa Cecilia Rom, New Philharmonia, BBC, Royal Phil. London, Israel Philharmonic Orch., Salzburger Festspiele 1969, Holland Festival 1969, Berliner Festwochen 1969 u. 1977-78, Luzerner F. 1974, Glyndbourne Festival 1981. Schallpl. u. a. Schumann u. Mahler, Symph. Gesamtw. mit NPO London u. RSO Frankfurt - 1963 1. Preis Intern. Dirig.wettb. Guido Cantelli - Liebh.: Malerei, Photographie, High Fidelity - Spr.: Engl., Franz., Ital., Hebr.

INCIARTE, Fernando
Dr. phil., o. Prof. u. Direktor Philosoph. Seminar/Univ. Münster (s. 1975) - Am Kreuztor 8, 4400 Münster/W. - Geb. 30. Mai 1929 Madrid - Promot. 1952 Rom u. 1956 Köln; Habil. 1968 Freiburg/Br. - BV: Transzendent. Einbildungskraft: z. Fichtes Frühphil. in Zusammenhang d. transzendent. Idealismus, 1970; Forma Formarum: Strukturmomente d. thomist. Seinslehre im Rückgriff auf Aristoteles, 1970; Eindeutigk. u. Variation: D. Wahrung d. Phänomene u. d. Problem d. Reduktionismus, 1973; El Reto del Positivismo Lógico, 1974; ferner 62 Aufs. in in- u. ausl. Fachzeitschr. (1967-87), Dok. d. Tagungen Lindenthal-Inst. Köln (s. 1973).

INDEN, Wilhelm
Vorstandsmitglied Ford-Werke AG. (Fertigung) - Ottopl. 2, 5000 Köln 21 Geb. 9. Sept. 1927.

INDERMARK, Klaus
Dr. rer. nat., o. Prof. f. Informatik II RWTH Aachen (s. 1975) - Soerser Weg 6, 5100 Aachen.

INDERTHAL, Klaus
Dr. phil., Prof. f. Neuere dt. Literaturgeschichte u. Allg. Lit.wiss. Univ. Gießen - Brunnenstr. 2, 6305 Großen-Buseck - Zul. Doz.

INDLEKOFER, Karl-Heinz
Dr. rer. nat., Prof. f. Mathematik Univ.-GH Paderborn (s. 1974) - Füllekengrund 12, 4799 Borchen-Dörenhagen - Geb. 2. Jan. 1943 Wertheim/M., kath., verh. s. 1972 m. Irmgard, geb. Krosch, T. Dorothee - Gymn. Konstanz; Univ. Freiburg/Br. u. Frankfurt/M. - Promot. 1970 Freiburg, Habil. 1974 Frankfurt - Zul. Univ. Frankfurt - BV: Zahlentheorie, Lehrb. 1978. Zahlr. Fachaufs.

INEICHEN, Gustav
Dr. phil., Prof., Akad. d. w. Padua - Schlegelweg 3, 3400 Göttingen - Geb. 6. Juni 1929 Luzern (Schweiz), verh. 1956-81, gesch., 2 S. (Wolfram, Markus) - Promot. 1957 Fribourg; Habil. 1963 Zürich - B. 1965 Lehrtätig. Univ. Zürich, dann Göttingen (o. Prof. f. Roman. Sprachwiss.). 1970-75 Dir. Schweiz. Inst. in Rom. Fachvers.

INGENDAHL, Werner
Dr. phil. habil., Prof. f. Germanistik u. Didaktik d. Dt. Sprache Univ.-GH Wuppertal - Wotanstr. 4, 5600 Wuppertal 1 - Geb. 13. Juli 1939 Oberhausen (Vater: Wilhelm I., Ingenieur; Mutter: Elisabeth, geb. Hocks), 2 Kd. (Gesa, Kai) - Promot. 1970, Habil. 1974 - Schuldst. - BV: D. metaphor. Prozeß, 1971; Aufsatzerzieh. als Hilfe z. Emanzipation, 1972; Sprechen u. Schreiben,

1975; Handlungsorient. Dt.unterr. (1977) (m.a.). Herausg. Erziehungsziel: Sprachl. Verständig., 1978. Projektarb. im Deutschunterr. (1974); Szenische Spiele im Dt.unterr. (1981) - Spr.: Engl.

INGENHAG, Werner

Geschäftsführer Dt. Tecalemit GmbH. u. a. - Am Metallwerk 7, 4800 Bielefeld 12 - Geb. 2. März 1935.

INGENKAMP, Heinz Gerd

Dr. phil., Prof. f. Klass. Philologie Univ. Bonn (1980 ff.) - Albertus-Magnus-Str. 35a, 5300 Bonn 2 - Geb. 22. Nov. 1938 Krefeld - Promot. 1966; Habil. 1970 - BV: Unters. zu d. pseudoplaton. Definitionen, 1967; Plutarchs Schriften üb. d. Heilung d. Seele, 1971. Fachaufs.

INGENKAMP, Karlheinz

Dipl.-Psych., Dr. phil., Univ.-Prof. - Trifelsstr. 42, 6741 Leinsweiler (T. 06345-14 70) - Geb. 20. Dez. 1925 Berlin, verh. s. 1948 m. Eva, geb. Tschiene, 3 S. (Thomas, Frank, Stephan) - 1947-56 Stud. Gesch., Dtsch., Päd., Psych., Phil. in Berlin; 2. Staatsex. f. d. Höh. Lehramt 1952; Dipl.-Psych. 1956; Promot. 1961; Habil. (Erziehungswiss.) 1968 Berlin - 1945-70 Lehrer, Studienrat, Oberstudienrat, Oberstudiendir., Priv.-Doz. Berlin; 1971ff. Prof. f. Päd. in Rheinl.-Pfalz - BV: D. dt. Schulleistungstests, 1962; Z. Problematik d. Jahrgangskl., 1969; Lehrb. d. Päd. Diagnostik, 1985 (Übers. griech., franz.) - 1986 BVK am Bde. - Liebh.: Seekriegsgesch. - Spr.: Engl., Franz. - Lit.: Petillon/Wagner/Wolf (hg.): Schülergerechte Diagnose. Festschr. z. 60. Geb. (1986).

INGENSAND, Harald

Staatssekretär a. D. - Weidmannstr. 41, 6500 Mainz (T. 831122) - Geb. 3. Juni 1923 Gütersloh (Vater: Heinrich I., Kaufm.; Mutter: Elisabeth, geb. Pogge), verh. I) 1947 m. Katja, geb. Frühling, S. Ingo, II) 1966 Adele, geb. Gräfin Matuschka - 1933-41 Ev. Stift. Gymn. Gütersloh; 1945-48 TH Braunschweig (Phil. Fak.) - 1947-49 Redakt. Braunschweig. 1949-51 Presseref. Nieders. Landesreg., Hannover, 1951-56 Pers. Ref. d. Ministers u. Sachref. (1954) Nds. Sozialmin., 1956-62 stv. Dir. Nds. Landeszentrale f. polit. Bildung, 1962-63 Abt.leit. Nds. Kultusmin. ebd., 1963-71 Abt.leit. u. Senatsdir. (1964) Senatsverw. f. Wiss. u. Kunst v. Berlin, 1971-76 Verw.dir. ZDF zugl. ständ. Vertr. d. Int. 1972ff. ARvors. Dt. Ring KV, VVaG., Hamburg. SPD - BV: Amerikaner sind auch Menschen, 1955; D. Ideologie d. Sowjet-Kommunismus, 1962.

INGERMANN, Beatrice

Bildungsreferentin, Buchautorin - Zu erreichen üb. Lernwerkstatt, Brunnenstr. 1, 5531 Niederstadtfeld (T. 06596 - 5 51) - Geb. 31. Dez. 1954, verh. s. 1988 m. Dr. Rudolf Bahro, Schriftst. u. Regimekritiker, T. Hannah - 1976-78 Entwickungshelferin in Malaysia; 1979-80 Arb. in vietnames. Flüchtlingslagern in Malaysia; Entwicklungspolit. Öffentlichkeitsarb.; Aufbau autonomes Projekt Lernwerkstatt in Niederstadtfeld/Eifel (Ökologie, Politik, Spiritualität), dort Leiterin d. Tagungsstätte - BV: E. lange Reise, Jugendb. 1981, TB 1983; Teegrün ist mein Land, Jugendb. 1984, Neuaufl. 1989; 1982 2x Preis im Wettbew. f. entwicklungspolit. Kurzgesch. - Liebh.: 3. Welt in d. Kinder- u. Jugendlit., Entwicklungspolitik, Batik, ganzheitl. Leben, Lernen u. Arbeiten.

INGWERSEN, Hans

Realschullehrer, MdL Schlesw.-Holst. (s. 1971) - Kiefernweg 5, 2280 Westerland/Sylt (T. 23144) - Geb. 3. April 1914 Husum, ev., verh., 2 Kd. - Oberrealsch. Husum (Abit.); 1934-36 Hochsch. f. Lehrerbild. Kiel; 1938-39 Hochsch. f. Leibesüb. Berlin - Ab 1936 Volksschul- u. Sportlehrer (1939), Kriegsdst. (Luftnachr., zul. Oblt. d. R.), s. 1954 Realschullehrer Westerland (Konrektor). 1962 ff. Stadtvertr. u. Magistratsmitgl. (Finanzdezern.) Westerland; MdK Südtondern. CDU s. 1959 (u. a. Vors. Inselverb. Sylt).

INHOFFEN, Hans-Herloff

Dr. phil., Dr. med. h. c., em. o. Prof. f. Organ. Chemie - Lorettosteig 34a, 7750 Konstanz - Geb. 9. März 1906 Döhren b. Hannover - Habil. 1943 Göttingen - 1946 Doz. Univ. Marburg; 1946 Ord. u. Inst.-dir. TH, jetzt TU Braunschweig. Emerit. 1989 - BV: Üb. Sterine, Gallensäuren u. verwandte Naturstoffe, 1959 (m. Hans Lettré). Zahlr. Einzelarb. - 1966 Ehrendoktor Univ. Hamburg; o. Mitgl. Akad. d. Wiss. u. d. Lit. Mainz (1951) u. Akad. d. Wiss. Göttingen (1960); 1961 Emil-Fischer-Med., 1973 Gr. BVK.

INKIOW, Dimiter

Schriftsteller - Wohlfahrtstr. 19a, 8000 München 45 - Geb. 10. Okt. 1932 Haskovo (Bulgarien), verh. s. 1980 m. Elisabeth Grothaus, 2 Kd. (Janaki, Susanne) - Theater-Akad. Sofia, Ex. 1958, Dipl.-Regiss. 1965 Emigration in d. USA; s. 1966 Programm-Red. Radio Freies Europa; Autor v. Satiren, Kinder- u. Jugendbüchern - BV: D. Puppe, d. e. Baby haben wollte; Reise n. Peperonien; D. fliegende Kamel; Planet d. kl. Menschen; Ich u. meine Schwester Klara; E. Igel im Spiegel; D. kl. Jäger; D. Hase im Glück; Fünf fürchterl. Räubergesch.; D. grunzende König, u.a. Theaterstücke, FS u. Radiosend., u.a. Als d. Menschen noch nicht so klug waren (Radioserie) - Liebh.: Bücherschreiben, Skifahren, Reisen, Angeln - Spr.: Bulg., Dt., Engl., Russ. - Lit.: Kürschners Literaturlex., Lex. d. Kinderlit.

INSENHÖFER, Hans (Johannes)

Metzgermeister, Präs. Handwerkskammer f. Mittelfranken in Nürnberg (s. 1964), Vors. Landesinnungsverb. f. d. Bayer. Fleischerhandw., München, Vors. Dt. Fleischerverb., Frankfurt/M., Präsidialmitgl. Zentralverb. d. Dt. Handwerks, Bonn, u. Bayer. Handwerkstag, München, Mitgl. Bayer. Senat, München (s. 1967) - Galvanistr. 12, 8500 Nürnberg (T. 446057) - Geb. 6. Juni 1907 Nürnberg, ev., verh. s. 1934 m. Frieda, geb. Rottenberger, 2 Söhne (Klaus, Dieter) - Volkssch.; Metzgerhandw. - Versch. ARsmandate u. Ehrenmitgliedsch. - 1969 Gr. BVK.

INTELMANN, Arthur C.

Dramaturg - Lübecker Str. 34, 4600 Dortmund 1 (T. 0231 - 52 43 63) - Geb. 6. Juli 1955 Lindau, ev., verh. m. Claudia, geb. Guderian (Autorin) - Stud. Musikwiss., Romanistik Univ. Hamburg, Violoncello; 1981-83 Dramat. f. alle Sparten u. Öffentlichkeitsarb. Stadttheater Gießen; 1983-85 Musikdramat. Theater u. Philharm. Essen; 1986-88 Chefdramat. Pfalztheater Kaiserslautern; ab Spielzeit 1988/89 Chefdramat. u. Leit. d. Öffentlichkeitsarb. am Opernhaus Dortmund.

INTHOFF, Wilhelm

Dr. rer. nat., Prof., Wiss. Rat Inst. f. Theoret. Physik Univ. Mainz - Heinrich-Becker-Str. 4, 6530 Bingerbrück.

INTORP, Leonhard

Dr. phil., em. Univ.-Prof. (Eur.Ethnologie) - Seminarstr. 25, 5960 Olpe/Biggesee - Geb. 26. April 1927 Olpe (Vater: Leo I., Steueramtm.; Mutter: Katharina, geb. Harnischmacher), verh. m. Elisabeth, geb. Lange - 1947-52 u. 1958-63 Stud. Phil., Theol., Eur.Ethnologie Paderborn, München, Münster; Promot. - S. 1967 Hochschuldst. - BV: Westf. Barockpred. in volkskdl. Sicht, 1964.

INTRUP, Jürgen

Dipl.-Kfm., Geschäftsführer Mitteldeutsche Hartstein-Industrie GmbH - Mainzer Landstr. 27-31, 6000 Frankfurt/M.; Baumgartenstr. 49, 6204 Taunusstein 4 - Geb. 5. Aug. 1941, ev., verh. s. 1979 m. Edith, geb. Fingerhut, 2 Töcht. (Isabel, Carolin) - Dipl. 1963 Köln, Steuerberater 1973 Düsseldorf - Spr.: Engl., Franz.

IPFLING, Heinz-Jürgen

Dr., Prof. f. Päd. Univ. Regensburg - Eichendorffstr. 9a, 8400 Regensburg (T. 9 56 75) - Geb. 21. Juni 1936 München (Vater: Hans I., Ind.kfm.; Mutter: Franziska, geb. Haller), kath. verh. s. 1963 m. Ursula, geb. Schleussing - 1974ff. Präs. Michael-Sailer-Ges., s. 1975 Vors. Arb.krs. Hauptsch. Herausg. v. Ztschr. u. Buchreihen; zahlr. Veröff. z. Schulpäd.

IPPEN, Hellmut

Dr. med. (habil.), Dipl.-Chem., Prof., Direktor d. Univ.-Hautklinik Göttingen - Springstr. 67, 3400 Göttingen - Geb. 15. März 1925 - S. 1959 Privatdoz. u. apl. Prof. (1965) Med. Akad. bzw. Univ. D'dorf (Dermatologie u. Venerol.) - BV: Lichtschäden u. -schutz durch Kosmetika, 1957; Porphyria cutanea tarda, 1959; Hautphysiol. u. -pathol., 1964 (m. Stüttgen); Allergie u. Dermatol., 1965 (m. Stüttgen); Index Pharmacorum, 1968, 2. A. 1972; Dermatol. Photobiochemie, 1971; Porphyria Congenita, 1980; Photodermatoses, 1981. Etwa 330 Einzelarb. - 1969 Curt-Adam-Preis (f. d. wiss. Arbeit: Lichtkrankh. d. Haut); 1972 BVK I. Kl.

IPPERS, Josef

Schriftsteller - Marienstr. 15, 4040 Neuss/Rh. - Geb. 1. Mai 1932 - Div. Berufe (Hafenarbeiter, Seemann, LKW-Fahrer, Nachtwächter) - BV/R: Am Kanthaken, 1974; Jonas, d. Strandläufer, 1976; V. Beruf Familienvater, 1978; Kilians Zeiten, 1981; D. Liebe d. Elfe, 1982; Flußaufwärts in d. Hügel, 1986; Krach auf d. Schweinswurstinsel, 1986; Korsen lachen nicht sardonisch, 1987; Cagney ganz cool, 1987; D. Panama-Dreh, 1987; E. kleiner Herr auf Reisen, Kinderb. 1987; Erz.: Arabesken od. Friedhof d. Winde, 1971; D. Gewehr, 1974; Amerikan. Fahrt, 1986; Sie nannten ihn Willy, 1988; Sachb.: Fischer im Sattel, 1973; 24 Fernsehspiele NDR u. Bavaria; 1 Hörsp.; Bearbeit. e. Bühnenst. z. Fernsehaufführ. im WDR - Div. Stip.; 3 Lit.-preise.

IPSEN, Detlev

Dr. phil., Prof. Univ. Kassel - Goethestr. 20, 3500 Kassel - Geb. 2. Juli 1945 Innsbruck (Vater: Gunther I., Hochschullehrer; Mutter: Lotte I., Hausfrau) - Univ. Mannheim (Dipl.-Soz. 1970, Promot. 1974) - 1969-79 Assist. Univ. Mannheim; ab 1979 Prof. in Kassel. Ständ. Kolumnist Ztschr. Arch. - BV: Org. v. Forsch. u. Lehre, (m. G. Portele) 1976; Teilmärkte u. Wirtschaftsverh., (m. a.) 1980; Heirate nie d. Berg hinauf. Üb. d. Modernisierung e. Region, 1982; Kommunale Wohnungspolitik, 1984; Markt u. Raum, (m. a.) 1986. Zahlr. wiss. Veröff. z. Raumentw., Wohnungsmarkt.

IPSEN, Jörn

Dr. jur., o. Prof. f. Öfftl. Recht Univ. Osnabrück - Luisenstr. 41, 4550 Bramsche (T. 05461 - 44 96) - Geb. 17. Juni 1944 Weihe/Kr. Harburg, verh. s. 1971 m. Dorothea, geb. Kölbl, 2 Kd. (Nils Christian, Birga Kristin) - Abit. 1964 Flensburg; 1964-66 Bundeswehr (Ltn. d. R.); 1966-70 Jura-Stud. Univ. München u. Göttingen; Stip. Studienstiftg. d. Dt. Volkes; 1. jurist. Staatsprüf. 1970, Promot. 1974, 2. jurist. Staatsprüf. 1976, Habil. 1980 - S. 1981 Prof. Osnabrück; Gf. Dir. d. Inst. f. Kommunalrecht - BV: Richterrecht u. Verfassung, 1975; Rechtsfolgen d. Verfassungswidrigkeit v. Norm u. Einzelakt, 1980; Staatsorganisationsrecht, 2. A. 1989; Nieders. Kommunalrecht, 1989 - Liebh.: Musik, Kunstgesch., Lit. - Spr.: Engl., Franz.

IPSEN, Knut

Dr. jur., o. Prof. f. Völker- u. Staatsrecht (s. 1974), Rektor Ruhr-Universität Bochum (s. 1979) - Nevelstr. 59, 4630 Bochum-Weitmar (T. 431266) - Geb. 9. Juni 1935 Hamburg (Vater: Dr. jur. Hans-Henning, Ltd. Reg.sdir.; Mutter: Ruth, geb. Riekes), ev., verh. s. 1963 m. Heike, geb. Becker, 2 Kd. (Björn, Goede) - Altes Gymn. Flensburg; Univ. Kiel; 1. u. 2. Staatsex. 1962 bzw. 1967 - 1967-74 wiss. Assist. Inst. f. Intern. Recht u. Doz. (1973) Univ. Kiel. Fachmitgliedschaften. 1986 Bundeskonventionsbeauftr. DRK; 1986 Dr. jur. h.c. Univ. Krakau; 1987 LL.D. h.c. Univ. Sheffield. Zahlr. Fachveröff. - Spr.: Engl., Franz.

IRGEL, Lutz

Direktor, Vorsitzender Geschäftsltg. Collo GmbH, Bornheim-Hersel, COLLO Austria Ges. mbH, Salzburg, u. IRGEL Nederland B.V., Geleen - Hangweg 12, 5205 St. Augustin 1-Birlinghoven (T. 02241 - 33 12 29) - Geb. 20. April 1935 Erfurt (Vater: Walter I., Kaufm.; Mutter: Margarete, geb. Homburg), ev., verh. s. 1959 m. Inge, geb. Grotheer, 3 Kd. (Markus, Pamela, Carsten) - Handelsschule; Lehre (Ind.-kaufm.) - S. 1964 Fa. Collo. Handelsrichter Bonn - BV: D. Marktmacher, 1973; V. Verkäufer z. Starverkäufer, 1975; Mitteiltechnik, Medien - Märkte - Meinungen, 1975; Prakt. Kaufmannswissen, 1980 - Kurator d. Donaueurop. Inst. Wien; Österr. Ehrenkreuz f. Wiss. u. Kunst; BVK - Spr.: Engl. (Dolmetscherex.).

IRION, Dieter A.

s. Jrion, Dieter A.

IRLE, Gerhard

Dr. med., Honorarprof. GH-Univ. Wuppertal, Ltd. Arzt Stiftung Tannenhof (1966-87) - Falkensteinstr. 3, 4500 Osnabrück - Geb. 21. Jan. 1922 Witten/R. (Vater: Friedrich I., Pfarrer i. R.; Mutter: Luise, geb. Kleffmann), ev., verh. s. 1954 m. Ickea, geb. Burmeister, 2 Kd. (Hanno, Mirjam) - 1956-60 Med.rat Gütersloh, 1960-76 Oberarzt Univ.-Nervenklinik Tübingen - BV: D. Psychiatr. Roman, 1965; Depressionen, 1974 - Spr.: Engl., Franz.

IRLE, Martin

Dr. rer. nat., Dipl.-Psych., o. Prof. f. Sozialpsychologie - Theodor-Heuss-Str. 4, 6940 Weinheim/Bergstr. (T. 64100) - Geb. 26. Jan. 1927 Witten/R. - S. 1962 (Habil.) Lehrtätigk. WH bzw. Univ. Mannheim (1964 Ord.) - BV: Berufsinteressen-Test, 1955; Soz. Systeme, 1963; Macht u. Entscheidungen d. Organisationen, 1971 - Vorstandsmitgl. Assoc. for the Advancement of Exper. Social Psych. - Spr.: Engl. - Rotarier.

IRMEN, Hans-Josef

Dr. phil., Prof. f. Musik u. ihre Didaktik Univ.-GH Essen - Virnich 4, 5352 Zülpich - Geb. 13. April 1938 Mönchengladbach (Vater: Hans I., Ingenieur; Mutter: Therese, geb. Fischelmanns), kath., verh. s. 1962 m. Elisabeth, geb. Kimmel, 3 Kd. (Elisabeth, Marietheres, Michael) - Gymn. Mönchengladbach (Abit. 1957); PA Aachen (Staatsprüf. 1959); Musikhochsch. Köln (Staatsprüf. 1967); Univ. Köln (Promot. (Musikwiss.) 1969) - 1978-80 Ord. PH Rhld., 1980-86 RWTH Aachen, 1986ff. Univ. Essen. Leit. Mitbegr. Intern. Musikkurse Kloster Steinfeld (1974ff.); Dirig. Düsseldorfer Bachverein (1976ff.); Vors. Arbeitsgem. f. Rhein. Musikgesch. Köln (1978ff.) - BV: G. I. Rheinberger als Antipode d. Cäcilianismus, 1970. Herausg.: Beiträge z. Musikreflexion, 7 Bde. (1974ff.); E. Humperdincks Märchenoper Hänsel u. Gretel (1984); Mozart, Mitgl. geheimer Gesellschaften (1988). Zahlr. weit. Fachveröff. (19 Jh.). Herausg.: Musica Prisca (1980ff), u. a. Neufassung v. W.A. Mozarts Requiem (1984), J. S. Bach Markus-Passion (1987).

IRMER, von, Otto

Prof. Erziehungswiss. Inst. Univ. Köln - Blücherstr. 2, 5000 Köln 50 (T. 0221 - 39 38 44) - Geb. 6. April 1903 Riga, ev., verh. - Staatl. Musikhochsch. u. Univ. Köln - Urtextforscher u. Doz. - BV: Urtextausg. klass. Musik in 4 Spr. (Gesamtaufl. fast 1 Mio.) v. Bach, Beethoven, Haydn, Mozart, Schubert, Schu-

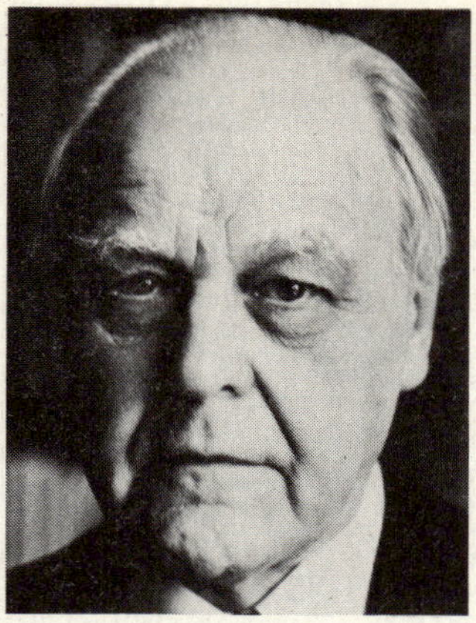

mann, Telemann; E. Weg z. Musizieren am Klavier, 4 Bde.; Musik alter Meister, Zweistimmig auf d. Klavier zu spielen; Pelikan-Werkreihe (leichte b. mittelschwere Originalwerke); Neue Hausmusik; Sonaten alter Meister; Klavierb. f. d. Jugend; Johann Sebastian Bach, Weg seines Lebens, Weg seines Schaffens; Johann Sebastian Bach, E. Komponisten-Porträt - Interessen: Randgeb. d. Musikwiss. (Gesch., Kunstgesch., Soziol., Weltlit.) - Lit.: Hans Peter Lörsch, E. Weg z. Musizieren am Klavier, e. Analyse (Univ. Mainz).

IRMER, Ulrich (Uli)
Rechtsanwalt, MdB - Konradstr. 10, 8000 München 40 (T. 089 - 22 33 87) - Geb. 19. Jan. 1939 Bochum, gesch., T. Nikola - 3 J. Volkssch., 8 J. Gymn., 1 J. High-School Michigan, USA, Abit.; Stud. Phil., Theol., Lit., Gesch., Politol. Tübingen, Hamburg u. Bonn, Jurastud. u. beide jurist. Staatsex. München - 1979-84 Mitgl. d. Europ. Parlaments u. d. Beratenden Vers. sowie d. Parität. Aussch. d. Lomé-Abkommens; s. 1985 Mitgl. Exekutiv Komit. d. Europ. Liberalen u. Demokraten (ELD); s. 1987 MdB (Ausw. Aussch., Rechtsaussch.) u. Mitgl. d. Parlam. Vers. d. Europarats u. d. WEU; a.o. Mitgl. Goethe-Inst. - Liebh.: Lit., Musik, polit. Kabarett - Spr.: Engl., Ital., Franz.

IRMLER, Christian
Dr.-Ing., Vorstandsvorsitzender Goetze AG, Burscheid - Bürgerm.-Schmidt-Str., 5093 Burscheid (T. 02174 - 89 02 04) - Geb. 31. Okt. 1930, verh., 3 Kd. - Abit.; Stud. Maschinenbau TH Hannover - AR-Vors. Goetze Friedberg GmbH, Friedberg; Chairman Goetze Corp. of America, Muskegon/Mich.; Dir. Goetze India, New Delhi, Goetze France, Garennes, Nippon Goetze, Tokyo; Beirat VDA, Frankfurt; AR Gebr. Happich, Wuppertal.

IRMSCHER, Hans Dietrich
Dr. phil., o. Prof. f. dt. Sprache u. Literatur - Ahrstr. 25, 5000 Köln 40 (T. 02234 - 7 66 88) - Geb. 2. Febr. 1929 Althaldensleben - Univ. Tübingen u. Göttingen. Promot. 1955 Göttingen; Habil. 1969 Köln - S. 1970 Wiss. Rat u. Prof. bzw. Ord. (1972) Univ. Köln - BV: Immanuel Kant - Aus d. Vorles. d. J. 1762-64, 1964; Adalbert Stifter - Wirklichkeitserf. u. gegenständl. Darstell., 1971; D. handschriftl. Nachlaß J. G. Herders (zus. m. E. Adler), 1979.

IRNGARTINGER, Hermann
Dr. rer. nat., Prof., Chemiker - Siegfriedstr. 12, 6905 Schriesheim - Geb. 1. Jan. 1938 Aschaffenburg - Promot. (1969) u. Habil. (1973) Heidelberg - S. 1973 Lehrtätigk. Univ. Heidelberg (gegenw. Prof. f. Organ. Chemie). Fachaufs.

IRNICH, Werner
Dr.-Ing., Prof. f. Biomedizinische Elektronik, Leiter Inst. f. Med. Technik Univ. Gießen - Zu erreichen üb. Inst. f. Med. Technik, Aulweg 123, 6300 Gießen (T. 0641 - 702-26 95) - Geb. 16. März 1934 Anrath - Dipl.-Hauptprüf. 1960, Promot. 1968, Habil. 1975 - 1962-68 Assist. Inst. f. Theoret. Elektrotechnik RWTH Aachen; 1968-79 Wiss. Mitarb. (zul. als Akad. Oberrat Abt. Inn. Med.) RWTH Aachen; s. 1979 Prof. u. Inst.-Leit. in Gießen. 1973-78 gf. Redakt. Ztschr. Biomed. Technik; s. 1978 Senior Editor Ztschr. Pacing and Clinical Electrophysiol. (PACE); s. 1981 Gf. Zentralreg. Dt. Arbeitsgem. Herzschrittmacher; Mitgl. VDE-Unterkommitt. Elektr. betr. Implantate (1983-87 Obmann ebd.) - BV: Einf. in d. Bioelektronik, 1975; Elektrotherapie d. Herzens, 1976. 175 Publ. z. versch. Geb. d. Medizintechnik.

IRSIGLER, Franz
Dr. phil., Prof. f. Geschichtl. Landeskunde Univ. Trier - Falkensteinerhof 2, 5503 Konz-Niedermennig (T. 06501 - 1 32 90) - Geb. 18. Sept. 1941 Großuretschlag (Vater: Josef I., Landwirt; Mutter: Anna, geb. Harsch), verh. s. 1983 m. Helga, geb. Straubel, 2. Töcht. (Eva Maria, Franziska Andrea) - Human. Gymn., Abit. 1961, 1963-68 Stud. Gesch. u. Soziol. München u. Saarbrücken; Promot. 1968, Habil. 1974 Bonn - 1961-63 Wehrdst.; 1968-74 Wiss. Assist. Univ. Bonn; 1974-77 Wiss. Rat u. Prof. Univ. Bielefeld; s. 1977 o. Prof. Univ. Trier - Buchveröff. u. Fachaufs. Hrsg. Hansische Umschau in d. Hans. Geschichtsblättern.

ISAY, Wolfgang-Hermann
Dr.-Ing., Prof. f. Angew. Mechanik - Roter Hahn 48, 2000 Hamburg 72 - Geb. 23. Febr. 1928 Berlin - Promot. u. Habil. Berlin - S. 1956 Hochschultätigk. (1960 nebenamtl. Prof. TU Dresden; 1962 apl. Prof., 1968 Wiss. Rat u. Prof. Univ. Hamburg) - BV: Z. Theorie d. Voith-Schneider-Propellers, 1956; Propellertheorie, 1964. Div. Einzelarb.

ISCHE, Friedrich

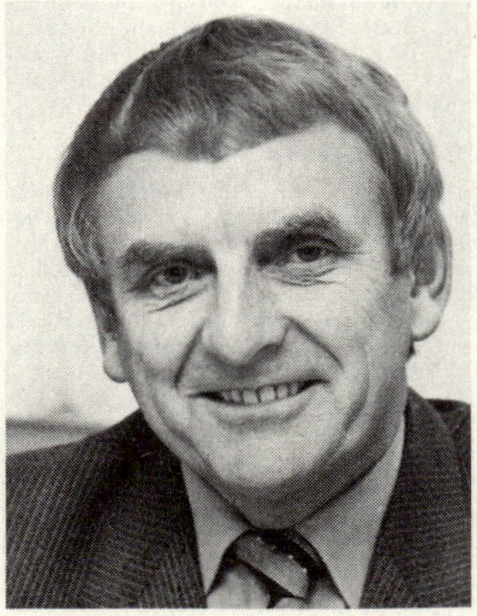

Dr. rer. nat., Dipl.-Chemiker Präsident Confédération Intern. des Cadres (CIC, 1982-86, s. 1986 Vizepräs.) - Zur Laubenheimer Höhe 6, 6500 Mainz 42 - Geb. 4. Nov. 1925 Hameln (Vater: Friedrich I., Angest.; Mutter: Josephine, geb. Klenke), ev., 2 Kd. (Eva, Martin) - TH Hann. (Chemie), Dipl. 1953, Promot. 1955 - 1971-80 Vors. Sprecheraussch. Ltd. Angest., 1979-81 Präs. ULA; 1976-87 Leit. Bildungspol. Abt. Hoechst AG, seitd. fr. Management-Trainer; s. 1988 Fachberater (Consultant) b. d. Europ. Commiss. Brüssel. 1975-78 Vors. Verb. angest. Akad. u. Ltd. Angest. chem. Ind. (VAA), Vizepräs. Fédération Intern. Cadres de Chimie et Ind. Annexes (FICCIA), AR Hoechst AG u. a. Funkt. - 1981 BVK am Bd. - Spr.: Engl., Franz.

ISCHEBECK, Friedrich
Dr. rer. nat., Prof., Mathematiker - Martin-Luther-Str. 24, 4400 Münster/W. - Geb. 15. Juli 1940 Wuppertal - Promot. 1967; Habil. 1973 - S. 1973 Lehrtätigk. Univ. Münster (gegenw. Wiss. Rat u. Prof.).

ISELER, Albrecht
Dr. phil., Dipl.-Psych., Prof. f. Psychologie FU Berlin (s. 1971) - Devrientweg 6, 1000 Berlin 45 (T. 771 89 04) - Geb. 13. Dez. 1939 Aachen - Promot. 1967 - BV: Leistungsgeschwindigkeit u. -güte, 1970.

ISENBERG, Günter
Export-Kaufmann, Prokurist, Leiter Geschäftsber. Industrietextilien GIRMES AG - 4155 Grefrath 2 - Geb. 5. Jan. 1936, kath., verh. s. 1961 m. Christa, geb. Schöny, 2 S. (Christoph, Oliver) - Abit. 1956; Lehre Niedieck AG-Girmes Werke AG; 1959-60 Auslandsaufenth. im Tochteruntern. De Ball of Canada; Marketing-Dipl. Insead (European Inst. of Basics and Administration, Fontainebleau) - 1970 Prok., 1976 Dir., 1982 Vorst. Niedieck (Verkaufstätigk. weltweit); Vors. TV Lobberich; Mitgl. Städtepartnerschaftskommitee - Liebh.: Sport, Musik - Spr.: Engl., Franz., Ital., Span.

ISENBURG, Wilhelm
Dr., Geschäftsführer Bundesverb. Feuerlöschgeräte u. -anlagen e. V., Bundesverb. Unterird. u. Oberird. Lagerbehälter e.V.; Dt. Ladenbau-Verb., alle Hagen - Westerfeld 30, 5805 Breckerfeld/W. - Geb. 14. Sept. 1928.

ISENDAHL, Walter M.
Bundesrichter - Westendallee 97a, 1000 Berlin 19 (T. 3048686) - Geb. 17. Jan. 1914 Berlin (Vater: Walther I., Konteradmiral; Mutter: Elsa, geb. v. Haller), verh. s. 1940 m. Edith, geb. Stielau, 3 Kd. - Realgymn. Berlin (Kleist); Univ. Kiel u. Berlin (Rechtswiss.). Ass.ex. 1949 - 1940-46 Wehrdst. u. Kriegsgefangensch.; Bezirksamt Zehlendorf (jurist. Ref.); Verwaltungsgericht Berlin (VGsrat, zul. -dir.); s. 1963 Bundesverw.sgericht ebd. (Bundesrichter) - Bek. Vorf.: Eduard v. Toll, Polarforscher (ms.).

ISENRATH, Hanspaul
Bildhauer, Prof. Abt. f. Kunsterzieher Münster/Kunstakad. Düsseldorf - Zu erreichen üb. Staatl. Kunstakad., Eiskellerstr. 1, 4000 Düsseldorf.

ISENSEE, Josef
Dr. jur., Prof. f. Öfftl. Recht u. Direktor Jurist. Seminar Univ. Bonn - Weberstr. 98, 5300 Bonn - Geb. 10. Juni 1937 Hildesheim - Promot. 1967; Habil. 1970 - S. 1971 Ord. Univ. Saarbrücken u. Bonn. Bücher u. Einzelarb - 1986 Karl-Voßler-Preis Freistaat Bayern.

ISER, Wolfgang
Dr. phil., o. Prof. f. Engl. Philologie - Zur Halde 38, 7753 Allensbach 4 (T. 07533 - 32 30) - Geb. 22. Juli 1926 Marienberg - Habil. 1957 Heidelberg - S. 1960 Ord. Univ. Würzburg, Köln (1963), Konstanz (1967). 1970-71 Research Fellow, Center f. the Humanities, Wesleyan Univ., 1973-74 Res. Fellow, Netherl. Inst. f. Advanced Study, Wassenaar, Niederl.; 1978 Fellow, Princeton, University; 1985/86 Fellow, Inst. for Advanced Study, Hebräische Univ., Jerusalem; s. 1968 versch. Gastprof. in USA u. Kanada - BV: D. Weltanschauung Henry Fieldings, 1952; Walter Pater - D. Autonomie d. Ästhetischen, 1960 (engl. 1987); D. Appellstruktur d. Texte, 4. A. 1974 (engl. 1971, jap. 1972, hebr. 1975, holl. 1978, türk. u. korean. 1979, dän. 1981, ital. 1985, poln. 1986, span. 1987); Spensers Arkadien-Fiktion u. Gesch. in d. engl. Renaissance, 1970 (engl. 1981); D. implizite Leser, 1972 (engl. 1974); D. Akt d. Lesens, 1976 (engl. 1978, jap. 1982, franz. 1985, span. 1987, ital. 1988, chin. 1989); D. Artistik d. Mißlingens, 1979 (engl. 1981); Sterne: Tristram Shandy, 1987 (engl. 1988); Shakespeares Historien, 1988; Prospecting. From Reader Response to Literary Anthropology, 1989. Zahlr. Einzelarb. - Mitgl. Heidelberger Akad. d. Wiss.; Ehrenmitgl. British Comparative Literature Assoc. u. Modern Language Assoc. of America; Honorary Foreign Member American Acad. of Arts and Sciences; Ständ. Gastprof. Univ. of California, Irvine.

ISERLOH, Erwin
Dr. theol., Dr. phil. h. c., o. Prof. f. Mittlere u. Neuere Kirchengeschichte - Domplatz 29, 4400 Münster/W. (T. 46610) - Geb. 15. Mai 1915 Beeck b. Duisburg, kath. - Univ. Münster (Phil., Gesch., Theol.). Priesterweihe - 1951-54 Privatdoz. Univ. Bonn u. Lehrstuhlvertr. Univ. Münster; 1954-64 o. Prof. Theol. Fak. Trier; s. 1964 o. Prof. Univ. Münster; 1968 ff. Mitgl. Histor. Kommiss. Westfalens; s. 1976 Domkapitular Münster/Westfalen - BV: D. Eucharistie in d. Darstell. d. Johann Eck, D. Kampf um d. Messe in d. ersten Jahren d. Auseinandersetz. m. Luther, Gnade u. Eucharistie in d. phil. Theol. d. Wilhelm v. Ockham, Handb. d. Kirchengeschichte IV. Zahlr. Einzelveröff. Mithrsg.: u. a. Theolog. Revue; Corpus Catholicorum; Reformationsgesch. Stud. u. Texte - 1971 Ehrendoktor St. Louis Univ./USA (D. of Letters); 1969 korr., 1972 o. Mitgl. Akad. d. Wiss. u. d. Lit., Mainz, 1985 Gr. BVK.

ISERLOHE, Ulrich
Techn. Angest., MdL Nieders. (s. 1978) - Tom-Brok-Str. 37, 2940 Wilhelmshaven - SPD.

ISERMANN, Heinz
Dr. rer. pol., Prof. f. Betriebswirtschaftslehre Univ. Bielefeld - Spitzenkamp 21, 4802 Halle/Westf.

ISERMANN, Rolf
Dr.-Ing., Prof. TH Darmstadt - Am Hermertsberg 2A, 6104 Seeheim-Jugenheim 1 (T. 06257 - 8 42 92) - Geb. 20. Aug. 1938 Stuttgart (Vater: Rudolf I., Dipl.-Ing.; Mutter: Luise, geb. Dongus), ev., verh. s. 1970 m. Helge, geb. Rappold, 2 Söhne (Michael, Thomas) - Dipl.-Ing. Masch.Bau 1962 TH Stuttgart, Promot. 1965 u. Habil. 1968 Univ. Stuttgart - 1969 Privatdoz., 1972 Wiss. Rat u. Prof. Univ. Stuttgart; 1977 Prof. TH Darmstadt - BV: Experiment. Analyse v. Regelsystemen, 5. A. 1971; Prozeßidentifikation, 1974; Digitale Regelsysteme, 1977, 2. A. 1987; Digital Control Systems, 1981; Identifikation dynamischer Prozesse, 1988 - Spr.: Engl.

ISERMEYER, Christian-Adolf
Dr. phil., Dr. ès lettr. h. c., Prof. f. Kunstgeschichte - Grube 4, 2000 Hamburg 55 - Geb. 9. Juli 1908 Goslar/Harz (Vater: Dr. August I., Arzt; Mutter: Elisabeth, geb. Ebbecke) - Stud. München, Göttingen, Montpellier, Paris - S. 1949 (Habil.) Lehrtätigk. Univ. Hamburg, Bordeaux - BV: Florentiner Wandmalerei, 1937; Runge, 1940; Blumenthal, 1947; Vasari, 1950; Verrocchio u. Leopardi - D. Reiterdenkmal d. Colleoni, 1963; D. Jagdbilder v. Rubens, 1965; Empire (Heyne Stilkunde F) 1977; Blumenthal, Werkverzeichnis 1988; La chiesa di San Giorgio Maggiore (Corpus Palladianum) 1988 - Spr.: Engl., Franz., Ital., Russ.

ISLEBE, Walter
Generalkonsul d. BRD in Amsterdam - de Loiressestraat 172, Amsterdam (Ndl.) - Generalkonsul in Barcelona; Botsch. in El Salvador, zul. (b. 1982) in Guatemala.

ISRAEL, Walter
Dr. phil., o. Prof. f. dt. Sprache, Literatur u. Didaktik Päd. Hochschule Ruhr, Dortmund - Holunderweg 15, 5800 Hagen/W. (T. 51450) - Geb. 29. Okt. 1923 - S. 1960 Hochschultätigk. Freiburg, Dortmund, Bielefeld (Doz.), Hagen (1964 Ord.), Dortmund (1977 Ord.). Facharb.

ISSEL, Wilhelm
Dr. rer. nat., Zoologe, Museumsdir. i. R. - Waldheimstr. 14, 8900 Augsburg (T. 0821 - 88 06 45) - Geb. 9. Juni 1915 Frorath/Rhld. (Vater: Peter I., Volksschullehrer), kath., verh. s. 1950 m. Dr. Brigitte, geb. Langenstein, 2 Töcht.

(Angela, Dorothea) - Gymnasium Neuwied; Univ. Bonn u. München (8 Sem. Med., 6 Naturwiss.; Promot. 1948) - B. 1954 Assist. Vogelschutzwarte Garmisch-P., b. 1977 Kustos Naturwiss. Museum Augsburg. 1938/39 Ornithol. Exped. Südwestafrika, 1952 Exped. S. M. Exkönig Leopold v. Belg. Mittelamerika. Erf.: Spezialkasten z. Ansiedl. v. Fledermäusen in Forsten z. biol. Schädlingsbekämpf.; Verf. z. naturgetreuen Nachbild. v. Pflanzenteilen f. museale Darstell. Veröff. üb. Fledermäuse (Spezialgeb.). Div. Mitgliedsch. - Liebh.: Basteln - Spr.: Franz.

ISSEN, Roland

Dipl.-Volksw., Vorsitzender DAG, AR-Vors. Vermögensges. d. DAG u. Dt. Angestellten Wohnungsbau AG, Vorst.-Mitgl. Bundesanst. f. Arbeit, Nürnberg, AR-Mitgl. Dt. Shell AG, Dt. Angest. Wohnungsbau AG, Hamburg, Dt. Lufthansa AG, Köln/Frankfurt. MdHB (s. 1978) - Edwin-Scharff-Ring 75, 2000 Hamburg 60 - Geb. 7. Jan. 1938, verh. m. Anneliese, geb. Mahn, T. Sandra - Stud. Wirtschaftswiss. u. Polit.wiss. - SPD.

ISSERSTEDT, Jörg

Dr. rer. nat., Prof. f. Astronomie Univ. Würzburg - Schlesierstr. 63, 8713 Marktbreit (T. 09332 - 42 31) - Geb. 10. März 1939 Wuppertal (Vater: Max I., Kaufm.; Mutter: Irene, geb. Günther), verh. s. 1974 m. Karin, geb. Berkermann - 1961-67 Univ. Bonn (Promot. 1967), Habil. 1975 Univ. Bochum - 1967-75 wiss. Assist. Univ. Bochum; 1976-80 Oberassist. Univ. Würzburg; s. 1980 Prof. Zahlr. Arb. auf d. Geb. d. galakt. u. extragalakt. Astronomie.

ISSING, Ludwig J.

Dr. phil., Dipl.-Psych., o. Prof. f. Medienpsychologie u. Medienpädagogik FU Berlin (s. 1980) - Goldschmidtweg 49, 1000 Berlin 49 - Geb. 17. März 1940 Würzburg - Univ. Würzburg, London, Rochester (USA). M.A. 1966 Rochester; Promot. 1971 Würzburg - Prof. f. Psych. PH Saarbrücken, 1972 Prof. f. Medienforsch. PH-Berlin, Leit. Arbeitskr. Bildung d. Btx-Anbieter-Vereinig. Bücher u. Aufs. - BV: D. programmierte Unterricht in den USA heute, 1967; Programm. Schulfernsehen, 1971; Unterrichtstechnologie u. Mediendidaktik, 1976; Bildschirmtext in d. berufl. Aus- u. Weiterbild., 1985; Bildschirmtext macht Schule, 1985; Blickbewegungsforsch. u. Bildverarb., 1985; Btx im Hochschulbereich, 1986; Medienpäd. im Informationszeitalter, 1987; Ausbildungsangebote z. Medienpäd., 1989 - Spr.: Engl., Franz.

ISSING, Otmar

Dr. rer. pol., o. Prof. f. Volkswirtschaftslehre Univ. Würzburg (s. 1973), Mitgl. Sachverst.rat z. Begutachtung d. gesamtwirtsch. Entw. - Georg-Sittig-Str. 8, 8700 Würzburg - Geb. 27. März 1936 Würzburg, verh. s. 1960 m. Sieglinde, geb. Böhm - Univ. Würzburg (Dipl.-Volksw. 1960). Promot. (1962) u. Habil. (1965) Würzburg - 1965-67 Privatdoz. u. Doz. (1966) Univ. Würzburg, 1967-73 o. Prof. Univ. Erlangen-Nürnbg. Mitgl. Verein f. Socialpolitik, List-Ges., American Economic Assoc., Wiss. Beirat b. Bundesmin. f. Wirtsch. - BV: Monetäre Probleme d. Konjunkturpolitik in d. EWG, 1964; Leitwährung u. intern. Währungsordnung, 1965; Indexklauseln u. Inflation, 1973; Einführung in d. Geldtheorie, 6. A. 1987; Investitionslenkung in d. Marktwirtschaft?, 1975; Kleineres Eigentum - Grundlage unserer Staats- u. Wirtschaftsordnung, 1976 (zus. m. W. Leisner); Einf. in d. Geldpolitik, 2. A. 1987. Fachaufs.

ITALIAANDER, Rolf

Schriftsteller, Völkerkundler, Zeitgeschichtler, ehem. Honorarkonsul d. Senegal, ehem. Gastprof. f. Afrikanische Geschichte u. Zivilisation, Hope College, Holland, Michigan, USA, sowie anderen Colleges u. Univ. - St. Benedict-Str. 29, 2000 Hamburg 13 (T. 47 34 35) - Geb.

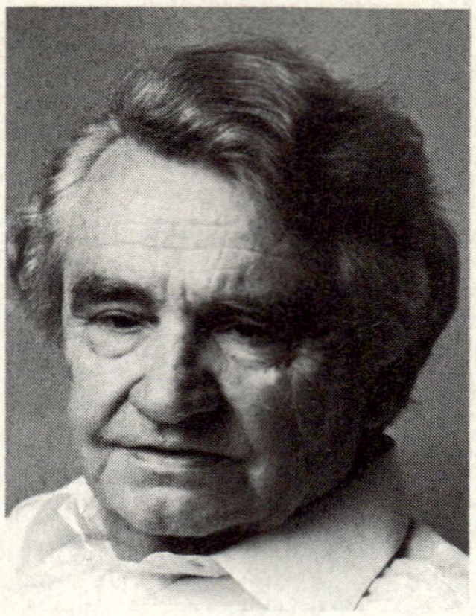

20. Febr. 1913 Leipzig (Eltern: Kurt u. Charlotte I.), Christ u. Neubuddhist, led. - Stud. a. versch. Univ. u. Kunstsch. - S. 1933 zahlr. Reisen u. Exped. Afrika, Lateinamerika, Asien, Ozeanien - BV: Fremde Länder (1951-72, Titel s. XVIII. Ausg.), Hauptwerke: D. neuen Männer Afrikas, D. neuen Männer Asiens, D. neuen Herren d. alten Welt, Schwarze Haut i. roten Griff, D. ruhelose Kontinent, E. Religion f. d. Frieden, Indonesiens verantwortl. Gesellschaft, Partisanen u. Profeten, Wer seinen Bruder nicht liebt, Kultur ohne Wirtschaftswunder, Moral - wozu?, Albanien, Vorposten Chinas, Terra dolorosa - Wandlungen in Lateinamerika; Berlins Stunde Null; Jenseits d. dt.-dt. Grenze; Hugo Eckener, e. neuer Columbus; Ferdinand Graf Zeppelin; D. gr. Zeit d. dt. Hanse; E. Dt. namens Eckener; Wir erlebten d. Ende d. Weimarer Republik; E. Mann kämpft f. d. Frieden (N. Niwano); Europa ist doch wunderschön!; Schwarze Magie - Magie d. Schwarzen; Geh hin zu d. Menschen; Naive Kunst u. Folklore; Akzente e. Lebens; Ich bin e. Berliner (Dt., Engl. u. Franz.); Anfang m. Zuversicht. Besinnung auf Werte; Mut, Fantasie u. Hoffnung; Durchschrittene Räume; Lichter im Norden; Kunstsammler, glückl. Menschen; Vielvölkerstadt Hamburg u. s. Nationalitäten, Hans-Hasso von Veltheim - Privatgelehrter u. Weltbürger; D. Herausforderung d. Islam - E. ökumenisches Leseb.; Gedanken-Austausch - Erlebte Kulturgesch. in Zeugnissen aus 6 Jahrzehnten; Loki: D. ungewöhnliche Gesch. e. Lehrerin namens Schmidt. Mithrsg. versch. Jb. u. Anthologien, Übers. aus d. Holländ., Franz. u. Engl., desgl. afrik. Lyrik u. Sprichwörter - 1963 Chevalier Ordre National Rep. Senegal; 1964 Hans-Henny-Jahnn-Preis d. Freien Akad. d. Künste Hamburg; 1977 Gr. Verdienstzeichen Rep. Österr.; 1976 Distinguished Achievement Award, USA; 1980 Offz. d. Ordre National du Lion d Rep. Senegal; 1984 BVK I. Kl. - Gründer u. Ehrenpräs. Verb. dt. Übersetzer lit. u. wiss. Werke. Ehrenmitgl. Heinrich-Barth-Ges., Ges. z. Erforsch. d. Naturvölker, Islam Institut in Peru, Rissho Kosei-kai, Tokyo; Mitgr. u. Generalsekr. (1948-68) der Fr. Akad. d. Künste Hamburg, Mitgl. Internat. African Inst., London, u. African Studies Assoc. (USA), Gründer Museum Rade am Schloß Reinbek (Stiftg. Samml. Rolf Italiaander/Hans Spegg) - Liebh.: Fliegen, Tiere, Blumenzucht - Lit.: Unterwegs mit R. I. (1953); Die Welt des R. I. (1963); Regina Kirchhof: Bibliographie R. I. (1978); Ergänzungsbibliographie (1983); Diaboado J. Lompo: Schwarzweißer Dialog. R. I. u. sein Afrikawerk (1989).

ITSCHERT, Hans

Dr. phil., o. Prof. f. Amerikanistik - Am Staden 29, 6600 Saarbrücken (T. 62800) - Geb. 25. Mai 1925 - S. 1961 (Habil.) Lehrtätigk. Univ. Mainz u. Saarbrücken (1963 ao., 1964 o. Prof.) - BV: Studien z. Dramaturgie d. Religious Festival Play b. Christopher Fry (1963); Herausg.: D. amerik. Drama v. d. Anfängen b. z. Gegenw., Ars interpretandi, Bd. 5 (1972) u. weit. Fachveröff. - Liebh.: Sprech- u. Musiktheater.

ITZENPLITZ, Eberhard

Dr. phil., Regisseur - Denninger Str. 108, 8000 München 81 (T. 91 35 45) - Geb. 8. Nov. 1926 Holzminden (Vater: Hans-Jürgen I., Oberstl.; Mutter: Hildegard, geb. Langemeyer), ev., verh. s. 1954 m. Gisela, geb. Karge, S. Stephan - Stud. Phil., Kunstgesch., German. Promot. 1953 Göttingen - 1961-64 Prokurist u. Leit. Abt. Fernsehspiel Bertelsmann-Konzern, 1966-72 gf. Gesellsch. München-Film GmbH. Regie: 11 kurze Kinofilme, dar. Gläserne Wunder (1955) u. Kl. Monte-Carlo-Story (1957); Fernsehsp.: 6 Personen suchen e. Autor (1964), Exil (1965), Prüfung e. Lehrers (1968), Bambule (1970), Federlesen (1973), Partner (1974), Wanderungen durch d. Mark Brandenburg (n. Fontane, 1985), Anna u. Franz (1986). Theaterinsz. in Hamburg (Thalia) u. Zürich (Schauspielh.). Div. Veröff. in Fachb. u. Ztschr. - 1967 Jak.-Kaiser-Preis (f.: Begründung e. Urteils); 1970 Adolf-Grimme-Preis in Silber (f.: D. Dubrov-Krise); 1973 DAG-Fernsehpr. in Gold (f.: Tod im Studio); 1984 J. Kaiser-Preis (f.: Für'n Groschen Brause); 1985 Spez. Preis Festival Bludens, Österr. (f.: Ibras Heimkehr) - Liebh.: Sportfliegerei (Mitgl. Dt. Aero-Club), Fotogr., mod. Malerei - Spr.: Engl.

IVANCEVIČ, Lazar

Dr. med., Urologe, Prof. Univ. Mainz (n. b.) - Siegfriedstr. 20-22, 6520 Worms/Rh. - Zul. Privatdoz.

IVEN, Hans

Bundesbeauftragter f. d. Zivildienst (1970-83) - Stresemannstr. 2, 5160 Düren/Rhld. (T. 5 44 43) - Geb. 25. März 1928 Birkesdorf/Rhld., kath., verh., 2 Kd. - Volkssch.; Maschinenschlosserlehre (Eisenbahnausbesserungswerk Jülich) - Ab 1951 Gewerksch. d. Eisenbahner Dtschl. (Sekr.) u. DGB (1956 Vors. Kreisaussch. Düren-Jülich). 1956 ff. Mitgl. Stadtrat Düren u. Kreistag ebd.; 1957-69 MdB. SPD s. 1946 (1960 Vors. Unterbez. Düren-Jülich-Monschau-Schleiden).

IVERSEN, Gerd

Dr. med., Internist, Psychotherapie/Psychoanalyse, ehem. Schriftl. Schlesw.-Holst. Ärzteblatt u. Präs. d. Ärztekammer, Doz. d. Akademie f. mediz. Fortbildung d. Ärztekammer S.-H., Vors. Dt. Gesellsch. f. ärztl. Hypnose u. Autogen. Training u. Mitgl. d. Leitung d. Nordd. Psychotherapietage Lübeck - Am Ihlsee 25b, 2360 Bad Segeberg (T. 04551 - 8 38 17 u. 8 18 22).

IVO, Hubert

Dr. phil., Prof. f. Didaktik d. Dt. Sprache u. Lit. Univ. Frankfurt/M. - Rittershausstr. 8b, 6200 Wiesbaden.

J

JABLONKA, Hans

Ing. grad., Vors. d. Geschäftsfg. d. Klöckner-Wilhelmsburger GmbH, Geesthacht, ER-WE-PA Maschinenfabrik & Eisengießerei GmbH, Erkrath, Gf. Magnetor, Präs. American Wilhelmsburger Maschinenfabrik, Detroit (USA), Chairman of the Board Michigan Precision Industries, Inc., Detroit (s. 1973) - Götensberg 7, 2051 Escheburg (T. 04152 - 3673) - Geb. 8. Jan. 1924 Hindenburg (Eltern: Erich (Beamter) u. Hilde J.), verh. s. 1946 m. Ruth, geb. Bahn, 2 Söhne (Uwe, Bernd) - Ausbild. Metall-Flugzeugbauer; Stud. Breslau (Ing. grad.).

JABLONSKI, Günther F.

Geschäftsf. Dean Witter Reynolds GmbH. Dtschl., Senior Vice Pres. Brokerhaus Dean Witter Reynolds Intern. Inc. USA - Königsallee 88, 4000 Düsseldorf 1 (T. 320867) - Geb. 22. März 1931 Troppau/CSR (Vater: Erwin J., Kaufm.; Mutter: Gretl, geb. Rossmanith) - Kaufm. Lehre 1946-49, Priv. Handelssch. 1950-51. Dipl. IHK - 1951-56 Bankpraxis; 1957-74 Merrill Lynch New York (zul. Vice-Pres.); Prüf. u. Regist. als Manager: New York Stock Exchange, American Stock Ex., Chicago Board of Trade, New Yorker Baumwollbörse N. Y., Principal: Nat. Assoc. of Security Dealers, Washington, Magazin-Serie Wall Street in Wirtschaft u. Investment (1973-74); C. B. Options Exchange Chicago, USA, Chicago Mercantile Exch., Chicago USA; U. S. Commodity Futures Trad. Commiss. Mitgl.sch. New York Futures Exchange - Spr.: Dtsch., Engl.

JACHNOW, Helmut

Dr. phil., o. Prof. f. Slavistik Univ. Bochum (s. 1976) - Harpener Hellweg 265, 4630 Bochum - Geb. 6. Febr. 1939 Kienitz/Lebus, ev., verh. s. 1966 m. Waltraud, geb. Müller, 3 Kd. (Maria, Alexander, Joachim) - Stud. Slav. u. Angl. Berlin (W) u. Sarajewo - Zul. Wiss. Assist. Univ. Konstanz - BV: u. a. D. slav. Personennamen in Berlin b. z. tschech. Einwanderung im 18. Jh., 1970; Sowjet. Soziolinguistik - Genese u. Probleme, 1974 (m. W. Girke); Wortbildung u. ihre Modellierung, 1978; Z. Erklärung u. Modellier. diachroner Wortbildungsprozesse, 1980; Handb. d. Russisten, 1984. Mitherausg. Bochumer Slav. Beiträge u. Slav. Studienbücher - Liebh.: Ethnol. - Spr.: Russ., Serbokroat., Tschech., Engl.

JACKISCH, Paul J. B.

Rentenberater, Rechtsbeistand Sozialversicherungsrecht, AR-Flughafen Bremen GmbH (1971-88), MdBB (1967-87) - Am Markt 18, 2800 Bremen 1 - Geb. 25. Jan. 1933 Bremen, kath., verh., 4 Kd. - Gymn. Königsberg/Pr.; 1945-48 sowjet. Internierungslager; Elektrikerhandw.; Lehrgänge f. soz. Fragen - 1952-64 Monteur Packmaschinenind., 1964-66 Angest. Eigentumsberat. (Münster), s. 1966 fr. Rentenberat. u. Rechtsbeist. Sozialversich.recht. CDU s. 1959.

JACKWERTH, Ewald

Dr. rer. nat., Prof. f. Analyt. Chemie - Auf der Bokkenbredde 39, 4600 Dortmund-Aplerbeck - Geb. 3. Jan. 1932 Brambauer - Stud. Chemie - S. 1968 (Habil.) Lehrtätig. Univ. Bochum (1972 apl. Prof., 1978 Wiss. Rat u. Prof.). Üb. 100 Fachaufs.

JACOB, Adolf

Geschäftsf. Dr. Jacob Chem. Fabrik KG./Nahe-Chemie GmbH. - Planiger Str. 34, 6550 Bad Kreuznach/N.; priv.: Soonblick 15 - Geb. 23. Juni 1930.

JACOB, Carl Heinz

Kanzler d. Kath. Univ. Eichstätt - Ostenstr. 26, 8078 Eichstätt/Bay.

JACOB, Dietger

Prof., Leiter e. Hochschulkl. f. Gesang, Musikhochschule Köln (s. 1974) - Möhlmannweg 4a, 2000 Hamburg 55 (Blankenese) (T. 040 - 86 29 68) - Musikhochsch. Köln (Violine, Gesang) - 1950-59 Konzert- u. Operns.; 1959-65 Programmgestalter u. Produz. EMI; 1961-70 Leit. Ausbildungs- u. Meisterkl. f. Sologesang Konservat. Dortmund; 1968-73/74 Leit. Gesangstudio Hbg. Staatsoper (Prof. Rolf Liebermann); s. 1984 Intern. Sommerakad. Mozarteum Salzburg, Meisterkurse Gesang.

JACOB, Hans

Dr. med. (habil.), o. Prof. f. Psychiatrie u. Neurol. - v.-Harnack-Str. 19, 3550 Marburg/L. (T. 65434) - Geb. 13. Okt. 1907 Pirna/Sa. (Vater: Mediziner) - 1940-59 Doz. u. apl. Prof. (1946) Univ. Hamburg, Leit. Neuropathol. Abt. ebd. u. Chefarzt Neurol. Abt. Allg. Krkhs. Altona, s. 1959 Ord. u. Dir. Univ.s-Nervenklinik Marburg - BV: D. Erlebniswandel b. Späterblindeten, Wahrnehmungsstörungen u. Krankheitserleben, Neuropathol. d. zentralnerv. Entwicklungsstörungen, Klinik u. Neuropathol. d. infektiösen Erkrankungen d. Zentralnervensystems. Einzelabschn.: Handb. d. spez. Pathol., Anat. u. Histol., Hb. d. allg. Pathol., D. nervale Gewebe.

JACOB, Helmut
Dr. agr., Prof. f. Grünlandlehre Univ. Hohenheim - Fruwirthstr. 23, 7000 Stuttgart-Hohenheim - Geb. 10. April 1940 Leipzig - Prom ot. 1970 - Zul. Doz. Gießen.

JACOB, Herbert

Dr. rer. pol., Dr. h.c. o. Prof. f. Betriebswirtschaftslehre - v.-Melle-Park 5, 2000 Hamburg 13 (T. 41 23 46 52) - Geb. 25. Febr. 1927 Frankfurt/M. (Vater: Otto J., Obertelegrapheninsp.; Mutter: Margarete, geb. Engel), neuapostol., verh. s. 1957 m. Marlis, geb. Brovot, 3 Kd. (Uwe, Imke, Maik) - Univ. Frankfurt (Dipl.-Kfm. u. -Volksw. 1951, Promot. 1954). Habil. 1958 Köln 1951-53 Wirtschaftsprüfungsges., 1954-1959 Assist. u. Privatdoz. (1958) Univ. Köln, 1959-61 ao. Prof. TH München, s. 1961 o. Prof. Univ. Hamburg (Dir. Inst. f. Unternehmensforsch. u. Sem. f. Industriebetriebslehre u. Organisation), Vors. Verb. d. Hochschullehrer f. Betriebswirtschaft, 1964-66 - BV: D. Bewertungsproblem in d. Steuerbilanzen, 1961; Preispolitik, 2. A. 1971; Z. Standortwahl d. Unternehmungen, 3. A. 1976; Investitionsplanung u. Investitionsentscheidung m. Hilfe d. Linearprogrammierung, 3. A. 1976; Kl. Investitionsrechnung, 3. A. 1984; Preisbild. u. Preiswettbew. in d. Industriewirtsch., 1985. Herausg.: Schriften zur Unternehmensführung, s. 1967; Allg. Betriebswirtschaftslehre, 5. A. 1988; Industriebetriebslehre, 3. A. 1986; zahlr. Einzelarb. - 1981 Univ. Istanbul Dr. h.c. - Philatelist - Spr.: Engl.

JACOB, Robert E.
Geschäftsf. Dr. Jacob Chem. Fabrik KG./Nahe-Chemie GmbH., Bad Kreuznach, Rhodanid Chemie GmbH., Köln - Krötenhofer Weg 8, 6550 Bad Kreuznach - Geb. 12. Jan. 1939.

JACOB, Ruthard
Dr. med., o. Prof., Lehrstuhl f. Physiologie II Univ. Tübingen (s. 1971) - Kelteräckerstr. 3, 7407 Rottenburg 19 (Oberndorf) - Geb. 23. August 1925 Tauberbischofsheim - Promot. 1953 - S. 1966 (Habil.) Lehrtätig. Univ. Würzburg u. Tübingen (1971 Ord.). Fachveröff.: Handb.beitr. u. Bücher (Editor) a. d. Bereich d. exp. Cardiologie. Mithrsg. d. intern. Ztschr. Basic Research in Cardiology - 1967 Fraenkel-Preis Dt. Ges. f. Kreislaufforsch. - Spr.: Engl.

JACOB, Wolfgang
Dr. med., Prof., Wiss. Rat - Beethovenstr. 4, 6900 Heidelberg - Geb. 18. Sept. 1919 Bremen - Promot. 1944; Habil. 1966 - Lehrtätig. Univ. München, TU ebd. u. Univ. Heidelberg (gegenw. apl. prof. f. Allg. Pathol. u. Pathol. Anat. u. Leit. Abt. f. Dokument., histor. u. soz. Pathol./Zentr. Pathol.). Üb. 100 Facharb.

JACOB-FRIESEN, Gernot
Dr. phil., Prof. f. Ur- u. Frühgeschichte Univ. Göttingen (s. 1982) - Ludwig-Beck-Str. 13, 3400 Göttingen (T. 0551 - 2 22 49) - Geb. 15. Mai 1926 Hannover (Vater: Dr. phil. Karl-Hermann J.-F., Prof., Dir. Niedersächs. Landesmus. (†); Mutter: Elfriede, geb. Vehse), ev., verh. m. Maria, geb. Schnath, S. Holger - Ratsgymn. Hannover, Univ. Göttingen u. Bonn, Promot. Bonn 1951, Habil. Köln 1963 - Prakt. Mus.ausb. - Zahlr. Ausgrab.; 1957-82 Univ. Köln, 1965 Doz., 1968 Wiss. Rat u. Prof., 1982 C4-Prof. Univ. Göttingen - Zahlr. Fachveröff.

JACOBI, Bernd
Dipl.-Phys., Prof. f. Physik (Experimental u. Angew.) GH Wuppertal - Zum Lohbusch 53, 5600 Wuppertal 1.

JACOBI, Claus
Redaktionsdirektor BILD, Herausg. SPORT BILD - Kaiser-Wilhelm-Str. 6, 2000 Hamburg 36 - Geb. ad. 1927 Hamburg (Vater: Kfm.) - Journ. Zeit (1947-52), Spiegel (1952-69, Bonner Korresp.), 1956 Washington-Korresp., 1961 Chefredakt.); Welt am Sonntag (1970-71; Chefredakt.) u. Wirtschaftswoche (1972-74); 1976-88 wieder Chefredakt. WamS - BV: D. menschl. Springflut, 1969; Uns bleiben 100 Jahre, 1986.

JACOBI, Eugen
Fabrikant, Geschäftsf. Jacobi GmbH., Hennef - Sövener Str. 46, 5202 Hennef/Sieg - Geb. 31. Jan. 1914 Hennef, verh. m. Helga, geb. Schneider - Dipl.-Ing.; Dipl.-Kfm.

JACOBI, Gert
Dr. med., Prof. f. Kinderheilkunde Univ. Frankfurt (s. 1973) - Theodor-Stern-Kai 7, 6000 Frankfurt/M. - Geb. 10. Febr. 1933 - Promot. 1957 Düsseldorf (Med. Akad.) - Zul. Univ. D'dorf. Üb. 150 Veröff.

JACOBI, Hans
Dr. med., Prof., Chefarzt Kinderabt./Allg. Krankenhaus, Celle (s. 1976) - Lindenstr. 18, 3100 Celle - Geb. 19. Febr. 1934 Kiel (Vater: Dr. jur. Fritz J. †; Mutter: Liselotte, geb. Schräpler), ev., verh. s. 1962 m. Karin, geb. Popp, 5 Kd. (Karsten, Birgit, Dirk, Axel, Katrin) - Gymn. Köln (Abit. 1954); Univ. Berlin, Wien, Freiburg Göttingen (Med. Staatsex. 1959). Promot. 1959 Göttingen - S. 1970 (Habil.) Lehrtätig. Univ. Freiburg/Br. (1976 apl. Prof. f. Kinderheilkd.). 1970/71 USA. Üb. 40 Facharb.

JACOBI, Hans
Dr. med., o. Prof. f. Frauenheilkd. u. Geburtshilfe (emerit. Univ. Bonn) - 2279 Nebel/Amrum - Geb. 22. Juli 1901 Werningerode/Harz - Habil. 1933 Greifswald - 1939-44 Prof. Univ. Heidelberg (ao.) u. Straßburg (1941 o.). Facharb.

JACOBI, Hans-Werner
Dipl.-Volksw., Geschäftsf. Dt. Konditorenbund - Speickerstr. 13, 4050 Mönchengladbach 1 (T. 33 1 37).

JACOBI, Heinz
Schriftsteller - Waltherstr. 28, 8000 München 2 (T. 089 - 53 33 28) - Geb. 23. Jan. 1944 Frankfurt, ledig - Stud. German., Gesch. u. Phil. - BV: Idiotikum, 1968. Herausg. u. Hauptverf. Martin-Greif-Bote, 12 Bde. u. 3 Sonderbde. (s. 1973).

JACOBI, Horst
Künstleragent - Grillparzerstr. 30, 6100 Darmstadt 12 (T. 06151 - 37 39 60) - Geb. 2. April 1927, verh. - Inh. Intern. Künstleragentur H. J. im Auftrag d. Bundesanst. f. Arb. im Bereich Show u. Unterhaltung - Prod. v. Unterhaltungsprogr. im Show-Ber., Spezialist f. U-Musik u. Artistik - Bronzene Verdienstplak. Stadt Darmstadt; Ehrenpräs. Darmstädter Narrhalla v. 1846 - Spr.: Engl.

JACOBI, Karl-Wilhelm
Dr. med., Prof. f. Augenheilkd. - Friedrichstr. Nr. 18, 6300 Gießen - Geb. 22. Jan. 1933 - Promot. 1960 - S. 1969 (Habil.) Lehrtätig. Univ. Köln u. Gießen (1972 Prof.). Rd. 150 Facharb.

JACOBI, Kurt
Dr. rer. pol., Vorstandsmitgl. Schmalbach-Lubeca-Werke AG., Braunschweig (1962-71), Industrieberater - Holzmindener Str. 32, 3300 Braunschweig - Geb. 24. Nov. 1909 Frankfurt/M. - Div. Ehrenstell., dar. Vors. Interessengemeinsch. Aerosole (IGA) u. Vizepräs. Föderation europ. Aerosolverb. (FEA).

JACOBI, Martina
Prof., Leiterin Seminar f. Rhythmik Staatl. Hochsch. f. Musik Freiburg/Br. - Beethovenstr. 6, 7800 Freiburg i.Br.

JACOBI, Renate, geb. Tietz
Dr. phil., Prof. f. Islamkunde/Arabistik - Am Homburg 25, 6600 Saarbrücken (T. 0681 - 3 17 37) - Geb. 1. Febr. 1936 Volzrade/Meckl. (Vater: Hans-Günther T., Landw.; Mutter: Käte, geb. Schliemann) - Promot. 1963 Tübingen; Habil. 1970 Saarbrücken - S. 1970 Prof. Univ. Saarbrücken - BV: Studien z. Poetik d. altarab. Qaside, 1971. Div. Einzelarb.

JACOBI, Wolfgang
Dr. rer. nat., Prof., Leiter Inst. f. Strahlenschutz/Ges. f. Strahlen- u. Umweltforsch. mbH (s. 1972) - Ingolstädter Landstr. 1, 8042 Neuherberg/Obb. - Geb. 17. Mai 1928 Frankfurt/M. - Promot. 1953; Habil. 1962 - 1953-57 Wiss. Mitarb. MPI f. Biophysik, Frankfurt; 1957-72 Abteilungsleit. Hahn-Meitner-Inst. f. Kernforsch., Berlin (Strahlenphysik). S. 1962 Lehrtätig. TU Berlin (1967 apl. Prof.) u. München (1976) - BV: Strahlenschutz-Grundl., 1972 - Üb. 200 Einzelarb. Mithrsg.: Ztschr. Atomkernenergie - 1981 Umweltschutzpreis d. Friedrich Flick-Förderungsstiftg; Mitgl. Intern. Commission on Radiaton Protection (ICRP), 1988 Rolf Sievert Preis d. Intern. Radiation Protection Assoc. (IRPA).

JACOBITZ, Karlheinz
Dr.-Ing., Prof. f. Wasserversorgung, Abwasserbeseitigung u. Raumplanung TH Darmstadt - Ostpreußenstr. 8, 6100 Darmstadt 13.

JACOBMEYER, Wolfgang
Dr. phil., Zeitgeschichtler, stv. Dir. Georg-Eckert-Inst. f. Intern. Schulbuchforschung - Jasperallee 50, 3300 Braunschweig (T. 0531 - 33 90 06) - Geb. 27. Juli 1940 Hannover, ev., verh. s. 1966 m. Dr. Jutta, geb. Kirchberg (Oberstudienrätin), 2 T. (Hannah, Rebecca) - 1961-68 Stud. Univ. Hamburg, Oxford, Göttingen; Staatsex. 1968 Göttingen, Promot. 1971 Bochum, Ass. d. Lehramts 1971 Hildesheim, Habil. 1985 Hannover - 1971-78 wiss. Ref. Inst. f. Zeitgesch. München; s. 1978 stv. Dir. Georg-Eckert-Inst. Mitgl. wiss. Beirat Körber-Stiftg. (Schülerwettbew. Gesch. um d. Preis d. Bundespräs.); Mitgl. Arbeitskr. Gesch. Niedersachs. n. 1945 - BV: Poln. Widerstand im 2. Weltkrieg, 1972; Dienstageb. d. Generalgouverneurs Frank, 1975; Gesch. d. DPs in Westdeutschl., 1985; Publ. z. osteurop. Zeitgesch. - 1983 Mehnert-Preis DVA, Stuttgart - Liebh.: Kammermusik (Violine, Viola) - Spr.: Engl., Franz., Poln.

JACOBS, Egon

Bundesschatzmeister u. Bundesgeschäftsf. a. D. BDH - Scheidemannstr. 32, 5000 Köln 80 (T. 0221 - 63 14 00) - Geb. 11. Mai 1925 Köln, kath., verh. s. 1970 m. Gerti, geb. Könen, 3 S. (Horst, Manfred, Thomas) -Krankenvers.-Kaufm. - Bundesgeschäftsf. BDH einschl. Leitung v. 5 Neurolog. Kliniken - 1974 BVK am Bde., 1980 BVK I. Kl., 1986 Gr. BVK, 1967 Europa-Kreuz, weitere in- u. ausl. Ausz.

JACOBS, Giesbert
Dr. med., Prof., Chefarzt (Chirurg) - Städt. Krankenhs. (Weinberg 1), 3200 Hildesheim - Geb. 4. Nov. 1935 - B. 1971 Privatdoz., dann apl. Prof. Univ. Düsseldorf (Chir.); 1981 Med. Hochsch. Hannover.

JACOBS, Günther
Dipl.-Ing., Vorstandsmitgl. Feldmühle AG. - Rosenstr. 21, 4005 Meerbusch 1 (T. 02105 - 3656) - Geb. 3. Juli 1927 Dresden (Vater: Dipl.-Ing. Kurt J., Mutter: Margarete, geb. Menzel), ev., verh. s. 1958 m. Ruth, geb. Spiegel, 4 Kd. (Annette, Ulrich, Beate, Klaus) - Stud. Papierig.wesen TH Darmstadt; Dipl.ex. 1954 - S. 1954 Feldmühle AG. - Spr.: Engl. - Rotarier.

JACOBS, Heinz
Fabrikant, Vors. Bundesverb. Sargindustrie, Eppstein - Kirchhecke 14, 5162 Niederzier-Selhausen - Geb. 19. Mai 1922.

JACOBS, Herbert
Dr. jur., Rechtsanwalt, Leit. Kreditabt. Rheinl. u. Westdt. Genossenschaftszentralbank e. G., Köln - Hölderlinstr. 10, 4005 Meerbusch 1 - Geb. 28. Dez. 1933 Keppeln/Kleve (Vater: Hans J., Polizeim. †; Mutter: Maria, geb. Bültjes †), kath., verh. s. 1965 m. Sabine, geb. Fischer, 2 T. (Annedore, Caroline) - Comeniusgymn. Düsseldorf; Univ. Köln, Heidelberg, Berlin (W.). Gr. jurist. Staatsprüf. 1965 Düsseldorf; Promot. 1964 Köln - Stv. AR-Vors. Lease Plan, Düsseldorf; VR-Mitgl. u. Bewilligungsaussch. Kreditgarantiegemeinsch. Ind., Düsseldorf; DRK-Justitiar Kreisverb. Grevenbroich; Ratsmitgl. Meerbusch - BV: Rechtsphil. u. polit. Phil. bei John Stuart Mill, 1964 (Diss.) - Liebh.: Musik, Kunst, Pilzkd., Wandern - Spr.: Engl., Franz.

JACOBS, Herbert
Dr. rer. nat., Prof., Chemiker - Driverweg 42, 4600 Dortmund 50 - S. 1973 Wiss. Rat u. Prof. TH Aachen (Lehrgeb. Anorgan. Chemie).

JACOBS, Jan
Dr. jur., Versicherungsangest., Mitgl. Hbg. Bürgerschaft (s. 1978) - Hellkamp 67, 2000 Hamburg 19 - Geb. 7. Dez. 1943 Celle, verh. s. 1973 (Ehefr.: Birgit), 2 Kd. (Inga, Leif) - N. Wehrdst. Bundesmarine (gegenw. Korvettenkapt. d. R.) - Stud. Rechtswiss. Tübingen u. Hamburg. Staatsex. 1971 u. 75 - S. 1975 Albingia. CDU (1974 Kreisvors. Eimsbüttel u. Mitgl. Landesvorst.) - BV: D. EWG in d. Völkerrechtsdoktrin d. Sowjetunion, 1978 - Spr.: Russ., Engl.

JACOBS, Jürgen
Ph. D., Prof. f. Zoologie, Ökologie, Evolution, Populationsgenetik Univ. München (s. 1967) - Dorotheenstr. 15, 8000 München 82 (T. 42 23 12) - Geb. 5. Jan. 1930 - Mehrj. Studientätigk. USA u. Dänemark. Fachveröff. - Spr.: Engl.

JACOBS, Jürgen Carl
Dr. jur., Dr. phil., Prof. f. Neuere dt. Literatur - Lindenburger Allee 26, 5000 Köln 41 - Geb. 17. Mai 1936 Aachen - Promot. 1962 u. 64 - 1971 Privatdoz. Univ. Köln; 1972 Wiss. Rat u. Prof. Univ. Bonn; gegenw. o. Prof. Berg. Univ. Wuppertal. Mitarb. FAZ - BV: u. a. Wielands Romane, 1969; Krügers Komödien, 1970; Wilhelm Meister u. s. Brüder - Unters. z. dt. Bildungsr., 1972; Prosa d. Aufklärung, 1976; D. dt. Schelmenroman, 1983; Lessing, 1986.

JACOBS, Karl
Dr. phil., Oberstudiendirektor a. D., Schriftst. - Stattropstr. 7, 4300 Essen 1 (Huttrop) (T. 27 04 15) - Geb. 1. Juni 1906 Essen, kath., verh. s. 1933 m. Anneliese, geb. Weber, 2 Kd. - Burggymn. Essen; Univ. Bonn, Lausanne, München, Köln (Promot. 1929) - 1937-71 höh. Schuldst. Essen (1946 Luisensch.) - W: Retter Till, Sp. 1924; D. weiße Ritter, Sp. 1926; Mummenschanz, Sp. 1927; Span. Schwänke, Sp. 1928; Meier Helmbrecht, Sp. 1930; D. Jesuskind in Flandern, Dr. 1932 (m. Felix Timmermans); Pietje Booms, Kom. 1934; D. sanfte Kehle, Kom. 1936 (m. Timmermans); Pieter Brueghel, Dr. 1943 (m. dems.); D. unsichtbare Hand, Dr. 1944 (m. dems.); Fünfe ziehen n. Bremen, Msp. 1945; Schneider Siebenstreich, M.kom. 1948; König Drosselbart, M.kom. 1948; Felix Timmermans, Lebenstage u. Wesenszüge e. Dichters, 1949; Delphine, Lsp. 1955. Herausg.: D. schönsten Gesch. d. Herzens, 1939; Flandern erzählt, Lachendes Flandern, 1942; D. Strom, Leseb. f. höh. Sch., 8 Bde. 1949 ff.; Geschenkte Jahre, 1975. Übers.: Felix u. Lia Timmermans, Stijn Streuvels, Ernest Claes, u. a. Herausg.: Großeltern u. Enkel, 1972. 1972 Ritter franz. Orden Palmes Académiques - Spr.: Franz., Engl., Niederl. - Rotarier.

JACOBS, Konrad
Dr. rer. nat., o. Prof. f. Math. Statistik - Hänflingweg 4, 8520 Erlangen - Geb. 24. Aug. 1928 Rostock (Vater: Dr. Werner J., Univ.sprof.; Mutter: geb. Eilers), ev., verh. s. 1956 m. Annemarie, geb. Kreppel, 5 Kd. (Ursula, Susanne, David, Dorothee, Nils) - Gymn. München; 1947-54 Univ. ebd. u. Hamburg (Math., Physik) - 1954-56 Stip. Dt. Forschungsgem. (Math. Forschungsinst. Oberwolfach), 1956-58 Assist. Univ. München, 1958-59 Diätendoz. Univ. Göttingen, seith. Ord. ebd. u. Univ. Erlangen-Nürnberg (1965) - BV: Neuere Meth. u. Ergebn. d. Ergodentheorie, 1960; Lecture Notes on Ergodic Theory, 1963 (Aarhus); Measure and Integral (Academic Press, New York 1978); Einf. in d. Kombinatorik, 1983; Zwei metaphys. Betracht. (Text v. L. Lavelle, Übers. a. d. Franz. K. J. Richarz), 1983; Resultate 1, 1987 - Liebh.: Musik, Kunst, Reisen - Bek. Vorf.: Dr. Konrad Eilers, Jagdschriftst. (ms.).

JACOBS, Kurt H.
Dr. rer. pol., Prof. f. Sonder- u. Heilpädagogik sow. Berufspäd. d. Behinderten u. Dissozialen Univ. Frankfurt/M. (s. 1975) - Katzenlückstr. 39, 6238 Hofheim 6/Ts. - Geb. 3. Juli 1937 Gelsenkirchen (Vater: Hermann J., Unternehmer; Mutter: Anna, geb. Schmidt), verh. s. 1986 m. Britta M.A., geb. Geldmacher, 2 S. (Stephan, Dominik) - Abit. 1959; Dipl.-Hdl. 1965; Dipl.-Kfm. 1966; Promot. 1968 - 1970-75 Hochschullehrer Dortmund - BV: Lernbehinderte auf d. Weg in d. Arbeitswelt, 1978; Berufsvorbereit. in d. Sonderschule, 1979; Autismus, 1984; Autist. Jugendliche, 1984 - Liebh.: Musik, Kunst (Plasik), Camping - Spr.: Engl., Franz. - Lit.: Chr. Hofmann: D. Stöhnen nie gelernt, Ztschr. Zusammen Heft 7, Juli 1982, S. 18-20.

JACOBS, Manfred
Dr., o. Prof. f. Kirchen- u. Dogmengesch. Univ. Münster - An der Vogelrute 49, 4400 Münster-Wolbeck (T. 02506 - 72 31) - Geb. 5. Nov. 1928 Neustrelitz, ev., verh. s. 1960 m. Dr. Barbara, geb. Hornig, 3 Kd. (Angelika, Kristina, Jürgen) - Promot. 1958; Habil. f. Kirchen- u. Dogmengeschichte 1966 Univ. Hamburg.

JACOBS, Otto H.
Dr. rer. pol., Dipl.-Kfm., o. Prof. f. Betriebswirtschaftslehre Univ. Mannheim (s. 1971), Rektor Univ. Mannheim (1988-91) - Grenzweg 4, 6805 Heddesheim - Geb. 12. Okt. 1939 Bracht, verh. s. 1967, 2 Kd. - Thomaeum Kempen; Univ. Stud.Köln, Berlin, Aachen. Dipl.-Kfm. 1964 Köln; Promot. 1966 Aachen; Habil. 1970 Regensburg - Steuerberat.; Hochschull.; 1973-74 Dekan - AR-Mand. - BV: Grenzen d. industriellen Kostenrechnung aus kostentheoret. Sicht, 1968; Bilanzierungsprobleme in d. Ertragssteuerbilanz, 1971; Steueroptimale Rechtsform mittelständ. Unternehmen, 1978; Betriebl. Kapital- u. Substanzerhalt., 1979; Intern. Untern.besteuer., 1983; Untern.besteuer. u. Rechtsform, 1988; EDV-gestützte Jahresabschlußanalyse, 1988. Üb. 50 Fachaufs. - Spr.: Engl., Franz.

JACOBS, Ulrich
Vorstandsmitgl. Vereinigte Seidenwebereien AG./VERSEIDAG (s. 1972) 4150 Krefeld - Geb. 1928.

JACOBS, Walter
Journalist, Schriftst. - Eichendorffstr. 1, 3160 Lehrte/Hann. - Geb. 27. Jan. 1906 Braunschweig (Vater: Albert J., 1924-38 Dir. Reichspostmuseum Berlin, Fachschriftst.), ev., verh., 1 S. - Stud. Rechtswiss. u. Ztg.skd.; journalist. Ausbild. - B. 1934 Redakt. Breslauer Neueste Nachr., dann Journ. Chemnitz u. Dresden, n. Kriegsende fr. Schriftst., 1948-72 Redakt. Hannover - BV: zahlr. Buchromane, 1 Drama, 2 Nov., zahlr. Kurzgesch. u. Reportagen.

JACOBS, Werner

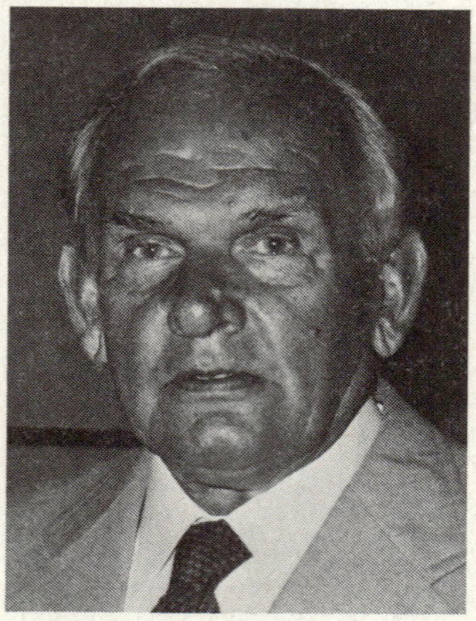

Filmregisseur u. Autor - Söltlstr. 18, 8000 München 90 (T. 64 35 62) - Geb. 24. April 1909 Berlin (Vater: Ludwig J., Stereotypeur; Mutter: geb. Kadow), verh. s. 1945 m. Gertrud, geb. Hart, 2 Söhne (Prof. Dr. Joachim, Hans) - Oberrealsch. Steglitz - S. 1930 Schnittm., Regieassist. u. Filmregiss. (1949) - Filme: Straßenserenade (1952), Gitarren d. Liebe (1953), André u. Ursula (1954), San Salvatore (1955), D. Bettelstudent (1956), D. einfache Mädchen (1957), D. Graf v. Luxemburg (1958), Münchhausen in Afrika (1959), Im Weißen Rößl (1960), Mariandl (1961), D. lust. Witwe (1962), D. Musterknabe (1962), Heimweh n. St. Pauli (1963), Hilfe - meine Braut klaut! (1964); Heidi (1965), Tante Frieda (1966), D. sündige Dorf (1966), D. Mörderclub v. Brooklyn (1966), Wenn Ludwig ins Manöver zieht (1967), D. Heiden v. Kummerow (1967), Lümmel-Filme (1968 ff.), Charley's Onkel (1969), D. Dubarry (1973), D. fliegende Klassenzimmer (1973) - 1950 Bundesfilmpreis (Kurzf.: Modebummel).

JACOBS, Willibald
Verbandsdirektor Prüfungsverb. Dt. Bäcker- u. Konditorengenoss. - Rhöndorfer Str. 87, 5340 Bad Honnef 1 - Wirtschaftsprüfer.

JACOBS, Wolfgang
Dr. rer. pol., Geschäftsführer Irle Deuz GmbH, Netphen-Deuz, Walzen Irle GmbH, ebd. - Giersbergstr. 127, 5900 Siegen 1 - Geb. 7. März 1928 Mülheim/R.

JACOBSEN, Hans-Adolf
Dr. phil., Dr. h. c., o. Prof. u. Direktor Sem. f. Polit. Wiss. Univ. Bonn - Klosterweg 26, 5300 Bonn-Buschdorf (T. 67 20 95) - Geb. 16. Nov. 1925 Berlin (Vater: Maxim I.; Mutter: Margarete, geb. Vogelsang), ev., verh. s. 1952 m. Dorothea, geb. Kaltheuner, 6 Kd. (Margarete, Sabine, Christiane, Hans, Eva, Martin) - Promot. 1955; Habil. 1966 Bonn - 1961-63 Dir. Forsch.inst. Dt. Ges. f. Ausw. Politik (1973ff. Direktoriumsmitgl.); 1964 Doz. u. Prof. (1969) Univ. Bonn; s. 1973 Sprecher Beirat f. Innere Führ. Bundesmin. f. Verteidig.; s. 1976 Mitgl. Dir. Ostkolleg, Köln; 1980-83 Vors. Kurat. Dt. Ges. f. Friedens- u. Konfliktforschg. - BV: Zahlr. Studien u. Dok. zur Geschichte d. 2. Weltkrieges (1956-1978); NS-Außenpolitik 1933-38, 1968; Mißtrauische Nachbarn, Dt. Ostpolitik 1919-70; KSZE Bd. I u. II, 1973 u. 1978; Von d. Strategie d. Gewalt z. Politik d. Friedenssicherung, 1977; Karl Haushofer, Leben u. Werk, 2 Bde., 1979. Mithrsg.: Bundesrep. D. u. Volksrep. Polen (1979); World War II. policy and strategy (1979); Contemporary Germany (1984); Demokratie u. Diktatur (1987); D. Weimarer Republik (1987); Deutsche Sicherheitspolitik 49-89 (1989) - Film: Dt. Ostpolitik, Bismarck bis Brandt, 1973 - Gr. BVK - Liebh.: Musik, Sport - Spr.: Engl., Russ., Franz.

JACOBSEN, Jens
Schiffsmakler, Vorstandssprecher HADAG Seetouristik u. Fährdienst AG., Hamburg, Geschäftsf. Hadag/Jens-Gruppe ebd. u. a. - Tönninger Weg Nr. 119, 2000 Hamburg 52 - Geb. 4. April 1936 Wandsbek/Hamburg (Vater: Herbert J., Kraftfahrer; Mutter: Annemarie, geb. Krüger), verh. in 3. Ehe (1976) m. Ines-Maria, geb. Kuhle, 3 Kd. (Maren, Jörg, Anouchka) - N. Mittl. Reife Lehre - Zul. Prokurist - Liebh.: Segeln, Reisen - Spr.: Engl.

JACOBSEN, Karin
Schauspielerin, Schriftst., Regiss. - Zu erreichen üb.: Theater Kl. Freiheit, 8000 München - Geb. 14. März 1924 Düren/Rhld. (Vater: Wilhelm J., Kaufm.; Mutter: Johanna, geb. Schumacher), verh. 1949-68 m. Carl-Heinz Schroth (Schausp. u. Regiss.), S. Axel - Schauspielausbild. Köln - Bühnenst.: D. Mann, m. d. ich verheiratet bin, Pechschultze, Wege d. Zufalls, Bumerang, Seitenwechsel (1981) - 1971 Bundesfilmpreis (Filmband in Gold), 1984 Münchener Regisseurin d. J. 1983 (Leserwahl Münchener Theaterztg.).

JACOBSEN, Uwe
Verlagsdirektor, Geschäfsf. Saarbrücker Zeitung Verlag u. Druckerei GmbH, Präs. Infeurope S. à R.L., Luxembourg, Euroscript S. à R.L., ebd. - Gutenbergstr. 11-23, 6600 Saarbrücken (T. 0681 - 50 23 02) - Geb. 1. Febr. 1936 Kiel.

JACOBSKÖTTER, Wolfgang
Vorstandsmitgl. Bremer Silberwarenfabrik AG., Bremen-Sebaldsbrück - Diedrich-Wilkens-Str. 1, 2800 Bremen 2 - Geb. 19. Juni 1911 Toba/Thür. - Stud. Ass.ex. U. a. Sprecher Arbeitsgem. d. Dt. Besteckind.

JACOBSOHN, Helmuth
Dr. phil., Prof. (emerit.) - Schückingstr. 24, 3550 Marburg/L. (T. 25793) - Geb. 8. Mai 1906 München (Vater: Prof. Dr. H. J.; Mutter: geb. Flemming), verh. 1945 m. Erika, geb. Bühler - Stud. Ägyptologie, Archäol., Gesch. - S. 1951 (Habil.) Privatdoz. u. apl. Prof. (1964) Univ. Marburg (Ägyptol. u. Allg. Religionswissensch.). Fachveröff.

JACOBY, Gerhard
Dr.-Ing., Prof., Geschäftsf. Trebel GmbH., Ratingen - Stetteritzring 79, 6101 Roßdorf 2 - Geb. 12. Sept. 1933 Mannheim - Promot. 1961 Hannover - Tätigk. Dt. Forschungs- u. Versuchsanst. f. Luft- u. Raumfahrt/Inst. f. Festigkeit, Mülheim, u. Carl Schenck AG., Darmstadt, 1972 ff. Honorarprof. TH Aachen (Betriebsfestigk. v. Leichtbaukonstr.). Üb. 50 Facharb. - 1968 Hugo-Junkers-Preis.

JACOBY, Heiner
Kaufmann, Vors. Verb. d. Dt. Importeure oriental. Teppiche im Bundesgebiet - Zu erreichen üb.: Gutleutstr. 169-71, 6000 Frankfurt/M.1.

JACOBY, Hildegard (Hilla)

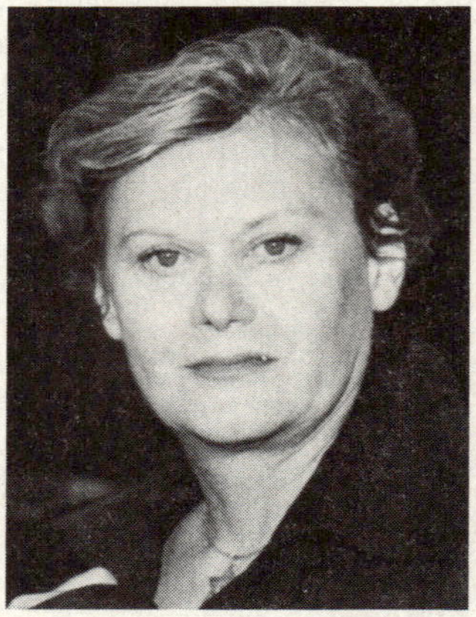

Fotografin - Spessartstr. 15, 1000 Berlin 33 (T. 821 18 15) - Geb. 20. April 1922 Berlin, verh. m. Max Moshe J. - Schausp.; Leit. e. Kindertheaters; Regiss. Bild. Kunst: Objekte aus gefund. Material (Trash Art); Autorin: u. a. Kinderb. Wer rettet Tina?; s. 1973 Fotografin u. Autorin. Zus. m. Ehem. Max Moshe J. Fotobildb.: Shalom, The Land of Israel, Schweden, Hallelujah Jerusalem, New York, Wir leben auf d. Dorf (Kinderb.), Jesus, Hoffnung d. 80er J., The Jerusalem Passionplay, Liebe deinen Nächsten, D. Juden - Gottes Volk, Ich bin bei dir, Fürchte dich nicht, Damit wir leben können, D. Wunder Israel - Fotoausst. (m. Max J.) Berlin u. London - Kodak Fotobuchpreis (m. Max J., 2mal).

JACOBY, Karl-Heinz
Weihbischof - Windstr. 4, 5500 Trier/Mosel (T. 7105 - 266) - Geb. 11. Aug. 1918 Göttelborn/Saar (Vater: Jakob J., Steiger; Mutter: Veronika, geb. Spies), kath. - Stud. Phil. u. Theol. - S. 1949 Kaplan, Bischöfl. Geheimsektr. (1952), Konviktsdir. (1959), Weihbischof Trier (1968) - Spr.: Franz.

JACOBY, Max Moshe

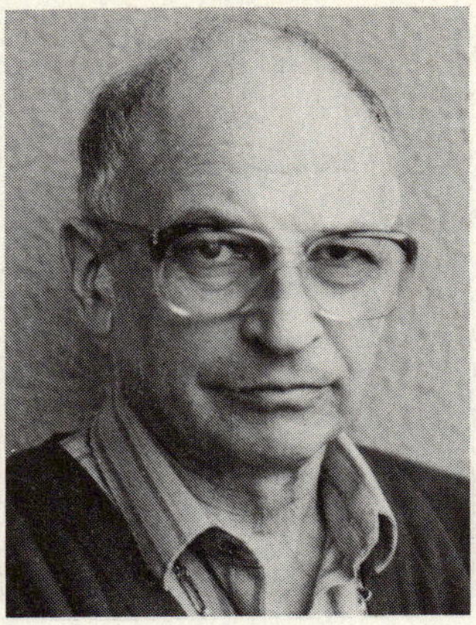

Bildjournalist u. Buchautor - Spessartstr. 15, 1000 Berlin 33 (T. 821 18 15) - Geb. 8. Juni 1919 Koblenz (Vater: Hans J., Kaufm.; Mutter: Meta Brahms), verh. m. Hildegard (Hilla), geb. Gerberding - Fotogr. Ausbild. Berlin u. Buenos Aires (Georges Friedman) - Tätigk. Argentinien, USA, Dtschl. u. in div. and. Ländern. Fotos: Länder, Städte, Menschen; Portraits v. Persönlichk. aus Kunst, Wiss., Politik u. Wirtsch.; Ind.- u. Werbefotogr. - Insges. 23 Foto-Bildbde., Mitarb. an a. Büchern, Veröff. in intern. Magazinen. BV: u.a. Theater I u. II; Confrontation; Berlin-Impressionen; Marcel Marceau; Käthe Kollwitz; Riemenschneider; Symposium europ. Bildhauer I u. II; Josef Karsch. Ab 1977 m. Ehefrau Hilla als Co-Fotograf: Shalom, 1978; The Land of Israel, 1978; Schweden, 1978; Hallelujah Jerusalem, 1980; New York, 1981; Wir leben auf d. Dorf, 1981; Jesus, Hoffnung f. d. 80er J., 1981; The last hours with JESUS, 1982; D. Juden, Gottes Volk, 1983; Liebe deinen Nächsten, 1984; Ich bin m. dir, 1985; Fürchte dich nicht, 1985; Damit wir leben können (10 Gebote), 1987; D. Wunder Israel, 1988. Ausst.: One-man shows in Buenos Aires, Wien, Berlin, Mailand, London, Tokio; intern. Gruppenausst. - 4 Goldmed. u. and. Ausz.; 1987/88 Kulturpreis d. Stadt Koblenz - Liebh.: Musik - Spr.: Engl., Span. - Lit.: Fernseh-Ber. üb. Max J., 1976 u. 77.

JACOBY, Peter

Wirtschaftsass., MdL Saarland, Vorsitzender CDU Saarland (s. 1986) - Sperberweg 4, 6601 Saarbrücken (T. 06805 - 88 31) - Geb. 27. April 1951 Saarbrücken (Vater: Hans J., Rektor; Mutter: Hildegard, geb. Weber), kath., ledig - Stud. Soziol.- u. Rechtswiss. (Dipl.-Soz. 1977) - Refer.; Wirtschaftsass. S 1979 Stadtverordn., s. 1980 MdL; s. 1979 Landesvors. Junge Union Saar.

JACOBY, Peter

Prof., Hochschullehrer, Kapellmeister, Pianist, Gesangspädagoge - Matthias-Claudius-Weg 9, 4930 Detmold - Geb. 10. Jan. 1937 Weißenstein (Vater: Edgar J., Apotheker; Mutter: Barbara, geb. Frankhaenel), ev., verh. I) (1963-82) m. Ruth, geb. Billeter, 3 T. (Susanne, Christine, Ulrike); II) s. 1982 m. Shoko, geb. Shimizu, 1 T. (Julia Mariko) - Musikhochsch. Detmold u. Köln; Univ. Köln (1960-63 Musikwiss., Gesch.) - 1962 Solorepetitor Essen; 1966 Kapellm. Kaiserslautern; 1973 Doz. f. Künstler. Partienstud. Detmold (Hochsch. f. Musik Detmold/NWD Musikakad.) - Spr.: Engl. - Bek. Vorf.: Lucas Cranach d. Ä.

JACOBY, Wolfgang Robert

Dr. rer. nat., Prof. f. Geophysik u. -dynamik, Seismol. Univ. Mainz (s. 1984) - Zu erreichen üb. Inst. f. Geowiss., Postf. 39, Becherweg 21, 6500 Mainz 1 - Geb. 3. Dez. 1936 Reval/Estl. (Vater: Dipl.-Ing. Hans J.; Mutter: Sylvia, geb. Borell) - Stud. Phys., Geophys. - 1967-72 Res. Scientist Ottawa/Can., 1972-84 Prof. f. Geophysik Univ. Frankfurt, in- u. ausl. Fachmitgl.sch. - Liebh.: Malerei - Spr.: Engl.

JACTA, Maximilian

s. Schwinge, Erich.

JÄCK, Gottlieb

Sägewerksbesitzer, Vors. Verb. Bad. Sägewerke, Karlsruhe - Brücklesägmühle, 7501 Marxzell/Baden (T. 07248 - 254).

JÄCK, Reiner

Industrie-Kaufm. - Naheweinstr. 18, 6551 Bretzenheim - Geb. 19. Okt. 1939 Chemnitz, ev., verh., 2 Kd. - 1966-78 Vizepräs. Verb. d. Reservisten d. Dt. Bundeswehr; 1969-81 Mitgl. Executiv-Committee d. Interallied Confed. of Reserve Officers; 1. Vors. Gastland Nahe, 1986-88 1. Vors. Waldhilfe, Bad Kreuznach, Kreisvors. Europa Union Dtschl., Bad Kreuznach; Hptm. d. Res. - Commandeur de Ordre Souverain et Militaire du Temple de Jerusalem - 1982 BVK am Bde. - Spr.: Engl. - Rotarier.

JÄCKEL, Eberhard

Dr. phil., o. Prof. f. Neuere Geschichte Univ. Stuttgart (s. 1967) - Keplerstr. 17, 7000 Stuttgart 1 (T. 121 34 50) - Geb. 29. Juni 1929 Wesermünde (Vater: Dipl.-Ing. Wilhelm J.; Mutter: Margarete, geb. Hellweg), ev. - 1949-55 Stud. Gesch. Univ. Göttingen, Tübingen, Freiburg/Br., University of Florida (USA), Paris - 1955-61 Wiss. Assist., 1961-66 Doz. Kiel; 1962-63 Gastprof. Chandigarh (Indien), 1967-1968 Oxford (Engl.), 1972-73 Tel Aviv (Israel); 1969-71 Dekan Univ. Stuttgart - BV: Frankreich in Hitlers Europa, 1966 (auch franz.); Hitlers Weltanschauung, 1969 (auch ital., amerik., franz., poln.), erw. Neuausg. 1981; Deutsche Parlamentsdebatten, 1970/71; Hitler. Sämtl. Aufzeichn. 1905-24, 1980; Hitlers Herrschaft, 1986 - 1973 Mitgl. PEN-Zentrum BRD - Spr.: Engl., Franz.

JÄCKEL, Hartmut

Dr. jur., LL. M. (Yale), Staatssekretär a. D., Prof. f. Polit. Wissenschaft FU Berlin - Ithweg 16, 1000 Berlin 37 (T. 813 20 17) - Geb. 30. Sept. 1930 Wesermünde (Vater: Wilhelm J., Dipl.Ing.; Mutter: Margarete, geb. Hellweg), ev., verh. m. Dr. jur. Margarete, geb. Mühl, 2 Kd. (Martin, Bettina) - 1950-54 Stud. Rechtswiss. Tübingen, Heidelberg u. Freiburg/Br. (1. jurist. Prüf. 1955); 1955-57 u. 1960-62 Wiss. Assist. Inst. f. öfftl. Recht Univ. Freiburg; 1957-58 Stud. Yale Law School, 1959-60 Wiss. Assist. am Inst. de Droit comparé Univ. Paris; Promot. 1963 Freiburg, Habil. 1970 - 1963 Lehrbeauftr. Otto Suhr-Inst. FU Berlin; s. 1970 Prof. m. d. Schwerp. Innenpolitik, Verfass.recht, Bezieh. zw. BRD u. DDR; 1974-77 Erster Vizepräs. FU Berlin; 1974-78 Vorst.-Mitgl. DAAD; 1977-81 Senatsdir. (Staatssekr.) b. Senator f. Wiss. u. Forsch. Berlin. Zahlr. Veröff.

JAECKEL, Jörg

Dr., Präsident Bundesschuldenverw. (s. 1982) - Landgraf-Philipp-Ring 29, 6380 Bad Homburg v. d. H. (T. 06172 - 3 98 98) - Geb. 24. Juni 1928 Siegen (Vater: Dipl.-Ing. Hans J.; Mutter: Marianne, geb. Beikler), ev., verh. s. 1965 m. Christa, geb. von Rosen, 3 Kd. - 1948-57 Stud. d. Rechte u. Refer.zeit, u.a. 1950/51 in USA, Promot. 1955 Marburg, jurist. Staatsex. 1957 - 1957/58 VDMA, Frankfurt; s. 1958 Bundesdst.: zun. Bundesmin. f. Wirtsch.; 1967-71 stv. Exekutivdir. Weltbank Washington u. 1971/72 b. Händ. Vertret. b. d. Europ. Gemeinsch. Brüssel; 1973 Bundesmin. d. Finanzen. Fachveröff., u. a. Staatsschulden/Schuldenverwaltung im Lex. d. Rechts, 1986.

JAECKEL, Peter

Dr. phil., Museumsdirektor i. R. - Warngauer Str. 49, 8000 München 90 - Geb. 18. Mai 1914 Berlin (Vater: Prof. Willy J., Kunstmaler, 1888-1944; Mutter: Charlotte, geb. Sommer, Konzertsängerin, 1894-1950), ev., verh. s. 1940 m. Charlotte, geb. Woischnik - Arndt-Gymn. (Richtersche Stiftg.) u. Univ. Berlin (Promot. 1941) - 1946-48 Doz. Hochsch. f. Angew. Kunst Berlin; 1950-70 wiss. Angest. Staatl. Münzsamml. München. 1968 ff. Lehrbeauftr. Univ. München (Islam. Münzkd.). Mitgl. Ges. f. histor. Waffen- u. Kostümkd., Ehrenmitgl. Dt. Ges. f. Heereskd.; Präs. Vereinig. d. Waffen- u. Militärgesch.-Mus. - Veröff. üb. Numismatik u. Waffenkd. - 1975 Bayer. VO. - Liebh.: Zinnfiguren - Spr.: Engl., Franz.

JÄCKER, Horst

Industriekaufmann, stv. Bürgermeister Werdohl, MdL NRW (s. 1985), Generalagent Zürich Versicherungen - Obere Heide 5e, 5980 Werdohl (T. 02392-78 56) - Geb. 21. März 1941 Werdohl, ev., verh. s. 1966 m. Doris, geb. Bals, 2 Töchter (Ulrike, Kristina) - 1961-63 Lehre z. Industriekaufm. S. 1968 CDU-Vors. Werdohl - Liebh.: Sport, Vors. Schwimmverein Werdohl.

JAECKLE, Erwin

Dr. phil., Chefredaktor, Schriftst. - Drusbergstr. 113, CH-8053 Zürich (Schweiz) (T. 53 65 63) - Geb. 12. Aug. 1909 Zürich, protest., verh. m. Anna, geb. Treadwell - Gymn. u. Ev. Lehrersem. Zürich; versch. Univ. (German. u. Phil.) - Verlagslektor Schweiz u. Ausl. 1943-71 Chefredakt. Tageszg. Die Tat; 1962-77 Schriftleit. Lit. Tat. 1942-50 Mitgl. Gemeinderat Stadt Zürich (1944/45 Präs.); 1947-62 Mitgl. Nationalrat - BV: D. Trilogie Pan, Lyr. 1934; V. Geist d. gr. Buchstaben, Ess. 1937; Rudolf Pannwitz, E. Darstell. s. Weltbildes, 1937; D. Kelter d. Herzens, Lyr. 1943; Bürgen d. Menschlichen, Ess. 1945; Schattenlos, Ged. 1945; Phänomenologie d. Lebens, 1951; Kl. Schule d. Redens u. Schweigens, 1951; Ged. aus a. Winden, Lyr. 1956; ABC v. Zürichsee, 1956 (m. Zeichn. v. Hanny Fries); Glück in Glas, Ged. 1957; Elfenspur, Ess. 1958; D. Goldene Flaute, 1959; D. Phänomenol. d. Raums, 1959; Aber v. Thymian duftet d. Honig, Ged. 1961 (m. Z. v. H. Fries); D. Himml. Gelächter, Ged. 1962; Im Gitter d. Stunden, Ged. 1963; D. Ochsenritt, Ged. 1967; D. Botschaft d. Sternstraßen, Ess. 1967; Zirkelschlag d. Lyrik, Ess. 1967; D. Zürcher Literaturschock, Bericht 1968; Nachr. v. d. Fischen, Ged. 1969; Signatur d. Herrlichkeit. D. Natur i. Gedicht. Ess. 1970; D. Osterkirche, 1970; Evolution d. Lyrik, Ess. 1972; Dichter u. Droge, Ess. 1973; Eineckged., 1974; D. Zürcher Freitagsrunde, E. Beitr. z. Lit.gesch., R. 1975; Rud. Pannwitz u. Alb. Verwey im Briefwechsel, 1976; Das wachsende Gedicht, m 9 Orig. Holzschn. v. Oskar Dalvit, Ged. 1976; Meine Alamann. Gesch., 2 Bde. 1976; Baumeister d. Unsichtb. Kirche, Lessing - Adam Müller - Carus, Ess. 1977; Schattenpfad, Frühe Erinn., 1978; D. Farben d. Pflanze, Ess. 1979; Niemandsland d. Dreißigerjahre, Erinn. Band 2, 1979; Auf d. Schwelle v. Weltzeitaltern, Ess. 1981; Verschollene u. Vergessene: Rudolf Pannwitz, 1983; V. Sichtbaren Geist, Naturphil., 1984; Zeugnisse z. Freitagsrunde, 1984; Ernst Jüngers Tageb. d. Jh., 1986; Auf d. Nagel geschrieben, Aphor. 1986; Paracelsus u. d. Exodus d. Elementargeister, Lit.-gesch. 1987; D. Johanneische Botschaft, Rel.gesch. 1988; D. Idee Europa, Kulturgesch. 1988; D. komplementären Lehren d. transzendentalen Erkenntnistheorie u. d. erkenntniskonstituierenden Evolutionstheorie, 1989 - Ehrengaben Kanton u. Stadt Zürich, C.-F.-Meyer-Preis f. Lyrik 1958; 1974 Literaturpreis der Stadt Zürich; 1977 Bodensee-Lit.-preis Stadt Überlingen; 1985 Paracelsusring d. Stadt Villach; 1985 Kogge-Lit.-preis d. Stadt Minden; 1986 Wolfgang Amadeus Mozart-Preis d. Goethe-Stiftg. Mitgl. PEN-Club u. Paracelsus-Ges.; Ritter Militär- und Spitalorden St. Lazarus v. Jerusalem.

JÄCKLE, Josef

Dr. rer. nat., Prof. f. Theoret. Physik - Erfurter Str. 13, 7750 Konstanz/B. - Geb. 25. Nov. 1939 München - Promot. 1969, Habil. 1973 - Lehr- u. Forschungstätigk. Univ. Konstanz. Spezialgeb.: Theorie nicht-kristalliner Festkörper - BV: Einführung in d. Transporttheorie, Lehrb. 1978.

JÄGER, Adolf Otto

Dr. rer. nat., o. Prof. f. Psych. FU Berlin - Limonenstr. 16, 1000 Berlin 45 (T. 832 50 83) - Geb. 25. Juni 1920 Usseln/Waldeck (Vater: Karl J., Pastor; Mutter: Addy, geb. Winckler), ev., verh. s. 1947 m. Ingeborg, geb. Deutsch, 3 Töcht. (Renate, Sabine, Katrin) - Gymn. Korbach/Waldeck, Univ. Göttingen. Dipl.-Psych. 1954; Promot. 1958 Göttingen; Habil. 1965 Gießen - 1955-65 Ltd. Psychologe u. (b. 1985) Vorstandsmitgl. Dt. Ges. f. Personalwesen; 1965-68 Leit. Abt. f. Arbeits- u. Betriebspsych. Univ. Gießen; s. 1968 o. Prof. FU Berlin; 1970 Gründer Inst. f. Psych. im FB Erz. Wiss. FU Berlin; s. 1958 Mitgl. Testkurat. BdP u. Dt. Ges. f. Psych. - BV: Dimensionen d. Intelligenz, 1967, 3. A. 1973; Prognose u. Bewährung in d. psych. Diagnostik, 1966 (m. K. Holzkamp u. F. Merz). Herausg.: Diagnostica (s. 1967) - Spr.: Engl.

JÄGER, Alfred

Dr. theol., Prof. f. Systemat. Theologie Kirchl. Hochsch. Bethel, Bielefeld (s. 1981) - Remterweg 44, 4800 Bielefeld/W. 13 (T. 0521 - 144 37 49) - Geb. 2. Nov. 1941 St. Gallen (Schweiz), ev.-ref., verh. s. 1966 m. Anna-Barbla, geb. Gabathuler - Univ. Zürich, Rom, Göttingen, Basel, Princeton/N.J. (Theol.). Promot. 1967; Habil. 1977 (beides Basel) - 1969-75 Pfarrer Wolfhalden/Appenzell (Schw.); 1975-81 Studentenpfr. u. Doz. Hochsch. St. Gallen - BV: Reich o. Gott - Z. Eschatologie Ernst Blochs, 1969; Gott - Nochmals Martin Heidegger, 1978; Gott - 10 Thesen, 1980 (ital. 1984); Mut z. Theologie, 1983; Diakonie als christl. Unternehmen, 1986.

JAEGER, Arno

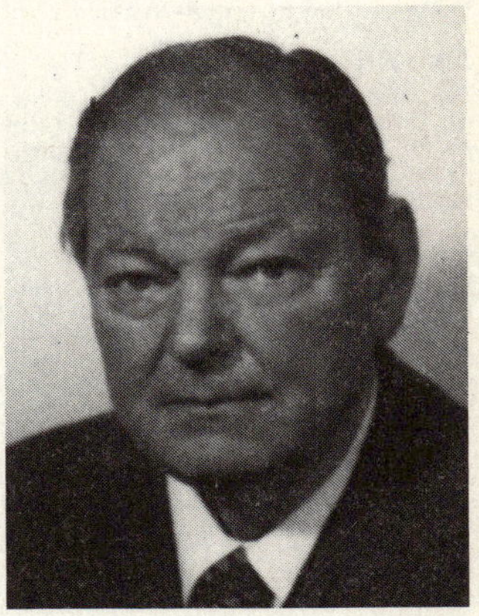

Dr. rer. nat., o. Prof. f. Wirtschaftslehre, insbes. Methoden quantitativer Analyse (s. 1970) u. Direktor Inst. f. Unternehmungsführ. u. Unternehmensforsch. Univ. Bochum (s. 1971) - Nußbaumweg 25, 4630 Bochum (T. 7 26 11) - Geb. 10. Juli 1922 Berlin (Vater: Gustav J., Dipl.-Kfm.; Mutter: Amalie, geb. Beau), ev. - Leibniz-Gymn. Berlin; Univ. ebd. (1940/41) u. Göttingen (1946-49); dazw. Wehrdst.; 1949/50 Brit. Council Forschungsstip. Univ. Manchester - 1950-1952 Lecturer Univ. Coll. Ibadan/Nigeria; 1952/53 Res. Associate Univ. of Illinois, Urbana; 1953-70 Prof. (Assoc., 1959 Full, 1968 Charles Phelps Taft Prof.) u. 1961-70 Dir. of Graduate Studies Univ. of Cincinnati; 1961-69 Visit. Lecturer Math. Assoc. of America; Gastprof. Univ. Würzburg (1956), Berlin (Freie; 1957), Göttingen (1957), München (1958 u. 1962), Mannheim (1965), Karlsruhe (1966, 67 u. 68), Tongji-Univ. Shanghai (1982). Mitgl. zahlr. in- u. ausl. Fachges. - BV: Introduction to Analytic Geometry and Linear Algebra, 3. A. 1967; dt.: G. B. Dantzig, Lineare Programmierung u. Erweiterungen, 1966; Lineare Wirtschaftsalgebra, 1969 (m. K.

Wenke); Lineárna hospodárska algebra, 1978 (m. K. Wenke); in chines. Übers. 1981; Lineare Algebra u. Lineare Optimierung, 1987 (m. G. Wäscher). Mithrsg.: Ökonometrie u. Unternehmensforsch., Bochumer Beiträge z. Unternehmungsführ. u. Unternehmensforsch. - 1965 Fellow Graduate School, Univ. Cincinnati - Liebh.: Schmalfilmamateur - Spr.: Engl., Franz.

JÄGER, Claus

Regierungsdirektor i. e. R., MdB (s. 1972; Wahlkr. 199/Ravensburg) - 7988 Wangen im Allgäu-Deuchelried - Geb. 20. Juli 1931 Tübingen (Vater: Dr. jur. Anton J., Ministerialdirig. Finanzverw. † 1967; Mutter: Martha, geb. Schweitzer), kath., verh. s. 1963 m. Dorothea, geb. Havenith, 5 Söhne - Gymn. Stuttgart, Biberach, Tübingen; Univ. Tübingen u. Heidelberg (Rechtswiss.). Gr. jurist. Staatsprüf. 1960 - S. 1960 Finanzverw. (1964 Regierungs-, 1968 Oberreg.srat, 1972 Reg.sdir.; 1969 Leit. Finanzamt Wangen). CDU s. 1953 (1970 Mitgl. Landes-/Baden-Württ., 1971 Bundesparteiaussch.) - Liebh.: Bergwandern (Mitgl. Dt. Alpenverein) - Spr.: Franz., Ital.

JÄGER, Claus Ludwig

Rechtsanwalt u. Notar, Fraktionsvors. d. FDP-Bürgerschaftsfraktion, Bremen - Am Mühlenbruch 26, 2820 Bremen-Lesum (T. 0421 - 63 74 03) - Geb. 17. Okt. 1943 Schaumburg (Vater: Alfred J., Kaufm.; Mutter: Caroline, geb. Knübel), ev.-luth., verh. s. 1972 m. Christiane, geb. Oehlerking, 2 Kd. - Schulen Bremen (amerik. High-School-Dipl. 1962, Abitur 1964); Jurastud. Berlin, Göttingen; 1. jur. Staatsex. 1971 Oldenburg, 2. jur. Staatsex. 1974 Hamburg - Spr.: Engl.

JAEGER, Erhard

Dipl.-Ing., Prof. f. Maschinen- u. Verfahrenstechnik in d. Gießerei Univ. GH Duisburg - Innstr. 1, 4020 Mettmann.

JÄGER, Franz

Direktor i. R. - Schoenaich-Carolath-Str. 22, 2000 Hamburg 52 (T. 826497) - Geb. 21. Okt. 1905 Altona (Vater: Staatsanw.) - S. 1930 Reemtsma (Mitgl. Geschäftsltg.).

JAEGER, Gerd

Dipl.-Ing., Vorstandsmitgl. AG. Kühnle, Kopp & Kausch, Frankenthal - Im Weidengarten, 6719 Battenberg/Pfalz (T. 06359 - 2992) - Geb. 6. April 1930 - Spr.: Engl., Franz. - Rotarier.

JÄGER, Gerhard

Dr.-Ing., Vorstandsmitglied Dt. Aerospace AG, Vors. d. Geschäftsfg. d. Telefunken Systemtechnik GmbH - Sedanstr. 10, 7900 Ulm (T. 0731 - 3 92-0) - Geb. 13. Juli 1932 Günzburg, verh. - Stud. Univ. München u. Stuttgart (Dipl.-Ing., Promot.). Ca. 35 Patente - Liebh.: Klass. Musik.

JAEGER, Gerta

Fabrikantin, Inh. Porzellanfabrik Marktredwitz Jaeger & Co. - Am Gericht 2, 8590 Marktredwitz/Mfr. - Geb. 6. Aug. 1911 Düren/Rhld.

JÄGER, Gertrud

Dr. rer. pol., Versicherungsdirektorin - Hardefuststr. 12, 5000 Köln 1 - Geb. 6. April 1925 Wirges (Vater: Heinrich J., Lehrer; Mutter: Paula, geb. Görgen), kath., led. - Dipl.-Math. Göttingen; Promot. Köln - S. 1970 Vorst.-Mitgl. u. -vors. (1974) Berliner Verein Kranken/Lebensversich. a. G.; s. 1989 Vorst.-Mitgl. Kölnische Lebensversich. aG, alle Köln.

JÄGER, Gottfried

Prof. f. Fotografie FH Bielefeld - Oberntstr. 21, 4800 Bielefeld 1 (T. 0521 - 6 35 42) - Geb. 13. Mai 1937 Burg b. Magdeburg (Vater: Ernst J., Fotograf; Mutter: Gerda, geb. Colbrunn), verh. s. 1957 m. Ursel, geb. Gawlick, 2 Kinder (Gabriele, Markus) - Lehre als Fotograf; Stud. Staatl. Höh. Fachsch. f. Photogr., Köln (Dipl.-Ing.) - 1960 Techn. Lehrer Werkkunstsch. Bielefeld; 1971 Prof. f. Fotogr. (Lehrgeb.: Künstler. Grundl. d. Fotogr. u. Fotografik) Bielefeld; 1986 Präs. d. Fotografischen Akad. GDL, Ges. Dt. Lichtbildner, Leinfelden-Echterdingen; Fotograf. Arbeitsgeb.: Generative Fotogr. (systemat.-konstrukt. Richtung) - BV: Apparative Kunst, 1973 (m. H. W. Franke); Generative Fotogr., 1975 (m. K. M. Holzhäuser); Carl Strüwe - D. fotogr. Werk 1924-1962, 1982; Bildschaffende Konzepte, 1987; Bildgebende Fotografie, 1988.

JÄGER, Hans

Dr., Vorstandsmitglied Colonia Lebensversicherung AG, Köln, AR-Vors. Dt. Ärzte-Versich. Allg. Versich.-AG, Köln, AR Wikinger Lloyd Versich.-AG, Berlin - Mohnweg 26, 5000 Köln 40 - Geb. 9. Aug. 1941 - Stud. Math. (Dipl.).

JÄGER, Hans Wolfgang

Mitglied d. Geschäftsltg. Haindl Papier GmbH, Augsburg - Georg-Haindl-Str. 5 + 7, 8900 Augsburg (T. 0821 - 310 92 56) - Geb. 8. Nov. 1922 Rheine - Vorst.-Mitgl. Verb. Dt. Papierfabr., Bonn; Beirat Dt. Holzwirtschaftsrat, Wiesbaden - 1981 BVK, 1987 BVK I. Kl.

JAEGER, Hans-Jürgen

Master of Laws (Michigan), Rechtsanwalt, ehem. Fraktionsvorsitzender FDP-Fraktion Bayer. Landtag (b. 1982) - Carl-Schwarz-Str. 15, 8162 Schliersee - Geb. 1931, verh., (Ehefr.: Hiltrud, Ärztin), 3 Kd. - FDP (1970-82 MdL, dann Frakt.-Vors.) - 1980 Bayer. VO; 1983 BVK.

JÄGER, Hans-Wolf

Dr. phil., Prof. f. Dt. Literaturgesch. Univ. Bremen (s. 1972) - Hohenlohe Str. 22, 2800 Bremen - Geb. 16. April 1936 Saarbrücken (Vater: Johann J.; Mutter: Katharina, geb. Maringer), verh. 2) s. 1975 m. Sabine, geb. Schulte, 2. T. Anne Maximiliane (aus 1. E.), Karoline (aus 2. E.) - Stud. d. Phil., Theol., Psych., German.; Promot. 1960 Freiburg - BV: Pol. Kategorien in Poetik u. Rhetorik, 1970; Pol. Metaphorik im Jakobinismus u. Vormärz, 1971; D. Lit. Vormärz, 1973 (m. a.); J. W. v. Goethe: D. Leiden d. jungen Werthers, 4. A. 1989; Reineke Fuchs, 1986. Herausg.: J. H. Campe: Briefe aus Paris (1976); Reise u. soziale Realität am Ende d. 18. Jh. - Graphik u. Malerei 18.-20. Jh.; Reisen im 18. Jh. Neue Unters. (1986) - Spr.: Engl., Franz.

JÄGER, Heinrich

Dr. phil., Prof. f. Didaktik d. Geographie Univ. Frankfurt/M. - Burgweg 9, 6106 Roßdorf.

JAEGER, Heinz

Dr. med., Arzt, Präs. Bund Dt. Philatelisten - Tumringerstr. 228, 7850 Lörrach (T. 07621 - 8 44 14) - Geb. 8. Mai 1924 Grafenhausen (Vater: Dr. Alfred J., Arzt; Mutter: Jenny, geb. Wertmann), kath., verh. s. 1952 m. Lore, geb. Schilling - Med.-Stud., Facharzt f. inn. Med. - S. 1973 Präs. d. BDPh. - BV: Handb. d. altbad. Freimarken ab 1851 (Mitverf.) - Zahlr. philat. Verbandausz.; 1982 BVK, 1987 BVK I. Kl. - Spr.: Franz. - Lit.: Philat. Fachlit.

JAEGER, Heinz Roger

Gf. Gesellschafter Württ. Frottierweberei Lustnau GmbH u. Egeria Internationl GmbH (s. 1981) - Nürtinger Str. 63, 7400 Tübingen 1 (T. 07071-8 82-1) - Geb. 31. Okt. 1935 Göttingen, verh. s. 1960 m. Doris, geb. Lachenmann, 3 Kd. (Henrik, Judith, Katharina).

JÄGER, Heinz-Gerd

Dipl.-Ing., Prof. f. Datenverarb. u. Digitaltechn. GH Paderborn (Fachber. Nachrichtentechn., Meschede) - Anton-Bange-Str. 10, 5778 Meschede.

JÄGER, Helmut

Dr. phil., o. Prof. f. Kulturgeogr. Univ. Würzburg - Georg-Heppel-Str. 25, 8708 Gerbrunn/Ufr. (T. Würzburg 70 69 86) - Geb. 27. Juni 1923 Biedenkopf (Vater: Hermann J., Steueramtm.; Mutter: Marie, geb. Höhn), ev., verh. s. 1955 m. Barbara, geb. Lutz, 2 Kd. - Univ. Göttingen. Promot. Göttingen; Habil. Würzburg - S. 1956 Lehrtätigk. Univ. Würzburg, Göttingen (1961 apl. Prof.), Würzburg (1963 Ord. u. Mitdir. Geogr. Inst.). Vorstandsmitgl. Zentralaussch. f. Dt. Landeskd. u. Kurat. f. vergl. Städtegesch. Mitgl. Histor. Kommiss. f. Nieders., Medieval Village Research Group London, Inst. of British Geographers, Akad. f. Raumforsch. u. Landesplan., Akad. d. Wiss. zu Göttingen (Kommiss. f. Altertumskunde), Kommiss. f. bayer. Landesgesch. - BV: Entwicklungsperiode agrarer Siedlungsgebiete im mittleren Westdtschl. s. d. frühen 13. Jh., 1958 (Würzbg. Geogr. Arb. 6); Histor. Geogr., 1973; Großbritannien, 1976; Entwicklungsprobl. europ. Kulturlandschaften, 1987. Herausg.: Handb. f. Heimatforsch. in Nieders. (1965), Historisch-geogr. Atlas d. Preußenlandes (s. 1978); Probleme d. Städtewesens im industr. Zeitalter (1978); Stadtkernforschung (1987) - Spr.: Engl., Franz., Latein.

JAEGER, Henry

Schriftsteller - Wohnh. in Ascona/Schweiz - Geb. 29. Juni 1927 Frankfurt/M., gesch., S. Marcus - Abit.; 2 Sem. Med. (Abbr. aus wirtsch. Gründen) - Erste schriftst. Arb. in Haft (begnadigt); dann Redakt. b. versch. gr. dt. Ztg.; dzt. fr. Schriftst. - BV/Romane: D. Festung; Rebellion d. Verlorenen; D. bestrafte Zeit; D. Freudenhaus; D. Club; Jakob auf d. Leiter; Hellseher wider Willen; Nachruf auf e. Dutzend Gauner; D. Mann f. e. Stunde; Amoklauf; u.a. Nov. u. viele Kurzgesch. Zahlr. Verfilm.; Übers. in 20 Spr. - 1985 Ehrenbürge Stadt Fort Worth/USA - Spr.: Engl., Franz., Ital. - Div. Art. in lit. Fachztschr.

JÄGER, Herbert

Dr. rer. nat., Prof. f. Pharmazie - Peenestr. 1, 5300 Bonn-Ippendorf - Geb. 17. Dez. 1910 Köln, verh. - Stud. Chemie - S. 1953 (Habil.) Privatdoz., apl. Prof. (1965) Univ. Bonn (Wiss. Rat Pharmaz. Inst.). Fachveröff.

JÄGER, Herbert

Dr. jur., Prof. f. Strafrecht u. Kriminalpolitik - Zeppelinallee 70, 6000 Frankfurt/M. - Geb. 14. Mai 1928 Hamburg - Promot. (1957) u. Habil. (1966) Hamburg - Univ. Gießen (1966) u. Frankfurt (1972). Veröff.: Verbrechen unter totalitärer Herrschaft (1967). Hrsg.: Kriminologie im Strafprozeß (1980).

JÄGER, Hermann

Kaufmann, Geschäftsf. d. Herm. Jäger Verwaltungsges. mbH, Herm. Jäger GmbH & Co., Vermietungsges. IBV, Immobilien Verwaltungsges. mbH, alle Bad Breisig - Sachsenhausener Str. 33, 6231 Schwalbach/Ts. (T. 06196 - 8 10 44) - Geb. 9. Dez. 1919 Grünberg/Hessen (Vater: Georg J., Architekt; Mutter: Cornelia, geb. Jakoby), ev., verh. s. 1945 m. Erna, geb. Rohrer, 2 S. (Hans-Jörg, Klaus-Dieter) - Abit.; Stud. Bauing. (durch Krieg abgebr.) - S. 1945 selbst., 1946-78 Kompl. d. Georg Jäger & Sohn KG, Grünberg/Hessen. - Vors. Industrieverb. Holz- u. Kunststoffverarb. Ind. Hessen; Vizepräs. Hauptverb. d. Dt. Holzind.; Mitgl. Mittelstandsaussch. BDI Köln, Wirtschaftsbeirat VHU Vereinig. Hess. Unternehmerverb. - 1977 BVK - Liebh.: Gesch., Politik - Spr.: Engl., Franz.

JAEGER, Jost

Dr. med., Univ.-Prof., Chefarzt Frauenklinik/Ev. Krankenhaus - Wertgasse, 4330 Mülheim/R. (T. 0208 - 39 06 72) - Geb. 23. Juni 1926 Unna, verh. m. Gisela, geb. Hötter, 3 Kd. - Approb. u. Promot. 1952 Marburg, Habil. 1963 - 1969 apl. Prof. Univ. Heidelberg, 1983 Univ. Düsseldorf (Geburtsh. u. Gynäkol.). Üb. 50 Publ., dar. Buchmitverf.

JÄGER, Julius-Alfred

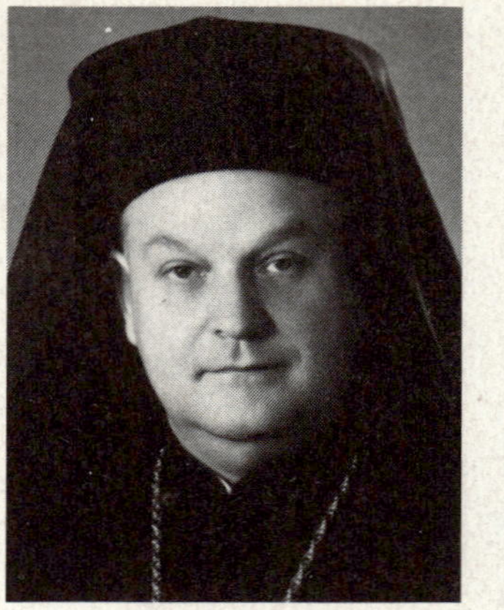

Archimandrit Mgr., Oberstudienrat, Repräsentant d. Griech.-Kath.-Melchitischen Patriarchats in d. BRD (s. 1975) - Lessingstr. 4, 7920 Heidenheim/Brenz 1 (T. 07321 - 2 11 27) - Geb. 18. Jan. 1928 Heidenheim/Brenz (Vater: Julius Friedrich J., Bankkfm. †; Mutter: Maria, geb. Weißenberger †1984), röm.-kath. - Hellenstein-Gymn. Heidenheim (Abit. 1950); Stud. Univ. Tübingen (Theol., Gesch., Phil.), Theol. Staatsexamen 1954 Tübingen, danach Priestersem. Rottenburg. Priesterweihe 1955 u. 1974 Archimandritenweihe - 1955-65 Seelsorge; 1965ff. Schuldst. - Kriegsauszeichngn. (EK I u. II, Silb. Verwundetenabz.); 1968 Gold. Sportabz., Gold. Ehrenz. BRK, Silb. Ehrenz. Württ. Fechterbd., Rettungsschwimmabz. der DLRG + DRK in Gold; 1982 Wasserwachtplak. DRK in Gold, 1983 Ehrennadel DLRG, 1984 Ehrenmitgl. HSB. 1971 Priesterfamiliare des Deutschen Ordens St. Marien zu Jerusalem, 1972 Kirchl. Kommandeurkr. mit Stern des Ordens vom Hl. Lazarus in Jerusalem, 1974 Goldmünze Stadt Heidenheim, 1975 Großoffz. des Patriarchal. Verdienstord. vom Hl. Kreuz von Jerusalem, 1980 gr. Johann-Hinrich-Wichern-Plak. Diakon. Werk Dtschl. - Liebh.: Oriental.- u. Kirchenwie Profangeschichte, Dogmatik, Ökumene u. Orthodoxie, Sport (Fechten, Schwimmen) - Spr.: Engl., Lat. u. a. m.

JAEGER, Klaus

Dr. rer. soc. (habil.), o. Prof. f. Allg. Volkswirtschaftslehre FU Berlin - Reichsportfeldstr. 10, 1000 Berlin 19 (T. 030 - 304 27 13) - Geb. 2. Jan. 1942 Berlin - Dipl.Volksw. Univ. Heidelberg 1966. Prom. 1971 Univ. Konstanz. Habil. 1973 Univ. Konstanz. Privatdoz. Univ. Konstanz - BV: Altersstrukturveränd., Ersparnis u. wirtschaftl. Wachstum, 1972 (Diss.); Wachstumstheorie - e. kapitaltheoret. fundierte Einführung, 1980..

JÄGER, Ludwig

Dr., Univ.-Prof., Direktor German. Inst. RWTH Aachen - Theresienstr. 18, 5100 Aachen - Geb. 24. Okt. 1943, verh. - Stud. Univ. Heidelberg (MA 1969); Promot. 1975, Habil. 1978 Univ. Düsseldorf - S. 1987 Vorst. d. Dt. Ges. f. Sprachwiss. (DGfS) - BV: F. de Saussure. Zu e. Rekonstruktion s. Sprachidee, 1975; Erkenntnistheoret. Grundfragen d. Linguistik, 1979; Zeichen u. Verstehen, 1986; Z. historischen Semantik d. dt. Gefühlswortschatzes, 1987. Insz.: Dramaturgie Nathan d. Weise Salzburger Festsp. (1984) - Liebh.: Theater, Malerei - Spr.: Franz., Engl., Latein.

JAEGER, Malte

Schauspieler u. Regisseur - Ottostr. 6, 8000 München 2 (T. 595114) - Geb. 4. Juli 1911 Hannover (Vater: Malte J., Zeitungsverleger; Mutter: Christine, geb. Müller), ev., verh. m. Elisabeth, geb. Schreiber - Reifeprüf. Hbg.-Altona; kaufm. Lehre; Schauspielsch. - Provinzbühnen, 1936-45 Preuß. Staatstheater Berlin, dann vornehml. Gastsp. (u. a. Bremen, Stuttgart, Berlin, München). Üb. 25 Filme, dar. Wunschkonzert, D.

Strom. Philharmoniker, D. dunkle Tag, Rätsel d. Nacht, Via mala, D. Mann m. Lebens. Fernsehen - Liebh.: Antiquitäten, alte Bilder, Reiten, Autofahren.

JAEGER, Nils

Dr. rer. nat., Prof. f. Physikal. Chemie Univ. Bremen, Arbeitsgeb.: Struktur u. Funktion v. Zeolithkatalysatoren; physikal.-chem. Oszillationen; Halbleiterelektroden - Albersstr. 18, 2800 Bremen - Geb. 29. Sept. 1936 Breslau.

JÄGER, Oskar

Dr. rer. pol., Dipl.-Kfm., - Obere Wende 40, 4800 Bielefeld 15 - Vorstandsmitglied KATAG AG., Bielefeld.

JAEGER, Richard

Dr. jur., Bundesmin. a. D. - Bergmillerstr. 4, 8918 Dießen/Ammersee; Bundeshaus, 5300 Bonn 1 - Geb. 16. Febr. 1913 Berlin (Vater: Dr. jur. Heinz J., zul. Dir. Städt. Versicherungsamt München; Mutter: Elsbeth, geb. Dormann), kath., verh. s. 1939 m. Rose, geb. Littner (Philologin), 6 Kd. (Maria-Theresia, Doris-Elisabeth, Beatrix, Christine, Heinrich-Wolfgang, Ruth-Walburga) - Maximilians-Gymn. München; Univ. ebd. (Promot. 1948), Berlin, Bonn, As-s.ex. 1939 - 1936-39 jurist. Vorbereitungsdst. (1940 z. Gerichtsass., 1943 z. Amtsgerichtsrat ernannt), 1939-45 Wehrdst., 1947-48 Regierungsrat Bayer. Staatsmin. f. Unterr. u. Kultus, anschl. rechtskund. I. Bürger- u. Oberbgm. (1949) Eichstätt; 1949-80 MdB (CSU/CDU); 1953-65 Vors. Bundestagsvizepräs. u. Vors. d. Bundestagsaussch. f. Verteidigung; 1965-66 Bundesminister d. Justiz; 1967-76 Bundestagsvizepräs. Präs. Dt. Atlant. Ges.; s. 1984 Leit. dt. Delegation b. d. UN-Menschenrechtskommiss. Genf. CSU s. 1946 - Bayer. VO., Großkreuz VO. d. BRD (1967) u. d. Sylvesterordens, span. Zivildienstorden, portugies. Christusorden, VO. Duarte (m. Stern), Sánchez y Mella Dominikan. Rep. - Bek. Vorf.: Dr. med. Lucas J., MdL Bayern (Urgroßv.).

JÄGER, Volker

Dr. rer. nat., Prof. f. Org. Chemie Univ. Würzburg - Otto-Hahn-Str. 77, 8708 Gerbrunn (T. 70 71 20; dstl.: 0931 - 88 83 26) - Geb. 22. Sept. 1942 Nürnberg - Dipl.-Chem. 1969 Univ. Erlangen-Nürnberg, Promot. 1970 ebd., Habil. 1979 Univ. Gießen - Assist.-Tätigk. in Brüssel (1968/69), Louvain (Belgien, 1969-71), Cambridge/Mass. (USA, 1971-73); 1973-79 Doz. Univ. Gießen; ab 1980 Prof. Univ. Würzburg; 1981 Gastprof. Univ. Wisconsin (USA), 1986 Gastprof. Rennes (Frankr.) - BV: Alkine, (in: Meth. d. Org. Chemie, Bd. 5/2a) 1977 - 1970 Fak.preis Univ. Erlangen-Nürnberg; 1979 Heisenberg-Stip - Spr.: Engl., Franz.

JÄGER, Willi

Dr. rer. nat., o. Prof. f. Angew. Mathematik Univ. Heidelberg - Klingenteichstr. 9, 69000 Heidelberg - Zul. o. Prof. Univ. Münster (Math.).

JAEGER, Wolfgang

Kaufm. Angestellter, MdL Nordrh.-Westf. - Darler Heide 64, 4650 Gelsenkirchen-Buer (T. 0209 - 7 15 88) - Geb. 6. Jan. 1935 Gelsenkirchen, kath., verh. s. 1961 m. Christel, geb. Dombrowski, 2 Töcht. (Barbara, Gabriele) - CDU (Stadtverordn. s. 1964, MdL 1970-75 u. s. 1980; CDU-Kreisvors. 1983-87), s. 1987 Landesvors. d. CGB-Nordrh.-Westf. - Ehrenring Stadt Gelsenkirchen - BVK.

JAEGER, Wolfgang

Direktor, Vorstandsmitgl. Feldmühle AG, Düsseldorf, Geschäftsf. Nord-Ostsee, Schiffahrts- u. Transportges. mbH u. Continentale Versicherungsvermittlungs GmbH, Dir.of the Board Norrsundet Bruks AB, Schweden, Administrateur, Papeteries de Belgique S.A., Brüssel, AR-Vors. B. V. Papierfabriek Gennep, Niederlande, Beirat: Gerling Konzern, Köln, Dt. Bank AG, Düsseldorf, Berlinische Lebensversich. AG, Wiesbaden - Freiherr-v.d.-Leyenstr. 3, 4005 Meerbusch-Büderich - Geb. 28. April 1930 Kiel, verh. s. 1961, 2 Kd. (Katharina, Felix) - Univ. Hamburg. Dipl.-Holzwirt - Spr.: Engl.

JÄGER, Wolfgang

Dr. phil., o. Prof. f. Wiss. Politik - Kirnerstr. 14, 7800 Freiburg/Br. - Geb. 24. Aug. 1940 Niedereschach (Vater: Alban J., Verwaltungsangest.; Mutter: Martha, geb. Giesler), kath., verh. s. 1967 m. Roselyne, geb. Esmiol, 2 Kd. (Christoph, Sylvia) - Promot. (1969) u. Habil. (1973) Freiburg - 1980 Ablehnung Lehrst. Univ. Tübingen (vorm. Theodor Eschenburg) - BV: Polit. Partei u. parlamentar. Opposition, 1971; Öffentlichkeit u. Parlamentarismus, 1973; Partei u. System, 1973; D. neue Elite, 1975 (m. D. Oberndörfer); Umweltschutz als polit. Prozeß, 1976 (m. H.-O. Mühleisen); Geschichte d. Bundesrep. Deutschl., Bde. 5/I u. 5/II, 1986 u. 1987 (m. K. D. Bracher u. W. Link) - Spr.: Engl., Franz. - Bek. Vorf.: Heinrich Hansjakob (Ps. Hans am See), Pfarrer u. Volksschriftst. Haslach u. Freiburg, 1837-1916 (Urgroßonkel ms.).

JAEGER, Wolfgang

Dr. med., em. o. Prof. f. Augenheilkunde - Mozartstr. 17a, 6900 Heidelberg (T. 47 37 26) - Geb. 29. Dez. 1917 Schwäb. Hall (Vater: Dr. med. Ernst J., Augenarzt; Mutter: Cornelie Müller), verh. s. 1950 m. Dr. med. Hildegard Breiling - Univ. Freiburg, Leipzig, München, Heidelberg. Promot. u. Habil. Heidelberg - S. 1953 Lehrtätigk. Univ. Heidelberg (1958 Ord. u. Dir. Augenklinik), 1986 emerit. Schriftf. Dt. Ophtalmol. Ges. - BV: D. Heilung d. Blinden in d. Kunst, 1960; D. Illustrationen v. P. P. Rubens z. Lehrb. d. Optik d. Franciscus Aquilonius, 1976; D. Erfind. d. Ophthalmoskopie, 1977; Augenvotive, 1979; D. Blinde Tobias u. s. Heilung in Darstellungen Rembrandts (m. Julius Held), 1980. Üb. 400 Einzelarb. a. d. gesamt. Gebiet d. klin. Ophthalmol. m. Schwerp.: Sinnesphysiol., Genetik, Pharmakol., Stoffwechselkrankh., Untersuchungsmeth., Sozialophthalmol., Gesch. d. Augenheilkd. - Mitgl. Leopoldina u. Heidelberger Akad. d. Wiss.; Academia ophthalmologica internationalis; Ehrenmitgl. Americ. Acad. of Ophthalmology, Dt. Ophth.-Ges., österr. Ophth.-Ges., griech. Ophth.-Ges. u. Ophth.-Ges. Wolgograd (UdSSR) - Spr.: Engl., Ital. - Rotarier.

JÄGER, Wolfgang

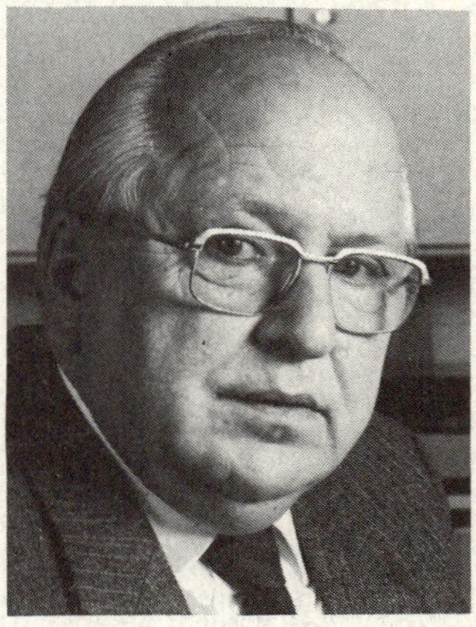

Prof. f. Medienkunde Staatl. Hochsch. f. Musik u. darst. Kunst, Hamburg; Journalist - Klosterallee 60, 2000 Hamburg 13 (T. 420 93 04) - Geb. 11. April 1920 Hamburg (Vater: Prof. Dr. phil. Fritz J., Sinologe; Mutter: Elsa, geb. Kurz), ev., verh. s. 1961 m. Heike, geb. Feilitz, T. Ursula - Gelehrtensch. d. Johanneums u. Univ. Hamburg (Lit., Kunstgesch., Filmpsych.) - 1948-84 NWDR bzw. NDR (1950 Leit. Jugendfunk (b. 1964), 1953 zugl. Echo d. Tages (b. 1954), 1961 stv., 1964 Leit. Hauptabt. Wort (b. 1970), 1969 stv., 1972-82 Programmdir. Hörfunk), Initiator Live-Send. Abend f. jg. Hörer (1954-65 Leit., 136 Folgen). Zahlr. Rundfunkmskr. u. Publ. z. Zeitgesch. - 1982 Prof. Musikhochsch. 1982-85 stv. Vors. u. s. 1986 Kurat.-Mitgl. Akad. f. Publiz. Hamburg - Spr.: Engl.

JÄGER-JUNG, Maria

Prof. Hochsch. f. Musik u. Darst. Kunst, Frankfurt - Am Wallgraben 5, 6457 Maintal 3 (T. 06181 - 43 12 35) - Geb. 26. März 1915 Hanau (Vater: Peter J., Bundesbahnbeamter; Mutter: Helene, geb. Bringmann), ev., verh. 1950-69 m. Prof. Dr. Rolf Jäger †, Sohn Lorenz - 1939-43 Stud. Hochsch. f. Musik Frankfurt/M.; Staatl. Prüf. f. Privatmusiklehrer in Klavier, Cembalo u. Orgel 1942, Staatl. Prüf. f. Organisten u. Chorleit. 1943 - S. 1942 Lehrbeauftr. f. Klavier u. Cembalo Dr. Hoch's Conservat. u. v. 1947-85 Hochsch. f. Musik Frankfurt; Gründ. Studio f. Alte Musik; Konz. m. hist. Instrumenten; Rundfunkaufn., Schallpl. - 1943 Musikpreis Stadt Frankfurt; 1973 Honorarprof.

JÄGERSBERG, Otto

Schriftsteller - Yburgstr. 1a, 7570 Baden-Baden (T. 2 33 35) - Geb. 19. Mai 1942 Hiltrup/W. - Schule Hiltrup; Lehre Münster - U. a. Buchhändler (Berlin, Zürich, München) u. Redakt. (Köln) - BV: Weihrauch u. Pumpernickel, 1964; Nette Leute, 1967; D. Waldläufer Jürgen, 1969; Cosa Nostra, 1971; D. Kindergasthaus, 1973; D. Herr d. Regeln, R., 1983. Fernsehsp.: Weihrauch u. Pumpernickel, Nette Leute, Land, Immobilien, D. Ansiedlung, D. Pawlaks (Serie) - Mitgl. PEN-Zentrum BRD.

JAEGGI, Eva Maria,

geb. Schaginger

Dr. phil., Prof. f. Klin. Psychologie TU Berlin - Forststr. 25, 1000 Berlin 37 - Geb. 12. Febr. 1934 Wien (Vater: Benno Sch., Generalpostdir.; Mutter: Maria, geb. Freund), verh. s. 1961 m. Urs Jaeggi, T. Rahel - Promot. 1957 Univ. Wien, Habil. 1978 FU Berlin - 1957-72 Tätigk. Psychotherapeutin (u. a. Leit. Studentenberatungsst. Bochum); 1972 Assist.-Prof. FU Berlin; s. 1978 Prof. f. Klin. Psych. TU Berlin - BV: Auch Fummeln muß man lernen, Sachb. 1978; Kognitive Verhaltenstherapie, Wiss. Buch 1979; Wir Menschenbummler. Wege u. Umwege e. Psychotherap., Sachb. 1983; Andere verstehen (m. a.), Wiss. Buch, 1984; Wenn Ehen älter werden (m. Hollstein), Sachb. 1985; Psychol. u. Alltag, Wiss.-B. 1987. Ztschr.art. - Liebh.: Lit. (spez. Biogr. u. Autobiogr.) - Spr.: Engl., Franz. - Bek. Vorf.: Benno Schaginger, Generalpostdir. v. Österr. (Vater).

JÄGGI, René C.

Vorstandsvorsitzender adidas Sportschuhfabriken Adi Dassler Stiftung & Co. KG - Adi-Dassler-Str. 2, Postf. 11 20, 8522 Herzogenaurach (T. 09132 - 8 40) - Geb. 17. Dez. 1948, verh.

JAEGGI, Urs

Dr. rer. pol., Prof. f. Soziologie, Schriftsteller - Fritschestr. 66, 1000 Berlin 10 (T. 342 89 86) - Geb. 23. Juni 1931 Solothurn/Schweiz (Vater: Josef J., Notar; Mutter: Emma, geb. Jäggin), Tochter Rahel - Bankausbild.; Stud. Nationalök. u. Soziol. - Promot. (1954) u. Habil. (1964) Bern - 1959-61 Assist. Univ. Münster (Sozialforschungsst. Dortmund); 1961-66 Assist., Privatdoz. (1964) u. ao. Prof. (1965) Univ. Bern; s. 1966 o. Prof. Univ. Bochum, s. 1972, o. Prof. FU Berlin, Inst. f. Soziologie - Mitgl. i. Präsidium d. P.E.N. Zentrums - BV: D. gesellschaftl. Elite, 1960; D. Angestellte im automat. Büro, 1963 (m. H. Wiedemann); D. Angestellte i. d. Industriegesellsch., 1966 (Bern); Ordn. u. Chaos (1968); Macht u. Herrschaft i. d. Bundesrepublik (1969); Lit. u. Polit., 1971; Kapital u. Arbeit i. d. Bundesrepublik, 1973; Sozialstruktur u. polit. Syst. (Hrsg.), Köln 1976; Theoret. Praxis. Probl. e. strukturalen Marxismus, 1976;

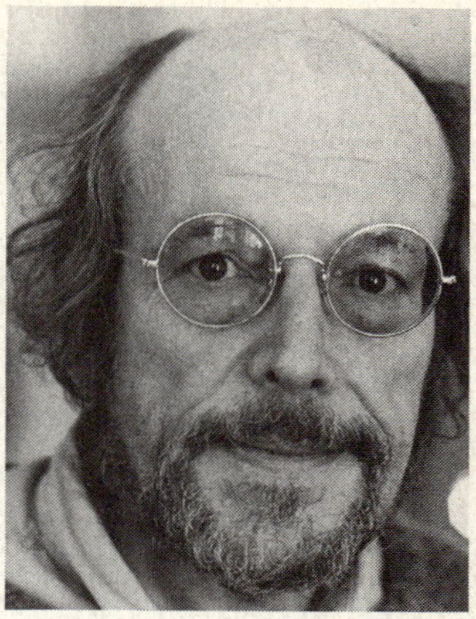

Theorien d. Hist. Materialismus, 1977 (Hrsg. m. A. Honneth); Brandeis, R. 1978; Was auf d. Tisch kommt, wird gegessen, Essay 1981; Grundrisse, R. 1981; D. Komplizen, R. 1982 (Erstveröff. 1965); E. Mann geht vorbei, R. 1982 (Erstveröff. 1968); Vers. üb. d. Verrat, 1984; Rimpler, R. 1987 - 1981 Ingeborg-Bachmann-Preis; 1987 Kunstpreis Kanton Solothurn - Spr.: Engl., Franz.

JÄKEL, Dieter

Dr. rer. nat., Prof. f. Geographie FU Berlin - Lefèvrestr. 6, 1000 Berlin 41 - Geb. 19. Juni 1933 Langneundorf (Vater: Erhard J., Landw.; Mutter: Elisabeth, geb. Warmer), ev., Sohn Kai - 1957/58-61 Univ. u. Sporthochsch. Köln; 1961/62 Univ. Innsbruck; 1962-64 FU Berlin (1961 Dipl.-Sportlehrer, 1964 Staatsex. in Gesch. u. Geogr., Promot. 1969); Habil. 1984 - S. 1972 Prof. Berlin. Forschungsreisen in d. Tibestigebirge/Tschad, in d. zentr. Sahara, in d. Taklamakan, Nordtibet, d. Qilian-shan u. d. Badan-Jirin Wüste in China. Leit. Forsch.station Bardai/Tibesti, Rep. Tschad. Schriftleit. u. Herausg. Berliner Geogr. Abhandl.

JÄKEL, Ernst

Dr., Ministerialrat a. D., IHK-Hauptgeschäftsf. i. R. - Graf-von-Galen-Str. 10, 4800 Bielefeld 1 - Geb. 8. Aug. 1913.

JÄKEL, Hans

Dipl.-Ing., Vorstandsmitglied Hüls Troisdorf AG, Troisdorf - Am Prinzenwäldchen 6, 5210 Troisdorf/Rhld. - Geb. 12. Dez. 1929 Waldenburg/Schles. - TH Aachen - Spr.: Engl.

JAEKEL, Hans Georg

Pfarrer, gf. Direktor Diakon. Werk/Inn. Mission u. Hilfsw. d. EK in Berlin-Brandenburg (1962-80) - Paulsenstr. Nr. 55/56, 1000 Berlin 41 - Geb. 31. März 1914.

JAENE, Hans Dieter

Journalist, Chefredakteur a. D. - Remstaler Str. 15, 1000 Berlin 28 (T. 030 - 401 39 58) - Geb. 19. Sept. 1924 Nowawes/Potsdam (Vater: Hanns J., Oberst a. D.; Mutter: Grete, geb. Weirich), ev., verh. s. 1952 m. Ingeborg, geb. Keppler, 2 Kd. (Claudia, Stephan) - Winckelmann-Schule Stendal (Abit. 1942); Redakt.svolont. Diese Woche/Der Spiegel - 1947-57 Redakt. D. Spiegel (1959-1966 stv. Chefredakt.); 1958 Redakt. Stern; 1966-75 Ferns.journ. (1972 ff. stv. Leit. ZDF-Sendereihe Kennzeichen D); 1976-82 Chefredakt. Dt. Welle; dann fr. Journ. - BV: Der Spiegel - e. Nachrichtenmagazin, 1968; Kreuzpunkt Berlin, 1973; Blickpunkt Europa, 1975; Berlin lebt, 1979 - 1968 BVK - Liebh.: Eisenbahnwesen - Spr.: Engl.

JÄNICH, Klaus

Dr. rer. nat., Prof., Lehrstuhlinh. f. Mathematik Univ. Regensburg - Utastr. 20c, 8400 Regensburg.

JAENICKE, Günther

Dr. jur., o. Prof. f. Öfftl. u. Intern. Recht - Waldstr. 13, 6906 Leimen bei

Heidelberg - Geb. 5. Jan. 1914 Halle/S., verh. s. 1982 m. Margarete, geb. Najork - Univ. Halle u. Heidelberg; Promot. 1937, Habil. 1957 - 6 J. Kriegsdst., Richter, Synd., Rechtsanw., Abt.-Leit. Max-Planck-Inst. f. ausl. öfftl. Recht u. Völkerrecht, s. 1959 Ord. Univ. Frankfurt/M. u. 1968 Dir. Inst. f. ausl. u. intern. Wirtschaftsr. Frankfurt - 1967-69 u. 1972-74 Prozeßvertr. Bundesrep. Dtschl. vor Intern. Gerichtshof, 1974-82 Rechtsber. dt. Deleg. auf UN-Seerechtskonf., s. 1973 Richter am Europ. Nuclear Energy Tribunal. Wiss. Mitgl. Max-Planck-Ges., Vors. Dt. Verein f. Intern. Recht - Mitherausg.: Ztschr. f. ausl. öfftl. Recht u. Völkerrecht - Gr. BVK.

JAENICKE, Joachim

Dr. rer. nat., o. Prof. f. Mathematik TU Braunschweig (s. 1971) - Rotdornweg 6, 3340 Wolfenbüttel - Geb. 7. Sept. 1931 Berlin (Vater: Fritz J.; Mutter: Hedwig, geb. Hennig), verh. s. 1958 m. Edith, geb. Hohendorf), 2 Kd. (Martin, Christina) - 1950-55 TU Berlin. Promot. (1957) u. Habil. (1967) Berlin. Zul. Wiss. Rat u. Prof. Univ. Dortmund. 1971 Gastprof. Univ. Jyväskylä (Finnl.). Facharb.

JAENICKE, Lothar

Dr. phil., o. Prof. f. Biochemie - Kaesenstr. 13, 5000 Köln 1 (T. 31 57 25, Inst.: 31 13 31) - Geb. 14. Sept. 1923 Berlin (Vater: Dr. phil. Johannes J., Chemiker; Mutter: Erna, geb. Buttermilch), verh. s. 1949 m. Dr. Doris, geb. Heinzel, 4 Kd. (Kora, Stephan, Thomas, Hannah) - S. 1954 Lehrtätigk. Univ. Marburg, München (1957; 1961 apl. Prof.) Köln (1962 ao., 1963 o. Prof.). Zahlr. Fachveröff. 1962 Paul Ehrlich-Ludwig Darmstaedter-Preis; 1971 Mitgl. Rhein.-Westf. Akad. d. Wissensch., u. 1989 Dt. Akad. d. Naturf. Leopolding; 1978 Korresp. Mitgl. Bayer. Akad. d. Wissensch.; 1979 Otto Warburg Med. GBCh.; 1984 Richard Kuhn Med. GDCh; 1985-88 Mitgl. Wissenschaftsrat; 1986 Wiss. Mitgl. Wissenschaftskolleg Berlin.

JÄNICKE, Martin

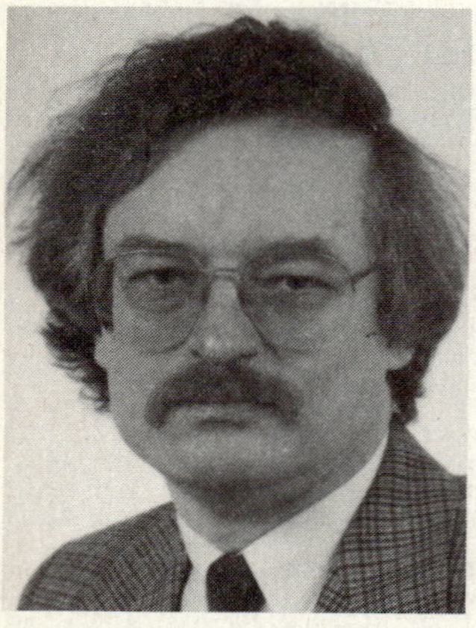

Dr. phil., Prof. f. Vergl. Analyse polit. Systeme FU Berlin, MdA - Patschkauer Weg 51, 1000 Berlin 33 - Geb. 15. Aug. 1937 Buckow, verh. s. 1963, 2 Kd. (Julika, Johannes) - Dipl. (Soziol.) 1963, Promot. 1969 FU Berlin, Habil. 1970 - S. 1971 Prof. f. Vergl. Analyse polit. Systeme FU. 1974-76 Planungsberater Bundeskanzleramt; 1975 Vorst. bzw. Beirat Dt. Vereinig. f. Polit. Wiss.; Beirats-Vors. Wiss.zentrum Berlin (b. 1982) u. Inst. f. Zukunftsforsch. (b. 1982); Wiss. Beirat Ztschr. Natur u. Ztschr. f. Umweltpolitik; Beirat Inst. f. ökolog. Wirtschaftsforsch.; Leit. d. Forschungsstelle f. Umweltpolitik FU Berlin. 1981-83 MdA Berlin - BV: D. dritte Weg, 1964; Totalitäre Herrschaft, 1971; Wie d. Ind.system v. s. Mißständen profitiert, 1979; Staatsversagen, 1986. Herausg.: Herrschaft u. Krise (1973), Polit. Systemkrisen (1973), Umweltpolitik (1978), V. uns d. gold. neunziger Jahre? (1985). Mithrsg.: Wissen f. d. Umwelt (1985).

JÄNICKE, Otto

Dr. phil., Prof. f. Roman. Philologie Univ. Marburg - Wehrdaer Weg 3, 3550 Marburg/L..

JAENICKE, Rainer

Dr. phil. nat., o. Prof. f. Biochemie - Universitätsstr. 31, 8400 Regensburg - Geb. 30. Okt. 1930 Frankfurt/M. (Vater: Dr. phil. Johannes J., Chemiker), verh. s. 1956 m. Agathe, geb. Calvelli-Adorno, 3 Kd. - Univ. Frankfurt. Promot. (1957) u. Habil. (1963) Frankfurt - S. 1964 Lehrtätigk. Univ. Frankfurt (1968 apl. Prof.) u. Regensburg (1970 Ord.).

JAENICKE, Walther

Dr. rer. nat., o. Prof. f. Physikal. Chemie - Sperlingstr. 53, 8520 Erlangen (T. 09131 - 4 52 30) - Geb. 28. April 1921 Berlin (Vater: Dr. phil. Johannes J., Chemiker; Mutter: Erna, geb. Buttermilch), verh. s. 1951 m. Lotte, geb. Schaeder, 3 Kd. (Reinhard, Judith, Bettina) - Promot. 1946; Habil. 1953 - Assist. Univ. Jena u. Berlin, 1949 Max-Planck-Inst. f. physikal. Chemie, Göttingen, 1953 Privatdoz., 1959 apl. Prof. TH Karlsruhe, 1963 o. Prof. Univ. Erlangen-Nürnberg. Emerit. 1988. Veröff. üb. Kinetik heterogener Reaktionen, Elektrochemie, schnelle Reaktionen, wiss. Photogr. - Lit.: J. Appl. Phot. Eng. 3 (1977) 70 A; Ber. Bunsenges. Phys. Chem. 90 (1986) 325.

JAENISCH, Sigbert

Dr. rer. nat., Prof. f. Mathematik Univ. Gießen - Am unteren Rain 10, 6300 Gießen.

JÄNNER, Michael

Dr. med., Prof., Dermatologe - Rögenfeld 31c, 2000 Hamburg 67 - S. 1972 Prof. Univ. Hamburg (Dermatol. u. Venerol.).

JÄRKEL, Peter

Techn. Direktor, Geschäftsf. EURO Hausgeräte GmbH., Neunkirchen - Nußbaumstr. 19, 6650 Homburg/Saar - Geb. 11. Jan. 1941.

JÄSCHKE, Kurt-Ulrich

Dr. phil., Prof. f. Geschichte d. Mittelalters, Histor. Inst. Saarbrücken - Am Botanischen Garten 4, 6600 Saarbrücken 11 (T. 0681 - 302 31 93) - Geb. 6. März 1938 Danzig-Langfuhr (Vater: Hans J., Behördenangest.; Mutter: Gertrud, geb. Schwerdtfeger), ev., verh. s. 1964 m. Renate, geb. Kreck, 2 Kd. (Dirk-Markus, Ruth) - 1957-63 Stud. Angl., ev. Theol. u. Gesch. Münster u. Bonn, Staatsex., Promot. 1963 u. 1964 Bonn, Habil. 1969 Marburg - 1964 Wiss. Assist. Univ. Marburg, 1969 Priv.doz., 1971 Prof. ebd., 1975 Univ. Saarbr. - Wiederentd.: D. ält. Halberstädter Bischofschronik (a. d. ausg. 10. Jh.) 1970 - BV: Burgenbau u. Landesverteid. um 900, 1975; Wilhelm d. Eroberer - sein doppelter Herrschaftsantr. im J. 1066 (wiss. Unters.), 1977; D. Anglo-Normannen (histor Darst.), 1981; Imperator Heinricus (Unters. u. Edition), 1988; Nichtkönigliche Residenzen im spätmittelalterl. England (wiss. Unters.), 1989. Herausg.: Fs. f. Helmut Beumann, 1977 - 1964 Bonner Univ.preis. S. 1979 Mitgl. Dt. Kommiss. f. d. Bearbeitung d. Regesta Imperii; s. 1983 Mitgl. Kommiss. f. Saarl. Landesgesch. u. Volksforsch. - Liebh.: Streichquartett spielen (Viol.) - Spr.: Engl., Franz., Ital.

JAESCHKE, Lothar

Dr.-Ing., Prof., Vors. d. Geschäftsf. Uhde GmbH. (s. 1981) - Friedrich-Uhde-Str. 15, 4600 Dortmund 1 - Geb. 15. Nov. 1930 Frankfurt/M - 1951-56 Stud. Maschinenbau TH Darmstadt - B. 1971 Farbw. Hoechst, dann Uhde. 1984ff. Honorar-Prof. TH Darmstadt.

JAESCHKE, Ursula

Dr. theol., Wiss. Rätin, Prof. f. Ev. Theologie u. ihre Didaktik GH Duisburg - Nachtigallenweg 25, 4710 Geldern 3.

JÄTZOLD, Ralph

Dr. rer. nat., Prof. f. Kultur- u. Regionalgeographie - Unterm Wolfsberg 48, 5500 Trier/Mosel - Geb. 6. Dez. 1933 Leipzig - Promot. 1959; Habil. 1966 - S. 1966 Lehrtätigk. Univ. Tübingen, Heidelberg (1967; 1970 apl. Prof.), Trier (1971 Ord.) - BV: u. a. D. wirtschaftsgeogr. Struktur v. Südtansania, 1971. Mithrsg.: Trierer Geogr. Stud. (1974 ff.), Farm Management Handbook of Kenya (1982/83).

JAGDT, Reinhard L.

Dipl.-Phys., Geschäftsführer Jagdt Consult GmbH - Kapellenstr. 30, 6500 Mainz - Geb. 16. Mai 1930 Braunsberg - Univ. Jena (Physik; Dipl.-Phys. 1959) - Brasilian. Honorarkonsul f. Rhld.-Pfalz; Mitgl. Vollvers. IHK Rheinhessen, Technol.beirat d. Ld. Rhld.-Pfalz; Vorst.-Mitgl. Freunde d. Univ. Mainz; Rundfunkrat d. SWF Baden-Baden; Vorst.-Vors. Kulturfonds Mainzer Wirtschaft, stv. Vors. Landeskurat. Rhld.-Pfalz/Saarland Stifterverb. f. d. Dt. Wiss. - 1980 BVK, 1986 BVK I. Kl.

JAGLA, Jürgen C.

Chefredakteur Kölnische Rundschau - August-Imhoff-Str. 30, 5024 Pulheim-Sinnersdorf (T. 02238 - 76 35) - Geb. 30. Juli 1930 Gleiwitz (Vater: Emil J., Sonderschuldirektor; Mutter: Alice, Lehrerin), kath., verh. m. Johanna, geb. Oschika, Lehrerin - Human. Gymn. Ratibor u. Schwerin - 1954-67 Redakt. u. Korresp. Ztg. Welt d. Arbeit, Mittag, Reuter-Büro; s. 1967 Köln. Rundschau - BV: Marokko - Traumstraßen d. Welt - 1975 Theodor-Wolff-Preis - Liebh.: Musizieren - Rotarier.

JAGNOW, Gerhard

Dr. rer. nat., Mikrobiologe, Abteilungsleiter Inst. f. Bodenbiologie/FAL (Ökologie d. Bodenbakterien, bes. Stickstoffbindung), Braunschweig (s. 1968), apl. Prof. f. Mikrobiol. TU ebd. (s. 1974) - Ohmstr. 25, 3300 Braunschweig - Geb. 25. Febr. 1926 Brünn/Eisfeld, verh. s. 1957 m. Susanne, geb. Deli - Promot. 1956 Göttingen; Habil. 1968 Gießen - 1959-68 Forschungstätigk. Sudan u. DFG (1964) - BV: D. Humushaushalt trop. Böden u. s. Beeinflussung durch Klima, Bodennutzung, Trocknung u. Erhitzung, 1967. Etwa 60 Einzelarb.

JAGODA, Bernhard

Obersekretär a. D., Staatssekretär Bundesmin. f. Arbeit u. Sozialordnung (s. 1987), MdB (1980; 1983 Landesliste Hessen) - Am weißen Stein 31, 3578 Schwalmstadt 1 (T. 06691 - 2846) - Geb. 29. Juli 1940 Kirchwalde/OS. - Volkssch.; Verwaltungslehre; 1960-63 Abendlehrg. VHS (Mittl. Reife); Inspektoren-Prüf. 1972 - S. 1965 Hess. Verw.schulverb. CDU s. 1965, Stadtverbandsvors., Kreis-, Landesvorst.mitgl., Fraktionsvors. im Stadtparlament Schwalmstadt u. Schwalm-Eder-Kreis.

JAGODZINSKI, Heinz

Dr. rer. nat., em. o. Prof. f. Kristallographie u. Mineralogie - Lärchenstr. 14, 8035 Gauting/Obb. (T. München 850 32 99) - Geb. 20. April 1916 Aschersleben (Vater: Ernst J., Mittelschullehrer; Mutter: Sophie, geb. Papajewski), ev., verh. s. 1942 mit Margarete, geb. Brandenburg, 3 Kd. (Wolfgang, Erika, Ingeborg) - Univ. Greifswald u. Göttingen (Math., Physik). Promot. 1941 Göttingen; Habil. 1948 Marburg - S. 1948 Lehrtätigk. Univ. Marburg, Univ. Würzburg (1957 apl. Prof.), TH Karlsruhe (1959 o. Prof. u. Dir. Mineral. Inst.), Univ. München (1963 o. Prof. u. Vorst. Inst. f. Kristallogr. u. Mineral.; 1968/69 Dekan Naturwiss. Fak.). Spez. Arbeitsgeb.: Strukturforsch. m. Röntgen- u. Korpuskularstrahlen. 1966-68 Vors. Dt. Mineral. Ges.; Mitgl. Executive Committee (1963-69) u. Vizepräs. Intern. Union of Crystallogr. (s. 1972), Senat (1965 ff.) u. Hauptaussch. (1967 ff.), Dt. Forschungsgem., Mitgl. General Committee, Intern. Council of Scientific Unions (s. 1974), Standing Finance Committee (1976), Vors. App.-Ausschuß, Klassensekr. math.-nat. Klasse d. Bayer. Akad. d. Wiss. (s. 1986). Zahlr. Fachveröff. - Mitgl. Dt. Akad. d. Wiss. (o.), Österr. Akad. d. Wiss. (Korresp.-Mitgl.), Max-Planck-Inst. f. Biochem. (wiss.), Ehrendoktor, Fr. Becke-Med. Österr. Min.Ges., A.G. Werner-Med. Dt. Min.Ges. - 1983 Membre d'Honneur Société Française de Minéralogie et de Cristallogr.; 1984 BVK I. Kl. - Spr.: Engl., Franz.

JAGSCHIAN, Valentin

Dr. med., Prof., Chirurg (Chefarzt) - Städt. Krankenanstalten (Ölmühlenstr.), 4800 Bielefeld/W. - S. Habil. Privatdoz. u. apl. Prof. FU Berlin (Chir.).

JAHN, Claus

Präsident Dt.-Chilen. Industrie- u. Handelskammer, Dir. Emasa S.A. - Chamiza 6683, Santiago/Chile (T. 242 66 26) - Geb. 16. März 1938 Valparaiso (Chile), ev., verh. s. 1964 m. Nora, geb. Schacht, 2 Kd. (Alberto, Sylvia) - Kaufm. Lehre Robert Bosch GmbH, Stuttgart - Geschäftsf. u. VR Emasa S.A.; Präs. Baiersdorf, Chile S.A., Dir. Allianz Chile S.A. u. Emaresa S.A. (Chile). Präs. Dt.-Chilen. IHK. Präs. Golf Club Sport Fraces - BVK - Liebh.: Sport (Golf; Chilen. Feldhockey-Auswahl-Spieler), Musik (Klassik) - Spr.: Span., Engl., Deutsch.

JAHN, Egbert

Dr. phil., Prof. f. Sozioökonom. Strukturen, Institutionen u. Außenpolitik sozialist. Staaten Univ. Frankfurt/M., Forschungsgruppenleit. d. Hess. Stiftg. Friedens- u. Konfliktforsch. - Gagernring 96, 6233 Kelkheim - Geb. 26. Mai 1941 Berlin, verh. s. 1968 - Stud. Gesch., Politikwiss., Geogr., Päd. Marburg, Berlin, Bratislava - 1977-79 Vors. Arbeitsgem. Friedens- u. Konfliktforsch.; 1979-83 Mitgl. Kurat. Dt. Ges. f. Friedens- u. Konfliktforsch.; 1986-87 Projektleit. am Zentrum f. Friedens- u. Konfliktforsch. Kopenhagen - BV: D. Deutschen in d. Slowakei, 1971; Kommunismus - und was dann?, 1974; Elements of World Instability, (m. Y. Sakamoto, Hg.), 1981; Bürokrat. Sozialismus: Chancen d. Demokratisier.? Einf. in d. polit. Systeme kommunist. Länder, 1982; European Security: Problems of Research on Non-Military Aspects, 1987.

JAHN, Ernst-Henning

Realschullehrer a. D., MdL Nieders. (s. 1970, CDU) - 3339 Watzum 51 (T. Schöppenstedt 1096).

JAHN, Friedrich (Fritz)

Kommerzialrat Präs. Verwaltungsrat Wienerwald-Holding AG, Feusisberg/Schweiz - Zu erreichen üb. Wienerwald GmbH, Hpt.-Verw., Elsenheimerstr. 61, 8000 München 21 - Geb. 29. Dez. 1923 Linz/Donau (Österr.), verh. (Ehefr.: Hermi), 2 Töcht. (verh.) - Kellnerberuf; s. 1955 selbst. (Wirt Linzer Stüberl bzw. Wienerwald München; heute üb. 800 Gaststätten u. div. Hotels in aller Welt) - Bekannt als Hendl-König - Fernsehsend.: F. J. - Das ist Ihr Leben (ZDF, 8. Juli 1979) - 1971 Bayer. VO.; 1973 BVK; Gr. Österr. Ehrenz.

JAHN, Friedrich-Adolf

Dr. jur., Rechtsanwalt, Kreisdir. a. D., Parlam. Staatssekr. Bundesmin. d. Justiz (s. 1987), MdB (s. 1972; Direktmand./Münster) - Veghe-Str. 14, 4400 Münster - Geb. 7. Mai 1935 Münster, kath., verh., 3 Kd. - Abit. 1955 Münster; 1955-59 Univ. Münster u. Freiburg (Rechtswiss.). Jurist. Staatsprüf. 1959 u. 1963; Promot. 1961 - 1964-65 Wiss. Assist. Univ. Münster; 1965-67 Regierungsass. u. -rat Reg.präs. Münster; 1967-69 Ref. u. Beigeordn. Landkreistag NRW, Düsseldorf; 1969-72 Kreisdir. Münster; 1969-81 Lehrbeauftr. Univ. Münster (Übungen im Öfftl. Recht). - CDU s. 1971 (1974-85 Vors. Münster); 1982-87 Par-

lam. Staatssekr. Bundesmin. f. Raumordn., Bauwesen u. Städtebau - Spr.: Engl.

JAHN, Fritz
Dr. jur., Oberkreisdirektor Kr. Springe - Hindenburgstr. 10, 3257 Springe/Deister - Geb. 13. Febr. 1919 Wieda/Harz - Univ. Göttingen (Rechts- u. Staatswiss.). Ass.ex.

JAHN, Gerhard

Bundesminister a. D., MdB - Bundeshaus, 5300 Bonn 1 - Geb. 10. Sept. 1927 Kassel, ev., verh. in 2. Ehe m. Dipl.-Psych. Ursula, geb. Müller, 3 Kd. (dar. S. aus 1. Ehe) - Friedrichs-Gymn. Kassel; 1943-45 Luftwaffenhelfer u. Arbeitsdst.; n. Abit. (1947) Univ. Marburg (Rechtswiss.). Gr. jurist. Staatsprüf. 1956 - Ab 1957 Rechtsanw. u. Notar (1966) Marburg; 1967-69 Parlam. Staatssekr. Ausw. Amt; 1969-74 Bundesjustizmin. S. 1956 Stadtverordn. Marburg (Fraktionsvors.), 1962-74 Vorsteher); s. 1957 MdB. 1961 Parlam. Gf. SPD-Fraktion, 1963-65 Rücktr. Spiegel-Affaire, 1965-67 u. wied. s. 1975 parlam. Gf. SPD-Fraktion. 1975-79 u. 1981-82 Vertr. Bundesrep. Dtschl. Menschenrechtskommiss. Vereinte Nationen. 1979 Präs. Dt. Mieterbund, Köln; AR-Mitgl. Dt. Vermögensberat. AG - Hrsg.: Herbert Wehner - Wandel u. Bewährung/ Schriften u. Reden 1930-80 u. Herbert Wehner - Zeugnis, (1982) - 1978 Gr. BVK m. Stern u. 1984 Schulterbd. - Liebh.: Fotogr.

JAHN, Gert
Dr. rer. nat., Prof. f. Didaktik d. Geographie Univ. Gießen - Schloßgasse 7, 6300 Gießen; priv.: Vord. Ortsstr. 33, 3561 Breidenbach.

JAHN, Hans-Edgar
Dr. rer. pol., Dipl. sc. pol., Publizist u. Verleger, MdB (1965-80), MdEP (1969-79), Präs. Pommersche Abgeordnetenversammlung (s. 1962), Leiter bzw. Präs. Arbeitsgemeinsch. Demokrat. Kreise (1951-69) - Lindenallee 9, 5300 Bonn 2 - Geb. 21. Nov. 1914 Neustettin, ev., verh.

I) m. Annemarie, geb. Altmann, 2 Kd.; II) Irmgard, geb. Rother - Univ. Berlin (1937-42) u. Graz (1958-59) - 1933-37 Marinesoldat; 1942-47 Wehrdst. (zul Ltn. d. R.) u. Kriegsgefangensch.; s. 1948 Publizist; s. 1958 Herausg. Monatsschr. Polit. Welt (Bad Godesberg). CDU s. 1947, 1970-77 Vors. Landesverb. Braunschweig, s. 1977 Ehrenvors. LV Braunschweig - BV: Vertrauen - Verantw. - Mitarb., 1953; Rede - Diskussion - Gespräch, 1954; Kultur- u. Informationsarbeit d. westl. Demokratien, 1954; Ges. u. Demokr., 1955; Lebendige Demokr., 1956; Weltpolit. Wandlungen v. ausgeh. Mittelalter b. z. Beginn d. Atomzeitalters, 1956; Für u. wider d. Wehrbeitrag, 1957; Wir u. d. Zeit, 1958; V. Bosporus n. Hawaii - 14 Stationen u. Weltreise/14 Herausford. d. Weißen Mannes, 1962; V. Feuerland n. Mexiko - Lateinamerika am Scheideweg, 1962; V. Kap n. Kairo - Afrikas Weg in d. Weltpolitik, 1963; Pommersche Passion, 1964, Neuaufl. 1980; CDU u. Mitbestimmung, 1969; D. dt. Frage v. 1945 b. heute, 1985; Ostpommern, Bildbd. 1987; An Adenauers Seite, 1988. Mithrsg.: Taschenb. f. Wehrfragen (m. K. Neher, 1956ff.) - 1973 BVK I. Kl. - Liebh.: Touristik - Spr.: Engl., Franz.

JAHN, Karl-Heinz
I. Bürgermeister (s. 1978) - Rathaus, 8901 Langweid a. Lech (Schwaben) - Geb. 11. April 1946 Augsburg - Zul. Betriebsw. CSU.

JAHN, Klaus
Geschäftsf. Bundesverb. Zeitarbeit/ Dienstleist. auf Zeit - Jungfernstieg 38, 2000 Hamburg 36.

JAHN, Kurt
Dr. rer. pol., Prof., 1. Direktor Landesversicherungsanstalt Berlin i. R., Honorarprof. f. Sozialversicherungswesen FU Berlin (s. 1970) - Spanische Allee 78, 1000 Berlin 38 (T. 803 70 72) - Geb. 10. April 1914 Berlin (Vater: Fritz J., Reichsbahnschaffner), ev., verh. s 1942 m. Elly, geb. Martin - Univ. Berlin (Volksw., Promot. 1938) - 1934-38 Vers.angest.; 1938-45 Wehrm.; 1945-49 Angest. Stadtverw. Gießen (Leit. Versich., Besatzungs- u. Schadensamt); 1949-52 Reg.rat Hess. Arbeitsmin.; 1952-58 Landesoberverw.rat Landesversich.anst. Westf. (Rentenref. u. Leit. Beitragsabt.). Lehrtätig. Hess. Verw.sch. (1945), Westf. Verw.akad. (1954) u. Univ. Münster (1957) und Freie Univ. (1959). Div. Mitgliedsch. Brosch.: D. Sozialversich., 1952; Ratschläge f. Freiw. Versicherte, 1957; Allg. Sozialversich.lehre, 2. A. 1980. Mitarb.: Hoernigk-Jahn-Wickenhagen, Fremdrenten- u. Auslandsrentengesetze; Jahn-Hoernigk, D. Handwerkerversich.ges. Herausg. d. Kommentars Sozialgesetzb. K. z. Praxis u. Mitautor (s. 1975) - 2. Vorf. ms. (Johann Ziering, Erasmus u. Johann Moritz) Bürgerm. Magdeburg (16. u. 17. Jh.).

JAHN, Paul Hugo
Rechtsanwalt, Bürgermeister a. D. - Strählerweg 1, 7500 Karlsruhe 41 (T. 0721 - 4 21 89) - Geb. 29. Juni 1916 Kapellen - Jurastud. Berlin, München; Austauschstud. USA, Refer., Ass. - S. 1946 RA, 1962-66 Stadtrat, 1966-81 Bürgermeister Stadt Karlsruhe - 1976 BVK, 1981 BVK I. Kl. - Liebh.: Freizeitgärtner - Spr.: Engl., Franz., Ital.

JAHN, Reinhard
Autor (Ps. Hanns-Peter Karr) - Postf. 101813, 4300 Essen 1 (T. 0201 - 76 56 99) - Geb. 19. Okt. 1955 Saalfeld/ Thür., ev., ledig - Stud. Publiz. u. Kommunikationswiss. Univ. Bochum; M.A. 1983 - BV: Stop d. Juwelenbande, 1979; Stop d. Falschmünzern, 1981; ... beziehungsweise Mord, 1985. Hörsp.: Totes Kapital (1979); Unerkannt (1979); D. weiße Nacht (1979); Lebenslänglich (1980); Finale in Frankfurt (1982); Höhenflug (1981); Schneewittchen (1984); Zwischenbericht (1984); D. Affäre Nassauer (1984); Keine Versprechungen (1984); Dies ist e. Überfall (1984); Pourquoi Madame Robinson est-elle morte (1985); D. lange Abschied (1986); Backstage od.: Weine nicht, wenn d. Regen fällt (1987); Lift (1987); Hallo Nachbar (1988); Schönes Wetter (1988); E. ruhiger Mieter (1988); Nachtfahrt (1988); D. Gedenktafel (1989) - 1988 Walter-Serner-Preis - Spr.: Engl.

JAHN, Reinhold
Dipl.-Kfm, Dipl.-Brauerei-Ing, Vorstandsmitglied Brau u. Brunnen AG, Berlin u. Dortmund (s. 1973) - Arndtstr. 45, 4600 Dortmund 1 - Geb. 11. Juni 1926 - AR-Vors. Engelhardt Brauerei AG, Berlin, Tremonis GmbH, Dortmund; AR Einbecker Brauhaus AG, Einbeck, Elbschloss-Brauerei AG, Hamburg, Hofbrauhaus Wolters, Braunschweig, Lichterfelder Getränke Herstellung u. Vertrieb GmbH, Berlin; VR-Vors. Berg. Löwen-Brauerei GmbH & Co. KG, Köln; VR Okertaler Mineral- u. Heilbrunnen GmbH & Co. KG, Goslar.

JAHN, Wilhelm
Dr. agr., Prof. f. Pflanzenbau u. -zücht. - Bahnhofstr. 56, 6300 Gießen (T. 74525) - B. 1967 Privatdoz., dann apl. Prof. Univ. Gießen.

JAHNECKE, Joachim
Dr. med., Prof., Chefarzt Innere Abteilung/St.-Johannes-Hospital, Bonn - Kölnstr. 54, 5300 Bonn - Prof. Univ. Bonn.

JAHNKE, Henner
Vorstandsmitgl. Brauerei zur Walkmühle H. Lück AG. - Geniner Str. 102, 2400 Lübeck 1; priv.: Im Trentsaal 11 - Geb. 1. Nov. 1937.

JAHNKE, Ingolf
Bürgerschaftsabgeordn. (s. 1974) - Beim Schlump Nr. 50, 2000 Hamburg 13 - CDU.

JAHNKE, Jürgen
Dr. rer. nat., Dipl.-Psych., Prof. f. Päd. Psychologie PH Freiburg - Weberdobel 11, 7801 Buchenbach-Unteribental/Br. - Geb. 26. Okt. 1939 Helmstedt.

JAHNKE, Karl
Dr. med. (habil.), Prof., Direktor Med. Klinik - Städt. Krankenanstalten, 5600 Wuppertal-E. - Geb. 31. Juli 1919 Stettin - B. 1966 Privatdoz., dann apl. Prof. Univ. Düsseldorf (Inn. Med.) - BV: D. Bluteiweißkörper in d. Ultrazentrifuge, 1960 (m. W. Scholtan). Etwa 200 Einzelarb. u. Handbuchbeitr. (Stoffwechsel, spez. Diabetes).

JAHNKE, Volker
Dr. med., Prof., Direktor HNO-Klinik, Univ.-Klinikum Rudolf Virchow, Berlin - Bernadottestr. 9, 1000 Berlin 33 (T. 030 - 825 68 63) - Geb. 6. Sept. 1937 Stettin, gesch., 2 Kd. (Kim, Nina) - Ärztl. Prüf. 1961 Univ. Hamburg, Approb. 1964 Hamburg, M.Sc. 1964 Montréal, Habil. (u. Priv.-Doz.) 1970 Marburg - 1971 Prof., 1977 apl. Prof. München. For-

schungsstip., Asisst. u. Oberarzt Univ.-Kliniken München, Hamburg, Montréal, Stockholm, Marburg - BV: Krankenheiten d. Zunge. In: Hals-Nasen-Ohren-Heilk. in Praxis u. Klinik, Bd. III (2. A. 1978) - 1968 u. 69 1. u. 2. Preis American Acad. of Ophthalmology and Otolaryngology f. Grundlagenforsch. in d. HNO-Heilk.; 1971 Diplomate of the American Board of Otolaryngology; 1972 Fellow of the American Acad. of Ophthalmology and Otolaryngology; 1973 Fellow of the American College of Surgeons; 1979 Corresponding Member of the American Acad. of Facial Plastic and Reconstructive Surgery - Liebh.: Sport (aktiv Ski, Schwimmen) - Lit.: Who's Who in Medicine 5th Edition (1981); Kürschners Dt. Gelehrten-Kalender (1980).

JAHR, John jun.
Vorstandsmitgl. Gruner + Jahr AG. & Co./Druck- u. Verlagshaus - Alsterufer 1, 2000 Hamburg 36; priv.: 60, Brabandstr. 39 - Vater: John J., Verleger (s. dort).

JAHR, John
Verleger (Gruner + Jahr A. G. + Co. u. Constanze-Verlag John Jahr KG., bde. Hamburg 1), stv. ARsvors. Druck- u. Verlagshaus Gruner + Jahr AG., Itzehoe (s. 1973) - Schöne Aussicht 32, 2000 Hamburg 76 (T. 2200590) - Geb. 20. April 1900 Hamburg (Vater: Johannes J.; Mutter: Agnes, geb. Klose), verh. s. 1932 m. Elli, geb. Klesse, 4 Kd. (John, Michael, Alexander, Angelika) - Realsch. u. kaufm. Lehre (Ind.) Hamburg - B. 1924 Sportjourn., dann verleger. Tätigk.

JAHR, Rüdiger
Dr. rer. nat., Prof., Direktor Physikal.-Techn. Bundesanstalt, Braunschweig, apl. Prof. f. Physik TU ebd. (s. 1976) - Otto-Hahn-Str. 12, 3300 Braunschweig.

JAHR-STILCKEN, Angelika
Journalistin - Inselstr. 12a, 2000 Hamburg 60 - Geb. 26. Okt. 1941 Berlin (Vater: John J., Verleger; Mutter: Elli, geb. Klesse), ev., verh. s. 1977 m. Rudolf Stilcken, 2 Kd. (Anna-Constanze, Alexander Rudolf) - 1961-64 Stud. Psych., Phil., German. Univ. Hamburg u. München; Volont. D. Welt, Trainee, McCall's, Vogue (New York) - Spr.: Engl. Franz.

JAHRMÄRKER, Hans
Dr. med., Prof., Extraordinarius f. Inn. Medizin Med. Klinik Innenstadt, Univ. München (Kardiol., Intensivmed.) - Karl-Valentin-Str. 9, 8022 Grünwald/ Obb. (T. München 641 24 34).

JAHRREISS (ß), Heribert
Dr. phil., Prof. I. Physikal. Institut Univ. Köln (Oberflächen- u. Dünnschichtphysik) - Nassestr. 36, 5000 Köln 41 (T. 46 23 52) - Geb. 15. Jan. 1924 Leipzig (Vater: Prof. Dr. jur. Dr. h. c. Hermann J., Rechtsgelehrter; Mutter: Elfriede, geb. Hothorn) verh. s. 1952 m. Ingeborg, geb. Kunkel, 2 Kd. (Wolfgang, Ricarda

- S. 1959 (Habil.) Lehrtätigk. Köln (1968 apl. Prof. f. Physik, 1970 Wiss. Rat u. Prof., 1980 Prof.). 1974-83 Generalsekr., 1983-86 Vizepräs., s. 1986 Präs. Intern. Union f. Vakuumforsch., -techn. u. -anwend. - BV: Einführung in d. Physik, 1977, 4. A. 1985. Facharb.

JAIDE, Walter G.

Dr. phil., Prof., Direktor Forschungsstelle f. Jugendfragen Hannover - Hindenburgstr. 19, 3000 Hannover (T. 81 83 75) - Geb. 10. Mai 1911 Berlin (Vater: Franz J., Kaufm.; Mutter: Luise, geb. Stoewer) - Realgymn. u. Univ. Berlin (Theol., Psych., Phil., Altgerman.-nord. Philol., Nationalök.; Promot. 1936) - S. 1948 Doz. u. o. Prof. (1958) Päd. Hochsch. Hannover (Psych.; 1963-65 Rektor), SPD - BV: D. Berufswahl, 1961; E. neue Generation?, 1961; D. Verhältnis d. Jugend z. Politik, 3. A. 1965; D. jg. Staatsbürger, 1965; Leitbilder heutiger Jugend, 1968; Jg. Arbeiterinnen, 1969; Jugend u. Demokr., 1970; Achtzehnjährige zw. Reaktion u. Rebellion, 1978; Jugendmitglie im Bildungsurlaub, 1979; Junge Hausfrauen im Fernsehen, 1980; Wertewandel?, 1983; Generationen e. Jahrhunderts, 1988. Mitarb.: D. jg. Arbeiterin, 3. A. 1960; Bilanz d. Jugendforsch., 1989. Herausg.: Jugend im doppelten Dtschl. (1977), Gutachten f. Min. BRD u. d EG-Komm. Zahlr. Aufs. z. Kinder- u. Jugendpsych.; Beitr. z. Funkuniv. RIAS - Mitgl. PEN-Zentr. BRD - Liebh.: Kunstgesch. - Spr.: Franz., Engl., Schwed.

JAINSKI, Paul

Dr.-Ing., Prof., Wiss. Mitarb. Bundesverkehrsmin. (1953 b. 76) - Virchowstr. 1, 5300 Bonn-Duisdorf (T. 62 13 02) - Geb. 14. März 1911 Berlin (Vater: Anton J., Stellwerksmeister; Mutter: Hedwig, geb. Förster), kath., verh. s. 1940 m. Ursula, geb. Maase, 3 Kd. (Veronika, Peter, Thomas) - TH Berlin u. Darmstadt (Elektro- u. Lichttechnik). Promot. 1938; Habil. 1960 - B. 1938 Assist. TH Berlin (Beleuchtungstechn. Inst.), dann Laborleit. Fa. Dr.-Ing. Schneider & Co. (Lichttechn. Spezialfabrik), Frankfurt/M., 1941-47 Kriegsdst. (Luftw.) u. Gefangensch., 1948-53 Laborleit. Eisenbahn-Versuchsanstalt München. S. 1955 Lehrbeauftr. u. Honorarprof. (1962) TH Darmstadt (Lichttechnik). 60 Facharb. - DIN-Ehrennadel; Ehrenmitgl. Lichttechn. Ges. - Liebh.: Gartenbau - Spr.: Engl., Franz.

JAISLE, Franz

Dr. med., Prof., Chefarzt Geburtshilfl.-Gynäk. Abteilung - Paracelsus-Krankenhaus, 7304 Ruit/Fildern - Geb. 25. Sept. 1922 Riedlingen - Promot. 1952 Tübingen - S. 1964 (Habil.) Lehrtätigk. Univ. Würzburg (1971 apl. Prof. f. Geburtsh. u. Frauenheilkd.). Facharb.

JAKOB, Franz

Fotograf, MdL in Hessen - Auf dem Ort 10, 3549 Diemelstadt-Wethen (T. 05694-737) - Geb. 16. April 1949 Leer/Ostfriesl., luth., gesch., 4 Kd. (Rolf, Marion, Stephan, Thorsten) - Kfz-Mechaniker, Testfahrer, Fotograf - Mitbegründ. d. Anti-Atom-Büros in Diemelstadt u. weiterhin Mitarb., Mitgl. e. Wissenschaftlergruppe geg. Atomanlagen, Mitkoord. d. bundesdt. Anti-AKW-Beweg. u. intern. Zusammenarb. - Liebh.: Fotografie, Lesen, Musik, Reisen - Spr.: Engl.

JAKOB, Günter

Legationsrat I. Kl., Wirtschaftsref. Botschaft d. BRD in Bangkok - P. O. B. 2595, Bangkok (Thailand).

JAKOB, Karl-Heinrich

Bergassessor a. D., Gf. Vorstandsmitglied Gesamtverb. d. dt. Steinkohlenbergbaus, Unternehmensverb. Ruhrbergbau - Friedrichstr. 1, Postf. 10 36 63, 4300 Essen 1; priv.: Vittinghoffstr. 78, 4300 Essen 1 - Geb. 11. Mai 1924 - Hauptgeschäftsf. Wirtsch.vereinig. Bergbau; Vorst.-Vors. Verein v. Freunden TU Clausthal; stv. Vorst.-Vors. Ruhrinst. f. ges.polit. Forsch. u. Bildung, Essen; stv. VR-Vors. Treuhandst. f. Bergmannswohnstätten im rhein.-westf. Steinkohlenbezirk GmbH, Essen; VR-Mitgl. Rheinisch-Westf.-Inst. f. Wirtschaftsforschung, Essen, VR Bergbau-Forsch. GmbH, Essen; AR Verlag Glückauf GmbH, Essen; Beirat Aktionsgem. Dt. Steinkohlenreviere GmbH, Düsseldorf.

JAKOB, Wolfgang

Dr. jur., o. Prof. f. Öfftl. Recht, Finanz- u. Steuerrecht Univ. Augsburg (s. 1974) - Römerstr. 33, 8000 München - Geb. 12. Nov. 1941 Aschaffenburg (Vater: Julius J.; Mutter: Elisabeth, geb. Weiland), kath., verh. s. 1966 m. Ursula, geb. Pistner, 2 Kd. (Catherine, Dominique) - Stud. Würzburg u. München; Promot. 1966; Habil. 1974, bde. München - 1969-74 RR u. ORR Bay. Staatsmin. d. Finanzen, gleichz. s. 1971 Wiss. Assist. Univ. München.

JAKOBI, Gerhard

Vorstandsmitglied Bank f. Gemeinwirtsch. i. R., Frankfurt - Günther-Groenhoff-Str. 2, 6000 Frankfurt/M. - Geb. 15. Febr. 1925 - AR-Mand. u. a.

JAKOBI, Theodor

Prof., Dirigent - Wasgenstr. 19, 1000 Berlin 38 (T. 8018119) - Geb. 10. Nov. 1903 Berlin - U. a. Prof. Musikhochsch. Berlin (Dirigieren, Chorltg.) u. Chordir. Berliner Liedertafel.

JAKOBS, Eduard

Bürgermeister, MdL Saarl. (1970-73) - Am Waldeck 4, 6638 Dillingen/S. (T. 73075) - Geb. 27. Aug. 1920 Völklingen/S., kath., verh., 3 Kd. - N. Arbeits- u. Kriegsdst. Univ. München u. Freiburg (Rechts-, Staatswiss., Nationalök.) - Jurist. Staatsprüf. 1949 u. 52 - S. 1956 Bürgerm. Stadt Dillingen. CDU. MdL (1974 Mand. niedergel.).

JAKOBS, Günther

Dr. jur., o. Prof. f. Strafrecht, Rechtsphilosophie - Adenauerallee 24-42, 5300 Bonn 1 - Geb. 26. Juli 1937 Mönchengladbach - Promot. (1967) u. Habil. (1971) Bonn - 1971 wiss. Rat u. Prof. Bochum; 1972 o. Prof. Kiel, 1976 Regensburg, 1986 Bonn.

JAKOBS, Hermann

Dr. phil., o. Prof. f. Mittelalterl. u. Neuere Geschichte u. Histor. Hilfswiss. Univ. Heidelberg (s. 1975) - Landfriedstr. 1, 6900 Heidelberg - Geb. 2. März 1930 Hagen (Vater: Franz J., Masch.Mstr.; Mutter: Auguste Sybille, geb. Elfert), kath., verh. s. 1951 m. Gisela, geb. Reile, 3 Kd. (Ekkehard, Dörthe, Eva) - Promot. 1959 u. Habil. 1966 Köln - S. 1966 (Habil.) Lehrtätigk. Univ. Köln u. 1975 Heidelberg (Ord.) - BV: D. Hirsauer, 1961; D. Adel in d. Klosterreform v. St. Blasien, 1968; Regesta pontificum Romanorum. Germania Pontificia IV, 1978; Eugen III. u. d. Anfänge europ. Stadtsiegel, 1980; Kirchenreform u. Hochmittelalter (Oldenbourg Grundriß d. Gesch. 7), 1984, 2. A. 1989 - Fürstabt-Martin-Gerbert-Preis St. Blasien, 1979; Mitgl. d. Gesellschaft f. Rhein. Gesch.-kunde, 1973; Korresp. Mitgl. Göttinger Akad. d. Wiss., 1979; Mitgl. d. Commission Intern. de Diplomatique, 1982 - Spr.: Engl., Franz., Ital.

JAKOBS, Horst Heinrich

Dr. jur., o. Prof. f. Bürgerl. u. Röm. Recht - Bismarckstr. 7, 5300 Bonn - Geb. 24. Nov. 1934 - Promot. 1963; Habil. 1969 - S. 1971 Ord. Univ. Bochum u. Bonn. Bücher u. Aufs.

JAKOBY, Richard

Dr. phil., Prof., Hochschulpräsident - Ostfeldstr. 61, 3000 Hannover 71 - Geb. 11. Sept. 1929 Dreis Kr. Wittlich (Vater: Johannes J., Lehrer; Mutter: Katharina, geb. Nels), kath., verh. s. 1955 m. Irmgard, geb. Mohr, 3 Kd. (Stefan, Markus, Eva) - Gymn. Trier (Friedrich Wilhelm) u. Wittlich (Cusanus); 1949-54 Univ. u.

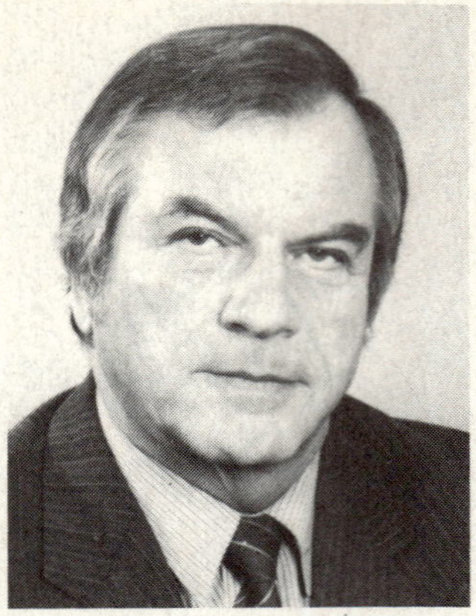

Hochschulinst. f. Musik Mainz. Promot. 1955 - 1959-64 Lehrtätigk. Hochschulinst. f. Musik Mainz (1962 Doz. u. Abt.sleit.); 1962-64 zugl. Konservat. ebd.; s. 1964 Hochsch. f. Musik u. Theater Hannover (Prof., Abt.leit., 1969ff. Dir., 1979ff. Präs.). 1976-88 Präs. Dt. Musikrat, s. 1989 Ehrenpräs. - BV: J. S. Bach, D. musikal. Opfer, 1965 (Werkanalyse); D. Kantate, 1968; Schulmusikal. Praktikum, 1969 (m. E. Forneberg); Z. Wandel d. Musikanschau., 1981. Musikkrit. (AZ u. a.). Herausg.: Musikpäd. Schriftenreihe; Ztschr.: Musik u. Bildung, u. a. (1968ff.) - Liebh.: Sport - Spr.: Engl., Franz. - Rotarier (1968/69 Präs. Rotary Club Hannover-Eilenriede).

JAKSCH, Hans Jürgen

Dr. rer. pol., Prof. f. Volkswirtschaftslehre (Ökonometrie) Univ. Heidelberg - Beethovenstr. 34, 6919 Bammental - Geb. 15. März 1930 Riga, ev., verh. m. Anna Katharina, geb. Schmidt, 2 Kd. - Stud. Volkswirtschaftslehre u. Math. Univ. Frankfurt/M.; Dipl.-Volksw. 1954, Dr. rer. pol. 1957, Habil. Volkswirtsch.lehre 1965 - 1966-75 Prof. f. Ökonometrie Univ. Tübingen. Facharb. - Spr.: Engl., Franz., Span. - Rotarier.

JAKUBASS, Franz H.

Berufsberater, Schriftst. - Landsknechtstr. 69, 8605 Hallstadt (T. 0951 - 7 15 16) - Geb. 13. Nov. 1923 Gelsenkirchen, kath., verh. s. 1947 m. Ilse, geb. Kassner, 4 Kd. - Mittl. Reife; Ausb. f. d. gehob. Beamtendst. - Abteilungsleit. f. Berufsberat. Arbeitsamt Bamberg; s. 1969 Lehrbeauftr. Univ. Bamberg - BV: Schritt f. Schritt, Erz. 1969; Karl Rud. Grumbach, ehedem Abt d. Klosters St. Georgenberg b. Ficht in Tirol, Ess. 1981; Wie d. Schildbürger e. Brand löschten, Laiensp. f. Kinder 1983; D. Silberhochzeitsreise, R. 1984; E. toter Mann im Sarg, Hörsp. 1981 u. 82; Lucky, Schlucky u. Mecky im Wunscheland, Hörsp. f. Kinder 1983; D. verlorene Sohn, Hörbild 1984; D. Geständnis, Hörsp. f. Kinder 1985; Pater Alfred Delp - Opfer d. Hitlerjustiz, Hörbild 1985; V. d. Kanzel z. Schafott, Hörbild 1986; D. Kaisers neue Kleider, Hörsp. 1986; D. unkluge Gutsherr u. d. undumme Kutscher, Hörsp. 1987; D. Brüderlichkeit Schatten, Hörsp. 1987; D. Frost u. d. beiden Brüder, Hörsp. 1988; D. Piratenschatz, Hörsp. 1989; zahlr. Märchen (gesend. im Rundf.); Kurzgesch. in Ztg. u. Ztschr. Fachb.: Was willst Du werden, Wolfgang?, 1976; D. Betriebserkund. im Rahmen d. Arbeitslehre, 1974; Fachveröff. üb. Berufswahl, Berufskd. - Liebh.: Gesch., Lit., hist. Berufskd. - Spr.: Engl.

JALASS, Jan

Bürgerschaftsabgeordn. - Zu erreichen üb.: Schleppkontor GmbH., Ausrüstungskai 7, 2000 Hamburg 50; priv.: 54, Spannskamp 31a.

JAMNIG, Hermann

Dipl.-Ing., Geschäftsf. Friedr. Gust. Theis Kaltwalzwerke GmbH., Hagen - An der Egge 26c, 5800 Hagen/W.

JANCKE, Walter

Dr. rer. pol., Dipl.-Kfm, gf. Gesellsch. Paul Ferd. Peddinghaus/Werkzeug- u. Maschinenfabrik, Gevelsberg - Auf der Bieth 7, 4000 Düsseldorf 31 - Geb. 30. April 1924 Hannover (Vater: Dr. med. Carl-Emil J., Chirurg; Mutter: Dr. phil. Lune, geb. Buchner, Geologin), ev., verh. s. 1953 m. Irmela, geb. Tölken, 3 Kd. (Sabine, Bettina, Christian) - Gymn. Gelsenkirchen; Univ. Göttingen u. Köln (Rechts- u. Staatswiss.). Dipl.- Kfm. (1952) u. Promot. (1955) Köln - S. 1955 ltd. Industriefunktionen - BV: Strukturprobleme bei progress. Leistungslöhnen, 1955 (Diss.); Verkaufen - aber m. Gewinn, 1962 (auch span. u. holl.) - Liebh.: Fotogr. - Spr.: Engl., Franz., Russ. - Bek. Vorf.: Max Buchner, Begr. DECHEMA u. ACHEMA-Ausstell. (Großv. ms.).

JANDER, Hans

Konzertpianist, Prof. f. Klav. Staatl. Hochsch. f. Musik Rheinland/Musikhochsch. Köln - Beethovenstr. 17, 5354 Weilerswist.

JANDL, Ernst

Dr. phil., Prof., Schriftsteller - Postfach 2 27, A-1041 Wien (Österr.) (T. 650 95 00) - Geb. 1. Aug. 1925 Wien (Vater: Viktor J., Bankbeamter; Mutter: Luise, geb. Rappel), kath., gesch. - Gymn. u. Univ. Wien. Lehramtsprüf. 1949; Promot. 1950 - S. 1949 Wr. Schuldst. (Gymnasialprof.). 1952-53 German Assistant East Barnet Grammar School, London. SPÖ s. 1951 - BV/Ged.: Andere Augen, 1956; Laut u. Luise, 1966 (auch Schallpl.: Ernst Jandl liest Sprechged., 1968); Sprechblasen, 1968; D. künstl. Baum - Ged. 1957-69, 1970; Flöda u. d. Schwan, 1971. Hörspiele. Übers. Mitregie u. Hauptrolle: Traube (Fernsehsp. 1971); Dingfest, 1973; Übung m. Buben, 1973; D. Männer, 1973; Serienfuß, 1974; Wischen möchten, 1974; Für alle, 1974; Alle freut, was alle freut, 1975; D. schöne Kunst d. Schreibens, 1976; D. Bearbeitung d. Mütze, 1978; Aus d. Fremde, 1980; D. gelbe Hund, 1980; selbstporträt d. schachspielers als trinkende uhr, Ged. 1983; D. Öffnen u. Schließen d. Mundes (Frankfurter Poetik-Vorles.), 1985; Gesammelte Werke (3 Bde.), 1985 - Lit.preis Stadt Wien; 1968 Hörspielpreis d. Kriegsblinden (f.: 5 Mann Menschen, m. Friederike Mayröcker); 1974 Georg-Trakl-Preis f. Lyrik, Österr. Würdigungspreis (Staatspr.) 1978; 1980 Mülheimer Dramatikerpreis - 1970 Mitgl. Akad. d. Künste Berlin, 1981 Dt. Akad. f. Sprache u. Dicht. Darmstadt; 1983 Anton-Wildgans-Preis d. österr. Ind.; 1984 Gr. Österr. Staatspreis; 1984 Georg-Büchner-Preis; 1986 Korr. Mitgl. Akad. d. Künste d. DDR; 1986 Ehrenmed. d. Stadt Wien in Gold; 1987 Bayer. Akad. d. Sch. Künste; 1987 Kasseler Lit.preis f. grotesken Humor - Liebh.: Jazz - Spr.: Engl. - Würdigungen: Andreas Okopenko (Wort in d. Zeit, 1/ 1964) u. Max Bense (Manuskripte, 18/ 1966), Ernst Jandl, Materialienb. 1982.

JANECKE, Heinz

Dr. rer. nat., Prof. f. Angew. Pharmazie - Laubestr. Nr. 21, 6000 Frankfurt/M. (T. 617181) - Geb. 17. April 1911 Osterburg/ Altm., verh. m. Dr. Margarete, geb. Kittel - TH Braunschweig, Univ. Frankfurt/M. Apoth.; Lebensmittelchem. - S. 1953 (Habil.) Privatdoz. u. apl. Prof. (1960) Univ. Frankfurt/M. (1963 Wiss. Rat Pharmaz. Inst.). Etwa 70 Fachveröff.

JANERT, Klaus Ludwig

Dr. phil., Dipl.-Phil., VDB, em. o. Univ.-Prof. Inst. f. Indologie Univ. Köln (s. 1963) - Hauptstr. 54, 6589 Hattgenstein - Geb. 9. März 1922 Wittenberge (Vater: Dr. med. Ludwig J., Medizinalrat; Mutter: Elisabeth, geb. Schneider), ev., verh. s. 1986 m. Ilse, geb. Pliester, 2 Kd. (Sibylle, Philipp) - Stud. Indol., Tamilistik, Indogerman., Slaw. Promot. 1954 Frankfurt/M.; Habil. 1962 Tübingen - Zul. Doz. Univ. Tübingen. Mitgl. Dt. Morgenl. Ges., Verein Dt. Bibliothekare, Corr. Mem. Veshveshv. Vedic Res.

Inst. Hoshiarpur, Intern. Assoc. of Tamil Res., VR Glasenapp-Stiftung, Dt.-Nepal. Ges. - Fachveröff.: Ind. Handschr. Verzeichn. m. N. Poti 1-11 (1988), Studien z. d. Aśoka-Inschr. 1-10 (1973), Annot. Bibliographie of the Catalogues of Indian Mscr. 1 (1965), Nachitextedition m. I. Pliester-Janert 1-5 u. 11-15 (1989); Nachi-Handschr. Verzeichn. m. J. F. Rock 1-5 (1980); Handbook of Naxi 1 (1988), u. a.

JANERT, Wolf-Rüdiger
Dr. jur., Rechtsanwalt, Hauptgeschäftsf. Verb. Angest. Führungskräfte (VAF), Köln - Hohenstaufenring 43-45, 5000 Köln 1 (T. 0221 - 21 17 55 u. 24 27 34); priv.: Im Salzgrund 2, 5000 Köln 50 - Geb. 13. April 1941 Königsberg/Pr.

JANETSCHEK, Albert
Schuldirektor, Schriftst. - Haydngasse 12, A-2700 Wiener Neustadt - Geb. 27. Sept. 1925 Hochwolkersdorf/b. Wiener Neustadt, kath., verh. s. 1948 m. Grete J., Sohn Berthold - Lehrerbildungsanst. Wiener Neustadt (Abschl. 1950); Schatzm. Niederösterr. PEN-Club - Mitbegr. Literaturkr. Podium-Schloß Neulengbach; Mitgl. Österr. PEN-Club u. Europ. Autorengem. D. Kogge - BV: Auskunft üb. Adam, 1968; Notration f. d. Zukunft, 1972; Notizen üb. Wendelin, 1976; Wia Dgrisdbamzuggaln in Süwwababia, 1977. Spez. Arbeitsgeb.: sat. Dichtung in hochdeutsch u. in Wiener Mundart - 1964 Kulturförderungspreis; 1981 Landeskulturpr., 1984 Kulturpr. Wiener Neustadt - Bek. Vorf.: Emil Tietze, Hofrat, ehem. Dir. Geol. Reichsanst. Wien (Urgroßv.) - Lit.: Elisabeth Schicht, in: Wer im Werk d. Lohn gefunden; Dr. Joseph Strelka, A. J., in: D. Dt. Lyrik 1945-1975, hg. v. Klaus Weissenberger.

JANICH, Peter
Dr. phil., Univ.-Prof. f. Philosophie Univ. Marburg (s. 1980) - Carl-Strehl-Str. 16, 3550 Marburg (T. 06421 - 2 48 96) - Geb. 4. Jan. 1942 München, verh. s. 1967 m. Annemarie, geb. Fried, 3 Kd. (Nina, Eva, Benedict) - Stud. Univ. Erlangen, Hamburg (Physik, Phil.); Promot. 1969 Erlangen - 1969/70 Gastdoz. Austin/Texas; 1971-80 Prof. Univ. Konstanz - BV: Wissenschaftstheorie als Wissenschaftskritik (m. F. Kambartel u. J. Mittelstraß), 1974; D. Protophysik d. Zeit. Konstruktive Begründung u. Gesch. d. Zeitmessung, 2. A. 1980, engl. Übers. als Bd. 30 in: Boston Studies in the Phil. of Science, 1985; Euklids Erbe. Ist d. Raum dreidimensional?, 1989 - Spr.: Engl., Franz., Ital.

JANIGRO, Antonio
Prof. Musikhochsch. Stuttgart f. Cello (s. 1974) - Milano/Ital., Piazza Erculea 11 - 1968-74 Leit. Kammerorch. Saarl. Rundf., s. 1974 Chefdir. Camerata Academica, Salzburg, s. 1973 Gastprof. Mozarteum, ebd.

JANIK, Dieter
Dr. phil., Dr. phil. h. c., Prof. f. Roman. Philologie Univ. Mainz - Carl-Orff-Str. 51, 6500 Mainz 33 - Geb. 31. Juli 1939 Neudek (Sudetenland), verh. m. Bärbel, geb. Rau, 2 S. (Viktor, Oliver) - BV: Gesch. d. Ode u. d. „Stances" v. Ronsard b. Boileau, 1968; Die Kommunikationsstruktur d. Erzählwerks. Ein semiologisches Modell, 1973; Magische Wirklichkeitsauffassung im hispanoamerikanischen Roman d. 20. Jhs. Geschichtl. Erbe u. kulturelle Tendenz, 1976; Literatursemiotik als Meth., 1985; D. franz. Lyrik (Hrsg) 1987.

JANIW, Wolodymyr

Dr. phil., Prof., Rektor Ukrainische FU München (1968-86), Prorektor (s. 1986) - Pienzenauerstr. 15, 8000 München 80 (T. 089 - 98 69 28) - Geb. 21. Nov. 1908 Lwiw (Ukraine), kath., verh. s. 1939 m. Dr. h.c. Sophie, geb. Moyseowycz - 1927-34 Lizenziat d. Phil.; Promot. 1944 Berlin, Habil. 1949 Ukrainische FU München - 1930-32 Gründungspräs. Konföderation d. Ukrain. Studentenvereine in Polen; s. 1953 Gründungspräs. Ukrain. Christl. Beweg.; 1952-68 Generalsekr., 1968-85 Vizepräs., 1985-87 Präs., s. 1987 Hon.-Mitgl. Schewtschenko-Ges. d. Wiss.; 1957-72 Mitgl. Hauptrat Union Intern. de la Presse Catholique; s. 1967 Mitgl. Comité exécutive de la Fédération Intern. d. Hommes Catholiques Unum Omnes; s. 1978 Mitgl. Freier Dt. Autorenverband; s. 1986 Mitgl. World Literary Acad. - BV: Abriß d. Ukrain. Kulturgesch., 1953, 2. A. 1961; Stud. u. Beitr. z. neueren Gesch. d. Ukraine, 1970, 2. Bd. 1983. 10 Kunstess. üb. mod. ukrain. Künstler im Exil (m. Farbreprod.), 1980-88 - 1964 Komtur Gregor Pontifical Orden Vatican; 1971 Ehrenbürger Winnipeg/Kanada; 1978 1. Preis Ukrain. Franko-Stiftg. im Exil f. lit. Arb.; 1980 Bayer. Staatsmed. f. soz. Verdienste; 1983 Mitgl. Exil Penclub d. deutschspr. Länder - Spr.: Ukrain., Poln., Franz., Russ. - Lit.: Symbolae in honorem Volodymyri Janiw, Festschr. z. 75. Jub., m. 79 Beitr. v. 77 Autoren.

JANK, Gerhard
Dr. techn., Prof., Mathematiker - Ercknsstr. 10, 5100 Aachen - Geb. 29. Okt. 1941 Wien (Vater: Josef J., Arzt; Mutter: Anna, geb. Rohrwild), verh. s. 1965 m. Waltraud, geb. Hüttner, 2 Kd. (Sabina, Wolfgang) - 1961-66 TH Graz (Physik). Promot. 1968; Habil. 1972 (beides Graz) - S. 1972 Lehrtätig. TH Graz u. Aachen (1974 Wiss. Rat u. Prof.). Üb. 20 Fachaufs. - 1971 Förderungspreis Theodor-Körner-Stiftg. f. Kunst u. Wiss. Wien; 1972/73 Stip. Alexander-v.-Humboldt-Stiftg. Bonn - Spr.: Engl.

JANKE, Georg
Dr. med. dent., Prof., Leiter Prothet. Abt./Univ.klinik f. Zahn-, Mund- u. Kieferkrankheiten Marburg - Fontanestr. 2, 3550 Marburg/L. (T. 23769) - Geb. 18. Juli 1911 Konitz/Westpr. - S. 1956 (Habil.) Privatdoz. u. apl. Prof. (1963) Marburg (Zahnärztl. Prothetik). Fachveröff.

JANKE, Wilhelm
Dr. phil., Dipl.-Psych., o. Prof. f. Psychologie u. Vorst. Inst. f. Psych. - Domerschulstr. 13, 8700 Würzburg - Geb. 15. Febr. 1933 Ortshausen - Promot. 1961 Marburg; Habil. 1967 Gießen s. 1967 Lehrtätig. Univ. Gießen (1969 Prof.), Düsseldorf (1971 Ord.) u. Würzburg. Bücher u. Aufs., insb. z. Physiol. Psych.

JANKE, Wolfgang
Dr. phil., Prof. f. Philosophie - In d. Follmühle 25, 5068 Odenthal-Voiswinkel (T. Berg. Gladb. 7 86 00) - Geb. 8. Jan. 1928 Beuthen/OS. - S. 1962 (Habil.) Lehrtätig. Univ. Köln (1968 apl. Prof.), s. 1975 o. Prof. Univ. Wuppertal - BV: Leibniz - D. Emendation d. Metaphysik, 1963; Fichte - Sein u. Reflektion/Grundl. d. krit. Vernunft, 1970; Historische Dialektik, 1977; Existenzphilosophie, 1982 - Präs. d. Intern. Fichte-Ges.

JANKER, Josef W.
Schriftsteller - Marienburger Str. 32, 7980 Ravensburg/Württ. (T. 9 23 87) - Geb. 7. Aug. 1922 Wolfegg/Württ. (Vater: Schumacher; Mutter: † 1925), verh. (Ehefr.: Barbara), 2 Söhne (Christoph, Vincenz) - Volksssch.; Zimmererl.; Meistersch.; Fernstud. Bautechnik -Wehrdst. (Pioniere); spät. versch. Tätigk. (durch Kriegsbeschädig. beeintr.) - BV: Zwischen zwei Feuern, 1960 (TB 1986); Mit d. Rücken z. Wand, 1964; Aufenthalte, 1967; D. Umschuler, 1971, vierbändige Werkausg. 1988; Hörbericht: D. Fall Schalk, 1973; Ansichten & Perspektiven, 1974/75/76/77/78/79/80/81; D. Telegramm, 1977; Zw. zwei Feuern, 1986 - 1968 Rompreis Villa Massimo; 1971 Mitgl. PEN-Zentrum BRD; 1972 Zweit. Schubart-Preis, 1974 Ehreng. Bayr. Akad. d. Schönen Künste, 1975 Förderpreis SWF, 1977 Kunstpreis Ravensburg-Weingarten, 1981 BVK, Staatsstip. Bad.-Württ. - Lit.: Gottfried Just: Reflexionen; Klaus Nonnenmann: Dt. Lit. d. Gegenwart; Heinrich Böll: Neue pol. u. lit. Schriften, 1973; Manfred Bosch: Lit. Krit. Lexikon, 1980; Franz Lennartz: Dt. Schriftst. d. Gegenwart, 1987.

JANKNECHT, Alfons
Dr. rer. pol., Dipl.-Kfm., Geschäftsf. Schlaraffia-Werke Hülser & Co. KG. (s. 1971) - Schlaraffiastr. Nr. 1-10, 4640 Wattenscheid - Geb. 15. Okt. 1932 - Zul. Gf. Rex Hünnebeck GmbH., Lintorf.

JANKO, Wolfgang Heinrich
Dr. rer. comm., Dipl.-Kfm., Prof. f. Informatik u. Betriebswirtschaftslehre - Doppelg. 30c, A-3400 Klosterneuburg - Geb. 7. Aug. 1943 Groß-Siegharts (Österr.) (Vater: Dr. Otto J., Mittelschullehrer; Mutter: Irene, geb. Rusz), kath., verh. s. 1975 m. Dr. Eva, geb. Szabo Dipl.-Kfm. 1965, Promot. 1968, Habil. 1975 - 1968-75 Univ.-Assist.; 1975-78 Doz.; 1978-80 Prof. f. Informatik; 1980-86 o. Prof. f. Betriebswirtschaftslehre Univ. Karlsruhe; 1986ff. o. Prof. f. Betriebswirtschaftslehre u. Datenverarb. Wirtsch.-Univ. Wien. Buchveröff. - Liebh.: Sport (Tennis, Ski); Musik - Spr.: Engl., Franz., Ital.

JANKO, Zvonimir
Dr., o. Prof. f. Mathematik - Blumenthalstr. 35, 6900 Heidelberg - Geb. 26. Juli 1932 Bjelovar (Jugosl.) - Stud. Math. Promot. Zagreb - S. 1964 Lehrtätig. Australien, USA u. BRD (1972 Univ. Heidelberg). Üb. 40 Facharb.

JANKUHN, Herbert
Dr. phil. habil., Prof. f. Vor- u. Frühgeschichte - Ewaldstr. 103 (priv.), Theaterstr. 7 (dstl.), 3400 Göttingen (T. 0551 - 5 75 22) - Geb. 8. Aug. 1905 Angerburg (Vater: Hugo J., Stud.Rat; Mutter: Gertrud, geb. Jedamski), ev. verh. s. 1935 m. Ilse, geb. Kröger, 2 S. (Harald, Dieter) - Human. Gymn. Tilsit, Univ. Königsberg, Jena, Berlin, Promot. Berlin 1931, Habil. Kiel 1935, Prof. Kiel 1940, Rostock 1942 - B. 1938 Dir. Mus. Kiel, s. 1940 Univ. - Prof. - BV: D. Ausgrab. in Haithabu, 1936; Wehranlagen d. Wikingerz., 1937; Gesch. d. Landwirtsch. v. Neolithikum b. z. Völkerwanderungszeit, 1976; Einf. in d. Siedlungsarchäol., 1978 - Gr. VK Nieders. VO, Ehrenbürgersch. (Indigenat) Ostfriesland, Mitgl. Akad. Göttingen, Stockholm, Lund, Wien, Leenwarden, Ehrenmitgl. zahlr. Inst. - Spr.: Engl., Franz., Dän.

JANNAUSCH, Doris

Schriftstellerin - Birkenlohe-Mühlhalde 9, 7071 Ruppertshofen (T. 07176- 5 46) - Geb. 30. Aug. 1925 Teplitz-Schönau, verh. s. 1957 m. Günter Schmidt, Conferencier - 1941-44 Schausp.- u. Dramaturgiestud. Aussig/Elbe - Mitgl. Bödecker-Kr.

JANNING, Georg
Dr. rer. nat., Chemiker, Vorstandsvors. Befa Beratungsges. f. Autogentechnik GmbH., Knapsack - Kapellenstr. 24, 5030 Hürth, Bez. Köln - Geb. 10. März 1908 Löningen/O. (Vater: Heinrich J., Landw.; Mutter: Maria, geb. Husmann), verh. m. Elisabeth, geb. Potts - Univ. Innsbruck u. Münster (Chemie, Physik, Math., Botanik) - S. 1938 IG Farben bzw. Knapsack (1961-72 Vorst.svors), 1964-72 Vorst.smitgl. Hoechst AG. Versch. Ehrenstell., dar. Vors. Vereinig. Industrielle Kraftwirtschaft u. Präsidiumsmitgl. Dt. Verb. f. Schweißtechnik, ARsmand., dar. -vors. Messer Griesheim GmbH., Frankfurt, u. Friedr. Uhde GmbH., Dortmund.

JANNOTT, Edgar
Dr., Vorstandsvorsitzer Victoria Lebens-Versicherungs-AG, Feuer-Versicherungs-AG, Rückversicherungs-AG, alle Berlin - Victoriapl. 1, 4000 Düsseldorf 1 - 1971-83 Vorst.-Mitgl. Victoria-Versich.; AR-Vors. DAS Dt. Automobil Schutz Allgemeine Rechtsschutz-Versich.-AG, München, VICTORIA-GILDE Krankenversich. AG, Düsseldorf, Vorsorge Grundstücks-AG (vorm. Vorsorge Lebensversich.-AG, Berlin.

JANNOTT, Horst K.
Dr. iur. h. c., Assessor, Vorstandsvorsitzender Münchener Rückversicherungs-Ges. - Königinstr. 107, 8000 München 40 (T. 38 91-0) - Geb. 1. Febr. 1928 Gotha/Thür. - Stud. Rechtswiss. - S. 1954 Münch. Rückversich. (1969 Vorst.-Vors.). Zahlr. AR-Mand., dar. Vors.: Berlin. Lebensversich. AG, Berlin u. Wiesbaden, Hamburg-Mannheimer Versich.-AG, Hamburg, Hermes Kreditversich. AG, Berlin u. Hamburg, Karlsruher Lebensversich. AG, Karlsruhe; AR-Mitgl. Degussa AG, Frankfurt, Dresdner Bank AG, Frankfurt, Hoechst AG, Frankfurt, MAN AG, München, Mannesmann AG, Düsseldorf, Wiener Allianz AG, Wiener Allianz Lebensversich. AG, bde. Wien, VEBA AG, Düsseldorf; zahlr. Beiratsmand. u. Mitgliedsch. im In- u. Ausl.; Präsid.-Mitgl. Dt. Gruppe d. Intern. Handelskammer, Köln, Gesamtv. d. Dt. Versicherungswirtsch., Köln. Ehrensenator Max-Planck-Ges. z. Förd. d. Wiss., Göttingen, u. Ludwig-Maximilians-Univ. München; Vorst. Dt. Verein f. Versich.-

wiss., Berlin - 1976 Bayer. VO., 1980 BVK I. Kl., 1988 Gr. BVK m. Stern.

JANNSEN, Gert
Dr., Bundestagsabgeordneter (s. 1983; Landesliste Nieders.) - Bundeshaus, 5300 Bonn 1 - Grüne.

JANNSEN, Gert
Dr., Prof. f. Geowissenschaften u. ihre Didaktik Univ. Oldenburg - Sandweg 260, 2900 Oldenburg/O. - Grüne. 1983-85 MdB (Landesliste Niedersachsen).

JANNSEN, Sigrid
Dr. rer. nat., Prof. f. Mikrobiologie Univ. Oldenburg - Wichelnstr. 40, 2900 Oldenburg/O. - Zul. Assistenzprof. FU Berlin (Biochemie u. -physik).

JANOTA, Johannes
Dr. phil., o. Prof. f. Germanistik/Mediävistik Univ. Augsburg (s. 1983) - Waldkauzstr. 3, 8900 Augsburg 22 - Geb. 30. Mai 1938 Brünn - Promot. 1966; Habil. 1973 - S. 1987 Vors. Dt. Germanistenverb. - Bücher u. Einzelarb.

JANOWITZ, Gundula
Kammersängerin - Floßgasse 4, A-1020 Wien/Österr. - Geb. 2. Aug. 1937 Berlin (Vater: Theodor J. †; Mutter: Else, geb. Neumann), T. Katharina - Konservat. Graz; Stip. Bayreuth - S. 1960 Wiener Staatsoper (v. Karajan entdeckt), Opernensemble Metropolitan Opera New York, Deutsche Oper Berlin, Städt. Bühnen Frankfurt, Teatro Colon Buenos Aires, Staatsoper München, Gast a. allen führ. Opernfestsp. (Bayreuth, Salzburg, Edinburgh) u. gr. Opernbühnen d. Welt (London, Paris, Rom, Mailand, Madrid, Tokio, Stockholm). Schallpl. Dt. Grammophon, Columbia - 1963 Rich.-Wagner Med. Bayreuth, 1969 Österr., 1974 Berliner Kammersängerin. Zahlr. Opernfilme. 1970 Stiftg. Gundula-Janowitz-Künstlerförderungsfonds - Preise: Orfeo d'or, Grand Prix de disque, Deutscher Schallplattenpreis 1978, Joseph-Marx-Musikpreis Steiermark 1978, Ehrenmitgl. d. Wiener Staatsoper 1981 - Liebh.: Lit. (Hofmannsthal, Schnitzler).

JANOWSKI, Bernd
Dr., o. Prof. f. Altes Testament u. spätisraelit. Religionsgesch. Univ. Hamburg (s. 1986) - Loogestieg 12, 2000 Hamburg 20 (T. 040 - 48 96 43) - Geb. 30. April 1943 Stettin, ev., verh. s. 1968 m. Christine, geb. Bärmann - Stud. Ev. Theol., Ägypt., Assyriol. 1966-72 Univ. Tübingen; 1. Theol. Ex. 1972; Promot. 1980; Habil. 1984 - Lehrtätigk.: 1972-86 Univ. Tübingen, 1985 Kiel. (1985 Ruf nach Bern, 1985 Hamburg, 1987 Zürich) - BV: Sühne als Heilsgeschehen, 1982; Rettungsgewißheit u. Epiphanie d. Heils, Bd. I 1989. Herausg.: Chr. Barth. D. Errettung v. Tode (1987); Jahrb. f. Bibl. Theol., (s. 1986ff.).

JANOWSKI, Marek
Chefdirigent Nouvel Orchestre Philharmonique de Radio France, Paris (s. 1984), zugl. Chef Gürzenich-Orch. Köln (s. 1986) - Zu erreichen üb. Gürzenich-Orch., Postf., 5000 Köln - Geb. 18. Febr. 1939 - B. 1973 I. Kapellm. Staatsoper Hamburg, dann GMD Freiburg (1973-75) u. Dortmund (1975-79). S. 1979 freischaff. Gastdirig. führ. Orch. u. Opernhäuser in Europa, USA u. Südamerika. Zul. Generalmusikdir. Bühnen Stadt Köln. Zahlr. Schallplattenaufn - 1976 Dt. Schallpl.Preis.

JANSCHE, Rudolf
Dipl.-Kfm., Prof., Senator, Geschäfsführer ICI-Pharma - Postf. 103109, 6900 Heidelberg - Geb. 6. Dez. 1933 - Senator e. h. Univ. Heidelberg.

JANSEN, Edgar
Dipl.-Ing. (agr.), Geschäftsführer Landwirtschaftskammer Bremen, Vors. Bremer Reiterverb. - Am Kirchdeich 18, 2800 Bremen 66.

JANSEN, Erich
Chefredakteur DIMITAG (in d. Standortpresse GmbH.), Geschäftsf. u. Chefredakt. Presseplan GmbH. - Bonner Talweg 33, 5300 Bonn (T. 225926 u. 225920).

JANSEN, Gerd
Dr. med., Dr. phil., Prof. f. Arbeits- u. Sozialmedizin u. Institutsleit. Univ. Mainz - Obere Zahlbacher Str. 67, 6500 Mainz; priv.: Oberer Pustenberg Nr. 16, 4300 Essen 16 - Geb. 14. Juli 1928 Solingen - 1967 ff. (Habil.) Lehrtätigk. Essen u. Bochum. Vornehml. Lärmforsch.

JANSEN, Günther
Bürgermeister a. D., Minister f. Soziales, Gesundheit u. Energie Schlesw.-Holst. (s. 1988) - Brunswiker Str. 16/22, 2300 Kiel - Geb. 14. Juli 1936 Eutin (Vater: Gerhard J., Techniker; Mutter: Katharine, geb. Petersen), ev., verh. s. 1973 m. Sabine, geb. Watzlaw, 2 Kd. (Sebastian, Johanna-Katharina) - Verw.ausbild. - MdB (b. 1988), SPD-Landesvors. Schlesw.-Holst. (1975-87).

JANSEN, Hans-Helmut
Dr. med., Prof., Direktor Pathol. Inst./Städt. Kliniken Darmstadt - Grafenstr. 9, 6100 Darmstadt (T. 10 77 15) - Geb. 17. Juni 1926 Bochum - S. 1960 (Habil.) Lehrtätigk. Univ. Kiel, Heidelberg u. Frankfurt; gegenw. apl. Prof. f. Allg. Pathol. u. pathol. Anat. - Üb. 100 Fachveröff.

JANSEN, Hermann
Dr., Geschäftsf. Zimmermann & Jansen GmbH. (Apparatebauanstalt u. Eisengießerei), Düren, Dürener Armaturen- u. Apparatebau GmbH. ebd., Schrupp GmbH, Betzdorf, Usine de Wecker S. ár.l., Wecker (Lux), Chairmann of the Board of Dir. Zimmermann & Jansen Inc., Pittsburgh, Pa. (USA) - Kreuzstr. 45, 5160 Düren/Rhld..

JANSEN, Ivo
Dipl.-Braumeister, Kaufmann, pers. haft. Gesellsch. Lupofresh Allfeld & Egloff, Nürnberg - Höhenweg 15, 8562 Hersbruck (T. 09151/33 60) - Geb. 3. Juni 1939 Brückenau, verh., 1 Kd. - Oberrealsch., Handelssch.; Ausb. als Brauer u. Mälzer (Stud. TH München-Weihenstephan); Mitinh. e. intern. Hopfenhandelsgr. - Erf.: Trocknungssyst. f. Hopfenprod. - Liebh.: Golf - Spr.: Engl.

JANSEN, Kurt
Kaufm., Inh. Martin Jansen, GmbH & Co. KG, Schiffswerft/Maschinenfabrik/Reederei, Leer; Präs. IHK f. Ostfriesl. u. Papenburg - Industriestr., 2950 Leer/Ostfriesl. (T. 45 61) - Geb. 26. März 1921, verh. s. 1945 m. Ingrid, geb. Frank, Sohn Ingo - 1971ff. Vorst.-Mitgl. Verb. Dt. Schiffbauind., AR-Mitgl. Hansa Linie AG, Bremen -Spr.: Engl., Holl.

JANSEN, Leonhard
Schriftsteller - Borner Str. 70, 4057 Brüggen/Ndrh. (T. 02163 - 54 11) - Geb. 26. Juli 1906 Mönchengladbach (Vater: August J., Kunstfärberm./Pianist; Mutter: Katharina, geb. Erdweg), röm.-kath., verh. s. 1928 m. Elisabeth, geb. van Eck, 2 Kd. (Elisabeth, Bruno) - Tischlerhandwerk - S. 1957 Leiter d. Volkshochsch., Brüggen/Niederrh. - BV/R.: D. Straße e. Frau, 1955; D. Bartels, 1961; In d. helle Nacht, 1963; E. Licht bleibt uns, 1964; D. letzte Morgen, 1970; Von dieser Stunde an, 1971; Wer kann es mir sagen, 1975; Nach Sonnenuntergang, 1982; D. Jahre d. Adam Dankert, 1983; D. krummen Wege d. Bartholomäus Überspringer; Wer war Kamper, 1988; Erz.: Menschen u. Gruppen, 1948; Unser ist d. Erde, 1974; Als es hell u. dunkel ward, 1978; D. Geschichte d. Peter Kohnert, 1979; Bevor d. Zeit verrinnt, Besuch am Weihnachtsmorgen, 1981; Auch d. Enkel wollen leben, 1982; D. Narr u. s. Fürst, 1984; Und es kam niemand, 1986; Ged.: ... und darüber d. Sterne, 1965; D. Regen brennt, 1971; Schatten im Stundenschlag, 1976; Wann kam d. Stunde, 1981; Wind streicht um d. Haus, 1986; Wer hält es auf, 1986; Schneide Fenster in d. Gräue, 1988. Bühnenst.: Wer trägt d. Schuld, Sch., 1948; Martin - heute, 1973; So konnte es sein, 1974 - 1970 Literaturpreis VdK u. Werner-Jaeger-Med., 1980 Rheinlandtaler d. Landschaftsvers. Rhld., 1981 Ehrennadel Stadt Mönchengladbach, 1981 Plak. Heimkehrerverb. Dtschl., 1986 Goldene Ehrennadel VdK Dtschl. - Liebh.: Gründer u. Leit. Brüggener Spielschar - Lit.: Roman Bach: L. J., Heimatb. d. Kr. Kempen-Krefed, 1970; Margret Cordt: Porträt d. Brüggener Schriftst. L. J. in Band 30, Schr. Reihe d. Kr. Viersen, 1979.

JANSEN, Leonhard Wilhelm
Geschäftsführer Karl Huber Verpackungswerke, Öhringen (s. 1980) - Hohenlohestr. 2, 7110 Öhringen - Geb. 7. Dez. 1932 Düsseldorf, verh., 3 Kd. - Abit., kaufm. Lehre, Harvard Business School in Boston/USA u. Vevey/Schweiz (1964 u. 77) - 1959-63 Fordwerke AG, Köln, u. Ford Motor Comp., Detroit/USA (Zonenltr. Afrika, Marketing Manager) - 1964-73 Volkswagen of America, Inc., Englewood Cliffs, USA, u. Volkswagenwerk AG, Wolfsburg (Vorst.-Assist., Ltr. Verkaufsorganisation, Ltr. Marketing Inland); 1974-76 VEBA-Glas AG, Essen (Vorst. Vertrieb); 1977 Stinnes AG, Mülheim/Ruhr (Geschäftsf. Feste Brennstoffe); 1978-80 Hagen AG, Soest (Vorst. Vertrieb); stv. Vors. Verb. Metallverpackungen, Düsseldorf - Liebh.: Literatur, Theater, Sport (1951 Dt. Juniorenmeister Kugelstoßen) - Spr.: Engl., Franz., Span.

JANSEN, Peter
Ing.-VDI, Hoechst AG, Werk Knapsack - Württemberger Weg 16, 5047 Wesseling - Geb. 16. Jan. 1929 Brühl, kath., verh. - Lehrerbildungsanst.; techn. Lehre; Staatl. Ingenieurschule Köln; Mitgl. in versch. techn. Industrieaussch. S. 1979 Vors. DAG-Gewerkschaftsrat, Hamburg; AR-Vors. DAG Technikum, Essen; stv. AR-Vors. DAG-Vermögensverwalt., Hamburg, d. DAWAG, Hamburg, u. DAGIV, ebd. Ehrenamtl. Richter BAG, Mitgl. CDU-Stadtratsfrakt. Wesseling, MdK Erftkreis - Fachveröff. Wärme- u. Kälteschutz - 1984 BVK I. Kl., u. a. Ausz.

JANSEN, Peter P.
Dr. theol., Prof. f. Religionspädagogik Univ. Bonn - Dorfstr. 38, 5307 Wachtberg-Villiprott - Geb. 27. Aug. 1912 Köln (Vater: Josef J., Kaufm.; Mutter: Luise, geb. Schmitz), kath. - Gymn. Köln; 1933-39 Stud. Phil. u. Theol. Univ. Bonn u. Tübingen, 1952-57 Sozialwiss. u. Religionspäd. Univ. Bonn u. München (Promot.). Priesterweihe 1939 Köln - 1939-48 Kaplan Riegelsberg/Saar, Kyllburg, Mülheim/R. u. Porz/Rh., 1953-59 Dozent Berufspäd. Inst. Köln, anschl. Vertr. Lehrstuhl f. Kath. Soziallehre Phil.-Theol. Hochsch. Bamberg, s. 1964 o. Prof. Päd. Hochsch. Ruhr/Abt. Hamm u. Univ. Bonn (1968). 1987 Ernennung zum Prälaton - BV: D. Entproletarisierung u. Schulbildung, 1959; Erfahrung u. Glaube, 1971; Relig.-Unterr. in d. Primarstufe, 1974; Orientierungen. Relig.-Unterr. im 5. u. 6. Schulj., 1974; Den Glauben finden, 1979; versch. Schulfernsehsend.

JANSEN, Peter Wilhelm
Dr. phil., Redakteur, Hauptabteilungsleiter Kultur Hörfunk SWF - Kirchstr. 16a, 7562 Gernsbach 3 (T. 07224 - 20 70) - Geb. 11. Nov. 1930 Elsdorf (Vater: Anton J., Schneider; Mutter: Wilhelmine, geb. Vogt), kath., verh. s. 1958 m. Anneliese, geb. Busch, 3 Kd. (Michael, Klaus, Anna Catharina) - Gymn.; Lehre Verlagsbuchh.; Univ. Köln, Marburg, Freiburg (Deutsch, Gesch.) - 1950-52 Verlag Kiepenheuer & Witsch; 1959-62 Redakt. D. Mittag, Düsseldorf; 1962-64 WDR, Köln; 1964-66 Feuill.redakt. Frankf. Allg. Ztg.; s. 1966 Südwestfunk, Baden-Baden. Herausg.: Reihe Film (s. 1974) - Liebh.: Film - Spr.: Engl., Franz.

JANSEN, Rolf H.

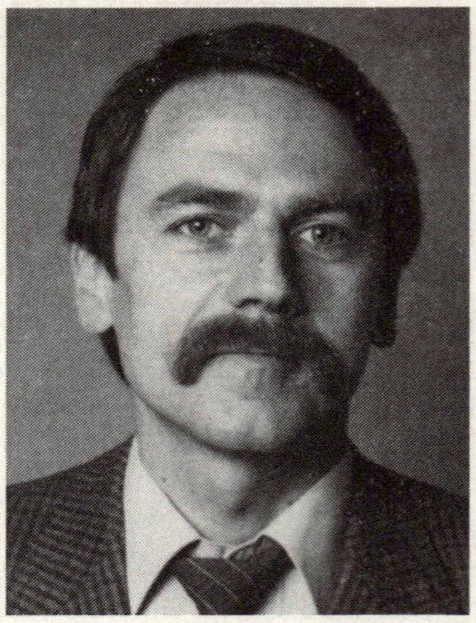

Dr.-Ing., Univ.-Prof., Senior Chief Research Engineer, Plessey Research Caswell, England - Neanderstr. 5, 4030 Ratingen 1 (T. 02102 - 8 30 95) - Geb. 24. Juni 1946 Köln, verh. s. 1972 m. Helga, geb. Wieczorek - Abit. 1965 Köln; 1967 Ltn. d. Reserve; Dipl.-Ing. f. Elektrotechnik 1972 RWTH Aachen, Promot. 1975 - 1976 Obering.; s. 1977 fr. wiss. Mitarb. SEL Pforzheim, 1981/82 hauptberufl.; 1979-86 Prof. f. Allg. u. Theoret. Elektrotechnik Univ. Duisburg. Erf.: Phasenkompens. Richtkoppler. Rd. 60 meist englischspr. Publ. - 1972 VDE Jungmitgl.-Preis Aachen; 1979 Preis d. Nachrichtentechn. Ges. d. VDE; s. 1982 Mitgl. Editorial Board versch. intern. elektrotechn. Fachjourn.; 1985-87 Vors. Dt. MTT-Chapters d. IEEE/New York; 1986 Subcontractor v. Plessey, England, Eig. Ing. Büro, 1987 Disting. Microwave Lecturer MTT-Soc. d. IEEE, 1989 Nominierung z. Fellow d. IEEE - Liebh.: Mikrowellentechn.; Rechnergestützter Entwurf integrierter Mikrowellenschaltungen; Theorie elektromagn. Felder; Meßtechn.; Bauelemente-Simulation; Rechnergestützte Meßtechn. - Spr.: Engl., Franz.

JANSEN, Walter
Dr. rer. nat., Prof. f. Didaktik d. Chemie Univ. Oldenburg - Blohersfelder Str. 48, 2900 Oldenburg/O. - Geb. 31. Dez. 1938, verh. s. 1966 m. Christine, geb. Wulf, T. Ursula - Stud. Chemie u. Math.; Promot. 1966 - 1969 Akad. Rat PH Bonn, 1970 Prof. PH Flensburg, 1977 o. Prof. Univ. Oldenburg - 8 Bücher, mehr als 120 Veröff. in chem. Ztschr.

JANSEN, Wilhelm
Dr., Geschäftsf. Feinmech. Werke Mainz GmbH. - Braunwiesstr. 13, 6500 Mainz-Mombach; priv.: Industriestr. 56-58 - Geb. 14. Juli 1921.

JANSEN, Wolfram
Geschäftsführer Dt.-Paraguayische Industrie- u. Handelskammer/Cámara de Comercio e Indústria Paraguayo-Alemana - J.E.O.'Leary 409, Asunción/Paraguay (T. 0059521 - 44 65 94) - Geb. 1. April 1953 Geilenkirchen, kath., verh. s. 1984 m. Ruth, geb. Schulte - Jurastud. Bonn; 1. jurist. Staatsex. 1980, 2. jurist. Staatsex. 1985; 1980/81 Studienaufenth. in Spanien - 1985-87 jurist. Mitarb. b. Hermes-Kreditversich. AG Hamburg, Abt. Ausfuhrgarantien u. Bürgschaften; s. 1987 Geschäftsf. Dt.-Paraguay. IHK - Spr.: Engl., Franz., Span.

JANSEN-LAUTENBACHER, Susanne
Geigenvirtuose, Prof. f. Violine Staatl. Hochsch. f. Musik u. Darstell. Kunst Stuttgart - Geb. 19. April 1932 Augsburg (Vater: Josef Lautenbacher, Dir. Augsbg. Singschule; Mutter: Anna, geb. Kammerl), kath., verh. s. 1960 m. Heinz J. - Staatl. Akad. d. Tonkunst München (Dipl.) - Lfd. Konzerttätigk. - Liebh.: Blumenpflege - Spr.: Franz., Engl.

JANSOHN, Heinz
Dr. phil., Prof. f. Philosophie Erziehungswiss. Hochsch. Rheinl.-Pfalz/Abt. Landau - Am heiml. Eck 12, 6740 Landau-Nußdorf.

JANSON, Edgar
Landwirt, Präs. Pfälz. Bauern- u. Winzerschaft, Vizepräs. Dt. Bauernverb. - 6719 Rüssingen/Pfalz - Geb. 19. Aug. 1920.

JANSON, Hermann
Dr. jur., Geschäftsführer Deutsche Rizinus-Oelfabrik Boley GmbH & Co. KG, u. Vereinigte Uerdinger Oelwerke Alberdingk & Boley GmbH & Co. KG, bde. Krefeld-Uerdingen - Postfach 4 46, 4150 Krefeld 11 - Geb. 31. Aug. 1931.

JANSON, Oskar
Dr. rer. pol., Sprecher d. Vorst. Thyssen Niederrhein AG. Hütten- u. Walzwerk, 4200 Oberhausen 1 (1973-84) - Ruhrtalstr. 180, 4300 Essen-Werden - Geb. 11. Juni 1919 Sassenheim - Zuv. Vorstandsmitgl. Thyssen Handelsunion AG., Düsseldorf u. Dt. Edelstahlwerke GmbH., Krefeld.

JANSON, Rainer
Dr. med., Prof. Univ. Bonn, Chefarzt f. Radiologie Städt. Krankenhaus Leverkusen - Dhünnberg 60, 5090 Leverkusen - Geb. 13. Juni 1942 - Med. Staatsex. u. Promot. 1967 Bonn, Habil. 1977 - S. 1980 Prof.

JANSSEN, Ernst-Günter
Dr. med., em. Prof., Chefarzt Kinderklinik Akad. Lehrkrankenhaus Kaiserslautern (s. 1965) - Auf dem Bännjerrück 38, 6750 Kaiserslautern (T. 50927) - Geb. 27. Okt. 1920 Oldenburg/O. (Vater: Bernhard J., Fabrikant; Mutter: Marca, geb. Orlopp), ev., verh. s. 1950 m. Jutta, geb. Ritzauer, 2 Kd. (Peter, Jens) - Univ. Berlin, Würzburg, Danzig, Innsbruck, Hamburg (Med. Staatsex. 1947; Promot.) - S. 1958 (Habil.) Lehrtätigk. Med. Akad. bzw. Univ. Düsseldorf (1964 apl. Prof.) u. Univ. Saarbrücken (1966), Lehrbeauftr. Joh. Gutenberg-Univ. (1977) - Vorstandsmitgl. Arbeitsgemeinsch. Perinatale Medizin Rheinland-Pfalz, Mitgl. Wissensch. Beirat Bund diabet. Kinder, Mitgl. Sachverst.beirat b. Bundesmin. f. Arbeit u. Sozialordnung, Bonn; Ehrenmitgl. ungar. Ges. f. Kinderheilk. - Üb. 80 Fachveröff. z. Kinderheilkd. - Spr.: Engl. - Rotarier.

JANSSEN, Franzjoseph
Dr., Druckkaufmann, Gf. Gesellsch. Johannes Weisbecker GmbH & Co. KG - Voltastr. 77, 6000 Frankfurt/M. 90 (T. 069-793 07 11) - Geb. 8. April 1928 Kempen, kath,. verh., 2 Kd. (Ulli, Martin) - Abit. Kempen; Stud. german. u. Theaterwiss. (Promot. 1956 München) - VR-Mitgl. Frankfurter Spark. v. 1822; Vorst.-Mitgl. Gutenberg-Ges. f. Geschichte u. Gegenwart d. Druckkunst, Mainz; Vorst. Landesverb. Druck Hessen; Mitgl. Vertretervers. Landesversicherungsanst.

JANSSEN, Gerhard
Dr. rer. nat., Prof. f. Mathematik - Riesengebirgsweg 21, 3340 Wolfenbüttel - Geb. 27. April 1937 Berlin (Vater: Ludwig J.; Mutter: Käthe, geb. Gade), verh. s. 1965 m. Anneliese, geb. Lücker, 4 Kd. - Promot. (1969) u. Habil. (1974) Braunschweig - S. 1965 TU Braunschweig (1974 Doz., 1978 apl. Prof. u. Prof.) - BV: Topolog. Räume u. topol. Algebra(i. V.).

JANSSEN (ß), Günther
Assessor, Verbandsdirektor Bundesverbände d. Träger d. landw. Sozialversicherung - Sandbuschweg 1c, 3500 Kassel - Geb. 21. Juni 1926 Neuss (Vater: Dr. rer. pol. Wilhelm J., Syndicus; Mutter: Hertha, geb. Wilmers), kath., verh. s. 1953 m. Erna, geb. Merg, 2 T. (Elke, Eva) - Univ. Berlin u. Mainz, 1. u. 2. Jur. Staatspr.

JANSSEN (ß), Hans
Sparkassenangest., MdL Nieders. (s. 1963, CDU) - Schulstr. 110, 2940 Wilhelmshaven (T. 21275) - Kaufm. Ausbild.

JANSSEN, Hans-Karl
Dr. rer. nat., o. Prof. f. Theoret. Physik Univ. Düsseldorf (s. 1976) - Am Eichelkamp 152, 4010 Hilden - Zul. Doz. TH Aachen.

JANSSEN, Heinrich
Kath. Weihbischof, Regionalbischof f. d. niederrh. Teil d. Bistums Münster, Beauftr. f. d. kath. Seelsorge im Bundesgrenzschutz - Kapitel 2, 4232 Xanten.

JANSSEN, Heinz
Kommunalbeamter, MdL Nordrh.-Westf. (s. 1970) - Rudolf-Stosberg-Str. 17, 5630 Remscheid-Lennep (T. 63616) - Geb. 27. Juni 1932 Bremen, verh., 2 Kd. - Gymn. (Mittl. Reife); Verwaltungsausbild. Beide Prüf. - Stadtverw. Bremen u. Remscheid (u. a. Stadtamtm.). SPD s. 1965 (1969 stv. Unterbezirksvors.).

JANSSEN, Herbert
Geschäftsf. u. Chefredakt. Kath. Inst. f. Medieninformation - Am Hof 28, 5000 Köln 1.

JANSSEN, Horst
Maler - Mühlenberger Weg 22, 2000 Hamburg 55 (T. 869337) - Geb. 14. Nov. 1929 - Werke haupts. Privatbesitz - BV: Ballhaus Jahnke - Radierungen, 1970 (hg. v. Wieland Schmied); Zeichnungen, 1970; Minusio, 1971; Norweg. Skizzenb. 1972; Neue Zeichnungen, 1972 - 1964 Darmstädter Kunstpreis, 1968 Graphikerpreis Biennale Venedig, 1974 Schillerpreis Stadt Mannheim. 1968 o. Mitgl. Akad. d. Künste Berlin.

JANSSEN, Jan Peters
Dr. phil., Prof., Wiss. Rat u. Prof. Inst. f. Sportwissenschaft/Univ. Bochum (Sportpsych.) - Cranachstr. 44, 4630 Bochum.

JANSSEN (ß), Klaus
Dr. rer. nat., Wiss. Rat, Prof. f. Mathematik Univ. Düsseldorf (s. 1975) - Christophstr. 54b, 4000 Düsseldorf 1.

JANSSEN, Peter
Rechtsanwalt, Vorsitzender Dt. Hängegleiterverb. Fachverb. d. Drachenflieger u. Gleitsegler in d. Bundesrep. Deutschl. (s. Gründ. 1979) - Klosterwachtstr. 17, 8180 Tegernsee - Geb. 6. Sept. 1947 - BV: Drachenfliegen f. Anfänger u. Fortgeschrittene, 1976; Drachenfliegen, 1984; Gleitschirmsegeln, 1987; Snowboarding, 1988; Gleitschirmsegeln f. Meister, 1989. Herausg.: Drachenflieger f. Meister (1983) - Liebh.: Rudern, Drachenfliegen, Ski - Spr.: Engl.

JANSSEN, Walter
Dr. phil., Dr. Litt. h. c./Univ. Caen, vorm. stv. Direktor Rhein. Landesmuseum u. apl. Prof. Univ. Bonn, s. 1980 Ordinarius f. Vor- u. Frühgesch. Univ. Würzburg - Residenzplatz 2, 8700 Würzburg - Geb. 5. Sept. 1936 Kassel - Univ. Göttingen. (Promot. 1963; Habil. 1972) - Bücher u. Aufs. z. Vor- u. Frühgesch. u. Archäol. d. Mittelalters.

JANSSEN (ß), Werner
Dr. med., o. Prof. f. Rechtsmedizin Univ. Hamburg - Butenfeld 34, 2000 Hamburg 54 (T. dst.: 468 21 30) - Geb. 24. Sept. 1924 Mülheim/Ruhr - S. 1959 (Habil.) Lehrtätigk. Univ. Leipzig, Heidelberg (1963; apl. Prof., Oberarzt), Hamburg (1968 Ord. u. Inst.dir.). Fachveröff.

JANSSEN, Wilhelm
Dr. phil., Ltd. Staatsarchivdirektor, Leit. Nordrh.-Westf. Hauptstaatsarchiv Düsseldorf (s. 1972), Hon.-Prof. f. Histor. Hilfswiss. Univ. Münster/W. - Kalkstr. 14a, 4000 Düsseldorf 31 - Geb. 6. Mai 1933 Köln - Spez. Arbeitsgeb.: Rhein. Landesgesch.

JANSSEN (ß), Willibald
Dr. rer. pol., Dipl.-Ing., Dipl.-Volksw. - Trautenauer Str. 39, 8700 Würzburg (T. 30 03 00) - Geb. 5. Aug. 1918 Hommersum (Vater: Wilhelm J.; Mutter: Theodora, geb. Janßen), kath., verh. s. 1944 m. Ilse, geb. Müller, T. Angelika - TH Aachen, München, Hannover (Elektrotechnik); Univ. Bonn (Wirtschafts- u. Rechtswiss.). Dipl.-Ing. 1950; Volksw. 1956; Promot. 1959 - 1950-70 Stadtwerke Bonn (Abt.leit.), Velbert (1956; Werkleit.), Wolfsburg (AG; 1964; I. Werkl., 1966 Vorst.-Vors.), Würzburg (Vors. d. Geschäftsfg. Würzbg. Versorgungs- u. Verkehrsges. mbH u. Würzbg. Hafen- u. Lagerhausbetriebe), 1971-83 Vorst.-Mitgl. Überlandwerk Unterfranken AG, 1980-83 Ehrenvors. d. Förderergs., 1981 Vors. Kreisverb. Würzburg Bayer. DRK u. v. a. - BV: D. Grenzkostenproblem in d. Elektrizitätswirtsch., 1959; D. Energieversorg. v. heute u. morgen, 1980; Kostenrechnung u. Kalkulation f. leit.-gebundene Energien, 1983; Energieversorgung ohne Kernenergie?, 1986, u. zahlr. and. - 1970 Gold. Sportabz.; 1978 Silb. Ehrennadel BRK, 1979 BVK u. BVK I. Kl., 1980 Ehrennadel f. Blutspender in Gold, 1981 Ehrensenator Fachhochsch. Würzburg-Schweinfurt, 1983 Ehrennadel in Gold d. BRK, Ehrenzeichen DRK, 1984 Hon.-Prof. FHS Würzburg-Schweinfurt - Spr.: Franz., Engl., Niederl.

JANSSEN, Wolfgang
Vorstand Börsenverein Dt. Buchhandel, AR BAG (Buchhändler-Abrechnungsges.), Vors. d. Sortimentenaussch. im Börsenverein d. dt. Buchhandels, Frankfurt- Wilke-Steding-Str. 27, 4590 Cloppenburg - Geb. 5. Juni 1927 - 1973-80 Vors. Landesverb. d. Buchhändler u. Verleger in Nieders., Hannover.

JANSSEN(ß), Hans
Gewerkschaftler, Vorstandsmitgl. IG Metall - Wilhelm-Leuschner-Str. 79-85, 6000 Frankfurt/M. - Geb. 7. Juli 1924 - Langj. Gewerkschaftstätigk. (1977ff. Tarifexperte).

JANTKE, Carl
Dr. phil., o. Prof. (emerit.) f. Soziol., Wirtsch.- u. Sozialgesch. - Am Klingenberg 21, 2000 Hamburg 55 (T. 865156) - Geb. 21. Sept. 1909 Elbing/Westpr. (Vater: Max J., Dir.; Mutter: geb. Theurer), ev., verh. s. 1939 m. Irma, geb. Rochow, 1 Kd. - 1940-45 Privatdoz. Univ. Königsberg/Pr., 1949-53 Abt.sleit. Sozialforschungsstelle Dortmund, sd. Ord. Akad. f. Gemeinwirtsch. (b. 1957) u. Univ. Hamburg - BV: Preußen, Friedrich d. Gr. u. Goethe in d. Gesch. d. dt. Staatsgedankens, 1941; Bergmann u. Zeche, D. soz. Arbeitsverhältnisse e. Schachtanlage d. nördl. Ruhrgebiets, 1953; D. vierte Stand, D. gestaltenden Kräfte d. dt. Arbeiterbeweg. im 19. Jh., 1955. Herausg.: D. Eigentumslosen - D. dt. Pauperismus u. d. Emanzipationskrise in Darstell. u. Deutungen d. zeitgenöss. Lit., 1965 (m. Dietrich Hilger).

JANTSCH, Franz
Dr. theol., Pfarrer, Schriftst. - Hauptstr. 68, Hinterbrühl b. Wien - Geb. 24. Aug. 1909 Kaiserdorf, kath. - Univ. Wien (Promot. 1937) u. Münster (Theol.) - BV: Auf d. Veitsberg, R. 1947; D. Leben m. Jesus in uns. Zeit, 1947; Nikodemus, Kurzgesch. 1948; Zw. Wien u. Basel, R. 1948; D. Brautfahrt, Erz. 1949; Aber, aber, Herr Schuster, R. 1949; Ich war in Fatima; Mariazell; Joseph v. Nazareth; Judas Thaddäus; Ich komme v. Himmel, 1950; Wir fahren n. Lourdes, 1953; Ave Maria, 1954; Maria d. Hilfe d. Christen, 1954; Märchen v. lb. Gott, 1954; Verkündet d. Evangelium, 1956; Hl. Heimat, lebend. Kriche, 1957; Marian. Österr., 1957; Engel Gottes - Schützer mein, 1961; Aus d. Bibel beten, 1964; D. Konzil u. Du, 1966; Man kann auch anders predigen, 1970; Seelsorge im Aufbruch, 1984 - 1942 Adalbert-Stifter-Preis.

JANTSCHER, Lothar
Dr. rer. nat., Univ.-Prof. f. Mathematik TU Clausthal - Zeppelinstr. 38, 3380 Goslar 1 - Geb. 14. April 1925 - Habil. 1966 Braunschweig - S. 1966 Lehrtätigk. TU Braunschweig (Wiss. Rat u. Prof.) u. Clausthal (1971 o. Prof. u. Inst.dir.). Facharb. u. Lehrbücher.

JANTZEN, Günter

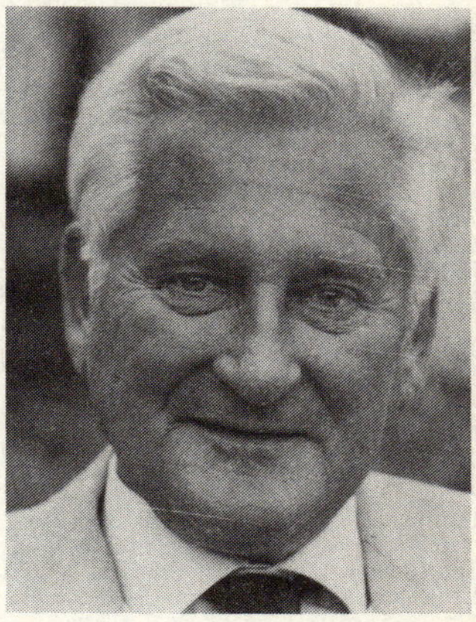

Dr. med., Leitender Ministerialrat im Min. f. Umwelt u. Gesundheit Rheinl.-Pfalz a. D. - Weimarer Str. 13, 6507 Ingelheim am Rhein - Geb. 8. Mai 1924 Münster, verh. s. 1948 m. Rose-Marei, geb. Behrens, 2 Kd. (Michaela, Jan-Peter) - Stud. Med. Berlin u. Kiel; Promot. 1948; Weiterbild. z. Arzt f. Inneres, f. Arbeitsmed., f. Öffentl. Gesundheitswesen - Arzt Städt. Krkhs. Kiel, Gesundheitsamt Kiel; 1964-72 Ltd. Arzt d. Verbindungsstelle d. Bundesanstalt f. Arbeit in Istanbul; 1972-89 Ref. u. vertr. Abt.-Leit. Gesundheit im Min. f. Umwelt u. Gesundheit Rhdl.-Pfalz - 1957 Einführung privatärztl. Vorsorgeuntersuchungen v. Kleinkindern - Buchbeitr. z. Med.gesch. - Ehrenmitgl. Landesverb. Rhld.-Pfalz d. Ärzte d. öffentl. Gesundheitsdienstes - Spr.: Engl. - Lit.: Laudatien in d. Ztschr.: Dt. Ärztebl. (1989); Ärztebl. Rhld.-Pfalz (1989); D. Off. Gesundheitswesen (1989); Sozialpädiatrie (1989).

JANTZEN, Hinrich
Lehrer, Konrektor an e. Grundschule, Schriftst. - Zum Steinmorgen 8, 6228 Eltville-Erbach (T. 06123 - 6 11 96) - Geb. 26. Mai 1937 Berlin, 2 Kd. (Silke, Alexander) - Ausb. Grund-, Haupt- u. Realschullehrer Univ. Freiburg/Br. u. Frankfurt/M. 1. Staatsex. 1963, 2. Staatsex. 1966 - 2 J. Oberlehrer Jugendstrafanst. Wiesbaden; 4 J. Vorst.-Mitgl. Vereinig. Jugendburg Ludwigstein; 3 J. Schriftleit. Ludwigsteiner Blätter; 1962-68 Leit. Arbeitskr. f. dt. Dichtung - BV: Gesch. d. Ludwigsteins 1415-1960, 1960; Jugendkultur u. Jugendbewegung. - Studie z. Stell. u. Bedeut. Gustav Wynekens innerhalb d. Jugendbeweg., 1963, 2. A. 1969; Namen u. Werke - Biogr. u. Beitr. z. Soziol. d. Jugendbew. (bisher 5 Bde.), 1972-82; Dichterbiogr. in Einzelausg. (Hans Heyck, Heinz Ritter, Hermann Claudius, Wilhelm Schloz, Suse v. Hoerner-Heintze, Werner May, Alma Rogge, Ernst v. Dombrowski, Ludwig Finckh) - Liebh.: Buchbinden, Antiquariat, Flohmarkt - Spr.: Engl. - Bek. Vorf.: Dr. Hermann Jantzen, Germanist, Geheimer Regierungs- u. Oberschulrat (Großv.); Prof. Dr. Friedrich Holdefleiß, Landwirtschaftl. (Urgroßv.) - Lit.: Kürschners Dt. Lit.-Kalender.

JANTZEN, Jens Carsten
Dr., Prof. f. Mathematik Univ. Hamburg (s. 1985) - Feldbrunnenstr. 55, 2000 Hamburg 13, (T.040 - 4 10 24 27) - Geb. 18. Okt. 1948 Störtewerkerkoog (Vater: Ewald J., Ltd. Reg.-Dir.; Mutter: Annelene, geb. Steensen), ev., led. - Stud. Kiel u. Bonn, Promot. 1973, Habil. 1978-85 - Prof. Univ. Bonn - BV: Moduln m. e. höchsten Gewicht, 1980; Einhüllende Algebren halbeinfacher Lie-

Algebren, 1983; Representations of Algebraic Groups, 1987.

JANTZEN, Karl-Heinz

Arbeitsdirektor u. Mitgl. d. Gf. VFW/Fokker GmbH, Bremen, Finanzsenator a. D. (Rücktr. 1978) - Züricher Str. 114, 2800 Bremen 44 - Geb. 18. Sept. 1921 Hamburg, verh. s. 1949, Tochter - Volkssch.; Werkzeugmacherlehre - U. a. Lehrlingsausbilder Hanseat. Kettenwerk; 1943-48 Wehrdienst und Kriegsgefangensch.; 1948-56 Werkzeugm. Hamburg; 1956-68 Sekr. IG Metall Hamburg, Sachbearb. IG Metall Frankfurt/M. (Vorstandsverw.; 1957) u. I. Bevollm. IG Metall Bremen (1960); s. 1968 Senator f. Arbeit u. Gesundheitswesen, 1971-76 Senator f. Arb. u. Wirtsch. bzw. Wirtsch. u. Außenhdl., zul. Senator f. Finanzen Bremen, 1963-68 Mitgl. Brem. Bürgersch. SPD s. 1950.

JANTZEN, Wolfgang

Dr. phil., Dipl.-Psych., Prof. f. Behindertenpädagogik Univ. Bremen - Hildesheimer Str. 47, 2800 Bremen.

JANY, Hans-Werner

Kaufmann, Vors. Jany-Gruppe, Vorstandsvors. Vereinigte Altenburger u. Stralsunder Spielkarten-Fabriken AG, Leinfelden/Stuttgart - Am Sonnenhang 11, 7035 Waldenbuch; 2615 Briarcove Drive, Plano, TX, 75074, USA - Geb. 4. Okt. 1952 Potsdam (Vater: Werner J., Pianist, Komp. †; Mutter: Anita J. v. Battaszek, Künstlerin, s. dort), verh. s. 1978 m. Lady of Ling Hall P. Ann Taylor, 2 Kd. (Alexander, Amanda) - B.A. 1974 Millsaps College; M.B.A. 1977 Southern Meth. Univ.; jurist. Univ. Köln - 1972-75 Untern. in USA; 1975-76 Continental Grain, Paris; 1976-78 Untern. u. Berater in Dallas/Texas; 1978-80 Tätigk. in Asien u. Austr., Owens-Corning Fiberglas, Toledo/Ohio; 1980-82 Unternehmensberater Booz Allen & Hamilton, Düsseldorf; s. 1982 Vors. Jany-Gr. (Privatinvestoren); s. 1983 Vorst. Spielkarten-Fabriken; Geschäftsf. Fantasy Spiele Verlags-GmbH u. Bielefelder Spielkarten GmbH; Managing Director Altenburg Ltd., Leeds; P.D.G., France Cartes, S.A., Nancy & Paris - Spr.: Engl., Franz., Span.

JANY von BATTASZEK, Anita

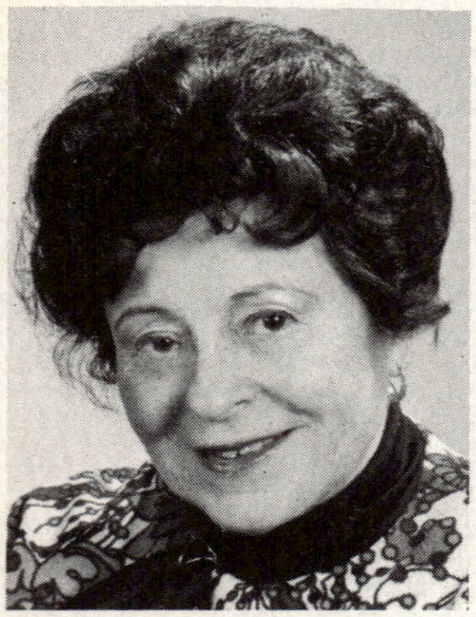

Künstlerin in Holzintarsien - Zu erreichen üb. Studio Nord, In der Ohe 17, 3016 Seelze 5 (T. 05137 - 33 47); u. Studio Süd (Sommer), Zwieselberg 16, 7290 Freudenstadt-Zwieselberg - Geb. 2. März 1922 Trossingen, verh. s. 1950 m. Werner Jany (Komp., Pianist), verw., 2 Kd. (Hans-Werner [s. dort], Verena) - PH Berlin, Frankfurt, Lauenburg (Staatsex.) - Bis 1979 Lehrerin f. Musik u. Kunst; 1962-67 Konzertmeister Nordhorner Kammerorch. Kinderoper: Andi u. d. Silberfische (ZDF); Kinder- u. Volkslieder. 1987 Mitgl. Ärzteorch. Hannover (1. Violine). Bildintarsien (Ausst. 1982 in Dallas, Taos, Carmel; 1983 Düsseldorf u. Berlin; 1984 in Stuttgart; 1985 in Kassel; 1986 Locarno u. Berlin; 1987 Stockholm u. Osnabrück; 1988 Bremen u. Ludwigsburg; 1989 Wanderausst. d. OLB in 7 nordd. Städten); Aquarellmalerin - 1983 u. 86 Intern. Holzkunstpreis Intern. Assoc. of Woodworking Artisans, USA.

JANZ, Dieter

Dr. med., em. o. Prof. f. Neurologie - Spandauer Damm 130 (Klinikum Rudolf Virchow), 1000 Berlin 19 - Geb. 20. April 1920 Speyer/Rh. - S. 1955 (Habil.) Lehrtätigk. Heidelberg (zul. apl. Prof. u. Oberarzt Nervenklinik) u. FU Berlin (1973 Ord. u. Klinikdir., s. 1988 emerit.). Mitgl. Epilepsie-Kurat., Bonn. Vors. Stiftung Michael, Heidelberg, u. Berliner Ges. Psychiatrie u. Neurologie; Mitgl. Wiss. Kurat. Forsch.stätte Evang. Studiengem., Heidelberg; Fellow Royal Soc. Med., London. Zahlr. Fachveröff. Mithrsg. intern. Fachztschr. Korr. Mitgl. Amer. Neurol. Ass.; Ehrenmitgl. med. Fakult. Univ. Santiago (Chile); Chilen. nervenärztl. Ges., ital., mexik. u. jugosl. Liga gegen Epilepsie.

JANZ, Hans-Werner

Dr. med., Prof., Psychiater u. Neurologe - Natels Heideweg 16, 3002 Wedemark 2 - Geb. 24. Juni 1906 Widminnen/Ostpr. (Vater: Dr. med. Eugen J., Medizinalrat; Mutter: Gertrud, geb. Reck), ev., verh. s. 1935 m. Antonia, geb. Hellwich - Approb. 1931; Promot. 1932 - 1934-37 Wiss. Assist. Univ.s-Nervenklin. Königsberg u. Leipzig, 1941 Privatdoz. (Leipzig), 1948-76 Ärztl. Dir. Wahrendorffsche Krankenanst., Ilten, 1950-68 Privatdoz. u. apl. Prof. (1952) Univ. Hamburg, s. 1968 Honorarprof. Med. Hochsch. Hannover, u.a. s. 1950 Mitgl. Nieders. Landesgesundheitsrat, s. 1961 Arzneimittelkommiss. Dt. Ärzteschaft, s. 1967 Beirat Bundesgesundheitsamt, 1971-75 Enquête-Kommiss. üb. d. Lage d. Psychiatrie in d. BRD u. W.-Berlin - BV: Aufgaben d. Suchtbekämpf. in d. ärztl. Praxis, 4. A. 1960; Psique y Fármaco, 1962 (Madrid); Psyche u. Pharmakon - Ergebnisse u. Probleme d. psychiatr. Pharmakotherapie, 1963; Le nihilisme moderne comme probléme psychopathologique, 1964. Zahlr. Einzelarb. (auch Hand- u. Lehrbuchbeitr.) - Verdienstkr. I. Kl. Nieders. VO, BVK I. Kl. - Liebh.: Musik - Spr.: Engl., Span.

JANZ, Walter

s. Krautkrämer, Horst

JANZARIK, Werner

Dr. med., em. o. Prof. f. Psychiatrie Univ. Heidelberg - Voßstr. 4, 6900 Heidelberg - Geb. 3. Juni 1920 Zweibrücken, verh., 6 Kd. - 1959 Priv.-Doz., 1965 apl. Prof., 1973 o. Prof. - BV: Dynam. Grundkonstellationen in endogenen Psychosen, 1959; Schizophrene Verläufe, 1968; Themen u. Tendenzen d. deutschsprachigen Psychiatrie, 1974; Strukturdynamische Grundl. d. Psychiatrie, 1988 - 1980 Mitgl. Dt. Akad. d. Naturforscher (Leopoldina), Halle/S.

JANZEN, Rudolf-Wilhelm

Dr. med. habil., Dr. phil., em. o. Prof. f. Neurologie - Farmsener Landstr. 170, 2000 Hamburg 67 (T. 603 59 19) - Geb. 3. Dez. 1907 Bochum (Vater: Wilhelm J., Handw.-Kaufm.; Mutter: Else, geb. Klatte), ev., verh. s. 1939 m. Dr. med. Helene, geb. Carstensen, 5 Kd. - Univ. Bonn, Kiel, Hamburg (Philos., Biol., Med., Dr. phil Kiel, Dr. med., Dr. med. habil. Hamburg) - Assist. Univ. Kiel (Zool. Inst., Physiol. Inst.), Univ. Hamburg (Neurol. Klinik) - Assist. Dt. Forschungsgem. Heidelberg u. Kaiser-Wilhelm-Inst. f. Hirnforsch., Berlin - 1941 Privatdoz., 1945-52 niedergel. Nervenarzt Husum/Nordsee, Dozent Hamburg, 1949 apl. Prof. Hamburg - 1952 Gründer u. Chefarzt Neurol. Klin. Städt. Krankenanst. Dortmund, 1958 Ord. u. Dir. Neurol. Klin. Univ. Hamburg; s. 1976 emerit., wiss. u. ärztl. Tätigk. unverändert - Arbeitsgebiete: exp. Hirnforschung, epil. Reaktionen, Grundlagen u. Grenzen d. klin. Elektroencephalographie (Schreibung der Hirntätigk.) m. Prof. Kornmüller/Berlin u. Mitarb. Hamburg, Körper/Hirn/Personalität, Schmerz u. Schmerzanalyse, Schädel-, Hirn-Trauma, Wirbelsäule u. Nervensystem, neuromuskuläre Erkrankungen, Reaktionen d. Nervensystems b. Allgemeinkrankh./Grenzgebiet Inn. Med. - BV: Schmerzanalyse (4. Aufl., auch engl., franz., ital.) 1966-81 - Elemente d. Neurol. (Hauptwerk, Mod. Grundlegung), 1969; Entstehung von Fehldiagnosen, 1970 (auch jap.); Körper, Hirn u. Personalität, 2. A. 1973, 1977; Neurol. Diagnostik, Therapie u. Prognostik (Zus.fassg. d. klin. Erfahrungen), 1975; Neurol. Leit- u. Warnsymptome b. inn. Erkrank., (Mithrsg. H. A. Kühn), 1982; D. Bedeutung d. klin. Neurol. f. d. allg. Med., 1988. 198 Veröff. b. 1982, einschl. Handbuchbeitr., Symposien - 1943 Martini-Preis f. Unters. üb. epil. Reaktionen; 1968 Ehrenmitgl. Dt. EEG-Ges. wegen bes. Verd. um Erforschung d. bioelektr. Hirntätigkeit; 1977 Ehrenmitgl. Nordwestdt. Ges. f. Inn. Med., 1978 Ehrenmitgl. d. Dt. Ges. f. Inn. Med., 1979 Nonne-Med. Dt. Ges. f. Neurol. Vors. u. Ref. auf nat. u. intern. wiss. Tagungen.

JANZEN, Siegfried

Dipl.-Ing., Direktor i. R. - Kufsteiner Pl. 2, 8000 München 80 (T. 983008) - Geb. 8. Juli 1905 Liegnitz/Schles. (Vater: Paul J., Telegraphening.; Mutter: Helene, geb. Christiani), ev., verh. s. 1938 m. Wiltrud, geb. Mayr, 3 Kd. (Sigrid, Brigitte, Peter) - Luitpold-Oberrealsch. München; TH ebd. u. Dresden (Techn. Physik). Dipl.-Ing. 1929 - 1928-70 Siemens (Entwicklungstätigk. auf d. Gebiet d. Akustik, Rundfunk-Prüffeldltg., Revisions- u. Ausbildungswesen, 1950 Leit. Generalsekretariat, zul. Präsidialbüro). Entd.: Eichung d. Lautstärkeneinheit Phon. Div. Mitgliedsch. - 1961 Oskar-v.-Miller-Plak., 1966 O.-v.-Miller-Med. in Gold; 1964 Bayer. VO.; 1970 Ehrenbürger TU München, 1973 Med. München leuchtet - Liebh.: Musik, Kunst, Fotogr. - Spr.: Engl.

JANZEN, Wolf-Rüdiger

Assessor, Hauptgeschäftsf. IHK Kiel - Lorentzendamm 24, 2300 Kiel 1; priv.: Niemannsweg 71, 2300 Kiel 1 (T. 0431 - 59 04-219) - Geb. 9. April 1941 - Vors. Hermann-Ehlers-Fonds, Stiftg. Kieler Presse-Klub, Beratungsst. Innovation u. Technol. Transfer (BITT) Schlesw.-Holst., alle Kiel; Beirat Inst. f. anwendungsnahe Technologieentw. (ITW), Wedel.

JANZHOFF, Günter

Dipl.-Ing., Vorstandsmitglied - Schongauer Str. 8, 4050 Mönchengladbach 1 (T. 02161-8 66 17) - Geb. 23. Dez. 1934 Dortmund, verh., 2 T. - TH Aachen (Dipl.-Ing. 1961) - Liebh.: Asiat. Kunst - Spr.: Engl.

JAPPE, Georg

Dr. phil., Schriftsteller, Publizist (Bild. Kunst, Philos., Lit.) - Sachsenring 57, 5000 Köln 1 (T. 31 88 59) - Geb. 7. Mai 1936 Köln (Vater: Dr. Hajo J., Ob.studienrat; Mutter: Dr. Gioia, geb. Schubring), ev., verh. s. 1961 m. Elisabeth, geb. Kluytenaar, 2 Kd. (Anselm, Alrun) - Gymn., Abit. 1955, Stud. Theaterwiss., Philos., Promot. Wien 1961 - 1962 Hochschulref. KMK, s. 1962 Hörsp.-Lektor, s. 1963 Lit.-Kritiker, s. 1964 Kunstkritiker, s. 1966 stänđ. fr. Mitarb. Frankf. Allg. Ztg., s. 1975 b. Die Zeit; Prof. f. Kunsttheorie Hochsch. Bild. Künste Hamburg - BV: Strategy: Get Arts, Düsseldorf-Edinburgh 1970 (Co-Autor); Dokumente z. aktuellen Kunst 1967-70, 1972 (Co-Autor); M. Tafel war daneben, 1975; Ich war guter Dinge, aber ..., 1976; Mementi, 1980; Haikubuch, 1981; Schreibspiegel Bleckede, 1987; OmU, 1988. Zahlr. in- u. ausl. Zeitsch.- u. Buchbeitr. - Vizepräs. AICA - Liebh.: Bibliophile Ausg., Ornithologie - Spr.: Engl., Franz., Ital., Nieder. - Bek. Vorf.: Paul Schubring (Großv.), Hans v. Marées (Urgroßonkel).

JAPPEN, Jap-Jürgen

Dr. rer. pol., Dipl.-Kfm., Vorstandsvorsitzer- Staugraben 11, 2900 Oldenburg - Geb. 26. Febr. 1928 - 1981 Öfftl. Lebensversicherungsanstalt Oldenburg u. Oldbg. Landesbrandkasse, beide Oldenburg (1981 ff).

JARASS, Hans Dieter

Dr. jur., LL.M., Univ.-Prof. f. Öfftl. Recht Ruhr-Univ. Bochum - Kulmer Str. 12, 4630 Bochum 1 (T. 0234 - 700 28 18) - Geb. 29. Sept. 1945 (Vater: Hans J., Beamter; Mutter: Anni, geb. Göbel), verh. m. Gabriela, geb. Mattschas (Rechtsanw.), 2 Tocht. (Nina, Julia) - 1. jurist. Staatsex. 1970 München, Master of Laws 1972 Harvard/Cambridge (USA), Promot. 1974 München, 2. jurist. Prüf. 1974 ebd., Habil. 1977 München - BV: Politik u. Bürokratie, Monogr. 1975; Freiheit d. Massenmedien, Monogr. 1978; Wirtschaftsverw.recht, Lehrb., 2. A. 1984; Bundes-Immissionsschutzgesetz, Komm. 1983; Konkurrenz v. Genehmigungen, 1984; Ordnung d. Rundfunks, 1986; Neues Umweltrecht u. bestehende Anlagen, 1987; Umweltverträglichkeitsprüfung b. Industrieanlagen, 1987; Grundgesetz, Komm. 1989; EG-Richtlinie z. Umweltverträglichkeitsprüfung, 1989 - Preise: 1974 Univ. München; 1975 Verein f. Kommunikationsforsch. Bonn.

JARCHOW, Friedrich

Dr.-Ing., o. Prof. f. Maschinenelemente u. Getriebetechnik - Am Ruhrstein 37, 4300 Essen-Bredeney - Geb. 3. Juni 1926 - B. 1960 Assist. TH München, dann Industrietätigk. (Entwicklungsleit. Rheinstahl), s. 1970 Ord. Univ. Bochum. Üb. 50 Aufs.

JARCHOW, Hans-Joachim

Dr. sc. pol., o. Prof. f. Volkswirtschaftslehre - Ludwig-Beck-Str. 11, 3400 Göttingen (T. 2 24 11) - Geb. 16. Aug. 1935 Oldenburg/Holst. (Vater: Rudolf J., Bankkfm.; Mutter: Dorothea, geb. Dohm), ev., verh. s. 1965 m. Dörthe, geb. Badendieck, 2 Kd. - Frhr.-v.-Stein-Gymn. Oldenburg; Univ. Hamburg u. Kiel. Promot. u. Habil. Kiel - S. 1967 Ord. Univ. Göttingen (Allg. Wirtsch.-theorie, Geld, Währung u. Außenwirtsch.) - BV: Theoret. Stud. z. Liquiditätsproblem, 1966; Theorie u. Politik d. Geldes, Bd. I, 7. A. 1987 u. Bd. II, 5. A. 1988; P. Rühmann, Monetäre Außenwirtsch., Bd. I, 2. A. 1988 u. Bd. II, 1984 - Spr.: Engl.

JARCHOW, Otto

Dr. rer. nat., Prof. f. Mineralogie - Isestr. 93, 2000 Hamburg 13 - S. 1971 Prof. Univ. Hamburg.

JARCK, Christian Leonhard

Dr. jur., Rechtsanwalt, Unternehmensberatung - Zitzewitzstr. 10, 2000 Hamburg 70 (T. 040-65 21 888) - Geb. 19. Nov. 1926 Wesel.

JARMARK, Stanislaus Eugen

Dr.Ing., Dr. päd. habil., Geschäftsführer Jaring GmbH - Westring 109, 4796 Salzkotten (T. 05258-58 53) - Geb. 17. Nov. 1927 Radojewitz, kath., verh. s. 1964 m. Maria, geb. Marchwicki, 2 T. (Eva, Hanna) - 1951 Bautechniker; 1955 Bauing., Architekt; Dipl.-Päd. Univ. Poznan 1965; Prom. (Dr. päd.) Univ. Poznan 1970; Habil. (Dr. päd.) in Bildungstechnol. ebd. 1977; 1975 Filmregiss. B. 1980 Leit. Inst. f. Bildungstechnol. Techn. Univ. Poznan; 1982-84 Inst. f. Kybernetik Paderborn; 1984-85 Teachwareautor Dr. Knabe GmbH Korschenbroich; s. 1985 Geschäftsf. s. o. - 2 Pat.; 64 Veröff., 41 Filme (techn.-did. u. dok. Filme); Bildungstechnol.; Computer in d. Hochschuldidaktik; Film u. DIA-Bilder in d. Didaktik; Herausg. Ztschr. Computer Enzyklopädie - Liebh.: neue Technik, Computer, Film u. Fotogr. - Spr.: Poln., Engl., Russ., Esperanto.

JAROSCHKA, Walter

Dr., Generaldirektor d. Staatl. Archive Bayerns - Schönfeldstr. 5-11, 8000 München 22.

JAROSLAWSKA, Halina
Dr. rer. oec., Prof. f. Ökonomie, insb. Polit. Ök. d. Sozialismus u. Intern. Wirtschaftsbezieh., Univ. Bremen - Heidland 9, 2801 Fischerhude.

JAROSLAWSKI, Jan
Dr. rer. pol., Prof. f. Theorie d. Polit. Herrschaftssysteme Univ. Bremen - Heidland 9, 2801 Fischerhude.

JASCHEK, Hilmar
Dr.-Ing., o. Prof. f. Systemtheorie d. Elektrotechnik Univ. Saarbrücken (s. 1975) - Jahnstr. 58a, 6602 Dudweiler/Saar - Geb. 6. April 1936 Brünn/Mähren, verh. s. 1963, 2 Kd. - 1956-61 TH München (Elektrotechnik; Dipl.-Ing. 1961). Promot. (1967) u. Habil. (1970) München - 1961-75 Wiss. Assist. (Inst. f. Meß- u. Regelungstechnik) u. Doz. (1970) TH München. Mitgl. Reaktor-Sicherheitskommiss. Zahlr. Facharb. - 1981 BVK - Liebh.: Musik - Spr.: Engl., Holl.

JASCHICK, Johannes
Dipl.-Kfm., Geschäftsf. Arbeitsgem. d. Verbraucher (AGV), Bonn (s. 1968), Vors. Verbraucherausss. Bundesmin. f. Ernährung, Landw. u. Forsten ebd. (s. 1968), Sprecher Verbraucherbeirat b. Bundesmin. f. Wirtschaft (s. 1982), Mitgl. Wirtsch. u. Sozialausschuss. EG, Brüssel (s. 1974) - Wipperfürther Str. 59a, 5060 Bergisch Gladbach 1 (T. 02202 - 5 16 39) - geb. 13. Aug. 1929 Hindenburg (Vater: Max J., Bankdir.; Mutter: Stefanie, geb. Scholl), kath., verh. s. 1956 m. Renate, geb. Mitzka, 3 Kd. (Maria, Ivo, Blanka) - 1950-54 Univ. Köln (Dipl.-Kfm. 1954) - U. a. 1964-68 Abt.sleit. Bund d. Konsumgenoss., Hamburg.

JASCHKE, Dieter
Dr. rer. nat., Prof., Hochschullehrer Univ. Hamburg - Schmiedesberg 2b, 2057 Reinbek - Geb. 21. April 1942 Breslau, ev., verh. s. 1967 m. Ute, geb. Fehrmann - Stud. Univ. Hamburg (Geowiss.); Promot. 1974; Habil. u. Lehrbefugnis Geogr. 1979; 1983 Prof.; Gf. Vorstands-Mitgl. Geogr. Ges. Hamburg; Mitgl. Lauenburg. Akad. f. Wiss. u. Kultur; Mitgl. Austral. Ges., Mitgl. Forum f. Wirtschaft u. Arbeit - BV: D. australische Nordterritorium: Potential Nutzung u. Inwertsetzbarkeit s. natürl. Ressourcen, 1979; D. agrarische Tragfähigkeit Australiens, 1987; Regionalatlas Kreis Herzogtum Lauenburg, 1989 - Liebh.: Reisen, Bergwandern, Segeln - Spr.: Engl., Franz.

JASCHKE, Helmut
Dr. theol., Prof. PH Karlsruhe - Amselweg 3, 7500 Karlsruhe 31 (T. 0721 - 70 78 59) - Geb. 18. Dez. 1942 München, kath., verh., 3 Kd. - Stud. Kath. Theol., Gesch. u. Wiss. Politik; Staatsex.; Promot. (Kath. Theol.) - BV: Und nahm sie in seine Arme. E. Theol. f. Kd. in Gesch., Bde. 1-2, 1984/85; Gib mir d. Fesseln. E. Weihnachtsmeditation, 1983; Psychotherapie a. d. Neuen Testament. Heilende Begegnungen m. Jesus, 1987; Verwandlungsgesch. E. Erstkommunionb., 1987; Aus der Tiefe rufe ich, Herr, zu Dir. Psychotherapie aus d. Psalmen, 1989.

JASKULSKY, Hans
Dr., Univ.-Musikdirektor Ruhr-Univ. Bochum - Gerther Str. 62, 4630 Bochum (T. 0234 - 85 03 42) - Geb. 8. Nov. 1950 Konstanz, verh. m. Mechthild, geb. Schipke, 2 Kd. (Ute, Mathis) - Stud. Schulmusik, German.; Dirigentenkl. b. Prof. Helmuth Rilling u. Prof. Jiri Starek; Staatsex. bzw. künstl. Reifeprüf., Promot. 1980 Franfurt (Musikwiss.) - Dirigententätigk. im In- u. Ausl.; Vortragsreisen; Leit. d. Ber. Musik (Univ.-Musikdir.) u. am Mus. Zentrum Univ. Bochum; Leit. d. 1986 gegr. Westdt. Kammerchors - BV: Franz Schubert, D. lateinischen Messen, 1986 - Chor- u. Orch.konzerte, Rundf.- u. Schallplattenaufnahmen - Liebh.: Musiktheater,

Bild. Kunst, Lit. - Spr.: Engl. - S. 1984 Mitgl. bei Rotary International.

JASMUND, Karl
Dr. phil., em. o. Prof. u. Direktor Minerolog.-Petrogr. Inst. Univ. Köln (1956-80) - Kerpener Str. 4, 5000 Köln 41 (T. 41 32 82) - Geb. 19. Jan. 1913 Hagenow/Meckl. (Vater: Heinrich J., Kaufm.; Mutter: Frieda, geb. Puls), verh. s. 1939 m. Waltraut, geb. Roese - Promot. 1939, Habil. 1952 - Zul. Privatdoz. Univ. Göttingen - BV: D. silikat. Tonminerale, 1951, 2. A. 1955. Zahlr. Fachaufs. - 1981 Ehrenmitgl. Dt. Bodenkundliche Ges.; 1982 Abraham-Gottlob-Werner Med. d. Dt. Mineralogischen Ges.

JASPER, Gotthard
Dr. phil., o. Prof. u. Vorstand Inst. f. Polit. Wissenschaft Univ. Erlangen-Nürnberg (s. 1974) - Lerchenweg 7, 8521 Uttenreuth.

JASPER Manfred
Dr. rer. pol., Dipl.-Volksw., Gesellschafter u. Geschäftsf. Kettenfabrik Unna GmbH & Co. KG, u. Kettenfabrik Mester GmbH - Jägerweg 20, 4750 Unna (T. 02303 - 84 12) - Geb. 2. Aug. 1925 Unna-Massen, gesch., 3 Söhne (Ingo, Torsten, Martin) - Stud. Volksw. Univ. Münster (Staatsex. 1949, Promot. 1954) - Handelsrichter LG Dortmund, Sozialrichter Dortmund; Vorst. Fachverb. Ketten - BVK - Spr.: Engl., Franz.

JASPERS, Hansgert
Dr. rer. pol., Dipl.-Kfm., Geschäftsführer LP Lease Produkt GmbH - Bierstadter Str. 25, 6200 Wiesbaden - Geb. 18. Juni 1934 - Banklehre Dt. Bank AG, Essen; Dipl. u. Promot. Univ. Köln - 1962-65 wiss. Ref. Rhein.-Westf. Inst. f. Wirtschaftsforschung Essen; 1965-68 Vorstandsassist. Thyssendraht AG, Hamm; 1968-77 Dir. National-Bank AG, Duisburg; 1978-88 Vorst.-Mitgl. Geestemünder Bank AG, Bremerhaven - Spr.: Engl.

JASTORFF, Bernd
Dr. rer. nat., Prof. f. Bioorgan. Chemie Univ. Bremen - Lindenstr. 73, 2806 Oyten 1 - Geb. 23. Sept. 1942 (Vater: Heinrich, Maurer; Mutter: Juliane, geb. Klaus), verh. m. Sigrid, geb. Kruse, 3 Kd. (Anke, Wiebke, Jan) - Stud. Chemie Univ. Kiel, Promot. 1970 - MPI Exp. Medizin, Abt. Chemie, Göttingen, 1973 Prof. Univ. Bremen.

JATHO, Kurt
Dr. med., o. Prof. f. Hals-, Nasen- u. Ohrenheilkd. - Im Trentsaal 13, 2400 Lübeck - Geb. 6. Dez. 1918 Hannover (Vater: Alfred J., Kaufm.; Mutter: Else, geb. Wahnschaffe), ev. - S. 1954 (Habil.) Lehrtätig. Univ. Köln (1960 apl. Prof.) u. Med. Univ. z. Lübeck (1966 o. Prof. u. 1967 em. Dir. HNO-Klinik). Spez. Arbeitsgeb.: Klin. Otologie, Rhino-Laryngologie, Phoniatrie, Neurootologie. Audiol. Fachveröff.

JATZKEWITZ, Horst
Dr.-Ing., Prof. f. Physiol. Chemie Oberföhringer Str. 163, 8000 München 81 (T. 95 31 26) - Geb. 1. Sept. 1912 Graudenz/Westpr. (Vater: Ernst J.; Mutter: Margarete, geb. Thies), ev., verh. s. 1947 m. Elsa, geb. Brandt, 2 Kd. (Till, Annegret) - Oberrealsch.; Chemiestud., vorwieg. TH Berlin (Dipl.-Ing. 1938). Promot. 1941 Berlin; Habil. 1959 München - 1945-51 Assist. Max-Planck-Inst. f. Biochemie; s. 1952 Leit. Biochem. Arbeitsgruppe u. Abt. MPI f. Psychiatrie (1967 wiss. Mitgl., 1969 Dir. a. Inst., 1978 Em.). Spez. Arbeitsgeb. Neurochemie. S. 1959 Privatdoz. u. Hon.-Prof. (1965) Univ. München. Fachmitgliedsch. Zahlr. wiss. Veröff. - Spr.: Engl., Franz.

JAUCH, Dieter
Dr. rer. soc., Wirtschaftsredakteur Zeitung Schwarzwälder Bote, Oberndorf - Im Öschle 45, 7238 Oberndorf (T. 07423 - 65 79) - Geb. 11. März 1944 - Dipl.-Soz. 1972 Univ. Mannheim, Promot. 1975 Univ. Hohenheim - 1975-78 Leit. Wirtschaftsredakt. Ztg. Schwarzwälder Bote, Oberndorf; 1979-83 Leit. Wirtschaftsredakt. Ztg. Rheinpfalz Ludwigshafen; s. 1983 Leit. Wirtschaftsredakt. u. s. 1987 stv. Chefredakt. Ztg. Schwarzwälder Bote Oberndorf - BV: Auswirk. d. Verwaltungsreform in ländl. Gemeinden, 1975; Agrarsoziol. Orientierungen (Hrsg.), 1987.

JAUCH, Gerd

Hauptredaktionsleiter ZDF - Postfach 40 40, 6500 Mainz 1 - Geb. 27. Nov. 1924 Villingen/Schwarzwald, ev., verh. m. Ellen Giesen-J., T. Jutta - Jurastud.; jurist. Staatsex. - 1946-57 fr. Journ.; 1957-62 Redakt. s. 1962 ZDF, D. 1970 Nachrichtenchef, b. 1984 Leit. d. Redaktion Recht u. Justiz, s. 1984 Leit. Hauptredaktion Ges.- u. Bildungspolitik - BV: Kl. Lexikon Recht, 1983 - BVK; Adolf-Grimme-Preis; Wilhelmine-Lübke-Pr.; Fernsehpr. d. Dt. Anwaltvereins - Spr.: Franz., Engl.

JAUD, Ludwig
Bürgermeister, MdL Bayern (1966-74) - Schillerstr. 3, 8960 Kempten/Allgäu - Geb. 21. Okt. 1919 München, kath., verh., 1 Kd. - Volkssch.; Maschinenbauerlehre, Verw.sprüf. 1948 - 1939-45 Arbeits- u. Kriegsdist.; Angest. Landratsamt Kempten; s. 1960 Bürgerm. Gde. St. Mang. 1952 ff. MdK Kempten (1966 Fraktionsvors.). SPD.

JAUER, Joachim
Journalist (Wiener Studio), Südost-Europa Korresp. f. Österr., CSSR, Ungarn, Bulgarien, Rumänien, Jugoslawien, Albanien - Zu erreichen ü. ZDF, Postf. 4040, 6500 Mainz 1 - Geb. 1940 - B. 1984 Leit. Kennzeichen D, dann wie oben.

JAUERNIG, Othmar
Dr. jur., o. Prof. f. Bürgerl. Recht u. Prozeßrecht - Turnerstr. 14, 6900 Heidelberg - Geb. 12. Mai 1927 Eisenach/Thür. (Vater: Dr. theol. h. c. Dr. jur. Reinhold J., Kirchenrat; Mutter: Elise, geb. Rose), ev., verh. s. 1958 m. Erika, geb. Wolff, Sohn Stefan - Univ. Frankfurt/M. Promot. u. Habil. Frankfurt - S. 1961 ao., s. 1962 o. Prof. Heidelberg - BV: D. fehlerhafte Zivilurteil, 1958; Verhandlungsmaxime, Inquisitionsmaxime u. Streitgegenstand, 1967; Zivilprozeß- (22. A. 1988), Zwangsvollstreckungs- u. Konkursrecht (18. A. 1987); Bürgerl. Gesetzbuch (Hrsg.; Komm. §§ 1-240, 854-1296; AGBG §§ 1-7, 23, 24), 4. A. 1987. Div. Einzelarb.

JAUMANN, Anton
Bayerischer Staatsminister f. Wirtschaft u. Verkehr (b. 1988), Mitgl. Bayer. Landtag s. 1958 - 8861 Ehingen a. Ries, Ortsteil Belzheim (T. Amt: München 21621) - Geb. 5. Dez. 1927 Belzheim b. Nördlingen (Vater: Bauer) - Progymn. Oettingen u. Obersch. Nördlingen (Abit. 1948); Phil.-Theol. Hochsch. Dillingen u. Univ. Würzburg (Volksw., Rechtswiss.; Begr. Ring christl.-demokr. Studenten). Gr. jurist. Staatsprüf. 1957 - Ab 1944 Wehrdst.; n. Entlass. aus amerik. Gefangensch. Mitarb. elterl. Hof; ab 1957 Rechtsanw.; 1958-63 Geschäftsf. Landesverb. d. Bayer. Groß- u. Außenhandels; 1963-1967 Generalsekr. CSU; 1966-70 Staatssekr. Bayer. Finanzmin.; s. 1970 Bayer. Staatsmin. f. Wirtsch. u. Verkehr. Mitgl. des Bundesrates u. Vors. Wirtschaftsausssch. d. Bundesrates sowie d. Wirtschaftsministerkonferenz d. Länder - 1976 Gr. BVK m. Stern, 1981 Schulterbd. dazu, 1979 Großkreuz m. Schulterbd. u. Stern St. Sylvester-Orden; 1980 Liberian. Orden Stern v. Afrika; 1982 Gr. Gold. Ehrenz. m. Stern Rep. Österr. - Liebh.: Musik (Bach, Mozart).

JAUN, Sam
Übersetzer u. Schriftst. - Graffenriedweg 12, CH-3007 Bern; u. Weimarische Str. 6, 1000 Berlin 31 - Geb. 30. Sept. 1935 - BV: u.a. D. Wirklichk. d. Chefbeamten, Erz. 1977; D. Weg z. Glasbrunnen, R. 1983; D. Barbara, Erz. 1984; D. Brandnacht, R. 1986 - Versch. Preise u. Stip.

JAUNICH, Horst
Gewerkschaftssekretär, MdB (s. 1972) - Untere Haul 3, 4730 Ahlen/W. (T. 8 38 04) - Geb. 7. Juni 1930 Breslau, verh., 3 Kd. - Volkssch.; kaufm. Lehre (Großhandel); Maurerhandw. - 1944-48 Kaufm. Angest.; 1949-58 Maurer; s. 1960 Angest. ÖTV (s. 1962 Sekr., dann Geschäftsf., s. 1972 beurl.). 1957-75, ab 1984 Ratsmitgl., s. 1984 Bürgerm. Ahlen. SPD s. 1952 (1968-75 Vors. Unterbez. Hamm) - 1984 BVK I. Kl.; 1987 Ehrenmed. d. Rates d. Stadt Ahlen.

JAUS, Albert
Backwarenfabrikant, gf. Gesellsch. Karl Jaus & Söhne, Stuttgart (s. 1937, Gründ.) - Stammheimer Str. 41-43, 7000 Stuttgart-Zuffenhausen - Geb. 11. Juli 1912 Bad Cannstatt, verh. (Ehefr.: Hedwig). - Div. Ehrenstell. - 1973 BVK.

JAXTHEIMER, Wilhelm
Dipl.-Kfm., Geschäftsf. Fachverb. Bau-, Möbel- u. Industrie-Holzbauge aus Kunststoff - Am Hauptbahnhof 12, 6000 Frankfurt/M.; priv.: Röderweg Nr. 31, 8750 Aschaffenburg - Geb. 1. Jan. 1936 Regensburg (Vater: Wilhelm J.; Mutter: Maria, geb. Schöpf), ev., verh. s. 1962 m. Ingrid, geb. Walldorf, 2 Kd. - Oberrealsch.; Univ. Frankfurt u. Würzburg (Betriebsw.; Dipl. 1962) - Spr.: Engl., Franz.

JEBE, Hans
Dr.-Ing., o. Prof. em. Univ. Hannover - Immenschuur 21c, 2000 Hamburg 67 (T. 040-603 47 24) - Geb. 29. Aug. 1911 Bad Segeberg (Vater: Ferdinand J., Kaufmann; Mutter: Sophie, geb. Teege), ev. - TH Hannover (Bauing.wesen; Dipl.-Ing. 1936) - 1936-65 Beton- u. Monierbau AG (Baudurchf. aller Art). Fachveröff.

JEBSEN-MARWEDEL, Hans
Dr. phil. habil., Hon.-Prof. f. Glastechnik - Höhenrieder Weg 5, 8132 Tutzing (T. 08158 - 30 05) - Geb. 25. Okt. 1899, verw., 3 Kd. - Univ. Heidelberg, Köln,

TH Aachen (Chemie, Physik) - Vorlesungen TH Aachen. Glasind.; Prokurist - Vorst.-Mitgl. Fraunhofer-Ges. f. angew. Forsch., Ehrenmitgl. - BV: Glastechn. Fabrikationsfehler, 3. A. (übers. in Russ.); Glas in Kultur u. Technik - Ehrenmitgl. Dt. Glastechn. Ges. Frankfurt; Otto Schott Denkmünze; Fraunhofer-Denkmünze - Liebh.: Phil. - Spr.: Franz. - Bek. Vorf.: F. Voelcker, Mitgründer Senckenberg-Ges. (Urgroßv.).

JECK, Albert
Dr. oec. publ., o. Prof. f. Volkswirtschaftslehre - Steinfurther Weg 7, 2300 Kiel (T. 681094) - Geb. 3. Juli 1935 Lindau (Vater: Albert J., Lehrer; Mutter: Maria, geb. Dreher), verh. m. Sabine, geb. Sedelmeier, T. Nicola - Stud. Univ. München; Promot. 1962; Habil. 1968 - S. 1968 Lehrtätig. Univ. München (Privatdoz.) u. Kiel (1969 Ord.).

JEDELE, Helmut
Dr. phil., Prof., Geschäftsf. Mavis Produktions-Ges. f. audiovisuelle Medien mbH, Grünwald - Graf-Seyssel-Str. 7, 8022 Grünwald/Obb. (T. München 649648) - Geb. 31. Okt. 1920 Heilbronn/N. (Vater: Richard J.; Mutter: geb. Edelmann), verh. 1952 m. Dr. med. Irmgard, geb. Fellhauer, 3 Kd. (Markus, Stefan, Andrea) - Univ. Tübingen u. Mainz (Theaterwiss., German., Phil., Psych.; Promot. 1952; Diss.: Reproduktivität u. Produktivität im Rundfunk) - B. 1959 Südd. Rundfunk, dann Bavaria; 1976-84 Präs. Hochsch. f. Fernsehen u. Film, München - 1984 Gr. BVK - Sportl. Betätig. (Volleyball, Eisstockschießen).

JEGGLE, Utz
Dr. phil., Prof. f. Kulturwissenschaft Univ. Tübingen - Neckarhalde 17, 7400 Tübingen (T. 07071 - 4 23 90) - Geb. 22. Juni 1941 Nagold (Vater: Georg J., Dipl.-Ing.; Mutter: Gertrud, geb. Arzt), verh. s. 1981 in 2. Ehe m. Jutta, geb. Gutwinski, 2 S. (Moritz, David) - Univ. Tübingen (Promot. 1968, Habil. 1978) - S. 1981 Prof. Ludwig-Uhland-Inst. f. empir. Kulturwiss. Univ. Tübingen - BV: Judendörfer in Württ., 1968; Kiebingen e. Heimatgesch., 1978; Leben auf d. Dorf, 1978; Feldforschung, 1984; D. Kopf d. Körpers, 1986.

JEHLE, Bernhard
Fabrikant, gf. Gesellsch. Hochrhein-Textil GmbH. - Bergseestr. 41, 7880 Säckingen/Hoh.; priv.: Lindenmatten 7 - Geb. 17. Nov. 1916 - Textiling.

JEHMLICH, Günter
Dipl.-Volksw., Vorstandsmitgl. AEG-Aktiengesellschaft, Frankfurt/M. - Weingarten 16, 6072 Dreieich/Hessen - Geb. 14. Aug. 1927.

JEHNE, Wolfram
Dr. rer. nat. (habil.), o. Prof. u. Direktor Math. Inst. Univ. Köln (s. 1965) - Am Mühlenberg 57, 5070 Bergisch Gladbach (T. 7401).

JEISMANN, Karl-Ernst
Dr. phil., o. Prof. f. Neuere Geschichte u. Didaktik d. Geschichte Univ. Münster - Geb. 11. Aug. 1925 - Oberstudiendir. (Münster); 1971 Habil. (Bochum); 1974-78 Rektor PH Westf.-Lippe; 1978-84 Dir. Georg Eckert Inst. f. internat. Schulbuchforsch., Braunschweig - Schüttorfweg 1, 4400 Münster/W. - Verh. s. 1952 m. Ursula J., geb. Rohrschneider, 3 Kd. - BV: D. Problem d. Präventivkriegs im europ. Staatensystem; Zur Didaktik d. Gesch.; Zur internat. Gesch.bewußtsein; Zur dt. Bildungs- u. Sozialgesch.; „Das preußische Gymnasium in Staat u. Gesellschaft, 1787-1817", 1972; Gesch. als Horizont d. Gegenw. D. Zusammenhang v. Vergangenheitsdeutung, Gegenwartsverständnis u. Zukunftsperspekt., 1985; Handb. d. dt. Bildungsgesch. (Hrsg.), 1987 - BVK I. Kl.

JEITER, Wolfram
Dipl.-Ing., Präsident u. Prof. d. Bundesanstalt f. Arbeitsschutz (BAU) - Vo-

gelpothsweg 50-52, 4600 Dortmund 1 (T. 0231 - 176 32 01) - Geb. 27. Dez. 1935 Wittlich, kath., verh. s. 1959 m. Rita, geb. Acker, 3 Kd. (Gaby, Ruth, Joachim) - Handelssch. Mayen; Bergsch. Siegen; Dipl.-Ing. Fachricht. Bergbau Aachen; Bergrefer., Bergass. 1967 Bonn - 1967-69 Bergaufsichtsdienst Düren; 1969-82 Bundesarbeitsmin., Abt. Arbeitsrecht/Arbeitsschutz (zul. Referatsleit.); s. 1982 s.o. - BV: Unfallverhütungsvorschr. Lärm, Komment. 1975; Rechtsvorschr. im Bereich d. Elektrotechnik, Komment. 1979; D. neue Gerätesicherheitsges., Komment. 1980; Explosionsschutz elektr. Anlagen, Komment. 1980 - Liebh.: Windsurfen.

JEITSCHKO, Wolfgang

Dr. phil. o. Prof. f. Anorgan. Chemie - Universität, 4400 Münster - Geb. 27. Mai 1936 Prag (Vater: Karl J., Kaufm.; Mutter: Agnes, geb. Maier), verh. s. 1964 m. Dr. Marieluise, geb. Fichtner, Journalistin, 3 Kd. (Andreas, Thomas, Peter) - 1956-64 TH u. Univ. Wien (1960). Promot. 1964 - 1962-64 Forschungslabor. Metallw. Plansee AG., Reutte; 1964-66 Univ. of Pennsylvania; 1966-67 Univ. Wien; 1967-69 Univ. of Illinois; 1969-75 E. I. du Pont Co. Wilmington; 1975-79 Univ. Gießen (Prof.); 1979-82 Univ. Dortmund (Ord.); 1982ff. gf. Dir. Anorgan.-Chem. Inst. Univ. Münster; Gastprof.: 1976 Univ. Genf, 1977 Univ. Liège, 1979 Univ. Rennes, 1985 Cornell Univ. - Zahlr. Veröff. üb. intermetall. u. hochschmelz. Phasen, Halbleiter, ferroelektr. u. -elast. Festkörper, Ionenleit.

JEKAT, Friedrichkarl
Dr. rer. nat. (habil.), Direktor Chem. Untersuchungsanstalt Oberhausen, Honorarprof. f. Ernährungswiss. Univ. Gießen - Kastanienweg 11a, 4630 Bochum.

JEKÉLI, Lotte
Prof., Konzertpianistin - Wilhelminenstr. 24a, 6200 Wiesbaden - Geb. 2. Juni Eisenach/Thür. (Vater: Julius J., Pastor; Mutter: Gertrud, geb. Kühn, Stud.rätin); ev. - Musikhochsch. Weimar, Trossin-

gen, Stuttgart (Lehrer: W. v. Horbowski, A. Cortot, A. B. Michelangeli, R. Serkin) - Gegenw. Prof. f. Klav. Univ. Mainz. Schallpl.: L. J. spielt Beethoven (1979), Motette (1983) Motette Verlag Wiesbaden - 1960 Bundesausw. Junger Künstler (Dt. Musikrat) - Liebh.: Bild. Kunst - Spr.: Ital., Engl., Franz. - Bek. Vorf.: Prof. Karl Kühn, Verf. franz. Lehrb. (Großv. ms.).

JEKEWITZ, Udo
Dipl.-Volksw., Hauptgeschäftsführer Bundesverb. Materialwirtschaft, Einkauf u. Logistik, BME - Waidmannstr. 25, 6000 Frankfurt/M. 70.

JELDEN, Georg
Prof. d. Musik - Oppelner Str. 18, 6900 Heidelberg - S. Jahren Prof. Staatl. Hochsch. f. Musik u. darstell. Kunst Stuttgart (Gesang).

JELESIJEVIĆ, Vladeta
Dr. med., Prof. f. Thorax-, Herz- u. Gefäßchir. Univ. Münster, Oberarzt Chir. Univ.-Klinik - Linckensstr. 131, 4400 Münster - Geb. 30. Mai 1928 (Vater: Dr. med. Miodrag J., Chir.; Mutter: Nada, geb. Ristić), orth., verh. s. 1969 m. Dr. med. Hanna, geb. Alpermann, S. Miodrag - Abit. 1946; Promot. 1955 u. 1974 - S. 1981 Prof.

JELINEK, Elfriede
Schriftstellerin - Jupiterweg 40, A-1140 Wien (T. 972 97 13); Sendlingerstr. 42, 8000 München (T. 26 78 71) - Geb. 20. Okt. 1946 Mürzzuschlag/Steiermark (Vater: Dr. techn. Friedrich J., Dipl.-Ing., Chemiker; Mutter: Olga, geb. Buchner), verh. s. 1974 m. Gottfried Hüngsberg - Abit., Univ. (Theaterwiss., Kunstgesch.), Konservat. (Orgel, Klavier, Geige, Kompos.) - Fr. Schriftst.: Romane, Theaterstücke, Drehbücher. - BV: u. a. Wir sind Lockvögel, Baby 1970; Michael, 1972; D. Liebhaberinnen, 1975; bukolit, 1979; D. Ausgesperrten, 1980; D. Klavierspielerin, R. 1983; Oh Wildnis, oh Schutz vor ihr, 1985; Lust, 1989 - 1978 Roswitha v. Gandersheim-Med.; 1986 Heinrich-Böll-Preis - Liebh.: Mode - Spr.: Engl.

JELINEK, Richard
Dr.-Ing., em. o. Prof. f. Grundbau u. Bodenmechanik TH München (s. 1954) - Falkweg 56, 8000 München 60 (T. 88 19 79) - Geb. 12. März 1914 Wien (Vater: Franz J., Rechnungsrat; Mutter: geb. Studnicka), kath., verh. (I) 1939 m. Ilse, geb. Hofmann († 1965), 3 Kd. (Monika-Maria, Verena-Renate, Michael-Richard), II) 1966 Heide, geb. Gebauer, 2 Kd. (Elisabeth-Stefanie, Susanne-Sophie) - Oberrealsch. u. TH Wien (Bau-ing.wesen; 2. Staatsprüf. 1938, Promot. 1943) - BV: Bodenmechanik, 1954 (m. Terzaghi), 1977 Baurat h. c. - Mitgl. Forschungsges. f. Straßenwesen u. Dt. Ges. f. Erd- u. Grundbau, Schweiz. Ges. f. Bodenmechanik, Intern. Ges. f. Boden- u. Felsmechanik.

JELITTE, Herbert
Dr., o. Prof. f. Slav. Philologie Univ.

Gießen (s. 1971; 1972/73 u. 1987/88 Dekan Fachber. 11) - Reinborner Weg 12, 6273 Waldems-Niederems (T. 06087 - 3 94) - Geb. 11. Febr. 1933 Peiskretscham/OS., kath., verh. s. 1962 m. Christel, geb. Bastian - Human. Gymn. Wiesbaden, Stud. d. slav. Philol., Geschichte, Politik - Promot. u. Dr. phil. Frankfurt a. M. 1960, Staatsex. f. Lehramt an Gymnasien Frankfurt a. M. 1961 - Wiss. Assist. 1962-69, Habil. 1969, Doz. 1969-70. 1972/73 u. 1987/88 Dekan - BV: Studien z. Adverb u. z. Adverbialbestimmung im Altkirchenslavischen, 1961; Sowjetruss. Textlinguistik 1 u. 2, 1976; Festschrift f. Heinz Wissemann, 1977; Transformationsarten u. Transformationsanalysen, 1977; Formen der Textkohärenz im Russischen, 1978; D. abstrakten Nominalbild. im Russ., 1 u. 2, 1982; Vergl. Stud. z. poln. Spr. u. Lit., 1982; D. russ. Nomina abstracta d. 18. u. beginnenden 19. Jh., T. 1, 1984; Jubiläumsschr. z. 25 j. Bestehen d. Inst. f. Slavistik Univ. Gießen, 1986; D. russ. Nomina abstracta d. 19. Jh., T. 1, 1987, T. 2, 1988; D. russische Sprache im Vergleich z. polnischen u. deutschen Sprache, 1988; 80 weitere umfangreiche Beiträge in wiss. Zeitschriften u. Sammelbänden - Spr.: Slav. Spr., Engl., Franz., Lat., Griech.

JELITTO, Rainer Johannes
Dr. rer. nat., Dipl.-Phys., Prof. f. Theor. Phys. Univ. Frankfurt (s. 1972) - Hardtbergweg 13, 6240 Königstein 1 (T. 06174 - 2 33 74) - Geb. 7. Dez. 1937 Beuthen/Oschles. (Vater: Georg J., Bankkfm.; Mutter: Angela, geb. Neugebauer), kath., verh. s. 1967 m. Rita, geb. Renner, 3 Kd. (Markus, Patrick, Annika) - Promot. 1969 Kiel; Habil. 1971 ebd. - 1969-71 Wiss. Assist. u. 1971 Doz. Univ. Kiel, 1972 Gastprof. Univ. München. Mitgl. Wiss. Ges. Univ. Frankfurt/M. u. Lions-Club Hochtaunus - Liebh.: Segeln - Spr.: Engl., Franz., Ital.

JENA, von, Peter
Vorstandsmitgl. Berliner Commerzbank AG., Berlin 30 - Im Dol 49, 1000 Berlin 33 - Geb. 6. Aug. 1933 - Div. Mandate.

JENČ, František
Dr., Prof. f. Theoret. Physik Univ. Marburg - Am Richtsberg 76, 3550 Marburg/L..

JENDORFF, Bernhard
Dr. phil., Prof. f. kath. Religionspädagogik Univ. Gießen, Dekan FB 07 (1978/79 u. 1987/88) - Sandfeld 18c, 6300 Gießen (T. 3 28 80) - Geb. 23. Sept. 1940 Frankfurt/M., kath., verh. s. 1968 m. Elisabeth-H., geb. Schmidt, 2 Söhne (Alexander, Dominic) - Human. Gymn. Frankfurt a.M., Stud. Phil., kath. Theol. u. klass. Philol.; Promot 1969 - BV: Jesus u. seine Zeit, 1973; Tradition u. Gegenwart, 1974; fragen-denken-beten, 1975; D. Logosbegriff, 1976; Z. Person: Jesus v. Nazareth, 1976; Zielgruppen Jesu, 1977; Leistungsmessung im Religionsunterr., 1979; Kirchengesch. - wieder gefragt!, 1982; Hausaufgaben im Religionsunterr., 1983; Pfarrgemeinderäte u. Relig.unterr., 1989. S. 1981 Mithrsg. Gießener Schriften z. Theol. u. Relig.päd., Bd. 1-5 (1981-89). Zahlr. Ztschr.-veröff. üb. didakt. u. method. Probleme d. Relig.unterr.

JENISCH, Jakob
Prof. f. Theaterarb. Staatl. Hochsch. f. Musik Ruhr/Folkwang-Hochsch. - In der Borbeck 52, 4300 Essen 16 - Spiel- u. Theaterpäd., Medienpäd., Univ. Essen. Lehrauftrag.

JENKE, Manfred
Hörfunkdirektor WDR (s. 1974) - Wallrafplatz 5, 5000 Köln 1 (T. 0221 - 2202200) - Geb. 4. April 1931 Istanbul (Vater: Willy J., Kaufm.; Mutter: Marguerite, geb. Eichwede), ev., verh. s. 1954 m. Margarete, geb. Herdieckerhoff, 2 Kd. (Martin, Eva) - 1950-51 Journ. Ausbild. Hannover - 1950-52 Hannoversche Presse; 1953-56 Welt der Arbeit; 1956-73 NDR, zul. Hauptabt.sleit. In-

formation - BV: D. nationale Rechte, 1967 - Spr.: Engl.

JENKIS, Helmut Walter

Dr. rer. pol., Prof., Verbandsdirektor - Krebsgasse 9 A, 3008 Garbsen 1 (T. 05137 - 7 11 60) - Geb. 22. Nov. 1927 Petrellen/Ostpr. (Vater: Martin J., Bauuntern.; Mutter: Else, geb.Kurps), ev., verh. s. 1960 m. Sonnhilt, geb. Preussger - Stud. Wirtsch.- u. Sozialwiss., intern. Wirtsch.bezieh. Hamburg, Brügge, Luxemburg, Bonn, Freiburg - 1950-57 in d. Wohnungsw.; 1957-66 UN-Beamter; s. 1966 Verb.dir.; UN-Berater: Reg. Zypern 1973, 1977, 1981; Reg. Iran 1974/75, 1975/76; Reg. Island 1975, 1977; Sultanat Oman 1982/83 - BV: Größe u. Größenstruktur gemeinnütz. Wohnungsunternehmen, 1970; Ursprung u. Entwickl. d. gemeinnütz. Wohnungswirtschaft, 1973; Gemeinnützige Wohnungsunternehmen - privilegierte Unternehmen?, 1975; Wohnungswirtsch. u. Wohnungspol. i. beiden deutsch. Staaten, 1976; Wohnungsbedarfsprognosen - Fehlprognosen?, 1977; Leistung - e. inhum. Anspruch?, 1980; D. gemeinn. Wohnungswirtsch. zw. Kritik u. Reformvorschlägen, 1980; D. gemeinn. Wohnungswirtsch. zw. Markt u. Sozialbild., 1985; Genossenschaftl. Förd.auftr. u. Wohnungsgemeinnützigk. - e. Widerspruch?, 1986; D. Steuerbefreiung gemeinn. Wohnungsuntern. im Widerstreit d. Interessen, 1987; Gesellsch., Wirtsch., Wohnungswirtsch. (Festschr.), 1987. Herausg.: Kommentar z. Wohnungsgemeinnützigkeitsrecht (1988) - BVK I. Kl. - Liebh.: Sammeln v. Ikonen, Reisen - Spr.: Engl., Franz.

JENKNER, Siegfried

Dr. disc. pol., Prof. f. Politikwissenschaft, Univ. Hannover, Fachber. Erziehungswiss. (s. 1978) - Wiesenstr. 2, 3000 Hannover 1 - Geb. 14. Nov. 1930 Frankfurt/M. - Univ. Leipzig u. Kiel, Hochsch. f. Sozialwiss. Wilhelmshaven (Dipl.-Sozialwirt 1960), Promot. 1965 Univ. Göttingen - 1965-69 Geschäftsf. Zentralstelle f. ausw. Seminarkurse Univ. Göttingen; 1969-78 Prof. PH Niedersachsen, Abt. Hannover - BV: Arbeitsteilung, allseit. Entwicklung d. Menschen u. polytechn. Bildung, 1966; Klassenbild. u. Sozialschichtung, 1968 (m. B. Seidel); Wege d. Totalitarismus-Forschung, 2. A. 1974 (m. B. Seidel); Legitimationsproblematik bildungspol. Entscheidungen, 1976 (m. G. Stein); D. Schule in d. freiheitl. demokrat. Grundordnung d. Bundesrepublik, 1980.

JENNE, Josef

Dr. phil., Prälat, Prof. am Bischöfl. Priesterseminar Essen - Von-Schirp-Str. 18, 4300 Essen 16 - Geb. 22. Okt. 1921 Menden/Sauerland - Gleichz. Leit. Kirchenmusik-Sem., Vors. Prüfungskomm. f. Kirchenmusiker.

JENNERWEIN, Simon

s. Kirner, Georg-Simon

JENNINGER, Philipp

Dr. jur., Bundestagspräsident (1984-88) - Mozartstr. 32, 7112 Waldenburg/Württ. - Geb. 10. Juni 1932 Rindelbach/Württ., kath., verh. (Ehefr. Ina) - CDU (1973-82 parlam. Gf. CDU/CSU-Frakt.), Staatsminister a. D., MdB (s. 1969) - Liebh.: Volksmusik, Lit., Gartenarbeit.

JENNY, Erwin F.

Dr. rer. nat., Prof., Chemiker - Unterer Rheinweg 100, CH-4057 Basel (Schweiz) - Geb. 8. Nov. 1925 Luzern (Schweiz) - S. 1961 (Habil.) Lehrtätigk. Univ. Freiburg (1968 apl. Prof. f. Organ. Chemie). Fachaufs.

JENS, Uwe

Dr. rer. pol., Volkswirt, MdB (s. 1972; Wahlkr. 82/Wesel I) - Rönskenstr., 4223 Voerde/Rhld. (T. 0228 - 16 37 59) - Geb. 2. Okt. 1935 Hamburg (Vater: Hans-Peter J., im Krieg gef.; Mutter: Dorothea, geb. Borgeest), verh. s. 1963 (Ehefr.: Dr. med. Ingeborg), 3 Kd. (Helge, Arne, Maren) - Volkssch. Hamburg; kaufm. Lehre; n. Abit. (Abendgymn.) Univ. Hamburg u. Tübingen (Volksw.) - B. 1957 kaufm. Angest., dann versch. Tätigk. (u. a. Hafenarb. u. Verkaufsfahrer), 1967-72 Ref. f. Wirtschaftspolitik SPD-Bundestagsfraktion (1970 Vors. Personalrat). Lehrbeauftr. Univ. Duisburg. SPD s. 1966 (stv. Vors. Landesaussch. d. SPD in NRW) - BV: Beziehungen zw. d. Lohnstruktur u. d. Lohnniveau, 1970 (Diss.); Alternativen z. Macht, 1980; D. Weltwirtschaftl. Herausforderung, 1986 - Liebh.: Klass. Musik, Sport (1952 Hbg. Jugendm. Viererkajak) - Spr.: Engl.

JENS, Walter

Dr. phil., Dr. phil. h. c., o. Prof. u. Direktor d. Seminars f. Allg. Rhetorik Univ. Tübingen, 1979 Univ.Med. Tübingen - Sonnenstr. 5, 7400 Tübingen - Geb. 8. März 1923 Hamburg (Vater: Walter J., Dir.; Mutter: Anna, geb. Martens), ev., verh. s. 1951 m. Dr. phil. Inge, geb. Puttfarcken (Verf.: Dichter zw. rechts u. links, 1971), 2 Söhne (Tilman, Christoph) - Johanneum Hamburg; Univ. ebd., Freiburg/Br. (Promot. 1944), Tübingen. Habil. 1949 Tübingen - S. 1949 Lehrtätigk. Tübingen (1956 apl., 1963 ao., 1967 o. Prof.); 1986 Prof. Univ. Hamburg - BV: Nein - D. Welt der Angeklagten, R. 1950 (auch franz. (außerd. dramatis. u. Fernsehsp.fass.), holl., jap., span., ital.); Der Blinde, Erz. 1951 (auch franz., jap., ungar., amerik., engl., tschech.); Vergessene Gesicher, R. 1952 (auch franz.); D. Mann, d. nicht alt werden wollte, R. 1955 (auch franz. u. ital.); D. Stichomythie in d. frühen griech. Trag., 1955; Hofmannsthal u. d. Griechen, 1955; D. Testament d. Odysseus, Erz. 1957 (auch poln. u. tschech.); Statt e. Literaturgesch., Ess. 7. erw. A. 1978; Moderne Lit. - mod. Wirklichkeit, Ess. 1958; D. Götter sind sterblich, Tageb. 1959; Dt. Literatur d. Gegenw. - Themen/Stile/Tendenzen, 1961; Zueignungen - 11 lit. Porträts, 1962; Herr Meister - Dialog üb. e. Roman, 1963; Euripides - Büchner, Ess. 1964; V. dt. Rede, Ess. 1969; Am Anfang d. Stall - am Ende d. Galgen/Jesus v. Nazareth,1972; D. Fall Judas, 1975; Republikanische Reden, 1976; E. dt. Universität. 500 Jahre Tübinger Gelehrtenrepublik, 1977; Zur Antike, Ess. 1978; Aischylos, Die Orestie, Übers., 1979; Ort d. Handlung ist Dtschl., Ess. 1981. Fernsehsp.: D. rote Rosa, 1966; Fernsehen - Themen u. Tabus, 1973; D. Verschwörung, D. tödliche Schlag - 2 Fernsehsp., 1974; Div. Hörsp. Herausg.: D. barmherz. Samariter, 1973; Assoziationen, 1978ff.; Warum ich Christ bin, 1979; In letzter Stunde - Aufruf z. Frieden, 1982; D. Untergang, Drama 1983; In Sachen Lessing, 1983; Kanzel u. Katheder, 1984; Momos am Bildschirm, 1984; Dichtung u. Religion (m. H. Küng), 1985; Roccos Erzählung (Texte zu Fidelio v. Beethoven), 1985; D. Friedensfrau (n. Aristophanes), 1986; Theol. u. Lit., 1986; Das A u. das O - D. Offenbarung d. Johannes, 1987; Dt. Lebensläufe, 1987; Feldzüge e. Republikaners, 1988 - 1969 Ehrendoktor Univ. Stockholm, 1953 Preis der Freunde der Freiheit (R.: Nein), 1956 Schleußner-Schüller-Preis Hessischer Rundfunk (Hörsp.: Ahasver), 1959 Preis Kulturkr. BDI, 1963 Schwed.-dt. Kulturpreis, 1968 Lessing-Preis Stadt Hamburg, 1976 Fernsehpreis DAG; 1981 Heinrich-Heine-Preis Stadt Düsseldorf; 1984 Ehrung 20. Adolf-Grimme-Preis (f. Fernsehkrit.); 1984 Hbg. Med. f. Kunst u. Wiss.; 1987 Ehrendoktor Univ. Athen; 1988 Theodor-Heuss-Preis; o. Mitgl. Akad. d. Künste Berlin, Fr. Akad. d. Künste Hamburg, Dt. Akad. f. Sprache u. Dicht., Darmstadt; Präs. PEN-Zentrum BRD (1976), Akad. d. Künste d. DDR (1986) - Lit.: Herbert Kraft, D. lit. Werk v. W. J. (1976); Manfred Laufs, W. J. (1980); Ulrich Berls, W. J. als polit. Schriftst. u. Rhetor. (1984); Festgabe f. W. J. (1988).

JENSEN, Hans-Peter

Dr. med., o. Prof. f. Neurochir. Univ. Kiel - Karolinenweg 23, 2300 Kiel - Geb. 7. Nov. 1921 Leipzig (Vater: Agathon J., Ing.; Mutter: Anneliese, geb. v. Lackum), verh. 1953 m. Dr. med. Reta, geb. Pauls - Univ. Leipzig (1942-44) u. Frankfurt/M. (1945-48). Promot. 1949 Frankfurt; Habil. 1959 Würzburg - 1959-71 Lehrtätigk. Würzb. (1965 apl. Prof. f. Chir., insb. Neurochir.), s. 1971 o. Prof. Kiel. Mitgl. Dt. Ges. f. Chir. (1953) u. f. Neurochir. (1958) sow. Londoner Royal Soc. of Med. (1954), 1972 Internat. Soc. for Pediatric Neurosurgery, 1980 American Acad. of Neurological Surgeons, 1981 Pan African Ass. of Neurol. Sciences, 1982 Congress of Neurological Surgeons - BV: Chirurgie d. Nervensystems u. d. Wirbelsäule, Grundriss d. ges. Chir. (2 Bde.), 1960; Schädel-Hirn-Verletz. u. Wirbelsäulen-Rückenmarks-Verletz., in: Traumatol. in d. chir. Praxis, 1965; Pädiatr. Neurochir., 1967 (ital. 1969); Mißbild. d. Rückenmarks. Handb. d. Neurochir., VII/1, 1969; Neurochir. Behandl. d. Gesichtsschmerzes, 1974. Über 100 Einzelarb.

JENSEN, Jens Christian

Dr. phil., Prof., Ltd. Museumsdirektor Kunsthalle Kiel (s. 1971) - Feldstr. 70, 2300 Kiel - Geb. 11. Mai 1928 Lübeck, verh. in 2. Ehe s. 1976 m. Angelika, geb. Forwick, 4 Kd. (Jan, Hinnerk, Jochen, Bettina) - Stud. German., Archäol., Theol., Kunstgesch.; Promot. 1956 Heidelberg - Kustos Kurpfälz. Mus. Stadt Heidelberg. Vors. Heidelberger Kunstverein, gf. Vors. schlesw.-holst. Kunstverein - BV üb. C. Ph. Fohr, 1968; Carl Spitzweg, 1971/76/80; Caspar David Friedrich, 1974; Paul Wunderlich, 1980; Philipp Otto Runge, 1977; Aquarelle u. Zeichnungen d. dt. Romantik, 1978; Adolph Menzel, 1982; Paul Eliasberg, 1983; Malerei d. Romantik in Deutschl., 1985 - Spr.: Engl.

JENSEN, Uwe

Richter a. D., Staatssekretär Justizmin. Schlesw.-Holst. (s. 1988), MdL Schlesw.-Holst. - Strandweg, 2381 Stexwig (T. 04621 - 3 21 29; 0431 - 596-20 55) - Geb. 10. März 1943 Arenholz/Schlesw.-Flensburg - SPD.

JENSEN, Uwe

Dr. rer. nat., Prof., Wiss. Rat Botan. Inst. Univ. Köln (s. 1968) - Parkstr. 35, 5042 Erfstadt-Liblar (T. Lechenich 2971) - Geb. 16. Juni 1931 Eberswalde b. Berlin - Promot. 1966 Kiel - Facharb.

JENSSEN, Christian

Schriftsteller - Am Kellersee, 2420 Eutin - Geb. 2. März 1905 Krefeld (Vater: Christian J.; Mutter: Martha, geb. Reidel), verh. 1927 m. Liselotte, geb. Höller (†), 1968 m. Ingrid, geb. Martensen - Gymn., Stud. German. u. Päd. Hamburg u. Köln (4 Sem.) - B. 1934 Redakt., Kunstkrit., Verlagslektor (Schaffstein, Köln), dann fr. Schriftst., n. 1945 Vors. Schlesw.-Holst. Schriftst.verb. u. Eutiner Dichterkr., s. 1959 Schriftl., 1981 Chefredakt. Ztschr. D. Rotarier - W: Albert Ballin, Biogr. 1929; Hans Fr. Blunck, Leben u. Werk, 1935; Jungfrau Maleen, Msp. 1936; Licht d. Liebe, Frauenbildn. 1938; Gesang in d. Schären, Erz. u. Ged. 1940; Kraft d. Herzens, Frauenbildn. 1940; D. Fest am Niederrhein, Erz. 1944; D. stille Ruhm, Frauenbildn. 1947; Selma Lagerlöf, Biogr. 1948; Gesetz u. Schöpfung, Ess. 1948; D. Stall im Licht, Sp. 1950; Lob d. Frauen, Frauenbildn. 1953; Das Sonnen-, Mond- u. Sternenkleid, Msp. 1957; D. Gänsehirtin am Brunnen, Msp. 1959; Lit. Reise durch Schlesw.-Holst., 1974; Ich trag ein Licht in Händen, Ged. 1975; Ostholstein, 1977; Märchen u. Sagen v. Menschen u. anderen wundersamen Wesen in Norddeutschland, 1978; Schlesw.-Holst., wo es am schönsten ist, 1984 - 1949 o. Mitgl Dt. Akad. f. Sprache u. Dichtung - 1967-77 Präs., ab 1977 Ehrenpräs. Europ. Märchenges. - 1957 BVK; 1982 Schlesw.-Holst.-Med.; 1985 Ehrennadel Land Schlesw.-Holst. - Rotarier.

JENSSEN, Jens

Dr. rer. pol., Dipl.-Kfm., Dipl.-Volksw., Vorstandsmitglied Ruhrkohle AG - Rellinghauser Str. 1, 4300 Essen 1 - Geb. 15. Dez. 1935 Göttingen, verh. s. 1959 m. Dr. med. dent. Rosemarie, geb. Hilsnitz, 2 Kd. - Industriekaufm.; Stud. Volks- u. Betriebswirtsch. Göttingen, Promot. 1973 Göttingen.

JENSSEN, Wolfgang

Dipl.-Volksw., Wirtschaftsprüfer u. Steuerberater - Felsenstr. 7, 5568 Daun (T. 06592 - 70 21) - Geb. 8. Okt. 1942 Stolpmünde - Gymn. (Abit. 1963). Stud. Volksw. Köln (Dipl.-Volksw. 1968), Mitgl. Verbandsgemeinderat Daun (s. 1969), Kreistag Daun (s. 1974) u. Stadtrat Daun (s. 1984).

JENTSCH, Christoph

Dr. phil., o. Prof. f. Geographie Univ. Mannheim (s. 1973) - Lorscher Ring 17b, 6710 Frankenthal - Geb. 21. Dez. 1931 Niederwartha - Promot. 1960; Habil. 1971 - Zul. Prof. Saarbrücken (1971) u. Stuttgart (1972) - BV: D. Brunecker Becken, 1962; D. Nomadentum in Afghanistan, 1973. Fachaufs.

JENTSCH, Hans-Joachim

Dr. jur., Rechtsanwalt u. Notar, MdB (1976-82), Oberbürgermeister Stadt Wiesbaden (1982-85), MdL Hessen (s. 1987) - Heinr.-Pette-Str. 2c, 6200 Wiesbaden - Geb. 20. Sept. 1937 Fürstenwalde, ev., verh. s. 1965 m. Dr. med. Doris, geb. Beinhoff, T. Annette - Stud. d. Rechts- u. Staatswiss.; Ass.ex. 1966 - S. 1966 RA, s. 1977 Notar. CDU (s. 1974 Mitgl. Landesvorst. Hessen).

JENTSCH, Joachim

Dr. rer. nat., Prof. f. Organ. Chemie u. Biochemie Univ. Hamburg (s. 1975) - Franz-Rabe-Str. 45, 2081 Bönningstedt.

JENTSCH, Jürgen

Gewerkschaftssekretär, MdL Nordrh.-Westf. (s. 1985) - Eggestr. 44b, 4830 Gütersloh 1 (T. 05241-4 89 05) - Geb. 6. Sept. 1939, ev., verh. s. 1970 m. Elisabeth, geb. Mußmann, Sohn Sören - Schlosserlehre - S. 1980 Gewerkschaftssekr.; s. 1975 Rat Stadt Gütersloh (Vors. Werksaussch.), s. 1978 AfA-Unterbezirksvors. - Liebh.: Schmalfilm, Briefmarken.

JENTSCH, Werner

Dr. theol., Kirchenrat, Prof. i. R. - Heinrich-Schütz-Weg 30, 8000 München 60 (T. 883218) - Geb. 3. April 1913 Chemnitz/Sachsen, ev., verh. s. 1939 m. Hildegard, geb. Strohmeyer, 3 Kd. - Gymn. Bautzen, Fürstensch. St. Afra, Meißen (Abit.); Univ. Leipzig (Promot.) u. Berlin - Ev. Jugendarb. (Leipzig, Berlin, Ostd. Jungmännerw.), ab 1936 Leit. Sem. f. Ev. Jugendarb., Berlin, 1939-43 Standortpfarrer ebd., 1943-45 Wehrdst. u. Kriegsgefangensch., 1945-46 Leit. Dt. Sekretariat YMCA-Kriegsfegangenenhilfe Italien (Theol. Sem. Rimini), 1947-48 Jugendleitersch. Norton Camp (Engl.), 1948-51 Generalsekr. Arbeitsgem. CVJM (Großstadtarb.), 1951-54 Theol. Ref. Reichsverb. d. Ev. Jungmännerbünde Dtschl., Kassel, 1954 Pfarrer Stadtkirche Bad Hersfeld, 1955-65 Dir. Ev. Akad. Hofgeismar, 1965-68 Doz. Sem. f. Katechetik (Ev. Kirche v. Westf.) Bochum, 1948-68 ökumen. Mitarb. Weltbd. YMCA, 1968 Studentenpfr. PH/Univ. München, 1970 Leiter Religionspäd. Arbeitsstelle München. S. 1972 Abt.leit. Fachhochschulstudiengang f. R.päd. u. Kirchl. Bild.arb. Abt. München, Augustana-Gesamthochsch., 1977 Leiter d. Evang. Briefseelsorge - BV: u. a. Urchristliches Erziehungsdenken, 1951; Christl. Stimmen z. Wehrdienstfrage, 1952; Europa als Frage an uns, 2. A. 1953; Aufstand jg. Christen, 1955; Sachl. Vergebung, 1958; Vielfalt u. Einfalt, 1966; Zwischenbemerkung - Univ.-theol. u. Gemeindefrömmigk., 1968; Ökumene im Entwurf (Pariser Basis), 1968; Handb. d. Jugendseelsorge, 6 Bde., I (Gesch.), 1977, II (Theol.), 1977, III, 1 (Praxis: Inf.), 1973, III, 2 (Dok.), 1973, IV, 1 (Stufenseelsorge), 1981, IV, 2 (Gesprächsseelsorge), 1986, IV, 3 (Briefseelsorge u. Gruppenseelsorge), i.V.; Prediger u. Predigt, 1978; Schreiben befreit: Einführg. i. d. Briefseelsorge, 1981; D. Seelsorger, 1982, 3 A. 1984. Mithrsg.: Erwachsenenkatechismus (4. A. 1982) - 1983 BVK - Spr.: Engl., Franz.

JENTSCHKE, Willibald

Dr. phil., em. Prof. u. Direktor Inst. f. Experimentalphysik II Univ. Hamburg (19786-80, Generaldir. CERN, Genf (1971-75) - Kiefernweg 18, 2080 Pinneberg (T. 61659) - Geb. 6. Dez. 1911 Wien (Vater: Willibald J.; Mutter: geb. Urbanitsch), verh. s. 1953 m. Ingeborg, geb. Fielitz - Univ. Wien - 1948-56 Forschungs- u. Lehrtätigk. Univ. Illinois (Prof.). 1958-70 Dir. DESY, Hamburg. Fachveröff. - 1963 o. Mitgl. Akad. d. Wiss. u. d. Lit., Mainz, ao. Mitgl. Akad. d. Wiss. Wien.

JENTSCHURA, Hansgeorg

Sparkassendirektor - Johannisthaler Chaussee Nr. 184, 1000 Berlin 47 - Geb. 20. März 1933 - Vorst. Sparkasse d. Stadt Berlin West.

JENTZSCH, Bernd

Schriftsteller - Valdergasse 13, 5350 Euskirchen - Geb. 27. Jan. 1940 Plauen/Vogtland (Vater: Hans J., Schriftsetzer; Mutter: Hildegard, geb. Mehnert, Schneiderin), ev., gesch., S. Stefan - 1960-65 Stud. German. u. Kunstgesch. Univ. Leipzig u. Jena (Dipl. in bd. Fäch.) - 1967-74 Verlagslektor, 1974-76 fr. Schriftst., s. 1977 wieder Verlagslektor - BV: Alphabet d. Morgens, Ged. 1961; Jungfer im Grünen, Erz. 1973; D. Muskel-Floh Ignaz v. Stroh, Kinderb. 1974; Ratsch u. ade!, Erz. 1975; D. bitterböse König auf d. eiskalten Thron, Kinderb. 1975; In stärkerem Maße, Ged. dtsch. u. schwed. 1977; Quartiermachen, Ged. 1978; Berliner Dichtergarten u. and. Brutstätten d. reinen Vernunft, Erz. 1979; D. Wirkung d. Ebers auf d. Sau, Kinderb. 1980; Irrwisch, E. Ged. 1980 u. 1985; D. Kaninchen v. Berlin od. V. d. strengen Ordnungen, Erz. 1983; Rudolf Leonhard, Gedichteträumer, Ess. 1984; Schreiben als strafb. Handlung, Ess. 1985. Herausg. intern. Lyrikreihe: Poesiealbum (1967-76); s. 1980 Reihen: Walter Literarium, D. kl. Walter u. D. Rüsselspringer (zus. m. J. Seuss); s. 1987 Rowohlt Jh.; Lit.-Ztschr.: Hermannstraße 14 (zus. m. H. Heißenbüttel, 1978-81). Fernsehfilme: Ged. u. Gespr., 1975; D. geliebte Stadt, 1982 - 1978 Werkjahr Stadt Zürich; 1982 Gastprof. Oberlin College, Ohio/USA; 1982 Förderpr. Dt. Ind.; 1985 Werkpr. Kanton Solothurn; 1987 Märkischer Kulturpr.

JENTZSCH, Dietrich

Dr. rer. nat., Dipl.-Chem., Unternehmer - Wiesengrund 9, 4600 Dortmund 30 (T. 8 08 40; TTX 2304309=DRJEN) - Geb. 7. März 1928 Dresden (Vater: Walter J., Kaufm.; Mutter: Suse, geb. Mensing), ev., verh. s. 1951 m. Barbara, geb. Hilgendorff, 6 Kd. (Cornelia, Andreas, Franziska, Markus, Matthias, Martina) - Stud. TH Dresden; Promot. 1952 ebd. - 1953-56 Forsch.sinst. Ne-Metalle, 1956-59 Inst. f. Spektrochem., Dortmund, 1959-75 Bodenseewerk, Überlingen, 1975-79 CEAG, Dortmund, 1979-81 Fischbach, Neunkirchen, s. 1981 Inhaber ACA-Inst. f. Managementberat. u. Training. Patentinh. Fachmitgl.sch. - BV: Gas-Chromatographie, 3. A. 1975; Detektoren in d. Gas-Chromatogr., 1970 (m. E. Otte) - Liebh.: Hausmusik (Querflöte), Kochen - Spr.: Engl., Franz. - Bek. Vorf.: Pfarrer C. Mensing (Großv.).

JENTZSCH, Wilhelm

Dr. jur., Direktor i. R. - Schlieffenallee 28, 2300 Kiel (T. 332814) - Geb. 3. Aug. 1910 Kiel (Vater: Hermann J., Marine-Stabsing.; Mutter: Johanne, geb. Hansen), ev., verw., 2 Kd. - Realgymn. Kiel u. Wilhelmshaven; Univ. Kiel, Kopenhagen, Greifswald (Promot. 1935) - 1936-39 Sachbearb. Dt. Werke Kiel AG., Hagenuk GmbH., bde. Kiel, u. Siemens & Halske AG., Berlin (1938), 1939-47 Wehrdst. u. Gefangenschaft, 1948-50 Abt.sleit. Sunlicht-Ges. AG. bzw. Margarine-Union AG., Hamburg, 1950-57 Synd. u. Prok. ILO-Werke GmbH., Pinneberg, 1957-67 Vorstandsvors. Kieler Verkehrs-AG., Kiel, 1965-67 zugl. Geschäftsf. Versorgung u. Verkehr Kiel GmbH. ebd.; 1958-79 VR-Mitgl. Dt. Bundespost. 1953-57 MdB (FDP) - 1979 Gr. BVK - Liebh.: Segeln, Motorsport - Spr.: Dän., Engl., Franz. - Rotarier.

JERGER, Artur

Dr., Verwaltungsdirektor Hess. Rundfunk - Bertramstr. 8, 6000 Frankfurt/M. 1.

JEROFKE, Hans-Christoph

Geschäftsf. Ferrum GmbH. - Dr.-Franz-Grabowski-Str. 6, 8901 Dinkelscherben/Schw..

JERUSALEM, Siegfried

Opernsänger - Südring 9, 8501 Eckental - Geb. 17. April 1940 Oberhausen, ev., verh. s. 1980, 2 Kd. (Eva, David) - S. 1949 Klavierstunden, 1950 Geigenunterr.; 1955-60 Musikstud. Folkwangschule Essen (Hauptf. Fagott u. Klavier, Nebenf. Geige); ab 1962 Gesangsunterr. (ab 1971 b. Hertha Kalcher, Stuttgart) - 1961 1. Fagottist Hofer Symph.; 1962 1. Fagottist Schwäb. Symph.-Orch. - Reutlingen; 1962 1. Liederabend; 1971-77 2. Fagottist Radio-Symph.-Orch. Stuttgart - Partien: Zigeunerbaron (ZDF, als Fagottist u. als Sänger), 1975; Lohengrin, Darmstadt u. Aachen 1976, Hamburg, Zürich u. Stuttgart 1977 u. Münchner Festsp. 1978, Met New York 1980, Mailänder Scala 1981; Froh u. junger Seemann in: Tristan, Bayreuth 1977; Tamino in: Zauberflöte, Berlin 1978; Parsifal, Wiener Staatsoper 1979; Iphigenie auf Tauris, München 1979; Florestan in: Fidelio, New Orleans 1981; Walther v. Stolzing in: D. Meistersinger v. Nürnberg, Bayreuth 1981; Lenzki in: Eugen Onegin, Stuttgart 1981; Loge Metropolitan Opera 1987; Idomeneo Metropolitaa Opera 1988. Oper- u. Konzert-Gastvertr. Berlin, Hamburg, München, Stuttgart, Zürich, Genf, Wien, Paris, New York, San Franzisko, London, Leipzig u. Dresden. Bayreuth. Festsp. (Parsifal, Lohengrin, Froh) 1979 u. 1980. Schallpl.: Martha, Hoffmanns Erz., Violanta, Schwanda, d. Dudelsackpfeifer, Leonora, Lust. Witwe, Evangelimann, Zauberflöte, Fidelio, Walküre, Jahreszeiten (v. Haydn), zusätzl. zwei Arienpl. FS-Rollen: Zigeunerbaron, D. Opernball, D. lust. Witwe, Parsifal - 1982 Grammy Awards (f. d. Pl. Violanta) - Liebh.: Tennis, Fotografieren - Spr.: Engl.

JESBERG, Karl-Heinz

Dipl.-Ing., Prof., Geschäftsf. Verkehrsbetriebe Peine-Salzgitter GmbH. - Postf., 3320 Salzgitter 1.

JESCHAR, Rudolf

Dr.-Ing., Prof. u. gf. Direktor Inst. f. Energieverfahrenstechnik d. TU Clausthal (s. 1966) - Roseneck 1, 3380 Goslar - Geb. 17. Juni 1930 Löwenberg/Schles., ev., verh. s. 1959 (Ehefr.: Ilse), 2 Kd. (Viola, Marc) - Gymn. Norden/Ostfriesl.; TH Aachen (Dipl.-Ing. 1955, Promot. 1957) - 1955-64 Eisenhüttenind. - Spr.: Engl.

JESCHECK, Hans-Heinrich

Dr. jur., o. Prof. f. dt. u. ausl. Strafrecht, -prozeß- u. Zivilprozeßrecht sow. Forstl. Rechtskunde - Schwaighofstr. 4, 7800 Freiburg/Br. (T. 73733) - Geb. 10. Jan. 1915 Liegnitz/Schles. (Vater: Justizrat Erich J.; Mutter: Gabriele, geb. Hoffmann), ev., verh. s. 1951 m. Liselotte, geb. Iltis - Landgerichts-, Oberlandesgerichts- u. Min.rat (Bundesjustizmin.); s. 1954 Ord. u. Dir. Inst. f. Ausl. u. Intern. Strafrecht (1966 MPG) Univ. Freiburg (1965/66 Rektor). S. 1963 Mitgl. Intern. Juristen-Kommiss. Genf; s. 1979 Präs. d. Association Intern. de Droit Pénal; s. 1974 Vors. d. Ges. f. Rechtsvergleichung - BV: D. Verantwortlichkeit d. Staatsorgane n. Völkerstrafrecht, 1952; Pressefreiheit u. militär. Staatsgeheimnis, 1964 (Vortrag); Lehrb. d. Strafrechts, Allg. T. 3. A. 1978; Fälle u. Lösungen, 1978; Strafrecht im Dienste d. Gemeinschaft, 1980 - 1966 Ehrenmitgl. Jap. Ges. f. Strafrecht, Dr. jur. h. c. (1975 Stockholm; 1978 Waseda Univ. Tokio u. Sung-Kyun-Kwan-Univ. Seoul; 1981 Coimbra); ausl. Mitgl. d. Akad. d. Wiss. d. Niederl. u. Norw. - Spr.: Engl., Franz., Ital., Span. - Rotarier.

JESCHKE, Dieter

Dr. med., Univ.-Prof. f. Präventive u. Rehabilitative Sportmed. TU München, Leit. Poliklinik f. Präventive u. Rehabilitative Sportmed. ebd., lt. Mitgl. Zentralinst. f. Sportwiss. TU (alles s. 1986) - Connollystr. 32, 8000 München 40 - Geb. 1937 - Zul. Prof. f. Inn. Med. u. Kardiol. sow. ärztl. Dir. Abt. Sportmed. im Zentrum Inn. Med. Univ. Tübingen .

JESCHKE, Norbert

Dr.-Ing., Direktor, Vorstandsvorsitzender Samson AG. (s. 1973), 1971-73 stv.; Hon.-Prof. Univ. Kaiserslautern (s. 1982) - Weismüllerstr. 3, 6000 Frankfurt/M. (T. 4009-0).

JESCHKE, Willi

Vorstandsmitgl. Heidelberger Druckmaschinen AG. - Alte Eppelheimer Str. 15-21, 6900 Heidelberg; priv.: Berghalde 68 - Geb. 20. März 1928.

JESCHKE, Wolf Dietrich

Dr. rer. nat., Dipl.-Chem., Prof. f. Botanik - St.-Bruno-Str. 17, 8702 Estenfeld/Ufr. - Geb. 9. Okt. 1931 Kiel - Promot. 1960 Mainz - S. 1972 (Habil.) Lehrtätigk. Univ. Würzburg (b. 1978 Wiss. Rat u. Prof., dann Prof.). Spez. Biophysik. Üb. 30 Fachaufs.

JESCHKE, Wolfgang

Schriftsteller - Zu erreichen üb. Heyne-Verlag, Türkenstr. 5-7, 8000 München 2 - Geb. 19. Nov. 1936 Tetschen/Böhmen - Lektor; Redakt. - BV: D. Zeiter, Erz. 1970; D. letzte Tag d. Schöpfung, R. 1981. Zahlr. Herausg. (zul. D. Lesebuch-Heyne-Jubiläumsbd.) - 1981 Kurd-Laßwitz-Preis.

JESSE, Walter

Vorstandsvorsitzer Hüttenwerke Kayser AG, Vors. Fachvereinig. Metallhütten u. Umschmelzwerke, Düsseldorf - Drosselweg 7, 4670 Lünen (T. 02306 - 5 34 07) - Geb. 7. März 1917 Hohensee - Spr.: Engl. - Rotarier.

JESSEN, Claus-Uwe

Dr. med., Prof. f. Physiologie Univ. Gießen - Amselweg 13, 6301 Krofdorf-Gleiberg.

JESSEN, Eike

Dr.-Ing., Prof. TU München - Lange Str. 28, 8132 Tutzing (T. 08158 - 39 43) - Geb. 28. Aug. 1933 Göttingen (Vater: Jens J., Nationalökonom, Widerstandskämpfer), ev., verh. s. 1965 m. Inge Nagler, 2 T. (Anna, Julia) - Stud. TU Berlin (Elektr. Nachrichtentechnik); Dipl. 1960, Promot. 1964 - 1964 Entwicklungsleit. Rechner AEG-Telefunken. 1972ff. Prof. Univ. Hamburg, Hochsch. d. Bundeswehr, TU München; 1987 Vors. Dt. Forschungsnetz - BV: Arch. digitaler Rechenanlagen, 1975; Rechensysteme, (m. R. Valk) 1986 - Liebh.: Musik - Spr.: Engl.

JESSEN, Hanns Christian

Konrektor a. D., Schriftst. u. Maler - Samlandstr. 4, 2370 Büdelsdorf (T. 04331 - 3 14 57) - Geb. 28. Mai 1919 Tondern/Dänem., ev., verh. m. Dr. Tamara Wassiljewna, geb. Baskakowa, 7 Kd. (Haie-Peter, Elke, Anke, Hauke, Gesche, Sönke, Elena) - 1946-49 Maleratelier Age Nissen; 1949-51 PH Flensburg (2. Staatsprüf. 1955) - 1958-60 Bundesjugendref. Schutzgemeinsch. Dt. Wald; 1956-59 Kreisbeauftr. Wald u. Erziehung, Kr. Rendsburg; s. 1982 1. Vors. Freundeskr. Eisenkunstguß-Mus. Büdelsdorf; s. 1983 Mitgl. Landesvorst. Grenzfriedensbd. - BV: Sieben entkamen d. Eismeer, 1970/72/81; D. Kriegspfad führt z. Moor, 1971; Flucht ins Unbekannte, 1973 u. 79; Gehn wir mal z. Katzenkönigin, 1978; Röm - Memoiren e. Insel, 1980; Zauber d. Weihnacht, 1982; Gerhard d. Große, 1984; Straflager Faarhus, 1987 - 1976 Gold. Ehrenzeichen SDW; 1976 Erzählerpreis IADM; 1982 Diploma di merito Univ. delle Arti, Italien - Spr.: Dän., Norw.

JESSEN, Jens

Dr. rer. pol., Hauptgeschäftsführer Ärztekammer Rheinland-Pfalz - Deutschhausplatz 3, 6500 Mainz - Geb. 21. April 1942 Mühlhausen/Elsaß (Vater: Kurt J., Kaufm.; Mutter: Helga, geb. Grob), kath., verh. s. 1970 m. Hiltrud, geb. Hüwel, 3 Kd. (Jan, Annika, Jörn) - Banklehre; Univ. Münster; Promot. 1973 (üb. textile Marktwirtsch.) - Vors. d. Medien-Forum Gesundh.; d. Aussch. f. Jugendschutz u. Programmangelegenh. d. Landeszentr. f. priv. Rundfunkveranstalter (LPR) Rhld.-Pfalz; Vorst.-Mitgl. Intern. Ges. f. Gesundheitsökonomie - Mitarb. Dt. Ärzteblatt, Dt. Arzt, region. Ztschr.

JESSEN, Uwe

Dr. jur., Präsid. Finanzgericht Berlin (s. 1967) - Am Anger 5a, 1000 Berlin 33 (T. 8326567) - Geb. 7. Juni 1925 - Zul. Kammergerichtsrat Berlin. Mitgl. Wahlprüf.sgericht Berlin, VG Ev. Kirche Berlin-Brandenburg, Lehrbeauftr. FU, Kurator Kirchl. Hochsch. Berlin.

JESSERER, Gertraud

Schauspielerin - Wasag. 11, A-1090 Wien (T. 34 41 06) - 1981 Gold. Kamera Hörzu.

JESSNITZER, Kurt

Dr. jur., Vizepräsident a. D. Oberlandesgericht Hamm - Pfitznerstr. 40, 4700 Hamm/W. (T. 02385 - 85 80) - Geb. 8. Okt. 1912 Kairo/Ägypt. - BV: D. gerichtl. Sachverständige - E. Handb. f. d. Praxis auf wiss. Grundl., 9. A. 1988; Dolmetscher - E. Handb. f. d. Praxis d. Dolmetscher, Übers. u. ihrer Auftraggeber im Gerichtsbeurkund.- u. Verw.-verf., 1982 - Liebh.: Tennis - Mitgl. Lions-Club.

JESSURUN, Berndt Jürgen

Techn. Kaufm., Industrieberatg. - Harthauserstr. 27 b, 8000 München 90 (T. 089 - 64 33 54) - Geb. 17. Juli 1918 Hamburg (Vater: Willy J., Kaufm.; Mutter: Alice, geb. Stockinger), protest., verh. s. 1948 m. Luise, geb. Siebel - Hohe Schule (Abit.); 1937-38 Sprachstud. Engl., Frankr., Ital.; 1938-39 Maschinenschlosser-Praktikum - 1939-43 Luftwaffe; 1944-45 MAN (Einkauf); 1945-52 Bayer. Kraft-Transp. GmbH. (Geschäftsf.); 1953-64 DEMAG AG (Delegierter Ferner u. Naher Osten u. Gerant Paris); 1964-71 Krauss-Maffei AG (Vorst.-Mitgl.). 1970-71 Vors. Vereinig. Dt. Lokomotivfabriken u. Exportförderungsverb. d. Lokomotivind.; 1971-73 Generalbevollm., 1973-75 Delegierter d. Präsid.rates d. Schoeller-Gr., München-Zürich-Kopenhagen - Liebh.: Golf - Spr.: Engl., Franz., Ital.

JETTER, Karl

Dr. rer. pol., Wirtschaftsjournalist - Zu erreichen üb. Frankfurter Allg. Zeitung, 11 rue de Miromesnil, Paris 8e (T. 42 65 49 87) - Geb. 2. Juni 1929 Bad Waldsee/Württ. (Vater: Karl J.; Mutter: Agnes, geb. Muschel), kath., verh. s. 1957 m. Elisabeth, geb. Haerle, 3 Söhne (Hans, Karl, Frieder) - Stud. Nationalök. Tübingen, München, Paris. Promot. 1955 Tübingen - S. 1955 FAZ (1958 Stuttgart, 1962 Paris) - Liebh.: Reisen, Bergsteigen, Skifahren - Spr.: Franz., Engl.

JETTER, Kurt

Dr. rer. nat., Prof. f. Mathematik Univ. Duisburg - Auf der Forst 10, 4300 Essen 18 (Kettwig) (T. 02054 - 8 19 90) - Geb. 4. März 1947 Balingen-Zillhausen (Vater: Gotthilf J., Schreiner; Mutter: Hildegard, geb. Spieß), ev., verh. s. 1973 m. Angelika, geb. Hipp, 2 T. (Natalie, Annika) - Stud. Math. u. Physik (Staatsex.

1971); Promot. 1973 Univ. Tübingen, Habil. 1978 Fernuniv. Hagen - S. 1979 C3-Prof. f. Math. in Duisburg.

JETTER, Werner

Dr. theol., em. o. Prof. f. Prakt. Theologie (s. 1961) u. Leit. Inst. f. Prakt. Theol. (s. 1970) Univ. Tübingen - Im Rotbad 42, 7400 Tübingen (T. 6 54 68) - Geb. 4. Febr. 1913 Schorndorf (Vater: Hermann J., OPostinsp.; Mutter: Maria, geb. Bader †), ev., verh. s. 1941 m. Dora, geb. Rieß, 5 Kd. (Margarete, Elisabeth, Gottfried, Christoph, Hanna) - Lateinsch. Schorndorf; Ev.-Theol. Sem. Maulbronn u. Blaubeuren; Univ. Tübingen, Zürich, Marburg (Theol.). Promot. 1952 Tübingen - 1935-61 Vikar u. Pfarrer (1942). 1939-45 Wehrdst. - BV: D. Taufe b. jg. Luther, 1954; Warum verbirgst du dein Antlitz? - Pred. üb. Hiob, 1955; Wem predigen wir? - Notwend. Anfragen an Prediger u. Hörer, 1964; Taufgeleit, 1965; Unterwegs m. d. Wort, Lesepred. 1966; Wir rufen dich an, Gebete 1967, 2. A. 1988; Christl. Tag- u. Nachtgedanken, 1967; Prakt. Theol., 1967; Was wird aus d. Kirche? - Beobacht., Fragen, Vorschläge, 1968; Üb. d. Geist, Vortr. 1968; Homiletische Akupunktur, 1976; Symbol u. Ritual, 1978, 2. A. 1986; Vertrauen lernen (Pred.), 1981; Gottesdienst u. Sakrament, Studientexte Nr. 21 Funkkolleg Relig., 1985; Art. Katechismuspredigt TRE, 1988. Mithrsg.: Monatsschr. f. Pastoraltheol., Pred. f. Jedermann - Liebh.: Kirchenmusik - Spr.: Franz., Engl. (Schr.).

JETTMAR, Karl

Dr. phil., o. Prof. f. Ethnologie - Bergstr. 148, 6900 Heidelberg (T. 471110) - Geb. 8. Aug. 1918 Wien (Vater: Rudolf J., Maler, Prof. Kunstakad. Wien † 1939; Mutter: Maria, geb. Mayer † 1950), kath., verh. m. Dr. Senta, geb. Heidrich, 2 Kd. (Gabriele, Martin) - Realgymn. Mödling; 1936-41 Univ. Wien (Ethnol., Urgesch., Volkskd.). S. 1958 Prof. Univ. Wien (ao.), Mainz (1961 o.), Heidelberg (1964 o.). Spez. Arbeitsgeb.: Archäol. Nord- u. Zentral-, Ethnol. Südasiens - BV: D. frühen Steppenvölker, 1964 (in alle Weltspr. übers.); D. Religionen d. Hindukusch, 1975. Div. Einzelarb. - Ord. Mitgl. Dt. Archäol. Inst.; Mitgl. Akad. d. Wiss., Heidelberg - Spr.: Engl., Franz., z. Unterhalt. Russ., Schwed.

JEUTE, Karl R.

Dr. med., Inhaber u. Geschäftsf. d. Personalberat. Dr. med. Karl Jeute & Partner GmbH, Geschäftsf. Arbeitsgem. Dt. Krankenhaus a. D., Hauptgeschäftsf./Verwalt.leit. d. Krankenhausärzte Deutschl. a.D., Vertragsarzt Horten - Erlenweg 13, 4005 Meerbusch 1 (T. 30 55; dstl.: D'dorf 43 40 33) - Geb. 16. Mai 1921 Nauendorf, ev., verh. m. Marlisa, geb. Schmidts (Innenarchitektin), 3 Kd. (Ferdinand, Stephan, Angelika) - Univ. Berlin (Promot. 1945), Wien, Freiburg/Br. - Klin. Tätigk. Berlin, Bremen, Freiburg, Baltimore (USA) - Liebh.: Musik - Spr.: Engl., Franz. - Rotarier.

JEZIOROWSKI, Jürgen

Oberkirchenrat, Pressereferent Luth. Kirchenamt (s. 1969) - Kollenrodtstr. 64, 3000 Hannover 1 (T. 62 10 14) - Geb. 18. Sept. 1936 Würzburg, ev., verh. m. Inge, geb. Mäusbacher, 3 Kd. (Thomas, Marja, Jörg) - Stud. Theol. Basel, Berlin, Erlangen - BV: Studenten im Aufbruch, 1968. Herausg.: Kirche vor d. Herausforderungen d. Zukunft (1970) u. Luth. Gemeinsch. i. Kontext Afrika (1977); Kein Platz f. Kinder (1978); D. fröhl. Gottlieb (1979); Stadt ohne Kinder (1980); Leben als Last (1986); Kirche im Dialog (1988); Von d. Begleitung Sterbender (1989). Zahlr. Fernseh- u. Hörfunkbeitr. zu Kinder- u. Jugendproblemen.

JIMMIESON, Barrie C.

1. Vorsitzender Dt. Edelkatzenzüchter-Verb. (s. 1978) - Humboldtstr. 9, 6200 Wiesbaden - Geb. 27. Dez. 1929 Martinsborough/Neuseeland - S. 1979 Präs. Federation Intern. Feline - BV: Katzenrassen Weltstandard, 1983.

JIRMANN, Friedrich

Dipl.-Brauereiing., gf. Gesellsch. Wicküler-Küpper-Brauerei KG. a.A. (s. 1972) - Bendahler Str. 31, 5600 Wuppertal-B. - Geb. 25. Dez. 1922 - Vor Umwandlung Vorstandsmitgl. WKB AG.

JOACHIM, Hans G.

Dr. jur., Präsident i. R. - Milanweg 8, 6072 Dreieich-Buchschlag - Geb. 9. Febr. 1917 Königsberg/Pr. (Vater: Prof. Dr. med. Gerhard J., Chefarzt (s. X. Ausg.); Mutter: Lotte, geb. Scherwitz), ev., verh. I) 1943-79 m. Brigitte, geb. Ohm †, II) s. 1982 m. Gisela, geb. Palka, 2 Töcht. (Annelotte, Ulrike) - Gymn. (Friedrichskolleg) Königsberg; Univ. ebd. (Promot. 1939), Würzburg, München (Rechtswiss.) - 1950 Dir. Arbeitsamt Limburg/L. (Reg.rat), 1951 Hanau/M. (Oberreg.rat), 1954 Landesarbeitsgerichtsdir. Frankfurt/M., 1959 Richter Bundesarbeitsgericht Kassel, 1962-79 Präs. Landesarbeitsgericht Frankfurt. 1946 SPD - BV: D. jurist. Fächer im Diplomexamen - Studienanleit. f. Volks-, Betriebswirte u. Handelslehrer, 1961. Ca. 70 Aufs. z. Arbeitsrecht.

JOACHIMI, Paul

Dr., Ministerialdirektor - Bundesministerium f. Städtebau, Raumordnung u. Bauwesen - Langenbergsweg 102, 5300 Bonn-Bad Godesberg - S. Jahren Bundesmin. f. Wohnungswesen u. Städtebau bzw. f. Städtebau, Raumordnung u. Bauwesen.

JOB, Michael

Dr. phil., Prof. Univ. München, Sprachwissenschaftler - Ludwigstr. 9, 8034 Germering (T. 089 - 840 20 61) - Geb. 4. Jan. 1948 Göttingen, verh. m. Dr. phil. Ulrike Hillringhaus, S. Nikolai - Stud. Allg. u. Vergl. Sprachwiss., Roman., Phil.; Promot. 1974 Univ. Bochum, Habil. 1984 - 1974 Wiss. Assist., 1985-88 Prof. f. Vergl. Sprachwiss. Univ. Bochum, s. 1988 Prof. f. Allg. Sprachwiss. - BV: Probleme e. typolog. Vergl. iberokaukasischer u. indogerm. Phonemsysteme, 1977.

JOBST, Dionys

Dr. jur., Rechtsanwalt, Bundenbahndirektor a. D., MdB (s. 1969, CDU/CSU-Fraktion; Wahlkr. 220/Schwandorf) - Frankengraben 2, 8418 Teublitz/Opf. (T. 09471 - 96 00) - Geb. 5. Sept. 1927 Teublitz, verh., 3 Kd. - Zuvor Bundesbahndir.; s. 1983 AR-Mitgl. Erste Bayer. Basaltstein AG, Steinmühle; Vors. Verkehrsaussch. im Dt. Bundestag; stv. Vors. CSU-Landesgr., Vors. dt.-jap. Parlamentariergr. - 1980 Bayer. VO.

JOBST, Ernst

Dr., Ministerialrat, Vors. Verein z. Schutz d. Bergwelt - Zu erreichen üb.: Praterinsel 5, 8000 München 22 - Herausg. Vereinsjahrb.

JOCH, Winfried

Dr. phil., Prof. f. Sportwissenschaft Univ.-GH Siegen - Adolf-Reichwein-Str. 2, 5900 Siegen 21 - Geb. 17. Febr. 1935 Salmünster - Üb. 140 Facharb. u. a. Theorie e. pol. Päd., 1971; Pol. Leibeserziehung u. ihre Theorie im ns. Dtschl., 1976; Schüler-Leichtathl., 1982; Ausdauerleistungsfähigkeit im Kindes- u. Jugendalter, 1983.

JOCHEM, Josef

Minister a. D., Schulrat a. D. - Hermannstr. 109b, 6680 Neunkirchen - Geb. 24. März 1922 Wiesbach/Saar, kath., verh. s. 1948, 4 Kd. (Magda, Adalbert, Peter, Werner) - Hum. Gymn., Lehrersem. Saarbrücken; 1965-75 Schulrat. 1975-85 MdL - 1979 BVK I. Kl.; Saarländischer VO.

JOCHEM, Rudolf

Rechtsanwalt, Geschäftsf. Bundesarchitektenkammer/Körpersch. d. öfftl. Rechts - Königswinterer Str. 709, 5300 Bonn 3 - Geb. 12. April 1944.

JOCHEMS, Helmut

Dr. phil., o. Prof. f. Didaktik d. Engl. Sprache GH Siegen - Schützenstr. 25, 5910 Kreuztal-Littfeld.

JOCHHEIM, Kurt-Alphons

Dr. med., em. Prof., ehem. Leiter Rehabilitationszentrum Univ. zu Köln u. Inst. f. Rehabilitation u. Behindertensport Deutsche Sporthochsch. Köln - Sperberweg 10, 5042 Erftstadt-Lechenich - Geb. 20. Jan. 1921 Hamburg (Vater: Carl J., Kaufm.; Mutter: Caroline, geb. Schroeder), kath., verh. s. 1948 m. Eleonore, geb. Rost, 3 Kd. (Matthias, Andrea, Bettina) - Univ. Halle/S. u. Hamburg (1939-40, 1942-1946). Promot. 1946 Hamburg; Habil. 1958 Köln - B. 1950 Allg. Krkhs. Heidberg, Hamburg, dann Univ.klinik Köln (1958 Privatdoz., 1964 apl. Prof. f. Neurologie u. Psychiatrie), 1965 Prof. Dt. Sporthochsch. Köln, emerit. 1986 - BV: Grundl. d. Rehabilitation in d. Bundesrep. Dtschl., 1958; Rehabilitation, 1975; D. neurol. Gutachten, 1984; über 200 Einzelbeitr., 1978 Rehabilitationspreis; 1978 Poppelreuter-Medaille; 1984 BVK I. Kl. - Liebh.: Graphik (Sammler), Reiten, Segeln - Spr.: Engl. - Bek. Vorf.: Benjamin Gartner (ms.).

JOCHIMS, Brigitta

Prof. f. Flöte Staatl. Hochsch. f. Musik Rheinl./ Musikhochsch. Köln - Flurstr. 27, 5160 Düren.

JOCHIMS, Johannes

Dr. rer. nat., Prof. f. Chemie Univ. Konstanz - Jacob-Burckhardt-Str. 10, 7750 Konstanz/B. - Zul. Wiss. Rat u. Prof.

JOCHIMS, Raimer

Dr. phil., Maler, Prof. f. Malerei u. Kunsttheorie Staatl. Kunsthochsch. Frankfurt (s. 1971) - Dürerstr. 10, 6000 Frankfurt/M. (T. 069 - 60 50 08-26) - Geb. 22. Sept. 1935 Kiel (Vater: Dr. med. Johannes J., Arzt; Mutter: Elisabeth, geb. Menck), ev., verh. s. 1963 (Ehefr.: Henrike) - Stud. Phil. u. Kunstgesch. Spez. Form der Farbe. Zahlr. Ausstell. In- u. Ausl. Kataloge: Kunstverein Frankfurt (1982); Ritter-Verlag Klagenfurt (1987) - BV: D. Maler Antonio Calderara, 1972; Visuelle Identität, 1975; Steine, 1984; Zeichnungen Kerber, 1985.

JOCHIMS, Wilfried

Prof., Konzert- u. Opernsänger, Prorektor d. Hochschule f. Musik Köln (s. 1986) - Flurstr. 27, 5160 Düren - Geb. 3. Dez. 1936 - Stud. German., Phil. u. Musik Univ. u. Musikhochsch. Köln; 1961 Staatsex., 1962/63 Konzertex. (Bühnenreife) - Schallpl. u. Konzertreisen In- u. Ausl. (Amerika, Indien, Austral., Europa); 1979/80 Forsch.auftr. Centre Pompidou (IRCAM), Paris üb. Schädelmess. u. akust. Untersuch. an Berufssängern; Lehrauftr. u. Lernlaborleit. Staatl. Hochsch. f. Musik Rhld., Köln (Mitgl. d. Senats) - 1964 Musikpreis Deutsch. Musikrat.

JOCHIMSEN, Luc

Dr. phil., Publizistin - An der Alster 44, 2000 Hamburg - Geb. 1. März 1936 (Vater: Adolf Schlausinger; Mutter: Anna, geb. Kreß), verh. m. Hanns J., S. Justin - Stud. Soziol., Politikwiss., Phil. - S. 1975 NDR - 1968 Hans-Bretz-Preis ADAC (f. d. Hörfunkbericht: D. häßl. Auto oder Verkehrsunfall e. Fußgängers).

JOCHIMSEN, Reimut

Dr. rer. pol., Univ.-Prof., Staatssekretär a. D., Minister f. Wirtschaft, Mittelstand u. Technologie NRW, Düsseldorf (s. 1985) - Bismarckallee 14, 5300 Bonn 2 (T. 35 24 88; dstl.: 0211 - 837 25 00) - Geb. 8. Juni 1933 Niebüll/Schleswig (Vater: Johannes J., Oberstud.dir.; Mutter: Vera, geb. v. Harder u. v.

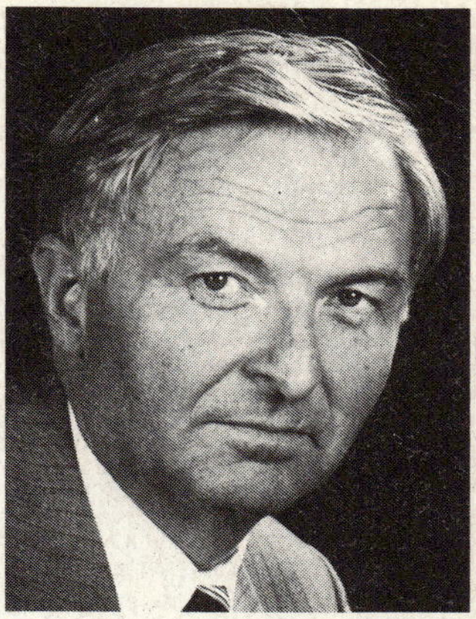

Harmhove), verh. s. 1961 m. Dr. Margarethe, geb. Müller, 2 Kd. (Maren, Jasper) - Gymn. Flensburg; Univ. Bonn, Cambridge (Harvard), Bologna (Johns Hopkins), Freiburg/Br. (Wirtschafts- u. Sozialwiss.). Dipl.-Volksw. (1957), Promot. (1959) u. Habil. (1964) Freiburg - 1957-64 Assist. Univ. Freiburg; s. 1964 o. Prof. Univ. Kiel (Dir. Sem. f. Wirtsch.politik u. Inst. f. Regionalf.; 1969-70 Rektor designatus); 1970-73 Bundeskanzleramt (Leit. Planungsabt.); 1973-78 Staatssekr. Bundesminist. f. Bildung u. Wissensch., 1978-80 Min. f. Wiss. u. Forschung NRW; 1980-85 Min. f. Wirtsch., Mittelstand u. Verkehr NRW; 1974-77 u. 1980-86 Mitgl. d. Rates d. Univ. d. Vereinten Nationen, Tokio; s. 1978 Mitgl. d. Bundesrates; s. 1980 amtierender od. stv. VR-Vors. Westd. Landesbank Girozentrale Düsseldorf; s. 1980 stv. u. s. 1988 Vors. Wirtschaftsmin.konfz. d. Länder d. Bundesrep. Dtschl. Div. Mitgl.sch. SPD s. 1965 - O. Mitgl. Akad. f. Raumf.; Mitgl. Rat d. Weltinst. f. Wirtschaftsentwickl.-Forsch. d. Univ. d. Vereinten Nationen, Helsinki - BV: Ansatzpunkte d. Wohlstandsökonomik, 1961; Theorie d. Infrastruktur, 1966; Aufgaben d. Wirtschaftspolitik in Schlesw.-Holst., 1967; Ziele u. Strukturen d. Univ., 1968; Theorie u. Praxis d. Infrastrukturpolitik, 1970; Gebietsreform u. regionale Strukturpolitik - D. Beispiel Schlesw.-Holst.s, 1971 (m. a.); Gegenstand u. Meth. d. Nationalökonomie, 1971; Studienplatznachfr. u. Absolventenbilanz e. Univ., 1972; Aktive Strukturpolitik z. Modernisierung d. Volksw., 1974; Perspektiven d. Bildungspolitik b. sich wandelnden wirtschaftl. u. gesellschaft. Bedingungen, 1977 (auch engl., franz., jap.); Z. Energiepolitik d. Landes Nordrh.-Westf., 1980; Z. Verhältnis v. Wiss. u. Politik, 1981; Räuml. Politik in d. Bewähr., 1982; KVR-Rede, 1983; MWMT-Reden, 1985. Versch. Herausg. - Vors. OECD-Expertengruppe - 1975 BVK I. Kl., 1978 Gr. BVK, 1984 Stern, 1988 Schulterbd. dazu - Liebh.: Mod. Kunst - Spr.: Dän., Engl., Ital.

JOCHMUS, Ingeborg

Dr. med., Prof. f. Kinderheilkunde u. Psychosomat. Medizin d. Kindesalters - v.-Manger-Str. 12, 4400 Münster/W. - Geb. 7. Juli 1919 Kassel - Promot. 1945 - S. 1969 (Habil.) Lehrtätigk. Univ. Münster (1972 apl. Prof.; gegenw. Prof. u. Leit. Psychosomat. Abt./Kinderklin.) - BV: D. psych. Entwickl. diabet. Kinder u. Jugendl., 1971. Div. Einzelarb.

JOCHUM, Peter

Dr., Geschäftsführer ESPE Fabrik pharmaz. Präparate GmbH & Co. KG, Seefeld/Obb. - Pointweg 5, 8031 Hechendorf/Pilsensee - Geb. 30. April 1924 - Stud. Chemie (Dipl.).

JOCHUMS, Arno

Dipl.-Berging., Gesellschafter Hauhinco Maschinenfabrik G. Hausherr, Jochums GmbH & Co. KG, Essen, Hauptvorst. VDMA, Frankfurt, AR Rheiner Maschinenfabrik Windhoff AG, Rheine - Zweigertstr. 28-30, 4300 Essen 1 - Geb. 5. Dez. 1913 - Ehrenbürger TU Clausthal; BVK I. Kl.; Gr. Verdienstmed. VDMA; Kammer-Ehrenz. in Gold IHK Essen; 1984 Gr. BVK.

JOCKEL, Rudolf

Dr. phil., Kulturhistoriker, Schriftsteller, Doz. Goethe-Inst. - Stennerstr. 4, 5860 Iserlohn (T. 02371 - 2 80 83); priv.: Teichstr. 68, 5870 Hemer u. Barkhausstr. 70, 6100 Darmstadt - Geb. 1. März 1928 Darmstadt (Vater: Dr. med. Rudolf J., Arzt f. Naturheilverf., 1888-1975; Mutter: Elisabeth Anna, geb. Rink, 1895-1964), verh. s. 1964 m. Grazia Paternò del Grado - Georg-Büchner-Sch. Darmstadt (Abit. 1948); 1948-52 Stud. d. Phil., Theol., Ethnol., Orientalistik Univ. Tübingen (Promot. 1952) - 1953-56 Doz. VHS u. fr. Schriftst., gleichz. 1954-55 Lektor Ullstein-Taschenb. Verlag, s. 1957 Doz. u. Leit. an versch. Goethe-Inst. (b. 1961 Ebersberg/Obb., 1961-65 Staufen/Brsg., 1965-75 Turin, 1975-80 Luxemburg, 1980-85 München, 1985-88 Oslo, 1988ff. Iserlohn). 1953 Mitgl. Martin-Behaim-Ges., 1958 Intern. Ges. f. Religionsgesch. , 1967 Centro Studi Piero Gobetti, Turin, 1979 Hochkirchl. Ver. Augsb. Bek., 1981 Hochkirchl. St. Johannes-Brudersch. (s. 1983 Sekr. d. Apostol. Vorstehers) - BV: Götter u. Dämonen, 1953, 3. A. 1977; Islam. Geisteswelt, 1954, 2. A. 1981; D. lebend. Religionen, 1958; 5. A. 1967. Übers.: S. Radhakrishnan Ind. Phil., 2 Bde. 1955-56; S. Radhakrishnan Weltanschauung d. Hindu, 1962 - 1973 Komturkr. VO. Ital. Republ.; 1975 Silb. Med. Stadt Turin; 1980 Göllenen Héil Luxemburg; 1981 Komturkreuz VO Luxemburg - Liebh.: Philatelie, Numismatik, Gesch., Religion, Reisen, Malen - Spr.: Engl., Ital., Franz. - Vorf.: Baumeister Gustav Jockel (1857-1914) Lauterbach/Hess. (Baumeister-Jockel-Brunnen, Denkmal Lauterbach); mütterl.seits: Witigonen v. Rosenberg (Rožmberk), u.a. Peter I. (heir. Piastin Viola v. Teschen, Witwe Kg. Wenzels III.), 1323 böhm. oberster Landrichter u. Kämmerer, 1336 Vizekg. v. Böhmen, †1347, Stifter d. got. Altars v. Hohenfurth.

JOCKENHÖVEL, Albrecht

Dr. phil., Prof. f. Vor- u. Frühgeschichte Univ. Münster - Domplatz 20-22, 4400 Münster; priv.: Oberlindau 84, 6000 Frankfurt/M. 1 - Geb. 6. Juni 1943 Wiesbaden (Vater: Karl-Heinz J., Oberstfeldm. RAD, gef. 1943; Mutter: Gudrun, geb. Müller), verh. s.1975 in 2. Ehe m. Annemie, geb. Poth, 4 Kd. (Oliver, Tobias, Julia, Anna) - 1964-69 Univ. Frankfurt (Vor- u. Frühgesch.). Promot. Frankfurt - S. 1969 Univ. Frankfurt (1972 Prof.); 1987 Univ.-Prof. Münster. Spez. Bronzezeit - Buchbeitr.: D. Rasiermesser in Mitteleuropa (Prähistor. Bronzefunde VIII, 1; 1971) u. D. Rasiermesser in Westeuropa (ebd. 2; 1980); s. 1985 Herausg. d. Reihe Prähist. Bronzefunde. Zahlr. Fachaufs. - 1976 korr. Mitgl. DAI - Spr.: Engl.

JOCKUSCH, Brigitte M.

Dr. rer. nat., Univ.-Prof., Biologin - Treptower Str. 77, 4800 Bielefeld 1 (T. 0521 - 10 25 46) - Geb. 27. Sept. 1939 Berlin, verh. s. 1967 m. Prof. Dr. Harald J., 2 S. (Arne, Wolf) - Staatsex. f. Höh. Lehramt 1964, Promot. 1967 Univ. München, Habil. 1972 Tübingen - EMBO-Mitgl., 1985-89 Vizepräs. Dt. Ges. f. Zellbiol., Gründungssprecherin u. amtierende Sprecherin d. Sonderforsch.ber. Pathobiol. zellulärer Wechselwirk. Üb. 60 Originalveröff. in intern. Fachztschr. d. Zellbiol. - 1987 Kulturpreis d. Stadt Bielefeld - Liebh.: Musik d. Vorklassik u. d. Moderne (ausübend Spinnett) - Spr.: Engl.

JOCKUSCH, Harald

Dr. rer. nat., Prof. f. Entwicklungsbiologie Univ. Bielefeld (s. 1981) - Univ. Bielefeld, Postf. 86 40, 4800 Bielefeld 1 (T. 0521 - 106 56 29) - Geb. 5. März 1939 Frankfurt - Stud. Biologie, Biochemie Univ. Frankfurt, Tübingen, München; Promot. 1966, MPI f. Biologie Tübingen (Prof. G. Melchers) - 1977-81 Prof. f. Neurobiologie Univ. Heidelberg; wiss. Beiratsmitgl. Dt. Ges. Bekämpfung d. Muskelkrankheiten - BV: D. entzauberten Kristalle, 1973; Hal Jos: verflogen ist d. inseljahr im nu, 1970; Biologie in: Bergmann-Schaefer, Physik, 1989; Ei u. Schädel sie zerbarsten, 1989. Ausst.: 1974 Tübingen, 1989 Bielefeld ZiF (45 J. Biographik).

JODEXNIS, Kurt

Aufsichtsratvorsitzender WertGarantie Technische Versicherung AG, Geschäftsf. Beteiligungsges. Jodexnis GmbH & Co. - Lavesstr. 81, 3000 Hannover 1; priv.: Hamburger Allee 6 - Geb. 11. Juli 1926 - Geschäftsf. Ges. Spielbanken Casinos Bad Bentheim, Bad Zwischenahn GmbH KG, Inh. Generalagentur Kurt Jodexnis, Berlin.

JODL, Hans-Jörg

Dr. rer. nat., Prof. f. Physik Univ. Kaiserslautern - Menzelstr. 1, 6750 Kaiserslautern - 1963-68 Physikstud. TU München, Promot. 1972, 2. Staatsex. f. d. Lehramt an Gymn. 1973, Habil. 1983.

JÖBGES, Horst

Rechtsanwalt, Vorstandsmitglied Stadtwerke Krefeld AG, Krefelder Verkehrs-AG (s. 1971), Versicherungsverb. Dt. Eisenbahnen (s. 1979), Kommunaler Schadenausgl. westd. Städte (s. 1989), Geschäftsf. Krefelder Versorgungs-, Verkehrs- u. Entsorgungs-GmbH (s. 1971), VR-Mitgl. Autoschadenausgl. Dt. Gemeinden u. Gemeindeverb. (s. 1984), stv. Beiratsmitgl. Haftpflichtverb. öfftl. Verkehrsbetr. (s. 1988) - Schönwasserstr. 234, 4150 Krefeld (T. 02151 - 59 61 95) - Geb. 12. Febr. 1941 Krefeld (Vater: Peter J., Elektroschweißer †; Mutter: Käthe, geb. Stoffels †), kath. - I. u. II. Jurist. Ex. 1967 u. 71 - 1970-71 Bürgerm. Krefeld, 1970-75 Ratsherr ebd. - Liebh.: Altsprach. Lit., Eishockey, Skat - Spr.: Engl., Franz.

JÖCKEL, Heinrich

Möbelkaufm. (Möbelhaus Heinrich Jöckel KG.), Vizepräs. IHK Friedberg - Kaiserstr. 17, 6360 Friedberg/Hessen.

JOEDICKE, Jürgen

Dr.-Ing., Prof., Freier Architekt (BDA), Arbeitsgebiete: Krankenhausbau, Sport-, Bürobauten - Dornröschenweg 76, 7000 Stuttgart 80 (T. 712678) - Geb. 26. Juni 1925 Erfurt (Vater: Arthur J., Kaufm.; Mutter: Frieda, geb. Nitzschke), ev., verh. s. 1951 m. Rosemarie, geb. Rapp, 2 Kd. (Jochen, Ingrid) - Obersch. Erfurt (Himmelspforte); Betonbauerlehre (Gesellenprüf.); Hochsch. f. Baukunst u. bild. Künste Weimar (Dipl.-Ing. 1950). Promot. 1953 Stuttgart - S. 1951 Assist., Lehrbeauftr. (1953), Doz. (1958), apl. (1963) u. o. Prof. (1967) TH bzw. Univ. Stuttgart (Lehrstuhl f. Grundl. d. mod. Arch. u. Entwerfen) - BV: Gesch. d. mod. Arch., 1958 (auch schweizer., engl., amerik., ungar., franz., ital. Ausg.); Bürobauten, 1959 (auch schweizer. u. engl. Ausg.); Für e. lebendige Baukunst, 1965 (jap. Ausg.); Schalenbau, 1963 (auch schweiz., engl., franz., holl., jap. Ausg.); Architektur u. Städtebau, 1964; Hugo Häring, 1965; Mod. Architektur, 1969 (auch engl., franz., span. Ausg.); Angew. Entwurfsmethodik f. Arch., 1975; Archit. im Umbruch - Gesch. - Entwickl. - Ausblick, 1981; das andere bauen, 1982; Raum u. Form in d. Architektur, 1985. Herausg.: Dokumente d. Mod. Arch. (Reihe) - 1969 Hugo-Häring-Preis (BDA Bad.-Württ.), 1976 Ehrenmitgl. Ungarischer Architektenverb. MESZ, 1980 Dr. h.c. Akad. f. bild. Künste Istanbul, 1984 Dr. E.h. Univ. Dortm.

JÖHNK, Max-Detlev

Dr. sc. pol., Prof. f. Ökonometrie u. Statistik Univ. Hannover - Beekestr. 118, 3000 Hannover 91.

JOEL, Klaus

Generalbevollmächtigter d. AEG Aktiengesellschaft u. Kaufm. Leiter Geschäftsber. Marine- u. Sondertechnik in Hamburg (s. 1985) - Elbchaussee 442, 2000 Hamburg 52 - Geb. 6. Mai 1929 Oldenburg/O. (Vater: Georg J., Ministerpräs. a. D. (s. XIII. Ausg.); Mutter: Hertha, geb. Ernst), vd., verh. s. 1956 m. Doris, geb. Miemietz, 2 Kd. (Frauke, Tomke) - Oberrealsch.; 1948-49 Höh. Handelssch.; 1949-50 kaufm. Lehre Industrie - S. 1951 AEG (1973-85 Vorst.-Mitgl. AEG-Kabelwerke), s. 1985 s. o.

JÖNCK, Uwe

Dr., Vorstandsmitglied ESSO AG - Kapstadtring 2, 2000 Hamburg 60 - Geb. 3. Juni 1934.

JÖNS, Dietrich

Dr. phil., o. Prof. f. Neuere dt. Literaturgeschichte Univ. Mannheim (s. 1966) - Sonnenbergweg 18, 6945 Hirschberg/Bergstr. (T. 06201 - 5 27 93) - Geb. 10. Nov. 1924 - Habil. 1965 Kiel - 1972-75 External Examiner u. Berat. f. Studienaufbau f. Dt. a. d. Chinese Univ. of Hongkong. 1973 Gastprof. Univ. of Waterloo/Canada, 1982-85 Prorektor Univ. Mannheim - BV: Begriff d. histor. Zeit b. Herder, 1956; D. Sinnen-Bild b. A. Gryphius, 1966; S. v. Birken: Prosapia (zus. m. H. Laufhütte), Biogr. 1988. Div. Fachveröff.

JOENS, Lily,

geb. Blum

Dr. phil., Fabrikantin, AR-Vors. W. H. Joens & Co. GmbH. (s. 1968), Ehrenpräs. Vereinig. d. Unternehmerinnen (s. 1979), VR-Mitgl. Stifterverb. f. d. Dt. Wiss. (s. 1962) - Vincentistr. 14, 7570 Baden-Baden - Geb. 23. Aug. 1910 Mannheim, verw. 1955, 5 Kd. - Gymn.; Stud. Gesch. - S. Tod d. Ehemannes unternehmer. tätig - 1971 Chevalier Ordre de Mérite (Frankr.), 1979 BVK.

JÖNSSON, Claus

Dr. rer. nat., Prof. f. Angewandte Physik - Rutenweg 7, 7400 Tübingen 2 (T. 07071 - 7 31 35) - Geb. 26. Mai 1930 Berlin (Vater: Alwin J., Dipl.-Ing.; Mutter: Eva, geb. Volkmann), ev., verh. s. 1958 m. Ute, geb. Krapoth, 4 Kd. (Nikolai, Katja, Franziska, Frithjof) - Schule Hamburg-Volksdorf, Univ. Hamburg u. Tübingen (Physik b. Prof. Möllenstedt), Dipl. 1956, Promot. 1961, Habil. 1970, apl. Prof. 1973. 1961-66 Assist., 1966-73 Akad. Rat, 1973-78 Wiss. rat u. Prof., s. 1978 Prof. alles Inst. f. Angew. Physik, Univ. Tübingen.

JÖRDENS, Friedrich

Direktor - Hannoversche Str. 7, 3220 Alfeld/Leine - Geschäftsl. Alfelder Eisenwerke Carl Heise Kom.-Ges. vorm. Otto Wesselmann & Cie.

JÖRDER, Ludwig

Dr. jur., Hauptgeschäftsführer Westfalenhallen Dortmund GmbH - Mallinckrodtstr. 136, 4600 Dortmund 1 - Geb. 22. Juli 1946 Arnsberg, gesch., T. Julia - Jurastud., 2. Staatsex. 1975, Promot. 1977.

JÖRG, Hans

Dr. phil., Univ.-Prof. f. Angew. Erziehungswiss. - Henri-Dunant-Str. 2, 6671 Rentrisch/Saar - Geb. 31. Jan. 1923 Duisburg, kath., verh. s. 1945 m. Waltraud, geb. Back, 5 Kd. (Winfried, Karlhans, Georg, Astrid, Michael) - Gymn. (dav. 6 J. Belg.); Univ. Freiburg u. Mainz (Päd., Psych., Phil., Roman., Soziol., Gesch., Theol.). Volks- u. Realschulex. 1946 u. 55; Promot. 1959 - 1946-61 Volksschullehrer u. Rektor; s. 1961 Dozent u. Prof. (1965) Päd. Hochsch. Paderborn (1961/62), Saarbrücken (1962-78), Univ. Saarbrücken ab 1978 (Erziehungswissensch. m. Schwerp. Schulpäd./Allgem. Didaktik) - BV: D. Entwickl. d. Volksschulwesens im Kr. Kreuznach, 1960; D. Päd. Hochsch. u. d. Landsch., 1962; Polit. Bildung im 9. Schulj., 1964; Die moderne französische Schule, 1965; Päd. Reformbestreb. neurer Zeit u. ihre Auswirk. auf d. Schulbaurichtlinien in d. Ländern d. BRD, 1969; Unterr.praxis, 1970; Von d. Eigenfibel z. Arbeitsl., 1970; D. Saarland, 1972; Wir drucken - Lesedruckspiele I u. II, 1971-76. Übers.: G. de Landsheere, Einf. in d. Päd. Forsch. (2. A. 1971); Didakt. Spiele z. Denk-, Sprach-, Form- u. Bewegungsbeherrsch. 1-4, 1974; Die Päd. d. Célestin Freinet u. die Schulreform in Frankr., 1979; Moderne Schule u. d. Schulw. in Frankr., 1979; Praxis d. Freinet-Päd., 1980; Erziehung ohne Zwang, 1981; Wir drucken uns. Fibel selbst, 1985; So macht Schule Freude, 1985; Erzieh. ohne Zwang, 2. A. 1985; Kooperation als Fundament d. Freinet-Päd., 1986; Arbeitsmeth. d. Freinet-Päd. - e. franz.-dt. Experiment, 1986; D. Fernsehverhalten v. Grundschülern u. seine Auswirk. auf d. schul. Leistung, 1987 - Spr.: Franz., Engl., Niederl., Ital.

JÖRG, Johannes Richard

Dr. med. (habil.)., Prof., Direktor Neurol. Univ.-Klinik Lübeck (s. 1986) - Hüxstr. 77, 2400 Lübeck (T. 0451 - 7 73 75) - Geb. 6. Dez. 1941, verh. s. 1970 m. Dipl.-Gärtn. Christel, geb. Obholzer, 2 S. (Simon, Martin) - Staatsex. u. Promot. München, Habil. 1976 Neurol. Univ.-Klinik Düsseldorf - 1977-86 Ltd. Oberarzt Neurol. Univ.-Klinik Essen; s. 1986 Dir. s.o. - BV: D. elektrosensible Diagnostik in d. Neurol., 1977; Prakt. SEP-Diagnostik, 1983; Praxis neurol. Sprech- u. Sprachstörungen, (m. H.H. Wilhelm) 1985; Evozierte Potentiale in Klinik u. Praxis (m. H. Hielscher), 1985; Neurol. Allg.- u. Intensivtherapie, 1985.

JÖRGENSEN, Gerhard

Dr. med., Prof., Intern., Präs. Bundesverb. Dt. Schriftst.ärzte (1974-78) - Stauffenberg-Ring 13, 3400 Göttingen (T. 2 23 28) - Geb. 20. Nov. 1924 Heide/Holst., Sohn Dr. Rainer Georg J., Bodenwiss. Univ. Göttingen - S. 1963 (Habil.) Lehrtätigk. Göttingen (1969 apl. u. 1974 o. Prof. f. Humangenetik); 1974-82 Vors. Dt. Hochsch.aussch. f. Leibesübungen. S. 1974 Insel-Redakt. Münchner Med. Wochenschr. 1974-78 Präs. Bundesverb. Dt. Schriftstellerärzte (BDSÄ); 1975-88 Vors. Freier Dt. Autorenverb. Landesverb. Nieders. FDA; s. 1977 Vizepräs. Dt. Autorenrat. S. 1979 Oberstarzt d.R. d. Bundesw. - BV: 10 Buchveröff.; üb. 250 wiss. Arb., dar. mehrere Monogr. Mitarb. an üb. 80 Anthol. (Ps. Spottlieb Freundlich, Ironicus, Seufzlinde) - 1968 Lebensrettungsmed.; mehrere lit. Ausz., mehr. Ehrenmitgl.sch., u.a. Ehrenvors. FDA-Landesverb. Nieders. - Bek. Vorf.: Johann Jörgensen, Fernsehredakt. (Vetter).

JOERGER, Konrad

Dr. phil., Dipl.-Psych., Prof. f. Päd. Psychologie - Lilienweg 8, 7835 Teningen 3 (T. 07663 - 15 06) - Geb. 8. Aug. 1929 Bruchsal - Promot. 1960 München - S. 1969 Prof. PH Freiburg - BV: Gruppentest f. d. soz. Einstell., 2. A. 1973; Einf. in d. Lernpsych., 7. A. 1980; Lernprozesse b. Schülern, 1. A. 1975; Lernanreize, 1980.

JOERGES, Bernward

Dr. phil., Prof. Wissenschaftszentrum Berlin f. Sozialforsch. - Reichpietschufer 50, 1000 Berlin 30 (T. 030 - 2 54 91-0); u. TU Berlin - Geb. 1. Sept. 1937, kath. - Stud. Univ. Tübingen, Bonn, Saarbrücken, Bombay (Psych. Dipl.); Promot. (Soziol.); Habil. (Soziol.) 1976 Stuttgart - 1985 Gastprof. London School of Economics, 1987 Univ. of Uppsala - BV: u.a. Community Development in Entw.ländern, 1967; Beratung u. Technol.transfer, 1974; Gebaute Umwelt u. Verhalten, 1977; Verbraucherverhalten u. Umweltbelastung, 1982; Public Policies and Private Actions, 1987; Technik im Alltag, 1988 - Liebh.: Reisen.

JOERGES, Christian

Dr. jur., Prof. f. Zivilrecht, Recht d. Intern. Wirtschafts- u. Arbeitsbezieh. Univ. Bremen (s. 1974) - Bulthauptstr. 34, 2800 Bremen - Geb. 27. Sept. 1943 Weißenfels, verh. s. 1971 m. Annette Rothenberg-Joerges, 2 Töcht. (Johanna, Charlotte) - Promot. 1970 - 1982-87 stv.

Dir. Zentrum f. Europ. Rechtspolitik, Bremen; 1985/86 Stip. Netherlands Inst. for Advanced Studies, Wassenaar, NL; 1987/88 Prof. Europ. Hochschulinst., Florenz - BV: Z. Funktionswandel d. Kollisitionsrechts, 1971; Bereicherungsrecht als Wirtschaftsrecht, 1977; Verbraucherschutz als Rechtsprobl., 1981; Vertriebspraktiken im Automobilersatzteilsektor, 1985; D. Sicherheit v. Konsumgütern u. d. Entw. d. Gemeinschaft (zus. m. J. Falke, H. W. Micklitz, G. Brüggemeier), 1988; Critical Legal Thougt: An American-German Debate (zus. m. D. M. Trubek), 1989.

JÖRIS, Hans
Dr. rer. pol., Wirtschaftsprüfer u. Steuerberater, Vorst. Dt. Revisions- u. Treuhand AG, Frankfurt, u. Treuhand Vereinigung AG, Frankfurt, Geschäftf. mehrerer Tochterges. - Linderner Str. 28, 5138 Heinsberg (T. 02452 - 29 19) - Geb. 18. Dez. 1927 Heinsberg, kath. - Dipl.-Kfm. 1956, Promot. 1960, Steuerberat. 1964, Wirtschaftsprüfer 1965 - Mitgl. in berufsst. u. wirschaftspolit. Gremien - Spr.: Engl., Franz.

JÖRNS, Klaus-Peter
Dr. theol., o. Prof. f. Prakt. Theologie, Direktor Inst. f. Rel.-Soz. u. Gemeindeaufbau Kirchliche Hochschule Berlin (s. 1981) - Conradstr. 5, 1000 Berlin 39 (T. 805 33 60) - Geb. 13. April 1939 Stettin (Vater: Dr. phil. nat. Gerhard J.; Mutter: Gertrud, geb. Beiker), ev., verh. m. Dr. med. Wiltrud, geb. Kernstock, 3 Kd. aus 1. Ehe - 1959-64 Stud. Univ. Bonn, Göttingen (Theol. u. Soziol.); Promot. 1967 Göttingen - 1964-67 Vikar Brühl/Köln; 1968-78 Pfarrer Gödenroth/Heyweiler (Hunsrück); 1978-81 Prof. Theol. Sem. Herborn (Dill). Hauptarbeitsgeb.: Homiletik, Liturgik, Gemeindeaufbau, Seelsorge, Suizidforschung - BV: D. hymnische Evangelium, 1971; Nicht leben u. nicht sterben können, 1979, 2. A. 1986; D. Auto bin ich, 1982; D. Lebensbezug d. Gottesdienstes. Stud. zu seinem kirchl. u. kulturellen Kontext, 1988. Herausg.: Predigtmeditationen zu Continuatexten (1985); Stichwort: Gemeindeaufbau (1986); Advent-Weihnachten-Epiphanias (1987); Predigtanalyse als Weg zur Predigt (1989, m. R. Bohren). Mithrsg.: Berliner Theol. Ztschr., Pastoraltheol., Göttinger Predigtmeditationen (Schriftl.) - Spr.: Engl.

JÖSCH, Wilhelm G.
Dr. rer. pol., Verleger (Stein-Vg., Offenbach u. Baden-Baden, Stein-Vg. AG, Neuchâtel/Schweiz); Ge Gesellsch. Geoplan GmbH, Offenbach, Dt. Asphaltverb., Dt. Asphaltinst., Labor. f. Baustoffprüf. Fachverb. Natursteinind. - Geleitstr. 105, 6050 Offenbach/M. - Geb. 17. Juli 1932.

JOEST, von, Carl August
Land- u. Forstwirt - 5047 Eichholz-Hof b. Wesseling u. F-57132 La Baronne Avricourt/Lorraine - Geb. 2. Sept. 1921 Eichholz - Teilh. Zuckerind. Aufsichts- u. Beiratsmand.

JOEST, Wilfried
Dr. theol., em. Prof. f. Systemat. Theologie - Im Herrnloh 14, 8520 Buckenhof/Mfr. (T. Erlangen 51213) - Geb. 3. April 1914 Karlsruhe (Vater: Friedrich J., Dekan; Mutter: Emma, geb. Schroth), ev., verh. h. 1946 m. Ruth, geb. Lester - Vikar Mannheim u. Weinheim, 1948 Privatdoz. Univ. Heidelberg, 1953 Prof. Augustana-Hochsch., Neuendettelsau, 1956 Ord. Univ. Erlangen, jetzt -Nürnberg (emerit. s. 1981).

JÖTTEN, Robert
Dr.-Ing., o. Prof. u. Direktor Inst. f. Stromrichtertechnik u. Antriebsregelung TH Darmstadt (s. 1963) - Am Steinernen Kreuz 11, 6100 Darmstadt (T. 51522) - Geb. 12. Febr. 1920 - Zahlr. Fachveröff.

JOFFE, Josef
Journalist - Zu erreichen üb.: Süddeutsche Zeitung, Sendlinger Str. 80, 8000 München 2 - 1983 Theodor-Wolff-Preis 1982 (f.: Taktik schlägt Technik).

JOHANEK, Peter
Dr. phil., Prof. f. Westfälische Landesgeschichte u. Mittelalt. Geschichte Univ. Münster, Dir. d. Inst. f. vergl. Städtegesch., Münster - Sentruper Höhe 40, 4400 Münster - Geb. 28. Aug. 1937 Prag (Vater: Wilhelm J.; Mutter: Hildfriede, geb. Ritt), kath., verh. s. 1965 m. Dr. Ingeborg, geb. Buchholz - Stud. Univ. Würzburg u. Wien; Promot. 1969 Würzburg, Habil. 1979 - 1972-80 wiss. Assist. Würzburg; 1979-81 Privatdoz. ebd.; s. 1981 Prof. in Münster - BV: D. Frühzeit d. Siegelurkunde im Bistum Würzburg, 1969; D. Vogel-Story, 1972 - Liebh.: Kriminalromane.

JOHANN, A. E.
s. Wollschläger, A. E. J.

JOHANNES, Dieter
Dipl.-Ing., Ltd. Bibliotheksdirektor, Leit. Univ.bibl. Kaiserslautern (s. 1970) - Paul-Ehrlich-Str., 6750 Kaiserslautern - Geb. 2. Jan. 1938 Lörrach/Baden (Vater: Valentin J., Rentn.; Mutter: Angelika, geb. Seul), kath., verh. s. 1969 m. Traute, geb. Birkenhauer, S. Holger - TH Karlsruhe (Elektrotechnik; Dipl. 1966); Ausbild. Höh. Bibl.dst. (Ass.ex.) - Spr.: Engl.

JOHANNES, Ralph

Dipl.-Ing., Architekt HBK, Berlin, Prof. f. Methodisches Entwerfen - Rüstermark 30, 4300 Essen-Stadtwald (T. 47 00 37) - Geb. 24. Okt. 1929 Danzig (Vater: Wilhelm J., Holzkaufm.; Mutter: Carla, geb. v. Lübbers), ev., verh. s. 1967 m. Ursel, geb. Elsner, 3 Kd. (Christian, Astrid, Nils Wilhelm) - Realgymn. Danzig; Hochsch. f. bild. Künste Berlin, Regent Polytechnic London, Pratt Inst. New York - Special Assist. Pratt Inst. New York; Wiss. Mitarb. Hochsch. f. Gestalt. Ulm; Doz. Folkwangsch. f. Gestalt. Univ. Essen - BV: Danzig in memoriam, 1971; V. Bergford üb. Bergford, 1979. Fachveröff. - Spr.: Engl.

JOHANNES, Wilhelm
Dr. phil., Prof., Lehrstuhlinh. f. Petrologie Univ. Hannover - Veilchenweg 4, 3006 Burgwedel 1 - Mitgl. Nieders. Akad. d. Geowiss.

JOHANNIMLOH, Norbert
Akad. Oberrat Univ. Münster, Schriftst. - Anton-Aulke-Str. 18, 4400 Münster (T. 02506 - 23 56) - Geb. 21. Jan. 1930 Verl, Kr. Gütersloh, kath., verh. s. 1956 m. Lieselotte, geb. Graefen, 2 Kd. (Martin, Charlotte) - Stud. German., Kunstgesch., Altphilol. Univ. Münster - Redakt. Lit. Westfalenspiegel - BV: En Handvöll Rägen, Plattd. Ged. 1963; Wir haben s. langem abnehmenden Mond, Ged. 1969; Appelbaumchaussee, R. 1983, Taschenbuchausg. 1988; Plattd. Hörsp. (WDR, NDR, Radio Bremen) - 1963 Klaus-Groth-Preis Stiftg. FVS Hamburg - Lit.: W. Freund-Spork, Zu N. J. Appelbaumchaussee, in: Grabbe-Jahrb. 1983; H. Niemeyer, J. Erinner. Appelbaumchaussee, in: Die Zeit 36 (1984).

JOHANNSEN-ROTH, Dieter
Dipl.-Volksw., Vorstandsmitglied Klöckner-Humboldt-Deutz AG Finanzen u. Verwaltung, Köln - Auf dem Römerberg 26, 5000 Köln 51.

JOHANSEN, Ulla Christine
Dr. phil., Prof., Direktor Inst. f. Völkerkd. Univ. Köln - Lindauer Str. 9, 5000 Köln 41 (T. 0221-430 19 83) - Geb. 17. Juni 1927 Reval, ledig, S. Ralf - Stud.; Promot. 1954, Habil. 1968 - Vors. Dt. Ges. f. Völkerkd.

JOHANSON, Lars
Dr. phil., Prof. (Turkologie) Univ. Mainz (s. 1973) - Sem. f. Orientkunde, Postf. 3980, 6500 Mainz; priv.: Backhausholh 10, 6500 Mainz (T. 06131 - 36 81 25) - Geb. 8. März 1936 Köping/Schweden (Vater: Nils, Beamter; Mutter: Birgit, geb. Pettersson), ev., verh. s. 1987 m. Eva Á., geb. Csató, 2 Kd. (Karin, Andreas) - Stud. Univ. Uppsala, Wien, Stockholm, Istanbul (German., Slavist., Orientalist.); Habil. 1971 Uppsala u. 1973 Mainz - S. 1971 Privatdoz. Uppsala u. 1972 Umea; 1979-80 Prof. i. V. Islamwiss. u. Turkol. Frankfurt/M.; 1973ff. hin. Sonderforschungsst. f. Turkol. Schwed. Humanist. Forschungsrat, Vorst.-Mitgl. Schwed. Forschungsinst., Istanbul - BV: Turkiet, 1967; Aspekt im Türkischen, 1971; Alttürkisch als dissimilierende Sprache, 1979; Pluralsuffixformen im Südwesttürk., 1981; Entsteht e. Deutschlandtürkisch?, 1989. Herausg. d. Reihe: Turcologica, Fachveröff. Spr.: Engl., Franz., Russ., Schwed., Türk.

JOHN, Antonius

Dr. rer. pol., Honorarprof., Wirtschaftsjournalist u. Publizist (s. 1948 in Bonn), Chefredakteur - Kurfürstenpl. 24, 5300 Bonn-Röttgen (T. 25 16 21) - Geb. 6. Okt. 1922 Ahlen/W., kath., verh., 5 Kd. - Langj. Bonn-Korresp. Handelsbl. u. Rhein. Merkur, 1972-86 Sprecher Dt. Bauernverb., ab 1986 Wirtschaftswiss. Forsch.-Inst. Agrarwirtsch., Bonn u. Bonner Red.büro f. Wirtsch. u. Politik (BRWP). 1984 Univ.-Prof. f. Politik u. Zeitgesch. EWH Rheinl.-Pfalz; Lehrbeauftr. PH Ruhr/Abt. Dortmund (Wirtschaftswiss. u. ihre Didaktik) u. Erzih.wiss. Hochsch. Rheinl.-Pfalz; 1974 Gastvorles. in d. Sowjetunion. Mitbegr. Dt.-Tunes. Ges. 10 J. Vorst. Dt. Presseclub, Mitgl. Kgl. Span. Akademie der Wissensch. (med.), La Coruna, Mitgl. ZDF-Fernsehrat, Reserveoffz. (Stabsoffz.) - BV: Zahlr. Bücher zu histor., wirtschaftsw., agrarwirtschaftl. u. wirtschaftspäd. Themen - Kriegsauslöser in n. ausl. Orden u. Ehrenz.; dar. 1963 Ital. Nationalpreis Agricultura Nuova; 1977 BVK, 1988 BVK I. Kl.; 1986 Wilh.-Niklas-Med. d. Bundesernährungsmin. - Liebh.: Histor. Dokumentationen, Forsch. zur Zeitgesch., Jagd.

JOHN, Gerd
Dr. rer. oec., Prof., Lehrstuhlinh. f. Betriebswirtschaftslehre Univ. Regensburg - Lusenstr. 1, 8411 Sinzing.

JOHN, Klaus W.
Dr.-Ing., o. Prof. f. Geologie u. -technik Univ. Bochum (s. 1971) - Haarmannsbusch 114a, 4630 Bochum.

JOHN, Siegfried
Dr. med., Prof. f. Medizin FU Berlin, Sportarzt, Taucherarzt, Präs. DLRG (1983ff.) - Kottbusser Damm 7, 1000 Berlin 61 (T. 030 - 691 90 59) - Geb. 18. Mai 1927 Lindenthal, verh. s. 1983 m. Ursula, geb. Strubel, 2 Kd. (Sabine, Peter) - Med.-Stud. Univ. Halle/S., Leipzig, FU Berlin; Approb. 1953, Promot. 1963, Habil. 1976 - 1963-70 Landesverbandsarzt DLRG; 1970-76 Landesverbandspräs. DLRG, Landesverb. Berlin; s. 1976 Hochschullehrer PH Berlin; s. 1980 FU Berlin - Erf.: Hochdruckbehandl. m. Mischgasen b. durch Tauchunfall Querschnittgelähmten. Ca. 80 Publ. Jugend-Fernsehsend. Hallo Freunde (ZDF) - Alle Ausb.- u. Ehrungsabz. d. DLRG; 1983 Ehrenplak. Senat v. Berlin - Liebh.: Tauchen, Schwimmen, Fliegen, Handball (Oberligaspieler Sportclub Charlottenburg Berlin SCC) - Spr.: Engl. Lat.

JOHN, Steffen
Dr. med., Prof. f. Chirurgie, Chefarzt chirurg. Abt. Augusta-Kranken-Anstalt Bochum, Akad. Lehrkrankenhaus (s. 1978) - Bergstr. 26, 4630 Bochum 1; priv.: -1, Lessingstr. 22 - Geb. 29. Sept. 1938 Chemnitz (Vater: Martin J., Ing.; Mutter: Hilde, geb. Sander), ev., verh. s. 1967 m. Martina, geb. Butz, 3 Kd. (Andreas, Ann-Kathrin, Tanja-Michaela) - Stud. Med. Univ. Münster, Lausanne/Schweiz, Freiburg - 1976 Ltd. Oberarzt Chir. Klinik Klinikum Steglitz d. FU Berlin, 1978 Chefarzt Chir. Abt. - Ca. 70 Publik. in in- u. ausländ. Fachzeitschr. üb. Bauch- u. Gefäßchirurgie - Liebh.: Politische Geschichte - Spr.: Engl., Franz.

JOHNA, Rudolf
Amtsrat, MdL Schlesw.-Holst. (Wahlkr. 24/Neumünster) - Sachsenring 77, 2350 Neumünster (T. 04321 - 2 46 22; 0431 - 596-20 88) - Geb. 12. März 1933 Frauenfeld/Oberschlesien - SPD.

JOHNEN, Hans
Dr. rer. nat., Wiss. Rat, Prof. f. Mathematik Univ. Bielefeld - Am Pulverbach 13, 4800 Bielefeld 1 - Geb. 26. Febr. 1940 Mittelberg/Allg. - Promot. 1970 Aachen (TH); Habil. 1973 Bielefeld.

JOHNEN-BÜHLER, Kurt
Prof. f. Ästhetik u. Kommunikation, Leiter d. Medienzentrums - Detmolder Str. 124b, 4800 Bielefeld 1 (T. 0521-2 34 03) - Geb. 11. Mai 1944 Wiesbaden, T. Elina-Lucia - Lehre als Schaufenstergestalter, Dipl.-Fachl. f. Kunst u. Werken Wiesbaden; Gymnasiall. Hochsch. f. bildende Künste Kassel (Kunsterziehung u. Werken) - Filmemacher, Mitgl. Jury-Filmtage Salzgitter; Gründer u. Gründungsmitgl. mehrerer filmkultureller Org. - BV: Film-Arbeitstexte f. d. Kunstunterr., 2. A. 1984 (m. Jost Lohrmann).

JOHNS, Bibi
Sängerin u. Schauspielerin - Wolfratshauser Str. Nr. 70a, 8023 Pullach - Geb. 21. Jan. 1929 Björskog/Schweden (Vater: Bertil Jonsson, Fuhruntern.; Mutter: Mag. geb. Karlsson), ev., gesch. v. Michael Pfleghar - Liebh.: Fotografieren, Lesen, Malen - Spr.: Engl., Deutsch., Schwed.

JOHNSEN, Uwe
Dr. rer. nat., Abteilungsleit. Dt. Kunststoff-Inst., Darmstadt, Honorarprof. f. Physik TH ebd. - Martin-Biebesheimer-Str. 8, 6146 Alsbach 1 - U. a. Privatdoz.

JOHNSSON, Finn
Vorstandsvorsitzender Pegulan-Werke AG, Generaldir. Tarkett AB - Zu erreichen üb. Foltzring 35, 6710 Frankenthal (T. 06233 - 81-2 13) - Geb. 28. Febr. 1946 Stockholm/Schweden, verh. s. 1970 m. Louise, geb. Schönbeck, 5 Kd. (Helena, Petter, Anna, Karin, Christina) - Abit. 1965; Dipl.-Kfm. 1970 - Vizepräs. Stora-Konzern - Liebh.: Segeln, Tennis, Ski, Lit., Gesch. - Spr.: Deutsch, Engl., Franz.

JOHNSTON, Robert
Kaufm., Geschäftsl. MDS Deutschl. GmbH./Elektron. Datenverarbeitungsanlagen - Oskar-Jäger-Str. 175, 5000 Köln 30 - Geb. 18. Dez. 1929.

JOKOSTRA, Peter
Schriftsteller - In der Stehle 38, 5461 Kasbach - Geb. 5. Mai 1912 Dresden, verh. s. 1963 m. Annemarie, geb. Hintz, 2 Töcht. (Florine, Simone) - Stud. Phil., Psych., German. - 1946-49 Kreisschulrat; 1950-56 Lektor; 1960-62 Werbeleit. - BV: Mag. Straße, Lyrik 1959; Hinab zu d. Sternen, Lyrik 1960; Herzinfarkt, R. 1961; D. Zeit hat keine Ufer, Südfranz. Tageb. 1963; Einladung n. Südfrankr., Reisechronik 1966; D. gewendete Haut, Lyrik 1966; Bobrowski u. a., Chronik 1967; Als d. Tuilerien brannten - D. Aufst. d. Pariser Komm. 1871, 1970; D. gr. Gelächter, R. 1974; Feuerzonen, Lyr. 1976; Südfrankr. f. Kenner, Reisechronik, 1979; Heimweh nach Masuren, Autobiogr. 1982. Hrsg. (Anthol.): Ohne Visum - Lyrik, Prosa, Ess. gefloh. Autoren (1964), Keine Zeit f. Liebe ? - Liebeslyrik heute (1964), Tuchfühlung - Neue Dt. Prosa (1965), Liebe, 33 Autoren v. heute - Anthol. 1974. Literaturkrit. (D. Welt d. Lit., Christ u. Welt u. a.) - 1965 Andreas-Gryphius-Preis; 1979 Kunstpreis Rheinland-Pfalz; 1967 Med. Amicus Poloniae; 1972 Mitgl. PEN-Zentrum BRD.

JOLMES, Lothar
Dr. rer. pol., Geschäftsführer Zentralverb. d. dt. Seehafenbetriebe, Hamburg - Schimmelmannstr. 58, 2070 Ahrensburg - Geb. 14. Okt. 1929 Düsseldorf (Vater: Werner J., Buchhändler; Mutter: Betty, geb. Tödt), kath. - Gymn. Düsseldorf; Univ. Köln (Volks-, Betriebs- u. Verkehrswiss.; Dipl.-Kfm.- 1957, Promot. 1959) - S. 1959 EWG-Ref. u. Geschäftsf. (1965) ZddS - Üb. 1000 Fachveröff. - Liebh.: Gesch. (auch Marine u. Luftf.), Sportfliegen - Spr.: Engl., Franz., Ital.

JONAS, Bertold
Dipl.-Psych., Prof. f. Sportwiss. Univ. d. Fr. Hansestadt Bremen - Potsdamer Str. 8, 2800 Bremen (T. 237676).

JONAS, Claudia
s. Eitzert von Schach, Rosemarie

JONAS, Hans

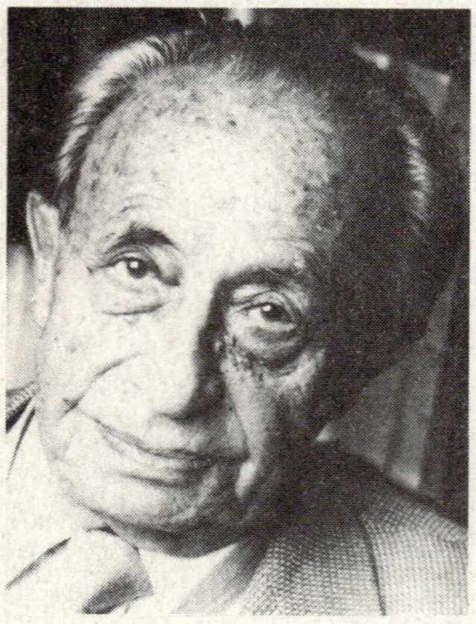

Dr. phil., Dr. h.c. mult., Alvin Johnson Prof. of Philosophy Emeritus, New School for Social Research New York - 9 Meadow Lane, New Rochelle, NY 10805 (T. 914 - 6 33-75 75) - Geb. 10. Mai 1903 Mönchengladbach, jüd., verh. s. 1943 m. Eleonore, geb. Weiner, 3 Kd. (Ayalah, Jonathan, Gabrielle) - 1921-28 Stud. Univ. Freiburg, Berlin, Heidelberg, Marburg; Promot. (Dr. phil.) 1928 Marburg - 1933 Emigration; 1938/39 u. 1946-48 Lecturer Hebrew Univ. Jerusalem; 1949/50 McGill Univ. Montreal; 1950-54 Prof. Carleton Univ. Ottawa; 1955-76 Grad. Fac. New School f. Soc. Res. New York; Gastprof. u. a. 1958 Princeton Univ., 1961 Columbia Univ. New York, 1966/67 Union Theol. Sem. New York, 1968, 69 u. 70 Univ. of Chicago, 1977 Univ. of Calif. Riverside, 1982/83 Univ. München (Eric Voegelin Prof.) - BV: Deutsch: Augustin u. d. paulinische Freiheitsproblem, 1930, 1965; Gnosis u. spätantiker Geist I, 1934, 1964; dass. II, 1, 1954; Zw. Nichts u. Ewigkeit, 1963; Organismus u. Freiheit, 1973; D. Prinzip Verantwortung, 1979; Macht od. Ohnmacht d. Subjektivität?, 1981; Technik, Med. u. Ethik, 1985; D. Gottesbegriff nach Auschwitz, 1987; Wiss. als persönl. Erlebnis, 1987; Materie, Geist u. Schöpfung, 1988. Engl.: The Gnostic Religion, 1958, 1963 (holl., ital., franz., jap. Übers.); The Phenomenon of Life, 1966, 1982; Philosophical Ess. 1974, 1980; The Imperative of Responsibility, 1984 - 1962 D.H.L. h.c. Hebrew Union College; 1973 Ehrenpräs. Intern. Gnosis-Kolloquium Stockholm; 1976 D.L.L. h.c. New School f. Soc. Res.; 1976 Dr. theol. h.c. Univ. Marburg; 1978 H.K. Beecher Award The Hastings Center; 1984 Dr. Leopold Lucas Preis Univ. Tübingen; 1987 Friedenspreis d. dt. Buchhandels; 1988 Gr. BVK - Spr.: Engl., Franz., Hebr. - Lit.: Barbara Aland (Hrsg.), Gnosis. Festschr. f. Hans Jonas (1978); Stuart f. Spicker (Hrsg.), Organism, Medicine and Metaphysics. Ess. in Honor of Hans Jonas (1978); Joan P. Culiani, Gnosticismo e pensiero moderno: Hans Jonas (1985); Wolfgang E. Müller: D. Begriff d. Verantwortung b. Hans Jonas (1988); Matthias Rath: Intuition u. Modell: Hans Jonas u. d. Ethik d. wiss.-lichen Zeitalters (1988).

JONAS, Michael
Dipl.-Volksw., Vorstandsvorsitzender Stadtwerke Düsseldorf AG, Geschäftsf. Niederrh.-Berg. Gemeinschaftswasserwerk GmbH, ebd., Gf. d. Wasserübernahme Neuss-Wahlscheid GmbH, Gf. d. Düsseldorfer Stadtwerke Ges. f. Beteilig. mbH u. Umschlagsges. f. Kraftwerksbrennstoffe Düsseldorf mbH - Erdgasse 4, 5177 Titz-Opherten - Geb. 17. Mai 1927.

JONAS, Udo
Dr. med., o. Prof. f. Urologie Medizinische Hochschule - Konstanty-Gutschow-Str. 8, 3000 Hannover 61 (T. 0511 - 532-36 49) - Geb. 2. Dez. 1942 Wien - Urolog. Univ.-Klinik Mainz - 1980-87 Ord. Urolog. Univ. Leiden/Niederl.; s. 1987 Leit. d. Urolog. Klinik d. MH Hannover.

JONECK, Walter
Fabrikant, gf. Gesellsch. Peter Kaiser GmbH. (Schuhfabrik) - Hohenzollernstr. 88, 6780 Pirmasens/Pfalz - 1972-75 Präs. Hauptverb. d. Dt. Schuhind.

de JONG, Herbert
Dr.-Ing., Techn. Geschäftsführer SMS Hasenclever Maschinenfabrik GmbH, Düsseldorf - Edefalter 2, 4044 Kaarst 2 - Geb. 16. Nov. 1929 Köln, verh. m. Irmgard, geb. Pronath - TH Aachen (Promot. 1961).

JONTZA, Georg
s. Krämer, Karl-Emerich

JOOP, Wolfgang
Designer, Modeschöpfer - Badestr. 21, 2000 Hamburg 13 - Geb. in Potsdam - Zun. Moderedakt. u. Schausp.; s. Jahren Top-Kollektionen, Prêt-à-Porter-Mode in Stoff u. Leder. S. 1981 Zusammenarb. m. Fa. Erle (rd. 100 Angest. fertigen nur Joop-Mode). Gastprof. Hochsch. d. Künste, Berlin.

JOOS, Hans
Dr. rer. nat., Wiss. Mitarb. Dt. Elektronen-Synchroton/Desy, Hamburg (s. 1963), Honorarprof. f. Theoret. Physik Univ. Hamburg (s. 1965) - Seegrabenweg 67, 2083 Halstenbek (T. 42770) - Geb. 31. Dez. 1926 - Facharb.

JOOS, Wolfram F.
Techn. Direktor, Vorstandsmitgl. Universitätsdruckerei H. Stürtz AG., Präs. Inst. f. Rationalisierung in d. Druckind. (IRD) - Beethovenstr. 5, 8700 Würzburg; priv.: Trautenauer Str. 35 - Geb. 13. Juli 1933 Stuttgart (Vater: Carl J., Geschäftsf.; Mutter: Rösi, geb. Esslen), kath., verh. s. 1960 (Ehefr.: Johanna), 2 Kd. (Angela, Tilman) - N. Abit. Schriftsetzerlehre (Meisterprüf.); Akad. f. d. Graph. Gewerbe München (Ing.). Mitgl. Vollvers. Industrieaussch., Energieaussch., IHK Würzburg-Schweinfurt - Liebh.: Musik - Spr.: Engl., Franz.

JOOSS (ß), Rainer
Dr. phil., Prof. f. Geschichte - Föhrenweg 1, 7300 Esslingen/N. - Geb. 9. April 1938 Stuttgart (Vater: Dipl.-Ing. Emil J., Oberstudiendir.; Mutter: Gertrud, geb. Schuon), ev., verh. s. 1971 m. Hannelore, geb. Buchholz, 3 T. (Elisabeth, Barbara, Margarete) - Friedrich-List-Gymn. Reutlingen; Univ. Tübingen u. Wien (Gesch., Lat.). Promot. 1969 - S. 1971 Doz. u. Prof. (1974) PH Esslingen - BV: Kloster Komburg im Mittelalter, 1971; Fragen an d. Gesch., 2. Bd. 1974 (m. a.); Esslingen im MA, 1976.

JOOST, Edgar
Geschäftsführer d. Güteschutzvereinigung d. Bims- u. Leichtbetonind. - Sandkaulerweg 1, 5450 Neuwied 1, priv.: Fährstr. 19, 5452 Weißenthurm - Geb. 31. Jan. 1937 Königsberg/Pr., verh. - TH Darmstadt u. TH Stuttgart (Bauing.wesen).

JOOSTEN, Bernhardine
Dr. troph., Prof. f. Hauswirtschaftswiss. u. Didaktik d. Haushaltslehre Univ. Dortmund - Am Iflenacker 6, 4600 Dortmund 41 - Geb. 14. Juni 1935 Essen (Vater: Leonhard J.; Mutter: Bernhardine, geb. Pellender) - 1958 Volksschullehrerin, 1970 Dipl.-Trophologin, 1975 Promot. z. Dr. troph. - 1970 Akad. Rätin, 1972 Akad. Oberrätin, 1976 Studienprof., 1978 Prof.

JOPPICH, Gerhard
Dr. med., o. Prof. f. Kinderheilkunde (emerit. 1972) - Senderstr. 24, 3400 Göttingen (T. 2 46 33) - Geb. 5. Nov. 1903 Nieder-Hermsdorf/Schles. (Vater: Dr. med. Julius J., Arzt; Mutter: Selma, geb. Kunkel), ev., verh. 1934 m. Mile, geb. Noll, 5 Kd. - Promot. 1930 Breslau - Assist. Univ.-Kinderklinik Köln, 1938 Privatdoz. 1942 Chefarzt Kaiserin-Auguste-Victoria-Haus, Berlin (jetzt Kinderklin. FU Berlin), 1944 apl. Prof. Univ. Berlin, 1948 Ord. u. Klinikdir. FU ebd., 1954 Univ. Göttingen. Zeitw. Vors. Dt. Ges. f. Kinderheilkd.; s. 1966 Mitgl. Wiss.srat - BV: D. Gesundheitsführung d. Jugend, 1939; Pflegelehrb. f. Kinderschwestern, 1951 (mehrere Aufl.); Neurol. d. Neugeborenen, 1968 (m. F. J. Schulte; ital. 1970; span. 1973); Lehrb. d. Kinderheilkde., 24. A. 1980 - 1963 Ehrenmitgl. Chilen., Bolivian., Finn., Venezolan. u. (korr.) Schweizer Ges. f. Kinderheilkd.; 1964 Mitgl. Dt. Akad. d. Naturforscher (Leopoldina), 1974 Ehrenmitgl. d. Nordwestd. u. d. Dt. Ges. f. Kinderheilkd., A. v. Haller Medaille 1978. Ehrenmitgl. Berliner Med. Ges. 1978, Ehrenmitgl. Dt. Ges. f. Sozialpädiatrie 1980 - Liebh.: Musik - Spr.: Engl. - Rotarier.

JOPPICH, Ingolf
Dr. med., apl. Prof. f. Kinderchirurgie, Dir. d. Kinderchir. Klinik Mannheim - Klinikum Mannheim u. Goethestr. 9, 6802 Ladenburg - Geb. 26. Okt. 1936 (Vater: Prof. Dr. med. Gerhard J., Ord. f. Pädiatrie; Mutter: Emilie, geb. Noll), ev., verh. s. 1963 m. Dr. med. Uta, geb. Lindemann, 2 Kd. (Sonka, Robin) - 1955-60 Med.-Stud. Univ. Göttingen, Berlin u. Wien; Staatsex. 1960 u. Promot. 1961 Göttingen, Habil. 1971 München - 1969-73 Oberarzt Kinderchir. Klinik Univ. München; 1973 Klinikdir. Mannheim. Rd. 100 wiss. Veröff., div. Buchbeitr.

JORDAK, Karl
Prof., Bibliothekar a.D. Universitätsbibliothek Wien u. Österr.-National-Bibl. - Bernoullistr. 4/18, A-1220 Wien (T. 0222-23 25 29) - Geb. 10. Aug. 1917 Wien, kath., verh. s. 1940 m. Viktoria, geb. Kotlan, 2 S. (Dietmar-Peter, Rainer-Armin) - Realgymn., Matura, Stud. German., Kunstgesch. u. Bibl.-Wiss. Univ. Wien (staatl. Diplom, Prof. h.c.) - Landessekr. im polit. Dienst, Bibl. Univ. Wien u. Österr. Nationalbibl.; Leit. Bibl. Museum f. angew. Kunst. Sendereihen f. Lit. Österr. Rundfunk. Mitarb. versch. intern. Ztschr. usw. - BV: Wiener Biedermeier, 1960; D. Universität Wien 1365-1965, 1965; D. Fallen d. Nacht, 1965; D. veränderte Welt, 1967; D. Werk d. Malers Franz Heinrich Bilinski, 1968, 2. A. 1969; Aschengewollte Schrift, 1971; Wirklichk. u. Schau, Texte, 1982; Ligurischer Sommer, 1983; u.a. - 1959 Förderungspreis f. Lit. Wiener Kunstfonds; 1969 Theodor-Körner-Preis f. Lit. u. Preis Stadt Wien f. Lit. - Liebh.: Kunsthistor. Entdeck., Franz. Lit. - Lit.: Richard Vogel: Mord u. Tod m. tausend Namen - D. Schriftst. K. J., 1973.

JORDAN, Erich
Stadtrat a. D., Ortsgerichtsvorst. v. Kassel, Ehrenvors. ÖTV Kassel (s. 1965; 1950-65 Vors.), Vors. Sozialpolit. Aussch. SPD Hessen-Nord (s. 1966) - Gilsastr. 15, 3500 Kassel - Geb. 7. Juni 1912 Kassel - Realsch. (Mittl. Reife); Lehre LVA Hessen-Nass. - B. 1933 (Entlass. aus polit. Gründen) Verw.-sangest.; ab 1935 Angest. Vereinigte Innungskrankenk. Kassel; Wehrdst. u. Kriegsgefangensch.; 1946-54 Geschäftsf. VIK Kassel; 1954-65 stv. Gf. AOK Kassel; s. 1965 Stadtrat ebd. S. 1956 Stadtverordn. Kassel; 1962-66 MdL Hessen. SPD bereits vor 1933.

JORDAN, Ernst
Fabrikant, 2. Bürgermeister Stadt Riedenburg, Hauptgesellsch. Max Prinstner GmbH & Co. KG, Holzpappenfabrik (gegr. 1872), Vors. Verb. Dt. Handpappenfabriken, München, Vorst. in d. FFW Riedenburg - Neuenkehrsdorf 10, 8422 Riedenburg - Geb. 7. Sept. 1924 Beilngries - Stud. TH München (Dipl.-Brauing.) - Stadtrat.

JORDAN, Friedrich
Prof., Hochschullehrer a. D. - Gaustr. 5, 6504 Oppenheim - Zul. Prof. f. Graphik Univ. Mainz (Fachbereich Kunsterzieh.).

JORDAN, von, Gerhard
Dr. jur., Vorstand i. R. Württ. u. Bad. Vers.-AG, Heilbronn (b. 1979) - Burg Ehrenberg, 6927 Bad Rappenau-Heinsheim - Geb. 7. Jan. 1914 Striegau/Schles., verh. m. Helga, geb. v. Günther, 3 Kd. - Gr. jur. Staatspr. 1941 Berlin - 1978-80 Vorstand Nordd. Vers. - BV: Diana, 1980; Dominium, 1982; Polnische Jahre, 1984; Unser Dorf in Schlesien, 1986 - RR Johanniterorden, BVK - Lions-Club.

JORDAN, Hermann L.
Dr. rer. nat., Prof., Vorsitzender Vorstand Dt. Forschungs- u. Versuchsanstalt f. Luft- u. Raumfahrt, Köln i. R. - Victor-Gollancz-Str. 3, 5170 Jülich - Geb. 28. Juni 1922.

JORDAN, von, Hilda
Geschäftsführerin Gemeinn. Wohnungsgesellschaft mbH Hessen (GWH), Frankfurt/M. - Kreuzallee 5a, 6380 Bad Homburg v. d. H. - Geb. 7. Nov. 1933.

JORDAN, Horst
Dr. jur., Hauptgeschäftsführer IHK Wuppertal-Solingen-Remscheid (s. 1966) - Heinrich-Kamp-Platz 2, 5600 Wupper-

tal-Elberfeld (T. 4 44 081) - Geb. 24. Juli 1923 Berlin - 1952-66 IHK Wiesbaden (1959 stv. Hgf.); Mitgl. versch. Aussch. Bezirksplanungsrat Düsseldorf (s. 1976) - BV: Kl. Handb. d. Firmenrechts, 1967; Wie d. Gesetz es befiehlt, d. öfftl.-rechtl. Aufg. e. IHK, 1971; Selbstverw. in Aktion, 1980; Sachb.-Übers. - 1981 BVK, 1986 BVK I. Kl.; Ehrenring Stadt Wuppertal.

JORDAN, Horst-Dieter

Kaufm., gf. Gesellsch. W. & L. Jordan, Kassel, Präs. Arbeitsgem. Holz (s. 1982) - Leuschnerstr. 35, 3500 Kassel - Geb. 13. Nov. 1928 - Vors. Bundesverb. Dt. Holzhandel (b. 1982).

JORDAN, Jörg

Staatssekretär a. D. Hess. Ministerium f. Landwirtsch. u. Forsten (b. 1987), Geschäftsf. GKH-Ges. f. Kommunalbau in Hessen mbH, Hessengrund-Ges. f. Baulandbeschaffung, Erschließung u. Kommunalbau mbH, OfB-Bauvermittl.- u. Gewerbebau GmbH, OfB-Grundstücksverw. GmbH.

JORDAN, Kurt

Dipl.-Ing., Abteilungsvorst. (Abt. Nuklearmeßtechnik u. Strahlenschutz) u. Prof. Med. Hochsch. Hannover (s. 1970) - Heistergarten 20, 3004 Isernhagen 4 - Geb. 6. Febr. 1930 Hamburg (Vater: Wilhelm J., Kaufm.; Mutter: Marianne, geb. Pickert), ev., verh. m. Ingrid, geb. Uhl, 2 Töcht. (Elke, Heike) - Oberrealsch. Coburg; 1949-54 TH München - 1954-70 Frieseke & Hoepfner GmbH, Erlangen (Laborleit.), s. 1977 Vorst.-Mitgl. Dt. Ges. f. Nuklearmed., Beiratsmitgl. Eur. Ass. of Nuclear Medicine, u. Normenaussch. Radiologie im DIN - BV: Radiologie, 1978; Handb. Med. Radiolog., 1980 u. 88. Div. Einzelarb. - Spr.: Engl.

JORDT, Andreas

Ministerialdirektor, Leit. Abt. 2 (Fernmeldewesen) Bundesmin. f. d. Post- u. Fernmeldew. - Adenauerallee 81, 5300 Bonn 1.

JORISSEN, Hans

Dr. theol., o. Prof. f. Dogmatik u. Theol. Propädeutik - Loestr. 19, 5300 Bonn 1 (T. 225804) - Geb. 19. Nov. 1924 Frelenberg, kath. - Habil. 1963 Münster - 1963 Doz. Univ. Münster; 1966 Ord. Univ. Bonn - BV: Die Entfaltung d. Transsubstantiationslehre b. z. Beginn d. Hochscholastik, 1965. Zahlr. Fachaufs. Mithrsg.: Disputationes theologicae (1975ff.); Bonner Dogmatische Stud. (1987ff.).

JORSWIECK, Eduard

Dr. med., Dipl.-Psych., Prof. f. Sonderschulpädagogik u. -didaktik Päd. Hochsch. Berlin - Schlettstadter Str. 49, 1000 Berlin 37 (T. 8111277) - Geb. 23. Sept. 1919 - S. 1956 Lehrtätigk. PH Berlin (1963 Prof.). Fachveröff.

JOSEF, Konrad

Dr. phil., Prof., Direktor Inst. f. Heilpädagogik d. Päd. Hochsch. Kiel (s. 1968) - Allensteiner Weg 92, 2300 Kiel-Stift (T. 32 24 52) - Geb. 18. Nov. 1925 Breslau (Vater: Albert J., Gutsverwalter; Mutter: Martha, geb. Kasseck), kath., verh. s. 1954 m. Katharina, geb. Hoffmann, 2 Kd. (Elisabeth, Andreas) - Stud. Berlin (Psych.) u. Zürich (Heilpäd.). Promot. 1958 - 1946-49 Volksschullehrer, 1949-50 Fachlehrer (Math., Physik), 1950-58 Sonderschullehrer (b. 1954 Hilfssch., dann Erziehungsschwierigen-Heime), 1958-64 Wiss. Assist., 1964-68 Dozent - BV: Gemütspflege b. Schwererziehbaren, 1958; Musik als Hilfe in d. Erziehung geist. Behinderter, 1967; Lernen u. Lernhilfen b. geist. Behinderten, 1968; Spracherziehungshilfen, 1969; Früherziehung b. geist. behinderten u. entwicklungsverzög. Kindern, 1971 (m. Ehefr.); Verminderung von Sonderschulbedürftigkeit, 1973; Musikinstrumente f. Behinderte, 1975; m. Mitarb.: Vermind. von Sonderschulbedürftigkeit, 1973; Sprachstörungen, 1976; Die Sprachheilvorklasse - ein Weg zur sonderpäd. Prävention. Herausg.: Geistigbehindertenpäd. (Schriftenreihe).

JOSEPH, Klaus

Dr. med., Prof. f. Klin. u. Exper. Nuklearmedizin Univ. Marburg - Am Kornacker 51, 3551 Wehrda.

JOST, Bernhard

Vorstandsmitgl. Union u. Rhein Versicherungs-AG., Berlin/München - Dr.-Max-Str. 8, 8022 Grünwald/Obb. (T. München 6411705) - Geb. 21. Aug. 1919 Fulda.

JOST, Eike

Dr., Univ.-Prof. f. Sportpädagogik Univ. Lüneburg, FB Kulturwiss. Inst. f. Spiel- u. Bewegungserziehung - Postf. 24 40, 2120 Lüneburg - Promot. 1970 - 1971-73 Ref. Inst. f. Sportwiss. Köln; 1973-75 Wiss. Rat u. Prof. Univ. Hamburg.

JOST, Elisabeth

Oberstudienrätin, MdL Rhld.-Pfalz - Hauptstr. 364, 6580 Idar-Oberstein - Geb. 26. Mai 1934 - SPD.

JOST, Erich

Dr. rer. nat., Prof. f. Zellbiologie - Heinrich-Buff-Ring 58-62, 6300 Gießen - Geb. 22. Juli 1937 Trier (Vater: Josef J., Arbeiter; Mutter: Maria J.), verh. s. 1971 m. Eva, geb. Panknin, S. Philipp.

JOST, van, J. J.

s. Berndt, Karl-Heinz.

JOST, Jürgen

Dr., Prof., Hochschullehrer, Math. Inst. Univ. Bochum (s. 1984) - Markstr. 293, 4630 Bochum - Geb. 9. Juni 1956, kath. - Stud. Math., Physik, Volkswirtsch., Phil. Univ. Bonn (1975-80 Studienstiftg. d. Dt. Volkes); Dipl. u. Promot. 1980; Habil. 1984 - Forschungsaufenth. Princeton, Canberra, San Diego, Berkeley - BV: Harmonie Maps between Surfaces, 1984; Harmonic Mappings between Riemannian Manifolds, 1984 - Spr.: Lat., Griech., Engl., Franz., Ital., Russ.

JOST, Reiner

Rektor, MdL Saarland - Im Theelgrund 21, 6610 Lehbach (T. 06881 - 36 70) - Geb. 19. Aug. 1943 Idar-Oberstein, ev. - Abit.; Stud. ev. Theol. u. Erziehungswiss. Wuppertal u. Saarbrücken - Rektor b. d. obersten Schulaufsichtsbehörde; Mitgl. Synode Kirchenkr. Völklingen. FDP (Vors.) Kreisverb. Saarlouis, Vors. Stadtratsfraktion Lebach - Liebh.: Lesen, Musik, Bild. Kunst, Reisen - Spr.: Franz., Engl.

JOST, Valentin

Dr., Landrat Main-Taunus-Kr. - Bolongarostr. 101, 6230 Frankfurt/M.-Höchst; priv.: Stormstr. 53, 6238 Hofheim/Ts. - Geb. 16. Febr. 1920 Frankfurt/M. (Vater: Fritz J., Bundesbahnbeamt.; Mutter: Karoline, geb. Schmelz), verh. m. Balda, geb. Würz - Stud. Rechtswiss. Frankfurt; Promot. 1954 Frankfurt - S. 1953 im hess. Verwalt.sdst. (Innenmin., 1959 Reg.-dir.). S. 1966 Landrat. Dir. ARsmand. - BV: D. Hess. Verwaltungsgebührengesetz, 1955; Kommentar z. Hess. Vergnügungssteuerges., 1956; D. Hundesteuer, 1957; D. Landeswohlfahrtsverb. Hessen, 1964 - Liebh.: Sport, Musik, Lit.

JOSTARNDT, Laurenz

Dr. med., Prof., Chefarzt Chirurg. Klinik St. Johannes-Hospital (s. 1987) - Dstl.: Johannesstr. 9-13, 4600 Dortmund 1 (T. 1 84 31); priv.: Carl-von-Ossietzky-Str. 20, 4600 Dortmund 50 - Geb. 16. Dez. 1944 München (Vater: Dr. Laurenz J., Chefarzt a. D.; Mutter: Anneliese, geb. Schönwald), kath., verh. s. 1974 m. Dorothea, geb. Kreissl, 4 Kd. (Kristina, Philipp, Felix, Clemens) - Gymn. Neuburg/Donau, Univ. München, Marburg, Kiel; Promot. 1971; Habil. 1982 - S. 1982 Lehrtätigk. Univ. Kiel (s. 1978 Assist. bzw. Oberarzt Chir. Klinik); 1987ff. apl. Prof. f. Allg. Chir. - BV: Auswirkungen d. intraluminären Druckerhöhung auf d. Sauerstoffversorg. d. Kaninchenileums u. ihre pharmakol. Beeinflussbarkeit, 1976; Hemodynamic parameters and blood gas analysis in the normal and cirrhotic rat, 1978; Klin. u. manometrische Funktionsanalyse d. Sphinkter ani nach transanalen Eingriffen im Rektum, 1979; D. aktuelle Stand d. praeoperativen Dickdarmreinigung, 1979; Indikationen f. d. temporären u. ständigen Anus praeter, 1980; Stomakomplikationen u. deren Behandlung, 1980; Kontrollierte, prospektive, randomisierte Studie z. Wert d. systemischen Antibioticumprophylaxe m. Cefotaxim in d. elektiven Dickdarmchirurgie, 1980; D. systemische Abtibioticumprophylaxe in d. elektiven Colonchirurgie, 1981; D. Bedeut. d. Manometrie in d. Funktionsdiagnostik d. analen Kontinenz, 1984; D. anorektale Kontinenz n. manueller u. maschineller Anastomosennah. Ergebnisse e. kontroll. Studie in d. Rektumchir., 1984; Pathogenese u. Morphol. d. analen Fistelerkrankung, 1984; Aspekte z. Pathomorphologie u. Therapie d. analen Fistelerkrankung, 1984; D. Bedeutung v. Nahttechnik u. Anastomosenlokalisation f. d. Kontinenzfunktion nach tiefer Rektumresektion, 1985; Funktionelle Pathomechanismen d. Analfissur, 1986; D. Bedeut. d. endorektalen Sonographie in d. Diagn. d. Rektumcarcinoms u. s. Lokalrezidives, 1986; D. pyogene Infektion im Analbereich u. ihre Rezidivneigung, 1986; Analfistel u. Sphinkterspasmus, 1986 - Spr.: Engl.

JOSTEN, Johann Peter

Schreinermeister, Stadtbürgermeister, MdB (1953-80; Wahlkr. 149/Ahrweiler) - Liebfrauenstr. 52, 6532 Oberwesel/Rh. (T. 205) - Geb. 15. Juli 1915 Oberwesel (Vater: Schreiner), kath., verh. m. Christel, geb. Lambrich, 6 Kd. - Volkssch. u. Gymn. (4 J.); Schreinerhandw.; Tischlerfachsch. Detmold, Techniker- u. Werkm. Prüf. - 1938-45 Soldat (verw.) - 1945 Übern. väterl. Betr. - 1946 Beitr. CDU; Mitbegr. Ortsverb. Overwesel u. Kreisverb. St. Goar; 1947-57 Kreistagsmitgl. u. Fraktionsvors., 1947-53 MdL Rhld.-Pfalz; 1951-58 Landesvors. Junge Union; Ehrenvors. Landesmittelstandsvereinig. CDU Rheinl.-Pf., MdB s. 1953, Tätigk. i. Bundestags-Aussch.

JOSUTTIS, Manfred

Dr. theol., o. Prof. f. Prakt. Theologie - Hagenring 39, 3403 Friedland (T. 05504 - 74 62) - Geb. 3. März 1936 Insterburg/Ostpr. (Eltern: Richard (Polizeibeamt.) u. Käthe J.), ev., verh. I) s. 1960 m. Ingrid, geb. Schmöhe, 3 Kd. (Nicolai, Caroline, Konstantin), II) s. 1982 m. Brunhilde, geb. Krämer (T. Clara) - 1955-60 Kirchl. Hochsch. Wuppertal, Univ. Göttingen u. Bonn (Ev. Theol.). Promot. 1962 Bonn - 1960-62 Wiss. Assist. KH Wuppertal; 1962-68 Gemeindepfarrer; s. 1968 Ord. Univ. Göttingen - BV: D. Gegenständlichkeit d. Offenbarung, 1965; Gesetzlichkeit in d. Predigt d. Gegenw., 1966; Predigten z. Geschichte Davids, 1968; Praxis d. Evangeliums zw. Polit. u. Relig., 1974; Religion u. d. Droge, 1972; D. heilige Essen, 1980; D. Pfarrer ist anders, 1982; D. permanente Passion, 1982; Dogmatismus, 1985; Rhetorik u. Theologie, 1985; D. Kampf d. Glaubens im Zeitalter d. Lebensgefahr, 1987; D. Traum d. Theologen, 1988.

JOURDAN, Johannes

Ev. Pfarrer i. R., Schriftst., Klein-Verleger - Hans-Sachs-Weg 44, 6100 Darmstadt (T. 06151 - 37 69 73) - Geb. 10. Mai 1923 Kassel, ev., verh. s. 1952 m. Gertrud, geb. Meseck, 3 Kd. (Barbara, Uta, Martin) - Stud. Theol. - Gemeindepfarrer - BV/Lyrik: Sein Schrei ist stumm; Ehre sei Gott in d. Tiefe; Vertikale Horizonte; Mein Leben ist Gnade; Auf IHN hofft mein Herz; Gott kommt zu uns; Antwort bin ich; Anheilgen - Von d. Seele e. Ortschaft; Danke, daß du mich gewollt hast.; Szenisches Oratorium Israel Schalom (Text) - E. Tannenbaum erzählt; Familien-Gottesdienst, Werkb. Texte z. 40 relig. LP's: Lieder u.

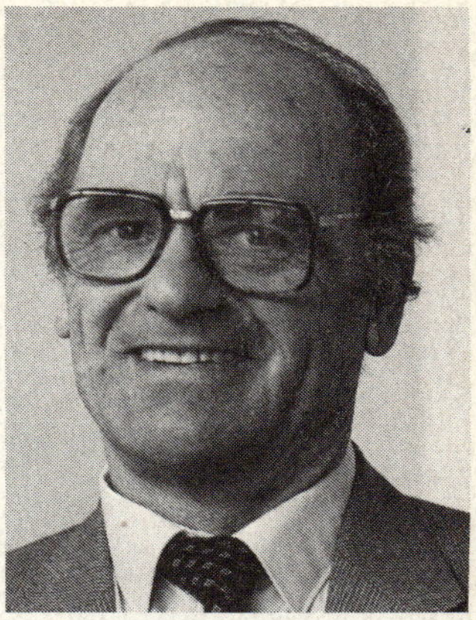

Orat. Herausg.: 4 relig. Lyrik-Anthol. Fachveröff. in theol. Ztschr. - Intern. Adolf-Kolping-Plakette in Bronce; Johann Heinrich Merck-Med. d. Stadt Darmstadt - Liebh.: Musik-Management/Komp. v. Kinderliedern.

JOUSSEN, Jakob

Dr. rer. nat. (habil.), Wiss. Rat, Prof. f. Geometrie Univ. Dortmund - Kl. Schwerter Str. 44, 4600 Dortmund 41 - Zul. Privatdoz. Dortmund.

JRION, Dieter A.

Journalist, Geschäftsf. salaction public relations GmbH - Adenauerallee 10, 2000 Hamburg 1 (T. 040 - 24 12 61) - Geb. 17. Febr. 1940 Neuenbürg/Baden (Vater: Heinrich J., Kaufm.; Mutter: Mina, geb. Leistner), verh. s. 1963 m. Tea, geb. Ingwersen, T. Tanja - Ehrenbürger Nashville/Te., USA.

JUCHEMS, Heribert

Dipl.-Volksw., Geschäftsf. Arbeitsgem. Selbst. Unternehmer e. V. (ASU) - Mainzer Str. 238, 5300 Bonn 2 (Mehlem) (T. 34 30 44-47) - B. 1969 Geschäftsf. Bundesverb. Junger Untern. d. ASU.

JUCHEMS, Rudolf Hans

Dr. med., Prof., Internist, Chefarzt - Kirchnerstr. 18, 8750 Aschaffenburg (T. 9 34 56) - Geb. 30. Juni 1929 Würselen/Aachen, kath., verh. s. 1961 m. Dr. Olga, geb. Hahn, 5 Kd. (Eva, Alexander, Karin, Bettina, Markus) - Couvengymn. Aachen; Stud. Univ. Erlangen, Bonn. Assist. Mayo Clinic, Rochester, Minn./USA u. Univ. Würzburg; Promot. 1956 Bonn; Habil. 1964 Würzburg - S. 1970 apl. Prof. f. Innere Med. Univ. Würzburg, s. 1970 Chefarzt u. 1974 Ärztl. Dir. Städt. Krankenanst. Aschaffenburg - BV: Ganzkörperplethysmographie z. Messung d. Zeit- u. Schlagvolumens, 1970; Klin. Phonokardiographie, 3. A. 1975 (ital. 1974); Herz-Kreislaufkrankh., e. Einf. 1981; Kardiopulmonale Reanimation (Kurs: Herz-Lungen-Wiederbelebung), 1986; Kardiopulmonale Reanimation durch Ersthelfer, 1988. Etwa 100 Einzelveröff. - Dt. Beirat f. Erste Hilfe u. Wiederbeleb.; Mitgl. bzw. Vorst. versch. wiss. Ges., u. a. New York Acad. of Sciences - Spr.: Engl.

JUCHHEIM, Moritz K.

Fabrikant (M. K. Juchheim GmbH & Co./Meß- u. Regeltechnik f. Temperatur, Druck, Feuchte) - Moltkestr. 13-31, 6400 Fulda; priv.: Dokkumstr. 13 - Geb. 4. Juli 1910 - 1947 ob. Firmengründ. (vorh. Teilh. Gebr. Juchheim).

JUCKEL, Lothar

Dipl.-Ing., Architekt u. Fachpubl. - Kurfürstendamm 188-189, 1000 Berlin 15 (T. 030 - 881 80 90) - Geb. 20. Aug. 1929 Königsberg/Pr., verh. m. Dipl.-Ing. Arch. Ingrid, geb. Flade, 2 Kd. (Georg, Bettina) - Abit. 1948, Maurerlehre; Arch.- u. Städtebaustud. TU Berlin, Dipl. 1957 - S. 1957 fr. Arch. Berlin; 1957-60 wiss. Assist. v. Prof. Hans Scharoun, Inst. f. Städtebau TU Berlin; 1960-64 Pers. Ref. v. Oberbaudir. Prof.

Werner Hebebrand, Baubehörde Hamburg; 1964-70 Dir. d. Schulbauinst. d. Länder in Berlin; 1979-81 Dir. d. Bauausst. Berlin GmbH; 1978-86 Chefredakt. Stadt-Ztschr. f. Wohnungs- u. Städtebau. Vors. Landesgr. Berlin d. Dt. Akad. f. Städtebau u. Landesplanung - BV: Hommage à W. Hebebrand, 1964; W. Hebebrand: Z. Neuen Stadt, 1969; Haus Wohnung Stadt, 1986; H. Scharoun, in: Baumeister, Arch., Stadtplaner, 1987; Berliner Fassaden... od. d. Wiederkehr alter Stadtbilder, 1988. Herausg. d. Edition StadtBauKunst. Zahlr. Veröff. in in- u. ausl. Fachztschr. Schul- u. Wohnungsbauten in Berlin, Dortmund, Köln, Wesel - Liebh.: Forschungsgeb. Stadtentw. u. Eisenbahnwesen (Westeuropa).

JUD, Rudolf

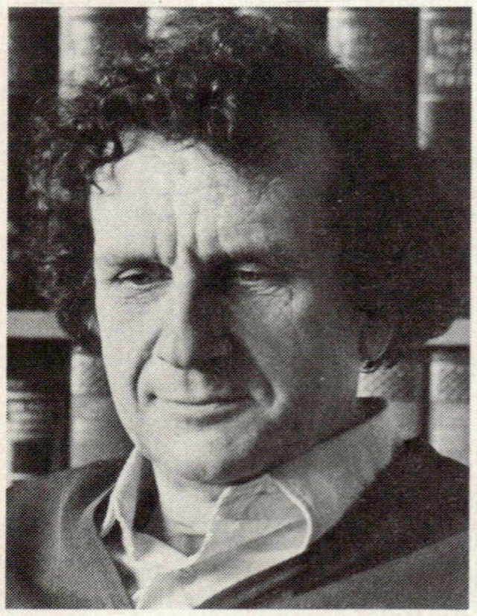

Dr. phil., Prof., Herausgeber u. Redakt. Literaturztschr. Erasmus (s. 1947) - Alexandraweg 26, 6100 Darmstadt (T. 06151 - 4 62 91) - Geb. 21. Okt. 1923 Kaltbrunn/Schweiz (Vater: Peter A. J., Betriebsleit./Elektrizitätsversorg.; Mutter: Agnes, geb. Giger), kath., verh. s. 1950 m. Dr. phil. Elisabeth, geb. Schmid, T. Sibylle - 1937-44 Gymn. Einsiedeln (Benediktiner); Univ. Fribourg, Zürich, Wien. Promot. 1949 - Privatgelehrter (Historiker m. Schwerp. auf Franz. Revolution u. Allg. Kriegsgesch.) - BV: Stalins Werke, 1953; Truman, 1957; Gesicht d. geisteswiss. Verlags, 1957; Linksrhein. Korps d. k.k. Generals Hotze 1796, 2. A. 1959; Geisteswiss. Buch d. Schweiz in d. Nachkriegszeit, 1961; Ordine et vigilantia, 2. A. 1966; Götz u. Tell, 1979; Im Schatten d. wissenschaftl. Kritik, 1985; Texte zu W. Eikels Kalligraphie-Kal., 1987 u. 88. Div. Herausg. - 1965 Prof.-Titel Österr. Reg.; 1957 Johann-Heinrich-Merck-Ehrung Stadt Darmstadt; 1965 Palmes Académiques Franz. Reg.; 1983 BVK I. Kl.

JUE, Jürgen

s. Scheutzow, Jürgen W.

JÜDE, Hans-Dieter

Dr. med. dent., Prof. f. Zahn-, Mund- u. Kieferheilkunde, insb. Prothetik, Direktor Abt. f. Zahnärztl. Prothetik Univ.klinik u. Poliklinik f. ZMK-Krankh., Hamburg - Martinistr. 52, 2000 Hamburg 20 (T. 040 - 468 32 67) - Geb. 29. Nov. 1940 Delbrück - S. 1978 Prof. Univ. Würzburg.

JÜHE, Hanno

Rechtsanw., Geschäftsführer Verb. Dt. Ölmühlen - Kronprinzenstr. 24, 5300 Bonn 2 - Geb. 12. April 1930.

JÜHLING, Peter

Dipl.-Ing., Direktor i. R. Siemens AG - Schloßpl., 5, 8630 Coburg/Ofr.; priv.: Obere Klinge 9a, 8630 Coburg - 1983 BVK I. Kl.; 1987 Bayer. VO.; Ehrenpräs. IHK zu Coburg; Ehrensenator FH Coburg.

JÜNEMANN, Heinz-Robert

Dr. jur., Stadtdirektor Ahaus - Schorlemerstr. 50, 4422 Ahaus (T. 02561 - 7 22 66) - Geb. 6. Jan. 1936 Münster (Vater: Philipp J., Bankangest.; Mutter: Maria, geb. Thanscheidt), kath., verh. s. 1966 m. Dr. med. Inge, geb. Tentler, 4 Kd. - 1956-60 Jurastud. Univ. Münster u. München; 1. jurist. Staatsprüf. 1960 Hamm, Promot. 1964 Univ. Münster, 2. jurist. Staatsprüf. 1965 Düsseldorf - 1965-73 Landesverw. NRW (zul. Reg.-Dir.); s. 1973 Stadtdir. Ahaus - Liebh.: Briefmarken, Brieftauben - Spr.: Engl.

JÜNEMANN, Reinhardt

Dr.-Ing., Univ.-Prof. f. Förder- u. Lagerwesen Univ. Dortmund (s. 1972), Leit. d. Fraunhofer Inst. f. Transporttechnik u. Warendistribut. (s. 1981) - Emil-Figge-Str. 75, 4600 Dortmund 50 - Geb. 9. Aug. 1936 Thaldorf - Zul. TU Berlin - BV: Systemplanung f. Stückgutlager, 1971; Materialfluß u. Logistik - Systemtechn. Grundlagen m. Praxisbeispielen, 1989.

JÜNGEL, Eberhard Klaus

Dr. theol., D. D., Prof. - Schwabstr. 51, 7400 Tübingen - Geb. 5. Dez. 1934 Magdeburg (Vater: Kurt J., Elektrom.; Mutter: Margarete, geb. Rothemann), ev. - Stud. Naumburg/S., Kirchl. Hochsch. Berlin, Univ. Zürich, Basel; Promot. 1961; Habil. 1962 - 1959-66 Sprachenkonvikt Ost-Berlin (Repetent u. Doz.), 1966-69 o. Prof. f. Syst. Theol. Univ. Zürich, s. 1969 o. Prof. f. Syst. Theol. u. Rel.phil. u. Dir. Inst. f. Hermeneutik Univ. Tübingen; s. 1973 Mitgl. Synode d. EKiD; s. 1981 Mitgl. Heidelberger Akad. d. Wiss.; s. 1985 stv. Richter Staatsgerichtshof Baden-Württemb.; s. 1987 Ephorus Ev. Stift Tübingen; s. 1987 Mitgl. Norweg. Akad. d. Wiss., Oslo - BV: Paulus u. Jesus, 6. A. 1986; Zum Ursprung d. Analogie, 1964; Gottes Sein ist im Werden, 4. A. 1986; Tod, 4. A. 1977; Unterwegs zur Sache, 2. A. 1988; Gott als Geheimnis d. Welt, 5. A. 1986; Zur Freiheit e. Christenmenschen, 2. A. 1981; Entsprechungen: Gott-Wahrheit-Mensch, 2. A. 1986; Barth-Studien, 1982; Z. Wesen d. Friedens, 1983; Glauben u. Verstehen, 1985.

JÜNGER, Ernst

Schriftsteller - 7945 Langenenslingen 1/ Württ. - Geb. 29. März 1895 Heidelberg (Vater: Dr. Ernst J., Chem.; Mutter: Lily, geb. Lampl), verh. I) 1925 m. Gretha, geb. v. Jeinsen (Verf.: D. Palette; Silhouetten) † 1960, 2 Söhne (Ernst gef., Alexander), II) Dr. Liselotte, verw. Lohrer, geb. Bäuerle - Stud. Phil. u. Zool. Univ. Leipzig u. Neapel - S. 1925 fr. Schriftst.; im 2. Weltkrieg Hptm. (Kompaniechef, u.a. in Frankr., ab 1943 Kaukasus). Zahlr. Reisen in alle Welt - BV: u. a. In Stahlgewittern, 1920; D. Arbeiter, 1932; Blätter u. Steine, 1934; Afrikan. Spiele, 1936; D. Abenteuerl. Herz, 1938; Auf d. Marmorklippen, 1939; Gärten u. Straßen, 1942; Strahlungen, 1949; Heliopolis, 1949; Üb. d. Linie, 1950; D. Waldgang, 1951; D. Gord. Knoten, 1953; Jahre d. Okkupation, 1958; An d. Zeitmauer, 1960; D. Weltstaat, 1960; Subtile Jagden, 1967; Annäherungen - Drogen u. Rausch, 1970; Federbälle - Anmerk. üb. Spr. u. Stil, 1970; D. Zwille, 1973; Zahlen u. Götter, 1974; Philemon u. Baucis, 1974; Eumeswil, 1977; Siebzig verweht, 2 Bde. 1981; Ges.ausg. b. Klett, Stuttgart (10 Bde. 1960/65); Sämtl. Werke (18 Bde. 1978-83); Bibliogr. v. H.-P. des Coudres, 1970; D. Arbeiter, 1982; Autor u. Autorschaft, 1984; Gefährliche Begegnung, 1985 - 1917 Hausorden v. Hoh., 1918 Pour le mérite; 1955 Kulturpreis Bremen, 1956 Goslar, 1960 Ehrengabe Kulturkr. BDI, 1965 Immermann-Preis Düsseldorf; 1970 Frhr.-v.-Stein-Med. in Gold F.V.S.-Stiftg., Hamburg; Ehrenbürger Wilflingen (1960) u. Rehburg (1965), Schiller- Gedächtnispr. Land Baden-Württemberg (1974), 1959 Gr. BVK, 1977 Stern dazu; 1985 Schulterbd. dazu; 1977 Aigle d'or d. Stadt Nizza, 1976 Hon.Chief of Tallah (Liberia), 1979 Méd. de la Paix Stadt Verdun; 1980 VO Land Baden-Württ.; 1981 Prix Europa-Littérature Fondation Intern. pour le Rayonnement des Arts et des Lettres; 1981 Prix Mondial Cino-del-Duca; 1981 Gold. Med. d. Humboldt-Ges.; 1982 Goethe-Preis Stadt Frankfurt/M.; 1982 Honorary Member of the Intern. Nomenclature Committee, Division of Lit.; Dipl. d'Honneur u. Médaille de la Ville de Montpellier; 1983 Premio Circeo d. Associazione per l'Amicizia Italo-Germanica (Vereinig. f. Ital.-Dt. Freundsch.); 1986 Bayer. Maximiliansorden - Sammelt Käfer u. Insekten z. Schulung s. Beobachtungsgabe - Lit.: K. O. Paetel, E. J., D. Wandlung e. dt. Dichters u. Patrioten, 1946; H. Becher S. J., E. J., Mensch u. Werk, 1949; H. R. Müller-Schwefe, E. J., 1951; G. Loose, E. J., Gestalt u. Werk, 1957; E. J., 1974; Christian Graf v. Krockow, D. Entscheidung - E. Unters. üb. E. J., 1958; H.-P. Schwarz, D. konservat. Anarchist - Politik u. Zeitkritik E. J., 1962; K. O. Paetel, E. J., 1962 (rororo-Monogr.); H. L. Arnold, Wandl. u. Wiederkehr, 1965 (Festschr.); Farbige Säume, 1965 (Festschr.); Gisbert Kranz, E. J. symbol. Weltbild, 1968; Volker Katzmann, E. J. Magischer Realismus; K. H. Bohrer, D. Ästhetik des Schreckens. D. pessimistische Romantik u. E. J. Frühwerk - Bs. Ehrung: E.-J.-Med. (geschaffen 1971 v. Bildhauer Rudolf Triebel); Bronzekopf von Prof. Wimmer, München, 1974; u. v. Wolf Ritz, Aachen, 1979 u. Arno Breker, 1980/81. Porträtzeichnungen v. Horst Janssen, 1977 u. 1980 - Bruder: Friedrich Georg † 1977, (s. XVII. Ausg.).

JÜNGER, Helmut

Verleger, Gesellsch. u. Geschäftsf. d. Jünger Verlagsgruppe Offenbach/ Frankfurt, d. av-edition München, u. RGG-Verlag Braunschweig; AR Burckhardthaus-Laetare Verlag, Präs. Dt. Didacta-Verb., u. Didacta Messe - Gravenbruchring 93, 6078 Neu-Isenburg - Geb. 28. Juli 1930 Frankfurt (Vater: Philipp J., Kfm.; Mutter: Kreszentia, geb. Höß), kath., verh. s. 1961 m. Helga, geb. Manitz, 3 Kd. (André, Britta, Silke) - Gymn., Buchhändlerschule, Lehre als Verlagskfm. - Spr.: Engl., Franz.

JÜNKE, Paul

Bundesgeschäftsführer Deutsche Lebens-Rettungs-Gesellschaft e. V. (DLRG) - Alfredstr. 73, 4300 Essen 1.

JÜNTGEN, Harald

Dr. rer. nat., Prof., Chemiker - Bonscheidterstr. 79, 4300 Essen-Heisingen - Geb. 28. April 1926 Magdeburg - Promot. 1955; Habil. 1966 - Industrie- (1971 Prok. Bergbau-Forsch. GmbH., Essen) u. Hochschultätigk. (1972 apl. Prof. f. Physikal. Chemie Univ. Heidelberg), 1978 apl. Prof. f. Them. Chem. Verfahrenstechn. Univ. Essen. Zahlr. Fachaufs. sowie Monographien.

JÜRES, Ernst August

Dr. phil., o. Prof. f. Soziologie Hochsch. f. Wirtsch. u. Politik Hamburg (s. 1973) - Geestwiesenweg 14, 2090 Winsen/Luhe (T. 04171 - 53 57) - Geb. 16. Okt. 1920 Münster, ev., verh. s. 1953 m. Birgit, geb. Andersen, 3 Kd. (Christiane Maria, Peter Laurids, Torben Tillmann) - Stud. vergl. Sprachwiss., Sprachen u. Sozialwiss.; Promot. 1952 Univ. Mainz - 1953-59 Sozialforschungsstelle Dortmund; 1960-72 Tätigk. in Ind. u. Verb. - BV: D. Gesellschaftsbild d. Arbeiters (m. and.), 1957, 4. A. 1972; Technik u. Industriearbeit (m. and.), 1957, 2. A. 1964; Erfahr. m. Arbeitern, 1967; Gewerkschaftspolitik d. KPD nach d. Krieg, D. Hamburger Werftarbeiterstreik, 1955 (m. H. Kuehl), 1981 - Spr.: Dän., Franz., Engl.

JÜRGENS, Franz-Heinrich

Dipl.-Hdl., Oberstudienrat, MdL Nordrh.-Westf. (s. 1966) - Ingendorfer Str. 28, 5025 Stommeln/Rhld. (T. 02238 - 3203) - Geb. 21. Sept. 1924 Köln, verh., 2 Kd. - Obersch.; Stud. Wirtschaftspäd. - s. 1953 kaufm. Berufs- u. Handelsschuldst. SPD (stv. Ortsvors.).

JÜRGENS, Friedrich

Dr.-Ing., Vorstandsmitgl. DASAG Dt. Naturasphalt AG. d. Limmer u. Vorwohler Grubenfelder - Homburgstr. 6, 3457 Eschershausen, Kr. Holzminden; priv.: Bruchweg 8 - Geb. 11. Nov. 1912 Eschershausen.

JÜRGENS, Günter

Dr. jur., Beamter, Oberfinanzpräsident Köln - Riehler Pl. 2, 5000 Köln 1 (T. 0221 - 7 72 71) - Geb. 16. April 1928 Düsseldorf, kath., verh., 3 Kd. - Jurastud. Univ. Köln; 1. jurist. Staatsprüf. 1952, 2. 1956, Promot. 1954 - S. 1957 Finanzverw. d. Ld. Nordrh.-Westf.; s. 1962 Bundesmin. d. Finanzen, 1970-86 Leit. Bundesfinanzakad. Siegburg - BVK.

JÜRGENS, Hans W.

Dr. rer. nat., Dr. agr., Prof. Univ. Kiel, Hon. Prof. Univ. Mainz, Direktor Anthropolog. Inst. Univ. Kiel - Im Wiesengrund 16, 2300 Kiel-Schulensee (T. 65937) - Geb. 29. Juni 1932 Wolfenbüttel (Vater: Dr. jur. Hans J.; Mutter: Ilse, geb. Roloff), ev., gesch., Sohn Martin - Stud. Anthropol., Landw., Betriebsw. - S. 1960 (Habil.) Lehrtätigk. Kiel u. afrik. Univ; 1974-79 Dir. Bundesinst. f. Bevölkerungsforsch., Wiesbaden. Div. Mitgliedsch. (1970 ff. Präsid. Dt. Afrika-Gesellsch., Bonn) - BV: Asozialität als biol. Problem, 1960; Familiengröße u. Bildungsweg, 1964; Beitr. z. Typenkunde b. Menschen, 1964 (m. Vogel); Beitr. z. Binnenwanderung in Liberia, 1965; Unters. z. Binnenwand. in Tanzania, 1968; Partnerwahl u. Ehe, 1973; The Face of Africa, 1975; Kinderzahl - Wunsch u. Wirklichk., 1975 (m. Pohl). Herausg.: Ztschr. f. Morphol. u. Anthropol.; Mankind Quarterly (Washington D.C.) - 1968 Herig-Med. - Liebh.: Bibliophilie - Spr.: Engl. - Rotarier.

JÜRGENS, Heinrich

Landwirt, Nieders. Minister f. Bundesangelegenh. (s. 1986), MdL - Calenberger Str. 2, 3000 Hannover (T. 0511 - 12 01); u. Öftinghausen 3, 2831 Ehrenburg (T. 04275 - 3 81) - Geb. 28. Juli 1924 Öftinghausen (Vater: Fritz J., Landwirt; Mutter: Dora, geb. Logemann), ev., verh. s. 1950 m. Hilda, geb. Störer, 3 Kd. (Henning, Volker, Lutz) - Obersch.; landw. Lehre; Meisterdipl. 1954 - 1942-45 Wehrdst.; s. 1945 Landw. Div. Ehrenstell. 1960 Ratsmitgl., 1968 Bürgerm. 1974 Samtbürgerm. Schmalförden; 1964 Kreistagsabgeordn., 1968-77 Landrat Kr. Grafschaft Diepholz. 1954-60 (Auflös.) DP, dann FDP (1970 Mitgl. Landesvorst., 1978ff. Landesvors.). 1974-78 Vizepräs. Nieders. Landtag u. MdL, s. 1982 wieder MdL; 1979-84 Mitgl. Europ. Parlament.

JÜRGENS, Jörg

Dr. med., Prof., Internist, ehem. Chefarzt d. I. Med. Klinik St. Markuskrankenhaus, Akad. Lehrkrankenh. Joh. Wolfg. Goethe Univ. Frankfurt am Main - Geb. 30. Juni 1918 Goslar/Harz, ev., verh. s. 1946. m. Gisela, geb. Weise, S. Dr. med. Kay - S. 1951 (Habil.) Lehrtätigk. Univ. Berlin u. Frankfurt/M. Spez. Arbeitsgeb.: Hämatologie, Onkologie, Angiologie, Blutgerinnung - BV: Klin. Meth. d. Blutgerinnungsanalyse, 1958 (m. F. K. Beller); Therapie d. hämorrh. Diathesen, 1961 (m. J. Frey). Üb. 150 Ztsch.beitr. - Spr.: Engl., Franz., Ital.

JÜRGENS, Jürgen

Prof., Universitätsmusikdirektor, Dirigent - Oderfelder Str. 11, 2000 Hamburg 13 (T. 040 - 48 83 63) - Geb. 5. Okt. 1925 Frankfurt/M. (Vater: Walter J., Ing.; Mutter: Hertha, geb. Schulder), ev., verh. s. 1983 m. Ursula, geb. Hasenmeyer - 1939-44 Gymn. Frankfurt; 1948-55 Hochsch. f. Musik Freiburg - Chorleit., Dirig., Univ.-Prof., Leit. Monteverdi-Chor Hamburg - BV: Domenico Scarlatti: Stabat Mater, 1972; Monteverdi: Marien-Vesper, 1977; Alessandro Scarlatti: Madrigale, 1980 - Brahms-Med. Stadt Hamburg; Bartok-Med. Stadt Debrecen; Inter. Wettbewerbs- u. Schallplatten-Pr.; Mitgl. Fr. Akad. d. Künste Hamburg; 1985 Biermann-Rathjen-Med. Stadt Hamburg - Liebh.: Kunsthandw., Poesie - Spr.: Engl., Ital.

JÜRGENS, Klaus-Peter

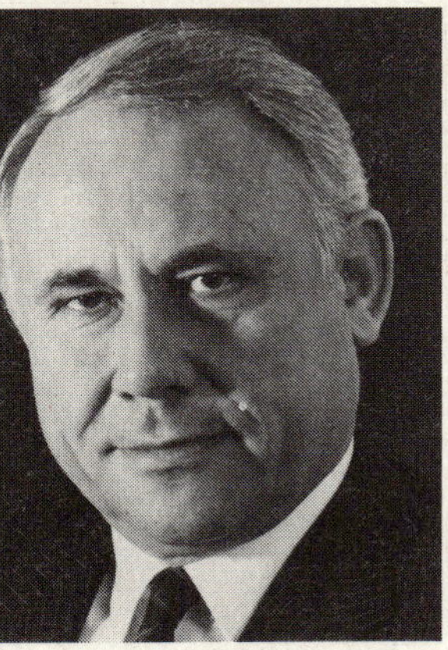

Dr. jur., Landrat d. Hochtaunuskreises (s. 1985) - Louisenstr. 86-90, 6380 Bad Homburg v. d. H. 1 (T. 06172 - 17 82 00) - Geb. 22. Dez. 1933 Arnsberg/Ostpr., kath., verh. s. 1966 m. Angelika, geb. Kendler, 3 Kd. (Michael, Claudia, Sabine) - Stud. Rechts- u. Wirtschaftswiss.; Promot. 1965 - Spr.: Engl.

JÜRGENS, Maria

Dr., Oberlandwirtschaftsrätin - Hardehausen, Abt-Overgaer-Str. 1, 3530 Warburg 2 - Geb. 28. Mai 1928, kath., ledig - Abit. 1947; Stud. BPI Stuttgart, Univ. Bonn (Erziehungswiss.); Promot. 1982 Bonn - Doz. Kath. Landvolkshochsch. Anton-Heinen Hardehausen; Kurat.-Mitgl. Mallinckrodthof Borchen; Vorst. Förderverein - Veröff. zu Fragen d. Landfrauenbildung - BVK - Spr.: Engl., Latein.

JÜRGENS, Udo

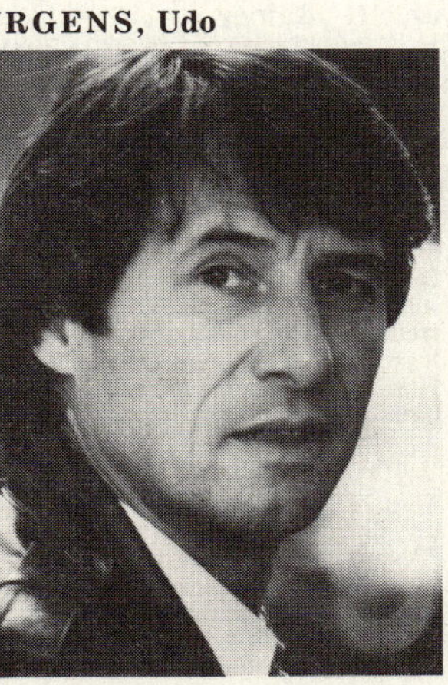

(eigtl. Udo Bockelmann), Prof., Sänger, Komponist, Textdichter, Schriftst. - Zürich - Geb. 30. Sept. 1934 Österreich, verh. (Ehefr.: Panja), 2 Kd. (Johnny, Jenny) - Kärntner Landeskonservat. Klagenfurt -Nebst vielen anderen Ausz.: 1966 Sieger Grand Prix Eurov.; 1979 Gold. Kamera; 1981 2. Preis World Popular Song Festival & Best Country Song of the Year v. ASCAP; 6 Gold. Europas. Mehr. Male erfolgreichster Tourneekünstler d. Jahres. Üb. 60 Mio. verkaufte Schallpl. - BV: Smoking & Blue Jeans, 1984.

JÜRGENSEN, Carl

Dr. rer. hort., Prof. f. Berufsdidaktik d. Gartenbaues - Hirtenweg 15, 3016 Seelze 2 - Dekan FB Gartenbau d. Univ. Hannover.

JÜRGENSEN, Harald

Dr. sc. pol., o. Prof. f. Volkswirtschaftslehre, insb. Außenw. u. Verkehrspolitik - Weißbirkenkamp 34, 2000 Hamburg 65 (T. 536 59 22) - Geb. 14. Okt. 1924 Garding (Vater: Carl J., Postoberamtm.; Mutter: geb. Evert), ev., verh. s. 1978 m. Dorothee, geb. Göring, S. Stefan - Dipl.-Volksw. (1950) u. Promot. (1952) Kiel - 1952 wiss. Ref. Inst. f. Weltw. Kiel, 1953 Assist., 1955 Privatdoz. Univ. Münster/W., 1959 Ord. Univ. Saarbrücken (Wirtschaftswiss.), 1960 Univ. Hamburg (gegenw. Dir. Inst. f. Europ. Wirtschaftspolitik, Inst. f. Verkehrswiss. u. Sozialökonom. Sem.), Vizepräs. Überseeclub Hamburg - BV: D. westeurop. Montanind. u. ihr gemeinsamer Markt, 1955; Probleme d. Finanzierung d. Investitionen in Entwicklungsländern, 1959; Produktivitätsorientierte Regionalpolitik, 1965; Konzentration u. Wettbewerb im Gemeinsamen Markt, 1968 (Mitverf.); Initiativen d. Gegenw. - Chancen d. Zukunft. Bevölkerung u. Wirtsch. in d. Region Zürich, 1973 (Mitverf.); Probl. d. intern. Anpassungsprozesses. Ind. Anpassungserford. aus Kapazitätserweit. in Entw.ländern, 1981 (Mitverf.); Verkehrspolitik in d. Periode d. Ressourcenverknappung, 1985; Intern. Wettbewerbsfähigk. dt. Untern. Bestandsaufn. u. Zukunftsperspektiven, 1986; Überforderte Märkte? - Wirtsch.perspektiven nach d. Crash auf d. Finanzmärkten, 1987; V. quantitativen z. qualitativen Wachstum, 1987; Verwaltete od. gestaltete Zukunft - HB Südwest setzt positive Akzente in d. Stadtentw. Zürichs, 1988 - 1969 Heinrich-Plett-Preis - Liebh.: Segelsport - Spr.: Engl., Franz.

JÜRGENSEN, Jürgen

Steuerbeamter a. D., MdL Nieders. (s. 1970, SPD) - Wullenweberstr. 12b, 2130 Rotenburg/Wümme (T. 7334).

JUERGING, Karl Heinz

MdL Rhld.-Pfalz, Mitglied Kreistag Alzey-Worms, 3. Kreisdeputierter - An den Mühlen 1, 6501 Wörrstadt-Rommersheim (T. 06732 - 26 64) - Geb. 14. Febr. 1935, verh.

JÜSTEN, Richard

Dr.-Ing., Prof. f. Meßtechnik u. Sicherheitstechnik GH Paderborn (Fachber. EL. Energietechnik, Soest) - Wiesenstr. 17, 4770 Soest/W.

JÜTEN, van, Grit

Opernsängerin (Lyr. Sopran) - Derner Str. 221, 4600 Dortmund 16 (T. 0231 - 85 16 38) - Geb. 17. April 1944 Hamburg (Vater: Bernhard, Oberst; Mutter: Carla), kath., verh. s. 1968 m. Dipl.-Ing. Hanno Bauer (Arch.) - 1963-67 Musikhochsch. u. Univ. München - Opern- u. Konzerts. (Engagements München, Nürnberg, Mannheim; 1977ff. intern. Gastspieltätigk.). U. a. Urauff.: Cornelia Faroli (Oper v. Rafael Kubelik, 1972 Olympiade München) u. Chenaux (v. Richard Müller-Lampertz, 1980 Brixi-Messe Eurovision). Schallpl. (Opern, Lieder) - 2 I. Preise b. intern. Musikwettbew. - Liebh.: Segeln - Spr.: Engl., Ital.
-

JÜTTING, Dieter H.

Dr., Prof. Univ. Münster - Drostestr. 4, 4400 Münster - Geb. 4. Jan. 1943 Neu-Oldenberg (Vater: Johann J., Beamter; Mutter: Alwine, geb. Schapmann), verh. s. 1966 m. Traudel, geb. Abeler, 2 Kd. (Johannes, Henrike) - Bundesb.-Lehre; später 2. Bildungsweg: Stud., Staatsex., Promot. - Beamter Dt. Bundesb.; dann wiss. Laufbahn - BV: Freizeit u. Erwachsenensport, 1976.

JÜTTING, Gerd

Dr. med., Prof., Chefarzt (Gynäkologe) - Am Kirchberg 6, 2409 Gleschendorf/SH - B. 1974 Privatdoz., dann apl. Prof. TH Aachen/Med. Fak. (Gynäk. u. Geburtsh.).

JÜTTNER, Alfred

Dr. jur., Syndikus Hochsch. f. Polit. München i. R., Kurat.-Mitgl. Senat u. Lehrkörper d. HS.P.W. - Hechtseestr. 63a, 8000 München 80 (T. 40 10 07) - Geb. 17. März 1917 - O. Mitgl. Sudetend. Akad. d. Wiss. u. Künste - BV: D. europ. Einigung, 1966; Wahlen u. Wahlrechtsprobl., 1970; D. dt. Frage, 1972; Taschenb. d. europ. Parteien u. Wahlen, 1977 (zus. m. H.-J. Liese). Zahlr. Aufs. in Sammelw. u. wiss. Ztschr. - BVK am Bde.

JÜTTNER, Guido

Dr. rer. nat., Prof. f. Geschichte d. Pharmazie FU Berlin - Zu erreichen üb. Inst. f. Gesch. d. Medizin, Klingsorstr. 119, 1000 Berlin 45; priv.: Niedstr. 36, 1000 Berlin 41 - Geb. 2. Sept. 1939.

JÜTTNER, Siegfried

Dr. phil., Univ.-Prof. f. Romanistik Univ. Duisburg - Am Ostbahnhof 16, 4030 Ratingen 1 - Geb. 9. März 1941 - Staatsex. Franz. Gesch. 1966; Promot. 1968; Habil. 1974 - 1974 Wiss. Rat u. Prof. Univ. Düsseldorf; 1983 o. Prof. Univ. Duisburg s. o. Forschungsschwerp.: Lit. d. Aufklärung in Europa u. Lateinamerika.

JUG, Karl

Dr. phil. nat., Univ.-Prof. f. Theoret. Chemie Univ. Hannover - Raarangerweg 2, 3257 Springe 2 (T. 05045 - 63 84) - Geb. 12. Sept. 1939 Essen (Vater: Karl J., Bergmann; Mutter: Ida, geb. Libuda), ev., verh. s. 1964 m. Ulrike, geb. Sünderhauf, 3 Kd. (Silke, Sven, Birgit) - Stud. Univ. Frankfurt/M. (Dipl.-Phys. 1964; Promot. 1965) - 1967-74 USA (Res. Assoc. Illinois Inst. of Technol., Assist. (1969) u. Assoc. Prof. (1971) Saint Louis Univ.). 1975-78 wiss. Rat u. Prof. TU Hannover. 1970 Gastprof. Florida State Univ., Tallahassee, 1971 Johns Hopkins Univ., 1972 u. 73 Univ. Stuttgart, 1987 Indian Inst. of Technol., Madras. In- u. ausl. Fachmitgl.sch. - BV: Mathematik in d. Chemie, 1981. Zahlr. Einzelarb. - 1984 Korr. Mitgl. Académie Européenne des Sciences, des Arts et des Lettres; 1988 Mitgl. New York Acad. of Sciences - Spr.: Engl., Franz.

JUHL, Paulgeorg

Dr. sc. pol., Dipl.-Volksw., Dipl.-Kaufm., Prof. f. Volkswirtschaftslehre FH Offenburg (s. 1981; Fachbereichsleit. s. 1989) - Weingartenstr. 97, 7600 Offenburg (T. 0781 - 3 09 80) - Geb. 23. März 1950 Berlin, ev.-method., verh. s. 1971 m. Marlene, geb. Werfl, 3 Söhne (Christoph Mathias, Peter Benjamin, Thomas David) - 1970-75 Stud. Univ. Erlangen-Nürnberg, 1979-81 Univ. Kiel (Volkswirtsch., Theol., Phil., Betriebswirtsch.); Dipl.-Volksw. 1974, Dipl.-Kaufm. 1975; Promot. 1983 Kiel - 1973-75 Forsch.inst. f. Genoss.wesen Univ. Erl.-Nürnb.; 1975-81 Inst. f. Weltwirtsch. Univ. Kiel - BV: Dt. Direktinvestitionen in Lateinamerika, 1979; Direktinvestitionen in Entwicklungsländern u. d. Einfluß politischer Risiken, 1983; Durch Worte d. Liedes verkündigen, 1985; Hoffnung erkennen, 1987; Damit Du nicht so allein bist, 1989 - 1985 Kurzgeschichtenpreis; 1986 1. Förderpreis d. Ev. Buchhilfe - Liebh.: pastorale Gemeindearb., Musik, Hund, Kurzgesch., Schreiben - Spr.: Lat., Griech., Hebr., Engl., Franz.

JUHNKE, Harald

Schauspieler - Taubertstr. 16a, 1000 Berlin 33 (T. 8 26 16 71) - Geb. 10. Juni 1929 Berlin, (Vater: Polizist †), verh. I) m. Sybill Werden (Tänzerin, Schausp.), 1 Sohn, II) Susanne Hsiao (Schausp.), S. Oliver - Bühne: u. a. Liliom, Alfie, Bluntschi; Film: D. Stärkere, Heldentum n. Ladenschluß, D. grünen Teufel v. Monte Cassino u. a.; 1979ff. Showmaster ZDF-Send. Musik ist Trumpf - BV: D. Kunst, e. Mensch zu sein, Memoiren 1980; Alkohol ist keine Lösung, 1982 - 1978 Gold. Vorhang Theaterclub Berlin - 1981 Gold. Kamera Hörzu.

JUHNKE, Klaus-Jürgen

Dr. rer. pol., Dipl.-Kfm., Kaufm. - Krampengrund 9, 2000 Hamburg 67 (T. 603 97 46) - Geb. 16. Jan. 1937 Schleswig (Vater: Emil J., Studienrat, gef.; Mutter: Ilse, geb. Madsack), ev., verh. s. 1965 m. Karin, geb. Jüncke, 2 Kd. (Klaus-Andreas, Stephanie) - Univ. Hamburg (Betriebsw.slehre) - 1963-66 Assist. Univ. Hamburg u. Bonn (Lehrstühle f. Industrie- u. Verkehrspolitik); Geschäftsf. Vereinigte Tanklager u. Transportmittel GmbH., Hamburg - BV: D. Bedeutung u. Gestalt. d. Eisenbahnen f. d. Personenverkehr in Ballungsräumen, 1966 - Liebh.: Fotogr., Musik, Sport - Spr.: Franz., Engl.

JUHR, Norbert-Christian

Dr. med. vet., Prof. f. Versuchstierkunde u. -krankheiten FU Berlin - Krahmerstr. 6, 1000 Berlin 45.

JUILFS, Johannes

Dr. rer. nat., Prof. f. Theoret. Physik - 2893 Husumerdeich üb. Nordenham (T. 04733 - 3 17) - Geb. 15. Dez. 1911 Hannover (Vater: Arthur J., Kaufm.; Mutter: geb. Welz), verh. s. 1960 m. Hannelore, geb. Bartsch - Univ. Berlin (Math., Physik, Chemie, Musik). Promot. (1938) u. Habil. (1945) Berlin - 1940-45 Lehrauftr. Univ. Rostock; spät. Leit. u. Geschäftsf. VHS Helmstedt; ab 1950 Leit. Abt. Physik Textilforschungsanstalt Krefeld; s. 1955 Privatdoz. u. apl. Prof. (1958) TH bzw. TU Hannover (1963/64 u. 1965ff. Lehrstuhlvertr.; 1967ff. Leit. Abt. Struktur d. Materie); 1964/65 Lehrstuhlvertr. Univ. Göttingen; 1977-79 Sem.-Dir., 1977ff. Hon.-Prof. - BV: Physik d. Gegenw. m. C. F. v. Weizsäcker 1952 (2. A.; auch engl. (2. A.) u. poln.). Zahlr. Facharb.

JULIER, Jürgen

Dr. phil., Direktor Staatl. Schlösser u. Gärten Berlin (s. 1984) - Luisenpl. (Charlottenburger Schloß), 1000 Berlin 19 - Geb. 1942 Rheinpfalz - Univ. Heidelberg - 1976-84 Bayer. Landesamt f. Denkmalpflege München (zuständ. f. d. Bereich Westl. Unterfranken). 1982ff. Lehrbeauftr. Univ. Bamberg.

JUNCKER, Klaus

Dr. rer. pol., Bankdirektor, Direktor (m. Generalvollmacht) Deutsche Bank AG - Sophienruhe 6, 6232 Bad Soden-Neuenhain - Geb. 21. Sept. 1943 Berlin, verh. - Abit. 1962; Banklehre, Promot. 1971 - Beiratsmitgl. DB Consult GmbH, Frankfurt, d. DGM Deutsche Ges. f. Mittelstandsberatung GmbH, d. Ecodata GmbH, u. GEFA Ges. f. Absatzfinanz. mbH, Wuppertal; Redaktionsbeirat Ztschr. Bank u. Markt - BV: Marketing im Firmenkundengeschäft, 1979; Rationalisier. im Kreditwesen, 1979 - Spr.: Engl., Franz.

JUNG, Albert

Dr.-Ing., Direktor i. R., Honorarprof. Univ. Saarbrücken (Angew. Geophysik) - Im Grühlingswald 11, 6605 Friedrichsthal/Saar - Geb. 1. Mai 1914 Dudweiler/S. - Facharb. - Spr.: Franz., Engl. - Rotarier.

JUNG, Alfred

Prof., Historiker - Hechinger Str. 30, 7410 Reutlingen 2 - Gegenw. Prof. f. Gesch. PH Esslingen.

JUNG, Claudia Cornelia

Solotänzerin - Parsbergstr. 53, 8034 Germering (T. 089 - 84 34 95) - Geb. 9. April 1961 München (Vater: Adolf J., Rektor; Mutter: Christel-Karin, geb. Wanzke), ev., verh. s. 1984 m. Hankiewicz Wojchiech - Human. Gymn.; 1976-79 Stud. Musikhochsch. München, Abt. Ballett; weit. Ausbildungsstätten: Paris, Lissabon, New York, Moskau, Varna, Rom, Rovinji, Ljubljana, Sitges, Wien, San Francisco - 1979-81 Engagem. Solotänzerin Städt. Bühnen Augsburg; 1981-85 Dt. Oper am Rh., Düsseldorf/Duisburg; ab 1985 Solotänzerin Dt. Oper Berlin. Gastsp. in d. ganzen Welt - 1979 Kulturförderungspreis f. interpret. Kunst München; 1980 Bronzemed. Intern. Ballettwettb. Varna/Bulg.; 1981 Bronzemed. Intern. Ballettwettb. Bolschio-Theater Moskau; 1982 Kulturförderungspr. Germering; 1983 Förderpr. Bayern - Spr.: Lat., Engl., Franz.

JUNG, Dieter
Vorstandsmitglied Verseidag AG (1981ff.) - Industriestr. 56, 4150 Krefeld - Zul. Vorst. VOKO-Gruppe, Gießen.

JUNG, Dieter
Dr. rer. nat., o. Prof. u. Direktor Mineralog.-Petrogr. Inst. Univ. Hamburg (s. 1967) - Grindelallee 48, 2000 Hamburg 13 - Geb. 19. Nov. 1927 Fischbach/S. - Promot. u. Habil. Saarbrücken - Etwa 30 Fachveröff.

JUNG, Eberhard
Dr.-Ing., Hüttendirektor i. R. - Unterer Hof, 3561 Biedenkopf-Breidenstein - Geb. 11. Nov. 1902 Biedenkopf/Hessen (Vater: Kommerzienrat Albert J.; Mutter: Botilde, geb. v. Fransecky), ev., verh. s. 1927 m. Manuela, geb. Stückelberg v. Breidenbach, 4 Kd. (Liselotte Meinecke; Dr.-Ing. Johann-Heinrich; Sibylle Schulze, Gisela Klernent) - TH Aachen u. Stuttgart, Bergakad. Clausthal - Langj. Tätigk. Eisen- u. Stahlbereich. Div. Ehrenstell., dar. Vors. Fachverb. Heiz- u. Kochgeräte-Ind. (1949-72) u. Vizepräs. Wirtschaftsverb. Eisen-, Blech- u. Metallwaren-Ind. Versch. Mandate - 1970 Ehrenpräs. Comité Européen des Fabricants d'Appareils de Chauffage et de Cuisine Domestiques; 1972 Ehrenvors. FHuKI; BVK; Gr. Verdienstkreuz d. VO. d. Bundesrep. Deutschland 1973; Robert Schuman-Med. d. E.-G. - Liebh.: Geschichte - Spr.: Franz., Engl.

JUNG, Elwin
Dr. jur., Rechtsanwalt, AR-Mitgl. a.D. KVDB-Rechtsschutz-Vers.-AG, Bad Windsheim (1983-85) - Ebertplatz 4, 5000 Köln 1 - Geb. 23. Febr. 1931 Oberohmbach (Vater: Emil J. (selbst.); Mutter: Maria, geb. Theiss), verh. s. 1979 m. Sophie Roswitta, geb. Felter - Univ. Mainz u. Freiburg (Philol., Rechts- u. Staatswiss.). Jurist. Staatsex. 1956 u. 61. Promot. 1969 Köln (Diss.: D. Serienschaden in d. Allg. Haftpflichtversich.) - 1964-67 LG-Rat Mainz. Ab 1967 Gerling-Konzern, Allg. Versich.-AG (b. 1968 Vorst.-Assist., ab 1969 Dir. 1970-81 Vorst.-Mitgl.) Rechtsschutz-Versich.-AG, Köln) - Spr.: Engl., Franz.

JUNG, Ernst Friedrich
Dr. jur., Botschafter a. D., Mitarbeiter d. Stiftg. Wiss. u. Politik, Ebenhausen/Isartal - Uhlandstr. 41, 5300 Bonn 2 (T. 36 32 77) - Geb. 25. Sept. 1922 Celle (Vater: Dr. Friedrich J., OLG-Präs. a. D.; Mutter: Viva, geb. Heiliger), ev., verh. s. 1958 m. Brigitta, geb. Müller v. Blumencron, 3 Kd. (Dorothee, Hubertus, Christoph) - Gymn. Andreanum Hildesheim, Zehlendorfer Gymn. Berlin; Univ. Göttingen, Breslau, Freiburg/Br., Lausanne, 1963-64 Harvard-Univ. Cambridge/Mass., 2. Jurist. Staatsprüf. 1950 Hannover; Promot. 1950 Göttingen - 1941-43 Wehrdst.; s. 1950 Ausw. Dienst, AA, Gesandtschaft Luxemburg, EWG-Kommiss. Brüssel, Botschaft Tokio u. London, 1971 Botschafter Lagos/Nigeria, 1975 Beigeordn. Generalsekr. f. polit. Angelegenh. d. Org. d. Nordatlantikpakts (NATO) Brüssel; 1978 Leit. Deleg. d. BRD b. d. Truppenvermind.verhandl. (MBFR) Wien; 1981 Botschafter z.b.V., Auswärtiges Amt, Bonn (Beauftragter f. Nord-Süd-Verhandlungen); zul. Botschafter Budapest.

JUNG, Franz
Verbandsdirektor, Geschäftsf. Saarl. Städte- u. Gemeindetag - Ensheimer Str. 96, 6670 St. Ingbert - Geb. 17. Okt. 1908 St. Ingbert (Vater: Peter J.), verh. s. 1935 m. Cäcilie, geb. Nau - Schule u. Verwaltungsakad. - S. 1927 Kommunalverwalt. (1936 Bürgerm. Rohrbach, 1937 Saarwellingen), s. 1957 Saarl. Städte- u. Gemeindetag.

JUNG, Franz Josef
Dr. jur., Rechtsanwalt u. Notar, MdL Hessen - Biebricher Allee 29, 6200 Wiesbaden (T. 06121 - 8 60 61) - Geb. 5. März 1949, kath., verh. s. 1972 m. Beate, geb. Spiegler, 3 Kd. (Meike, Anika, Marco) - Abit. Gymn. Geisenheim, Stud. Rechtswiss., Promot. 1978 (Prof. Dr. Hans Heinrich Rupp) Univ. Mainz - 1973-83 Mitgl. Bundesvorst. JU Dtschl., s. 1981 stv. Bundesvors., 1972-87 Kreistagsmitgl. Rheingaukreis bzw. Rheingau-Taunus-Kr., s. 1983 MdL, Generalsekr. CDU Hessen, Parlament. Geschäftsf. CDU Fraktion - Zahlr. Veröff. u.a.: Farbige Kennzeichn. v. Stimmzetteln - e. Verstoß geg. d. Grundsatz d. geheimen Wahl, 1985 - Liebh.: Fußball, Tennis - Spr.: Engl.

JUNG, Fritz
Direktor, Vorst. Spinnerei Lampertsmühle AG. - Spinnereistr. 17, 6750 Kaiserslautern 26.

JUNG, Fritz
I. Bürgermeister (s. 1966) Rathaus, 8912 Kaufering/Obb. - Geb. 29. Sept. 1923 Bulkes - Zul. Regierungsangest. SPD.

JUNG, Fritz
Dr. med. dent., o. Prof. f. Zahn-, Mund- u. Kieferheilkunde (emerit.) - Oderstr. 25, 6500 Mainz - Geb. 7. Juni 1903 Neurode/Eulengeb. (Vater: Josef J., Dentist; Mutter: Selma, geb. Herzig), kath., verh. m. Dr. med.Brigitte, geb. Kikillus - Gymn. Glatz; Univ. Breslau u. Würzburg - S. 1949 (Habil.) Lehrtätigk. Univ. Mainz (1963 Ord. u. Klinikdir.). Zahlr. Fachveröff.

JUNG, Gerhard
Dr. med., Prof., Chefarzt (Frauenklinik) - Kreiskrankenhaus Schwäb. Gmünd, 7075 Mutlangen/Württ. - Geb. 22. Sept. 1924 Duderstadt - Promot. 1952 - S. 1962 (Habil.) Privatdoz. u. apl. Prof. (1968) Univ. Tübingen (Frauenheilkd. u. Geburtsh.) - BV: Enzyme d. Ovariums, 1965 (m. Paul A. König).

JUNG, Günther
Dr. rer. nat., Prof., Chemiker (Organ. Chemie/Biochemie) - Ob der Grafenhalde 5, 7400 Tübingen 1 - Geb. 2. Sept. 1937 Tübingen - Promot. 1967 Tübingen - S. 1971 (Habil.) Privatdoz. u. apl. Prof. (1973) Univ. Tübingen (gegenw. Doz. Inst. f. Organ. Chemie). 1967-68 USA-Aufenth. Üb. 200-Facharb.

JUNG, Hans
Dr. jur., Oberbürgermeister a. D. - Einsteinstr. 3, 6750 Kaiserslautern/Pfalz (T. 7 69 99) - Geb. 15. März 1930 Kaiserslautern (Vater: August J.; Mutter: Hedwig, geb. Conrad), ev., verh. m. Margarete, geb. Wittka, 2 Töchter (Elke, Petra) - S. 1962 Beigeordn. u. Obgm. (1967) Kaiserslautern - Vorst.-Mitgl. Bayer. Brauerei-Schuck-Jaenisch AG, Kaiserslautern (b. 1985). S. 1985 RA - BVK - Spr.: Engl., Franz. - Rotarier.

JUNG, Hans-Gernot
Dr. theol., Bischof der Evang. Kirche von Kurhessen-Waldeck (s. 1978) - Burgfeldstr. 14, 3500 Kassel-Wilhelmshöhe (T. 3 85 69) - Geb. 10. Febr. 1930 Marburg/L. (Vater: D. Dr. Wilhelm J., Vizepräs. Landeskirchenamt Kassel; Mutter: Annemarie, geb. Schweitzer), ev., verh. s. 1961 m. Nina, geb. Schwerdtfeger, 3 Kd. (Susanne, Joachim, Hans-Henning) - Univ. Marburg, Heidelberg, Dubuque (USA). Promot. 1959 Marburg - 1958 Pfarrer Kassel; 1962 Studentenpfr. Marburg; 1965-74 Dir. Ev. Akad. Hofgeismar; 1972-75 Vors. Leiterkr. Ev. Akad. Dtschl.; 1985ff. Rat d. EKD - BV: Befreiende Herrschaft - D. polit. Verkündig. d. Herrschaft Christi, 1965 - Spr.: Engl., Franz.

JUNG, Helman
Musiker, Prof. f. Fagott Staatl. Hochsch. f. Musik Westf.-Lippe/Nordwestd. Musikakad. Detmold (s. 1976) - Amselweg 14, 4930 Detmold - Geb. 11. Mai 1943 München (Vater: Helmut J., Verwaltungsinsp.; Mutter: Hildegard, geb. Zähle), ev., verh. s. 1978 m. Monica, geb. Mühleise, 2 Kd. (Christian, Elena) - Musikhochsch. Detmold (Künstler. Reifeprüf. 1965) - S. 1967 Solofag. Bamberger Symphoniker. Schallpl. (Soli, Kammermus.); Rundfunkprod. - 1965 Förderungspreis Münchener Rundfunkwettbew. - Spr.: Engl.

JUNG, Helmut
Dr. med., Chefarzt HNO-Abt./Krankenhaus Marienhof, Prof. Univ. Mainz (n. b.) - Rudolf-Virchow-Str. 7, 5400 Koblenz.

JUNG, Hermann Karl
Dr. phil., Leiter Abt. 6 im Bundeskanzleramt (Bundesnachrichtendienste, Koordinierung d. Nachrichtendienste d. Bundes) Bonn - Burg Schweinheim 9, 5350 Euskirchen-Schweinheim (T. 02255 - 68 66) - Geb. 1. Juli 1930 Sausenheim, ev., verh. s. 1964 m. Felicitas, geb. Proksch, 3 Töcht. (Barbara, Beatrice, Isabel) - 1941-50 Human. Gymn. Ludwigshafen; b. 1958 Stud. Rechtswiss., Mittl. u. Neuere Gesch. u. Geogr. Univ. Heidelberg; Promot. 1960 - 1960-68 Wiss. Mitarb. Kommiss. f. Dt. Kriegsgefangenengesch. München; 1968-70 Bundesmin. d. Verteidigung; 1970-83 Sekr. Ausw. Aussch. Verw. d. Dt. BT; s. 1983 Bundeskanzleramt - BV: D. dt. Kriegsgefangenen im Gewahrsam Belgiens, d. Niederlande u. Luxemburgs, 1966; D. Ardennenoffensive 1944/45. E. Beisp. f. d. Kriegführung Hitlers, 1970; D. dt. Kriegsgefangenen in d. USA, 1973 - Liebh.: Jagd, Wandern, Lesen, Musik - Spr.: Engl., Franz., Latein, Altgriech.

JUNG, Horst
Dr. rer. nat., Prof. f. Biophysik u. Strahlenbiol. - Hildesheimer Stieg 41, 2000 Hamburg 61 - Geb. 2. Jan. 1937 Mannheim (Vater: Ernst J., Bankkfm.; Mutter: Emma, geb. Keller), gesch., 3 Kd. (Roman, Alexander, Nikola) - Bunsen-Gymn. u. Univ. Heidelberg (Dipl.-Phys. 1961). Promot. 1964 Heidelberg - S. 1968 (Habil.) Lehrtätigk. Univ. Heidelberg u. Hamburg (1973 Ord. u. gf. Dir. Inst. f. Biophys. u. Strahlenbiol./Fachber. Med.). Councillor Intern. Assoc. for Radiation Research; Board member Europ. Soc. of Hyperthermic Oncol. - BV: Molekulare Strahlenbiol., 1969 (m. H. Dertinger; engl. 1970, russ. 1973, jap. 1974, chines. 1979). üb. 80 Einzelarb.

JUNG, Horst-Wilhelm
Dr. phil., Prof. f. Erziehungswissenschaft (Geschichts- u. Politikdidaktik) Univ. Hamburg (s. 1975) - Isestr. 53, 2000 Hamburg 13.

JUNG, Hugo
Dr. med., o. Prof. u. Direktor Frauenklinik Med. Fak. TH Aachen (s. 1967) - Fichthang 9, 5100 Aachen (T. 7 20 50) - Geb. 6. März 1928 Jägersburg - Habil. 1963 Freiburg/Br. - Facharzt.

JUNG, Johanna
Dr. phil., Prof. f. Systemat. Pädagogik u. Gesch. d. Päd. - Am Horbach 9, 7505 Ettlingen - Geb. 29. Sept. 1915 Gleiwitz/OS., ev. - Hochsch. f. Lehrerbild.; Univ. (Päd.). Promot. 1942 Berlin, 1942-45 Assist. v. Prof. Ed. Spranger - N. Volksschulpraxis Lehrerbild. (Päd. Hochsch. Göttingen, PH Kaiserslautern, Päd. Akad. Bonn (Prof.), PH Karlsruhe (Prof.)) - BV: D. Ethos d. Erziehers.

JUNG, Josef
Dr. rer. nat., o. Prof. f. Biologie Univ. Augsburg (s. 1970) - Moosstr. 16, 8031 Eichenau.

JUNG, Karl
Fabrikant, Geschäftsführer Jung Freizeitmöbel GmbH, Burbach, Julon Rohr GmbH, Siegen, AR-Vors. Bertrams AG, Siegen - Obere Staudenbergstr. 19, 5908 Neunkirchen - Geb. 23. Aug. 1927.

JUNG, Karl
Ministerialdirektor, Leit. Abt. Gesundheitspolitik, Krankenversich. Bundesmin. f. Arbeit u. Sozialordnung - Rotdornweg 65, 5300 Bonn 2 - Geb. 7. Sept. 1930, verh., 2 Kd. - Jura-Stud.; 1. u. 2. Staatsex.

JUNG, Karl-Philipp
Dr. rer. nat., Chemiker, Vorstandsvors. Südd. Chemiefaser AG., Kelheim - Pechlerbergstr. 27, 8420 Kelheim/Donau - Geb. 5. Sept. 1910 Alzey/Rhh.

JUNG, Klaus
Dr. med., Prof. f. Sportmedizin Univ. Mainz - Rembrandtstr. 60, 6500 Mainz - Geb. 13. März 1942 Speyer (Vater: Dr. med. Fritz J., Augenarzt; Mutter: Marianne, geb. Schön), ev., verh. s. 1969 m. Gisela, geb. Brenner, 3 Kd. (Benjamin, Daniela, Dinah) - Human. Gymn. (Abit. 1961); Med.-Stud. Univ. Freiburg, Berlin, Wien u. Hamburg; Staatsex. u. Promot. 1967, Habil. 1977 Münster, Prof. 1982 Univ. Mainz - 1980 Lauftreffwart Dt. Leichtathletikverb., 1980 Vors. Wiss. Beirat d. Verb. d. langlaufd. Ärzte, 1988 Verbandsarzt d. Dt. Turner-Bund - BV: Erfolge kurklin. u. ambul. Rehabilitation nach Herzinfarkt, 1980; Phänomen 100-km-Lauf, 1981; Sportl. Langlaufen - D. erfolgr. Weg z. Gesundheit, 1984; Sport u. Ernähr. - Leistungssteig. d. Alternativernähr., 1984; Brutalisierungserschein. im Sport, (zus. m. I. Mönnich), 1984; D. zweite Leben - Gesundh., Sport, Ernährung nach d. Herzinfarkt, 1985; Gymnastik als Therapie (m. U. Wollring), 1986; Gesunderhaltung f. jedes Lebensalter - leicht gemacht, 1986; D. Schweizer Waffenläufe - Langlauf n. Schweizer Präzision (m. B. Lenz), 1986 - Liebh.: Archäol., Anthropol. - 1981 Pilotprojekt Deutschlandlauf (1100 km in 20 Tagen), 1987 1000-km-Lauf in 20 Tagen mit 110 Teiln.; 1988 Vier-Jahreszeiten-Kur (AOK) - Spr.: Engl., Franz., Ital.

JUNG, Paul
Dr. phil., Prof. f. Grundschulpädagogik Erziehungswiss. Hochsch. Rheinl.-Pfalz/Abt. Koblenz - Brandenburgstr. 16, 5400 Koblenz-Horchheim.

JUNG, Rainer
Dr., Geschäftsführer Fachverb. Kunststoff-Konsumwaren im GKV, Am Hauptbahnhof 12, 6000 Frankfurt/M. (T. 271 05 31); priv.: Am Steinernen Kreuz 20, 6101 Messel - Geb. 11. Nov. 1943 - VR-Mitgl. Sparkasse Darmstadt.

JUNG, Richard
Dr.-Ing., Prof. für Kraft- und Wärmewirtsch. TH Aachen (apl.; s. 1972) - In d. Delle 1, 5270 Gummersbach 1 - Geb. 15. Jan. 1912 Eschhofen - Promot. 1957; Habil. 1968 - Industrietätigk. - BV: D. Berechnung u. Anwend. d. Strahlgebläse, 1960; Beitr. angew. Strömungsforsch. z. Entw. d. Kohlenstaubfeuerung, 1969. 40 Einzelarb. - VDI-Ehrenz.

JUNG, Rudolf
Vorstandsmitglied i.R. - Hufschmiedeweg 6, 4800 Bielefeld 1 - Geb. 24. Nov. 1918 Straßburg - B. 1968 stv., b. 1982 o. Vorstandsmitgl. KATAG AG. Bielefeld.

JUNG, Rudolf
Prof., Ord. f. Päd. Methodenlehre TU Hannover (s. 1968) - Nötelweg 12, 3000 Hannover.

JUNG, Rudolf
Dr. phil., Prof. FH f. Bibliotheks- u. Dok.-Wesen Köln - An der Ronne 66, 5000 Köln 40 - Geb. 19. Okt. 1937 Frankfurt, ev., verh. s. 1970 m. Erika, geb. Becker - Stud. German., Gesch., Röm. Provinzialarchäol. Univ Frankfurt; Staatsex. 1965; Promot. 1967; Referendarex. 1969 - 1975 Bibl.dir., 1981 Prof., 1982-86 Rektor FHBD Köln - BV: D. Gründung d. Pfälz. Landesbibl. u. Entw. b. 1945, 1971; Lichtenberg-Bibliogr., 1972; D. Reform d. alphabet. Katalogisierung in Dtschl., 1976; Kölner Bibl.-führer, 1984. 35 Fachveröff. bes. z. Bibliogr. u. alphabet. Katalogisierung; zahlr. Art. im Lexikon d. ges. Buchwe-

sens, 2. A. 1985ff. - Liebh.: Musik, Lesen, Irland-Lit. - Spr.: Engl., Franz.

JUNG, Till

Dr. med. dent., Univ.-Prof. f. Zahnärztl. Prothetik (s. 1969), gf. Leiter Vorst. Zentrum ZMKkrankh. Med. Hochsch. Hannover - Bergener Str. 15a, 3000 Hannover 61 - Geb. 25. Dez. 1924 Alzey - Zul. Privatdoz. Etwa 115 Fachveröff.

JUNG, Ulrich

Chefredakteur Offenbach-Post - Pommernstr. 5, 6053 Obertshausen 2 - Geb. 13. Sept. 1948, kath., verh. s. 1971 m. Annette, geb. Berger - Abit., Päd. u. Publ., Volontariat b. d. Westf. Nachr. Münster - 1975-83 stv. Chef v. D., Leit. Wirtschaftsredaktion Westf. Nachr.; 1984/85 Pressespr. Bundespostmin.; s. 1985 Chefredakt. Offenbach-Post - Spr.: Engl.

JUNG, Volker

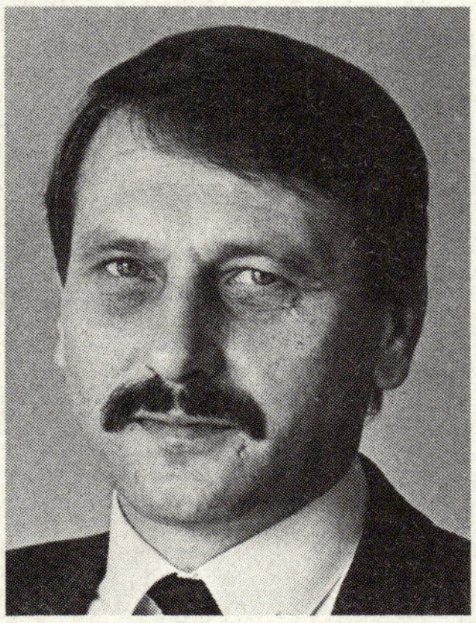

Dipl.-Politologe, Gewerkschaftssekretär, MdB (s. 1983) - Kaiserswerther Str. 166, 4000 Düsseldorf (T. 0211 - 45 28 08) - Geb. 24. Febr. 1942 Berlin, ev., verh. s. 1969 m. Karin, geb. Cholewa - Stud. Polit. Wiss. u. Volksw. FU Berlin - Gewerkschaftssekr. DGB-Bundesvorst. AR-Mitgl. Feldmühle Nobel AG. SPD (stv. Vors. UB Düsseldorf, s. 1980). Vors. Arbeitsgruppe Energie d. SPD-Bundestagsfraktion.

JUNG, Walter

Prof., Extraord. f. Didaktik d. Physik Univ. Frankfurt/M. (Abt. f. Erziehungswiss.) - Grundweg 13, 6101 Seeheim/Bergstr..

JUNG, Werner

Dr. rer. pol., Prof. f. Wirtschaftswiss. u. Friedens- u. Konfliktforsch. FU Berlin - Württembergallee 28, 1000 Berlin 19 (T. 030 - 305 48 82).

JUNG, Wilhelm

Bäckermeister, MdB (s. 1983; Wahlkr. 186/Lörrach-Müllheim) - Obereckstr. 3, 7850 Lörrach (T. 07621 - 4 64 33) - Geb. 26. März 1928 Lörrach, ev., verh., 5 Kd. - Volksschule, Gymn., Bäckerlehre, Meisterprüf. 1952 - Inh. e. Bäckerei. 1965-74 Obermeister Bäckerinn. Lörrach, Kreishandwerksmeister, stv. Landesinnungsmeister im Bad. Bäckerhandw., 1971 Vizepräs. u. s. 1974 Präs. Handwerkskammer Freiburg; Vorst.-Vors.: Innungskrankenk. Lörrach (s. 1958) sowie Landesverb. Bad.-Württ. u. Bundesverb.; Stadtrat Lörrach; 1964-80 MdL Baden-Württ. (1974-80 stv. Frakt.-Vors.); VR-Mandate, Präs. in Gesangvereinen. CDU s. 1962.

JUNGANDREAS, Wolfgang

Dr. phil., Prof., Germanist - Konrad-Adenauer-Str. 15, 5503 Konz - Geb. 9. Dez. 1894 Görlitz/Schles. (Vater: Eugen J., Eisenbahnbeamter; Mutter: Anna, geb. v. Elsner), ev., verh. s. 1923 m. Menna, geb. Giese, Schriftst. (geb. 19. Juni 1895 Aurich, †1988 in Konz; Verf.: D. schöne Frau v. Branconi, R. 1967 u. Philip James de Loutherbourg, 1974), 2 Kd. (Gunda, Dieteger) - Univ. Breslau (Promot. 1923) u. Göttingen - 1929 Studienass. Hannover, 1933 Privatdoz., 1940 apl. Prof. Univ. Breslau, 1938 Studienrat ebd., 1941 ao. Prof. f. German. Sprachwiss. Univ. Posen (b. 1944), n. Kriegsende Leit. Abt. f. Nieders. Mundartforsch. Sem. f. Dt. Philol. Univ. Göttingen (b. 1950), 1958 emerit. ao. Prof. Univ. Mainz - BV: u. a. Schles. Wörterb., 5 Liefg. 1935/38 (m. Th. Siebs); Schles. Briefe u. Urk. d. 14. u. 15. Jh.s, in: K. Burdach, V. Mittelalter z. Reformation, IX, 2 1936; D. Mundarttexte aus d. späteren Mittelalter, 1937; Z. Gesch. d. schles. Mundart im Mittelalter, 1937; Gesch. d. dt. u. engl. Spr., 3 T. 1946/49; Andreas Gryphius, D. verliebte Gespenst, D. geliebte Dornrose, 1947; D. Gudrunsage in d. Ober- u. Niederl., 1948; Nieders. Wörterb., 1953ff.; D. Treverer zw. Germanen u. Kelten, 1954; V. Merowingischen z. Franz., 1954/55; D. Siedlungs- u. Flurnamen d. Mosellandes, 1962/63; Spuren e. sprachl. Gegensatzes zw. Franken u. Alemannen (PBB 93), 1971; D. Treverer (Bull. linguist. etc. 18) Luxemburg 1972; Nord-, Ost- u. Westgermanen im 1. Jh. n. Chr. Geb. (Leuvense Bijdr. 63), 1974; Zur Gesch. d. Moselromanischen. Stud. z. Lautchronologie u. Winzerlexik. (Mainzer Stud. z. Sprach- u. Volksforsch. 4), 1979; Sprachl. Studien z. german. Altertumskde., 1981; Nikolaus v. Kues. D. Vaterunser-Ausleg., 1982; D. Einwirk. d. Karolingischen Renaissance auf d. mittl. Rheinl., 1986; Z. Gesch. d. schles. Mundart im Mittelalter, 1987 - Ehrenmitgl. Section de Linguistique de Folklore et de Toponymie Inst., Grand-Ducal (Lxbg.) u. Ges. f. nützl. Forschungen, Trier - Philatelist.

JUNGBLUT, Gertrud

Dr. phil., Prof. f. Didaktik d. engl. Sprache Univ. Osnabrück, Abt. Vechta - Häherstr. 6, 2848 Vechta - Geb. 27. März 1931 Gelsenkirchen - 1. Staatsex. 1960, Promot. 1963, 2. Staatsex. 1965 - 1966-68 Wiss. Ref. Dt. Inst. f. Fernstud. Univ. Tübingen; 1968 Prof. f. Didaktik d. engl. Spr. Univ. Osnabrück (1974-75 Mitgl. Gründungsaussch. d. Univ.) - BV: Fachdidaktik als Wiss., (in: H. Reisener, Hrsg., Fremdspr. in Unterr. u. Stud.) 1974; ca. 20 Beiträge in Fachztschr. u. Sammelbänden.

JUNGBLUT, Michael

Dipl.-Volksw., Journalist, Leiter d. Hauptabt. Wirtschaft b. ZDF - Zu erreichen üb. ZDF, Postfach 4040, 6500 Mainz 31 - Geb. 14. Nov. 1937 Düsseldorf, ev., 2 Kd. - Stud. Volkswirtsch., Dipl. 1965 - S. 1965 Wirtschaftsjourn. b. d. ZEIT; s. 1986 ZDF - BV: u. a. Rebellion d. Überflüssigen, 1967; Kapitalismus, 1969; D. Reichen u. Superreichen in Dtschl., 1971; Nicht vom Lohn allein, 1973; Japan-Report, 1981; Je mehr er hat, je mehr er will, 1981; D. Wohlstand entläßt s. Kinder, 1983 - 1980 Ludwig-Erhard-Preis f. Wirtschaftspubliz.

JUNGBLUT, Peter W.

Dr. med., Prof., Direktor Max-Planck-Inst. f. experiment. Endokrinologie - Postfach 61 03 09, 3000 Hannover 61 - S. Habil. Privatdoz. u. apl. Prof. Univ. Münster/W. (Physiol. Chemie) - 1981 Johann-Georg-Zimmermann-Wiss.-Preis Med. Hochsch. Hannover.

JUNGBLUT, Reiner Maria

Dr. med., Wiss. Rat (Abteilungsvorst. Med. Klinik A), Prof. f. Med. Strahlenkunde Univ. Düsseldorf (s. 1972) - Am Mühlenbusch 3, 5657 Haan/Rhld. - Geb. 4. Dez. 1931 Haan - Promot. 1957; Habil. 1970 - BV: Klin.-exper. Studie z. Armlymphographie unt. bes. Berücks. d. Mamma-Karzinoms, 1971. 50 Aufs.

JUNGBLUTH, Adolf

Ing., Vorstandsmitgl. Salzgitter AG. i. R., Honorar-Prof. f. Arbeitswiss. Betriebspraxis TU Hannover - Am Walde 1, 3340 Wolfenbüttel - Geb. 24. Jan. 1909 Lüttich/Belg. (Vater: Adolf J., Werkm.; Mutter: geb. Hilligloh), konfessionsl., verh. s. 1933 m. Gerda, geb. Jung, 1 Kd. - Staatl. Ing.sch. Wuppertal - Betriebsing., -leit. u. Vorstandsmitgl. Industrie (zul. Hüttenwerke Salzgitter AG u. Salzgitter AG) - BV: Arbeitsdir. u. Betrieb, 1957; Arbeitswiss. Gesichtspunkte b. d. Ind.planung, 1964; Angew. Arbeitswiss., 1968; D. arbeitenden Menschen - Ihre Geschichte u. ihr Schicksal, 1984 - 1966 Philipps-Plak. Univ. Marburg; Gr. Verdienstkr. d. Nieders. Verdienstordens, Großmeister d. Arbeitswissensch. d. TU Berlin, Carl-Friedrich-v.-Siemens-Med.; 1976 Kulturpreis DGB - Spr.: Franz.

JUNGBLUTH, Heinrich

Dr. med., Ärztl. Direktor Klinik Seltersberg/LVA Hessen, Honorarprof. für. Inn. Medizin Univ.Gießen (s. 1974) - Gaffkystr. 9, 6300 Gießen - Geb. 16. Jan. 1923 - Promot. 1951; Habil. 1970 - Rd. 50 Fachveröff.

JUNGBLUTH, Karl-Heinz

Dr. med., Prof. f. Unfallchirurgie - Pfeilshofer Weg Nr. 12, 2000 Hamburg 65 - S. 1973 Prof. Univ. Hamburg (Dir. Abt. f. Unfallchir./Chir. Klin.).

JUNGBLUTH, Otto

Dr.-Ing., Prof. f. Stahlbau TH Darmstadt - Frankensteiner Str. 99, 6100 Darmstadt 13.

JUNGBLUTH, Werner

Präsident Bundespatentgericht a. D. München 22 - Alois-Wohlmuth-Str. 11, 8000 München 90 (T. 643464) - Geb. 6. Mai 1906, verh. - Zul. Bundesrichter BGH, Karlsruhe.

JUNGE, Christian

Dr. rer. nat., Dr. h. c. Prof., emer. Mitgl. Max-Planck-Ges. (s. 1968), spez. Arbeitsgeb.: Chemie d. Atmosphäre - Wihelm-Beck-Str. 15, 7770 Überlingen (T. 6 69 74) - Geb. 2. Juli 1912 Elmshorn/Holst. (Vater: Eduard J., Holzhändler; Mutter: Bertha, geb. Schmidt), ev., verh. s. 1939 m. Ingeborg, geb. Greiser, 2 Kd. (Heike, Elke) - Stud. Meteorol. u. Geophysik Graz, Hamburg, Frankfurt/M. Promot. (1935) u. Habil. (1952) Frankfurt/M. 1937-45 u. 1947-50 Meteorologe Dt. Wetterdienst; 1950-53 Privatdoz. Univ. Ffm.; 1953-61 Senior Scientist Cambridge Air Force Research Center, Bedford, Mass. (USA); 1962-68 o. Prof. u. Dir. Inst. f. Meteorol. u. Geophys. Univ. Mainz; 1968-78 Dir. Max-Planck-Inst. f. Chemie (Otto-Hahn-Inst.), Mainz; 1975 b. 79 Präs. Assoz. f. Meteorol. u. Atm. Physics (IAMAP) - Entd. e. weltweiten Sulfat-Aerosolschicht i. d. Stratosphäre - BV: Air Chemistry and Radioactivity, New York 1963 (erste umfass. Darstell. d. Fachgeb. d. Luftchemie). 1964 Mitgl. Dt. Akad. d. Naturforscher (Leopoldina); 1967 Fellow, 1978 Honorary Member, Amer. Meteorol. Society; 1968 Alfred-Wegener-Med. Dt. Meteorol. Ges.; 1973 Carl-Gustav-Rossby-Med. Amer. Meteorol. Society; 1974 Korresp. Mitgl. Bayer. Akad. d. Wiss.; 1976 Korresp. Mitgl. Mainzer Akad. d. Wiss. u. Lit.; 1978 Dr. phil. nat. h. c. Univ. Frankfurt/M.; 1978 Foreign Honorary Member, Amer. Acad. of Arts and Sciences - Gr. BVK; 1985 Symons Memorial Medal Royal Meteorol. Soc. London - Spr.: Engl.

JUNGE, Ewald

Dipl.-Ing., Vorstandsmitgl. Wolff Walsrode AG., Walsrode (s. 1971, vorher stv.) - Am Hoop 11, 3036 Bomlitz - Geb. 24. Juni 1916 Hamburg - Stud. Chemie.

JUNGE, Harald

Dr., Geschäftsf. Bavaria Atelier-Ges. mbH., München 90 - Wettersteinstr. 12, 8021 Großhesselohe - Geb. 29. Dez. 1934.

JUNGE, Werner

Stv. Hauptgeschäftsf. Dt. Industrie- u. Handelstag i. R., Rechtsanwalt - Hainstr. 62, 5300 Bonn 1 (T. 61 22 21).

JUNGE-HÜLSING, Gerhard

Dr. med., Prof., Chefarzt Med. Klinik Städt. Kliniken Osnabrück - Natruper-Tor-Wall 1, 4500 Osnabrück (T. 3234342) - Geb. 12. Juli 1928 Castrop-Rauxel - S. 1962 (Habil.) Lehrtätigk. Münster (1967 apl. Prof. für Inn. Med. und Med. Strahlenkd.). Facharb. - 1973 Dr. Günther-Buch-Preis 1972 (f. d. Arb.: Veränd. d. Bindegewebsstoffw.); 1977 Ernst-v.-Bergmann-Plakette f. Verdienste um d. ärztl. Fortbildung - Spr.: Engl., Schwed.

JUNGEHÜLSING, Hans

Dr. agr., Prof., Wirtschaftsberater LK Westf.-Lippe, Münster - Parkallee 39, 4400 Münster/W. (T. 314074) - Geb. 30. März 1928 Osnabrück - S. 1961 (Habil.) Lehrtätigk. Univ. Kiel (1967 apl. Prof.; Landw. Betriebs- u. Arbeitslehre) - BV: Z. Organisation grünlandstarker Betriebe, 1962. Fachaufs. - Spr.: Engl., Franz. - Rotarier.

JUNGEN, Peter

Dipl.-Volksw., Vorstandsvorsitzender PHB Weserhütte AG (s. 1980) u. Vorstandsmitgl. Otto Wolff AG (s. 1984), bde. Köln - Siegburger Str. 241, 5000 Köln 21 - Geb. 21 Aug. 1939 (Vater: Werner J., Kaufm.; Mutter: Therese, geb. Roßbach), kath., verh. s. 1980 m. Renate, geb. Rodrian, 2 Kd. (Katharina, Philip) - Gymn. Aachen (Abit. 1959); Stud. Wirtschaftswiss. Univ. Köln u. Cleveland; Dipl.-Volksw. 1965 - 1966-68 Assist. Otto Wolff v. Amerongen, 1969 Prok. Otto Wolff AG, 1969-72 Leit. Vorstandssekr. ebd.; s. 1972 Vorst. Weserhütte AG. AR-Mitgl. Malco Ind. Ltd., Marrickville, NSW, Australia, u. SP-Reifenwerke GmbH, Hanau; 1981 stv. Vors. Bundesfachaussch. Wirtschaftspolitik CDU; 1983 Präs. Dt.-Austral. Ges. Frankfurt; 1984 Präsid.-Mitgl. BDI - Liebh.: Langstreckenlauf - Lit.: Jungens Jagd, in: Industriemagazin Nr. 4 (1984); Personality Profile, in: World Mining Equipment (1984).

JUNGFER, Hedda

Dipl.-Psychologin, MdL Bayern (s. 1978, Wahlkr. Oberbay.) - Stupfstr. 16, 8000 München 19 - Geb. 1940 Berlin, verh. s. 1965, Sohn - Zul. Schule Miesbach (Abit. 1961); Handelssch.; Stud. Psych., Anthropol., Päd. München. Dipl.-Psych. 1968 - Kaufm. Angest.; Schulpsych. Unterrichtsforsch. SPD s. 1965 (Kreisvors. Neuhausen-Maxvorstadt).

JUNGFER, Heinz

Dr.-Ing., Prof. - Spanische Allee 107, 1000 Berlin 38 (T. 8031621) - Geb. 16. Juni 1910 Berlin - S. 1962 (Habil.) Lehrtätigk. TU Berlin (apl. Prof. f. Hochfrequenztechnik). Fachveröff.

JUNGHANNS, Klaus

Dr. med., Prof., Chefarzt Chirurg. Klinik/Kreiskrkhs. Ludwigsburg - Harteneckstr. 81, 7140 Ludwigsburg/Württ. (gegenw. apl. Prof. f. Chir.) - Div. Facharb.

JUNGHANS, Erhard

Bürgermeister, MdL Baden-Württ. (s. 1964) - Uissigheimer Str. 9, 6987 Külsheim/Baden (T. 531) - Geb. 27. Jan. 1925 Weinheim/Bergstr. (Vater: Werkmeister), kath., verh. s. 1948, 4 Kd. - Volks- u. Handelssch.; ab 1939 Lehre Stadtverw. Weinheim. Verw.sprüf. 1951 u. 54 - 1942-45 Wehrdst. (4 × z. T. schwer verwundet); Stadtverw. Weinheim (zul. Verw.sinsp.); 1956-57 Beamter Bundeswehr-Standortverw. Mannheim; s. 1957 Bürgerm. Stadt Külsheim. 1949-55 Bezirkssenior Hess. Odenwald-Jugend (Kolpingsfamilie). 1952-57 MdK Bergstr. (1956 Fraktionsvors.). CDU.

JUNGHANS, Hans-Jürgen

Dipl.-Ing., MdB (1957-87) - Dahlenbergweg 10, 3320 Salzgitter 51 - Geb. 27. Jan. 1922 Hannover, ev.-luth., verh. s. 1948 m. Irmgard, geb. Friedrichsen, 2 T. (Angelika, Petra) - Abit.; Hochsch. (Dipl.) - 1972-84 Vorst.-Mitgl. Salzgitter AG. 1964-83 Mitgl. d. SPD-Fraktionsvorst., 1969-83 Vors. Arbeitskr. Wirtsch. d. SPD Fraktion - Gr. BVK m. Stern - Spr.: Engl.

JUNGHANS, Kurt Heinz

Dr. agr., Prof. f. Intern. vergl. Agrarpolitik u. -soziol. Univ. Bonn (apl.; 1976ff.) - Im Äuelchen 27, 5300 Bonn 2 - Geb. 3. Nov. 1930 Hartenstein/Erzgeb. - Promot. 1959 TU Berlin, Habil. 1970 Phil. Fak. Univ. Heidelberg (Intern. vergl. Agrarpolitik u. Agrarsoziol.) - 1960-64 Dir. Agricultural Training Center Khuntitoli/Indien; 1970-74 Project-Manager Sumatra Study im A. d. BMZ u. d. Weltbank; Gastprof. Nat. Taiwan u. Landw. Univ. Malaysia; Prof. C 3 1972 - BV: Indische Bauern auf d. Wege z. Markt, Stuttgart 1972; Indonesien, Ländermonogr., (m. and.) 1980. Ca. 30 Veröfftl. z. landw. Entwicklungsprozeß übervölkerter Gebiete in Süd- u. Südostasien. Herausg.: Bonner Stud. z. ländl. Entw. in d. Dritten Welt (m. H. Kötter u. H.-J. Krekeler).

JUNGHANS, Marianne

Schriftstellerin - Laschenhütte 45, 4154 Tönisvorst 1 (T. 02151 - 79 07 45) - Geb. 15. Mai 1923 Krefeld, kath., verh. s. 1951 m. Dr. Gerhard J., T. Cordula - Handelsabit. 1939 Krefeld - BV: Kreuzweg d. Herrn, 1965; Man nennt mich Lassie, 1967; Doch Du in allen Dingen, 1972; Lampions am Brückenbogen, 1975; Station Vita, 1976; Aus d. Gebirgen d. Schwermut, 1977; Muscheltraum u. Sterngesang, 1978; Alle atemlosen Spiele, 1980; Hinter d. Glasberg, 1982; Da steht d. Gänsedieb, 1983; In gepflegtem Rasen, 1984; Singen will ich d. Land, 1985; Wie d. Same d. Löwenzahns, 1986; D. d. Zeichen setzt, 1986; Die Spanne d. Sommers, 1988. Herausg. Erich Bockemühl: Auf allen Wegen verzweigt (1985); Wahr-Nehmungen (1986). Mitarb. Ztg. u. Ztschr., Anthol., Rundf., Ferns. - 1974 Lyrikpreis; 1975 Federkiel Interessengem. deutschspr. Autoren; 1977 Mauern, intern. Wettb. d. Lit.-Union; 1978 Lyrikpr. Stadt Osnabrück; 1979 Hans. Huldreich-Büttner-Gedächtnispr.; 1980 Karl-Friedr.-Koch-Plak.; 1980 Stip. Land NRW; 1982 silb. Senfkorn Haiku-Wettb.; 1986 Leserpreis d. Ges. d. Lyrikfreunde, Innsbruck - Spr.: Engl., Franz. - Lit.: Wilh. Bortenschlager; Dt. Lit.-Gesch. II (1978); Spektr. d. Geistes (1978); Gisbert Kranz, Lit. u. Leben, D. Bildged. II (1981).

JUNGK, Albrecht

Dr. rer. hort., Prof. f. Agrikulturchemie Univ. Göttingen - Landwacht 5, 3400 Göttingen - Geb. 13. Dez. 1929.

JUNGK, Axel E.

Dr. rer. nat., Dipl.-Chem., Vorstandsvorsitzender Brockhues AG, Walluf (Rheingau) - Kranichstr. 22, 6085 Nauheim (T. 06152 - 68 81) - Geb. 23. Nov. 1943 Neunkirchen (Vater: Paul J., selbst. Kaufm.; Mutter: Gertrude, geb. Schneider), verh. s. 1967 m. Françoise, geb. Bele, 2 Kd. (Frédéric Matthias, Caroline Sylvie) - S. 1967 Chemie-Stud. Univ. Heidelberg u. Weizmann-Inst. of Science, Israel - 1972-77 wiss. Mitarb. Metallges.; Vorst.-Mitgl. Brockhues AG. - Liebh.: Klass. Musik, Segeln - Spr.: Engl., Franz.

JUNGK, Dieter

Dr. phil., Prof. u. Direktor Sem. f. Berufspäd. TU Hannover - Quantelholz 12F, 3000 Hannover (T. 79 94 20) - Geb. 6. Okt. 1929 Kreiensen, ev., verh. s. 1963 m. Gisela, geb. Hackenberg), 2 Kd. (Carsten, Gunnar) - BV: Probleme d. soz. Aufstiegs berufstätiger Jugendlicher, 1968; Berufsbild u. Studienplan, 1975 (m. a.); Berufsausbildung f. nichtakad. Berufe, 1984.

JUNGK, Klaus

Dr. phil., Komponist - Kaiserstuhlstr. 29, 1000 Berlin 38 (T. 8038137) - Geb. 1. Mai 1916 Stettin (Vater: Dipl.-Ing. Ernst J., Dir.; Mutter: Ursula, geb. Haltermann), gottgl., verh. s. 1945 m. Jutta, geb. Löffler - Gymn. Stettin u. Stralsund; Loewe-Konservat. Stettin; Univ. Berlin (Musikwiss., Akustik, German.); Ausbild. Flöte (Prof. Hans Frenz, Dt. Oper Berlin) - 1938-42 Filmtonmeister; 1945-48 Tonregiss.; 1948-54 Cheftonm.; s. 1954 stv. Leit. Hauptabt. Musik u. Leitg. E-Musik SFB. Mitgl. IMZ u. AIBM. Üb. 80 Kompos., dar. Klavier-, Kammermusik-, Orch.w., Lieder; Bühnen- u. Hörspielmus. - BV: Wie e. Tonfilm entsteht, 1951; Musik im techn. Zeitalter - V. d. Edisonwalze z. Bildplatte, 1971 - Philatelist - Spr.: Arab., Engl., Franz., Span., Russ.

JUNGK, Peter Stephan

Schriftsteller - Untere Donaustr. 35, A-1020 Wien - Geb. 19. Dez. 1952 Santa Monica/Calif., USA, jüd., ledig - 1974-76 Ausb. American Film Inst., Los Angeles/Calif. - BV: Stechpalmenwald, 1978; Rundgang, 1981; Shabbat, A rite of Passage in Jerusalem, 1985; D. Franz Werfel Buch, 1986; Franz Werfel, Biogr. 1987. Fr. Mitarb. Frankfurter Allgem. Magazin.

JUNGK, Robert

Dr. phil., Prof. Schriftsteller - Steingasse 31, A-5020 Salzburg (Österr.) (T. 7 51 27) - Geb. 11. Mai 1913 Berlin, isr., verh. s. 1948 m. Ruth, geb. Suschitzky, S. Peter - Mommsen-Gymn. Berlin; Univ. ebd., Paris, Zürich (Promot. 1945) - Autor u. Mitregiss. Kulturfilme Straßbg. Münster u. Simbolos eternos (Span. Kathedralen), Journ. u. Auslandskorresp. schweiz. Ztg. u. Ztschr. Paris, London u. Washington, Mitarb. Observer, London. S. 1968 Lehrbeauftr. u. Honorarprof. (1970) TU Berlin (Zukunftsforsch.). 1964 ff. Präs. Mankind 2000, London. Gründungs- u. Kurat.s-mitgl. Inst. f. Zukunftsforsch., Berlin. Initiator Intern. Konfz. f. Zukunftsforsch. (Oslo 1967, Kyoto 70, Bukarest 1972) - BV: u. a. Wachsfiguren - D. Leben d. Madame Tussaud, 1939 (unt. Ps. A. de Stael); D. Kampf d. Schweiz um d. Pressefreiheit 1823-29 (Ps. R. Baum); D. Zukunft hat schon begonnen, 1952 (1973: 14 Übers., GA. 1,3 Mill.); Heller als tausend Sonnen, 1956 (15 Übers., GA. 2,3 Mill.); D. Schöpfung u. d. menschl. Wille, in: Wie leben wir morgen?, 1957 (Kroener); Strahlen aus d. Asche - Gesch. e. Wiedergeburt 1959 (17 Übers., GA. 900 Ts.); D. große Maschine, 1966 (6 Übers., GA. 220 Ts.); Menschen im Jahr 2000, 1969; Vorauswissen ist Macht - Versprechen u. Gefahren d. Zukunftsforsch., 1969; Terrassenturm u. Sonnenhügel - Intern. Experimente f. d. Stadt 2000, 1970 (m. Werner Filmer); D. Jahrtausendmensch, 1973 (8 Übers.), Der Atomstaat, 1978 (bish. 8 Übers.); Zukunftswerkstätten, 1981; Menschenbeben - D. Aufstand gegen d. Unerträgliche, 1983. Herausg.: Modelle f. e. neue Welt (Buchreihe Desch, 1964ff.), Technologie d. Zukunft (1970), Menschheitsträume (1971) - 1958 Prix Hachette Weltausstellung Brüssel, 1960 Joseph-E.-Drexel-Preis, 1961 Intern. Friedenspreis Lüttich, 1970 Wilhelm-Bölsche-Med. in Gold; 1978 Deutscher Naturschutzpreis; Mitgl. Österr. PEN-Club u. PEN-Zentrum BRD (1972) - Liebh.: Lesen, Wandern - Spr.: Engl., Franz., Ital. - Vater: Max, Schausp. u. Regiss. (eigl. Baum, nahm spät. d. Namen Jungk an); Mutter: Elli, geb. Bravo, ebenf. Schausp.

JUNGK, Theodora, geb. Jung

Kammerschauspielerin - Esmarchstr. 78, 2300 Kiel (T. 0431 - 8 31 70) - Geb. 1. April 1913 Gera, ev., verw. (Ehemann: Robert Jungk), Sohn Karl-Peter - Schauspielsch. - 1932ff. fast alle Charakterrollen (ernst, heiter) - 1978 50j. Bühnenjubiläum - Liebh.: Bücher; sammelt Elefanten u. Clowns - Spr.: Engl. - Lit.: Peter Dannenberg, Immer wenn es Abend wird.

JUNGKURTH, Horst

Generalleutnant u. Inspekteur d. Luftwaffe Bundesmin. d. Verteidigung - Postf. 13 28, 5300 Bonn 1 (T. 0228 - 12 46 00) - Geb. 24. Jan. 1933 Osnabrück, ev., verh. m. Inga, geb. Eick, 3 Kd. (Marcus, Anja, Sascha) - Abit.; Stud. Geisteswiss. - Fliegerische Verwendungen, u.a. Kommodore e. Kampfgeschwaders, Kommandeur d. 3. Luftwaffendiv., Befehlshaber d. 4. Alliierten Takt. Luftflotte, Stellv. d. Generalinspekteurs d. Bundeswehr - BVK I. Kl.; gold. Bundeswehr-Ehrenkreuz; Gorkha-Dakshina-Bahu 2 Kl./Nepal - Liebh.: Mod. Malerei, Reisen - Spr.: Engl., Franz.

JUNGLAS, Hermannjosef

Präsident Dt. Laienspielverb. - Holzstr. 2, 6500 Mainz 1 (T. 06131 - 22 23 27 u. 22 15 75) - Geb. 16. Juli 1929 Mayen/Eifel (Vater: Joh. J., Sozialmin. Rhld.-Pfalz), kath., verh. s. 1952 m. Elisabeth, geb. Hülse, 3 Kd. (Mario, Hermannjosef, Christiane) - Stud. German. u. Theaterwiss. Univ. Mainz - BV: Trost im Jahr, Lyrik 1972; Im Jahresbogen, Lyrik 1982 - 1973 Bundesverdienstmed., 1988 BVK - Spr.: Engl., Franz. - Bek. Vorf.: Prof. Joh. Peter J., Bonn, Religionsgelehrter.

JUNGMANN, Horst

Beamter, MdB (s. 1976, Wahlkr. 6/Plön-Neumünster) - Schwentineweg 6, 2320 Wittmoldt - Geb. 24. Sept. 1940 Grafenort/OS., ev., verh., 2 Kd. - N. Mittl. Reife Lehre Bundespost. Verw.sprüf. f. d. gehob. nichttechn. Dienst - 1959-70 Soldat auf Zeit Bundesmarine (zul. Oberbootsm. d. R.); s. 1971 Beamter Bundeswehrverw. (Reg.sinsp.). 1970-71 u. 1974-76 MdK Plön. SPD s. 1966.

JUNGMANN, Horst

Dr. med., Prof., Wiss. Rat II. Med. Univ.sklinik Hamburg - Wrangelpark 11, 2000 Hamburg 52 - Geb. 16. Mai 1921 Leipzig - S. 1960 (Habil.) Lehrtätigk. Univ. Hamburg (1967 apl. Prof.; Balneologie u. Med. Klimatol.). Fachveröff.

JUNGMANN, Karl-Heinz

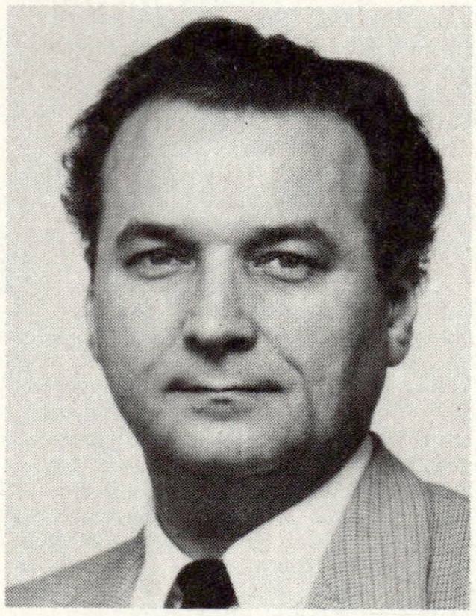

Vorsitzender DGB-Landesbezirk Hessen (s. 1987) - Günthersburgallee 10, 6000 Frankfurt/M. 1 - Geb. 16. April 1944, gesch., 2 Kd. (Grit, Wibke) - Lehre Dt. Bundesbahn - 1962-66 Polizeibeamter; s. 1966 in hauptamtl. Gewerkschaftsfunktionen, b. 1987 ÖTV (zul. Vors. in Frankfurt/M.); Mitgl. Rundfunkrat d. HR; Beiratsmitgl. d. LZB Hessen; stv. Bundesvors. d. Reichsbanner Schwarz-Rot-Gold.

JUNGNICKEL, Dieter

Dr. rer. nat., Prof. f. Mathematik - Birkenallee 1, 6301 Biebertal-Krumbach - Geb. 20. März 1952 Berlin (Vater: Heinz J., Buchhalter; Mutter: Ilse, geb. Beier), ev. - Gymn. Steglitz (Abit. 1971), 1971-75 FU Berlin, 1973/74 Univ. of London, Dipl.-Math. FU Berlin 1975, Promot. FU Berlin 1976, Habil. FU 1978 - 1975-78 Assist. FU, 1976-77 Visit. Assist. Prof. Univ. of Florida, 1978-80 Assist.prof. TU Berlin, 1979-80 Fellowship Europ. Science Program, 1980 Heisenberg-Stip., s. 1980 Prof. Univ. Gießen, 1987/88 Visit. Prof. Univ. of Waterloo, Canada (Intern. Scientific Exchange Award NSERC) - BV: Transversaltheorie, 1982; Design theory, 1985; Graphen, Netzwerke u. Algorithmen, 1987 - Liebh.: Musik, Lit., Gesch. - Spr.: Engl.

JUNGNICKEL, Rudolf

Internatslehrer, Schriftst. - 6422 Herbstein-Steinfurt - Geb. 3. Febr. 1922 - Lehrerhochsch. Hirschberg/Riesengeb. - 1955-61 Herausg. DI-Pressedst., Bonn; 1951-53 Präs. Dt. Kongr., Frankfurt/Hamburg; 1961-65 Schulfunk RIAS, Berlin - BV: Heinrich v. Kleists Tod, 1947; Gewissen u. Gewalt, Dramen 1954; Kabale am Rhein - E. Nachkriegs-Chronik, 1987 - Spr.: Engl., Franz. - Bek. Vorf.: Max Jungnickel, Novellist u. Essayist (Onkel).

JUNGNICKEL, Wolfgang

Dr. med. vet., Amtstierarzt, MdA Berlin (1971-75) - Rheinstr. 29, 1000 Berlin 41 (T. 8527602) - Geb. 30. April 1928 Bernau b. Berlin, verh. 3 Kd. - 1946-52 Humboldt- u. Freie Univ. Berlin (Veterinärmed.; Promot. 1952) - N. wiss. Assistenz fr. Praxis; s. 1964 Leit. Veterinäramt Steglitz. CDU s. 1955 (u. a. stv. Kreisvors. Schöneberg).

JUNGRAITHMAYR, Herrmann Rudolf

Dr. phil., Prof. f. Afrikanistik Univ. Frankfurt/M. (s. 1985) - Unter dem Gedankenspiel 56, 3550 Marburg-Wehrda - Geb. 7. Mai 1931 Eferding/Österr. (Vater: Martin J.; Mutter: Luise, geb. Weiss), ev., verh. s. 1966 m. Ellen, geb. Wöhrmann, 3 Kd. (Martin, Wolfgang, Therese) - Abit. Linz 1950, Univ. Wien u. Hamburg - 1956-59 Doz. Goethe-Inst., Kairo, 1968/69 Gastprof. Howard Univ., Washington D.C., 1971-85 Prof. Univ. Marburg, 1985 Univ. Frankfurt am Main, Vorst.-Mitgl. Dt. Morgenl. Ges. u. d. Wiss. Ges., Frankfurt - BV: D. Ron-Sprachen, 1970; Einführung in d. Hausa-Spr., 1976 (zus. m. W. Möhlig); Märchen aus d. Tschad, 1981; Chadic Lexical Roots, 1981 (zus. m. K. Shimizu); Lexikon d. Afrikanistik, 1983 (zus. m. W. Möhlig) - Liebh.: Afrikan. Sprachen u. Kulturen - Spr.: Engl., Franz., Arabisch, Hausa.

JUNGWIRTH, Christoph

Dr. phil., Prof. f. Biochem. Virologie - Königsberger Str. 44, 8700 Würzburg - Geb. 5. Juni 1935 Wien - Promot. 1960; Habil. 1967 - S. 1978 Prof. Univ. Würzburg/Fachber. Med. (Abt.leit. u. Prof. Inst. f. Virol. u. Immunbiol.). Fachaufsätze.

JUNGWIRTH, Johann

Dr. med., Prof., Gerichts- u. Versicherungsmediziner - Hans-Sachs-Str. 5, 8000 München 5 (T. 240873) - Geb. 3. April 1920 Kösching - S. 1957 (Habil.) Lehrtätigk. Univ. München (1964 apl. Prof.; 1970 Abt.svorsteher u. Prof.). Fachveröff.

JUNIOR, Peter

Dr. phil. nat., Prof. f. Physik Univ. Frankfurt - Holzhecke 10, 6000 Frankfurt/M..

JUNK, Günther

Fabrikant (Albert Köhler KG/Pappenfabrik, Gengenbach), Vorstandsmitgl. Arbeitgeberverb. d. Papierind. BW, Stuttgart (s. 1966), Stadtrat Gengenbach (s. 1956) - Grünstr. 55, 7614 Gengenbach/Br. - Geb. 22. Jan. 1920 Löwenberg/Schles. (Vater: Hans J., Studienrat; Mutter: Elfriede, geb. Jaworski), ev., verh. s. 1944 m. Gisela, geb. Köhler, 4 Kd. (Hans-Henning, Holger, Wolfgang, Claudia) - Reform-Realgymn. Löwenberg u. Reform-Gymn. Düsseldorf/Rethelstr. (Abit. 1938) - S. 1956 Geschäftsf. Pappenind. (Gengenbach); 1977-86 Präs. IHK Südl. Oberrhein, Freiburg; Mitglied im VR d. Bezirkssparkasse Gegenbach - 1981 BVK I. Kl.

JUNK, Wolfgang Johannes

Dr. rer. nat., Leiter d. AG Tropenökologie, Max-Planck-Inst. f. Limnologie (s. 1980) - Zu erreichen üb. August-Thienemannstr. 2, 2320 Plön (T. 04522 -

8 02-1) - Geb. 24. Juni 1942, verh. s. 1972 m. Karola Dorothea, geb. Gisewsky, 2 Töcht. (Iris, Verena) - Stud. Zool., Botanik, Chem., Meereskunde, Limnol. Univ. Bonn, Freiburg u. Kiel; Promot. 1970 Kiel - 1976-80 Leit. Abt. Hydrobiol. u. Binnenfischerei am brasil. Amazonas-Forschungsinst. (INPA) - Etwa 60 Veröff. z. Tropenökol. - S. 1981 Mitgl. Akad. d. Wiss. v. Sao Paulo - Spr.: Engl., Franz., Portug.

JUNKER, Albert

Dr. phil., em. o. Prof. f. Roman. Philologie - Lerchenhain 1, 8700 Würzburg - Geb. 25. Sept. 1908 Aschaffenburg (Vater: Christoph J.; Mutter: geb. Lotz), kath., verh. s. 1947 m. Eva, geb. Schlaegel, 4 Kd. - Univ. Frankfurt, Paris, München (Promot. 1931 b. Karl Voßler) - 1937 Studienrat Dt. Obersch. Rom (b. 1943), 1947 Privatdoz., 1951 apl. Prof. Univ. Würzburg, 1954 ao., 1958 o. Prof. Univ. Erlangen, 1965 Univ. Würzburg. Veröff. z. Gesch. u. z. Roman. Sprach- u. Lit.gesch., zul.: Wachstum u. Wandlungen im neuesten ital. Wortschatz, 1955; Forschungsstand z. Rolandslied, 1956; D. Bedeut. d. franz. Geistes im Rahmen d. europ. Kultur, 1956, franz. 1958; D. Thema d. Hand in d. mod. franz. Lit., 1967 - 1936 Preis Dt.-Ital. Kulturinst., Köln; 1961 Kommandeurkreuz d. ital. Verdienstordens; 1965 Orden Palmes académiques; 1981 Grand Prix du Rayonnement français de l'Acad. Française.

JUNKER, Detlef

Dr. phil., Historiker, Prof. Univ. Heidelberg (s. 1975) - Waldblick 7, 6906 Leimen 2 (T. 06226 - 74 47) - Geb. 20. Juni 1939 Pinneberg (Vater: Walter J., Prokurist; Mutter: Margarethe, geb. Grevsmühl), I) verh. 1964-82 m. Heike, geb. Thiedemann, 2 Kd. (Claudia, Julia); II) s. 1983 m. Anja, geb. van der Schrieck - Redakt.volont.; Stud. Kiel; Promot. 1967; Research Fellow Yale Univ. (USA) 1970/71; Habil. 1974 Stuttgart - BV: Die Deutsche Zentrumspartei und Hitler 1932/33, 1969; D. unteilbare Weltmarkt. D. ökonom. Interesse in d. Außenpolitik d. USA 1933-41, 1975; Franklin D. Roosevelt, 1979; Kampf um d. Weltmacht. D. USA u. d. Dritte Reich 1933-45, 1988. Mithrsg.: Dt. Parlamentsdebatten 3 Bde. (1970/71); Deutschland u. d. USA 1890-1985 (1986). Aufs. z. Gesch. d. USA, z. dt. Gesch. u. z. Gesch.theorie.

JUNKER, Hans Dieter

Dr. phil., o. Prof., Kunstwissenschaftler, Kunstpädagoge u. Zeichner - Riedstr. 8, 6458 Rodenbach 1 - Geb. 6. Aug. 1936 Hanau/M., verh. s. 1964, 2 Kd. - 1956-62 Univ. Mainz (Kunstpäd., -gesch., German., Phil.) - 1962-67 höh. Schuldst.; s. 1967 Lehrst. f. Bild. Kunst EWH Rhld.-Pf./Abt. Worms. S. 1978 Abt. Koblenz. Mithrsg.: Ztschr. f. Kunstpäd. (1973-75). Zahlr. kunstwiss. u. -päd. Veröff. sowie Zeichn. in Ztschr. u. Sammelw.

JUNKER, Heinrich

Volkswirt, MdB (s. 1961; Wahlkr. 103/ Bielefeld-Land) - Am Ehrenkamp 13, 4814 Senne I/W. (T. Bielefeld 49777) - Geb. 15. April 1923 Liemke/W. (Vater: Josef J., Arbeiter; Mutter: Elisabeth, geb. Klesener), kath. - Volkssch.; 1937-39 kaufm. Lehre; 1949 bis 1951 Akad. für Gemeinw. Hamburg - Wehrdst.; 1946-49 Angest. Gemeindeverw. Brackwede; 1952 Sekr. Gewerksch. ÖTV Bielefeld; 1953-55 Ref. Bundesvorst. SPD; s. 1956 Doz. u. 1957-61 Heim VHS Bergneustadt (Friedrich-Ebert-Stiftg.). SPD s. 1947 (Mitgl. Parteivorst.) - BV: Menschenwürd. Gesellschaft n. kath. Soziallehre, ev., Sozialethik u. demokr. Sozialismus, 1960 (Mitverf.) - 1977 Ital. VO. Gran Ufficiale - Liebh.: Segeln.

JUNKER, Horst

Geschäftsführer Fachverb. d. Stahlrohrmöbel-Industrie u. Verb. d. freien Rohrw. - Kaiserswerther Str. 135, 4000 Düsseldorf 30.

JUNKER, Johannes

Missionsdirektor Mission Ev.-luth. Freikirchen, Seershausen - Ohofer Weg 12, 3176 Meinersen - Geb. 25. Mai 1932 Lomnitz/Rsbg., luth., verh. s. 1957 m. Sophia-Maria, geb. Wischnewski - Missionssem. Bleckmar; Luth. Theol. Hochsch. Oberursel, Kirchl. Hochsch. u. Univ. Hamburg - 1958-65 Missionar Südafrika; 1965-73 Pfarrer Hagen; 1973-84 gf. Kirchenrat Hannover. Herausg.: Missionsblatt d. Miss. Ev.-luth. Freikirchen in Bleckmar.

JUNKERS, Wilhelm

Dr. rer. nat., Prof. f. Mathematik Univ.-GH Duisburg (s. 1974) - Heltorfer Mark 35, 4000 Düsseldorf 31 - Geb. 1. Aug. 1928 Rheydt - Promot. 1969; Habil. 1971 - Zul. apl. Prof. Univ. Bonn - BV: Mehrwert. Ordnungsfunktionen, 1971.

JURECKA, Walter

Dr. techn., o. Prof. f. Baubetrieb u. -wirtschaft - Wien Technische Univ., - Geb. 31. Aug. 1915 Wien (Vater: Julius J., Ing.; Mutter: geb. Czecha), verh. 1943 m. Charlotte, geb. Loimann - TH Wien u. Graz - 1948-52 Tauern-Kraftwerk, Kaprun; 1952-62 Hochtief AG., Essen; s. 1962 Ord. TH Aachen u. Wien (1971). Facharb.

JURGENSEN, Manfred

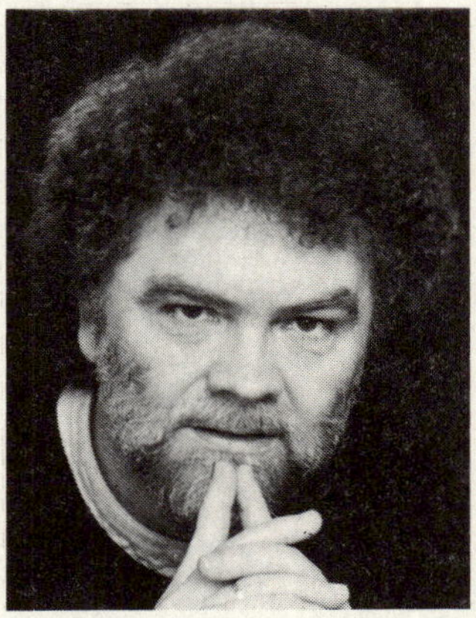

Dr. phil., M.A., o. Prof. Univ. Queensland (Australien), Schriftsteller, Kritiker, Verleger - A 81/32 Swann Road, Taringa 4068, Queensland, Australia - Geb. 26. März 1940 Flensburg, verh. s. 1986 m. Ulrike, geb. Fischer - B.A. Univ. Melbourne 1964, M.A. 1966, Promot. Univ. Zürich 1968; s. 1981 o. Prof. f. dt. Sprache u. Lit. s. o. - BV: Symbol als Idee, 1968; Stationen, Lyr. 1968; Aufenthalte, 1969; Max Frisch: D. Dramen, 1968, 2. A. 1972; Max Frisch: D. Romane, 1970, 2. A. 1972; Dt. Literaturtheorie d. Gegenw., 1972; Wehrersatz (R.), 1972; Grass: Kritik, 1973; Böll: Untersuchungen, 1975; a kind of dying, 1976; Frisch: Beiträge, 1977; D. fiktionale Ich, 1977; Innere Sicherheit, 1979; Erzählformen d. fiktionalen Ich, 1979; a winter's journey, Ged. 1979; south africa transit, Ged. 1979; Handke: Ansätze, 1979; Bernhard: Annäherungen, 1981; Ethnic Australia, 1981; Ingeborg Bachmann: D. neue Sprache, 1983; D. Kegel im Wald, 1983; The Skin Trade, Ged. 1983; Dt. Frauenautoren d. Gegenw., 1984; Wolf: Darstellungen, 1984; The Unit, Drama 1984; Versuchsperson, R. 1985; A Difficult Love, R. 1985; waiting for cancer, Ged. 1985; Frauenlit., 1985; Beschwörung u. Erlösung, 1985; Karin Struck: E. Einführung, 1985; K. Leopold: Selected Writings, 1985; Break-out, 1986; Selected Poems 1972-85, 1986; Native Poison/ D. Gift d. Heimat, 1987 (Film); The German Presence in Queensland, 1987; Australian Writing Now, 1988; Dt. Reise, 1988; Johnson: Ess. 1989; The Partiality of Harbours, 1989; My Operas Can't Swim, 1989; Eagle & Emu. A History of German-Australian Writing, 1989; u. a. Herausg. Queensland Studies in German Lit.; Outrider. Mithrsg. Seminar. Zahlr. Beitr. in wiss. Fachztschr. - Mitgl. Intern. P.E.N., Humboldt-Fellow; 1986 Fellow World Literary Acad. FWLA (Cambridge) - Liebh.: Cricket, klass. Musik - Spr.: Engl., Span., Franz. - Lit.: Elizabeth Perkins, The Writings of M. J.

JURISCH, Joachim

Dipl.-Ing., Geschäftsführer Permutit Gesellschaft mbH Berlin - Fontanestr. 3, 8523 Baiersdorf - Geb. 14. Juli 1923 Berlin (Vater: Paul J., Beamter; Mutter: Elfriede, geb. Barck), ev., verh. s. 1949 m. Dr. Herta J. - TU Berlin (Dipl.-Ing.) - Spr.: Engl., Franz.

JURKAT, Wolfgang Bernhard

Dr., Prof. f. Math. Univ. Ulm (s. 1976) - Oberer Eselsberg, 7900 Ulm - Geb. 26. März 1929 Gerdauen/Ostpr. (Vater: Bernhard J., Stud.Dir.; Mutter: Margarete, geb. Glang) - Promot. 1950 u. Habil. 1952 Tübingen - S. 1952 Doz. ebd.; Assoc. Prof. Univ. of Cincinnati (1954), Ohio State Univ. (1956), Syracuse Univ. (1957; 1958-75 Prof.; 1976 Distinguished Prof.); 1962-64 Forschungsprof. Kernforschungsanl. Jülich; Gastprof. Univ. Marburg u. Gießen (1959/60), Göttingen (1960), FU Berlin (1960/61), TH Aachen (1961), Köln (1965/66/67), Bonn (1965/66, 1967/68, 1969), Ulm (1970-75), Univ. of III./Urbana (1973). In- u. ausl. Fachmitgl.sch. Üb. 60 Veröff. wiss. Ztschr.

JURKOVIC, Vilo

Dr. med., Internist (Versorgungskrkhs. Bad Pyrmont), Prof. f. Inn. Med. Med. Hochsch. Hannover (s. 1961) - Hermann-Löns-Str. 2, 3280 Bad Pyrmont.

JURNA, Ilmar

Dr. med. (habil.), Prof. f. Pharmakologie u. Toxikol. - Lieselottenstr. 23, 6650 Homburg/Saar (T. 5113) - Geb. 16. Aug. 1929 Berlin - B. 1968 Privatdoz., dann Prof. Univ. d. Saarl., Saarbrücken. Fachveröff.

JURT, Joseph

Dr. phil., Prof. Univ. Freiburg - Im Gärtle 11, 7800 Freiburg (T. 55 13 87) - Geb. 10. März 1940 Willisau-Land (Schweiz) (Vater: Joseph J.; Mutter: Marie, geb. Koch), kath., verh. s. 1967 m. Marie-Louise, geb. Zemp, 2 Kd. (Pascal, Marie-Chantal) - 1962-66 Univ. Fribourg u. Paris (Roman. u. Gesch.; Promot. 1966); 1970-73 Stud. in Paris (Lit.soziol.); Habil. 1978 Regensburg - 1966-70 Seminarprof.; 1974-76 Wiss. Assist.; 1976-80 Akad. Rat; ab 1980 Univ.-Prof. - Verf. u. Hrsg. v. 5 Büchern (mehr. Bde.) in franz. Spr. - 1970-73 Forsch.stip.

JURZIG, Wolfgang G. W.

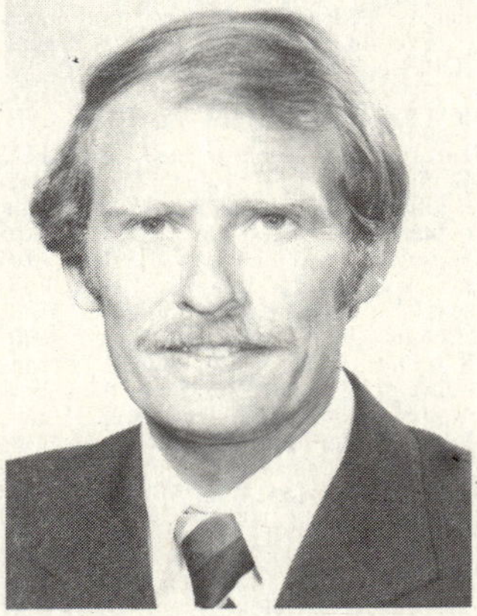

Dipl.-Ing., Hauptabteilungsleiter Streckendienst u. Navigation Deutsche Lufthansa AG, Frankfurt/M. - Am Seeberg 16, 6380 Bad Homburg v.d. Höhe 1 - Geb. 17. Febr. 1935 Breslau/Schles., ev., verh. s. 1964 m. Ingrid, geb. Oberhofer, 2 Töcht. (Sabine, Katrin) - Abit. 1953 Ehrenberg-Obersch. Delitzsch/Sachsen; Stud. Flugzeugbau u. -entwurf TH Dresden; Dipl. 1959 - 1959-60 Entwurfsing. Flugzeugwerke Dresden; 1960 Hamburger Flugzeugbau; s. 1960 Flugmechaniker Dt. Lufthansa AG; 1963-71 Gruppenleit.; 1971-78 Leit. Abt. f. Aeronaut. Karten, s. 1978 Leit. Hauptabt. Streckendienst u. Navigation. 1976 Member of the Alumni Stanford Univ. (Stanford Executive Progr.); 1981-84 Leit. Aircraft Noise and Emiss. Advisory Committ. d. Intern. Air Transport Assoc. (IATA), Montreal, P.Q., s. 1983 Umweltschutz Komit. d. Assoc. of Europ. Airlines (AEA), Brüssel, s. 1988 Luftfahrtkommiss. d. Dt. Ges. f. Ortung u. Navigation, Düsseldorf - Vorträge u. Veröffentl. z. Bekämpfung d. Fluglärms.

JUSATZ, Helmut

Dr. med., em. o. Prof. f. Tropenhygiene - Waldstr. 8, 6901 Wiesenbach - Geb. 2. März 1907 Gotha (Vater: Hugo J., Direktor; Mutter: Antonie, geb. Mueller), ev., verh. s. 1943 m. Vera, geb. Dietrich, 1 Kd. - Univ. Innsbruck, Marburg, Berlin, Prag, Jena (Promot. 1931). Amtsarztprüf. 1957 Hamburg - 1931-36 Assist. Hyg.-Inst. Univ. Marburg; s. 1940 Lehrtätigk. Univ. Berlin u. Heidelberg (1952; 1958 apl. 1962 ao., 1966 o. Prof.). 1965-85 Leit. Geomed. Forschungsst. Heidelbg. Akad. d. Wiss.; Mitgl. Working Group Geography of Health - BV: Weltseuchen-Atlas, 3 Bde. 1952/61 (m. E. Rodenwaldt); Tropenhyg., 6. A. 1966 (m. dems.). Herausg. Med. Länderkd., Erdkundl. Wissen Bd. 35 (1974), 43 (1976), 51 (1979), 70 (1984). Zahlr. Einzelarb. - 1972 Ehrenmitgl. Österr. Ges. f. Sozialmed., Wien, u. Schweiz. Ges. f. Sozialmed. u. Soc. Pathol. exotique Paris, 1978 Arbeitsgem. Ethnomed., 1983 Dt. Tropenmed. Ges.; korr. Mitgl. Belg. Ges. f. Tropenmed. - 1972 Alfons-Fischer-Med.; 1977 Silber-Med. Akad. d. Wiss. Heidelberg; 1975 Ordre pour le mérite soc. de Belgie, 1978 Ernst-Rodenwaldt-Med. in Gold, 1978 BVK I. Kl., 1982 Golden Victoria Medal Royal Geogr. Soc. London.

JUSSEN, Heribert

Dr. phil., o. Prof., Hochschullehrer, Sonderpädagogik - Rehabilitation u. Päd. d. Gehörlosen u. Schwerhörigen - Am Inselweiher 19, 5040 Brühl (T. 02232 - 4 36 19) - Geb. 19. Okt. 1925 Aachen - Stud.: Päd. u. Sonderpäd., Allgem. Sprachwiss. u. Phonetik, Psychologie Päd. Hochschule u. Friedrich-Wilhelm-Univ. zu Bonn. 1. u. 2. Staatsprüf. f. d. Lehramt an Grund- Haupt- u. Sondersch., Promot. Allgem. Sprachwiss. Lehrtätigk. an Grund- u. Haupt- sowie Gehörlosenschulen (einschl. Berufsbild.). 1959 Doz. Heilpäd. Inst. Pädag. Hochsch. Köln. 1962 Ernenn. z. Prof. u. Dir. Heilpäd. Inst. S. 1966 Dir. Seminar für Hör- u. Sprachgeschädigtenpädag. d. Heilpäd. Fak. Univ. Köln. Mitgliedsch. in Fachverb. - BV: D. Erschließung d. verbalen Denkkr. i. Taubstummenunterr., Ratingen 1961; Handb. d. Heilpädag. i. Schule u. Jugendhilfe (Hrsg.), München 1967; Lautbild. b. Hörgeschäd. - Abriß e. Phonetik (m. M. Kloster Jensen), Berlin-Charlottenburg 1974; Manuelle Kommunikationshilfen b. Gehörlosen - D. Fingeralph. (m. M. Krüger), Berlin-Charlottenburg 1975; Textkonstitution i. einf. Sprache u. ihre Probleme (Hrsg.), Heidelberg 1976; Mithrsg. mehr. Sonderpäd. Handb. u. Schriftenreihen, Veröff. i. Sammelwerken, Lexika u. Fachzeitschriften.

JUST, Eberhard

Dr. rer. nat., Prof. f. Chemie m. Schwerp. Theorie u. Praxis d. naturwiss. Unterrichts Univ. Bremen - Buesstr. 9, 2807 Achim (T. 04202 - 85 78) - Geb. 11. Dez. 1938 Frankfurt/M. - BV: Energiestoffwechsel Berlin, 1976 (zus. m. K. Schlösser).

JUST, Manfred

Dr. jur. utr., Prof. f. Röm. Recht, Antike Rechtsgesch. u. Bürgerl. Recht - Friedenstr. 31, 8700 Würzburg - B. 1977 Doz., dann Ord. Univ. Würzburg (Mirvorst. Inst. f. Kirchenrecht, Röm. Recht u. Vergl. Rechtsgesch.).

JUST, Marin
Dr. phil., Prof. f. Musikwissenschaft - Am Sonnenberg 16, 8700 Würzburg - Geb. 1930 Uslar - Promot. 1960; Habil. 1972 - S. 1978 Prof. Univ. Würzburg. Div. Facharb.

JUST, Otto H.
Dr. med., o. Prof. f. Anaesthesiologie - Waldgrenzweg 11, 6906 Ziegelhausen/N. - Geb. 27. Jan. 1922 Lauda/Baden - S. 1956 (Habil.) Lehrtätigk. FU Berlin u. Univ. Heidelberg (bei beiden Leit. Abt. f. Anaesthes. Chir. Klin.). Zeitw. Präs. Dt. Ges. f. Anaesthesie (1959 ff.).

JUST, Wolfram W.
Dipl.-Ing., ETH, MBA INSEAD, Inh. Intern. Consulting to Top Management (Personalmanagement, Management and Company Audits, Corporate Strategies, Mergers and Acquisitions), Präs. Les Estates Inc. (Arch., Generaluntern., Landerschließung in Eastern Long Island, New York) - Orellistr. 5, CH-8044 Zürich (T. 01 - 47 59 64) - Geb. 18. Mai 1940 Dresden - Gelehrtensch. des Johanneums Hamburg (Abit. 1959); Eidgenöss. Techn. Hochsch. Zürich (Dipl.ex. 1965; INSEAD, Fontainebleau, MBA 1967) - 1965-67 Assist. ETH Zürich, 1967-70 Techn. Verkauf u. Techn. Produkt Management Escher Wyss AG Zürich; s. 1970 Untern.berat.; s. 1981 Real Estate Geschäfte in USA. Mitgl. Ind.club D'dorf, Baur au Lac Club Zürich, Dt.-Japan. Ges. D'dorf. Fachveröff. - Liebh.: 16 mm Filmen, Reisen, Hochseesegeln, Klass. Musik, Malerei, Antiquitäten - Spr.: Engl., Franz., Schweizerdt., Ital.

JUST-DAHLMANN, Barbara
Dr. jur., Amtsgerichtsdirektorin, Schriftst. - Meerwiesenstr. 53, 6800 Mannheim 1 - Geb. 2. März 1922 Posen, ev., verh. s. 1951 m. Helmut J., 1 Kd. - Stud. Rechtswiss. Univ. Freiburg/Br.; Promot. b. Prof. Schönke - Assist. b. Erik Wolf (Rechtsphil.); b. 1979 Oberstaatsanw. Mannheim. B. 1980 1. Vors. Ev. Akademikerschaft - BV: Tageb. e. Staatsanwältin; Simon; Aus allen Ländern d. Erde; D. Kompass meines Herzens - Begegn. m. Israel, 1984 - Theodor-Heuss-Med.; Moses-Mendelssohn-Preis - Interesse: Judentum - Spr.: Poln.

JUSTUS, Harald C.
Kaufm., Mitinh. Friederich Justus & Co., Justus Technik GmbH. (Industrie-Anlagen), Riensch & Held, alle Hamburg, Vizepräs. Bundesverb. d. Dt. Groß- u. Außenhdl., Bonn - Waldstr. 6, 2057 Reinbek - Geb. 14. Febr. 1932.

JUTZ, Christian
Dr. rer. nat., Prof. f. Organ. Chemie - Sonnenweg Nr. 18, 8131 Berg/Obb. (T. Starnberg 51112) - Geb. 8. Juli 1925 München (Vater: Adolf J., Kunstmaler; Mutter: Marie, geb. Roos), verh. 1956 m. Traudl, geb. Eberler, 2 Söhne, 1 Tochter - TU München (Chemie; Dipl.-Chem. 1951). Promot. (1954) u. Habil. (1960) München - S. 1960 Lehrtätigk. TH München (1966 Wiss. Rat u. Prof.). Fachveröff. - Liebh.: Lit., Musik, bild. Kunst, Astronomie.

JUTZI, Dieter
Dr., Vorstandsmitgl. Ytong AG. - Volkartstr. 83, 8000 München 19 - Geb. 10. Juni 1935.

JUTZI, Peter
Dr. rer. nat., Prof. f. Anorgan. Chemie Univ. Bielefeld (s. 1979) - Geschwister-Scholl-Str. 18, 4800 Bielefeld 1 - Geb. 21. Okt. 1938 Duisburg - Promot. 1965 Marburg; Habil. 1971 Würzburg - 1971-79 Lehrtätigk. Univ. Würzburg (1974 Wiss. Rat u. Prof., 1978 Prof.). Üb. 150 Fachveröff.

JUX, Ulrich
Dr. phil., Dipl.-Geologe, o. Prof. f. Paläontologie - An d. Jüch 30, 5060 Bergisch Gladbach (T. 3 24 28) - Geb. 2. April 1929 Hoffnungsthal (Vater: Dr. Anton J., Hauptschulrektor; Mutter: Sofie, geb. Härtl), kath., verh. s. 1960 m. Herta, geb. Meese, 2 Kd. (A. Oliver; Annelis) - Gymn. Berg. Gladbach; Univ. Köln, München, Kairo (Naturwiss.). Promot. (1953) u. Habil. (1958) Köln - 1954-59 Univ. Köln (Assist. Geol. Inst.); 1959-61 Univ. Baton Rouge (USA); s. 1961 Univ. Köln (b. 1979 ao., dann o. Prof. u. Dir. Geol. Inst.). 1968-70 Univ. Kabul (Afghanistan). Wiederh. 1. Vors. Berg. Geschichtsv.; Beiratsvors. Unt.-Landschaftsbeh. Stadt Köln - BV: Paläozoische Riffe u. Faunen, fossiles Plankton, oriental. Paläozoikum und Kreide, Paläo-Ökologie. Zahlr. Fachaufs. u. Buchveröff. - 1983 Rheinlandtaler - Spr.: Engl., Franz.

K

KAACK, Heino
Dr. phil., o. Prof. f. Politikwissenschaft - Tannenstr. 11, 5451 Kurtscheid - Geb. 19. Juni 1940 Kiel (Vater: Adolf K., Techn. Angest.; Mutter: Helene, geb. Reissmann), verh. s. 1966 m. Ursula, geb. Tuliszka, S. Tobias - Promot. 1965 Kiel; Habil. 1971 Hamburg - S. 1972 Prof. Erziehungswiss. Hochsch. Rheinland-Pfalz/Abt. Koblenz (1973 Ord.). 1977 ff. Honorarprof. f. Polit. Wiss. Univ. Bonn - BV: u. a. D. Parteien in d. Verfassungswirklichkeit d. Bundesrep., 2. A. 1964; Zw. Verhältnis- u. Mehrheitswahl, 1967; Wer kommt in d. Bundestag?, 1969; Geschichte u. Struktur d. dt. Parteiensystems, 1971; D. FDP, 3. A. 1979. Herausg.: Stud. z. polit. System in d. BRD (1973 ff.), Parteien-Jahrb. (1977 ff); Handb. d. dt. Parteiensystems, 2 Bde., 1980.

KAADEN, Oskar-Rüdiger
Dr. med. vet., Abteilungsvorsteher (Inst. f. Virologie) u. Prof. f. Virol. Tierärztl. Hochsch. Hannover (s. 1977) - In der Bebie 80, 3000 Hannover 72 - 1976 b. 77 Privatdoz. Univ. Gießen.

KAAS, Nikolaus
Dr. rer. oec., Dipl.-Kfm., Prof. f. Betriebswirtschaftslehre, insb. Marketing, Univ. Frankfurt/M. (s. 1977) - Zu erreichen üb. FB 2, Senckenberganlage 31-33, 6000 Frankfurt - Geb. 12. Nov. 1940 Saarlouis (Vater: Nikolaus K., Angest.; Mutter: Rosa, geb. Mathieu), kath., gesch., 2 T. (Verena, Julia) - Abit. 1960 Saarlouis (Gymn.); Matrosenprüf. 1965 Bremen (Handelsmarine); Dipl.-Kfm. 1968, Promot. (1972) u. Habil. (1976) Saarbrücken - Zul. Wiss. Assist. Univ. Saarbrücken - BV: Diffusion u. Marketing, 1973; Empir. Preisabsatzfunktionen b. Konsumgütern, 1977 - Spr.: Franz., Ital., Engl.

KAASE, Heinrich E. A.
Dr. rer. nat., Prof. f. Lichttechnik TU Berlin (s. 1987) - Einsteinufer 19, 1000 Berlin 10 - Geb. 28. April 1941 Melle (Vater: Dipl.-Ing. Heinrich K.; Mutter: Hermine, geb. Helms), ev., verh. s. 1970 m. Apothekerin Veronika, geb. Fodschuk, T. Kristina - Dipl.-Phys. 1970, Promot. 1975 TU Braunschweig - 1970-87 Phys.-Techn. Bundesanst. Braunschweig PTB (s. 1980 Leit. d. Labor. Optoelektronik d. PTB); s. 1987 Univ.-Prof. TU Berlin. 69 Fachveröff.

KAASE, Max Willy
Dr. rer. pol., Prof. f. Politische Wissenschaft - Ludwig-Beck-Str. 22, 6800 Mannheim 1 (T. 0621 - 81 42 12) - Geb. 14. Mai 1935 Krefeld (Vater: Dr. Walter K., Dir.; Mutter: Elisabeth, geb. Eicker), gesch. - Realgymn. Krefeld, Univ. Köln (Dipl. Volksw. 1959), Promot. 1964 Univ. Mannheim, Habil. 1972, 1980 Prof., Lehrst. f. Polit. Wiss. u. Intern. Vergl. Sozialforsch. Univ. Mannheim - 1978ff. Vors. Zentrum f. Umfragen, Methoden u. Analysen (ZUMA), Mannheim; 1987-90 Mitgl. Wissenschaftsrat - BV: Political Action (zus. m. Samuel H. Barnes et al.), 1979; Wahlsoz. heute, (Hrsg.), 1977 - Liebh.: Mod. Graphik, Sport, Musik - Spr.: Engl., Franz. (Grundk.).

KAAT, te, Erich H.
Dr. rer. nat., Prof. f. Experimentalphysik, Rektor a.D. Univ. Dortmund - Forstbann 9, 4600 Dortmund 50 (T. 0231-73 60 45) - Geb. 27. Dez. 1937 Hamminkeln (Vater: Wilhelm t. K., Kaufm.; Mutter: Brigitta, geb. Lübbering), kath., verh. s. 1964 m. Antje, geb. Witte, 3 Kd. (Jens, Kai-Hendrik, Silke) - Staatl. Gymn. Wesel (Abit. 1957), 1958-61 Univ. München, 1961-70 Münster, Dipl. 1965, Promot. 1969 - B. 1970 Assist. Univ. Münster, 1970-72 Consultant IBM USA, 1972 KFA Jülich, s. 1972 Univ. Dortm., 1974-76 Senat, 1976-78 Rektor Univ. Dortmund - Liebh.: Geige (Kammermusik) - Spr.: Engl., wen. Franz.

KABALLO, Winfried
Dr. rer. nat., Prof. f. Math. (Analysis) - Bornsgasse 3a, 5400 Koblenz 1 - Geb. 25. April 1952 Koblenz (Vater: Hans K., Orthopäd.-Mechaniker; Mutter: Lieselotte, geb. Arnold), verh. s. 1985 m. Paz, geb. Mallari, S. Michael - Gymn. Oberlahnstein; Univ. Mainz u. Kaiserslautern; Promot. 1974, Habil. 1977 (bde. Univ. Kaiserslautern) - 1977 Doz., 1978 apl. Prof., 1979 Wiss. Rat u. Prof., 1980 Prof. (alles Univ. Dortmund), s. 1985 DAAD-Gastprof. Univ. of the Philippines.

KABEL, Heidi
Schauspielerin - Zu erreichen üb. Ohnsorg-Theater, 2000 Hamburg - Geb. 27. Aug. 1914 Hamburg (Vater: Ernst K., Buchdrucker; Mutter: Agnes, geb. Ölkers), verh. m. Hans Mahler (Dir. Ohnsorg-Theater) † 1970, 3 Kd. - S. 1932 Ohnsorg-Theater. Ausschl. Volksst. Film; Fernsehen (Serie: Kleinstadtbahnhof) - 1982 Silb. Maske Hbg. Ohnsorg-Theater; 1983 Richard-Ohnsorg-Preis; 1985 Gold. Kamera Hör zu.

KABEL, Rainer

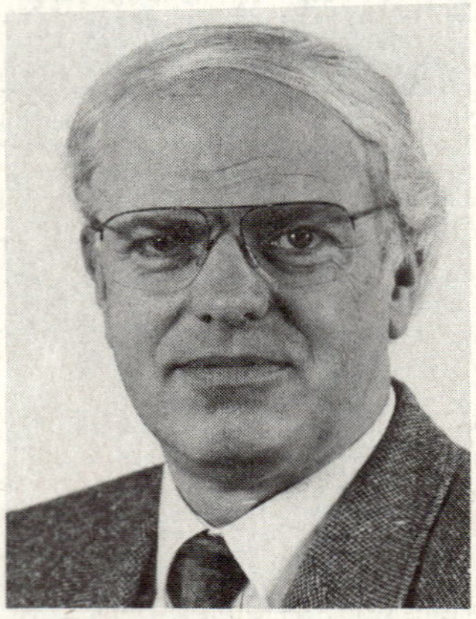

Dr. phil., Prof., Hauptabteilungsleiter im Sender Freies Berlin u. Honorarprof. f. Medien- u. Kulturwirtschaft TU Berlin u. f. Politikwiss. FU Berlin - Bergengruenstr. 60, 1000 Berlin 38 - Geb. 27. Nov. 1936 Neumünster/Holst., ev.-luth., verh. m. Sigrid, geb. Wege, 3 Kd. (Clemens, Xenia, Basil) - Univ. Kiel u. Zürich (Phil., Politol., Literaturwiss. u. Kunstgesch.), Promot. 1965, Prof. f. Politikwiss. 1973. 1963 Kulturamtsangest Neumünster, Assist. Programmdir. Saarl. Rundf.; 1964 Abt.leit. SR, 1966 Volkshochschuldir. Gelsenkirchen, 1967 auch Museumsdir. ebd., 1970 Hauptabt.leit. SFB, 1973 Prof. PH Berlin, 1980 Prof. TU Berlin u. Fachbereich Politische Wiss. d. Freien Univ. Berlin, im SFB zust. f. Medienforschung u. -planung, Datenschutz - Bücher üb. Friedensforsch., Medientechn. (Satelliten), Gesellschaftl. Auswirkungen neuerer Techniken, Medien; Ztschr.aufs., Hörfunk- u. Fernsehsend.

KABELITZ, Hanns-Joachim
Dr. med., Prof., Medizinaldirektor, Chefarzt Med. Klinik Städt. Krankenanstalten Bayreuth (s. 1964) - Zul. Brandenburger Str. 49, Bayreuth - Geb. 23. Febr. 1920 Liegnitz/Schles., verh. s. 1945 m. Dr. med. Eva, geb. Busch, 2 Kd. (Anne, Dieter) - Gymn. Liegnitz; Univ. Breslau, Med. Staatsex. Münster - S. 1956 (Habil.) Privatdoz. u. apl. Prof. (1963) Univ. Erlangen bzw. -Nürnberg (Innere Med.). Spez. Arbeitsgeb.: Hämatologie, Kardiologie, Toxoplasmose - BV: Zytologie d. Defensivreaktionen d. menschl. Knochenmarks, 1958; Klinik d. erworbenen Toxoplasmose, 1962; Lexikon u. Atlas d. Elektrokardiogr., 1966 - Spr.: Engl., Franz. - Rotarier.

KABUS, Wilhelm
Bürgermeister a. D. - Sponholzstr. 2, 1000 Berlin 41 (T. 8521138) - Geb. 11. Okt. 1918 Kreis Rybnik/OS. - Volkssch.; Lehre; Ausbild. im Allg. Maschinenbau u. als Bauing. - 15 J. Bauleiter u. Gutachter fr. Wirtschaft; zul. 5 J. techn. Hauptsachbearb. Senatsverw. f. Bau- u. Wohnungswesen; 1975-83 Bürgerm. Schöneberg. Vors. Diözesanrat d. Katholiken in Berlin (1972 wiedergew.). Bezirksverordn. Sch'berg (1963 Fraktionsvors.). CDU s. 1956, Bezirksstadtrat f. Bau u. Wohnungsw. (s. 1965).

KABUSS (ß), Siegfried
Dr. rer. nat., Prof. f. Organ. Chemie - Reutebachgasse 65, 7800 Freiburg/Br. - Geb. 11. Mai 1931 Lauenburg/Pommern (Vater: Erich K., Kaufm.; Mutter: Helene, geb. Hocke), verh. s. 1960 m. Christa, geb. Tobergte, OStR, 2 T. (Bettina, Isabel) - Stud. Univ. Hamburg, Marburg u. Freiburg; Dipl. Chem. 1959, Promot. 1963, Habil. 1969, alle Freiburg - 1975 Prof. Univ. Freiburg. Ca. 30 Fachveröff. in Fachztschr.

KACZMARCZYK, Norbert
Dr.-Ing., Prof. f. Mathematik u. Systemtheorie GH Paderborn (Fachber. Nachrichtentechnik, Meschede) - Weidenstr. 5, 5778 Meschede.

KACZMAREK, Norbert
Dipl.-Pol., Ltd. Senatsrat, Geschäftsf. Dt. Städtetag, Landesverb. Berlin - Rathaus Schöneberg, 1000 Berlin 62 (T. 030 - 783 33 30) - Geb. 18. Febr. 1942 Potsdam-Babelsberg.

KACZYNSKI, Reiner
Dr. theol., Lic. phil., Prof. f. Liturgiewissenschaft Univ. München, Direktor d. Herzogl. Georgianums - Professor-Huber-Platz 1, 8000 München 22 - Geb. 11. Mai 1939 Breslau (Vater: Kurt K., Oberreg.dir. †; Mutter: Klara, geb. Barnowski), kath., ledig - 1958-65 Univ. Gregoriana Rom (Priesterweihe 1964); 1967-71 Theol. Fak. Trier; Promot. 1971 - 1965-67 Kaplan; 1971-76 Mitarb. Gottesdienstkongregation (Vatikan); s. 1980 Prof. (C4) in München - BV: D. Wort Gottes in Liturgie u. Alltag d. Gden. d. Johannes Chrysostomus, 1974; Enchiridion documentorum instaurationis liturgicae (I), 1976, (II), 1988 - Spr.: Ital.

KADDATZ, Joachim
Hauptgeschäftsführer Zentralverb. d. Uhrmacher u. Bundesverb. d. Juweliere u. Uhrmacher, Geschäftsf. Förderungswerk Königstein GmbH, Schriftl. Fachztschr. Uhren, Juwelen, Schmuck - Eichkopfstr. 13, 6374 Steinbach/Ts. (T. 06174 - 4041) - Geb. 18. Okt. 1925 Stralsund (Vater: Karl K., Baumeister; Mutter: Anna, geb. Schmidt), verh. s. 1961 m. Helga, geb. Kalliess, 2 Kd. (Petra, Jens) - Liebh.: Musik - Spr.: Engl., Franz.

KADE, Gerd C.
Vorstandsmitglied Horten AG., Düsseldorf - Am Dreilinden 8, 4000 Düsseldorf-Gerresheim - Geb. 2. Juli 1927 Düsseldorf - Präs. Außenhandelsvereinig. d. Dt. Einzelhandels, Köln; Vizepräs. Foreign Trade Assoc., Brüssel/Köln - Ehrenvors. Übersee-Import-Messe

(Partner d. Fortschritts); 1982 BVK I. Kl.

KADE, Gerhard

Dr. rer. pol., o. Prof. f. Statistik u. Ökonometrie TH Darmstadt (s. 1966) - Lichtwiesenweg, 6100 Darmstadt - Geb. 8. Okt. 1931 Berlin - Promot. u. Habil. Berlin - Zul. Doz. FU Berlin. Fachveröff.

KADELBACH, Gerd

Dr. phil., Dr. phil. h. c., Rundfunkjournalist, Honorarprof. f. Schule u. Massenkommunikationsmittel Univ. Frankfurt/Abt. f. Erziehungswiss. (s. 1967) - Neuhaußstr. 6, 6000 Frankfurt/M. (T. 59 33 34) - Geb. 8. Jan. 1919 Pitschen/OS. (Vater: Prof. D. Gerhard Schulze-Kadelbach, Ord. f. Theologie Univ. Jena), ev., verh. s. 1943 m. Lieselotte, geb. Sengebusch, 3 Kd. (Ursula, Gerhard, Stefan) - Gymn.; Stud. Phil., Altphilol., German. - B. 1945 Wehrdst.; 1945-53 Lehrer u. -bildner Würzburg; 1953-56 Schul- u. Kulturdezern. Mannheim; s. 1956 Leit. Hauptabt. Bildung u. Erzieh. Hess. Rundfunk; Begr. u. Leit. Funk-Kolleg d. ARD-Rundfunkanst. - BV: Frör, Religionspäd., Bd. VIII 1955; Erlebte Gesch., 6 H. 1960/61; Schulfunkbibliogr., 1960; Dtschl. n. d. II. Weltkr. - Beitrag f. d. Unterricht in Zeitgesch. u. Gemeinschaftskd., 1965. Herausg.: Wiss. u. Ges., 1967; Erzieh. z. Mündigkeit - Gespräche m. Theodor W. Adorno, 1969; Bildungsfragen d. Gegenwart, 1974; Leben heißt Lernen, 1976 - Liebh.: Architektur, Hunde - Spr.: Engl., Franz. - Bek. Vorf.: Prof. D. Martin Schulze, Ord. f. Theol. Univ. Königsberg/Pr. (Lehrer v. Karl Barth u. Iwand).

KADEN, Rudolf

Dr. med., Prof., vormals Hautklinik/ Andrologie Univ.-Klinikum Steglitz - Sulzaer Str. 20, 1000 Berlin 33 (T. 825 59 20) - Geb. 22. Nov. 1916 Dresden (Vater: Hans K., Juwelier; Mutter: Martha, geb. Lehmann), ev., verh. s. 1960 m. Ingrid, geb. Jadrniczek, 2 Töcht. (Iris, Doris) - Univ. Leipzig. Approb. 1945 - S. 1955 (Habil.) Lehrtätigk. FU Berlin (1961 apl. Prof. f. Dermatol. u. Venerol., 1971 Prof. f. Androl., Leiter Arbeitsgr. Kryosperma-Forsch. Entd.: Fertigkryoprotektivum Steritec R f. Humansperma-Depotanlagen (m. D. Schöne) - BV: Neue Untersuchungsergebnisse in d. Pilzbiologie, 1957; Fortschr. d. Fertilitätsforsch. III, 1976. Ca 70 Fachveröff. üb. Andrologie u. Sperma-Kryokonservierung - Liebh.: Buntfotogr., Tennis (Mitgl. Blau-Weiß) - Spr.: Engl., Franz.

KADENBACH, Bernhard

Dr. phil., Prof. f. Biochemie Univ. Marburg - Vogelsbergstr. 33, 3550 Marburg/L. 7 - Geb. 21. Aug. 1933 Luckenwalde/Mark (Vater: Bernhard K., Bildhauer; Mutter: Elfriede, geb. Brix), kath., verh. s. 1964 m. Helke, geb. Mosner, 2 Kd. (Andreas, Verena) - Dipl.-Chem. 1959 Berlin; Promot. (Biochemie) 1964 Marburg; Habil. 1970 Konstanz - Spez. Arbeitsgeb.: Biochemie d. Mitochondrien.

KADER, Theo

Fabrikant, gf. Gesellsch. Julius Boos jr. GmbH., Wuppertal, Vors. Industrieverb. Dt. Bandweber u. Flechter ebd. - Liegnitzer Str. 16, 5600 Wuppertal-Barmen - 1970 BVK.

KADEREIT, Joachim

Dipl.-Ing., Prof. f. Wasserbau, Techn. Hydraulik u. Wasserbaul. Versuchswesen GH Siegen - Damaschkestr. 15, 5900 Siegen 1.

KADEREIT, Ursula

Bürgerschaftsabgeordnete - An der Flottbek 5, 2000 Hamburg 52 - Geb. 23. Febr. 1931 Berlin (Vater: Prof. Dr. Dr. Hans Harmsen; Mutter: Elisabeth, geb. v. Haeften), ev., verh. s. 1955 m. Dr. Hansgünther K., Architekt, 2 Kd. - Betriebswirtsch.Stud. - Selbst. Haus- u. Grundstücksverw. S. 1976 Vorst.-Mitgl. Flüchtlings-Starthilfe e.V. u. Verein Heine-Haus e.V., Hamburg; Mitgl. Landesvorst. Hamburger Mittelstandsvereinig. d. CDU (s. 1980) - S. 1978 Mitgl. Hbg. Bürgersch. CDU.

KADERSCHAFKA, Franz R.

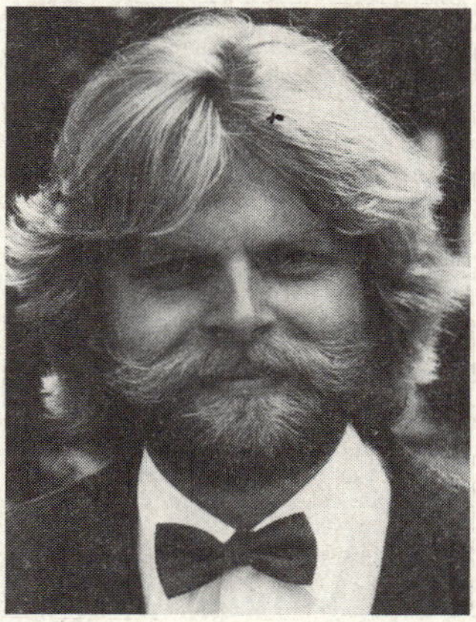

Pianist, Komponist, Musikproduzent, Drehbuchautor, PR-Manager - Zaubzerstr. 7, 8000 München 80 (T. 089 - 470 72 63) - Geb. 28. Dez. 1952 Waiblingen/Württ. (Vater: Josef K., Bankbeamter; Mutter: Maria, geb. Streit), led. - Musikstud. Karlsruhe, Freiburg, Berlin - Theaterpianist (Tribüne) u. Lehrbeauftr. Musiksch. Berlin (R'dorf) - Zahlr. Instrumentaltitel in d. Unterhalt. (u. a. Chansons f. Waltraut Haas, Moldau-Mädels, Arnold Marquis u. f. bek. Orch.). Bek. ZDF-Serien: Erkennen Sie die Melodie?, Traumland Operette, Musik macht Spaß. Herausg. v. Schallpl.; akt. Piano-LP: Sounds of Christmas (Supiler Records), Liebestraum. Manager bek. Künstler - Editionen - Liebh.: Lesen, Musik, Kunst, Reisen - Spr.: Engl., Lat.

KADOW, Eberhard

Vorstandsvorsitzender i.R. Eschweiler Bergwerks-Verein (EBV) - Roermonder Str. 63, 5120 Herzogenrath Kr. Aachen - Geb. 1922 - B. 1968 Bezirksleit. IG Bergbau; s. 1968 EBV (Vorstandsmitgl., Arbeitsdir.), 1979 stv., 1983 Vorst.-Vors.

KADUK, Bernhard

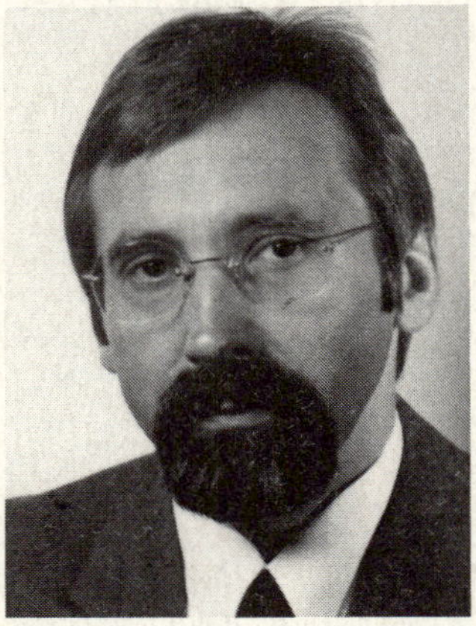

Dr. med., Dr. med. habil., Univ.-Prof. - Spardorfer Str. 67, 8520 Erlangen (T. 09131 - 2 52 54) - Geb. 12. Nov. 1945, kath. - Stud. Univ. Erlangen, Innsbruck, Zürich; Promot. 1973; Habil. 1981 - 1983 Univ.-Prof.; 1986 Chefarzt Inst. f. Pathologie Klinikum Bamberg. Spez. Forschungsgeb.: Allg. Pathologie u. Pathologische Anatomie, Gastroenterologie, Kardiomyopathie, Hyperthermie, Iatrogene Pathologie (Therapie) - 100 Publ. in nationalen u. intern. Ztschr. - Liebh.: Mod. Malerei, Barockmusik, Lit. (Biogr.).

KÄCKENHOFF, Günther

Chefredakteur VWD/Vereinigte Wirtschaftsdienste GmbH (b. 1989) - Niederurseler Allee 8-10, 6236 Eschborn/Ts. 1; priv.: Im Ringelsacker 63, 5300 Bonn 1 - Geb. 28. Dez. 1924.

KAEDER, Friedrich

Dipl.-Ing., Prof. f. Spanende Fertigung (Verfahren u. Werkzeugmaschinen) Univ.-GH Paderborn - Berliner Ring 11, 4790 Paderborn/W.

KÄFER, Otto

Dr. med. (habil.), Chefarzt d. Augenklinik d. Stadt Heilbronn/Neckar, apl. Prof. f. Augenheilkd. Univ. Heidelberg, Schriftleit. Zentralblatt f. Ophthalmol. Springer-Verlag, Heidelberg - Gundelsheimer Str. 68, 7100 Heilbronn - Geb. 18. Juni 1937 Stuttgart.

KAEGBEIN, Paul

Dr. phil., Univ.-Prof. f. Bibliothekswissenschaft Univ. Köln (s. 1975) - Eichenhainallee 14, 5060 Bergisch-Gladbach 1 (Frankenforst) (T. 02204 - 6 84 71) - Geb. 26. Juni 1925 Dorpat (Vater: Paul K., Versicherungsmathematiker; Mutter: Elfriede, geb. Meyer), ev., verh. s. 1950 m. Irene, geb. Borkowski, 2 Töcht. (Irene, Christine) - Humboldt-Univ. Berlin (Gesch., German., histor. Hilfswiss.). Promot. (1948) u. Bibl.fachprüf. (1951) Berlin (Ost) - 1951-52 Bibl. Humboldt-Univ. Berlin; 1952-75 Bibl. TU Berlin (1962-75 Dir.), 1964 Lehrauftr. f. Bibl.wiss. u. Dokumentation TU Berlin, 1970 Honorarprof., 1975-81 Dir. Bibl.-Lehrinst. Köln - BV: Dt. Ratsbüchereien b. z. Reformation, 1950; Vier Jahrzehnte baltische Gesch.forsch., 1987. Herausg.: D. Universitätsbibl. auf d. Industrieausstell. (1. 2. 1970), Fritz Rörig, Wirtschaftskräfte im Mittelalter (2. A. 1971), Bibliothekswiss. als spezielle Informationswiss. (1986), Evald Blumfeldt u. Nigolas Loone, Bibliotheca Estoniae historica 1877-1917 (1987). Mithrsg.: Bibliothekspraxis, Bd. 1-25 (1971-83), Bibliothekarische Kooperation (1974), Bibl. als Inform.vermittl. (1979), Dissert. in Wiss. u. Bibl. (1979), Inspel. Official organ of the IFLA Div. of Special Libraries. Vol. 9ff. (1974ff.), Ztschr. f. Bibl.wesen u. Bibliographie, Jg. 22ff. (1975ff.), Bibl. Forschung u. Praxis. Jg. 1ff. (1977ff.), Buch u. Ztschr. in Geistesgesch. u. Wiss. Bd. 1-2 (1977-79), Intern. Library Review. Vol. 10ff. (1978ff.), Quellen u. Stud. z. balt. Gesch., Bd. 4ff. (1982ff.), Education for information. Vol. 1ff. (1983ff.), D. Bibl.wesen in Einzeldarst. (1984ff.), Intern. Journal of reviews in library and information science. Vol. 1ff. (1984ff.), D. Univ. Dorpat/Tartu, Riga u. Wilna/Vilnius 1579-1979 (1987), Proceedings of the Brit.-German Sympos. on Education and Training in the Information Fields (1987); Beitr. z. Bibl.theorie u. Bibl.gesch., Bd. 1ff. (1989ff.); Schriften d. Baltischen Hist. Kommiss., Bd. 1ff. (1989ff.) - Ehrenmitgl. Intern. Ass. of Technolog. Univ. Libraries (1976) u. Arb.gem. d. Spez.bibl. (1981), Mitgl. Beta Phi Mu. Intern. Library Honor Soc. (1983) - Spr.: Engl.

KÄHLER, Egon

Geschäftsführer Bremer Volkshilfe (s. 1966), Mitgl. Brem. Bürgersch. (s. 1963, SPD) - Schafgegend 8, 2800 Bremen 70 - Geb. 26. Sept. 1925 Lübeck, ev., verh. - Volkssch.; Maschinenschlosserlehre - 1943-45 Kriegsdst. (Marine); 1945-47 Minensuchverb.; 1950-66 Bremer Vulkan (1959 ff. Mitgl. Betriebsrat). Vors. Oberstes Sportgericht Bremer Fußball-Verb.

KÄHLER, Erich

Dr. phil., o. Prof. f. Mathematik (emerit.) - Mozartstr. 42, 2000 Wedel (T. 04103 - 8 65 35) - Geb. 16. Jan. 1906 Leipzig (Vater: Ernst K., Mutter: Elsa, geb. Götsch), ev., verh. s. 1938 m. Luise, geb. Günther († 1970), s. 1972 m. Charlotte, geb. Schulze, 3 Kd. (Helmuth, Gisela †1988, Reinhard †1966) - Univ. Leipzig. Promot. Leipzig; Habil. Hamburg - 1930 Privatdoz. Univ. Hamburg, 1936 o. Prof. Univ. Königsberg, 1948 Univ. Leipzig, 1958 TU Berlin (1964 Honorarprof.), 1964 Univ. Hamburg - BV: Einf. in d. Theorie d. Systeme v. Differentialgleichungen, 1934; Geometria Aritmetica, 1958; D. innere Differentialkalkül, 1963; Wesen u. Erscheinung als math. Prinzipien d. Phil., 1965; Saggio di una dinamica della vita, 1973; Monadologie, 1975; Also sprach Ariadne, 1984; D. Poincaré-Gruppe, 1985 - 1949 Mitgl. Sächs. Akad. d. Wiss., Leipzig; 1955 o. Mitgl. Dt. Akad. d. Wiss., Berlin; 1957 Dt. Akad. d. Naturforscher (Leopoldina), Halle/S.; 1961 ausl. Mitgl. Accad. Nazionale dei Lincei, Rom; 1987 ausl. Mitgl. Istituto Lombardo (Accad. di Scienze e Lettera).

KAELBLE, Hartmut

Dr. phil., Prof. f. Wirtschafts- u. Sozialgeschichte FU Berlin (s. 1971) - Süntelsteig 3, 1000 Berlin 37 - Geb. 12. April 1940 - Promot. 1966; Habil. 1971 - BV: Industrielle Interessenpolitik in d. Wilhelmin. Ges., 1967; Berliner Unternehmer währ. d. früh. Industrialisierung, 1972; Probl. d. Modernisier. in Dtschl., 1978 (zus. m. H. Matzerath u. a.); Histor. Mobilitätsforsch., 1978 (engl. 1986); Gesch. d. soz. Mobilität s. d. industriell. Revolution (Hg.); Industrialisierung u. soz. Ungleichheit (1983, engl. 1986); Soz. Mobilität u. Chancengleichheit im 19. u. 20. Jh. (1983, engl. 1986); Arbeit, Mobilität, Partizipation, Protest, 1986 (zus. m. J. Bergmann u.a.); Auf d. Weg z. europäischen Gesellschaft, 1987 (franz. 1988).

KÄMMERER, Hermann

Dr. rer. nat., Prof., Chemiker - Friedrich-v.-Pfeiffer-Weg 5, 6500 Mainz (T. 3 22 48) - Geb. 25. Juli 1911 Mailand (Vater: Adam K., auslandsd. Kaufm. † 1924; Mutter: Klara, geb. Braun), kath., verh. s. 1940 m. Antonie, geb. Pfaff, 4 Kd. (Hermann Christian, Evemarie, Hans Georg, Hans Martin) - Dipl.-Chem. 1939; Promot. 1941 - S. 1952 Lehrtätigk. Univ. Mainz (Wiss. Rat Organ.-Chem. Inst.; apl. Prof.; 1966 Abt.svorsteher u. Prof.). 1953, 57 u. 78 Gastprof. Univ. Saarbrücken, Univ. Barcelona u. Le Mans. Üb. 200 Buch- u. Ztschr.beitr.

KAEMMERER, Kurt

Dr. med. vet., em. Prof. f. Pharmakologie, Toxikologie u. Pharmazie - Jägerstr. 25, 5300 Bonn - Geb. 19. März 1920 (Vater: Friedrich K., Kaufm.; Mutter: Marie, geb. Hohmann), ev., verh. s. 1948 m. Gerda, geb. Streppel, S. Harald - Gymn. Kassel; Tierärztl. Hochsch. Hannover; Promot. 1944 Hannover; Habil. 1951 Bonn. Tierärztl. Kreisex. 1951 - 1943-45 Veterinäroffz.; 1945 b. 1955 Assist. TiäH Hannover u. Univ. Bonn; 1951 b. 1964 Privatdoz. u. apl. Prof. (1957) Univ. Bonn; 1955-64 Leit. Vet. med. Inst. Farbenfabriken Bayer AG., Wuppertal-E.; s. 1964-85 Ord. u. Inst.dir. TiäH Hannover; 1967-76 Bundesgesundheitsrat; 1976-78 Präs. d. wiss. Futtermittelaussch. d. EG; Mitgl. Gesamtaussch. DLG u. zahlr. and. Aussch. Üb. 200 Fachveröff., 2 Monographien 1973 u. 78 - Ehrenmitgl. Soc. Ital. de Sci. Vet., Max-Eyth-Med., 1981 Henneberg-Lehmann-Preis, Ehrenmitgl. d. DSA - Liebh.: Hess. Gesch.

KÄMMERLING, Werner

Prof. f. Gitarre Staatl. Hochsch. f. Musik Westf.-Lippe - Heimstättenweg 28, 5060 Berg. Gladb. 2.

KÄMPER, Herbert

Kunstmaler - Stresemannstr. 38a, 7500 Karlsruhe 21 - Geb. 31. März 1929 Karlsruhe, kath. - 1950-57 Stud. Kunstakad. Karlsruhe (Prof. K. Hubbuch u. Prof. W. Becker) - 1973/74 Gastlehrer Staatl. Akad. d. bild. Künste Karlsruhe. Vorst.-Mitgl. Bezirksverb. Bild. Künstler Karlsruhe; Mitgl. städt. Kunstkommiss. Karlsruhe; Künstlerbd. Baden-Württ. Kunstricht.: Figürl. Malerei u. Graphik (weibl. Akt u. Bildnis). Arb. in öfftl. u. priv. Kunstbesitz - 1955 Kulturpreis Stadt Dt. Volkes; 1956 Kulturpreis Stadt

Karlsruhe f. Graphik; 1960 Stip. Kulturkr. im Bundesverb. d. Dt. Ind.; 1960 Kulturpr. Stadt Karlsruhe f. Malerei; 1961 Pfalzpr. f. Graphik; 1962 Rompr. Villa Massimo, Rom - Lit.: Publ. d. Ausst. Villa Massimo Rom; Sigbert Fischer/Helmut Goettl, Graphik Press München (1970); Herbert Kämper, Malen in Öl (ZDF 1983); Herbert Kämper, Ölmalerei (ZDF 1987); Herbert Kämper, Ölmalerei (Video 1987; Falkenverlag, ZDF, Pelikan); Herbert Kämper, Ingeborg Becker, Hobby Ölmalerei (1987). Kataloge d. Künstlerbundausst. Baden-Württ.

KÄMPF, Robert

Dr. agr. (habil.), Prof., Fachhochschullehrer - Helmholtzweg 4, 7440 Nürtingen - B. 1971 Privatdoz., dann apl. Prof. TU München (Acker- u. Pflanzenbau).

KÄMPFEL, Hans Walter

Generalmusikdirektor - Martinstr. 2, 8011 Zorneding/Obb. (T. 25 41) - Geb. 22. Juni 1924 Dünzing b. Ingolstadt (Vater: Hans K., Lehrer; Mutter: Maria, geb. Pfister), kath. - Abit. 1942; Staatsex. Akad. d. Tonkunst München, 1947 - 1947-50 Solorepetitor Bayer. Staatsoper München, 1950-55 Kapellm. Städt. Bühnen Gelsenkirchen, 1955-57 Chefdirig. Städt. Bühnen Augsburg, 1957-58 Opernchef Stadttheater Zürich, 1958-62 GMD Aachen, 1961 b. 1965 Bremen, spät. Hamburg u. Kaiserslautern. Gastdirig. In- u. Ausl. (auch Japan). Div. Bühnenmusiken.

KÄMPFER, Ernst

Generalbevollm. Flick KG. (b. 1976) - Rilkestr. 15, 4000 Düsseldorf - Geb. 8. Juni 1911 - 1958-63 Vorstandsmitgl. BMW, München; 1963 b. 1971 Vorstandsmitgl. Eisenwerk-Ges. Maximilianhütte mbH., Sulzbach-Rosenberg Hütte. AR-Mandate, dar. Vors. Krauss-Maffei AG., München (1971ff.).

KÄMPFER, Frank

Dr. habil., M. A., Prof. f. Geschichte Univ. Münster - Heerdestr. 19, 4400 Münster (T. 2 28 83) - Geb. 30. Juli 1938 Rostock - FU Berlin (Promot. 1969), Habil. 1976 Univ. Heidelberg - S. 1979 Dir. Hist. Sem. Univ. Münster.

KAEMPFERT, Manfred

Dr. phil., Prof. German. Sem. Univ. Bonn - Markt 35, 5300 Bonn 1 - Geb. 16. Okt. 1936 Trier, ev., verh. s. 1966 m. Barbara K.-Weitbrecht, T. Ulrike - Stud. ev. Theol., German., Phil. Univ. Bonn u. Heidelberg; Staatsex. 1961 Bonn, Promot. German. 1968 Bonn, Habil. 1977 ebd. - 1964-75 Wiss. Assist. am German. Sem. Univ. Bonn, anschl. Akad. Rat; Lehrtätigk. im linguist. u. mediävist. Bereich. Forsch.schwerp.: Semantik, Textlinguistik, Gesch. d. Literatursprr. - BV: Säkularisation u. neue Heiligkeit. Religiöse u. religionsbez. Spr. b. Fr. Nietzsche, 1971; Wort u. Wortverwendung, 1984. Herausg.: Probleme d. relig. Sprache (1983).

KÄPPEL, Bodo

Bürgermeister Hasselroth - Hasselbachstr. 24, 6467 Hasselroth/OT Neuenhaßlau (T. 06055 - 22 76) - Geb. 25. Juni 1926 Großgräfendorf, Kr. Merseburg (Vater: Franz K., Bauer; Mutter: Elsa, geb. Knobloch), ev., verh. s. 1961 m. Christa, geb. Siegismund - Mittel- u. Landwirtschaftssch. m. Abschl. - Liebh.: Sport, Lesen, Schallpl., Reisen - Spr.: Engl.

KAERNER, Hans-Christian

Dr. rer. nat. (habil.), Wiss. Rat u. Prof. DKFZ-Inst. f. Virusforschung (Leit. Tumorvirusgenetik)/Univ. Heidelberg - Hilzweg 35, 6900 Heidelberg - Zul. Privatdoz. Heidelberg. Spez. Biochemie.

KÄRNER, Hermann

Dr.-Ing., Prof. f. Hochspannungstechnik TU Braunschweig (s. 1977) - Waldweg 2 E, 3340 Wolfenbüttel.

KÄRNER, Otto

Fabrikant, Vorst. Kärner Bekleidungswerke AG. - Industriestr. 43, 8597 Wiesau/Opf.; priv.: Georg-Hirth-Str. 54, 8183 Rottach-Egern/Tegernsee - Geb. 28. März 1924 - Bayer. VO.; Ehrenbürger Wiesau; 1984 BVK.

KAES, Max

Dr. med., o. Prof. f. Psychiatrie (emerit.) - Artur-Kutscher-Pl. 2, 8000 München 40 - Ab 1970 TU München.

KAESBACH, Karl H.

Prof., Journalist (Ps.: Werner Heimburg) - Willroidstr. 6/1, 8000 München 90 (T. 64 69 48) - Geb. 16. Juli 1918 München (Vater: Hans Theodor K., Konsul; Mutter: Paula, geb. Lindelauf), kath., verh. - Realgymn. (Abit.); Ztg.setzer; Buchhändlerprüf.; Stud. Ztg.wiss. Berlin, Bonn, Paris, Wien, Barcelona (Sprachdipl.) - 1935-43 Leit. Berliner Büro ausw. Ztg.; 1943-45 Leit. Zentralredakt. Transocean. Europapress, Berlin; n. 1945 Leit. Schweizer Pressebüro, Baden-Baden; Mitgründ. Tiroler Tageszeitung, Innsbruck (s. 1961 Leit. Dtschl.-Redakt.); Redakt. Münchner Illustr.; 1954-60 Presse- u. PR-Dir. Bavaria Film- u. Fernsehges.; s. 1961 Generalsekr. u. Vorst.-Mitgl. Dt. Ges. f. Kommunikationsforsch.; Redakt.mitgl. Monatsztschr. Münchner Leben; Lehrbeauftr. f. Gesch. u. Entwickl. d. Massenmed. Erz.wiss. Fak. Univ. München - BV: Dt. Handwerksbuch, 1936; Treffpunkt-Barcelona, 1937; Lexikon d. publiz. Berufe, 1967 - Mitgestalter Dokument. Farbfilm Eucharist. Weltkongreß Pro mundi vita - Ritterkreuz d. St. Gregorius-Ord.; Tiroler Adlerorden in Gold; BVK I. Kl. - Liebh.: Reiten, Eislaufen - Gold. Reitersportabz. - Spr.: Engl., Franz., Span. (Dolmetscherprüf.) - Mitgl. Lions Intern.

KAESCHE, Helmut

Dr. rer. nat., o. Prof. f. Korrosion u. Oberflächentechnik - Humboldtstr. 27, 8520 Erlangen (T. 2 72 11) - Geb. 16. Dez. 1928 Aachen (Vater: Wilhelm K.), verh. s. 1957 m. Dr. rer. nat. Barbara, geb. Krischer, 3 Kd. - Stud. Chemie - S. 1962 (Habil.) Lehrtätigk. TU Berlin (apl. Prof. f. Korrosion u. Metallschutz) u. Univ. Erlangen-Nürnberg (1970 Ord. u. Vorst. Inst. f. Werkstoffwiss. IV); zeitw. wiss. Mitarb. Bundesanstalt f. Materialprüf., Berlin - BV: D. Korrosion d. Metalle, 1. A. 1966, 2. A. 1979. Fachaufs.

KÄSEBORN, Hans-Günther

Dr. rer. pol., Dipl.-Kfm., Prof. f. Wirtschaftswissenschaft Univ. Dortmund - Benninghofer Str. 311, 4600 Dortmund 30.

KÄSEMANN, Ernst

Drs. h. c., o. Prof. f. Neues Testament (emerit. 1971) - Eduard-Haber-Str. 13, 7400 Tübingen-Lustnau (T. 2 49 34) - Geb. 12. Juli 1906 Dahlhausen b. Bochum (Vater: August K., Lehrer; Mutter: Lina, geb. Cramer), ev., verh. s. 1935 m. Margrit, geb. Wizemann, 3 Kd. (Ulrich, Eva, Elisabeth †) - Univ. Bonn, Marburg (Lic. theol. 1931), Tübingen - 1933 Pfarrer Gelsenkirchen, 1946 Ord. Univ. Mainz, 1951 Univ. Göttingen, 1959 Univ. Tübingen - BV: Leib u. Leib Christi, 1933; D. wandernde Gottesvolk, 1939; Exeget. Versuche u. Besinnungen, 2 Bde. 1960/64 (auch engl., span., jap., franz.); Jesus letzter Wille n. Joh. 17, 1966 (auch engl., ital., jap., span.); D. Ruf d. Freiheit, 1968 (auch norw., engl., ital., portug., span., jap., korean.); Paulinische Perspektiven, 1969 (auch engl., ital., portug., korean.); D. Neue Testament als Kanon, 1970; An d. Römer, 1973 (auch engl., jap.); Kirchl. Konflikte, 1982 - Theol. Ehrendoktor Univ. Marburg (1947), Durham, Edinburgh (bde. 1967), Oslo (1969); Yale (1985) 1971 Burkitt-Med. Brit. Acad. London, 1977 Bürgermed. Stadt Tübingen - Lit.: Pierre Gisel, Vérité et Histoire, La théologie dans la Modernité. Ernst Käsemann, 1977; Bernhard Ehler, D. Herrschaft d. Bekreuzigten, 1986.

KAESER, Carl

Dipl.-Ing., gf. Gesellschafter Kaeser Kompressoren GmbH, Coburg - Hahnweg 82, 8630 Coburg (T. 09561 - 640-0) - Geb. 14. April 1914 München, kath., verh. - Stud. Maschinen- u. Motorenbau TH München; Dipl.ex. 1937 - Präs. VR Kaeser Kompressoren AG, Zürich (Schweiz); AR: Kaeser Compresseurs S. A., Lyon (Frankr.); Chairman: Kaeser Compressors Inc., Fredericksburg VA (USA); Gesellsch.: Kaeser Kompressoren Ges. m. b. H. Linz/Österr.; Vorst.-Mitgl. Verein d. Bayer. Metallind. Bezirksgr. Coburg; Mitgl. VDMA Fachgem. Kompr. u. Vakuumpumpen, Frankfurt - Spr.: Engl., Franz.

KÄSER, Klaus-Dieter

Student, MdL Baden-Württ. - Günterstalstr. 33, 7800 Freiburg (T. 0761 - 70 21 02) - Geb. 4. Mai 1961, ledig - Stud. Geogr., Politik u. Gesch. f. Lehramt (unterbr. z. Wahrn. d. Mand.) - D. Grünen (1982-84 Landesvorst.) - BV: D. kl. Friedens-ABC, 1982; Verkehr im ländl. Raum (m. Gerd Hickmann), 1986; Trau keinem über Tempo 30 (m. Gerd Hickmann), 1988 - Liebh.: Katzen, Eisenbahnfahren - Spr.: Engl.

KÄSMANN, Hans

Dr. phil., o. Prof. f. Anglistik - Saarstr. 100, 6903 Neckargemünd - Geb. 29. Dez. 1923 - S. 1960 (Habil.) Lehrtätigk. Univ. Berlin/Freie (Wiss. Rat), Bonn (1961 Ord.), Heidelberg (1965).

KÄSMAYR, Benno

Verleger (Maro Verlag), Rettenbergen - Rettenberger Str. 17, 8906 Gersthofen 2 (T. 08230 - 90 90) - Geb. 5. April 1948, verh., 5 Kd. (Daniel, Miriam, Anneli, Sarah, Hannah) - Stud. Wirtsch.- u. Sozialwiss. Univ. Augsburg; Dipl.-Ökonom 1974 - BV: D. sog. Alternativpresse, 1974; Bücher, d. man sonst nicht findet, (Hg.) 1974 u. 76; D. Container verändert d. Landschaft, (Hg.) 1984; Black Box, (Hg.) 1988.

KAESS, Herbert

Dr. med., Prof., Chefarzt Städt. Krankenhaus München-Bogenhausen - Englschalkingerstr. 77, 8000 München 81 - S. Habil. Lehrtätigk. Univ. Heidelberg (apl. Prof. f. Inn. Med. (LMU)), Schwerpkt. Gastroenterologie-Hepatologie.

KÄSS, P.

Prof. f. Mathematik Univ. Heidelberg/Fachhochsch. Heilbronn (Studiengang Med. Informatik) - Siegfried-Gumbel-Str. 8, 7100 Heilbronn/.

KÄSTLE, Hermann

Kaufmann, Vors. Fachverb. d. Großhandels in Binderei- u. Gärtnereibedarfsartikeln - Zu erreichen üb. Großhandelsverb. f. Floristen u. Gärtnerbedarf, Feldstr. 64, 4000 Düsseldorf 30.

KÄSTNER, Heinz

Kaufmann, gf. Alleingesellsch. WESTAMAT Ges. z. Be- u. Vertrieb v. Münzautomaten u. Freizeiteinricht. mbH; AR-Mitgl. Sigert Verlag, Braunschweig; Ehrenpräs. DAGV (Dt- Automaten-Großhandelsverb.) - 3580 Fritzlar-Rothhelmshausen - Geb. 25. Mai 1920.

KÄUFER, Christoph

Dr. med., Prof., Chefarzt Chirurg. Klinik Henriettenstift Hannover (s. 1975) - Marienstr. 80, 3000 Hannover (T. 289 22 31) - Geb. 29. Mai 1935 Mönchengladbach (Vater: Dr. med., Dr. med. dent. Hans K., Arzt u. Zahnarzt; Mutter: Cicely, geb. Lovelace), kath., verh. s. 1963 m. Marie, geb. Augelli, 5 Kd. (Mark, Patrick, Michael, Stephan, Katherine) - Stud. München, Bonn; Promot. 1961; Habil. 1969 - 1973 Prof. Fachmitgl.sch. - BV: D. Hirntod, 1969 (m. a.); Hirntodbestimmung, 1975-80; Chirurgie u. Krankenpflege, 1985 - 1975 Gold. Sportabz. - Spr.: Engl., Franz.

KÄUFER, Hugo Ernst

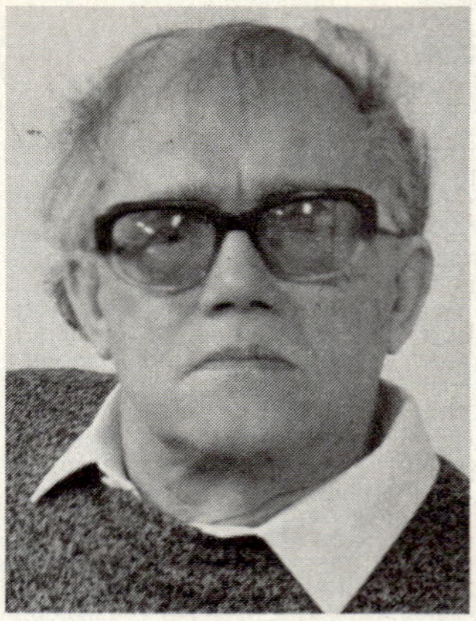

Dipl.-Bibl., städt. Büchereidirektor a. D., Schriftst. - Lilienthalstr. 13, 4630 Bochum 5 (T. 49 07 13) - Geb. 13. Febr. 1927 Witten/Ruhr (Vater: Hugo K.; Mutter: Margarete, geb. Plätz), ev., verh. s. 1953 m. Mathilde, geb. Waning, T. Dorothee - 1953-57 Biblioth. Lehrinst. NRW (Staatsex.) - 1945-53 Verwaltungsdst.; 1957-66 Ref. Stadtbücherei Bochum; ab 1966 Lektor; 1977-87 Dir. Stadtbücherei Gelsenkirchen. SPD s. 1962 - BV: Wie kannst du ruhig schlafen?, Ged. 1958; Mensch u. Technik i. Zeichen d. zweiten industr. Revolution, 1958; D. Botschaft d. Kindes, Ged. 1962; Und mittendrin e. Zeichen, Ged. 1963; D. Werk Heinrich Bölls, Ess. 1963; D. Abenteuer d. Linie, Ess. 1964; Spuren u. Linien, Ged. 1967; Report, Ged. 1968; Im Namen d. Volkes, Ged. 1972; Bezugsverhältnisse, Ged. 1975 (dt. u. franz.); Leute bei uns gibts Leute, Ged. u. Aphor. 1975; Standortbestimmungen, Aphor. 1975; Rußlandimpressionen, Ged. 1976; Unaufhaltsam wieder Erde werden, Ged. 1976; Massenmenschen Menschenmassen, Ged. u. Aphor. 1977; Demokratie geteilt, Ged. u. Aphor. 1977; Stationen, ges. Ged. 1947-77; Wir, Ess. 1977; So eine Welle lang, Ged. 1979; Schreiben u. schreiben lassen, Aphor. 1979; Autobiogr. Skizzen, 1980; Solange wir fragen, Ged. 1980 (dtsch. u. schwed.); D. Holzschneider Hap Grieshaber, Ged. 1981; Letzte Bilder, Ged. 1982; Rabasseda malt e. Porträt, Ged. 1983; Leichter im Gepäck, Ged. 1983; Üb. d. gesunde Volksempfinden u. a. Anschläge, Aphor. 1983; Zeit wird es, Ged. 1983; Zeit-Gedichte, 1984, Kehrseiten, Aphor. 1984; D. Worte d. Bilder, Ged. 1986; V. Büchern, Bibl., Lesern u. Autoren, Vortr. 1986; Hugo Ernst Käufer, Bibl., Autor, Herausg., Auswahlbibliogr. 1950-86, 1986; Bei Licht besehen, Aphor. 1987; In späten Jahren, Ged. u. Aphor. (dt. u. niederl.). Herausg.: D. Neue China (Samml. 1960); Afrika zw. gestern u. morgen (Samml. 1962); D. Sowjetunion heute (Samml. 1964); Nordamerika heute (Samml. 1967); Beispiele Beispiele (Anthol. 1971); Anstöße (Ged. u. Prosa, 3 Bde. 1970-74); Revier heute (Anthol. 1971); Für e. andere Deutschstunde (Anthol. 1971); Baukloh, Werkausw. 1972; Dienst an Büchern, Lesern u. Autoren, Festschr. f. Fritz Hüser 1973; Kurt Küther, E. Direktor geht vorbei, Ged. 1974; Sie schreiben zw. Moers u. Hamm, Anthol. 1974; Nordrh.-Westfalen liter., Anthol. 4 Bde. 1974-75; Sie schreiben zw. Goch u. Bonn, Anthol. 1975; D. betroffene Metall, Anthol. 1975; Rose Ausländer, Ges. Ged. 1976; Kurt Schnurr, Mitten im Strom, Ged. 1976; Reinhart Zuschlag, Tagesgespräche filtern, Ged. u. Prosa 1976; Sie schreiben zw. Paderborn u. Münster, Anthol. 1977; Sie schreiben in Gelsenkirchen, Anthol. 1977; Sie schreiben in Bochum, Anthol. 1980; Beiträge z. Arbeiterlit., 3 Bde. 1977-80; Im Angebot, Anthol. 1982; Soziale Bibliotheksarbeit, Gutacht. 1982; Gelsekirchener Bibliogr., 2 Bde. 1984; Schulter an Schulter, Ged. 1985; Liselotte Rauner, Kein Grund zur Sorge, Ged. 1985; Erika v. Nordheim, Geh behutsam um mit d. Licht, Ged. 1985; Büchereiarbeit in Justizvollzugsanst. 1965-68, 1986; Bürger brauchen Büchereien, Dok. 1986; Für uns begann harte Arbeit, Anthol. 1986; Annette Rühmann, aber unten auf der erde, Ged. 1987; Karl Taefler, Wo wir d. Bleiben verteidigen, Ged. 1987. Mitarb.: D. Romanführer, Bd. 7-19 1956-84; Reclams Romanführer, Bd. 2-4 1963-68; Christl. Themen in d. Literatur d. Welt, Bd. 1-2 1964-65. Texte zu Kammerkantaten: Straßen ohne Ende, 1951; An Bethlehem denken, 1968 (vertont v. Robert Ruthenfranz) - 1967 Mitgl. VS, 1968 D. Kogge, 1974 PEN-Club - Liebh.: Mod. Graph. u. Plastik, afrik. Plastik, alte Bücher, Schallpl., Gartenarb. - Spr.: Engl.

KÄUTNER, Klaus

Dr. rer. oec., Prof. f. Volkswirtschaftslehre, insb. volksw. Planung u. Org. sowie Finanzwiss., GH Wuppertal - Essener Str. 76a, 4320 Hattingen/Ruhr 16.

KAEVER, Matthias J.

Dr., Prof. f. Geologie/Paläontologie Univ. Münster (s. 1971) - Görlitzer Str. 13, 4400 Münster (T. 2 43 59) - Geb. 4. Aug. 1929 Heerlen/Niederl. (Vater: Arnold K., Berging.; Mutter: Elisabeth, geb. Engels), kath., verh. s. 1956 m. Dipl.-Ing. Ria, geb. Hassenkamp, 2 Kd. (Kathrin, Bettina) - Univ. Hannover u. Münster. Promot. 1958. 1959-65 Afghanistan; s. 1966 Univ. Münster - BV: D. alttertiären Großforaminiferen SE Afghanistans, 1970; Invertebraten d. Kreide Westf., 1974 (6. A. 1980); Invertebraten d. Jura Westf., 1976 (4. A. 1980); Invertebraten d. Oberdevon Westf., 1980 - Liebh.: Roman. Sakralbauten, Golf - Spr.: Engl., Niederl.

KAFFARNIK, Hans

Dr. med., Prof. f. Inn. Med. Univ. Marburg - In d. Görtzbach 6, 3551 Wehrda.

KAFFKA, Rudolf

Pfarrer i. W., MdB (s. 1961, Wahlkr. 158/Frankenthal; SPD) - Taubengartenhohl 19, 6718 Grünstadt/Pfalz (T. 27 98) - Geb. 14. Juni 1923 Radeberg/Sa. (Vater: Johannes K., Prokurist; Mutter: Gertrud, geb. Leipert), ev., verh. s. 1954 m. Brigitte, geb. Fehmann, 3 Kd. (Sabine, Christian, Annette) - Gymn. Dresden; 1946-50 Univ. Heidelberg (Theol.) - 1941-45 Wehrdst. (zul. Ltn. Artl.); Labour Service Chaplain; 1956-61 Pfr. Annweiler/Pf. - 1974 Gr. BVK - Liebh.: Malerei - Spr.: Engl.

KAFITZ, Dieter

Dr. phil., Prof. f. Neuere dt. Literaturgeschichte Univ. Mainz - Am Frankenhag 5, 6500 Mainz.

KAFKA, Klaus

Dipl.-Ing., Prof., Lehrstuhlinh. f. Entwerfen u. Gebäudelehre Univ. Hannover - Schloßwender Str. 1; priv.: Baurat-Marx-Allee 20, 4600 Dortmund.

KAGEL, Mauricio

Prof. f. Neues Musiktheater Staatl. Hochsch. f. Musik Rheinl./Musikhochsch. Köln, Komponist - Wolfgang-Müller-Str. 18, 5000 Köln 51 - Geb. 24. Dez. 1931 Buenos Aires/Argent., jüd. - Stud. Lit. u. Phil. - Komp. E-Musik, instrument. Theater - Werke u.a.: Exotica, Klangwehr, Zwei-Mann-Orch., Staatstheater, Mare Nostrum, D. Erschöpf. d. Welt, D. Triebun, Eigentümer d. Welt, Aus Deutschl. (Liederoper, 1981), Finale (1982) - 1983 Frankfurter Mozart-Med.; BVK I. Kl.; Commandeur dans L'Ordre des Arts et des Lettres, Frankr. - Lit.: K.-Monogr. v. Werner Klüppelholz.

KAGENECK, Graf, Clemens

Bankkaufmann, gf. Gesellsch. Bankhaus Hardy & Co. GmbH., Frankfurt/M. - Brendelstr. 23, 6380 Bad Homburg v. d. H. - Geb. 17. Okt. 1913 Berlin.

KAGERAH, Paul

Revisor, Mitgl. Hbg. Bürgerschaft (s. 1966), ARsmitgl. Gemeinn. Wohnungsges., Hamburg-Wandsbek (s. 1960) - Lesserstr. 36, 2000 Hamburg 70 (T. 6938592) - Geb. 18. Okt. 1913 Hamburg, verh. - Volkssch.; kaufm. Lehre Textilgroßhandel; Handelssch.; 1948-50 Abendlehrg. Bilanzlehre, Steuer- u. Wirtschaftsrecht; 1951-55 Wirtschaftswiss. Abendsem. (alles Hamburg) - B. 1939 Reisender Textilbranche, dann Wehrdst., ab 1945 Buchhalter u. Büroleit. (1950) HWW, Hamburg, s. 1961 Revisor AWO ebd. SPD s. 1946 (div. Funktionen).

KAGERER, Karl

Dipl.-Ing., Landschaftsarchitekt, Honorarprof. TU München (1971 ff.) - Freisinger Landstr. 3b, 8045 Ismaning/Obb..

KAHL, Günter

Dr. phil. nat., Prof. f. Botanik Univ. Frankfurt/M. (s. 1972) - Kolpingstr. 6, 6453 Seligenstadt/M. - Geb. 7. März 1936 Offenbach/M. - Promot. 1966; Habil. 1971 - 1969-70 USA, 1977 Polen, 1978 Japan, 1984-86 USA - BV: Biochemistry of Wounded Plant Tissues, 1978; Molecular Biology of Plant Tumors, 1982; Architecture of Eukaryotic Genes, 1987 - 1981 Senckenberg-Preis - Spr.: Engl., Franz.

KAHL, Peter W.

Dr. phil., o. Prof. f. Erziehungswissenschaft u. Didaktik d. engl. Sprache u. Lit. Univ. Hamburg (s. 1972) - Eichenkoppel 25, 2000 Hamburg 65 (T. 6021632) - Geb. 29. Juni 1929 Hamburg (Vater: Wilhelm K., Lehrer; Mutter: Olga, geb. Lemmermann), ev., verh. s. 1956 m. Susanne, geb. Haack, 2 Söhne (Peter, Gerhard) - 1938-47 Obersch. Bad Segeberg; dazw. Kriegsdst. u. Gefangensch.; 1949 b. 1953 Univ. Hamburg, Cardiff, New York/Columbia (Päd., Psych., Engl.). Promot. 1961 Hamburg - 1953-58 Schuldst. Hamburg; 1958-72 Assist., Doz. (1961) u. Prof. (1967) Univ. Hamburg (Fachbereich Erz.wiss.) - BV: Mutter- u. Fremdsprache im Englischunterr. d. Volks- u. Mittelsch., 1961; Innovation durch Curriculumentwicklung, 1978; Kommunik. orient. Tests als Bestandteil e. längerfristigen Innovationsstragie, 1980. Herausg.: Technik u. Arbeitsformen d. Sprachlabors (1965, 2. A. 1968); Tests im Fremdsprachenunterr. Herausg.: u. a. Sprachlaborprogramme, Ztschr. Engl., Entw. d. Leistungstests Englisch ALTEG-10.

KAHL, Reinhard

Lehrer, MdL Hessen - Holzweg 23, 3559 Allendorf/Eder (T. 06452 - 14 78) - Geb. 4. Okt. 1948 Allendorf, ev., verh. s. 1975 m. Anita, geb. Weikard, Sohn Oliver - Abit. Frankenberg; Stud. Univ. Gießen; Staatsex. f. d. Lehramt an Grund-, Haupt- u. Realsch. - 1972-83 Schuldst. (Konrektor e. Grund-, Haupt- u. Realsch.). S. 1983 Hess. Landtag; Vors. SPD-Frakt. Kreistag Waldeck-Frankenberg, u. Kulturpolit. Aussch. d. Hess. Landtages.

KAHLE, Dietrich

Dr. rer. nat., Prof., Ordinarius f. Didaktik d. Mathematik Univ. Göttingen (b. 1978 PH Nieders./Abt. Göttingen) - Berliner Str. 43, 3406 Bovenden.

KAHLE, Ernst-Friedrich

Dipl.-Volksw., Managing Director u. AR-Mitglied Munich Reinsurance Company of South Africa Ltd. - P O Box 6636, Johannesburg 2000, Südafrika (T. 002711 - 8 36-77 01) - Geb. 15. März 1927 Bonn (Vater: Prof. D. Dr. Paul Ernst K., em. Prof. Univ. Bonn, Träger hoher Ausz.), 4 Kd. (Maria, Henriette, Paul, Georg) - Schulausb. in Dtschl. u. Engl.; Stud. Univ. Oxford u. Bonn; Agrarökonom u. Volksw. - AR-Mitgl. Credit Guarantee Corp. of Africa, Swaziland Royal Insurance Corp., Fire Protection Assoc. of Southern Africa, Mitgl. Council d. South. African Insurance Assoc., Vors. Soweto Science Education Stiftg., u. Bellavista Schulstiftg. - BVK I. Kl. - Spr.: Engl., Franz., Span.

KAHLE, Günter

Dr. phil., o. Prof. f. Mittlere u. Neuere Geschichte unt. bes. Berücks. d. Iber. u. Lateinamerik. Gesch. Univ. Köln (s. 1968) - Universität, 5000 Köln 41 - Geb. 11. Juli 1927 Berlin - S. 1966 (Habil.) Lehrtätigk. Univ. Köln. Fachveröff., auch Bücher (zul. Simon Bolivar u. d. Deutschen) - 1964 Erich-Lübbert-Preis; 1968 Orden de Mayo al Mérito (Großoffz.) v. Argentinien; 1984 Orden de Andrés Bello (Kommandeur) v. Venezuela; 1986 Orden Aguila Azteca (Offz.-kreuz) v. Mexiko. 1962 korr. Mitgl. Inst. Paraguayo de Investigacionens Históricas, 1973 Acad. Paraguaya de la Historia, 1985 phil.-hist. Kl. d. Österr. Akad. d. Wiss.

KAHLE, Heinz-Gerhard

Dr. rer. nat., o. Prof. f. Experimentalphysik - Elbinger Str. 30d, 7500 Karlsruhe-Waldstadt (T. 682691) - Geb. 8. März 1925 Göttingen (Vater: Dr. Karl K., Oberstudienrat; Mutter: Helene, geb. Gruben), ev., verh. s. 1955 m. Ina, geb. Andrussow, 3 Kd. (Gabriele, Martin, Eckhard) - Gymn. Göttingen (Abit. 1943); 1945-52 Univ. ebd. u. TH Darmstadt (Physik). Promot. (1955) u. Habil. (1958) Darmstadt - 1952 Assist. TH Darmstadt, 1958 Privatdoz. ebd., 1962 ao. (Dir. Physikal. Inst.), 63 o. Prof. Univ. Karlsruhe, 1975–81 Prorektor. Veröff. üb. Spektren u. Magnetismus v. Ionen in Kristallen - Liebh.: Musik - Spr.: Engl.

KAHLEN, Wolf

Künstler, Prof. f. Bildhauerei, FB Architektur, TU Berlin - Ehrenbergstr. 11, 1000 Berlin 33 (T. 030 - 831 37 08 u. 831 34 35) - Geb. 7. Jan. 1940 Aachen, verh. s. 1964 m. Barbara, geb. Helke, S. Timo - Stud. in versch. Künsten, Kunsterzieh., Amerik., Finnisch; Staatsex. als Kunsterzieher, Meisterschüler d. Hochsch. d. Künste Berlin, 1960-61 Stud. Werkkunstsch. Braunschweig. 1961-64 Staatl. Hochsch. f. Bild. Künste Berlin, 1964 Ateneum Helsinki, 1965-66 Columbia Univ. New York - 1966-76 Kunsterzieher Berlin; 1976-82 Seminarleit. f. Kunsterzieherausbild; s. 1982 Prof.; 1971 Initiator d. Videothek d. Neuen Berl. Kunstvereins, 1973 u. 74 d. Aktionen d. Avantgarde, s. 1981 Direktor d. Ruine d. Künste Berlin - S. 1962 Einzelausstellung in West- u. Osteuropa, USA, Mittel-/Südamerika, Japan, Asien; Intern. Gruppenausstell. in aller Welt, wie Documenta 6 Kassel 1976, Werke in Museen wie: Nationalgalerie Berlin, Mus. of Modern Art New York, Nagaoka Museum Japan, Mus. Mönchengladbach, Hamburger Kunsthalle, Lenbach Haus München, Mus. Sztuki Lodz, etc. Videoskulpturen, Raumsegmente, Videoart, Performance, Fotografie, Architektur, Texte, Klang-Installationen - 1969 Villa Romana Preis Florenz; 1965/66 Daad-Stip. New York; 1977 Villa Massimo Pr. Rom; 1980/81 P.S. I-Prize New York. Div. Kataloge u. Bücher wie: 25 Video-Arb., 1975; Fotos-Video-Performance, 1978; Arb. m. d. Zufall, 1981/82; Videoskulpturen, 1969-86, u. a. - Spr.: Engl., Span.

KAHLENBERG, Friedrich P.

Dr. phil., Ltd. Archivdirektor Bundesarchiv, Koblenz (s. 1973), Honorarprof. f. Verwaltungslehre u. mod. Aktenkd. Univ. Mannheim (s. 1973), Gastdoz. Hochsch. Film u. Ferns., München (s. 1976), Vors. Studienkr. Rundf. u. Gesch. (s.1983) - Schöneckermühle, 5401 Post Oppenhausen (T. 06745 - 3 77) - Geb. 29. Okt. 1935 Mainz - Promot. 1962 Mainz - S. 1964 Bundesarch. - BV: Kurmainzische Militärpolitik im 17. u. 18. Jh., 1963; D. Berichte Eduard Dawids als Reichsvertreter in Hessen 1921-1927, 1970; Dt. Archive in West u. Ost, Zur Entw. d. Staatl. Archivwesens s. 1945, 1972; Abenteuer Revolution. D. SWF-Film Lenz oder d. Freiheit (m. D. Mack), 1986; Vier Jahrzehnte Rundf. im Südwesten (m. F.J. Heyen), 1986. Aufs. z. Landesgesch., z. Archivwesen, z. Gesch. d. Rundf. u. Films. Mithrsg. Studienkreis Rundf. u. Gesch., Mitteilungen.

KAHLER, Franz

Bankdirektor - Käuzchensteig 3, 1000 Berlin 33 (T. Büro: 31 09 - 0) - Geb. 6. Okt. 1919 Sprottau, kath., verh. s. 1951 - Gymn.; Banklehre - B. 1940 (Einberuf.) Stadtsparkasse Sprottau; 1950 b. 1963 u. 1964-69 Bank f. Gemeinwirtsch. AG (1964 Leit. Niederlass. Berlin); 1963-64 Bank f. Wirtschaft u. Arbeit zu Berlin AG. (Vorstandsmitgl.); s. 1969 Berliner Bank AG. (Vorstandsmitgl.). ARsmandate.

KAHLER, Otto

Schulrat a.D., MdL Bayern a.D. - Thölauer Str. 26, 8590 Marktredwitz/Fichtelgeb. (T. 09231 - 8 18 80) - Geb. 9. Aug. 1920 - 1970ff. MdL. Stv. Bundesvors. D. Naturfreunde, Vors. Naturfreunde Alpenschutzzentrum - Verein f. Ökol., Bildung u. intern. Alpenschutz. SPD - BV: Alpenschutzprogr. d. Naturfreunde.

KAHLEYSS, Ellinor,

geb. Schmidt

Dr. phil., Verlagsbuchhändlerin Erich Schmidt Verlag (Leit. geisteswiss. Abt.) (s. 1951) - Clayallee 70, 1000 Berlin 33 (T. 030 - 831 23 18) - Geb. 18. Nov. 1927 Eichwalde b. Berlin (Vater: Dr. Erich S., Gründ. Erich Schmidt Verlag (1924); Mutter: Dr. Johanna, geb. Matthaei), ev., verh. 1951-84 m. Horst† K., 2 Kd. (Rainer, Margot) - Stud. German. u. Gesch. Linden-Univ. Berlin. Promot. 1951 FU Berlin - Spr.: Engl.

KAHLFUSS (ß), Hans-Jürgen

Dr. rer. nat., Direktor Gesamthochschulbibliothek Kassel, Landesbibl. u. Murhardsche Bibl. d. Stadt Kassel (s. 1976) - Diagonale 10, Postfach 10 14 69, 3500 Kassel; priv.: Am Fuchsberg 9, 3507 Baunatal 1 - Geb. 27. Aug. 1936 Königsberg/Pr. (Vater: Bruno K., Oberstudienrat; Mutter: Elsa, geb. Ulrich), ev., verh. s. 1965 m. Gisela, geb. Hanßen, 2 Kd. - Abit. 1956; Staatsex. f. d. höh. Lehramt (Math., Geogr.) 1962 Kiel; Promot. 1964 ebd.; Bibl.ass. 1966 Köln - 1966-70 Bibl.ass. u. -rat Kiel; 1970-76 Bibl.oberrat u. Leit. Senckenberg-Bibl. Frankfurt/M.; s. 1985 Vors. Verein f. hess. Gesch. u. Landeskd. Publ. z. Flurvermess. u. Hochschulkartensamml. - 1966 Wissenschaftspreis Stadt Kiel - Spr.: Engl.

KAHLKE, Winfried

Dr. med., o. Prof. f. Hochschuldidaktik m. bes. Berücks. d. Did. d. Medizin Univ. Hamburg (s. 1974) - Am Karpfenteich 19, 2000 Hamburg 63 - Geb. 30. Dez. 1932 Brokstedt (Vater: Dr. Simon K., Pfarrer; Mutter: Friederike, geb. Ketels), ev., verh. s. 1961 m. Heidi, geb. Meyer, 4 Kd. (Friederike, Sabine, Nikolas, Dominik) - Promot. 1960 Heidelberg - S. 1971 (Habil.) Lehrtätigk. Univ. Heidelberg u. Hamburg (1974 Prof.). Viele Facharb. üb. Risikofaktoren, Adipositastherapie u. ärztl. Ausb. - Liebh.: Musik - Spr.: Engl.

KAHLOW, Günter

Geschäftsführer Fischer-Fertighaus GmbH - Rathauspl. 4-6, 8465 Bodenwöhr (T. 09434 - 3 99-0).

KAHLSTORFF, Karl

Assessor, Hauptgeschäftsf. a. D. - Schippelweg 1a, 2000 Hamburg 61 (T. 5513461) - Geb. 29. Mai 1908 Hamburg, verh. s. 1941 m. Magda, geb. Steinhof, Sohn - Stud. Rechtswiss. - 1937-38 Richtertätigk.; 1938-45 Ref. Reichsst. f. Kaffee; 1946-75 Hgf. Verein d. Kaffee-Großröster u. -Importeure, Hamburg.

KAHMANN, Hermann

Dr. phil., Prof., Zoologe - Waldschulstr. 42, 8000 München 82 - Geb. 9. Okt. 1906 Hamburg (Vater: Friedrich K.; Mutter: Emma, geb. Gressmann), verh. s. 1946 m. Elisabeth v. Twardowski, Tocht. Vera-Carola - Univ. Berlin u. Rostock.

Habil. 1935 Berlin - 1940-72 Lehrtätigk. Univ. München (1947 apl. Prof.; 1951, 1960 Univ. Istanbul, 1971-79 Univ. Barcelona, 1982 Univ. Málaga - BV: Schmecken u. Riechen, 1951; Kl. Säugetiere d. Heimat, 1963/66. Zahlr. Fachaufs. Hrsg.: Säugetierkundl. Mitteilungen (1953 ff.) - 1981 Spix-Med.

KAHMANN, Uli

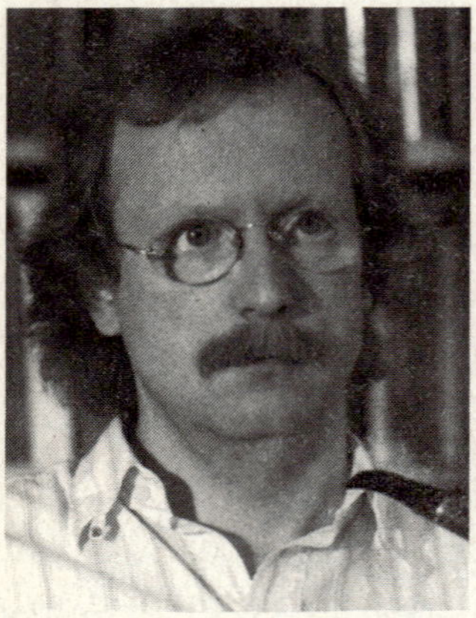

Gf. Dramaturg Trotz-Alledem-Theater, Bielefeld - Kalkbreede 12, 4800 Bielefeld 14 (T. 0521 - 45 17 72) - Geb. 12. Sept. 1952 Isingdorf-Arrode, led. - Kaufm. Lehre (Metallbranche); 1976 Abit. (2. Bildungsweg); Stud. (Päd., Soziol., Psych., Literaturwiss.) Univ. Bielefeld; Dipl.-Päd. 1984 Bielefeld - 1979-81 Vorstandstätigk. Arbeitskr. Entwicklungspolitik, Vlotho, 1982-85 Verein Filmhaus, Bielefeld; derz. Vors. Verb. Bielefelder Kulturinitiativen - Konzept., Org. u. Leit. v. Kultur-Festivals, u.a.: Spätfrühling, Bielefeld, 1979, 1980, 1982; schau spiel, 1. Woche d. Kinder- u. Jugendtheat. Bielefeld, 1981; 1. Bielefelder Videotage, 1981; Spielzeit-Theatertreff. in Bielefeld, 1984; Schultheaterwoche im Kr. Herford, 1985; Intern. Kindertheatertreffen schau + spiel, 1987. Regie: Ja Bär Nein Bär (Dt. Erstauff. durch Trotz-Alledem-Theater 1984 Bielefeld); Videofilme (zus. m. Kurt Johnen); Blütezeit, 1979; D. Kapitalismus ist nicht zu trauen, 1982/85.

KAHN, Ludwig W.

Dr. phil., em. Prof., Germanist u. Literaturhistoriker - 9 Atherstone Road, Scarsdale, N. Y./USA 10583 (T. 914 SC 3 - 5364) - Geb. 18. Okt. 1910 Berlin, jüdisch, verh. 1941-81 m. Tatyana, geb. Uffner (†), 2 Kd. (Andrée, Miriam) - Fichte-Gymn. Berlin; Univ. ebd., Paris (Sorbonne), wied. Berlin, Bern (Promot. 1934), London (M. A. 1936) - S. 1937 Lehrtätigk. Univ. Rochester, Bryn Mawr College (1941), Vassar College (1943), New York City College (1947; Prof.), Columbia Univ. New York (Gebhard Prof. of German 1967). Gastprof. TH Stuttgart; 1959/60), Columbia Univ. New York (1966), Yale Univ. New Haven, Conn. (1968 u. 1979), City of New York Graduate Center (1971); Dir. Dt. Haus Columbia Univ. New York u. Germanistic Society of Amerika - BV: Shakespeares Sonette in Dtschl., 1934 (Bern); Social Ideals in German Literature, 1939 (New York); Literatur u. Glaubenskrise, 1964 (Stuttgart, ital. Übers. 1977, Rom). Zahlr. Zeit- u. Festschr.beitr. Mithrsg.: Germanic Review - 1951-52 Faculty Fellow, 1959-60 u. 1969-70 Fulbright Senior F., 1969-70 Guggenheim F., 1975 BVK I. Kl. - Liebh.: Theaterbesuche - Spr.: Engl., Franz. - Vater: Dr. Bernhard K., führend in Philanthropie u. Sozialarb., zul. europ. Dir. American Joint Distribution Commitee (1876-1955).

KAHN-ACKERMANN, Georg

Journalist - Sterzenweg 3, 8193 Ammerland/Obb. (T. 2 06) - Geb. 4. Jan. 1918 Berlin (Vater: Lucian, Rechtsanw.; Mutter: Maria, geb. Gretor), kath., verh. s. 1945 m. Rosemarie, geb. Müller-Diefenbach, 3 Kd. (Susanne, Michael, Cordelia) - Gymn. Starnberg/Obb., Hof Oberkirch, Trogen (Schweiz); Stud. Naturwiss. - Journ., 1939-45 Wehrdst., Leit. Münchener Pressebüro, ab 1948 Reporter u. Kommentator Bayer. Rundfunk u. Mitarb. Münchener Abendztg. 1953-74 MdB, 1974-79 Generalsekr. Europarat, stv. Vors. VR Dtschl.funk u. Dt. Welthungerhilfe, Schatzm. Vereinig. ehem. Mitgl. d. Dt. Bundestags. VR u. Ehrenpräs. V.G.WORT; s. 1956 MdK Wolfratshausen. SPD s. 1946 - BV: Trost d. Reben (Weinbrevier); D. verlorenen Inseln, 1978 - 1968 Bayer. VO.; 1971 Gold. Ehrennadel Bayer. Journalisten-Verb.; 1972 gr. BVK, 1973 Hilal v. Pakistan, 1975 Großkreuz VO d. Fürstentum Lichtenstein, 1978 Großkreuz d. O. Maria d. Kath. (Span.) - Liebh.: Kochen - Bek.Vorf.: Maria Slavona, Malerin (Großm.).

KAHNT, Günter Alfred

Dr., Univ.-Prof. f. Acker- u. Pflanzenbau Univ. Hohenheim - Schurwaldstr. 5/1, 7024 Filderstadt 1 (T. 0711 - 70 31 55) - Geb. 13. Febr. 1929 Audigast (Vater: Alfred K., Landw.; Mutter: Elly, geb. Schulze), ev. - Stud. Halle/S. u. Göttingen; Promot. ebd.; Habil. Stuttgart-Hohenheim - 1976-79 Präs. Intern. Soil Till Res. Org. - BV: Ackerbau ohne Pflug, 1976 (dtsch., russ., span.); Wachstumswirk. stereo isomerer Zimtsäurederivate, 1971; Gründüngung, 1981 (auch russ., span., bulg., ungar.); Biol. Pflanzenbau, 1986 (auch russ.) - Spr.: Engl.

KAHRS, Hans Jürgen

Dr., Senatsdirektor Senatsverw. f. Inneres Fr. Hansestadt Bremen (b. 1989) - Contrescarpe 22/24, 2800 Bremen (T. 3 62).

KAHRS, Wolfgang

Senator f. Rechtspflege, Strafvollzug u. Bundesangelegenh. Fr. Hansestadt Bremen (s. 1971) - Drontheimer Str. 13, 2800 Bremen-Lesum (T. 63 16 61) - Geb. 17. Jan. 1933 Bremen, ev., verh., 3 Kd. - Gymn.; Stud. Volksw. u. Rechtswiss. Jurist. Staatsex. Oldenburg (1959) u. Hamburg (1965) - Ab 1966 Anwaltspraxis. 1967-71 Mitgl. Brem. Bürgerschaft. SPD s. 1961.

KAHSNITZ, Rainer

Dr., Prof., Oberkonservator Germanisches Nationalmuseum, Hon.-Prof. f. mittelalterl. Kunstgesch. Univ. Augsburg - Kartäusergasse 1, 8500 Nürnberg - Geb. 5. Sept. 1936 Schneidemühl, kath., led. - 1. u. 2. jurist. Staatsex. in Nordrh.-Westf. 1960 u. 1966; Promot. (Kunstgesch.) 1971 Univ. Bonn - BV: D. Werdener Psalter in Berlin, 1979; D. Gold. Evangelienbuch v. Echternach, Kommentarbd. z. Faksimileausg., 1982; Aufs. u. Ausstellungskataloge z. mittelalterl. Kunst.

KAICK, van, Gerhard

Dr. med., Prof. Univ. Heidelberg, Leiter Abt. f. Onkolog., Diagnostik u. Therapie Dt. Krebsforschungszentrum Heidelberg (s. 1977) - Blumenthalstr. 24, 6900 Heidelberg (T. 06221 - 40 13 72) - Geb. 21. April 1935 Karlsruhe (Vater: Karl-Heinrich v. K., Kaufm.; Mutter: Hilda, geb. Bischoff), kath., verh. s. 1963 m. Erika, geb. Tutzschke, 2 Kd. (Birgit, Thomas) - Med.-Stud. Univ. Heidelberg (Staatsex. 1961, Promot. 1962).

KAINDL, Günter

Dr. rer. nat., o. Prof. f. Experimentalphysik FU Berlin - Ilsensteinweg 3, 1000 Berlin 38 - Geb. 1. Jan. 1940 Friedberg/Bay., kath., verh. s. 1970 m. Ursula, geb. Strobl - Physik-Stud. TU München; Promot. 1969 (b. Prof. R. L. Mössbauer) - Mehrj. Forsch.aufenth. Lawrence Berkeley Labor. Univ. of California/Berkeley u. IBM Thomas J. Watson Res. Center Yorktown Heights/USA.

KAIRIES, Hans-Heinrich

Dr. rer. nat., Prof. an der TU Clausthal, Inst. f. Mathematik (s. 1975) - Wilhelm-Raabe-Str. 11, 3360 Osterode/Harz - Geb. 7. Febr. 1940 Hannover - Promot. u. Habil. Braunschweig - 1974 apl. Prof. Aufs.

KAISER, Arnim

Dr. phil., Prof. f. Allg. Pädagogik Univ. d. Bundeswehr München (s. 1985) - Zu erreichen üb. Univ. FB Pädagogik, Werner-Heisenberg-Weg 39, 8014 Neubiberg (T. 089 - 6004-2081/2051) - Geb. 30. Juni 1944 Solingen, verh. m. Ruth, geb. Leidig - Univ. Bonn (1. philol. Staatsprüf. 1972, Promot. 1974, Habil. 1979). 1981-85 Prof. f. Allg. Didaktik Univ. Trier - BV: Strukturprobl. d. Curriculum, (Diss.) 1975; Literaturunterr., (m. R. Kaiser) 1977; Theorie qualitat. Bildungsplan., (Habil.schr.) 1980; Studienb. Päd., (m. R. Kaiser) 1981; Sinn u. Situation, 1985; Bildungsarb. m. Erwachsenen, 1986.

KAISER, Bruno

Dr., Vorstandsmitglied Bavaria- u. St. Pauli-Brauerei, Hamburg - Pfeilshoferweg 4, 2000 Hamburg 65 (T. 5 36 11 73) - Geb. 17. Febr. 1915 Kronach/Ofr.

KAISER, Dieter R.

Dr. rer. pol., Dipl.-Kfm., Geschäftsf. Rowenta-Werke-GmbH., Offenfach/M. (seit 1966) - Grüner Weg 11, 6240 Königstein/Ts. - Geb. 24. Juni 1932 Neu-Isenburg (Vater: August K., Kaufm.; Mutter: Sophie, geb. Röger), verh. s. 1958 m. Renate, geb. van Kaick, 2 Kd. (Sven O., Dirk H.) - Stud. d. Wirtsch.- u. Sozialwiss. Univ. Frankfurt/M.; Dipl.ex. 1955; Promot. 1959 - Vors. Verb. d. Dt. Feuerzeug-Ind., Düsseldorf - 1985 BVK - Lions-Club.

KAISER, Diethelm

Dr. med., Prof. f. Pädiatrie Freie Univ. Berlin - Fröhner Str. 23, 1000 Berlin 20 - Geb. 29. Sept. 1932 - Promot. 1961; Habil. 1971 - 1966 Wiss. Assist. FU Berlin; 1970 Oberarzt Univ.s-Kinderklin. Bern (Schweiz). Üb. 80 Facharb. - 1974 Adalbert-Czerny-Preis (Dt. Ges. f. Kinderheilkd.).

KAISER, Dorothea

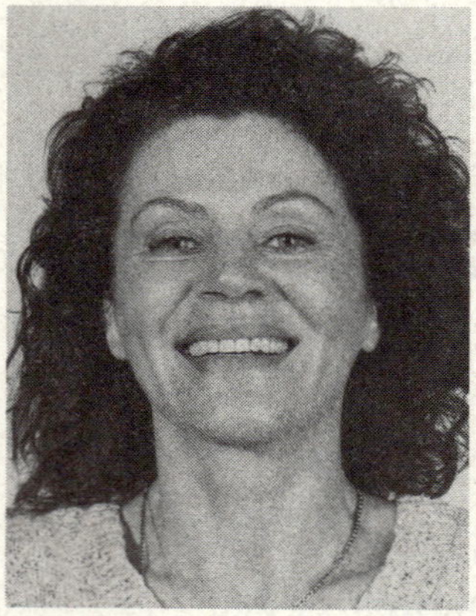

Schauspielerin, Sprecherin - Brunsberg 39h, 2000 Hamburg 54 (T. 040 - 560 18 34) - Geb. 29. Sept. 1940 Fulda, led. - Päd.-Stud.; Schausp.- u. Gesangsausb. - Theaterengagements in: München, Basel, Düsseldorf, Berlin, Südamerika, Frankfurt, Wuppertal, Kassel, Hannover, B. Hersfeld, Recklinghausen, Hamburg. Zahlr. Klass. Rollen: Maria Stuart, Elisabeth Titania, Eboli, Play Strindberg, Virginia Woolf sow. Rollen in Brecht u. Th. Bernhardt-Stücken. Div. FS u. Synchronarb., Tourneen, Musicals (Ich steig aus, Marlene-Mythos, Revuen.

KAISER, Elmar

Geschäftsführer Fachverb. Kabel u. isolierte Drähte - Am Sommerberg 26, 5062 Forsbach Bez. Köln (T. Büro: Köln 235061) - Geb. 16. Jan. 1928.

KAISER, Franz-Josef

Dr. phil., o. Prof. f. Wirtschaftswissenschaften u. Didaktik d. Wirtschaftslehre Univ. Paderborn - Karl-Severing-Str. 1, 4790 Paderborn-Elsen/W. - Geb. 9. Jan. 1935 Linneperhütte - Promot. 1968 Hamburg - Zul. Prof. Univ. Bremen - BV: Arbeitslehre, 3. A. 1974; Entscheidungstraining, 2. A. 1976; D. Fallstudie, 1983; Telekolleg Volkswirtschaftslehre II, 1987; Handlungsorientiertes Lernen in Kaufmännischen Berufsschulen, 1987 - 1983 Ernst-Schneider-Preis f. beste Schulfernsehsend.

KAISER, Gerhard

Dr. phil., o. Prof. f. Neuere dt. Philologie u. Literaturwiss. - Kapellenweg 39a, 7800 Freiburg/Br. (T. 40 24 26) - Geb. 2. Sept. 1927 Tannroda/Thür. - 1946-49 Musikhochsch. u. Dt. Theater-Inst. Weimar; 1949-54 Univ. Berlin (Humboldt) u. München (Gesch., German., Phil., Geogr.). Promot. 1956 München; Habil. 1962 Mainz. o. Prof. Univ. Saarbrücken (1963) u. Univ. Freiburg (1966) - BV: Pietismus u. Patriotismus im lit. Dtschl., 2. A. 1973; Klopstock - Religion u. Dicht., 2. A. 1975; Aufklärung, Empfindsamkeit, Sturm u. Drang, 3. A. 1979; Vergötterung u. Tod - D. themat. Einheit von Schillers Werk, 1967; D. Dramen d. Andreas Gryphius, 1968 (Hrsg.); Günter Grass, Katz u. Maus, 1971; Antithesen - Zw.bilanz e. Germanisten, 1973; Benjamin-Adorno, Zwei Studien, 1974; Neue Antithesen e. Germanisten 1974-75, 1976; Wandrer u. Idylle. Goethe u. d. Phänomenol. d. Natur in d. dt. Dicht. v. Gessner b. Gottfr. Keller, 1977; Von Arkadien nach Elysium, Schiller-Studien, 1978; Dichtung als Sozialisationsspiel. Stud. zu Goethe u. Gottfried Keller, 1978 (m. F. A. Kittler); Bilder lesen. Stud. z. Lit. u. bild. Kunst, 1981; Gottfried Keller. D. gedichtete Leben, 2. A. 1987; Gottfried Keller. E. Einführ., 1985; Augenblicke dt. Lyrik. Ged. v. Martin Luther b. Paul Celan, 1987; Gesch. d. dt. Lyrik v. Goethe b. Heine, 1988 - 1975 o. Mitgl. Heidelberger Akad. d. Wiss. - Lit.: Zdenko Škreb: Gerhard Kaiser, in: Filološkog Pregleda (1975).

KAISER, Gerhard

Dr. jur., Dipl.-Kfm., Bankdirektor, Vorstandsmitgl. Wüstenrot-Bank AG, Ludwigsburg (s. 1980) - Im Tambour 1, 7140 Ludwigsburg - Geb. 2. Juni 1929 Simmern - Stud. Wirtschaftswiss. (Dipl.-Kfm. 1955) u. Rechtswiss. (Gr. jurist. Staatsprüf. 1963, Promot. 1963).

KAISER, Gerold

Prof., Kunsterzieher - Schulmannstr. 18, 7987 Weingarten/Württ. - Gegenw. Prof. PH Weingarten. Mitgl. Bund dt. Kunsterzieher, Hannover.

KAISER, Gert

Dr. phil., o. Prof. f. Ältere Germanistik Univ. Düsseldorf - Lilienweg 15, 4020 Mettmann-Metzkausen - Geb. 18. Juni 1941 Hardheim/Odenw., verh. s. 1964 m. Dietlinde, geb. Zabeschek, S. Hanno Friedrich - Promot. 1966, Habil. 1972 Univ. Heidelberg - 1972 Wiss. Rat u. Prof. Univ. Heidelberg; 1977 Lehrst. Univ. Düsseldorf; 1980 Dekan Phil. Fak.; 1983 Rektor Univ. Düsseldorf. 1988 Präs. Wiss.zentrum Nordrh.-Westf. - BV: Beiträge z. d. Liedern d. Minnesängers Rubin, 1969; Textausleg. u. ges. Selbstdeut. D. Artusromane Hartmanns v. Aue, 1973, 2. A. 1978; D. tanzende Tod, Mittelalterl. Totentänze, hrsg. übers. u. komment., Taschenb. 1983.

KAISER, Günther

Dr. jur., Prof., Direktor Max-Planck-Inst. f. ausl. u. intern. Strafrecht Freiburg - Burgstr. 10, 7830 Emmendingen (T. 4 23 00) - Geb. 27. Dez. 1928 Walkenried/Südharz, ev., verh. s. 1955 m. Charlotte, geb. Knoblich, 2 Kd. (Peer Stephan, Anna-Bettina) - 1945-48 Maurerlehre, 1949-51 Braunschweig-Kolleg, 1951-56 Univ. Tübingen u. Göttingen, 1. Staatsprüf. 1956, 2. 1960, Promot. 1962, Wiss. Assist. u. Akad. Rat 1963-70 Univ. Tübingen, Habil. 1969 - 1970 Wiss. Mitgl. Max-Planck-Inst., 1973 Dir., 1971 Hon.prof. f. Kriminologie u. Strafrecht Univ. Freiburg - BV: Zahlr. Veröff. üb. Kriminol. u. (Jugend)-Strafrecht u.a.

Randal. Jugend, 1959; Jugendrecht u. Jugendkriminalität, 1973; Ges., Jugend u. Recht, 1977; Jur. Studienkurs. Kriminologie, Jugendstrafrecht, Strafvollzug (zus. m. H. Schöch), 3. A. 1987; Strafvollzug, 3. A. 1982 (m. and.); Strafvollzug im europ. Vergleich, 1983, (engl. 1984); Kriminologie-Einführung, 8. A. 1989 (span. 1978, russ. 1979, chin. 1983, ital. 1983, jap. 1987); Lehrbuch d. Kriminologie, 2. A. 1988.

KAISER, Hanns

Dr. med., Prof., Internist, Rheumatologe - Jesuitengasse 12, 8900 Augsburg (T. 15 12 94) - Geb. 13. Juni 1921 Lindau/B., ev., verh. - BV: Cortisonderivate in Klinik u. Praxis, 8. A. 1987; Techniken d. Injektion, 6. A. 1987; Praxis d. Cortisontherapie, 2. A. 1986; Chronische Polyarthritiden, 2. A. 1988; Cortison - D. Gesch. e. Medikaments, 1988.

KAISER, Hans

Studienrat a. D., MdL Nieders. (s. 1970, SPD) - Mentruper Esch 30, 4506 Hagen/Teutoburger Wald (T. 05401 - 9 01 51).

KAISER, Heinz

Dr., Oberstudienrat, MdL Bayern (s. 1978, Wahlkr. Unterfranken) - Am Hüterchen 11, 8765 Erlenbach/M., Geb. 27. Sept. 1941 St. Pölten/Österr. (Vater: Konrad K., Steuersekr.; Mutter: Marie, geb. Sammer), kath., verh. s. 1977 m. Ingrid, geb. Berger, 3 Kd. (Conrad, Maximilian, Maria) - Oberrealsch. Ansbach (Abit. 1961); Univ. Erlangen-Nürnberg u. Würzburg (Wirtschaftswiss., Geogr., Sozialkd.). Staatsex. 1967 u. 69; Promot. 1974 (Würzburg) - S. 1969 Hermann-Staudinger-Gymn. Erlenbach. 1972 ff. Stadtratsmitgl. Erlenbach; 1974-78 Mitgl. Bezirkstag Unterfr.; 1976 ff. MdK Miltenberg. 1976 ff. SPD-Kreisvors. - Mitgl. Rundfunkrat Bayr. Rundfunk.

KAISER, Helga

Malerin (Radierungen) - Goethestr. 23, 6242 Kronberg (T. 06173 - 43 49) - Geb. 24. Mai 1941 Frankfurt/M. (Vater: Heinrich K., Vertreter; Mutter: Aenne, geb. Reh) - Städelsch. Frankfurt (Prof. Lammeyer): fr. Malerei; b. Friedlaender, Paris: Radierung - BV: Katzenlieder, Ged. u. Rad. 1979 - Kunstw.: u. a. Serien v. Radier.: Wasser, Exil, Gärten - 1960 Silbermed. f. Radier. Vineta, Rom; intern. Ausst. Hochsch.

KAISER, Hermann-Josef

Dr. phil., o. Prof. f. Musikpädagogik, Gf. Vors. d. Wiss. Sozietät Musikpädagogik - Im Hagedorn 9, 4417 Altenberge/W. - Geb. 7. Febr. 1938 Vechta/O. (Vater: Louis K., Beamter; Mutter: Maria-Sophia, geb. Landscheidt), verh. s. 1975 m. Brigitte, geb. Kühn, 4 Kd. (Martin, Judith, Sarah, Lea) - 1957-63 Musikhochsch. Köln (Kompos.; Meistersch. B. A. Zimmermann); 1957-63 Univ. Bonn u. Köln (Phil., Päd., German.). Beide Staatsex. 1960 (Höh. Schuldst.) u. 67; Promot. (Phil.) 1969 (Bonn) - Fr. Komp.; 1966-69 Schuldst.; 1969-71 Wiss. Assist. Univ. Bonn (Päd.); 1972 Wiss. Rat u. Prof. Univ. Münster (Erziehungswiss.); 1973-76 Ord. Kunsthochsch. Berlin, 1976-88 Ord. Univ. Münster, s. 1988 Ord. Univ. Hamburg - BV: Augustinus - Zeit u. ‚memoria', 1969 (auch jap.); Statist. Grundkurs, 1972 (auch span.); Musik in d. Schule?, 1982 - Kompos.: Prélude à gouache (1959), Sonate f. Flöte-solo (1962), Pas de deux pour deux pianos (1962), Elixiere (1963-65).

KAISER, Herwig

Dr. jur., Autor, Dramaturg Schauspielhaus Graz - Theodor Körnerstr. 47, A-8010 Graz - Geb. 9. Jan. 1958 Graz, verh. - Promot. 1982 Graz - BV/Theaterstücke: Sepp, 1980; Ein-Tritt ins Leben, 1981; Bis aufs Blut, 1982; M. d. Rücken zur Wand, 1983; Susie, (m. Franz Bäck), 1985; Tlansit, 1986; Teatro Instabile, 1987 - Spr.: Engl., Franz.

KAISER, Joachim

Dr. phil., Prof., Theater-, Lit.- u. Musikkritiker - Rheinlandstr. 4b, 8000 München 40 (T. 32 51 69) - Geb. 18. Dez. 1928 Milken/Ostpr., ev., verh. s. 1958 m. Susanne, geb. Dopffel - Gymn.; Univ. Göttingen, Frankfurt/M., Tübingen (Promot.) - Ab 1951 Mitarb. FAZ u. Frankfurter Hefte, 1954-58 Redakt. Hess. Rundfunk, dann Feuilletonredakt. Südd. Ztg., s. 1977 o. Prof. Staatl. Hochsch. f. Musik u. Darstellende Kunst, Stuttgart - BV: Grillparzers dramat. Stil, 1961; Kl. Theatertageb., 1965; Große Pianisten unserer Zeit, 1965/72; Hamlet heute - Essays u. Analysen, 1965; Beethovens 32 Klav.sonaten u. i. Interpreten, 1975; Erlebte Musik, 1977; Mein Name ist Sarastro, 1984; Wie ich sie sah ... u. wie sie waren. Zwölf kl. Porträts, 1985; D. Musen auf d. Spur - Reiseber. aus drei Jahrzehnten, 1986; Leonard Bernsteins Ruhm, 1988; Erlebte Literatur, 1988 - 1964 Mitgl. PEN-Zentrum BRD; 1970 o. Mitgl. Bayer. Akad. d. Schönen Künste u. 1977 Dt. Akad. f. Sprache u. Dichtung. 1986 Theodor-Wolff-, 1970 Johann-Heinrich-Merck-Preis.

KAISER, Joseph H.

Dr. jur., Dr. rer. pol. h. c., Prof. f. Dt. u. Ausl. öfftl. Recht, Völkerrecht, Recht d. Gemeins. Marktes u. Kirchenrecht Univ. Freiburg (s. 1955) - Werthmannplatz, 7800 Freiburg/Br. - Geb. 12. April 1921 Altenhundem/W. (Vater: Heinrich K., Landw. u. Kaufm.; Mutter: Antonie, geb. Mues) - Habil. 1954 Bonn - BV: D. polit. Klausel d. Konkordate, 1949; D. polit. Streik, 2. A. 1959; D. Repräsentation organisierter Interessen, 1956; 2. A. 1978; Prolegomena zu e. Rechtslehre v. Ges. u. Staat, 1956; Z. Anwend. v. Art. 85 Abs. 3 d. EWG-Vertrages auf Gruppen v. Kartellverträgen - Fragen d. Zuständigk. d. Rates u. d. Kommiss., 1964; Presseplan., 1972; D. Parität d. Sozialpartner, 1973; D. Recht d. Presse-Grosso, 1979; Herausg.: Planung, 6 Bde. 1965/72; Planungsstudien, 1970ff. - 1981 Komtur-Kreuz d. Fürstl. Liechtenstein. VO; 1982 Gold. Kreuz v. Berge Athos; 1985 Gr. BVK.

KAISER, Karl

Dr. rer. pol., Prof. f. Politische Wissenschaft, Direktor Forschungsinst. Dt. Ges. f. Ausw. Politik (s. 1973) - 5300 Bonn-Bad Godesberg - Geb. 8. Dez. 1934 Siegen/W. (Vater: Walter K., Genossenschaftsdir.; Mutter: Martha, geb. Müller), ev., verh. s. 1967 m. Deborah, geb. Strong (USA), 3 Kd. (Andreas, Markus, Jessica) - Gymn. Siegen; Stud. Wirtschafts- u. Politikwiss.; Dipl.-Kfm. 1958 Köln, D. E. S. - Sc. Pol. Grenoble, 1960-63 Oxford, Promot. 1962 Köln, Habil. 1969 Bonn - 1963-68 Doz. Center f. Intern. Affairs Harvard Univ.; 1968-69 Prof. John Hopkins Univ., Bologna (Ital.); 1969-74 Ord. Univ d. Saarl., Saarbrücken; s. 1974 Prof. Univ. Köln. Vors. Kurat. d. Dt. Ges. f. Friedens- u. Konfliktforsch. (1970-73); Mitgl. Wehrstruktur-Komm. (1970); Mitgl. Sachverständigenrat f. Umweltfragen (1971-78); s. 1975 Vorst.-Mitgl. Atlantik-Brücke. SPD - BV: EWG u. Freihandelszone, 1963; German Foreign Policy in Transition, 1968 (auch ital.); Friedensforsch. in d. Bundesrep., 1970; Strukturwandlungen d. Außenpolit. in Großbrit. u. d. Bundesrep., 1970 (auch engl.); D. europ. Herausforderung u. d. USA, 1973 (auch engl., franz., ital., jap.); Kernenergie u. Intern. Politik, Sicherheitspolit. vor neuen Aufgaben, 1977, Amerika und Westeuropa 1978 (auch amerik.); Dt.-arab. Bezieh., 1981; D. Sicherheit d. Westens 1981; Kernenergie ohne Atomwaffen, 1982. Herausg.: Jahrb. D. Intern. Politik (m. and.); Confidence-Building Measures (1983). Mithrsg.: Weltpolitik (1985); Deutsch-franz. Sicherheitspolitik (1986; auch franz.); D. Stille Allianz. Deutschbritische Sicherheitskooperation (1987; auch engl.); Weltraum u. intern. Politik (1987). Mitautor: Europas Zukunft im Weltraum (1988)- 1973 Prix Adolphe Bentinck; 1986 Atlantic Award NATO - Liebh.: Musik, Segeln - Spr.: Engl., Franz.

KAISER, Karl

Dr. med., Prof., Chefarzt Med. Klinik u. Ärztl. Direktor Elisabeth-Krankenhaus, Rheydt - Hilbingstr. 23, 4070 Rheydt - S. 1956 (Habil.) Lehrtätigk. Med. Akad. bzw. Univ. Düsseldorf (1962 apl. Prof. Innere Med.). Fachveröff.

KAISER, Karlheinz

Dr. rer. nat., Prof. FU Berlin - Carstennstr. 47c, 1000 Berlin 45 (T. 8173567) - Geb. 11. Dez. 1924 Wermelskirchen - S. 1962 (Habil.) Lehrtätigk. Univ. Köln u. FU Berlin (1963; 1968 apl. Prof. f. Allg. Geol. u. Phys. Geogr.). Fachveröff.

KAISER, Mathias

Rechtsanwalt, gf. Vorsitzender Bundesverb. Dt. Vertriebsfirmen (BDV) - Leonistr. 6, 8000 München 71 (T. 089 - 755 18 12) - Geb. 2. Nov. 1946 Wetzlar, kath., verh. s. 1970 - Gymn. Gießen (Abit. 1966); 1966-72 Jurastud. Univ. Gießen - 1975 Geschäftsf. BDV; s. 1980 gf. Vors. - Mitverf.: Rechtslexikon f. Verkauf u. Werbung (Fachgeb. Wettbewerbsrecht), 1977 - Spr.: Engl.

KAISER, Matthäus

Dr. theol., Lic. jur. can., o. Prof. f. Kirchenrecht - Minoritenweg 6, 8411 Sinzing/Opf. (T. Regensburg 3 13 27) - Geb. 15. Aug. 1924 Kirchweidach (Vater: Georg K., Landw.; Mutter: Therese, geb. Mußner), kath. - Phil.-Theol. Hochsch. Passau u. Univ. München (Kath. Theol.). Promot. 1955; Lic. 1956; Habil. 1964 - Ab 1951 Kaplan Diözese Passau, 1956-65 Lehrtätigk. PhThH Passau (1964 ao. Prof.), 1961-65 nebenamtl. Kirchenanwalt u. Richter Kirchl. Gericht d. Diöz. Passau, s. 1965 Ord. Univ. Bochum u. Regensburg (1968); Prälat (1981) - BV: D. Einheit d. Kirchengewalt nach d. Zeugnis d. Neuen Testament u. d. Apostol. Väter, 1956; D. gute Glaube im Codex Iuris Canonici, 1965; Geschieden u. wieder verheiratet, 1983 - 1983 BVK; 1984 Ehrensenator Univ. Passau.

KAISER, Otto

Dr., Ministerialdirektor, Leit. Zentralabt. im Bundesmin. f. d. Post- u. Fernmeldewesen - Heinrich-von-Stephan-Str. 1, 5300 Bonn 2.

KAISER, Otto

Dr. theol., o. Prof. f. Altes Testament - Am Krappen 29, 3550 Marburg/L. 1 - Geb. 30. Nov. 1924 Prenzlau, ev. - Gymn. Eberswalde; Stud. Theol., Promot. (1956) u. Habil. (1957) Tübingen - S. 1961 ao. u. 1962 o. Prof. Univ. Marburg. Veröff. z. atl. Exegese, Religionsgesch. u. -philosophie. Herausg.: ZAW u. mehrere wiss. Reihen.

KAISER, Peter

Dr. rer. nat., Prof. f. Zoologie Univ. Hamburg (s. 1973) - Am Brabandkanal 8, 2000 Hamburg 60 - Geb. 25. Aug. 1919 Hamburg - Promot. 1949; Habil. 1964 - Üb. 50 Facharb.

KAISER, Philipp

Dr. theol., Prof. f. Phil. Grundfragen d. Theol., Kath. Univ. Eichstätt - Adalbert-Stifter-Weg 5, 8078 Eichstätt - Geb. 9. Jan. 1929 Würzburg (Vater: Ferdinand K.; Mutter: Ursula, geb. Uttinger), kath., ledig - Theol. Ex. 1954, Priesterweihe 1955, Promot. 1966, Habil. (Dogmatik) 1971 - 1955-60 Kaplan, 1960-68 Spiritual, 1968-70 wiss. Assist., 1971-74 Univ.-Doz., 1974-76 o.ö. Prof. f. Theol. Paderborn; s. 1976 o. Prof. in Eichstätt - BV: D. Gott-menschl. Einig. in Christus als Problem d. spekulativen Theol. s. d. Scholastik, 1968; D. Wissen Jesu Christi in d. lat. (westl.) Theol., 1981; Evolutionstheorie u. eth. Fragestell. (hrsg. m. D. S. Peters), 1981; Evolutionstheorie u. Schöpfungsverständnis (hrsg. m. D. S. Peters), 1984.

KAISER, Reinhold

Dr., Univ.-Prof. f. mittelalterliche Geschichte Univ. Essen (s. 1981) - An St. Albertus Magnus 22, 4300 Essen (T. 0201 - 26 16 74) - Geb. 5. Jan. 1943 Wuppertal, verh. s. 1968 m. Marie-Thérèse, geb. Guyot, 3 Kd. - Stud. Roman. u. Gesch. Univ. Köln, Dijon, Poitiers, Bonn; Promot 1971; Habil. 1979, beide Bonn - 1978-81 Landesverwaltungsrat Amt f. rhein. Landeskd. - BV: Unters. z. Gesch. d. Civitas u. Diözese Soissons (Rhein. Archiv 89), 1973; Bischofsherrschaft zw. Königtum u. Fürstenmacht (Pariser Hist. Studien 17), 1981; Rhein. Städteatlas V, 30; VI, 36; VII, 38; VIII, 45, 46, 1979, 80, 82 u. 85; Documentation numismatique de la France médiévale (m. M.-Th. Kaiser-Guyot), 1982 - Spr.: Engl., Franz., Ital., Latein.

KAISER, Rudolf

Dr. med., em. o. Prof. f. Frauenheilkunde - Seutterweg 17, 7900 Ulm - Geb. 1. April 1920 Calw/Württ. (Vater: August K., Studienprof.; Mutter: Hedwig, geb. Lachenmann), verh. s. 1954 m. Dr. med. Irmingard, geb. Stromeyer - Stud. Berlin, Tübingen, Danzig. Promot. 1944 Tübingen; Habil. 1958 München - S. 1947 Univ. München (1958 Privatdoz., 1964 apl. Prof.) u. Köln (1971 Ord. u. Klinikdir.). Spezialgeb.: Gynäk. Endokrinol. u. Onkol. Üb. 500 Fachveröff. Autor v. Lehrb. u. Monogr.

KAISER, Rudolf

Dr. phil., Prof. - Johanna-Kirchner-Str. 9, 3200 Hildesheim (T. 4 17 41) - Geb. 1. April 1927 Meinkenbracht/Sauerl. (Vater: Johannes K., Bauer; Mutter: Maria, geb. Kotthoff), kath., verh. s. 1955 m. Rita, geb. Koch, 3 Kd. (Michaela, Thomas, Christian) - Gymn. Theodorianum Paderborn; Univ. Münster, Freiburg, Bonn (Phil., Engl., Lat.). Promot. Bonn - 1954-64 Höh. Schuldst.; s. 1964 o. Prof. Univ. Hildesheim (Engl. Spr. u. ihre Didaktik). 1963/64 Fulbright-Stip. USA - BV: Amerika - in didakt. Perspektive, 1978; Diese Erde ist uns heilig - D. Reden d. Indianerhäuptlings Seattle, 1984; Sonnenfänger - Indianische Texte, 1984; Gesang d. Regenbogens - Indianische Gebete, 1985; Schmecke mich, ich bin d. Wind - Indianische Liebeslyrik, 1986; This Land is Sacred - Views and Values of North American Indians, 1986; Dies sind meine Worte - Indianische Reden aus zwei Jahrh., 1987; D. Stimme d. großen Geistes. Prophezeiungen u. Endzeiterwartungen d. Hopi-Indianer, 1989 - Spr.: Engl., Lat.

KAISER, Rudolf

Pers. haft. gf. Gesellschafter Rheinbraum Handel KG Mannheim m. Zweigniederlassungen Laufer, Hofmann u. Co., Gernsheim, Louis Thier + Cie KG, Stuttgart, W. Hugo Schmid, Ludwigshafen; Vors. Gesamtverb. d. Dt. Brennstoffhandels Kassel - Faißtstr. 40, 7100 Heilbronn (T. 07131 - 7 53 24) - Geb. 14. Mai 1924.

KAISER, Stephan

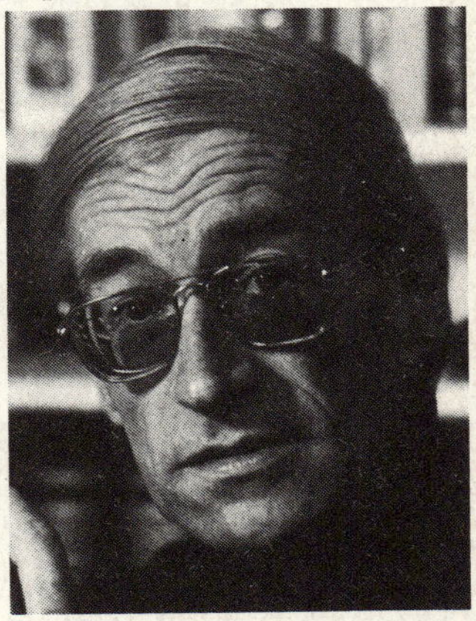

Dr. phil., Schriftsteller, Übers., Lexikograph - Frankfurter Str. 6/82, 7410 Reutlingen (T. 07121 - 6 35 44) - Geb. 23. Juni 1929 Nürnberg, kath., verh. s. 1983 m. Dietlind Vetter, geb. Planer, 3 Töcht. aus 1. Ehe (Katrin, Nikla, Dorkas) - Abit. 1949 Stuttgart; Stud. German., mittl. u. neuere Gesch., Kunstgesch. Univ. Tübingen; Promot. 1966 - 1957-62 u. 1966-74 Lektor im Verlag Das Beste, Stuttgart; 1978-89 Mitgl. Verb. Dt. Schriftst. (VS) - BV/R: Max Beckmann, D. Maler, s. Werk u. s. Zeit, 1962; D. Besonderheiten d. dt. Schriftsprache in d. Schweiz, Bd. I 1969, Bd. II 1970; D. Mord als schöne Kunst betrachtet, 1977; D. Lesespiegel 1-4, 1976-78; 2 Kinderhörspielpl., 1977 u. 80; 9 Romanübers. aus d. Amerik. (1983-86) - 1981 Dt. Kinder- u. Jugendschallplattenpreis - Liebh.: Schildkröten - Spr.: Amerikan. - Lit.: Peter Roos, in: Genius loci (1978); Gespräche üb. Lit. u. Tübingen (1987).

KAISER, Wilhelm

Dipl.-Ing., Prof. f. Konstruktionstechnik, insb. Konstruktionslehre, GH Wuppertal - Ittertaler Str. 46, 5600 Wuppertal 11.

KAISER, Willi

Gewerkschaftssekr., MdL Bayern (s. 1975) - Lichtenbergerstr. 26, 8674 Naila (T. 09282 - 17 93) - Geb. 1932 - SPD.

KAISER, Wolfgang

Geschäftsführer Fritz Ahrberg GmbH., Fleischwarenfabrik (s. 1969) - Koblenzer Str. 25, 3000 Hannover - Geb. 17. Mai 1928 Marburg/L. - Zul. stv. Vorstandsmitgl. Kunstmühle Tivoli, München.

KAISER, Wolfgang

Dr. rer. nat., o. Prof. f. Experimentalphysik - Techn. Univ., 8000 München - Geb. 17. Juli 1925 - B. 1964 Wiss. Mitarb. Bell Telephone Murray Hill (USA), dann Ord. TH bzw. TU München. Etwa 200 Fachveröff. - 1982 Max-Born-Preis; 1986 Lippincott-Preis; 1988 o. Mitgl. Bayer. Akad. d. Wiss.

KAISER, Wolfgang

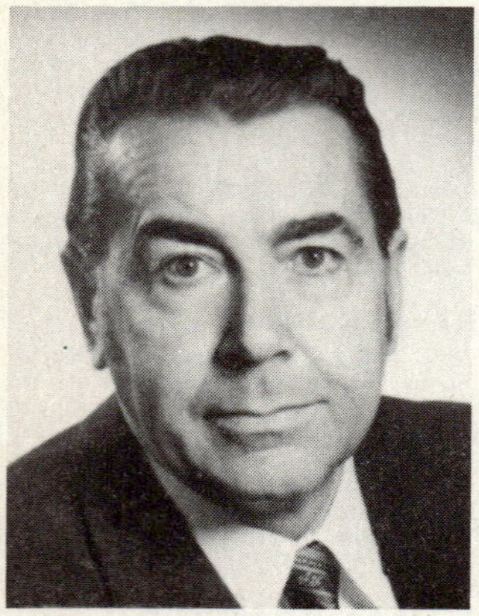

Dr.-Ing., Dr.-Ing. E.h., o. Prof. f. Nachrichtenübertrag. u. Institutsdir. Univ. Stuttgart (s. 1967), Vors. Forschungsaussch. d. Münchner Kreises (1978ff.), AR-Mitgl. Standard Elektrik Lorenz AG/SEL, Stuttgart (1978ff.) - Breitscheidstr. 2 (T. 0711 - 1 21-36 30) - Geb. 22. Febr. 1923 Schöntal/Jagst (Vater: Adalbert K., Rektor; Mutter: Hilda, geb. Scheurle), kath., verh. s. 1951 m. Klara, geb. Thoma, 2 Töcht. (Doris, Birgit) - 1947-54 Stud. Elektrotechnik (Nachr.techn.) Stuttgart. Dipl.-Ing. 1951; Promot. 1954 - 1954-67 SEL (1963 Dir. f. Entw./Geschäftsber. Datentechn.) - BV: Two-Way Cable Television, 1977; Kabelkommunikation u. Informationsvielfalt, 1978; Elektron. Textkommunik., 1978; Kommunik. üb. Satelliten, 1981; Telekommunik. als Berufschance, 1982; Interaktive Breitbandkommunik., 1982; Integrierte Telekommunikation, 1984; Entw. Linien d. Breitbandkomm., 1985; Wege zu besseren Fernsehbildern, 1987 - Fellow Inst. of Electrical and Electronic Engineers New York; 1982 Mitgl. Heidelbg. Akad. d. Wiss.; 1982 Verdienstmed. Ld. Baden-Württ.; BVK I. Kl. - Spr.: Engl.

KAISER-RAISS, Maria Regina

Dr. phil., Althistorikerin, Schriftst. (Ps. Maria Regina Kaiser) - Wilhelm Busch-Str. 10, 6236 Eschborn/Ts. - Geb. 29. Dez. 1952, verh. s. 1976 m. Gerhard R., M.A., T. Bettina - 1971-76 Stud. Alte Gesch., Klass. Archäol., Hilfswiss. d. Altertumskd., Kunstgesch. Univ. Frankfurt; Promo. 1976 - 1976-86 wiss. Mitarb. Univ. Frankfurt - BV: D. stadtröm. Münzprägung d. Commodus. Unters. z. Selbstdarstell. e. röm. Kaisers, 1980; Lukios u. hundert Löwen, 1980; Lukios, Neffe d. Kaisers, 1983; D. Habicht blieb am Himmel stehn, 1987. Div. Fachveröff. - 1988 Preis d. Leseratten d. ZDF (f. D. Habicht) - Liebh: Spanischspr. Lit., Violine, Jogging, 19. Jh. - Spr.: Span., Engl., Franz., Ital.

KAJA, Hans

Dr. rer. nat., Prof., Wiss. Abt.svorsteher Botan. Inst. Univ. Münster - Breul 21, 4400 Münster/W. - Geb. 21. Jan. 1927 - S. 1959 (Habil.) Lehrtätigk. Münster (1966 Abt.svorst. u. Prof.). Fachaufs.

KAKIES, Dieter

Dr. jur., Rechtsanwalt (spez. Gewerbl. Rechtsschutz u. Presserecht) - Abteistr. 39, 2000 Hamburg 13 (T. 34 61 59) - Geb. 20. Febr. 1936 Memel (Vater: Martin K., Schriftst.; Mutter: Helene, geb. Lange), ev., verh. s. 1963 m. Ilse, geb. Bahnsen - 1954-60 Univ. Hamburg, Freiburg, München, Brüssel (Rechtswiss., Volksw.) - BV: Rechtsbrevier f. Autofahrer, 1961 - Spr.: Engl., Franz.

KAKIES, Peter

Dipl.-Math., Vorstandsmitglied Hamburg-Mannheimer Versich.s.-AG., Hamburg - Auf den Schwarzen Bergen 1, 2107 Rosengarten 5 - Geb. 30. Nov. 1928.

KALB, Bartholomäus

Landwirt, Industriekaufm., MdL Bayern (s. 1978, Wahlkr. Niederbay.; CSU) - 8351 Künzing 2 - Geb. 13. Aug. 1949 Mamming/Dgf. - 1972ff. Gemeinderat u. 2. Bürgerm. Künzig; 1978ff. MdK Deggendorf. Div. Parteifunkt.

KALB, Dieter

Dipl.-Ing., Prof. f. Tragwerklehre GH Paderborn (Fachber. Arch., Höxter) - Hermann-Löns-Str. 4, 3474 Boffzen.

KALB, Hermann

Dipl.-Kfm., Geschäftsführer Fachverb. Preß-, Zieh- u. Stanzteile u. a. - Goldene Pforte 1, 5800 Hagen-Emst (T. 5 10 41).

KALB, Klaus Gero

Dr. rer. nat., Wiss. Angestellter RZ u. Prof. f. Mathematik, FB Math. Univ. Mainz - Sertoriusring 207, 6500 Mainz - Geb. 1941 - Promot. 1969, Habil. 1978. 1972-73 Prof. U. de los Andes, Bogotá (Kolumbien), 1979 u. 1985 Gastprof. ebd. Math. Funktionsanalysis, insb. Operatortheorie; Computer-Algebra; Gesch. d. Math. Mitgl. Dt. Math. Vereinig. (DMV).

KALB, Werner

Dr. jur., Verbandsgeschäftsführer - Innstr. 15, 8000 München 86 (T. 98 95 16) - S. 1954 Geschäfts- bzw. Hauptgeschäftsf. (1967) Verein d. Bayer. Chem. Industrie; s. 1959 Geschäftsf. Arbeitgeb.verb. d. Kunststoffverarb. Ind. in Bayern.

KALBAUM, R. Günther

Dipl.-Kfm., Vorstandsvors. i.R. Hamburg-Mannheimer Versicherungs-AG., Hamburg (1975-85) - Hexentwiete 31, 2000 Hamburg 56 (T. 81 40 88) - Geb. 5. Okt. 1920 Berlin - Wirtschaftsprüfer u. Steuerberater; 1966-70 Vorstandsmitgl. Dt. Revisions- u. Treuhand-AG (Treuarbeit), Hamburg.

KALBE, Hans H.

Rechtsanwalt, Hauptgeschäftsf. Hauptverb. d. Deutschen Holzindustrie u. verw. Industriezweige, Verb. d. Deutschen Möbelindustrie - An den Quellen 10, 6200 Wiesbaden (T. 3 93 05); priv.: Schönbrunn, 7580 Bühl - Geb. 5. Jan. 1925 Karlsruhe (Vater: Dr. Hans K., Zahnarzt; Mutter: Else, geb. Roth) - Univ. Frankfurt/M. u. Würzburg (Rechtswiss.) - Spr.: Engl.

KALBECK, Florian

Dr. phil., Prof., Dramaturg, Schriftst. - Starkfriedgasse 58, A-1190 Wien (T. 0043 0222-47 22 04) - Geb. 6. Juni 1920 Wien (Vater: Paul K., Regiss., Schauspiellehrer), verh. s. 1971 m. Dr. Judith Pór, 2 Kd. (Antonia aus 1. Ehe, Daniel) - Gymn. Wien (Matura 1938); Univ. Basel; Promot. 1947 (Phil., Psych., German.) - 1947-57 Dramat. u. Chefdramat. Theater i. d. Josefstadt, Wien; 1957-82 Dramat. u. Redakt. ORF; 1965-77 Lehrer f. Fernsehdramat. Hochsch. f. Musik u. darst. Kunst, Wien. Zahlr. Übers. u. Bearb. f. Bühne u. Ferns.; Bühnenwerke, Fernsehsp., Ess., Vorträge etc. Bühnenwerke: Hohenbühl, Kom. 1985 (Theater in d. Josefstadt); u. a.; Fernsehsp., Dokumentarsp.: Rebell in d. Soutane, 1970 (ORF); Theodor Kardinal Innitzer, 1971 (ORF); D. Frau Gerti, 1976 (ORF u. BR); E. Spaziergang, Erz.-Filmb. Jakob Laub) 1977 (ORF); u.v.a. - BV: V. Clara b. Resl, R. 1988 - 1970 u. 76 Fernsehpr. Österr. Volksbildung; 1980 Prof.-Titel - Liebh.: Phil., Lit., Bergsteigen - Spr.: Engl., Franz. - Bek. Vorf.: Max Kalbeck, Schriftst., Theater- u. Musikkritiker, Brahms-Biograph (Großv.).

KALBFUSS, Georg Theobald

Bürgermeister Kreisstadt Bad Dürkheim - Am Limburgberg 4, 6702 Bad Dürkheim-Grethen (T. 06322 - 79 32 02) - Geb. 21. Juni 1940 Bad Dürkheim (Vater: Theobald K., Maurer; Mutter: Elsbeth, geb. Ruf), kath., verh. s. 1962 m. Heidi, geb. Weiß, 2 T. (Marion, Anja) - Gymn., mittl. Reife 1956; 1956-61 Verw.-lehre u. Ausb. f. d. gehob. Dst. Kommunalverw. u. staatl. inn. Verw. (Prüf. 1961, Note 1); 1962-63 Ausb. z. Steuer-u. Gemeindeeinnehmer (Prüf. 1964, Note 1); 1963-67 Verw.- u. Wirtsch.akad. (Kommunaldipl. 1967, Note 1) - 1961-71 Verw.beamter (zul. Stadtkämmerer) Stadt Bad Dürkheim, s. 1971 Bürgerm. Kreisstadt Bad Dürkheim. S. 1973 zahlr. Mitgl.sch., u. a. Vorst. Städteverb. Rhld.-Pfalz, Kreistag, VR Kreisspark., Hauptaussch. Dt. Städte- u. Gemeindebd., stv. Vors. Gebietsaussch. Pfalz im Fremdenverkehrsverb. Rhld.-Pfalz, Bezirkstag Pfalz. - Liebh.: Musik, handwerkl. Arbeiten - Spr.: Engl., Franz., Latein.

KALBHEN, Dieter Abbo

Dr. rer. nat., (Inst. f. Pharmakologie u. Toxikol.), Prof. f. Biochem. Pharmak. u. Toxik. Univ. Bonn (s. 1972) - Reuterstr. 2b, 5300 Bonn - Geb. 27. Jan. 1934 Husum/Nordfriesl. - Stud. Braunschweig, Paris (Sorbonne), Bonn, Berkeley. Promot. 1962, Habil. 1969 - Forschungstätigk. USA. Üb. 140 Veröff. - Entd.: Chemilumineszenz-Phänomene (Arzneimittel) - 1980 Curt-Adam-Preis Berlin; 1981 Carol-Nachman-Preis (f. Rheumatol.) Wiesbaden.

KALDEN, Joachim Robert

Dr. med., o. Prof. u. Vorst. Inst. f. Klin. Immunologie Univ. Erlangen-Nürnberg (s. 1977) - Krankenhausstr. 12, 8520 Erlangen.

KALDENKERKEN, van, Karl-Heinz

Dr. jur., Rechtsanwalt, Oberstadtdirektor a. D. - Hobsweg 82, 5300 Bonn 1 (T. dstl. 63 15 21); (T. priv. 25 65 66) - Geb. 10. April 1925 Düsseldorf, kath., verh. s. 1951 m. Annemarie, geb. Bergbahn, 5 Kd. (S. Rolf † peruanische Anden) - Gymn. Düsseldorf; Univ. Köln (Rechtswiss.), Promot. 1950; Ass. 1953. S. 1953 Stadtverw. Düren (Rechtsrat, Stadtkämmerer) u. 1959-74 Stadtverw. Viersen (Oberstadtdir.), 1974-76 Vorst. Komm. Gemeinschaftsst. f. Verwaltungsvereinfachung, Köln; 1976-87 Stadtverw. Bonn (Oberstadtdir.) - Ehrenbürger Lambersart (Frankr.); 1975 BVK am Bde., 1979 BVK I. Kl.; 1987 Gr. BVK.

KALDEWEY, Harald

Dr. rer. nat., Prof. f. Botanik - Dellengartenstr. 32, 6600 Saarbrücken - Geb. 23. Dez. 1921 - S. 1962 (Habil.) Lehrtätigk. Univ. Saarbrücken (1966 Prof.), 1968-69 Princeton Univ., N. J. USA. Zahlr. Fachveröff., dar. Hormonal Regulation in Plant Growth and Development, 1972 (m. Yusuf Vardar), Transp. and other Modes of Movement of Hormones, 1984.

KALENBORN, Heinz

Dipl.-Ing., Prof., Architekt - Klausingstr. 11, 4000 Düsseldorf (T. 43 52 64) - Geb. 21. Aug. 1927 Düsseldorf (Eltern: Hans u. Kunigunge K.), kath., verh. s. 1953 m. Margret, geb. Höhn, T. Nina - Betonbauerlehre; Bauzeichner; Stud. TH Stuttgart - Bek. Bauwerke: Zentralfriedhof Rheinhausen, Calvinkirche D'dorf, Gewerksch.shaus Textil, ebd., Schulzentrum Kaarst - 1969-74 insg. 8 BDA-Plaketten f. hervorragende Bauten d. Nachkriegsz. - Liebh.: Engl. Graphik 19. Jh. - Spr.: Engl.

KALFF, Günter

Dr. med., o. Prof. f. Anästhesie - Orthstr. 10, 5100 Aachen-Laurensberg - Geb. 5. Juli 1932 Aachen - Promot. 1959; Habil. 1970 - S. 1973 Ord. TH Aachen (Med. Fak.).

KALFF, Karl

Staatsrat Senatsbehörde f. Arbeit, Jugend u. Soziales Fr. u. Hansestadt Hamburg - Hamburger Str. 47, 2000 Hamburg 76.

KALICH, Johann

Dr. med. vet., Dr. med. vet. h. c., em. o. Prof. f. Tierhygiene - Westerholzstr. 5, 8000 München 60 (T. 888 89 52) - Geb. 24. Dez. 1917 Banja-Luka/Jugosl. (Vater: Franz K., Landw.; Mutter: Elisabeth, geb. Wirth), kath., verh. s. 1970 m. Anneliese, geb. Assfalg - Gymn. Banja-Luka; Studium Univ. Belgrad, Agram, Wien, München (Veterinärmed., Staatsex. 1949). Promot. (1951) u. Habil. (1955) München - S. 1955 Privatdoz., apl. (1961) u. o. Prof. (1964) Univ. München (Lehrstuhl f. Tierhyg.); 1967-70 Dekan u. Prodekan Tierärztl. Fak., 1970-74 komm. Vorst. Inst. f. Pharmakol., Toxikol. u. Pharmazie, ebd., s. 1971 Vizepräs. u. Ehrenmitgl. Intern. Ges. f. Tierhygiene. 1977 Dr. med. vet. h. c. d. Vet.med. Univ. Budapest. 1983 emerit. Zahlr. Fachveröff. - Liebh.: Kunstgesch., Winter- u. Wassersport - Spr.: Serbo-kroat.

KALINKE, Helmut

Dr. agr., Dipl.-Gärtner, Prof., ehem. Leiter Inst. f. Betriebsw. u. Marktforsch. d. Forschungsanstalt f. Weinbau, Gartenbau, Getränketechnol. u. Landespflege, Geisenheim (s. 1956) - Nothgottestr. 11, 6222 Geisenheim/Rhg. (T. Geisenheim 85 36) - Geb. 20. März 1920 Strebitzko Kreis Militsch (Vater: Alfred K., Bäcker; Mutter: Martha, geb. Cierpinski), ev., verh. s. 1948 m. Gertrud, geb. Smollich, T. Gisela - N. Abit. Gärtnerlehre; Stud. Weihenstephan, Frankfurt u. Gießen - Betriebsleit. u. Geschäftsf. e. Forstbaumschuluntern. Div. Fachmitgliedsch. - Brosch.: Methode u. Ergebnisse arbeitswiss. Unters. im Gartenbau, 1964; Die Weinwirtschaft Frankreichs, Geisenheim 1977; D. dt. Wein- u. Getränkemarkt in Zahlen m. e. Exkurs üb. d. intern. Wein- u. Getränkemarkt, 1985 u. zahlr. Veröff. üb. Weinb. d. BRD u. europ. Länder - 1981 Ritterkreuz franz. VO (Landw.); 1981 BVK am Bde.; 1983 Ital. Ord. Cavalliere Ufficiale; 1985 Encomienda (Spanien); 1985 Ehrenplak. in Gold f. bes. Verd. (Land Hessen); 1986 BVK I. Kl.; 1986

Goldenes Ehrenz. f. Verd. um d. Rep. Österr.; 1986 Ehrenteller d. dt. Winzergenoss. - Liebh.: Kunst, Gesch., Musik - Spr.: Engl.

KALINOWSKI, Horst Egon

Maler u. Bildhauer, Prof. Akad. d. Bild. Künste Karlsruhe (s. 1968) - Reinh.-Frank-Str. 81, 7500 Karlsruhe (T. 0721 - 84 30 38) - Geb. 2. Jan. 1924 Düsseldorf (Vater: Josef K., Kaufm.; Mutter: Maria, geb. Mataré), kath., led. - 1934-42 Reform-Realgymn. Düsseldorf (Fürstenwall); 1945-48 Kunstakad. Düsseldorf; 1950-52 Acad. de la Grande Chaumière Paris, 1949 b. 1950 Stud. Rom u. Venedig (Mosaiktechnik) - Zahlr. Arbeiten, dar. Caissons, plast. Konstruktionen aus Holz u. Leder, Collagen, Radierungen. Ausstell. Paris, Brüssel, Frankfurt/M., Düsseldorf, Berlin, London, New York u. a. Buchillustr.: Jap. Gedichte (1964), D. Sonnengesang d. Franz v. Assisi (1965), D. Schöpfungstage (1967) - 1965 Carl-Einstein-Preis d. jg. dt. Kunstkritik, 1967 I. Preis f. Plastik Münchener Haus d. Kunst (Burda-Preis) - Spr.: Franz. - Bek. Vorf.: Prof. Ewald Mataré, Bildhauer, 1887-1965 (s. XIV. Ausg.).

KALINOWSKY, Lothar B.

Dr. med., Neurologe u. Psychiater, Honorarprof. f. Psych. Freie Univ. Berlin - 155 East 76th Street, New York, N. Y. 10021 (USA) - Geb. 28. Dez. 1899 Berlin (Vater: Alfred K., Anwalt; Mutter: Anna, geb. Schott), ev., verh. s. 1925 m. Hilde, geb. Pohl, 2 T. - Stud. Berlin, Heidelberg, München - 1923-33 Assist. Hamburg, Wien, Breslau, Berlin; 1933-39 Psychiatr. Univ.-Klinik Rom; 1940-58 New York Psychiat. Inst.; 1959 Clinical Prof. of Psychiatr., New York Medical College, New York - BV: Shock Treatments, Psychosurgery and other Somatic Treatments in Psychiatry (with P. H. Hoch), 1952; Biological Treatments in Psychiatry (with H. Hippius u. H. E. Klein), 1982; u.a. Facharb.

KALISCH, Joachim

Bezirksstadtrat a. D., MdB (s. 1980) - Bundeshaus, 5300 Bonn; Reichsstr. 38, 1000 Berlin 19 - Geb. 11. Juli 1929 Berlin (Vater: Erich K., Kfm.; Mutter: Else, geb. Schlotter), ev., verh. s. 1956 m. Hanne-Lore, geb. Krüger, S. Henrik - Jahn-Realgymn. (Abit.) u. Musikhochsch. Berlin (Kirchenmusik); kaufm. Lehre - Großhandelskfm.; Kreis- (1949-65), stv. Landesvors. (1959-65) u. Landessekr. (1960-64) Jg. Union; 1965-71 Landesgf., Landeswahlkampfleiter CDU Berlin; 1971-80 Leit. Abt. Gesundheitswesen Bez.amt Berlin-Tempelhof. CDU s. 1948. Vorst.-Mitgl. d. Berliner Theatergemeinde s. 1965. Bundest.-Innenaussch. (o. Mitgl.) u. Aussch. f. Arbeit u. Sozialordn., Verteidig.aussch. (stv. Mitgl.).

KALKA, Michael

Dr. jur., Versicherungsdirektor - Robert-Schuman-Str. 51, 5100 Aachen - Vorstandsmitgl. Aachener u. Münchener Lebensversich. AG, Aachen.

KALKBRENNER, Karlernst

Dipl.-Kfm., Vorstandsvorsitzender u. Vertriebsvorstand d. Olympia AG, Wilhelmshaven - Zu erreichen üb. Olympia AG, Postf. 960, 2940 Wilhelmshaven - Geb. 13. März 1929 Alsfeld (Vater: Karl K., Kaufm.), verh. m. Charlotte, geb. Ortlieb - Stud. Rechtswiss. u. Betriebswirtsch. Univ. Mainz u. Frankfurt/M. (Dipl. 1953) - 1954-57 Dt. Revisions- u. Treuhand AG., Frankfurt/M.; 1957-58 Wissenschaftl. Assist. Univ. Frankfurt/M.; 1958-64 Dir.ass. u. Verkaufsl. Rosenthal AG, Selb; 1965-66 Mitinh. Intermarketing GmbH, Bad Homburg, Geschäftsf. Porwand Patentverwertung GmbH, Darmstadt, 1967-70 Leit. Markenbild-Information u. Training, Rosenthal AG, 1970-81 Personalleiter, Vorst.-Mitgl. (1976ff.), Arbeitsdir. (1981ff.), zul. Dr.-Ing. h.c. F. Porsche AG, Stuttgart, 1981-84 Vorst.-Mitgl. u. Arbeitsdir. Rosenthal Technik AG, stv. Vorst.-Mitgl. u. Arbeitsdir. Glas- u. Porzellan AG, General-Bevollm. Rosenthal AG, Mitgl. d. Vorst. d. AEG AG - Kurat.-Mitgl. Dt. Sporthilfe.

KALKMANN, Ulf

Dipl.-Kfm., Geschäftsführer Fachverb. Tabakw. f. Nordwestdtschl. u. a. - Zu erreichen üb. Fachverb. Tabakwaren f. Nordwestdeutschl., Millerntorplatz 1, 2000 Hamburg 4 - Geb. 14. Okt. 1949.

KALLEE, Ekkehard

Dr. med., em. Prof. (C 3) Med. Univ.-Klinik Tübingen - Zu erreichen üb. Med. Univ.-Klinik, 7400 Tübingen - Geb. 30. Jan. 1922 Feuerbach/Württ. (Vater: Prof. Albert K., Landgerichtsdir. † 1956 (s. XII. Ausg.); Mutter: Helene, geb. Schmolz), ev., verh. s. 1965 m. Barbara, geb. Weigmann, S. Stephan - B. 1940 Gymn.; n. 1945 Stud. Med. Promot. 1950; Habil. 1961 - S. 1951 Leit. Isotopenlabor. Med. Univ.klinik Tübingen. 1955/56 Fellow Max Kade Foundation Rochester N.Y. (USA). Spez. Arbeitsgeb.: Nuklearmediziner; klin. Nuklearchemie u. Exper. Med., insb. Schilddrüsenstoffw., Proteinchemie, Insulin, Immunologie. Fachveröff. - Spr.: Engl., Ital., Neugriech., Franz., Span. - Bek. Vorf.: Eduard v. K., Generalstabschef, Biedermeier-Maler, Archäologe (Urgroßv.; Tübingen: Kalleehöhe); Richard K., Pfarrer, Archäol. (Großv.; Stuttgart: Kalleestr.).

KALLENBACH, Ingemar

Präsident Schwed. Handelskammer in d. Bundesrep. Deutschl. - Zu erreichen üb. Schwed. Handelskammer, Uerdinger Str. 106, 4000 Düsseldorf.

KALLENBACH, Reinhard

Dipl.-Ing., Direktor i. R. - Kriegsbergstr. 32, 7000 Stuttgart - Geb. 21. Aug. 1917 Barcelona/Span., verh. m. Jutta, geb. Ballach - B. 1960 Direktionsassist. EVS, dann Geschäftsf. Kernkraftwerk Baden-Württ. Planungs-GmbH. u. Kernkraftwerk Obrigheim GmbH., 1968-82 Leit. Kraftwerkabt. u. Vorstandsmitgl. (1969) EVS, gleichz. Geschäftsf. Kernkraftw. Philippsburg GmbH. u. Kernkraftwerk Süd GmbH. AR- u. VR-Mand., dar. Vors.; b. 1982 Vorst.-Mitgl. Energieversorg. Schwaben AG (EVS).

KALLENBERG, Fritz

Dr. phil., Prof. f. Neuere Geschichte - Paul-Wagner-Str. 64, 6100 Darmstadt - Geb. 19. Sept. 1923 Tübingen - B. 1964 Mitarb. Inst. f. Europ. Geschichte Mainz, dann Lehrtätigk. TH Darmstadt.

KALLER, Hans

Dr. med., Prof., Pharmakologe - Mittlere Bergerheide 18, 5600 Wuppertal 1 (T. 72 15 28) - Geb. 12. April 1923 Beuthen/OS. (Vater: Gottfried K., Kaufm.; Mutter: Gertrud, geb. Myrtek), kath., verh. s. 1948 m. Charlotte, geb. Grabe, 3 Kd. (Hans, Sabine, Stefan) - Gymn. Beuthen; 1941-48 m. Kriegsdienstunterbr. Univ. Breslau u. Göttingen. Promot. (1948) u. Habil. (1961) Göttingen - 1950-62 Med. Forschungsanst. d. Max-Planck-Ges., Göttingen (Pharmak. Abt.); 1962-87 Farbenfabr. Bayer AG, Wuppertal (Inst. f. Pharmakokinetik), s. 1987 Ruhestand. S. 1961 Lehrtätigk. Univ. Göttingen (1968 apl. Prof.). Bes. Arbeitsgeb.: Pharmak. d. vegetat. Systems u. d. Blutgerinnung, Pharmakokinetik - Liebh.: Fotogr., Musik, elektron. Datenverarb. - Spr.: Engl.

KALLFELZ, Hans Carlo

Dr. med., Abteilungsvorstand (Abt. f. Pädiatr. Kardiologie) u. Prof. Med. Hochsch. Hannover (s. 1974) - Am Walde 6b, 3004 Isernhagen 1.

KALLINA, Herbert

Dr. phil., Dipl.-Psych., Wiss. Rat (Psycholog. Inst.), Prof. f. Psychologie insb. Methodenlehre Univ. Münster (s. 1974) - Am Höhenring 55, 8399 Griesbach (T. 08532 - 21 18) - Geb. 21. Juni 1924 Vizovice (Tschechosl.) - Promot. 1964 Innsbruck; Habil. 1973 Münster.

KALLINICH, Günter

Dr. rer. nat., Prof., Abt.svorst. Inst. f. Pharmazie u. Lebensmittelchemie Univ. München - Rosenheimer Str. 2, 8000 München 80 (T. 481311) - Geb. 20. Juni 1913 Halberstadt/Harz, ev., verh. s. 1947 m. Gisela, geb. Thormann, T. Angela - S. 1961 (Habil.) Privatdoz. u. apl. Prof. (1965) München. Spez. Arbeitsgeb.: Gesch. d. Pharmazie - BV: 200 J. Pharmazie an d. Univ. Ingolstadt, Landshut, München - 1760-1960, 1960; Schöne alte Apotheken, 1975.

KALLIS, Anastasios

Dr. phil., Dr. theol., Prof. f. Orthodoxe Theologie - Pastorsesch 12, 4400 Münster (T. 0251-21 24 01) - Geb. 14. Aug. 1934 Naoussa/Griechenl. (Vater: Nikolaos K.; Mutter: Evangelia, geb. Gadinis), orth., verh. s. 1965 m. Ursula, geb. Holschbach, 2 Kd. (Ines, Klaus Tasso) - Stud. Theol., Phil., Päd., Gesch.; Dipl.-Orth. Theol. 1956 Thessaloniki, Promot. 1964 u. 1974 - 1965-79 Wiss. Mitarb., s. 1979 Prof. - BV: D. menschl. Wille, 1965; D. Mensch im Kosmos, 1978; Orthodoxie - Was ist das?, 1982; Dialog d. Wahrheit, 1981.

KALLMANN, Günter

Musiker, Chorleiter, Komponist - Karlsruher Str. 14, 1000 Berlin 31 - Geb. 19. Nov. 1927 Berlin (Vater: Rudolf K., Konditorm.; Mutter: Käthe, geb. Abraham), ev., verh. s. 1957 m. Helga, geb. Singer, 1 Kd. (Ruby) - 1949 Musikstud. Städt. Konservat. Berlin; 1959-61 Gesangstud. b. Prof. Gottschalk - S. 1949 Musiker, s. 1957 Sänger, s. 1961 Chorleit. (Günter-Kallmann-Chor), s. 1967 Komponist - Div. Kompos. d. U-Musik; 8 Gold. Schallpl. - Liebh.: Klass. Musik, Reisen, Sport, Kochen - 1977 Gold. Sportabz. - Spr.: Engl., Franz., Latein.

KALLMANN, Hans-Jürgen

Prof., Maler - Johann-Bader-Str. 8, 8023 Pullach/Isartal (T. München 7 93 08 21) - Geb. 20. Mai 1908 Wollstein/Posen (Vater: Dr. med. Georg K., Dermatologe; Mutter: Martha, geb. Hoegg), verh. 1933 m. Paula, geb. Schoedl - 1948 ff. Prof. Kunstakad. Caracas. Zahlr. Werke, dar. Porträts v. Papst Johannes XXIII., Barlach, Knappertsbusch, Otto Hahn. Bilder in in- u. ausl. Museen - BV: Zeichnungen u. Pastelle, 1968 - 1934 Rom-Preis, 1973 Bayer. VO. u. Vaterl. VO.

KALLMERTEN, Werner

Geschäftsführer u. Chefredakteur Europress/Europ. Presse-Korresp. GmbH - Deutschherrenstr. 39, 5300 Bonn-Bad Godesberg.

KALLRATH, Helmut

Dr. jur., Präsident Landessozialgericht f. d. Ld. Nordrh.-Westf. - Zu erreichen üb. Landessozialgericht, Zweigertstr. 54, 4300 Essen 1 - Geb. 25. März 1932.

KALLWEIT, Walter

Bürgerschaftsabgeordneter - Blinkfüer 25, 2820 Bremen 71 - Mitgl. Brem. Bürgersch. (SPD).

KALM, Ernst

Dr., Prof. f. Tierzucht, Direktor Inst. f. Tierzucht u. Tierhaltung Univ. Kiel (s. 1978) - Schmalholt 1, 2301 Achterwehr (T. 04340 - 83 51 + 0431 - 880 25 86) - Geb. 12. Sept. 1940 Wittingen (Vater: Ernst K., Großhandelskfm.; Mutter: Grete, geb. Berndt), ev., verh. s. 1963 m. Erika, geb. Drewes, 2 Kd. (Christian, Ulrike) - 1957-59 landw. Lehre; 1960/61 Höh. Landbausch.; 1961-63 kaufm. Lehre (1963-64 Mischfutterind.); 1966-70 Stud., Promot. 1970, Habil. 1977 in Tierzucht u. Haustiergenetik - 1972 wiss. Assist. Göttingen; s. 1978 o. Prof. u. Dir. Inst. f. Tierzucht u. Tierhaltung Univ. Kiel; Leit. Versuchsbetrieb Karkendamm (Milchviehhaltung, Futteraufnahme); 1983-85 Dekan Agrarwiss. Fak. Univ. Kiel. Forschungsschwerp.: Wachstum, Futteraufnahme b. Rind u. Schwein, Zuchtwertschätzung.

KALMAR, Carlos

Musiker, Chefdirigent d. Hamburger Symphoniker - Zu erreichen üb. Hamburger Symphoniker, Hamburger Kammerorch., Dammtorwall 46, 2000 Hamburg 36 - Geb. 26. Febr. 1958 Montevideo - Gastkonzerte in Dtschl., USA, Span., Ital., Österr., Belgien, Holland; Gastdirigent Staatsoper Wien, Hamburg, Opernhaus Zürich.

KALMÁR, Peter

Dr. med., Prof. f. Herz- u. Gefäßchirurgie sow. Exper. Kardiol. - Hilgendorfweg 29, 2000 Hamburg 55 - B. 1976 Privatdoz., dann Univ. Hamburg.

KALMBACH, Gudrun

Dr. rer. nat., Prof. f. Mathematik - Eberhardtstr. 60, 7900 Ulm - Geb. 27. Mai 1937 Großerlach (Vater: Johannes K., Hauptlehrer; Mutter: Elise, geb. Wizemann) - Obersch.; Stud. Tübingen, Göttingen (Chemie, Math.), Promot. Math. 1966 - 1967-75 Assist. Prof. Univ. of Illinois, Massachusetts, Penn. State Univ./USA, 1975ff. Prof. Univ. Ulm - BV: Orthomodular Lattices, Acad. Press, 1983; Measures and Hilbert Lattices, 1986; World Scientific Publ., 1986; Diskrete Mathematik, 1988 - Liebh.: Musik - Spr.: Engl.

KALNEIN, Graf, Wend

Dr. phil., Prof., Museumsdirektor i. R. - Bayerham 70, A 5201 Seekirchen (T. 06212 - 64 27) - Geb. 24. Mai 1914 Ludwigslust, ev., verh. s. 1959 m. Livia, geb. Freiin v. Thielmann, 3 Kd. (Heinrich, Albrecht, Alexandra) - Maximilian-Gymn. München (Abit.); Univ. Grenoble, München, Heidelberg, Bonn (Kunstgesch., Roman., Slaw.; Promot. 1952) - 1952-54 Assist. Univ. Bonn (Kunsthistor. Inst.); 1954-61 Leit. Markgräfl. Bad. Samml. Salem u. Zähringer Mus. Baden-Baden; 1961-63 Abt.-leit. Hess. Landesmus. Kassel; 1964-79 Dir. Kunstmus. Düsseldorf; s. 1979 Hon.-Prof. Univ. Salzburg. Spez. Arbeitsgeb.: Kunst d. 17. u. 18. Jh.s sow. mod. - BV: D. kurfürstl. Schloß Clemensruhe in Poppelsdorf, 1955; Meisterw. d. Markgräfl. Bad. Samml. im Neuen Schloß (Zähr. Mus. Baden-Baden), 1960; Art and Architecture in France in the 18th Century, 1970 - Spr.: Franz., Engl., Ital., Span., Russ. - Rotarier.

KALOW, Gert

Dr. phil., Prof., Leiter Abt. Abendstudio/Feature Hess. Rundfunk (1963-86) - Im alten Brückentor, 6900 Heidelberg (T. 16 01 31) - Geb. 20. Aug. 1921 Cottbus - Univ. Jena, Hamburg, Heidelberg - 1957-63 Leit. Abt. Information, 1960/61 Rektoratsvors. Hochsch. f. Gestaltung, Ulm; s. 1974 Hochsch. f. Gestaltung Offenbach - BV: Zwischen Christentum u. Ideologie, 1956; Hitler - D. gesamtd. Trauma, 1967 (engl. 1968, USA 1969); erdgaleere, Ged. 1969; Poesie ist Nachricht, 1975; Flugblätter, Ged. 1988. Herausg.: Sind wir noch d. Volk d. Dichter u. Denker? (1964); D. Kunst, zuhause zu sein (1968). Mithrsg.: Hauptworte - Hauptsachen / Zwei Gespräche: Heimat - Nation (1971); Eigentum u. Gewalt (1972); Treue u. Familie (1973) (alle m. Prof. Alexander Mitscherlich); Glück u. Gerechtigkeit (1976) - 1971 Mitgl. PEN-Zentrum Bundesrep. Dtschl. (1976-80 Vizepräs.).

KALSCHEUER, Bernhard

Botschafter d. Bundesrep. Deutschl. in Kongo-Brazzaville (s. 1986) - Zu erreichen üb. B.P. 20 22, Brazzaville/Congo - Geb. 6 August. 1926 Köln (Vater: Peter Anton K.; Mutter: Else, geb. Mörs); verh. s. 1954 m. Helga Annelore, geb. Betz, T. Claudia - Prüf. f. d. Postverwaltungsdst. 1950; b. 1956 Ausl.-Postdst.; seith. Ausw. Dienst; Ausl.-Posten in Ghana, Kamerun, Kambodscha, Äthiopien, Trinidad, Tobago m. zwischenzeitl. Aufenth. in Bonn; zul. Generlkonsul in Recife/Brasilien - Liebh.: Archäol., ant. Numismatik, Gesch., Malerei, Leichtathl. - Spr.: Franz., Engl., Ital., Span., Port.

KALSCHEUER, Hans D.

Dr., Vorstandsvorsitzer Allgäuer Alpenmilch AG. - Prinzregentenstr. 155, 8000 München 80.

KALTEFLEITER, Werner

Dr. rer. pol., Prof. f. Politische Wissenschaft, Vizepräsident Univ. Kiel (1975-81) - Liekdalsredder 1, 2303 Tüttendorf (T. 04346-12 27) - Geb. 21. April 1937 Hagen/Westf. (Vater: Hugo K., Kantor; Mutter: Karola), ev., verh. s. 1964 m. Dr. Vera, geb. Gemmecke, 2 Kd. (Roland, Viola) - Abit. 1957, Univ. Köln (Wirtsch.- u. Soz.wiss.), Dipl.-Volksw. 1961, Assist. Forsch.inst. f. Polit. Wiss. Univ. Köln 1961-66, Promot. 1963, Habil. 1968 - 1968/69 Forsch.aufenth. Harvard Univ. Cambridge/USA. - 1969 Priv.-Doz. Köln, Vertr. Lehrst. f. Polit. Wiss. Univ. Saarbrücken, 1970 Lehrst.-Vertr. Univ. Köln, 1970-75 Dir. Soz.wiss. Forsch.-Inst., 1970/71 Wiss. Rat u. Prof. Univ. Köln, 1971 o. Prof. u. Dir. Inst. f. Pol. Wiss. Univ. Kiel, 1975-81 Vizepräs. Univ. Kiel, 1983 Dir. Inst. f. Sicherheitspolitik, Univ. Kiel; 1984-86 Vors. Medienkommiss. Kabelversuchsprojekte in d. Bundesrep. Deutschl.; s. 1986 Mitgl. Fernsehrat d. ZDF - Div. Veröff., meist üb. Probl. d. Politik (Bücher u. Aufs.).

KALTENBACH, Helmut

Präsident d. Bundesversicherungsanstalt f. Angestellte (s. 1989) - Ruhrstr. 2, 1000 Berlin 31 (T. 030 - 8 65-1) - Geb. 15. Juli 1926 Hamburg - B. 1973 Geschäftsf. b. d. See-Berufsgenoss. Seekasse. S. 1984 Vors. Ges. f. Versicherungswiss. u. -gestaltung (GVG).

KALTENBACH, Martin

Dr. med. (habil.), Prof. f. Inn. Med. u. Leit. Abt. f. Kardiologie/Zentrum d. Inn. Med. Univ. Frankfurt/M. (s. 1971) - Falltorweg 8, 6072 Dreieich - Geb. 23. Sept. 1928 Lörrach/B. - BV: u. a. D. Belastungsunters. v. Herzkranken, 1974. Üb. 200 Einzelarb.

KALTENBRUNNER, Gerd-Klaus

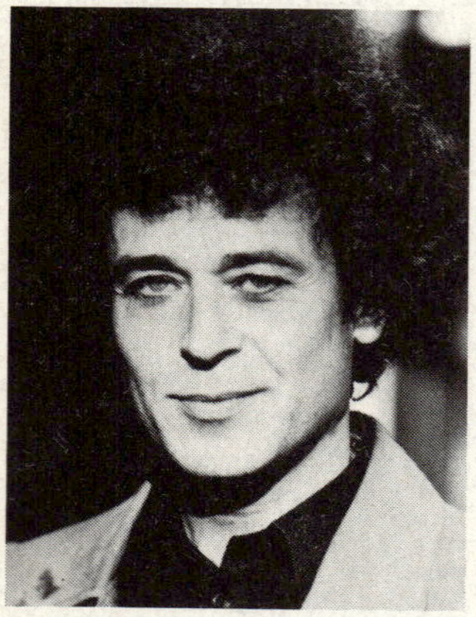

Schriftsteller, Herausg. - Im Ölmättle 12, 7842 Kandern - Geb. 23. Febr. 1939 Wien - Mitgl. Akad. Rat Humboldt-Ges. (s. 1980) - BV: Hegel u. d. Folgen (Hg.), 1970; Rekonstrukt. d. Konservatismus (Hg., m.a.), 1972, 3. A. 1978; Konservatismus intern. (Hg., m.a.), 1973; D. schwierige Konservatismus. Definitionen-Theorien-Porträts, 1975; EUROPA: S. geist. Quellen in Porträts aus zwei Jahrtausenden, 3 Bde. 1981-85; ELITE - Erziehung f. d. Ernstfall, 1974; Wege d. Weltbewahrung, 1985; V. Geist Europas, Landschaften - Gestalten - Ideen, 1987; Was ist deutsch? V. d. Unvermeidlichkeit, eine Nation zu sein, 1988. Herausg.: Taschenb.-Magazin INITIATIVE (s. 1974, b. 1987 75 Bde.) - 1985 Pirkheimer-Med.; 1985 Baltasar-Gracián-Preis f. Ess.; 1985 Anton-Wildgans-Preis d. Vereinig. Österr. Industrieller; 1986 Konrad-Adenauer-Preis f. Lit.,; 1987 Aires-Vassalo e Silva-Preis d. Ges. Estudos Luso-Brasileiros (Lissabon); 1988 Mozart-Preis d. Goethe-Stiftg.

KALTENSTEIN, Ursula

Hausfrau, Mitglied Brem. Bürgersch. (s. 1967) -Augspurgstr. 5, 2850 Bremerhaven-Lehe (T. 8 16 58) - Geb. 16. Jan. 1927 Bremerhaven, ev., verh. - Obersch. Bremerhaven (Abit. 1947); 1947-49 Päd. Hochsch. Bremen - 1949-65 Schuldst. Bremerhaven. SPD s. 1963 (Mitgl. Landesfrauenaussch.).

KALTENTHALER, Albert

Dr. oec., Dipl.-Kfm., Unternehmensberater - Amundsenstr. 6, 8590 Marktredwitz (T. 09231-8 18 27) - Geb. 3. Jan. 1926 - 1966-83 Vorstandsmitgl. Rosenthal AG, Selb; s. 1983 AR-Vors. Loher AG, Ruhstorf/Rott, s. 1984 AR-Vors. AGROB AG, München - Spr.: Engl., Franz., Ital., Schwed., Span.

KALTHEGENER, Bernd

Dr. oec. publ., Dipl.-Kfm., Vorstandsmitglied CEAG Industrie-Aktien u. Anlagen AG, Bad Homburg v.d.H., CEAG DOMINIT AG, Dortmund - Dr.-Max-Str. 73, 8022 Grünwald (T. 6 49 24 55) - Geb. 23. Juli 1929 Essen - AR-Vors. DETA-Akkumulatorenwerk GmbH, Bad Lauterberg, AR-Mitgl. Friemann & Wolf GmbH, Duisburg.

KALTHEUNER, Herbert

Dr., Fabrikant (Fa. Adolf Pühl, Plettenberg) - Schlieffenstr. 5, 5970 Plettenberg/W. - Vors. Fachvereinig. Unterlegscheiben, Hagen; ARsmitgl. H. B. Seissenschmidt AG., Plettenberg.

KALTNER, Georg

I. Bürgermeister (s. 1978) - Rathaus, 8851 Buttenwiesen/Schw. - Geb. 24. Juni 1924 Lauterbach - Zul. Bauing. CSU.

KALTSCHMID, Jochen

Dr. rer. pol., Dipl.-Hdl., Prof. f. Erziehungswissenschaft Univ. Heidelberg - Danziger Str. 20, 6095 Mainz-Gustavsburg (T. 06134 - 5 13 98) - Geb. 17. April 1933 Giengen (Brenz) (Vater: August K., ltd. Angest.; Mutter: Margot, geb. Silberhorn), ev., verh. s. 1961 m. Helga, geb. Schumann, T. Astrid, S. Gerd (Pfleges.) - Kaufm. Lehre, Dipl.-Hdl. 1958, Dr. rer. pol. 1962, Lehrermächt. 1966 - 1962-68 Wiss. Ass. Univ. (WH) Mannheim, 1968-70 Doz., 1970-73 Prof. PH Reutlingen, s. 1973 Prof. f. Allg. Erzieh.wiss., Soz. d. Erzieh. u. Erwachs.bild. Univ. Heidelberg; 1974-75 u. 1985-87 Prodekan - BV: Menschsein in d. ind. Ges., 1965; MV Projektstudien z. Arb.lehre, 1974; Verh. v. Erzieh.wiss. u. Wirtsch.päd., 1976; MH Erzieh.wiss. u. Soziolog., 1977; MH Sozialisat. u. Erzieh., 1978; Die Schülerrolle, 1978; Bild. in Stufen, 1979; MH Erwachsenensozialisation u. Erwachsenenbildung, 1986; Didaktik d. Erwachsenenbildung, 1986; Biographie u. Pädagogik, 1988; Bildung u. lebenslanges Lernen, 1988 - Liebh.: Lit.,, Musik, Wandern, Reisen - Spr.: Engl.

KALTWASSER, Franz Georg

Dr. phil., Direktor Bayer. Staatsbibliothek - Ludwigstr. 16, 8000 München - Geb. 6. Nov. 1927 Nordhausen/Harz (Vater: Dipl.-Ing. Georg K.; Mutter: Mathilde, geb. Menge), kath., verh. s. 1958 (Ehefr.: Sabine), 2 Kd. (Tillmann, Stephanie) - Promot. 1953 München - Beirat-Vors. Stiftg. Preuß. Kulturbesitz, Beiratsmitgl. Dt. Bibliothek, Frankfurt u. Dt. Museum, München - Mitherausg.: Ztschr. f. Bibl.wesen u. Bibliogr. u. IFLA-Journ. Fachaufs.

KALTZ, Bernhard

Dr., Geschäftsführer Verb. rhein. Schiffahrtspediteure - Weberstr. 77, 5300 Bonn (T. 21 00 95); priv.: Wegastr. 10, 5530 Stotzheim - Geb. 18. Jan. 1930.

KALUSCHE, Dietmar

Dr. rer. nat., Prof. f. Biologie u. ihre Didaktik PH Ludwigsburg - Görlitzer Weg 14, 7120 Bietigheim-Bissingen - Geb. 14. März 1944 Breslau, ev., verh. s. 1971 m. Irmgard, geb. Lentz, 2 Kd. - Gymn. Öhringen u. Stuttgart; TH Stuttgart, Univ. Hohenheim - BV: Bodenbiol. Praktikum, 1975 (m. G. Brucker); Ökologie, 1978; Schulb. Kl. 5/6 - Biol. (i. V.) - 1976 Aulis-Förderpreis - Liebh.: Entomol. - Spr.: Engl.

KALUZA, Theodor

Dr. rer. nat., o. Prof. f. Mathematik - Nötelweg 4, 3000 Hannover 91 (T. 49 12 33) - Geb. 14. Okt. 1910 Königsberg/Pr., kath., verh. s. 1945 m. Ingemarie, geb. Bücker, 2 Kd. - S. 1947 (Habil.) Lehrtätigk. TH Braunschweig (1953 ao. Prof.) u. TH bzw. TU Hannover (1954 o. Prof.; 1966-68 Rektor; 78 em.) - Mitgl. Braunschweig. Wiss. Ges. Fachveröff. - Liebh.: Segeln, Tennis - Spr.: Engl. - Rotarier - Großv.: Prof. Dr. Max K., Anglist; Vater: Prof. Dr. Theodor K., Mathematiker.

KALVIUS, Georg Michael

Dr. rer. nat., Prof., Direktor Physik Department TU München-Garching - Seefelder Str. 3, 8000 München 70 - Geb. 10. Febr. 1933 - Promot. 1961 München (TH) - 1963-70 USA-Tätigk. Facharb.

KAMBARTEL, Friedrich

Dr. rer. nat., o. Prof. f. Philosophie Univ. Konstanz (s. 1966) - Hussenstr. 3, 7750 Konstanz (T. 07531 - 2 14 71) - Geb. 17. Febr. 1935 Münster/Westf., ev., verh. s. 1960 m. Gisela, geb. Binschus, 3 Kd. (Elisabeth, Ruth, Thomas) - Gymn. u. Univ. Münster; Promot. (Math.) 1959; Habil (Phil.) 1966 - 1960-66 wiss. Assist. Univ. Münster (Phil. Sem.). Spez. Arbeitsgeb.: Logik, Sprachphil., Wissenschaftstheorie, Phil. d. Math., Prakt. Phil. - BV: Orthonormale Systeme u. Randintegralformeln in d. Funktionentheorie mehrerer Veränderlichen, 1960; Erfahrung u. Struktur, 1968 u. 1976; Was ist u. soll Phil., 1968 u. 1974; Wissenschaftstheorie als Wissenschaftskritik (m. P. Janich u. J. Mittelstraß), 1974; Theorie u. Begründung - Stud. z. Phil. u. Wissenschaftsverständnis, 1976; Phil. d. humanen Welt, 1989. Herausg.: Prakt. Phil. u. konstrukt. Wissenschaftstheorie (1974). Mithrsg.: G. Frege, Nachgelassene Schriften (1969 u. 1983); G. Frege, Wiss. Briefwechsel (1976); B. Bolzano, Math.-phys. u. phil. Schriften 1842-43 (m. G. Gabriel u. M. Gatzemeier, 1989) - Spr.: Engl., Franz., Latein.

KAMBYLIS, Athanasios

Dr. phil., Prof. f. Byzantin. u. Neugriech. Philologie - Mittelweg 90, 2000 Hamburg 13 - B. 1978 Wiss. Rat u. Prof., dann Prof. u. Lehrstuhlinh. Univ. Hamburg.

KAMINSKI, Gerhard

Dr. phil., o. Prof. f. Psychologie Univ. Tübingen - Steinbößtr. 72, 7400 Tübingen (T. 8 21 71) - Geb. 19. Sept. 1925 Steinau/Oder (Vater: Ernst K., Regierungsrat; Mutter: Gertrud, geb. Pfeiffer), ev., verh. s. 1954 m. Gerda, geb. Bosdorf, 3 Kd. (Katharina, Claudia †1980, Sebastian) - Obersch. u. Gymn. Berlin; Humboldt- u. Freie Univ. Berlin (Dipl. 1952) - 1952 Assist., 1962 Akad., 1968 Wiss. Rat FU Berlin, 1968 Ord. Univ. Tübingen, Leit. Abt. f. Allg. u. Ökolog. Psych. d. Psych. Inst. Univ. Tübingen - BV: D. Bild v. Anderen, 1959; Verhaltenstheorie u. -modifikation, 1970; Kinder u. Jugendl. im Hochleistungssport (m. Mayer u. Ruoff), 1984. Herausg.: Umweltpsychol. (1976), (übers. in Ital. u. Span.); Ordnung u. Variabilität im Alltagsgeschehen (1986) - Liebh.: Musik, Bild. Kunst - Lit.: P. Day, U. Fuhrer u. U. Laucken (Herausg.): Umwelt u. Handeln, Festschr. (1985).

KAMINSKI, Hans

Dr. rer. pol., Prof. f. Arbeitslehre Univ. Oldenburg (s. 1980) - Amerländer Heerstr. 67-97, 2900 Oldenburg; priv.: Immenweg 53 - BV: Grundl. Elemente e. Didaktik d. Wirtschaftserzieh., 1977; Verbrauchererzieh. in d. Sekundarstufe I, 1978; Wirtschaft - Handwörterb. z. Arbeits- u. Wirtschaftslehre, (m. Kaiser, Hrsg.) 1981. Mitherausg. d. Zschr. arbeiten + lernen. Zahlr. Veröff. z. Did. d. ökonom. Bild. Zahlr. Schulferns.filme z. Arb.- u. Wirtsch.lehre, 1983 (gem. m. Prof. D. F. J. Kaiser), ausgez. m. d. Sonderpr. Schulferns. d. Ernst-Schneider-Pr. d. dt. IHK.

KAMINSKI, Heinz

Honorar-Prof., Gründer Sternwarte Bochum, Inst. f. Umwelt- u. Zukunftsforsch., Fernerkundung d. Erde m. Mitteln d. Weltraumtechnik (Globalökologie) - Blankensteiner Str. 200a, 4630 Bochum (T. 0234 - 4 77 11) - Geb. 15. Juni 1921 Bochum (Vater: Johann K., Stahlarbeiter; Mutter: Wilhelmine, geb. Brodoch), ev., verh. s. 1950 m. Johanna, geb. Hoffmann, 3 Kd. (Heinz-Rainer, Christiane, Anette) - Staatl. Ing.Schule Essen. 1948-60 Labor- u. techn. Betriebsltr., s. 1960 hauptamtl. Dir. Sternwarte Bochum - Ca. 100 Publ. z. Fernerkundung d. Erde, Weltraumkunde u. Gesellschaftspol. - Friedrich-Harkort-Plak. d. Wirtschaftspubl. Vereinigung NW; Gold. Sportabz., DLRG-Leistungsschein - Liebh.: Natur- u. Gesellschaftswiss. - Spr.: Engl. - Rotarier.

KAMINSKI, Horst

Dipl.-Kfm., Wirtschaftsprüfer, Geschäftsf. Institut d. Wirtschaftsprüfer in Deutschl. - Tersteegenstr. 14, 4000 Düsseldorf 30.

KAMINSKI, Wolfgang, gen. Max

Künstlermanager im Auftrag d. Bundesanst. f. Arbeit - Dahlienweg 2, 5804 Herdecke (T. 02330-1 33 44) - Geb. 24. Febr. 1952 Heide/Holst., ev., verh. s. 1972 m. Ingrid, geb. Löbbecke, S. Jens - Ausbild. z. Industriekaufm.; spät. auch freiberufl. Journ. u. Fotogr. f. div. Ztg. u. Illustrierten - Exklusiv unt. Vertrag stehende Künstler: Roy Black, Tommy Steiner, Wind, Helmut Zacharias - Spr.: Engl.

KAMINSKY, Gerhard

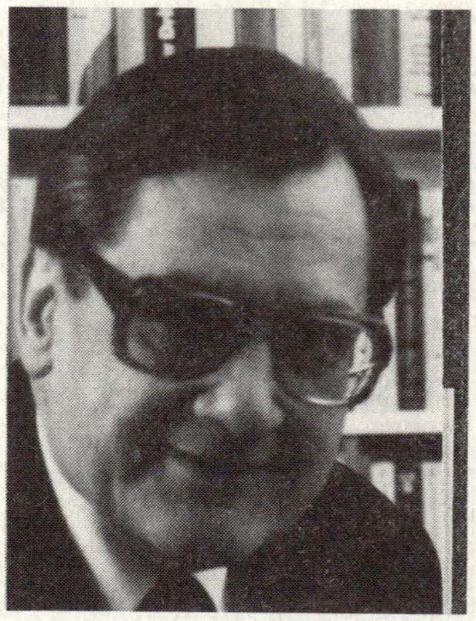

Dr. rer. nat., Prof. f. Arbeitswissenschaft - Bernhard-Ihnen-Str. 42, 2057 Reinbek (T. 7 22 69 47) - Geb. 1. Dez. 1919 Königsberg (Vater: Fritz K., Reeder; Mutter: Johanna, geb. Bahr), verh. s. 1951 m. Dr. Charlotte, geb. Kröger, S. Alexander - Univ. Königsberg (Med.) u. Hamburg (Naturwiss.). Promot. (1950) u. Habil. (1959) Hamburg - S. 1959 Lehrtätigk. Hamburg (1965 Wiss. Rat u. Prof.; 1970 Prof.). Kriegsdst. Oberstltn. d. R. d. Bundeswehr. Mitgl. Lions Intern. - BV: Arbeitsablauf u. Bewegungsstudien (zus. m. H. Schmidtke), 1960 (poln. 1966); Gestaltung v. Arbeitsplatz u. -mittel, 1963; Physiol. Arbeitsgestalt., 1968; Praktikum d. Arbeitswiss., 2. A. 1980; Ergonomie am Arbeitsplatz, 2. A. 1980 (m. Hettinger u. Schmale); Energieverbrauchstafeln, (m. Hettinger u. Spitzer) 6. A. 1982. Üb. 140 Einzelarb. -

Rechtsritter Johanniterord. - Liebh.: Briefmarken - Spr.: Engl.

KAMINSKY, Hans Heinrich

Dr. phil., Prof. f. mittelalterl. Geschichte u. Histor. Hilfswiss. Univ. Gießen (s. 1972) - Seltersweg 52, 6300 Gießen (T. 7 52 42) - Geb. 9. Mai 1938 Leverkusen (Vater: Dr. Fritz K., Ing.; Mutter: Anna Marie, geb. Schäfer), led. - Gymn. Leverkusen (Abit. 1958) Stud. Univ. Köln; Promot. 1968. 1966-72 Wiss. Assist., 1972 Prof., 1981-85 Stadtrat Gießen. Begründ. d. Bibliogr. Zentr. d. Mittelalterforsch. - BV: Studien z. Reichsabtei Corvey in d. Salierzeit, 1972; (m. O. Ehrismann): Lit. u. Gesch. im Mittelalter, 1976 - Liebh.: Münzsammler (Mittelalter) - Spr.: Engl., Franz., Ital.

KAMINSKY, Walter

Dr. rer. nat., Prof. u. Dir. f. Techn. u. Makromolekulare Chemie Univ. Hamburg (s. 1977) - Buschweg 52, 2080 Pinneberg (T. 04101 - 6 49 50) - Geb. 7. Mai 1941 Hamburg, verh., 3 Kd. - Chemie-Stud. Univ. Hamburg. S. 1976 Prof. f. Angew. Chemie Univ. Hamburg; 1979 Ruf an Univ. Oldenburg u. Karlsruhe. Arbeitsgeb.: Homogene Ziegler-Natta-Katalyse, Polymerisation v. Olefinen u. Pyrolyse v. Kunststoffabfällen, Altreifen u. Klärschlamm in d. Wirbelschicht. Üb. 100 Veröff. u. 10. Pat. Mitgl. GDCh, DECHEMA, VDI, Naturforscher u. Ärzte; 1988 Förderpreis f. d. Europ. Wiss.

KAMKE, Detlef

Dr. phil. (habil.), o. Prof. f. Experimentalphysik Univ. Bochum (s. 1963) - Platanenweg 42, 4630 Bochum - Geb. 10. Aug. 1922 Hagen/W. - Zul. Doz. Univ. Marburg. Emerit. 1987 - Fachveröff.

KAMLAH, Ehrhard

Dr. theol., Prof. f. Neues Testament - Rembrandtstr. 45, 6500 Mainz-Lerchenberg (T. 06131 - 73017) - Geb. 1. Okt. 1925 Göttingen, ev. - S. 1962 (Habil.) Lehrtätig. Univ. Mainz - BV: D. Form d. katalog. Paränese im Neuen Testam., 1964.

KAMM, Bertold

Vizepräsident d. Bayer. Landtags - Schlaunstr. 21, 8500 Nürnberg - Geb. 10. Mai 1926 Schorndorf/Württ. - Oberrealsch. Schorndorf u. Bad Cannstatt, 1947-50 Univ. Tübingen u. Erlangen - 1944-46 Wehrd. u. engl. Kriegsgef.; 1950-55 Leit. versch. Jugendwohnh. Nürnberg, Landesvors. Arbeiterwohlfahrt Bayern, Vorstandsmitgl. Inst. f. Sozialpol. u. Arbeitsr., München. SPD s. 1947 - 1983 BVK I. Kl.

KAMM, Fritz

Direktor Dresdner Bank AG Filiale Mainz, Beiratsmitgl. LZB Rhld.-Pfalz, Landesschatzm. d. DRK Rhld.-Pfalz - Zu erreichen üb. Dresdner Bank AG, Große Bleiche 15, 6500 Mainz.

KAMM, Helmut

Dr. phil., Prof. f. Schulpädagogik PH Weingarten - Wagnerstr. 16, 7987 Weingarten/Württ..

KAMMANN, Werner

Bürgermeister, Kaufm., MdL Nieders. (s. 1974) - Rugenbargsweg 18, 2190 Cuxhaven (T. 4 84 72) - B. 1968 Ober-, dann I. Bürgerm. SPD.

KAMMEL, Roland

Dr.-Ing., o. Prof. f. Metallhüttenkunde TU Berlin (s. 1969) - Str. d. 17. Juni 135/ TU, 1000 Berlin 12 (T. 3141) - Geb. 10. Jan. 1925 Schatzlar - Zul. Doz. f. Galvanotechnik TH Aachen. Facharb., Vors. Dt. Ges. f. Galvanotechnik (1971), Düsseldorf - Reden-Plak.; Springorum-Denkmünze; 1971 Ehrendoktor Keio Univ. Tokio (Japan).

KAMMENHUBER, Annelies

Dr. phil., Prof., Abteilungsleiter - Schneckenburgerstr. 11, 8000 München 80 (T. 4 70 37 49) - Geb. 19. März 1922 Hamburg (Vater: Georg K., Schlosserm.; Mutter: Maria, geb. Hawranek), kath. - Univ. Hamburg u. München (Indogerman., Roman., Indol., Lat.). Promot. (1950) u. Habil. (1958) München - S. 1958 Privatdoz. u. apl. Prof. (1964) Univ. München (Hethitologie u. altkleinasiat. Sprachwiss. sowie Altiranistik); s. 1968 zugl. Prof. Pontificio Istituto Biblico Rom (Hethitol.). Fachmitgliedsch. - BV: Hippologia hethitica, 1961; D. Arier im Vorderen Orient, 1968; Materialien z. e. hethitischen Thesaurus, 1974ff.; J. Friedrich † - A. Kammenhuber, Hethit. Wörterbuch, 2. A. 1975ff.; Orakelpraxis, Träume u. Vorzeichenschau b. d. Hethitern, 1976 - Spr.: Franz., Engl.

KAMMER, Werner M.

Studiendirektor, gf. Vorstandsmitgl. Gesellsch. f. rationale Verkehrspolitik (s. 1970) - Bromberger Str. 5, 4000 Düsseldorf 13 - Geb. 10. Nov. 1928 Haan (Vater: Ferdinand K., Techniker; Mutter: Auguste, geb. Simon), ev., verh. s. 1955 m. Christel, geb. Sichelschmidt, 2 S. (Martin, Eckhard) - Schloßgymn. Benrath; Univ. Köln (Math., Phys., Phil.; Staatsex. 1954) - S. 1954 höh. Schuldst. Verkehrspolit. Aufs. - Liebh.: Bergsteigen, Barockmusik - Spr.: Engl.

KAMMERER, Hans

Dipl.-Ing., o. Prof. f. Entwerfen Univ. Stuttgart - Hardtstr. 39, 7055 Stetten/ Württ. (T. Waiblingen 42974) - Arch. - 1973 o. Mitgl. Akad. d. Künste Berlin - Spr.: Engl., Franz. - Rotarier.

KAMMERER, Hans E.

Direktor, Vorstandsvors. SVG/Straßenverkehrsgenoss. Südbaden, Freiburg (s. 1947), u. BZG/Bundeszentralgenoss. Straßenverkehr, Frankfurt/M. (s. 1978), gf. Vorst. Verb. d. Verkehrsgew., Freiburg (1949ff.) Vorst. TÜV/Techn. Überwachungsverein Baden, Mannheim (1956ff.), u. ZAV/Zentralarbeitsgem. d. Straßenverkehrsgew., Frankfurt (1978ff.), VR-Vors. HGK/Handelsges. f. Kraftfahrzeugbedarf GmbH & Co. KG, Düsseldorf (1975ff.), Beiratsvors. Prüfungsverb. d. Dt. Verkehrsgenoss., Hamburg (1979ff.), stv. Vors. DVWG/ Dt. Verkehrswiss. Ges., Freiburg (1973ff.), u. a. - Maria-Theresia-Str. 2-4, 7800 Freiburg/Br. - Geb. 9. März 1924 Freiburg (Vater: Adolf K., Ing.; Mutter: Martha, geb. Middelborg), kath., verh. s. 1947 m. Maria, geb. Leppert, S. Michael - Nach Reifezeugn. (1940) Speditionslehre - Gold. Ehrennadel Bundesverb. d. Dt. Güterfernverk. (1959), ADAC (1975), Dt. Genoss.verb. (1984), Dt. Motoryachtverb. (1984), Verdienstmed. Land Baden-Württ. (1985); 1972 BVK - Liebh.: Yachtsport.

KAMMERMEIER, Anneliese,
geb. Wagner

Geschäftsf. Gesellsch. Westra Electronic Gmbh Welden (s. 1974) - Obere Weinbergstr. 6, 8901 Welden b. Augsburg (T. 08293 - 61 12) - Geb. 12. Mai 1933 Geltendorf (Vater: Peter W., Schreinerm.; Mutter: Therese, geb. Drexel), kath., verh. s. 1958 m. Anton K., 3 Kd. (Claudia, Anton-René, Simon) - Prakt. Ausb., Selbstst. Hausfrau, s. 1978 Marktgemeinderätin - Liebh.: Sport, Flugsport (PPL) - Spr.: Engl.

KAMMERMEIER, Anton Josef

Dipl.-Chem., Geschäftsführer, Gesellsch. Westra-Electronic GmbH Welden (s. 1968) - Obere Weinbergstr. 6, 8901 Welden b. Augsburg (T. 08293-61 12) - Geb. 12. Aug. 1923 Mindelheim (Vater: Anton K., Kaufm.; Mutter: Elisabeth, geb. Stückle), kath., verh. s. 1958 m. Anneliese, geb. Wagner, 3 Kd. (Claudia, Anton-René, Simon) - Stud. Univ. München (Organ. Chemie), Dipl. 1955 - B. 1961 Rheinhold & Mahla (Entwicklgsltr.), b. 1968 Kunststoffwerk Pfersee Augsburg (Mitgr., Gesch.f. Ges.sch.), s. 1968 WESTRA ELECTRONIC GMBH Welden (Gründer, Gesch.f. Ges.sch. - Entd.: Patente Kunstst.schäume u. Elektroakustik - Liebh.: Flugsport, Motorsport (PPL) - Spr.: Engl., Franz., Ital.

KAMMERMEIER, Fritz

Fabrikant (Südd. Messer-, Sägen- u. Werkzeugfabrik Fritz Kammermeier, Straubing) - Dr.-Otto-Höchtl-Str. 5, 8440 Straubing/D. (T. 6360) - Langj. Vizepräs. IHK f. Niederbayern (Passau).

KAMMERMEIER, Helmut

Dr. med., Univ.-Prof., Physiologe - Richtericher Str. 19, 5100 Aachen - Geb. 26. April 1932 - Promot. 1958; Habil. 1968 Univ. Freiburg - S. 1971 Prof. H3/ C3 TH Aachen/Med. Fak. (Leit. Lehr- u. Forsch.Geb. Physiol., insb. Herz- u. Kreislaufphys.). Zahlr. Facharb. - Mitgl. Editorial Board: Journal of Molecular and Cellular Cardiology; Basic Research Cardiology; Mitgl. New York Acad. Sci; versch. Wiss.Ges.

KAMMERMEIER, Rupert

Dr. rer. agr., Brauereidirektor, Mitgl. Unternehmensleitg. Karlsberg Brauerei KG Weber, Homburg - In der Mühle 5, 6650 Homburg-Sanddorf (T. 06841 - 10 52 21) - Geb. 10. Jan. 1935 Freiburg i. B., kath., verh. s. 1960 m. Helga, geb. Schreck, 3 Kd. (Markus, Beate, Arno) - Ausb. Brauer u. Mälzer (Dipl. Brau-Ing.); Promot. 1962 Univ. München - Mitgl. u. Vors. in div. Verbandsgrem. - Liebh.: Photographie, Film, Reisen, Bergwandern - Spr.: Engl., Franz.

KAMMHOLZ, Axel

Dipl.-Volksw., Ltd. Regierungsdirektor Bundeskartellamt, MdA Berlin - Schädestr. 8, 1000 Berlin 37 (T. 030 - 815 73 70) - Geb. 15. März 1937 Berlin, ev., verh. s. 1963 m. Gisela, geb. Neumann, 3 Kd. (Christiane, Claudia, Andreas) - abit. 1955; 1956-59 kaufm. Lehre Siemens in Bayern u. Berlin; 1959-63 Stud. Volkswirtschaft u. Publiz. FU Berlin; Dipl.-Volksw. - S. 1963 Mitarb. Bundeskartellamt. FDP (1968/69 Vors. Dt. Jungdemokraten, Landesverb. Berlin, Vors. Arbeitsgr. Wettbewerb Bundesfachausch. Wirtschaft u. Verbraucher d. FDP). 1971-75 Mitgl. Bezirksverordnetenvers. Steglitz, s. 1985 MdA. Lehrbeauftr. FH f. Wirtschaft Berlin.

KAMMHOLZ, Günter

Dipl.-Ing., Vorstandsmitglied Chemische Werke Hüls AG - Lipper Weg, 4370 Marl; priv.: Lüdemannsweg 15, 4650 Gelsenkirchen-Buer - Geb. 4. Aug. 1926 - ARsmitgl. Linde AG.

KAMP, Erich

Kraftfahrzeughandwerker, MdL Nordrh.-Westf. (s. 1975) - Hebbelstr. 7, 5828 Ennepetal (T. 02333 - 2482) - Geb. 10. Okt. 1938 - SPD.

KAMP, Hans

Dipl.-Kfm., Geschäftsführer Rokal Armaturen GmbH. - 4054 Nettetal 1-Lobberich.

KAMP, Irmin

Bildhauerin, Prof., Direktor Staatl. Kunstakad. Düsseldorf/Hochsch. f. Bild. Künste - Eiskellerstr. 1, 4000 Düsseldorf

KAMP, Norbert

Dr. phil., Prof. f. Geschichte, Präsident Univ. Göttingen (s. 1979) - Leipziger Str. 236B, 3300 Braunschweig-Stöckheim (T. 61 00 55) - Geb. 24. Aug. 1927 Niese/ Lippe (Vater: Otto Kamp, Tischlerm.; Mutter: Valerie, geb. Steier), kath., verh. s. 1958 m. Dr. Rosemarie, geb. Füllner, 3 Kd. (Hermann, Lorenz, Dorothee) - 1949-55 Stud. Univ. Göttingen; Promot. 1957 Göttingen; Habil. 1969 Münster; 1957-61 Stip. Dt. Historisches Inst. Rom - 1961-69 Univ. Münster (wiss. Assist., 1969 Privatdoz.); 1969-70 TU Berlin, s. 1970 o. Prof. f. mittelalterl. Gesch. TU Braunschweig (1972 amt. Dekan, 1974-75 Dekan phil. Fakultät, 1975-76 Prorektor, 1976-78 Rektor). 1980-86 Vors. nieders. Landeshochschulkonfz. - BV: Kirche u. Monarchie im staufischen Königreich Sizilien, Bd. I T. 1-4 1973/82 - 1986 Mitgl. Akad. d. Wiss. Göttingen u. d. Accademia Pontaniana Napoli.

KAMP, Rolf

Dr. jur., Kaufmann, Ehrenmitgl. Bundesverb. d. Deutschen Flachglasgroßhandels - Ahse-Ufer 8, 4700 Hamm 1 - Geb. 29. Nov. 1911.

KAMPE, Walther

Weihbischof v. Limburg (1952-84) - Ferdinand-Dirichs-Str. 12, 6250 Limburg/L. (T. 95284) - Geb. 31. Mai 1909 Wiesbaden, kath. - Priesterw. 1934 - U. a. Seelsorger Auslandsdeutsche Bessarabien u. Siebenbürgen - BV: D. Konzil im Spiegel d. Presse, 1963 - 1982 Gr. BVK.

KAMPER, Dietmar

Dr. phil., Prof. f. Soziologie - Leistikowstr. 2, 1000 Berlin 19 - Geb. 5. Okt. 1936 Erkelenz (Vater: Theo K., Unternehmer; Mutter: Magdalene, geb. Esser), kath., verh. s. 1965 m. Silvia, geb. Breitwieser (Bildh.), 2 Töcht. (Solveig, Signe) - Gymn. Odenkirchen u. Erkelenz; Sporthochsch. Köln (Dipl.); Univ. Tübingen u. München. Univ. Marburg (1978 Vizepräs.) u. FU Berlin - BV: Geschichte u. menschl. Natur, 1973; Abstraktion u. Gesch., 1974; Z. Gesch. d. Körpers, 1975; Üb. d. Wünsche, 1976; Dekonstruktionen, 1979; Z. Gesch. d. Einbildungskraft, 1981; Z. Soziologie d. Imagination, 1986; Hieroglyphen d. Zeit, 1988. Mitverf.: Studienf. Sozialisierungs- 1974, Wissenschaftstheorie 1975, Im Schatten d. Milchstraße. Erfahr. a. d. Camino de Santiago 1981; D. Wiederkehr d. Körpers, 1982; Selbstkontrolle, 1982; D. gefangene Einhorn, 1983; D. Schwinden d. Sinne, 1984; D. Andere Körper, 1984; Lachen, Gelächter, Lächeln, 1986; D. Heilige, 1987; D. sterbende Zeit, 1987; D. Schicksal d. Liebe, 1988; D. erloschene Seele, 1989; D. Schein d. Schönen, 1989; Transfigurationen d. Körpers, 1989 - Liebh.: Reisen (Mittelalterl. Stätten Europas), Sport

(1959 Dt. Hochschulm. Weitsprung u.4 × 100 m-Staffel) - Spr.: Engl., Franz.

KAMPER, Ingrid P.

Dr. med., Ärztin f. Neurologie u. Psychiatrie, Psychoanalytikerin, Lehranalytikerin DGPPT u. DPG, 1. Vors. d. Lehrinst. f. Psychotherapie u. Psychoanalyse Hannover - Jöhrensstr. 5, 3000 Hannover 71 (T. 0511 - 52 67 33) - Geb. 25. Sept. 1942 Düsseldorf - Stud. Med. Hannover; Promot. (üb. Depression b. Kd.) 1975 - 1975-77 Wiss. Assist. u. Forsch. Neurol. Univ. Klinik Düsseldorf (neurolog. Psychosomatik), 1977-80 Psychiatr. Klinik Med. Hochsch. Hannover (Suicidalität); s. 1980 fr. Praxis u. Forsch. zu unbewußten Phantasien - Interessen: Naturschutz, Lit., Reisen - Spr.: Engl., Franz.

KAMPER, Wolfgang

Dipl.-Kfm., Direktor Westd. Landesbank Girozentrale, Düsseldorf - Wildenbruchstr. Nr. 81, 4000 Düsseldorf 11 (T. 57 19 63) - Geb. 31. Okt. 1930 Dortmund (Vater: Norbert K., Kaufm.; Mutter: Elisabeth, geb. Kotthoff), kath. - Volont. Schloemann AG., D'dorf; Stud. Univ. Innsbruck, Köln (Dipl.ex. 1955) - Ratsherr, s. 1975 Bez.vorsteher Stadtbez. 4 D'dorf; Vors. Theatergemeinde D'dorf (s. 1969); AR-Mitgl. Industrieterrains Düsseldorf-Reisholz AG (IDR) u. Neue Schauspiel GmbH, Düsseldorf - Liebh.: Theater, Lit.

KAMPERT, Ferdi

Bezirksschornsteinfegermeister, Bundesinnungsm., Präs. Zentralinnungsverb. d. Schornsteinfegerhandw./Bundesinnungsverb., Düsseldorf - Rubensstr. 1, 4650 Gelsenkirchen-Buer; priv. Oemkenstr. 95 - Geb. 16. Juli 1923.

KAMPF, Henning E.

Geschäftsführer McCORMICK GmbH (s. 1963) - Sperberstr. 45, 6232 Bad Soden 1 - Geb. 6. Juli 1933 Athen/Griechenl., ev., verh. s. 1982 m. Antje A., geb. Jenautzke, 2 Kd. (Markus, Melanie) - Ausb. in versch. Ländern (Iran/Ungarn/Schweden) - S. 1973 stv. AR-Vors. Black & Decker GmbH, s. 1979 Vors. Abpackersparte Fachverb. Gewürzind.; Handelsrichter LG Frankfurt; Großhandelsaussch. IHK Frankfurt - Liebh.: Sport (Langstreckenlauf), klass. Musik - Spr.: Engl., Schwed.

KAMPF, Sieghard-Carsten

Dr. med., Chefarzt, Bürgerschaftsabgeordn. - Zu erreichen üb. Marien-Krankenhaus, Alfredstr. 9, 2000 Hamburg 76; priv.: Sievekingsallee 10 - Geb. 6. Dez. 1942 Züllichau, verh. m. Heide-Gundula, geb. Brüggemann, 2 Kd. - 1962-68 Stud. Phil. u. Med.; Promot. (Biochem.) 1969 - B. 1972 wiss. Assist. Univ.-Krkhs. Eppendorf, Hamburg; s. 1974 Oberarzt; Facharzt f. Labor.med., Mikrobiol., Transfusionsmed. - S. 1978 Mitgl. Hbg. Bürgersch. CDU.

KAMPF, Wolfgang-Dietrich

Dr. rer. nat., Prof. f. Hygiene u. Mikrobiol. - Hindenburgdamm 27, 1000 Berlin 45 - Geb. 3. Okt. 1928 Dessau; ev., verh. m. Helgard, geb. Wermke, Dipl.-Psychol., 2 Kd. (Andreas, Marcus) - 1954-59 Bundesanstalt f. Materialprüf. (BAM) Berlin, ab 1959 Inst. f. Hygiene FU Berlin.

KAMPFFMEYER, Hans

Dr. rer. pol., Generalsekr. a. D. - Adolf-Reichwein-Str. 34, 6000 Frankfurt/M. (T. 56 16 69) - Geb. 23. Mai 1912 Karlsruhe - 1950-56 Geschäftsf. Gewobag, Frankfurt/M., 1956-71 Bau- u. Planungsdezern. Stadt Frankfurt, AR-Mand. - 1962 Ehrenplak. d. Stadt Frankfurt, 1970 Heinrich-Plett-Preis, 1973 BVK I. Kl., 1984 Stadtältester Stadt Frankfurt.

KAMPHAUS, Franz

Dr. theol., Kath. Bischof v. Limburg (s. 1982), Jugendbischof, Regens Priesterseminar Münster (1973-82), Honorarprof. f. Homiletik Univ. ebd. (s. 1974) - Überwasserkirchpl. 3, 4400 Münster/W. - Geb. 2. Febr. 1932 Lüdinghausen, kath. - Promot. 1968 - B. 1973 Hochschultätigk. (zul. Wiss. Rat u. Prof.) - BV: V. d. Exegese z. Predigt, 3. A. 1971 (auch holl. u. slow.).

KAMPHAUSEN, Artur

Hauptgeschäftsf. Bundesverb. d. Dt. Flachglas-Großh. e.V., Geschäftsf. Ges. Kelasa Flachglas-Förderungs-Dienst GmbH, d. Bundesverb. d. Dt. Isolierglasherst. u. Spiegelglas-Lagerhalter-Verein e.V. - Gotenring 17, 5000 Köln 21 (T. 88 33 84) - Geb. 3. Febr. 1923, kath., verh. s. 1951, T. Ingrid - Univ. Bonn u. Köln (Staats- u. Rechtswiss.). I. jurist. Staatsex. 1949 - Zul. (1963-68) Glasind. Hbv.

KAMPHUSMANN, Josef

Dr. rer. nat., Prof., Physiker - Carossastr. 26, 4400 Münster/W. - Geb. 11. Dez. 1930 - Promot. 1962; Habil. 1967 - Gegenw. Prof. Inst. f. Theoret. Physik I/ Univ. Münster. Facharb.

KAMPMANN, Helmut

Journalist - Geisbachstr. 45, 5400 Koblenz 1 - Geb. 14. Febr. 1921 Koblenz - Univ. Bonn (German.) - S. 1946 Osnabrücker Tagebl., D. Welt, Bonner General-, Kölner Stadt-Anzeiger, Expreß (stv. Chefredakt.), gegenw. Rhein-Ztg., Koblenz (Chefredakt.). Mitgl. Inst. f. Publizist. Bildungsarb. u. Lions Intern. - BV: Wenn Aberglauben d. Welt verhext, 1954; D. Lokalredaktion, Sammlung I, 1978; Agenturen u. Reporter, 1979; Lokalredaktion, Sammlung II, 1981.

KAMPMANN, Joachim

Dr., Botschafter d. Bundesrep. Deutschl. in Singapur (s. 1986) - Zu erreichen üb. Dt. Botschaft, Tanglin P.B.0.94, 545 Orchard Road, Singapore 9124/Singapur - Zul. Botsch. in Havanna/Kuba.

KAMPMANN, Lothar

Prof., Hochschullehrer - Hilsingstr. 14, 4618 Kamen-Methler (T. 02307 - 3093) - S. Jahren Päd. Hochsch. Ruhr/Abt. Dortmund (gegenw. o. Prof. f. Bild. Kunst u. ihre Didaktik).

KAMPS, Burkhard

Rechtsanwalt, Vorstandsmitgl. RHEINHYP Rheinische Hypothekenbank AG - Zu erreichen üb. RHEINHYP Rheinische Hypothekenbank AG, Postf. 16 06 55, 6000 Frankfurt/M. - Geb. 5. Aug. 1925 - Landesbeir. NRW Commerzbk. AG; AR d. Wohnstättenges. Mark GmbH, Lüdenscheid; stv. AR-Vors. Westwoning B.V., Brielle - Rotarier.

KANDELER, Riklef

Dr. rer. nat., Prof. f. Botanik - Am Modenapark 13, A-1030 Wien - Geb. 18. Juni 1927 Berlin (Vater: Dr. jur. Hermann K., Justitiar; Mutter: Martha, geb. Brandt), verh. s. 1952 m. Dorothea, geb. Busch (†1976) - 1946-51 Univ. Berlin (Humboldt, Freie) u. Mainz (Botanik) - 1960ff. (Habil.) Lehrtätigk. Univ. Würzburg (1966 Wiss. Rat u. Prof.); s. 1972 o. Prof. Univ. f. Bodenkultur Wien. Fachveröff.

KANDIL, Fuad

Dr. rer. pol., Dipl.-Ing., Wiss. Referent f. Sozialwiss., Privatdoz. f. Entwicklungssoziologie Univ. Karlsruhe - Waldstr. 10, 7500 Karlsruhe (T. 0721-608 31 32) - Geb. 3. Sept. 1936 Tanta/Ägypten, Muslim, verh. s. 1962 m. Marie-Luise, geb. Pfennig, 2 Kd. (Lamya, Firyal) - Dipl.-Ing. 1964; Bibl. Fachprüf. 1967; Promot. (Wirtschaftswiss.) 1974; Habil. (Soziol.) 1981 - Engl. Mitgl. d. Forschungsst. f. Angewandte Kulturwiss. u. d. Inst. f. Regionalwiss. an d. Univ. Karlsruhe - BV: Traditionale Werte im Entwicklungsprozeß, 1975; Nativismus in d. Dritten Welt, 1983; Mitverf.: Re-Islamisierung u. Entwicklungspolitik, 1982 - Spr.: Arabisch, Engl.

KANDLBINDER, Hans Karl

Dr. phil., Dipl.-Kfm., A. M., Investment Beratung f. Institutionelle Anleger - Hammerschmiede 3, 8018 Grafing/Obb. (T. 08092 - 61 53) - Geb. 12. Dez. 1931 Passau (Vater: Karl K., Beamter †1958; Mutter: Käthe, geb. Lindinger), kath., verh. s. 1959 m. Helma, geb. Zilk, 4 Kd. (Rebekka, Markus, Miriam, Jessika) - 1951-59 Doppelstud. Phil. u. Betriebsw. München, Berlin, Kopenhagen, Duke Univ., Univ. of North Carolina u. California, Fribourg, Bonn, Montpellier, Den Haag, Madrid; Ausbild. Dt. Bank. Dipl.-Kfm. u. Promot. München, A. M. Durham - U. a. Dir. Henschel u. Philips Lebensversich. v. 1871. Lehrbeauftr. Univ. Münster u. Passau (Finanzw./Versich.betriebslehre) - BV: Gewinn- u. Verlustrechnung, 1973; Spezialfonds, 1979; Liquidität aus Debitoren, 1980. Üb. 30 Einzelarb. - 1976 Ritter v. Hl. Grab zu Jerusalem (Päpstl. Orden) - Spr.: Engl., Franz., Span., Niederl.

KANDLER, Otto

Dr. rer. nat., Dipl.-Geol., Prof. Geograph. Inst./Univ. Mainz - Königsberger Str. 11, 6531 Waldlaubersheim - Geb. 29. Juli 1939 Mainz - Promot. (1970) u. Habil. (1975) Mainz - Fachveröff.

KANDLER, Otto

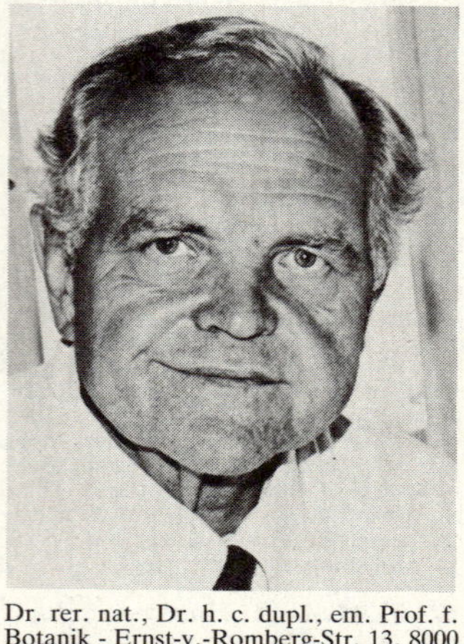

Dr. rer. nat., Dr. h. c. dupl., em. Prof. f. Botanik - Ernst-v.-Romberg-Str. 13, 8000 München 50 (T. 141 63 20) - Geb. 23. Okt. 1920 Deggendorf/Ndb. (Vater: Karl K.; Mutter: Therese, geb. Katzdobler), kath., verh. s. 1953 m. Dr. Gertraud, geb. Schäfer, 3 Töcht. (Maja, Barbara, Susanne) - Promot. 1949 - 1949-57 Assist. Botan. Inst. Univ. München (1953 Privatdoz.); 1957-60 Dir. Bakt. Inst. Südd. Versuchs- u. Forschungsanst. f. Milchw. Weihenstephan; s. 1960 Ord. TH (angew. Botanik) u. Univ. München (allg. Botanik, 1968), 1986 emerit. Mitgl. Dt. Botan. Ges., zahlr. weitere in- u. ausl. botanische u. mikrobiologische Ges. Spez. Arbeitsgeb.: Stoffwechselphysiol., Mikrobiol. - 1971 Mitgl. Dt. Akad. d. Naturforscher (Leopoldina), Halle/S., Mitgl. Bay. Akad. d. Wiss. - Spr.: Engl.

KANDOLF, Heinz

Lehrer, MdBB - Kastanienweg 18, 2850 Bremerhaven - Geb. 5. Jan. 1920 Oppeln/OS. - Gymn. Oppeln (Abit.); Lehrerausbild. Bamberg - 1938-44 Arbeits- u. Wehrdst. (schwerkriegsvers.), n. 1945 Lehrer u. Schulleit. Landgemeinden, s. 1957 Schuldst. Bremen. 1963-67 u. s. 1971 Mitgl. Brem. Bürgerschaft. CDU.

KANDORFER, Pierre A.

Dr. phil., Film-Regisseur, Autor, Prod. - Steinrutschweg 19, 5000 Köln 71 - Geb. 17. Aug. 1943 Peilenstein, kath., verh. m. Helga, geb. Terjung, T. Michelle - Stud. (Promot.); Redaktionsvolont., Regie-Assist. - Redakt.; 1970-75 ständ. fr. Mitarb. WDR-Fernsehen Köln: fr. Autor, Regiss. u. Prod. v. Fernsehfilmen (f. div. deutschspr. Fernsehsender); 1976-83 Lehrbeauftr. u. Leit. Sem. Filmgestalt. FHS Düsseldorf; dzt. Geschäftsf. ATN TV Dr. Kandorfer GmbH (Köln) u. American Television News Inc. (Los Angeles) - BV: Lehrb. d. Filmgestalt. - Theoret.-techn. Grundl. d. Filmkd., 1978 u. 83; Schriftenreihe z. Film- u. Fernsehkd. (bisher 5 Bde.); u.a. - Üb. 250 Filme (vor allem FS).

KANEHL, Franz-Joachim

Prof., Dr., Dr. h. c. mult., Luftfahrtunternehmer, Wiss. Mitarb., Beauftr. Reg. v. Grenada/West Indies, Leit. Dt.-Bol. Info-Zentrum f. Wirtsch. u. Tourism., Intern. Beratungen f. Vertretungen - Humboldtstr. 11, 4000 Düsseldorf (T. 0211 - 68 11 11) - Geb. 6. Nov. 1947 Düsseldorf (Vater: Dr. Josef K., Apotheker; Mutter: Elise, geb. Lange), ev., gesch. - Humboldt-Gymn. Düsseldorf; National E. Univ. London, Sheffield, Techn. Staatsuniv. Bolivien, Kath. Staatsuniv. La Paz, Bolivien - Spez. Arbeitsgeb.: Krit. Unterschallaerodynamik, Turbulenz, Grenzschicht. Entd.: Krit. Ablös. d. Grenzschicht im hohen Unterschallbereich - Vizekanzler weltl. Orden v. hl. Kreuz zu Jerusalem (s. 1973), Kommand. I. Kl. OHCJ; Tempelherren-Orden - Mitgl. CDU s. 1970; Lions, OHCJ - Liebh.: Klass. Musik, Sportfliegen, Reiten, Golf, Tennis, Photograph., Antiquitäten - Spr.: Engl., Franz., Span., Latein - Bek. Vorf.: Heinrich v. Kleist.

KANELLAKOPULOS, Basil

Dr. rer. nat. (habil.), Chemiker, apl. Prof. f. Radiochemie Univ. Heidelberg - Rheinstr. 12, 7514 Eggenstein-Leopoldshafen.

KANERT, Otmar

Dr. rer. nat., o. Prof. f. Exper. Physik Univ. Dortmund (Lehrst. III) - Hessenbank 18, 4600 Dortmund 50.

KANIG, Gerhard

Dr. rer. nat., Prof., Chemiker (BASF) - Saarlandstr. Nr. 40, 6700 Ludwigshafen/Rh. - Geb. 11. April 1917 Berlin (Vater: Paul K., Postbeamter; Mutter: Elisabeth, geb. Großkopf), verh. s. 1946 m. Eleonore, geb. Guse - Univ. Berlin. Promot. u. Habil. Berlin - S. 1959 Lehrtätigk. TU Berlin u. Univ. Frankfurt/M. (1963; 1966 apl. Prof. f. Physikal. Chemie u. Kolloidchemie). S. 1973 Honorarprof. Fachaufs.

KANIUTH, Eberhard

Dr. rer. nat., o. Prof. f. Mathematik Univ.-GH Paderborn - Von-Vincke-Str. 78, 3490 Bad Driburg - Geb. 30. Nov. 1937 Landsberg/W. - Promot. 1967; Habil. 1971 - Wiss. Rat TU München (1973-77); s. 1977 o. Prof. Paderborn. Fachveröff.

KANKELEIT, Egbert

Dr. rer. nat., o. Prof. f. Strahlen- u. Kernphysik TH Darmstadt (s. 1966) - Gersprenzweg 10, 6100 Darmstadt-Eberstadt (T. 55566) - Facharb.

KANN, Achim

Dr. rer. pol., Vorstandsvorsitzender Frankona Rückversicherung AG - Maria-Theresia-Str. 35, 8000 München 80.

KANN, Albrecht Peter

Dr. phil., Journalist u. Schriftst. (Ps. William Mark, Frank Laramy) - Strada Romana 11, I-17019 Varazze, Sv. - Geb. 29. Mai 1932 - Gymn.; Univ. - Redakt. New York (USA), Haarlem/Niederl., Hamburg (Hör zu); s. 1960 Journ. u. Schriftst. - BV: Wyatt Earp, 1965; Doc Holliday, 1967; Kneipp, 1979; Caruso, 1981; Karl May - d. war s. Leben, 1978; D. Haus am Markt, 1980; Ztschr., Romane u. zahlr. Reiseberichte - Liebh.: Musik, Belcanto, Malerei - Spr.: Engl., Ital., Holl.

KANN, van, Hanns

Dipl.-Kfm., Dipl.Ing., Geschäftsführer IVG-Immobilien GmbH - Zanderstr. 5, 5300 Bonn 2; priv.: Bergstr. 75, 5340 Bad Honnef - Geb. 25. Dez. 1926 - Sachverst. f. Betriebsunterbrechung in d. Bauwirtschaft, Geschäftsf. Dt. Zeppelin-Reederei-Vermögensges. mbH.

KANN, Hans-Joachim

Dr. phil., Studiendirektor, Schriftsteller - Martin-Grundheber-Str. 11, 5500 Trier (T. 0651 - 8 01 60) - Geb. 4. April 1943 Neuwied, kath., verh. s. 1969 m. Frankie Sue, geb. Burnett, S. Alexander - 1962-68 Stud. German., Angl. u. Amerikan. Univ. Mainz, Lawrence/Kansas; Promot. 1967; Staatsex. 1968 Mainz; Refer.ex. 1970 Trier - 1968 wiss. Assist. Mainz; 1968/69 Assist.-Prof. Fayetteville/Arkansas (f. Deutsch); s. 1970 Lehrer f. Deutsch u. Engl. Gymn. Trier (s. 1978 Studiendir.); Fachberater Engl. - BV: 26 Bücher/R. u.a.: D. Stecher, 1975; D. dritte Arm v. rechts, 1988. Novellen: Echo e. Stadt, 1980; Zwischensteinzeit, 1984. Lyrik: Zeitungsortung, 1975; Grabungsschnitte, 1975; Altsonette, 1978. Drama: Affentheater, 1981. Sachb.: HB-Atlas Trier, 1984; Röm. Ziegelstempel, 1985 - Liebh.: Archäol., Sprachwiss. - Spr.: Engl., Franz.

KANNEBLEY, Günter

Dr.-Ing., Chemiker, Vors. Arbeitsgem. Verstärkte Kunststoffe, Frankfurt/M. (s. 1968) - Knüfersmannweg 5, 4100 Duisburg - Geb. 16. März 1925 Berlin (Vater: Otto K., Kaufm.; Mutter: Marie, geb. Fischer), ev., verh. s. 1955 m. Renate, geb. Sorge, 2 Kd. (Birgit, Michael) - Gymn. u. TU Berlin (Dipl. 1948, Promot. 1952). Ind.-Berater Kunststofftechn./Faserverbundwerkstoffe. Mitarb.: Kunststoff-Handb. (Bd. VIII) - Liebh.: Musik, bild. Kunst - Spr.: Engl., Franz. - Div. Verfahrenspatente.

KANNEGIESSER, Herbert

Dipl.-Ing., Fabrikant, Geschäftsf. Kannegiesser & Co. Maschinenfabrik GmbH. u. Kannegiesser Apparatebau GmbH., Kompl. Herbert Kannegiesser KG., alle Vlotho, VRspräs. Kannegiesser Maschinen AG., Ziefen (Schweiz) - 4973 Vlotho/Weser - Geb. 25. April 1915 Aue/Erzgeb.

KANNICHT, Richard Reinhold

Dr. phil., Prof. Univ. Tübingen - Haldenbachstr. 15, 7400 Tübingen-Pfrondorf (T. 8 11 79) - Geb. 5. Okt. 1931 Arendsee (Vater: Reinhold K., Pfarrer; Mutter: Erika, geb. Clément), ev., verh. s. 1957 m. Irmgard, geb. Kersten - S. 1965 (Habil.) Doz. Univ. Würzburg u. 1969 o. Prof. f. Klass. Phil. - BV: Euripides, Helena m. Kommentar, 2 Bde. 1969; Tragicorum Graecorum Fragmenta Vol. 1, 2. A. 1986; Vol. 2, 1981. Fachveröff. - Spr.: Engl.

KANNT, Hans S.

Dipl.-Ing., Direktor i.R. - Wakenitzstr. 75, 2400 Lübeck - Geb. 22. Nov. 1917 Treuburg/Ostpr., verh. - 1937-44 TH Danzig - 1945-58 AG Weser (1950 Dir., 1952 Vorst.); 1959-78 Flender Werft AG (Vorst.) - Ehrenämter u. Mandate - Silb. Denkmünze Schiffbautechn. Ges.

KANOLD, Hans-Joachim

Dr. rer. nat., em. Prof. d. Mathematik - Güldenstr. 41, 3300 Braunschweig (T. 1 72 42) - Geb. 29. Juli 1914 Breslau (Vater: Bruno K., Kaufm.), ev., verh. s. 1945 m. Hermine, geb. Friedenthal, S. Hans-Wilhelm - Reform-Realgymn. u. Univ. Breslau (Math., Physik, Chemie). Promot. 1941; Habil. 1944 - S. 1945 Lehrtätigk. Univ. Heidelberg, Gießen (1950; 1954 apl. Prof.), TH bzw. TU Braunschweig (1955; 1959 ao., 1960 o. Prof., 1963 Dir. Inst. f. Math. B), 1980 emerit. Facharb. - 1971 Braunschweig. Wiss. Ges., 1983-85 Generalsekr.

KANOWSKI, Siegfried

Dr. med., Prof. f. Gerontopsychiatrie - Helmstedter Str. 11, 1000 Berlin 31 - Geb. 23. Febr. 1935 Berlin - Promot. 1966 - S. 1971 (Habil.) Lehrtätigk. FU Berlin (1972 Leit. Abt. Gerontopsych./Psych. Klinik). Facharb.

KANSTEIN, Ingeburg

Schriftstellerin, Schausp. - Schlüterstr. 81, 2000 Hamburg 13 (T. 040-410 33 94) - Geb. 28. Sept. 1939 Ratingen, ev., ledig - Staatl. Hochsch. f. Musik, Stuttgart (Abt. Schausp.), Ex. 1962 - BV: 9 Kinder- u. Jugendb., u.a.: Abhauen, d. letzte Chance; Versuch zu leben; D. soll zu uns gehören; Barfuß über's Stoppelfeld. Jugendtheaterst.: Braune Locken od. d. rechte Weg (UA Dt. Theater Göttingen 1985) - 1981 Arbeitsstip. Hbg. Kulturbehörde; 1984 Leserattenpreis; 1985 Kinderhörspielpreis terre des hommes; 1986 Dt. Jugendliteraturpr. (Auswahlliste); 1986 Stip. Stuttgarter Schriftstellerhaus - Interessen/Liebh.: Pflegekinder, Klavierunterr., klass. Musik - Spr.: Engl., Span.

KANSY, Dietmar

Dr.-Ing., Bundestagsabgeordneter - Steinbockgasse 9, 3008 Garbsen 1 - Geb. 18. Juli 1938 Breslau, kath., verh. s 1965, 2 Kd. - TU Berlin u. Univ. Hannover (Dipl. 1964, Promot. 1979) - S. 1965 Entwurfsing. im Tiefbau; s. 1980 MdB (CDU).

KANTCHEFF, Slava

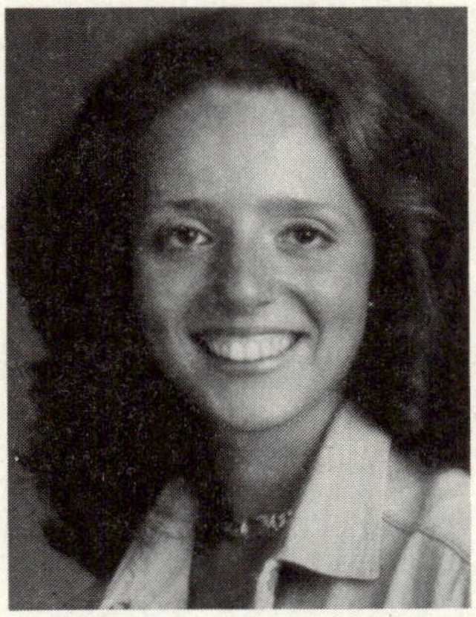

Konzertpiainistin - Zu erreichen üb. Amaton, Wannenstr. 16, 7000 Stuttgart 1 - Geb. 15. Juli 1959 Wiesbaden, verh. s. 1986 m. Peter Horton (Chansonnier, Git., Komp.) - Ausb. Klavier Wiesbaden, Nizza, Paris (Pierre Sancan); Stud. Musikwiss. Sorbonne - S. 1982 5 LP, 3 CD (u.a. Chopin, Schumann, Mendelssohn).

KANTEL, Dietrich

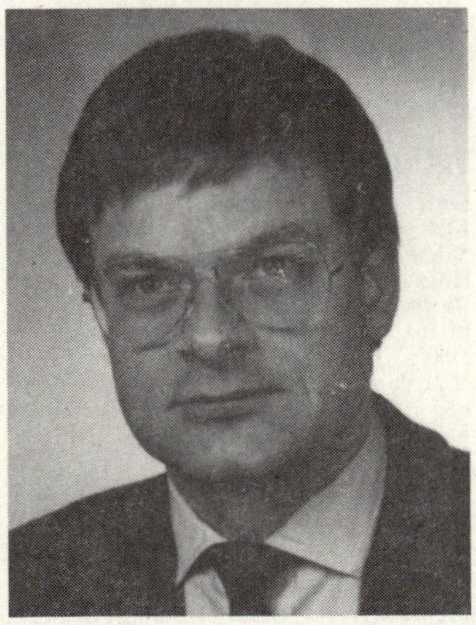

Rechtsanwalt, Vorsitzender Stiftg. Hilfe in Not e.V., Bonn - Am Götgesbach 4, 5300 Bonn 1 (T. 0228 - 25 08 12) - Geb. 1. Juni 1954 Bonn, ev., verh. s. 1980 m. Annette, geb. Hüschelrath, 3 Töcht. (Verena, Friederike, Teresa) - Abit. 1975 in Hagen/Westf.; Bundeswehr (Res.Offiz. 1975-77; Stud. Rechtswiss. 1977-83 Bonn; 1. jurist. Staatsex. 1983, 2. jurist. Staatsex. 1988 Köln - S. 1988 RA in Bonn; 2. Vors. Dt. Afghanistan Komitee, Bonn-Peshawar (Pakistan); Vorst.-Mitgl. Dt. Angol. Ges. Bonn - BV: D. Militarisierung d. Ges. in d. DDR, 1981 - Liebh.: Gesch., Entw.politik, Kochen, Musizieren (Cello) - Spr.: Engl., Portug.

KANTEL, Willy Johannes

Dr. jur., Rechtsanwalt, Direktor i. R. u. Studienleit. Südwestf. Studieninstitut f. kommunale Verwalt., Hagen (s. 1954) - Blücherstr. 21, 5800 Hagen/W. (T. 2 45 23) - Geb. 11. Febr. 1920 Danzig (Vater: Paul K., Kanalmeister; Mutter: Hedwig, geb. Westphal), ev., verh. s. 1942 m. Irene, geb. Gunia, 3 Kd. (Ute, Gudrun, Dietrich) - Schulen Danzig u. Magdeburg; ab 1938 Sparkassenlehre; Univ. Mainz u. Münster (Rechts- u. Staatswiss.; Promot. 1951). Ass.ex. 1952 - 1939-45 Wehrdst. (Offz., zul. Komp.-chef); 1952-53 Gerichtsass. u. Staatsanw.; 1953-54 Ref. Dt. Sparkassen- u. Giroverb. 1959-63 Dir. DRK-Fachsch. f. Sozialarb. (nebenamtl.). 1967 Major d. R. - BV: Kommentar z. Mantelvertrag Haben-, Sollzins- u. Wettbewerbsabkommen d. Kreditinstitute, 1955; Gemeindeverfass. u. -verw., Lehrb. 1978 - EK I u. Silb. Verwundetenabz.; 1963 DRK-Ehrenz. - Liebh.: Gartenarb., Basteln.

KANTER, Gustav

Dr. rer. nat., Dr. phil. h.c., Univ.-Prof. f. Pädagogik d. Lern- u. Geistigbehinderten Univ. Köln (s. 1980) - Nauheimer Str. 5, 5000 Köln 51 - Geb. 9. Jan. 1927 Ludwigshafen/Rh. (Vater: Dr. Gustav K., Volkswirt; Mutter: Rose, geb. Weinzierl), kath., verh. s. 1962 m. Maria, geb. Mock, 2 Kd. (Felix, Anna-Maria) - Gymn.; Stud. Psych., Päd., Sonderpäd., Physiol. Dipl.-Psych. (1962) u. Promot. (1967) Marburg - 1967-70 Prof. PH Lüneburg, 1970-80 o. Prof. PH Rhld./Abt. f. Heilpäd. Köln (1976-78 Rektor) - BV: Sonderpäd. III, 1973; Päd. d. Lernbeh., 1977. Herausg.: Texte z. Lernbeh.didaktik (8 Bde. 1975-84) - 1982 Dr. phil h.c. Fernuniversität Hagen; 1988 BVK I. Kl.

KANTER, Kurt

s. Scheutzow, Jürgen W.

KANTOWSKY, Detlef

Dr. phil., Prof. f. Soziologie Univ. Konstanz - Kaiserpfalzstr. 76, 7762 Bodman/B. - Geb. 13. Febr. 1936 Berlin, verh. s. 1963 m. Ingrid, geb. Brinkmann, 2 Kd. (Jan, Anja) - Stud. Univ. Kiel, Heidelberg u. Benares; Entw.wiss. u. -polit. Stud. in versch. Ländern Asiens (insbes. Indien u. Sri Lanka) u. Afrikas; Mitbegr. u. -herausg. d. Vierteljahreszeitschrift Intern. Asienforum; 1970ff. Gründer d. Sektion Entwicklungssoziologie in d. Dt. Gesellsch. f. Soziologie - BV: Dorfentw. u. Dorfdemokr. in Indien, 1970; Indien, Ges.struktur u. Politik, 1972; Evaluierungsforsch. u. -praxis in d. Entw.hilfe, 1977; Sarvodaya - The Other Development, 1980; Tibetische Jugendliche in d. Schweiz, 1982; Recent Research on Ladakh, 1983; Ek or Sarvodaya (Hindi-Übers. d. 1980 ersch. engl. Studie), 1984; Von Südasien lernen, 1985; Bilder u. Briefe aus e. indischen Dorf, 1986; Recent Research on Max Weber's Studies of Hinduism, 1986; Indien - Gesellschaft u. Entwicklung, 1986.

KANTZENBACH, Erhard

Dr. rer. pol., Prof. f. Volkswirtschaftslehre - Hilgendorfweg 3, 2000 Hamburg 55 - Geb. 28. Jan. 1931 Hannover (Vater: Dr. Ernst K., Meteorol.; Mutter: Lisa, geb. Struckmeyer), verh. s. 1961 m. Gerda, geb. Kohlermann, 3 Kd. (Birgit, Astrid, Holger) - Stud. 1952-57 Göttingen, Berlin, Chapel Hill N.C. USA., Promot. 1959 Münster; Habil. 1965 Hamburg - 1967-71 Ord. Univ. Frankfurt (1971-75 Präs.), s. 1975 Univ. Hamburg Dir. Inst. f. Ind. u. Gewerbepolit., 1974-86 Mitgl. u. 1979-86 Vors. Monopolkommiss. SPD s. 1954 - BV: u. a. Möglichk. u. Grenzen d. Konjunkturpolitik in Europa, 1959; D. Funktionsfähigk. d. Wettbewerbs, 2. A. 1966 - 1986 BVK I. Kl.

KANTZENBACH, Friedrich Wilhelm

Dr. theol., Prof. f. Kirchen- u. Dogmengeschichte - Scheidter Str. 5c, 6601 Saarbrücken - Geb. 30. Aug. 1932 Stettin (Vater: Fritz K., Studienrat), ev., verh. s. 1957 m. Elisabeth, geb. Kuhr, 2 Söhne (Andreas, Achim) - Stud. Theol. u. Phil. - 1956 Privatdoz. Univ. Erlangen; 1958 Prof. Augustana-Hochsch. Neuendettelsau; 1965 o. Prof. Inst. f. Ökumen. Forsch. Strasbourg; 1968 wied. Prof. AH, s. 1982 Prof. Univ. d. Saarlandes (auf Lebenszeit). Deleg. Weltkirchenkonfz. Montreal 1963; Beob. II. Vatikan. Konzil Rom 1965; o. Mitgl. Kommiss. f. Landesgesch. Bayer. Akad. d. Wiss. - BV: Das Ringen um die Einheit d. Kirche im Jh. d. Reformation, 1957 (auch engl.); D. Erweckungsbewegung, 1957; Evangelium u. Dogma, 1959; D. Erlanger Theol., 1960; Kirchengesch., 8 Bde. 1964-69; Gestalten u. Typen d. Neuluthertums, 1968. Biogr.: Schleiermacher, 5. A. 1985; Herder, 4. A. 1986; Albert Schweitzer; Luther, 3. ital. A.; Christentum in d. Gesellschaft, 2 Bde. 1975/76, 2. A. 1988; Programme der Theologie, 3. A. 1984; Aktion u. Reaktion, Katholizismus d. Gegenwart, 1978; Ev. Geist u. Glaube im neuzeitl. Bayern, 1980; D. Bergpredigt, 1982; Credo, 1985; Politischer Protestantismus, 1987; Christentum begreifen. Chancen u. Bedingungen neuzeitl. Christentumsgesch., 1987. Zahlr. Einzelarb. Herausg.: Oecumenica/Jahrb. f. Ökumen. Forsch. (1965ff.), Zeitschr. f. Rel.- u. Geistesgeschichte (s. 1978).

KANUS-CREDÉ, Helmhart

Dr. phil., Verleger (Antigone-Verlag) - Carl Laute-Str. 14, 3559 Allendorf-Eder (T. 06452-18 00) - Geb. 26. März 1925 Sagan, ev., verh. s. 1956 m. Irmgard, geb. Laute - Human. Gymn. (Abit. 1943 Göttingen); Stud. Islamwiss. u. ev. Theol.; Promot. 1955 Tübingen, 1. Theol. Ex. 1960 Darmstadt - 1957 Wiss. Assist. Ökumen. Sem. Marburg; 1963 Assist.-Prof. (USA); 1970 Gründ. Antigone-Verlag - BV: Bewältigte Vergangenheit, 1972; An d. Pforten d. Himmels, 1983. Herausg.: Iranist. Mitteil. (s. 1967); Im Lande d. Großkönigs (1985) - 1952 1. dt. Austauschstud. nach Iran - Liebh.: Musik, Tiere - Spr.: Engl., Franz., Russ., Schwed., Pers., Türk, Klass. Arab., u.a.

KANY, Manfred

Dr.-Ing., Honorarprof. f. Geotechnik Univ. Erlangen - Vestner Str. 5b, 8502 Zirndorf - Geb. 31. Mai 1922 Auersmacher/S., kath., verh. s. 1953 m. Anneliese, geb. Welters, 2 Söhne (Klaus-Reinhold, Roland) - Dipl.-Ing. (Bauing.) 1950 Darmstadt, Promot. 1954 ebd. - S. 1955 Leit. Grundbauinst.; s. 1973 Direkt.-Mitgl. Landesgewerbeanst. Bayern, s. 1987 im Ruhest. - BV: Berechnung v. Flächengründ., 2 Bde. 1959, 2. A. 1974 (türk. Übers. 1966, griech. Übers. 1979); D. Berechnung elast. Gründungsbalken auf nachgiebigem Untergrund (m. E. de Beer, H. Graßhoff), 1966; Wasserdurchlässigk. u. Filtereigensch. fester poröser Körper (m. H. Heinisch), 1977; zahlr. Beitr. in: Veröff. d. Grundbauinst. d. LGA, Grundbautaschenb., Fachztschr. u. Kongreßberichten - 1981 Honorarprof. - Interesse: Entw. v. Computerprogr. f. Bodenmechanik.

KANZ, Ewald

Dr. med., em. o. Prof. f. allg. Hygiene u. Mikrobiologie - Naupliastr. 95, 8000 München 90 - Geb. 10. Mai 1917 Illertissen/Bay. - Habil. 1949 München - 1949-76 Lehrtätigk. Univ. u. TU München (1968 apl. Prof.); 1955-76 Dir. Inst. f. Angew. Hyg. d. Fraunhofer-Ges. München; 1976ff. o. Prof. f. Krankenhaushyg. Univ. Hamburg (1980 emerit.) - BV: Hospitalismus-Fibel, 2. A. 1966; D. Aseptik in d. Chir., 1971 (auch span.). D. Praxis d. Krankenhaushyg. - Gestern u. heute, 1987 (m. C. Kanz). Ca. 150 Veröff. in wiss. Fachztschr.

KANZ, Heinrich
Dr. phil., Prof., Direktor Seminar f. Allg. Päd., Univ. Bonn - Adolfstr. 157, 5420 Lahnstein - Geb. 27. April 1927 Bensheim - S. 1963 Doz. u. s. 1968 Prof. PH Koblenz bzw. Rhld.-Pfalz/Abt. Koblenz (Systemat. Päd., Gesch. d. Päd., Phil.; 1969 Rektor, 1971 o. Prof.), 1974/75 Lehrauftr. Univ. Trier, 1977 o. Prof. f. Allg. Pädagogik PH Rheinland, Abt. Bonn - BV: Europ. Schulerziehung, 1964; D. Sinn heut. Philosophierens, 1967; D. humane Realismus Justus Mösers, 1971; Einf. in d. Päd. Phil., 1971; Seinsdemut, 1986; Einf. in d. Erziehungsphil., 1987. Herausg.: Schr. v. Justus Möser, Klemens v. Alexandrien, Wilhelm Flitner; Ideologiekritik in d. Erz.wiss., 1972; Einf. in d. erz.wiss. Grundstudium, 1973; Lernprakt. Ideologiekritik, 1974; Päd. Zeitgesch. (1945-59), Bd. 1 1975; Gesamtherausg.: Dt. Päd. Zeitgeschichte (1960-1973), Bd. 2 1977 u. (1974-79), Bd. 3 1983; D. Nationalsozialismus als päd. Probl. Dt. Erziehungsgesch. 1933-1945, 1984; Dt. Erziehungsgesch. 1945-85 in Quellen u. Dokumenten, 1987; Justus Möser als Alltagsphilosoph d. dt. Auf-Klärung (Textausw. m. Einleitung), 1988; Bundesrepublik. Bildungsgesch. 1949-89 (Quellen z. Erwachsenen- u. Seniorenbildung), 1989; Schönheit u. Nutzen d. Waldes (hg. v. H. G. Reichert), 1989.

KAP-HERR, Freiherr von, Peter
Bankier, Mitinh. d. Berenberg Bank - Joh. Berenberg, Gossler & Co., Hamburg - Siebenbuchen 4, 2000 Hamburg 55 - Geb. 22. Aug. 1934 Gleiwitz, ev., verh. m. Eleonore, geb. Prinzessin zu Hohenlohe-Jagstberg, 2 S. (Philipp, Fabian) - Vorstandsmitgl. Ostasiatischer Verein, Hamburg; Beiratsmitgl. Privatdiskont AG., Frankfurt; Vors. Länderaussch. Indonesien Ostasiat. Verein, Hamburg - Spr.: Engl., Franz.

KAPALLE, Marcel
Dipl.-Ing., Vorstandsmitglied GEHAG Gemeinn. Heimstätten-AG., Berlin 33 - Terrassenstr. 51, 1000 Berlin 38 (T. 8018870) - Geb. 19. Okt. 1910 - Arch.

KAPFERER, Clodwig
Dr. rer. pol., Prof., Institutsdir. i. R. - Heilwigstr. Nr. 57, 2000 Hamburg 20 (T. 47 90 50) - Geb. 29. April 1901 Freiburg/Br. (Vater: Heinrich K., Notar; Mutter: geb. Würth), kath., verw. (s. 1979) - Univ. Freiburg, Berlin, Würzburg, Erlangen (Wirtschaftswiss.; Promot. 1922) - 1922-29 Ref. u. Abt.sleit. Zweigst. Nürnberg Auswärtiges Amt f. Außenhandel; 1929-48 Marktforscher (Mitbegr. Ges. f. Marktforsch. Hamburg); 1948-63 Dir. Hbg. Welt-Wirtschafts-Archiv - BV: Exportförderung, Bd. I: Markt-Analyse, 1929, 2. A. unt. d. Titel: D. Exportgeschäft, 1933; D. Recht d. Kaufmanns im Ausland, Bd. VIII: Italien 1930 (m. Dr. Linhard u. Dr. Sacerdoti); Grenzen deutscher Autarkie, 1932; Export-Gegenstand der Forschung und Lehre, 1935; Exportbetriebslehre, 1935 (m. Dr. Schwenzner); D. Auslandsvertreter, 1937; Das Recht des Kaufmanns im Ausland, Bd. V: Frankr. 1937 (m. Dr. Dietz), 2. A. 1960 (Mithrsg.); D. Exportofferte 1937; Psyche d. Umwelt - Völkerpsych. Betracht. aus d. dt. Gegenw., 1948; Gedanken z. Außenhandelsförd., 1949; Außenhandelsförd. als wirtschaftspolit. Aufgabe, 1950; Schwed. Handels- u. Verfahrensrecht, 1954 (Mithrsg.); Unabhäng. techn. Beratung - ihre Bedeut. f. d. Erschließ. unterentwickelter Gebiete u. f. d. dt. Ausfuhr, 1955; Market Research Methods in Europe, 1955; Les Techniques de l'Étude des Marchés Europe, 1955; Sicherung unserer Ausfuhr durch Hebung d. Kaufkraft in Rohstoffländern, in: Festschr. 50 J. Hbg. WWA, 1958; Bericht üb. d. Conference on Market Research on a European Scale, 1960; L'Etude des Marchés Europeens, 1960; Quellen f. statist. Marktdaten, 1963; Marktforsch. in Europa, 1963; Kooperative Marktforsch., 1965 (m. W. K. A. Disch); Absatzprognose, 1966 (m. Disch); Absatzw. Produktpolitik, 1967 (m. Disch); Kapferer's Marketing Wörterbuch, 1979; Ein Leben f. d. Information, 1983; Beitr. üb. Außenhandelsnachrichtendienst in: Handwörterb. d. Sozialwiss., 1956; üb. Amtl. Statist. u. Absatzw. u. üb. Statist. Marktdaten in: Handwörterb. Absatzw., 1974; üb. Exportmarketing in: Marketing-Enzyklop., 1974; sowie Fachbeitr. in Zeitungen - 1964 Wilhelm-Vershofen-Gedächtnismed. (Ges. f. Konsumforsch., Nürnberg) - Spr.: Engl., Franz., Span.

KAPFERER, Wolfgang
Kaufmann (Kapferer GmbH & Co. KG. Mosbach), Vizepräs. IHK Rhein-Neckar - Am Sonnenrain 40, 6950 Mosbach (T. 80 80).

KAPITZKE, Gerhard
Buchautor, Maler, Illustrator - Kronsbergerstr. 2, 3000 Hannover 71 (T. 0511-152 05 02) - Geb. 19. Nov. 1926 Hannover - 1947-52 Stud. Fr. Malerei u. Grafik Hannover - BV: Ponyreiten ernstgenommen, 1964-84; Junge, Mädchen, Mann u. Frau, 1. u. 2. Bd. 1970-72; Wildlebende Pferde, 1973; Pferdesport v. A-Z, 1977; Staatsgestüte, 1979; Frankr. f. Pferdefreunde, 1981; Freizeitreiten, 1982; Südspanien f. Pferdefreunde, 1984, u.a. - Ausst. im In- u. Ausl. - Liebh.: Bild. Kunst, Lit., Musik, Hippologie.

KAPITZKI, Herbert W.
Prof., Designer - Markweg 36, 7277 Wildberg (T. 07054 - 79 47) - Geb. 24. Febr. 1925 - Doz. Hochsch. f. Gestaltung Ulm (aufgelöst); s. 1970 o. Prof. Hochsch. d. Künste Berlin (Grafik-Design).

KAPLAN, Reinhard W.
Dr. phil., em. Prof. f. Mikrobiologie - Jungbrunnenweg 41, 4800 Bielefeld (T. 75 03 99) - Geb. 30. Aug. 1912 Glauchau/Sa. (Vater: Josef K., techn. Beamt.; Mutter: geb. Strauss), verh. s. 1938 m. Charlotte, geb. Röschke, 2 Kd. (Rosemarie, Hans-Gerhard) - Realgymn. Glauchau; Univ. Leipzig (Botanik, Zool., Chemie, Geol.; Promot. (Bot.) 1937) - Ab. 1937 Assist. Kaiser-Wilh.-Inst. f. Züchtungsforsch., Müncheberg; 1940-45 Wehrdst. (Sanitäter); 1945-55 Leit. Abt. f. Mutationsforsch. Max-Planck-Inst. f. Züchtungsforsch., Voldagsen; 1952-55 Privatdoz. Univ. Marburg; 1953-55 Wiss.ler Columbia Univ. New York (Gast); s. 1955 ao. u. o. Prof. (1963) Univ. Frankfurt (Dir. Inst. f. Mikrobiol.), 1977 emerit. 1959-62 Vors. Verb. Dt. Biologen. Üb. 140 Veröff. z. Mutationsgenetik, insb. d. Mikroben u. üb. Urspr. d. Lebens. Buch: Ursprung d. Lebens, 1. A. 1972, 2. A. 1978.

KAPLONY-HECKEL, Ursula
Dr. phil., Prof. f. Ägyptologie m. Schwerpunkt spätptolemäische Texte z. Wirtschaft in demotischer Schrift Univ. Marburg - Sauer's Gäßchen 4, 3550 Marburg/L..

KAPP, Bernhard
Dr., Fabrikant, pers. haft. Gesellschafter u. Geschäftsf. Werkzeugmaschinenfabrik Kapp & Co., Coburg, Vors. Verein Dt. Werkzeugmaschinenfabr. (VDW), alle Frankfurt, Vizepräs. CECIMO (Europ. Komit. f. d. Zusammenarb. d. Werkzeugmaschinenindustrien) Brüssel, AR-Mitgl. IVECO, Amsterdam, Messe AG Hannover, Masch.fabrik Gildemeister AG, Bielefeld, u. Masch.fabrik Trumpf GmbH + Co., Stuttgart - Callenberger Str. 52-58, 8630 Coburg (T. 09561 - 64 40) - Geb. 19. März 1921 Stuttgart (Vater: Otto K., Fabr.; Mutter: Gertrud, geb. Raasch), verh. s. 1949 m. Eva, geb. Waldrich - S. 1953 selbst. - Gr. Verdienstkreuz Nieders. VO., Bayer. VO. - Spr.: Engl., Franz. - Rotarier.

KAPP, Helmut
Rechtsanwalt, Hauptgeschäftsf. Verb. Beratender Ingenieure (VBI) - Zweigertstr. 37-41, 4300 Essen - Geb. 5. Jan. 1934 Koblenz - Stud. Gesch. u. Jura Bonn, Köln, Paris, Luxemburg, Speyer - Rechtsanw. u. Verbandsgeschäftsf. - Spr.: Franz., Engl.

KAPP-SCHWOERER, Hermann
Dr. med., Prof., Chefarzt Radiolog. Zentralinstitut (s. 1969) - Paracelsus-Krankenhaus, Akadem. Lehrkrankenhaus Univ. Tübingen, 7302 Ostfildern-Ruit - Geb. 13. Febr. 1924 Freiburg/Br. - Promot. 1952; Habil. 1965 - S. 1971 apl. Prof. f. Klin. Radiol. Univ. Freiburg/Br. Fachaufs.

KAPPACHER, Walter
Schriftsteller - Stöcklstr. 2, A-5020 Salzburg (Österr.) - Geb. 24. Okt. 1938 Salzburg - BV: Morgen, R. 1975; D. Werkstatt, R. 1975, NA. 1981; Rosina, Erz. 1978; D. ird. Liebe, Erz. 1979; D. lange Brief, R. 1982; Gipskopf, Erz. 1984; Cerreto, Erz. 1988. Hör- u. Fernsehsp. - Div. Ausz., dar. staatl. Förderungspreis f. Lit.

KAPPE, Dieter
Dr. sc. pol., Dipl.-Volksw., o. Prof. f. Soziologie u. Sozialpädagogik Univ. Dortmund - Thon-Prikker-Str. 13, 5800 Hagen 1 (T. 5 77 92) - Geb. 1. März 1931 Bremen.

KAPPELER, Andreas
Dr. phil., Prof. f. osteurop. Geschichte Univ. Köln - St.-Georg-Str. 17g, 5000 Köln 40 - Geb. 20. Sept. 1943 Winterthur/Schweiz - 1962-69 Stud. Univ. Zürich u. Wien; Promot. 1969 Zürich, Habil. 1979 ebd. - 1970-76 Wiss. Assist. Univ. Zürich; 1979-82 Oberassist.; s. 1982 Prof. Köln - BV: Ivan Groznyj im Spiegel d. zeitgenöss. Ausl. Druckschr., 1972; Rußlands erste Nationalitäten, 1982.

KAPPELER, Detlef

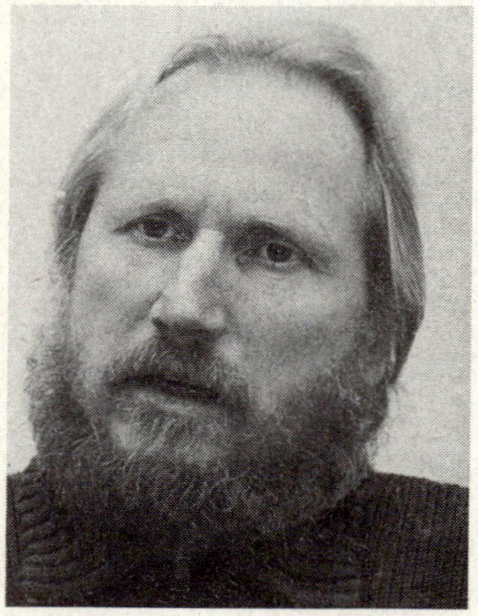

Dipl.-Ing., o. Prof., Lehrstuhlinh. f. Malerei u. Graphik Univ. Hannover, Vertr. d. realist. Malerei - Ringweg 1, 2893 Sillens-Butjadingen (T. 04733 - 81 98) - Geb. 23. Juli 1938 Stettin - BV: u. a. Forsch.bericht Univ. Hannover, 1980; Freiburger Univ.blätter, 1980. Einzelausst. u. Kataloge: u. a. Hamburger Kunsthalle (1971); Bielefelder Kunsthalle (1973); Kunstverein Hannover (1975); Museum Bochum (1976); Salecina (1980); Grenzzeichen Freistadt/Oberösterr. (1981); Goethe-Inst. Paris u. Bremen (1983) - Förderpreis Nieders.; 1966 Kunstpreis f. Arch. u. Malerei; 1972 Stip. cité intern. des arts Paris; 1973 Stip. Lichtwarkpreis Stadt Hamburg - Lit.: Gottfried Sello: Kunst d. Welt heute (1970); Werner Hofmann: Katalog Hamburger Kunsthalle (1971); Katalog Museum Bochum (1976); Burghart Schmidt: Kunstforum im Wirklichkeitsbezug, in: Werk u. Zeit (1/1978); Günter Zint (hg.): D. weiße Taube flog f. immer davon (1982); Negative Utopie n. 1984, in: Katalog Herausg. Dieter Ronte, Dieter Schrage, Orwells 1984 Museum mod. Kunst Wien (Palais Liechtenst.); Burghart Schmidt: Denk mal ans Denkmal, in: Kunstpresse, Nr. 3, 1. Jg (Sept. 1988); J.P. Tammen: D. K. D. Ossietzky-Projekt, in: D. Horen, Nr. 153, 34. Jg. (1. Quart. 1989).

KAPPELSBERGER, Ruth
Schauspielerin, Fernsehmoderat. Bayer. Rundf. - Am Hohenberg 9, 8131 Berg/Starnberger See (T. Starnberg 55 26) - Verh. m. Fred Bertelmann (Sänger u. Schausp.), T. Kathrin - Zeitw. MdK Starnberg/parteilos - 1984 Goldmed. Bayer. Rundf. (f. langj. Tätigk.).

KAPPEN, Ludger
Dr. rer. nat., Prof. f. Botanik, Lehrst. Ökophysiologie u. Inst. f. Polarökologie Univ. Kiel (s. 1981, vorm. Würzburg) - Jacobystr. 8, 2300 Kiel.

KAPPERT, Gunter
Dipl.-Ing., Prof., Ministerialdirigent, Leit. d. Planungsstabes in d. Nieders. Staatskanzlei (s. 1971) - Quantelholz 38B, 3000 Hannover 21 (T. 0511-120 21 70) - Geb. 27. Dez. 1927 Stettin, ev., verh. s. 1954 m. Toni, geb. Rettig, T. Sabine - Dipl. 1957 TU Braunschweig (Bauing.wesen) - 1958-64 Stadtplanungsamt Braunschweig; 1964-68 Verb. Großraum Hannover (Regionalplanung); 1968-71 Nieders. Innenmin. (Landesplanung); s. 1976 Lehrtätigk. Univ. Hannover - Spr.: Engl.

KAPPES, Franz-Hermann
Dr. iur., Rechtsanwalt u. Lehrbeauftragter, MdB - Seminarstr. 19, 6140 Bensheim - Geb. 5. Nov. 1938, kath., verh. m. Rita, geb. Helferich, 3 Kd. - Stud. Rechtswiss. u. Phil. - 1977-85 Landrat d. Kr. Darmstadt-Dieburg, davor Min.-Rat Staatskanzlei Rhld.-Pfalz.

KAPPEY, Fritz
Dr. med., Chirurg, Prof. f. Chir. Univ. Mainz (n. b.) - Gundelbachstr. 26, 6940 Weinheim/Bergstr. - Geb. 2. Nov. 1930 Langelsheim (Vater: Dr. med. Wilhelm K., prakt. Arzt; Mutter: Auguste, geb. Denzer), ev., verh. s. 1960 (Ehefr.: Gisela), 3 Kd. (Sabine, Axel, Götz) - Obersch. Goslar; Univ. Heidelberg u. Göttingen. Promot. Göttingen; Habil. Mainz - B. 1975 Oberarzt Univ. Mainz, dann ltd. Abteilungsarzt Städt. Krkhs. Weinheim. Spez. Thorax- u. Gefäßchir. Zahlr. Fachveröff. - Spr.: Engl., Franz.

KAPPLER, Albert
Dr., Vorstandsmitglied L. Possehl & Co. mbH./Großhandel (1981ff.) - Beckergrube 38-52, 2400 Lübeck 1 - Zul. Metallges. AG., Frankfurt/M. (Bereich: Erzhdl.).

KAPPLER, Ekkehard
Dr. oec. publ., Dipl.-Kfm., o. Prof. f. Wirtschaftswiss., Gründungsdekan d. wirtschaftswiss. Fak. Univ. Witten/Herdecke - Wemerstr. 2, 5810 Witten (T. 02302-80 19 25) - Geb. 11. Aug. 1940 Breslau, ev., verh., 4 Kd. - Stud. Univ. München; Promot. 1970; Habil. 1972 - 1967-72 Lehr- u. Forschungstätigk. Univ. München, 1973 Münster, 1973-84 Wuppertal, 1980/81 Wien, s. 1979 Lissabon, s. 1984 Witten/Herdecke - BV: Systementw., 1972; Arbeitsqualität in Org. (m.a.), 1978; Unternehmenstruktur u. Unternehmensentw., 1980 - Spr.: Engl.

KAPPUS, Wolfgang
Dr. phil., Dipl.-Kfm., Dipl.-Volksw., Fabrikant (M. Kappus/Seifen-Kosmetika, Offenbach), Vizepräs. IHK Offenbach (s. 1976) u. a. - Stettiner Str. 2, 6056 Heusenstamm/Hessen - Geb. 10. Mai 1933 Offenbach/M. (Vater: Alfons K., Kaufm.; Mutter: Ilse, geb. Martin), freirel., verh. s. 1959 m. Evelyn, geb. Bonke, 2 T. (Patricia, Cordula) - Schule Offenbach (Abit. 1952); Univ. Frankfurt u. Genf; Dipl. 1956 u. 57 Frankfurt, Promot. 1985 ebd. - Spr.: Engl., Franz.

KAPS, Karl-Heinz
Dr.-Ing., Techn. Vorstand Frank AG - Postfach 1361, 6340 Dillenburg - Geb. 3. Juni 1931 Dessau - Geschf. Gem Woh-

KAPS, Peter
Steuerbevollmächtigter, MdL Bayern (1966-82) - Maria-Ward-Str. 11, 8265 Simbach/Inn (T. 367) - Geb. 7. Aug. 1917 Rabenbrunn/Ndb. (12. Kind e. Landwirts), kath., verh., 4 Kd. - Volksssch.; Handwerkslehre; Privatinst. f. Betriebsw.slehre u. Wirtschaftsrecht J. Kietzmann, München. Prüfung als Helfer in Steuersachen 1949 - Landespolizei u. Wehrmacht (Kriegseinsatz an versch. Fronten); s. 1949 selbst. 1955 ff. stv. Bezirksvors. Jg. Union Niederbay. MdK Pfarrkirchen (Fraktionsvors.). CSU s. 1954 (1959 Kreisvors.).

KAPTAIN, Johannes
Kaufm. Angest., MdL Nordrh.-Westf. (1966-85) - Friedhofstr. 15, 5166 Kreuzau/Rhld. (T. 02422 - 71 26) - Geb. 29. Juni 1926 Kreuzau, verh., 5 Kd. - Volksssch.; kaufm. Lehre - S. 1946 kaufm. Angest. RWE-Betriebsverw. Düren. B. 1964 Bürgerm. Gde. Kreuzau, dann Landrat Kr. Düren. MdK Düren. CDU s. 1946 (1963 Kreisvors.).

KAPUSTE, Falco
1. Solotänzer Deutsche Oper am Rhein, Düsseldorf (s. 1970) - Hohegrabenweg 23, 4005 Meerbusch 1 (T. 02105-31 89) - Geb. 12. Dez. 1943 Oels/Schlesien, verh. s. 1970 m. Elke, geb. Göhmann, T. Nadine - Stud. Akad. Hannover b. Yvonne Georgi, Jan de Ruiter; Paris Peretti, V. Gsowsky - 1963 Wiesbaden, 1964 Staatsoper Hamburg, 1965-70 Dt. Oper Berlin; Gastsp. Paris, Marseille, Madrid, Barcelona, Edinburgh, Südamerika, Südafrika, Polen - Hauptrollen: Apollon Musagete (Balanchin) Berlin/Düsseldorf; Giselle, Schwanensee, The Invitation (McMillen), Der Tod und das Mädchen (Walter), Symphonie fantastique (Walter); Sacre, Fantaisies - 1972 u. 1973 tz-Rose (München), Goldmed. Spanien - Liebh.: Tennis, Surfen, Tauchen, Motorsport, Hobbykoch - Spr.: Engl., Franz.

KAPUSTIN, Peter

Dr. rer. nat., Prof., Vorstand Inst. f. Sportwiss. - Hochgernstr. 3, 8252 Taufkirchen (Vils) (T. 08084 - 13 95) - Geb. 10. Juni 1942, ev.-luth., verh. s. 1966 m. Maximiliane, geb. Schnappauf, 6 Kd. (Natascha, Tatjana, Peter) - Stud. f. höh. Lehramt München; Ex. 1966; Promot. 1974 München - Vizepräs. d. Bayer. Landes-Sportverb. u. Ausschußvors. in d. Bundesvereinig. Lebenshilfe im Dt. Behindertensportverb. - BV: D. zeitgemäße Sportverein, 1978 (Hrsg.); Senioren u. Sport, 1980; Beitr. zu Grundfr. d. Sports u. d. Sportwiss., 1981 (Hrsg.) - Liebh.: Sport, Volkstheater - Spr.: Engl., Franz., Span.

KARAS, Harald
Journalist - Am Rupenhorn 4, 1000 Berlin 19 (T. 304 09 71) - Geb. 9. April 1927 Ottendorf, verh. m. Karin, geb. Piesche - S. 1960 Leit. Berliner Abendschau u. Stadtgespräch (1984) SFB (Fernsehen) - 1983ff. Vors. Journ.-Club Berlin - 1971 BVK.

KARASCHEWSKI, Horst
Dr. rer. nat., o. Prof. f. Didaktik d. Mathematik - Humboldtstr. 48, 4800 Bielefeld (T. 6 97 17) - Geb. 26. Jan. 1912 Dt.-Eylau (Vater: August K., Zollassist.; Mutter: Amanda, geb. Zemke), ev., verh. s. 1953 m. Fridel, geb. Krämer - Univ. Königsberg, Marburg, Berlin (Math., Physik). Mittelschullehrerprüf. u. Prüf. f. d. Lehramt an höh. Schulen - Ab 1934 Volks- u. Mittelschuldst., 1946-52 Dozent f. Math. Päd. Akad. Wuppertal, seither Doz. u. o. Prof. Päd. Hochsch. u. Univ. Bielefeld - BV: Ganzheitl. Rechnen, 2 T. 1951/54 (I. 2. A. 1957); Wesen u. Weg d. ganzheitl. Rechnens, 1966 - Spr.: Engl., Franz.

KARASEK, Hellmuth

Dr. phil., Journalist, Redakt. Wochenztg. Der Spiegel, Hamburg - Jungfrauenthal 22, 2000 Hamburg 13 - Geb. 4. Jan. 1934 Brünn, 4 Kd. (Daniel, Manuel, Laura, Nikolas) - BV: Carl Sternheim, 1966; Max Frisch, 1967; Deutschland, deine Dichter - D. Federhalter d. Nation, 1970; Brecht - d. jüngste Fall e. Klassikers, 1978; D. Wachtel, Komödie, UA 1985, Hitchcock, e. Komödie, UA 1987, Theaterkrit. - Mitgl. Gruppe 47 und PEN-Zentrum BRD; Jury d. Ingeborg-Bachmann-Preises, Klagenfurt.

KARASEK, Horst
Schriftsteller - Feldbergstr. 28, 6000 Frankfurt/M. 1 - Geb. 7. Okt. 1939 Wien - BV: D. Gasthaus Z. Faß o. Boden, 1973; Propaganda u. Tat, 1975; D. Kommune d. Wiedertäufer, 1977; Belagerungszustand!, 1978; D. Fedtmilch-Aufstand, 1980.

KARBUSICKY, Vladimir
Dr. phil., Prof. f. Systemat. Musikwissenschaft - Lehmkuhlskamp 25, 2110 Buchholz/Nordheide - Geb. 9. April 1925 Velim/Böhmen (Vater: Josef K., Eisenbahnbeamter; Mutter: Judith, geb. Kvapil), ev., verh. s. 1964 m. Maria, geb. Horvath, 3 Kd. (Maria, Beatrix, Peter) - 1945-53 TH u. Univ. Prag (1948) - 1954-68 Tschech. Akad. d. Wiss. Prag; 1968 b. 1976 PH Rhld. Köln; s. 1976 Univ. Hamburg (Prof.) - BV: u. a. Ideologie im Lied, 1973; Empir. Musiksoziol., 1975; Musikw. u. Ges. 1977; Gustav Mahler u. s. Umwelt, 1978; Systemat. Musikwiss., 1979; Anfänge d. hist. Überliefer. in Böhmen, 1980; Grundriß d. musikal. Semantik, 1986 - Spr.: Tschech., Russ., Franz., Engl. - Lit.: Studien z. Systemat. Musikwiss., Festschr. f. V. K. (1986).

KARCH, Karl
I. Bürgermeister (s. 1960) - Rathaus, 8735 Oerlenbach/Ufr. - Geb. 11. Jan. 1924 Eltingshausen - Landw. CSU.

KARCHER, Fritz-Henning
Dr. rer. nat., Geschäftsf. i. R., AR Bauer & Schaurte Karcher GmbH, Beckingen (s. 1975) - Am Reiertsberg 20, 6645 Beckingen/Saar (T. 278) - Geb. 16. Nov. 1911 Kiel (Vater: Guido K., Fregattenkapt. a. D.; Mutter: geb. Oldekop), ev., verh. s. 1939 m. Hildegard, geb. Ehlert, 3 Kd. - Ritterakad. Brandenburg/H.; Univ. München, Göttingen, Königsberg (Biol.) - S. 1953 Gf. Karcher. Div. Veröff. (Archiv f. Hydrobiol., Ztschr. f. Fischerei u. a.) - 1972 Gr. BVK, 1975 Saarl. VO. - Liebh.: Imkerei, Botanik - Spr.: Franz., Engl., Span., Norw. - Rotarier.

KARCHER, Hermann
Dr. rer. nat., Univ.-Prof. Math. Inst. Univ. Bonn (s. 1971) - Thüringer Allee 132, 5205 St. Augustin 2.

KARCHER, Wolfgang G.
Dr. jur., Prof. f. Organisation u. Verw. v. Bildungseinricht. TU Berlin - Landauer Str. 4, 1000 Berlin 33 - Geb. 21. April 1940 Kindsbach/Pfalz (Vater: Rudolph K., Studienrat †; Mutter: Inga, geb. Lindemann, Oberstudienrätin), ev., verh. s. 1966, 2 Kd. (Birgit, Heiko) - Naturwiss. Gymn. Verden/Aller; Stud. Rechts- u. Politikwiss. Univ. Berlin, Tübingen u. Columbia, S.C. (jurist. Staatsex. 1966 u. 1971 Berlin); Promot. 1970 Univ. Tübingen - 1971-73 wiss. Angest. Gesamthochschulrat Baden-Württ.; 1974/75 Hausmann; s. 1978 Prof. in Berlin; s. 1980 Inst. f. Medienpäd. u. Hochschuldidaktik - BV: Studenten an priv. Hochsch. z. Verfass.recht d. USA, 1971; D. Scheitern d. Hochschulreform (m. a.), 1976; D. Hochschulwesen in Indonesien u. d. übr. ASEAN-Staaten. E. Bibliogr., 1981; D. indones. Hochschulber. Struktur u. Funkt.weise im Licht staatl. Vorschr., 1983 - Hrsg. m. H.-J. Axt u. B. Schleich: Ausbildungsod. Beschäftigungskrise in d. Dritten Welt? Kontroversen üb. neue Ansätze in d. berufl. Bild., 1987.

KARCHETER, Walter
Dipl.-Ing., Geschäftsführer, Präs. Landesverb. d. Vereidigt. Sachverst. Bayern e.V. - Nelkenstr. 17, 8012 Ottobrunn b. München - Geb. 13. Okt. 1923 Grenzach (Vater: Hermann K., Analytiker; Mutter: Emma, geb. Salzmann), verh. s. 1955 m. Margret, geb. Struck, 2 Kd. (Anne, Jochen) - 1943-50 Ing.-Stud. FH Köln, Ex. 1950 - 1956-58 Geschäftsf. Wuppertal; 1958-79 Geschäftsf. Ottobrunn. 1981 Präs. Landesverb. d. vereidigt. Sachverst. Bayern; s. 1980 freiberufl. öfftl. best. u. vereid. Sachverst. Heizungs-, Lüftungs- u. Klimatechnik.

KARDOS, Georg (György)
Dirigent, 1. Kapellmeister Bühnen Hansestadt Lübeck - Zu erreichen üb. Bühnen d. Hansestadt, Fischergrube 5-21, 2400 Lübeck - Geb. 21. April 1937 Budapest, verh., 1 T. - Stud. Kompos. Konservat. Budapest; Stud. Dirig. Musikhochsch. Hamburg - B. 1976 2. Kapellmeister Staatstheater Hannover; b. 1979 Koordinierter 1. Kapellm. Stadttheater Aachen; b. 1987 1. Kapellm. Staatstheater Karlsruhe - 1960/61 Musikal. Leit. Ballett Pecs (Fünfkirchen/Ungarn); 1979/80 Premieren Karlsruhe: André Chènier, Aida, u.a.; 1983 Flandern Oper (Gent, Antwerpen): Tannhäuser.

KARENBERG, Leutfried
Dipl.-Kfm., Dipl.-Volksw., Aufsichtsratsmitglied Babcock-BSH AG, Erste Kulmbacher Aktienbrauerei AG - Parkstr. 29, 4150 Krefeld-Uerdingen - Geb. 25. Okt. 1924 - Zul. Geschäftsf. DEG Dt. Finanzierungsges. f. Beteiligungen in Entwicklungsländern GmbH.

KARG, Hans-Georg
Vorstandsvorsitzer Gemeinnützige Hertie-Stiftung z. Förderung v. Wissenschaft, Erziehung, Volks- u. Berufsbildung, Frankfurt u. Vorst.-Vors. Hertie-Stift., Hamburg - Postf. 71 04 61, 6000 Frankfurt/M. 1 - Geb. 29. Aug. 1921 Berlin (Vater: Georg K. † 1972, s. XVI. Ausg.), verh.

KARG, Heinrich
Dr. med. vet., Prof. TU München, o. Prof. f. Physiol. d. Fortpflanzung u. Laktation (s. 1970), Direktor Inst. f. Physiol. Südd. Versuchs- u. Forschungsanstalt f. Milchwirtschaft, Weihenstephan (s. 1967) - Osterwaldstr. 53, 8000 München 40 (T. 3 61 36 13) - Geb. 31. Mai 1928 München - S. 1959 (Habil.) Lehrtätigk. Univ. München/Tierärztl. Fak. (1965 apl. Prof. f. Physiol., physiol. Chemie, Ernährungsphysiol. u. Endokrinol. 1974/75 Präs. Dt. Ges. f. Endokrinol. u. 1976/77 Dt. Ges. f. Milchwiss. 1984 Dr.med. vet. h.c. (Tierärztl. Hochschule Hannover), 1985 Martin-Lerche-Forschungspreis (Dt. Vet. med. Ges.) - Zahlr. Fachveröff.

KARG, Theodor
Oberfinanzpräsident, Leit. OFD Saarbrücken - Präsident-Baltz-Str. 5, 6600 Saarbrücken - Geb. 13. Sept. 1930.

KARGER, Adolf
Dr. rer. nat. (habil.), o. Prof. f. Geographie (s. 1969) - Gaussweg 8, 7400 Tübingen 3 (T. 7 22 32) - Geb. 23. Okt. 1929 Reitendorf/Mähren - Zul. Privatdoz. Univ. Gießen - BV: D. Sowjetunion als Wirtschaftsmacht, 3. A. 1983; Sowjetunion, 3. A. 1986. Mitherausg.: Geograph. Rundschau - Spr.: Russ., Serbokroat., Engl. (Lehrtätigk. USA).

KARGER, Wolfgang
Dr. rer. nat., Prof., Leit. Arbeitsgruppe f. Physiologie d. Membranen Univ. Bochum - Albert-Schweitzer-Str. 2, 4630 Bochum 1 (T. 0234 - 70 11 17) - Geb. 6. April 1923 Magdeburg - S. 1965 Prof. Bochum.

KARGL, Herbert
Dr. rer. pol., Dipl.-Wirtschaftsing. Univ.-Prof. f. Betriebswirtschaftslehre u. Betriebsinformatik, Univ. Mainz - Saarstr. 21, 6500 Mainz.

KARIGER, Albert

Dr. rer. pol., Dipl. Kfm., Geschäftsführer Club-Kraftfutterwerke GmbH, Hamburg - Beethovenstr. 15, 6940 Weinheim - Geb. 11. Sept. 1927, verh. s. 1961 m. Annemarie, geb. Sperl, 2 Kd. (Jörg-Christian, Ute Eva-Maria) - Stud. Wirtschaftswiss. Univ. Mannheim u. Saarbrücken; Dipl.-Kfm. 1960, Promot. 1963 - Vors. Mannheimer Produktenbörse (s. 1974); Vorst.-Mitgl. Fachverb. Futtermitteind., Bonn, Europ. Warenbörse Strassburg, FEFAC Brüssel; div. Aussch. IHK Mannheim, Berufsgenossensch. Mannheim - BV: D. Entw. d. Mischfutterind. in Deutschl., 1963. Ca. 50 Fachaufs. in Ztg. u. Ztschr. - 1980 BVK - Spr.: Engl., Franz.

KARIMI-NEJAD, Abbas
Dr. med., Prof. f. Neurochirurgie - Koppensteinstr. 1, 5000 Köln 41 (T. 0221-478 41 42) - Geb. 28. Dez. 1931 Iran (Vater: Ali K.; Mutter: Fatimah), verh. s. 1960, 3 Kd. - Schulausb. Iran, Stud. u. Univ.-Laufb. in Deutschl. - S. 1974 Prof. u. wiss. Rat Univ. Köln - Entd.: Behandl. d. Atemstörungen b. Hirnschädig., operat. Behandl. d. Halswirbels. - Üb. 100 Publ., 6 Buchbeitr.

KARKOSCHKA, Erhard

Dr. phil., Prof., Komponist - Nellinger Str. 45, 7000 Stuttgart-Heumaden - Geb. 6. März 1923 Ostrau (Vater: Dipl.-Ing. Robert K.; Mutter: Olga, geb. Urban), verh. m. Rothraut, geb. Leiter, 4 Kd. (Dietlind, Erich, Oliver, Urs) - Gymn. Mähr. Ostrau; Musikhochsch. Stuttgart (Künstlerreife Komposition u. Dirigieren); Univ. Tübingen (Promot.) - 1948-67 Lehrbeauftr. LH bzw. Univ. Hohenheim u. Leit. Hohenheimer Schloßkonzerte; s. 1958 Dozent u. Prof. MH Stuttgart. 1962-70 Vorst.-Mitgl. Inst. f. Neue Musik u. -erzieh. Darmstadt; 1974-80 Präs. Ges. f. neue Musik BRD. Autor div. Orchester-, Chor-, Orgel- u. Kammermusikwerke, elektr. Mus., multimediale u. andersartige Werke - BV: D. Schriftbild d. neuen Musik, 1966 (engl. 1972, jap. 1977); Analyse neuer Musik, 1976; Neue Musik hören, 1981 - Mehrere Preise, dar. 1957 Stadt Stuttgart u. 1971 Johann-Wenzel-Stamitz-Preis; 1982 Montserrat. Komp.aufträge u. a. von CCP Manila, Biennale Zagreb, Rhein. Philharmonie, Deutscher Sängerbund - Liebh.: Astronomie - Spr.: Tschech., Engl.

KARL, Emil

I. Bürgerm. (s. 1960) - Rathaus, 8403 Bad Abbach/Ndb. - Geb. 17. Dez. 1919 Abbach (Vater: Johann K.; Mutter: Emilie, geb. Reisinger), verh. m. Elisabeth, geb. Lang, 4 Kd. - Zul. Verwaltungsangest. Überparteil. Liste.

KARL, Fred

Dr. rer. pol., Wissenschaftl. Mitarbeiter f. Soziale Gerontologie GH Kassel-Univ. - Arnold-Bode-Str. 10, 3500 Kassel (T. 0561 - 804-29 32) - Geb. 13. Juni 1947 Neumarkt-St. Veit/Oberbay., gesch., T. Julia - Buchhändler; Ausbildereignerprüf., Dipl.-Soziol. 1973 Univ. Augsburg; Promot. 1978 GH Kassel - 1985-89 Projektleit. Zugehende Beratung alter Menschen; s. 1986 Koordinator Aufbaustudiengang Soziale Gerontologie GH Kassel - BV: Soziale Bibliotheksarbeit, 1980; D. Bürgerinitiativen, 1981; Alte Menschen im Stadtteil, 1988; D. neuen Alten (m. W. Tokarski), 1988 - 1986 Mitinh. Max Bürger Preis d. Dt. Ges. f. Gerontologie; 1988 Georg Forster Preis Kasseler Hochschulbund.

KARL, Georg

Dr., Landrat Kr. Deggendorf (s. 1978; CSU/Fr. Wählergemeinsch.) - Landratsamt, 8360 Deggendorf/Ndb. - Geb. 9. April 1936 Landshut - Staatsdst. (zul. Regierungsdir.).

KARL, Helmut

Dipl.-Verwaltungswirt (FH), I. Bürgermeister (s. 1972) - Rathaus, 8046 Garching/Obb. - Geb. 15. Mai 1937 Garching (Eltern: Adam u. Franziska K.), kath., verh. s. 1965 m. Inge, geb. Wachter, 2 Kd. (Armin, Jochen) - Kreisrat. SPD (s. 1966).

KARL, Johann-Josef

Dr. med. (habil.), Prof., Komm.Direktor Med. Univ.-Klinik II München Klinikum Großhadern - Berschestr. 7, 8000 München-Pasing (T. 885100) - Geb. 31. Okt. 1919 München, verh. m. Dr. Marie Luise, geb. Hesele - B. 1968 Privatdoz., dann apl. Prof. München (Inn. Med.). Fachveröff.

KARLBERG, Erik

Dipl.-Kfm., Geschäftsf. Electrolux GmbH., Hamburg - Hogenfelder Str. 2a, 2000 Hamburg 61 (T. 5501347) - Geb. 14. April 1924 Älghult/Schweden (Vater: Johan G. K., Direktor; Mutter: Nanny, geb. Samuelsson), verh. s. 1955 m. Marit, geb. Pihl, 3 Kd. (Pär, Ulf, Annika) - HH Stockholm (Dipl. 1951) - 1950-55 AB Electrolux, Stockholm; s. 1955 Electrolux GmbH., Hamburg (1966 Geschäftsf.) - Liebh.: Bridge - Spr.: Schwed., Dt., Engl.

KARLOWA, Elma

Schauspielerin - Paul-Heyse-Str. 19, 8000 München 2 (T. 53 62 05) - Geb. 12. März 1936 Zagreb (Vater: Ingenieur; Mutter: Gymnasialprof.), led. - Theaterausbild. Bühne, Film (üb. 20 Rollen), Fernsehen - Liebh.: Schreiben, Zeichnen, Stofftiersamml., Peddigrohrflechten.

KARLSDOTTIR, Maria

s. Novak, Helga M.

KARLSON, Peter

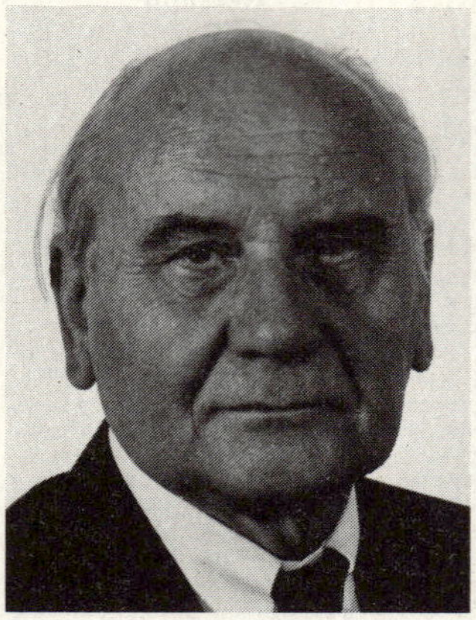

Dr. rer. nat. (habil.), Dr. sc. h. c., Dr. Dr. rer. biol. hum. h. c., Prof. u. Direktor Physiol.-Chem. Inst. Univ. Marburg (s. 1964) - Haselhecke 32, 3550 Marburg - Geb. 11. Okt. 1918 Berlin (Vater: Friedrich K., Kaufm.; Mutter: Ludmilla, geb. Perli), verh. s. 1945 m. Dr. Lieselotte, geb. Poschmann - Stud. Chemie (Dipl.-Chem. 1940). Promot. 1942 - Wiss. Mitarb. Max-Planck-Inst. f. Biochemie Tübingen bzw. München; Privatdoz. u. apl. Prof. (1953) Univ. Tübingen u. München - BV: Kurzes Lehrb. d. Biochemie, 1960 (13. A. 1988, (übers. in 15 Spr.); Pathobiochemie (m. Gerok u. Groß), 2. A. 1982. Üb. 200 Einzelveröff. - 1967 Wiss. Mitgl. Max-Planck-Inst. f. Biochemie (ausw.); 1969 Mitgl. Dt. Akad. d. Naturforscher (Leopoldina); 1974 Feldberg-Preis; 1976 korr. Mitgl. Société de Biol., Paris; 1983 Ehrendoktor Fak. f. Theoret. Med. Univ. Ulm; 1986 Ehrendoktor Univ. Louis Pasteur, Straßburg; 1987 korr. Mitgl. Bayer. Akad. d. Wiss.; 1987 Euricius Cordus-Med. Univ. Marburg (FB Humanmed.); 1987 Ehrendoktor Univ. Athen - Entdeckte Wirkungsmechanismus d. Hormone durch Genaktivierung.

KARLSSON, Gustav H.

Dr. phil., o. Prof. u. Direktor Seminar f. Byzantinistik Freie Univ. Berlin - Malvenstr. 6, 1000 Berlin 45 (T. 8 38 29 32) - Geb. 6. Okt. 1909 Schweden - S. 1959 Univ. Upsala (Doz.) u. FU Berlin (1966 Ord.). Fachveröff.: Codex Upsaliensis Graecus 28 (team work), 1981. Herausg.: Romers Lit. (1961) u. a. Übers.

KARMANN, Wilhelm

Vorsitzender Geschäftsfg. Wilhelm Karmann GmbH. (Karosserie-, Preßwerk, Werkzeugbau), Osnabrück, Vizepräs. IHK ebd. - Gutenbergstr. 37, 4500 Osnabrück (T. 58 11) - Geb. 4. Dez. 1914 Osnabrück (Vater: Wilhelm K., Firmengründer † 1952; Mutter: Mathilde, geb. Elsinghorst † 1965), verh. m. Christiane, geb. Kemper, 3 Kd.

KARMANN, Wilhelm

Dipl.-Ing., Techn. Direktor, Geschäftsf. Nieders. Landesentwicklungsges. mbH. u. Nieders. Wohnungsbauges. mbH., bde. Hannover - Besselhof 3, 3005 Hemmingen 1 - Geb. 9. Juni 1930 - Arch. AR-Mand.

KARNAPP, Walter

Dipl.-Ing., o. Prof. f. Freihandzeichnen u. Perspektive TH bzw. TU München (ab 1959; emerit.) - Landshuter Allee 154, 8000 München 19 (T. 15 14 32) - Geb. 11. Sept. 1902 Baarenhof/Danzig - 1928 Dipl.-Ing. TH Danzig. 1934-36 Stip. Dt. Archäol. Inst. Berlin (Konstantinopel, Athen); 1939-45 o. Prof. TH Danzig; 1949-59 Baupfleger Stadt Essen - BV: D. Stadtmauer v. Iznik (Nicaea), 1938 (m. A. M. Schneider); D. Stadtmauer v. Resafa in Syrien, 1976; Denkmäler antiker Arch., Bd. 11, 1976 - 1931 Schinkelplak. f. städtebaul. Wettbew.; 1939 korr., 1969 o. Mitgl. Dt. Archäol. Inst. Berlin.

KARNATZ, Fritz

Rechtsanwalt, Hauptgeschäftsf. Hauptverb. d. Landw. Buchstellen u. Sachverständigen, Bonn - Friedensstr. 119, 5205 St. Augustin - Geb. 17. Febr. 1923.

KARNICK, Manfred

Dr. phil., Prof. f. Dt. Philologie Univ. Göttingen (1982ff.) - Schöneberger Str. 15, 3400 Göttingen - Geb. 13. Aug. 1934 Berlin (Vater: Martin K., Realschullehrer; Mutter: Else, geb. Ulrich), ev. - 1954-62 Stud. Univ. Hamburg u. Freiburg, 1. Staatsex. 1962, Promot. 1966, bde. Freiburg; 2. Staatsex. 1967 in Bremen; Habil. 1977 in Freiburg - 1967-80 Akad. Rat u. Wiss. Assist.; 1980 Prof. Univ. Freiburg. 1985 Gastprof. USA (Urbana/Il.) - BV: Wilhelm Meisters Wanderjahre od.: D. Kunst d. Mittelbaren, 1968; Dürrenmatt, Frisch, Weiss, 1969 (m. a.); Rollenspiel u. Welttheater, 1980 - Nieders. Literaturkommiss.

KARNICK, Rudolf

Dr. h. c., Prof., Pädagoge - Solitüder Str. 5, 2390 Flensburg - U. a. Prof. f. Schulpäd. PH Flensburg.

KAROLI, Hermann

Dr. rer. pol., Dipl.-Kfm., Wirtschaftsprüf. - Am Ruhrstein 37, 4300 Essen-Bredeney - Geb. 27. März 1906 Hahnbach/Siebenb. (Vater: Rudolf K., Pfarrer; Mutter: Emma, geb. Fleischer), ev. - Univ. Leipzig u. Innsbruck - U. a. Vorstandsmitgl. Dt. Revisions- u. Treuhand-AG, Berlin (1938); Wehrdst. (schwer verwundet), längere Kriegsgefangenschaft; s. 1950 wie oben. B. 1972 AR-Vors. BMW (10 J.) - Rotarier.

KAROTKA, Werner

Bürgerschaftsabgeordneter - Zu erreichen üb.: Baubehörde/Hauptabt. Stadtreinig., Bullerdeich Nr. 19, 2000 Hamburg 26; priv.: 13, Hartungstr. 12 - S. 1978 Mitgl. Hbg. Bürgersch. SPD.

KAROW, Heinz

Hauptgeschäftsführer FDP/Landesverb. Nieders. - Walter-Gieseking-Str. 22, 3000 Hannover.

KAROW, Otto

Dr. phil. (habil.), em. o. Prof., ehem. Direktor Ostasiat. Seminar Univ. Frankfurt/M. (s. 1960) - Kurstift, Kaiser Friedrich-Promenade 57a, 6380 Bad Homburg v. d. H. (T. 40 94 83) - Geb. 29. Sept. 1913, ev. verh. s. 1936 m. Elisabeth, geb. Geier - 1951-60 Privatdoz. u. apl. Prof. (1957) Univ. Bonn (Japanol.). Spez. Arbeitsgeb.: Ostasiat. Philol. u. Kulturwiss. m. bes. Berücks. Südostasiens - BV: D. Ursprung d. Torii, 1943 (m. Dietrich Seckel); D. Illustrationen d. Arzneibuches d. Periode Shao-hsing v. J. 1159, 1956; Opera Minora, 1978. Herausg.: Indones.-Dt. Wörterb. (1962, 3. A. 1986); Vietnamesisch-Dt. Wörterbuch (1972); Veröfftl. d. Ostasiat. Seminars d. Johann-Wolfg.-Goethe-Univ., Frankfurt/M. Mitverfass.: Java u. Bali - Buddhas, Götter, Helden, Dämonen, 1980; Terrakottakunst d. Reiches v. Majapahit in Ostjava, 1987; Symbolik d. Buddhismus-Tafelband, 1989. Mithrsg.: Studien z. Japanol. Div. Einzelarb.

KARPE, Hans-Jürgen

Dr.-Ing., Prof., Leiter Inst. f. Umweltschutz Univ. Dortmund - Am Mühlengraben 5, 5810 Witten (T. 02302 - 8 55 51) - Geb. 19. März 1942 Berlin, 2 Kd. (Jan, Leif) - Dipl.-Ing. u. Dr.-Ing. Univ. Karlsruhe - S. 1985 Direktor Wissenschaftszentrum d. Vereinten Nationen, New York. Mitgl. Moskau Energy Club - Zahlr. Veröff. z. Umweltschutz u. -planung, Umweltschutz in Entw.ländern - Spr.: Engl., Franz., Portug.

KARPP, Heinrich

Dr. phil., Lic. theol., D. theol., em. o. Prof. f. Religionspädagogik u. Kirchengesch. - Kiefernweg 2H, 5205 St. Augustin 1 (T. 02241 - 34 19 21) - Geb. 10. Dez. 1908 Köln (Vater: Johannes K., Obersteuerinsp.; Mutter: Katharine, geb. Rose), ev., verh. s. 1935 m. Elfriede, geb. Köster, 4 Kd. - Univ. Bonn, München, Marburg (Klass. Philol., Phil., Theol.) - 1933-56 höh. Schuldst.; s. 1950 Privatdoz. u. Prof. Univ. Bonn (1959 Ord.) - BV: Unters. z. Phil. d. Eudoxos v. Knidos, 1933; D. Alte Testam. in d. Gesch. d. Kirche, 1939; Probleme altchristl. Anthropol., 1950; Schrift u. Geist b. Tertullian, 1955. Herausg.: Karl Holl, Briefw. m. Adolf v. Harnack; D. frühchristl. u. mittelalterl. Mosaiken in S. Maria Maggiore zu Rom (1966); D. Buße (1969, franz. u. ital.); Textb. z. altkirchl. Christologie (1972); m. H. Görgemanns: Origines. 4 Bücher von den Prinzipien (Text, Übers., 1976, 2. A. 1985); V. Umgang d. Kirche m. d. Hl. Schrift. Ges. Aufs. (1983).

KARR, Hanns-Peter

s. Jahn, Reinhard

KARR-BERTOLI, Julius

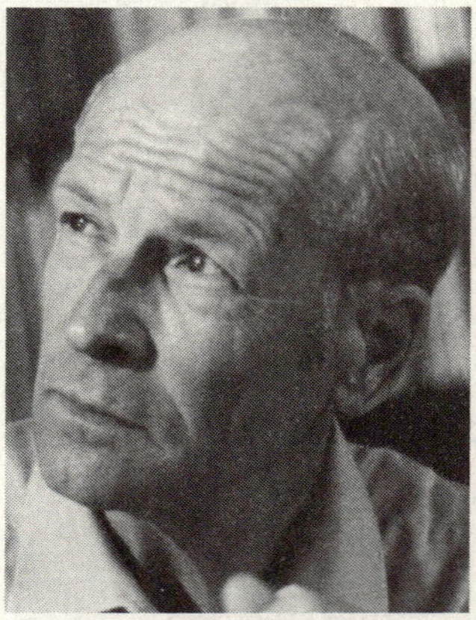

Dirigent - Sommerstr. 9, 8000 München 90 (T. 089 - 651 47 89) - Geb. 11. Juni 1920 München (Vater: Julius K., Konzertmeister; Mutter: Magda, geb. Badschild), kath., verh. s. 1957 in 3. Ehe m. Charlotte, geb. Langesee, T. Julia - 1936-40 Akad. Tonkunst, München (Dirig.-Ex. 1939), 1. Dirigat m. 18 J. an d. Bayer. Staatstheatern - 1941 Solorepetitor Reichenberg, 1942-45 Opernkapellm. Dortmund, 1945-60 freiberufl. Bayer. Rundf.; 1961ff. Dirig.tätigk. in aller Welt (u.a. m. d. Leningrader Philharmonikern) als Münchner Musikbotsch. Konz., Rundf.-Prod., Schallpl.; Exp. f. klass. Musik - Zahlr. Ehr., u. a. ständ. korr. Mitgl. Dvořák-Ges. Prag, Hon. appointment to the National Board of advisers of the Americ. Biograph. Inst., USA, Mitgl. Intern. Siegfr.-Wagner-Ges., BVK, Med. München leuchtet; Ehrenpräs. versch. musik. Institutionen; London-Dvořák-Society, Karl-May-Ges. Hamburg, The Friendship Force, Atlanta/USA - Liebh.: Bergsteigen, Skifahren, Lesen, Musik - Spr.: Ital., Engl., Span. - Bek. Vorf.: Friedr. Bürklein, Baumeister d. Maximilianstr. in München (Urgroßonkel), Großm. Bürklein bek. Sängerin, Großv. Bertoli bek. Münchner Schausp.

KARRASCH, Heinz

Dr. rer. nat., Prof. f. Geoökologie, Geomorphol., Klimatol., Nordamerika Geograph. Inst. Univ. Heidelberg - Im Neuenheimer Feld 348, 6900 Heidelberg (T. 06221 - 56 45 90); priv.: Satzenbuckelweg 4, 6901 Bammental (T. 06223 - 4 03 81) - Geb. 11. März 1935 Allenstein (Vater: Albert K., Bauing.; Mutter: Elisabeth, geb. Kompa), ev.-luth., verh. s. 1965 m. Herlinde, geb. Obendorfer - Promot. 1969 Göttingen, Habil. 1971 FU

Berlin - BV: D. Phänomen d. klimabed. Reliefasymmetrie, 1970; Flächenbild. unt. periglazialen Klimabed.?, 1972; Die klimatischen u. aklimat. Varianzfaktoren d. periglazialen Höhenstufe in d. Gebirgen West- u. Mitteleuropas, 1977; Studien z. photochem. Smog in amerik. u. dt. Ballungsgeb., 1980.

KARRER, Ernst-August

Schreinermeister, Präs. Handwerkskammer Reutlingen, ARsvors. Zentraleinkauf Schreinerm. eG., Stuttgart - HK: Burgpl. 1, 7410 Reutlingen; priv.: 7400 Tübingen.

KARRER, Wolfgang

Prof. f. Literatur Univ. Osnabrück - Zu erreichen üb. Univ., Postf. 4469, 4500 Osnabrück (T. 0541 - 608 42 59) - Geb. 3. Dez. 1941 Potsdam (Vater: Karl-Heinz K., Arzt; Mutter: Lisa, geb. Mundhenke), verh. s. 1971 m. Maria, geb. Roman, T. Katja - Promot. 1969 Univ. Bonn - 1969-74 Wiss. Assist. Univ. Bochum; 1974-76 Assoc. Prof. St. Louis/USA; 1976ff. Prof. Univ. Osnabrück - BV: Daten engl. u. am. Lit., 2 Bde., 1973 u. 1979; Parodie, Travestie, Pastiche, 1977. Herausg.: Afro-American Novel since 1960 (1982); Minority Literatures in North America (1988) - Liebh.: Jazz, Blues, Film - Spr.: Engl., Span., Franz., Latein - Bek. Vorf.: Philipp Jacob Karrer (Urahn).

KARRICH, Hans-Joachim

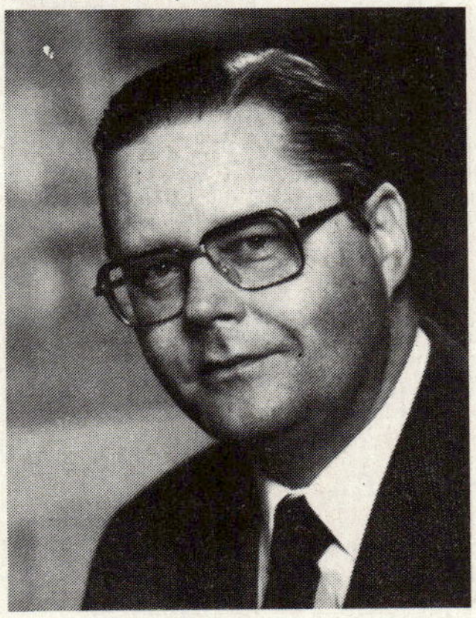

Dipl.-Volksw., Vorsitzender des Vorstandes Königsbacher Brauerei AG, Koblenz (s. 1966), Brauerei A. Bonnet & Cie. GmbH, Meisenheim (s. 1969), Geschäftsf. Königsbacher Biervertrieb GmbH, Trier (s. 1961), Richmodis-Bräu GmbH, Köln (s. 1967), Brauerei z. Walfisch GmbH, Aachen (s. 1969), Bad Emser Getränkevertriebs-GmbH (s. 1971), Südd. Königsbacher Biervertriebs-GmbH, Backnang (s. 1973), Friedrich Niederquell GmbH, Bad Honnef (s. 1981), Bierzentrale Leleithner GmbH, Frankfurt (s. 1981), Königsbacher USA Export GmbH (s. 1988), Nassauer Löwenbrauerei GmbH (s. 1988), u. Königsbacher-Werbe GmbH, Koblenz, Bellthal-Moselsprudel GmbH, Kobern; AR-Vors. Hirschbrauerei AG, Düsseldorf (s. 1972), u. Dauner Sprudel GmbH, Daun (s. 1980); Vorst.-Mitgl. Brauerbd. Hessen-Mittelrhein, Frankfurt (s. 1967); Mitgl. Presse- u. Informations- u. Wettbewerbsaussch. u. Delegiertenvers. Dt. Brauerbund; Beiratsmitgl. Frankfurter-Allianz-Versicherungs-AG, Frankfurt/München (s. 1968), Dresdner Bank, Frankfurt, Kommunale Betriebsges. Andernach (s. 1980), Konsumgüteraussch. Bundesverb. d. Dt. Industrie (s. 1967); Mitgl. IHK Koblenz (s. 1972); Handelsrichter u. a. - 5400 Koblenz - Geb. 2. März 1930 Königsberg, ev., verh. s. 1954 m. Gabriele, geb. Michels, 2 Kd. (Claudia, Manfred) - Univ. Freiburg u. Heidelberg (Volks-, Betriebsw., Soziol., Psych., Rechtswiss. Phil.; Dipl.-Volksw. 1953) - BV: Als Gast in China, 1978 - 1981 BVK am Bd., 1986 BVK I. Kl.

KARST, Heinz

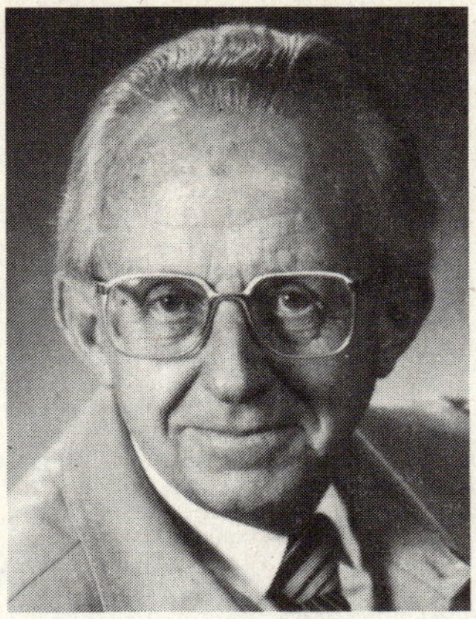

Brigadegeneral a.D. - Melcherleshorn 8, 7752 Mittelzell (T. 07534 - 73 92) - Geb. 1. Dez. 1914 Aachen (Vater: Karl K., Dipl.-Ing.; Mutter: Elisabeth, geb. Potthoff), kath., verh. s 1942 m. Irmgard, geb. Kulecki, T. Renate - Stud. German., Gesch. u. Phil. - 1952-56 Dienstst. Min. Blank (Schule d. Bundeswehr f. inn. Führung), 1958-59 Kommand. Panzer-Aufkl.-Lehrbatl. 11, 1959-63 Ref. f. Erzieh. u. Bild. im Führungsstab d. Streitkräfte, 1963-68 Kommand. Panzer-Gren.-Brigade 32 Schwanewede, 1968-70 General f. Erzieh.- u. Bild. im Heer - BV: D. Bild d. Soldaten, 3. A. 1969; Unterführerunterricht, 1958 (seither zahlr. Aufl.). Zahlr. Beitr. in Fach- u. Nachschlagewerken - Kriegsorden; 1970 Gr. BVK - Liebh.: Lit., Gesch., Phil. - Spr.: Franz., Engl.

KARST, Theodor

Dr. phil., Prof. f. Dt. Sprache u. Lit. u. ihre Didaktik - Hermann-Ehlers-Str. 20/103, 7410 Reutlingen 1 - Geb. 22. Sept. 1934 Ludwigshafen/Rh. (Vater: Adolf K., Fernmeldetechn.; Mutter: Emma, geb. Sauerbrunn), ev., verh. s. 1960 m. Hannelore, geb. Kessel, 2 Kd. (Sabine, Matthias) - Schule Neustadt/Weinstr. (Abit. 1954); Univ. Heidelberg, München, Mainz (German., Gesch., Phil.). Staatsex. 1960 u. 62. Promot. 1960 Mainz - 1960-64 Gymnasiallehrer; 1964-68 Assist. Prof. Princeton-Univ. (USA); s. 1968 Doz. u. Prof. (1970) Prof. PH Reutlingen; s. 1986 Prof. PH Heidelberg - BV: D. kurpfälz. Oberamt Neustadt, 1960; D. Univ. Heidelberg u. Neustadt a. d. W. (m. P. Moraw), 1963; Kindheit in d. mod. Lit., 2 Bde. 1976/77 (m. R. Overbeck u. R. Tabbert). Herausg.: Texte aus d. Arbeitswelt s. 1961 (1974), Reportagen (1976), Kinder- u. Jugendlektüre (2 Bde. 1978/79); Lehrzeit, Erz. a. d. Berufswelt (1980); Gesch. v. Erwachsenwerden (1987). Mithrsg. u. Mitverf. Leseb.: Leserunde (3 Bde. 1980/81); Lehrerhandb. Leserunde (3 Bde. 1980/81); Leserunde 5-9 (5 Bde. 1985-89); Lehrerhandb. (5 Bde. 1988ff.); Mei Sprooch - dei Red. Mundartdicht. in Bad.-Württ. (1989) - Spr.: Engl., Franz.

KARST, Uwe Volker

Dr., Dipl.-Päd., Prof. f. Pädagogik Univ. Bielefeld - Billinghauser Str. 173, 4937 Lage (T. 05232 - 74 87) - Geb. 15. Juli 1946 Merseburg (Vater: Horst K., Rektor; Mutter: Hannelore, geb. Klein, Lehrerin), ev., verh. s. 1977 m. Brigitte, geb. Steinker, 2 T. (Leslie-Corinne, Katja-Kristin) - Gymn. Speyer, Worms, Frankenthal; Stud. Gesch., Deutsch, Päd., Soziol. Univ. Mainz, Berlin, Siegen, Bielefeld (Dipl. 1972, Promot. 1976/77, Habil. 1980/81) - 1972-73 Gymnasiallehrer; 1974-80 Wiss. Assist. f. Päd.; 1980-82 Priv.-Doz.; ab 1982 Prof. f. Päd. Div. Beiräte. Zahlr. Forschungsprojekte v. Bundes- u. Landesmin., Kommun. Großverb. u. Großstädten in d. Ber. Sport, Freizeit, Wohnumfeld, Kultur, Schule; Publ. in Univ.-Bibl. einsehbar - Liebh.: Tennis, Segeln, Prod. Techniken - Spr.: Engl., Franz., Latein, etwas Russ.

KARSTEN, Alfred

Dr. rer. pol., Geschäftsführer d. Mannheimer Versorgungs- u. Verkehrsges. m.b.H., Vorst.-Mitgl. - Maiblumenhof 4, 6800 Mannheim 31 (T. 0621 - 74 43 19) - Geb. 20. Nov. 1924 Hindenburg/Oberschl. (Vater: Franz K., Kaufm.; Mutter: Maria, geb. Wagenknecht), kath., verh. s. 1950 m. Irmgard, geb. Ibbeken, 2 Kd. (Beate, Moritz) - Stud. Wirtsch.- u. Sozialwiss. in Wilhelmshaven u. Hamburg, Promot. 1960 Univ. Hamburg - S. 1978 Arbeitsdir. u. Geschäftsf. Mannheimer Versorg.- u. Verkehrsges. mbH (MVV), s. 1982 stv. Vors. d. Geschäftsfg.; Vorst.-Mitgl. Stadtwerke Mannheim AG, Mannheimer Verkehrs-AG, Energie- u. Wasserwerke Rhein-Neckar AG.

KARSTEN, Detlev

Dr. rer. pol., o. Prof. f. Wirtschaftswissensch. u. Didaktik d. Wirtschaftslehre Univ. Bonn (s. 1975) - Lupinenweg 13, 5300 Bonn-Holzlar (T. 0228 - 48 18 91) - Geb. 4. Nov. 1935 Hagen, verh. s. 1966 m. Christine, geb. Henz, 2 T. (Elisabeth, Susanne) - 1955-59 Stud. Wirtschaftsing. TH Darmstadt; Promot. 1964; Habil. 1972 - 1959-64 Assist. Inst. f. Volkswirtsch. TH Darmstadt; 1964-70 Gastprof. Univ. Addis Abeba; 1970-75 Lehrtätigk. Univ. Stuttgart; ab 1975 Prof. - BV: Wirtschaftsordnung u. Erfinderrecht, 1964; The Economics of Handicrafts in Traditional Soc., 1972 - Spr.: Engl.

KARSTEN, Erich

Dr. jur., Direktor Dresdner Bank AG. (s. 1967) - Gravenbrucher Weg 36, 6056 Heusenstamm (T. 06104 - 2309) - Geb. 4. Mai 1930 Munkacz/CSR (Vater: Richard K., Offz.; Mutter: Rose, geb. Balint), kath., verh. s. 1956 m. Ilse, geb. Brehm, 2 Kd. (Christopher Jörg, Dorrit Bettina) - Jurastud. Univ. Heidelberg; 1. u. 2. jur. Staatsprüfung - 1959 b. 1965 Dt. Bank AG.; 1966 DSK-Bank, München. Vizepräs. Dt. Marketing-Vereinig. - Spr.: Engl.

KARSTEN, Ulrich

Geschäftsf. Ethicon GmbH., Johnson & Johnson GmbH., bde. Norderstedt - Barghof 5, 2000 Norderstedt - Geb. 26. Nov. 1923.

KARSTEN, Uwe

Dipl.-Volksw., Vorstandsvorsitzender HAG GF AG (s. 1981) - Hagstr., 2800 Bremen; priv.: Tulpenstieg 11, 2000 Hamburg 60 - Geb. 31. März 1934.

KARSUNKE, Yaak

Schriftsteller - Westfälische Str. 34, 1000 Berlin 31 - Geb. 4. Juni 1934 Berlin (Vater: Dipl.-Ing.; Mutter: Verlagsprokuristin) - N. Abit. 3 Sem. Jurastud. u. 2 J. Schauspielsch. - 1965-68 Chefredakt. kürbiskern (München) - BV: u. a. Kilroy & andere, Ged. 1967; reden & ausreden, Ged. 1969; D. Apotse kommen, Kinderb. 1972; Josef Bachmann / Sonny Liston, Textmontagen 1973; Bauernoper/Ruhrkampf-Revue, 1976; da zwischen, Ged. u. e. Stück 1979; auf d. gefahr hin, Ged. 1982; D. Guillotine umkreisen, Ged. u. Texte (m. Bildern v. Arwed Gorella), 1984; Toter Mann, Kriminalr. 1989. Theaterst.: D. Bauernoper - Szenen a. d. schwäb. Bauernkrieg v. 1525 (m. Musik v. Peter Janssens), UA 1973 Tübingen; Germinal (n. Emile Zola), UA 1974 Frankfurt a. M.; Ruhrkampf-Revue (m. Musik v. Peter Janssens), UA 1975 Castrop-Rauxel; Unser schönes Amerika (m. Musik v. W. D. Siebert), MA 1976 Frankfurt/M.; Des Colhas' letzte Nacht (m. Musik v. W. D. Siebert), MA 1978 Berlin; Nach Mitternacht (nach Irmgard Keun), UA 1982 Osnabrück. Hörsp. u. Fernsehfilme - Mitgl. PEN-Zentrum BRD.

KARTAUN, Joseph

Dr., Dipl.-Kfm., Vorstandsvorsitzender Grünzweig + Hartmann AG (s. 1979) - Geb. 14. Nov. 1928 Aachen (Vater: Wilhelm K., Elektro-Werkmeister; Mutter: Elisabeth, geb. Hensch), kath., verh. s. 1961 m. Karin, geb. Hunds, 2 Söhne (Joachim, Andreas) - Neusprachl. Gymn. Alsdorf (Abit. 1951); Wirtschafts- u. Sozialwiss. Univ. Köln. Dipl.-Kfm. 1955; Promot. 1958 - 1955-66 Leit. Mitarb. Vereinigte Glaswerke GmbH, Aachen; 1967-68 Geschäftsf. Oscar Gossler Isolierges. mbH, Hamburg; 1968-72 Geschäftsf. Glasfaser GmbH, Düsseldorf; s. 1972 Grünzweig + Hartmann AG. Vors. Fachverb. Mineralfaserind., Düsseldorf - Spr.: Franz., Engl.

KARTE, Helmut

Dr. med. (habil.), em. Prof., Chefarzt i. R. Kinderklinik St.-Anna-Stift, Ludwigshafen (s. 1960) - Auf dem Köppel 13, 6702 Bad Dürkheim (T. 6 30 59) - Geb. 4. Sept. 1920 Lichtenstein (Vater: Georg K., Lehrer; Mutter: Maria, geb. Scheller), ev., verh. s. 1945 m. Rita, geb. Brückner, 8 Kd. - Stud. Leipzig, Danzig, Göttingen - B. 1957 Privatdoz., dann apl. Prof. Univ. Göttingen (Kinderheilkd.), ab 1968 Univ. Heidelberg. Üb. 90 Ztschr.beitr. - BV: Therapie im Kindes- u. Jugendalter (m. H. Wolf u. U. Bürger), 1988. Mitarb.: H. Wiesener, Entwicklungsphysiol. d. Kindes (1964); Schoen/Südhof, Biochem. Befunde in d. Differentialdiagnose innerer Krankh. (3. A. 1975); Handb. d. Kinderheilkd. (Bd. VII 1966); H. K. Krüskemper, Therapie (1978) - Liebh.: Fotogr. - Spr.: Engl., Franz.

KARTEN, Walter

Dr. rer. pol., Dipl.-Kfm., Prof. f. Betriebswirtschafts- u. Versicherungsbetriebslehre - Zabelweg 18, 2000 Hamburg 67 - Geb. 18. Nov. 1934 Rheydt - Promot. 1965 - S. 1970 Prof. Univ. Hamburg - BV: Grundl. e. risikogerechten Schwankungsfonds f. Versich.suntern., 1966.

KARTHAUS, Ulrich

Dr. phil., Prof. f. Neuere dt. Literaturgeschichte u. -didaktik Univ. Gießen - Ebelstr. 18, 6300 Gießen - Geb. 19. Sept. 1935 Düsseldorf (Vater: Dr. Werner K., Komponist; Mutter: Hilde, geb. Cornelius), ev., verh. s. 1968 m. Dagmar, geb. Hüffmeier, 2 Kd. (Cornelia, Arnim) - Gymn. Düsseldorf; Univ. Köln u. Freiburg. Promot. 1964; Habil. 1974 - BV: D. andere Zustand - Zeitstrukturen im Werk Robert Musils, 1965 - 1988 Ordre des Palmes Acad. - Liebh.: Musik - Spr.: Lat., Franz. - Bek. Vorf.: Hermann K. (Großv.).

KARTSCHOKE, Dieter

Dr. phil., Prof., Ordinarius f. Dt. Philologie (Lit. d. 12. u. 16. Jh.s) - Welfengarten 1 (Sem. f. Dt. Lit. u. Spr.), 3000 Hannover; priv.: Kyllmannstr. 6, 1000 Berlin 45 - Geb. 3. Mai 1936 Breslau/Schles. - S. 1971 (Habil.) Lehrtätigk. Univ. Heidelberg (Wiss. Rat u. Prof.) u. TU bzw. Univ. Hannover (1974; Ord.). Bücher u. Einzelarb.

KARTSCHOKE, Erika

Dr. phil., Prof. f. Dt. Philologie (Ältere dt. Sprache u. Lit.) FU Berlin - Kyllmannstr. 6, 1000 Berlin 45.

KARTTE, Wolfgang

Dr. jur. h. c., Prof., Präsident Bundeskartellamt, Honorarprof. Univ. Bonn - Mehringdamm 129, 1000 Berlin 61 (T. 030 - 690 12 00) - Geb. 7. Juni 1927 Berlin (Vater: Vinzenz K.; Mutter: Gertrud, geb. Vogelgesang, kath., verh. m. Gerda, geb. Günder - Stud. FU u. Hochsch. f. Politik Berlin; s. 1983 Beiratsmitgl. Aktionsgem. Soz. Marktw./Alexander-Rüstow-Stift.

KARTZKE, Klaus

Dr. rer. pol., B. A., M. B. A., Aufsichtsratsmitglied Adam Opel AG (s. 1987) - Haydnstr. 15, 6200 Wiesbaden - Geb. 5. März 1922 Berlin (Vater: Prof. Dr. phil. Georg K.; Mutter: Erna, geb. Hopfe), verh. s. 1954 m. Ingelore, geb. Gramm, 2 Kd. (Thomas, Susanne) - Gymn. Berlin-Treptow; Abit. 1940; Stud. Volks- u. Betr.wirtsch. Friedr. Wilh. Univ. Berlin, 1940/41 Wirtsch.

a. D. (1987-89), MdB (s. 1976) - Kettenstr. 3, 4100 Duisburg 1 - Geb. 15. Dez. 1940 Duisburg, kath. - Volkssch.; 1955-58 kaufm. Lehre; n. Bildungsreifeprüf. 1963-66 Höh. Fachsch. f. Sozialarb. (1967 staatl. Anerk.) - 1958-63 kaufm. Angest.; 1967-71 Diözesanref. Bund d. Kath. Jugend Essen; 1971-76 Ref. Kath. Fachhochsch. NWR. s. 1975 Ratsmitgl. Duisburg; 1979-83 Bürgerm. Stadt Duisburg; 1982-87 Parlam. Staatssekr. Bundesmin. f. Jugend, Familie, Frauen u. Gesundh. CDU s. 1960.

KARWETZKY, Rudolf
Dr. med. dent., o. Prof. u. Leiter Kieferorthopäd. Abt./Univ.sklinik f. Zahn-, Mund- u. Kieferkrankh. Münster - Gut Infel 16, 4400 Münster/W. (T. 7 40 90) - Geb. 8. April 1923 Weidenau/Sudetenl. - S. 1963 (Habil.) Lehrtätigk. Münster (1968 apl. Prof. f. ZMKheilkd.). Üb. 80 Fachaufs.

KARZEL, Helmut
Dr. rer. nat., o. Prof. f. Geometrie - An d. Grundbreite 15, 8031 Weßling - Geb. 15. Jan. 1928 Schöneck (Vater: Dipl.-Landw. Karl K.; Mutter: Luise, geb. Dahlmann), ev., verh. s. 1955 m. Marianne, geb. Schmidt-Holding, 4 Kd. (Dörte, Ulrike, Herbert, Barnim) - Univ. Freiburg/Br. u. Bonn (Math.). Promot. 1951 Bonn; Habil. 1956 Hamburg - S. 1956 Lehrtätigk. Univ. Hamburg (1962 apl. Prof.) u. TU Hannover (1968 Ord.). 1961 Assoc. Prof. Univ. Pittsburgh; 1967 u. 68 Gastlehrstuhl f. Math. TH bzw. Univ. Karlsruhe, s. 1972 TU München. Üb. 50 Fachveröff. - Spr.: Engl.

KARZEL, Karlfried
Dr. med., (Inst. f. Pharmakologie u. Toxikol.), Prof. f. Pharmak. u. Toxik. Univ. Bonn (s. 1970) - Auf d. Steinchen 46, 5300 Bonn 1 - Geb. 30. Juli 1929 Posen (Vater: Dipl.- Landw. Karl K.; Mutter: Luise, geb. Dahlmann), ev., verh. s 1960 m. Christine, geb. John, 2 Kd. (Anette, Rüdiger) - Schule Magdeburg (Abit. 1948). Univ. Freiburg (Med. Staatsex. 1955). Promot. (1957) u. Habil. (1965) Bonn - 1959-61 Forschungsstip. Univ. Edinburgh - BV: Allg. Pharmak., 1977 (m. R. Liedtke). Etwa 120 Einzelarb., u. a. D. exper. Lungenödem, in: Handb. d. exper. Pharmak. (Bd. 16/2, 1969) - Spr.: Engl.

KASACK, Wolfgang
Dr. phil., o. Prof. f. Slavische Philologie - Schmerbachstr. 41, 5203 Much - Geb. 20. Jan. 1927 Potsdam (Vater: Hermann K., Schriftsteller; Mutter: Maria, geb. Fellenberg), ev., verh. I) s. 1953 m. Waltraut, geb. Schleuning †1976, II) s. 1978 m. Friederike, geb. Lagemann, 5 Kd. (Michael †1985, Andreas, Sebastian, Christiane, Daniel) - 1947-53 Univ. Heidelberg, Göttingen; Dipl.-Dolm. f. russ. Sprache 1951 Heidelberg, Promot. 1953 Göttingen, o. Prof. 1969 Köln - 1956-60 Dt. Botsch. Moskau (Chefdolm.); 1960-69 Dt. Forsch.gem. Bonn; s. 1969 Prof. Univ. Köln - Vors. Verb. d. Hochschullehrer f. Slavistik (1974-79) - BV: D. Technik d. Personendarst. b. Nikolaj Vasil'evic Gogol', 1957; Leben u. Werk v. Hermann Kasack, 1966; D. Stil Konstantin Georgievic Paustovskijs, 1971; Lexikon d. russ. Lit. ab 1917, 1976, Erg.-Bd. 1986 (engl. Ausg. 1988, russ. Ausg. London 1988); D. russ. Lit. 1945-82, 1983; D. Klassiker d. russ. Lit. 1986; Schicksal u. Gestaltung, Leben u. Werk W. L. Lindenbergs, 1987; Russian Lit. 1945-88, 1989 - 1981 Johann-Heinrich-Voss-Preis d. Dt. Akad. f. Sprache u. Dichtung (f. Übers. a. d. Russ.).

KASBOHM, Peter
Dr. rer. nat., Prof. f. Naturwiss. Sachunterricht PH Flensburg - Schottweg 62, 2390 Flensburg

KASCH, Friedrich
Dr. rer. nat. (habil.), o. Prof. u. Vorst. Mathemat. Inst. Univ. München (s. 1963) - Ulrichstr. 16, 8021 Icking/Obb. (T. 08178 - 5498) - Geb. 26. Mai 1921 Bonn - Zul. Doz. Univ. Heidelberg. Zahlr. Fachaufs.

KASCHE, Volker
Fil.Dr., Prof. f. Biotechnologie Techn. Univ. Hamburg-Harburg - Riensberger Str. 104, 2800 Bremen - Geb. 31. Aug. 1939 Hamburg, verh. m. Karin, geb. Arhammar, 3 Kd. - Univ. Uppsala fil. kand 1961, fil. lic 1964, fil. dr., docent 1971-73 - 1973-86 Prof. f. physik. Biologie Univ. Bremen. Bücher u. Einzelarb.

KASCHKAT, Hannes
Dr. jur. utr., Rechtsanwalt - Sterngasse 2, 8700 Würzburg (T. 0931 - 1 64 55 u. 1 64 56) - Geb. 17. Juli 1941 Berlin (Vater: Alfred K., Lehrer; Mutter: Charlotte, geb. Kühn), ev., verh. m. Barbara, geb. Klein, 3 Söhne (Henning, Kilian, Robert) - 1. jurist. Staatsex. 1966, 2. Staatsex. 1970, Promot. 1976 - 1976-82 Vizepräs. Univ. Würzburg; Lehrbeauftr. f. DDR-Recht an d. Univ. Würzburg. Oberstltn. d. Res.

KASCHKE, Heinz
Kaufm., Stadtältester Berlin (1981), Landesgeschäftsf. FDP Berlin (1966-81) - Schloßstr. 67a, 1000 Berlin 19 (T. 342 57 49) - Geb. 27. März 1916 Berlin, verh. - Königstädt. Realgymn. Berlin (Abit. 1935); Lehre Dt.-Südamerik. Bank ebd. - 1939-45 Wehrdst.; 1945-70 Inh. Pelzbekleidungsfa. (Ernst Kaschke & Sohn KG.). B. 1933 Bünd. Jugend; s. 1945 LDP bzw. FDP, 1960-67 Vors. Bezirksverb. Charl., 1963-67 Landesschatzm. Berlin. 1963-76 MdA Berlin; s. 1980 Schatzm. Walther-Rathenau-Stift. e. V. - 1976 BVK a. Bd.

KASE, Kurt-Joachim
Dr., Vorstandsvorsitzer Adolff AG. (1981ff.) - Eugen-Adolf-Str. 120, 7150 Backnang/Württ. - Geb. 10. Febr. 1938 - Zul. Geschäftsf. Nino AG., Nordhorn.

KASEMIR, Hans-Dieter
Dr. med., Prof. f. Inn. Med. (s. 1977) - Universität, 7800 Freiburg/Br. - Geb. 14. Febr. 1934 - Endokrinologie, Allergologie.

KASER, Max
Dr. jur., Drs. h. c., o. Prof. f. Röm. u. Dt. Bürgerl. Recht (emerit. 1971) - Kurstift Mozart App. 334, 8228 Ainring 1 - Geb. 21. April 1906 Wien (Vater: Kurt K., Univ.-Prof.), verh. s. 1933 m. Erna Lehning - Schulen Salzburg, Czernowitz, Graz; Univ. Graz - 1931 Privatdoz. Univ. Gießen, 1933 o. Prof. Univ. Münster, 1959 Univ. Hamburg. 1971 Honorarprof. Univ. Salzburg - BV: Restituere als Prozeßgegenst., 1932, 2. A. 1968; Quanti ea res est, 1935; Röm. Rechts- u. Gemeinschaftsordnung, 1940; Eigentum u. Besitz im älteren röm. Recht, 2. A. 1956; D. altröm. ius, 1949; Röm. Rechtsgesch., 1950, 2. A. 1967; D. röm. Privatrecht, 2 Bde. 1955/59, 2. A. 1971/75; Röm. Privatrecht, Kurzlehrb. 1960, 15. A. 1989 (auch engl., niederl., finn., span., jap.); Röm. Zivilprozeßrecht, 1966; Z. Methode d. röm. Rechtsquellenforschung, 1972; Üb. Verbotsges. u. verbotswidrige Gesch. im röm. Recht, 1977; Ausgewählte Schriften, 2 Bde 1976/77; E. JH. Interpolationenforsch. a. d. röm. Rechtsquellen, 1979; Röm. Rechtsquellen u. angew. Juristenmethode, 1986 - Ehrendoktor Univ. Rio de Janeiro (1958) , Glasgow (1962), Paris (1965), Bordeaux (1966), Graz (1968), Innsbruck (1970), Pretoria (1972), Camerino (1975); 1959 o. Mitgl. Akad. d. Wiss. Göttingen u. 1972 Österr. Akad. d. Wiss., Wien, 1960 ausw. Mitgl. Accad. di Lettere e Scienze, Turin (1960), Istituto Lombardo di Lettere e Scienze, Mailand (1960), Accad. di Scienze Politiche e Morali, Neapel (1968), Accad. nazionale dei Lincei, Rom (1971), Akad. Athen (1988); Korr. Mitgl. Bayer. Akad. d. Wiss., München (1973), British Academy (1977).; - Ehrenmitgl. Soc. for the Promot. of Roman Studies (London 1975).

KASIMIER, Helmut
Staatsminister a. D., MdL Nieders. (s. 1963) - Ebelingstr. 49, 3000 Hannover (T. 64 14 04) - Geb. 17. Okt. 1926 Breslau, verh., Tochter - Volkssch.; kaufm. Lehre (Großhandel) - Wehrdst.; Bauhilfsarb.; Angest.; 1948-63 Parteisekr. 1952 ff. Mitgl. Stadtrat Hannover (1956 Vors. Schulausssch.). U. a. Bezirksvors. Jungsozialisten. SPD s. 1947; b. 1976 nieders. Finanzminister.

KASKE, Gerhard
Dr.-Ing., Direktor, Leiter Qualitätswesen Hüls AG - Postf. 13 20, 4370 Marl (T. 02365 - 49 25 04; priv.: 02365 - 3 23 59) - Geb. 7. Nov. 1925 Parchwitz/Schles., ev., verh. s. 1966 m. Jutta, geb. v. Hinüber, 3 Kd. (Gerold-Ulrich, Tordis-Almut, Burghard-Orgwin) - 1951-57 Stud. Physik, Math. u. Chemie FU Berlin; Dipl. (Physik) 1957 FU Berlin, Promot. 1964 TH Hannover - 1957 Hüls AG Marl, 1971 Dir. u. Leit. e. Sparte, 1989 Leiter Qualitätswesen; 1975-85 Geschäftsf. Katalysatorenwerke Hüls GmbH, Marl; Beiratsmitgl. Salzgewinnungsges. Westfalen GmbH, Ahaus-Greas (1975), Dt. Wiss. Ges. f. Erdgas, Erdöl u. Kohle (DGMK), Hamburg (1980), Aethylen-Rohrleitungs GmbH, Marl (1983); 1. Vors. Bundesgruppe Liegnitz (1976), DGMK-Bezirksgruppe Ruhr, Marl (1980); Vizepräs. Schles. Kreis-, Städte- u. Gemeindetag, Bonn (1985).

KASKE, Wolfgang
Dr. jur., Vorstandsvorsitzender d. Vorstände d. Volksfürsorge Versich.gruppe - An der Alster 57-63, 2000 Hamburg 1 (T. 040 - 2 86 50) - Geb. 28. April 1931 Königsberg.

KASKEL, Dieter
Dr. med., Chefarzt Kurfürstenklinik Bremen, apl. Prof. f. Exper. Ophthalmologie Univ. Bonn (s. 1974) - Almerstr. 18, 2800 Bremen - Zul. Doz. Bonn.

KASPAR, Wolfgang
Dr. med., Prof. d. Medizin Univ. Freiburg - Heinrich-v.-Stephan-Str. 25, 7800 Freiburg/Br. - 1984 Paul-Beiersdorf-Preis (f. Unters. z. unblut. Funktionsdiagnostik d. lk. Herzkammer u. d. Herzkreislaufes m. Ultraschall).

KASPER, Hans
Diplomverwaltungswirt, Finanzminister u. stv. Ministerpräs. Saarland (s. 1985), MdL Saarland (s. 1970) - Zu erreichen üb. Finanzmin., Am Stadtgraben 6-8, 6600 Saarbrücken (T. 0681 - 300 03 39) - Geb. 17. Jan. 1939 Wismar/Mecklenb., verh., 2 Kd. - Mitgl. Bundesvorst. Arbeiterwohlfahrt; Mitgl. d. geschäftsf. Landesvorst. d. SPD-Saar.

KASPER, Heinrich
Dr. med., Prof. f. Innere Medizin - Am Altenberg Nr. 34, 8700 Würzburg - B. 1978 Privatdoz., dann Prof. Univ. Würzburg.

KASPER, Hellmut
Dipl.-Ing., Geschäftsf. Fachgemeinsch. Feuerwehrfahrzeuge u. -geräte, Schweißtechnik u. Ölhydraulik u. Pneumatik im VDMA (3) - Weidebornweg 30, 6380 Bad Homburg v. d. H. (T. Büro: Frankfurt/M. 66031) - Geb. 25. April 1911 Hermannstadt.

KASPER, Hildegard
Dr. phil., Prof. f. Schulpädagogik (Grundsch.) PH Heidelberg - Schwabstr. 65, 7400 Tübingen.

KASPER, Walter J.
Dr. theol., o. Prof. f. Dogmatik, Bischof v. Rottenburg-Stuttgart (s. 1989) - Schwabstr. 65, 7400 Tübingen (T. 5 29 97) - Geb. 5. März 1933 Heidenheim/Brenz (Vater: Franz-Josef K., Lehrer; Mutter: Theresia, geb. Bacher), kath., ledig - Stud. Phil. u. Theol. Habil. 1964 Tübingen - S. 1964 Ord. Univ. Münster/W. u. Tübingen (1970) - BV: D. Lehre v. d. Tradition in d. Röm. Schule, 1962; D. Absolute in d. Geschichte - Phil. u. Theol. d. Gesch. in d. Spätphil.

KARWATH, Karl E.

Dr. jur., Aeronautischer Berater, Vorstandsmitglied Dt. Ges. f. Ortung u. Navigation, Düsseldorf - Friedensstr. 51, 6238 Hofheim (T. 06192 - 71 91) - Geb. 11. Aug. 1913 Wuppertal-Elberfeld (Vater: Emil N. K., Architekt; Mutter: Agnes, geb. Beckers), röm.-kath., verh. s. 1958 m. Renate, geb. Fuchs, 2 Kd. (Agnes Gabriele, Karl Michael) - Reform-Realgymn. (Abit. 1934); 1934-39 Stud. Jura u. Journalistik Univ. Köln; Promot. 1939 - Inst. f. Leibesübg.: Segelflug; 1940-45 Kriegsdst.: Nav.-Lehrer, Ltr. d. Nav.-Lehrgr. e. Flugzeugf.-Schule, Ref. f. Funknavigation, Sachverständiger f. engl./amerik. Nav.; 1945-51 Jurist. Tätigk. i. Vers.-Wirtsch.; 1952/53 Ausb.-Ref. Bundesanst. f. Flugsicherung; 1953-78 Deutsche Lufthansa 1956-73 Chef-Navigator, 1961-78 Hauptabt.-Leit. Streckendienst & Nav.); 1966 Lehrauftr. (Einf. in d. Nav. & Einf. in d. Flugsicherung) TU Braunschweig; 1972 Ernennung z. Hon.-Prof.; 1978-88 Vors. DGON; 1979-82 Präs. Int. Association of Inst. of Nav. - 1966 Fellow Royal Inst. of Nav., London; 1985 Membre d'honneur, Inst. Franc. de Nav.; 1986 Hon. Member Royal Inst. of Nav. London. S. 1947 zahlr. Veröff. u. Vortr. aus d. Fachgeb. Navigation.

KARWATZKI, Irmgard
Sozialarbeiterin (grad.), Parlam. Staatssekr. Bundesmin. f. Bildung u. Wiss.

Schellings, 1965 (ital. Übers.); Dogma unt. d. Wort Gottes, 1965 (auch franz., ital., holl., span., tschech. Übers.); D. Methoden d. Dogmatik, 1967 (auch engl., franz., span. Übers.); Glaube u. Gesch., 1970; Christsein ohne Entscheidung oder Soll d. Kirche Kinder taufen?, 1970; Einf. in d. Glauben, 1972 (ital., span., engl., portug., jap., korean. Übers.); Jesus d. Christus, 1974 (engl., franz., ital., span., jap., korean., poln. Übers.); Z. Theologie d. christl. Ehe, 1977 (engl., ital., span., schwed., Übers.); Teufel, Dämonen, Besessenheit. Z. Wirklichkeit d. Bösen, 1978 (ital. Übers.); Zukunft aus d. Glauben, 1978 (engl. Übers.); D. Gott Jesu Christi, 1982 (engl., ital., franz., span. Übers.); Zukunft aus d. Kraft d. Konzils, 1986 (ital. Übers.); Was alles Erkennen übersteigt, 1987; Theologie u. Kirche, 1987; Kirche - wohin gehst du?, 1987; The Christian Understanding of Freedom and the History of Freedom in the Modern Era, 1988; Wahrheit u. Freiheit. D. Erklärung üb. d. Religionsfreiheit d. II. Vatikan. Konzils, 1988. Etwa 250 Einzelbeitr., Ztschr. u. Lexikonart. - Spez. Arbeitsgeb.: Theol.gesch. d. 19. Jh. - Mitgl. Intern. Theologenkommiss. u. d. Heidelberger Akad. d. Wiss.; Mitgl. d. Kommiss. Glaube u. Kirchenverfassung b. Weltrat d. Kirchen; Berater d. Dt. Bischofskonfz.; 1985 Sondersekr. d. ao. röm. Bischofssynode; BVK I. Kl. - Spr.: Engl., Franz., Ital.

KASSEBAUM, Wilfried

Konzertpianist, Prof. f. Klavier u. Didaktik f. Pianisten Hochsch. f. Musik/Nordwestd. Musikakad. Detmold - Am Hasselbach 8, 4930 Detmold 18 - Geb. 27. Nov. 1943 Löhne - Hochsch. f. Musik Detmold u. Conservatoire Nat. Sup. Paris.

KASSEBOHM, Wolfgang

Dipl.-Verwaltungsbetriebswirt, Flugleiter, Aviation Consultant, Geschäftsf. ATSC-Air Traffic Services Consulting GmbH, Bremen - Sandstücke 1, 2800 Bremen 61 - Geb. 30. Jan. 1932 Holzminden (Vater: Karl K., Bauing.; Mutter: Hedwig, geb. Vogt), ev., verh. s. 1970 m. Sabine, geb. Nolting, 3 Kd. (Jörg-Wolfgang, Heinz-Joachim, Jens-Michael) - Freier Journalist; 1967-85 Vors. Verb. Dt. Flugleiter u. s. 1985 Ehrenmitgl. - Liebh.: Flugsport, Sport, Musik, Politik - Spr.: Engl.

KASSEL, Rudolf

Dr. phil. (habil.), o. Prof. f. Klass. Philologie Univ. Köln (s. 1975) - Wodanstr. 30, 5000 Köln 91 - Geb. 11. Mai 1926 Frankenthal - Zul. o. Prof. FU Berlin. Zahlr. Fachveröff., dar. Bücher - S. 1973 Korresp. Mitgl. Brit. Acad., s. 1977 ord. Mitgl. Rhein.-Westf. Akad. d. Wiss., s. 1979 Honorary Member Hellenic Society, 1985 D. litt. h. c. Oxf.

KASSING, Altfrid

Dr. theol., Lic. phil. bibl., o. Prof. f. Kath. Theologie u. ihre Didaktik RWTH Aachen - Raerener Str. 91, 5100 Aachen-Lichtenbusch.

KAST, Werner

Dr.-Ing., o. Prof. f. Therm. Verfahrenstechnik u. Heizungstechnik - Im Hasengrund 11, 6101 Bickenbach - Geb. 19. Juni 1926 Halle/S. - S. 1962 (Habil.) Lehrtätigk. TH Aachen (Privatdoz. f. Stoffaustauschverfahren) u. Darmstadt (1967 Ord. u. Inst.-Dir.) - BV: Wärmeübertragung u. -spannung b. Rippenrohren, 1959 (m. Krischer); Konvektive Wärme- u. Stoffübertrag., 1974; D. wissenschaftl. Grundl. d. Trocknungstechnik (m. Krischer †), 1978; Trocknen u. Trockner in d. Produktion, 1989; Adsorption aus d. Gasphase, 1989 - 1965 Arnold-Eucken-Preis (Verfahrenstechn. Ges.).

KASTELEINER, Rolf

Dr. jur., Geschäftsf. Accumulatorenfabrik Sonnenschein GmbH., Büdingen - Am Hain 83, 6470 Büdingen/Oberhessen - Geb. 9. Juni 1924 Bad Ems - Rechtsanw., Vorst. Bund Kath. Unternehmer, Handelsrichter.

KASTEN, Arne

Rechtsanwalt, Geschäftsf. BDI-Landesvertr. Nordrh.-Westf. u. Landesverb. NRW/Verb. d. Chem. Ind. - Ivo-Beucker-Str. 43, 4000 Düsseldorf 1 - Geb. 31. Aug. 1941 Aachen - 1. jurist. Staatsex. 1970, 2. jurist. Staatsex. 1973 - VR KGG, Landesbeirat Immissionsschutz.

KASTEN, Hans

Dr. rer. pol., Prof. f. Volkswirtschaftslehre - Brüder-Grimm-Str. 55, 6000 Frankfurt/M. - Geb. 23. Jan. 1920 Cuxhaven - S. 1951 (Habil.) Lehrtätigk. Univ. Frankfurt (1971 Ord.). Fachveröff.

KASTEN, Ingrid

Dr. phil., Universitätsprofessorin FU Berlin (s. 1987) - Zu erreichen üb. FU Berlin, Habelschwerdter Allee 45, 1000 Berlin 33 (T. 030 - 838 40 13) - Geb. 24. Juni 1945, S. Christopher - Stud. Phil., Roman., German. Univ. Hamburg; Promot. 1973 Hamburg; Habil. 1983 ebd. - 1974-83 Wiss. Assist. Hbg.; 1983-87 Prof. Hbg.; 1986 Vertretungsprof. in Heidelberg, 1987 in Göttingen; s. 1987 Univ.-Prof. FU Berlin - Publ. üb. d. dt.-roman. Lit.beziehungen im Mittelalter, z.B. Frauendienst b. Trobadors u. Minnesängern, 1986. Übers. v.: Chrétien de Troyes, Erec et Enide, 1979.

KASTENING, Bertel

Dr. rer. nat., Prof. f. Elektrochemie - Lofotenstr. 21, 2000 Hamburg 73 - Geb. 5. März 1929 Hamburg, ev., verh. m. Hiltraud, geb. Giese, 3 Kd. (Ariane, Boris, Mirko) - Univ. Kiel, Würzburg, Münster, Hamburg (Dipl.-Chem. 1955). Promot. 1958; Habil. 1966 - S. 1966 Privatdoz., apl. (1973) u. o. Prof. (1974) Univ. Hamburg (1977-83 gf. Dir. Inst. f. Physikal. Chemie, 1985-87 Sprecher FB Chemie); 1962-69 Wiss. Ass. Phil.-Theol. Hochsch. Bamberg; 1969-74 Abt.leit. KFA Jülich. Üb. 100 Fachaufs. - 1975 Océ-van-der-Grinten-Preis f. Umweltforsch.; 1986 Technologie-Transfer-Preis d. Bundesministers f. Forsch. u. Technol. - Spr.: Engl.

KASTERT, Josef

Dr. med., Prof., Ärztl. Direktor a. D. - Dahlemstr. 2, 6702 Bad Dürkheim/Pf. - Geb. 16. Okt. 1909 Düsseldorf - Promot. 1935 - S. 1971 Honorarprof. Univ. Mainz. Operat. Behandl. v. Tbc. Fachveröff. - 1965 Huebschmann-Preis.

KASTL, Helmut

Prof., Commendatore (Comm.), Dipl.-Ing. (Tiefbau) - Privatgelehrter (Gesch. d. Naturwissenschaften u. d. Technik, Astronomie, Kunstgesch., Stadttopographie von Rom) - Erlenmeyerstr. 11, 6204 Taunusstein-Wehen (T. 06128 - 67 97) - Geb. 31. Aug. 1940 Trossau (Tschechoslowakei) (Vater: Oswald K., Maurerpol.; Mutter: Anna, geb. Ruppert), röm.-kath., verh. s. 1962 m. Hilda, geb. Schatzl, Sohn Holger - 1950-57 Leibniz-Gymn. Wiesbaden; 1957-59 Praktik.; 1959-62 Stud. Bauing.wesen Staatsbauschule Idstein (Dipl.); 1966-71 wissenschaftl. Stud. (Kunst- u. Kulturgesch. im Altertum u. Mittelalter) Johannes Gutenberg-Univ. Mainz (Lehrer: Astronomie: Prof. Dr. W. Gleissberg) u. Pontificia Univ. Gregoriana, Rom (Akad. Abschlußex.) - S. 1960 üb. 100 Forschungsreisen nach Rom (wiss. Untersuch. über Athanasius Kircher S. J. u. d. ägypt. Obelisken), 1967-77 wiss. Mitarb. Astronom. Institut Johann Wolfgang-Goethe-Univ. Frankfurt/M. - BV: Der Lateranensische Obelisk in Rom, 1964 u. 1973; D. Studium d. Gesch. d. Naturwissenschaften (von George Sarton; ins Deutsche übers., herausg. u. bearb. gemeinsam m. O. Hein), 1965; Z. Gesch. d. Kometen-Astronomie (=Veröffentl. Astronom. Inst. Univ. Frankfurt/M.), 1967 (m. O. Hein); Gli Obelischi di Roma e le loro Epigrafi, 1970 (m. O. Hein; lat., deutsch, engl. u. ital.); Opera Omnia Athanasii Kircheri S. J., 66 Bde., 1972ff. (m. O. Hein). Zahlr. Veröff. in Fachzeitschr. - 1971 Commendatore d. päpstl. Ritterordens vom Heiligen Grabe zu Jerusalem, 1971 Verdienstmed. d. Malteser-Ordens (S.M.O.M.), 1974 Commendatore d. Verdienstord. d. Rep. Italien, 1977 Mitgl. Accademia Tiberina Rom. Versch. andere Auszeichn. f. wissenschaftl. Verdienste - Liebh.: Sport (Fußball, Ski, Wandern), Reisen, Bücher, Musik, Münzen - Spr.: Engl., Ital., Latein - Wiss. Film (Dt. Ferns., Hess. Rundf.), Arch.-Nr. 31-7-73, Spektrum d. Geistes (Lit.kal.), 1978.

KASTL, Jörg

Botschafter a. D. - Römerstr. 4, 8000 München 40 - Geb. 21. Juni 1922 Berlin (Vater: Geh. Rat Dr. h. c. Ludwig K.; Mutter: Gertrud, geb. Otto), kath., verh. m. Eva L., geb. v. Essen, 2 Kd. - Rechtsstud. Lausanne u. München. 1. jur. Staatsprüf. S. 1951 Ausw. Dienst: Paris, Buenos Aires, Asuncion, Moskau, Washington, Brüssel - 1963 Pressesprecher des Auswärtigen Amts, 1967 Osteuroparef., 1969 Stellv. Generalsekr. f. pol. Angelegenh. NATO; Botsch. in Buenos Aires, Brasilia, Moskau, 3 J. Delegationsleit. KSZE-Konfz. Madrid - Spr.: Engl., Franz., Span., Portug., Russ.

KASTNER, Alfred

Dr., Geschäftsführer Verb. Dt. Hopfenpflanzer - Kellerstr. 1, 8069 Wolnzach/Obb. (T. 08442 - 35 11 u. 34 44; Telex: 55321; Telefax: 08442-4270).

KASTNER, Eberhard

Fabrikant, gf. Gesellsch. GARDENA Kress & Kastner GmbH., Ulm, Vors. Industrievereinig. Gartenbedarf, Düsseldorf - Eugen-Bolz-Str. 76, 7900 Ulm - Geb. 6. Mai 1928.

KASTNER, Jürgen

Dr., Präsident Bundesbahndirektion Frankfurt - Friedrich-Ebert-Anlage 35, 6000 Frankfurt/M.

KASTNER, Michael

Dr. phil., Dr. med., Dipl.-Psych., Prof. f. Arbeits- u. Organisationspsych. Univ. d. Bundeswehr München (s. 1983) - Schaidhaufweg 1, 8129 Wessobrunn - Geb. 22. Jan. 1946 Bonn, verh. s. 1984 m. Beatrice, geb. Kobusch, 3 T. (Miriam, Svea, Sinja) - 1968-72 Stud. Psych. Univ. Bonn; 1970-75 Phil. Bonn u. Aachen; 1975-82 Med. Aachen; Dipl.-Psych. 1972 Bonn, Promot. 1974 u. 1983 Aachen, Habil. 1982 (Psych.) Wuppertal, 1972-83 Wiss. Assist. RWTH Aachen; s. 1983 Prof. Inst. f. Personal- u. Org.-forsch. Univ. Bundeswehr München; s. 1974 Lehrauftr. f. Päd. u. Entw.psych. Musikhochsch. Aachen; s. 1974 Forschungsprojekte z. Beanspruch. d. Kraftfahrers b. Bundesverkehrsmin.; s. 1982 Praxis als Prakt. Arzt m. d. Spezialis. auf Depressionen; s. 1987 Inst. f. Arbeitspsych. u. Arbeitsmed. (IAPAM) - BV: Stress u. Depressionen in e. umgrenzten Handlungsber., (Diss. 1983), 1984; Pragmatic validity, 1986 - Spr.: Engl., Franz.

KASTNING, Ernst

Dipl.-Politologe, MdB (s. 1983; Landesliste Nieders.; s. 1987 Wahlkreisabgeordn.) - Am Friesenkamp 3, 3062 Bückeburg - 1978 MdL Nieders. SPD.

KASTOVSKY, Dieter

Dr. phil., Univ. Prof. f. Engl. u. Amerik. Sprache u. Literatur, Univ. Wien (s. 1981) - Universitätsstr. 7, A-1010 Wien - Geb. 26. Dez. 1940 Freudenthal - Gymn. Esslingen; Univ. Tübingen, Berlin (FU), Besançon (Angl., Roman., German., Allg. Sprachwiss.). Promot. 1967 Tübingen - 1967-73 Wiss. Assist. Univ. Tübingen, 1973-81 o. Prof. f. Anglistik u. Linguistik GH Wuppertal - BV: Studies in Morphology, 1971; Semantik u. Wortbild., 1982. Herausg.: Perspektiven d. Wortbild. (1977); Probleme d. lexikal. Semantik (1979); Linguistics across historical and geographical boundaries. Festschr. f. Jacek Fisiak (1986); Luick Revisited. Papers read at the Luick-Symposium at Schloß Liechtenstein (1985) - Ehrenmed. d. Univ. Poznań u. d. Kommitt. f. Nationale Erziehung d. Volksrep. Polen.

KASTOWSKY, Karl

Dipl.-Phys., Prof. f. Maschinentechnik, insb. Lehrgeb. physikal. u. math. Grundl., GH Wuppertal - Rudolf-Stosberg-Str. 94, 5630 Remscheid 11.

KASTRUP, Hans Adolf

Dr. rer. nat., o. Prof. f. Theor. Physik TH Aachen (s. 1972) - Limburger Str. 9, 5100 Aachen (T. 7 31 15) - Geb. 4. Juli 1934 Bielefeld (Vater: Werner K.; Mutter: Martha, geb. Kraemer), ev., verh. s. 1964 m. Barbara, geb. Jonas, 4 Kd. (Martin, David, Philipp, Bettina) - Promot. 1962 München; Habil. 1964 ebd. - 1964-66 Forschungsaufenth. USA (Berkeley, Princeton); 1966-67 Gastprof. Univ. Bern; 1967-72 Wiss. Rat u. Prof. Univ. München; 1971 Gastprof. Univ. Hamburg - Spr.: Engl.

KASZTANTOWICZ, Ulrich

Dr. phil., Prof. f. Sonderpädagogik Univ. Marburg - Schwalbenweg 17, 3550 Marburg/L.

KATER, Hermann

Dr. med., Journalist u. Arzt - Höhenweg 16, 3250 Hameln 5 (T. 05151 - 6 39 14) - Geb. 22. Juli 1914 Hameln - 1946-81 Arzt f. Allgemeinmed. Hameln; nach Aufgabe d. ärztl. Tätigk. u. zahlr. Ehrenämter in ärztl. Org. s. 1981 nur noch journ. tätig. S. üb. 25 J. CDU-Mitgl.; Mitgl. Verb. d. Journ. Nieders.; 1961, 1964, 1981 u. 1986 Mitgl. d. Stadtrates d. Stadt Hameln - BV: u.a. Politiker u. Ärzte, Bild-Biog. 3. A. 1968 (fortgesetzt als Köpfe, Hartmannbund-Presse; Atomkraftwerksgefahren aus ärztl. Sicht, 5. A. 1979; Hamelner Altstadtsanierung/Konzept, Kritik, Kompromiß, 1989. Autor weiterer Bücher u. Verf. v. etwa 500 Publ. üb. Zeitgesch., Sozialpolitik, Stadtsanierung, Umweltschutz, Katastrophenmed. - 1977 Hartmann-Thieding-Plak.; 1978 BVK; 1985 Ehrenplak. Ärztekammer Nieders.; s. 1985 Ehrenmitgl. Hartmannbd.

KATH, Dietmar

Dr. rer. pol., o. Prof. f. Volkswirtschaftslehre, insb. Geld u. Kredit, Univ.-GH Duisburg (s. 1974) - Im Schommer 48, 4130 Moers (T. 02841 - 4 21 04) - Geb. 15. Juli 1937 Bremen (Vater: Alfred K., Kaufm.; Mutter: Charlotte, geb. Schumacher), ev., verh. s. 1963 m. Ida, geb. Rimpau - Wirtschaftsabit. 1957, Dipl.-Volksw. 1961, Promot. 1966, bde. Hamburg, Habil. 1974 Freiburg - BV: D. Bedeut. d. staatl. Sparens f. d. Kapitalbild. u. d. Wirtschaftswachstum, Berlin 1968. Mitherausg.: Kompendium d. Wirtschaftstheorie u. Wirtschaftspolitik, 2 Bde. 1980 (3. A. 1988) u. 81 (3. A. 1988); Öfftl. Finanzen, Kredit u. Kapital, 1985. Div. Beiträge z. Geldtheorie, Geld- u. Währungspolitik in wiss. Zeitschr. - Liebh.: Musik, Theater, Sport - Spr.: Engl., Span.

KATH, Fritz M.

Dr. phil., Prof. f. Erziehungswissenschaft (Berufspäd.) Univ. Hamburg (s. 1975) - Lenhartzstr. 8, 2000 Hamburg 20 - Geb. 19. April 1926 - Mechaniker; Ing., M. Sc. Ed., Promot. 1973 - Fachveröff. Didaktik u. Unterr.-Methodik u. -Moralerzieh.

KATH, Joachim

Unternehmensberater, gf. Gesellsch. K+K Kath & Krapp GmbH/Marketing u. Werbung (s. 1975) - Herzog-Heinrich-Str. 8, 8000 München 2 (T. 089 - 539 80 40; Telefax: 089-53980455) - Geb. 2. Jan. 1941 Kolberg/Pom., verh. s. 1970 m. Ursula, geb. Hofsäß, 2 Töcht. (Stefanie, Constanze) - Dipl.-Kommunikationsw. (Berlin) - 1965-74 Tätigk. intern. Beratungsuntern. - BV: D. Kreativ-Tief in Marketing u. Werb., 1974; Market. f. Manager, 1978; D. 100 Gesetze erfolgr. Werb., 1980; Top-Management-Psych., 1982; Ums Eckdenken macht klüger, 1983; Infogaps, 1984; Angriffsmarketing schlägt Defensivmarketing, 1985; Exzellente Marktkommunikation heute, 1986 - Liebh.: Malerei, Tennis - Spr.: Engl., Franz.

KATÓ, Ferenc
Dr. forest., Prof. f. forstl. Betriebswirtsch. - Im kleinen Felde 27, 3510 Hann. Münden (T. 05541-3 25 96) - Geb. 11. Dez. 1931 Debrecen/Ungarn (Vater: Gergely K., Arzt; Mutter: Maria, geb. Kertész), ref., verh. s. 1963 m. Sigrun, geb. Sack - Abit. 1951 Ungarn, Forststud. Univ. Sopron/Ung. (1952-56), Univ. Göttingen (1957-59), Dipl. 1959, Staatsex. 1963 Hannover, Promot. 1967 Hann. Münden, Habil. 1973 Göttingen - 1951/52 Hilfsagron. (Ungarn), 1959/60 Landwirtsch.skammer Rhld., 1963-66 wiss. Mitarb. Univ. Göttingen, 1966-74 wiss. Assist., 1974-79 akad. Rat, 1976-79 apl. Prof., s. 1979 o. Prof.; s. 1977 Mithrsg. Schriften forstl. Fak. Univ. Göttingen - BV: Unters. üb. d. Rotfäule d. Fichte, 1967; Üb. d. soziolog. u. qualitative Zusammensetz. gleichaltr. Buchenbest., 1978; Strukt. u. Einkommensbeitr. d. Bauernwaldes in Westf.-Lippe, 1978 (all. m. and.); Begründ. d. qualit. Gruppendurchforst., 1973; Einf. in d. Meth. d. Untern.forsch. f. Forstleute, 1977; Stat. u. klass. dyn. Verf. d. forstl. Investitionsrechnung, 1986 - Liebh.: Fotografieren, Malen, Holzschnitzerei - Spr.: Ung. (Mutterspr.), Deutsch, wenig Engl. u. Russ.

KATTENSTROTH, Christian
Dr. phil., Prof., Ästhetische Erziehung u. Theaterpäd. - Heliosstr. 6a, 5000 Köln 30 - Geb. 9. Juli 1937 Harburg-Wilhelmsb. (Vater: Gerhard K.; Mutter: Wiebke, geb. Mahn) - Univ. Hamburg, FU u. HfBK Berlin - Prof. PH Ludwigsburg - S. 1980 Kurse/workshops f. Mime u. Schausp., 1988 Gründ. theater TOTAL Köln, Ausb. u. Kulturaustausch - BV: Kitsch u. Kunst, (m. A. v. Criegern) 1977; Ästhet. Erziehung u. Wahrnehmungstheorien, 1983. Zahlr. Art. üb. Kunst u. Unterr. in Fachztschr. u. Lex. - Spr.: Engl., Franz.

KATTENTIDT, Wolfhard
Dr. rer. pol., Dipl.-Kfm., Geschäftsf. Göppinger Kaliko GmbH, Eislingen, u. Bamberger Kaliko GmbH, Bamberg (s. 1970); Ressort: Finanzen/Verw., Personal, Materialwirtsch., Vorst. Kötitzer Ledertuch- u. Wachstuch-Werke AG, Düsseldorf, Verw. Eislingen (1971-79), AR Wohnbau Göppingen GmbH (s. 1975) - Justinus-Kerner-Str. 6/2, 7320 Göppingen (T. 07161 - 7 37 38) - Geb. 13. März 1934 Lingen/Ems, ev., 1 Kd. - Prakt. Ausbild. Steuerberat. u. Bank. Univ. Köln, Hamburg, Göttingen (Finanzen/Steuern). Diplomprüf., Promot. - Leitg. EDV Continental Gummi-Werke Hannover 1963-70.

KATTERLE, Siegfried
Dr. rer. pol., Dipl.-Kfm., Prof., Lehrstuhlinh. f. Volkswirtschaftslehre (Wirtschaftspolitik) Univ. Bielefeld (s. 1974) - Dünenweg 13, 4800 Bielefeld 14 - Geb. 14. Mai 1933 Hürben - Promot. 1962; Habil. 1973 - 1964-74 Mitarb. DGB/Wirtschafts- u. Sozialwiss. Inst. - BV: Normative u. explikative Betriebsw.lehre, 1964; Sozialwiss. u. -ethik, 1972; Relig. Sozialismus u. Wirtschaftsordn. (m. A. Rich), 1980; Wiss. u. Arbeitnehmerinter. (m. K. Krahn), 1980; Arbeitnehmer u. Hochschulforsch. (m. K. Krahn), 1981; Wirtschaftsstrukturen, neue Technologien u. Arbeitsmarkt (m. W. Elsner), 1984; Strukturwandel u. Wirtsch.politik in d. Region (m. W. Elsner), 1989.

KATTMANN, Ulrich
Dr. rer. nat., Prof. f. Biologiedidaktik u. Humanbiol. Univ. Oldenburg - Mittellinie 71, Petersfehn 1, 2903 Bad Zwischenahn - Geb. 9. April 1941 Braunschweig, ev., verh. s. 1967 m. Karin, geb. Wendlandt, 2 S. (Jens, Thomas) - Stud. Biol., Chemie u. Theol. Univ. Göttingen u. Stud. Anthropol. u. Päd. Univ. Kiel; Staatsex. 1968 höh. Lehramt in Göttingen, Promot. 1977 Kiel - 1968-71 Lehrer an Gymn.; 1970-82 Wiss. Mitarb. am Inst. f. Päd. d. Naturwiss., Kiel; s. 1982 Prof. Univ. Oldenburg - BV: Sexualität d. Menschen, 1971; Biol. u. Relig., Unterichtsentw. 1972; Rassen - Bilder v. Menschen, Sachb. 1973; Kennzeichen d. Lebend., Unterrichtsw. 1974 ff.; Evolutionsbiol., Fachb. 1978; Bezugspunkt Mensch, Monogr. 1977; Fachdidaktik Biol., Lehrb. 1985 - Spr.: Engl.

KATZ, Casimir
Dr. rer. pol., Dipl.-Kfm., Geschäftsführer Dt. Betriebswirte-Vlg. GmbH, Casimir Katz Vlg. (Geschichte, historische Biogr.), Herausg. u. Chefredakt. EUWID Europ. Wirtschaftsdst. - Bleichstr. 20-22, 7562 Gernsbach - Geb. 7. Sept. 1925 Lübeck (Vater: Dr. Helmut K.), verh. m. Christine, geb. Fischer - Betriebswirtsch.

KATZ, Klaus
Dr. phil., Rundfunk-Journalist - Am Urnenfeld 16, 5060 Bergisch Gladbach 2 (T. 02202 - 7 86 28) - Geb. 24. Aug. 1929 Freiberg/Sa. (Vater: Alfred K., Dipl.-Ing.; Mutter: Johanna, geb. Fromme), ev., verh. s. 1955 m. Gerda, geb. Paul, 3 Kd. (Martin, Stefan, Henriette) - Gymn. Chemnitz; Stud. Soziol., Gesch., Päd. u. Allg. Staatslehre Freiburg u. Heidelberg; Promot. 1954 - S. 1988 Leiter Abt. Programmplanung WDR-Fernsehen - 1974 Fernsehpreis Philol.-Verb. NRW - Spr.: Engl.

KATZ, Norbert R.
Dr. med., Dr. rer. nat., Prof. f. Klinische Chemie u. Pathobiochemie Univ. Giessen - Klinikstr. 32 b, 6300 Giessen.

KATZENSCHWANZ, Norbert
Dr.-Ing., Managing Director Megamat Lim., Welwyn Garden City/Engl. (ab 1987) - Krumbacher Str. 4, 8909 Neuburg/Kammel (T. 08283 - 2 90 10) - Geb. 16. Aug. 1935 - B. 1984 Vorst. Braunschweigische Masch.bauanstalt AG.

KATZENSTEIN, Bernd
Chefredakteur DM-Magazin - Kasernenstr. 67, 4000 Düsseldorf (T. 0211 - 838 84 21) - Geb. 11. Mai 1940 Zwickau, verh. s. 1980, 2 Kd. - Bankkfm.; Dipl.-Kfm. Köln; PMD-Programm Harvard Business School.

KATZENSTEIN, Dietrich Edgar
Dr. jur., Prof., Bundesverfassungsrichter a.D. (1975-87) - Ortenaustr. 9, 7500 Karlsruhe 51 - Geb. 19. März 1923 Hamburg (Vater: Edgar K., Kaufm.; Mutter: Mathilde, geb. Schröder), ev., verh. s. 1957 m. Nina, geb. Simms, 4 Kd. (Henriette, Jürgen, Jan, Sibylle) - Stud. Univ. Hamburg, Freiburg, Mainz (Rechtswiss., Theol.) - 1962-68 Verfassungsrichter Hamburg; 1965-75 Präs. Landeskirchenamt ebd.; s. 1984 Präs. Verfassungsgericht d. VELKD; s. 1986 Hon.-Prof. Univ. Tübingen; s. 1987 Präs. d. Seemannsmission - BV: D. föderale Struktur d. Bundesrep. Österr., 1957; ... d. Schweiz, 1959 - Enkel v. Hamburgs Bürgerm. Schröder, 1910-19 (ms.).

KATZER, Hans
Bundesminister a. D., MdB, Vors. Sozialausschüsse d. Christl.-Demokr. Arbeitnehmerschaft (1963 b. 1977) - Kastanienallee, 5000 Köln 51 (T. 38 78 78) - Geb. 31. Jan. 1919 Köln (Vater: Karl K., Verbandsgeschäftsf.; Mutter: Rosa, geb. Franke), kath., verh. s. 1949 m. Elisabeth, geb. Kaiser (Tochter d. Bundesmin. Jakob K., s. XIII. Ausg.), T. Marie-Therese - Realgymn.; kaufm. Lehre; Höh. Fachsch. f. Textilind. Mönchengladbach - 1938-45 Arbeits- u. Wehrdst., 1945-49 Dienststellenleit. Arbeitsamt Köln, 1950-65 Bundesgeschäftsf. Sozialaussch. d. Christl.-Demokr. Arbeitnehmersch., 1965-69 Bundesmin. f. Arbeit u. Sozialordnung. 1950-57 Stadtverord. Köln; s. 1957 MdB (1961-65 Vors. Aussch. f. wirtschaftl. Besitz d. Bundes). CDU s. 1945 (1960 Mitgl. Bundesvorst., 1969 stv. Vors.) - BV: Aspekte moderner Sozialpolitik, 1969; Bundestagsreden, 1972. Mithrsg.: Soz. Ordnung (Monatsschr.) - 1969 Gr. BVK m. Stern, 1973 Schulterbd. dazu; 1979 Mitgl. Europ. Parlament - Liebh.: Lesen, Wandern, Tischtennis - Spr.: Engl.

KATZOR, Horst
Bauing., Oberbürgermeister a.D. (1969-84) - Hinterm Rathaus 6, 4300 Essen-Heidhausen (T. 40 69 96) - Geb. 7. Sept. 1918 Lanz/Pom. (Vater: Max K., Schneiderm.; Mutter: Emma, geb. Sonntag), ev., verh. s. 1942 m. Liselotte, geb. Schmidtke, T. Barbara - Gymn.; Zimmererlehre; Ing.sch. Stettin u. Königsberg/Pr. Ing.prüf. 1944 - AR Allg. Bauverein AG, Essen (s. 1956), Essener Verkehrs-AG (EVAG, s. 1961), u. a. div. Funktionen SPD (1958-83 Kreisvors. Essen) - 1982 Gr. BVK; Ehrenmitgl. The Kiwianis Club of Canada - Liebh.: Fußball, Tennis - Gold. Sportabz.

KATZSCHMANN, Ewald
Dipl.-Chemiker - Kranenbergstr. 54, 5810 Witten-Bommern (T. 02302 - 3 06 18) - Geb. 18. April 1913 Oschatz/Sa., ev. - Obersch. Oschatz; TH Dresden (Chemie) - S. 1937 Chem. Werke Witten (jetzt Dynamit Nobel AG. Werk Witten). Zahlr. Erfind., u. a. Verf. z. Herstell. v. Terephthalsäuredimethylester/DMT (Rohprodukt f. Polyesterfasern) - 1965 Dechema-Preis 1964 (Max Buchner-Forschungsstiftg.).

KATZY, Dietmar
Studiendirektor a. D., MdL Nordrh.-Westf. (s. 1975) - Simpelvelder Str. 4, 5100 Aachen (T. 8 18 55) - Geb. 18. Juli 1935 CDU.

KAU, Felix Manfred
Dipl.-Ing., Consultant f. Industrielle Direktinvestitionen, Ländergruppe: USA, Mexiko, Spanien, Schweiz, BRD - Postfach 2505, 7900 Ulm (T. 0731-71 04 01); Postfach 810548, 8000 München (T. 089-93 14 07) - Geb. 3. Okt. 1935 Aachen (Vater: Ernst-Wilhelm K., Dipl.-Ing.), kath. - TU Stuttgart, Dipl. Verkehrswirtsch. 1961 - 1968-73 Verkaufsleit. Zeppelin Metallwerke GmbH; 1973-75 Verkaufsdir. Massey-Ferguson GmbH, 1975-77 Dir. Westfalia Werke KG - Liebh.: Tennis, Filmen, Reisen - Spr.: Engl., Span., Franz.

KAUDER, Knut
Dr.-Ing., Prof., Fakultät Fluidenergiemaschinen Univ. Dortmund - Stuchteystr. 25, 4600 Dortmund 30 (T. 0231 - 48 25 40) - Geb. 22. Mai 1940 (Vater: Hans K., Angest.; Mutter: Charlotte, geb. Lüdecke), ev., verh. s. 1966 - Abit., TU Hannover (Masch.bau, Dipl. 1966, Promot. 1971) - B. 1969 Entw.ing., wiss. Assist., b. 1975 Oberíng. Univ. Dortmund, dann Hochschullehrer, 1980 Dekan Abt. Masch.bau, 1981 Prodekan. Spez. Arbeitsgeb.: Forsch.schwerp. Schraubenverdichter u. Schraubenmotoren, Technol. z. rationalen Energieverwendung - BV: Entwicklungsstand v. Schraubenverdichtern, 1979; D. Prinzip d. Schraubenmotors, 1984; Entwicklungsprobl. v. Schraubenmotoren, 1984; D. Dortmunder Sonnenofen, 1984; D. Heißgas-Schraubenmaschine - e. neues Antriebskonzept, 1986; D. Schraubenmotor z. Abwärmenutzung, 1987.

KAUDEWITZ, Fritz
Dr. rer. nat., em. Prof. Inst. f. Genetik u. Mikrobiologie Univ. München (s. 1963) - Hermelinweg 5, 8000 München 90 (T. 6904261) - Geb. 11. März 1921 Breslau (Vater: Paul K., Lehrer; Mutter: Aloisia, geb. Sendler), kath., verh. s. 1951 m. Gertrud, geb. Wagner, 2 Söhne (Peter, Wolfgang) - Univ. Breslau u. Tübingen. Promot. (1949) u. Habil. (1956) Tübingen - 1949-63 Max-Planck-Inst. f. Biochemie (Tübingen), Virusforsch. (Tübingen; 1954), Vergl. Erbbiol. u. -pathol. (Berlin; 1960 Dir.). 1956-63 Privatdoz. u. apl. Prof. (1962) Univ. Tübingen, 1962-65 Honorarprof. FU Berlin. Mitgl. zahlr. Facheinricht. - BV: Molekular- u. Mikroben-Genetik, 1973; Genetik 1983. Zahlr. Fachveröff. - 1960 Emil-v.-Behring-Preis, 1962 Golden Plate Award Acad. of Achievement, Monterey (USA).

KAUER, Erhard
Dr. rer. nat., Dipl.-Phys., Prof., Direktor Philips GmbH, Forschungslabor. Aachen - Lohmühlenstr. 12, 5100 Aachen (T. 0241 - 7 20 09) - Geb. 1. Febr. 1928 Aussig (Vater: Eduard K., Industriekaufm.; Mutter: Elfriede, geb. Eder), kath., verh. s. 1955 m. Anna, geb. Sassmann, 2 Kd. (Ingrid, Harald) - Stud. Physik Univ. Göttingen, TH München (Dipl.-Phys. 1952, Promot. 1955) - S. 1967 Dir. Philips GmbH Forsch.labor. Aachen; jetzt i.R. - Segelflug-Gold-C m. 3 Diamanten - Spr.: Engl.

KAUERTZ, Alfred Gottfried
Schriftsteller (Ps. Jodokus) - Villenweg 2, CH-3900 Brig/Wallis - Geb. 10. Aug. 1926 Mönchengladbach, verh. s. 1956 m. Lieselotte, geb. Karthe, 2 T. (Anette, Juliane) - Lehrersem.; Krankenpflegedipl.; Fernakad. Darmstadt (Lit. u. Journalistik) - BV: Arztromane, populärwiss. Serien (z.B. üb. Med.), hist. Hörsp. - Liebh.: Biol., Geol., Geogr. u. Völkerkd., Technik, Gesch. - Spr.: Engl.

KAUFFMANN, Egon
Oberpostinspektor, Mitgl. Brem. Bürgerschaft (s. 1967) - Süderwürden 15, 2850 Bremerhaven - Geb. 1. April 1929 Wesermünde, kath., verh., 6 Kd. - Schule Wesermünde (Mittl. Reife); 1954-55 Manhattan College New York - S. 1946 Postdst. (1967 Oberpostinsp.). Rendant Herz-Jesu-Gde. Bremerhaven. 1963-67 Stadtverordn. Bremerhaven. CDU s. 1951.

KAUFFMANN, Georg
Dr. phil. (habil.), o. Prof. u. Direktor Inst. f. Kunstgeschichte Univ. Münster (s. 1965) - Piusallee 116, 4400 Münster (T. 230 28 44) - Geb. 5. April 1925 Kiel (Vater: Prof. Dr. phil. Hans K., Kunsthistoriker; Mutter: Lida, geb. Scheder-Bieschin), verh. s. 1957 m. Gisela, geb. Deglau, 3 Kd. (Hans, Cosima, Clemens) - Univ. Bonn u. Paris (Sorbonne) - 1954-58 u. 1960-65 Univ. Bonn (zul. apl. Prof.); 1958-60 Kunsthistor. Inst. Florenz (stv. Dir.); 1974 The Institute for Advanced Study, Princeton N. J.; 1975 Akad. d. Wissenschaften, Düsseldorf; 1978 Membre Comité International d'Histoire de l'Art (CIHA), Paris - BV: D. karoling. Psalter in Zürich u. s. Verhältnis z. Byzantin. Psalterillustration, 1956; Poussin-Studien, 1960; Reclams Kunstführer Florenz, 1962; Propyläen-Kunstgesch. - Bd. VIII: D. Kunst d. 16. Jh.s, 1970 - Spr.: Franz., Engl., Ital. - Bek. Vorf.: Felix Fürst Schwarzenberg (österr. Ministerpräs.).

KAUFFMANN, Kurt

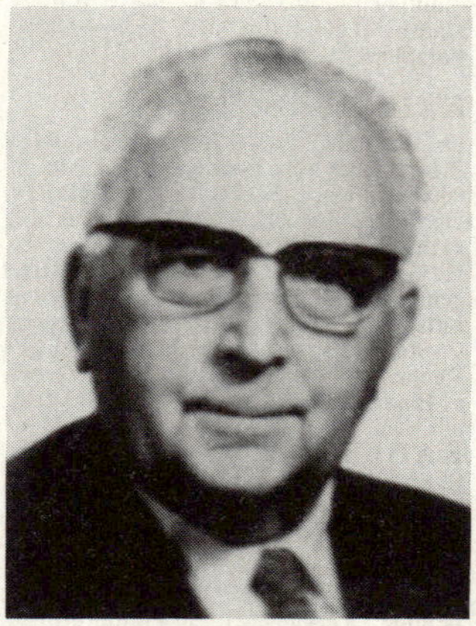

Dr. phil., Finanzberater, Reiseschriftst. - Seeburgstr. 14, CH-6006 Luzern/Vierwaldstättersee (Schweiz) - Geb. 19. Febr.

1900 Hamburg (Vater: Alex K., Kaufm.; Mutter: Friederika, geb. Glogau), Agnostiker - Stud. Finanzwiss. (Diss.; D. Einfluß d. Inflation auf Aktien-Preise) - 1927-37 Industrieberat. Dtschl. u. Schweiz (1933); 1937-60 Firmen- u. Familienberat. USA; s. 1961 Reiseschriftst.; s. 1965 Seniorberat. Kauffmann Associates AG (BRD, Schweiz, Ital., Peru) - BV: Wertschutz-Memoblätter f. Sparer u. Vermögensbesitzer m. Weitblick, aber wenig Zeit, 1966; D. Kunst, klüger zu reisen - E. Wegweiser zu höh. Reisegenuß m. gr. u. kl. Reisekassen/Winke, Ratschläge u. Geheimtips aus e. Reiseerfahrung in 62 Ländern, 1969 - 1968 Senator h. c. Univ. f. Wiss. u. Technik Lima; Governor Royal Lifeboat Institution (Engl.); Fellow Royal Geographical Soc. of Engl. - Liebh.: Alte Landkarten - Spr.: Engl., Franz. - Urgroßv. ms. 1805 Gründer Glogau'sche Buchhandl. Hamburg - Nichtraucher.

KAUFFMANN, Thomas

Dr. rer. nat., o. Prof. f. Organ. Chemie - Weierstraßweg 5, 4400 Münster/W. - Geb. 20. Nov. 1924 Reutlingen (Vater: Fritz K., Hochschulprof.; Mutter: Dr. Gertrud, geb. Gradmann), ev., verh. m. Susanne, geb. Jackisch - Realgymn. Göppingen; 1942-46 Wehrdst. u. Kriegsgefangensch.; Univ. Würzburg u. TH Darmstadt (Chemie). Promot. (1956) u. Habil. (1960) Darmstadt - S. 1960 Lehrtätigk. TH Darmstadt (1961 Diätendoz.) u. Univ. Münster (1964 ao., 1968 o. Prof.). Spez. Arbeitsgeb.: Synthesen m. Organometallverbind., Heterocyclische Chemie. 230 Fachveröff.

KAUFFMANN, Wolf-Dietrich

Dipl.-Geogr., Verwaltungsdirektor, Leiter d. Statistischen Amtes Hansestadt Lübeck - Smaragdweg 1, 2400 Lübeck - Geb. 5. Juni 1935 Berlin - Gymn.; TU/FU Berlin u. TH Braunschweig - 1964-69 wiss. Ref. Akad. f. Raumforsch. u. Landesplanung Hannover, s. 1970 Amtsleit. Lübeck; korresp. Mitgl. Akad. f. Raumf. u. Landesplanung, Mitgl. Verb. Dt. Städtestatist., Statist. Ausschuß Dt. Städtetag, Redakt.sbeirat Statist. Jahrb. Dt. Gemeinden. Zahlr. Fachveröff. - Spr.: Engl.

KAUFFUNGEN, von, Kunz

Journalist, Schriftst. (Ps.: Kuka) - Bundesstr. 9, 7803 Gundelfingen - Geb. 6. April 1904 Mühlhausen/Thür., ev., verh. s. 1972 m. Ute-Bärbel, geb. Bernd, 3 Kd. (Roderick, Ellinor, Ivonne) - Univ. Heidelberg; Redaktionsvolontär - Redakteur u. freier Journ., ab 1933 polit. Emigrant Schweiz (Montreux), Vorstandsmitgl. Beweg. Fr. Dtschl., 1945-46 Regionalleit. Gemeinschaft Dt. Demokraten in d. West-Schweiz, spät. Chefredakt. Rheinpfalz, Neustadt/Haardt, 1952-57 Chefredakt. Saarbrücker Ztg. Begr. u. Vors. Christl.-jüd. Arbeitsgem. d. Saarl.; bis 1951 Vors. Landespresseverb. Rhld.-Pfalz - BV: Aus m. Welt, 1924; D. Sehnsuchtsreiter, Erz. 1924; Es wollte Frühling werden, R. 1925; Ohne Maulkorb, Lebenserinn. 1964. Mitverf.: Hausb. dt. Humors, 1932 - Liebh.: Altes Porzellan.

KAUFHOLD, Hubert

Dr. jur., Dr. phil., Staatsanwalt, Hon.-Prof. Univ. München - Brucknerstr. 15, 8000 München 80 (T. 089 - 47 80 74) - Geb. 19. März 1943 Braunschweig, kath., ledig - 1962-70 Stud. Rechtswiss. u. Orientalistik Univ. Münster, Göttingen, München; Promot. 1970 u. 1973, 2. jurist. Staatsprüf. 1973 - S. 1973 Richter u. Staatsanw. - BV: Syr. Texte z. islam. Recht, 1971; D. Rechtssamml. d. Gabriel v. Basra, 1976.

KAUFHOLD, Karl

Prof. f. Partiturspiel u. Klavier sow. Leit. Opernchorschule u. Oratorienensemble Staatl. Hochsch. f. Musik Rheinland/Musikhochsch. Köln - Pflasterhofweg 21, 5000 Köln 50 - Geb. 17. Sept. 1922 Leinefelde (Eichsfeld) - Stud. Musikhochsch. Köln (Klavier, Kompos., Dirigieren) - Gastdirig. Kölner Rundfunkchor. Zahlr. Kompos., dar. 5 Orgelsinfonien, Messen, Streichquartette, Lieder; Schallplatteneinspielungen d. Orgelsinfonien; viele Sendungen im WDR, ebenso öfftl. Konzerte; Entw. e. spez. Gehörbildungsmethode f. Sänger.

KAUFHOLD, Karl Heinrich

Dr., Dipl.-Volksw., Univ.-Prof. f. Wirtschafts- u. Sozialgesch. Univ. Göttingen (s. 1974) - Gehrenring 29, 3400 Göttingen (T. 79 22 95) - Geb. 29. Aug. 1932 Hildesheim (Vater: Karl K., Kunstschmiedem.; Mutter: Anni, geb. Wewior), kath., verh. s. 1958 m. Marianne, geb. Grabe - Stud. TH Hannover, Univ. Göttingen. Dipl.ex. 1965 - BV: D. Handwerk d. Stadt Hildesheim im 18. Jahrh., 1968; D. Metallgewerbe der Gf. Mark, 1976; D. Gewerbe in Preußen um 1800, 1978 - Spr.: Engl.

KAUFMANN, Arthur

Dr. jur., Dr. h. c. mult., o. Prof. f. Straf-, -prozeßrecht u. Rechtsphil. - Longinusstr. 3, 8000 München 60 (T. 811 17 23) - Geb. 10. Mai 1923 Singen/Hohentwiel (Vater: Dr. Edmund K., 1949-51 württ.-bad. Finanzmin. (s. XIII. Ausg.); Mutter: Elisabeth, geb. Gsell), kath., verh. s. 1949 m. Dorothea, geb. Helffrich, 4 Kd. (Thomas, Gabriele, Mechthild, Judith) - Gymn. Mainz; Univ. Heidelberg (Promot. 1949). Gr. jurist. Staatsprüf. 1951 - 1952-57 Richter Karlsruhe; 1960 Wiss. Rat u. Privatdoz. Univ. Heidelberg; 1960-69 Ord. Univ. Saarbrücken; s. 1969 Ord. Univ. München, 1965 Gastprof. Keio Univ. Tokyo u. Univ. Sydney - BV: D. Unrechtsbewußtsein in d. Schuldlehre des Strafrechts, 1949 (Neudruck 1985); Naturrecht u. Geschichtlichkeit, 1957 (ital. 1959, jap. 1968); D. Schuldprinzip - E. strafrechtl.-rechtsphil. Unters., 1961, 2. A. 1976; Recht u. Sittlichk., 1964 (jap. 1968); Analogie u. Natur d. Sache - Zugl. e. Beitr. z. Lehre v. Typus, 1965, 2. A. 1982 (engl. u. jap. 1966, span. 1976); Schuld u. Strafe - Stud. z. Strafrechtsdogmatik, 1966, 2. A. 1983; Aktuelle Probleme d. Rechtsphil. (Ges. Reden u. Aufs.), jap. 1968; Wozu Rechtsphil. heute?, 1971 (auch jap. 1974, ital., span. 1972); Grundprobleme d. zeitgenöss. Rechtsphil. u. -theorie, 1971 (m. W. Hassemer, auch korean. 1974, 2. A. 1980, jap. 1975); D. Strafvollzugsref. - E. krit. Bestandsaufn., 1971; Rechtsphil. im Wandel - Stationen e. Weges, 1972, 2. A. 1984; Einführung in Rechtsphil. u. Rechtstheorie d. Gegenwart (m. W. Hassemer), 1977, 5. A. 1989 (jap. 1979); D. Parallelwert. in d. Laiensphäre - E. sprachphil. Beitrag z. allg. Verbrechenslehre, 1982 (griech. 1982, jap. 1983); Strafrecht zw. Gestern u. Morgen, 1983; Beiträge z. jurist. Hermeneutik, 1984; Gerechtigkeit - d. vergessene Weg z. Frieden, 1986; Grundprobleme d. zeitgenöss. Rechtsphilosophie u. Strafrechtswiss. (Ges. Reden), jap. 1986; Gesetz u. Evangelium (m. W. Pannenberg), 1986; Gustav Radbruch - Rechtsdenker, Philosoph, Sozialdemokrat, 1987; Prozedurale Theorien d. Gerechtigkeit, 1989. Herausg.: u. a. Radbruch-Schr., Widerstandsrecht, in: Wege d. Forsch. CLXXIII (1972); Münchener Ringvorles.: EDV u. Recht - Möglichk. u. Probleme (1973); Gustav-Radbruch-Gesamtausg. in 20 Bde. (1987ff.); Moderne Medizin u. Strafrecht (1989) - 1970 Ehrendoktor Keio Univ. Tokio sow. 1987 d. Univ. Athen; Ehrenmitgl. Japanese Society of Criminal Law und Inst. for. Advanced Studies in Jurispudence, Univ. of Sydney; Intern. Vereinig. f. Rechts- u. Sozialphil., Assoc. Intern. du Droit Pénal, Görres-Ges. z. Pflege d. Wiss., o. Mitgl. Bayer. Akad. d. Wiss. (Phil.-Hist. Klasse), korr. Mitgl. d. niederländ. Akad. d. Künste u. Wiss., Utrecht.

KAUFMANN, Beat

Lic. oec. HSG, Vorstandsvorsitzer Schiesser AG. - Schützenstr. Nr. 18, 7760 Radolfzell/B..

KAUFMANN, Bruno Maria

Generalsekretär Europ. Lehrmittelverb. (s. 1952), Leit. Europ. Lehrmittelmessen (s. 1951) - Zu erreichen üb. Messe-Dir., Schäfegasse 11, 7806 Freiburg-Ebnet/Br. - Geb. 22. Mai 1920 Recklinghausen, kath., verh. s. 1950 m. Hilde, geb. Ruf, 3 Kd. (Brunhilde, Bruno, Berno) - Gymn. Univ. Leipzig u. Freiburg (Päd.) - 1946 Lehrtätigk.; 1947 Redakt. päd. Jugendztschr. Verlag Herder, Freiburg; 1948 Verlagsleit. Lehrmittelverlag Hans Witte; 1949-57 Geschäftsf. Dt. Lehrmitteiverb.

KAUFMANN, Dieter

Dr., Techn. Direktor, Vorstandsmitgl. Kulmbacher Spinnerei, Kulmbach (s. 1968) - Wolf-Keller-Str. 7, 8650 Kulmbach/Ofr. - Geb. 23. Okt. 1926 Wurmlingen.

KAUFMANN, Ekkehard

Dr. jur., Dr. phil., em. o. Prof. f. Dt. Rechtsgeschichte, Bürgerl. Recht, Handels- u. Kirchenrecht Univ. Marburg (s. 1965 - Kirchspitze 4, 3550 Marburg/L. - Geb. 17. Febr. 1923 Frankfurt/M. - Gymn. u. Univ. Frankfurt (n. 1945; Gesch., Phil., Rechtswiss.). Promot. (phil. u. jur.) u. Habil. Frankfurt - 1958-65 Privatdoz. u. apl. Prof. (1963) Univ. Frankfurt. Rechtsanwalt.

KAUFMANN, Hans

Dr. phil. nat., Dr.-Ing. E. h., Generalbevollm. Dir. i. R. - Eichenstr. 18, 8134 Pöcking - Geb. 22. Dez. 1910 Königsberg/Ostpr. - B. 1976 Siemens AG. (zul. Leit. Zentrallabor. f. Datentechn.) - BV: Daten-Speicher, 1973; D. Ahnen d. Computers, 1974; Toledo, 1977 - 1976 Ehrendoktorwürde TH Aachen.

KAUFMANN, Hans Bernhard

Dr. phil., Direktor Comenius-Inst. Münster, Honorarprof. f. Religionspäd. Univ. ebd. (Fachber. Ev. Theol.) - Im Draum 16, 4400 Münster - Geb. 12. Dez. 1926 Breslau.

KAUFMANN, Heinz

Oberfinanzpräsident, Leit. OFD Hamburg - Rödingsmarkt 2, 2000 Hamburg 11.

KAUFMANN, Herbert

Maler, Prof. Hochschule der Künste Berlin (s. 1967) - Witzlebenstr. 31, 1000 Berlin 19 (T. 321 42 50).

KAUFMANN, Herbert J.

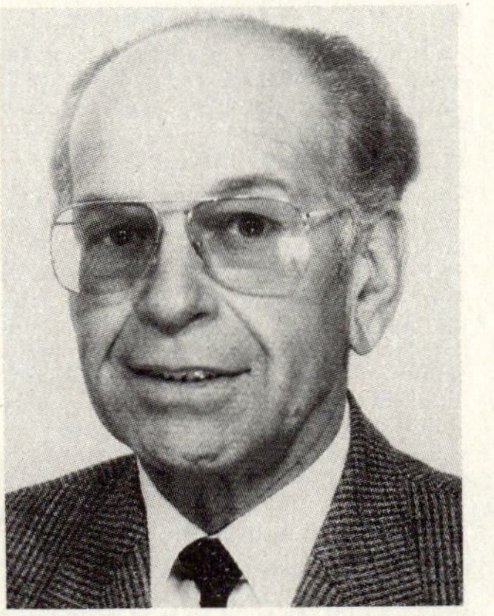

Dr. med., Prof. f. Kinderradiologie FU Berlin - Priv.: Im Dol 60b, 1000 Berlin 19; Klinik: FU Berlin, Univ.-Klinikum Charlottenburg, Kinderklinik u. Poliklinik KAVH, Abt. f. Päd. Radiol., Heubnerweg 6, 1000 Berlin 19 - Geb. 10. Juni 1924 Frankfurt (Vater: Dr. med. Eugen K., Arzt; Mutter: Gretel, geb. Fuchs), jüd., verh. s. 1953 m. Anita, geb. Boehme, 2 S. (Michael, Daniel) - Stud. Univ. Basel u. Genf; Staatsex. u. Promot. 1951 Basel - S. 1970 Prof. f. Kinderradiol. Univ. Basel; 1971-77 Prof. Radiol. Univ. of Pennsylvania; 1977-79 Gastprof. Paris; s. 1979 Berlin; Mitbegründ. Europ. Soc. Pediatric Radiology 1962/63, 4. Präs. 1967, Mitbegründ. Inst. Skeletal Soc. 1973/74, Präs. Berliner Röntgenges., 1985/86 - BV: Röntgenbefunde am kindl. Becken, 1964; Progress in Pediatric Radiology, 7 Bde. s. 1967 (Hg.). Übers.: Bone diseases of children (franz.-engl.) v. Pierre Maroteaux; Clinical Practice in Pediatric Radiology (franz.-engl.) v. Jacques Lefebvre; Birzle et al.: Radiology of trauma (dtsch.-engl.) - Ehrenmitgl. Röntgen-Ges. Brasilien, Tschechosl., Polen u. Spanien; Europ. Soc. Pediat. Radiol. - Spr.: Engl., Franz., Ital.

KAUFMANN, Horst

Dr. med., Prof., Direktor Radiolog. Klinik/Städt. Krankenanstalten Ludwigshafen - Bremserstr. 79, 6700 Ludwigshafen/Rh. - Geb. 19. April 1932 Düsseldorf - Promot. 1958 Tübingen - S. 1968 (Habil.) Lehrtätigk. (gegenw. apl. Prof. f. Med. Radiol. Univ. Heidelberg). Üb. 60 Facharb.

KAUFMANN, Inge

Dr. phil., Dipl.-Psych., Univ.-Prof. Univ. GH Paderborn - Heiersmauer 71, 4790 Paderborn/W. - Geb. 21. Juni 1925 Linz/D. - Stud. Psych., Philos., Päd., Psychopath., Biol., Musik Univ. Wien, Bonn, Köln - 1962 Dipl. psych. (Bonn), 1963 Dr. phil. (Bonn), ab 1970 Wiss. Rat u. Prof., 1980 Prof. a.L. (Paderborn) - BV: Fachztsch.veröff. üb. wiss. Unters. in Praxis Kinderpsychol. u. Kinderpsychiatr., Schule u. Psycholog., Ztschr. f. Heilpädag., Archiv ges. Psychol., u.a.; BV in eig. wiss. Reihe (Paderborn).

KAUFMANN, Klaus

Dipl.-Ing. - Schanzenstr. 36, 2870 Delmenhorst/O. (T. 3115) - Geb. 16. Juni 1912 Delmenhorst - S. üb. 30 Jahren Dt. Linoleum-Werke AG. (b. 1968 stv. Vorstandsmitgl., dann Berater) - Spr.: Engl., Franz. - Rotarier.

KAUFMANN, Michael

Dr. rer. nat., Physiker, Dir. MPI f. Plasmaphysik - 8046 Garching/Obb. - Geb. 7. Jan. 1939 Hildesheim - TH Hannover, FU Berlin, TU München. Dip.-Phys. 1964; Promot. 1967 - Fachveröff.

KAUFMANN, Peter

Dr. med., Prof. f. Anatomie RWTH Aachen - Camillusphark 14, NL-6291 CX Vaals - Geb. 25. März 1942 - Vorst. d. Abt. Anatomie II, 1978-84 Ltd. Oberarzt Abt. Anatomie Hamburg.

KAUFMANN, Raimund

Dr. med., o. Prof. f. Klin. Physiologie Univ. Düsseldorf (s. 1972) - Zu erreichen üb. Univ., Physiol. Inst. (Gebäude 22.03), Universitätsstr. 1, 4000 Düsseldorf.

KAUFMANN, Reinhard

Dipl.-Ing., Prof. - Heideweg 3, 2904 Hatten-Sandhatten - Geb. 28. Nov. 1929 Delmenhorst (Vater: Ludwig K., zul. Vorst.-Mitgl. Dt. Linoleum-Werke, Ehrenpräs. IHK Oldenburg (s. XVI. Ausg.); Oberschule; Straßenbauerlehre; Stud. Bauing.wesen. Dipl.-Ing. 1955 - B. 1962 freiberufl., dann TH (s. 1978 Univ.) Hannover (1964 Wiss. Rat u. Prof. 1978 Prof.). Partner Ing.Büro König, Wemheuer, Kaufmann in Hannover s. 1977. Spez. Arbeitsgeb.: Statik u. Stahlbau. Veröffentl.: Über das Ermüdungsverhalten d. Werkstoffs Stahl (m. Helmut Pfannmüller; Heft 1, Schriftenreihe d. Lehrst. f. Stahlbau/TH Hannover, 1960), D. Dauerfestigkeitsnachweis d. Berechnungsgrundl. f. Großgeräte in Tagebauen u. s. zuläss. Spannungen (m. Pfannmüller, H. 2 ob. Reihe, 1960), Aufgaben u. Probleme aus d. Arbeitswelt d. Ing. (Festschr. f. Pfannmüller, 1967) - Liebh.: Garten- u. Waldgestalt. - Spr.: Engl.

KAUFMANN, Werner

Dr. med., o. Prof. f. Innere Medizin - Direktor Med. Klinik Merheim u. Poliklinik Univ. Köln - Ostmerheimer Str. 200, 5000 Köln 91 - Geb. 14. Nov. 1924 Zorge, ev., verh. s. 1953 m. Lissi, geb. Bürger, 2 S. - 1947-53 Med.-Stud. Göttingen u. Marburg; 1975/76 Dekan Med. Fak. Univ. Köln; 1977-81 Ärztl. Dir. Klinikum Köln-Merheim - BV: u. a. Inn. Med. in Praxis u. Klinik, 1973, 3. A. 1985 (m. and.); Pathophysiol., 3. A. 1985 (m. and.); Brain and Heart Infarkt I u. II, 1977 u. 1979; Therapie-Handbuch (m. and.), 1983; Lehrbuch d. Inneren Med. (m. and.), 1984; Diagn. Entscheidungsprozesse in d. Inn. Med. (Hrsg.), 1986. Ca. 450 Publ. z. Inn. Med. - 1961 Fraenkel-Preis d. Dt. Ges. f. Kreislaufforsch. - Spr.: Engl., Franz., Lat.

KAUKE, Walter

Dr. jur., Beigeordneter Stadt Gelsenkirchen - Gabelskamp 54, 4650 Gelsenkirchen - Geb. 25. Juni 1920, kath., verh. s. 1952 m. Marianne, geb. Andrée, T. Ingeborg - 1939-41 Stud. Rechts- u. Staatswiss. Univ. Halle, Leipzig, 1946-49 Univ. Köln u. Bonn, 1. u. 2. jurist. Staatsprüf. 1948 u. 52, Promot. 1950 Univ. Köln - 1952-60 Finanzverw. Land NW, 1960-65 Stadtverw. Lünen, s. 1965 Beigeordn. Stadt Gelsenkirchen. Zahlr. Veröff. - Liebh.: Gesch., Musik, Lit. - Spr.: Engl., Franz.

KAUL, Alexander

Dr. rer. nat., Prof., Leit. Inst. f. Strahlenhygiene - Orionstr. 2/612, 8044 Unterschleissheim - Geb. 13. Febr. 1934 Salzwedel (Vater: Dr. Alexander K., Min.Dir.; Mutter: Käte, geb. Neuber), ev., verh. s. 1962 m. Marly, geb. Bangert, Sohn Dirk-Oliver Alexander - Gymn. (Abit. 1953) Bensheim; TH Darmstadt, Univ. Frankfurt. Dipl.-Phys. 1960; Promot. 1965 Frankfurt; Habil. 1970 Berlin; Ernenn. z. Prof. 1970 - Präs. VI. Wiss. Tag. Ges. f. Med. Physik 1975; Vors. Deutsche Ges. f. Med. Physik - BV: D. Strahlungsbelast. v. Patienten b. d. nuclearmed. Anwend. offener radioakt. Stoffe, 1973; Radiopharmaka - biokinet. Daten u. Ergebnisse v. Dosisneuberechn., 1974; D. natürl. Strahlenexposition d. Menschen, 1974; Med. Phys. in Forsch. u. Praxis, 1976; Strahlenschutzkurs für Ärzte, Umgang mit offenen radioaktiven Stoffen, 1977; Internal Radiation Dose in Diagnostic Nuclear Medicine, 1978. Ca. 350 wiss. Veröff. - Liebh.: Lit., Musik - Spr.: Engl., Franz.

KAUL, Helmut

Dr. rer. nat., Prof. Mathemat. Institut Univ. Tübingen - Gottl.-Daimler-Str. 29, 7415 Wannweil.

KAUL, Walter

Journalist, Schriftst. - 2244 Süderdeich/Holst. - Geb. 1901 Berlin - Mitarb. Berliner Börsen-Courier u. n. 1945 D. Kurier (b. 1966 Feuill.redakt.). Hauptinteresse: Tanz u. Film. Arbeiten üb. Eddie Cantor, Busby Berkeley, Ludwig Berger, Douglas Fairbanks u. Wilhelm Dieterle.

KAULA, Karl

Vorstandsmitglied Barmer Ersatzkasse, Vors. Verb. d. Angestellten-Krankenkassen, stv. Vors. DAG - Sperberkamp 26, 2000 Hamburg 71 - Geb. 8. Juli 1928 - Div. AR-Mand.

KAULBACH, Friedrich

Dr. phil., Dr. iur. h. c., em. Prof. f. Philosophie - Geb. 15. Juni 1912 Nürnberg (Vater: Dr. med. W. J. K.; Mutter: Barbara, geb. Lederer), protest., verh. s. 1944 m. Elfriede, geb. Steinmann, 3 Kd. (Dr. med. Thomas, Dr. phil. Barbara, Florian) - Stud. Math., Phil. (u. a. b. Heidegger) - S. 1949 Lehrtätigk. Päd. Hochsch. Braunschweig (Doz.), TH ebd. (1952 Privatdoz.), Univ. Münster (1959 Ord. u. Seminardir.), emerit. 1970 - BV: D. sittl. Sein u. d. Sollen, 1948; Phil. Grundleg. zu e. wiss. Symbolik, 1954; D. Metaphysik d. Raumes b. Leibniz u. Kant, 1960; D. phil. Begriff d. Beweg. - Studien zu Aristoteles, Leibniz u. Kant, 1965 (jap. 1976); Phil. d. Beschr., 1968; Im. Kant, 1970, 2. A. 1982 (jap. 1977); Einf. in d. Metaphysik, 1972, 2. A. 1978; Nicolaus Copernicus, 1973; Ethik u. Metaethik, 1974 (jap. 1979); D. Prinzip Handlung in d. Phil. Kants, 1978; Nietzsches Idee e. Experimentalphil., 1980; Phil. als Wiss., 1981; Einf. in d. Phil. d. Handelns, 1982; Stud. zu Kants Rechtsphil., 1982 - Liebh.: Musik (Viola) - Bek. Vorf.: Wilhelm v. K., Maler (Großv.); Julius Wellhausen, Orientalist (Großonkel).

KAULER, Kurt

Dipl.-Kfm., o. Vorstandsmitgl. HAG AG., Bremen - Eichendorffstr. 4, 2800 Bremen (T. 236792) - Geb. 24. Juli 1930 Außig (Vater: Rudolf K., Maschinensetzer; Mutter: Milda, geb. Sasum), kath., verh. s. 1959 m. Christa, geb. Hoffmann, 2 Kd. (Andreas, Karsten) - Stud. Univ. Erlangen - 1965 Marketing-Dir., 1968 stv. u. 1971 o. Vorstandsmitgl. HAG AG. (Ber. Marketing u. Vertrieb) - 1975 ff. Präs. Dt. Marketing d. Dt. Gruppe d. Intern. Handelskammer, Paris; Vorst.smitgl. Markenverb. - Spr.: Engl.

KAUP, Ludger

Dr. rer. nat., Prof. f. Mathematik Univ. Konstanz (s. 1972) - Höhenweg 37a, 7750 Konstanz - Geb. 30. Mai 1939 - Stud. Münster, Erlangen. Promot. 1965; Habil. 1969. Spez. Arbeitsgeb.: Komplexe Analysis, Algebr. Topologie - BV: Sur la topologie des surfaces complexes compactes. Les Presses de L'Université de Montréal, (m. G. Barthel, S. Kilambi) 1982, Holomorphic Functions of Several Variables (m. B. Kaup) de Gruyter, 1983.

KAUP, Peter

Dipl.-Ing., Prof., Lehrstuhlinh. f. Baukonstruktion u. Entwerfen Univ. Hannover - Schloßwender Str. 1, 3000 Hannover; priv.: Gaissacher Str. 22, 8000 München 70 - Arch.

KAUP, Wilhelm

Dr. rer. nat., o. Prof. f. Mathematik Univ. Tübingen (s. 1971) - Im Rotbad 64, 7400 Tübingen 1 - Geb. 30. Okt. 1937 - Promot. 1962 - Habil. 1966.

KAUP, Wilhelm F.

Journalist u. Autor - Im stillen Winkel 26, 4300 Essen-Margarethenhöhe (T. 0201 - 71 54 50) - Geb. 29. Sept. 1929 Wattenscheid, kath., verw. - Mitgl. Vereinig. dt. Reisejourn. - Spr.: Engl.

KAUPEN-HAAS, Heidrun

Dr. rer. pol., Prof. f. Medizin. Soziologie - Rainweg 6, 2000 Hamburg 20 - S. 1975 Prof. Univ. Hamburg (Fachber. Med.).

KAUPERT, Günther

Dr.-Ing., Fabrikant, pers. haft. Gesellsch. Dr.-Ing. Kaupert KG., Formen- u. Maschinenbau, Erndtebrück, u. Dr.-Ing. Kaupert KG., Verpackungswerk, Marburg - Thüringer Str. 1, 5927 Erndtebrück (T. 02753 - 8 31) - Geb. 10. Juni 1919 Schmalkalden (Vater: Friedrich K., Kaufm.; Mutter: Lina, geb. Johannes), ev., verh. s. 1945 m. Irmgard, geb. Bodderas, 2 Töcht. (Birgit, Kerstin) - In- u. Ausl.spatente f. Verpackungen u. -maschinen - Spr.: Engl.

KAUSCH, Joachim

Leiter Wirtschaftsdienst, Botschaft d. Bundesrep. Dtschl. in Madrid - Calle Fortuny 8, E-28010 Madrid (Spanien).

KAUSCH, Walter

Dr. rer. nat., Wiss. Rat u. Prof. - Wallfahrtsweg 5, 5300 Bonn (T. 211461) - Geb. 30. März 1920 Völklingen/Saar (Vater: Friedrich K., Konditor; Mutter: Mathilde, geb. Hoffmann), ev., verh. s. 1961 m. Margarethe, geb. Volk - TH Darmstadt (Naturwiss., Biol., Botanik). Promot. (1953) u. Habil. (1960) Darmstadt - S. 1948 wiss. Tätigk. TH Darmstadt (1952 Assist.; 1961 Doz.) u. Univ. Bonn (1964 Kustos; 1967 apl. Prof.; 1970 Wiss. Rat u. Prof.). Spez. Arbeitsgeb.: Physiol. Pflanzenökologie. Mitarb.: Knaurs Pflanzenreich in Farben (Niedere Pflanzen) - Spr.: Engl., Franz.

KAUSCH, Walter Franz

Regisseur, Autor - Kirchenstr. 41, 8034 Germering/Obb. (T. 089 - 841 71 53) - Geb. 12. Febr. 1928 Frankfurt/M., verh. in 2. Ehe (1973) m. Elisabeth, geb. Bäurer - Schauspielsch. Frankfurt - 32 Bühneninsz. (1959-75); viele Fernsehsp. (1967ff.; dar. Serien: Unt. Ausschl. d. Öffentlichkeit/SWF, Ausgerissen - Was nun?/HR, Christian u. Christiane/SWF, D. glückliche Familie/BR).

KAUSS, Heinrich

Dr. rer. nat., o. Prof. f. Pflanzenphysiologie Univ. Kaiserslautern (s. 1971) - Spinozastr. 22, 6750 Kaiserslautern - Geb. 1. März 1935 Bad Dürkheim - Promot. 1961; Habil. 1965 - Zul. Doz. TU München. Üb. 100 Facharb.

KAUT, Ellis

Schriftstellerin - Dr.-Böttcher-Str. 23, 8000 München 60 - Verh. m. Kurt Preis - Zahlr. Kinderb. (bek. üb. Pumuckl); auch Film u. TV-Serie: Meister Eder u. s. Pumuckl) - 1957 Hörspielpreis BR; 1971 Schwabinger Kunstpr.; 1980 Med. München leuchtet; BVK I. Kl.; Ernst Hoferichter-Preis; 1985 Bayer. VO.

KAUTH, Hans

Dipl.-Volksw., Arbeitsdirektor, Vorstand Continental AG - Leunisweg 11, 3000 Hannover 71 (T. 51 26 78) - Geb. 22. März 1935 Frankfurt.

KAUTTER, Hansjörg

Dr. phil., Dipl.-Psych., Prof. f. Sonderpädagogik u. Psych. PH Reutlingen - Rappenberghalde 60, 7400 Tübingen.

KAUTZ, Joachim-Rüdiger

Dr. jur., Vorstandsmitgl. Hermes Kreditversicherungs-AG., Hamburg - Kiefernhöhe 10, 2110 Buchholz i. d. N./Holm-Seppensen - Geb. 11. März 1929 Schneidemühl.

KAUTZKY, Rudolf

Dr. med., em. Prof. f. Neurochirurgie - Julius-Vosseler-Str. 5, 2000 Hamburg 54 (T. 56 59 84) - Geb. 7. Nov. 1913 Wien (Vater: Dr. Heinrich K., Sektionschef), kath., verh. s. 1948 m. Dr. Katarina, geb. Sauerlandt, 3 Kd. (Heinrich, Wolfgang, Marianne) - Schottengymn. u. Univ. Wien - Krkhs.assist. Wien, Berlin, Hannover, Hamburg; s. 1945 Leit. Neurochir. Abt. Neurol. Univ.sklin. Hamburg (1950 Privatdoz., 1959 ao., 1966 o. Prof.) (1979 emerit.) - BV: Neurol.-Neurochir. Röntgendiagnostik, 1955 (m. K. H. Zülch); Neuroradiologie auf neuropath. Grundl., 1976 (m. K. J. Zülch, S. Wende u. A. Tänzer) - Korr. Mitgl. Skand. Ges. f. Neurochirurgie, Kopenhagen, Societa italiana di Neurochirurgia, Americ Association of Neurol. Surgeons. Rd. 130 Veröff. z. Fach, Ärztl. Ethik u. Theol.

KAUTZSCH, Christof

Prof., Hochschullehrer - Odenwaldstr. 2, 6909 Walldorf - Gegenw. Prof. f. Werken u. Technik PH Heidelberg.

KAWERAU, Peter

Dr. theol., Dr. phil., o. Prof. f. Ostkirchengeschichte (Spez. Christl. arab. Historiographie) - Rollwiesenweg 36, 3550 Marburg/L. (T. 4 22 27) - Geb. 13. März 1915 Rawitsch (Vater: Fritz K., Gymn.-Prof.; Mutter: Hedwig, geb. Lindner), ev.-luth., verh. s. 1949 m. Sieglinde, geb. Schmidtke, 3 Söhne (Peter, Stephan, Christian) - Stud. Theol. u. Oriental. Univ. Breslau, Berlin, Göttingen, Princeton (USA). Dr. phil. 1948 Göttingen, Dr. theol. 1952 Münster; Habil. 1956 Münster - 1956 Privatdoz. Univ. Münster; 1961 Ord. Univ. Marburg (Dir. Sem. f. Ostkirchengesch.) - BV: Melchior Hoffman als religiöser Denker, 1954; Jakobit. Kirche im Zeitalter d. syr. Renaissance, 2. A. 1960; Amerika u. d. oriental. Kirchen, 1958; Kirchengesch. Nord- u. Südamerikas, 1963 (m. M. Begrich u. M. Jacobs); Arab. Quellen z. Christianisierung Rußlands, 1967; Gesch. d. Alten Kirche, 1967; Gesch. d. Mittelalterl. Kirche, 1967; Luther, 1969; D. ökumen. Idee s. d. Reformation, 1968; D. Christentum d. Ostens, 1972; Christl.-arab. Chrestomathie aus histor. Schriftst. d. Mittelalters, Bd. 1-2: Texte, Glossar, Übers., Kommentar, 1976-77; Il Cristianesimo d'Oriente, 1981; Ostkirchengesch. Bd. 1: D. Christentum in Asien u. Afrika, 1983. Bd. 2: D. Christentum im oström.-byzantin. Reich, 1982. Bd. 3: D. Christentum in Europa u. Asien im Zeitalter d. Kreuzzüge, 1982, Bd. 4: Christentum in Südost- u. Osteuropa, 1984; D. Chronik v. Arbela, Bd. 1-2: Text u. Übers., 1985 - 1942 Eisernes Kreuz II. Kl. (Dt. Afrikakorps); 1954 Preis Teylers Godgeleerd Genootschap Haarlem, 1963 Fellow Royal Asiatic Soc. of Gr. Brit. a. Ireland - Liebh.: Fotografie - Bek. Vorf.: Peter Friedr. Theodor K. (Päd., Schüler Pestalozzis, 1789-1844), Urgroßv.; Gustav K. (Lutherforsch., 1847-1918), Großv.; Siegfried K. (Päd., 1886-1936), Onkel; Georg K. (Archäol., 1856-1909), Großonkel.

KAWLATH, Arnold-Jürgen

Dr. rer. pol., Dipl.-Volksw., Geschäftsführer KCG-Kawlath-Consulting-GmbH (s. 1988), Generalbevöllmächtigter Gießereiprod. u. Armaturenber. b. Schubert & Salzer Maschinenfabrik AG, Ingolstadt (s. 1989) - Rosenstr. 15, 4152 Kempen 1 - Geb. 2. Aug. 1938 Duisburg (Vater: Erwin K., Werbefachmann; Mutter: Antonie, geb. Kaschub, verh. s. 1986 m. Ursula, geb. Haack, 4 Kd. (Sonja, Bertram, Tobias, Maximilian) - Dipl. 1963 Univ. Mainz; Wiss. Assist. Inst. f. Revisionswesen, Promot. 1969 Münster. Lehrbeauftr. Univ. Münster, 1970-72 Vertrieb Volvo BM Maschinenber., 1972-76 Geschäftslt. Volvo Deutschld. Vertriebsges., s. 1976 Vertriebsdir. Deutsche Fiat AG; 1979-82 stv. Geschäftsf. VOLVO Dtschl. GmbH, Dietzenbach; 1982-85 Vorst.-Mitgl. Girmes-Werke AG u. Grefrath Velour AG; 1985/86 Geschäftsf. Appel & Frenzel GmbH, Düsseldorf; 1986/87 selbst. Untern.berater - BV: Theoret. Grundlage d. Qualitätspolitik, 1967 - Liebh.: Segeln, Reiten - Spr.: Engl., Franz., Schwed.

KAWOHL, Marianne

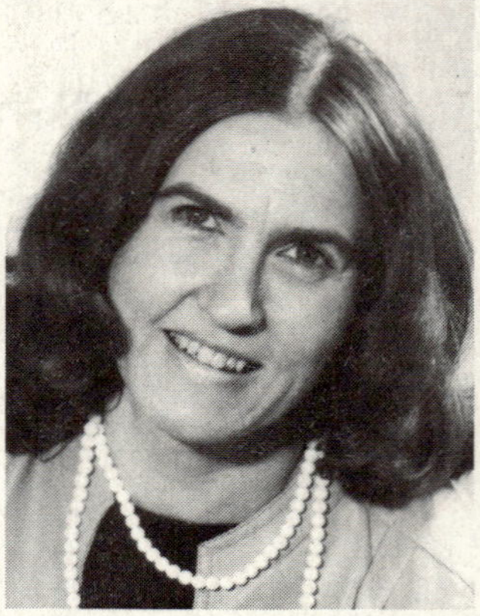

Dipl.-Päd., Schriftstellerin, Psychologin - Gutleutstr. 4, 7800 Freiburg i. Br. (T. 0761 - 47 38 59) - Geb. 14. Juli 1945 - Stud. Päd., Theol., Psych. u. German. - Buchübers., Redakt., Vortragstätigk. u. Rundfunkmitarbeit; Psycholog. u. Pädagog. Berat., u. a. - BV: ... und heirate nie! - nie?, Sachb. 1977; Tränen, d. niemand zählt ... Niemand?, R. 1977 (auch Finn.); Umwege, R. 1978; Im Schweigen vor d. Ewigen, Lyr. 1979; Liebe, d. alle (m)eint, Lyr. 1980 (auch in Blindenschrift); Was d. Wind zusammenweht, Lyr. 1981 (auch in Blindenschrift); Im Willen Gottes - Worte der hl. Julie Billart, 1981; Ich gestatte mir zu leben, Sachb. 1984; Geöffnete Hände, Lyr. 1984; D. Seinen gibt Gott Schlaf - Üb. d. Bedeut. d. Schlafes in d. Bibel u. in d. Therapie, Sachb. 1984; Nächte bestehen - Nächte vergehen, Lyr. 1985; Semantische Liebkosungen - Stürmischer als d. Wind, Wortsp., Lyr. 1986; Ich gestatte mir zu weinen - Wie man Traurigkeit durch Tränen überwindet, Sachb. 1987; Von Gott verlassen? - Meditationen zu d. sieben letzten Worte Jesu am Kreuz, 1988; Was Deine Träume sagen, Sachb. 1989; Heilkraft d. Musik, Sachb. 1989 - 2. Preis b. intern. Lyrik-Wettbewerb d. Wittener Künstlers Karlheinz Urban z. Thema Soli Deo Gloria - Spr.: Engl.

KAYMER, Günter
Dr. phil., o. Prof. f. Engl. Sprache u. Didaktik PH Rhld./Abt. Bonn - Hauptstr. 27, 5202 Hennef 1-Altenbödingen.

KAYN, Roland

Komponist, Programm-Ref. am Goethe-Inst. Amsterdam/Niederl. (s. 1970) - Zuidereind 124, 1243 KL's-Graveland/ NL - Geb. 3. Sept. 1933 Reutlingen, ev., verh. s. 1971 m. Lydia, geb. Onrust, T. Ilse-Emily - 1952-55 Stud. Musikhochsch. Stuttgart u. Kirchenmusiksch. Esslingen (Organistenex. 1955), sow. Staatl. Musikhochsch. Berlin, Kompos. b. Boris Blacher - 1959-84 Arbeitsaufenth. an d. Studios f. Elektron. Musik in Warschau, Köln, München, Mailand, Brüssel u. Utrecht; 1964-70 Lektor f. Neue Musik, NDR Hamburg - Erf. d. Kybern. Prozeß-Steuerung in instrum. u. elektron. Musik - Werke (instrumental): Evokation u. Tokkata f. Orch., 1955, Neufassung 1987; Metamorphosen f. Klarinette u. Orch., 1956, Neufassung 1988; Sequenzen f. Orch., 1957; Tage f. Neue Musik (UA, Hannover), 1969; Aggregate f. Blechbläser, Streicher u. Schlagw., 1958, Intern. Ferienkurse f. Neue Musik (UA, Darmstadt, 1959); Vectors I f. Kammerorch. (UA, Biennale Venedig, 1961); Phasen f. Sprachklänge u. 4 Schlagzeuggr. (UA, Biennale Venedig, 1962); Schwingungen f. 5 Klanggr. 1961/62 (UA, Festival Palermo, 1963); Inerziali f. 5-20 Spieler (UA, Donaueschingen, 1965); Allotropie f. multiple Instrumentalformationen (UA, Festival Warschauer Herbst, 1966); Signals f. 7 Klanggr. 1964-66, Reihe d. neue werk (UA, NDR Hamburg, 1966); Engramme f. 15 Spieler, 1971-74 (UA, SDR Stuttgart, 1980); Ektropie f. 1-4 Chöre u. 1-4 Orch., 1973-75; Gyron f. 1-4 Ensembles, 1975/76; Vectors III f. Orch., 1972-77; Syn. f. Chöre u. Orch., 1977; Chreodes f. Chor u. Orch., 1982/83; Supra f. Orch., 1988. Elektronisch: Cybernetics 1966 (UA, NDR Hamburg, 1969); Entropy PE 31, 1966-70 (UA, Staatsoper Hamburg, 1970); Simultan, Kybernetisches Projekt f. 1-5 Räume, 1970-72 (UA, Rijksmuseum Vincent van Gogh Amsterdam, 1976); Eon, 1975 (UA, Beethovenhalle Bonn, 1975); Makro, 1977/78 (UA, Muziekcentrum Utrecht, 1980); Choregraph. Fassung: Cosmic Circus v. Jo Roehrig, Ensemble Theater-Action, Fr. Akad. d. Künste, 1980; Infra, 1978/79 (UA, NOS-Radio Hilversum, 1982); Tektra, 1980 (UA, Muziekcentrum Utrecht, 1981); Ready-made I, II, 1982 (UA, Ars Electronica Linz, 1984); Scanning, 1982/83; Assemblage, Collage, Découlage, 1984; Cybernetic Serendipity, 1987; A Artificial Acoustic Environment, 1989. Zahlr. Schallplatten - 1958 Förderungspreis d. Bachpreises Hamburg; 1958 1. Preis Musikfestival Kairuzawa/Tokio; 1959 Rom-Preis; 1963 u. 64 Preise d. IGNM, Sektion Italien; 1965 Villa-Serpentara-Stip. d. Fr. Akad. d. Künste Berlin u. Preis d. 4. Biennale Paris - Spr.: Franz., Ital., Holl.

KAYSER, Beate
Dr. phil., Redakteurin, Feuilleton-Leit. tz München - Schleissheimer Str. 274, 8000 München 40 (T. 308 79 13) - Geb. in Hannover (Vater: Frederik K., Kunstmaler; Mutter: Ingeborg, geb. Meyer), ev., verh. m. Dr. Helmut Schmidt-Garre, S. Jan - Univ. München (German., Psych., Theater- u. Musikwiss.).

KAYSER, Dinah
s. Friedrich, Anita

KAYSER, Ernst-Dieter
Dipl.-Ing., Prof. f. Nachrichten-, Schaltungs- u. Verstärkertechnik GH Wuppertal - Dietrich-Bonhoeffer-Str. 61, 5608 Radevormwald.

KAYSER, Gustav-Adolf
Dr.-Ing., Prof. f. Grundgebiete u. Bauelemente d. Nachrichtentechnik GH Duisburg - Husumer Str. Nr. 4, 4330 Mülheim-Saarn.

KAYSER, Hans
Dr. phil., Museumsdirektor a. D. - Bergstr. 63, 6900 Heidelberg (T. 48 02 10) - Geb. 18. Jan. 1911 Teutleben (Vater: Wilhelm K., Pfarrer; Mutter: Hildegard, geb. Stolzenberg), ev., verh. s. 1941 m. Gisela, geb. Grabensee, 2 Kd. (Sabine, Julius) - Gymn. Gotha u. Eisenach; Univ. München u. Heidelberg. Promot. 1935 - 1937-40 Assist. Herzogl. Museum Gotha; s. 1941 Assist. u. Dir. (1943) Roemer-Pelizaeus-Museum Hildesheim. Vorstandsmitgl. Verein f. d. Kunde d. Natur u. Kunst d. Fürstentums Hildesheim (Museumsverein) - BV: D. Tempelstatuen ägypt. Privatleute im A. R. u. M. R., 1936; Göttl. Tiere, 1960; Kl. Gesch. d. Archäol., 1963; D. Mastaba d. Uhemka - E. Grab in d. Wüste, 1964; 100 Tore hatte Theben - Histor. Stätten am Nil, 1965; D. Pelizaeus-Museum zu Hildesheim, 1967; Ägypt. Kunsthandw., 1968. Versch. Museumsführer (Ägyptologie, Heimatkd.); Die ägyptischen Altertümer im Roemer-Pelizaeus-Museum in Hildesheim, 1973 - 1953 korr. Mitgl. Dt. Archäol. Inst.; 1967 Ordre National du Tschad.

KAYSER, Hans J.
Dr.-Ing., Prof. f. Straßenwesen, Erd- u. Tunnelbau RWTH Aachen, Präsident Dt. Straßenliga - Zu erreichen üb. Dt. Straßenliga, Kaiserpl. 14, 5300 Bonn 1, u. RWTH Aachen, Mies-van-der-Rohe-Str. 1, 5100 Aachen.

KAYSER, Hans-Wolfgang
Dr. med., Prof., Mitgl. d. Med. Fak. d. Rhein.-Westf. Techn. Hochsch. Aachen Gynäkologie u. Geb.hilfe, Chefarzt d. Itertal-Klinik, vormals wiss. Rat u. Prof. Klin. Anstalten TH Aachen - Eisenhütte Nr. 21, 5100 Aachen-Walheim (T. 88 44) (b. 6). Okt. 1911 W'tal., ev., verh. m. Lieselotte, geb. Wack, 3 Kd. - Univ. Göttingen, Münster, Berlin, Freiburg. Promot. 1936 Freiburg; Habil. 1947 Kiel - 1936 Assist. Univ. Freiburg (Pharmak. u. Physiol. Inst.), 1939 Univ.s-Frauenklinik Kiel, 1947 Privatdoz., 1953 apl. Prof. ebd., 1955 Chefarzt Städt. Frauenklinik Aachen, 1957 umhabil. Univ. Bonn, 1968 wie oben. 1969 Vors. Niederrhein.-Westf. Ges. f. Geburtshilfe u. Gynäk. Arbeiten üb. Röntgenunters. - Liebh.: Musik - Bek. Vorf.: Geheimrat Prof. Dr. Rudolf H. Lotze, Ord. d. Phil. Göttingen u. Berlin (Urgroßv. ms.).

KAYSER, Rolf
Dr.-Ing., Prof., Leiter Inst. f. Siedlungswasserwirtschaft TU Braunschweig (s. 1970) - Adolf-Bingel-Str. 2, 3300 Braunschweig - Geb. 11. Sept 1931 Oldenburg/O. (Vater: Wilhelm K., Maurerm.; Mutter: Wally, geb. Rüthemann), ev., verh. s. 1958 m. Gisela, geb. Fichlauer, 4 Kd. - N. Abit. Maurerlehre; Stud. Bauing.wesen. Dipl. (1958) u. Promot. (1967) Braunschweig - 1959-66 Wiss. Assist. TU Braunschweig; 1967-69 Obering. TH Wien; 1969-70 Forschungsassist. Univ. of Texas - BV: Sauerstoffzufuhr v. Abwasserbelüftern unt. Betriebsbedingungen, 1967 - 1966 Karl-Imhoff-Preis - Spr.: Engl.

KAYSER, Uwe
Dr. jur., Rechtsanwalt, Geschäftsf. GEFA Ges. f. Absatzfinanzierung mbH, Wuppertal, GEFA-Leasing GmbH, ebd. - Am Pfaffenbusch 17, 4000 Düsseldorf 12 - Geb. 23. Sept. 1940 Wohlau/Schlesien, alt-luth., verh. s. 1965 m. Renate, geb. Eichhorn, 2 S. (Joachim, Christian) - Gymn. Berlin, Stud. Rechtswiss. FU Berlin, Univ. de Lausanne, Philipps-Univ. Marburg/Lahn; Promot. 1967 Marburg/Lahn - Member of Board Dt. Credit Corp., Deerfield/Ill.; Vorstandsmitgl. Bundesverb. dt. Leasingges. (s. 1982) - BV: Auswahl d. Richter in d. engl. u. amerik. Rechtspraxis, 1969; Mitautor: Bankrecht u. Bankpraxis.

KAZMEIER, Fritz
Dr. med., Prof., Internist, Chefarzt - Zu erreichen üb. Städt. Krankenanstalten, Friedrich-Paffrath-Str. 100, 2940 Wilhelmshaven - Geb. 2. Sept. 1916 Nürnberg - S. 1951 (Habil.) Privatdoz. u. apl. Prof. (1957) Med. Akad. bzw. Univ. Düsseldorf (zul. Oberarzt II. Med. Klinik). Diverse Fachmitgliedsch. - BV: Grundriß d. traumat. peripheren Nervenschädigungen, 2. A. 1951 (m. Bodechtel u. Krautzun); Differentialdiagnose neurol. Krankheitsbilder, 2. A. 1962 (m. Bodechtel u. a.); Krisen b. Erkrank. e. d. Stoffwechsels u. d. inn. Sekretion, 1962 (m. Franken u. a.).

KAZMIERZAK, Herbert J.
Dr. rer. pol., Vorstandsvors. Hessische Landesbank (s. 1986) - Girozentrale -, Frankfurt/M. - Geb. 28. Sept. 1931, verh., 3 Kd.

KECK, Albert
Ing., Aufsichtsratvorsitzender VDO Adolf Schindling AG, Schwalbach/Ts. - Schöne Aussicht 39, 6236 Eschborn 2 (T. Kronberg 6 17 24) - Geb. 21. April 1928 (Vater: Hermann K., Beamter; Mutter: Cäcilie, geb. Steinwandel), kath., verh. s. 1955 m. Anna-Maria, geb. Herr, 3 Kd. (Eberhard, Andreas, Christine) - Lehre Uhren- u. Feinmechanik; Ausbild. Feinwerktechnik.

KECK, Ernst W.
Dr. med. (habil.), Prof., Abteilungsdirektor Univ.-Kinderklinik Hamburg (s. 1968) - Papenkamp 6, 2000 Hamburg 52 (T. 82 70 86) - Geb. 30. Aug. 1927 - Stud. d. Med. - Mehrj. USA-Aufenthalt (Mayo-Klinik Rochester). Vorles. üb. Kardiologie - BV: Pädiatr. Kardiol., Lehrb. 4. A. 1989 (auch span., ital., portug., jugosl.) - 1969 Mitgl. American College of Cardiology (FACC); 1976-79 Präs. Assoc. of European Paediatric Cardiologists - Spr.: Engl.

KECK, Rudolf W.
Dr. phil., Univ.-Prof. f. Schulpädagogik - Binderstr. 22, 3200 Hildesheim - Geb. 16. Okt. 1935 Schwäb. Gmünd, kath., verh. s. 1966, 2 Kd. (Christian, Friederike) - N. Abit. (1956 Bruchsal) PH Schwäb. Gmünd (b. 1959) u. Univ. Tübingen (Päd., Phil., Soziol., Gesch.; b. 1966). Promot. 1966 Saarbrücken - S. 1967 Lehrtätig. PH Braunschweig u. Hildesheim bzw. Univ. Hildesheim (1972; Ord.) - BV: Gesch. d. Mittl. Schule in Württ., 1968; Zielorient. Unterrichtsplanung, 1975; Hausaufg. - empir. untersucht, 1978; Kooperation Elternhaus-Schule, 1978; Schulleben konkret, 1979; Erzieh. ist unteilbar, 1981; Unterricht gliedern, zielorientiert lehren, 1983; Friedrich Spee v. Langenfeld, 1985; Medien zw. Kultur u. Kult, 1987.

Mitarb.: Handwörterb. d. Schulpäd. (1973/75);. Intern. Encyclop. of Educ., 1985. Herausg.: Unterrichten u. Erziehen (1979); Documenta Paedagogica (1981); Beiträge z. Hist. Bildungsforsch. (s. 1985); u.a.

KECK, Werner
Dipl.-Kfm., Prof. f. Betriebswirtschaftslehre, Finanzierung u. Bankbetriebslehre GH Siegen (s. 1971) - Peenemünder Str. 6, 4000 Düsseldorf 13 - Geb. 6. Dez. 1940 Gleiwitz/OS. (Vater: Eugen K.; Mutter: Else, geb. Heiland), ev., verh. s. 1962 m. Heidemarie, geb. Jannaber, 5 Kd. (Werner, Eugen, Sören, Arndt, Barbara) - Arndt-Gymn. Osnabrück; Univ. Münster (Dipl. 1965) - 1965 Klöckner Revisionsges., Duisburg; 1967 Industriekreditbank, Düsseldorf; 1969 Philips Electrologica, Siegen - Liebh.: Musik, Sport - Spr.: Engl., Franz.

KEEL, Anna

Malerin - Hottinger Str. 35, CH-8032 Zürich (T. 0041 - 147 10 25) - Geb. 16. April 1940 Karlmarxstadt, ev., verh. s. 1962 m. Daniel K., 2 Söhne (Jakob, Philipp) - 1962 Hammersmith School of Art London; 1963-65 Schülerin v. Albert Pfister (Zeichnen u. Malen) - BV: Bilder u. Zeichnungen, 1979; Porträtzeichnungen, 1979; Zeichnungen 1983; Bilder u. Zeichnungen, 1987; Polaroid-Katalog, Modelle v. Anna Keel, 1988. Ausst. I.: Personaggi di Anna Keel, Galleria Paverio Mailand 1987 (Portrait, Stilleben, Akte). 1988 Einzelausst. im Folkwang Museum Essen - 1984 Stip. Akad. d. Künste Berlin - Liebh.: Menschen - Spr.: Engl., Franz., Ital. - Bek. Vorf.: Eduard Stucken, Schriftsteller (Urgroßonkel) - Lit.: Federico Fellini, Vorw. zu Bilder u. Zeichnungen (1976); Wieland Schmied, Jan McEwan in Kat. (1987); Bilder + Zeichng. Dumont.

KEEL, Daniel
Verleger Diogenes Verlag Zürich - Zu erreichen üb. Diogenes Verlag, Sprecherstr. 8, CH-8032 Zürich (T. 01 - 254 85 11) - Geb. 10. Okt. 1930 Einsiedeln/Schweiz (Vater: Joseph K.; Mutter: Andrée, geb. Sutter), kath.,

verh. s. 1962 m. Anna, geb. Diekmann, 2 Söhne (Jakob, Philipp) - Ausb. als Buchhändler - Liebh.: Lit., Kunst - Spr.: Engl., Franz.

KEESE, Angela

Dipl.-Psych., Prof. f. Psychologie d. Sprachbehinderten PH Heidelberg - Witzlebenstr. 18, 8500 Nürnberg.

KEESE, Dietmar

Dr. oec. publ., Wiss. Mitarbeiter Univ. d. Bundeswehr, München - Joh.-Sebastian-Bach-Str. 12, 8000 München 19 - Geb. 6. Febr. 1933 Bremen, ev., verw., 3 Töcht. (Elisabeth, Brigitte, Katharina) - Kaufm. Lehre; Dipl.-Kfm. 1958 München, Dipl. in Europ. Stud. 1960 Saarbrücken, M.A. (Econ.) 1962 Univ. Pittsburgh PA/USA, Promot. 1963 Univ. München - S. 1966 Stadtrat München, s. 1982 Vors. SPD-Stadtratsfraktion.

KEESMANN, Karl-Ingo

Dr. rer. nat., Dipl.-Chem., Prof. Univ. Mainz (s. 1974) - Kurt-Schumacher-Str. 28, 6501 Zornheim (T. 06136 - 4 45 57) - Geb. 1. Juli 1937 Schleusingen (Vater: Wilhelm K., Studienrat; Mutter: Carola, geb. Jung), ev., verh. s. 1964 m. Dr. med. Erika, geb. Thierhoff, 3 Kd. (Kirsten-Greth, Anja Sabine, Sven Michael) - Dipl.ex. 1964 Würzburg, Promot. 1968 ebd. - 1969-74 Prof. de Minéral Univ. Nat. du Zaire, Kinshasa/Zaire - Liebh.: Vor- u. Frühgesch., Gartenb., Landwirtsch., Philat. - Spr.: Franz., Engl.

KEFER, Linus

Prof., Schriftsteller - Römerstr. 46, A-4020 Linz/Donau; A-5230 Mattighofen/Inn - Geb. 21. Juli 1909 Garsten (Öst.), kath., verh. s. 1937 m. Luise, geb. Riessner, 2 Kd. - Realsch. (Matura) u. Lehrersem.; journ. Ausbild.; 1930-33 u. 1949-60 Lehrer, 1933-40 u. 1945-49 fr. Schriftst. u. Redakt., 1940-45 Soldat, 1960-74 Beamt. Oberöst. Landesreg. (Kulturabt.) - BV: D. Sturz d. Blinden, R. 1938, NA. 1952 (m. Illustr. v. Prof. A. Kubin); D. Nacht d. Hirten, Ged. 1943; D. Sommergöttin, Ged. 1951; D. verschlossene Zimmer, Erz. 1959; Weissagungen d. Regenmacher, Ged. 1969. Filme: Land zwischen Donau u. Inn, Gesang üb. d. Äckern, Fenster z. Glück u. a.; Hörsp.: E. Winterabend (1966), Neubearb.: Oliver Goldsmith, D. Vikar v. Wakefield, 1953 (illustr. v. Kubin); Mitarb. an Sammelbd. f. Lyrik u. Prosa - 1965 Prof. h. c. (Österr.); 1943 Lit.preis Gau Oberdonau, 1951 Österr. Adalbert-Stifter-Preis Land Oberösterr., 1963 Lit.preis Dr.-Theodor-Körner-Stiftg. Wien - Liebh.: Reisen, Wandern.

KEGEL, Eberhard

Dr. jur., Berater KG Schneider-Senator Verkaufs-GmbH & Co., Hamburg - Am Ihlsee 16A, 2360 Bad Segeberg (T. 04551 - 8 23 38) - Geb. 27. Aug. 1914 Zethlingen (Vater: Paul K., Superint.; Mutter: Else, geb. Volland), ev., verh. s. 1940 m. Käthe-Lotte Le Fèvre †, 3 Kd. (Barbara, Dorothea, Eberhard) - Abit. 1933 Stendal; 1933-37 Jura-Stud. (Refer. u. Promot. 1938) - B. 1979 Geschäftsf. u. Gesellsch. Nordd. Polygraphika GmbH & Co. u. KG Schneider-Senator, bde. Hamburg - Liebh.: Klass. Lit., Sammeln alter Stiche - Spr.: Engl., Latein, Griech.

KEGEL, Gerhard

Dr. jur., Dr. h.c., em. o. Prof. f. Intern. Recht - Am Steinrausch 3, 5533 Hillesheim (T. 06593 - 3 34) - Geb. 26. Juni 1912 Magdeburg (Vater: D. Dr. Martin K., Oberkonsistorialrat; Mutter: Wilhelmine, geb. Schönbach), ev., verh. s. 1940 m. Irmgard, geb. Vethake, 4 Kd. - Univ. Erlangen, Göttingen, Berlin - 1936-41 Assist. u. Ref. Kaiser-Wilhelm-Inst. f. Ausl. u. Intern. Privatrecht, Berlin; s. 1945 Assist., Privatdoz. (1946) u. Ord. (1950-78) Univ. Köln - BV: Probleme d. Aufrechnung, 1938; Einwirkung d. Krieges auf Verträge, 1941 (m. Rupp u. Zweigert); Art. 1-11, 13-31 EGBGB, in: Soergel, Kommentar z. BGB, 1984; Intern. Privatrecht, 1987; The Crisis of Conflict of Laws, in: Recueil des Cours, II 1964 - Ehrendoktor.

KEGEL, Helmut

Dipl.-Ing., Dr.-Ing. E. h. - Mozartstr. Nr. 38, 4010 Hilden/Rhld. (T. 02103 - 4 43 43) - Geb. 3. Juli 1914 Bochum (Vater: Prof. Dr. h. c. Karl K., zuletzt Ordinarius f. Bergbaukd. Bergakad. Freiberg (s. XIII. Ausg.); Mutter: Hilda, geb. Riemer), ev., verh. s. 1943 m. Hedwig, geb. Müller, 2 Kd. (Margret, Gert) - Reform-Realgymn. Freiberg/-Sa.; TH München, Bergakad. Freiberg, TH Aachen (Dipl.-Ing. 1949) - 1946-52 Betriebsassist. u. -ing. Hüttenwerk Oberhausen; s. 1952 Assist. d. Geschäftsfg., Geschäfts- (1955), Hauptgeschäftsf. (1966) u. gf. Vorstandsmitgl. (1967/79) VDEh. 1968/79 Mitgl. Aussch. f. Techn. Forsch. Kommiss. d. Europ. Gemeinschaften - 1978 Gr. BVK - Spr.: Engl., Franz.

KEGEL, Otto H.

Dr. phil., Prof., Lehrstuhlinh. f. Mathematik (s. 1970) - Universität, 7800 Freiburg/Br. - Geb. 20. Juli 1934 Bethlehem (USA) - Promot. (1961) u. Habil. (1966) Frankfurt/M. - S. 1966 Lehrtätigk. Tübingen, Köln, London, Freiburg - BV: Locally finite groups, (m. B. A. F. Wehrfritz) 1973.

KEGEL, Wilhelm H.

Dr. rer. nat., Wiss Rat, Prof. f. Astrophysik Univ. Heidelberg - Dreikreuzweg 73, 6903 Neckargemünd - Zul. Privatdoz. Heidelberg.

KEHLE, Helmut

Dr. agr., Vors. Kreisbauernverb. Ravensburg u. Obstbaugenossensch. Ravensburg e.G. - Albertshofen 5, 7980 Ravensburg (T. 0751/2 34 39) - Geb. 14. Jan. 1922 Riedingen (Vater: Gustav K., Müller u. Kaufm.; Mutter: Berta, geb. Blersch), kath., verh. s. 1954 m. Rosemarie, geb. Bauknecht, 3 Töcht. (Brigitte, Rosemarie, Susanne) - Obersch.; LH Hohenheim (1950 Dipl.-Landw., 1952 Promot.) - 1950-53 Assist. LH Hohenheim (Inst. f. landw. Betriebslehre); 1953-55 Landw. Fachberat. Kali-Chemie AG, Hannover.

KEHLER, Dieter

Regisseur u. Autor - Hunnebüll, 2263 Stedesand (T. 04662 - 41 04) - Geb. 26. Dez. 1949 Berlin, ledig - 1966-72 Stud. Theaterwiss., Publiz., Soziol., Politol. FU Berlin - Regiss. (Film, Fernsehen, Theater), Autor - Theater: u.a. Dt. Kleinstädter (1957 Frankfurt), Bitterer Honig (1976 Stuttgart), Dear Daddy (UA. 1977 Frankfurt), Acapulco, Madame (1978 Frankfurt), D. Falle (1979 Hamburg), Blithe Spirits (1980 Hamburg), Todesfalle (UA. 1981/82 Hamburg/Stuttgart), D. Reigen (1983 Schleswig), Treppauf Treppab (1984 Hamburg/Stuttgart), Revanche (1985/86 München/Stuttgart), Anne Frank (1987 Frankfurt), Gigi (1987 Hamburg). TV-Filme: u.a. St. Pauli Landungsbrücken (1979-81), Kontakt bitte, Unheiml. Gesch. (1982-84), Rummelpl.gesch. (1985), Detektivbüro Roth (1986), Kasse bitte (1987/88), Auch d. noch (1988), Drei Damen v. Grill (1988), Ich, Dieter Howald - Dt. Kinopreis - Spr.: Franz., Engl., Niederl.

KEHLMANN, Michael

Prof. s. 1980, Regisseur, Schriftst. - Rud. Waisenhorng. 77, A-1235 Wien - Geb. 21. Sept. 1927 Wien (Vater: Eduard K., Ministerialrat; Mutter: Hilde, geb. Bass), verh. s. 1974 m. Dagmar, geb. Mettler, S. Daniel - Stud. German. u. Phil. - 1956-58 Oberspiell. Hess. Rundfunk (Fernsehen); s. 1988 Hauptabt.-Leit. Fernsehspiel b. ORF Wien. Div. Schauspielrollen. Üb. 100 Fernseh- u. 80 Bühneninsz. - BV: D. entscheidende Stunde, 1948; Televisionen, 1963. Versch. Theaterst. u. Fernsehspiele - 1966 Kainz-Med. Wien - Spr.: Engl.

KEHR, Günter

Dr. phil., Prof., Musiker (Geiger, Dirig.) - Friedrich-Naumann-Str. 9, 6500 Mainz (T. 8 91 98) - Geb. 16. März 1920 Darmstadt, ev., verh. s. 1945 m. Friedel, geb. Harth, 2 Söhne (Stefan, Christof) - Gymn. Darmstadt u. Mainz; Univ. Köln (Promot. 1941) u. Berlin (Musikwiss.); Geigenausbild. Alma Moodie u. Prof. Hermann Zitzmann, Köln - 1953 b. 1961 Dir. Peter-Cornelius-Konservat. Mainz (Leit. Ausbildungskl. f. Violine); b. 1960 zugl. Doz. Inst. f. Musik ebd.; s. 1960 Leit. Kammermusikkl. Musikhochsch. Köln. Geiger Kehr-Trio; Leit. Mainzer Kammerorch.; Gastdirigent. Konzertreisen in allen Weltteilen. Einspielung zahlr. Schallplatten. Zahlr. Herausg. u. Fachveröff.

KEHR, Theodor Christian

Diverse Beirats- u. Aufsichtsrats-Mandate, Spezialgebiet: tätiger Beirat bzw. berichterstattender AR - Flurstr. 11, 2057 Wentorf/Hbg. (T. 040 - 7202409) - Geb. 30. Okt. 1924 Bad Kripp (Vater: Theodor K., Dir.; Mutter: Ola, geb. Imkamp), kath., verh. s. 1952 m. Ingeborg, geb. Schmitte), 2 Kd. (Eva-Carola, Angelika) - Humboldt-Gymn. Köln (Abit.); Kriegsdienst (akt. Offizier Dt. Luftw., sowj. Kriegsgefangensch.) - 1950-64 Bresges-Gruppe Rheydt/Mönchengladbach (Verkaufsdir., Generalbevollm.), 1965-77 Otto Versand Hamburg, Vorstandsmitgl. Vertrieb u. Beteiligungen; ARs- u. Beiratsmandate.

KEHR, Wolfgang

Prof., Dr. phil., Direktor Univ.sbibliothek Freiburg (s. 1967) - Werthmannplatz 2, 7800 Freiburg/Br. (T. 203 - 39 01) - Geb. 8. Juli 1931 Darmstadt - Univ. Mainz u. Marburg (Angl., German., Phil., Päd.). Promot. 1957; II. Bibliothekarex. 1959 - Stadt- u. Univ.sbibl. Frankfurt/M. (1964 Oberbibl.srat) - Herausg.: Z. Theorie u. Praxis d. Modernen Bibl.swesens, Handb. Bd. 1-3 (1976).

KEHREIN, Peter

Buchhändler, Verleger - Engerser Str. 40, 5450 Neuwied (T. 02631 - 2 22 01) - Geb. 30. Okt. 1938 Neuwied, ev., verh., 2 Kd. - Bankkfm. u. Buchhändler - 1968-76 im Prebyterium d. Ev. Marktkirchengemeinde, Neuwied; 1971-74 Vors. ERFA-Gruppe Eifel-Pfalz; 1986-88 AR Marketing-Ges. Roter Punkt, Leonberg; 1988-91 1. Vors. Landesverb. d. Verleger u. Buchhändler Rhld.-Pfalz, Mainz - Mithrsg. Neuwied, Bildbd. (1982) - Liebh.: Chorsingen, Violoncello - Spr.: Engl., Franz.

KEHREN, Jakob

Dr. jur., Vorstandsmitglied i.R. - Am Hirschsprung 63, 1000 Berlin 33 - Geb. 15. Jan. 1922 Kleve, verh., 2 Kd. - Vorstandsmitgl. National-Bank AG., Essen; 1967-81 Vorst. Berliner Bank AG., Berlin. Vors. Sozialpolit. Aussch. Bankenverb. Berlin. Beirats- (u. a. Vors. WKV Waren-Kredit-Bank GmbH., Berlin) u. AR-Mandate.

KEHRER, Fritz

Dr. phil., Prof., Hochschullehrer f. Päd. - H.-Wißmann-Str. 19, 7140 Ludwigsburg-Neckarweihingen (T. 07141 - 52167) - Geb. 4. Juni 1922 Crailsheim/Württ. - S. 1957 Lehrtätigk. Päd. Inst. Stuttgart u. Päd. Hochsch. Ludwigsburg (1962; Prof. f. Systemat. u. histor. Pädagogik), 1965-71 Prorektor u. Rektor PH Ludwigsburg, 1970-71 Vors. Rektorenkonferenz Bad.-Württ. S. 1985 i. R. Facharb.

KEHRER, Hans

Dr. med., Prof., Nervenarzt - Hittorfstr. 46, 4400 Münster/W. (T. 8 13 46) - Geb. 19. Dez. 1917 Stuttgart (Vater: Prof. Dr. med. Ferdinand K., 1925-53 Ord. u. Dir. Univ.s-Nervenklinik Münster (s. X. Ausg.); Mutter: Erna, geb. de Lemos), ev., verh. m. Nora, geb. Leistner, 2 Kd. (Tom, Sabine) - Gymn. Münster; 1937-44 Univ. Freiburg/Br., Berlin, Prag, Münster - B. 1956 Assist., dann Oberarzt, s. 1964 Wiss. Rat u. Prof., s. 1966 Leit. Kinder- u. Jugendpsychiatr. Abt. Univ.s-Nervenklinik Münster (1951 Privatdoz., 1957 apl. Prof.) - BV: D. Hydrocephalus internus et externus, 1955; D. cerebrale Gefäßsklerose, 1959; Kindl. Autismus, Hrsg. S. Karger-V., Basel 1978. Publ. über Verhalt.stherapie, Anorexia nervosa - Liebh.: Musik, mod. Kunst - Spr.: Engl., Franz. - Bek. Vorf.: Geh. Hofrat Prof. Dr. K., Begr. d. konservativen Kaiserschnitts (Großv.); Caroline Flachsland, Frau d. Dichters Johann Gottfried v. Herder.

KEHRIG, Manfred

Dr. phil., Oberst a. D. u. d. R., Ltd. Archivdirektor Bundesarchiv-Militärarchiv - Wiesentalstr. 10, 7800 Freiburg/Br.

KEIDEL, Eugen

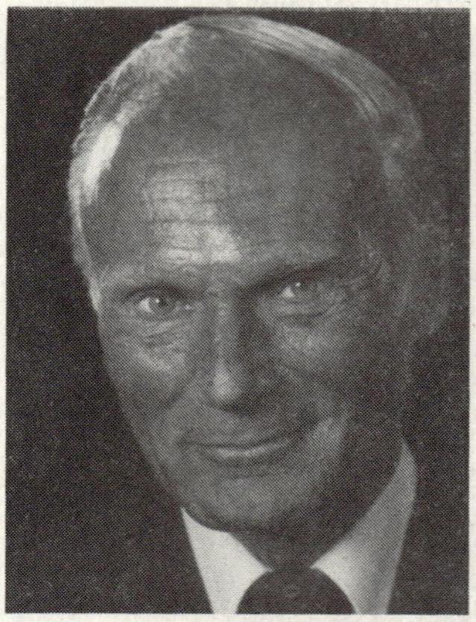

Dr. jur., Oberbürgermeister i.R. Freiburg/Br. (1962-82) - Schwimmbadstr. 8, 7800 Freiburg/Br. (T. 0761 - 216 30 00) - Geb. 4. Sept. 1909 Mannheim (Vater: Dipl.-LW. Dr. agr. h. c. Georg K., Präs.; Mutter: Auguste, geb. Geil), verh. m. Cläre, geb. Wittmer - Humboldt-Gymn. Karlsruhe; Univ. Freiburg, München, Berlin, Heidelberg (Rechts- u. Staatswiss., Volkswirtsch.). Promot. Studienaufenthalte: Ital., Engl., Ung., USA, Afrika - 1938-46 Masch.fabrik Buckau R. Wolf AG, Magdeburg; 1947-62 Stadtverw. Karlsruhe, Stadtdir.). 1969 Ehrensenator Univ. Freiburg. In versch. AR, Beiräten u. Vereinig. - 1967 Großkreuz d. souveränen Malteser-Ritterordens; 1970 Gr. BVK; 1971 Komturkreuz v. Ital. (Commendatore); 1974 Officier de l'Ordre d. Palmes Academiques; 1976 Großkreuz m. Stern v. Afrika, Rep. Liberia; 1980 Verdienstmed. v. Baden-Württ.; 1981 Gr. BVK m. Stern - Liebh.: früher mehrere Flugscheine (dar. f. Kunstflug), Skilaufen, Wandern.

KEIDEL, Wolf-Dieter

Dr. med., Prof. f. Physiologie - Am Mailwald 8, 8520 Erlangen (T. 2 15 35) - Geb. 14. Dez. 1917 Geimersheim/Bay. (Vater: Georg K.; Mutter: Fanny, geb. Dotterweich) - Univ. Würzburg, Wien, München - S. 1949 (Habil.) Privatdoz., apl. (1955) u. o. Prof. (1961) Univ. Erlangen bzw. -Nürnberg. Alumnus School for advanced Study MIT Cambridge/USA. Mitgl. in- u. ausl. Fachges. Zahlr. Veröff. (Sinnesphysiol., bes. Gehör u. Vibrationssinn, u. Informationsverarb. im menschl. Zentralnervensystem) - Silb. Med. Univ. Graz; Mitgl. New York Acad. of Sciences, Fellow Acoustical Soc. of America, Finn. Akad. d. Wiss., Dt. Akad. d. Naturforscher (Leopoldina).

KEIENBURG, Siegfried

Fabrikant, gf. Gesellsch. Karl Keienburg Hebezeug- u. Kranbau GmbH. & Co. u. Keienburg GmbH., bde. Essen; Beirat VDMA, Handelsrichter - Burggrafenstr. 5, 4300 Essen 1 - Geb. 21. Juli 1920 - Ing.

KEIL, Annelie

Dr. phil., Prof. f. Erziehungswissensch. (Schwerp.: Allg. Päd. u. Sozialp.) Univ. Bremen - Landstr. 16, 2856 Sandstedt-Rechtebe.

KEIL, Christoph
Dr. jur., Rechtsanwalt, Geschäftsf. Verein dt. Versicherungsmakler, Syndikus Jauch & Hübener - Katharinenstr. 4, 2000 Hamburg 11 (T. 040-360 52 88) - Geb. 15. Aug. 1936 Dresden (Vater: Prof. Dr.-Ing. Karl K.; Mutter: Alice, geb. Gebhardt), ev., verh. s. 1970 m. Jutta-Irene, geb. Krebs, 3 Kd. (Annette, Caroline, Christopher) - 1953-62 Ausb. Handelsschiffskapitän auf gr. Fahrt A 6; Begabtenabit. 1963; Stud. Rechtswiss. Univ. Göttingen; Promot 1973 Göttingen u. Ass.ex. Hamburg.

KEIL, Eduard
Dipl.-Volksw., Geschäftsführer Bad. Sparkassen- u. Giroverb. - Augustaanlage 33, 6800 Mannheim.

KEIL, Ernst-Edmund

Schriftsteller, Rezitator, Referent (Lit., Kunst) d. Kulturstiftg. d. dt. Vertriebenen Bonn - Orsbeckstr. 13, 5483 Neuenahr-Ahrweiler (T. 02641 - 3 57 09) - Geb. 12. Dez. 1928 Huckingen, ev., gesch., v. Kd. (Angela, Enrique-José, Silvia, Daniel) - Stud. German., Angl., Kunstgesch.; 1. u. 2. Staatsex. 1957 u. 1960 Bonn - Studienass. in Oberhausen u. Mülheim, Studienrat in Krumbach/Schw. u. Landshut/Niederbay., zul. in Bonn; 1963-73 German.-Prof. Univ. Valencia/Spanien; später Verlagslektor, Redakt., Rezitator, Verleger, Schriftst. u. Übers. (VS, VdÜ, Shakespeare-Ges., Ibero-Club) - BV: Einladung nach Schuld I u. II, Ged. 1982/84; Licht d. Levante I u. II, Ged. u. Prosa 1983/84; Augenblicke früh, Ged. 1986; Vernissage, Ged. 1986; Rückkehr nach Ithaka, Ged. 1986; Tod e. Puppe, Prosa 1980; Hund m. Dame, Prosa 1984; Hommage á Kafka, Prosa 1988; Rückkehr a.d. Ahr, Prosa 1989; Übers.: W. Shakespeare, Ausgew. Sonette 1980; Fray Luis de León, Ausgew. Ged. 1989; Rodrigo Rubio, Gepäck d. Liebe, R. 1967; Ignacio Aldecoa, Bitter wie e. Zitronenschale, Erz. 1969; ferner Dramen v. A. Casona, B. Vallejo, M. Mihura, J. Diaz, O. Dragún; Anthologien (span./deutsch); Gryphius, Novelia, Hölderlin, Frühexpressionismus; hrsg. in span.: Goethe, Brecht, P. Weiss, Hochhuth, Michelsen, N. Sachs, Schnurre, Eich, Elsner. Herausg. mehrerer Leseb. u. Mithrsg. e. Lit. Ztschr. u. Ztg. sow. zweier Jahrb. - 1979 (3 Preis) Joseph-Dietzgen-Preis f. Kurzgesch. - Liebh.: Grafik, Fotografie - Spr.: Engl., Franz., Span. - Lit.: div. Besprech. in Ztg. u. Ztschr., Vorworte (Prof. Ludwig Schrader, Prof. B. Kreutzberg).

KEIL, Gerhard
Pädagoge, stv. Landrat a. D. Kr. Gießen, MdL Hessen (1976-85) - Rosenweg 38, 6302 Lich 1 (T. 06404 - 74 92) - Geb. 28. April 1945 Beuern/Hessen, verh. s. 1974 m. Waltraud, geb. Stöppler - Lehrerstud. Gießen - Päd. Leit. Stv. Bezirksvors. CDU Mittelhessen - Liebh.: Jagd, Sport - Spr.: Engl., Span.

KEIL, Gundolf
Dr. med., Dr. phil., o. Prof. d. Geschichte d. Medizin - Birkenstalstr. 6, 8707 Veitshöchheim/Ufr. - Geb. 17. Juli 1934 Wartha/Schles. (Vater: Walther K., Kaufm. Direktor; Mutter: Lucie, geb. Bremer), kath., verh. s. 1968 m. Annemarie, geb. Flach - Univ. Heidelberg (Klass. Philol., German., Geowiss., Volkskd.; Promot. 1961), Göttingen u. Bonn (Med.; Promot. 1969). Habil. 1971 Freiburg/Br. - S. 1973 Ord. u. Vorst. Inst. f. Gesch. d. Med. Univ. Würzburg. 1969 Prof. Univ. Stockholm; 1971-73 Kommiss. Dir. Inst. f. Gesch. d. Med. Univ. Marburg; 1974/75 u. 1976 Vors. Physik.-med. Ges. Würzburg; s. 1982 Mitvorst. (s. 1986 geschäftsf. Vorst.) Gerhard-Möbus-Inst. f. Schlesienforsch. Univ. Würzburg. Viele Facharb. (auch Bücher). Herausg.: D. Cirurgia Peters v. Ulm (1961); D. Kurze Harntraktat d. Breslauer Codex Salernitanus (1989); Würzburger medizinhist. Forsch. (1975ff.); Fachprosaforsch. (1974); Fachprosa-Stud. (1982); Nürnberger Kodex Schürstab (1981/83); gelërter der arzenîe, ouch apotêker. Beitr. z. Wiss.gesch. (1982); DFG, Kommiss. f. Humanismusforsch.: Namensregister zu d. Mitt. I-XII (1987); Sudhoffs Archiv. Zeitschr. f. Wiss.gesch. (1985ff.). Mithrsg.: Fachlit. d. Mittelalters. Festschr. G. Eis (1968); Guy de Chauliac: Chirurgia magna, Lyon 1585 (1976); D. dt. Lit. d. Mittelalters. Verfasserlexikon, 2. A. (1978ff.); Ars medica, Abt. IV: Landessprachige u. mittelalterl. Med. (1978ff.); Scripta. Mediaeval and Renaissance Tests and Studies (1980ff.); Medizin im mittelalterl. Abendland (1982); Caspar-Stromayr, Practica copiosa (1983); Würzburger medizinhist. Mitteilungen (1983ff.); Humanismus u. Medizin (1984); Arzt u. Poet (1983-84); Fortschr. d. Med. (ab Bd. 102, 1984ff.); Istorgia dalla Madaschegna. Festschr. N. Mani (1985); Psychiatrie auf d. Wege z. Wiss. (1985); Schlesien als Aufgabe interdisziplinärer Forsch. (1986); Schlesische Forsch. (1986ff.); Wissenslit. im Mittelalter (1987ff.); D. Humanismus u. d. oberen Fak. (1987) - 1954 Scheffelpreis; 1976 Orden Ritter v. Hl. Grab zu Jerusalem - Liebh.: Fernwanderungen, Feldornithol., Gehölzflora - Spr.: Niederl., Engl., Franz.

KEIL, Harald G. G.
Dr.-Ing. Prof. f. Textilingenieurwissenschaften Univ. Hamburg - Starweg 40, 2070 Ahrensburg (T. 04102 - 5 73 02) - Geb. 18. Nov. 1933 Striegau/Schles. (Vater: Herbert K., Verm.-Rat; Mutter: Johanna, geb. Goebel), ev., verh. s. 1961 m. Gabriele, geb. Bertram, 2 Kd. (Andreas, Antje) - Ing.-Stud., Dipl. 1961 TH Hannover, Promot. 1974 TU Hannover - 1961 wiss. Angest. Univ. Hamburg, 1969 Wiss. Rat; 1980 Prof. Univ. Hannover; 1983 TU Hamburg-Harburg; s. 1986 Univ. Hamburg - Spr.: Latein, Engl., Franz.

KEIL, Hilger
Präsident Landesarbeitsgericht Frankfurt - Adickesallee 36, 6000 Frankfurt/M.; priv.: Berliner Str. 11, 3550 Marburg - Geb. 12. April 1937, verh., 3 Kd.

KEIL, Ottomar
Dr., Ministerialdirektor, Hess. Minister f. Landesentw., Umwelt, Landwirtschaft u. Forsten - Hölderlinstr. 1-3, 6200 Wiesbaden.

KEIL, Rolf-Dietrich
Dr. phil., Prof., Slawist - Kurfürstenallee 58, 5300 Bonn 2 (T. 0228 - 36 24 59) - Geb. 8. Jan. 1923 - Promot. 1955 - 1974ff. Studienprof. Bonn - Div. Facharb. 1987 Gründer u. Vors. d. Dt. Puschkin-Ges. - 1983 Johann-Heinrich-Voss-Preis Dt. Akad. f. Sprache u. Dicht. (f. d. Übers. v. Puschkins Versroman Eugen Onegin); 1985 Bildmonogr.: Gogol.

KEIL, Siegfried
Dr. phil., Dr. theol., o. Prof. f. Sozialethik Univ. Marburg (s. 1986) - Vogelsbergstr. 27, 3550 Marburg - Geb. 24. April 1934 Kiel (Vater: Otto K., Tischlerm.; Mutter: Anni, geb. Völcker), ev., verh. s. 1959 m. Ingeborg, geb. Kolbe, 4 Kd. (Gernot, Hartmut, Volkmar, Hiltrud) - Hebbel-Sch., Kiel; Univ. Kiel, Tübingen, Marburg. Promot. 1959 (th.) u. 61 (ph.) Kiel; Habil. 1969 Marburg - 1972-80 Prof. f. Sozialpäd. PH Ruhr, Dortmund (1979 Rektor); 1980-86 Prof. Univ. Dortmund. S. 1973 Präs. Ev. Aktionsgem. f. Familienfragen, Bonn - BV: Sexualität, 1966; Aggression u. Menschlichkeit, 1970; Familien- und Lebensberatung, 1975; Emanzipatorische Familienarbeit, 1981; Studienreform u. Handlungskompzetenz, 1981 - 1982 Gold. Sportabz.; 1986 BVK am Bde. - Spr.: Engl.

KEIL, Wolfgang
Dr. rer. nat., Dipl.-Psych., Wiss. Rat (Psycholog. Institut), Prof. f. Psych. m. bes. Berücks. d. Päd. Univ. Münster (s. 1974) - Veghestr. 26, 4400 Münster/W. - Geb. 28. Jan. 1944 Ingelheim/Rh. - Promot. 1969 Mainz; Habil. 1973 Münster - BV: Kommunikation u. Rezeption, 1974.

KEILHACK, Irma,
geb. Schweder
Senatorin a. D. - St.-Jürgen-Str. 32, 2000 Hamburg 72 (T. 644 87 32) - Geb. 25. Jan. 1908 Hamburg, verh. s. 1935 m. Adolf K. (s. XIV. Ausg.), 1 Kd. - Volkssch.; kaufm. Lehre; Fach- u. allg. bild. Kurse, 1/2 J. Heim-VHS Tinz - Angest. Privatbetriebe, Genoss. u. Gewerksch. - s. 1927 SPD; s. 1931 Vors. SAJ Hamburg; 1933 SPD, spät. fr. Berufstätig., n. 1945 ehrenamtl. Mitarb. Vorstandsgremien SPD u. kommunale Einrichtungen Hamburg, 1949-61 MdB (Mitgl. SPD-Frationsvorst.), s. 1958 Mitgl. SPD-Vorst., 1961-70 Senator u. Präses Jugendbehörde Hamburg, 1966-74 Mitgl. Hbg. Bürgersch.

KEILHOLZ, Georg Erwin
Realschulrektor, MdL Bayern (CSU, 1974-78) - Von-Ketteler-Str. 11, 8553 Ebermannstadt (T. 09194 - 612) - Geb. 1930 Bamberg.

KEILHOLZ, Inge
Schriftstellerin - Dohlenweg 1, 5828 Ennepetal 14 (T. 02333 - 39 21) - Geb. 13. Juli 1929 Hannover, verh. s. 1954 m. Dr. Ing. Friedrich K., 6 Kd. (Adelheid, Constanze, Ulrich, Bettina, Friederike, Wieland), 3 Pflegekd. (Raphaela, Uwe, Patrick) - Abit.; Direktionssekr.; Stud. Belletristik - BV: Kurzgesch., Kinder- u. Jugendb., u.a. Wie viele Beine hat Tiburtius?, 1975; Unser kl. Langschläfer, 1976; Neuaufl. m. neuem Titel: Nicht so eilig, nicht so hastig; Cornelia u. ihr Meerschweinchen, 1976; Turbulente Wochen, 1976; Ratz, Struppi u. Frau Poppelbaum, 1977; Was ist m. Tiburtius los?, 1977; Ernesto u. d. zottelige Pony, 1978; Besuch auf d. Heidehof, 1978; ... und zwei Ponys, 1979 - Beitr. in Anthol. Ruhrtangente u. Spiegelbild; Advent, Weihnachten, Jahreswende - Liebh.: Sport, Musik - Spr.: Engl., Franz.

KEILMANN, Ernst
Dr. rer. pol., Dipl.-Volksw., Fabrikant, Inh. u. Geschäftsf. Chemische Fabrik Badenia - Am Oberen Luisenpark 31, 6800 Mannheim 1 (T. 0621 - 41 67 45) - Geb. 18. April 1924 Bürstadt (Vater: Philipp K., Fabrikant; Mutter: Mathilde, geb. Gebhardt), kath., verh. s. 1973 m. Marlise, geb. Bender, T. Stefanie - Stud. Univ. Heidelberg; Dipl.ex. 1949; Promot. 1950 -Beiratsmitgl. VDD (s. 1967) - Liebh.: Golf, Fotogr. - Spr.: Engl.

KEIM, Anton Maria
Dr. phil., Bürgermeister u. Kulturdezernent Stadt Mainz - Rathaus, 6500 Mainz - Promot. 1953 Univ. Mainz, univ. Staatsex. 1954 ebd. - Stud. Univ. Mainz, Doz.; ab 1972 Bürgerm. - Veröff. z. dt.-jüd. Gesch. in Rundf. u. Presse. Fernsehfilme, u. a. ... u. beseht d. Land wie es ist (Gesch. u. Gegenw. in Israel), ARD 1964-69 - 1974 Palmes Académiques; 1982 Leo-Baeck-Preis.

KEIM, Heinrich
Stadtdirektor - Rathaus, 3352 Einbeck - Geb. 14. Jan. 1917 Hannover - Div. Mandate.

KEIM, Karl
Dr. rer. pol., Prof., Wiss. Rat a. D., Betriebswirtschaftler u. Wirtschaftshistoriker - Stäffelesgäßle Nr. 2, 7410 Reutlingen - Geb. 7. März 1902 Reutlingen - Promot. 1925 - S. 1969 Honorarprof. Univ. Tübingen (Betriebl. Rechnungswesen u. Württ. Wirtschaftsgesch.). Facharb.

KEIM, Karl-Dieter
Dr. phil., Prof. f. Sozialplanung Univ. Bamberg (s. 1982) - Adolfsallee 39, 6200 Wiesbaden - Geb. 5. April 1939 Tübingen, ev., verh. s. 1983 m. Huberta, geb. von Wedel, S. Moritz Ulrich - Gehob. Verwaltungsdienst 1961; Soziol.-Stud. (Dipl.) 1970 Univ. Mannheim; Promot. 1979 TH Darmstadt; Habil. (Soziol.) 1982 Univ. Hannover - 1961-66 Kommunalverw. Baden-Württ., 1970-82 wiss. Mitarb. Dt. Inst. f. Urbanistik Berlin; 1979 Gastprof. GH Kassel - BV: Milieu in d. Stadt, 1979; Wege z. Sozialplanung, 1985; Macht, Gewalt u. Verstädterung, 1985.

KEIM, Walter
Dr. rer. pol., Dipl.-Kfm., Geschäftsf. DEUFOL Exportverpackungsges. mbH, Mülheim/Ruhr - Hageburstrweg 59, 6070 Langen/Hessen - Geb. 20. Febr. 1930 Neu-Isenburg.

KEIM, Wilhelm (Willi)
Dr. rer. nat., o. Prof. f. Techn. Chemie u. Petrolchemie - Brüsseler Ring 99, 5100 Aachen - Geb. 1. Dez. 1934 - Promot. 1964 - B. 1972 Industrie-, dann Lehrtätigk. (1973 Ord. u. Inst.dir. TH Aachen). Arbeitsgeb. Katalyse.

KEIM, Wolfgang
Dr. phil., Prof. f. Erziehungswissenschaft (Sekundarstufe I u. II/Erwachsenenbild.) Univ.-GH Paderborn (s. 1978) - Personstr. 54, 4790 Paderborn/W. - Geb. 16. Nov. 1940 Halle/S. (Vater: Werner K., Landger.dir.; Mutter: Edith, geb. Bartels), ev., verh. s. 1973 m. Ursula, geb. Kösters, S. Michael - Gymn. Remscheid; Univ. Tübingen, Münster, Mainz, Hamburg (Erziehungswiss., German., Gesch.). Promot. 1969 Mainz - 1971-72 Lehrer Walter-Gropius-Gesamtschule Berlin; 1972-78 Wiss. Assist., Wiss. Rat u. Prof. (1975) PH Rhld./Abt. Köln - BV: Lit. in d. Erwachsenenbild., 1971; Gesamtsch. - Bilanz ihrer Praxis, 2. A. 1976; Variable Unterrichtsplanung am Beisp. China, 2 Bde. 2. A. 1977; Schul. Differenzierung, 2. A. 1979; Sekundarst. I - Modelle/Probleme/Perspektiven, 1978; Kursunterr. - Begründungen, Modelle, Erfahrungen, 1987; Pädagogen u. Pädagogik im Nationalsozialismus - e. unerledigtes Probl. d. Erzieh.wiss. 1988. Herausg.: Studien z. Bildungsreform (1980ff.) - Liebh.: Oper.

KEIMEL, Klaus
Dr. rer. nat., Prof. f. Mathematik TH Darmstadt - Florianring 6a, 6104 Seeheim 1/Bergstr. - Geb. 22. Sept. 1939 Znaim, verh. s. 1966 m. Annie, geb. Frère, 3 Kd. - 1958-64 Univ. Tübingen. Promot 1967 Tübingen, Docteur ès Sciences Mathématiques 1970 Paris; 1986/87 Dekan FB Mathematik.

KEINER, Gisela
Schauspielerin - Amandusstr. 2, 5167 Müddersheim - Geb. 29. Juni 1941 Krefeld (Eltern: Dr. phil. nat. Ludwig u. Gerda K.), verh. s. 1974 m. Wolfgang Mödder - Abit. (Franz. Examen) Schauspiel-, Tanz- u. Gesangsausbild. U. a. 1970-77 Städt. Bühnen Köln (Areusa, Ala, Alarica, Toinette, Natascha, Lydia, Judy, Molly u. a.). Vornehml. Gastsp. u. Fernsehen (trag. Rollen). Sprechen-Synchron - Liebh.: Tennis, Ski, - Spr.: Engl., Franz., Span., Ital.

KEIPERT, Helmut

Dr. phil., o. Prof. f. Slavistik Univ. Bonn (s. 1977) - Simrockallee 15, 5300 Bonn-Bad Godesberg - Geb. 19. Nov. 1941 Greiz - 1961-67 Univ. Bonn u. Marburg (Slav., Lat. Philol., Allg. u. Vergl. Sprachwiss.) - 1967-77 Wiss. Assist. (1974 Privatdoz.) - BV: D. Adjektive auf -tel'n - Studien zu e. kirchenslav. Wortbildungstyp, 1977-85.

KEISER, von, Dietrich

Dr. med., o. Prof. für. Med. Radiologie - AmSchliebachhang 60, 6900 Heidelberg (T. 802988) - Geb. 9. Nov. 1909 Worms - S. 1943 (Habil.) Lehrtätigk. Univ. Jena (1958 Ord.) u. Heidelberg (1966 Ord. u. Dir. Röntgeninst. u. Strahlenklinik/Klinikum Mannheim). Fachveröff.

KEISER, Helen

Schriftstellerin - Hennebühl 11, CH-6300 Zug - Geb. 27. Aug. 1926 Zug, ledig - Ausb. Graphik u. Dekoration; Stud. Gesch. u. Archäol. Univ. Zürich, Genf, St. Gallen, Rom u. Paris - Tätigk. in Zürich, Genf, Rom; s. 1957 Schriftst. - BV: 11 Bücher üb. Orient, Reiseberichte, Archäol.-gesch. B., Bildb. Arabien, Romane, 1958-85 - 1983 Kulturpreis Kanton Zug - Liebh.: Zeichnen, Malen, Reiten - Spr.: Franz., Engl., Ital., Arab.

KEISER, Horst

Dr. rer. pol., Verlagskaufmann, Vorstand Marketing Axel Springer Verlag AG - Kaiser-Wilhelm-Str. 6, 2000 Hamburg 36 (T. 347 43 34) - Geb. 17. Jan. 1936 Aachen, verh. s. 1968 m. Karin, geb. Bastian, S. Timo - Promot. 1965 Köln - 1968-70 Gf. Die Welt Verlagsges. mbH; 1975-82 Vors. Geschäftsber. Zeitungen Axel Springer Verlag AG; 1982-85 Vorst. Ztschr. ebd.; AR-Mitgl. dpa; Vorst.-Mitgl. VDZ-Publikumsztschr.; Vors. Zeitungsverlegerverb. Hamburg; Mitgl. Dt. Presserat.

KEITEL, Ernst

Selbst. Bau-Ingenieur, MdL Baden-Württ. (Wahlkr. 22, Schwäbisch Hall) - Kupferholzstr. 1, 7185 Rot am See (T. 07955 - 6 36) - Geb. 14. Okt. 1939 Rot am See-Brettheim - CDU.

KEITEL, Ulrich

Dipl.-Volksw., Geschäftsführer Industrieverb. Putz- u. Pflegemittel - Einsiedlerstr. 11, 6000 Frankfurt/M. 50 (T. 069 - 57 38 78) - Geb. 24. Febr. 1929 Kassel (Vater: Dr. phil. Hellmuth K.; Mutter: Marie, geb. Heinemann), verh. s. 1964 m. Reinhild, geb. Kollat, 2 Kd. - Realgymn. Kassel; Stud. Univ. München u. Frankfurt/M.; Dipl. 1962 Frankfurt/M.; AR-Mitgl. Frankfurter Aufbau AG, VR Frankfurter Sparkasse - Stadtverordn. s. 1964 Frankfurt/M. - Römerplak. Stadt Frankfurt/M. in Bronze, Silber u. Gold - Spr.: Franz., Engl.

KEITZ, von, Manfred

Kulturreferent Stadt Offenbach, Leit. Theater an d. Goethestraße - Zu erreichen üb. Kulturamt, 6050 Offenbach - Geb. 3. Nov. 1929 Dortmund, kath., verh. s. 1965 m. Brunhilde, geb. Stein, 3 Kd. (Andreas, Alexander, Nicole) - 1956-62 Rhein-Westf. Ausl. Ges. Dortmund; 1962-64 Bundesmin. f. wirtsch. Zusammenarb., Bonn; 1964-66 Inst. Ali Bach Hamba, Tunis; Dt. Welle, Köln; Bundespresseamt Bonn; 1967-69 Kulturamt Bergisch Gladbach; danach Kulturamt/Theater, Offenbach - Spr.: Engl., Franz.

KEIZ, Günter

Dr. phil., Honorarprof. f. Fischereibiologie, Ministerialrat a. D. - Meisenweg 1c, 8011 Vaterstetten/Obb. (T. 08106 - 18 32) - Geb. 1. Okt. 1924 Berlin-Charlottenburg (Vater: Willy K., Konstrukteur; Mutter: Johanna geb. Rambow), verh. I) 1949-66 m. Katharina geb. Imhof †, T. Dagmar; II) s. 1969 m. Brigitta, geb. Altinger - Univ. Berlin u. Marburg; Promot. 1952 Univ. Marburg. S. 1974 Honorarprof. f. Fischereibiol. TU München. 1954-66 Leit. Teichwirtschaftl. Abt. Wielenbach/Obb. d. Bayer. Biol.

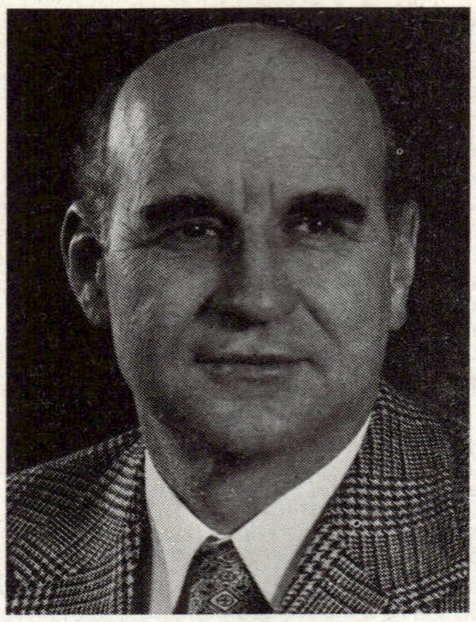

Versuchsanst.; 1966-88 Leit. Ref. Fischereiwesen im Bayer. Staatsmin. f. Ern., Landw. u. Forsten München; s. 1960 Lehrauftr. f. Fischereibiol. TU München, Landw. Fak. Freising-Weihenstephan. Einf. d. staatl. Fischerprüfung u. d. Fischgesundheitsdst. in Bayern - BV: Mitverf. Fischereirecht in Bayern (Altnöder-Braun-Keiz) - BVK; Ehrenteller d. Bayer. Staatsmin. f. ELF., Anerkennungsgabe f. Natur- u. Umweltschutz d. Binding-Stiftg., Vaduz, an d. Mitgl. d. intern. Arbeitsgr. Seeforelle; zahlr. Ehrenzeichen u. Verdienstmed. bayer. Fischereiorg., Assn. Americ. Rod and Gun Clubs Europe.

KEJWAL, Karl

Dr.-Ing., Baurat a. D., o. Prof. f. Bautechnik u. Holzbau TH bzw. TU Hannover (s. 1960) - Hauptstr. 27a, 3001 Isernhagen F (T. 05139 - 3502) - Geb. 21. März 1915 Wien (Vater: Karl K.), verh. m. Rosel, geb. Bauer.

KEJZLAR, Radko

Dr. phil., Prof. f. Neuere skandinavische Literaturen Univ. München - Guardinistr. 153, 8000 München 70 - Geb. 29. März 1930 Úpice/CSSR (Vater: Ferdinand K.; Mutter: Anna, geb. Mil), verh. s. 1955 m. Ingeborg, geb. Thien, T. Gita - Abit. 1949 Trautenau; Promot. 1953 Prag, Habil. 1968 ebd. - 1955-70 Inst. f. mod. Phil. d. Akad. d. Wiss. Prag; 1961-72 Lehrauftr. Univ. Prag; 1980 Prof. München - BV: Henrik Ibsen, 1956; Ludvig Holberg u. d. dän. Theater, 1959; Gesch. d. norweg. Lit. 1814-1970, 2 Bde. 1967 u. 1974 (alle in tschech. Spr.); Lit. u. Neutralität, 1984 - 1975 Sankt-Olavs-Med.

KEKULÉ, von, Friedrich

Ges. Geschäftsf. Data-Print GmbH, Vors. Theatergemeinde Berlin, u. Lessing-Hochsch., Berlin, Präs. Bund d. Theatergemeinden, Bonn, VR-Mitgl. Berliner Pfandbriefbank, AR-Mitgl. Theater d. Westens GmbH, Berlin - Wickramstr. 32a, 1000 Berlin 22 (T. 030 - 21 99 96-0) - Geb. 16. Dez. 1930 Weimar - MdA Berlin 1969-81 - CDU s. 1959 - 1983 BVK.

KELÂMI, Alpay

Dr. med., Prof. f. Urologie (Rekonstruktive Chirurgie) FU Berlin - Brahmsstr. 32, 1000 Berlin 45 (T. 030 - 798 27 48) - Geb. 10. Jan. 1936 Nikosia, Zypern (Vater: Mehmet K., Beamter; Mutter: Naile, geb. Dedezade), Islam, verh. s. 1965 m. Serin K. - Univ. Heidelberg, Freiburg, Hamburg, FU Berlin (Promot., Habil.) - S. 1971 Prof. f. Urol. FU Berlin, Klinikum Steglitz - Entd.: Versch. Operat.verf., Instr. u. Prothesen im urol. u. androl. Ber. - BV: Atlas of Operative Andrology, 1980; 135 wiss. Veröff. - Liebh.: Sprachen, Theater, Musik, Reisen - Spr.: Dtsch., Engl., Türk., Franz., Span.

KELBER, Fridtjof

Bürgerschaftsabgeordn. - Ulmenhang 2, 2000 Hamburg 80 - S. 1970 Mitgl. Hbg. Bürgerschaft. CDU.

KELCH, Franz

Konzert- u. Oratoriensänger (Baßbariton), Gesangspädagoge - Feichthofstr. 59, 8000 München 60 (T. 880838) - Geb. 1. Nov. 1915 Bayreuth, kath., verh. m. Elisabeth, geb. Hasselwander, 10 Kd. - Oberrealsch. Bayreuth (Abit.); Ausbild. H. Klinik-Schneider, Nürnberg u. Akad. d. Tonkunst, München, Bachsänger, bes. Christus d. Passionen. Konzerttätigk. In- u. Ausl.; Rundf. u. Schallpl. (mehrmals Grand Prix).

KELCH, Werner

Dr. phil, Chefregisseur d. Oper - Ortwinstr. 33, 1000 Berlin 28 (T. 401 10 67) - Geb. 27. Jan. 1911 Zossen b. Berlin (Vater: Albert K.; Mutter: Elisabeth, geb. Koswig), ev., verw., Sohn - Realgymn. u. Univ. Berlin (Promot. 1937) - Dramat. u. Regiss. Berlin (Schiller-Theater), Essen, Prag, 1946-48 Oberspiell. Städt. Oper Berlin, dann Gastregiss. (u. a. Wien, Zürich, Berlin, München, Paris, Madrid, Moskau, Venedig, Lissabon) u. Lehrbeauftr. f. Opernregie FU Berlin (1953). Insz.: Jeanne d'Arc auf d. Scheiterhaufen (Welturauff.), Elisabeth Tudor (Welturauff.), Totentanz, Peter Grimes, Armer Matrose, Dantons Tod, Jenufa, D. Revisor, Schwanda, d. Dudelsackpfeifer, Wozzek, Elektra, Pelleas u. Melisande, Wenn ich König wär', Tannhäuser u. a. Kulturfilme: 2 Seidenschuhe, Antlitz u. Gebärde; Fernsehf.: Liebestrank, Graf Ory, Tiefland, Postillon v. L. (auch Schallpl.; in textl. Neufass.), Mädchen v. Elizondo.

KELER, von, Hans

D. theol., Landesbischof i. R., Mitgl. d. Rates d. EKD - Heinrich-Schütz-Str. 13, 7033 Herrenberg - Mitgl. Exekutivkomit. Lutherischer Weltbund Genf; Beauftr. d. Rates d. EKD f. Aussiedler- u. Vertriebenenfragen.

KELKER, Hans

Dr. rer. nat. habil., Dipl.-Chem., Honorarprof. Univ. Frankfurt (s. 1978) - Rauenthaler Weg 26, 6000 Frankfurt/M.-Schwanheim - Geb. 21. Sept. 1922 Gunnersdorf/Sa. (Vater: Fritz K., Werkmeister; Mutter: Margarethe, geb. Reich), verh. s. 1957 m. Hannelore, geb. Keuneke, 2 Kd. (Wolfgang, Brigitte) - TH Hannover (Dipl.-Chem. 1953). Promot. 1955 Hannover; Habil. 1969 Frankfurt - U. a. Leit. Analyt. Zentrallabor./Hoechst AG (1961ff.); jetzt i. R. S. 1970 (Habil.) Lehrtätigk. Frankfurt. BV: Handbook of Liquid Crystals (m. R. Hatz), 1980; Ullmanns Encyklop. d. Techn. Chemie, Band 5 (Herausg.) 1981. Facharb. - Tsvett-Med. Akad. d. Wiss. (UdSSR); DIN-Ehrennadel - Spr.: Engl., Franz. - Entd. auf d. Gebiet flüss. Kristalle.

KELL, Adolf

Dr. rer. pol., Dipl.-Hdl., o. Prof. f. Berufspädagogik - Güterweg 14, 5900 Siegen 21 - Geb. 23. Febr. 1934 Berlin - N. Mittl. Reife Ausbild. Radiofachhandel; Reifeprüf. 1956 (Externer); FU Berlin (Wirtschafts- u. Erziehungswiss). Promot. 1970 - 1963 b. 1970 Doz. Wirtschaftsakad. Berlin; 1970-73 OStud.R. u. Wiss. Rat u. Prof. Univ. Münster; s. 1974 Ord. GH Kassel u. Siegen (1977) - BV: D. Vorstellungen d. Verbände u. Berufsausbild., 1970; Schulverfass. - Thesen/Konzeptionen/Entwürfe, 1973; Berufswahlunterr. in d. vorberufl. Bildung, 1974 (m. Dibbern u. Kaiser); Berufsbild. in d. BRD, 1976 (m. Lipsmeier); Grundbildung, 1978 (m. Schenk); Jugendl. ohne Hauptschulabschluß in d. Berufsgrundbildung (2 Bde), 1984, (2 Bde), 1986.

KELLENBENZ, Hermann

Dr. phil., o. em. Prof. f. Wirtschafts- u. Sozialgeschichte - 8151 Warngau - Geb. 28. Aug. 1913 Süßen/Württ. - Promot. 1938 Kiel; Habil. 1950 Würzburg - S. 1950 Lehrtätigk. Univ. Würzburg, Hochsch. f. Wirtschafts- u. Sozialwiss. Nürnberg (1957 Ord.), Univ. Köln (1960) u. Erlangen-Nürnberg (1971). Zeitw. Dir. Rhein.-Westf. Wirtschaftsarchiv, Köln; Dir. Fuggerarchiv Dillingen - BV (1940-60 s. XVIII. Ausg.): D. Merkantilismus in Europa u. d. soziale Mobilität, 1965; D. Zuckerwirtsch. im Kölner Raum v. d. napoleon. Zeit bis z. Reichsgründ., 1966; D. Fuggersche Maestrazgopacht (1525-42), 1967 - Oberdt. Handelsbräuche im 16. Jh., D. Medersche Handelsbuch u. d. Welserschen Nachtr. 1974; Technology in the Age of the Scientific Revolution 1500-1700, 1974; Schwerpunkte d. Eisengewinn. u. -verarb. in Europa 1500-1650, 1974 (Hrsg.); Dt. Wirtschaftsgesch. I, 1978, II, 1981; Skizzen v. unterwegs, 1983; Finanze e ragion di Stato in Italia e in Germania nella prima Età moderna, 1984 (hg. m. A. De Maddalena); Schleswig in d. Gottorfer Zeit, 1985; Anton Fugger (m. G. Frhr. v. Pölnitz †), 1986; D. Fugger in Spanien u. Portugal b. 1560, 1989. Herausg.: Hdb. d. europ. Wirtschafts- u. Sozialgesch. III (1986); La repubblica internazionale del denaro tra XV e XVII secolo (1986, m. A. De Maddalena). Div. Herausg. - 1952/53 Rockefeller Stip. Harvard, 1953/54 Ecole Pratiqua des Hautes Etudes, Paris; 1982 Bayer. VO; Mitgl. Göttinger, Kgl. Dän., Kgl. Fläm. Hist. Komm. Bayer. Akad. d. Wiss. (München), British Acad. u. Real Acad. de la Historia (Madrid).

KELLER, Albert

Dr. phil., Prof. f. Erkenntnistheorie u. Sprachphil., Jesuit - Kaulbachstr. 31a, 8000 München 22 (T. 089-238 62 31) - Geb. 30. April1932 Nieder-Roden/Hessen, kath., ledig - Stud. Phil., Psych., Fundamentaltheol. 1958-62; Promot. 1962, Stud. Theol. 1962-66 Gregoriana Rom (Lizentiat in Theol.) - 1967 Doz. Hochsch. f. Phil., Berchmanskolleg Pullach; s. 1969 Ord. f. Erkenntnistheorie u. Sprachphil. Hochsch. f. Phil., Phil. Fak. SJ, Pullach (ab 1971 München); 1970-76 Rektor d. Hochsch.; 1976-86 Leit. Inst. f. Kommunikationsforsch. u. Medienarb. Hochsch. f. Phil. München; 1984/85 Gastprof. Georgetown Univ. Washington/USA - BV: Sein od. Existenz? D. Auslegung d. Seins b. Thomas v. Aquin in d. heutigen Scholastik, 1968; Sprachphil., 1979. Herausg.: Was sollen wir tun? D. Gebote Gottes (1981); Allg. Erkenntnistheorie (1982) - Spr.: Engl., Ital., Franz.

KELLER, Armin

I. Bürgermeister (1974-86) - 8752 Mainaschaff/Ufr. - Geb. 30. Juli 1931 Fechenbach - Zul. Geschäftsf. CSU.

KELLER, Berthold

Gewerkschafter, Mitgl. DGB-Bundesvorst. (s. 1978), Vors. Gewerksch. Textil-Bekleidung (s.1978) - Roßstr. 94, 4000 Düsseldorf 30 - Geb. 1927 Konstanz/Baden - Zuschneider u. Betriebsratsvors. Kleiderfabrikation Konstanz; s. 1952 Gewerksch. Textil-Bekleid. (1972 Vorst., 1978 Vors.); s. 1988 Präs. Intern. Textil-, Bekleid.- u. Lederarbeiter-Verein., s. 1981 Präs. Europ. Regionalorg. Intern. Textil-, Bekleid.- u. Lederarbeiter-Vereinig. u. Präs. Europ. Gewerksch.aussch. Textil, Bekleid., Leder - 1981 BVK I. Kl.; 1985 Gr. BVK.

KELLER, Christian Brar

Dipl.-Kfm., Geschäftsf. CYCLO-Getriebebau Lorenz Braren GmbH., Indersdorf - Weidenstr. 4, 8031 Eichenau/Obb. - Geb. 3. Sept. 1937 München (Eltern: Christian u. Keike K.), ev., verh. s. 1973, 2 Kd. - Dipl.-Kfm. 1968 Mannheim.

KELLER, Claus

Buchhändler u. Verleger, Mitinhaber Franckh'sche Verlagshandlung, Stuttgart - Pfizerstr. 5-7, 7000 Stuttgart 1 - Geb. 7. Nov. 1946 Stuttgart, verh. m. Helga, geb. Rudo.

KELLER, Cornelius

Dr., Dipl.-Chem., Prof. u. Leit. Schule f. Kerntechn., Kernforschungszentrum Karlsruhe - Berliner Str. 73, 7500 Karlsruhe 21 - Geb. 16. Aug. 1931 Donaueschingen - BV: The Chemistry of the

Transuranium Elements, 1971; Radiochemie, 1975; D. Kernbrennstoffkreisl., 1978; Experimente z. Radiochemie, 1980.

KELLER, Eberhard
Dr.-Ing., Prof. f. Baustofflehre u. -statik GH Siegen - Talsperrenstr. 24, 5912 Hilchenbach-Allenbach.

KELLER, Emil Wolfgang
Dipl.-Volksw., Kaufm., MdL Rheinl.-Pfalz (s. 1975), Minister d. Finanzen Rhld.-Pfalz - Burgstr. 104, 6780 Pirmasens (T. 4 47 57) - Geb. 6. März 1932 Pirmasens (Vater: Heinrich K., Amtsgerichtsdir.; Mutter: Alice, geb. Weis), ev., verh. s. 1958 m. Christiane, geb. Lützeler, 3 Kd. (Heinrich, Kathrin, Barbara) - Human. Gymn. (Abit. 1951); Stud. Volkswirtsch.lehre Univ. München; Dipl. 1956 Freiburg - 1960ff. Stadtrat Pirmasens. CDU (s. 1969 Kreisvors.) - Spr.: Franz.

KELLER, Friedrich
Dr.-Ing., Prof. f. Audiologie - Kilianstr. 5, 7800 Freiburg/Br. - Geb. 18. Febr. 1933 Freiburg (Vater: Prof. Dr. med. Friedrich K., Gynäkologe; Mutter: Dorothee, geb. Merkel), ev., verh. s. 1964 m. Hildegard, geb. Zuber, 2 Kd. (Friedrich, Christine) - Gymn. Freiburg; TH Stuttgart u. München (Dipl.-Ing. 1957). Promot. 1960 München; Habil. 1971 Freiburg - 1960-64 Siemens AG, München (Laboring.); s. 1964 Univ. Freiburg (Leit. Abt. Klin. Audiometrie/HNO-klin.; 1974 Wiss. Rat u. Prof., 1978 Prof.) - BV: Techn. Hilfe b. d. Rehabilitation Hörgeschädigter, 1973, 2. A. 1980 - Liebh.: Musik - Spr.: Engl. - Bek. Vorf.: Prof. Dr. Adolf Merkel, Strafrechtslehrer Prag, Wien, Straßburg, 1836-96; Friedrich Dürck, Maler München, um 1840/Schönheitengal. Nymphenburg (beide ms.); 1980 Gabriel-Decroix-Preis.

KELLER, Friedrich Michael
Dr. jur., Bürgermeister Stadt Dietzenbach - Römerstr. 2, 6057 Dietzenbach - Geb. 7. Mai 1943 Landsberg/Warthe (Vater: Dr. Peter K., RA; Mutter: Christiane, geb. Bahr), ev., ledig - Gymn. (Abit.); 1964-69 Jurastud.; 1. u. 2. Staatsprüf., Promot. 1971 - 1973-74 Richter LG Wiesbaden; Pers. Ref. Hess. Justizmin., Parlam.ref., Presseref.; 1975 Magistratsdir. Stadt Frankfurt/M.; 1976 Bürgerm. Dietzenbach - BV: Zur Inneren Pressefreiheit (Diss.) - Spr.: Franz.

KELLER, Fritz
Verleger Franckh-Kosmos Verlagsgruppe - Diemershalde 13, 7000 Stuttgart 1 (T. 0711 - 219 12 01) - Geb. 29. April 1956 (Vater: Rolf K., Verleger, ehem. langj. Vorsteher Börsenverein d. dt. Buchhandels), verh. s. 1987 m. Angelika, geb. Throll, 1 Kd. - Fachhochsch.reife 1973; Lehre als Verlagskaufm. b. Weise's Hofbuchhandlung, Stuttg., u. Ernst Klett Verlag, Stuttg. - Liebh.: Heimatgesch. Stuttg. u. Württ. - Spr.: Engl.

KELLER, Günther Montanus
Ingenieur, Unternehmer, Publizist, gf. Gesellsch Promotor Verlags- u. Förderungsges. mbH - Zu erreichen üb. Hardtstr. 26, 7500 Karlsruhe 21 - Geb. 26. Mai 1926 Mainz, verh. s. 1955 m. Ilse, geb. Sauerwein, 2 Töcht. (Andrea, Susanne) - Ingenieur (Kälte-, Heizungs- u. Klimatechnik); Gründer Promotor Verlag; Herausg. e. intern. anerkannten Fachztg.; Mitgl. in dt. u. ausl. techn.-wiss. Vereinigungen; Fellow of ASHRAE (American Society of Heating, Refrigerating and Air conditioning Engineers) - Zahlr. Veröff. u. Vortr.

KELLER, Hagen
Dr. phil., Prof. f. Mittelalterl. Geschichte - Zu erreichen üb. Hist. Seminar, Dompl. 20-22, 4400 Münster - Geb. 2. Mai 1937 Freiburg/Br. - Stud. Freiburg. Promot. 1962; Habil. 1972 - Wiederh. Wiss. Angest. Dt. Histor. Inst. Rom; s. 1973 Doz. u. Prof. (1976) Univ. Freiburg; s. 1982 Prof. Univ. Münster - BV: Kloster Einsiedeln im otton. Schwaben, 1964; Adelsherrschaft u. städt. Ges. in Oberitalien, 1979; Heinrich I. u. Otto d. Gr., 1985 (m. Gerd Althoff); Zw. regionaler Begrenz. u. universalem Horizont. Deutschl. im Imperium d. Salier u. Staufer (Propyläen Gesch. Deutschl., Bd. 2), 1986. Herausg.: Frühmittelalterliche Studien (s. 1988).

KELLER, Hans
Regierungspräsident i.R. - Friedrich-Ebert-Str. 14, 6730 Neustadt/Weinstr. (T. 850-5 17) - Geb. 6. Mai 1920 Kusel (Vater: Hermann K.; Mutter: Eleonore, geb. Linn), ev., verh. s. 1944 m. Hedwig, geb. Scherer, 3 Kd. (Lieselotte, Hans-Christian, Hannelore) - Gymn.; Stud. Rechtswiss. Univ. Heidelberg u. Mainz, Hochsch. f. Verw.wiss. Speyer. Gr. jurist. Staatsprüf. - 1954 Reg.rat Innenmin. Rhld.-Pfalz; 1955 Landrat Zell/Mosel; 1966 Präs. Bezirksreg. Rheinhessen-Pfalz. CDU - Spr.: Franz.

KELLER, Hans Alfred
Fabrikant, pers. haft. Gesellsch. Siegwerk Farbenfabrik Keller, Dr. Rung & Co., Siegburg (s. 1945) - Alfred-Keller-Str. 55, 5200 Siegburg (T. 02241 - 30 40) - Geb. 4. Febr. 1922 Siegburg (Vater: Alfred K., Fabrikant; Mutter: Eleonore, geb. Zanders), ev., verh. m. Veronika, geb. Digeon v. Monteton, 2 Kd. - Schule Schloß Salem (Abit.) - AR: Zanders Feinpapiere AG, 5060 Bergisch Gladbach 2.

KELLER, Harald
Dr. phil., o. Prof. f. Kunstgeschichte - Barbarossastr. 55, 6000 Frankfurt/M. 60 (T. 06194 - 3 24 24) - Geb. 24. Juni 1903 Kassel (Vater: Fritz K., Lehrer; Mutter: Magdalene, geb. Schellhas), verh. s. 1933 m. Gerda, geb. Fröhlich - 1929 Assist. Städt. Museum Lübeck, 1930 Bibl. Hertziana Rom, 1935 Privatdoz., 1944 apl. Prof. Univ. München, 1947 Ord. Univ. Frankfurt/M. - BV: D. Bauplastik d. Sieneser Doms, 1937; D. Entsteh. d. Bildnisses am Ende d. Hochmittelalters, 1939; Giovanni Pisano, 1942; Bamberg, 1950; Salzburg, 1956; D. Kunstlandschaften Italiens, 1960; D. Kunstlandsch. Frankreichs, 1963; Tizians Poesie f. Philipp II. v. Spanien, 1969; D. Nachleben d. antiken Bildnisses, 1970; Michelangelo, 1976; D. alte Europa - D. hohe Kunst d. Stadtvedute, 1983; Blick v. Monte Caro, Kl. Schriften, 1984; Südtirol, 1987. Herausg.: D. Kunst d. 18. Jh.s (1971).

KELLER, Heimo
Dr. rer. nat., o. Prof. f. Anorgan. Chemie Univ. Heidelberg - Panoramastr. 3, 6906 Leimen.

KELLER, Heinz
Dr., Hauptgeschäftsf. Handwerkskammer d. Saarlandes - Hohenzollernstr. 47-49, 6600 Saarbrücken; priv.: Villinger Str. 17, 6605 Friedrichsthal - Geb. 10. Juli 1928.

KELLER, Herbert
Dr. rer. nat., Dr. med., Vorst. Inst. f. klin. Chemie u. Haematologie d. Kantons St. Gallen (Schweiz) - Geb. 16. Jan. 1925 Ludwigshafen/Rh. - Lehrtätigk. TH Aachen (1956 Privatdoz.), Univ. Kiel (1958, 1963 apl. Prof.) TH Stuttgart (1970 Honorarprof.) - BV: Automaten im klin. Labor - Mod. Methoden d. Labormedizin, 1971. Mitarb. versch. Lehr- u. Handbücher, etwa 150 Einzelarb.

KELLER, Hermann
Pastor, Präses Bund ev.-reform. Kirchen in d. BRD - Ferdinandstr. 21, 2000 Hamburg 1.

KELLER, Joachim
Dr. phil. nat., Prof. f. Physik Univ. Regensburg - Weiherweg 28, 8400 Regensburg - Geb. 12. Juni 1939 Eltville/Rh. - Promot. 1968; Habil. 1972.

KELLER, Jörg
Dr. rer. nat., Prof. f. Mineralogie u. Petrologie - Albertstr. 23 b, 7800 Freiburg/Br. - Geb. 29. Oktober 1938 Freiburg, verh. s. 1963 m. Gundula, geb. Jochmann, 3 Kd. - Stud. Geol. (Dipl.). Promot. 1966 - S. 1972 (Habil.) Lehrtätigk. Univ. Freiburg (1977 Prof., 1983-87 Prorektor f. Forsch.). Üb. 70 Fachaufs. - Spr.: Engl., Franz., Ital.

KELLER, Josef
Verleger - Münchner Str. 5, 8131 Berg 1-Kempfenhausen - Geb. 1905 Düren/Rhld.

KELLER, Karlheinz
Präsident a.D. Oberlandesgericht Karlsruhe - Reinhold-Schneider-Str. 39, 7800 Freiburg i. Br. (T. 6 92 90) - Geb. 24. Mai 1921 Baden (Vater: Volksschullehrer), kath., verh. m. Dipl.-Psych. Edeltraud, geb. Maier, 3 Kd. - Gymn. u. Univ. Freiburg (Rechtswiss.) - Kriegsdst. (zul. Ltn.). 1970-75 LG-Präs. Freiburg; 1975-86 Präs. OLG Karlsruhe. S. 1979 Mitgl., 1983-88 Präs. Staatsgerichtshof Bad.-Württ., Präs. Kirchensteuervertr. Erzdiözese Freiburg. Mitbegr. Jg. Union; 1953-70 Mitgl. Freibg. Gemeinderat (CDU) - 1986 Gr. BVK m. Stern; 1988 Verd.med. Bad.-Württ.; 1988 Komtur d. Greg. Ordens.

KELLER, Lorose
s. Rose, Lore

KELLER, Otfried
Landgerichtspräsident i. R. - Zeppelinstr. 15, 3550 Marburg/L. (T. 42739) - Geb. 28. April 1911 (Vater: Dr. phil. Otto K.; Mutter: Ida, geb. Stieh), ev., verh. s. 1943 m. Gertrude, geb. Weidmann, 3 Kd. (Georg-Ulrich, Christian, Edith) - 1929-32 Stud. in Freiburg, München u. Gießen, 1936-45 Wehrmacht, 1945-51 Staatsanw. u. Erst. Staatsanw. in Darmstadt u. Frankf., 1951-55 Oberreg.Rat im Hess. Justizmin., 1955-57 Landgerichtsdir., zul. stv. Landgerichtspräs. Darmstadt, 1957ff. Präs. LG Marburg; 1974 stv. Mitgl. Hess. Staatsgerichtshof - BV: D. Gerichtsorg. d. Raumes Marburg im 19. u. 20. Jh., 1982; D. Justitiare d. Univ. Marburg 1566-1969, 1984.

KELLER, Othmar
Dr. jur., Polizeipräsident, Leit. Polizeipräsid. Oberbayern - Winzererstr. 9, 8000 München 40 - Geb. 17. Nov. 1925 Wiesbaden, kath., verh. s. 1956 m. Emmy, geb. Velhorn, 2 Kd. (Marita, Othmar) - Hum. Gymn., Stud. d. Rechte, Staatswiss. u. Betriebswiss. Univ. München, Mainz u. Würzburg; gr. jurist. Staatsprüf. 1955 München; Promot. 1956 Würzburg - Lehrbeauftr. u. Seminarleit. Polizeiführungsakad. BFH Fürstenfeldbruck, Univ. d. Bundeswehr München, Fortbildungsinst. d. Polizei Ainring - BV: D. neue Handwerksordnung u. d. Grundrecht d. fr. Berufswahl nach Art. 12 GG (1956); umfangr. Fachlit.: Katastrophenabwehr, Logistik, Führungslehre, Verkehrssicherh., Kriminalitätsbekämpf., Ethik, Polizeirecht - Pour le Mérite (ADAC), BVK, Komturkreuz d. König-Olaf-Ordens (NW), Goldkreuz d. Dt. Feuerwehr, Gold. Ehrenzeichen d. BJV, Silb. Ehrenkreuz d. THW; Gold. Ehrenzeichen d. Ital. Sportverb. - Liebh.: Sport, Lit., Musik.

KELLER, Peter
Dipl.-Ing. (FH), M.A., Diözesansekretär, MdB (Landesliste Bayern) - Gassenwiese 17, 8705 Zellingen (T. 09364 - 97 56) - CSU.

KELLER, Rainer
Dr. rer. nat., o. Prof. f. Zoologie u. Direktor Inst. f. Zoophysiologie Univ. Bonn (s. 1977) - Endenicher Allee 11-13, 5300 Bonn - Geb. 22. Sept. 1936 Berlin - Promot. 1964; Habil. 1970 - 1971-77 Prof. FU Berlin u. Univ. Ulm (1973). Buchart. u. Arb. in Fachzeitschr. Arbeitsgeb.: Endokrinologie u. Stoffwechselphysiol. v. Wirbellosen, spez. Neuroendokrinologie v. Arthropoden.

KELLER, Reiner
Dr. rer. nat., Dr. h.c., em. o. Prof. f. Geographie u. Hydrologie - Schwarzwaldstr. 18, 7812 Bad Krozingen/Baden (T. 32 04) - Geb. 1. Jan. 1921 Jünkerath/Eifel, kath., verh. m. Dr. Margareta, geb. Haffenegger, T. Hildegard - Univ. Bonn (Geogr., Geol., Math., Physik). Promot. (1944) u. Habil. (1951) Bonn - S. 1951 Lehrtätigk. Univ. Bonn (1958 apl. Prof.) u. Freiburg (1965 o. Prof. u. Inst.dir.). Emerit. 1988. U. a. Präs. Hydrolog. Kommiss. Intern. Geogr. Union (1964 ff.), Generalsekr. Commission on Water Research (COWAR/ICSU, 1972-77); Vors. Nat. Komitee BRD f. d. Intern. Hydr. Programm (1971-89). Spez. Arbeitsgeb.: Hydrol. u. Klimatologie - BV: u. a. Gewässer u. Wasserhaush. d. Festlandes, 1961 (1962 Leipzig, 1965 Moskau); Eifel-Ville-Börde, 1964; D. Gr. Seen Nordamerikas, 1969; Hydrologie, 1980. Herausg.: Abflußregime u. Wasserhaushalt (Bd. I 1968, Bd. II 1972); Hydr. Atlas d. BRD (Bd. I 1978, Bd. II. 1979); Tsukuba Symp.on Hydrology (1980); Hydrology of Humid Tropical Regions IAHS Publ. 140 (1983). Zahlr. Einzelarb.; Hydrological Maps, UNESCO Paris, 1977; Hydrolog. Atlas BRD, 1978 - 1976 Ehrenmitgl. Serb. Geogr. Ges. Belgrad; 1986 Dr. h.c. Univ. München; 1972-89 Präs. Tanz-Turnier-club Rot-Weiß Freiburg; Ehrennadel d. Dt. Tanzsportverb. u. a. Sportausz. - Liebh.: Musik, Tanzsport - Lit.: Festschr. f. R. K., Beitr. z. Hydr. Sonderh. 2 (m. Lit.verz. u. Biogr., 1981); Beitr. z. Hydr. (1986); Chr. Schneider. Forsch. in d. BRD (Hg., 1983); Münch. Geogr. Abh. (Bd. 4 1987) u.a.

KELLER, Roland
o. Prof. Hochschule f. Musik u. darstellende Kunst Wien, Pianist - Hüttelbergstr. 59, A-1140 Wien (T. 004322 - 941 58 44) - Geb. 18. April 1949 Blaubeuren (Vater: Martin K., Lehrer; Mutter: Waltraut, K.), verh. s. 1972 m. Kanae, geb. Noguchi, 2 Kd. (Jun Pascal, Tomo Raffael) - Stud. 1960-68 Stuttgart, 1968-70 Genf (Virtuos.), 1970-72 München (Meisterkl.) - S. 1968 Konzerttätigk., Rundf, Schallpl., 1978-86 Prof. Musikhochsch. Lübeck, s. 1986 Leit. e. Konzertfachkl. Hochsch. f. Musik u. darstell. Kunst Wien - Preise b. intern. Wettbew. Bern (1970), Lissabon (1971), München (1972), Bozen (1973) - Spr.: Franz., Engl., Jap.

KELLER, Rolf
Dr. jur., Prof., Ministerialdirigent - Gleiwitzer Str. 22, 7250 Leonberg 1 - Geb. 19. Juni 1935 Stuttgart (Vater: Ernst K., Versandleit.; Mutter: Gertrud, geb. Stauß), kath., verh. s. 1964, 1 Kd. - Univ. Tübingen u. München (Rechtswiss.). Jurist. Staatsex. 1959 u. 64; Promot. 1966 - 1964-65 Richter Calw, 1965-67 Staatsanw. Tübingen, 1967-81 Tätigk. Justizmin. BW, 1981-84 Ltd. Oberstaatsanwalt (Leit. d. Staatsanwaltsch. Stuttgart), seither Ministerialdirigent im Justizmin. BW, Honorarprof. d. Univ. Tübingen - BV: Grundlagen u. -formen d. Rechts, 1971, 7. A. 1986 (m. R. Haase); Strafrecht, Ausgw. Problemkreise f. Studium u. Examen, 1984. Herausg.: Fortpflanzungsmed. u. Humangenetik - Strafrechtl. Schranken (m. H.-L. Günther 1987). Mitarb.: Münch. Kommentar z. BGB.

KELLER, Rudi
Dr. phil., M. A., Prof. f. Germanist. Sprachwissenschaft Univ. Düsseldorf (s. 1978) - Walder Str. 12, 5657 Haan/Rhld. - Geb. 4. Okt. 1942 Mannheim - Univ. Heidelberg. Promot. Heidelberg; Habil. Düsseldorf - BV: Wahrheit u. kollekt. Wissen, 1974. Übers.: L. Hjelmslev, Prolegomena zu e. Sprachtheorie (1974).

KELLER, von, Rupprecht
Dr. jur., Botschafter i.R. - Traubinger Str. 44, 8132 Tutzing (T. 08158 - 4 22) - Geb. 19. März 1910 Berlin (Vater: Dr. Friedrich v. K., dt. Botsch.; Mutter: Irene, geb. v. Landmann), kath., verh. s. 1948 m. Christa, geb. Behr, 2 Kd. (Eugen, Cordula) - Ehrenbürger v. Winni-

peg/Kanada - Liebh.: Gesch., Schwimmen, Skifahren - Spr.: Engl., Franz., Span. - Bek. Vorf.: Eugen v. K., Kgl. bayr. Generallt.; Robert v. Landmann, Kgl. bayr. Kultusmin. (s. auch XVIII. Ausg.).

KELLER, Stephan
Dr., Botschaftsrat, Wirtschaftsref. Botschaft d. Bundesrep. Deutschl. in Griechenl. - POB 3071, 10210 Athen/Griechenl.

KELLER, Thomas
Beigeordn. Generaldirektor d. UNESCO (s. 1987) - 7, place Fontenoy, 75007 Paris (T. 45 68 10 00) - Geb. 6. Mai 1937, verh., 2 Kd. - Stud. (Dipl.-Polit.) - 1963-67 wiss. Mitarb. Friedrich-Ebert-Stiftg., 1968-70 Doz. u. Leit. Fondation Tsiranana, Tananarive/Madagaskar, 1970-75 Generalsekr. Dt. Unesco-Kommiss.; 1975-77 Dir. Europ. UNESCO-Zentr. f. Hochschulbild.; 1978-87 versch. Dir.stellen b. d. UNESCO Paris - Spr.: Franz., Engl.

KELLER, Walter
Landrat Kr. Haßberge (s. 1967) - Landratsamt, 8728 Haßfurt/Ufr. - Geb. 6. März 1934 Schweinfurt - Jurist. CSU.

KELLER, Walter
Oberstaatsanwalt a.D. - Neuenburger Str. 15, 1000 Berlin 61 - Geb. 19. Mai 1919 - S. vielen Jahren BGH, b. 1984 Leit. Bundeszentralregister Berlin - 1984 BVK I. Kl.

KELLER, Werner
Dipl.-Volksw., Fabrikant, gf. Gesellsch. Keller-Gruppe - Carl-Keller-Str. 2, 4530 Ibbenbüren-Laggenbeck/W.; priv.: Burgweg 24 - Geb. 13. Dez. 1924 Ibbenbüren (Vater: Josef K., Fabr.; Mutter: Josefa, geb. Otte), kath., verh. s. 1951 m. Beate, geb. Fromm, 3 Kd. (Petra, Thomas, Beatrix) - Gymn.; Stud. - Spr.: Engl.

KELLER, Will
Dr. phil., Herausgeber MERIAN, d. Monatsheft d. Städte u. Landschaften (gegr. 1948) - Harvestehuder Weg 45, 2000 Hamburg 13 (T. 44 18 82 73); priv.: 55, Sülldorfer Heideweg 11 (T. 87 39 12).

KELLER, Wolfgang
Dr.-Ing., Dipl.-Phys., Vorstandsmitglied Siemens AG, Unternehmensbereich KWU - Postfach 32 20, 8520 Erlangen.

KELLER-STRITTMATTER, Lili-Lioba

Graphische Mitarbeiterin Lilke - Seestr. 94, CH-8266 Steckborn/TG (T. 054 - 61 23 42) - Geb. 10. Jan. 1942 Breisach, kath., verh. s. 1966 m. Hansuli Louis K., 2 Söhne (Hansuli, Martin) - BV: Besuche dich in d. Natur; Ged. z. Verschenken; Wunder d. Augenblicks; Geliebte Zuflucht; Staubwölkchen, Lyrik u. Prosa, 1983-88; Vergissmeinnicht Haiku, Senryu. Viele Ged. vertont u. in versch. Sprachen übersetzt. In üb. 60 Anthol.

vertreten - 1985 Lyrik-Preis Intern. AWMM Luxemburg. PEN-Mitgl. - Liebh.: Musik, Lesen, Improv.-Tanz.

KELLERER, Albrecht M.
Prof. f. Med. Strahlenkunde Univ. Würzburg (s. 1975) - Versbacher Str. 5, 8700 Würzburg - Geb. 13. Okt. 1935 Altötting (Vater: Prof. (em.) Hans K.; Mutter: Agnes, geb. Bruchhausen) - Stud. (Phys., Math.) Univ. Berlin, München, Harvard - 1970-75 Prof. of Radiation Biophys. Columbia Univ. New York.

KELLERER, Hans G.
Dr. rer. nat., o. Prof. f. Mathematik - Ichoring 38a/Math. Inst., 8021 Icking (T. 23941) - Geb. 2. Okt. 1934 Essen - Habil. 1963 München - S. 1965 Ord. Univ. Bochum und München (1973). Facharb. - Spr.: Engl. (Forschungsaufenth. Berkeley/USA).

KELLERMANN, Alfred
Dr. jur., Bundesrichter Bundesgerichtshof (s. 1969) - Herrenstr. 45a, 7500 Karlsruhe - Geb. 1920 (?), verh. - 1958-69 Bundeskartellamt (1968 Dir. u. Leit. Beschlußabt. III). Aufs. u. Abt. z. Wettbewerbsrecht. Mithrsg.: Ztschr. Wirtschaft u. Wettbew. - Liebh.: Klass. Musik, Tennis- u. Skisport.

KELLERMANN, Günter
Dr. phil., Wiss. Rat, Prof. f. Anglistik, insb. Didaktik d. Engl. Sprache, GH Duisburg - An d. Niers 7a, 4170 Geldern.

KELLERMANN, Ulrich
Dr. theol., Prof. f. Altes Testament Univ. Münster, Pfarrer - Tilsiter Str. 75, 4330 Mülheim/Ruhr (T. 37 43 77) - Geb. 28. März 1936 Wuppertal (Vater: Otto K., Konditor; Mutter: Frieda, geb. Völkmann), ev., verh. s. 1963 m. Hille, geb. Kauermann, 3 Kd. (Jochen, Sebastian, Uta) - Stud. ev. Theol. Univ. Wuppertal, Tübingen, Bonn u. Münster; 1. theol. Ex. 1962; 2. theol. Ex. u. Promot. 1965; Habil. 1975 Münster; apl. Prof. 1980 ebd. - 1970 Lehrauftr. f. Gesch. u. Theol. d. Judentums im hellenist. Zeitalter Kirchl. Hochsch. Wuppertal; 1975 Privatdoz. f. Altes Testament Univ. Münster - BV: Nehemia-Quellen, Überlief. u. Gesch.; 1967; Messias u. Gesetz, 1971; Gottes neuer Mensch, 1978; Auferstanden in d. Himmel. 2. Makkabäer 7 u. d. Auferst. d. Märtyrer, 1979 - Interessen: Theol. u. Gesch. d. Frühjudentums.

KELLERMEIER, Jürgen

Dr. phil., Journalist, Programmdirektor Norddt. Rundfunk (s. 1988) - Geb. 13. April 1939 Bielefeld, ev., verh. s. 1965 m. Ursula, geb. Imkamp, S. Jens Peter - Stud. d. Gesch., Pol., German.; Promot. 1964 - 1966-76 Bonner Korrespond. NDR; 1976-80 stv. Chefredakt. u. 1980-88 Chefredakt. Nordd. Rundfunk Hamburg - BV: Dtschl. 1976. Gespr. m. Willy Brandt u. Helmut Schmidt, 1976.

KELLERSOHN, Heinrich
Dr. phil., o. Prof. f. Didaktik d. Geo-

graphie Univ.-GH Siegen - An der Engelsfuhr 37, 5060 Berg. Gladbach 2.

KELLETAT, Alfred
Dr. phil., em. Prof. f. Dt. Philologie - Rothenburgstr. 5, 1000 Berlin 41 - Geb. 31. Juli 1916 Königsberg/Pr. (Vater: Heinrich K.; Mutter: Martha, geb. Reichert), verh. s. 1966 m. Gertrud, geb. Dittrich - Gymn. Königsberg; Univ. Königsberg, Prag, Tübingen (German., Kunstgesch., Päd.). Promot. 1949 - 1950-55 Leit. Hölderlin-Archiv; s. 1957 Doz. u. Prof. (1962) Päd. Hochsch. Berlin. Gastprof. USA (1964 u. 69), Dänemark (1966), Kanada (1970). Herausg.: Werke v. Simon Dach, Grimmelshausen, Göttinger Hain, Novalis, Hölderlin, Mörike, Breeser Blätter. Mithrsg.: Hölderlin-Jb. und Hölderlin-Bibliogr. - Fruchtblätter, Freundesgabe f. A. K. (z. 60. Geb.) (1977); Jahresringe. Summa bibliographica 1949-81 (1981).

KELLETAT, Dieter
Dr. rer. nat., Prof. f. Phys. Geographie Univ. Essen - Zu erreichen üb. Univ. Essen (FB 9-Geogr.), Universitätsstr. 5, 4300 Essen 1; priv. Gneisenaustr. 97, 4330 Mülheim/R. 1 - Geb. 29. Jan. 1941 Altena/W. - Promot. 1968; Dipl.-Geogr. 1969; Habil. 1973 - Apl. Prof. TU Braunschweig, Abt. Vorst. u. Prof. Univ. Hannover, jetzt Prof. Univ. Essen. Spez. Arbeitsgeb.: Hochgebirge, Küsten, Mittelmeerländer, Nordamerika, Australien, Ozeanien, Polargebiete. 100 Facharb. u. Monogr.

KELLNDORFER, Hans
Vorstandsmitgl. Bayer. Landesanst. f. Aufbaufinanzierung, 1985 ff. Vizepräs. LfA. - Königinstr. 15, 8000 München 22; priv.: Lerchenfeldstr. 10 - Geb. 11. Dez. 1925 - Stud. Rechtswiss. Gr. jurist. Staatsprüf.

KELLNER, Hugo
Vors. Richter Bundesverw.gericht - Hardenbergstr. 31, 1000 Berlin 12 - Geb. 6. Aug. 1914.

KELLNER, Ulrich
Dr. jur., Ministerialrat Bundesfinanzministerium Bonn - Auf dem Girzen 10, 5307 Wachtberg-Pech (T. 0228 - 32 61 53) - Geb. 14. Mai 1924 Kassel (Vater: Adam K., Oberreg.s- u. Oberschulrat; Mutter: Katharina, geb. Goldmann), kath., verh. s. 1954 m. Dr. Elisabeth, geb. Kox, 3 S. (Hanns-Ulrich, Martin, Josef) - Jura-Stud. 1946-49 Würzburg. Promot. 1958 Würzburg - 1942-45 Kriegsteiln.; s. 1954 Bundesfinanzmin., div. ARsmand. (Ind.-Untern. a. d. Bundesvermögen) - 1973 BVK am Bd.; 1977 BVK I. Kl.

KELLY, Petra Karin
Politologin, EG-Verwaltungsrätin a.D., MdB (s. 1983; Fraktion d. Grünen, 1983-84 Fraktionssprecherin im Bundestag, Mitgl. Ausw. Aussch. (1983-87 u. s. 1987), Mitgl. Unterausch. Fragen d. EG - Bundeshaus HT 718, 5300 Bonn - Geb. 29. Nov. 1947 Günzburg, led. - Kath. Mädcheninternat Günzburg (b. 1960), High School Georgia u. Virginia (USA); 1966-70 Univ. Washington (Polit. Wiss.), B.A.; 1970-71 Univ. Amsterdam (gleichz. Forsch.-Assist. Europa-Inst.), Masters Degree - 1971 EG-Kommiss. (Praktikantin); s. 1972 Verw.rätin im EG-Wirtsch.- u. Sozialaussch. (Aufg.ber.: europ. Sozialpolitik, Gesundheitsfragen). Mitgl. Gustav-Heinemann-Initiative, Humanistische Union, Dt. Friedensges. Vereinig. Kriegsdienstgegner, Bundesverb. Bürgerinitiativen Umweltschutz; Versöhnungsbund u. Ges. f. bedrohte Völker; Mitinitiatorin d. Krefelder Appells u. d. Bertrand Russell Foundation for a nuclear free Europe; Gründ. u. Vors. Grace P.-Kelly-Vereinig. z. Unterstütz. d. Krebsforsch. f. Kinder. SPD (b. 1979), dann Gründ.mitgl. d. Grünen (1980-82 Vors.) - BV: Um Hoffnung kämpfen; Hiroshima, A Nuclear Ireland; Liebe gegen Schmerzen (Hrsg.); Tibet - E. vergewaltigtes Land (m. G. Bastian), 1988 - 1982 Alternativer

Friedens-Nobelpreis; 1983 Preis Frau d. J. amerik. Frauenorg. Women Strike for Peace - Lit.: Monika Speer, P. K. K. - Politikerin aus Betroffenheit, 1984.

KELLY, Philip Charles
Ballettdirektor Saarländ. Staatstheater (s. 1987) (Ps. Philip Lansdale) - Philippinenstr. 17, 6600 Saarbrücken (T. 0681 - 58 43 88) - Geb. 13. Febr. 1952 Hove/Engl., ledig - 1963-71 Royal Ballet School, London - 1971-74 London Festival Ballet, 1974-78 Northern Ballet Theater, Manchester, 1978-80 Theater Stadt Bonn, 1980-87 Nieders. Staatstheater, Hannover - Choreographien: Estremadura (1987); Frauenliebe u. Leben (1988); A Day Out in Shades of Blue (1988); Corwalch (1988) - Spr.: Deutsch.

KELM, Bert
Dipl.-Ing., Inhaber Scanraad Aps, Kongsmark/Dänemark (intern. Ind.berat.) - Dt. Büro: Dorfstr. 14, 2300 Kiel 14 (T. 0431 - 78 42 04) - Geb. 29. März 1931 - U. a. Geschäftsf. Dominitwerke GmbH (b. 1970), Vorstandsvors. CEAG Dominit AG, Dortmund (b. 1972) - Vorstandsvors. VARTA Batterie AG Hannover (b. 1981).

KELM, Edwin
Vorsitzender Landsmannschaft d. Bessarabiendeutschen - Florianstr. 17, 7000 Stuttgart 1.

KELM, Hartwig
Dr. phil. nat., Ph. D., Prof., Intendant Hess. Rundfunk (s. 1986) - Fichtenhohl 77, 6000 Frankfurt 50 (T. 52 49 90) - Geb. 15. April 1933 Schmalkalden (Vater: Theodor K., Justizbeamter; Mutter: Auguste, geb. Huth), kath., verh. s. 1963 m. Dr. Brigitte, geb. Schad - Realgymn.; Chem.stud.; Dipl.-Ex. 1961 Frankfurt; Promot. 1962; Habil. 1970 ebd.; Ph. D. 1965 State Univ. New York - 1965 Assist. Prof. State Univ., 1970 Honorar- u. 1972 Prof., 1975 Vizepräs., 1979 Präs. Univ. Frankfurt/M. Mitgl. Ges. Dt. Chem. u. Bunsenges. f. Phys. Chemie. In- u. ausl. Fachveröff. - Liebh.: Kulturpol., Musik - Spr.: Engl.

KELM, Werner
Dr. jur., Stadtdirektor, Geschäftsf. Westf. Bauindustrie GmbH. - Klausenerstr. 44, 4400 Münster/W. (T. 74213) - Geb. 9. Dez. 1921 Kiel (Vater: Dipl.-Ing. Walther K., Ministerialdirig.; Mutter: Carla, geb. Hölck), ev., verh. s. 1951 m. Dr. med. Hannelore, geb. Mangels, 3 Kd. (Susanne, Christiane, Christopher) - 1946-50 Stud. Rechtswiss.; 1950-51 USA-Stip. (Los Angeles). Staatsprüf. 1950 u. 55; Promot. 1956 (Frankfurt/M.) - B. 1961 Ref. Dt. Städtetag, Köln, dann Beig. Stadtverw. Münster (Arbeitsgeb.: Wohnungswesen, Wohnbauförd., Zivilschutz, Berufsfeuerwehr, Wirtschaftsförderung); u. a. Mitgl. zahlr. Aussch. Dt. Städtetag; 1. Vors. Arb.gem. Kommun. Wirtsch.förd. Nordrh.-Westf. (1971-75; zul. 1. Vors.). Zahlr. Veröff. z. Verw.recht u. z. Kommunalpol. - Liebh.: Musik, Sport - Gold. Sportabz. - Spr.: Engl., Franz.

KELTER, Jochen
Schriftsteller - Hauptstr. 87, CH-8274 Tägerwilen TG (T. 0041-72/69 23 53) - Geb. 8. Sept. 1946 Köln, gesch. - Stud. Lit.- u. Sprachwiss. - Mitgl. PEN-Zentrum BRD, Schweizer Autoren-Gr. Olten, Verb. dt. Schriftst. (VS) s. 1988 Sekr. Gruppe Olten - BV: Zwischenbericht, 1978; Land d. Träume, 1979; Unsichtbar ins taube Ohr, 1982; Laura, 1984; D. Sprung aus d. Kopf, 1984; D. steinerne Insel, 1985; Finstere Wolken, Vaterland, 1986; Nachricht aus d. Inneren d. Welt, 1986; Derfrangers Zeit, 1988; E. ort unterm Himmel, 1989 - 1982 Literaturförderpreis New York; 1984 Literaturpreis Stadt Stuttgart; 1987 Kulturpreis Kanton Thurgau - Spr.: Engl., Franz., Ital.

KELZ, Heinrich P.
Dr. phil., Prof. f. Phonetik - Im Wehrfeld 9, 5205 St. Augustin 1 - Geb. 7.

Nov. 1940 Beuel (Vater: Heinrich K., Kaufm.; Mutter: Gertrud-Alice, geb. Radermacher), verh. s. 1969 m. Franziska, geb. Blank, 1 Kd. (Mahalia) - Beethoven-Gymn. Bonn; Lyz. Châteauroux/Frankr.; Kalamazoo College/USA; Univ. Bonn. Promot. 1969; Habil. 1973 - S. 1969 Univ. Bonn (1973 Leit. Sprachlernzentrum; 1974 Prof.). Lehrtätigk. USA, Japan. Philippinen, China - BV: Phonolog. Analyse des Pennsylvania-Deutschen, 2. A. 1971; Phonet. Probleme im Fremdsprachenunterr., 1976; Phonet. Grundl. d. Aussprache-Schulung, 2 Bde. 1977/78; Sprachlehrforsch., 1980 (m. W. Heindrichs u. F. W. Gester); Chines. Aussprache, 1980 (m. W. J. Chiao); Mabuhay Einführung ins Filipine, 1981 - Spr.: Engl., Franz., Span.

KEMME, Ferdinand

Dr., Dipl.-Volksw., Hauptgeschäftsführer im Verein d. Getreidehändler d. Hamburger Börse - Kontor 24, 2000 Hamburg 11 (T. 36 20 25) - Geb. 30. Mai 1929 - Bevollm. f. Außenhandelsfragen im Zentralverb. d. Dt. Getreide-, Futter- u. Düngemittelhandels, Bonn, Sekr. d. Euromarket Federation of Animal Protein Importers and Traders (EFAPIT).

KEMMELMEYER, Karl-Jürgen

Dr. phil., Univ.-Prof. f. Musikpädagogik Hochsch. f. Musik u. Theater Hannover - Wöhlerstr. 3, 3000 Hannover 1 (T. 0511 - 66 50 19) - Geb. 27. Jan. 1943 Augsburg (Vater: Karl K., Kaufm.; Mutter: Erna, geb. Harnisch), ev., verh. s. 1986 m. Renate, geb. Josupeit - 1962-71 Stud. Musikakad. Detmold (Schulmusik, Kirchenmusik, Kompos.; Ex. Kirchenmusik, Künstler. Reifeprüf. [Orgel], 1. u. 2. Staatsex. Gymn.); 1965-73 Univ. Münster (Angl., Musikwiss., Päd., Phil.; Promot. 1973) - 1970-72 Wiss. Assist. PH Westf.-Lippe Münster; 1972-78 Akad. Oberrat PH Ruhr Dortmund; 1965-76 Dirig. Stud. Kammerorch. Münster, 1964-76 Konzerttätigk. als Organist. Ab 1974 Vorst.-Mitgl. versch. Fachverb.; 1979-81 Mitarb. ORF Wien u. NDR (1987); 1979-82 wiss. Begleit. VdM-Projekt: Instrumentalspiel m. behinderten Kindern - BV: D. gedruckten Orgelwerke O. Messiaens, 1974; D. Schlager, 1976 (m. R. Wehmeier); Reihe: Dortmunder Beitr. z. Musik in d. Sonderpäd., ab 1981 (m. W. Probst); Schulb. Spielpläne, ab 1984 (m. a. u. Hrsg.) - Kompos.: Vier Lieder, 1964 - Liebh.: Segeln, Arch., Orgelbau - Spr.: Engl., Franz.

KEMMERMANN, Antonius

Dr., Vorstandsmitglied Agrippina Versich. AG, Agrippina Lebensversich. AG, Patria Versich. AG, alle Köln - Rehweg 1, 4030 Ratingen 6 - Geb. 20. April 1931.

KEMMINER, Karlheinz

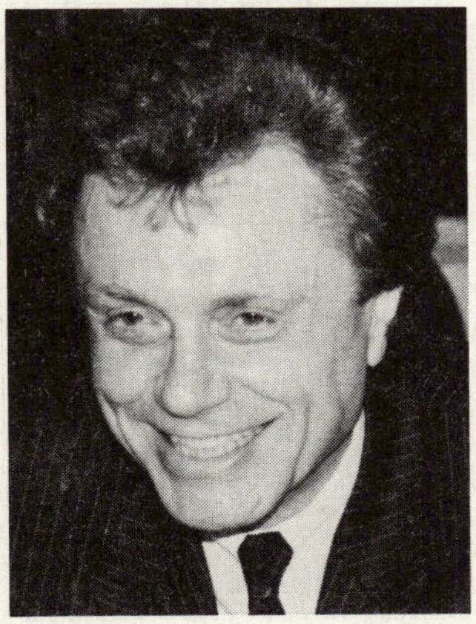

Dipl.-Kfm., Geschäftsführer Fachverb. Schloß- u. Beschlagind. - Offerstr. 12, 5620 Velbert 1 (T. 02051 - 43 67-69) - Geb. 31. Jan. 1940 - Geschäftsf. Gütegemeinsch. Schlösser u. Beschläge, Velbert; Gf. u. Vorst.-Mitgl. Forschungsvereinig. f. angew. Schloß-, Beschlag- u. präventive Sicherheitstechnik, Velbert - BV: Standort Ausland (m. and.), 1987.

KEMMLER, Dieter

Dr. rer. pol., Dipl.-Kfm., Unternehmer, Vizepräs. IHK Reutlingen - Schanzstr. 51, 7410 Reutlingen 11 (T. 07121 - 54570) - Geb. 21. Nov. 1929 Reutlingen (Vater: Julius K., Untern.; Mutter: Irma, geb. Honegger), ev., verh. s. 1958 m. Ingeborg, geb. Krohmer, 3 Kd. (Christine, Hubert, Thomas) - Stud. Betriebswirtsch.lehre Tübingen u. München - Spr.: Engl., Franz. - Rotarier.

KEMMLER, Lilly

Dr. phil., Dipl.-Psych., Prof., Psycholog. Inst. I Univ. Münster - Magdalenenstr. 7, 4400 Münster/W. (T. 5 61 02) - Geb. 19. Nov. 1924 Bottrop - Univ. Münster u. München. Promot. Münster; Habil. Münster - S. 1967 Lehrtätigk. Münster (1969 o. Prof.). Fachveröff., auch Bücher.

KEMMLER-SACK, Sibylle

Dr. rer. nat., Prof. f. Anorgan. Chemie Univ. Tübingen - Moltkestr. 10, 7400 Tübingen 1.

KEMNA, Friedhelm

Journalist, Chefredakteur General-Anzeiger, Bonn - Justus-von-Liebig-Str. 15, 5300 Bonn 1 - Geb. 14. Nov. 1925 Dortmund - B. Ende 1972 Südostasien-Korresp. d. WELT, 1972-83 stv. Chefredakteur d. WELT.

KEMP, Friedhelm

Dr. phil., Schriftsteller u. Übersetzer - Widenmayerstr. 41, 8000 München 22 (T. 22 01 58) - Geb. 11. Dez. 1914 Köln - BV: Baudelaire u. d. Christentum, 1939; Dichtung u. Sprache, 1965; Kunst u. Vergnügen d. Übersetzens, 1965; ... d. Ohr, d. spricht, Spaziergänge e. Lesers u. Übersetzers, 1989. Zahlr. Herausg. (dar. 1968: Dt. geistl. Dichtung aus 1000 Jahren u. 1960: Dt. Liebesdicht. aus 800 J.) u. Übers. (Franz., Engl.) - 1958 Förderungspreis Kulturkr. Bundesverb. d. Dt. Ind., Köln, 1963 Übersetzerpreis Dt. Akad. f. Sprache u. Dicht., Darmstadt, 1965 Preis Stiftg. z. Förd. d. Schrifttums, München, 1970 Prix de d'Ile Saint-Louis; 1962 o. Mitgl. Bayer. Akad. d. Schönen Künste; 1965 Mitgl. PEN-Zentrum BRD; 1980 o. Mitgl. Dt. Akad. f. Sprache u. Dicht., Darmstadt.

KEMP, Wolfgang

Dr. phil., Prof. f. Kunstgeschichte Univ. Marburg - Dörfflerstr. 7, 3550 Marburg (T. 06421 - 2 64 48) - Geb. 1. Mai 1946 Frankfurt/M. (Vater: Alexander K., Kaufm.; Mutter: Cäcilie, geb. Nienaber), kath., verh. s. 1970 m. Dr. Ellen, geb. Hühn - 1965-70 Stud. (Promot. 1970, Habil. 1978) - 1970-73 Lehrtätigk. Univ. Bonn; 1974 GH Kassel, s. 1983 Univ. Marburg. 1973 u. 1978 Gastprof. Univ. Marburg; 1981 Gastprof. Univ. of Calif., Los Angeles; 1986 Gastprof. Harvard Univ.; 1987/88 Fellow Getty Center, Santa Monica - BV: Natura, 1973; Foto-Essays, 1978; ... e. wahrhaft bild. Zeichenunterr. überall einzurichten. Zeichnen u. Zeichenunterr. d. Laien, 1978; Theorie d. Fotogr., 3 Bde. 1978-83; D. Anteil d. Betrachters, 1983; John Ruskin, 1983; D. Betrachter ist im Bild, 1985; Sermo Corporeus. D. Erz. d. mittelalterl. Glasfenster, 1987.

KEMPE, Alice

s. Gardos, Alice

KEMPE, Erika,

geb. Wiegand

Journalistin (Ps. Erika Kempe-Wiegand) - Eilbeker Weg 65a, 2000 Hamburg 76 (T. 040-20 83 19) - Geb. 14. Okt. 1925 Heringen/Werra, ev., verh. s. 1946 m. Fritz K., 2 Kd. (Stephan, Elisabeth) - Ab 1946 Volont. D. Welt-Redakt. ebd.; Mitarb. v. Ztg., Ztschr., Rundf., Fernsehen, Mitarb. d. Ehem. b. photogesch. Veröff. (z.B. Daguerreotypie in Deutschl., 1979) - BV/Kinderb.: Marietta m. d. Kreidestrich, 1966; Beate, d. Fünferkönigin, 1967; D. Kunst d. Camera im Jugendstil, 1986 (m. Heinz Spielmann).

KEMPE, Stephan

Dr. rer. nat., Geologe, Doz. Univ. Hamburg - Barmbeker Ring 52B, 2054 Geesthacht - Geb. 24. Aug. 1949 (Vater: Prof. Fritz K.; Mutter: Erika K.), verh. s. 1977 m. Christhild, geb. Ketz, Lehrerin - Promot. 1976; Habil. 1983, beides Hamburg - Forschungen z. globalen Kohlenstoffkreislauf, z. Geochemie d. Frischwassers, z. Höhlenbildung, z. Entw. d. Ozeans (Hypothese d. frühen Soda-Ozeans) u. z. anthropognen Belastung d. Meere. Üb. 90 Publ. u. Bücher.

KEMPEN, van, Simon

Konsul, Industrieller, stv. Aufsichtsratsvors. Traub-Gruppe - 7313 Reichenbach/Fils - Geb. 2. Aug. 1916 - Konsul v. Monaco f. Baden-Württ.

KEMPER, Bernhard

Fabrikant, Vors. Arbeitgeberverb. Düsseldorf, Holzbearb. u. Holzhandel in NRW - Im Klostergarten 12, 4724 Wadersloh-Liesborn - Geb. 9. Jan. 1927, kath., verh. s. 1949 m. Gertrud, geb. Freitag, 4 Kd. (Frank-Bernd, Hermann, Elisabeth, Maria).

KEMPER, Fritz H.

Dr. med., Prof. f. Pharmakologie u. Toxikol. - Hohenholter Str. 87, 4400 Münster/W. (T. 02534 - 72 06) - Geb. 9. Febr. 1927 Köln - S. 1958 (Habil.) Lehrtätigk. Univ. Münster (1964 apl. Prof., 1970 Ord. u. Inst.dir.). Mitgl. Dt. Ges. f. Inn. Med., Dt. Ges. f. Endokrinol., Dt. Ges. f. Pharmak. u. Toxikol., Royal Soc. of Med. (London) - BV: Röntgenschichtverf. (m. R. Griesbach), Ullmann: Umwelt, Metalle in d. Umwelt. Üb. 200 Einzelveröff. - 1969 Ruf Lehrstuhl f. Pharmak. u. Toxikol. Münster - Rotarier.

KEMPER, Gustav Wilhelm

Dr. rer. pol., Geschäftsführer Verb. d. Briefumschlag- u. Papierausstattungs-Fabriken, Fachverb. Faltschachtel-Ind. u. Fachverb. f. imprägnierte u. beschichtete Papiere, Gütegemeinsch. Pharma-Verpackung, Offenbach/M. - Theodor-Körner-Str. 18, 6053 Obertshausen/Hessen - Geb. 1. Febr. 1926.

KEMPER, Hans-Georg

Dr. phil., o. Prof. f. Neuere dt. Literaturgesch. Ruhr-Univ. Bochum (s. 1978) - Hiddinghauser Str. 11, 4322 Sprockhövel 1 (T. 02324 - 7 49 37) - Geb. 18. Mai 1941 Königsberg - 1960-66 Univ. Tübingen u. Bonn (Staatsex. 1966, Promot. 1969); Habil. 1977 Tübingen) - Bücher u. Aufs. z. dt. Lit. d. 16., 17., 18. u. 20. Jh.

KEMPER, Heinrich

Prof., Hochschullehrer - Muthesiusstr. 17, 1000 Berlin 41 - Gegenw. Prof. f. Allg. Schulpäd. PH Berlin.

KEMPER, Heinz

Vorstandsmitgl. Donaukraftwerk Jochenstein AG., Passau - 8391 Kirchberg/Ndb..

KEMPER, Herbert

Dipl.-Kfm., gf. Gesellschafter Gebr. Kemper Metallwerke GmbH. & Co., Olpe.

KEMPER, Martin

Prof., Musikwissenschaftler - Stuttgarter Str. 17, 7514 Eggenstein-Leopoldshafen - Geb. 23. Juni 1935 Hamm/W. (Eltern: Josef (Musikdir.) u. Luise K.), kath., verh. m. Elisabeth, geb. Schipp, 2 Kd. - Schule, Musikhochsch., Univ. (Musik, German., Phil., Päd.) - S. 1969 Lehrtätigk. PH Karlsruhe (1971 Prof. f. Didaktik u. Methodik d. Musikunterr.). Mitarb. WDR. Vors. Werkgem. Musik. Facharb. u. Rundfunksend.

KEMPER, Paul

Kaufmann, Vorsitzender Verb. d. lederverarb. Industrie Norddeutschlands Hamburg, u. a. - Flemingstr. 11, 2000 Hamburg 60 (T. 040 - 46 34 25) - Geb. 6. Febr. 1923 - Handelsrichter b. LG Hamburg.

KEMPER, Wolfgang

Kaufmann, Vorstandsvorsitzender Hoechst Portuguesa SARL - Rua D. Alfonso Henriques 40, , 2765 Estoril/Portugal (T. 00351 - 1 - 268 43 22) - Geb. 5. Juni 1930 Olpe (Vater: Dr. Walter K.; Mutter: Therese, geb. Zeppenfeld), kath., verh. s. 1962 m. Elisabeth, geb. Wallrabe, 2 S. (Peter, Markus) - Abit. 1950 - 1965 ff. Vorst.-Vors. Hoechst Portuguesa SARL. 1977-81 Präs. Dt.-Portug. IHK - 1981 Comptrorden m. Stern (Portugal); 1983 BVK - Liebh.: Golfspielen - Spr.: Engl., Franz., Portug.

KEMPF, Alfons

Weihbischof, Dompropst - Ottostr. 1/2, 8700 Würzburg - Geb. 30. Jan. 1912 Albstadt/Ufr. (Vater: Ludwig K., Bauer; Mutter: Maria, geb. Kress), kath. - 1937 Kaplan; 1945 Pfarrer; 1960 Weihbischof.

KEMPF, Eugen Karl

Dr. rer. nat., Prof. f. Geologie u. Paläontologie - Karl-Schurz-Str. 8, 5000 Köln 41 (T. 0221-43 65 20) - Geb. 16. April 1932 Köln (Vater: Eugen K., Bäckermstr.; Mutter: Maria, geb. Hupertz), kath., verh. s. 1961 m. Elisabeth, geb. Winands, 2 Kd. (Ursula, Andreas Gregor) - Stud. Naturwiss. s. 1956 Univ. München, Bonn u. Köln; Dipl.-Geol. 1963, Promot. 1965, Habil. 1971 -1946-57 Bäckerhandw. (Meister); 1964-73 Wiss. Assist., 1973-74 Priv.doz., 1974-80 apl. Prof., s. 1980 Prof. Geol. Inst. Univ. Köln - BV: Index and Bibliography of Nonmarine Ostracoda, Bde. 1-4, 1980; Index and Bibliography of Marine Ostracoda, Bde. 1-2, 1986 - Liebh.: Turniertanz. - Spr.: Engl.

KEMPF, Harald

Dipl.-Betriebsw., Wiss. Angest., Mitgl. Hbg. Bürgerschaft (s. 1970) - Kroonhorst 120, 2000 Hamburg 53 (T. 834603; dstl.: 34912481, Behörde f. Wirtsch., Verkehr u. Landwirtsch.) - SPD.

KEMPF, Karl

Botschafter d. Bundesrep. Deutschl. in Kathmandu/Nepal - Kantipath, Postfach 2 26, Kathmandu/Nepal (T. 22 17 30) - Geb. 25. Juni 1924 - Zul. Generalkonsul in Izmir/Türkei.

KEMPF, Peter

Dr. med., Prof. f. Chirurgie Univ. Mainz, Chefarzt Chir. Abt. Stadtkrankenhaus Rüsselsheim - Unterhof, 6501 Gau Bischofsheim - Geb. 16. April 1940 Sprendlingen - berufl. Schwerp.: Tumorchir. u.-nachsorge.

KEMPF, Wilhelm

Dr. phil., Prof. f. psych. Methodenlehre u. Statistik Univ. Konstanz (s. 1977) - Alter Wall 9, 7750 Konstanz/B. - Geb. 1. Juni 1947 Klagenfurt/Österr. (Vater: Friedrich K., Fabrikant; Mutter: Elisabeth, geb. Sprinzl), gesch., T. Mei-Li - Univ. Wien (Psych., Stat.). Promot. 1970 - 1970 Wiss. Assist. Univ. Erlangen; 1973 Wiss. Rat Univ. Kiel - BV: Konfliktlösung u. Aggression, 1978; Z. Neuorientierung d. Aggressionsforsch., 1979. Div. Herausg. - Spr.: Engl., Span.

KEMPFF, Diana

Schriftstellerin - Wallgraben 14, 8193 Ammerland/Obb. - Geb. 11. Juni 1945 Thurnau/Ofr. (Vater: Prof. Wilhelm K., Konzertpianist, s. XVII. Ausg.) - BV: Vor allem d. Unnützliche, Ged. 1975; Fettfleck, R. 1979; Hinter d. Grenze, R. 1980; D. vorsichtige Zusammenbruch, Prosa 1981; Herzzeit, Ged. 1983; D. Wanderer. Fantasie, 1985 - 1986 Kleist-Preis.

KEMPFLE, Baldur
Dr. med. dent., Prof. f. Zahnärztl. Chirurgie u. Kieferchir. FU Berlin (Leit. Abt. f. Zahnärztl. Chir./Zahnklinik) - Wartburgstr. 5, 1000 Berlin 62.

KEMPFLER, Herbert
Dr. jur., Rechtsanw., MdL Bayern (s. 1978) - Einfeldstr. 9, 8330 Eggenfelden (T. 08721 - 3319) - Geb. 11. Juli 1931 München, kath., verh. s. 1958 m. Gertraud, geb. Weisbacher, 2 Kd. (Karin, Klaus) - Dom-Gymn. Freising, Stud. Rechtswiss. Univ. München u. Heidelberg, polit. Wiss. Hochsch. f. Politik München, Promot. Univ. München. Kreisrat, CSU-Kreisvors., MdL (s. 1978) - Spr.: Engl., Franz.

KEMPKES, Michael
Versicherungsmathematiker - Birkendonk 1, 4150 Krefeld - Geb. 7. März 1949 Krefeld, kath., verh. s. 1983 m. Almuth, geb. Weilandt - 1967-81 Stud. Math. Köln; s. 1975 Rat Stadt Krefeld (s. 1981 Vors. SPD-Frakt.). VR-Mitgl. Sparkasse Krefeld; AR-Mitgl. Krefelder Bau GmbH, u. Wohnstätte Krefeld AG - Liebh.: Eisenbahnen - Spr.: Engl., Lat.

KEMPNER, Robert

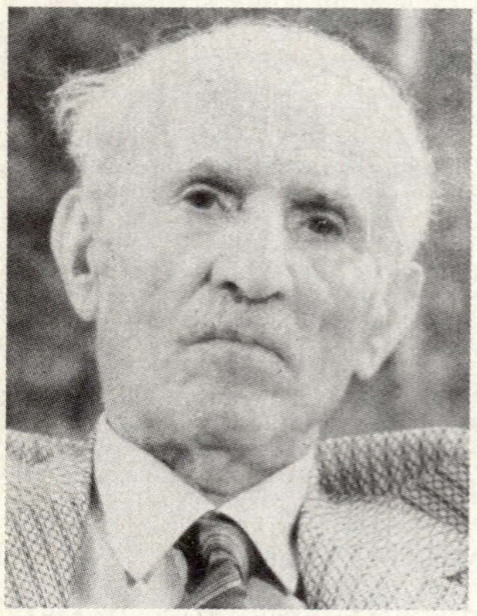

Dr. jur., Dr. phil. h. c., Prof. h. c., Rechtsanwalt, polit. Wissenschaftler, Sachverst. f. Intern. Recht - Feuerbachstr. 21, 6000 Frankfurt/M. (T. 72 20 45); 112 Lansdowne Court, Lansdowne, Pa. 19050/USA (T. 215 - MA 3 - 63 42) - Geb. 17. Okt. 1899 Freiburg/Br. (Vater: Sanitätsrat Dr. med. Walter K., Hygieniker; Mutter: Prof. Dr. Lydia, geb. Rabinowitsch, Bakteriologin (erster weibl. Prof. in Preußen), verh. m. Benedicta Maria, geb. Hahn, Autorin von Büch. üb. Verfolg. Geistl. u. Nonnen in d. NS-Zeit (+ 1982), 2 Söhne - Univ. Berlin, Breslau, Freiburg (Promot.), Pennsylvania/USA - 1923 Ref. b. Strafverteid. Dr. Frey, 1926 Gerichtsass. Berlin, 1928-33 (Entlass. v. Göring) Justitiar Polizeiabt., Reg.- u. Oberreg.rat Pr. Innenmin. (Mitschöpfer d. Pr. Polizeiverw.gesetzes), Doz. Dt. Hochsch. f. Politik u. Pr. Polizei-Inst., jurist. Mitarb. Ullstein-Verlag ebd. (befürwortete 1931 amtl. Strafverfolg. Hitlers weg. Vorb. z. Hochverr. u. Meineids, s. Ausweis u. Auflös. d. NSDAP), 1934 b. 1935 Devisenberat., n. Gestapoverhaft. (1935) ausgewandert, Prof. u. Dir. Istituto Fiorenza, v. d. Gestapo in Florenz verhaftet, sodann Nizza, 1938 Beruf. Univ. Pennsylvania (Inst. f. Staats- u. Kommunalwiss.), Sonderberat. f. Intern. Recht u. europ. Staats- u. Verw.kd. Amerik. Justiz- u. Kriegsmin., n. Kriegsende Abt.leit. d. Chefanklägers (Jackson) b. Intern. Mil.tribunal Nürnberg, Anklagevertr. geg. Reichsinnenmin. Frick, Göring u. Hitlers Diplomaten verhört, ab 1947 amerik. Hauptankläger Wilhelmstr.-Prozeß geg. Kabinettsmitgl., Staatssekr. u. Diplomaten d. III. Reiches wegen Mitwirk. am Holocaust u. a. Euthanasie-Morden. Mitentdecker d. Wannsee Protokolls. Gastprof. Univ. Erlangen, s. 1951 Rechtsanw. LG Frankfurt (Straf-, Zivil- u. Entschädigungssachen) u. Rechtsberat. ausl. Reg., Nebenklägervertr. in zahlr. Strafprozessen, z. B. wegen Ermord. d. Schriftst. Felix Fechenbach, im Warschauer Ghettoprozeß, in Proz. wegen Endlösung d. Judenfragen, Berlin, Proz. wegen Ermordung von Anne Frank u. Edith Stein, Sachv. im Eichmann-Prozeß, Jerusalem, Frankr., Holland u. Polen - BV: Dt. Polizeiorg. (in: Litchfield's Lehrb., 1953); Eichmann u. Komplicen (1961, auch ivrith); SS im Kreuzverhör, D. III. Reich im Kreuzverhör (1969, auch franz. u. polnisch); D. verpaßte Nazi-Stopp; Ankläger einer Epoche, Lebenserinn. (1983); Justizdämmerung, 1932/1963; Hitlers Griff nach dem Ullstein Verlag, 1977 (Pseudonym Eike v. Repkow); D. Ermordung v. 35000 Berliner Juden (1970); Amerik. Militärgerichte in Deutschl. (in: D. Freiheit d. Anderen, Festschr. f. Martin Hirsch); Erinner. an d. Preuß. Innenmin. (in: Preußen u. d. Sozialdemokr., Schriftenreihe d. Franz-Neumann-Archiv); Görings Schuld am Reichstagsbrand (1984). Herausg.: Sling-Richter u. Gerichtete (1929/1969), Dt. Ausgabe v. Warren Report (Ermord. Kennedys); Edith Stein u. Anne Frank (auch holl.) - Zwei v. Hunderttausend (1968); Mithrsg.: KKK - Kommentar z. Polizeiverw.sgesetz, Drews: Polizeirecht (1932), Urteil im Wilhelmstr.-Prozeß (1950). Zahlr. Ztschr.beitr. Zahlr. Rundf.- u. Fernsehsendungen u.a. in USA u. BRD - 1970 Ehrenbürger Univ. Jerusalem; 1969 Carl.-v.-Ossietzky.-Med., Silb. Med. Univ. Prag. Gr. BVK m. Stern u. Schulterbd. (1985), 1975 Wilhelm-Leuschner-Med., 1986 Dr. phil. Univ. Osnabrück, 1949 Orden Polonia Restituta, 1980 Ausz. v. Yad Vashem - Vorb. d. Wiederaufnahme des Reichstagsbrandprozesses - Besitzt gr. Privatsammlung v. Kriminalprozessen.

KEMPOWSKI, Walter
Landlehrer, Schriftst. - Haus Kreienhoop, 2730 Nartum - Geb. 29. April 1929 Rostock (Vater: Karl-Georg K., Reeder; Mutter: Margarethe, geb. Collasius), ev., verh. s. 1960 m. Hildegard, geb. Janssen, 2 Kd. (Karl-Friedrich, Renate) - Obersch.; Lehre Druckereikfm.; n. Abit. Päd. Hochsch. Göttingen. Staatsex. 1960 u. 63 - 1948-56 polit. Häftling; s. 1956 Schriftst.; s. 1960 Landlehrer, Gastdoz. in Essen, Kalifornien, Hamburg, Mainz u. Oldenburg. 1980 Gründg. d. Biogr. Archivs - BV: Im Block - E. Haftbericht, 1969; Tadellöser + Wolff, R. 1971; Uns geht's ja noch gold, Familienr. 1972; Haben Sie Hitler gesehen? - Dt. Antworten / E. Befrag., 1973; Immer so durchgemogelt - Erinner. an uns. Schulzeit, 1974; D. Hahn im Nacken, 1974; E. Kapitel f. sich, R. 1975; Alle unter einem Hut, 1976; Aus großer Zeit, R. 1978; Unser Herr Böckelmann, 1979; Haben Sie davon gewußt? E. Befrag. 1979; Kempowskis Einfache Fibel, 1980; Schöne Aussicht, R. 1981; Beethovens Fünfte, Materialien 1982; Böckelmanns Tafelgesch., 1983; Herzlich willkommen, R. 1984; Haumiblau, Kindergesch. 1986; Hundstage, R. 1988 - Hörsp.: Ausgeschlossen (1972), Träumereien am elektr. Kamin (1972), Haben Sie Hitler gesehen? (1973), Beethovens Fünfte (1976), Moin Vaddr läbt (1981), Führungen (1983), Alles umsonst (1984) - 1972 Lessing-Förderpreis Hamburg, 1973 Raabe-Preis Braunschweig; 1973 Mitgl. PEN-Zentrum BRD; 1974 Gryphius-Förderpreis; 1976 Karl-Szczuka-Preis (für Hörsp. Beethovens Fünfte); 1979 BVK I. Kl.; 1979 Niedersachsen-Preis; 1980 Bambi-Preis; 1981 Hörspielpreis d. Kriegsblinden u. Jakob-Kaiser-Preis 1980 (FS.: E. Kapitel f. sich) - Liebh.: Musik, Gesch. - Spr.: Engl.

KEMPSKI, Hans Ulrich
Journalist, Sonderkorrespondent (s. 1987) - Birkhahnweg 2, 8000 München 82 - Geb. 3. Aug. 1922 Dramburg (Vater: Karl Th. K., Obervermessungsrat; Mutter: Thea, geb. Krakow), ev., verh. s. 1948 m. Inge, geb. Balven, 2 Söhne (Oliver (Arzt), Jan) - Gymn. (Abit.); Journalistenschule - Chefkorresp. s. 1949 u. Mitgl. d. Chefredakt. d. Südd. Ztg. Politische Reportagen üb. wichtige Ereign. i. d. ganzen Welt - BV: D. Kreml öffnet s. Tore; Rote Sonne üb. gelber Erde - 1972 Bayer. VO; 1973 PEN-Club - Liebh.: Fischen.

KEMPSKI, Hans Werner
Dr. med., Prof., Internist, Tropenmed. u. Pathol. - RA 1644 Sucursal Vitoria, B. A., Calle Martin Rodriguez 556-564, Buenos Aires (Argent.) - Geb. 1. März 1910 Schwerin/Meckl. (Vater: Prof. Dr. phil. nat. Karl E. K., Phytopathologe u. - genetiker, auf Exped. im paraguay. Chaco-Gebiet 1946 in Asuncion †, div. Ehrungen, u. a. trägt e. Zone b. Puerto Casado (Paraguay) s. Namen (s. auch X. Ausg.); Mutter: Maria, geb. Sünn † 1975), kath., verh. 1947 m. Juliana, geb. Danninger, 3 Kd. (Theodor, Arzt; Irene, Elsa) - Gymn. Schwerin/Meckl. u. Feldkirch/Vorarlb.; Stud. Univ. Innsbruck, Wien, Hamburg (Promot.) - S. 1938 Klin. pathol. mikrobiol. Lehr- u. Forschungstätigk. Bolivien (Univ. S. Bolivar; Begr. u. 1. Dir. Lucha Anti-Verminosa, Gesundheitsmin.), USA (Idaho, Algiers, New Orleans, Louisiana), Argent. (Univ. Tucuman, Reg. Med. Inst. Miss. Resistencia, Heine-Med.-Inst. u. Mikrobiol. Inst. Buenos Aires). 1954 Gründ. Dt.-Argent. Wiss. Ges. Buenos Aires. Gastvortr. dt., europ., afrikan., asiat. Univ. - Zahlr. Facharb. üb. Schonprophylaxe b. Schwangerschaftsstörungen, Entstehungsweise d. Kinderlähmung m. Infektions- u. Immunisationsmodus üb. Verdauungstrakt, Grundl. d. Schluckimmunisierung, Rolle d. Darms b. Prophylaxe u. Therapie v. Erkrankungen d. Respirationstrakts einschl. Lungenkrebs, Intestinal-Physiopathol. u. Krebsentsteh., Virosen, Malignosen u. Darmlymphsystem, Darm-Herz-Lungen-Blutweg v. Mikroorganismen zus. m. Fetten, Gerbstoffe in Pflanzen u. Oralimmunisation - 1966 Phoenix-Med. Univ. Hiroshima/Japan; Mitgl. Dt. Tropenmed. Ges. u. versch. Ehrenmitgliedsch. - Spr.: Engl., Span., Franz., Ital., Griech. - Großv.: Magistratsdir. Breslau.

KEMPSKI, Ritter von, Josef
Repräsentant Bankhaus Sal. Oppenheim jr. & Cie., Köln/Frankfurt am Main, ARsvors. Leffers AG., Bielefeld - Jägerhofstr. 25, 4000 Düsseldorf - Geb. 12. Sept. 1925 Budapest.

KEMPSKI RAKOSZYN, von, Jürgen
Dr. phil., Prof. Privatgelehrter, Honorarprof. (s. 1972) f. Philosophie Univ. Bochum, Dir. Inst. f. Methoden- u. Strukturforsch. (s. 1981) - 4630 Bochum (T. 0234 - 38 06 14); priv.: Lange Str. 32, 3492 Brakel (T. 05272 - 5 43) - Geb. 20. Mai 1910 Osnabrück (Vater: Herbert v. K., Ing.; Mutter: Irmgard, geb. v. d. Wense), ev., verh. s. 1942 m. Valerie, geb. Gunst, 3 Kd. (Harald, Diotima, Korinna) - Ratsgymn. Osnabrück; 1930-35 Stud. Univ. Freiburg/Br. u. Berlin - Lehrtätigk. TH Hannover (1954-56 Lehrbeauftr. f. Math. Logik), Univ. Hamburg (1955-56 Gastprof. f. Phil.) u. Münster (s. 1958 Lehrb. u. Hon.-Prof. (1961) f. Logik d. Sozialwiss.). Mitgl. Dt. Vereinv. f. mathemat. Logik u. Grundlagenforsch., Internat. Vereinig. f. Rechts- u. Sozialphilos.; Ges. f. Wirtschaftswiss. (Verein f. Socialpol.); Ges. f. Methoden u. Strukturforsch. - BV: Charles S. Peirce u. d. Pragmatismus, 1952; Grundleg. zu e. Strukturtheorie d. Rechts, 1961; Brechungen, 1964; Recht u. Politik, 1965; Vers. üb. d. Zärtlichkeit, 1983; D. phil. Tagebuch, 1984; D. Geheimnis d. weibl. Blicks (üb. d. Odyssee), 1987; Gesamm. Schriften I, 1987. Mitherausg.: Archiv f. Rechts- u. Sozialphil. (1938-44), Archiv f. Phil. (1947-64), Archiv f. Math. Logik u. Grundlagenforsch. (s. 1950) - 1965 Mitgl. PEN-Zentrum BRD - Liebh.: Bücher - Spr.: Engl.

KEMPSKI von RAKOSZYN, Hans W.
s. Kempski, Hans Werner

KEMTER, Manfred
Dr. jur., Präsident Arbeitsgericht Berlin (s. 1972) - Borstellstr. 55, 1000 Berlin 41 (T. 7962286) - Geb. 30. Mai 1924 - Zul. Dir. LAG Berlin.

KENDEL, Kristian
Dr. med. (habil.), Prof., Chefarzt Neurol. Klinik, Akad. Lehrkrankenhaus Lahr - Zu erreichen üb. Lehrkrankenhaus, 7630 Lahr - B. 1977 Doz., dann apl. Prof. Univ. Freiburg/Br. (Neurol. u. Neurophysiol.).

KENDZIA, Rudolf
Betriebswirt, MdA Berlin, Parlamentarischer Geschäftsf. Fraktion D. Republikaner im Abgeordnetenhaus v. Berlin - Beifußweg 26 A, 1000 Berlin 47 (T. 030 - 661 34 16) - Geb. 21. April 1938, verh. s. 1962 m. Edeltraud, geb. Michaelis, 2 Söhne (Alexander, Konstantin) - Lehre als Verlagskaufm. Verlag f. Radio-Foto-Kinotechnik, Berlin - 1962-87 gf. Gesellsch. Bodenbeläge-Textilien-Raumausstattung BTR GmbH, Berlin - Liebh.: Gesch. (insb. Zeitgesch.) - Spr.: Engl.

KENN, Karl-Heinz
Dipl.-Ing., Landtagsabgeordneter NRW - Spessartweg 8, 4100 Duisburg 17 - Geb. 22. Nov. 1926 Duisburg (Vater: Friedrich-Wilhelm K., Arbeiter; Mutter: Emilie K.), verh. s. 1954 m. Hannelore, geb. Elsner, 3 Kd. (Werner, Jutta, Achim) - 1961-74 MdK Moers u. Rat d. Stadt; s. 1975 MdL - Techn. Veröff. u. a.: Schweißen u. Schneiden; Ausb. v. geschweißten Rahmenecken - BVK - Liebh.: Garten, Wandern, Schwimmen, Singen, Tanzen, Skat, Kegeln, Musik.

KENNER, Hedwig
Dr. phil., em. o. Prof. f. Klass. Archäologie - Kundmanngasse 26, A-1030 Wien (T. 72 40 503) - Geb. 20. April 1910 Wien (Vater: Anton v. K., Maler), kath., led. - Gym. u. Univ. Wien - S. 1936 Assist., Doz. (1942), Prof. (1951) u. Ord. (1961) Univ. Wien - BV: Corpus vasorum antiquorum, 1942; D. Fries d. Tempels v. Bassae-Phigalia, 1946; D. Bäderbezirk v. Virinum, 1947; D. Theater u. d. Realismus in d. griech. Kunst, 1955; Weinen u. Lachen in d. griech. Kunst, 1960; D. Phänomen d. verkehrten Welt in d. griech.-röm. Antike, 1970; D. Mädchen v. Antium, 1971; D. Apoll vom Belvedere, 1972; Röm. Wandmalereien d. Magdalensberges, 1985 - O. Mitgl. österr. u. Dt. Archäol. Inst.; korr. Mitgl. österr. Akad. d. Wiss.; Gr. Ehrenz. Rep. Österr., Goldmed. Stadt Wien; Gr. gold. Ehrenz. v. Kärnten; 1984 gold. Doktordipl. Univ. Wien. - Liebh.: Autof. - Bek. Vorf.: Friedrich v. K., Archäologe, erster Vindobonaforscher (Großonkel).

KENTLER, Helmut
Dr. phil., Dipl.-Psych., Prof. f. Sozialpädagogik Univ. Hannover - Westermannweg 5 E, 3000 Hannover 21 (T. 0511 - 79 11 51) - Geb. 2. Juli 1928 Köln (Vater: Dipl.-Ing. Hans K.; Mutter: Hildegard, geb. Fischer), led., 2 S. (Hans-Joachim, Michael) - Promot. 1975 Hannover - BV: Jugendarbeit in d. Industriewelt, 1962; Sexualerzieh., 1970; Eltern lernen Sexualerzieh., 1975; Taschenlexikon Sexualität, 1982; D. Menschlichkeit d. Sexualität, 1983; Sexualwesen Mensch, 1984; Leihväter - Kinder brauchen Väter, 1989 - Spr.: Engl., Franz.

KENTMANN, Wilhelm
Kirchenrat, Beauftr. d. Ev. Kirchen für Rh.-Pf. u. d. Saarl.- Rheinstr. 101, 6500 Mainz (T. 06131-231574 u. 0681-51326) - Geb. 28. Juni 1924 Reval (Vater: Superintendent Kurt K. †; Mutter: Erika, geb. Baroneß v. Engelhardt †).

KEPPER, Hans
Journalist, Leiter NDR-Büro Bonn - Stieldorferhohn 40, 5330 Königswinter 41 (T. 02244 - 16 88) - Geb. 24. Sept. 1933 Kassel (Eltern: Otto u. Marie K.), ev., verh. m. Heide, geb. Reimers, 2 Kd. (Nikolaus, Kartini) - Staatsex. German., Gesch., Polit. Wiss. - Redakt. b. UPI,

Spiegel, Frankfurter Rundschau (1967-71 Pariser Korresp., 1972-76 Korresp. in Bonn); 1976 Bonner Korresp. NDR; s. 1981 Leit. NDR-Büro Bonn - Spr.: Engl., Franz.

KEPPLER, Dietrich

Dr. med., Prof. f. Biochemie - Hermann-Herder-Str. 7 (Biochemisches Inst der Univ.), 7800 Freiburg/Br. - Geb. 11. April 1940 Stuttgart (Vater: Dr. Richard K., Dipl.-Landw.; Mutter: Utta, geb. Ris), ev., verh. s. 1963 m. Karin, geb. Thon, 2 Kd. (Andrea, Oliver) - Gymn. Blaubeuren; Univ. München u. Freiburg. Promot. 1966; Habil. 1971 - S. 1975 Prof. Univ. Freiburg. 1972/73 Forschungstätigk. USA (Florida) - BV (Mitverf.): Muskelstoffw., 1969 (engl. 1972). Hrsg. u. Mitverf.: Pathogenesis and Mechanisms of Liver Cell Necrosis, 1975 (engl.). Zahlr. Einzelarb. - 1971 Preis Freibg. Wiss. Ges. - Liebh.: Musik, Malerei, Skisport - Spr.: Engl., z. Verständ. Franz., Span., Griech. - Entd.: Leberschädig. durch Galaktosamin (m. Lesch, Reutter, Decker).

KEPPLER, Horst

Dipl.-Ing., Vorstandsmitgl. Stelcon AG., Essen - Max-Planck-Str. 8, 4130 Moers-Rhld. - Geb. 18. Febr. 1924.

KEPPLINGER, Hans Mathias

Dr., Prof., Leiter Institut f. Publizistik Univ. Mainz (s. 1983) - Zu erreichen üb. Univ. Mainz, 6500 Mainz (T. 06131-39 25 79) - Geb. 20. Mai 1943 Mainz, kath., verh. m. Lieselotte, geb. Schmuck, S. Philipp Johannes - Stud. Politikwiss., Gesch., Publiz. in Mainz, München, Berlin, Promot. 1970 Mainz, Habil. 1977 - 1970-78 wiss. Mitarb. v. Elisabeth Noelle-Neumann am Inst. f. Publiz., Mainz; 1982 o. Prof. Univ. Mainz; 1982-84 1. Vors. d. Dt. Ges. f. Publiz. u. Kommunikationswiss. - BV: Angepaßte Außenseiter. Was Journ. denken u. wie sie arbeiten, 1979; D. aktuelle Berichterstattung d. Hörfunks, 1985; Darstellungseffekte. Exper. Unters. z. Wirkung v. Pressefotos u. Fernsehfilmen, 1987 - 1978-82 Heisenberg-Stip. d. Dt. Forschungsgem. - Liebh.: Segeln - Spr.: Engl., Franz.

KERBER, Adalbert

Dr., o. Prof. f. Math. Univ. Bayreuth (s. 1978) - Schlosshof Birken 21, 8580 Bayreuth (T. 6 80 09) - Geb. 29. Juni 1939 Steinheim/M. (Vater: Prof. Dr. phil. Ottmar K., Kunsthistoriker, s. dort; Mutter: Franziska Maria, geb. Volk), kath., verh. s. 1963 m. Dieta, geb. Adams, 2 Kd. (Anne, Uta) - Abit. 1958; Staatsex. 1963; Promot. 1966; Habil. 1970 - Wiss. Assist. (1966) u. Oberassist. (1970), Wiss. Rat u. Prof. f. Math. TH Aachen (s. 1972) - BV: Representations of Permutation Groups I u. II, 1971/75; The Representation Theory of the Symmetric Group, (m. G. James) 1981.

KERBER, Bernhard

Dr. phil., o. Prof. f. Kunstgeschichte Univ. Bochum (1971-80), Hochschule d. Künste, Berlin (s. 1980) - Hektorstr. 2, 1000 Berlin 31 - Geb. 9. Mai 1938 Steinheim/M. (Vater: Prof. Dr. phil. Ottmar K., Kunst- u. Kulturhistoriker (s. dort); Mutter: Walburga, geb. Volk), verh. s. 1965 m. Monika, geb. Müller, 2 Kd. (Markus, Christiane) - Promot. 1963 Münster; 1963-65 Bibliotheca Hertziana Rom; Habil. 1969 Bochum - S. 1963 Univ. Bochum - BV: Burgund u. d. Kathedralskulpturen, 1967; Andrea Pozzo, 1971; Amerikan. Kunst n. 1945, 1971; Erich Reusch, 1978; Gerhard Wittner, 1981; Bochums Bauten, 1982; Eberhard Viegener, 1982; Sigi Zahn, 1986 - 1967 Straßburg-Preis F.V.S.-Stiftg. Hamburg.

KERBER, Robert

Dr. phil., o. Prof. f. Makromolekulare Stoffe, Vorst. Inst. f. Techn. Chemie - Techn. Univ., 8000 München - Geb. 23. April 1925 Fulpmes (Österr.) - Habil. 1959 München - S. 1966 o. Prof. TU Berlin u. München (1973). Fachveröff.

KERBER-GANSE, Waltraut

Dr. phil., Prof. f. Sozialpädagogik TU Berlin - Kommandantenstr. 23, 1000 Berlin 45.

KERBS, Diethart

Dr., Prof. f. Kunstpäd. Hochsch. d. Künste Berlin - Schillerstr. 10, 1000 Berlin 12 - Geb. 19. Aug. 1937 Berlin - BV: Histor. Kunstpäd., 1976. Herausg.: Edition Photothek, s. 1983.

KERBY, William E.

Dr. rer. nat., Prof. f. Mathematik Univ. Hamburg (s. 1977) - Bickbargen 21, 2083 Halstenbek - Zul. Doz. TU Hannover.

KERÉKJÁRTÓ, von, Margit

Dr. phil., Prof. f. Medizin. Psychologie - Justus-Vosseler-Str. 122, 2000 Hamburg 54 - Geb. 26. April 1930 Szeged (Ung.) - Promot. 1961 - S. 1967 (Habil.) Lehrtätigk. Univ. Hamburg (1972 Wiss. Rätin u. Prof.; 1975 o. Prof. u. Abteilungsdir. II. Med. Klinik) - BV: D. Asthmatiker, 1967 (m. A. Jores). Herausg.: Med. Psych. (1974 ff.); Mithrsg.: Ztschr. f. Med. Psych. (1974 ff.).

KERFIN, Gerhard

s. Bielicke, Gerhard.

KERKAU, Hans-Joachim

Dr., Berliner Datenschutzbeauftragter - Hildegardstr. 29/30, 1000 Berlin 31.

KERKER, Armin

Publizist - Dorfstr. 46, 2251 Witzwort (T. 04864 - 6 01) - Geb. 31. Juli 1943 Gadderbaum, ev., verh. s. 1969 m. Dr. Elke, geb. Hein, T. Frauke - Stud. German., Byzantinistik u. Neogräzistik Univ. Marburg, Köln, Bochum - 1976-80 Programmleit. Goethe-Inst. Jaunde (Kamerun) - BV: Ernst Jünger - Klaus Mann, 1974; Verhältnisse, 1976; Aus d. Köpfen an d. Tael, 1976; Storms Friesland, 1984; Kreta, 1985; Im Schatten d. Paläste, 1987; Griechenland - Entfernungen in d. Wirklichkeit, 1988. Übers.: Jannis Ritsos, Steine, Wiederholungen, Gitter (1979); Henri Lopes, D. strafversetzte Revolution (1980); Giorgos Skourtis, D. Alte George (1985). Fernsehfilme: E. Traum v. Leben u. Brot (WDR 1987); E. Tag im Mai (WDR 1988) - Spr.: Engl., Franz., Neugriech.

KERKHOFF, Heinrich

Betriebswirt, Unternehmensberater, Inh. Kerkhoff Unternehmensberatung - Ahornstr. 58, 4235 Schermbeck/Niederrh. - Geb. 2. Aug. 1931 Essen, verh., 2 S. - Ausbild. z. Möbelkaufm.; Stud. Betriebswirtsch.; geprüfter Betriebswirt - 20 J. prakt. Handelserf., davon 12 J. in ltd. Posit.; s. 1972 freiberufl. Berater u. Trainer.

KERKMANN, Heinz

Bankdirektor, Vorstandsmitgl. i. R. Bayer. Landesbank, München - Georg-Kalb-Str. 14, 8023 Großhesselohe (T. 79 55 30) - Geb. 17. Mai 1921 Kleve - Div. Mandate. 1973 Bayer. VO; 1982 Gr. BVK.

KERLER, Anneliese

Bäuerin, Mitgl. Bayer. Senat - Premach 25, 8909 Ursberg/Schwaben - 1981 Bayer. VO.

KERLER, Richard

Journalist, Schriftst., Redaktionsdir. Vogel Verlag KG, Würzburg - Lerchenweg 11, 8220 Traunstein - Geb. 9. Juli 1939, kath., verh. s. 1968 m. Christine, geb. Sopart, Journ. u. Buchautorin, 2 T. (Pamela, Miriam) - 1959-67 Stud. Betriebsw. Univ. München u. am Dolmetscher-Inst. München - Redakt. Ztschr. Freundin; Leitg. Redaktionsmanagement Ztschr. Jasmin, Eltern u. Twen; Gf. Redakt. Jasmin; Leitg. Auslandsgesch. Gruner + Jahr in Spanien; Redaktionsdir. Vogel Verlag KG, Würzburg, Redakt. München - BV: Üb. 60 Bücher (z.T. m. Ehefr. Christine), u.a. Skischule, 2. A.; Warum d. Bayern d. Größten sind, 2. A.; Weiß-Blaue Weltanschauungen; Windsurfing f. Fortgeschrittene, 4. A.; München wo?, 10. A., Traumjob - D. hundert besten Firmen in Dtschl.; D. 100 besten Karriere-Gesetze - Liebh.: Sport (vor allem Skilaufen u. Windsurfen) - Spr.: Engl., Span., Ital.

KERLER, Werner

Dr. rer. nat., Prof. f. Theoret. Physik Univ. Marburg - Bruchwiesenweg 11, 3550 Marburg/L..

KERLL, Karl-Heinz

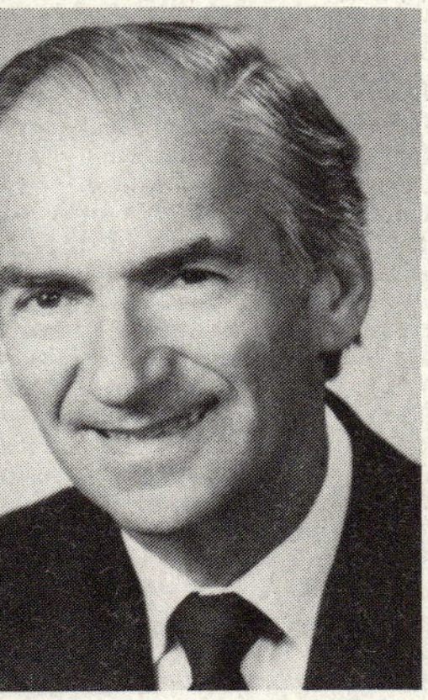

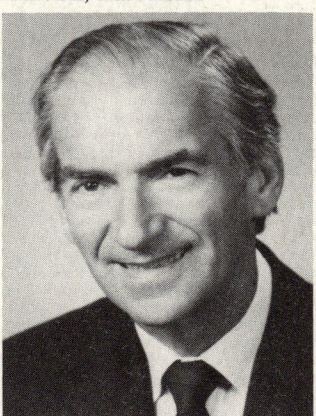

Dipl.-Chem., VDI, Geschäftsführer - Studtstr. 17, 4400 Münster (T. 0251 - 29 53 24) - Geb. 1. März 1930 Münster, ev., verh. s. 1959 m. Helga, geb. Liebeskind, S. Helfried - 1962-70 Vors. Tauchsportclub Münster; 1962-80 Präs. Landesverb. Nordrh.-Westf. im Verb. Dt. Sporttaucher (LV NRW VDST); 1966-80 Vizepräs. Verb. Dt. Sporttaucher (VDST); s. 1978 Mitgl. Executivbüro Confédération mondiale des activités subaquatiques (CMAS); s. 1983 Vizepräs. CMAS, Präs. Sportkomit. CMAS; s. 1982 Deleg. CMAS in d. General Assoc. of Intern. Sports Federations (GAISF); s. 1983 EXCO-Mitgl. Intern. World Games Assoc. (IWGA) - BV: CMAS Sports Committee Manual, 1987 (engl., franz.); CMAS Fin Swimming Manual, 1987 (engl., franz.) - 1975 Gold. Ehrennadel VDST; 1980 Gold. Ehrenplak. LV Nordrh.-Westf. VDST, Ehrenpräs. LV Nordrh.-Westf. VDST; 1980 Gold. Ehrennadel CMAS; 1984 Sportplak. Land Nordrh.-Westf.; 1987 Goldmed. CMAS; 1987 BVK am Bde.; Ehrenmitgl. versch. in- u. ausl. Sportvereine u. Sportverb. - Liebh.: Sport - Spr.: Engl., Franz., Neugriech., Russ. - Lit.: Glenzdorfs Intern. Genealogen-Lexikon.

KERMEL, Heinz-Joachim

Dr. jur., Rechtsanwalt u. Notar - Travemünder Landstr. 260a, 2400 Lübeck 14 - Geb. 31. Jan. 1930 Kattowitz (Vater: Wilhelm K., Elektriker; Mutter: Helene K.), ev.-luth., verh. s. 1956 m. Ingeburg, geb. Hett, 3 Töcht. (Christiane, Cornelia, Renate) - Jura-Stud. - 1960-66 Vors. Schlesw.-Holst. Tischtennisverb. (1966 silb. Ehrennadel); 14 Jahre Vors. Nordd. Tischtennisverb.; 1973-79 Vize-Präs. DTTB (Dt. Tischtennis-Bd.; 1974 Gold. Ehrennadel), Vors. Rechtsaussch. DTTB; 1977-79 Mitgl. ITTF (Intern. Table-Tennis-Federation); s. 1966 Beisitzer Landessportverb. Schlesw.-Holst. - 1979 Gold. Ehrennadel Landessportverb.; 1984 Sportplak. Land Schlesw.-Holst. - Liebh.: Angeln, Tennis - Spr.: Engl., Poln.

KERMER, Wolfgang

Dr. phil., Prof. f. Kunstgesch., Staatl. Akademie d. bild. Künste Stuttgart - Birkenwaldstr. 213 D, 7000 Stuttgart (T. 25 75-0) - Geb. 18. Mai 1935 Neunkirchen/Saar (Vater: Franz K., Kapellm.; Mutter: Luise, geb. Kunz), kath., verh. m. France, geb. Buisson - Realgymn. Neunkirchen/Saar; Hochschulinst. f. Kunst- u. Werkerziehung u. Univ. Saarbrücken (1956-57); Kunstakad. u. TH Stuttgart (1957-61); Kunsterz.ex.; Univ. Tübingen (1961-66; Kunstgesch.); Promot. b. Prof. Schrade (Diss.: Studien z. Diptychon in d. sakralen Malerei) - Mitarb. am Lehrst. f. Zeichnen u. Modellieren d. TH Stuttgart (1961/62); s. 1966 Lehrtätigk. Kunstakad. Stuttgart (1970 Doz.; 1972 Prof.), 1971-84 Rektor ebd. - Vors. Landesverb. Württ. im Bd. Dt. Kunsterzieher (1971-72); Vors. Kuratorium Max-Lütze-Medaille (1976-88) - BV: W. Kermer - Hannes Neuner, Fragen - Antworten, 1979; Gunter Bohmer u. d. Stuttgarter Kunstakad., 1987; Willi Baumeister, Typographie u. Gebrauchsgraphik, 1989. Zahlr. Fachveröff., dar. Der Zukunft geöffnet oder in Zukunft offen? Zu Struktur u. Situation d. Stuttgarter Kunstakad. (Baden-Württ., 1969, Heft 7, S. 19ff.; Heft 8-9, S. 31ff.); Einige Aspekte d. Kunstlehre Willi Baumeisters (Festschr. 175 J. Friedrich-Eugens-Gymn. Stuttgart 1971, S. 126ff.); Sam Herman, 1974; Arbeiten d. Glaswerkstätte d. Staatl. Akad. d. bild. Künste Stuttgart, 1974; Symposion Leonberger Heide, 1974; Venini-Murano, 65 Gläser d. Samml. Kermer, 1975; Willi Baumeister: Lithographien u. Radierungen, gedruckt v. Erich Mönch, 1975; Aus d. Klasse f. Allg. künstler. Ausb. Prof. Hugo Peters, 1976; Karl Rössing z. 80. Geb., 1977; Druckgrafik austral. Kunststudenten, 1978; Z. Geschichte d. Textil-Abteilung (Akad.-Mitt. 8, 1978, S. 36 ff.); Johannes Hewel, 1978; Hommage à Baumeister, 1979; Z. Kunstlehre Willi Baumeisters - E. Vorschlag Baumeisters z. Reform d. künstler. Elementarunterr. aus d. J. 1949 (Willi Baumeister - D. Spätwerk 1945-55, 1979, S. 129ff.); Studienarbeiten d. College of Fine Arts d. Seoul National Univ., 1979; Staatl. Akad. d. bild. Künste Stuttgart, D. Prof. d. Fachgr. Grafik-Design, Innenarch. u. Design, 1981; Entwürfe u. Bühnenbilder, Kl. Prof. Jürgen Rose, 1981; F. H. Ernst Schneidler z. Gedenken, 1982; Staatl. Akad. d. bild. Künste, Stuttgart (Gründe u. Hindergründe, Inf. Min. f. Wiss. u. Kunst Baden-Württ., Nr. 2, 1982); Staatl. Akad d. bild. Künste, Stuttgart , D. Werkstätten u. ihre Lehrer, 1982; Staatl. Akad. d. bild. Künste Stuttgart, Klassen f. fr. Kunst, 1985; Z. Gründung d. Inst. f. Buchgestaltung an d. Stuttg. Akad. (Walter Brudi - Graphik, Malerei), 1987; Österr. Künstler d. Gegenw., Arb. auf Papier, Samml. Kermer, Gal. im Taxispalais Innsbruck, 1987; D. Stuttg. J. Alfred Hrdlickas (Texte u. Bilder z. 60. Geb. d. Bildhauers A.H.), 1988; Daten u. Bilder z. Akad.-Gesch. (Staatl. Akad. d. bild. Künste Stuttgart, E. Selbstdarst.), 1988. Herausg. u. Bearb.: Akad.-Mitteilungen (s. 1972-78), Beitr. z. Gesch. d. Staatl. Akad. d. bild. Künste Stuttgart (s. 1975) - 1984 BVK - Spr.: Franz., Engl. - Lit.: G. Petzold, D. Kunstakad. sucht mehr Kontakt (Stuttgarter Leben, 1975, Heft 3); Für W.K., Staatl. Akad. d. bild. Künste Stuttgart (1984); D. Glassamml. W.K. im Glasmuseum Frauenau (1989).

KERN, Adolf

Prof., Hochschullehrer - Seelenbachweg 8, 7070 Schwäbisch Gmünd - U. a. Prof. f. Musikerziehung m. Didaktik u. Methodik Päd. Hochsch. Schwäb. Gmünd.

KERN, Ernst Heinz

Industriekaufmann, Direktor i.R. Tonwerke Kandern GmbH, Schriftst. (Ps. Enzio Enrici) - Sitzenkircher Str. 8, 7842 Kandern (T. 07626 - 70 17) - Geb. 30. Dez. 1919 Rochlitz (Vater: Erich K., Tischler; Mutter: Frieda, geb. Stelzer), ev., verh. s. 1946 m. Elfriede, geb. Jäglin, S. Ulrich - Kaufm. Berufsschule Geithain; kaufm. Lehre Braunkohlenwerke Borna b. Leipzig - 1952 Handlungsbevollm., 1953 Einzelprok., 1961-83 Geschäftsf. Tonwerke Kandern GmbH - BV: Venus im Skorpion, Ged. 1981; Mond im Widder, Ged. 1982; Mars in d. Waage, Ged. 1984; Besuch bei Scardanelli, Erz. u. Ged. 1985; In Anthol. Leuchtfeuer u. Gegenwind, Ged. 1987; Wie Tautropfen im Morgenlicht, Ged.

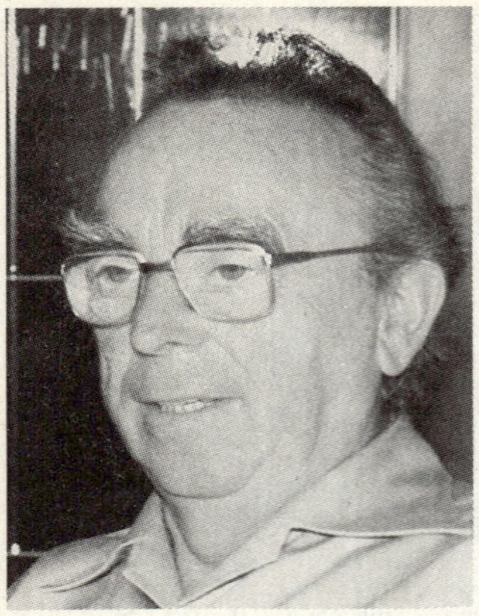

1988 - 1980 BVK - Liebh.: Malerei - Spr.: Engl., Franz., Ital.

KERN, Fritz
Dr., Aufsichtsratsvorsitzender Giulini Chemie GmbH - Giulinistr. 2, 6700 Ludwigshafen/Rh. - Geb. 10. Mai 1924.

KERN, Georg
Filmproduzent (1950ff. eig. Firma f. Werbe-, Lehr- u. Dokumentarfilme) - Danziger Str. 11, 6600 Saarbrücken (T. 0681 - 81 83 67); priv.: Höhenweg 102, 6601 Scheidterberg - Geb. 20. Mai 1915 Jauer/Schles. (Vater: Otto K., Fabr. †; Mutter: Luise, geb. Merbach †), verh. m. Helga, geb. Lutz (Schnittm.), 4 Kd. (Rosemarie, Susanne, Oliver-Frederick, Stefanie) - Ausbild. Gauß-Sch. u. Epoche-Color-Film AG. Berlin - Kameram. u. Regiss. (Tobis, DEFA). Als bes. wertvoll eingestuft: Heilendes hl. Wasser Lourdes (1948) u. Raumkompos. Günter Maas (1970) - Liebh.: Fischen, Jagen, Tennis.

KERN, Günther
Dr. med., Prof., Frauenarzt - Berliner-Str. 39, 5900 Siegen, priv.: An den drei Pfosten Nr. 68, 5900 Siegen (T. 0271 - 51171) - Geb. 23. Nov. 1923 Gießen - S. 1962 (habil.) Lehrtätigk. Köln (1968 apl. Prof. f. Geburtshilfe u. Gynäkol.). Experimentelle u. klin. Arb. z. Frühdiagn. d. Cervixkrebses - BV: Carcinoma in situ. Vorstadium d. Gebärmutterhalskrebses, 1964; Preinvasive Carcinoma of the Cervix, Theory and Practice, 1968; Gynäkologie - E. kurzgefaßtes Lehrb., 3. A. 1977 (auch engl., franz., span., ital., portug., japan.); Handbuchart. in: Käser et al.: Gynäkol. u. Geburtshilfe, 1967 - Spr.: Engl. - Rotarier.

KERN, Hans
Studiendirektor a.D., MdL Nordrh.-Westf. - Agathaberg 20, 5272 Wipperfürth - Geb. 29. Jan. 1933 Wipperfürth, kath., verh. s. 1961 m. Ruth, geb. Paffenholz, 4 Kd. (Johannes, Edith, Christian, Peter) - Abit. 1953; Stud. Math., Phys., Info; 1. Staatsex. 1958, 2. Staatsex. 1960 - B. 1985 Lehrer; 1961-83 Doz. Staatl. Studienkolleg Univ. Köln; Rat Wipperfürth (Fraktionschef). SPD - Liebh.: Reisen - Spr.: Engl., Franz.

KERN, Hartmut
Dr. rer. nat., Wiss. Mitarb. Inst. f. Biotechnologie/Kernforschungsanlage Jülich (s. 1961), apl. Prof. f. Botanik TU Hannover (s. 1974) - Lövenicher Str. 29, 5172 Linnich/Rhld. - Geb. 6. Febr. 1929 Reußendorf (Vater: Emanuel K., Rektor; Mutter: Charlotte, geb. Stober), ev., verh. in 2. Ehe (1975) m. Gerti, geb. Wittmer, 3 Kd. (Martina, Ulrich, Christine) - Schule Bielefeld (Abit. 1950); Univ. Münster (Biol., Chem.; Staatsex. 1956). Promot. 1956 Münster; Habil. 1966 Hannover - Tätigk. MPI f. Züchtungsforsch. Köln u. Univ. Münster - Liebh.: Lit., Gesch., Jagd, Wandern, Garten - Spr.: Engl.

KERN, Helmuth
Senator a. D., Vorstandsvors. Hamburger Hafen- u. Lagerhaus AG (s. 1976), Vors. Zentralverb. d. dt. Seehafenbetriebe - Elbchaussee 184a, 2000 Hamburg 52 - Geb. 4. Dez. 1926 Hamburg, verh. - Johanneum Hamburg u. Joachimsthalsches Gymn. Templin; Univ. Hamburg u. Heidelberg (Phil., Soziol.) - 1944 (n. Notabit.) - 45 Wehrdst., dann Studium, ab 1949 väterl. Betrieb, 1952-58 kaufm. Leit., Prok. u. Geschäftsf. versch. Papierverarbeitungsbetriebe, 1958-66 Gf. u. Vorstandsmitgl. in Firmen d. dt. Hochseefischerei. 1957-82 MdHB; 1966-76 Senator u. Leit. Behörde f. Wirtschaft u. Verkehr, 1971-72 zugl. 2. Bürgerm. Div. Mandate (Hbg. Betriebe). S. 1978 Präs. Unternehmensverb. Hafen Hbg.

KERN, Horst Ernst
Dr. disc. pol., Dipl.-Sozialwiss., Prof. Univ. Göttingen (s. 1977) - Stegemühlenweg 25, 3400 Göttingen (T. 71973) - Geb. 29. Sept. 1940 Wien (Vater: Ernst K., Beamter; Mutter: Hilde, geb. Lowitz), verh. s. 1965 m. Dr. Bärbel, geb. Angerstein, T. Anne - Hochsch. f. Sozialwiss. Wilhelmshaven, FU Berlin, Univ. Göttingen - 1964-70 wiss. Assist., 1971-77 Wiss. Rat u. Prof. bzw. o. Prof. TU Hannover - BV: Industriearbeit u. Arbeiterbewußtsein, 1971 Studiena., 1977 (m. M. Schumann); D. soziale Prozeß b. techn. Umstellungen, 1972 (m. M. Schumann), Arbeitsbeding. im Kampf, 1979, Emp. Sozialforsch., 1982 - Liebh.: Segeln, Ski, Reisen - Spr.: Engl., Franz.

KERN, Horst Frank
Dr. med., Prof. f. Cythobiologie u. -pathol. Univ. Marburg (Bereich Humanmed.) - Am Steinherd 6, 3577 Ebsdorfergrund 5.

KERN, Karl-Günter
Dr. rer. nat. (habil.), Prof. Landesforstmeister - Forstamt, 6732 Edenkoben/Pf. - Geb. 20. Juni 1929 Bad Kreuznach/N. - B. 1971 Privatdoz., dann Prof. Univ. Freiburg/Br. (Forstl. Ertragskd.) - BV: Wachstum u. Umweltfaktoren im Schlag- u. Plenterwald, 1966.

KERN, Matthias
Komponist - Kreuzwippe 17, 3012 Langenhagen/Hann. (T. 0511 - 74 14 01) - Geb. 31. Mai 1928 Neuendettelsau/Mfr. (Vater: Helmut K., Dekan; Mutter: Jakobe, geb. Pilger), ev., verh. s. 1955 m. Ilse, geb. Lüns, 5 Kd. (Christoph (†1972), Barbara, Elisabeth, Monika, Burkhard) - Kompositor. Ausbild. Prof. Komma u. Reda (1950-55 Folkwangsch. Essen) - S. 1954 Kantor Essen, Duisburg (1957), Idar-Oberstein (1958), Hannover (1965). 1960 Leitg. u. Wiedergründ. Chorgemeinschaft a.d. Nahe; 1967-79 Herrnhäuser Kirchenmusiktage in 2-3jährl. Turnus. 1975 Gründ. Kantoreigem. Hannover; 1979ff. Doz. Westf. Landesmusiksch. Herford. Konzerte im In- u. Ausland, div. Rundfunkaufnahmen (NDR, SFB, BR). Zahlr. Reisen als Orgelsolist, Gastdozent u. Komponist nach Schweden u. USA: u.a. Yale Univ., Union Theol. Seminary, N.Y.C.; in Colleges; Orchesterw., Kammer-, Ballett-, Klavier- u. Orgelmusik sow. Lieder - Composer in Residence Carthage College 1983 von dort d. Ehrendoktorw. e. Dr. of Music. - Spr.: Engl.

KERN, Norbert Heinrich
Landrat Kreis Hersfeld-Rotenburg - Homberger Str. 159a, 6430 Bad Hersfeld (T. dstl.: 06621 - 8 72 58) - Geb. 8. Febr. 1933 Marburg (Vater: Gottfried K.; Mutter: Dora, geb. Brückner), verh. s. 1977 m. Heide-Lore, geb. Hanstein, 3 Söhne (Sandor, Felix, Max) - Jura-Stud. Univ. Frankfurt u. Marburg; 1. u. 2. jurist. Staatsex. - 1962-73 Jurist b. Staatsanw.sch., Dt. Bundesbahn u. Inn. Verw., zul. Regierungsdir.; Doz. Hess. Verw.schulverb. Kassel; s. 1974 1. Kreisbeigeordn., s. 1976 Landrat - Spr.: Engl.

KERN, Otto
Textilkaufmann, Ehrenpräsident Centralvereinig. Dt. Handelsvertreter- u. Maklerverb., Beirat d. Präsid. IHK Frankfurt/M., Ehrenvors. d. Wirtsch.-verb. d. Handelsvertreter in Hessen, Honorarkonsul, AR-Mitgl. Frankfurter Messe GmbH, u. Kur- u. Kongreß-Park GmbH, Bad Soden/Ts. - Leopoldweg 5, 6380 Bad Homburg v. d. H. (T. 06196 - 4 88 31) - Geb. 9. Aug. 1914 Freiburg (Vater: Heinrich K., Bibliothekar; Mutter: Else, geb. Heim), verh. m. Luise, geb. Schwinn, 3 Kd.

KERN, Peter
Dr. phil., Prof. f. Allg. Pädagogik PH Freiburg (s. 1982) - Torstr. 7, 7860 Schopfheim/Baden - Geb. 9. Mai 1940 Liegnitz/Schles. - Stud. Göttingen (Päd. Phil., German.) u. Hannover/TU (Päd., Phil., Soziol.). Beide Lehrerprüf.; Promot. 1972 - 1963-65 Lehrer; 1965-70 Wiss. Assist.; 1970-73 Seminarleit. u. Rektor - BV: Einf. in d. Vergl. Päd., 1973 (auch jap.); Polit. Päd. - Päd. Politik, 1973; m. P. Runde: Typologie d. Bildungsvoraussetz. in d. Polit. Erwachsenenbild., 3 Bde. 1977 (Kurzfass. Sammelbd. 1980); Päd. im Atomzeitalter, (m. H.-G. Wittig) 1982, 2. A. 1984; Notwendige Bildung, (m. H.-G. Wittig) 1985.

KERN, Peter Christoph
Dr. phil., Prof. f. Didaktik d. Dt. Sprache u. Literatur PH Freiburg - Kirchweg Nr. 5, 7808 Waldkirch - Geb. 2. Juni 1937 Garmisch-Partenkirchen.

KERN, Richard
Dr. rer. nat., wiss. Rat, Prof. f. Physiologie (Lehrst. I) Univ. Heidelberg (Fak. f. Naturwiss. Medizin) - Schwetzinger Str. 32, 6909 Walldorf - Geb. 21. Aug. 1932 - Promot. 1966; Habil. 1970 - 1973 ff. apl. Prof. Üb. 20 Fachaufs.

KERN, Tyll-Dietrich
Dr. jur., Dipl.-Volksw., Rechtsanw., Synd. Bayer. Warenbörse, München, gf. Gesellsch. Solaris Grundstücksverwertungs-GmbH. ebd. - Spitzstr. 2, 8031 Hedendorf/Pilsensee - Geb. 15. Nov. 1940.

KERN, Walter
Dr. phil., Dr. theol., o. Prof. f. Fundamentaltheol. - Postfach 569, A-6021 Innsbruck - Geb. 10. Januar 1922 Haslach/Kinzigtal (Vater: Wilhelm K., Kaufm.; Mutter: Rosa, geb. Wetterer), kath. - Stud. Phil. Freiburg/Br. (1940-41), Pullach (1947-50), Rom (1950-52), Theol. Innsbruck (1952-56) - S. 1957 Lehrtätigk. Berchmanskolleg Pullach (1960 ao. Prof.) u. Univ. Innsbruck (1969 o. Prof.). Vertr. Phil.-Theol. Hochsch. Frankfurt/M. (1958 u. 60) u. Freising (1964-68) - BV: Gesch. d. europ. Phil. d. Neuzeit (2 Bde. 1962/63); Atheismus-Marxismus-Christentum (1976, 2. A. 1979); Disput um Jesus u. um Kirche (1980); Theol. Erkenntnislehre (m. F.-J. Niemann; 1981). Herausg.: Warum glauben? (3. A. 1967, auch ital. (5. A. 1975), span., poln.); Phil. in Einzeldarst. (8 Bde. 1965-69); Innsbrucker theol. Stud. (s. 1978 28 Bde.); Handb. d. Fundamentaltheol. (m. H.J. Pottmeyer u. M. Seckler, 4 Bde. 1985-88) - Bes. Interesse: Erforsch. d. Phil. Hegels.

KERN, Werner
Dr. rer. pol., Prof. f. Betriebswirtschaftslehre - Bismarckstr. 5-7, 5000 Köln 50 (T. 39 22 15) - Geb. 14. Mai 1927 Berlin (Vater: Dr. jur. Günther Kern, Generalint.; Mutter: Charlotte, geb. Ackermann), ev., verh. s. 1958 m. Gerda, geb. Berthold, S. Hans-Günther - 1948-53 TH Darmstadt (Wirtschaftsing.-wesen; Diplomprüf.) - S. 1960 (Habil.) Lehrtätigk. TH Darmstadt TH Braunschweig (1964 o. Prof.), Univ. Köln (1967 o. Prof.); 1983/84 Vors. Verb. d. Hochsch.-Lehrer f. Betriebswirtsch. - BV: D. Messung industrieller Fertigungskapazitäten und ihrer Ausnutzung, 1962; Operations Research, 1964, 6. A. 1987; Optimierungsverfahren in d. Ablauforganisation, 1966; Industriebetriebslehre, 1970; Investitionsrechnung, 1974; Forschung u. Entwickl. i. d. Unternehmung (m. H.-H. Schröder), 1977; Handwörterb. d. Produktionswirtsch. (Hrsg.), 1979; Ind. Produktionswirtsch., 1980. Div. Einzelarb.

KERNCHEN, Eberhard
Dr.-Ing., Prof., Hochschullehrer - Altvaterstr 13, 1000 Berlin 38 - Geb. 1. Nov. 1935, verh. s. 1963 m. Waltraut, geb. Oellrich, 2 T. (Angela, Anette) - Stud. TU Berlin (Bauing.wesen); Dipl.-Ing. 1963; Promot. 1968 - S. 1971 Hochschullehrer f. Techn. Mechanik TU Berlin; s. 1980 Informationsverarb. f. Arch., CAD, TU Berlin - BV: Informationsverarb. in d. Lehre f. Arch. u. Designer, 1987 - Liebh.: Segeln, Surfen.

KERNER, Hans
Dr. rer. nat., o. Prof. f. Mathematik Univ. Bayreuth - Furtwänglerstr. 80, 8580 Bayreuth - Geb. 31. Aug. 1932 Landshut - Promot. 1958, Habil. 1965 München; 1967 Wiss. Rat u. Prof. Univ. München; 1971 Prof. Univ. Frankfurt; 1975 Prof. Univ. Bayreuth.

KERNER, Hans-Jürgen
Dr. jur., o. Prof. f. Kriminologie Univ. Tübingen (s. 1986)- Am Keltengrab 3, 7400 Tübingen 3 - Geb. 8. Dez. 1943 Herxheim b. L., kath., verh. s. 1975 m. Annemarie, geb. Sternberger, 3 Kd. - Stud. München, Berlin, Tübingen (Habil 1975) - S. 1975 Wiss. Rat u. Prof. Univ. Bielefeld; s. 1977 o. Prof. u. Dir. Sem. f. Jugendrecht u. -hilfe Univ. Hamburg; s. 1978 Richter OLG Hamburg; 1980-86 Ord. u. Dir. Inst. f. Kriminol. Univ. Heidelberg. Ab 1983 Vors. Dt. Bewährungshilfe, Bonn; ab 1985 Vizepr. Wiss. Kommiss. Société Int. d. Criminologie (Paris); ab 1986 Vors. Ges. f. d. gesamte Kriminol., Tübingen.

KERNER, Max
Dr. phil., Prof., Historiker - Reimser Str. 19, 5100 Aachen - Geb. 1. Dez. 1940 - Promot. 1969 - S. Habil. Lehrtätigk. TH Aachen (1978 apl. Prof. u. Leit. Lehrgeb. f. Mittlere u. Neuere Geschichte) - BV: Stud. z. Dekret d. Bischofs Burchard v. Worms, 2 Bde. 1971; Johannes v. Salisbury u. d. log. Struktur s. Policratius, 1977; Ideologie u. Herrschaft im Mittelalter, 1982; ... e. finstere u. fast unglaubl. Gesch.? Mediävistische Notizen z. U. Ecos Mönchsroman D. Name d. Rose, 1987.

KERNIG, Claus-Dieter
Prof., Dr. phil., Ordinarius f. Politikwiss. Univ. Trier (s. 1974) - Christophstr. 9, 5500 Trier - Geb. 5. Sept. 1927 Berlin (Vater: Willy K., Journ.; Mutter: Helene, geb. Dietel), ev., verh. s. 1956 m. Henni, geb. Hansen, 3 Kd. (Nepomuk, Barbara, Charlotte) - Stud. Phil. (b. Martin Heidegger), Politikwiss. (b. Arnold Bergstraesser) - 1958 wiss. Assist. Marburg; 1968 Lehrbeauftr., spät. Honorarprof. Freiburg - BV: Sozialismus, Theoriegesch., 1979; Sowjetsystem u. Demokrat. Ges., vgl. Enzyklop., 6 Bde., 1966-72; zahlr. Arbeiten, Ostforsch. - Liebh.: Ski, Bergsteigen - Spr.: Engl., Russ., Hebr. - Bek. Vorf.: Vlad. Kernig, Arzt in Petersburg.

KERP, Lothar
Dr. med., Prof. f. Innere Medizin - Im Oberfeld 12, 7800 Freiburg/Br. - Geb. 1. Mai 1929 - S. 1964 (Habil.) Lehrtätigk. Univ. Freiburg (1971ff. Ärztl. Direktor) - 1966 Karl-Hansen-Preis.

KERPEN, Hans-Heinz
Fabrikant, gf. Gesellsch. Kerpen-Gruppe (s. 1966), Chairman of Kerpen special Ltd., London - Vicht Feldstr. 22, 5190 Stolberg (T. 17214) - Geb. 26. Aug. 1931 Lohmühle (Vater: Heinz K., Ing.; Mutter: Tony, geb. Schulte), kath., verw. s. 1987, 3 Kd. (Hans-Heinz, Claudia Desirée, Julia Kristina) - Goethe-Gymn. Stolberg; TH Aachen - Liebh.: Kunst- u. Lit.sammeln (vorwieg. zeitgenöss.) - Spr.: Engl., Franz.

KERRUTT, Günter
Dr. rer. nat., Dipl.-Chem., Prof. f.

Chemie u. ihre Didaktik Univ. Münster - Raiffeisenring 28, 4408 Dülmen-Buldern (T. 02590 - 46 29) - Geb. 14. Juni 1930 Legenquell/Ostpr. (Vater: Alfred K., Lehrer; Mutter: Eva, geb. Weinreich), ev., verh. s. 1962 m. Sigrun, geb. Sonnenberg, T. Christiane - TH Hannover (Dipl.-Chem. 1958, Promot. 1962); Habil. 1971 - S. 1973 Prof. PH Münster - 1962-72 Chem. Werke Hüls AG (Forsch., Anwendungstechnik); 1972 Wiss. Rat u. Prof. PH Münster; 1973 Lehrst. f. Chemie u. ihre Didaktik, 1980 Univ. Münster - 10 Pat. auf d. Geb. d. makromolekularen Chemie - Spr.: Engl.

KERSBERG, Herbert Rino

Dr. rer. nat., o. Prof. f. Geographie u. ihre Didaktik Päd. Hochsch. Ruhr/Abt. Hagen - Cunostr. 92, 5800 Hagen/W. (T. 53171) - Spez. Arbeitsgeb.: Vegetationsgeogr., Oekologie.

KERSCHBAUMER, Marie-Thérèse

s. Kurz-Goldenstein, Marie-Thérèse

KERSCHBAUMER, Max

Dr. jur., Präsident Bayer. Landessozialgericht - Ludwigstr. 15, 8000 München 22 - 1984 Bayer. VO.

KERSCHE, Peter

Leiter Landesergänzungsbücherei Kärntner Landesreg., Klagenfurt - Mozartstr. 35, A-9020 Klagenfurt (T. 0-42-22-23-80-13) - Geb. 1. Mai 1945 Mixnitz/Steiermark, kath., verh. s. 1974 m. Dr. Gunhild, geb. Molzbichler, S. Arno - Matura 1965 Graz; 1965-71 Stud. Slawist. u. German. Univ. Graz (ohne Abschl.) - Autor, Übers. (aus d. Slowen. u.a.), Bibliograph, Lexikograph, Redakt. Literaturztschr. LOG (1978-82); 1981-82 Archivar Robert Musil-Archiv Klagenfurt; s. 1982 Leit. Landesergänzungsbücherei; s. 1983 Redaktionsbeirat slowen. Kulturztschr. Celovski zvon. Mitgl. in versch. Autoren-Vereinig. - BV: Bibliogr. d. Lit. Jugosl. in dt. Übers. 1775-1977, 1978 - 1975 Arbeitsstip. f. Lit. Kärntner Landesreg.; 1977 Theodor-Körner-Preis; 1982 Literaturpreis Land Kärnten - Spr.: Slowen., Serbokroat., Engl.

KERSCHENSTEINER, Jula

Dr. phil., Prof. f. Klass. Philologie - Griegstr. 13, 8000 München 40 (T. 35 34 60) - Geb. 5. Aug. 1917 München (Vater: Prof. Dr. med. Hermann K., KrKrankenhausdir.; Mutter: geb. Albrecht) - S. 1959 (Habil.) Lehrtätigk. Univ. München (1966 apl. Prof.) - BV: Platon u. d. Orient, 1945; Kosmos - Quellenkrit. Unters. zu d. Vorsokratikern, 1962; D. myken. Welt in ihren schriftl. Zeugn., 1970; Platon, Laches, 1975; Platon, D. Briefe, 1967 (m. W. Neumann). Div. Einzelarb. - Liebh.: Münzen - Bek. Vorf.: Georg K., Pädagoge.

KERSCHER, Josef

I. Bürgermeister (s. 1971) - Rathaus, 8319 Velden/Ndb. - Geb. 21. Dez. 1932 Velden - Zul. Verwaltungsangest. CSU.

KERSCHER, Rudolf

Dr. rer. nat., Dipl.-Phys., Vorstand Fritz Thyssen Stiftg. (s. 1976) - Am Römerturm 3, 5000 Köln 1 (T. 234472) - Geb. 15. April 1928 Würzburg (Vater: Josef K., Werkm.; Mutter: Therese, geb. Schmidmüller), kath., verh. s. 1967 m. Ursula, geb. Hübner, 3 Kd. (Oliver, Alexander, Felix) - Stud. Naturwiss. Univ. Würzburg; Dipl.ex. 1951; Promot. 1954 - 1952-55 Physikal. Inst. Univ. Würzburg (wiss. Assist.), 1955-57 Fa. Carl Zeiss (wiss. Mitarb.), 1958-62 DFG, 1962-76 ständ. Vertr. Generalsekr. Stiftg. Volkswagenwerk - BV: Memorandum Weltraumforschung, 1961 (m. a.); Leitung, Verw. d. Forschung, 1962 (m. a.); D. Stiftg. Volkswagenwerk, 1972 - Spr.: Engl.

KERSCHER, Wilhelm M.

Rechtsanw., Vorstandsmitglied Vereinig. f. intern. Steuerrecht Bayer. Sekt. München, Beiratsvors. Verlagsgruppe Wolfgang Dummer, Diesen (Ammersee) - Albrecht-Dürer-Str. 9, 8033 Krailling/Obb. (T. München 859 61 60) - Geb. 4. April 1919 Gunzenhausen/Mfr.

KERSCHGENS, Karl

Staatssekretär a. D. Min. f. Umwelt u. Energie Land Hessen (b. 1987) - Stud. kath. Theol. u. Rom. Philol. - 1965-68 Pfarrdst., 1971-82 Berufsberater f. Abiturienten u. Hochschüler, 1982-85 MdL Hessen, Vorst.-Mitgl. Bund f. Umwelt u. Naturschutz, Landesverb. Hessen u. Verbraucher-Zentrale Hessen.

KERSIG, Hans

Dr. rer. pol., Dipl.-Kfm., Konsul, Inh. Dr. Hans Kersig u. Dr. Kersig Wohnungsbauges. mbH., bde. Kiel - Lindenallee 22, 2300 Kiel - Geb. 18. Dez. 1902 - ARsmandate u. a. - Österr. Konsul f. Schlesw.-Holst.

KERSSENBROCK, Trutz, Graf

Dr. jur., Rechtsanwalt, MdL Schlesw.-Holst. (Landesliste) - Trittauer Str. 38, 2073 Lütjensee - Geb. 1. Jan. 1954 Kiel - Jugendpolit. Sprecher CDU-Landtagsfraktion.

KERST, Alexander

Schauspieler - Lucile-Grahn-Str. 44, 8000 München 80 - Geb. 23. Febr. 1924 Prag - Theater, Film, Fernsehen (tragende Rollen).

KERSTEN, Heinrich

Dipl.-Kfm., Vorstandsmitglied Thyssen Handelsunion AG, Düsseldorf (s. 1982) - Grazer Str. 3, 4100 Duisburg 28 - Geb. 15. Aug. 1929.

KERSTEN, Helga,

geb. Schmidt

Dr. rer. nat., Prof., Biochemikerin - Platenstr. 17, 8520 Erlangen (T. 2 73 37) - Geb. 17. Nov. 1926 Hannover (Vater: Ludwig S., Kaufm.), verh. 1955 m. Prof. Dr. med. Walter K. (s. dort) - Stud. Chemie - S. 1964 (Habil.) Lehrtätigk. Univ. Münster (1969 apl. Prof.) u. Erlangen-Nürnberg (1970 apl. Prof.). Fachveröff.

KERSTEN, Karl

Dr. phil., Prof., Ltd. Direktor archäol. Landesmuseum d. Univ. Kiel, Landesarchäologe a. D. Schleswig (Schloß Gottorp) - Schubystr. 100a, 2380 Schleswig (T. 81 33 89) - Geb. 8. Aug. 1909 Stade/Elbe - S. 1944 (Habil.) Doz. u. apl. Prof. (1951) f. Ur- u. Frühgesch. Univ. Kiel. 1962ff. - BV: Z. älteren nord. Bronzezeit, 1935; Vorgesch. d. Kr. Steinburg, 1939; Vorgesch. d. Kr. Herzogtum Lauenburg, 1951; Vorgesch. d. Nordfries. Inseln, 1958 (m. P. La Baume; Funde d. ält. Bronzezeit i. Pommern, 1958; Urgesch. d. Naturschutzparkes Wilsede, 1964; D. Funde d. ält. Bronzezeit d. nord. Kreises in Dänemark, Schleswig-Holst. u. Nieders., Bde. I-VIII, 1973-86 (m. Ekkhard Aner †).

KERSTEN, Martin

Dr.-Ing., Prof., Präsident Physikal.-Techn. Bundesanstalt, Braunschweig (1961-69; Rücktr.) - Am Hohen Tore 4 A / 381, 3300 Braunschweig (T. 808381) - Geb. 28. April 1906 Zittau/Sa. (Vater: Studienrat Carl K., Verf. bautechn. Lehrbücher (s. X. Ausg.); Mutter: Magdalene, geb. Lamprecht), ev., verh. m. Cläre, geb. Roth, 3 Kd. - TH u. Univ. Berlin (Physik). Promot. 1942 TH Stuttgart - 1930-46 Laborphysiker u. Abt.sleit. Siemens & Halske AG., Berlin, 1946-51 o. Prof. f. Experimentalphysik TH Dresden u. Univ. Jena (1947), 1951-55 Laborleit. Vacuumschmelze AG., Hanau, Ab 1952 Lehrbeauftr. u. Honorarprof. (1954) f. Metallphysik Univ. Frankfurt/M., 1955-61 o. Prof. u. Dir. Inst. f. Werkstoffe d. Elektrotechnik TH Aachen u. Mitdir. KFA-Inst. f. Reaktorwerkst. Jülich, s. 1962 Honorarprof. f. Physik TH bzw. TU Braunschweig. 1967-68 Präs. Dt. Physikal. Ges.; s. 1964 Mitgl., s. 1970 Ehrenmitgl. Intern. Kommiss. f. Maß u. Gewicht; 1963-66 Mitgl. Wiss.rat, 1968-76 Mitgl. Dt. UNESCO-Kommiss. Veröff. üb. ferromagnet. Hysterese u. reversible Permeabilität, Magnetische Werkstoffe, Energie- u. Umweltschutzprobleme u. a. in Mitteil. TU Braunschw. u. Physik. Blätter - 1949 Mitgl., s. 1951 ausw. Mitgl. Sächs. Akad. d. Wiss.; 1964 Mitgl. Braunschweig. Wiss. Ges.; 1968 Gr. BVK - Lit.:E. Buchwald, Phys. Bl. 66, S. 145; Friedr. Hund, Phys.Bl. 76, S. 172.

KERSTEN, Paul

Dr. phil., Redakteur NDR-Fernsehen (Kultur- u. Wiss.), Schriftst. - Schottmüllerstr. 38, 2000 Hamburg 20 (T. 040-460 15 84) - Geb. 23. Juni 1943 Brakel - Promot. 1970 Univ. Hamburg - BV: D. Metaphorik in d. Lyrik v. Nelly Sachs, Diss. 1970; D. alltägl. Tod m. Vaters, Erz. 1978; Absprung, R. 1979; D. toten Schwestern, Prosa 1982; Briefe e. Menschenfressers, R. 1987 - Fernsehfilm: D. Traurigkeit, die töten kann - 1982 Film- u. Fernsehpreis Dt. Ärzteverb. (f. FS-Film).

KERSTEN, Walter

Dr. med., o. Univ.-Prof., Direktor Inst. f. Biochemie Univ. Erlangen-Nürnberg - Platenstr. 17, 8520 Erlangen (T. 09131-2 73 37) - Geb. 6. Juli 1926, kath., verh. s. 1955 m. Prof. Dr. rer. nat. Helga, geb. Schmidt - Med. Staatsex. 1954 Marburg; Promot. 1954 Marburg - S. 1968 Ord. Univ. Erlangen; Dekan Med. Fak., Sprecher d. Sonderforsch.-Ber. Grundl. d. Früherkennung d. Krebses.

KERSTIENS, Ludwig

Dr. phil., Prof., Leiter Landesstelle Baden-Württ. d. Dt. Inst. f. Bildung u. Wissen a. D. (1964-88) - Brahmsweg 12, 7987 Weingarten (T. Ravensburg 4 53 02) - Geb. 6. Nov. 1924 Münster/W. (Vater: Ferdinand K., Oberreg.rat; Mutter: Luise, geb. ten Hompel), kath., verh. s. 1954 m. Brigitte, geb. de Werth, 2 Söhne (Norbert, Wolfgang) - Gymn.; Univ. Münster/W. (Phil., Päd., Dt., Lat.; Promot. 1951) - 1955-62 Studienrat Münster; s. 1962 Dozent u. Prof. (1966) Päd. Hochsch. Weingarten (Allg. u. histor. Päd.; 1968-71 Rektor). Vors. Christophorus (1952 b. 1954) u. -rat (1957-61); Vors. Bild.werk Diözese Rottenburg-Stuttg. (1973-83) - BV: Filmerzieh. - E. Einf. in d. Filmpäd., 1961, 3. A. 1968; D. Mensch erschließt sich d. Welt, 1967; D. gebildete Mensch, 1966; Medienkunde in d. Schule, 1968, 2. A. 1971; Modelle emanzipator. Erz., 2. A. 1975; Unterr.thema Massenkommunikation, 1976; Erziehungsziele - neu befragt, 1978; Versteht uns doch. Eltern u. Jugendliche, 1979; Erziehungsziele u. Schulwirklichk., 1980; Verbindl. Perspektiven menschlichen Handelns, 1983; D. Gewissen wecken, 1987. Herausg.: Elternbildung (1976) - 1983 Ritterwürde päpstl. Silvesterorden; 1986 Wissenschaftspreis Städte Ravensburg u. Weingarten; 1987 BVK am Bde.

KERSTING, Günter

Dr. med. (habil.), o. Prof. u. Direktor Inst. f. Neuropathologie Univ. Bonn (s. 1967) - Lutfriedstr. 4, 5300 Bonn (T. 624255) - Spr.: Engl., Franz., Holl. - Rotarier.

KERTELGE, Karl

Dr. theol., o. Prof. f. Exegese d. Neuen Testaments - Isolde-Kurz-Str. 19, 4400 Münster/W. - Geb. 28. April 1926 Selm/W., kath. - Promot. 1967; Habil. 1969 - S. 1969 Ord. Trier u. Münster (Seminardir.). Mitgl. Rhein.-Westf. Akad. d. Wiss., Düsseldorf; s. 1987 Vors. Dt. Ökumen. Studienaussch. Bücher u. Aufs.

KERTZ, Peter

Dr. phil., Prof., Regisseur, Musikschriftsteller - Kirchweg 6c, 8000 München 70 (T. 723 33 81) - Geb. 4. Juni 1934 Nürnberg (Vater: Heinrich K., Maler; Mutter: Margarete, geb. Schill) - Insz.: Staatstheater a. Gärtnerplatz, München; Hess. Staatstheater Wiesbaden u. Kassel, Musiktheater im Revier Essen, Aachen, Darmstadt, Gastsp. in Holland u.a. S. 1981 Ord. f. Operndarst. Staatl. Hochsch. f. Musik München.

KERTZ, Walter

Dr. rer. nat., o. Prof. f. Geophysik u. Meteorol. TU Braunschweig (s. 1960) - Pestalozzistr. 2, 3300 Braunschweig (T. 332349) - Geb. 29. Febr. 1924 Remscheid (Vater: Dr. phil. Gustav K., Pastor; Mutter: geb. Heinzelmann), ev., verh. s. 1950 m. Ruth, geb. Friedrich - Univ. Bonn u. Göttingen. Dipl.-Math. (1948), Promot. (1950) u. Habil. (1958) Göttingen - 1950-60 Assist. Univ. Göttingen (Geophysikal. Inst.) - BV: Atmosphär. Gezeiten, in: Handb. d. Physik, 1957; E. neues Maß f. d. Feldstärke d. erdmagnet. äquatorialen Ringstromes, 1958; Einf. in d. Geophysik, 1969 ff. - Spr.: Engl.

KERZ, Josef

Geschäftsf. Helvetia Conserven GmbH., Groß Gerau - Engelspfad 1, 6080 Groß-Gerau.

KESEL, Fritz

Dr. oec. publ., Dipl.-Kfm., Wirtschaftsprüfer u. Steuerberater - Sternwartstr. 20, 8000 München 80 (T. 089-98 82 65) - Geb. 8. Okt. 1924, ev., verh. s. 1950 m. Margot, geb. Hussendörfer, 3 Kd. (Ulrike, Sabine, Florentin) - Abit. 1942; 1946-48 Stud. Betriebsw. Univ. München; Promot. 1951 - S. 1957 Wirtschaftsprüf. u. Steuerberat.; dzt. selbst. S. 1981 AR-Vors. Dt. allg. Treuhand AG (Datag), München - Spr.: Engl., Franz.

KESELING, Gisbert

Dr. phil., Prof. f. German. u. Dt. Philologie Univ. Marburg - Goethestr. 22, 3550 Marburg/L.

KESPER, Erich

Direktor, Vorstandsmitgl. Continentale Sachversicherung AG Dortmund i.R. - Driescher Hof 5, 4330 Mülheim/Ruhr (T. 0208 - 42 22 34) - Geb. 20. Mai 1921 Essen, ev., verh. s. 1950 m. Elisabeth, geb. Wissemann, 2 Kd. (Silvia, Petra) - Mittl. Reife, kfm. Lehre - 1967-68 Abteilungsleiter Continent. Krankenversich. AG, 1969-76 Prok., s. 1975 Abt.-Dir., 1977-86 Vorst. Continent. Sachversich. AG Dortmund, s. 1987 AR-Mitgl. ebd. - Liebh.: Philatelie, Mineralogie - Spr.: Engl.

KESPOHL, Dieter

Dipl.-Ing., Prof. f. Baustoffe, -chemie u. -stoffprüf. (Baubetrieb) Univ. Kaiserslautern - Am Springenkopf, 6755 Hochspeyer (T. 06305 - 2 65) - Zul. Prof. Univ. Trier.

KESSEL, von, Immo

Generalkonsul d. Bundesrep. Deutschl. in Lille/Frankr. - 22, place du Maréchal Leclerc, F-59046 Lille (T. 20-93 84 63) - Geb. 24. Mai 1934 Lüneburg (Vater: Mortimer v. K., General; Mutter: Dorothee v. Kessel), gesch., 3 T. (Annabel, Sophie, Julie) - Gymn. Goslar (Abit.) Stud. Rechts- u. Staatswiss. Univ. Bonn, Paris, München; Referendarex. 1960, Assessorex. 1964 (Düsseldorf) - Ausw. Dst. (Auslandsposten Kairo, Mexiko u. Helsinki, 1974-77 MBFR-Deleg. Wien, 1977-80 Ausw. Amt Bonn (Lateinamerikaref.); 1980-84 Generalkonsulat Boston, seitd. Lille).

KESSEL, Michael

Dr. med., Prof., Internist - Mommsenstr. 14, 1000 Berlin 45 (T. 8335059) - S. 1963 (Habil.) Lehrtätigk. Freie Univ. Berlin (1969 apl. Prof. f. Inn. Med.).

KESSEL, Siegfried

Dr. rer. nat., o. Prof. f. Mechanik - Ravensweg 42, 4600 Dortmund 41 - Geb. 27. Mai 1933 Wüstewaltersdorf - Promot. 1960 - S. 1972 Ord. Univ. Dortmund.

KESSELER, Karlheinz

Dr. med., Prof., Wiss. Rat Physiol. Inst. Univ. Bonn (s. 1969) - Beethovenpl. 10, 5300 Bonn (T. 633010) - B. 1967 Privatdoz., dann apl. Prof., Bonn.

KESSELER, Wolfram

Dr. iur., Organisations- u. Personalberater - Dültgenstaler Str. 38, 5650 Solingen 19 (Wald) (T. 31 78 65) - Geb. 20. Dez. 1930 Düsseldorf (Vater: Lic. Dr. Kurt K., Oberstudiendir., Pastor †; Mutter: Herta, geb. Schaade †), ev., verh. s. 1964 m. Dr. Karin, geb. Königs (Ärztin), S. Fabian - Univ. Köln u. Freiburg; Hochsch. f. Verw.swiss. Speyer. Jurist. Staatsprüf. 1954 u. 58 Düsseldorf; Promot. 1959 Köln - 1959-62 Ref. Landkreistag NRW; 1962-64 Stadtrat Witten/Ruhr (jurist. Beigeordn.), 1964-76 Stadtkämmerer Solingen, 1974 zugl. Stadtdir.; 1976 RA Düsseld., 1977-81 zugl. Inst.-Leit. IFO Inst. GmbH, Bonn, dann fr. Berater. CDU (u. a. 1950/51 Mitgl. Deutschlandrat Junge Union u. 1972-76 Bundesparteigericht); s. 1965 Aussch.-Mitgl. Landschaftsverb. Rhld. - BV: Geschichtl. Entwicklung intern. Verw.abkommen im dt. Recht, 1960.

KESSEN, Gunther

Dr. rer. nat., Vorstandsmitglied Ruhrchemie AG, Oberhausen-Holten (s. 1984) - Vennstr. 6, 4200 Oberhausen 11 (T. 68 09 84, Büro: 69 33 31) - Geb. 4. März 1930 Sythen/Westf., kath., verh. s. 1958 m. Helene, geb. Stieren, 3 Kd. - Stud. Chemie (Dipl.-Chem.).

KESSLER, Albrecht

Dr. phil., Prof. f. Meteorologie u. Klimatol. - Heubuck 37, 7801 Horben/Br. - Geb. 1. Okt. 1930 - Promot. 1959 Heidelberg; Habil. 1968 Hannover - S. 1969 Prof. Univ. Bonn u. Freiburg (1972) - BV: u. a. Globalbilanzen v. Klimaelementen, 1968; Heat balance climatology, 1985.

KESSLER, Alfons

Dr.-Ing., Prof. f. Hochfrequenztechnik TH Darmstadt - Wilhelmstr., 6107 Reinheim 1 - Geb. 4. Juni 1931 Neuwied - Promot. 1967 - Zul. Wiss. Rat u. Prof.

KESSLER, Carl

Senatspräsident i. R., Mitgl. Ev. Kirchenleitg. West u. Provinzialsynode d. Ev. Kirche Berlin-Brandenburg (Vors. Ordnungs-/Rechtsaussch.), b. 1972, stv. Vors. Berliner Stadtsynodalverb. u. Vors. Stadtsynodalvers. b. 1973 - Düppelstr. 2, 1000 Berlin 37 (T. 8017954) - Geb. 12. Dez. 1903 Flensburg (Vater: Carl K., Landgerichtsrat; Mutter: Clara, geb. Zinkeisen), ev., ledig - Gymn. Köln u. Nordhausen; Univ. München, Kiel, Halle (Rechtswiss., Volksw.) - Landrichter (1936 Ruhest. § 6 Berufsbeamtenges.); 1944-45 KZ Buchenwald; 1945-49 Oberreichsbahnrat; 1950-68 Kammergerichtsrat u. Senatspräs. (1960) KG Berlin. 1948-57 Lehrbeauftr. TU Berlin (1948-50 Synd.) - Liebh.: Reisen, Violinspiel.

KESSLER, Claus

Dr.-Ing., Vorstandsmitglied Siemens AG - Hofmannstr. 51, 8000 München 70 (T. 722 - 4 23 00) - Geb. 2. März 1930 Berlin (Vater: Christoph K., Ing.; Mutter: Hildegard, geb. Holl), ev., verh. s. 1954 m. Monika, geb. Stangl, 3 Söhne (Stephan, Christoph, Michael) - Physik-Stud. TU Berlin, TH Karlsruhe (Dipl.-Phys. 1951, Promot: 1954). S. 1951 Siemens-Schuckertwerke bzw. Siemens (1970 Werkleit. Schaltwerk Berlin, 1973 Leit. Werkgruppe Meß- u. Prozeßgeräte, 1977 Leit. Hauptber. Werke, 1981 Leit. Unternehmensber. Datentechnik), 1984 Leit. Unternehmensber. Kommunikations- u. Datentechnik, Zentralabt. Produktion u. Logistik - Spr.: Engl.

KESSLER, Eckhard

Dr. phil., Prof. Univ. München - Konradstr. 7, 8000 München 40 (T. 089 - 33 14 16) - Geb. 22. Mai 1938 Habelschwerdt (Vater: Walter K., Ing.; Mutter: Erika, geb. Reichert), ev., verh. s. 1964 m. Rose, geb. Goes - Staatsex. 1963, Promot. 1968, Habil. 1975, alles Univ. München - 1977 Gastprof. Columbia Univ. New York; 1979-82 Dir. Dt. Studienzentr. Venedig; s. 1980 Prof. Univ. München, s. 1984 Hrsg. Humanistische Bibliothek - BV: D. Problem d. frühen Humanismus. S. phil. Bedeut. b. Coluccio Salutati, 1968; Theoretiker human. Gesch.schreib. (Hrsg.), 1971; Petrarca u. d. Gesch. Gesch.schreib., Rhetorik, Phil. im Übergang v. Mittelalter z. Neuzeit, 1978. Mithrsg.: Cambridge Hist. of Renaissance Phil. (1988) - 1981 Premio Montecchio.

KESSLER (ß), Elmar

Geschäftsführer Bundesbahn-Versicherungsanstalt - Karlstr. 4-6, 6000 Frankfurt/M..

KESSLER, Erich

Dr. phil., o. Prof. u. Vorst. Botan. Inst. Univ. Erlangen-Nürnberg (1964) - Jungstr. 23, 8520 Erlangen (T. 51600) - Geb. 23. Mai 1927 Bremen (Vater: Dr. phil. Erich K., Studienrat; Mutter: Margarethe, geb. Stivarius), ev., verh. s. 1959 m. Heide, geb. Jansen, Tocht. Sabine - Gymn. Bremen; Univ. Marburg (Botanik, Chemie, Physik). Promot. (1953) u. Habil. (1957) Marburg - 1952-64 Assist. u. Doz. (1957) Univ. Marburg. 1967/68, 1972/1973 u. 1977/78 Gastprof. USA. Mitgl. Dt. Botan. Ges. (1952), Jap. Soc. of Plant Physiol. (1960), Internat. Phycol. Soc. (1961). Forschungsgeb.: Stoffwechselphysiol. u. Biochemie d. Pflanzen. Zahlr. Handbuch- u. Ztschr.beitr. - Spr.: Engl.

KESSLER, Erwin

Dr. med., Prof. f. Chirurgie - Oberer Laubenheimer Weg 21, 6500 Mainz - Geb. 24. Mai 1930 Bous/Saar (Vater: Wilhelm K., Lehrer; Mutter: Anna, geb. Roth), kath., verh. s. 1966 m. Eva, geb. Boltz, 2 Kd. (Werner, Stephanie) - Gymn. Saarlouis; Univ. Freiburg. Approb. 1956; Promot. 1957; Habil. 1969 - S. 1970 Oberarzt, apl. Prof. (1972) u. wiss. Rat u. Prof. (1974) Univ. Mainz. Fachaufs. - Spr.: Franz., Engl.

KESSLER (ß), Franz

Dr. phil., Akad. Direktor a. D., Organist - Jungstr. 22, 8520 Erlangen (T. 5 12 79) - Geb. 30. April 1914 Neuß/Rh. (Vater: Karl K., Eisenbahninsp. † 1933; Mutter: Katharina, geb. Seulberger † 1978), ev., verh. s. 1944 m. Ilsetraut, geb. v. Zelewski, 3 Kd. (Matthias † 1986, Christoph, Maria-Barbara) - Musikhochsch. Berlin, Univ. ebd. (1934-37) u. Mainz (1946-49) - 1937-41 Organist St. Marien Danzig; 1945-59 Kantor u. Org. Lutherkirche Wiesbaden; 1951-59 Lehrbeauftr. Univ. Mainz (Kirchenmusik); 1960 Univ.musikdir. Erlangen (1971 Akad. Dir.) u. Org. Neustädter Univ.-kirche ebd. S. 1983 leit. Mitarb. Inst. f. Ostdeutsche Musik in Bergisch-Gladbach.

KESSLER (ß), Franz Rudolf

Dr. phil., o. Prof. f. Physik u. Direktor Inst. f. Halbleiterphysik u. Optik TU Braunschweig (s. 1964) - Am Walde 42, 3300 Braunschweig - Geb. 11. Aug. 1927 Düren/Rhld. (Vater: Dr. H. Albert K., Oberstudiendir. †; Mutter: Anna, geb. Dönch †), kath., verh. s. 1956 m. Hedwig, geb. Kahlscheuer, 2 Kd. (Rainer, Monika) - Gymn. Düren; Univ. Köln u. Freiburg/Br. Promot. 1954 Köln; Habil. 1959 Saarbrücken - 1959-64 Privatdoz. Univ. Saarbrücken, 1967-69 Leit. Abt. Math., Physik u. Geowiss., 1971-73 Dekan Naturwiss. Fak. d. TU Braunschweig, 1987-89 Dekan FB f. Physik u. Geowiss. TU Braunschweig. S. 1969 o. Mitgl. d. Braunschweig. Wiss. Ges. Hauptarbeitsgeb.: Festkörperphysik. Fachveröff., insbes. üb.: opt. Eigenschaften d. Halbleiter - BV: Kernenergiegewinn. u. Kernstrahl., 2. A. 1974 - 1986 Prof. Honorifico de la Universidad Mayor de San Simón, Cochabamba, Bolivien.

KESSLER, Franz-Josef

Dr. med., Chefarzt (Innere Abt./Malteser-Krankenhaus, Bonn-Hardtberg), apl. Prof. f. Innere Med. Univ. Bonn (s. 1970) - Am Sonnenhang 8, 5300 Bonn-Ippendorf.

KESSLER, Gerhart

Dr.-Ing., em., o. Prof. Inst. für Elektr. Antriebstechnik TU München (s. 1965) - Gernerstr. 3, 8000 München 19 (T. 157 48 41) - Geb. 1. Febr. 1914 - Zul. Wiss. Mitarb. Siemens-Schuckertwerke AG., Erlangen.

KESSLER, Hans Hubert

Dr. theol., Prof. f. Systemat. Theol. Univ. Frankfurt - Sodener Weg 43, 6232 Bad Soden-Altenhain (T. 06174 - 21315) - Geb. 12. März 1938 Schwäbisch Gmünd (Vater: Hubert K., Zimmerm.; Mutter: Klara, geb. Forster), kath., verh. s. 1969 m. Heidrun, geb. Kilian, T. Anette - Stud. d. Phil., Theol., Päd. Univ. Tübingen, Würzburg, Münster - BV: D. theol. Bedeutung d. Todes Jesu, 2. A. 1971; Erlösung als Befreiung, 1972; Sucht d. Lebenden nicht b. d. Toten. D. Auferstehung Jesu Christi in bibl., fundamentaltheol. u. system. Sicht, 1985; Reduzierte Erlösung? Z. Erlösungsverständnis d. Befreiungstheol., 1987.

KESSLER, Heinrich

Richter am Bundesgerichtshof a. D. - Steigenhohl Nr. 23, 7505 Ettlingen (T. 3528) - Geb. 15. Mai 1906 München (Vater: Reichsgerichtsrat D. Dr. Friedrich Jakob K.; Mutter: Hedwig, geb. Antz), ev., verh. s. 1932 m. Elisabeth, geb. Broich, 5 Kd. - Univ. Tübingen, München, Leipzig, Erlangen - S. 1932 Justizdst. (1960 BGH).

KESSLER, Heinz-Gerhard

Dr.-Ing., o. Prof. f. Lebensmittelverfahrenstechnik u. Molkereitechnol. TU München (s. 1974) - Agnes-Bernauer-Str. 174, 8000 München 21 - Geb. 2. Juni 1932 Gießen - Promot. 1961 Darmstadt; Habil. 1968 München - U. a. Leit. Südd. Versuchs- u. Forschungsanst. f. Milchwirtsch., Weihenstephan.

KESSLER (ß), Helmut

Dr. rer. pol., Dipl.-Kfm., gf. Präsident Westf.-Lipp. Sparkassen- u. Giroverb. - Prothmannstr. 1, 4400 Münster (T. 210 46 00) - Geb. 18. März 1930 Bad Godesberg - Vizepräs. Dt. Sparkassen- u. Giroverb., Bonn; Vorst. Dt. Sparkassen- u. Giroverb. ebd., Bonn; stv. VR-Vors. Westdt. Landesbank Girozentr. Düsseldorf/Münster, Westf. Provinzial-Versich. - Versich. d. Sparkassen, Münster; VR Dt. Girozentr. - Dt. Kommunalbank - Berlin u. Frankfurt a.M., WestLB Intern. S.A., Luxembourg; AR Buchungszentr. westf.-lipp. Sparkassen GmbH, Münster.

KESSLER, Herbert

Prof. - Georg-Soltwedel-Str. 15, 2121 Deutsch Evern/Lüneburg - Maler u. Grafiker, Prof. f. Kunstpäd. Hochsch. Lüneburg.

KESSLER, Herbert

Dr. iur., Prof., Rechtsanwalt - Riedlach 12, 6800 Mannheim 31 (T. 0621 - 77 12 35) - Geb. 8. Dez. 1918 Mannheim, verh., 3 Kd. - Human. Gymn.; Stud. Rechtswiss.; 1. u. 2. jurist. Staatsprüf.; Promot. Univ. München - Präs. Humboldt-Ges. f. Wiss., Kunst u. Bildung; 1. Vors. Sokratische Ges. - BV: u.a. D. Wahre in d. Vielfalt, 1963; Im Nichts zu wohnen, 1963; Gogarten oder In d. Vorhöfen, 1966; D. Wille z. Wert, 1975; D. schöne Wagnis, 1975; Warum Sokrates modern ist, 1975; D. offenbare Geheimnis, 1977; Bauformen d. Esoterik, 1983; Tödliche Anstöße, 1983; Lebenslinien, 1984; Vor offenen Türen, 1986 - Lit.: Hanno Beck (Hg.): Einblicke in d. Werk Herbert Kesslers (1988).

KESSLER (ß), Hermann

Dr., Oberbürgermeister a.D. - Wenzel-Parler-Weg 3, 8860 Nördlingen/Schw. - Geb. 19. Apr. 1914 Nördlingen - Oberstudienrat. CSU - 1982 Bayer. VO.

KESSLER, Horst

Dr. rer. nat., o. Prof. Organ..-chem. Inst. TU München - Friedrich-Stoltze-Str. 53, 6231 Schwalbach - Geb. 5. April 1940 Suhl/Thür. (Vater: Walter K., Kaufm.; Mutter: Gertrud, geb. Heym), ev., verh. s. 1964 m. Elke, geb. Wiebach, 3 Kd. (Wolfram, Uta, Bernhard) - Stud. Leipzig, Tübingen; Promot. 1966; Habil. 1969 bde. Tübingen - 1971-89 o. Prof. Univ. Frankfurt - 1986 Otto-Bayer-Preis; 1988 Max Bergmann Med. - Liebh.: Musik - Spr.: Engl.

KESSLER (ß), Joachim

Dr. rer. nat., o. Prof. f. Physik - Tondernstr. 18, 4400 Münster/W. - Geb. 19. Sept. 1930 Aschersleben (Vater: Robert K., Ing.; Mutter: Frieda, geb. Sasse), ev., verh. s. 1957 m. Dagmar, geb. Krießbach, 3 Töcht. (Margrit, Anja, Christina) - Obersch. Aschersleben; Univ. Berlin (Dipl.-Phys. 1954). Promot. (1959) u. Habil. (1964) Karlsruhe - S. 1959 TH bzw. Univ. Karlsruhe (Assist., 1964 Doz., 1968 apl. Prof.) u. Univ. Münster (1971 Ord.). 1966-67 Gastprof. Rice u. Stanford Univ. (USA). 1975 Joint Inst. for Laboratory Astrophysics, Univ. of Colorado. Spez. Arbeitsgeb.: Atomphysik, Elektronen- u. Photonenstoßprozesse - BV: Polarized Electrons, 1976 u. 1985. Zahlr. Fachveröff. (BRD, USA) - 1968 Freudenbergpreis - Liebh.: Musik - Spr.: Engl.

KESSLER (ß), Rainer

Dr. jur., Ministerialdirektor, Amtschef Bayer. Staatskanzlei - Barer Str. 11, 2. Gartenhaus, 8000 München 2 (T. 59 75 20) - Geb. 9. Aug. 1919 Metten (Vater Franz K., Oberstadtbaurat; Mutter: Maria, geb. Steininger), kath., verh. s. 1944 m. Eva-Maria, geb. Lehmann, 3 Kd. (Ulrike, Andrea, Stephan) - Gymn.; Stud. Rechtswiss. Staatsex. 1951 u. 53 - Akt. Offz.; b. 1947 Kriegsgefangensch. (Ägypten); s. 1953 bayer. Staatsdst. (Finanzverw.; 1963-67 Leit. Dienstst. d. Bevollm. d. Freistaates Bayern b. Bund; s. 1967 Leit., s. 1982 Amtschef Staatskanzlei) - 1969 Bayer. VO; 1976 Gr. BVK, 1984 Stern dazu - Liebh.: Aquarellmalerei - Spr.: Franz., Ital.

KESSLER, Reinhold

Geschäftsführer Arbeiterwohlfahrt Bezirksverb. Rheinl./Hessen-Nassau - Dreikaiserweg 4, 5400 Koblenz (T. 1 30 06-0).

KESSLER (ß), Richard

Dr., Landrat Kr. Neuburg-Schrobenhausen (s. 1984) - Landratsamt, Platz d. Dt. Einheit 1, 8858 Neuburg/Donau (T. 08431 - 5 73 00); priv.: Bullbug 16 - Geb. 1940 - Zul. Mitgl. Bayer. Landtag. CSU.

KESSLER, Rolf

Dipl.-Kfm., Geschäftsführer Kessler & Co. KG - Bischofsweg 61, 6000 Frankfurt/M. 70 - Geb. 16. Febr. 1903.

KESSLER, Rudolf

s. Keßler, Franz-Rudolf

KESSLER (ß), Walter

Unternehmer, Präs. Handwerkskammer Flensburg - Zu erreichen üb. Johanniskirchhof 1, 2390 Flensburg (T. 0461-86 61 12) - Geb. 13. Dez. 1918 Gersweiler/Saar.

KESTEL, Paul

Dr. rer. nat., Studiendirektor a. D., MdL Bayern - Zwieslerwaldhaus 20, 8372 Lindberg - Geb. 8. Nov. 1931 Amberg/Opf., kath., verh. m. Adelgunde, geb. Weiß, 6 Kd. (Paul, Georg, Martin, Anita, Tobias, Johannes) - Naturwiss. Stud. in Regensburg u. München; Promot. 1961 - Kreisrat Landkreis Regen - Interessen: Alternative Energien, Solarenergie - Spr.: Lat., Engl., Span.

KESTEN, Hermann

Drs. phil. h. c., Schriftsteller - Zu erreich. üb. Ullstein-Verlag, Lindenstr. 76, 1000 Berlin 61 - Geb. 28. Jan. 1900 Nürnberg (Vater: Isaak K., Kaufm.; Mutter: Ida, geb. Tisch), verh. s. 1929 m. Toni, geb. Warowitz - Stud. Phil., German., Kunstgesch., Nationalök. Erlangen u. Frankfurt/M. - Cheflektor Gustav Kiepenheuer Verlag, Berlin (1927-33), u. Allert de Lange Verlag, Amsterdam (1933-40); 1975ff. Vors. Erich-Kästner-Ges., München, u. Stiftg. H.-K.-Lit.preis Vlg. R. S. Schulz, Percha - BV: (bis zu 20 Übers.): u. a. Josef sucht d. Freiheit, R. 1928; E. ausschweifender Mensch, R. 1929; Babel, Dr. 1929; D. Liebesehe, N. 1929, zul. 1946; Glückl. Menschen, R. 1931, zul. 1948; D. Scharlatan, R. 1931; D. Gerechte, R. 1934; Ferdinand u. Isabella, R. 1936/73; König Philipp II., R. 1938, zul. 1950 unt. d. Titel: ich, d. König Philipp II., 1973; D. Kinder v. Guernica, R. (aus dem spanischen Bürgerkrieg) 1939, zul. 1960; D. Zwillinge v. Nürnberg, R. 1947, zul. 1951; Kopernikus u. s. Welt, Biogr. 1948, zul. 1973 (500. Geburtstag); D. fremden Götter, R. 1949; Casanova, R. 1952; M. Freunde, d. Poeten, 1953, zul. wesentl. erweit. 1959; E. Sohn d. Glücks, R. 1955; Dichter im Café, Ess. 1959; D. Geist d. Unruhe, Ess. 1959; Bücher d. Liebe, 4 R. 1960; D. Abenteuer e. Moralisten, 1961; D. 30 Erz., 1962; Ich lebe nicht in d. Bundesrep., 1963 (List-Tb.); Lauter Literaten - Porträts, Erinn. 1963; Meine Freunde, d. Poeten, 1964; D. Zeit d. Narren, R. 1966; D. Gerechte, R. 1967; D. Lust am Leben - 3 Porträts (Boccaccio, Aretino, Casanova), Ess. 1968; E. Optimist, Ess., 1970; E. Mann v. 60 Jahren, R. 1972; Revolutionäre m. Geduld, Ess. 1973; Ich bin der ich bin, Verse e. Zeitgenossen, 1974. Zahlr. Herausg. (u. a. Heine, Lessing, Zola, Tucholsky, Kallinikow), Europa heute - Prosa u. Poesie s. 1945 (Anthol., 2 Bde. 1963), Dt. Lit. im Exil - Briefe europ. Autoren 1939-49 (1964) u. Übers.; Gesammelte Werke in 20 Bdn., (TB) 1981-84 - 1928 Kleist-Preis-Ehrung, 1954 Kulturpreis Nürnberg, 1969 Premio Calabria, 1974 Büchner-Preis, 1977 Nelly-Sachs-Preis Stadt Dortmund; korr. Mitgl. Akademie d. Wiss. u. d. Lit., Mainz, u. Dt. Akad. f. Sprache u. Dicht., Darmstadt; 1978 Dr. phil. h. c. Univ. Erlangen-Nürnberg; 1980 Ehrenbürger Stadt Nürnberg; 1982 Ehrendoktor FU Berlin. Mitgl. PEN-Zentrum BRD (1968 Vizepräs., 1972 Präs., 1976 Ehrenpräs.) - Spr.: Engl., Franz., Ital. - Lit.: Thomas Mann, Heinrich Mann, Alfred Döblin, Stefan Zweig, Joseph Roth u. a.

KESTEREN, van, John

Kammersänger, Opernsänger, Mitgl. Bayer. Staatsoper - 60 Heritage Drive, Tequesta-Florida (USA) (T. 305-747-2022) - Geb. 4. Mai 1921 Den Haag (Vater: Hendrik v. K., Kriminalkommiss.; Mutter: Gerritje, geb. Vreedeveld), ev., verh. s. 1956 m. Louise, geb. Rouner - TH u. kgl. Konservatorium den Haag - 1939-50 Elektrotechn. P. T. T.; s. 1950 Opernsänger; Hauptrollen u. -gesangspartien in bish. 23 Filmen u. 60 Opern; Verf. div. kl. Kompos.; Autobiogr. Notizen e. Kammersängers - Ritter v. Oranien-Nassau; 1964 Bayer. Kammersänger; 1982 BVK - Liebh.: Lit. - Spr.: Holl., Dt., Engl., Franz., Ital.

KESTING, Marianne

Dr. phil., Prof. f. Allg. u. Vergl. Literaturwiss. - Leithmannswiese 15a, 4630 Bochum - Geb. 16. März 1930 Bochum - Stud. Musik Freiburg, Literatur- u. Theaterwiss. München. Promot. 1957; Habil. 1971 - Langj. Literaturkrit. Zeit u. FAZ; s. 1971 Lehrtätigk. Univ. Bielefeld (1972 Prof.) u. Bochum - BV: D. ep. Theater, 1959; Bertolt Brecht, 1959; Panorama d. zeitgenöss. Theaters, 1962; Vermessung d. Labyrinths - Stud. zu. mod. Ästhetik, 1965; Entdeckung u. Destruktion - Z. Strukturumwandl. d. Künste, 1970; Auf d. Suche n. d. Realität - Krit. Schriften z. mod. Lit., 1972; D. Dichter u. d. Droge, 1973; D. Diktatur d. Photogr., 1980. Div. Herausg. - 1971 Mitgl. PEN-Zentrum BRD.

KETELSEN, Uwe-Karsten

Dr. phil., Prof. f. Neuere dt. Literaturwissenschaft unt. bes. Berücks. sozialgeschichtl. Betrachtungsweise Univ. Bochum - Am Varenholt 78, 4630 Bochum.

KETELSEN, Uwe-Peter

Dr. med., Prof., Oberarzt Univ.-Kinderklinik Freiburg, Leiter Laborber. f. elektronenmikroskopische u. histochem. Diagnostik u. Erforsch. neuromuskulärer Erkrankungen (s. 1982) - Schwabenstr. 31, 7819 Denzlingen - Geb. 12. Okt. 1940 Kiel, ev., verh. m. Brigitte, geb. Cassau, 2 S. (Andreas, Olaf) - 1961-67 Medizinstud. Univ. Freiburg; Med. Staatsex. u. Promot. 1967 Freiburg; Ärztl. Approb. 1970; Habil. 1976 Freiburg. 1982 apl. Prof. Univ. Freiburg - Mitgl. Dt. Ges. f. Kinderheilkd., Europ. Ges. f. Pathol., Dt. Ges. f. Elektronenmikroskopie, Dt. Ges. f. Neuropathol.; wiss. Beirat Dt. Ges. Bekämpfung d. Muskelkrankheiten - Entd.: Pathogenetische Mechanismen u. a. b. Duchenne-Muskeldystrophie, Myasthenia gravis, stoffwechselbedingten u. kongenitalen Myopathien; Morpholog. u. serolog. Charakterisierung d. Thymus Ammenzelle. Üb. 80 Veröff. in Sammelwerken, Lehrb. u. Fachztschr., bes. z. Thema myogener u. neuromuskulärer Erkrankungen - 1978 Ehrenmitgl. Brasil. Ges. f. Muskelkrankheiten u. Uruguayschen Ges. f. Kinderheilkd.; 1983 Duchenne-Erb-Preis Dt. Ges. Bekämpfung d. Muskelkrankheiten - Liebh.: Lit., Musik - Spr.: Engl., Latein.

KETTELER, Freiherr von, Clemens

Landwirt, Vors. Arbeitsgem. d. Grundbesitzerverb., Bonn, AR-Mitgl. Dt. Bauernsiedlung - Dt. Ges. f. Landentwickl. GmbH. (DGL), Düsseldorf - Harkotten 1a, 4414 Sassenberg/W. 2 - Geb. 20. Juli 1935.

KETTELHACK, Dietrich Rudolf

Dr., Aufsichtsratsvorsitzender Kettelhack Riker Pharma GmbH - Mühlenstr. 21, 4280 Borken/W. - Geb. 19. Juni 1924.

KETTENBACH, Richard

Kaufm. Dir. i. R. d. Sektkellereien Henkell & Co., Wiesbaden-Biebrich - Biebericher Allee 142, 6200 Wiesbaden - Geb. 23. Jan. 1906 Wiesbaden (Vater: Heinrich K.; Mutter: Anna, geb. Möller), verh. s. 1944 m. Gerda, geb. Becker - 1921-71 Henkell & Co. - BVK a. Bd., Sportplak. Land Hessen, Ehrenbrief Land Hessen, Gold. Ehrenz. DOG - Liebh.: Tennis, Hockey, Jagd, Gesang.

KETTERL, Werner

Dr. med., Dr. med. dent., o. Prof. f. Konservierende Zahnheilkunde - Universität (Klinik für ZMKkrankh.), 6500 Mainz - Geb. 14. Jan. 1925 (Vater: Alois K., Zahnarzt; Mutter: geb. Halder), verh. s. 1953 m. Susanne, geb. Vogel, 2 Kd. - Stud. München - S. 1960 (Habil.) Lehrtätigk. Univ. München u. Mainz (1965ff. ao., bzw. o. Prof., Präs. Dt. Gesellsch. f. Zahn-, Mund- u. Kieferheilkunde (1977-1981) - BV: Einf. in d. marginalen Parodontopathien, 1963 (Mitverf.). Üb. 200 Fachaufs.

KETTIG, Konrad

Dr. phil., Prof., Direktor Univ.sbibliothek Berlin/Freie (s. 1968) - Krottnaurerstr. 13, 1000 Berlin 38 (T. 8032024) - Geb. 2. März 1911 Goslar/Harz (Eltern: Karl (Oberingl.) u. Marie K.), verh. s. 1944 m. Hedwig, geb. Boenig - Stud. Polit. Wiss., Gesch., German. - Zul. Leit. Senatsbibl. Berlin. S. 1969 Honorarprof. FU Berlin (Bibl.swiss.) (1955 ff.).

KETTLER, Georg

Dr. jur., Stv. I. Syndicus Handelskammer Bremen, Geschäftsf. Wirtschaftsvereinig. Groß- u. Außenhandel Nordsee, Vereinig. d. am Honighandel beteiligten Firmen d. Bundesgebietes, Verein brem. Importeure - Richard-Dehmel-Str. 28, 2800 Bremen (T. Büro: 3661) - Geb. 9. Sept. 1906 Bremen (Vater: Christian K.; Mutter: Minna, geb. Hacke), verh. s. 1932 m. Helene, geb. Remmert - Univ. Freiburg, München, Kiel, Göttingen (Promot. 1929). Ass.ex. 1932 Hamburg - S. 1934 HK Bremen.

KETTNER, Bernd-Ulrich

Dr. phil., Prof. f. Linguistik d. Deutschen - Lindenweg 11, 3550 Marburg/L. - Geb. 1. Okt. 1939 Braunschweig - Wilhelm-Gymn. Braunschweig; Univ. Göttingen u. Groningen (Ndl.). Staatsex. u. Promot. 1968 Göttingen - B. 1963 Univ. Groningen, dann Marburg (1972 Prof.) - BV: Flußnamen im Stromgebiet d. ob. u. mittl. Leine, 1972 - 1970 Conrad-Borchling-Preis F.V.S.-Stiftg. Hamburg - Spr.: Niederl., Engl.

KETTNER, Hans

Bezirksbürgermeister a. D. - Nestorstr. 6, 1000 Berlin 31 - Geb. 16. Dez. 1919 Bischofswerda/Sa., 2 Kd. - Volks-, Handelssch. u. -lehranst.; kaufm. Lehre - 1937-46 Luftwaffe (Oltn.), dann kaufm. Angest., 1955-63 Sekr., jetzt Besitzer v. 2 Reisebüros. SPD Schöneberg; 1958-63 MdA Berlin; 1963-69 Bez.stadtrat (Jugend u. Sport); 1969-71 Bez.bürgerm. Schöneberg. SPD s. 1950 - 1976 BVK; 1984 Ehrenz. d. DRK; 1967 Gold. Sportabz.

KETTNER, Heinz

Geschäftsführer SVA Südwestdt. Verlagsanstalt GmbH & Co. Mannheim - Kapellenpl. 3, 6800 Mannheim-Seckenheim (T. 47 22 57) - Geb. 13. März 1926 Mannheim, ev.

KETTRUP, Antonius

Dr. rer. nat., o. Prof. f. Angew. Chemie Univ.-GH Paderborn (s. 1971) - Rumbecker Höhe 10, 5760 Arnsberg 2 - Geb. 26. März 1938 Arnsberg - Stud. Chemie. Promot. 1966 Münster; Habil. 1971 Bochum - Etwa 120 Facharb.

KETZEL, Eberhart

Dr. rer. pol., Leiter Wirtschaftspolit. Beraterstab d. Dt. Sparkassen- u. Giroverb. - Simrockstr. 4, 5300 Bonn 1 (T. 0228 - 2 04-2 40) - Geb. 3. Jan. 1939 Berlin, ev., verh. s. 1983 m. Dorothe, geb. Terweiden, 2 Söhne (Volker, Andreas) - 1953-56 Bankkaufm.; Dipl.-Volksw. 1966 Saarbrücken, Promot. 1969 Saarbrücken - 1969-77 Ref. Dt. Sparkassen- u. Giroverb.; 1979-86 Leit. Volksw. Abt. Landesbank Rhld.-Pfalz; s. 1987 Dt. Sparkassen- u. Giroverb., Redaktion Kredit u. Kapital - BV: Teilhabersteuer, 1969; D. Notenbank (Mitaut.), 1976; D. Kreditwesen in d. Bundesrep. Dtschl., 1982; Allg. Kreditwesen, 1988 - Liebh.: Sport (Segeln, Ski), Musik/Ballett - Spr.: Engl., Span.

KEUL, Heinrich

Senatsdir. a. D. - Löwenzahnweg 41-43, 1000 Berlin 47 (T. 6613229) - Geb. 11. Juni 1918 Bad Ems, kath., verh. s. 1940 m. Erika, geb. Hinze, T. Renate vereh. Pischon - Ing. - 1936-45 Luftwaffe (Offizier); 1946 b. 1952 CDU - Fraktionsgeschäftsf. Stadtverordnetenvers. Groß-Berlin u. Abgeordnetenhaus Berlin; 1947-48 Herausg. Ztg. JA - Jg. Generation; 1952-55 Dezern. Hauptjugendamt Berlin; 1955-63 Senatsdir. Senatsverw. f. Jugend u. Sport ebd., dann u. a. Gf. Investitions- u. Betriebsges. mbH., 1966-67 Gründ. Motelraststätten- u. Tankstellenges., 1967 b. 1973 Berater Fa. Werner Weiss GmbH. & Co. KG., 1949-78 gf. Vorstandsmitgl. Ges. f. christl.-jüd. Zusammenarb. 1946-50 Stadtverordn. Berlin; 1954 b. 1967 Bezirksverordn. Neukölln (1965-67 stv. Bezirksverordnetenvorst.). CDU s. 1946 (1965-71 Ortsvors. Rudow); 1967-75 MdA Berlin - 1976 BVK I. Kl. - Stadtältester v. Berlin.

KEUNE, Friedrich W. J.

Dr. rer. nat., Prof., Honorarprof. f. Strömungslehre TH bzw. Univ. Karlsruhe (s. 1965) - Zum Sandfeld 26, 5064 Rösrath 1/Rhld. (T. 3987) - Geb. 26. Okt. 1908 Zwickau (Vater: Friedrich K., Fabrikdir.; Mutter: Luise, geb. König), ev., verh. in 2. Ehe (1946) m. Ruth, geb. Brasse, 7 Kd. (Marie-Luise, Achim, Gabriele, Jörg, Dietmar, Felicitas, Desiree) - 1928-33 TH Dresden (Angew. Math., Mech., Physik). Promot. 1938 Dresden; Habil. 1965 Aachen - Aerodynam. Versuchsanstalt, Göttingen (1935 ff.), Heinkel-Flugzeugwerke, Entwurfsbüro, Rostock/Wien (1939/45), KTH Stockholm/Flugtechn. Inst. (1950 ff.); 1955-74 ltd. Wissenschaftler Dt. Forsch.- u. Versuchsanst. f. Luft- u. Raumfahrt, Porz-Wahn, i. R. (1975 ff.), Lehrauftr. u. Priv.Doz. RWTH Aachen (1956/69) - BV: Singular. Verfahren d. Strömungslehre, Lehrb. 1975; 68 Forsch.-Ber. in Fachlit. - Liebh.: Klass. Musik, Briefm. - Spr.: Engl., Schwed., Franz. - Lit. Zeitschr. Flugwiss. 10/1973.

KEUNE, Heinz

Rechtsanwalt, Geschäftsführer Industrieverband Giessereichemie/Verb d. Chem. Ind. - Karlstr. 21, 6000 Frankfurt/M. 1.

KEUNE, Werner

Dr. rer. nat., Dipl.-Ing., Prof. f. Angew. Physik Univ.-GH Duisburg - Elisabethstr. 125, 4170 Geldern.

KEUNECKE, Helmut

Dr. sc. pol., Hauptgeschäftsf. IHK Dortmund (1964-80) - Birkenhang 5, 4600 Dortmund 50 - Geb. 23. Aug. 1912 Stettin (Vater: Otto K., Kaufm.; Mutter: Hedwig, geb. Jaenecke), ev., verh. I) 1936 m. Elfriede, geb. Rahlf, 3 Töcht. (Gudrun, Ingrid, Adelheid), II) 1968 Margot, geb. Massier, 2 Kd. (Gundula u. Eberhard) - Gymn.; Univ. Berlin u. Kiel (Volksw.; Dipl.-Volksw. 1945, Promot. 1946) - 1931 Pommersche Feuersozietät; Inst. f. Weltw. Kiel; 1947 Leit. Zweigst. Neumünster IHK Kiel; 1962 Gf. IHK Düsseldorf - BV: D. Wettbewerb in d. Versicherungswirtsch., 1946; An d. Zukunft denken, 1980 - 1989 Gr. BVK - Rotarier.

KEUSEN, Gunther

Künstler, Prof. f. Freie Graphik Kunstakad. Münster - Zu erreichen üb. Kunstakademie Münster, Scheibenstr. 109, 4400 Münster - Geb. 1939 Düsseldorf - Arbeitsgeb.: Freie Graphik, Malerei u. (visuelle) Poesie. S. 1982 Malerei m. Früchten u. Säften d. Holunders.

KEUTEL, Jürgen

Dr. med., Wiss. Rat (Kinder- u. Poliklinik), Prof. f. Pädiatr. Kardiologie Univ. Bonn (s. 1977) - Adenauerallee 119 (Klin.), 5300 Bonn.

KEUTER, Wolfgang

Dipl.-Ing., Prof. f. Elektro- u. Meßtechnik GH Paderborn (Fachber. Nachrichtentechnik, Meschede) - Eschenweg 10, 5778 Meschede.

KEUTH, Ulrich

Dr. med., Prof., Ärztl. Direktor Landeskinderklinik, Neunkirchen-Kohlhof - 6680 Neunkirchen-Kohlhof/Saar (T. 06821 - 31031) - Geb. 17. Nov. 1927 Saarbrücken (Vater: Dr. Paul K., Syndikus; Mutter: Margarete, geb. Ebeling), ev., verh. s. 1959 m. Katrin, geb. Welter, 3 Kd. (Barbara, Burkhard, Ulrich) - Gymn. u. Univ. München (Med. Staatsex. 1952). Promot. 1952 München; Habil. 1962 Köln - S. 1971 Ärztl. Dir. Landeskinderklinik Neunkirchen-Kohlhof. S. 1962 Lehrtätigk. Univ. Köln u. Saarbrücken (1968 apl. Prof. f. Kinderheilkd.). Spez. Arbeitsgeb.: Neonatologie - BV: D. Membran-Syndrom d. Früh- u. Neugeborenen, 1965. Zahlr. Buchbeiträge u. Einzelarb. - Liebh.: Gesch., Volkskd., Musik, bild. Kunst - Spr.: Engl.

KEUTNER, Herbert

Dr. phil. (habil.), Prof., Direktor Kunsthistor. Inst. (1969-81) - Via Giuseppe Giusti 44, I-50121 Florenz (Ital.) (T. 575957) - Geb. 2. Jan. 1916 - B. 1967

KEUTNER, Richard Josef
Dr. jur., Vorstandsmitgl. Bank f. Landw. AG., Köln (b. 1969) - Morsdorfer Str. 14, 5000 Köln-Lindenthal - Geb. 21. Juli 1914 - Handelsrichter LG Köln.

KEUTSCH, Wilfried
Dr. phil., Prof. f. Englisch PH Ludwigsburg (s. 1972) - Fliederweg 8, 7141 Oberstenfeld/Württ. - Geb. 9. Mai 1937 Saalfeld - Promot. 1969 - Facharb.

KEVEKORDES, Franz-Josef
Dipl.-Ing., Prof. f. Informatik GH Paderborn - Lichtenturmweg 27, 4790 Paderborn/W.

KEVENHÖRSTER, Paul
Dr. rer. pol., Prof. Univ. Münster, Inst. f. Politikwissenschaft - Platz der Weißen Rose, 4400 Münster/Westf. (T. 0251 - 83 93 59) - Geb. 5. Juni 1941 Schwerte (Vater: Walter K., Dipl.-Ing., Ltd. Regierungsbaudir.; Mutter: Elfriede, geb. Schäfer-Tusch), kath., verh. s. 1966 m. Gisela, geb. Drerup, 3 Kd. (Uta, Eva, Ina) - 1961-67 Stud. Wirtschafts- u. Politikwiss. Univ. Köln, Bonn, Hamburg, Pennsylvania, Sophia, Tokyo (Dipl.-Volksw. 1965, Dipl.-Kfm. 1966 Univ. Köln; Promot. 1968, Habil. 1973 Bonn) - 1973 Privatdoz. Univ. Bonn; 1974 Wiss. Rat u. Prof. TU Braunschweig; 1974 o. Prof. PH Westf.-Lippe; 1980 Prof. Münster. 1982-88 Kurat. Dt. Stiftg. f. intern. Entwicklung (DSE) - BV: D. polit. System Japans, 1969; Wirtsch. u. Politik in Japan, 1973; D. Rätesystem als Instrument z. Kontrolle polit. u. wirtsch. Macht, 1974; D. imperative Mandat, 1975; Politik im elektronischen Zeitalter, 1984; Gemeindedemokratie in Gefahr?, 1987; Entw.beitr. durch Dialog u. Training, 1988.

KEWENIG, Wilhelm A.
Dr. jur., LL.M. (Harvard), Partner, Mueller, Weitzel, Weisner, Rechtsanwälte - Bockenheimer Landstr. 51, 6000 Frankfurt/M. - Geb. 20. Juni 1934 Köln (Vater: Dr. Otto K., Richter; Mutter: Anneliese, geb. Matzerath), kath., verh. s. 1964 m. Marianne, geb. Düren, 2 Kd. (Stephan, Philipp) - Univ. Freiburg, Bonn, Paris, Köln, Beirut (Libanon), Harvard Law School - S. 1971 o. Prof. f. Staats- u. Völkerrecht u. Dir. Inst. f. Intern. Recht Univ. Kiel (beurl.); 1973/74 Rektor Univ. Kiel; 1976-79 Vors. Wiss.rat. 1981-89 Mitgl. Abg.-Haus v. Berlin u. d. Senats, zul. als Senator Inneres (1986-89) - Bücher u. Einzelarb. - 1984 Gr. BVK - Liebh.: Lesen, Musik, Garten - Spr.: Engl., Franz.

KEWITZ, Helmut
Dr. med., o. Prof. f. Klin. Pharmakologie - Kaunstr. 2, 1000 Berlin 37 (T. 801 61 51) - Geb. 25. Juli 1920 Berlin - S. 1954 (Habil.) Privatdoz., apl. Prof. (1960) u. Ord. (1962) FU Berlin. Emerit. 1988. Zahlr. Fachaufs.

KEYL, Hans-Günther
Dr. rer. nat., em. o. Prof. f. Genetik - Äskulapweg 22, 4630 Bochum-Querenburg (T. 70 11 73) - Geb. 16. Sept. 1923 Frankfurt/M. (Vater: Dr. Friedrich K., Studienrat; Mutter: Elisabeth, geb. Heusinger), ev., verh. s. 1954 m. Dr. Ilse, geb. Krollpfeiffer, 2 Kd. (Cornelius, Caroline) - Gymn. Frankfurt/M.; Univ. Marburg, TH Darmstadt, Univ. Gießen (Zool., Botanik, Chemie, Physik) - Promot. 1955 Gießen; Habil. 1965 Tübingen. Emerit. 1988 - 1955ff. Wiss. Mitarb. Max-Planck-Inst. f. Meeresbiol. Wilhelmshaven - Spr.: Engl., Franz.

KEYMER, Ullrich
Dr. agr. (habil.), Ministerialdirigent, apl. Prof. f. Landw. Betriebslehre TU München (1968 ff.) - Johann-Strauß-Str. 7, 8013 Haar/Obb. - Gegenw. Bayer. Staatsmin. f. Ernährung, Landw. u. Forsten, München.

KEYSER, Curt
Bergrat a. D., Vorstandsvors. Lippeverb., Dortmund - Lemberger Feld 3, 4600 Dortmund-Lücklemberg - Geb. 23. Febr. 1911 Bochum - 1961-74 Vorst.smitgl. Klöckner-Werke AG., Duisburg, u. Klöckner Bergbau AG., Castrop-Rauxel. Vorst.smitgl. Wirtschaftsvereinig. Bergbau, Bonn. ARs- u. Verwaltungsratsmand.

KEYSERLINGK, Graf von, Diedrich
Dr. med., Prof., Anatom - Templergraben 55, 5100 Aachen - Geb. 12. Juli 1937 Königsberg/Pr. - Promot. 1966 - S. 1972 (Habil.) Lehrtätigk. FU Berlin (Prof.) u. TH Aachen/Med. Fak. (1978 Wiss. Rat u. Prof./Lehrgeb. Anat.); s. 1983 Lehrst. I Inst. f. Anatomie TH Aachen. Üb. 100 Fachveröff.

KHAN, Mohammed Hussein
Dr. med., D. Sc., Internist, Prof. f. Innere Medizin (Hämatologie) Univ. Frankfurt - Gerauer Str. 15, 6000 Frankfurt 71 - Geb. 2. Febr. 1933 Peshawar/Pakistan (Vater: Haji Mohammed Umar K., Grundbesitzer; Mutter: Chuhara, geb. Muhmand), kath., verh. s. 1964 m. Dr. Helga, geb. Schenk, 3 Kd. (Mansur, Almas, Kareem) - Promot. 1962 Heidelberg u. 1969 Hokkaido; Habil. 1971 Frankfurt - S. 1971 Lehrtätigk. Frankfurt (1972 ff. Prof. bzw. Hon.prof.). Etwa 30 Facharb.

KHAN, Nazir Ahmad
Dr. med., Prof. f. Hals-, Nasen- u. Ohrenheilkunde Freie Univ. Berlin - Am Vogelherd 14, 1000 Berlin 19.

KHOURY, Adel Theodor
Dr., Prof. Univ. Münster (s. 1970) - Buchenallee 35, 4417 Altenberge (T. 02505 - 35 00) - Geb. 26. März 1930 Tebnine/Libanon, kath. - Stud. Univ. Beirut, Lyon; Habil. (Dr. ès Lettres) 1966 Lyon - 1966 Doz., 1970 ff. Leit. Sem. f. Religionswiss. Univ. Münster - BV: Manuel II, Paléologue: Entretiens avec un musulman, 1966; Les théologiens byzantins et l'Islam, 1969; D. theol. Streit d. Byzantiner m. d. Islam, 1969; Georges de Trébizonde et l'union islamo-chrétienne, 1971; Polémique byz. contre l'Islam, 1972; Einführung in d. Grundlagen d. Islams, 2. A. 1981; Begegnung m. d. Islam. E. Einf., 3. A. 1986; Toleranz im Islam, 2. A. 1986; Gebete des Islams, 1981; Apologétique byzantine contre l'Islam, 1982; Un modèle d'Etat islamique: l'Arabie Saoudite, 1983; Islamische Minderheiten in d. Diaspora, 1985; Christentum u. Christen im Denken zeitgenössischer Muslime, 1986; Georges de Trébizonde: De la vérité de la foi des chrétiens, 1987; D. Koran, Übers. 1987; So sprach d. Prophet. Worte aus d. islam. Überlieferung, 1988; D. Islam: s. Glaube - s. Lebensordnung - s. Anspruch, 1988. Herausg.: Lexikon relig. Grundbegriffe: Judentum, Christentum, Islam (1987). Mithrsg. d. Reihe: Antwort d. Weltreligionen (s. 1983). Zahlr. Aufs. - Spr.: Arab., Franz., Engl.

KHOURY, Raif Georges
Dr. phil., Licencié ès lettres, Prof. f. Islamwiss. - Danziger Str. 8, 6905 Schriesheim b. Heidelberg - Geb. 22. April 1936 Khabab (Syr.), kath., verh. s. 1960 m. Marliese, geb. Krebs - Promot. 1966, Habil. 1970 - S. 1978 Prof. auf Lebenszeit Univ. Heidelberg. Fachb. u. Aufs. - Chevalier dans l'Ordre d. Palmes Académiques (Frankr.); korr. Mitgl. d. Irakischen Akad. d. Wiss. u. d. Univ. Heliopolis, Kairo.

KHUON, Ulrich
Chefdramaturg Theater Konstanz - Grünenbergweg 65, 7750 Konstanz - Geb. 31. Jan. 1951 Stuttgart (Vater: Gerhad K., Filialdir.; Mutter: Johanna, geb. Rühle), kath., verh. s. 1966 m. Marianne, geb. Mast, 2 Kd. (Alexander, Nora) - Stud. Jura, German., Theol. (Staatsex.) - 1976-80 Kritiker d. BZ, Freiburg; 1980 ff. Chefdramat. Theater Konstanz.

KHUON-WILDEGG, von, Ernst

Prof., Publizist - Gebr.-Batscheider-Str. 8, 8024 Deisenhofen/Obb. (T. München 613 16 10 u. 613 30 14) - Geb. 11. Aug. 1915 München (Vater: Ernst v. K., Direktor; Mutter: Anna, geb. Colassowitz), kath., verh. s. 1940 m. Maria, geb. Stuckenberger, S. Ernst-Ulrich - Abit.; Privatstud. Kulturgesch. u. Naturwiss. - S. 1934 Rundfunkberichter RS München u. SWF (1948 Korresp. Wiss. u. Technik, s. 1954 vornehml. Fernsehen (ARD), 1963-78 Chefreporter), seitdem fr. Autor; 1939-45 Kriegsberichter Luftw. - BV: Claus Kuon u. s. Nachkommen, Familiengesch. 1948; Helium, R. 1949; Gold auf dunklem Grund, R. 1954 (Bertelsmann-Preis 1954); Abenteuer unseres Jahrhunderts, Bildtextbd. 1960 (auch span.); Gestern vor tausend Jahren, 1961 (ebenf. span.); D. Unsichtbare sichtbar gemacht, 1968 (auch engl.); D. sieben Weltwunder, 1969. Herausg. (m. and.): Waren d. Götter Astronauten? - Wissenschaftler diskutieren d. Thesen Erich v. Dänikens (1970; zahlr. Übers.); Kulturen - Völker u. Reiche vergang. Zeiten, 1973; Diese unsere schöne Erde, 1979; D. Sieben Weltwunder d. Antike in Monumente d. Welt, 1985; Abenteuer Wissenschaft - Begegnungen m. unserem Jh., 1986 u. 88. Hörspiele u. üb. 250 Dokumentarberichte Ferns. Kulturfilme (Autor bzw. Mitautor); u. a. Schöpfung ohne Ende (Bundesfilmpr. 1957), D. mag. Band (Bundesfilmpr. 1960), Sehen u. Erkennen, Filmdokumentation d. Tagungen d. Nobelpreisträger in Lindau 1951-88. Mithrsg.: Forsch. - Kritisch gesehen (1979) - 1957 Herschel-Med., 1958 Joseph-E.-Drexel-Preis, 1963 Diesel-Med., 1965 Adolf-Grimme-Preis, 1969 Siegfried Hartmann-Med. in Silber, 1970 Hermann-Oberth-Med. in Gold; 1979 Peter-Henlein-Med.; 1980 Goldmed. Accad. Italia; 1980 BVK I. Kl.; 1982 Gold. Zentaur; 1983 Ernennung z. Professor (Bad.-Württemb. Landesreg.); 1984 Weltpreis d. Kultur (Centro Studi e Ricerche delle Nazioni) Salsomaggiore; 1984 Nicolaus-Copernicus-Med., 1987 Title Honoris Causa of Doctor of Art d. Univ. Interamericana de Ciencias Humanisticas, Florida, USA, Mitgl. Dt. Ges. f. Luft- u. Raumfahrt, Kurat.-Mitgl. Hermann-Oberth-Ges., Dt. Ges. f. Photographie, Fellow d. Brit. Interplanetary Soc., Techn.-lit. Ges., Kollegium d. Med.journ., Kurat.-Mitgl. d. Mitgl. Georg-Agricola-Ges. Dt. Naturforscher u. Ärzte; korr. Mitgl. d. Acad. Cosmologica Nova - Liebh.: Biogr., Mineralien, Muscheln - Spr.: Engl., Franz. - Bek. Vorf.: Johann K. v. W., General unt. Prinz Eugen - Lit.: u. a. Mühlbauer: Ungeschminkte Prominenz, 1964; Virchow: D. 100 v. Fernsehen, 1973; Iatas-Belser: Persönlichkeiten Europas, 1976.

KHUON-WILDEGG, von, Ernst-Ulrich

Werbekaufmann, Gf. Gesellsch. v. Khuon & Partner Werbung, München - Alte Gartenstr. 16, 8024 München-Deisenhofen (T. 089 - 613 60 20 u. 613 30 38) - Geb. 30. März 1943 München, kath., verh. s. 1967 m. Helga, geb. Eickler, 2 Kd. (Patrizia, Alexander) - Lehre Gebrauchsgraphik, Werbefachausb. - Auslandswerbung Fa. Siemens; Prok. u. Etatdir. Heye, Needham Werbeagentur; s. 1968 selbst. - BV. D. 333 besten Jagdwitze. Div. Fachveröff. - Nat. u. intern. Preise f. gute Werbung u. Funk-Werbung - Liebh.: Jagd, Motorsport, Tennis - Spr.: Engl., Franz.

KIALKA, Hans
Vorstandsmitgl. i.R. Audi NSU Auto Union AG./Ressort Produktion (b. 1981) - Ettingerstr. 16, 8070 Ingolstadt - Geb. 7. April 1918.

KIAUSCH, Elisabeth
Senatorin f. d. Senatsämter u. d. Staatsarchivs Hamburg (s. 1988), Mitgl. Hambg. Bürgerschaft (s. 1987) - Schnelsener Weg 33, 2000 Hamburg 54 (T. 57 32 87) - 1987/88 Finanzsenatorin, SPD.

KICK, Franz-Wilhelm
Oberstudienrat, MdL Bayern (s. 1970) - Lindenstr. Nr. 33, 8540 Schwabach/Mfr. (T. 2109) - Geb. 1925 - SPD - 1980 Bayer. VO.

KICK, Hans
I. Bürgermeister Stadt Landau/Isar (s. 1978) - Rathaus, 8380 Landau/Ndb. - Geb. 3. Juni 1917 Landau - Bäckerm. CSU.

KICK, Wilhelm
Dr.-Ing., Geodät, Honorarprof. f. Geographie Univ. Regensburg (s. 1977) - Macheiner Weg 35, 8400 Regensburg - Geb. 11. März 1913 Eichstätt (Vater: Hans K., Steuersekr.; Mutter: Walburga, geb. Hilpert), freirelig., verh. s. 1939 m. Etelka, geb. Balogh, 2 S. (Wilfried, Bernhard) - TH München - 1939-78 Reichs- bzw. Bundesbahn Villach, Regensburg, München. Glaziolog. Exped. Karakorum (1954), Himalaya (1958), Hindukusch (1966), Himalaya (1987). Himalaya-Arb. - BV: Sag es unseren Kindern, Widerstand 1933-45 (Beisp. Regensburg).

KICKARTZ, Peter
Dr. jur., Kanzler Technische Univ. Clausthal - Adolph-Roemer-Str. 2 A, 3392 Clausthal-Zellerfeld - Geb. 16. Febr. 1942 Raumland/Krs. Wittgenstein, kath., verh. m. Antonie, geb. Winandy, 3 Kd. - Gymn. Aachen; Abit. 1961; Soldat auf Zt. d. Bundesw. b. 1964; Stud. Rechtswiss. Univ. Bonn; 1. Staatsex. 1968; 2. Staatsex. 1973; Promot. 1983 Mannheim - B. 1975 Dt. Univ.-Ztg., alsdann Ref. Westd. Rektorenkonfz. f. Hochschulrecht u. Strukturreform; b. 1979 wiss. Ass. Lehrst. f. Öfftl. Recht u. Rechtsphil. Univ.

Mannheim (Prof. Dr. Gerd Roellecke); 1979-89 Ref. Präsidialabt. Justus-Liebig-Univ. Gießen.

KIDERLEN, Hans Rolf

Generalkonsul d. BRD in Chicago (USA) - Monroe Building 10th Floor, 104 South Michigan Av., Chicago, Illinois 60603 - Geb. 1. Aug. 1911 Hamburg (Vater: Ferdinand K., Arzt; Mutter: Fride, geb. Ratjen), ev., verh. s. 1942 m. Ilse, geb. v. Bergen, 4 Kd. (Hans Joachim, Ingrid, verh. Fink, Elisabeth, Albrecht) - Stud. Rechts- u. Staatswiss. I. u. II. jur. Staatsex. 1932 u. 36 - 1937-40 Reichswirtsch.smin. 1940-45 Wehrdst (zul. Oblt. z. S.). 1945-53 Abt.sleit. Hansestadt Hamburg, s. 1953 AA (1958 Botsch.srat Paris, 1962 Generalk. Los Angeles, 1967 wieder Bonn, Leit. Ref. Nordamerika, 1970 ff. Chicago) - EK I - Liebh.: Golf.

KIDESS, Edward

Dr. med., Prof., Oberarzt Univ.-Frauenklinik Tübingen, Chefarzt d. gynäk.-geburtsh. Abt. Kreiskrankenhaus St. Ingbert (s. 1979) - Schleichstr. 4, 7400 Tübingen (T. 292211) - Geb. 21. Febr. 1936 Tulkarm, griech.-orth., verh. s. 1974 m. Ingrid, geb. Silling - Stud. Univ. Tübingen; Promot. 1960 Tübingen; Habil. 1969 ebd. - S. 1970 Oberarzt, s. 1975 apl. Prof. Fachmitgl.schaften - Liebh.: Völkerkunde, Kunst, Fotografieren, Reisen - Spr.: Arab., Engl.

KIECHLE, Franz

Dr. phil., o. Prof. f. Alte Geschichte Univ. Bochum (s. 1964) - Soldnerstr. 10, 4630 Bochum-Querenburg (T. 703927) - Geb. 27. Nov. 1931 München (Vater: Franz K., Bankbeamter; Mutter: Anny, geb. Sichinger), kath. - Univ. München (Gesch., Philol.; Staatsex. in Gesch., Lat., Griech. 1955). Promot. (1957) u. Habil. (1962) Erlangen - Zul. Doz. Univ. Erlangen-Nürnberg - BV: Messen. Studien, 1959; Lakonien u. Sparta, 1963; Röm. Gesch., Bd. I 1967; Sklavenarb. u. techn. Fortschr. im röm. Reich, 1969 - Spr.: Engl.

KIECHLE, Ignaz

Landwirt, Bundesminister f. Ernährung, Landwirtsch. u. Forsten (s. 1983), MdB (s. 1969, CDU/CSU-Fraktion; Wahlkr. 242/Kempten) - 8960 Kempten-Reinharts 2/Allgäu (T. 7 33 17) - Geb. 23. Febr. 1930 Reinharts (Vater: Georg K., Landw.), verh. m. Cilly, geb. Räth, 4 Kd. - CSU - 1980 Bayer. VO, 1979 BVK.

KIÉCK, Wolfgang

Kaufm. Angest., Mitgl. Hbg. Bürgerschaft (s. 1977) - Lambert-Strus-Weg 19, 2000 Hamburg 65 - Geb. 29. Juli 1946 Blankenese, verh., 2 Kd. - Wirtschaftsgymn. (Abit. 1966) - S. 1972 Hamburger Hochbahn AG. (Abt. PR u. Werb.). SPD s. 1966.

KIEF, Heinrich

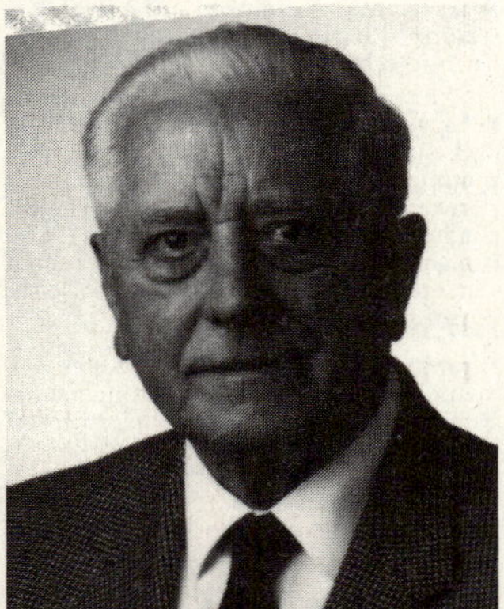

Dr. med., Prof., Direktor Exper. Pathologie Hoechst AG, Frankfurt/M.-Höchst (1964-85) - Im Haderheck 30, 6240 Königstein/Ts. (T. 06174 - 17 75) - Geb. 29. Nov. 1919 Reilingen/Baden (Vater: Georg K., Landw.; Mutter: Lina, geb. Astor), ev., verh. s. 1953 m. Dr. jur. Ingeborg, geb. Herzig - Realgymn. Schwetzingen (Abit. 1939); Univ. Göttingen, Heidelberg, Prag, Heidelberg (Med. Staatsex. 1947). Promot. 1948 Heidelberg; 1951-57 Univ. Münster; Habil. 1961 Tübingen - S. 1961 Lehrtätigk. Univ. Tübingen u. Frankfurt/M. (1968 apl. Prof. f. Allg. Pathol. u. pathol. Anat.). Spez. Arbeitsgeb.: Pathomorphol., Diabetes, Fettstoffw., exper. u. toxikol. Pathol. - BV: Studien z. Morphol. d. Neutralfettstoffw., 1964; Lokalisierende Faktoren f. Arterien-Venenverschlüsse, 1970 (m. W. Rotter u. D. Gross); Kardiogener, bakteriotoxischer u. Volumenmangelschock, 1972 (m. D. Gross, H. Lutz, K. Messmer u. R. Schmutzler); Iron Metabolism and its Disorders, 1975; Beiträge i. Lehrb. d. Pathologie, hrsg. v. W. Rotter, F. K. Schattauer, 1975, 78 u. 85. Div. Einzelarb., dar.: Pathomorphologie d. Langerhans'schen Inseln b. Diabetes mellitus d. Menschen u. Orthol. d. Langerhans'schen Inseln d. Menschen (bde. Handb. f. Exper. Pharmak., Bd. XXXII/1) - 1971 Mitgl. Australasian College of Biomedical Scientists, Intern. Akad. f. Pathologie, Lions Intern., Ehrenbürger Univ. Graz - Bek. Vorf.: Johann Jakob Astor, 1763-1848 (ms.).

KIEFEL, Gerhard

Stadtmissionsdirektor - Lenaustr. 4, 1000 Berlin 44 (T. 6 91 50 60) - Geb. 1924 Wuppertal, ev. - Stud. Theol. u. German. - Pfarrer Berlin (1954 Flüchtlingslager, 1955 Spandau) und Wuppertal (1960; Initiator Telefonseels.), 1967-73 Arbeitsgem. Missionar. Dienste Stuttgart, seith. Dir. Berliner Stadtmission. Herausg.: Wir in d. Welt v. heute u. morgen (Fototextb.). Autor div. Bücher.

KIEFER, Albert

Prof., Ordinarius f. Kunsterziehung Univ. Frankfurt - Sophienstr. 1-3, 6000 Frankfurt/M.; priv.: Murgtalstr. 26, 7550 Rastatt 17.

KIEFER, Georg

Dr. phil., Prof. f. Visuelle Kommunikation Hochschule f. Bildende Künste Braunschweig (s. 1975) - Wilhelm-Bode-Str. 6, 3300 Braunschweig - Geb. 11. Juni 1937 Stuttgart, 2 Kd. (Cid, Till) - 1957-61 Kunsthochsch. Stuttgart (Ind.-Designer), als Maler zahlr. Ausst. im In- u. Ausl.; 1965-69 Soziol., Politik, Phil., Ästhetik; Magister 1967; Promot. 1969 - 1970 Prof. HdK Berlin, Produktionskollektiv Kreuzberg - BV: Erziehung u. Ungehorsam, 1968; Kritische Semiotik, 1977; Lernen f. d. Praxis, 1982; Metodologia e Téchnicas de Formação, 1988. Ausst. (Konstruktivismus) u.a.: Stuttgart, Frankfurt, Düsseldorf, Dortmund, Berlin, Brüssel, Zürich, Mailand - Liebh.: Meth. d. Arbeiterbildung, Kultursemiotik.

KIEFER, Günter

Dr. phil. nat., Prof. f. Zellbiologie - Albertstr. 19, 7800 Freiburg/Br. - Geb. 20. April 1929 Sprendlingen - Promot. 1957 Frankfurt/M. - S. 1967 (Habil.) Lehrtätigk. Univ. Gießen u. Freiburg/Med. Fak. (1968 ff. Wiss. Rat u. Prof. bzw. Prof.). Üb. 80 Aufs.

KIEFER, Hans

Dr. rer. nat., Dipl.-Phys., Prof. Univ. Karlsruhe - Max-Planck-Str. 7, 7514 Eggenstein-Leopoldshafen (T. 2 11 20) - Geb. 29. Juli 1923 Pforzheim (Vater: Prof. Dr. phil. Karl K.; Mutter: Marta, geb. Huber), ev., verh. s. 1956 m. Ursula, geb. Streib, 3 Kd. (Stefanie, Hans, Carolin) - Stud. d. Phys. Univ. Karlsruhe; Dipl.ex. 1955; Promot. 1956; Habil. 1965 - 1956-64 Leit. Strahlenmeßabt. u. 1964-69 Schule f. Kerntechn., s. 1969 Abt.leit. Strahlenschutz u. Sicherheit, s. 1978 Leiter Hauptabt. Sicherheit Kernforschungszentrum, Karlsruhe - Erf.: Großflächenproportionalzählrohr - BV: Strahlenschutzmeßtechnik, 1964; Überwachung d. Radioaktivität im Abwasser u. Abluft, 1967; Radiation Protection Measurement, 1972 (alle m. Maushart); Strahlen u. Strahlenschutz, 1986 (m. Koelzer).

KIEFER, Heinz J.

Dr. rer. oec., Prof. f. Informationsuntern. u. -strukturen Univ. Navarra, Pamplona (s. 1977), Vorst.-Vors. Wiss. Beirat Ruhrinst. f. ges. Forsch. u. Bild., Essen (s. 1972) - Frankenstr. 311, 4300 Essen (T. 44 37 97) - Geb. 19. Mai 1927 - Stud. Volksw. - B. 1966 Rhein. Stahlwerke, Essen (Leit. Abt. Statistik u. Volksw.), d. b. 1972 Vorst.-Mitgl. Rheinstahl AG., Essen. Veröff. zu Medienproblemen u. Ges.politik.

KIEFER, Herbert

Dr. med., Prof., Internist, Leit. Radiolog. Sektion/Dt. Klinik f. Diagnostik, Wiesbaden (s. 1970) - Dresdener Ring 23, 6200 Wiesbaden - Geb. 8. Okt. 1928 Düren/Rhld., kath., verh. s. 1960 m. Brigitte, geb. Ruf, 4 Kd. (Gerold, Irmtraud, Isabel, Sigbert) - Promot. 1954 - S. 1968 (Habil.) Lehrtätigk. Univ. Freiburg/Br. (1974 apl. Prof. f. klin. Radiol.). Fachveröff.

KIEFER, Jürgen

Dr. rer. nat., Dipl.-Phys., Prof. f. Biophysik Univ. Gießen (s. 1971) - Am Dornacker 4, 6301 Wettenberg 2 (T. 06406 - 15 87) - Geb. 29. Nov. 1936 Hagen (Vater: Egon K., Verlagsleit.; Mutter: Ruth, geb. Hunger), ev., verh. s. 1962 m. Waltraud, geb. Staub, 2 Töcht. (Anja, Ingmar) - Stud. d. Physik Univ. Gießen, München, Berlin; Promot. 1965; Habil. 1970 - 1976/77, 1981/82 u. 1988/89 gf. Dir. Strahlenzentrum Univ. Gießen. In- u. ausl. Fachmitgl.sch. - BV: Radiation and cellular control process, 1976; Ultraviolette Strahlen, 1976; Biolog. Strahlenwirk., 1981, 2. A. 1989 - Liebh.: Musiktheater, Arch. - Spr.: Engl.

KIEFER, Reinhard

Schriftsteller - Suermondplatz 11, 5100 Aachen (T. 0241 - 2 19 57) - Geb. 12. Okt. 1956 Nordbögge/Westf., ev., led. - Stud. German., Ev. Theol., Phil. Aachen; 1. Staatsex. 1984; Promot. vorauss. Ende 1989 - BV: Zwölf Poeme, 1983; e. geheimnis in oberwald, 1984. Herausg.: Musiknovellen d. 19. Jh. (1987) - 1987 Lit.förderpreis Stadt Aachen.

KIEFER, Wilhelm

Dr. agr., Weinbau-Techniker, Prof., Doz. f. Weinbau, Ltr. Inst. f. Weinbau Forschungsanst. f. Weinbau, Gartenbau, Getränketechnologie u. Landespfl., Geisenheim - Winkeler Str. 66, 6222 Geisenheim/Rhg. - Geb. 1. Mai 1931 Mommenheim/Rhg. (Vater: Adam K., Winzer; Mutter: Anna, geb. Berkes), kath., verh., 4 Kd. - Höh. Schule (Abit.); Weinbaulehre; Stud. Landw. Betriebs- u. Volksw. Dipl.-Landw. - 7 J. wiss. Assist.; s. 1964 Inst.sleit.; s. 1978 Honorarprof. Univ. Gießen.

KIEFER, Wolfgang

Dr. rer. nat. habil., Prof. f. Physikal. Chemie Univ. Würzburg (s. 1988) - Am Gemeindeweg 31, 8702 Eisingen - Geb. 12. Febr. 1941 Pforzheim (Vater: Kurt K., Architekt; Mutter: Berta, geb. Olpp), ev., verh. s. 1969 m. Gisela, geb. Masur, 2 Kd. (Bernd, Karin) - Dipl.-Phys. 1967; Promot. 1970; Habil. 1977 - Prof. f. Experimentalphysik Univ. Bayreuth (1977-85); o. Prof. f. Experimentalphysik Univ. Graz/Österr. (1985-88). Üb. 130 Facharb., Herausg. 3 Bücher.

KIEFERLE, Wolfgang

Physiker u. Metallurge, Gf. Gesellsch. Firmengr. Metallbehandlung u. Plasmatechnik GmbH, Fronreute-Staig, Stutensee-Blankenloch u. Frankfurt/M.; Techn. Dir. Thermion AG, Zürich, u. Rudolf & Partner Inc., Los Angeles/USA - Lindenstr. 23, 7981 Grünkraut (T. 0751-6 32 67) - Geb. 8. Febr. 1949 Ravensburg, kath., verh. s. 1977 m. Barbara, geb. Bosch, Sohn Alexander - Stud. Physik 1975 u. Metallurgie 1977 (Kiel u. Stuttgart) - Pat. üb. Wärmebehandl. u. Beschicht. auf d. Gebiet d. Plasmabehandl. - Gründungsmitgl. Arbeitskr. Plasmawärmebehandl. u. Plasmabeschicht. - BV: Plasmatrieren - e. neues Härteverf., 1984 - Spr.: Engl.

KIEFFER, Karl Werner

Dipl.-Ing., Vorstandsvorsitzender Georg Michael Pfaff Gedächtnisstiftg. - Eisenbahnstr. 28-30, 6750 Kaiserslautern (T. 0631 - 6 17 76) - Geb. 30. Nov. 1912 Stafford (Engl.) (Vater: Emil K., Dipl.-Ing.; Mutter: Elisabeth, geb. Regnault), ev., verh. s. 1952 m. Dagi, geb. Diehl, 3 Kd. (Peter, Susanne, Johannes) - TH Berlin - Vors. Kurat. Stiftg. Mittlere Technol., Kaiserslautern; Kurat.-Mitgl. Dt. Umweltstift, Stifterverb. f. d. Dt. Wiss. - BV: D. kritische Schwelle, 1975; Konsequenzen d. Krise, 1978; Öko-Tageb. e. Managers, 1982 - 1977 Theodor-Heuss-Preis - Spr.: Engl., Franz.

KIEFL, Josef

I. Bürgermeister Stadt Plattling (s. 1978) - Rathaus, 8350 Plattling/Ndb. - Geb. 11. Juli 1923 - Zul. Verwaltungsoberamtm. CSU.

KIEFNER, Hans

Dr. jur. (habil.), o. Prof. f. Röm. u. Bürgerl. Recht. Neuere Privatrechtsgesch. u. Kirchenrecht - Laerbrockweg 22, 4405 Nottuln-Schapdetten - Geb. 30. April 1929 Blaubeuren/Württ. - S. 1964 Ord. Univ. Münster; s. 1968 Oberlandesgerichtsrat OLG Hamm. Facharb.

KIEHL, Marina

Skiläuferin, Olympiasiegerin 1988 - Hermine-Bland-Str. 11, 8000 München 90 - Geb. 12. Jan. 1965, ledig - Mittl. Reife, Graphik Designer Ausb. - 1983 Junioren-Weltm., 1985, 86 Weltcupsiegerin, 1988 Olympiasiegerin, 7-fache Dt. Meisterin (Ski alpin) - 1988 Gold. Ehrenring d. Landeshauptstadt München - Liebh.: Sport, Graphik - Spr.: Engl., Franz., Ital.

KIEHL, Reinhardt

Dr. rer. nat., o. Prof. f. Mathematik Univ. Mannheim (s. 1970) - Bunsenstr. 19, 6900 Heidelberg 1.

KIEHM, Günter

Verbandsdirektor a. D., MdB (Landesliste Nieders.) - Obere Mark 7, 3013 Barsinghausen 1 - SPD.

KIEKENAP, Bernhard

Dr.-Ing., Generalbevollmächtigter Hastrabau-Wegener GmbH. & Co. KG., Langenhagen, Honorarprof. f. Konstruktiven Straßenbau Univ. Hannover - Elmblick 7, 3301 Schapen - Geb. 19. Nov. 1930.

KIEL, Ernst

Oberstudiendirektor, ehem. Präs. Dt. Lehrerverb. - Regerstr. 29, 5620 Velbert 1 - Geb. 1924 Schleswig.-Holst. - 1981ff. Präs. Intern. Verb. d. Lehrer an Sekundarsch. (FIPESO). CDU.

KIEL, Gerhard

Dr. phil., Prof., Pädagoge - Schädestr. 6, 1000 Berlin 37 - Geb. 16. Aug. 1922 - Promot. 1955 - S. 1970 (Habil.) Privatdoz., Prof. (1971) bzw. Honorarprof. (1972) FU Berlin; s. 1972 Ord. Hochsch. f. Bild. Künste ebd. Facharb.

KIELBURGER, Bernd

Lehrer, MdL Baden-Württ. (Wahlkr. 44, Enz), medienpolit. Sprecher, Vors. Fernsehaussch. SDR - Goethering 36, 7537 Remchingen-Singen (T. 07232 - 7 15 35) - Geb. 24. Aug. 1947 Pforzheim - SPD.

KIELMANN, Henry

Regisseur u. Drehbuchautor - Böhmersweg 5, 2000 Hamburg 13 (T. 040 - 45 46 97) - Geb. 11. Febr. 1929, verh. s. 1962 m. Annemarie, geb. Röttger - Theater-, Rundf.- u. Fernsehregiss. u. Schausp.; Autor f. Theater und FS.

KIELMANSEGG, Graf von, Carl N.

Gutsbesitzer, Assessor, Präs. Hildesheimer Landschaft - 3201 Heinde b. Hildesheim (T. 05064 - 414) - Geb. 3. Febr. 1908 Budapest (Vater: Eduard Graf v. K., Offz.; Mutter: Gabriele, geb. Fürstin Wrede), verh. 1951 m. Anneliese, geb. Fischer - Univ. Innsbruck, München, Bonn (Rechtswiss.) - Spr.: Engl., Franz. - Rotarier.

KIELMANSEGG, Graf von, Johann Adolf

General i. R. - Batzenbergstr. 7, 7812 Bad Krozingen/Br. - Geb. 30. Dez. 1906 Hofgeismar/Hessen (Vater: Adolf Graf v. Kielmansegg, Rittm.; Mutter: Eva, geb. v. Werner), ev., verh. s. 1933 m. Mechthild, geb. Freiin v. Dincklage (Hannover), 4 Kd. (Johann Adolf, Peter, Ulrike, Lewine) - Klostersch. Roßleben (Abit.) - 1926-46 Berufssoldat, ab 1930 Offz., 1926-37 Truppenverwend., 1937-39 Kriegsakad. Berlin, 1939-42 1. u. 6. Panzerdiv., 1942-44 OKH (Generalstab d. Heeres), 1944-45 Kdr. Panzergrenadierregt. 111, 1946-47 Schriftst. u. Mitarb. Ztg., 1948-50 Verlagsangest., 1950-55 Dienstst. Blank u. Bundesverteidigungsmin., 1955-58 Nat. Mil. Repräsentant BRD Shape, Paris, 1959-60 stv. Kdr. 5. Panzerdiv., Koblenz, 1960-63 Kdr. 10. Panzergrenadierdiv., Sigmaringen, 1963 b. 1966 Oberbefehlsh. Verbündete Landstreitkräfte Europa-Mitte, Fontainebleau, 1966-68 Oberbefehlsh. Verbünd. Streitkräfte Europa-Mitte, Brunssum. Mitgl. Intern. Inst. f. strategische Studien, London, Dt. Ges. f. auswärtige Politik, Bonn, United States Strategic Inst., Washington DC, u. Inst. for Foreign Policy Analysis, Cambridge, USA; Vors. Beirat Militärgesch. Forschungsamt - BV: D. Fritsch-Prozeß 1938, 1949; Unbesiegbar? China als Militärmacht, 1985 - 1964 Frhr.-v.-Stein-Preis Hamburg; 1968 Gr. BVK m. Stern u. Schulterbd.; Kommandeur Legion d'Honneur u. Legion of Merit - Liebh.: Geschichte, Geogr., Kriminalrom. - Spr.: Engl., Franz. - Rotarier - Bek. Vorf.: Philipp Melanchthon, Johann Adolf v. K. (Kanzler Herzogtum Schlesw.-Holst. - Gottorp, Gründer Univ. Kiel), Reinhold v. Werner (Vizeadmiral, Marineschriftst.) - Lit.: Consilio non Imperio (auch engl. u. franz.).

KIELMANSEGG, Graf, Peter

Dr. phil., o. Prof. f. Politikwiss. Univ. Mannheim - Lortzingstr. 6, 6940 Weinheim - Geb. 27. Juni 1937 Hannover (Vater: Johann Adolf Graf K., General a.D.; Mutter: Mechthild, geb. Freiin v. Dincklage), ev., verh. s. 1964 m. Walpurgis, geb. Gräfin v. Schweinitz, 3 Kd. (Ulrike, Andreas, Sebastian) - Human. Gymn.; Univ. Bonn, Kiel, Tübingen, Oxford (Rechtswiss. u. Gesch.); - 1976/77 Prof. Georgetown Univ. Washington D.C., 1977-79 stellv. Vors. Vereinig. f. Politikwiss., 1980-85 Mitgl. Wiss.rat. - BV: Volkssouveränität, 1977; Deutschl. u. d. 1. Weltkrieg, 2. A. 1980; Nachdenken üb. d. Demokratie 1980; D. Experiment d. Freiheit, 1988 - Sigmund Freud-Preis f. wissenschaftl. Prosa 1983 - Spr.: Engl.

KIELWEIN, Gerhard

Dr. jur., o. Prof. f. Dt. u. ausl. Strafrecht, -prozeßrecht u. Kriminologie - Am Botanischen Garten 2, 6600 Saarbrücken (T. 33934) - Geb. 7. Jan. 1922 Stuttgart - 1953 Privatdoz. Univ. Freiburg/Br., 1956 ao., 1958 o. Prof. Univ. Saarbrücken (1962-64 Rektor) - BV: Straftaten gegen d. Vermögen im engl. Recht, 1955; Auslandsd. Strafrecht, 4. A. 1953 (m. Schönke) - 1965 Ehrenmitgl. Japanese Soc. of Criminal Law.

KIENAST, Burkhart

Dr. phil., Prof. f. Altorientalistik - Universität, 7800 Freiburg/Br. - Geb. 3. Juli 1929 Berlin - S. 1961 (Habil.) Lehrtätigk. Heidelberg, Erlangen, Freiburg (1973 Ord.).

KIENAST, Dietmar

Dr. phil., o. Prof. f. Alte Geschichte - Hedwigstr. 5, 4044 Kaarst 2 (T. 02101 - 51 90 07) - Geb. 22. Aug. 1925 Berlin - S. 1963 (Habil.) Lehrtätigk. Univ. Frankfurt/M. (Privatdoz.), Marburg (1965 Ord.), Düsseldorf (1972 Ord.) - BV: Cato, d. Censor. Augustus.

KIENBAUM, Gerhard

Dipl.-Ing., Minister a. D., Unternehmensberater, Gesellschafter u. Beiratsvors. Kienbaum u. Partner - Zeppelinstr. 20, 5270 Gummersbach (T. 02261 - 30 09 26) - Geb. 12. Okt. 1919 Wuppertal.

KIENDL, Harro

Dr. rer. nat., o. Prof. f. Elektr. Steuerung u. Regelung Univ. Dortmund - Deipenbecke 16, 5810 Witten-Bommern.

KIENE, Werner

Direktor, Mitgl. Brem. Bürgerschaft (s. 1959, SPD) - Alter Postweg 58, 2850 Bremerhaven-Sp. (T. 81641) - Geb. 10. Okt. 1923 Bremerhaven, ev., verh., 2 Kd. - Oberrealsch. (Abit.); 1945-47 Praktikum Bauw.; 1947-49 Bau- u. Ing.sch. Bremen (Ex. als Tiefbauing.) - 1942-45 Wehrdst.; 1949-65 Stadtbauverw. Bremen; s. 1965 Verkehrsges. Bremerhaven AG. (Vorstandsmitgl.) - Liebh.: Tischtennis (Vorstandsmitgl. Ttverb. Nieders.).

KIENECKER, Friedrich

Dr. phil., Dr. theol., o. Prof. Gesamthochsch. Paderborn - Auf d. Matte 15, 4790 Paderborn-Wewer - Geb. 12. Mai 1920 Hamm/W. - S. 1959 Hochschullehrer PH Paderborn; 1970-72 Rektor PH Westf.-Lippe. Lehrgeb. Neuere u. neueste dt. Lit.gesch., Didakt. d. Deutschunterr.s - BV: D. Mensch in d. mod. Lyrik, 1970, 5. a. 1975; D. Mensch im mod. Drama, 1973; D. Mensch in d. Lit. d. Experiments, 1974.

KIENER, Franz

Dr. phi. (habil.), Prof. am Inst. f. Psychologie TU Berlin - Altdorferstr. 29, 8409 Tegernheim (T. 09403 - 573) - Geb. 17. April 1910 Krandorf - B. 1969 Privatdoz., dann apl. Prof. TU (Psych.) - BV: Kleidung, Mode u. Mensch - Versuch e. ausduckspsych. Deutung, 1956; Hand, Gebärde u. Charakter - Z. Ausdruckskunde d. Hand u. ihrer Gebärden, 1961; D. Wort als Waffe - Z. Psychologie d. verbalen Aggression, 1983.

KIENER, Lorenz

I. Bürgermeister (s. 1978) - Rathaus, 8080 Emmering/Obb. - Geb. 29. Febr. 1920 Emmering - Kfm. Angest. SPD.

KIENHOLZ, Manfred

Dr. med., Prof., Leiter CHEMOBAK Forschungs- u. Unters.labor., Aschaffenburg - Darmstädter Str. 125, 8750 Aschaffenburg - Geb. 9. Juni 1925 Wetzlar/L. - U. a. Chefarzt Zentrallabor./Stadtkrkhs. Aschaffenburg. S. 1961 (Habil.) Privatdoz. u. Hon.-Prof. Univ. Gießen (Med. Bakteriologie u. Virol.) - 1962 Wilmar-Schwabe-Preis.

KIENITZ, Klaus-Peter

Rechtsanwalt, Vorstandsmitglied Bergbau AG Niederrhein (s. 1984) - Bergschenweg 101, 4133 Neukirchen-Vluyn (T. 02845-2 82 38) - Geb. 15. Febr. 1934, verh., 3 Kd. - Stud. Rechtswiss., Volkswirtsch. Hamburg, München, Paris; Ass.ex. 1965 - 1967 Rechtsanwalt in Hamburg; 1974-83 Generalbevollm. d. Ruhrkohle AG. Zahlr. AR-, Vorst.- u. Beiratsmandate - Liebh.: Kunst - Spr.: Engl., Franz.

KIENLE, Adalbert

Dipl.-agr.-oec., Hauptgeschäftsführer Landesbauernverb. f. Württ. u. Hohenzollern, Chefredakt. u. Geschäftsf. Verlag Schwäb. Bauer GmbH, bde. Ravensburg - Gartenstr. 63, 7980 Ravensburg (T. 0751 - 3 19 75) - Geb. 26. Okt. 1948, verh. - Landw.-Stud.

KIENLE, Paul

Dr., Prof., Wiss.-Techn. Geschäftsführer Ges. f. Schwerionenforsch. Darmstadt - Postf. 10 05 52, 6100 Darmstadt.

KIENOW, Sigismund

Dr. phil., Prof., TU Clausthal, Fachabt. Werkstoffe u. Hüttenwesen - Langendellschlag 103, 6200 Wiesbaden (T. 06121 - 49 72 60) - Geb. 29. Juni 1907 Portdam (Vater: Emil K., Oberfeldzahlm.; Mutter: Hedwig, geb. Kaper), ev., verh. s. 1935 m. Lucie, geb. Giese, 5 Kd. (Barbara, Martin, Albrecht, Ursula, Ekkehard) - Univ. Breslau, Königsberg/Pr., Bonn (Geol.). Promot. 1930 Bonn; Habil. 1940 Münster - 1940-42 Dozent Univ. Straßburg; 1951-59 Abt.sleit. Versuchsanstalt Dortmund-Hörder-Hütten-Union; 1959-72 Leit. Forschungsinst. Didier-Werke; s. 1955 Doz. u. apl. Prof. (1964) Bergakad. bzw. TU Clausthal (Technol. keram. Roh- u. Werkstoffe) - BV: Grundzüge e. Theorie d. Faltungs- u. Schieferungsvorgänge, 1942; Feuerfestkunde, 1960 - 1975 Georg-Agricola-Med. Dt. Mineralog. Ges. - Spr.: Engl.

KIENZLE, Bertram

Dr. phil. habil., Prof. f. Philosophie - Ladenburger Str. 80, 6900 Heidelberg (T. 06221 - 47 22 83) - Geb. 3. Juni 1948 Freiburg (Vater: Ernst K., Beamter; Mutter: Johanna Ruth, geb. Holzer), verh. s. 1976 m. Alexandra, geb. Andrejew - 1967-73 Univ. Freiburg (Promot. 1973), Habil. 1979 Univ. Heidelberg - 1973-81 Wiss. Assist. Phil. Sem. Univ. Heidelberg, 1979-86 Priv.doz. f. Phil. Univ. Heidelberg, s. 1986 Prof. f. Phil. ebd. - BV: D. semantische Form d. Guten, 1983.

KIENZLE, Paul

Dr. med. vet., Ministerialdirigent (a. D. s. 1976), Honorarprof. f. Angew. Tierseuchenhygiene LH bzw. Univ. Hohenheim (s. 1964) - Schillerstr. 16, 7142 Marbach/N. - Geb. 24. Juni 1911 Marbach/N. (Vater: Paul K., Regierungsveterinärrat; Mutter: Lina, geb. Geßwein), ev., verh. s. 1941 m. Elfriede, geb. Spiegel, 4 Kd. (Liesbeth, Siegfried, Klaus, Christel) - Gymn. Ludwigsburg; Stud. Veterinärmed. München, Wien, Hannover. Staatsex. 1935 München - B. 1939 Tierärztl. Landesunters.samt Stuttgart, dann Kriegsdst. (Stabsveterinär d. R.), 1945-48 (Berichterstatter) u. s. 1954 Innenmin., ab 1972 Ernährungsmin. Stuttgart (1958 Hauptberichterst. u. Leit. Abt. Veterinärwesen), dazw. 1948-54 Reg.sveterinärrat Ludwigsburg I u. III. Vors. mehrerer Tierzuchtvereine - BV: Tiergesundheitslehre, 1957, 7. A. 1975; Das Schlachttier- u. Fleischbeschaugesetz, 6. A. 1974 - Ehrenvors. ADAC-Club Marbach (Motorsportclub) - Liebh.: Musik - Spr.: Franz., Engl.

KIENZLE, Ulrich

Chefredakteur Fernsehen Radio Bremen - Hans-Bredow Str. 10, 2800 Bremen (T. 0421 - 246 23 30) - Geb. 9. Mai 1936 Neckargröningen, ev., verh. - Stud. Politik, German., Kunstgesch. - 1963 Reporter SDR; 1966/67 Redakt. WDR-FS; 1968 Chef Abendschau Baden-Württ.; 1974-77 ARD-Korresp. Arabien; 1977-80 Südafrika-Korresp. - BV: Südafrika - Weiße in d. Wagenburg, 1982 - Eduard Rhein-Preis f. Beirutreportage Blutiger Sommer - Spr.: Engl., Franz.

KIENZLER, Klaus

Dr. theol., o. Prof. f. Fundamentaltheol. Univ. Augsburg - Zu erreichen üb. Universität, Universitätsstr. 10, 8900 Augsburg (T. 0821 - 5 98-63 9/6 49) - Geb. 28. Mai 1944 Triberg (Vater: Fritz K. †; Mutter: Josephine, geb. Wörz), kath., ledig - Stud. Rom (bacc. phil. 1967, lic. theol. 1971) u. Freiburg (Promot. 1975, Habil. 1979) - 1971 Priester; 1980 Prof. in Augsburg - BV: Logik d. Auferstehung, 1976; Anselm v. Canterbury, 1981; Einlad. z. Glauben, 1979; Relig.-Kirche-Gott, 1982; Sein u. Schein d. Relig., 1983; Spuren d. Erlösung, 1986; Auf d. Suche nach d. verborgenen Gott, 1987; Religionsphil. heute, 1988 - Spr.: Engl., Franz., Lat., Ital., Span., Griech., Hebr.

KIEP, Walther Leisler

Landesminister a.D., pers. haft. Gesellsch. Gradmann & Holler, Frankfurt - Zu erreichen üb. Gradmann & Holler, Lyoner Str. 26, 6000 Frankfurt/M. 71 - Geb. 5. Jan. 1926 Hamburg (Vater: Dr. rer. pol. Leisler K. †, zuletzt Generaldirektor Hamburger Landesbank (s. XIV. Ausg.); Mutter: Eugenie, geb. vom Rath †), ev., verh. s. 1950 m. Charlotte, geb. ter Meer, 5 Kd. (Edmund, Walther, Michael †, Charlotte, Christiane) - Schulen Hamburg, Istanbul (b. 1939), Frankfurt/M. (Abit. 1943); n. Kriegsende Stud. Gesch. u. Volksw. (o. Abschluß); kaufm. Lehre Metallges. AG (Frankfurt) - 1948-55 Insurance Company of North America (zul. Hauptbevollm. f. Dtschl.), dann Gradmann, Holler & Co. (gf. Gesellsch.). Kaptltn. d. R. CDU s. 1961 (1967-76 Präsid.-Mitgl. Hess. CDU u. Landesschatzm., s. 1971 Mitgl. Bundespräsid. u. Bundesschatzm.); 1965-76 MdB (1965-69 Vors. Aussch. f. Entw.-Hilfe); 1976-80 nieders. Minister d. Finanzen; 1982-83 (Mandatsniederl.) MdHB. AR VWAG; AR-Vors. Deutsche ICI GmbH; Mitgl. Board Bank of Montreal u. ICI PLC, London. 1984ff. Vors. Atlantik-Brücke, Bonn/Hamburg - BV: Good bye America - Was dann?, 1972; A new challenge f. Western Europe, 1974 - Liebh.: Gesch. - Spr.: Engl., Franz. - Rotarier - Bek. Vorf.: Jacob Leisler, 1689-91 Gouverneur v. New York.

KIEPE, Heinz

Dr. rer. pol., Dipl.-Hdl., Prof. f. Betriebswirtschaftslehre, insb. Betriebsw. Steuerlehre, Univ.-GH Siegen - Holunderweg 21, 5900 Siegen.

KIEPE, Helmut

Fabrikant, Königl. Dänischer Konsul a. D. - Industriestr. 4, 5108 Monschau/Imgbr. (T. 02472 - 33 88) - Geb. 17. Juni 1912 Düsseldorf - (Vater: Theodor K., Ing.; Mutter: Margarethe, geb. Holz), verh. 1938 m. Elisabeth, geb. Hering.

KIER, Olaf

Dipl.-Ing., Textiling., Betriebswirt, Vorstand Kulmbacher Spinnerei AG, 8650 Kulmbach - Tilsiter Str. 10, 8580 Bayreuth - Geb. 1. Juni 1934 Wuppertal-Elberfeld - Geschäftsf. Kulmbacher Vertriebs-GmbH, Kulmbach, Vorst. Ackermann-Göggingen AG, Augsburg, u. Nordbayer. Textilind.; Beirat Wisser Maschinenbau-Gruppe.

KIERA, Hans-Georg

Dr. rer. pol., Geschäftsführer Wirtschaftsförderungsges. Kassel (s. 1989) - Obere Karlsstr. 15, 3500 Kassel (T. 0561 - 77 16 14-15) - Geb. 26. Juli 1944 Antonienhütte - Stud. Volkswirtsch u. Polit. Wiss.; Dipl.-Volksw. 1971, Dr. rer. pol. 1973, beides Mannheim - B. 1989 Geschäftsf. Wirtschaftsverb. Stahlbau u. Energietechnik SET.

KIERAS, Paul

Oberkreisdirektor Rhein-Sieg-Kreis - Im Rehefeld 8, 5205 Sankt Augustin 1 - Geb. 19. Sept. 1918 Bralin/Schl. (Vater: Paul K.), verh. m. Margarete, geb. Littmeier.

KIERDORF, Hans

Direktor, Geschäftsf. Weig-Himmelmann & Co. GmbH., Fröndenberg/Ruhr, Nord-Westdt. Papierrohstoff GmbH. & Co., Mayen, Tecnokarton GmbH., Mayen u. hfm. Dir. Moritz J. Weig, Bergisch Gladbach - Amselweg 3, 5070 Bergisch Gladbach - Geb. 3. Aug. 1920.

KIEREY, Karl-Joachim

Dipl.-Politologe, Freier Unternehmensberater (s. 1989) - Joachimstr. 7, 5300 Bonn 1 - Geb. 26. Nov. 1940 Nordhausen/Harz, verh. s. 1969 m. Mechthild, geb. Sennlaub, S. Alexander - 1960-67

Stud. Polit. Wiss. u. Gesch. FU Berlin u. Univ. Frankfurt/M., 1968-70 Doz. u. Lektor Pol. Akad. Eichholz Konrad-Adenauer-Stiftg.; 1970-77 Leit. Abt. Öffentlichkeitsarb. CDU-Bundesgeschäftsst., 1977-79 Landesgeschäftsf. CDU-Landesverb. Berlin, 1979-85 Leit. Hauptabt. Öffentlichkeitsarb. CDU-Bundesgeschäftsst., 1985-87 Staatssekr. b. Senator f. Wirtsch. u. Arbeit, 1987-89 Staatssekr. b. Senator f. Justiz - Spr: Engl., Franz.

KIERMAIER, Albin Josef

Kaufmann, Präs. Dt. Modellfliegerverband - Am Eichet 3, 8949 Kammlach (T. 08261 - 42 78) - Geb. 1. März 1935 Aisingerwiese b. Rosenheim (Vater: Josef K., Maurer), kath., verh. s. 1958 m. Brunhilde, geb. Klöcker, 2 T. (Birgit, Christa) - Kaufm. Ausb. Rosenheim - 1978 Ref. Seglerschlepp im DMFV; 1982 Präs. DMFV.

KIERMEIER, Friedrich

Dr. rer. techn., em. o. Prof. f. Milchwirtschaft u. Molkereiw. - Egilbertstr. 29, 8050 Freising/Obb. (T. 13702) - Geb. 22. Juli 1908 Dresden (Vater: Paul K., Tapezierer; Mutter: geb. Klotz), verh. s. 1934 m. Hedwig, geb. Weidinger, 2 Kd. - TH Dresden (Promot. 1936) u. Karlsruhe - 1932 Assist. TH Dresden (Prof. Dr. E. Komm), 1937 Inst. f. Lebensmittelchemie Reichsinst. f. Lebensmittelfrischhalt., Karlsruhe (Prof. Dr. K. Täufel), 1938 Abt.sleit. das., 1942 Inst. f. Lebensmitteltechnol., München, 1949 Mitgl. Dt. Forschungsanst. f. Lebensmittelchemie ebd., 1953 Dir. Chem. u. Physikal. Inst. Südd. Versuchs- u. Forschungsanst., Weihenstephan, 1957 Ord. u. Dir. Milchw. Inst. TH München - BV: Beitr. z. Vorratstechnik v. Lebensmitteln, 1945. Üb. 450 Einzelarb. Herausg. u. Schriftleit. d. Z Lebensm. Unters. Forsch. Herausg. Schr.reihe Grundl. u. Fortschritte d. Lebensmitteluntes. u. Lebensmitteltechnol. Mithrsg.: 3. A. Ullmanns Enzyklopädie d. techn. Chemie (1952ff.), 2. A. Handb. d. Lebensmittelchemie (1965ff.) - 1968 Max-Eyth-Med.; Julius König Med. f. Lebensmittelchemie - Spr.: Engl.

KIERSCH, Gerhard

Dr. rer pol., Dipl.-Pol., Prof. f. Intern. Politik u. vergl. Lehre FU Berlin (Schwerpunkte Frankreich u. Westeuropa) - Rosenheimer Str. 4, 1000 Berlin 30 (T. 213 69 82) - Geb. 2. Mai 1939 Luban (Polen) - Stud. Sozial- u. Polit. Wiss. Wilhelmshaven, Hamburg, Bordeaux, Berlin u. Paris - Zahlr. Veröff. z. franz. u. europ. Politik, u.a. (m. R. Seidelmann): Eurosozialismus. D. demokrat. Aternative, 1979; (m. R. Klaus u.a.): Berliner Alltag im Dritten Reich. Fotographierte Zeitgesch., 1981.

KIERSKI, Werner-Siegfried

Vizepräsident a.D. Bundesgesundheitsamt - Niklasstr. 57, 1000 Berlin 38 - Geb. 13. Okt. 1916 Berlin (Vater: Johannes K., Bürgerm. †; Mutter: Klara, geb. Hochfeld-v. Rohr †), verh. s. 1941 m. Charlotte, geb. Dill, 3 Kd. (Detlef, Stefan, Beate) - Stud. Rechts- u. Staatswiss. - B. 1945 Berufsoffz. (zul. Hptm. u. Bataillonskdr.), verwundet; 1953 Richter, 1954 Senatsverw. f. Inneres Berlin u. Protokoll- u. Ausl.amt Berlin, 1955-65 Senatsverw. f. Gesundheitswesen Berlin; 1965-81 Bundesgesundheitsamt, zul. Vizepräs. - BV: Rechtskd. f. med. u. pharm. Assistenzberufe. Leitf. f. d. Berufskd., 2. A. 1981, 60 Veröff. z. Gesundheitsrecht - 1940-45 sechs Kriegsausz.; 1981 BVK I. Kl.; 1981 Ehrenmitgl. Fortbildungszentr. Gesundheits- u. Umweltschutz Berlin - Liebh.: Wandern - Spr.: Engl., Franz. - Bek. Vorf.: Rudolf K., Kgl. Gartenbaudir., Potsdam (Großv.).

KIERZEK, Matthias

Dr. rer. pol., Geschäftsf. Fuldaer Verlagsanstalt GmbH. (s. 1975) - Rangstr. 3-7, 6400 Fulda - Geb. 16. Febr. 1950 Fulda (Vater: Heinrich K., Verleger; Mutter: Eleonore, geb. Pausinger), verh. s. 1977 m. Mira, geb. Velevska, 2 Kd. (Alexander, Sonja) - Abit. 1968 Fulda; Dipl.-Ökon. 1972 Gießen; Promot. 1975 ebd. - Liebh.: Schach.

KIES, Ludwig

Dr. rer. nat., Prof. f. Allg. Botanik - Sassenburger Weg 16a, 2000 Hamburg 73 - Geb. 2. März 1938 Hermsdorf/Sa. - Promot. 1962; Habil. 1970 - S. 1972 Prof. Univ. Hamburg. Vornehml. Zellbiol. Fachveröff. u. Filme.

KIESBAUER, Hannelore

Schauspielerin, Dramaturgin, Regisseurin - Lietzenburger Str. 4, 1000 Berlin 30 (T. 211 47 11) - Geb. 10. Nov. 1940 Teplitz-Schönau, gesch., T. Arabella - Max-Reinhardt-Sem. Wien - Engagem. in Graz, Wiesbaden, Bonn, Köln, Karlsruhe, Stuttgart, Frankfurt, Berlin; s. 6 J. Dramat. u. Managerin Hansa Theater Berlin - Zahlr. Bühnenrollen; FS-Aufz., u. a. Serie: Z. kleinen Fisch - Liebh.: Pilze, Kräuter, Sport, Fotogr., Musik (Oper), Lit. - Spr.: Franz., Engl., Span.

KIESECKER, Horst

Rechtsanw., MdL Baden-Württ. (s. 1972) - Seilerstr. 6, 7470 Albstadt-Tailfingen - Geb. 24. Sept. 1934 Hohentengen, verh., 3 Kd. - Kepler-Gymn. Ulm (Abit. 1954); Univ. Tübingen u. Freiburg (Rechts- u. Staatswiss.). Jurist. Staatsex. 1958 (Freiburg) u. 62 (Stuttgart) - U. a. Staatsanw. Ulm; b. 1974 Bürgerm. Tailfingen. 1971 ff. MdK Balingen. SPD.

KIESEKAMP, Fritz

Landrat - 4558 Bersenbrück Bez. Osnabrück, Oberort 14, 4550 Bramsche - Geb. 25. Okt. 1914 Epe (Vater: Rudolf E.), verh. m. Erna, geb. Müller - Landw.; s. 1956 Kreislandw. - 1969 BVK I. Kl.; 1981 Gr. BVK; 1984 Gr. Verdienstkr. d. Nieders. VO u. Nieders. Sparkassenmed. in Silb.; 1986 Ehrenring d. Großkr. Osnabrück f. 20 j. Tätigk. als Landrat, u. Gold. Ehrennadel m. Brillant d. Nieders. Landvolkes Hannover.

KIESEL, Helmuth

Dr., Vorstandsmitglied Deutsche Bank Bauspar-AG, Frankfurt - Fritz-von-Graevenitz-Str. 41, 7016 Gerlingen 2 - Geb. 24. Nov. 1927 Darmstadt.

KIESELACK, Heinz

Dipl.-Ing., Baumeister, Ehrenpräs. Bund Dt. Baumeister, Architekten u. Ingenieure (BDB), Bonn - Tönninger Weg 142, 2000 Hamburg 52 (T. 80 39 04) - Geb. 10. Sept. 1911 Berlin, ev., verh. s. 1938, 2 Kd. - Handwerkslehre; Ing.stud.; Baum.-prüf. 1943 Stettin - B. 1945 Berliner Bauuntern. Herm. Streubel KG (u. a. Prok. Stettin u. Hamburg); spät. eig. Baufa. Hamburg. Spez. Arbeitsgeb.: Kunsthistor. u. denkmalpfleger. Sanierungsarb.

KIESELBACH, Kurt

Chefredakteur Zeitschrift D. Dt. Arzt, Bonn - Bussardstr. 137, 5205 Sankt Augustin 1 (T. 02241 - 33 15 78) - Geb. 6. Mai 1938, verh. s. 1962 m. Doris, geb. Busley, 2 Töcht. (Sabine, Dagmar) - S. 1975 Chefredakt. Hartmannbund-Ztschr. D. Dt. Arzt, Bonn; s. 1988 Geschäftsf. im Hartmannbund-Verb. d. Ärzte Dtschl., Bonn - BV: Köpfe - 400 Porträts namhafter Persönlichk. aus d. Gesundheitswesen, 1981 u. 1988.

KIESER, Alfred

Dr. rer. pol., o. Prof. f. Betriebswirtschaftslehre u. Organisation - Dürerstr. 125, 6800 Mannheim 25 - Geb. 26. März 1942 Würzburg (Vater: Heinrich K., Fabrik.; Mutter: Alma, geb. Gutbrod), verh. s. 1972 in 2. Ehe m. Brigitte, geb. Gentz, 2 Kd. (Bettina, Claire) - Gymn. Buchen, Abit. 1961, Univ. Würzburg, Dipl.-Kfm. 1966 Köln, Promot. 1969, Habil. 1972 - 1969-73 Assist. Sem. f. Org. Univ. Köln; 1974-77 Prof. f. Org. u. Pers.-wirtsch. FU Berlin, s. 1977 Prof. f. Org. Univ. Mannheim - BV: Untern.-wachstum u. Produktinnovation, 1970; Org., 1976 (m. H. Kubicek), 2. A. 1983; Org.theorien, 2 Bde., 1978, Übers. ins Jap. 1981/82 (m. H. Kubicek); D. Einf. neuer Mitarb. in d. Untern., 1985 - Spr.: Engl.

KIESER, Rolf

Jurist, Schriftsteller - Gagenbergstr. 50, 7030 Böblingen - Geb. 25. April 1941 Schorndorf - Stud. Rechtswiss. Univ. München u. Tübingen; 1. jurist. Staatsprüf. 1965, 2. 1968 - BV/Romane: Explosion d. Regenbogens, 1973; Nach Süden, 1975; Hollywood Boulevard, 1980. Erz.: Go-Go, 1979 - Liebh.: Lit., Reisen - Spr.: Engl., Lat., Franz., Ital., Span. - Bek. Vorf.: Prof. Friedrich v. Kieser, 1790-1858, Verf. math. Werke (Urgroßv.).

KIESEYER, Herwarth

Dipl.-Ing., Prof. f. Allg. Elektro- u. Nachrichtentechnik, insb. Digital- u. Impulstechnik, GH Wuppertal - Göckinghofstr. 58, 5830 Schwelm.

KIESGEN, Karl-Heinz

Dr. jur., Rechtsanwalt, Geschäftsf. Fachverb. d. Gewürzind. - Godesberger Allee 157, 5300 Bonn 2; priv.: Am Schörnchen 10 - Geb. 13. Juni 1942 Godesberg.

KIESL, Erich

Rechtsanwalt, Oberbürgermeister a.D., Staatssekretär a.D., MdL Bayern - Zu erreichen üb. Bayer. Landtag, Maximilianeum, 8000 München 85 (T. 089 - 41 26-0) - Geb. 26. Febr. 1930 Pfarrkirchen (Vater: Georg K., Postsekr.), kath., verh. s. 1959 m. Edigna, geb. Hilpoltsteiner, 5 Kd. (Rupert, Edigna, Severin, Korbinian, Benedikt) - Univ. München; Jurist. Staatsex. 1959 - 1960-66 Staatsdst.; ab 1967 Tätigk. bayer. Finanzmin.; s. 1969 Bezirksvors. CSU München; 1970-78 Staatssekr. bayer. Innenmin.; 1978-84 Oberbürgerm. München; 1984-86 Vors. CSU-Stadtratsfraktion, s. 1986 Mitgl. d. Bayer. Landtags, Präs. Ständ. Konfz. d. Gemeinden u. Regionen Europas (1983 wiedergew.) - 1983 Ehrenring Münch. Philharmoniker; 1984 Maximilian-Graf-Montgelas-Preis - Liebh.: Sport, Jagd, bayer. Heimatpflege.

KIESOW, Gottfried

Dr. phil., Hess. Landeskonservator, Honorarprof. f. Denkmalpflege Univ. Frankfurt/M., Vors. Vereinig. d. Landesdenkmalpfleger in d. BRD - Idsteiner Str. 7, 6200 Wiesbaden.

KIESS, Friedrich Wilhelm

Dr.-Ing., Baudirektor a. D., Geschäftsf. i. R. - Marper Schulweg 15, 5600 Wuppertal 2 (T. 0202 - 59 51 70) - Geb. 30. März 1911 Stuttgart, verh. 2 Kd. - Stud. Bauing.wesen TH Stuttgart; Diplomex. 1933; Promot. 1954 TH Aachen - 1950-65 stv. u. 1965-76 Geschäftsf. Wupperverb. - BV (Mitverf.): Lehr- u. Handbuch d. Abwassertechnik, Bd. III 1969. Üb. 50 Fachveröff. - Rotarier.

KIESSELBACH, Marianne

Dr. phil., Bildhauerin - Bakenhof, 4150 Krefeld-Linn (T. 571357) - Geb. 23. Mai 1913 Köln (Vater: Peter M., Beamter; Mutter: Maria, geb. Christoph), kath., verh. s. 1935 m. Prof. Dr. med., Dr. phil. Anton K. (s. dort) - Abit. 1932, Stud. Kunstwerksch. Köln u. Univ. Köln, Münster, Bonn, Greifswald (Kunstgesch., Phil., German.). Promot. 1942 Greifswald - S. 1962 Bildhauerin - W.: Portraits bek. Persönlichk. (Otto Hahn, Sonja Gräfin Bernadotte u. a.), Brunnen (Atom-Br. Biblis b. Mainz, RWE Essen, Vogel-Br. Insel Mainau u. a.), Gartenplastiken, Med. u. Plak., Mosaike - 1973 Médaille d'Argent de la Société Arts, Sciences, Lettres, Paris; 1979 Goldmed. Accad. Italia delle Arti e del Lavoro, Salsomaggiore; 1980 K. F. Koch-Plak., Düsseldorf; 1981 Med. Univ. Düsseldorf. Mitgl. Malkasten Düsseldorf - Liebh.: Biedermeiermöbel - Spr.: Franz., Engl. - Lit.: Bild. Künstler Nordrh.-Westf., Bd. 6 1970; Lexikon d. zeitgen. europ. Künstler, Accad. Italia delle Arti e del Lavoro, 1980; Künstlerkompendium Bd. 2 Nürnberg-Wien, 1982.

KIESSLING (ß), Hans

Dr.-Ing., Dipl.-Ing., Prof. f. Entwerfen, insb. Gemeinschaftsbauten, u. Baukonstruktion GH Siegen - Paul-Bonatz-Str. 9-11, 5900 Siegen 21; priv.: Vierlingstr. 6a, 6710 Frankenthal/Pf. - Geb. 8. März 1935 Frankenthal/Pf.

KIESSLING (ß), Werner

Dr. med., Prof., Dermatologe - Leopoldstr. 5, 7530 Pforzheim (T. 3 29 80) - Geb. 6. Febr. 1920 Mannheim - S. 1961 (Habil.) Lehrtätigk. Univ. Heidelberg (1969 apl. Prof. f. Haut- u. Geschlechtskrankh.; Konsilarius f. Andrologie Hautklinik). Zahlr. Fachveröff.

KIESSLING (ß), Werner

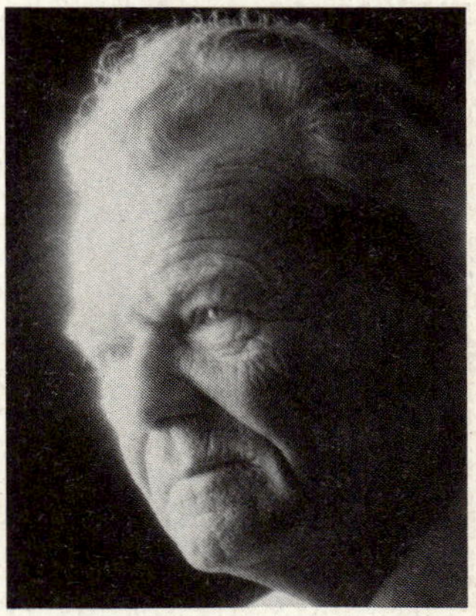

Präsident Verb. d. Heimkehrer Deutschlands - Konstantinstr. 17, 5300 Bonn 2 (T. 0228 - 36 40 97) - Geb. 24. Juni 1914 Greiz-Dölau, ev., verw., 3 Kd. (Jörg, Elke, Helge) - Abit. 1934 Gera/Thür. - Generaldelegierter Confédération Intern. des Anciens Prisonniers de Guerre (CIAPG); Präsid.-Mitgl. Dt. Rat Europ. Bewegung; stv. Vors. Stiftungsrat d. Heimkehrer-Stiftg. - 1976 Ernst-Reuter-Plak.; 1977 Commendatore; 1983 Gr. BVK; 1984 Gold. Ehrenzeichen f. Verdienste um d. Rep. Österr. - Spr.: Franz.

KIESSWETTER (ß), Karl

Dr., Prof. f. Erziehungswissenschaften unt. bes. Berücks. d. Mathematikdidaktik Univ. Hamburg (s. 1978) - v.-Melle-Park 8, 2000 Hamburg 13; priv.: Stormarnstr. 71a, 2070 Ahrensburg.

KILBINGER, Heinz

Dr. med., Prof. f. Pharmakologie u. Toxikol. Univ. Mainz - Schwedenstr. 63, 6203 Hochheim.

KILIAN, Alfons

Vorstandsmitgl. Hofbrauhaus Hatz AG., Rastatt - Poststr. 10-12, 7750 Rastatt/Baden.

KILIAN, Ernst F.

Dr. rer. nat., Prof., Zoologe - Sellnberg 5, 6300 Gießen-Wieseck (T. 51517) - Geb. 12. Dez. 1918 Ottweiler/Saar - S. 1955 (Habil.) Privatdoz., apl. Prof. (1965), Wiss. Rat u. Prof. (1971) Univ. Gießen. Gast Univ. Valdivia (Chile, Dr. h. c.). Facharb. u. Mitverf. v. Lehrbüchern.

KILIAN, Hanns-Georg

Dr. rer. nat., o. Prof. f. Experimentalphysik - Universität, 7900 Ulm/Donau - Geb. 8. Nov. 1925 Dessau - S. 1965 (Habil.) Lehrtätigk. Univ. Marburg (1969 apl. Prof.) u. Ulm (1969 Ord.). - Exekutiv-Editor v. Colloid & Polymer Science - Borchers-Plak., Zsigmondi-Preis, Merckle-Forschungs-Preis.

KILIAN, Peter

Schriftsteller - Rheinstr. 52, CH-8212 Neuhausen/a. Rheinfall - Geb. 5. März

1911 Neuhausen/Rheinfall, verh. - 15 J. Forschungslabor. Metallind. - BV: u. a. D. Braut aus Westf., R. 1959; Arbon - Kl. Stadt am Bodensee, Monogr. 1964; Abele Bernardon, Erz. 1968. Jugendschr. Herausg.: D. Bär u. a. Schweizer Hirtensagen (1968) - 1955 Georg-Fischer-Preis - Liebh.: Spaziergänge.

KILIAN, Rudolf

Dr. theol., o. Prof. f. Alttestamentl. Exegese Univ. Augsburg (s. 1971) - Kalterer Weg 8, 8904 Friedberg - Geb. 19. Aug. 1934 Ulm/D., kath. - Priesterweihe 1961 - BV: Literarkrit. u. formgeschichtl. Untersuchung d. Heiligkeitsgesetzes, 1963; D. vorpriesterl. Abrahamsüberliefer., 1966; D. Verheißung Immanuels, 1968; Isaaks Opferung, 1970; Ich bringe Leben in euch, 1975; Jesaja 1-39, 1983; Jesaja 1-12, 1986.

KILIAN, Walter

Dr., Ministerialdirektor Min. f. Arbeit, Gesundheit u. Sozialordnung Baden-Württ. (s. 1984) - Rotebühlpl. 30, 7000 Stuttgart 1 (T. 6 67 31)

KILIAN, Werner

Dr. jur., Botschafter in Harare/Simbabwe (s. 1988) - P.O.Box 2168, Harare/Simbabwe - Geb. 8. April 1932 Mainz, verh., 5 Kd. - Jurastud. Univ. Bonn, Berlin, Genf; 2. jurist. Staatsex. 1961 - S. 1961 Ausw. Dienst; Auslandsposten in London, Kabul, Bukarest - BV: Neue Tendenzen z. Einschränkung d. Meeresfreiheit, 1966.

KILIAN, Wolfgang

Dr. jur., Prof. Univ. Hannover (s. 1974; 1976/77 Dekan) f. Wirtschafts- u. Zivilrecht, Rechtsinformatik, Rechtstheorie, Leiter Inst. f. Rechtsinformatik d. Univ. - Hanomagstr. 8, 3000 Hannover (T. 449 81 60) - Geb. 3. Febr. 1939 Frankfurt/M., verh. s. 1968 m. Sigrid, geb. Hilligen, S. Gregor - Stud. Univ. Frankfurt; Promot. 1966; Habil. 1973 - 1968-74 Univ. Frankfurt (Wiss. Assist.; 1972 Doz.), 1977-88 1. Vors. Gesellsch. f. Rechts- u. Verwaltungsinformatik, Leit. Inst. f. Rechtsinformatik Univ. Hannover; Rufe an d. Univ. Hamburg (1981) u. Saarbrücken (1987) - BV: D. Staatl. Hochsch. f. Bildende Künste in d. Bundesrep. Dtschl., 1967; Reformversuch m. Stud.anfängern an d. Rechtswiss. Fakultät d. Univ. Frankfurt (m. Laatz), 1971; Jurist. Entscheidungen u. elektron. Datenverarb., 1974; Personalinformationssysteme in dt. Großuntern., 1981; Rechtsfragen d. med. Forsch. m. Patientendaten, 1983; Haftung f. Mängel d. Computersoftware, 1986; Telearbeit u. Arbeitsrecht (m. Borsum/Hoffmeister), 1987, sow. zahlr. weit. Fachveröff. - 15 Gold. Sportabz. - Spr.: Engl.

KILL, Eberhard

Dipl.-Ing., Vorstandsmitglied Siemens AG - Werner-v.-Siemens-Str. 50, 8520 Erlangen (T. 09131 - 72 45 14) - Geb. 16. Febr. 1932 Herne/Westf. - TH Aachen (Maschinenbau).

KILLERMANN, Wilhelm

Dr. rer. nat., Univ.-Prof. f. Didaktik d. Biologie - Konrad-Kuhn-Str. 32, 8898 Schrobenhausen - Geb. 8. Juli 1930 Schrobenhausen (Vater: Wilhelm K.; Mutter: Maria), kath., verh. s. 1958 m. Rosemarie, geb. Koschatzky, 2 Kd. (Edith, Doris) - Gymn., Univ. Freiburg u. München, Stud. Naturw., 1. u. 2. Staatsex. 1954 u. 1956, Promot. 1962, Habil. 1970, o. Prof. 1971 - 1957-66 Stud.-Rat, 1966-71 Doz., 1971ff. Prof., Lehrst.inh. Univ. München, s. 1977 Inst.-leit. - BV: Landschaftsökolog. u. vegetationskundl. Untersuch., 1972; Biologieunterr. heute, 1974, 8. A. 1988; Biologie i. Unterr.mod., 1978, 1980 (2. A.). Herausg.: Münchner Schriften z. Didaktik d. Biologie, 6 Bde. (1983ff.) - 1965 Preis Verein Naturschutzpark (f. Diss.).

KILLINGER, Erich Trutz

Dr.-Ing., Gf. Gesellschafter Dambach-Werke GmbH, u. Dambach Industrie Anlagen GmbH - Nelkenstr. 28, 7560 Gaggenau - Geb. 20. Febr. 1937, verh. m. Martine, geb. Josserand, 2 Kd. (Stefanie, Markus) - TH Karlsruhe (Dipl.-Ing.) - Beirat Fa. Kapp & Co., Coburg. Lehrbeauftr. d. Univ. Karlsruhe - Spr.: Engl., Franz.

KILLINGER, Hans Helmut

Dr. jur., Schiffsmakler u. Reeder - Mattentwiete 8, 2000 Hamburg 11 (T. 040 - 3 60 11) - Geb. 7. Juli 1926 Rostock, ev., verh. s. 1958 m. Marietta, geb. Fritzel, 4 Kd. (Johann, Elisabeth, Beate, Olav) - Stud. Rechtswiss. Univ. Berlin u. Köln; 1. u. 2. Staatsex., Promot. 1960 Köln - Gesellsch. oHG in Fa. Aug. Bolten, Wm. Miller's Nachf., Hamburg; Gf. Gesellsch. TT-Line, Olau-Line, Steuerkommiss. Verb. Dt. Reeder; Vors. Vereinig. Hbg. Schiffsmakler u. Schiffsagenten, u. Zentralverb. Dt. Schiffsmakler; Plenumsmitgl. Handelskammer Hamburg - Spr.: Engl.

KILLMANN, Erwin

Dr. rer. nat., Prof. f. Techn. Chemie - Erdinger Pl. 1, 8046 Garching/Obb. - Geb. 5. Sept. 1933 Dittersbach - Promot. 1959; Habil. 1969 - S. 1975 Abteilungsvorst. u. Prof. bzw. Prof. (1978) TU München. Üb. 50 Fachveröff.

KILLMANN, Peter A.

Dipl.-Ing., Geschäftsführer Marsteller & Killmann GmbH & Co. KG, Essen - Emil-Kemper-Str. 43, 4300 Essen 18 (T. 02054 - 60 41-42) - Geb. 1. Okt. 1937 - Vors. Essener Unternehmensverb.; Vizepräs. IHK Essen, Mülheim/R., Oberhausen; Handelsrichter LG Essen - Liebh.: Segelfliegen.

KILLMANN, Renate

Tänzerin - Urbanstr. 9, 7800 Freiburg (T. 0761 - 2 61 63) - Geb. 27. Juni 1958 - Ausb. Inst. f. Bühnentanz, Köln, Scuola di Balletto (R. Bertschinger), Lugano; Bühnenreifeprüf. 1978 Frankfurt - S. 1978 Tänzerin an versch. dt. Bühnen, u.a. Städt. Bühnen Hagen, Osnabrück, Staatstheater Oldenburg, Städt. Bühnen Freiburg. Erste choreograph. Arbeiten am Freiburger Theater. S. 1986 freischaffend tätig als Tänzerin, Choreographin f. Oper, Schauspiel u. Tanztheater an versch. dt. Bühnen. Tanzworkshops in Jazz u. Mod. Dance.

KILLMAYER, Wilhelm

Prof., Komponist - Ainmillerstr. 33, 8000 München 40 - Geb. 21. Aug. 1927 München - Hochschultätigk. - 1982 Musikpreis Stadt Braunschweig (f. d. musikal. Gesamtschaffen); 1983 BVK.

KILLY, Walther

Dr. phil., o. Prof. f. Neuere dt. Sprache - Calsowstr. 17, 3400 Göttingen - Geb. 26. Aug. 1917, verh. m. Eva, geb. Hirschfeld †1987 (Vater: Dr. phil. Hans E. H., u. a. Ministerialdir. u. Senatspressechef Berlin † 1971; s. XVI. Ausg.) - Promot. u. Habil. Berlin - S. 1959 Ord. Univ. Berlin/Freie, Göttingen (1960), Bern (1971). 1969 Gastprof. Univ. Santa Cruz (USA) - BV: Wandlungen d. lyr. Bildes, 5. A. 1967; Üb. Georg Trakl. 3. A. 1967; Dt. Kitsch - E. Versuch m. Beispielen, 5. A. 1967; Wirklichkeit u. Kunstcharakter - 9 Romane d. 19. Jh.s, 2. A. 1968; D. dt. Lit. 1880-1933, 1947. Herausg.: Zeichen d. Zeit - E. dt. Leseb., 4 Bde. 1958/62 (zahlr. A.); Bildungsfragen, 1971; Elemente d. Lyrik, 1972; Schreibweisen - Leseweisen, 1982; Literaturlexikon, 1988ff. - 1983 Niedersachsen-Preis; 1966 o. Mitgl. Akad. d. Wiss., Göttingen; 1971 PEN-Zentrum BRD.

KIMBEL, K. H.

Dr. med., Geschäftsführer der Arzneimittelkommiss. d. dt. Ärzteschaft - Herbert-Lewin-Str. 5, 5000 Köln 41.

KIMMEL, Hans

Hauptabteilungsleiter Internat. Angelegenheiten ZDF - Am Hohen Wald 17, 6229 Schlangenbad - Geb. 25. Aug. 1929 Wiesbaden, verh. s. 1984 m. Sibylle v. Eicke u. Polwitz, 4 Kd. (Lukas, Karena, Samuel, Maximiliane) - Gymn. Wiesbaden; Univ. Mainz u. Cordoba/Argent. - B. 1962 Assist. u. Tutor Phil. Sem. Univ. Mainz; b. 1963 Saarl. Rundfunk (Wiss.); 1963 ZDF, 1965 Leit. Programmplanung, 1969 HAL Intern. Angelegenh. - Wiss. Übers., zahlr. Arb. z. Intern. Medienfragen - Spr.: Engl., Franz., Span., Ital.

KIMMEL, Willibald

Rechtsanwalt u. Lehrbeauftr., MdL Baden-Württ. (1960-84) - L 9, 7, 6800 Mannheim (T. 0621 - 2 89 16) - Geb. 18. Juli 1929 Pößneck/Thür., kath., verh., 1 Kd. - Obersch.; Univ. Würzburg u. Heidelberg (Rechts- u. Staatswiss.). Ass.ex. 1956 - S. 1957 Anwaltspraxis Mannheim.

KIMMESKAMP, Heinrich Otto

Dr.-Ing., Prof. f. Elektrotechnik RWTH Aachen, Ltd. Bundesbahndirektor a.D. - Birkhofstr. 11, 4044 Kaarst 2 (T. 02101 - 51 40 06) - Geb. 28. Nov. 1922 Essen, kath., verh. s. 1961 m. Hildegard, geb. Osterspey, T. Ulrike - 1933-40 Human. Gymn. Gelsenkirchen (Abit.); 1949-53 Stud. Maschinenbau (Eisenbautechnik) TH Aachen (1953 Dipl.-Ing., 1956 Promot. Bauing.-Wesen) - 1954-56 Bauref. DB, Bauass., s. 1956 ltd. Tätigk. DB. Beratertätigk. f. Verkehrsuntern. in Asien, Afrika u. Südamerika, Leit. Verkehrs- u. Finanzstudie f. d. Metro Sao Paulo (1967/68), s. 1978 auch Sachverst. f. verkehrstechn. Projekte in Entwicklungsländern im Auftr. d. Kreditanst. f. Wiederaufbau. S. 1974 Lehrauftr. RWTH Aachen - BV: Energiewirtsch. u. Kostenrechnung im Vekehr, 1986; Entw. d. elektronischen Triebfahrzeuge - 1985 Honorarprof. - Liebh.: Gesch., (Mittelalter u. Neuzeit), Studienreisen - Spr.: Engl., Franz.

KIMMICH, Erika Gertrud

Dr., Prof. Seminar f. Erziehung u. Didaktik I Stuttgart - Heiligenbergstr. 86, 7000 Stuttgart 30 - Geb. 10. Febr. 1925 Eschenau/Kr. Heilbronn (Vater: Richard K., Notar; Mutter: Emma, geb. Renner), ev., ledig - S. 1979 Mitgl. Rat d. Ev. Kirche in Dtschl. (EKD) - Bek. Vorf.: Andreas v. Renner, kgl. württ. Finanzmin. (Urgroßonkel).

KIMMICH, Rainer Helmut

Dr. rer. nat., Prof. f. Physik - Albecker Steige 106, 7900 Ulm - Geb. 9. Okt. 1941 Stuttgart - S. 1976 Leit. Sektion Kernresonanzspektroskopie Univ. Ulm.

KIMMIG, Wolfgang

Dr. phil., em. o. Prof. f. Vor- u. Frühgeschichte - Burgholzweg 104, 7400 Tübingen (T. 4 94 20) - Geb. 28. Aug. 1910 Konstanz/B. (Vater: Dr. Wolfram K., Jurist; Mutter: Else, geb. Rothe), ev., verh. s. 1936 m. Suse, geb. Weber, 2 Kd. - Schloßsch. Salem; Univ. Frankfurt, Berlin, Marburg, Freiburg (Promot. 1936). Habil. 1942 Freiburg - 1936-45 wiss. Mitarb. u. Direktorialassist. (1940) Rhein. Landesmus. Trier (1938 Stip. Dt. Archäol. Inst.), 1939-45 Wehrdst. (1940-41 Mitgl. Dt. mil. Kunstschutz Paris), 1946-55 Doz. u. apl. Prof. (1952) Univ. Freiburg/Br., Bad. Landesarchäologe, s. 1955 o. Prof. Univ. Tübingen - BV: u. a. D. Urnenfelderkultur in Baden, 1940; Vorzeit an Rhein u. Donau, 1958, 2. A. Schätze d. Vorzeit, 1965; D. Kirchberg b. Reusten, 1965; D. Heuneburg an d. oberen Donau, 1983; D. Kelten in Baden-Württ., (m. K. Bittel u. S. Schiek) 1981; D. Kleinaspergle. Stud. zu e. Fürstengrabhügel d. frühen Latènezeit, 1988. Üb. 123 Fachaufs. Herausg.: Bad. Fundberichte (b. 1956); Führer z. vor- u. frühgesch. Denkm. in Baden-Württ. (s. 1968) - O. Mitgl. Dt. Archäol. Inst., korr. Mitgl. Heidelberger Akad. d. Wiss., Istituto Italiano di Pre- e Protostoria, Istituto di Studi Etruschi ed Italici, Schweizer Ges. f. Urgesch., Honorary Corr. Member of The Prehistoric Soc. of Great Britain, Vors. d. Ges. f. Vor- u. Frühgesch. in Württ. u. Hohenzollern; 1981 Emil Vogt-Preis (f. Europ. Urgesch.), Zürich - Bek. Vorf.: Otto u. Gustav Lilienthal (ms.).

KIMMINICH, Otto

Dr. jur. (habil.), M. A., o. Prof. f. Öfftl. Recht - Killermannstr. 6, 8400 Regensburg (T. 3 28 54) - Geb. 1. April 1932 Niklasdorf (Vater: Otto K., Postbeamter; Mutter: Emilie, geb. Monert), kath., verh. s. 1958 m. Annemarie, geb. Heunisch - Oberrealsch. Freiwaldau u. Erlangen; Stud. Rechtswiss. u. Volksw. Erlangen u. Würzburg sow. Univ. of Virginia. Volksw. Ex. 1955; jurist. Staatsex. 1955 u. 59 - Verw.beamter; 1961-63 Privatdoz. Univ. Würzburg; s. 1963 o. Prof. Univ. Bochum u. Regensburg (1967), Präs. Dt. Nansen-Ges., u. Otto Benecke Stiftg. - BV: D. intern. Rechtsstatus d. Flüchtlings, 1962; Rüstung u. polit. Spannung - Studien z. Problem d. intern. Sicherheit, 1964; Asylrecht, 1968; Völkerrecht im Atomzeitalter - D. Atomsperrvertrag u. s. Folgen, 1968; D. Souveränität d. BRD, 1970; Dt. Verfassungsgesch., 1971, 2. A. 1987; D. Moskauer Vertrag 1973, 2. A. 1973; Einführ. in d. öfftl. Recht, 1972; Humanit. Völkerrecht - Humanit. Aktion, 1972; D. Recht d. Umweltschutzes, 1972, 2. A. 1974; Menschenrechte, 1973; Atomrecht, 1974; Einf. in das Völkerrecht, 1975, 3. A. 1987; Schutz d. Menschen in bewaffneten Konflikten, 1979; Rechtsprobl. d. polyethnischen Staatsorg., 1985; Umweltschutz-Prüfstein d. Rechtsstaatlichk., 1987. Mithrsg.: Ztschr. f. Wiss.recht; Archiv d. Völkerrechts, Ztschr. f. Ausländerrecht. Mitarb.: Bonner Kommentar z. Grundgesetz (1963ff.) - 1961 I. Preis intern. Wettbew. z. Weltflüchtlingsjahr; 1980 Plak. Bund d. Vertriebenen; BVK; Komturkreuz d. VO FL Liechtenstein; BVK am Bde. - Spr.: Engl., Franz., Span.

KIMPEL, Dieter

Dr. phil., Prof., Kunsthistoriker Univ. Oldenburg - Holler Landstr. 75, 2872 Hude 2 (T. 04484 - 2 09) - Geb. 18. Jan. 1942 Krefeld - Promot. 1970 Univ. Bonn - 1970-71 Stip. Zentralinst. f. Kunstgesch. 1971-79 wiss. Assist. Inst. f. Kunstgesch. TU München; s. 1979 Prof. f. Kunst- u. Arch.gesch. Univ. Oldenburg - BV: Notre-Dame in Paris, (Diss.) 1970; Paris-Stadtbaugesch., 1982; Gotische Architektur in Frankr., 1985 (m. R. Suckale).

KIMPEL, Dieter Heinrich

Dr. phil., Prof. f. Sprachtheorie, Literaturästhetik, Neuere Dt. Lit.gesch. Univ. Frankfurt (s. 1972) - Frankfurter Str. 86/18, 6054 Rodgau 3 - Geb. 15. Juni 1935 Kassel (Vater: Wilhelm K., Ing.; Mutter: Elisabeth, geb. Wagner), ev. - Stud. d. Phil., Päd., dt. Philol., Gesch., Geogr. Univ. Marburg, Göttingen, Wien, Frankfurt; Promot. 1962 Wien. 1981 u. 1984-86 Gastprof. Univ. of California, Los Angeles - BV: D. Roman d. Aufklärung, 1967; Meth. Praxis d. Lit.wiss., 1975; Mehrsprachigkeit in d. dt. Aufklärung, 1985.

KIND, Dieter

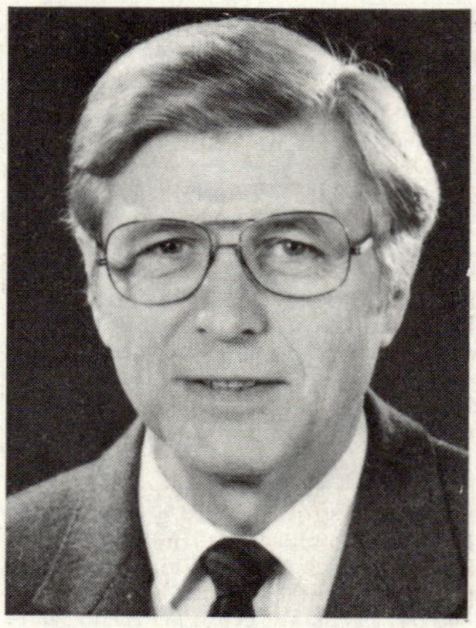

Dr.-Ing., Präs. Physikalisch-Technische

Bundesanstalt, Braunschweig u. Berlin, Honorarprof. TU Braunschweig (s. 1975); Präs. d. Comité International des Poids et Mesures (CIPM), Paris (s. 1984) - Bundesallee 100, 3300 Braunschweig - Geb. 5. Okt. 1929 Reichenberg/Böhmen (Vater: Dipl.-Ing. Hans K.; Mutter: Gertrud, geb. Hoffmann), ev., verh. s. 1954 m. Waltraud, geb. Wagner, 3 Kd. (Matthias, Christine, Andreas) - Obersch. Reichenberg (1939-45) u. Freiberg/Sa. (1945-47); TU Berlin, TH München (Dipl.-Ing. 1951). Promot. 1957 - B. 1957 Assist. TH München, dann Direktionsassist. u. Handlungsbevollm. Meßwandler-Bau GmbH., Bamberg, 1962-75 o. Prof. u. Dir. Inst. f. Hochspannungstechnik TU Braunschweig - BV: Einführ. in d. Hochspannungsversuchstechnik, 1972 (engl. 1978); Hochspannungs-Isoliertechnik (m. Kärner), 1982 (engl. 1984) - Spr.: Engl.

KIND, Werner

Dr. rer. pol., Hauptgeschäftsf. Handwerkskammer Köln (s. 1957) - Am Zehnpfennigshof 20, 5000 Köln 50 (T. Büro: Köln 2 02 21) - Geb. 11. Febr. 1926 Beyenburg b. Wuppertal, kath., verh. - S. 1951 Handwerksorg.

KINDER, Hans-Peter

Dr. rer. nat., Prof. f. Mathematik (Schwerp.: Math. Statistik u. Unternehmensforsch.) Univ. Bremen - Hauptstr. 5 m, 2804 Lilienthal.

KINDERMANN, Alan

Dr., Vorstandsvorsitzender Credit- u. Volksbank eG., Wuppertal, Beiratsmitgl. Westd. Genossenschafts-Zentralbank eG, Düsseldorf - Oberwall 8, 5600 Wuppertal 2 - Geb. 20. März 1926 Lodz.

KINDERMANN, Gottfried-Karl

Dr. phil., Drs. jur. h. c., o. Prof. u. Vorst. Seminar f. Intern. Politik Univ. München - Maillinger Str. 26, 8000 München 19 (T. 19 19 79) - Geb. 13. April 1926 - S. 1965 (Habil.) Lehrtätigk. Univ. Freiburg/Br., Salzburg u. München (1967 Ord.), 1979/80 Gründungsvors. World Assoc. f. Intern. Relations. Bücher, Buchbeitr. u. Fachaufs. - Ehrendoktorate Univ. Yeungnam/Korea (1976) u. Taiwan/China (1981).

KINDERMANN, Hans

Vorsitzender Richter am Landgericht, Vors. DFB-Kontrollausschuß - Zu erreichen üb. Othellostr. 45, 7000 Stuttgart 80 - Geb. 10. Febr. 1922, verh. - S. 1967 Dir. LG Stuttgart - 1975 Gold. Ehrennadel Dt. Fußballbund.

KINDERMANN, Hans Gerhard

Dr., Fabrikant, Gesellsch. Kindermann & Co. GmbH, Ochsenfurt, gf. Gesellsch. Kindermann & Co. Photo GmbH Berlin - Hohestadtersteige 16, 8703 Ochsenfurt/M. - Geb. 7. Sept. 1916 Hamburg - 1964 Gold. Linse f. Verdienste um d. europ. Photogr. - 1978 Bayer. VO; 1981 BVK I. Kl.

KINDERMANN, Peter

Dipl.-Ing., Geschäftsführer Industrieverb. Polyurethan-Hartschaum (IVPU), u. Überwachungsgemeinsch. Polyurethan-Hartschaum (ÜGPU) - Kriegerstr. 17, 7000 Stuttgart 1 - Secretary-general BING, Federation of European Polyurethane rigid foam Assoc.

KINDERMANN, Udo

Dr. phil., Akad. Direktor, Prof. f. Lat. Philologie d. Mittelalters Univ. Erlangen-Nürnberg (s. 1974) - Hutweide 9, 8520 Buckenhof - Verh. s. 1965 m. Elisabeth, geb. Falkner, 2 Kd. (Paul, Lore) - BV: Satyra, 1978; Zw. Epos u. Drama, 1987.

KINDERMANN, Wilfried

Dr. med., Prof., Arzt f. innere Medizin, Kardiologie u. Sportmedizin - Knappenstr. 11, 6603 Sulzbach/Saar (T. 06879 - 46 54) - Geb. 4. Sept. 1940 Halle/Saale, ev., verh. s. 1966 m. Ingrid, 2 Kd. (Michael, Petra) - Gymn. Meerane/Sachsen (Abit. 1958); Med. Staatsex. 1967 Hamburg, Promot. 1967 Hamburg, Habil. 1977 Freiburg - S. 1978 Ord. f. Sportmed. Univ. d. Saarl., 1988 Ruf auf d. Lehrstuhl f. Sportmed. m. Schwerp. Inn. Med. FU Berlin - Vors. u. Mitgl. in versch. Gremien d. Dt. Sportbundes u. Dt. Ges. f. Sportmed., Mitgl. d. Schriftleit., u. Wiss. Beirat versch. in- u. ausl. Ztschr. - Versch. med. BV (Verf. u. Herausg.) - 1976 Carl-Diem-Preis Dt. Sportbund - 1962 Europameister 4 × 400 m-Lauf - Spr.: Engl.

KINDL, Helmut

Dr. phil., Prof. f. Biochemie Univ. Marburg - Blaue Hofstatt 8, 3551 Ginseldorf.

KINDLER, Heinz

Dr.-Ing., Prof. u. Direktor Inst. f. Allg. Nachrichtentechnik Univ. Hannover - Hindenburgallee 37, 3007 Gehrden 1.

KINDLER, Helmut

Verleger, Gründer Kindler Verlag AG., Zürich u. Kindler Verlag GmbH., München - Nelkenstr. 20, Zürich; priv.: Seestr. 268, CH-8700 Küsnacht (T. 9100350) - Geb. 3. Dez. 1912 Berlin (Vater: Otto K., Kriminalbeamter; Mutter: geb. Klimpke), ev., verh. s. 1943 m. Nina, geb. Ade, T. Georgette - Ab 1930 Regieassist. u. Redakt. (1936) Berlin, 1943-45 Gestapohaft, seith. Verleger (b. 1948 Berlin, dann München, s. 1960 auch Zürich) - BV: Berlin - Brandenburger Tor, 1956. Herausg.: u. a. Kindlers Literatur- u. Kindlers Malerei-Lexikon, Grzimeks Tierleben, D. Psychol. d. 20. Jhrh.s u. Kindlers Enzyklopädie D. Mensch - Zeitw. Chilen. Konsul d. Regierungsbez. Oberbayern; 1969 Mitgl. PEN-Zentrum BRD - Spr.: Engl.

KINDLER, Karl Friedrich

Dr. phil., Prof. f. Polit. Wissenschaft Päd. Hochsch. Freiburg (b. 1970), Präsident Oberschulamt Freiburg i. Br. - Fürstenbergstr. 22, 7800 Freiburg/Br. (T. 73532) - Geb. 19. Jan. 1924 Endingen, kath., verh., 2 Kd. - Stud. d. Gesch., Politol., Roman., German. - Chevalier dans l'Ordre des Palmes Académiques, BVK.

KINDLER, Uwe

Dr. med., Prof., Chefarzt (Internist) - Virchowstr. Nr. 20 (Ev. Krankenhs.), 4200 Oberhausen 1 - B. 1975 Privatdoz., dann apl. Prof. Univ. Düsseldorf (Inn. Med.).

KINDT, Hildburg

Dr. med., Prof., Facharzt f. Neurologie u. Psychiatrie Univ. Freiburg - Hauptstr. 5, 7800 Freiburg - Geb. 1941 Rostock - Promot. 1971 Univ. Freiburg; Habil. 1977 ebd. - BV: Gesch. d. Kinderpsychiatrie, 1971; Katatonie, 1980; Psychisch krank, 1982 - Spez. Arbeitsgeb.: Grundlagenforsch. d. Psychiatrie, Psychopathol. u. Psychotherapie.

KINGES, Heinrich

Dr. rer. nat., o. Prof., Biologe - Neue Mainzer Str. Nr. 111, 6500 Mainz-Hechtsheim - Geb. 18. Okt. 1912 Winnweiler/Pfalz (Vater: Jakob K., Gärtnermeister; Mutter: Johanna, geb. Rahm), ev., verh. s. 1950 m. Annelore, geb. Bauer, 2 Kd. (Ursula, Jürgen) - Lehrerbildungsanstalt; 1956-60 Univ. Mainz (Botanik, Geogr., Geol.). 2. Lehrerprüf. 1937, Realschullehrerprüf. 1955; Promot. 1960 - 1933-38 Volksschullehrer; 1939-54 Auslandsschuldst. Südwest- u. -afrika; 1954-56 Volks-, 1956-62 Realschull.; s. 1962 Doz. u. Prof. Päd. u. Erzieh.swiss. Hochsch. Rhld.-Pfalz, Abt. Worms. Div. Fachveröff. - Pflanzen- u. Briefmarkensammler - Spr.: Engl., Afrikaans.

KINKEL, Klaus

Dr. jur., Staatssekretär Bundesmin. d. Justiz (1982/83 u. 1987ff.) - Heinemannstr. 6, 5300 Bonn 2 - Geb. 17. Dez. 1936 Metzingen/Kr. Reutlingen (Vater: Ludwig K., Arzt; Mutter: Charlotte, geb. Klaus), röm.-kath., verh. s. 1961 m. Ursula, geb. Vogel, 4 Kd. (Petra, Boris, Andrea, Susanne) - Gymn. Hechingen (Abit. 1956); Stud. Tübingen, Bonn, Köln (Rechtswiss.); 1. jurist. Staatsex. 1960; Promot. 1964 (Dr. jur.); 2. jurist. Staatsex. 1965 - 1965-68 BzB im Geschäftsbereich BMY, Landratsamt Balingen; 1968-74 BMY, Abt. ös., pers. Ref. BM Genscher, Leit. Min.-Büro; 1974 b. 1978 Leit. Leitungsstab AA, Leit. Planungsstab AA; 1983-87 Präs. Bundesnachrichtendst.

KINNE, Otto

Dr. rer. nat., Prof., Meeresbiologe - Nordbünte 30, 2124 Oldendorf/Luhe - Geb. 30. Aug. 1923 Bremerhaven (Vater: Otto K., Postbeamter; Mutter: Käthe, geb. Koch), verh. s. 1982 m. Helga K., geb. Ackermann, S. Stephan - Univ. Tübingen u. Kiel. Promot. (1952) u. Habil. (1958) Kiel - S. 1953 Wiss. Assist., Privatdoz. (1958) u. Prof. (1967) Univ. Kiel; 1958 u. 1960 Associate Prof. Univ. Toronto (Kanada); 1962 Dir. u. Prof. bzw. Ltd. Dir. u. Prof. (1965) Biol. Anstalt Helgoland; s. 1984 Dir. Ecology Institute, Oldendorf. Zahlr. in- u. ausl. Fachmitgliedsch., dar. Guggenheim Fellow (1961) - BV: Marine Ecology - Handb. üb. Meeresökologie, 1969; Handb. üb. Krankh. d. Meerestiere, 1979; Excellence in Ecology, 1987. Herausg.: Marine Biology, Marine Ecology Progress Series, Diseases of Aquatic Organisms. Etwa 170 Einzelarb. - Liebh.: Basteln, Gartenarb. - Spr.: Engl.

KINNE, Rolf

Dr. med., Prof., Wiss. Mitglied u. Direktor Max-Planck-Inst. f. Systemphysiol. Dortmund - Rheinlanddamm 201a, 4600 Dortmund 1 - Geb. 27. Sept. 1941 Berlin (Vater: Karl-Heinz K., Oberreg.rat; Mutter: Luise, geb. Pätschke), ev., verh. s. 1966 m. Dr. Evamaria, geb. Saffran - 1960-66 Stud. Med. u. Chemie. Promot. 1968, Habil. 1970 - 1968-80 Max-Planck-Inst. f. Biophysik, Frankfurt; 1980-84 Prof. u. Lehrst. f. Physiol. u. Biophysik Albert-Einstein-Coll. of Med. New York; 1986 apl. Prof. f. Physiol. Chemie Univ. Düsseldorf. Fachaufs. - 1980 Robert F. Pitts Lecture Ship; 1981 Fellow, New York Acad. of Sciences; 1976 Honorarprof. f. Biochemie - Spr.: Engl., Franz.

KINNEBROCK, Hans-Jürgen

Dr., Dipl.-Kfm., Geschäftsf. Bamberger Mälzerei GmbH. (s. 1971) u. Donau Malz Bamberger Mälzerei & Co. - Altenburger Str. 103, 8600 Bamberg - Geb. 14. April 1931.

KINSHOFER-GÜTHLEIN, Christa

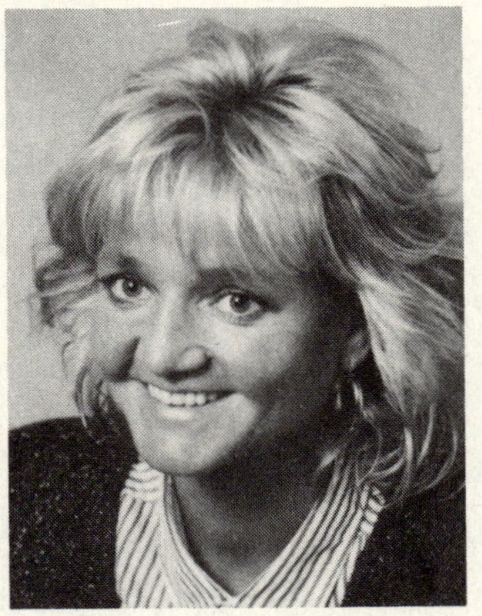

Kauffrau, Skiläuferin - Münchener Str. 44, 8200 Rosenheim (T. 08031 - 3 20 95) - Geb. 24. Jan. 1961 München, kath., verh. s. 1985 m. Reinhard Güthlein - Gymn., mittl. Reife Abschl. Sprachensch. - Zwei Kindersportgeschäfte Rosenheim u. München. Vorst.-Mitgl. Olymp. Ges. - 1979 Weltcupgesamtsieg; 1980 Silbermed. Lake Placid; 1980 Vizeweltm.; 1988 Silber u. Bronzemed. Calgary; 8 Weltcupsiege, 8 dt. Meistertitel. 1980 Sportlerin d. J.; 1980 u. 1981 Skisportlerin d. J.; Silb. Lorbeerblatt; Ehrenbürgerin d. Stadt Miesbach - Liebh.: Lesen, Diskutieren, Einkaufen, Dekorieren, Flohmärkte - Spr.: Engl., Franz. - Bek. Vorf.: Kinshofer, Miterbauer d. alten Pinakothek München (Ururgroßv.).

KINTZI, Heinrich

Dr. jur., Generalstaatsanw. b. OLG Braunschweig - Dompl. 1, 3300 Braunschweig.

KINZ, Helmut J.

Dr.-Ing., Vorsitzender Geschäftsfg. DODUCO-Edelmetall GmbH, Pforzheim (s. 1987), Mitgl. Wiss. Beirat Krausskopf-Verlag GmbH, Mainz - Im Rosengärtle 4b, 7500 Karlsruhe 41 - Geb. 22. Aug. 1930, kath., verh. s. 1958 m. Paula-Maria, geb. Maurath, 2 T. (Carola-Christine, Sabine) - TH Karlsruhe, Dipl. 1955, Promot. 1964 - Wiss. Assist. Karlsruhe, b. 1979 Geschäftsf. SEW-EURODRIVE GmbH, Bruchsal, 1980-83 Vorst. Motoren-Werke Mannheim; 1983-86 Vors. d. Geschäftsltg. Fa. Werner & Pfleiderer GmbH, Stuttgart. Versch. Beiratsmand. - Liebh.: Jagd - Spr.: Engl. - Rotarier.

KINZEL, Walter

Dr. rer. nat., Dr. med. habil., Univ.-Prof., Leiter Abt. f. Med. Psychol. u. Psychopathometrie Psych. Klinik Univ. Erlangen - Paul-Gossen-Str. 34, 8520 Erlangen (T. 09131 - 30 15 88) - Geb. 2. Nov. 1932 Königswalde Kr. Glatz/Schles., ev., ledig - Stud. Univ. Mainz, Köln (Psych.); Dipl. 1963 Köln; Promot. 1971 ebd.; Habil. 1975 Erlangen - Arbeitsgeb.: Körperliche begründbare Psychosen, Konstruktion Med.-Klin.-Tests, wissenschaftstheoretische Begründung d. Psychopathometrie - Präs. Dt. Ges. f. Med. Psych. u. Psychopathometrie; Vorst.-Mitgl. Dt. Ges. f. Neurotraumatologie u. Klinische Neuropsych.

KINZELBACH, Ragnar

Dr. rer. nat., Univ.-Prof. TH Darmstadt - Flotowstr. 55, 6100 Darmstadt - Geb. 12. April 1941 Germersheim (Vater: Rudolf K., Buchhändler; Mutter: Gertrud, geb. Glaser), verh. s. 1967 m. Barbara, geb. Schmitt, 2 Kd. (Urs, Iris) - Promot. 1967, Habil. 1971, bde. Mainz - B. 1982 Prof. Darmstadt - 1981 Vizepräs. Ges. Ökologie. Spez. Arb.geb.: Zoologie Nahost, Hydrobiol., Rheinfauna, Autökol. - BV: Spez. Zoologie; The Rhine River; Fächerflügler (Strepsiptera) - Liebh.: Gesch. d. alten Orients - Spr.: Engl., Franz., Lat., Griech., Arab.

KIP, Manfred

Journalist, Pressesprecher Bundesverb. mittelständ. Wirtschaft, Bonn - Gansweide 6, 5308 Rheinbach (T. 02226 - 64 29) - Geb. 26. Mai 1929 Neuenhaus/Bentheim (Vater: Karl K., Zigarrenverleger; Mutter: Luise, geb. Stäter), ev., verh. s. 1978 in 2. Ehe m. Bärbel, geb. Breitmeyer, 5 Kd. (Michael, Alexander, Sibylle, Ina, Arno) - Abit. 1948; 1952-55 Stud. Publiz., Neuere Gesch. u. Öfftl. Recht Univ. Münster - Tätigk. an versch. Ztg.; 1962-88 Redakt. f. Politik u. Wirtsch. b. WDR in Köln u. im Studio Bonn. Sachkd. Bürger im Rat Stadt Rheinbach. FDP (Frakt.-Mitgl.), s. 1985 Vors. FDP-Ortsverband Rheinbach - Liebh.: Sammeln alter Eisenbahn-Modelle - Spr.: Engl., Latein, Niederl.

KIPER, Gerd

Dr.-Ing., em. o. Prof. u. Direktor i.R. Inst. f. Maschinenelemente u. Getriebetechn. Univ. Hannover (1967-85) - Wolfsberg 16, 3257 Springe 5 - Geb. 25. Nov. 1919 Berlin - Industrietätigk. - BV: Katalog einfachster Getriebebauformen (1000 S.), 1982 - 1967 VDI-Ehrenplak; 1981 Fritz-Kesselring-Ehrenmed. VDI.

KIPER, Manuel

Dr. rer. nat., Biologe, wiss. Mitarbeiter d. Bundestagsfrakt. d. GRÜNEN (s. 1987) - Helstorfer Str. 19, 3000 Hannover 61 (T. 0511 - 53 74 61) - Geb. 24. Mai 1949 Berlin (Vater: Prof. Dr. Gerd K., Univ. Hannover), verh. s. 1977 m. Angelika, geb. Busse, 2 Töcht. (Anja Christina, Nele Mareike) - Stud. Chemie u. Biol., Ex. 1974, Promot. 1977 Univ. Hannover - 1981-84 Ratsherr u. Beigeordn. Stadt Hannover; 1984-87 Landesgeschäftsf. d. GRÜNEN Nieders. 1981-84 AR Stadtwerke Hannover - Herausg.: D. Unsichtbaren - Krieg m. Genen u. Mikroben (1988).

KIPKER, Ernst

Oberkreisdirektor a. D. Hildesheim (1960-80) - Brehmestr. 48, 3200 Hildesheim - Geb. 11. Aug. 1915 - Stv. AR Bau- u. Betr. GmbH Marktpl. Hildesheim, stv. Vors. Initiative Bürger helfen Stadt, Vors. Kreisverb. Awo Hildesheim-Ld., stv.-Vors. Diakonische Werke Sorsum, Vors. Verkehrswacht, Vors. VfV, Vors. Förderkreis Univ., alle Hildesheim - Nieders. Verdienstkr. I. Kl.; Gr. BVK; Gold. Verdienstmed. Gem. Wohnungswirtsch.; Gold. Verdienstkr. Dt. Verkehrswacht.

KIPPENHAHN, Rudolf

Dr. phil. nat., Prof., Direktor Inst. f. Astrophysik am Max-Planck-Institut für Physik u. Astrophysik München - Karl-Schwarzschild-Str. 1, 8046 Garching (T. 3299-9401) - Geb. 24. Mai 1926 Bärringen/Böhmen (Vater: Rudolf K., Berufsschuldirektor; Mutter: Alma, geb. Belz), kath., verh. s. 1955 m. Johanna, geb. Rasper, 3 Töchter (Ruth, Karin, Eva) - Obersch. St. Joachimsthal; Stud. Math. Univ. Halle/S. (1945-48) u. Erlangen (1948-51). Dipl.-Math. 1950; Promot. 1951; Habil. 1958 - 1951-57 Assist. Remeis-Sternw. Bamberg, dann Wiss. Mitarb. u. Wiss. Mitgl. (1963) Max-Planck-Inst. f. Astrophysik München, 1970 Mitgl. Braunschw. Wiss. Ges. u. Akad. d. Wiss. Göttingen, 1965-75 o. Prof. Univ. Göttingen, s. 1975 Dir. Inst. f. Astrophys. am Max-Planck-Inst. f. Physik u. Astrophysik u. Honorarprof. Univ. München. Spez. Arb.geb.: Theor. d. Aufbaus u. Entwickl. d. Sterne - BV: Elementare Plasmaphysik, B. I 1975 (m. C. Möllenhoff); Hundert Milliarden Sonnen. Geburt, Leben u. Tod d. Sterne, 1980; Licht v. Rande d. Welt, 1984; Unheimliche Welten: Planeten, Monde u. Kometen, 1987. Üb. 100 Fachaufs. - 1972 Mitgl. Dt. Akad. d. Naturforscher (Leopoldina) Halle/S., 1973 Carus-Med. d. Leopoldina; 1974 Carus-Preis Stadt Schweinfurt; 1986 Lorenz-Oken-Med.; Assoc. Royal Astronom. Soc., London; Bayer. Akad. d. Wiss., München - Spr.: Engl.

KIPPER, Peter

Gf. Gesellschafter Grün-Optik Wetzlar GmbH, Grün Analysengeräte-Gesellschaft mbH, bde. Wetzlar, u. V & W-Levior Kunststofftechnik GmbH & Co., Binau - Industriestr. 27-31, 6330 Wetzlar-Nauborn; priv.: Waltgerweg 21, 4800 Bielefeld/W. - Geb. 8. Nov. 1935 - AR Stodiek AG, Bielefeld; Beirat Dresdner Bank AG, Düsseldorf; Beirat Nordstern Versich. Köln; Mitgl.vertr. Alte Leipziger Versich., Oberursel, Mitgl. d. Kuratoriums Nürnb. Akad. f. Absatzwirtsch., Nürnberg, Vors. Verein d. Freunde u. Förderer d. Musik- u. Kunstschule, Bielefeld.

KIRCH, Karl-Heinz

Wirtschaftsing., Schriftsteller - Weidenstr. 15, 6708 Neuhofen - Geb. 18. April 1938 Saarbrücken, verh. - Nach Lehre Maschinenschlosser Stud. Basel, Weil/Rh. u. Darmstadt (2. Bildungsweg) - VS-Mitgl. SPD - BV: u.a. Ins Verborgene gelotet; Im Strom d. Lebens; Wie Spuren im Sand; Laß dich lächelnd umarmen - Liebh.: Tennis, Auslandsstudienreisen - Spr.: Engl.

KIRCHAMMER, Hellmuth

Leiter d. Hauptabt. Unterhaltung (Hörfunk) Bayer. Rundf. i. R. (1974-89) - Feilitzschstr. 14, 8000 München 40 - Geb. 25. Mai 1924 Griesbach im Rottal/Ndb., kath., ledig - Gymn.; Seeoffiziersausb./Ltn. z. See; Schauspielunterr. - Schausp., Regiss.; 1952-54 Dramat. u. Leit. Schauspiel Stadttheater Ingolstadt; 1954-74 Dramat. u. Regiss. in d. Hauptabt. Unterhaltung b. Bayer. Rundf. - Schauspielinsz. (Ingolstadt, Freilichtbühne Luisenburg); Hörspielinsz. (Bayer. Rundf. München) - Bek. Vorf.: Franz Xaver von Schönwerth (Urgroßonkel).

KIRCHBACH, von, Maria

Schriftstellerin - v.-Eichendorff-Str. 2, 8036 Herrsching/Ammersee (T. 592) - Geb. 15. Sept. Wien - BV/R.: u. a. Lächelnde Göttin, Geliebte Feindin (verfilmt), Venus im Zeichen d. Fische, Verzauberung, Amor in Khaki, Dreigespann, Schwarzer Mond üb. Marrakesch, Glück wohnte in d. Oasen, Weint nicht um Anatol, D. Straße d. nickenden Pagoden, Span. Romanze, E. Fremde kam n. Bhuti, D. Frau auf d. Dschunke, D. Herrin v. Pelican House, Treibjagd auf Croix de Luc, D. Frau im Schatten. Übers. d. engl. Films Lady Godiva Rides Again.

KIRCHDORFER, Anton Maria

Dr., Ginseng-Forscher - Zu erreichen üb.: Droemer-Knaur-Verlag, Rauchstr. 9-11, 8000 München 80 - BV: Ginseng - Legende u. Wirklichkeit, 1980.

KIRCHER, Robert

Einzelhandelskaufm. (Fa. Kircher-Ludwig, Fulda), Vizepräs. IHK Fulda - Mittelstr. 13-17, 6400 Fulda.

KIRCHESCH, Günther

Dr.-Ing., Gf. Gesellschafter Kirchesch + Partner GmbH - Kaiserstr. 44-46, 4000 Düsseldorf - Geb. 21. Okt. 1926 Andernach/Rh. - 1947-51 TH Karlsruhe.

KIRCHFELD, Hans-Gerd

Dr. jur., Vorstand Außenhandelsverband Nordrh.-Westf., Bundesvorst. d. dt. Exporthandels, Mitgl. Präsid. Bundesvorst. d. dt. Groß- u. Außenhandels, Mitgl. Wirtschafts- u. Sozialaussch. d. EG Brüssel - Uhlenhorstweg 17, 4330 Mülheim/Ruhr - Geb. 14. März 1922.

KIRCHGÄSSNER (ß), Alois

I. Bürgermeister - Mechenharder Str. 27, 8765 Erlenbach/Ufr. - Geb. 15. Dez. 1927 Erlenbach, kath., verh. m. Maria, geb. Gobs - Verwaltungslehre; Bayer. Verw.sch. - 1942-47 u. s. 1960 Stadtverw. Erlenbach (1964 I. Bgm.); 1947-60 Landratsamt Obernburg. 1978ff. Bezirksvors. Unterfr. u. Landesschatzm. Bayer. Gemeindetag. CSU - Liebh.: Musik, Fotogr.

KIRCHGÄSSNER, Bernhard

Dr. rer. pol., Dipl.-Kfm., Prof., Direktor Seminar f. Wirtschafts- u. Sozialgeschichte Univ. Mannheim - Jahnstr. 14, 6800 Mannheim-Feudenheim (T. dstl.: 0621 - 292/5156) - Geb. 28. Juni 1923 Karlsruhe - S. 1963 (Habil.) Lehrtätigk. WH bzw. Univ. Mannheim (1969 apl., 1973 o. Prof.) - Vors. d. Südwestd. Arbeitskr. f. Stadtgeschichtsforschung - BV: Wirtsch. u. Bevölk. d. Reichsstadt Eßlingen im Spätmittelalter, 1963; Einführung in d. Wirtsch.gesch./Grundriß d. dt. Wirtsch.- u. Sozialgesch. b. z. Ende d. Alten Reiches, 1979. Fachveröff.

KIRCHGESSNER, Manfred

Dr. agr., Dr. agr. h. c., Dr. med. vet. h. c., o. Prof. Inst. f. Ernährungsphysiologie TH bzw. TU München (s. 1961) - Burgrainer Str. 20, 8050 Freising/Obb. (T. 71401) - Geb. 21. Mai 1929 Gerichtstetten/Baden, kath., verh. s. 1956 m. Erika, geb. Lunkwitz, 2 Töcht. (Gudrun, Cordula) - LH Hohenheim (Agrarwiss.; Dipl.-Landw. 1952), TH Stuttgart (Chemie). Promot. u. Habil. Hohenheim - 1955-61 Assist. u. Privatdoz. LH Hohenheim (Ernährungsphysiol.) - BV: Fütterung u. Milchzusammensetzung, 1965 (auch engl.; m. H. Friesecke u. G. Koch); Wirtstoffe in d. prakt. Tierernährung, 1966 (m. Friesecke); Tierernähr., 7. A. 1987. 890 wiss. Einzelarb. - 1958 Oskar-Kellner-Preis, 1972 Henneberg-Lehmann-Preis; 1981 Fingerling Med.; 1982 Ehrendoktor Univ. Gießen; 1984 Mitgl. Dt. Akad. d. Naturforscher/Leopoldina, Halle/S.; 1986 Roche Research Prize; 1987 Ehrendoktor LM Univ. München; 1987 Kovo d'Oro Premio Internationale per la Zootecnia.

KIRCHHEIM, E. Heinrich

Dipl.-Kfm., gf. Gesellschafter Holding Kirchheim GmbH & Co. - Talstr. 41, 7000 Stuttgart 1 - Geb. 20. Mai 1932, verh., 2 Kd. (Klaus, Christiane) - Stud. Maschinenbau TH Stuttgart; Dipl.-Kfm. Köln - Stv. AR-Vors. Stuttgarter Bank AG; Präs. Wirth u. Schwaar Fluidtechnik AG, Zürich; stv. Vorst. Schachklub Cannstatt - Spr.: Engl. - Bek. Vorf.: General Heinrich Kirchheim (Vater).

KIRCHHEIM, Hartmut

Dr. med., Wiss. Rat, Prof. f. Physiologie Univ. Heidelberg - Maaßstr. 51, 6900 Heidelberg - Geb. 9. Nov. 1934 Allenstein/Ostpr. - Promot. 1961 Gießen; Habil. 1970 Heidelberg - S. 1972 Prof. FU Berlin u. Heidelberg (1973). Üb. 20 Fachaufs.

KIRCHHOF, Ferdinand

Bundesrichter BGH - Herrenstr. 45a, 7500 Karlsruhe - Geb. 2. April 1911.

KIRCHHOF, Johannes K. J.

Dr. med., Prof., Neurologe u. Psychiater - Wilramstr. 25, 8000 München 80 (T. 403386) - Geb. 17. März 1909 Bremen (Vater: Dr. med. Josef K., Arzt; Mutter: Ludwina, geb. Vollmer), kath., verh. s. 1947 m. Maria-Antonie, geb. Borucki, 5 Kd. (Corinna, Christoph, Sixtus, Arabella, Silvia) - Altes Gymn. Bremen; Filmschule München; Univ. München, Freiburg, Heidelberg, Königsberg, Berlin, Innsbruck, Wien (Med., Filmwiss.). Promot. Berlin; Habil. Bonn - 1949-68 Privatdoz. u. apl. Prof. (1958) Univ. Bonn; 1959-65 Lehrstuhlprof. Univ. Izmir (Türkei); s. 1968 Leit. Abt. Bild u. Film/TU München u. Psych. Poliklinik; s. 1974 priv. - BV: D. menschl. Antlitz im Spiegel organ.-nervöser Prozesse, 1960. Zahlr. Einzelveröff. Filmarb., dar. Mim. Reaktionen d. klass. Psychosen - Liebh.: Filmwiss. - Spr.: Engl., Ital., Franz., Span., mod. Griech., Türk.

KIRCHHOF, Paul

Dr. jur., Prof., Bundesverfassungsrichter (s. 1987), Direktor Institut f. Finanz- u. Steuerrecht Univ. Heidelberg (s. 1981) - Friedrich-Ebert-Anlage 6-10, 6900 Heidelberg 1 (T. 06221 - 54 74 57) - Geb. 21. Febr. 1943 Osnabrück (Vater: Ferdinand K., Bundesrichter (s. dort); Mutter: Liselotte, geb. Kersten), kath., verh. s. 1968 m. Jutta, geb. Hellbrügge, 4 Kd. (Paulus, Charlotte, Gregor, Friederike) - Gymn. Karlsruhe; Stud. Univ. Freiburg, München. Promot. 1968; Habil. 1974 - 1975-81 o. Prof. Münster (Dir. Inst. f. Steuerrecht), s. 1981 o. Prof. Heidelberg (Dir. Inst. f. Finanz- u. Steuerrecht) - BV: Besteuerungsgewalt u. Grundgesetz, 1973; Verwalten u. Zeit, 1975; Verwalten d. mittelbares Einwirken, 1976; Unterschiedliche Rechtswidrigk. in e. einheitl. Rechtsordn., 1978; D. Verfassungsauftrag z. Länderfinanzausgl., 1982; D. Steuerwerte d. Grundbesitzes, 1985; Wiss. in verfaßter Freiheit, 1986; D. Bestimmtheit u. Offenheit d. Rechtsspr., 1987; D. Gesetzgeb.auftr. z. Schutz d. geist. Eigentums gegenüb. mod. Vervielfältigungstechniken, 1988; Empfiehlt es sich, d. Einkommensteuerrecht z. Beseitig. v. Ungleichbehandl. u. z. Vereinfach. neu zu ordnen?, 1988. Herausg. v. Sammelw.: Handb. d. Staatsrechts d. Bundesrep. Dtschl. (Bd. I u. II 1987, Bd. III 1988, Bd. IV u. VI 1989, m. J. Isensee); Einkommensteuergesetz, Kommentar (Bd. I, II u. III 1986, Bd. IV 1987, Bd. V u. VI 1988, m. H. Söhn). Mithrsg. v. Schr.reihen: Rechtsstaat in d. Bewährung; Münsterer Beitr. z. öfftl. Recht; Steuerwiss.; Verfassungs- u. Verw.recht unt. d. Grundgesetz; Ztschr. Steuer u. Wirtsch.; Dt. Steuerrecht; Ztschr. f. d. gesamte Handels- u. Wirtschaftsrecht.

KIRCHHOF, Peter K.

Maler u. Grafiker, Schriftst., Illustr. - Geeren 29/31, 2800 Bremen - Geb. 18. Jan. 1944 Bremen - S. 1980 Redakt. Kulturztschr.: D. Horen. 1978-82 Bundesvorst. Bundesvereinig. d. Gewerkschaftsverb. Bild. Künstler; 1980-83 Bundesvorst. Intern. Ges. d. Bild. Künste (IGBK) - BV: Zahlr. illustrierte Bücher; kulturkrit. Aufs. in versch. Ztschr. - 1977 Lit.-Stip. Land NRW u. Lit.-Förderpreis Düsseldorf.

KIRCHHOF, Roland

Dr. jur., Oberstadtdirektor Stadt Herne - Friedrich-Ebert-Pl. 2, 4690 Herne 1 (T. 02323 - 16 22 23) - Geb. 24. Nov. 1943 - BV: Kreisordnung f. d. Land Nordrh.-Westf., Kommentar 2. A. 1989.

KIRCHHOFF, Bodo

Dr. phil., Schriftsteller - Zu erreichen üb. Suhrkamp-Verlag, Lindenstr. 29-35, 6000 Frankfurt/M. 1 - Geb. 6. Juli 1948 Hamburg - S. 1979 fr. Schriftsteller - BV: D. Kind oder d. Vernicht. v. Neuseeland, Theaterst. (UA Saarbrücken) 1979; Ohne Eifer, ohne Zorn, Nov. 1979; Body-Building, Theaterst. (UA Saarbrücken) 1979; Body-Building, Erz.-Schausp.-Ess. (e. Thema in 3 lit. Formen) 1980; An d. Rand d. Erschöpf. weiter, Einpers.st. (UA Frankfurt) 1980; Schauspiel, Ess. 1980; D. Einsamk. d. Haut, Erz. 1981; Wer sich liebt, 1981; Glücklich ist, wer vergißt, Theaterst. 1982; Zwiefalten, R. 1983; Mexikanische Novelle, 1984; Dame u. Schwein, 1985; D. verdammte Marie, Theaterst. (UA Graz, Steirischer Herbst) 1986; Ferne Frauen, 1987.

KIRCHHOFF, Hans Georg

Dr. phil., Prof., Hochschullehrer - Wittheniusweg Nr. 5, 4600 Dortmund 41 (T. 451244) - Geb. 7. Juni 1930 Rommerskirchen (Vater: Dr. Emil K., Bürgerm.; Mutter: Maria, geb. Werle), kath., verh. s. 1956 m. Carola, geb. Wildenhof, 3 Söhne (Guido, Felix, Stefan) - Gymn.; Stud. Gesch. u. German. Promot. 1955 Köln - 1955-56 Forschungsstip.; 1956-64 höh. Schuldst.; 1964-66 Wiss. Rat Univ. Köln; s. 1966 o. Prof. Päd. Hochsch. Ruhr in Dortmund, s. 1980 Univ. Dortmund (Landesgesch. u. Didaktik d. Gesch.) - Zahlr. Veröff. z. rh.-westf. Landesgesch. u. z. Gesch.Didaktik - 1981 Rheinlandtaler Landschaftsverb. Rhld. - Spr.: Engl., Franz.

KIRCHHOFF, Heinz

Dr. med., o. Prof. u. Direktor Univ.-Frauenklinik Göttingen (s. 1954) - Ernst-Curtius-Weg 11, 3400 Göttingen - Geb. 4. Juni 1905 Wilhelmshaven (Vater: Dr. med. dent., Zahnarzt), ev., verh. s. 1934 m. Ilse, geb. Dormann († 1962), 4 Kd. - Univ. Tübingen, München, Hamburg - Assist. u. Oberarzt Univ.s-Frauenklin. Kiel u. Leipzig (Prof. R. Schröder), dazw. fachärztl. Ausbild. f. Röntgenol. Prof. Hans Meyer, Bremen, 1944-54 Chefarzt Städt. Frauenklin. Lübeck, 1967/68 Präs. Dt. Ges. f. Gynäk. Bes. Arbeitsgeb.: Strahlentherapie, Krebsbekämpf., Geburtsmechanismus, Genitaltuberkulose, Soziol. in Bezieh. z. Geburtshilfe u. Gynäk. S. 25 J. Aufbau e. Samml. Muttergottheiten, Fruchtbarkeitssymbole u. Mutterschaft (Gleichstellung u. Gleichwürdigung d. Frau als Spenderin d. Lebens) im Inst. f. Völkerkunde d. Univ. Göttingen - BV: D. lange Becken, 1949. Üb. 150 Beitr. in Fachorganen - 1957 Ehrenmitgl. Ges. f. Geburtsh. u. Gynäk., Castilla (Span.), u. Türk. Gynäk. Ges.; 1964 Mitgl. Dt. Akad. d. Naturforscher (Leopoldina), Halle/S. (1969 Med. Adjunkt f. Nieders.) - Liebh.: Kunstgesch.

KIRCHHOFF, Jochen F.

Dr.-Ing., gf. Gesellschafter Stephan Witte & Co., Iserlohn (Familienuntern.); Präs. Nordrh.-Westf. Metallarb.-Verb. u. Landesvereinig. NRW d. Arbeitgeberverb. - Im Bürgergarten 9, 5860 Iserlohn - Geb. 21.April 1927 - 1953-68 Vorstandsmitgl. Dt. Babcock & Wilcox-Dampfkesselwerke AG., Oberhausen (1963 Vorst.).

KIRCHHOFF, Paul Gerhard

Dr. med., o. Prof. f. Herz- u. Gefäßchirurgie u. Klinikdir. Univ. Bonn (s. 1977) - Klinikgelände, 5300 Bonn-Venusberg - Doz. Univ. Göttingen.

KIRCHHOFF, Thomas-Friedrich

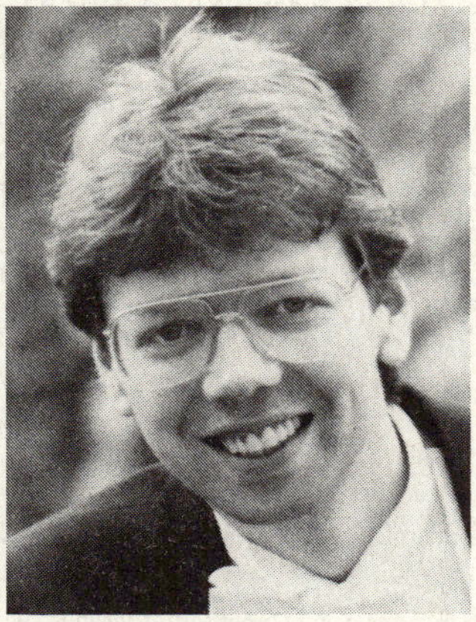

freischaffender Musiker, Gitarrist - Elsenbornstr. 1, 5860 Iserlohn (T. 02371 - 1 23 29 u. 2 57 88) - Geb. 4. Sept. 1960 Iserlohn, ev., ledig - 1981-84 Musikstud. Westf. Musikhochsch.; 1985-87 Gitarrestud. London b. David Russell - Gründer u. 2. Vors. d. Kultursymposion M Iserlohn; Gründer d. Albeniz-Guitar-Duo - Schallplatten: Albeniz-Guitar-Duo interprête (1986); A-G-D classique italienne (1987); Duo m. d. Flötistin Doris Dietz. Werke v. Händel, Truhlar, Legnani (1987); A-G-D interprète Albinoni, Bach, Mozart, Chopin, Mussorksky, Tschaikowsky (1988). Dt. Erstauff. v. Joaquin Rodrigo Concierto Madrigal f. 2 Git. u. gr. Orch. (1988 in Essen) - Liebh.: Lit. (Klassik), Malerei u. Bildhauerei, Sprachen - Spr.: Engl., Neugriech. - Bek. Vorf.: Dr. Friedrich Kirchhoff (Großv.), Dr. Jochen F. Kirchhoff (Onkel) - Lit.: classical guitar (1985); Gitarre u. Laute (1987), Fono Forum (1988).

KIRCHKNOPF, Andreas

Dipl.-Ing., Dr.-Ing. E. h. - Königswarter Str. 31, 8000 München 90 (T. 643775) - Geb. 28. Dez. 1909 Graz-Eggenberg (Österr.) - Ämter in versch. Fachgremien - Liebh.: Fotografieren, Schwimmen, Skilaufen.

KIRCHMEIER, Otto

Dr. rer. nat. (habil.), Wiss. Mitarbeiter Südd. Versuchs- u. Forschungsanstalt f. Milchwirtschaft, Weihenstephan, apl. Prof. f. Milchwiss. u. Biochemie TU München (s. 1972) - Griesfeldstr. 16, 8050 Freising/Obb. - BV: Chemie d. Eiweißkörper, 1968; Phasenumwandlungen in d. Technologie d. Milch, 1987.

KIRCHMEYER, Helmut Franz

Dr. phil., Prof., Dekan Robert-Schumann-Inst., Düsseldorf (s. 1973), Lehrbeauftr. f. musikwiss. TH Aachen - Breite Str. 70, 4040 Neuss: (T. 13878) - Geb. 30. Juni 1930 Düsseldorf (Vater: Peter K., Landesbeamter; Mutter: Franziska, geb. Habets), kath., verh. m. Dr. med. Eva Maria, geb. Berke, 4 Kd. (Monika, Dorothea, Peter, Angelika) - Hum. Gymn., Konservat. D'dorf, Univ. Köln u. Bonn (Musikwiss., German., Phil., Rechtswiss. Kirchengesch.) - B. 1972 Doz. Rhein. Musiksch. Köln, dann TH Aachen u. Lehrbeauftr. Bibl.-Lehrinst. Nordrh.-Westf. - BV: Strawinsky, 1958; Liturgie am Scheideweg, 1962; Wagner in Dresden, 3 Bde. 1967-72; Aufbruch d. jungen Mus., 1970; Strawinskys russ. Ballette, 1974; Wagner im Exil, Dokumente 2 Bde. 1986 - 1975 Richard-Wagner-Med. Stadt Bayreuth; 1985 BVK - Liebh.: Dendrologie.

KIRCHNER, Alfred

Oberspielleiter d. Schauspiels (1972-79), Stadttheater Bochum (1979-86), Burgtheater Wien (s. 1986), Generaldir. Staatl. Schauspielbühnen Berlin (s. 1990/91) - Württemberg. Staatstheater, 7000 Stuttgart - Geb. 22. Mai 1937 Göppingen (Vater: Julius K., Schriftl.; Mutter: Alice, geb. Bonatz), ev., verh. m. Erica, geb. Heidrich, T. Katja-Maria - Max-Reinhardt-Sch. Berlin (Hilde Körber, Roma Bahn) - Assist. v. Peter Zadek Theater Bremen. Insz.: u. a. Guys and Dolls (Dt. Erstauff. 1969 Bremen), Canterbury Tales (D. E. 1970 Bremen), D. Coup v. Trafalgar (D. E. 1970 Schausp.haus Bochum), Kinderspiele (UA. 1971 Staatsth. Stuttg.), D. falsche Münze (D. E. 1972 Bochum), Changing Room (D. E. 1972 Stuttg.), Frühlings Erwachen, D. kahle Sängerin (Stuttg.), D. Unvernünftigen sterben aus (1975 Residenztheat. München), D. Sauspiel (UA. 1975 Schauspielhaus Hamburg), Sonntagskinder (UA. 1976 Staatstheat. Stuttgart), Sommernachtstraum (1977 Staatstheat. Stuttgart, Theater d. Nationen), D. Sturm (1978 Schillertheater Berlin), Heilige Johanna d. Schlachthöfe (1979 Bo-Fabrik Bochum, Holland-Festival u. ZDF), Soldaten (1980 Oper Frankfurt, Holland-Festival, Brüssel), Dario Fo Hohn d. Angst (1981 Schaupielhaus Bochum u. WDR-Fernsehen), P. P. Zahl Johann Georg Elser (UA. 1982 Schauspielh. Bochum), Udo Zimmermann D. wunders. Schustersfrau (UA. Staatsoper Hamburg), Thomas Bernhards Üb. allen Gipfeln ist Ruh (UA. Ludwigsburger Festspiele, Bochum u. ZDF), Maskenball, Eugen Onegin (1982-84 Oper Frankfurt), Der eingerichtete Kranke (1983 Bochum u. WDR-Fernsehen), Kaufm. v. Venedig (1984 Residenztheater München u. ZDF), D. Räuber (Bochum), Henzes We come to the river, Santa Fe, USA, Herr Puntila u. sein Knecht Matti (1985 Bochum u. Liveübertrag. WDR-Fernsehen), D. Räuber (1986 New York), D. Nachtwache (1987 Burgtheater, Theatertreffen Berlin), Arturo Ui (1988 Burgtheater Berlin, DDR u. Theatertreffen, Don Giovanni (1988 Oper Amsterdam), Die Minderleister (UA. Burgtheater, Caowantschina Staatsoper Wien u. Liveübertragung ORF).

KIRCHNER, Christoph

Dr. rer. nat., Prof. f. Zoologie u. Morphol. d. Vertebraten Univ. Marburg - Am Weinberg 3a, 3550 Marburg/L..

KIRCHNER, Dieter

Dr. jur., Hauptgeschäftsf. Gesamtverb. d. metallindustriellen Arbeitgeberverb./ Gesamtmetall (s. 1968) - Volksgartenstr. 54a, 5000 Köln (T. 33 99-0) - Geb. 1934 - M. 18 J. Abit., 22 Refer.ex., 24 Promot., 26 Ass.ex. - S. 1962 Gesamtmetall (Justitiar u. Geschäftsf.). RA.

KIRCHNER, Erich

Dr. med., o. Prof. f. Anästhesiologie u. Institutsdir. Med. Hochsch. Hannover (s. 1969) - Kahlendamm Nr. 1, 3000 Hannover 51 - Geb. 25. April 1928 Fürth/Bay. - Promot. 1955 - Zul. Privatdoz. Univ. Marburg. Zahlr. Facharb.

KIRCHNER, Fritz

Fabrikant (Fränk. Rohrwerke Gebr. Kirchner GmbH & Co., Fränk Leuchten GmbH, Jacobs & Co GmbH, alle Königsberg/Bay. - Hellinger Str. 206, 8729 Königsberg/Bay. (T. 09525 - 8 82 15) - Geb. 24. Nov. 1925.

KIRCHNER, Hellmut

Dr. jur., Gf. Gesellschafter TVM (Techno Venture Management) GmbH & Co., München - Ismaninger Str. 102, 8000 München 80 - Geb. 11. Okt. 1947 Troisdorf (Vater: Wilhelm K., Dipl.-Ing.; Mutter: Gerda, geb. Hintze), ev., verh. s. 1980 m. Irene, geb. Dessauer, 3 Kd. (Theresia, Antonia, David) - Abit. Nürnberg; Stud. Rechtswiss. u. Betriebsw. Univ. Würzburg, Lausanne, München; Ass. 1973, Promot. (Steuerrecht) 1974 Köln - 1974 Dt. Ges. f. wirtsch. Zusammenarb. (DEG), Köln; 1977 Münchener Rückversich. AG; 1978 Matuschka Gruppe; 1980 Geschäftsf.; 1983 s.o. - Spr.: Engl., Franz., Ital. - Bek. Vorf.: Wilhelm Kirchner, Bankier in Würzburg (Großv.).

KIRCHNER, Horst

Dr. phil. (habil.), o. Prof. f. Ur- u. Frühgeschichte - Limastr. 3, 1000 Berlin 37 (T. 8014140) - Geb. 25. Aug. 1913 Görlitz - 1948 Privatdoz., 1953 Prof. Univ. Heidelberg, 1959 Ord. u. Inst.sdir. FU Berlin - BV: D. german. Altertum in d. dt. Geschichtsschreib. d. 18. Jh.s, 1938; D. Menhire in Mitteleuropa u. d. Menhir-Gedanke, 1955. Zahlr. Einzelarb. - 1962 Mitgl. Dt. Archäol. Inst.

KIRCHNER, Johannes-Henrich

Dr.-Ing., Prof. f. Arbeitswissenschaft TU Braunschweig (s. 1974) - Am Honigbleek 7, 3300 Braunschweig - Geb. 24. Jan. 1942 Potsdam - Promot. 1971 - S. 1973 TH Darmstadt - BV: Arbeitswiss. Beitrag z. Automatisierung, 1972. - BV: Ergonomische Leitregeln z. menschengerechten Arbeitsgestaltung, 1974 (m. and.); Ergonomische u. sicherheitstechn. Gestaltung v. Gabelstaplern, 1979; Arbeit in Entwässerungsbetr., 1981 (m. and.); Mensch-Maschine-Umwelt, 1986 (m. and.); Turngeräte, 1986 (m. and.); Handwagen, 1986 (m. and.); Aufbauten Lastkraftwagen - Gefährdungsanalyse, 1987 (m. and.); Arbeitssitze, 1987 (m. and.). Div. Fachaufs.

KIRCHNER, Klaus

Prof., Kammersänger Bad. Staatstheater Karlsruhe - Albert-Schweitzer-Str., 7500 Karlsruhe (T. 0721-68 33 36) - Geb. 7. Nov. 1927 Essen, ev. - Abit.; Stud. d. Wirtschafts- u. Sozialwiss. Univ. Köln (Dipl.-Kfm. 1954); Gesangsstud. Köln - S. 1954 Opernsänger (Bariton); zusätzl. s. 1973 Gesanglehrer Musikhochsch. Karlsruhe; 1976-81 Musikhochsch. Saarbrücken, ab 1981 wieder Karlsruhe - Üb. 100 Opern-Partien (Bariton-Fach) auf in- u. ausl. Bühnen, u.a. Karlsruhe, Berlin, Hamburg, München, Lissabon, Rom, Wien, Catania, Athen, Paris - 1979-82 Ring-Alberiche Maggio Musicale Fiorentino; 1970 Kammersänger-Titel (Kultusmin. Baden-Württ.); 1979 Prof.-Titel (Kultusmin. d. Saarl.) - Spr.: Engl., Ital.

KIRCHNER, Kurt

Dr. rer. nat. (habil.), Prof., Chemiker (DECHEMA-Inst.) - Postf. 970146, 6000 Frankfurt/M. 97 - B. 1972 Privatdoz., dann apl. Prof. TU München (Techn. Chemie).

KIRCHNER, Ottmar

Dr. jur., Rechtsanw., Fachanw. f. Steuerrecht, Vorstandsmitgl. Deurag-Deutsche Rechtsschutzversich. AG., Wiesbaden, allein. Geschäftsf. Diana Grundstücksges. mbH., München - Robert-Koch-Str. 6, 6200 Wiesbaden - Geb. 3. Juni 1924 Nürnberg (Vater: Albert K., RA; Mutter: Frieda, geb. Weyrauch), ev., verh. s. 1957 m. Dr. Ingeborg, geb. Kettner, 2 Kd. - Univ. Erlangen-Nürnberg (Jura, Volksw.).

KIRCHNER, Walter

Dr. rer. nat., o. Prof. f. Angew. Entomologie u. Didaktik d. Biologie (1973ff.) - Schmithofer Str. 51, 5100 Aachen-Walheim - Geb. 6. Jan. 1934 Würzburg (Vater: Joseph K., Abteilungsleiter; Mutter: Elise, geb. Hofmann), kath., verh. s. 1963 m. Elfriede, geb. Pabst, 4 Kd. (Martin, Susanne, Annette, Tobias) - Gymn. u. Univ. Würzburg (Zool., Bot., Chem.). Promot. 1963 Würzburg - S. 1968 PH Rhld. (b. 1973 Abt. Bonn, dann Aachen), s. 1980 RWTH Aachen, 1978-80 Dekan.

KIRCHNER, Wilhelm

Dr. rer. pol., Dipl.-Kfm., Direktor Provinzial-Feuerversicherungsanst. d. Rheinprovinz, Düsseldorf - Himmelgeister Landstr. 75, 4000 Düsseldorf 13 (T. 0211-75 01 74) - Geb. 23. Febr. 1943 Düsseldorf, kath., verh. s. 1967 m. Dipl.-Päd. Helga Broichgans, Sprecherzieherin, 2 Kd. (Michael, Cornelia) - Versicherungskaufm. 1959 IHK Düsseldorf; Abit. 1968; Versicherungsfachwirt 1972 Düsseldorf; Dipl.-Kfm. 1976 Univ. Köln, Promot. 1984 ebd. - 1. Vors. Verein Dt. Versicherungsfachwirte (VDVF), Köln - Interessen: Mikrocomputeranw., Aus- u. Weiterbildungsfragen, Verbandstätigk. - Spr.: Engl., Lat.

KIRCHRATH, Phyllis

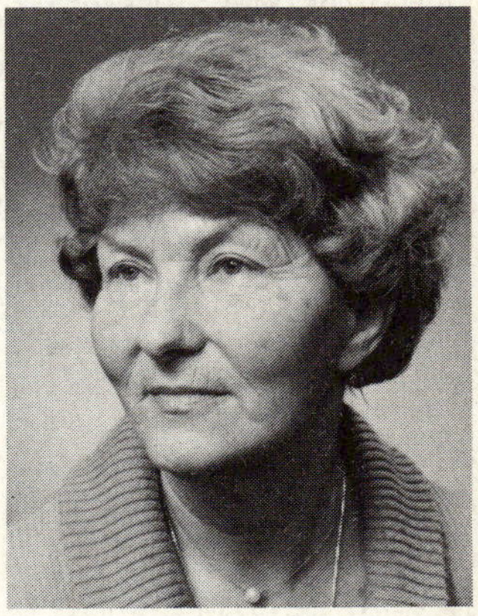

Lyrikerin - August-Burberg-Str. 31, 4020 Mettmann - Geb. 13. Nov. 1920 Hohenroda/Hessen - 4 Lyrikbde.: Grübeleien, Im Fadenkreuz, Erlebtes/Erdachtes, D. Schweigen d. Zikaden - Liebh.: Griech. Mythen, alte Musik u. mod. Kunst.

KIRCHVOGEL, Paul-A.

Oberkustos i. R. - Höhenweg 17, 3578 Treysa - Geb. 4. März 1906 Heiligenstadt/Eichsfeld (Vater: Adolf Cäsar K., pr. Oberrentmeister; Mutter: Klara, geb. Keller), ev., verh. s. 1936 m. Elisabeth, geb. Mähler - Hochsch. f. angew. Technik Köthen (Maschinenbau); Univ. Göttingen (Physik, Chemie, Gesch.) - B. 1934 priv. Studien (gefördert durch Prof. Albert Einstein), dann Wiss. Hilfsarb. Staatl. Museen u. gf. Bibliothekar Gewerbehalle Kassel, Leit. Kurhess. Landesamt f. Kulturgesch. d. Technik Kassel, 1939-45 Leit. Astronom.-Physikal. Kabinett u. Abt. f. Instrumentelle Gesch. d. exakten Wiss. Staatl. Mus. Kassel, 1935-75 (gleichz. Leitg. instrumentenhistor. Inventarisation f. d. Bundesrep.). Vorstandsmitgl. Dt. Ges. f. Gesch. d. Med., Naturwiss. u. Technik, Beiratsmitgl. Hauptgr. Technikgesch. VDI u. a. - BV: Üb. Radioaktivität u. d. Wahrscheinlichkeit extraterrestr. radioakt. Strahlungsquellen, 1927; D. Hofmechanikus Johann Christian Breithaupt, 1938; Messen üb. Zeit u. Raum - Meßinstrumente aus 5 Jh., 1965. Kulturfilm: Alte Uhren - Alte Meister (1954; Kosmos-Film) - Mitgl. Ges. Dt. Naturforscher u. Ärzte; 1973 Ehrenplak Ver. Dt. Ing. - Lit.: Fritz Krafft, D. Inventarisier. naturwiss. Instrumente. E. Gruß zu P. A. K. 60. Geb. (in: Nachrichtenblatt d. Dt. Ges. f. Gesch. d. Med., Naturwiss. u. Technik Nr. 27, 1966).

KIRFEL, Bernhard

Dr. phil., Prof. f. Soziologie u. Sozialarbeit im Rehabilitationswesen GH Wuppertal (s. 1976) - Beerenburg, 5108 Monschau - Geb. 9. Febr. 1936 Koblenz (Eltern: Johannes (Studienrat) u. Else (Ärztin) K.), kath., verh. s. 1972 m. Astrid, geb. Rühle v. Lilienstern, 5 Kd. (Florian, Frank, Elisabeth, Cornelius, Gigi) - Stud. Phil., Theol., Soziol., Psych., Päd. Trier, Innsbruck, Münster, Essen, Köln, Löwen, Saarbrücken - B. 1968 Pfarrer, dann Hochschullehrer - BV: Studenten in Löwen, 1968; Schulstruktur u. Bildungschancen, 1970; Bildungsbeteiligung in Ostfriesland, 1971; Schulentwicklungsplan f. d. Rhein. Landesgesch., 1974; Planung d. Jugendarb. f. e. Großstadt, 1975 - Spr.: Franz., Engl., Niederl., Span. - Bek. Vorf.: Prof. Dr. Willibald K., Indologe (Onkel).

KIRKENDALE, Warren

Dr. Dr. h. c., o. Univ.-Prof., Lehrst. f. Musikwiss. Univ. Regensburg (s. 1983), Musikhistoriker - Universitätsstr. 31, 8400 Regensburg - Geb. 14. Aug. 1932 Toronto, kath., verh. s. 1959 m. Prof. Dr. Ursula, geb. Schöttler, Musikhistorikerin, 3 Töcht. - B.A. 1955 Univ. Toronto; Dr. phil. 1961 Univ. Wien; Dr. h.c. 1986 Univ. Pavia - 1963 Library of Congress, Washington; 1963-67 Prof. Univ. Southern Calif., Los Angeles; 1967-83 Duke Univ., Durham, N.C.. Mitgl. d. Ges. z. Herausg. v. Denkmälern d. Tonkunst in Österr. - BV: Fuge u. Fugato in d. Kammermusik d. Rokoko u. d. Klassik, 1966 (rev. engl. Ausg. 1979); L'Aria di Fiorenza, 1972; Madrigali a diversi linguaggi, 1975 - 1955 u. 1957 Stip. Dt. Akad. Austauschdst., 1960 d. Canada Council, 1970 u. 1983 d. National Endowment f. the Humanities, 1974 d. American Council of Learned Societies, 1975 u. 1982-83 Visiting Scholar, Harvard Univ. Center f. Ital. Renaiss. Stud. Florenz, 1987 Ehrenmitgl Accad. filarmonica Bologna, 1988/89 Akademiestip. VW-Stiftg. - Liebh.: Kunst- u. Lit.gesch., Bergsteigen - Spr.: Engl., Ital., Lat., etw. Franz. u. Griech. - Lit.: G. Kuykendall, History of the Kuykendall Family (1919); Riemann-Musiklexikon, D. Musik in Gesch. u. Gegenw., New Grove Dictionary of Music.

KIRMSE, Gerda Adelheid

Dr. med., Allgemeinärztin i. R., Malerin, fr. Schriftstellerin (Ps. Adelheid Ringloo) - Berliner Str. 22, 6800 Mannheim 1 (T. 0621 - 41 39 67) - Geb. 21. Febr. 1918 Rautenkranz, ev., led. - 1937-39 Pharmazeut. Tätigk.; pharmazeut. Vorex. 1939; Stud. Med. 1939-43 Univ. Freiburg, München, Heidelberg; Staatsex. u. Promot. 1943 Freiburg; Klin. Ausb. in Simmern u. Mannheim; 1978-83 11 Sem. Zeichnen VHS Mannheim u. Weinheim - Ärztl. Tätigk., zul 1952-78 Allgemeinpraxis in Mannheim; Leit. Haiku-AG Heidelberg Akad. f. Ältere (s. 1988) - BV: Mancherlei Blätter, 1970; V. Unterwegs, 1970; Im Lande Wilhelm Tells, 1977; Werkzeug Wir, 1979; Zeitenlauf, 1981; Pälzer Allerlei (Adelheid Ringloo), 2. A. 1986; Gottfried Benn, Arzt u. Dichter, 1986; Wanderschaft u. Einkehr, 2. A. 1988; D. Botin, 1988. Einzelausst. Weinheim (1982 u. 83), Weinstadt-Endersbach (1983), Mannheim (1985), sow. populärwiss. Vortragstätigk. - Spr.: Engl., Franz., Lat., Ital., Griech. - Bek. Vorf.: Christian Beyer, Kassel (Onkel) - Lit.: Margret Buerschaper: D. dt. Kurzged. in d. Tradition japan. Gedichtformen (1987).

KIRMSE, Wolfgang

Dr. phil., o. Prof. f. Organ. Chemie - Äskulapweg 1, 4630 Bochum (T. 702461) - Geb. 26. Juni 1930 - S. 1959 (Habil.) Lehrtätigk. Univ. Mainz, Marburg (1964 ao., 1967 o. Prof., Bochum (1970 o. Prof.). Facharb..

KIRNER, Georg-Simon

Kaufm. Angestellter, Schriftsteller (Ps. Simon Jennerwein) - Eichhörnchenweg 22, 8011 Baldham (T. 08106 - 16 14) - Geb. 12. Febr. 1936 Holzkirchen (Vater: Georg K.; Mutter: Anna, geb. Danzl), kath., verh. s. 1965 m. Renate, geb. Dietrich - BV: Meine Freunde, d. Kopfjäger, 1980 (auch in franz.); Ladakh - Allein durch d. Land d. Götter u. Dämonen, 1981 (als Taschenb. d. Monats ausgez.) - Fernsehen: Samstagsclub, Drehscheibe, Abendschau, sow. versch. Kulturmagazine u. 21 Radiosend. - Liebh.: Musik - 1980 Gold. Sportabz. - Spr.: Engl., Franz.

KIRSCH, Arnold

Dr. rer. nat., em. Univ.-Prof., Mathematik m. Schwerpunkt Didaktik - Asternweg 12, 3500 Kassel-Ha. (T. 0561 - 88 62 17) - Geb. 13. Jan. 1922 Sagan/Schles. (Vater: Dr. med. Robert K., Augenarzt; Mutter: Marianne, geb. Richter), ev., verh. s. 1952 m. Gerta, geb. Eickhoff, 3 Kd. (Andreas, Susanne, Dorothea) - Schule Sagan (Abit. 1939); 1945-51 Univ. Göttingen u. Bern (Math., Physik). Promot. 1951 Bern - 1953-63 Lehrer an höh. Schulen; 1963-66 Studienrat im Hochschuldst.; 1966-71 Prof. PH Göttingen; s. 1971 Prof. Gesamthochsch. Kassel (Univ.); Mitgl. zahlr. wiss. Gremien - BV: Elementare Zahlen- u. Größenbereiche, 1970; 'Affine Geometrie d. Ebene (m. F. Zech), 1972; Mathematik wirklich verstehen, 1987. Üb. 80 Fachaufs. - Spr.: Engl.

KIRSCH, Augustin

Dr. phil., Prof., Direktor Bundesinst. f. Sportwiss. Köln 41 (Müngersdorf) (s. 1973), Honorarprof. Dt. Sporthochsch. Köln, Präs. Dt. Leichtathletik Verb. (1970-85), Vizepräs. Nat. Olymp. Kom. (s. 1977), Präs. Weltrat f. Sportwiss. u. Leibeserziehung (s. 1983) - Carl-Diem-Weg 4, 5000 Köln 41; priv.: Bernard-Eyberg-Str. 23, 5060 Berg.-Gladbach (T. 02204 - 6 77 11) - Geb. 14. Sept. 1925 Oberhausen/Rheinl. (Vater: Augustin K., Stadtoberinspektor; Mutter: Anna, geb. Haubrich), kath., verh. s. 1952 m. Ingeborg, geb. Kapuste, 3 Kd. (Kerstin, Wolfgang, Christian) - 1947-50 Sporthochsch. Köln (Dipl.-Sportlehrer) - 1946-51 Univ. Köln (Gesch., Engl.). 1. u. 2. Staatsex.; Promot. 1952 - 1953-64 Stud.ass. u. -rat, 1964-73 Oberstud.rat u. Studienprof.; s. 1973 Dir. Bundesinst. f. Sportwiss., Köln - BV: Jugendleichtathletik, 4. A. 1974; Method. Übungsreihen in d. Leichtathl., 6. A. 1980; Grundriß d. Sportunterrichts, 3. A. 1975; Lernziele u. -prozesse im Sport d. Grundsch., 1975; Medien in Sportunterr. u. Training, 1984; AV-Päd. Sportunterr., 1976. Zahlr. Sportlehrfilme u. Arb.-streifen - 1948 Dt. Meister 4 × 400 m-Staffel - 1982 Gr. BVK I. Kl. - Spr.: Engl.

KIRSCH, Botho

Redakteur, Leiter Osteuropa-Redaktion Deutsche Welle, Köln - Zum Eschental 9, 5063 Overath (T. 02206 - 34 41) - Geb. 22. Dez. 1927 Königsberg/Pr. (Vater: Fritz K.), verh. m. Gerda, geb. Köters - Stud. Soziol. u. Nationalök. Berlin u. Heidelberg - Korresp. Frankfurter Rundschau u. Stuttgarter Ztg. Moskau (1960-61), 1962 Auslandsred. Spiegel, gegenw. wie oben - BV: Sturm üb. Eurasien - Moskau u. Peking im Kampf um d. Weltherrschaft, 1970; Kalter Friede - was nun? - D. Konfliktstrategie d. Sowjets, 1974; China - Gefahr oder Chance?, 1976; Zw. Marx u. Murks - So wirtschaftet d. Osten, 1980; Westdrall-Ostdrift, 1985; D. Gorbatschow-Masche, 1987.

KIRSCH, Erich A.

Bürgermeister a. D., Großhandelskaufm., Inh. Erich Kirsch KG., Großhdls.haus f. Fahrzeugbedarf, Müllheim/Baden, gf. Ges. Zweirad-Ring GmbH - Oelbergstr. 18a, 7840 Müllheim - Geb. 2. Mai 1910.

KIRSCH, Hans-Christian

Schriftsteller (Ps. Frederik Hetmann) - Mittelstr. 27, 5431 Nomborn (T. 06485 - 12 62) - Geb. 17. Febr. 1934 Breslau, verh., 2 Kd. - 1954-60 Stud. Sprachen, Politik, Päd. - Zeitw. Verlagslektor. Ausgedehnte Aufenth., u. a. Engl., Frankr., Span., Griechenl., USA - BV/Ged.: Hekates Gesang, Aber mein Lied ist nicht gelb; R.: Mit Haut u. Haar, Blues f. Ari Loeb, Bericht f. Telemachos, Deutschlandlied, Einladung n. Irland, Ich habe sieben Leben, D. Gesch. d. Ernesto Che Guevara, Und küßte d. Scharfrichters Tochter, 1978; Rosa Luxemburg u. ihre Zeit, Biogr., 1976; Mit Haut u. Haar (Neuaufl. 1977); Freispruch f. Sacco + Vanzetti, 1978; Georg B. oder Büchner lief zweimal v. Gießen n. Offenbach u. wieder zurück, 1981; Tilman Riemenschneider - E. dt. Schicksal, 1981; William Morris - e. Mann gegen d. Zeit, 1982; Bettina u. Achim, 1983; Hinter d. Schwarzdornhecke. Irische Märchenerzähler - ihre Geschichte u. ihre Geschichten, 1984; Schlafe, meine Rose. D. Leben d. Elisabeth Langgasser, 1984. Märchenbücher; Sachb.: Bildung im Wandel, Schule gestern, heute, morgen (1979). Herausg.: Der spanische Krieg in Augenzeugenberichten (1967); Mithrsg.: Lyr. Blätter (1956ff.) - 1962 Eichendorff Lit.preis, 1965 Jugendbuchpreis (f. Amerika-Saga), 1973 Dt. Jugendbuchpreis, Friedrich-Gerstäcker-Preis, 1976 - 1971 Mitgl. PEN-Zentrum BRD.

KIRSCH, Joachim

Dr. med., Dr. med. dent., Chefarzt i. R., Honorarprof. f. Chir. Med. Hochsch. Hannover - Am Speckenberg 10, 3033 Schwarmstedt (T. 16 16) - Geb. 27. Nov. 1907 Chemnitz (Vater: Dr. med. dent. Ernst K., Zahnarzt), ev., verh. s. 1937 m. Dr. Ursula, geb. Günther, 3 Kd. (Jens, Angret, Amrei) - Staatsgymn. Chemnitz; Univ. Greifswald, Edinburgh, Halle, Leipzig. Dr. med. dent. 1931, Dr. med. 1936; sportakad. geprüfter Turn- u. Sportlehrer - S. 1945 Chefarzt Chir. Abt. Ausweichkrkhs. Schwarmstedt u. Krkhs. Oststadt Hannover (1959). Zahlr. fachwiss. Veröff. - 1958 DRK-Ehrenz., 1972 Gr. Verdienstkr. d. Nieders. Verdienstordens, 1967 Fellow Royal Soc. of Med. - Liebh.: Segeln - Spr.: Engl.

KIRSCH, Karl

Dr. med., Univ.-Prof. f. Physiologie FU Berlin - Kadettenweg 60, 1000 Berlin 45 - Arbeitsgeb.: Angew. Physiol., Weltraum-, Arbeits-, Sport-, Klimaphysiol.

KIRSCH, Sarah

Schriftstellerin - Zu erreichen üb. Dt. Verlags-Anstalt, Neckarstr. 121-25, 7000 Stuttgart 1 - Geb. 16. April 1935 Limlingerode, S. Moritz - Univ. Halle (Biol.; Dipl.) - Stud. Biologie (Dipl.) - B. 1977 DDR, dann BRD - Neben Erz. u. Kinderb. vornehml. Ged.: Landaufenthalt, 1967; D. Vögel singen im Regen am schönsten, 1968; Es war d. merkwürd. Sommer, 1974; Rückenwind, 1977; Drachensteigen, 1979; Erdreich, 1982; Katzenleben, 1984; Irrstern, 1986; Allerlei-Rauh, 1988; Schneewärme, 1989 - 1976 Petrarca-Pr., 1983 Gandersheimer Lit.pr. (Med.), 1984 Hölderlinpr. Bad Homburg.

KIRSCH, Theodor

Dr. med., Dr. med., dent., o. Prof. f. Zahn-, Mund- u. Kieferheilkd. - Rob.-Koch-Str. 40, 3400 Göttingen (T. 392852) - Geb. 5. Mai 1912 Hoffenheim - S. 1953 (Habil.) Lehrtätigk. Univ. Heidelberg (apl. Prof.), Mainz (1964 ff. ao. bzw. o. Prof.), Göttingen (1968 o. Prof.) - BV: D. Begutacht. in d. ZMK-heilkd., 1961; Strahlengefährd. u. -schutz in d. zahnärztl. Praxis, 1962; D. Chemotherapie in d. Zahn-, Mund- u. Kieferheilkd. 2. Norddt. Therapiegespr. 1971, 1972; Beitr. z. Fehlentw. d. Kiefer nach Spaltoperat. Fortschritte d. Kiefer- u. Gesichtschirurgie, Bd. XVI/XVII 1973; Diagnostik u. operat. Indikat. d. odontogen. u. rhinogen. Kieferhöhlenerkrank. Laryngolog.-Rhinolog., Otologie, 1973. Fachaufs.

KIRSCH, Werner

Dr. oec. publ., o. Prof. f. Betriebswirtschaftslehre - Wartaweil 25a, 8036 Herrsching (T. 08152 - 34 09) - Geb. 13. Dez. 1937 Augsburg (Vater: Erwin K.; Mutter: Lotte, geb. Böhner), verh. m. Barbara, geb. Frowein - S. 1968 (Habil.) Lehrtätigk. Univ. München (Privatdoz.), Mannheim (1969-75 Ord.) u. Univ. München (s. 1975 Ord.) - BV: Entscheidungsprozesse, 3 Bde. 1970/1971; Betriebswirtschaftl. Logistik, 1973.

KIRSCH, Winfried

Dr. phil., Prof. f. Musikwissenschaft - Ringstr. 34b, 6365 Rosbach 3 (T. 06007 - 73 71) - Geb. 10. April 1931 Dresden - Stud. u. musikal. Ausbild. (Klav., Dirig.). Promot. (1958) u. Habil. (1971) Frankfurt - S. 1971 Lehrtätigk. Univ. Frankfurt. Chordirig. Bücher u. Aufs.

KIRSCH, Wolfgang

Senator a. D., Rechtsanw. u. Notar, Präs. Ehrengerichtshof f. Rechtsanw. in Berlin - Winfriedstr. 23, 1000 Berlin 37 (T. 8113613) - Geb. 12. Sept. 1913 Berlin (Vater: RA) - Univ. Berlin u. München - 1939-45 Wehrdst., 1946-48 Richter u. Staats-, dann Rechtsanw. Berlin, dazw. 1963-67 Senator f. Justiz. Zeitw. Bezirksverordn. Zehlendorf. FDP (1967 Bezirksvors. Zhldf.).

KIRSCH, Wolfgang

Dr. jur., Oberkreisdirektor Kreis Warendorf - Londoner Str. 21, 4410 Warendorf 1 - Geb. 18. Febr. 1950 Frankfurt, kath., verh. s. 1972, 4 Kd. - 1968-74 FU Berlin u. Univ. Bonn; 1. jurist. Staatsex. 1974, 2. Staatsex. 1977, Promot. 1978 - 1978-80 Regierungsrat z.A. Bundesamt f. Zivilschutz; 1980-86 Stadtdir. Stadt Wipperfürth; s. 1987 Oberkreisdir. Kreis Warendorf.

KIRSCHBAUM, Hertha,

geb. Wittmann

Verlagsangestellte, Schriftstellerin (Ps. Wittmann-Kirschbaum) - Adalbertstr. 54, 8000 München 40 (T. 089 - 271 01 51) - Geb. 14. Dez. 1921 Triest (Mutter: Rosa Wittmann), verh. s. 1951 m. Karl K., S. Christian - Handelsschule - Bis zur Verheiratung stmk. Landesbeamtin (Verwaltungsdienst), heute Verlagstätigk., Schriftst. - BV: 13 Lyrikbd., zul. Tanz d. Lichts, 1981; 13 Prosabd. (meist im Selbstverlag), kl. Sonderdrucke, Anthol., Bildwerke. Dia-Vorträge. Herausg. - Förderungskreis Knittelfeld Steiermark - Liebh.: Musik, Wandern, Bergsteigen, Bücher.

KIRSCHKE, Dieter

Dr. sc. agr., Prof. f. Agrarökonomie TU Berlin - Podbielskiallee 64, 1000 Berlin 33 - Geb. 18. Juli 1952, ev., verh. m. Kristina, geb. Gade, 2 Töcht. - Stud. Agrarwiss. u. Volkswirtsch.lehre Göttingen; Dipl.-Ing. agr. 1976, Dipl.-Volksw. 1978; Promot. 1981, Habil. 1985 Kiel - 1976-79 Wiss. Tätigk. Univ. Göttingen, 1979-85 Univ. Kiel, 1981/82 Univ. of Calif. Berkeley, s. 1985 TU Berlin; 1985-87 operationale Tätigk. in d. europ. Entw.hilfe (EG-Kommiss.). Arbeitsgeb.: europ. u. intern. Agrarpolitik, Politiken z. Förd. d. Agrarentw.

KIRSCHKE, Georg

Dipl.-Kfm., Mitgl. d. Vorst. d. Esüdro (Einkaufsgen. Dt. Drog. eG), Hockenheim; Mitgl. d. Vorst. d. ZDD (Zentralgen. Dt. Drog.), Mannheim; Geschäftsf. d. EDHC Esüdro-Droga Handelscenter, Neuss - Widderstr. 19, 5020 Frechen-Königsdorf - Geb. 21. Juli 1930 Berlin (Vater: Paul K., Fleischermeister; Mutter: Else, geb. Wellssow), ev., verh. s. 1952 m. Gisela, geb. Dittmer - Abit.; Kaufm. Lehre; Hochsch. (Betriebsw.).

KIRSCHNER, Hartwig

Dr. med., Prof., Chefarzt Chir. Abt. Allg. Krankenhaus Altona - Westend 3, 2000 Hamburg 2 - Geb. 28. Juli 1922 - B. 1965 Privatdoz., dann apl. Prof. Univ. Hamburg. Fachveröff.

KIRSCHNER, Horst

Dr. med. dent., Prof. f. Zahnärztl. Chirurgie-Oralchir. Univ. Gießen - Richard-Wagner-Str. 24, 6300 Gießen - Geb. 20. Aug. 1932 Langen 1976 Lehrst. ZMK (Oralchir.) Univ. Gießen; o. Prof. u. Dir. ebd. 83 wiss. Arb. (auch Buchbeitr.). Arbeitsgeb: klin. u. exper. Oralchir. - 1968 Miller-Preis; 1972 Prix du Girso; 1982 Jahresbestpreis Dt. Ges. ZMK.

KIRSCHNER, Klaus

Werkzeugmacher, MdB (s. 1976) - Bozenhardstr. 39, 7238 Oberndorf/N. - Geb. 4. Nov. 1941 Aistaig/N., ev., verh., 1 Tochter - 1955-76 Industrietätigk. (Betriebsrat), dazw. 1965-66 Wehrdst., Versich.vertr. AOK Rottweil, Mitgl. Bundes- u. Landesvorstand d. Arbeitsgr. f. Arbeitn.fragen in d. SPD. SPD s. 1962 (Kreisvors.), s. 1971 Stadtrat Oberndorf.

KIRSCHNER, Peter
Dr. med., Prof., Chefarzt Abt. Unfallchir. St. Vincenz Krkhs. Mainz (s. 1982) - Am Fort Weisenau 7, 6500 Mainz - Geb. 22. April 1941 St. Joachimsthal (Vater: Dr. med. Walter K., Arzt; Mutter: Agnes, geb. Runkl), kath., verh. s. 1967 m. Hanna, geb. Klier - Stud. Univ. Frankfurt/M., Freiburg u. Gießen. Staatsex. 1967 u. Promot. 1968 Univ. Gießen; Habil. 1978 Mainz - 1967-71 St. Marienkrkhs. Siegen, 1971-75 Chir. Univ.klinik Mainz, 1975-81 Unfallchir. Univ.klinik Mainz.

Vors. Enquete-Kommiss. Strukturreform Gesundheitswesen.

KIRSCHNER, Valentin
Präsident Landesarbeitsgericht Rhld.-Pfalz a. D. - Jahnstr. 41, 6500 Mainz-Gonsenheim (T. 41553) - Geb. 12. Juni 1909 Dichtelbach/Hunsrück (Vater: Johann K.; Mutter: Maria, geb. Daniel), kath., verh. s. 1939 m. Margarete, geb. Nillius, 2 Kd. (Hans-Valentin, Eva-Maria) - Univ. Bonn (Rechts- u. Staatswiss.). Ass.ex. 1936 Düsseldorf - 1936-39 Gerichtsass. Saarbrücken, Köln, Kirchberg, Koblenz; 1939-49 Landgerichtsrat Koblenz; 1949-52 Oberregierungsrat Koblenz u. Mainz. Zeitw. Lehrbeauftr. Hochsch. f. Verwaltungswiss., Speyer; Mitgl. Justizprüfungsamt Rhld.-Pf. - Rotarier.

KIRSCHNER, Werner
Dipl.-Ing. Verfahrenstechnik TU Braunschweig, MdL Nieders. (s. 1974), Vorst. SPD-Landtagsfraktion - Ostlandstr. 23, 3152 Ilsede 1 (Ölsburg) - Sprecher f. d. Ber. Wiss. u. Kunst (SPD-Landtagsfrakt.); Vors. Fachaussch. Sport d. SPD in Nieders., Vors. SPD-Kreistagsfraktion Peine; AR-Mitgl. Überlandwerke Braunschweig.

KIRSCHSTEIN, Bettina
Dr. phil., Prof. f. Dt. Philologie (Ältere dt. Sprache u. Lit.) FU Berlin - Undinestr. 9, 1000 Berlin 45.

KIRSCHSTEIN, Rüdiger
Schauspieler, Regisseur, Autor - Wartenburgstr. 17, 1000 Berlin 61 (T. 030 - 215 80 07) - Geb. 11. Jan 1941 Bochum, verh. s. 1967 m. Rita, geb. Leska - Folkwang-Hochsch. Essen-Werden, Dramat. u. Schauspielausb. - Tätigk. an versch. Theatern, Mitbegr. d. neuen krit./inhaltl. Schauspielarb. (Schaubühne am Halleschen Ufer Berlin); s. 1972 freischaffl. Künstler: Theater, Film, Fernsehen - 1983 Brummi-Preis d. Fernfahrer-Innung; 1987 Montevideo Viglieti-Pr. f. intern. Kulturschaffen - Spr.: Engl., Span., Franz.

KIRST, Otto
Staatssekretär Hess. Min. f. Wirtschaft u. Technik - Kaiser-Friedrich-Ring 75, 6200 Wiesbaden - Geb. 16. Mai 1929 Frankfurt/M.-Höchst, ev., verh., 3 Kd. - Volljurist; Vorst.-Vors. Vereinig. d. Freunde d. Tong-Ji-Univ. Shanghai.

KIRST, Reiner F.
Chefredakteur Main-Post, Schweinfurter Tagblatt, Main-Tauber-Post (s. 1987) - Berner Str. 2, 8700 Würzburg (T. 0931 - 60 01-3 40) - Geb. 21. Juni 1951 - Stud. German., Roman., Phil., Päd. Univ. Frankfurt; Staatsex. f. Lehramt an Gymn. - 1973-76 Publik Forum; 1978-87 Frankf. Allgem. Ztg. B. 1987 Bundes-

vorst. Dt. Journalistenverb.; s. 1988 Mitgl. Dt. Unesco Kommiss.

KIRSTE, Rudolf
Dr., Dipl.-Chem., Univ.-Prof. Univ. Mainz - Hegelstr. 42, 6500 Mainz - Geb. 15. April 1935 Berlinchen/Neumark (Vater: Gustav K., Pfarrer; Mutter: Herta, geb. Ullrich), ev., verh. s. 1977 m. Ulrike, geb. Weis, 2 Kd. (Vinzenz, Dominique) - Studium Humboldt-Univ. Berlin; Promot. 1960 Mainz; Habil. 1965 ebd. - 1966-71 Privatdoz., 1971 apl. Prof., 1988 Univ.-Prof. f. Phys. Chemie (Entd.: Bestimmung d. Konformation von Makromolekülen im amorphen Festkörper durch Neutronenstreuung, 1972) - Spr.: Engl.

KIRSTEN, Till A.
Dr. rer. nat., Prof., Physiker, Wiss. Mitarb. MPI f. Kernphysik, Heidelberg (Arbeitsgruppenleit.; s. 1970) - Saupfercheckweg 4, 6900 Heidelberg - Geb. 2. April 1937 Leipzig (Vater: Kurt K., Steuerberater; Mutter: Elsa, geb. Heidler), verh. s. 1976 m. Emiko, geb. Fujie, T. Nadja - Stud. Univ. Göttingen, Heidelberg; Dipl.-Phys. 1961 u. Promot. 1964 Heidelberg. MPI Kernphysik, 1975 apl. Prof. Univ. Heidelberg; Principal Investigator, NASA Lunar Program (1971-85); Projektleiter Gallex Solar Neutrino Experiment - Entd.: Doppelter Betazerfall - 1970 Röntgenpreis Univ. Gießen - Liebh.: Schach - Spr.: Engl.

KIRSTEN, Wolfgang
Vorsitzer d. Geschäftsf. u. pers. haft. Gesellsch. Franz Kirsten, elektrotechn. Spezialfabr., Konsul v. Uruguay - Franz-Kirsten-Str., 6530 Bingen-Bingerbrück/Rh. (T. 06721 - 301-200); priv.: Elisenhöhe 8 - Mitgl. Vollvers. IHK Mainz u. Koblenz, DIHT, Bonn; Beiratsmand. VDA, Frankfurt; VEM, Koblenz; Dresdner Bank Südwest; TÜV Rheinland - Rotarier.

KIRTSCHIG, Kurt
Dr.-Ing., Dipl.-Ing., Prof. TU Hannover - Westermannweg 31, 3000 Hannover 21 (T. 791753) - Geb. 15. Febr. 1928 Breslau (Vater: Hermann K., Maurerpolier; Mutter: Viktoria, geb. Twardawa), kath., verh. s. 1955 m. Sigrid, geb. Fahlbusch, 2 Kd. (Jürgen, Bärbel) - Stud. Bauing.wesen TU Hannover; Promot. 1961; Habil. 1971.

KIRZINGER, Sebastian
I. Bürgermeister Stadt Mainburg (s. 1978) - Rathaus, 8302 Mainburg/Ndb. - Geb. 5. Nov. 1940 Mainburg - Zul. Sparkassenangest. CSU.

KISCH, Horst
Dr. phil., Prof. f. Anorganische Chemie - Gleiwitzer Str. 31a, 8520 Erlangen (T. 09131-30 31 80) - Geb. 31. Juli 1942 Bistritz/Siebenb., ev., verh. s. 1967 m. Hille, geb. Seiler, 3 Töcht. (Hille, Hedda, Heidrun) - Stud.; Promot. 1969 Univ. Wien; Habil 1977 Univ. Dortmund - 1968-84 wiss. Mitarb. Max-Planck-Inst. f. Strahlenchemie; 1972 Forschungsaufenth. an d. Univ. of Calif., San Diego;

1983 Gastdoz. Inst. of Physical and Chemical Res., Japan; 1984 Prof. Univ. Erlangen-Nürnb., Inst. f. Anorg. Chemie.

KISEL, Gerhard
Marketing-Direktor, Geschäftsf. 4P Nicolaus Kempten - Schraudolphstr. 5, 8960 Kempten (T. 0831-2 67 38) - Geb. 16. März 1938 Kempten, kath., verh. s. 1962 m. Karin, geb. Matzig, 2 T. (Angela, Petra) - Banklehre (Hypo-Bank Kempten) 1955-58; Stud. Betriebswirtsch. (berufsbegleit.) VWA Augsburg, Ndl. Kempten 1964-68 (Betriebsw. VWA) - S. 1977 Vorstandsmitgl. FFI (Fachverb. Faltschachtel-Ind.), s. 1980 Mitgl. Executive Committees d. ECMA (European Carton Makers Assoc.), s. Nov. 1984 Präs. ECMA - Spr.: Engl.

KISHON, Ephraim

Schriftsteller, Theater- u. Filmregisseur - Hamitnadev 48, Afeka/Israel (T. 03 - 41 23 32) - Geb. 23. Aug. 1924 Budapest (Vater: David K., Bankdir.; Mutter: Elisabeth, geb. Steiner), jüd., verh. s. 1959 in 2. Ehe m. Sarah, geb. Lipovitz, 3 Kd. (Rafi, Amir, Renana) - Kunsthochsch. u. Univ. Budapest (Kunstgesch.) - Dipl.-Lehrer f. Metallskulpturen - BV: 48 Bücher in 30 Sprachen, u.a. Satiren: Drehn Sie sich um, Frau Lot, 1962; Wie unfair, David, 1967; D. Blaumilchkanal, 1972; Kein Öl, Moses? 1974; Abraham kann nichts dafür, 1984; Beinahe d. Wahrheit, 1985; Picasso war kein Scharlatan, 1986; Paradies neu zu vermieten, Kamel im Nadelöhr - 5 Filme u. zahlr. Theaterst. - Intern. Preise, z. B. dt. Oskar - Liebh.: Schachcomputer, Billard, Pferde - Spr.: Engl., Deutsch, Ungar., Hebr. - Bek. Vorf.: Immanuel Silberstein, Wunderrabbi (Urgroßv.).

KISKALT, Hans
Dr. jur., Stadtrat a. D., Rechtsanw. u. Notar (s. 1971) - Hammarskjöldring 47, 6000 Frankfurt/M. (T. 576769) - Geb. 2. Juni 1921 Freiburg/Br., ev., verh. s. 1949 m. Antoinette, geb. Ullrich, S. Bernd - Stud. Rechtswiss. Beide Staatsex. - 4 1/2 J. Kriegsdst. (Panzereinheit); 1950 Reg.ass. Freiburg, 1957 Stadtrechtsrat das., 1959 Polizeipräs. Darmstadt, 1963 Reg.vizepräs. ebd., 1965 Stadtrat Frankfurt. S. 1971 RA u. Notar Frankfurt. CDU - BV: Kommentar z. Gewerbeordnung (3 A.); Dt. Polizeirecht; D. Haus in Islington, R.; D. Aufstand 20.07.44, Schausp.; Kom., Prosa, Lyrik - Liebh.: Musik (selbst ausübend).

KISKER, Gunter
Dr. jur., o. Prof. f. Öfftl. Recht Univ. Gießen (s. 1967) - Waldstr. 74, 6301 Leihgestern (T. 06403 - 61030) - Geb. 20. Febr. 1925 Bielefeld - Habil. 1967 Tübingen. Fachveröff.

KISKER, Klaus Peter
Dr. rer. pol., Prof. f. Allg. Volkswirtschaftslehre, Polit. Ökonomie FU Berlin (Spez. Arbeitsgebiet: Nationale u. intern. Konzentration, Gewerkschaftspoli-

tik) - Eiderstedter Weg 12, 1000 Berlin 38 (T. 030 - 802 71 55) - Geb. 16. Nov. 1932 Bielefeld, verh. m. Barbara Steinhardt-K. - Promot. 1963; Habil. 1970 - BV: D. Erbschaftsteuer als Mittel d. Vermögensredistribution, 1964; SPD in d. Krise, 1976; Multinationale Konzerne, 1982; Wirtschaftswunder Berlin?, 1987. Zahlr. Einzelarb. z. Konzentration, Gewerksch.politik, Vermögensverteilung, EG 92. Herausg. Ztschr. f. sozialist. Politik u. Wirtsch.

KISS, Gabor
Dr. phil., o. Prof. f. Soziologie PH Ruhr, Dortmund - Marktstr. 258, 4630 Bochum - Zul. Wiss. Rat u. Prof. Univ. Bielefeld.

KISSACK, Brian
Bankkaufm., Vorstandsvorsitzender Chemical Bank Aktiengesellschaft, Frankfurt (s. 1982) - Max-Baginski-Str. 46, 6232 Bad Soden/Ts. (T. 06196-2 84 14) - Geb. 24. Juni 1943 Douglas, Isle of Man, verh. s. 1968 m. Noele, geb. Tutton, 2 Kd. (Nicola, Christopher) - BA Univ. London, Lehrerex. ebd. - S. 1966 Citybank London; 1976-78 Citybank Frankfurt; s. 1981 Geschäftsleit. Chemical Bank ebd.; s. 1982 Vors. Vereinig. d. Auslandsbanken in Dtschl., ebd. - Spr.: Deutsch, Franz.

KISSEL, Otto Rudolf
Dr. jur., Prof., Präsident Bundesarbeitsgericht - Graf-Bernadotte-Platz 5, Bundesarbeitsgericht -, 3500 Kassel-Wilh. (T. 561-306-200/201) - Geb. 8. Jan. 1929 Frankfurt/M., ev., verh. s. 1956, 1 Kd. - BV: Neuere Territorial- u. Rechtsgesch. d. L. Hessen, 1962; Komment. z. Hess. Beamtenges. u. z. Hess. Disziplinarord., b. 1971; Recht u. Verw. in Hessen, b. 1971; D. dreistuf. Aufbau in d. ord. Gerichtsbark., 1972; Üb. d. Zukunft d. Justiz, 1974; Immer Ärger m. d. Beamten, 1976; Ehe u. Ehescheidung, 2 Bde. (zus. m. and.), 1977; Kommentar z. Gerichtsverfass.gesetz, 1981; D. Justitia, Reflexionen üb. e. Symbol, 1984; div. Aufs. - 1984 Gr. BVK; 1982 Honorarprof. Univ. Gießen.

KISSELER, Marcel
Dr., Geschäftsf. Präsidiumsmitglied Zentrale zur Bekämpfung unlauteren Wettbewerbs e. V., Gf. Vorstandsmitgl. Dt. Schutzverb. gegen Wirtschaftskriminalität e. V., beide Frankfurt - Quellenweg 5, 6380 Homburg v. d. H. (T. 06172 - 12 15 0) - Geb. 7. Sept. 1927.

KISSENER, Hermann
Schriftsteller, Verleger (Vizepräsident Drei-Eichen-Verlag AG., Engelberg/Schweiz) - Neuschwändistr. 6, CH-6390 Engelberg - Geb. 5. Jan. 1915 Alsdorf/Rhld., gottgl., verh. s. 1946 m. Gabriele, geb. Isslinger, 3 Kd. - Höh. Handelslehranst. Bautzen; Kurse Univ. Straßburg - W: Abendrot, Ged. 1931; Erinnerung, Ged. 1934; D. verlorene Weg, R. 1940; Lichtfeuer, Sch. 1945; Tauperlen, Ged. 1946; Tier-ABC, Ged. 1947; Puzi u. Muzi, Erz. 1949; Bei d. Wurzelmännern, Ged. 1950; Saat in d. Wind, R. 1958; Saat unter Dornen, R. 1959; D.

Logik d. großen Pyramide, Ess. 1965; D. Logik v. Buchstabe u. Zahl, Ess. 1966; D. Logik Daniels u. d. Pyramide, Ess. 1967; D. Doppelgesicht d. Papsttums - 2000 Jahre Einblick in Abgründe, 1970; Ursache u. Wirkung, R.tril. 1973; Pyramidol., 1975; Lebenszahlen, 1974; Prophezeiungen, 1977; Charakterkunde, 1978. Herausg.: Ztschr. Zu freien Ufern (s. 1951; gleichz. Schriftl.) - Liebh.: Malerei, Reisen.

KISSLING (ß), Reinhold

Dr. agr., Dipl.-Landwirt, Vorstandsvorsitzender Südd. Zuckerrübenverwertungsgenoss. eG, Ochsenfurt/Main - 6927 Bad Rappenau-Bonfeld - Geb. 10. Okt. 1926 - AR-Vors. WLZ Raiffeisen AG, Stuttgart, AR Südzucker AG Mannheim/Ochsenfurt, Südwestbank AG, Stuttgart 1, Genoss. Zentralbank AG, Stuttgart, Stuttgart 1 - BVK I. Kl.; Senator e. h. Univ. Hohenheim.

KISSLINGER, Karl

Bundestagsabgeordneter (s. 1983; Landesliste Bayern) - Bundeshaus, 5300 Bonn 1 - SPD.

KISTENMACHER, Hans

Dr. rer. pol., Prof. f. Raum- u. Umweltplanung Univ. Kaiserslautern - Friedrich-Ebert-Str. 1, 6719 Neulingen - Zul. Prof. TU Hannover.

KISTER, Willi

Dipl.-Ing., Vorsitzender d. Geschäftsführung Digital Equipment GmbH - Freischützstr. 91, 8000 München 81 - Geb. 11. April 1942 Bochum, verh., 1 T. - Stud. Elektrotechnik TH Aachen; Ausb. z. Hardware- u. Software-Projekting. - S. 1969 Digital Equipment GmbH, 1970-73 Vertriebsbüro Hannover, europ. Marketing Manager f. techn.-wiss. Datenverarb., 1974-80 Europa-Manager Europazentrale Genf, 1980 Vors. d. Geschäftsfg.; AR-Mitgl. Digital Equipment Intern. GmbH Kaufbeuren, europ. Zentrum f. Technol. u. Fertigung v. Speichergeräten, Vorst.-Mitgl. Fachgem. BIT im VDMA.

KISTERS, Theodor

Dipl.-Ing., stv. Vorstandsmitglied Dt. Babcock Anlagen AG, Oberhausen - Flensburger Zeile 21, 4150 Krefeld-Bockum (T. 02151-4 22 58) - Geb. 15. Juli 1935 Krefeld, verh., 3 Kd. - Div. Patente.

KISTLER, Alfons

I. Bürgermeister Stadt Abensberg (s. 1978) - Rathaus, 8423 Abensberg/Ndb. - Geb. 9. Dez. 1915 Deutldorf - Zul. Redakt. CSU.

KISTLER, Fritz

Präsident a. D. - Dar-es-Salaam-Str. 10, 8000 München 82 (T. 430 48 26) - Geb. 1. Juli 1912 München - Abit. - S. 1931 Stadtspark. München (1953 Dir., 1957 Leit., 1970 Vorst.-Vors./Präs.). Ehrenämter u. Mandate u. a. s. 1960 AR Continentale Lebensversich. a.G., München, s. 1962 Gemeinnütz. Wohnungsverein München 1899, s. 1985 AR-Mitgl. Münchner Kapitalanlage AG, München, s. 1986 Continentale Krankenversich. a.G., Dortmund - 1974 Bayer. Verdienstord., 1977 Dr.-Chr.-Eberle-Med. in Gold, 1977 München leuchtet in Gold - Spr.: Engl., Franz.

KISTNER, Klaus-Peter

Dr. rer. pol., Prof., Lehrstuhlinh. f. Betriebswirtschaftslehre Univ. Bielefeld (s. 1974) - Elisabethstr. 17, 4803 Steinhagen - Geb. 14. Juli 1940 Frankfurt/M. (Vater: Karl K., Angest.; Mutter: Doris, geb. Johann), verh. s. 1967 m. Ilse, geb. Fellmann - Friedrich-Ebert-Gymn. Bonn; Univ. Bonn u. Frankfurt/M. - Dipl.-Volksw. 1965; Promot. 1969; Habil. 1972 (alles Bonn) - 1965-74 Wiss. Angest. - BV: Betriebsstörungen u. Warteschlangen, 1974; Produktions- u. Kostentheorie, 1981; Optimierungsmethoden, 1988 - Spr.: Engl., Franz.

KISTOWSKY, von, Ernst-Michael

Dipl.-Kfm., Vorstand Wolff Walsrode AG. - Dorfmarker Weg 2, 3036 Bomlitz - Geb. 29. März 1926 Berlin, ev., verh. s. 1952 m. Rosemarie, geb. Braatz, 3 Kd. - Univ. München, Dipl.-Kfm. 1948 - Spr.: Engl.

KITTEL, Gerhard

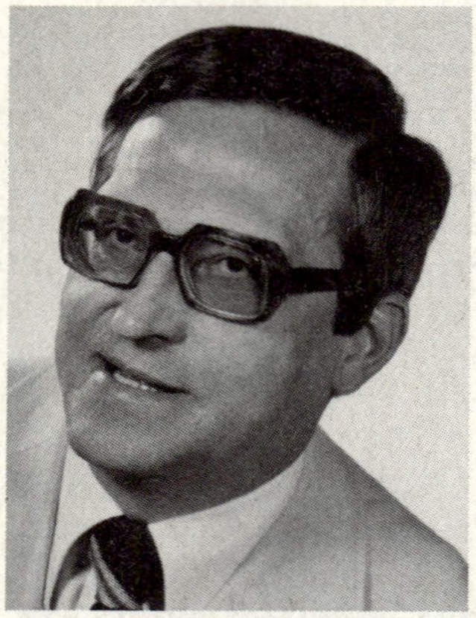

Dr. med., Prof., Hals-Nasen-Ohrenarzt u. Phoniater, Vorstand Sprach- u. Stimmabt. Univ. Erlangen-Nürnberg - Waldstr. 1, 8520 Erlangen - Geb. 4. März 1925 Berolzheim (Vater: Stefan K., Rektor; Mutter: Eliese, geb. Büttner), kath., verh. s. 1965 m. Hanne, geb. Schlüter, 2 S. (Karsten, Lars) - 1935-43 Realgymn. Mosbach; 1946-51 Univ. Würzburg. Promot. 1951; Habil. 1967 - 1961-68 Geschäftsf. Dt. Ges. f. Sprach-Stimmheilkd. Begr. Union Europ. Phoniater (Vorst.), 1980 Präs. AG. Dt. Phon., s. 1983 Präs. Dt. Ges. f. Phoniatrie u. Pädaudiologie u. Mitgl. Generalsekr. UEP - BV: D. Hypoxydose d. Cochlea durch CO., 1968. Üb. 150 Einzelarb. (u. a. Erstbeschreib. v. Ohrmißbild. n. Thalidomid; Komputeranalysen: Hör-Stimm-Sprachstör., Erstbeschr. d. Farb-TV-Lupen-Mikro-Stroboskopie) - 1969 E.-W.-Baader-Preis, 1980 Gutzmann-Med. (Charité); 1982 Ehrenmitgl. österr. Ges. Logopäd. Phon. Pädaudiol.; 1984 Board-Mitgl. UEP; 1985 Ehrenmitgl. Ungar. Ges. Phonetik, Phoniatrie, Logopädie; 1986 Vice-Präs. UEP; 1987 Präs. UEP; 1988 Ehrenmitgl. d. poln. otolaryngologischen Ges.

KITTEL, Hans

Dr. rer. nat., Dipl.-Chem., Inh. u. Direktor Chem. Labor f. Forsch. u. Entwickl. (s. 1947) - Gehren 8, 7274 Oberschwandorf - Geb. 19. Nov. 1910 Ziegenhals - Stud. (Univ. u. TH) - 1937-41 Assist. Univ. Leipzig, 1944-45 chem. Ind. Vereid. Sachverst. - BV: Farben - Lack- u. Kunststoff-Lex.; Celluloselacke; Pigmente; Lehrb. d. Lacke u. Beschichtungen (10 Bde.). Herausg.: Dt. Jahrb. d. plast. Massen - Liebh.: Musik, Botanik.

KITTEL, Hans Friedrich

Dipl.-Gewerbel., Obering., Geschäftsführer Normenaussch. Dental, Feinmechanik u. Optik, Schmuck sow. Uhren - Westliche Str. 56, 7530 Pforzheim (T. 07231 - 35 70 58).

KITTEL, Norbert

Werbefachmann, gf. Gesellsch. PROMAR MÜNCHEN Werbeagentur GmbH & Co. KG, Hamburg-München, Mitinh. Dreistern Verlag Gross u. Kittel - Rückertstr. 4, 8000 München 2 - Geb. 15. März 1928 Tarnowitz (Vater: Gerhard K., Techn. Kaufm.; Mutter: Margarethe, geb. Fuhrmann), kath., verh. s. 1958 m. Sieglinde, geb. Possmann, 2 Kd. (Jeanette, Alexander) - Abit.; Fachausbild. Werbefachl. Inst. München.

KITTELMANN, Peter

Rechtsanwalt, MdB (Berlin), Außenwirtschaftspolitischer Sprecher d. CDU/CSU-Bundestagsfraktion - Bundeshaus, 5300 Bonn - Geb. 17. Juli 1936 Stendal/Altmark, verh., 3 Kd. - N. Übersiedl. Berlin Abit. (1956) u. Stud. Veterinärmed. u. Rechtswiss. Jurist. Staatsprüf. 1965 u. 69 - Ab 1970 Anwaltspraxis. 1967-71 Mitgl. Bez.verordn.vers. Tiergarten (Stadtrat, stv. Bgm.); 1971 MdA Berlin; s. 1976 MdB, Mitgl. Europarat u. westeurop. Union. CDU (s. 1969 Kreisvors. CDU Tiergarten, s. 1981 stv. Landesvors. CDU Berlin).

KITTNER, Dietrich

Kabarettist, Schriftsteller, Regisseur, Theaterleiter - Theater am Küchengarten, Stephanusstr. 29, 3000 Hannover 91 (T. 0511 - 44 55 85) - Geb. 30. Mai 1935 Oels (Vater: Dr. Ernst K., Zahnarzt; Mutter: Ruth, geb. Goldert), verh. s. 1960 m. Christel, geb. Strohmeyer, S. Konrad - Abit.; 1957-61 Stud. Jura u. Gesch. Univ. Göttingen - 1960-61 Leit. Göttinger Studentenkabaretts D. Leid-Artikler (1962-66 Berufskabarett); ab 1966 Solokabarett: Kittners krit. Kabarett (Tourneetheater m. jährl. 230 Vorstellg. in BRD, Schweiz, Österr., DDR, Luxemburg, Niederl., CSSR, Italien, Schweden, Finnl., Jugoslawien); ab 1975 eig. Theater an d. Bult, Hannover, u. s. 1986 eig. Theater am Küchengarten, ebd. - BV: Bornierte Ges., 1969 u. 1979; Dollar gehts nimmer, 1975 u. 1978; Krisenstab frei, 1979 (ges. Texte, Bd. 1-3); Kittners logischer Garten, 1977; Wie e. Gesetz entsteht, 1979; Vor Jahren noch e. Mensch, 1984; D. zehnte Muse - Gesch. aus dem Alltag e. Unangepaßten, 1983; Vorsicht, bissiger Mund, Kabarett-Texte, 1985; Gags & Crime - weit. Gesch. aus d. Leben e. Unangepassten, 1989; zahlr. weit. Schr. - 15 LP, u. a. Heil d. Verfass., 1977; D. rote Feuerwehrmann, 1978; D. Volk auf's Maul (Doppel-LP), 1979; Vorsicht, bissiger Mund (Doppel-LP), 1981; Damit d. Leben d. Bombe besiegt; Maden in Germany (Doppel-LP), 1984; Hai-Society (Doppel-LP), 1988 - 1960-87 20 Kabarettprogr. (D. Jüngste: Hai-Society od. K. Grund z. Beruhigung); FS-Insz.: Missionsabend f. Bürger (ARD); Dein Staat - d. bekannte Unwesen (ARD). Zahlr. weit. Film-, FS- u. Funkbeitr. - Div. Chansons u. Lieder - 1976 Theaterpreis Hannoversche Presse; 1980 Dt. Schallplattenpreis; 1984 Dt. Kleinkunstpreis - Liebh.: Bücher, Jazz, Briefmarkenfälsch. - Spr.: Engl., Ital., Serbokroat., Latein - Lit.: Dr. Ingeborg Stiehler: Kabarett im Soloritt, 1979; Lex. d. Unterhaltungskunst, 1977; Rainer Otto/Walter Rösler: Kabarettgesch., 1977 u. 1981; Ingo v. Münch: D. Kabarettist m. d. Gasmaske, 1976; Lothar Kusche: D. K. u. s. Staatstheater, 1976; Claus Budzinski: Pfeffer ins Getriebe, 1982; Reinhard Hippen: Sich fügen heißt lügen, 1981; Frauke Deissner-Jenssen: Radikaler im öffentl. Dienst, 1983; Erhard Jöst: E. proletarischer Kabarettist, 1985; Reinhard Hippen: Kabarett aus d. Koffer, 1985; Michael Skasa: 25 J. kämpfender Kabarettist, 1985.

KITTNER, Ekkehard

Dozent, Mitgl. Abgeordnetenhaus v. Berlin (s. 1979) - Zu erreichen üb.: Rathaus Schöneberg, 1000 Berlin 62 (CDU-Fraktion).

KITZINGER, Manfred

Rechtsanw. u. Notar, Fachanwalt f. Steuerrecht, stv. ARsvors. Treukredit AG, Bonn, AR Treu-Kredit f. Grundeigentum u. Verwaltung AG., München - Reichenbachweg 20, 6240 Königstein/Ts. - Geb. 23. April 1927 Frankfurt (Vater: Kaufm.; Mutter: Elisabeth, geb. Küch), ev., verh. s. 1960 m. Inge, geb. Kürschner.

KITZLINGER, Baptist

Landrat Kr. Passau (s. 1970) - Landratsamt, 8390 Passau/Ndb. - Geb. 3. Juni 1920 Sandbach - Bäckerm. CSU.

KITZLINGER, Otto

Fabrikant (Fertigbau Otto Kitzlinger KG.) - Neckarstr. 3, 7247 Sulz/Neckar - 1981 ff. Vors. Dt. Fertigbau-Verb., Stuttgart.

KIVELITZ, Hans

Dr. med., Chirurg (Chefarzt Chir. Klinik), apl. Prof. Univ. Düsseldorf (s. 1977) - Zu den Rehwiesen 9, 4100 Duisburg.

KIWE, Tilman

Schauspieler, Regisseur, Drehbuchautor, Dokumentarfilmer (Ps. Jan Tilman) - Melanchthonstr. 15, 8000 München 83 (T. 089 - 60 46 59) - Geb. 7. Juni 1915 Aachen (Vater: Heinrich Hubertus K.; Mutter: Marie, geb. Fischer-Neuss), kath., verh. s. 1953 in 3. Ehe m. Isabel Strauss, Opernsängerin, 2 Kd. (Angela, Jan) - Stud. Ethnol. Univ. Köln u. Johns-Hopkins Baltimore - S. 1946 Schausp., Regiss., Drehbuchautor, Dokumentarfilmer. Entd.: Felsbilder d. Likan Antai (Ureinwohner d. Atacama), 1953 - BV: Geschichten v. unterwegs - Wüste, Kupfer u. d. heilige Carmen, 1953 - 17 Dokumentarfilme, u. a. Marga Windward Islands, D. Gold v. Marga, D. Ruf d. Condors, Perlenkette d. Götter, Aufersteh., Schinderhannes, D. Geierwally, Arzt v. Stalingrad; Spielfilme, u. a. Gesprengte Ketten; FS-Serie: Hafenpolizei, Kommiss. Peters - Spr.: Engl., Franz., Span. - Lit.: Zeutzschel, Biogr.; Schausp.-Lexikon.

KIWIT, Walter

Dr. jur., Oberkreisdirektor Rhein-Sieg Kreis (s. 1983) - Bernhardstr. 27, 5200 Siegburg - Geb. 27. Juli 1931 Wanne-Eickel (Vater: Wilhelm K., Oberbürgerm.; Mutter: Dr. Elisabeth, geb. Becker), kath., verh. s. 1961 m. Ursula, geb. Koch, 2 S. (Urban, Gregor) - Gymn.; Stud. Rechtswiss. Jurist. Staatsprüf. 1956 u. 60 - 1961-63 komm. Gemeindedir. Neubeckum; 1963-70 Regierungspräs. Köln; 1965-66 Wehrbeauftr.; s. 1970 Rhein-Sieg-Kr., s. 1977 Kreisdir., s. 1983 Oberkreisdir. Rhein-Sieg-Kr. AR-Vors. Rhein-Sieg-Verkehrsges., Verb.-Vorst. Verkehrsbund Rhein-Sieg - Spr.: Engl.

KIWIT, Wilhelm

Dipl.-Ing., Dr.-Ing. E. h., Techn. Vorstandsmitglied Vereinigte Elektrizitätswerke Westfalen AG, Dortmund (s. 1982) - Opherdickerstr. 40, 4755 Holzwickede (T. 02301 - 20 95) - Geb. 6. Dez. 1926 Münster/Westf., kath., verh. s. 1959 m. Doris, geb. Kassner, 4 Kd. (Angela, Wolfram, Ralf, Dorothee) - Stud. Elektrotechnik, Dipl.-Ing. - 1986/87 1. Vors. Dt. Verbundges.; 1985 Hochspannungs- u. Hochleistungskabel VDEW - 1986 Dr.-Ing. E. h. Univ. Dortmund.

KIYEK, Karl-Heinz

Dr. rer. nat., o. Prof. f. Mathematik GH Paderborn - v.-Galen-Str. 13, 4790 Paderborn-Elsen/W.

KLABIN, Horacio

Dr., Geschäftsf. Diner's Club Deutschland GmbH - Zul. 6000 Frankfurt/M. 1 - Geb. 24. März 1918 Sao Paulo, gesch., 3 Kd. - Engl.-Brasil. Gymn. Nacional Liceum Rio Branco; Polytechn. Schule Mackenzie Univ. Sao Paulo - U. a. Gesellsch. Klabin Irmaos e Compania (führ. Ind.-Holding Brasiliens/Chemie, Papier, Cellulose, Keramik); 1950 Gründer Stadt Telemaco Borba, Parana/Bras. (ca. 45 Ts. Einw.) - 1974 Ehrenbürger Rio de Janeiro - BV (Ps. H. de Montealegre): D. Spieler. Aufs. über Edgar Allen Poe - Liebh.: Weltreisen, Lit., Kunstgesch. - Spr.: Portug., Engl., Franz., Span.

KLÄGER, Max

Dr. phil., Prof. f. Kunstpädagogik PH Heidelberg (s. 1971) - Am Blumenstrich 35a, 6903 Neckargemünd-Dilsberg - Geb. 11. April 1925 Stuttgart - Promot. 1956 - BV: Schrift u. Typogr. im Unterr., 1969; D. Bild u. d. Welt d. Kindes, 1974; Bild u. Buchst., 1975 (auch engl.); Jane C.-Symbolisches Denken in Bildern u. Sprache, 1978; Phänomen Kinderzeichnung, 1989 - 1985 BVK - Spr.: Engl.

KLÄMBT, Dieter

Dr. rer. nat., Prof., Botaniker - Am alten Forsthaus Nr. 29, 5300 Bonn-Röttgen - Geb. 25. Nov. 1930 Calau (Vater: Max K., Ziegler; Mutter: Elisabeth, geb. Eckert), ev., verh. m. Christa, geb. Rotter, 3 Kd. (Christian, Tilman, Petra) - Höh. Schule; Gärtnerlehre; 1951-57 Univ. Bonn (Biol.). Promot. u. Habil. Bonn - B. 1963 Privatdoz., 1970 Wiss. Rat u. Prof. Univ. Bonn. Spez. Arbeitsgeb.: Pflanzenphysiol., Molekularbiol. d. Entw.

KLAER, Wendelin

Dr. rer. nat., o. Prof. f. Geographie - Universität, 6500 Mainz - Geb. 27. Juli 1925 Zwinge - S. 1961 (Habil.) Lehrtätigk. Univ. Heidelberg (1966 apl. Prof.) u. Mainz (1970 Ord.).

KLÄRE, Helmuth

Kaufmann, gf. Gesellsch. Menke & Co. GmbH., pers. haft. Gesellsch. Gerhard Vogel & Co., Plenarmitgl. Handelskammer Hamburg (s. 1971, 1978-81 Präsidium), Vorst.-Mitgl. Waren-Verein d. Hamburger Börse (1963-81, 1976-79 Vors.) u. Wirtschaftsvereinig. Groß- u. Außenhandel (s. 1964, 1969-76 Vors.), alle Hamburg - Gr. Reichenstr. 27, 2000 Hamburg 11 - Geb. 28. Juni 1923 Hamburg (Eltern: Anton (Kaufm.) u. Maria K.), ev., verh. in 2. Ehe (1963) m. Helga, geb. Liess, S. Andreas - Wilhelm-Gymn. Hamburg (Notabit. 1942) - 1975-80 Präs.-Mitgl. Bundesverb. Dt. Groß- u. Außenhdl. - Spr.: Engl.

KLÄUI, Wolfgang

Dr. phil., Dr. rer. nat. habil., Prof. f. Anorgan. Chemie - Zu erreichen üb. Technische Hochschule, Templergraben 55, 5100 Aachen - Geb. 28. April 1945 - Univ. Zürich (Promot. 1973); Habil. 1979 Univ. Würzburg - 1981 Prof. Univ. Würzburg, 1982 TH Aachen. Arbeitsgeb.: Metallorgan. Chemie u. Komplexchemie d. Übergangsmetalle.

KLAFFS, Heinrich

Pressesprecher Finanzbehörde Hamburg - Gänsemarkt 36, 2000 Hamburg 36 (T. 359 86 62; priv.: 768 34 01) - Geb. 14. Jan. 1947 Lehnin.

KLAFKI, Wolfgang

Dr. phil., Prof. f. Erziehungswiss. Univ. Marburg (s. 1963) - Erfurter Str. 1, 3550 Marburg/L. (T. 4 17 31) - Geb. 1. Sept. 1927 Angerburg/Ostpr. (Vater: Adolf K., Oberstudienrat; Mutter: Lotte, geb. Braemer), ev., verh. s. 1957 m. Hildegard, geb. Ufer, 3 Kd. (Angelika, Monika, Hans-Wolfgang) - 1937-44 Obersch. Angerburg; 1946-48 Päd. Hochsch. Hannover; 1952-57 Univ. Göttingen (Promot. 1957) u. Bonn (Päd., Phil., German.) - 1948-52 Lehrer ländl. Volkssch. Nieders.; 1957-61 Assist. u. Doz. PH Hannover; 1961-63 Assist. u. Oberassist. Univ. Münster/W. 1966ff. Vorst.-Mitgl. Dt. Ges. f. Erziehungswiss.; 1968ff. Vors. Kommiss. Lehrplan-Revision d. Sekundarstufe Hess. Kultusmin. - BV: D. päd. Problem d. Elementaren u. d. Theorie d. kategorialen Bildung, 4. A. 1964; Studien z. Bildungstheorie u. Didaktik, 11. A. 1979 (tschech. 1968); Pestalozzis Stanser Brief, 4. A. 1980; Geisteswiss. Päd. am Ausgang ihrer Epoche - Erich Weniger, 1968 (m. I. Dahmer u. a.); Arbeitslehre in d. Gesamtsch., 5. A. 1971 (m. W. Schulz u. F. Kaufmann); Integrierte Gesamtschule u. Comprehensive School, 2. A. 1972 (m. A. Rang u. H. Röhrs); Erziehungswiss., 3 Bde. (m. Koautoren), 1970/71; Probleme d. Curriculumentwickl. (m. K. Lingelbach u. H.-W. Nicklas), 2. A. 1972; Aspekte kritisch-konstruktiver Erziehungswiss., 1976 (jap. 1984); Das Marburger Grundschulprojekt (m. Koautoren), 1977; Didaktik u. Praxis (m. G. Otto u. W. Schulz, 2. A. 1979; Geisteswiss. Pädagogik, 8 Tle., 1978, 82, 84; Schulnahe Curriculumentw. u. Handlungsforsch. (m. a.), 1982; D. Pädagogik Theodor Litts, 1982; Kategoriale Bildung u. kritisch-konstruktive Päd., dän. 1983; Neue Stud. z. Bildungstheorie u. Didaktik, 1985; Verführung, Distanzierung, Ernüchterung. Kindheit u. Jugend im Nationalsozialismus. Autobiograph. aus erziehungswiss. Sicht, 1988. Übers. v. Aufs. u. Bücherteilen ins Engl., Franz., Span., Tschech., Griech., Jap., Chines., Ital., Dän., Israel. Div. Herausg. - Liebh.: Lit., Musik, bild. Kunst - Spr.: Engl.

KLAFS, Ulrich

Dr.-Ing., Geschäftsf. Zarges Leichtbau GmbH., Weilheim (s. 1974) - Weinhartstr. 7, 8120 Weilheim/Obb. - Geb. 3. Okt. 1935 Marienwerder (Vater: Ernst K., Beamter; Mutter: Helene, geb. Warias), ev., verh. s. 1969 m. Ursula, geb. Kückendahl, 2 Kd. (Axel, Kora) - TH Hannover (Maschinenbau; Dipl. 1964, Promot. 1969) - 1969 Betriebsleit. Poppe & Potthoff; 1971 Gf. Rothrist Rohr GmbH. - Liebh.: Segeln, Ski, Reisen.

KLAGES, Gerhard

Dr. rer. nat., Prof. f. Experimentalphysik - Bastion Martin 12, 6500 Mainz (T. 22106) - Geb. 11. Sept. 1915 Holzminden/Weser - S. 1947 (Habil.) Lehrtätigk. Univ. Mainz (1952 apl. Prof.; gegenw. Vorsteher Abt. f. Mikrowellentechnik/Physikal. Inst.) - BV: Einf. in die Mikrowellenphysik, 1956.

KLAGES, Günther

em. Univ.-Prof. - Angerburger Str. 9, 3200 Hildesheim - Prof. f. Ev. Theol. u. Didakt. Univ. Hildesheim.

KLAGES, Helmut

Dr. rer. pol., Prof., Inh. Lehrstuhl f. Soziologie Hochsch. f. Verw.wiss. Speyer (s. 1975) - Bergstr. 45, 6900 Heidelberg - Geb. 15. April 1930 (Vater: Emil K., Kaufm.; Industrievertr.; Mutter: Amanda, geb. Weber), ev., verh. - Abit. 1949 Nürnberg, Dipl.-Volksw. 1953 Erlangen; Promot. 1955 Hamburg; Habil. (Soziol.) 1961 Nürnberg - 1961-64 Lehrtätigk. Univ. Münster/W., 1964-74 TU Berlin - BV: u. a. Üb. d. gesellschaftl. Funktion d. sozialwiss. Intelligenz, 1962; Techn. Humanismus, 1964; Rationalität u. Spontaneität, 1967; Soziol. zw. Wirklichkeit u. Möglichkeit, 1968; Gesch. d. Soziol., 1969; Planungspolitik, 1970; D. unruhige Ges. 1975; Methodik d. Org.änd., 1978; Wertwandel u. ges. Wandel, (Hrsg. m. P. Kmieciak) 1979; Überlasteter Staat - verdrossene Bürger?, 1981; Wertorientierung u. Staatsbezug (m. W. Herbert), 1983; Wertorientierungen im Wandel, 1984 (2. A. 1985). Zahlr. Fachaufs. - Spr.: Engl.

KLAGES, Manfred

Dipl.-Kfm., Fleischermeister, pers. haft. Gesellsch. Heinrich Klages KG, Göttinger Wurst- u. Fleischwarenfabrik - Reinhäuser Landstr. 18a, 3400 Göttingen (T. 0551-7 60 28) - Geb. 11. April 1951 Göttingen, kath., verh. s. 1983 m. Paulette, geb. Savary, 2 Kd. (Thomas, Anne-Marie) - Abit. 1971; Fleischerlehre (Gesellenprüf. 1974); Stud. Betriebsw. (Dipl. 1976); Meisterprüf. 1980 - Spr.: Franz., Engl.

KLAGES, Wolfgang

Dr. med., em. o. Prof. f. Psychiatrie - Am Lorch 15, 3550 Marburg 9 - Geb. 15. April 1924 Wilhelmshaven - Stud. Med. u. Psychol. Göttingen; s. 1959 (Habil.) Lehrtätigk. Med. Akad. bzw. Univ. Düsseldorf (1965 apl. Prof.) u. TH Aachen/Med. Fak. (1968 o. Prof.) - BV: D. Spätschizophrenie, 1961; D. menschl.

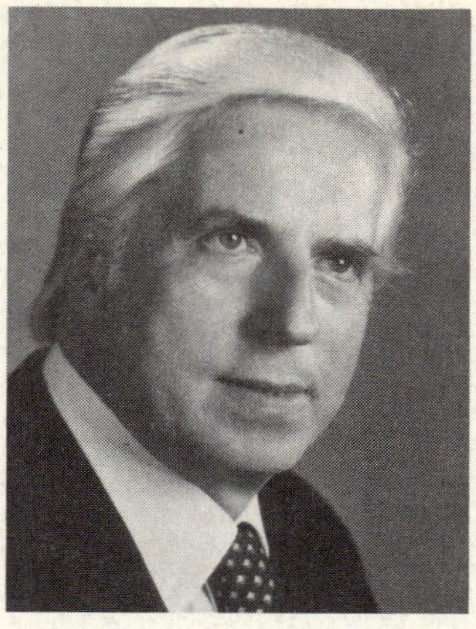

Antrieb, 1967; D. sensible Mensch, 1978 (dt., span.). Üb. 90 Fachaufs.

KLAIBER, Bernd

Dr. med. dent., Prof. f. Zahnheilkunde, Ärztl. Direktor Poliklinik f. Zahnerhaltung u. Parodontologie Univ. Würzburg - Pleicherwall 2, 8700 Würzburg (T. 0931 - 3 14 06) - Geb. 10. Sept. 1948 Karlsruhe - Stud. Zahnheilkd. Univ. Freiburg (Ex. 1972, Promot. 1973, Habil. 1980) - Zahlr. Fachveröff.

KLAIBER, Joachim

Dr. phil., Generalintendant - Charles-Ross-Ring 47, 2300 Kiel - Geb. 7. März 1908 Stuttgart (Vater: Rudolf K., Polizeipräs. Stuttgart (s. X. Ausg.); Mutter: Gertrud, geb. Camerer), ev., verh. s. 1954 m. Carla, geb. Henius (Konzertsängerin) - Univ. Tübingen, München, Freiburg/Br., Berlin (Theater-, Literatur-, Kunstwiss.) - 1932-38 Dramat., Schausp. u. Spiell. Lübeck, Stettin, Heilbronn, 1938-44 Oberspiell. d. Oper Essen u. Straßburg/Els. (1941), ab 1946 Int. Kaiserslautern, Oberspiell. Aachen, Hannover u. 1951-58 Mannheim (Nationaltheater), 1958-63 Int. Bielefeld, 1963-76 Generalint. Kiel. 1972ff. Mitgl. Dt. Musikrat. Zahlr. Insz. im In- u. Ausl. - BV: D. Aktform im Drama u. auf d. Theater, 1936 - 1976 Gr. BVK; 1982 Kunstpreis d. Landes Schlesw.-Holst. f. d. 1. exper. Opernstudio in d. BRD u. f. seine Förd. avantgardist. Musik.

KLAIBER, Walter

Dr. theol., Bischof d. Ev.-methodist. Kirche - Wilhelm-Leuschner-Str. 8, 6000 Frankfurt 1 (T. 069 - 23 93 73) - Geb. 17. April 1940 Ulm, ev.-methodist., verh. s. 1965 m. Dr. med. Annegret, geb. Kaiser, 3 S. (Christoph, Jonas, Simon) - Gymn. Ulm u. Tuttlingen; Univ. Göttingen u. Tübingen; Promot. 1972 Tübingen - 1965-69 Gemeindepastor Nürnberg; 1969-71 Assist. Univ. Tübingen; 1971-89 Doz. f. Neues Testament; 1977-89 Dir. am Theol. Sem. d. Ev.-methodist. Kirche, Reutlingen; s. 1989 Bischof - BV: Rechtfertigung u. Gemeinde, 1982.

KLAMANN, Dieter

Dr. techn., Prof., Mitglied Geschäftsltg. Esso AG (Hauptber. Forsch., Entwickl., Anwendungs-, Produktentechnik) (1968-84) - Forsthöhe 24, 2104 Hamburg 92 (T. 796 32 22) - Geb. 27. Mai 1924 Berlin (Vater: Kurt K.; Mutter: Käthe, geb. Mau), verh. s. 1957 m. Elfriede, geb. Schönewald, 2 Söhne (Dr. Jörg-Dieter, Uwe Matthias) - Paulsen-Realgymn. Berlin; TH Wien (Chemie; Dipl.-Ing. 1950). Promot. 1951 Wien; Habil. 1958 Berlin - 1949-54 TH Wien (Assist.) u. TU Berlin (1955 Assist., 1956 Oberassist., 1958 Privatdoz., 1965 apl. Prof. f. Angew. Organ. Chemie), 1979 Prof. Univ. Hamburg; 1960-67 Leit. ESSO-Forschungszentrum Hamburg, 1967/68 Forsch.dir. USA. Arbeiten üb. Sulfonsäure-, organ. Hetero-Verbind., chem. Konstitution u. physikal. Eigensch., chem. Technol., Tenside, Carbene (zahlr. Patente). Vors. Fachaussch. Mineralöl- u. Brennstoffnormg. (1972-86), Vors. zahlr. Aussch. v. Bundesmin., d. Dt. Inst. f. Normung (DIN). Üb. 100 Fachveröff., dar.: Schmiermittel, in: Ullmanns Enzyklopädie d. techn. Chemie (1964, 1981) - BV: Schmierstoffe u. verwandte Prod., 1982 (übers. engl.). Herausg.: Erdöl, Erdgas, Kohle (1972-85); Houben-Weyl Meth. d. organ. Chemie (s. 1976) - 1951 Krafft-Med. TH Wien (13. Träger), 1983 BVK, Beuth-Med. DIN. - Spr.: Engl.

KLAMBERG, Horst

Dr. phil., Prof. f. Anorgan. u. Analyt. Chemie Univ. Marburg - Nelkenweg 5, 3554 Cappel.

KLAMROTH, Klaus

Dipl.-Ing., Geschäftsführer GEA-Till GmbH & Co - Am Büchsenackerhang 38, 6900 Heidelberg-Ziegelhausen - Geb. 8. Nov. 1933 Halberstadt (Vater: Dr. jur. Kurt K., Bundesrichter † 1961; Mutter: Ilse, geb. Loesener), ev., verh. s. 1954 m. Helga, geb. Meier, 4 T. (Kerstin, Christiane, Brigitte, Silke) - Dom-Gymn. Halberstadt; TU Berlin (Verfahrenstechnik; Dipl. 1959) - U. a. Geschäftsf. Julius Montz GmbH, Hilden; Vorst.-Vors. Pfaudler-Werke AG; 1979 Vorst.-Mitgl., 1984 Vorst.-Vors. Fachgem. Verf.techn. Maschinen u. Apparate/VDMA, 1981 Vorst.-Mitgl. DECHEMA; Beiratsmitgl. VDS-Ges. Verfahrenstechn. u. Chemie-Ing.wesen - Spr.: Engl.

KLANTE, Diethard

Regisseur u. Autor - Ascheringer Weg 6, 8134 Pöcking - Geb. 3. Jan. 1939 Oeslau (Vater: Alfred K., Fabrikant; Mutter: Erna, geb. Carl), ev., verh. s. 1968 m. Hilde, geb. Schmitt-Lermann, T. Johanna - Stud. Phil. u. Theaterwiss. - BV: Aktion Abendsonne, in: Dt. Hörspiele d. 70er J., 1980 - Arbeiten f. d. Fernsehen: Regie: Es lebe d. Tod, 1969; Gnadenbrot u. Im Schatten, 1974; E. herrlicher Tag, 1975; Defekte, 1980; D. Priwalowschen Millionen, 1982; D. Schwarzen Brüder, 1983. Drehb. u. Regie: Nachricht aus Colebrook, 1971; Freizeitraum, Bau 2, 1972; V. Türken u. Menschen, 1973; Lauter anständige Menschen, 1976; Med. m. Bild, 1977; Kameraden, 1978; Aktion Abendsonne, 1979; D. Frau im rosa Mantel u. Schlaflose Tage, 1982; Hauptsache: leben..., 1983. Drehb.: Deutschstunde, 1970; D. Herz aller Dinge, 1972.

KLAPPERICH, Hans-Joachim

Geschäftsführer Panavia Aircraft GmbH (s. 1981) - Arabellastr. 16, 8000 München 81 - Geb. 2. Jan. 1930 Oberhausen/Rhld. - Ausb. Industriekaufm. Ruhr-Chemie AG, Oberhausen; Stud. Wirtschaftswiss. u. Recht Univ. Freiburg, Köln u. Bonn; 1. u. 2. jurist. Staatsex. 1960 - 1960 Richter LG Duisburg u. Ass. Rechtsabt. WASAG-Chemie AG, Essen; 1966 Leit. d. Vertragswesens dt.-amerik. AVS-Programm u. Ressort Vertrieb u. Vertragswesen Untern.bereich Flugzeuge MBB; s. 1969 (Gründ.) Dir. Ber. Finanzen u. Vertragswesen Panavia Aircraft GmbH, München, s. 1981 s. o.

KLAPPROTH, Eberhard

Oberbürgermeister (s. 1966) - Neues Rathaus, 7300 Esslingen/N. (T. 0711 - 35 12-1); priv.: Hopfengartenweg 20 - Geb. 6. Dez. 1921 Torgau (Vater: Johannes K., Pfarrer; Mutter: Mathilde, geb. Rapmund), ev., 3 Kd. - Zul. Rechtsanw. Stuttgart (1953 ff.). AR- u. VR-Mand. - Parteilos.

KLAR, Günter

Dr. rer. nat., Prof. f. Anorgan. Chemie - Tulpensteig 11, 2000 Norderstedt - B. 1977 Doz., dann Prof. Univ. Hamburg.

KLARE, Karl

Landwirt, MdL Nieders. (s. 1963) - 2839 Mellinghausen 17 (T. Siedenberg 341) - Geb. 14. Sept. 1922 Mellinghausen - Volks-, Landw.s- u. Höh. Landbausch. Landw.smeister - Bürgerm. Gde. Mellinghausen; MdK Diepholz. CDU.

KLARMANN, Alfred
Direktor Rosenthal AG., Geschäftsf. d. Keramischen Handelsges. mbH - Coubertinstr. 4, 8590 Marktredwitz (T. 09231-8 10 26) - Geb. 23. Jan. 1933, ev. - AR-Mitgl. Explotaciones Ceramicas Españolas S.A., Madrid.

KLARNER, Gerhard
Fernsehsprecher (Nachrichten) - Zu erreichen üb.: Zweites Dt. Fernsehen, 6500 Mainz-Lerchenberg; Wohnung: Wiesbaden - Geb. 1927, verh. (Ehefr.: Rita) - S. 1963 ZDF - Liebh.: Jazz.

KLARWEIN, Franz
Kammersänger - Hugo-Junkers-Str. 5, 8022 Grünwald/Obb. (T. 649537) - Geb. 8. März 1914 Garmisch, verh. m. Kammersängerin Sari Barabas - U. a. Urauff. v. „Capriccio" v. Rich. Strauß.

KLASCHKA, Franz
Dr. med., Prof. f. Dermatologie u. Venerol. FU Berlin - Nienkemperstr. 15, 1000 Berlin 37 - Geb. 28. Nov. 1930 Triebitz - Zul. Privatdoz. Üb. 80 Facharb.

KLASEN, Anton
Präsident saarl. Finanzgericht, Saarbrücken - Willi-Graf-Str. 26, 6680 Neunkirchen/S. (T. 06821-2 42 21) - Geb. 19. Sept. 1926, kath., verh. s. 1954 m. Ursula, geb. Dubusc, 4 Kd. (Christiane, Karl-Peter, Hans-Georg, Sabine) - Stud. Univ. Mainz u. Saarbrücken.

KLASEN, F. G.
Dipl.-Ing., Inhaber Ingenieurbüro f. Kältetechnik - Gotenstr. 14-16, 2000 Hamburg 1 (T. 23 25 96) - Geb. 4. Dez. 1911.

KLASEN, Hans
Dipl.-Phys., Prof. f. Physik GH Paderborn (Fachber. Nachrichtentechnik, Meschede) - Berghausen 1, 5778 Meschede.

KLASEN, Karl
Dr. jur., Bundesbankpräsident i. R. - Brabandstr. 34, 2000 Hamburg 60 - Geb. 23. April 1909 Hamburg (Vater: Heinrich K., Reedereiangest.; Mutter: geb. Treckan), ev., verh. s 1937 m. Ilse, geb. Jacob, 3 Kinder - Stud. Rechtswiss. Gr. jurist. Staatsprüf. 1935 - Justitiar Dt. Bank (Fil. Hamburg), Wehrdst. Dt. Nordd. Bank (Fil. Hamburg); Präs. Landeszentralbank Hamburg (1948-52), Vorst.-Mitgl. Nordd. bzw. Dt. Bank AG (1967-69 Sprecher), 1970-77 Präs. Dt. Bundesbank, Frankfurt/M. - Div. Ehrenstell. (u. a. b. 1984 Präs. Atlantik-Brücke Hamburg) u. Mandate. SPD s. 1931 - U. a. 1977 Großkreuz VO BRD - Liebh.: Bücher, mod. Kunst, Orchideenzucht.

KLASEN, Sepp
Richter am Bayer. Landessozialgericht a. D., Rechtsanwalt, MdL Bayern (s. 1970) - 8126 Hohenpeißenberg (T. 08805 - 7 77) - Geb. 1935 - SPD - 1980 Bayer. VO, 1984 Bayer. Verdienstmed. in Silber; 1988 BVK I. Kl.

KLASSEN (ß), Theodor F.
Dr. phil., Prof. f. Erziehungswissenschaft Univ. Gießen - Waldstr. 20, 6301 Fernwald 2.

KLATT, Hans-Adolf
Rechtsanw., Vorstandsmitgl. ARAG Allg. Rechtsschutz-Versicherungs-AG., Düsseldorf - Am Hain 7, 4000 Düsseldorf 30 - Geb. 8. Dez. 1933.

KLATT, Heinz
Dr. jur., Rechtsanwalt - Nußzeile 39, 6000 Frankfurt/M. (T. 069 - 52 60 30) - Geb. 8. Juni 1921 Berlin (Vater: Hermann K.; Mutter: Margarethe, geb. Zach), ev., verh. s. 1947 m. Liselotte, geb. Hermkes, 3 Kd (Eva-Maria, Hans-Joachim, Heinz-Peter) - Univ. Göttingen, Bonn u. Köln (Rechtswiss., Ex. 1949), Promot. - 1951-59 DRV Leit. d. Rechtsabt., 1959-70 Gf. DRV, 1970-86 Hauptgeschäftsf., 1959-70 Gf. Willy-Scharnow-Stift., 1971-86 Gf. Kurat.-Mitgl. - BV: Fremdenverkehrsrechtl. Entscheidungen, Touristik u. Recht - 1976 BVK; Gr. Ehrenz. d. Rep. Österr.; 1986 BVK I. Kl.; Sternorden VR Ungarn - Liebh.: Mod. Kunst - Spr. Engl., Franz.

KLATT, Sigurd
Dr. oec., o. Prof. f. Volkswirtschaftslehre - Universität, 8700 Würzburg - Geb. 2. Jan. 1928 Sompolno (Polen) - S. 1962 (Habil.) Lehrtätig. Univ. Hamburg (1963 Doz.) u. Univ. Würzburg (1965 Ord. u. Vorst. Inst. f. Industrie- u. Verkehrspolitik) - BV: Z. Theorie d. Industrialisier. Hypothese üb. d. Beding., Wirk. u. Grenzen e. vorwiegnd durch techn. Fortschr. bestimmten wirtsch. Wachstums, (Bd. 1 Buchreihe: D. ind. Entw.) 1959; D. ökonom. Bedeutung d. Qualität v. Verkehrsleistungen, 1965; Systemsimulation in d. Raumplan., (m. J. Kopf u. B. Kulla) 1974; Einf. in d. Makroökonomie, 2. A. 1989. Herausg.: Strukturwandel u. makroökon. Steuer (m. M. Willms, 1975); Perspektiven verkehrswissenschaftl. Forsch. (1985). Div. Einzelarb.

KLATT, Wolfgang
Bürgerschaftsabgeordneter - Erasmusstr. 1a, 2800 Bremen 1 - S. 1971 Mitgl. Brem. Bürgerschaft. SPD.

KLATTE, Heinrich
Dr., Vorstandsmitgl. Messing- u. Leichtmetallwerk Unna AG., Unna - Zum Siepen 32, 5758 Fröndenberg - Geb. 23. Okt. 1921.

KLATTEN, Werner E.

Vorsitzender d. Geschäftsführung v. SAT 1 - Hegelstr. 61, 6500 Mainz 1 (T. 06131 - 3 80-1 41) - Geb. 20. Aug. 1945 Esslingen/Neckar, verh., 1 Kd - Stud. Jura 1966-73 - Spr.: Engl., Franz., Lat.

KLAUCK, Hans-Josef
Dr. theol., Prof. f. Neutestamentliche Exegese Univ. Würzburg - St. Mauritiusstr. 22, 8702 Estenfeld b. Würzburg (T. 09305 - 13 28) - Geb. 6. April 1946 Hermeskeil (Vater: Franz K., Bahnbeamter; Mutter: Anna, geb. Maier), kath., ledig - Dipl.-Theol. 1972 Univ. Bonn, Promot. 1977 Univ. München, Habil. 1980 ebd. - 1975-81 Wiss. Assist. u. Privatdoz. Univ. München; 1981-82 Prof. Univ. Bonn; s. 1982 Ord. Univ. Würzburg (Kath.-Theol. Fak.) - BV: Allegorie u. Allegorese in synoptischen Gleichnistexten, 1978; Hausgemeinde u. Hauskirche im frühen Christentum, 1981; Herrenmahl u. hellenist. Kult, 1982; 1. Korintherbrief, 1984; Brot v. Himmel, 1985; 2. Korintherbrief, 1986; Judas - e. Jünger d. Herrn, 1987 - Liebh.: Klass. Musik, Lit., Reisen - Spr.: Engl., Franz., Ital., alte Spr.

KLAUE, Siegfried
Dr. jur., Prof. f. Publizistik FU Berlin, Dirktor Bundeskartellamt - Beerenstr. 40, 1000 Berlin 37 (T. 030 - 801 57 40) - Geb. 10. Juni 1931 Medessen, ev., verh. s 1956 m. Erica, geb. Roth, 3 Kd. (Elisabeth-Ulrike, Hans-Martin, Friederike-Sophie) - Stud. Rechts- u. Staatswiss. Univ. Berlin u. Mainz; 1. u. 2. Staatsex. Berlin, Promot. Mainz - 1958 Bundeskartellamt; 1967 Pressekommiss. Dt. Bundestag; 1969 Leit. Rechtsabt. u. 1970 Vors. e. Beschlußabt. Bundeskartellamt. Zahlr. Veröff. z. Kartellrecht, Wirtschaftsrecht u. -politik sowie Medienpolitik - Honorarprof. FU - Liebh.: Grafik, spez. Daniel Chodowiecki.

KLAUER, Karl Josef
Dr. phil., Univ.-Prof. f. Erziehungswissenschaft - Atzenach 63, 5190 Stolberg/Rhld. - Geb. 10. März 1929 Sargenroth, kath., verh. m. Elisabeth, geb. Stehle, 2 Kd. (Cornelia, Dr. Christoph) - Stud. Päd., Psych., 1. Lehrerprüf. 1950, 2. 1953, Sonderschullehrer 1952; Promot. Dr. phil. (Psych.) 1958 Mainz, Habil. (Päd. Psych.) 1967 Düsseldorf - 1963 Prof. f. Lernbehindertenpäd. Köln, 1968 f. Päd. TU Braunschweig, s. 1976 Ord. u. Dir. Inst. f. Erziehungswiss. TH Aachen - BV: 12 Bücher. 98 Abhandl. zu Päd. Psych., Päd. u. Sonderpäd.

KLAUS, Bernhard

Dr. theol., Dr. h.c., o. Prof. f. Prakt. Theologie - Spardorfer Str. 53, 8520 Erlangen (T. 2 49 62) - Geb. 12. Febr. 1913 Falkenhain (Vater: Wilhelm K., Lehrer; Mutter: Helene, geb. Schmidt), ev., verh. 1941 m. Charlotte, geb. Encke - Promot. 1941 Berlin; Habil. 1957 Erlangen - Geistl. Berlin; Lehrer Erlangen; s. 1957 Privatdoz. ao. (1959) u. o. Prof. (1964) Univ. Erlangen bzw. -Nürnberg (Vorst. Inst. f. Prakt. Theol.). Zahlr. Veröff. - 1961 Ehrendoktor Univ. Münster/W.

KLAUS, Dieter
Dr. med., Prof., Chefarzt Medizin. Klinik/Städt. Kliniken Dortmund - Beurhausstr. 40, 4600 Dortmund (T. 5 42 - 2 17 60) - Geb. 1. Jan. 1927 Dresden, ev., verh., 3 Kd. (Dr. Ute, Kerstin, Antje) - 1946-51 Medizinstud. Jena, 1957 Facharzt inn. Med., 1971 Prof. inn. Med.; 1973-76 Dir. Med. Poliklin. Marburg, s. 1976 Dir. Med. Klinik Dortmund; s. 1987 Vors. dt. Hochdruckliga - BV: Kardiologie-Hypertonie, 1975, 79 u. 86; Nephrologie, 1983; Infektionskrankheiten, 1989 - Spr.: Engl.

KLAUS, Emil J.
Dr. med., o. Prof. f. Sportmedizin - Haidfeldweg 7, 6702 Bad Dürkheim - Geb. 3. Mai 1918 Kaiserslautern - S. 1953 (Habil.) Lehrtätig. Univ. Münster (Dir. Inst. f. Sportmed., 1959 apl. Prof., 1961 Wiss. Rat u. Prof., 1970 Ord.). Fachpubl.

KLAUS, Francois
Erster Solotänzer Hamburger Ballett - Flemingstr. 5, 2000 Hamburg 60 - Geb. 10. Nov. 1947 Cannes/Frankr., verh. s. 1972 m. Robyn, geb. White, Sohn André - Ballett-Ausb. b. J. Sedowa u. Marika Besobrasova - Erstes Engagem. Genf u. Paris, Stuttgart, München; dann Erster Solist in Hamburg - Hauptrollen: München: in Schwanensee (Choreogr. John Cranko); Hamburg: u.a. in E. Sommernachtstraum, Dornröschen, Artus Sage, Wie es Euch gefällt, III. Sinf. v. Gustav Mahler, Matthäus Passion u. Mozart 338; im Repertoire auch D. Widerspenstigen Zähmung (Petruchio), Don Juan, Romeo u. Julia (Romeo, Mercutio), Onegin. Eig. Choreogr.: Preface, D. kl. Meerjungfrau, D. Geizige u. d. Kinder, E. Orchesterentführung, Hamburg-Hammaburgi, Hammamelis Coxinus Zauberer. Verfilmung: Hauptrolle Mahler III, Sinf. (Neumeier), Kamiliendame (M. Duval). Herausg. Trarcois Klaus (Autobiogr.) - Interessen: Klavier, Segeln, Biol. - Spr.: Engl., Deutsch, Franz.

KLAUS, Franz
Ing., Fabrikant, gf. Gesellsch. Klaus Union (s. 1972), fusioniert aus Franz Klaus Masch.- u. Apparatebau (s. 1946) u. Union-Armaturen GmbH. (s. 1957), Bochum - Dürerstr. 12, 4630 Bochum - Geb. 29. Mai 1909 - Tätigk. Schweißsektor - Div. Ausz. ACHEMA.

KLAUS, Joachim
Dr. rer. pol., o. Prof. f. Volkswirtschaftslehre Univ. Erlangen-Nürnberg (s. 1967) - Ziegenstr. 104, 8500 Nürnberg (T. 590946) - Geb. 7. Juli 1934 Iglau/CSR (Vater: Dipl.-Ing. Hermann K.; Mutter: Bertl, geb. Hauser), kath., verh. s. 1968 m. Hannelore, geb. Schewe, 3 Kd. (Barbara, Alexander, Dorothea) - Univ. Erlangen u. Freiburg (Dipl.-Volksw. 1957). Promot. 1959; Habil. 1966 (Freiburg) - U. a. 1960-61 Bundeswirtschaftsmin., Bonn. Mitgl. Verein f. Socialpolitik u. List-Ges., s. 1969 Hon.prof. Univ. Salzburg, 1977-79 Dekan Wirt.- u. Soz.wiss. Fak. Univ. Erlangen-Nürnberg - BV: D. Veränderungen d. Lohnstruktur, 1959; Preisniveau u. Wirtschaftswachstum, 1969; Produktions- u. Kostentheorie, 1974; Inflationstheorie, 1974; Stadtentwickl.spolitik, 1977. Div. Einzelarb. - 1967 Preisträger Aachener Preisausschr. z. Gedächtnis an D. Hansemann - Liebh.: Reisen, Musik, Sport - Spr.: Engl., Franz., Ital.

KLAUS, Michael
Schriftsteller - Hansemannstr. 7, 4650 Gelsenkirchen (T. 0209 - 20 03 68) - Geb. 6. März 1952 Brilon, (Vater: Heinrich K., Maschinenschlosser; Mutter: Hedwig K., geb. Kleinowski), kath., verh. s. 1978 m. Gundula, geb. Kleu, S. Roman - Stud. German., Kunstgesch. u. Kunst Univ. Bochum u. Essen - BV: Ganz normal, Ged. 1979; Otto Wohlgemuth u. d. Ruhrlandkreis, 1980; D. Fleck, R. 1981; Nordkurve, R. 1982; Unheimlich offen, Sat. 1985; Und d. Kerle lechzen, Reportagen 1986; Brüder z. Sonne z. Freizeit, Sat. 1987. Herausg.: Nachwehen (1982). Mithrsg.: U. das ist unsere Gesch. Gelsenkirchener Leseb. (1984); Für uns begann harte Arbeit (1986). Drebh. z. Fernsehspiel Schluß! Aus! Feierabend! (1989). Hörsp. - 1981 Förderungspreis Land NRW; 1988/89 Stip. Dt. Literaturfonds Darmstadt.

KLAUSEWITZ, Wolfgang
Dr., Prof., Zoologe, Leiter Abt. Zoologie I (77-87) u. stv. Dir. (1976-87) Naturmuseum u. Forschungsinst. Senckenberg, Vors. Dt. Museumsbund (1975-83), Generalsekr. Europ. Ichthyologen-Union (1979-89) - Berliner Str. 10, 6370 Oberursel - Geb. 20. Juli 1922 Berlin (Vater: Wilhelm K., Ing.; Mutter: Anna, geb. Winter), ev., verh. s. 1948 m. Rita, geb. Willmann - Stud. Biol. Promot. 1952 - S. 1952 Naturmus. u. Forsch.inst. Senckenberg, Frankfurt (s. 1954 Leit. Sektion Ichthyolog.) - Entd.: 40 neue Fischarten - BV: Fische u. Fischartige, im Handb. d. Biol., 1961; Fische, 1969; Kleine Meeres-Aquaristik, 1969; Umwelt 2000, 1973, 4. A. 1986 (m. Schäfer u. Tobias); Handb. d. Meeres-Aquaristik, 3 Bde., 1976, 2. A. 1988; 66 Jahre deutscher Museumsbund, 1984. Herausg.: Unsere Umwelt als Lebensraum (m. J. Illies, 1973); Museumspädagogik (1976). Üb. 200 Fachveröff. - 1974 Ehrenpreis f. Gewässerschutz; 1987 Goethe-Plak. Land Hessen; 1988 Ehrenmitgl. Assoc.

Franc. Ichtyol. - Liebh.: Bild. Kunst, Schreiben, Produkt. naturkundl. Fernsehsend. (bisher insges. 15) - Spr.: Engl., Franz. - Bek. Vorf.: Carl v. Clausewitz, preuß. General.

KLAUSS, Heinrich

Fabrikant, geschäftsf. Gesellsch. Toschi Produktions-GmbH., Vors. Arbeitgeberverb. d. chem. Industrie im Unterwesergebiet, Bremen; Vorst.-Mitgl. Vereinig. Arbeitg.-Verb. Bremen - Rockwinkler Heerstr. 67, 2800 Bremen-Oberneuland - Geb. 13. Mai 1912 Bremen (Vater: Heinrich K., Kaufm.; Mutter: Louise, geb. Pieper) - Ehrenamtl. Richter LAG Bremen.

KLAUSS (ß), Reiner

Rechtsanwalt, Landesgeschäftsf. Deutsches Rotes Kreuz, LV Berlin - Bayernallee 16, 1000 Berlin 19 - Geb. 6. Mai 1931 Hamburg - Stud. Rechtswiss. - Vorst.-Vors. Berl. Zentralaussch. f. soz. Aufgaben; AR-Mitgl. GrundkreditBank eG - Volksbank; Beiratsmitgl. Feuersozietät, Berlin.

KLAUSSNER, Eugen

Fabrikant, Inh. Hukla-Werke GmbH., Matratzen- u. Polstermöbelfabrik, Gengenbach - Gerbergasse 5, 7612 Haslach/Kinzigtal - Geb. 3. Nov. 1906 Schramberg/Württ. - S. 1936 (Firmengründ.) selbst. (heute etwa 4000 Mitarb.).

KLAUSSNER (ß), Georg

I. Bürgermeister (s. 1978) - Rathaus, 8933 Untermeitingen/Schw.; priv.: Wendelsteinstr. 4 - Geb. 2. Juni 1949 Forchheim, kath., verh. s. 1970 m. Christa, geb. Schauerte - Zul. Verwaltungsoberinsp. 1978 Vors. Verw.gemeinsch. Lechfeld u. Schulverb. Untermeitingen, s. 1984 Vors. Wasserzweckverb. d. Lechfeldgemeinden. CSU.

KLAUTKE, Siegfried

Dr. rer. nat., o. Prof. f. Didaktik d. Biologie Univ. Bayreuth - Heinrich-Schütz-Str. 9, 8580 Bayreuth.

KLAWE, Gustav

Fabrikant (Fa. Gustav Klawe Wittgensteiner Holzwarenind., Berleburg) - Moltkestr. 7, 5920 Bad Berleburg/W. (T. 2392) - Geb. 16. Aug. 1903 - 1969 BVK I. Kl.

KLEBE, Giselher

Komponist, Prof., Präsident Berliner Akad. d. Künste (s. 1986) - Zu erreichen üb. Akad. d. Künste, Hanseatenweg 10, 1000 Berlin 21 (Tiergarten) (T. 030 - 39 00 07 30) - Geb. 28. Juni 1925 Mannheim (Vater: Franz K.; Mutter: Gertrud, geb. Michaelis), ev., verh. s. 1946 m. Lore, geb. Schiller, 2 Töcht. (Sonja, Annette) - Gymn.; Städt. Konservat. Berlin; Schüler v. Boris Blacher - Prof. Nordwestd. Musikakad. Detmold - Orchesterw.: D. Zwitschermaschine, Deux Nocturnes, 5 Sinfonien, Rhapsodie, Konzert f. Violine, Violoncello u. Orch., Moments Musicaux, Adagio u. Fuge m. e. Motiv aus Richard Wagners Walküre u. a.; Kirchenmusik: 2 Messen, Stabat Mater; Kammermusik: Sonaten, Röm. Elegien (Goethe) f. Sprecher, Klavier, Cembalo u. Kontrabaß, Elegia Appassionata f. Klaviertrio, 2 Streichquartette, Duettini f. Flöte u. Klavier, Concerto a cinque f. Klavier, Cemb., Harfe, Schlagz. u. Kontrab., Klavierquintett; Ballett: Signale, Menagerie; Opern: D. Räuber (n. Schiller), D. Ermordung Cäsars, Alkmene, Figaro läßt sich scheiden, Jakobowski u. d. Oberst, D. Märchen v. d. schönen Lilie, E. wahrer Held, D. jüngste Tag, D. Fastnachtsbeichte - 1952 Kunstpreis Berlin, 1954 Kompr f. Rhapsodie Intern. Tagung D. Musik im XX. Jh. Rom, 1959 Gr. Kunstpreis Nordrh.-Westf., 1964 Marzotto-Preis (Ital.), Bernhard-Sprengel-Preis, 1965 Annette-v.-Droste-Hülshoff-Preis Stadt Soest; Mitgl. Akad. d. Künste Berlin u. Fr. Akad. d. Künste Hamburg; 1970 BVK; 1975 BVK I. Kl. - Liebh.: Fotogr.

KLEBER, E. Werner

Dr. phil., Prof. f. Vergl. Erziehungswiss. u. Allg. Didaktik Univ.-GH Wuppertal - Gaußstr. 20, 5600 Wuppertal (T. 0202 - 439-23 13) - Geb. 15. Aug. 1936 Hofheim (Vater: Wilh. K., Arbeiter; Mutter: Lina, geb. Schauß), ev., verh. s. 1960 m. Gerda, geb. Geipel, 3 Kd. (Carola, Michaela, Hjalmar) - 1959-61 Univ. Frankfurt u. PH Kiel (Phil., Psych., Politik, Päd.); Lehrerex. 1962 u. 65; 1966/67 Heilpäd. Inst. Kiel (Ex.); 1967-72 Univ. Kiel (Psych., Soziol., Päd. Dipl. 1970), Promot 1972 - 1962-65 Lehrer; 1966-70 Sonderschullehrer; 1970-72 ao. Rat Heilpäd. Inst. Kiel; 1972/73 Doz.; 1973-76 o. Prof. PH d. Saarlandes (Leit. Inst. f. Unterr.-Forsch.); 1977-81 Prof. Univ. Hamburg (ab 1978 Projektleit. Sonderpäd. Forsch.); s. 1981 Prof. in Wuppertal. 1979/80 Gastprof. Univ. Southampton, 1982 Univ. St. Barbara (USA) - BV: 14 Bücher, u. a. Lehrb. d. Sonderpäd., 3. A. 1978; Lernverh. v. Schulversagern, 1973; Grundkonzept e. Lernbeh.päd., 1980; Mitverf. v. 24 B., Veröff. in Fachztschr. - Mitgl. Dt. Ges. f. Psych.; Dt. Ges. f. Erzieh.wiss. u. a. intern. Fachorg.

KLEBER, Karl-Heinz

Dr. theol., Prof. f. Moraltheologie Univ. Passau - Prinz-Eugen-Str. 23, 8390 Passau (T. 0851 - 4 97 40) - Geb. 22. Jan. 1929 Stuttgart (Vater: Dr. Hermann K., Dipl.-Ing., Chemiker; Mutter: Maria, geb. Compes), kath., ledig - Abit. 1948 Ludwigshafen; Synodalex. 1952 Speyer, Ex. z. Befähig. als Relig.-Lehrer an höh. Schulen 1959 Speyer, Promot. 1968 Mainz, Habil. 1976 ebd. - 1953 Kath. Priester, Seelsorgearb., 1959-61 Leit. Erziehungsanst.; 1961-71 Relig.-Lehrer Gymn. Ludwigshafen; 1971-76 Doz. Königstein; 1976-78 Studiendir. Gymn. Ludwigsh.; s. 1978 Ord. f. Moraltheol. Univ. Passau - BV: Z. Gesch. d. Sexualmoral, 1971; D. Christ u. d. Armut (in: Person im Kontext d. Sittl.) 1979; Gerechtigk. als Liebe, 1982; Einf. in d. Gesch. d. Moraltheol., 1985; Migration u. Menschenwürde, 1988; Sein u. Handeln in Christus, 1988.

KLEBERGER, Ilse,

geb. Krahn

Dr. med., Ärztin, Schriftst. - Cimbernstr. 16, 1000 Berlin 38 (T. 803 58 28) - Geb. 22. März 1921 Potsdam (Vater: Wilhelm Krahn, Kaufm.; Mutter: Elisabeth, geb. Fechner), ev., verh. s. 1949 m. Prof. Dr. med. Kurt-Eberhard K. (s. dort), T. Andrea - Lyzeum Schneidemühl (Abit. 1940); Univ. Berlin u. Tübingen. Med. Staatsex. 1946 Berlin; Promot. 1947 Tübingen - S. 1949 ärztl. Praxis Berlin. Mitgl. GEDOK - BV: Wein auf Lava, R. 1966; Berlin unterm Hörrohr, 1976; Damals mit Kulicke, 1978; E. Gabe ist e. Aufgabe, Käthe-Kollwitz-Biogr., 1980; Preuße, Bürger u. Genie - Adolph Menzel, Biogr. 1981; D. Nachtstimme, R. 1982 (auch poln.); D. Wanderer im Wind. Ernst-Barlach-Biogr., 1984; D. Vision v. Frieden. Bertha-v.-Suttner-Biogr., 1985; Unsere Oma (auch engl., amerik., span., tschech., poln., chines., hebr.); Ferien m. Oma (auch engl., amerik., span., poln., hebräisch); Albert Schweitzer - d. Symbol u. d. Mensch, Biogr. 1989; Schwarz-weiß-kariert, R. - Liebh.: Bücher, Musik, Schmalfilm - Spr.: Engl.

KLEBERGER, Kurt-Eberhard

Dr. med., Prof., Chefarzt i. R. Schloßpark-Klinik Berlin/Charlottenburg (1970-85) - Cimbernstr. 16, 1000 Berlin 38 (T. 803 58 28) - Geb. 15. April 1920 Berlin, ev., verh. s. 1949 m. Dr. med. Ilse, geb. Krahn (Schriftstl.; s. Ilse Kleberger), T. Andrea - S. 1958 (Habil.) Lehrtätigk. FU Berlin (1965 apl. Prof. f. Augenheilkd.; 1950-69 Oberarzt Univ.-Augenklinik Städt. Krkhs. Westend, zul. stv. Leit.) - 1966 Mitgl. New York Acad. of Sciences.

KLEDZIK, Ulrich J.

Ltd. Oberschulrat, Prof. f. Didaktik PH Berlin (s. 1969) u. TU Berlin (s. 1980) - Imbrosweg 64b, 1000 Berlin 42 - Geb. 22. Dez. 1927 Meseritz - Bücher u. Aufs. z. Päd. d. Jugendstufe, Arbeitslehre, Gesamtsch. - 1985 Hon.-Assoc. Education Univ. of London; 1988 Fellow Coll. of Preceptors/London.

KLEE, Bernhard

Generalmusikdirektor Stadt Düsseldorf (s. 1977) - Ehrenhof 1 (Tonhalle), 4000 Düsseldorf - Geb. 1936.

KLEE, Ernst

Publizist - Alexanderstr. 37, 6000 Frankfurt/M. 90 - Geb. 15. März 1942 Frankfurt, ev. - BV: u.a. Behindertenreport, 1974; Psychiatrie-Report, 1978; Euthanasie im NS-Staat, 1983 - 1971 Kurt-Magnus-Preis ARD; 1981 Fernsehpreis Dt. Akad. d. Darstell. Künste 1982 Adolf-Grimme-Preis.

KLEE, Hans Dieter

Leiter Afrika-Redaktion Deutsche Welle (s. 1969) - Raderberggürtel 50, 5000 Köln 51 (T. 0221 - 389 49 01) - Geb. 25. April 1930 Saarburg, Bez. Trier, ledig - Stud. Univ. Köln, Heidelberg (Rechtswiss.); 1. jurist. Staatsex. - Wiss. Hilfskraft am Ostkolleg d. Bundeszentrale f. Heimatdienst, anschl. Inst. f. pol. Wiss. Univ. Köln - Liebh.: Medienpolitik, insbes. in Entwicklungsländern; Musik, Gesch. - Spr.: Engl., Franz.

KLEE, Manfred

Dr. med., Wiss. Mitarbeiter MPI f. Hirnforschung, Frankfurt-Niederrad, Honorarprof. f. Neurophysiologie Univ. Frankfurt/M. - Theodor-Heuss-Str. Nr. 27, 6078 Neu-Isenburg - Geb. 23. Juni 1930 Giesensdorf - Promot. 1966 Berlin (FU); Habil 1972 Frankfurt - Mehrj. Tätigk. Buffalo (USA). Rd. 50 Facharb. - 1965 Hans-Berger-Preis.

KLEE, Marie-Elisabeth,

geb. Freiin v. Heyl zu Herrnsheim

Vorsitzende Dt. Komitee d. Kinderhilfswerks d. Vereinten Nationen (UNICEF) - Zu erreichen üb. Unicef, Steinfelder Gasse 9, 5000 Köln 1 - Geb. 1922 Worms (Vater: Ludwig, Frhr. v. Heyl), ev., verh. 1945-56 m. Dr. Eugen K., Botschafter †, verw. - Stud. Gesch. - 1961-72 MdB.; 1965ff. Europarat (Mitgl. Ältestenrat u. stv. Vors. Kulturaussch.); 1970-73 Vizepräs. WEU-Westeurop. Union (als 1. Frau); 1973-78 Leit. Auslandsref. im Kultusmin. Rhld.-Pfalz; s. 1985 Unicef. Versch. Ehrenämter, u. a. s. 1976 Präs. Stresemann-Ges. (erneut bestätigt) u. Vizepräs. Dt.-Atlant. Ges. CDU - Interesse: Lateinamerika - Spr.: Engl., Franz., Span.

KLEE, Otto Karl

Dr. rer. nat., o. Prof. f. Hydrobiologie Univ. Tübingen - Beethovenstr. 12, 7403 Ammerbuch 1-Entringen (T. 07073 - 64 38) - Geb. 17. Dez. 1928 Frankfurt/M., ev., verh. s. 1960 m. Brigitte, geb. Stech, 2 Kd. (Barbara, Alexander) - Spez. Arbeitsgeb.: Hydrobiol., Angew. Zool. - BV: Reinig. industr. Abwässer, 1970; Praktikum d. Wasser- u. Abwasseruntersuchung, 1972; Kein Trinkwasser f. morgen, 1973 (auch franz., holl., dän., engl.); Lehrb. d. Hydrobiol., 1975; Handb. d. Aquarienkunde (auch holl., ital.), 1980; Angew. Hydrobiologie, 1985 - 1973 Wilhelm-Bölsche-Med. (f. gutachtl. Arbeiten z. Reinhalt. d. Bodensees) - Liebh.: Malerei, Dressur- u. Jagdreiten.

KLEE, Rainer

Dr. rer. nat., Prof. f. Biologiedidaktik Univ. Gießen - Hellenweg 34, 6301 Fernwald 1.

KLEEBERG, Heinz E.

Dipl.-Physiker, Unternehmensberater - Victor-Huber-Str. 4, 8500 Nürnberg 50 (T. 0911-80 66 19) - Geb. 21. Febr. 1927 Hannover (Vater: Wilhelm K., Mühlenforscher), ev., verh. s. 1953 m. Irmtraud, geb. Scholz, 2 Kd. (Heyo B., Ina B.) - Abit. 1948 Lehrte/Hann.; Stud. Experimentalphysik TU Braunschweig; Dipl. 1954 - 1955-57 Forschungstätigk. Siemens, Bad Neustadt/S.; 1957-63 Fertigungsleit. Zuse KG, Bad Hersfeld; 1963-68 Werksleit. Wandererwerke AG, Köln; 1968-76 Leit. Qualitätssicher. Triumph-Adler AG, 1976-82 Projektleit. u. Vorstandsmitgl. f. Forsch. u. Entw. ebd.; s. 1983 selbst. Unternehmensberater. Vorstandsmitg. Vereinig. d. liberalen Mittelst., Bez. Nürnberg. Mitarb. an Fachveröff. Dt. Ges. f. Qualität, 5 Pat. - 1944 Flakkampfabz. - Liebh.: Briefmarken, Familienforsch., Schmalfilm, Malen - Spr.: Engl.

KLEEMANN, Dieter

Hauptgeschäftsführer d. Deutsch-Belgisch-Luxemburg. Handelskammer - Avenue du Boulevard 21, B-1210 Bruxelles (T. 02/218 50 40, Telex 26097 dblx, Telefax 02/218 47 58) - Geb. 28. Sept. 1931 Bielefeld - Generalsekr. Belg.-Dts. Schule f. Industrie u. Handel, Brüssel.

KLEEMANN, Erich Julius

Gf. Gesellschafter Kunststoffe Heinrich Brinkmann GmbH, Heinrich Brinkmann Anlagenverpacht. GmbH + Co KG, Weber & Kleemann GmbH, alle Dreieich - Scholdererweg 29, 6000 Frankfurt/M. 70 (T. 069-68 35 89) - Geb. 22. Okt. 1935 Frankfurt, kath., verh. s. 1956 m. Elli, geb. Hoferer, Sohn Thomas - Techn. Kaufmann - Liebh.: Geschichte, Rudersport - Spr.: Engl.

KLEEMANN, Georg

Wissenschaftsjournalist, Schriftst. - Am Kräherwald 183, 7000 Stuttgart 1 - Geb. 14. Nov. 1920, verh., 2 Kd. - BV: u. a. Wegwerfmenschen - naturwiss. Märchen, 1980; D. Steinzeitmensch in uns, 1959; Feig, aber glücklich, 1978; Zeitgenosse Urmensch, 1963; D. Urmenschen auf d. Spur, 1978; D. Kater Henriette, 1964; D. Schwäb. Alb, 1982; D. Hohenloher Land, 1985; D. Schwarzwald, 1986. Herausg. Schwäb. Curiosa (1974).

KLEEMANN, Otto

Dr. phil., habil. em. o. Prof. f. Vor- u. Frühgeschichte - Ringstr. 43, 5300 Bonn-Beuel 3 (T. Inst.: Bonn 73 72 27) - Geb. 10. Febr. 1911 Straßburg/Els., verh. s. 1937 m. Charlotte, geb. Joppien, 2 Kd. (Peter, Ines) - Promot. 1933 - 1933-45 Assist. Landesmuseum f. Vorgesch. Ratibor, Dresden u. Königsberg (1936 stv. staatl. Vertrauensm. f. kulturgeschichtl. Bodenaltertümer in Ostpr.); s. 1943 Doz., apl. (1954), ao. (1964) u. o. Prof. (1968) Univ. Bonn (b. 1956 Leit., dann Dir. Inst. f. Vor- u. Frühgesch.). Fachveröff.

KLEEMANN, Wolfgang

Dr. rer. nat., Dipl.-Phys., Prof. f. Experimentalphysik Univ.-GH Duisburg - Wedauer Str. 208, 4100 Duisburg 28 - Geb. 5. April 1942 Nordhausen (Vater: Hermann K.; Mutter: Marianne, geb. Arndt), verh. s. 1976 m. Marita, geb. Schlepphorst - Dipl.-Phys. 1966, Promot. 1968, Habil. 1972 - 1972 Univ.-Doz.; 1975 Wiss. Rat u. Prof.; 1981 Prof. (C4); Gastforscher b. Univ. Paris, Orsay (1973, 1981) bzw. Villetaneuse (1986), b. Univ. Calif. Santa Barbara (1986). Rd. 90 Veröff. z. Festkörperoptik in Fachztschr. - Spr.: Engl., Franz.

KLEEN, Werner J.

Dr. phil. nat. habil., Physiker, Honorarprof. f. Fragen d. Elektronik TU München (s. 1956) - Denninger Str. Nr. 36, 8000 München 80 - Geb. 29. Okt. 1907 Hamburg (Eltern: Johann (Schiffsbauing.) u. Hedwig K.), ev., verh. s. 1933 m. Johanna, geb. Roos, 3 Kd. (Eva, Uwe, Jan) - TH Hannover, Univ. Göttingen u. Heidelberg (Promot. 1931), Habil. 1936 - 1931-32 AEG Berlin (Forschungsinst.), 1932-46 Telefunken ebd., 1946-50 C. S. F. Paris (Forschungsinst.), 1950-52 Inst. Nacional de Electrónica Madrid, 1952-67 Siemens, München (Dir. Forschungslabor. u. Generalbevollm.), 1968-71 European Space Research and Technology Centre, Nordwijk (Dir.) - BV: Elektronenröhren, 4 Bände 1940/55 (m. H. Rothe);

Mikrowellen-Elektronik, 1952 (engl. 1958); Lauffeldröhren, 1958 (m. K. Pöschl.); Laser, 1968 (m. R. Müller) - 1950 Ehrenplak. Svenska Teknolog Föreningen Stockholm, 1953 Gauß-Weber-Med. Univ. Göttingen; 1957 Fellow Inst. of Electric. a. Electronic Eng., New York; 1978 Ehrenring Verb. Dt. Elektrotechn.; 1980 Microwave Career Award Microwave Ges. Inst. Electric. a. Electronic Eng. (IEEE) New York, 1982 Frederik Philips Award (IEEE) New York - Spr.: Franz., Engl., Span.

KLEESPIES, Franz-Josef

Syndikus, Hauptgeschäftsf. Handwerkskammer Unterfranken - Steubenstr. 9, 8700 Würzburg (T. 0931-7 32 50) - Geb. 4. Aug. 1943 Wohnrod (Vater: Josef K., Landwirt; Mutter: Margarete, geb. Keßler), kath., verh. s. 1972 m. Elisabeth - Human. Gymn.; Jura-Stud. Univ. Würzburg - S. 1974 Mitgl. d. Verw.aussch. Arbeitsamt Würzburg, s. 1980 Vorst.-Mitgl. AOK Wbg. - BV: Mitverf. Fachb.: Was jeder Handwerk. wissen muß - Liebh.: Ant. Gesch. (Kunst- u. Kulturgesch.), ostafrikan. Kunst u. -handw., Mineralien - Spr.: Engl., Franz.

KLEFFEL, Paul-Georg

Generalleutnant a.D. - Basteistr. 3, 5300 Bonn 2 - Geb. 7. Sept. 1920, ev. - Dienst Wehrmacht u. Bundeswehr - Ritterkreuz d. EK; Gr. BVK.

KLEIBEL, Franz

Dr. med., Prof. f. Klin. Radiologie (Onkologie) Univ. Heidelberg - Jahnstr. 21b, 6900 Heidelberg - Geb. 1. März 1922 Petrila/Siebenb. - Promot. 1950; Habil. 1965 - Üb. 100 Publ.

KLEIBER, Carlos

Operndirektor Musiktheater Bayer. Staatsoper - Max-Joseph-Pl. 2, 8000 München (T. 089 - 2 18 51) - 1981 brit. Ausz. f. d. Londoner Othello-Produktion.

KLEIBER, Wolfgang

Dr. phil., Prof. f. Deutsche Philologie u. Volkskunde Univ. Mainz (s. 1970) - Bebelstr. 24, 6500 Mainz (T. 06131 - 36 67 86) - Geb. 21. Nov. 1929 Freiburg (Vater: Hans K., Oberforstrat; Mutter: Friedel, geb. Schelhaas), ev., verh. s. 1961 m. Isolde, geb. Kugler, 3 Kd. (Johannes, Marie-Luise, Ursula) - Stud. (Deutsch, Franz., Gesch.) Univ. Freiburg; Promot. 1955; Staatsex. 1959; Ass.ex. 1962; Habil. (Germ. Philol.) 1968 - 1968-70 Privatdoz., 1975/76, 1988 Fachbereichsdekan (FB 13, Phil. I) Univ. Mainz; Vorst.-Mitgl. Inst. f. Geschtl. Landeskunde - BV: Diss. Flurnamen von Kippenheim u. Kippenheimweiler, 1957; Lautbibl. d. dt. Mundarten (Burkheim/Breisach), 1959; Otfrid von Weißenburg, 1971; Otfrid v. Weißenburg (WdF 419), 1978; Z. sprachgeogr. Struktur d. dt. Winzerterminologie, 1980; Hist. Südwestdt. Sprachatlas, 2 Bde., 1980 (m. and.). Herausg.: Symposion E. Christmann (1987). Mithrsg.: Festschr. Karl Bischoff (1975) - 1975 Korr. Mitgl. Mainzer Akad. d. Wiss. - Spr.: Franz., Engl.

KLEIBOHM, Klaus

Dr. phil., Dipl.-Math., Prof. f. Mathematik (Operations Research) Univ.-GH Paderborn - Paderbruch 14, 4790 Paderborn/W.

KLEIFELD, Otto

Dr. med., Prof., Augenarzt - 5541 Rommersheim/Kr. Bitburg-Prüm (T. Trier 4 85 44) - Geb. 31. Aug. 1920 - S. 1955 (Habil.) Privatdoz. u. apl. Prof. (1961) Univ. Bonn. Hauptarbeitsgeb.: Linsenstoffwechsel, klin. Arb. u. Probl. d. Gemeinschaftspraxis.

KLEIHAUER, Enno

Dr. med., Prof., Kinderarzt - Universität, 7900 Ulm/Donau - B. 1969 Univ. München (Privatdoz.; Abt.leit. Kinderklinik), dann Univ. Ulm (o. Prof.; Ärztl. Dir.). Facharb.

KLEIHUES, Josef Paul

Dipl.-Ing., o. Prof. f. Entwerfen u. Architekturtheorie Univ. Dortmund - Schlickweg 4, 1000 Berlin 38; Haus Schwickering, 4408 Dülmen-Rorup - Geb. 11. Juni 1933 Westf. - Gymn. Rheine (Abit. 1955) - 1955-59 Arch.-Stud. TU Berlin (Hauptdipl.); 1959/60 Stip. Ecole Nationale Superieure de Beaux-Art, Paris - 1962 Gründ. eig. Büro; s. 1973 o. Prof. Univ. Dortmund, Abt. Bauwesen, Lehrst. f. Entwerfen u. Arch.theorie. 1971-73 Erarbeit. Berlinat-Erlaß z. Stadtbild u. Stadtraum im Auftrag d. Senators f. Bau- u. Wohnungswesen; 1974 Initiator Forsch.vorhaben: Wohnen u. Arbeiten im Ruhrgeb.; Durchführ. Dortmunder Arch.tage (1975, 76, 77, 78) u. Arch.-Ausst. (1977, 78); 1979 Planungsdir. f. Neubaugeb. Intern. Bauausst. Berlin - Herausg. Dortmunder Arch.-Hefte, sowie d. Schr.reihe z. Intern. Bauausst.: D. Neubaugeb.; 1986 Berufung als Irwin S. Chanin Distinguished Intern. Prof. an d. Cooper Union f. the Advancement of Science and Art (School of Architecture), New York - Bauwerke: u.a. Hauptwerkstatt d. Berliner Stadtreinig. (1969), Block 270 in Berlin Wedding, 1. Rekonstrukt. e. Baublockes n. d. 2. Weltkrieg (1972), Neubau Krkhs. Neukölln (1973/85), Ausb.zentrum Benediktinerkloster Gerleve (1979), Museum f. Vor- u. Frühgesch. Frankf. (1980-88), 1985 Museum Lütze u. Städt. Galerie Sindelfingen (s. 1987 im Bau), 1986 Dt. Klingenmuseum Solingen (s. 1987 im Bau), 1987 Museum Henninger u. Städt. Galerie Kornwestheim (s. 1988 im Bau), Stadtplanungen u.a. f. Berlin, Groningen, Pforzheim, Santiago de Compostela u. Turin. Div. Ausst.beteilig., u.a.: 1. Arch.-Biennale Venedig u. Bau e. Fassade in d. Strada Novissima, 1984 Revision d. Moderne, 1986 Vision d. Moderne im DAM Frankf., 1985 The European Iceberg Ontario - 1967 Kunstpreis Junge Generation Berlin; 1968 Arch.-Preis Bauen m. Ziegeln, 1971 Bauen m. Kalksandstein, 1975 Beton; 1988 BVK I. Kl.; 1989 Hon. Fellow The Americ. Inst. of Architects.

KLEIHUES, Paul

Dr. med., o. Prof. f. Neuropathologie Univ. Zürich (s. 1983) - Gladbachstr. 19, CH-8006 Zürich - Geb. 21. Mai 1936 Rheine/Westf. - Promot. 1962 Univ. Münster; Habil. 1972 Univ. Köln; 1976-83 Prof. f. Neuropathol. Univ. Freiburg.

KLEIN, A. Wilhelm

Prof., Generaldirektor - Perlengraben 2, 5000 Köln 1 - Geb. 12. Mai 1922 Köln, verh., 3 Kd. - Versicherungslehre; Selbststud. - S. 1945 Gothaer Versich.-ges./3 (1957 Bezirksdir., 1960 stv., 1961 o. Vorst.-Mitgl., 1970 -vors.), Vorst.-Vors. v. Gothaer Versicherungsbank, Goethaer Rückversich. AG u. Gothaer Krankenversich. AG, AR-Vors., stv. AR-Vors. u. Beiratsmandate versch. Unternehmen; Handelsrichter Köln. S. 1984 Honorarprof. d. FH Köln - Liebh.: Sport (Golf, Ski, Schwimmen).

KLEIN, Adalbert

Dr. phil., Prof., Direktor a. D. Hetjens-Museum (einziges dt. Inst. f. Geschichte u. Technol. d. Kunstkeramik) - Schulstr. 4/Palais Nesselrode, 4000 Düsseldorf-Benrath; priv.: Südallee 26 - Geb. 2. April 1913 Düsseldorf (Vater: Heinrich Adolf K., Ingenieur; Mutter: Elisabeth, geb. Compes), verh. s. 1942 m. Helga, geb. Schumacher, s. 1962 m. Helga, geb. Paulus - Univ. München u. Berlin - S. 1939 Hetjens-Mus. Div. Fachveröff. u. a. Keramik aus 5000 Jahren (auch engl.); Dt. Fayencen; Fayencen aus Europa; Jap. Keramik v. d. Jomon-Zeit b. z. Gegenw. (dt.-franz. u. engl. Ausg.).

KLEIN, Albert

Dr. phil., Prof. f. Deutsche Sprache u. Literatur u. ihre Didaktik Univ. Dortmund (s. 1980) - Teichstr. 72, 5860 Iserlohn - Geb. 7. Jan. 1939 Tauberbischofsheim (Vater: Leo K., Oberstudiendir.; Mutter: Mathilde, geb. Göbel), verh. s. 1964 m. Dörte, geb. Walbrecker, 2 Kd. (Hortense, Johann Peter) - Univ. München, Münster, Bochum (German., Soziol., Publiz.). Promot. 1968 - 1980-82 Dekan Abt. 15 d. Univ. Dortmund - BV: D. Krise d. Unterhaltungsromans im 19. Jh., 1969; Triviallit., 1977. Beitr. z. neueren dt. Lit. u. Massenlit.

KLEIN, Albert

Dr., I. Bürgermeister - Gesellstr. 69, 7530 Pforzheim (T. 6 32 00) - Geb. 17. April 1921 - Zul. Stadtdir. Witten/Ruhr - Spr.: Engl. - Rotarier.

KLEIN, Anne

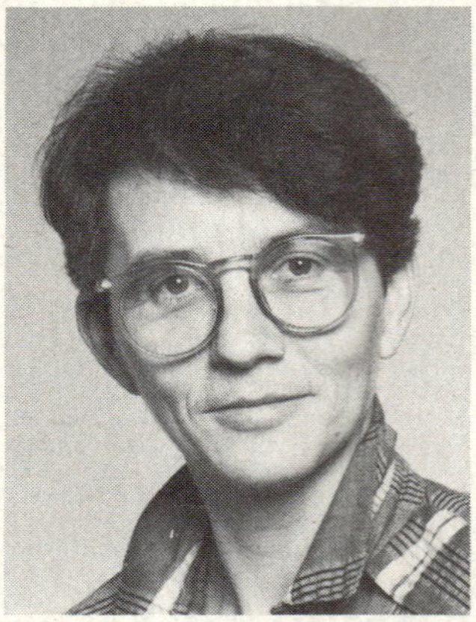

Senatorin f. Frauen, Jugend u. Familie v. Berlin - Am Karlsbad 8-10, 1000 Berlin 30 - Geb. 2. März 1950 Dillenburg - S. 1978 Tätigk. als Rechtsanwältin, s. 1989 als Notarin im Familienrecht u. Frauenrecht; Wiss. Mitarb. d. GRÜNEN im Bundestag; Mitgl. Sachverständigenkommiss. z. Anti-Diskriminierungsgesetz, Strafrechtskommiss. Dt. Juristinnenbd. - S. 10 J. Frauenhaus-Beratungsarb.

KLEIN, Armin

Dr. jur, Bürgermeister Stadt Bad Homburg (s. 1962), Mitgl. Präs. Hessischer Städtetag - Am Rabenstein 54, 6380 Bad Homburg (T. 2 42 42) - Geb. 15. Juni 1922 Dresden (Vater: Johann K., Fabrikdir.; Mutter: Johanna, geb. Böswetter), ev., verh. s. 1950 m. Else, geb. Platt, 2 Kd. (Elke, Uwe) - 1945-48 Univ. Hamburg u. Bonn (Rechts- u. Staatswiss.). Promot. 1950 Bonn; Ass.ex. 1952 Düsseldorf - 1952-62 Stadtverw. Bad Godesberg (Beigeordn. u. Stadtrechtsdir.) - Div. Kriegsausz. (1945 Ritterkreuz) - Liebh.: Lit., Sport - Spr.: Engl., Franz.

KLEIN, Eberhard

Dr. rer. nat., Dipl.-Chem., Prof., ehem. Direktor (Leitg. Forschung u. Entw. Agfa-Gevaert AG, Leverkusen) - Kalmüntener Str. 57, 5060 Berg.-Gladbach 2 (T. 02202 - 8 45 00) - Geb. 12. Aug. 1925 Gummersbach, ev., verh. s. 1952 m. Eva-Maria, geb. Lau, 2 Söhne (Martin, Christian) - Obersch. Gummersbach; 1945-52 Univ. Bonn u. TH Aachen. Promot. u. Habil. Aachen - S. 1952 Farbenfabriken Bayer AG, L'kusen/Agfa-Photofabrik (1964 wie oben); s. 1982 Giesecke + Devrient-GmbH München; s. 1958 Lehrtätigk. TH Aachen (1964 apl. Prof. f. Physikal. Chemie (Wiss. Photogr.)). Mitarb.: Agfa (Bde. III u. IV); Mithrsg.: D. Grundlagen d. Photogr. Prozesse mit Silberhalogeniden. Zahlr. Fachaufs.

KLEIN, Eckart

Dr. jur., o. Univ.-Prof. f. Öfftl. Recht, Völker- u. Europarecht Univ. Mainz - Ebersheimer Weg 35, 6500 Mainz 1 (T. 06131 - 5 36 70) - Geb. 6. April 1943 Oppeln (Vater: Rudolf K., o. Univ.-Prof.; Mutter: Sonja, geb. Stromeyer), ev., verh. s. 1969 m. Ulrike, geb. Scherenberg, 3 Kd. (Philipp, Oliver, Anne Désirée) - Univ. Heidelberg (1. jurist. Staatsprüf. 1968, Promot. 1973, Habil. 1980), 2. jurist. Staatsprüf. 1971 Stuttgart - 1974-76 Wiss. Mitarb. BVG; 1976-81 Ref. Max-Planck-Inst. f. Völkerrecht Heidelberg; s. 1981 Prof. Univ. Mainz. S. 1984 Richter im Nebenamt am OVG Rhld.-Pfalz; s. 1987 Mitgl. Schiedsgerichtshof u. d. Gemischten Kommiss. f. d. Abkommen üb. dt. Auslandsschulden - BV: D. verfass.rechtl. Problematik d. ministerialfreien Raumes, 1974; Statusverträge im Völkerrecht, 1980; D. Vertragsrecht intern. Organisationen (m. M. Pechstein), 1985 - Liebh.: Belletristik - Spr.: Engl., Franz.

KLEIN, Engelbert

Generalkonsul, Verleger - Hubertusallee 18, 1000 Berlin 33 (T. 891 53 26) - Geb. 31. Juli 1906 Frechen/Rhld., kath., verh. s. 1933 m. Leni, geb. Amlong, 2 Töcht. (Dipl.-Volksw. Renate u. Gabriele) - B. 1945 Verw.dir. Haus d. Metalle, Berlin. Herausg.: Ztschr. METALL - 1965 Generalkonsul d. Zentralafrik. Republik.

KLEIN, Erich

Dr. med., Prof., ehem. ltd. Chefarzt Städt. Krankenanstalten u. Chefarzt 1. Med. Klinik, Bielefeld - Zu erreichen üb. Lessingstr. 50, 4800 Bielefeld - Geb. 28. Dez. 1920 Brandenburg/H. (Vater: Arthur K., Kaufm.; Mutter: Margarete, geb. Wernitz), ev., verh. s. 1947 m. Ingeborg, geb. Richter, T. Bettina - Univ. Berlin, Leipzig, Jena (Med., Phil.; Promot. 1948). Fachärztl. Prüf. 1955 München; Habil. 1958 Düsseldorf - Klinikum Leipzig, Stuttgart, Würzburg, Düsseldorf (zul. Oberarzt II. Med.; 1958 Privatdoz., 1963 apl. Prof.). Spez. Arbeitsgeb.: Stoffwechsel- u. Schilddrüsenkrankh., Nuclearmed. 13 B. üb. Endokrinol. (teils Hrsg.), üb. 280 Einzelarb. u. Vortr., 1 Tonbildschau, 1 Film üb. Schilddrüsenprobleme - 1960 Hörlein-Preis. 1963-68 Sekr. Dt. Ges. f. Endokrinol., 1974-76 Vors. Dt. Schilddrüsensektion, 1985 u. 88 Ehrenmitgl. - Liebh.: Musik - Spr.: Engl., Franz.

KLEIN, Ernst

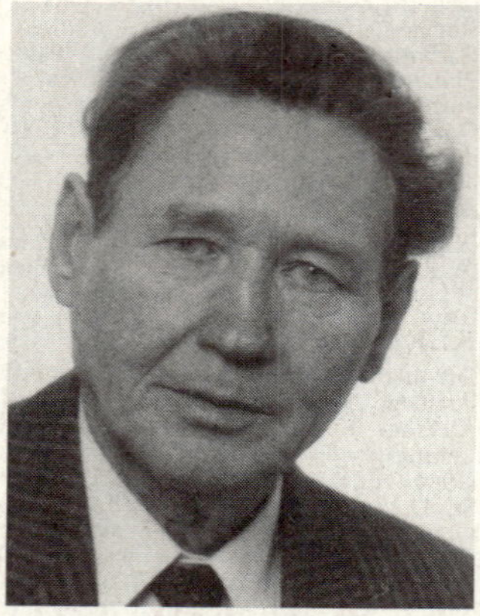

Dr. phil., o. Prof. f. Wirtschafts- u. Sozialgeschichte Univ. Saarbrücken (s. 1968) - Puccinistr. 19, 6600 Saarbrücken (T. 5 48 84) - Geb. 4. Jan. 1923 Gladbeck/W. (Vater: Ernst K., Bergmann; Mutter: Margarete, geb. Ewen), ev., verh. s. 1953 m. Ursula, geb. Neef, T. Margret - 1933-41 Obersch. Hamburg; 1947-51 Univ. Halle/S. (Staatsex. 1951). Promot. 1952 Halle; Habil. 1963 Hohenheim - Oberschullehrer Wernigerode (1951) u. Wiss. Mitarb. Dt. Akad. d. Wiss. Berlin (1956); 1959-68 Assist. u. Privatdoz. (1963) LH bzw. Univ. Hohenheim - BV: V. d. Reform z. Restauration, 1965; D. Entwickl. d. Pfluges im dt. Südwesten, 1966; D. histor. Pflüge d. Hohenheimer Samml., 1967; D. akad. Lehrer d. Univ. Hohenheim, 1968; Gesch. d. dt. Landw., 1969; D. engl. Wirtschaftstheoretiker d. 17. Jhs., 1973; Gesch. dt. Landw. im Ind.zeitalter, 1973; Gesch. d. öfftl. Finanzen in Dtschl., 1974; Deutsche Bankengesch., 1982; Gesch. d. saarl. Steinkohlengrube Sulzbach-Altenwald, 1987 - Liebh.: Musik - Spr.: Engl., Franz.

KLEIN, Erwin

Dr. rer. nat., Prof. f. Exper. Physik FU Berlin - Kommandantenstr. 93, 1000 Berlin 45 (T. 030 - 838 35 81) - Geb. 16. Jan. 1935.

KLEIN, Franz

Dr. jur., Prof., Präsident Bundesfinanzhof, München (s. 1983) - Ismaninger Str. 109, 8000 München 80 (T. 089 - 9 23 10) - Verh. m. Dr. Erika, geb. Maunz, 4 Kd. - Stud. Rechts- u. Staatswiss. Univ. Freiburg, München u. Bonn; Promot. 1954; 2. jurist. Staatsprüf. 1958 - 1958 Finanzverw. Rhld.-Pfalz; 1966 Ref. f. Finanzverfass.recht, spät. Unterabt.-leit. Steuerreform im Bundesfinanzmin.; 1972 Ministerialdir. Staatskanzlei Rhld.-Pfalz, 1982 Amtschef Landesvertr. Rhld.-Pf. Bonn; 1981 Hon.-Prof. Univ. Trier, 1988 Hon.-Prof. Univ. Passau (Finanz- u. Steuerrecht); 1983 Richter u. Präs. BFH. Vorst.-Mitgl. Dt. Steuerjurist. Ges. u. Münchener Jurist. Ges. - BV: Kommentar z. Grundges., 6. A.; Kommentar z. BVG-Ges.; Loseblatt, Kommentar z. EStG (3. A.), KStG, KfzStG (2. A.), AO (4. A.) u. KapVerkStG (2. A.).

KLEIN, Franz

Musiker, Prof. f. Klarinette Staatl. Hochsch. f. Musik Rheinl./Musikhochsch. Köln - Schubertstr. Nr. 35a, 5090 Leverkusen 5.

KLEIN, Fritz

Programmdirektion Deutsches Fernsehen - Arnulfstr. 42, 8000 München 2 - Geb. 23. März 1937 (Vater: Willy K.; Mutter: Margot, geb. Freytag), ev., verh. m. Bärbel, geb. Kröger, 2 T. (Stephanie, Natalie) - 1959-87 NDR, s. 1987 Koordinator f. Sport in d. ARD - Liebh.: Golf, Malen - Spr.: Engl.

KLEIN, Gerhard

Dr. phil., Prof. f. Sonderpädagogik - Schloßgartenstr. 105, 7417 Pfullingen - Geb. 21. März 1932, ev., verh. s. 1965 m. Regine, geb. Weirich, 4 Kd. (Andreas, Barbara, Uta, Johannes) - Stud. Päd., Phil., Psych. u. Psychopath. Univ. Tübingen u. Bonn. Promot. 1964 - S. 1965 Doz. u. Prof. Inst. bzw. Fachber. Sonderpäd. PH Ludwigsburg - BV: Persönlichkeitsentw. in d. Schule, 1965; Sonderpäd. 1, Frühförderung, 2. A. 1975; Lernbeh. Kinder u. Jugendl., 1985. Mithrsg.: Texte z. Lernbeh.päd. (4 Bde., 1973-84); Viertelj.schr. Sonderpäd.

KLEIN, Günter

Dr. theol., o. Prof. f. Neues Testament - Potstiege Nr. 12, 4400 Münster - Geb. 12. Jan. 1928 Barmen, ev. - S. 1961 Lehrtätigk. Univ. Bonn (Doz.), Kiel (1964 Ord.), Münster (1967 Ord.) - BV: D. 12 Apostel, 1961; Theol. d. Wortes Gottes, 1964; Rekonstruktion u. Interpretation, 1969; Ärgernisse, 1970; Predigten, 1971.

KLEIN, Günter

Dr. rer. pol., Dipl.-Kfm., Wirtschaftsprüfer (gf. Gesellsch. Warth & Klein GmbH., Düsseldorf, Wirtschaftsprüfungsges., Honorarprof. f. Wirtschaftsprüf. u. Unternehmensberat. Univ. Bonn (s. 1971) - Geibelstr. 20, 4000 Düsseldorf-Grafenberg - Geb. 30. Dez. 1926.

KLEIN, Günter

Oberregierungsrat a.D., Mitgl. Brem. Bürgerschaft (s. 1963; 1967 Mitgl. Haushaltsaussch.; 1975 Vors. Petitionsaussch.; 1971-73 Fraktionsvors.) - Vor d. Heisterbusch 12, 2820 Bremen 77 - Geb. 27. Mai 1930 Wuppertal-Barmen, ev., verh. - Gymn. Wuppertal; 1950-54 Univ. Köln (Rechtswiss., Volksw., Soziol.). Gr. jurist. Staatsprüf. 1959 Düsseldorf - 1959-60 Dezern. Landesverw. D'dorf; 1960-68 Rechtslehrer u. -berat. Schule d. Techn. Truppen Bremen (Bund); s. 1968 Rechtsberat. u. Wehrdisziplinaranw. 4. Luftwaffendiv. Bremen (Bund). CDU (1969; 74 stv. Vors. Landesverb. Bremen). S. 1962 Mitgl. CDU-Landesvorst.

KLEIN, Günter

Fabrikant, Vors. Industrieverb. f. Heimtierbedarf - Zu erreichen üb.: Leostr. 22, 4000 Düsseldorf 11.

KLEIN, Hans

Journalist, Chef Presse- u. Informationsamt d. Bundesregierung (s. 1989) - Welckerstr. 11, 5300 Bonn 1 - 1987-89 Bundesmin. f. wirtschaftl. Zusammenarbeit. CSU.

KLEIN, Hans

Dr. rer. pol., Dipl.-Kfm., Vorsitzender d. Geschäftsführung Burkhardt + Weber GmbH (B + W), Reutlingen, u. Burkhard GmbH, Maschinenfabrik, Pfullingen - Seitenhalde 72, 7417 Pfullingen - Geb. 18. Febr. 1930.

KLEIN, Hans-Hugo

Dr. jur., Univ.-Prof., Bundesverfassungsrichter (1983ff.), Staatssekretär u. MdB a.D. - Zu erreichen üb. Bundesverfassungsgericht Karlsruhe - Geb. 5. Aug. 1936 Karlsruhe, ev., verh., 2 Kd. - Gymn. Karlsruhe; Univ. Heidelberg u. München. Jurist. Staatsprüf. 1957 u. 1961; Promot. 1961, Habil. 1967 - S. 1967 Lehrtätigk. Univ. Heidelberg u. Göttingen (1969 o. Prof. f. Öfftl. Recht). Fachveröff. CDU. 1972-83 MdB, 1982-83 Parlam. Staatssekr. Bundesjustizmin.

KLEIN, Hans-Joachim

Dr. rer. pol., Landrat Landkr. Darmstadt-Dieburg (s. 1985) - Soderstr. 104, 6100 Darmstadt - Geb. 20. Aug. 1942 Darmstadt (Vater: Herbert K., Landgerichtsdir.; Mutter: Minna, geb. Meier), ev., verh. s. 1967 m. Christiane, geb. Merzinsky, 2 T. (Ann-Kristin, Katrin) - Gymn.; Stud. Dipl.-Wirtschaftsing. 1969; Promot. 1972 - S. 1972 Hess. Min. f. Wirtschaft u. Technik, Wiesbaden (1977 Leit. Unterabt. Gewerbl. Wirtsch.) - Bek. Kraulschwimmer (Dt. Rekorde, Europa- u. Weltrek. (1964 200 m), 3 Silber-, 1 Bronzemed. Olymp. Spiele Tokio) - 1964 Silb. Lorbeerbl. - Spr.: Engl.

KLEIN, Hans-Wilhelm

Dr. phil., em. o. Prof. f. Roman. Philologie - Nizzaallee 36a, 5100 Aachen (T. 15 62 31) - Geb. 29. Okt. 1911 Krefeld (Vater: Richard K., kaufm. Angest.), kath., verh. s. 1939 m. Charlotte, geb. Schultz †1986, 2 Kd. (Wolfgang, Renate) - Univ. München, Dijon, Tübingen, Bonn (Latein, Roman.) - 1937-51 höh. Schuldst. (Studienrat); s. 1951 Lektor u. Honorarprof. f. Franz. (1961) Univ. Münster; 1963-69 Ord. u. Seminardir. Univ. Gießen; s. 1969 Ord. u. Inst.-Dir. RWTH Aachen; emerit. 1977 - BV: Idiomat. franz. Redensarten, 1937; Engl. Synonymik, 1951; Les Mots dans la phrase, 1956; Franz. Sprachlehre, 1958; Latein u. Volgare in Italien, 1957; Französisch - e. krit. Bibliogr., 1960; Phonetik u. Phonologie d. heut. Franz., 1963; Übers. d. altfranz. Rolandliedes, 1963; D. Reichenauer Glossen, 1968; Schwierigk. d. dt.-franz. Wortschatzes, 1968; Grammatik d. heutigen Französisch (m. H. Kleineidam), 1983; D. Chronik v. Karl d. Großen u. Roland (Edition d. Aachener Pseudo-Turpin), 1986. Herausg.: Beitr. z. roman. Philol. d. Mittelalters - 1970 Officier dans l'Ordre des Palmes académiques - Lit.: Lebendige Romania, Festschr. f. H.-W. Klein (1976); Franz. Sprachlehre u. bon usage, Festschr. f. H.-W. Klein (1986).

KLEIN, Heinrich

Landrat a. D., MdB (s. 1976, Wahlkr. 146/Dieburg) - Am Geiersberg 16, 6114 Groß-Umstadt - Geb. 13. Dez. 1932 Hergershausen, ev., verh., 2 Kd. - Gymn. (Mittl. Reife); Ausbild. u. Angest. BP; 1957-58 Akad. d. Arbeit - 1958-62 Redakt. u. Pressechef SPD Hessen-S., 1963-70 Redakt. Inst. f. Angew. Sozialwiss., 1970-76 Landrat Kr. Dieburg, 1960-70 MdK Dieburg; 1970 ff. MdL Hessen. SPD s. 1950.

KLEIN, Heinrich

Dr. phil., Prof. f. Allg. Didaktik u. Grundschulpäd. - Lassallestr. 2, 6750 Kaiserslautern - Geb. 17. April 1925 Braubach - Promot. 1962 - S. 1963 Lehrtätigk. PH Kaiserslautern u. EWH Rhld.-Pf./Abt. Landau (1970 Prof., 1973 Ord.) - BV: Steine erzählen, Sachb. 1978; D. Entwickl. v. Sprache, Denken u. Lernen i. Grundschulalter, 1982; Elektrischer Strom. Unterrichtseinheit f. d. Sachunterr., 1984; Sachunterr. in Praxis u. Theorie, 2 Bde. 1988/89. Herausg.: Landauer Schriften z. Grundschulpäd. (1988ff.). Bücher u. Aufs.

KLEIN, Heinrich Julius

Dr. rer. pol., Dipl.-Volksw., stv. Vorsitzender d. Unternehmensrates Schott Glaswerke, Mainz - Zu erreichen üb. Schott Glaswerke, 6500 Mainz - Geb. 26. Okt. 1923 Marienburg/Westpr. (Vater: Heinrich Wilhelm K., Kaufm.; Mutter: Johanna, geb. Huse), verh. s. 1955 m. Dr. med. Liesel, geb. Schürmeyer - Stud. d. Rechts- u. Wirtsch.wiss.; Promot. 1955 - AR-Vors. Ohl Ind.technik, Theodor Ohl AG, Limburg; stv. AR-Vors. EC Consulting Group AG, Düsseldorf; AR-Mitgl. Buderus AG, Wetzlar, Nixdorf AG, Paderborn; Chairman of the Board Schott Corporation, Yonkers/USA; Vorst. Dechema Frankfurt, u. Markenverb., Wiesbaden; Präsid. Bundesverb. Glasind. u. Mineralfaserind., Düsseldorf; Vors. Bezirksbeirat Dt. Bank AG, Mainz; Sprecher Beirat Ludwig-Eckes- u. Peter-Eckes Familienstiftg., Nieder-Olm; Beirat Bayer. Versich.bank, München; Verwaltungsrat Landesbank Rheinl.-Pfalz, Mainz, EC Consulting Group Holding AG, Zürich, Kurtz GmbH & Co., Reutlingen. Lehrbeauftr. Univ. Würzburg - 1979 BVK, 1984 BVK I. Kl.; 1983 Ehrenbürger Stadt Yonkers, N.Y./USA; 1986 Méd. d'Honneur du Conseil Général de la Moselle; 1987 Chevalier de l'Ordre National du Mérite; Bayer. VO.; Ehrenbürger Staat Connecticut/USA; 1988 Gold. Ehrenz. m. Ehrenbrief d. Stadt Zwiesel; Gr. BVK - Liebh.: Moderne Kunst, Reiten - Spr.: Engl., Franz.

KLEIN, Heinrich-Josef

Dr., Prof., Kunsthistoriker, Univ. Bonn - Kölnstr. 104, 5300 Bonn 1 (T. 0228 - 65 36 36) - Geb. 2. Juli 1936 Köln (Vater: Eugen K., selbst. Buchbinder; Mutter: Gertrud, geb. Beth-Joest), kath., verh. s. 1977 m. Ildikó, geb. Bednay - Promot. 1971 Köln, Habil. 1980 Bonn - 1969-73 Lektor Mus. d. Stadt Köln; 1973-80 wiss. Assist. PH Rheinl.; s. 1981 Prof. in Bonn - BV: Marmorier. u. Arch., 1976; Sachwörterb. d. Drucktechnik u. graph. Kunst, 1976, 5. A. 1981 (übers. Serbokroat., Niederl.); 30 Künstler-Kat., Aufs. in Fachztschr. - Spr.: Latein, Engl., Dän., Franz., Ital.

KLEIN, Heinz-Peter

Dipl.-Kfm., Vors. Verb. d. Dt. Lederwaren- u. Kofferind., Offenbach - Am Aussichtsturm 8, 6050 Offenbach-Bieber - Geb. 17. Okt. 1939.

KLEIN, Hemjö

Vorstandsmitglied d. Deutschen Bundesbahn - Friedrich-Ebert-Anlage 43-45, 6000 Frankfurt/M. 1 (T. 069-265 61 01) - Geb. 21. Juli 1941, kath., verh., 2 Kd. - Spr. Engl., Ital.

KLEIN, Herbert

Dr. rer. pol., Dipl.-Volksw., Generaldirektor Feuerversich.anst. Saarland u. Lebensversich.anst. Saarland, Saarbrücken - Raiffeisenstr. 4, 6601 Saarbrücken-Bübingen (T. 06805 - 17 44) - Geb. 9. Dez. 1928 Ludwigshafen (Vater: Ernst K., Archit.; Mutter: Emilie, geb. Holdmann), ev., verh. s. 1976 in 2. Ehe m. Ingrid, geb. Zabler, 2 T. (Birgit, Annette) - Dipl. 1951, Promot. 1953 - Div. Tätigk. in d. Versich.wirtsch. - BVK I. Kl. - Spr.: Engl.

KLEIN, Horst

Dr. phil. nat., Prof. f. Angew. Physik Univ. Frankfurt/M. - Taunusstr. 43, 6078 Neu-Isenburg.

KLEIN, Horst G.

Dr. phil., Prof. f. Roman. Philologie Univ. Frankfurt/M. - In den Unterwiesen 1, 6239 Kriftel/Ts. - Geb. 26. Mai 1944 Sodow (Vater: Karl K.; Mutter: Mathilde, geb. Cebulla), verh. s. 1977 m. Silvia, geb. Bodtke - Stud. Roman. Phil., Klass. Phil. u. Politikwiss. Univ. Frankfurt, Bukarest, Strasbourg, Promot. 1969; s. 1972 Prof. Univ. Frankfurt - BV: Das Verh. d. tel. Verben, 1969; Einf. i. d. rumän. Sprache, 1972; Tempus, Aspekt, Aktionsart, 1974; Einf. i. d. Lateinamerikastudien, 1979 - Spr.: Engl., Franz., Span., Ital., Portug., Rumän., Russ.

KLEIN, Joachim

Dr. rer. nat., Univ.-Prof. f. Biotechnologie TU Braunschweig (s. 1985) - Hühnerkamp 21, 3300 Braunschweig - S. 1984 wiss. Geschäftsf. d. GBF, Ges. f. Biotechnol. Forsch. mbH, Braunschweig.

KLEIN, Jürgen

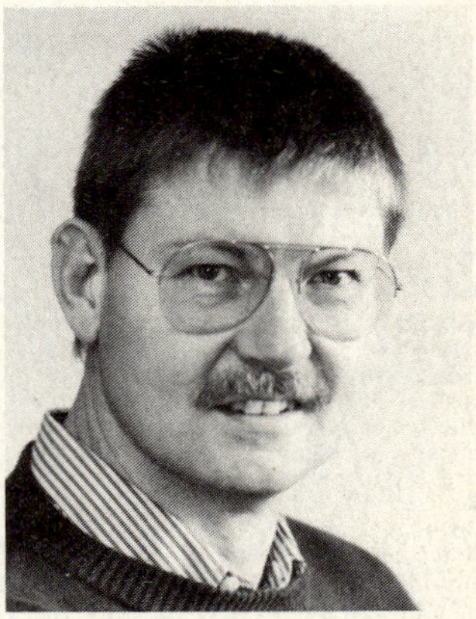

Dr. phil., Univ.-Prof. f. Engl. Literaturwiss. sowie Geistes- u. Kulturgesch. Großbrit. Univ. Siegen (s. 1987) - Felsenweg 9, 5900 Siegen 21 (T. 4 33 67) - Geb. 24. Okt. 1945 Detmold (Vater: Oswald K,, Beamter; Mutter: Luise, geb. Brandt), ev., verh. s. 1971 m. Sybille, geb. Bilau, 3 Kd. (Christoph Martin, Katja, Bettina) - Grabbe-Gymn. Detmold (Abitur 1965); 1965-73 Univ. Marburg (Angl., Phil., Soziol., Politikwiss.); Promot. 1973 Marburg; Habil. 1981 Siegen - 1973 wiss. Assist., 1982 Prof. in Siegen, Lehrst.vertr. Heidelberg (1985), Siegen (1986) - BV: D. Got. Roman u. d. Ästh. d. Bösen, Monogr. 1975; Byrons romant. Nihilism, Monogr. 1979; Theoriegesch. als Wissenschaftskritik, Monogr. 1980; F. Bacon, Neu-Atlantis, (Hrsg.) 1982; Engl. zw. Aufkl. u. Romantik, Samml., 1983; Radikales Denken in Engl.: Neuzeit, Monogr. 1984; Virginia Woolf, Monogr. 1984; Denkstrukt. d. Renaiss., Monogr. (Hrsg.), 1984; Stud. lesen Joyce, Samml. 1984; Beyond Hermeneutics, 1985; Astron. u. Anthropoz. D. Copernic Wende b. Donne, Milton u. d. Cambridge Platonists, 1986; Anfänge d. engl. Romantik 1740-80, 1986; Wahrheit, Richtigkeit u. Exaktheit (Hrsg. m. H. D. Erlinger), 1986; Francis Bacon od. d. Modernisierung Englands, 1987; J.H.Alstedt, Herborns calv. Theol. u. Wiss. im Spiegel d. engl. Kulturref. d. frühen 17. Jh. (Hrsg. m. J. Kramer), 1988; Lit.theorie u. engl. Modernismus im frühen 20. Jh., 1989. Herausg. d. Buchreihen: Aspekte d. engl. Geistes- u. Kulturgesch. (1984ff., bish. 20 Bde. ersch.); Kultur-Lit.-Kunst; Britannia, Texts in engl. Zahlr. Einzelarb. - Liebh.: Bild. Kunst, Architekturgesch., europ. Kulturgesch.

KLEIN, Jürgen Winfried

Dr.-Ing., o. Prof. f. Elektronik Univ. Bochum (s. 1973) - Tanneneck 20, 4320 Hattingen (T. 25643) - Geb. 31. Juli 1930 Deuz (Vater: Friedrich-Wilhelm K.;

Mutter: Klara, geb. Börner), ev., verh. s. 1957 m. Maria, geb. Jäger - Stud. d. Nachrichtentechnik TH Aachen - B. 1973 Ind.tätigk. (Forsch. u. Entwickl.), s. 1961 Lehrtätigk. Fachmitgl.sch. Div. Patente. Zahlr. Fachveröff.

KLEIN, Karl
Dr. theol., o. Prof. f. Fundamentaltheologie Gesamthochschule Siegen - An der Hager 8a, 5901 Wilnsdorf 3.

KLEIN, Karl
Dr. phil., o. Prof. f. Engl. Philologie u. Literaturwiss. Univ. Saarbrücken (s. 1966) - Am Botanischen Garten 3, 6600 Saarbrücken (T. 3023161).

KLEIN, Karl
Bundesvorsitzender d. Gewerkschaft Dt. Lokomotivführer u. Anwärter - Westendstr. 50, 6000 Frankfurt/M. 1.

KLEIN, Karlheinz
Dr.-Ing., Prof. f. Konstruktion Univ.-GH Duisburg - Frielinghausstr. 41, 4390 Gladbeck - Geb. 3. April 1931 Essen (Vater: Karl K.; Mutter: Änne, geb. Valentin), verh. m. Hannelore, geb. Ruland, 2 Kd. - TH Aachen (Dipl.-Ing. 1957) - Spr.: Engl., Franz.

KLEIN, Karl-Heinz
Vorstandsmitglied Wohnungsbau-Kreditanstalt Berlin - Bundesallee 210, 1000 Berlin 15.

KLEIN, Klaus-Peter
Dr. phil., Unternehmensberater, Publizist, Prof. Univ. Münster (s. 1983) - Henkenbergstr. 67, 4630 Bochum 1 (T. 0234 - 79 36 09) - Geb. 7. Okt. 1948 Wiesbaden, verh. s. 1971 m. Doris, geb. Eckart, S. Klemens Alexander - Stud. Univ. Würzburg, Bochum (Studienförd. Friedrich-Ebert-Stiftg.); Promot. 1976 Bochum; Habil. 1981 Münster - Mitarb. Berufsbildungsmaßnahmen d. Bundesanst. f. Arbeit; sozialwiss. Forschungs- u. Gutachtertätigk. f. d. Bundesreg.; Mitgl. versch. Unternehmensbeiräte - BV: Chancen u. Probleme d. berufl. Integration v. Schulabgängern, 1974; Zukunft zw. Trauma u. Mythos, 1976; Grundprobleme d. Linguistik, 1979, 2. A. 1982; u.a.m. - Liebh.: Sport, Musik - Spr.: Engl., Franz., Ital. - Bek. Vorf.: Anton v. Klein (1748-1810), Geheimer Rat, Prof. u. Schriftst. zu Mannheim (Urururgroßv.); Ludwig v. Klein (1813-81), Eisenbahnpionier in Österr., Württ. u. Bayern (Ururgroßv.).

KLEIN, Kurt
Schulamtsdirektor, Schriftst. - Haselwanderstr. 11, 7613 Hausach (T. 07831 - 61 25) - Geb. 18. Okt. 1930 Villingen, kath., verh. s. 1960 m. Maria, geb. Waidele, 3 T. (Annemarie, Christina, Regine) - Abit.; PH, 1. Staatsex. 1952 - Ab 1952 Schuldst.; ab 1973 Schulaufsichtsdst., 1982/84 Präs. u. s. 1985 Vizepräs. Hist. Verein f. Mittelbaden - BV: Einer findet d. Weg, 1977; Auf einsamen Pfaden, 1977; Heinrich Hansjakob - e. Leben f. d. Volk, 1977; Land um Rhein u. Schwarzwald, 1977; Rund um d. Brandenkopf, 1980; D. kl. Hansjakobweg, 1981; Geheimnisvoller Schwarzwald, 1983; V. Auto auf d. Wanderpfad, 1983; Rund um d. Kalenderjahr, 1983; D. gr. Hansjakobweg, 1985; Verborgener Schwarzwald, 1987 - Ehrengabe d. Regierungspräs.; Ehrenplak. Schwarzwaldverein (f. Verdienste um Wandern, Natur u. Heimat); Silb. Hansjakobmed. Stadt Haslach/Schwarzw.; 1985 Ehrenmitgl. d. Historischen Vereins f. Mittelbaden; 1986 Landesehrennadel; 1987 Hebelgast u. Heimatmed. d. Landes Baden-Württ. - Liebh.: Heimat- u. Volkskd., Wandern, Brauchtumspflege - Spr.: Franz., Engl.

KLEIN, Lutz Hans
Bürgermeister Stadt Battenberg (Eder) - Narzissenweg 25, 3559 Battenberg (T. 06452 - 30 56) - Geb. 30. Okt. 1943 Breitscheid, kath., verh. m. Doris, geb. Adler, 2 Kd.

KLEIN, Manfred
Vorstandsmitglied Rheintuch Schwartz & Klein AG./Weberei - Malmedyer Str. 30, 4050 Mönchengladbach 1 - Geb. 5. Nov. 1929.

KLEIN, Manfred
Bürgermeister, MdL Baden-Württ. (1972-76) - Schubartweg 11, 7901 Dornstadt/Württ. (T. 07348 - 2 01 20) - Geb. 29. Aug. 1936 Stuttgart, kath., verh., 3 Kd. - Gymn. Ludwigsburg; 1953ff. Ausbild. f. d. gehob. Verwaltungsdst. - Verw.sch. Stuttgart - S. 1959 Gde. Neckarwaihingen (Finanzdezern.) u. Dornstadt (1964 Bürgerm.; 1972 f. 12 J. u. 1983 f. 8 J. wiedergew.). CDU s. 1965 - Gold. Ehrennadel VdK; 1986 BVK.

KLEIN, Marie Adelheid
s. Aretin, von, Annette

KLEIN, Paul-Günther
Dr. med., o. Prof. f. Med. Mikrobiologie - Luisenstr. 11, 6500 Mainz-Gonsenheim (T. 4 12 09) - Geb. 23. Okt. 1919 Schässburg/Rumän. (Vater: Dr. Albert K., Seminarprof.; Mutter: Frida, geb. Petrowitsch), ev., verh. s. 1949 m. Hilde, geb. Ludwig, 4 Kd. (Joachim, Dorothea, Alexander, Stella) - 1938 b. 1944 Univ. Klausenburg, Tübingen, Heidelberg. Promot. 1947 Heidelberg - Assistenzarzt Karlsruhe u. Düsseldorf, 1956-61 Privatdoz. Med. Akad. Düsseldorf, dazw. 1956-59 Research Assiociate Cornell Univ. New York, s. 1961 Ord. u. Inst.-dir. Univ. Mainz - BV: Pathol. u. Bakt. d. Endokarditis, 1953 (m. R. Böhmig); Bakt. Grundl. d. chemotherapeut. Laborspraxis, 1957 - Liebh.: Kammermusik - Spr.: Rumän., Ung., Franz., Engl., Span.

KLEIN, Peter
Bankkaufmann Vorstandsvors. Deutscher Genossenschafts-Verlag eG, Wiesbaden, Vors. d. Geschäftsf. Raiffeisendruckerei GmbH, Neuwied - Schulstr. 20, 6246 Glashütten/Ts.1 (T. 06174 - 6 23 10) - Geb. 11. Mai 1937 Hamburg.

KLEIN, Peter
Dr. phil., Dipl.-Phys., Prof. f. Erziehungswissenschaft unt. bes. Berücks. d. Physikdidaktik Univ. Hamburg (s. 1976) - Babendienkstr. 13, 2000 Hamburg 55 - Geb. 14. März 1940, Breslau, kath., verh., 1 Kd. - 1965 Dipl.-Phys., 1975 Dr. phil. (Pädagogik, Univ. Köln).

KLEIN, Peter
Textile Consulting, Unternehmensberatung, Marketing-Direktor NINO AG (1986-88) - Bahnhofstr. 51 c, 4418 Nordwalde/W. - Geb. 1930 - 1977-81 Generalbevollm. NINO AG, Nordhorn, 1981-85 Geschäftsf. C. & F. Fraling GmbH & Co.

KLEIN, Peter E.
Geschäftsführer Champion Zündkerzen Deutschl. GmbH, Bad Homberg - Am Park 1, 6231 Schwalbach/Ts. - Geb. 10. Mai 1941 Köln, kath., verh. s. 1963 m. Heidi, geb. Basten, 2 Kd. (Joachim, Stephanie) - Ausb. Kaufm. - Liebh.: Kulturelles, Sport - Spr.: Engl.

KLEIN, Richard
Dr. phil., Studiendirektor, apl. Prof. f. Alte Geschichte Univ. Erlangen-Nürnberg (s. 1976) - Kleestr. 9, 8508 Wendelstein - Geb. 11. Dez. 1934 - BV: Tertullian u. d. Röm. Reich, 1968; Symmachus - Eine tragische Gestalt d. ausgehenden Heidentums, 1971; D. Streit um d. Victoriaaltar, 1972; Kaiser Constantius II. u. d. christl. Kirche, 1977; D. Romrede d. Aelius Aristides, 2 Bde., 1981 u. 83; D. Sklaverei in d. Sicht d. Bischöfe Ambrosius u. Augustinus, 1987.

KLEIN, Richard Rudolf
Prof., Komponist - Heftricher Str. 15, 6246 Glashütten-2 (T. 06174 - 6 14 10) - Geb. 21. Mai 1921 Nußdorf/Pfalz, ev., verh. m. Anneliese, geb. Schühle, 3 Kd. (Susanne, Anette, Tobias) - Musikstud.

Trossingen u. Stuttgart - S. 1949 Lehrtätigk. Musikakad. Detmold u. -hochsch. Frankfurt/M. (1960). Kompos.: u. a. szen. Orat. Schwarze Sonne, Kammeroper Nachtvögel, Sinfoniae sacrae, Psalmen, weltl. Kantaten, 3 Orchesterpartiten, 6 Kammerkonzerte, Klavier-, Kammer-, Chormusik, Schulwerke - Kunstpreise Bonn (1954), Stuttgart (1956) u. Rhld.-Pf. (1965).

KLEIN, Rolf
Dr. jur., Präsident Nieders. Landesrechnungshof, Hildesheim - Gustav-Freytag-Str. 9, 3007 Gehrden - Geb. 11. April 1927 Emmerich.

KLEIN, Rudolf
Dr. rer. nat., Prof. f. Theoret. Physik - Im Frauengarten, CH-8272 Triboltingen (Schweiz) - Geb. 28. Nov. 1935 Brandenburg - Promot. 1963 Braunschweig - Tätigk. Zürich u. Princeton; s. 1972 (Habil.) Doz. u. Prof. Univ. Konstanz. Etwa 50 Fachaufs.

KLEIN, Thomas
Dr. phil., Univ.-Prof. f. Neuere Geschichte - Gunzelinweg 8, 3550 Marburg - Geb. 6. Juni 1933 Berlin (Vater: Peter K., Sozialpädagoge; Mutter: Elisabeth, geb. Joneleit), ev., verh. s. 1959 m. Gitta, geb. Kuhlenbäumer, 2 Töcht. (Eva-Maria, Monika) - Frhr.-v.-Stein-Sch. Berlin (Spd.); 1951-58 FU Berlin u. Univ. Göttingen - B. 1966 FU Berlin u. Univ. Hamburg, seith. Univ. Marburg (1972 Prof.) - BV: D. Kampf um d. II. Reformation in Kursachsen, 1962; Gesch. Thüringens, Bd. III 1967; Grundriß z. dt. Verwaltungsgesch./Prov. Sachsen, 1975; .../Prov. Hessen-Nassau, 1979; .../Kleinere Länder, 1981; .../Sachsen, 1982; .../Thüringen, 1983; zahlr. Art. in: Dt. Verw.Gesch., Bd. 1-4, 1983ff.; Provinz Hessen-Nassau u. Waldeck, 1866-1945, in: D. Werden d. Landes Hessen, 1986; Leitende Beamte d. Verw. in d. preuß. Provinz Hessen-Nassau u. in Waldeck 1867-1945, 1988; D. Hessen als Reichstagswähler...1867-1933, Bd. 1: Provinz Hessen-Nassau 1867-1918, 1989. Herausg.: D. Regierungsbez. Kassel 1933-36 (1985); D. Lageberichte d. Geheimen Staatspolizei üb. d. Provinz Hessen-Nassau 1933-36 (1986); Schriftleit.: Hess. Jahrb. f. Landesgesch. (1976-89).

KLEIN, Ullrich
Schriftsteller (Ps.: Klein-Ellersdorf) - Eulerstr. Nr. 41A, 7000 Stuttgart-Rohr (T. 74 12 78) - Geb. 28. Aug. 1912 Königsberg/Pr. (Vater: Prof. Dr. jur. Peter K., Rechtslehrer), kath., verh. m. Pia-Maria, geb. Knapp - Sänger Landestheater Salzburg, Regiss. u. Dramat. Stadttheater Heidelberg, Chefdramat. Dt. Opernhaus Berlin, Dramat. Württ. Staatstheater Stuttgart - W: D. Störenfried, Lsp. n. Roderich Benedix 1946; E. Franziskus-Legende, Sch. 1948; Unt. d. Zeichen d. Kreuzes, Sch. n. Calderon de la Barca 1950.

KLEIN, Wilhelm (Willi) Paul
Geschäftsführer Sport + Medien Rheinland-Pfalz GmbH - Rheinallee 1, 6500 Mainz (T. 06131 - 28 14 68); priv.: Turnstr. 5, 5410 Höhr-Grenzhausen (T. 25 97) - Geb. 4. Aug. 1921 (Vater: Edmund K.; Mutter: Hedwig, geb. Ketterer), ev., verh. m. Liesel, geb. Ohlenschläger, 4 Kd. (Sigrid, Gisela, Dietrich, Bertram) - S. 1952 Schatzm. Verein Mittelrh. Sportpresse; s. 1966 Lehrauftrag Sportlehrerausbild. Mainz u. Trier; s. 1970 Mitgl. Bundesausssch. f. Breitensport Dt. Sportbund. Herausg.: Dt. Sporthandb., Mithrsg.; Regelwerk d. Dt. Sports (1970-74); Schriftenreihe d. Dt. Sporthandb. (1980), Mitautor: Heitere Gesch. aus d. Welt d. Sports (1981) - Carl-Diem-Plak. Dt. Leichtathletikverb.; Gold. Sportabz.; BVK I. Kl.; VO Land Rheinl.-Pfalz - Liebh.: Theater, Musik - Spr.: Engl., Franz.

KLEIN, Wolfgang
Dr. phil., Honorar-Prof. Univ. Frankfurt, Direktor Max-Planck-Inst. f. Psycholinguistik - Wundtlaan 1, NL-6525 Nijmegen - Geb. 3. Febr. 1946 - Promot. 1970 Saarbrücken; Habil. 1972 Heidelberg - 1972-76 Wiss. Rat u. Prof. Univ. Heidelberg, 1976-80 o. Prof. Univ. Frankfurt, Adjunct-Prof. Univ. Peking - BV: u. a. Parsing, 1971; Variation in d. Sprache, 1974; Einf. in d. Computerlinguistik, 1974; Developing grammars, 1979; Zweitspracherwerb, 1984.

KLEIN, Wolfgang
Rechtsanwalt, Geschäftsf. Industrieverb. Gewebe aus Baumwolle u. a. Fasern (s. 1970) - Schaumainkai 87, 6000 Frankfurt 70 (T. 069 - 631 30 26); priv.: Feldbergstr. 45 (T. 72 72 13) - Geb. 7. Nov. 1928 Berlin (Vater: Helmut K.; Mutter: Dorothea, geb. Bath), verh. m. Marianne, geb. Spreu - Zul. Geschäftsf. Gesamtverb. d. Textilind. in d. BRD (Gesamttextil).

KLEIN-BLENKERS, Fritz
Dr. rer. pol. (habil.), Dipl.-Kfm., o. Prof. d. Betriebswirtschaftslehre - Nußbaumer Berg 36, 5060 Bergisch Gladbach-Paffrath - Geb. 23. Nov. 1924 Köln - S. 1967 Ord. Unv. Erlangen-Nürnberg u. Köln (1970). Dir. Sem. f. Allg. Betriebsw.lehre, Handel u. Absatz Univ. Köln; Dir. Inst. f. Handelsforschung Univ. Köln. Zahlr. Fachveröff.

KLEIN-ELLERSDORF
s. Klein, Ullrich

KLEIN-HELMKAMP, Georg
Dipl.-Ing., Prof. f. Entwerfen, insb. Wohnungs- u. Sportbauten, sow. Techn. Aufbau GH Paderborn (Fachber. Arch., Höxter) - Gerhart-Hauptmann-Str. 29, 3470 Höxter.

KLEIN-ILBECK, Herbert
Unternehmensberater Metallgesellschaft AG, Frankfurt/M. - Cockerillstr. 69, 5190 Stolberg/Rhld.; priv.: Rotsch 2 - Geb. 15. Sept. 1927.

KLEINADEL, Wilhelm

Schriftsteller - Buchenweg 7, 2944 Wittmund/Ostfriesl. (T. 69 04) - Geb.

KLEINADEL, 28. Aug. 1907 Wiesbaden, ev., verh. m. Susanne, geb. Haug - Mittelsch. u. Gymn. (OI); Schriftsetzerlehre - Redaktionssekr., Redakt., 1939-45 Wehrdst., danach versch. Berufe, s. 1971 Redakt. Harlinger Heimatkal. - BV: Auf d. Brücke z. Morgen, 1934; D. Frühlingskreis, 1936; Sturmtage, 1938; D. Fischer v. Annensiel, 1954; Kiek mal rin, Kl. Gesch., 1978. Größere Erz. in Ztschr.: Wenn Gottes Stunde schlägt (1949), Heye Schoonen (1951), Wie d. Kirche v. Willmsfehn entstand (1952) - 1963 Indigenat d. Ostfries. Landschaft.

KLEINAU, Wolffjürgen
Versicherungsdirektor i.R. - Taunusstr. 1, 6200 Wiesbaden (T. 5331); priv.: Behringstr. 4a (T. 56 51 69) - Geb. 26. Juli 1917 - 1970-83 Vorst.-Mitgl. R + V Allg. Versich. AG. - Rotarier.

KLEINE, Karl-Heinz
Dr. rer. pol., Dipl.-Volksw., Verbandsdirektor i.R. - Mauerkircherstr. 181, 8000 München 81 (T. 089-98 20 10) - Geb. 22. Dez. 1921, kath., verh. s. 1951 m. Dr. phil. Gisela, geb. Pohlmann, 2 Kd. (Thilo, Nikola) - Dipl.-Volksw. 1949 Univ. Münster, Promot. 1952 Univ. Köln - 1963-84 Dir. Baugewerbeverb. Westf. Dortmund; b. 1984 Vorst. Landesversicherungsanst. Westf. Münster, Bauberufsgenoss. Wuppertal, Urlaubs- u. Lohnausgleichskasse d. Bauwirtsch. Wiesbaden, Beirat Vereinigte Haftpflichtversich., Hannover - 1981 Ehrenring d. Dt. Baugewerbes; 1984 BVK - Liebh.: Gesch., Zeitgesch., Wirtschaftspolitik - Spr.: Engl., Franz.

KLEINE, Norbert
Dr. rer. nat., Univ.-Prof. a. D., Biophysiker - Schloßweg 7, 7802 Merzhausen (T. Freiburg 40 27 49) - Geb. 28. März 1928 Gelsenkirchen (Vater: Friederich K., Ing.; Mutter: Helene, geb. Gottlob), kath., verh. s. 1953 m. Elisabeth, geb. Gress, 3 Kd (Brigitte, Matthias, Andreas) - Univ. Freiburg (Naturwiss., Dipl.-Phys. 1950). Promot. (1954) u. Habil. (1963) Freiburg - 7 J. Industrietätig. (Apparateentwickl., Grundlagenforsch.); s. 1958 Blutspendedst. Med. Univ.klinik Freiburg (Privatdoz.; Prof.); s. 1988 i. R. Versch. Verfahrenspatente. Üb. 150 Veröff., haupts. Biophysik d. Blutes u. Nuclearmed. - 1964 Oehlecker-Preis - Liebh.: Sport (jährl. gold. Dreikampfnadel; 1. Vors. USC-Freiburg 1968-72 u. 1974-77), Musik, Meteorologie, Motorflug, Handwerken (Do it yourself) - Spr.: Engl.

KLEINE, Tilmann, Otto
Dr. med., Prof. f. Klin. Neurobiochemie u. Klin. Chemie - Am Grassenberg 24, 3550 Marburg/L. - Geb. 4. Nov. 1936 Heidelberg (Vater: Dr. med. Hugo K., Gynäkologe, Hochschullehrer u. Schriftst.; Mutter: Lydia, geb. Bauer, Ärztin), verh. s. 1973 m. Barbara, geb. Spiess (Apothekerin), 2 Kd. (Arne, Riklef) - Gymn. Ludwigshafen; Univ. Heidelberg, Zürich, Hamburg. Promot. 1963; Habil. 1968 - S. 1970 Univ. Marburg (Leit. Klin.-Chem. Labor.; 1971 Prof.). Üb. 200 Facharb. - BV: Neue Labormethoden f. d. Liquordiagnostik, Methodenhandbuch, 1980 - 1970 Homburg-, 1973 Martini-Preis - Liebh.: Musik (Geige). Landw. - Spr.: Franz.

KLEINE, Werner
Dr. jur., Staatssekr. a. D. Nieders. Min. d. Justiz - Espenhof 65, 3000 Hannover 51.

KLEINEBERG, Karl-Ignaz
Dipl.-Ing., Prof. f. Elektro- u. Mikrowellentechnik GH Paderborn (Fachber. Nachrichtentechnik, Meschede) - Buchenweg 4, 5778 Meschede.

KLEINEBRECHT, Jürgen
Dr. rer. nat., Prof. f. Humangenetik Univ. Frankfurt - Oberfeldstr. 36, 6000 Frankfurt - Geb. 27. Jan. 1940 Gelsenkirchen-Buer (Vater: Paul K., Studiendir.; Mutter: Hilde, geb. Schult), verh m. Claudia, geb. Pahl, 2 S. (Ben, Martin) - 1959-66 Stud. Math., Biol. (Promot. 1966, Habil. 1977) - S. 1980 Prof.; stv. gf. Dir. d. Inst. f. Humangenetik - BV: Arzneimittel in d. Schwangerschaft, 1982.

KLEINEIDAM, Hartmut
Dr. phil., Prof. f. Romanistik/Linguistik Univ.-GH Dusiburg - Zünslerweg 3, 4600 Dortmund 30 - Geb. 1. März 1939.

KLEINEN, Franz Alois
Stadtdirektor Stadt Geilenkirchen - An der Linde 36, 5130 Geilenkirchen (T. 02451 - 6 70 74) - Geb. 9. Okt. 1925 Übach (Vater: Alois K., Schneidermeister; Mutter: Katharina, geb. Mingers), kath., verh. s. 1950 m. Paula, geb. Deckers - 1940-42 Kaufm. Berufsfachsch. u. Handelssch.; 1949-55 Lehrg. f. d. mittl. u. gehob. nichttechn. Beamtendienst - 1942-63 Beamter Kreis Heinsberg; 1964-71 Amtsdir. Amt Immendorf-Würm; 1972-80 Beigeordn. Stadt Geilenkirchen; s. 1980 Stadtdir. ebd.

KLEINEN, Günter
Dr. phil., Prof. f. Musikpädagogik m. Schwerp. Funktion musikal. Massenkultur Univ. Bremen - Humboldtstr. 187, 2800 Bremen - Geb. 10. Jan. 1941 Köln, verh., 3 Kd. (Thomas, Katharina, Johanna Maria) - Abit. 1960; Toningenieurprüf. 1963; Promot. 1967; Lehrerprüf. 1974; Habil. 1976 - S. 1984 Vorst. Dt. Ges. f. Musikpsych. - BV: Exper. Studien z. musikal. Ausdruck, 1968; Z. Psych. musikal. Verhaltens, 1975; Massenmusik. D. befragten Macher, 1983; Aufs. z. Thema: musikal. Lebenswelten. Mitverf.: Beispiel Fernsehwerb., 1974 (m. Rudolf Schönhöfer); Tontechnik - Montagen - Collagen/ Medien im Musikunterr., 1974 (m. Hartmut Lägel). Mitarb./Schulb.: Musik aktuell (1971), Liedermagazin (1975), Musikunterr. Sekundarst. I (1979), Musikunterr. Sekundarst.: Folklore u. Musik im Alltag (1985) - Spr.: Engl.

KLEINER, Diethelm
Dr. rer. nat., Prof. f. Mikrobiologie Univ. Bayreuth - Zu erreichen üb. Universität, 8580 Bayreuth (T. 0921 - 55 25 95) - Geb. 3. Juli 1938 Stolp (Vater: Siegfried K., Schriftsetzer; Mutter: Irene, geb. Hupke), verh. m. Dr. Anke Kleiner-Bossaller, S. Ulf - Spr.: Engl., Franz., Span.

KLEINER, Hartmann
Dr. jur., Rechtsanwalt, Hauptgeschäftsf. Zentralvereinig. Berliner Arbeitgeberverb. u. Arbeitgeberverb. d. Berliner Metallind. (1981ff.) - Am Schillertheater 2, 1000 Berlin 12 (T. 030 - 310 05-0) - Geb. 1942 - S. J. ZBA.

KLEINER, Horst

Vorstandsvorsitzender Bausparkasse Schwäb. Hall AG (s. 1986) - Crailsheimer Str. 52, 7170 Schwäbisch Hall - Geb. 29. März 1937 Stockach/Bodensee - U.a. 1971ff. Vorst. Südwestd. Genossenschafts-Zentralbank AG, Frankfurt/Karlsruhe.

KLEINER, Jürgen
Botschafter d. Bundesrep. Deutschl. in Seoul/Korea - Geb. 16. Nov. 1933 Marburg, verh., 4 Kd. - Stud. Rechtswiss.; 2. jurist. Staatsprüf. 1964 - S. 1964 Ausw. Dienst (AA Bonn; Botsch. Oslo, Ständ. Vertreter d. Botsch. in Seoul u. Budapest, s. 1985 Botsch. in Seoul). Veröff. z. Thema Korea.

KLEINER, Ulrich
Staatssekretär a. D. Kultusmin. Nordrh.-Westf. - Lerchenstr. 10, 4000 Düsseldorf - Geb. 9. Juni 1927.

KLEINERMEILERT, Alfred
Dr. theol., Weihbischof - Predigerstr. 16, 5500 Trier (T. 73301) - Geb. 30. März 1928 Müsch (Vater: Wilhelm K., Installateur; Mutter: Apollonia, geb. Magor), kath. - Gymn. Ahrweiler; Priestersem. Trier; Univ. Rom (Gregorianum); Theol. Fak. Trier - 1954 Kaplan Saarbrücken; 1957 Religionslehrer Merzig; 1963 Dir. Bischöfl. Konvikt Linz/Rh.; 1968 Weihbischof Trier - Spr.: Lat., Engl., Franz., Ital.

KLEINERT, Detlef
Rechtsanwalt u. Notar, MdB (s. 1969) - Bödekerstr. 73, 3000 Hannover (T. 62 80 81) - Geb. 26. Juli 1932 - RA + Notar, Vorst.-Mitgl. WertGarantie Techn. Versich. AG. FDP (Kreisvors. Hannover-Stadt; Schatzm. Nieders., Mitgl. Bundesvorst.).

KLEINERT, Hagen

Ph. D., o. Prof. f. Theoret. Physik - Liebensteinstr. 6, 1000 Berlin 33 - Geb. 15. Juni 1941 Festenberg/Schles. (Vater: Walter K., Beamter; Mutter: Hedwig, geb. Ruby), kath., verh. s. 1974 m. Dr. phil. Annemarie, geb. Ludwig - TH Hannover, Georgia Inst. of Technology Atlanta, Univ. St. Louis, Madison, Univ. of Colorado, Boulder (alles USA) - S. 1967 FU Berlin (Wiss. Rat u. Prof., 1971 ao., 1976 o. Prof.). Üb. 200 Fachveröff. - BV: Gauge Fields in Condensed Matter, 1989; Resummation of Divergent Perturbation Theories, 1990. - Liebh.: Lit., Tanz - Spr.: Engl., Ital., Franz., Span., Russ., Griech.

KLEINERT, Hubert
Bundestagsabgeordneter (s. 1983; Landesliste Hessen) - Bundeshaus, 5300 Bonn 1 - Grüne.

KLEINERT, Matthias
Direktor Daimler-Benz AG, Leit. d. Öffentlichkeitsarbeit u. Wirtschaftspolitik - Zu erreichen üb. Daimler-Benz AG, Postfach 60 02 02, 7000 Stuttgart 60 - Geb. 9. März 1938 Berlin - 1958-62 Stud. Polit. Wiss. Dt. Hochsch. f. Politik u. FU Berlin; Dipl.-Politologe 1963 - 1964-69 wiss. Mitarb. Zentralstelle f. Gesamtd. Hochschulfragen; 1969 Redaktion Rias Berlin - Ministerialdirig. u. Pressechef Landesreg. Baden-Württ.; 1984-87

Staatssekr. Staatsmin. Baden-Württ. u. Sprecher d. Landesreg.

KLEINERT-LUDWIG, Annemarie

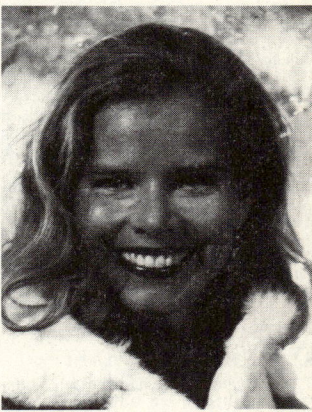

Historikerin, Literaturwissensch., Schriftst. - Liebensteinstr. 6, 1000 Berlin 33 (T. 030 - 831 23 09) - Geb. 1. Febr. 1947 Geseke/W., kath., verh. s. 1974 m. Prof. Hagen K. - Stud. Univ. Münster, Grenoble, Berlin; Promot. 1976 FU Berlin - 1975-82 wiss. Mitarb. FU Berlin u. Univ. Hannover; 1983-84 Forsch.-Aufenth. Berkeley, Pasadena, Santa Barbara, Paris; 1985/86 Assist.-Prof. Univ. of California, San Diego; s. 1986 FU Berlin - Spez. Arbeitsgeb.: Frankr. im 19. Jh. - BV: Werke d. jungen Schriftst. Honoré de Balzac (1819-1822); D. frühen Modejournale in Frankreich, 1980; Porträt e. Künstlerin: Eva Evdokimova, 1981 (auch engl.); Le journal de La Mesangère: Un Document de L'Histoire Parisienne, 1990; zahlr. Aufs. in Fachztschr., Vortr. an dt., amerikan., franz. u. ital. Univ. - Liebh.: Sprachen, Reisen - Spr.: Engl., Franz., Ital., Span. - Lit.: La Jolla Light (1986).

KLEINEWEFERS, Herbert
Dr. jur., Oberlandesgerichtspräsident, Mitgl. Verfassungsgerichtshof Rheinl.-Pfalz - Reichenspergerplatz 1, 5400 Koblenz (T. 2331) - Geb. 10. April 1909 Krefeld (Vater: Adolf K., Ingenier; Mutter: Maria, geb. Kamp), kath., verh. s. 1938 m. Dr. jur. Anneliese, geb. Rody (RA) - Univ. Bonn u. München (Rechts- u. Staatswiss.) - 1951 Bundesrichter BGH Karlsruhe; 1963 Präs. OLG Koblenz. Spez. Arbeitsgeb.: Versich.srecht. Viele Veröff., insb. z. Arzthaftungs- u. Verkehrsrecht - Spr.: Franz. - Bek. Vorf.: Johannes K., Begr. gleichnam. Krefelder Maschinenfabrik.

KLEINEWEFERS, Paul
Dipl.-Ing., Industrieller, Senator E.h. (Univ./TH Karlsruhe), Gesellsch. Kleinewefers-Gruppe (Maschinen, Apparate, Anlagen; m. Tochterges. In- u. Ausl.) - Gutenbergstr. 63, 4150 Krefeld (T. 75 15 67) - Geb. 22. Jan. 1905 Krefeld

(Vater: Dr.-Ing E. h. Johannes K., Firmengründer; Mutter: Maria, geb. Ziellenbach), kath., verh. s. 1930 m. Eva, geb. Diepers, 5 Kd. (Eva, Jan, Gerd, Antje, Henner) - 1924-30 TH Karlsruhe u. Hannover - 1936 ff. Geschäftsf. Unternehmen, s. 1970 AR-Vors., s. 1976 Ehrenvors., div. Beiräte - BV: Jahrgang 1905, Autobiogr. 1977; Art. in Fachztschr. - 1959 Gold. Diesel-Med. - Spr.: Franz., Engl. - Lit.: Neue Dt. Biographie, 1978.

KLEINFELDER, Hellmuth

Dr. med., Prof., Vorstand III. Med. Klinik Klinikum Nürnberg i.R. - Haydnstr. 10, 8500 Nürnberg 20 - Geb. 1. Juni 1919 Stadtprozelten - S. 1958 (Habil.) Privatdoz. u. apl. Prof. (1964) Würzburg (Innere Med.). Zahlr. Fachveröff.

KLEINHAMMES, Hans-Jürgen

Maler u. Graphiker - Geißenäckerstr. 25, 8510 Fürth/Bay. (T. 08131 - 1 54 33) - Geb. 16. Nov. 1937 Augsburg - Kunsthochsch. Dresden u. Hamburg - 1971ff. Lehrauftr. Kunstakad. München; 1972ff. Gastdoz. Kunsthochsch. Frankfurt - Abstrakt (s. Hbg. Künstlermonogr.: H.-J. K., 1979) - Entdeckte den Stilbegriff d. Neuen Landschaft (1965).

KLEINHENZ, Gerhard

Dr. rer. pol., o. Prof. f. Volkswirtschaftslehre m. Schwerp. Wirtschaftspolitik Univ. Passau - Innstr. 27, 8390 Passau (T. 0851 - 50 93 71) - Geb. 1940, kath., verh. s. 1965 m. Hannelore, geb. Löhlein, S. Michael - Gymn. Münnerstadt; Univ. München (Volksw.; Dipl. 1964). Promot. 1969 Berlin (TU); Habil. 1976 Augsburg; 1978-81 Dekan Wirtschaftswiss. Fak. Univ. Passau - BV: Probleme wiss. Beschäftigung m. d. Sozialpolitik, 1970; Z. polit. Ökonomie d. Konsums, 1979 - Spr.: Engl.

KLEINHERNE, Herbert

Dipl.-Berging., Geschäftsführer Ruhrkohle Bergbau u. Umwelt GmbH - Am Rosengarten 20, 4350 Recklinghausen (T. 2 33 87) - Geb. 24. April 1924 - Vorstandsmitgl. Märk. Steinkohlengewerksch., Heessen; Vorst. Bergbau AG, Gelsenkirchen; zul. (b. 1986) Vorstandssprecher Bergbau AG Lippe, Herne - Spr.: Engl. - Rotarier.

KLEINHERNE, Walter

Direktor, Gf. Gesellschafter Ges. f. Hüttenwerksanlagen mbH, Düsseldorf - Düsseldorfer Str. 189, 4000 Düsseldorf 11 (T. 57 80 31) - Geb. 18. Sept. 1927 Halle/S. (Vater: Wilhelm K., Fabrikant; Mutter: Carla, geb. Comte), kath., verh. s. 1957 m. Carola, geb. Dingel - Abit.; Banklehre - Tätigk. b. Banken, Handelsuntern. u. Eisen- u. Stahlind. im In- u. Ausl.; 1956-67 Dir. u. Werksleit. Masch.fabrik Buckau R. Wolf AG, gleichz. Vorst. Bohn & Kähler AG; ab 1968 Geschäftsf. Ges. f. Hüttenwerksanl. mbH, s. 1971 gf. Gesellsch. - Liebh.: Golf, Bridge - Spr.: Engl., Franz.

KLEINHEYER, Bruno

Dr. theol., o. Prof. f. Prakt. Theologie (Liturgiewiss.) Univ. Regensburg - Bergstr. 23, 8411 Sinzing/Opf. (T. 31633) - Geb. 22. April 1923 Hüls (Vater: Franz K., Kaufm.), kath. - BV: D. Priesterweihe im röm. Ritus, 1962; D. Erneuerung d. Hochgebets, 1969.

KLEINHEYER, Gerd

Dr. jur., o. Prof. f. Bürgerl. Recht u. Dt. Rechtsgeschichte - Steinergasse 58, 5305 Alfter (T. 02222 - 55 57) - Geb. 2. Aug. 1931 Berlin (Vater: Heinrich K.), verh. m. Agnes, geb. Kessel - Univ. Bonn. Promot. 1959; Habil. 1967 - 1967 Ord. Univ. Regensburg; s. 1973 Ord. Univ. Bonn, Dir. Inst. f. Dt. u. Rhein. Rechtsgesch. - BV: Staat u. Bürger im Recht, V. Wesen d. Strafgesetze in d. neueren Rechtsentwickl., D. kaiserl. Wahlkapitulationen, Z. Rechtsgestalt v. Akkusationsprozeß u. peinl. Frage im frühen 17. Jh.; Dt. Juristen aus fünf Jh., 3. A. 1989 (jap. Ausg. Tokio 1983).

KLEINING, Gerhard

Dr. phil., Prof. f. Soziologie - Elbchaussee 159, 2000 Hamburg 52 - S. 1977 Prof. Univ. Hamburg.

KLEINJOHANN, Franz-Egon

Konzertpianist, Prof. f. Klavier Staatl. Hochsch. f. Musik Rheinl./Musikhochsch. Köln - Paulistr. 1, 5000 Köln 41.

KLEINKNECHT, Konrad

Dr. rer. nat., o. Prof. f. Exper. Physik Inst. f. Physik Univ. Mainz - Staudinger Weg 7, 6500 Mainz - Geb. 23. Apr. 1940 Ravensburg - Stud. München, Heidelberg (Promot. 1966, Habil. 1971) - 1966-69 Europ. Kernforschungszentrum CERN Genf; 1972-85 Ord. Univ. Dortmund (Aufbau Fachricht. Elementarteilchenphysik); s. 1985 Ord. Univ. Mainz - BV: Detektoren f. Teilchenstrahlung, 1984, 2. A. 1987; Detectors for particle radiation, 1986. Mithrsg.: Proc. Int. Conf. on Neutrino Physics and Astrophysics Dortmund (1984, m. E. A. Paschos); Particles and Detectors. Festschr. f. J. Steinberger (1986, m. T.D. Lee); Buchbeitr., üb. 110 Facharb.

KLEINKNECHT, Theodor

Dr. jur., Prof., Ministerialrat u. Generalstaatsanwalt a. D. - Spittlertorgraben 29, 8500 Nürnberg (T. 26 82 30) - Geb. 18. Aug. 1910 - Stud. Rechtswiss., Gr. jurist. Staatsprüf. - S. 1968 Honorarprof. Univ. Erlangen-Nürnberg (Straf- u. - prozeßrecht) - BV: Begründer u. Mitbearb. d. KMR, Kommentar z. Strafprozeßordnung, 1.-4. A. (1950 b. 1960); ab 1961 Alleinverf. d. v. Schwarz bis z. 22. A. bearb. Kommentars z. Strafprozeßordnung m. d. Bezeichnung „Kleinknecht", 35. A. 1981 (s. 1983 „Kleinknecht/Meyer"); 1985 Kleinknecht-Festschrift Strafverfahren im Rechtsstaat - 1971 BVK I. Kl., 1980 Bayer. VO - Rotarier.

KLEINLOGEL, Alexander

Dr. phil., Prof. f. Klass. Philologie Ruhr-Univ. Bochum - Unterfeldstr. 13a, 4630 Bochum 1 - Geb. 15. Juli 1929 Mannheim (Vater: Ludwig K., Monteur; Mutter: Stanislawa, geb. Krystalska), kath., verh. s. 1957 m. Karin, geb. Hackler, 3 Kd. (Cornelia, Verena, Achim) - 1948-52 Univ. Heidelberg (Klass. Philol., Angl.); 1966-68 Bochum (Math.); Promot. 1953 Heidelberg, Habil. 1980 Bochum - 1953-60 u. 1964-65 Schuldst.; 1960-64 Forschungsarb. (DFG); s. 1965 Univ. Bochum; 1968-69 Center for Hellenic Studies, Washington D.C./USA; s. 1981 Prof. Univ. Bochum - BV: Gesch. d. Thukydidestextes im MA, 1965; wiss. Publ. in Fachztschr. Mithrsg.: Samml. griech. u. lat. Grammatiker.

KLEINMANN, Reinhard

Chefredakteur Fernsehen Südwestfunk (s. 1986) - Zum Keltenring 1, 7570 Baden-Baden (T. 07221 - 2 49 22) - Geb. 16. Febr. 1933 Münster, kath., verh. s. 1956 m. Christel Eicken, 3 Kd. (Bettina, Thomas, Lambert) - Gymn. Hechingen (Hohenz.), Abit.; Stud. Soziol. u. Gesch. Münster - 1958-60 Volontär Westf. Nachr.; 1961/62 Redakt. Stuttgarter Ztg.; 1963-65 Ltd. Redakt. heute (ZDF); 1966-79 Erster Redakt. WDR; 1980-85 Korresp., Kommentator Bericht aus Bonn, Studio Bonn (ARD) - Spr.: Franz., Ital., Kroat.

KLEINOW, Walter

Dr. rer. nat., Prof. f. Zoologie Univ. Köln - Rothusener Weg 63, 5042 Erftstadt (T. 02235 - 51 39) - Geb. 19. Jan. 1936 Herzberg, verh. s. 1968, 3 Kd. - Promot. 1966 Univ. München; Habil. 1974 ebd. - 1967-74 wiss. Assist. Inst. f. Physiol. Chemie München, 1974 ff. Prof. Zool. Inst. Univ. Köln.

KLEINPOPPEN, Hans

Dr. rer. nat., Prof., Lehrstuhlinh. f. Physik Univ. Stirling (Schottl.) - 27 Kenningknowes Rd., Stirling (Schottl.) - Geb. 30. Sept. 1928 Duisburg, ev., verh. s. 1958 m. Renate, geb. Schröder - Promot. 1961; Habil. 1967 - Mehrj. Hochschultätigk. in Dtschl., USA u. Schottl. Vors. div. Intern. Konfz.; Fellow Royal Soc. Edinburgh, Fellow American Physical Soc., Fellow Inst. of Physics, London - BV: Physics of One- and Two-Electron Atoms, 1968; Electron and Photon Interactions with Atoms, 1976; Coherence and Correlation in Atomic Collisions, 1978. Progress in Atomic Spectroscopy, 4 T. 1978/79/84/87; Inner-Shell and X-Ray Physics of Atoms and Molecules, 1981; Fundamental Processes in Energetic Atomic Collisions, 1983; Fundamental Processes in Atomic Collision Physics, 1985; Fundamental Processes of Atomic Dynamics, 1988. Mithrsg.: Plenum-Serie Physics of Atoms and Molecules - Liebh.: Musik - Lit.: Festschr. gewidm. z. 60. Geb.: Coherence in Atomic Collision Physics (1988, hg. v. H. J. Beyer, K. Blum, R. Hippler).

KLEINSASSER, Oskar

Dr. med. (habil.), Prof., Wiss. Rat, Oberarzt Univ.s-Hals-, Nasen- u. Ohrenklinik Köln - Kaesenstr. 13, 5000 Köln (T. 319409) - Geb. 1. Dez. 1929 Kirchdorf (Österr.) - B. 1968 Privatdoz., dann apl. Prof. Köln (HNOheilkd.). Fachveröff.

KLEINSCHMIDT, Arnold

Dr. med., em. o. Prof. Med. Hochsch. Lübeck - Moislinger Allee 197, 2400 Lübeck (T. 891564) - Geb. 12. Mai 1910 Freiburg/Br. (Vater: Prof. Dr. med. Otto K., Chirurg; Mutter: Anita, geb. Springer), ev., verh. s. 1946 m. Johanna, geb. Tröger, 3 Söhne (Johann, Christian, Robert) - Univ. München, Heidelberg, Berlin. Habil. Mainz - 1935-43 Assistenz- u. Oberarzt II. Med. Univ.klinik (Charité) Berlin (Prof. v. Bergmann); 1943-45 Lazarettätigk.; ab 1947 Oberarzt Med. Univ.-Poliklinik Mainz (1949 Privatdoz., 1954 apl. Prof.); zul. Ord. f. Inn. Med. Med. Hochsch. Lübeck (emerit. 1980). Zahlr. Veröff. üb. vegetatives Nervensystem, Kreislauf-, Stoffwechsel-, Nierenkrankh. u. Elektrolytstörungen. Mitarb. Dennig, Lehrb. d. Inneren Med., 1958/68 (Kap.: Krankh. d. Harnapparates); Handb. d. Inn. Med., Bd. VIII 1968 (Kap.: Klin. Methoden d. morpholog. u. funktionellen Nierendiagnostik) - Gold. Sportabz. - Spr.: Engl., Franz. - Rotarier.

KLEINSCHMIDT, Georg

Dr. rer. nat., Prof. f. Geologie u. Paläontol. - In den Rödern 44, 6100 Darmstadt 13 - Geb. 3. Jan. 1938 Berlin - Stud. Tübingen (Promot.) - 1972-85 Prof. TH Darmstadt, s. 1985 Univ. Frankfurt. Fachaufs.- 1979/80, 1981/82, 1982/83, 1987/88 u. 1988/89 Teilnahme an dt. Antarktisexpeditionen GANOVEX 1, 2, 3, 5 u. GEISHA - Korresp. Geol. Bundesanst. Wien u. Naturwiss. Vereinig. Kärnten.

KLEINSCHMIDT, Gert

Dr. phil., o. Prof. f. Deutsche Sprache u. Lit. u. ihre Didaktik PH Rhld./Abt. Köln (s. 1970), Univ. Köln (s. 1980) - Vord. Büchel 63, 5064 Rösrath 1 - Geb. 19. Aug. 1932 Limburg/L. - Promot. 1965 Tübingen - Bücher u. Einzelarb.

KLEINSORG, Hans

Dr. med., Prof., Chefarzt Innere Abt. (s. 1965) - St.-Bernwards-Krankenhs., 3200 Hildesheim - Geb. 2. Juli 1921 Köln - S. 1955 (Habil.) Privatdozent u. apl. Prof. (1961) Univ. Göttingen. Fachveröff.

KLEINSORGE, Hellmuth

Dr. med., Prof., Internist, Pharmakologe, Herausg., Schriftleit. bzw. Mitarb. Med. Fachztschr., u.a. D. Neue Ärztl., Klinikarzt - Am Wiesbrunnen 33, 6730 Neustadt 13 (T. 6 61 01) - Geb. 12. April 1920 Bonn (Vater: Joseph K., Regierungsdir.), kath., verh. m. Dr. med. Hansi, geb. Wild, Tochter Britta - Univ. Halle, Jena, Leipzig. Promot. (1945) u. Habil. (1950) Jena - 1953 Prof. m. vollem Lehrauftr., 1956 m. Lehrstuhl Univ. Jena; 1970 Prof. Univ. Heidelberg, Med. Direktor BASF/Knoll AG, Ludwigshafen (1969-81); 1981-87 Hautgeschäftsf./wiss. Berater d. Med. Pharmazeut. Studienges. Mainz, Paul-Martini-Stiftg.; S. 1976 Zulassungskommiss. A, Bundesgesundheitsamt Berlin - BV: u. a. Phenothiazinderivate, 1958; Psychotherapie in Klinik u. Praxis, 1959 (m. Klumbies); Therapie inn. Erkrankungen, 1972; Diagnose v. Arzneimittelallergien, 1968 (m. Raab; auch jap.); Differentialdiagnose innerer Erkrankungen, 1969 (m. Dutz u. Schulz); Arzneimittelprüf. - Arzneimittelrecht, 1979 (m. Hasskarl); Forschung am Menschen, 1985 (m. Hirsch u. Weißauer); Kontrollierte Arzneimittelstudien, 1986; Hypnose-Methodik u. Indikationen, 1986; Kleine Pharmakologie, 1987 (m. Hofmann); Klinische Arzneimittelprüfung, 1987 (m. Steichele u. Sander); Selbstentspannung, 1988 (auch holl. u. span.). Üb. 400 Einzelarb. - Versch. Ehrenmitgliedsch. (u.a. Marburger Bund) - 1963 Purkinje-Med.; 1980 Ernst-von-Bergmann-Plak.; 1983 u. 1985 Gold. Ehrenreflexhammer d. Marburger Bundes; 1987 BVK am Bde.; 1989 Mehring-Minkowski-Med.

KLEINSTEUBER, Fritz

Dr., Dipl.-Volksw., Hauptgeschäftsführer Dt.-Indones. Industrie- u. Handelskammer/EKONID - POB 31 51, Jakarta 10002 (Indonesien).

KLEINSTEUBER, Hans J.

Dr. rer. pol., o. Prof. f. Polit. Wissenschaft - Ottersbekallee 21, 2000 Hamburg 20 - Geb. 5. Juni 1943 Lemgo (Vater: Dr. Hanns K., Oberbaurat; Mutter: Ilse, geb. Rüger) - Stud. FU Berlin u. USA - B. 1975 FU Berlin, dann Univ. Hamburg (Prof.) - BV: u. a. Fernsehen u. Geschäft, 1973; Die USA - Politik, Wirtsch., Ges., 1974, Neuausg. 1984; Staatsintervention in d. USA, 1977; Rundfunkpolitik, 1980, 1982; Electronic Media and Politics in Western Europe, 1986 (Hrsg., el-al).

KLEINSTÜCK, Hermann
Dr. jur., Staatssekretär im Hessischen Ministerium f. Wissenschaft u. Kunst, AR-Vors. Software AG, Darmstadt, stv. AR-Vors. HEAG, Darmstadt - Rheinstr. 25, 6200 Wiesbaden (T. 06121 - 16 52 50) - Geb. 9. Mai 1933 Frankfurt/M. (Vater: Dr. Erwin K., Volksw.rat; Mutter: Elisabeth, geb. Neuschaefer), ev., verh. s. 1959 m. Ursula, geb. Beiser, 3 Kd. (Carola, Frank, Till) - Liebig-Realgymn. Darmstadt; Univ. Frankfurt, Freiburg, London, Oxford (Rechtswiss.) - 1962-73 Rechtsanw. u. Notar. Vors. Darmst. Kunstverein (s. 1970); 1973-87 Präs. Hess. Brandversicherungskammer, Darmstadt u. a. Ehrenämter. FDP s. 1960 - Liebh.: Frühmittelalt. Kunst, Jugendstil - Spr.: Engl., Franz.

KLEINSTÜCK, Johannes Walter
Dr. phil., em. o. Prof. f. Engl. Sprache u. Kultur - Poggfreedstr. 45, 2000 Hamburg 73 (T. 672 92 98) - Geb. 28. Febr. 1920 Dresden (Vater: Dr. phil. Hans K., Oberstudiendir.; Mutter: Hildegard, geb. Schaarschmidt), ev., verh. m. Renate, geb. Mudra, S. Christian - Promot. Leipzig; Habil. 1954 - S. 1954 Lehrtätigk. Univ. Hamburg (1961 apl. Prof.; 1966 Wiss. Rat u. Prof.; 1969 Ord.), 1962-64 Gastprof. Univ. Lissabon, 1968 Univ. Algier u. 1980 Univ. Bordeaux. Emerit. 1982 - BV: Unters. zu Marlowes „Faust", 1947; Chancers Stellung in d. mittelalterl. Lit., 1956; W. B. Yeats oder D. Dichter in d. mod. Welt, 1963; Mythos u. Symbol in engl. Dichtung, 1964; T. S. Eliot, 1966; Wirklichkeit u. Realität - Kritik e. mod. Sprachgebrauchs, 1971; Verfaulte Wörter, 1974; D. Erfind. d. Realität, 1980; Fortschritt auf Widerruf, 1989 - Spr.: Engl., Franz., Lat., Griech., Portugies., Russ.

KLEISS, Manfred
Dr. rer. nat., Ltd. Bibliotheksdirektor, Leit. Universitätsbibl. Mannh., Lehrbeauftragter f. Klimatologie, Meteorologie u. physik. Geographie Univ. Mannheim - Schloß, 6800 Mannheim 1.

KLEISS, Wolfram Hermann
Dr.-Ing., Prof., I. Direktor Dt. Archäol. Inst. Teheran (s. 1971) - POB 11365-6371, Teheran (Iran) - Zu erreichen üb.: Podbielski Allee 69, 1000 Berlin 33 - Geb. 17. Nov. 1930 Berlin (Vater: Fritz K., Beamter; Mutter: Ilse, geb. Haferkorn), ev., verh. s. 1967 m. Helene, geb. Schulz - Friedr.-Ebert-Sch. Berlin, Abit. 1950, TU Berlin. Dipl.-Ing. 1956; Promot. 1959 - 1957-59 Mitarb. Röm.-German. Kommiss. d. Archäol. Inst. Frankfurt/M., 1959-60 Stip., 1961-65 Ref. f. Bauforsch. Abt. Istanbul, 1966-71 II. Dir. Dt. Archäol. Inst. Teheran. Erforsch. Urartu in Iran, 1968-78 Leit. Ausgrab. Bastam in Iranisch-Azerbaidjan, Mitarb. Takht-I Suleimangrab. in Iran 1960-64 u. Bisutun 1966-67 - Zahlr. Veröff. z. Arch. u. Kulturgesch. Urartus, NW-Irans, z. Byzantin. Baukunst u. z. Islam. Architektur. S. 1979 intensive Erforsch. u. Bauaufnahmen d. iran. Karavanenbauten - o. Mitgl. Dt. Archäol. Inst. (s. 1971 Mitgl. Zentraldir.); 1984 BVK - Spr.: Engl., Franz.

KLEIST, Hans-Ulrich
Dipl.-Ing., Dipl.-Wirtsch.-Ing., Geschäftsführer Detia-Freyberg-Untern. (incl. Vorratsschutz GmbH u. Garantol GmbH, Laudenbach/Bergstr., Degesch-Unternehmensgr., Frankfurt, m. Produktionsbetrieben in USA, Mexico, Chile u. Südafrika) - Neckarsteinacher Str. 2, 6148 Heppenheim/Bergstr. (T. 06252 - 29 49) - Geb. 10. Mai 1937 Bad Freienwalde/O., ev., verh. s. 1968 m. Waltraud, geb. Schimming, Sohn Bodo-Michael - TH Aachen (Metallhüttenkd., Dipl.-Ing. 1962; Wirtschaftswiss., Dipl.-Wirtsch.-Ing. 1965) - 1965-67 Vereinigte Leichtmetallwerke, Bonn (Techn. Beratung); 1967-69 Alco-Bauzubehör-Ges. (Verkaufsleit); 1969-70 W. R. Grace GmbH, Norderstedt (Manager Marketing Services); 1970-78 Schülke & Mayr GmbH, Norderstedt (Marketing Dir.). 1972-78 Vorst. Marketing Club Hamburg, s. 1984 Vorstand IPS (Industrieverb. Pflanzenschutz).

KLEIST, Ingo
Bürgerschaftsabgeordneter, Vizepräs. Bundesverb. Dt. Gartenfreunde - Fuhlsbüttler Str. 790, 2000 Hamburg 63; priv.: Annenstr. 32, 2000 Hamburg 4 - S. 1978 Mitgl. Hamburger Bürgerschaft SPD; s. 1982 stv. Fraktionsvors. SPD.

KLEIST, Frfr. von, Sabine
Dr. ès Sc., Dr. med., Prof., Institutsdirektorin Med. Fak. Univ. Freiburg (s. 1987) - Stefan-Meier-Str. 8, 7800 Freiburg/Br. (T. 761-203-40 20/21) - Geb. 2. Dez. 1933 Berlin, ev., verh. s. 1959 m. Dr. F. Frhr. v. Kleist, 2 Töcht. - Stud. Med. Chicago u. Ffm.; Staatsex. u. Promot. Univ. Frankfurt/M.; 2. Promot. Paris (Sorbonne); 1978 Lehrstuhl f. Immunbiol. Univ. Freiburg - S. 1986 stv. Vorst. Dt. Krebshilfe - Entd.: Tumor assozierte Antigene (z.B. Karzinoembryonales Antigen (CEA) - BV: D. Carzinofötale Antigen, 1981 - 1972 Prix ESSEC Paris - Spr.: Engl., Franz.

KLEIST-RETZOW, von, Heinrich
Dipl.-Volksw., Direktor, Vorst. Sachtleben AG. f. Bergbau u. chem. Industrie, Köln - Amselweg 36, 5070 Bergisch Gladbach - Geb. 21. Sept. 1929 Kieckow - AR-Mandate.

KLEJDZINSKI, Karl-Heinz
Dr., Wiss. Mitarbeiter, MdB (Landesliste NRW) - Könzgenstr. 33, 4408 Dülmen (T. 02594 - 39 74) - SPD.

KLEMANN, Jürgen
Bezirksbürgermeister - Kirchstr. 1-3 (Rathaus), 1000 Berlin 37 - Zul. Stadtrat CDU.

KLEMENT, Erhard
I. Bürgermeister (s. 1978) - Rathaus, 8734 Maßbach/Ufr. - Geb. 5. Nov. 1942 Marienbad/Sudetenland - Zul. Kreisamtm.

KLEMENTZ, Lothar F.
Geschäftsführer SERVICE BANK f. Finanzdienstleistungen GmbH v. 1954, WKV Werbeges. mbH, bde. Köln - Westendstr. 95, 6000 Frankfurt/M. - Geb. 24. Mai 1936 - AR-Mitgl. Verlag f. Absatzwirtsch. GmbH, Bonn; Beiratsmitgl. Bankenfachverb. Konsumenten- u. gewerbl. Spezialkredite (BKG), Bonn; VR-Mitgl. Schufa Schutzgemeinsch. f. allg. Kreditsich. GmbH, Köln; Delegiertenratsmitgl. Eurofinas Europ. Vereinig. d. Verb. v. Finanzierungsbanken, Brüssel.

KLEMER, Almuth
Dr. rer. nat., Prof., (C-4) Organ.-Chem. Inst. Univ. Münster (s. 1966) - Orléansring 23, 4400 Münster/W. (T. 83 32 61) - Geb. 12. Febr. 1924 Bassum, ev., led. - Univ. Gießen u. Münster (Chemie; Dipl.-Chem. 1950). Promot. (1952) u. Habil. (1958) Münster. Lehrtätigk. Münster (1964 apl. Prof.). Spez. Arbeitsgeb.: Kohlenhydratchemie. Mitarb.: Fritz Micheel, Chemie d. Zucker u. Polysaccharide (2. A. 1956, Leipzig); F. Micheel u. A. Klemer, Sammelref. Glycosyl Fluorides and Azides in Advances in Carbohydrate Chemistry, Bd. 16, 1961, Acad. Press New York and London; Handb. d. Lebensmittelchemie (Bd. I 1965; Beitr. Kohlenhydrate, Glykoside; Natürl. vorkommende Glykoside) - 1971 BVK.

KLEMIG, Roland
Dr. phil., 1. Vorsitzender Berufsgruppe Bildjourn., Fotografen u. a. (s. 1974), VR-Vors. VG Bild-Kunst (s. 1974) - Kleineweg 154, 1000 Berlin 42 (T. 785 86 54) - Geb. 2. Juni 1923 Dresden (Vater: Paul K., Staatsbeamter; Mutter: Maria-Martha, geb. Klauke), verh. s. 1956 m. Eva-Maria, geb. Pütz-Groddeck - FU Berlin (Betriebsw. u. Theaterwiss.) - 1956-59 Geschäftsf. Schriftst.-Verb.; 1960-62 Gf. Wirtsch.-Verb. Graph. Gewerbe; 1960-66 Gf. Graph. Ind.; 1966-86 Leit. Bildarchiv Preuß. Kulturbesitz. S. 1987 Sachverst. f. Pressefotografie, Fotobewertung u. Archivierung - BV: Juden in Preußen, 1981; Jews in Germany, 1983-87 USA.

KLEMKE, Gerold
Kaufmann, Oberbürgermeister Stadt Hildesheim (s. 1981) - Hohnsen 33, 3200 Hildesheim (T. 05121 - 18 65) - Geb. 5. Dez. 1938 Fraustadt/Niederschl. (Vater: Otto K., Spediteur; Mutter: Elli, geb. Weigt), kath., verh. s. 1964 m. Elisabeth, geb. Bowe, 3 Kd. (Anette, Burkhard, Carolin).

KLEMM, Alfred
Dr. phil., Dr. phil. h. c., Prof. f. Physikal. Chemie - Saarstr. 23, 6500 Mainz (T. 30 51) - Geb. 15. Febr. 1913 Leipzig (Vater: Dr. Wilhelm K., Verleger, Dichter; Mutter: Erna, geb. Kröner), ev., verh. s. 1939 m. Hannelore, geb. Rothe, 8 Kd. (Silvia, Michael, Alfred, Tamina, Ebba, Aja, Imma, Albrecht) - Lyceum Alpinum Zuoz; Univ. München (Promot. 1938) - S. 1939 Kaiser-Wilhelm- bzw. Max-Planck-Inst. f. Chemie (1958 wiss. Mitgl.). S. 1954 (Habil.) Univ. Mainz (1958 apl. Prof.). S. 1985 Verleger Dieterich'sche Verlagsbuchhandlung, Mainz. Forschungsgeb.: Physikal. Chemie der Isotope. Verleger u. Herausg.: Ztschr. f. Naturforsch. (s. 1946) - Spr.: Engl., Franz. - Rotarier - Bek. Vorf.: Alfred Kröner (Großv.), Verleger.

KLEMM, Dietrich D.
Dr. rer. nat., Prof. f. Mineralogie, Geologie, Geochemie - Ed.-Schenk-Str. 38b, 8000 München 40 (T. 089-359 53 25) - Geb. 29. Jan. 1933 Ludwigshafen/Rh. (Vater: Dr. Ing. Richard K., Chemiker; Mutter: Irmgard, geb. Siebert), verh. s. 1961 m. Rosemarie, geb. Kipphan, 3 T. (Judith, Katharina, Friederike) - Gymn. Heppenheim, Stud. Frankfurt u. Heidelberg, Promot. 1959, Habil. 1963 - S. 1969 Prof. Univ. München - BV: Time- and Stratabound ore deposits. (gem. m. H. J. Schneider) - Bek. Vorf.: Geologieprof. Gustav Klemm (Großvater); Kulturhist. Gustav Friedrich Klemm (Urugroßvater).

KLEMM, Fritz
Prof., Maler - Danziger Str. 14, 7500 Karlsruhe - Geb. 14. Aug. 1902 Mannheim (Vater: Gustav K., Gärtner; Mutter: Luise, geb. Hartmann), verh. s. 1931 m. Antonia, geb. Gräfin v. Westphalen - Kunstakad. Karlsruhe - B. 1948 höh. Schuldst. Karlsruhe, dann Lehrtätigk. Kunstakad. ebd. (1953 Prof.; Leit. Werkkl.) - 1983 BVK; 1984 Max-Lütze-Preis; 1985 Ehrenstip. Villa Massimo, Rom; 1987 Hans Thoma Preis.

KLEMM, Günther
Dr. phil., Oberstudiendir. i. R., Dozent Kirchl. Hochsch. Wuppertal (s. 1945) - Schwerinstr. 11, 5600 Wuppertal-B. (T. 505540) - Geb. 27. Juni 1908 Altwasser/Schles. (Vater: Wilhelm K., Modelleur; Mutter: Marie, geb. Koehl), ev., verh. s. 1936 m. Wilma, geb. Landwehr, 3 Kd. (Wiltrud, Klaus-Walter, Ute) - Stud. German., Ev. Theol., Gesch., Phil. Promot. 1933; Staatsex. 1934 u. 36 - S. 1940 Studien-, Oberstudienrat (1950) u. - dir. (1953); 1945-51 Fachleit. f. Deutsch Studiensem. W'tal. - BV (Monogr.): Christian Morgenstern, 1933; Walther v. d. Vogelweide, 1940; Werner Bergengruen, 1949, 4. A. 1958; Gottfried Benn, 1958; Gesch. d. dt. Philosophieunterrichts, 1978 - Liebh.: Theater, Sport (Tennis, Hockey) - Spr.: Griech., Lat., Franz. - Bek. Vorf.: v. Manteuffel (Pr. Ministerpräs.), Fürstenberg (Maler).

KLEMM, Hansjürgen
Dr.-Ing., Dipl.-Chem., Prof. f. Kunststofftechnik u. Physikal. Chemie GH Paderborn - Berliner Ring 35, 4790 Paderborn/W.

KLEMM, Heinrich
Dr. rer. pol., Dipl.-Volksw., Generalbevollmächtigter J. Wizemann GmbH & Co. - Quellenstr. 7, 7000 Stuttgart 50 (Bad Cannstatt) (T. 0711-56 60 21) - Geb. 10. Febr. 1921, ev., verh. s. 1960 m. Annalise, geb. Schwiegershausen, Sohn Holger - Zeppelin-Gymn. Stuttgart, Abit. 1939, Stud. Volkswirtsch. in Tübingen (Dipl.-Volksw. 1948, Promot. Tübingen 1950) - Mitgl. Industrieaussch. d. IHK Mittl. Neckar, Stuttgart - Liebh.: Gesch., Kunst, Politik - Spr.: Engl., Franz.

KLEMM, Lothar
Rechtsanwalt u. Notar, MdL Hessen - Darmstädter Str. 7, 6451 Neuberg 1 - Geb. 9. Sept. 1949 Hochstadt/Kr. Hanau, verh. s. 1977 - Abit. 1968 Hanau (Univ. Frankfurt 1. jurist. Staatsex. 1975, 2. Staatsex. 1978) - S. 1978 Rechtsanw. Hanau, s. 1984 auch Notar. S. 1974 MdK Main-Kinzig-Kr. (s. 1985 Vors. Kreistag); s. 1982 Landtag Rechtspolit. Sprecher SPD-Frakt.).

KLEMM, Peter
Dipl.-Volksw., Geschäftsführer Bundesverband Druck - Biebricher Allee 79, 6200 Wiesbaden (T. 06121 - 80 31 81) - Geb. 16. Mai 1952 Wiesbaden, kath., verh. s. 1989 m. Erika, geb. Davis - Dipl.-Volksw. 1978 Univ. Mainz - BV: Machtkampf e. Minderheit, 1984; D. Griff nach d. Öffentlichkeit, 1989.

KLEMM, Peter
Dr. iur., Staatssekretär im Bundesfinanzmin. (s. 1989) - Graurheindorfer Str. 108, 5300 Bonn 1 (T. 0228 - 682 42 60) - Geb. 20. Okt. 1928 Jena, ev., verh. s. 1954 m. Gisela, geb. Doermer, 2 Kd. (Dr. Edzard, Suzanne) - Stud. Rechtswiss. Jena u. Marburg; 1956 Promot., 1958 Ass. Frankfurt/M. - 1958 Hess. Steuerverw.; 1964 Bundesfinanzmin., 1979 ständ. Vertr. d. Haushaltsabt.leit., 1986 Leit. Zentralabt. - 1972 Kommandeur d. Verdienstkr. d. Souveränen Malteserritterordens; 1978 BVK.

KLEMME, Jobst-Heinrich
Dr. rer. nat., Prof. f. Mikrobiol. Univ. Bonn (s. 1973) - Am Hügel 4, 5486 Berg - Geb. 20. Okt. 1941 Werste, Kr. Minden (Vater: Heinrich K.; Mutter: Klara, geb. Lindau), ev., verh. s. 1968 m. Dr. Brigitte, geb. Berger, 2. T. (Annegret, Bärbel) - Stud. Biol. u. Chemie Göttingen u. Erlangen. Promot (1967) u. Habil. (1973) Göttingen - 1969-71 Res. Assist. Indiana Univ. Bloomington/USA - Mitgl. Verb. Dt. Biol. (VDB), Vereinig. Allg. Angew. Mikrobiol. (VAAM), Bund f. Umwelt u. Naturschutz. Zahlr. Fachveröff.

KLEMMER, Paul
Dr. rer. pol., o. Prof. f. Wirtschaftslehre u. -politik Univ. Bochum (s. 1971) - An d. Pfannenschmiede 9, 4322 Sprockhövel - Mitgl. Akad. f. Raumforsch. u. Landesplan.; Präs. d. Rhein.-Westf. Inst. f. Wirtschaftsforsch. (RWI), Essen - Veröff. z. Regional. Strukturpolitik, Raumordn., Konjunkturpolitik, Arbeitsmarktpolitik u. Umweltpolitik.

KLEMMERT, Oskar
Dr. jur., Oberbürgermeister a. D., Ministerialdirektor a. D. - Schellingstr. 26a, 8700 Würzburg (T. 0931 - 8 56 77) - Geb. 7. Nov. 1925 Würzburg (Vater: Justizrat Dr. Adam K., Rechtsanw.; Mutter: Hella, geb. Leffler), kath., gesch., 3 Kd. (Marita, Hella, Oskar) - Realgymn., 1945-49 Stud. Philos. u. Jura Univ. Würzburg, 1949 I. jur. Staatsprüf., 1952 Promot., 1953 II. jur. Staatsprüf.) - 1953-55 Bundesinnenmin.; 1955-58 Dt. Bundestag (Verw.); 1958-67 Stadt Kitzingen (Obgm.); s. 1967 Bayer. Vertr. Bonn (Dienststellenleit.; Min.rat, -dirig., 1971 -dir.). 1988 i. R. CSU - 1975 Bayer. VO; 1986 BVK I. Kl.

KLEMPT, Eberhard
Dr. rer. nat., Prof. Inst. f. Physik, Privatdoz. f. Experimentalphysik Univ. Mainz - Hegelstr. 45, 6500 Mainz.

KLENERT, Otto
Bürgermeister Bad Friedrichshall (s. 1948), MdL Baden-Württ. (s. 1964) - Yorckstr. 36, 7107 Bad Friedrichshall/Württ. (T. 63 23) - Geb. 14. Febr. 1915 Karlsruhe, ev., verh., 2 Kd. - Abit. - Verw.slaufbahn f. d. gehob. Dienst, 2 J. Wehrmacht, ab 1938 AA Berlin (1 1/2 J. Konsulatssekr. Stockholm), 1940-45 Kriegsdst. (2 1/2 J. Chef e. Schützenkomp. Nordfinnl.), 1947-48 Wirtschaftsmin. Stuttgart (Sachbearb.). MdK Heilbronn u. a. CDU.

KLENK, Fritz
Dr. phil., Prof., Hochschullehrer i. R. - Hofackerstr. 17, 7141 Steinheim/Murr - Zul. Prof. f. Geschichte Päd. Hochsch. Ludwigsburg.

KLENK, Hans-Dieter
Dr. med., Dipl.-Biochem., Prof. u. Leiter Inst. f. Virologie Univ. Marburg (s. 1986) - Oberhof 11, 6307 Linden - Geb. 25. Juni 1938 Köln - S. 1971 (Habil.) Lehrtätigk. Univ. Gießen (1973 Prof.). Üb. 150 Facharb.

KLENK, Helmut
Dr., Dipl.-Ing., Bezirksdirektor Nordd. Hagelversich., Weingutsbesitzer - Mehlstr. 20-22, 6509 Framersheim/Alzey (T. 06733 - 3 64) - Geb. 17. Jan. 1930 Worms (Vater: Hermann K., Landwirt; Mutter: Emilie, geb. Busch), ev., verh. s. 1955 m. Doris, geb. Beyer, 2 Kd. (Ute, Hans-Ulrich) - 1951-58 Stud. Agrarwiss. Univ. Bonn (Dipl. 1954; Promot. 1958) - S. 1961 Vertr. Landwirtschaftskammer Rheinl.-Pfalz im SWF-Rundfunkrat; Gründungsmitgl. Petersberg-Kellerei e.G., Gau-Odernheim - 1984 BVK - Liebh.: Fotografieren.

KLENK, Volker
Dipl.-Volksw., Betriebsdirektor - In der Ziegelklinge 33, 7000 Stuttgart 1 (T. 640 58 95) - Geb. 22. März 1938 Stuttgart (Vater: Fritz K., Hauptlehrer; Mutter: Margarete, geb. Kirchdörfer), verh. s. 1970 m. Renate, geb. Kortmann - Stud. d. Volkswirtsch. Univ. Tübingen u. Berlin (Freie) - 1976-80 MdL Bad.-Württ. FDP - Spr.: Engl., Franz.

KLENKE, Günther
Vorstandsmitglied Axel Springer Verlag AG, Hamburg - Kochstr. 50, 1000 Berlin 61 u. Kaiser-Wilhelm-Str. 6, 2000 Hamburg 36 (T. 040 - 3 47 36 05-06) - Geb. 31. März 1924 Berlin, (Eltern: Heinrich u. Margarete K.), ev., verh. s. 1948 m. Ilse, geb. Beck, 2 Kd. (Gabriele, Matthias) - Lehre Verlagskaufm. Berlin - 1948-60 Management Training Personnel Management Advisor, USAF; 1960-66 Personnel Manager Auerges., Berlin; s. 1966 Axel Springer Verlag AG (1974 Prok., 1975 Personal-Dir.). Richter Bundessozialgericht Kassel u. Landesarbeitsgericht Berlin; Vorst.-Mitgl. Sozialpolit. Aussch. Bundesverb. Druck; stv. Vors. Bundesverb. Dt. Zeitungsverleger, Mitgl. Verb. Dt. Zeitschriftenverleger;

Mitgl. Gesamtvorst. Verb. Berliner Druckind.

KLENKE, Werner
Dr.-Ing., Prof. (Leit. Lehrgeb. Thermodynamik d. Wärme- u. Stofftransports/Inst. f. Thermodyn.) TU Braunschweig (s. 1972) - Kleiner Zimmerhof 7, 3340 Wolfenbüttel - Geb. 14. Nov. 1932.

KLENNER, Wolfgang
Dr. rer. oec., Prof. f. Wirtschaft Ostasiens Univ. Bochum (s. 1984) - Hombergstr. 7, 4322 Sprockhövel (T. 02324 - 7 93 98) - Geb. 6. Nov. 1942 Trautenau (Vater: Dr. Josef K., Rechtsanw.; Mutter: Friederike, geb. Wanka), verh. s. 1976 m. Dr. Makiko, geb. Hamaguchi, 2 Töcht. (Isabel, Florence) - Stud. Berlin, Singapore, Hong Kong, Bochum; Promot. 1978 - 1981/82 Gastwissenschaftler b. d. Chines. Planungskommiss. u. Univ. of Intern. Business and Economics Peking; 1985 Gastprof. Univ. Tokyo - BV: Ordnungsprinzipien im Industrialisierungsprozeß d. VR China, 1979; D. Wandel in d. Entwicklungsstrategie d. VR China, 1981; The Chinese Economy, 1983; Trends of Economic Development in East Asia, 1989 - Spr.: Engl., Franz., Chin., Jap.

KLEPPA, Jürgen
Vorstandsmitglied Westfalenbank AG, Bochum/Düsseldorf - Huestr. 21-25, 4630 Bochum - Geb. 15. Febr. 1935 Witten/Ruhr - MdV Rheinisch-Westfälische Börse zu Düsseldorf; AR: Westf. Hypothekenbank AG, Dortmund, Allfonds-Ges. f. Investmentanl. mbH, München, Vereinigte Bochumer Wohnungsges. mbH, Bochum; VR: Westfalenbank Intern. S.A., Luxemburg, G.b.R. Ind.- u. Handelskammer/Rhein.-Westf. Börse, Düsseldorfer Börsenhaus GmbH, Düsseldorf.

KLEPPER, Regina
Sängerin (Sopran) - Unterer Katzenbergweg 11, 8700 Würzburg (T. 0931 - 70 34 30) - Geb. 5. April 1957 Baden-Baden (Vater: Wilhelm K., Konzertmeister; Mutter: Rosemarie, geb. Schuchard), kath., verh. s. 1982 m. Prof. Dr. Winfried Böhm, T. Katharina - Musikhochsch. Hannover u. München; Konzert- u. Opernex., Meisterklassendipl. (Prof. Ernst Haefliger) 1981 München - S. 1981 Engagem. Bayer. Staatstheater am Gärtnerplatz München; Operngastsp. u. a. Hamburg u. Zürich - Partien: u. a. Pamina, Gretel, Ännchen, Blondchen, Jungfer Anna - 1978 Preis Intern. Schubert-Wolf-Liedwettbew. Wien; 1980 Preis Mozartfest-Wettbew. Würzburg; 1981 Preis Dt. Musikrat-Wettbew. Bonn - Spr.: Ital.

KLEPSCH, Egon A.
Dr. phil., Dozent MdB (s. 1965; Wahlkr. 150/Koblenz) - Lüderitzstr. 41, 5400 Koblenz-Pfaffendorf (T. 75342) - Geb. 30. Jan. 1930 Bodenbach/Sudetenl. (Vater: Kaufm. Angest.), kath., verh. s. 1952 m. Anita, geb. Wegehaupt, 6 Kd. (3 S., 3 T.) - Stud. Gesch., Polit. Wiss., Geogr. Promot. 1954 Marburg - 1955-59 Ref. Büro Bonner Berichte; s. 1959 Doz. f. Intern. Politik Wiss. Forschungs- u. Lehrstab Bundeswehr, Landes- (1955-57 Hessen) u. Bundesvors. Jg. Union (1963-69); Präs. Intern. Union Jg. Christl. Demokr. Europas (1964 ff.); Präs. CD-Fraktion im EP u. Vicepräs. der EVP (s. 1976); Mitgl. Europ. Parlam. (1973 ff.). CDU s. 1951 - Liebh.: Schach.

KLEPZIG, Helmut
Dr. med. (habil.), Prof., apl. Prof. f. Innere Medizin Univ. Frankfurt/M. (s. 1966) - Hardtbergweg 12, 6240 Königstein/Ts. (T. 06174 - 2 10 57) - Geb. 27. März 1916 Trier (Vater: Dr. jur. Georg K.; Mutter: Frieda, geb. Häberli), ev., verh. s. 1952 m. Kornelie, geb. Sikora, 2 Söhne (Harald, Manfred) - Med. Staatsex. 1939 Freiburg/Br. - 1946-58 Assist. u. Oberarzt Med. Univ.sklinik Freiburg (Privatdoz. 1955; 1960 apl. Prof.); 1958-81 Chefarzt Klinik f. Herz- u. Gefäßkrankh. d. Krankenversorg. d. Bundesbahnbeamten, Königstein - BV: D. neuzeitl. Brustwand- u. Extremitätenableitungen, 3. A. 1958 (m. Reindell; auch span.); Kreislaufregulation, 1955 (m. Reindell u. Schildge); Akute innere Krankh., 2. A. 1959 (m. Kühn u. Schildge); Rat f. Herz- u. Kreislaufkranke, 5. A. 1982; D. röntgenol. Bestimmung d. Herzvolumens in Klinik u. Praxis, 1965 (m. Frisch); Herz- u. Gefäßkrankh., 4. A. 1982 (auch span.) u. a. Mitarb.: Heilmeyer, Handb. f. Innere Med., Lehrb. f. Inn. Med. u. d. pathol. Physiol. - Mitgl. Fachges. - Liebh.: Kardiologie, Reisen - Spr. (Schr.): Engl., Franz.

KLES, Werner
Kaufmann, Geschäftsf. Weberei Engels & Co. GmbH., Mönchengladbach - Eisvogelweg 20, 4050 Mönchengladbach 4 (T. 02166-55 72) - Geb. 10. Okt. 1932 Saarbrücken (Vater: Mathias K., Schreiner; Mutter: Helene, geb. Huppert), kath., verh. s. 1957 m. Helene, geb. Bier, 2 Kd. (Jutta, Detlev) - LDT, Nagold - Spr.: Franz.

KLESCZEWSKI, Reinhard
Dr. phil., Prof. f. Romanistik Univ. Düsseldorf - Badeniastr. 12, 4044 Kaarst 1 - Geb. 17. Jan. 1933 Königsberg/Pr. (Vater: Gustav K., Lehrer; Mutter: Frieda, geb. Hein), ev., verh. s. 1965 m. Frauke, geb. Koerbel, 2 Kd. (Bert, Mario) - 1953-62 Stud. Roman., Angl., Phil. u. Päd. (m. Unterbr.) Univ. Kiel (Promot. 1962); 1955/56 Bologna; 1957-58 Paris, 1958-59 Assist. Teacher Uxbridge b. London; Staatsex. (Gymn.) 1963; Habil. 1978 - 1963-65 wiss. Assist; 1965-72 Akad. (Ober)Rat; 1972-78 Assist.-prof. Univ. Saarbrücken; 1979-82 Doz. Univ. Düsseldorf; s. 1982 Prof. D'dorf - BV: D. franz. Übers. d. Cortegiano v. B. Castiglione, 1966.

KLESPER, Ernst
Dr. rer. nat., habil., Prof. f. Makromolekulare Chemie, RWTH-Aachen - Josef-Ponten-Str. 54, 5100 Aachen.

KLESSINGER, Martin
Dr. rer. nat., o. Prof. f. Theoret. Organ. Chemie - Görlitzer Str. 108, 4400 Münster/W. (T. 24 81 28) - Geb. 14. Sept. 1934 Berlin (Vater: Johann K., Oberstud.rat; Mutter: Ruth, geb. Osburg), ev., verh. s. 1965 m. Heidi, geb. Ussling, 2 Kd. (Sabine, Stephan) - Abit., Dipl.-Chem. 1959, Promot. 1961, Habil. 1968. B. 1970 Assist. Univ. Göttingen, 1970 Abt.svorst. Chem. Labor. Freiburg, 1971 o. Prof., Dir. Org.-Chem. Inst. Univ. Münster, 1976/77 Dekan Math.-nat. Fak. Univ. Münster - BV: Mehrelektronenmodelle i. d. Organ. Chemie, 1968; Elektronenstruktur organischer Moleküle, 1982. Herausg.: Strukturen organischer Moleküle (1987) - Liebh.: Kammermusik (Bratsche) - Spr.: Engl.

KLESSMANN (ß), Christoph
Dr. phil., Prof. f. Zeitgesch. Univ. Bielefeld - Neuköllner Str. 17, 4800 Bielefeld 1 - Geb. 13. Nov. 1938 Jöllenbeck/Bielef., verh. s. 1967, 2 Kd. - Stud. Gesch. u. klass. Philol.; Staatsex. 1965; wiss. Mitarb. Ostkolleg, Köln; Promot. 1969 - 1970-76 wiss. Ass. Univ. Bochum - BV: D. Selbstbehauptung e. Nation, 1971; Poln. Bergarb. im Ruhrgeb. 1870-1945, 1978; D. dopp. Staatsgründ. Dt. Gesch. 1945-55, 1982; Zwei Staaten, e. Nation. Dt. Gesch. 1955-70, 1988. Zahlr. Aufs. u. Rez. z. dt. u. poln. Gesch. d. 19./20. Jh.

KLESSMANN (ß), Eckart
Schriftsteller - Oktaviostr. 64, 2000 Hamburg 70 (T. 656 38 88) - Geb. 17. März 1933 Lemgo/Lippe - BV: Einhornjagd, Ged. 1963; Die Welt d. Romantik, Kulturgesch. 1969; Prinz Louis Ferdinand v. Preußen (1772-1806), Gestalt e. Zeitenwende, 1972; Undines Schatten, Ged. 1974; Caroline - D. Leben d. Caroline Michaelis-Böhmer-Schlegel-Schelling, Biogr. 1975; Seestücke, Ged. 1975; Unter unseren Füßen - neue arch. Funde im Deutschland, 1978; Die dt. Romantik, 1979; Telemann in Hamburg (1721-1767), 1980; Botschaften f. Viviane, Ged. 1980; Gesch. d. Stadt Hamburg, 1981; E.T.A. Hoffmann od. D. Tiefe zw. Stern u. Erde, Biogr. 1988; Napoleon - Lebensbilder, 1988. Herausg.: Napoleons Rußlandfeldzug in Augenzeugenber. (1964); Deutschl. unter Napoleon in Augenzeugenber. (1965); D. Befreiungskriege in Augenzeugenber. (1966); Hamburger Weihnachtsbuch (1982) - Textautor v. Auf Goethes Spuren v. Michael Ruetz (1968); Hamburg bei Licht v. Jaschi Klein (1981) - Versch. Übersetz. - Mitgl. PEN-Zentrum BRD, Freie Akademie d. Künste in Hamburg.

KLESSMANN, Rüdiger
Dr. phil., Direktor Herzog-Anton-Ulrich-Museum (s. 1970) - Museumstr. 1, 3300 Braunschweig (T. 0531 - 484 24 00) - Geb. 15. März 1927 Lemgo (Vater: Dr. Gustav K.; Mutter: Käthe, geb. Westheermann), verh. m. Dr. Dora Marie, geb. Wintzer, 2 Kd. - Zul. Gemäldegalerie Staatl. Museen Berlin/Stiftg. Preuß. Kulturbesitz - BV: Gemäldegalerie Berlin, 1972 - Gilt als Spezialist f. niederl. Barockmalerei.

KLETT, Michael
Verleger, Verlag Klett-Cotta u. Ernst Klett Verlag - Rotebühlstr. 77, 7000 Stuttgart 1 (T. 66 72-0) - Geb. 19. Febr. 1938 Stuttgart (Vater: Ernst K., s. d.) - Pers. haft. Gesellsch. d. Firma Ernst Klett Verlage GmbH u. Co. KG, Stuttgart.

KLETT, Thomas
Dr. - Rotebühlstr. 77, 7000 Stuttgart 1 (T. 66720) - Geb. 19. Sept. 1944 Tübingen - Pers. haft. Gesellsch. d. Firma Ernst Klett, Stuttgart.

KLETT, Werner
Filmproduzent u. Regiss. - Arno-Holz-Str. 15, 1000 Berlin 41 (T. 7 92 64 06) - Geb. 22. Okt. 1928 Berlin (Vater: Fritz K., Verleger; Mutter: Elly, geb. Euler, Verlegerin), ev., verh. s. 1967 m. Marina, geb. Mey, 2 Kd. (Oskar, Sophie) - 1947 Abit., 1947-49 Theolog. Hochsch. Dillingen, 1949-53 Univ. Erlangen (German., Gesch.), 1953-59 Tätigk. Verlagswesen (Stuttgart, New York) - S. 1959 Inh. Filmprod. Werner Klett, Berlin. Vorst. Dt. Stiftg. f. Filmkunst; Vorst. Bundesverb. dt. Film- u. AV Produzenten, Vorst. Jerxheimer Kunstverein - Filme: Kein Mann ohne Revolver (1967), Omnibus (1969), Werwölfe (1972), D. Chinesen (1974), Cinematograms I-VII (1978), Autobahn (1979), Elektrizität (1980), D. grüne Max (1981), D. Oberwirt (1982), D. Landarbeiter (1983), Michels Dorf (1984), Bahnhof Nirwana (1985), Überall u. nirgendwo (1986), D. letzte Nacht d. Würgers (1987) - Dt. Wirtschaftsfilmpreis, Intern. Agrarfilm Preis, Bundesfilmpreis, Bundesfilmprämie, Fernsehpreis d. Eduard Rhein Stiftg., Mention de qualite, Paris, Premio di qualita, Rom, Preis d. dt. Filmtheater (HDF).

KLEUSBERG, Herbert

Dr. med., Bezirksbürgermeister a. D., Stadtältester v. Berlin - Voigtländerzeile 9, 1000 Berlin 20 - Geb. 20. Jan. 1914 Berlin - Oberrealsch. Berlin, Abit., 1943-49 Stud. Med. Univ. Berlin, Staatsex. u. Promot. 1949 - 1933-36 Amts- u. Gemeindeverw. Eichwalde b. Berlin (Ausbild.), 1936-38 Soldat, 1938-39 Industrietätigk. (Kodak AG, Berlin), 1939-44 Kriegsdst. (Wegen Schwerbeschäd. vorz. entl.), 1949-58 Krkhs.zeit, b. 1967 Arzt im öfftl. Gesundheitsdst. (1960 Amtsarztex., stv. Amtsarzt), v. 1967-79 Bürgerm. Bezirk Spandau, Facharzt f. Innere Med, Arzt f. Öfftl. Gesundheitswesen u. Sportarzt (betreute u. a. d. Dt. Olympiamannsch. 1960 in Rom). 1959-61 Bezirksverordn. Spandau, 1961-67 MdA Berlin. SPD s. 1945 - Auszeichn. Brit. Königin m. d. OBE (Honorary Officer of the Civil Division of the Most Excellent Order of the British Empire), 1976 Verl. d. Verdienstkr. 1. Kl. d. Verdienstord. d. Bundesrepublik Deutschland (1979) - Liebh.: Wassersport (Ehrenvors. Rudervereinig. Berlin 78).

KLEVER, Eugen

Dr. phil, Chefredakteur - Hewaldstr. 5, 1000 Berlin 62 (T. 7 82 13 18) - Geb. 21. Febr. 1898 Riga - Gymn. Riga; Univ. Dorpat (1966 ff.; n. 4 Sem. Med. Chemie) u. Berlin (1920 ff.; Promot. 1928) - B. 1929 Kaiser-Wilhelm-Inst. f. Silikatforsch., Berlin (Assist.), dann Chem. Zentralblatt ebd. (1950 Chefredakt.).

KLEVER, Manfred

Dipl.-Ing., Vorsitzender d. Geschäftsfg. Gutbrod-Werke GmbH Saarbrücken - Scheidter Str. 40, 6601 Scheidterberg (T. 0681 - 81 51 32) - Geb. 8. Febr. 1934 Freiburg, ev., verh. s. 1961 m. Christa, geb. Müller-Sohler, 2 Töcht. (Andrea, Alexandra) - Werkzeugmacher; Ing.-Schule Iserlohn (Dipl.-Ing. FH); TH Aachen: Fertigungstechnik u. Betriebslehre (Dipl.-Ing. TH) - Vors. d. Geschäftsf. Gutbrod-Werke GmbH, Saarbücken, zuständ. f. Entw., Technik, Marketing - Div. Patente.

KLEVER, Peter

Pfarrer, Schriftst. - Am Uhrturm 22a, 3000 Hannover 81 (T. 0511 - 83 61 46) - Geb. 14. Juni 1934 Crossen/O., ev. - 1952-57 Theologiestud.; 1. Staatsex. 1957, 2. Staatsex. 1960; 1977-79 Sozialpädagogikstud. (ohne Abschl.) - Pfarrer Erlangen, Coburg - BV: Z. Leben erwachen, 1981; Wo d. Himmel d. Erde berührt, 1981; Wege z. Glauben u. Leben, 1982; Hoffnung findet Wege, 1983; Wenn d. Herbst kommt, 1984; Es soll nicht dunkel bleiben, 1985; Wend dein Gesicht d. Sonne zu, 1986; Glanz fand ich auch, 1987; Sehet d. Menschen, 1987; Ich zünde e. Kerze für dich an, 1987; Vor d. Himmel e. Zaun, 1988; Damit ich finde, was ich suche, 1988; Ich reiche dir meine Hand, 1989; Dein Abend wird sein wie d. Morgen, 1989; Ich bin dir zugeneigt, 1989.

KLEVER, Ulrich

Schriftsteller - Hof Gut Weisham, 8221 St. Georgen/Chiemgau (T. 08621 - 6 24 16) - Geb. 11. Febr. 1922 Krefeld, verh. s. 1944 m. Eva, geb. Habbel, Tocht. Katrin - Stud. Zool. u. Psych. Münster u. Freiburg - Chefredakt. e. Familienztschr. in Hamburg, s. 1958 fr. Journ. u. Schallplattenproduz., 1968-75 Fernsehkoch ZDF - BV: 8 Hundeb., dar. D. Hund - d. unverstandene Wesen, 1972; Knaurs Hundeb. (in 8 Spr. übers.); D. Hund - d. Freund, 1975; Knaurs Gr. Hundeb., 1982; Hunde wie du u. ich, (m. W. Glasauer); zahlr. B. üb. Kochen, Trinken u. Ernähr.fragen; Handb. d. afrikan. Kunst; Das Weltreich der Türken, 1978; Spazierstöcke, 1984; Knaurs Gr. Katzenbuch, 1985; Hunde, 1988. Herausg.: Sammlerbibliothek (1980/81); regelm. Veröff. in Ztschr. - Gold. Schallpl.; Bundeskritikerpreis; Pr. Dog Writers Assoc.; Ehrenbürger Logrono, Rioja, Spanien (1978); 2 Gold- u. 10 Silbermed. Gastronom. Akad.; Fahlberg Med. - Liebh.: Bassethounds, Samml. v. Spazierstöcken.

KLEWIN, Wilfried

Direktor Zentralbereich Öffentlichkeitsarb. Asea Brown Boveri AG (s. 1975) - Postfach 1 03 51, 6800 Mannheim - Geb. 26. Aug. 1930 Dortmund (Vater: Georg K., Stadtinsp.; Mutter: Hedwig, geb. Lübbert), verh. s. 1958 m. Rosemarie, geb. Herpich, Sohn Christian - 1951-56 Stud. Zeitungswiss. u. Literaturgesch. München - 1957 Redakt. Siemens Mitt.; 1965 Leit. Abt. Öffentlichkeitsarb. Preussag AG.; 1977 Doz. Dt. Inst. f. Public Relations (DIPR); Vors. Aussch. Presse- u. Öffentlichkeitsarb. ZVEI, Seminarleit. Zentrum f. Unternehmungsfg., Zürich - Spr.: Engl.

KLEWITZ, Elard

Dr. phil., Prof. f. Grundschulpädagogik FU Berlin - Hortensienstr. 57, 1000 Berlin 45.

KLEWITZ, Martin

Dr., Landeskonservator i. R., Vors. Dt. Parität. Wohlfahrtsverb., Landesverb. Rhld.-Pfalz/Saarl. - Feldmannstr. 92, 6600 Saarbrücken - Geb. 26. Febr. 1917 Mühlhausen/Thür.

KLEY, Gisbert

Dr. jur., Ministerialrat a. D., Direktor i. R. - Zul. Ahornallee 4, 8023 Pullach/Oberbayern - Geb. 3. Aug. 1904 Meseritz (Vater: Dr. jur. Max K., Oberverwaltungsgerichtsrat; Mutter: Else, geb. Schäfer), ev., verh. s. 1935 m. Edelgarde, geb. v. Witzleben, 6 Kd. (Gisbert, Gottfried, Max Dietrich, Donata, Andreas, Karl-Ludwig) - Gymn. Berlin (Abit. 1922); Univ. Heidelberg (Promot. 1928), München, Berlin (Rechtswiss.). Jurist. Staatsprüf. 1926 u. 30 - Justizdst. (Richter); Reichswirtschaftsmin., Berlin (Ass.); Bundesernährungsmin., Bonn (zul. Min.rat); 1950-69 Siemens & Halske AG., Berlin/München, u. Siemens-Schuckertwerke AG., Berlin/Erlangen bzw. Siemens AG., Berlin/München (stv. bzw. o. Vorstandsmitglied). Funktionen Facheinricht. u. EKD. 1969-72 MdB. B. 1968 CDU, dann CSU - 1973 Gr. BVK, 1981 Stern dazu; 1976 Bayer. VO. - Liebh.: Geschichte, Kunst, Lit. - Spr.: Franz.

KLEY, Hans K.

Dr. med., Internist (Oberarzt Medizin. Klinik), apl. Prof. f. Inn. Med. Univ. Düsseldorf (s. 1978) - Harffer Str. 71, 4040 Neuss.

KLEY, Max Dietrich

Rechtsanwalt, Fachanw. f. Steuerrecht, Vors. Grubenvorst. Gewerksch. Auguste Victoria, Marl, u. Leit. Untern.-Bereich Energie u. Kohle AV-Mutterges. BASF, Ludwigshafen (s. 1987) - Zu erreichen üb. Zeche A. Victoria, Postfach, 4370 Marl - Geb. 26. Febr. 1940 Berlin, verh. s. 1966 m. Monika-Marlene, geb. v. Kriegsheim, 3 Kd.

KLEY, Walter

Dr. med., em. o. Prof. f. Hals-, Nasen- u. Ohrenheilkunde - Waldkugelweg 14, 8700 Würzburg (T. 0931 - 8 24 66) - Geb. 12. Mai 1921 Germersheim/Rhein, ev., verh., 2 Kd. - Oberrealsch. Würzburg; Univ. Erlangen u. Würzburg - S. 1952 (Habil.) Lehrtätigk. Univ. Würzburg (1958 apl. Prof.) u. Mainz (1966 Ord. u. Klinikdir.), s. 1975 Ord. u. Klinikdir. Univ. Würzburg, emerit. 1987. Ref. VIII. Intern. Kongreß 1965 Tokio u. XXXIX. Dt. HNO-Ärztetagung 1968 Bad Reichenhall; 1976/77 Präs. Dt. Ges. f. HNO-Heilkunde, Kopf- u. Halschir., u. 1981 Dt. Ges. f. Plastische- u. Wiederherstellungschir. Zahlr. Fachveröff. - 1964 Ehrenmitgl. Span. Ges. f. Oto-Rhino-Laryngologie, Ehrenmitgl. Österreich. Gesellsch. f. Hals-Nasen-Ohren-Heilkunde, Kopf- u. Halschirurgie, Ehrenmitgl. d. Ung. Ges. f. Oto-Rhino-Laryngologie.

KLEYBOLDT, Claas

Vorsitzender Vorstände Nordstern Allg. Versich. AG u. Nordstern Lebensversich. - Gereonstr. 43-65, 5000 Köln 1 - Geb. 4. Sept. 1937 - 2. jurist. Staatsex. 1968 - Präs. Dt. Transportversich.-Verb., Präsid.-Mitgl. Gesamtverb. Dt. Versich.-Wirtsch.

KLEYE, Werner Alexander

Prof., Bibliotheksdirektor a.D. - Rotenfelser Weg 5, 1000 Berlin 46 (T. 030 - 774 29 37) - Geb. 27. Nov. 1925 Berlin, verw. - 1952 Dipl.-Bibl.; 1967-73 Leit. Stadtbüch. Berlin-Tiergarten; 1967-75 ehrenamtl. Finanzrichter; 1973-77 Leit. Staatl. Prüfungsamt f. Bibl. Berlin; 1974-80 Mitgl. u. zeitw. Vors. d. Informationsbeir. d. Senats v. Berlin, 1973 Gründer d. Literarischen Werkstatt Moabit, ab 1977 Prof. FU Berlin - Üb. 1000 Buchbespr. in Tagesspiegel, FAZ, Buchanzeiger u.a. Zahlr. Beiträge in Fachztschr. u. Büchern, z.B. Lex. d. Kinder- u. Jugendlit.

KLICHE, Heinz

Vorstandsmitglied WOLKO Schuhfabrik AG. - Hermann-Wolf-Str. 9, 7100 Heilbronn/N.-Sontheim.

KLICK, Roland

Filmregisseur, Produzent u. Drehbuchautor - Helmstedter Str. 5, 1000 Berlin 31 (T. 030 - 213 20 53) - Geb. 4. Juli 1939 Hof (Vater: Karl K., Arzt), ev., verw., S. Alexander - Gymn. (Abit.); Stud. Theaterwiss., Kunstgesch., Phil. u. German. - Div. Fenseh-Arbeiten; Kino-, Kurz- u. -Spielfilme als Drehbuchautor, Regiss. u. Produz., u. a. Kinofilme: Weihnacht, Ludwig, Bübchen, Deadlock, Supermarkt, Lieb Vaterland magst ruhig sein, Derby Fever (USA), White Star (m. Dennis Hopper, Terrance Robbay, Luke Askew), abgedreht 1982, Fertigstellung Ende 1982; Schluckauf, 1987; FS: Jimmy Orpheus, Derby Fever - Div. Festivalpreise, u. a. Golddukaten (Mannheim), Film Society Award, Silb. Drachen (Krakau), Colonel on the Staff of the Governor of Kentucky (USA), Prix du Bureau d'Information du Court Métrage (Tours), Bundesfilmpreise in Gold - Liebh.: Musik, Reisen, Kino - Spr.: Engl., Franz., Ital. - Lit.: Film-Lexikon.

KLIE, Hermann

Spediteur, Geschäfsführer Amyotrophische Lateral Sklerose Ges. e.V. (A.L.S.) Bundesrep. Dtschl. u. Westberlin - Steinweg 18, 8670 Hof/S. - Geb. 27. Mai 1915 Karlsbad (Vater: Rudolf K., Spediteur; Mutter: Christiane, geb. Osburg), ev., verw., 4 Kd. (Hermann, Hans-Gerhard, Hella, Reinhard) - S. 1980 Geschäftsf. A.L.S - Spr.: Engl.

KLIE, Werner

Dr. jur., Apotheker (Rathaus-Apotheke Dr. Johannes Klie, Hamburg 1), Präs. Apothekerkammer Hamburg (s. 1951), Vorstandsmitgl. Berufsgenoss. f. Gesundheitsdienst u. Wohlfahrtspflege (s. 1953), Mitgl. Conseil Fédération Intern. Pharmaceutique (s. 1956) u. Bundesgesundheitsrat (s. 1958), Lehrbeauftr. f. Apothekengesetzgeb., Arzneimittelrecht u. Geschichte d. Pharmazie Univ. Hamburg (s. 1956) - Sanderskoppel 37, 2000 Hamburg 65 (T. 5362281; Apotheke: 362201) - Geb. 28. April 1908 Hamburg (Vater: Dr. phil. Johannes K., Apoth.; Mutter: Anna, geb. Persoon), ev., verh. s. 1938 m. Irmgard, geb. Richers, 4 Kd. (Hans-Werner, Ursula, Barbara, Thomas) - Realgymn. d. Johanneums Hamburg; Stud. Rechtswiss. München, Berlin, Hamburg, Jena, Pharmaz. Kiel u. Berlin. Promot. 1931; Pharmaz. Staatsex. 1935 - 1936 Übern. väterl. Apotheke (m. Bruder Dr. phil Hans-Emil); im Krieg Stabsapoth. 1956-64 Präs. Bundesapoth.kammer; 1961-62 Präs. Groupement Pharmac. de la Communauté Européenne (Brüssel); 1968 Korrespond. Mitgl. Schweiz. Apothekerverein; 1973 Gr. Verdienstkr. d. Verdienstord. d. BRD; 1973 Hans Meyer-Medaille - 1964 BVK I. Kl. - Liebh.: Kunstsamml. - Spr.: Engl. - Rotarier.

KLIE-RIEDEL, Kriemhild

Lyrikerin, fr. Publizistin, Rundfunkspr. - Steinbachweg 3, 3510 Hann. Münden (T. 05541 - 3 40 01) - Geb. 12. Juli 1914 Hann. Münden, verw., 2 Kd. (Hagen, Kriemhild) - Schriftleit. - Mitbegründ. u. Vorst.-Mitgl. Freie Humanisten Hann. Münden - Veröff.: zeitkrit. Ged.bde., zul. Oben ohne - Ansichten e. ungeschminkten Frau - 1984 Gold. Bundesehrenz. am blauen Bd.

KLIEBHAN, Harald

Dr.-Ing., Dipl.-Berging., Hauptgeschäftsf. Wirtschaftsvereinig. Bergbau - Zitelmannstr. 9-11, 5300 Bonn; priv.: Eichendorffweg 19, 5308 Rheinbach - Geb. 21. Aug. 1927.

KLIEFOTH, Friedrich

Sparkassendirektor, Vorstandsvors. Sparkasse zu Lübeck - Kapitelsdorfer Kirchweg 3, 2400 Lübeck - Geb. 24. Nov. 1919.

KLIEGEL, Maria

Cellistin, Prof. f. Cello Staatl. Hochsch. f. Musik Rheinland-Köln - Dagobertstr. 38, 5000 Köln 1 - Geb. 14. Nov. 1952 - 1981 1. Preis Concours Rostropovitch Paris.

KLIEGEL, Wolfgang

Dr. rer. nat., Univ.-Prof. (Lehrgeb. Pharmazeut. Chemie) TU Braunschweig (s. 1971) - Beethovenstr. 55, 3300 Braunschweig - Geb. 15. Mai 1938 Striegau/Schles. - Promot. 1966 Münster; Habil. 1970 Braunschweig - BV: Bor in Biologie, Med. u. Pharmazie, 1980. Zahlr. Facharb.

KLIEM, Detlef

Dipl.-Ing., Geschäftsführer Normenaussch. Transportkette u. Verpack. - Burggrafenstr. 4-10, 1000 Berlin 30; priv.: 27, Biedenkopfer Str. 2 - Geb. 6. Mai 1944 Osterode/Harz (Vater: Hermann K., Verwaltungsangest.; Mutter: Gerda, geb. Wiese), ev., verh. s. 1967 m. Bärbel, geb. Schulze, 2 S. (Torsten, Christian) - Humboldt-Gymn. u. TU Berlin (Biotechnol.) - S. 1970 DIN/Dt. Inst. f. Normung, Berlin - Liebh.: Orgelmusik, Angeln, Wandern - Spr.: Engl.

KLIEM, Kurt

Dr. phil., Prof. a. D., Landrat Landkr. Marburg-Biedenkopf (s. 1985) - Im Lichtenholz 60, 3550 Marburg; priv. Feldbergstr. 15, 3550 Cappel - Zul. Prof. f. Politikwiss. Univ. Gießen.

KLIEMANN, Carl-Heinz

Prof., Maler u. Graphiker - Tassilostr. 17, 8032 Gräfelfing (T. 089 - 85 24 06) u. Rüsternallee 37, 1000 Berlin 19 - Geb. 8. Juni 1924 Berlin, ev., verh. s. 1946 m. Helga, geb. Radler, 1 Sohn - Gymn. (Abit.); Hochsch. f. bild. Künste Berlin. S. 1950 freischaffend; 1950-51 Doz. Meistersch. f. d. Kunsthandwerk Berlin; s. 1966 o. Prof. TH bzw. Univ. Karlsruhe (Lehrstuhl f. Malerei u. Graphik). Holzschnitte, Wand-, Tafelbilder, Aquarelle, Pastelle - 1950 Kunstpreis Stadt Berlin; 1953 Stipendium Kulturkr. im BDI, 1955 Preis Modernes Museum

Ljubljana, 1958 Villa-Romana-Preis, 1970 v.-Faber-Castell-Preis; 1965 Ehrenmitgl. Akad. f. Zeichenkunst Florenz; 1982 BVK - Lit.: Hans Platte, Farb. Graphik unserer Zeit (Belser-Verlag, Stuttgart); Wolf Stubbe, Graphik d. 20. Jh. (Rembrandt-Vg., Berlin); Eberhard Roters, D. Grafik von C.-H. K. (Cantz, Stuttgart); Gunther Thiem, D. dt. Holzschnitt im 20. Jh. (Cantz, Stuttgart 1984).

KLIEMANN, Peter

Dr. phil., Journalist, Programmdirektor - Bertramstr. 8, 6000 Frankfurt 1 (T. 069 - 155 22 78) - Geb. 15. Juli 1930 Berlin (Vater: August K., Industriekfm.; Mutter: Johanna, geb. Pfitzner), ev., verh. s. 1964 m. Annelore, geb. Braun, T. Christiane - Obersch. Berlin (Abit. 1948); 1948-49 Redaktionsvolont.; 1949-58 Stud. German. u. Angl. ebd. (FU). Promot. 1958 - 1958-61 Feuill.redakt. D. Tagesspiegel Berlin, Lektor TU u. FU ebd., s. 1962 Lit.redakt., Leit. Abt. Lit. (1967) u. Dir. Kult.Progr. Dtschl.funk Köln (1974-87), s. 1987 Hörfunkdir. Hess. Rundfunk Frankfurt/M. - BV: Lit. im Rundfunk, 1967; D. Sortimentsbuchhandel d. Zukunft, 1968 - 1973 Friedrich-Perthes-Preis Börsenverein d. Dt. Buchhandels - Spr.: Engl., Franz.

KLIEMT, Walter

Dr. rer. pol., Dipl.-Kfm., Oberstadtdirektor a. D., Vorstandsmitgl. i. R. Vereinigte Elektrizitätswerke Westfalen AG. (VEW), Dortmund (1967-82) - Josef-Cremer-Str. 19, 4600 Dortmund (T. 412495; dstl.: 4384206) - Geb. 21. Jan. 1920 Mönchengladbach, verh. s. 1949 m. Anneliese, geb. Bresges, Sohn Dr. Hartmut - Stud. Wirtschafts- u. Sozialwiss. Dipl.-Kfm. 1947; Promot. 1948 - 1948-51 Ref. Arbeitsmin. NRW, Düsseldorf, 1952-54 Beigeordn., 1955-67 Oberstadtdir. Dortmund. AR-Mandate. 1962-70 MdL NRW (zeitw. stv. Fraktionsvors.). SPD s. 1945 - 1969 Gr. BVK.

KLIESING, Georg

Dr. phil., Oberstudienrat a. D. - Am Feuerschlößchen 12, 5340 Bad Honnef (T. 23 97) - Geb. 10. Febr. 1911 Honnef (Vater: Wilhelm K., Lehrer; Mutter: Elisabeth, geb. Esch), kath., verh. s. 1949 m. Irmgard, geb. Düsing, 2 Kd. - Gymn. Honnef; Univ. Bonn (Phil., Rechts- u. Staatswiss., Gesch., German.; Promot. 1932) - 1936-39 Studienass., 1939-49 Wehrdst. (Offz.) u. sowjet. Gefangensch., 1950-53 Studienrat Herzogenrath u. Bad Godesberg, MdK Siegkr., Mitgl. Landesvorst. Rhld. Jg. Union, s. 1953-76 MdB, 1958 Mitgl. Berat. Vers. d. Europarates u. Vers. d. Westeurop. Union (1959 Vizepräs.). CDU (1964 Vors. neugegr. Bundesaussch. f. Verteidigungspolitik). 1930-33 Mitgl. Windthorstbd. - 1965 Gr. BVK m. Stern, Ehrenmitgl. Interparlament. Union u. d. Dt. Atlantischen Ges.

KLIESS (ß), Werner

Produzent, Gesellsch. d. Monaco Film GmbH, München (s. 1985), Geschäftsf. d. Odeon Film GmbH, Wiesbaden (s. 1989) - Zu erreichen üb. Odeon Fim GmbH, Unter den Eichen, 6200 Wiesbaden (T. 06121 - 52 50 76) - Geb. 24. Dez. 1939 Stosnau/Ostpr., verh. s. 1961 m. Christa, geb. Möller, 2 Kd. (Franciska, Sebastian) - Univ. Hamburg (German., Theaterwiss.) - B. 1969 Filmkritiker (Ztschr. film); b. 1979 Dramaturg, Produzent (Bavaria); b. 1985 Redaktionsleit. (ZDF) - BV: Sturm u. Drang, 1966; Genet, 1967; D. babylonische Turm, Hörsp. 1972; D. Mann v. Manassas, Schausp. 1975; Treffpunkt Friedhof, Fernsehdrehb. 1975; Wie schreibt man e. Fernsehkrimi?, Sachb. 1987.

KLIETMANN, Kurt-Gerhard

Dr. phil., Historiker, Sekr. Intern. Ges. f. Wiss. Ordenskunde (s. 1951), Dir. Inst. f. Wiss. Ordenskd. (s. 1964), Vors. Ges. f. Histor. Waffen- u. Kostümkd. (s. 1966), alles Berlin - Leibnizstr. 48, 1000 Berlin 12 (T. 312 55 80) - Geb. 12. Dez. 1910 Jüterbog Kr. Teltow (Vater: Erich K., Ing. u. Offz.; Mutter: Elsa, geb. Reuter), ev., verh. s. 1946 m. Anneliese, geb. Paetzold, T. Beate - Gymn. Erfurt u. Berlin; Univ. Berlin - Wiss. Assist. Pergamon-Museum (1936), Zeughaus (1937) u. Märk. Museum (1938), alle Berlin - BV: Carl v. Clausewitz - E. Brevier, 1943; D. Degen adelt, 1943; F. Tapferkeit u. Verdienst, 1955; Ordens-Lexikon, 3 Bde. 1957/59/64; D. Dt. Wehrmacht - Uniform u. Ausrüstung, 3 Bde. 1960/63/67, Dt. Auszeichnungen, Bd. 1 4. A. 1973, Bd. 2 1971, Bd. 3 1972; D. Waffen-SS - E. Dokumentation, 1965; Pour le Mérite u. Tapferkeitsmed., 1966; Auszeichnungen d. Dt. Reiches 1936-45, 4. A. 1986. Üb. 1000 Einzelarb. - 1964 Silb. Plak. (Premio Castaneda) Inst. Intern. de Genealogia y Heraldica, Madrid u. weitere intern. Auszeichn. Ehrenmitgl. Ordens and Medals Soc. of America; Fellow Company of Military Historians (USA); VO d. Bundesrep. Dtschl. - Spr.: Franz., Engl., Ital., Span. - Schöpfer d. Begriffs ‚Ordenskunde' als e. neuen kulturhistor. Hilfswiss.

KLIETMANN, Wolfgang

Dr. med., Privatdozent, Arzt f. Labormed., Mikrobiol. u. Infektionsepidemilogie, Dir. Institut f. Labormedizin, zugl. Med. Untersuchungsstelle d. Kreise Wesel u. Kleve in Moers - Schürmannsgraben 30, 4130 Moers 1 (T. 02841 - 1 06 16) - Geb. 21. August 1936 Geisa/Rhön (Vater: Fritz K., Studienrat; Mutter: Helene, geb. Leibelt), ev., T. Bettina - Gymn. (Abit.); Med.stud. Univ. Münster, Paris (Dipl. d'Etudes de Civilisation Franc., Sorbonne 1962), Freiburg; Staatsex. 1965, Promot. 1967, bde. Freiburg; Ex. of the Council for Foreign Medical Grad., Evanston/Ill. 1966; Habil. 1973 Aachen (Med. Mikrobiol. u. Virologie) - S. 1965 Univ.tätigk. Freiburg u. 1970-72 Assoc. Scientist The Wistar Inst., Philadelphia/Penns. (USA), 1973 Rhein.-Westf. TH Aachen (Habil.), s. 1974 Priv.-Doz. Univ. Tübingen, 1974-78 Friedr.-Miescher-Laboratorium, Max-Planck-Inst. f. Virusforsch. Tübingen, 1978 Dir. Inst. f. Labormed. Moers - Fachveröff. üb. Krebsforsch. u. Infektionskrankh. Herausg. Aktuelle Tumormarker (1985); Labormanual (1986); AIDS - E. Synopsis (1987) - Liebh.: Golf - Spr.: Engl., Franz.

KLIEWER, Heinz-Jürgen

Dr. phil., Prof. f. Deutsch einschl. d. Didaktik Erziehungswiss. Hochsch. Rheinl.-Pfalz/Abt. Landau - Raiffeisenstr. 23, 6740 Landau-Mörzheim.

KLIEWER, Werner

Generalsekretär Dt. Gehörlosen-Sportverb. (s. 1971) - Adolfstr. 3, 4300 Essen - Geb. 29. März 1938 Danzig, ev., verh. s. 1965 m. Rosemarie, geb. Altes - Ausb. z. Schriftsetzer - S. 1974 2. Verbandsvors. Gehörlosensportverb. Nordrh.-Westf.; 1974-86 Generalsekr. Intern. Gehörlosen-Weltschachverb.; s. 1987 Generalsekr. European DEAF Sport Org. - Liebh.: Bücher, Reisen.

KLIMA, Milan

Dr. rer. nat., Prof. f. Anatomie Univ. Frankfurt/M. (s. 1971) - Schönbornring 28, 6078 Neu-Isenburg 2 - Geb. 23. Jan. 1932 Prag - Promot. 1956 Prag; Habil. 1971 Frankfurt/M. - BV: Anat. d. Menschen, 1975. Üb. 50 Einzelarb.

KLIMEK, Hans-Joachim

Präsident Oberpostdirektion Dortmund - Postfach 1200, 4600 Dortmund (T. 199 - 5101).

KLIMEK, Theodor

Dr. phil., Prof. f. Engl. Sprache u. ihre Didaktik Hochschule Lüneburg (vorh. PH Nieders./Abt. Lüneburg) - Fasanenweg 4, 2121 Vögelsen.

KLIMKE, Helmut

Assessor, Geschäftsf. Arbeitsstelle f. Jugendseelsorge d. Dt. Bischofskonfz. - Carl-Mosterts-Pl. 1, 4000 Düsseldorf 30.

KLIMKE, Jürgen

Geschäftsführer u. Mitinh. e. PR-Agentur, MdHB (s. 1982)- Ziegeleiweg 1a, 2000 Hamburg 63 - Geb. 2. Juli 1948 Hamburg, ev., verh., 4 Kd. (Sarah-Susanne, Benjamin, Jonathan, Johanna) - Stud. Rechtswiss. Parlam. Geschäftsf. CDU-Frakt.

KLIMKE, Wolfgang

Studiendirektor i. R., Lyriker - Tulpenweg 6, 4190 Kleve -Geb. 7. Sept. 1919 Oberschles., verh. - Stud. Wien, Halle, Köln - Höh. Schuldst.; Herausg. dt. u. engl. Schullektüre (Th. Wolfe, St. Crane, E. Jünger, Franz Kafka u. a.) - BV/Lyrik: Unter kosmischen Feuern Daseinslicht, 1981; M. Augen d. Lebens, 1982; Gewaltige Nähe, 1984; Stunde d. Windrose, 1986; Unschuld, gnade dir Gott, 1989.

KLIMKEIT, Hans-Joachim

Dr. phil., o. Prof. f. Vergl. Religionswissensch. - Nelkenweg 23, 5308 Rheinbach - Geb. 22. Juli 1939 Ranchi (Ind.) - Promot. 1964 Bonn - S. 1968 (Habil.) Lehrtätigk. Univ. Bonn (1972 Ord. u. Seminardir.) - BV: D. Wunderverständnis Ludwig Feuerbachs in religionsphänomenol. Sicht, 1965; Antireligiöse Bewegungen im mod. Südindien, 1971; D. polit. Hinduismus, 1981; Manichaean Art and Calligraphy, 1982; D. Begegnung v. Christentum, Gnosis u. Buddhismus an d. Seidenstraße, 1986; D. Seidenstraße, 1988; Hymnen u. Gebete d. Religion d. Lichts, 1989.

KLIMM, Anton

Dipl.-Brauing., Brauereidirektor i. R., stv. AR Hasen-Brauerei, Augsburg - Petzetstr. 5, 8000 München 60 - Geb. 25. Nov. 1917, kath. - TH München (Fak. f. Brauwesen Weihenstephan) - U. a. Vorstandsmitgl. Brauerei Wulle AG., Stuttgart, u. AG. Hackerbräu, München (b. Fusion Vorstandsvors.), Ehrenmitgl. Brau- u. Malzmeisterbund.

KLIMMER, Otto-Rudolf

Dr. med., Prof., Pharmakologe u. Toxikologe - 8771 Neustadt/Main - Geb. 6. März 1911 Ludwigshafen/Rh. - S. 1941 (Habil.) Lehrtätigk. Univ. Würzburg u. Bonn (1955 apl. Prof.; 1964 Wiss. Rat) - BV: Abriß d. Toxikologie u. Therapie f. Ärzte b. Vergiftungen durch Pflanzenschutz- u. Schädlingsbekämpfungsmittel, 2. A. 1971; Vergiftungen im Kindesalter, 2. A. 1966. Zahlr. Einzelarb.

KLIMMT, Reinhard

Historiker, MdL Saarland (s. 1975) - Am Zoo 1, 6600 Saarbrücken 3 - Geb. 16. Aug. 1942 - SPD - Vors. SPD-Landtagsfraktion u. SPD-Unterbez. Saarbrücken.

KLIMT, Ferdinand

Dr. med. habil., o. Prof. f. Sportmedizin u. Pädiatrie, Lehrstuhl f. Sportmed. Philipps-Univ. Marburg - Am Heier 17, 3556 Weimar-Roth (Marburg) (T. 06426 - 77 88) - Geb. 25. Juni 1927 Auscha, verh. s. 1960 m. Waltraud, geb. Berndt, 3 Töcht. (Beatrix-Michaela, Constanze, Caroline) - Approb. u. Promot. 1954 Rostock, Habil. 1967 Berlin - 1954 Kreiskrkh. u. Poliklinik Neustrelitz: Assist.-Arzt, Kreissportarzt u. -venerologe; 1956 Sportarzt Berlin, 1957 Univ.-Kinderklinik Jena: Assist.-Arzt, Leit. Röntgenabt.; s. 1960 Arzt f. Kinderheilkd. Berlin (Städt. Klinikum Berlin-Buch, I. Kinderklinik, später Chefarzt klin. Bereich d. Inst. f. Infektionskrankh. im Kindesalter, Leit. Forschungsabt., Leistungsmed., Stadtbezirkssportarzt); 1973 Univ. Gießen: Sportmed.; 1974 Inst. f. Arbeitsmed. Univ. Dortmund: Leit. Abt. Ergometrie; 1975 Univ. Hamburg, Inst. f. Leibesübungen: Leit. Sportmed., Gf. Dir.; 1978 Univ. Marburg: Leit. Sportmed. Bereich. Forsch.-schwerp.: Körperl. sow. sportl. Belastbarkeit u. Leistungsfähigkeit im Kindes- u. Jugendalter, Schulsport u. -freistellungen, Leistungsschwächen u. Sport - 1966 Rudolf-Virchow-Preis.

KLINDWORTH, Dieter

Dipl.-Kfm., gf. Gesellschafter Procedo, Ges. f. Exportfactoring Wiesbaden - Rehweg 13, 6200 Wiesbaden-Heßloch (T. 06121 - 54 13 72) - Geb. 31. Juli 1934 Berlin (Vater: Willi K., Beamter; Mutter: Maria, geb. Rink), kath., verh. s. 1967 m. Johanna, geb. Schmid, S. Thorsten - Stud. Wirtschaftswiss. - Gf. Gesellsch., Mitgl. Wirtschaftsrat; Fachveröff.

KLING, Albert

I. Bürgermeister Stadt Friedberg (s. 1978) - Rathaus, 8904 Friedberg/Schw. - Geb. 27. Febr. 1938 Augsburg - Zul. Amtsrat. CSU.

KLING, Bernhard

Dipl.-Ing., Prof. f. Fördertechnik u. Stahlbau GH Duisburg - Hasenstr. 69, 4220 Dinslaken.

KLING, Hansgeorg

Gymnasiallehrer, Pressewart Dt. Turner-Bund - Goldsternweg 16, 3500 Kassel - Geb. 19. Mai 1936 Kassel, ev., verh. m. Siglinde, geb. Becker, 2 T. (Silke, Wiebke) - 1956-62 Stud. Univ. Marburg, Wien (German., Geogr., Politik) - 1977-85 Vors. Akad. Turnbd.; 1978-82 Bundeskulturwart Dt. Turner-Bd. - BV: Walter-Kolb-Plak. d. DTB - Liebh.: Wagner-Opern, Bergsteigen, Skilanglauf - Spr.: Engl., Franz.

KLING, Karl

Dipl.-Ing., Mitglied d. Bayer. Landtags - Burgauer Str. 34, 8908 Krumbach (T. 08282 - 94-0) - Geb. 18. Dez. 1928 Krumbach (Vater: Karl K., Baumeister; Mutter: Luise, geb. Böck), kath., verh. s. 1961 m. Christl, geb. Munding, 3 Kd. (Toni, Susi, Margret) - TU München (Dipl. 1954) - S. 1954 Freiberufl. Tätigk. (Ing.-Ges. f. Bauwesen im In- u. Ausl. tätig). MdL Bayern; Präs. Allgäu-Schwäb. Musikbd.; MdK Günzburg; Stadtrat Krumbach. Pat. üb. Rammkernschappe f. geol. Aufschlußbohr. - Aufs. u. Vortr. - Zahlr. Ingenieurbauwerke im In- u. Ausl. (Saudi-Arabien, Libyen, Irak, Sudan, Venezuela) - BVK - Liebh.: Musik, Politik - Spr.: Engl.

KLING, Robert
Fabrikant, gf. Gesellsch. Robert Kling Wetzlar GmbH., Oberbiel, u. Robert Kling Wetzlar Handelsges. mbH., Wetzlar - Bieler Str. 7, 6331 Oberbiel (T. Wetzlar 44753) - Geb. 23. Okt. 1911 - Ing. - Spr.: Engl. - Rotarier.

KLINGBEIL, Eberhard
Dr.-Ing., Prof. f. Mathematik TH Darmstadt - Friedrichstr. 26, 6070 Langen/Hessen.

KLINGBEIL, Hans
s. Seeliger, Rolf

KLINGE, Heiko
Verlagskaufmann, stv. Vors. Arbeitsgem. Kath. Presse - Propsteihof 39, 3200 Hildesheim - Geb. 25. Juli 1942 Hildesheim (Vater: Paul K., Kaufm.; Mutter: Margarete, geb. Flägel), kath., verh. s. 1968 m. Heidi, geb. Jaite, 2 Kd. (Ingo, Inken) - S. 1968 gf. Gesell. Bernward Verlag GmbH, Hildesheim, Geschäftsf. Calig-Verlag GmbH, München.

KLINGE, Martin
Dipl.-Ing., Direktor - Grünewaldstr. 9, 4040 Neuss/Rh. - Geb. 21. März 1909 Breslau - U. a. Vorstandsmitgl. BAUBOAG AG. bzw. Julius Berger-Bauboag AG. (gegenw. -vors.) u. Grün & Bilfinger AG. (1971 ff. Vorstandsmitgl.).

KLINGE, Oskar
Dr. med., Prof., Chefarzt/Leit. Patholog. Inst. (1975 ff.) - Stadtkrankenhaus, 3500 Kassel - Geb. 15. Juni 1933 Hannover - Promot. 1957 - S. 1967 (Habil.) Lehrtätigk. Univ. Würzburg (1973 apl. Prof. f. Allg. Pathol. u. Pathol. Anat.). Üb. 70 Facharb.

KLINGE, Volker
Dipl.-Math., Prof. f. Angew. Mathematik GH Siegen - Am Nordstern 37, 5900 Siegen.

KLINGEL, Hans
Dr. rer. nat., Prof. f. Zoologie - Hackelkamp 5, 3300 Braunschweig - Geb. 29. März 1932 Ludwigshafen/Rh. - Promot. 1958 - 3 J. Wiss.ler Serengeti-Proj. (Tansania); s. 1967 (Habil.) Lehrtätigk. TU Braunschweig. Facharb. u. Filme (Arthropoden, Equiden, Flußpferd, Dromedar). Freilandforsch. in Afrika, Asien u. Australien - Spr.: Engl., Franz., Suaheli, Kizungu.

KLINGELE, Werner F.
Dr. rer. pol., Generalkonsul a. D., Fabrikant, geschäftsf. Gesellsch. Klingele Papierwerke GmbH & Co., Wellkistenwerke Remshalden b. Stuttgart/ Delmenhorst/Hilpoltstein b. Nürnbg./ Werne, Papierfabrik Weener/Ostfr., Ehrenpräs. Hauptverb. der Papier u. Pappe verarb. Ind., Frankfurt/M. (s. 1968; 1948-68 Präs.), Ehrenvors. Verb. d. Wellpappenind., Darmstadt (s. 1964; vorher Vors.), Vorst.-Mitgl. Landesverb. d. Baden-Württ. Ind., Stuttgart (s. 1983; 1962-72 Vors.; 1972-83 stv. Vors.), Vizepräs. Fédération Européenne des Fabricants de Carton Ondulé, Paris (1952-61 u. 1964-72; 1961-64 Präs.), Vorst.-Mitgl. ICCA (1963-64 Präs.) - Gustav-Siegle-Str. 50, 7000 Stuttgart (T. 63 83 03) - Geb. 5. Okt. 1915 Heidelberg (Vater: Alfred K., Fabrikant; Mutter: Elisabeth, geb. Holfelder), kath., verh. s. 1960 m. Dr. Brigitte, geb. Ogrinz, 2 Kd. (Jan Haiko, Fiona) - Gymn. Heidelberg; Univ. Basel, Genf, Heidelberg (Promot. 1938) - Kgl. Schwed. Generalkonsul f. BW; 1968 BVK I. Kl., 1975 Gr. BVK; 1979 Kommandeurkreuz Kungl. Nordstjärneorden; 1981 Verdienstmed. Land Baden-Württ. - Liebh.: Golf, Tennis, Wasser-Motorsport, Helicopterpilot - Spr.: Franz., Engl., Span. - Rotarier.

KLINGELHÖFER, Rolf
Dr., Dipl.-Phys., Prof. Univ. Karlsruhe (s. 1971) - Eisbergweg 24, 7504 Weingarten (T. 07244 - 8011) - Geb. 3. Aug. 1926 Kassel (Vater: Paul K., Kaufm.; Mutter: Helma, geb. Strack), Ehefrau: Barbara (verh. s. 1958), 3 Kd. (Ritva, Jörg, Kai) - Stud. d. Phys. Univ. Marburg - 1957-59 wiss. Assist. Univ. Marburg; 1959 b. 65 wiss. Mitarb. GfK Karlsruhe, s. 1965 Lehrtätigk. Univ. Karlsruhe. Patente - Spr.: Engl.

KLINGEMANN, Hans-Dieter
Dr. rer. pol., Prof. f. Polit. Wissenschaft FU Berlin (s. 1980; 1983ff. stv. Vors. Zentralinst. f. sozialwiss. Forsch.) - Hohenzollerndamm 90, 1000 Berlin 33 (T. 030 - 825 89 46) - Geb. 3. Febr. 1937 Einbeck/Hann. (Vater: Heinz K., Großhandelskfm.; Mutter: Irmgard, geb. Giebel), ev., verh. s. 1964 m. Ute, geb. Thomas, T. Julia - Univ. Köln (Wirtschafts- u. Sozialwiss.; 1961 Dipl.-Kfm.). Promot. 1966; Habil. 1978 (Soziol.) - 1974-80 stv. Dir. Zentrum f. Umfragen, Methoden u. Analysen Mannheim; 1978ff. Privatdoz. Univ. Mannheim; 1981ff. Vorst. Arbeitsgem. sozialwiss. Inst. u. a. 1982/83 Vizepräs. Intern. Soc. of Political Psych.; 1985 Vors. d. Ständ. Kommiss. f. Forsch. u. wiss. Nachwuchs FU Berlin; 1986/87 Präs. Intern. Soc. of Political Psych. - BV: Bestimmungsgründe d. Wahlentscheid., 1969; Polit. Radikalismus, 1972 (m. F. U. Pappi). Herausg.: Computerunterstützte Inhaltsanalyse in d. empir. Sozialforsch. (1984); Mithrsg.: Polit. Psych. (1981), Wahlen u. poli. System (1983) - Liebh.: Klass. Musik - Spr.: Engl., Franz.

KLINGEMANN, Horst
Dr. med., Chefarzt Medizin. Klinik II/ Krankenhs. Siloah, Hannover, Honorarprof. f. Inn. Med. Med. Hochsch. ebd. - Menschingstr. 16, 3000 Hannover.

KLINGEN, Helmut
Dr. rer. nat., o. Prof. f. Mathematik - Zu erreichen üb. Math. Inst. Univ. Freiburg, Albertstr. 23b, 7800 Freiburg; priv.: Reinhard-Booz-Str. 22, 7802 Merzhausen (T. Freiburg 40 25 40) - Geb. 16. Dez. 1927 Viersen/Rhld. (Vater: Michael K., Stud.rat; Mutter: Emma, geb. Hertzer), kath., verh. s. 1962 m. Anita, geb. Steinert, 2 Söhne (Christoph, Philipp) - Univ. Göttingen (Math., Physik). Promot. u. Habil. Göttingen - S. 1957 Lehrtätigk. Univ. Göttingen, Marburg (1960), Heidelberg (1961), Freiburg (1962 ao., 1963 o. Prof.). Gastprof. Univ. of California, Berkeley (1958/59), Inst. for Advanced Study, Princeton (1965/66) u. Tata Inst. of Fundamental Research, Bombay/Ind. (1968). Zahlr. Fachaufs. - Spr.: Engl., Franz.

KLINGENBECK, Fritz
Prof., Theaterdirektor, Lehrer f. Tanz. u. Tanzschrift, Schriftst. - Singerstr. 11c, A-1010 Wien (T. 5 22 05 73) - Geb. 22. April 1904 Brünn/Mähren, kath., verh. s. 1957 m. Lieselotte, geb. Mracek - Choreograph. Inst. Rudolf v. Laban (bedeutender Tanzreformator), Berlin; Max-Reinhardt-Sem., Wien - 1927-29 Mitarb. R. v. Labans (1928 Erf. Grundprinzip d. Tanzschrift), 1929-38 Ballettm. Wien, Pressemitarb. Berlin, Breslau, Wien, 1939-40 Opernregiss. Wiener Volksoper, 1940-44 Int. Gaubühne Niederdonau, Baden (b. 1942), u. Städt. Bühnen Brünn, 1948-55 (Gründer) Leit. Theater f. Vorarlberg, Bregenz, 1955-57 Dir. Stadttheater u. Kammersp. Klagenfurt, 1957-62 Int. Landestheater Salzburg, 1962-65 Dir. Theater an d. Wien, Wien, s. 1970 in d. Direktion Theater in d. Josefstadt, ebd., 1950-52 Leit. Bregenzer Festsp. - BV: D. Tänzerin Rosalia Chladek, 1936; Unsterbl. Walzer, 1939; Laßt Blumen sprechen, 1940; Im neuen Glanz d. Theater an d. Wien, 1963; D. Zauberflöte, 1965; Stille Nacht - Heilige Nacht, 1968. Fernsehdrehb.: G'schichten aus dem Theater an d. Wien (3 Folgen), Stille Nacht - Hl. Nacht, Max Reinhardts Theater in d. Josefstadt, B. u. LP 1972. 1961 Prof.-Titel; 1960 Max-Reinhardt-Med., 1961 Prämie f. Theaterdir., 1973 Gold. Ehrenzeichen f. Verdienste um d. Land Wien, 1974 Gr. Ehrenz. f. V. um d. Rep. Österr., 1974 Ehrenring d. Schauspieler d. Theaters in d. Josefstadt, Ehrenkreuz f. Kunst u. Wiss. I. Kl. - Sammelt Uhren, Bilder u. Gläser.

KLINGENBERG, Gerhard
Theaterdirektor, Regisseur Burgtheater Wien, Schauspielhaus Zürich u. Schillertheater Berlin - Wohnhaft in Zürich/ Schweiz - Geb. 11. Mai 1929 (Eltern: Hans (Privatbeamter) u. Marie K.), kath., verh. m. Hedi, geb. Marek, S. Reinhard - Städt. Konservat. Wien (Schauspiel- u. Regiekl.) - S. 1948 Bühnen St. Pölten, Klagenfurt, Innsbruck, Berliner Ensemble (1956), 1962-68 Städt. Bühnen Köln u. Frankfurt/M., Schauspielhaus Düsseldorf, Hamburg u. Zürich, Münchner Kammerspiele; dann Regiss. u. Dir. Burgtheater Wien (1971-76 Dir.), 1977-82 Dir. Schauspielhaus Zürich, ab 1986 Intendant Renaissance-Theater Berlin. Zahlr. Theater- u. Fernsehinsz., Shakespeare-Übersetzungen (Intern. Kritikerpreis u. Fernsehpreis Dt. Akad. f. Darstell. Kunst) - Liebh.: Reisen u. Jacht Amorata.

KLINGENBERG, Hans-Dieter
Dipl.-Volksw., Geschäftsführer G. L. Rexroth GmbH., Lohr - Bergstr. 14, 8770 Lohr/M. - Geb. 10. Mai 1928.

KLINGENBERG, Heinz
Dr. phil. (habil.), Prof. f. German. Philologie Univ. Freiburg (s. 1973) - Dr.-Baslerstr. 56, 7800 Freiburg/Br. - Geb. 9. Okt. 1934 Nauen - BV: Runenschrift - Schriftdenken - Runeninschr., 1973; Edda - Samml. u. Dicht., 1974.

KLINGENBERG, Martin
Dr. rer. nat., o. Prof. f. Physikalische Biochemie - Allgäuer Str. 106, 8000 München 71 (T. 75 04 39) - Geb. 5. Dez. 1928 Rostock (Vater: Paul Friedrich, Pastor; Mutter: Henny, geb. Duncker), verh. s. 1959 m. Silvaine K., geb. Handrich, 3 Kd. (Elisabeth, Catherine, Anne) - Univ. Heidelberg. Promot. 1954 Physik. Chemie-Wiss. tätig in Biochemie Univ. Philadelphia, Marburg u. München - 250 wiss. Veröff. auf d. Geb. d. Bioenergetik, Biomembranen u. Molekularbiologie von Membran-Protein, intrazelluläre Kompartmentierung u. Stoffwechsel.

KLINGENBERG, Wilhelm
Dr. rer. nat., o. Prof. f. Mathematik - Am Alten Forsthaus 42, 5300 Bonn 1 - Geb. 28. Jan. 1924 Rostock - S. 1954 (Habil.) Lehrtätigk. Univ. Hamburg (Privatdoz.), Göttingen (1957; 1961 apl. Prof.), Mainz (1963 Ord.), Bonn (Ord.). Üb. 90 Fachveröff. 12 Monographien u. Lehrb. - 1979 Mitgl. Akad. Wiss. Lit. Mainz.

KLINGER, Elmar
Dr. theol., Prof., Lehrstuhlinh. f. Fundamentaltheologie u. Vergl. Religionswiss. u. Mitvorst. Inst. f. Systemat. Theol. Univ. Würzburg (s. 1976) - Am Exerzierpl. 5, 8700 Würzburg.

KLINGER, Hanns
Dr. rer. nat., o. Prof. f. Statistik u. Dokumentation Univ. Düsseldorf (s. 1966) - Universitätsstr. 1, 4000 Düsseldorf - Geb. 12. April 1926 Reichenberg, verh. s. 1959 m. Waltraud, geb. Heinisch, 2 Kd. (Ursula, Christoph) - Univ. Göttingen (Dipl.-Math. 1953, Promot. 1958) - B. 1966 Assist. Univ. Göttingen (Inst. f. Math. Statistik).

KLINGER, Heinz
Dr., Vorstandsmitglied Isar-Amperwerke AG. - Brienner Str. 40, 8000 München 2 - S. 1978 Vorst. IA (b. 1981 stv., dann o. Mitgl.).

KLINGER, Kurt
Prof. h.c., Schriftsteller, Dramaturg - Robert Hamerlinggasse 12/3, A-1150 Wien - Geb. 11. Juli 1928 Linz/Österr., led. - Handelsakad.; Stud. German. u. Theaterwiss. - Chefdramaturg in Düsseldorf, Frankfurt, Hannover, Zürich; s. 1978 stv. Leit. Österr. Gesellsch. f. Lit. - BV: u.a. D. vierte Wand, Prosa 1967; Schauplätze (5 Dramen), 1971; Löwenköpfe, Ged. 1977; Auf d. Limes, Ged. 1980; D. Kirschenfest, Ged. 1984; Theater u. Tabus, Ess. 1984; Zeitsprung, Ged. 1987; Erinnerung an Gärten, Prosa 1989. Herausg. d. Monatsschr. Lit. u. Kritik (s. 1978) - 1984 Georg-Trakl-Preis; 1986 Anton-Wildgans-Preis; 1988 Csokor-Pr.; 1988 Ehrenkreuz f. Wiss. u. Kunst d. Rep. Österr.; 1988 Gold. Ehrenmed. Stadt Wien - Liebh.: Archäol., Gesch. - Spr.: Engl., Franz., Ital. - Lit.: u.a. Vogelsang: Österr. Dramatik d. Gegenwart; Gotthard Böhm: Dramatik in Österr. (s. 1945); Kindlers Lit.gesch. d. Gegenwart; Lex. d. Weltlit. (Kräner Verl.).

KLINGHAMMER, Hans-Dietrich
Dr. phil., Dipl.-Psych., ao. Prof. f. Heilpäd. Psychologie Päd. Hochsch. Rheinland/Abt. f. Heilpäd. Köln - Benrather Str. 28, 5000 Köln-Weidenpesch.

KLINGHARDT, Georg
Dr. med., Wiss. Mitarb. MPI f. Hirnforschung, Frankfurt (s. 1958), Honorarprof. f. Neuropathologie Univ. ebd. - Zu erreichen üb. Max-Planck-Inst. f. Hirnforsch., Postf. 71 04 09, Deutschordenstr. 46, 6000 Frankfurt/M. 71 - Promot. 1941 Berlin; Habil. 1969 Frankfurt - Bücher u. Einzelveröff.

KLINGHOLZ, Rudolf
Dipl.-Ing., Baurat a. D., Vorstandsmitgl. Grünzweig & Hartmann u. Glasfaser AG, Ludwigshafen - Panoramastr. 20, 6719 Battenberg/Pfalz - Geb. 13. Mai 1914 Gummersbach.

KLINGLER, Karl
Dr., Dipl.-Volkswirt, Mitgl. d. Vorstandes d. A. Stotz AG, Kornwestheim - Kiefernweg 4, 7148 Remseck 3, Hochberg.

KLINGMÜLLER, Ernst
Dr. phil., Oberlandesgerichtsrat (OLG Koblenz) a.D., em. o. Prof. f. Bürgerl. Recht, Versicherungs- u. Handelsrecht Univ. Köln (s. 1961, emerit. 1982) - Wilhelm-Leibl-Str. Nr. 9, 5000 Köln 50 (T. 35 35 34) - Geb. 29. Sept. 1914 Berlin, ev., verh. s. 1945 - Promot. Berlin; Habil. Berlin (1943) u. Karlsruhe (1951) - 1944-45 Doz. Univ. Berlin; 1951-61 Doz. TH Karlsruhe. Wiss. Mitgl. Inst. f. Versich.-Wiss., Köln; Wiss. Dir. Dt. Orient-Inst., Hamburg; AR-Mitgl. DKV, Köln; Ehrenmitgl. British Insurance Law Assoc. (BILA), London - BV: Gesch. d. Wafd-Partei im Rahmen d. Gesamtpolit. Ägyptens, 1937; Kl. Auslandskd. v. Ägypten, 1944; Arab. Führergestalten, 1944; Gesch. Ägyptens s. 1799, 1958; D. arab. Welt in d. Neuzeit, 1958. Mitarb. Historia Mundi, Handb. d. Orientalistik (Mod. Arab. Orient), Handwörterb. d. Völkerrechts, f. Sozialwiss., d. Versich.-wesens. Mithrsg.: Ztschr. Versich.recht, Reihe Beitr. z. Privat- u. Wirtschaftsrecht FS 1974 - Spr.: Franz., Engl., Arab. - Lit.: FS (m. Bibliogr.), 1974.

KLINGMÜLLER, Gepa

Univ.-Prof. - Niederkasseler Kirchweg 93, 4000 Düsseldorf 11 (T. 0211 -

57 44 42) - Geb. 1. Sept. 1930 Halle a. d. Saale, ledig - Stud. Kunstakad. Düsseldorf; 1. u. 2. Staatsex. - Oberstudienrätin; Akad. Oberrätin; 1982 Univ.-Prof. Member of CIETA; s. 1972 Initiatorin u. Mitbegr. Fachverb. Arbeitskr. Textilunterr. an allg. bild. Schulen; Künstlergr. Textilkunst Düsseldorf; Künstlervereinig. Düsseldorfer Künstlerinnen; BBK - Bund bild. Künstler; Veröff.: Richtlinien f. Gymn. (m. a.), Ztschr. Kunstpäd., Textile Plastik, 1984. Einzelausst. in Museen u. Kunstvereinen, u. a. Düsseldorf (1974), Münster (1974), Verden (1976), Koblenz (1981), Düsseldorf (1982 u. 1986), Bayreuth (1982), Paderborn (1983). Teiln. an zahlr. Gruppenausst., u. a. Düsseldorf (1981-89), Paderborn (1983), Heidelberg (1983), Warschau (1984), Lodz (1984), Bienale Szombathely (1984, 1986), Köln (1984, 1988), Krefeld (1985), Innsbruck (1985), Rheine (1987), Hannover (1987), Augsburg (1987), Singen (1987), Wever-Soest (1987), Bonn (1987/88) - Liebh.: Studienreisen n. Europa, USA, Indien - Bek. Vorf.: Prof. Dr. Jacob Volhard, Chemie (Urgroßv.); Prof. Dr. Dr. h. c. Franz Volhard, Inn. Med. (Großv.) - Lit.: Dr. K. Eitelbach, Gepa Klingmüller, Koblenz Mittelrhein Museum (1981); Franz Heinz, Wenn ich e. Zeichen wäre (1981).

KLINGMÜLLER, Volker

Dr. med., Dr. rer. nat., Prof., Direktor i.R. Klin.-Chem. Inst./Klinikum Mannheim Univ. Heidelberg - Leibnizstr. 21, 6800 Mannheim (T. 44 41 53) - Geb. 5. Jan. 1909 Kiel, verh. m. Henriette, geb. Paquet - Stud. Med. u. Chemie - S. 1951 (Habil.) Univ. Hamburg (1957 apl. Prof.) u. Heidelberg - BV: Biochemie, Physiol. u. Klinik d. Glutaminsäure, 1955; Metabolism. opt.-akt. Verbb. im Körper; Pharmakokinetik; Säure-Basen-Haushalt. Zahlr. Einzelarb. - Verein f. Naturkd., Viola Forsch.ges. - Eltern s. Georg K. (Bruder).

KLINGMÜLLER, Walter

Dr. rer. nat., o. Prof. f. Genetik Univ. Bayreuth - Walchenseestr. 10, 8580 Bayreuth - Geb. 13. Juli 1929 Halle/S. - Promot. 1958; Habil. 1967 - 1972ff. Prof. Univ. München - BV: Genmanipulation u. Gentherapie, 1976. Herausg.: Genforsch. im Widerstreit (1980 u. 86); Erbforsch. heute (1982); Azospirillum: Genetics, Physiology, Ecology (1982, 83, 85 u. 87); Risk Assessment for Deliberate Releases (1988). Mithrsg.: Trends in Molecular Genetics (1985). Etwa 120 Einzelarb.

KLINGNER, Klaus

Dr. jur., Justizminister Schlesw.-Holst. (s. 1988), MdL Schlesw.-Holst. (s. 1971) - Sülzberg 13, 2060 Bad Oldesloe (T. 51 35) - Geb. 14. Dez. 1935 Potsdam, verh., 2 Kd. - 1956-60 Univ. Hamburg u. Kiel (Rechtswiss.; Promot. 1964). Jurist. Staatsex. 1960 u. 64 - S. 1964 Richter SH. 1970-71 MdK Stormarn. SPD s. 1966.

KLINGSZOT, Rüdiger

Redakteur, Ressortleiter Rhön- u. Saalepost Bad Neustadt - Marktplatz 18, 8740 Bad Neustadt/S. (T. 09771 - 20 60) - Geb. 17. Juli 1952 Bad Neustadt (Vater: Karl K., Kaufm.; Mutter: Hildegard, geb. Schmidt), kath., verh. s. 1978 m. Ruth, geb. Spindler - Schriftsetzer-Lehre; 1974 Volont. Main-Post Würzburg - S. 1976 Ressortleit. Rhön- u. Saalepost Bad Neustadt - BV: Erinnerungen; Female (nach gleichn. Fotoausst.), 1983 - Liebh.: Reisen, Fotogr. - Spr.: Engl.

KLINK, Dieter

Dr. rer. pol., Volkswirt, Bürgerschaftspräs. - Warendorfer Weg 12, 2800 Bremen 41 - Geb. 11. Nov. 1930 Peiskretscham/OS., verh., 2 Kd. - Obersch. Kattowitz u. Bremen; Stud. Volksw. Wilhelmshaven, Innsbruck, Hamburg, USA u. Frankr. - Zeitw. b. Senator f. Wirtsch. u. Außenhandel Bremen (zul. Regierungsdir.). S. 1959 Mitgl. Brem. Bürgersch. (b. 1970 Vizepräs., dann Präs.). SPD s. 1951.

KLINK, Hans-Jürgen

Dr. rer. nat., Prof., Geograph - V.-Broich-Str. 15, 5100 Aachen-Richterich - Geb. 25. Okt. 1933 Neusalz/Oder (Vater: Willy K., Kaufm.; Mutter: Marianne, geb. Puche), ev., verh. s. 1966 m. Brigitte, geb. Wiegand, 2 Kd. (Martina, Thorsten) - Univ. München, Erlangen, Göttingen (Geogr., Biol., Chem., Bodenkd.) - B. 1969 Bundesforschungsanst. f. Landeskd. u. Raumordnung (Ref.), dann Univ. Bonn (Habil. 1974), s. 1976 TH Aachen (Wiss. Rat u. Prof.), s. 1979 o. Prof. Ruhr-Univ. Bochum (spez. Biogeogr. u. Geoökol., Landeskd. v. Mitteleuropa) - BV: Naturräuml. Gliederung d. Ith-Hils-Berglandes, 1966; D. naturräuml. Gefüge d. Ith-Hils-Bergl., 1969; Pflanzengeogr., 1978; Vegetationsgeogr., 1983; Bundesrep. Deutschl., Teil: Landesnatur 1988 - Liebh.: Naturforsch., Gesch.

KLINKE, Erhard D.

Leitender Ministerialrat, Leiter d. Referatsgruppe Forschungsförderung im Kultusmin. d. Landes Schlesw.-Holst. - Zu erreichen üb. Kultusmin., Gartenstr. 6, 2300 Kiel - Geb. 27. März 1934 Berlin, verh. s. 1958, 1 Kd. - Jura-Stud. - 1965-75 Bundesforschungs- u. Bundesbildungsmin.; 1975-87 Präs. Med. Univ. Lübeck.

KLINKE, Heinz-Hermann

s. Reichenbach-Klinke, Heinz-Hermann

KLINKE, Rainer

Dr. med., Prof. f. Physiologie Univ. Frankfurt (s. 1977), Geschäftsf. Dir. Zentrum d. Physiologie - Theodor-Stern-Kai 7, 6000 Frankfurt/M. 70 - Geb. 8. März 1936 Landsberg/OS. (Vater: Karl K.; Mutter: Brunhilde, geb. Gottwald), kath., verh. s. 1966 m. Anneliese, geb. Lenders, 2 Kd. (Annette, Oliver) - Gymn./Oberrealsch. Forchheim; Univ. Erlangen, Wien, Heidelberg (Med. Staatsex. 1960). Promot. 1960 Heidelberg; Habil. 1969 Berlin (FU) - Prof. FU Berlin (dazw. 1973/74 Univ. Keele), 1980-86 Sprecher Sonderforsch.bereich 45, Frankfurt-Darmstadt. Spez. Sinnes- u. Neurophysiol. Facharb.; Lehrbuchbeitr. Mithrsg.: Zeichenerkenn. durch biol. u. techn. Systeme (1971, m. Grüsser); Ototoxic side effects of diuretics, 1981 (m. and.); Hearing-Physiological Bases and Psychophysics (1983, m. Hartmann); Co-editor Exp. Brain Res., Hearing Res. - Mitgl. Wiss Ges. Univ. Frankfurt, Dt. Physiol. Ges., Europ. Brain Behav. Soc., Europ. Neurosc Assoc., Dt. Ges. f. Hals-Nasen-Ohrenheilkd., Ass. Res. Otolaryngol. Ges. Gesundheit u. Forsch., Soc. Franc. d'Acoustique Commiss. Auditory Physiol. of the Int. Union Physiol. - Spr.: Engl.

KLINKENBERG, Hans-Martin

Dr. phil., o. Prof. f. Mittlere Geschichte - Weißer Str. 106, 5000 Köln 50 (T. 0221 - 35 41 46) - Geb. 1. April 1921 Köln - S. 1953 (Habil.) Lehrtätigk. Univ. Köln (1960 apl. Prof.) u. TH Aachen (1964 Ord.). Zahlr. Fachveröff.

KLINKENBERG, Philipp

Direktor i.R. Genossenschaftsverb. Rheinland (Raiffeisen) - Landgrafenstr. 107, 5000 Köln 41 (T. 40 17 87) - Wirtschaftsprüf.

KLINKENBERG, Tillmann

Dr. rer. pol., Geschäftsführer Fröhlich u. Wolff GmbH, Hess. Lichtenau (s. 1970) - Lärchenweg 8, 3444 Wehretal 4 (T. 05651 - 4 08 91) - Geb. 20. Jan. 1925 Hüls b. Krefeld (Vater: Jakob K., Unternehmer; Mutter: Anna, geb. Acker), kath., 4 Kd. (Martina, Andreas, Carl-Rudolf, Raina) - Abit.; Ing.-Offz.-Ausbild.; Lehre Kfz.-Mechan.; Stud. Bonn (Dipl.-Volksw. 1953) u. Köln (Dipl.-Kfm. 1955) - S. 1955 Dir.assist. Kabelwerk Vohwinkel; 1958-63 selbst. Unternehmensberater; 1963-69 Gf. Prometheus, Eschwege, AR-Vors. Hess. Lichtenauer Gemeinn. Bauges. (s. 1970), 1. Vors. Naturlandstiftg. Hessen Kreisverb. Werra-Meißner - BV: Hundeabrichtung ohne Zwang, 1979 - Spr.: Engl., Franz.

KLINKHAMMER, Ferdinand

Dr. rer. nat., Geschäftsführer Dt. Ärzte-Verlag GmbH. - Dieselstr. 2, 5000 Köln 40; priv.: Nerzweg 21 - Geb. 16. Okt. 1928.

KLINKHAMMER, Otto

Chefredakteur Hörfunk u. Fernsehen Saarl. Rundfunk - Zu erreichen üb. Saarl. Rundf., Postf. 10 50, Funkhaus Halberg, 6600 Saarbrücken.

KLINKMÜLLER, Erich

Dr. rer. pol., o. Prof. f. Volkswirtschaftsl. u. Dir. Abt. Wirtsch. Osteuropa Inst. FU Berlin - Garystr. 55, 1000 Berlin 33 (T. 8 38 36 16) - Geb. 21. Okt. 1928 Berlin, kath., verh. s. 1964, 2 Kd. (Andreas, cand. rer. nat., Veronika cand.ing.) - Stud. Humboldt- u. Freie Univ. Berlin - 1959/60 Res. Assoc. Harvard Univ. Cambridge/Mass., Assoc.prof. 1960 Univ. of Hawaii, 1964 San Francisco State Coll., 1966/67 Univ. of California at Santa Barbara, 1967/68 Univ. of Arizona at Tucson, 1968/70 St. Louis Univ., s. 1970 o. Prof. FU Berlin - BV: D. Außenhandelsverflechtung d. sowjet. Besatzungszone Dtschl., 1959; D. wirtschaftl. Zusammenarbeit d. RGW-Staaten, 1960; Üb. interdiszipl. sozialwiss. Forsch. in d. USA u. andernorts, 1986; D. SU ist keine Supermacht, 1988.

KLINKOTT, Manfred

Dr.-Ing., Prof. f. Baugeschichte Univ. Karlsruhe - Karl-Weysser-Str. 23, 7500 Karlsruhe 41 (T. 0721 - 40 42 93) - Geb. 20. Aug. 1936 Berlin (Vater: Dr. Kurt K., Oberstud.rat; Mutter: Elisabeth, geb. Möffert), ev., verh. s. 1970 m. Isolde, geb. Hertel, 2 Kd. (Hilmar, Reinhard) - 1957-65 TU Berlin (Arch.; Dipl. 1965, Promot. 1971), Habil. 1978 Univ. Karlsruhe - 1965-72 wiss. Assist.; 1972-79 Akad. Rat Univ. Karlsruhe; 1979-80 Doz.; s. 1980 Prof. in Karlsruhe - BV: Martin Gropius u. d. Berliner Schule, 1971; Islam. Baukunst in Afghanistan, 1982; Berliner Backsteinarchitektur, 1987.

KLINNER, Werner

Dr. med., Dr. h.c., o. Prof. f. Herzchirurgie (1. Lehrstuhl in Bayern) - Marchioninistr. 15, 8000 München 70 (T. 70951) - Geb. 28. Nov. 1923 Neudorf/S. - S. 1961 (Habil.) Lehrtätigk. Univ. München, 1967 apl. Prof., 1971 Ord. u. Dir. Herzchirurg. Klinik Univ. ebd. - Silb. Ehrenmed. Univ. Graz, Ehrenmitgl. poln. Ges. f. Chirurgie, korresp. Mitgl. Österreich. Ges. f. Chirurgie. 1984 Ehrendoktor Univ. Breslau. War maßgebl. beteiligt an d. ersten beiden Herztransplantationen in München 1969 - 1980 Bayer. VO.

KLINZ, Wolf R.

Dr. oec., Dipl.-Kfm., MBA, Mitglied d. Konzernleitung Landis & Gyr AG, Zug (Schweiz) - CH-6301 Zug - Geb. 13. Sept. 1941 Wien (Eltern: Dr. phil. Albert u. Adele K.), ev., verh. s. 1968 m. Rotraut, 3 Kd. (Dagmar, Kerstin, Fabian) - Human. Ratsgymn. Hannover (Abit. 1960); Stud. Wirtschaftswiss. Paris (Sorbonne), Wien (Hochsch. f. Welthdl.) u. Insead, Fontainebleau; Dipl.-Kfm. 1963, Promot. 1965, MBA 1966 - 1966-70 Industrietätigk. in Engl. u. USA, 1970-81 McKinsey & Co. Inc., Düsseldorf u. Paris, s. 1976 Partner; 1981-84 Geschäftsf. Vereinigte Glaswerke GmbH, Aachen u. Sprecher d. Geschäftsfg. Sekurit-Glas Union GmbH, Aachen; s. 1984 Vorst.-Mitgl. Landis & Gyr AG (Leit. Unternehmensber. Kommunikation). Div. Konzernges. im Ausl. - Spr.: Engl., Franz., Span.

KLINZING, Hans Gerhard

Dr. rer. soc. habil., Prof. f. Schulpädagogik - Hartmeyerstr. 12, 7400 Tübingen (T. 07071 - 29 60 89) - Geb. 8. März 1940 Hannover, ev., verh. m. Dr. rer. soc. Gisela, geb. Eurich, 2 Kd. (Candida, Jens-Gerit) - Stud. Gesch., German., Kunstgesch., Phil., Politik, Päd. Univ. Göttingen, Hamburg, Marburg, Tübingen; Staatsex. 1969 u. 1971; Promot. 1975; Habil. 1983 - 1971 wiss. Assit.; 1983 Priv.-Doz.; 1984 Prof. f. Schulpäd. Univ. Tübingen (Zentrum f. Neue Lernverfahren) - BV: Microteaching-Training kommunikativer Fertigkeiten (Unterr. in Dokumenten: 1 Beiheft, 2 Filme), 1978 (Mitautor); Lehrfertigkeiten u. ihr Training, 1981 (m. G. Klinzing-Eurich); Training kommunikativer Fertigkeiten z. Gesprächsführung u. f. Unterr., 1983; ca. 40 Fachveröff. in intern., amerik., austral. u. dt. Fachztschr. - Liebh.: Afrikanische Kunst, Malerei - Spr.: Engl.

KLIPPEL, Diethelm

Dr. jur., Prof. f. Dt. Rechtsgesch. u. Bürgerl. Recht Univ. Gießen - Graudornstr. 4, 6301 Fernwald-Albach - Geb. 7. Jan. 1943, verh. s. 1979, 3 Kd. - Stud. Univ. Marburg, Nottingham, Gießen; 1. u. 2. jurist. Staatsex. 1971 u. 1976; Promot. 1975; Habil. 1982 Regensburg - 1984 Prof. Univ. Gießen, 1986 Univ. Bielefeld, 1987 Univ. Gießen - BV: Politische Freiheit u. Freiheitsrechte im dt. Naturrecht d. 18. Jh., 1976; Juristische Zeitgesch., 1985; D. zivilrechtl. Schutz d. Namens, 1985 - Spr.: Engl., Franz., Lat.

KLIPPEL, Karl Friedrich

Dr. med., Prof., Urologe, Chefarzt urol. Abt. Allg. Krankenhaus Celle - Siemensplatz 4, 3100 Celle; priv.: Am Försterbach 7, 3100 Celle - Geb. 9. Jan. 1944 Schotten (Vater: Dr.-Ing. Friedrich K.; Mutter: Marie, geb. Skaara), ev., verh. s. 1968 m. Traute, geb. Hißbach, 3 T. (Annika, Carolin, Nina) - 1964-70 Stud. Mainz u. Lübeck. Med. Staatsex. BRD u. USA - Wiss. Tätigk. Univ. Mainz, Zürich, Frankfurt, Bonn, New York, St. Gallen, Stockholm. S. Habil. Lehrtätigk. Univ. Mainz. Spez. Arbeitsgeb.: Tumoren, Organersatz. Fachbuchbeitr. u. a. - Interessen: Theol. (Zweitstud.) - Spr.: Engl., Franz., Norweg.

KLIPPEL, Susanne

Autorin, Fotografin u. Filmerin - Schützenstr. 9, 2000 Hamburg 50 - Geb. 29. Juli 1952 Wittlich/Mosel, ledig, T. Jenny Maria Katharina - Fr. Waldorfsch. Am Kräherwald (Abit.); 1971-72 Stud. Malerei Karlsruhe u. Hamburg - BV: Lieber sich gesund schimpfen als krank heulen, 1977; Schwarz war ihr Haar, d. Augen wie zwei Sterne so klar, 1979; Straßenrandbilder, 1980. Filme: D. Reise d. Pilgrim Number One, 1987; Sad Movies always make me cry, 1988; Le bruit dans la Cuisine, 1989 - Liebh.: Ethnol., Alltagsforsch., Relig., Reisen, Tanzen, Kochen.

KLIPPERT, Werner

Schriftsteller, Kritiker u. Hörspielregisseur, Rundfunkrat als Vertr. d. Schriftstellerverb. (s. 1988) - Bliesgersweiler Mühle, 6601 Kleinblittersdorf - Geb. 22. April 1923 Offenbach/M., ev., verh. s. 1954 m. Ria, geb. Wullinger (Schausp.), 3 Kd. (Marion, Klef Thomas, Corodina Christine) - 1946-54 Stud. Univ. Frankfurt/M. (German., Gesch., Theaterwiss., Phil., Soziol.; Staatsex. 1954); Schauspielsch. - Ab 1948 fr. journalist. Tätigk. (Feuill., Theater- u. Kunstkrit.); 1954-65 Gymnasiallehrer; 1965-67 Dramat. Hess. Rundfunk; 1967-70 Chefdramat. f. Hörsp. Nordd. Rundf.; 1970-86 Leit. d. Abt. Hörspiel Saarländ. Rundfunk. 1964-67 Lehrbeauftr. Univ. Frankfurt (Theorie u. Praxis d. Hörspiels). 1959-65 Jurymitgl. Hörspielpreis d. Kriegsblinden - BV: Elemente d. Hörspiels, 1977. Mitarb. Reclams Hörspielführer (1969). Herausg.: Vier Kurzhörspiele (1976) u. Hörspiele saarländ. Autoren (1982). Div. Hörspielpublikationen.

KLIPPING, Gustav

Dr.-Ing., Prof., Hochschullehrer - Limastr. 28, 1000 Berlin 37 - S. Habil. Lehrtätigk. FU Berlin (gegenw. apl. Prof. f. Physik).

KLITZING, von, Klaus
Dr. rer. nat., Prof. f. Festkörperphysik, Direktor Max-Planck-Inst. f. Festkörperforschung, Stuttgart (s. 1985) - Reisingerstr. 33, 8045 Ismaning (T. 089 - 96 64 24) - Geb. 28. Juni 1943 Schroda/Posen (Vater: Bogislav v. K., Oberforstm.; Mutter: Anny, geb. Ulbrich), ev., verh. s. 1971 m. Renate, geb. Falkenberg, 2 Kd. (Andreas, Christine) - Dipl. 1969 TU Braunschweig; Promot. 1972 Univ. Würzburg; Habil. 1978 ebd. - 1980-84 Prof. TU München - 1981 Walter-Schottky-Preis; 1982 Hewlett-Packard-Europhysics-Preis; 1985 Nobelpreis f. Physik (f. Entd. d. quantisierten Hall-Effektes, jetzt Klitzing-Effekt gen.) als 15. Deutscher; 1986 Ehrenbürger Gde. Ismaning.

KLITZSCH, Eberhard
Dr. rer. nat., Prof. Fachber. Bergbau u. Geowissenschaften TU Berlin - Ernst-Reuter-Platz 1, 1000 Berlin 10 (T. 31 42 28 06) - Geb. 18. Aug. 1933 Remda (Vater: Rudolf K., Förster; Mutter: Hertha, geb. Grünewald), ev., verh. m. Eva-Maria, geb. Michaelis, 3 Kd. (Michael u. Barbara a. 1. Ehe, Christina) - Schulpforta; FU Berlin (Dipl.-Geol. 1957, Dr. rer. nat. 1958, Habil. TU 1969 üb. Strukturgesch. d. Zentralsahara), 1959-67 Explorationsgeol. Sahara; 1965-66 Dir. Petr. Expl. Soc. Libyen, s. 1969 Prof. Fachber. Bergbau u. Geowiss. TU Berlin, Sprecher d. Sonderforsch.ber. Geowiss. Probl. arider Gebiete, Ehrenmitgl. Geological Soc. of Africa, s. 1972 Leiter div. Forschungsprojekte d. DFG i. Nordafrika, 1977-83 Beiratsmitgl. Geolog. Vereinig. Etwa 90 Facharb. - Spr.: Engl.

KLOCK, Franz-Joachim
Dipl.-Kfm., gf. Gesellsch. Carl Hanser Verlag, München - Mühlenstr. 24, 8045 Ismaning - Geb. 11. März 1937 - Spr.: Engl., Franz.

KLOCKE, Aloys
Dr. phil., Oberstudiendirektor - Binkeweg 5, 7801 Umkirch/Br. - Geschäftsf. Schulleit. Freiburger Gymn. (s. 1975); Vors. d. Bundesvereinig. d. Oberstudiendir. (s. 1973).

KLOCKE, Jürgen
Hotelkaufmann, Geschäftsf. Westfalenhalle GmbH. (s. 1972) - Rheinlanddamm 200 (Hotel Westfalenhalle), 4600 Dortmund 1 - Geb. 22. Sept. 1938 Dortmund (Vater: Friedrich K., Pädagoge; Mutter: Margarete, geb. Kiffel), ev., verh. s. 1963 m. Helmy, geb. Schnerzinger, 3 Kd. (Mark, Dirk, Janine) - Gymn.; Lehre Hotelfach; Hotelfachsch. Heidelberg (DEHOGA-Dipl.) - 1964-72 Verkaufsleit. Dortmunder Union-Brauerei AG. - Spr.: Engl., Ital., Franz. (z. Verständig.).

KLOCKHAUS, Ruth
Dr. rer. pol., Univ.-Prof. f. Wirtschafts- u. Sozialpsychologie - Westtorgraben 13, 8500 Nürnberg (T. 26 42 65) - Geb. 17. Aug. 1923 Berlin - Promot. 1968 - S. 1974 (Habil.) Doz. u. Prof. Univ. Erlangen-Nürnberg. Div. Mitgliedsch. - BV: Einstellung z. Wohnumgeb. - Empir. Studie an 2 Wohnarealen in Nürnberg, 1975; Psych. d. Schulvandalism. (m. B. Habermann-Morbey), 1986; Vandalistisches Verhalten Jugendlicher (m. A. Trapp-Michel), 1988.

KLOCKOW, Dieter
Dr. rer. nat., Wiss. Rat., Prof. f. Anorgan. Chemie Univ. Dortmund - Knappstr. 1a, 4600 Dortmund 30 - Geb. 16. Nov. 1934 Landsberg - Promot. (1965) u. Habil. (1970) Freiburg - Fachaufs.

KLÖCK, Friedrich-Karl
Dr. med., Prof., Frauenarzt - Laurentiusstr. 10, 5100 Aachen-Laurensberg - B. 1975 Privatdoz., dann apl. Prof. TH Aachen/Med. Fak. (Gynäkologie u. Geburtshilfe).

KLÖCKER, Ingo
Dr.-Ing., Prof. f. Konstruktion u. Werkstofftechnik FH Nürnberg, Designer - Robert-Schumann-Str. 9 B, 8510 Fürth (T. 0911 - 72 94 94) - Geb. 25. Okt. 1937 Stuttgart - TU Stuttgart (Masch.-bau, Dipl. 1962 Daimler Benz); Hochsch. f. Gestalt., Ulm (Ind.-Design); Promot. 1980 Hannover - 1962 Konstrukteur u. Entw. Maschinenbau, Feinwerktechnik, Fahrzeugtechnik; 1969 Design-Manager; 1972 Leit. Forsch. u. Entw., 1979 Techn. Geschäftsf.; 1972-84 Lehrbeauftr. u. Honorarprof. TU Braunschweig, s. 1980 Prof. FH Nürnberg.Mitarb. Südd. Ztg. München - BV: Design v. Investitionsgütern, 1969; Produktgestalt., 1981 - Spr.: Engl., Franz.

KLÖCKER, Michael
Dr. phil., apl. Prof. f. Mod. Sozialgeschichte u. Didaktik d. Gesch. Univ. Köln - Werderstr. 37, 5000 Köln 1 - Geb. 15. Okt. 1943 Königs Wusterhausen, kath., ledig - Ab 1963 Stud. Köln u. Bonn; Lehramts-Staatsex. Gesch. u. German. 1969, Promot. 1972 Köln, Habil. 1979 Köln - 1972-79 Wiss. Assist. PH Rheinl., Abt. Köln; ab 1980 Doz. Univ. Köln; ab 1982 Dir. Interdisz. Inst. f. Religionsgesch., Bad Münstereifel; 1984 apl. Prof. - BV: u.a. Theodor Brüggemann (1796-1866), 1975; D. Sozialdemokratie im Regierungsbez. Aachen vor d. 1. Weltkrieg, 1977; Industriepädagogik u. Elementarschulwesen im Kreis Jülich, 1982; Schulwirklichk. in Rheinpreußen (m. H.-J. Apel), 1986. Herausg.: Schulvorschr. f. d. nied. Bildungssektor im 19./20. Jh. (ab 1985). Mithrsg.: D. Arbeiterbeweg. in d. Rheinlanden (ab 1974); Kölner Veröff. z. Religionsgesch. (ab 1983); Ethik d. Relig. - Lehre u. Leben (5 Bde., 1984-86). Zahlr. Veröff. in Fachb., Fachztschr., Massenmedien.

KLÖCKER, Rolf
Dr. rer. pol., Dipl.-Kfm., Geschäftsf., Mitglied Kommission f. Öffentlichkeitsarbeit Bundesverb. d. Pharm. Industrie - Weidachweg 88/6, 7900 Ulm Söflingen (T. 0731-38 66 13) - Geb. 28. Juli 1931 Dortmund-Marten, verh. s. 1970 m. Elke, geb. Lücke, 2 Kd. (Karsten, Arne) - Kaufm. Lehre, Wirtsch.-wiss. Stud. in Münster u. Köln; Dipl. 1962 Köln; Promot. 1967 Köln - Kurat.-Mitgl. AIESEC, Lokal-Komitee-Köln, Mitgl. Marketing-Club, Köln - BV: D. Werbekonstanten in d. Markenartikelwerb., 1967; Marketing-Ziele u. Markenartikels-Investitionen, Verkaufsleit.-Handb., 1982 - Liebh.: Reiten, Tennis, Skilaufen, Segeln, Musik - Spr.: Engl.

KLÖCKNER, Heinz
Zeitungsverleger (Buersche Zeitung) - Hagenstr. Nr. 15, 4660 Gelsenkirchen-Buer (T. 3 73 64); priv.: Brüninghoff 20, 4350 Recklinghausen - Geb. 13. Sept. 1916 Hamburg (Vater: Robert K., Kaufm.; Mutter: Elsa, geb. Steisinger), verh. s. 1959 m. Annemie, geb. Bauer, Verlegerin u. Chefredakteur, Sohn (Kurt-Rolf).

KLÖCKNER, Michael
Mitglied d. Europa-Parlaments (s. 1984) - Wohnh. in Berlin; zu erreichen üb. Europ. Parlam., Europazentrum, Kirchberg, Postf. 16 01, Luxemburg (T. 00352 - 4 30 01) - DIE GRÜNEN.

KLÖCKNER, Wilhelm
Dipl.-Ing., Vorstandsvorsitzender i. R. - Schwanenstr. 1c, 6800 Mannheim 51 (T. 79 23 09) - Geb. 4. April 1913 Kronstadt (Rumänien) - S. 1955 Grün & Bilfinger AG bzw. Bilfinger + Berger Bau AG (1958 stv., 1960 o. Vorst.-Mitgl., 1971-79 Vorst.-Vors.) - 1982 BVK I. Kl.

KLÖHN, Gottfried
Dr. phil., Prof. f. Englisch einschl. d. Didaktik Erziehungswiss. Hochschule Rheinl.-Pfalz/Abt. Landau, Lehrbeauftr. Univ. Mainz - Martinstr. 10, 6200 Wiesbaden - Geb. 1. Febr. 1929 Prittisch - Obersch. Schwerin/W. u. Wittstock/D.; Stud. Potsdam, Berlin (FU), Gießen (Angl., Amerik., Päd., Sport) - 1955 Studienrefer., 1956 Wiss. Assist., 1961 Hochschullektor, 1965 Akad. Rat, 1971 Akad. Dir., 1971 ao., 1974 o. Prof.

KLÖNNE, Arno
Dr. phil., Prof. f. Soziologie Univ.-GH Paderborn - Annette v. Droste-Str. 10, 4790 Paderborn - Geb. 4. Mai 1931 Bochum - BV: u. a. D. dt. Arbeiterbeweg., 1981; Jugend im Dritten Reich, 1982; Zurück z. Nation?, 1984.

KLOEPFER, Michael
Dr. jur., o. Prof. f. Öfftl. Recht, Finanz-, Wirtschafts- u. Umweltrecht Univ. Trier - Sickingenstr. 16, 5500 Trier/Mosel (T. 0651 - 4 19 32) - Geb. 1. Sept. 1943 Berlin (Vater: Fritz K., Schulrat; Mutter: Lydia, geb. Willer), ev. - 1973 Doz. Univ. München, 1974-76 Prof. FU Berlin, s. 1976 o. Prof. Univ. Trier, 1977 Richter am Oberverwaltungsger. Rheinl.-Pf., 1979-83 Wiss. Dir. Inst. f. Agrarrecht u. Umweltrecht; 1979-80 Dekan Fachber. Rechtswiss. Univ. Trier; s. 1986 Dir. Inst. f. Umwelt- u. Technikrecht ebd. - BV: Grundrechte als Entstehenssicherung u. Bestandsschutz, 1970; Vorwirkung v. Gesetzen, 1974; Zum Grundrecht auf Umweltschutz, 1978; Systematisierung d. Umweltrechts, 1978; Öffentl. Recht, 1976, 84; Datenschutz als Grundrecht, 1980; Gleichheit als Verfassungsfrage, 1981; Kernkraftwerk u. Staatsgrenze, 1981; Umweltschutz, 1981-88; Chemikaliengesetz, 1982; Umweltrecht, 1989. Üb. 120 Aufs. u. Einzelarb. - 1969 Preis Univ. München - Spr.: Engl., Franz.

KLOEPFER, Rolf
Dr. phil., o. Prof. f. Roman. Philologie Univ. Mannheim (s. 1971) - Mozartstr. 25, 6900 Heidelberg - Geb. 25. Jan. 1942 München (Vater: Eberhard K., Kaufm.; Mutter: Hedwig, geb. v. Cornides), verh. s. 1965 m. Francoise, geb. Chomard, 4 Kd. (Thomas, Sylvianne, Jeanne, Benjamin) - Stud. In- u. Ausl. Promot. 1966; Habil. 1971 - 1979 Vorst. Dt. Romanisten-Verb., ab 1985 Vorst. d. Dt. Ges. f. Semiotik (Hrsg. v. MANA) - BV: D. Theorie d. lit. Übers., 1967; Sprachl. Konstituenten mod. Dichtung, 1970; Poetik u. Linguistik, 1975; Trenet. Verzauberung u. techn. Medien im Chanson, 1986; Ästhetik in d. Werbung. D. Telespot in Europa als Symptom neuer Macht, 1989. Veröff. üb. Lit. u. Übers.-theorie, Semiotik, Medien u. Lit.gesch. (Rimbaud, Cervantes, Diderot, Borges, Christa Wolf u.a.).

KLÖPFFER, Walter
Dr. phil., Chemiker (Batelle-Inst., Frankfurt), n. b. Prof. f. Physikal. Chemie Univ. Mainz - Am Römerhof 35, 6000 Frankfurt/M. 90.

KLÖPPER, Rudolf
Dr. rer. nat., Prof., Geograph - Goerdelerweg 1, 3400 Göttingen (T. 22240) - Geb. 13. Juli 1913 Peine, unitar., verh. s. 1965 m. Ilse, geb. Fastenau, 4 Kd. - Univ. Marburg, Wien, Göttingen. Promot. 1938; Habil. 1951 - 1938-47 Bezirksplanung Aurich u. Hannover, dazw. 1939-45 Wehrdst., 1947-52 Assist. TH Braunschweig (1951 Privatdoz.), 1952-62 Wiss. Rat Bundesanst. f. Landeskd. u. Raumforsch. Bad Godesberg, ab 1956 zugl. Lehrtätigk. Univ. Mainz (apl. Prof.), 1962-64 apl. Prof. Univ. Freiburg/Br., bis 1978 Abt.svorst. (Wirtschaftsgeogr.; Geogr. Inst.) u. Prof. Univ. Göttingen, s. 1978 im Ruhestand - BV: Nordwestd. Industriekleinstädte, 1941; Zentrale Siedlungen in Nieders., 1953; Kreisbeschreibung Ludwigshafen/Rh., 1957; Zentralörtl. Gebietsgliederung v. Rhld.-Pfalz, 1957 (m. J. Körber) - 1965 korr., 1968 o. Mitgl. Akad. f. Raumforsch. u. Landesplanung, Hannover - Spr.: Franz., Engl.

KLÖS, Heinz-Georg
Dr. med. vet., Prof., Zoodirektor - Budapester Str. 32, 1000 Berlin 30 (T. 2 61 11 01) - Geb. 6. Jan. 1926 Elberfeld (Vater: Dr. Heinrich K., Chemiker), ev., verh. s. 1956 m. Ursula, geb. Duske, 3 Kd. (Ursula, Heiner, Susanne) - 1947-52 Univ. Gießen - 1945-47 Volontär u. 1953 wiss. Assist. Zool. Garten Wuppertal; 1954-56 Dir. Tiergarten Osnabrück; s. 1956 Dir. Zool. Garten Berlin. S. 1960 Lehrbeauftr. u. Honorarprof. (1970) FU Berlin/Veterinärmed. Fak. (Zootierzucht u. -halt.). Div. Ehrenstell., dar. Präs. Intern. Union of Dir. of Zool. Gardens, Vors. Bund d. Vogelfreunde u. Volksbd. Naturschutz Berlin sow. zeitw. Präs. Verb. Dt. Zoodir. - BV: V. d. Menagerie z. Tierparadies - 125 J. Zoo Berlin, 1969; Paradies für wilde Tiere, 1972; Zootierkrankh., 1976. Herausg.: D. Urwald unterm Glasdach (1983); Mithrsg.: Grzimeks Tierleben; Übers. aus d. Engl.; Bestimmungsschlüssel f. Wassergeflügel (m. Ehefr.) - 1982 Gr. BVK, 1986 Stern dazu; Wilhelm-Pfeiffer-Med.; 1986 Gold. Arche; Gold. Naturschutzmed. d. Zool. Ges. San Diego, USA, scientific fellow d. Zool. Ges., London - Spr.: Engl. - Rotarier.

KLOESER, Robert
Außenhandelskaufmann Süßwaren, Geschäftsf. u. Gesellsch. Trawigo-Firmengruppe - Am alten Kaninsberg 10-12, 5102 Würselen (T. 02405 - 6 10; Telefax 02405-61300) - Geb. 21. Juli 1928 Aachen - Div. Ehrenämter u. Verbandstätigk. - Bes. Interessen: EDV, Finanzwesen, Bürotechnik, Lebensmittelrecht.

KLÖTZER, Otto
Dipl.-Kfm., Generalbevollm. Freudenberg & Weinheim (s. 1976), Vors. Hauptverband d. Dt.Schuhind., Offenbach/M. (s. 1972), Präs.smitgl. Bundesverb. d. Dt. Ind. (s. 1974) - Nassauer Allee 75, 4190 Kleve - Geb. 24. Okt. 1927.

KLÖTZER, Walter T.
Dr. med., Dr. med. dent., Prof. f. Zahnmedizin Med. Zentrum f. Zahn-, Mund- u. Kieferkrankheiten Univ. Marburg - Georg-Voigt-Str. 3, 3550 Marburg - Geb. 13. Febr. 1932 Neuss (Vater: Dr. Theo K.; Mutter: Anny, geb. Paulus), verh. - Zahnärztl. Staatsex. 1955, Ärztl. Staatsex. 1965, Promot. 1959 u. 1968, alle München, Habil. 1972 Tübingen - 1955-67 Wiss. Assist. München, 1967-69 Wiss. O.Assist. Zürich, 1969-70 Forsch.- u. Lehrauftr. Univ. Connecticut/USA, 1971-76 Oberarzt u. Prof. Tüb., 1976 Prof. u. Vorst. Zahnärztl. Prothetik Marburg - Ca. 90 wiss. Publ., 5 Lehrbuchbeitr. - Spr.: Engl., Franz.

KLÖTZER, Wolfgang
Dr. phil., ltd. Archivdirektor, Leit. Stadtarchiv Frankfurt/M., Honorarprof. f. Geschichte d. Stadt Frankfurt Univ. Frankfurt (s. 1973) - Karmelitergasse 5, 6000 Frankfurt/M. (Stadtarchiv); priv.: Weißdornweg 24, 6070 Langen - Geb. 8. April 1925 Wiesbaden (Vater: Dr. phil. Karl K., Chemiker; Mutter: Frida, geb. Bräuer), ev., verh. s. 1954 m. Ingrid, geb. Astor, 3 Kd. (Dorothee, Ralf, Ulrich) - 1946-51 Univ. Mainz (Promot.); 1952-54 Archivsch. Marburg - 1952-54 Hess. Staatsarch. Wiesbaden; 1954-60 Bundesarch. Koblenz; s. 1960 Stadtarch. Frankfurt. 1960ff. Geschäftsf. Frankfurter Geschichtsverein. 1984ff. Geschäftsf. Frankf. Hist. Kommiss. - BV: Mark u. Haingericht im Rheingau, 1953/56; Dt. Liberalismus im Vormärz, 1959; Frankfurt 1866, 1966; Clotilde Koch-Gontard, 1969; Bankiers sind auch Menschen, 1973; Frankfurt ehemals, gestern u. heute, 1979; Taunus u. Rheingau, 1980; Alt-Frankfurter Photoalbum, 1981; Frankfurt in d. 20er Jahren, 1983; D. Frankfurter Altstadt, 1983; Beitr. z. Frankf. Kulturgesch., 1985. Herausg.: Arch. f. Frankfurts Gesch. u. Kunst (1960ff.) u. Stud. z. Frankf. Gesch. (1960ff.) - 1957 Rheingauer Kulturpreis; 1959 Hermann-Haupt-Plak.; 1980 Friedrich-Stoltze-Büste - Liebh.: Reiten - Rotarier.

KLÖTZNER, Ulrich
Verwaltungsdirektor, Geschäftsf. Dt. Theater in Göttingen GmbH. - Theaterpl. 11, 3400 Göttingen.

KLOFT, Alfred
Ministerialdirigent, Presse- u. Informationsamt d. Bundesreg. - Oderstr. 71, 5300 Bonn-Ippendorf (T. 28 10 53) - Geb. 6. Juli 1922 Erbach/Ts., kath., verh. s. 1948 m. Gertrud, geb. Horn, 4 Söhne (Ewald, Bernhard, Matthias, Michael) - Univ. Bonn u. Frankfurt (Rechts- u. Staatswiss.). Jurist. Staatsprüf. 1947 u. 1951 - 1951 Richter LG Limburg; s. 1952 Refer. Rechts- u. Kabinettsachen im Presse- u. Informationsamt d. Bundesreg. (1966 Abt.sleit.). Mitgl. Rundfunkrat Dt. Welle (1967-69) u. Dtschl.funk (1969-73) - 1968 BVK; 1973 BVK I. Kl.

KLOFT, Hans
Dr. phil., Prof. f. Alte Geschichte Univ. Bremen - Wernigeroder Str. 36, 2800 Bremen (T. 0421 - 49 18 15) - Geb. 10. April 1939 Düsseldorf (Vater: Johannes K., techn. Zeichner; Mutter: Mathilde, geb. Jüntgen), kath., verh. m. Beate, geb. Jaecker, 1 T. (Annabelle Katharina) - Gymn. Düsseldorf, 1960-64 Stud. Gesch. u. klass. Philol. Univ. Köln, Promot. 1968, Habil. 1976, s. 1968-71. 1971-73 akad. Rat, 1973-77 Oberrat, 1977 o. Prof. Bremen - BV: Liberalitas Principis, Stud. z. Prinzipatsideologie, 1970; Einführung in d. Stud. d. Gesch. (m. E. Boshof u. K. Düwell), 1984; Prorogation u. außerordl. Imperien, 1977. Hrsg.: Ideologie u. Herrschaft in d. Antike (1979); Der Nachlaß Adolf Erman (1982); Arbeit u. Arbeitsverträge in d. griech.-röm. Welt (1984); Fürsorge u. Sozialmaßnahmen, Z. Eigenart antiker Sozialpolitik (1988).

KLOFT, Werner J.
Dr. rer. nat., o. Prof. f. Zoologie, Direktor Inst. f. Angew. Zoologie - Endenicher Allee 5, 5300 Bonn - Geb. 17. Juni 1925 Erbach/Ts. (Vater: Friedrich K., Elektroing.; Mutter: Helene, geb. Rauch), verh. s. 1947 m. Erika, geb. Sturm, 2 Kd. (Iris, Arnfried) - Univ. Berlin, Prag (Dt.), Würzburg. Promot. (1948) u. Habil. (1956) Würzburg - s. 1947 wiss. u. Lehrtätigk. Univ. Würzburg (1963 apl. Prof.) u. Bonn (1965 Ord.; 1970/71 Dekan naturwiss. Fakultät). Spez. Arbeitsgeb.: Ernährungsphysiol. v. Insekten u. Radioisotopenanw. in d. Entomol. - BV: D. Waldhonigbuch, 1965 (m. a.); Lab.training. Manual Radioisotopes in Entomol., 1976; Ökologie d. Tiere, UTB 729, 1978, 2. A. 1987 (m. M. Gruschwitz); Waldtracht u. Waldhonig in d. Imkerei (hg.) 1985. Zahlr. Handbuch- u. Ztschr.beitr. - 1961 Fellow Acad. of Zoology Agra (Ind.). - Spr.: Engl., Franz.

KLOIBER, Walther Michael
Geschäftsführer u. Mehrheitsgesellsch. Kleiderfabrik Kloiber GmbH, Komplementär J. u. W. Kloiber KG, bde. Seefeld - Hauptstr. 40, 8031 Seefeld - Geb. 4. Nov. 1939.

KLOKE, Adolf
Dr. agr., Prof. u. Direktor a. D. - Marinesteig 6, 1000 Berlin 38 (T. 803 80 53) - Geb. 29. Mai 1921 Paderborn/W., kath., verh. s. 1951 m. Waltraud, geb. Schmidt, 3 Kd. (Adolf, Hildegard, Monika) - Univ. Göttingen (Landw., Agrikulturchemie); Dipl.-Landw. 1949. Promot. 1951; Habil. 1960 - B. 1959 Assist. Univ. Göttingen (Inst. f. Agrikulturchemie). 1959-81 Leit. Inst. f. nichtparasit. Pflanzenkrankh. d. BBA. 1982-86 Leit. Abt. f. ökol. Chemie d. Biolog. Bundesanst. f. Land- u. Forstwirtsch., Berlin/Braunschweig. Lehrtätigk. TU Berlin, Gutachtertätig. üb. Bodenschutz u. Bodensanierung - BV: D. Humusstoffe d. Bodens als Wachstumsfaktoren, 1963. Etwa 240 Einzelarb., insbes. üb. Probleme des Umweltschutzes u. d. Schwermetalle im Boden.

KLOOCK, Josef-Wilhelm
Dr. rer. pol., Prof. f. Wirtschaftswiss. - Berliner Str. 24, 5042 Erftstadt (T. Köln 0221-470-44 51, dstl.) - Geb. 31. Juli 1935 Zülpich, kath., verh. s. 1964, 3 Kd. - Human. Gymn.; Univ. Köln, Göttingen, Regensburg (Math., Wirtsch.wiss.). Dipl.-Math. Köln 1963, Promot. Wirtsch.wiss. Köln 1967, Habil. Betriebswirtsch. Regensburg 1970 - 1971 Univ.-doz. ebd., s. 1972 Univ.-Prof. f. Betriebswirtsch.lehre Univ. Köln - BV: Betriebswirtsch. Input-Output-Mod. (Diss.), 1969; Kosten- u. Leist.rechn., Lehrb., (m. and.) 4. A. 1987; Prod. Vahlens Kompendium d. Betriebswirtsch.lehre (m. and.), 1984.

KLOOS, Karl-Heinz
Dr.-Ing., Prof. f. Werkstoffkunde TH Darmstadt - Georgenstr. 9, 6104 Seeheim 1.

KLOOSE, Hans-Otto
Kammersänger, Opern- u. Konzert-Sänger - Fritz-Reuter-Str. 6, 2105 Seevetal 3 (T. 04105 - 8 05 91) - Geb. 1. Febr. 1924 Osnabrück, ev., gesch., T. Alexandra - Konservat. Osnabrück u. Musikakad. Detmold - S. 1959 Mitgl. d. Hbg. Staatsoper; 1973 Titel Kammersänger (Senat d. Hansestadt Hamburg) - Theaterengagements: Detmold, Mannheim, Gelsenkirchen, Lübeck, Wuppertal, Köln u. Hamburg. Gastsp.: Berlin, Düsseldorf, Köln, Frankfurt, Paris, Wien, Salzburg, Nizza, Barcelona, Dublin, Montreal, Stockholm, New York u.a. - Hauptrollen: Don Giovanni, Marquis Posa, Eugen Onegin. Graf in Figaros Hochzeit, Troubadour, Capriccio, Wildschütz, Wolfram, Escamillo u.a.

KLOPFER, Heinz
Dr.-Ing. (habil.), Prof. f. Konstruktive Bauphysik/Univ. Dortmund - Ostenallee 58, 4700 Hamm 1 - Geb. 9. Mai 1936 Stuttgart - Dipl. Bauing.wesen 1960 Stuttgart - Zul. Privatdoz. Univ. Stuttgart - BV: Wassertransport durch Diffusion in Feststoffen, 1974; Anstrichschäden, 1976.

KLOPPENBORG, Josef
Assessor, Geschäftsf. Ärztekammer Berlin - Klaus-Groth-Str. 3, 1000 Berlin 19 - Stud. Rechtswiss.

KLOPPSTECH, Klaus
Dr. rer. nat., Prof. f. Entwicklungsphysiologie Univ. Hannover - Am Wiesenhof 120, 2940 Wilhelmshaven.

KLOPSCH, Paul
Dr. phil., o. Prof. Lehrstuhl f. Lat. Philologie d. Mittelalters Univ. Erlangen-Nürnberg (s. 1966) - Rabenweg 3, 8520 Erlangen (T. 47958) - Geb. 2. Jan. 1920 Düsseldorf (Vater: Jakob K.), verh. s. 1953 m. Eva, geb. Zahn, 2 Kd. - Promot. u. Habil. Köln - Facharb.

KLOSA, Josef Franz

Dr. rer. nat., Dipl.-Chem., Forschungschemiker - Jänickestr. 13, 1000 Berlin 37 - Geb. 16. Juni 1921 Halbendorf/OS, kath., verh. s. 1950 m. Evelyn, geb. Czayka (†1983), 3 Kd. (Ellen, Clement, Daniela) - Volkssch.; Gymn. Oppeln; Abit.; Stud.; Dipl.-Chem., Promot. 1945 Breslau - Wiss. Assist. b. Prof. Lettré Göttingen; b. 1952 Forschungschemiker Schering-Ost; 1953-60 Chefchemiker Asal; 1961ff. selbst. Forschung - Mehrere Pat. - BV: Entw. u. Chemie d. Arzneimittel, 5 Bde. 1952; Organische Chemie (m. Prof. Dr. Müller), 12. A. ab 1953; Zw. Geist u. Materie, 1975; D. Wunder v. Konnersreuth, 1976 - Lit.: Poggendorff-Handb. d. exakten Wissenschaften, Bd. 6 (1965).

KLOSE, Hans
Kanzler Musikhochschule Lübeck - Jerusalemsberg 4, 2400 Lübeck 1.

KLOSE, Hans-Ulrich
I. Bürgermeister a.D. Hamburg (1974-81, Rücktr.), MdB (s. 1983; Wahlkr. 18/ Hbg.-Harbg.), Schatzm. SPD (s. 1987) - Ollenhauerstr. 1, 5300 Bonn - Geb. 14. Juni 1937 Breslau, verh. s. 1973 in 2. Ehe m. Elke, geb. Ernst, 2 Kd. aus 1. u. 2 Kd. a. 2. Ehe - Gymn. (Abit. 1957) Bielefeld; Stud. Univ. Freiburg, Hamburg (Rechtswiss.). Staatsprüf. 1961 u. 65 - Jugendstaatsanwalt (b. 1970) - SPD (s. 1964), 1966 stv. Landesvors. Jungsozialisten, 1968 stv. Landesvors. SPD (s. 1987). Mitgl. Hamburger Bürgerschaft, 1973 Innensenator, 1984-88 Mitgl. Fraktionsvorstand (Bundestag) - 1981 Ehrenbürger Lima - Liebh.: Malerei, Motorsport, Literatur.

KLOSE, Hans-Ulrich

Dr. jur., Richter, MdL Nordrh.-Westf. (s. 1966), Justitiar Apothekerkammer Nordrhein - Geschwister-Scholl-Str. 10, 4052 Korschenbroich/Rhld. (T. 02161 - 64 16 23) - Geb. 29. März 1935 Rüdersdorf/Mark, ev., verh., 2 Kd. - Obersch.; Univ. Berlin u. Köln (Rechts-, Wirtschafts- u. Polit. Wiss.). Promot. 1963 - 1958-59 Landesvors. Ring Christl.-Demokr. Studenten NRW. S. 1961 Mitgl. Kreistag Grevenbroich u. Neuss (stv. Fraktionsvors.), Vors. Sozialausch.). CDU s. 1952 (Vors. Ev. Arbeitskr. CDU Nordrh.-Westf.; Kreisvors. Neuss; 1. Vizepräs. d. Landtags Nordrh.-Westf.). Mitgl. Landessyn. d. Ev. Kirche im Rhld, Presbyter Ev. Kirchengem. Korschenbroich.

KLOSE, Horst
Dr. jur., Rechtsanwalt, gf. Gesellsch. MERO-Firmengruppe, Würzburg - Dürrbachtal 30, 8700 Würzburg (T. Würzburg 9 57 51) - Geb. 13. März 1926 Stettin (Vater: Hans K., Kaufm.; Mutter: Martha, geb. Röske), ev., verh. s. 1954 m. Melita, geb. Mengenhausen (Rechtsanw.), 3 Söhne (Roland, Ingo, Oliver) - Marienstifts-Gymn. Stettin; Univ. Erlangen (Rechtswiss.). Gr. jurist. Staatsprüf. Fachmitgl.sch., Beiratsmand, Aufsichtsratsmand., Vizepräs. d. Deutsch-Arab. Ges. e.V., Vizepräs. d. Dt. Schutzvereinig. f. Wertpapierbesitz e.V., Düsseldorf - Liebh.: Jagd - Spr.: Engl. - Mitgl. Lions-Club Würzburg.

KLOSE, Joachim
Dr. med., Dr. rer. nat., Prof. f. Humangenetik FU Berlin (Klinikum Charlottenburg) - Habelschwerdter Allee 26, 1000 Berlin 33 - 1986 Sarstedt-Forschungspreis (f. Frühdiagnose v. Protein- u. Gendefekten).

KLOSE, Karl-Dieter
Prof., Mathematiker - Schmidbachstr. 5, 7141 Beilstein-Schmidhausen - Geb. 24. April 1940 Oppeln, verh. s. 1971 m. Heidrun, geb. Droth - Univ. Frankfurt/ M. - Prof. f. Math. PH Ludwigsburg; 1982-86 Rektor PH Ludwigsburg.

KLOSE, Odo
Prof. Designer - Am Freudenberg 19, 5600 Wuppertal 2; u. Designstudio Friedrich-Engels-Allee 254, 5600 Wuppertal 2 - Prof. GH Wuppertal. Lehrber.: Ind. Design, Konzeptin u. Entwurf, Techn. Gestalt.; Forsch.- u. Entw.projekte im Fahrzeug-, Masch.- u. Gerätebau, Werkzeuge, Möbel u. Sitzgerät, Sport- u. Spielgerät, Verpack.

KLOSE, Werner
Dipl.-Math., Versicherungsdirektor - Rheidter Weg 19, 5024 Pulheim-Stommeln - Geb. 5. Febr. 1929 Berlin (Vater: Willi K.; Mutter: Minna, geb. Kurz), kath., verh. s. 1957 (Ehefr.: Charlotte), 3 Kd. (Beate, Matthias, Ursula) - Friedrichswerdersches Gymn. u. FU Berlin (Dipl. 1954) - Agrippina Lebensversich. AG, Köln (1962 Prok., 1971 Abt.dir., 1975 stv. Vorst.-Mitgl., 1989 o. Vorst.-Mitgl.). Math. Sachverst.

KLOSE, Wolfgang Dietrich
Dr. rer. nat., o. Prof., Vorstandsmitglied Kernforschungszentrum Karlsruhe - Zu erreichen üb. Postfach 36 40, 7500 Karlsruhe 1 - Geb. 1. Jan. 1930, verh. s. 1953 m. Christine, geb. Kümmel, 2 Kd. - Stud. Mathematik u. Physik; Dipl. 1953; Promot. 1956 Berlin; Habil. 1964 Erlangen - 1967 o. Prof. Univ. Saarbrücken, 1976 Hon.-Prof. Univ. Karlsruhe.

KLOSSIKA, Walter H.

Dipl.-Ing., Geschäftsführer System Elektronik GmbH, Berlin - Lenauweg 5, 3340 Wolfenbüttel (T. 05331 - 4 44 25) - Geb. 7. Sept. 1930 Ulm, ev., verh. s. 1960 m. Margrit, geb. Finke, 2 Kd. (Christine J., Jörg J.) - Ausb. Rundfunkmechaniker; Stud. Hochfrequenztechnik Oskar v. Miller-Polytechnikum München - 1954 Laboring.; 1966 Werkleit.; 1970 Dir. AEG-Telefunken; 1972 Vorst.-Mitgl. Telefunken Computer; 1975 Dir. Olympia Werke AG; 1981 Geschäftsf. Kyocera Corp. Pat. auf d. Halbleitergeb. - Spr.: Engl., Franz.

KLOSTER-JENSEN, Martin Alexander
Dr. phil. (norw.), Prof. i. R. f. Erziehungswissenschaft (Sprachbehindertenpäd.) Univ. Hamburg - Bærumveien 235, N-1340 Bekkestua/Norwegen (T. 02-534523) - Geb. 23. Febr. 1917 Ringerike, 2 Kd. - Stud. Spr. u. Sprachwiss., Phonetik, Promot. 1961 Bergen/Norw. - 1942-53 Lehrer höh. Schulen; 1953-75 Hochschull. (Phonetik) Bergen, 1963-66 Hochschull. Bonn, 1973 u. 74 jew. ein Sem. Gastprof. Heidelberg (Phonetik) - 1961-75 Generalsekr. Intern. Ges. f. Phonet. Wiss., spät. Vizepräs. u. Präs. ebd.; 1975-83 Hochschull. Hamburg -

BV: Lehrb. d. Phonetik, Beitr. in Fachzschr.

KLOSTERHALFEN, Herbert
Dr. med., o. Prof. f. Urologie - Alte Landstr. 216, 2000 Hamburg 65 (T. 5 36 27 22) - S. Habil. Lehrtätigk. Univ. Hamburg (1966 Ord. und Klinikdir.). Facharb.

KLOSTERKEMPER, Horst
Manager (Leit. Abt. Logistik/Einkauf Henkel-Konzern) - Zu erreichen üb. Henkel & Co. GmbH., Henkelstr. 67, 4000 Düsseldorf-Holthausen 1 - Geb. 1938 - Liebh.: Tennis (Initiator u. Gestalter Mannschaftsturnier World Team Cup Rochus-Anlage D'dorf).

KLOSTERMANN, Gerald Franz

Dr. med., Prof., Dermatologe, ehem. Chefarzt Agnes-Karll-Krankenh. Hannover-Laatzen (1972-85) - Wohlenhauser Str. 45, 3072 Marklohe-Wohlenhausen - Geb. 22. Jan. 1920 Blankenburg/Harz (Vater: Franz K., Zahnarzt; Mutter: Elisabeth, geb. Meurer), verh. I.) m. Christel, geb. Daalmann, 3 S. (Manfred, Gerald, Eberhard), II.) m. Karoline Sophie, geb. Freiin v. Hadeln - Gymn. Blankenburg; Univ. Freiburg, Leipzig, Göttingen. Promot. (1945) u. Habil. (1958) Göttingen - Univ.-Hautkliniken Göttingen (1947-53) Erlangen (1953-55) u. wied. Göttingen (1955-72); 1958 Privatdoz., 1959 Oberarzt, 1964 apl. Prof., 1970 Prof. u. Abt.vorst. (f. Dermatol. Histol.) - Div. Ehrenämter, dar. 1965-71 Vorst. Dt. Dermatol. Ges., 1973-74 Vors. Akad. ärztl. Fortbildung Nieders., 1974-78 Vorst. Ärztekammer Nieders. - BV: Pigmentfleckenpolypose - Klin., histolog. u. erbbiolog. Studien am sog. Peutz-Syndrom, 1960; D. diagnost. Blick - Atlas z. Differentialdiagnose innerer Krankh., 1964 u. 1970 (m. Südhof u. Tischendorf; auch span., engl., ung., franz., ital., jap., tschech.) - 1985 Ehrenplak. d. Ärztekammer Nieders. - Spr.: Engl., Span.

KLOSTERMEIER, Karl-Heinz
Dipl.-Volksw., Intendant Radio Bremen (s. 1985) - Heinrich-Hertz-Str. 13, 2800 Bremen 33 - Geb. 22. Aug. 1936 Hemmingen (Vater: Karl K., Schlosser; Mutter: Lina, geb. Habenicht), ev. - Volkssch.; Verwaltungslehre; n. Abit. (Abendgymn.) Stud. Theaterwiss., Wirtschafts- u. Sozialwiss. München, USA, Berlin. B. A. 1963 USA; Dipl.-Volksw. 1966 Berlin (FU) - 1953-60 Stadtverw. Hannover; 1968-77 NDR Hamburg, 1977-85 Betriebesdir. RB. SPD - Spr.: Engl.

KLOSTERMEYER, Wilhelm
Dr. med., Prof., Wiss. Abteilungsvorsteher TH Aachen (Abt. Chirurgie) - Scheurenstr. 2, 5100 Aachen (T. 72540) - Geb. 29. Juni 1908 - S. 1940 (Habil.) Lehrtätigk. Univ. Hamburg u. TH Aachen (1966 Abt.svorst. u. Prof.); zeitw. Chefarzt Chir. Klinik Städt. Krankenanstalten Aachen. Facharb.

KLOTEN, Heinrich
Dipl.-Landw., Präsident LK Rheinland, Bonn (s. 1970), AR-Vors. Westd. Genoss.-Zentralbank eG, Düsseldorf (s. 1975) - Holterhöfe 9, 4156 Willich 2 - Geb. 5. März 1920 Willich, kath., verh. s. 1961, 4 Kd. - Gymn.; Stud. Landw. - 1973 BVK I. Kl., 1980 Gr. BVK.

KLOTEN, Norbert
Dr. rer. pol., Dr. h. c., Prof., Präsident Landeszentralbank Baden-Württemberg (s. 1976); Mitgl. Zentralbankrat - Im Hopfengarten 24, 7400 Tübingen (T. 6 26 70) - Geb. 12. März 1926 Sinzig/Rh. (Vater: Johannes K., Kaufm.; Mutter: Katharina, geb. Mongs), kath., verh. s. 1953 m. Dr. Annemie, geb. Münzel, 3 Kd. (Ilka, Jan, Kristin) - Realgymn. Honnef; 1944 u. 1946-48 Univ. Bonn (Dipl.-Volksw. 1948) - 1949-56 Assist. Univ. Bonn (1956 Privatdoz.); 1957-58 Gastprof. Bologna Center John Hopkins Univ. Baltimore/USA; 1958-59 Lehrstuhlvertr. Univ. Bonn u. Tübingen; 1960-76 Ord. Univ. Tübingen; s. 1976 Hon.-Prof. u. Präs. LZB Baden-Württ. S. 1967 Mitgl. Landesarbeitsgem. d. Akad. f. Raumforsch. u. Landesplan. Baden-Württ., s. 1967 Wiss. Beirat Bundeswirtschaftsmin., 1967-69 Wiss. Sachverständigengremium Planungsstab b. Bundeskanzleramt, 1969-76 Sachverst.rat z. Begutacht. d. gesamtwirtsch. Entwickl. (1970-76 Vors.), Mitgl. List Gesellschaft, s. 1979 Mitgl. d. Vorst., 1968 Mitgl. Ges. f. Wirtschafts- u. Sozialwiss., Ver. f. Socialpolitik, 1966 Mitgl. Inst. Finance Public, 1972 Mitgl. wiss. Direkt. d. Dt. Ges. f. Ausw. Politik, 1972 Mitgl. wiss. Beraterkr. d. Fritz Thyssen Stift, s. 1980 Mitgl. d. Kurat., 1972 Vorst.-Mitgl. Adolf-Weber-Stift., 1979 Mitgl. Trilateral Commiss., 1979 Vorst.-Vors. d. Ges. f. Angew. Wirtschaftsforsch, Tübingen, 1982 Vorst.-Mitgl. d. Freunde d. Hebräischen Univ., Stuttgart, 1983 Vorst.-Mitgl. Christl. Jugenddorfwerk Deutschl., 1987 Mitgl. d. Kurat. d. Stiftg. Volkswagenwerk - BV: D. Eisenbahntarif im Güterverkehr - Versuch e. theoret. Grundleg., 1959; Z. Entw. d. Geldwerts in Dtschl., 1980 (m. a.); D. Staat in d. Sozialen Marktwirtsch., 1986. Handbuch- u. Ztschr.-beitr., u.a. Paradigmawechsel in d. Geldpolitik?, 1988, in: Ztschr. f. Wirtsch.- u. Sozialwiss.; Wege zu e. Europ. Zentralbanksystem, 1988, in: EUROPA-ARCHIV; Monetäre Steuerung in d. transitor. Stadien e. Wirtschaftssystems: D. Fall China, 1989, in: Ausz. aus Presseart. d. Dt. Bundesbk. Mithrsg.: Systeme u. Meth. in d. Sozialwiss., Festgabe f. Erwin v. Beckerath (1964); Obst-Hintner: Geld-, Bank- u. Börsenwesen, Buchreihe Wirtschaft u. Gesellschaft - 1980 Ehrendoktor Univ. Karlsruhe (Wirtschaftswiss.) - Liebh.: Lit., Sport - Spr.: Engl., Ital. - Rotarier.

KLOTZ, Heinrich
Dr. phil., Prof. f.Kunstgeschichte Univ. Marburg (s. 1972) - Kaiserstr. 64, 7500 Karlsruhe 1 - Geb. 20. März 1935 Worms/Rh. (Vater: Martin K.; Mutter: Emilie, geb. Seibert), verh. s. 1964 m. Gertrud, geb. Hooss, 3 Kd. (Martin, Katharina, Elisabeth) - Univ. Frankfurt/M., Heidelberg, Freiburg/Br., Göttingen. Promot. (1963) u. Habil. (1965) Göttingen - Ehem. Gründungsdir. Dt. Architekturmuseum Frankfurt, Gründungsdir. Zentrum f. Kunst u. Medientechnol. Karlsruhe, Gastprof. FU Berlin, Yale u. Washington Univ. USA - BV: Brunelleschis Frühwerk, 1970; Arch. im Widerspruch, 1974 (auch engl., franz., jap.); Keine Zukunft f. uns. Vergangenh., 1976; D. röhr. Hirsche d. Arch., 1977; Arch. in d. Bundesrep., 1977; Gestalt. e. neuen Umwelt, 1978; Revision d. Moderne, 1984; Moderne u. Postmoderne, 1984; D. Neuen Wilden in Berlin, 1984; D. Arch. d. 20 Jh. (Ausst.katalog), 1989.

KLOTZ, Helmuth
Dr. med., Arzt f. Allgemeinmedizin, Präsident Landesärztekammer Hessen, Frankfurt (s. 1986) - Broßstr. 6, 6000 Frankfurt/M. 90 (T. 069 - 79 48-0); priv.: Bismarckstr. 11, 6100 Darmstadt (T. 06151 - 2 15 47) - Geb. 1. März 1929 Roding/Bay. Wald, verh. s. 1955 m. Dr. med. Elly, geb. Holzmann, 4 Kd. - S. 1978 Vizepräs. Bundesärztekammer, Köln; Ehrenmitgl. d. Berufsverb. d. Prakt. Ärzte u. Ärzte f. Allgemeinmed. Dtschl. (BPA) - 1988 BVK - Liebh.: Angeln.

KLOTZ, Volker
Dr. phil., o. Prof. f. Literaturwissenschaft (Neuere dt. Lit.) Univ. Stuttgart (s. 1971) - Rotebühlstr. 97, 7000 Stuttgart 1 (T. 61 22 62) - Geb. 20. Dez. 1930 Darmstadt, verh., 3 Kd. - 1951-58 Univ. Frankfurt/M. (Dt. u. Engl. Lit., Kunstgesch.). Promot. 1959; 1960-68 wiss. Assist. TU Berlin; Habil. 1968 - Theaterkrit., Dramaturg. Gastprof. In- u. Ausl. - BV: Bertolt Brecht, 1957; Geschlossene u. offene Form im Drama, 1960; Kurze Kommentare zu Stücken u. Ged., 1962; D. erzählte Stadt, 1969; Bühnen-Briefe, 1972; Dramaturgie d. Publikums, 1976; Abenteuer-Romane, 1979; Bürgerl. Lachtheater, 1980; D. europ. Kunstmärchen, 1985; Operette, 1990. Mitverf.: Gesch. d. dt. Dichtung, 1962. Herausg.: Niebergalls Datterich (1963); Z. Poetik d. Romans (1965); Erich Arendts Ged. (1966). Mithrsg.: Bausteine zu e. Poetik d. Moderne (1987); Carl Malss' Werke (1988) - 1969 Mitgl. Karl-May-Ges., 1975 Mitgl. PEN-Zentrum BRD.

KLOTZ, Volker
Dr. rer. nat., Prof. f. Mathematik GH Siegen - Hölderlinstr. 3, 5900 Siegen 21 - Stud. Math.

KLOTZ, Walter
Dr. rer. nat., Prof. f. Mathematik TU Clausthal (apl.) - Mühlenstr. 15, 3392 Clausthal-Zellerfeld - Vorher Privatdoz.

KLOTZBACH, Günter
Dr.-Ing., Hüttendirektor i. R. - Tannenstr. 27, 4330 Mülheim/Ruhr-Speldorf (T. 5 08 13) - Geb. 16. Febr. 1912 Essen - Fast 35 J. Krupp - 1974 Ehrenmitgl. Americ Iron and Steel Inst., 1978 Ehrenmitgl. Iron and Steel Institute of Japan, 1979 Ehrenmitgl. Verein Dt. Eisenhüttenleute - Spr.: Engl., Franz. - Rotarier.

KLOTZBÜCHER, Alois
Dr. phil., Ltd. Bibliotheksdirektor i. R. - Gibbenhey 2, 4600 Dortmund 50 - Geb. 6. Juni 1930 Tübingen (Vater: Anton K., Arbeiter; Mutter: Anna, geb. Krauß), kath., verh. s. 1968 (Ehefr.: Margund) - Buchhändlerlehre; n. Begabtenabit. Stud. Polit. Wiss., Gesch., Soziol., German. Bibliothekarprüf. 1960; Promot. 1964 (Erlangen); Bibl.ass.ex. 1967 - Buchhandel, Verlagswesen, Werbung, Bibl.ass. (1967), -rat (1970), Oberbibl.rat (1971), Bibl.dir. (1974), Ltd. Bibl.dir. (1976) - BV: Formen d. Integration u. Zentralisation d. wiss. Stadtbibl. u. d. öfftl. Bücherei, 1969; Von Büchern u. Bibliotheken in Dortmund. Beitr. z. Bibliotheksgesch. einer Industriestadt (Hrsg.), 1982; Lit. Leben in Dortmund. Beitr. z. Gesch. v. Lit., Buchhandel u. Vereinen (Hsg.) - Liebh.: Lit., Wandern - Spr.: Engl., Franz.

KLUCKE, Helmut
Aufsichtsratsvorsitzender Burbach-Kaliwerke AG, Kassel, stv. AR-Vors. Dt. Kalisyndikat GmbH, Berlin, AR-Mitgl. Wintershall AG, Kassel, Beirat Dresdner Bank AG u. Gerling-Konzern - Heinrich-Schütz-Allee 151, 3500 Kassel - Geb. 25. Febr. 1922.

KLÜBER, Franz
Dr. jur., Dr. rer. pol., o. Prof. f. Kath. Gesellschaftslehre Univ. Regensburg - Rilkestr. 8, 8400 Regensburg - Geb. 28. Nov. 1913 Gladbeck/W. (Vater: Viktor K., Fliesenleger; Mutter: Aloysia, geb. Reith), kath., verh. s. 1951 m. Dr. Hedwig, geb. Kowalewicz - Stud. Phil., Theol., Rechtswiss., Nationalök. Univ. Münster, Freiburg, Jena, Tübingen. Habil. Innsbruck - BV: D. Eigentum in christl. Sicht, 1953; Grundfragen d. christl. Soziallehre, 1955; Christl. Soziallehre - Sozialprinzipien, 1957; Grundl. d. Kath. Gesellschaftslehre, 1960; Eigentumstheorie u. -politik, 1963; Individuum u. Gemeinschaft in kath. Sicht, 1963; Naturrecht als Ordnungsnorm d. Ges., 1966; Kath. Ges.lehre, Bd. I 1968; Kath. Eigentumslehre, 1968; Grundriß d. kath. Ges.slehre, 1971; Kath. Soziallehre u. demokrat. Sozialismus, 1974, 2. A. 1979; Der Umbruch des Denkens in der kath. Soziallehre, 1982; D. kath. Kriegsethik u. ihre Verfälschung durch d. Dt. Bischofskonfz., 1984; Friedenspolitik im Zwielicht. Spricht Rom deutlich genug? In: Hans Küng, Norbert Greinacher (Hrsg.), Kath. Kirche - Wohin? Wider d. Verrat am Konzil, 1986; Amerik. Bischöfe, dt. Episkopat u. d. Krieg. In: Mathias Jung (Hrsg.), F. e. bessere Republik, 1987.

KLÜBER, Josef
Lederwarenfabrikant - Hanauer Str. 99, 8755 Alzenau/Ufr. - Ehrenmitgl. IHK Aschaffenburg (jahrel. Vizepräs.); BVK I. Kl.

KLÜKEN, Norbert
Dr. med., Dr. h. c., Prof., Prof. h. c., Angiologe u. Dermatologe - Hufelandstr. 55, 4300 Essen - Geb. 4. Mai 1920 Krefeld (Vater: Wilhelm K.; Mutter: Maria, geb. Roether) - Promot. 1945; Habil. 1958 - S. 1958 Lehrtätigk. Univ. Saarbrücken u. Bochum (u. a. Abt.vorsteher Prof. Klinikum Essen). Präs. Dt. Ges. f. Phlebol. u. Proktol., Mitgl.sch. u. Vorst. nationaler u. intern. Ges. Zahlr. Fachveröff. Hrsg.: u. a. Ztschr. Folia Angiologica (3-sprach.), Ergebnisse d. Angiologie - Officier des Palmes, VK a. Bd.

KLÜMPER, Armin
Dr. med., Prof. f. Klin. Radiologie u. Sportmed., Ärztl. Dir. Abt. f. Sporttraumatologie Univ. Freiburg - An den Heilquellen 6, 7800 Freiburg/Br.

KLÜNDER, Jürgen
Dr. phil., Direktor Dt. Institut f. Puppenspiel - Steinring 113, 4630 Bochum 1 (T. 0234 - 4 77 78) - Geb. 9. Nov. 1940 Hamburg, verh. (Ehefr.: Ginny), 2 T. (Heide, Edwina) - Stud. Theaterwiss. (Promot.) - Spr.: Engl.

KLÜNNER, Lothar
Journalist, Schriftst., Übers. (Ps. Leo Kettler) - Mommsenstr. 26, 1000 Berlin 12 (T. 030 - 324 25 91) - Geb. 3. April 1922 Berlin - Stud. Theol. u. Kunstgesch. Univ. Tübingen u. Berlin - Schreibt Lyrik, Kurzprosa, Ess. u. Übers. alter u. mod. franz. Poesie; Mitarb. Berliner Malerkabarett in d. Badewanne (1950); Mitherausg. v. Speichen - Jahrb. f. Dichtung (1969-71); Funkautor (Leo Kettler) - BV: Ged.: Wagnis u. Passion, 1960; Windbrüche, 1976; Gegenspur, 1977; Befragte Lichtungen, 1985; Prosa: Abfuhr u. sieben Ermittl. z. Poetik, 1985. Übers. v. Apollinaire, Blanchot, Blasonneurs d. 16. Jh., Breton, Chagall, Char, Dupin, Éluard, Goll, Jarry, Lorca, Nerval, Péret, Ponge u.a.

KLÜNTER, Peter
Dr., Direktor i.R. Landwirtschaftskammer Rheinland u. Höhere Forstbehörde Rhld. (b. 1984) - Endenicher Allee 60, 5300 Bonn 1 - Geb. 19. März 1919.

KLÜSMANN, Günther
Dr. rer. pol., Direktor i. R., Ehrenvors. Vereinig. d. Dt. Verbandstoff-Ind. (s. 1968) - Am Hochwald 8, 8130 Starnberg - Geb. 6. Sept. 1903 Hamburg - Univ. Graz, Hamburg, Berlin - B. 1968 Vorstandsmitgl. Paul Hartmann AG. B. 1968 Vors. Vg. d. Dt. Verbandstoffind.

KLÜTING, Hans
Rechtsanwalt, Generalbevollm. Hoesch Werke AG, Dortmund - Eberhardstr. 12, 4600 Dortmund 1 (T. 0231 - 844 49 90) - Geb. 24. April 1926 Dortmund - 1947-50 Stud. Rechtswiss.; 1. jurist. Staatsex. 1950, 2. Staatsex. 1953 - S. 1954 Hoesch Werke AG, Dortmund.

KLÜTSCH, Albert
Rechtsanwalt, MdL Nordrh.-Westf. (1980-90), MdK Erftkr. (1975-89) - Düsseldorfer Str. 3, 5047 Wesseling/ Rhld. (T. 02236 - 4 82 34) - Geb. 7. Juni 1944 Wesseling (Vater: Heinrich K.; Mutter: Elfriede, geb. Berg), kath., verh. s. 1970 m. Ingrid, geb. Krüger, S. Karsten - Schule Landsberg/Lech (Abit. 1963); 1965-69 Univ. Bonn u. München (Rechts- u. Staatswiss.). Jurist. Staatsex. 1970 (Bonn) u. 74 (Düsseldorf) - 1974-80 Richter Arbeitsgericht; s. 1981 RA. 1975-79 Stadtverordn. Wesseling - Liebh.: Mythol., Sport - Spr.: Engl., Franz., Ital., Span., Russ., Malayisch.

KLÜTSCH, Karl
Dr. med. (habil.), Prof., Chefarzt I. Med. Klinik Kreis- u. Stadtkrankenh. Wetzlar - 6330 Wetzlar - Geb. 31. Mai 1926 Leverkusen (Vater: Wilhelm K., Mutter: Sybilla, geb. Richarz), kath., verh. s. 1967 m. Dr. Ingrid, geb. Landschütz, 3 Kd. (Karl-Christoph, Ruth, Karola) - Carl-Duisberg-Gymn. Leverkusen (Abit. 1944); Stud. Univ. Würzburg; Facharztausbild. Hamburg, Zürich, Galveston/USA - Zahlr. wiss. Publ., Hand- u. Fachbuchbeiträge - Spr.: Engl.

KLÜVER, Detlef
Dipl.-Ing., Bürgerschaftsabg. (1974-78) - Zickzackweg 27c, 2000 Hamburg 52 - Geb. 20. Sept. 1940 Hamburg, verh. s. 1965 m. Monika, geb. Krüger, 2 Kd. (Meike, Karen) - Christianeum Hamburg (Abit.); Stud. Maschinenbau TU Hannover (Dipl.ex. 1966) - FDP s. 1967 (1971-75 Mitgl. Landesvorst. Hamburg).

KLÜVER, Karl-Joachim
Ltd. Baudirektor, Leit. Bundesamt f. Schiffsvermessung - Bernhard-Nocht-Str. 78, 2000 Hamburg 4.

KLÜWER, Carl
Dr. med., Psychoanalytiker, ehem. Therap., Leit. Haus Sommerberg, Hoffnungsthal, Honorarprof. f. Psychoanalyt. u. -therapeut. Probleme d. Kindes- u. Jugendalters Univ. Bochum - Am Zaarshäuschen 22, 5060 Berg. Gladbach-Refrath.

KLUG, Annelies Ilona
Pressesprecherin der Mittelstandsvereinigung der CDU/CSU, u. d. Europ. Mittelstands-Union EMSU, Chefredakteurin MIT-Magazin - Heussallee 40, 5300 Bonn 1 - Geb. 7. März 1943 Krazau Kr. Reichenberg (Vater: Josef K., Textilkfm.; Mutter: Anna, geb. Knapp), kath. - Mädchengymn. Kempen; Univ. Münster u. Köln (German., Publ., Roman.). Beide Staatsex. f. d. Lehramt an Realsch. - Ref. CDU-Bundesgeschäftsf. (Management u. Problemfindung u. CDU-Bundesgeschäftsf. (Frauen- u. Familienfragen). Redakt: Frau + Politik (Ztschr.), Geschäftsf. d. Frauenvereinig. d. CDU/CSU u. d. Europa-Sektion d. CDU/CSU - Spr.: Engl., Franz.

KLUG, Horst
Kaufmann, gf. Gesellsch. Horst Klug GmbH - Raderberger Str. 154-160, 5000 Köln 51 - Alleiniger Gesellsch. Klug Verw. GmbH, Gesellsch. Klug Vollreinigung & Wäscherei GmbH & Co. KG.

KLUG, Ulrich
Dr. jur., em. o. Prof., Justizsenator a. D. - Albertus-Magnus-Platz, 5000 Köln 41 - Geb. 7. Nov. 1913 Barmen (Vater: Dr. Georg K., Syndikus Dt. Ind.- u. Handelstag; Mutter: Hertha, geb. Dross), verh. s. 1940 m. Ruth-Marion, geb. Beling, T. Angelika - Grunewald-Gymn. u. Univ. Berlin (Promot. 1938), Ass.ex. 1940 Berlin - 1950 Privatdoz. Univ. Heidelberg; 1953 Dir. Commerz- u. Creditbank AG., Karlsruhe; 1956 ao. Prof. Univ. Mainz; 1960 o. Prof. Univ. Köln (Dir. Kriminalwiss. Inst.) 1971-74 Staatssekr. Justizmin. NRW, 1974-77 (Rücktr.) Justizsenator Freie u. Hansestadt Hamburg, zugl. Vors. Rechtsausch. Bundesrat. Aus FDP 1982 ausgetr. - BV: D. zentrale Bedeutung d. Schutzgedankens f. d. Zweck d. Strafe,

1938; Jurist. Logik, 4. A. 1982 (auch span.); Aktienstrafrecht, 2. A. 1975; Presseschutz im Strafprozeß, 1965; Problemas de filosofia del derecho, 1966; Skept. Rechtsphilosophie u. Humanes Strafrecht, Bd. 1 u. 2, 1981. Zahlr. Einzelarb. - Prof. h. c. Univ. Córdoba (Argent. 1965); korr. Mitgl. Akad. d. Wiss. u. d. Lit., Mainz; Mitgl. PEN-Zentrum BRD; Beiratsmitgl. Humanist. Union - Liebh.: Mod. Kunst.

KLUGE, Alexander
Der. jur., Rechtsanwalt, Schriftst., Filmregiss. - Hochschule f. Gestaltung, 7900 Ulm; priv.: Schumannstr. 64, 6000 Frankfurt/M. 1 (T. 74 92 30) - Geb. 14. Febr. 1932 Halberstadt (Vater: Dr. med. Ernst K.; Mutter: Alice, geb. Hausdorf) - Gymn. Halberstadt u. Berlin; Univ. Marburg (Rechtswiss.; Promot. 1956). Ass.ex. 1958 Frankfurt/M. - RA Berlin u. München. Doz. Hochsch. f. Gestalt. Ulm - BV: D. Univ.selbstverw., 1958; Kulturpolitik u. Ausgabenkontrolle, 1961 (m. Prof. Hellmut Becker); Lebensläufe, Erz. 1962 (auch engl.); Schlachtbeschreibung. D. Untergang d. 6. Armee, 1964 (auch franz. u. schwed.); D. Artisten in d. Zirkuskuppel: ratlos/Die Ungläubige/Projekt Z./Sprüche d. Leni Peickert, 1968. Filmregie: Brutalität in Stein (1959), Amore (1960), Rennen (1961), Lehrer im Wandel (1963), Portrait e. Bewährung (1964), Abschied v. gestern (1966), D. Artisten in d. Zirkuskuppel: ratlos (1968), D. große Verhau (1971), Willi Tobler u. d. Untergang d. 6. Flotte (1972; UA. ZDF), Gelegenheitsarbeit e. Sklavin (1973), D. starke Ferdinand (1976; bes. wertvoll/Filmbewert.st.), D. Macht d. Gefühle - Mitgl. Verb. Deutscher Film- u. Fernsehproduzenten, Oberhausener Gruppe, Gruppe 47 - 1961 u. 64 I. Preis Oberhausener Kurzfilmtage, 1964 Berliner Kunstpreis Jg. Generation (f.: Lebensläufe), 1966 Bayer. Staatspreis f. Lit., 1967 ital. Literaturpreis Isola d'Elba (Schlachtbeschreib.), Bundesfilmpreis/ Filmband in Gold (Abschied v. gestern), 1968 Gold Löwe v. San Marco (D. Artisten in d. Zirkuskuppel: ratlos), 1969 Bundesfilmpreis/Filmbd. in Gold (D. Artisten in d. Zirkuskuppel: ratlos); 1979 Bundesfilmpreis/Filmbd. in Silber (D. Patriotin); 1983 Preis Intern. Vereinig. d. Filmkrit. Biennale (f.d. letzten Film); Mitgl. PEN-Zentrum BRD; 1975 Filmbd. in Gold Filmfestsp. Berlin; 1972 o. Mitgl. Akad. d. Künste Berlin; 1982 Mitgl. Dt. Akad. f. Sprache u. Dicht., Darmstadt - Lit.: Rainer Lewandowski, A.K. u. Filme v. A.K. (2), 1980.

KLUGE, Alfred
Dr. med., Prof., Chefarzt Patholog. Abt. - Reinhard-Nieter-Krankenhaus, 2940 Wilhelmshaven - Geb. 30. April 1928 - S. 1964 (Habil.) Lehrtätig. Münster (1969 apl. Prof. f. Allg. Pathol. u. pathol. Anat.). Üb. 30 Fachaufs.

KLUGE, Arpad
Dr. med. habil., Prof., Arzt f. Laboratoriumsmed. u.Transfusionsmed., Leiter d. Blutbank u. Labor-EDV Institut f. Immunologie u. Serologie Univ. Heidelberg - Buchenhainweg 20, 6905 Schriesheim - Geb. 31. März 1930 Berlin-Charl. - Promot. 1957, Habil. 1971, apl. Prof. 1980 - Ca. 80 Arbeiten, u.a. Mitverf.: The Computer and Blood Banking.

KLUGE, Eike-Erik
Dr. rer. nat., Wiss. Rat, Prof. f. Physik Univ. Heidelberg - Mozartstr. 15, 6900 Heidelberg - Geb. 6. Jan. 1938 - Promot. 1966; Habil. 1971 - Wiss. Tätigk. CERN, Genf. Üb. 60 Fachveröff.

KLUGE, Gabriele
Dramaturgin Theater f. d. Jugend am Nationaltheater Mannheim (s. 1986/87) - T 6, 19, 6800 Mannheim (T. 0621 - 2 64 00) - Geb. 17. Sept. 1956 Freiburg - Stud. German. u. polit. Wiss. - Regieassist. Theater Freiburg; Gründg. e. eig. Konzertagentur f. Jazz; Dramat. Theater Heilbronn - Lieb.: Jazz, Fotogr. - Spr.: Engl., Franz.

KLUGE, Hans-Jürgen
Dr. rer. nat., Prof. Inst. f. Physik, Privatdoz. f. Experimentalphysik Univ. Mainz (s. 1975) - An d. Platzäckern 24, 6500 Mainz 33 - Geb. 25. April 1941 - Promot. 1970 Heidelberg - 1974-75 CERN, Genf. Facharb.

KLUGE, Harold
Dr., Vorstandsvorsitzer Deutscher Lloyd Lebens- u. Versicherungs-AG. (2) - Karlstr. 10, 8000 München 2 - S. 1980 Vorst. DL (1981 ff. Vors.).

KLUGE, Inge-Lore
Dr. phil., Prof. f. Japanologie Inst. f. Ostasienkunde Univ. München (s. 1978) - Am Schloßpark 14, 8035 Gauting (T. 089 - 850 47 93) - Geb. 2. Sept. 1919 Prenzlau/Uckermark, ev., ledig - Stud. Univ. Berlin; Dipl. Dolm. f. Jap.; Promot. 1950; Habil. 1971 Tübingen 1949-61 wiss. Arbeitsleit. Dt. Akad. d. Wiss. Berlin; 1962-64 wiss. Assist. Univ. München, 1964-71 Tübingen; 1972 wiss. Rätin. S. 1981 Gastprof. Univ. Erlangen-Nürnberg. 1984 Vize-Präs. d. DJG in Bayern - BV: Miyoshi Kiyoyuki, S. Leben u. s. Zeit, 1958 - Spr.: Engl., Franz., Jap.

KLUGE, Karl-Josef
Dr. phil., Prof. f. Erziehungsschwierigenpädagogik Univ. Köln - Ninive 59, 4060 Viersen 1 - Geb. 25. März 1933 Essen - Promot. 1968 - Seit 1969 Hochschulprof., 1971-77 Dir. Heilpäd. Landesjugendheim Viersen; s. 1979 Mitgl. (u. Mitbegr.) im Wiss. Beirat EREW-Inst.; Gutachtenbeauftr. Bundesmin. f. Jugend, Familie u. Gesundheit; Gründ. u. Chairman f. multinat. Forschercamps f. Kinder u. Jugendl. (s. 1985). Mitgründ. Eurotalent, u. Intern. Council z. Förd. d. Management-Nachwuchs u. junger Führungskräfte; Präs. Eurotalent-Kommiss. f. Enrichmentprogr. - BV: Päd. d. Schwererziehbaren, 2. A. 1973; Sie prügeln sich in unseren Klassen wie noch nie, 1975; Kölner Verhaltensauffälligenpädagogik, 1975; Einführung in d. Heilpäd. d. Gegenw. 1979; Heimerziehung - ohne Chance?, 1982; Familie als Erziehungsinstitution, Bd. 1-5, 1982; Entw. im Heim, T. 1-5, 1984; D. verborgene Kraft: Hochbegabung-Talentierung-Kreativität, 2 Bde. 1985 (Hrsg. u. Verf.). Herausg. u. Mithrsg.: Lehrb., Begründer Schriftenreihe: Berichte z. Erziehungstherapie u. Eingliederungshilfe München (1980). Mithrsg.: Mit Vergnügen Forschen u. lernen. Bild- u. Textdok. d. Univ. Sommercamps, Bd. 1 u. 2 (1987 u. 88). Üb. 130 Einzelarb. - 1983 Janusz-Korczak-Med. d. Intern. Korczak-Ges. u. d. Univ. Warschau.

KLUGE, Manfred
Dr. rer. nat., Prof. f. Botanik TH Darmstadt - Franz-Liszt-Weg 3, 6104 Seeheim-Jugenheim 1.

KLUGE, Martin
Dr.-Ing. habil., Dr.-Ing. E.h., Direktor i. R. - Carl-Orff-Str. 2, 7032 Sindelfingen - Geb. 11. Nov. 1904 Gembitz/Prov. Po-

sen, ev., verh. s. 1934 m. Ilse, geb. Beyer †, 5 Kd. (dav. 4 T.) - TH Dresden (Diplomprüf. 1928). Promot. (1932) und Habil. (1933) Dresden - 1929 Laboring. Siemens & Halske AG., Berlin, Assist., 1933 Privatdoz. TH Dresden, 1936 Laborleit., 1944 Fabrikdir. AEG Berlin, 1939 Privatdoz. TH Berlin, 1945 Techn. Dir. NEF ebd., 1948 Laborleit. Mix & Genest AG, Stuttgart, 1950 Techn. Dir., 1951 Vorst.-Vors. C. Lorenz AG, 1958 Vorst.-Mitgl. Standard Elektrik Lorenz AG ebd. - 1934 Denker-Preis Dt. Ges. d. HNO-Ärzte; 1984 BVK I. Kl.

KLUGE, Norbert

Dr. phil., Univ.-Prof. f. Pädagogik Erziehungswiss. Hochschule Rheinl.-Pfalz/Abt. Landau - Am Neuberg 23, 6740 Landau 21/Pf. - Geb. 13. Dez. 1935 Essen (Vater: Karl K.; Mutter: Maria, geb. Biermann), kath., verh. s. 1964 m. Christine, geb. Jochem, 2 Kd. (Klemens, Kathrin) - Univ. Köln u. Mainz sow. PH Koblenz (Päd., Psych., Phil., Lat., Gesch.). Beide Lehramtsprüf.; Promot. 1964 - S. 1964 Lehrtätig. PH Karlsruhe, PH Trier (1971 ao. Prof.) - EWH Landau (1974 o. Prof., 1974-76 Dekan, 1975/76 Abt.-Dekan) S. 1985 Vors. Arbeitsgem. Sexualpäd. Forsch., s. 1987 Vors. Dt. Ges. f. Geschlechtserziehung, s. 1988 Leit. d. Forschungsst. f. Sexualwiss. u. Sexualpäd. Gastprof. Israel u. Schweiz - BV: D. Unterrichtsspiel, 1968; Päd. Verhältnis u. Erziehungswirklichk., 1972; Einf. in d. Sexualpäd., 1978; Spielen u. Erfahren, 1981; Einführung in die Systematische Pädagogik, 1983; Sexualerziehung statt Sexualaufklärung, 1985; Lehrhilfen z. Unterr.thema AIDS in d. BRD (zus. m. S. Wenzel), 1988. Div. Herausg., u.a.: Handb. d. Sexualpäd. (2 Bde. 1984); D. Liebe auf d. Spur. Begleitb. z. TV-/Video-Spielfilmserie üb. Liebe u. Sexualität (1989) - Spr.: Engl.

KLUGE, Rolf-Dieter
Dr. phil., o. Prof. f. Slavistik - Lerchenstr. 12, 7401 Neustetten l/Kr. Tübingen (T. 07472 - 225 02) - Geb. 26. Juni 1937 Pirna/Elbe (Vater: Dr. phil. Paul K., Stud.dir.; Mutter: Margarethe, geb. Thiergen), ev.-luth., verh. s. 1962

m. Inge, geb. Braun, 3 Kd. (Dietmar, Dagmar, Sabine) - Stud. Univ. Mainz, FU Berlin. Staatsex. 1961, Promot. 1965, Habil. 1975 - 1966-72 wiss. Assist. Mainz; 1972-75 Ass.-Prof. Mainz; 1975 Prof. Univ. Mainz u. Freiburg/Br.; 1982 o. Prof. Univ. Tübingen; 1987 Advisory Prof. Heilongjiang Univ. Harbin (VR China) - BV: Westeuropa u. Rußland i. Weltbild Aleksandr Bloks, 1967; Vom krit. z. sozialist. Realismus, 1973; A. Barac: Geschichte d. jugosl. Literaturen, 1977; D. russ. Symbolismus, 1985. Herausg.: Gegenwartslit. in Osteuropa u. d. DDR (1982); Aspekte d. Science Fiction in Ost u. West (1985) - Liebh.: Kinderlit. - Spr.: Engl., Russ., Poln., Serbokroat., Sloven, Bulg. (Franz., Lat.).

KLUGE, Wolfhard
Dr. phil., Prof. f. Sprachwissenschaft u. Didaktik d. Dt. Sprache Univ. Gießen - Schillerstr. 50, 6302 Lich (T. 06404 - 73 23) - Geb. 18. Mai 1933 Volkersdorf/ Schles., verh. m. Barbara, T. Anjuscha - Beitr. z. Tempussystem, z. d. Substantivgroßschreib., Kritik d. Sprachunterr. Mitverf. v. Arbeitsb. Deutsch, MIT-Spr., cvk-Grammatik-Kurs.

KLUGMANN, Norbert
Journalist, Schriftst., Drehbuchautor - Wiesenstr. 45a, 2000 Hamburg 20 - Geb. 27. Aug. 1951, verh. s. 1981 m. Karin, geb. Hoffknecht (Schausp.) - 1970-79 Stud. Soziol., Psych., Päd. Univ. Hamburg - BV: Vorübergehend z. Hause, 1985; D. Schwede u. d. Schwarze, 1986; Heißer Herbst, kalte Hirsche, 1987; D. Hinrichtung, 1988; D. Dresdner Stollen, 1989; Niebuhr u. Marks, 1989; D. Scheidungsparty, 1989 - 1980 Hamburger Stadtteilschreiber; 1982 Hans-im-Glück-Jugendbuchpreis; 1985 Preis d. Leseratten d. ZDF; 1986 Dt. Krimi-Preis.

KLUMBACH, Hans
Dr. phil., Museumsdirektor a.D., Honorarprof. f. Röm.-German. Archäologie Univ. Mainz - Schneckenburger Str. 11, 6500 Mainz - Geb. 26. April 1904 - Zu langj. Dir. Röm.-German. Zentralmuseum, Mainz. Zahlr. Veröff. z. Religions- u. Waffengesch. sow. üb. Kunsthandw.

KLUMP, Brigitte

Autorin, Publizistin - Seepromenade 5, 8124 Seeshaupt am Starnberger See - Geb. 23. Jan. 1935 Groß-Linichen/Pom. - 1954-61 Stud. Journalistik DDR; Stud. Publiz., German. u. Theaterwiss. West-Berlin - Regiepraxis Berliner Ensemble (Theater Bertolt Brechts); Autorin (Fachgeb.: polit. Lit.); s. 1980 priv. Beschwerdef. b. d. Vereinten Nationen f. Sammelbeschwerden - BV: D. rote Kloster, e. dt. Erzieh., 1978, TB m. Erweit. 1981, Wiederaufl. 1986; Freiheit hat keinen Preis, e. dt.-dt. Report, 1981, TB 1983; D. Richtschwert, 1989; Zeitgesch., autobiogr. (Bücherbestenliste SWF) - 1984 BVK.

KLUMPP, Werner
Wirtschaftsminister Saarland a.D., Präs. Sparkassen- u. Giroverb. Saar (s. 1982) - Ursulinenstr. 46, 6600 Saarbrücken - Geb. 12. Nov. 1928 Baiersbronn, ev., verh. s. 1957 m. Edith, geb. Mühldorfer, 3 Kd. - 1952-53 Stud. Univ. Tübingen; 1953-58 Stud. Rechts- u. polit. Wissensch. ebd., 1. u. 2. jur. Staatsprüf. - 1964-66 Assist. Univ. Saarl., 1966-68 Richter a. Sozialger. f. d. Saarl. (Sozialgerichtsrat), 1968-74 Oberreg.rat, später Reg.dir. Minist. f. Arbeit, Sozialordnung u. Gesundheitsw. d. Saarl., 1974-75 Präs. Stadtverb. Saarbrücken, 1970-84 Landesvors. d. FDP-Saar u. Mitgl. Bundesvorst. d. FDP, 1975-77 Fraktionsvors. d. FDP-Landtagsfrakt. 1977-82 (Rücktr.) Minister f. Wirtschaft, Verkehr u. Landwirtsch. d. Saarl. S. 1982 Vorst.-Vors. Landesbank Saar Girozentrale, u. s. 1988 Stiftg. Saarländ. Kulturbesitz; s. 1989 Saarland-Versich.anst.; Beiratsmitgl. Landeszentralbank im Saarland u. Saarberg-Interplan GmbH - 1979 Gr. BVK.

KLUNCKER, Heinz
Gewerkschaftler, 1952-83 (Rücktr.) Gewerksch. Öffntl. Dienste, Transport u. Verkehr u. ehem. Mitgl. DGB-Bundesvorst. (1964-82) - Theodor-Heuss-Str. 2, 7000 Stuttgart (T. 209 72 10); priv.: Silberwaldstr. 42, Sillenbuch - Geb. 20. Febr. 1925 Wuppertal (Vater: Handwerker), verh. m. Ilselore, geb. Remy, 2 Kd. (Angela, Michael) - Volksch., kaufm. Lehre; Akad. f. Gemeinwirtschaft (2 J.) - B. 1943 Industrieangest., dann Arbeits- u. Wehrdst., 2 J. amerik. Kriegsgefangensch., spät. Parteisekr. Wuppertal, 1952-83 (Rücktr.) Angest. Gewerksch. ÖTV (1964 Vors.) - Liebh.: Bücher (bes. amerik. Realisten, Soziologie), Musik (bes. amerik. Folklore, Jazz), Radiobasteln.

KLUNZINGER, Eugen

Dr. iur., Prof. f. Bürgerl. Recht, Handels-, Gesellschafts- u. Steuerrecht Univ. Tübingen, MdL Baden-Württ. (Wahlkr. 5, Böblingen/Sindelfingen) - Klaffensteinstr. 1, 7030 Böblingen - Geb. 9. Okt. 1938 Böblingen - Vors. d. Landtagsausssch. f. Wiss. u. Kunst - Verf. mehrerer Lehrb., insbes. üb. Handels- u. Gesellschaftsrecht. CDU.

KLUSEN, Ernst A.
Dr. phil., Regisseur - Golzheimer Platz 9, 4000 Düsseldorf 30 (T. 0211 - 454 12 91) - Geb. 9. Okt. 1936 Krefeld (Vater: Prof. Dr. Ernst K.; Mutter: Gertrud, geb. Arnold), verh. s. 1964 m. Eva, geb. Karthaus, 2 Kd. (Anna, Jascha) - Musikhochsch. Saarbrücken, Univ. Köln (Musikwiss., Theaterwiss., Kunstgesch.; Promot. 1970) - S. 1970 fr. Regiss., Schausp., s. 1983 auch Oper. 1978-83 Lehrbeauftr. f. szen. Unterr. Staatl. Hochsch. f. Musik Köln; 1983-85 Szen. Leit. ebd. - BV: Johann Wilhelm Wilms (1772-1847), 1975, New York 1984. Übers.: Theaterst. (aus d. Niederl. u. Franz. ins Deutsche), 1972ff.

KLUSMANN, Albert
Hauptlokführer, MdL Nieders. (s. 1970) - Am See 20, 2875 Ganderkesee 4, Heide II (T. 04221 - 50183) - SPD.

KLUSSMANN (ß), Hans-Jürgen
Selbst. Unternehmensberater (s. 1986) - Hempenkamp 7, 2000 Hamburg 67 (T. 603 70 31) - Geb. 3. Okt. 1930 - B. 1986 Vorstandssprecher Edeka Zentrale AG, Hamburg.

KLUSSMANN, Paul Gerhard
Dr. phil., o. Prof. - Hattinger Str. 323a, 4630 Bochum 1 (T. 43 47 49) - Geb. 25. Febr. 1923 Bielefeld (Vater: Karl K., Geschäftsf.; Mutter: Luise, geb. Hufendiek), ev., verh. s. 1966 m. Marianne, geb. Linke, 2 Töcht. (Dorothee, Gabriele) - 1933-41 Ratsgymn. Bielefeld; 1946-53 Univ. Münster (German.). Promot. 1955 Münster - 1956-58 Lehrer, Wiss. Assist. German. Inst. Univ. Münster, 1965-71 o. Prof. PH Westf.-Lippe/ Abt. Siegerl. (Dt. Sprache u. Lit.), seither o. Prof. Ruhr-Univ. Bochum (Neuere dt. Lit.) - BV: Stefan George - Z. Selbstverständnis d. Kunst u. d. Dichters in d. Moderne, 1961. Mitarb.: Dt. Lyrik (1956), D. dt. Drama (Lit. u. Ges. (1963), Dt. Dichter d. Moderne (1966), Dt. Dichter d. 19. Jh. (1968), Hugo v. Hofmannsthal u. d. Forsch. (1968), Unters. z. Lit. als Erz. (1981); Gedichte u. Interpret.: Klassik u. Romantik (1984); D. Idylle. E. Bildform i. Wandel (1986). Herausg.: Stefan-George-Kolloquium (1971); Thomas-Mann-Symposion (1978); Jahrb. z. Lit. in d. DDR (1980ff.); Karl-Wolfskehl-Kolloquium (1983); Idylle u. Modernisierung (1986) - Spr.: Engl., Franz. - Lit.: Wege d. Lit.wiss. Festschr. f. P.G.K., hg. v. Jutta Kolkenbrock u. a. (1984).

KLUTHE, Reinhold
Dr. med., Prof. f. Innere Medizin - Wasserackerstr. 1, 7800 Freiburg/Br. - Geb. 8. Juli 1928 Dillingen/S. - S. 1964 Lehrtätig. Univ. Freiburg (1970 Prof.) - BV: Diätb. f. Nierenkranke (m. H. Quirin), 5. A. 1985; Lehrb. d. Ernährungstherapie (m. K. Huth), 1986.

KLUXEN, Kurt
Dr. phil., o. Prof. f. Mittlere u. Neuere Geschichte - Rabenweg 8, 8520 Erlangen (T. 4 79 50) - Geb. 10. Sept. 1911 Bensberg (Vater: Heinrich K., Mittelschullehrer; Mutter: Anna, geb. Witter), kath., verh. s. 1955 m. Marianne, geb. Krüppel, 3 Kd. (Christoph, Andrea, Gabriele) - Realgymn. Köln-Deutz; 1930-32 Päd. Akad. Bonn; 1939 u. 1947-50 Univ. Köln (Gesch., Phil., Dt.; Promot.); 1950-51 Univ. Glasgow (Polit. Wiss.) - 1954-63 Privatdoz. u. apl. Prof. (1960) Univ. Köln; 1955-60 Prof. Päd. Akad. Bonn; 1960-63 Prof. u. Rektor Päd. Hochsch. Neuss; s. 1963 Ord. Univ. Erlangen-Nürnberg - BV: D. Begriff d. necessità im Denken Machiavellis, 1949 (Diss.); D. Problem d. polit. Opposition - Entwickl. u. Wesen d. engl. Zweiparteienpolitik im 18. Jh., 1956; Parlamentarismus, 1967, 5. A. 1980; Politik u. menschl. Existenz bei Machiavelli, 1967; Engl. Geschichte, 1968; Geschichtstheorie, 1974; Geschichte v. Bensberg, 1976; Geschichtstheorie II, 1981; Gesch. u. Problematik d. Parlamentarismus, 1983; Gesch. Englands, 3. A. 1985; Engl. Verfassungsgesch./Mittelalter, 1987.

KLUXEN, Wolfgang
Dr. phil., Dr. theol. h. c., o. Prof. d. Philosophie - Humboldtstr. 9, 5300 Bonn 1 - Geb. 31. Okt. 1922 Bensberg - 1962 Prof. Päd. Hochsch. Neuss; 1964 o. Prof. Univ. Bochum; 1969 Univ. Bonn. Zeitw. Gastprof. USA, Tokyo, Leuven. 1972-82 Präs. Société Intern. pour l'Etude de la Phil. médiévale; 1978-84 Präs. Allg. Ges. f. Phil. in Deutschl. - BV: D. Phil. Ethik b. Thomas v. Aquin, 1964; J. Duns Scotus, Tract de primo principio (Übers., Komment.), 1974; Ethik d. Ethos, 1974; Thomas v. Aquin im phil. Gespräch, 1975. Herausg.: Sprache u. Erkenntnis im Mittelalter, 2 Bde. (1981), Tradition u. Innovation (1987). Mithrsg.: Beitr. z. Gesch. d. Phil. u. Theol. d. Mittelalters, 29 Bde. (s. 1970) - 1975 o. Mitgl. Rhein.-Westf. Akad. d. Wiss.; 1982 Gregorius-Orden; 1987 Komtur; 1983 Ehrendoktor theol. Fak. Univ. München; Gr. BVK - Rotarier.

KNAB, Doris
Dr. phil., Prof. f. Erziehungswissenschaft Univ. Tübingen - Wilhelmstr. 119, 7400 Tübingen (T. 07071 - 5 10 64) - Geb. 9. Juli 1928 Stuttgart, kath., ledig - Ab 1948 Univ. Tübingen u. München (Deutsch, Gesch., Franz., Päd.); 1. u. 2. Staatsprüf. f. d. höh. Lehramt 1955 u. 57 Tübingen, Promot. 1960 München - Schuldienst an Gymn.; 1959-64 wiss. Ref. Dt. Aussch. f. d. Erzieh.- u. Bildungswesen Bonn; 1964-71 Wiss. Mitarb. Max-Planck-Inst. f. Bild.forsch. Berlin; 1971-82 Dir. Dt. Inst. f. wiss. Päd. Münster; 1982 Inst. f. Erzieh.wiss. f. Univ. Tübingen (Arbeitsber. Schulpäd.); s. 1976 Honorarprof. PH Münster, s. 1980 Univ. Münster - BV: D. Annolied. Probl. s. lit. Einordn., (Diss.) 1962; zahlr. Beitr. z. Bildungspolitik u. Schulreform, z. Probl. d. Curriculumforsch. u. z. Lehrerfortbild. - Spr.: Franz., Engl.

KNABE, Joachim
Dr. rer. nat., o. Prof. u. Direktor Inst. f. Pharmaz. Chemie Univ. Saarbrücken (s. 1965) - Mecklenburgring 31, 6600 Saarbrücken (T. 81 86 81) - Geb. 18. Jan. 1921 Wilsdruff/Sa. - Apoth.; Lebensmitteichem. - Zul. Doz. TH Braunschweig - BV: Lehrb. d. pharmaz. Chemie, 11. A. 1983 (m. Auterhoff). Üb. 195 Einzelarb. - Mitgl. Dt. Akad. d. Naturforscher Leopoldina; Carl Mannich-Med.; Hermann Thoms-Med.

KNACKE, Ottmar
Dr. rer. nat., o. Prof. f. Metallurgie d. Kernbrennstoffe u. Theoret. Hüttenkunde - Alt Haarener Str. 237, 5100 Aachen (T. 0241 - 16 11 26) - Geb. 15. Nov. 1920 Neiße - S. 1953 (Habil.) Lehrtätig. TH Aachen (1960 Ord.), 1977-80 Rektor). Fachveröff.

KNACKSTEDT, Günter

Dr. phil., Botschafter d. Bundesrep. Deutschl. in Santiago - Calle Agustinas 785, Santiago de Chile - Geb. 29. Juli 1929 Berlin (Vater: Willy K., Mutter: Anni, geb. Wiebigke), ev. - Stud. Gesch. u. Volkswirtsch. Frankfurt, Paris, Cincinnati/USA, Harvard/USA, Promotion 1958 Cincinnati - 1958/59 Redakt. Ztg. Ztschr. You and Europe; s. 1960 AA (Ausl.-Posten: Havanna, Caracas, Madrid), 1979-85 Botsch. d. BRD Luxemburg, 1985-88 b. Europarat Straßburg - BV: Lexikon d. Weltgesch. 1955/56; Umgang m. Venezolanern, 1965 - Spr.: Franz., Engl., Span., Letzeburgisch.

KNAHL, Herbert
Dr.-Ing., Vorstandsmitglied SKW Trostberg AG - Dr. A. Frank-Str. 32, 8223 Trostberg - Geb. 27. April 1934.

KNAISCH, Karl-Ernst
Dipl.-Kfm., Dipl.-Ing., Sprecher d. Geschäftsfg. Voith Turbo GmbH & Co. KG, Crailsheim, Gf. Voith Turbo Betei-

ligungsges. mbH, Crailsheim, Chairman Voith Transmissions, Inc., York, PA 17405/USA - Haldenstr. 17, 7180 Crailsheim-Wittau - Geb. 25. April 1927 Wuppertal - Mitgl. AR Gemeinn. Baugenoss. Crailsheim. Ehrenamtl. Richter AG Heilbronn - Spr.: Engl., Franz. - Rotarier.

KNALL, Bruno

Dr. rer. pol., o. Prof. f. Volkswirtschaftslehre (Entwicklungsökonomie) - Gerbersruhstr. 101, 6908 Wiesloch - Geb. 22. Febr. 1924 Hermannstadt (Vater: Rudolf K., Beamter; Mutter: Emilie, geb. Handel), ev., verh. s. 1954 m. Ursula, geb. Langholz - Brukenthal-Gymn. Hermannstadt; 1947-52 Univ. Nancy u. Paris (Rechtswiss., Volksw.). Lic. en droit 1950 Paris; Promot. 1954 Paris - S. 1952 Univ. Kiel (Inst. f. Weltw.) u. Heidelberg (1968 Ord. u. Dir. Südasien-Inst.) - BV: Methoden u. Techniken d. Entwicklungsprogrammierung, 1969; Local Government and Rural Development in Nepal, 1975; Popular Participation in Development, 1978; Länderstudie Pakistan, 1979; Community Development u. ländl. Entw. in Sri Lanka, 1981; Entwicklungsländer u. Weltwirtsch., 1986.

KNAPE, Walter

Musikdirektor, Dirig., Komp., Doz. - Strandstr. 16, 2190 Cuxhaven 103 (T. 4 76 97) - Geb. 14. Jan. 1906 Bernburg/S. (Vater: Albert K., Gastw.; Mutter: Leokadia, geb. Mrozek), luth., verh. in 2. Ehe (1973) m. Ilse, geb. Cordes, 2 Kd. aus 1. E. - Konservat. Magdeburg; Musikhochsch. Leipzig; Univ. ebd. u. Halle (Musikwiss., Phil., Päd., Geman., Theol.) - Staatsex. 1930 - 1939-48 Musikfachlehrer Dessau (dazw. Kriegsdst. 1939-45); 1947-56 Chordirig. Leipzig (1950 Dir. Singakad.); 1954-56 Lehrer Musikhochsch. Berlin (Ost); 1957 Musikfachl. Markkleeberg; 1957-60 Leit. Colleg. music. Univ. Hamburg. Gastdirig. erstrang. Orch. - 50 J. GEMA-Mitgl. Üb. 85 Kompos. (Orch., Kammerm., Lieder, Chöre); Mitgl. Dtsch.-Komp.-Verb., Musikforsch., Künstlergilde - BV: Karl Friedrich Abel, ein frühklassist. Komp., 1973: 1. Ges.Ausg. (1960-76) Abels-Komp. (16 Bde.) - 1971 Franz-Schubert-Med.; 1984 Pro-Arte-Med.; 1986 Schloßmed. Stadt Cuxhaven - Liebh.: Eisenbahnwesen, Gartenpflege - Spr.: Franz., Engl. - Würdig. In- u. Ausl.

KNAPP, Fritz Peter

Dr. phil., Prof. f. Ältere dt. Literaturwissenschaft Univ. Passau - Stantlerstr. 18, 8390 Passau - Geb. 6. Juli 1944 Wien, kath., verh. s. 1968 m. Gunna, geb. Zag, 2 Kd. - Promot. 1968, Habil. 1973 - 1976 ao. Prof. Univ. Wien; 1982 Prof. Univ. Passau - BV: Similitudo, Bd. 1, 1975; D. Selbstmord in d. abendl. Epik d. Hochmittelalters, 1979; D. latein. Tierepos, 1979; D. Ligurinus d. Gunther v. Pairis (Faksimile-Ausg.), 1982; Chevalier errant u. fin'amor, 1986; 45 Aufs. in Fachztschr.

KNAPP, Gerhard P.

Dr. phil., o. Prof. f. dt. u. vergleichende Literaturwiss. Univ. of Utah (s. 1972), 2. Dept. of Languages and Literatures, University of Utah, USA - Salt Lake City, UT 84112 (T. 801-581-46 09), 2. Wohns.: b. Dr. Weber, Stadtring 94, 6120 Michelstadt - Geb. 4. Aug. 1943 Bad Kreuznach, kath., verh. s. 1975 m. Dr. Mona, 4 Töcht. (Julia, Cordelia, Elaine, Johanna) - Stud. dt. u. vergl. Literaturwiss., Phil., Psych., Soziol. Univ. Frankfurt u. Berlin; Akad. Abschlußprüf. TU Berlin; M.A. 1968; Promot. 1970 TU Berlin - 1968-70 wiss. Assist. TU Berlin; 1970-72 Assist. Prof. f. German., Lakehead Univ., Thunder Bay, Canada; 1977/78 Gastprof. f. Neuere dt. Lit., Univ. Amsterdam - Autor u. Ko-Autor v. 22 Büchern u. Monogr. Herausg. u. Mithrsg. v. 33 Büchern; Autor v. 50 Aufs. u. Beitr. in Ztschr., Sammelbde. u.a.; 85 Rezensionen u. Kritiken auf d. Geb. d. dt. u. vgl. Literaturwiss., Literaturgesch., Phil. u. Soziol. - Spr.: Engl., Franz., Ital., Lat. - Bek. Vorf.: Otto Knapp, Schriftst., 1874-1954 (Großv.) - Lit.: Dt. Lit.-Lexikon; Dictionary of American Scholars; Intern. Who's Who in Education (Engl.); Dictionary of Intern. Biography (Engl.).

KNAPP, Helmut

Dr. rer. nat., Dipl.-Phys., o. Prof. Institut f. Thermodynamik u. Anlagentechnik TU Berlin, berat. Prof. Zhejiang Univ. Hangzhou, PRC - Griegstr. 42b, 1000 Berlin 33 (T. 825 85 06) - Geb. 1923 Heilbronn, verh. s. 1956 m. Dorothee, geb. Liebendörfer, 4 Kd. - 1940-44 Flugzeugf.; 1944-48 POW N.-Afrika; 1948-54 Stud. Phys. TH Stuttgart; 1954-70 Verfahrenstechn. Ind.: 1956-67 Anlagenbau USA; 1967-70 Leit. F + E Labor; ab 1970 Prof. (Lehre: Thermodynamik, Therm. Grundoperat., Kältetechnik; Forschung: Stoffeigensch., Trennprozesse, Berechnungsmeth.). Zahlr. Fach- u. Lehrb., üb. 200 Publ. u. Vorträge.

KNAPP, Josef

Kammersänger, Ehrenpräs. Österr.-Bayer. Ges. - Destouchesstr. 33, 8000 München 23 (T. 398829) - Geb. 4. März 1906 Klagenfurt/Kärnten (Vater: Johann K., Zimmermeister), kath., verh. s. 1933 m. Elisabeth, geb. Glaser, 3 Tӧcht. (Elisabeth, Maria, Adelheid) - 1927-33 Hochsch. f. Musik u. darstell. Kunst Wien - S. 1933 Spielbariton Staatsoper Wien (b. 1935 u. 1947-53), Berlin (1935-37) u. München (s. 1937). Zahlr. UA., dar. Wolf-Ferrari, Egk, Orff, Mark Lothar - 1960 Gold. Ehrenz. Rep. Österr. - Liebh.: Bildhauerei u. Kunsttischlerei.

KNAPP, Manfred

Dr. phil., Prof. f. Politikwissenschaft, insbes. Intern. Beziehungen Univ. d. Bundeswehr, Hamburg - Beethovenstr. 24, 2072 Bargteheide - Geb. 14. April 1939 Viernheim (Vater: Franz Jakob K., Ing.; Mutter: Lydia, geb. Brückmann), kath., verh. s. 1968 m. Rita, geb. Lanius, 2 Kd. (Markus, Sabine) - TH Darmstadt; Staatsex. f. d. Lehramt an Gymn. 1966; Promot. 1971 Univ. Marburg, Habil. 1978 Univ. Frankfurt - 1968-70 wiss. Assist. Univ. Marburg; 1970-72 Univ. Frankfurt; 1972-80 Doz. in Frankfurt, 1980-81 Prof.; 1981-83 Prof. Univ. Münster; 1983ff. Prof. Univ. d. Bundeswehr Hamburg - BV: D. Stimme Amerikas - Auslandspropaganda d. USA unter d. Reg. John F. Kennedys, 1972; D. dt.-amerik. Bezieh. nach 1945 (Hrsg.) 1975; D. USA u. Deutschl. 1918-1975 (m. a.), 1978; Von d. Bizonengründung z. ökonomisch-polit. Westintegration (Hrsg.) 1984.

KNAPP, Werner

Dr. med., em. o. Prof. f. Hygiene u. Med. Mikrobiologie, Vorst. Inst. f. Klin. Mikrobiol. u. Infektionshygiene Univ. Erlangen-Nürnberg (1967-83) - Jahnstr. 9, 8526 Bubenreuth b. Erlangen (T. 2 55 99) - Geb. 9. Sept. 1916 Tübingen - Med. Staatsex. 1941 - S. 1954 (Habil.) Lehrtätigk. Univ. Tübingen (1959 apl. Prof.) u. 1963-67 Bern (ao. Prof.). Zahlr. Fachveröff. u. Buchbeiträge - 1967 Pasteur-Med. in Silber (Paris); 1977 Aronson-Preis; Mitgl. New York Acad. of Sciences.

KNAPP, Wolfgang

Dr., Prof., Geschäftsführer Saarl. Städte- u. Gemeindetag - Talstr. 9, 6600 Saarbrücken - Geb. 16. Aug. 1944.

KNAPPE, Joachim

Dr. rer. nat., o. Prof. f. Biochemie - Friedrich-Ebert-Anlage 35, 6900 Heidelberg - Geb. 31. März 1929 München - Promot. 1957; Habil 1963 - S. 1970 Ord. Univ. Heidelberg. Facharb.

KNAPPE, Karl-Adolf

Dr. phil. habil., Kunsthistoriker, a.o. Prof. f. Mittlere u. Neuere Kunstgesch. Univ. Erlangen-Nürnberg (s. 1978) - Riemenschneiderstr. 9, 8520 Erlangen (T. 4 37 67) - Geb. 3. Jan. 1930 Nürnberg - BV: Albrecht Dürer u. d. Bamberger Fenster in St. Sebald in Nürnberg, 1961; (m. K. Oettinger): Hans Baldung Grien u. Albrecht Dürer in Nürnberg 1963; Albrecht Dürer. D. graphische Werk, 1964.

KNAPPERTSBUSCH, Götz

Vorstandsmitglied Commerzbank AG - Breite Str. 25, 4000 Düsseldorf 1 (T. 0211 - 82 71) - Geb. 1. Dez. 1928 Elberfeld - AR-Mand. - Spr.: Engl.

KNAPPERTSBUSCH, Peter

Dr. rer. pol., Dipl.-Kfm., Vorstandsmitglied Beiersdorf AG, Hamburg - Zu erreichen üb. Beiersdorf AG, Postf., 2000 Hamburg.

KNAPPWOST, Adolf

Dr.-Ing. (habil.), o. Prof., f. Physikal. Chemie - Oelsnerring 163 d, 2000 Hamburg 52 (T. 82 10 01) - Geb. 29. April 1913 Hannover - 1943 Privatdoz. TH Karlsruhe, 1952 apl. Prof. Univ. Tübingen, 1960 Ord. u. Inst.sdir. Univ. Hamburg - BV: Kurzes Lehrb. d. physikal. Chemie, 1942 (m. H. Ulich).

KNATHS, Hans-Wolfgang

Fabrikant (Carl Giesecke & Sohn, Göttingen), Vizepräs. IHK Hannover-Hildesheim - Schieferweg Nr. 4, 3400 Göttingen (T. 4 23 08/09).

KNAUER, Georg Nicolaus

Dr. phil., em. Prof. f. Klass. Philologie Univ. of Pennsylvania, Philadelphia, Pa. (USA) (s. 1975) - Department of Classical Studies University of Pennsylvania, 720 Williams Hall, Philadelphia, Pa. 19104-6305, USA - Geb. 26. Febr. 1926 Hamburg (Vater: Dr. med. G. A. K., Arzt; Mutter: Ilse, geb. Groothoff), verh. s. 1951 m. Dr. Elfriede, geb. Overhoff, S. Georg Lorenz - Gelehrtensch. d. Johanneums Hamburg; Univ. ebd., Frankfurt/M., Göttingen (Klass. Philol.). Promot. 1952 Hamburg; Habil. 1961 Berlin - 1952-54 Thesaurus Ling. Lat., München; s. 1954 FU Berlin (Assist., 1961 Privatdoz., 1962 Wiss. Rat, 1964 ao., 1966 o. Prof.). Emerit. 1988. 1957-58 British Council Scholarship, London; 1965 Gastprof. Yale Univ. (USA); 1969 Nellie Wallace Lecturer Oxford Univ.; 1976 Gastprof. Columbia Univ. (USA); 1970/74 Gründungs- u. Vorstandsmitgl. Notgemeinsch. f. e. freie Univ.; 1973-74 Member Institute for Advanced Study, Princeton (USA); 1978-82 u. 1985-88 Chairman, Department of Classical Studies, U. of P.; 1979/80 Guggenheim Fellowship. Visiting scholar American Academy in Rome; 1984/85 Nat. Endowment for the Humanities Fellowship; 1985 Resident American Acad. in Rome - BV: Psalmenzitate in Augustins Konfessionen, 1955 (Diss.); D. Aeneis u. Homer, 1964 (Habil.schr.), 2. 1979 - Spr.: Engl.

KNAUER, Hans-Jürgen

Dr. rer. pol., Dipl.-Kfm., Vorstandsvorsitzender Stinnes AG, Mülheim - Humboldtring 15, 4330 Mülheim 12 - Geb. 25. Juni 1931 Lübeck, verh. (Ehefr.: Thea) - Vorst.-Mitgl. VEBA AG; stv. AR-Vors. Westerwald AG, Wirges; AR-Mitgl. Commerzbank AG; Beiratsmitgl. Allianz Versich.-AG.

KNAUER, Helmut

Landrat Kr. Coburg (s. 1972) - Landratsamt, 8630 Coburg/Ofr. - Geb. 1. Juni 1924 Coburg - Zul. Oberamtsrat. SPD.

KNAUER, Norbert

Dr. agr., Univ.-Prof. - Buschberg 8, 2300 Altenholz (Kiel 17) (T. Kiel 32 14 03) - Geb. 13. Sept. 1923 Pickau (Vater: Otto K.; Mutter: Elisabeth, geb. Procksch), kath., verh. s. 1952 m. Gerlinde, geb. Theiner, 2 Kd. (Reingard, Wolfram) - Realgymn.; Höh. Landbausch.; Univ. Kiel (Agrarwiss.; Dipl.-Landw. 1951). Promot. 1953 u. Habil. 1962 Kiel - S. 1962 Lehrtätigk. Univ. Kiel, s. 1979 Dir. Inst. f. Wasserwirtsch. u. Landschaftsökol. Univ. Kiel. Spez. Arbeitsgeb.: Vegetationskd. u. Landschaftsökol., Naturschutz, Landschaftspflege. 1974-83 Landesbeauftr. f. Naturschutz u. Landsch.pflege in Schlesw.-Holst.; Vors. Dt. Landeskulturges. - BV: Üb. d. Brauchbarkeit d. Pflanzenanalyse als Maßstab f. d. Nährstoffversorgung u. d. Düngebedürfnis v. Grünland, 1963; Ergebnisse d. Kieler Dauerdüngungsversuche m. Phosphat u. Kali, 1965 (m. J. Kröhnlein); Spez. Pflanzenbau (m. G. Fischbeck u. K.-U. Heyland); Vegetationskd. u. Landschaftsökol., 1981 - BVK I. Kl. - Spr.: Engl.

KNAUER, Peter SJ

Dr. theol., Prof. f. Fundamentaltheologie Phil.-Theol. Hochsch. St. Georgen - Offenbacher Landstr. 224, 6000 Frankfurt/M. 70 (T. 069 - 60 61-271) - Geb. 5. Febr. 1935 Berlin, kath. - Human. Gymn. Canisius-Kolleg Berlin, Stud. Phil. u. Theol. in Pullach, Leuven, Münster; Promot. 1969 Münster - S. 1953 Jesuit, 1964 Priesterweihe, s. 1969 Doz. f. Fundamentaltheol.; Gastdoz. Innsbruck, Bogotá, Quito, Guayaquil, Santiago de Chile, Mexico D.F. - BV: Verantw. d. Glaubens, 1969; D. Glaube kommt v. Hören, 1978, 5. A. 1986; Unseren Glauben verstehen, 1986, 3. A. 1988; übers. v. Ignatius v. Loyola - Spr.: Engl., Franz., Span., Schwed.

KNAUER, Ulrich

Dr. rer. nat., Prof. f. Mathematik (Algebr. Methoden) Univ. Oldenburg (s. 1975) - Röwekamp 19, 2900 Oldenburg - Geb. 10. April 1942 Breslau - Stud. d. Math. Univ. Tübingen, Berlin (Freie), Duke Univ. USA; MA 1966; Promot. 1971 - 1971-75 wiss. Assist. Univ. Bielefeld - Spr.: Engl., Franz., Russ.

KNAUF, Heinrich

Dr. med., Prof. f. Physiologie u. Inn. Med. Univ. Freiburg (s. 1977; apl.) - Hugstetterstr. 55, 7800 Freiburg/Br. - Geb. 24. Mai 1938 Offenbach/M. - Promot. 1964, Habil. f. Physiol. 1970 MPI f. Biophysik Frankfurt/M. - S. 1971 Med. Univ.-Klinik Freiburg (Habil. f. Inn. Med. 1976).

KNAUFF, Hans Georg

Dr. med., Prof. - 2155 Westhill Wynd, W. Vancouver B.C. V7S 2Z3/Canada (T. 604-922-10 55)- Geb. 8. Juli 1927 Bad Hersfeld (Vater: Friedrich K., Kaufmann; Mutter: Sophie, geb. Sauer), ev., verh. s. 1956 m. Sigrid, geb. Keppner, 2 Töcht. (Ursula, Barbara) - Gymn. Bad Hersfeld; Univ. Erlangen, Freiburg, Basel, Heidelberg. Promot. 1952 Heidelberg; Habil. 1961 München - 1953-63 Wiss. Assist. Heidelberg, London, München (1961 Privatdoz.), 1963 Oberarzt Med. Klinik Univ. Marburg, 1967 apl. Prof., 1971 Univ.-Prof., s. 1983 i. R. Üb. 100 Fachaufs. - Spr.: Engl., Lat., Griech.

KNAUP, Norbert

Dipl.-Kfm., Geschäftsführer Fachverb. Elektro-Haushalt-Kleingeräte, Elektro-Haushalt-Großgeräte, Elektro-Hauswärme-Technik (2)/ZVEI - Stresemannallee 19, 6000 Frankfurt/M. 70; priv.: 6368 Bad Vilbel - Geb. 20. Jan. 1939.

KNAUS, Albrecht
Dr. phil., Verleger, 1978 Begründer d. Albrecht Knaus Verlags GmbH - Neumarkterstr. 18, 8000 München 80 (T. 089 - 431 89-445/6) - Geb. 5. Mai 1913 - Buchhändler- u. Verlagsausb. Hugendubel, München Verlagstätig. Piper (1939ff.), nach 1956 Scherz & Goverts, Propyläen/Ullstein, Droemer, ab 1966 Leiter, ab 1973 Mitgesellsch. Hoffmann u. Campe; 1978 m. Verlagsgr. Bertelsmann Albrecht Knaus Verlag, Hamburg, 1984 m. Verlag Übersiedl. nach München.

KNAUSS, Erwin
Dr. phil., Prof. f. Sozial- u. Kulturwissenschaften, Leiter Stadtarchiv Gießen (s. 1964) - Georg-Philipp-Gail-Str. 14, 6300 Gießen - Geb. 20. April 1922 Gießen (Vater: Gustav K.; Mutter: Elisabeth K.), ev., verh. s. 1948 m. Lilo, geb. Mack, 2 Kd. (Rudi, Christa) - Stud. Gesch., Politik, Päd., Sportwiss. Univ. Marburg; Promot. 1963, M. A. (Gesch.) - 1946-60 Lehrer Gießen, 1961-63 Abt. f. Erziehungswiss. (AfE) Justus Liebig Univ. Gießen, 1963-66 Realschullehrer Gießen, 1966-74 Lehrerbild. Päd. Fachinst. Fulda, 1974 Doz. FH Gießen-Friedberg. Hrsg. Mitteil. Oberhess. Gesch.verein Gießen (s. 1975) - BV: D. 1200j. Londorf u. d. Rabenau, 1958; D. polit. Kräfte u. d. Wählerverhalten im Landkr. Gießen, 1961; Gemarkungs- u. Allmendentw. in Gießen, 1963; Zw. Kirche u. Pforte - 1200 J. Gießen-Wieseck; D. jüd. Bevölker. Gießens 1933-1945, 4. A. 1987; Z. Gesch. Gießens u. seines Umlandes, 1937 - 1964 Mitgl. Hist. Kommiss. f. Hessen u. Waldeck; 1971 Mitgl. Hess. Hist. Kommiss.; 1969 Mitgl. Kommiss. f. d. Gesch. d. Juden in Hessen - Liebh.: Orts- u. Landesgesch., Zeitgesch., Politik, Sportwiss. - 1988 Gold. Sportabz. - Spr.: Engl.

KNAUSS, Fritz Ernst
Dr. rer. pol., Dipl.-Volksw., Ministerialrat Beteiligungsverw. Bundesfinanzmin. - Fritz-Schäffer-Str. 18, 5300 Bonn 1 (T. 21 52 97) - Geb. 24. Aug. 1928 Niteroi, ev., Sohn Alexander - 1948-51 Univ. Tübingen (Wirtschaftswiss.). Promot. 1953 - 1948 Ausbild. Deutsche Bank, 1951-53 Importhandel; 1954-56 Wirtschaftssachverst. Reg.präs. Nordwürtt.; 1957-61 Bundeswirtschaftsmin.; 1961-64 stv. Generalsekr. f. d. Konzentrations-Enquete Bundesamt f. gewerbl. Wirtsch., Frankfurt/M.; 1964-69 Bundesschatzmin.; s. 1969 Bundesfinanzmin.; AR-Mand.- BV: Unternehmenskonzentration in d. westl. Welt, 1967 (m. Vogel, Hermanns); D. Beteiligungen d. Bundes, 1978; Privatisierungspolitik in d. Bundesrep. Dtschl., 1988 - Spr.: Engl.

KNAUST, Cilly

Dipl.-Sportlehrerin i. R., Mädchengymn. d. Ursulinen (b. 1988), stv. Vors. im Stadtsportbd. Krefeld (1968ff.) - Am Kiesenrott 1, 4150 Krefeld 1 (T. 02151 - 56 02 27) - Geb. 1. Nov. 1930 Oberhausen, kath., ledig - Dipl. f. Turnen, Sport u. Gymnastik 1953 Dt. Sporthochsch. Köln - 1962-80 Jugendwartin bzw. stv. Vors. d. Sportjugend Stadtsportbd. Krefeld; 1970ff. Vize-Präs. Rhein. Turnerbd.; 1975ff. Präsid.-Mitgl. Landessportbd. Nordrh.-Westf.; 1977ff. Vors. Aussch. f. Freizeit- u. Breitensport Landessportbd. Nordrh.-Westf.; 1978-82 Mitgl. Bundesaussch. f. Breitensport im DSB - 1965 Ehrennadel DTB; 1976 Ehrenteller Stadt Krefeld; 1978 Sportplak. Land Nordrh.-Westf.; 1980 Ehrenbrief DTB, Ehrenmitgl. d. Sportjugend Stadtsportbd. Krefeld; 1986 Walter-Kolb-Plak. DTB - Spr.: Engl.

KNAUTH, K. Alfons
Dr. phil., Univ.-Prof., Roman. Philologie Univ. Bochum - Königstr. 76, 5300 Bonn 1 - Geb. 9. Febr. 1941 - BV: D. poetische Bedeutung d. Farbe in Verlaines Lyrik, 1966; Invarianz u. Variabilität lit. Texte, 1981; Literaturlabor - La muse au point, 1986. Mitbegründ. u. herausg. d. Ztschr. Dichtungsring s. 1981.

KNEBEL, Gerda
Dr. phil., Prof. f. Klass. Philologie m. bes. Berücks. d. Griech. Sprache - Märkerweg 2b, 2000 Hamburg 61 - S. 1971 Prof. Univ. Hamburg.

KNEBEL, Hans
Dr. jur., Direktor i. R., AR-Ehrenmitgl. Touristik Union International GmbH. & Co., Hannover - Am Zollstock 34, 6380 Bad Homburg v. d. H. (T. 41227) - Geb. 5. April 1909 Berlin, verh. m. Liselotte, geb. Loewel - Univ. Berlin, Freiburg/Br. (Promot. 1934), München - S. 1936 Reichsbahn u. Touristik - 1970 Gold DER-Kreis - Rotarier.

KNEBEL, Johann-Heinrich
Dr. jur., Geschäftsführer Glaser-Innungsverband NRW, Rheinbach b. Bonn, Geschäftsf. Ges. f. berufl. Förd. d. Glaserhandwerks mbH. - Sternstr. 13, 4230 Wesel-Flüren - Geb. 15. Febr. 1930 Halle/Saale (Vater: Gustav K., Bergass. a. D.; Mutter: Hertha, geb. Schenck), ev., verh. s. 1960 m. Erika, geb. Stecker, 3 Kd. (Barbara, Hans-Werner, Wolf-Eberhard) - Oberst.; Univ. (Rechtswiss.; Kaufm. Lehre - 1957-64 Vorstands-Assist. Ruhrkohle, Essen; 1964-69 stv. kaufm. Werksleit. Dt. Solvay-Werke, Rheinberg, 1969-76 Geschäftsf. Glaszentrum Ruhr GmbH & Co KG u. Glasbau Schalke GmbH, Gelsenkirchen - Spr.: Engl., Franz.

KNEBUSCH, Manfred
Dr. rer. nat., Prof., Lehrstuhlinh. f. Mathematik Univ. Regensburg (s. 1973) - Lärchenstr. 12, 8401 Pentling/Opf. - Geb. 2. Febr. 1939 - Promot. (1964) u. Habil. (1968) Hamburg - Zul. apl. Prof. Univ. Saarbrücken. Fachartk.

KNECHT, Willi Ph.
Journalist - Berliner Str. 62, 1000 Berlin 31 (T. 87 34 57) - Geb. 24. Febr. 1929 Düsseldorf - Sport-Informations-Dienst GmbH Düsseldorf u. Berlin (Geschäftsf.-Gesellsch.) - BV: D. geborstenen Ringe, N. Tokio u. zurück, 1967; Verschenkter Lorbeer, Partnerschaft auf Raten, D. ungleichen Brüder, Amateur '72; D. Medaillenkollektiv; D. Boykott - 1974 Ernst-Reuter-Preis; 1981 Preis d. Europ. Sportpresse (UEPS).

KNEF, Hildegard
Schauspielerin, Schriftstellerin, Chanson-Sängerin - Zu erreichen üb.: Agentur Jovanovic, Perfallstr. 6, 8000 München 80; Wohnsitz: Hollywood/Cal. (USA) - Geb. 28. Dez. 1925 Ulm, ev., verh. in 3. Ehe m. Paul v. Schell, T. Christina aus 2. E. m. David Cameron - Lyzeum; Zeichenstudio und Nachwuchsschule Ufa Babelsberg - Bühnen Berlin (Bild 1945 ff. u. 1960 Schloßpark-Theater) und New York (1955 u. 1956 Imperial-Theater; fast 600mal D. Rolle d. Ninotschka, in: Silk Stockings); 1961 u. 1964/65 Tournee-Theater. Üb. 50 Filme u. a.: D. Mörder sind unter uns, Zw. Gestern u. Morgen, Film o. Titel (Preise Locarno u. Mailand), D. Sünderin, Es geschehen noch Wunder, Nachts auf d. Straßen, Decision before Dawn, Diplomatic Courier, Snow of Kilimandscharo, La Fête d'Henriette, Alraune, Illusion in Moll, The Man between, E. Liebesgesch., Gefährl. Urlaub, Trilby, Geständnis unt. vier Augen, Madeleine u. d. Legionär, La Fille de Hambourg, Subway in the Sky, D. Mann, d. sich verkaufte (1959 Bundesfilmpreis), Lulu, D. Dreigroschenoper (Spelunken-Jenny), The Lost Continent, Keiner stirbt für sich allein, FEDORA u. a.; Fernsehen. Chansons u. Lieder (m. eig. Texten); 1966 u. 1980/81 vier Chanson-Tourneen - BV: D. geschenkte Gaul - Bericht aus m. Leben, 1970 (dt. Aufl. üb. 600 Ts.; zahlr. übers., Ges.A. üb. 3 Mio.); Ich brauche Tapetenwechsel, Texte 1972; D. Urteil, 1975; Nicht als Neugier, 1978; So nicht, 1982 - 1968 Gold. Schallpl.; 1972 Edison-Preis, 1975 BVK I. Kl.; 1976 Preis Filmfestival Karlsbad f. d. beste Frauenrolle. Zahlr. Schallplatten m. ca. 300 Chansons. - 1977 Bundesfilmpreis in Gold (Filmband) - Liebh.: Musik, Malerei - Spr.: Engl., Franz. - Lit.: Hildegard Knef - Tournee, Tournee, 1980.

KNEFÉLI, Wilhelm
Dr. jur., Ministerialdirigent a. D. (s. 1977) - Freihorstfeld 39, 3000 Hannover-Kirchrode - Geb. 23. Juni 1912 Meuselbach, ev., verh. s. 1942 m. Ingeborg, geb. Kluge, 2 Kd. (Barbara, Hans-Christoph) - 1932-35 Univ. Heidelberg, München, Jena (Rechtswiss.). Gr. jurist. Staatsprüf. 1939.

KNEIB, Gerhard
Obstbaumeister - Neugasse 12, 6501 Zornheim (T. 4 44 29) - Geb. 27. Aug. 1941 Zornheim (Vater: Johann K., Landwirt; Mutter: Anna Maria, geb. Becker), kath., verh. s. 1965 m. Elisabeth, geb. Braun, 4 Kd. (Klaus, Dorothee, Annegret, Stefan) - Volks-, Berufs- u. Fachsch. - Div. Fachmitgliedsch. Mitgl. Gemeinderat Zornheim (s. 1970) u. Kreistag Mainz-Bingen (s. 1972). CDU (1963 Mitgl. Kreisvorst. Mainz-Bingen, s. 1978 stv. Kreisvors., s. 1973 Mitgl. Bezirksvorst. Rheinhessen-Pfalz; s. 1988 Mitgl. Landesvorst. Rhld.-Pfalz; Mitgl. Agrarausssch. K., Land u. Bund); Mitgl. Ausssch. f. Landwirtsch., Weinbau u. Forsten, Mitgl. Ausssch. f. Umwelt u. Gesundheit, bde. Landtag Rhld.-Pfalz; Vors. Fachgr. Obst u. Gemüse Bauernverb. Rheinhessen; s. 1988 Vors. Weinbauausssch. d. LK Rhld.-Pfalz.

KNEIDL, Rudolf Karl
Prof., Regisseur, Bühnenbildner - Fürstenwall 163, 4000 Düsseldorf 1 - Geb. 22. Aug. 1940 Nürnberg, 3 Kd. (Kathrin, Franziska, Clare Anna) - 1959 Bau- u. Möbelschreiner Nürnberg - S. 1974 Prof. f. Bühnenbild Kunstakad. Düsseldorf - Opernregie u. Ausstattung: Gluck, Alkestis (Frankfurt), Stravinsky, Rake's Progress (Opernhaus Frankfurt); Regie u. Ausstattung: Brecht, Im Dickicht d. Städte (Berlin), Brecht, Trommeln in d. Nacht (Frankfurt), Schwarz, D. Schneekönigin (Stuttgart), Müller, D. Schlacht (Arnheim/Holl.), Gorki, Vassa Schelessnova (Zürich), D. bestrafte Brudermord (Düsseld., Zürich), Krankheit d. Jugend - 1986 Kulturpreis Stadt Nürnberg - Spr. Engl.

KNEIF, Tibor
Dr. phil., Prof. f. Musikwissenschaft - Kurfürstendamm 105, 1000 Berlin 31 - Geb. 9. Okt. 1932 Preßburg - Promot. Budapest (jur. 1955) u. Göttingen (phil. 1963) - S. 1971 (Habil.) Lehrtätig. FU Berlin (1973 Prof.) - BV: Musiksoziol., 2. A. 1975; Sachtex. Rockmusik, 3. A. 1980.

KNEIFEL, Hans
Direktor, Versicherungskaufm., Vorst. Pharmapool, Alte Leipziger Versicherungspr. u. Zenith-Versich. - Schreyerstr. 36, 6242 Kronberg/Ts. - Geb. 2. Juli 1926, verh. s. 1951 m. Gertrud, geb. Unruh - Gymn., Abendhochsch. (Stud. Jura) - AR Rechtsschutz-Union.

KNEIFEL, Johannes
Dr., Dr. rer. pol., Generalkonsul v.

Mauritius (Amtsbezirk: Bayern, Baden-Württ., Saarland, Rheinl.-Pfalz, Hessen), Präs. Ges. Dtschl.-Mauritius - Dstl.: Sendlinger Str. 64, 8000 München 2 (T. 089 - 260 72 40); priv.: Oertlinweg 8, 8000 München 90 (T. 089 - 66 46 39 od. 55 58 93) - Geb. 16. Dez. 1939, verh. - 22 Buchveröff. z. Luftverkehrswesen u. Luftverkehrsrecht.

KNEIP, Gustav

Komponist, Vorsitzender d. IDK Interessenverb. Deutscher Komponisten - Willinghusener Landstr. 70, 2000 Barsbüttel Bezirk Hamburg (T. Hamburg 670 01 69) - Geb. 3. April 1905 Beningen (Vater: Postbeamter), verh. in 2. Ehe m. Maria Corbe (Konzertsäng.), 3 Kd. - Musikhochsch. Köln - 1927-45 Tätig. Westd. Rundf. u. Sender Saarbrücken (1937; Hörsp.komp., Tonmeister (1930), Musikref. (Volksmus., 1934), Abt.- (Unterhalt., 1934) u. Hauptabt.leit. (Kunst u. Unterh., 1939)) - W: Oper Heliodor (1927), Kom. Op. Des Pudels Kern (1928), Rundf.op. Christkinds Erdenreise (1929, erste), Kurzop. Tuba mirum (1929), Kantate D. dt. Vaterunser (1931), Op. Breton. Hochzeit (1941), Schinderhannes (1943), Pompeji, Orch.w., Kammermus., 32 Volksliedkantaten - BV: Robert Schumann (Zur Aktualität romant. Musik), Norbert Linke - G. Kneip. Herausg.: Dtschl. im Volkslied (1957), Hans v. Bülow im Urteil moderner Dirigenten (1979); Urheber ABC f. Komp., Musikbearb., Textdichter, 1982; Schlesw.-Holst. im Volkslied, 1983 - Liebh.: Angelsport.

KNEISSL (ß), Ulrich
Dr. rer. nat., Prof. Inst. f. Kernphysik, Strahlenzentrum Univ. Gießen - Höhenstr. 103, 6301 Wettenberg 1.

KNEISSLER, Heinz
Geschäftsführer NEFF-WERKE GmbH., Bretten - Erich-Heckel-Str. 37, 7500 Karlsruhe 41 - Geb. 2. Dez. 1919.

KNEITZ, Gerhard
Dr. rer. nat. habil., Prof. f. Angew. Zool. Univ. Bonn (s. 1974) - An der

Immenburg 1, 5300 Bonn; priv.: Hans Gebhardt-Str. 40, 8702 Remlingen (T. 09369 - 13 97) - Geb. 22. Juni 1934 Aschaffenburg (Vater: Alfons K., DB-Ing.; Mutter: Anna, geb. Schuck), röm.-kath., verh. m. Ingeborg, geb. Schober, 5 Kd. (Stephan, Eva Maria, Angela, Peter, Annegret) - Stud. Biol. Würzburg u. München - s. 1966 Vors. Naturwiss. Verein Würzburg, s. 1980 2. Vors. Bund Naturschutz in Bayern, Vors. wiss. Beirat BUND - 1979 Bayer. Umweltmed., 1983 BVK a. Bde.; 1987 Lindahl Med. Wü.

KNEITZ, Herbert

Fabrikant, Vorstand u. Dir. Wilhelm Kneitz & Co. AG, Velours- u. Möbelstoffweberei, Ges. u. Geschäftsf. Herbert Kneitz Ges. mbH, Plüsch- u. Möbelstoffweberei, Bad Mitterndorf (Österr.) - Herbert-Kneitz-Str. 29, 8655 Wirsberg/Ofr. - Geb. 24. Sept. 1914, verh. - 1969 BVK I. u. II. Kl., 1979 Bayer. VO, Oberfrankenmed., Ehrenring, Gold. Bürgermed., Ehrenbürger d. Marktgemeinde Wirsberg.

KNELL, Heiner

Dr. phil., Prof. f. Klass. Archäologie - Graupnerweg 42, 6100 Darmstadt - Geb. 9. Okt. 1937 Darmstadt - Promot. 1964 Freiburg - S. 1971 (Habil.) Lehrtätigk. TH Darmstadt - BV: Archäol., 1972; Perikleische Baukunst, 1979; Grundzüge d. griech. Architektur, 1980; Vitruvs Architekturtheorie, 1985. Aufs.

KNELLER, Eckart

Dr. rer. nat., o. Prof. f. Werkstoffe d. Elektrotechnik - Vossegge 23, 5810 Witten 3 (T. Inst.: 23 00) - Geb. 1. Jan. 1928 Magdeburg (Vater: Dr.-Ing. Friedrich K.), verh. m. Brigitte, geb. Quaß, 2 Kd. (Jo, Don) - TH Stuttgart (Physik, Math.). Promot. (1951) u. Habil. (1960) Stuttgart - S. 1960 Lehrtätigk. TH Stuttgart (1966 apl. Prof.) u. Univ. Bochum (1967 Ord. u. Dir. Inst. f. Werkstoffe d. Elektrotechnik); 1968/69 u. 1987 Dekan Fak. f. Elektrotechnik - BV: Ferromagnetismus, 1962; Magnetism and Metallurgy (m. A. E. Berkowitz), 1969. Versch. Buchbeitr., u.a. Handb. d. Physik. Zahlr. Einzelarb. - 1962 Masing-Gedächtnispreis; 1971 o. Mitgl. NRW Akad. d. Wiss. Düsseldorf; 1988 Sekr. d. Klasse f. Natur- Ing.- u. Wirtsch.wiss.

KNEMEYER, August

Optiker- u. Uhrmachermeister, MdL Nieders. (s. 1974) - Bielefelder Str. 4, 4501 Laer (T. Bad Rothenfelde 9267) - CDU.

KNEMEYER, Franz-Ludwig

Dr. jur., Prof. f. Öfftl. Recht, insb. Verwaltungsrecht - Unterdürrbacher Str. 353, 8700 Würzburg - Geb. 3. Mai 1937 Münster/W., verh. s. 1962 m. Gisela, geb. Freudiger - Univ. Münster u. München (Rechtswiss.). Promot. 1964 Münster; Habil. 1969 Bochum - S. 1970 Ord. Univ. Würzburg (Mitvorst. Inst. f. Rechtsphil., Staats- u. Verw.recht). Vorst. Kommunalwissenschaftl. Forsch.-zentrum Würzburg; Präs. Dt. Juristen-Fakultätentag - BV: u. a. Lehrfreiheit, 1969; Regierungs- u. Verwaltungsreformen in Dtschl. zu Beginn d. 19. Jh., 1970; Bayer. Kommunalrecht, 6. A. 1988; Gebietsreform u. Landesplanung, 1980; Bayer. Verwaltungsrecht, 2. A. 1985; Polizei- u. Ordnungsrecht, 3. A. 1989; Staats- u. Verwaltungsrecht in Bayern, 5. A. 1988; Bankgeheimnis, 1986; Entscheidungen z. Kommunalrecht, 1988; Europ. Charta d. kommunalen Selbstverwaltung, 1989. Herausg.: Schr. z. öfftl. Verw. u. Kommunalforsch. f. d. Praxis. Zahlr. Einzelarb. - 1984 BVK; Komm. Verdienstmed.

KNEPPER, Reinhold

Dr. med., Prof., Chefarzt Chirurg. Abt. Krankenhaus Nordstadt - Alleehof 11, 3000 Hannover 1 (T. 716071) - Geb. 1. Mai 1907 Münster/W. - Promot. u. Habil. Münster - S. 1955 apl. Prof. Tierärztl. Hochsch. Hannover (Ausgew. Kap. aus d. Humanchir. m. Demonstrationen).

KNESER, Martin

Dr. rer. nat., o. Prof. f. Mathematik - Merkelstr. 39, 3400 Göttingen (T. 41758) - Geb. 21. Jan. 1928 Greifswald - S. 1953 (Habil.) Lehrtätigk. Univ. Heidelberg, Saarbrücken (1958 ao. Prof.), München (1959 o. Prof.), Göttingen (1963 o. Prof.) 1982 Carl-Friedrich-Gauß-Med.

KNESSL, Lothar

Prof., Pressechef u. Programmchefredakteur Wiener Staatsoper - Pohlgasse 8/3, A-1120 Wien (T. 0/222 - 83 81 65) - Geb. 15. April 1927 Brünn, kath., verh. s. 1961 m. Elisabeth, geb. v. Temnitschka, 2 Töcht. (Katharina, Karolina) - Realgymn.; Stud. Musik- u. Theaterwiss. Univ. Wien, Konservat. Brünn, Musikakad. Wien - Kultur- u. Feuilletonredakt. (u.a. 1959-66 Neues Österreich); Publizist; 1969-87 Leit. Pressebüro Österr. Bundestheater; Begründer u. Leit. Studio neuer Musik; s. 1971 Hörf. ORF; s. 1986 Lektor Univ. Wien, Musikwiss. Inst. - BV: Humor am Rand d. Notenlinien, 1965; Ernst-Krenek, Monogr. u. Analyse, 1967; Musik im Biedermeier, 1969, u.a. - Komponist v. Vokal- u. Kammermusik (Auff. b. d. Wiener Konzerthausges. u. im ORF) - Liebh.: Ökologie, Kunst d. 20. Jh. - Spr.: Engl., Tschech.

KNETTER, Heinz

Bundesberufsgruppenleiter a. D. - Grasweg 18, 3005 Hemmingen 4 (T. 05101 - 32 03) - Geb. 1. Okt. 1919 Osnabrück, ev. - 1978 BVK I. Kl. - Spr.: Engl.

KNEŽEVIĆ, Anton

Dr. phil., Akad. Oberrat i. R., Honorarprof. f. Balkankunde Univ. Münster (s. 1972) - Habichtshöhe 90, 4400 Münster/W. - Geb. 3. Mai 1909 - Promot. 1945 - BV: A. Gedeonoff, Panslawismus - e. Weltgefahr?, 1950; D. Turzismen, 1962; D. Kroaten u. ihre Gesch. 1962; Homophone u. Homogramme in d. Schriftsprache d. Kroaten u. Serben, 1968.

KNICK, Bernhard

Dr. med., Prof., Internist Dt. Klinik f. Diagnostik, Wiesbaden - Aukammallee 33, 6200 Wiesbaden - Geb. 19. Sept. 1921 Leipzig (Vater: Prof. Dr. med. Artur K., Hals-, Nasen- u. Ohrenarzt (s. X. Ausg.); Mutter: Maria, geb. Kaiser), kath., verh. m. Dr. med. Johanna, geb. Skoluda, 3 Kd. - Thomassch. (Gymn.) u. Univ. Leipzig - S. 1954 (Habil.) Lehrtätigk. Mainz (1960 apl. Prof.). Spez. Arbeitsgeb.: Diabetologie u. Gastroenterol. - BV: Endokrine u. Stoffwechsel-Korrelationen d. Insulineffekts, 1955; St. Thomas zu Leipzig - Schule u. Chor, 1963; Paul Heyse, Werke, 1980; Arzneimitteltherapie heute: Antidiabetica, 1984; Diabetologie, 2. A. 1986 (m. J. Knick).

KNIEHL, Hans-Joachim

Dr. oec. publ., Vorstandsmitglied Dyckerhoff & Widmann AG. - Erdinger Landstr. 1, 8000 München 81 - Dipl.-Kfm.

KNIEL, Adrian

Dr. phil., Prof. f. Behindertenpädagogik GH Kassel (s. 1980) - Rengershäuser Str. 25, 3500 Kassel (T. 0561 - 47 18 77) - Geb. 2. Mai 1943 Stuttgart (Vater: Wolfgang K., Elektroing.; Mutter: Mathilde, geb. Schlatter), verh. s. 1968 m. Christiane, geb. Jurka, 2 T. (Sarah, Ina) - 1964-71 Stud. Soziol. Univ. Erlangen-Nürnberg, FU Berin, Univ. Mannheim (Dipl.-Soz. 1971), Promot. 1977 Univ. Bochum, Staatsex. Lehramt an Sondersch. 1980 PH Ruhr Dortmund - 1971-74 Wiss. Ref. Dt. Bildungsrat; 1974-79 Wiss. Assist. Inst. f. Päd. Ruhr-Univ. Bochum; 1980 Akad. Rat Abt. f. Heilpäd. PH Rheinl. Köln; s. 1980 Prof. GH Kassel - BV: D. Schule f. Lernbehinderte u. ihre Alternativen, 1979; Schulversuche z. Integration behinderter Kinder in d. Allg. Unterr., 1976 (Mithrsg.); Behinderte Kinder in Regelkindergärten, 1984; Sozialpäd. im Wandel, (Hrsg.) 1984; Welchen Kindergarten soll unser Kind besuchen?, 1986 - Spr.: Engl., Franz.

KNIEP, Horst

Bezirksverbandsvors. Arbeiterwohlfahrt/Braunschweig - Peterskamp 21, 3300 Braunschweig.

KNIEP, Walther

Former Corp. Executive Vice Pres. u. Dir.: CPC Inc., Englewood Cliffs (USA), Honorary Chairman of the Advisory Board: CPC Europe Ltd., Brüssel - c/o Fr. Karola Sielmann, Basaltweg 42, 2000 Hamburg 65 (T. 040-6 02 48 41) - Geb. 6. Juli 1914 Walbeck (Vater: Heinrich K., Landw.; Mutter: Anna-Marie, geb. Boettger), verh. s. 1946 m. Gudrun, geb. Rackmann, 3 Kd. (Wolf-Dieter, Ulrich, Rosmarie) - Stud. Univ. Halle, Kriegsakad. Berlin-Hirschberg, Advanced Managem. Program Harvard - Major Gr. Generalstab - 1946-50 Ernährungsmin.; Ehrenvors. AR Maizena Ges. mbH, Heilbronn; stv. Vors. AR DWT Deutsche Warentreuhand-AG, Hamburg, Intern. Advisory Board: Volvo AB, Göteborg, Board of Trustees: INSEAD, Fontainebleau; Verw. Beirat: Dresdner Bank AG, Frankfurt/M., VR-Vors. Kurt A. Becher KG, Bremen; Vors.: Kurat. Dt. Stiftg. Musikleben, Hamburg; Kurat. Haus Rissen, Intern. Inst. f. Polit. u. Wirtsch., Hamburg; Atlantik-Brücke, Bonn, Übersee-Club, Hamburg, Jürgen-Ponto-Stiftg., Frankfurt/M., Schlesw.-Holst. Musik Festival, Kiel - Spr.: Engl., Franz.

KNIEPER, Rolf

Dr. jur., Prof. f. Bürgerl. Recht u. Wirtschaftsrecht, Jurist. Berater d. Zentralafrik. Rep. - Zu erreichen üb. Univ. Bremen, Postfach, 2800 Bremen - Geb. 15. Mai 1941 Unna/W. - Promot. 1968 - Fachb. u. -aufs. Mithrsg.: Ztschr. Krit. Justiz (1974ff.).

KNIEPS, Hans Joachim

Stv. Vorstandsvorsitzender Bank für Gemeinwirtschaft, Frankfurt/M. - Mittl. Reisberg 16, 6380 Bad Homburg v. d. H. - Geb. 7. Okt. 1929 - AR-Mand.

KNIERIEM, Hans-Jürgen

Dr. med., Prof., Chefarzt Inst. f. Pathologie, Ev. Krankenhaus Bethesda Duisburg - Heerstr. 219, 4100 Duisburg - Geb. 8. Sept. 1936 Essen (Vater: Dr. Walter K., Chirurg; Mutter: Hildegard, geb. Lüers), ev., verh. s. 1963 m. Ingeborg, geb. Tacke, 3 Kd. - Univ. Freiburg/Br., Düsseldorf, Zürich (Med.). Promot. 1961; Habil. 1969 - S. 1969 Lehrtätigk. Univ. Düsseldorf (1973 apl. Prof. f. Allg. Pathol. u. Pathol. Anat.). 1965-66 USA-Aufenth. - BV: Morphologie d. totalen AV-Blocks, 1974 (m. E. Finke). Üb. 120 Einzelarb. - 1970 Edens-, 1973 Arthur-Weber-Preis - Spr.: Engl.

KNIERIM, Herbert

Geschäftsf. Vorstandsmitglied u. Verbandsdir. d. Bundesvereinigung Mittelständischer Bauunternehmen (BVMB) (s. 1964) - Büro: Bonn (T. 63 53 37 u. 63 29 26) - Ges. u. Gf. d. Versich. Vermittl.Stelle Mittelständ. Bauunt. GmbH, Bonn; Vizepräs. d. Dt. Liga f. Luft- u. Raumf., Bonn/München; Senator E. h., Ritter St. Georgsorden, Wirtschaftsjurist - Dresdner Str. 6, 5308 Rheinbach (T. 43 25) - Geb. 21. Juli 1924 Eschwege/Werra (Vater: Reinhard K., Bildhauer u. Steinmetzm.; Mutter: Anna, geb. Eckhardt), ev., verh. m. Ingeborg, geb. Wiegandt (Gf. u. Journalistin), S. Ralph Alexander - Gymn. 1934-41 Eschwege; 1947-51 Univ. Marburg (Rechts- u. Staatswiss., Staatsex.), 1941-45 Wehrdst. (Res.-Offz.); 1957-61 Synd. u. Pressechef Landesverb. Bauind. NRW, 1962-64 Chefred. Baufachpresse, 1963-66 MdL, Landtag NRW (Wirtsch.- u. Bauaussch. Landtag NRW), s. 1964 Presse- u. Inform.Dienst Bau-Wirtschafts-Dienst f. Untern., seitdem Verfass. d. Leitart. Bericht zur Lage (dt. u. intern. Bauwirtsch.Pol., Mittelstandsfragen, Wettbewerbsfragen, insbes. Kartellrecht); Mitgl. Arb.Kr. Bau-Fach-Presse, Mitgl. Intern. Assoc. of the Build. and Constr. PR. IBP, Den Haag; u. a. EK I u. Nahkampfsp. u. Verwund.-Abz., Panzerkampfabz. - Liebh.: Orgel, Hausmusik - Spr.: Lat., Franz.

KNIES, Werner

Generalbevollmächtigter Degussa AG, Frankfurt - Niemandsfeld 13, 6000 Frankfurt (T. 069 - 54 96 19) - Geb. 11. Aug. 1929 Frankfurt.

KNIES, Wolfgang

Dr. jur., Prof., Kultusminister Niedersachsen (1987-89) - Schiffgraben 12, 3000 Hannover - Geb. 9. Nov. 1934 Mainz (Vater: Dr. Hans K., Bibliotheksrat; Mutter: Dr. Erna, geb. Schudt) - Abit. 1954; Stud. Rechtswiss. Mainz u. München; jur. Staatsex. u. Promot. 1966, Habil. 1970 München - S. 1971 o. Prof. f. Staats- u. Verw.recht, Finanz- u. Steuerrecht Univ. d. Saarl., Kultusmin. Saarl. (1980-84), 1984/85 Min. f. Rechtspflege u. Bundesratsangelegenh. - BV: Schranken der Kunstfreiheit als verfassungrechtl. Problem, 1967; Steuerzweck u. Steuerbegriff, 1976.

KNIESCH, Joachim

Dr. jur., Präsident Verwaltungsgericht Frankfurt (1962-72) - Hügelstr. 200, 6000 Frankfurt/M. (T. 526551) - Geb. 24. Nov. 1907 Berlin - Univ. Berlin u. Kiel - Zul. Bundesrichter BVG Berlin.

KNIGGE, Wolfgang

Dr. forest., o. Prof. f. Forstbenutzung Univ. Göttingen - Am Ebelhof Nr. 18, 3400 Göttingen (T. 3 17 07) - Geb. 27. Febr. 1920 Oberammergau/Obb. - S. 1957 (Habil.) Privatdoz. u. Ord. (1959) Univ. Göttingen (Dir. Inst. f. Forstbenutz.; 1978-80 Rektor). 1968-69 Gastprof. Univ. Valdivia (Chile). Vizepräs. Dt. Forstverein; 1981-84 Präs. Intern. Acad. of Wood Science - BV: Unters. üb. d. Bezieh. zwischen Holzeigensch. u. Wuchs d. Gastbaumart Douglasie, 1958; D. Pappel, 1958 (m. a.); Grundriß d. Forstbenutz., 1966 (m. H. Schulz). Zahlr. Fachaufs. - 1969 Mitgl. Intern. Acad. of Wood Science, Paris; 1969 korr. Mitgl. Forstwiss. Ges. Finnlands.

KNIOLA, Franz-Josef

Steinmetzmeister, MdL Nordrh.-Westf. (s. 1975) - Am Kämpen 10, 4600 Dortmund-Persebeck 50 (T. 770618) - Geb. 4. Febr. 1943 - SPD.

KNIPFER, Hermann

Landtagsabgeordneter a. D., Stadtrat in Augsburg (s. 1966) - Leisenmahd 57, 8900 Augsburg 21 (T. 0821 - 8 57 05) - Geb. 9. Aug. 1934 - 1970-86 Landtagsabgeordneter; Vorst. d. Freiwilligen Feuerwehr - 1980 Bayer. VO.; 1982 BVK; 1986 Verfassungsmed. in Silb.; Silb. Ehrenring d. Stadt.

KNIPPER, Otto

Unternehmer (Büromaschinengroßhandel), Präs. Bundesverb. Bürotechnik,

Düsseldorf - Hauptstr. Nr. 122, 5650 Solingen.

KNIPPERS, Rolf

Dr. med., Prof. f. Molekulare Genetik - Koberleweg 17, 7750 Konstanz/B. - Geb. 18. April 1936 Mülheim/R. - Promot. 1962; Habil. 1969 - 3 J. Aufg. USA (Pasadena); 1970-72 Arbeitsgruppenleit. MPG Tübingen; S. 1973 Ord. Univ. Konstanz - BV: Molekulare Genetik, 4. A. 1984. Einzelarb.

KNIPS, Werner

Kaufm. Direktor, Geschäftsf. Gutehoffnungshütte Schwerte GmbH., Schwerte, Vorstandsmitgl. Fachvereinig. Niete u. a. - Waldstr. 1, 5841 Schwerte/Ruhr - Geb. 16. Mai 1910.

KNIRSCH, Peter

Dr. rer. pol., Dipl.-Volksw., o. Prof. f. Wirtsch. u. Techn. in Osteuropa FU Berlin (s. 1970) - Goethestr. 33, 1000 Berlin 37 (T. 801 62 55) - Geb. 23. Dez. 1928 Mährisch Ostrau (Vater: Dr. Hans K., Prokurist; Mutter: Maria, geb. Matzner), kath., verh. s. 1954 m. Inge, geb. Nun, 2 Kd. (Bernhard, Walter) - Stud. TH München; Dipl.ex. 1953 Erlangen; Promot. 1959 u. Habil. 1968 Berlin - 1956-68 wiss. Angest. bzw. Assist. FU Berlin; 1968-70 Abt.sleit. Österr. Inst. f. Wirtsch.sforschung Wien - BV: Lage u. Entwickl. d. Sowjetwirtsch. nach d. XXII. Parteitag, 1961; Strukturen u. Formen zentraler Wirtschaftsplanung, 1969 - Spr.: Engl., Franz., Russ.

KNISSEL, Walter Richard

Dr.-Ing., Dipl.-Ing., o. Prof. u. Direktor Inst. f. Bergbaukde. u. Bergwirtschaftslehre TU Clausthal (s. 1974) - Am Dammgraben 8, 3392 Clausthal-Zellerfeld (T. 05323 - 5567) - Geb. 13. Dez. 1934 Landstuhl/Pfalz (Vater: Jakob K., Bürgerm.; Mutter: Karolina, geb. Krück), ev., verh. s. 1961 m. Anneliese, geb. Schmidt, 4 Kd. (Anja, Jens, Jörn, Holger) - Stud. TH Aachen; Promot. 1965 - B. 1974 Betriebsdir. Steinkohlenbergbau Sophia-Jacoba - 1965 Borchers-Plak. TH Aachen - Liebh.: Musik - Spr.: Engl. - Rotarier.

KNITTEL, Georg

Dr.-Ing., o. Prof. f. Baustatik - Ludwig-Thoma-Str. Nr. 1, 8022 Grünwald/Obb. (T. München 6 49 20 78) - Geb. 3. Nov. 1918 Prag - S. 1957 Ord. TH Hannover (Dir. Inst. f. Baukonstruktionen) u. München (1965; Vorst. Inst. f. Baustatik). Fachveröff.

KNITTEL, Wilhelm

Dr. jur., LL. M. (Harvard), Staatssekretär Bundesverkehrsmin. - Robert-Schumann-Platz 1, 5300 Bonn 2 (T. 0228 - 300 23 00) - Geb. 10. März 1935 Breslau (Vater: Walter K., Kaufm.; Mutter: Charlotte, geb. Kupke), kath., verh. s. 1966 m. Barbara, geb. Danilof, 2 Töcht. (Stefanie, Gabriele) - 1. Jur. Staatsex. 1959, 2. Ex. 1963, Promot. 1962, alle Univ. München; LL.M. Harvard Law School 1964 - 1964-69 u. 1971/72 Bayer. Justizmin., 1970 Amtsrichter, 1973-74 Vors. Richter LG, 1974-78 Pers. Ref. CSU-Vors. u. 1978-80 Bayer. Min.präs. Franz Josef Strauß, 1981-83 Leiter Rechtsabt. Bayer. Staatskanzlei, 1984-87 Amtschef Bayer. Staatsmin. d. Justiz - BV: Geltendes u. nicht geltendes Ausl.-recht im IPR, 1963; Z. Problem d. Rückwirk. b. Änder. d. Rechtspr., 1965 - 1979 Kommandeur d. Königl. Nordstern-O. (Schweden); 1985 BVK; 1986 Bayer. VO - Liebh.: Reisen, Segeln - Spr.: Engl., Franz.

KNIZIA, Klaus

Dr.-Ing., Dr.- Ing. E. h., Prof., Vorstandsvorsitzer Vereinigte Elektrizitätswerke Westfalen AG (VEW), Dortmund - Rheinlanddamm 24, 4600 Dortmund 1 - Geb. 18. Juni 1927, verh. (Ehefr.: Monika) - 1948-53 TH Karlsruhe, Promot. 1958 - 1953-63 Kraftwerksbau, 1963-68 Geschäftsf. L & C Steinmüller GmbH. Gummersbach. Vorst.-Mitgl. (1970-80 Vors.) VGB Techn. Vereinig. Großkraftwerksbetreiber e.V., Essen; Geschf.: Kernkraftwerke Lippe-Ems GmbH, Hamm, Hochtemperatur-Kernkraftw. Ges. mbH, Hamm Uentrop, Gemeinschaftsw. Hattingen GmbH, Hattingen, Europ. Ges. z. Auswertung v. Erfahrungen b. Planung, Bau u. Betrieb v. Hochtemperaturreaktoren GmbH (EURO-HKG) Hamm-Uentrop; AR-Mitgl. Dt. Ges. f. Wiederaufarbeitung v. Kernbrennstoffen mbH, Hannover; AR Gewerkschaft Auguste Victoria, Steinkohlenbergbau Marl, Veba Kraftwerke Ruhr AG, Gelsenkirchen-Buer; Beirat Nordd. Landesbank-Girozentrale Hannover, Westd. Landesbank-Girozentrale Düsseldorf, Allianz-Versich. AG München; Präs.mitgl. Dt. Atomforum Bonn; Kurat.mitgl. VdTÜV Essen - BV: D. Thermodynamik d. Dampfkraftproz., 1966; Verzagen u. versagen? - Nein danke!, 1979; Energie - Ordnung - Menschlichkeit, 1981; D. Gesetz d. Geschehens, 1986 - Ehrenpräs. DNK Nation. Komit. d. Weltenergiekonferenz f. d. Bundesrep. Dtschl. Düsseldorf, Hon.-Prof. Univ. Dortmund.

KNOBBE, Heinrich

Direktor, Geschäftsf. Hans Esser Ges. f. Ind.- u. Rohrleitungsbau mbH, Gelsenkirchen, Esser Grundstücksverwaltungsges. mbH, ESKOH Industriemontagen GmbH - Königswiese 11, 4650 Gelsenkirchen - Geb. 4. Nov. 1929, verh., 2 Kd.

KNOBLAUCH, Horst

Geschäftsführer Deutsche Texaco Verkauf GmbH, Hamburg - Eissendorfer Grenzweg 56, 2100 Hamburg 90 (T. 7 60 32 09, Büro: 040/2 88 71).

KNOBLICH, Georg

Dr. jur., Bundesrichter - Herrenstr. 45a, 7500 Karlsruhe - Geb. 22. Dez. 1923 - B. 1971 LG Düsseldorf (Dir.), dann BGH.

KNOBLICH, Klaus

Dr. rer. nat., o. Prof. f. Angewandte Geologie (Ing.- u. Hydrogeologie) - Finkenweg 19, 6301 Linden-Mühlberg - Geb. 20. Okt. 1936 - Pomot. 1964; Habil. 1969.

KNOBLOCH, Eberhard

Dr. phil., Prof. f. Geschichte d. exakten Wiss. u. d. Technik TU Berlin (s. 1980) - Frohnauer Str. 117, 1000 Berlin 28 - Geb. 6. Nov. 1943 Görlitz (Vater: Walter K., Tischlerm.; Mutter: Anni, geb. Görlitz), ev., 2 Kd. (Marcus, Stephanie) - Gymn. Berlin; 1962-67 FU Berlin (Math., Lat.), 1970-72 TU Berlin (Wissenschafts- u. Technikgesch.). Staatsex. 1967 u. 69 Berlin. Promot. (1972) u. Habil. (1976) Berlin (TU) - BV: D. math. Studien v. G. W. Leibniz z. Kombinatorik, 1973, Textbd. 1976; G. W. Leibniz - E. Dialog z. Einf. in d. Arithmetik u. Algebra, 1976; D. Beginn d. Determinantentheorie, Textbd. 1980; Mariano Taccola, De rebus militaribus, 1984. Herausg.: Historia Mathematica (s. 1986). Mithrsg.: Z. Werk Leonhard Eulers (1984); Studia Leibnitiana, Bollettino di Storia delle Scienze Mathematiche, Ganita Bhāratī - Effekt. Mitgl. d. Académie Internationale d'Histoire des Sciences. Fachgutachter Dt. Forsch.gem. - Liebh.: Orgelsp., Schwimmen, Bergsteigen - Spr.: Engl., Franz., Russ., Griech., Lat.

KNOBLOCH, Ekkehard

Dr. jur., I. Bürgermeister - Rathaus, 8035 Gauting/Obb. - Geb. 7. Mai 1940 Berlin - Rechtsanw. CSU/parteifrei.

KNOBLOCH, Günter

Versicherungskaufmann, Vorst.-Vors. Ideal Lebensversicherung AG, Berlin - Milinowskistr. 20b, 1000 Berlin 37 priv.; Kochstr. 66, 1000 Berlin 61, dstl. - Geb. 24. Juni 1931 Berlin.

KNOBLOCH, Hans Werner

Schriftsteller - Rueßstr. 29, 8000 München 50 (T. 089 - 812 14 60); Via Bestone 6, I-25010 Tremosine-Bazzanega (T. 0039365 - 95 13 93) - Geb. 25. Febr. 1928 Chemnitz (Vater: Werner K., Kaufm.; Mutter: Lie, geb. Samtleben), ev.-luth., verh. s. 1948 m. Trudl, geb. Hautmann - Oberrealsch.; Staatsakad. f. Musik u. darst. Kunst Wien - Spez. Arbeitsgeb.: Hörspiel - BV: D. Geschenk d. Seidenprinzessin, 1964; Auf unserer Insel tut sich was, 1966; Stups, 1970; D. Gäste d. Herrn Pippinello, 1972; D. Geheimnis d. Göttin Silingshi, 1973; Hauptgewinn e. Kalb, 1978 - Liebh.: eig. Hund u. Katze - Spr.: Engl., Ital.

KNOBLOCH, Hans Wilhelm

Dr. rer. nat., o. Prof. f. Mathematik Univ. Würzburg (s. 1970) - Fr.-Stadelmayer-Str. 11, 8700 Würzburg (T. 0931 - 7 13 31) - Geb. 18. März 1927 Schmalkalden - 1957-65 Lehrtätigk. Univ. Würzburg, München, Aarhus (Dänem.), TU Berlin (Dir. Math. Inst.). Fachveröff.

KNOBLOCH, Johann

Dr. phil., em. o. Prof. f. Allg. u. vergl. Sprachwissenschaft - Venusbergweg 34, 5300 Bonn (T. 21 71 58); Innrain 81, Innsbruck (T. 71 58 22) - Geb. 5. Jan. 1919 Wien (Vater: Theodor K.; Mutter: Elisabeth, geb. Schulte), kath., verh. s. 1947 m. Gertrud, geb. Edelmann - Dt. Gymn. Znaim; Univ. Wien (Sprachwiss., Slaw., Altoriental. Philol.). Promot. 1944 Wien; Habil. 1951 Innsbruck - S. 1951 Lehrtätigk. Univ. Innsbruck (b. 1955 u. 1957-63; 1961 o. Prof.), Greifswald (1955-57; Prof. m. vollem Lehrauftr.), Bonn (1963). Ausw. Mitgl. d. Istituto Lombardo, Mailand (s. 1971); Mitgl. Innsbr. Ges. z. Pflege d. Geisteswiss. u. Gypsy Lore Soc. Liverpool (korr.); Vorst.-Mitgl. Ges. f. dt. Spr. (1980-87) - BV: Romanitexte aus d. Burgenland, 1953; Sprachwiss. Wörterb., Bd. 1, 1986; Sprache u. Religion I, 1979, II, 1983, III, 1986 - 1983 Gr. Ehrenz. Rep. Österr. - Spr.: Franz., Engl., Tschech., Russ. - Lit.: A.-J. van Windekens, J. K., Löwen (1960); Lebenslauf u. Schriftenverz. in: Sprachwiss. Forsch., Festschr. (1985).

KNOBLOCH, Martin

Dr.-Ing., Vorstandsmitglied Mannesmann DEMAG AG, Duisburg (b. 1981) - Am Kaldenberg 6, 4006 Wittlaer - Geb. 14. Okt. 1923 - Zul. Generalbevollm. Standard Elektrik Lorenz AG. (Repräsentant f. Berlin).

KNOCH, Otto Bernhard

Dr. theol., Prof. f. Bibl. Einleitungswissenschaften u. Kerygmatik - Steinweg 15, 8390 Passau - Geb. 7. Jan. 1926 Sindelfingen/Württ., kath. - Promot. 1959 - B. 1971 Dir. Kath. Bibelwerk Stuttgart, dann Prof. Univ. Passau (1971 Ord.). Geschäftsf. Kath. Bibelanstalt GmbH Stuttgart (Einheitsübers.). Zahlr. Bücher u. Einzelarb. zu bibl. Themen - 1985 BVK am Bde.

KNOCH, Peter

Dr. phil., Prof. f. Geschichte PH Ludwigsburg (s. 1972) - Brahmsweg 23, 7000 Stuttgart-Bottnang - Geb. 3. März 1935 Aachen - Promot. 1965 - Assist. Univ. Stuttgart.

KNOCH, Wendelin

Dr. theol., o. Prof. f. Fundamentaltheologie Theol. Fak., Paderborn - Dörener Weg 102b, 4790 Paderborn - Geb. 20. Aug. 1943 Bonn, kath., ledig - Univ. Bonn, München, Münster; Ex. 1967, Promot. 1972 Münster, Habil. 1981 Bonn - 1981-83 Priv.-Doz. Bonn; ab 1983 Prof. Paderborn, 1984-86 Rektor Theol. Fak. - BV: D. Einsetzung d. Sakramente durch Christus, 1983 - Liebh.: Ital. Kunst- u. Kulturgesch. - Spr.: Engl., Ital.

KNOCHE, Karl-Friedrich

Dr.-Ing., o. Prof. f. Techn. Thermodynamik (s. 1969) - Wiesenweg 87, 5100 Aachen - Geb. 24. Dez. 1933 - Stud. Masch.bau TH Braunschweig. Dipl. 1958; Promot. 1961 (b. Prof. Bošnjaković); Habil. 1964 Univ. Stuttgart - Arbeiten auf d. Gebiet Verbrennungsforsch. u. Energieumwandl. - BV: Technische Thermodynamik.

KNOCHE, Wilhelm

Dr. rer. nat., Prof. f. physikal. Chemie Univ. Bielefeld - In den Barkwiesen 29, 4800 Bielefeld 1 - Geb. 16. Nov. 1937 Mettmann, verh. s. 1963 m. Edeltraut, geb. Milde, 5 Kd. (Ruth, Dorothee, Christoph, Judith, Eva) - 1957-62 Physikstud. Univ. Göttingen (Dipl. 1962, Promot. 1965) - 1965-66 Cornell-Univ. N.Y./USA; 1967-81 MPI (biophysikal. Chemie) Göttingen; 1982 Prof. Univ. Bielefeld. Erf.: Apparat. z. Mess. schneller chem. Reaktionen (Pat.) - BV: Fundamentals of Chemical Relaxation, 1973 (m. H. Strehlow); zahlr. Veröff. in Fachztschr.

KNODEL, Klaus

Dr., stv. Vorstandsvorsitzender Landesbausparkasse Württemberg - Vollandstr. 6, 7000 Stuttgart 70 (T. 0711-76 32 41) - Geb. 30. März 1934 Stuttgart (Vater: Dr. Erwin K., LG-Dir.; Mutter: Klara, geb. Wörnle), ev., verh. s. 1962 m. Hilke, geb. Frank, 2 Kd.

KNÖBEL, Horst

Kaufmann, Komplementär Westfalia-Werke Franz Knöbel & Söhne KG./PKW-Anhänger, Anhängevorrichtungen, Wohnmobile - Am Sandberg 45, 4840 Rheda-Wiedenbrück/W. - Geb. 7. Mai 1936, verh. - Spr.: Engl. - Rotarier.

KNÖBEL, Werner

Fabrikant, Komplementär Westfalia-Werke Franz Knöbel & Söhne KG., Pkw-Anhänger, Anhängevorrichtungen, Wohnmobile - Am Sandberg 45, 4840 Rheda-Wiedenbrück - Geb. 27. Sept. 1942.

KNÖDEL, Walter

Dr. phil., o. Prof. Inst. f. Informatik Univ. Stuttgart (1973-77 Dekan) - Sandweg 40, 7000 Stuttgart 1 (T. 0711 - 64 28 07) - Geb. 20. Mai 1926 Wien (Vater: Dr. Anton K., Beamter; Mutter: Pauline, geb. Kaufmann), verh. s. 1977 m. Irene, geb. Kümmerlin, 4 Kd. (Peter, Barbara, Susanne, Michael) - Promot. 1948 Wien - Assist. TH Wien (1950 ff.) - BV: Programmieren v. Ziffernrechenanlagen, 1961; Graphentheoret. Meth., 1970 - Spr.: Engl.

KNÖDLER, Werner Friedrich

Vorstandsmitglied u. Arbeitsdir. Blohm + Voss AG, Hamburg (s. 1978) - Hemmingstedter Weg 123 d, 2000 Hamburg 52 - Geb. 18 April 1926 Hamburg (Vater: Friedrich K.; Mutter: Ida, geb. Schopinski), verh. m. Sylvia, geb. Kornath, 3 Kd. (Manfred, Kirsten, Stefan).

KNÖDLER, Wilhelm

Dipl.-Kfm., Vorstandsmitglied Magirus-Deutz AG (s. 1977; Bereich: Vertrieb) - Schillerstr. 2, 7900 Ulm (Donau) - Geb. 20. Jan. 1925.

KNÖFEL, Dietbert

Dr. rer. nat., habil., Prof. f. Bau- u.

Werkstoffchemie Univ.-GH Siegen - Goldener Spiegel 2, 5900 Siegen - Geb. 28. Mai 1936 - BV: Baustoffkorrosion, 1975 u. 1982 (übers. engl. 1978); Holzschutz, 1979 u. 1982; Bautenschutz mineral. Baustoffe, 1979; Baustoffchemie, 1975, 1980 u. 1982.

KNÖLKER, Ulrich
Dr. med. habil., Univ.-Prof., Direktor Klinik f. Kinder- u. Jugendpsychiatrie Med. Univ. Lübeck (s. 1986) - Triftstr. 139, 2400 Lübeck (T. 0451 - 400 24 00) - Geb. 14. Dez. 1942 Osnabrück, verh. - Med.-Stud., Habil. 1985 - Kinderarzt, Kinder- u. Jugendpsychiater, Psychotherapie, 1979-86 Oberarzt Univ.-Klinik. f. Kinder- u. Jugendpsychiatrie - BV: Zwangssyndrome im Kinder- u. Jugendalter, 1987. Zahlr. Buchbeitr. u. Publ.

KNOELL, Dieter Rudolf

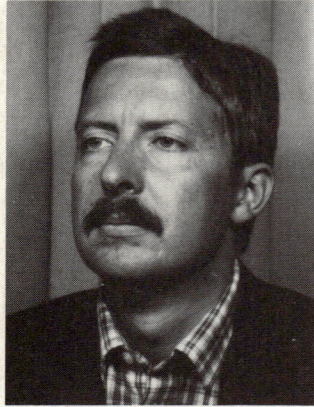

M.A., Sozialwissenschaftler, Schriftst., Publiz. - Schlettstadter Str. 33, 6740 Landau/Pf. (T. 06341 - 3 03 39) - Geb. 2. Jan. 1951 Landau - Magisterex. (Phil.) 1977 Berlin - Lehrbeauftr. f. Soziol. Erziehungswiss. Hochsch. Rhld./Pf. - BV: D. Gesunden u. d. Normale. Z. Kritik d. Psychoanalyse, 1973; Z. Lage d. Nation. Sekundenb. (Aphorismen) 1978; Ästhetik zw. Krit. Theorie u. Positivismus. Stud. z. Verhältnis v. Ästhetik u. Politik, 1986 - Liebh.: Klavierspielen, Malen - Spr.: Engl., Lat., Franz.

KNÖPFEL, Konrad
Unternehmer, AR-Vors. Sandoz AG./ Pharmaz. Erzeugnisse - Deutschherrnstr. 15, 8500 Nürnberg - Zuvor Vorst.-Vors. Sandoz.

KNÖPFEL, Willi
Geschäftsführer AKF Kreditbank GmbH & Co. - Friedrich-Ebert-Str. 90, 5600 Wuppertal 1 (T. 3 99-0) - Geb. 20. Sept. 1948.

KNÖPFLE, Franz
Dr. jur., Dipl.-Volksw., Prof. f. öff. Recht Univ. Augsburg (s. 1972); Rektor Hochschule f. Politik München (s. 1972) - Universitätsstr. 2, 8900 Augsburg (T. 5 98-1) - Geb. 27. Aug. 1926 Lindau/B. - 1966 o. Prof. Hochsch. f. Verw.wiss. Speyer (1969-71 Rektor), 1973-79 Präs. Univ. Augsburg. Zahlr. Fachveröff. - 1981 Bayer. VO; 1984 Bayer. Verfassungsmed. in Silber u. Komturkreuz päpstl. Gregorius-Orden, 1987 Gr. BVK.

KNÖPFLE, Robert
Dr. jur., o. Prof. f. Bürgerl. Recht, Handels- u. Wirtschaftsrecht Univ. Regensburg (s. 1967) - Friedrich-Ebert-Str. 59, 8400 Regensburg (T. 9 17 71) - Geb. 30. Mai 1931 Lindau/B. (Vater: Franz K., Oberstudiendir.; Mutter: Laura, geb. Ellgaß), kath., verh. s. 1974 m. Verena-Alexandra, geb. Hartmann, Historikerin - Obersch.; Univ. München (Rechts- u. Wirtschaftswiss.) - 1958-67 Hohe Behörde d. Montanunion - BV: D. Bestimmung d. Schutzumfangs d. Patente, 1959; D. Rechtsbegriff Wettbewerb u. d. Realität d. Wirtschaftslebens, 1967; Wettbewerbsrecht d. Montanunion im Gemeinschaftskomm., 1972; Zulässigkeit u. Eignung d. Maßstabes d. Als-ob-Wettbewerbs f. d. Mißbrauchsaufs. üb. Versorgungsuntern., 1975; D. marktbezogene Unlauterkeit, 1983; D. Problematik d. Zusammenschlußkontrolle nach d. GWB, 1986 - Liebh.: Lit., Ski - Spr.: Engl., Franz.

KNÖPP, Herbert
Dr. rer. nat., Präsident Bundesanstalt f. Gewässerkunde, Koblenz - Goethestr. 5, 5400 Koblenz (T. 34317) - Geb. 27. Nov. 1926 Neu-Bamberg (Vater: Ernst K., Lehrer; Mutter: Tosca, geb. Dittmar), ev., verh. s. 1954 m. Dr. Ulrike, geb. Wilke (Lehrerin), 2 Kd. (Dagmar, Eberhard) - Realgymn. - TH Darmstadt (Dipl.-Biol. u. Promot. 1951) - 1951-53 Univ. Gießen (Wiss. Assist.); s. 1953 Bundesanst. f. Gewässerschutz (Wiss. Mitarb., Ref. f. Angew. Limnol., Leit. Naturwiss. Abt., 1973 Präs.). Etwa 80 wiss. Veröff. Mitveröf.: D. biol. Wasserbau an d. Bundeswasserstr. u. ATV-Lehr- u. Handb. d. Abwassertechnik - Liebh.: Bild. Kunst - Spr.: Engl.

KNÖPPEL, Karl H.
D. D., Pastor, Präses Bund Freier evangelischer Gemeinden (s. 1973), Präs. Vereinig. ev. Freikirchen, Hauptvorst. d. Dt. Evangelischen Allianz - Seelbergstr. 27, 5900 Siegen - Geb. 14. Juli 1928 Grüne/Iserlohn, ev., verh. s. 1953 m. Christa, geb. Stepczynski, 9 Kd. - 1947-51 Stud. Theol. - 1952-65 Gemeindepastor; 1965-73 Generalsekretär - 1977 Ehrendoktor.

KNOERNSCHILD, Eugen M.
Dr.-Ing., Prof., Leiter Dt. Versuchsanstalt f. Luft- u. Raumfahrt e. V. i. R. - Birkenwaldstr. 155, 7000 Stuttgart (T. 290335) - Geb. 27. Jan. 1906 - Honorarprof. TH Aachen (1964 ff.; Elektr. Raumfahrtantriebe) u. Univ. Stuttgart (1968 ff.; Einf. in d. elektr. Antriebe f. Weltraumfahrzeuge).

KNÖRR, Karl
Dr. med., em. o. Prof. f. Gynäkologie u. Geburtshilfe - Universität, 7900 Ulm/D. - Geb. 12. Nov. 1915 Zeltlingen/Mosel (Vater: Karl K.; Mutter: Maria, geb. Ehlen) - Univ. Bonn u. Berlin. Promot. 1941 Bonn; Habil. 1956 Tübingen - 1941-45 Kriegseins.; s. 1945 Univ.klin. Münster/W., Tübingen (1956 Privatdoz., 1962 apl. Prof.), Ulm (1967 Ord.), emerit. 1981. Buch- u. Ztschr.veröff.

KNÖRR-GÄRTNER, Henriette
Dr. med., Prof., Frauenärztin - Steinhövelstr. 16, 7900 Ulm/D. - Geb. 1. Aug. 1916 - S. 1953 (Habil.) Lehrtätigk. Univ. Tübingen (1959 apl. Prof.) u. Ulm (1967, s. 1968 Leit. Abt. Klin. Genetik), emerit. 1979. Vorles. üb. Geburtshilfe u. Gynäk. bzw. Klin. exper. Strahlenbiol. u. Humangenetik. Fachveröff. Mitgl. in- u. ausl. wiss. Ges.

KNÖRZER, Wolfgang
Dr. rer. soc., Prof. f. Erziehungswissenschaft PH Schwäb. Gmünd - Tannbachweg 2, 7075 Mutlangen/Württ.

KNÖSEL, Dieter
Dr. rer. nat., Prof., Abt.-Dir. Abt. Pflanzenschutz/Inst. Angew. Botanik Univ. Hamburg - Marseiller Str. 7, 2000 Hamburg 36 - Geb. 31. Mai 1927 Braunschweig - B. 1962 Privatdoz., dann apl. Prof. Hohenheim, 1974 Univ. Hamburg. Etwa 90 Fachaufs.

KNOKE, Karl-Heinz
Betriebswirt, Geschäftsführer Verb. d. Dt. Drehteile-Industrie - Leostr. 22, 4000 Düsseldorf 11.

KNOKE, Siegfried
Dr.-Ing., Prof. f. Didaktik d. Chemie Päd. Hochsch. Hannover (C.-H.-Becker-Hochsch.) - Glatzer Weg 13, 3005 Hemmingen-Westerfeld.

KNOKE, Udo
Dr., Generalbevollmächtigter Münchner Rückversicherungs-Ges. - Königinstr. 107, 8000 München 40 - Geb. 18. Mai 1934 - ARsmand.

KNOLL, Beat
Schauspieler - Rathausufer 19, 4000 Düsseldorf; u. üb. Düsseldorfer Schauspielhaus, Gustav-Gründgens-Pl. 1, D'dorf - Zul. Nürnberg, dann D'dorf 1981 O.-E.-Hasse-Preis (erstmals verliehen).

KNOLL, Helmut
Dr.-Ing., Vorstandsmitglied EWAG Energie- u. Wasserversorgung AG, Nürnberg, Geschäftsf. Städt. Werke Nürnberg GmbH. ebd. - Wernher-v.-Braun-Weg 7, 8502 Zirndorf - Geb. 20. März 1921 - Vors. Verb. Bayer. Gas- u. Wasserw., München.

KNOLL, Joachim H.

Dr. phil., o. Prof. f. Pädagogik Ruhr-Univ. Bochum (s. 1964) - Soldnerstr. 10, 4630 Bochum-Querenburg (T. 70 67 55) - Geb. 23. Nov. 1932 Freystadt - 1952-56 Univ. Erlangen (Gesch., Volksw., German., Geistesgesch.) - 1961-64 Prof. Päd. Hochsch. Bonn - BV: Führungsauslese in Liberalismus u. Demokratie, 1957; Jugend - Politik - Polit. Bildung, 1962; Päd. Elitebildung, 1964; Ansichten z. Gegenw., 1965; Gemeinschaftskunde, 1965; Festschr. z. Eröffnung d. Univ. Bochum, 1965 (m. H. Wenke); Erwachsenenbildung - Erwachsenenqualifizierung in d. Bundesrep., 1966 (m. H. Siebert); Erwachsenenbildung am Wendepunkt - Bochumer Plan, 1967 (m. H. Siebert u. G. Wodraschke); Aufbau u. Struktur d. dt. Bildungswesens, 1967 (auch franz., engl., span.); Wilhelm v. Humboldt, 1967 (auch engl., franz., span.); Erwachsenenbildung - qualifizierung / Dokumentation, 1968 (m. H. Siebert); Jugend u. Kulturpolitik, 1968 (m. G. Wodraschke u. J. Hüther); Politi-. Bildung - Wilhelm v. Humboldt / Darstellung u. Dokument, 1968; Erwachsenenbildung - Aufgaben/Möglichkeiten/Perspektiven, 1972; Einf. in d. Erwachsenenbild., 1973; Lebenslanges Lernen, 1974; Fr. A. Lange, 1975; Pro u. Contra BRAVO (m. R. Stefen), 1978; V. d. Nationalerziehung z. Weiterbildung (m. K. Künzel), 1980; Bildung intern., 1980; Jugendztschr. im Videozeitalter, 1985; Motivation for Adult Education, 1985; D. zwiespältige Generation (m. J. H. Schoeps), 1985. Viele Beitr. Heraus.: Intern. Jahrb. d. Erwachsenenbild. (1966ff.), Beih. zum Intern. Jahrbuch (1980ff.); Mithrsg.: Universitas (1963ff.), Bild. u. Erzieh. (1975ff.) - Festschr. z. 50. Geb., Weiterbild. durch Medien (m. Bibl.) 1982.

KNOLL, Renate
Dr. phil., Studienprof. f. Neuere dt. Literaturwiss. - Im Eichengrund 4, 4409 Havixbeck (T. 02507 - 76 26) - Geb. 1. Mai 1933 Heiligenbeil/Ostpr. (Vater: Wilhelm K., Kreisbauamtsr.; Mutter: Gertrud, geb. Woelke †1987), ev. - Abit., Stud. German., Gesch., Phil. Univ. Marburg, Tübingen, Göttingen, Zürich, Heidelberg. (Promot. 1961), Päd. Prüf. f. d. Lehramt an höh. Schulen 1963 - 1961-68 Höh. Schuldst., 1968/69 DAAD-Lekt. Univ. Helsinki; s. 1972 Studienprof. Univ. Münster - BV: Johann Georg Hamann u. Friedrich Heinrich Jacobi, 1963; Johann Georg Hamann u. sein Kreis, 1980. Heraus.: J. G. Hamann (1730-1788) Quellen u. Forsch. (Ausstellungskatalog 1988). Aufs. u. Beitr. in Fachztschr. u. intern. wiss. Publ. Acta d. intern. Hamann-Colloquiums (hg. v. B. Gajek), 1979; Bd. III 1987; Bd. V 1989 u. a. - 1960 Preismed. d. Univ. Heidelberg - Interessen: Gesch., Phil., Theol. - Spr.: Engl., Franz. - Lit.: Wilhelm K. (Vater, Dokument. d. Vertreibung d. Deutschen, 1957, Nachdruck 1984).

KNOLL, Wolfgang
I. Kreisbeigeordneter Main-Taunus-Kr. (s. 1974), Landesvors. Arbeitsgem. Lib. Kommunalpolitik/Hessen (1977ff.), s. 1982 Bundesvors. d. Vereinig. Liberaler Kommunalpolitiker, Fremdenverkehrsverb. Main + Taunus (1980ff.), AR-Mitgl. Hess. Industriemüll AG. (1980ff.) u. a. - Am Kreishaus 1-5, 6238 Hofheim/Ts. (T. 06192 - 20 12 01-7); priv.: Philipp-Kremer-Str. 19, 6233 Kelkheim/Ts. - Geb. 21. März 1929 Cunnersdorf/Schles., ev., verh. - FDP (u. a. stv. Vors. Bundesfachausssch. f. Kommunalpolitik, Bonn).

KNOLL-KÖHLER, Elisabeth
Dr. med., Prof. f. Pharmakologie u. Toxikol. FU Berlin - Angerburger Allee 49, 1000 Berlin 19.

KNOLLE, Gerdt
Dr. med., Dr. med. dent., apl. Prof. Univ. Düsseldorf, Facharzt f. Mund- u. Kieferkrankheiten - Frankfurter Str. 77, 6050 Offenbach - Geb. 1932 Schlotheim.

KNOOP, Bert
Dr. rer. pol., Dipl.-Kfm., Geschäftsführer Zentralverb. d. Kürschnerhandwerks, Bad Homburg, Ges. z. Förd. d. Kürschnerhandw. mBH, Dt. Pelz-Institut, Chefredakt. Fachztschr. die pelzwirt, alles Bad Homburg - Dornholzhäuser Str. 13, 6370 Oberursel 4 - Geb. 6. Mai 1934.

KNOOP, von, Dietrich
Stv. Vorstandsvorsitzender Didier-Werke AG./Feuerfeste Erzeugnisse - Lessingstr. 16, 6200 Wiesbaden - B. 1982 Vorst.-Mitgl. Didier-Werke AG.

KNOOP, Kurt E.
Stv. Hauptgeschäftsführer Industrie- u. Handelskammer Frankfurt/M. - Börsenplatz 6, 6000 Frankfurt 1 - Geb. 28. Jan. 1928, ev., verh., Jura-Stud. Univ. Kiel; 1. Staatsex. Schleswig, 2. Staatsex. 1956 Hamburg - Vors. Bezirksvereinig. Rhein-Main Dt. Verkehrswiss. Ges. (DVWG) - Spr.: Engl., Franz.

KNOP, Gerhard
Dr. rer. nat., em. o. Prof. f. Experimentalphysik - Stationsweg 6, 5300 Bonn 1 - Geb. 21. Aug. 1923 Celle - S. 1963 ao. bzw. o. Prof. (1967) Univ. Bonn.

KNOP, Jan
Dr. rer. nat., Prof. u. Ltd. Regierungsdirektor Rechenzentrum Univ. Düsseldorf - Thienhausener Str. 57, 5657 Haan (T. 02129 - 66 42) - Geb. 29. Sept. 1940 Cilli/Steiermark (Vater: Dr. Liebfried K., Dipl.-Chemiker, Hochschullehrer; Mutter: Sidonie, geb. Weber), kath., verh. s. 1972 m. Mathilde, geb. Heiliger, 2 Kd. (Richard, Verena) - 1958-60 Univ. Wien; 1960-67 Univ. Hannover; Dipl.-Phys. 1967 Hannover, Promot. 1979 Univ. Düsseldorf - 1968-70 wiss. Assist.; 1970-73 Siemens AG (Leit. Systmberat.); 1973 Dir. Rechenzentrum Univ. Düsseldorf - BV: Wirtschaftlichk. d. Datenverarb., 1982; Einsatz d. Datenverarb. in d. Hochschulmed., 1983; 100 Aufs. in wiss. Ztschr. - Spr.: Engl.

Franz. - Bek. Vorf.: Jan Knop, Kaiserl. Rat f. d. Finanzwesen Wien (Großv.).

KNOP, Udo
Bankdirektor a.D. - Sachsenhäuser Landwehrweg 203, 6000 Frankfurt 70 - Geb. 22. März 1931 Liegnitz/Schles. (Vater: Willi K., Schlosser), 4 Kd. - Univ. München (Dipl.-Volksw.) - AR-Mitgl. Saarbergwerke AG, Saarbrücken u. BMW.

KNOPF, Jan

Dr. phil., Prof., Univ.-Lehrer, Publizist, Theaterkritiker, Regisseur - Humboldtstr. 18, 7500 Karlsruhe (T. 0721 - 62 10 81) - Geb. 10. Juli 1944, 2 Kd. (Jan, Peggy) - Stud. Dt. Philol., Phil., Gesch.; Promot. 1972 u. Staatsex. 1972 - 1977 Priv.-Doz., 1984 Prof. Univ. Karlsruhe; s. 1978 fr. Theaterkritiker; 1988 erste Regiearbeit - BV: Geschichten z. Gesch., 1973; Frühzeit b. Bürgers, 1978; Friedrich Dürrenmatt, 4. A. 1988; Brecht-Handb., 2 Bde. 1980 u. 1984; Bertolt Brechts Buckower Elegien, 1986. Herausg. d. Brecht-Journals (bish. 2 Bde. 1983 u. 86); J. P. Hebels sämtl. Kalendergesch. (1986). Mithrsg. d. Gr. Komm. Berliner u. Frankfurter Brecht-Ausg. in 30 Bde. - Liebh.: Schwimmen, Musik.

KNOPP, Guido

Dr. phil., Leiter ZDF-Redaktion Zeitgeschichte - Schubertstr. 54, 8759 Hösbach (T. 06021 - 5 33 88) - Geb. 29. Jan. 1948 Treysa, ev., verh. s. 1975 m. Friederike, geb. Brückner, 2 S. (Guido, Konstantin) - Stud. Univ. Frankfurt, Amsterdam, Würzburg; Promot. 1975 Würzburg - 1976/77 Auslandschef Welt am Sonntag, 1978 FAZ; s. 1978 ZDF, u.a. Leit. d. Reihe Fragen z. Zeit; s. 1978 Leit. d. Kongress-Reihe Aschaffenburger Gespräche - BV: Hitler heute, 1979; D. Dt. Einheit, 1980; Preussen heute, 1982; Wir u. d. Russen, 1983; Warum habt ihr Hitler nicht verhindert?, 1983; Nation Deutschl.?, 1984; Gesch. im FS, 1988; D. Lied d. Deutschen, 1988 - 1985 u. 1986 Jakob-Kaiser-Preis - Liebh.: Musik, Sport - Spr.: Engl., Ital.

KNOPP, Norbert
Dr. phil., o. Prof. f. Kunstgeschichte Kath. Univ. Eichstätt - Oberer Seeweg 20, 8151 Starnberg (T. 08151 - 1 59 79) - Geb. 23. Jan. 1935 Koblenz (Vater: Johannes K., Arzt; Mutter: Magdalene, geb. Moeren, Ärztin), kath., verh. s. 1970 m. Catherine De Domenico, 4 Kd. (Johannes Sebastian, Maria-Theresia, Francesca Isabella, Caecilia) - Abit. 1953; Stud. Malerei (Geitlinger) u. Kunsterzieh. (Akad. München), Kunstgesch. (Univ. München), Promot. 1964, Habil. 1978 - 1965/66 Assist. Mus. Bochum; 1966-80 Assist. u. Akad. Rat TU München - BV: D. Gartenbelvedere, 1966; D. Frauenkirche z. München u. St. Peter, 1970 - Liebh.: Musik - Spr.: Lat., Engl., Franz., Ital.

KNOPP, Werner
Dr. jur. (habil.), Prof., Präsident Stiftung Preuß. Kulturbesitz, Berlin (s. 1977) - Miquelstr. 32, 1000 Berlin 33 (T. 030 - 823 32 91) - Geb. 31. Jan. 1931, verh. s. 1968 m. Ingeborg, geb. Schieferdekker, ev.-luth. - 1969-77 o. Prof. f. Bürgerl. Recht, Handels- u. Wirtschaftsrecht Univ. Münster (1970-74 Rektor; 1974-77 Präs. Westdt. Rektorenkonf.).

KNORPP, Klaus
Dr. med., Prof. f. Innere Medizin, insb. Kardiopulmonologie, Univ. Gießen - Waldstr. 69, 6301 Linden-Leihgestern - Zul. Doz.

KNORR, Dietrich
Dr. med., Prof., Leiter d. Abt. pädiatrische Endokrinologie i. R., Univ.-Kinderklinik - Lindwurmstr. 4, 8000 München (T. 08105 - 93 75) - Geb. 19. Sept. 1923 München - Habil. 1963. 1969 apl. Prof. f. Kinderheilkd., Arbeitsgeb.: Hormone im Kindes- u. Pubertätsalter. Forsch.arb.: Steroidstoffwechsel, Congenitale Stör. d. Steroidstoffw., Adrenogenitales Syndrom, Formen d. Intersexualität.

KNORR, Eberhard F.
Generaldirektor, Banco Comercial Transatlántico - Avda. Diagonal, 446, 08006 Barcelona (Spanien) - Geb. 12. Mai 1929.

KNORR, Günther
Sparkassendirektor i. R., Vors. DRK-Kreisverb. Wuppertal - Humboldtstr. 20, 5600 Wuppertal 2 - Vorst.-Vors. Stadtspark. Wuppertal i. R. - Geb. 30. Jan. 1923 - BVK; Ehrenz. Dt. Rotes Kreuz.

KNORR, Helene
Bürgerschaftsabgeordnete - Dordrechter Str. 18, 2800 Bremen 66 - S. 1971 Mitgl. Brem. Bürgerschaft. SPD.

KNORR, Jürgen
Dipl.-Ing., Vorstandsmitglied Siemens AG (Geschäftsbereich Halbleiter: Entwicklung, Fertigung, Vertrieb f. Integrierte Schaltungen, Diskrete Halbleiter) - Balanstr. 73, 8000 München 80 - Stud. TU Berlin, Dipl. f. Starkstrom-Elektrotechnik.

KNORR, Klaus
Dr. rer. nat., Prof. f. Experimentalphysik Univ. Mainz - Davidstr. 19, 6500 Mainz.

KNORR, Knut
Dr. rer. nat., Prof., Lehrstuhlinh. f. Mathematik Univ. Regensburg - Köferinger Weg, 8401 Alteglofsheim/Opf. - Geb. 18. Mai 1940 Lichtenfels - Promot. 1968 München; Habil. 1971 Regensburg - Zul. Prof. GH Wuppertal. Bücher u. Einzelarb.

KNORR, Lorenz
Publizist, Vize-Präs. Intern. Verbindungsforum d. Friedenskräfte - Günthersburgallee 10, 6000 Frankfurt/M. (T. 069 - 43 29 21) - Geb. 18. Juli 1921 Eger/Tschechosl., verh. s. 1948 m. Elfriede, geb. Sperk, S. Reinhart - Schriftsetzer u. Buchdrucker; Lehrmeisterprüf.

1942 Nürnberg; Autodidakt. Stud. Päd. u. Politol. - B. 1945 Antifasch. Tätigk.; 1947-50 Landes-, 1950-60 Bundessekr. d. Sozialist. Jugend Dtschl. - D. Falken, verantw. f. Erziehung; Schriftleit. v. Erziehung u. Ges.; 1952 Präs. d. größten intern. Kinder-Rep. (Junges Europa d. Roten Falken) Schwangau; 1952-60 Vorst.- u. Büromitgl. d. Intern. Falken-Bewegung; Mitgl. d. Jugend- u. d. Kulturpolitischen Aussch. b. Parteivorst. d. SPD; 1959/60 Chefredakt. d. Jungen Gemeinschaft; 1960 Mitbegr. Dt. Friedens-Union u. Mitgl. d. Direkt. (b. 1985); 1978-80 maßgebl. met. am Projekt Frieden u. Abrüstung d. Univ. Oldenburg; s. 1972 Gast-Kommentator u. Interview-Partner Radio Praha (Send. in dt. Sprache); s. 1984 Vize-Präs. Intern. Verbindungsforum d. Friedenskräfte; s. 1986 Mitgl. wiss. Kurat. d. ZMF (Zentr. f. marxist. Friedensforsch.) - BV: Dein Weg ins Leben, 1953; Gedanken z. sozialist. Erziehung, 1954; Mod. Zeltlagergestaltung - Theorie, Planung, Praxis, 1957; Jugend mit uns! Kl. Handb. d. sozialdemokrat. Vertrauensmannes f. Erziehungsfragen, 1958; Wahrheit hinter Gitter?, 1963; Frieden u. Abrüstung, 2 Bde., 1979/80; V. Wettrüsten z. Abrüstung, 2. A. 1979; Kl. Lexikon - Rüstung, Abrüstung, Frieden, 2. erw. A. 1982; Gesch. d. Friedensbewegung d. Bundesrep., 2. erw. A. 1984; Was hülfe es d. USA? - Z. Globalstrategie d. USA, 1984, erw. engl. Ausg. 1985; NATO - Gesch., Strategie, Atomkriegsplanung, 1985 (russ. Ausg. 1988); Wieder Krieg v. dt. Boden?, 1985; Arbeit statt Raketen, 1986; Unser Nachbar ČSSR - Staat im Herzen Europas (m. Kunstdr.beil.), 1988. Herausg.: D. Auszwg (1962-66). Zahlr. Ztschr.-Beitr. zu päd. Fragen u. (ab 1960) z. Sicherheitspolitik - 1937 I. Preistr. typogr. Lehrlingswettb. in d. ČSSR; 1965 Gold-Med. Tschechosl. Ges. f. Intern. Verständigung; 1981 Carl-von-Ossietzky-Med. d. DDR; 1987 Ehren-Med. Tschechosl. Rundf.; u.v.a. - Liebh.: Fotogr., Bergsteigen, Kalligraphie - Lit.: Dr. W. Beutin in Kultur u. Gesellschaft 7/8-1986 z. 65. Geb.: ...letztendl. erfolgr.

KNORR, Ludwig
Dr. rer. pol., Verlagsdirektor a. D., Herausgeber d. Rhein-Neckar-Zeitung - Quinckestr. 59, 6900 Heidelberg - Geb. 27. März 1928 (Vater: Dr. Hermann K., Verleger), ev., gesch., 2 T. (Christiane, Inge) - Stud.; Promot. (Volkswirtsch.) - Gesellsch. u. Herausg. d. Rhein-Neckar-Ztg. Heidelberg - Spr.: Engl., Franz.

KNORR-ANDERS, Esther
Schriftstellerin, Journalistin u. Literaturkritikerin - Comeniusstr. 2, 6200 Wiesbaden (T. 06121 - 59 81 11) - Geb. 9. März 1931 Königsberg/Ostpr. (Vater: Otto A., Waffenmstr.; Mutter: Charlotte, geb. Ziegler), ev., verh. s. 1964 m. Ernst Knorr - BV: D. Falle, Dokumentarbericht, 1966 (auch franz.); Kossmann, R. 1969 (auch franz.); D. Packesel, R. 1969; Blauer Vogel Bar, Prosa 1970; D. Gesang d. Kinder im Feuerofen, Prosa 1972; Örtel u. Aderkind, Erz. 1973; D. Kakteenhaus, Erz. 1975;

Frau Models Haus am Wasser, Erz. 1976; D. Hundekrematorium, Einakter 1976; Jeder hat jeden Tag andere Nerven, Einakter 1976; R. Jakob u. Darja, 1977 - 1972 I. Preis Ostdt. Kulturrat (Hörsp.- u. Erz.wettb.) f. Take (Funkerz.); 1975 Preis Ostdt. Kulturrat (Hörsp.-u. Erz.wettb.) f. D. Mahlzeit (Funkerz.), 1977 Journalistenpreis Bundesarbeitsgem. d. fr. Wohlfahrtspflege, 1980 Andreas-Gryphius-Ehrenpreis.

KNORR-CETINA, Karin
Dr., Prof. Fak. f. Soziol. Univ. Bielefeld - Postf. 86 40, 4800 Bielefeld 1 - Verh. s. 1969 m. Prof. Dr. Dietrich Knorr, 3 Kd. - Stud. d. Anthropol. u. Soziol. Wien. Wiss. Assist. Inst. f. Höhere Stud.; Ford Fellow Univ. of Calif., Berkeley; Research Scholar, Univ of Pennsylvania; Habil. Virginia und Wesleyan Univ. - BV: Advances in social Theory, 1981; The Manufacture of Knowledge, 1981 (Übers.: D. Fabrikation v. Erkenntnis, 1984).

KNORRE, von, Erik
Dr. jur., Hauptgeschäftsführer Industrie- u. Handelskammer Offenbach am Main - Stadthof 5, 6050 Offenbach/M. - Geb. 7. Juli 1935 Riga (Vater: Dr. Werner v. K., Journ.; Mutter: Helen, geb. Baronesse v. d. Ropp), ev., verh. s. 1965 m. Barbara, geb. Mauve, 3 Kd. (Dorothea, Karl-Friedrich, Hans Christoph) - S. 1969 Geschäftsf. Dt.-Finn. Vereinig.

KNOTEK, Otto
Dr. techn., o. Prof. f. Werkstoffkunde (Lehrstuhl II) - Templergraben 55, 5100 Aachen - Geb. 14. Okt. 1925 Bruck/Mur (Österr.) - S. 1957 (Habil.) Lehrtätig. TH Aachen (1965 apl. Prof., 1970 Ord. u. Inst.-Dir.); dazw. zeitw. Fabrikdir. Über 200 Fachaufs.

KNOTH, Hermann
Maler, Grafiker, Schriftst. - Waldstr. 4, 2000 Norderstedt (T. 040 - 522 39 33) - Geb. 5. Jan. 1927 Hamburg-Altona, verh. s. 1986 m. Gunda, geb. Lindner, 3 S. (Peter, Michael, Ralf) - Malerlehre 1943, Meisterprüf. 1959, Kunststud. 1943 Posen - B. 1980 hauptberufl. Inh. e. Betriebes f. Dekorationsmalerei; nebenberufl. Mitbegründer Norderst. Kunstkreis u. Norderst. Kunstverein, Lit. Werkstatt; Gründer Norderstedter Malstudio. S. 1987 freischaffender Maler + Grafiker. Mitbegründer d. neuen Kunstverein MALIMU, Norderstedt - BV: Frau Tal liebt alte Schlösser, 1978. Anthol.: D. Hintermüller, 1983 - S. 1964 Holzschnitte u. Ölmalerei; Ausst. in Hamburg-Schlesw.-Holst., Schweiz, Holland - 1985 Kunstpreis Altona, 1986 7. Preis Künstler sehen Norderstedt - Liebh.: Malerei, Klass. Musik, spielt Akkordeon, Phil. - Spr.: Engl., Franz. - Lit.: Dr. Wolfgang Beutin in Frau Tal liebt alte Schlösser.

KNOTH, Joachim
Dr. rer. pol., Prof. f. Betriebswirtschaftslehre, Wirtschaftsprüfer - Sarlandstr. 55, 6530 Bingen/Rh. 11 - Geb. 30. Sept. 1936 Frankfurt/M. (Vater: Wilhelm K., Bankprokurist; Mutter: Henriette, geb. Hartmann), kath., verh. s. 1963 m. Gerlinde, geb. Huff, 3 Kd. (Frank, Sylva, Claus) - Gymn.; Banklehre; Stud. Univ. Mainz u. Paris. Dipl.-Volksw. 1960; Promot. 1965; Habil. 1970 - S. 1970 Lehrtätig. Univ. Mainz - Spr.: Franz., Engl.

KNOTHE, Hans
Dr. med., o. Prof. f. Hygiene u. Bakt. Universität, 6000 Frankfurt/M. - Geb. 10. April 1919 - S. 1951 (Habil.) Lehrtätigk. Univ. Kiel (1957 apl. Prof., 1962 Wiss. Rat u. Prof.) - an d. Univ. Frankfurt (1966 Ord.) - BV: Üb. d. Epidemiologie d. Tularämie, 1955.

KNOTHE, Wilhelm
Dr. med., Prof., Chefarzt Chirurg. Klinik/St.-Franziskus-Hospital, Bielefeld (s. 1971) - Kiskerstr. 26, 4800 Bielefeld - Geb. 27. März 1926 Recke - Promot.

1951 - S. 1964 (Habil.) Privatdoz. u. apl. Prof. (1970) Univ. Gießen (Chir.). Facharb.

KNOTT, Roland

Landespräses des Kolpingwerkes Landesverb. Hessen (s. 1984), Diözesanpräses im Bistum Fulda, Vors. d. Kolpinghaus Fulda, Oberstudienrat in Fulda (s. 1976) - Kegelspielstr. 6, 6418 Hünfeld 1 (T. 06652 - 86 54) - Geb. 11. Okt. 1928 Köln (Vater: Karl K., Obering. VDI; Mutter: Anna, geb. Weiser), kath. - Gymn.; 1944-45 Kriegsteiln.; 1945-46 Praktikant im Elektr. u. Dampflokbau; Abit. 1948 Kassel; 1949-55 Stud. Phil. u. Theol. in Fulda; Priesterweihe; 1955 Pfarrerverweser in Kassel; 1956 Domkaplan in Fritzlar; 1964 Pfarrer in Friedewald/Heringen; 1972 Generalsekr. d. Bonifatiuswerkes in Paderborn; 1976-87 Mitgl. Generalrat d. Intern. Kolpingwerkes. 1986 Ern. z. Monsignore durch Papst Johannes-Paul II.

KNUDSEN, Knud

Minister a. D., Kaufmann u. Reeder - Neuhörn 1, 2370 Rendsburg/Holst. (T. 2 70 01) - Geb. 15. Sept. 1912 Wyk/Föhr, verh. s. 1938 m. Eike, geb. Ökkens, 4 Kd. - Obersch.; 1930-33 Berufsausbildung - Selbst. s. 1941 (Hauptgesellsch. Knud Knudsen Wohnungsbau KG u. Sartori & Berger, Kiel). 1950-71 MdL Schlesw.-Holst. - Liebh.: Golf (Clubpräs. Föhr).

KNUDSEN, Knud

Dr. phil., Bildhauer, Schriftst. - Höhenweg 35, 6350 Bad Nauheim (T. 28 70) - Geb. 16. Jan. 1916 Berlin (Vater: Dr. phil. Hans K., Theaterwissenschaftler † 1971 (s. XVI. Ausg.); Mutter: Emmy, geb. Brecht † 1969), ev., verh. s. 1950 m. Doris, geb. Formella, S. Björn - Kunsthochsch. u. Univ. Berlin (Promot. 1941); 1935-37 prakt. Ausbild. K. Stumpff (Graph. Techniken, Porträt, Akt). Porträtist vieler bek. Persönlichkeiten (Hauptmann, Jannings, Barlach, Planck, Wagner-Jauregg, Heinkel u. a.); Bronzegruppe D. Gespräch (1949, Worldbrotherhood-Gebäude New York), Porsche-Denkmal (1952, Stadt Wolfsburg), Lutherkirche Frankfurt/M.; 1956, Glendale Church, Los Angeles/USA), Mahnmale (u. a. Gr. Sandsteingruppe Soldaten-Friedhof Herborn), Bronzebüsten v. Heuss (1958, Stadt Frankfurt), Kennedy, Gollancz, Niemöller, Lilje, Mierendorff, Horkheimer, Kant-Denkmal (1969, Rüsselsheim) u. a. - BV: Lauter Sonderlinge, Erz. 1947; Köpfe ohne Maske, 1947 (Kunstmappe); D. Liebesbrevier, 1949; Plastik z. Nachdenken, 1964; John F. Kennedy in Bronze, 1965; D. 12 Temperamente, 1969; Vorbilder - Zeitbilder - Sinnbilder, 1974. Herausg.: Welt ohne Haß (1950), Treibjagd auf Sündenböcke (1951/68) - 1958 Kunstpreis VdK; 1976 BVK I. Kl. - Bes. Interessen: Angew. Psych. (Verständigungstechnik zw. Religionen, Rassen u. Sozialpartnern) - Rotarier - Spr.: Engl., Franz., Span., Dän.

KNÜPPEL, Gustav-Robert

Dr. rer. oec., Bürgermeister Hansestadt Lübeck a. D. (1976-88) - Claudiusring 38e, 2400 Lübeck (T. 62 22 62) - Geb. 27. März 1931 Kiel (Vater: Gustav-Hinrich K., Kaufm.; Mutter: Johanna, geb. Schwartz), ev., verh. s. 1957 m. Rosemarie, geb. Karstens, 2 Kd. (Ulf, Barbara) - Gymn. Kiel; Univ. Kiel u. Innsbruck. Dipl.-Volksw. 1955; Promot. 1956 - S. 1958 Stadtverw. Lübeck (b. 1968 Obersenatsrat, b. 1976 Finanzsenator, dann Bürgermeister). Mitgl. Ges. z. Förd. gemeinn. Tätigk. u. Lions-Club - 1988 Silberne Halbkugel d. dt. Nationalkomitees f. Denkmalschutz - Liebh.: Mod. Lit., Film, Sport - Spr.: Engl.

KNÜPPER, Paul

Kaufmann, MdL Rhld.-Pfalz (s. 1967) - Koblenzer Str. 131, 5440 Mayen/Eifel (T. 2557) - Geb. 5. Juni 1930 Mayen (Vater: Kaufm.), kath., verh., 3 Kd. - Volkssch.; kaufm. Lehre - Kaufm. Angest. (Einzelhandel); 1960 Übern. Familienbetrieb (Maschinenhandel). S. 1956 Mitgl. Stadtrat Mayen; s. 1964 MdK ebd. Bezirksvors. Jg. Union CDU s. 1954 (1965 Ortsvors.); Diözesanvors. i. Kolpingwerk, Bistum Trier.

KNÜRR, Alois

Dipl.-Ing., Geschäftsführer (Alleingesellsch.) Intern. Touristik Management (ITM) Verlags GmbH, AKM-Alois Knürr, München, Ges. f. Werbung Presse u. Öffentlichkeitsarbeit mbH - Sperberstr. 23, 8000 München 82 - Geb. 18. Jan. 1945 Bad Wiessee, kath., Ehefrau Elfriede, Sohn Andreas - Lehre als Werkzeugmacher, Stud. Maschinenbauer, Abendstud. VWA Betriebswirt - Spr.: Engl.

KNÜSEL, Guido

Dirigent, Prof. f. Dirigieren Staatl. Hochsch. f. Musik Ruhr/Folkwang-Hochsch., Chordir. Städt. Chöre Duisburg - Hufergasse 8, 4300 Essen 16 - Geb. 5. Juni 1940 CH-Luzern.

KNÜTEL, Rolf

Dr. jur., o. Prof. f. Röm. u. Bürgerl. Recht Univ. Bonn (s. 1977) - Huppenbergstr. 82, 5307 Wachtberg-Pech - Geb. 23. Dez. 1939 Hamburg - Promot. (1968) u. Habil. (1973) Hamburg - Zul. Privatdoz. Hamburg. Bücher u. Einzelarb.

KNÜTTER, Hans-Helmuth

Dr. phil., Prof. f. Polit. Wissenschaft Univ. Bonn (1972) - Proffgasse 8, 5303 Bornheim 3 - Geb. 9. Mai 1934 Stralsund/Pom. (Vater: Rudolph K., Apotheker; Mutter: Emmy, geb. Sorge), ev., verh. s. 1980 m. Gabriela, geb. Schrey, 2 Kd. (Helke, Rudolf) - 1954-59 FU Berlin (Gesch., Polit. Wiss., Soziol.). Promot. 1960; Habil. 1971 - BV: Rechtsradikalismus im Nachkriegsdtschl., 1962 (2 A.); D. Juden u. d. Linke in d. Weimarer Rep., 1971; D. Streit um d. polit. Bildung, 1975; D. realist. Wende in d. Polit. Bild., 1979; Theodor Litt u. d. Polit. Bildung d. Gegenwart, 1981.

KNÜTTGEN, Hermann J.

Dr. med., em. o. Prof. d. Tropenmed. Inst. Univ. Tübingen (b. 1979 Direktor) - Spemannstr. 14, 7400 Tübingen (T. 07071 - 60 05 80) - Geb. 20. Okt. 1913 - BV: Lehrb. d. Tropenkrankh., 1953 (div. Aufl.; Mitverf.). Einzelarb. - 1969-71 Vors. Dt. Tropenmed. Ges.

KNURA, Gerda

Dr. rer. nat., Dipl.-Psych., o. Prof. f. Pädagogik d. Sprachbehinderten PH Rheinld./Abt. f. Heilpäd. Köln - Robert-Schumann-Str. 22, 5000 Köln 91.

KNUSSMANN (ß), Rainer

Dr. rer. nat., o. Prof. u. Direktor Inst. f. Humanbiologie Univ. Hamburg (s. 1972) - Allende-Platz 2, 2000 Hamburg 13 (T. 41 23 22 71) - Geb. 15. April 1936 Mainz (Vater: Jakob K., Rektor; Mutter: Maria Theresia, geb. Schneider), verh. s. 1960 m. Dr. Renate, geb. Reuschling, T. Elke - Hum. Gymn. Mainz (Abit.); Stud. d. Biol., Psychol., Geogr. Univ. Mainz; Promot. 1960 u. Habil. 1965 Mainz - 1960-69 Wiss. Assist. u. Privatdoz. (1965) Anthropol. Inst. Univ. Mainz; 1969-72 Prof. u. Abt.sleit. Diabetes-Inst. Düsseldorf. S. 1963 ministeriell benannter Sachverst. f. Erbbiol.; 1976-79 Vors. Ges. f. Anthropol. u. Humangenetik. In- u. ausl. Fachmitgl.sch. - BV: Humerus, Ulna u. Radius der Simiae, 1967; Vergl. Biologie d. Menschen, Lehrb. 1980; D. Mann - e. Fehlgriff d. Natur, 1982; Anthropol. - Handb. d. vergl. Biologie d. Menschen, 1988 - Liebh.: Turnierfahren - Spr.: Engl., Franz. - Lit.: Persönlichkeiten Europas, Iatas-Vlg. Luzern.

KNUST, Dieter

Fachschriftsteller (Ps. Frank Peters) - Zöllner Str. 29, 5063 Overath-Untereschbach (T. 02204 - 7 36 70) - Geb. 22. Juli 1928 Berlin (Vater: Bernhard K., Jurist), verh. s. 1954, 2 Töcht. (Beate, Cornelia) - 1948-52 Stud. Physik u. Math. FU Berlin - 1948 Mitgründ. FU Berlin, Mitgl. d. 1. ASTA - S. 1962 ständ. Mitarb. ARD-Fernsehen u. Kfz.- u. Verkehrsfragen - BV: Am Anfang war d. Rad, 1964; Raketen-Antriebe, 1968; D. Verkehrsmisere in unseren Städten, 1973; Ideen werden Wirklichk., 1977; D. Genie u. d. Gene, 1986 - 1976 u. 87 Goldmed. Christopherus-Stiftg. - Spr.: Engl., Franz.

KNUST, Herbert

Dr. phil., Prof. f. Deutsche u. Vergleichende Literaturgeschichte - 2006 Burlison, Urbana, Illinois 61801, USA (T. 217 - 384-72 91) - Geb. 9. Mai 1935 Köln (Vater: Wilhelm K.; Mutter: Paula, geb. Emanuelsson), verh. s. 1963 m. Christa, geb. Gröbke, 3 Kd. (Stefan, Sabine, Sylvia) - Stud. Univ. München, FU Berlin, Tulane Univ.; M.A. (Angl.) 1958 Pennsylvania State Univ.; Ph.D. (Komparatistik) 1961 - 1963-65 Pennsylvania State Univ.; s. 1965 Univ. of Illinois; 1970-74 u. 1981/82 Dir. Progr. in Comparative Lit.; 1978-80 Dir. Illinois-Austria Exchange Progr. Baden, Wien; 1982-85 Head, Dept. of Germanic Langs and Lits.; 1985/86 Gast Univ. Göttingen - BV: Wagner, the King and the Waste Land, 1967; Theatrical Drawings and Watercolors by George Grosz (m. H. Landman), 1973; Materialien zu B. Brechts Schweyk im zweiten Weltkrieg, 1974; George Grosz, Briefe 1913-59, 1979; Bertolt Brecht: Leben d. Galilei, 1982, 4. A. 1987 - Spr.: Engl., Franz., Ital., Latein.

KNUTH, Peter W.

Journalist u. Schriftsteller (Ps.: Peter Wolfenberg) - Walter-Franck-Zeile 5, 1000 Berlin 47 (T. 668329) - Geb. 24. Dez. 1917 Berlin, ev., verh., 2 Kd. - BV: Bunte Blüten, R. 1936; Im Schatten d. gold. Spinne, R. 1936; D. Erinnerung, N. 1937; Im Strome d. Stunden, Erz. u. Ged. 1938. Presse: Erz., Kunstgesch., Feuill. - Bek. Vorf.: Friedrich K., Schriftst. u. Geschichtslehrer Univ. Greifswald (Freund Theodor Fontanes).

KOBBE, Gustav

Dipl.-Volksw., Ing. (grad.), Hauptgeschäftsführer Dt. Ges. f. Ernährung (s. 1973) - Zu erreichen üb. Dt. Ges. f. Ernährung, Feldbergstr. 28, 6000 Frankfurt/M. - Geb. 24. Febr. 1935 Dollbergen, Kr. Burgdorf/Hann. - Vorst.-Mitgl. Gütegemeinschaft Diätverpflegung, Düsseldorf; Mitgl. Verbraucherbeirat Bundesmin. f. Wirtsch.; ehrenamtl. Tätigkeit in d. ev. Kirche (Mitgl. Kirchenvorst., Vors. Finanzaussch.).

KOBBERT, Max J.

Dr. phil., Prof. f. Kunstdidaktik u. Psychologie Kunstakad. Münster (s. 1978) - Franz-Marc-Weg 71, 4400 Münster/W. - Geb. 28. Mai 1944 Königsberg/Pr. (Vater: Dr. Max K., Arzt; Mutter: Elli, geb. Klumbies), ev., verh. s. 1971 m. Gabriele, geb. Fehr, 2 Töcht. (Antje, Heike) - Gymn. Soest u. Münster; Univ. Münster u. Regensburg (Psych., Phil., Psychopathol., Physiol.). Promot. 1976 Münster - Zul. Wiss. Assist. Univ. Regensburg. Fachveröff. z. Wahrnehmungs-, Rehabilitations-, Kunstpsych. u. Kunst f. Blinde.

KOBECK, Margit

Prof. f. Gesang Staatl. Hochschule f. Musik Rheinland/Musikhochsch. Köln - Haus Bergfried, 5227 Herchen-Bahnhof 1.

KOBEL, Paul

Geschäftsf. Münchener Zeitungsverlag KG. (Münchner Merkur) - Geroltstr. 5, 8000 München.

KOBER, Alois

Fabrikant - Ortsstr. 47, 8871 Kötz 2 (T. 08221 - 8051) - Geb. 1. Juni 1908, verh. (Ehefr.: Hedwig), 3 Kd. (Herbert, Kurt, Willy) - 1974 Ehrenbürgerschaft Obdach (Österr.).

KOBER, Gisbert

Dr. med., Prof. f. Kardiologie Univ. Frankfurt - Theodor-Stern-Kai 7, 6000 Frankfurt/M..

KOBER, Herbert

Unternehmer, Vorstandsvors. AL-KO Kober AG - Ichenhauser Str. 12, 8871 Kötz 2 (T. 08221 - 97-1) - Geb. 6. Aug. 1933 Großkötz (Vater: Alois K., Unternehmer; Mutter: Hedwig, geb. Huber), kath., verh. s. 1959 m. Cäcilie, geb. Christel, 3 Kd. (Roland, Harald, Susanne).

KOBER, Hermann

Journalist, Chefredakteur i. R. - Hauptstr. 147, 8702 Zell a. Main (T. 0931 - 46 10 16) - Geb. 19. Okt. 1924 Zell, kath., verh. s. 1952 m. Irene, geb. Sinnreich, 3 Kd. - Abit. 1943; 1944 Kriegssch., 1949-52 Univ. - 1953 Redakt., 1971 Chefredakt. Fränk. Volksblatt, Würzburg. Gründungsmitgl. Dt. Aussätzigen-Hilfsv. - BV: Im Dienste d. Aussätzigen, 1960; Hoffn. d. Ausgestoßenen, 1962; E. and. Afrika, 1968 - 1975 Bayer. VO; 1982 BVK I. Kl.; Kommandeurskreuz Malteserorden - Liebh.: Gartenbau - Spr.: Engl.

KOBER, Peter
Assessor, Hauptgeschäftsf. Handwerkskammer Lübeck - Breite Str. 10-12, 2400 Lübeck - Stud. Rechtswiss.

KOBER, Willy
Geschäftsführer Alois Kober GmbH, Maschinenfabrik - Kellerberg 1, 8871 Kötz 2 (T. 08221-9 72 97) - Geb. 8. März 1939, kath., gesch., 2 S. (Raymond, Stefan) - Liebh.: Musik (Orgelspiel), Tennis - Spr.: Engl.

KOBERG, Wolfgang Rhaban
Dr. med., Dr. med. dent., o. Prof. u. Vorstand Abt. Zahn-, Mund-, Kiefer- u. Plastische Gesichtschirurgie Klinikum TH Aachen (s. 1973) - Gut Steeg 19, 5100 Aachen (T. 0241 - 7 18 45) - Geb. 7. Nov. 1936 Beckum/Bez. Münster (Vater: Dr. Fritz K., Zahnarzt; Mutter: Anna, geb. Fehling), kath., verh. s. 1964 m. Dr. med. Ingrid, geb. Eckhardt, 3 Kd. (Ann-Kristin, Irmela Nannette, Wolfgang Henrik Thorsten) - Hum. Gymn. (Abit. 1956); Stud. d. Med. u. Zahnheilkd. Univ. Münster, Paris, Marburg, Tübingen; Staatsex. 1961 (med.) u. 1962 (med. dent.) Tübingen; Promot. 1962 Mainz (med.) u. 1970 (med. dent.); Habil. 1970 - 1964-73 Wiss. Assist. Univ.-Klinik f. Kiefer- u. Gesichtschir. u. Oberarzt (1970) Westd. Kieferklinik, bde. Düsseldorf. 1970-86 Generalsekr. Europ. Assoc. for Maxillo-Facial Surgery, s. 1974 Korr. Mitgl. Giornale Italiano di Chir. Maxillo-Facciale, 1976ff. Vorst.-Mitgl. Dt. Ges. f. Mund-, Kiefer- u. Gesichtschir. - BV: System d. Rehabilitation v. Patienten m. Lippen-Kiefer-Gaumenspalten, 1971 - 1971 Martin-Wassmund-Preis Dt. Ges. f. Mund-, Kiefer- u. Gesichtschir.; 1971 Miller-Preis Dt. Ges. f. Zahn-, Mund- u. Kieferheilkd.; 1986 Hon. Member European Assoc. for Cranio-Maxillo-Facial Surgery - Liebh.: Reisen in außereurop. Ländern, Bergsteigen, Antiquitäten - Spr.: Engl., Franz.

KOBLENZ, Babette
Komponistin - Magdalenenstr. 50, 2000 Hamburg 13 (T. 040 - 45 80 63) - Geb. 22. Aug. 1956 Hamburg - 1975-80 Stud. Musikhochsch. Hamburg (Viol., Klav., Musiktheorie, Kompos.) - BV: An d. Schwelle z. Sonnenkultur, 1984 - Werke: Hexenskat, mag. Oper; Grey Fire; Walking on the Sun; No Entry for the Lions Club; Songs; ALLA TESTA (1983/88) Licht/Musiktheater; Ballad (1987) f. Klavier u. Orchester; u. a. - Preis Jürgen-Ponto-Stiftg.; Joh. Hammerer Bach-Preis Stip.; Nieders. Schreyahn-Stip.

KOBLER, August W.
Vorstandsvors. Milupa AG. (s. 1975) - Im Dammwald 8b, 6382 Friedrichsdorf - Geb. 11. Juni 1932 Zuzwil (Schweiz), verh. m. Gudrun, geb. Reinfeldt - Ehrenmitgl. Dt. Ges. f. Kinderheilkd. (1974) - Spr.: Engl., Franz., Span.

KOBLER, Michael
Dr. jur., o. Prof. f. Zivilrecht u. Dt. Rechtsgesch. - Innstr. 40, 8390 Passau (T. 0851 - 509204) - Geb. 3. Dez. 1933 München - Promot. (1960) u. Habil. (1967) München. 1967 UDoz. München, 1969 o. Prof. Univ. Mannheim, 1978 o. Prof. Univ. Passau. Fachveröff.

KOBLIN, Ingolf
Dr. med. habil., Dr. med. dent., Prof. f. Kiefer- u. Gesichtschirurgie Univ. München (s. 1983), Mund-Kiefer-Gesichtschirurg (plastische Operat.), Ltd. Arzt Abt. f. Mund-, Kiefer- u. Gesichtschir. am Krhs. d. Barmherz. Brüder, München - Maximilianstr. 10, 8000 München 22 (T. 089 - 22 55 19) - Geb. 24. Nov. 1936 Düsseldorf - 1956-65 Stud. Med. u. Zahnmed. Univ. München, Bonn u. Düsseldorf; Promot. u. ärztl. Prüf. 1962 Bonn, zahnärztl. Prüf. 1965, Promot. (Dr. med. dent.) 1968, Habil. Düsseldorf 1974 - S. 1970 Facharzt f. Mund-Kiefer-Gesichtschir.; 1976-83

Univ. Düsseldorf (Wiss. Rat u. Prof., 1980 apl. Prof.), s. 1983 Univ. München (apl. Prof.).

KOBURG, Ernst
Dr. med., Chefarzt, apl. Prof. f. Hals-, Nasen- u. Ohrenheilkunde Univ. Düsseldorf (s. 1972) - Klinik Dr. Reißer, 8070 Ingolstadt - Zeitw. Wiss. Rat u. Prof.

KOBUSCH, Ernst August
Dipl.-Betriebsw., Vorsitzender d. Geschäftsf. Hannen Brauerei GmbH - Zu erreichen üb. Senefelderstr. 25, 4050 Mönchengladbach 1 (T. 02161 - 6 67(0)-2 84) - Geb. 25. Okt. 1943 Bielefeld, ev., verh. s. 1973 m. Ulrike, geb. Radermacher - Stud. d. Betriebswirtsch., Hochsch. f. Wirtsch. Bremen; Dipl.-Ex. 1966 - Liebh.: Golf, Fußball - Spr.: Engl., Niederl.

KOBYLETZKI, von, Dietrich
Dr. med., Prof., Chefarzt Geburtshilf.-Gynäkolog. Abt. am Marienhospital (akad. Lehrkrankenhaus), Gelsenkirchen - Abbendiekshof 2, 4650 Gelsenkirchen - S. Habil. Lehrtätig. Univ. Heidelberg (gegenw. apl. Prof. f. Geburtsh. u. Gynäk.).

KOCH, Albert
Schulrat a. D., MdL Bayern (s. 1970) - Schaumbergerstr. 1, 8632 Neustadt/Ofr. (T. 09568 - 6950) - Geb. 1921 - SPD.

KOCH, Alexander
Diplomsoziologe, Vorstandsmitgl. Braun AG., Konberg/Ts. (s. 1974), Vorst. Arbeitgeber-Verb. Metall, Frankfurt; Vorst.svors. Gesamtverb. d. Arbeitgeber Osthessen; Mitgl. Präsid. d. Vereinig. Hess. Arbeitgeber- u. Wirtsch.-Verb.: Am Schanzenfeld, 6242 Kronberg/Ts.; priv.: Darmstädter Str. 82, 6450 Hanau 7-Steinheim (T. 06181 - 61650) - Geb. 16. Nov. 1932 Hanau/M. (Vater: Alexander K., Pfarrer; Mutter: Alma, geb. Wetekam), ev., verh. s. 1956 m. Margret, geb. Schrecke, 2 Kd. (Christiane, Ivo) - Abit.; Lehre Ind.-Kfm.; Soziol. Univ. Frankfurt. Dipl. 1963 - 1963 Assist. Generaldir., dann Leit. Pers.-, Sozial- u. Ausbild.swesen Dt. Dunlop-Ges.; 1970 Dir. A. Teves GmbH./ITT, zul. Generalbevollm. - Liebh.: Sozial- u. Bild.spolit., Musik, Handwerken - Lions-Club - Spr.: Engl.

KOCH, Alfred
Dr. med., Prof. - Peter-Wust-Str. 39, 4400 Münster/W. (T. 23657) - Geb. 23. Juni 1907 Münster (Vater: Bernhard K., Gymnasiallehrer; Mutter: Antonia, geb. Hellmann), verh. s. 1934 m. Marianne, geb. Feßler - S. 1944 (Habil.) Priv.-Doz. Univ. Halle/S. u. Münster (1951); 1957 apl. Prof.). Mitgl. American College of Sport Medicine u. Intern. Forschungsges. f. Zivilisationskrankh. Zahlr. Fachveröff.

KOCH, August
Ehrenpräsident d. Bundesvereinig. Dt. Einkaufsverbände e.V. - Lindenstr. 20, 5000 Köln 1.

KOCH, Bernhard
Dr., Geschäftsf. Christl. Gewerkschaftsbund Deutschl. - Konstantinstr. 13, 5300 Bonn 2 (T. 35 70 61).

KOCH, Conrad
Dr. phil., Prof. f. Soziologie PH Freiburg/Br. - Bürenweg 216, CH-4146 Hochwald (Schweiz) - Geb. 24. Sept. 1920 Berlin/Charl. (Vater: Carl K., Kaufm.; Mutter: Elisabeth, geb. Osse), ev., verh. m. Marga, geb. Linnewedel, 4 Kd. (Ulrich, Peter, Barbara, Bernd) - Gymn. Fürstenwalde/Spree (Abit. 1940); 1945 Photographenlehre Celle (1950 Meisterprüf.); 1961-67 Stud. (Phil.); Promot 1967, 1951-60 Expeditionsphotograph, Venezuela u. Lat. Inst. Estudios frografico Caracas; s. 1971 Hochschullehrer Freiburg. 1968 ff. Ausgrab. Süd- u. Zentralamerikas - BV: La Colonia Tovar - Geschichte u. Kultur e. alemann. Siedlung in Venezuela, 1970; Genealogie u.

Soziogr. del Municipio Tovar, 1972; D. didakt. Konzeption d. Computerunterstützten Unterrichts, 1977 - Spr.: Span., Engl.

KOCH, Dankmar
Dr. med., Internist (ltd. Arzt), apl. Prof. f. Innere Medizin Univ. Düsseldorf - Diakoniewerk (Med. Klinik), 4000 Düsseldorf 31 - Geb. 18. März 1925, verh. m. Liselotte, geb. Jütte († 1982), 3 Söhne (Stephen, Albrecht, Marc) - S. 1963 (Habil.) Lehrtätig. Med. Akad. bzw. Univ. Düsseldorf (1968 Prof.).

KOCH, Dieter
Dipl.-Kfm., Vorstandsmitglied Hanseatische Hochseefischerei AG, Bielefeld, Geschäftsf. DNOL Deutsche Nah-Ost Linien GmbH & Co. KG - Mönckebergstr. 27, 2000 Hamburg 1 - Geb. 12. Okt. 1932 - Vors. Verb. Dt. Hochseefischereien (s. 1984).

KOCH, Dietrich-Alex
Dr. theol., Prof. f. Neues Testament Univ. Münster - Universitätsstr. 13-17, 4400 Münster (T. 0251 - 83 25 42) - Geb. 22. Okt. 1942 Königsberg/Ostpr., ev. - Abit. 1963 Bremerhaven; Stud. Univ. Göttingen; Ex. 1971, Promot. 1973, Ordinat. 1974, Habil. 1983 Mainz 1974-77 Pfarrer; 1977 wiss. Mitarb. Univ. Mainz. 1984 Prof.; ab 1985 Prof. Münster - BV: D. Wundererz. im MkEv; D. Schrift als Zeuge d. Evangeliums; Aufs.

KOCH, Eckart
Dr. jur., Univ.-Prof., Leit. d. Abt. Rechtswiss. u. Dekan d. Fachbereichs Math., Inform. u. Wirtsch.wiss. TU Braunschweig - Holzweg 3, 3176 Meinersen - Geb. 9. Jan. 1938 Essen (Vater: Wilhelm H. K., Journ.; Mutter: Anna, geb. Poganiatz), verh. s. 1985 m. Elke, geb. Halser, 2 Töcht. (Julia, Friederike) - Univ. Marburg, Bonn, Münster (Rechtswiss.). Gr. jurist. Staatsprüf. 1968. Promot. 1967; Habil. 1970 - Veröff. z. Wirtschaftsrecht.

KOCH, Ernst-August
Dr. rer. pol., Dipl.-Kfm., Geschäftsf. 1981 Lufthansa Service GmbH, Frankfurt - Westendstr. 5, 6074 Rödermark (T. 06074 - 90463) - Geb. 18. Jan. 1931 Stroit (Vater: August K., Bundesbahnbeamter; Mutter: Frida, geb. Fischer), ev., verh. s. 1969 m. Renate, geb. Deneke, 2 Kd. (Sabine, Matthias) - Stud. d. Volks- u. Betriebswirtsch. Univ. München, Göttingen; Promot. 1964 ebd. 1958-61 Assist. Univ. Göttingen; s. 1961 Dt. Lufthansa AG., Frankfurt u. Tochterges. (zun. Assist. Flugbetriebsdir. u. Geschäftsf. Condor (1964), 1968 Gf. Schönflug, Stuttgart); 1969-78 Gf. Condor Flugdienst GmbH., Frankfurt;1978-81 Gf. Lufthansa Commercial Holding GMBH, Köln; 1970 ff. Handelsrichter LG Frankfurt/M.; 1979 ff. Lehrbeauftr. Fachber. Verkehrswesen/Touristik FHS Land Rhld.-Pfalz, Worms - Spr.: Engl.

KOCH, Frederick
Dr. rer. nat., o. Prof. f. Physik TU München - Schleißheimer Str. 17, 8046 Garching/Obb. - S. 1972 Ord.

KOCH, Friedrich
Dr. phil., Prof. f. Allg. Erziehungswissenschaft u. Sexualpäd. Univ. Hamburg (s. 1970) - v.-Melle-Park 8 (Inst.), 2000 Hamburg 13; priv.: 20, Heckscherstr. 51 - Geb. 19. Febr. 1936 Göttingen (Vater: Friedrich K., Lehrer; Mutter: Lydia, geb. Demmerich), verh. s. 1970 m. Dagmar, geb. Eckenbrecht (Studienrätin f. Sprachheilpäd.), T. Eva - 1954-57 Musikhochsch. Hamburg; 1963-65 PH Oldenburg; 1967-70 Univ. Hamburg. Promot. 1970 - Schul- u. Hochschulist. (1969 PH Lüneburg, 1970 Univ. Hamburg) - BV: Negative u. positive Sexualerzieh., 1971; Sexualpäd. u. polit. Erzieh., 1975; Bilanz d. Sexualpäd., 1977 (m. a.); Gegenaufklärung, 1979; Stichwörter z. Sexualerziehung, 1985 (m. a.); Sexuelle Denunziation, 1986; Schule im

Kino, 1987 - Liebh.: Bücher, Schallpl., Film, Wandern.

KOCH, Fritz
Dr. med., Prof., Kinderarzt - Auf d. Kronenberg, 6331 Dutenhofen Kr. Wetzlar - Geb. 6. April 1909 Düren/Rhld. - S. 1951 (Habil.) Privatdoz. u. apl. Prof. (1956) Univ. Gießen (gegenw. Wiss. Rat u. Prof., Abt.svorst. Kinderklinik). Div. Veröff.

KOCH, Gebhard
Dr. med. (Habil.), Prof., Inst. f. Physiolog. Chemie Univ. Hamburg, Abt. Molekularbiologie - Grindelallee 117, 2000 Hamburg 13 - Geb. 19. Mai 1928 Sulzbach/Thür. - B. 1967 Privatdoz., dann apl. Prof. Univ. Hamburg (Virologie, Genetik, Molekularbiol.); 1975 o. Prof. Physiolog. Chemie. Fachveröff.

KOCH, Georg Friedrich
Dr. phil., o. Prof. f. Kunstgeschichte - Claudiusweg 15, 6100 Darmstadt (T. 44880) - Geb. 1. Sept. 1920 Groß-Börnecke - Habil. Rostock (1956) u. Hamburg (1959) - S. 1963 Prof. Univ. Hamburg (1963 Wiss. Rat u. Prof.) u. TH Darmstadt (1969 Ord.) - BV: D. gr. dt. Maler, 1962; D. Kunstausstellung, 1967.

KOCH, Gerhard

Dr. med., em. o. Prof. f. Humangenetik u. Anthropol. - Hartmannstr. 105, 8520 Erlangen (T. 3 44 15) - Geb. 7. Febr. 1913 Neubrandenburg (Vater: Hermann K., Kaufm.; Mutter: Emma, geb. Augustin), verh. s. 1950 m. Ana-Maria, geb. Cudell - Gymn. Neubrandenburg; Stud. Med. Rostock, Königsberg/Pr., Breslau (Promot. 1940), Naturwiss. Frankfurt/M. - 1939 Stip. Dt. Forsch.gem. (Notgem. d. Dt. Wiss.); b. 1940 Volontärassist. Nervenklinik Rostock; 1946-47 wiss. Mitarb. Kaiser-Wilhelm-Inst. f. Hirnforsch., Dillenburg; 1947-49 Assist. Univ.-Nervenklinik Göttingen u. Tübingen; s. 1948 Facharzt f. Neurologie u. Psychiatrie; 1949-52 Studienaufenth. Lissabon u. Porto; 1952-65 Leit. Humangenet.-psychoneurol. Forschungsst. Univ. Münster (1954 Priv.-Doz., 1958 Doz., 1960 apl.

Prof. 1963 Wiss. Rat u. Prof.); s. 1965 Ord. u. Inst.dir. Univ. Erlangen-Nürnberg - BV: Krampfbereitschaft, ihre genet. Grundl., 1955 (Rom); Krankh. d. Nervensystems (m. P. E. Becker), in: Humangenetik, Bd. V/1 1966; Genealog.-demogr. Unters. üb. Mikrocephalie in Westf., 1968. Herausg.: Bibliographica genetica medica, Bd. 1-21, 1973-86. Üb. 240 Einzelarb. u. a. Inhaltsreiche Jahre e. Humangenetikers. Mein Lebensweg in Bildern u. Dokumenten, Autobiogr. 1982, Euthanasie, Sterbehilfe. Eine dokumentierte Bibliogr. 1984; D. Gesellsch. f. Konstitutionsforschung. Anfang u. Ende 1942-65, 1985; Down Syndrom, 1986 - 1967 Preis Michael-Stiftg.; korr. Mitgl. Soc. Argentina de Eugenesia (1952), Soc. Portuguesa de Neurologia e Psiquiatria (1952), American (1954) u. Japan Soc. of Human Genetics (1958), Soc. Brasileira de Genetica (1961), Neurogenet. Arbeitsgruppe Weltvereinig. f. Neurol. (1962), Wiss. Beirat Bundesvereinig. Lebenshilfe, Marburg/Lahn, Mitgl. New York Acad. of Sciences (1982). Gründungsmitgl. Ges. f. Konstitutionsforsch. 1949 u. Dt. Ges. z. Bekämpfung d. Mukoviszidose 1966 - Liebh.: Schmetterlinge, Farnkräuter - Spr.: Portugies., Franz., Engl. - Lit.: F. Arasa: Con motivo de los 60 años del Prof. G. K. (Fol. Clinica Intern. Barcelona T. 23 Nr. 10, 1973); M. Azevedo Fernandes: Prof. Dr. G. K. (O. Médico, Porto LXVI 1973), W. Lehmann, W. Grote: Gerhard Koch 65 Jahre. - Anthrop. Anz. 36 (1978) 239-240, M. Azevedo Fernandes: A jubilacão do Prof. Gerhard Koch. - O. Médico, Porto LXXXVII 1978. Sep. 513; G. Neuhäuser: Prof. G. Koch 70.- Uni-Kurier, Erlangen 9 (1983) 51-52 (Nr. 48, Mai 1983); Prof. G. Koch 75: Ärztl. Praxis XI (6. Febr. 1988), 266 u. Erlanger Tageblatt Nr. 30 (6./7. Febr. 1988); G. Schwanitz, G. Koch: (En homenaje al profesor Koch, en su septuagésimo quinto aniversário) Fol. Hum. XXVI (1988) 261-264; H. Remschmidt: Prof. Dr. G. Koch. Z. Kinder-Jugendpsychiat. 16 (1988) 171-172.

KOCH, Günter

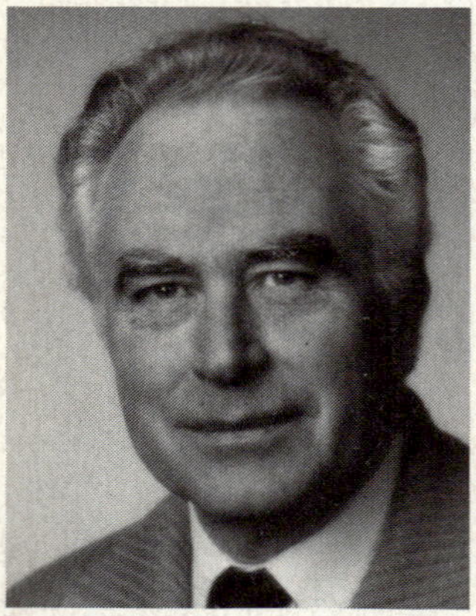

Dipl.-Math., Direktor i.R. ARAG Lebensversicherungs-AG, Versicherungsmathematischer Sachverst. u. Gutachter f. Altersversorgung u. Wirtsch.math., Lehrbeauftragter f. Versicherungsmath. Univ. München - Kormoranweg 8, 8000 München 82 (T. 430 71 14) - Geb. 26. März 1931 (Vater: Hans K., Postoberamtmann; Mutter: Eva, geb. Herriger), kath., verh. s. 1956 m. Hanni, 3 Kd. (Hans-Günter, Uwe, Dagmar) - 1956 Dipl.-Math. wirtsch.wiss. Richtung (Math., Physik, Volks- u. Betriebswirtsch., Jura) Univ. Köln - Herausg. d. Ztschr. Münchener Blätter zur Versicherungsmath. - Spr.: Engl., Latein, Franz.

KOCH, Günter

Dr. phil., Dr. theol., apl. Prof. f. Systematische Theologie - Erwachsenenbildung, Akademiedirektor - Rabanus-Maurus-Str. 12, 8700 Würzburg-Lengfeld (T. 0931 - 27 29 54) - Geb. 1. Dez. 1931 Darmstadt (Vater: Georg K., Fabrikdir.; Mutter: Elisabeth, geb. Koch), kath., verh. s. 1963 m. Gabriele, geb. Spira, 5 Kd. (Lambert, Klara, Jakob, David, Katharina) - Gymn. Darmstadt (Abit. 1951), Stud. Erlangen, Heidelberg, Freiburg, Frankfurt, Würzburg; Promot. Freiburg 1958, Habil. 1974 - 1963-77 wiss. Mitarb. Erw.bild., s. 1977 Leit. Kath. Akad. f. EB, s. 1974 Priv.Doz. Univ. Würzburg, s. 1980 apl. Prof. - BV: Augustins Lehre v. d. Teilhabe, 1958; D. Heilsverwirkl. b. Theodor v. Mopsuestia, 1965; Gesch. u. Strukt. d. Heils in d. Theol. d. Theod. v. Kyros, 1974; Jesus, d. Chr. u. Heiland, 1980 (auch kroat. u. niederl.); D. Ehe d. Christen. Lebensform u. Sakrament, 1981; Lernen in Bildungshäusern u. Akad., 1983; D. Heilsauftrag d. Kirche in Gesch. u. Gegenw., 1984 (auch niederl.); Sakramente, d. z. Christsein befähigen, 1985 (auch niederl.); Themengeb. Sakramentenlehre (33 Artikel), in: W. Beinert (Herausg.), Lexikon d. kath. Dogmatik, 1987; D. dreieine Gott - Gott unsres Heils, 1987 (auch niederl.) - Liebh.: Paläontologie, Garten- u. Obstbau, Hausmusik.

KOCH, Guntram

Dr., Prof. f. Christl. Archäologie u. Byzantin. Kunstgeschichte Univ. Marburg - Pfarracker 12, 3550 Marburg-Bauerbach - Geb. 23. Jan. 1941 Naumburg (Vater: Wilhelm K., Studiendir.; Mutter: Helga, geb. Schröder), ev., verh. s. 1966 m. Priv.-Doz. Dr. Heidemarie, geb. Csollak (Iranistin), S. Ingmar - Promot. 1970, Habil. 1977 - 1970-77 Assist.; 1977-81 Doz.; s. 1981 Prof. - BV: Griech. Mythen auf röm. Sarkophagen, 1975; D. mythol. Sarkophage XII 6, Meleager, 1975; Röm. Sarkophage, 1982; Roman Funerary Sculpture. Catalogue of the Collections. The J. Paul Getty Museum, 1988.

KOCH, Hans

Dipl.-Ing., Prof., Ministerialdirektor a. D. - Mauerkircherstr. 137, 8000 München 81 (T. 983055) - Geb. 10. März 1913 Halle/S. (Vater: Alfred K., Arch.), ev., verh. s. 1938 m. Margarete, geb. Guttenhöfer, 3 Kd. (Norbert, Ulrike, Angelika) - Reform-Realgymn.; TH München (Arch.; Dipl.-Ing. 1937) - S. 1949 Oberste Baubehörde/Bayer. Innenmin. (1969 Leit.) - BV: Bayer. Bauordnung, Komm. 1962, 8. A. 1978 - Bay. Verdienstorden 1971, Gr. BVK 1978 - Spr.: Engl., Franz.

KOCH, Hans

Dipl.-Kfm., Aufsichtsratsvorsitzender St. Ulrichswerk d. Diözese Augsburg - Rilkestr. 6, 8900 Augsburg 22 - Geb. 2. Sept. 1913 - Ehrenpräs. Bayer. Brauerbund, Bayer. Staatsmed., BVK I. Kl. - Rotarier.

KOCH, Hans

I. Bürgermeister (s. 1972) - Rathaus, 8974 Oberstaufen/Schw. - Geb. 23. Juli 1927 Oberstaufen - Zul. Regierungsdir. CSU - 1981 BVK I. Kl.

KOCH, Hans

Dr.-Ing., Regierungsdirektor a. D. - Goethestr. 8, 5400 Koblenz (T. 3 64 05) - Geb. 16. April 1902 Berlin, ev., verh. s. 1931 m. Margarete, geb. Belter, 2 Kd. (Hans-Jürgen, Rosmarie) - TH Berlin - Tätigk. Gewerbeaufsicht u. Reichsst. f. Arbeitsschutz, Berlin, n. Kriegsende 1945 Leit. Gewerbeaufs. f. Nordrh.-Westf., 1951-64 Leit. Bundesinst. f. Arbeitsschutz - BV: Arbeitsschutzrecht, Feuer u. Explosionen, Lüftung u. Absaugung (6 A.), Betriebslärm (auch ital.), Taschenb. d. Sicherheitsing. (3 A.) u. a.

KOCH, von, Hans Georg

Geschäftsf. Landkreisverb. Bayern (1974 i. R.) - Josef-Weigl-Str. 12, 8024 Deisenhofen/Obb. (T. München 6131710) - Geb. 4. Sept. 1911 - Bayer. VO.

KOCH, Hans Joachim

Dr.-Ing., Vorstandsmitgl. Gas-, Elektrizitäts- u. Wasserwerke Köln AG, Köln - Wilhelm-Waldeyer-Str. 12, 5000 Köln 41 - Geb. 29. Febr. 1928 - Verbandsfunkt. u. Mand.

KOCH, Hans-Albrecht

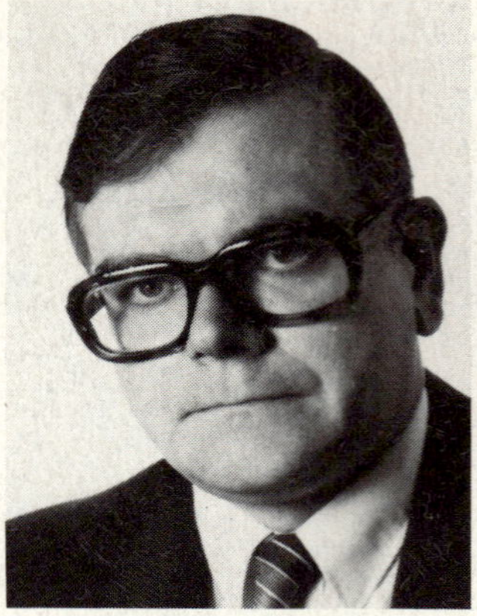

Dr. phil., Prof., Direktor Staats- u. Universitätsbibliothek Bremen - Bibliotheksstr., 2800 Bremen 33 (T. 0421 - 218-26 01/2) - Geb. 21. Juli 1946 Lübeck - Promot. 1970 Univ. Tübingen - 1970 wiss. Assist.; 1974 Bibl.-Rat, 1976 Doz., 1979 stv. Dir. Univ.-Bibl. FU Berlin; 1982 Dir. Staats- u. Univ.-Bibl. Bremen. Prof. FU Berlin; Committee-Mitgl. Intern. Federation of Library Assoc. u. Ligue des Bibliothèques Européennes de Recherche - BV: D. dt. Singspiel, 1974; Hugo v. Hofmannsthal. Bibliogr., 1976; Bibliogr. d. dt. Sprach- u. Lit.wiss., (Bearb.) 1976-79; V. d. Informat. z. Dok., 1981; Sprachkunst u. Übersetzung, 1983; Dt. Biograph. Index 1-4, 1986; Hofmannstal. Erträge d. Forschung, 1989. Herausg.: Hofmannsthal: Operndicht. 4 (1976); Dt. Lit. in Titelblättern (1978); Intern. German. Bibliogr. (1981-83, Herausg. u. Bearb.); D. Dt. Lit. R. 6: 1880-1980 (1989ff.) - Spr.: Engl., Franz., Lat., Griech., Ital.

KOCH, Hans-Joachim

Dr. jur., Prof. f. Öfftl. Recht u. Rechtsphilosophie, Richter am Hamburgischen OVG - Wendlohstr. 80, 2000 Hamburg 61 - Geb. 11. Okt. 1944 Leipzig - B. 1972 Doz. Univ. Frankfurt/M., nach Habil (1978) Prof. Univ. Hamburg - BV: Jurist. Methodenlehre u. analyt. Phil., (Hrsg.) 1976; D. jurist. Meth. im Staatsrecht, (Hrsg.) 1977; Ermessensermächtig. u. unbest. Rechtsbegriffe im Verwaltungsrecht, 1979; Jurist. Begründungslehre, (m. Prof. Dr. H. Rüßmann) 1982; Allg. Verw.recht, 1984; Bodensanierung nach d. Verursacherprinzip, 1985; Grenzen d. Rechtsverbindlichkeit techn. Regeln im öffentl. Baurecht, 1986; Hamburgisches Staats- u. Verwaltungsrecht (m. Prof. Dr. Hoffmann-Riem), 1988; Baurecht, Raumordnungs- u. Landesplanungsrecht (m. R. Hosch), 1988.

KOCH, Hans-Reinhard

Dr. med., Prof., Augenarzt - Priv.: Bergstr. 102, 5300 Bonn 1; dstl.: Abt. f. Mikrochirurgie d. Auges Univ. Bonn - Geb. 11. Juli 1941 Innsbruck, ev., verh. m. Helen, geb. Spowart, 3 Kd. (Christoph, Konrad, Cordelia) - Stud. 1960-66 Univ. Bonn, Mainz, München (Med.); Promot. 1966; Habil. 1976. 1973 Facharzt f. Augenkrankh. - BV: 3 Bücher üb. Arzneimittelnebenwirkungen am Auge; ca. 100 Veröff. üb. versch. Themen d. Augenheilkd., insbes. Kataraktforsch., Toxikol. d. Auges, Mikrochir. - 1976 Heisenbergstip. - Liebh.: Musik, alte Möbel, Mikrocomputer - Spr.: Engl., Franz., Span.

KOCH, Harald

Dr. jur., Rechtsanw., Dipl.-Steuersachverst., Staatsminister a. D. - Hollmannstr. 30, 4600 Dortmund-Kirchhörde (T. 73 20 87) - Geb. 4. März 1907) Wilhelmshaven (Vater: Adolf K., RA u. Notar; Mutter: Elisabeth, geb. Eggers), ev., verh. s. 1949 m. Elfi, geb. Stoll, 2

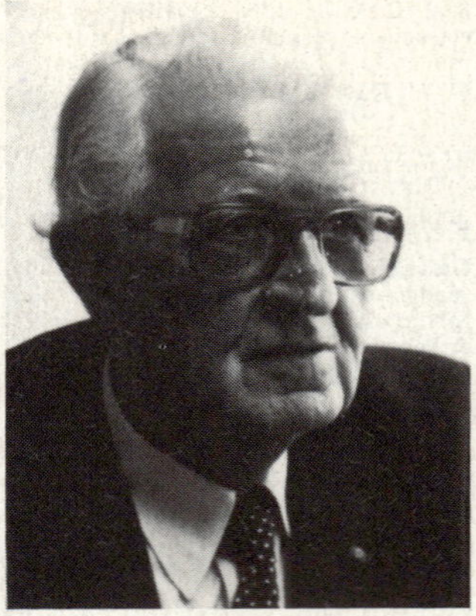

Söhne (Jürgen, Harald) - Kaiser-Wilhelm-Gymn. Wilhelmshaven; Univ. Freiburg/Br., Berlin, Göttingen (Promot. 1931). Dipl.-Steuersachverst.; Gr. jurist. Staatsprüf. - Oldbg. Staatsdst., ab 1934 Angest. Wirtschaftsprüfungswesen u. Ind. (zul. Prokurist Eisenwerk-Ges., Maximilianshütte), n. Kriegsende Ministerialdir. f. Finanzen Oldenburg, 1946 Finanz- u. Wirtschaftsmin. das., vorübergeh. MdL Nieders., 1947-49 Hess. Wirtschafts- u. Verkehrsmin., 1949-53 MdB, 1951 Rechtsanw., 1952-68 Vorst.-Mitgl. u. 1968-72 stv. AR-Vors. Hoesch AG; 1956-86 Vorst.-Vors. Rhein.-Westf. Auslandsges. 1964-69 (Rücktr.) Mitgl. Sachverständigenrat u. Begutacht. d. gesamtwirtschaftl. Entwickl. in d. Bundesrepublik, Vorst. Rhein.-Westf. Inst. f. Wirtsch.forsch., Essen; Ehrenmitgl. Franz-Delitzsch-Ges., Mitgl. Kurat. Dt. Altershilfe, Bonn, Friedrich-Ebert-Stiftg., Mitgl. Gr. Senat Christl. Jugenddorf-Werk (CJD) Göppingen, u. a. SPD s. 1946. Publ.: Bankeinzahlungen u. -überweis. (1932), D. öfftl.-rechtl. Körperschaft im Umsatzsteuerrecht (1939), Rechtsform d. Sozialisierung unt. bes. Berücks. d. Sozialisierung in Hessen (1947), D. Sozialgemeinschaften (1948), D. Bedeut. d. Mitbestimmung f. d. Stellung d. Arbeitnehmer in Dtschl. (1958), Stellung d. Arbeitnehmer in d. mod. Wirtschaftspolitik (1960); 30 Jahre Hess. Verfass. (1979), Von d. Weimarer Verfass. z. Hitlerdiktatur (1979) - 1969 Gr. BVK m. Stern; 1977 Stadtplak. Dortmund; 1978 Eiserne Reinoldus Presseverein Ruhr; 1981 Ehrenbürger Stadt Dortmund; Ehrenpräs. Arbeitsgem. Ges. BRD-UdSSR; 1986 Ehrenpräs. Rhein.-Westf. Auslandsges.; 1987 VO. Land Nordrh.-Westf. - Bek. Vorf.: Reichsmin. Erich Koch-Weser, 1923-30 Vors. DDP (Onkel).

KOCH, Heinrich

Regisseur (Schauspiel, Oper, Fernsehen) - Drosselweg 5, 6082 Walldorf/Hessen - Geb. 22. Nov. 1911 Bad Godesberg (Vater: Dr. Otto K., Staatssekr.; Mutter: Gertrud, geb. Hasselblatt), ev., verh. s. 1957 m. Johanna, geb. Wichmann (Schausp.), verw. s. 1980 - Univ. Berlin u. Graz - Dt. Theater u. Kammerspl. Berlin, Theater in d. Josefstadt Wien, Schauspielhaus Hannover (1943 Dir.) u. Hamburg (nach Kriegsende), Städt. Bühnen Frankfurt/M. (1956-68 Schauspieldir.). Viele Insz. In- u. Ausl. (auch Südamerika). Exper. Theaterversuche, u. a. Kochplatte (spez. Form d. Bühne) - 1956 o. Mitgl. Dt. Akad. d. Darstell. Künste; 1968 Ehrenmitgl. Städt. Bühnen Frankfurt u. Mitgl. Intern. Theaterinst. (ITI) - Spr.: Engl.

KOCH, Heinrich

Dr. med., Ltd. Medizinaldirektor i. R. - Ewiges Tal 41, 3550 Marburg 9 (T. 06420 - 12 13) - Geb. 27. Okt. 1916 Neukirchen Kr. Ziegenhain, ev., verh. s. 1944 m. Dr. med. Lotte, geb. Rehr, 2 Töcht. (Vera, Angelika) - Univ. Marburg u. Bonn - 1945-58 Assist. Univ.s-Nervenklinik Marburg u. Tübingen, 1950 Facharzt Neurolog. u. Psychiatrie, 1958-60 Landesjugendpsychiater Rheinland, 1960-71

Dir. Rhein. Heilpäd. Landesjugendheim u. -erziehersem. Süchteln u. Lehrbeauftragter f. Jugendpsychiatrie u. Heilpäd. Med. Akad. bzw. Univ. Düsseldorf. 1971-74 Dir. Klinik f. Kinder- u. Jugendpsychiatrie d. Landeskrankenh. Weißenau u. Lehrbeauftr. Univ. Ulm; 1974-77 Dir. Klinik f. Kinder- u. Jugendpsychiatrie u. Fortbildungszentrum f. Klin. Heilpäd. Marburg/Lahnhöhe. Gründungsmitgl. Dt. Vereinig. f. Jugendpsychiatrie u. Union Europ. Jugendpsychiater; Beiratsmitgl. Allg. Fürsorgeerziehungstag - BV: Charakteropathien nach frühkindl. Hirnschäden, 1970 (m. Stutte); Jugenddissozialität, 1972 (m. Stutte); Klinische Heilpädagogik, 1973 - Liebh.: Lit.

KOCH, Heinz

Fabrikant - Zu erreichen üb. Nogalda GmbH, Gärtnerweg 9, 6000 Frankfurt/M. - Geb. 19. Okt. 1904.

KOCH, Heinz A.

Kaufmann, pers. haft. Gesellsch. Coutinho, Caro & Co. KG. a.A. - Steindamm 80, 2000 Hamburg 1.

KOCH, Heinz W.

Redakteur, Leit. Musik-Redakt. im Feuilleton d. Badischen Zeitung - Basler Landstr. 3, 7800 Freiburg (T. 0761 - 49 63 23); priv.: In der Hofstatt 5, 7803 Gundelfinden (T. 0761 - 58 13 98) - Geb. 5. Juli 1938 Solingen, verh. s. 1964 m. Ulrike, geb. Groß - Mitarb. an Ztg. u. Zt.schr. - 1983 Theodor-Wolff-Preis (f. Tristan am Plattenstand).

KOCH, Helmut

Dr.-Ing., Regierungsbaudirektor a. D., apl. Prof. TH bzw. TU Hannover (s. 1948), ehem. Lehrbeauftragter Bergakad. bzw. TU Clausthal - Brucknerstr. 2, 6800 Mannheim (T. 40 62 03) - Geb. 23. Mai 1907 Hamburg (Vater: Fritz W. K., Lehrer), ev., verh. s. 1934 m. Hildegard, geb. Gerken, 3 Kd. - Staatl. Andreas-Realgymn. Hildesheim; TH Hannover (Dipl.-Ing. 1931, Promot. 1935). Habil. 1940 Hannover - BV: Handb. d. Schweißtechnologie - Lichtbogenschweißen, 1961 (span. 1965). Ehem. Hauptschriftl.: Ztschr. Schweißen u. Schneiden - 1952 Gastprof. TU Istanbul (Türk.); 1960 UNESCO-Experte Inst. of Technology Bombay (Ind.).

KOCH, Helmut

Dr.-Ing., Dr. rer. pol. h. c., Dipl.-Kfm., em. o. Prof. f. Betriebsw.lehre - Schützenstr. 7, 4400 Münster/W. (T. 46955) - Geb. 24. Sept. 1919 Oberlübbe/W. (Vater: Gustav K.; Mutter: geb. Burgbacher) - S. 1955 Ord. Univ. Frankfurt/M. u. Münster 1957; s. 1984 emerit. - Fachveröff.

KOCH, Herbert

Verwaltungsdirektor, ARsvors. Berliner Werbefunk GmbH. u. a. - Marienburger Allee 47, 1000 Berlin 19 (T. 302 64 55) - Geb. 27. Nov. 1910 Berlin (Vater: Ernst K., Werkmeister; Mutter: Asta, geb. Paetsch), ev., verh. s. 1937 m. Hildegard, geb. Kastner, S. Henning - Reform-Realgymn. Berlin; Lehre Dt. Bank u. Disconto-Ges. - Ab 1931 kaufm. Tätigk. Klangfilm u. Telefunken, n. Kriegsende Leit. Finanzabt. Berliner Rundfunk u. Notgeschäftsf. RRG, 1947-55 Leit. Revisions- u. Org.sabt. u. Chef Budget- u. Finanzabt. RIAS, seither Ref., Verw.sleit. u. -dir. (1958) SFB - Liebh.: Modelleisenbahn.

KOCH, Heribert F.

Dr. med. habil., Dr. med. dent., Prof. f. Kiefer- u. Gesichtschir. Univ. Düsseldorf, Arzt f. Mund-, Kiefer- u. Gesichtschirurgie, plast. Operationen, Chefarzt Mund-Kiefer-Gesichtschir. u. Plast. Operat. Ev. Krankenhaus Bethesda Mönchengladbach gGmbH (s. 1985) - Ludwig-Weber-Str. 15, 4050 Mönchengladbach 1 - Geb. 7. Febr. 1937 Bielefeld (Vater: Lorenz K., Zahnarzt), verh. m. Christa, geb. Dierksmeier, 2 Kd. (Simone, Christoph) - 1957-64 Stud. Med. u. Zahnheilkd.; Med. Staatsex. 1964, Zahnmed. Ex. 1964 Münster; Promot. Dr. med. u. Dr. med. dent. 1966 Münster; Habil. 1974 Düsseldorf - 1966-72 Assist. u. Oberarzt Univ. Düsseldorf, 1973-78 Ltd. Oberarzt, 1979 Komm. Dir. Klinik f. Kiefer- u. Plast. Gesichtschir. Univ. Düsseldorf, 1981-85 Ltd. Oberarzt Ev. Krkhs. Bethesda Mönchengladbach - BV: Karzinome d. Mundhöhle, Lymphogene Metastasierung - 1975 Miller-Preis d. Dt. Ges. f. Zahn-, Mund- u. Kieferheilkd.; 1976 Curt-Adam-Pr. d. Kongr. Ges. ärztl. Fortbildg. Berlin; 1987 Vors. Dt.-Österr.-Schweiz. Arbeitskr. f. Tumoren d. Kiefer- u. Gesichtsbereichs (DÖSAK) - Liebh.: Sport, klass. Musik, Fernreisen - Rotarier.

KOCH, Hermann

Bezirksverbandsvorsitzer Arbeiterwohlfahrt/Mittelrhein - Venloer Wall 15, 5000 Köln.

KOCH, Jens-Jörg

Dr. rer. soc., Prof. f. Psychologie - Auf den Küten 10, 4796 Salzkotten - Geb. 5. Okt. 1939 - 1972-81 Prof. TH Darmstadt; s. 1981 Univ.-Prof. Univ.-GH Paderborn - BV: Lehrerstud. u. Beruf, 1972; Altruismus u. Aggression, 1976; Soz. Einfluß u. Konformität, 1977.

KOCH, Joachim

Assessor, Direktor, Prokurist Colonia Versich. AG., Köln - Mommsenstr. 6, 5000 Köln 41 - Geb. 6. Okt. 1924 Quedlinburg/Harz.

KOCH, Josef

Betriebsdirektor Eschweiler Bergwerks-Verein - Am Krähennocken 52a, 4630 Bochum - Geb. 8. März 1917.

KOCH, Jürgen

Dr. rer. nat., Prof. f. Biochemie Univ. Hohenheim - Garbenstr. 32, 7000 Stuttgart 70 - Zul. Privatdoz.

KOCH, Karl O.

Dr. jur., Ministerialdirektor a.D.; Vorst.-Mitgl. Inst. Finanzen u. Steuern, AR-Mitgl. Treuverkehr AG WP Ges. - Giersbergstr. 16a, 5300 Bonn 3 - Geb. 7. Sept. 1918 Trier/Mosel, kath., verw. s. 1987, 3 Kd. - Stud. Rechtswiss. u. Volksw. Jurist. Staatsprüf. Koblenz u. Hamburg: Promot. Mainz - S. 1970 Leit. Steuerabt. BFM - BV: D. Steuergeheimnis, 1958 (m. Wolter); Kommentar z. Reichsabgabenordnung, 1963 (m. Becker u. Riewald); Handb. f. d. steuerl. Rechtsschutz, 1970; Komm. z. Abgabenordnung, 1977, 3. A. 1987 - 1976 Gr. BVK.

KOCH, Karl-Dieter

Dr., Vorstandsmitglied Unternehmensgruppe Deutscher Ring (1981 ff.) - Ost-West-Str. 110, 2000 Hamburg 11 - Zul. 5 J. Vors. d. Gfg. Babcock Textilmaschinen KG., Maschen.

KOCH, Karl-Heinz

Rechtsanwalt, Hess. Minister d. Justiz (s. 1987) - Mergenthaler Allee 45-47, 6236 Eschborn - Geb. 14. Okt. 1924 Kassel - Obersch. Kassel; n. Kriegsdst. Univ. Frankfurt/M. (Rechtswiss.). Gr. jurist. Staatsprüf. 1953 - S. 1956 Anwaltspraxis Eschborn; AR Triumph Intern. AG, München, Triumph Intern. Holding GmbH, ebd., Hertie Waren- u. Kaufhaus GmbH, Frankfurt u. Berlin, VAL. Mehler AG, Fulda; VR Hess. Landesbank, Frankfurt; stv. VR-Vors. Nassauische Sparkasse, Wiesbaden. Stadtverordn.-Vorsteher Eschborn; MdK Main-Taunus-Kr. CDU (stv. Landesvors. CDU Hessen).

KOCH, Karl-Rudolf

Dr.-Ing., Wiss. Rat (Leit. Abt. Erdmessung/Inst. f. Theoret. Geodäsie), Prof. f. Geodäsie Univ. Bonn (s. 1970) - Höhenweg 30, 5300 Bonn 1 - Geb. 30. Juli 1935 Hilchenbach - Promot. 1965; Habil. 1967 - Mehrj. Tätigk. USA. Zahlr. Facharb.

KOCH, Klaus

Dr. theol., o. Prof. f. Altes Testament u. altorient. Religionsgesch. - Diekbarg 13a, 2000 Hamburg 65 (T. 608 05 05) - Geb. 4. Okt. 1926 Sulzbach (Vater: Wilhelm Eugen K., Pfarrer), ev., verh. s. 1978 m. Eva-Maria, geb. Koch - Stud. ev. Theol. Univ. Heidelberg, Bethel, Mainz u. Tübingen. 1954-56 Pfarrer in Jena, s. 1956 (Habil.) Lehrtätigk. Univ. Erlangen, Kirchl. Hochsch. Wuppertal (Prof.), Univ. Hamburg (1962 Ord. u. Seminardir.) - BV: D. Priesterschr. v. Exodus 25 b. Leviticus 16, 1958; D. Buch d. Bücher - Entstehungsgesch. d. Bibel, 2. A. 1970 (engl. 1968); Was ist Formgesch.? - Neue Wege d. Bibelexegese, 5. A. 1989 (engl. 1969); Kirche u. Theol. in d. demokr. Ges., 1969; Ratlos vor d. Apokalyptik, 1970 (engl. 1972); Amos, untersucht m. d. Methoden e. strukturalen Formgesch., 1976; Die Profeten I, 2. A. 1987 (engl. 1982) II, 2. A. 1988 (engl. 1982); D. Buch Daniel, 1980; Stud. z. alttestamentl. u. altorientalischen Religionsgesch., 1988.

KOCH, Klaus

Dr.-Ing. Leiter Arbeitsgruppe Eisenhüttenprozesse/Inst. f. Eisenhüttenkunde u. Gießereiwesen, apl. Prof. f. Eisenhüttenkd. u. Gießereiw. TU Clausthal - Moosholzweg 10, 3392 Clausthal-Zellerfeld 3.

KOCH, Kurt

Dipl.-Ing., Direktor Rheinische Stahlwerke AG., Essen - Jägerstr. 209, 4200 Oberhausen-Sterkrade - Geb. 22. März 1909 - Zul. Vorstandsmitgl. Rheinstahl Hüttenwerke AG. Essen.

KOCH, Lotte

Schauspielerin - Widdigerstr. 22a, 5000 Köln 51 (T. 374859) - Geb. 9. März 1913 Brüssel, kath., verh. s. 1948 m. Dieter v. Klipstein, T. Anja (geb. 1941) - Hochsch. f. Bühnenkunst (Luise Dumont), Düsseldorf - Dt., schweiz. u. österr. Bühnen. U. v. a. Luise, hl. Johanna, Helena. Film: u. a. Achtung, Feind hört mit!, Unser kleiner Junge, Anschlag auf Baku, D. Herz d. Königin, D. Strom, Friedem. Bach, Germanin, D. schwarze Robe, Du gehörst zu mir, Zugvögel, Und üb. uns d. Himmel, Morituri, Die Andere, Gesucht wird Majora, Madonna in Ketten, Export in Blond, Käpt'n Bay-Bay - Liebh.: Bücher, Garten, Blumen.

KOCH, Lutz

Kaufm. Angest., MdL Nordrh.-Westf. (s. 1975) - Moltkestr. 7, 4220 Dinslaken - Geb. 13. Jan. 1938 Duisburg, verh., 1 Kd. - Volkssch.; Elektrikerlehre; Techn. Abendsch. (6 Sem. Elektrotechnik m. Abschl.) - S. 1964 Hauptgruppenleit. Datenverarb. (Programmierung u. Systemanalyse). SPD s. 1962.

KOCH, Manfred

Dr. phil., Dipl.-Psych., o. Prof. f. Psychologie u. Erziehungswiss. Hochsch. Rheinl.-Pfalz/Abt. Koblenz (s. 1975) - Nordstr. 108, 5300 Bonn - Geb. 20. Okt. 1928 Düsseldorf (Vater: Dr. Erich K., Diplom-Kaufmann; Mutter: Ilse, geb. Hillebecht), ev. - Gymn. Innsbruck; Univ. Tübingen u. Zürich. Dipl.-Psych. 1952 Tübingen; Promot. 1954 ebd.; Habil. 1974 Bonn - 1970-75 Ref. Bundespresseamt Bonn - BV: D. Deutschen u. ihr Staat, 1975; D. Deutschenbild, 1977; D. Stoff, aus dem d. Dummheit ist, 1978 (auch ital.) - 1975 BVK - Liebh.: Skilaufen - Spr.: Engl., Franz. - Bek. Vorf.: Kräuterpfarrer Künzle (ms.).

KOCH, Marianne

Dr. med., Ärztin u. Schauspielerin - Höhenbergstr. 27, 8132 Tutzing/Obb. - Geb. 19. Aug. 1931 München (Vater: Rudolf Koch, Kaufm.; Mutter: Maria, geb. Aumiller, Pianistin), kath., verh. 1953-72 m. Dr. med. H. Gerhard Freund, 2 Söhne (Thomas, Gregor) - Univ. München (9 Sem. Med.) - Film (etwa 80 Rollen): u. a. Schloß Hubertus, Ludwig II., Des Teufels General (1955 Bundesfilmpreis), Solange du lebst, Königswalzer, 2 blaue Augen, D. Ehe d. Dr. med. Danwitz, Salzbg. Geschichten, Wenn wir alle Engel wären, D. Stern v. Afrika, Vater sein dagegen sehr, D. Fuchs v. Paris, D. letzte Akkord, ... und nichts als die Wahrheit, D. Frau im besten Mannesalter, D. Landärztin, Heldinnen, Unter Ausschluß d. Öffentlichkeit, D. Fledermaus, F. e. Handvoll Dollars, Heißer Hafen Hongkong, D. Unnatürlichen; Fernsehen: Die Entführung aus d. Serail, Don Giovanni, Serie: Valerie u. d. Abenteuer, Shows: Steht's in den Sternen?, Meine Melodie, Rateteam: Was bin ich? (üb. 120 ×), D. Tod läuft hinterher, III nach 9 - BV: Darauf kommt es an! Kosmetik - Mode - Guter Benimm, 1956 (m. Ditta Gertler) - 1955 Bundesfilmpreis, 1970 Silb. Bildschirm TV Sehen u. Hören - Liebh.: Kochen, Kunstgesch., Sport, Fotogr. - Spr.: Engl., Franz., Span.

KOCH, Meinrad A.

Dr. med., Leiter d. AIDS-Zentrums d. Bundesgesundheitsamtes, Honorarprof. f. Virol. Univ. Gießen (vorh. Privatdoz.) - Reichpietschufer 74-76, 1000 Berlin 30 - Zul. MPI f. Virusforsch., Tübingen.

KOCH, Nikolaus

Dr. phil., Prof. - Alte Str. 49a, 5810 Witten/Ruhr - Geb. 2. Nov. 1912 Karthaus, kath. - Stud. Phil., German., Päd., Bibliothekswiss. - 1954 Dir. Päd. Zentralbücherei NRW; 1959 Prof. PH Ruhr (1980 Univ. Dortmund), emerit. 1981 - BV: D. moderne Revolution, 1951; D. päd. Bibl.wesen in Dtschl., 1965; Staatsphil. u. Revol.theorie, 1973; Dreinetzekonzeption/Medienverb./Curriculum, 1975; D. päd. Medienwesen in d. Diskussion, 1977; Europa zw. Weltrevolut. u. Konterrevolut., 1980; Medienpolit. Grundstrukt d. mod. Informations-, Bild.- u. Qualifikationssystems, 1980; Negative Anthropologie - offene Anthropologie, 1981; Blockfreies Europa, 1982; Situation u. Methode. Unters. d. Zusammenhänge krit. Grundverhaltens, 1986; D. Christenheit in d. vierten Revolution, 1988; Staatsapparat u. Gewissensprimat, 1988; D. Deutschen in d. vierten Revolution, 1989.

KOCH, Othmar

I. Bürgermeister Stadt Senden (s. 1964) - Rathaus, 7913 Senden/Schw. - Geb. 1. Sept. 1930 Hünfeld - Dipl.-Verwaltungswirt (FH). CSU.

KOCH, Otto

Dr. rer. nat., Vorstandsmitglied Bayer AG, Leverkusen (s. 1972) - Geb. 21. Dez. 1923 Bensheim - Stud. Physik - 1972ff. Präs. Dt. Physikal. Ges., b. 1981 Vors. Ind.vereinig. Chemiefaser, VCI-Verb. d. Chem. Ind., BDI-Bundesverb. d. Dt. Ind., Vors. Aussch. f. Umweltpolitik, Arbeitsgem. f. Umweltfragen., DIHT-Dt. Ind.- u. Handelstag (überw. Aussch.-Mitgl. f. Umweltfragen).

KOCH, Paul

Dr. phil., Prof. f. Zoologie u. Genetik Univ. Marburg - An d. Eiche 2, 3575 Kirchhain.

KOCH, Paul-August

Dr.-Ing., Prof., Oberbaudirektor i. R. - Kemmerhofstr. 299, 4150 Krefeld (T. 56 06 50) - Geb. 6. April 1905 Radebeul/Sa. (Vater: Dr. Paul K., Chemiker; Mutter: geb. Möbius), verh. 1933 m. Elisabeth, geb. Greuner - TH Dresden u. Graz - Zeitw. Lehrtätigk. TH Dresden (1939ff. ao. Prof.); zul. 1956-70 Dir. Ing.sch. f. Textilwesen Krefeld. B. 1964 Lehrbeauftr., 1970 Honorarprof. TH Aachen (Mikroskopie in d. Textiltechnik). Bücher u. Facharb. - 1971 Gr. BVK - Spr.: Engl. - Rotarier.

KOCH, Peter

Dipl.-Ing., Präsident Dt. Bundesbahn a.D., Generalbevollm. Waggonfabrik Talbot KG, Vorstandsmitgl. Duewag AG, Krefeld, Vors. d. Verb. d. Waggonindustrie, Frankfurt, Vizepräs. Intern. Waggonverb. AICMR - Zu erreichen üb. Waggonfabrik Talbot, Jülicher

KOCH, Peter
Kaufmann, Geschäftsf. Nordatlant. Hochseefischerei GmbH. - Neufelder Str. 8-10, 2190 Cuxhaven.

KOCH, Peter
Dr. rer. nat., Vorstandsvorsitzender DEA Mineraloel Aktiengesellschaft, stv. Vorst.-Vors. Dt. Texaco AG - Überseering 40, 2000 Hamburg 60 - Geb. 27. Mai 1931, ev., verh., 3 Kd.

KOCH, Peter
Dr. jur., Prof., Versicherungsdirektor - Im Weingarten 19, 5100 Aachen - Geb. 13. März 1935 Erfurt (Vater: Hugo K., Revisor; Mutter: Berta, geb. Petersen), ev., verh. s. 1962 m. Luise, geb. Köllner, 3 S. (Wolfgang, Alexander, Joachim) - Wilhelms-Gymn. u. Univ. München (Rechtswiss.). Jurist. Staatsprüf. 1957 u. 61; Promot. 1961 (alles München) - S. 1969 Versicherungsw. (1971 Prok. Aachener u. Münch. Versich. AG., 1974 stv. Vorstandsmitgl. Central Krankenversich. AG., 1976 Vorstandsmitgl. u. s. 1980 Vorst.vors. Aachener Rückversich. AG.). S. 1970 Lehrbeauftr. u. Honorarprof. (1979) TH Aachen (Versich.sw., Handels- u. Ges.srecht). 1978 ff. Vors. Arbeitsgem. f. Vesich.sgesch./Dt. Verein f. Versich.swiss. - BV: Pioniere d. Versich.sgedankens, 1968; Kl. Gesch. d. priv. Krankenversich., 1971; Einf. in d. Versich.s-Schrifttum, 2. A. 1976; Bilder z. Versich.sgesch., 1978; Was bringt d. Beschäftig. m. d. Versich.gesch.?, 1979 - Liebh.: Gesch. (einschl. Kunst- u. Literatur.).

KOCH, Reinhard
Dr. rer. pol., Minister a. D., Direktor Saarbergwerke AG i. R. - Pasteurschacht 9, 6600 Saarbrücken - Geb. 18. Juli 1920 Sulzbach/Saar, ev., verh. s. 1949 m. Annemarie, geb. Beer, 2 Kd. (Ingrid, Dieter) - Obersch. Sulzbach (Abit. 1938); Univ. Heidelberg (Staatsu. Wirtschaftswiss.; Dipl.-Volksw. 1945). Promot. 1948 Mainz - Wehrdst. (schwer verwundet); n. vorzeit. Entlass. Stud.; 1948-49 saarl. Finanzverw.; 1949-65 Steuerref. IHK Saarbrücken; 1965-70 saarl. Min. f. Finanzen u. Forsten (b. 1967) u. f. Wirtschaft, Verkehr u. Landw. (1967ff.). 1956-60 I. Beigeordn. Sulzbach. 1965-70 MdL Saarl. B. 1972 (Austr.) FDP/DPS.

KOCH, Reinhard
Dr. med., Chefarzt Innere Abt./Pius-Hospital, Oldenburg, apl. Prof. f. Innere Medizin u. internist. Intensivmed. Univ. Münster/W. - Georgstr. 12, 2900 Oldenburg/O. - Geb. 3. Aug. 1938 Gescher/W. - Promot. 1963; Habil. 1972 - Etwa 50 Facharb. (Herzschrittm., -inf. u. -muskelstör.).

KOCH, Richard
Landwirt, Präs. Bezirksverb. Oberpfalz/Bayer. Bauernverb., Mitgl. Bayer. Senat - Ammerhofweg 1, 8401 Niedertraubling - 1980 Bayer. VO.

KOCH, Thilo
Journalist, Schriftsteller, Fernsehautor u. -Moderator, Chefredakteur, Kolumnist - 7201 Hausen ob Verena (T. 07424 - 25 65) - Geb. 20. Sept. 1920 Canena bei Halle/S. (Vater: Ingenieur), ev., verh. 1944 m. Susanne, geb. Gaertner, 2 Kd. (Bettina, Thilo) - Univ. Berlin (Lit. u. Phil.) - 1960-64 Amerika-Korresp. Dt. Fernsehen. Etwa 200 Fernsehdokumentationen - BV: E. Jugend war d. Opfer, R. 1946; Stille u. Klang, Ged. 1947; Zwischen Grunewald u. Brandenburger Tor, Berliner Feuill. 1956; Gottfried Benn, Biogr. Ess. 1957; Berliner Luftballons, Feuill. 1958; Casanova, Ess. 1959; Zwischentöne - E. Skizzenb., 1963; Tageb. aus Washington, 3 Bde. 1963/64; Wohin d. Wegs, Dtschl.? - E. Wieder-

sehen, Kommentare, 1955; Briefe aus Krähwinkel, 1965; Neue Briefe aus Krähwinkel, 1967; Kämpfer f. e. neue Welt, 1968; 5 Jahre d. Entscheidung - Dtschl. u. d. Kriege 1945-49, 1969; D. Goldenen 20er Jahre, 1970; Ähnlichkeit m. lebenden Personen ist beabsichtigt, 1970; Interview m. Südamerika, 1971; Dtschl. war teilbar - D. 50er Jahre, 1972; D. Weltmächte im 20. Jh.: Nordamerika, 1972; Reporter-Report, 1973; Berlin ist wunderbar, 1985; So fing es an, 1988; Tischgespräche, 1989. Herausg.: Porträts dt.-jüd. Geistesgesch. (1961); D. 10 Gebote heute (3 Bde. 1972-75); Was die Menschheit bewegt (3 Bde. 1976-78); Unser Mann in . . . (1980); Freiheit ich meine (3 Bde. 1981) - 1959 Mitgl. PEN-Zentrum BRD (1970-76 Generalsekr.), s. 1975 Schatzm. Intern. PEN, London - BVK I. Kl. - Liebh.: Bücher - Lit.: Franz Lennartz, Dt. Schriftst. d. Gegenw., 1978.

KOCH, Traugott
Dr. theol., o. Prof. Univ. Hamburg (s. 1976) - Sedanstr. 19, 2000 Hamburg 13 (T. 41 23 38 06) - Geb. 20. Jan. 1937 Sulzbach/Thür. (Vater: Wilhelm K., Pfarrer i. R.; Mutter: Hildegard, geb. Meerwein), ev., verh. s. 1961 m. Ingeborg, geb. Schattemann, 2 Kd. (Susanne, Cornelius) - 1973-76 Lehrstuhlinh. Regensburg - BV: Differenz u. Versöhnung, 1967 (m. Kodalle u. Schweppenhäuser); Negative Dialektik u. d. Idee d. Versöhnung, 1973; Mit Gott leben, 1989.

KOCH, Ulrich

Prof., Dozent f. Viola Staatl. Hochsch. f. Musik Freiburg/Br. - 1. Solobratscher Sinf.-Orchester d. Südwestfunks Baden-Baden - Alte Weinstr. 25a, 7562 Gernsbach (T. 07224 - 23 85) u. Haus 33a, 7801 Bollschweil-St. Ulrich (T. 07602 - 2 28) - Geb. 14. März 1921 Braunschweig - 1989 Gastprof. Musashino Acad. Musical Tokyo - 1981 BVK.

KOCH, Ursula E.
O. Univ.-Prof. f. Kommunikationswiss. (Zeitungswiss.) Univ. München - Schellingstr. 36, 8000 München 40 (T. 089 - 272 32 66) - Geb. 2. Dez. 1934 Berlin

(Vater: Dr. Ing. Gerhard K.; Mutter: Elisabeth, geb. Bühler), ev., gesch., T. Claudia - Übersetz., Dolm. 1955; 1963-67 1. Stud. Sorbonne (German., Lit., Phil., Dt. Gesch.); Promot. 1973 Paris; 1974-79 2. Stud. Sorbonne (Komm.wiss., franz. Lit., Wirt.gesch.); Habil. 1981 Paris - 1955-67 Übers., Dolm. in Stuttgart, München, Paris; 1967-81 wiss. Assist. Univ. Paris; 1981-86 Akad. Oberrat Univ. Paris; Leit. Forschungsinst. üb. d. BRD u. Berlin (Gründer: Prof. Pierre-Paul Sagave); s. 1986 o. Prof. Univ. München. S. 1975 Redaktionsmitgl. d. Pariser Fachztschr. Allemagnes d'aujourd'hui - BV: Berliner Presse u. europ. Geschehen 1871, 1978; Angriff auf e. Monopol, 1981; Le Charivari. Gesch. e. Pariser Tageszg. im Kampf um d. Rep. (1832-1882), 1984; üb. 30 Aufs., meist in franz. Spr. - 1979 Straßburg-Preis FVS-Stiftg. - Liebh.: Sport, Reisen, Lit., Gesch. - Spr.: Engl., Franz. - Lit.: Wilmont Haacke, Publizistik, H.3-4 (1986).

KOCH, Volkward
Dr., Hauptgeschäftsf. Fachverb. d. Futtermittelind., Hauptschriftl. Ztschr. Kraftfutter - Buschstr. 32, 5300 Bonn 3 - Geb. 14. März 1927.

KOCH, Walter
Dr. phil., Chefchemiker August-Thyssen-Hütte AG., Duisburg-Hamborn (s. 1964), Honorarprof. f. Analyt. Chemie Univ. Köln (s. 1958) - Im Grund 29, 4000 Düsseldorf-Lohausen (T. 432687) - Geb. 16. Aug. 1909 Essen, ev., verh. s. 1937 m. Gertrud, geb. Heinbrock, 3 Kd. (Christa, Winfried, Peter) - Univ. Marburg, Wien, Köln, Münster (Chemie) - 1934-47 Fried. Krupp, Essen; 1947-63 Max-Planck-Inst. f. Eisenforsch., Düsseldorf (Abt.sleit.) - BV: Metallkundl. Analyse, 1965 - 1970 Fresenius-Preis Ges. Dt. Chem.

KOCH, Walter
Konsul, Kaufmann - Am Marstall 18-24, 3000 Hannover (T. 15717) - Mexikan. Konsul f. Nieders. (östl. d. Weser).

KOCH, Walter
Dr. phil., Prof. f. Geschichtliche Hilfswiss. Univ. München - Bergmannstr. 51, 8000 München 2 (T. 089 - 502 57 78) - Geb. 22. April 1942 Wien, kath. - Staatsex. (Lat., Griech.) 1965; Dr. phil. (Gesch.) 1967; Staatsprüf. d. Inst. f. österr. Geschichtsforsch. 1968, alles Wien - 1973 Mitgl. Kommiss. f. d. Herausg. d. Inschr. d. Dt. Mittelalters an d. Österr. Akad. d. Wiss., 1974 f. d. Wiener Diplomata-Ausg. d. Österr. Akad. d. Wiss.; 1983 Mitgl. Büro d. Commission Intern. d. Commission Intern. d. Diplomatique; 1983 Mitgl. Inschriftenkommiss. d. Bayer. Akad. d. Wiss.; 1984 Mitgl. Kommiss. f. d. Bayer. Landesgesch. b. d. Bayer. Akad. d. Wiss.; 1985 Korr. Mitgl. Österr. Akad. d. Wiss. im Ausland; 1985 Kurat.-Mitgl. d. Corpus Inscriptionum Medii Aevi Helveticae; 1985 Bearb. d. Diplome Ks. Friedrichs II. im Rahmen d. MGH; 1987 Kurat.-Mitgl. Inst. f. mittelalterliche Realienkd. d. Österr. Akad. d. Wiss. 1988 Obmann d. Kommiss. f. d. Herausg. d. Inschr. d. Dt. Mittelalters an d. Österr. Akad. d. Wiss.; 1989 Mitgl. d. Comité Intern. de Paléographie Latine - BV: D. Reichskanzlei in d. J. 1167-1174 (Denkschr. d. Österr. Akad. d. Wiss. phil.-hist. Kl. 115), 1973; D. Schr. d. Reichskanzlei im 12 Jh. (Denkschr. d. Österr. Akad. d. Wiss. phil.-hist. Kl. 134), 1979; Epigraphik 1982 (hg., Denkschr. d. Österr. Akad. d. Wiss. phil.-hist. Kl. 169), 1983; Lit.bericht z. mittelalterl. u. neuzeitl. Epigraphik (1976-84) (MGM Hilfsmittel 11), 1987 - 1977 Jubiläumspreis Verlag Böhlau Wien.

KOCH, Walter A.
Dr. phil., o. Prof. f. Anglistik u. Semiotik - Markstr. 266, 4630 Bochum (T. 7 34 57) - Geb. 26. Juli 1934 Hamm/W. (Vater: August K., Ing.; Mutter: Karoline, geb. Röttgen), verh. in 2. Ehe (1968) m. Renate, geb. Melzer, 2 Kd. (Thomas aus 1., Morgan aus 2. Ehe) - Stud. Anglistik, Romanistik, Linguistik - 1963 Studienass.; 1965 Studienrat im Hochschuldst. Univ. Münster; 1968 o. Prof. Univ. Bochum (Lehrstuhl f. Angl. III); 1973 Lehrst. f. Angl. u. Semiotik - BV: Z. Theorie d. Lautwandels, 1963 (Diss.); Recurrence and a Three-Modal Approach to Poetry, 1966; V. Morphem z. Textem, 1969; Taxologie d. Englischen, 1971; Varia Semiotica, 1971; Es steigt e. Mensch, Lyr. 1972; Das Textem, 1973; Poetizität, 1981; Poetry and Science, 1983; Evolutionäre Kultursemiotik, 1986; Phil. d. Philol. u. d. Semiotik, 1986; Genes vs. Memes, 1986; Hodos and Kosmos, 1987 - Spr.: Engl., Franz. u. a.

KOCH, Werner
Dr. med., Psychiater, Doz. Akad. f. Ärztl. Fortbildung - Parkstr. 38, 2400 Lübeck - Geb. 19. Nov. 1915 Lübeck (Vater: Dr. med. Friedrich K., Arzt; Mutter: Caroline, geb. Herkelmann), ev., verh. in 2. Ehe (1970) m. Petra, geb. Müller-Waegener, 2 Kd. (Caroline, Marcus) - Katharinum Lübeck; Stud. Kiel, Hamburg, Jena, Rostock. Med. Staatsprüf. u. Promot. 1941 - Träger der Ernst-von-Bergmann-Plakette 1981 - Spr.: Engl., Russ. - Mitinitiator Nordd. Psychotherapie-Tage Lübeck - Rotarier.

KOCH, Werner
Dr. agr., Prof. f. Phytopathologie u. Herbologie Univ. Hohenheim - Postf. 70 05 62, 7000 Stuttgart 70 - Geb. 18. Jan. 1933 Stuttgart - Promot. 1960 - S. 1969 (Habil.) Lehrtätig. Hohenheim - BV: Unkrautbekämpfung, 1970; Grundlagen d. Unkrautbekämpfung, 1978 (m. and.). Herausg.: Krankheiten, Schädlinge u. Unkräuter im trop. Pflanzenbau (engl. 1977, dtsch. 1979, franz. 1981; span. 1982; m. and.). Mithrsg.: PLITS. 150 Fachaufs. - Mitgl. DFG-Senatskommiss. Pflanzenbehandl.mittel, FAO Panel of Experts on Improved Weed Management, Hon. Member Weed Science Soc. of America; Hohenheimer Univ.-Med. in Silber.

KOCH, Werner
Schriftsteller - Am Wingert 28, 5000 Köln 50 (T. 02236 - 6 36 88) - Geb. 4. Aug. 1926 Mülheim/Ruhr, ev. - Stud. German., Kunstgesch., Phil., Nord. Sprachen. Staatsex. 1946-52 Feuilletonredakt. Rhein. Ztg., Köln; 1953-61 Dramat. u. Regiss. Städt. Bühnen Köln; ab 1961 Kulturedakt. Westf. Rundfunk ebd. - BV: Sondern erlöse uns v. d. Übel, R. 1955; D. Kreuzung, Erz. 1956; Pilatus, Erinnerungen, R. 1959 (8 Übers.; als bester ausl. R. 1964 in Frankr. preisgekrönt); D. Jungfrau v. Orleans, Ess. 1963; Zum Prozeß Jesu - Versuch e. Tatsachenberichts, 1966; Z. Prozeß Jesu - Versuch e. histor. Rekonstruktion, 1967; Selbstanzeige, Schriftst. im Gespräch, (Hrsg.) 1971; See-Leben I, R. 1971; Wechseljahre oder See-Leben II, R. 1975; Ganghofers Haltung, Ess. 1978; D. große Charlie Chaplin, (Übers.) 1979; Jenseits des Sees, R. 1979; Kant vor d. Kamera, Ess. 1980; Intensivstation, Erz. 1983; Diesseits v. Golgatha, R. 1986; Autor u. Publikum, Ess. 1987; D.

Zwang z. Bild - Gesch. im Fernsehen, Ess. 1988 - 1960 Süddt. Erzählerpreis; 1972 Bodensee-Literaturpreis Stadt Überlingen; Mitgl. Intern. PEN-Club u. PEN-Zentrum BRD (1971); 1978 Mitgl. Akad. d. Wiss. u. d. Lit. - Bek. Vorf.: Gerhard Tersteegen, geistl. Liederdichter, 1697-1769 (ms.).

KOCH, Wilfried

Prof., Dirigent - Römerstr. 5, 8911 Eresing (T. 08193 - 84 12 - Geb. 28. Mai 1937 Bremen (Vater: Karl K., Prok.; Mutter: Mia, geb. Benseler), ev., verh. s. 1965 m. Ulrike, geb. Heindl-Beaupré - 1959-62 Akad. f. Musik u. Darst. Kunst Wien (Klav.: Prof. H. Graf; Dirig.: Prof. H. Swarowsky) - 1962-69 Landestheat. Linz; 1969-81 Staatstheat. am Gärtnerpl. München (Kapellm. u. Chordir.). Zahlr. Verpflicht. als Gastdirig., u. a. Münch. Philharmoniker u. Mozarteum-Orch. Salzburg. Künstl. Leit. Musiksommer Klaus (Österr.) - 1980 Prof.-Titel Bayer. Kultusmin. - Liebh.: Segeln, Tennis - Spr.: Ital., Engl., Franz.

KOCH, Wilhelm

Dr. rer. pol., Dipl.-Kfm., Ehrenpräs. IHK Rhein-Neckar (1966-77 Präs.) - Kapellenweg 24, 6900 Heidelberg (T. 48 02 41) - Geb. 1. Nov. 1907 Buer i.W. (Vater: Heinrich K., Schreinermstr.; Mutter: Mathilde, geb. Dellwig, gen. Schulze-Altendorf), ev., verh. s. 1937 m. Waldtraut, geb. Gräser, 2 Kd. - 1927-29 Kfm. Lehre AEG, Stud. Univ. Köln (1932 Dipl.) u. WH Berlin (1939 Promot.) - 1934-39 Kreiselgeräte GmbH, Berlin; 1939-45 Mauser-Werke AG, Oberndorf a.N./Berlin; 1946-52 Gutachter, Unternehmensber. (Oelschiefer-, Zement-, Rundfunkind.); 1952-73 Vorst. Heidelbg. Zement AG. - 1969 Gr. BVK, 1976 Bayer. VO, 1978 Gr. Verdienstmed. in Gold IHK Rhein-Neckar; Ehrenmitgl. Bundesverb. Dt. Zementind. (1964-75 Präs.) u. Bayer. Ind.Verb. Steine u. Erden (1961-76 Vizepräs.); 1956-62/1965-68 Stadtrat Heidelberg, 1963-78 Handelsricht. Landger. Heidelberg, 1976-85 stv. Mitgl. Staatsgerichtshof Land Bad.-Württ. - BV: Kurzfr. Erfolgsrechn. u. Standardkostenrechn., 1939.

KOCH, Wilhelm

Dr. med., Prof., Orthopäde - Goethestr. 4, 4401 Roxel/W. (T. 7303) - Geb. 15. Sept. 1916 Gießen - S. 1954 (Habil.) Privatdoz. u. apl. Prof. (1960) Univ. Münster (1965 Wiss. Rat u. Prof. Orthopäd. Klinik). S. 1959 Schriftf. u. Beiratsmitgl. (1964) Dt. Ges. f. Rheumatolgie - BV: D. Ablagerung radioakt. Substanzen im Knochen, 1958.

KOCH, Wolfgang

Vorsitzer d. Geschäftsfg. Schindler Aufzügefabrik GmbH (Aufzüge/Fördertechnik) - Ringstr. 44-66, 1000 Berlin 42 - Geb. 29. Aug. 1930.

KOCH-RAPHAEL, Erwin

Komponist, Dozent Univ. Bremen, Vorst.-Mitgl. Projektgruppe Neue Musik Bremen, Kulturetagen am Deich 68, Arbeitskr. Bremer Komponisten, Bremer Mozartkreis - Hagenauer Str. 28, 2800 Bremen 1 - Geb. 11. Okt. 1949 Kempen (Vater: Dr. Josef K., Studienrat; Mutter: Elisabeth, geb. Reinert), kath., verh. s. 1978 m. Uta, geb. Kopplow, 2 Töcht. (Himiko Aglaja, Eva Margarita) - Gymn. Thomaeum Kempen; Tonmeisterdipl. 1976 TU u. Hochsch. d. Künste Berlin, Dipl. Kompos. u. Musiktheorie 1979 Hochsch. d. Künste Berlin (b. Isang Yun) - 1963-68 Organist Kempen; ab 1979 fr. Mitarb. RIAS Berlin; s. 1982 Hochschullehrer f. Kompos., Musiktheorie, Analyse Hochsch. f. Künste Bremen (HfK), Univ. Bremen; 1984 Mitbegr. Bremer Performancegruppe ganZeit - Musikw.: u. a. Solo: Spuren (1975/78), Sekitei (1979), Alas My Love (1981). Kammermusik: Nacht-Stücke (1974), Los Caprichos (1975), Jahreszeiten (1979), Septembertage (1983). Orch.musik (Kammermusik): Land d. Nacht (1980), Kalte Zeiten (1984), Klavierkonz. Nr. 1 (1986), Composition No. 39 (1988), Composition No. 40 (1989). Opern: Jabberwhorl Cronstadt (1978). Elektron. u. Filmmusik - 1976 Kompos.-Preis Hitzacker; 1977 Kieler Kulturpreis; 1985 Bremer Förderpreis f. bes. kompositorische Leistungen; 1987/88 Stip. d. Citè Intern. des Arts Paris - Interessen: Kosmolog. u. anthropol. Fragen - Spr.: Engl., Franz., Neugriech., Latein, Altgriech.

KOCH-SCHWEISFURTH, Emil

Vorstandsmitgl. Spinnerei Neuhof - Konradsreuther Str. 50, 8670 Hof/S.

KOCHAN, Barbara

Prof., Hochschullehrerin - Rauentaler Str. 3, 1000 Berlin 28 - Geb. 27. April 1944 Landeck - S. 1972 Prof. f. Grundschuldidaktik PH Berlin, s. 1980 TU Berlin. S. 1987 Leit. d. Forschungsprojekts D. Computer als Schreibwerkzeug f. Grundschulkinder - BV: Rollenspiel als Meth. soz. Lernens (Sammelbd.), 1981; Taschenlexikon Grundsch. (hrsg. zus. m. Elisabeth Neuhaus-Siemon) 1979. Zahlr. Ztschr.-Aufs.

KOCHAN, Detlef C.

Prof., Ordinarius f. Didaktik d. Dt. Sprache u. Lit. TU Berlin - Rauentaler Str. 3, 1000 Berlin 28 - Geb. 29. Sept. 1925 Berlin (Vater: Dipl.-Kfm. Paul K.; Mutter: Charlotte, geb. Nickel), ev., verh. in 2. Ehe (1967) m. Barbara, geb. Benthin, S. Boris - Beide Lehrerprüf.; Staatsex. - Studienass., -rat; s. 1963 Hochschultätigk. (1972 o. Prof.) - BV: Linguistik u. Deutschunterr., 1973; Forschungen z. Dt.unterr., 2. A. 1974. Herausg.: Ansichten e. kommunikationsbez. Dt.unterr. (1974), Sprache u. kommunikative Kompetenz (1974). Mithrsg.: Literatur, Sprache, Didaktik (s. 1973); Praxis Deutsch (s. 1973); Grundschule (s. 1976). Zahlr. Ztschr.-Aufs.

KOCHANSKY, Gerhard

Dr. phil., Prof. f. Schulpädagogik unt. bes. Berücks. d. Vorschulpäd. PH Flensburg - Norderlück 26, 2390 Flensburg.

KOCHENDÖRFER, Albert

Dr. rer. techn., Prof., Physiker - Auf der Aue 17, 4030 Ratingen 1 (T. 02102 - 84 22 20) - Geb. 18. Dez. 1908 Stuttgart (Vater: Albert K., Kaufm.; Mutter: Karoline, geb. Dörr), ev., verh. s. 1948 m. Anna, geb. Kolb, S. Eberhard - Oberrealsch. Stuttgart-Feuerbach; 1928-33 Univ. Köln (Physik, Math., Chem.), 1935-36 TH Stuttgart (Promot. 1937) - 1937 Assist. Kaiser-Wilhelm-Inst. f. Metallforsch., Stuttgart, 1939 TH ebd., 1941 Doz., 1949 apl. Prof., 1951 Abt.sleit. Max-Planck-Inst. f. Eisenforsch., Düsseldorf, 1952 Honorarprof. Univ. Köln - BV: Plast. Eigenschaften v. Kristallen u. metall. Werkstoffen, 1941; Physikal. Grundl. d. Formänderungsfestigkeit d. Metalle, 2. A. 1967 - 1942 Max-Planck-Preis Dt. Physikal. Ges.; 1974 Heyn-Denkmünze Dt. Ges. Metallkde.; 1987 Erich Siebel-Gedenkmünze Dt. Verb. Materialprüfung.

KOCHER, Richard

I. Bürgermeister (s. 1978) - Rathaus, 8472 Schwarzenfeld/Opf. - Geb. 2. Dez. 1919 Schönstein - Zul. Fahrlehrer.

KOCHER, Walter

Dr. phil., Prof. f. Teratologie FU Berlin - Klisto-Str. 14 a, 1000 Berlin 37 - Geb. 22. Mai 1923 - Promot. 1956 Zürich; Habil. 1966 Würzburg - Apl. Prof. Univ. Würzburg, s. 1975 Berlin. Fachveröff.

KOCHSIEK, Kurt

Dr. med., o. Prof., Direktor Med. Univ.-Klinik Würzburg - Mittlerer Neubergweg 34, 8700 Würzburg (T. 7 12 98) - Geb. 3. März 1930 Oerlinghausen (Vater: Adolf K., Dr. med.; Mutter: Martha, geb. Pferdmenges), ev.-ref., verh. s. 1960 m. Ulla, geb. Baronesse Staël von Holstein, 4 Söhne (Achim, Axel, Albrecht, Nikolaus) - 1950-55 Univ. Mainz, Göttingen, Zürich, Heidelberg; Promot. 1956 Heidelberg, Habil. 1963 Göttingen, s. 1963 Lehrtätigk. Univ. Göttingen (1968 apl. Prof.), 1973 o. Prof. Univ. Tübingen (Dir. Med. Klinik III); s. 1980 Univ. Würzburg - BV: D. hypertrophische obstruktive Kardiomyopathie, 1971; Herzinsuffizienz, 1981; Diuretika b. Hypertonie u. Herzinsuffizienz, 1984; üb. 300 Einzelarb. - 1983-89 Mitgl. u. 1987-89 Vors. Wiss. Rat; 1978-84 Vors. Fachaussch. prakt. Med. DFG; 1984-87 Chairman of the Working Group: Drug Therapy in Cardiology d. Europ. Soc. of Cardiology.

KOCK, Erich

Redakteur, fr. Schriftsteller - Wendelinstr. 25, 5000 Köln 41 - Geb. 19. Sept. 1925 Münster/Westf., kath., verh. - Stud. d. kath. Theol., Phil. u. German. - Chefredakt. Ztschr. Caritas in NRW; Öffentlichkeitsref. Diözesan-Caritasverb. Aachen, Essen, Köln, Münster u. Paderborn; ständ. Mitarb. b. Dtschl.funk, WDR, Bayer. Rundf., Süddt. Rundf., versch. Ztg. u. Zeitschr. - BV: u.a. Zwischen d. Fronten, 1964 (Paris 1966); Ludwig v. Beethoven, 1970 (London 1973); Rembrandt, 1977; Du Grund unserer Freude, 1979, 3. A. 1989; Winter in Wien, 1987. Filme u.a.: Warten (1966); Johannes XXII (1969); Wege ins Schweigen (1976); D. Kinder v. Bethlehem (1978) Kunstspektakel in d. Kirche (1989) - Preis d. Presse u. d. Kritik; 1963 Festival d. UNDA in Monte Carlo; Silb. Taube; 1977 Kath. Journalistenpr. - Spr.: Engl., Franz. - Lit.: Kürschner's Dt. Lit.kalender, Berlin/New York (1984); Sie schreiben zwischen Goch u. Köln, Wuppertal (1968).

KOCK, Hans

Prof., Bildhauer - Oktaviostr. 70, 2000 Hamburg 70 (T. 689016) - 1945-47 Arch.-stud. TH Braunschweig, 1948-52 Stud. Landeskunstsch. Hamburg (Lehrer: Gerhard Marcks) - 1962 Villa-Romana-Preis (Florenz), 1969 Edwin-Scharff-Preis (Hamburg), 1972 Kunstpreis Schleswig-Holst.; s. 1972 Mitgl. Freie Akad. d. Künste Hamburg; 1985 Plak. d. Freien Akad. d. Künste Hamburg; 1986 Senator-Biermann-Ratjen-Med. Hamburg; 1986 Hans-Kock-Stiftg. Kiel; 1987 Prof.

KOCK, Manfred

Dr. rer. nat., Prof. f. Physik - Fuhrenkamp 8, 3013 Barsinghausen - Geb. 27. Aug. 1939 Eutin - Dipl. Physik 1966, Promot. 1968, Habil. 1972 - S. 1978 Prof. Univ. Hannover, 1984 Dekan - Wiss. Veröff. auf d. Gebiet Plasma-, Atom-, Astrophysik, Optik, med. Physik.

KOCK, Walter-Dieter

Dr. jur., Oberbürgermeister - Zu erreichen üb. Rathaus, 3250 Hameln/Weser - Geb. 7. Mai 1926 Hameln - Rechtsanwalt u. Notar; Landschaftsrat; AR-Vors. Volksbank Hameln.

KOCK, Werner

Bürgermeister a. D., Vorstand d. Kühlhaus Lübeck A.G. (s. 1976) - Im Brandenbaumer Feld, 2400 Lübeck - Geb. 13. Okt. 1920 Lübeck, ev., verh. s. 1948, S. Hans-Joachim - S. Ausbild. kaufm. Tätigk. Lübecker Industrie (b. 1970 Prokurist). S. 1948 Mitgl. Lübecker Bürgerschaft (1955-56 u. 1964-66 I. stv., 1956-62 u. 1966-70 Stadtpräs.). SPD - 1958 Frhr.-v.-Stein-Gedenkmed.; 1971 BVK I. Kl.; 1970 Komturkreuz Orden d. Weißen Rose v. Finnland - Spr.: Engl., Schwed.

KOCKA, Jürgen

Dr. phil., Dr. h.c., Prof. f. Geschichte d. ind. Welt FU Berlin (s. 1988) - Leichhardtstr. 21, 1000 Berlin 33 - Geb. 19. April 1941 Haindorf/Sudeten (Vater: Josef K., Dipl.-Ing.; Mutter: Elisabeth, geb. Worf), kath., verh. s. 1967 m. Urte, geb. Schild - Stud. Gesch.s- u. Politikwiss., Soziol., Phil. Marburg, Wien, Berlin, Chapel Hill, N.C./M.A. 1965; Promot. 1968; Habil. 1972 - 1967-69 u. 1971-72 Wiss. Assist.; 1969/70 ACLS-Fellow Harvard - 1973-88 Prof. f. Gesch. Univ. Bielefeld (1983-88 Zentr. f. interdiszipl. Forsch.); 1975/76 Visiting Member, Inst. for Advanced Study, Princeton; 1983/84 Hist. Kolleg München; 1984 Gastprof. Univ. of Chicago, 1985 Hebr. Univ. Jerusalem; 1988/89 Wiss.kolleg Berlin - BV: Unternehmensverw. u. Angestelltenschaft am Beispiel Siemens 1897-1914, 1969; Klassenges. im Krieg. Dt. Sozialgesch. 1914-18, 1973; Unternehmer in d. dt. Industrialisierung, 1975; Angest. zwischen Faschismus u. Demokratie: USA 1850-1940 im intern. Vergl., 1977; engl. Übers.: White Collar Workers in America 1890-1940, 1980; Sozialgesch., 1977; D. Angest. in d. dt. Gesch., 1850-1980, 1981 (franz. Übers.: Les employés en Allemagne 1850-1980, 1989); Lohnarbeit u. Klassenbildung, 1983 - Spr.: Engl., Franz.

KOCKLER, Helmut

Direktor, Geschäftsf. Sparkassen- u. Giroverb. Saar - Ursulinenstr. 46, 6600 Saarbrücken.

KOCKS, Günter

Dr. phil., Prof., Honorarkonsul d. Bundesrep. Deutschl. in Saskatchewan/Kanada - 3534 Argyle Road, Regina, Saskatchewan/Canada S4S 2 B 8 - Geb. 19. Dez. 1935 Mönchengladbach, verh. s. 1966 m. Ute, geb. Pokar, 2 Kd. (Aiko, Mika) - Univ. Köln u. Bonn, Promot. 1965 - 1966-68 Lektor DAAD; 1968 Assist. Prof., 1970 Prof. in Kanada; s. 1977 Honorarkonsul in Kanada. Div. Veröff. ü. dt. Lit. - Spr.: Engl., Schwed., Jap.

KOCKS, Hans-Hermann

Assess., Hauptgeschäftsf. Handwerkskammer Trier - Loebstr. 18, 5500 Trier/M.; priv.: Zurmaienstr. 49.

KOCZIAN, von, Johanna

Schauspielerin - Zu erreichen üb.: Agentur Jovanovic, Perfallstr. 6, 8000 München 80 - Geb. 30. Okt. 1933 Berlin, kath., verh. I) 1957 m. Dietrich Haugk (Regiss.), II) 1966 Wolf(gang) Kabitzky (Schallplattenprod.), T. Alexandra (Sandra) - Mozarteum Salzburg - S. 1953 Städt. Bühnen Wuppertal u. Berlin (1955), Residenztheater München (1959), Theater in d. Josefstadt Wien (1961). Bühne: u. a. Anne Frank, Ophelia, Kätchen, Haitang, Undine, Franziska, Mrs. Süllen (1972 Hamburg). Film: Viktor u. Viktoria, Petersburger Nächte, Wir Wunderkinder, Serenade e. gr. Liebe, Menschen im Netz, Verliebt - verlobt - verheiratet, Jacqueline, Heldinnen, Agatha, laß' d. Morden sein!, D. Ehe d. Herrn Mississippi, Unser Haus in Kamerun, Straße d. Verheißung, D. Liebeskarussell, Eliza, i. My Fair Lady (Oper Frankfurt); Fernsehen: D. seidene Schuh, Stewardessen (Serie), Frau ohne Kuß, Reise n. Mallorca, Blinde Spiele (Kommissar-Serie 1973) - 1958 Preis Jg. Generation Stadt Berlin, 1959 Preis Verb. d. dt. Kritiker, Preis Theaterbesitzer (Gold. Maske), 1977 u. 1979 Gold. Vorhang als beliebteste Schauspielerin in Berlin f. Nächstes Jahr - Gleiche Zeit (Kom. am Kurfürstendamm). 5 Langspielplatten. 1977 3 Jugendb., 1 Märchen.

KODALLE, Klaus-Michael

Dr. phil., Univ.-Prof. f. Religionsphilosophie u. Sozialethik Univ. Hamburg - Parkallee 3, 2000 Hamburg 13 (T. 45 04 88) - Geb. 18. Okt. 1943 Gleiwitz/OS, ev., verh. s. 1982 m. Susanne, geb. Andersen, 3 Kd. (Bettina, Sophia, Severin) - Gymn. Arnsberg u. Düsseldorf; Stud. Univ. Köln (Phil., Päd., German.); Promot. 1969, Habil. 1983 Univ. Hamburg - Wiss. Assist. Univ. Regensburg u. Hamburg, 1983 Prof., Gastprof. FU Berlin, USA u. Israel - BV: Th. Hobbes - Logik d. Herrschaft u. Vernunft d. Friedens, 1972; Politik als Macht u. Mythos. C. Schmitts polit. Theol., 1973; Negative Dialektik u. d. Idee d. Versöhnung, 1973 (m. T. Koch u. H. Schweppenhäuser); Unbehagen an Jesus. D. Herausforderung d. Psychoanalyse a. d. Theologie, 1978; D. Eroberung d. Nutzlosen. Kritik d. Wunschdenkens u.

d. Zweckrationalität im Anschluß an Kierkegaard, 1988. Herausg.: Tradition als Last (1981), Furcht u. Freiheit (üb. Th. Hobbes, 1982); Gegenw. d. Absoluten (1984); K.Ch.F. Krause (1781-1832). Stud. z. s. Phil. u. z. Krausismo (1985). Mithrsg. d. Hobbes-Studies - Mitgl. d. Honorary Board d. Intern. Hobbes Assoc.

KODER, Johannes

Dr. phil., o. Prof. f. Byzantinistik Univ. Wien - (s. 1985) - Postg. 7, 1010 Wien - Geb. 26. Juli 1942 Wien (Vater: Rudolf K., Lehrer; Mutter: Elisabeth, geb. Reder), kath., verh. s. 1968 m. Alice, geb. Stengel, 2 Kd. (Barbara, Georg) - Univ. Wien. Promot. (1965) u. Habil. (1973) Wien - 1973-77 Doz. u. ao. Prof. (1977) Univ. Wien; 1978-85 Prof. Univ. Mainz - BV: Unters. z. Topographie u. Siedlungsgesch. d. Insel Euboia, 1973; Hellas u. Thessalia, 1976; Liutprand v. Cremona in Konstantinopel, 1980; Friedrich Rückert und Byzanz, 1982; D. Lebensraum d. Byzantiner, 1984. Herausg.: Hymnes du Syméon le Nouveau Théologien (3 Bde. 1969-73); Übers.reihe Byzantinische Gesch.schreiber (s. 1978). Etwa 60 Einzelarb. - Spr.: Engl., Franz., Neugriech.

KÖBBERLING, Johannes

Dr. med., Prof. f. Innere Medizin u. Endokrinologie, Leit. Med. Klinik Ferdinand-Sauerbruch Klinikum Wuppertal (s. 1986) - Am Freudenberg 85, 5600 Wuppertal - Geb. 23. April 1940 Lötzen (Vater: Jacob K., Arzt; Mutter: Milka, geb. Flügge), ev., verh. s. 1964 m. Dr. Gertrud, geb. Dunker, 3 Kd. (Anna Katharina, Johannes, Veronika) - 1960-5 Univ. Göttingen, Edinburgh/Schottl. - 1967-72 wiss. Assist., 1972-77 Priv.doz., s. 1977 Prof. f. Innere Med. - BV: The Genetics of Diabetes Mellitus, 1976 - 1979 F. Bertram-Preis Dt. Diabetes Ges. - Spr.: Engl.

KÖBELE, Bruno

Gewerkschafter, Stv. Bundesvors. IG Bau-Steine-Erden (s. 1982) - Bockenheimer Landstr. 73-77, 6000 Frankfurt/M. (T. 069 - 743 72 02) - Geb. 10. Aug. 1934 Freiburg/Br., verh. s. 1979 m. Elsbeth, geb. Gutfleisch, Dipl.-Ing., 4 Kd. (Petra, Karin, Matthias, Tobias) - 1949-52 Maurerlehre Freiburg/Br. - Stv. AR-Vors. ZVK Bau; Vors. Berufsbildungsw. Steinmetz- u. Bildhauerhandw.; Vorst. Gerüstbaukasse Bauwirtsch., AR Ed. Züblin AG; Vizepräs. Europ. Föderation Bau- u. Holzarb. in d. EG; verantw. f. d. Erstell. d. Stufenausb. in d. Bauwirtsch. Aufs. in Publ. d. DGB u. d. IG Bau-Steine-Erden - 1985 BVK I. Kl. - Liebh.: Musik, Wandern, Lesen, Modelleisenbahn.

KÖBELE, Günter

Dr. jur., Vorstands-Vorsitzender EUROPA Krankenversicherung AG, Lebensvers. AG u. Sachversich. AG - Zu erreichen üb.: Europa Krankenversich. AG - Kaiser-Wilhelm-Ring 17-21, 5000 Köln 1 (T. 0221 - 5737 - 1); priv.: Birkenweg 66, 5000 Köln 50 - Geb. 28. März 1938 Karlsruhe.

KÖBERICH, Heiner

Oberstudienrat, Generalsekr. European Powerlifting Federation (EPF) - Emilstr. 42, 6100 Darmstadt - Geb. 30. Sept. 1939, verh. m. Edeltrud, geb. Kröner, 2 Kd. (Michael, Isabelle) - Abit., Staatsex. - Vors. Rechts- u. Satzungskomit. Intern. Powerlifting Federation, Vorst. Bundesverb. Dt. Gewichtheber; 1972 Sprecher d. Olymp. Gewichthebens, Sprecher u. Org. vieler Welt- u. Europameisterschaften im Powerlifting (Kraftdreikampf), Mitbegr. Dt.-Bulg. Ges. Darmstadt - Interessen: Computer-Programme zu Wettkämpfen u. Statistik in versch. Nationen - Spr.: Engl., Franz., Ital., Russ., Lat., Wollof, Suaheli.

KÖBERLE, Klaus

Geschäftsführer Landesgarantiekasse Schlesw.-Holst. GmbH, Kiel (s. 1987) - Düppelstr. 24, 2300 Kiel - Geb. 11. Febr. 1931 Hamburg (Vater: Franz K., Schriftst.; Mutter: geb. Schönfeldt, Journalistin) - Abit. 1949 Eutin - Abt. Lt. Landesbank S.H., 1966-73 Geschäftsf. Landesgarantiekasse S.H. GmbH, Kiel; 1973-78 1. Geschäftsf. Wohnungsbauges. Schlesw.-Holst. GmbH u. Sanierungs- u. Entwicklungsges. Schlesw.-Holst. GmbH, Kiel; 1979-86 gf. Gesellsch. Klaus Köberle GmbH, Baubetreuungen, Wohnungsbau; 1961ff. Vors. u. Präs. Jg. Union SH, Sozialausschüsse d. CDU S.H., MdL. S.H. 1960-67 - Div. Fachveröff. z. Kreditwirtsch., Wohnungs- u. Städtebau, Gesellschafts- u. Sozialpolitik - BVK, Handelsrichter.

KÖBERLE, Rudolf

Dr. rer. pol., Dipl.-Kfm., Vors. Geschäftsführer Hukla Werke GmbH, Gengenbach - Germanstr. 27, 7730 Villingen (T. 07721 - 5 45 73) - Geb. 8. Dez. 1932 Brünn (Eltern: Rudolf u. Leopoldine K.), kath., verh. s. 1955 m. Vera, geb. Heck, 2 T. (Inez, Christine) - Stud. Univ. Mannheim; Promot. 1960 - 1960-69 Geschäftsf. Schaub-Lorenz und Graetz, 1969-73 Bostik, 1973-75 Marker, 1975-83 SABA, dann Geschäftsf. Thomson-Werke GmbH, Paris; 1983-85 Vorst. Grundig AG, Fürth - Liebh.: Lit., Archäol., Sport.

KÖBL, Ursula

Dr. jur., (habil.) Prof. f. Bürgerliches Recht, Arbeits- u. Sozialrecht u. Rechtssoziologie Univ. Gießen - Licher Str. 60, 6300 Gießen.

KÖBLER, Gerhard

Dr. jur., Prof. f. Dt. Rechtsgeschichte, Bürgerl. Recht u. Handelsrecht Univ. Innsbruck (s. 1985) - Innrain 52, A-6020 Innsbruck - Geb. 20. April 1939 Fürth (Vater: Wilhelm K., Angest.; Mutter: Emma, geb. Niedermeyer) - 1958-63 Univ. Erlangen u. Göttingen (Rechts-, Wirtschafts- u. Sozialwiss.). Promot. 1964; Habil. 1969 - 1972 Prof. Univ. Göttingen; 1975-85 Prof. Univ. Gießen; 1981/82 Dekan - BV: D. Recht im frühen Mittelalter, 1971; Wörterverzeichnisse zu d. dt. Volksrechten, 1977ff.; Rechtsgesch., 4. A. 1989; Lat.-German. Lexikon, 2. A. 1983; Neuhochdtsch-indogerman. Wörterbuch, 2. A. 1982; German. Wörterb., 2. A. 1982; Jurist. Wörterb., 4. A. 1986; Anfängerübung, 5. A. 1986; Bilder aus d. dt. Rechtsgesch., 1988; Histor. Lexikon d. dt. Länder, 2. A. 1989; Gotisches Wörterb., 1989.

KÖBLER, Ludwig

Bürgermeister (s. 1964), MdL Nieders. (1978-84) - Ziegelmasch 11, 3220 Alfeld/Leine - BVK.

KOEBNER, Thomas

Dr. phil., o. Prof. f. Germanistik u. Medienwissenschaft Philipps-Univ. Marburg (s. 1983) - Blumenthalstr. 77, 5000 Köln 1 - Geb. 22. Juli 1941 Berlin - Promot. 1967, 1970-72 Doz. Köln, 1973-83 o. Prof. Wuppertal - Bücher u. Aufs. z. Lit.Gesch. d. 18. b. 20. Jh., zu Theater u. Musiktheater, Film u. Fernsehen; Herausg. u.a. von Tendenzen der deutschen Literatur s. 1945 (1971, Neuaufl. 1984), Weimars Ende. Prognosen u. Diagnosen 1930-1933 (1982); Neues Handb. d. Lit.wiss. (Bd. 20): Zwischen den Weltkriegen (1983). Mithrsg. v. Exilforsch. E. intern. Jahrb. (1983ff.); Medienwiss., E. Ztschr. f. Rezensionen (1984ff.); D. Mythos Jugend zw. Jh.wende u. Drittem Reich (1984); Deutschland nach Hitler. Zukunftspläne im Exil u. aus d. Besatzungszeit 1939-49 (1987); D. andere Welt. Kultur- u. Literaturgeschichtl. Studien z. Exotismus (1987); D. Kleine Fernsehspiel. Notate u. Referate (1988); Lit. u. and. Künste. E. Studienreihe (1989ff.).

KOEBNICK, Hans-Jürgen

Dipl.-Kfm., Oberbürgermeister Stadt Saarbrücken (s. 1985) - Rathaus, 6600 Saarbrücken 1 - Geb. 1. Juni 1938 Schneidemühl/Pom. - Zul. Bürgerm. Saarbrücken. Div. Mandate.

KÖCHER, Franz

Dr. phil., Prof. f. Geschichte d. Medizin - Windscheidstr. 12, 1000 Berlin 12 - Geb. 27. Dez. 1916 Auma - Promot. (1949; Humboldt-U.) u. Habil. (1967; FU) Berlin - S. 1967 Lehrtätigk. FU Berlin (1969 Wiss. Rat u. Prof.; 1971 Prof.) - BV: D. babylon.-assyr. Medizin in Texten u. Unters., 1963 ff.

KOECHER, Max

Dr. rer. nat., o. Prof. f. Mathematik - Hofbauers Kamp 26, 4542 Tecklenburg (T. 76 76) - Geb. 20. Jan. 1924 Weimar - S. 1954 (Habil.) Lehrtätigk. Univ. Münster (1960 apl. Prof.), München (1962 Ord. u. Inst.vorst.), Münster (1970 Ord. u. Inst.dir.) - BV: Jordan-Algebren, 1966 (m. Hel Braun); Lineare Algebra u. analyt. Geometrie, 1983; Zahlen, 1983 (m. H.-D. Ebbinghaus); Klassische elementare Analysis, 1987. Div. Einzelarb.

KOECKE, Hans-Ulrich

Dr. phil., o. Prof. f. Zoologie - Marbacher Weg 2, 3550 Marburg/L. (T. 6 56 15) - Geb. 15. Juni 1927 Wuppertal (Vater: Johann K., Kaufm.; Mutter: Elisabeth, geb. de Philipp), ev., verh. in 2. Ehe (1958) m. Ilse, geb. Peters, S. Roger - Univ. Köln (Zool., Botanik, Physiol. Chemie, Med.). Promot. (1953) u. Habil. (1959) Köln - Assist. Univ. Fribourg; Forschungsaufenth. Utrecht u. Baltimore (USA); 1959 Privatdoz., 1964 Wiss. Rat u. Prof. Univ. Köln; s. 1967 o. Prof. u. Inst.sdir. Univ. Marburg. Mitgl. Dt. Zool. Ges., Dt. Ges. f. Naturforscher u. Ärzte, Dt. Ges. f. Elektromikroskopie, Dt. Ges. f. Zellbiol. - BV: Allgem. Biologie, Lehrb. 1975, 77, 81 u. 87; Allg. Zoolog., 2 Bde. 1981. Zahlr. Fachaufs. - Spr.: Engl.

KÖCKLER, Wolfgang D.

Rechtsanwalt, Vorstandsvorsitzender Colonia Bausparkasse AG (s. 1974), stv. AR-Vors. Rheinische Kapitalanlagenges. mbH (s. 1974), stv. AR-Vors. Colonia Anlage-Dienst GmbH (s. 1978), Vorst.-Mitgl. Verb. d. Priv. Bausparkassen, Bonn (s. 1982), stv. AR-Vors. Domus Verlag GmbH (s. 1983), AR-Mitgl. Colonia Finanz Beratungs- u. Vermittlungsges. mbH, Köln (s. 1987) - Meliesallee 28, 4000 Düsseldorf-Benrath (T. 71 71 90) - Geb. 12. Febr. 1932 Haan/Rh. (Vater: Dipl.-Ing. Wilhelm K.; Mutter: Hanna, geb. Voss), ev., verh. s. 1960 m. Kiki, geb. Goebel, 2 Töcht. (Christiane Barbara, Bettina Stephanie) - Naturwiss. Gymn. (Abit.); Stud. Rechts- u. Staatswiss. Ass.ex. 1962 Düsseldorf - RA Düsseldorf; 1963-70 Thyssen-Röhrenwerke; 1970-74 Geschäftsf. Kapitalanlage- u. Vermögensberat.ges.; VR-Mitgl. Europ. Bausparkassenvereinig. (EuBV); Vice Präs. The Intern. Organization for Housing Finance Institutions - Liebh.: Reisen, Sport, Bücher - Spr.: Engl.

KÖCKRITZ, von, Sieghardt

Dr., Ministerialdirektor, Leit. Abt. f. Angelegenh. d. Vertriebenen, Flüchtlinge, Kriegsgeschädigten u. kulturelle Angelehenh. Bundesinnenmin. - Graurheindorferstr. 198, 5300 Bonn 1.

KÖDER, Hans Dieter

Dipl.-Verwaltungswirt (FH), MdL Bad.-Württ. - Seestr. 28, 7031 Steinenbronn - Geb. 25. März 1940 Aalen - 1961-65 Landratsamt Aalen; 1965-70 Innenmin. Bad.-Württ.; 1970-80 Parlament. Berater b. Landtag v. Bad.-Württ.; s. 1980 MdL (wirtschaftspolit. Sprecher SPD-Landesfraktion).

KÖGEL, F. X.

Fabrikant F. X. Kögel GmbH & Co., Fahrzeugwerke, Ulm - Postf. 2680, 7900 Ulm/D. - Geb. 8. März 1910 - S. 1934 (Firmengründ.) selbst.

KÖGEL, Herbert

Dipl.-Volksw., Geschäftsführer F. X. Kögel GmbH & Co. Fahrzeugwerke - Postf. 26 80, 7900 Ulm/Donau.

KOEGEL-DORFS, Helmuth

Kirchenrat, Beauftr. Ev. Kirchen b. Landtag u. Landesregierung v. Nordrh.-Westf. (s. 1985) - Rochusstr. 44, Postf. 32 03 69, 4000 Düsseldorf 30 (T. 0211-361 02 42) - Geb. 8 Sept. 1930 Duisburg-Hochfeld (Vater: Dr. Ing. Alfred K.; Mutter: Gertraud, geb. Dorfs), ev., verh. m. Gisela, geb. Schönfeld, 4 Kd. (Chris, Johannes, Cornelius, Amrei) - Stud. d. Theol., Sozial- u. Rechtswiss. 1950-58 Univ. Heidelberg, Bethel, Univ. Göttingen, Hamburg, Münster u. Graz; 1. u. 2. Theolog. Ex. 1955 u. 1960 Bielefeld, Ord. 1960 - Vikariat 1955 u. 1959 in Minden u. Menden; s. 1960 Pfarrer in Paderborn; s. 1970 Superintendent u. Leit. Kirchenkreis Paderborn; Kirchenrat - Spr.: Engl., Franz.

KÖGLER, Harry

Prof., Maler, Leit. Abt. f. Malerei u. Werkstatt Lithographie Staatl. Akad. d. Künste Karlsruhe - Rheinhold-Frank-Str. 81, 7500 Karlsruhe - Zul. Doz. Kunsthochsch. Berlin.

KÖGLER, Hubert

Dr. rer. nat., Geschäftsf. Ashland-Südchemie-Kernfest GmbH., Hilden - Am Ellerdahl 5, 4020 Mettmann/Rhld. - Geb. 22. Febr. 1931 - Stud. Chemie (Dipl.).

KÖHL, Gerhard

Dr. jur., Vorstandssprecher Stadtwerke Bremen AG. (s. 1972) - Spielleutestr. 13, 2820 Bremen-Lesum (T. 633756) - Geb. 7. Juli 1927 - ARsvors. Kommunale Gasunion GmbH, Stuhr; Vorst.mitgl. Präs. u. Vors. Wirtsch.polit. Aussch. Verb. kommunaler Untern. e.V., Köln; Vorst.mitgl. Bundesverb. Dt. Gas- u. Wasserwirtsch. e.V., Bonn; Vors. Landesgr. Nieders./Bremen, Hannover; Mitgl. Rechtsaussch. Vereinig. Dt. Elektrizitätsw., Frankfurt/M.; Beiratsmitgl. Ruhrgas AG, Essen u. Gerling-Konzern, Köln - Spr.: Engl., Franz. - Rotarier.

KÖHLE, Klaus Peter

Dr. phil., Prof. - Habichtstr. 29, 8031 Eichenau (T. 08141 - 88 89) - Geb. 2. Jan. 1940 München (Vater: Karl K., Kaufm.; Mutter: Dr. Johanna, geb. Kröner), kath., verh. s. 1968 m. Sieglinde, geb. Furtner, 2 Kd. (Jörg, Markus) - Stud. München; Promot. 1972 - Zun. Oberstudienrat, s. 1974 Prof. f. Didaktik d. Soz.lehre Univ. Regensburg - BV: Politik u. Gesch. im Unterr., Buchr. 1972ff.; Problemkreis Krieg u. Frieden, 1972 - Spr.: Engl., Franz., Span.

KÖHLE, Walter

Dr. med., Arzt, Landesvors. Arbeiter-Samariter-Bund Bad.-Württ. e. V. - ASB, Heusteigstr. 11, 7000 Stuttgart 1; priv.: Am Hetzenbäumle 46, 7900 Ulm (T. 0731 - 5 61 60) - Geb. 9. Dez. 1944 - Mitgl. im gr. Senat Univ. Ulm.

KÖHLER, Adolf

Dr. phil., Prof., Hochschullehrer - Pädagog. Hochschule, 7987 Weingarten - Geb. 21. Febr. 1925 Buchau - S. 1962 Doz. u. Prof. PH Weingarten (Erdkunde). Fachveröff.

KÖHLER, Claus

Dr. rer. pol., Prof., Mitgl. Direktorium d. Deutschen Bundesbank (s. 1974) u. Dir. Inst. f. Empir. Wirtschaftsforsch., Berlin - Taunusstr. 5, 6242 Kronberg/Ts. - Geb. 5. März 1928 Berlin (Vater: Rudolf K., Industriekaufmann; Mutter: Charlotte, geb. Schumacher), verh. s. 1958 m. Dr. Ingeborg, geb. Rieckenberg - Dipl.-Volksw. 1949 Humboldt-Univ. Berlin; Promot. 1950 FU Berlin; Habil. 1961 TU Berlin - 1951-66 Bank- u. Finanztätigk. (1959 ff. Dir.); 1966-74 o. Prof. f. Volkswirtschaftslehre TU Hannover; 1969-74 Mitgl. Sachverständigenrat z. Begutacht. d. gesamtwirtschaftl. Entwickl.; 1974 Honorarprof. Univ. Hannover; 1981 Honorarprof. Univ. Frankfurt - BV: D. Geldkreislauf, 1962; Orientierungshilfen f. d. Kreditpolitik, 1968; Geldw. I, Geldversorg. u. Kreditpolitik, 2. A. 1977; Geldw. II, Zahlungsbil. u. Wechselkurs, 1979; Geldw. III, Wirtschaftspolit. Ziele u. wirtschaftspolit. Strategie, 1983. Üb. 100 Fachaufs. - Liebh.: Mod. Graphik, Ostasiatica - Spr.: Engl.

KÖHLER, Dieter

Dr. jur., Kanzler d. Univ. Augsburg - Universitätsstr. 2, 8900 Augsburg - Geb. 6. Juli 1937 Leipzig, verh., 1 S. - Stud. d. Rechte Univ. München u. Köln; 1965 Promot. Univ. München - 1965-70 Tätigk. in d. inn. Verw. u. im Bayer. Kultusmin.; s. 1970 (Gründgsj.) Kanzler Univ. Augsburg. 1971-74 Mitgl. bayer. Hochschulplanungskommiss., 1974-79 VR-Vors. Studentenwerk Augsburg.

KÖHLER, Dieter

Dr., Fabrikdirektor, Vorstand Berliner AG f. Industriebeteilig., Berlin - Warnenweg 13, 1000 Berlin 19 (T. 030 - 302 15 75) - Geb. 30. Nov. 1924 Halle/Saale (Vater: Arthur K., Zuckerfabrikdir.; Mutter: Hanna, geb. Weigelt), ev., verh. s. 1960 m. Sabine, geb. Wachsen, Tocht. Susanne - 1949-53 FU Berlin (Betriebsw.). Dipl.-Kfm. 1953 - Mitautor Handb. d. Vermögensanlage (hrsg. v. Dr. Carl Zimmerer) - Spr.: Engl.

KÖHLER, Diethard

Dr. rer. nat., Prof. f. Botanik - Pragelatostr. 20, 6105 Ober-Ramstadt-Wembach (T. 06154 - 3575) - Geb. 18. Jan. 1926 Berlin (Vater: Dr. phil. K., Oberreg.srat; Mutter: Alma, geb. zu Klampen), verh. 1952 m. Brigitte, geb. Früchtnicht - Promot. 1952 Göttingen; Habil. 1960 Braunschweig - S. 1960 Lehrtätigk. TH Braunschweig u. Darmstadt (1967 apl. Prof.). Veröff. z. Physiol. u. Genetik.

KOEHLER, Dietrich

Dr. jur., Rechtsanwalt - Schillerstr. 6, 8200 Rosenheim - Geb. 21. April 1925 Berlin - B. 1967 stv. Vorst.-Mitgl. Aschaffenburger Zellstoffwerke AG., dann stv. bzw. o. Vorst.-Mitgl. (1968) Chem. Werke Hüls AG., Marl; 1983-87 Geschäftsf. Verb. d. chemischen Industrie, Frankfurt/M.

KÖHLER, Erich

Regisseur - Sprungschanzenweg 44g, 1000 Berlin 37 (T. 8133647) - Geb. 2. Aug. 1902 Breslau (Vater: Paul K.; Mutter: Margarete, geb. Becker), ev., verh. s. 1948 m. Hildegard, geb. Panthen, 3 Kd. (Thomas, Julka, Cornelia) - Jurastud. u. Schauspielausbild. Breslau, Refer.ex. 1926 Breslau - Ab 1928 Schausp., Rundfunksprecher u. Abt.sleit. Breslau, 1933-45 versch. Berufe, seith. Rundfunktätigk. Berlin (1954 I. Regiss. u. Leit. Besetzungsbüro SFB). Mehrere hundert Hörspiele u. Features; Schallplattenprod. - Liebh.: Garten (bes. Blumen).

KÖHLER, Friedemann

Prof., Komponist - Wolffangelstr. 2, 6660 Zweibrücken (T. 43848) - Geb. 23. Dez. 1923 Eschwege (Vater: Musikdir. Otto-Andreas K.; Mutter: Antonie, geb. Duch), ev., verh. s. 1956 m. Elsbeth, geb. Knäpper, 4 Kd. (Michael, Andreas, Joachim, Mathias) - Mozarteum Salzburg, Staatl. Hochsch. f. Musik Köln, Univ. Mainz - 1949-51 Konzertmeister, 1962-67 Studienrat, 1968-72 Doz., s. 1972 Prof. - Zahlr. Kompositionen (f. Soloinstrumente u. -stimmen, Orch. u. Chöre, Kammermusiken) - Spr.: Franz., Engl.

KÖHLER, Günter

Dr. jur., Rechtsanwalt u. Notar, Geschäftsf. Vereinig. Bremer Schiffsmakler u. Schiffsagenten - Domshof 17, 2800 Bremen (T. 0421-3 69 90) - Geb. 14. Dez. 1927 Ritterhude, ev. - Stud. Rechtswiss.; Assessorex. 1956, Promot. 1953 Univ. Kiel - AR-Mand. - Spr.: Engl.

KÖHLER, Günter

Dr. theol., Prof. f. Sozialethik u. Diakonie Ev. Fachhochsch. f. Sozialarb. u. -päd. Berlin (s. 1973) - Lupsteiner Weg 61a, 1000 Berlin 37 (T. 815 58 06) - Geb. 25. März 1941 Berlin (Vater: Arthur K., Kaufm.; Mutter: Gertrud, geb. Förster), ev., verh. s. 1963 m. Ilse, geb. Schottky, 2 Kd. (Martin, Simone) - Albert-Schweitzer-Sch. Berlin-Neukölln (Abit. 1961); Stud. Berlin; Promot. 1967 Berlin - Geschäftsf. Ev. Flüchtlingsseelsorge Berlin; Vorst.-Vors. Wazzeck-Stiftg. Berlin; Vorst.-Mitgl. EJF (Evang. Jugend- u. Fürsorgewerk) - BV: Pontifex nicht Partisan. Kirche u. Staat in d. DDR, 1974; D. Wandervogel - es begann in Steglitz, 1987 - 1987 BVK am Bde. - Spr.: Engl., Franz. - Rotarier.

KÖHLER, Günther

Dr., Vorstandsmitglied Victoria Lebens-Versich.-AG, Feuer-Versich.-AG, Rückversich.-AG u. Vorsorge Grundstücks-AG, alle Berlin (s. 1986) - Victoriapl. 1, 4000 Düsseldorf 1 - 1962-74 Vermögensverw. Münchener Rück-Versich. Ges., München; 1974 stv., 1976-80 o. Vorst.-Mitgl. Bayern-Versich., München.

KÖHLER, Heinz

Dr. jur., Präsident Bundesdisziplinargericht - Zu erreichen üb. Bundesdisziplinargericht, Gervinusstr. 5-7, 6000 Frankfurt/M. 1 - Geb. 8. Juni 1924.

KÖHLER, Heinz

Dr., MdEP, Landrat a.D. Kr. Kronach (1972-89) - Burgstatter Weg 7, 8621 Mitwitz - Geb. 12. Mai 1942 Mitwitz - Regierungsrat. SPD.

KÖHLER, Helga,

geb. Gohde

Turnierreiterin - Borsteler Dorfstr. 72, 2810 Verden/Aller - Geb. 21. Febr. 1925 Hamburg (Vater: Dr. Gohde; Mutter: geb. Bockhorn), ev., verh. s. 1950 m. Hans-Joachim K. (Hippologe), T. Jutta (Springreiterin) - Lyzeum; Ausbild. als Arzthilfe - U. a. 1949-54 Championat d. dt. Springreiterinnen, 1959 u. 1960 Dt. Meisterin, 1962 Vize-Europameisterin d. Springreiterinnen - 1954 Silb. Lorbeerbl. d. Bundespräs.; 1964 Bronzene Ehrennadel Intern. Reiterl. Vereinig. (Brüssel) f. 16 Nationenpreise.

KOEHLER, Hellmut

Dr. jur., Landgerichtsrat a. D., Inh. Brauerei W. Rummel, Darmstadt, Vors. Brauerbund Hessen-Mittelrhein, Frankfurt/M. - Havelstr. 4, 6100 Darmstadt (T. Büro: 75736) - Geb. 11. März 1912 Darmstadt.

KÖHLER, Helmut

Dr. jur., o. Prof. f. Bürgerliches, Handels- u. Wirtschaftsrecht, Rechtstheorie u. Rechtssoziol. Univ. Augsburg - Am Feldkreuz 13, 8901 Anhausen - BV: Unmöglichkeit u. Geschäftsgrundl. b. Zweckstörungen im Schuldverhältnis, 1971; Wettbewerbsbeschränkungen durch Nachfrager, 1977; Wettbewerbs- und kartellrechtliche Kontrolle der Nachfragemacht, 1979; BGB - Allgemeiner Teil, 20. A. 1989; Verbraucherschutzrecht in d. Marktwirtsch. (m. H. Gröner), 1987.

KÖHLER, Henning

Dr. phil., Prof. f. Neuere Geschichte FU Berlin - Willdenowstr. 12, 1000 Berlin 45 - Geb. 9. Aug. 1938, verh. s. 1963 m. Katharina, geb. Steuerwald, 2. Töcht. (Annette, Corinna) - Promot. 1966; Habil. 1972; 1981/82 Gastprof. Univ. Stanford; 1987/88 Visiting Member Institute for Advanced Study Princeton - BV: Arbeitsdst. in Dtschl., 1967; Autonomiebeweg. oder Separatismus?, 1974; Novemberrevolution u. Frankr. D. franz. Dtschl.politik 1918-1919, 1980; Gesch. d. Weimarer Rep., 1981; D. Ende Preußens in französ. Sicht, 1982; Adenauer u. d. rhein. Rep. D. erste Anlauf 1918-24, 1986. Mitverf.: Reichstagsbrand. Aufklärung e. hist. Legende, 1986.

KÖHLER, Herbert W.

Dr. jur., Gf. Vorstand i. R. Wirtschaftsvereinig. Stahl - Breite Str. 69, 4000 Düsseldorf (T. 82 91); priv.:

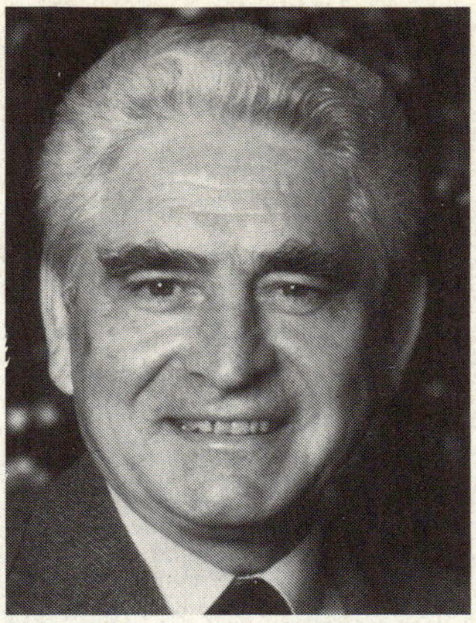

Wildunger Str. 6, 4100 Duisburg 25 - Geb. 17. Dez. 1919 Peiskretscham/OS., kath. - Schule Oppeln (Abit.); 1938-45 Arbeits- u. Kriegsdst. (zul. Offz. Luftw.); Univ. Göttingen (Rechts- u. Staatswiss.; Promot. 1951) - 1953-60 Leit. Volksw. Abt. u. Konzernverw. e. Untern.; s. 1960 Wirtschaftsvg. Eisen- u. Stahlind., Düsseldorf (Hauptgeschäftsf. bzw. Gf. Vorst.). 1972-87 Bundestag; 1979-81 MdEP. Div. Ehrenämter, dar.: 1967-85 Mitgl. Board of Directors u. Exekutivkomitee Intern. Iron and Steel Institute; 1976-84 VR-Mitgl. Europ. Wirtschaftsvereinig. Eisen- u. Stahlind. EUROFER; 1960-72 u. ab 1988 Berat. Aussch. Europ. Gemeinschaft f. Kohle u. Stahl; 1975-85 Beirat Westd. Landesbank Girozentr.; Vorst.-Vors. Wirtschaftsvereinig. d. CDU Rheinl. (1973-82), jetzt Ehrenvors., Schatzm. CDU Rheinl. (1973-81), Präsid.-Mitgl. CDU Nordrh.-Westf. (1975-81) - Zahlr. Ausz.: u. a. BVK I. Kl.; Gr. BVK; Großoffizierkreuz d. Ordens Rio Branco d. Rep. Brasilien; Gr. goldenes Ehrenz. d. Rep. Österr.; Komturkreuz d. VO d. Königreichs Spanien; Offizierskreuz d. Ordens d. Eichenlaubkrone d. Großherzogtums Luxemburg; Kommandeur d. belg. Krone; VO d. Landes Nordrh.-Westf. - Liebh.: Ornithologie, Botanik (Orchideen), Ausgrabungen, Numismatik.

KÖHLER, Horst

Vorstandsmitgl. Spinnerei u. Zwirnerei Ramie AG., Emmendingen - Burgweg 13, 7830 Emmendingen/Baden - Geb. 17. Juli 1919 Glauchau (Vater: Alfred K., Fabr.) - Landesverb.

KÖHLER, Horst

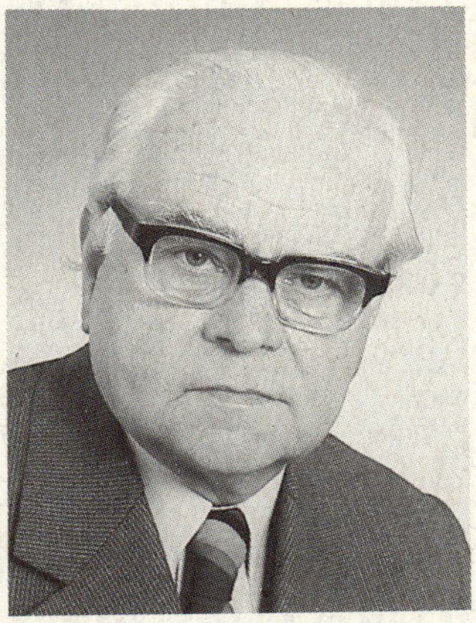

Dr. rer. nat., Prof., Physiker, Präs. Dt. Opt. Komitee (1969-77), Vice Präs. Int. Com. f. Optic ICO (1972-75), Vors. Dt. Ges. f. angew. Optik (1967-72) - Sauerbruchstr. 6, 7920 Heidenheim/Brenz - Geb. 15. Jan. 1913 Eisenberg/Thür. (Vater: Walter K., Kaufm.; Mutter: Martha, geb. Clauß), ev., verh. s. 1938, m. Ursula, geb. Ritter, 4 Kd. (Sigrun, Gernot, Ekkehard, Cordula) - Univ. Jena (Physik, Math.). Promot. 1937 Jena; Habil. 1953 Stuttgart - S. 1937 Industrietätigk. (b. 1938 u. s. 1945 Carl Zeiss, Jena bzw. Oberkochen (Ltr. Zentralber. Forsch. u. Entwickl. i. R.), dazw. Electro-Acustic GmbH., Kiel). S. 1953 Privatdoz. u. apl. Prof. (1959) TH bzw. Univ. Stuttgart (Angew. Optik) - BV: Grundzüge d. Erschütterungsmessung, 1956; D. Fernrohre u. Entfernungsmesser, 1959; 30 J. Forsch. u. Entw. im Zeiss Werk Oberkochen, 1983. Üb. 100 Einzelveröfft. - S. 1982 Ehrenmitgl. Dt. Ges. f. angew. Optik u. Fellow of the Optical Society of America.

KÖHLER, Joachim

Bergass., Hauptgeschäftsführer Unternehmensverb. Saarbergbau (s. 1989), Mitgl. d. Geschäftsfg. Gesamtverb. d. dt. Steinkohlenbergbaus - Mainzer Str. 95, 6600 Saarbrücken 3; priv.: Nelkenstr. 28, 6600 Saarbrücken (T. 0681 - 405 - 36 88) - Geb. 30. Juli 1929 Micheln/Krs. Calbe (Vater: Paul K., kaufm. Leit.; Mutter: Else, geb. Apelt), ev., verh. s. 1960 m. Annegret, geb. Lorch, 2 Kd. (Barbara, Christian) - Dipl.-Ing. Fachricht. Bergbau, TU Berlin 1955/56 Hochschulassist., 1956/59 Bergref., 1960/63 Direktions- u. Vorst. Assist., 1964/65 Betr.-Ing., ab 1966 Mitarb. beim Unternehmensverb. Saarbergbau, ab 1967 stv. Geschäftsf., ab 1973 Geschäftsf.; Mitgl. Vertretervers. Bundesknappschaft u. Bergbau-Berufsgenoss.; Landesarbeits- u. Landessozialrichter; stv. Mitgl. Landesaussch. f. Jugendarbeitsschutz b. Min. f. Umwelt; Berufsbildungsaussch. IHK d. Saarlandes; Beiratsmitgl. Inst. d. dt. Wirtsch.

KÖHLER, Josef-Andreas

Dr. med. dent., Dr. med., em. o. UProf., ehem. Direktor d. UZahn- u. Kieferklinik Köln - Oberer Gaisbergweg 8a, 6900 Heidelberg - Geb. 30. Okt. 1911 - Privatdoz. 1949, apl. Prof. 1954, ao. Prof. 1956, o. Prof. Heidelberg 1964, Dir. o. gen. Klinik Köln 1965, Emerit. 1977 - BV: Diagnostik u. Therapie d. Kieferfraktur, 1951; Zahnärztl. Chirurgie, 2 Bde. 1953/56; Handb.-Beitr. Zähne u. Haut, 1960. Üb. 50 Einzelarb.

KÖHLER, Joseph

Präsident Dt. Landkreistag NW - Sander Str. 31, 4790 Paderborn-Elsen (T. 05254 - 5118) - Geb. 5. Juli 1920 Paderborn, verh., 2 Kd. - Volkssch. - Reichs- bzw. Bundesbahntätigk.; dazw. Wehrdst.; 1948-64 Geschäftsf. Gewerksch. d. Eisenbahner Dtschl., Paderborn; 1964 Landrat Kr. Paderborn. 1946-56 Gemeindevertr. Elsen; 1960-64 MdK Paderborn (zul. Fraktionsvors.); 1966ff. MdL NRW; s. 1972 Vors. Landkreistag NW, s. 1984 Präs. CDU s. 1946.

KÖHLER, Karl

Prof., Maler, Seminarleit. f. Kunstpädagogik - Bahnhofstr. 8 1/2, 8035 Gauting b. München - Geb. 29. Sept. 1906 Regensburg (Vater: Valentin K., Hotelbesitzer; Mutter: Emma, geb. Haiber), kath., verh. s. 1936 m. Elisabeth, geb. Bertram, 2 Söhne (Karl-Heinz, Rainer) - Gymn.; TH München; Akad. d. bild. Künste München (Malerei b. Prof. Karl Caspar; Bildh. b. Prof. Karl Knappe) - Gemälde u. Graphik in Privatsamml. in München, Berlin, Würzburg, Chicago/USA u. Gauting; 3 gr. Altarbilder Herz-Jesu-Kirche München, St. Thomas-Kirche München, St. Wilhelmskirche Oberschleißheim, Pfarr-Kirche Ammerland/Münzing - BVK a. Bde.; Bayer. VO.; 1979 Klinge-Kultur-Preis - Liebh.: Musik, Politik - Lit.: Nachschlagew.

KÖHLER, Kurt

Dr. med. h. c., Kanzler Univ. Erlangen-Nürnberg i. R., Präs. d. Dt. Ges. f. zeitgeschichtl. Fragen (s. 1988) - Zum Aussichtsturm 1a, 8525 Marloffstein-Rathsberg/Mfr. (T. Erlangen 2 55 61) - Geb. 22. Mai 1926 Uttenreuth/Mfr., ev., verh. s. 1953 m. Marianne, geb. Schönleben, S. Peter - Univ. Erlangen-Nürnberg (Rechtswiss.) - 1956-60 Landratsamt Stadtsteinach; 1960-66 Reg. v. Oberfranken, Bayreuth (Ref.); 1966-88 Univ. Erlangen-Nürnberg (b. 1968 Synd., dann Kanzler).

KÖHLER, Monika,
geb. Schulz
Schriftstellerin, Föhrengrund 4, 2107 Rosengarten 5 (T. 040 - 796 52 90) - Geb. 9. April 1941 Berlin (Vater: Richard Schulz; Mutter: Marie, geb. Helbig), verh. s. 1963 m. Otto K. - BV: D. Früchte v. Machandelbaum, R. 1980; Ged. in versch. Anthol. - Liebh.: Nichteurop. Musik.

KÖHLER, Oskar
Dr. phil., Verlagsdirektor, Honorarprof. f. Universalgesch. Univ. Freiburg (s. 1963) - Sickingenstr. 35, 7800 Freiburg/Br. (T. 67870) - Geb. 23. Juni 1909 Karlsruhe (Vater: Stefan K., Obering.; Mutter: Emmy, geb. Umminger), kath., verh., 3 Kd. (Godehard, Christoph, Brigitta) - 1928-33 Univ. Freiburg (Gesch., Dt. Lit.-, Kunstgesch.). Promot. 1933 - S. 1948 Lektor u. Dir. Lexikogr. Inst. (1957) Verlag Herder, Freiburg - Mitgl. Görres-Ges. - BV: Bewußtseinsstörungen im Katholizismus, 1972. Mithrsg.: Saeculum (Jb. f. Universalgesch.) - Spr.: Lat., Franz., Engl. - 1962 Ruf Univ. München (Lehrstuhl f. Ztg.swiss.) abgelehnt.

KÖHLER, Oswin
Dr. phil., o. Prof. (emer. 1977) Inst. f. Afrikanistik Univ. Köln - Fürst-Pückler-Str. 40, 5000 Köln (T. 409274) - Geb. 14. Okt. 1911 Tiefthal - S. 1952 (Habil.) Lehrtätigk. Köln (1959 apl., 1962 o. Prof.) - BV: u. a. Gesch. d. Erforsch. d. nilot. Sprachen, 1955.

KÖHLER, Richard
Dr. rer. pol., o. Prof. f. Betriebswirtschaftslehre Univ. Köln, Direktor Marketing-Seminar sowie Institut f. Markt- u. Distributionsforsch. - Am Damm 4, 5000 Köln 50 - Geb. 30. Dez. 1936 Schweinfurt (Vater: Wilhelm K., Bankbeamter; Mutter: Babette, geb. Seufert), ev., verh. s. 1964 m. Barbara, geb. Carl, T. Christiane - Banklehre; Stud. d. Wirtsch.wiss. Univ. Würzburg u. Mannheim; Dipl.ex. 1962; Promot. 1965; Habil. 1973 Mannheim - 1963-71 Mitarbeit in WP-Praxis. Fachmitgl.sch.; 1983/84 stv. Vorst.-Vors. Verb. d. Hochschullehrer f. Betriebswirtsch. - BV: Entscheidungshilfen im Marketing, 1977; Beitr. z. Marketing-Management, 1988. Herausg.: D. Führung d. Betriebes (1981). Mithrsg. d. Ztschr.: Die Betriebswirtschaft; Mithrsg. Kohlhammer Edition Marketing u. Handb. of German Business Management - S. 1983 o. Mitgl. Accad. Italiana di Economia Aziendale (Bologna) - Liebh.: Musik - Spr.: Engl., Franz.

KÖHLER, Rolf
Dipl.-Ing., Bauing., Geschäftsführer Gerhard Rode Rohrleitungsbau GmbH & Co, Münster - Ginsterweg 2, 4400 Münster (T. 0251 - 31 50 74) - Geb. 22. Aug. 1927 Holzminden, ev., verh. s. 1953 m. Ursula, geb. Kaune, 2 T. (Doris, Beate) - Staatl. Gymn. Wolfenbüttel, Bauing.-Stud. TH Braunschweig (Dipl. 1952) - 1952 Hochschulassist.; 1953-76 Preussag AG; 1977-78 Brochier Bau GmbH - 1970/71 Pres. Intern. Pipeline Contractors Assoc. (IPLCA); s. 1967 Vorst.-Mitgl. Rohrleitungsbauverb., Bundesverb. d. Firmen im Gas- u. Wasserfach FIGAWA, s. 1975-79 Vorst.-Mitgl. Dt. Verein Gas- u. Wasserfach (DVGW), s. 1975 Vorst.-Mitgl. Deliwa-Verein u.a. - BV: Tiefbauarb. f. Rohrleitungen, 1985 u. zahlr. Fachveröff. üb. Rohrleitungsbau (Ref. u. Doz. b. Sem. u. Veranst.) - 1982 DVGW-Ehrenring - Liebh.: Foto, Reisen - Spr.: Engl.

KÖHLER, Siegfried
Prof., Generalmusikdirektor Hess. Staatstheater - Schloßallee 26 6229 Schlangenbad 5 (T. 80 14) - Geb. 30. Juli 1923 (Eltern: Emil u. Johanna K.), ev., verh. m. Rosemarie, geb. Lenz, 1 Sohn (Klaus-Dieter) - Musikstud. (Harfe/Dirig.) - 1941/42 Harfinist/Dirig. Stadttheater Heilbronn; 1946-53 Dirig. Städt. Bühnen Freiburg; 1954-64 1. Kapellmeist., stv. GMD u. Interim-Leit. Städt. Bühnen Köln; 1964-74 Generalmusikdir. Staatstheater Saarbrücken; s. 1974 GMD Staatstheater Wiesbaden - Musikwerke: Siebenschön-Ballett; Autofahrt ins Glück, 1947; Alles Kapriolen, Operette 1952; Sabine. sei sittsam, Musical n. Kotzebue 1967; Ladies an Gentlemen, Musik-Kom. 1970; Neubearbeit. versch. Opern, Orch.werke u. Lieder - 1973 Prof.-Titel Musikhochsch. d. Saarl.; 1978 BVK a. Bde.

KÖHLER, Ulrich
Dr. phil., o. Prof. f. Völkerkunde Univ. Freiburg - Inst. f. Völkerkunde, Werderring 10, 7800 Freiburg - Geb. 3. Mai 1937 Budapest, verh. s. 1974 m. Gisela, geb. Hörstgen - Univ. Freiburg (Dipl.-Volksw. 1962), Promot. 1968, Habil. 1976 Univ. Münster - 1965ff. Wiss. Assist. Freiburg u. Münster, 1973-75 Lehrst.vertr. Univ. Hamburg u. Münster, 1976 Doz., 1977-87 Prof. Univ. Münster, s. 1987 o. Prof. Univ. Freiburg. 1979-81 Vors. Dt. Ges. f. Völkerkd. - BV: Gelenkter Kulturwandel im Hochland v. Chiapas/Mexiko, 1969 (Span. Übers. 1975); Čonbilal Čulelal, Grundformen mesoamerik. Kosmol. u. Rel. in e. Gebetstext auf Maya-Tzotzil, 1977.

KÖHLER, Volkmar
Dr. phil., Parlam. Staatssekr. Bundesmin. f. wirtschaftl. Zusammenarbeit a. D. (1982-89), MdB (s. 1972) - Schulenburgallee 110, 3180 Wolfsburg (T. 6 17 86) - Geb. 20. Mai 1930 Hannover (Vater: Willi K., Realschulrektor; Mutter: Anneliese, geb. Jörns), ev., verh. s. 1957 m. Margret, geb. Solle, 2 Kd. (Michael, Christine) - Gymn. Hannover; Abit. 1949; Univ. Göttingen (Musikwiss., German., Kunst-, Wirtschaftsgesch., Päd.); Promot. 1956 - B. 1958 Doz. Erwachsenenbild., dann Angest. Volkswagenwerk (Hauptabt.leit. u. Leit. Führungsausbild.). 1964-76 Ratsherr Wolfsburg (1969-72 Bürger- u. Oberbgm. a. D.). 1981ff. Vizepräs. Aussch. f. Wirtsch. u. Soz. Interparlam. Union. CDU s. 1963 - BV: Aspekte d. aktuellen Entwicklungspolitik, 1981 - Liebh.: Musik, Theater, Kunstgesch., Seefahrt - Spr.: Engl. - Mitgl. Lions Club.

KÖHLER, Walter
Dipl.-Kfm., Vorstandsmitglied BARMAG Barmer Maschinenfabrik AG (s. 1970) - Leverkuser Str. 65, 5630 Remscheid-Lennep - Geb. 1929.

KÖHLER, Werner
Dipl.-Ing., Prof., Werksdirektor i. R. Stahlwerke Peine-Salzgitter AG. - Ernst-Moritz-Arndt-Str. 55, 3150 Peine - Geb. 12. Febr. 1910 Köln (Vater: Dr.-Ing. Gustav K., Bergwerksdir.; Mutter: Marie, geb. Büchtemann), verh. m. Christa, geb. Gauß - S. 1937 Ilseder Hütte bzw. Stahlw. Peine-Salzgitter, dazw. 1952-57 August-Thyssen-Hütte. S. 1962 Lehrbeauftr. u. Honorarprof. (1969) Bergakad. bzw. TU Clausthal (Planung u. Bau v. Eisenhüttenanlagen - Ehrenteller Stadt Peine f. gr. Verdienste.

KOEHLER, Werner
Fabrikant, Vorst. Papierfabrik August Koehler AG, Oberkirch, Vors. Vereinig. Holzfrei/Feinpapier - Hauptstr. 6, 6702 Oberkirch - Geb. 19. Mai 1914 Oberkirch (Vater: August K., Fabr.; Mutter: Else, geb. Jansen), kath., verh. - Ausbild. Köthen - S. 1939 Familienuntern. - Spr.: Engl., Franz.

KÖHLER, Wolfram
Dr. phil., Journalist, Historiker, Direktor a. D. Funkhaus Hannover NDR - Hohegrabenweg 90, 4005 Meerbusch 1 (T. 7 63 36) - Geb. 25. Juli 1924 Wüstegiersdorf/Schl. (Vater: Heinrich K., Stud.rat; Mutter: Margarethe, geb. Hasler), ev., verh. s. 1953 m. Ingetraut, geb. Raabe, 3 Kd. (Andreas, Susanne, Juliane) - 1949-53 Univ. Bonn - 1961-70 Journ. u. Ausl.korresp. Wien u. Paris; 1971-81 Studioleit. WDR; s. 1981 Dir. Funkhaus Hann. - 1980/81 Lehrauftr. Univ. Düsseldorf f. Neueste Gesch. - BV: D. Land aus d. Schmelztiegel - D. Entstehungsgesch. Nordrh.-Westf., 1961; Annahme verweigert - D. Volksbegehren gegen d. Kooperative Schule, 1978; D. Chef-Redakt. Theodor Wolff/Biogr. 1978 - Spr.: Franz., Engl.

KÖHLER-RECHNITZ, Inka
Schriftstellerin (Ps. Inka Rechnitz) - Am Schlachtensee 26, 1000 Berlin 38 (T. 801 71 38) - Geb. 18. April 1918 Breslau - Zahlr. Romane, Hörsp., Erz., Märchen (meist f. Kinder). E. Kinderfilm.

KÖHLERTZ, Fritz
Geschäftsf. Kernkraftwerk RWE-Bayernwerk GmbH., Grundremmingen - Max-Planck-Str. 10, 8871 Grundremmingen/Schw. - Geb. 15. Juli 1925.

KÖHN, Friedrich
Präsident Wasser- u. Schiffahrtsdirektion Nordwest - Schloßpl. 9, 2960 Aurich/Ostfriesl.

KOEHN, Hans O.-A.
Dr. rer. nat., Geschäftsführer Dr. Koehn Unternehmensberat. Hamburg, Präs. Bundesverb. Altöl Hannover - Eichenallee 8, 2000 Hamburg 52 - Geb. 27. Nov. 1926 - Stud. Chemie.

KÖHN, Johannes
Dr. rer. nat., Mathematiker, apl. Prof. Univ. Erlangen-Nürnberg (s. 1977) - Dreibergstr. 5, 8520 Erlangen.

KÖHN, Kurt
Dr. med., Prof., Chefarzt Pathol. Inst. Schloßpark-Klinik, Kurfürstendamm 146, 1000 Berlin 31 - Geb. 26. Dez. 1915 Berlin, ev. - Univ. Königsberg/Pr., Halle/S., Berlin - 1954-59 Oberarzt FU Berlin (Pathol. Inst.); s. 1955 (Habil.) Privatdoz. u. apl. Prof. (1963) ebd. - BV: D. primäre Leberkrebs, 1955; Gestaltwandel klass. Krankheitsbilder, 1957; D. Lungenarterienbahn b. angeborenen Herzfehlern, 1958; Nase u. Nasennebenhöhlen, Kehlkopf u. Luftröhre, in: Doerr/Uehlinger, Spez. Pathol. Anatomie, Bd. IV 1968.

KÖHN, Lothar
Dr. phil., Prof. f. Dt. Philologie/Neuere deutsche Literatur - Sieben Eichen 4, 4403 Senden/W – Geb. 11. Nov. 1938 Berlin – Habil. 1974 Tübingen – S. 1976 Prof. Univ. Münster/W. Fachveröff.

KÖHNE, Anne-Lore
Dipl.-Volksw., Geschäftsf. Arbeitsgemeinschaft d. Verbraucher, Bonn - Alteburger Wall 31, 5000 Köln 1 (T. 0228-64 10 11) - Geb. 14. Aug. 1943 Düsseldorf (Vater: Franz K., Landw.; Mutter: Maria, geb. Schöne), kath., led. - Forschungsbeauftr. Inst. f. Sozialforschung u. Gesellschaftspolitik e. V., Köln (1969-73), Gf. Inst. (1972-74), Gf. Arbeitsgem. d. Verbraucher e. V. (s. 1974) - BV: Mitbestimmung - Ausweg oder Illusion? (m. a.); Diskriminierungsprobl.: Familien m. behind. Kindern - Liebh.: Landwirtschaft, Nilpferde, Fußball - Spr.: Engl., Franz.

KÖHNE, Heinrich
Dr.-Ing., Prof. f. Energie- u. Stofftransport - Am Brombeerhang 11, 5100 Aachen-Richterich - Geb. 5. Sept. 1939 Erfurt (Vater: Hans K., Apotheker; Mutter: Änne, geb. Ismar), verh. s. 1968 (Ehefr.: Marlis), 4 Kd. - 1958-64 TH Aachen (Dipl.-Ing. 1964). Promot. (1967) u. Habil. (1970) Aachen - S. 1970 Lehrtätigk. TH Aachen (1974 apl. Prof.; gegenw. Prof. Fachgeb. Energie- u. Stofft.) - BV: Digitale u. analoge Lösungsmeth. d. Wärmeleitungsgleich., 1970; D. Berechnung v. stoffl. u. energet. Ausgleichsvorg. m. Hilfe d. Matrixmeth., 1974.

KÖHNE, Josef
Dr. jur., Präsident Bundesdisziplinargericht a. D., Frankfurt - Taufsteinweg 22, 6000 Frankfurt/M. (T. 544846) - Geb. 6. Sept. 1913.

KÖHNE, Karl-Heinz
Dipl.-Ing., Vizepräsident i.R. Dt. Patentamt München (1971-81) - Schwanseestr. 64, 8000 München 90 - Senatspräs. Bundespatentgericht, München - 1981 BVK I. Kl.

KÖHNE, Manfred
Dr. sc. agr., o. Prof. f. Agrarökonomie - Mittelbergstr. 14, 3401 Gleichen-Diemarden (T. 792548) - Geb. 22. Jan. 1939 Bredelar/W. (Vater: Martin K.), verh. m. Dorothea (Doris), geb. Jüdes - Habil. Göttingen - S. 1969 Wiss. Rat u. Prof. u. Ord. (1970) Univ. Göttingen. Fachveröff.

KÖHNE, Manfred
Dr.-Ing., Prof. f. Meß- u. Regelungstechnik/Simulationstechnik Univ. Siegen - Dirlenbacher Weg 11, 5902 Netphen 1-Herzhausen (T. 02733 - 41 62) - Geb. 21. Sept. 1938 Bielefeld - Dipl.-Ing. 1968 TH Darmstadt, Promot. 1975 Univ. Stuttgart, Habil. 1977 ebd. - 1969-76 Wiss. Assist. Univ. Stuttgart; 1977-79 Wiss. Rat u. Prof.; s. 1980 Prof. in Siegen - BV: Zustandsbeobachter f. Systeme m. verteilten Paramenten - Theorie u. Anwend. (Habil.schr.), 1977. Ca. 40 Fachveröff.

KÖHNEN, Walter
Dr. rer. nat., Prof. f. Mathematik u. ihre Didaktik Univ. Düsseldorf (s. 1980) - Im Jagdfeld 41, 4040 Neuss/Rh. - Geb. 4. Aug. 1939 Sindelfingen/Württ. - Promot. 1969; Habil. 1973 - BV: Darst. Geometrie in d. Hauptschule, 1972; Einf. in d. Theorie d. metrischen Räume, 1978; Metrische Räume, 1988; Lös. d. Aufg. d. Buches Metrische Räume, 1988.

KÖHNKEN, Adolf
Dr. phil., Prof., Klass. Philologe - Rodderbergstr. 124, 5300 Bonn 2 - Geb. 28. Jan. 1938 Buxtehude - Promot. 1963; Habil. 1970 - B. 1967 TU Berlin; s. 1969 Univ. Bonn (1971 apl. Prof.) - BV: Apollonios Rhodios und Theokrit, 1965; D. Funktion d. Mythos b. Pindar, 1971.

KÖHNLECHNER, Manfred

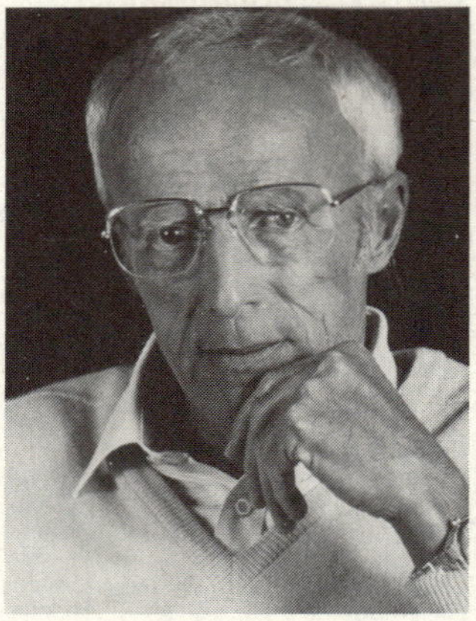

Dr. jur., Heilpraktiker, Gründer Manfred-Köhnlechner-Institut f. Erfahrungsmedizin - 8022 Grünwald - Geb. 1. Dez. 1925 Krefeld (Vater: Anton K., Bankbeamter; Mutter: Margarete, geb. Kinzig), verh., 3 Kd. (Eva, Jochen, Melanie) - Human. Gymn.; Jura-Stud., 1. u. gr. jur. Staatsprüf.; Heilpraktiker-Prüf. - Rechtsanw.; s. 1955 Bertelsmann Gütersloh (Syndikus, dann Generalbevollm.), 1970 Vertragslös. u. Aufg. aller Ämter. S. 1972 Heilpraktiker u. Akupunkteur, eig. Praxis (prominente Klienten). 1985 Gründ. d. Manfred Köhnlechner Stiftg. z. Förderung d. biologisch naturheilkundl. Verfahren - BV: u. a. D. Managerdiät; Machbare Wunder; Vermeidb. Operationen; Handb. d. Naturheilkd.; Leben ohne Krebs; Leben ohne Schmerz, 1981; D. 7 Säulen d. Gesundh., 1982; Alkohol Droge Nr. 1, 1982; Med. ohne Maß-Plädoyer f. gewaltl. Therapien, 1983; D. gesunde Manager, 1986; Biologische Medizin heute,

1988; Ich mach mit - ich werde fit, 1988; Köhnlechners Gesundheits-Lexikon, 1989. Zahlr. Beitr. in Ztg. (Bild, WamS) u. Ztschr. - Liebh.: Familie, Naturheilkd., Sport, Musik, Bücher.

KÖHNLEIN, Johannes

Dr. phil. nat., o. Prof. f. Acker- u. Pflanzenbau - Posener Str. 12, 2300 Kiel-Stift (T. 322353) - Geb. 18. Okt. 1902 Attabey/Türkei (Vater: Friedrich K., Landw.; Mutter: Magdalene, geb. Teuscher), ev., verh. s. 1928 m. Rosemarie, geb. Binder, 5 Kd. - Oberrealsch. u. Univ. Jena (Promot. 1925) - 1927-31 landw. Lehrer u. Wirtschaftsberat. Gotha, 1931-38 Sachbearb. Hauptlandw.skammer bzw. Landesbauernsch. Thür., Weimar, 1939-42 Leit. Abt. Ackerbau Landesbauernsch. Sudetenl., Reichenberg, 1943-59 Dir. u. Prof. Inst. f. Futterbau Versuchs- u. Forschungsanstalt f. Milchw., Kiel (Bundesanstalt), dazw. 1944-45 Wehrdst., s. 1946 Honorar-, o. Prof. (1959) u. Dir. Inst. f. Pflanzenbau Univ. Kiel - BV: Ernterückstände u. Wurzelbild, 1953 (m. H. Vetter); Ergebnisse d. Kieler Dauerdüngungsversuche m. Phosphat u. Kali, 1965 (m. N. Knauer); Grundriß d. Futterbaulehre, 1970.

KÖHNLEIN, Manfred

Dr. theol., Prof. f. Ev. Theologie u. Religionspäd. PH Schwäb. Gmünd - Grünenbergstr. 9, 7070 Schwäb. Gmünd.

KÖHNLEIN, Wolfgang

Dr. rer. nat., Prof. f. Strahlenbiologie u. Biophysik - Ignatiusstr. 37, 4409 Havixbeck/W. - Geb. 1. Mai 1933 Lauerbach - Promot. 1962 Heidelberg - S. 1972 (Habil.) Lehrtätigk. Univ. Münster (1974 apl. Prof.; gegenw. Prof.). Forschungsaufg. Kernforschungszentrum Karlsruhe (1959-64) u. Yale Univ./USA (1964-66), s. 1967 Univ. Münster. Üb. 90 Facharb., Forschungsgeb. Molekulare Strahlenbiol.

KÖHRER, Peter

Journalist, Mitarbeiter versch. Zeitungen u. Ztschr. - Theodor-Storm-Str. 13, 6000 Frankfurt/M. 50 (T. 0611 - 52 25 03) - Geb. 7. Okt. 1922 Berlin (Vater: Erich K., Journ. †; Mutter: Evy Peter, Primaballerina d. Hof- u. Staatsoper Berlin †), ev., verh. s. 1957 m. Maria, geb. Seelemeyer - Reformrealgymn. - 1945 Allg. Ztg. Berlin; 1945-55 Neue Ztg., Berlin; 1955-88 Ressortleit. Politik Abendpost/Nachtausg. Frankfurt/M. - Liebh.: Politik, Gesch., Reisen, Lit., Musik.

KÖHRING, Klaus Heinrich

Dr., Prof. f. Fremdsprachendidaktik, Amerikanistik - Niedere Wiesen 9, 3252 Bad Münder 2 (T. 05042 - 85 12) - Geb. 2. Mai 1941 Mülheim/R. (Vater: August K., Bauuntern.; Mutter: Lina, geb. Tölle), ev., verh. s. 1976 m. Bärbel, geb. Bachen - Univ. Marburg u. Freiburg (Engl., Gesch.); Promot. 1965 Freiburg, Staatsex. 1966 - 1966/67 Gymnasiallehrer; 1967-69 Austauschlehrer in USA; s. 1969 Lehrtätigk. Univ. Freiburg, Heidelberg, Hamburg u. Hannover - BV: Formen des Long Poem (Diss.), 1967; Instant Engl., Bd. 1, 1971 (3. A. 1977); Instant Engl., Bd. 2, 1972 (3. A. 1980); Begriffswörterb. Fremdspr.didaktik, 1973; Projects in Politics, 1975 (2. A. 1979).

KÖLBEL, Herbert

Dr. phil., Dr. rer. nat. E. h., o. Prof. f. Techn. Chemie (emerit. 1973) - Limonenstr. 14, 1000 Berlin 45 (T. 832 71 83) - Geb. 30. Aug. 1908 Wulsdorf b. Bremen, verh. m. Christiane, geb. Uhlig, 3 Kd. - Realgymn. Hannover; Univ. Freiburg u. Greifswald (Chemie). Promot. 1934 - 1934-36 Chemiker Kaiser-Wilhelm-Inst. f. Kohlenforsch., Mülheim/R. (Assist. b. Geheimrat Prof. Dr. Franz Fischer), dann Leit. e. Forschungsabt. u. Betriebsdir. (1943) Rheinpreußen AG. f. Bergbau u. Chemie, Homberg, s. 1953 Ord. u. Inst.sdir. TU Berlin (1961-63 Rektor). Vorstandsmitgl. DECHEMA. Entd.: Kölbel-Engelhardt-Synthese v. Kohlenwasserstoffen aus Kohlenoxyd u. Wasserdampf, Synth. v. Schmierölen u. -fetten, Flüssigphase-Synth. (zahlr. Patente) - BV: V. d. Flöte, 1951; Projektierung u. Vorkalkulation in d. chem. Industrie, 1960 (m. S. Schulze); Fertigungsvorb. in d. chem. Ind., 1967 (m. dems.); D. Absatz in d. chem. Ind., 1970 (m. J. Schulze) - 1966 Mitgl. Dt. Akad. d. Naturforscher (Leopoldina), Halle/S.; 1979 DECHEMA-Med. (f.: Techn. Realisierung d. Fischer-Tropsch-Synthese) - Liebh.: Musik (Querflöte u. Laute; b. 1953 Leit. Moerser Schloßkonzerte).

KOELBING, Dorothea

Regisseurin - Tennenbacherstr. 15, 7800 Freiburg (T. 0761 - 3 96 26) - Geb. 11. Nov. 1956 Neuenburg a. Rh., ev., ledig - Stud. d. German. u. Gesch. Univ. Freiburg; M. A. 1981 - 1981-87 Regieassist. u. Regiss. Freiburger Theater; 1988 Regiss. Tübingen u. Reutlingen - Insz. Freiburg: Brecht, Furcht u. Elend d. 3. Reiches; Hoffmann, Wie Du; Borchert, Draußen vor d. Tür; Ahlfors/Borgmann, Gibt es Tiger im Kongo?; Mannheim: G. Friedrich, Jule, was ist los?; Oberhausen: R. Herfurtner, Geheime Freunde; Tübingen: M. J. Campoamor, 008 kommt aus dem Takt (Dt. Erstauff.); Reutlingen: T. Williams, D. Glasmenagerie.

KÖLBLE, Josef

Dr., Ministerialdirektor a. D. (b. 1978), Leit. Abt. U (Umweltangelegenh.) Bundesinnenmin. - 5300 Bonn - S. 1979 Vors. Ges. f. Umweltrecht, Berlin, s. 1982 Mitgl. Wirtschafts- u. Sozialaussch. d. EG, Brüssel - Herausg. u. Hauptschriftleit. d. Gesetzsamml. (33 Bde.) Das Deutsche Bundesrecht, Baden-Baden.

KÖLBLIN, Rolf

Techn. Geschäftsführer Gebr. Honsberg GmbH - Hastener Str. 22-26, 5630 Remscheid - Geb. 21. Juli 1932.

KÖLBLINGER, Rolf

Kaufmann (Josef P. Hilgers, Hamburg u. Hilgers Papierverarbeitungswerk Reinbek), 1. Vors. Fachverb. Papierveredlung, Hamburg - Mönckebergstr. 19, 2000 Hamburg 1 (T. 330567).

KÖLL, Peter

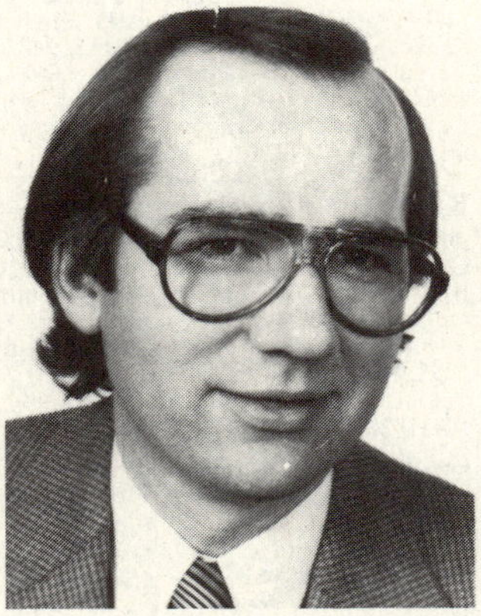

Dr. rer. nat., Dipl.-Chem., Prof. f. Organ. Chemie (C4) Univ. Oldenburg - Gartenstr. 22, 2900 Oldenburg (T. 0441 - 50 48 64) - Geb. 1. Febr. 1941 Neumünster, verh. s. 1964 m. Magdalena, geb. Deutsch, 2 Kd. (Ann Esther, Jens Peter) - Abit. 1960 Hamburg; 1960-68 Stud. Chemie Göttingen u. Hamburg, Promot 1971 - 1968-75 Wiss. Assist. Inst. f. Organ. Chemie Univ. Hamburg; 1975ff. Prof. Univ. Oldenburg (1978-80 Dekan Math. Naturw. Fachber. Univ. Oldenburg, 1980-82 Vizepräs. Univ. Oldenburg, 1984-85 Dekan Fachber. Chemie Univ. Oldenburg). 1981-84 Mitgl. Arbeitskr. z. Förder. d. wiss. Forsch. in Nieders. Ca. 100 Originalveröff. üb. Kohlenhydratchemie u. Biomassenutz. - 1981 Océ-van der Grinten-Preis f. Umweltschutz.

KOELLE, Heinz H.

Dr.-Ing., o. Prof., Mitgl. Direktorium d. Inst. f. Luft- u. Raumfahrt, Fachbereich Verkehrswesen TU Berlin (s. 1955) - Willdenowstr. 10, 1000 Berlin 45 (T. 769 15 80) - Geb. 22. Juli 1925 Danzig (Vater: Hermann K., Oberstlt. d. Schutzpolizei; Mutter: Anneliese, geb. Palfner), ev., verh. s. 1951 m. Elisabeth, geb. Trautmann, 3 Töcht. (Ingrid, Karin, Patricia) - TH Stuttgart (Maschinenbau) - 1952-54 Leit. Astronaut. Forschungsinst. Stuttgart; 1955-59 Leit. Projektabt. US Army Ballistic Missile Agency; 1960-65 Dir. f. Zukunftsplanung George C. Marshall Space Flight Center, National Aeronautics and Space Administration, Huntsville/USA - BV: Handbook of Astronautical Engineering, 1961 - 1952 Med. Franz. Aeroclub, 1963 Hermann-Oberth-Med. Dt. Ges. f. Raketentechnik u. Raumfahrt; 1955 Ehrenmitgl. DGfRuR; 1978 Mitgl. Intern. Acad. of Astronautics; 1978 Ehrenmitgl. f. Zukunftsfragen e. V.; 1980 Eugen-Sänger-Med. d. DGLR - Spr.: Engl. - Rotarier.

KÖLLER, von, Karsten

Dr. jur., Vorstandsmitglied RHEINHYP Rhein. Hypothekenbank AG (s. 1984) - Zu erreichen üb. RHEINHYP Rhein. Hypothekenbank AG, Postf. 16 06 55, 6000 Frankfurt/M. 1.

KÖLLER, Wilhelm

Dr. phil., Prof. f. Germanistik GH Kassel - Eberhard-Wildermuth-Str. 20, 3500 Kassel (T. 0561 - 28 20 72) - Geb. 23. April 1941 Stralsund - 1961-67 Stud. Univ. Freiburg u. Marburg (Promot. 1973) - 1968-70 Schuldienst Marburg; 1970-72 Lektor in Lund/Schweden; 1973-75 Akad. Rat Hannover; 1975 Prof. GH Kassel - BV: Semiotik u. Metapher, 1975; Zeichen, Text, Sinn (m. P. Rusterholz u. K. H. Spinner), 1977; Funktionaler Grammatikunterr., 2. A. 1986; Philosophie d. Grammatik, 1988.

KÖLLING, Georg

Dr. rer. nat., Prof. f. Kohlenchemie - Kiefernhalde 26, 4300 Essen 1 - Geb. 6. Dez. 1918 Zerbst - S. 1961 Lehrbeauftr. u. Honorarprof. (1969) Univ. Münster/W.

KÖLLMANN, Wolfgang

Dr. phil. (habil.), o. Prof. f. Sozial- u. Wirtschaftsgeschichte/Demographie Univ. Bochum (s. 1964) - Grenzberg 21, 4320 Hattingen 17 (T. 02324 - 41247) - Geb. 2. Jan. 1925 Wuppertal - Zul. Doz. Univ. Hamburg. Vors. Berg. Geschichtsverein (1973 wiedergewählt); Mitgl. Histor. Kommiss. Westfalens (1965); Mitgl. Union Intern. pour l'etude scientifique de la polulation (1957) - BV: Sozialgesch. d. Stadt Barmen im 19. Jh.; Friedrich Harkort, Bd. 1; Bevölkerungs-Ploetz, Bd. 4; Bevölk. in d. ind. Revolution (Aufs.sammelbd.). Div. Einzelveröff. Mithrsg.: Werke v. Friedrich Harkort (1961 ff.), Bevölk.sgesch. (1972) - 1962 Alfred-Grotjan-Med.; 1970 Crecelius-Med. - Spr.: Engl. - Rotarier.

KOELLREUTTER, Eberhard

Dipl.-Kfm., Vorstandsmitgl. Bayer. Hausbesitzer-Versicherungs-Ges. a.G., München, Geschäftsf. Landesverb. Bayer. Haus- u. Grundbes. ebd. - Kiefernweg 21, 8130 Starnberg 2 - Geb. 8. Jan. 1925 - S. 1955 Landesverb. bayer. Haus- u. Grundbes.

KÖLSCH, Eckehart

Dr. rer. nat., o. Prof. f. Immunologie Univ. Münster (Dir. Hygiene-Inst.) - Kolpingstr. 5, 4401 Altenberge/W. - Geb. 23. Sept. 1937 Kaiserslautern/Pf. (Vater: Kurt K., Lehrer; Mutter: Luise, geb. Klein), verh. s. 1966 m. Brigitte, geb. Grossestreuer, 3 Kd. - Promot. 1964; Habil. 1972 - Zul. Univ. Hamburg. Üb. 80 Fachveröff.

KÖLZER, Helmut

Dipl.-Ing., Dipl.-Ing., Architekt - Riesheimer Str. 27, 8032 Gräfelfing (T. 85 53 70) - Geb. 18. Juni 1931 Berlin (Vater: Prof. Dr. Joseph K., Mutter: Ida-Maria, geb. Barthel), ev., verh. s. 1964 m. Traudlind, geb. von Dücker, 3 Kd. (Tarja, Anja, Jens) - Stud. Bauingwesen (Dipl.-Ing.) u. Arch. (Dipl.-Ing.) TH München - 1958 Vorst.-Mitgl. Dt.-Finn. Ges. (Initiator Schüler- u. Stud.-austausch), 1972-85 Bundesvors., 1987 Ehrenvors. Herausg. u. Chefredakt. Dt.-Finn. Rundschau - 1967 Ritterkr. Ord. Weiße Rose (Finnl.); 1984 BVK; 1986 Komturkreuz d. Ordens d. Finn. Löwen - Liebh.: Philatelie - Spr.: Engl. - Lions-Club.

KÖLZOW, Dietrich

Dr. rer. nat., o. Prof. u. Vorstand Math. Inst. Univ. Erlangen-Nürnberg (s. 1971) - Ludwig-Thoma-Str. 13, 8520 Erlangen.

KÖMPEL, Tilmann

Vorstandsmitglied Thyssen Edelstahlwerke AG. (s. 1984) - Oberschlesienstr. 16, 4150 Krefeld/Rhld.

KÖNEKE, Udo

Konrektor a. D., MdL Nieders. (s. 1978), Bürgermeister Samtgemeinde Holtriem - Raiffeisenstr. 8b, 2941 Blomberg - SPD.

KÖNGETER, Walter

Dr.-Ing., Architekt, Prof. Staatl. Kunstakad. Düsseldorf - Rilkestr. 10, 4000 Düsseldorf.

KÖNICKE, Heiko

Geschäftsführer Nürnberger Messe- u. Ausstellungsges. mbH. - Weidmannstr. 7, 8500 Nürnberg - Geb. 9. März 1940.

KÖNIG, Barbara

Schriftstellerin - Brunnenstr. 14, 8918 Dießen/Ammersee (T. 332) - Geb. 9. Okt. 1925 Reichenberg (Vater: Dr. Arthur K., Dir.; Mutter: Hedwig, geb. Glauz), kath., verh. I) 1955 m. Dr. Wolfgang Metzner, II) 1969 Hans Mayer (Kaufm.), T. Stephanie - Abit. - Redakt. DENA (1947-49), D. Neue Ztg. (1949-51), kontakt (1952-53), 1975 Gast-Doz. Univ. Texas, Austin - BV: D. Kind u. s. Schatten, Erz. 1958; Kies, R. 1961 (auch franz., jugosl., poln.); D. Personenperson, R. 1965 (auch slowak., poln.); Spielerei b. Tage, Erz. 1969; Schöner Tag, dieser 13., R. 1973; D. Beschenkte, R. 1980; Ich bin ganz Ohr (ges. Hörsp.), 1985. Fernsehsp.: Abschied v. Olga (1969), Die Magermilchbande, 1976; Hörsp.: Böhm. Gänse (1969), Freiersfüße - Witwersfüße (1970), Ich bin ganz Ohr (1971); Dreimal Zeit (1973); Ich u. Ihr, die ich mal war (1975); Etuden (1976); D. Fuß im Netz (1980); Victor (1983) - 1962 Lit.preis Kulturkr. Bundesverb. d. Dt. Ind., 1965 Charles-Veillon-Preis (f. d. letzten R.), 1966 Lit.preis Stadt München, 1970 Ehrengabe Andreas-Gryphius-Preis; 1982 Ohio State Award (f. Hörsp. Personenperson); 1983 Tukanpreis d. Stadt München; 1984 Kulturpreis f. Schrifttum d. Sudetendt. Landsmannschaft; 1985 Ehrengabe d. Kulturkreises im Bundesverb. d. Dt. Ind.; Mitgl. Gruppe 47, s. 1973 o. Mitgl., 1981-84 Vizepräs. Akad. d. Wiss. u. d. Lit., s. 1973 PEN, 1984 o. Mitgl. Bayer. Akad. d. Schönen Künste - Spr.: Engl., Franz.- Lit.: Bruna Morelli: Barbara König, Poetessa del Privato e dell' Interioritá (Diss. Univ. Bologna), 1979/80.

KÖNIG, Benno

Dr. med., Univ.-Prof., Lehrbeauftragter f. Allgemeinmed. Univ. Mainz (s. 1977) - Prunkgasse 9, 6500 Mainz-Finthen (T. 06131 - 47 20 37) - Geb. 15. Febr. 1929 Finthen, kath., verh. s. 1958 m. Aenne, geb. Stein, 5 Kd. (Ortrud, Wolfram, Tassilo, Rupert, Guntram) - Ausb.: Arzt f. Allgemeinmed., Arzt f. Arbeitsmed.; Bereitschaftsarzt d. DRK - Vors. Stiftg. z. Förd. d. Lehre u. Forsch. in d. Allgemeinmed.; Vizepräs. Dt. Ges. f. Allgemeinmed.; Vorst.-Mitgl. Dt. Ges. z. Bekämpfung v. Fettstoffwechselstörungen u. deren Folgeerkrankungen (Lipid-Liga); Fortbildungsbeauftr. Kassenärztl. Vereinig. Rheinhessen; Mitgl.: Weiterbildungs- u. Prüfungsaussch Bezirksärztekammer Rheinhessen, Landesvorst.

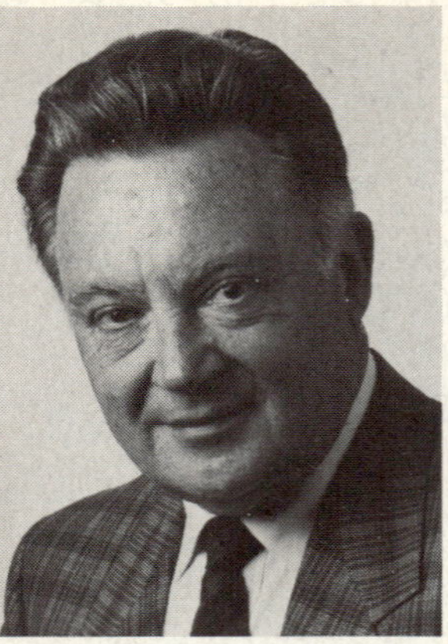

Rhld.-Pfalz Berufsverb. d. prakt. Ärzte u. Ärzte f. Allgemeinmed. (BPA), Gebietsarztaussch. Allgemeinmed. d. Kassenärztl. Vereinig. Rheinhessen (KV), Onkolog. Arbeitskr. d. Kassenärztl. Vereinig. Rheinhessen, Aussch. f. Aus- u. Weiterb. u. Aussch. Allgemeinmed. Hartmannbd., Landesaltenbeirat d. Sozialmin. Rhld.-Pfalz, Wiss. Beirat Ztg. Neue Ärztliche u. d. Ztschr. Allgemeinmed. u. Gerontol., Transparenzkommiss. d. Bioaequivalenzkommiss. u. d. Sachverst.-Aussch. f. Verschreibungspflicht b. Bundesgesundheitsamt, Aussch. f. Arzneimittelwesen d. Bundesverb. d. BPA, 1977-88 Vorst. Kassenärztl. Vereinig. Rheinhessen, 1975-79 Sachverst.-Aussch. f. Prüfungsfragen b. Inst. f. Med. u. pharmazeut. Prüfungsfragen in Mainz - BV (Coautor): Hausarzt u. Patient, 1982; D. Fehldiagnose, 1988; Geriatrie in d. Allgemeinpraxis, 1989. Herausg.: D. Allgemeinmed. (2 Bde., 1988) - Inter.: Touristikmed., Flugmed. - Spr.: Engl.

KÖNIG, Carmen

Juristin, MdL Bayern (s. 1978, Wahlkr. Oberbay.) - Innere Wiener Str. 60, 8000 München 80 - Geb. 25. Sept. 1948 München (Vater: Erwin K., Stukkateurm.; Mutter: Elfriede, geb. Geiß) - Sophie-Scholl-Gymn. (Sozialwiss. Zweig) u. Univ. München (Volksw. u. Rechtswiss.). 1. u. 2. jur. Staatsex., Rechtsanwältin. 1971-74 Bezirksvors. Jungsozialisten Südbayern. SPD s. 1966 (1973ff. Mitgl. d. Parteirates); s. 1987 stv. Bezirksvors. d. SPD in Südbayern, s. 1986 Vors. d. Aussch. f. Bundes- u. Europaangelegenheiten d. Bayer. Landtages - Spr. Engl.

KÖNIG, Dieter

Dr.-Ing., Prof. f. Hochspannungstechnik TH Darmstadt - Langgässer Weg 12, 6100 Darmstadt (T. 06151 - 66 47 78) - Geb. 17. Juli 1935 Waldenburg/Schles. (Vater: Johannes K., Dipl.-Ing.; Mutter: Lucie, geb. Hirschmann), verh. s. 1963 m. Eveline, geb. Pfannschmidt, 2 T. (Anja Sophie, Lilo Nicole Nina) - 1956-62 Stud. Elektrotechnik TH Braunschweig (Studienstiftg. d. Dt. Volkes); Dipl. 1962, Promot. 1967 - 1962-67 wiss. Assist., 1968 Obering., 1968-79 Industrietätigk.; 1968-70 Produktleit. BBC Mannheim; 1970-79 Versuchsfeldleit. f. Hochspannung u. Isolierst., Prok. Calor Emag E-AG Ratingen; s. 1979 Prof. TH Darmstadt (1983-85 Dekan FB Elektr. Energietechnik). Pat. u. Patentanm. auf d. Geb. d. fabrikfert. Hochspannungsschaltanlagen. Fachgremien: Intern. Hochspannungs-Konfz. CIGRE, Intern. Electr. Comm. IEC, VDE. Rd. 60 Veröff. - 1969 Preis IEEE-Electrical Insulation Conference, USA; 1974 Preis VDE - Liebh.: Lit., Bergwandern - Spr.: Engl.

KÖNIG, Eckard

Dr. phil., o. Prof. f. Allg. Pädagogik Univ. Paderborn (s. 1976) - Rosenstr. 26, 4793 Büren - Geb. 9. März 1944 Königsberg - Oberrealsch. Coburg; 1963-70 Univ. Erlangen-Nürnberg. Promot. 1970; Habil. 1975 - 1969-76 Wiss. Assist. Univ. Erlangen-Nbg. - BV: Theorie d. Erziehungswiss., 3 Bde. 1975/78; Basiswissen Philosophie, 1975; Diskuss. Unterr.vorber. - Verfahren u. Modelle (Hg. m. N. Schier, U. Vohland), 1980; Diskuss. Päd. Anthropol. (Hg. m. H. Ramsenthaler), 1980; Erziehungswiss. Forsch., (Hrsg. m. P. Zedler), 1982; M. Eltern arbeiten, (m. G. Volmer) 1982.

KÖNIG, Ekkehard

Dr. phil., Prof. an d. FU Berlin (s. 1988) - Walsroder Str. 199, 3012 Langenhagen - Geb. 15. Jan. 1941 - Promot. 1970; Habil. 1973 - B. 1988 Prof. f. Engl. Sprachwiss. Univ. Hannover - Facharb.

KÖNIG, Ernst

Prof., Hochschullehrer - Hartmannstr. 16c, 1000 Berlin 45 - Gegenw. Prof. f. Grundschuldidaktik PH Berlin.

KOENIG, Fritz

Bildhauer, o. Prof. f. Plast. Gestalten TU München (s. 1964) - 8301 Ganslberg/Ndb. - Geb. 20. Juni 1924 Würzburg - o. Mitgl. Bayer. Akad. d. Schönen Künste, München, u. Akad. d. Künste Berlin.

KOENIG, Gerd

Gf. Gesellsch. Mietfinanz GmbH., Mülheim, Geschäftsf. Mietkauf GmbH., HVG Hochofen-Verw.sges. mbH. u. HVG Zweite Hochofen-Verwaltungsges. mbH., alle Mülheim/Ruhr, V.L.A. Vermiet.sges. Luftzerleg.sanlagen (1. u. 2.) GmbH., Mülheim - Nixhütter Weg 9a, 4040 Neuss - Geb. 9. Dez. 1927 - In- u. ausl. ARs- u. VRs.mand., dar. Vors. u. stv. Vors.

KÖNIG, Gert

Dr.-Ing., Dipl.-Ing., Prof. f. Massivbau TH Darmstadt (s. 1975) - In den Dellwiesen 20, 6242 Kronberg (T. 06173 - 6 44 64) - Geb. 2. Okt. 1934 Leipzig (Vater: Paul K., Reg.sbaurat; Mutter: Käthe, geb. Gerth), ev., verh. s. 1963 m. Jutta, geb. Zimmer, 2 Kd. (Ulrike, Anne-Katrin) - Thomassch. Leipzig, Friedrichsgymn. Kassel; Stud. Bauing.wesen TH Darmstadt; Dipl.ex. 1960; Promot. 1966; Habil. 1970 - S. 1971 Beratender Ing. f. d. Bauwesen - BV: Zur Sicherheit v. Bauten, Werners Baukalender 1974; Hochhäuser aus Stahlbeton, Beton-Kalender 1985; Spannbeton: Bewährung im Brückenbau, 1986.

KÖNIG, Gert Albrecht

Dr. phil., Wiss. Rat, Prof. f. Philosophie Univ. Düsseldorf (s. 1971) - Universitätsstr. 1, 4000 Düsseldorf 1 - Geb. 17. Dez. 1936 Höganäs (Schweden).

KÖNIG, Günter

Prof., Maler u. Kunsterzieher - Niklas-Vogt-Str. 19, 6500 Mainz - Prof. Univ. Mainz (Malerei u. Kunstdidaktik).

KOENIG, Günther

Dr. jur., Botschafter d. Bundesrep. Deutschl. in Libreville/Gabun - Zu erreichen üb. Botsch. Libreville, Postf. 1500, 5300 Bonn 1; priv.: Auf dem Ölsfeld 3, 5300 Bonn 2 - Geb. 31. Mai 1940 Düsseldorf (Vater: Dr. Karl K., Rechtsanw.; Mutter: Ellen, geb. Helfen), kath., verh. s. 1980 m. Ute Minke-Koenig, T. Helen Sibylle - Abit. 1959; nach Wehrdienst 1961-65 Stud. Rechtswiss. Univ. Genf, Berlin, Freiburg, Bonn u. Köln (1. jurist. Staatsex. 1965); anschl. Refer. u. Stud. Vew.-Akad. Speyer (Promot. 1967, 2. jurist. Staatsex. 1969) - 196-71 Rechtsabt. Hamburg. Landesbank u. Rechtsberater Öfftl. Bausparkasse Hamburg; 1971 Ausw. Amt, b. 1972 Attaché in Brüssel (EG-Kommiss. u. dt. EG-Vertr.), 1972-74 Planungsstab AA, 1974-77 Konsul in Madras, 1978-82 Polit. Abt. AA (Südostasien), zugl. Vorst. Juniorenkr. d. Diplomat. Corps, 1982 dt. Botsch. in Libreville/Gabun - Jurist. Veröff. üb. Rückzahlungsklauseln im Arbeitsrecht, zivilrechtl. Fragen d. Ladendiebstähle, u. a. - Liebh.: Fotogr. - Spr.: Engl., Franz.

KÖNIG, Gustav

Prof., Generalmusikdirektor - Am Brunnen 1, 4300 Essen-Bredeney (T. 44 11 55) - Geb. 12. Aug. 1910 Schwabach/Mfr., verh. m. Marie-Luise, geb. Schilp - Gymn. Augsburg; Univ. u. Akad. d. Tonkunst München - 1932-43 Kapellm. Osnabrück, Stettin (1934), Berlin (1936), Aachen (1941); s. 1943 GMD u. Leit. städt. Musikwesen Essen; s. 1956 außerd. Prof. Nordwestd. Musik-Akad. Detmold; s. 1980 Dirig. u. Prof. in Taiwan. Zahlr. Ur- u. Erstauff. v. Konzert- u. Opernw., u.a. Dt. Erstauff. v. Bergs Lulu; 1989 Chines. Erstauff. v. Webers Freischütz (169 J. n. d. Berliner Urauff.). Gastdirig. aller gr. dt. u. zahlr. ausl. Orch. - Chilen. Kritikerpreis - Spr.: Engl., Franz., Ital., Span.

KÖNIG, Hans

Bürgermeister i. R. - Am Herrenweiher 23, 5500 Trier/Mosel (T. 32486) - Geb. 29. April 1916 Berlin, ev., verh., 2 Kd. - Realsch. (Mittlere Reife); kaufm. Ausbild. - 1936-45 Arbeits-, Wehrdst. u. sowjet. Gefangensch.; Angest. Straßenbau- u. Arbeitsamt Trier; 1948-57 Amtsbürgerm. Kempfeld/Nahe; s. 1957 Beigeordn., Stadtkämmerer u. I. Bürgerm. (1959) Trier. 1951-71 u. 1975-79 MdL Rhld.-Pfalz (1967 Fraktionsvors.). SPD s. 1946 (u. a. Mitgl. Landesvorst.) - 1975 Gr. BVK.

KÖNIG, Hans

Dr. rer. nat., Prof., Dipl.-Chem. (Blendax-GmbH, Mainz) - Gertrud-Bäumer-Str. 34, 6200 Wiesbaden - Geb. 11. März 1930 Zeitz - Promot. 1956 Jena - S. 1970 (Habil.) Lehrtätigk. Univ. Mainz (n. b. Prof. f. Analyt. Chemie) - BV: Neuere Methoden z. Analyse v. Tensiden, 1971; Nuclear Magnetic Resonance Spectrometry of Anionic Surfactants in Anionic Surfactants-Chem. Analysis, 1977; Z. Analyse kosmetischer Präparate, 1983 u. 1984; ca. 70 wiss. Veröff. in Fachztschr.

KÖNIG, Hans H.

Filmregisseur u. Autor - Wenzberg 1, 8021 Icking/Isar (T. 53 07) - Geb. 19. Aug. 1912 Berlin, ev., verh. m. Käte, geb. Schwager, 2 Kd. - Heese- Gymn., Berlin-Steglitz - BV: D. Lichtung, Ged. 1948; Legende d. Leidenschaft, R. 1962; D. 8. Himmel, R. 1963. Ess. u. Lyr. in: D. Wandlung, Neue Rundschau u. a. Filme: D. eingebildete Kranke, Rosen blühen auf d. Heidegrab, D. kl. Stadt will schlafen gehn, Hochstaplerin d. Liebe, Geliebtes Frl. Doktor, D. Fischer v. Heiligensee, D. Erbe v. Bruggerhof, Vergiß, wenn du kannst, Heiße Ernte; zahlr. Illustr.-R. unter Ps. Henry van Dam; Fernsehserie: Meine Frau Susanne.

KÖNIG, Hans-Georg

Dr. rer. pol., Oberstadtdirektor a. D. Gelsenkirchen - Gerther Str. 43, 4630 Bochum - Geb. 11. Febr. 1921 Bochum, kath., verh. s. 1944 m. Ilse, geb. Stork, 2 Töcht. (Renate, Gabriele) - Promot. 1952 Bonn.

KOENIG, Hans-Joachim

Geschäftsf. Industriewerke Lemm & Co. GmbH. - 5501 Geizenberg/Post Pluwig - Geb. 14. März 1916.

KÖNIG, Harald

Dr., Geschäftsf. Verb. d. Cigarettenind. - Harvestehuder Weg 88, 2000 Hamburg 13.

KÖNIG, Heinrich

Geschäftsf. Waggon Union GmbH., Netphen-Dreis-Tiefenbach/W. - Brücknerweg 13, 5930 Hüttental-Weidenau - Geb. 22. April 1920 Erwitte/W.

KÖNIG, Heinz

Dr. rer. nat., Dr. rer. pol. h. c., o. Prof. f. Mathematik - Auf Gierspel 36, 6601 Bischmisheim/Saar (T. Saarbrücken 894711) - Geb. 16. Mai 1929 Stettin (Vater: Josef K., Kaufm.; Mutter: Meta, geb. Bognitz), verh. I) 1954 m. Helga, geb. Bognitz, † 1979, II) s. 1980 m. Karin, geb. Grewin, S. Daniel - Univ. Kiel (Promot. 1952) - S. 1956 (Habil.) Lehrtätigk. Univ. Würzburg, TH Aachen (1960 ao. Prof.), Univ. Köln (1962 o. Prof.) u. Saarbrücken (1965). Üb. 60 Fachveröff. u. Einzelarb. üb. Hochschulprobleme. Mithrsg.: Archiv d. Math. (1965 ff.) - BV: Abstract Analytic Function Theory and Hardy Algebras (m. Kl. Barbey), 1977; Analysis I, 1984; Math. Wirtschaftstheorie (m. M. Neumann), 1986 - 1975 Officier de l'Ordre Grand-Ducal de la Couronne de Chêne (Luxembourg), 1984 Membre Corresp. Soc. Royale d. Sciences de Liège.

KÖNIG, Heinz

Dr. rer. pol., Dr. rer. pol. h. c., o. Prof. f. Volkswirtschaftslehre (Lehrstuhl II) - Winterstr. 34, 6800 Mannheim-Pfingstberg (T. 87 35 33) - Geb. 25. Dez. 1927 Montabaur - S. 1958 (Habil.) Lehrtätigk. Univ. Mannheim (1962 Ord. u. Mitdir. Inst. f. Volksw.) - BV: Wachstum u. Entw. d. Wirtsch., 1968; Einf. in d. Spektralanalyse ökonom. Zeitreihen, 1972; Ausb. u. Arbeitsmarkt, 1983; Kontrolltheoret. Ansätze in makroökonometr. Modellen, 1985. Fachveröff. Herausg.: Wandlungen d. Wirtschaftsstruktur in d. BRD (1962) - Mitgl. Heidelberger Akad. d. Wiss.; Fellow Econometric Soc.

KÖNIG, Heinz H.

Dipl.-Kfm., Geschäftsf. Molto GmbH., Löhnberg - Robert-Schumann-Str. 2, 6390 Usingen/Hessen - Geb. 19. Juli 1940.

KÖNIG, Herbert

Regisseur Düsseldorfer Schauspielhaus - Arnoldstr. 16, 4000 Düsseldorf 30 (T. 0211 - 49 35 01) - Geb. 11. Febr. 1944 Magdeburg, verh. m. Dagmar Cron, Schausp., 3 Kd. - Stud. Theaterwiss. Univ. Leipzig - S. 1973 Insz. in d. DDR (Ostberlin, Magdeburg, Karl-Marx-Stadt, Dessau, Greifswald u.a.), Basel, Essen, Schaubühne Berlin, München. S. 1983 in Düsseldorf.

KÖNIG, Herbert L.

Dr.-Ing., Prof. f. Elektrophysik - Simmernstr. 5, 8000 München 40 - Geb. 1925 München - Promot. 1959; Habil. 1966 - S. 1967 Doz., Wiss. Rat, apl. Prof., 1979 Extraord. TU München. 1968 USA-Aufenth. - BV: Unsichtbare Umwelt, 1975 (engl. Übers. 1981); D. Wünschelruten-Report, 1989.

KÖNIG, Hermann

Dr. rer. nat., Prof. f. Mathematik Univ. Kiel - Holm 27, 2300 Molfsee - Geb. 24. April 1949 Verden (Eltern: Carl u. Irmgard K.), ev., verh. m. Jutta, geb. Gebauer - Univ. Bonn (Promot. 1974, Habil. 1977) - 1974-81 Wiss. Assist. Univ. Bonn; s. 1981 Prof. Univ. Kiel.

KÖNIG, Joachim

Dipl.-Volksw., Vorstandsvorsitzender Westf. Ferngas-AG - Lohbergstr. 75, 5804 Herdecke (Ruhr)-Ende - Geb. 22. Mai 1934 - Beirat Ruhrgas AG, Essen, u. Westdt. Landesbank Girozentrale, Düsseldorf/Münster.

KÖNIG, Jörg

Senator a. D. - Wentorfer Str. 38, 2050 Hamburg 80 - Geb. 1942 - S. 1974 Mitgl. Hbg. Bürgersch.; 1983/84 Senator Finanzbeh. SPD.

KÖNIG, Johanna

s. König-Hock, Johanna

KÖNIG, Johann-Günther

Dr. phil., Schriftsteller, Communications-Consultant Fa. ViTel Ltd. - Fedelhören 17a, 2800 Bremen 1 (T. 0421-32 74 75) - Geb. 15. Aug. 1952 Bremen, verh. s. 1979 m. Joan, geb. Elvery, 2 Kd. (Georgina, Oliver) - Fachabit.; Dipl.-Sozialpäd. 1980. Promot. 1986 Bremen - Mitgl. Verb. Dt. Schriftsteller (VS); 2. Vors. Projektgr. f. vgl. Sozialfosch. Bremen; Vorstandsmitgl. Verein Bremer Literaturkontor - BV: Verlieren ist kein Schicksal, 1976; Norderney, 1977; Stellungswechsel, 1978; D. Bremer

Blockland, 1980; D. streitbaren Bremerinnen, 1981; D. feine Bremer Art, 1982; D. Gesch. d. Dorfes Fischerhude, 1983; Z. Funktion d. Kinder- u. Jugendbibl. im Kommunikationsprozeß, 1986; Kein Gott - nirgends, 1985; Nachwort in: Friedo Lampe, D. Gesamtwerk, 1986; D. große Buch d. bremischen Humors (Hrsg.) 1987; Heini Holtenbeen u. andere Bremer Originale, 1988. Div. Rundfunkarb., Beitr. in Anthol.; Übers. aus d. Engl., Beitr. f. Fachb. - 1983/84 Promotionsstip. Friedrich-Ebert-Stiftg.; 1984 Reisestip. Ausw. Amt; 1985 Arbeitsstip. Kulturelle Stichting Amsterdam - Liebh.: Bremer Gesch., Kindheit in mod. Ges., Öfftl. Bibliothekswesen, Gesch. u. Weiterentw. - Spr.: Engl. - Lit.: Nieders. lit. (1981); Who's Who in Germany (1979); Who's who in Lit. (1982); Kürschnrs Literaturlex. (1984, 1987).

KÖNIG, Josef Walter

Germanist, Schriftsteller (Ps. Walter Grenzer) - Johann-Wiedemann-Str. 2, 8850 Donauwörth - Geb. 16. Febr. 1923 Hotzenplotz (Vater: Josef K., Gendarmeriebeamter; Mutter: Anna, geb. Nießner), kath., verh. s. 1948 m. Janina, geb. Scheil - Stud. Univ. Prag u. München - BV: D. Schrifttum d. Ostsudetenlandes, Lex. 1964; Ihr Wort wirkt weiter, Ess. 1966; Donauwörth im Spiegel d. Lit., 1968; Straßenrandbemerk., Glossen 1972; Donauwörth, Monogr. 1974; Heimat im Widerschein, Ess. 1977; Schwarzes Kreuz auf weißem Grund, 1981; Vorderösterr., 1982; Donauwörth, literar. gesehen, 1984; V. Oettingen n. Freudenthal, 1985; Viktor Heeger, Leben u. Werk, 1985; E. Sammler erzählt, 1989; D. Heimatvertriebenen im Landkreis Donau-Ries, 1989 - 1969 Christophorus-Pr., 1972 Ehrenbrief Stadt Donauwörth; 1977 Christophorus-Anerkenn.-Pr.; 1984 AWMM-Kalenderpr.; 1984 AWMM-Buchpreis - Liebh.: Philatelie, Reisen - Spr.: Tschech.

KÖNIG, Karl

Dr. med., Prof., Psychoanalytiker - Humboldtallee 3, 3400 Göttingen (T. 0551 - 39 81 82) - Geb. 4. Nov. 1931 Reichenberg (Vater: Karl K., Arzt; Mutter: Angela, geb. Pauser, Kinderärztin), kath., verh. m. Dr. Gisela, geb. Baltzer, S. Peter - Promot. 1957 Univ. Heidelberg - S. 1968 Facharzt f. inn. Med. in Hamburg; 1971 Psychoanalyt. in Göttingen (Leit. Funktionsber. klin. Psychotherapie Erw. in Tiefenbrunn); s. 1981 Vorst. Abt. f. Klin. Gruppenpsychotherapie Univ. Göttingen - BV: Angst u. Persönlichkeit, 1981 - 1980 Ehrenmitgl. Franz. Ges. f. Gruppenpsychotherapie - Liebh.: Bild. Kunst - Spr.: Engl., Franz., Ital., Span.

KÖNIG, Karl-Heinz

Dr. phil. nat., Dipl.-Chem., Prof. f. Anorg. u. Analyt. Chemie Univ. Frankfurt - Zu erreichen üb. Inst. f. Anorgan. Chemie, Kirchhainer Str. 13, 6000 Frankfurt 50 (T. 52 90 43) - Geb. 30. Mai 1926 Heinrichs/Thür. - Stud. Univ. Jena u. Frankfurt; Promot. (1957) u. Habil. (1964) Frankfurt - Liebh.: Lit., Kunstgesch. - Spr.: Franz., Engl.

KÖNIG, Klaus

Dr. jur., Dr. rer. pol., Univ.-Prof., Ministerialdirektor a. D. - Wimphelingstr. 5, 6720 Speyer (T. 06232 - 9 49 17) - Geb. 21. April 1934 Bad Schwarzbach/Schles., kath., verh. m. Inge, geb. Boden, 2 Kd. (Christiane, Michael) - Stud. Rechts- u. Staatswiss., Promot., Ass. jur., Habil. f. Öfftl. Recht u. Verwaltungslehre - Ab 1971 Prof. Hochsch. f. Verwaltungswiss. Speyer (1974-76 Rektor); 1982-87 Ministerialdir. Bundeskanzleramt - BV: Erkenntnisinteressen d. Verwaltungswiss., 1970; Koordination u. integrierte Planung in d. Staatskanzleien, 1976; Öfftl. Verw. in d. Bundesrep. Deutschl., 1981 (auch engl. u. franz.) - 1987 BVK I. Kl. - Spr.: Engl.

KÖNIG, Kurt

Dr. med. (habil.), Prof., Chefarzt - Herz-Kreislauf-Klinik, 7808 Waldkirch i. Br. - S. 1970 apl. Prof. f. Inn. Medizin Univ. Freiburg/Br.

KÖNIG, Ludwig

Friseurmeister, Präsident Zentralverb. Dt. Friseurhandwerk - Tengstr. 36, 8000 München 40.

KÖNIG, Paul August

Dr. med., Prof., Gynäkologe - Gottlieb-Olpp-Str. 6, 7400 Tübingen (T. 6 31 90) - Geb. 10. Jan. 1926 Köln (Vater: Karl K., Fabrikant; Mutter: Sybille, geb. Hanke), kath., verh. m. Dr. Ursel, geb. Neeff, S. Stefan - Ärztl. Dir. Abt. f. präventive Gynäkol. u. Familienplanung Univ.-Frauenklinik Tübingen. Fachmitgl.schaften - BV: Histotopochemie v. Enzymen im menschl. Ovarium, 1965; Funktion u. Pathol. d. Ovariums, 1971 (m. V. Probst); Neue Aspekte in Diagn. u. Therapie d. Genitalcarcinoms d. Frau, 1973 (m. A. Pfleiderer) - Spr.: Engl., Franz.

KÖNIG, Rainer Wolfgang

Dipl.-Wirtschaftsing., Gesellschafter Fa. Sanicentral GmbH, Saarbrücken - Am Tilgesbrunnen 7, 6604 Saarbrücken-Güdingen (T. 87 15 11) - Geb. 1. Juli 1926 Neufechingen/Saar (Vater: Heinrich K., Geschäftsf.; Mutter: Marie, geb. Schwager), ev., verh. s. 1952 m. Dorothea, geb.Flad, 3 Söhne (Thomas, Stefan, Ulrich) - Gymn.; TH Darmstadt (Dipl.-Wirtsch.ing. 1952) - S. 1952 Fa. Sanicentral - Liebh.: Archäol., Segelsport - Spr.: Franz.

KÖNIG, René

Dr. phil., D.H.L. (USA), Dr. rer. pol. h.c., Dr. rer. soc. u. oec. h.c., Prof. f. Soziologie, Direktor Inst. f. Berufsforsch., Köln (1971-74) - Marienstr. 9, 5000 Köln 40 - Geb. 5. Juli 1906 Magdeburg (Vater: Dipl.-Ing. Gustav K.; Mutter: Marguerite, geb. Godefroy-Leboeuf), verh. s. 1947 m. Irmgard, geb. Tillmanns, 2 Söhne (Mario, Oliver) - Univ. Wien u. Berlin (Islam. Sprachwiss., Phil., Soziol.; Promot. 1930) - S. 1938 (Habil.) Lehrtätigk. Univ. Zürich (1947 Titularprof.) u. Köln (1949 Ord.). 1956-59 Vizepräs. Dt. Ges. f. Soziol.; 1959-62 Vize-, 1962-66 Präs. Intern. Sociol. Assoc.; 1968-78 Vors. Sozialwiss. Aussch. Dt. UNESCO-Kommiss. 1958-64 Mitgl. Intern. Social Science Council/UNESCO - BV: D. naturalist. Aesthetik in Frankr., 1931; V. Wesen d. dt. Univ., 1935, Neudr. 1970; Niccoló Machiavelli, 1941, Neudr. 1979, TB 1984; Sizilien, 1943, NA. 1957; Materialien z. Soziol. d. Familie, NA 1974; Soziol. heute, 1949; Grundformen d. Ges.; D. Gemeinde, 1958; Soziol. Orientierungen, Vortr. u. Aufs. 2. A. 1973; Stud. z. Soziol., 1971; Indianer Wohin?, 1973; Kritik d. hist. existenzialist. Soziol., 1975; D. Familie d. Gegenw. - E. interkultur. Vergl., 3. A. 1976; Navaho Report, 2. A. 1983; Menschheit auf d. Laufsteg, 1985; Soziol. in Dtschl., 1987. Hrsg.: Prakt. Sozialforsch. (2 Bde. 7. u. 8. A. 1972), Soziol. 410 Ts. 1980; E. Durkheim z. Diskuss., 1978; Leben im Widerspruch, 1980, TB 1983; Navajo Report, 2. A. 1984; Handb. d. empir. Sozialforsch. (14 Bde. NA s. 1973), Aspekte d. Entwickl.soziol. (1970); Herausg. Ztschr. f. Soz. u. Soz.-psych., 1955-81. - 1959 Komtur VO. Rep. Ital.; 1966 Beccaria-Med. in Gold Dt. Kriminol. Ges.; 1967 Premio Giov. Verga; Gold. Ehrenmünze Verein Dt. Ing.; Mitgl. Kgl. Niederl. Akad. d. Wiss.; Mitgl. PEN-Zentrum Dtschl.; Orden f. Erziehung Rep. Afghanistan; 1986 Gr. BVK; 1987 Ausw. Mitgl. d. Österr. Akad. d. Wiss. - Liebh.: Kochen - Spr.: Franz., Engl., Ital., Span.

KÖNIG, Robert

Dr. phil., Dipl.-Psych., Prof. f. Psychologie Univ. Gießen - Zu erreichen üb.: Universität, FB Psych., Otto-Behaghel-Str. 10, 6300 Gießen - Geb. 4. Juli 1936 Gebrazhofen (Vater: Robert K., Elektromeister; Mutter: Paula, geb. Sproll), kath., verh. s. 1968 m. Elisabeth Pia, geb. Fonfara - Gymn. Salvator Kolleg Bad Wurzach (Abit. 1956 Saulgau); Stud. German., Gesch., Psych. u. Biol. Univ. München, Köln, Wien, Freiburg/Br. u. Gießen (Dipl.-Psych. 1963, Promot. 1969) - S. 1971 Prof. in Gießen; 1972 u. 78 Dekan. 1984 Vors. Arbeitskr. f. Wildbiol. u. Jagdwiss. Univ. Gießen; Vizepräs. d. GWUP (Ges. z. wiss. Untersuchung v. Parawiss.). Div. Fachpubl. z. Psych., Psychometrie, Biometrie, Zool. u. Wildbewirtsch.

KÖNIG, Theo(dor)

Dr. rer. pol., Geschäftsf. Papierfabrik z. Bruderhaus GmbH., Dettingen - Kammweg 11b, 7410 Reutlingen.

KÖNIG, Walter

Dipl.-Landw., Geschäftsf. Bundesverband d. priv. Milchwirtschaft, VDW-Verb. Dt. Weinexporteure, stv. Vors. Export-Union f. Milchprodukte, smtl. Bonn - Bahnstr. 15, 5216 Niederkassel-Mondorf - Geb. 29. Febr. 1924.

KÖNIG, Walter

Prof., Pädagoge - Hermann-Ehlers-Str. 48-93, 7410 Reutlingen - Gegenw. Prof. f. Schulpäd. PH Reutlingen.

KÖNIG, Walter

Generalkonsul d. Bundesrep. Deutschl. in San Francisco/USA - 1960 Jackson Street, San Francisco, CA 94109 (T. 415 - 775-1061) - Geb. 24. Okt. 1927 Fleischwangen/Württ., verh. m. Gisela, geb. Schiffmann, 3 Kd. (Jutta, Eckart, Wolfram) - Abit. 1946 Ravensburg, Dipl. Dolmetscher 1949 Germersheim, 1954 Bachelor of Science/Foreign Service Georgetown Univ. Washington, Master of Arts (Economics), 1956 George Washington Univ. Washington, Abschlußprüf. f. d. diplom. Kons. Dienst 1959 - 1951-56 Angest. Wirtsch.dst. GK Chicago u. Botsch. Washington, 1957-59 Attaché - Bonn-Paris-Bonn, 1960-63 Leg. Sekr./Leg. Rat Canberra, 1963-68 Konsul/Konsul I. Kl. Salisbury, 1969-73 Botsch.rat Den Haag, 1973-77 Ref.leit. AA Bonn, 1977-82 Gesandter Warschau, 1982-86 Botsch. Kinshasa - 1973 Commandeur, Orden v. Oranien u. Nassau; 1984 BVK; 1986 Commandeur Leoparden-Orden (Zaire) - Lieb.: Musik, Sport (Golf, Tennis, Jagd) - Spr.: Engl., Franz., Niederl. u. Poln.

KOENIG, Walter E.

Generaldirektor, Vors. d. Geschäftsfg. GUMMIWERKE FULDA GmbH - Postf. 440, Künzeller Str. 59/61, 6400 Fulda - Geb. 4. April 1930.

KÖNIG, Wilfried

Dr.-Ing., Dr. h. c., o. Prof. f. Technologie d. Fertigungsverfahren, gf. Dir. Labor. f. Werkzeugmaschinen u. Betriebsl., Leit. Fraunhofer Inst. f. Produktionstechnol. (s. 1980) - Welkenrather Str. 78, 5100 Aachen - Geb. 19. Okt. 1928 Rivenich/Rhld. - Max-Planck-Gymn. Trier; 1951-57 TH Aachen (Maschinenbau; Fertigungstechnik; Dipl.-Ing.). Promot. (1962) u. Habil. (1965) Aachen - S. 1965 Lehrtätigk. TH Aachen (1968 Abt.vorsteher u. Prof.; 1972 Ord.). Mitgl.: Collège Intern. pour l'Etude Scientifique des Techniques de Production Mécanique (CIRP), Verein Dt. Ing. (VDI), Verein Dt. Eisenhüttenleute (VDEh) u. dt. Ges. f. Metallkd. (DGM) - Fachveröff. - 1971 VDI-Ehrenring; 1980 Ehrendoktor Univ. Leuven; 1987 Herwart-Opitz-Med. - Spr.: Engl.

KÖNIG, Wilfried A.

Dr. rer. nat., Prof. f. Organ. Chemie Univ. Hamburg (s. 1975) - Bahnstr. 95, 2056 Glinde.

KÖNIG, Wilhelm

Schriftsteller (Ps. Bantlhans) - Stuttgarter Str. 45/1, 7430 Metzingen (T. 07123 - 1 84 83) - Geb. 27. Juni 1935 Tübingen, ev., verh. s. 1966 m. Helga, geb. Herborn, 2 Söhne (Hauke, Falk) - Schreinerlehre u. Fortb. z. Techn. Zeichner; 1963-64 Stud. Inst. f. Lit. Leipzig (Schriftstellerhochsch.; nicht abgeschl.) - 1. Vors. Mundartges. Württemberg; Herausg. Mundart-Ztschr. schwädds -

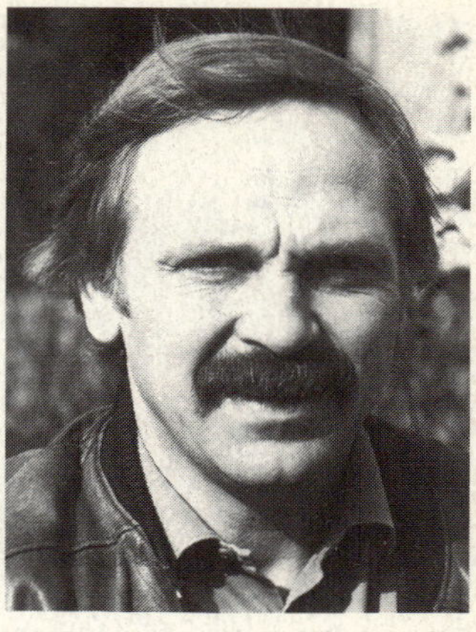

BV: Ged.: Lebens Lauf, 1974; Dees ond sell, 1975; A Gosch wia Schwärt, 1977; Du schwäddsch raus, 1978; Hond ond Kadds, 1982; Roman: Näher z. Himmel oder D. Fall Karl Simpel, 1985; D. Sonderling, 1986 - Lit.: Fernand Hoffmann, Z. hochdt. u. mundartl. Werk d. schwäb. Lyrikers W. K. (1982).

KÖNIG, Wolfgang

Dr. rer. pol., Univ.-Prof. im Privatdienst (1986-88), Rektor Wiss. Hochschule f. Unternehmensführung Koblenz - Weinbergstr. 39, 6460 Gelnhausen - Geb. 14. Aug. 1951, verh. m. Hannelore, 3 Kd. - Abit. 1970, Stud. Betriebswirtschaftslehre 1970-75 Univ. Frankfurt (Dipl.-Kfm.), Stud. Wirtschaftspäd. 1975-77 (Dipl.-Hdl.); Promot. 1979; Habil. 1985 - 1981/82 IBM Res. Labor. San Jose, California; s. 1985 Lehrst. f. Betriebswirtschaftslehre, insbes. Wirtschaftsinformatik u. Informationsmanagement Wiss. Hochsch. f. Unternehmensführung Koblenz; 1987 Forsch.aufenthalt an d. Kellogg Grad. School of Management, Northwestern Univ., Chicago, Ill. - BV: Informationstechnol. d. Zukunft - Basis strategischer DV-Planung, 1986 (m. J. Niedereichholz).

KÖNIG-HOCK, Johanna

Schauspielerin - (Ps. Johanna König) - Kurpromenade 68, 1000 Berlin 22 (T. 030 - 365 44 82) - Geb. 27. März Dresden (Vater: Max K., Gastronom; Mutter: Martha K.), ev., verh. s. 1957 m. Felix Hock - 1937 Solotänzerin Dresden/Berlin, 1954 Schausp. Berlin - 40 Filme (10 Hauptrollen); 1968-84 Fernseh-Werbefilme (Rolle d. Klementine), s. 1985 SAT 1 (Rolle d. Johanna; Frauenmagazin Aufgeblättert); s. 1988 Fernseh-Serie Praxis Bülowbogen (bish. 30 Folgen) - 1977 Preis FIPRESCI (intern. Kritikerpr.) b. Filmfestival Locarno u. Bester Film d. J. b. London-Festival (f. d. Film Jane bleibt Jane).

KÖNIGBAUER, Josef

Dr. jur., Landesbankdirektor i. R., Vorstandsmitgl. Bayer. Landesbank/Girozentrale, München - Hubertusstr. 19a, 8022 Grünwald/Obb. (T. 649 20 76) - Geb. 4. Dez. 1921 - U. a. Leit. Bayer. Landesbausparkasse, München - 1972 Bayer. VO.

KÖNIGER, Hans

Dr. phil., Studiendirektor, Fachautor - Semmelweisstr. 16, 8500 Nürnberg 30 (T. 0911 - 54 13 93) - Geb. 4. Okt. 1939 Ellwangen/Jagst (Vater: Hermann K.; Mutter: Anna, geb. Gurdan), kath., verh. s. 1970 m. Hildegard, geb. Schatz, S. Felix - Abit. 1959 Schwäbisch Gmünd; 1959-64 Stud. Univ. Erlangen (Staatsex. German. u. Latinistik); 1964-66 Refer.; Promot. 1966 Univ. Erlangen - S. 1966 Lehrtätigk. Hans-Sachs-Gymn. Nürnberg; ab 1974 Studiensem. ebd. Beitr. in wiss. Ztschr., Jahrb. u. Sammelw. Herausg. neugerman. Ed.; Mithrsg. v. Unterr.werken u. -handb. Rezens. - BV: Gestalt u. Welt d. Frau b. Tacitus, 1966; Wilhelm Waiblinger. Werke u. Briefe, 5 Bde. (Veröff. d. Dt. Schillerges.) 1980-89; ders., Tagebücher 1821-26 (i.V.) -

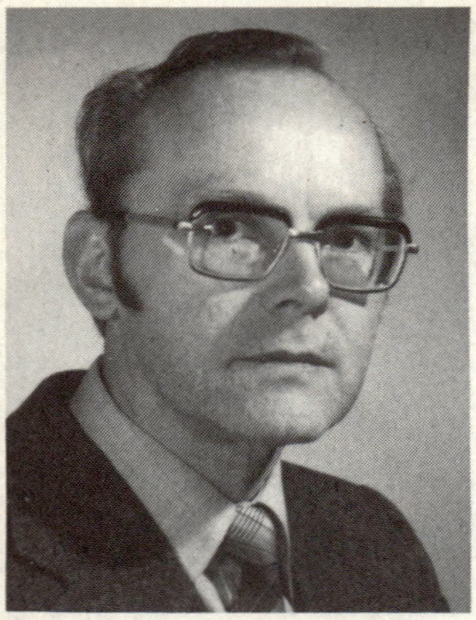

Interessen: Musik, bild. Kunst, Reisen, alte Dinge.

KOENIGS, Folkmar

Dr. jur., o. Prof. em. f. Handels- u. Wirtschaftsrecht TU Berlin (s. 1964) - Pücklerstr. 16, 1000 Berlin 33 (T. 832 40 57) - Geb. 12. Juni 1916 Düsseldorf (Vater: Gustav K., zul. Staatssekretär Reichsverkehrsministerium (s. X. Ausgabe); Mutter: Ingeborg, geb. Lange), ev., verh. s. 1953 m. Gerda, geb. Buchholz, 2 Kd. (Dagmar, Almut) - Arndt-Gymn. Berlin; Univ. Freiburg/Br., Königsberg/Pr., München, Innsbruck, Berlin (Rechtswiss.). Gr. jurist. Staatsprüf. - 1950-56 Univ. Hamburg (Assist.); 1956-57 Bundeswirtschaftsmin.; 1958-64 Bundeskartellamt (Reg.rat b. Ltd. Reg.dir.) - BV: Grundsatzfragen d. betriebl. Mitbestimmung, 1953; D. stille Gesellschaft, 1960. 43 Ztschr.beiträge - Liebh.: Wandern - Spr.: Engl., Franz., Russ.

KÖNIGSBERGER, Konrad

Dr. rer. nat., o. Prof. f. Höh. Mathematik - Annabergstr. 17, 8300 Landshut/Bay. - S. 1972 Ord. Univ. Würzburg u. TU München.

KOENIGSWALD, von, Wighart

Dr. rer. nat., o. Prof. f. Paläontologie Univ. Bonn - Nussallee 8, 5300 Bonn - Geb. 11. Sept. 1941 Potsdam, ev., verh., 2 Töcht. - Stud. Univ. Bonn, München; Promot. 1969 München; Habil. 1980 Frankfurt - 1971-75 Sonderforschungsbereich Palökologie Tübingen; 1977-87 Hess. Landesmuseum Darmstadt - 1986 Hon.-Prof. Univ. Frankfurt; 1987ff. Univ. Bonn - Spr.: Engl. - Bek. Vorf.: Prof. Dr. G.H.R. v. Koenigswald, Paläoanthropologe (Onkel).

KOENIGSWALDT, Hans

s. Einsle, Hans

KÖNITZ, Barbara

Hauptgeschäftsführerin Dt. Atlantische Ges. - Hasenweg 6, 5300 Bonn 1 (T. 0228 - 64 28 31) - Geb. 18. Febr. 1940 Dortmund, ev., ledig - Stud. Univ. Bonn, Köln, Madrid (Rechtswiss., politische Wiss., Neuere Gesch.) - 1965-70 wiss. Assist. Latein-Amerika-Abt. d. Arnold-Bergstraesser-Inst. f. kulturwiss. Forsch. Freiburg; 1970-77 wiss. Mitarb. Konrad-Adenauer-Stiftg.; 1978/79 Ref. f. politische Bildung b. Dt. Bundeswehrverb.; 1979-86 Ref. f. Kultur u. staatsbürgerl. Bildung in d. Bundesgeschäftsst. d. Bundes d. Vertriebenen; 1986-87 Generalsekr. d. Bundes d. Mitteldeutschen; s. 1988 Hauptgeschäftsf. Dt. Atlantische Ges. (1971-88 Vorst.-Mitgl.); s. 1987 stv. Vors. d. Fachaussch. Sicherheitspolitik d. CDU - BV: Gefahren e. dt. Sonderweges. Deutschlands Zukunft zw. Ost u. West?, 3. A. 1986; zahlr. Art. in in- u. ausl. Fachztschr. üb. dtschl.-, sicherheits- u. außenpolitische Themen - Liebh.: Opernmusik, Antiqutäten - Spr.: Engl., Franz., Span.

KÖNNECKE, Rolf W.

Vorsitzender des Vorstandes Braunschweigische Maschinenbauanstalt AG (s. 1982) - Julius-Rietz-Str. 3, 4000 Düsseldorf-Benrath - Geb. 1936 - B. 1982 Vorst.-Vors. Losenhausen Masch.bau AG, Düsseldorf.

KÖNNEKER, Barbara,

geb. Werner

Dr. phil., Prof. f. Dt. Philologie - Ludwig-Klemann-Weg 8, 6000 Frankfurt/M. - Geb. 29. Juli 1935 Berlin (Vater: Reinhold Werner, Bankbeamter; Mutter: Elisabeth, geb. Herzog), ev., verh. s. 1961 m. Ernst K. - Stud. German. Promot. 1960; Habil. 1965 - S. 1965 Lehrtätigk. Univ. Frankfurt (1971 Prof.) - BV: Wesen u. Wandlung d. Narrenidee im Zeitalter d. Humanismus, 1966; Hans Sachs, 1971; Dt. Lit. d. Reformationszeit, 1975.

KOEPCHEN, Hans-Peter

Dr. med., o. Prof. f. Physiologie - Kiebitzweg 7a, 1000 Berlin 33 (T. 8326776) - Geb. 16. Mai 1924 Rinteln/Weser (Vater: Dr. med. Walter K., Arzt; Mutter: Magda, geb. Scholz) - 1944-50 Univ. Göttingen. Promot. (1952) u. Habil. (1959) Göttingen - s. 1959 Lehrtätigk. Univ. Göttingen (1965 apl. Prof.), München (1966; 1967 Abt.sleit. Physiol. Inst.), Berlin/Freie (1969 Ord. u. Inst.sdir.) - BV: D. Blutdruckrhythmik, 1962; mehr. Lehrbuchkap. in Gauer/Kramer/Jung: Physiol. d. Menschen, 1971-75. Mithrsg.: Central rhythmic a regulation (1974; m. W. Umbach). Zahlr. Einzelarb. - Liebh.: Musik.

KOEPCHEN, Helmut

Assessor, Geschäftsf. Unternehmer-Service- u. Berat.ges. mbH - Hollmannstr. 25, 4600 Dortmund 50 (T. 0231-73 15 64) - Geb. 26. Juni 1927 - Richter b. Landesarbeitsger., Hamm.

KOEPCKE, Cordula

Freie Schriftstellerin - Heider Str. 33, 2300 Kiel 1 (T. 0431 - 33 19 07) - Geb. 3. Okt. 1931 Misdroy a. Wollin/Pommern, ev. - Stud. Gesch., Phil. u. Zeitungswiss. - BV: u.a. Peru im Profil, 1962; D. Andenländer, 1966; Revolution - Ursachen u. Wirkungen, 1971; D. Frau u. d. Ges., 1973; Frauenbewegung, 1979; Wege z. Freiheit, 1979; Frauen im Wehrdst., 1982; Louise Otto-Peters, Biogr. 1981; Jochen Klepper, Biogr. 1983; Frauen zeigen Flagge, 1984; Johann Friedrich Oberlin, Biogr. 1984; Lou Andreas-Salomé, Biogr. 1986.

KOEPCKE, Hans-Wilhelm

Dr. rer. nat., Prof. f. Zoologie Univ. Hamburg (s. 1974) - Schopbachweg 2b, 2000 Hamburg 54 - Geb. 23. Juni 1914 Saatzig/Pom. (Vater: Johannes K., Rentner (kriegsbesch.); Mutter: Erika, geb. Bartsch), verh. 1950 m. Maria, geb. v. Mikulicz-Radecki †, T. Juliane - Stud. Zool., Bot., Geol., Paläontol. Promot. 1941 Kiel; Habil. 1957 Hamburg - 1950-74 Doz. Univ. San Marcos, Lima (Peru) - BV: D. Lebensformen-Grundl. zu e. universell gült. biol. Theorie, 2 Bde. 1971/74.

KÖPCKE, Jürgen

Chefredakteur Ztschr. PRALINE - Ost-West-Str. 20, 2000 Hamburg 1 (T. 30191).

KÖPCKE, Karl-Heinz

Fernsehsprecher i. R. - Parkallee 11, 2000 Hamburg 13 (T. 410 41 41) - Geb. 29. Sept. 1922 Hamburg (Vater: Karl K., Techniker; Mutter: Hertha, geb. Schneider), ev., verh. s. 1948 m. Gertie, geb. Kelkenberg - Wehrmacht; 1946 Rundfunk; 1959 Fernsehen (Chefsprecher Tagesschau Dt. Fernsehen/ARD) - BV: Guten Abend, meine Damen u. Herren, 1973; Bei Einbruch der Dämmerung, 1974. 2 Kinderb. (1975/76).

KÖPF, Ernst Ulrich

Dr. oec. publ., Bürgermeister Baiersbronn - Rathaus, 7292 Baiersbronn (T. 07442-4 82 01) - Geb. 29. Juni 1937 Stuttgart (Vater: Dr. Ernst K., Oberstud.dir.; Mutter: Ruth, geb. Nothwang), ev., verh. s. 1964 m. Gunda, geb. Daum, 4 Kd. (Susanne, Eberhard, Dietlinde, Kristine) - 1956-61 Stud. Forstwiss. Freiburg u. München, 1962 Wirtschaftswiss. Syracuse (N. Y.), Promot. 1964 München - 1966-72 Univ. Freiburg, Göttingen; 1972-74 Welternährungsorganis. Rom, 1975-81 Regionalverb. Franken (Heilbronn) - BV: Land um Alb, Enz u. Nagold (Wanderführer), 1972 (m. Scholz) - Spr.: Engl.

KÖPF, Gerhard

Dr. phil., Prof., Schriftsteller - Ariboweg 10, 8000 München 80 - Geb. 19. Sept. 1948 Pfronten/Allgäu - Germanistikstud.; Promot. 1974 München - Lehrtätigk. an versch. Univ.; 1984 Prof. f. Gegenwartslit. u. angew. Literaturwiss. Univ. Duisburg - BV: Innerfern, R. 1983; D. Strecke, R. 1985; D. Erbengemeinschaft, R. 1987; Hund u. Katz u. Maus, Schnecke, Butt u. Ratte, Erz. 1987; Eulensehen, R. 1989; außerd. Erz., Hörspiele, Ess. Herausg. v. Anthol. Mithrsg.: D. Insel-Buch d. Faulheit; E. Schriftst. schreibt e. Buch ...; D. Buch d. Drachen - 1983 Preis d. Klagenfurter Jury b. Ingeborg Bachmann Preis; 1983 Jean Paul Förderpreis; 1984 Münchener Literaturjahr; 1985/86 Villa Massimo; 1986/87 Stadtschreiber v. Bergen; 1989 Förderpr. f. Lit. d. Berliner Akad. d. Künste. Mitgl. PEN.

KÖPF, Steffen Ernst

Cartoonist, Schriftst. - Düsseldorfer Str. 94, 4000 Düsseldorf 11 (T. 0211 - 55 39 10 od. 02694 - 12 73) - Geb. 7. Mai 1947 Stuttgart, verh. s. 1982 m. Gundi Wirtz-Köpf, S. Felix - Werbekaufm., Art Director (Grafiker) in mehr. Werbeagt. in Düsseldorf u. London - BV: Je höher d. Absatz, ... desto steiler die Karriere, 1980 u. 82 (Bestseller); Also sprach Buchhändler Brönge, listige Bemerkungen e. Bücherwurms, 1980. S. 1979 jährl. Sportkalender - Liebh.: Golf, Skifahren, Squash, bekenn. Schwabe - Spr.: Engl., Franz.

KÖPF, Ulrich

Dr. theol. habil., o. Prof. f. Kirchengeschichte Univ. Tübingen, Direktor Inst. f. Spätmittelalter u. Reformation - Liststr. 24/1, 7400 Tübingen (T. 07071 - 2 42 02) - Geb. 19. April 1941 Stuttgart (Vater: Hans K.; Mutter: Johanna, geb. Mehne), ev., verh., 1 Kd. - Univ. Tübingen (Ev. Theol., Phil., Klass. Phil.; Staatsex. 1968); Promot. 1974 Univ. Zürich, Habil. 1978 München - 1980/81 Lehrstuhlvertr. Univ. Heidelberg; 1981 Prof. f. Kirchengesch. Univ. München; 1986 Univ. Tübingen - BV: D. Anfänge d. theol. Wiss.-Theorie im 13. Jh., 1974; Relig. Erfahr. in d. Theol. Bernhards v. Clairvaux, 1980. Mithrsg.: Geographia religionum; Martin Luthers Werke (Weimarer Ausg.); Archiv z. Weimarer Ausg. d. Werke Martin Luthers.

KÖPF-MAIER, Petra

Dr. med., Ärztin, Univ.-Prof. Inst. f. Anatomie FU Berlin - Königin-Luise-Str. 15, 1000 Berlin 33 - Geb. 25. Juli 1952 Hof/Bay., ev., verh. s. 1972 m. Prof. Dr. phil. Hartmut Köpf, T. Nike - Stud. Univ. Würzburg, Berlin (Bayer. Staatsstip. f. bes. Begabte); Promot. 1978; Habil. 1982 Berlin - 1984 Prof. f. Anat. Univ. Ulm; 1986 Prof. f. Anat. FU Berlin - Rd. 75 Fachveröff. in wiss. Sammelw. u. in 35 Ztschr. a. d. Geb. d. exper. Krebsforschung, bes. üb. morphol., zellkinet. u. pharmak. Studien an exper. u. menschl. Tumoren - Liebh.: Musik, Lit. - Spr.: Lat., Engl., Franz.

KÖPFLER, Thilo

Dr. jur., Vorstandsmitglied Deutsche Pfandbriefanstalt, AR-Mitgl. Deutsche Bau- u. Bodenbank AG, Frankfurt - Paulinenstr. 15, 6200 Wiesbaden - Geb. 9. Mai 1939.

KOEPP, Joachim Manfred

Geschäftsführer SCP Cater Partner Regionalges. Mitte GmbH, u. SCP Cater Partner Ereignisgastronomie GmbH, Vizepräsident DEHOGA Dt. Hotel- u. Gaststättenverb. u. Präs. INTERN. HO-RE-CA, Union Gastgewerbl. Nationalverb., Zürich - Zu erreichen üb. Fa. SCP Cater Partner GmbH, Oststr. 10, 4000 Düsseldorf 1 - Geb. 20. Aug. 1927 - BVK.

KOEPPE, Hans-Rudolf

Konsul, Generaldirektor, VRsvors. Gisela-Quelle GmbH., Wildemann, Vorstandsmitgl. Verb. d. Brauereien v. Nieders., Hannover - Nienburger Str. 16, 3000 Hannover - Geb. 15. Mai 1911 Scharnikau - Dipl.-Braum. - Ecuador. Konsul v. Nieders.

KOEPPE, Hans-Werner

Dr. med., Prof., Internist - Heilmannstr. 7, 8000 München 71 (T. 089 - 79 97 26) - Geb. 8. Jan. 1916 Halle/Saale (Vater: Leonhard K., Augenarzt; Mutter: Gertrud, geb. Knote), ev., verh. s. 1944 m. Elfriede, geb. Schreiber, Tocht. Heidemarie - Abit., Med.-Stud. Promot., Habil. - S. 1955 apl. Prof.; 1945-58 I. Med. Klin. Halle; 1961-81 Schriftleit. d. med. Ztschr. Med. Klin. u. Iholg.; s. 1976 Schriftleit. Ztschr. Herz. TU München - Ehrenmitgl. d. Dt. Med. Fach- u. Standespresse - BV: Vom Hochdruck z. Herzinfarkt u. a. - Liebh.: Opernmusik - Spr.: Engl.

KOEPPE, Peter

Dr.-Ing., Prof. f. Theoret. Strahlenkunde u. Med. Informatik FU Berlin (s. 1970) - Endestr. 40, 1000 Berlin 39 - Geb. 21. Okt. 1932 Göttingen - Promot. (1961, TU) u. Habil. (1970, FU) Berlin.

KOEPPE, Sigrun

Kamerafrau, Regisseurin - Am Moor 80, 2082 Tornesch (T. 04122 - 5 25 35) - Geb. 27. Nov. 1936 Prietzen (Vater: Franz K., Dipl.-Ing.; Mutter: Elisabeth, geb. Glück), gesch., 3 Kd. (Ragna, Sirkka, Boris) - Abit. 1956 Rostock; 1956-58 Stud. Univ. Dresden, Ökonomie d. Schiffahrt; 1959-61 Stud. Babelsberg (Regie b. Prof. Maetzig u. Günther Reisch) - 1. weibl. Mitgl. e. Fang- u. Verarbeitungsschiffes m. Seefahrtsbuch in d. DDR - Regie: FS-Vorschulserie Maxifant u. Minifant, Jugendprogramm d. NDR, Joker, Filme f. Jugendl. - Liebh.: Segeln - 1960 Gold. Sportabz. (DDR), 1973 Gold. Sportabz. Frauen, Siegerin Kieler Woche als Steuerfrau, 1970/71/72 Wanderpokalinh. Golfklasse, Gewinnerin Senatspr. Stadt Hamburg.

KÖPPLER, Rudolf

Dr. jur., Oberbürgermeister Stadt Günzburg (s. 1970) - Reinertstr. 6, 8870 Günzburg/Schw. - Geb. 23. März 1936 Berlin (Vater: Eberhard K., Konditor; Mutter: Hildegard, geb. Otte), kath., verh. s. 1960 (Ehefr.: Ingelore), 3 T. (Carola, Stefanie, Astrid) - Gymn.; Stud. Rechtswiss. Beide jurist. Staatsprüf. - Zul. Oberregierungsrat - BV: D. Mitwirkung bei d. polit. Willensbild. d. Volkes als Vorrecht d. Parteien, 1974 (Diss.) - Liebh.: Lit. - 1971 Sportabz. - Spr.: Engl., Russ.

KOERBER, v., Eberhard

Dr. jur., Vorstandsvorsitzender Asea Brown Boveri AG Mannheim - Postf. 10 03 51, 6800 Mannheim 1 (T. 0621 - 38 11) - Geb. 11. Juni 1938 Stade - Stud. Rechtswiss. u. Volksw. Univ. Heidelberg, Lausanne, Göttingen; 2. jurist. Staatsex. - Mitgl. d. Konzernleitg. ABB Asea Brown Boveri AG Zürich, AR-Vors. Asea Brown Boveri AG Wien, Asea Brown Boveri S.A. Brüssel u. Asea Brown Boveri B. V. Rotterdam; Präsid.-Mitgl. ZVEI - BV: D. Staatstheorie d. Erasmus v. Rotterdam, 1967 - Spr.: Engl., Franz.

KÖRBER, Erich

Dr. med. dent., Prof. f. Zahnärztl. Prothetik Univ. Tübingen (s. 1968) - Osianderstr. 2-8, 7400 Tübingen - Geb. 26. Febr. 1925 Stuttgart - Promot. 1952, Habil. 1963 - 1968 Lehrstuhl f. zahnärztl.

Prothetik - Vors. d. Arbeitsgemeinsch. Dentale Technologie - Üb. 100 Facharb. - 1964 Arnold-Biber-Preis.

KÖRBER, Friedrich

Dr. med., Prof. f. Physiolog. u. Klin. Chemie - Horazweg 31, 1000 Berlin 42 - Geb. 2. Mai 1934 Pethau/Sa. - Promot. (1964) u. Habil. (1970) Berlin (FU) - S. 1970 Wiss. Rat u. Prof. bzw. Prof. (1971) FU Berlin - BV: Praktikum d. Physiol. Chemie, 3. A. 1976 (m. Siegmund u. Schütte). Managing Editor: Journal of Clinical Chemistry and Clinical Biochemistry. Üb. 20 Einzelarb.

KÖRBER, Gero

Prof., Hochschullehrer - Königsberger Str. 4a, 1000 Berlin 45 - Gegenw. Prof. f. Didaktik d. Geographie PH Berlin.

KÖRBER, Hans

1. Bürgermeister Stadt Pottenstein (s. 1972), stv. Landrat Landkr. Bayreuth - Rathaus, 8573 Pottenstein/Ofr. - Geb. 5. Febr. 1925 Pottenstein - Vors. Zweckverb. Teufelshöhle, Verein Naturpark Fränkische Schweiz - Veldensteiner Forst, Förderverein Fränkische-Schweiz-Museum. Zul. Kaufm. CSU.

KÖRBER, Karl-Heinz

Leiter d. Verpflegungsbetriebe Ford-Werke AG, Köln-Niehl, Präs. Bundesfachverb. Großküchen (s. 1978) - Rodenbusch 38, 4030 Ratingen 5.

KÖRBER, Kurt A.

Dr. rer. pol. h. c., Industrieller, Inh. Körber AG, Hamburg - Kampchaussee, 2050 Hamburg 80-Bergedorf (T. 72 50 22 49) - Geb. 7. Sept. 1909 Berlin (Vater: Paul K., Ing.; Mutter: Rosa, geb. Nickol), ev., verh. s. 1933 m. Anny, geb. Hiller - Real- u. Höh. Handelssch., Lehre AMG Chemnitz; Ing.sch. Mittweida (Ing.) - B. 1934 Techn. Dir. Universelle-Werke, Dresden, dann Inh. neugegr. Hauni-Werke (Spezialmasch. u. Fabrikanlagen f. tabakverarb. Ind.; 3.000 Beschäftigte; selbst. Fabrikationsstätten bzw. Niederlass.: USA, Irl., Südafrika, Argent., Brasilien, Mexiko, Großbrit., Ital., Schweiz, Frankr.). Hochfrequenzspezialist; Konstrukteur im Elektromaschinenbau. Üb. 190 eig. Patente (erstes Patent m. 15 J. f. e. automat. gesteuerte Radiosender-Ableseskala). Gründ. Tabaktechnikum Hamburg (1956-73); Initiator z. Gründ. Fachhochsch. Hamburg, Fachbereich 8 (Produktions-, Verfahrenstechnik u. Bioingenieurwesen); Gründ.: Körber Stiftg. z. Förd. v. Wiss. u. Forsch., Bild. u. Erz., kultur. Vorhaben u. Einricht. sowie Fürsorge f. ält. o. kranke Menschen; u. a. Bergedorfer Gesprächskreis, Schülerwettbewerb Dt. Gesch. um d. Preis d. Bundespräs., (dt.-amerik. Austauschprogr. jugendl. Arbeitn.), Rolf Liebermann-Preis f. Opernkomp., Boy-Gobert-Preis f. d. künstl. Nachwuchs Hbg. Sprechbühnen; zahlr. Ehrenstellungen: 1979 Ehrenmitgl. Hamburg. Staatsoper, 1980 Bürgerm. Stolten, Med. Fr. u. Hansestadt Hamburg - BV: Nachwuchsproblem in d. produz. Wirtsch., 1959; E. Betracht. üb. Denken u. Handeln in d. industr. Ges. unserer Zeit, 1960; D. Arbeitszeitproblem, 1961; Autonomie u. Automation, 1962; Gespräch mit sowjet. Wirtschaftspraktikern, 1962; D. Mensch am Arbeitsplatz, 1963; Kann unser Wohlstand gehalten werden?, 1963; D. angeklagte Zigarette, 1964; Geschenk oder Leistung?, 1965; D. Unternehmer, 1965; Östl. u. Westl. Gesellschaften in These u. Antithese, 1967; E. Unternehmer reist durch d. Sowjetunion, 1968 - 1960 Ehrendoktor Erlangen-Nürnberg; 1988 Ehrensenator Univ. Hamburg; Diesel-Med. in Gold, 1977 Frhr.-v.-Stein-Med., 1983 Silb. Med. d. Dt. Stiftg. - Amateurmaler u. Holzbildhauer - Spr.: Engl. - Kunstmäzen.

KÖRBER, Manfred J.

Leiter Hauptabteilung Presse u. Information, Pressespr. - Zu erreichen üb. Deutsche Bundesbank, Wilhelm-Epstein-Str. 14, 6000 Frankfurt 50 - Geb. 15. Sept. 1939 Berlin - Dipl.-Kfm.; Stud. 1966 Univ. Hamburg.

KÖRBER-GROHNE, Udelgard

Dr. rer. nat., Prof. f. Paläo-Ethnobotanik u. Vegetationsgeschichte d. Postglazials Univ. Hohenheim - Inst. f. Botanik, Garbenstr. 30, 7000 Stuttgart/Hohenheim.

KÖRDING, Alfred

Dr. phil. nat., Prof. f. Kernphysik TH Darmstadt - Rödergraben 5, 6104 Seeheim 1 - Geb. 12. Okt. 1934 Ludwigshafen/Rh. - Promot. 1963, Habil. 1971.

KÖRLE, Hans-Heinrich

Dr. phil., Prof. f. Mathematik Univ. Marburg (s. 1971) - Schillerstr. 11, 3550 Marburg-Cappel - Geb. 7. April 1934 Kassel (Vater: Konrad K., Karosseriebaum.; Mutter: Erika, geb. Meyer), ev., verh. s. 1965 m. Monika, geb. Mauck, 3 Söhne (Reinhard, Markus, Ulrich) - Realgymn. Kassel; Stud. Math., Phys., Psych.; I. Staatsex. 1962; Promot. 1964; Habil. 1969 - 1964-66 USA - Fachaufs. - Spr.: Engl., Franz.

KOERNER, E. F. Konrad

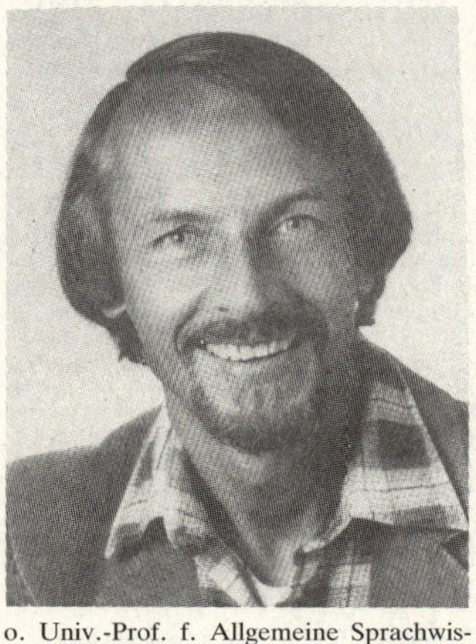

o. Univ.-Prof. f. Allgemeine Sprachwissenschaft Univ. Ottawa, Kanada (s. 1976) - 119 Chemin des Capucines, Hull, Québec, Kanada (T. 819 - 778-79 35); u. Zum Dornbusch 16, 5250 Engelskirchen (T. 02263 - 32 15) - Geb. 5. Febr. 1939 Hofleben b. Thorn/Westpr., ev. - 1951-53 Oberrealsch. Ansbach; 1953-60 Moltkegymn. Krefeld; 1960-62 Militärdst. (zusätzl. Wehrüb. u. Spezialausb. Logistik sow. 1967 Beförd. z. Hauptmann d. Luftwaffe d. Res.); Stud. German., Angl., Philol., Päd., Phil., Kunstgesch. 1962 Univ. Göttingen, 1963/64 FU Berlin; Philosophicum 1965; 1. Staatsex. u. M.A. 1968 Gießen; Ph.D. 1971 Simon Fraser Univ. Vancouver B.C. Kanada - BV u.a.: Ferdinand de Saussure, engl. 1973 (Übers. in Span., Ungar. u. Jap., alle 1982); Practicing Linguistic Historiography, 1989. Gründer u. Herausg.: Ztschr. Historiographia Linguistica (1973ff.); Diachronica (1984ff.). Herausg.: Reihe Amsterdam Studies in the Theory and History of Linguistic Science - 1981 Bronze-Med. u. Diplome d'honneur Stadt Lille - Spr.: Engl., Franz. - Bek. Vorf.: Ernst Koerner (1846-1927), Landschafts- u. Marinemaler, Berlin (Urgroßv.) - Lit.: William Cowan & Michael K. Foster (hg.), E.F. Konrad Koerner Bibliography (1989); Festschr. z. 50. Geb. (1989).

KÖRNER, Hans Joachim

Dr. rer. nat., o. Prof. f. Experimentalphysik TU München - Tannenstr. 3, 8011 Baldham/Obb. - S. 1974 Ord.

KÖRNER, Hans-Albrecht

Geschäftsf. CDU/Landesverb. Braunschweig - Zu erreichen üb.: CDU Landesverb., Gieselerwall 2, 3300 Braunschweig.

KÖRNER, Hans-Wolfgang

Versicherungsdirektor, Rechtsanw., Vorstandsmitgl. Frankona Rückversicherungs-AG. - Maria-Theresia-Str. 35, 8000 München 80 (T. 92281) - Geb. 20. Mai 1927 Mainz - Stud. Rechtswiss. Gr. jurist. Staatsprüf.

KÖRNER, Heiko

Dr. rer. pol., Prof. f. Volkswirtschaftslehre (Wirtschaftspolitik) TH Darmstadt (s. 1977) - Bruchmühlenweg 13, 6109 Mühltal 1 - Geb. 1932 - 1954-58 Univ. Tübingen, Frankfurt/M., Hamburg (Volksw.; Dipl.). Promot. (1965) u. Habil. (1970) Hamburg - Zul. 1972 ff. Wiss. Rat u. Prof. Univ. Hamburg - BV: Theoret. Grundl. d. Wirtschaftspolitik, 1977. Div. Einzelarb.

KÖRNER, Hermann

Bürgermeister - Klosterbergenstr. 27, 2057 Reinbek (T. Hamburg 7226929) - Geb. 23. Okt. 1907 - U. a. Geschäftsf. Elektrizitätswerk Reinbek-Wentorf GmbH., Reinbek - Frhr.-v.-Stein-Med. - Rettungsmed.

KÖRNER, Joachim

Dr., Oberstadtdirektor v. Braunschweig - Langer Hof 1, 3300 Braunschweig; priv.: Rostockstr. 40 - Geb. 9. April 1925.

KÖRNER, Karl

Dr. jur., Fabrikant, Vors. Dr.-Karl-Körner-Stift., Vors. Beirat Fa. Robert Krups Elektrogeräte- u. Waagenfabrik, Solingen - Hahnenhausstr. 22, 5650 Solingen 19 (T. 387340) - Geb. 28. Nov. 1905 Solingen (Vater: Karl H.; Mutter: Hedwig, geb. Krups), ev., verh. s. 1941 m. Liesel, geb. Maul, 3 Kd. (Krista, Liesel, Friedo) - Gymn. Solingen; Stud. Rechtswiss. Promot. 1931; Ass.ex. 1933 - Rechtsanw. Köln (1933-34) u. Solingen (1945-50); 1934-35 Geschäftsf. Fachgruppe Hauswirtschaftswarenind., Wuppertal; 1935-45 Reichsbeauftr. Prüfungsst. Metallwarenind., Berlin - Liebh.: Reitsport - Rotarier - Spr.: Engl.

KÖRNER, Karl-Hermann

Dr. phil., Prof. f. Romanist. Sprachwissenschaft (franz., span., portug., ital., katal. Grammatik u. lateinamerik. Lit.) - An d. Paulikirche 1, 3300 Braunschweig - Geb. 8. März 1941 Rothkosteletz/Böhmen (Vater: Karl K., Kaufm. Angest.; Mutter: Emilie, geb. Butzke), kath., verh. s. 1967 m. Margret, geb. Riegg, 3 Kd. (Eva-Maria, Andreas, Elisabeth) - Univ. Marburg, Hamburg, Oviedo, Paris. Promot. 1967 - B. 1970 Doz. u. Wiss. Oberrat Univ. Hamburg, s. 1973 Univ.-Prof. TU Braunschweig; Gastprof. Bordeaux, Stockholm; Hon.-Prof. Göttingen - BV: D. Aktionsgem. finites Verb. u. Infinitiv im span. Formensystem, 1968; Einf. in d. semant. Stud. d. Franz., 1977; Korrelative Sprachtypologie, 1987. 60 Einzelarb. z. franz., span., ital., portug. Sprache u. Lit. - Spr.: Franz., Span., Portug., Ital., Engl. - Lit.: In: Repertorio de Hispanistas, 1980.

KÖRNER, Klaus

Dr. phil., Prof. f. Musikwissenschaft Univ. Köln - Aachener Str. 65, 5000 Köln 1 (T. 24 13 07) - Geb. 8. Sept. 1936 Köln (Vater: Heinz-Joachim K., Doz. u. Dirig. Musikhochsch. Köln †; Mutter: Clara, geb. Wasser), kath., ledig - Staatsex. in Schulmusik u. German. 1965; Promot. in Musikwiss. 1969; Habil. 1979 - Ab 1969 stv. Leit. an e. Jugendmusiksch.; s. 1971 Hochschuldst. Univ. Köln - BV: D. Musikleben in Köln um die Mitte d. 19. Jh., 1969; Akust. Reizüberflut., 1979; Basis d. Musiktheorie, 1980; u. a. Veröff. (Abhandl. üb. Bach, Beethoven, Schumann, Schostakowitsch, Cage) - Musikwerke: u. a. Burlesque f. 2 Klaviere u. Streichorch.; Capricen f. Solovioline; Petite Musique pour Deux f. Vc. u. Kl. - Liebh.: Kompos., Lit., Malerei, Bergtouren, Eisenbahnen - Bek. Vorf.: Prof. Karl Körner, Konzertm. im Kölner Gürzenich-Orch. (Großv.).

KOERNER, Ralf Richard

Dr. phil., Chefredakteur Münstersche Ztg. - Neubrückenstr. 8-11, 4400 Münster (T. 0251-59 20) - Geb. 28. Juni 1929 - Stud. Univ. Köln, Münster (Gesch., Publiz., German., Öfftl. Recht); Promot. - Mitgl. Jury Theodor-Wolff-Preis d. Bundesverb. Dt. Ztg.verleger - BV: So haben sie es damals gemacht - D. Propagandavorb. z. Österr.-Anschluß, 1958.

KOERNER, Valentin Theodor

Verleger, gf. Gesellsch. Verlag Valentin Koerner GmbH - Hermann-Sielcken-Str. 36, 7570 Baden-Baden (T. 2 24 23) - Geb. 4. Mai 1928 Braunschweig (Vater: Theodor K., Tischlerm.; Mutter: Hedwig, geb. Schnur), ev., verh. s. 1963 m. Sybille, geb. Freiin v. Gültlingen, 2 Kd. (Katharina, Tobias) - Gf. Gesellsch.: 1954 Librairie Heitz GmbH, 1971 Verlag Valentin Koerner GmbH. Mitgl. Synode d. Ev.-luth. Kirche in Baden.

KÖRNER, Wolfgang

Schriftsteller - Hamburger Str. 97, 4600 Dortmund - Geb. 26. Okt. 1937 Breslau - BV: Versetzung, R. 1966; Nowack, R. 1969; Wo ich lebe, Erz. 1974; Der Weg nach drüben R. 1976; U. jetzt d. Freiheit, R. 1977; I. Westen zu Hause, R. 1978; D. Zeit m. Michael, R. 1978; Meine Frau ist gegangen, Ess. 1979; Drogenreader, Ess. 1980; Noch mal v. vorn anfangen, dokument. Ess., 1981; Nach Skandinavien reisen, Ess., 1982; Kandinski o. Ein langer Sommer, R. 1984; D. einzig wahre Opernführer, Sat. Ess. 1985; Scharfe Suppen f. hungrige Männer, R. 1986; D. einzig wahre Schauspielführer, Sat. Ess. 1986; Willkommen in d. Wirklichkeit, Erz. 1987; D. einzig wahre Anlageberater, Sat. Ess. 1987. Übers. v. Romanen ins Amerik., Schwed. u. Dän. Fernsehspielf.: Versetzung (ARD 1968); Ich gehe nach München (ZDF, 1974); Büro,Büro (WWF 1982) - Förderpreis f. Literatur zum Großen Kunstpr. Land Nordrh.-Westf.; Annette-v.-Droste-Hülshoff-Pr. 1973 - Spr.: Engl.

KÖRNER, Wolfgang Hermann

Schriftsteller - Hinterburg 21, 5559 Neumagen-Dhron (T. 06507 - 54 90) - Geb. 30. Juni 1941 Sindelfingen, ev., verh. s. 1974 m. Sabine, geb. Brüsehaber, T. Sarah - 1961-67 Bauing.-Stud. TU Berlin - S. 1967 fr. Schriftst. (1973-78 Aufenth. in Ägypten) - BV/Romane u. Erz.: Normalfälle, 1967; Krautgärten, 1970; D. Verschwörung v. Berburg, 1971; Katt im Glück, 1973; D. ägypt. Träume, 1980; D. Nilfahrt, 1984; D. Eremit, 1985; D. Weinschiff, 1987 - 1973 Villa Massimo (abgelehnt) - Liebh.: Ägyptol., Zeichnen u. Malen, Mittelmeerraum - Spr.: Franz., Engl., etwas arabisch, ital. - S. 1988 Mitgl. P.E.N.

KÖRNICH, Heiko

Dr. jur., Vorstand O & K Orenstein & Koppel AG - Karl-Funke-Str. 30, 4600 Dortmund 1 (T. 0231 - 176 03 59) - Geb. 11. Juni 1939, ev., verh. m. Birgit, geb. Knolle, 3 Kd. (Birthe, Arne, Sinje) - Ass. 1967; Promot. 1971 Kiel - 1979-86 Geschäftsf. Waggon-Union GmbH Berlin/Siegen; 1984-86 Vorst. Thyssen Ind. AG Henschel, Kassel; s. 1986 Vorst. O & K Orenstein & Koppel AG, Berlin/Dortmund - BV: D. arbeitsgerichtl. Beschlußverf. in Betriebsverfassungssachen, 1978.

KÖRPER, Fritz

Cand. theol., MdL Rhld.-Pfalz - Im Weiher 4, 6551 Rehborn - Geb. 14. Nov. 1954 - SPD.

KOERPPEN, Alfred

Prof., Komponist u. Dozent (Spez. Arbeitsgeb.: Komposition; Lehrer f. Komposition u. Musiktheorie) - Steinwedeler Weg 2, 3167 Burgdorf (T. 05136 - 34 34); Via Carizia 27, 04018 Sezze Romano (Ital.) (T. 0773 - 88 71 32) - Geb. 16. 12. 1926 Wiesbaden (Vater: August K.; Mutter: Marga, geb. Schmitz), verh. m. Prof. Barbara, geb. Boehr - Musisches Gymn. Frankfurt/M.; Ausbild. Kurt Thomas, Frankfurt/M. (spät. Prof. u. Thomas-Kantor Leipzig †

1973) - S. 1948 Lehrtätigk. Musikhochsch. Hannover. BV: Erfindungsübungen, Diesterweg-Verlag, Frankfurt - Kompos. Virgilius, Oper, Breitkopf & Härtel, Abenteuer auf d. Friedhof, Oper, Prometheus, Orat., Breitkopf, Stadtwappen, Orat., Arachne, Ballett, Parabel v. Dornbusch, Kantate, Möseler, Joseph u. s. Brüder, Chorerz. Zahlr. Chor- u. Kammerw. - 1960 Rompreis Villa Massimo; 1982 Niedersachsen-Preis; u. a. Ausz.

KOERPPEN, Barbara,
geb. Boehr

Prof. Hochsch. f. Musik u. Theater Hannover, Geigerin - Steinwedeler Kirchweg 2, 3167 Burgdorf; u. Via Carizia 27, I-04108 Sezze - Geb. 5. Jan. 1930 Stolp/Pom. (Vater: Dr. Günther Boehr, Jurist; Mutter: Gerta, geb. Richter), kath., verh. s. 1960 m. Prof. Alfred K. - Hochsch. f. Musik u. Theater Hannover - Lehrtätigk. Geigenkl. Hannover; Konz., Rundf.aufn. - Spr.: Engl., Ital.

KÖRTE, Gerrit

Dipl.-Ing., Schiffbaudirektor, Vorstandsmitgl. Howaldtswerke - Dt. Werft AG., Hamburg/Kiel (s. 1968) - Finksweg 29, 2000 Hamburg 95 (T. 7436 - 1) - Geb. 2. Febr. 1925 Altona - TH Karlsruhe - Esso Tankschiff Reederei GmbH., Hamburg, u. Howaldtswerke Hamburg AG. ebd. (1964-68 (Zusammenschl.) Vorstandsmitgl.) - Vorstandsmitgl. Howaldtswerke Hamburg AG

KÖRTGE, Peter

Dr. med., Prof., Internist, Chefarzt i. R. - Alter Postweg 9, 4930 Detmold (T. 05231 - 3 11 15) - Geb. 23. Aug. 1923 Berlin (Vater: Ernst A. K., Kaufm.; Mutter: Elisabeth, geb. Dittmar), ev., verh. s. 1957 m. Dr. Sigrid, geb. Stöppler - Obersch. (1933-43) u. Univ. Berlin (1943-50; Med. Staatsex.). Promot. (1954) u. Habil. (1962) Berlin (FU) - S. 1951 m. Unterbrech. FU Berlin (1966 Oberarzt I. Med. Klinik, 1969 stv. Klinikdir.; 1968 apl. Prof.). Spez. Arbeitsgeb.: Gastroenterologie. Handbuchbeitr. u. Ztschr.aufs. - Mitgl. New York Acad. of Sciences - 1985 BVK - Liebh.: Geschichte d. Mittelalters, Musik d. 18. u. 19. Jh. - Spr.: Engl., Franz.

KOERTING, Franz

Dr. oec. publ. - Wangardstr. 3, 2890 Nordenham - Geb. 13. April 1928 - Vorstandsmitgl. Nordd. Seekabelwerke AG., Nordenham - Spr.: Engl. - Rotarier.

KÖRTING, Heikedine

Rechtsanwältin, Regiss., Autorin (Ps. Pamela Punti), eig. Film- u. Videofirma Hamburg - Priv.: Herrenhaus, 2430 Hasselburg - Geb. 18. Juni 1945, ev., verh. s. 1979 m. Dr. Andreas Beurmann - Stud. Jura; 2. Staatsex. Hamburg - Rechtsanwalt, Kindertonträger-Prod., Geschäftsf. Kulturkr. Hasselburg. 1270 Hörsp. f. Kinder - 106 Gold. Schallpl., 8 Platin-Pl. - Spr.: Engl., Franz., Ital., Span.

KÖRTING, Wolfgang

Dr. rer. nat. (habil.), Wiss. Rat, Prof. f. Fischkrankheiten Tierärztl. Hochsch. Hannover (s. 1977) - Hitzackerweg 3a, 3000 Hannover 61 - Geb. 15. Juni 1940 Aussig/Böhmen (Eltern: Ernst (Prokurist) u. Emilie K.), kath. - Gymn. Wetzlar; 1961-68 Univ. Frankfurt u. München (1965) - Zul. Assist. u. Doz. Univ. München - Spr.: Engl., Franz.

KÖSEL, Edmund

Dr. phil., Prof. f. Schulpädagogik PH Freiburg - Spittelhofstr. 42, 7811 St. Peter/Br.

KÖSER, Reinhard

Verlagsgeschäftsf. (Nordwest-Zeitung) - Peterstr. 28-34, 2900 Oldenburg/O. - Geb. 9. Febr. 1938.

KÖSSEL, Hans

Dr. rer. nat., Prof. f. Molekulare Biologie (s. 1973) - Bachmättle 8, 7801 Stegen-Wittental/Br. - Geb. 20. Dez. 1934 Landsberg/Lech, kath., verh. s. 1959 m. Inge, geb. Heydkamp, 3 Kd. (Sabine, Hans-Ekkehard, Wolfram) - Stud. Chemie Univ. München; Dipl. 1960, Promot. 1962; Habil. 1969 - MPI f. Biochemie München, Enzyme Research Inst. Madison (USA), Univ.Inst. f. Biol. III Freiburg (1967ff.) - Forsch.arb. z. chem. Nucleinsäuresynthese, genet. Code, Sequenzanalyse v. Nucleinsäuren u. Molekularbiol. d. Pflanzen - BV: Molek. Biol., 2. A. 1973; Lexikon d. Biochemie, 1978; Lexikon d. Biol., 1983. Zahlr. Fachaufs. Manuskripte f. Rundf. u. Ferns. - Mitgl. d. EMBO, d. Ges. f. Biolog. Chemie u. d. Ges. f. Genetik - Spr.: Engl.

KÖSSEL, Karl

Dr. jur., Generaldirektor i. R. d. Volkswohl-Bund Versicherungen - Dahmsfeldstr. 58, 4600 Dortmund 50 (T. 731610) - Geb. 23. Sept. 1917 - Stud. Univ. Berlin, Erlangen, München - Ehrenbeirat Zentrale zur Bekämpfung unlauteren Wettbewerbs Frankfurt/M.; Handelsrichter b. Landgericht Dortmund; Beiratsmand. - Westf. Industrieklub.

KÖSSLER (ß), Henning

Dr. phil., o. Prof. f. Philosophie Univ. Erlangen-Nürnberg/Erziehungswiss. Fakultät (s. 1969) - Sophienstr. 95, 8520 Erlangen (T. 2 72 42) - Geb. 27. April 1926 Braunschweig (Vater: Dr. Hans K.), verh. m. Ingeborg, geb. Engert-Köbler, 3 Kd. - Univ. Göttingen (Phil., German., Theol.) - S. 1964 Univ.bereich Erlangen (u. a. ao. Prof. PH) Bücher u. Fachaufs.

KÖSSLING, Friedrich-Karl

Dr. med., Prof., Direktor Pathol. Inst./ Zentralkrkhs. Bremen - St.-Jürgen-Str., 2800 Bremen - Lehrtätigk. Univ. Göttingen (Prof. f. Allg. Pathol. u. Pathol. Anat.).

KÖSTER, Alfons

Prof., Ordinarius f. Kunsterziehung (emerit.) - Roonstr. 71, 5000 Köln 1 - Zul. PH Rhld./Abt. Köln.

KOESTER, Berthold

Dr. jur., Prof. f. Intern. Wirtschaftsrecht, Honorarkonsul d. Bundesrep. Deutschl. f. Arizona (USA) - Equestrian Manor, 6201 East Cactus Road, Scottsdale, Arizona 85254/USA (T. 602 - 952-91 00) - Geb. 30. Juni 1931 Aachen (Vater: Dr. Wilhelm K., Medizinaldir.; Mutter: Margarete, geb. Witteler), kath., verh. s. 1961 m. Hildegard, geb. Büttner, 3 S. (Georg, Wolfgang, Reinhard) - 1951-54 Stud. Univ. Marburg u. Münster (Recht, Volksw., Phil., Kunst, Sprachen); 1. jurist. Staatsprüf. 1955, Promot. 1957 Münster, 2. jurist. Staatsprüf. 1960, Fachanw. f. Steuerrecht 1969; 1978-80 Stud. US-Verfass.-, Wirtsch.- u. Grundstücksrecht Univ. Arizona; Lizenz (Arizona Real Estate License) 1981 - 1957-60 Assist. Univ. Münster; 1960 Rechtsanw. Düsseldorf; 1960-64 Syndikus J. H. Vogeler & Co. KG u. 1964-70 Dir. Bankhaus Waldthausen & Co., Düsseldorf; 1970-82 Anwalt (f. Intern. Wirtschafts-, Ges.- u. Steuerrecht), ab 1979 in Phoenix, Arizona; 1978-81 Prof. f. Intern. Wirtschaftsrecht Amerik. Hochsch. f. Intern. Management Glendale, Arizona; 1981ff. Präsident Arizona Import-Export-Agentur u. Partner Applewhite, Laflin & Lewis, Real Estate Investments, Phoenix, Arizona; s. 1982 Honorarkonsul BRD Arizona. S. 1960 div. Ehrenämter u. Veröff. - Liebh.: Kunstgesch., Jagd - Spr.: Engl., Franz., Span. - Lit.: Intern. Nachschlagewerke.

KÖSTER, Hans

Verlagsbuchhändler, Inh. Verlag Karl Robert Langewiesche Nachf. Hans Köster (b. 1973), Königstein (D. Blauen Bücher, Langewiesche-Bücherei) - Am Grünen Weg 3, 6240 Königstein/Ts. (T. 21426) - Geb. 19. Sept. 1902 Halver/W. (Vater: Hermann K., Buchhändler; Mutter: Emma, geb. Siebel), ev., verh. in 2. Ehe (1944) m. Lieselott, geb. Cleppien, 4 Kd. (Hans-Curt, Peter-Tilmann, Klaus-Michael, Kersti-Susanne) - Reform-Gymn. Betzdorf-Kirchen; Buchhändlerlehre Kassel (Ernst Röttgers Buchhandl.) - S. 1956 Inh. Langewiesche - BV: Buch u. Leben; D. Buchhandel in Dtschl. (Paris, 1932).

KOESTER, von, Hans-Georg

Ministerialdirigent a.D., Rechtsanwalt, Präs. Ges. f. öfftl. Wirtschaft (s. 1984) - Postfach 20 07 51, 5300 Bonn 2 (T. 8 44-0) - Geb. 7. Mai 1922 Wiesbaden (Vater: Hans v. K., Oberstlt., Kaufm.; Mutter: Hedwig, geb. Kullmann), ev., verh. s. 1954 m. Monika, geb. Prange, Sohn Hans-Konrad - Kriegsdst. 1939-45 (zul. Hauptm.); Univ. Frankfurt, Mainz (Rechts- u. Wirtsch.wiss.). 1952 gr. jurist. Staatsprüf. Frankfurt. - 1952-56 Syndikusanwalt Verein. Seidenwebereien AG, Krefeld; 1956-57 u. 1961-64 Ref. Bundesmin. f. Wirtsch.; 1957-61 u. 1964-69 Ref., dann Gruppenleit. Bundeskanzleramt, 1970-87 Vorst. Industrieverw.ges. AG, Bonn 2, s. 1970 Vors. u. Mitgl. mehrerer Aufsichtsräte, s. 1980 Vors. dt. Sektion, s. 1982 Vizepräs. Europ. Zentralverb. d. öffti. Wirtsch. (CEEP) - Liebh.: Gesch., Reiten - Spr.: Engl., Franz. - Bek. Vorf.: Großadmiral Hans v. K. (Großv.).

KÖSTER, Heinrich

Dr. rer. nat., Prof. f. Mineralogie - Bahnhofstr. 40, 8011 Neubaldham/Obb. - S. 1970 Wiss. Rat u. Prof. bzw. Prof. (1978) TU München.

KÖSTER, Heinz

Dr. jur., Generaldirektor, Vors. d. Geschäftsltg. d. Zürich Versicherungs-Gruppe in Dtschl., Hauptbevollm. d. Zürich Versicherungs-Gesellsch., Frankfurt/M. u. d. Vita Lebensversich.-AG, Frankfurt/M., Vorst.-Vors.: Deutsche Allg. Versich.-AG, Frankfurt/M., Zürich Kautions- u. Kreditversich.-AG, Frankfurt/M., Zürich International (Deutschl.) Versich.-AG, Frankfurt/M., AR-Vors. Zürich Rechtsschutzversich.-AG, Frankfurt/M. - Mainblick 3, 6240 Königstein-Falkenstein - Geb. 2. Juli 1931 Köln, verh. m. Maria-Katharina, geb. v. Thurn u. Taxis, 3 Kd. (Jürgen, Irene, Klaus) - Stud. d. Rechtswiss. Gr. jur. Staatsprüf.

KÖSTER, Heinz

Geschäftsf. Manusaar/Saarl. Metallwarenind. GmbH., Gf. Diehl & Eagle Picher GmbH., bde. Saarbrücken-Bübingen - 6601 Saarbrücken-Bübingen - Geb. 7. Dez. 1919.

KOESTER, Helmut

Dr. med., Prof., Direktor Frauenklinik/ Städt. Kliniken Dortmund - Beurhausstr. 40, 4600 Dortmund 1 - Geb. 25. Aug. 1928 Münster - Promot. 1954 Marburg - S. 1967 (Habil.) Privatdoz. u. Honorarprof. (1971) Univ. Gießen, apl. Prof. (1986) Univ. Münster (Geburtsh. u. Frauenheilkd.). Üb. 100 Veröff. - 1978/79 Vors. Nordrh.-Westf. Ges. f. Gynäk. u. Geburtsh., 1980/84 Vorst.-Mitgl. Dt. Ges. f. Gynäk. u. Geburtsh.

KOESTER, Hermann

Wirtschaftsingenieur, Wirtschaftsberater BVW, övb Sachverständiger BVS, Bewertung industrieller Anlagen u. BU. Schäden - Bargkoppel 18, 2000 Norderstedt (T. 040 - 5226227) - Geb. 29. Sept. 1917.

KÖSTER, Jens-Peter

Dr. phil., M.A., Prof. f. Angew. Sprachwissenschaft (Phonetik) Univ. Trier - Tarforst, 5500 Trier/Mosel; priv.: Zur Kopp 28, 6643 Perl/Saarl. - Geb. 29. April 1942 Magdeburg (Vater: Werner K., Kunstmaler; Mutter: Nice, geb. Brünjes), verh. s. 1969 m. Nicole, geb. Ehlinger, T. Stéphany - 1969-74 Wiss. Assist. Univ. Hamburg; s. 1974 Univ. Trier, Prof. f. Angew. Sprachwiss. (Phonetik) - BV: Historische Entwicklung von Syntheseapparaten, 1973; Köster et alii (Hrsg.): Hamburger Phonet. Beitr., 1972-85; Beitr. z. Phonetik u. Linguistik, 1985ff.; Speech Communication, 1982ff.

KÖSTER, Klaus

Dipl.-Volksw., Geschäftsf. Verb. Dt. Küstenschiffseigner (s. 1972) - Große Elbstr. 36, 2000 Hamburg 50 (T. 313435); priv.: Fasanenweg 1c, 2000 Wedel (T. 5681) - Geb. 30. Okt. 1942 Pinneberg (Vater: Nikolaus Heinrich K.; Mutter: Irmgard, geb. Jessen), verh. m. Barbara, geb. Kenter - Univ. Hamburg, Kiel (Dipl. 1969).

KOESTER, Lothar

Dr. rer. nat., Prof., chem. Techn. Direktor Reaktorstation Garching TU München (Extraord.) - Max-Planck-Str. 53, 8046 Garching/Obb. - Geb. 19. Okt. 1922 Essen - Promot. 1953 - S. 1970 (Habil.) Lehrtätigk. TU München (Prof. f. Experimentalphysik). Üb. 60 Fachveröff.

KÖSTER, Peter E.

Geschäftsf. Emil Köster GmbH. - Emil-Köster-Str. 1, 2350 Neumünster/Holst. - Geb. 28. Nov. 1935 Neumünster.

KÖSTER, Rolf

Dr. rer. nat., Prof. f. Geologie - Fridtjof-Nansen-Weg 8, 2300 Kiel (T. 587660) - Geb. 31. Mai 1929 Plön - S. 1961 (Habil.) Lehrtätigk. Univ. Kiel (1967 apl. Prof.). Üb. 40 Fachveröff.

KÖSTER, Thomas

Dipl.-Volksw., Dr. rer. pol., Geschäftsführer Handwerks-Nordrh.-Westf. Handwerkerbund Düsseldorf - Breite Str. 7-11, 4000 Düsseldorf 1 - Geb. 28. Okt. 1946 Menden/Sauerland, kath., verh. s. 1972 m. Beate, geb. Schlombs, 3 Kd. - Stud. Univ. Köln - Stv. Hauptgeschäftsf. Handwerkskammer d. Reg.bez. Düsseldorf - BV: D. Entw. kommunaler Finanzsysteme am Beisp. Großbrit., Frankreichs u. Deutschl. 1790-1980, 1984 - 1988 BVK am Bde.

KÖSTER, Udo

Dr. phil., Prof. f. Neuere Dt. Literaturwissenschaft - Baumkamp 57, 2000 Hamburg 60 - S. 1977 Univ. Hamburg.

KOESTER, Ulrich

Dr. rer. pol., o. Prof., Hochschullehrer Agrarökonomie - Manrade 15, 2300 Kiel (T. 0431 - 3 46 61) - Geb. 20. Mai 1938 Elbing (Vater: Egon Koester, Landwirt; Mutter: Paula, geb. Fähndrich), ev., verh. s. 1969 m. Ute, geb. Kleinert - 3 Kd. (Wolfram, Almut, Janna) - Stud. Landw., Volksw. - Dipl.-Landwirt, 1962 (Stuttgart-Hohenheim); Dipl.-Volksw. 1965 (Göttingen), Dr. rer. pol. 1968, Habil. 1971 - Wiss. Assist. 1965-71; Rat u. Prof., 1971-78 Univ. Göttingen - 1978 o. Prof. Univ. Kiel, 1968/69 Visiting Scholar Univ. Kalifornien, Berkeley USA, 1974 Gastprof. Econ. Department Buffalo USA, 1977/78 Gastprof. Nairobi/Kenya; 1981-86 Visiting Research Fellow, IFPRI Washington, D.C. USA; s. 1981 Mitgl. Wiss. Beir. b. Bundesmin. f. Ernähr., Landw. u. Forsten - BV: Allg. Analyse d. Nachf. nach Nahrungs- u. Genußmitteln, 1968; Sektorale Preisentwickl. u. Geldwertstabilität, 1974; Alternat. d. Agrarpolitik (m. S. Tangermann), 1976; EG. Agrarpolit. in d. Sackgasse, 1977; Milchpreissenk. u. Einkommensübertrag., (m. C.-H. Hanf) 1980; Nutzen-Kosten-Unters. forstw. Zus.schlüsse, (m. D. Brabänder u. W. Hodapp) 1980; Grundzüge d. Landw. Marktlehre, 1981; Agrarwirtsch. u. Agrarpolitik in e. erweit. Gemeinschaft (m. R. v. Alvensleben u. H. Storck), 1981; Policy Options for The EC Grain Economy of the European Community: Implicat. f. Develop. Countries, 1982; Regional Cooperation to Improve Food Security in Southern and Eastern African Countries. Research Report No. 53. Intern. Food Policy Research Inst., 1986; The EC-ACP Convention of Lomé. (Forum No. 13), 1987 (m. R. Herrmann) - Liebh.: Zeitgesch., Reisen - Spr.: Engl.

KÖSTER, Uwe

Dr. rer. nat., Prof. f. Werkstoffe u. Korrosion Univ. Dortmund - Auf dem Backenberg 13, 4630 Bochum (T. 70 60 50) - Geb. 14. März 1941 Reinbek b. Hamburg (Vater: Herbert K.; Mutter: Johanna, geb. Belusa), ev., verh. s. 1969 m. Doris, geb. Klatt, 2 T. (Vera, Anna-Christina) - Gymn. Celle; Univ. Göttingen (Physik); Promot. 1971 - 1969-80 Wiss. Assist., Akad. Rat u. Oberrat Inst. f. Werkst. Ruhr-Univ. Bochum; 1976/77 IBM Res. Center Yorktown Heights/USA; s. 1981 Prof. Univ. Dortmund Abt. Chemietechnik - 1975 Masing-Preis Dt. Ges. Metallkd. - Liebh.: Genealogie, Reisen.

KÖSTER, Wilhelm

Ing., Direktor - Hagemer Kirchweg 11, 4354 Datteln/W. - Geb. 22. Aug. 1922 - Vorstandsvors. Lohmann & Stolterfoht AG., Witten; Geschäftsf. G. L. Rexroth GmbH., Lohr.

KÖSTER-PFLUGMACHER, Annelore

Dr. rer. nat., Prof., Wiss. Rätin Lehrgebiet Anorgan. Chemie u. Elektrochemie u. Inst. f. Anorgan. Chemie TH Aachen - Kolpingweg 2, 4018 Langenfeld/Rhld. (T. 1 53 73) - Geb. 19. März 1919 Königsberg/Pr., verh. - S. 1953 (Habil.) Lehrtätigk. Aachen (1960 apl. Prof. f. Anorgan. u. analyt. Chemie). Fachveröff. Übers.: A. Pflugmacher, Qualitative Schnellanalyse d. Kationen u. Anionen nach G. Charlot (3. A. 1961).

KÖSTERS, Hans Georg

Journalist, Redaktionsleit. Neue Ruhr Zeitung (NRZ) Essen (b. 30.04.1989). Ab Mai 1989 eigenes Redaktionsbüro, Kronprinzenstr. 13, 4300 Essen 1; priv.: Lührmannwald 23, 4300 Essen (T. 0201 - 71 26 04) - Geb. 18. Jan. 1924 Duisburg (Vater: Wilhelm K., Schriftst.; Mutter: Katharina, geb. Utsch), kath., verh. s. 1948 m. Gerde, geb. Hoppe, Sohn Volker - Abit. - 1945-47 Deutschlehrer an engl. Schulen, Übers., Dolmetscher; s.

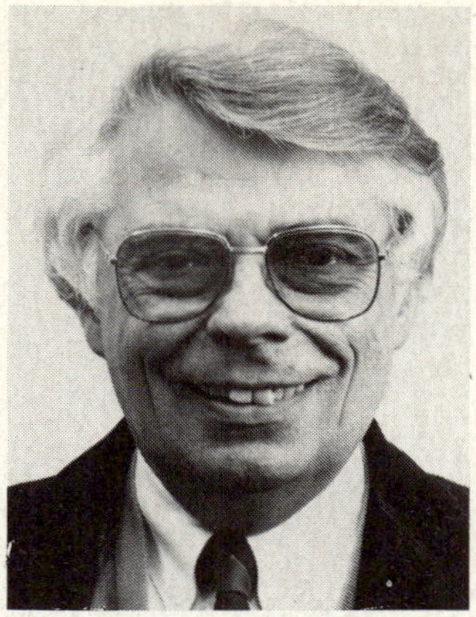

1948 Journ., 1952-89 Redaktionsleit. - BV: d. stadt, 1980 (m.a.); Margarethenhöhe, 1981; Essen Stunde Null, 1982; D. Aufsteiger, 1988 - 1972/73 Theodor-Wolff-Preis, 1982 Karl-Brunner-Preis - Liebh.: Lit. - Spr.: Engl.

KÖSTERS, Josef

Dr. med. vet., Prof., Fachtierarzt f. Geflügel, Inh. Lehrst. f. Geflügelkd., Leit. Inst. f. Geflügelkrankh. Univ. München - Erlenweg 8, 8042 Oberschleißheim (T. 089 - 315 36 86).

KÖTHNER, Johannes

Geschäftsführer Stadtwerke Soltau GmbH - Weinberg 46, 3040 Soltau/Nds.; priv.: Am schwarzen Busch 26 - Geb. 14. Mai 1929 Dresden.

KÖTSCHER, Edmund

Komponist - Xantener Str. 15, 1000 Berlin 15 - Geb. 17. April 1909 - Zahlr. Werke z. Unterhaltungs- u. Tanzmusik (u. a. Liechtensteiner Polka).

KOETSIER, Jan

Prof., Dirigent u. Komponist - Unterkagn 1, 8251 Heldenstein (T. 08082 - 247) - Geb. 14. Aug. 1911 Amsterdam (Vater: Jan Koetsier-Muller, Lehrer f. Atem- u. Sprechtechnik; Mutter: Jeanne, geb. Muller, Sängerin), verh. s. 1964 m. Margarete, geb. Trampe - 1927-33 Musikhochsch. Berlin - 1942-49 II. Dir. Concertgebouw, Amsterdam; 1950-66 Dir. Bayer. Rundfunk, München; 1966-1976 o. Prof. Musikhochsch. München; s. 1976 freischaff. Komponist. Orchesterw. (Symphonien, Konzerte, spez. f. Bläser, Suiten), Kammermusik, Orgelw., Klavierst., Lieder, Oper Franz Hals, Ballett Demeter, Orat. D. Mann Lot.

KOETSU, Brigitte

s. Baumgardt, Brigitte

KÖTTER, Franz-Josef

Dr. theol., Lic. phil., Prof., Dozent f. Kath. Religionspädagogik u. Methodik d. kath. Relitionsunterr. Päd. Hochsch. Nieders./Abt. Vechta - Georg-Reinke-Str. 5, 2848 Vechta/Oldbg. (T. 3609).

KÖTTER, Ingrid

Autorin - Waldhäuser Str. 73, 7400 Tübingen (T. 07071-6 70 11) - Geb. 23. Juni 1934 Hagen, ev., verh. s. 1959 m. Helmut K., Dipl.-Ing., 2 T. (Ina, Anne) - Lehre Großhandelskaufm. (Prüf. 1953 Hagen) - Sekretärin im Personalwesen - Autorin v. Kinderb., Drehb. u. Hörsp. - BV: Alle sagen Neuer zu mir, 1978; Manchmal bin ich nachts e. Riese, 1983; Kroko b. Zahnarzt, 1984; V. Supereltern kannst du träumen, 1985; D. Platzda, 1986; Für 20 Pfennig Bildsalat, 1987.

KÖTTING, Bernd

Journalist, Herausg. u. stv. Chefredakt. Münchner Merkur (1983ff.) - Nimrodstr. 8, 8035 Gauting/Obb. (T./MM: 089 - 5 30 60) - Geb. 12. April 1938 Twist/W. (Vater: Hermann K., Kaufm.; Mutter: Helena, geb. Wolken), kath., verh. s. 1966 m. Christa, geb. Ehm, 2 Kd. (Jens, Eva-Julia) - Abit. 1960 Meppen; Staatsex. 1964 Münster - 1965 Redakt.; 1966 Ressortleit.; 1969 stv. Chefredakt. - Spr.: Engl.

KÖTTING, Bernhard

Dr. theol., em. o. Prof. f. Alte Kirchengeschichte, Christl. Archäol. u. Patrol. - Theresiengrund 24, 4400 Münster/W. (T. 8 14 44) - Geb. 29. März 1910 Stadtlohn/W., kath. - Gymn. Paulinum Münster; Univ. ebd., Freiburg, Bonn - 1934 Seelsorge, 1945 Studentenpfarrer, 1948 Privatdoz., 1951 o. Prof. u. Seminardir. Univ. Münster (1960/61 u. 1967/68 Rektor). Mitgl. Histor. Kommiss. Westfalens (1960) u. Arbeitsgem. f. Forsch. d. Ld. NRW (1964). 1974/75 Vors. d. Konfz. d. Akad. in d. BRD; 1977-86 Vors. Patrist. Kommiss. Dtschl. - BV: Peregrinatio religiosa, Wallfahrten in d. Antike u. im frühen Christentum, 1951; D. frühchristl. Reliquienkult u. d. Bestattung im Kirchengebäude, 1965; D. Zölibat in d. Alten Kirche, 1968; Toleranz u. Religionsfreiheit, 1977; Ecclesia peregrinans, Ges. Aufs. 1987 - 1963 Päpstl. Hausprälat; 1964 korr., 1970 o. Mitgl. Dt. Archäol. Inst.; Mitgl. Zentraldir.; 1964 o. Mitgl. Rhein.-Westf. Akad. d. Wiss., Düsseldorf (b. 1972 Sekr., 1972-75 Präs.), s. 1973 Domkapitular; 1984 Gr. BVK m. Stern; 1986 VO Land Nordrh.-Westf. - Lit.: Festschr. Pietas u. Philoxenia z. 70. Geb. (1980).

KÖTTNITZ, Werner

Dr.-Ing., Fabrikant, pers. haft. Gesellsch. u. Geschäftsf. Andreas Hofer Hochdruckapparatebau KG, Mülheim/R. - Robert-Koch-Str. 9, 4330 Mülheim/Ruhr (T. 0208 - 37 40 27) - Geb. 25. Aug. 1913 Düsseldorf - Spr.: Engl. - Rotarier.

KÖTZ, Hein

Dr. jur., Prof., Direktor Max-Planck-Institut f. ausl. u. internat. Privatrecht (s. 1979) - Mittelweg 187, 2000 Hamburg 13 (T. 040 - 4 12 71) - Geb. 14. Nov. 1935 Schneidemühl (Vater: Dipl.-Landw. Karl K.; Mutter: Dorothea, geb. Matthée), ev., verh. s. 1962 m. Gertrud, geb. Schrewe, 3 Kd. (Franziska, Jonas, Ulrike) - Promot. 1962; Master of Comp. Law 1963 Ann Arbor, Mich.; Habil. 1971 - 1973-75 Prorektor Univ. Konstanz, 1982-84 Mitgl. Wissenschaftsrat; s. 1986 Vizepräs. Dt. Forschungsgemeinsch., Gast Univ. Chicago, Tel Aviv, Uppsala - BV: Trust u. Treuhand, 1963; Einf. in d. Rechtsvergleichung, 2. A. 1984 (m. Zweigert); Deliktsrecht, 4. A. 1988 - 1976 Gold. Sportabz. - Spr.: Engl., Franz.

KOEVE, Eberhard

Dipl.-Volksw., Geschäftsführer a.D. Bundesverb. d. Dt. Stahlhandels/Gruppe Süd - Lindenstr. 53, 6239 Kriftel/Taunus.

KÖVES-ZULAUF, Thomas

Dr. phil., Prof. f. Klass. Philologie Univ. Marburg - Vogelsbergstr. 15, 3550 Marburg - Geb. 8. Aug. 1923 Kalazno (Ungarn) - Stud. Budapest, Heidelberg, Zürich; Promot. 1946 Budapest; Habil. 1969 Marburg - Fosch.aufenthalte: Wien, Brüssel - S. 1971 Prof., 1972/73 u. 1980/81 Dekan; s. 1983 Korr. Mitgl. d. Soc. Hongroise d. Etudes Classiques - BV: Reden u. Schweigen. Plinius Maior üb. röm. Religion, 1972; Plinius d. Ältere u. d. röm. Religion. Aufstieg u. Niedergang d. röm. Welt II 16.2, 1978; Kl. Schr., 1988; Röm. Geburtsriten, 1989.

KOFFKE, Horst

Vorsitzender Arbeiterwohlfahrt d. Stadt Berlin - Hallesches Ufer 32-38, 1000 Berlin 61.

KOFLER, Leo

Dr. phil., Prof., Publizist - Lassallestr. 44, 5000 Köln-Mülheim - Geb. 26. April 1907 Chocimierz/Polen (Vater: Marcus K.; Mutter: Minna, geb. Weissmann), verh. in 2. Ehe (1951) m. Ursula, geb. Wieck - Univ. Wien. Promot. u. Habil. Halle/S. - Univ.sprof. (1947-51 Halle), s. 1971 Univ. Bochum (1974 Honorarprof.) - BV: Menschlichk. - Freiheit - Persönlichkeit, 1952; D. Fall Lukács, 1952; Marxismus u. Sprache, 1952; D. soziale Werden d. Gegenwart, 1954; Perspektiven d. sozialist. Humanismus, 1954; Gesch. u. Dialektik, 1955; Marxist. u. eth. Sozialismus, 1955; D. beiden Eliten zw. Nihilismus u. Humanismus, 1959; Staat, Ges. u. Elite zw. Humanismus u. Nihilismus, 1960; D. drei menschl. Probleme d. 20. Jh.s u. d. Problem d. Bildung, 1960; D. Ende d. Phil., 1961; Z. Theorie d. mod. Lit., 1962; D. proletar. Bürger, 1964; D. asket. Eros, 1967; Abstrakte Kunst u. absurde Lit., 1970; Stalinismus u. Bürokratie, 1970; D. Wiss. v. d. Ges., 1971; Technol. Rationalität, 1971; Dialektik u. Kultur, 1972; Aggression u. Gewissen, 1972; Soziol. d. Ideologischen, 1975.

KOFLER, Werner

Schriftsteller - Hetzgasse 8/24, A-1030 Wien - Geb. 23. Juli 1947 Villach/Kärnten - BV: Analo u. a. comics, 1973; Örtl. Verhältnisse, Lyrik/Prosa 1973; Guggile - V. Bravsein u. d. Schweinigeln, 1975; Ida H. - E. Krankengesch., Erz. 1978; Aus d. Wildnis, Erz. 1980; Konkurrenz, R. 1984; Amok u. Harmonie, Erz. 1985 - Div. Ausz., dar. 1976 Theodor-Körner-Preis, 1978 Andreas-Reischek-Preis, 1980 Bremer Förderpreis f. Lit., 1983 Prix Futura Berlin.

KOFRÁNYI, Ernst

Dr. tech., Dipl.-Ing., Chemiker, Ernährungsphysiologe - Tauberstr. 14, 8372 Lindberg - Geb. 27. Dez. 1908 Prossmeritz (Mähren) (Vater: Dr. Adolf K.; Mutter: Anna, geb. Gottlieb), kath., verh. s. 1944 m. Dr. med. Guste, geb. Poisel, T. Adelheid Elling - 1927-32 TH Brünn; Promot. TH Prag 1932-35 - 1939-74 MPI f. Ernährungsphysiol. Dortmund. Langfr. Ernährungsversuche am Menschen, z.T. Selbstversuche. Publ. z. physiol. Chemie - BV: D. Nahrungsbedarf d. Menschen (m. a.); Einfl. in d. Ernährungslehre, 1960, 9. A. 1980 - 1978 Ritter v. Gerstner-Med. Sudetend. Landsmannsch.; 1983 Ehrenmitgl. Dt. Ges. f. Ernähr., Gießen, u. Ehrenmitgl. Österr. Ges. f. Ernährungsforsch., Ernst-Kofrányi-Med. Akad. f. Ernährungsmed. u. Diätetik Göttingen.

KOGGEL, Hans-Josef

Kaufm. Angestellter, MdL Rhld.-Pfalz - Im Geispfad 26, 5401 Kobern-Gondorf - Geb. 30. Juli 1937 - CDU.

KOGLIN, Hans-Jürgen

Dr.-Ing., Dipl.-Ing., Prof. f. Energieversorgung Univ. d. Saarlandes, Saarbrücken (s. 1983), Vizepräs. f. Forsch. Univ. d. Saarl. (s. 1988) - Eschberger Weg 115, 6600 Saarbrücken (T. 0681 - 81 79 38) - Geb. 16. März 1937 Porst (Vater: Walter K., kaufm. Angest.; Mutter: Marie, geb. Jeske), ev., verh. s. 1965 m. Erika, geb. Wink, 2 Kd. (Anne, Ebba) - Stud. TH Darmstadt; Dipl.ex. 1964; Promot. 1971; Prof. TH Darmstadt (1972-83) - Spr.: Engl.

KOHDE-KILSCH, Claudia

Tennisprofi, Siegerin Damen-Doppel Wimbledon 1987 (m. Helena Sukova) - 6600 Saarbrücken - Geb. 11. Dez. 1963 Saarbrücken.

KOHL, Hans-Rudolf

Dipl.-Volksw., Bankdirektor i. R., Geschäftsführer (Verkauf) bhh-Immobilien GmbH, Hannover - Landschaftstr. 8, 3000 Hannover 1; priv.: Am Lindenhofe 6, 3000 Hannover 81 - Geb. 15. Nov. 1929 Stendal/Altm.

KOHL, Helmut

Dr. phil., Dr. h.c., Bundeskanzler (s. 1982), Vorsitzender CDU, MdB s. 1976 - Bundeskanzleramt, Adenauerallee 139-141, 5300 Bonn, u. Marbacher Str. 11, 6700 Ludwigshafen/Rhein-Oggersheim - Geb. 3. April 1930 Ludwigshafen (Vater: Hans K.; Mutter: Cäcilie, geb. Schnur), kath., verh. m. Hannelore, geb. Renner, 2 Söhne (Walter, Peter) - Oberrealsch. L'hafen; Univ. Frankfurt, Heidelberg

(Rechts-, Staatswiss., Gesch.; Promot. 1958) - Kaufm. Angest. 1954-61 stv. Landesvors. Jg. Union Rhld.-Pf.; 1959-76 MdL, 1961-63 stv., 1963-69 Fraktionsvors.; 1969-76 Ministerpräs. Rhld.-Pf. CDU s. 1947 (1966 Landes-, 1969 stv., 1973 Bundesvors.); s. 1976 MdB (b. 1982 Vors. CDU/CSU-Bundestagsfrakt.) - 1970 Gr. BVK, 1975 Stern u. Schulterbd. dazu, 1979 Großkreuz VO d. Bundesrep. Dtschl., VO Land Rhld.-Pfalz, 1980 Buber-Rosenzweig-Med. u. Ehrenring d. Dt. Handwerks, 1986 Robert-Schuman-Med. EVP-Fraktion; 1989 Ehrendoktor Univ. Boston - Lit.: Frank Hermann, H. K. - v. Kurfürst z. Kanzler, 1976; Wolfgang Wiedemeyer, H. K. - Porträt e. dt. Politikers, 1976; Klaus Hofmann, H.K. - Kanzler d. Vertrauens, 1984; Werner Filmer/Heribert Schwan - Helmut Kohl, 1985 - Liebh.: Bücher (Biogr.), Musik (Vivaldi, Bach u. a.), Wandern, Schwimmen.

KOHL, Horst

Dr. rer. pol., Dipl.-Volksw., Hauptgeschäftsf. d. Hauptverbandes d. Papier, Pappe u. Kunststoffe verarb. Industrie (HPV) e. V. (s. 1974), Generaldelegierter d. Intern. Komitees d. Verarb. v. Papier u. Pappe - Gruppe EG - (s. 1974), Geschäftsf. Fachverb. Geschäftsbücher-, Organisationsmittel- u. Lernmittel-Industrie e. V. (s. 1973), Geschäftsf. Fachvereinig. d. deutschen Kartonagen-Industrie e. V. (FKI) s. 1978 - Myliusstr. 25, 6000 Frankfurt/M. 1 - Geb. 23. März 1937 Hagen, ev., verh. s. 1964 m. Bärbel, geb. Zentner - Stud. d. Wirtsch.s-wiss. Tübingen. Dipl.-Volksw. 1961; Promot. 1968 Tübingen - 1960-68 Vortragstätigk. f. d. Arbeitsgem. D. Bürger im Staat; 1963-68 Wiss. Assist. Univ. Tübingen; 1967-68 Lehrauftr. Univ. Tübingen u. Wirtschafts- u. Verwalt.sakad. Stuttgart; 1969 Geschäftsf. HPV - BV: D. Koordinierung d. Konjunkturpolitik unter bes. Berücksicht. d. BRD, 1968 - Liebh.: Tennis, Sammeln alter u. mod. Grafik - Spr.: Engl.

KOHL, Josef

Dr. phil., Prof., Indologe - Seelbergstr. 2, 8700 Würzburg (T. 56714) - Geb. 22. Juli 1908 Katzengrün/Tschechosl. - S. 1940 (Habil.) Lehrtätigk. Univ. Bonn, Prag (1943), Würzburg (1948; 1957 apl. Prof.). Fachveröff.

KOHL, Karl-Heinz

Dr. phil., M. A., Univ.-Prof. f. Ethnologie, Inst. f. Ethnologie u. Afrika-Studien, Univ. Mainz - Postf. 39 80, 6500 Mainz (T. 06131 - 39 27 98) - Geb. 24. Nov. 1948 Fürth/Bay., ev., verh. s. 1976 m. Marita K.-Leitges, 2 Kd. - 1968-70 Stud. Religions- u. Geistesgesch., Phil. u. Gesch. Erlangen, Religionswiss., Ethnol. u. Gesch. FU Berlin; M.A. 1975, Promot. 1980, Habil. 1986; Forsch.aufenth. in Ost-Indonesien 1975, 83 u. 1986/87 - BV: Exotik als Beruf, 1979, 2. A. 1986; Entzauberter Blick, D. Bild v. Guten Wilden u. d. Erfahrung d. Zivilisation, 1981, 2. A. 1986; Abwehr u. Verlangen. Ess. z. Gesch. d. Ethnol., 1987. Herausg.: Mythen d. Neuen Welt (Ausst.katalog, 1982).

KOHL, Norbert

Dr. phil., Prof. f. Engl. Philologie Univ. Freiburg - Sophienstr. 12, 6000 Frankfurt am Main 90 (T. 069 - 77 73 44) - Geb. 23. Aug. 1939 Mainz-Gustavsburg, kath., gesch., S. Alexander - Abit. 1959; 1959/60 Wehrdst.; 1960-66 Stud. Engl. Philol., Roman. Philol. u. Phil.; 1. Staatsex. u. Promot. 1966; 2. Staatsex. 1968; Habil. 1979 Freiburg - BV: D. Wortspiel in d. Shakespeareschen Komödie, 1966; Bibl. f. d. Stud. d. Angl., Bd. I: Sprachwiss., 1970, Bd. III/1 u. 2 (m. Konrad Schröder), 1972-73; London, 1979; Oscar Wilde, 1980; zahlr. Aufs. u. Edit. u. a. zehnbd. Ausg. d. Werke v. Oscar Wilde

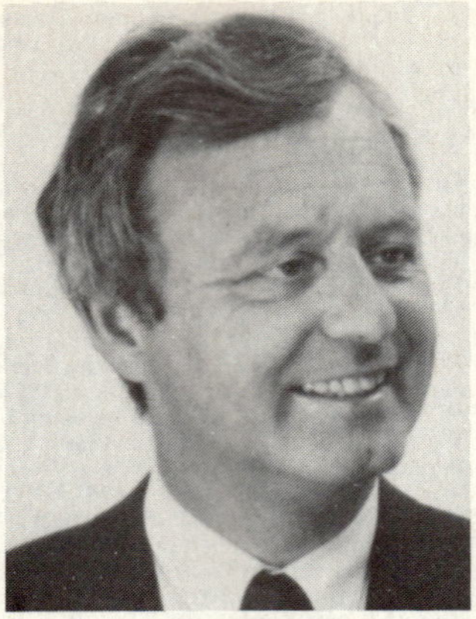

u. Mark Twain - Liebh.: Wandern, Tennis, Schach - Spr.: Engl., Franz.

KOHL, Wilhelm

Dr. phil., Honorarprof. Univ. Münster, Staatsarchivdirektor, Leiter Staatsarchiv Münster (1971-79), Universitätsarchivar 1978 - Uferstr. 12, 4400 Münster-Angelmodde (T. 02506 - 75 16) - Geb. 9. Dez. 1913 Magdeburg (Vater: Willy K., Kaufm.; Mutter: Augusta, geb. Rabe), ev., verh. s. 1942 m. Anna-Luise, geb. Preußker - Stud. d. Gesch., Roman. Univ. Halle u. Göttingen (Staatsex. f. d. Höh. Lehramt) u. Inst. f. d. Archivwesen Berlin (Staatsex. f. d. Höh. Archivdst.) - S. 1939 Höh. Archivdst., s. 1964 Lehrauftr. f. Westf. Landesgesch.; Vors. Histor. Kommiss. f. Westf., Mitarb. Max-Planck-Inst. f. Gesch. - BV: Rhein. Urkunden a. d. Gräfl. Landsbergischen Archiv, 1962; D. Notariatsmatrikel d. Fürstbistums Münster, 1962; Chr. Bernhard v. Galen. Polit. Gesch. d. Fürstbistums Münster 1650-78, 1964; Behörden d. Übergangszeit, 1964; Urkundenregesten u. Einkünfteregister d. Aegidii-Klosters, 1966; 150 J. Landkr. Steinfurt 1816-1966, 1966; D. Urkunden d. Stadtarchivs u. d. Klosters Maria Rosa in Ahlen, 1966; Schwesternhäuser n. d. Augustinerregel, 1968; Klöster d. Augustiner-Chorherren, 1971; D. schwed. Korrespondenzen 1645/46, 1971; Regesten aus d. Archiv d. Klost. u. Stiftes Wietmarschen, 1973; D. Damenstift Freckenhorst, 1975; Urkunden u. Regesten z. Gesch. d. Pfarrkirchen d. Stadt Ahlen, 1976; D. Soester Nequamb., 1980; Gesch. d. Stadt Ahaus, 1980; Akten u. Urkunden z. Außenpolitik Christoph Bernhards v. Galen, 1981; Das Domstift St. Paulus zu Münster, 1982/87 - Kriegsausz., BVK 1974 - Spr.: Franz., Engl., Russ.

KOHLBRECHER, Alfons

Vorstandsmitglied NKK Bank AG - Ihme-Passage 3-5, 3000 Hannover 91 - Geb. 12. Jan. 1922 Pye.

KOHLEISS, Annelies,

geb. Bergmann

Dr. rer. pol., Vorsitzende Richterin Landessozialgericht i. R. - Ringelnatzweg 10, 7000 Stuttgart 75 (T. 0711 - 47 10 52) - Geb. 12. Nov. 1919 Kaiserslautern, ev., verw., T. Claudia - Stud. Staatswiss., Rechtswiss.; Ex. Dipl. rer. pol., Dr. rer. pol.; 1. u. 2. jurist. Staatsex. - Vorst.-Mitgl. Dt. Frauenrat; Vors. Rechtsaussch. d. Ev. Frauenarbeit.

KOHLEN, Heinz-Günter

Dr. jur., Vorstandsmitgl. Orenstein & Koppel AG., Berlin/Dortmund (1981 Ruhest.) - Graf-Adolf-Str. 65, 5840 Schwerte/Ruhr - Geb. 24. Aug. 1920.

KOHLENBACH, Eugen

Dipl.-Volksw., MdL Nieders. (s. 1976) - Heinrich-Vogeler-Weg 74, 2862 Worpswede (T. 04792 - 78 27) - Geb. 15. Aug. 1930 Herne/Westf. - Vors. Aussch. f. Wiss. u. Kunst im Nieders. Landtag.

KOHLENBACH, Hans W.

Dr. rer. nat., Prof. f. Botanik - Feldbergstr. 46, 6000 Frankfurt/M. - Geb. 27. Juli 1925 Brühl - Promot. 1955 Bonn - S. 1965 (Habil.) Lehrtätigk. Univ. Frankfurt (1970 Honorarprof., 1971 Prof.) - Veröff. aus d. Bereich d. pflanzl. Entwicklungsphysiol., insbes. d. pflanzl. Zellkulturforsch.

KOHLENBERG, Karl Friedrich

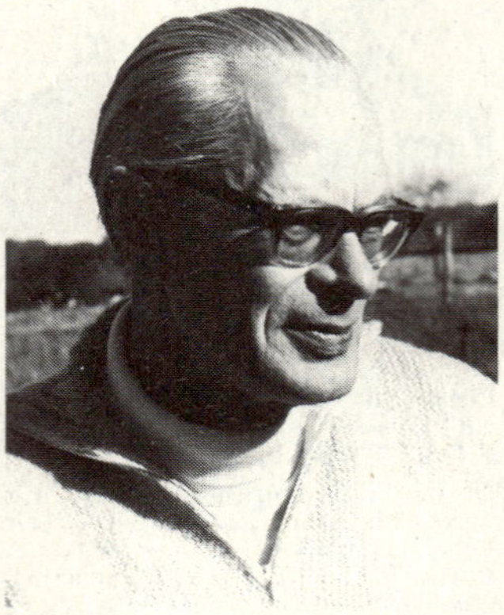

Schriftsteller (Ps. Benno Frank) - Johannisberg 100, B-4731 Eynatten (T. 003287 - 85 13 65) - Geb. 15. Aug. 1915 Berlin (Vater: Friedrich K., Kaufm., Reeder, Konsul; Mutter: Margarete, geb. Vorberg), verh. s. 1952 m. Uta, geb. Fell, 2 Kd. (Oliver, Melanie) - 1935-37 Buchhandelslehre, 1937ff. Ethnologiestud. - Landwirtsch., Seefahrt. 1945-48 Redakt. Aachener Nachr., 1959-62 D. Yacht, s. 1963 Lektor u. fr. Autor in Aachen u. Eynatten - BV: 77 Buchveröff.: Jugenderz., Reiseber., Sachb., Übers. a. d. Engl., Romane: D. Straße d. Vagabunden, Reiseerz. 1944 u. 1948; Ben Ali u. s. Herde, Jugenderz., 1963 (Friedr.-Gerstäcker-Pr. 1966); (1944-70 insgesamt 34 Bücher). Ab 1970: Enträtselte Vorzeit, Sachb. 1970 u. 81; Enträtselte Zukunft, Sachb. 1972; D. Gewässer um Dänemark, Führer f. Sportschiffer, 1972 u. 82; Sie fuhren hinaus auf See, Gesch. (Übers.) 1972; V. d. Kreuzzügen z. d. Kreuzfahrten (Übers.), 1972; Yachtsport in Bildern (Übers.), 1973; D. Kanal v. Den Helder b. Landsend, 1974 u. 81; Marco Polo, histor. Lebensbild, 1974; Alexander v. Humboldt, histor. Lebensb., 1975; Unter Rebellen, Erz. 1975; Sprung in d. Grüne Hölle, Erz. 1975; Schätze im Dschungel, 1975; M. versiegelter Order, R. 1975; Piratenjagd, Jugenderz. (Neuaufl.) 1976; Ich runde d. Kap, Jugendroman (Neuaufl.) 1976; Sven Hedin, histor. Lebensbild 1976; M. Geheimauftrag in See, Jugenderz. (Neuaufl.) 1977; D. Eiserne Mann, R. 1977; Kara findet e. Freund, Jugenderz. (Neuaufl.) 1977; Inseln d. Täuschung, R. 1977/78; Apokalypse - Report e. Zukunft, R. 1981 u. Companhia Melhoramentos de Sao Paulo 1983; Drei Rosen f. d. Ritter, R. d. Stauferzeit, 1988; E. Schwert f. d. Kaiser, R. d. Stauferzeit, 2. T. 1989 - BBC-Preis; 1966 Friedrich-Gerstäcker-Preis Stadt Braunschweig - Liebh.: Reisen. Seefahrt, Landwirtsch., Kulturgesch., Völkerkd., Sprachen - Spr.: Engl., Franz., Niederl., Dän. - Lit.: Dr. H. M. Werhahn, K. F. K. - Leben, Werk, Wirkung, 1982.

KOHLER, Alexander

Dr. rer. nat., Prof. f. Landeskultur - Blütenstr. 16, 7000 Stuttgart 70 - Geb. 10. Mai 1933 Weingarten - Promot. 1960 Tübingen; Habil. 1969 München - B. 1970 Doz. TU München, 1974 Prof. Univ. Hohenheim. 1965-67 Forschungstätigk. Chile. Etwa 70 Facharb.

KOHLER, F. Peter

Dr., Dt. Honorargeneralkonsul in Philadelphia (USA) - 1101 Core States Plaza, 5th and Market Streets, Philadelphia, Pa. 19106 (T. 215 - 9 22-74 15).

KOHLER, Friedrich

Dr. phil., Prof. f. Thermodynamik Univ. Bochum - Alte Markstr. 16, 4630 Bochum (T. 0234 - 38 27 51) - Geb. 22. Mai 1924 Wien, verh. m. Gisa, geb. Schaller, 3 T. (Isabella, Jutta, Barbara) - Chemiestud. Univ. Wien; Promot. 1950; Habil. 1959 - 1968-75 Prof. f. Chem. Physik Univ. Wien; Gastaufenthalte in USA u. Australien - BV: Liquid State, 1972; ca. 100 Fachveröff., bes. üb. Flüssigkeiten u. flüssige Mischungen - 1958 Theodor-Körner-Preis; 1965 Wegscheider-Preis.

KOHLER, Hansrobert

Dr.-Ing. habil., Dr. rer. nat., Dipl.-Phys., Prof. - Postf. 10 05 29, 6360 Friedberg 1 - Geb. 8. Febr. 1940 - Physik-Hauptdipl. 1967 Saarbrücken; Dr.-Ing. 1975 TU Berlin; Dr. rer. nat. 1976 Univ. Bremen; Habil. 1984 Hannover - 1970-77 Leit. Labor f. prüf- u. meßtechn. Laseranwendungen VFW-Fokker Bremen; s. 1977 Prof. FH Gießen-Friedberg; außerd. s. 1985 Priv.-Doz. Univ. Hannover - Mehrere Erf. auf d. Geb. d. berührungslosen Meßtechnik - BV: Basic-Trainer, 1984; Fortran-Trainer, 3. A. 1987; Pascal-Trainer, 2. A. 1988. Herausg.: Vieweg-Programmothek; Jahrb. Laser (1988). Rd. 50 Veröff. aus d. Gebieten mech. Schwingungen u. Meßtechnik - Liebh.: (Fern-)Reisen, Musik.

KOHLER, Heinz

Bauunternehmer (A. Köhler & Sohn KG., Böblingen), Präs. Handwerkskammer Stuttgart - Kniebisstr. 19, 7030 Böblingen/Württ. - Geb. 23. Juni 1924 - Ing.ausbild. - Stadtrat Böblingen. ARsmand.

KOHLER, Siegfried

Dr. jur., Notar, Justizrat, Präsident Notarkammer Pfalz (s. 1985) - Ludwigstr. 54c (Rheinblock), 6700 Ludwigshafen (T. 0621 - 51 20 51-54); priv.: Schloßgasse 29, 6706 Wachenheim (T. 06322 - 20 49) - Geb. 19. Jan. 1924 Trossingen 2 (Vater: Jakob K., Gast- u. Landwirt; Mutter: Maria, geb. Haller), verh. s. 1947 m. Annemarie, geb. Hoffmann, S. Stefan - Obersch. Trossingen, Schwenningen u. Rottweil; Stud. u. Promot. Univ. Mainz - S. 1952 u. 1970 Stadtrat u. Verbandsgemeinderat; AR-Mitgl. DBS Dt. Bausparkasse AG; VR-Mitgl. Notarkasse - Ehrennadel Land Rheinl.-Pfalz - Liebh.: Flugsport - Spr.: Franz.

KOHLER, Wolfgang

Dipl.-Kfm., Bankdirektor, Vorst. Raiffeisen-Zentralbank Kurhessen AG. - Ständepl. 1-3, 3500 Kassel.

KOHLER-KOCH, Beate

Dr. rer. pol., Dipl.-Volksw., Prof. TH Darmstadt (s. 1972) - Rathausgasse 3, 6114 Groß-Umstadt/Klein-Umstadt (T. 06078 - 2810) - Geb. 28. Dez. 1941 Wuppertal - Stud. d. Wirtsch.- u. Politikwiss. Univ. Köln u. Kansas; Dipl.-Volksw. 1967 Köln; Promot. 1970 Köln - Wiss. Mitarb. Forschungsinst. f. Polit. Wissensch. u. Europ. Fragen, Univ. Köln; 1969-72 Geschäftsf. Bildungswerk Europ. Polit., Bonn; Fachmitgliedsch.: s. 1976 Vorst. Arbeitskr. Europ. Integration, Bonn; s. 1985 Vorst. Dt. Vereinig. f. Politikwiss. - BV: D. Zukunft Europas, 1968; Wirtschafts- u. Währungsunion f. Europa, 2. A. 1971; D. Vertrag üb. d. Nichtverbreitung v. Kernwaffen u. d. Problem d. Sicherheitsgarantien, 1972; Modelle f. d. Bildungsurlaub, 1977; Polit. Umbruch in Südeuropa. Portugal, Griechenl. u. Spanien auf d. Weg z. Demokratie, 1981; Political Forces in Spain, Greece and Portugal, 1982. Herausg.: Erfolge u. Krisen d. Integration (1969); D. Süd-Erweiterung d. EG (1977); Technik u. intern. Politik (1986) - Spr.: Engl., Franz., Span.

KOHLHAAS, Fritz

Prof., Theologe - Krummenackerstr. 72,

7300 Esslingen/N. - Geb. 15. Dez. 1904 Esslingen, ev. - 1947-72 Doz. u. Prof. (1972) PH Esslingen (Religionspäd.).

KOHLHAGEN, Norgard
Schriftstellerin - Haynstr. 5, 2000 Hamburg 20 (T. 040-46 56 73) - Geb. 20. Febr. 1941 Bad Lauterberg, verh. s. 1967 m. Helmut Hoeltje, Sohn Dominik - Stud. German. u. Roman.. Univ. Göttingen u. Marburg; dann Ausb. im Nachwuchsstudio d. NDR Hamburg - B. 1978 Redakt. Hamburg. S. 1985 Vorst. VS Hamburg - BV: Nicht nur d. Manne untertan, 1981; Sie schreiben wie e. Mann, Madame, 1982; Unsere frühesten Jahre sind nicht d. glücklichsten, 1983; Widerstand u. Träume, 1984; F. Mädchen verboten!, 1984; Was soll ich denn mit Mutters Traum?, 1986; Purpurrote Schattenspiele; 1986; D. Schöne u. d. Kluge, 1987 - Spr.: Franz.

KOHLHAMMER, Konrad
Verleger, Geschäftsf. Konradin-Verlag Robert Kohlhammer GmbH., p. h. Gesellsch. Druckhaus Robert Kohlhammer OHG., beide Leinfelden - Kalifenweg 45, 7000 Stuttgart 80 - Geb. 15. Nov. 1932.

KOHLHARDT, Manfred
Dr. med., apl. Prof. f. Physiologie Univ. Freiburg/Br. - Hermann-Herder-Str. 7 (Inst.), 7800 Freiburg/Br.; priv.:7801 Mengen/Freiburg- Geb. 5. Sept. 1934 Leipzig - C 3-Prof. - Spez. Arbeitsgeb.: Membranphysiol. u. -pharmakol. d. Herzens.

KOHLHASE, Hermann
Dr. jur., Landesminister a. D., Rechtsanw. - Klausingstr. 2, 4000 Düsseldorf (T. 43 43 82) - Geb. 24. April 1906 Bielefeld, verh., 1 Kd. - 1936-38 Stadtass. Bielefeld, 1938-40 Ref. Dt. Gemeindetag, Berlin, 1940-45 Dir. Gemeindeverw.s- u. Sparkassenschule, Düsseldorf, 1947-60 Anwaltspraxis, 1952-56 Ratsherr u. 1952-54 Oberbürgerm. Bielefeld, 1954-62 MdL Nordrh.-Westf. (FDP; 1955 Fraktionsvors.), 1956-58 Min. f. Wirtsch. u. Verkehr NRW, 1960-62 Beigeordn. Düsseldorf, 1962-66 Staatssekr. Kultusmin. NRW, 1966-70 Min. f. Landesplanung, Wohnungsbau u. öffentl. Arbeiten NRW - 1970 Gr. BVK m. Stern u. Schulterbd.

KOHLHEPP, Gerd
Dr. phil., M. A., o. Prof. f. Anthropogeograhie - Hölderlinstr. 12, 7400 Tübingen - Geb. 21. März 1940 Mannheim - Promot. (1967) u. Habil. (1972) Heidelberg - S. 1973 Prof. Univ. Frankfurt/M. u. Tübingen (Ord. u. Dir. Geogr. Inst.) - BV: Industriegeogr. d. nördl. Santa Catarina, 1968; Agrarkolonisation in Nord-Paraná, 1975. Div. Einzelarb. u. Forsch.sprojekte z. Raumforsch., Raumordn., Wirtsch.- u. Sozialgeogr. Lateinamerikas (v. a. Brasilien); Entwickl.sländerforsch.

KOHLHEPP, Irmgard
Lehrerin, MdA Berlin (1981ff.; AL) - Zu erreichen üb. Rathaus Schöneberg, 1000 Berlin 62 - Geb. 23. Sept. 1923 Großalmerode (Vater: Wilhelm K., Lehrer; Mutter: Emmy, geb. Selter), christl., led. - Abit. 1941 Kassel; 1. Lehrerprüf. 1942 Schneidemühl, 2. 1952 Hess. Lichtenau; Staatsprüf. f. d. Lehramt an Sondersch. 1965 Berlin (West) - S. 1942 Lehrerin Kr Briesen/Westpr., Kr. Witzenhausen/Hessen (1947), Bez. Wedding/Sondersch. (1962). 1976-79 Vors. Fachgr. Sondersch. GEW Berlin - BV: Grenzen d. Sozialpäd., 1971 (Ps. Autorenkollektiv); Wir warten nicht auf d. Alternative - wir leben sie, 1982 - Spr.: Engl., Franz.

KOHLI, Martin
Dr. rer. pol., Prof. f. Soziologie FU Berlin - Uhlandstr. 141, 1000 Berlin 31 - Geb. 8. Mai 1942 Solothurn/Schweiz - Promot. 1972 Univ Bern, Habil. 1977 Univ. Konstanz; 1984-85 Inst. f. Advanced Study, Princeton - BV: Stud. u. berufl. Laufbahn, 1973; Soziol. d. Lebenslaufs, 1978; Biographie u. gesellschaftl. Wirklichkeit, 1984.

KOHLMAIER, Gundolf
Ph. D., Prof. f. Physikal. u. Theoret. Chemie Univ. Frankfurt (s. 1971) - Robert-Mayer-Str. 11, 6000 Frankfurt/M. 1 (T. 0611 - 7983687) - Geb. 30. April 1933 Stuttgart (Vater: Friedrich K., Arch.; Mutter: Julie), ev., verh. s. 1974 m. Luita, geb. Zink - Stud. TH Stuttgart, TU Berlin, Univ. of Washington (M. S. 1959; Ph. D. 1962) - 1962-71 Assist. u. Oberassist., s. 1971 Prof. Univ. Frankfurt. Fachmitgl.sch. - BV: Chem. Elementarprozesse, 1968 (m. Hartmann u. a.); Chemie u. Umwelt, Dynamik d. Kohlenstoffzyklus, Ökosystemtheorie, globale Modelle d. Biosphäre.

KOHLMANN, Ernst
Dr. jur., Rechtsanwalt, Geschäftsf. Bergbau-Forschung GmbH u. Bergwerksverb. GmbH, Essen - Schmachtenbergstr. 147, 4300 Essen 18 (T. 02054-22 78) - Geb. 11. Nov. 1925 Hamm, ev., verh. s. 1958 m. Dr. phil. Anita, geb. Lunke, 4 Kd. (Katharina, Jan, Kai, Julia) - Jurastud. (Refer.-Ex. 1953, Ass.-Ex. 1957), Promot. 1956 - Geschäftsf. Arbeitsgem. f. Olefinchemie - Spr.: Engl., Franz.

KOHLMANN, Günter
Dr. jur., Univ.-Prof. - Theresienstr. 86, 5000 Köln 41 (T. 0221 - 40 39 18) - Geb. 4. Okt. 1933 Hindenburg, kath., verh. s. 1976 m. Dorothea, geb. Schinkel, 5 Kd. (Patrick, Harald, Konstantin, Lucas, Anna Caroline) - Stud. Rechtswiss.; 1. u. 2. jurist. Staatsprüf.; Promot. 1960 Köln; Habil. 1968 Köln - 1969-71 o. Prof. Univ. Frankfurt; s. 1971 Univ. Köln, Dir. Kriminalwiss. Inst. - BV: Kommentar z. Steuerstrafrecht, 2 Bde., 1.-4. A. 1972-88; Kommentar z. GmbH-Strafrecht, s. 1975-84. Mithrsg. mehrerer Fachztschr.

KOHLMANN, Michael
Dr. rer. nat., Prof. f. Mathematik Univ. Konstanz - Mainaustr. 26, 7750 Konstanz 1 (T. 07531 - 5 38 85) - Geb. 12. Dez. 1947 Essen (Vater: Ewald K., Rektor; Mutter: Elisabeth, geb. Pieper), verh. s. 1976 m. Eva, geb. Köhler, S. Benjamin - 1968-74 Math.-Stud. Univ. Bonn; Dipl. 1974, Promot. 1976, Habil. 1982 - 1982 Prof. Univ. Mannheim; 1982/83 Prof. Univ. Hamburg; s. 1983 Prof. Univ. Konstanz; 1987 u. 88 Gastprof. Univ. of. Alberta, Edmonton, Canada - BV: Stochastic Control and Stochastic Differential Systems, 1979; Stochastic Differential Systems, 1982 - Liebh.: Modellbau - Spr.: Latein, Engl., Franz. (Russ.).

KOHLMANN, Theodor
Dr. phil., Prof., Direktor Museum f. Dt. Volkskunde - Mommsenstr. 4a, 1000 Berlin 45 (T. 8 33 67 29) - Geb. 9. Juni 1932 (Vater: Ulrich K., Mutter: Ilse, geb. Kerrl), ev., verh. m. Caecilia, geb. Frohne, 3 T. (Barbara, Ulrike, Julia) - Stud. d. klass. Philol., Archäol. u. Volkskunde - 1960-62 Angest. Univ. Tübingen, 1962-68 Wiss. Angest. Museumsdorf Cloppenburg, Mus. f. Dt. Volkskunde Berlin, Staatl. Mus. Preuß. Kulturbes.; s. 1969 Prof. - BV: Zinngießerhandwerk u. Zinngerät in Oldenburg, Ostfriesland u. Osnabrück, 1972; Altes Zinn aus dem westl. Niedersachs., 1972; D. Papiertheater, Spielzeug, 1976; Wer spielt mit? 1978; Mit Schere u. Kleister, Ausschneidebogen u. Modellierkartons, 1979; Laienmaler aus Deutschl. u. Österr., 1979; Neuruppiner Bilderbogen, 1981; Traurige Schicksale d. Liebe. Moritatentafeln, 1982 - Liebh.: Mod. Graphik, hist. Kinderbücher - Spr.: Engl.

KOHLMEIER, Rudolf
Geschäftsführer Druck- u. Verlagshaus Frankfurt/M. GmbH, Verlagsleiter Frankfurter Rundschau - Gr. Eschenheimer Straße 16-18, 6000 Frankfurt/M. - Geb. 2. Juni 1923.

KOHLMEYER, Knut
Dr. med., Prof. f. Neuroradiologie Univ. Heidelberg, Zentralinst. f. Seelische Gesundheit, Abt. Neuroradiologie - Postf. 59 70, 6800 Mannheim 1.

KOHLMORGEN, Thomas
Vorstandsvorsitzender ESSO AG (1983ff.) - Kapstadtring 2, 2000 Hamburg 60 - Geb. 1928.

KOHLS, Ernst-Wilhelm
Dr. theol., Prof. f. Histor. Theologie Univ. Marburg (Fachbereich Ev. Theol.) - Lönsweg 8, 3551 Moischt b. Marburg - Geb. 24. Okt. 1931 Stettin (Vater: Franz K., Beamter; Mutter: Margarete, geb. Blümke), verh. s. 1962 m. Donate, geb. Krüger, 4 Kd. - Mitgl. d. Histor. Kommiss. f. Hessen - Üb 300 Aufs. in wiss. Ztschr., üb 30 Bücher, u. a.: Luther o. Erasmus, 2 Bd. 1972-78; Gebt d. Evangelium Raum, 1982; Vorwärts zu d. Tatsachen, 3. A. 1983; D. dt. Lutherforsch., 3. A. 1983; Mein Bibelkatechismus z. AT, z. NT u. z. Kirchengesch. - E. Orientierung f. d. ganze Theologiestud., 1983. Herausg.: histor. Quellen- u. Standardw., vor allem: D. ev. Katechismus v. Gengenbach aus d. J. 1545 (1960); Ev. Bewegung u. Kirchenordnung: Stud. u. Quellen z. Gengenbacher Kirchenordnung v. 1538 (1966); D. ev. Katechismen v. Ravensburg 1546/1733 u. Reichenweier 1547/1559 (1963); Ev. Katechismen d. Reformationszeit vor u. neben M. Luthers Kl. Katechismus (2. A. 1980); D. ersten ev. Märtyrer u. d. Schr. Luthers üb. d. flämischen Märtyrer d. J. 1523 (2. A. 1974); Gott lebt noch! D. Brief e. Wittenberger Studenten an s. Eltern v. J. 1523 (1975); D. Kl. Katechismus D. Martin Luthers m. Bildern v. R. Schäfer (2. A. 1982); D. Laienbibel d. Straße. Druckers W. Rihel m. 220 Zeichnungen v. Hans Baldung Grien v. J. 1540 (2. A. 1988). Herausg. d. Schulgutachten, d. Ulmer Kirchenordnung (1531), d. Hess. Juden-Ordnung als Beginn d. Toleranz (1538) v. Martin Bucer in M. Bucers Dt. Schr. (Bd. 2, 4 u. 7 1960ff.). Mithrsg. d. Ges. Aufs. v. Wilhelm Maurer: Kirche u. Gesch. (2 Bde. 1970).

KOHM, Eugen
Dipl.-Volksw., Kaufm. (Kohm KG., Karlsruhe), Vors. Bundesverb. d. Großabnehmer im Dt. Tabakwarengroßhandel, Bonn - Albring 3, 7500 Karlsruhe - Geb. 7. Jan. 1926.

KOHM, Willy
Kaufmann (Fa. Robert Klingel, Pforzheim) - Sachsenstr. 23, 7530 Pforzheim (T. 305214).

KOHN, Karl Christian
Kammersänger - Hochkönigstr. 12, 8000 München 82 (T. 439 12 34) - Geb. 21. Mai 1928 Losheim/Saar (Vater: Mathias K., Schuldir.), kath., verh. s. 1953 m. Anne, geb. Oehms, 2 Söhne (Christian, Andreas) - Musikhochsch. Saarbrücken (Abschluß- u. Gesangslehrerdiplom) - S. 1952 Stadttheat. Saarbrücken, Opernhaus Düsseldorf (1954), Städt. Oper (jetzt Dt. Oper) Berlin (1956), Staatsoper München (1958; Baß). Beherrscht d. ges. Baßfach in Oper u. Konzert; bes. bek. durch Mozart (Figaro, Leporello, Sarastro, Osmin). S. 1984 o. Prof. f. Sologesang d. Hochsch. f. Musik u. Darstellende Kunst - Mozarteum Salzburg - 1962 Bayer. Kammers.; 1967 Kritikerpreis span. Presse, 1976 BVK a. Bde. - Liebh.: Politik, Sport - Spr.: Ital.

KOHN, Roland
Bundestagsabgeordneter (s. 1983; Landesliste Baden-Württ.) - Bundeshaus, 5300 Bonn 1 - FDP.

KOHN, Rolf
Dr. med., Prof., Chefarzt (Internist) - Odenwald-Kurklinik, 6123 Bad König - S. Habil. Privatdoz. u. apl. Prof. Univ. Heidelberg (Inn. Med.).

KOHRSMEIER, Karl-Heinz
Konsul Bundesrep. Deutschl. in Apenrade/Dänemark - Kystvej 18, DK-6200 Aabenraa - Geb. 26. Okt. 1921 Bonn-Holzlar, verh., 1 Kd. - Human. Gymn. Bonn (Abit. 1940); anschl. Reichsarbeitsdst., Wehrdst., Kriegsgefangensch. (b. 1947), zul. Ltn. d. R.; Stud. Phil. in Kriegsgefangenen-Sem. Algier u. Chartres - 1947-56 Rechtspfleger b. d. Amtsgerichten Siegburg, Köln, Bonn; s. 1956 Ausw. Dienst (1956-60 Botsch. Tunis, 1960-64 Botsch. Abidjan/Elfenbeinküste, 1964-83 AA Bonn, zul. als Vortr. Legationsrat, s. 1983 Konsul in Apenrade).

KOHRT, Manfred
Dr. phil., Prof. f. German. Linguistik TU Berlin - Gustav-Mahler-Weg 3, 4400 Münster - Geb. 12. April 1947 Segeste/Kr. Alfeld, verh. s. 1975 m. Ulrike, geb. Sinner - Stud. Univ. Göttingen, Marburg (German. u. Geschichtswiss.); Promot. 1974 Marburg; Habil. 1983 Münster - BV: Koordinationsreduktion u. Verbstellung, 1974; Phonetik, Phonologie u. d. Relativität d. Verh., 1984; Problemgesch. d. Graphembegriffs, 1985; Theoret. Aspekte d. dt. Orthographie, 1987.

KOHUT, Karl
Dr. phil., Univ.-Prof. f. Roman. Literaturwiss. Kath. Univ. Eichstätt (s. 1982) - Richard-Strauß-Str. 53, 8078 Eichstätt - Geb. 14. Sept. 1936 Olmütz (Vater: Karl K., Schreinerm.; Mutter: Anna, geb. Schmid), kath., verh. s. 1966 m. Dorothea, geb. Kantowski, 2 Kd. - Univ. Mainz u. Marburg. Promot. 1965 - 1972-74 Prof. Univ. Marburg; 1974-82 o. Prof. Univ.-GH Duisburg; s. 1985 Spr. Zentralinst. f. Lateinamerika-Studien d. Univ. Eichstätt. Facharb. - BV: Was ist Literatur? - D. Theorie d. littérature engagée b. Jean-Paul Sartre, 1965; Las teorias literarias en España y Portugal durante los siglos XV y XVI, 1973 (Madrid); Escribir en Paris, 1983. Herausg.: Literatur d. Résistance und Kollaboration in Frankr. (3 Bde. 1982-84); D. Metropolen in Lateinamerika - Hoffnung u. Bedrohung f. d. Menschen (1986); Religiosidad popular en América Latina (1988, m. A. Meyers).

KOINECKE, Jürgen

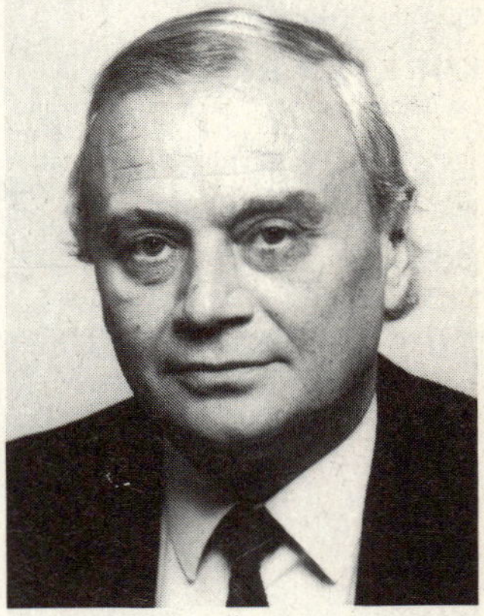

Dipl.-Kfm., Geschäftsf. Gesellschafter d. Marketing - Institut GmbH, Wedel b. Hamburg - Fasanenweg 2, 2081 Holm (T. 04103 - 76 24) - Geb. 25. Febr. 1940 Hamburg, verh. s. 1966, 2 Söhne (Jan, Sven) - Abit. 1959 Hamburg; Dipl.-Kfm. 1964 Hamburg - 1964-68 H.F. & Ph.F. Reemtsma, Hamburg; s. 1968 selbst. Unternehmensberater - BV: Marketing-Praxis m. Handelsvertr., 1973; Marketing-Praxis, 1976; Handb. Marketing, 1978; D. Außendst. auf d. Prüfstand, 1978; Außendst. richtig entlohnen - mehr erreichen, 1978; Praxisorient. Pharma-Marketing-Planung, Arbeitsb. 1, 1978; D. mod. Pharma-Marketing, Arbeitsb. 2, 1978; Erfolgssteigernde Prämien- u. Provisionssysteme, Arbeitsb. 3, 1978; Arbeitshandb. Absatzförderung, 1979; Gewinnmanagement im Vertrieb, 1979; Grundzüge d. allg. Betriebsw.lehre d. Marketing, 1979; D. Untern.-Handb., 1980; Verkaufsleit.-Serie, 1981-84; Motiviations-Systeme u. Techniken f. d. Außendst., 1980; Trainerleitfaden, 2

Bde., 1980; 1000 Prüfpunkte z. Entw. e. Vertriebskonzeption, 1983; Portfolio-Management in Marketing u. Vertrieb, 1983; D. besten Promot. Aktionen, Bd. 1 1985, Bd. 2 1987 - Spr.: Engl.

KOIZAR, Karl Hans

Schriftsteller - Gänseblümchenweg 47, A-1220 Wien - Geb. 3. Nov. 1922 Wien (Vater: Anton K., Kunstmaler; Mutter: Antonia, geb. Seitner), kath., verh. s. 1961 m. Irene, geb. Bilek, T. Alexandra-Carolina - Journ., Pressechef, Doz., Autor (R.) - BV: Panzerspitze Normandie, 1975; Blut. Ruhm, 1976; Todeskdo. El Alamein, 1976; U-Boot-Falle Todesmeer, 1976; Stahlgewitter Stalingrad, 1976; D. Fall v. Berlin, 1977; Hölle v. Monte Cassino, 1977; Amelie - Rose im Sturm, 1977; U 91 - Satan d. Tiefe, 1978; Feuervögel üb. Tobruk, 1978; Operation Höllenfahrt, 1978; Teufelskerle üb. Kreta, 1979; SOS Titanic, 1979; Inferno am Westwall, 1979; Stern v. Afrika, 1980; Nacht üb. Narvik, 1980; Frühlingsfest, 1981; 90 J. Kino in Wien, 1986. Unter d. Pseudonym Marieluise v. Ingenheim: Sissy - E. Herz u. e. Krone, 1984; Sissy - Aus d. Tageb. e. Kaiserin, 1985; Sissy - Im Schloß d. Träume, 1986; Sissy - E. Walzer in Schönbrunn, 1987; Sissy - Schwarzer Diamant d. Krone, 1987; Sissy - Purpur u. Rebellen, 1988; D. Sanatorium d. Dr. Mirakel (unt. Ps. Rolf Shark), 1988; Sissy - Und ewig bleibt d. Liebe, 1989; D. Geheimnis d. Themse (unt. Ps. Rolf Shark), 1989 - Versch. Ausz. - Sammelt alte Filme - Spr.: Engl., Franz.

KOKEMOHR, Rainer

Dr. phil., Prof. f. Erziehungswissensch. unt. bes. Berücks. d. linguist. Aspekte d. Erzieh. Univ. Hamburg (s. 1974) - Meyersche Weg 45a, 2110 Buchholz - Geb. 24. April 1940 Rahden/W. - Promot. 1970; Habil. 1972 - Zul. Wiss. Rat u. Prof. PH Westf.-Lippe - BV: Zukunft als Bildungsproblem, 1973. Mithrsg.: Interaktionsanalysen in päd. Absicht (1985, m. W. Marotzki); Biogr. in komplexen Institutionen - Studentenbiogr., (2 Bde. 1989, m. W. Marotzki). Veröff. in Ztschr., Jahrb. f. Erziehungswiss. u. Enzyklop. Erziehungswiss.

KOKKELINK, Günther

Dr.-Ing., Prof. f. Stadtbaugeschichte, Inst. f. Bau- u. Kunstgesch. Univ. Hannover (s. 1974) - Ferdinand-Wallbrecht-Str. 34, 3000 Hannover 1 - Geb. 18. Juli 1932 - Vors. Bauhütte Hannover e.V.

KOKOTT-WEIDENFELD, Gabriele

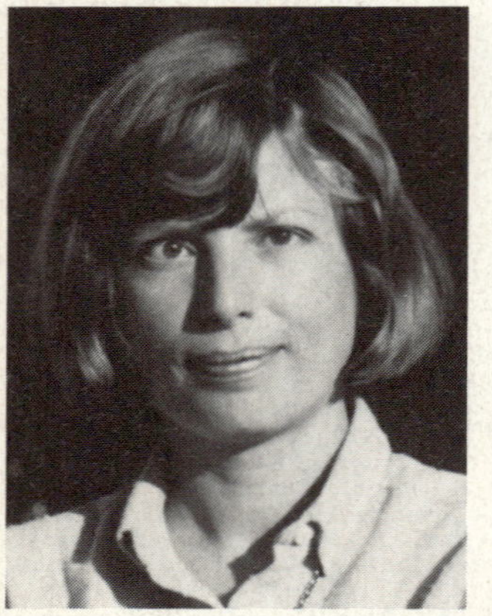

Prof., Landtagsabgeordnete Rhld.-Pfalz (s. 1983), Vors. Aussch. f. Frauenfragen Landtag Rhld.-Pfalz (s. 1987) - Layer Str. 42, 5400 Koblenz - Geb. 1. Mai 1948, kath., verh. - Abit. 1966 Stud. (Rechtswiss., Politikwiss.) Univ. Mainz u. Bonn; 1. u. 2. jurist. Staatsex. 1971 u. 1976 - 1972-73 Forschungstätigk. Univ. Bonn; nach Beendig. d. Refer.ausbild. Regierungsrätin b. d. Kreisverw. Mainz-Bingen; Richterin b. Verw.-gericht Koblenz; 1978 Prof. f. Rechtslehre im Fachbereich Sozialarb. FH Koblenz; Lehrauftr. a. d. EWH u. VWA Rhld.-Pfalz; Mitgl. Jugendwohlfahrtsaussch. Stadt Koblenz, Landesjugendwohlfahrtsaussch. Rhld. Pfalz; Vors. d. Aussch. f. Frauenfragen im Landtag, u. d. Rechts- u. Zulassungsaussch. d. Landeszentrale f. Privaten Rundfunk in Rheinl.-Pfalz; Jugendpol. Spr. u. Mitgl. im Fraktionsvorst.; Vors. Bundesfachaussch. Jugendpolitik d. CDU-Dtschl. Mitgl. i. d. Versamml. d. Landeszentrale f. Privaten Rundfunk i. Rhld.-Pfalz.

KOKULA, Max

Vorstandsmitgl. Vereinigte Farbenglaswerke AG. - Bahnhofstr. 35, 8372 Zwiesel/Bay. (T. 823); priv.: Hochfeldstr. 7 - Rotarier.

KOLANOSKI, Hermann

Dr. rer. nat., Prof. f. Physik Univ. Dortmund - Erlenbruch 7e, 5810 Witten - Geb. 19. Juni 1945 Seltsch (Tschechosl.), verh. s. 1972 m. Maria, geb. Holly, 3 T. (Saskia, Julia, Martina)- Abit. 1965; Univ. Tübingen, Bonn (Physik); Dipl. 1972; Promot. 1977; Habil. 1983 - 1977-79 Forschungstip. Stanford Univ., Calif.; s. 1980 Forschungsarb. Dt. Elektronensyndrotron Hamburg - BV: Two-Photon Physics at e+ e- Storage Rings, 1984.

KOLAR, Jörgen

Dr.-Ing., Dipl.-Ing., Dipl.-Wirtschaftsing., Prof., Betriebsdirektor u. Prokurist, Honorarprof. f. Luftreinhaltung in d. Energie- u. Kraftwerkstechnik TU München (1977ff.) - Hochhaus am Plärrer, 8500 Nürnberg - EWAG Energie- u. Wasserversorg. AG u. VAG Verkehrs-AG Nürnberg.

KOLARZ, Henry

Schriftsteller - Berliner Platz 2, 2055 Aumühle (T. 04104-36 56) - Geb. 4. Febr. 1927 Berlin, gesch., Sohn André - BV: Verwandte in Moskau, 1963; D. Gentlemen bitten z. Kasse, 1965; D. Tod d. Schneevögel, 1970; Kalahari, 1977; D. roten Elefanten, 1981; D. Ehebrecher, 1983; u. a. Drehb. f. Fernsehen: D. Gentlemen bitten z. Kasse, 1966; D. Illegale, 1972; D. Scheck heiligt die Mittel, 1979; Tatort: Wodka-Bitter Lemon, 1976; Tatort: Finderlohn, 1977; D. roten Elefanten, 1986 u. a. - Liebh.: Afrika, Tennis, Musik - Spr.: Engl., Russ.

KOLATH, Hans-Hermann

Dr., Dipl.-Kfm., Geschäftsführer, Leit. Verkehrsabt. Dt. Industrie- u. Handelstag (1946-73) - Im Hohn 1, 5300 Bonn 2 (T. 0228 - 31 43 59) - Geb. 31. Okt. 1908 - 1936-45 IHK Halle/S. - Mitgl. nationaler u. internat. Verkehrsgremien.

KOLB, Albert

Dr. phil., o. Prof. f. Geographie (emerit.) - Nonnenstieg 13, 2000 Hamburg 13 - Geb. 13. Okt. 1906 Karlsruhe (Vater: J. K., Kaufmann; Mutter: geb. Rebmann), ev., verh. s. 1936 m. Gerda, geb. Ostermeyer, 3 Kd. - Univ. Bonn, Köln, Heidelberg (Geogr., Geol. Mineral., Gesch., Volksw.) - 1934 Doz. TH München, 1937 Univ. Leipzig, 1949 Ord. Univ. Hamburg (1954-56 Rektor). 1955/56 Präs. Westd. Rektorenkonfz. Mitgl. Inst. f. Asienkd., Ibero-Amerika-Verein, Afrika-Verein, Afrika-Kolleg. Reisen: USA, Japan, China, Philippinen, Australien, Südostasien, Indien, Südamerika, Südsee, Afrika - BV: Morphol. d. Nordkraichgaues u. d. angrenz. Kl. Odenwaldes, 1931; Morphol. Probleme im Toskan. Bergland, 1934; D. Philippinen, 1942; Ostasien - China/Japan/Korea, 1963 (engl. 1971); D. Chinesen, Japaner u. Inder auf d. Philippinen, 1974; Gross-Manila, 1978; D. Pazifische Welt, 1981. Herausg.: Mitteil. d. Geogr. Ges., München (1935-47), Mitt. Geogr. Ges., Hamburg (1964-86), u. a.; Mithrsg.: Seydlitz - Erdkundl. Lehrb. (1953-86), Geogr. Ztschr. (1962ff.) - 1960 Mitgl. Dt. Akad. d. Naturforscher (Leopoldina), Halle/S.; österr. Akad. d. Wiss., Wien, Karl-Ritter-, Kirchenpauer- u. Richthofen-Med. - Lit.: Wirtsch.- u. Kulturräume d. Außereuropäischen Welt (Festschr. f. A. K. z. 65. Geb. 1971); Beitr. z. Geographie d. Kulturerdteile (Festschr. f. A. K. z. 80. Geb. 1986).

KOLB, Anton

Dr. rer. nat., o. Prof. f. Biologie - An der Universität 2, 8600 Bamberg/Ofr. (T. 22129) - Geb. 5. Nov. 1915 Erasbach/Opf. (Vater: Peter K., Landw.; Mutter: Anna, geb. Winkler), kath., verh. s. 1948 m. Elisabeth, geb. Unterburger, 3 Kd. (Otto, Peter, Barbara) - Gymn.; Univ. Erlangen (Promot. 1945). Päd. Ex. 1947; Habil. 1952 - Wiss. Hilfskraft u. Assist. Univ. Erlangen (Zool. Inst.); s. 1954 ao. u. o. Prof. (1959) Univ. Bamberg. Veröff. u. Filme über Biol. einheim. Fledermäuse, Abwasserbiol., Versteinerungen im Jura. Wesentl. Erkenntnis: Zugehörigkeit d. Ammoniten zu Dibranchiata.

KOLB, Eberhard

Dr. phil., o. Prof. f. Geschichte Univ. Köln (s. 1979) - Kleiststr. 21, 5000 Köln 40 - Geb. 8. Aug. 1933 Stuttgart (Vater: Ernst K., Realschullehrer; Mutter: Hedwig, geb. Aldinger), ev., verh. s. 1960 m. Elka, geb. Schulga, 2 Söhne (Rüdiger, Hartmut) - Stud. d. Gesch., German., Latin. Univ. Tübingen, Bonn, Göttingen; Promot. 1960; Habil. 1969, o. Prof. Würzburg 1970, Köln 1979 - BV: D. Arbeiterräte in d. dt. Innenpol., 1962; Bergen-Belsen, 1962; D. Kriegsausbruch 1870, 1970; Vom Kaiserreich z. Weimarer Rep., 1972; D. Weimarer Republik, 1984; Europa vor d. Krieg von 1870, 1987; D. Weg aus d. Krieg: Bismarcks Politik im Krieg u. d. Friedensanbahnung 1870/71, 1989.

KOLB, Elmar

Maschinenbauing. (grad.), Geschäftsf., Präs. Bundesverb. d. Selbständigen, MdB (s. 1977) - Holzhäusern 33, 7992 Tettnang 1/Bodensee - Geb. 7. Jan. 1936 Bad Neustadt/S. (Vater: Lothar K., Verwaltungsoberinsp.; Mutter: Anna, geb. Schöning), kath., verh. s. 1962 m. Maria, geb. Müller, 3 T. (Susanne, Sybille, Ann-Kristin) - Realgymn. (Mittl. Reife); 1954-57 kaufm. Lehre; 1957-58 Maschinenschlosserprakt.; 1958-61 Ohm-Polytechnikum Nürnberg (Maschinenbau) - Tätigk. Ford Köln u. Zahnradfabrik Friedrichshafen, 1964 Gründ. Kolb Tiefbau KG. Meckenbeuren, 1971 Geschäftsf. Überf. n. Tannauer Bau GmbH Tettnang; 1982 Wiedereröff. Kolb Tiefbau KG; 1980-85 Präs. Bundesverb. d. Selbständ. (Dt. Gewerbeverb.). CDU s. 1967 (1971 Vors. Altkr. Tettnang, 1977 Bundesvorst. Mittelstandsvereinig., 1980 Präs. Bundesverb. d. Selbständigen, 1981 stv. Kreisvors. Bodenseekr.) - Liebh.: Kochen, Garten - Spr.: Engl.

KOLB, Ernst

Dr. rer. pol., Dipl.-Volksw., Syndikus Verb. d. Bauindustrie Südbaden (s. 1949) - Mathildenstr. 10, 7800 Freiburg/Br. (T. 36369) - Geb. 12. Aug. 1911 Kurpfalz - S. 1936 Bauwirtsch.

KOLB, Ernst

Dr. med., o. Prof. f. Anaesthesie - Ismaninger Str. 22, 8000 München 80 - Geb. 25. Dez. 1930 Mainz (Vater: Dr. med. Carl K., Chirurg u. a. Chefarzt Städt. Krkhs. Ingelheim; Mutter: Therese, geb. Leisler), kath., verh. s. 1959 m. Dr. Eva, geb. Grünewald, 5 Kd. (Antonia, Emanuel, Julius, Sophie, Philipp) - Gymn. Mainz; Univ. ebd., Innsbruck, Heidelberg. Promot. 1955; Habil. 1962 - S. 1956 Univ.sklin. Heidelberg (1959 Leit. Anaesthesie-Abt.), Mainz (1962 Oberarzt Inst. f. Anaesth.), Berlin/FU (1963 ao., 1966 o. Prof.; 1968 Dir. Inst. f. Anaesthesiologie). Mitgl. Dt. u. Chilen. (1958; korr.) Ges. g. Anaesth. Veröff. üb. tiefe Unterkühl. u. Behandl. d. akuten Herzstillstands, Kälte u. Med. - Spr.: Engl.

KOLB, Frank

Dr. phil., Prof. f. Alte Geschichte - Haselweg 32, 7400 Tübingen - Geb. 27. Febr. 1945 Merzbach - Gymn. Rheinbach; Univ. Bonn, Staatsex. (Gesch., Latein), Promot. - 1970/72 Research Assist. Princeton, 1973-77 Assist. - Prof. Berlin, 1977-86 o. Prof. Univ. Kiel, 1986ff. o. Prof. Univ. Tübingen - BV: Lit. Bez. zw. Cassius Dio, Herodian u. d. Historia Augusta, 1972; Agora u. Theater, Volks- u. Festvers., 1981; D. Stadt im Altertum, 1984; Diocletian u. d. erste Tetrarchie, 1987; Untersuchungen z. Historia Augusta, 1987 - Spr.: Engl., Franz., Ital., Griech., Lat.

KOLB, Gerd Dieter

Betriebswirt, Geschäftsf. Kennametal GmbH., Frankfurt - Dreieichstr. 26, 6382 Friedrichsdorf/Hessen - Geb. 7. Jan. 1937.

KOLB, Günther

Dr. rer. soc., Prof. f. Erziehungswissensch. PH Schwäb. Gmünd - Reichenberger Str., 7076 Waldstetten/Württ..

KOLB, Hans Werner

Vorstandsvorsitzer Buderus Aktiengesellsch., Wetzlar, 1983 ff. pers. haft. u. gf. Gesellsch. Friedrich Flick Industrieverw. KG. a.A., 4300Düsseldorf - Geb. 23. Aug. 1920 Mainz - Banklehre; Stud. Betriebswirtsch. Frankfurt, Gießen - 1959-72 Phoenix Gummiwerke AG., Hamburg-Harburg (b. 1967 Vorstandsmitgl., dann -vors.) - Liebh.: Lit. (Phil., bes. Kant; polit. u. Kriminallit.), sportl. Betätig.

KOLB, Herbert

Dr. phil., o. Prof. f. Alte dt. Philol. - Geschw.-Scholl-Pl. 1, 8000 München 22 - Geb. 6. Jan. 1924 Venzka - 1962 Privatdoz. FU Berlin (zul. Wiss. Rat German. Inst.); 1965 Ord. TU ebd., s. 1971 o. Prof. Univ. D'dorf - BV: D. Begriffe d. Minne u. d. Entstehen d. höfischen Lyrik 1958; Munsal Valsche, Stud. z. Kytoproblem, 1963. Fachveröff.

KOLB, Hermann

I. Bürgermeister Stadt Illertissen (s. 1971) - Falkenweg 13, 7918 Illertissen - Geb. 16. Mai 1927 Illertissen, kath., verh. s. 1951 m. Helga, geb. Vees, 4 Kd. - S. 1964 Sprecher Feuerwehren Schwabens; s. 1970 stv. Sprecher d. Feuerwehren Bay.; s. 1978 Vors. Feuerwehrheim Bayer. Gmain - CSU - 1976 BVK; 1980 Bayer. VO.; 1987 Gold. Ehrenring Stadt Illertissen.

KOLB, Klaus

Dr. rer. nat., Dipl.-Physiker, Vorstand u. Geschäftsf. Gütezeichengemeinsch. Zerstörungsfreie Werkstoffprüf. (GZP), Stuttgart - - Im Schüle 27, 7000 Stuttgart 1 (T. 0711-25 14 22) - Geb. 12. Dez. 1934 Frankfurt, ev., verh. s. 1962 m. Anne-Charlotte, geb. Paschen †1984, T. Annelie Katharina - Stud. Physik Stuttgart; Dipl. 1960, Promot. 1963 - Doz. u. Beirat Dt. Ges. f. Zerstörungsfreie Prüf.; Prüfstellenleit. Zerstörungsfr. Prüfungen u. Strahlenschutzmessungen Stuttgart; Sachverst. u.a. Min. f. Arbeit, Gesundh. u. Sozialordn. Baden-Württ. u. IHK Stuttgart, f. Zerstörungsfr. Werkstoffprüf. - BV: Grobstrukturprüf. m. Röntgen- u. Gammastrahlen, 1970; Materialprüf. m. Röntgenstrahlen, 1971 (m.a.); 54 Veröff. in Fachztschr. - Spr.: Engl.

KOLB, Paul Wilhelm

Dr., Präsident Bundesamt f. Zivilschutz - Deutschherrenstr. 93, 5300 Bonn 2 (T. 84 01).

KOLB, Rudolf

Dr. rer. oec., Erster Direktor u. Geschäftsf. Verb. Dt. Rentenversicherungsträger (VDR) - Eysseneckstr. 55, 6000 Frankfurt/M. - Geb. 19. April 1927 Lindau b. Kulmbach, verh., 3 Kd. - Stud. Rechts- u. Wirtsch.wiss. 1947-54; Promot. u. jur. Ass.ex. 1954 - 1954 wiss. Mitarb. IHK Oberfranken, Bayreuth; 1955-65 LVA Oberfr. u. Mittelfr. (Bayreuth); 1965 Mitgl. Geschäftsf. d. LVA Obb., 1967-73 Vors. d. Geschäftsf. d. LVA Obb. (München); s. 1973 Geschäftsf. d. VDR. Mitarb. in Regierungskommiss.: Sachverst.-Kommiss. f. d. Sozialgesetzb., Kommiss. f. d. soz. Sicherh. d. Frau u. d. Hinterbliebenen, Kommiss. Alterssicherungssysteme - Zahlr. Ztschr.- u. Buchpubl. zu Fragen d. ges. Alterssicherung.

KOLB, Rudolf
Verkaufsdirektor - Albert-Schweitzer-Str. 2, 6301 Linden/Hessen - Geb. 20. Jan. 1920 Sprendlingen (Vater: Philipp K., Fabrikant; Mutter: Elise, geb. Liederbach), ev., verh. s. 1944 m. Ruth, geb. Schrauth, 2 Kd. (Hans, Gisela) - Realsch.; kaufm. Lehre; Höh. Handelssch.; Akad. f. Welthandel - 1961-75 Prok. u. stv. Geschäftsf. Tucker Metallwaren GmbH.; s. 1977 Gf. Inter Ölbrenner GmbH. - Spr.: Engl., Franz.

KOLBE, Gerd
Journalist, Bonner Korresp. d. Senders Freies Berlin - Ober der Linde 4, 5330 Königswinter 41 (T. 2 71 76) - Geb. 27. Dez. 1934 Köln, kath., verh. m. Anne-Marie, geb. Rousseau - Univ. Köln (Volks-u. Betriebsw.; Dipl.-Kfm. 1961) - Spr.: Engl., Franz.

KOLBE, Jürgen
Dr., Vorstandsmitglied Bertelsmann-Verlagsgruppe (s. 1988) - Neumarkter Str. 18, 8000 München 80 - Geb. 19. Aug. 1940 Dessau, verh., 1 Kd. - Abit. 1960 math.-naturwiss. Gymn. Essen; Stud. Literaturwiss., Kunstgesch. u. Phil. Univ. Marburg u. München; Promot. 1967 München - 1968-76 Lektor Carl-Hanser-Verlag; 1976-88 Kulturref. Stadt München - BV: u.a. Goethes Wahlverwandtsch. u. d. Roman d. 19. Jh., 1967.

KOLBECK, Heinrich
Dr. rer. pol., Dipl.-Kfm., Vorstandsmitglied Frankfurter Sparkasse v. 1822 (s. 1965), AR-Vors. Bankenunion Frankfurt am Main AG, stv. Vorst.-Mitgl. Hess. Sparkassen- u. Giroverb. - Cimbernstr. 24, 6238 Hofheim/Ts. - Geb. 22. Jan. 1928 Frankfurt/M., verh. s. 1957 m. Prof. Dr. Rosemarie, geb. Friedrich, 2 Kd.

KOLBECK, Rosemarie,
geb. Friedrich
Dr. rer. pol., Prof. f. Betriebswirtschaftslehre, insb. betriebl. Finanzw. - Cimbernstr. 24, 6238 Hofheim/Ts. - Geb. 26. Sept. 1924 Neukirchen, verh. s. 1957 m. Dr. Heinrich K. (Sparkassendir.), 2 Kd. - Promot. 1955 - S. 1967 (Habil.) Lehrtätig. Univ. Frankfurt/M. (1971 Prof.) - BV: Bankbetriebl. Planung, 1971.

KOLBENHOFF, Walter

Journalist u. Schriftst. - Brahmsstr. 4, 8034 Germering/Obb. (T. München 841 27 00) - Geb. 20. Mai 1908 Berlin (Vater: Hermann Hoffmann, Buchdrucker; Mutter: Ida, geb. Lehnert), ev., verh. s. 1947 m. Isolde, geb. Walter, S. Dietram - Volkssch. - Journ., ab 1933 Ausl., im Krieg Soldat, b. 1949 Redakt. D. Neue Ztg., München, dann fr. Schriftst. Mitarb. Literaturztschr. D. Ruf (Heraug. Alfred Andersch u. Hans Werner Richter) - BV: Untermenschen, R. 1933 (Kopenhagen); Moderne Balladen, 1936 (Kopenhagen); V. unserem Fleisch u. Blut, R. 1947, Heimkehr in d. Fremde, R. 1949; D. Kopfjäger, R. 1960; D. Wochenende - E. Report, 1970; Schellingstr. 48, 1984; Bilder aus e. Panoptikum, Stories 1988 - Gruppe 47; 1972 Mitgl. PEN-Zentrum BRD; Ausz. 1946 Literaturpreis d. Kriegsgefangenenztsch. Der Ruf, USA; 1953 Hörspielförderpreis d. Bayr. Rundf., 1975 Ehrengabe d. Stiftg. d. Schrifttums, München; 1984 Kulturpreis Gde. Germering; 1985 Tukan-Literaturpreis München - Spr.: Engl., Dän.

KOLBERG, Franz
Dr. rer. nat., Wiss. Rat, Prof. f. Mathematik u. Elektron. Datenverarb. Univ. Münster (s. 1973) - Grüner Weg 34, 4405 Nottuln/W. - Geb. 22. Sept. 1928 Würselen/Rhld. - Tätigk. TH Aachen u. GH Siegen. Facharb.

KOLBOW, Walter
Verwaltungsjurist, MdB (Landesliste Bayern) - Gertraud-Rostosky-Str. 36, 8700 Würzburg (T. 0931 - 88 43 88) - SPD.

KOLBUS, Martin
Journalist - Zu erreichen üb.: Idsteiner Zeitung, 6270 Idstein/Ts. - 1983 Theodor-Wolff-Preis 1982 (f.: Endstation Kalmenhof).

KOLCK, Walter
Dr., Kreisdirektor Kr. Emsland - Ordeniederung 1, 4470 Meppen Bez. Weser-Ems - Geb. 16. Dez. 1924 Ochtrup/W., verh. m. Ulrike, geb. Daldrup.

KOLHOFF, Werner
M.A., Sprecher d. Senats v. Berlin - Rathaus Schöneberg, 1000 Berlin 62 - Geb. 26. Febr. 1956 Lohne/Oldenburg, led. - Stud. Publiz., Soziol., Niederl. Philol. FU Berlin u. Amsterdam; 1980 M.A.; Volont. b. Tagesspiegel Berlin. 1980-82 Redakt. D. Tagesspiegel, Berlin, 1982-87 Presseref. d. Berliner SPD-Bundestagsabgeordn.; 1987-89 Sprecher d. SPD-Abgeord.hausfraktion u. d. SPD-Landesverb.; 1982-88 stv. Landesbezirksvors. dt. Journ.union Berlin - Liebh.: Fotografie, Gitarre - Spr.: Engl., Franz., Niederl.

KOLKE, Fritz
Dr., Prof., Senator h.c., Ehrenpräsident europ. Lohnindustrie - Mörikestr. 14, 8500 Nürnberg 20 (T. 0911-59 19 10) - Geb. 25. Dez. 1906 - Ehrensenator; 1974 Gr. BVK; Bayer. VO; Tiroler Adler in Gold; 1985 Gr. Ehrenzeichen Rep. Österr.

KOLKMANN, Friedrich-Wilhelm
Dr. med., Prof., Chefarzt Patholog. Institut d. Landkr. Esslingen - Krankenhaus an d. Säer, 7440 Nürtingen - S. Habil. Lehrtätig. Univ. Heidelberg (gegenw. apl. Prof.).

KOLL, Eckhard
Dipl.-Kfm., Vorstandsmitglied Holsten-Brauerei AG, Hamburg - Holstenstr. 224, 2000 Hamburg 50 - Geb. 12. Okt. 1939 Lüneburg - Zul. Vorst. Lüneburger Kronen Brauerei AG.

KOLLAR, Axel
Dr. jur., Vorstandsmitglied Westd. Landesbank (WestLB), Düsseldorf (s. 1982) - Zu erreichen üb. Westd. Landesbank, Herzogstr. 15, 4000 Düsseldorf - Geb. 23. Aug. 1935 Berlin - Ausb. Industriekfm.; Stud. Rechtswiss.; 1. u. 2. Jurist. Staatsprüf. Promo u. 1964, Promot. Intern. Recht 1963 Köln, Rechtsanw. - 1964 Rhein. Girozentrale (heute WestLB), 1969 Leit. Wertpapier-Konsortialabt./Eurokapitalmarktgeschäft, 1975 Leit. Intern. Geschäft, 1978 Generalbevollm., 1981 stv. Vorst.-Mitgl. Div. AR- u. VR-Mand. - Liebh.: Golf, Theater - Spr.: Engl., Franz., Span. - Rotarier.

KOLLAT, Horst

Bezirksstadtrat a. D. - Lübener Weg 6-8, 1000 Berlin 51 (T. 496 44 21) - Geb. 9. Nov. 1925 Berlin - 1946-51 Humboldt-Univ. Berlin (Gesch., German.; 1. Lehrerprüf. 1947), Ass.ex. 1954 - 1957-63 Studienrat; 1970/71 Ref. f. Unterr. u. Erzieh. b. Senator f. Schulwesen Berlin; 1975-85 MdA Berlin. S. 1985 fr. Mitarb. b. Gesamtdt. Inst.

KOLLATH, Jürgen
Dr. med., Prof. f. Med. Strahlenkunde Univ. Frankfurt/M. - Breslauer Str. 26, 6051 Dietzenbach.

KOLLATZ, Udo
Dr. jur., Dr. rer. pol., Prof., Rechtsanwalt - Adenauerallee 11, 5300 Bonn 1 (T. 0228 - 21 97 98) - Geb. 1. März 1931, ev., verh. s. 1955 m. Elisabeth, geb. Engel - Stud. Rechts- u. Wirtschaftswiss.; 2. jurist. Staatsprüf. u. Dipl.-Volkswirt 1958 Frankfurt, Dr. rer. pol. 1962 Darmstadt, Dr. jur. 1963 Frankfurt - Richter; Verwaltungsdienst Hessen u. Bonn; 1974-78 Staatssekr. im Bundesmin. f. wirtschaftl. Zusammenarbeit - In-u. ausl. Orden; 1975 Hon.-Prof. TH Darmstadt - Spr.: Engl.

KOLLDEHOFF, Reinhard
Schauspieler - Rudolstädter Str. 123, 1000 Berlin 31 (T. 030 - 824 24 61) - Geb. 29. April 1914 Berlin (Vater: Wilhelm K., Postbeamter; Mutter: Emma, geb. Gehrmann), ev., verh. s. 1968 m. Helma, geb. Braun, 2 Kd. (Colette, René) - Schule (Abit.) u. Ausbild. Berlin - Theaterrollen unt. Karl-Heinz Martin u. Gustaf Gründgens. Rund 200 Filme (Regiss. Fritz Lang, Luchino Visconti, Claude Chabrol, Camus, Deray, Molinaro u.v.a.); dav. 26 franz., 6 ital., 6 engl., 6 amerik. - Gedreht in 27 Ländern (d. Erde) - Liebh.: Politik, Reisen (bes. Afrika) - Spr.: Engl., Franz.

KOLLER, Dagmar
Sängerin - Zu erreichen üb.: Volksoper Wien, Währinger Str. 78, A-1090 Wien - Geb. 26. Aug. 1944 Klagenfurt, kath., verh. s. 1978 m. Dr. Zilk - Akad. darst. Kunst u. Musik - Hauptrollen in zahlr. Musicals u. Operetten auf gr. Bühnen v. Österr., Deutschl. u. d. Schweiz - Spr.: Engl.

KOLLER, Horst
Dr. oec., Dipl.-Kfm., Prof. f. Betriebswirtschaftslehre - Neubergstr. 4, 8707 Veitshöchheim/Ufr. - Geb. 21. Juli 1934 Nürnberg - Promot. (1960) u. Habil. (1968) Univ. Erlangen-Nürnberg - S. 1970 Ord. (Lehrst. II) u. Mitvorst. Betriebsw. Inst. Univ. Würzburg - BV: Organisation d. Plankostenrechnung, 2. A. 1973; Simulation d. Planspieltechnik, 1969.

KOLLER, Ingo
Dr. jur., o. Prof. f. Bürgerl. Recht, Arbeits-, Handels- u. Wirtschaftsrecht Univ. Regensburg, Richter am OLG München - Volkweg 4, 8000 München 71 - Geb. 10. März 1940 München - 1960-64 Univ. München (Rechtswiss.). 2. Staatsex. 1969. Promot. 1971. Habil. 1977 - BV: D. Gleichheitsmaßstab im Diskriminierungsverbot, 1972; D. Risikozurechnung b. Vertragsstörungen in Austauschverträgen, 1979; Kommissionsgeschäft, Handelskauf, Lagergeschäft, Großkomm. z. HGB, 1984, 86, 87; D. Lagergeschäft, 1981.

KOLLER, Roland
Dr. jur., Polizeivizepräsident d. Landeshauptstadt München (1981-87), s. 1988 Leitg. Polizeipräsidium München - Ettstr. 2, 8000 München 2 - Geb. 16. Febr. 1942 München - Luitpold-Gymn. u. Univ. München - 1971-81 Bayer. Landeskriminalamt u. Polizeipräsid. Oberbay. (1973; u. a. Leit. Einsatzabt.).

KOLLER, Rudolf
Dr.-Ing., o. Prof. f. Allg. Konstruktionstechnik d. Maschinenbaues - Templergraben 55, 5100 Aachen - Geb. 25. Nov. 1934 Ingolstadt - Promot. 1964 - (1970 Ord. u. Inst.-Dir.) - BV: Konstruktionslehre f. d. Maschinenbau 1976, 79 u. 85; CAD-Automatisiertes Zeichnen, Darstellen u. Konstruieren, 1989.

KOLLHOSSER, Helmut
Dr., Univ.-Prof., Direktor Inst. f. Arbeits- u. Wirtschaftsrecht, Richter am OLG a. D. - Drechslerweg 36, 4400 Münster - Geb. 22. April 1934 Wetter-Ruhr 2, ev., verh. s. 1961 m. Olgamaria, geb. Weckmann, 2 Kd. (Peter, Philipp) - Stud. Köln, Mainz; Promot. 1961 Habil. ebd. - S. 1970 o. Prof. Münster - BV: D. Anscheinsbeweis in d. höchstrichterl. Rechtsprechung, 1963; D. Verfahrensbeteiligten in d. freiwilligen Gerichtsbark., 1970 - Spr.: Engl.

KOLLIGS, Rainer
Bergrat a. D., Vorstandssprecher Bergbau AG Lippe, Herne (ab 1986) - Shamrockring 1, 4690 Herne 1 - Geb. 7. April 1929 - Zul. Generalbevollm. Ruhrkohle AG, Essen. Vors. FNA Bergbau.

KOLLING, Alfons
Dr. phil., Hon.-Prof., Archäologe - Goethestr. 18, 6607 Quierschied-Göttelborn (Geb. 13. Sept. 1922, verh. m. Gerta, geb. Diancourt.

KOLLMANN, Franz Gustav
Dr.-Ing., Prof. f. Maschinenelemente u. Getriebe TH Darmstadt (s. 1982) - Annastr. 20, 6100 Darmstadt - Geb. 15. Aug. 1934 Füssen (Vater: Franz K., Prof.; Mutter: Otti, geb. Schoch), ev., verh. s. 1964 m. Barbara, geb. Hederich, 2 Töcht. - Stud. TH München, Dipl. 1956, Promot. 1961 - 1960-66 MAN Turbo GmbH; 1966-75 Krauss-Maffei AG; zul. Geschäftsf. Krauss-Maffei Austria Ges. mbH; 1975-82 o. Prof. TU Braunschweig; 1985/86 Gastprof. Cornell Univ./USA - BV: Welle-Nabe-Verbindungen, Konstruktionsb., 1984.

KOLLMANN, Heinrich
Dipl.-Ing., Geschäftsführer Zeppelin-Metallwerke GmbH, Friedrichshafen, u. d. Zeppelin-Luftschiffbau GmbH, ebd. - 7990 Friedrichshafen - Geb. 14. Okt. 1924.

KOLLMANN, Roland
Dr. phil., o. Prof. f. Kath. Theologie und ihre Didaktik Univ. Dortmund - Könzgenstr. 27, 4408 Dülmen/W.- Geb. 12. April 1935 - Vorst.-Mitgl. in d. AKK u. im Bund Neudtschl. (ND), 1985/86 Leit. Region Münster - BV: Bildungsideal-Weltanschauung, 1972; Religionsunterricht unter erschwerenden Bedingungen, 1988. Vortr. auf versch. Fachkongr. u. weit. Veröff. z. Gottesfrage, z. Didaktik d. Religionsunterr., d. Ausbild. d. Religionslehr. u. z. Religionspäd. Herausg. d. Reihen: Elementa

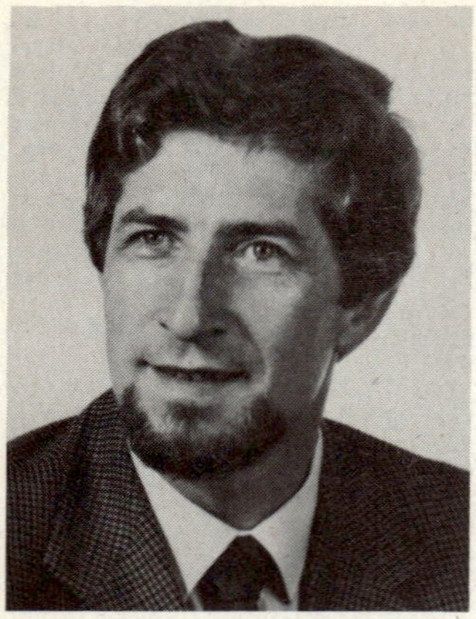

theologiae u. Religionspäd. Perspektiven - 1970 Preis d. Westf. Wilhelms-Univ.

KOLLMANNSBERGER, Annemarie

Dr. med., Prof., Ärztin f. Neurologie u. Konzertpianistin - Lindenstr. 22, 8021 Baierbrunn - Geb. 27. April 1928 München (Vater: Georg K., Graphiker u. Päd.; Mutter: Eugenie, geb. Koller) - Konzertreifeprüf. Klavier 1953; Staatsex. 1958, Promot. 1959, Habil. 1969 - 1960-69 wiss. Assist.; s. 1975 Prof.; seith. Leit. Neurochir. Poliklinik Univ. München - BV: Taschenb. Neurol., 1978; Differentialdiagnose, neurol. Krankheitsbilder (Mitautor), 4. A. - Liebh.: Fotogr., Keramik - Spr.: Engl., Franz.

KOLLMANNSBERGER, Lorenz

I. Bürgermeister Prien a. Chiemsee (s. 1978) - Alte Bernauer Str. 21, 8210 Prien a. Chiemsee (T. 08051 - 49 39) - Geb. 7. Nov. 1940 Prien, kath., verh. s. 1967 m. Ulrike, geb. Poppe, 3 Kd. (Martin, Andreas, Barbara) - Stud. Univ. München, Staatsex. 1968 - Jurist; b. 1978 selbst. Rechtsanw.; Vors. Fremdenverkehrsverb. Chiemsee u. Abwasserverb. z. Reinhalt. d. Chiemsees. CSU (Mitgl. Kreistag Rosenheim, s. 1984 Fraktionssprecher).

KOLLMER, Gert

Dr. rer. pol., Leiter d. Wirtschaftsarchivs Baden-Württ., Archivdirektor - Mülbergerstr. 9, 7300 Esslingen (T. 0711 - 35 33 72) - Geb. 20. Nov. 1949 Esslingen (Vater: Kurt Richard K., Kaufm.; Mutter: Sonja, geb. Weger de Santi), T. Gesina - Bankprakt. 1969; Stud. Nationalökonomie, Bankbetriebswirtsch., Wirtsch.- u. Sozialgesch., Gesch., landeskundl. Gesch. Univ. Tübingen; 1. u. 2. Staatsex. 1975 u. 1980; Promot. 1978 Tübingen - 1975 wiss. Mitarb. Akad. d. Wiss. u. Lit. Mainz; 1978 Staatsarchivref.; s. 1980 Leit. Wirtschaftsarchiv Baden-Württ.; s. 1983 Archivdir.; s. 1984 Lehrbeauftr. Univ. Hohenheim f. südwestdt. Wirtsch.- u. Sozialgesch. - BV: D. schwäb. Reichsritterschaft zwischen Westf. Frieden u. Reichsdeputationshauptschluß, 1979; Dokumentation z. Organisationsgesch. d. Hansa-Bundes (Quellensamml. z. Gesch. d. dt. Sozialpolitik 1867-1915), 1979; D. Familie Palm. Soz. Mobilität in ständischer Ges., 1984; Dokumentation z. Organisationsgesch. d. zentr. Arbeitgeberverb. (Quellensamml. z. Gesch. d. dt. Sozialpolitik 1867-1914), 1986. Mithrsg.: Schriftenreihe Beitr. z. südwestdt. Wirtsch.- u. Sozialgesch. (s. 1983) - Liebh.: Kunst, Lit., Musik - Spr.: Engl., Franz.

KOLLNIG, Karl

Dr. phil., Prof. f. Soziologie u. Politik - Am Zapfenberg 22, 6900 Heidelberg (T. 4 11 94) - Geb. 18. Febr. 1910 Seckenheim b. Mannheim, ev., verh. m. Dr. Erika, geb. Schattschneider (†) - Promot. 1933 - 1937-39 Els.-Lothr.-Inst. Frankfurt, 1948-57 höh. Schuldst. (Oberstudienrat); s. 1957 Päd. Inst. bzw. Päd. Hochsch. Heidelberg (Prof.; 1965-71 Rektor, 1971-75 Prorektor). Mitgl. Kommission f. geschichtl. Landeskunde Baden-Württ. - BV: Die Zent Schriesheim, 1933; Mannheim - Volkstum u. -kd. e. Großstadt in ihren geschichtl. Grundlagen, 1938; Els. Weistümer, 1941; D. Pfalz nach d. 30j. Kriege, 1949; Wandlungen im Bevölkerungsbild d. pfälz. Oberrheingebietes, 1952; D. Weistümer d. Zent Schriesheim, Bad. Weistümer u. Dorfordn., 2. Bd. 1968; Polit.-Soziol. Wörterb., 1975; D. Weistümer d. Zent Kirchheim, Bad. Weistümer u. Dorfordn., 3. Bd. 1979; D. Weistümer d. Zenten Eberbach u. Mosbach, Bad. Weistümer u. Dorfordn., 4. Bd. 1985; Kurpfalz. Ereignisse u. Gestalten, 1986; Liselotte v. d. Pfalz, Herzogin v. Orleans. E. fürstliche Münzsammlerin, 1987; Astronomen auf Münzen u. Medaillen, 1988. Mithrsg.: 75 Jahre Lehrerbildung in Heidelberg (1979). Heidelbg. Veröff. z. Landesgesch. u. -kd. - 1977 Verdienstmed. Land Baden-Württ.

KOLLO, René

Opernsänger (eigtl. René Kollodzieyski) - Zu erreichen üb. Marguerite Kollo, Personal Artists Management, Wilhelmstr. 4, 8000 München 40 (T. 089 - 39 54 50) - Geb. 20. Nov. 1937 Berlin (Vater: Willi Kollo, †1988), verh. in 2. Ehe m. Beatrice Bouquet (Ballettänzerin aus Frankr.), T. Nathalie (aus 1. Ehe) - 1958-65 Gesangsstud. b. Elsa Varena, Berlin. Opernpartien in Braunschweig, Düsseldorf, Bayreuth, Mailand, New York (zuvor Schlagersänger) - Rollen: u.a. Tristan in Bayreuth (1981) - BVK; 1984 Bayer. Kammersänger - Bek. Vorf.: Walter K. (Großv.) u. Willi K. (Vater), bde. bek. Komp.

KOLLWITZ, Arne A.

Dr. med., Prof. Chefarzt Urolog. Abt. Franziskus-Krankenhaus Berlin (s. 1972) - Terrassenstr. 9, 1000 Berlin 38 (T. 8012043) - Geb. 3. Sept. 1930 Berlin (Vater u. Großv. Ärzte) - S. 1964 (Habil.) Lehrtätigk. FU Berlin (1969 apl. Prof.; zul. 1. Oberarzt Urol. Abt./Klinikum Steglitz). 1980 zugl. Ärztl. Dir. Franziskus-Krkhs. Facharb.

KOLMS, Heinz

Dr. rer. pol., o. em. Prof. f. Wirtschaftl. Staatswissenschaften - Max-Planck-Str. 24, 2300 Kiel (T. 62123) - Geb. 9. Febr. 1914 Berlin (Eltern: Max u. Gertrud K.), verh. m. Dr. rer. pol. Dipl.-Kfm. Brigitta, geb. Schieb, 4 Kd. - Promot. 1945 Berlin - 1948 Doz. Univ. Leipzig, 1949 Privatdoz., 1953 apl. Prof. FU Berlin, 1955 ao., 1960 o. Prof. TU ebd., 1963 Univ. Kiel. Mitgl. Verein f. Sozialpolitik - BV: u. a. Volksw. Gesamtrechnungen, Nationalbudgets u. ökonometr. Gesamtmodelle, in: Weltw. Archiv, Bd. 71, 1953; Marktw. u. Wirtschaftspolitik, 1958; Finanzwiss., 4 T. zul. 1974/76.

KOLO, Hans

Dipl.-Kaufm., MdL Bayern (s. 1970) - Bernatzkistr. 16, 8000 München 81 (T. 932691) - Geb. 1937 - SPD - 1981 Bayer. VO, 1984 Bayer. Verfassungsmed. in Silber, 1985 Bayer. Verfassungsmed. in Silber.

KOLOCZEK, Heinz-Jürgen

Oberbürgermeister Stadt Tuttlingen, früher Regierungsdirektor b. Innenmin. Stuttgart - Panoramastr. 12, 7200 Tuttlingen (T. 07461 - 9 92 15) - Geb. 8. Nov. 1943 Burg/Bez. Magdeburg, verh. s. 1968 m. Hiltrud, geb. Alber, 4 T. (Anja, Katja, Fabia, Thekla) - Jurastud. - Spr.: Engl., Franz.

KOLPE, Max

Schriftsteller (Ps.: Max Colpet) - Zul. 704, N. Beverly Drive, Beverly Hills, Cal./USA (T. Crestview 5 - 0884) - Geb. 19. Juli 1905 Königsberg, mos. - Obersch. Hamburg; TH Berlin - Mitarb. Berliner Tagebl., Tempo, Simplicissimus, Stachelschwein, Weltspiegel; Mitbegr. Kabarett Katakombe, Berlin; 1933 n. Frankr. emigriert (Dienst franz. Armee; Lager); s. 1948 USA (1953 eingebürgert) - BV: F. Erwachsene streng verboten, 1948. Bühnenst.: Pam-Pam (UA. 1937 Wien), Vive le Théâtre, Mannequin d. Glücks, The Cha-Cha Tree; Filme: Scampolo, Einmal möcht' ich keine Sorgen haben, Madame wünscht keine Kinder, D. Blaue v. Himmel, Abenteuer im Engadin, Mauvaise Graine, Premier Rendevous, Battament du Coeur, Derriere la Facade, Allemagne - anno zero (D. Jahr Null, m. Rossellini). Bek. Songs: Wo ist d. Mann?, Allein in e. gr. Stadt (Marlene Dietrich), Hoppla, jetzt komm' ich (Hans Albers), Einmal möcht' ich keine Sorgen haben (Max Hansen), D. Zeitfurie (Hilde Hildebrand) u. a.

KOLPING, Adolf Anton

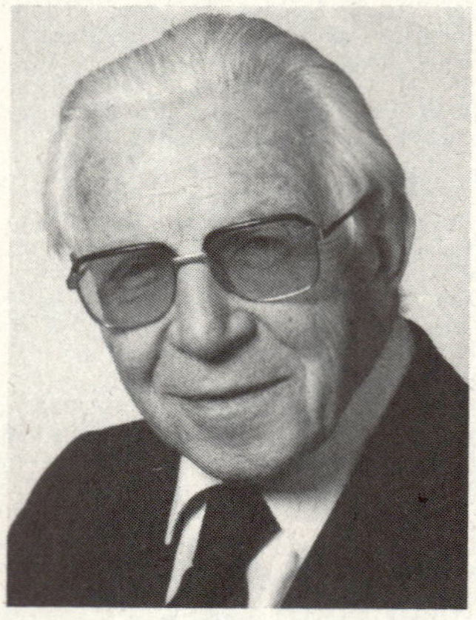

Dr. theol., em. o. Prof. f. Fundamentaltheologie - Wiesenweg 13, 5300 Bonn (T. 62 28 12) - Geb. 12. Dez. 1909 Andernach/Rh. (Vater: Jos. K., Amtsgerichtsrat; Mutter: Kath., geb. Rach), kath. - Univ. Bonn (Promot. 1938) u. Freiburg/Br. - Seelsorge, 1945 Privatdoz. Univ. Bonn, 1949 Ord. Univ. Münster/W., 1962 Univ. Freiburg - BV: Anselms Proslogion-Beweis d. Existenz Gottes, 1939 Sacramentum Tertullianeum, Neue Unters. üb. d. Anfänge d. christl. Gebrauchs d. Vokabel sacramentum, 1948; Einf. in d. kath. Theol., 2. A. 1963; Kath. Theologie - gestern u. heute, 1964; Fundamentaltheol., Bd. I 1968, II 1974, III 1 1981; Unfehlbar? Eine Antwort, 1971; D. Fall Küng. Eine Bilanz 1975; Aufs. bes. Albertina; Prozeß Jesu, 1987; Kirche - komplexe Wirklichkeit, ges. Aufs. 1989. Rez. - 1961 Socius ordinarius Pontificia Academia Mariana Internationalis Rom, Päpstl. Ehrenprälat - Bek. Vorf.: Adolf K., Gesellenvater († 1865).

KOLPINSKI, von, Hans-Walter

Präsident Trabrenn-Verein Mariendorf - Mariendorfer Damm 212-98, 1000 Berlin 42.

KOLTERMANN, Rainer

Dr. rer. nat., lic. phil. u. theol., o. Prof., Hochschullehrer - Offenbacher Landstr. 224, 6000 Frankfurt/M. 70 - Geb. 18. März 1931 Freudenfier/Westpr. (Vater: Martin K., Forstangest.; Mutter: Anna, geb. Knaps), kath. (s. 1952 Jesuitenorden) - Stud. Ordenhochsch. Tisis/Österr. (Lat., Griech., Alte Gesch., German.), Pullach (Phil.), Frankfurt/St. Georgen (Theol.), Univ. Frankfurt (Biol., Chem., Anthropol.). Priesterweihe 1962. Promot. 1969 Frankfurt; Habil. 1974 Würzburg - S. 1975 Doz. u. ao. Prof. (1978), o. Prof. (1984) OH St. Georgen (Naturphil.); s. 1976 Prof. Univ. Mainz (Zool.). Spez. Lernprozeß b. Bienen. BV: Naturphilosophie, 4. A. 1989. Veröff. in Ztschr. - Spr.: Lat., Engl., Span., Franz.

KOLVENBACH, Walter

Dr. jur., Rechtsanwalt, ehem. Mitgl. Direktorium u. Chefjustitiar Henkel KG a.A., Düsseldorf, AR Michelin-Reifenwerke KGaA, Karlsruhe, Vors. Rechtsaussch. IHK Düsseldorf (s. 1974), u. Verein z. Förd. d. Inst. f. Anwaltsrecht an d. Univ. Köln (1988), Schatzm. Forschungsinst. f. Wirtschaftsverfassung u. Wettbewerb, Köln (1987) - Peter-Roos-Str. 6, 4000 Düsseldorf 11 - Geb. 28. Jan. 1922 Düsseldorf, kath., verh. s. 1954 m. Irmgard, geb. Schmidt, 2 Söhne (Dirk, Ralf) - Präs.-Mitgl. Steuben-Schurz-Ges., D'dorf (s. 1975); Vors. gf. Aussch. d. Arbeitsgem. Syndikusanw. im Dt. Anwaltsverein; Chairman Weltorganis. Rechtsanw. Zahlr. Veröff. in dt. u. engl. Spr. üb. d. Geb. Firmenrechtsabt. u. Mitbestimm. - 1982 BVK I. Kl.; 1987 Gr. BVK; Ehrenz. dt. Anwaltschaft; 1988 Hon.-Prof. d. Rechtswiss. Fak. d. Univ. Köln - Spr.: Engl., Franz.

KOLWE, Armin

Dr. phil., Dipl.-Kfm., Vorstandsmitgl. Deutsche BP AG., Hamburg - Hummelsbütteler Weg 26, 2000 Hamburg-Hummelsbüttel (T. 5385617) - Geb. 7. Mai 1930 Milken/Ostpr. (Vater: Dr. Erich K., Oberreg.s- u. Veterinärrat; Mutter: Helene, geb. Czybulka), verh. s. 1957 m. Margarete, geb. Pistor, 2 Kd. (Matthias, Christine) - Wilhelmsgymn. Kassel; kaufm. Lehre; Univ. Frankfurt, FU Berlin. Promot. 1957 Berlin - S. 1975 Generalbevollm., ab 1977 o. Vorstandsmitgl. BP - Spr.: Engl.

KOMAREK, Alfred

Schriftsteller - Porzellangasse 26/7, A-1090 Wien (T. 0043 - 222-34 91 91) - Geb. 5. Okt. 1945 Bad Aussee, kath., verw. - Juratud., bde. Staatsprüf. - Fr. Schriftst. f. Rundfunkanst. u. intern. Magazine - BV: u.a. Traum ist Regen, der in d. Himmel fällt, 1979; Tagschatten, 1980; Niederösterreich - d. sanfte Land, 1986; Steiermark - Harmonie d. Gegensätze, 1987; Salzburg, d. vielstimmige Symphonie, 1987; D. Maler Kumpf, 1987; Oberösterr.-Fleiß u. Fülle, 1988; Kärnten, d. heitere Herausforderung, 1988; Hommage an Österr., 1988; Burgenland, d. kleine Unendlichkeit, 1989; Epigramme, Nov., Erz., Feuill. - Interesse: Sprache - Spr.: Engl. - Lit.: Kürschners Dt. Literaturkalender.

KOMMA, Karl Michael

Dr. phil., Prof., Komponist, Musikwiss.-ler - Walter-Rathenau-Str. 6, 7410 Reutlingen - Geb. 24. Dez. 1913 Asch/Böhmen (Vater: Georg K., Bankdir.; Mutter: Marie, geb. Adler), verh. 1940 m. Dr. Charlotte, geb. Scholze - Univ. Prag u. Heidelberg; Musikakad. Prag - 1936-39 Assist. Univ. Heidelberg, 1940-45 Dir. Franz-Schubert-Musiksch. Reichenberg; s. 1954 Doz. u. Prof. (1960) Musikhochsch. Stuttgart. Orchester-, Kammer-, Kirchenmusikw., Kantaten, Chöre, Lieder - BV: Gruppenkonzerte d. Bachzeit, 1938: D. Böhm. Musikantentum, 1960; Musikgesch. in Bildern, 1961; Ludwig van-Beethoven, opus 110, Faksimile-Ausg. u. Beiheft, 1967; Lieder u. Gesänge nach Dichtungen Friedrich Hölderlins, 1967; vom Wesen d. Musik. Ausgew. Aufsätze v. Arnold Schering, 1974 - Dittersdorf-, Parler-Preis, Preis Kulturkr. BDI, Stamitz-Preis (Ostd. Kulturpr.).

KOMMERELL, Burkhard

Dr. med., o. Prof., Ärztl. Direktor d. Inn. Med. IV d. Med. Univ.-Klinik Heidelberg, u. gf. Dir. d. Med. Univ.-Klinik + Poliklinik ebd. - Meisenweg 4, 6907 Nussloch - Geb. 23. Mai 1927 Stuttgart - Habil. Berlin - S. 1968 apl. u. o. Prof. (1972) Univ. Heidelberg (Leit. Ludwig-Krehl-Klinik). Fachveröff. ü. Gastroenterol. Klin. Schwerpunkt: Gastroenterol.

KOMNICK, Hans

Dr. rer. nat., Wiss. Rat (Inst. f. Cytologie u. Mikromorphol.), Prof. f. Zoologie Univ. Bonn (s. 1970), Mithrsg. Ztschr. Cytobiol. (1969 ff.) - Birkenweg 7, 5300 Bonn-Röttgen - Geb. 27. Aug. 1934 Engelstein/Ostpr. - Promot. 1960; Habil. 1968.

KONDER, Peter Paul

Dr. rer. nat., Prof. f. Mathematik Univ. Mainz, Honorarprof. Univ. de Los Andes,, Bogotá (Kolumbien) - Südring 311, 6500 Mainz 22.

KONECNY, Ewald

Dr. rer. nat., Prof. f. Kernphysik (b. 1975) u. Entwicklungsleitung f. Atemschutz- u. Gasmeßgeräte - Hirschbergstr. 10, 2406 Stockelsdorf (T. 0451-49 39 42) - Geb. 22. Juni 1935 Troppau (Vater: Franz K., Finanzbeamter; Mutter: Olga, geb. Sperner), kath., verh. s. 1960 m. Margrit, geb. Siméon, 3 Kd. (Sabine, Gabriele, Wolfgang) - Gymn. Nürnberg, (Abit. 1954), Physikstud. TH München, Dipl. 1959, Promot. TH München 1963, Habil. Univ. Gießen 1967 (Experimentalphysik) - 1969-75 Priv.doz. u. apl. Prof. TU München; 1975-80 Leit. Grundlagenentw. Drägerwerk AG Lübeck; s. 1981 Leit. d. Gesch.ber. Entwickl. u. Konstr. Drägerwerk AG Lübeck - Entd.: Massenspektrometrische Trennung v. Kernspaltungsfragmenten, Kernladungsvert. v. Spaltprod., Nachweis d. Formisomerie b. Spaltungsisomeren, Symmetrische u. asymmetr. Kernspalt. - Spr.: Engl.

KONECNY, Gottfried

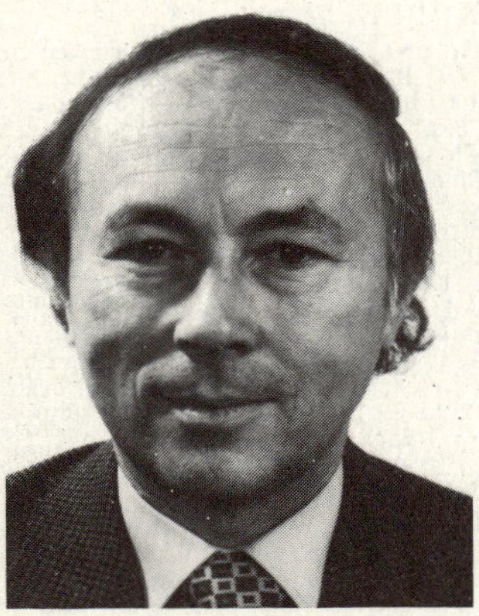

Dr. h. c., Dr.-Ing., Dipl.-Ing., M. Sc., Geodät, o. Prof. f. Photogrammetrie TU Hannover (s. 1971) - Wartheweg 22, 3000 Hannover 73 (T. 0511 - 52 82 51) - Geb. 17. Juni 1930 Troppau/Sudeten (Vater: Franz K., Beamter; Mutter: Olga, geb. Sperner), kath., verh. s. 1958 m. Lieselotte, geb. Angstwurm, 2 Kd. (Susanne, Gottfried jr.) - Stud. d. Geodäsie TH München u. Ohio State Univ.; Dipl.ex. 1957; Promot. 1960, bde. München - 1959-71 Ltr. Vermessungswesen Univ. New Brunswick/Kanada. 1964 Expedition kanad. Arktis, 1965 Mount Kennedy-Exped. i. d. Yukon d. Nat. Geograph. Soc., Projektwissenschaftler Kameraprojekt 1. Europ. Spacelabmission, ESA, m. Space Shuttle, NASA, Mitgl. Dt. Ges. f. Photogrammetrie (1972-76 Vors.), Amerik. Ges. f. Photogr., Dt. Verein f. Vermess.wesen, Canad. Inst. of Surveying, Glaciol. Soc., Intern. Ges. f. Photogr. u. Fernerkund. (1976-80 Kongr. Dir., 1980-84 Generalsekr., 1984-88 Präs., ab 1988 1. Vizepräs.) - ca. 100 Fachveröff., Lehrbuch - 1971 Dr. h.c. Nationaluniv. Tucuman; 1985 Dr. Sc.hc. Univ. of New Brunswick, o. Mitgl. Braunschweig. Wiss. Ges., Sudetendt. Akad. d. Wiss. u. Künste, Intern. Acad. of Astronautics; 1986 Ehrenprof. Univ. Wuhan, China.

KONEFFKE, Gernot

Dr. phil., Prof. f. Pädagogik - Darmstädter Str. 55c, 6101 Modautal 1-Ernsthofen - Geb. 28. Aug. 1927 Lauenburg/Pom. - Stud. Heidelberg (Promot.) - S. 1969 Prof. TH Braunschweig u. TH Darmstadt (1972). Facharb.

KONEGEN, Norbert

Dr. rer. pol., Prof. f. Politikwissenschaft Univ. Münster - Fliederweg 69, 5000 Köln 40 - Geb. 16. März 1939 - Arbeitsgeb.: Polit. Ökonomie, Innenpolitik, Wiss.theorie. AR-Mand. - BV: Politik u. Kybernetik, 1973; Sozialismus u. Sozialisierung, 1975; Polit. Kommunikation, 1981; Veröff. z. Bildungsplan., 1978; Wiss.theorie, 1985; Veröff. z. Regionalpolitik, 1987; Veröff. z. Wissenschaftstheorie, 1988.

KONERMANN, Heinrich

Dr. med. vet., Direktor Tiergesundheitsamt/LK Westfalen-Lippe, Münster, apl. Prof. f. Allg. Geburgshilfe u. Gynäk. sow. spez. Geburtsh. u. Gynäk. d. Rindes Tierärztl. Hochsch. Hannover (s. 1974) - Anton-Aulke-Str. 49, 4401 Wolbeck/W. - 1968 ff. Privatdoz.

KONIETZKO, Johannes

Dr. med., Prof., Leit. Inst. f. Arbeits- u. Sozialmed. Univ. Mainz - Obere Zahlbacher Str. 67, 6500 Mainz 1 - Geb. 24. Juni 1934.

KONIETZKO, Nikolaus Franz-Josef

Dr. med., Prof., Ärztlicher Direktor d. Ruhrlandklinik u. Chefarzt d. Abt. Pneumologie - Tüschener Weg 40, 4300 Essen 16 - Geb. 6. Dez. 1938 Kieferstädtle (Vater: Dr. med. Karl K., Arzt; Mutter: Hildegard, geb. Tenscher), kath., verh. s. 1966 m. Traute, geb. Schmidt, 3 Kd. (Christian, Beate, Sebastian) - Abit. 1957; Med. Staatsex. 1962 Univ. München, Promot. 1973 ebd. Habil. 1974 Univ. Ulm - Nach Ausb. u. Facharzt 1974-76 Oberarzt Intensivstation Univ.-Klinik Ulm; s. 1976 Leit. Abt. f. Inn. Med. u. Funktionsdiagnostik Ruhrlandklinik. Rd. 150 med. Publ., davon 50 Originalpubl. m. neuen Daten - BV: Lungenfunktionsprüf. m. Radionukliden, 1976 - Liebh.: Musik (Klaviersp.), Tennis - Spr.: Engl., Lat., Griech.

KONISZEWSKI, Gerhard Hans

Dr. med., Dr. med. habil., Prof., Leiter Städt. Augenklinik Nürnberg - Esperstr. 29, 8525 Uttenreuth - Geb. 23. Mai 1942 Passau, kath., gesch., 2 Kd. (Dorothea, Nikolaus) - Stud. d. Med. in Erlangen u. Innsbruck; Promot. 1970 Erlangen; Habil. 1979 ebd.; 1985 apl. Prof. - Spr.: Engl.

KONJETZKY, Klaus

Schriftsteller - Pilarstr. 8, 8000 München 19 - Geb. 2. Mai 1943 Wien - BV: Grenzlandschaft, Ged. 1966; Perlo peis ist e. isl. Blume, Erz. 1971; Poem v. grünen Eck, Ged. 1975; Was interessiert mich Goethes Geliebte, Sachb. 1977; D. Hebriden, Ged. 1979; Am anderen Ende d. Tages, R. 1981; F. wen schreibt der eigentlich?, Dok. (m. M. Bosch) 1973 - 1977 Mitgl. PEN.

KONNES, Manfred

Bürgermeister Wolfegg, Geschf. d. Fördergemeinsch. z. Erhaltung d. ländl. Kulturgutes e.V., Vors. d. Arbeitsgem. d. region. Freilichtmuseen in Bad.-Württ. - Maximilianplatz 7, 7962 Wolfegg 1 (T. 07527 - 62 71) - Geb. 19. Dez. 1941 Krefeld (Vater: Jakob K., Kaufm.; Mutter: Anna, geb. Görtz), kath., verh. s. 1968 m. Christa, geb. Back, 2 Kd. (Michael, Susanne) - 1957-61 Lehre Dt. Bundesbahn; Prüf. f. d. kommun. Verw. 1967 - S. 1971 Bürgerm. - Zahlr. Ämter, u. a. s. 1973 Kreisrat Ravensburg u. Mitgl. Regionalvers. Bodensee-Oberschwaben, s. 1976 Vors. Kommunalpolit. Vereinig. Kr. Ravensburg - Liebh.: Malerei, Volkskd., Museumswesen.

KONOLD, Wulf

Dr. phil., Musikwissenschaftler, Journalist, Chefdramaturg - Caprivistr. 20, 2000 Hamburg 55 - Geb. 29. Juni 1946 Langenau (Vater: Richard K., Bauing.; Mutter: Margarethe, geb. Schrammek) - Abit. 1966, Stud. Kiel (1966-74), Musikhochsch. Lübeck (1968-72), Promot. 1975 Kiel - 1975 wiss. Assist. Univ. Kiel, 1975-76 Abt.Leit. b. Saarl. Rundf., 1977-78 freisch., 1978-81 Chefdramat. Musiktheater Nürnberg, 1981-87 Künstler. Berat. Staatsoper Hannover, Lehrbeauftr. Musikhochsch. ebd., s. 1988 Chefdramat. Hamburgische Staatsoper - BV: Weltl. Kantaten im 20. Jh., 1975; komment. Partiturausg. Beethoven, 5. Sinf., 1979; D. Streichquartett v. d. Anf. b. Franz Schubert, 1980 (dt., engl., jap.); Dt. Oper - einst u. jetzt, 1980 (auch engl. u. ital.); Felix Mendelssohn Bartholdy u. s. Zeit, 1984; Komment. Partiturausg. Beethoven, Violinkonz., 1986; Claudio Monteverdi, 1986; Bernd Alois Zimmermann, 1986 - Versch. Orch.- u. Kammermusikwerke, Exper. (Musiktheater) - Spr.: Engl., Ital. - Lit.: 3 Nachschlagewerke.

KONRAD, Heinz

Fabrikant, pers. haft. Gesellsch. Gamaschette-Konrad KG, Eppelheim - Schubertstr. 11, 6904 Eppelheim/üb. Heidelberg - Geb. 27. März 1923 AR-Vors. Verb. Südwestd. Kunststoffind., Mannheim, u. Bundesverb. dt. Kunststoffverarbeiter.

KONRAD, Johann Friedrich

Dr. theol., Prof. f. Ev. Theologie u. ihre Didaktik Univ. Dortmund - Strüningweg 25, 4600 Dortmund 41 - Geb. 25. Febr. 1932 Breslau (Vater: Prof. D. Dr. Joachim K., Hochschullehrer; Mutter: Gisela, geb. Altmann), verh. s. 1962 m. Dr. Ingeborg, geb. Burgbacher, 3 Kd. (Susanne, Stefan, Daniel) - 1975ff. Vorst.-Mitgl. Ges. f. christl.-jüd. Zusammenarb. Dortmund - BV: Abbild u. Ziel d. Schöpfung - Z. Exegese u. Theol. Karl Barths, 1962; Kalina u. Kilian - Handpuppensp. im Religionsunterr., 1975; Seid klug wie d. Schlangen - Fabeln f. d. relig. Erzieh., 1978; Hexen-Memoiren - Märchen entwirrt u. neu erzählt, 1981; Wo d. Blume zu finden ist, 1981; Wenn alte Adler wieder jung werden, 1981; Wo d. Flöte ertönt, 1984; Wenn Lügen lange Beine haben, 1985; Religionsunterricht im 2. Schuljahr, 1985; Hexen-Memoiren, TB 1986; Puppenspiele m. Märchen, TB 1988; D. Reise durchs Nadelöhr, Märchen TB 1988.

KONRAD, Klaus

Kreisverwaltungsdirektor a. D., MdB (s. 1969) - Strandallee 61, 2409 Haffkrug/Holst. (T. 6347) - Geb. 22. Dez. 1914 Berlin, ev., verh., 3 Kd. - Univ. Berlin (Rechts- u. Staatswiss.). Jurist. Staatsprüf. 1937 u. 41 - B. 1943 Reg.sass., dann Oberstabsint. Luftwaffe, 1947-49 Hilfsarb. u. Anwaltsass., dann Rechtsanw. u. Notar (1954) Eutin, s. 1956 Kreisverw.s- u. -oberverw.srat ebd. 1951-59 Stadtvertr. Eutin; 1951-56 MdK Eutin; 1962-69 MdL Schlesw.-Holst. SPD s. 1949 (1956-70 u. wied. s. 1975 Kreisvors., s. 1960 Mitgl., s. 1968 Vors. Revisionskommiss. SH).

KONRADI, Inge

Schauspielerin - Burgtheater, Wien - Geb. 27. Juli 1929 Wien, verh. s. 1968 m. Prof. W. Bertoni, Akad. Bildhauer - Gymn.; Reinhardt-Sem.; Ballettausbild. (alles Wien) - Mitgl. Volkstheater (6 J.) u. Burgtheater Wien (1954 ff.). Salzburger Festsp. - Bühne: u. a. Franziska, hl. Johanna, Ophelia, Pygmalion, Christopherl, Piperkarcka, Rosl, Liliom, August August, Kaukas. Kreidekreis, Mirandolina, Gretchen, Klärchen, Onkel Wanja, Rosalinde, Puck, D. Lerche; Filme: Rendezvous im Salzkammergut, Himml. Walzer, Bezaubernder Schwindler, Singende Engel, Eva im Frack u. a. S. 1960 Kammerschauspielerin; Gold. Rathausmann, 1. Preis Festival Paris (1956 in Liebelei).

KONRATH, Norbert

Dr. rer. pol., Direktor, Leit. Konzernrevision Allianz AG - Königinstr. 28, 8000 München 44 - Geb. 24. Juni 1933, verh. - Stud. Jura u. Volkswirtsch. (Dipl., Promot. u. Ass.-Ex.).

KONS, Klaus

Sparkassendirektor, Vorst. Stadtsparkasse Köln (1981 ff.) - Habsburgerring 2, 5000 Köln 1 - Geb. 1933 (?).

KONSALIK, Heinz G.

s. Günther, Heinz

KONSTANTINOU, Evangelos

Dr. phil., Prof. f. Byzantinistik u. Neugriech. Philol. - Am Happach 26, 8702 Gerbrunn/Ufr. - B. 1978 Privatdoz., dann Prof. Univ. Würzburg.

KONTARSKY, Alfons

Konzertpianist, Prof. f. Klavier u. Klavier-Kammermusik Mozarteum Salzburg - Untersbergstr. 94, A-5084 Großgmain - Geb. 9. Okt. 1932 Iserlohn/Westf. (Vater: Paul K., Journalist; Mutter: Gertrud, geb. Koch), kath., verh. s. 1958 m. Christine, geb. Schotte, Cellistin, Sohn Matthias - Stud. an d. Hochsch. f. Musik Köln u. Hamburg b. Else Schmitz-Gohr, Maurits Frank u. Eduard Erdmann - 1981 Mitgl. d. Bayer. Akademie d. Schönen Künste; 1983 Mitgl. d. Dt. Musikrates.

KONTARSKY, Aloys

Prof. f. Klavier, Staatl. Hochsch. f. Musik Rheinland/Musikhochsch. Köln - Löwenburgstr. 27, 5000 Köln 41 - Geb. 14. Mai 1931 (Vater: Paul K.; Mutter: Gertrud), kath., verh. m. Gisela, geb. Saur, S. Christoph - 1951-57 Ausb. z. Pianisten, 1951-53 Stud. Phil., German., Musikwiss. - S. 1957 Konzerttätigk. In- u. Ausland, s. 1969 Prof. Musikhochsch. Köln.

KONZE, Hermann-Joseph

Chefredakteur Fuldaer Zeitung, 6400 Fulda (s. 1981) - Grundweg 11, 6400 Fulda (T. 0661-4 31 33) - Geb. 9. Mai 1930 Oberhausen (Vater: Friedrich K., Oberlokf.; Mutter: Katharina, geb. Flück), kath., verh. s. 1957 m. Gertrud, geb. Wehner, 3 Kd. (Tobias, Oliver, Isabel) - Hum. Gymn. Würzburg (Abit. 1950) - Redakt.volont.; 1954-62 Lokalchef Fuldaer Ztg.; 1962-72 Ressortleit. Politik Der neue Tag, Weiden; s. 1973 Chefredakt., auch v. Amberger Ztg. - Liebh.: Fotografieren, Zeitgesch. - Mitgl.: Ges. Kath. Publizisten, Lions - Spr.: Engl.

KONZELMANN, Gerhard

Journalist, Leiter Dokumentar. Abt. Südd. Rundf. (s. 1974) - Villa Berg, 7000 Stuttgart 1 (T. 288 27 70) - Geb. 26. Okt. 1932 Stuttgart (Vater: Alfred K., Bd.bahnbeamter; Mutter: Sophie, geb. Grafenberger), ev., verh. s. 1958 m. Irmingard, geb. Schäfer, 3 Kd. (Thomas, Christine, Stephan) - Gymn. (b. 1952); Stud. Philol. (b. 1957) - 1956 Fernsehjourn.; 1964 Mitgl. Programmdir. ARD; 1968 ARD-Korresp. Arabien. Fernsehdokument.: Yemen, Oman, Ägypten, Libyen, Sudan, Irak, Kreml u. Koran (Sowjet. Einfluß im Nahen Osten), Palästinens. Befreiungsbeweg. u. a. - BV: V. Frieden redet keiner - Zwischen d. Fronten im Nahen Osten, 1971; D. Schlacht um Israel, 1974; D. Araber, 1974; Suez - D. Kanal im Streit d. Strategen, Diplomaten, Ingenieure, 1975; D. Reichen aus d. Morgenland, 1975; Aufbruch d. Hebräer, 1976; Öl - Schicksal d. Menschheit, 1976; Sie alle wollten Afrika, 1978; Ölpest, 1979; Mohamed, 1980; D. Islam. Herausforderung, 1980; Arafat - Verhängnis oder Hoffnung, 1981, D. Nil, 1982; Jerusalem - 4000 J. Kampf um e. hl. Stadt, 1984 - Liebh.: Musikgesch. (bes. Musiktheaterentwickl. s. Monteverdi) - Spr.: Engl., Franz., Ital.

KONZELMANN, Gerhard

Dipl.-Kfm., Geschäftsführer, Vorst. Vereinig. Dt. Schmelzhütten (VDS); Vorst. Wirtschaftsvereinig. Metalle, Organisation Europ. Aluminium-Schmelzhütten (OEA) u. European Aluminium Association (EAA) - Am Westblick 13, 7910 Neu-Ulm/Pfuhl (T. 0731 - 71 96 46) - Geb. 7. Okt. 1936 Ulm (Vater: Karl K.; Mutter: Hedwig, geb. Brauch), ev., verh. s. 1966 m. Margot, geb. Ströhle, 2 Kd. (Alexander, Christiane) - Abit.; Stud. Betriebsw., Ex. u. Dipl. - Liebh.: Tennis, Skilauf, Jagd, Fischerei - Spr.: Engl., Franz.

KONZEN, Horst

Dr. jur., o. Prof. f. Bürgerl. Recht, Zivilprozeß-, Arbeits-, Handels- u. Gesellschaftsrecht - Auf der Irrlitz 26, 6228 Eltville 3 - Zul. Assistenzprof. Univ. Mainz.

KOOLMAN, Egbert

Dr. phil., Bibliotheksdirektor, Leit. Landesbibliothek Oldenburg (s. 1988) - Quellenweg 52b, 2900 Oldenburg - Geb. 10. Aug. 1938 Weener/Ems, ev., verh. s. 1965 m. Elke, geb. Wittern, 2 Kd. (Sebo, Antje) - Stud. 1958-67 Univ. Köln u. Göttingen; Promot. 1968 Göttingen; Bibl.-Refer. 1968-70 MuLB Kassel; Bibl. Fachprüf. 1970 Bibl.-Schule Frankfurt/M. - 1970-73 Fachref. MuLB Kassel (Bibl.-Rat); 1974-88 stv. Bibl.-Leit. LB Oldenburg (Bibl.-Oberrat) - BV: Gemeinde u. Amt, 1969; Briefe an Lotte Grimm (Mitarb.), 1972; L. E. Grimm, Ausstellungskatalog (Mitarb.), 1985; Oldenb. Bibliogr. 1599-1907, 1987; Oldenb. Bibliogr., 1974ff.; Katalog d. Kollegnachschriften in d. LB Oldenburg, 1989. Herausg.: Ludwig Emil Grimm: Briefe (1985); Schriften d. Landesbibl. Oldenburg (1988ff.). Mithrsg.: Quellen z. Brüder-Grimm-Forsch. (1988ff.) - 1977 Mitgl. Hist. Kommiss. f. Nieders. u. Bremen; 1977 Wiss. Rat d. Brüder Grimm-Ges.; 1989 Beiratsmitgl. Oldenb. Landschaft - Liebh.: Genealogie, Studentica - Spr.: Engl., Niederl.

KOOLMAN, Jan

Dr. rer. nat., Prof. Univ. Marburg, Biochemiker - Riedstr. 9, 3553 Coelbe-Marburg (T. 06421 - 8 48 90) - Geb. 7. Nov. 1943 Lübeck, verh. m. Gabriela, geb. Foitzik - Stud. Biochemie Univ. Tübingen; Dipl. 1969; Promot. 1972 Marburg, Habil. 1976 ebd. - Prof. Physiol.-Chem. Inst. Univ. Marburg.

KOOP, Günter

Dr., Abteilungsdirektor, Leit. Nieders. Landesverwaltungsamt (Statistik) - Heinrich-Spoerl-Str. 23, 3000 Hannover.

KOOPMANN, Helmut

Dr. phil., Prof. - Watzmannstr. 51, 8900 Augsburg (T. 66 29 91) - Geb. 15. Juni 1933 Bochum (Vater: Karl K., Stadtinsp.; Mutter: Dorothee, geb. Gröne), ev., verh. s. 1961 m. Susanne, geb. Liestmann, 3 Kd. (Anselm, Sebastian, Florian) - 1969-74 o. Prof. Bonn u. 1974ff. Univ. Augsburg; 1972 u. 1979 Gastprof. RAU Johannesburg Kansas State Univ., 1975 u. 1979 Univ. of North Carolina/USA, 1984 Washington Univ. St. Louis, USA - BV: D. Entwickl. d. ‚intellektualen Romans' b. Thomas Mann, 3. A. 1981; Friedrich Schiller, 2 Bde., 2. A. 1976; Schiller-Kommentar zu s. smtl. Werken. 2 Bde., 1969; D. Junge Dtschl., 1970; Thomas Mann, 1975; Heinrich Heine: Ludwig Börne. Eine Denkschrift, 1978; Drama der Aufklärung, 1979; Schillerforschung 1970-80, 1982; D. klassisch-moderne Roman in Deutschl. Thomas Mann - Döblin - Broch, 1983 - Spr.: Engl.

KOOTEN, van, Karl-Heinz

Dr. theol., Stv. Synodalpräsident, Verbandsdirektor, Vors. Diakon. Werk d. Ev.-ref. Kirche in Nordwestdtschl. 4460 Nordhorn - Zu erreichen üb.: Saarstr. 6, 2950 Leer/Ostfriesl.

KOPAC, Zdenek

Dr. rer. nat., Dipl.-Phys., Prof. f. Mathematik u. Bauphysik Univ.-GH Paderborn (Fachber. Bautechnik, Höxter) - Hermann Lönsstr. 10, 3474 Boffzen - Spez. Arb.geb.: Techn. Thermodynamik (Sonnenenergie, Wärmespeicher, Thermographie).

KOPECKY, Franz

Bundesvors. Zentralverb. kath. Kirchenangest. Dtschl.s - Am Kielshof 2, 5000 Köln 91.

KOPECKY, Peter

Dr. med., Prof., Chefarzt (Gynäkologe) - Rathausstr. 58, 5100 Aachen-Laurensberg - Geb. 4. Juli 1936 Wien (Eltern: Peter (Arzt) u. Rudolfine K.), kath., verh. s. 1963 m. Martha, geb. Firmkranz, 3 T. (Karen, Uta, Britta) - Univ. Wien. Promot. 1961 Wien; Habil. 1970 Aachen - S. 1970 Privatdoz. u. apl. Prof. (1975) TH Aachen/Med. Fak. (Gynäk. u. Geburtsh.) - BV: Diagnostik u. Therapie d. Rhesus-Inkompatibilität, 1970. Üb. 50 Einzelarb. - Liebh.: Sport (Skilaufen) - Spr.: Engl., Span. - Bek. Vorf.: Prof. Dr. W. Beiglböck (Onkel).

KOPELEW, Lew

Dr. h. c., Forsch.-Prof., Germanist, Schriftsteller - Neuenhöfer Allee 41, 5000 Köln 41 - Geb. 9. April 1912 Kiew (Vater: Sinowij K., Agronom; Mutter: Sofija, geb. Kaganowa), verh. s. 1956 in 2. Ehe m. Raissa, geb. Liberson, 4 Kd. (Maja, Jelena, Swetlana, Maria) - 1933-35 Stud. Phil. Univ. Charkow; 1935-38 German. Univ. Moskau; 1938-41 Lit. Univ. Moskau; Promot. 1941 - 1929-30 Lehrer (f. Erw.) Charkow; 1930-34 Arbeiter, Werkjourn. Charkow; 1941-45 Propaganda-Offz. an d. Front; 1945-54 polit. Häftling, 1956 rehabilitiert; 1957-60 Doz. f. intern. Pressegesch. Moskau; 1961-68 Forsch.-Auftr. Inst. f. Kunstgesch.; Dtschspr. Theater, 1968-77 freisch. Mitgl. Schriftst.-Verb. d. UdSSR; s. 1981 Gastprof. in Göttingen u. New York; s. 1982 Forsch.prof. Univ. Wuppertal. Zahlr. Veröff. in d. UdSSR, BRD, Österr. u. Frankr., u.a. Erinnerungstrilogie Aufbewahren f. alle Zeit, 1975; Und schuf mir e. Götzen, 1979; Tröste meine Trauer, 1981, m. H. Böll: Warum haben wir aufeinander geschossen?, 1981, u. Antikommunismus in Ost u. West, 1982. Bücher üb. Goethe u. Brecht, Aufs. üb. dt., amerik. u. tschech. Lit. in BRD, USA, Frankr., Holland, u.a. autobiogr. Bücher - 1979 Friedr. Gundolf-Preis dt. Akad. f. Spr. u. Dicht.; 1981 Ehrendoktor Univ. Köln; 1981 Friedenspreis d. dt. Buchhdl.; 1983 Ehrendoktor New Scool Social Res. New York - Spr.: Engl., Franz., Poln., Ukrain.

KOPF, Günther

Senator, Dipl.-Ing., Direktor i. R. - Zu erreichen üb. D. Rosenhof, App. A122, Am Weissen Berg 7, 6242 Kronberg/Ts. (T. 06173 - 6 30 62) - Geb. 9. Okt. 1904 Düsseldorf - TH Stuttgart (Maschinenbau) - Jahrzehntel. Tätigk. Thyssen-Bereich (b. 1968 Vorstandsmitgl. Thyssengas AG) - 1956 Ehrensenator TH, jetzt Univ. Karlsruhe.

KOPF, Hermann

Dr. jur., Rechtsanw. - Bismarckallee 16, 7800 Freiburg/Br. (T. 39894) - Geb. 29. Mai 1901 Freiburg/Br. (Vater: Ferdinand K., RA; Mutter: Anna, geb. Krems), kath., verh. in 2. Ehe (in 1. verw.) - Gymn. Freiburg; Univ. ebd., Kiel, München - S. 1930 RA Freiburg, 1949-69 MdB (1960-69 Vors. Auswärt. Aussch. d. Bundestages) - 1969 Gr. BVK m. Stern u. Schulterbd.

KOPF, Wilhelm

Dr. phil., Botschafter - 8671 Schwarzenbach/Wald - Geb. 2. Juli 1909 Schwarzenbach - Stud. Gesch., German., Rechtswiss. - Assist. Univ. Erlangen, Lektor Türk. Unterrichtsmin. u. Presseattaché Dt. Botschaft Ankara, n. Kriegsende Ref. Univ.sverw. München, 1945-50 Reg.srat Bayer. Staatskanzlei, dann Tätigk. Bayer. Bevollm. b. Bund, s. 1952 Ausw. Dienst (Karachi, Rangoon, 1960-63 Botsch. Somal. Rep., 1963-66 Saudi-Arabien, 1966-68 Vietnam, 1971-74 Uganda, gegenw. Berater Saudi Arabien) - BV: Saudi-Arabien - Insel d. Araber, 1982 - 1969 BVK I. Kl. - Rotarier.

KOPFERMANN, Klaus

Dr., Prof. f. Mathematik Univ. Hannover - Neuwarmbüchener Str. 11, 3004 Isernhagen 5 (T. 05136 - 73 18) - Geb. 24. Aug. 1935 Soest (Vater: Johannes K.; Mutter: Gertrud, geb. Liemann), verh. s. 1974 m. Yvonne, geb. Bobillier - Univ. Münster (Promot. 1961), Habil. 1969 Univ. Hannover - S. 1972 Prof. in Hann. - BV: Math. Grundstrukturen, 1977; Funktionentheorie mehrerer komplexer Veränderlicher (m. W. Rothstein), 1982 - Liebh.: Astronomie, Reisen - Bek. Vorf.: Prof. H. K., Physiker in Heidelberg.

KOPFSTEIN-GINTOWT, von, Ernst

Gesellschafter d. Donau-Bau Unternehmensgr. u. gf. Gesellsch. Kurbetriebe Vigaun/Österr. - Wechselpergerstr. 20, 8399 Rotthalmünster (T. 08533 - 18 44) - Geb. 2. März 1943 Wittingau, kath., verh. s. 1969 m. Margot, geb. Sperl, S. Ernst - Steuerberater 1970 - Liebh.: Antiquitäten, Tier- u. Porträt-Malerei - Spr.: Engl., Franz.

KOPINECK, Hermann-Josef

Dr. rer. nat., Prof., Physiker, Vors. Dt. Ges. f. Zerstörungsfr. Prüfung, Berlin - Wildbannweg 36, 4600 Dortmund-Kirchhörde - Geb. 15. Juni 1924 Mülheim/R. - Promot. 1951 - S. 1952 Hoesch Hüttenw. AG, Dortmund (1963 Chef Physikal. Forschungsabt.). 1972ff. Honorarprof. Univ. Münster (Technol. d. metall. Werkstoffe). Üb. 90 Facharb. Buchmitverf.: Metallphysik (1966), Analyt. Chemie in d. Eisenhüttenind. (1967), Neuzeitl. Verf. d. Werkstoffprüf. (1972) - 1982 Henry-Mierzijewski-Memorial-Med. Polish Soc. for Mechanical Engineers (SIMP), Warschau; 1983 Cerficate of distinction Brasilian Soc. for NDT (ABENDE) Saõ Paulo; 1985 BVK I. Kl.; 1985 Certificate of distinction Intern. Committ. for NDT (ICNDT); 1986 Ehrenmitgl. Chinese Mechanical Engineering Soc. (CMES), Peking.

KOPKA, Ulrico

(eigtl. Ulrich Koepke) Komponist, Dozent f. Musikpsychologie - Im Kirchenfeld 22, 7802 Merzhausen/Freib. (T. 0761 - 40 40 01) - Geb. 17. Juni 1910 Bromberg - Stud. Klavier u. Kompos. b. Prof. G. Wehle, Scharwenka-Konservat. Berlin u. Stud. Wirtsch.wiss.; nach 1945 Weiterstud. d. Kompos. b. Dr. O. Baumann, Frankfurt - Lehrer an Wirtsch.sch., später Komponist (freiatonaler Stil; improv. b. rubato-Effekte; Mikromelodik) - üb. 40 Kompos. f. Kammermusik, Orgel u. Orch.; Auff. im Rundf. u. in öfftl. Konz.; Mikromelodik-Kompos. f. Orch., Orgel u. Stimmen - BV: Psycholog. Hintergründe d. Musikhörens, (Selbstverlag) 1982; Kompositionen als informationelle Prozesse, 1983. - 1985 Stamitz-Ehrenpr. durch Künstergilde Esslingen.

KOPLIN, Klaus

Dipl.-Ing., Direktor Luftfahrt-Bundesamt (s. 1988) - Flughafen, Postf. 37 40, 3300 Braunschweig (T. 0531 - 390 22 80).

KOPP, Ferdinand

Dr. jur., o. Prof. f. Öfftl. Recht, insb. Verwaltungsrecht, -lehre u. -prozeßrecht Univ. Passau - Innstr. Nr. 48390 Passau - Zul. Graz.

KOPP, Gerhard

Dipl.-Kfm., Geschäftsf. Mahle GmbH. - Pragstr. 26-46, 7000 Stuttgart 50 - Geb. 15. Jan. 1933.

KOPP, Horst

Dr., Prof. f. Geographie Univ. Tübingen - Bahnhofstr. 10/1, 7408 Kusterdingen 3 (T. 07071 - 3 49 24) - Geb. 12. Mai 1943 Dresden - S. 1979 Prof. in Tübingen; 1979 wiss. Koordinator d. TAVO. 1982 Vors. Dt. Jemenit. Ges. - BV: Agrargeogr. d. Arab. Rep. Jemen, 1981 - 1979 Emmy-Noether-Preis.

KOPP, Karl-Otto

Dr. rer. nat., Prof., Geologe - Römerhofweg 19, 8046 Garching - Geb. 12. März 1926 Bremen - Promot. 1951 Bonn - S. 1961 (Habil.) Lehrtätigk. TH bzw. TU München (1969 apl. Prof. f. Geol.) - BV: Geologie, 1971.

KOPP, Otto

Dr. rer. nat., Geschäftsführer Süd-West-Chemie GmbH, Neu-Ulm, Vorst.-Mitgl. Verb. kunststofferzeugende Industrie u. verw. Gebiete, Frankfurt/M., u. a. - Weserstr. 2, 7910 Neu-Ulm/D. - Geb. 14. März 1912 Köln, kath., verh. s. 1948 m. Liesel-Lotte, geb. Sprenger, T. Susanne - TH Darmstadt, Univ. Berlin (Chemie).

KOPP, Reiner

Dr.-Ing., o. Prof. f. Bildsame Formgebung - Kelmiser Str. 13, 5100 Aachen - Geb. 24. Dez. 1939 Stuttgart - Promot. 1968 - B. 1974 Industrie- (Leit. Fertigungsentw. Dornier AG.), dann Lehrtätigk. (Ord. u. Inst.sdir. TH Aachen). Fachveröff.

KOPP, Reinhold

Staatssekretär, Chef d. Staatskanzlei d. Saarlandes (s. 1985) - Am Ludwigsplatz 14, 6600 Saarbrücken (T. 0681-50 06-01) - Geb. 28. Juni 1949 Niederbexbach/S. - 1967-72 Stud. Rechts- u. Politikwiss. Univ. d. Saarlandes; 1. Staatsex. 1972, 2. Staatsex. 1975 - Wiss. Mitarb. Univ. d. Saarl.; 1975-80 Ref. Oberfinanzdir. (Bund) Saarbrücken, 1979-85 Mitgl. saarl. Landtag; 1980-82 parlam. Geschäftsf. SPD-Landtagsfrakt.; 1982-85 Rechtsanwalt.

KOPPE, Franz

Dr. phil. habil., o. Prof. - Hechtweg 1, 7752 Reichenau; Holsteinische Str. 23, 1000 Berlin 31 (T. 030 - 87 91 63) - Geb. 20. März 1931 Koblenz, verh. s. 1974 m. Elisabeth, geb. Neumann, S. Raphael - Stud. Phil., Roman., German., Kunstgesch.; Promot. 1971 Konstanz; Habil. (Phil.) 1976 Konstanz - S. 1983 Lehrst. Phil. Inst. f. Phil. u. Sozialwiss. Hochsch. d. Künste Berlin; s. 1985 Dir. ebd. Mitgl. Allg. Ges. f. Phil. in Dtschl. - BV: Literarische Versachlichung (Voltaire, Flaubert, Robbe-Grillet), 1977; Sprache u. Bedürfnis, 1977; Grundbegriffe d. Ästhetik, 1983 - Liebh.: Kammermusik - Spr.: Engl., Franz., Span.

KOPPE, Heinz W.

Dr. rer. nat., o. Prof. f. Theoret. Physik - 2309 Löptin/Holst. (T. Kirchbarkau 367) - Geb. 12. Mai 1918 Leipzig (Vater: Arthur K., Buchhändler), luth., verh. s. 1954 m. Leona, geb. Behm, 4 Kd. (Ursula, Margarete, Gerhard, Antonia) - Realgymn.; Akad. f. Technik Chemnitz, TH Danzig (Dipl.-Ing. 1941), Univ. Berlin (Promot. 1945) - 1946 wiss. Mitarb. Max-Planck-Inst. f. Physik, 1949 Assist. Prof. Univ. of Brit. Columbia, 1953 MPI f. Physik, 1954 Doz. Univ. Heidelberg, 1958 Research Assist. Prof. Univ. of Illinois/USA u. ao. Prof. Univ. München, 1963 o. Prof. u. Inst.sdir. Univ. Kiel - BV: Grundl. d. stat. Mechanik, 1949. Üb. 40 Einzelarb. - Mitgl. Dt. u. Amerik. Physikal. Ges. - Spr.: Engl.

KOPPE, Paul

Dr. rer. nat., Prof., Laborleiter Ruhrverb. Essen - Geb. 20. Jan. 1928 Koblenz, kath., verh. s. 1953 m. Jutta, geb. Kopp, 3 S. (Michael, Matthias, Bruno) - Chemie-Stud. Univ. Freiburg u. Darmstadt (Promot. 1960) - 1962-70 Dir. u. Prof. Bundesgesundheitsamt Düsseldorf; ab 1971 Ruhrverb. Essen. S. 1977 Lehrauftr. RWTH Aachen - Entd./Erf.: Biokarbon-Verf., Bitumenöser Haftkleber - BV: Einfluß d. Stauhaltung e. Flusses auf s. Wasserbeschaffenheit, 1984; Kommunales Abwasser, 1986 - 1980 Chemviron-Preis - Liebh.: Astronomie, Archäol. - Spr.: Engl., Franz.

KOPPE, Rolf

Oberkirchenrat, Pressesprecher d. Evangelischen Kirche in Deutschl. (EKD) - Bürgermeister-Fink-Str. 8, 3000 Hannover 1 (T. 0511 - 88 64 58) - Geb. 21. Aug. 1941 Mahlum/Kr. Gandersheim (Vater: Rolf K., Pastor; Mutter: Hedwig, geb. Wolze), ev.-luth., verh. s. 1967 m. Ilse, geb. Hartmann, 2 T. (Mara, Cordula) - Gymn. Andreanum Hildesheim (Abit. 1961); Stud. ev. Theol. Heidelberg, Wien u. Göttingen; theol. Ex. 1966 u. 1969 - 1969-70 Forsch.assist. b. Luth. Weltbd. Genf; 1970-73 Gemeindepastor Hannover; 1973-78 Stud.insp. Predigersem. Rotenburg/Wümme; 1979-84 Leit. Presse- u. Informationsstelle d. Ev.-luth.

Landeskirche Hannover - BV: Fünf Kirchen unter e. Dach - Ev. Heimatkd. v. Nieders. (Mithrsg.), 1981; Offene Türen - Begegnungen mit Christen in China (m. Eduard Lohse), 1986 - Liebh.: Reisen, Kriminalromane, Phil. - Spr.: Engl.

KOPPEL, Karl Heinz

Dipl.-Volksw., Geschäftsführer Singer GmbH., Eschborn/Ts. - Hofäckerstr. 41, 7500 Karlsruhe 1 - Geb. 13. April 1925 Karlsruhe (Vater: Karl K., Beamter †; Mutter: Aenne, geb. Klusmann †), ev., verh. s. 1956 m. Erika, geb. Pilz, 2 Kd. (Claudia, Holger) - Bismarck-Gymn. u. TH Karlsruhe (Volksw.; Dipl. 1949) - S. 1949 Großkonzern d. Maschinenbaus - Liebh.: Musik, Tennis, Garten - 1968 Gold. Sportabz. - Spr.: Engl., Franz.

KOPPEL-JORDEN, Uta

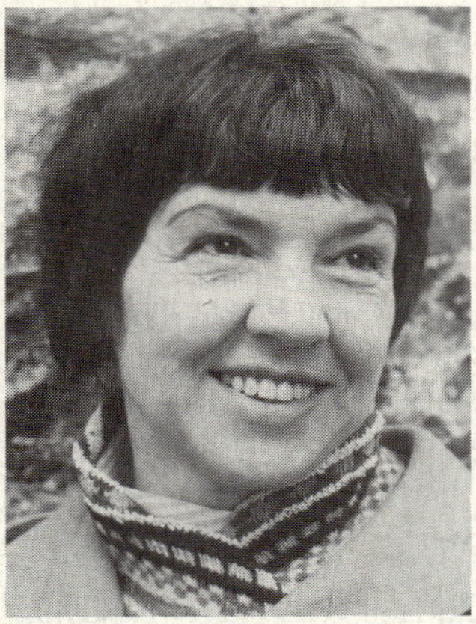

Schriftstellerin, Dozentin f. Literatur VHS Paderborn (s. 1978) - Horner Hellweg 88, 4790 Paderborn-Neuenbeken (T. 05252 - 62 51) - Geb. 8. Mai 1936 Altheide Bad/Schles., kath., verh. s. 1988 in 2. Ehe m. Prof. Dr. Walter Jorden, 3 Kd. (Alexandra, Markus, Beatrix) - 1957-61 Stud. German. u. Theaterwiss. Univ. Mainz, Saarbrücken, Wien; Ex. (Phil. u. Päd.) 1960; Ausb. als Schausp. in Wien u. Wiesbaden (Prüf. vor d. Bühnengenoss. 1962 Frankfurt) - S. 1968 Lehrtätigk. an versch. Schulen, Inst., Hochsch. in Paderborn - BV: D. Taube in meiner Hand, Ged. u. lyr. Prosa 1976; Katja Pfifferling, Jugendb. 3 Bde. 1979-84; Wirf d. Netz, Ged. 1983; Ankunft ungewiß, Erz. 1987 - 1977 u. 84 Arbeitsstip. Ld. NRW; 1979 Drehbuchstip. Förderw. Hamburg; 1980 3. Preis Einakter-Wettbew.: D. Kind in unserer Ges. d. SPD in NRW.

KOPPELMANN, Floris

Dr.-Ing., Dr.-Ing. E. h., Prof., Abteilungsleiter i. R. - Johann-Strauss-Str. 64, 8011 Baldham - Geb. 23. Mai 1903 Schüttorf (Vater: Gerhard K., Ing.), ev., verh. s. 1930 m. Alma, geb. Lorenzen, 4 Kd. (Gerhard, Karin, Antje, Hanna) - TH Hannover - 1930-68 Angest. Siemens-Schuckertwerke u. AEG Berlin (1940; Abt.sleit. Forschungsinst.). S. 1950 (Habil.) Lehrtätigk. TU Berlin (1958 apl. Prof. f. Elektr. Meßtechnik u. Schalter). Erf.: Kontaktgleichrichter u. Vektormesser - BV: Wechselstrommeßtechnik, 1956; Jesus nicht Christus, 1974; Z. 2000. Geb. Jesu, 1980.

KOPPELMANN, Gerd

Dr.-Ing., Dipl.-Ing., Prof. f. Physik TU Berlin (s. 1968) - Fritz-Reuter-Allee 50, 1000 Berlin 47 - Geb. 5. Sept. 1929 Berlin (Eltern: Prof. Otto (s. dort) u. Marianne K.), ev. - Stud. TU Berlin; Dipl.ex. 1955; Promot. 1959; Habil. 1965 - 1968/69 Gastprof. MTI, Massachusetts/USA.

KOPPELMANN, Udo

Dr. rer. pol., Dipl.-Kfm., o. Prof. f. Allgem. Betriebswirtschaftslehre, Beschaffungs- und Produktlehre - Judenpfad 7, 5000 Köln 50 (T. 02236 - 6 76 10) - Geb. 12. Juli 1939 Duisburg (Vater: Helmuth K., Kaufm.; Mutter: Hildegard, geb. Backhaus, Kauffrau), ev., verh. s. 1963 m. Lieselotte, geb. Körfer, 2 Kd. (Susanne, Simon) - Abit. 1959 Remscheid, Dipl. 1963 Köln, Promot. 1965 Köln, Habil. 1970 Köln - 1965-70 Assist., 1970-72 Priv.doz., Ord. Vorst.-Mitgl. Rat f. Formgebung/Dt. Designrat - BV: Grundl. d. Verpackungsgestalt., 1971; Marketing, 1974; Produktmarketing u. Warenverkaufskd., 1976; Grundl. d. Produktmarketing, 1978 (Tokio 1984), 2. A. 1987; Produktwerbung, 1981 - Präs. Marketing-Club Köln/Bonn - Liebh.: Design, mod. Kunst - Spr.: Engl.

KOPPEN, Erwin

Dr. phil., o. Prof. f. Vergl. Literaturwiss. Univ. Bonn (s. 1974) - Lutfridstr. 8, 5300 Bonn 1 (T. 611610) - Geb. 2. Dez. 1929 Berlin (Vater: Dr. Wilhelm K., Journ.; Mutter: Hildegard, geb. Zierke), ev., verh. s. 1959 m. Erna, geb. Maeck, 3 Kd. (Uta, Joachim, Bettina) - Stud. d. Roman., German., Angl., Gesch. Univ. Mainz; Promot. (1956) ebd.; Habil. (1970) Bonn - 1959-62 Lektor Univ. Mailand, 1962-71 Univ. Bonn (wiss. Assist.); 1971 o. Prof. f. Roman. Univ. Mainz. Mitgl. Dt. Ges. f. Allg. u. Vergl. Lit.wiss. (1975-81 Vors.) - BV: Laclos' Liaisons dangereuses in d. Kritik, 1961; Z. Theorie d. Vergl. Lit.wiss., 1971 (m. G. Bauer u. M. Gsteiger); Dekadenter Wagnerismus, 1973; Lit. u. Photographie, 1987 Herausg.: Goethes Vater reist in Italien (1972); arcadia. Ztschr. f. vergl. Lit.wiss. (s. 1985). Mithrsg.: Kl. lit. Lexikon, 3 Bde. (1966 ff.), Teilnahme u. Spiegelung, Festschr. f. Horst Rüdiger (1975). Übers.: Cesare Pavese, Schr. z. Lit., 1967 (m. Erna Koppen) - Spr.: Engl., Franz., Ital., Span.

KOPPENFELS, von, Werner

Dr. phil., o. Prof. f. Anglistik u. Komparatistik - Boberweg 18, 8000 München 81 (T. 93 59 97) - Geb. 25. Nov. 1938 Dresden (Vater: Dr. Sebastian v. K., LG-Rat; Mutter: Edith, geb. Suessespeck), ev., verh. s. 1965 m. Brigitte, geb. Franz, 3 Kd. (Dagmar, Martin, Ingrid) - Human. Gymn. Erlangen; Stud. Angl./Roman. Heidelberg, München, Nizza; Promot. München 1967, Habil. München 1973 - 1970 Gastdoz. Univ. Sussex, Mitgl. d. Leit. d. Engl. Inst., s. 1976 Univ. München, 1986/87 Gastprof. Univ. of Virginia - BV: Esca et Hamus, 1975. Herausg. u. Übers.: Th. Nashe, Jack Wilton (1970); Sir Th. Browne, Religio Medici (1978); Quevedo, Ausgew. Sonette (1980); John Donne, Alchimie d. Liebe (Ged. 1986); Robert Burton, Anatomie d. Melancholie (1988) - Liebh.: Kultur d. Romania - Spr.: Engl., Franz., Ital., Span.

KOPPENHAGEN, Klaus

Dr. med., Prof. f. Radiologie u. Nuklearmedizin FU Berlin - Lindenallee 50, 1000 Berlin 19.

KOPPENWALLNER, Ludwig

Sportjournalist - Hahndorfer Str. 12, 8000 München - Geb. 12. Jan. 1921 München (Vater: Ludwig K., Werksref.; Mutter: Hilde, geb. Söllner), kath., verh. s. 1946 m. Franziska, geb. Graf, 2 S. (Christoph, Michael) - 1938-40 Werbechef Waibel & Co., München; s. 1945 Sportredakt. u. -chef (1946) Südd. Ztg. ebd. 1940-45 Kriegsdst. - BV: Rudolf Harbig, 1952 (m. Erhard Huhle) - 1943 EK II; 1975 Bayer. VO., 1981 BVK - Liebh.: Sport (1939 Fünfkampf-Jugendm., 1947 u. 48 Dt. Hochsprungm., 1950 u. 51 Zweiter Zehnkampf), Musik - Spr.: Engl.

KOPPER, Gerd G.

M.A., Dr. phil., Prof. Univ. Dortmund f. Journalistik (Medienökonomie, Medienrecht, Medienpolitik) - Brücherhofstr. 73, 4600 Dortmund 30 - Geb. 7. Juni 1941 Berlin, verh. - M.A. 1964 USA, Promot. 1967 FU Berlin - Doz.; Verlagslektor; OECD-Consultant; Planungs- u. Projektberat.; 1973 Gastforsch. Japan; 1976 Politik-Berat. Bonn; s. 1978 o. Prof. Univ. Dortmund; 1984-89 Spr. Begleitforschungskomm. Kabelpilotprojekt NRW; Vorst. Forsch.gr. Medienökonomie u. Kommunikationsplanung; Mitgl. Rundfunkgebührenkommiss. d. Bundesländer (KEF) - BV: Zeitungsideol., 1972; Verlagsmedien in Japan, 1974; Massenmedien, 1982. Herausg.: Marktzutritt b. Tageszeitg. (1984).

KOPPER, Hilmar

Vorstandsmitglied Deutsche Bank AG - Taunusanlage 12, 6000 Frankfurt/M. - Geb. 13. März 1935 - Vors., stellv. Vors. u. Mitgl. d. AR e. Reihe größ. Ges.

KOPPER, Joachim

Dr. phil., Dr. h.c., o. Prof. f. Philosophie - Universität, 6500 Mainz - Geb. 31. Juli 1925, verh. m. Ruth, geb. Herrmann - S. 1954 (Habil.) Lehrtätigk. Univ. Saarbrücken (1960 apl. Prof.), Dt. Sporthochsch., Köln (1966 Ord.), Univ. Mainz (1969 Ord.) - BV: D. Metaphysik Meister Eckharts, 1955; Transzendentales u. dialekt. Denken, 1961; Reflexion u. Raisonnement im ontolog. Gottesbeweis, 1962; Reflexion u. Determination, 1976; Einf. in d. Philosophie d. Aufklärung, 1979; Ethik d. Aufklärung, 1983; D. Stellung d. Kritik d. reinen Vernunft in d. neueren Phil., 1984; D. transzendentale Denken d. dt. Idealismus, 1989 - Dr. h.c. Univ. Dijon; korr. Mitgl. Acad. d. Sciences Arts et Belles-Lettres Dijon.

KOPPITZ, Hans-Joachim

Dr. phil., Prof. f. Buch- u. Bibliothekswesen sow. German. Philol., Leiter Inst. f. Buchwesen Univ. Mainz - Welderweg 18, 6500 Mainz; priv.: Carl-Orff-Str. 49, 6500 Mainz 33 - Geb. 8. Febr. 1924 - Promot. 1954; Habil. 1972 - 1976 o. Prof. - BV: Wolframs Religiosität, 1959; Grundzüge d. Bibliogr., 1977; Studien z. Tradierung d. weltl. mittelhochdt. Epik im 15. u. beginnenden 16. Jh., 1980; Gutenbergs Bild in d. dt. Lit., 1982. Herausg.: Gutenberg-Jahrbuch (s. 1979). Editionen: Karl Bartsch: Jugenderinnerungen (1966); Franz Pfeiffer - Karl Bartsch: Briefwechsel (1969); Geschichts- u. Romanen-Lit. d. Deutschen (1973). Aufs. in Ztschr., Festschr., Jahrb., Lexika, u. a.

KOPPLIN, Günter

Fabrikant, Inh. Doormann + Kopplin, Schönberg, Präsident Hauptarbeitsgemeinschaft d. Landmaschinenhandels u. -handwerks, Bad Godesberg - Bahnhofstr. 19, 2306 Schönberg - Geb. 28. Jan. 1920 - Fachmitgliedsch.

KOPTON, Boerries-Peter

Schriftsteller, bild. Künstler - Langer Rain 32, 8728 Hassfurt/M. - Geb. 23. Mai 1942 Frankfurt/M. - Doz. f. kreative Gestalt. VHS - BV: Diesmal holzt man Bambus, 1969; V. Glück d. Friedens; D. Bauer Thanh Vui, 1975; Weltanthol.; D. Rechte Maß, 1977; Skizzen 750 J. Hassfurt, 1985 - Kunstwerke: Kupferplastik Hallenbad Königsberg, 1973; Regiomontanus 500 J. Exponate; D. Kosmos, 1976; Großkupferplastik Maintalhalle Hassbergkreis, 1977 - Interessen: Auslandsstudienreisen, Naturheilkd.

KORANSKY, Wolfgang

Dr. med., o. Prof. f. Toxikologie u. Pharmakol. - Fasanenweg 6, 3551 Wehrshausen (T. Marburg 3 52 57) - Geb. 8. Mai 1921 - S. 1958 (Habil.) Lehrtätigk. FU Berlin (1964 apl. Prof.) u. Univ. Marburg (1967 Ord. u. Inst.sdir.). Facharb.

KORB, Ernst

Bürgermeister Kämpfelbach - Hellbergstr. 26, 7539 Kämpfelbach (T. 07232 - 23 50) - Geb. 7. Dez. 1941 Lampertheim (Vater: Adam K., Kaufm.; Mutter: Elisabeth, geb. Marquardt), ev., verh. s. 1966 m. Christine K. - Realsch., Finanzsch. u. Verw.ssch. - S. 1969 Bürgerm.

KORB, Gerhard

Dr. med., Prof., Chefarzt Patholog. Institut/Städt. Krankenhaus Weiden - Söllnerstr. 15, 8480 Weiden/Opf. - Geb. 3. Febr. 1929 Iglau - Promot. 1956 Berlin; Habil. 1964 Marburg - S. 1969 apl. Prof. Univ. Marburg u. Regensburg (1973; Pathol. u. Exper. Morphologie). Üb. 100 Fachveröff.

KORBACH, Heinz

Regierungspräsident a. D. - Pechlerberg 8, 5400 Koblenz - Geb. 8. Dez. 1921 Koblenz, kath., verh. m. Klara, geb. Wolff, 4 Kd. - Volkssch.; kaufm. Lehre - Arbeits- u. Wehrdst.; Angest. Einzel- u. Großhandel; Landessekr. Jg. Union; Landesgeschäftsf. CDU; Amtsbürgerm. Weißenthurm; Landrat Landkrs. Ahrweiler; 1951-65 MdL Rhld.-Pfalz; 1971 Gr. BVK; 1976 Gr. Sebastianus Kreuz d. Hist. Deutsch. Schützenbruderschaften.

KORBMACHER, Benno

Dr., Geschäftsführender Vorstand d. Spielwarenmesse eG, Hauptgeschäftsf. Verb. d. Deutschen Spielwaren-Ind., beide Nürnberg - Karl-Schönleben-Str. 65, 8500 Nürnberg.

KORDES, Gert

Dipl.-Ing., Vorsitzender Verb. Berat. Ingenieure Baden-Württ. - Schauinslandstr. 10, 6800 Mannheim 1 (T. 0621 - 81 10 48) - Geb. 1929 - S. 1954 Berat. Ing. f. Bauwesen. Vereid. Sachverst. S. 1975 Stadtrat FWV in Mannheim - Spr.: Engl., Franz.

KORDINA, Karl

Dr.-Ing., Dr.-Ing. e.h., o. Prof. u. Direktor Inst. f. Baustoffe, Massivbau u. Brandschutz TU Braunschweig (s. 1959) - Im Heidekamp 13, 3300 Braunschweig (T. 311433) - Geb. 7. Aug. 1919 - Zahlr. Fachveröff.

KORDON, Klaus

Schriftsteller - Residenzstr. 47/49, 1000 Berlin 51 - Geb. 21. Sept. 1943 Berlin - Vornehml. Kinder- u. Jugendb. - 1982 Friedrich-Gerstäcker-Preis Stadt Braunschweig (f.: Monsun od. D. weiße Tiger); 1984 Sonderpreis Senat Stadt Berlin (f.: Zugvögel od. Irgendwo im Norden); 1985 Zürcher Jugendbuchpreis: La Vache qui lit (f.: D. roten Matrosen od. E. vergessener Winter).

KORELL, Dieter

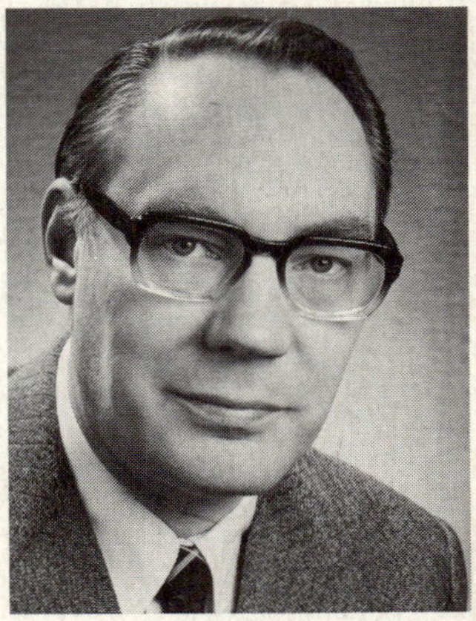

Dr. paed., Präsident d. Ges. f. Vor- u. Frühgesch. Bonn - Kleine Str. 28, 5300 Bonn 1 (T. 0228 - 66 02 22) - Geb. 8. Juli 1927 Barmen/Düsseldorf, verh. m. Ilse, geb. Laxy, 4 Kd. (Helge, Gudrun, Ulrich, Harald) - Berufsausb. z. Redakt. an Tagesztg.; Stud. Allg. Gesch. (spez. Vor- u. Frühgesch.), German., Psychol., Politikwiss., Allg. Päd. - S. 1950 Redakt. Essener Allg. Ztg. u.a.; s. 1968 Herausg. Ztschr. Mannus, s. 1970 Mitteilungsbl. d. Ges. f. Vor- u. Frühgesch., s. 1971 Mannus-Bibl.; s. 1979 Lehrauftr. PH Ruhr zu Dortmund; s. 1981 Herausg. Buchreihen VFG A u. B - BV: Dt. Gesch. aus dt. Sicht, 10 Bde., 1986ff.; Du u. d. anderen - E. Beitr. z. menschl.

KORF, Willy
Dr.-Ing. E. h., Kaufm., Pers. haft. Gesellsch. KORF KG, Baden-Baden, Geschäftsf. Korf-Transport GmbH, Kehl/Rh.; AR-Vors. Connecticut Steel Corp., Wallingford, Conn., VR-Präs. Kortec AG, Zug/Schweiz - Winterhalterstr. 4, 7570 Baden-Baden - Geb. 13. Aug. 1929 Hamm/Sieg (Vater: Baustoffgroßhändler), 2 Töcht. - Bereits m. 17 J. (Tod d. Vaters) Leitg. väterl. Fa. - 1979 Dr.-Ing. e. h. TH Aachen - Liebh.: Jagd, Fliegen.

KORFF, Friedrich Wilhelm
Dr. phil., Prof., Schriftsteller - Burgbreite 8, 3015 Wennigsen 5 - Geb. 29. Dez. 1939 Hohenlimburg (Vater: Dr. med. Wilhelm K., prakt. Arzt; Mutter: Grete, geb. Eckart), ev., verh. s. 1969 m. Jutta, geb. Kneifel, 3 Kd. (Marie-Louise, Friederike, Tilman) - Promot. 1967 Basel; Habil. 1974 Hannover - S. 1974 Lehrtätig. Univ. Hannover (gegenw. Prof. f. Phil.) - Zahlr. phil. u. lit. Veröff., u. a.: Diastole u. Systole - Z. Thema Jean Paul u. Adalbert Stifter, 1969; D. Katarakt v. San Miguel, Erz. 1974; D. rote Baron - Manfred v. Richthofen, Biogr. 1977; Drachentanz - E. Fliegerbuch, 1981; D. komische Kierkegaard, 1982 - Liebh.: Motoris. Drachenfliegen - Spr.: Engl., Franz., Lat., Griech.

KORFF, Günter
Geschäftsführer nur die Strumpfvertriebs GmbH (Ber. Marketing/Vertrieb) - Postfach 49, 4435 Horstmar/W.

KORFF, Ilka
s. Boesche-Zacharow, Tilly

KORFF, Wilhelm
Dr. theol., o. Prof. f. Christl. Sozialethik Univ. München - Westendstr. 115, 8000 München 2 (T. 502 17 65) - Geb. 29. Nov. 1926 Hilden (Vater: Jakob K., Gastronom; Mutter: Gertrud, geb. Krings), kath. - Promot. 1965 Bonn; Habil. 1972 - 1952-61 Kaplan, 1961-65 Studentenpfr., s. 1973 Prof. in Tübingen, s. 1979 München - BV: Ehre, Prestige, Gewissen, 1966; Norm u. Sittlichk., 1973, 2. A. 1985; Theol. Ethik, 1975; Kernenergie u. Moraltheol., 1979; Wie kann d. Mensch glücken?, 1985; Solidarität - Kommentar z. Enzyklika Sollicitudo rei socialis Papst Johannes Pauls II. (m. A. Baumgartner), 1988. Herausg.: D. Frieden sichern (1982). Mithrsg.: Handb. d. christl. Ethik (ev.-kath. Gemeinsch.werk, 3 Bde. 1978-82) - Spr.: Engl.

KORFMANN, Heinz-Diether
Dipl. rer. pol. (techn.), Dipl.-Dolm. (Engl.), Fabrikant, Geschäftsf. Maschinenfabrik Korfmann - Am Waldsaum 3, 5810 Witten-Bommern - Geb. 27. Jan. 1925 Witten (Vater: Heinrich K. †; Mutter: Hildegard, geb. Utermann †), ev., verh. s. 1951 m. Gisela, geb. Döpper, 4 Kd. (Eyla, Andrea, Heinrich-Ludwig, Dorothea) - Realgymn. Witten; Sprachenstud. Oxford/Wilton Park (Dolm.ex. 1946); Stud. TH Karlsruhe (Dipl.ex. 1952) - S. 1955 Prokurist Maschinenfabr. Korfmann. Vizepräs. Märk. Arbeitgeb.Verb.; Vors. Vertr.verslg. AOK Ennepe-Ruhr; Vizepräs. I.H.K. Bochum - BV: In d. Kohle zw. Ganges u. Indus; Vom Waal zum Nil - 1944 EK II; BVK a. Bd.; Großoffz. d. ital. VO - Liebh.: Handwerk. (s. 1972 Vors. Verein f. Orts- u. Heimatkd. Grafschaft Mark), Kommunalpolitik - Spr.: Engl., Franz., Holl., Ital. - Bek. Veröf.: Urgroßv. Reinert (führte Martinsöfen a. d. Kontinent ein) - Rotarier (1976/77 Vizepräs. Rotary Intern.).

KORFSMEIER, Karl-Hermann
Dr. rer. nat., Prof. f. Anatomie Univ. Münster - Gimbter Weg 57, 4402 Greven/W. - Geb. 10. Nov. 1939 Kiel, 3 Kd. (Carsten, Frauke, Thorsten) - Promot. (Zool.) 1965 Münster, Habil. (Anat.) 1976 Würzburg - Arbeitsgeb. Histochemie v. Ovar, Brustdrüse; Hypothalamohypophysäre Systeme; Umweltschutz. Gründungsmitgl. Schutzgemeinschaft Ems.

KORGE, Horst
Prof., Hochschullehrer - Totilastr. 2, 1000 Berlin 42 - Geb. 15. Juli 1930 Berlin (Vater: Karl K., Maurer; Mutter: Rosa, geb. Pfennig), ev., verh. s. 1958 m. Ruth, geb. Dondaj, 2 S. (Ralf, Bernhard) - 1949-53 PH Berlin - S. 1953 Lehrer u. Hochschull. Berlin (1970 PH; 1980 TU Berlin, Zoologie). Führ. Funkt. Dt. Entomol. Ges. (1969-76) u. Berliner Naturschutzverb. (1977ff.). Üb. 60 Fachveröff. (Entd. v. 150 Insekten- u. Spinnenarten Mitteleuropas u. Kleinasiens) - Spr.: Engl., Franz.

KORGER, Gerhard

Dr. phil., Prof., Direktor, stv. Leiter Geschäftsbereich Pharma u. Leit. Arzneimittelprod. weltweit Hoechst AG Frankfurt/M. - Robert-Stolz-Str. 122, 6232 Bad Soden a. T. (T. 06196 - 2 56 32) - Geb. 7. Mai 1928 Sternberg, verh. s. 1954 m. Martha, geb. Stever, 3 Kd. (Dr. med. Gerhard, Brigitte, Dieter) - 1946-52 Stud. Chemie Univ. Wien; Promot. 1952 Wien - S. 1982 Lektor Univ. Wien (Entwicklung u. Technol. d. Arzneimittel); 1985 ao. Univ.-Prof. Wien. Versch. VR-Mitgl. in Ägypten, Indien, Kenia, Frankreich, Italien. Erf.: Jadit, Antimykotikum, 1954; Tolbutamid/Rastinon, 1955, erstes weltweit verwend. orales Antidiabetikum (ohne chemotherap. Wirkung). Üb. 700 Patente weltweit; viele Fachveröff. - S. 1985 o. Mitgl. Sudetendeutsche Akad. d. Wiss. u. Künste; 1987 Carl Freih. Auer v. Welsbach-Med. d. Ges. Österr. Chemiker.

KORHAMMER, Eva
Verlagsbuchhändlerin, Lektorin, Jugendbuchautorin u. Übers. - Röhrichtweg 29a, 3000 Hannover 71 (T. 0511 - 52 32 72) - Geb. 5. Mai 1932 Frankfurt/M., ev., verh. s. 1959 m. Werner K., 2 Kd. (Julia, Justin) - 1953-55 Stud. Univ. Frankfurt/M., Buchh.-Dipl. 1955 - 1955-60 Lektorat Verlage Diesterweg u. S. Fischer, s. 1960 Außenlektorin; Buchübers. - BV: D. guten Sonntage, R. 1965; D. glückliche Wahl, Jugendb. 1968 u. 1974; D. Floh im Ohr, Kinderb. 1972; Ich gehöre dazu, R. 1975; Zwilling gesucht! R. 1978 u. 1984; Reifezeit für Doris, R. 1983; Viel Theater in der Klasse, R. 1983; Warum gerade Astrid?, R. 1984; Sandra M., Azubi, R. 1984; Nestwärme - nein danke!, R. 1984; Tanja, 14, Heimschülerin, R. 1985; Musik aus der Coladose, R. 1985; Freche Federn, R. 1981; Weißt du, was los ist? R. 1981; Wo wohnst du, Mama? R. 1982; E. Art Schwester, R. 1987; Notfalls Spaghetti, R. 1988; Flicflac liebt Flohhilde, Kinderb. 1988. Anthol. Lyr. u. Prosa: U. a. V. hohen Ufer, 1979, 82, 85; Niedersachsen literarisch, 1981; Siegburger Pegasus, Jahrb. 1982; Mädchen-Jahrb., 1984 u. 1985; Weihnachtsgesch. am Kamin, 1984, 87; Wenn ich e. Pferd hätte, 1988; Mädchenkalender, 1989. Ca. 30 Roman- u. Sachb.-Übers. aus d. Engl., Funk-Features - 1975 Gedok-Erzähler-Preis - Liebh.: Mode, Tanz - Spr.: Engl., Franz.

KORING, Lothar
Dr. rer. pol., Rechtsanwalt, MdBB (s. 1979), Vors. AWo, Bremerhaven - Frühlingstr. 18, 2850 Bremerhaven (T. 0471 - 2 49 92) - Geb. 7. Jan. 1935 Dortmund (Vater: Wilhelm K., Bergmann; Mutter: Helene, geb. Hemmer), ev., verh. s. 1975 m. Louise, geb. Külken, S. Jan Christian - 1966-79 stv. Hauptgeschäftsf. IHK Bremerhaven; AR-Mitgl. ERGO Wirtschaftsprüfungs GmbH, Bonn. 1974-86 Mitgl. SPD-Landesvorst. Bremen.

KORITNIG, Sigmund

Dr. phil., Prof., Mineraloge, Petrograph u. Geochemiker - Tilsiter Str. 5, 3406 Bovenden (T. Inst.: Göttingen 393863) - Geb. 25. Dez. 1912 Graz/Österr. (Vater: Dipl.-Ing. Otto K., Baurat; Mutter: Margarethe, geb. Schaffenrath) - Promot. 1939 Graz; Habil. 1951 Göttingen - S. 1951 Privatdoz., apl. Prof. (1957), Wiss. Rat u. Prof. (1964), Abt.vorsteher u. Prof. (1970) Univ. Göttingen (1964 Leit. Mineralbestimmungslabor., 1970 Abt. Mineralbestimmung Mineral.-Petrol. Inst.), 1978 emerit., 1980-86 Schriftleit. Aufschluss - 1964/65 Gastprof. Washington Univ., St. Louis (USA). Üb. 100 Veröff.

KORN, Heinz
Glock), kath., verh. 1949 m. Regina, geb. Lietzmann, 3 Kd. - Promot. 1931 - 1932 Lektor f. Deutsch Univ. Toulouse (Frankr.), 1934 Redakt. Berliner Tagebl., 1937 Neue Rundschau (S. Fischer Verlag, Berlin), 1940 Wochenztg. D. Reich, n. Kriegsende fr. Schriftst., 1948 Feuill.redakt. Allg. Ztg., Mainz; Mithrsg. u. Redakt. f. Feuilleton u. Kulturpolitik Frankfurter Allg. Ztg. (1950-74) - BV: In d. Stille, Gedanken u. Betracht., 1944; D. Rheingauer Jahre, Autobiogr. 1946; D. verlorene Revolution 1848, 1948; D. gezähmte Mensch - Moralist. Traktate, 1949; Faust ging n. Amerika, 1958; Sprache in d. verwalteten Welt, 1958; Lange Lehrzeit, 1975; Über Land u. Meer, 1977; Zola in seiner Zeit, 1980; Rhein. Profile: Georg Paquet Langgässer, 1988 - 1964 o. Mitgl. Dt. Akad. f. Sprache u. Dicht., Darmstadt - 1974 Ritter d. Ordens Palmes Académiques, Komturkr. VO. Rep. Ital., 1975 BVK I. Kl.

KORN, Otto
Dr. jur., Oberkreisdirektor Kr. Aachen - Kaiser-Friedrich-Allee 53, 5100 Aachen - Geb. 22. Febr. 1910 Silschede/W. - Div. Ehrenämter u. ARsmandate.

KORN, Peter J.

Direktor Richard-Strauss-Konservatorium (1967-87) - Rosenheimer Str. 123, 8000 München 80 (T. 089 - 41 81-415) - Geb. 30. März 1922 Berlin (Vater: Georg K., Kaufm.; Mutter: Elisabeth, geb. Heilborn), verh. s. 1951 m. Barbara, geb. Sheldon, 2 Kd. (Heidi, Antony) - Schulen Dtschl., Engl., Palästina; Musikausbild. Berlin (Musikhochsch.), London (Beltane School), Jerusalem (Konservat.), Los Angeles (Univ. of Southern California) - 1948-56 Dirig. selbstbegr. New Orchestra of Los Angeles; 1960-61 Kompos.lehrer Trapp'sches Konservat. München, s. 1978 Fernsehrat ZDF; s. 1977 AR GEMA. Gastprof. Univ. Los Angeles (1964/65) u. A. Schweitzer College Churwalden (1965) - BV: Musikalische Umweltverschmutzung, 1975. Zahlr. Kompos., dar. Orchesterw. (u. a. 3 Sinfonien), Klavier- u. Kammermusik - 1968 Münchener Förd.preis f. Musik; 1984 Bayer. Verdienstorden - Spr.: Engl.

KORN, Hermann
Dr. rer. nat., Prof., Zoologe Univ. Erlangen-Nürnberg - Heckenweg 53, 8520 Erlangen - Geb. 4. Sept. 1932 Heilbronn/N. (Vater: Friedrich K., Korvettenkapt.; Mutter: Anna, geb. Mangold), verh. s. 1962 m. Dr. Hermine, geb. Kremer, T. Eva - Univ. Kiel u. Basel (Zool., Bot., Geol.). Promot. (1958) u. Habil. (1965) Kiel - S. 1965 Lehrtätig. Univ. Kiel u. Erlangen-Nürnberg (1972 Prof.) - BV: Morphogenese d. Tiere: Annelida (Ed. F. Seidel), 1982. Fachaufs. - Liebh.: Kunstgesch. - Spr.: Engl.

KORN, Karl
Dr. phil., Publizist, Schriftsteller; p. Adr. FAZ - Postf. 100808, 6000 Frankfurt/M. 1 - Geb. 20. Mai 1908 Wiesbaden (Vater: Karl K., Rektor; Mutter: Katharina, geb.

KORN, Renke
Schriftsteller, Regiss. - Calvinstr. 33, 1000 Berlin 21 (T. 030 - 393 65 98) - Geb. 14. Dez. 1938 Unna/W. - Univ. Münster (Staatsex. 1963), Göttingen, München (Dt., Gesch., Phil.) - Versch. Berufe (Dreher, Lehrer) - BV: u.a. Partner, 1971 (Szenen). Regie/Fernsehsp.: D. Architekt d. Sonnenstadt (1979), Tilt (1979), D. Rückkehr d. Träume (1983). ZDF-Serien: Sechs Millionen (1978), Hans im Glück aus Herne 2 (1983). Theaterstücke u. Hörsp. - 1972 Förderpreis f. Lit. NRW; 1976 Preis d. Jury RIJF, Cannes; 1977 Förd.darlehen d. kurat. Junger Dt. Film, u. 1979 Le-Rose (f. Tilt); 1980 AWO-Preis; 1981 Lobende Erwähnung Prix Futura (f. Zuhaus unt. Fremden).

KORN, Walter
Stufenleiter (Realsch.) a. D., Mitglied d. Hess. Landtags (s. 1970), Kulturpolit. Sprecher d. CDU, stv. Vors. d. Kulturpolit. Aussch. - Niddastr. 12, 6457 Maintal 1 (T. 06181 - 44 13 33) - Geb. 7. Dez. 1937 Oberndorf, röm.-kath., verh. s. 1963 m. Christel, geb. Hohmann, 2 Kd. (Christoph, Sabine) - Abit. 1958; Lehrerstud., 1961-70 hess. Schuldienst (Math., Leibeserz.), 1970 Förderstufenleit., 1968-74 Stadtverordneter d. CDU; s. 1972 Mitgl. d. Kreistags; Mitgl. d. 6. u. 8. Bundesversamml.; 1972-80 stv. Kreisvors. d. CDU Main-Kinzig, s. 1980 Vors.; s. 1976 stv. Vors. d. CDU-Bezirksverb. Osthessen, s. 1984 Mitgl. d. Landesvorst.; Mitgl. Bundesfachaussch. Kulturpolitik d. CDU; 1981-87 Vors. Hess. Volkshochsch.verb. u. Vors. Landeskurat. f. Erwachsenenbild., 1985-87 Mitgl. Bundesvorst. d. Dt. VHS-Verb.; s. 1981 Mitgl. Rundfunkrat d. HR, s. 1983 Vors. d. Programmaussch. Fernsehen d. HR u. stv. Mitgl. im Programmbeirat d. ARD - 1978 BVK.

KORN, Walter
I. Bürgermeister, Rathaus, 8726 Gochsheim/Ufr. - Geb. 12. Juli 1936, SPD.

KORNADT, Hans-Joachim
Dr. phil., Prof. f. Päd. Psychologie u. Erziehungswiss. - Univ. d. Saarlandes, 6600 Saarbrücken - Geb. 16. Juni 1927 Stargard/Pommern (Vater: Curt K., Lehrer i. R.; Mutter: Katharina, geb. Bodenburg), ev., 4 Kd. - Gymn. Stargard u. Giessen (Abit. 1947); 1948-52 Univ. Marburg (Rechtswiss., Psych., Physiol., Soziol.; Dipl.-Psych. 1952). Promot. 1956 - 1954-57 wiss. Mitarb. Univ. Marburg, 1957-61 Assist. Univ. Würzburg, 1961-68 Doz. u. Prof. (1964) Päd. Hochsch. Saarbrücken, s. 1968 o. Prof. Univ. Saarbrücken (Dir. Inst. f. Erziehungswiss., stv. Dir. Sozialpsych. Forschungsst. f. Entwicklungsplanung). Mitgl. Dt. Ges. f. Psych., Ges. f. Arbeitswiss., Intern. Association f. cross-cultural Psychol., Intern. Society f. Research on Aggression, wiss. Beirat Bundesmin. f. Wirtsch. Zus.-Arb., 1976-86 Vors. Psych. Beirat f. Testentw. KMK, 1975-81 Wiss.rat, 1982-84 Präs. Dt. Ges. f. Psychol., 1988 stv. Vors. Beirat Dt. Inst. f. Japan-Studien, Tokio. FDP - BV: Themat. Apperzeptionsverfahren, 1964, 1982; Situation u. Entwicklungsprobleme d. Schulsystems in Kenia, 2 Bde. 1968/70; Lehrziele, Schulleistung u. Leistungsbeurteilung, 1975; Aggression u. Frustration als psychol. Problem (Hg.), 1981; Aggressionsmotiv u. Aggressionshemm., 2 Bde. 1982. Div. Fachaufs. - 1988 Japanese-German Research Award - Spr.: Engl.

KORNBICHLER, Heinz
Dr.-Ing., Dipl.-Ing., Dipl.-Kfm., Sprecher Geschäftsf. Uranit GmbH, Jülich - Gerhardshainer Str. 10, 6240 Königstein II - Geb. 16. Aug. 1925 Ingolstadt (Vater: Anton K.; Mutter: Elisabeth, geb. Heidenberger), verh. s. 1949 m. Ursel, geb. Schneekloth, 3 Kd. (Eva, Frieder, Christiane) - Dipl.ex. 1949 u. 1955; Promot. 1954, smtl. München - Mitgl. Atomforum.

KORNBLUM, Udo
Dr. iur., o. Univ.-Prof. f. Bürgerliches Recht, Handels- u. Wirtschaftsrecht, Zivilprozeßrecht Univ. Stuttgart (s. 1976) - Einsteinstr. 76, 7250 Leonberg - Geb. 6. Juni 1934 Danzig, ev., verh. s. 1969 m. Wiltrud, geb. Zscharn, S. Wolfgang - 1954-58 Stud. Univ. Frankfurt, Freiburg (Rechtswiss.); Staatsprüf. 1958 u. 1963; Promot. 1960; Habil. 1967 Frankfurt - 1967-71 Priv.-Doz.; 1971-76 Prof. Frankfurt.

KORNBRUST, Leo
Bildhauer - An der Damra, 6690 St. Wendel - Geb. 31. Aug. 1929 St. Wendel, verh. s. 1958 m. Felicitas, geb. Frischmuth, Schriftst. - 1951-57 Akad. d. bild. Künste München (Schüler v. Toni Stadler), 1959 Villa Massimo Rom, 1966 Cité des Arts Paris, 1978 Berufung a. d. Lehrst. f. Bildhauerei i. Verbind. m. Architektur d. bild. Künste München - Werke: Innenhofgestaltung Neues Arbeitsamt Saarlouis (1973), Straßengestalt. um Univ.-Bibl. Erlangen (1974), Mitarb. Gestalt. Fußgängerbereich um d. Stephansdom Wien; Einzel- u. Gruppenausst. im In- u. Ausl.; s. 1967 Teiln. an intern. Bildhauersymposien, u. a. St. Margarethen (Österr.) 1967, Kosice (CSSR) 1968, Klagenfurt, Europapark 1969, Oggelshausen am Federsee 1969, Nürnberg, Symp. Urbanum 1971, Initiator intern. Steinbildhauersymp. St. Wendel 1971/72, Initiator Straße d. Skulpturen im Saarl.: Hommage an Otto Freundlich - 1967 Albert-Weisgerber-Preis Stadt St. Ingbert; 1984 Saarl. Kunstpreis; 1985 Mia-Münster-Pr. Stadt St. Wendel.

KORNFELD, Fritz
Dr. med. vet. h. c., Vorstandsmitglied i. R. - Waldfrieden 9, 4300 Essen 1 - Geb. 27. Okt. 1921, kath., verh. m. Mathy, geb. Könisser, T. Martina - Handelsrichter LG Essen, Vorst. Deutsches Plakatmuseum. 1947-50 Entwicklung u. Einführ. automat. Geräte f. die Anwend. wässriger Lösungen von Desinfektionsmitteln (40 Veröff. hierzu) - Ehrenbürger Tierärztl. Hochsch. Hannover, Ehrenmitgl. Intern. Med. Ges. Japans, Gold. Ehrennadel Dokkyo Med. Hochsch. Jap. - Liebh.: Reimen, Schüttelreimen, Aphorismen, Definitionen (Ps.: Ron Kritzfeld) - Spr.: Engl., Franz.

KORNHUBER, Hans Helmut
Dr. med., Dr. h. c. (Brux.), o. Prof. f. Neurologie - Erh. Grözinger Str. 75, 7906 Blaustein (T. 0731 - 179 21 00) - Geb. 24. Febr. 1928 Metgethen/Ostpr. (Vater: Dr. med. Arnold K., Arzt; Mutter: Dr. med. Gertrud, geb. Wieberneit, Ärztin) - Univ. München, Göttingen, Freiburg, Basel, Heidelberg. Promot. 1955; Habil. f. Neurol. u. Neurophysiolog. 1963 - S. 1963 Lehrtätigk. Univ. Freiburg u. Ulm (1967 o. Prof.). 1965-66 Gast Johns Hopkins Univ. Baltimore (USA). Mitgl. Bárány Soc., Humboldt-Ges., Dt. Physiol. Ges., Dt. Ges. f. Neurol. - BV: Neurophysiol. u. Psychophysik d. visuellen Systems, 1961; Physiol. u. Klinik d. vestibul. Systems, 1966 (auch jap. u. span.); Tast- u. Lagesinn, 1972; Vestibular System, 1974; The somatosensory System, 1975; Üb. Religion, 1977; The brain-mind problem, 1978; Blickmotorik, 1978; Wahrnehmung u. Informationsverarb., 1978; Geist u. Freiheit als biolog. Probleme, 1978; Motivation, Motor and Sensory Processes of the brain, 1980; Präventive Neurol., 1982; Von d. Freiheit, 1984; Mit d. Multiplen Sklerose leben, 1984; The human brain, 1988. Handbuch- u. Ztschr.beitr. - 1967 Hans-Berger-Preis Dt. EEG-Ges.; 1971 Wiss.-Preis Stadt Ulm; Hallpike-Nylen-Preis d. Bárány Soc.; Ehrenmitgl. Belg. Soc. Neurophysiol.; Ehrenmitgl. Chilen. Ges. Otoneurol. u. Ophthalmo-Neurol.; Honorarprof. Univ. Rosario; Mithg. Arch. Ital. Biol.; Lazarus v. Schwendi Med.; BVK - Liebh.: Phil., Malerei - Spr.: Engl.

KORNMANN, Gerhard
I. Bürgermeister (s. 1978) - Rathaus, 8884 Höchstädt/Donau (Schwaben) - Geb. 25. Febr. 1940 Haunstetten - Zul. Polizeihauptkommissar. SPD.

KORNMESSER, Hans-Jürgen
Dr. med., Prof. f. Hals-, Nasen- u. Ohrenheilkunde - Wittelsbacher Platz 1, 8000 München 2 - Geb. 28. April 1933 Kolberg - Promot. 1961 - S. 1969 (Habil.) Lehrtätigk. TU München (1975 apl. Prof. Zahlr. Facharb.

KORNRUMPF, Hans-Jürgen
Dr. phil., Prof. f. Islam. Philologie u. Islamkd. - Albrecht-Dürer-Str. 20, 7513 Stutensee 4/Baden - Geb. 18. Juli 1926 Berlin (Vater: Friedrich K., Kaufm.; Mutter: Ottilie, geb. Bellstedt), verh. in 2. Ehe (1955) m. Jutta, geb. Maeke - FU Berlin (Islamkd. u. Gesch.). Promot. 1955 Berlin; Habil. 1975 Mainz - 1956-58 Lektor Ankara; 1959-60 Doz. Kairo; 1961-66 Wiss. Mitarb. Hamburg; 1967-71 Wiss. Bibliothekar u. Lehrbeauftr. ebd.; s. 1971 Lehrb. u. Prof. (1975) Mainz (Univ.) - BV: VAR - Wirtschaftsstrukturwandel u. Entwicklungshilfe, 1967; (unt. Mitarb. d. Ehefr.): Osman. Bibliogr., 1973; D. Territorialverw. im östl. Teil d. europ. Türkei 1864-78, 1976; Dass. 1878-1912/13, 1983 - 1981 Plak. d. Türk. Regierung z. 100. Jahrestag d. Geburt Atatürks f. d. Verbreitg. d. türk. Kultur u. Kenntn. üb. d. mod. Türkei - Spr.: Engl., Türk., Arab.

KORSCHUNOW, Irina,
geb. Masterow
Schriftstellerin - Rasso-Siedlung 21, 8082 Grafrath/Obb. (T. 08144 - 5 22) - Geb. 31. Dez. 1925 Stendal/Altm. - 1949-54 Univ. Göttingen (German., Angl.) - S. 1974 VR-Mitgl. VG Wort - Zahlr. Kinder- u. Jugendb. (R.) in Übers., u.a. D. Sache m. Christoph u. Er hieß Jan; Glück hat seinen Preis, 1983; Der Eulenruf, 1985; Malenka, 1987 (alle R. übers. in mehrere Spr.). Div. Fernsehdrehb., dar. D. Führerschein u. D. Urlaub - 1977 Münchner Tukan-Preis, 1979 Zürcher Kinderb.pr., 1980 Pr. D. Silb. Feder; 1985 Holländischer Jugendbuchpreis Silberner Griffel; 1987 Roswitha v. Gandersheim-Med., BVK I. Kl.; 1988 Andreas-Gryphius-Pr. (Ehrengabe); Mitgl. PEN.

KORTE, Bernhard

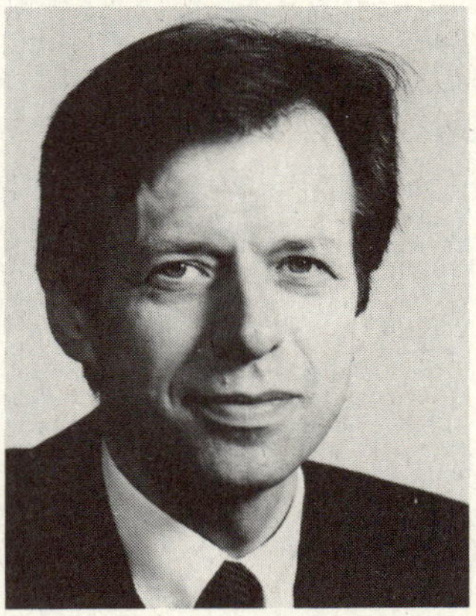

Dr. rer. nat., Dr. sc. techn. h. c., o. Prof. f. Operations Res. u. Direktor Inst. f. Ökonometrie u. Operations Res. Univ. Bonn (s. 1971), Dir. Forschungsinst. f. Diskrete Mathematik (s. 1987) - Im Erlengrund 26, 5305 Impekoven (T. 0228 - 64 17 08) - Geb. 3. Nov. 1938 Bottrop (Vater: Bernhard K.; Mutter: Agnes, geb. Schmidt), kath., verh. s. 1966 m. Sabeth, geb. Tenholter, T. Dagmar - Promot. 1967; Habil. 1971 - O. Prof. Univ. Regensburg (1970) u. Bielefeld (1971). Gastprof. Univ. Stanford, Waterloo, Cornell, Puc Rio, Pisa, Rom. Fachmitgliedsch. auf d. Geb. Math., Operations Research, Math. Optimierung, Kombinatorik. Zahlr. Buch- u. Ztschr.veröff. Herausg.: Mathematical Programming, Combinatorica, Discrete Applied Math., Annals of Appl. Math., Ztschr. f. Operations Res., Chinese Journal of Operations Research, Jap. J. of Applied Math., Optimization u.a. - S. 1985 Distinguished Senior Fellow Rutgers Center for Operations Research, Rutgers Univ. New Brunswick, USA; 1986 Großoffiz.-Kreuz d. VO d. ital. Rep.; 1987 Ehrendoktor Univ. Rom; 1988 Ehrenprof. f. Angew. Math., Acad. Sinica, Beijing; 1989 Prof. honorario Ponteficia Univ. Catolica, Rio de Janeiro - Spr.: Engl., Franz., Ital.

KORTE, Friedhelm
Dr. rer. nat., o. Prof. u. Direktor Inst. f. Chemie TU München u. Inh. Lehrst. f. Ökol. Chemie Freising-Weihenstephan, Leit. Inst. f. Ökol. Chemie Ges. f. Strahlen- u. Umweltforsch. mbH., Neuherberg - Sonnenstr. 2, 8053 Attenkirchen (T. Attenkirchen 209) - Geb. 24. Nov. 1923 - S. 1954 (Habil.) Lehrtätigk. Univ. Hamburg u. Bonn (1955; 1964 ao., 1967 o. Prof.). Fachmitgliedsch. Wiss. Veröff.

KORTE, Hermann
Dr. sc. pol., Prof. f. Soziologie Univ. Bochum - Schulte-Mönting-Str. 10, 4840 Rheda-Wiedenbrück - Geb. 28. März 1937 Münster - Zahlr. Veröff. u. a. z. Stadt- u. Regionalforsch., Int. Arbeitsmigration, Forsch.management, Zivilisationstheorie.

KORTE, Karl-Erich
Dr., Generalbevollmächtigter Klöckner-Werke AG - Klöcknerstr. 29, 4100 Duisburg.

KORTENACKER, Wolfried
Dr. rer. oec., Dipl.-Kfm., stv. Vorstandsvorsitzender Thyssen Schachtbau GmbH., Mülheim - Noldenkothen 41, 4030 Ratingen - Geb. 27. Mai 1926.

KORTH, Albrecht
Dipl.-Volksw., Hauptgeschäftsführer Verb. d. Dt. Fruchtsaft-Industrie, Geschäftsf. Verb. d. dt. Fruchtwein- u. Fruchtschaumwein-Ind., u. Verein Pro-Traubensaft - Mainzer Str. 253, 5300 Bonn 2; priv.: Gringstr. 26 - Geb. 5. März 1931, ev., verh. s. 1962 m. Monika, geb. Wirthle, 2 Kd. (Stephen, Konstantin) - Stud. Frankfurt/M. u. Berlin - Stv. Vors. Baumann-Gonser-Stiftg.

KORTH, Michael
Dr., Pharmakologe, Privatdoz. TH München - Amalienstr. 73, 8000 München 40 - Geb. 1946 - 1985 Albert-Fraenkel-Preis Dt. Ges. f. Herz- u. Kreislaufforsch. (f. Arbeiten üb. positiv inotrop wirkende Substanzen am Herzen).

KORTING, Günter
Dr. med., o. Prof. f. Haut- u. Geschlechtskrankheiten - Am Eselsweg 7, 6500 Mainz-Bretzenheim (T. 34856) - Geb. 23. Sept. 1919 Hindenburg/OS. (Vater: Hans K., Kaufm.; Mutter: geb. Bronder), verh. s. 1942 m. Johanna, geb. Kühnert - Univ. Berlin u. Breslau. Med. Staatsex. 1943 - S. 1953 (Habil.) Lehrtätigk. Univ. Tübingen (1959 apl. Prof.) u. Mainz (1961 Ord. u. Klinikdir.) - BV: Z. Pathogenese d. endog. Ekzems, 1954. Üb. 400 Fachveröff., darunt. 14 Bücher, meist in mehrspr. Coedition - Mitgl. div. Akad., Ges. u. Beiräte.

KORTÜM, Gustav
Dr.-Ing., o. Prof. f. Physikal. Chemie (emerit.) - Wolfgang-Stock-Str. 21, 7400 Tübingen - Geb. 14. Juni 1904 Groß-Methling/Meckl. (Vater: Gustav K.; Mutter: Elisabeth, geb. Strehle), verh. s. 1938 m. Maria, geb. Seiler - TH Karlsruhe (Chemie u. Physikal. Chemie; Promot. 1928) - S. 1937 (Habil.) Doz., ao. (1942), o. Prof. u. Inst.sdir. Univ. Tübingen - BV: Neuere Forsch. üb. d. opt. Aktivität chem. Moleküle, 1932; D. opt. Verhalten gelöster Elektrolyte, 1935; Elektrolytlösungen, 1941; Kolorimetrie u. Spektralphotometrie, 4. A. 1962; Lehrb. d. Elektrochemie, 5. A. 1971 (auch engl., ital., poln.); Einf. in d. chem. Thermodynamik, 7. A. 1981; D. Theorie d. Destillation u. Extraktion v. Flüssigkeiten, 1952; Reflexionsspektroskopie, 1969 (auch engl.) - Mitgl. Dt. Akad. d. Naturforscher (Leopoldina), Halle/S., dt., engl. u. amerik. Fachges.

KORTZFLEISCH, von, Gert
Dr. rer. pol., Dipl.-Kfm., o. Prof., Dir. Industriesem. u. Laboratorium f. Technol. Univ. Mannheim (s. 1962; 1964-66 Rektor) - Am Sonnenberg, 6101 Reichelsheim/Odw. (T. 15 43) - Geb. 3. Aug. 1921 Remscheid (Vater: Hermann v. K.; Mutter: Elisabeth, geb. Klophaus), ev., verh. s. 1957 m. Elisabeth, geb. Bausch - Berufsoffz., Kriegsgefangensch., Vermess.-Ing., Stud. Betriebswirtschaftslehre. Promot., Habil. Köln - Dir. Forsch.-Inst. BDVB; Präs. DABEI - BV: Grundl. d. Finanzplan., Betriebsw.

Arbeitsvorbereit., Plan. in d. ind. Unternehm., Praxis d. Kurzfrist. Erfolgsrechn., Betriebswirtschaftslehre in d. zweiten ind. Evolution, Forschungsziele d. Betriebswirtschaftslehre - Mitgl. Club of Rome - Liebh.: Jagd, Fischen.

KORTZFLEISCH, von, Siegfried

Dr. theol., Publizist - Lenbachstr. 7, 2000 Hamburg 52 (T. 040 - 899 10 71) - Geb. 5. Juli 1929 Dresden, ev., verh. s. 1958 m. Ingrid, geb. Ehbrecht, 5 Kd. (Joachim, Valeska, Friederike, Magnus, Daniel) - Stud. Theol.; Promot. 1957 Göttingen; Ztgs-Volont. Düsseldorf - 1955-60 Studienleit. Ev. Akad. Bad Boll; 1960-69 stv. Leit. Ev. Zentralst. f. Weltanschauungsfragen, Stuttgart; 1970-81 Chefredakt. Lutherische Monatshefte, Hannover; 1982-86 stv. Chefredakt. Dt. Allg. Sonntagsblatt, Hamburg. Vorst.-Mitgl. Gemeinschaftswerk d. Ev. Publiz. (s. 1970); Vors. Kurat. Evang. Medienakad. - BV: u.a. Verkündig. u. öfftl. Meinungsbildung, 1960; Mitten im Herzen d. Massen, 1963; Relig. im Säkularismus, 1967. Mithrsg.: Kirche u. Synagoge (2 Bde., 2. A. 1988) - Spr.: Engl. - Bek. Vorf.: Joachim v. K., General d. Infant. (Vater); Ida v. K., Gründ. d. Reifensteiner Schulen (Großtante).

KORWISI, Angela

Dipl.-Volkswirtin, Dipl.-Handelslehrerin, MdL Hessen f. d. Partei Die Grünen - Herzbergstr. 4, 6380 Bad Homburg - Geb. 4. Aug. 1955 Frankfurt/M., ev. - Dipl. 1979 Univ. Frankfurt - 1981-85 Stadtverordn. Bad Homburg; 1985-87 Kreistagsabg. Hochtaunuskreis; Mitgl. Petitions- u. Haushaltsaussch.

KORZ, Karl

Dr. iur., I. Bürgermeister - Berghalde 56, 6900 Heidelberg (T. 58 20 20) - Geb. 13. April 1932 Speyer, verh., 2 Kd. (Bettina, Christian) - Gymn. Speyer; Univ. Heidelberg u. Mainz (Rechts- u. Staatswiss.). Gr. jurist. Staatsprüf. 1960 Mainz - 1962-67 Rechts- u. Oberrechtsrat Stadt Mainz; s. 1967 I. Bürgerm. Stadt Heidelberg. Spez. Arbeitsgeb.: Baudezernat, Wirtschaftsförd., Regionalplanung, Öffentl. Einrichtungen. CDU - BV: D. Schultheißen- u. Kämmerergericht in Speyer in d. J. 1294-1689 (Diss.) - Spr.: Engl., Franz.

KORZ, Roland

Dr. med., Prof., Internist, Chefarzt St.-Marien-Krkhs. Siegen - Im unteren Buden 13, 5909 Netphen 1 (T. 02738 - 25 66) - Geb. 11. März 1939 Lauf b. Nürnberg, kath., verh. s. 1981, 2 Kd. - Abit. 1958; 1960-66 Med.-Stud.; Staatsex. 1966; Promot. 1966; Habil. 1978 - 1969-77 Assistenzarzt; 1977-84 Oberarzt RWTH Aachen; 1985ff. Chefarzt St.-Marien-Krkhs. Siegen - Zahlr. Veröff. in Fachztschr. - Spr.: Engl., Franz., Span.

KORZILIUS, Alfons

Geschäftsführer Verb. d. Krugfabrikanten d. Unterwesterwaldkr. - 5412 Ransbach/Westerw. (T. 360).

KOSCHEL, Ansgar

Dr. phil., Generalsekretär Dt. Sektion d. intern. kath. Friedensbewegung Pax Christi (s. 1982) - Windmühlstr. 2, 6000 Frankfurt/M. (T. 069-23 33 07) - Geb. 18. Okt. 1943 Seligenstadt, kath., verh. m. Dr. med. Margarethe, geb. Wittenbrink, 4 Kd. - Stud. Theol. Univ. Münster u. Tübingen (lic. theol. 1969); Stud. Päd. Univ. Frankfurt (Dipl.-Päd. 1973); Promot. 1981 Univ. Essen - 1976-82 Bundesvors. Dt. Pfadfindersch. St. Georg; 1977-79 Vors. Ring dt. Pfadfinderverb. - BV: Christl. u. marxist. Menschenbild, 1977; Dialog um Jesus m. Ernst Bloch u. Milan Machovec, 1982; verantwortl. Redakt. Pax-Christi-Ztschr. Herausg.: Probl. d. Friedens - Spr.: Engl.

KOSCHEL, Klaus

Dr. rer. nat., Dipl.-Chem., Prof. Univ. Würzburg, Biochemiker Virologe - Zu erreichen üb. Inst. f. Virol. u. Immunbiol. Univ., Versbacher Str. 7, 8700 Würzburg - Geb. 11. Sept. 1937 Berlin - Dipl.-Chem. 1964, Promot. 1966, Habil. 1972 Univ. Würzburg - 1979 apl. Prof. Univ. Würzburg, 1980 o. Prof. - 94 Publ. in intern. Biochem. u. Virol. Ztschr. Arbeitsgeb.: Störungen v. Nervenzellfunktionen durch Viren, Funktionen v. Biomembranen, molekulare Mechanismen d. Allgemeinanaesthesie - BV: Beitr. z. Humoral Immunity in Neurological Diseases, 1979; Beitr. z. Progress in Multiple Sclerose Research, 1980; Beitr. z. 400 J. Univ. Würzburg, 1982; Beitr. z. Molecular Aspects of Neurobiology, 1986 (m. R. Levi-Montalcini); u. a. - Liebh.: Kunstgesch., Archäol. (spez. Ägyptol.) - Spr.: Russ., Engl., Latein.

KOSCHNICK, Hans

Bürgermeister a. D. Freie Hansestadt Bremen (1967-85), MdB (s. 1987) - Rudolstädterweg 9, 2800 Bremen (T. Rathaus: 36 11) - Geb. 2. April 1929 Bremen (Vater: Dreher), verh. m. Christel, geb. Risse, S. Peter - Mittelschule - 1951-54 Gewerksch. ÖTV (Sekr.), seith. Verw. Bremen (b. 1963 Oberreg.rat, dann Senator f. Inneres, 1965-67 zugl. II. Bürgerm. u. stv. Präs. d. Senats). S. 1963 Mitgl. Bundesrat (1970/71 Präs., 1981 Präs.); 1971/77 Präs. Dt. Städtetag; 1975/78 Präs. Vereinig. kommunaler Unternehmen; Präs. Intern. Gemeindeverb.; 1955-63 Mitgl. Brem. Bürgerschaft. SPD (1975-79 stv. Bundesvors.) - 1970 Mitgl. Grand Conseil de Bordeaux; 1984 Prix France-Allemagne, Paris - Liebh.: Schach.

KOSCHORKE, Martin

Pastor, Schriftsteller, Doz. f. Ehe- u. Familienberat., Soziol. u. Sozialethik Ev. Zentralinst. f. Familienberatung Berlin - Lindenthaler Allee 10, 1000 Berlin 37 (T. 030-801 36 54) - Geb. 9. Okt. 1939 Königsberg/Pr., ev., verh. s. 1966 m. Françoise, geb. Galli, 2 Kd. (Ann, Miro) - Stud. Theol. u. Phil. Berlin, Heidelberg, Paris, Cambridge, Bonn, Stud. Soziol. Heidelberg, Freiburg, Berlin; versch. Ausbild. in Eheberat. u. Familientherapie - BV: u.a. Unterschichten u. Beratung, 3. A. 1984; Handb. Schwangerschaftskonflikt-Beratung (m. Jörg F. Sandberger), 1978 - Liebh.: Musik, Paddeln, Märchen, Spielen - Spr.: Franz., Engl.

KOSCHORKE, Ulrich

Dr. rer. nat., o. Prof. f. Mathematik (Lehrst. V) Univ. Siegen - Auf dem Alten Hof 11, 5902 Netphen 1 - Geb. 1. Febr. 1941 Königsberg (Vater: Manfred K., Pfarrer; Mutter: Emmy, geb. Jellinek), verh. s. 1979 m. Alba, geb. Aitken, 2 Kd. (Miriam, Raphael) - Beethoven-Gymn. Bonn; Stud. Univ. Bonn, FU Berlin, Paris (Sorbonne), Brandeis (USA); Promot. 1968; Habil. 1973 Bonn - 1968-75 Lehre u. Forsch. Rutgers Univ. u. City Univ. New York; 1971/72 u. 1975-77 Mitgl. SFB 40 (Theoret. Math.) Univ. Bonn; 1980/81 Mitgl. Inst. for Advanced Study in Princeton; s. 1977 Lehrst. Math. V Univ.-GH Siegen - BV: Singularities of framefields, 1981 - Liebh.: Kristalle, Wandern. Interesse: Kultur d. Turkmenen - Spr.: Engl., Franz., Portug. - Bek. Vorf.: Prof. Dr. Georg Jellinek, Staatsrechtslehrer Heidelberg, 1851-1911 (Urgroßv. ms.).

KOSCHWITZ, Hansjürgen

Dr. phil., Dr. disc. pol., Prof. f. Publizistikwiss. Univ. Göttingen - Bramwaldstr. 20c, 3400 Göttingen (T. 9 16 90) - Geb. 8. Aug. 1933 (Vater: Oskar K., Gymn.-dir.; Mutter: Hildegard, geb. Wengel), ev. - Stud. Sprach-, Lit- u. Soz.wiss.; Promot. 1962 u. 1968; Habil. 1971 - BV: Pressepol. u. Parteijournalism. in d. UdSSR u. d. Volksrep. China, 1971; Publizist. als Ges.wiss., 1973; Publizist. u. polit. System, 1974; Freiheit der Information oder Kommunikationsimperialismus?, 1977; Massenkommunikation in d. UdSSR, 1979 - Spr.: Engl., Franz., Russ., Chines.

KOSCHYK, Hartmut

Generalsekretär Bund d. Vertriebenen, Oberleutnant d. R. - Zu erreichen üb. Bund d. Vertriebenen, Godesberger Allee 72-74, 5300 Bonn 2 (T. 0228 - 81 00 70) - Geb. 16. April 1959 Forchheim/Oberfr., verh., 1 Kd. - Abit. 1978 - 1978-83 Zeitsoldat Bundeswehr; danach Assist. e. Bundestagsabg., daneb. Stud. Gesch. u. Polit. Wiss.; s. 1982 Bundesvors. Schles. Jugend, s. 1987 Generalsekr. Bund d. Vertriebenen.

KOSEGARTEN, Bernd

Unternehmensberater (s. 1988) - Ballindamm 15, 2000 Hamburg 1 - Geb. 6. Jan. 1934 - Zul. Vorst.-Vors. Harmstorf AG.

KOSELLECK, Reinhart

Dr. phil., o. Prof. f. Theorie d. Geschichte - Universitätsstr., 4800 Bielefeld (T. 106 32 25) - Geb. 23. April 1923 - 1965 (Habil.) - 1966-68 Ord. f. polit. Wiss. Univ. Bochum, dann Heidelberg u. Bielefeld - BV: Kritik u. Krise (span., ital., engl., franz. Übers.); Preußen zw. Reform u. Revolution, 1975. Mithrsg.: Sprache u. Geschichte, Gesch. u. Gesellschaft, Geschichtl. Grundbegriffe - 1975 Reuchlin-Preis Stadt Pforzheim.

KOSENOW, Wilhelm

Dr. med., Prof., ehem. Direktor Kinderklinik Städt. Krankenanstalten Krefeld - Wilhelmshofallee 57, 4150 Krefeld (T. 02151 - 50 00 81) - Geb. 26. März 1920 Glashütte - S. 1953 (Habil.) Privatdoz. u. apl. Prof. (1959) Univ. Münster (b. 1961 Oberarzt Kinderklinik) - BV: Lebende Blutzellen im Fluoreszenz- u. Phasenkontrastmikroskop, 1956; Physiologie u. Physiopathol. d. weißen Blutzellen, 1962 (m. H. Braunsteiner; auch engl.); Mitarb. in Kinderheilkde., 7. A. 1987, u. Therapie d. Krankheiten d. Kindesalters, 3. A. 1985. Üb. 200 Einzelarb. Schriftltr. Ztschr.: Kinderkrankenschwester.

KOSFELD, Robert

Dr. rer. nat., o. Prof. f. Physikal. Chemie Univ. Duisburg - Dstl.: Lotharstr. 1, 4100 Duisburg; Priv.: In den Atzenbenden 30, 5100 Aachen - Geb. 28. Juni 1925 Iserlohn - Ca. 150 Ztschr.-Veröff. - Mithrsg. Reihe: NMR- Basic Principles and Progress; Advisory Bord: OMR-Organic Magnetic Resonance - Mitgl. DPG, GDCh, Dt. Bunsenges. f. Phys. Chemie, DECHEMA, ACS, Kolloid-Ges., Dt. Rheologische Ges. Spez. Arbeitsgeb.: Physik. Chemie u. Physik d. Kunstst., NMR-Spektroskopie. Fachberat.: Strahlenschutz u. Laboreinricht., Verwendung v. Kunststoffen in d. Technik.

KOSIOL, Erich Eduard

Dr. phil., Dr. rer. pol. h.c., Dr. rer. comm. h.c., Dipl.-Kfm., o. Prof. (emerit.) f. Betriebswirtsch. - Hundekehlestr. 16, 1000 Berlin 33 - Geb. 18. Febr. 1899 Köln (Vater: Karl K., Oberpostsekr.; Mutter: Emmi, geb. Simon), verh. s. 1950 m. Annemarie, geb. Röthel, T. Rosemarie - Gymn.; Wirtsch.praxis; Univ. Bonn u. Köln (Math., Naturwiss., Phil., Wirtschaftswiss.) - O. Prof. Univ. Köln, Nürnberg u. Berlin - BV: Leistungsgerechte Entlohn., 1962; Bausteine d. Betriebswirtsch.-Lehre, 2 Bde. 1973; Organisat. d. Untern., 1976; Kostenrechnung, 1979; D. Untern. als wirtschaftl. Aktionszentr. 1978; Pagatorische Bilanz, 1976; Buchhalt. als Erfolgs-, Bestands- u. Finanzrechnung, 1977; Pagatoric Theory of Financial Income Determination, 1978; Kosten- u. Leistungsrechnung, 1979 - Schär-Plak. - Spr.: Engl. - Lit.: Festschr. z. 65., 70. u. 75. Geb.; E. K., Quellen, Grundz. u. Bedeut. s. Lehre, 1967.

KOSLER, Alois Maria

Dr. phil., Gymnasialprof. i. R., Verlagslektor - Südl. Auffahrtsallee 62, 8000 München 19 (T. 089 - 17 12 16) - Geb. 3. Aug. 1901 Tichau/OS. (Vater: Alois K., Schriftst., Rektor; Mutter: Josephine, geb. Borkert, Lehrerin), verh. s. 1948 m. Brigitte, geb. Schwartz, 3 Kd. (Barbara, Angelika, Michael) - Human. Gymn. Ratibor; Univ. München, Freiburg/Br., Berlin, Breslau, Promot. 1929 Breslau - Stud.-Ass., Stud.-Rat (1936), Doz. Hochsch. f. Lehrerbild. Beuthen/OS. (LA: Dt. Sprache u. Methodik d. Deutschunterr.) (1939), Kriegsdst. (Infanterist), 1943 schwer verw. Gymn.-Lehrer (1946); 1953-66 Staatsdst. (zul. Ob.stud.rat). Spez. Arbeitsgeb.: Oberschles. Lit. u. Kulturgesch. - BV: D. preuß. Volksschulpolitik in Oberschl. 1742-1848, 2. A. 1984; Schles. Liebesgesch. (Anthol.) 1967, TB 1978; D. Pfarrherr v. Gieraltowitz (Anthol.) 1970, TB 1978; Ratibor - Stadt u. Land an d. oberen Oder (Hrsg. u. Mitverf.) 1980; Profil d. Dicht. Oberschles., 1956; D. dt. Beitrag Oberschles. z. Kultur, 1972 u. 1977; Oberschl. Bildkalender (Bilder u. Texte z. ob. Landeskd. u. Gesch.), 1964-86; Joseph Freiherr v. Eichendorff (Arbeitshilfe Nr. 28/78), 3. A. 1988. Mitverf. u. Mithrsg.: Schriftzeichen. Beitr. d. Wangener Kr. z. Idee d. Priesters (1975). Mitverf.: Festschr. f. Herbert Hupka (1985); Festschr. St. Matthias-Gymn. Breslau (1988) - EK II; Ehrenvors. Wangener Kreis, Ges. f. Lit. u. Kunst (D. Osten) e. V.; 1978 BVK a. Bde.; 1978 Siling-Ring d. Wangener Kreises; 1979 Oberschles. Kulturpreis u. Hauptpreis Land NRW; 1981 Verdienstplak. Stiftg. Haus Oberschlesien; 1986 Pro-arte-Med. d. Künstlergilde (Eßlingen). Ehrenmitgl. Stiftg. Kulturwerk Schlesien (s. 1987) - Spr.: Engl., Franz.

KOSLOWSKI, Leo

Dr. med., em. o. Prof. f. Chirurgie - Kleiststr. 7, 7400 Tübingen - Geb. 29. Nov. 1921 Liebstadt/Ostpr. (Vater: Dr. med. Franz K., Arzt; Mutter: Hildegard, geb. Jorzig), kath., verh. s. 1951 m. Dr. med. Gisela, geb. Nussbaum, 3 Kd. (Peter, Annette, Stefan) - Herder-Sch. Mohrungen; Univ. Königsberg, Breslau, Würzburg, München. Approb. 1946 Bonn; Promot. 1950 Hamburg; Habil. 1958 Freiburg - B. 1948 Luisen-Hospital Aachen, dann Univ. Göttingen (Pathol. Inst., Chir. Klinik), ab 1956 Univ. Freiburg (I. Oberarzt; 1958 Privatdoz., 1963 apl. Prof.), s. 1968 Univ. Tübingen (Ord. u. Klinikdir.); emerit. 1987 - BV: Autolysekrankh. in d. Chir., 1958; Praktikum u. Verbrennungskrankh., 1960; D. frische Schädel-Hirn-Trauma aus d. Sicht d. Allgemeinchirurgen, 1970 (m. H. Richter); Physikal. Einwirk. (Kälte u. Wärme) im Siegenthaler, Klin. Pathophysiol., 1973 (m. F. Krause); Wiss. Grundlagen d. Chirurgie (dt. Ausg.) 1973 (m. W. Irmer); Lehrb. d. Chirurgie (m. W. Irmer u. K. A. Bushe), 1978, 3. A. 1987. Zahlr. Einzelarb. - 1958 Preis Dt. Ges. f. Unfallheilkd., 1977 BVK I. Kl.; 1982 Gr. BVK; 1985 Willy-Pitzer-Preis f. Rehabil. - Liebh.: Musik, Wasser-, Wintersport - Gold. Sportabz. - Spr.: Engl., Franz.

KOSLOWSKI, Peter

Dr. phil., Dipl.-Volksw., o. Prof. f. Phil. u. Polit. Ökonomie Univ. Witten/Herdecke, u. Dir. Forschungsinst. f. Phil. Hannover (s. 1987), Vorst.-Sprecher Civitas Ges. z. Förderung v. Wiss. u. Kunst, München (s. 1982) - Zu erreichen üb. Forschungsinst. f. Phil. Hannover, Lange Laube 14, 3000 Hannover 1 (T. 0511 - 164 09 10) - Geb. 2. Okt. 1952 Göttingen (Vater: Prof. Dr. med. Leo K., s. dort; Mutter: Dr. med. Gisela, geb. Nussbaum), kath. - Gymn. Freiburg i. Br. u. Tübingen - 1971-77 Stud. Univ. Tübingen, München, Virginia Polytechnic Inst./USA (Phil., Volkswirtsch., Soziol.); M.A. 1977 München; Promot. 1979 München; Dipl.-Volksw. 1980 München - 1977-85 wiss. Assist. Inst. f. Phil. Univ. München, 1985-87 o. Prof. u. Leit. Inst. f. Phil. u. Stud. fundamentale Univ. Witten/Herdecke - BV u.a.: Z. Verhältnis v. Polis u. Oikos b. Aristoteles, 1976, 2. A. 1979; Gesellschaft u. Staat. e. unvermeidlicher Dualismus, 1982; Ethik d. Kapitalismus, 1982, 3. A. 1986 (auch engl.); Evolution u. Ges. E. Auseinandersetzung m. d. Soziobiol., 1984; Staat u. Ges. b. Kant, 1985; D. postmoderne Kultur, 1987, 2. A. 1988 (auch ital.); Prinzipien d. Ethischen

Ökonomie, 1988 (auch span.); D. Prüfungen d. Neuzeit. Üb. Postmodernität, 1989; Wirtschaft als Kultur. Wirtschaftskultur u. Wirtschaftsethik, 1989. Herausg. u. Mitautor: Economics and Philosophy (1985); D. religiöse Dimension d. Ges. (1985); Individual Liberty and Democratic Decision-Making (1987, deutsch 1989); Guosis u. Mystik in d. Gesch. d. Philosophie (1988). Mithrsg. u. Mitautor: D. Verführung durch d. Machbare. Ethische Konflikte in d. mod. Med. u. Biol. (1983); Chancen u. Grenzen d. Sozialstaats (1983); Evolution u. Freiheit (1984); Evolutionismus u. Christentum (1986); Moderne od. Postmoderne? (1986) - Liebh.: Klaviersp., Ski - Lit.: S. Scheuermann: Kultur u. Selbstgestaltung, Koslowskis Vorstellungen z. postmodernen Jugendbildung, Dipl.-Arb. Univ. Würzburg (1989).

KOSOK, Heinz

Dr. phil., o. Prof. f. Anglistik/Amerikanistik Univ.-GH Wuppertal (s. 1972) - Dornröschenweg 2, 5600 Wuppertal 1 - Geb. 21. März 1934 Wilhelmshaven (Vater: Richard K., Lehrer; Mutter: Hanny, geb. Ehlers), ev., verh. s. 1960 m. Gillian, geb. Lyel, 2 Kd. (Karen, Rainer) - Stud. Angl., German., Leibeserzieh., Päd. Marburg u. Bristol. Staatsex. 1959. Promot. 1961; Habil. 1971 - Zul. Prof. Univ. Marburg. Vors. Intern. Assoc. for the Study of Anglo-Irish Lit. (1982-85) - BV: u. a. Sean O'Casey, 1972; D. engl. Roman im 19. Jh. (m. P. Goetsch u. K. Otten), 1973; D. engl. Drama im 18. u. 19. Jh., 1976; Literaturen in engl. Sprache (m. H. Prießnitz), 1977; Drama u. Theater im Engl. d. 20. Jh., 1980; Studies in Anglo-Irish Literature, 1982; O'Casey the Dramatist, 1985; Literary Interrelations (m. W. Zach), 3 Bde. 1987. Ca. 80 Fachveröff., bes. z. neueren engl. Drama u. Theater sow. z. anglo-ir. Lit. Div. Herausg. (m. a. a.).

KOSSACK, Georg

Dr. phil. (habil.), o. Prof. f. Ur- u. Frühgeschichte Univ. München (s. 1975) - Ainmillerstr. 8a, 8000 München 40 - Geb. 25. Juni 1923 Neuruppin - 1955 Privatdozent Univ. München; 1959 Ord. u. Inst.dir. Univ. Kiel - BV: Studien z. Symbolgut d. Urnenfelder- u. Hallstattzeit Mitteleuropas, 1954; Südbay. währ. d. Hallstattzeit, 1959; Gräberfelder d. Hallstattzeit an Main u. fränk. Saale, 1970; Archsum auf Sylt 1: Einführung in Forsch.verlauf u. Landschaftsgesch., 1980; 2: Landwirtsch. u. Umwelt in Vor- u. Frühgesch. Zeit, 1987; Archäol. u. naturwiss. Unters. an Siedlungen im dt. Küstengebiet 1, 1984. Div. Einzelarb. z. Eisenzeit- u. Skythenforsch.

KOSSATZ, Gert

Dr.-Ing., Prof., Leiter Fraunhofer-Inst. f. Holzforschung (WKI), Braunschweig - Zu erreichen üb. Fraunhofer-Inst., Bienroder Weg 54 E, 3300 Braunschweig - Geb. 14. April 1929, verh. s. 1956 m. Dipl.-Ing. Christa, geb. Wutzler - Lehre Möbeltischler; Stud. TU Dresden u. Dt. Bauakad. (Dipl.-Ing. 1955, Promot. 1957, Habil. 1969), Umhabil. 1973 Univ. Karlsruhe - 1967-74 fr. Ing.; ab 1974 Inst.leit. Fraunhofer-Inst. s.o.; s. 1978 apl. Prof. Univ. Karlsruhe; s. 1985 Hon.-Prof. TU Braunschweig - Erf.: Halbtrockenverf. f. Gipsbauplatten; div. Verf. u. Vorricht. f. Leichtbauelemente - BV: D. Kunst d. Intarsia, 1954 (engl. Übers. 1960); Vergütete Hölzer, 1955; Betriebseinricht. - Wissensspeicher Projektier., Bd. 1 u. 2 1964-73; D. Betriebseinricht. in d. Holzind., 1963 - S. 1986 Fellow Intern. Acad. of Wood Science; 1986 Technol.-Transferpreis Bundesmin. f. Forsch. u. Technol.

KOSSATZ, Hans

Pressezeichner u. Karikaturist - Zul. 1000 Berlin 37 - Geb. 7. Febr. 1901 Brandenburg/H. (Vater: Ewald K., Postbeamter; Mutter: Henriette, geb. Tausendschön), verh. s. 1926 m. Charlotte, geb. Nehm - Realgymn.; 1919-21 Technikum (Maschinenbau); im Zeichnen Autodidakt - 1921-24 Ing. Siemens. Etwa 20 000 Karikaturen (BV: Na, bitte! - Karikaturauswahl; Lache mit Willi; Darin bin ich komisch - 120 Karikaturen; Offen gestanden - so war das mit mir - Illustrierte Beichte, 1969) - Liebh.: Malen, Sport.

KOSSBIEL, Hugo

Dr. rer. pol., Dipl.-Kfm., Prof. f. Betriebswirtschafts- u. Personalwirtschaftslehre - Maisebachstr. 7, 6246 Glashütten-Schloßborn - Geb. 31. Mai 1939 - Promot. 1966 Mannheim; Habil. 1971 Kiel - 1972 Prof. Univ. Hamburg; 1987 Prof. Univ. Frankfurt/M. - BV: D. Umsatzeinnahmen als Gegenst. d. unternehmer. Liquiditätsplanung u. -politik, 1968; Personalbereitstellung u. Personalführung, 1976.

KOSSE, Wilhelm

Dr. phil., o. Prof. f. Sonderpädagogik Univ. Frankfurt (s. 1981), Praxis f. Psychoth. u. Psychoanalyse - Am Taubertsberg 2, 6500 Mainz - Geb. 2. März 1930 - 1949-56 Phil.-theol. Hochschule Frankfurt, Univ. Freiburg, Münster, München, PH Münster (Päd., Phil., Theol., Publiz., German., Psych.). Promot. 1964 - 1956 Schul-, 1961 Hochschuldst. (1961 PH, 1964 Univ. Münster), 1972-74 Wiss. Rat u. Prof. Univ. Münster, 1974-81 o. Prof. Erziehungswiss. Hochschule Mainz - BV: Erziehung u. Lebenssinn, 1967; Perspektivpäd., 1974. Herausg.: Ztschr. päd. heute (1968-71) - Spr.: Engl.

KOSSENDEY, Thomas

Bundestagsabgeordneter, Regierungsdirektor a. D. - Alpenrosenstr. 10, 2905 Edewecht-Kleefeld - Geb. 4. März 1948 Berlin, kath., verh. s. 1973 m. Claudia, geb. Piterek, S. Jonas Heinrich - Stud. Rechts- u. Staatswiss. Univ. Köln, Münster - 1984-87 Leit. Büro Kultusmin. Hannover - Spr.: Engl., Latein, Griech.

KOSSIRA, Horst

Dr.-Ing., o. Prof. f. Flugzeug- u. Leichtbau TU Braunschweig (s. 1978) - Grünlandweg 45, 3340 Wolfenbüttel.

KOSSMANN, Horst

Dr. jur., Rechtsanwalt, Fachanw. f. Steuerrecht; Beirat: Anker Teppichfabrik, Düren - Gereonsdriesch 23, 5000 Köln 1 (T. 131063) - Geb. 10. April 1927 Essen.

KOSSMEHL, Gerhard

Dr. rer. nat., Prof. f. Organ. u. Makromol. Chemie FU Berlin - Grabenstr. 38 F, 1000 Berlin 45 (T. 030 - 772 85 93) - Geb. 8. Okt. 1934 Berlin (Vater: Walter K., Elektroing.; Mutter: Johanna, geb. Katzinski), ev., verh. s. 1959 m. Erika, geb. Keßler, 2 Kd. (Sven-Oliver, Renate) - Chemiestud. (Dipl. 1960, Promot. 1963, Habil. 1970) - S. 1970 Prof. f. Organ. Chemie. Arbeiten üb. elektrisch leitfähige Polymere, Flüssigkristallpolymere, Kontaktlinsenmaterialien sowie üb. Polymere m. spez. Eigensch. - Liebh.: Musik, Lit., Malerei, Segeln - Spr.: Engl., Span.

KOSSOLAPOW, Line

Dr. phil., Prof. f. Erziehungswissenschaft Univ. Münster - Haus Vortlage, 4540 Lengerich/W. (T. 05481 - 63 56) - Geb. 18. Juli 1935 Kropotkin (Vater: Tichon K., Typograph; Mutter: Anna, geb. Mitzel), kath. - Abit. Osnabrück 1957, Stud. Erz.wiss., Phil., Gesch., Angl., Slaw.; Promot. 1968 Univ. Tübingen - 1969-70 Assist. Inst. f. Erz.wiss. Univ. Münster, 1970-73 Akad. Rätin, 1973-78 Wiss. Rätin u. Prof., 1978-81 Dir. Dt. Jugendinst. München, s. 1981 Lehrst. f. Erz.wiss. Univ. Münster - BV: Musische Erz. zw. Kunst u. Kreativität, 1975; Sozialisation im Kindergarten, in: Handb. d. Sozialisationsforsch., hg. Hurrelmann/Ulich, 1980; Kreativität u. Therapien, 1985 - Spr.: Engl., Franz.

KOSSWIG (ß), Wilhelm

Dr. rer. nat., em. Prof. f. Pflanzenkrankheiten u. -schutz - Lutfridstr. 16, 5300 Bonn 1 (T. 62 25 50) - Geb. 10. März 1910 Torgau - S. 1952 (Habil.) Privatdoz., apl. Prof. (1959), Wiss. Rat u. Prof. (1971) Univ. Bonn. Spez. Arbeitsgeb.: Biometrie. Fachveröff.

KOST, Arnulf

Dr.-Ing., Univ.-Prof. TU Berlin - Am Sandwerder 44, 1000 Berlin 39 - Geb. 16. März 1941 Berlin, verh. s. 1966 m. Regine, geb. Albertz, 4 Kd. (Stephanie, Sabine, Sebastian, Annika) - Stud. Elektrotechnik; Dipl.-Ing. 1967; Promot. 1973 Berlin - 1967-73 wiss. Assist. TU Berlin; 1973-79 Akad. Rat/Oberrat Univ. Dortmund; s. 1979 Prof. f. Grundlagen d. Elektrotechnik TU Berlin - Liebh.: Fotogr.

KOST, Rudi

Freier Journalist u. Autor - Weilerbachstr. 44, 7164 Unterfischach (T. 07973 - 65 08) - Geb. 5. Okt. 1949 Stuttgart, verh. s. 1972 m. Maria, geb. Kröll, 4 Kd. (Tina, Franz, Max, Paul) - 1968-70 Ztgsvolont.; 1975-78 Stud. PH Esslingen - 1970-75 Redakt.; 1978-85 Ressortleit. Esslinger Ztg. - BV: D. mod. dt. Kriminalroman, Bd. 1 1981, Bd. 2 1982; Üb. George Smiley, 1985; Was ist los m. Trimmel?, 1986; Easy-Praktikum, 1986; D. Schneider PC, 1986; Word Star 1512, 1987; GEM-Anwenderhandb., 1987; Framework, 1988; PC-File, 1988; PC-Write, 1988; d. Base-Lexikon, 1988; Qube Cale, 1988; Excel-Schulung, 1989; Spiele-Box 1 u. 2, 1989.

KOSTA, Heinrich Georg (Jiří)

Dr. rer. pol., Prof. Univ. Frankfurt (s. 1970) - Franz-Rücker-Allee 5, 6000 Frankfurt 90 (T. 70 15 05) - Geb. 2. Okt. 1921 Prag (Vater: Oskar K., Germanist; Mutter: Paula, geb. Lindt), verh. s. 1951 m. Helene, geb. Kohout, 2 Kd. (Ivana, Peter) - 1956-69 Lehr- u. wiss. Tätigk. Prag, dann Wien u. München - BV: D. technol. Fortschritt in Österr. u. d. Tschechoslowakei, 1971 (m. Kramer u. Slama); Warenprodukt. im Sozialm., 1973 (m. J. Meyer u. S. Weber); Soz. Planwirtsch., 1974; Volksrep. China, 1976 (m. J. Meyer); Abriß d. sozialök. Entwicklung d. Tschechosl. 1945-77, 1978; Wirtsch.demokratie in d. Diskussion, hrsg. m. J. Huber, 1978; Wirtsch. u. Ges. Kritik u. Alternativen, (hg. m. U. Gärtner), 1978; F. e. ökonom. Reformpolitik, (hg. m. W. Meissner u. J. Welsch), 1981; Wirtschaftssyst. d. realen Sozialismus, 1984; Sozialismus u. Industrialisierung, (hg. m. P. Gey u. W. Quaisser), 1985; Crisis and Reform in Socialist Economies (hg. m. P. Gey u. W. Quaisser), 1987 - Spr.: Tschech., Russ., Slowak., Engl., Franz.

KOSTA, Peter

Dr. phil., Hochschulassist. f. Slawische Sprachwiss. Univ. Frankfurt/M. - Castillostr. 9, 6380 Bad Homburg v.d.H. - Geb. 20. Sept. 1955 Prag/ČSSR (Vater: Prof. Dr. H. G. (Jiří) K. [s. dort]), verh. s. 1981 m. Marion, geb. Roos, 3 Töcht. (Anna-Katharina, Sophia-Helena, Lisa Kristina) - 1976-81 Stud. Slawische Philol., Indogerman. Sprachwiss. Frankfurt/M.; Magister 1981, Promot. 1985/86 - 1982-87 Wiss. Mitarb., s. 1987 Hochschulassist. Inst. f. Indogerman., Phonetik u. Slaw. Philol. Univ. Frankfurt - BV: E. russ. Kosmographie aus d. 17. Jh., 1982 (Mag.Arb.); Probl. d. Švejk-Übers. in d. west- u. südslavischen Spr.; Linguist. Stud. z. Translation lit. Texte, 1986 (Diss.). Herausg. Studia Indogermanica et Slavica. Festgabe f. Werner Thomas z. 65. Geb. 1988. Mithrsg. d. Reihe Specimina philologiae Slavicae, München. Aufs. in slavist. Ztschr. u. Reihen - Liebh.: Violine, Gitarre (E- u. U-Musik), Sport (Eishockey, Tennis) - Spr.: Engl., Tschech., Russ., Serbokroat., u.a. - Bek. Vorf.: Dr. phil. Oskar K. (alias Peter Pont), Dichter u. Übers. (Großv.).

KOSTA, Tomas

Verleger, Inh. Literarische Agentur Peter Pont - Steinmetzstr. 6, 5060 Berg. Gladbach 1 - Geb. 19. April 1925 Prag, verh. s. 1948 m. Danica, geb. Nebuskova, 2 Kd. (Paula, Michal) - Mitgl. Rundfunkrat Deutschlandfunk u. PEN-Zentrum BRD, Kurat. Friedrich-Ebert-Stiftg.; Hrsg. Ztschr. L'80.

KOSTE, Walter

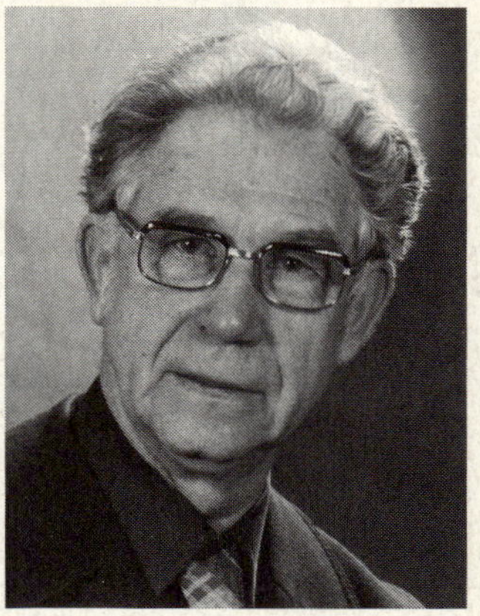

Dr. rer. nat. h. c., Realschulkonrektor i. R. - Ludwig-Brill-Str. 5, 4570 Quakenbrück - Geb. 19. Juli 1912 Stolp/Pommern (Vater: Adolf K., Beamter; Mutter: Ottilie, geb. Wilczewski), ev., verh. s. 1939 m. Hildegard, geb. Lück †1989, S. Peter - Abit. Stettin; PH Oldenburg u. Osnabrück, Univ. Osnabrück - Volks- u. Realschuldst. (Biol., Geogr.); Wiss. Tätigk., spez. Arb.geb.: Taxonomie, Biogeogr., Ökol. d. Rädertiere (Rotatoria), glob. Bearb. v. Expeditionsmaterial (Mitteleuropa, Südamerika, Westafrika, Thailand, Sri Lanka, Malaysia, Borneo, Indien, Burma, Kanada, Australien incl. Tasmanien). Entd.: 51 neue Tierarten - BV: Bestimmungswerk Rädertiere/Rotatoria Mitteleuropas, Text- u. Tafelbd. 1978. 112 Fachveröff. - 1980 Dr. rer. nat. h. c. Univ. Kiel; 1981 BVK; Honorary Member Quecket Microscopical Club, British Mus. London; Korr. Mitgl. Senckenberg. Naturforsch. Ges. Frankfurt/M.; Assoc. Member of Royal Soc. of South Australia, Museum Adelaide, Austral.; Korr. Mitgl. de Soc. de Ciencas Naturales LA SALLe, Caracas-Venezuela; Coll. Member, The Murray-Darling Freshwater Res. Centre, Albory, N.S.W., Australien; Ehrenmitgl. Naturwiss. Verein Osnabrück - Lit.: Dr. h. c. W. K. z. 75 Geb., Prof. Dr. Jürgen Schwoerbel in: Arch. Hydrobiol.

KOSTEAS, Dimitris

Dr.-Ing., Prof. f. Metallbau TU München - Zu erreichen üb. Inst. f. Bauingenieurwesen III, Fachgeb. Stahlbau, TU München, Arcisstr. 21, 8000 München (T. 089 - 21 05 25 25); priv.: Klobensteiner Str. 14a, 8000 München 90 (T. 089 - 64 38 20) - Geb. 10. Juli 1939 Athen/Griechenl. (Vater: Antonis K., Dipl.-Ing., Präs. Griech. Staatsbahnen; Mutter: Henriette, geb. Stamatelaki), griech.-orth., verh. s. 1966 m. Dr.-Ing. Marina, geb. Kostaropoulou, S. Alexandros - Abit. College/Athen 1959, Dipl. 1965, Promot. 1970, Habil. (Priv.-Doz.) 1974, alle Univ. Karlsruhe - 1978 apl. Prof. Univ. Karlsruhe, 1979 Prof. TU München, Fellow The Welding Inst. Grossbrit. - BV: Geschweißte Aluminium-Konstrukt., 1978; Betriebsfestigkeitsnachweise (Stahlbau-Handb.), 1982; Fatigue Behavior Alum. Weld. Joints - Analysis of Data (CAFDEE vol. 1 b. 4), 1986. Üb. 115 Veröff. in- u. ausl. techn. Ztschr. - Spr.: Deutsch, Griech., Engl., Franz.

KOSTEDE, Norbert

Dr. soz. wiss., Privatdozent f. Politikwiss. Univ. Hannover, Bundesvorstandsmitgl. Partei D. GRÜNEN - Zu erreichen üb. D. Grünen, Colmantstr. 36, 5300 Bonn 1 - Geb. 4. Jan. 1948 - Publizist u. Autor versch. westd. Ztg. u. Ztschr. - BV: Staat u. Demokratie, 1980; D. Zukunft d. Stadt, 1983.

KOSTHORST, Erich
Dr. phil., o. Prof. f. Neueste Geschichte u. Didaktik d. Gesch. - Gleiwitzer Str. 88, 4400 Münster - Geb. 1. Dez. 1920, kath. - Stud. Gesch., German., Phil. - BV: D. dt. Opposition gegen Hitler zw. Polen- u. Frankreichfeldzug, 3. A. 1957; Von d. Gewerkschaft z. Arbeitsfront u. z. Widerstand, 1963; Jakob Kaiser - D. Arbeiterführer, 2. A. 1970; Jakob Kaiser - Bundesmin. f. gesamtdt. Fragen 1949-57, 2 A. 1985; Dtschl.politik d. Nachkriegsj., 1976; D. Teilung Dtschl., 1976; Geschichtswissenschaft - Didaktik, Forschung, Theorie (Hg.), 1977; Zeitgeschichte u. Zeitperspektive, 1981; Konzentrations- u. Strafgefangenenlager im Dritten Reich - Beispiel Emsland. Dok. u. Analyse z. Verhältnis v. NS-Regime u. Justiz. 3 Bde. 1983 (verkürzte Tb-Ausg. 1985); C. F. Goerdeler, in: Lill/Oberreuter: D. 20. Juli 1944 - Portraits d. Widerstands, 1984; Deutschlandbild u. Dt. Frage in d. Lehrplänen u. Unterrichtswerken f. d. Fach Gesch. in d. DDR s. 1949 (m. K.-E. Jeismann), 1986; D. Teilung Deutschlands als Problem d. Geschichtsbewußtseins. E. empirische Untersuchung (m. K.-E. Jeismann, B. Schäfer u. a.), 1987.

KOSZYK, Kurt
Dr. phil., Prof. - Davidisstr. 25, 4600 Dortmund 1 (T. 0231 - 59 58 03) - Geb. 31. Mai 1929 Dortmund (Vater: Erich K., Journ.; Mutter: Johanna, geb. Meier) - Gymn. Promot. 1953 Univ. München; Habil. 1968 FU Berlin - 1953-57 Redakt.; 1957-77 Dir. Inst. f. Ztg.s-forsch.; 1969-74 Prof. f. Publizistik u. Kommunik. Ruhr-Univ. Bochum; s. 1977 Prof. f. Journalistik Univ. Dortmund; 1977/78 Research Fellow St. Antony's College Oxford - BV: Dt. Presse im 19. Jh., 1966; Dt. Pressepolitik im 1. Weltkrieg, 1968; Dt. Presse 1914-45, 1972; Wirkungen d. Massenkommunik., 1972; D. Presse d. dt. Sozialdemokratie, 1980; Handb. d. Massenkommunikation, 1981; Die Zeitung als Persönlichkeit, 1982; Pressepolitik f. Deutsche 1945-49, 1986; Gustav Stresemann, 1989 - Spr.: Engl.

KOTHE, Erwin
Geschäftsführer Brem. Landwirtschaftsverb. - Ellhornstr. 30, 2800 Bremen.

KOTHE, Siegfried
Prof., Hochschullehrer - Hermann-Ehlers-Str. 20/153, 7410 Reutlingen (T. 2 92 11) - Geb. 6. März 1924 Chemnitz/Sa. (Vater: Kurt K., Volksschullehrer; Mutter: Magdalena, geb. Neumann), ev., verh. s. 1955 m. Karin, geb. Neumann, 2 Töcht. (Bettina, Camilla) - Gymn. Chemnitz; Univ. Leipzig, TH Darmstadt (Math., Physik, Päd.) - Volks- u. Realschullehrer; 1958-63 Assist. Päd. Inst. Jugenheim; 1964-67 Oberstudienrat im Hochschuldst. Univ. Frankfurt/M.; s. 1967 Doz. u. Prof. (1968) Päd. Hochsch. Reutlingen (Didaktik d. Math.); ab 1987 Päd. Hochsch. Ludwigsburg - BV: Denken macht Spaß, 1968. Denkspiele f. Vorschulkd. (auch port., span., dän., fläm.).

KOTHER, Hans (Johann)
Dr.-Ing., Prof., Ministerialrat a. D. - Wilhelm-David-Str. 27, 5000 Köln 80 (T. 631904) - Geb. 23. Nov. 1906 Kaldenkirchen (Vater: Karl K., Ober-Reichsbahninsp.; Mutter: geb. Krambröckers), kath., verh. s. 1935 m. Anni, geb. Nolden - TH Aachen (Diplomprüf. 1931, Promot. 1933). Reg.sbaum. 1934 DR; Habil. 1938 TH Aachen - 1935 Siemens-Schuckertwerke AG., Berlin (Abt. Bahnen), 1939 Reichsverkehrsmin. ebd. (Abt. Elektr. Bahnen), 1943 Vorst. Reichsbahnmaschinenamt Hirschberg, 1946 Dezern. Reichs- (Kraftfahrwesen u. Motorschienenfahrz.) bzw. Bundesbahndir. Köln (Starkstromwesen u. elektr. Bahnen). 1960 Ref. Bundesverkehrsmin. Bonn. 1947 Lehrbeauftr., 1950 Honorarprof. TH Aachen (Elektr. Bahnen, Energiew. d. Verkehrsbetriebe, Betriebseigensch. u. -kosten d. Straßen u. Schienenfahrz.) - BV: Z. Wahl v. Bahnstromsystemen, 1949; D. Kraftomnibus, 1950; D. Systemfrage b. d. Elektrifizierung v. Eisenbahnen, 1952; Bahnmotoren f. Straßen-, Stadt- u. Fernbahnen, 1954. Üb. 80 Ztschr.aufs. - 1932 Springorum-Denkmünze, Werner-Siemens-Bild, 1933 Borchers-Plak.

KOTHGASSER, Alois M.
Dr. theol., Prof. f. Dogmatik u. Prorektor Phil.-Theol. Hochsch. Benediktbeuern (s. 1988) - Don Bosco-Str. 1, 8174 Benediktbeuern (T. 08857 - 88-2 25) - Geb. 29. Mai 1937 Lichtenegg (Österr.) - 1960-65 Theologiestud. Pontificio Ateneo Salesiano/PAS Turin Crocetta (Lic. theol.); 1965-68 Promot.-Stud. PAS Rom (Dr. theol.) - Ordenspriester Salesianer Don Boscos (SDB). 1968-80 ao. Prof. Päpstl. Univ. d. SDB in Rom; s. 1988 Prorektor s. o. - BV: Dogmenentw. u. d. Funktion d. Geistparakleten n. d. Aussagen d. Zweiten Vatikan. Konzils, Diss. 1969. Div. Fachveröff. - Spr.: Ital.

KOTOWSKI, Georg
Dr. phil., Prof. f. Wissenschaft v. d. Politik - Aßmannshauser Str. 10a, 1000 Berlin 33 (T. 8221389) - Geb. 12. Juni 1920 Thorn/Weichsel (Vater: Joseph K., Lehrer; Mutter: Helene, geb. Rink, beide †), kath., verh. s. 1956 m. Renate, geb. Werner, S. Bernhard - Reform-Realgymn.; 1945-49 Univ. Kiel u. Berlin (Gesch., Philol., Phil., Rechtswiss.). Promot. 1951; Habil. 1959 - S. 1948 Assist. Oberassist., Privatdoz. (1959), ao. (1963) u. o. Prof. (1966) FU Berlin (mitbegr.). 1959-69 MdA Berlin, 1969-72 MdB (Berliner Vertr.). Mitgl. Hist. Kommis. Berlin (s. 1958, wiederholt Vorst.-Mitgl., s. 1981 stv. Vors.). CDU s. 1954 (u. a. 1963 ff. Mitgl. Landesvorst. Berlin) - BV: Friedrich Ebert - E. polit. Biogr., Bd. I (D. Aufstieg e. Arbeiterführers - 1871-1917), 1963. Herausg.: Friedrich Meinecke - Polit. Schriften u. Reden, 1958; Histor. Leseb., Bd. III (1914-33), 1968 - 1968 BVK I. Kl.

KOTSCHENREUTHER, Hellmut
Theater-, Musikkritiker, Komponist - Mommsenstr. 56, 1000 Berlin 12 (T. 323 80 46) - Geb. 24. März 1926 Nürnberg - Oberrealsch. u. Konservat. Nürnberg; Kompos.: GMD Alfons Dressel u. Max Gebhard, Klav.; Franz Nemeskei, Dirig.: Wilhelm Schönherr - BV: Kleine Liebe zu Berlin - E. Brevier f. Berlin-Chauvinisten, 1961; Kurt Weill - Leben u. Werk, 1962; Kl. Geschichte Berlins - Berlinische Reminiszenzen, 1968; Das Reich der Drogen u. Gifte, Sachbuch, 1976.

KOTSCHI, Thomas
Dr. phil., Prof. f. Romanistik FU Berlin - Karl-Hofer-Str. 2, 1000 Berlin 37 - Geb. 21. Jan. 1940 - BV: Probleme d. Beschreibung lexik. Strukturen, 1974. Herausg.: Beiträge z. Linguistik d. Franz. (1981); Grammatik, Konvers., Interaktion. Beitr. z. Romanistentag 1983 (1985, m. Elisabeth Gülich) - 1985-87 stv. Vors. Dt. Romanistenverb.

KOTTENDORF, Paul
Dipl.-Volksw., Geschäftsführer Aachener Gemeinn. Siedlungs- u. Wohnungsges. mbH, Köln - Kleiststr. 1, 5060 Bergisch Gladbach 1 - Geb. 13. Nov. 1924 - Vorst.-Vors. Verb. rhein. Wohnungsuntern., Düsseldorf, Kath. Siedlungsdienst Bundesverb. f. Wohnungswesen u. Städtebau, Köln; Vorst.-Mitgl. Dt. Volksheimstättenwerk, Bonn, Deswos Dt. Entw.hilfe f. soz. Wohnungs- u. Siedlungswesen, Köln; AR-Vors. Aachener Allgem. Baubetreuungs-GmbH, Köln; AR Dt. Centralbodenkredit AG, Berlin/Köln, Dt. Pfandbriefanst., Wiesbaden, Dt. Stadtentw.- u. Kreditges. mbH, Frankfurt; Mitgl. Verbandsaussch. Gesamtverb. gemeinn. Wohnungsuntern., Köln. Div. Beiräte - Komturkreuz d. Gregoriusordens; BVK.

KOTTER, Klaus
Steuerberater, Präs. Intern. Bobverb. (F.I.B.T., s. 1980) - Blumenstr. 2, 8330 Eggenfelden - Geb. 27. Mai 1934 Prien/Chiemsee, kath., verh. s. 1962 m. Paula, geb. Haas, T. Petra - Human. Gymn. Traunstein; Univ. München (Betriebsw.) - S. 1960 selbst. Steuerberater. S. 1985 Präs. Dt. Bob- u. Schlittensportverb.; s. 1986 stv. Vors. Arbeitskr. Sport d. CSU; Mitgl. Solidaritätskommiss. IOC (als Vertr. d. intern. Wintersportverb.); s. 1979 Mitgl. Bundesaussch. f. Recht, Soziales u. Steuern d. Dt. Sportbd., s. 1983 Steueraussch. Bayer. Landessportverb., s. 1984 Schatzmeister Ost-West-Wirtschaftsclub - Liebh.: bild. Kunst (Chiemseemaler), Heimatkd. - Spr.: Engl.

KOTTER, Ludwig
Dr. rer. nat., Bürgermeister Augsburg - Elisabethstr. 5, 8900 Augsburg (T. 0821 - 7 25 15) - Geb. 10. Jan. 1929 Augsburg (Vater: Ludwig K., Bäckerm.; Mutter: Maria, geb. Berchtenbreiter), kath., verh. s. 1957 m. Ute, geb. Pfeifer, 2 Söhne (Christian, Andreas) - Gymn. St. Stephan Augsburg; Univ. München. Staatsex. 1953; Promot. 1954; Lehrauftr. Univ. Augsburg f. Chemie-Didaktik - Div. Chemie-didakt. Veröff. - 1975 Aulis-Preis f. Chemie - Spr.: Engl. - Rotarier.

KOTTER, Ludwig
Dr. med., vet., Dr. med. vet. h. c., em. o. Prof. f. Hygiene u. Lebensmitteltechnol. tier. Ursprungs (s. 1960), Mitgl. Münchner Stadtrat (1978-84, CSU) - Schellingstr. 10, 8000 München 40 - Geb. 21. März 1920 Augsburg (Vater: Dominikus K., Gastw.; Mutter: Kreszentia, geb. Ertle), kath., verh. I) 1944 m. Elisabeth, geb. Fischer († 1965), 3 Kd. (Johanna, Thomas, Florentine), II) 1984 Helga Lennartz-Kotter - Volkssch.; Metzgerhandw. (Meisterprüf. 1946); n. Abit. Stud. Tiermed. u. Rechtswiss. Promot. (1951) u. Habil. (1957) München (Vorst. Inst. f. Hygiene u. Technol. d. Lebensmittel tier. Ursprungs; 1965-67 Rektor). 1970-83 wiss. Vertreter Stifg.-Vorst. Carl-Friedr.-v.-Siemens-Stiftg., München. Fachveröff. - 1971 Ehrendoktor Univ. Utrecht; 1965 Ehrenmitgl. Soc. Ital. delle Scienze Veterinarie; 1968 Bayer. VO; 1984 BVK I. Kl. - Spr.: Engl. - Rotarier; Münch. Herren-Club.

KOTTHAUS, Eva
Schauspielerin - Schaftriebweg 10, 6500 Mainz - Geb. 19. Mai 1932 Düsseldorf, verh. s. 1960 m. Rudolf Krieg (Regiss. u. Schausp.) †, 2 Kd. (Christopher, Nina) - 1951-53 Otto-Falckenberg-Sch. München - Engagem. in Tübingen, Krefeld, Augsburg, Max. Gorki Theater Berlin, Dt. Theater Berlin, Rezidenztheater München, Schauspielhaus Düsseldorf u. Frankfurt/M. Tourneen u. Gastsp. Filme: Kein Hüsung, Teufel v. Mühlenberg, Jahrgang 21, Himmel o. Sterne (Bundesfilmpreis 1956), Draußen v. d. Tür, Heißes Herz, D. 4. Platz, Bahnwärter Thiel; Fernsehen: u. a. D. 4. Platz, D. Verschwörung - Gr. Hersfeldpreis 1973 u. 1977 - Liebh.: Fotogr. - Spr.: Engl.

KOTTHAUS, Jörg P.
Ph. D., Prof., Ordinarius f. Experimentalphysik Univ. München (s. 1989) - Zu erreichen üb. Ludwig-Maximilian-Univ. München, Sektion Physik, Geschwister-Scholl-Platz 1, 8000 München 22 - Geb. 29. Mai 1944 Gräfenthal (Vater: Erich K., Kaufm.; Mutter: Annemarie, geb. Leistenschneider) - Abit. 1963 Düsseldorf; Dipl.-Phys. 1969 München; Ph. D. 1972 Santa Barbara (USA); Habil. 1977 München - 1973-78 Wiss. Assist. u. Rat (1978) TU München; 1978-89 o. Prof. f. Angew. Physik Univ. Hamburg - Spr.: Engl.

KOTTHOFF, Ulric
Dr. jur., Ass., Hauptgeschäftsführer Elopak GmbH, Speyer - Bingertstr. 59, 6200 Wiesbaden - Geb. 10. Nov. 1935, verh. s. 1964 m. Gisela, geb. Erfurt, 2 Kd. (Sonja, Axel) - High School Atlanta/USA; Human. Gymn. Wiesbaden; Stud. Jura u. Volksw. Univ. Freiburg, Grenoble, Marburg; jurist. Staatsex. 1959 Frankfurt; Assessorex. Wiesbaden - 1964-75 Produktmanagement Procter & Gamble Deutschl. u. USA; 1975-77 Marketingdir. Henkell & Co; 1978 Alleingeschäftsf. Mallory; 1979-82 Geschäftsf. Marketing u. Vertrieb Dr. Carl Hahn - Spr.: Engl.

KOTTJE, Raymund
Dr. phil., Dr. theol., o. Prof. f. mittelalterl. u. neuere Geschichte, Hist. Hilfswiss. u. Archivkunde, Univ. Bonn - Im Sportfeld 15, 5330 Königswinter 21 (Rauschendorf) (T. 02244 - 57 40) - Geb. 23. Dez. 1926 Düsseldorf (Vater: Dr. Friedrich K., Studienrat; Mutter: Clara, geb. du Mont), kath., verh. 1976 m. Marianne Pesold, 2 Kd. (Johannes, Eva) - 1946-54 Stud. Gesch., Theol., lat. Philol. Univ. Köln, Bonn, München, Priestersem. Bensberg - 1954-60 Pfarr- u. Krkhs.seelsorger; 1961-65 Univ.sassist. (dav. 2 J. Habilitandenstip. DFG); 1965 Habil. Bonn, 1965 Prof. Theol. Fak. Trier; 1967 Prof. Univ. Regensburg, 1973 Univ. Augsburg, 1980 Univ. Bonn - BV: D. Stift St. Quirin in Neuss b. z. J. 1485, 1952; Studien z. Einfluß d. Alten Testaments auf Recht u. Liturgie im frühen Mittelalter, 2. A. 1970; D. Bußbücher Halitgars v. Cambrai u. d. Hrabanus Maurus. Ihre Überlieferung u. ihre Quellen, 1980; m. B. Moeller: Ökumen. Kirchengesch., 3 Bde. (4 A. 1987ff.; ital. Übers. 1980).

KOTTLER, Adalbert
Dipl.-Ing., Prof. f. Kolbenmaschinen u. Fördertechnik GH Paderborn - Am Laugrund 14, 4790 Paderborn/W.

KOTTMANN, Alfons
Dr., Vorstandsmitgl. Bayer AG. - Menchendahler Str. 51, 5090 Leverkusen 3 - Geb. 22. Febr. 1922.

KOTTMANN, Alois

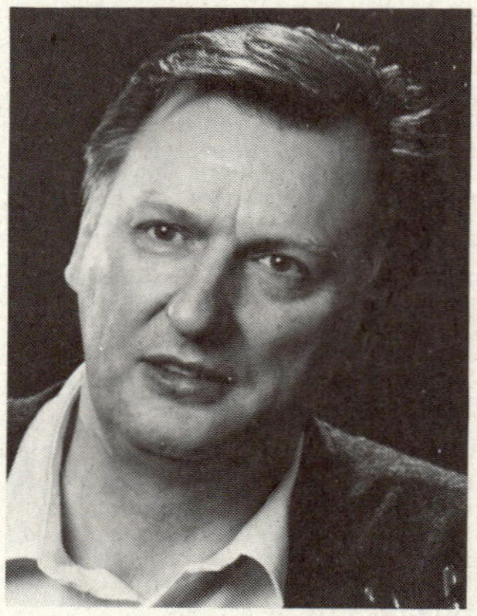

Prof. f. Violine Hochsch. f. Musik Frankfurt, Dr. Hoch's Konservat., Musikhochsch.-Inst. d. Univ. Mainz, fr. Musiker - Ostpreußenstr. 28, 6238 Hofheim/Ts. (T. 06192 - 35 47) - Geb. 20. Juni 1929 Großauheim/M. (Vater: Alois K., Silberschmied; Mutter: Barbara, geb. Kühn), kath., gesch., 3 Kd. (Christiane, Franziska, Boris) - Abit. 1949; Violin-Stud. Hochsch. f. Musik u. Darst. Kunst Frankfurt/M.; solist. Ex. 1958 - 1957 Lehrer Odenwaldsch.; 1958 Doz. Dr. Hoch's Konservat.; 1962 Doz. f. Violine an der Hochsch. f. Musik Frankfurt/M.; 1968 Gründ. Collegium Instrumentale Alois Kottmann; 1978 Kommiss. Dir. Dr. Hoch's Konservat., Mitinitiator Gallus-Konz. Flörsheim/M., Intern. Musiktage Hofheim/Ts., u. Philippsruher Schloßkonzerte Hanau/M. Entw. e. neuen Akkord-Technik spez. f. Bach-Violin-Solo-Sonaten.

KOTTMEIER, Klaus
Geschäftsführer Fachverlag GmbH, Frankfurt - Schumannstr. 27, 6000 Frankfurt/M. - Geb. 16. Sept. 1933.

KOTTMEYER, Günther
Dr. med., Prof., Chefarzt Hals-Nasen-Ohrenabt. - Städt. Krankenhaus, 3180 Wolfsburg - Geb. 30. Dez. 1924 - B. 1966

Privatdoz., dann apl. Prof. Univ. Marburg, 1972 MH Hannover (HNOheilkd.), 1978 Univ. Göttingen. Fachaufs.

KOUBEK, Norbert
Dr. rer. pol., Prof. f. Wirtschaftswissenschaft (Schwerp. BWL, insb. Produktion u. Arbeitswirtsch.) GH Wuppertal (s. 1974) - Zum Danielshammer 1, 5630 Remscheid 1 - Geb. 15. April 1942 Lanz/Böhmen (Vater: Josef Wenzl, Steuerinsp.; Mutter: Margarete, geb. Lein), verh. s. 1967 m. Inge, geb. Holz, 2 Kd. (Nora, Jochen) - 1953-62 Freiherr-v.-Stein-Gymn. Fulda; 1962-66 Univ. Frankfurt/M. (Volksw.; Dipl.). Promot. 1969 Frankfurt - 1967-69 Wiss. Mitarb. Univ. Frankfurt/Inst. f. Kreditwesen; 1969 Mitarb. Kommission d. Europ. Gemeinsch. Brüssel; 1970-74 Wiss. Ref. Wirtschafts- u. Sozialwiss. Inst. d. DGB Düsseldorf; s. 1978 AR-Mitgl. Saarstahl Völklingen GmbH - BV: D. zeitl. Dimension d. Ausgaben im mod. Budget, 1969 (Diss.); Arbeitsorientierte Einzelwirtschaftslehre contra Kapitalorient. Betriebsw.lehre, 1973; Grundelemente e. Arbeitsorient. Einzelw.slehre, 1974; Betriebsw. Probleme d. Mitbestimmung, 1974, 2. A. 1980; Einzelwirtschaftl. Investitionsentscheid. u. Arbeitssysteme, 1982; Information, Mitbestimmung u. Unternehmenspolitik, 1984 - Spr.: Engl., Franz.

KOUTECKÝ, Jaroslav
Dr. h.c. mult., Prof., Hochschullehrer - Finkenstr. 7, 1000 Berlin 33 (T. 030 - 832 51 17) - Geb. 14. Okt. 1922 Kromeriz/ČSSR (Vater: Jaroslav K., Advokat; Mutter: Jaroslava, geb. Vobrubová), verh. s. 1971 m. Vlasta, geb. Bonačić - Promot. 1951 Karls-Univ. Prag (Theoret. Physik) - 1953-70 Wiss. Mitarb. im Inst. f. Phys. Chem., Tschech. Akad. d. Wiss., 1970-73 Prof. f. Chemie Belfer Graduate School of Science, Yeshiva Univ., USA; 1973 Prof. FU Berlin - Üb. 200 Veröff. in wiss. Ztschr. - 1978 Ehrendoktor Univ. Reims, Frankr.; 1980 Ehrendoktor Univ. of Waterloo, Canada; 1962-72 Korr. Mitgl. Tschech. Akad. d. Wiss.; 1969 Mitgl. Int. Acad. of Quantum Molecular Sciences.

KOVÁCS, Herbert
Bezirksstadtrat a. D. - Neue Kreisstr. 31, 1000 Berlin 39 (T. 8051840) - Geb. 11. Febr. 1914 Berlin, ev. - Realgymn.; Stud. Sozialpäd. u. Religionswiss.; prakt. Ausbild. Bodelschwinghsche Anstalten - Kriegsdst. (zeitw. auch als Truppenpfarrer), Pfarrer pommersche Gemeinden, Lehrer Johannesstift Berlin-Spandau (Fürsorgeerziehungsdst.), Leit. Musterwerkhof f. gestrauchelte Jugendl., Gemeindepfr., 1949-61 Leit. Jugendpflege Bezirksamt Schöneberg, seith. Sozialrat u. Bezirksstadtrat (1965) BA Zehlendorf (Abt. Jugend u. Sport). SPD s. 1945 - Liebh.: Kunstgesch., Musik, Sport - Spr.: Engl., Franz.

KOVAR, Karl-Artur
Dr. rer. nat., Prof. f. Pharmazeut. Chemie Univ. Tübingen - Forchenweg 20, 7400 Tübingen 1 (T. 07071 - 6 33 94) - Geb. 24. Juni 1938 Essen - Promot. 1966; Habil. 1972; 1984-86 Dekan Fak. f. Chemie u. Pharmazie Univ. Tübingen - BV: Identifizierung von Arzneistoffen, 5. A. 1985; D.Pharmaziepraktikant, 3. A. 1986; Rausch- u. Suchtmittel, 1983 - Kurzfilme: Nachweis von Haschisch u. Marihuana (1. Preis auf d. Dt. Apoth. Tag Berlin 1973); Methoden d. Dt. u. Europ. Arzneibuches, 1976.

KOVATS, von, Georg
Bildhauer u. Maler - Herdweg 64, 6100 Darmstadt (T. 06151 - 4 84 66) - Geb. 12. Febr. 1912 Klausenburg/Siebenbürgen, kath., verh. s. 1938 m. Dorothea Schacht, Sängerin u. Gymnastiklehrerin, 2 Töcht. (Marianne, Angelika) - Human. Abit. Wien; Bildhauerlehre b. A. Riegele, Preßburg; 1933-35 Kunstakad. Budapest, 1936-38 Kunstakad. Dresden, 1937 Rom, Paris, 1938-45 Kunstakad. Berlin (Meisterschüler b. R. Scheibe) - 1945-55 freischaff. Bildhauer München-Gauting; s. 1955 fr. Bildhauer u. Maler Darmstadt. Mitgl. versch. Künstlerkreise (Berlin - Klosterstr., Montrouqe Paris), Vorst.-Mitgl. Darmstädter Neue Sezession. Div. Ausstellungen u. Ausst.kataloge; Veröff. - J.-H. Merck-Med. d. Stadt Darmstadt - Spr.: Franz., Ital. - Lit.: Blätter um d. Freudenberger Begegnung (1987); H. J. Müller (Herausg.), Butzbacher Künstler-Interviews (1980); Fernsehporträt HR III.

KOVÁTS, Péter József

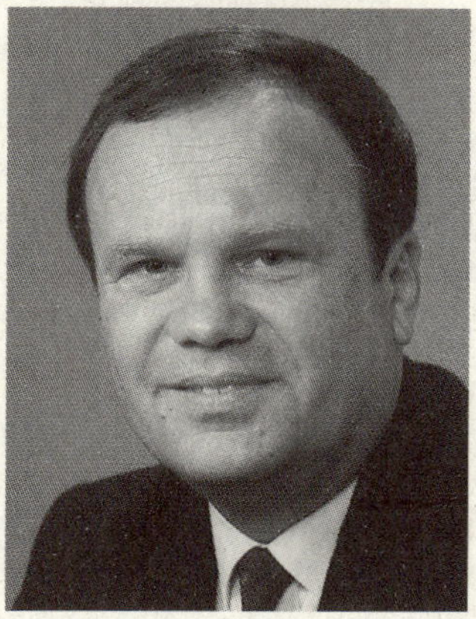

Dipl.-Volksw., Kaufmännischer Leiter Technolit, Grossenlüder (s. 1987) - Sachsenweg 3, 4800 Bielefeld 11 (Sennestadt) (T. 05205 - 2 07 82) - Geb. 16. Febr. 1938 Budapest (Vater: Tibor K., Dipl.-Landw.; Mutter: Erzsébet, geb. v. Kubinszky), verh. s. 1966 m. Rauthgundis Sigrid, geb. Nahrath, S. Zsolt Sönke - Abit. 1956 Szentendre/Ungarn; Dipl.-Volksw. 1966 Univ. Köln - 1969-71 Esso-Zentrale, Hamburg (Marketingplaner); 1971-73 Pohlschröder Dortmund (Abt.-leit. Marktforsch. u. Absatzplan.); 1973-76 Brennenstuhl, Tübingen (Marketing- u. Verkaufleit.); 1977-87 Metallit Bielefeld (Marketing- u. Einkaufsleit.). Konzeption u. Durchsetzungs d. Management by Innovation in d. Wirtsch. d. BRD durch Publ. u. Sem.vorträge. Zahlr. Veröff. - Liebh.: Geneal., Sumerol., Zukunftstechnol. - Spr.: Ungar., Engl.

KOWALA, Gerhard
Rechtsanwalt u. Notar a. D., Mitgl. Nieders. Staatsgerichtshof (1965-84) - Schwarzer Bär 2, 3000 Hannover 91 (T. 444425) - Geb. 19. Mai 1910 Hamburg - Schiller-Gymn. Posen; Univ. Krakau u. Posen. Gr. jurist. Staatsprüf. - Geschäftsf. Dt. Hk Warschau, Leit. Verb. d. IHK d. Generalgouvernements, IHK Warschau u. a. Org. d. gewerbl. Wirtsch., ab 1941 Anwaltspraxis Warschau, 1943-46 Wehrdst. u. Gefangensch., s. 1947 RA Hannover. U. a. Bundessprecher Landsmannsch. Weichsel/Warthe, 1959 b. 1963 MdL Nieders. B. 1961 GB/BHE, dann FDP.

KOWALD, Rainer
Dr. agr., Prof. f. Landeskultur Univ. Gießen - Finkenbusch 1, 6301 Linden-Forst - Geb. 8. Sept. 1928 Bochum-Werne, verh. m. Hedwig, geb. Mühlenbrock, 2 S. (Jürgen, Volker) - Promot. Bodenkunde; Habil. Landeskultur - Lehrtätigk. Landeskultur, Abfallwirtsch. Univ. Gießen.

KOWALEWSKI, Joachim
Dr.-Ing., Honorarprof. f. Leichtbau TH Aachen (s. 1977) - Steinbüchelstr. 32, 5106 Roetgen/Rhld..

KOWALEWSKI, Sabina
Dr. med., Wiss. Rätin (Kinder- u. Poliklinik), Prof. f. Pädiatrie Univ. Bonn (s. 1976) - Waldstr. 108, 5300 Bonn-Bad Godesberg.

KOWALLIK, Klaus-Viktor
Dr. phil., Prof., Botaniker - Mommsenstr. 47, 4040 Neuss/Rh. 21 - Geb. 26. Juli 1939 Dresden (Vater: Dipl.-Kfm. Waldemar K.; Mutter: Ingeborg, geb. Starke), ev., verh. s. 1966 m. Brigitta, geb. Nowotny - Gymn. Bayreuth; Univ. Erlangen, Würzburg, Wien (Bot., Chem., Phil.). Promot. 1965 Wien; Habil. 1972 Marburg - S. 1972 Prof. Univ. Marburg u. Düsseldorf (1973 Wiss. Rat u. Prof.). Spez. Arbeitsgeb.: Cytologie, Entwicklungsgesch. d. Pflanzen, Ultrastrukturforsch. Übers. u. Bearb. d. Lehrb.: Ultrastruktur d. pflanzl. Zelle (1974) - Spr.: Engl.

KOWALSKI, Klaus

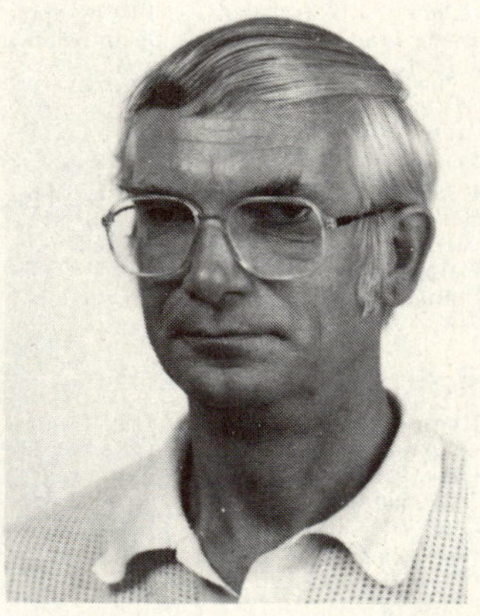

o. Prof. f. Bild. Kunst u. visuelle Medien u. ihre Didaktik Univ. Hannover (s. 1979) - Osterwiesen 16, 3006 Großburgwedel (T. 05139 - 47 05) - Geb. 16. Juni 1929 Allenstein/Ostpr., ev., verh. s. 1959 m. Almut, geb. Plouda, 3 Kd. (Sebastian, Corinna, Domenica) - Gymn. (Abit. 1948 Heidelberg); 1948 b. 1950 Schreinerlehre (Gesellenprüf.); 1951-56 Kunstakad. Stuttgart (Graphik, Bildhauerei, Kunsterzieh.); 1958-63 Univ. Kiel (Kunstgesch.) - B. 1963 Studienrat, dann Hochschullehrer. Didakt. Ausstellungsschriften f. Kunsthalle Bielefeld, Lehmbruck-Museum Duisburg, Kunstmuseum Hannover m. Sammlung Sprengel Hannover - BV: Wege z. Bild. Kunst, 1965; Praxis d. Kunsterziehung, 2 Bde. 1968/70; Male mit - Material z. Vorschulerz., 2 Mappen m. Begleith. 1970; ... fertig ist d. Mondgesicht, 1972 (auch finn. 1973, franz. 1975, portug. u. schwed. 1977, ital. 1978); Material f. Kunstunterr., 1974; D. Wirkung visueller Zeichen, Analysen u. Unterr.beisp. f. d. Sekundarst. I, 1975; Kunst oder Kitsch?, 1976; Grundriß e. Didaktik d. Unterrichtsfachs Kunst u. Kommunikation, 1978; Methoden d. Bildanalyse Sek. II, Stundenblätter u. Schülerarbeitsheft 1982; Plastik-Stundenblätter u. Schülerarbeitsheft Sek. II, 1985; Druckgrafik Schülerarbeitsheft u. Lehrerbegleitheft, 1988. Künstlerische Tätigk.: Plastik, Druckgraphik; Einzelausst. Bremen (1968), Hannover (1969), Zons (1976), Bissendorf (1979), Meiborssen u. Syke (1980), Rabat, Nassachmühle, Jockgrim, Hornburg (1982), Kiel, Düsseldorf, Lienz (1983), Hannover, Bern, Lüneburg (1984), Itzehoe, München (1985), Bissendorf, Duderstadt, Weilheim/Teck (1987), Wunstorf (1989). Werke in priv. u. öfftl. Besitz - Membre Artiste F.I.-D.E.M. Paris - Spr.: Engl.

KOWALSKY, Hans-Joachim
Dr. rer. nat. (habil.), o. Prof. u. Direktor Inst. C f. Mathematik TH bzw. TU Braunschweig (s. 1963) - Am Schiefen Berg 20, 3340 Wolfenbüttel (T. 72837) - Geb. 16. Juli 1921 Königsberg/Pr. - 1958-63 Privatdoz. u. apl. Prof. (1959) Univ. Erlangen - BV: Topolog. Räume, 1961 (engl. 1964); Lineare Algebra, 7. A. 1975; Einführung in d. Lineare Algebra, 2. A. 1974; Vektoranalysis I u. II, 1974 u. 1976 - Mitgl. Braunschweig. Wiss. Ges.

KOWAR, Johann
Präsident Richterkomitee d. Intern. Schützen-Union - Salzstadelpl. 1, 8450 Amberg - Geb. 10. April 1920 Amberg, kath., verh. s. 1943 m. Elisabeth Seraphine Maria, geb. Heerde, 4 Kd. (Gabriele, Wolfgang, Birgit, Michael) - Oberrealsch., Wingate-Inst., Bayer. Verw.sch. - 12 J. Sportleit. Dt. Schützenbund; s. 1968 Mitarb. in Führungsgremien d. Intern. Schützen-Union; Mannschaftsf. u. Ref. DSB - Erf.: Negativ-Schußlehre, Meßaufl. f. Schießscheiben, Meßspindel f. Scheiben - Ehrenmitgl. Dt. Schützenbund; 1986 Blaues Kreuz d. Intern. Schützen-Union u. BVK I. Kl. - Spr.: Engl., Franz.

KOWATSCH, Klaus
Regisseur, Schausp. - Herderstr. 10, 1000 Berlin 41 - Geb. 10. Juli 1953 Ebermannstadt, Lebensgefährtin: Annick Trellu, 2 Kd. (Yann, Fabian) - Abgeschl. Medizinstud., parallel Theaterkurse Univ. Erlangen - BV: Seiltänzer-Fragmente, 1976; Ubu-Revue, 1984; O König v. Preußen (UA 1980); Mirat: Ludwig, 1986 - Insz.: Handke, Kaspar (Rennes 1976); Voltaire, Candide (Berlin 1980); Schwarze Glut, mittelalterl. Musikspektakel (Berlin 1983); Fo, Mistero Buffo (Berlin 1985); Eisler, Johann Faustus (Reutlingen 1986) - Hauptrollen u.a. in Erich-Kästner-Revue; Kishon, Es war die Lerche; Da Costa, Frédéric et Voltaire; in dt. u. franz. Filmen - Liebh.: Musik, Kinder, Küche, alternative Politik - Spr.: Franz., Ital., Engl.

KOZA, Ingeborg
Dr. phil., Univ.-Prof. f. Neueste Geschichte, Didaktik d. Geschichte u. Polit. Bildung Univ.-GH Siegen - Vor der Hurth 17, 5902 Netphen 2 - Geb. 30. April 1939 Bielefeld - Promot. 1965; Habil. 1971 - BV: D. Problem d. Grundes in Heideggers Auseinandersetz. m. Kant, 1967; D. I. dt. Republik im Spiegel d. polit. Memoirenschrifttums, 1971; Völkerversöhnung u. europ. Einigungsbemühen, 1987; Dt.-britische Begegnungen in Unterr., Wiss. u. Kunst 1949-55, 1988.

KOZUSCHEK, Waldemar
Dr. med., o. Prof. f. Chirurgie Univ. Bochum, Chefarzt Chir. Klinik/Knappschafts-Krkhs. ebd. - Alte Str. 61, 5810 Witten-Bommern - Geb. 10. Mai 1930 Gleiwitz/OS. - Promot. 1964 - Zul. Prof. Univ. Bonn. Viele Facharb., auch Bücher.

KRAAK, Bernhard
Dr. phil., o. Prof. Dt. Inst. f. Intern. Pädagog. Forschung, Frankfurt (s. 1969) - Ringelbachstr. Nr. 200, 7410 Reutlingen (T. 23 03 44) - Geb. 30. Okt. 1922, ev., verh. s. 1949 m. Liselotte, geb. Seifert, T. Jutta - Dipl.ex. (Psych.) 1952 FU Berlin; Promot. 1956 ebd.; Habil. 1968 Tübingen - 1954-69 Dir. Ev. Höh. Fachsch. f. Soz.päd. Reutlingen; 1968-72 I. Vors. Berufsverb. Dt. Psych. - BV: Auswirkungen von Psych.unterr. auf soz. u. päd. Vorurteile, 1968; Soziale Praxis: Problemlösen u. Entscheiden, 1978; Ausbild. in Psych. f. Nicht-Psychologen, 1979; Berufl. Motivation u. berufl. Verhalten, 1984 - Spr.: Engl.

KRAATZ, Herbert
Dr. phil., Prof. f. Technik Hochschule Hildesheim (vorh. PH Nieders./Abt. Hildesheim) - Thomas-Mann-Str. 24, 3200 Hildesheim.

KRABBE, Günter
Schwarzafrika-Korrespondent d. FAZ, Vors. Verb. d. Auslandspresse Westafrikas (1960-64), u. Vors. Verb. d. Auslandskorresp. Ostafrikas, Nairobi (s. 1983) - P.O. Box 25272, Nairobi, Kenia - Geb. 11. Juni 1931 Berlin, jüd., verh. s. 1972 m. Ursula, geb. Mayer, 2 Söhne (David, Gabriel) - 1942-45 versch. Lager - 1950-56 Stud. Berlin; Dipl.-Pol. 1957 - 1946-49 Lokalrep. Märk. Volksstimme; 1952-56 Volontär u. Rep. Telegraf. 1956-58 Vors. Intern. Studentenbund ISSF. S.

1959 Ghana, Togo, Nigeria, Rhodesien, Kenia - BV: Afrika - d. and. Kontinent.

KRABS, Otto
Dr. phil., Kreisdirektor, Honorarprof. Univ. Bochum (Abt. f. Sozialwiss.) - Auf dem Rott 5, 4700 Hamm-Rhynern (T. 02385 - 82 22) - Geb. 12. Aug. 1931 Hamm-Mark (Vater: Wilhelm K., Ing.; Mutter: Elfriede, geb. Vogt), ev., verh. m. Annelie, geb. Elvers - Humanist. Gymn.; Stud. Univ. Göttingen, Kiel (Öffentl. Recht, Gesch., Philos.) - 1972 Kreisdir., 1974 Kämmerer, Mitgl. Landesvorst. SKG in NW (1978) d. SGK NW - BV: u. a. Kommunale Informationspolitik in ihrer städt. Funktion (in: Festschr. f. Alfred Gleisner, 1974; Öfentlichkeitsarbeit, Presse, Film, Ferns., Werbung (in: Der Kreis, Handb., Bd. II), 1976; D. Standort d. kommunalen Selbstverwaltung in d. Funktionalreform (hg. v. Otto Krabs), 1977; Kernstadt u. ihr Umland, 1978; Kulturpolit. Aufgaben d. Kreise (in: Der Kreis, Handb., Bd. 4b), 1986 - Liebh.: Verwaltungsgesch., Reisen, Kunst - Spr.: Lat., Engl.

KRABS, Werner
Dr. rer. nat., Prof. f. Mathematik TH Darmstadt (s. 1972) - Odenwaldstr. 37, 6104 Seeheim 1 - Geb. 25. April 1934 Hamburg - Stud. Math. Hamburg. Promot. 1963; Habil. 1968 - 1970-72 Wiss. Rat u. Prof. TH Aachen. Facharb.

KRACHT, Adolf
Bankkaufmann, Mitinh. Bankhaus Merck, Finck & Co., München - Pacellistr. 4, 8000 München 2 (T. 089 - 2 10 41) - Geb. 6. Mai 1915 Beringstedt, verh. s. 1960 m. Christel, geb. Bornhoeft, 2 Kd. - Spr.: Engl.

KRACHT, Friedrich
Dr. jur., Syndikus Th. Goldschmidt AG., Essen - Ahornstr. 39, 4300 Essen-Stadtwald - Geb. 14. Dez. 1928 - Rechtsanw.

KRACHT, Joachim
Dr. med., o. Prof. u. gf. Direktor Zentrum f. Pathol. Univ. Gießen (s. 1968) - Langhansstr. 10, 6300 Gießen (T. 702 40 70) - Geb. 19. März 1924 Berlin (Vater: Hermann K., Bankbeamter), ev. - Univ. Berlin, Würzburg, Prag, Kiel. Promot. (1947) u. Habil. (1953) Kiel 1947-49 Pathol. Inst. Univ. Kiel; 1949-54 Tbc-Forschungsinst. Borstel; 1955-68 Pathol. Inst. Univ. Hamburg (Oberarzt; 1959 apl. Prof.). Üb. 230 Fachveröff. - 1964 Fellow Roy. Soc. of Med. London u. 1980 Int. Acad. Cytol. - Spr.: Engl., Franz.

KRACHT, Klaus
Dr. phil., o. Prof. f. Japanologie, Dir. Sem. f. Japanol. Univ. Tübingen - Paul-Lechler-Str. 14, 7400 Tübingen 1 (T. 07071 - 29-69 85) - Geb. 17. Aug. 1948 Dinslaken (Vater: Karl-Richard K., Kaufm.; Mutter: Ingrid, geb. Reese), ev., verh. s. 1988 m. Katsumi, geb. Tateno, S. Thorsten - Abit. 1967 Mülheim a. d. Ruhr; 1967-73 Stud. Japanol., Sinol., Gesch., Polit.Wiss. u.a., Univ. Bochum; Promot. (1973) u. Habil. (1982) Bochum - 1973-83 wiss. Angest. Bochum, 1982 Privatdoz. Univ. Bochum - BV: D. Ködökanki-jutsugi d. Fujita Tōko, 1975; Stud. z. Gesch. d. Denkens im Japan d. 17. b. 19. Jh., 1986; Jap. Geistesgesch., 1988. Übers.: M. Kajima, Gesch. d. jap. Außenbeziehungen (1976). Herausg.: Veröff. d. Ostasien-Inst. d. Ruhr-Univ. Bochum (1974-84); Bochumer Jahrb. z. Ostasienforsch. (1978-83); Japan n. 1945 (1979); Transcultural Understanding and Modern Japan (1983); Japan u. Dtschl. im 20. Jh. (1984); IZUMI. Quellen, Stud. u. Materialien z. Kultur Japans (s. 1989) - Spr.: Engl., Franz., Latein, Ital., Span., Chin., Jap., Russ.

KRACHT, Peter
Kaufmann, Vors. Zentralverb. d. Tankstellen- u. Garagengewerbes - Zu erreichen üb.: Zentralverb. d. Tankstellen- u. Garagengewerbes, Dreieichstr. 42, 6000 Frankfurt/M. 70.

KRACKE, Rolf
Dr.-Ing., Prof. u. Direktor Inst. f. Verkehrswesen, Eisenbahnbau u. -betrieb Univ. Hannover (s. 1967) - Appelstr. 9A, 3000 Hannover - Geb. 11. Mai 1932 Berlin - 1957 Schinkel-Preis - Wiss. Beirat BMV, Verw.rat DB.

KRACKOW, Jürgen
Dr. jur., Direktor, Vors. d. Geschäftsf. Arbed Saarstahl GmbH, Völklingen (s. 1985 AR-Mitgl.) - Schumannstr. 100, 4000 Düsseldorf - Geb. 30. Mai 1923 Pitschen/OS. (Vater: Dipl.-Ing. Hanns K., Generaldirektor † 1969 (s. XV. Ausg.); Mutter: Ursula, geb. Gebauer † 1972) - Banklehre; Stud. Rechtswiss. - Bis 1967 Vorstandsmitgl. Berliner Maschinenbau AG. vorm. L. Schwartzkopff, Berlin, dann Vorstandsmitgl. AG. f. Industrie u. Verkehrswesen, Frankfurt/M., 1969-72 Vorstandsmitgl. u. -vors. AG. Weser, Bremen, 1972 (Okt. - Dez./ Rücktr.) Vors. d. Gfg. Fried. Krupp GmbH., Essen. Präs. Saarl. Ind.-Verb., Saarbrücken - Spr.: Engl., Rotarier.

KRADER, Lawrence
Dr. phil., Prof. i. R. f. Ethnologie FU Berlin - Brümmerstr. 52 (Inst.), 1000 Berlin 33 - Geb. 8. Dez. 1919 New York - Promot. 1954 - S. 1958 Ord. Bücher in engl. Spr. u. üb. 200 Einzelarb.

KRÄHE, Walter
Dr. rer. pol., Dipl.-Kfm., Direktor i. R., Hon.-Prof. f. Betriebsw.s- insb. Org.slehre Univ. Bochum (s. 1966), Vors. Verein gegen d. Bestechungswesen, Bonn, Vorstandsmitgl. Schmalenbach-Ges. z. Förd. d. betriebsw. Forsch. u. Praxis, Köln (zeitw. Präs.), VRsvors. Bund d. Steuerzahler NRW u. a. - Viereichenhöhe 4, 4300 Essen-Rellinghausen (T. 441905) - Geb. 31. Juli 1904 Chemnitz/Sa. (Vater: Walther K.; Mutter: geb. Ziegenbein), verh. 1932 m. Erna, geb. Puhl - Univ. Köln - S. 1935 Verkaufsorg. d. Ruhrbergbaus (b. 1970 Geschäftsf. Präsident Ruhrkohlenverkaufsges. mbH., Essen). 1960-66 Honorarprof. TH Aachen. ARsmandate - Liebh.: Reisen, Malerei, Antiquitäten.

KRÄMER, Erich
Unternehmensberater - Herrengasse 10, 8860 Nördlingen - Geb. 27. Dez. 1926 - Vors. RG Verpackung im RKW; stv. Vors. FN Verpackung im DIN; Beirat FN Transportkette im DIN u. RKW-Technik - Lehrbeauftr. FH München u. Univ. Dortmund. Sachverst. Verpackung; Fachjournalist teli - BVK am Bd.; Gold. DIN-Ehrennadel; Silb. Bürgermed. Stadt Nördlingen; Feuerwehr-Ehrenz. Zahlr. Ämter u. Mitgliedsch. -

Liebh.: Klass. Musik, Architektur - Spr.: Engl. - Rotarier.

KRÄMER, Erwin
Dr. rer. nat., Prof. f. Maschinendynamik TH Darmstadt - Isselstr. 12, 6100 Darmstadt 15.

KRÄMER, Erwin
Dr., Prof., Verbandsvors. - Zu erreichen üb.: Deutscher Paritätischer Wohlfahrtsverband, Heinrich-Hoffmann-Str. 3, 6000 Frankfurt/M. - Geb. 20. Aug. 1914 Königsberg/Pr. - 1974 Gründ.rektor b. 1982 Leit. Akad. f. Soz.arb. Bregenz. VR-Mitgl. Bethel; Vorst.-Mitgl. Dt. Verein f. öfftl. u. priv. Fürsorge u. Afet - Div. Veröff. z. Sozialpolitik, Sozialpäd. u. Sozialphil.

KRAEMER, Franz
Kaufmann, Präs. Bundesverb. d. Dt. Möbelhandels - Zu erreichen üb.: Frangenheimstr. 6, 5000 Köln 41; priv.: Koblenz - 1984 BVK.

KRAEMER, Friedrich Wilhelm
Dr.-Ing., Prof. f. Gebäudelehre u. Entwerfen v. Hochbauten (emerit. s. 1974) - Am Römerturm, 5000 Köln 1 (T. 23 36 33) - Geb. 10. Mai 1907 Halberstadt (Vater: Kaufm.), ev., verh. s. 1946 m. Inge, geb. Roedenbeck, 4 Kd. - TH Braunschweig (Promot. 1945) - 1929-32 Assist. TH Braunschweig, dann fr. Arch.; s. 1946 Ord. TH bzw. TU Braunschweig. Funkhaus Hannover, Jahrhunderthalle Hoechst AG., Landeszentralbank NRW, Stadtsparkasse D'dorf, Rechenzentrum BASF, Forum TU Braunschweig, Hauptverw. BP Hamburg, DKV Köln, VEW Dortmund, GEW Köln, Herzog-August-Bibl. Wolfenbüttel, WDR Köln, Deutsche Bank Düsseldorf, Dresdner Bank Düsseldorf, Hauptverw. Dt.-Eisenbahn-Versich. Köln. Mitarb.: Handb. Mod. Arch. (Kap. 5: Bauten d. Wirtsch. u. Verw.) - 1955 Peter Joseph-Krahe-Preis; 1974 Laves Med.; 1965 BDA Preis NRW; 1965 Kunstpr. Land Hessen; 1974 BDA Preis Bremen; 1975 BDA Preis Köln; 1976 BDA Preis Nieders.; 1980 Kölner Architekturpr.; 1981 Mies v. d. Rohe-Anerkenn.

KRÄMER, Gerd
Fernsehreporter - Hainbuchenweg 24, 7000 Stuttgart-Degerloch (T. 761781) - Geb. 19. Juli 1919 Stuttgart (Vater: Hugo K., Fabrikant; Mutter: Maria, geb. Schwarz), ev., verh. s. 1946 m. Eva, geb. Eckelt, 2 Söhne (Klaus Dieter, Wolf-Ulrich) - Reform-Realgymn. Stuttgart (Abit.), Arbeits-, Wehrdst. u. engl. Kriegsgefangensch. - S. 1945 SDR (Sportfunkleit. u. Reporter) - ZDF (1962 Leit. Sportredaktion Stuttgart) - BV: D. Ruhm kennt keine Gnade, R. 3. A. 1964; An Tagen, da d. Endspiel war - 60 J. dt. Fußballmeistersch., 1962 (auch ital., span., holl.); Wie fern ist uns Olympia?, 1971. Mitverf.: Wie wir Weltmeister wurden, Düsenjäger d. Asphalts, D. Olymp. Spiele, 1960 - Liebh.: Sportspiele (Autor: D. Mittelstürmer bist du, D. Sportvagabund, Meine Mannschaft macht's) - Spr.: Franz., Engl., Ital.

KRÄMER, Hans Joachim
Dr. phil. (habil.), Prof., Philos. Seminar Univ. Tübingen - Käsenbachstr. 31, 7400 Tübingen 1 - Geb. 26. April 1929 Stuttgart - B. 1963 Univ.-Doz., 1969 apl. Prof. Univ. Tübingen, 1979 C 3 Prof. - BV: Arete bei Platon u. Aristoteles, 1959; D. Ursprung d. Geistmetaphysik, 2. A. 1967; Platonismus u. hellenist. Phil., 1971; Platone e i fondamenti della metafisica, 3. A. 1989; D. Ältere Akad., Ueberwegs Grundriß d. Gesch. d. Phil. 3, 1983; Plädoyer f. e. Rehabilitier. d. Individualethik, 1983; La Nuova Immagine di Platone, 1986. Ca. 40 Abh. u. Aufs. in Serien u. Ztschr. - Lit.: Würdigung FAZ (28.01.1987).

KRÄMER, Helmut
D. theol., Prof., Lehrstuhlinh. f. Klass. Philologie Kirchl. Hochsch. Bethel (emerit.) - Offenburger Str. 14, 4800 Bielefeld 12 - Geb. 27. Juli 1907 Gelsenkirchen (Vater: Gustav K., Pfarrer; Mutter: Gertrude, geb. Genuit), ev., verh. s. 1934 m. Elisabeth, geb. Wiesener, 2 Kd. (Ulf, Antje) - Gymn. Gelsenkirchen - 1932-47 höh. Schuldst.; s. 1947 KH Bethel - BV: Einf. in d. griech. Spr., I 1975, II 1978 - 1972 Ehrendoktor Univ. Kiel.

KRÄMER, Herbert
Vorstandsmitglied RWE AG Essen, Oberstadtdirektor a. D. - Sybelstr. 7-9, 4000 Düsseldorf - Geb. 26. August 1931 Freudenberg (Vater: Paul K., Bauuntern.; Mutter: Margarete, geb. Böcking), ev. - Stud. Rechts- u. Staatswiss.; 1. u. 2. jurist. Staatsprüf. 1952-55 Bonn u. Köln - 1964-69 Kreisdirektor Siegen, 1969-73 Stadtdirektor u. Kämmerer, 1974-78 Oberstadtdirektor in Bielefeld, 1978-86 Oberstadtdirektor Duisburg.

KRÄMER, Heribert
Dr. jur. utr., Präsident d. Wehrbereichsverwaltung II Hannover (s. 1984) - 3000 Hannover (T. 0511 - 531 22 00) - Geb. 13. Dez. 1926 Koblenz, kath., verh., 2 S. - Stud. Rechts- u. Staatswiss. Joh.-Gutenberg Univ; Refer.ex. 1953, Gr. jurist. Staatsprüf. 1956, Promot. 1956 - 1957 Ref. Bundesmin. d. Verteid., 1958 Leitg. Justitiariats u. Pers. Ref. d. 1. Präs. d. Bundesamtes f. Wehrtechnik u. Geschaffung, 1960 Leit. e. Vertragsref., 1964 Ref. f. Personalplanung u. -einsatz im BMVg, 1968 Referatsleit. Aus- u. Fortbild. d. Beamten u. Arbeitnehmer im BMVg, Leit. d. Prüfungsbehörde - Ministerialrat, 1982 Leitg. Ref. Militärseelsorge Kirchl. Angelegenheiten im BMVg; 1966-76 Mitgl. d. Bundespersonalausch. - 1978 BVK; 1986 BVK I. Kl. - Liebh.: Alpine Wanderungen, Musik.

KRÄMER, Jan Emerich
Regisseur - Herrmann-Albertz-Str. 155, 4200 Oberhausen 1 (T. 0208-2 20 68) - Geb. 5. Okt. 1951 Düsseldorf (Vater: Dr. Karl Emerich K., Ps. Georg Forestier, Schriftst.), ev., ledig - 1973-80 Stud. Theater-, Film- u. Fernsehwiss., Kunstgesch. u. Niederl. Philol. Univ. Köln - Spr.: Engl., Niederl.

KRÄMER, Johannes
Dr. rer. nat., Prof. f. Landw. u. Lebensmikrobiologie Univ. Bonn (s. 1978) - Meckenheimer Allee 168, 5300 Bonn 1 - Zul. Doz. u. apl. Prof. (1976) Bonn (Med. Mikrobiol. u. Immunol.).

KRÄMER, Jürgen
Dr. med., Prof. f. Orthopädie Univ. Bochum (s. 1981) - Gudrunstr. 56, 4630 Bochum - Geb. 5. März 1939 Berlin - Promot. 1964; Habil. 1972 - S. 1971 ltd. Oberarzt Orthop. Klinik D'dorf - BV: Biochem. Veränderungen im lumbalen Bewegungssegment, 1973; Funkt. Behandlung d. Hüftdysplasie, 1975; Bandscheibenbedingte Erkrankungen, 1978; Lehrb. d. Orthopädie, 1983; Band-

scheibenschäden, Vorbeugen durch Rückenschule, 1986. 168 gedruckte Einzelarb. - 1973 Hufeland-Preis; 1987 Carl Rabl Preis.

KRÄMER, Julius

Dr. phil., Prof., Hochschullehrer - Horstheider Weg 41a, 4800 Bielefeld 1 (T. 88 96 85) - Geb. 5. Aug. 1928 Gütersloh (Vater: Paul K., Techn. Stadtoberinsp.; Mutter: Margarete, geb. Lückemann), ev., verh. s. 1954 m. Käthe, geb. Haberecht, 3 Söhne (Christoph, Eckhard, Thomas) - 1949-51 Päd. Akad.; 1954-61 Univ. (Erziehungswiss., Psych., Gesch., Sozialgesch.). Promot. 1961 - B. 1961 Volks-, dann Hochschullehrer, jetzt Prof. (1965; Lehrstuhl Schulpäd. u. Allg. Didaktik) Univ. Bielefeld - BV: Erziehung als Antwort auf d. soziale Frage, 1963 - Liebh.: Musik.

KRAEMER, Konrad W.

Dr. phil., M. A., Chefredakteur, Landrat - Sonnenweg 8, 5068 Odenthal-Eikamp (T. 02207 - 21 49) - Geb. 31. Aug. 1926 Bocholt (Vater: Konrad K., Stabsintendant; Mutter: Ludovika, geb. Hove), kath., verh. s. 1952 m. Edith, geb. van Gorkum, 6 Kd. (Ingrid, Konrad, Angelika, Diethelm, Birgit, Burkhard) - Stud. Phil. Münster, Sheffield, Notre Dame. M. A. 1952; Staatsex. u. Promot. 1954 - U. a. Chefredakt. Fr. Ferns. KNA (Kath. Nachrichten-Agentur). 1968 ff. Landrat Rhein.-Berg. Kr. Präs. FIAC; Vizepräs. UCIP; Vors. KED; Vors. Kath. Pressebund (s. 1983); stv. Vors. Ges. kath. Publizisten. Synodaler, Consultor d. päpstl. Medienkomm. CDU s. 1949 - BV: Francis Thompson, 1952; D. Dichter d. Rückkehr zu Gott, 1954; F. d. Menschen bestellt, 1963; D. II. Vatikan. Konzil, 4 Bde. 1963/66: Vaticanum II, 1966; Welt - Kirche - Presse, 1969; Papst Paul VI. an d. Welt, 1970; D. Rhein.-Berg. Kreis, 1971; Kath. Publiz. morgen, 1972 - 1968 Komturkreuz Päpstl. Sylvester-Orden, 1977 Stern z. Komturkr., 1974 BVK, 1978 BVK I. Kl. 1979 Gold. Ehrenring Rhein.-Berg. Kreis - Spr.: Lat., Engl., Franz., Niederl., Ital.

KRÄMER, Manfred

Dr. rer. nat., Wiss. Rat, Prof. f. Mathematik Univ. Bayreuth - Neptunstr. 1, 8580 Bayreuth-Aichig.

KRÄMER, Martin

Dr. rer. pol., Hauptgeschäftsf. Afrika-Verein - Geffckenstr. 13, 2000 Hamburg 20 - Geb. 9. Febr. 1931 Endingen (Vater: Philipp K.; Mutter: Fridericke, geb. Risch), kath., verh. s. 1963 m. Helga, geb. Lenhartz, 2 Kd. (Christoph, Dominik) - 1963-71 Dir. Dt. Inst. f. Afrika-Forschg. Mitgl. Americ. Econom. Ass. - BV: Entwicklungen, Entwickl.pol. in Kamerun, 1968. Herausg.: D. Afrika-Wirtsch. 1973/74 (1974) - 1975 Senegal. VO - Liebh.: Schach, Reisen - Spr.: Franz., Engl.

KRAEMER, Peter

Oberbürgerm. a. D. (b. 1975) - Kaiser-Konrad-Str. 89, 5300 Bonn 3 - Geb. 1901 - B. 1969 Bürger-, dann Oberbürgerm. Bonn. CDU - 1971 Gr. BVK, Ehrenbürger d. Stadt Bonn.

KRÄMER, Peter

Dr. theol., Lic. iur. can., Prof. f. Kirchenrecht u. kirchl. Rechtsgeschichte Kath. Univ. Eichstätt - Altersheimweg 21, 8078 Eichstätt (T. 08421 - 76 95) - Geb. 19. Febr. 1942 Dankerath (Vater: Heinrich K., Reg.-Dir.; Mutter: Elfriede, geb. Göbel), kath. - Theol.-Stud. (Lizentiat 1967 u. 1970, Promot. 1972) - 1967-68 Kaplan; 1972-73 Relig.lehrer; 1975-79 Assist. Univ. Bonn; 1979-80 Oberassist. ebd.; s. 1980 o. Prof. in Eichstätt - BV: Dienst u. Vollmacht in d. Kirche, 1973; Theol. Grundleg. d. kirchl. Rechts, 1977; Warum u. wozu kirchl. Recht?, 1979; Charismat. Erneuer. d. Kirche, 1980; Relig.freiheit in d. Kirche, 1981; D. Selbstverständnis d. kath. Kirchenrechts: Christl. Glaube in mod. Ges. 29, 1982; Menschenrechte - Christenrechte: Ministerium Iustitiae. Festschr. H. Heinemann, 1985.

KRAEMER, Rolf-Dieter

Dr. phil., o. Prof. f. Musikpädagogik Univ. Augsburg - Schillstr. 100, 8900 Augsburg.

KRÄMER, Volker

Dr. rer. nat. habil., Prof. f. Kristallographie - Im Letzfeld 11, 7801 Schallstadt-Mengen - Geb. 18. Okt. 1940 Michelstadt - Dipl.-Min. 1966 München, Promot. 1968 München, Habil 1976 Freiburg - 1979 Prof. Freiburg.

KRÄMER, Walter

Dr., Bankier, Sprecher d. Geschäftsleitung Bankhaus J. A. Krebs - Münsterplatz 4, 7800 Freiburg/Br. (T. 0761 - 31 90 90) - Geb. 14. Mai 1935 Freiburg/Br. - Banklehre Dt. Bank AG; Stud. d. Volks- u. Betriebswirtsch. Univ. Berlin, München, Freiburg, Bochum u. Duke Univ. Durham N.C./USA.

KRÄMER, Walter

Dr. rer. pol., Prof. f. Wirtschafts- u. Sozialstatistik, FB Statistik Univ. Dortmund (s. 1988) - Fuhrenweg 42, 3050 Steinhude (T. 05033 - 58 78) - Geb. 21. Nov. 1948 Ormont/Eifel, verh. s. 1977 m. Doris, geb. Caspari, 2 Kd. (Denis, Eva) - Stud. Univ. Mainz (Math. u. Wirtschaftswiss.); Dipl. (Math.) 1976; Promot. 1979; Habil. 1984 Wien - 1980-81 Assistenzprof. Univ. of Western Ontario, Kanada; 1982-85 wiss. Ang. Inst. f. Höh. Stud. Wien; 1985-88 Prof. FB Wirtschaftswiss. Univ. Hannover; s. 1988 Prof. Univ. Dortmund - BV: Mehrere Bücher zu Sozialpolitik u. Statistik; üb. 50 Aufs. in nationalen u. intern. Fachztschr.

KRÄMER, Werner

Dr. phil., Prof., Präsident a. D. Dt. Archäolog. Institut (1972-79) - Klopstockstr. 5, 6200 Wiesbaden - Geb. 8. März 1917 Wiesbaden (Vater: Dr. Max K., Studienrat; Mutter: Martha, geb. Reichwein), kath., led. - Promot. München - 1947-56 Bayer. Landesamt f. Denkmalpflege, München (Abt.dir.); 1956-72 I. Dir. Röm.-German. Kommiss. DAI, Frankfurt/M. - Mitgl. DAI, Royal Irish Acad., Soc. of Antiquaries London, Schweiz. Ges. f. Urgesch., Inst. Italiano di Preistoria e Prostoria, Jugosl. Archäol. Ges., Brit. Acad. London, Bayer. Akad. d. Wiss. (korr.), Österr. Anthropol. Ges., Prehistoric Soc. of Great Brit., Wiss. Ges. Johann Wolfgang Goethe-Univ., Österr. Archäol. Inst., Koninkl. Acad. v. België, Wiss. Ges. Berlin - Gr. BVK; Bayer. VO; Leibniz-Med. Akad. d. Wiss. u. d. Lit., Mainz.

KRÄMER, Wilhelm

Dr.-Ing., Prof. f. Bauphysik, insb. Schall- u. Wärmeschutz, GH Siegen - Wollsbachstr. 9, 5900 Siegen 21.

KRÄMER-BADONI, Rudolf

Dr. phil., Schriftsteller - Brunnenstr. 6, 6200 Wiesbaden (T. 56 01 01) - Geb. 22. Dez. 1913 Rüdesheim/Rh. (Vater: Jakob Krämer, Postbeamter; Mutter: geb. Karrer), kath., verh. s. 1937 m. Laura, geb. Badoni, 3 Kd. (Giuseppe, Simone, Thomas) - Gymn. Geisenheim/Rh.; Univ. Frankfurt/M. (Promot. 1938) - BV (z. T. übers.): Jacobs Jahr, R. 1943 (NA. 1978); In d. gr. Drift, R. 1949; M. Freund Hypolyt, R. 1951; D. arme Reinhold, R. 1951; D. Insel hinter d. Vorhang, R. 1955; Bewegl. Ziele, R. 1962; Vorsicht - gute Menschen v. links, Aufs. u. Ess. 1962; Ignatius v. Loyola oder D. größere Ehre Gottes, Biogr. 1964; D. kl. Buch v. Wein, 1965; D. Last kath. zu sein, 1967; Deutschland, deine Hessen, 1968; Anarchismus - Geschichte u. Gegenw. e. Utopie, 1970; Mein beneidenswertes Leben, 1972; D. niedliche Revolution, 1973; Gleichung m. e. Unbek., R. 1977; D. Welt-Wein-Buch, 1978; Revolution in d. Kirche - Lefebvre u. Rom, 1980; Zw. allen Stühlen, Erinnerungen e. Literaten, 1985; Judenmord - Frauenmord - Heilige Kirche, 1988 - 1952 Mitgl. PEN-Zentrum BRD (1962 Generalsekr.) - S. 1979 Mitgl. deutschschweizer. PEN-Club.

KRÄMER-BADONI, Thomas

Dr. phil., Prof. f. Sozialwissenschaften (Schwerp.: Stadt- u. Regionalsoziol.) Univ. Bremen - Humboldtstr. 148, 2800 Bremen - Vater: Dr. phil. Rudolf K.-B., Schriftst. (s. dort).

KRAENKEL, Gustav

Automobilkaufm., gf. Gesellschafter Autodienst Hermani, Vertr. Daimler Benz AG, Frankfurt, Mitgl. Vertr.-Aussch. Daimler Benz AG, Motor-Journalist - Albert-Schweitzer-Str. 76, 6000 Frankfurt 56 (T. 503404) - Geb. 28. Febr. 1920 Berlin (Vater: Gustav K., Kaufm.; Mutter: Maria, geb. Zevelevska), kath., verh. s. 1966 m. Sibylle, geb. Späing, 2 Kd. (Alexander, Esther) - 1937 Prinz-Heinrich-Gymn., Berlin; Stud. Düsseldorf (Betriebs-, Volksw.slehre, Rechtswiss.) - Komturkreuz Orden Santa Maria, Bologna u. Großkr. Knight of Malta; Kriegsausz. - Liebh.: Politik, Kulturgesch., Sport - 1937 Reichssieger 3 Tage Motorrad-Geländefahrt; 1938 Dt. Eishockey Junioren-Meister - Spr.: Engl.

KRÄNZLE, Hansjörg

Dipl.-Kfm., Unternehmensbereichsleiter Messerschmitt-Bölkow-Blohm GmbH - Transport- u. Verkehrsflugzeuge in Hamburg u. Lemwerder, zuständig f. Flugzeugbetreuung u. Product Support - Kreetslag 10, 2103 Hamburg 95 (T. 74 37 - 0) - Geb. 27. Nov. 1936 Tübingen.

KRÄNZLEIN, Arnold

Dr. jur. utr., Univ.-Prof. Hauptarb.geb. Altgriech. Recht u. R. d. griech. Pap.-Urkund. - Ziegelstr. 9u, A-8045 Graz/Österr. (T. 0316 - 64 41 23) - Geb. 26. März 1921 Berlin (Vater: Dipl.-Ing. Hermann K., Regierungsrat; Mutter: Charlotte, geb. Hellwig), verh. s. 1949 m. Ilse, geb. Mannigel, 3 Kd. (Sabine, Ute, Harald) - Gymn. Berlin; n. Kriegsdst. Univ. Erlangen (Promot. 1951, Ass.Ex. 1952), Habil. (Röm. Recht, Antike Rechtsgesch., Zivilrecht) Univ. Würzburg 1959 - Rechtsanw. Würzburg, s. 1952 Wiss. Assist. Univ. Würzburg, 1961 Priv.doz., s. 1965 ao. u. o. Prof. (1967) f. Röm. Recht Univ. Graz, Rektor 1974/75 - BV: Eigentum u. Besitz im griech. Recht d. 5. u. 4. Jh.s v. Chr., 1963. Zahlr. Fachbeitr. Sammelw. u. Ztschr.

KRAEPELIN, Gunda

Dr. rer. nat., Prof. f. Mikrobiologie - Zu erreichen üb.: Inst. f. Biochemie u. molek. Biologie/TU Berlin, Str. d. 17. Juni 135, 1000 Berlin 12 - Geb. 11. Jan. 1930 Karlsruhe (Vater: Prof. Wilhelm Schwartz, Mikrobiologe: Mutter: Dr. Hanna, geb. Kraepelin), ev. - Schulen Italien; Univ. Würzburg (Biol.). Promot. (1959) u. Habil. (1966) TU Braunschweig - 1966-72 Prof. TU Braunschweig u. Berlin (1978). Aufs. - Liebh.: Malerei - Spr.: Ital., Engl. - Bek. Vorf.: Emil K., Psychiater, Begr. u. Dir. Kaiser-Wilhelm-Inst. f. Psychiatr. Forschung München, 1856-1926 (Großv. ms.).

KRÄTTLI, Joseph

Vorstandsvorsitzender Eternit AG, Vors. Verb. d. Faserzement-Industrie - Ernst-Reuter-Platz 8, 1000 Berlin 10.

KRÄUBIG, Heinz

Dr. med., Prof., Chefarzt Städt. Frauenklinik Minden i. R.- Portastr. 7, 4950 Minden/W. - Geb. 19. Jan. 1920 Hammerstein Kr. Schlochau - Univ. Greifswald u. Rostock. Promot. 1945; Habil. 1958 - S. 1958 Privatdoz. u. apl. Prof. (1964) Univ. Göttingen (zeitw. Oberarzt Frauenklinik). Fachveröff.

KRÄUSEL, Wolfgang

Dr. rer. nat., Prof., Geologe u. Paläontologe - Januarisweg 6, 6802 Ladenburg (T. 06203 - 5886) - S. Habil. Lehrtätigk. Univ. Heidelberg (gegenw. Wiss. Rat u. Prof.).

KRÄUSSLICH (ß), Horst

Dr. agr., Dipl.-Ing. agr., Univ.-Prof., Vorstand Lehrstuhl f. Tierzucht Tierärztl. Fakultät München (s. 1970) - Lärchenstr. 22, 8035 Gauting (T. 089 - 850 31 66) - Geb. 2. Aug. 1926 Fürth am Berg, ev., verh. s. 1954 m. Anneliese, geb. Knie, 2 Kd. (Renate, Hans-Georg) - 1945-47 Landwirtschaftslehre; 1948-51 Stud. TU München (Landwirtsch.); Dipl.; Promot. 1956 TU München - B. 1970 im Bayer. Staatsmin. f. Ernährung, Landwirtsch. u. Forsten München, Ref. f. Rinderzucht - BV: Rinderzucht, 1981 - 1973 Max-Eyth-Med. d. Dt. Landwirtschaftsges. - Liebh.: Bergwandern, Skifahren - Spr.: Engl.

KRAFFT, Alexander

Dr., Prof. f. Bildungsforschung u. -planung Univ. Oldenburg - Bismarckstr. 21, 2900 Oldenburg/O..

KRAFFT, Dietmar Roman

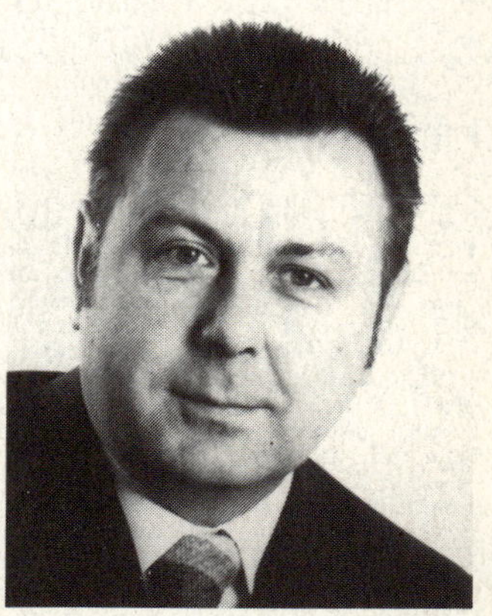

Dr. rer. pol., Prof. Univ. Münster - Wilh.-Raabe-Str. 4, 4400 Münster (T. 02534 - 4 62) - Geb. 28. Mai 1934 Beuthen (Vater: Georg K., Lehrer; Mutter: Magda, geb. Torka) - Dipl.-Kfm. 1960 Univ. Münster, Promot. 1963 ebd. - 1960-71 Wiss. Assist., 1971ff. o. Prof. S. 1978 Vors. Bundesfachgr. f. ökon. Bildung; Vorst. Inst. f. wirtsch.- u. sozialwiss. Bildung, Münster - BV: Fernkurs Wirtschaftslehre/Berufskd., 15 Bde., 1975-81 - Interesse: Förder. d. Wirtschaftsbild. - Spr.: Engl.

KRAFFT, Fritz

Dr. phil., Prof. f. Geschichte d. Pharmazie Univ. Marburg (s. 1988) - Zu erreichen üb. Inst. f. Gesch. d. Pharmazie, Roter Graben 10, 3550 Marburg (T. 28 28 28) - Geb. 10. Juli 1935 Hamburg (Vater: Carl K., Beamter; Mutter: Frida, geb. Hamann), ev., verh. in 2. Ehe s. 1969 m. Astrid, geb. Wagner, 3 Kd. (Angela, Andreas (1. E.); Birte) - Human. Gymn. Lübeck, Hamburg; Stud. d. Klass. Philol., Phil. u. Gesch. d. Naturwiss. Univ. Hamburg. Promot. 1962, Habil. 1968, bde. Hamburg - 1962-70 Wiss. Assist., bzw. Oberassist. Inst. f. Gesch. d. Naturwiss. Univ. Hamburg; 1970-88 Prof. f. Gesch. d. Naturwiss. Univ. Mainz. 1964-67 Vorst. Dt. Ges. f. Gesch. d. Med., Naturwiss. u. Technik, 1971-86 DFG-Senatskommiss. f. Humanismusforsch., s. 1974 Wiss. Beirat u. 1977-83 Präs. Ges. f. Wiss.gesch., s. 1981 Präs. Nationalkom. Bundesrep. Dtschl. in d. Intern. Union f. Gesch. u. Phil. d. Wiss. (Abt. Gesch. d. Wiss.); o. Mitgl. Acad. Intern. d'Histoire des Sciences, Dt. Akad. d. Naturforscher Leopoldina - BV: Vergl. Untersuchungen zu Homer u. Hesiod, 1963; Bau u. Bildung d. Weltalls, 1967 (m. B. Sticker); Otto von Guerickes sog. Magdeburger Versuche üb. d. leeren Raum, 1968 (m. H. Schimank u. a.); Dynam. u. stat. Betrachtungsweise in d. antiken Mechanik, 1970; Gesch. d. Naturwiss. Bd. 1, 1971; Naturwiss. Texte b. Kindler Bd. 1-7, 1971/72; Intern. Kepler-Symposium Weil d. Stadt 1971, 1973 (m. B. Sticker u. a.); Mathem. u. Naturwiss. a. d. Joh. Gutenberg-Univ., 1977; D. Verhältn. d.

Humanisten zum Buch (m. D. Wuttke), 1977; Otto von Guericke, 1978; Humanismus u. Naturwiss., 1980 (m. R. Schmitz); Im Schatten d. Sensation - F. Straßmann, 1981; Naturwissenschafts- u. Technikgesch. in d. BRD u. in West-Berlin 1970-80, 1981, u. 1981-84, 1985; D. Selbstverständnis d. Physik im Wandel d. Zeit, 1982; Große Naturwissenschaftler - Biogr. Lex., 2. A. 1986. Herausg.: Berichte z. Wissenschaftsgesch. (1978ff.) - Spr.: Engl.

KRAFFT, Olaf

Dr. rer. nat., Dipl.-Math., o. Prof. TH Aachen (s. 1975) - Morinerweg 8, 5100 Aachen - Geb. 7. Jan. 1939 Beuthen/OS (Vater: Georg K., Lehrer; Mutter: Magdalena, geb. Torka), kath. - Stud. Univ. Münster; Dipl.ex. 1964; Promot. 1965; Habil. 1970, alle Münster - 1972-75 o. Prof. Univ. Hamburg. Fachmitgl.sch.

KRAFFT, Peter

Dr. phil., Prof., Klass. Philologe - Wenstr. 117a, 8078 Eichstätt - B. 1972 Privatdoz., 1976 apl. Prof. Univ. Bonn, 1978 o. Prof. Univ. Eichstätt.

KRAFT, Alfons

Dr. jur., o. Prof. f. Bürgerl. Recht, Handels-, Arbeits- u. Zivilprozeßrecht - Universität, 6500 Mainz - Geb. 29. Okt. 1928 - S. 1962 (Habil.) Lehrtätigk. Univ. Erlangen-Nürnberg, TH Darmstadt (1964 Ord.), Univ. Mainz (1967 Ord.) - BV: Interessenabwägung u. gute Sitten im Wettbewerbsrecht, 1963; D. Führung mehrerer Firmen, 1966; Warenzeichengesetz, Komm. 1967 (m. Storkebaum); Patent u. Wettbewerb in d. BRD, 1972; Kölner Kommentar z. Aktiengesetz, 2. A. 1986ff. (Mitarb.); Gemeinschaftskommentar z. Betriebsverfass.gesetz, 4. Bd. 1 1987 (m. Fabricius, Kreutz, Thiele, Wiese); Lernbuch Gesellschaftsrecht, 6. A. 1985; Soegel-Siebert, Komment. z. BGB, 11. A., §§ 611-630.

KRAFT, Colman W.

Prof., Hochschullehrer - Lindenthaler Allee 21a, 1000 Berlin 37 - Gegenw. Prof. f. Engl. Sprache u. Lit. PH Berlin.

KRAFT, Ernst

Former, MdL Nordrh.-Westf. (s. 1975) - Berliner Str. 1a, 4714 Selm (T. 02592 - 1608) - Geb. 25. Mai 1924 - CDU.

KRAFT, Ernst

Präsident a. D. Bundesbahndirektion Essen - Mirabellstr. 3, 8070 Ingolstadt-Mailing (T. 0841 - 3 64 37) - Geb. 5. Jan. 1921 Ansbach/Mfr. (Vater: Heinrich K., Kaufm.; Mutter: Lina, geb. Dingfelder), ev., verh. s. 1965 m. Ilse-Dore, geb. Pestel, S. Harald - 1946-49 Univ. Erlangen (Rechts- u. Wirtschaftswiss.). Gr. jurist. Staatsprüf. 1953 München - S. 1953 Dt. Bundesbahn (Nürnberg, Mainz, Hamburg, Stuttgart, München, Essen, Frankfurt/Hauptverw.). Div. Mand. - Liebh.: Klass. Musik (spielt Geige), Kunstgegenst. - Spr.: Franz., Engl.

KRAFT, Ewald

Dr. med. dent., o. Prof. f. Zahnheilkunde - Goethestr. 70, 8000 München 2 (T. 51 60 32 43); priv.: -71, Hauschildstr. 3 - Geb. 16. Aug. 1922 Neu-Ulm/Donau (Vater: August K., Postbeamter; Mutter: Emmy, geb. Hillebrecht), ev., verh. s. 1951 m. Margret, geb. Seibel, 2 Söhne (Joachim, Ulrich) - 1947-50 Univ. Marburg (Zahnheilkd.). Promot. 1951 Marburg; Habil. 1959 Kiel - S. 1959 Lehrtätigk. Univ. Kiel (1964 apl. Prof.) u. München (1967 ao., 1968 o. Prof., Dir. Poliklinik f. Zahnärztl. Prothetik, 1969/70 Dekan d. Med. Fakultät). Veröff. z. Physiol. d. Kauorgans, spez. Grundlagenforsch. z. Prothetik - 1974 Fellow d. Intern. College of Dentists; 1988 Ehrenmitgl. d. Dt. Ges. f. zahnärztl. Prothetik u. Werkstoffkd. - Liebh.: Reiten - 1963 Gold. Sportabz.

KRAFT, Gisela

Dr. phil., Schriftstellerin (Lyrik) - Trautenaustr. 8, 1000 Berlin 31 (T. 861 48 97) - Geb. 28. Juni 1936 Berlin - Stud. Islamwiss. - Vors. Neue Ges. f. Lit. Berlin. Übers. türk. Lyrik - BV: E. Nachts in d. Zeit, Ged. 1979; Itanbuler Miniaturen, Ged. 1981; (aus d. Türk.:) Nazim Hikmet, Epos v. Scheich Bedreddin, 1977; Aras Ören, Dtschl. e. türk. Märchen, Ged. 1979; Istanbuler Miniaturen, Ged. 1981.

KRAFT, Günther

Dr. rer. nat., Chemiker, Honorarprof. Univ. Frankfurt/M. - Hans-Thoma-Str. 6, 6242 Kronberg/Ts. - Geb. 16. April 1923 Kehmstedt/Thür. - Promot. 1953; Habil. 1971 - U. a. Leit. Analyt. Labor./Metallges. AG., Frankfurt - BV: u. a. Elektr. Meth. in d. Chem. Analyse, 1962; Indikation v. Titrationen, 1972. Üb. 70 Aufs.

KRAFT, Hanspeter

Dr. phil., Prof. f. Math. - Zu erreichen üb. Math. Inst. Univ. Basel, Rheinsprung 21, CH-4051 Basel - Geb. 29. Febr. 1944 Basel.

KRAFT, Heinrich

D. theol., o. Prof. f. Kirchengeschichte - Hamburger Landstr. 40, 2300 Kiel-Schulensee (T. 65416) - Geb. 1. Juli 1918 - 1954 Doz. Univ. Heidelberg, 1958 ao., 1963 o. Prof. Univ. Kiel - BV: Kaiser Konstantins religiöse Entwickl., 1955; Clavis Patrum Apostolicorum, 1964; D. Offenbarung d. Johannes, 1974; D. Entstehung d. Christentums, 1981. Kirchenväterausg., Übers. u. a.

KRAFT, Helmut

Dr. med. vet., Prof. f. Innere Tiermedizin u. gerichtl. Tiermedizin - Am Blütenanger 23, 8000 München 50 - Geb. 27. Dez. 1927 Nürnberg (Vater: Konrad K., Dir.; Mutter: geb. Laurer), verh. m. Eleonore, geb. Prenzel, 3 Kd. (dar. Sohn) - Stud. München u. Zürich - S. 1954 Univ. München/Tierärztl. Fak. Üb. 100 Fachveröff. - 1983 BVK - Liebh.: Musik, Briefm.

KRAFT, Herbert

Dr. phil., o. Prof. f. Neuere dt. Lit.geschichte u. Dir. Germ. Inst. Univ. Münster (s. 1972) - Elsa-Brandström-Str. 9, 4416 Everswinkel (T. 02582 - 4 12) - Geb. 5. Juni 1938 Walsum - Gymn. Adolfinum Moers; Stud. Univ. Tübingen, Newcastle/GB (Germ., Angl., Phil., Päd.); Promot. 1962 Tübingen; Habil. 1970 ebd. - Wiss. Assist. (1963) u. Doz. (1970) Univ. Tübingen - BV: Schillers Kabale u. Liebe - D. Mannheimer Soufflierb., 1963; Poesie d. Idee - D. trag. Dicht. Friedr. Hebbels, 1971; Kunst u. Wirklichk. i. Expressionism., 1972; Kafka - Wirklichk. u. Perspektive, 1972; D. Geschichtlichk. lit. Texte - E. Theorie d. Edition, 1973; D. Schicksalsdr., 1974; D. lit. Werk v. Walter Jens, 1975; Um Schiller betrogen, 1978; Mondheimat - Kafka, 1983; Mein Indien liegt in Rüschhaus, 1987. Herausg. (Schiller, A. Streicher, J. H. Merck, Hoffmann, Hebbel).

KRAFT, Kurt

Dr. phil., Prof., Chemiker - Im Gabelacker 8, 6900 Heidelberg (T. 41 20 94) - Geb. 22. Jan. 1907 Nürnberg (Vater: Dr. Leo K., Chemiker; Mutter: Iden, geb. Koch), ev., verh. s. 1944 m. Susanne, geb. Freudenberg (in 1. Ehe m. Gertrud, geb. Ritz 1938 verw.), 2 Töcht. (Andrea, Cornelia), 3 Kd. - Altes Gymn. Würzburg; Univ. Heidelberg, Berlin (Dipl.-Chem. 1930), München (Promot. 1932), Göttingen. Habil. 1935 München - 1932-37 (Assist. Chem. Univ.labor. Göttingen u. München, dann Leit. Forschungsabt. u. Vorst.-Mitgl. (1948) Knoll AG, Chem. Fabriken, Ludwigshafen. 1972-75 Vors. Gesellschafteraussch. Carl Freudenberg KG, Weinheim, 1957-72 pers. haft. Gesellsch. S. 1942 Privatdoz. u. apl. Prof. (1953) Univ. Heidelberg (Chemie). 1973-81 Vors. Univ.sges. Heidelberg. Patente auf d. Arzneimittelgebiet. Mitarb.: Ludwigshafener Chemiker (Kap.: Albert Knoll) - 1967 Ehrensenator TH Karlsruhe (jetzt Univ.) - Spr.: Engl.

KRAFT, Lothar

Dr. phil., Hauptgeschäftsführer Konrad-Adenauer-Stiftg., St. Augustin (s. 1984) - Karmeliterstr. 27, 5300 Bonn 3 - Geb. 18. Okt. 1935, kath., verh. s. 1969 m. Oberstud.-Rätin Margret, geb. Cordes, Sohn Tobias - Abit. 1954 Lindau; 1954/55 Kirchenmusiksch. Regensburg; 1955-59 Stud. Phil., Musikwiss., Soziol., Wirtschaftswiss. Univ. München u. 1959-62 Univ. Bonn (Promot.) - 1962-64 Assist.; 1964-69 Mitarb. CDU-Bundesgeschäftsst., dann Bundessekr. Junge Union Dtschl.; 1969-74 Vertr. Adenauer-Stiftg. Brasilien; 1974-84 Leit. Inst. f. Intern. Solidarität d. K.-Adenauer-Stiftg.; s. 1984 Hauptgf. s.o. - BVK; Brasilian. Orden - Liebh.: Musik - Spr.: Portug., Span., Engl.

KRAFT, Siegfried

Kanzler d. Univ. Heidelberg - Seminarstr. 2, 6900 Heidelberg (T. 54-21 00/01).

KRAFT, Sigisbert

Dr. theol., Bischof Katholisches Bistum d. Alt-Katholiken in Dtschl. - Gregor-Mendel-Str. 28, 5300 Bonn 1 (T. 0228 - 23 22 85) - Geb. 7. Sept. 1927, kath., verh. m. Erentrud, geb. Sprenzel, 4 Kd. - 1962-85 Dekan in Karlsruhe; b. 1985 Doz. f. Liturgiewiss.; 1985 Bischofsweihe - Veröff. z. Liturgiewiss. u. ökum. Themen.

KRAFT, Volker

Dr. med. vet., apl. Prof. FU Berlin, Leit. Arbeitsgr. Mikrobiol. Zentralinst. f. Versuchstierzucht, Hannover - Hermann-Ehlers-Allee 57, 3000 Hannover 91 (T. 0511 - 49 20 75) - Geb. 5. Mai 1941 Berlin (Vater: Dr. med. Gerhard K., Arzt u. Apotheker; Mutter: Friedel, geb. Wickel), ev., verh. s. 1969 m. Regine, geb. Tasche, 2 Kd. (Alexander, Anne) - Stud. FU Berlin; Staatsex. Veterinärmed. 1969, Promot. 1971, Habil. 1977, alles FU Berlin - 1975 Fachtierarzt f. Geflügel, Mikrobiologie u. 1982 f. Versuchstiere; ab 1984 apl. Prof. FU Berlin. Forschungsschwerp.: Virusinfektionen b. Versuchstieren u. d. Geflügels - Liebh.: Musik (Klavier) - Spr.: Engl.

KRAFT, Wolfgang

Dr., Präsident Hess. Finanzgericht Kassel - Ständepl. 19, 3500 Kassel.

KRAGES, Hermann D.

Holzkaufm., Alleingesellsch. Krages GmbH., Bremen - Giacometti 100, CH-7 Chur/Schw. - Geb. 7. Okt. 1909 Bremen (Vater: Louis K., Holzkfm.), verh. m. Ingeborg, geb. Honold (Inh. Hermann D. Krages Faserplattenwerk, Scheuerfeld/Sieg., Thermopal-Werk Ingeborg Krages, Leutkirch/Allg., Honold & Co., Bremen), 3 Söhne, 2 Töcht. - 5 J. Kriegsdst. (Flak.).

KRAGLER, Otto

Geschäftsführender Vorsitzender Verb. Dt. Heimat- u. Volkstrachtenvereine, u. Landesverb. Bayer. Heimat- u. Volkstrachtenvereine, München - Dorotheenstr. 21, 8000 München 82 (T. 089 - 42 19 48) - Geb. 24. Nov. 1924 München, kath., verh. s. 1950 - Vors. Bürger-Theater u. Trachtenvereinig. Alt-München. Schriftleit. Trachtenzeitung.

KRAH, Franz

I. Bürgermeister Stadt Pocking (s. 1967) - Rathaus, 8398 Pocking/Ndb. - Geb. 4. Juli 1920 Pocking - Zul. Amtsrat. SPD.

KRAHÉ, Paul

Präsident u. Generalsekretär Nothelfergemeinsch. d. Freunde - Auf d. Körnerwiese 5, 6000 Frankfurt/M..

KRAHL, Hans-Werner

Ltd. Magistratsdirektor, Geschäftsf. Landesverb. Schlesw.-Holst./Dt. Städtetag - Fleethörn 9 (Rathaus), 2300 Kiel; priv.: Altenholz, Buchenweg 8 - Geb. 15. Mai 1936 Breslau, verh. s. 1961, 2 Kd. - 1956-60 Univ. Kiel u. Innsbruck (Rechtswiss.).

KRAHL, Hartmut

Dr. med., Prof., Orthopäde - Am Mühlrain 64, 6903 Neckargemünd - S. Habil. Privatdoz. u. apl. Prof. Univ. Heidelberg.

KRAHL, Hilde

Schauspielerin - Zu erreichen üb. Agentur Pilecki, Oettingenstr. 46, 8000 München 22 - Geb. 10. Jan. 1917 Brod/Save, verh. s. 1944 m. Wolfgang Liebeneiner (Regiss.) †1987, T. Johanna (Schausp.) - U. a. Theater in d. Josefstadt Wien, Dt. Theater Berlin, Kammersp. Hamburg, Burgtheater Wien. Bühne: Maria Magdalena, Nora, Maria Stuart u. Hauptrollen in Stücken v. Wilder, Anouilh, Sartre, Shaw, Brecht u. a. Film: Mädchenpensionat, Serenade, D. Postmeister, D. Weg zu Isabell, D. andere Ich, Komödianten, Anuschka, Meine Freundin Josefine, Großstadtmelodie, Träumerei, D. Gesetz d. Liebe, Liebe 47 (1949 Preis Filmfestsp. Locarno), Schatten d. Nacht, Meine Nichte Susanne, Wenn e. Frau liebt, Weiße Schatten, D. Weibsteufel, Herz d. Welt, D. Tor z. Frieden, 1. April 2000, Hochstaplerin d. Liebe, D. Mücke, Ewiger Walzer, Kinder, Mütter u. e. General, E. Frau genügt nicht?, Geheimnis e. Ärztin, Nacht d. Entscheidung, Mein Vater, d. Schauspieler, D. Glas Wasser (1961 Bundesfilmpreis/Filmband in Gold u. Preis d. Dt. Filmkritik), 90 Min. n. Mitternacht, Heute kündigt mir mein Mann; Fernsehen: u. a. D. Kaktusgarten, Duett im Zwielicht, Aus Mangel an Beweisen - 1964 Josef-Kainz-Med. Stadt Wien; 1966 Hersfeld-Preis; 1961 u. 80 Bundesfilmpreis/Filmbd. in Gold; 1983 BVK.

KRAHL, Paul

Dr. rer. nat., Prof. f. Allg. u. Anorgan. Chemie GH Paderborn - Geroldstr. 57, 4790 Paderborn/W. - Stud. Chemie.

KRAHL, Peter

Dr. med., Prof., HNO-Arzt - Hasencleverstr. Nr. 3, 5630 Remscheid (T. 342550) - Geb. 16. Dez. 1922 Berlin - S. 1957 (Habil.) Privatdoz. u. apl. Prof. (1964) Univ. Heidelberg (HNO-Heilk.). Veröff. u. Vorträge.

KRAHNEN, H. Joachim

Dr. rer. pol., Prof., gf. Gesellschafter Allgemeine Kapitalunion GmbH - Merianstr. 4, 6242 Kronberg/Ts. (T. 06173 - 18 28) - Verh., 4 Kd. - Versch. AR- u. Beirats-Mand.

KRAIKER, Gerhard

Dr. phil., Prof. f. Gesellschafts- u. Staatstheorie Univ. Oldenburg - Hartenscher Damm 81, 2900 Oldenburg - Leit. d. Fritz-Küster-Archiv f. Gesch. u. Lit. d. Friedensbewegung u. d. Forsch.-stelle Carl von Ossietzky - BV: Veröff. z. Entstehungsgesch. d. Bundesrep., z. polit. Ideengesch. d. Reform d. § 218, z. Carl von Ossietzky.

KRAINER, Alfred

Dr.-Ing., Dipl.-Berging., Sprecher d. Vorst. Clouth Gummiwerke AG., VRs-präs. IMAS AG., Griechenland (s. 1973) - de-Vries-Str. 8, 5000 Köln 60 - Geb. 27. Juni 1926.

KRAKAU, Knud

Dr. jur., o. Prof. f. Neuere Geschichte m. bes. Berücks. d. amerik. Gesch. FU Berlin (s. 1974) - Dürerstr. 31, 1000 Berlin 45 - Geb. 25. Juni 1934 Stettin - M.P.A. 1958 (USA), Promot. 1967; Habil. 1972 - BV: Missionsbewußtsein u. Völkerrechtsdoktrin in d. Vereinigten Staaten v. Amerika, 1967; D. kuban. Revolution u. d. Monroe-Doktrin, 1968; Feindstaatenklauseln u. Rechtslage Deutschl. n. d. Ostverträgen, 1975. Herausg. (m. W.P. Adams) u. Verf.: Deutschl. u. Amerika-Perzeption u. hist. Realität (1985). Zahlr. Aufs. in wiss. Ztschr. zu Völkerrecht, Gesch. u. Außenpolitik d. USA.

KRAKAU, Willi

Kaufmann - Trentelmoorweg 40, 3150

Peine-Stederdorf (T. 05171 - 31 37) - Geb. 4. Dez. 1911 Schönebeck/Elbe, verh. s. 1938 m. Hildegard, geb. Schmidt, T. Monika - Realgymn. Magdeburg, Handelssch., 1937 Webereisch. m. Abschl. Berlin - 1954/55 Gausportleit. ADAC Niedersachsen; 1954-56 Mitgl. Oberste Natinale Sportbehörde/Automobilsport - 1931/32 Konstruktion e. Landskiffers u. Selbstbau - 1928-39 Rennruderer; 1932 Hollandbecher im Einer, 1936 Mitgl. Skuller-Olympia-Mannschaft in Berlin; 1931-35 Skilangläufer (Gewinner einiger Langläufe); 1932-39 Felskletterer; 1947-53 Automobil-Rennfahrer Formel I u. II; 1950 1. Dt. Teiln. an e. Grand Prix in Monza/Italien - 1932 Goldplakette Stadt Magdeburg u. Stadt Dessau f. sportl. Leistungen; Gold. Ewald-Kroth-Med. ADAC m. Eichenlaub; Silb. Fahrernadel ADAC - Liebh.: Bau hist. Schiffsmodelle, Sammlg. v. Flaschenschiffen u. Spritzgußschiffen, priv. Schiffsmuseum (800-900 Modelle) - Spr.: Franz.

KRALL, Heribert A.
Dipl.-Ing., Dr.-Ing. E. h., Geschäftsführer, Mitgl. Präs. Verein Dt. Gießereifachleute - Lerchenweg 23, 8700 Würzburg - Geb. 16. März 1928 Süchteln (Vater: Hubert K., Lehrer; Mutter: Maria, geb. Hübges), kath., verh. m. Waltraud, geb. Niedenthal, Sohn Berthold - Stud. TH Aachen (Dipl.-Ing.); 1988 Ehrenpromot. TH Aachen - 1971-74 Präs. Verein Dt. Gießereifachleute. Zahlr. Patente f. horizont. Stranggießen - Spr.: Engl.

KRALL, Lothar
Oberst d. R., MdL Rhld-Pfalz a.D. (b. 1983), MdB a.D. - Akazienweg 61, 5400 Koblenz-Karthause - Geb. 15. Jan. 1924 Winningen/Mosel, ev., verh., 2 Töchter - Abit. 1942 - 1942 b. 1945 Luftwaffe (Jagdflieger, zul. Ltn.). 1948 ff. Univ. Mainz (Stud. Rechtswiss.), 1951-56 Bundesgrenzschutz (u. a. Sportlehrer), ab 1956 Bundeswehr (Flugzeug-, Hubschrauberf., Staffelkapt., Batl.skdr.; 1970 Oberst). 1970-76 Bundestag. FDP s. 1960.

KRAMANN, Bernhard Heinrich
Dr. med., Prof., Direktor Abt. f. Radio-Diagnostik Univ. Saarbrücken - Zu erreichen üb. Radiol. Universitätsklinik. Abt. Radio-Diagnostik, 6650 Homburg/Saar - Geb. 25. April 1940, verh. - Staatsex. 1966 Hamburg; Ausb. z. Facharzt; Habil. Klinikum rechts d. Isar TU München.

KRAMARZ, Joachim
Dr., Oberstudiendirektor - Kufsteiner Str. 8, 1000 Berlin 62 (T. 030 - 854 60 85) - Geb. 5. Juli 1931 Gleiwitz/Oberschles., kath., verh. s. 1956 m. Eleonore, geb. Bohmann, 3 Töcht. (Susanna, Judith, Ruth) - Stud. Schulmusik, German. u. Theaterwiss. FU Berlin u. Hochsch. f. Musik Berlin - Dir. Marie-Curie-Gymn. Berlin-W'dorf; Vors. Dt. Philologenverb. LV Berlin; Vors. d. Gewerkschaften d. Lehrer im Dt. Be-

amtenbund Berlin; Vizepräs. Intern. Assoz. d. Theaterbesucherorg. (IATO); div. weit. Funktionen auf Ld.- u. Bundesebene - BV: D. Streichquartett, 1961; Stauffenberg, 1965. S. üb. 25 J. Theaterkritiken in Theaterrundschau - 1980 BVK - Liebh.: Sammlung v. Masken u. Theaterfiguren aus aller Welt - Spr.: Engl.

KRAMER, Friedrich
s. Kramer, Fritz

KRAMER, Fritz
Staatsanw. a. D., MdL Hessen (1970-73), Landrat - Rhönbergstr. 46, 6415 Petersberg - Geb. 5. Febr. 1938 Hindenburg/OS. - Univ. Mainz (Rechtswiss.). Jurist. Staatsex. 1963 u. 67 - S. 1967 hess. Justizdst. (1970 Staatsanw.). CDU s. 1956.

KRAMER, Gerd
Verbandsdirektor, Geschäftsf. Fremdenverkehrsverb. Schleswig-Holstein u. Heilbäderverb. Schlesw.-Holst. - Zu erreichen üb. Fremdenverkehrsverb. Schlesw.-Holst., Niemannsweg 31, 2300 Kiel 1.

KRAMER, Gustav
Dr. rer. nat., o. Prof. f. Physik - Kiefernweg 10, 2083 Halstenbek (T. Pinneberg 41883) - B. 1959 Assist. Univ. Heidelberg, 1959-61 Research Associate Univ. of Minnesota, Minneapolis u. Lawrence Radiation Laboratory, Berkeley, Californien, dann ao. u. o. Prof. (1966) Univ. Hamburg. Facharb. üb. Theoret. Kernphysik u. Theorie d. Elementarteilchen.

KRAMER, Hans
Dr. theol., o. Prof. f. Moraltheologie Univ. Bochum (1976) - Hustadtring 43, 4630 Bochum - Geb. 18. Dez. 1936 Essen - Promot. 1968; Habil. 1973 - BV: D. sittl. Vorentscheidung, 1970; Unwiderrufliche Entscheidungen im Leben d. Christen, 1974; Krankendst. d. Zukunft, 1974; Ethisch denken u. handeln (m. D. Bäuerle), 1980; Ehe war u. wird anders, 1982; Art. z. Moralpsychol. in Fachztschr.

KRAMER, Herbert J.
Dr. med., Med. Univ. Poliklinik, Prof. f. Inn. Med. Univ. Bonn (s. 1976) - Augustastr. 67, 5300 Bonn-Bad Godesberg - Geb. 24. Dez. 1939; Habil. 1972 - Univ. Saarbrücken (1972 Prof.). Fachveröff. - 1973 Theodor-Frerichs-Preis.

KRAMER, Hermann-Josef
Dr. phil., o. Prof. f. Leibeserziehung GH Paderborn - Weinberg 16, 4790 Paderborn/W.

KRAMER, Horst
Dr. forest., o. Prof., Direktor Inst. f. Forsteinricht. u. Ertragskunde Univ. Göttingen - Büsgenweg 5, 3400 Göttingen (T. 0551 - 39 34 71) - Geb. 11. Juni 1924 Eberswalde/Mark Brandenb. (Vater: Hans K., Oberforstmeister a. D., Elchjägermeister d. D.; Mutter: Gertrud, geb. Mehlhausen), ev., verh. m. Marga-

rete, geb. Quickert, 3 Kd. (Jürgen, Christine, Ulrike) - Etwa 190 Fachveröff. - 1967 Jahrespreis Society of Foresters of Great Britain; 1984 Mitgl. L'Academie Royale D'Agriculture et de Sylviculture de Suede.

KRAMER, Johann
Sozialarbeiter (grad.), Vors. Bundesverb. z. Förderung Lernbehinderter a.D. - Egerlandstr. 43, 8832 Weißenburg (T. 09141 - 21 20) - Geb. 6. Dez. 1937 Wettstetten (Vater: Josef K., Arbeiter; Mutter: Anna, geb. Funk), kath., verh. s. 1964 m. Liselotte, geb. Klinger), 2 Kd. (Wilfried, Sibella) - 1969 Gründ. d. Lebenshilfe in Weißenburg (1969-89 1. Vors.); Beiratsmitgl. DPWV, Landesverb. Bay.; Mitgl. Bezirksvorst. DPWV Mfr.; Landesvors. Bayern Bundesverb. z. Förder. Lernbeh. a.D.; Kreisvors. Europa-Union, Kurat.-Mitgl. ONRS (Org. f. neutrale Wiss. in München); Vors. Bundesverb. ONRS-Bundesverb.-Behinderten-Union-Dtschl. CSU (1960 e. d. jüngsten Ortsvors. in Bayern) - 1981 BVK - Liebh.: Politik, Wandern.

KRAMER, Johannes

Dr. phil., Prof. f. Roman. Philologie Univ.-GH Siegen - Friedrich-Ebert-Anlage 51b, 6900 Heidelberg (T. 06221 - 1 52 85) - Geb. 25. Okt. 1946 Bückeburg (Vater: Hans K., Dolmetscher; Mutter: Annemarie, geb. Bienen), kath., verh. s. 1973 m. Bärbel, geb. Krebber - 1966-72 Stud. klass., roman. u. niederl. Philol. Univ. Köln; Promot. 1972, Habil. 1976 - 1972-73 Lektor f. Roman. Univ. Bonn; 1972-79 Assist. Roman. Sem. Univ. Köln; 1979 apl. Prof. f. Roman. Philol. ebd.; s. 1980 o. Prof. in Siegen - BV: Didymos' Ekklesiastekomment., 1970, u. 72; Hist. Grammatik d. Dolomitenladinischen, 1976 u. 78; Introduzione alla filologia classica, 1979; Poesia sarda silvana, 1981; Deutsch u. Ital. in Südtirol, 1981; Vocabolario ampezzano, 1982; Glossaria bilinguia, 1983; Zweisprachigkeit in d. Benelux-Ländern, 1984; Straßennamen in Köln z. Französenzeit, 1984; Aromunischer Sprachatlas, 1985; Antike Sprachform u. moderne Normsprache, 1985-87; English and Spanish in Gibraltar, 1987; Rätoroman. heute, 1987; J. H. Alsted u. Herborns calvinist. Theol., 1988; Ketzerei u. Ketzerbekämpfung in Wort u. Text, 1989; Etymolog. Wörterb. d. Dolomitenladinischen, s. 1989 - Spr.: Engl., Franz., Ital., Span. Rumän., Rätoroman., Niederl., Afrikaans, Ungar. u. Griech.

KRAMER, Karl-Sigismund
Dr. phil., em. o. Prof. Seminar f. Volkskunde Univ. Kiel (s. 1966) - Am Augustinerberg 1/460, 8918 Dießen/Ammersee - Geb. 16. Jan. 1916 Halle/S. - Habil. 1961 München - Bücher u. Fachaufs. (üb. 100).

KRAMER, Klaus
Dr. phil., Dipl.-Sportl., Prof. f. Leibeserziehung PH Freiburg - Am Kohlbach 24, 7815 Kirchzarten.

KRAMER, Manfred
Postinspektor a. D., MdL Rhld.-Pfalz - Gustav-Ullrich-Str. 23, 6729 Bellheim - Geb. 6. Juli 1939 - CDU.

KRAMER, Peter
Dr. phil., Prof. f. Theoret. Physik Univ. Tübingen (Spez. Geb.: Symmetrie physik. Systeme, Quasikristalle) - Bangertweg 14, 7400 Tübingen - BV: Group Theory of Composite Nucleon Systems, 1981; Geometry of the Time-Dependent Variational Principle in Quantum Mechanics, 1981. Herausg.: Groups, Systems and Many-Body Physics (1980).

KRAMER, Rolf
Dr. rer. pol., Dipl.-Kfm., Vorstandsvorsitzender ASTA Pharma AG - Weismüllerstr. 45, 6000 Frankfurt 1 - Geb. 10. Aug. 1934 Berlin-Schöneberg, verh. s. 1962 m. Rosemarie, geb. Redeker, 2 Kd. (Dirk, Elke) - Dipl.-Kfm., Promot.

KRAMER, Rudolf
Direktor, Geschäftsf. Malzfabrik Langkopf GmbH. u. A. Schilling GmbH., beide Peine - Emil-v.-Behring-Str. 6, 3012 Langenhagen - Geb. 4. Mai 1916 - Zul. Vorstandsvors. Lindener Aktien-Brauerei u. Lindener Gilde-Bräu AG.

KRAMER, Walter
Dipl.-Ing., Vorstandsmitgl. Anker-Werke AG - Vennorter Str. 80, 4803 Steinhagen - Geb. 16. Jan. 1918 Bielefeld (Vater: Otto K., Generaldir.), verh. s. 1942 m. Beate, geb. Hergarden, 2 Söhne (Walter, Dietmar) - S. 1953 Anker-Bereich (1958 Vorst. Anker-Phoenix-Nähmaschinen AG., 1966 Anker-Werke AG.). VDI (1961 Vors. Teutob. Bezirksv.) - Spr.: Engl., Franz.

KRAMM, Bruno
Dr. phil. nat., Prof. f. Mathematik Univ. Bayreuth - Luitpoldstr. 18, 8580 Bayreuth - Geb. 20. Mai 1943 München - Div. Kompos., u. a. Klavierlieder.

KRAMMEL, Helmut
Dr. jur., I. Bürgermeister Stadt Lindenberg (s. 1969) - Sonnenhalde 3, 8989 Lindenberg/Allg. - Geb. 23. Juni 1933 München (Vater: Otto K., Bundesbahnbeamter; Mutter: Therese, geb. Stöckl), kath., verh. s. 1960 m. Edith, geb. Marquardt, 2 Kd. (Dorothea, Helmut) - Oberrealsch.; 1952-59 Univ. München u. Würzburg (Rechtswiss.). Gr. jurist. Staatsprüf. - 1960-69 Finanzass., Regierungs- u. Oberregierungsrat. CSU - Liebh.: Lit., Fotogr., Reisen - Spr.: Engl., Franz.

KRAMMIG, Karl
Senator a. D. - Rockwinkeler Heerstr. 97a, 2800 Bremen-Oberneuland (T. 259225) - Geb. 14. Juni 1908 Mülhausen/Els. (Vater: Johann K., Zollinsp.; Mutter: geb. Rubrecht), kath., verh. s. 1933 m. Anna, geb. Seitz, 8 Kd. (dar. 5 S.) - Oberrealsch. Heppenheim/Bergstr., Univ. Heidelberg (2 Sem. Rechtswiss.). - Ab 1929 Zollsupernumerar (1932 Oberzollsekr.prüf.) u. Zollinsp. Reichsfinanzverw. (1935). 1936-45 Abt.sleit. u. Prokurist (1939) Martin Brinkmann AG., Bremen, 1939-40 u. 1942 b. 1945 Wehrdst., danach wied. Finanzverw., Bezirkszollkommissar, stv. Hauptzollamtsvorsteher, Zollamtsvorst. u. ltd. Betriebsprüfer Bez. Oberfinanzdir. Bremen (Zollrat), 1952-53 u. 1960-63 Mitgl. Bürgerschaft (1960-63 Fraktionsvorst.), 1953-61 u. 1965-72 MdB, 1958-59 Senator f. Wohlfahrts- u. Gesundheitswesen Bremen. CDU. Vor 1933 Windthorstbd. - Liebh.: Filmen, Fotogr. - Spr.: Franz., Engl.

KRAMOLISCH, Walter
Dr. phil. f. Musikerziehung (emerit.) - Baurat-Gerber-Str. 17, 3400 Göttingen - PH Nieders./Abt. Göttingen - BV: Joh. W. Kalliwoda i. MGG. VII. 1959; Johann Schobert (ca. 1730-1767) Sechs Sinfonien f. Cembalo op. 9 u. op. 10. Aus d. Nachlass v. Gust. Becking (Hrsg.), 1960; Gustav Becking z. Ge-

dächtnis. E. Auswahl s. Schriften u. Beiträge s. Schüler, 1975; D. Mesto-Sätze i. Bartoks VI. Str. Quart. 1975; D.Vldsamml. v. Jos. G. Meinert (1817) u. Felix Jaschke (1818), 3 Bde. 1989. Zusammenfass. i. Schrift. d. sudetend. Akad. d. Wiss. u. Künste, 1989.

KRAMOLOWSKY, Reinhard
Dr. rer. nat., Prof. f. Anorgan. Chemie - Carsten-Meyn-Weg 42, 2000 Hamburg 65 - B. 1977 Doz., dann Prof. Univ. Hamburg.

KRAMP, Horst

Vorstandsmitglied Schering AG, Berlin/Bergkamen - Ludolfingerweg 6, 1000 Berlin 28 (T. 401 81 33) - Geb. 15. April 1931 Hamburg - N. Abit. kaufm. Ausb. Nordd. Affinerie - B. 1964 Tochterfa. Pflanzenschutzges. (1958 Prok.), dann Schering (1977 Vorst.). Auslandserf. USA u. Japan. Div. Ehrenstell., dar. 1984ff. Präs. IHK Berlin.

KRAMPE, Christoph
Dr. jur., Prof. f. Bürgerl. Recht, Antike Rechtsgesch. u. Röm. Recht Univ. Bochum (s. 1978) - Markstr. 262, 4630 Bochum - Geb. 18. Jan. 1943 Erfurt - BV: Proculi Epistulae, 1970; D. Konversion d. Rechtsgeschäfts, 1980; D. Garantiehaftung d. Vermieters f. Sachmängel, 1980; D. Unklarheitenregel, 1983. Mithrsg.: Quellen z. Handelsgesetzb. v. 1897 (1986-88).

KRAMPITZ, Gottfried
Dr. agr., Prof., Wiss. Rat - Kronprinzenstr. 16, 5300 Bonn - Geb. 2. Febr. 1927 Oberrathen/Schles. (Vater: Georg K., Rektor; Mutter: Klara, geb. Mack), verh. 1958 m. Marianne, geb. Strack - Promot. 1954; Habil. 1959 - S. 1959 Privatdoz. u. apl. Prof. (1965) Univ. Bonn (Ernährungsphysiol., Biochemie, pos. präbiol. chem. Evolution). Etwa 80 Fachveröff. - 1970 Oskar-Kellner-Preis.

KRAMPOL, Karl
Regierungspräsident d. Oberpfalz (1981 ff.) - Emmeramspl. 8, 8400 Regensburg - Geb. 14. Dez. 1928 Brünn - Stud. Rechtswiss. - U. a. Bayer. Innenmin. (wiederh.); zul. 1973-81 Leit. Abt. Öfftl. Sicherheit u. Ordnung), Landratsamt Schongau, Landespolizeidir. Oberbay. Bayer. Bereitschaftspol. (1970-73 Präs.).

KRANEFUSS, Helmut
Bergass. a. D., Bergwerksdirektor i. R. - Lemberger Feld 7, 4600 Dortmund 50 (T. 0231 - 73 31 02) - Geb. 8. Juli 1909 Gütersloh - 1971 BVK I. Kl.

KRANEIS, Michael
(Eig. Joachim Moeller) Schriftsteller - Bahnhofstr. 19, 6458 Rodenbach 1 - Geb. 13. Aug. 1944 (Vater: Friedrich Karl M.; Mutter: Anneliese, geb. Heß), ledig - Gymn.; Staatsbausch.; Ausb. z. Maurer, Hochbautechn. u. Landschaftsarch., Kassel - BV: Lichttücher; Spurrillen; Indien, Portrait e. Reise; Im Gras d. gem. Wüste; Baumkinder; Erde u. Himmel, R. 1988. Herausg.: Tage wie Tau, Ged. v. Brüning, Dohr, Malzahn;

Strick mir keine Erpressungen in d. Pullover, v. V. Bardeck - 1986/87 Werkstip. d. Dt. Literaturfonds - Liebh.: Reisen, Gärtnern, Lesen - Spr.: Engl.

KRANEIS, Rolf
Dipl.-Ing. (FH), Geschäftsf. Gesellschafter Gebr. v. d. Wettern GmbH - Alfred-Schütte-Allee 10, 5000 Köln 21 - Geb. 19. Jan. 1936.

KRANZ, Albert Richard
Dr. rer. hort., Prof. f. Botanik (Pflanzengenetik) Univ. Frankfurt - Siesmayerstr. 70, 6000 Frankfurt/M. (T. 069 - 798 47 34) - Geb. 21. Jan. 1928 Gießen (Vater: Prof. Dr. med. Heinrich Wilhelm K., Augenarzt; Mutter: Dr. med. Aimée, geb. Spamer), ev., verh. s. 1959 m. Elke, geb. Richter - Goethe-Gymn. Frankfurt u. Realgymn. Wiesbaden; Gärtnerlehre Palmengarten Frankfurt; Stud. Univ. Mainz, Frankfurt u. TU Hannover; Promot. 1958; Habil. 1966; Prof. 1971 - BV: Wild- u. Primitivroggen, 1973 (Span. 1979); Hrsg: Ztschr. Arabidopsis Information Service - 1983 esa Spacelab 1 Team Achievement Award - Liebh.: Kammermusik (Flöte) - Spr.: Engl.

KRANZ, Gisbert
Dr. phil., Schriftsteller, Privatgelehrter (Ps. Kris Tanzberg), Präs. Inklings-Ges. - Erster Roter-Haag-Weg 31, 5100 Aachen (T. 0241 - 6 18 76) - Geb. 9. Febr. 1921 Essen, kath., verh. s. 1951 m. Brigitte, geb. Schölwer, 4 Kd. (Ursula, Annamaria, Margarita, Winfried) - BV: D. Bildged., 3 Bde. 1981-87; Was Menschen gern tun, 1979; Lex. d. christl. Weltlit., 1978; Sie lebten d. Christentum, 28 Biogr. 6. A. 1983; Ged. auf Bilder, 2. A. 1976; Engl. Sonette, 2. A. 1982; Stud. zu C. S. Lewis, 2. A. 1983; Niederwald u. and. Ged., 1984; Meisterwerke in Bildged. Rezeption v. Kunst in d. Poesie, 1986; D. Architekturged., 1988; Winfried Bonifatius, 1988; Menschsein in Freude üb. Singen, Lachen, Essen u. Trinken, 1989. Herausg.: Inklings-Jahrb. f. Lit. u. Ästhetik (s. 1983); G. K. Chesterton (1988) - Liebh.: Wandern - Lit.: H. M. Werhahn: G. K. - D. Werk, 1971.

KRANZ, Hartmut
Vorstandsmitgl. Braunschweig-Hannoversche Hypothekenbank, Hannover - An der Wietze 17, 3004 Isernhagen NB - Geb. 25. Juni 1930 - Stud. Rechtswiss. Gr. jurist. Staatsprüf.

KRANZ, Jakob
Dr. rer. nat., Univ.-Prof. f. Angew. Physik Univ. Düsseldorf (s. 1970) - Roseggerstr. 13, 4044 Kaarst 1 (T. 02101 - 6 72 54) - Geb. 23. April 1922 Düsseldorf (Vater: Fritz K., Intendant; Mutter: Elisabeth, geb. Hecker), kath., verh. s. 1945 m. Erika, geb. Epgert, 3 Töcht. (Andrea, Corinna, Simone) - 1945-48 Univ. Bonn (Dipl.-Phys. 1948). Promot. 1948 Bonn; Habil. 1956 München - 1956-70 Privatdoz., apl. Prof. (1963), Wiss. Rat u. Prof. (1966) Univ. München, 1983-88 Dekan d. Math.-Nat. Fak. Univ. Düsseldorf, 1988 emerit. Spez. Arbeitsgeb.: Ferromagnetismus, Interferenzop-

tik. Zahlr. Facharb. - Liebh.: Musik (Mozart) - Spr.: Engl., Franz.

KRANZ, Jürgen
Dr. agr., Dipl.-Ing. agr., Prof. f. trop. Phytopathologie Univ. Gießen - Rehschneise 75, 6300 Gießen (T. 4 38 75) - Geb. 5. Juli 1925 Augustenfelde/Pom. (Vater: Erich K., Landw.; Mutter: Elly, geb. Venzke), ev., verh. s. 1958 m. Brigitte, geb. Hoffmann, 3 Kd. (Dagmar, Astrid, Brigitte) - Stud. d. Agrarwiss. Univ. Bonn; Dipl.ex. 1953; Promot. 1957 - 1959-61 UN-Mission Libyen, 1961-65 Phytopathologe Guinea, 1965-67 wiss. Assist., s. 1967 Lehrtätigk. (zun. Priv.-Doz.; 1972 Prof.) - BV: Epidemics of Plant Diseases, 1974 (m. a.; russ. u. chines. 1979); Diseases, Pests and Weeds in Tropical Crops, 1978 (m. a., dtsch., franz., span. A. 1979); Comparative epidemiology (m. a.), 1979 - 1980 Hon. Fellow, Nat. Acad. Sci, India, Fellow Amerik. Phytopath. Soc. - Spr.: Engl., Franz.

KRANZBÜHLER, Wolf-Otto
Dr. jur., Rechtsanwalt - Karolinenpl. 5 a, 8000 München 2 (T. 089 - 28 83 68) - Geb. 28. Dez. 1940 (Vater: RA Otto K.), ev., verh., S. Christopher - Mitgl. Gesellsch.aussch. Röchling Ind. Verw. GmbH, Beirat Gebrüder Röchling KG.

KRAPOHL, Martin
Geschäftsf. Bundesinnungsverb. d. Messerschmiedehandwerks, Verb. Dt. Stahlwarenhändler u. Arbeitsgemeinschaft Dt. Messerschmiede u. Stahlwarenhändler - Außenwall 68, 4134 Rheinberg (T. 2932).

KRAPP, Andreas
Dr. phil., Dipl.-Psych., Prof. f. Erziehungswiss. u. Päd. Psych. Univ. d. Bundeswehr München - Mitterfeldstr. 9, 8045 Ismaning (T. 089 - 96 76 78) - Geb. 3. Juli 1940 Bamberg (Vater: Georg K., Holzkaufm.; Mutter: Anna, geb. Schmitt), kath., 2 Kd. (Lorenz, Kathrin) - Univ. München (Dipl. 1967, Promot. 1972, Habil. 1979) - BV: Beding. d. Schulerfolgs, 1973; Prognose u. Entscheid., 1979; Handlexikon z. Päd. Psych., 1981 (m. Hans Schiefele); Pädagogische Psychologie als Grundlage päd. Handelns, 1984 (m. Günter Huber u. Heinz Mandl); Pädagogische Psychologie, 1986 (m. Bernd Weidenmann u.a.).

KRAPP, Annemarie
s. Maschlanka-Krapp, Annemarie

KRAPP, Clemens-August
Landrat, MdL Nieders. (s. 1974) - Lehmkuhlenweg 5, 2848 Vechta (T. 67 37) - CDU.

KRAPP, Edgar
Prof. Musikhochschule Frankfurt/M., Organist, Cembalist - Hauptstr. 15, 6829 Sauerlach-Altkirchen (T. 08104 - 14 84) - Geb. 3. Juni 1947 Bamberg, kath., verh. s. 1978 m. Dr. Maria-Christine, geb. Behrens, 2 Kd. - Abit. 1966; Ex. Schulmusik 1970, Meisterkl.-Dipl. Orgel 1971 Musikhochsch. München - 1969-71 Assist., 1972-74 Lehrauftr. Musikhochsch. München; 1974 H. c. Prof. Musikhochsch. Frankfurt/M. - 1971 1. Preis ARD-Musikwettb. Orgel; 1983 Frankfurter Musikpreis.

KRAPP, Franzjosef
Dr. iur. utr., Dr. rer. pol., Regierungsrat a. D., stv. Polizeipräs. - Markt 31, 6500 Mainz - Geb. 27. April 1931 - Rechtsanwalt u. Fachanwalt f. Steuerrecht - Honorary Member of the US-Court of Military Appeals, Washington D.C.

KRAPP, Otto
Dr. jur., Landesminister a. D., Generalstaatsanw. i. R. - Wienstr. 21, 2900 Oldenburg/O. (T. 52210) - Geb. 19. Mai 1903 Steinfeld/O., kath., verh. s. 1937 m. Thea, geb. Jürgens, 5 Kd. - Gymn. Carolinum Osnabrück; Univ. Freiburg/Br., Berlin, Göttingen - Ab 1931 Rechtsanw. Oldenburg u. Vechta (1945 auch Notar), 1941 zur Kriegsmarine eingezogen, n. Kriegsende vorübergeh. Oberkreisdir. Vechta, 1947-53 MdL v. Nieders., 1949-53 Landesvors. Dt. Zentrumspartei, 1950-53 (Rücktritt) Nieders. Min. f. Sonderaufg. bzw. d. Justiz (1950), 1953-68 Generalstaatsanw. OLG Oldenburg - 1968 Gr. BVK m. Stern.

KRAPP, Rolf
Dr. med., Oberkirchenrat i. R. - Planckstr. 19, 3400 Göttingen - Geb. 4. April 1921 Hannover (Vater: Hugo K., Landesbankrat (†); Mutter: Wally, geb. Bock (†)), ev., verh. s. 1945 m. Dr. phil. Helene-Marie, geb. Conradi, 2 Kd. (Dr. jur. Christiane, Dipl.-Ing. Martin) - Ratsgymn. Hannover; Univ. Göttingen, Bonn, Köln. Med. Staatsex. u. Promot. 1945 Göttingen; Theol.ex. 1956 Düsseldorf - 1945-47 Assistenzarzt Stadtkrkhs. Peine; 1947-50 Wiss. Mitarb. Stadtjugendpfarramt Hannover; 1950-60 Studentenpfr. Köln; 1960-65 Studienleit. (Gesundheitswesen) Ev. Akad. Bad Boll; 1965-70 Dir. Ev. Akad. Schlesw.-Holst., Bad Segeberg; 1970-86 Ref. im Kirchenamt d. EKD Buch- u. Ztschr.-Beitr.

KRAPPINGER, Odo W.
Dr.-Ing., o. Prof. f. Schiffbau, Geschäftsführer Hamburg. Schiffbau-Versuchsanst. GmbH - Weg am Sportpl. 25e, 2000 Norderstedt (T. Hamburg 525 29 19) - Geb. 27. Juni 1928 Puch (Vater: Wilhelm K., Angest.; Mutter: Gertrud, geb. Zdralek), kath., verh. s. 1953 m. Angela, geb. Poledna, 2 Söhne (Michael, Wolfgang) - Höh. Bundeslehranstalt f. Maschinenbau Klagenf.; TH Wien (Schiff- u. -smaschinenbau; Dipl.-Ing.). Promot. TH Hannover - habil. Univ. Hamburg - 1953-56 TH Hannover (Assist.); s. 1956 Univ. Hamburg (Assist., 1962 Oberassist., 1966 Doz., 1968 Ord. u. stv. Inst.sdir.). 1965-66 Univ. of Michigan/USA (Visiting Scientist). Spez. Arbeitsgeb.: Systemtechnik im Schiffbau. Mitgl. Schiffbautechn. Ges. Hamburg (1953) u. Quarterdeck Soc. Univ. of Michigan (1966). Üb. 60 Fachveröff.

KRAPPMANN, Lothar
Dr. phil., Prof. f. Soziologie d. Erziehung FU Berlin - Lützelsteiner Weg 43, 1000 Berlin 33 - Geb. 19. Nov. 1936 Kiel (Vater: Friedrich K., Oberstudiendir.; Mutter: Maria, geb. Endres), kath., 4 Kd. (Thomas, Matthias, Daniel, Johanna) - 1956-61 Stud. Theol., Phil. Theol. Hochsch. St. Georgen/Frankfurt (Abschlußex.); 1964-69 Stud. Soziol. Köln, Berlin (Promot. 1969) - 1962-64 Vors. Verb. Dt. Studentensch.; s. 1969 Wiss. Mitarb. MPI f. Bildungsforsch.; 1976-80 Vors. Wiss. Beirat Dt. Inst. f. Wiss. Päd.; s. 1978 Mitgl. Wiss. Beirat f. Familienfragen Bundesmin. f. Jugend, Familie u. Gesundh. - BV: Soziol. Dimensionen d. Identität, 2. A. 1988; zahlr. Aufs. in Fachztschr. z. Fragen d. Bildungswesens, d. psych. Entw. v. Kindern, z. Kinderspiel - Spr.: Latein, Engl.

KRASEMANN, Hans Gerd
Dr. jur., Bankdirektor, Vorstandsmitgl. Bank Companie Nord AG, Kiel - Martensdamm 2, 2300 Kiel (T. 980 41 02) - Geb. 11. Sept. 1933 Bremen.

KRASEMANN, Willi
Kaufm., Kompl. Friedrich Krasemann, Möbelfabr. u. Einrichtungsh., Vizepräs. Erop. Möbelunion (s. 1982) - 6730 Neustadt/Weinstr. - Geb. 28. April 1913, verh. (Ehefr.: geb. Hagner), 2 Kd. - Ehrenvors. Verb. d. Holzind. Rheinl.-Pfalz, Vors. Präsid. u. VR Europa Möbel, Bonn; AR-Mitgl. Europa Möbel-Union Luxemburg; AR-Vors. Neustadter Volksbank; Vorst.-Mitgl. Einzelhandelsverb. Pfalz, Neustadt; Vereid. Sachverst. u. weit. Ehrenämter.

KRASKE, Bernhard W.
Geschäftsf. Gütermann & Co./Nähseidefabrik - 7809 Gutach/Br. - Geb. 26. Febr. 1929 - Textiling.

KRASKE, Konrad
Dr. phil., Lehrbeauftragter Univ. Freiburg/Br., Mitgl. Fernsehrat d. ZDF u. Vorstand Konrad-Adenauer-Stiftung - Benzenweg 12, 7828 Feldberg 4 (T. 07655 - 5 52) - Geb. 5. Juni 1926 Berlin (Vater: Dr. Werner K., Kaufm.; Mutter: Ludovika, geb. v. Heydebreck), ev., verh. s. 1953 m. Gudula, geb. Ehrensberger, 1 Kd. - Gymn. Berlin; 1943-46 Kriegsdst. u. Gefangensch.; 1946-51 Univ. Göttingen u. Freiburg/Br. (Gesch., Phil.) - S. 1953 hauptamtl. CDU (1954 stv., 1958-70 Bundesgeschäftsf., 1971-73 Generalsekr.), 1965-80 MdB.

KRASKE, Peter
Pfarrer, Präs. i. R. Kirchenkanzlei Ev. Kirche d. Union - Bereich Bundesrep. Deutschl. u. Berlin-West - Jebensstr. 3, 1000 Berlin 12 u. Kinkelstr. 33, Berlin 20 (T. 030 - 333 55 40) - Geb. 25. Febr. 1923 Berlin, ev., verh. s. 1954 m. Ruth, geb. Koehn, 3 Kd. (Werner, Martin, Susanne) - 1946-51 Theol.-Stud. Berlin, Heidelberg u. Göttingen (Ex. 1951 u. 1953) - 1954-62 Pers. Ref. b. Bischof D. Dibelius; 1959-62 Konsistorialrat; 1962-69 Pfarrer in Berlin-Frohnau; 1969-77 Superintend. Berlin-Charlottenburg; 1973-79 Präses Synode d. Ev. Kirche Berlin-Brandenburg (Berlin-West); 1976-78 Präses Synode d. EKU - Bereich Bundesrep. Deutschl. u. Berlin-West.

KRASNEY, Otto-Ernst
Dr. jur., Prof., Vizepräsident Bundessozialgericht - Graf-Bernadotte-Pl. 6, 3500 Kassel-W'höhe - Geb. 16. Dez. 1932, verh. s. 1962 m. Renate, geb. Nachtweyh, 2 Kd. (Nina, Martin) - B. 1971 Landessozialgericht Nordrh.-Westf., dann Bundessozialgericht; 1968-72 Lehrbeauftr. Ruhr-Univ. Bochum, s. 1974 Univ. Kassel, s. 1979 Hon.-Prof. Vorst.-Mitgl. Dt. Sozialrechteverb. - 1976 wiss. Preis Dt. Hauptstelle gegen d. Suchtgefahren.

KRASSER (ß), Rudolf
Dr. jur., o. Prof. f. Privat- u. Patentrecht - Hans-Denzinger-Str. 3, 8000 München 40 - Geb. 28. Sept. 1934 - Promot. 1959; Habil. 1970 - S. 1970 Lehrtätigk. Univ. (Wiss. Rat u. Prof.) u. TU München (1973 Ord.). Bücher u. Aufs.

KRATH, Herbert
Dipl.-Ing., Ministerialdirigent, Geschäftsf. TKS Telepost Kabel-Servicegesellschaft mbH, Bonn - Iltisweg 23, 5205 St. Augustin (T. 02241 - 33 53 23) - Geb. 2. Nov. 1929 Köln, ev., verh. s. 1957 m. Doris, geb. Dehner, 4 Kd. (Klaus-Jürgen, Ulrich, Wolfgang, Jutta) - Abit. 1951 Köln-Nippes; Stud. Nachrichtentechnik TH Aachen (Dipl. 1956); 2. Staatsex. 1959 (Bauass.) - 1959-86 Deutsche Bundespost; 1961-64 Sonderauftr. z. Aufbau d. Fernsehsendernetzes f. d. ZDF; 1968-70 Leit. Fernmeldeamt Gießen; 1970-86 Leit. Bereich Rundf. Kabelfernsehen u. Mobilfunk im Bundespostmin. AR Telekabel Bonn, GKK Düsseldorf, KMS München - BV: Rundfunkversorg. üb. Satelliten, in: Jahrb. d. DBP, 1979; Rundfunkversorg. d. Bundesrep. Deutschl. in: TB Telekommunik., 1982. Herausg. Handb. Neue Medien f. Hörfunk u. Fernsehen - Liebh.: Segeln - Spr.: Engl., Franz.

KRATSCHMER, Guido
Dipl.-Sportlehrer, Realschullehrer (Sport u. Biologie), Zehnkampf-Weltrekordler (1980) - Am Obstmarkt 41, 6500 Mainz/Finthen (T. 06131 - 47 43 23) - Geb. 10. Jan. 1953 Großheubach (Vater: Hubert K.†, Landwirt; Mutter: Gertrud, geb. Wirth †), kath., ledig - Prüf. z. Landwirtschaftsgehilfen 1970, Mittl. Reife 1972 Fallingbostel, Abit. 1977 Mainz; Stud. (Dipl. 1981), 1. Staatsex. (Biol.) 1986, 2. Staatsex. (Realsch. - Sport u. Biol.) 1988 - 1976-80 Silb. Lorbeerblatt f. Leist. als Leichtathlet - Im Zehnkampf: 1976 Silbermed. (8411 Pkt.), 1978 Europarekord Bernhausen (8498 Pkt.), 1980 Weltrekord Bernhausen (8649 Pkt.), 1981 u. 83 Europacupsieger im Mannschaftszehnkampf, 1984 4. Platz Olymp. Spiele Los Angeles m. 8326 Pkt. - 1980 Sportler d. Jahres, 1981 Rudolf-Harbig-Gedächtnis-Preis, 1984 VO. Land Rhld.-Pfalz - Liebh.: Natur, Fotogr., Freundschaften.

KRATZ, Franz
Dr. jur., Dipl.-Kfm., Geschäftsführer IPK Investment Partner Kapitalanlageges. mbH - Unter Sachsenhausen 2, 5000 Köln 1 - Geb. 30. Mai 1927 Mayen/Eifel (Vater: Jakob K., Malerm.; Mutter: Margarete, geb. Schüttler), kath., gesch., 2 Kd. (Corinna, Anno) - Univ. Köln (Rechts- u. Wirtschaftswiss.) - Beiratsmandate u. a.

KRATZ, Georg
Landrat a. D., Geschäftsf. i. R. Kommunalbau Rhld.-Pfalz, Mainz - Südring 367, 6500 Mainz 1 - Geb. 7. Okt. 1919 - Ass.ex. Mitgl. Synode d. EKD u. EKHN. Div. Mandate.

KRATZ, Paul
Gewerkschaftssekretär, MdB (s. 1972) - Friedrich-Naumann-Weg 4, 4060 Viersen 1 - Geb. 13. März 1921 Eschweiler (Vater: Matthias K., Arbeiter; Mutter: Hubertine, geb. Brehmen), o. B., verh. s. 1947 m. Anna, geb. Thelen, 2 Söhne (Matthias, Peter) - Volkssch.; 1935-39 Stahlbauschlosserlehre; 1954 b. 1955 Akad. d. Arbeit - 1941-46 Kriegsdst. u. franz. Gefangensch. (1945); 1948-50 Walzwerker; 1950-54 Straßenbahnschaffner (Aachen); s. 1955 Gewerkschaftstätigk. (1957-62 Geschäftsf. Gewerksch. ÖTV; 1963 ff. I. Bevollm. IG Metall/Verwaltungsst. Viersen). 1954-73 Ratsmitgl. Viersen; 1970 ff. MdK Kempen-Krefeld. SPD s. 1952.

KRATZEL, Günter Friedrich
Dr. phil., Prof. f. Slav. Philologie - Volkmannsweg 5, 2150 Buxtehude-Dammhausen - Geb. 23. Dez. 1925 Hindenburg O.S. (Vater: Otto K., Kaufm. Dir. d. Borsig-Kokswerke GmbH; Mutter: Amalie, geb. Kubitza), kath., verh. s. 1952 m. Waltraut, geb. Reich, 2 Kd. (Claudia, Cornelia) - 1943-46 Wehrd. u. Kriegsgef., Stud. Univ. Göttingen, Heidelberg, Bonn, Köln, Berlin (Philos., Dolm.-Inst., Slawistik, Osteur. Gesch.); Dipl. Dolmetscher (Univ. Heidelberg 1954) - Promot. 1963, Lektor f. Russ. Univ. Hamburg 1963-70; Wiss. Oberrat 1971, Wiss. Rat u. Prof. 1977, Prof. 1979 Univ. Hamburg. Dolm.-Tätigk. im Rahmen v. NS-Prozessen (u. a. in d. UDSSR 1973, 1975, 1978/79, 1983); Vorst.-Mitgl. d. Ges. z. Förderung Öfftl. Verantwortung, Hamburg - BV: D. Thorner Kantional v. 1587 u. s. dt. Vorlagen, 1963, Nachdr. 1979; Grundzüge d. Aspektgebrauches in d. russ. Spr. d. Gegenwart, 1971; Cantional Albo Piesni Duchowne, Thorn 1587 Komment. Nachdr. 1980; Sowjetismus. Moskau u. d. dt. Wirrnis, 1987. Zahlr. Ztschr.aufs.

KRATZMEIER, Heinrich
Dipl.-Psych., Prof. f. Psychologie d. Hörgeschädigten PH Heidelberg (1966ff.) - Zeppelinstr. 3, 6900 Heidelberg - Geb. 3. Febr. 1930 Karlsruhe (Vater: Martin K., Schriftsetzer; Mutter: Anna, geb. Pfahler), kath., verh. s. 1955 m. Margarete, geb. Fischer, 4 Kd. (Monika, Wiltrud, Martin, Maria) - Univ. Freiburg, PH Karlsruhe, Univ. Heidelberg. Lehrerprüf. 1952 u. 57; Dipl.-Psych. 1956 - S. 1952 Lehrer, Sonder-(1957) u. Hochschull. (1962) - BV: u. a. D. Selbstbildtext, 1964; Kleinkindfibel, 1967; Fibelprogr. Lesenlernen, 1968; Kleinkindmath., 1970; Bilder-Wörter-Wissen, 3 Bde. 1971; System spiel. lernen, 4 Bde. 1972; Was Kinder brauchen, 1974; Dein Kind kann mehr, 1974; D. Lesehelfer, 1978; Eltern - Chance d. Kinder, 1979; Schule - unheimlich wichtig, 1982; Wenn Eltern fragen: Was sollen wir tun?, 1983; Leben - m. d. Behinderung, 1985; Konkrete Pädagogik im Leben m. Kindern, 1986; Du nervst mich - aber ich mag Dich, 1988; E. hörgeschädigtes Kind, 1989. Herausg.: Hilfe z. Selbsthilfe (1986ff., bish. 14 Bde.). Mithrsg.: Heidelbg. Sonderpäd. Schr. (1968ff., bish. 17 Bde.) - Spr.: Lat., Griech., Engl.

KRATZSCH, Erwin
Dr. med., Prof. f. Geburtshilfe u. Frauenkrankheiten - Kreutzerweg 9, 1000 Berlin 45 - Geb. 18. April 1921 - Promot. 1951 Kiel - S. 1971 Prof. FU Berlin (Klinikum Steglitz). Fachaufs.

KRATZSCH, Gerhard
Dr. phil., Prof. f. Geschichte Univ. Münster - Dondersring 10, 4400 Münster (T. 0251 - 79 12 11) - Geb. 14. Okt. 1920 Merseburg, ev., verh. s. 1951 m. Marie, geb. Jäger, 3 Söhne (Ernst, Gerhard, Ulrich) - 1957-62 Univ. Münster (Gesch., German.); Promot. 1967, Habil. 1971 - 1965-69 Wiss. Assist.; 1969-71 Akad. Rat; 1971ff. Wiss. Rat u. Prof.; s. 1980 Univ. Münster - BV: Kunstwart u. Dürerbd. E. Beitrag z. Gesch. d. Gebildeten im Zeitalter d. Imperialismus, 1969; Harry v. Arnim, Bismarckrivale u. Frondeur. D. Arnim-Prozesse 1874-1876, 1974; D. Gauwirtsch.apparat d. NSDAP im Gau Westf.-Süd, 1989; zahlr. Aufs.

KRATZSCH, Otger
Dr., Senatsdirektor b. Senator f. Häfen, Schiffahrt u. Verkehr d. Fr. Hansestadt Bremen - Kirchenstr. 4, 2800 Bremen 1 (T. 0421 - 361-22 18).

KRAUCH, Carl Heinrich
Dr. rer. nat., Prof., Chemiker, Aufsichtsratsvorsitzender Hüls Troisdorf AG, Troisdorf (s. 1989) - Zu erreichen üb. Hüls AG, Postf. 13 20, 4370 Marl - Geb. 14. Sept. 1931 Heidelberg - Prof. Univ. Mainz (s. 1971), Vorst.-Vors. Hüls AG, Marl (s. 1980), Vorst.-Mitgl. VEBA AG, Düsseldorf (s. 1980).

KRAUS, Alfred
Dr. med., Prof., Oberarzt d. Psych. Univ.-Klinik Heidelberg - Schauenburgstr. 35, 6901 Dossenheim - Geb. 4. Juli 1934 Mühldorf a. Inn, kath., verh. s. 1966 m. Berit, geb. Hägglund, 2 Töcht. (Anja, Kerstin) - Med.-Stud. München, Innsbruck, Heidelberg; Phil.-Stud. in Heidelberg; Med Staatsex. 1959, Promot. 1965, Habil. 1975 - BV: Sozialverhalten u. Psychose Manisch-Depressiver, 1977 (japan. Übers. 1984). Herausg.: Leib, Geist, Geschichte (1978). Publ. üb. Manisch-Depressive Krankh., Parkinsonismus, Anthropol. Phänomenol., Rollentheorie in d. Psych. u. a. - 1975 Redel-Preis; 1987 Egner-Preis - Spr.: Engl., Franz., Schwed.

KRAUS, Alois
I. Bürgermeister Stadt Nabburg (s. 1975) - Rathaus, 8470 Nabburg/Opf. - Geb. 14. Jan. 1926 Nabburg - Zul. Kaufm. CSU.

KRAUS, Andreas
Dr. phil., o. Prof. f. Geschichte - Nederlingerstr. 30a, 8000 München 19 (T. 157 53 54) - Geb. 5. März 1922 Erding/Obb. (Vater: Karl K., Zimmermann; Mutter: Katharina, geb. Mayer), kath., verh. s. 1947 m. Maria, geb. Kastner - Univ. München - Promot. (1952) u. Habil. (1960) München - 1949-61 Gymnasiallehrer (Lat., Griech., Dt., Gesch.); 1962-67 ao. Prof. Phil.-Theol. Hochsch. Regensburg (Gesch.); 1967 o. Prof. Univ. Regensburg, s. 1977 o. Prof. Univ. München - BV: P. Roman Zirngibl v. St. Emmeram in Regensburg, 1956; Die historische Forschung an der Churbayer. Akademie d. Wiss., 1959; Vernunft u. Gesch., 1963; D. päpstl. Staatssekretariat unt. Urban VIII., 1964; D. Briefe P. Roman Zirngibls v. St. Emmeram in Regensburg, 1965; Civitas Regia, 1972; D. Translatio S. Dionysii Areopagitae v. St. Emmeram in Regensburg, 1972; D. naturwissenschaftl. Forschung a. d. Bayer. Akad. d. Wissensch. i. Zeitalter d. Aufklär., 1978; Regensburg, Gesch. e. Stadt i. Bilddok., 1979 (zus. m. Dr. W. Pfeiffer); Bayer. Geschichtswiss. in drei Jh., 1979; Gesch. Bayerns, 1983; Grundzüge d. Gesch. Bayerns, 1984 - O. Mitgl. Kommiss. f. bayer. Landesgesch. b. d. Bayer. Akad. d. Wiss., o. Mitgl. d. Bayer. Akad. d. Wiss., ao. Mitgl. d. Bayer. Benediktinerakad. - 1983 Bayer. VO, 1984 Bayer. Verfassungsmed. in Silber - Spr.: Engl., Franz., Ital.

KRAUS, Detlef
Prof., Konzertpianist - Heimhuder Str. 14, 2000 Hamburg 13 (T. 410 28 88) - Geb. 30. Nov. 1919 Hamburg (Vater: Friedrich K., Lehrer u. Schulleit.), ev., verh. s. 1955 m. Charlotte, geb. Poel, 3 Kd. (Hans-Gerhard, Piter, Juliane) - Obersch. Hamburg; 1936-39 Musikstud. Hamburg; 1938-42 Ausbild. Wilhelm Kempff Berlin u. Potsdam - S. 1941 Konzertsolist (Auftr. in üb. 40 Ländern, Europa, Nord- u. Südamerika, Naher u. Ferner Osten, einschl. Japan); Lehrer Schule f. Musik u. Theater Hamburg (1944-46), Konservat. Osnabrück (1950-59) u. Folkwang-Hochsch. Essen (s. 1957; gegenw. Prof.). 1982 Präs. d. Johannes-Brahms-Ges. Intern. Vereinig.; 1983 Corresp. Director of American Brahms Society. Div. Festivals. Schallpl. - 1948 Diplom Concours Intern. Genf, 1957 u. 59 Premio di Positano, 1961 Kulturpreis d. Stadt Kiel, 1975 Brahms-Preis Stadt Hamburg - Spr.: Engl., Span. - Rotarier.

KRAUS, Egon
Dr. phil., Prof. f. Musikerziehung Päd. Hochsch. Oldenburg - Uhlhornsweg 13, 2900 Oldenburg/O. (T. 55462) - Vors. Verb. Dt. Schulmusikerzieher; Leit. Verbindungsst. f. intern. Beziehungen (Bonn) Dt. Musikrat; 1972 ff. Präs. Intern. Ges. f. Musikerzieh.

KRAUS, Fritz Rudolf
Dr. phil., o. Prof. f. Sprachen u. Geschichte v. Babylonien u. Assyrien Reichsuniv. Leiden (s. 1953) - Lorentzkade 70, Leiden (Niederl.) - Geb. 21. März 1910 Spremberg - Univ. München u. Leipzig. Promot. 1935 - Ab 1937 Mitarb. Staatl. Archäol. Museen Istanbul/Türkei (Sachverst. f. Keilschriftforsch.) u. Lehrbeauftr. f. Sumerologie u. Altmesopotam. Gesch. Univ. ebd. (1942), 1950-53 ao. Prof. f. Altsemit. Philol. u. oriental. Archäol. Univ. Wien. Zahlr. Veröff.

KRAUS, Günther
Ing., Direktor - Schulstr. 12, 8521 Marloffstein/Mfr. (T. 09131 - 8271) - Geb. 25. Juni 1913 Schloß Thurn b. Laibach, kath., verh. s. 1937 m. Gudrun, geb. Sutkowski, T. Gabriele - Feinmechanikerlehre; HTL Gauß, Berlin - U. a. Obering. Siemens & Halske, Wien; s. 1960 Geschäftsf. P. Gossen & Co. bzw. Vors. d. Gfg. Gossen GmbH., Erlangen - Spr.: Engl.

KRAUS, Hans
Oberbürgermeister Gr. Kreisstadt Schwandorf (s. 1978) - Rothlindenstr. 22, 8640 Schwandorf 1/Opf. - Geb. 9. Juni 1939 Schwandorf (Vater: Johann K., Landw. u. Fuhruntern.; Mutter: Karoline, geb. Meier), kath., verh. s. 1966 m. Helga, geb. Meier, 2 Kd. (Markus, Martina) - Oberrealsch. Schwandorf; n. Abit. Bundeswehr (Reserveoffz.); Univ. Würzburg (Rechts- u. Staatswiss.). Gr. jurist. Staatsprüf. 1968 - Landratsämter Burglengenfeld u. Schwandorf; 1975-78 Regierung Oberpfalz (Oberreg.srat) - Spr.: Lat., Engl.

KRAUS, Heinrich
Schriftsteller - Raiffeisenstr. 9, 6793 Bruchmühlbach-Miesau 2 (T. 44 58) - Geb. 9. Juni 1932 St. Ingbert - BV: u. a. Kurzschlüsse, Erz. 1965; Staub, R. 1967; Krawall in H., Hörsp. 1969; Zwische Dah un Dunkel, Hörsp. 1971; Etüden f. Halunken, Funk-Erz. 1973; V. Ochsen u. Eseln, Kindertheater 1975; Sigi Wulle, Jugendb. 1976; Haltestellen, Lyr. 1979; Unser Babbe, Mundart 1980; Sellemols, Nachdicht. 1981; Denen werd ich's zeigen, Jugendb. 1982; D. Buddik, Fernsehsp. 1983; Mei Hämelischkät, Mundart 1984; Jiwwe un driwwe, Funkroman 1985; Annäherungen, Lyr. 1986; Unkraut im Wind, Lyr. 1987; M'Pat sei Bombardon, Mundart 1988; Grickelmaus am Chausseeresch, Mundart 1989 - 1964

Sieger Erzählerwettb. saarl. Rundf.; 1978 Gold. Mundartzeile; 1984 Pfalzpreis f. Lit.

KRAUS, Helmut
Dr. rer. nat., o. Prof. f. Meteorologie u. Institutsdir. Univ. Bonn (s. 1978) - Auf d. Hügel 20, 5300 Bonn 1; priv.: Akazienweg 7, 5308 Rheinbach - Geb. 21. April 1930 - U. a. 1963 Leiter wiss. Nepal-Expedition, b. 1974 Akad. Dir. München, 1972-74 Intern. Scientific and Management Group for the GARP Atlantic Tropical Experiment, Bracknell (Engl.) u. Dakar, 1974-78 o. Prof. f. Bioklimatol. Univ. Göttingen, 1976-87 Executive Editor: Beitr. z. Physik d. Atmosphäre.

KRAUS, Helmut
Dipl.-Ing., Vorstandsmitgl. Fichtel & Sachs AG., Schweinfurt - Zur Wasserleitung 8, 8720 Schweinfurt - Geb. 3. Dez. 1932.

KRAUS, Hermann
Dr. med., Prof., Hals-, Nasen- u. Ohrenarzt - Schlüterstr. 34, 4400 Münster/W. - Promot. 1960 Frankfurt/M. - S. 1969 (Habil.) Lehrtätig. Univ. Münster (1973 apl. Prof.; gegenw. Wiss. Rat u. Prof. HNOklinik). Spez. Aufg.: Histochemie d. Innenohres. Üb. 30 Fachveröff. - 1963 Gießener Schunk-Preis.

KRAUS, Jakob
Unternehmer, Präsident Weltverb. d. Maßschneiderhandw. München u. Vors. Bundesverb. d. Bekleidungshandwerks, München - Wormser Landstr. 16, 6720 Speyer/Rh.

KRAUS, Josef

Dipl.-Psych., Oberstudienrat, Präs. Deutscher Lehrerverb. (s. 1987) - Tulpenstr. 38, 8300 Landshut (T. 0871 - 3 34 14) - Geb. 4. Aug. 1949 (Vater: Dr. Joseph Kraus, Prof. f. Päd.), kath., verh. s. 1974 m. Erika, geb. Strößner, S. Christian - Stud. German., Psych., Sportwiss.; 1. Staatsex. 1977 Würzburg; Psych.-Dipl. 1978 ebd.; 2. Staatsex. (Lehramt Gymn.) 1980 Ingolstadt - S. 1988 stv. Vors. AG Gesundheit u. Umwelt.

KRAUS, Joseph
Dr. phil., Prof. f. Pädagogik Kath. Univ. Eichstätt - Clara-Staiger-Str. 28, 8078 Eichstätt/Bay.

KRAUS, Karl Julius
Dr. rer. nat., Dipl.-Phys., Prof. - Kopernikusstr. 23, 8708 Gerbrunn (T. 707783) - Geb. 21. März 1938 Hohenelbe (Vater: Oskar K., Straßenm.; Mutter: Marie, geb. Paus), verh. s. 1962 m. Karin, geb. Strunz, 2 Kd. (Christof, Katrin) - Obersch. Elsterwerda; Humboldt-, FU Berlin - 1961-62 Kernforschungszentrum Karlsruhe, 1962-71 Univ. Marburg, Prof. f. Theoret. Phys. (Quanten- u. Relativitätstheorie) Univ. Würzburg - Spr.: Engl.

KRAUS, Ljubomir
Dr. rer. nat., Ph. Mr., Prof. f. Pharm. Biologie u. Analytische Phytochemie Univ. Hamburg (s. 1973) - Bundesstr. 48, 2000 Hamburg 13.

KRAUS, Ludwig
Dr.-Ing. E. h., Dipl.-Ing. - Zul. Sandweg 16, 8071 Wettstetten (T. Ingolstadt/Donau 4189) - Geb. 26. Dez. 1911 Hettenhausen/Obb. (Vater: Michael K., Mühlenbesitzer; Mutter: Barbara, geb. Maier), kath., verh. s. 1950 m. Ruth, geb. Schoeller, T. Brigitte - Oberrealsch. Ingolstadt, TH München, Stuttgart, Hannover (Diplomex. 1937) - 1937-63 Daimler-Benz AG. (Konstruktion v. Dieselmotoren, Renn- u. Personenwagen); 1964-74 Auto Union GmbH. bzw. Audi NSU/Auto Union AG. (Geschäftsf. bzw. Vorstandsmitgl. (1972 stv. Vorstandsvors.); Entwicklung u. Inspektion). U. a. Konstruktion e. Kleindiesel-Motors - 1970 Bayer. VO., 1974 Dr.-Ing. E. h. - Liebh.: Antiquitäten - Spr.: Engl., Franz.

KRAUS, Manfred
Dr., Direktor - Tiergarten, 8500 Nürnberg - Geb. 4. Aug. 1928 - S. 1970 Dir. Tiergarten Nürnberg.

KRAUS, Otto
Dr. phil. nat., o. Prof. f. Zoologie - Rotbuchenstieg Nr. 15, 2000 Hamburg (T. 516677) - Geb. 17. Mai 1930 Frankfurt/M., verh. s. 1957 m. Dr. Margarete, geb. Richter, T. Beate - Univ. Frankfurt/M. (Zool., Botanik, Geol., Paläontol.). Promot. (1955) u. Habil. (1965) Frankfurt/M. - S. 1965 Lehrtätig. Univ. Frankfurt/M. (Privatdoz.) u. Hamburg (1969 Ord.). Facharb. - 1963 Mitgl. Intern. Commission on Zoological Nomenclature; 1970 korr. Mitgl. Senckenberg. Naturforschende Ges.; 1971 Mitgl., 1978-82 Präs. Joachim Jungius-Ges. d. Wiss. Hamburg, korr. Mitgl. Societas pro Fauna et Flora Fennica Hesingfors - Spr.: Engl., Franz.

KRAUS, Peter
Sänger, Schauspieler, Entertainer - Telecine Film, Kaiserplatz 7, 8000 München 40 - Geb. 18. März 1939 München, verh. m. Ingrid, geb. Braun, 2 Kd. (Gaby, Michael).

KRAUS, Rose
Dipl.-Kfm., Gesellsch. Maschinenfabrik Fr. Niepmann GmbH u. Co., Gevelsberg - Oehder Weg 13, 5830 Schwelm.

KRAUS, Rudolf
Dr. phil., Dr. rer. pol., Honorarprof. Univ. Bochum, Ministerialdirigent - Hessestr. 2, 5060 Bergisch Gladbach 1 (T. 02204 - 8 31 70) - Geb. 27. Okt. 1929 Eschweiler, verh. s. 1960 m. Gisela, geb. Bohnenstädt, T. Elisabeth - Stud. Univ. Basel, Berlin, Freiburg, Fribourg, Mainz, München - Zahlr. Fachveröff. Spez. Arbeitsgeb.: Rechtsgrundl. u. Meth. d. Jugendhilfe, Sozialhilfe, Rehabilit., Ausländerrecht u. Sozialpolitik - Spr.: Engl., Franz.

KRAUS, Rudolf
Prokurist, MdB (s. 1976, Wahlkr. 206/München-O) - Salmdorfer Str. 5, 8013 Haar/Obb. - Geb. 27. Febr. 1941 Amberg/Opf., kath., verh., 2 Kd. - Kaufm. Lehre; Verwaltungs- u. Wirtschaftsakad. (Betriebsw.) - Angest. Schnaittenbach, München (1960; 1972 Prok.), Feldkirchen (1974 Prok. Rohrleitungsfa. Brochier). 1970-74 Mitgl. Bezirkstag Oberbay. CSU s. 1962 (1969 Kreisvors. München IV u. Mitgl. Bezirksvorst. München).

KRAUS, Theodor
Dr. phil., Prof., I. Direktor Dt. Archäol. Inst. Rom, Honorarprof. f. Klass. Archäol. Univ. Heidelberg (s. 1963) - Via Sardegna 79-81, Roma (T. 46 56 17) - Geb. 27. Mai 1919 Augsburg (Vater: Carl K., Großhdlskfm.; Mutter: Mathilde, geb. Schellewald), kath., verw. s. 1977, 3 Söhne (Tilman, Wolfram, Henning) - Univ. München. Promot. 1949 München; Habil. 1958 Heidelberg - 1950-53 Wiss. Hilfsarb. Röm.-German. Museum Köln, 1953-59 Assist. Univ. Heidelberg (Archäol. Inst.), 1959-61 Wiss. Ref. DAI Kairo, seither II. bzw. I. Dir. (1962) DAI Rom. Vizepräs. Assoc. Amici di Pompei - BV: Megar. Becher im Röm.-German. Zentralmuseum zu Mainz, 1951; D. Ranken d. Ara Pacis, 1953; D. Aphrodite v. Knidos, 1957; Hekate, 1960; D. Röm. Weltreich, 1967 (Propyläen-Kunstgesch. Bd. II); Lebendiges Pompeji, 1973 (m. L. v. Matt) - 1962 o. Mitgl. DAI (Zentraldir.); 1966 korr., 1968 o. Mitgl. Pontificia Accad. Romana di Archeologia, 1973 korr., 1975 wirkl. Mitgl. im Ausl. Österr. Archäol. Inst., 1973 ausw. Mitgl. Accad. di Archeologia, Lettera e Belle Arti Neapel.

KRAUS, Udo
Notariatsdirektor, MdL Baden-Württ. (s. 1968) - Schönauer Str. 44, 6900 Heidelberg-Ziegelhausen/N. (T. 50466) - Geb. 31. Mai 1924 Heidelberg, ev., verh. - Oberrealsch. Heidelberg; 1942-45 Arbeits-, Wehrdst. (4 × verwundet) u. amerik. Gefangensch.; 1946-50 Univ. Mainz (Rechtswiss.). Gr. jurist. Staatsprüf. 1953 - 1954-67 Richter 13 Amts- u. 2 Landgerichte BW (zul. AGsrat u. Jugendr. Mannheim); s. 1967 Oberjustizrat u. Vorst. Notariat Wiesloch (1970 -dir.). 1951-74 Gemeinderat Ziegelhausen, s. 1975 Stadtrat Heidelberg. SPD (1965-73 Kreisvors.), 1965-73 MdK Heidelberg u. Rhein-Neckar. S. 1973 Mitgl. Rundfunkrat SDR.

KRAUS, Ursula

Oberbürgermeisterin Wuppertal (s. 1984) - Wegnerstr. 13-15, 5600 Wuppertal 2 (T. 0202 - 563 65 65) - Geb. 2. Aug. 1930 Neunkirchen/Saar, ledig - Industrie-Kauffrau - MdL Nordrh.-Westf. (u. a. Wirtschaftsaussch.); Vors. Arbeitsgem. sozialdemokrat. Frauen (AsF) Wuppertal; Mitgl. Landesvorst. Städtetag Nordrh.-Westf.; Mitgl. Unterbezirksvorst. d. SPD; Mitgl. Parteirat d. SPD; Mitgl. Bezirksvorst. Niederrh. d. SPD; Mitgl. Sparkassenrat Stadtsparkasse Wuppertal; Mitgl. Arbeiterwohlfahrt u. Arbeiter-Samariter-Bund - Spr.: Engl., Franz.

KRAUS, Willy (Wilhelm)
Dr. rer. pol., o. Prof. f. Wirtschaft Ostasiens u. Entwicklungspolitik - Oehder Weg, 5830 Schwelm (T. 3741) - Geb. 25. Aug. 1918 Düsseldorf - Univ. Wien, Bonn, Köln. - 1964 Ord. Univ. Gießen, 1966 Univ. Bochum - BV: Wirtschaftl. Entw. u. soz. Wandel in d. Volksrepublik China, 1979.

KRAUS, Wolfgang
Journalist, Schriftst. - Berggasse 4, A-1090 Wien - Geb. 13. Jan. 1924 Wien - BV/Ess.: D. 5. Stand, 1966; D. stillen Revolutionäre, 1970; Kultur u. Macht, 1975; D. verratene Anbetung, 1978; D. Wiederkehr d. Einzelnen, 1980; Nihilismus heute, 1983; Spuren d. Paradieses. Üb. Ideale, 1985; Neuer Kontinent Fernsehen, 1989 - Begr. Österr. Ges. f. Lit. (1961).

KRAUSS (ß), Wolfgang
Dr. rer. nat., o. Prof. f. Theoret. Ozeanographie - Rendsburger Landstr. 309, 2300 Kiel-Russee (T. 69226) - Geb. 1. Jan. 1931 Kühnheide/Erzgeb., ev., verh. s. 1957 m. Anneliese, geb. Pönitz, 2 Söhne (Matthias, Mark) - Obersch. Aue; Stud. Meteorol. Berlin u. Hamburg (Diplomprüf. 1953). Promot. 1955 Hamburg; Habil. 1959 Kiel - S. 1959 Lehrtätigk. Univ. Kiel (1963 Wiss. Rat u. Prof., 1967 o. Prof.) - BV: Einf. in d. Theoret. Ozeanogr., 1966 - Spr.: Engl.

KRAUS, Wolfgang
Dr., o. Prof. u. gf. Direktor Inst. f. Chemie Univ. Hohenheim (s. 1975) - Haldenstr. 91, 7447 Aichtal (T. 07127 - 5 92 07) - Geb. 10. März 1931 Nürnberg (Vater: Otto K., Innenarch.; Mutter: Elli, geb. Schubert), ev., verh. s. 1960 m. Uta, geb. Binder, 2 Kd. (Stephan, Tina) - Gymn. Nürnberg u. Nördlingen; Stud. d. Chemie Bamberg u. Tübingen; Dipl.ex. 1958, Promot. 1962 u. Habil. 1967 Tübingen - S. 1974 Univ. Hohenheim (o. Prof.) - Mitgl. Ges. Dt. Chem., Royal Soc. Chem. London, Americ. Chem. Soc. - BV: Stereochemie u. Reaktivität organ. Verbindungen, 1974 - Liebh.: Tennis, klass. Musik - Spr.: Engl.

KRAUS, Wolfgang
Dipl.-Kfm., Wirtschaftsprüfer, - Münzmeisterhaus, 8630 Coburg (T. 95091) - Geb. 7. Dez. 1913 Prag (Vater: Franz K., Buchhdl. u. Verleger Gr. Prager Stifter-Ausg.; Mutter: Rosa, geb. Glazowski) - Stud. Betriebswirtsch. Handelshochsch. Leipzig u. Univ. Königsberg, Berlin; Dipl.ex. 1935 Leipzig - 1935-39 Verlagssekr. Kriegsdst. u. Gefangensch. (1939-46). S. 1946 Wirtschaftsprüf. (b. 1950 -assist.); 1962ff. Beirats-, 1970 Vorst.-Mitgl. 1975-78 Präs. Wirtschaftsprüferkammer, Dt. Wirtschaftsprüferverein, Hamburg; 1978-81 Vors. Beir. WP Kammer; Vors. EUROPA-UNION Kreisverb. Coburg, Coburg. Stiftg.rat Intern. Management Symp. HSG St. Gallen. 1983 BVK I. Kl. - Liebh.: Lit., Musik, Sport - Spr.: Engl.

KRAUS-MACKIW, Ellen
Dr. med., Prof., Ärztl. Direktorin für Augenheilkunde - dstl.: Univ. Augenklinik, Im Neuenheimer Feld 400, 6900 Heidelberg (T. 06221 - 56 66 36) - Geb. 30. Juni 1934 Frankfurt/M. (Vater: Carl K., Kaufm.; Mutter: Hertha, geb. Aller), verh. m. Prof. Dr. phil. Theodore M., S. Steven Robert - Promot. 1960 Frankfurt/M. - S. 1970 (Habil.) Lehrtätig. Univ. Heidelberg (1974ff. apl. Prof. f. Augenheilkd.; s. 1975 Ärztl. Dir. Abt. Orth.-, Pleoptik. u. Motilitätsstör./Augenklin.); 1986 1. Vors. Ges. f. Angew. Orthoptik.

Fachveröff.- Bek. Vorf.: Carl Aller, Maler (Großonkel).

KRAUSE, Albrecht

Ministerialdirigent a. D. - Friesenstr. 21, 5300 Bonn-Bad Godesberg - Geb. 10. Okt. 1920 Hamburg (Vater: Dr. August K.; Mutter: Edda, geb. Drude), ev., verh. 1953 m. Armgard, geb. Egidi, 4 Kd. (Dorothea, Ina, Philipp, Albrecht) - Stud. Rechtswiss., Politikwiss., Gesch., Spr.; Kriegsdst. (Reserveoffz.); Hptm. d. R. d. Bundeswehr; 1951-63 u. s. 1974 Bundesinnenmin.; Dt.-franz. Jugendwerk (1963 b. 1968 stv., 1968-74 Generalsekr.) - Kriegsausz., commandeur franz., belg. u. ital. Orden; 1972 Prix France-Allemagne; 1985 Gr. BVK.

KRAUSE, Alfred

Bundesbahnoberamtsrat a. D. - An der Herrenwiese 14, 5330 Königswinter 41 - Geb. 27. Jan. 1922 Gelsenkirchen (Vater: Emil K., Geschäftsm.; Mutter: geb. Jesger), ev., verh. 1947 m. Waltraud, geb. Albert - s. 1937 Reichs- bzw. Bundesb. Wehrdst. (gegenw. Hptm. d. R. Bundeswehr). CDU - Gr. BVK, Ehrenvors. Dt. Beamtenbund - Liebh.: Fotogr., Jagd, Wandern.

KRAUSE, Barbara Elisabeth, geb. Schmid-Egger

Dr. phil., - Krauthausenstr. 15, 5100 Aachen - Geb. 12. Febr. 1945 Bad Dürrheim (Vater: Dr. Hans S.-E., Oberstudienrat; Mutter: Edith, geb. Schleinzer), kath. - Gymn.; Stud. Gesch., polit. Wiss., German. Staatsex. 1969; Promot. 1973 (Diss.: Klerus u. Politik in Böhmen um 1900) - 1969-70 Bundespresch. Junge Aktion d. Ackermann-Gemeinde; 1970-71 Ref. f. polit. Bild., 1972 b. 1978 Bundesvors. Bund d. Dt. Kath.; Jugend (BDKJ) - Liebh.: Handwerkliches, Wandern, Musik - Spr.: Franz., Engl., Tschech.

KRAUSE, Christian

Brigadegeneral a.D., Fr. Journalist - Rostocker Str. 15, 5300 Bonn 1 - Geb. 8. Nov. 1918 Breslau - 1936 Berufssoldat; 1951 Verlagsangest. u. Redakt.; 1957 Bundeswehr; 1978 Fr. Journ. (u. a. Forsch.-Inst. Friedr.-Ebert-Stiftg.) - BV: Studien üb. Sicherheit u. Rüstungskontrolle (in dtsch. u. engl.); zahlr. Ztschr.-Beitr. u. Rundfunkkomment. - 1970 BVK I. Kl. - Spr.: Engl.

KRAUSE, Christian

Generalsekretär Dt. Ev. Kirchentag Fulda (s. 1985) - Magdeburger Str. 59, 6400 Fulda (T. 0661 - 60 10 91-95) - Geb. 6. Jan. 1940 Dallgow-Döberitz, verh. s. 1969 m. Stud.-Ass. Gertrud, geb. Szperalski, 4 Kd. (Katrin, Annette, Britta, Christopher) - 1960-66 Stud. Theol. Univ. Marburg, Heidelberg, Göttingen (dazw. Fulbright-Stip. Chicago, USA) - 1967 Vikariat Verden/Aller; Ordination in Genf z. Pfarrer d. Ev.-Luth. Landeskirche Hannover; 1966/67 u. 1969/70 Tätigk. Luth. Weltbd. Genf; 1971/72 Flüchtlingsdienst Dar-es-Salaam, Tanzania; 1972-85 Oberkirchenrat (m. Aufgabenschwerp. ökumen. Bezieh. u.

Entw.-Dst.) Hannover - Interessen: Ökumen. Bezieh. u. intern. Politik, bes. Nord-Süd-Verhältnis; Reisen.

KRAUSE, Detlef

Dr. rer. pol., Prof. f. Sozialwissenschaften (Schwerp.: Bildungsplanung u. Analyse d. Arbeitsprozesse) Univ. Bremen - Eisleber Str. 35, 2800 Bremen.

KRAUSE, Dieter

Dr. rer. pol., Dipl.-Hdl., Univ.-Prof. f. Betriebswirtschaftslehre, insb. Finanzierung, Berg. Univ.-GH Wuppertal - Augustastr. 163, 5600 Wuppertal 1.

KRAUSE, Dieter

Dr. rer. nat., Prof., Physiker, Leit. Zentralbereich Forschung u. Entwicklung Schott Glaswerke, Mainz - Hattenbergstr. 10, 6500 Mainz - S. Habil. Lehrtätig. Univ. Mainz (gegenw. n. b. Prof.).

KRAUSE, Dieter

Dr. med., Prof. f. Physikal. Medizin u. Orthopädie - Griegstr. 40, 1000 Berlin 33 - Geb. 23. Mai 1932 Breslau - Promot. 1957 - S. 1971 Prof. FU Berlin (Klinikum Steglitz). Facharb.

KRAUSE, Egon

Ph. D., Prof. f. Strömungslehre - Fischweiher 4, 5100 Aachen - Geb. 27. Juli 1933 Ziegenort - Promot. 1966 New York - S. 1972 Wiss. Rat u. Prof. u. Ord. u. Dir. Aerodynam. Inst. (1973) TH Aachen. 1974 7. Reynolds-Prandtl-Lecture; 1976-82 Sprecher Sonderforsch.ber. 83 Strömungsmechanik u. Flugtechnik, s. 1983 2. Sprecher Sonderforsch.ber. 25 Wirbelströmungen in d. Flugtechnik, s. 1983 2. Sprecher Sonderforsch.ber. künstliche Organe - s. 1973 Hrsg. Abh. aus d. Aerodynam. Inst. d. RWTH Aachen.

KRAUSE, Egon

Dr. med., Prof. f. Chirurgie Univ. Frankfurt/M., Arzt f. Thorax- u. Cardiovasculäre Chir. sowie f. Gefäßchir. - An der Festeburg 11, 6000 Frankfurt (T. 0611 - 47 92 26) - Geb. 18. März 1928 Kassel (Mutter: Frida, geb. Gundlach), ev., verh. s. 1957 m. Dr. Helma, geb. Gins - 1940-44 Oberrealsch. Halle/S.; Med. Staatsex. 1954/55 Univ. Frankfurt/M., Promot. 1955 - 1964-66 Leiter Chir. Abt. Dt. Krkhs. Rourkela, Indien. 1980 Prof. Abt. f. Thorax-, Herz- u. Gefäßchir. Univ. Frankfurt. 1980 Mitgl. Direkt. Zentrum f. Chir. Spez. Frankfurt: Cardiovasculäre Chir. (s. 1955) - Inh. Berufsflugzeugführerlizenz; Instrumentenflugberechtig. - Spr.: Engl.

KRAUSE, Friedrich W.

Dr. iur., o. Prof. f. Straf- u. Prozeßrecht sow. Kriminologie Univ. Würzburg (s. 1975) - Königsberger Str. 40, 8700 Würzburg (T. 0931 - 87782) - Geb. 5. Nov. 1920 Kiel - Promot. u. Habil. Kiel - 1967-75 o. Prof. Univ. Würzburg. Fachveröff. - Rotarier.

KRAUSE, Fritz E.

Kaufm. Direktor, Geschäftsf. Avio Chemie GmbH, Münster, Hansa Luftbild GmbH ebd., Photogrammetrie GmbH, München (1963-85), Präs. Verb. d. dt. Luftfahrt-Unternehmen, Wiesbaden (1968-75) - Gerhart-Hauptmann-Str. 33, 4400 Münster/W. (T. 3 12 78) - Geb. 29. Febr. 1920 Berlin (Vater: Fritz K., Kaufm.; Mutter: Helene-Erna, geb. Schulze), verh. in 2. Ehe (1950) m. Alheidis, geb. Gerdts, 3 Kd. (Rainer, Cornelia, Clemens) - B. 1938 Schule (Abit.); 1939-40 Kriegssch.; 1946-47 kaufm. Lehre - 1938-45 Luftwaffe (zul. Kdr. Gruppe III Nachtjagdgeschwader 11); 1953-61 Im- u. Export Hamburg (Einzelprok.); 1962 Luftfahrind. (Gf. Vertr. Koblenz); 1980-84 Vorst.-Mitgl. u. 1984-88 Beirat Dt. Ges. f. Photogrammetrie u. Fernerkundung; s. 1984 VR-Mitgl. GEOSAT Ges. f. satellitennutzende Vermessung GmbH, Mülheim - Spr.: Engl.

KRAUSE, Gotthard Heinrich

Dr. rer. nat., Dipl.-Chem., Prof. f. Pflanzenphysiologie Univ. Düsseldorf - Merianweg 33, 4010 Hilden (T. 02103 - 6 16 38) - Geb. 30. April 1937 Wermsdorf/Sachsen (Vater: Heinrich K., ev. Pfarrer; Mutter: Elfriede, geb. Herbst), ev., verh. s. 1966 m. Bärbel, geb. Heidemann, 2 Kd. (David, Berenike) - Univ. Bonn (Dipl.-Chem. 1964, Promot. 1966); Habil. 1973 Univ. Düsseldorf - 1970-73 wiss. Assist. Univ. Düsseldorf; 1974-78 Doz. ebd.; 1978/79 apl. Prof., ab 1980 Prof. in D'dorf; 1967-69 Forschungstätig. in Berkeley u. Honolulu/USA. Forschungsarb. auf d. Geb. d. Photosynthese sowie Frostschädig. u. -resistenz d. Pflanzen - Spr.: Engl.

KRAUSE, Hans

Dr.-Ing., o. Prof. f. Lagerstättenforschung u. Rohstoffkunde - Paul-Ernst-Str. 6, 3392 Clausthal-Zellerfeld (T. 1491) - Geb. 5. Juli 1925 - S. 1960 (Habil.) Lehrtätig. Bergakad. Clausthal, TH bzw. TU Hannover (1964 Abt.vorst. u. Prof.), TU Clausthal (gegenw. O.) Arbeitsgeb.: Mineral., Petrogr., Lagerstättenkd. Fachveröff.

KRAUSE, Hans Hellmut

Dr. jur., Rechtsanwalt, Hauptgeschäftsf. Verb. d. Metallind. Nordrh.-Westf. u. Landesvereinig. d. industriellen Arbeitgeberverb. Nordrh.-Westf. (s. 1973) - Uerdinger Str. 58-62, 4000 Düsseldorf (T. 45731) - Zul. Hgf. Landesvereinig. d. Nieders. Arbeitgeberverb. u. Gf. BDI-Landesvertr. Nieders.; AR Bavaria Film GmbH, Pensions-Sicherungs-Verein; Vorst. Inst. f. angew. Arbeitswiss. (IfaA), Inst. d. dt. Wirtschaft; VR Bundesanst. f. Arbeit, d. WDR; Beirat Commerzbank AG.

KRAUSE, Hans-Georg

Dr. phil., Prof. f. Mittlere u. Neuere Geschichte Univ. Hamburg (s. 1977) - Hölderlinstr. 24, 2000 Hamburg 52 - Geb. 5. März 1926 Zerbst/Anh. (Vater: Paul K., Pastor; Mutter: Martha, geb. Hohmann), ev.-luth., verh. s. 1962 m. Ingrid, geb. Köchlin, 2 S. (Hans-Joachim, Ulrich) - Stud. Gesch., Klass. Philol., German., Rechtswiss. Staatsex. 1951 u. 54 Hamburg - 1954-61 Studienrat; 1962-77 Wiss. Rat u. Doz. - BV: D. Papstwahldekret v. 1059 u. s. Rolle im Investiturstreit, 1961.

KRAUSE, Hermann

Dr. jur., Dr. h. c., o. Prof. f. Dt. Rechtsgeschichte u. Dt. Bürgerl. Recht (emerit. 1970) - Jasperstr. 2, 6900 Heidelberg 1 (T. 388762) - Geb. 25. Sept. 1902 Schwerin/Meckl. (Vater: Dr. h. c. Hermann K., Ministerialdir.; Mutter: Anna, geb. Giffenig), ev., verh. 1932 m. Brunhilde, geb. Kuhr († 1968), S. Klaus-Peter - Univ. Heidelberg u. Rostock - 1931 Privatdoz., 1934 ao. Prof. WH Berlin, 1936 o. Prof. Univ. Heidelberg, in 1945 Oberlandesgerichtsrat Karlsruhe, 1950 o. Prof. WH Mannheim, 1955 Univ. München - BV: u. a. Landständ. Verfass. Meckl.s im 16. Jh., Geschichtl. Entwickl.

d. Schiedsgerichtswesens in Dtschl., Schweigen im Rechtsverkehr, Kaiserrecht u. Rezeption, Unternehmer u. Unternehmung, Dauer und Vergänglichkeit im mittelalterl. Recht, D. verteilende Staat, Wirtschaftslenk. u. Ermächtigungsstil, Cessante causa cessat lex, Königtum u. Rechtsordnung, Consilio et iudicio, Festschr. Spörl 1965, D. liberi d. lex Baiuvariorum, Festschr. Spindler 1969; Mittelalterl. Anschauungen vom Gericht, 1976; Rolle d. Bestätigung i. d. Hohenstaufenz., Festschr. Eichler 1977; Widerruf v. Privilegien i. fr. Mittelalter, Archiv. Z. 1979 - Mitgl. Akad. d. Wiss. Heidelberg u. München, Zentraldir. Monumenta Germaniae historica, 1982 Ehrendoktor Univ. Mannheim.

KRAUSE, Horst

Solotänzer, Ballettpädagoge - Salzbergstr. 2, 3340 Wolfenbüttel 16 - Geb. 12. Jan. 1930 Alexandrow/Posen (Vater: Karl K., Kaufm.), ev. - Gymn. Lodz; Ballettsch. ebd., Bielefeld, Genf, New York - B. 1950 Tänzer Lübeck, dann Solotänzer Braunschweig, Düsseldorf (1952), Hannover (1954). U. a. Symphonie Phantastique (Poet), Unicorn (Poet), Mohr v. Venedig (Jago), Le Loup (Wolf) - Liebh.: Musik, ostasiat. Kunst, engl. Lit., mod. Graphik - Spr.: Poln., Engl.

KRAUSE, Jens

Dipl.-Ing., Staatssekretär a. D., Beratender Ingenieur, Geschäftsführer URBAN SYSTEM CONSULT, Berlin - Breisacher Str. 19, 1000 Berlin 33 (T. 831 60 54) - Geb. 27. Nov. 1942 Rendsburg - Stud. Bauing. TU Berlin; Dipl. Hauptprüf. 1971 - 1971-77 selbst. Planungsing.; 1977-83 Umlandverb. Frankfurt (Leit. Planungsabt.); 1983-88 Senat Berlin (Bau- u. Wohnungswesen).

KRAUSE, Jürgen

Dr. phil., Prof. f. Linguist. Informationswiss. Univ. Regensburg (s. 1981), Vors. Ges. f. Linguist. Datenverarb. (1980-83) Postf. 397, 8400 Regensburg 1 - Geb. 21. Febr. 1944 Liebenthal/Schles. (Vater: Paul K.; Mutter: Erna, geb. Dettmer), verh. s. 1971 (Ehefr.: Ingrid), 2 Töcht. (Wera, Barbara) - 1965-71 Univ. Würzburg u. Regensburg (Dt., Gesch., Sozialkd.). Promot. (1975) u. Habil. (1981) Regensburg - BV: Mensch-Maschine-Interaktion in natürl. Sprache, 1982. Herausg.: Linguist. Datenverarb. (1982, m. I. Batori u. H. D. Lutz); Microcomputer u. Textverarb. (1984, m. H.-J. Niederehe); Inhaltserschließung v. Massendaten - Spr.: Engl., Franz.

KRAUSE, Jürgen

Dr. phil., Kunsthistoriker, Wiss. Referent Westf. Landesmuseum Münster (s. 1987) - Schützenstr. 14/15, 4400 Münster (T. 0251 - 5 70 79; dstl.: 590 72 00) - Geb. 21. Mai 1951 Berlin/W., led. - Stud. Kunstgesch., German., Gesch.; Promot. 1983 FU Berlin - 1983/84 Assist. b. d. Kölner Museen, Kunstgewerbemuseum, 1985-87 Wiss. Ref. ebd. - BV: Märtyrer u. Prophet. Studien z. Nietzsche-Kult in d. Bild. Kunst d. Jahrhundertwende,

1984 (Diss. 1983 FU Berlin) - Liebh.: Oldtimer-Restaurierung - Spr.: Engl., Franz., Lat.

KRAUSE, Klaus-Wilhelm

Dipl.-Ing., Prof. f. Grundlagen d. Elektro- u. Regelungstechnik GH Paderborn (Fachber. Nachrichtentechnik, Meschede) - Zul. Drehberg 42, 5778 Meschede.

KRAUSE, Martin

Dr. phil., Dr. theol., Prof. f. Ägyptologie (m. bes. Berücks. d. Koptologie) - Melchersstr. 30, 4400 Münster/W. (T. 28456) - Geb. 7. Sept. 1930 Planitz - S. 1965 (Habil.) Lehrtätigk. Univ. Münster (1969 apl. Prof., 1970 Wiss. Rat u. Prof., 1980 Univ.-Prof.). Fachveröff. - 1964 korr. u. 1977 o. Mitgl. DAI; 1966 Fellow Inst. of Coptic Stud. Cairo; 1975 korr. Mitgl. Inst. d'Egypte Cairo; 1976-80 Präs. Intern. Assoc. f. Coptic Stud.

KRAUSE, Peter

Dr., Richter LSG Mainz, Prof. f. Öfftl. Recht, Sozialrecht u. Rechtsphil. Univ. Trier - Weinbergstr. 12, 5501 Korlingen - Geb. 27. Febr. 1936 - Promot. Phil. u. Jura - Promot. (1966) u. Habil. (1973) - S. 1975 Ord. Univ. Trier - BV: u. a. Rechtsformen d. Verwaltungshandelns, 1974; D. Risiko d. Straßenverkehrsunfalls, 1975. Herausg.: Sozialgesetze 1 u. 2 (1980, 84 u. 87).

KRAUSE, Peter Hans

Dr. med., Prof. f. Allg. u. Spez. Pathologie, Chefarzt Krankenhaus Berlin-Neukölln - Rudower Str. 48, 1000 Berlin 47.

KRAUSE, Rainer

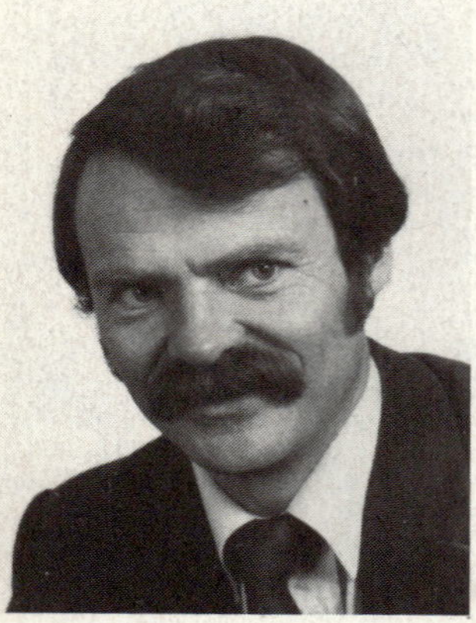

Dr. phil., Dipl.-Psych., Psychoanalytiker, Prof. f. Klinische Psychologie - Akazienweg 1, 6600 Saarbrücken 3 (T. 0681 - 81 59 55) - Geb. 5. Okt. 1942 Gemmrigheim (Vater: Dr. med. Fritz K.; Mutter: Dr. med. Hedwig, geb. Klink), verh. s. 1989 m. Evelyne, S. Sven-Mathias - Stud. Psych. Tübingen, Zürich (1964-69), Psychoanalyse (1970-78), 1976-78 Post Doctoral Research San Francisco/USA - 1969-73 Assist., 1976 O.Assis., Leit. Psych. Beratungsst., Privatdoz., Ord. f. klinische Psych.; Board of Directors Intern. Soc. f. Res. on Emotion, Intern. Psychoanalyt. Vereinig., Soc. f. Psychotherapyres. - BV: Kreativität, 1972; Produkt. Denken, 1977; Affekt u. Sprache, 1981; Psychodynamik d. Emotionsstörungen, 1988 - Spr.: Engl., Franz.

KRAUSE, Rolf

Dr.-Ing., Prof. f. Meß- u. Versuchswesen d. Maschinenbaues (Kraft- u. Arbeitsmaschinen) GH Wuppertal - Woltersberg 1, 5600 Wuppertal 1.

KRAUSE, Rolf-Dieter

Fernseh-Journalist (ARD-Studio Bonn), Korresp. Erstes Dt. Fernsehen f. Wirtsch.- u. Finanzpolitik, Mitgl. Dt. Presserat (1979-85) - Dahlmannstr. 14, 5300 Bonn 1 - Geb. 22. Febr. 1951 Lüneburg - 1978 Wächterpreis Dt. Tagespresse.

KRAUSE, Rudolf

Oberbürgermeister (s. 1970) - Rathaus, 8950 Kaufbeuren/Schw. - Geb. 11. Febr. 1931 Löwenberg - Zul. Rechtsanw.

KRAUSE, Siegfried M.

Dr. phil., Prof., Hochschullehrer, Schauspieler u. Spielleiter - Schönefelder Weg 31, 5600 Wuppertal - Geb. 19. März 1935 Wuppertal 1 (Vater: Martin K., Realschuldir.; Mutter: Ruth, geb. Löttgen), ev., verh. in 3. Ehe (1987) m. Elke, geb. Schmitt, 3 Kd. (Christoph, Eva-Maria, Iris) - Univ. Köln; 5 J. Schauspielausbild. Köln u. Essen. Promot. 1961 Köln; Habil. 1974 Dortmund - Schausp. u. Regiss. Bühne, Funk u. Ferns.; 1974 ff. Privatdoz. Univ. Dortmund, 1975 Prof. FHS Bochum. Spez. Aufg.: Theaterpäd. - BV: Leitf. z. Sprecherzieh., 1971; Z. soziol. Grundleg. e. Spielpäd., 1975; Z. Praxis d. Rollensp. in d. Schule, 1975; Darst. Spiel, 1976; Jugendtheater 1982 - Insz.: Becket (En attendant Godot), Ionesco (La Leçon), Strawinsky (D. Geschichte v. Soldaten); Rollen: Georg (Götz v. Berlichingen), Don Gil (... v. d. grünen Hosen), Pulcinella (V. Bergamo b. morgen früh), Ltn. Pedro (Gottes Utopia), Teufel (Gesch. v. Sold.), Luzman (Ritter v. Mirakel), Petruchio (D. Widerspenstigen Zähmung) - Spr.: Franz.

KRAUSE, Thomas

Dr. rer. nat., Prof. f. Makromolekulare Chemie TH Darmstadt - Robert-Stolz-Str. 7, 6101 Wixhausen.

KRAUSE, Tom

Opernsänger I. Hamburger Staatsoper - Leinpfad 14, 2000 Hamburg 60 - Geb. 5. Juli 1934, verh. s. 1960 m. Jeane, geb. Meutier, T. Danielle - Kand. med. Univ. Helsinki; Wiener Musikakad. - Sänger in Hamburg (Staatsoper), Berlin, Wien, New York, Paris, Milano, Chicago, San Francisco, Salzburger Festsp. u.v.m. - 65 Hauptrollen, u.a. Figaro, Philip, Golaud, Graf Almaviva, Don Giovanni, Amfortas - 1963 The Harriet Lohenbach Price, 1965 Kammersänger Hamburg, 1973 National Academy of Recording Arts and Sciences, Best Opera Recording, 1985 Dt. Schallplattenpr. f. Aufn. Sibelius-Lieder - Spr.: Schwed., Finn., Ital., Engl., Franz.

KRAUSE, Ulf-Peter

Dr. jur., Hauptgeschäftsf. IHK Trier (s. 1976), ehrenamtl. Finanzrichter, Lehrbeauftr. Univ. Trier - Kornmarkt 6, 5500 Trier/Mosel - Geb. 7. Jan. 1935 Hamburg - Stud. Rechts-, Staats-, Wirtschaftswiss. - B. 1967 stv. Synd. Handelskammer Lübeck, 1971 stv. Hauptgf. u. Justitiar IHK Kiel - Spr.: Engl., Franz.

KRAUSE, Walter

Prof., Landesminister a. D., - Schauinslandstr. 2, 6800 Mannheim (T. 812330) - Geb. 21. Dez. 1912 München (Vater: Martin K., Buchdruckobermaschinenm.; Mutter: Emma, geb. Hildebrandt), ev., verh. s. 1938 m. Anna, geb. Layer, T. Annelie - Univ. Heidelberg (Math. u. Naturw.; Staatsex. 1936) - 1938 Meteorologe, 1947 Doz. f. Math. Ing.sch. Mannheim, 1952-80 MdL Baden-Württ. (1961 u. 72 Fraktionsvors.), 1955 Bürgerm. Mannheim, 1966 Innenmin. u. stv. Min.präs. BW (b. 1972), 1973-80 1. stv. Landtagspräs. BW. SPD (1964 stv., 1966 Landesvors. BW) - 1972 Gr. BVK m. Stern u. Schulterband - Spr.: Engl., Franz. - Nichtraucher.

KRAUSE, Walter Erich

Dr., Geschäftsführer Pfleiderer Industrie Beteiligungsges. mbH & Co., Neumarkt/Opf., AR-Vors. Vereinigte Kapselfabriken Nackenheim GmbH, Nackenheim (Rhein), AR Gebr. Pfeiffer AG, Kaiserslautern - Ingolstädter Str. 51, 8430 Neumarkt 1.

KRAUSE, Werner

Dr. med., Prof. f. Forens. Psychiatrie - Winfridweg Nr. 27, 2000 Hamburg 54 - S. 1970 Prof. Univ. Hamburg.

KRAUSE-BREWER, Fides

Journalistin - Zu erreichen üb.: Zweites Dt. Fernsehen, Studio 5300 Bonn - Geb. 1. Aug. 1919 München - S. Jahren Bonn-Korresp. ZDF. Fachgeb.: Wirtschafts- u. Sozialpolitik - Veröff.: D. Rentenrisiko - Ludwig-Erhard-Preis, 1984 Karl-Bräuer-Preis.

KRAUSKOPF, Rainer

Dr. rer. nat., Prof. f. Mathematik PH Ludwigsburg - Buchbergstr. 21, 7147 Eberdingen/Württ.

KRAUSNICK, Helmut

Dr. phil., Institutsdirektor i. R., Honorarprof. f. Zeitgeschichte Univ. München (s. 1968) - Meistersingerstr. 12, 7000 Stuttgart 70 (T. 76 66 24) - Geb. 19. Febr. 1905 Wenden - Univ. Breslau, Heidelberg, Berlin (Gesch., Phil., Staatswiss.) - 1938-44 Zentralst. f. Nachkriegsgesch. Berlin; 1948-51 Intern. Schulbuchinst. Braunschweig; 1951-72 Inst. f. Zeitgesch. München (1959 Dir.). Spez. Arbeitsgeb.: Bismarck-Zeit u. Gesch. beider Weltkr. - BV: Neue Bismarck-Gespräche; Holsteins Geheimpolitik in d. Ära Bismarck 1886-90; D. Gesch. d. jüngsten Vergangenh. 1933-45 (m. Hermann Mau; auch engl., jap., dän., franz.); Judenverfolg., in: Anatomie d. SS-Staates II; Helmuth Groscurth/Tagebücher e. Abwehroffz.s (hrsg. m. H. C. Deutsch u. H. v. Kotze); Es spricht d. Führer, 7 exempl. Hitler-Reden (hrsg. m. H. v. Kotze); D. Truppe d. Weltanschauungskrieges (m. H. H. Wilhelm); D. X-Dok./D. geheimen Kontakte Goerdelers m. Grobrit. 1937-39 (dt. Bearb. m. Nachwort v. A. P. Young), 1989. Handbuch- u. Ztschr.beitr. Mithrsg.: Vierteljahrshefte f. Zeitgesch. - 1980 BVK 1. Kl. - Lit.: Miscellanea, Festschr. f. H. K., (Hrsg. v. W. Benz u. a.) 1980.

KRAUSNICK, Michail

Dr. phil., Schriftsteller - Richard-Lenel-Weg 13, 6903 Neckargemünd - Geb. 30. Nov. 1943 Berlin, verh. s. 1969 m. Helga, geb. Wirth, 2 Kd. (Matthias, Gisela) - Stud. German. u. Soziol.; Promot. 1973 Heidelberg - Fr. Autor: Lyrik, Roman, Satire, Film, Hörspiel, FS-Spiel, Theater, Kabarett, TV-Unterhaltung - BV: Räuber, 1977; Im Schatten d. Wolke, 1980; Da wollten wir frei sein, 1983; Hungrig, 1984; D. Sache Mensch, 1985; D. Liebesverweigerer, 1986; BAPF, 1988. Kinofilm: Grandison (1977). TV-Film: D. letzte Lied d. Mannefriedrich (1982). TV-Bücher: Wer 3 x lügt, 1976ff.; Hierzuland; Freitags Abend. Kabarett f. Kom(m)ödchen u. Thomas Freitag - 1984 Auswahlliste Dt. Jugendlit.preis; 1984 Heinemann-Friedenspreis - Spr.: Engl., Lat., Griech.

KRAUSS, Ernst

Dipl.-Ing., Geschäftsführer - Suppengasse 15, 7238 Oberndorf-Aistaig (T. 07423 - 27 39) - Geb. 27. Sept. 1938 Breitbrunn/Ch. (Vater: Günther K.; Mutter: Ruth, geb. Mey), ev., verh. s. 1963 m. Elisabeth, geb. Scheuer, 2 Söhne (Stefan, Matthias) - 1957-61 TH München (Masch.-, Flugzeugbau) - Mitgl. Tarif-Kommiss. Arbeitgeb.verb. SWH Metall - Spr.: Engl.

KRAUSS, Franz

Dr.-Ing., o. Prof. f. Tragwerkslehre TH Aachen (s. 1972; 1973-75 Dekan) - Steinbüchelstr. 18, 5106 Roetgen (T. 02471 - 31 35) - Geb. 20. Nov. 1928 Prag (Vater: Dr.-Ing. Karl K.; Mutter: Luise, geb. Göhler), kath., verh. s. 1958 m. Marianne, geb. Strathmann, 3 Kd. (Max, Wolfgang, Susanne) - Stud. TH Stuttgart; Dipl.ex. 1958 ebd. - 1958-62 Assist. TH Stuttgart; 1962-72 selbst. beratd. Ing. Erste Holz-Schalenbauten in Dtschl. - BV: Hyperbolisch-paraboloide Schalen aus Holz, 1969; Grundl. d. Tragwerklehre, Bd. 1, 1980; Bd. 2, 1985; Tabellen z. Tragwerklehre, 1980 - Liebh.: Klass. Musik, Wandern - Spr.: Engl.

KRAUSS, Hans-Ludwig

Dr. rer. nat., o. Prof. f. Anorgan. Chemie Univ. Bayreuth - Postfach 10 12 51, 8580 Bayreuth - Geb. 4. Juni 1927 Halle/Saale (Vater: Dr.-Ing. Ludwig K.; Mutter: Lore, geb. Schletterer), ev. - Realgymn. u. TH München (Chemie). Dipl.-Chem. 1951; Promot. 1955; Habil. 1959 (alles München) - S. 1959 Lehrtätigk. TH bzw. TU München (1955 apl. Prof.; 1966 Wiss. Rat u. Prof. Anorgan.-Chem.), 1969/70 Gastprof. George Washington Univ., Washington D. C., USA, 1970 o. Prof. Anorg. Chemie FU Berlin, 1976 o. Prof. Anorg. Chemie Univ. Bayreuth, 1979 Vizepräs. Univ. Bayreuth. Spez. Arbeitsgeb.: Oberflächen-Chemie u. heterogene Katalyse. Mitgl. Ges. Dt. Chemiker u. Dt. Bunsen-Ges. f. physikal. Chemie. Üb. 50 Fachveröff. - Liebh.: Musik, Marionetten - Spr.: Engl., Franz.

KRAUSS, Hartmut

Dr. med. vet., Prof. f. Infektionskrankheiten d. Tiere u. Zoonosen Univ. Gießen - Rosenpfad 3, 6306 Lang-Göns - Geb. 9. Nov. 1932 Schwabach - Wiss. Tätigk. Kenya.

KRAUSS (ß), Henning R.

Dr. phil., o. Prof. f. Roman. Literaturwiss. unt. bes. Berücks. d. Franz. Univ. Augsburg (s. 1975) - Roßhauptener Str. 42, 8900 Augsburg - Geb. 21. Okt. 1943 Neunkirchen/Saar (Vater: Rudolf K.; Mutter: Erna, geb. Burger), ev., verh. s. 1967 (Ehefr.: Dr. Christel), T. Ulrike - 1963 b. 1967 Univ. Heidelberg u. Grenoble, M. A. 1967; Promot. 1969; Habil. 1974 - S. 1987 Vors. Dt. Romanistenverb. - BV: D. Praxis d. littérature engagée im Werk Jean-Paul Sartres 1938-48, 1970. Herausg.: Altfranz. Epik (1978); Epica feudale e pubblico borghese - Per la storia poetica di Carlomagno in Italia (1980); Europ. Hochmittelalter (1981). Mithrsg.: Rom. Ztschr. f. Literaturgesch./Cahiers d'Histoire des Littératures Romanes (1977ff., m. Erich Köhler †); Psychoanalyt. Lit.wiss. u. Lit.soziol. (1982); Klass. Texte d. röm. Mittelalters (1983ff.) - Spr.: Franz., Ital., Span., Engl.

KRAUSS (ß), Hermann

Schlossermeister, Oberm. Schlosser-Innung Nürnberg, 1. Vors. f. Versorgungswerk f. d. Mfr.-Handwerk, Präs. Bundesverb. Metall, Vereinig. Dt. Metallhandw., Vizepräs. Intern. Metall-Union (IMU), Vorst.-Mitgl. Bundesvereinig. d. Fachverb. im Dt. Handwerk (BFH), Mitgl. Handwerksrat Zentralverb. d. Dt. Handwerks (ZDH) - Maxpl. 34, 8500 Nürnberg - Geb. 2. Jan. 1925, verh., 2 Kd. - BVK I. Kl.; Gold. Ehrennadel: Dt. Junghandwerkerbund, Hauptverb. d. Dt. Schlosserhandwerks, Fachverb. Metall Bayern, Bundesverb. Metall, Kreishandwerkerschaft Stadt + Land, V.D.K.; Gold. Ehrenring Schlosser-Innung Nürnberg.

KRAUSS, Karl-Hermann

Dr. rer. pol., Vorstandsmitglied AGIV Aktienges. f. Industrie u. Verkehrswesen, Frankfurt - Klingenweg 17d, 6000 Frankfurt 60 - Geb. 12. Juli 1940 Augsburg (Vater: Hermann K., Kaufm.; Mutter: Pauline, geb. Dörrer), kath., verh. s. 1967 m. Ursula, geb. Kaspar, T. Michaela - Realgymn. Augsburg; Univ. München (Dipl.-Kfm. 1967) u. Univ. Hamburg (Promot. 1970) - 1959-63 Bankgesch. Hafner Augsburg, 1967-77 Frankfurter Bank bzw. Berliner Handelsu. Frankf. Bank (zul. Dir.), 1978-79 Kraftanlagen AG (Finanzdir.), s. 1980 Vorst.-Mitgl. AGIV Aktienges. f. Ind. u. Verkehrswesen. Div. AR.-Mandate (Vors.).

KRAUSS, Markus

Speditionskaufmann, Inh. d. Fa. Markus Krauss Berat. - Nachtigallweg 6, 2822 Schwanewede, Leuchtenburg (T. 0421 - 62 10 64) - 1967-75 Mitgl. Brem. Bürgersch.; langj. Vorst.-Mitgl. Mittelstandsvereinig. CDU/CSU, ASU, BJU; Beauftr. f. Abt. Binnenschiffahrt Bundesverb. d. Selbst.

KRAUSS, Otto
Ing., Vorstandsmitgl. - Ostendstr. 23, 8504 Stein-Deutenbach (T. 0911 - 673687) - Geb. 23. März 1928 Eiserfeld, verh.

KRAUSS, Walther
Dr. phil. (habil.), Prof. f. Physikal. Chemie - Gleißnerstr. 64, 8000 München 83 (T. 405379) - Geb. 28. Sept. 1903 Darmstadt - S. 1937 Lehrtätigk. Univ. Berlin u. München (1952; 1957 apl. Prof.). Fachveröff.

KRAUSSE (ß), Hans-Werner
Dr., Hauptgeschäftsf. Arbeitsgem. Industriegruppe u. Verb. d. Dt. Spielwaren- u. Christbaumschmuck-Ind. - Königstr. 13, 8500 Nürnberg (T. 221537).

KRAUSSER, Peter
Dr. phil., Prof. f. Philosophie (Spez. Wissenschaftstheorie) FU Berlin - Curtiusstr. 10, 1000 Berlin 45 - Geb. 7. Juli 1922 Berlin, verh. s. 1947 m. Liselotte, geb. Bohnsack (Leiterin d. Akad. Auslandsamtes Univ. Göttingen), T. Daniela - Promot. 1956 - S. 1967 (Habil.) Lehrtätigk. Berlin (1971 Prof.). Gastprof. USA u. Kanada. Bücher u. Einzelarb. u. a. Kritik d. endlichen Vernunft. Diltheys Revolution d. allg. Wiss.- u. Handlungstheorie, 1968; Kants Theorie d. Erfahrung u. Erfahrungswiss., 1981.

KRAUT, Wilhelm
Ehrenpräsident d. Bizerba-Unternehmensgruppe, Ehrenmitgl. d. Präsidiums IHK Reutlingen, Mitgl. Geld- u. Währungsaussch. d. Dt. Industrie- u. Handelstages Bonn, Sektionssprecher Wirtschaftsrat d. CDU e. V. Bonn, Bezirksbeirat Württ. der Deutschen Bank, Frankfurt/M., Kollegium d. IHK, Reutlingen, Kurat. d. Inst. f. angew. Wirtschaftsforsch., Tübingen, Verein d. Freunde der Uni. Tübingen, Stiftungsrat d. Tübinger Jubiläumsstiftg. 1927, Aussch. d. Universitätsbundes der Uni. Tübingen - Engelestäle 40, 7460 Balingen 1 - Geb. 17. März 1906 - 1966 Ehrensenator Univ. Tübingen; 1966 Ehrenring Stadt Balingen, 1971 Gr. BVK m. Stern; Med. f. Verd. um d. Berufsausb.; 1976 Ehrenbürger Stadt Balingen; 1978 Commendatore u. Ausz. m. Compturkreuz d. ital. Rep.; Ludwig-Erhard-Med.; 1981 Verd.-Med. Land Baden-Württ.; 1985 Ehrenmed. in Gold d. IHK Reutlingen f. 50 jähr. uneigenn. Engagement z. Wohle d. dt. Wirtsch.; 1986 Ehrenbürger Stadt Meßkirch; 1986 Ferdinand von Steinbeis-Med. u. Staufer-Med.; Gr. Ehrenz. in Gold am Bde. Dt. Handelskammer in Österr.

KRAUTER, Edmund Friedrich
Dr. phil., Prof. (habil.), Geologiedirektor, Leiter Abt. Ing.-Geologie im Geologischen Landesamt Rheinl.-Pfalz - An der Goldgrube 39, 6500 Mainz (T. 5 37 81) - Geb. 9. Juni 1933 Mainz (Vater: Edmund Maria K.; Mutter: Maria, geb. Deußer), ev., verh. s. 1964 m. Christa, geb. Gude, 2 Kd. (Christian, Barbara) - Univ. Innsbruck u. Mainz - Deutsche Ges. f. Erd- u. Grundbau, Österr. Geol. Ges. Verein d. Straßenbau- u. Verkehrsing. - Liebh.: Skilauf, Tennis, Wassersport - Spr.: Engl., Franz.

KRAUTER, Karl-Günther
Dr. phil., Prof. f. Geographie PH Schwäbisch Gmünd - Kleine Hülengasse 9, 7300 Esslingen-Rüdern.

KRAUTH, Hermann
Dr. jur., Bundesrichter Bundesgerichtshof (s. 1972) - Herrenstr. 45a, 7500 Karlsruhe - Geb. 18. Juni 1928 - U. a. Oberstaatsanw. u. Min.rat.

KRAUTH, Joachim
Dr. rer. nat., o. Prof. f. Psychologie Univ. Düsseldorf (s. 1976) - Himmelgeister Str. 50, 4000 Düsseldorf 1 - Geb. 13. Sept. 1941 Bocholt/W. - BV: D. Konfigurationsfrequenzanalyse, 1973 (m. G. A. Lienert); Grundl. d. Math. Statistik f. Bio-Wissenschaftler, 1975.

KRAUTHEUSER, Franz-Josef
Dr. jur., Rechtsanw., Hauptgeschäftsf. Verb. d. Dt. Seiden- u. Samtindustrie, Krefeld - Bismarckstr. Nr. 53, 4150 Krefeld - Geb. 17. Juli 1919.

KRAUTKRÄMER, Elmar
Dr. phil., Prof. f. Geschichte - Neuhäuser Str. 58, 7815 Kirchzarten - Geb. 27. Mai 1927 Reich/Kr. Simmern - Promot. 1959 - S. 1971 Prof. f. neueste Gesch. PH Freiburg - BV: u. a. Dt. Gesch. n. d. II. Weltkr. 1945-49, 1962; D. Bundesrep. Dtschl., 1970; Intern. Pol. im 20. Jh., 1976/77; Israel u. Nahost, 1980; Frankreichs Kriegswende 1942. Darlan, Giraud, de Gaulle u. d. royalist. Utopie, 1989. Herausg. d. Reihe Zeitgeschehen (1981ff.). Spez. Forschungsgeb.: Gesch. d. II. Weltkrieges, bes. Frankr. 1940-46. Dazu umfangr. Aufs. in VfZ u. MGM sowie Beitr. in Sammelbde.

KRAUTKRÄMER, Günter Jakob
Dipl. rer. pol. (techn.), Gf. Gesellschafter Jacob Berg GmbH & Co, Budenheim - Gonsenheimer Str. 15, 6501 Budenheim (Mainz) (T. 06139 - 2 90 20) - Geb. 2. Mai 1939 Mainz, kath., 2 Kd. (Alexander, Christian) - Stud. TU Karlsruhe (techn. Dipl.-Volksw.) - Vorst.-Mitgl. Vereinig. d. Eisen- u. Metallind. Rheinl.-Rheinhessen, Koblenz, AR Mainzer Volksbank e.G., Mainz - Spr.: Engl., Franz., Span.

KRAUTKRÄMER, Herbert A.
Dr. rer. nat., Fabrikant, Alleingesellsch. Präsident Meßwerkzeug GmbH & Co. KG, Adler GmbH & Co. KG, Comet GmbH & Co. KG, Westf. Meßwerkzeug GmbH & Co. KG, alle Vlotho, Ernst Göhnermeier Sitzmöbel GmbH & Co. KG, Bad Salzuflen, Dr. Rainer Böhm Elektr. Orgeln GmbH & Co. KG, Minden, La Mode Smarti Style GmbH & Co. KG, Kleinostheim, Tiede Rißprüfanlagen GmbH & Co. KG, Essingen - Friedrichstr. 42-44, 5000 Köln 1 - Geb. 22. März 1921 Köln (Vater: Nikolaus K., Steuerrat; Mutter: Margrete, geb. Engels), kath., verh. s. 1952 m. Erika, geb. Riewoldt - Univ. Köln (Physik) - 1949-72 gf. Gesellsch. Krautkrämer GmbH - BV (Mitverf.): Krautkrämer, Werkstoffprüf. m. Ultraschall, 3. A. (auch engl. [New York] u. jap.) - Div. Patente (Materialprüf.).

KRAUTKRÄMER, Horst
Dr. phil., Wissenschaftsjournalist (Ps.: Walter Janz), Redaktionsleiter Wissenschaft b. Süddeutschen Rundfunk - Postf. 10 53 09, 6900 Heidelberg 1; priv.: Am Bächenbuckel 22 (T. 06221 - 80 02 07) - Geb. 8. Juli 1937 Halberstadt, verh. m. Poldi, geb. Hellebrand, 2 Kd. - Spez. Arbeitsgeb.: Popularisier. d. Life-Sciences, Medizin u. Recht, Wiss.polit. - 1970 1. Preis d. Glaxo-Stiftg. f. europ. Wiss.-journ.; 1984 Upjohn-Fellowship; Mitgl. Arbeitskreis Medizinpublizisten.

KRAUTKREMER, Franz
Dipl.-Kfm., gf. Gesellschafter Schottel-Werft, Josef Becker GmbH & Co. KG, Spay, Präs. Schottel-Gruppe Ausl. u. a. - Im Mühren 41, 5401 Spay/Rh. - Geb. 22. Aug. 1927 Karbach, kath., verh. s. 1952 m. Anne, geb. Becker, 8 Kd. - Gymn.; Univ. Köln (Dipl. 1952) - Mitgliedsch. in versch. Org. u. Verb. - BVK I. Kl. - Liebh.: Musik - Versch. Erfindungen.

KRAUTWALD, Alfons
Dr. med., Prof., Internist - Reichsgrafenstr. 16, 7800 Freiburg/Br. - Geb. 5. Mai 1910 Breslau, kath., verh. s. 1937 m. Johanna, geb. Maikowski, 2 Töcht. (Dr. med. Leonore Möhring, Dr. med. Dorothea Maikowski) - Habil. 1943 Berlin - 1951-61 Prof. m. Lehrstuhl Humboldt-Univ. Berlin (Dir. II. Med. Klinik); s. 1962 apl. Prof. Univ. Freiburg. Spez. Arbeitsgeb.: Arzneitherapie - BV: Arzneiverordnungen, m. F. Jung 1958 (Leipzig); Digitalistherapie m. Hilfe v. Dosierungstabellen, 1969; Arzneimittel-Kodex - Klassifikation d. Arzneipräparate d. BRD, 1972. Zahlr. Fachaufs.

KRAUTWURST, Franz

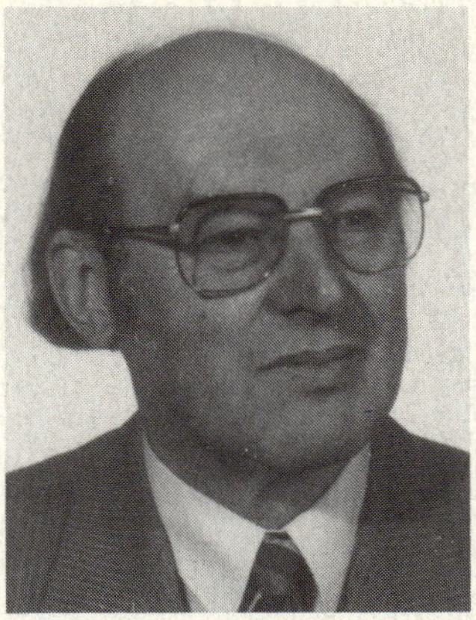

Dr. phil., Prof., Musikwissenschaftler - Im Herrengarten 18, 8520 Buckenhof (T. Erlangen 5 21 05) - Geb. 7. Aug. 1923 München, ev., verh. m. Roswitha, geb. Strathmann, 4 Kd. - S. 1956 (Habil.) Lehrtätigk. Univ. Erlangen bzw. - Nürnberg u. Univ. Augsburg (1965 apl. Prof., 1971 Prof. HS 3, 1978 ao. Prof., 1980 o. Prof.). Fachveröff.

KRAWCZYK, Rudolf
Dr. rer. nat., Wiss. Rat (Lehrgeb. Theoret. Informatik) u. Prof. f. Inform. TU Clausthal - Bohlweg 2, 3392 Clausthal-Zellerfeld.

KRAWEHL, Rolf
Mitinh. Bumke Verlag KG, Dortmund, Geschäftsf. Verlag Krüger KG, Krüger Grundstücksges. KG, bde. Dortmund - Reinoldistr. 17, 4600 Dortmund 1 - Geb. 14. Febr. 1908 Essen - Vors. Westf. Kaufmannsgilde, Dortmund, Förderkr. Westf. Freilichtmus. techn. Kulturdenkmale, Hagen; Vize-Präs. Ges. f. Westf. Wirtschaftsgesch.; Mitgl. Börsenverein d. Dt. Buchhandels Kammergem. Öffentlichkeitsarb. d. nordrh.-westf. Ind.- u. Handelskammern; Ehrenmitgl. Ind.- u. Handelskammer Dortmund; Ehrenvors. Verb. d. Dt. Schirmind., Verb. d. Druckind. Bez. Dortmund. Ehem. Handelsrichter - BVK I. Kl.

KRAWIETZ, Werner
Dr. jur., Dr. rer. pol., Wiss. Rat, Prof. f. Öfftl. Recht, Rechtstheorie u. -soziol. Univ. Münster - Nienborgweg 29, 4400 Münster/W.

KRAWINKEL, Hubert
Dipl.-Ing., Architekt BDA, Prof. f. Entwerfen, insb. Schulbauten, u. Baukonstruktion Univ.-GH Paderborn, Abt. Höxter - Kilianstr. 20, 4790 Paderborn.

KRAWITZ, Günther J.
Dr.-Ing., Vorstand (Produktion) Motoren-Werke Mannheim (MWM) AG - Riedenerweg 12, 8130 Starnberg - Geb. 10. Jan. 1942 Bremen (Vater: Theo K.; Mutter: Sophie, geb. Sigmund), kath, verh. s. 1977 m. Dr. Monika Steisslinger-K., 3 Kd. (Thomas, Peter, Marion) - Facharbeiterprüf. 1961, Reifeprüf. 1964, Dipl.-Ing. 1970, Promot. 1976 - 1976-77 Assist. d. Vorst. M.A.N., 1977-83 Leit. Motorenbau M.A.N.; s. 1983 Vorst. MWM - Liebh.: Arch., Sport - Spr.: Engl., Franz., Lat.

KRAWITZ, Rudi
Dr. phil., Erziehungswissenschaftler - Alte Garten 3, 6229 Schlangenbad - Geb. 11. Dez. 1943 Brombach, verh. m. Christa, geb. Bitzer, 3 Kd. (Björn, Julia, Andreas) - Dipl.-Päd. u. Promot. - Grund- u. Hauptschullehrer; Sonderschullehrer; Akad. Oberrat Johannes Gutenberg-Univ. Mainz - BV: Päd. als Handlungsorientier., 1980.

KRAWITZ, Walter
Dr., Vorstandsmitgl. AG. Nordd. Steingutfabrik - Steingutstr. 2, 2800 Bremen 70; priv.: Tiedemannstr. 37 - Geb. 19. Sept. 1940.

KRAYER, Dieter
Patentwirt, Vors. Intern. Verb. d. Patentwirtschaftler - Keltenstr. 8, 8931 Untermeitingen (T. 08232 - 2848) - Geb. 28. Juni 1921 Heidelberg (Vater: Dipl.-Ing. Fritz K.; Mutter: Ria, geb. Siegmund), ev., verh. in 2. Ehe (1952) m. Ida, geb. Metzger, S. Johann-Peter - Stud. Rechtswiss. Staatsex. 1951 Heidelberg - S. 1965 gf. Gesellsch. e. Patentverwertungsges. in Partnersch. m. Dr. Johannes Semler - Spr.: Engl., Franz.

KRAYL, H.
Dipl.-Ing., Prof. f. Prakt. Informatik Univ. Heidelberg/Fachhochsch. Heilbronn (Studiengang Med. Informatik) - Silcherstr. 14, 7141 Steinheim.

KREBS, Adolf W.
Dr. rer. nat., Prof. f. Organ. Chemie - Haselweg 2, 2083 Halstenbek - Geb. 25. April 1931 Heidelberg (Vater: Kurt K., Chemiker; Mutter: Marie, geb. Peters), ev., verh. s. 1967 m. Christa, geb. Bühring - Univ. Heidelberg (Chemie; Dipl. 1958). Promot. (1961) u. Habil. (1971) Heidelberg - S. 1973 Prof. Univ. Heidelberg (apl.) u. Hamburg (1975 o.). 1962/1963 Research Associate Columbia Univ. New York. Üb. 100 Facharb. - Liebh.: Tennis, Bergsteigen - Spr.: Engl., Span.

KREBS, Albert
Dr. phil., Dr. rer. soc. h. c., Ministerialrat a. D., Honorarprof. f. Kriminologie u. Gefängniswesen Univ. Marburg - Am Hang 13, 6370 Oberursel/Ts.

KREBS, Alfred
Karosseriebauobermeister, Ehrenkreishandwerksmeister, Ehrenpräs. Zentralverb. d. Dt. Karosserie- u. Fahrzeugtechnik, Ehrenmstr. d. Osnabrücker Handw. - Gr. Fledderweg 18, 4500 Osnabrück - Nieders. Verdienstkr. I. Kl., BVK I. Kl.

KREBS, Bernt
Dr. rer. nat., o. Prof. f. Anorgan. Chemie - Wilhelm-Klemm-Str. 8, 4400 Münster/W. (T. 0251 - 83 31 31) - Geb. 26. Nov. 1938 Gotha (Vater: Paul K., Lehrer; Mutter: Anna, geb. Peter), ev.-luth., verh. s. 1966 m. Heidi, geb. Bauermeister, 2 Kd. (Susanne, Annette) - Promot. (1965) u. Habil. (1969) Göttingen - 1971-73 Prof. Univ. Kiel; s. 1973 Ord. Univ. Bielefeld u. Münster (Inst.-Dir.). Üb. 350 Facharb. - Spr.: Engl., Franz.

KREBS, Claudio
Präsident i. R. Dt. Handelskammer Chile (1975-79), Berater Vorst. Supermarktkette Las Brisas (s. 1981), Vize-Präs. Allianz Versich. AG, Chile (s. 1982) - Alonso de Camargo 5651, Santiago/Chile (T. 206118) - Geb. 28. Sept. 1914 Valparaiso/Chile (Vater: Hermann K., Kaufm.; Mutter: Marie, geb. Wilckens), ev., verh. s. 1942 m. Isa, geb. Wrege, 4 Kd. (Hans Joachim, Claus, Monica, Christiane) - Dt. Schule Valparaiso; kaufm. Lehre - 1937-44 I. G. Farbenind. Santiago, 1945-50 selbst. Kaufm.; s. 1951 BASF AG. Chile - 1974 BVK I. Kl. - Spr.: Span., Engl. - Rotarier.

KREBS, Diether
Schauspieler - Lessingstr. 16, 2000 Hamburg 76 - Geb. 11. Aug. 1947 Essen (Vater: Herbert K., Kaufm.; Mutter: Ingeborg, geb. Kenter), verh. s. 1979 m. W. B. v. Leoprechting, S. Moritz Till - Folkwang-Sch.. Essen (Hochsch. f. Musik, Theater u. Tanz) - Rollen: u. a. FS-Serien E. Herz u. e. Seele (WDR), Rudi Carells Tages-Show, Soko, Tatort u. Sketchup.

KREBS, Emanuel
I. Bürgermeister (s. 1978) - Rathaus, 8752 Goldbach/Ufr. - Geb. 10. Okt. 1919 Goldbach - Schreinerm. CSU.

KREBS, Gerhard
Dr. phil., Prof. f. Psychologie - Hinrich-Fehrs-Str. Nr. 15, 2085 Quickborn - B. 1977 Doz. (Wiss. Oberrat), dann Prof. Univ. Hamburg (Psych. Inst. III).

KREBS, Günter
s. Krebs, Hans Günter

KREBS, Hans Günter

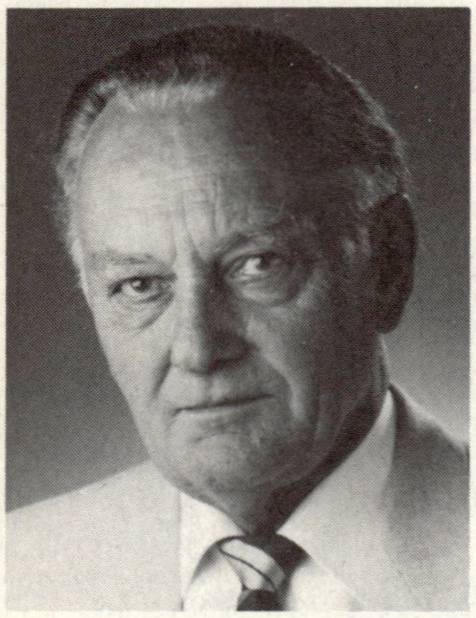

Dr.-Ing., em. Prof. f. Straßenbau u. Direktor Inst. f. Straßenbau u. Eisenbahnwesen TH bzw. Univ. Karlsruhe (s. 1965) - Zul. Heinr.-Weitz-Str. 24, 7500 Karlsruhe (T. 47 27 46) - Geb. 16. Aug. 1916 Koblenz (Vater: Marinebaurat Hans K., Fabrikdir.; Mutter: Ursula, geb. Bär), ev., verh. in 2. Ehe (1963) m. Hannelise, geb. Okrassa, T. Astrid-Maritta - TU Berlin (Bauing.wesen; Dipl.-Ing. 1950). Promot. 1955 Berlin - 1951-52 Hoch- u. Tiefbau AG., Berlin; 1952-56 TU Berlin (Assist.); 1956-65 Senator f. Bau- u. Wohnungswesen v. Berlin (Techn. Hauptref. f. Planung u. Entwurf v. Hauptverkehrsstr. u. Stadtautobahn); emerit. s. 1981. Veröff. d. Inst. f. Straßenbau u. Eisenbahnwesen d. Univ. Karlsruhe, 1968-81 - 1980 Ehrenmitgl. Forsch.ges. f. Straßen- u. Verkehrswesen; 1986 Lüer-Nadel - Spr.: Engl. - Bek. Vorf./Großv.: Johannes K., Generallt. (1844-1940); ms.: Max Bär, Geh. Archivrat (1856-1926).

KREBS, Heinrich
Dr. med., Prof., Chirurg - Franz-Marc-Str. 20, 6900 Heidelberg - Geb. 15. Dez. 1927 Brünn - Promot. 1955; Habil. 1969 - S. 1973 Wiss. Rat u. apl. Prof. f. Chir. Univ. Heidelberg. Zahlr. Facharb.

KREBS, Helmut
Kammersänger, Prof. Musikhochsch. Frankfurt/M. (emerit.) - Im Dol 11, 1000 Berlin 33 (T. 8311463) - Geb. 8. Okt. 1913 Dortmund, ev., verh. I) 1947 m. Edith, geb. Berger († 1966); II) 1967 Marion, geb. Hofmann - Musikhochsch. Berlin - Ab 1937 Volksoper Berlin, 1941-45 Wehrdst., dann fr. Konzertsänger u. Tenor Städt. Bühnen Düsseldorf (1946), s. 1947 I. lyr. Tenor Städt. bzw. Dt. Oper Berlin, Festsp. Salzburg (1949 u. 52), Glyndebourne u. Edinburgh (1953), Schallpl.: Dt. Grammophon, Electrola, Erato (Paris). Hauptpartien: Belmonte, Tamino, Ferrando, Ottavio, Idamantes, Almaviva, David. Kompos.: Kantate Aus d. Testament d. Auguste Rodin (1954), Oper: D. Parasit (1957), Psalmen f. Solo, Chor u. Orch. (1959), Concertino f. Oboe u. Streichquart. (1960), 5 kl. Stücke f. Orch. (1961), Flötenquart. (1962), Concertino f. Fagott u. Streichorch. (1963), Klavier- u. Orch.lieder, 2 Messen, 2 Opern, Sinfonietta, 4 Streich-Quartette, 1 Streich-Trio, 1 Klavier-Trio, 1 Bläser-Trio u. 1 Bläser-Quintett - 1952 Kunstpreis Stadt Berlin; 1963 Berliner Kammers. - Liebh.: Filmen (Schmalf.) - Spr.: Franz., Engl., Ital., Holl.

KREBS, Karl
Dr. phil., Prof., Physiker - Altonaer Str. 10, 1000 Berlin 21 (T. Inst.: 31 42 26 16) - Geb. 18. Juli 1910 Arco/Südtirol (Vater: Carl K., Abteilungsdir.), ev., verh. s. 1943 m. Maria, geb. Metzler - Oberrealsch. (Wilm.), Univ. u. TH Berlin (Promot. 1936) - 1936 b. 1942 Stip. u. Assist. TH Berlin, 1942-43 Wehrdst., 1943-45 Ind.tätigk. (C. Lorenz AG.), s. 1945 Assist., Oberassist. u. Wiss. Rat (1963; Lehrst. f. Experimentalphysik II) TH bzw. TU Berlin (Habil. 1949; 1957 apl. Prof.). Üb. 40 Veröff. üb. Mikrowellen u. Interferenzspektroskopie - Liebh.: Segeln.

KREBS, Karl-Günter
Dr. phil., Prof., Direktor E. Merck, Darmstadt (s. 1959) - Mozartweg 23, 6100 Darmstadt (T. 7 46 36) - Geb. 20. Jan. 1909 Neuhaldensleben b. Magdeburg (Vater: Oswald K., Großhandelskfm.; Mutter: Martha, geb. Klose), verh. 1938 m. Gerda, geb. Nebel - Dipl.-Chem.; Apoth. - U. a. Generalsekr. Dt. Pharmaz. Ges. S. 1942 (Habil.) Lehrtätigk. Univ. Königsberg, Tübingen (1953; apl. Prof. f. Pharmazie) u. Frankfurt/M. (1961 apl. Prof.).; Hon.-Prof. 1973. Üb. 50 Fachveröff. Mithrsg.: D. Krkhs.apotheke (1951 ff.).

KREBS, Peter
Journalist, ARD-FS-Korrespondent f. Süd-Asien in Neu Delhi (s. 1986) - Kaulbachstr. 23, 2000 Hamburg 52 - Geb. 27. Okt. 1928 Berlin (Vater: Richard K., Stadtobersekr.; Mutter: Elli, geb. Kinne), ev., verh. s. 1956 m. Susanne, geb. Schneider, 3 Kd. (Jakob, Van (adopt. Vietnamesin), Simon) - FU Berlin (Politol., Psych.) - 1952-61 RIAS Berlin (Leit. Abt. Jugend u. Erzieh.); 1961-71 Bayer. Fernsehen/ARD (Redaktionsleit. Report); 1971-82 ARD FS-Korresp. in Tokio, 1982-86 Leit. Weltspiegel-Redaktion NDR Fernsehen - BV: Japan, 1979 (m. d. Ehefr.); D. Kinder v. Vietnam, 1984 - 1982 BVK; 1984 Adolf-Grimme-Preis in Gold (f. Kinder in Vietnam).

KREBS, Rolf
Dr. med., Prof. f. Pharmakologie, geschäftsf. Gesellschafter C. H. Boehringer Sohn, Mitgl. Zentralgeschäftsleitung - Henselweg 20, 5600 Wuppertal 1 - Geb. 13. Febr. 1940 Mainz - Promot. Mainz 1967, Habil. 1971, Priv.Doz. 1971, Approbation 1972, apl. Prof. 1972, Arzt f. Pharmakol. 1972; Wiss. Rat u. Prof. 1973, Klin. Pharmakol. 1981 - 1971 Boehringer Preis.

KRECEK, Heinz
Chef Deutscher Skipool, FIS-Beauftragter Damen Ski-Weltcup alpin, Bekleidungsaussch.-Mitgl. NOK, Mitgl. DSV-Präsid., Arbeitsgr. Spitzensport - Hubertusstr. 1, 8033 Planegg (T. 089 - 859 71 22) - Geb. 27. April 1930 München, kath., verh. s. 1960 m. Therese, geb. Egger, 2 Kd. (Andrea, Susanne) - Großhandelskaufm. - BV: DSV-Skipool, 1968 - Mitgl. in div. (FIS)-Komitees (Intern. Skiverb.); div. Ehrenbriefe u. Ehrennadeln v. dt. Sportverb. - Liebh.: Tennis - Spr.: Engl.

KRECHEL, Ursula
Dr. phil., Schriftstellerin - Wöhlerstr. 12, 6000 Frankfurt/M. 1 - Geb. 4. Dez. 1947 Trier/M. - BV: Selbsterfahrung u. Fremdbestimmung, Ess. 1975; Nach Mainz! Ged. 1977; Verwundbar wie in d. besten Zeiten, Ged. 1979; Zweite Natur, R. 1981; Lesarten, Ged. u. Komm., 1982; Rohschnitt, Ged. in 60 Sequenzen, 1983; V. Feuer lernen, Ged. 1985; Aus d. Sonne, Theaterst. 1985.

KRECHER, Joachim
Dr. phil., Prof. f. Altoriental. Philologie - Hollandtstr. 42, 4400 Münster/W. - Geb. 10. Juli 1933 Dresden - Promot. 1963; Habil. 1970 - S. 1971 Univ. Münster (1971 apl. Prof.; 1974 Wiss. Rat u. Prof.) - BV: Sumer. Kultlyrik, 1966.

KRECK, Matthias
Dr. rer. nat., Dipl.-Math., Prof. f. Mathematik Univ. Mainz - Carl-Zuckmayer-Str. 9, 6500 Mainz 33 - Geb. 22. Juli 1947 Dillenburg - 1977 wiss. Rat u. Prof.; s. 1978 Prof. Univ. Mainz.

KRECK, Walter
D., o. Prof. f. Systemat. Theologie Univ. Bonn (emerit.) - Gregor-Mendel-Str. 26, 5300 Bonn - Geb. 7. Juni 1908 Weidelbach/Dillkr., ev. - BV: Grundfragen d. Dogmatik, 3. A. 1985; Tradition u. Verantwort., 1974; Grundfragen christl. Ethik, 3. A. 1985; Grundentscheid. i. Karl Bartls Dogmatik, 1978; Kirche in d. Krise d. bürgerl. Welt, 1980; Grundfragen der Ekklesiologie, 1981; Friedliche Koexistenz statt Konfrontation, 1988.

KRECKEL, Reinhard
Dr. phil., Prof., Soziologe - Am Rednitzhang 2, 8500 Nürnberg 2 (T. 0911 - 64 63 41) - Geb. 20. Nov. 1940 Nürnberg, ev., verh. s. 1964 m. Dr. Marga, geb. Schermutzki - Univ. Berlin (FU), Paris, Aix-en-Provence, München (Soziol., Gesch., Phil.). Promot. 1969 - 1969 Assist. Univ. München; 1973 Lecturer Univ. Aberdeen; 1977 Wiss. Rat u. Prof. Univ. Erlangen-Nürnberg. 1979 Theodor-Heuss-Prof. New School for Social Research New York - BV: Soziol. Erkenntnis u. Gesch., 1972; Soziol. Denken, 1975; Soz. Ungleichheiten, 1983 - Spr.: Lat., Engl., Franz.

KRECKER, Lothar
Dr. phil., Prof. f. Soziologie Univ. Kaiserslautern - Lassallestr. 4, 6750 Kaiserslautern - BV: Dtschl. u. d. Türkei im Zweiten Weltkrieg, 1964; Frauen im Lehrerberuf, 1974; Gesamtschule als Angebotsschule, 1977; Aus 3 Jahrzehnten interdisziplinärer Existenz, 1984; Stud. z. Gesamtschulentwickl., 1986; Beitr. z. Bildungssoziol., 1988.

KREDEL, Elmar Maria
Dr. theol., Erzbischof von Bamberg (s. 1977), Kath. Militärbischof f. d. Dt. Bundeswehr (s. 1978) - Obere Karolinenstr. 5, 8600 Bamberg (T. 0951 - 502-1) - Geb. 24. Febr. 1922 Nürnberg (Vater: Georg K., Verwaltungsbeamter; Mutter: Josefine, geb. Weirather) - Stud. Theol. Bamberg u. Innsbruck (Promot.); Bibelwiss. Päpstl. Bibel-Inst. Rom (Lic.) - 1941-45 Wehr/Kriegsdst. u. Gefangensch.; s. 1950 (Priesterweihe) seelsorger. Tätigk. (1967 Domkapitular Bamberg) - 1975 Päpstl. Ehrenprälat; 1983 Ehren- u. Conventualkaplan souveräner Malteser-Ritterorden - 1983 BVK; Bayer. VO; 1987 Ehrenbürger d. Städte Bamberg u. Hollfeld.

KREEB, Heinz
Dr. rer. pol., Dipl.-Volksw., Direktor Neckarhafen Plochingen GmbH., Plochingen, Geschäftsf. Verein Neckarhafen Plochingen e. V. u. Rheinschiffahrtsverb. Konstanz e. V., Konstanz, Vorstandsmitgl. Oberrhein. Wasserstraßen- u. Schiffahrtsverb., Mannheim - Mozartstr. 39, 7310 Plochingen - Geb. 28. Febr. 1926.

KREEB, Karl Heinz
Dr. rer. nat., Prof., Botaniker, Ökologe - Dienstanschr.: Achterstr. NW 2, 2800 Bremen 33 - Geb. 25. Okt. 1927 Stuttgart, ev., verh. - Gymn. Eßlingen; Univ. Tübingen, TH Stuttgart (Biol., Chemie, Geol.). Promot. 1953; Habil. 1959 - S. 1953 LH bzw. Univ. Hohenheim (Assist., 1959 Privatdoz., 1965 apl. Prof., 1967 Wiss. Rat u. Prof.), s. 1976 Prof. f. Biologie Univ. Bremen (Schwerpunkt Pflanzenökologie), dazw. 1955-58 College of Agriculture Bagdad/Irak (Prof.) u. 1963 Univ. Neu-England/Austral. (Research fellow) - BV: Ökolog. Grundl. d. Bewässerungskulturen in d. Subtropen, 1964; D. Hydratation u. Hydratur d. Protoplasmas d. Pflanzen u. ihre ökophysiol. Bedeut., 1970; Ökophysiol. d. Pflanzen, 1974; Methoden d. Pflanzenökologie, 1976; Ökologie u. menschl. Umwelt, 1979; Vegetationskunde, 1983 - Liebh.: Musik, Elektronik - Spr.: Engl.

KREFELD, Heinrich
Dr. phil., Prof., Oberstudiendirektor i. R. - Wieteschstr. 51, 4440 Rheine/W. - Geb. 19. Mai 1922 Warburg/W., kath., verh. s. 1952 m. Hildegard, geb. Schmitz, 3 Kd. - 1945-51 Univ. Marburg (Klass. Philol., Archäol.). Promot. 1952 - 1962-86 Leit. Dionysianum Rheine. 1974ff. Lehrbeauftr. u. Honorarprof. (1977) Univ. Münster (Didaktik u. Methodik d. Klass. Sprachen) - BV: u. a. Res Romanae, 15. A. 1988; Hellenika, 7. A. 1988; Berufsvorb. u. grundleg. Geistesbild., 1967; Interpretationen lat. Schulautoren, 3. A. 1985; Impulse z. lat. Lektüre, 1979 - Spr.: Franz.

KREFT, August Ludwig
Gf. Gesellschafter Kreft & Partners GmbH Unternehmensberatung - Heuchelheimer Str. 87, 6380 Bad Homburg v. d. H. - Geb. 30. Dez. 1928 - 1948-67 Haniel-Konzern; 1968-88 Geschäftsf. Dt. Raiffeisen Warenzentrale, Frankfurt/M - Ehren- u. AR-Mand. in Verb. u. Unternehmen.

KREFT, Ekkehard
Dr., Prof. f. Musikgeschichte u. -analyse Univ. Münster u. Hagen - V.-Siemens-Str. 22, 4700 Hamm 1 (T. 02381 - 55 00) - Geb. 14. Juli 1939 Sagan/Schles. - Gymn. Datteln/Westf. (Abit.); Klavierstud. Folkwangsch. Essen (u. Orgelunterr.), Stud. Musikakad. Detmold (u. a. auch Kirchenmusik), Prüf. f. d. Künstler. Lehramt an Gymn.; ab 1962 Stud. Univ. Münster (German., Musikwiss., Phil., Päd.; Ex. Dtsch., Phil., Päd.), dann Univ. Köln u. Bonn, später Marburg (2. Prüf. f. Lehramt an Gymn. 1966); Promot. 1970, Habil. 1974 Univ. Münster - Vor d. Stud. Leit. e. Kammerorch., Mitwirk. Hochsch.-Konz. u. b. WDR Köln (Organist); Lehrauftr. an Gymn. Münster, Hamm; 1970 PH (jetzt Univ.) Münster, s. 1970 Doz., 1978 apl. Prof., 1980 Prof. (gleichz. Leit. Projekt Musik Fernuniv. Hagen). Entwl. e. Mod. z. Instrumentalausb. in Lehramtsstud.gängen. S. 1978 Leitg. Salonorch. Univ. Münster. Mitarb. an musikpäd. Kongressen, Lehrer- u. Erw.-Fortb.

KREFT, Friedrich
Dr. jur., Vors. Richter Bundesgerichtshof a. D., Karlsruhe, Honorarprof. Hochsch. f. Verwaltungswiss., Speyer (Staatl. Ersatzleitungen) - Rittnertstr. 14, 7500 Karlsruhe-Durlach (T. 4 23 14) - Geb. 19. Mai 1908, verh. m. Martha, geb. Dedert †, 4 Kd.

KREFT, Hans W.
Dipl.-Kfm., gf. Präsidialmitgl. Bundesverb. d. dt. Güternahverkehrs, Vorstandsmitgl. Tarifkommiss. d. allg. Güternahverkehrs, gf. Vorst. Bundes-Zentralgenoss. Straßenverkehr (BZG) eGmbH., ARsmitgl. Kravag Leben-AG., Beiratsmitgl. Prüfungsverb. Dt. Verkehrsgenoss., Schriftl. Fachztschr. D. Güterverkehr - Breitenbachstr. 1, 6000 Frankfurt/M.-Hausen (T. 770841); priv.: Rödelheimer Str. 24, 6236 Eschborn/Ts. - Geb. 17. Juni 1930 Ennigloh/W., ev., verh., 1 Kd. - Hochsch. f. Wirtschafts- u. Sozialwiss. Nürnberg u. Univ. München - Zul. Hauptgeschäftsf. Arbeitsgem. Güternahverkehr.

KREFT, Jürgen
Dr. phil., Prof. f. Erziehungswissenschaft (Didaktik d. Dt. Sprache u. Lit.) Univ. Hamburg (s. 1972) - v.-Melle-Park 8, 2000 Hamburg 13; priv.: Im Sandfeld 15, 2120 Lüneburg/Oedeme.

KREFT, Lothar
Dr.-Ing., Hauptgeschäftsf. Handwerkskammer Aachen (s. 1967) - Auf der Ell 10, 5100 Aachen (T. 52 69 26; Büro: 471-0) - Geb. 4. Juli 1926 - S. 1962 Handwerksorg.

KREFT, Rüdiger
Vorstandsmitglied Bank f. Gemeinwirtschaft AG, Frankfurt/M. - Theaterplatz 2, 6000 Frankfurt/. (T. 25 80) - Geb. 2. Dez. 1928 - AR-Vors. BfG-Investment-Fonds-Ges. mbH, Frankfurt/M., Bau- u.

Handelsbank AG, Frankfurt/M.; AR-Vors. BfG Hypothekenbank AG, Frankfurt; AR-Mitgl. ADIG Allgem. Dt. Investment-Ges. mbH, München, Saarstahl Völklingen GmbH, Völklingen, BfG Immobilien-Investm. Ges. mbH, Frankfurt; VR-Vors. BfG: Luxinvest Management S.A., Luxembourg; VR-Mitgl. Holding S.A., Aachener u. Münchener Immobilien GmbH, Aachen; Beiratsmitgl. WTB Westdt. Kreditbank GmbH, Köln, WTB Leasing GmbH, Köln, Union Treuhand GmbH, Frankfurt; Mitgl. d. Vorst. d. Frankfurter Wertpapierbörse.

KREGEL, Wilhelm
Dr. jur., Oberlandesgerichtspräsident a. D., Präs. Dt. Sportbund (1970-74, 1966-70 Vizepräs.) - Bürgermstr.-Pfannkuche-Str. 1, 2810 Verden/Aller (T. 04231 - 35 59) - Geb. 20. Februar 1909 Rümelingen/Luxemburg (Vater: Wilhelm K., Kaufm.; Mutter: Mathilde, geb. Pütz), ev., verh. s 1939 m. Gertrud, geb. König († 1982) - Leibniz-Sch. Hannover; Univ. Marburg (Promot. 1931) u. Göttingen. Gr. Staatsprüf. 1934 Berlin - 1934 Gerichtsass., 1938 Landgerichtsrat Hannover, 1939-40 Reichsjustizmin. Berlin, 1940-45 Wehrdst. (zul. Hptm. d. Res.), 1943 Oberlandesgerichtsrat Celle, 1949-51 Nieders. Min. d. Justiz Hannover u. Mitgl. d. Justizprüfungsämter OLG Hannover, 1950-51 Justizmin. Hannover, OLG Celle, 1957-65 stv. Vors., 1951 Bundesrichter BGH Karlsruhe, 1956 Präs. LG Verden, 1966-74 Präs. OLG Celle, 1960-74 stv. Mitgl. Nieders. Staatsgerichtshof, 1957-61 Vors. Akad. Turnbund, 1961-64 stv. Vors. Convent Dt. Akad.verb. (CDA), 1964-70 Vors. Dt. Turner-Bund, 1964-74 Mitgl. NOK f. Dtschl., 1965-79 Präsidium DOG, 1962-76 Syn. Ev.-luth. Landeskirche Hannovers. Mitarb.: RGR-Kommentar z. BGB (10.-12. A.), Achilles-Greiff, BGB (20. u. 21. A.) - Kriegsausz., dar. EK I u. Verwundetenabz. in Gold; 1973 Gr. BVK, 1974 Gr. VK. Niedcrs. VO., Ehrenmitgl. DSB (1974) u. DTB (1976) - Liebh.: Sport, insb. Turnen u. Reiten - Spr.: Franz. - Rotarier; Mitgl. d. Akad. Rates d. Humboldt-Ges. f. Wiss., Kunst u. Bildung.

KREHER, Richard P.
Dr. rer. nat., Dipl.-Chem., Prof. f. Organ. Chemie - Paul-Sattler-Weg 14, 4600 Dortmund-Lücklemberg (T. 0231 - 73 51 92) - Geb. 25. Jan. 1933 Lörzweiler/Rheinhessen - Promot. 1961; Habil. 1967 - 1967 Lehrtätig. TH Darmstadt, 1971 Prof. ebd.; 1980 Prof. Med. Hochsch. Lübeck; Lehrstuhlinh. f. Chemie u. Dir. Inst. f. Chemie; 1983 Prof. f. Organ. Chemie an d. Univ. Dortmund - 100 Veröff. üb. Synthesen u. Reaktionen v. stabilen Stickstoff-Heterocyclen (u. a. 1H- u. 2H-Isoindole), Untersuchungen z. Bildung u. z. Nachweis v. instabilen Zwischenstufen (N-Diazonium-Ionen u. Nitrenium-Ionen) sowie z. Anwendung v. elektrophilen Aktivierungsreaktionen (Komplexierung, Alkylierung) in Fachztschr. Herausg. Symposiumbd.: Nonbenzenoid Aromatic Compounds (ISNA II) (1974); Mitherausg. d. Houben-Weyl: Meth. d. Organ. Chemie - Mitgl. Chemische Fachges. u. Rabanus-Maurus-Akad.

KREIBICH, Rolf
Dr. phil., Dipl.-Phys., Direktor u. Geschäftsf. IZT Inst. f. Zukunftsstudien u. Technologiebewertung, Berlin - Stauffenbergstr. 11-13, 1000 Berlin 30 (T. 261 50 85 od. 261 60 42) - Geb. 2. Dez. 1938 Dresden, verh. m. Renate, geb. Fischer (Malerin u. Psychologin), 2 Kd. (Miriam, Mirco) - 1956-60 Stud. Physik u. Math. TU Dresden u. Humboldt-Univ. Berlin (1959) - 1960-64 Fritz Haber Inst. d. MPG; 1965-68 Stud. Soziolwiss. u. wiss. Assist. Inst. f. Soziol. FU Berlin; 1968/69 Leitg. Inst. f. Soziol. ebd.; 1969-76 Präs. FU Berlin; 1977-81 Dir. u. Geschäftsf. Inst. f. Zukunftsforsch. - BV: D. Wissenschaftsges. - V. Galilei z. High-Tech-Revolution, 1986; D. Zukunft d. Telearbeit, 1989. Veröff. z. Bildungs-,

Wissenschafts- u. Technologiepolitik sowie z. Umwelt-, Arbeits- u. Innovationsstrukturpolitik.

KREIBOHM, Bernhard

Landtagsvizepräsident a. D., Vors. Arbeiterwohlfahrt, Landesaussch. Nieders. u. Bezirksverb. Hannover, AR-Mitgl. Studio Hamburg GmbH, Mitgl. d. Nieders. Landesrundfunkaussch. - Ebelingstr. 43, 3000 Hannover (T. 646 30 47) - SPD.

KREIBOHM, Henning
Oberkreisdirektor Kreis Herford (s. 1985) - Amtshausstr. 2, 4900 Herford (T. 05221 - 1 32 74) - Geb. 28. Nov. 1943, verh. - Jurist - 1977-85 Stadtkämmerer Stadt Herford.

KREIDLER, Joachim Franz
Dr. med., Dr. med. dent., Prof. f. Mund-Kiefer-Gesichtschirurgie - Bergstr. 21, 7910 Neu-Ulm/Reutti (T. 0731 - 7 77 72) - Geb. 17. Aug. 1938 Tübingen (Vater: Felix K., Zahnarzt; Mutter: Renate, geb. Baur), kath., verh. s. 1968 m. Margarete, geb. Halbe, 3 Kd. (Peter, Birgit, Barbara) - Gymn. Horb (Abit. 1957), Univ. Tübingen, Stud. Zahnheilkd., Staatsex. 1962, Promot. 1963; Univ. München, (Stud. Med.) Staatsex. u. Promot. 1969 - Habil 1976, 1970-76 Westd. Kieferklinik Univ. Düsseldorf, 1973 Facharzt f. Mund-Kiefer-Gesichtschir., 1977-79 O.Arzt RWTH Aachen, 1980 apl. Prof. RWTH Aachen, 1980 Ärztl. Dir. d. Klinik f. Mund-, Kiefer- u. Gesichtschirurgie im Bundesw.krkhs. Ulm, Lehrst. Mund-Kiefer-Gesichtschir. Univ. Ulm - BV: DNA-Gehalt u. Proliferationskinetik Karzinome d. Kiefer- u. Gesichtsber., 1976 - Liebh.: Jagd, Reiten - Spr.: Engl., Franz.

KREIENBAUM, Karl-Heinz
Schauspieler u. Regiss. - Rantzaustr. 31a, 2000 Hamburg 70 (T. 040 - 68 32 00) - Geb. 29. April 1915 Hamburg, verh. s. 1942 - BV: Niederdt. Theaterst.: Oh, Hannes, wat'n Geld, Schwank - Regie: Jährl. eine Insz. Ohnsorg-Theater, Hamburg. Als Schausp. jährl. 2 Hauptrollen ebd., zus. FS-Rollen - Liebh.: Segeln (auf d. Ostsee m. eig. Yacht).

KREIENBERG, Walter
Dr. med., Prof., Wiss. Mitarb. Physiol. Inst. Univ. Mainz, Präs. Landesärztekammer Rhld.-Pfalz - Zu erreichen üb.: Landesärztekammer Rhld.-Pfalz, Deutschlandplatz 3, 6500 Mainz - Geb. 22. Okt. 1911 Kaiserslautern - Habil. 1942 Breslau - S. 1948 apl. Prof. Mainz. Präs. Landesärztekammer Rhld.-Pfalz. Üb. 100 wiss. Veröff. - 1971 BVK I. Kl., 1977 Gr. BVK, 1984 Gr. BVK m. Stern.

KREIKEBAUM, Hartmut
Dr. rer. pol., Dipl.-Kfm., Prof. f. Betriebswirtschafts-, insb. Industriebetriebslehre, Univ. Frankfurt (s. 1972) - Mertonstr. 17, 6000 Frankfurt/M. - Geb. 1. Febr. 1934 Werdohl/W. - Stud. Köln. Promot. 1960; Habil. 1970 - BV: Fort. in d. Organisationslehre, 1975; D. Anpassung d. Betriebsorganisation, 1975;

Strategische Unternehmensplanung, 3. A. 1989; Kehrtwende z. Zukunft, 1988; Humanisierung d. Arbeit (m. Klaus-Jürgen Herbert), 1988.

KREILE, Reinhold
Prof., Dr., Rechtsanwalt, Fachanw. f. Steuerrecht, MdB - Widenmayerstr. 32, 8000 München 22 - Geb. 1. Dez. 1929 Aschaffenburg, ev., verh. - Gymn.; Stud. Rechtswiss., Volksw. - Musik - AR-Vors. MGK Münchener Ges. f. Kabelkommunikation mbH; AR-Mitgl. PWA Papierwerke Waldhof-Aschaffenburg AG, Bayer. Handelsbank AG, BATIG Ges. f. Beteiligungen mbH; Beiratsmitgl. Landesbank Rhld.-Pf., Dresdner Bank AG; VR-Vors. Deutschlandfunk. Zahlr. steuerrechtl. u. urheberrechtl. Abh. - Spr.: Engl.

KREILINGER, Hans
Kaufmann, gf. Gesellsch. A. Kreilinger GmbH - Ludwigstr. 3-7, 8390 Passau (T. 3 40 81); priv.: Rosengasse 4 - Geb. 26. April 1923, kath., verh. s. 1951, 4 Kd. - 1980 BVK I. Kl.

KREILINGER, Walter
Kaufm., gf. Gesellsch. A. Kreilinger GmbH. - Ludwigstr. 3-7, 8390 Passau (T. 34081); priv. Hochstr. 7a - Geb. 23. März 1925, kath., verh. s. 1950, 2 Kd. - 1983 BVK - Spr.: Engl. - Rotarier.

KREINDL, Werner
Schauspieler u. Regisseur - Halfingerstr. 17a, 8000 München 82 - Geb. 20. Okt. 1927 Wels/Österr. (Vater: Ludwig K., Polizeibeamter; Mutter: Leopoldine, geb. Redl), kath., verh. s. 1986 m. Diana, geb. Körner, 3 Kd. (Natascha, Jenny, Michael) - Realgymn.; Univ. Wien (Theaterwiss.) - S. 1948 Bühnen Graz, Wien, Bonn, Darmstadt, München. Div. Festsp. Theater: u. a. Richard III., Fernsehen: Frl. Julie (Jean), D. gute Mensch v. Sezuan (Flieger), Reichstagsbrandprozeß (Göring), Rote Kapelle (Grand chef) u. a. Insz.: Nestroy, Moliere, Drach (UA. Meister Siebentod), Reinhagen (UA. Leben u. Sterben d. Marylin Monroe).

KREINER, Josef
Dr. phil., o. Prof. f. Japanologie - Joseph-Roth-Str. 47, 5300 Bonn 2 - Geb. 15. März 1940 Wien - Promot. (1964) u. Habil. (1969) Wien - S. 1971 Ord. Univ. Wien u. Bonn, Korrespond. Mitgl. Österr. Akad. d. Wiss. (1980), Dir. Dt. Inst. f. Japan-Stud.stud., Tokyo (1988) - BV: D. Kultorg. d. jap. Dorfes, 1969; Deutschland-Japan, 1984; Japan u. d. Weltmächte, 1986. Mithrsg.: Beitr. z. Japanol. (1964-77); Bonner Ztschr. f. Japanol. (1979ff.).

KREISCHE, Werner
Dr. rer. nat., Prof. f. Experimentalphysik Physikal. Inst. d. Univ. Erlangen-Nürnberg (s. 1976) - Haberstr. 2, 8520 Erlangen - Geb. 2. Febr. 1935 - BV: Enzyklopädie f. Naturwiss. u. Technik (Mitaut.); Physik I, II.

KREISELMEYER, Kurt
Sportdirektor d. Marktes Oberstdorf-Roßbichlstr. 2a, 8980 Oberstdorf (T. 08322 - 30 10/56 39) - Geb. 7. Juli 1928 Kempten/Allg., verh. s. 1981 m. Marie Therese Freiin von Gumppenberg - 1963-79 Präs. d. Dt. Verb. f. d. Skilehrerwesen; 1971 Präs. d. Weltkongresses f. Skilehrerwesen in Garmisch-Partenkirchen; s. 1971 Präs.-Mitgl. in Intern. Verb. f. d. Skilehrerwesen; s. 1975 Präs. d. Intern. Verb. d. Ski-Instrukteuren; s. 1978 verantwortl. Leit. d. Bundesleistungszentrums f. Eiskunstlauf in Oberstdorf m. angeschlossenem Sportinternat; s. 1979 Vizepräs. u. Schatzmeister im Dt. Verb. f. d. Skilehrerwesen; 1973 u. 1981 Generalsekr. d. Skiflug-Weltmeisterst. in Oberstdorf; 1987 Generalsekr. d. Nordischen Skiweltmeistersch. in Oberstdorf.

KREISELMEYER, Michael
Landrat Kreis Merzig-Wadern - Land-

ratsamt Merzig, Bahnhofstr. 44, 6640 Merzig - Geb. 29. Juli 1944.

KREISER, Klaus
Dr. phil., Prof., Lehrstuhlinhaber f. Türkische Sprache, Gesch. u. Kultur Univ. Bamberg (s. 1984) - Postf. 15 49, 8600 Bamberg (T. 0951 - 86 34 31) - Verh., 4 Kd. - 1965-72 Stud. Univ. München u. Köln, 1972-76 Univ. München - 1976-80 Dt. Archäol. Inst. Abt. Istanbul; 1981-84 Univ. München - Korr. Mitgl. Dt. Archäol. Inst.

KREISKORTE, Heinz
Dr.-Ing., Geschäftsführer TPS-Kreiskorte GmbH, Dortmund - Limbecker Postweg 33, 4600 Dortmund 30 - Geb. 30. Jan. 1926 Spedinghausen, ev., verh. s. 1959 m. Elisabeth, geb. Annemann, 4 Kd. - TH Aachen (Maschinenbau; Promot.).

KREISLER, Georg
Kabarettist, Komp. u. Schriftst. - Wohllebengasse 16, A-1040 Wien - Geb. 18. Juli 1922 Wien - Div. Lyrikbde.

KREISSIG, Ingrid
Dr. med., Prof. f. Augenheilkunde, Ärztl. Direktor Abt. Erkrank. d. hinteren Augenabschnitte Univ.-Augenklinik Tübingen - Schleichstr. 12, 7400 Tübingen (T. 07071 - 29 37 44) - Adjunct Prof. of Clinical Ophthalmology am New York Hospital - Cornell Medical Center, New York, USA.

KREITCZICK, Manfred
Landrat Kr. Kelheim (s. 1986) - Landratsamt Kelheim, 8420 Kelheim - Geb. 12. Febr. 1937 Finkenwalde/Kr. Randow b. Stettin - Zul. Postamtmann. CSU.

KREITER, Cornelius G.
Dr. rer. nat., Prof. f. Anorgan. Chemie Univ. Kaiserslautern - Dessauer Str. 20, 6750 Kaiserslautern - Geb. 8. Sept. 1937 Viseul de Sus (Rum.) - Stud. Chemie. Promot. 1964 Univ. München; Habil. 1971 TH München - Zul. Privatdoz. u. Wiss. Rat TH München. Fachaufs.

KREKE, Jörn M.
Dr. rer. pol., M. A., Generaldirektor - Weissensteinstr. 1a, 5800 Hagen/W. - Geb. 5. Mai 1940 - 1965 Vorst.-Mitgl., 1969 Vorst.-Vors. Hussel Holding AG, Hagen; AR Hertie, Frankfurt/M.; Beirat WestLB, Düsseldorf, Dyckhoff, Köln, Urbana, Hamburg, Colonia Versich. Köln; Kurat.-Mitgl. Univ. Witten-Herdecke, Kurt Hahn Stiftg., Salem - BV: D. Harmonisierung d. Mineralölsteuer in d. EWG (Diss.).

KREKEL, Hildegard

Schauspielerin - Isestr. 63, 2000 Hamburg 13 (T. 040 - 48 49 84) - Geb. 2. Juni 1952, gesch., -2 Töcht. (Miriam, Kim Sarah) - Rollen: Die jüngste Selma Knobbe b. d. Beauvais in Hauptmann's Ratten (m. Inge Meysel); 6 J. Rita in: Ekel Alfred. Zahlr. Theater u. FS-Stücke; s. 1985 Sesamstraße - Liebh.: Kochen, Frankreich, Bilder - Schwester: Lotti Krekel.

KREKEL, Lotti

Schauspielerin - Am Südpark 21, 5000 Köln 51 - Geb. 23. Aug. (Vater: Heinrich, Taucher; Mutter: Gertrud Dickopf), led. - Lt. Tübinger Wickert-Inst. d. bek. Kölnerin. Interpretin volkstüml. Lieder im Schallplatten- u. Show-Geschäft; Bühnen- u. Fernsehauftr. s. d. 6. Lebensj. - Spr.: Engl.

KREKELER, Heinz L.

Dr. phil., Dr. h. c., Botschafter a. D., Europa-Kommiss. a. D. - Gut Lindemannshof, 4902 Bad Salzuflen 1 (T. 20076) - Geb. 20. Juli 1906 Bottrop/W. (Vater: Heinrich K., RA u. Notar; Mutter: Helene, geb. Lindemann), ev., verh. I) 1931 m. Ilse, geb. Goebel († 1963), S. Jürgen, II) 1964 Helga, geb. Finke - Realgymn. Bielefeld; Univ. Freiburg/Br., München, Göttingen, Berlin (Chemie; Promot. 1930) - 1930-34 Chemiker Edeleanu GmbH, Berlin, dann IG Farbenind. AG, Werk Oppau, s. 1945 Mitinh. F. Eilers Verlagsges. mbH, Bielefeld, bzw. Eilers & Schünemann Verlagsges. mbH, Bremen, 1950-58 Dt. Generalkonsul New York, Geschäftsträger (1951) u. Botschafter USA (1953), 1958-64 Mitgl. Kommiss. Europ. Atomgemeinsch. 1946 MdL Lippe; 1947-50 MdL NRW (1949 Mitgl. 1. Bundesvers. Bonn). Stv. Landesvors. FDP; Vizepräs. Dt. Gruppe Lib. Weltunion. Lehrbeauftr. Univ. Münster u. Hochsch. f. Polit. München - BV: D. Diplomatie, 1965; D. Außenpolitik - E. Einf. in d. Grundl. d. intern. Beziehungen, 1967; Wiss. u. Polit. 1975; Handwörterbuch Internat. Politik, Abschn. „Diplomatie", 1977; beitrag z.: Erwartungen, krit. Rückblicke d. Kriegsgeneration, 1980; Gedanken zu Problemen unserer Zeit, 1984 - Ehrendoktor d. Rechte Univ. of South Carolina u. Xavier Univ., Cincinatti; Ehrenmitgl. American Chamber of Commerce in Germany; 1954 Gr. BVK m. Stern, 1971 Schulterbd. dazu; Großoffz. Ital. VO. u. belg. Leopold-Orden; Komturkreuz m. Stern St.-Gregor-Orden; 1986 Ehrenmitgl. Kreisverb. Lippe d. FDP; Drake-Med. Kreis Lippe u. Landesverb. Lippe - Bek. Vorf.: Dr. phil. Dr.-Ing. E. h. Karl K., Mitbegr. Farbenfabriken vorm. Friedr. Bayer & Co., Leverkusen - Lit.: Frank Lambach, D. Draht n. Washington (1976); Beate Neuss, Europa m. d. l. Hand (1988).

KRELLE, Wilhelm

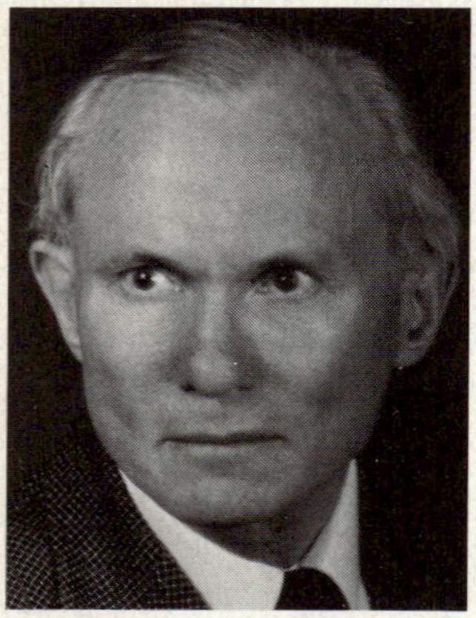

Dr. rer. pol., Dr. oec. h. c., Dr. rer. soc. et eoc. h. c., Drs. rer. pol. h. c., em. o. Prof. f. Wirtschaftl. Staatswissenschaften - Am Domblick 15, 5300 Bonn-2 (T. 32 31 35) - Geb. 24. Dez. 1916 Magdeburg (Vater: Dr. jur. Willy K., Bankprokurist; Mutter: Elisabeth, geb. Dienemann), ev., verh. s. 1944 m. Rose-Alix, geb. Scholz (verw.), 4 Kd. (Rainer, Axel, Heide, Gabriele) - Gymn. Magdeburg (Kloster Unser Lb. Frauen) u. Nordhausen/H.; 1943-44 Kriegsakad.; Univ. Frankfurt/M. (1941; Phil.), Tübingen (1945-46), Freiburg/Br. (1946-48; Math., Physik, Nationalök.; Dipl.-Volksw u. Promot. 1947, Dipl.-Phys. 1948) - 1935-45 Wehrdst., ab 1944 Generalstab; ab 1948 Assist. u. Privatdoz. f. Wirtschaftstheorie (1951) Univ. Heidelberg; 1953-54 Rockefeller Fellow Harvard Univ. u. Univ. Chicago; 1956-58 ao. Prof. f. Theoret. Nationalök. u. Ökonometrie Hochschule St. Gallen; s. 1958 o. Prof. Univ. Bonn. Mitgl. Ges. f. Wirtschafts- u. Sozialwiss. (Verein f. Sozialpolitik), 1974-78 1. Vors. fellow d. Econometric Soc., Schweiz, Ges. f. Volksw. u. Statistik, 1964-66 1. Vors. Dt. Ges. f. Untern.forsch. (DGU); Ehrenmitgl. Dt. Ges. f. Operations Res. (DGOR) - BV: Theorie wirtschaftl. Verhaltensweisen, 1953; Lohnhöhe u. Beschäftig., 1955 (m. H. Haller); Beitr. z. Theorie d. Produktion u. d. Einkommensverteil., 1956 (m. K. Brandt u. J. H. Müller); Lineare Programmierung, 1958 (m. H. P. Künzi); Volksw. Gesamtrechnung einschl. input-output-Analyse m. Zahlen f. d. BRD, 1959, 2. A. 1967; Preistheorie, 1960, 2. A. 1976; Verteilungstheorie, 1962; Nichtlineare Programmierung, 1962 (m. H. P. Künzi), 2. A. (m. v. Randow) 1979; Präferenz- u. Entscheidungstheorie, 1968; Überbetriebl. Ertragsbeteil. d. Arb.nehm., 1968 (m. a.); Produktionstheorie (T. I v. Preistheorie), 1969; Einf. in d. math. Optimierung, 1969 (m. H. P. Künzi); E. Prognosesystem f. d. wirtschaftl. Entwicklung d. BRD, 1969 (m. D. Beckerhoff, H. G. Langer, H. Fuss); Wachstumstheorie, 1972 (m. Gabisch); Erfahr. m. e. ökonometr. Prognosemodell in d. BRD, 1974; Gesamtwirtschaftl. Auswirkungen e. Ausweitung d. Bildungssystems, 1975 (m. Fleck u. Quinke); Personal Income Distribution (m. Shorrocks, ed.), 1978; Theorie d. wirtschaftl. Wachstums, 1985, 2. A. 1988; D. Maschinenbeitrag, Gesamtwirtsch. Auswirkungen alternat. Bemessungsgrundl. f. d. Arbeitgeberbeiträge z. Sozialversich., 1985 (m. D. Elixmann, H. Joerg, H. Kreuer, H. T. Sarrazin); Operations Res. and Economic Theorie (m. Hauptmann u. Mosler), 1984. Herausg.: Capital Flows and Exchange Rate Determination (m. L. Klein); Personal Income Distribution (1978, m. Shorrocks); Ökon. Prognose-, Entscheidungs- u. Gleichgewichtsmodelle (1986); The Future of the World Economy (1989) - Ehrendoktor Hochsch. f. Wirtschafts- u. Sozialwiss. St. Gallen (1970), Univ. Wien (1971), Univ. Karlsruhe (1976), Univ. Münster (1981), Univ. Mannheim (1987); 1987 Gr. BVK - Liebh.: Musik, Bergsteigen - Spr.: Engl., Franz. - Rotarier.

KREMER, Arnold

Dr. h. c., Vorstandsvorsitzender SGZ BANK Südwestdeutsche Genossenschafts-Zentralbank AG - Karl-Friedrich-Str. 23, 7500 Karlsruhe 1 (T. 6 09 30) - Geb. 30. Sept. 1924 - Wirtschaftsprüfer u. Steuerberater.

KREMER, Dieter

Dr. phil., Univ.-Prof. f. Romanist. Sprachwissenschaft Univ. Trier - Goebenstr. 4, 5500 Trier (T. 0651 - 2 58 18) - Geb. 26. Nov. 1942 Waldbröl.

KREMER, Gerd Josef

Dr. med., Prof., Internist, Chefarzt - Rathenaustr. Nr. 19, 4330 Mülheim - Geb. 12. Nov. 1933 Düren (Vater: Dr. Alois K., Dir. Landesblindenanst. Düren; Mutter: Maria, geb. Wassen), kath., verh. s. 1964 m. Margret, geb. Ebben, 2 Kd. (Susanne, Barbara) - Promot. Köln; Habil. 1970 Mainz - Spez. Arb.sgeb.: Stoffwechsel, Diabetologie (Phytansäurestoffw., Refsum-Syndrom). Fachmitgl.-sch. - Spr.: Engl. - Rotarier.

KREMER, Hans

Dr.-Ing., o. Prof. f. Energieanlagetechnik Univ. Bochum - Rüsbergstr. 30, 5810 Witten/Ruhr 3 (T. 02302 - 7 75 84) - Geb. 5. Febr. 1934 - Dipl.-Ing. TH Aachen 1959; Promot. TH Karlsruhe 1964 - 1968 Priv.doz. TH Aachen, s. 1971 o. Prof. Wiss. Hochsch., s. 1968 Wiss. Leit. Gaswärme-Inst. e. V., Essen, Mitgl. Wiss. Beirat DVV, Wiss. Beirat VGB.

KREMER, Harry Andreas

Direktor d. Bayer. Landtags, Ministerialdirektor - Maximilianeum, 8000 München 85 (T. 41 26-2 03); priv.: Ulmenstr. 5, 8023 Pullach - Geb. 29. Okt. 1929, kath., verh. s. 1965 m. Barbara, geb. Koch, 4 Kd. (Michael Andreas, Dirk Johannes, Patrik Christopher, Anne-Katrin) - Stud. Rechts- u. Wirtsch.wiss. Univ. München, Bamberg u. Innsbruck; 2. jur. Staatsprüf. München 1957 - Höh. Bayer. Verw.dst.; 1964 Bundesmin. f. Wirtsch.Zusammenarb.; 1965 Bayer. Landesvertr. Bonn, zul. Min.Dirig., s. 1978 Dir. Bayer. Landtag; Lehrbeauftr. Hochsch. f. Politik München - Bayer. VO, 1984 BVK I. Kl.

KREMER, Hildegard,

geb. Strater

Journalistin u. Schriftst. (Ps. Hike) - Hülserbleck 36, 4050 Mönchengladbach 1 (T. 02161-60 34 85) - Geb. 16. Jan. 1935 Krefeld, verh. s. 1958 m. Albert K.d, Sohn Hans - Gymn. (Mittl. Reife); Textilingenieursch. Krefeld (Dipl.-Ing.) - BV: Blickpunkt: Leben, 1982; Wie mich mein Sohn erzieht, 1983; D. Geheimnisse d. Jeremias Tabbeldei, 1985; Aber ich lebe noch so gern - Notizen üb. Altwerden, Altsein u. Sterben, 1988 - Liebh.: Skifahren - Spr.: Engl.

KREMER, Karl

Dr. med., o. Prof. f. Chirurgie - Eifelhang 11, 4300 Essen-Bredeney - Geb. 21. Nov. 1915 Düsseldorf - S. 1957 (Habil.) Lehrtätigk. Med. Akad. bzw. Univ. Düsseldorf. Univ. Bochum (Ord.) u. wied. Düsseldorf (Ord.). 1975-76 Präs. Dt. Chir. Ges. Fachveröff. - 1958 Preis Niederrh.-Westf. Chirurgen-Vereinig.

KREMER, Klaus

Dr. phil., o. Prof. f. Philosophie - Hauptstr. 38, 5521 Meckel - Geb. 22. Nov. 1927 Düngenheim (Vater: Matthias K., Organist; Mutter: Anna, geb. Willems), kath., led. - 1948-54 Päpstl. Univ. Rom/Gregoriana (Phil., Theol.). Promot. (1958) u. Habil. (1964) Frankfurt/M. - S. 1965 ao. u. o. Prof. (1966) Theol. Fak. Trier. Spez. Arbeitsgeb.: Seins- u. Gotteslehre (Metaphysik) - BV: D. Metaphysikbegriff in d. Aristoteles-Kommentaren d. Ammonius-Schule, 1961; D. neuplaton. Seinsphil. u. ihre Wirkung auf Thomas v. Aquin, 1966, 2. A. 1971; Welt in Gott - V. Sein d. Dinge in Gott, 1969. Herausg.: Metaphysik u. Theol. (1980); Seele - Ihre Wirklichk., ihr Verhältnis z. Leib u. z. menschl. Person (1984); Um Möglichk. od. Unmöglichk. natürl. Gotteserkenntnis heute (1985). Zahlr. Aufs. in phil. Fachztschr. sow. zahlr. Art. im Hist. Wörterb. d. Phil. - 1964 Hon.-Prof. Univ. Trier.

KREMER, Leonhard

Diplomat - Zu erreichen üb. Embassy of the Federal Republic of Germany, P.O.-Box 728 Lagos/Nigeria - Geb. 13. Okt. 1928 Harsewinkel, verh., 2 Kd. - Stud. Rechts- u. Staatswiss. Freiburg, Aix-en-Provence u. Paris - 1957 Ausw. Dienst; 1960-75 Auslandsposten in Reykjavik, Den Haag, Jakarta, Istanbul u. Windhuk; 1975-80 AA; 1980-84 Botsch. in Daressalam; 1984-87 AA (Leit. Aus- u. Fortbild.; s. 1987 Botsch. in Lagos.

KREMERS, Werner

Fabrikant (Bettenfabrik Paradies GmbH. Gebr. Kremers) - Rayener Str. 14, 4133 Neukirchen-Vluyn/Ndrrh. - Geb. 21. Febr. 1919 Vluyn - Abit. - N. Kriegsdst. u. Gefangensch. Familienuntern. (gegr. 1854). 20 J. Fraktionsvors. Stadtrat.

KREMERSKOTHEN, Josef

Dipl.-Ing., Architekt, Chefredakt. Ztschr. Schöner Wohnen - Krietkamp 4, 2000 Hamburg 65 (T. 536 58 17) - Geb. 29. April 1925 Gerlingsen, kath., verh. s. 1958 m. Heide, geb. Werner, 4 Kd. (Christine, Barbara, Stephan, Dominik) - Archit.-Stud. TH Karlsruhe.

KREMLING, Horst

Dr. med., Prof., Leiter Abt. Gynäk. Urologie Univ.s-Frauenklinik Würzburg - Gieshügeler Str. Nr. 28, 8702 Gerbrunn (T. 707151) - Geb. 27. Juli 1920 - S. 1955 (Habil.) Lehrtätigk. Würzburg (1963 apl. Prof. f. Geburtshilfe u. Frauenheilkd.). Üb. 100 Fachveröff.

KREMP, Herbert

Dr. phil., Chefkorrespondent Brüssel - Zu erreichen üb. D. Welt, Godesberger Allee 99, 5300 Bonn 2 (T. 3 04-1) - Geb. 12. Aug. 1928 München (Eltern: Johann (Kfm.) u. Elisabeth K.), kath., verh. s. 1956 m. Brigitte, geb. Steffal, 2 Töcht. (Sybille, Adrienne) - Gymn. Frankfurt/M. u. Aschaffenburg (Abit.); Univ. München (Phil., Gesch., Staatswiss.; Promot. 1954) u. Frankfurt/M. (Nationalök.) - 1956 Frankfurter Neue Presse, 1957 Rhein. Post, Düsseldorf, 1959 D. Tag, Berlin (Leit. Polit. Ressort), 1961 Rhein. Post (Bonn-Korresp., 1963 Chefredakt.), 1969 D. Welt (Chefredakt.); 1977-81 gleichz. Peking-Korresp., bis 1985 wieder Chefredakt. D. Welt, 1984-87 Mithrsg., Ztgen. d. Springer-Gr.; s. 1987 Chefkorresp. in Brüssel - BV: Am Ufer d. Rubikon - E. polit. Anthropologie; D. Bambusbrücke. Ein asiatisches Tagebuch; Wir brauchen unsere Geschichte - Nachdenken üb. Dtschl., 1988 - 1979 Theodor-Wolff-Preis 1978 (f.: WELT-Beitr. E. Regentag in Peking); 1984 Konrad-Adenauer-Preis Dtschl.-Stiftg.; 1988 BVK I. Kl. - Spr.: Engl., Franz.

KREMP, Rudolf

Dr.-Ing., Vorstandsmitglied i. R. Agfa AG. u. Agfa-Gevaert AG., bde. Leverkusen (1957-76) - Ludwig-Thoma-Pl. 3, 8022 Grünwald - TH Stuttgart u. Hannover. Dipl.-Ing. 1934; Promot. 1941 - S. 1936 IG Farben- bzw. Bayer-Bereich (langj. Leit. Camerawerk München). Div. Ehrenämter - 1968 Ehrensenator TH München; 1962 Bayer. VO., 1971 Gr. BVK; 1965 Oskar.-v.-Miller-Med. in Gold; Ehrenmitgl. Vollvers. IHK München u. Obb.

KREMPEL, Friedrich

Dipl.-Ing. (FH), Gf. Vorstandsmitglied VDMA, Beiratsmitgl. LVI - Am Märchenwald 10, 7239 Epfendorf (T. 07404-17 28) - Geb. 12. Febr. 1932 Karlsruhe, ev., verh. s. 1954 m. Ruth, geb. Gemmi, 4 Kd. (Harald, Werner, Ralph, Sylvia) - Werkzeugmacherlehre 1948-51; 1951-54 Fachhochsch. Esslingen (Dipl.-Ing.) - Zahlr. Patente. Veröff. in techn. Fachztschr. - Spr.: Engl., Franz., Ital.

KREMPEL, Gerhard

Rechtsanwalt, MdL Rhld.-Pfalz (1967-83) - Gräfin-Hedwig-Str. 7, 5438 Westerburg (T. 30 87) - Geb. 4. Febr. 1931 Westerburg, kath., verh. 4 Kd. - Gymn. Hadamar u. Limburg; Univ. Mainz (Rechts- u. Staatswiss.). Gr. jurist. Staatsprüf. 1961 - S. 1961 RA. U. a. führ. Funktion Bund Europ. Jugend. MdK Westerwaldkreis (Fraktionsvors.) CDU s. 1949 (1963 Kreisvors.) - BVK I. Kl.

KREMPEL, Ralf H. B.

Erfinder, Kunstmaler, Autor - 2400 Pacific Avenue, San Francisco, California 94115 (T. 415 - 922 61 40) - Geb. 5. Juni 1935 Groitzsch/Sachsen, verh. 1967-85 m. Barbara, geb. v. Eberhardt, S. Karma - Erfinder e. neuen Kommunikationssystems (Visual Comm. System, Krempel

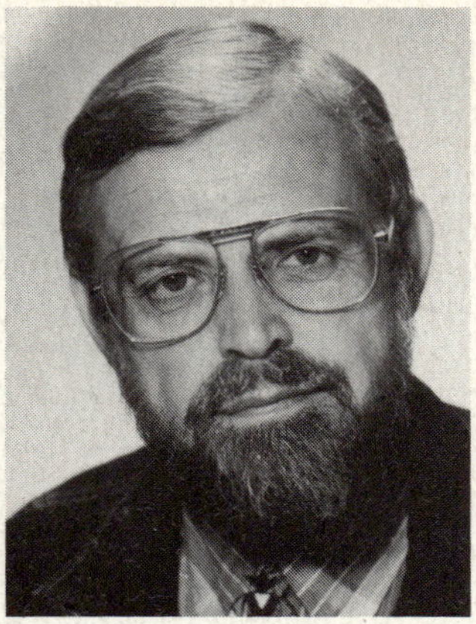

Code); 3 Patente. Kunstausstellungen, zul. 1989 Paris.

KREMPIEN, Burkhard

Dr. med., Prof., Pathologe - Bergheimer Str. 8, 6900 Heidelberg - S. Habil. Privatdoz. u. apl. Prof. Univ. Heidelberg (Allg. Pathol. u. Pathol. Anat.).

KREMPL, Hans

Dr. rer. nat., Prof. f. Chem. Physik - Ganzenmüllerstr. 37, 8000 München 50 - Geb. 7. Juni 1922 Gendorf/Obb. - S. 1961 (Habil.) TU München (1963 Doz., 1969 Wiss. Rat u. Prof., 1978 Prof.). Facharb.

KREMPL-LAMPRECHT, Luise

Dr. rer. nat., Prof. f. Mikrobiologie - Ganzenmüllerstr. 37, 8000 München 50 - Habil. 1961 - Privatdoz., Hochschuldoz., apl. Prof., s. 1973 Extraord. TU München.

KREMS, Erich

Leit. Senatsrat a. D. - Immanuel-Kant-Str. 53a, 3280 Bad Pyrmont (T. 05281-60 61 09) - Geb. 17. März 1913 Berlin (Vater: Paul K., Tischler; Mutter: Pauline, geb. Burkhardt), verh. s. 1939 m. Gerda, geb. Neye, 3 Söhne (Hans Jürgen, Burkhardt, Wolfgang) - Staatsbausch. Berlin (Vermessungsing. 1934) - Ehrenvors. DAG, Landesverb. Berlin; Vertretervers. Techniker-Krankenkasse, Hamburg - BVK I. Kl. - Liebh.: Hausmusik - Spr.: Engl.

KREMS, Gerd

Dr. jur., Prof. - Bergstr. 110, 6900 Heidelberg (T. 06221 - 4 38 87) - Geb. 24. Okt. 1922 Mannheim (Vater: Karl K., Dir.; Mutter: Irma, geb. Schmidt), ev., verh. s. 1955 m. Liselotte, geb. Hauser, T. Angelika - Ehrenamtl. Richter Bundesarb.gericht. Mitgl. VR Bundesanst. f. Arbeit; Prof.; stv. Vors. Präsid. Europ. Ges. f. Kur- u. Erholung Wiesbaden - Spr.: Franz.

KREMS, Gerhard

Monsignore, Leit. Akademie d. Diözese Paderborn/Kath. Akad. Schwerte - Berghofweg 24, 5840 Schwerte/Ruhr.

KREMS, Günter

Journalist, Leiter Bonner Studio d. Süddt. Rundfunks - Dahlmannstr. 11, 5300 Bonn 1 (T. 0228 - 21 30 15) - Geb. 16. Jan. 1938 Zittau, ev., verh., 2 Kd. - Jura-Stud. (Staatsex.).

KRENDLESBERGER, Hans

Dr. phil., Prof., Präsident d. Österr. Schriftstellerverb. - Franzensg. 16, A-1050 Wien (T. 222-566 48 85) - Geb. 17. Juni 1925 Scheibbs/Österr., kath. - Realgymn.; Univ. Wien (Promot. 1950) - 1950-66 Literaturchef Sendergr. Rot-Weiß-Rot, Linz; 1966-68 Dramat. Österr. Ferns., Wien; 1968-75 Regiss. Programmdir. Wien (ORF); 1975-84 Leit. f. Lit. u. Hörsp. ORF - BV: D. offene Labyrinth, vier Stücke 1982; weit. Bühnenst.: D. Bett; D. ital. Frühstück; D. Couch; Couchette; D. Trapezakt - 1967 Förderungspreis Stadt Wien; 1969 Österr. Staatspreis; 1972-82 Kulturpreis Land N.Ö.; 1975 1. Preis f. Lit. aus d. österr. Kunstfonds; 1976 Prof.-Titel; 1981 Ehrenkreuz f. Wiss. u. Kunst; 1984 Ehrenmed. in Gold Bundeshauptstadt Wien; u.a. - Spr.: Engl., Franz., Ital. - Lit.: Roman Rocek, Vorwort zu: D. offene Labyrinth; Elisabeth Schicht, Wer im Werk d. Lohn gefunden.

KRENGEL, Rolf

Dr. rer. pol., Prof., Dipl.-Kfm., Leiter Abt. Industrie Dt. Inst. f. Wirtschaftsforschung, Berlin (b. 1983), Honorarprof. f. Volksw.lehre FU Berlin (s. 1968) - Luisenstr. 28, 1000 Berlin 45 (T. 772 52 30) - Geb. 16. Sept. 1918 Nürnberg (Vater: Karl K., Fabrikdir.; Mutter: Paula, geb. Glaser), ev., verh. s. 1947 m. Dr. Ingeborg, geb. Strudthoff, S. Dr. Jochen - Realgymn.; TH Berlin (1938-39), TH u. Univ. München (1946-48). Dipl.-Kfm. 1947; Promot. 1948 - S. 1948 Hauptref. u. Abt.leit. (1954) DIfW. Zahlr. Fachveröff. - Spr.: Engl., Franz., Ital.

KRENGEL, Ulrich

Dr. rer. nat., Prof. f. Mathematik Univ. Göttingen - von-Bar-Str. 26, 3400 Göttingen - Geb. 9. März 1937 Deutsch Eylau (Vater: Johannes K., RA; Mutter: Christel, geb. Stern), verh. s. 1962 m. Beate, geb. Schilbach, 4 Kd. (Ute, Sven, Heike, Jesko) - 1956-61 Stud. Math., Phys., Chemie Univ. Göttingen u. München; Staatsex. 1961 u. 62 Göttingen; Promot. 1963 ebd.; Habil. 1966 Erlangen - 1964-66 Assist. Prof. Berkeley; 1966-68 Doz. Erlangen; 1968-71 Full Prof. Ohio State Univ.; 1971ff. Prof. Göttingen - BV: Ergodic Theorems., 1985; Einführ. in d. Wahrscheinlichkeitstheorie u. Statistik, 1988.

KRENGEL-STRUDTHOFF, Ingeborg

Dr. phil., Dramaturgin, Theaterwiss. - Luisenstr. 28, 1000 Berlin 45 (T. 030 - 772 52 30) - Geb. 8. Sept. 1920 Berlin, ev., verh. s. 1947 m. Prof. Dr. Rolf K., Sohn Jochen, Dr. - Stud. Theaterwiss., German., Gesch. Berlin u. Straßburg; Promot. 1945 Univ. Berlin - 1945-50 Verlagsdramat., 1951-53 Wiss. Assist. FU Berlin; Mitarb. Opernjournal, Bühnentechn. Rundschau, Bühne u. Parkett, Musik in Gesch. u. Gegenw., Ges. f. Theatergesch., Oxford Companion to the Theatre, Lexikon d. dt. Lit. - BV/Theaterst.: u.a. D. Gast, 1948; D. taube Acker, 1950; Übers. v. Dramen v. Priestley, Bridie, Fabbri; D. Rezeption Georg Büchners durch d. dt. Theater (1957); Theaterwiss. in Berlin (Mithg. 1966); Bühnenformen, Bühnenräume, Bühnendekorat. (Mitverf. 1974); Theater ... d. Nachwelt unverloren (Mitverf. 1987) - Liebh.: Volkskunst, Mod. Graphik - Spr.: Engl., Franz., Ital.

KRENKEL, Werner

Dr. med., o. Prof. f. Neurochirurgie - Kaiser-Friedrich-Allee 21, 5100 Aachen - Geb. 5. Febr. 1924 Stettin - Promot. 1950; Habil. 1963 - S. 1974 Ord. TH Aachen (Med. Fak.) - BV: Klinik u. Elektroenzephalogr. im Frühstad. d. Hirngeschwülste, 1967. Rd. 100 Einzelarb.

KRENKLER, Karl

Dr. rer. nat. (habil.), Chemiker, apl. Prof. f. Chemie d. Baustoffe TH bzw. Univ. Stuttgart (s. 1952) - In den Weinbergen 29, 7000 Stuttgart 40 (T. 801737) - Geb. 4. Jan. 1912 - Stud. Chemie (Dipl.-Chem.) - Mehrere Patente - Üb. 40 Fachveröff. (vornehml. Ztschr. d. Bauwesens); Lehrb.: Chemie d. Bauwesens, 1980.

KRENN, Herwig

Dr. phil., Wiss. Rat, Prof. f. Roman. Philologie Univ. Bochum (s. 1973) - Querenburger Höhe 223, 4630 Bochum-Querenburg - Geb. 11. Juni 1940 - Promot. 1966; Habil. 1971 - BV: Mod. Portugies., 1971; D. grammat. Transformation, 1974. Etwa 50 Aufs.

KRENN, Kurt

Dr. phil., Lic. theol., Lic. iur. can., Prof., Lehrstuhlinh. f. Systemat. Theologie (Phil.-Theol. Propädeutik) Univ. Regensburg; Geschäftsf. Intern. Ges. f. Religionspsychologie - Bismarckpl. 2, 8400 Regensburg - Geb. 28. Juni 1936 Rannariedl/Österr. (Vater: Karl K., Lehrer; Mutter: Leopoldine, geb. Luger), kath. - Promot. 1960 - Zul. 1970 ff. Ord. Phil.-Theol. Hochsch. Linz - BV: Vermittlung u. Differenz, 1962; Mitverf.: Wesen u. Weisen d. Religion, 1969; D. wirkl. Wirklichk. Gottes, 1974; D. einf. Mensch in Kirche u. Theol., 1975. Hrsg.: Archiv f. Religionspsych. (s. 1982, vorher Mithrsg.); Mithrsg.: Münchener Theol. Zeitschrift (s. 1983).

KRENT, Dietrich

Dr. jur., Geschäftsführer Alusuisse Deutschl. GmbH, Konstanz, Vorst. Kraftwerk Reckingen AG - Gabelsbergerstr. 13, 7750 Konstanz (T. 07531-8 06 77) - Geb. 13. April 1928 Zudar/Rügen, ev. - Stud. Rechtswiss., 1. u. 2. Staatsex., Promot. - Liebh.: Jagd, Tennis.

KRENTZ, Klaus

Dr. med., Prof., Chefarzt - Am Blockhaus 50, 5100 Aachen - Geb. 30. Mai 1924 Berlin (Vater: Paul K., Oberstud.-dir. i. R.; Mutter: Agnes, geb. Neumann), ev., verh. s. 1957, 2 Kd. - Promot. u. Habil. Berlin - B. 1969 apl. Prof. Univ. Hamburg, dann TH Aachen (Inn. Med.). Spez. Arbeitsgeb.: Gastroenterologie, Gastritis, Magenkarzinom - BV: Gastroskopie, 1969; Synopsis d. Magenkrankheiten, 1974 (auch engl., span., ital., japan.) - 1969 Martini-Preis Hamburg - Spr.: Engl., Franz., Schwed., Norw.

KRENZER, Richard Philipp

Dr. phil., Prof. f. Allg. Erziehungswiss. Univ. Frankfurt/M. (s. 1972), Landesstellenleiter f. Hessen Dt. Inst. f. Bildung u. Wissen, Paderborn (s. 1976) - Sudetenstr. 15, 6054 Rodgau 3 (T. 06106 - 25 58) - Geb. 20. Juli 1928 Darmstadt (Vater: Hermann K., Bundesbahnbeamter; Mutter: Elisabeth., geb. Keller), kath., verh. s. 1954 m. Brigitte, geb. Fröbrich, 2 Kd. (Barbara, Thomas) - Stud. Univ. Mainz, Frankfurt/M., TH Darmstadt; Staatsex. f. Gymn. 1954 u. 56; Promot. 1959 - 1966/67 Gastprof. u. 1970 Forschungsaufenth. USA (Trenton, Princeton) - BV: Fördern u. Auslesen, 1967; Erziehungsdenken i. d. amerik. Kolonien, 1978; Erziehungsdenken in d. Vereinigten Staaten v. Amerika, 1984.

KRENZER, Rolf

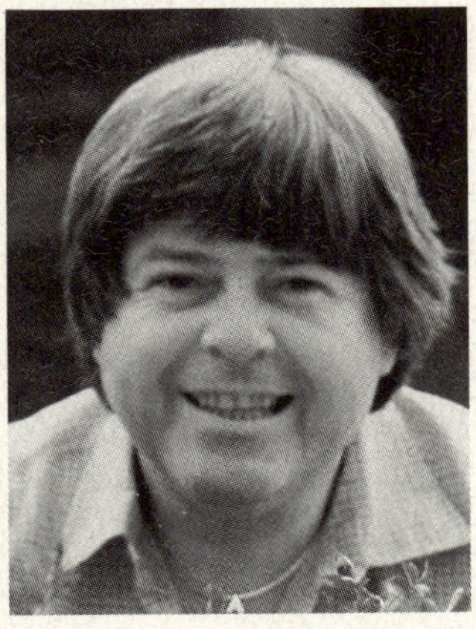

Sonderschulrektor, Schriftst. - Johannstr. 11, 6140 Dillenburg (T. 02771 - 71 83) - Geb. 11. Aug. 1936 Dillenburg, ev., verh. m. Dagmar Domina (Illustratorin s. Bücher), 2 Kd. (Ingo, Kristina) - Abit.; Sonderschulstud. Marburg - Sonderschulrektor; Ltg. v. Fortbildungssem. f. Sonderschullehrer; Grundschullehrer, Erzieher u. Religionspäd. bd. Konfess. in d. Bundesrep., Schweiz, Österr. u. DDR; s. 1976 Ltg. v. Tagungen ev. Kinderakad. Hofgeismar - BV: Nur weil ich 5 Minuten zu langsam denke, 1983; D. kleine Lehrer, 1985; E. Schwester so wie Danny, 1985; Glauben erlebbar machen, 1985; Gebt mir Zeit zu leben, 1985; Ich wünsch' dir e. guten Tag, 1985; Sollte d. Fuchs einmal wiederkommen, 1986; Komm, wir gehen Hand in Hand, 1987; So war das m. Tommy, 1988; D. gr. Liederb. v. R. Krenzer, 1988; Pusteblume, wart' auf mich, 1988; Septemberliebe, 1989; Wenn d. Eisblumen blühn, 1989. Zahlr. Schallpl. u. MCs, u.a. Ich schenk dir e. Sonnenstrahl (1985); Ich wünsche dir e. gutes Jahr (1984); Hast du etwas Zeit für mich (1985). Treffpunkt-Cass. u. Bücher, u.a. Wenn Buln etwas zu essen hätte (1987) - 1986 Kinderakademieze d. ev. Akad. Hofgeismar; 1988 Züricher Kinderbuchpreis La Vache Qui Lit - Liebh.: Reisen, Singen u. Spielen, Anregungen z. Freizeitgest. - Spr.: Engl. - Lit.: Lexikon d. Jugendlit.

KRENZLIN, Anneliese

Dr. phil. nat., o. Prof. f. Kulturgeographie u. Länderkd. (emerit.) - Mozartstr. 1b, 6233 Kelkheim/Ts. - Geb. 26. Sept. 1903 Arnsberg/W. (Vater: Paul K., zul. Oberlandeskulturamtspräs.; Mutter: Julie, geb. Maas), ev. - Realgymnasiale Studienanst. Berlin-Steglitz; Univ. Freiburg/Br., Kiel, Berlin (Geogr., Gesch., German.; Promot. 1930). Habil. 1950 Rostock - 1934-39 Studienass. Berlin, 1939-46 Assist. Univ. Berlin, 1946-48 wiss. Mitarb. Inst. f. Bodenkartierung Berlin, 1948-52 Assist. u. Doz. Univ. Rostock, s. 1953 Doz., apl. Prof. (1956) u. Ord. (1961) Univ. Frankfurt/M. (1971 Mitdir. Geogr. Inst.). Emerit. 1971. 1971-83 Mitarb. d. Forschungsgr. Germania-Slavica im Hist. Sem. d. FU Berlin, s. 1965 Mitgl. Hist. Kommiss. Westberlin - BV: D. Hannoversche Wendland, 1932; Dorf, Feld u. Wirtschaft im Gebiet d. gr. Täler u. Platten östl. d. Elbe, 1952; Histor. u. wirtschaftl. Züge im Siedlungsformenbild d. westl. Ostdtschl., 1955; D. Entsteh. d. Gewannflur - n. Unters. im nördl. Unterfranken, 1961; D. Agrarlandschaft an d. Nordgrenze d. Besiedlung im intermontanen British Columbia, 1965. Mithrsg.: Rhein-Main. Forsch. u. Frankf. Geogr. Hefte - 1971 Robert Gradmann-Med. f. bes. Verd. auf d. Geb. d. Siedlungsgeogr.; Ehrenvors. Frankfurter Geograph. Ges.

KREPLIN, Joachim

Ass., Hauptgeschäftsführer Industrie- u. Handelskammer Düsseldorf - Ernst-Schneider-Pl. 1, 4000 Düsseldorf 1 (T. 0211-35 57-201) - Geb. 6. Sept. 1938 Berlin, verh. m. Charlotte, geb. Völzgen, Sohn Georg - Stud. Rechtswiss. Univ. München u. Kiel; Refer.-Ex. 1963 OLG Schleswig, Ass.- Ex. 1968 Hamburg/Schleswig - Frühere Tätigk. in BDI, DIHT, IHK Berlin, IHK-Vereinig. NRW - Spr.: Franz., Engl.

KREPPNER, Oskar

Dr. jur., Hauptgeschäftsf. Handwerkskammer f. Mittelfranken, Vorstandsmitgl. Landesversicherungsanstalt Ober/Mittelfr. (1976 ff.) - Sulzbacher Str. 11-15, 8500 Nürnberg 20; priv.: Maxtorgraben Nr. 31 - Geb. 27. Jan. 1931 Kitzingen/M. (Vater: Dr. Philipp K., Oberstudiendir.; Mutter: Edith, geb. Loschky), ev., verh. s. 1961 m. Ulrike, geb. Ulrich, 2 Kd. (Rudolf, Ingrid) - Gymn.; Univ. Würzburg (Rechts- u. Staatswiss.). Promot. 1962 - S. 1957 HK Nürnberg (1964 stv., 1976 Hgf.) - 1980 BVK a. Bd.

KRESING, Bruno

Generalvikar Erzbistum Paderborn (s. 1974) Dompl. 3, 4790 Paderborn/W. - Geb. 5. Sept. 1929 Hamm/W., kath. - Schule Hamm (Abit. 1950); Stud. Phil. u. Theol. Paderborn u. München. Priesterweihe 1955 Paderborn; Phil. Staatsprüf. 1962 u. 63 - 1955-58 Pfarrseelsorge; 1958-73 Religionslehrer u. Jugendseels., Studienrat f. Religion u. Gesch. Rats- u. Helmholtz-Gymn. Bielefeld; 1970 b. 1973 Beauftr. f. d. Religionsunterr. an höh. Schulen Erzb. Paderborn; 1973-74 Dir. Erzb. Theologenkonvikt Collegium

Leonium Paderborn - 1974 Domkapitular; 1975 Päpstl. Ehrenprälat; 1984 Apostol. Protonotar.

KRESS, Otto Erich

Dipl.-Polit., Geschäftsführer TELLUX-Film GmbH, München, PROVOBIS-Film, Berlin/Hamburg, IFAGE-Filmproduktion GmbH, Wiesbaden - Unter den Eichen, IFAGE-Film-Haus, 6200 Wiesbaden - Geb. 11. Dez. 1926 Hammelburg/Ufr. (Vater: Stephan K., Kaufm.; Mutter: Helene, geb. Purwin), kath., verh. s. 1956 m. Christine, geb. Starbatty, 2 Töcht. (Celina, Nadina) - Stud. Jura, Publiz., Polit. Wiss. Berlin - Bundesfilmpreis (f. Porträtfilm Theodor Heuss u. Widerstand geg. Hitler).

KRESSE, Günter

s. Kresze, Günter

KRESSEL, Diether

Maler u. Graphiker - Hallerstr. 5a, 2000 Hamburg 13 (T. 422 78 60) - Geb. 17. Dez. 1925 Düsseldorf (Vater: Konrad K., Fabrikant; Mutter: Elsa, geb. Heldt), verh. m. Dorothea, geb. Wagner, 3 Kd. (Tilman, Caroline, Philipp Jonas) - U. a. Farbradierungen - 1968 Edwin-Scharff-Preis Stadt Hamburg.

KRESSL, Günther

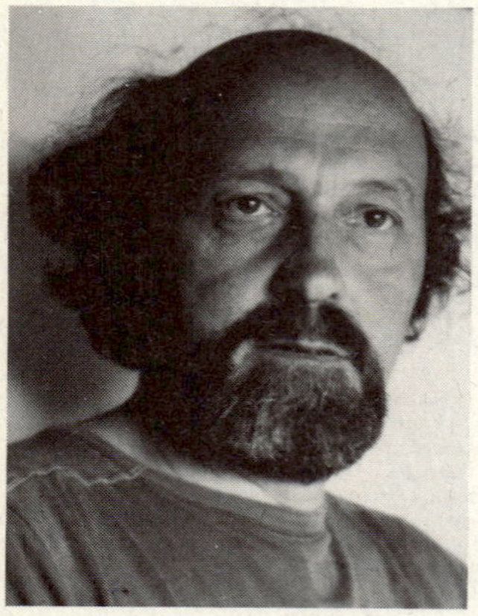

Dr. med., Augenarzt, Schriftst., Grafiker, Maler - Bergstr. 21A, 2807 Achim (T. 04202 - 23 37) - Geb. 30. Aug. 1934, kath., verh. s. 1964 m. Otrun, geb. Weber, 2 Kd. (Christiane, Martin) - 1948-57 Privatstud. Klavier, Geige, Orgel, Kompos., versch. zeichner. Techniken. Grafik (Tiefdruck, Holzschnitt u.a.), 1955-60 Medizinstud. Univ. Münster, Wien, Tübingen; Staatsex. u. Promot. 1960 Tübingen - B. 1958 musikal. Kompos.; s. 1955 Veröff. v. Lyrik u. Prosa in üb. 70 Anthol.; s. 1970 bild. Kunst (Malerei, Grafik, Objekte, Collagen, Foto-Grafik u.a.), s. 1975 eig. Tiefdruckatelier (vorüberg. auch in Worpswede). S. 1975 rd. 20 Einzelausst. (u.a. in Lübeck, Rotenburg, Verden, Hemer, Delmenmhorst, Bremen (Permanente Kunstschau in d. Böttcherstraße), Recklinghausen, Leer, Witten, Wiesbaden, Saarbrücken), Beteilig. an intern. Kunstmessen (u.a. Köln, Düsseldorf, Aachen, Wien, Bayreuth, Koblenz, Basel) - Erf.: Künstler. Entw. d. Collagen-Fotogr. - BV/Grafik-Lyrik-Zyklen: Immaculata, 1975; Es war wohl im September, 1976; Mir war ich wär im Venusberg, 1977; Augen aus d. Teufelsmoor, 1979; Collagen-Zyklus zu Texten v. Werner Illing, 1986 - Bücher: Drehzeit, mit Augen des Krebses, (m. Jürgen Schwalm) 1978; Behutsam geb ich Linien, Lyrik u. Holzschn. 1984; Dein blaues Fenster, Lyrik u. Holzschn. s. 1975; mehrere Bücher als Unikate (handgeschr., handgezeichnet, z.T. m. Radier.) - 1985 Lyrikpreis - Liebh.: Sammeln v. Grafik u. bibliophilen Büchern, Musik, Moorwanderungen - Lit.: Portraits, Kunstztschr. d. Künstlerhof-Galerie (ab 1975); Dietmar Schultheis, Zugang z. scheinbar unverständl. Bildern: Intuition u. Emotion (in: Dt. Ärzteblatt, 1980), E. Handwerker im wahrsten Sinne d. Wortes (in: D. Kassenarzt, 1980), Archetypen wahr sein lassen (in: Musik u. Med., 1981), Aufdecken, was d. Vorstand nicht wahrhaben will (in: Praxis Kurier, 1982), Dr. Verena Flick (in: Kunst als Dialog, 1985), Ärzte sehen Gottfried Benn, Ärzte-Zeitung (1986).

KRESSMANN-ZSCHACH-LOSITO, Sigrid

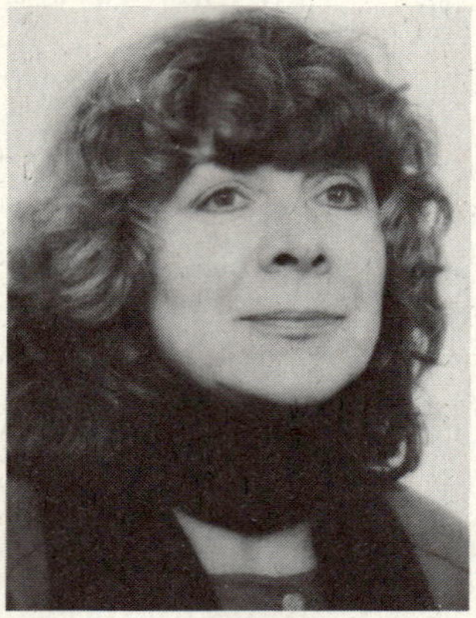

Dipl.-Ing., Architektin - Koenigsallee 9a, 1000 Berlin 33 (T. 891 70 45) - Geb. 27. Juli 1929 Leipzig (Vater: Friedrich Z., Baumeister; Mutter: Martha, geb. Schuster), ev., verh., T. Corina aus 1. Ehe - Div. Bauvorhaben in Berlin u. Bundesgebiet, VFA Berlin, Mitgl. Freunde d. Nationalgalerie, Bauhausarchiv, AIV Berlin, Karl-Hofer-Ges., Verein d. Freunde u. Förderer d. Berlin-Museums - Liebh.: Antiquitäten, Bücher, Musik, Malerei - Spr.: Engl., Ital.

KRETER, Herbert

Dr. phil., Dr. Lit. h. c., em. o. Prof. - Tieckweg 5, 3400 Göttingen - Geb. 15. März 1912 Göttingen - Univ. Bonn, Birmingham, Göttingen (Angl., Roman., Gesch., Musik- u. Politikwiss.). Promot. 1937 - S. 1941 Studienass., -rat (1944), Univ.slektor (1947), Doz. (1949) u. Prof. (1961) Päd. Hochsch. Göttingen (Lehrstuhl f. Didaktik d. neueren Sprachen; 1961-66 Rektor). 1959-60 Gastprof. La Verne College (USA); 1968-70 Senior Officer f. Bildungsplanung UNESCO Paris u. Addis Abeba; 1978 Univ. Göttingen - Herausg.: Bibliogr. f. d. Didaktik d. neueren Sprachen, bes. d. Englischunterr. - Dt. Veröff. 1890-1960 (1965) - 1960 Ehrendoktor La Verne College - Spr.: Engl., Franz.

KRETKOWSKI, Volkmar

Realschuldirektor i. R., MdB (s. 1976, SPD) - Zu erreichen üb. Bundeshaus, 5300 Bonn - Ev., verh., 2 Kd. - Stv. Vors. im Aussch. f. Verkehr, u. d. Kurat. d. Bundeszentrale f. polit. Bildung.

KRETSCHMANN, Hans-Joachim

Dr. med., Prof., Leiter Abt. f. Neuroanatomie Med. Hochsch. Hannover (s. 1971) - Habichtshorststr. Nr. 28b, 3000 Hannover - Geb. 9. Nov. 1928 Greifswald (Vater: Dr. Gerhard K.), verh. m. Dr. Britta, geb. Kraft, 1 Kd. - S. 1962 (Habil.) Lehrtätigk. Frankfurt (1968 apl. Prof.). Fachaufs.

KRETSCHMANN, Josef

Dr., Dipl.-Chemiker, Mitglied d. Direktoriums Henkel KGaA - Postfach 1.100, 4000 Düsseldorf - Geb. 6. Nov. 1929.

KRETSCHMANN, Rudolf

Dr. paed., Prof. f. Behindertenpädagogik Univ. Bremen - Kastanienweg 55, 2804 Lilienthal.

KRETSCHMANN, Winfried

Studienrat, MdL Baden-Württ. - Litschenberg 4, 7480 Sigmaringen-Laiz - Geb. 17. Mai 1948 Spaichingen/Kr. Tuttlingen, verh. s. 1975 m. Gerlinde, geb. Kienle, 3 Kd. (Irene, Johannes, Albrecht) - Stud. Biol. u. Chemie Univ. Hohenheim; 1. u. 2. Staatsex. f. d. Lehramt an Gymn. - 1980-84 Landtagsabg. (Grüne); 1986/87 Grundsatzref. Hess. Min. f. Umwelt u. Energie (unt. Joschka Fischer) - Spr.: Engl., Altsprachen.

KRETSCHMAR, Georg

D. theol., Prof. f. Kirchengeschichte u. Neues Testament - Pommernstr. 32, 8012 Ottobrunn/Obb. (T. 609 15 04) - Geb. 31. Aug. 1925 Landeshut/Schles. - 1953 Privatdoz. Univ. Tübingen; 1956 Ord. Univ. Hamburg; 1967 Ord. Univ. München - BV: Studien z. frühchristl. Trinitätstheologie, 1956; D. Reformation in Breslau, Bd. I, 1960; Gesch. d. Taufgottesdienstes in d. Alten Kirche (Leiturgia V), 1964/66; D. Offenb. d. Joh. D. Gesch. ihrer Auslegung im 1. Jh., 1985; Festkalender u. Memorialstätten Jerusalems in altkirchlicher Zeit (ADPV), 1987. Herausg.: Dokumente z. Kirchenpolitik d. Dritten Reiches (Bd. I 1971; Bd. II 1975); (zus. m. H. Fries) Klassiker d. Theologie (Bd. I 1981; Bd. II 1982). Bibliogr. in: Kirchengemeinsch. Anspruch u. Wirklichk. Festschr. f. G. K. v. W.-D. Hauschild - C. Nicolaisen - D. Wendebourg (1986). Zahlr. Einzelarb. - Theol. Ehrendoktor Univ. Tübingen, Theol. Inst. Cluj-Napoca.

KRETSCHMAR, Helmut

Prof. f. Gesang Hochsch. f. Musik Detmold, Präs. d. Bundesverb. Deutscher Gesangspäd., BDG - Waldeck 7, 4930 Detmold (T. 05231 - 8 80 32).

KRETSCHMAR-FISCHER, Renate

Prof. f. Klavier Hochsch. f. Musik Detmold - Allee 22, 4930 Detmold (T. 7 40 70).

KRETSCHMER, Dorothea

Prof., Hochschullehrerin - Welterpfad 11, 1000 Berlin 48 - Gegenw. Prof. f. Unterrichtswiss./Stufendid. FU Berlin.

KRETSCHMER, Paul

Beigeordneter, Stadtdirektor a. D. - Rathaus, 3450 Holzminden/Weser; priv.: Rosenhof 1 - Geb. 28. Okt. 1910 Rabisau, verh. m. Johanna, geb. Ellsel - Univ. Kiel u. Breslau (Rechts- u. Staatswiss.) - 1970 Nieders. VO. 1. Kl., 1972 Gr. BVK, 1974 Haarmann-Plakette f. verdiente Bürger d. Stadt Holzminden.

KRETSCHMER, Volker

Dr. med., Prof. Univ. Marburg, Facharzt f. Inn. Medizin - Am Kornacker 35, 3550 Marburg (T. 06421 - 8 43 21) - Geb. 5. Febr. 1943 Berlin (Vater: Fritz K., Arch., Heraldiker; Mutter: Elise, geb. Henning), verh. s. 1967 m. Birgitt, geb. Fischer, 2 Kd. (Heiko, Inka) - Abit. 1962 Schweinfurt; Med.-Stud. 1962-69 Marburg u. Gießen (Staatsex. 1969, Promot. 1972); Habil. 1980 - 1972 Assistenzarzt Univ. Gießen; 1972-74 Stabsarzt Bundeswehr Gießen; 1974-75 Med. Klinik Kreiskrkhs. Herford; 1976-81 Oberarzt Inst. f. klin. Immunol. u. Transfusionsmed. Univ. Gießen; ab 1981 Leit. Abt. f. Transfusionsmed. u. Gerinnungsphysiol. Univ. Marburg. Wiss. Arbeiten üb. autoimmunhämolyt. Anämien, Gewinn. u. Transfusion v. weißen Blutkörperchen, Thrombozytenfunktion, Thrombozytenpräparation u. -lagerung - BV: Leukozytenseparation u. -transfusion, 1981. Mithrsg.: Transfusionsmed. aktuell (jährl. ersch.) - 1972 Univ.-Preis f. beste med. Dissertation - Liebh.: Kammermusik, Sport - Spr.: Engl., Latein.

KRETSCHMER, Wolfgang

Dr. med., Prof., Psychiater u. Psychotherapeut - Spemannstr. 9, 7400 Tübingen (T. 61315) - Geb. 14. Febr. 1918 Bad Mergentheim (Vater: Prof. Dr. med. Ernst K., Psychiater u. Neurol. † 1964 (s. XIV. Ausg.); Mutter: Luise, geb. Pregizer) - Promot. 1942 Marburg; Habil. 1951 Tübingen - S. 1958 Prof. Univ. Tübingen - BV: D. Neurose als Reifungsproblem, 1951 (auch span.); Psych. Weisheit d. Bibel, 1956; Selbsterkenntnis u. Willensbildung im ärztl. Raume, 1958; Reifung u. Krise, 1972; Hysterie, 1974; Psychoanalyse im Widerstreit, 1982 - Ehrenmitgl. Soc. Chilena de Medicina Psicosomatica, Acad. de Med. de Antioquia, Soc. Antioquena de Psiquiatria (d. letzten beiden Kolumbien), Acad. de Medicina Valencia (Spanien).

KRETTEK, Otmar

Dr.-Ing., Dipl.-Wirtschaftsing., Prof. TH Aachen - Höhenweg 70, 5100 Aachen (T. 0241 - 8 58 66) - Geb. 6. Jan. 1934 Gleiwitz (Vater: Nikolaus K., Konrektor; Mutter: Elfriede, geb. Fedrowitz, Lehrerin), kath., verh. s. 1971 m. Brigitte, geb. Preissner, Gymn.-Lehrerin, 4 Kd. (Carsten, Imke, Nele, Sören) - BV: Ermittl. d. Laufeigensch. v. Schienenfahrz. bei regelloser Erregung, (m. J. Nöthen), 1973; Rollen, Gleiten, Schweben; Unkonvent. Verkehrsmittel im spurgebundenen Verkehr, 1976; Simulation d. Betriebsabl. v. S-Bahnen auf EDV unt. Berücks. d. fahrdynam. Verh. d. Fahrz. v. e. wirtsch. Fahrweise, 1978; Rechner. Simulation z. Herleit. v. Optimierungskrit. b. S-Bahnen, 1979; Unters. üb. d. Ursachen period. seitl. Ausfahr. in Gleisen v. Nahverkehrsbahnen m. Folger. f. d. Fahrzeugkonstruktion, (m. J. Nöthen), 1974; 76 wiss. Aufs. in Fachztschr. 3 Patente - Spr.: Poln., Engl.

KRETZENBACHER, Leopold

Dr. phil., Dr. jur. h.c., em. Prof. f. Dt. u. vergl. Volkskd. Univ. München - Clemensstr. 36, 8000 München 40 (T. 39 62 84) - Geb. 13. Nov. 1912 Leibnitz (Österr.) - Promot. u. Habil. Graz - S. 1961 Ord. Univ. Kiel u. München (1966) - BV: German. Mythen in d. ep. Volksdicht. d. Slowenen, 1941; Lebend. Volksschauspiel in d. Steiermark, 1951; Passionsbrauch u. Christi-Leiden-Spiel in d. Südostalpenländern, 1952; Frühbarockes Weihnachtsspiel in d. Steierm., 1953; Santa Lucia u. d. Lutzelfrau, 1958; D. Seelenwaage, 1958; Heimat im Volksbarock, 1961; Ringreiten, Rolandspiel u. Kufenstechen, 1966; Teufelsbündner u. Faustgestalten im Abendlande, 1968; Kynokephale Dämonen südosteurop. Volksdicht., 1968; Bilder u. Legenden, 1971; Versöhn. im Jenseits, 1972; Kettenkirchen in Bayern u. Österr., 1973; Südost-Überlieferungen z. apokryphen Traum Mariens, 1975; D. verletzte Kultbild, 1977; Legende u. Sozialgeschehen zw. MA u. Barock, 1977; Mystische Einhornjagd, 1978; Legendenbilder aus d. Feuerjenseits, 1980; Schutz- u. Bittgebärden, 1981; Griech. Reiterheilige als Gefangenretter, 1983; Wortbegründetes Typologie-Denken auf mittelalterl. Bildwerken, 1983; Hiobs-Erinnerungen zw. Donau u. Adria, 1987; Ethnologia Europaea, 1986; Mürztaler Passion, 1988; Geheiligtes Recht, 1988. Zahlr. Einzelarb. - 1969 o. Mitgl. Bayer. Akad. d. Wiss., München; 1971 korr. Mitgl. Österr. Akad. d. Wiss., Wien; 1974 Auswärt. Mitgl. Kgl. Gustav Adolfs-Akad. d. Wiss., Uppsala.

KRETZSCHMAR, Herbert

Dipl.-Ing., Direktor i. R. (Stuttgart), s. XXVII. Ausg.

KRETZSCHMAR, Martin

Dr. rer. nat., Prof. f. Theoret. Physik Univ. Mainz - Am Finther Weg 16, 6500 Mainz 33.

KRETZSCHMAR, Rolf

Dr. med. (habil.), Pharmakologe, apl. Prof. f. Pharmak. u. Toxikol. Univ. Freiburg/Br. (s. 1976), Leitung ZNS-Forschung u. Entw. Knoll AG - Knollstr., 6700 Ludwigshafen/Rh. - Geb. 29. März 1937.

KREUSCH, Erich Adalbert

Kaufmann, gf. Gesellschafter Fa. Kreusch & Partner, Intern. Consultants (Business-Development, Geschäftsanbahnung Europa, USA, UdSSR, Volksrep. China, Fernost, Untern.beratung,

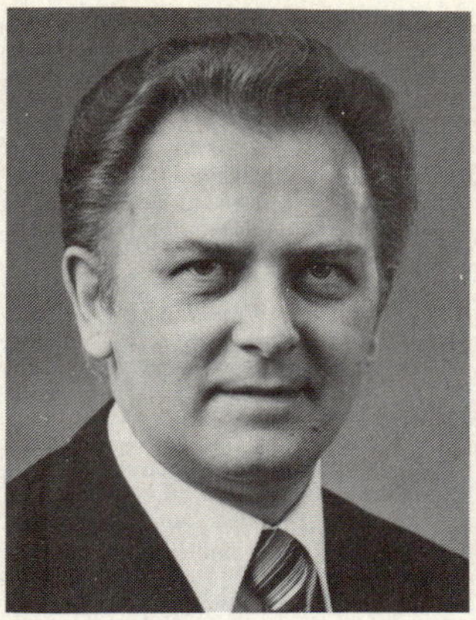

Beteiligungsberatung M&A, Joint-Venture Consult, Technol.-Transfer) - Schadowplatz 14, 4000 Düsseldorf 1 (T. 0211 - 32 01 71; Telefax 0211 - 32 86 04); priv.: An der Pierburg 24, 4300 Essen 18 (02054 - 8 54 44) - Geb. 23. Nov. 1933, kath., verh. - Stud. Harvard Business School - S. 1962 ltd. Positionen in intern. Markenart.geschäft. 1972-76 Hauptgeschäftsf. Coca-Cola Ges. mbH Wien, 1977-86 Geschäftsf. f. dt. Geschäft d. Coca-Cola GmbH Essen (Vors. d. Geschäftsfg.), VR-Präs. Coca-Cola AG Zürich, Sen. Vice Präs. Coca Cola Comp. Atlanta/USA, Europe & Africa Group m. Verantw. f. Zentral-Europa - Mitgl. Intern. Handelskammer Paris, dt. Ges. f. ausw. Politik Bonn, Harvard Club Düsseldorf, Rotary Club Essen, Marketing Club Essen (Gründ.-Mitgl.), HBS Alumnus u.a. - Spr.: Engl.

KREUSER, Kurt

Ministerialdirektor a. D., Gf. Vorstandsmitgl. Arbeitsgemeinsch. dt. Stiftungen (s. 1986) - Leonardusstr. 42, 5300 Bonn 2 - Geb. 6. Mai 1921 Merzig/S., verh. m. Inge, geb. Hauke - Polizeidst.; Tätigk. im Hauptvorst. Gewerksch. ÖTV; 20 J. Senatsverw. Bremen; 1976-86 Generalsekr. Bund-Länder-Kommiss. f. Bildungsplanung u. Forschungsförderung, Bonn.

KREUSSER (ß), Wilhelm

Dr. Dr. med., Priv.-Doz., Chefarzt Med.-Klinik II Marien-Hospital Duisburg (s. 1984) - Zu erreichen üb. Marien-Hospital, Wanheimer Str. 167a, 4100 Duisburg - Geb. 6. April 1947, kath., verh. m. Gerda, geb. Schwab, 3 Kd. (Eva, Stefanie, Michael) - Stud. Univ. Würzburg, Heidelberg, Los Angeles; Habil. 1983 Heidelberg.

KREUTER, Dieter

Bezirksstadtrat a. D., Geschäftsf. GSW, Gemeinn. Siedl.- u. Wohnungsbauges. Berlin mbH, u. Vorst.smitgl. GEWOBAG, Groß-Berlin (s. 1978) - Fischerhüttenstr. 20, 1000 Berlin 37 (T. 8025566) - Geb. 19. April 1926 Berlin - Schulen u. Kunsthochsch. Berlin - Architekt.

KREUTER-TRÄNKEL, Margot

Schriftstellerin u. Malerin (Ps. Margot Kreuter, Margot Tränkel) - Kaiser-Otto-Str. 59, 5400 Koblenz (T. 0261 - 8 21 30) - Geb. 23. Juli 1929 Koblenz, verh. m. Oskar Tränkel, Tochter Petra - BV: 36 Jugendromane; Zeitungsart., Rundfunkbeitr. Kurzgesch. (1958-89) - Spr.: Engl.

KREUTZ, Heinz

Kunstmaler - Im Seefeld 38, 8121 Antdorf (T. 08856 - 44 24) - Geb. 31. Dez. 1923 Frankfurt (Vater: Heinrich K., Photogr.; Mutter: Karoline, geb. Schröder), verh. s. 1980 m. Dorothee, geb. Hänlein, T. Cornelia - Mittl. Reife, Photographenlehre - Autodidakt, abstr. Malerei - 1970 b. 1972 Gastdoz. Hochsch. f. Gestalt., Offenbach/M. - BV: Farbenlehre, 1973 - Liebh.: Alte

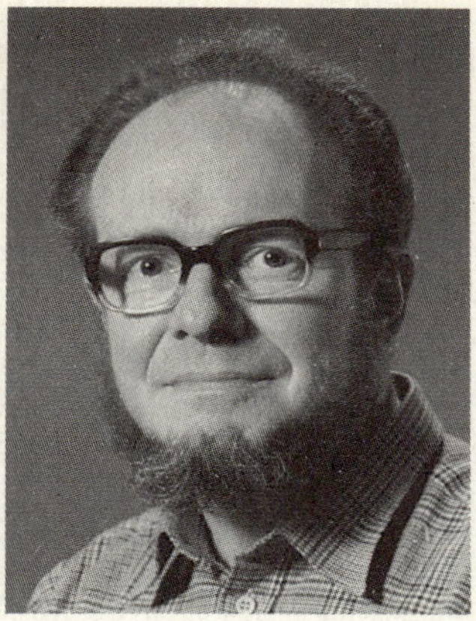

Orientteppiche u. Flachgewebe - Lit.: Juliane Roh, Kunst d. 60er J. u. Dt. Druckgraphik d. 60er J. (1973); Wieland Schmied Malerei nach 1945, Günther Ladstetter: Heinz Kreutz, Kunsthalle Mannheim (1981); Wolfgang Sauré: Z. Malerei v. Heinz Kreutz, in: d. Kunst, Heft 2/86; Quadriga - Aufbruch in e. neue Malerei, Filmdok. v. Isolde Pech (1986); Ursula Geiger: D. Maler d. Quadriga (1987).

KREUTZ, Henrik

Dr. phil., Prof. f. Soziologie u. Sozialanthropologie Univ. Erlangen-Nürnberg - Kneippstr. 1, 8500 Nürnberg - Geb. 14. Nov. 1938 Budapest (Vater: Ferdinand K., Ing.; Mutter: Stefanie, geb. Bárány), kath., verh. s. 1960 m. Christine, geb. Zederbauer, 2 Kd. (Etelka, Gideon) - Promot. 1965, Habil. 1971 Univ. Wien - Tätigk. an Univ. Wien, Hamburg, Hannover u. Erlangen-Nürnberg. Leit. Forschungsinst. in Wien u. Münster - BV: Chance d. Weiterbild., 1971; Rollenerwart. d. weibl. Jugend, 1973; Soziol. d. Jugend, 1974 (Holländ. 1981); Soziol. d. empir. Sozialforsch., 1972; Youth and Social Chance, 1973. Herausg. Ztschr. Angew. Sozialforsch.; Empir. Sozialarbeitsforsch. (1978); Mitwirk. am Schlußbericht d. Enquete-Kommiss. Jugendprotest im demokrat. Staat, 1983; E. Alternative z. Industrieges.?, 1985; Pragmatische Soziologie, 1987 - Spr.: Engl., Ungar., Franz.

KREUTZ, Hermann-Josef

Dr. phil., o. Prof. f. Biologie (emerit.) - Birkhahnweg 9a, 4400 Münster/W. (T. 316337) - Geb. 26. Dez. 1904 Köln (Vater: H.-Josef K., Ingenieur), kath., verh. s. 1936 m. Johanna, geb. Kerp, 2 Töcht. (Hedwig-Elisabeth, Brigitte) - Univ. Köln u. Bonn (Naturwiss., Med., Phil.) - 1929-32 Realschullehrer; 1932-36 Univ.-sassist.; b. 1947 Studienrat; 1943 b. 1953 Fachleiter Studiensem. Köln; s. 1947 Doz. u. Prof. f. Biologie (1954 Päd. Akad. Münster bzw. Päd. Hochsch. Westf.-Lippe/Abt. Münster (1959-61 Rektor), Univ. Münster - 1970-82 Präs. Dt. Arbeitsgem. f. Jugend- u. Eheberatung - BV: Biol.-Hyg. Unterrichtswerk, 1949ff. Zahlr. wiss. Veröff. aus d. Grenzgeb. Biol. u. Päd. - Ritter d. Sylvester-Ordens.

KREUTZ, Josef

s. Kreutz, Hermann-Josef

KREUTZ, Peter

Dr. jur., Prof. f. Bürgerl. Recht, Arbeits-, Wirtschafts-, Handels- u. Gesellschaftsrecht Univ. Kiel (s. 1980) - Hohrott 25, 2305 Heikendorf/b. Kiel - Geb. 28. Nov. 1939 Darmstadt - Habil. 1978.

KREUTZBERG, Georg W.

Dr. med., Prof., Direktor, Leiter Abt. Neuromorphol./Nervenzellbiol. Max-Planck-Institut f. Psychiatrie, 8033 Martinsried b. München - Geb. 2. Sept.1932 (Vater: Dr. med. Josef K., Chirurg), kath., verh. m. Dr. med. Karin, geb. Franken - Gymn. Ahrweiler, Univ. Bonn, Wien, Innsbruck, Freiburg/Br.; Promot. 1961 Freiburg/Br.; 1963/64, 1968 u. 1984 Gast an amerik. Univ., Habil. (Neuropathol.) TU München 1971, apl. Prof. 1977 - S. 1978 Wiss. Mitgl. MPI f. Psychiatrie München. Mitgl. Editorial Boards wiss. Ztschr., Councillor IBRO, Vizepräs. Intern. Ges. f. Neuropathol., Mitgl. Intern. Ges. f. Neurochemie, Akad. d. Wiss. New York, Präs. Dt. Ges. f. Zellbiol. u. a. - BV: Aspekte d. Zellbiol. u. Zellpathol. d. Neurons, 1975 (Japan. Übers. 1981); Physiol. and Pathol. of Dendrites, 1975; Development and Chemical Specificity of Neurons (m. a.), 1979; Cellular Biology of Ectoenzymes (m. a.), 1986; Processes of Recovery from Neural Trauma (m. a.), 1986; üb. 150 Veröff. in Handb. u. intern. wiss. Ztschr. - 1987 Rudolf-F.-Weiss-Preis - Bek. Vorf.: Georg Kreuzberg, Entd. d. Apollinarisbrunnen (1852), Gründer v. Bad Neuenahr.

KREUTZBERGER, Alfred

Dr. rer. nat., o. Prof. f. Pharmaz. Chemie - Saarstr. 21, 6500 Mainz - Geb. 5. Dez. 1922 Königsberg, verh. s. 1949 m. Dipl.-Chem. Elfriede, geb. Seidenstücker, 2 Kd. (Ekkehard, Peter) - Univ. Göttingen, Königsberg, Greifswald u. Münster; Apoth. Dipl.-Chem. - 1952-62 Auslandstätigk. in Columbus, Ohio u. Detroit, Michigan/USA. 1964 (Habil.) Lehrtätigk. Univ. Münster (1967 Wiss. Abt.vorsteher u. Prof.), Berlin/Freie (1972 o. Prof.) u. Mainz (1979 o. Prof). Etwa 240 Fachveröff. bes. z. Thema Arzneistoffsynthese.

KREUTZER, Hans Joachim

Dr. phil., Prof., Ordinarius f. Dt. Philologie (Literaturwiss.) Univ. Regensburg - Dahlienweg 7, 8401 Pentling (T. 0941 - 98534) - Geb. 21. Febr. 1935 Essen, ev., verh. s. 1965 m. Dr. Marianne K., geb. v. Lieres u. Wilkau - Promot. 1964 Hamburg; Habil. 1975 Göttingen - Zul. Privatdoz. Univ. Göttingen. 1978ff. Präs. Heinrich-v.-Kleist-Ges. - BV: D. dichter. Entwicklung Heinrichs v. Kleist, 1968; R. Prutz, Gesch. d. dt. Journalismus; Überlieferung u. Edition, 1976; D. Mythos v. Volksbuch, 1977; Kleist-Jahrb., (Hg.) 1980ff; Historia v. D. Johann Fausten, 1988.

KREUTZER, Hermann

Ministerialdirektor i. R. - Angerburger Allee 41, 1000 Berlin 19 - Geb. 3. Mai 1924 Saalfeld/Thür., konfessionslos, verh. s. 1956 m. Dorothee, geb. Fischer, S. Bernd - Obersch. (Reifezeugnis); Verw.sakad. - 1945-65 Verw.sangest., dazw. 1949 b. 1956 Polit. Haft SBZ bzw. DDR (v. sowjet. Militärtribunal in Weimar m. spät. Ehefr., Vater u. 3 Freunden zu je 25 J. Zwangsarb. wegen Parteitätigk. verurt.), 1965-67 Bezirksstadtrat f. Sozialwesen Berlin-Tempelhof, s. 1967 Min.dir. Bundesmin. f. gesamt- btw. innerd. Fragen (b. 1969 Leit. Abt. II/Bonn, dann III/Berlin). 1959-65 Bezirksverordn. T'hof (1963-65 Fraktionsf.). SPD 1945-81.

KREUTZER, Winfried

Dr. phil., Prof. f. Roman. Philologie Univ. Würzburg - Fritz-Erler-Str. 20, 8700 Würzburg - Geb. 23. März 1940 Trautenau (CSSR) - BV: D. Imaginat. b. Baudelaire, (Diss.) 1970; Stile d. portugies. Lyrik im 20. Jh., 1980; Grundzüge d. span. Lit. d. 19. u. 20. Jh., 1982.

KREUTZKAM, Joachim

Dr. phil., Gf. Gesellschafter Gesellschaft f. Ethik, Bildung u. Management mbH - Hindenburgplatz 3, 3200 Hildesheim (T. 05121 - 3 10 85) - Kath. - Zul. Kanzler Phil.-Theol. Hochsch. Frankfurt/M.

KREUTZKAMP, Norbert

Dr. phil., o. Prof. f. Pharmaz. Chemie - Reventlowstr. 23, 2000 Hamburg 52 - Geb. 28. Aug. 1923 Oberhausen - S. 1957 (Habil.) Lehrtätigk. Univ. Marburg, Berlin/Freie (1961 ao. Prof.), Hamburg (1963 o. Prof. u. Inst.sdir.). Fachveröff.

KREUTZKAMP, Theo

Dr. rer. nat., Prof. f. Mathematik Hochsch. Hildesheim - Mozartstr. 5, 3202 Bad Salzdetfurth.

KREUTZMANN, Heinz

Dr. phil., Parl. Staatssekretär a. D. - Scheibenweg 33, 3587 Borken Bez. Kassel (T. 05682 - 9323) - Geb. 23. Sept. 1919 Darmstadt (Vater: Emil K., Gendarmeriemeister; Mutter: Katharina, geb. Groß), ev., verh. s. 1944 m. Irmgard, geb. Altrogge, 3 Kd. (Birgit, Michael, Thomas) - Gymn. (Abit. 1938); n. 1945 Univ. Frankfurt/M. u. Göttingen (Gesch., German., Kunstgesch., Theaterwiss.). Promot. 1950 Göttingen - 1938-45 Arbeits-, Wehr- u. Kriegsdst.; 1950-58 journalist. Tätigk.; 1958-63 Presse- u. Fremdenverkehrsref. Hess. Min. f. Wirtschaft u. Verkehr; 1963-69 Staatskommissar f. d. Zonenrandgebiete in Hessen (1965 Reg.-Dir.); 1965-83 MdB; 1979-82 Parlam. Staatssekr. b. Bundesmin. f. Innerdt. Bezieh. 1950-66 führend im GB/BHE BV u. LV., s. 1966 SPD, s. 1970 Mitgl. La V u. Bezirk V. Hessen Nord - BV: Braunschweig u. d. dt. Dualismus, 1950; August v. Liebe - E. braunschweig. Staatsmann, 1956; Politik d. nationalen Mitte, 1956; Hessen, Land an d. Zonengrenze, 1964 - Liebh.: histor. u. kunstgesch. Studien.

KREUZER, Arthur

Dr. jur., Prof. - Licher Str. 76, 6300 Gießen - Geb. 26. Sept. 1938, verh. s. 1971, 2 Kd. - 1968-71 Jugendrichter u. Doz., 1972-75 fr. Forsch. Habil. 1975 (Kriminologie, Strafr.), 1975-76 Lehrstuhlvertr. Univ. Hamburg, s. 1976 Prof. f. Kriminol., Jugendstrafrecht u. Strafvollzug Univ. Gießen; 1989 Gründung d. Inst. f. Kriminologie d. J.-L. Univ. Gießen - BV: Ärztl. Hilfeleistungspflicht b. Unglücksfällen, 1965; Drogen u. Delinquenz, 1975; Jugend - Drogen - Kriminalität, 1978, 3. neubearb. A. 1987; Drogenabhängigk. u. Kontrolle, 1981 (m.a.); Polizei u. Sozialarbeit, 1981; Praxistauglichkeit d. Hehlereistraftatbestands, 1986 (m.a.); Drogen - Kriminologie u. Therapie, 1988 (m.a.). Fachveröff.

KREUZER, Gerhard

Dr. med., Prof. f. Geburtshilfe u. Gynäkologie - Zu erreichen üb. Zentralkrankenhaus Reinkenheide, Postbrookstr., 2850 Bremerhaven; priv.: Auerstr. 56 - Zul. FU Berlin (stv. Dir. Frauenklinik Charlottenburg).

KREUZER, Guido

Vorstandsmitgl. Mech. Seidenweberei Viersen AG., Viersen - Mertensstr. 4, 4060 Viersen/Rhld. (T. 67569) - Geb. 23. Aug. 1933 - Spr.: Engl. - Rotarier.

KREUZER, Helmut

Dr. phil., o. Prof. f. Neuere dt. Philologie u. Literaturwiss. - Ludwigstr. 38, 5900 Siegen 21 (T. 0271 - 7 44 97) - Geb. 1. Nov. 1927 Feldstetten/Württ. (Vater: Alfred K., Kaufm.; Mutter: Anna, geb. Jakob), ev., verh. s. 1953 m. Ingrid, geb. Oßmann, Dr. phil. (lit. Pseudonym: Angelika Jakob) - Univ. Basel, Freiburg/Br., Göttingen, Tübingen - S. 1965 (Habil.) Lehrtätigk. TH Stuttgart, Univ. Saarbrücken (1967 Ord.), Bonn (1970) u. Gesamthochsch. Siegen, Gründungssenator (1972). Gastprof. Rice Univ. Houston (1965), Columbia Univ. New York (1966), Washington Univ. St. Louis (1970), Stanford (1971), Wisconsin-Madison (1974), Kairo (1976), Univ. of Houston (1977, 1979, 1981, 1983), California-Irvine (1989) - BV: D. Boheme, 1968, 1971; Veränderungen d. Lit.begriffs, 1975. Herausg.: Hebbel in neuer Sicht (2. A. 1969), Math. u. Dicht. (4. A. 1971), Lit. u. naturwiss. Intelligenz (1969 u. 87), Gestaltungs- u. Ges.sgesch. (1969), Dt. Dramaturgie d. Sechziger J. (1974), Lit. f. viele (Bd. 2 1976), Jh.ende - Jh.wende (Bd. 1 1976), Reihe Q (seit 1976), Lit.wiss. - Medienwiss. (1977), Fernsehforsch. - Fernsehkritik (1980), Sachwörterb. d. Fernsehens (1982).

Mithrsg.: Ztschr. f. Lit.wiss. u. Linguistik (s. 1971) u. Beihefte (s. 1975), Reihe Siegen (s. 1977), Entwickl. d. siebziger Jahre (1978), Fernsehsendungen u. ihre Formen (1979), Expressionismus, Aktivismus, Exotismus - Üb. d. österr. Autor Robert Müller (1981), Üb. Hermann Lenz (1981), Lit.wiss. u. empirische Methoden (1981), Magazine - audiovisuell (1988) - 1971 Mitgl. PEN-Zentrum BRD - Spr.: Engl., Franz.

KREUZER, Ingrid
Dr. phil., Schriftstellerin (Ps. Angelika Jakob) - Ludwigstr. 38, 5900 Siegen - Geb. 21. März 1926 Pethau, ev., verh. s. 1953 m. Helmut K., Germanist - Stud. Kunstgesch., German., Archäol.; Promot. 1953 Tübingen - BV: (Ingrid Kreuzer): Studien zu Winckelmanns Ästhetik, 1959; Entfremdung u. Anpassung, 1972; Märchenform u. Individuelle Gesch., 1983; Lit. als Konstruktion, 1989. (Angelika Jakob): Amie, Erz. 1982; Flieg, Schwesterlein, flieg, Erz. 1984; Grauer Stein u. gelbe Flügel, Ged. 1986; D. Lady u. d. Boy, Erz. 1989.

KREUZHAGE, Jürgen
Verleger, Mitglied d. Geschäftsltg. Verlagsgr. Bertelsmann GmbH, Geschäftsf. Verlage C. Bertelsmann, Blanvalet, Wilhelm Goldmann, Albrecht Knaus u. Siedler, alle München - Neumarkter Str. 18, 8000 München 80 (T. 089 - 4 31 80-400); priv. Flemingstr. 36, 8000 München 81 (T. 089 - 98 85 04) - Geb. 19. Aug. 1936 Berlin (Vater: Eduard Günther K., Verleger; Mutter: Irma, geb. Adrio), gesch., 3 Kd. - Abit.; Lehre Verlagsbuchh.; mehrere Volontariate im In- u. Ausl. - B. 1980 Geschäftsf. Verlag Chemie, GmbH, Weinheim - Spr.: Engl., Franz.

KREY, Franz Heinrich
Mitglied des Bundestages - Zu erreichen üb. Bundeshaus, 5300 Bonn; priv.: Sander Str. 148, 5070 Bergisch Gladbach (T. 3 59 59) - Geb. 18. Febr. 1930 Bergisch Gladbach, kath., verh. m. Ingeborg, geb. Ludwig, 2 Kd. - Abit. 1951; Ausb. in Verlag u. Redakt. Köln. Rundschau - 1944/45 Fronthelfer u. Bürobote; 1958-61 Leit. Redakt. Köln-Land d. Köln. Rundschau; danach Geschäftsf. d. Publiz.- u. Werbung Verlags GmbH, Köln. Junge Union s. 1949 (1954-60 Kreisvors., 1956-61 Mitgl. Landesvorst. u. Deutschl.rat, 1961-64 Landesgeschäftsf. Rheinl.); CDU s. 1952, 1964-68 Stadtverb.Vors. Berg. Gladbach, 1964-66 stv., dann Landesgeschäftsf. Rheinl., s. 1975 Kreisvors. Rhein.-Berg. Kr.). 1965-74 Rat Stadt Berg. Gladbach, 1975-84 MdK, s. 1976 MdB; s. 1984 ehrenamtl. Bürgerm. Bergisch Gladbach.

KREY, Uwe
Dr. rer. nat. (habil.), Prof. f. Physik Univ. Regensburg - Rosenweg 2a, 8401 Penting/Opf. - Zul. Privatdoz. Univ. Hamburg.

KREY, Volker
Dr. jur., o. Prof. f. Straf- u. Strafprozeßrecht Univ. Trier, Richter OLG Koblenz - Mühlenstr. 58a, 5500 Trier - Geb. 9. Juli 1940 Stade - Promot. 1969 Bochum (Jahrespreis) - Zul. Wiss. Rat u. Prof. Bielefeld (1974) - BV: u. a. Stud. z. Gesetzesvorbehalt im Strafrecht, 1977; Keine Strafe ohne Gesetz, 1983; Z. Gewaltbegriff im Strafrecht, 2 Bde., BKA 1986 u. 88.

KREYE, Horst
Dr. phil., Prof. f. Allg. Sprachwissensch. u. Didaktik d. Dt. Sprache - Neubergedorfer Damm 38, 2862 Worpswede 3 - Geb. 9. April 1930 Hannover - Promot. 1970 - S. 1972 Prof. Univ. Bremen. Div. Facharb.

KREYE, Volker A.W.
Dr. med., Arzt f. Pharmakologie u. Toxikologie, Prof. f. Physiologie Univ. Heidelberg (Lehrst. II) - Am Waldrand 24, 6900 Heidelberg - Geb. 9. Aug. 1940 Berlin.

KREYE, Walter A.
Schriftsteller, Journalist, fr. Mitarb. (Regiss. u. Sprecher) Radio Bremen - Achterdiek 4b, 2800 Bremen (T. 25 60 38) - Geb. 2. Juni 1911 Oldenburg, ev., verh. m. Luise, geb. Veit, 3 Kd. (Annegret, Edith, Walter) - Bis 1973 Leit. Abteil. Heimatfunk Radio Bremen. Herausg.: 2 Hörsp.-Bücher; Autor nddt. Lyrik-Bde., nddt. Bühnenstücke, hochdt. u. nddt. Hörsp. Übersetzer a. d. Niederl. u. Fläm. - Mitgl. Kogge u. Eutiner Dichterkreis - 1948 Méd. En reconnaissance pour service fraternel aux camarades de captivité. (Verleih. durch: Aide aux prisonniers de guerre - Genève); Chevalier d'honneur de l'ordre des Chev. de Provence; 1969 Richard-Ohnsorg-Preis; 1986 Senatsmed. f. Kunst u. Wiss. d. Fr. Hansestadt Bremen; 1988 Intern. Friedestrompreis d. Kreises Neuss.

KREYENBERG, Peter
Dr. jur., Staatssekretär Min. f. Bildung, Wiss., Jugend u. Kultur Schlesw.-Holst. (s. 1988) - Düsternbrooker Weg 64, 2300 Kiel - Zul. Ministerialdirektor, Generalsekr. Wissenschaftsrat Köln.

KREYSEL, Hans-Wilhelm
Dr. med., Prof., Direktor Haut- u. Poliklinik Univ. Bonn (s. 1978) - Venusberg, 5300 Bonn 1 (T. 0228 - 280 23 93) - Geb. 8. Aug. 1931 Cottbus - Med.stud.; Approb. 1958; Promot. 1960 Hamburg, Habil. 1968 ebd. - 1972 Oberarzt, 1976 Gf. Dir. Univ.-Hautklinik Hamburg. Arb.geb.: Bindegewebsforsch., Stoffwechselprobl. in d. Dermatol., Lipidstoffwechsel in d. Haut - 1973 Martini-Preis Hamburg; 1975 Konjetzny-Pr. f. Krebsforsch. Hamburg; 1976 Homurg-Pr. d. Coll. f. d. ärztl. Fortb. Regensburg.

KRIBBEN, Klaus
Geschäftsf., MdL Schlesw.-Holst. (s. 1975, Wahlkr. 43/Reinbek), stv. Vors. CDU-Landtagsfraktion - Eulenkamp 24, 2057 Wentorf - Geb. 21. Okt. 1937 Köln, kath., verh. - Univ. München u. Münster (Rechtswiss.) - Anwaltsass., Tätigk. Untern. u. Org., 1969ff. Gf. Verb. d. Südostholst. Wirtsch.

KRICKEBERG, Klaus
Dr. rer. nat. (habil.), o. Prof. f. Wahrscheinlichkeitstheorie u. math. Statistik Univ. Heidelberg (s. 1958) - Am Schlierbachhang 45a, 6900 Heidelberg (T. 50665) - Geb. 1. März 1929 Ludwigslust/Meckl. (Vater: Dr. med. Walter K., Röntgenologe; Mutter: Lucie, geb. Issertel), verh. s. 1952 m. Brigitte, geb. Holsten, 4 Kd. (Thomas, Stefan, Holger, Beate) - Franz. Gymn. u. Humboldt-Univ. Berlin (Promot. 1952). Habil. 1954 Würzburg - Research Associate Univ. of Illinois (1955) u. Wisconsin (1956); Doz. Univ. Hamburg (1958). Gastprof. Univ. Aarhus (1959-60) u. Columbia Univ., New York (1964-65) - Bek. Vorf.: Karl K., Schriftst. (Großv.).

KRIEBS, Karl
Kaufmann, Vors. Koblenzer Produktenmarkt - Zu erreichen üb.: Mauritiusstr. 40, 5400 Koblenz-Rübenach.

KRIECHBAUM, Frieda
Dr. phil., Prof. f. Systemat. Theologie u. Religionspäd. Univ. Gießen (s. 1972) - Elsa-Brandström-Str. Nr. 1, 6300 Gießen - Geb. 13. Aug. 1935 Gießen - Promot. 1965 Frankfurt - BV: Grundl. d. Theol. Karlstadts, 1967.

KRIEG, Benno
Dr., Dipl.-Chem., Prof. f. Chemie FU Berlin - Takustr. 3, 1000 Berlin 33 (T. 030 - 838 27 89) - Geb. 5. Juli 1931 - Dipl. 1959, Promot. 1963 Berlin - BV: Chemie f. Mediziner, 4. A. 1987.

KRIEG, Dieter
Prof. a. d. Kunstakad. Düsseldorf, Maler - Zu erreichen üb. Staatl. Kunstakad., Eiskellerstr. 1, 4000 Düsseldorf - Geb. 21. Mai 1937 - 1968 Preis d. Biennala Danuvius 68, Bratislava; 1969 Kunstpreis d. Böttcherstraße, Bremen; 1970 Darmstädter Kunstpreis; 1978 Venedig (Biennale Katalog).

KRIEG, Herbert
Vorstandsmitgl. AG. f. Versorgungs-Unternehmen (AVU) - Brüderstr. 6, 5820 Gevelsberg/W.; priv.: Oberbraker Weg 75.

KRIEG, Hermann
Dr. med. (habil.), Prof., Chefarzt Städt. Frauenklinik Heilbronn - Städt. Frauenklinik, 7100 Heilbronn - Geb. 2. Febr. 1934 Jena (Vater: Hermann K., Lehrer; Mutter: Helene, geb. Lang), ev., verh. s. 1965 m. Michèle, geb. Sibué, 3 Kd. (Nicole, Marcel, Sebastian) - Med.stud. Univ. Greifswald, Tübingen, Heidelberg. Promot. 1958 Heidelberg; Habil. 1968 Würzburg - S. 1974 apl. Prof. f. Geburtshilfe u. Frauenheilkde. Univ. Würzburg.

KRIEG, Klaus Günter
Dipl.-Ing., Technischer Direktor, Mitglied d. Geschäftsleitung DIN Dt. Institut f. Normung - Burggrafenstr. 6, 1000 Berlin 30 - Geb. 23. März 1935 Berlin (Vater: Wilhelm K., Betriebsleit.; Mutter: Margarete, geb. Schipke), ev., verh. s. 1964 m. Helga, geb. Koesling, 2 Kd. (Regina, Mark) - Maschinenschlosserlehre Berlin; Maschinenbaustud. FHS ebd. (Ex. Dipl.-Ing. 1958) - S. 1967 DIN. Spez. Arbeitsgeb.: nationale Normung, Normenanwendung, Normungsgrundsätze, Schriftleit.: DIN-Mitteilungen + elektronorm. Bearb.: Klein - Einf. in d. DIN-Normen, Leitfaden d. DIN-Normen - Spr.: Engl.

KRIEG, Robert
Dr. med., Prof. f. Radiol. Univ. Gießen, Oberstarzt a.D. - Am Wäldchen 6, 4200 Hamm.

KRIEGEL, Heinz
Dr. med., em. Prof. f. Strahlen- u. Umweltforsch. mbH - Ingolstädter Landstr. 1, 8042 Neuherberg/Obb. - Geb. 19. Mai 1922 Brandenburg - Promot. 1953 - S. 1966 (Habil.) Lehrtätigk. Univ. Freiburg/Br., Univ. u. TU München (1972 apl. Prof. f. Strahlenbiol.). Bücher u. Einzelarb.

KRIEGER, Albrecht
Dr. jur. h. c., Ministerialdirektor, Leit. Abt. III (Handels- u. Wirtschaftsrecht) Bundesjustizmin. - Heinemannstr. 6, 5300 Bonn 2 - Geb. 1. Mai 1925 Hamburg (Vater: Carl K., Ministerialrat Reichsjustizmin.; Mutter: Meta, geb. Rothermundt), ev., verh. s. 1951 m. Ursula, geb. v. Eicken, 4 Kd. - Gymn. Berlin; 1946-49 Stud. Rechts- u. Staatswiss. ebd. - S. 1953 BJM; s. 1969 Mitgl., s. 1975 stv. Vors. d. Kurat. Max-Planck-Inst. f. ausl. u. intern. Patent-, Urheber- u. Wettbewerbsrecht, München; 1979-81 Präs. Generalvers. d. Weltorg. f. geistiges Eigentum, Genf; s. 1982 Vors. EG-Interimsaussch. f. d. Gemeinschaftspatent; s. 1987 VR-Präs. d. Europ. Patentorg. - 1972 Ehrendoktor Univ. München.

KRIEGER, Ernst
Vorstandsmitgl. Main-Gaswerke AG., Frankfurt/M. - Lahnweg 6, 6231 Niederhöchstadt/Ts. - Geb. 1. April 1928 - ARsmand.

KRIEGER, Horst
A. C., C. Eng., Techn. Direktor NDR (1972-77, i. R.) - Gazellenkamp 57, 2000 Hamburg 54 (T. 4131) - B. 1972 WDR (Hauptabt.sleit. Fernsehtechn.), dann NDR (Techn. Dir.). 1970-72 Leit. Progr. u. Produktion Dt. Olympia-Zentrum.

KRIEGER, Karl-Friedrich
Dr. phil., o. Prof. f. Mittelalterl. Geschichte Univ. Mannheim - Guntherweg 22, 6800 Mannheim 24 (T. 0621 - 292 54 02) - Geb. 5. Sept. 1940 Berlin, verh. s. 1965 m. Ursula, geb. Dörr, T. Christine - 1962-66 Stud. Univ. Kiel (Gesch. u. Rechtswiss.), 1. jurist. Staatsprüf. 1966; 1966/67 Studien- u. Forschungsaufenth. als Stip. d. franz. Reg. Univ. Poitiers/Frankr.; Promot. 1968, Habil. 1976. S. 1978 Universitätsdoz. Regensburg; s. 1982 o. Prof. Mannheim - BV: Ursprung u. Wurzeln d. Rôles d' Oléron, 1970; D. Lehnshoheit d. dt. Könige im Spätmittelalter ca. 1200-1437, 1979; Einf. in d. engl. Gesch. (m. H. Haan u. G. Niedhart), 1982.

KRIEGER, Margarethe
Graphikerin, Kunstkritikerin - Mühltalstr. 93, 6900 Heidelberg (T. 06221 - 48 09 24) - Geb. 27. Apr. 1936 Mannheim (Vater: Dr. Carl K., Theologe; Mutter: Ingeborg, geb. Kieser), ev., verh. s. 1968 m. Jürgen Schütz - Gymn. Heidelberg; Univ. ebd. (Phil., German., Kunstgesch.); Kunstakad. Karlsruhe. Ass.ex. 1961 - Kunstkritikerin (1961 ff. Mannheimer Morgen); fr. Illustratorin. Zahlr. Zyklen u. Dichterporträts. Ausstell. In- u. Ausl. - BV: Willem Enzinck, Aus vielen Herbsten (Originallinolschnitte), 1960; Anna Maria Achenrainer, D. grüne Kristall (Originallinolschn.), 1960; Emil Ploss, Delta 61 (Pinselzeichnungen), 1962; Ludwig Friedrich Barthel, Hol über! (Rohrfederzeichn.), 1962; Holzschn. zu Brecht, 1966 (Vorwort: Karl Krolow); René de Obaldia, Flucht n. Waterloo, 1968; D. Plastiker Martin Mayer, 1971; D. gr. Zyklus Catcher u. Boxer, 1971; Dagmar v. Mutius: Versteck ohne Anschlag, bibliophile A. 1975; Der verlorene Sohn, Rohrfederzeichn. 1978; Don Quichotte, Rohrfederzeichn. 1979; D. Buch Ruth, 1980; Vivre, Ged. u. Rohrfederzeichn. (m. A. Simon) 1981 (in franz. Spr.); Gesicht u. Tag, Grafik u. Texte (m. R. Döringer-Siemers) 1982; Wort u. Traum, Ged., Zeichn., 1985 (m. Oskar Werner); Schattengrenze - neue Zeichnungen, bibloph. Ausg. 1986; Innstettens Traum v. Bert Nagel m. Rohrfederzeichn., 1986; Passages (m. Ana Simon), Ged./Zeichn. 1987; La Rose de Jéricho (m. Ana Simon, in franz. Spr.), Ged./Zeichn. 1988. Filme (graph. Ausgestalt.): La petite vendeuse des lampes n. Marcel Schwob (Regie: Ana Simon), 1987; Paroles de Monelle - film. Interpretation e. Textes v. Marcel Schwob durch Zeichn. v. M. K. (Buch u. Regie: Ana Simon), 1988 - 1968 Graphikerpr. Musée d'Art Moderne, Paris (Salon des Femmes Peintres), 1973 Preis an e. ausl. Künstlerin, Musée d'Art Moderne, Paris, 1978 Goldmed. Ital. Akad. d. Künste, 1979 Ehrengabe d. Zentralverb. d. Sozialversich. Dtschl. (ZdS), 1981 Kunstpreis Akad. Salsomaggiore, Parma, m. Ehrendipl. b. Premio d'Italia 1980; 1981 Mitgl. Cinemathèque Suisse, Lausanne (f. Rett. u. Schenk. d. cinématograph. Nachlasses v. Michel Simon) - Liebh.: Kurzfilme - Spr.: Engl., Franz.

KRIEGESKORTE, Werner
o. Prof. em., Hochschullehrer - Graf-Galen-Str. 8, 5060 Bensberg - em. o. Prof. f. Kunsterz. Päd. Hochsch. Rheinl. Abt. Köln.

KRIEGLER, Horst
Vortragender Legationsrat, Leit. Konsulat d. Bundesrep. Deutschl. in Concepción/Chile - Casilla 41-C, Concepción/Chile (T. 041 - 22 59 78).

KRIEGLSTEIN, Josef
Dr., Dr., Prof. f. Pharmakologie u. Toxikol. Univ. Marburg - Wilhelm-Busch-Str. 4, 3553 Cölbe.

KRIELE, Martin
Dr. jur., LL.M. (Yale), o. Prof. f. Allg. Staatslehre u. öfftl. Recht Univ. Köln, Dir. Seminar f. Staatsphilosophie u. Rechtspolitik, Richter am Verfassungsgerichtshof Nordrh.-Westf. (1966-88) - Richard-Wagner-Str. 10, 5090 Leverkusen 1 (T. 0214 - 5 15 64) - Geb. 19. Jan. 1931 Opladen (Vater: Dr. jur. Rudolf K., Ministerialdir. († 1973), s. XVI. Ausg.; Mutter: Constanze, geb. Henckels), verh. s. 1960 m. Dr. phil. Christel, geb. Grothues, T. Dorothea, S. Benedikt - Stud. Rechtswiss. Gr. jurist. Staatsprüf.; 1963 Promot.; 1966 Habil.; s. 1967

Ord. Univ. Köln - BV: Kriterien d. Gerechtigkeit, 1963; Theorie d. Rechtsgewinnung, 1967, 2. A. 1976; Hobbes u. engl. Juristen, 1970; Einführung in d. Staatslehre, 1975, 3. A. 1987; Legitimitätsprobleme d. Bundesrepublik, 1977; D. Menschenrechte zw. Ost u. West, 1977, 2. A. 1979; Recht u. prakt. Vernunft, 1979; Befreiung u. polit. Aufklärung, Plädoyer f. d. Würde d. Menschen, 1980, 2. A. 1986; Nicaragua - D. blutende Herz Amerikas, 1985, 4. A. 1986; D. demokratische Weltrevolution - Warum sich die Freiheit durchsetzen wird, 1987, 2. A. 1988. Mithrsg. u. Schriftl.: Ztschr. f. Rechtspolitik.

KRIENEN, Karlheinz

Oberstleutnant a. D., Präs. Dt. Billard-Bund (1952-64), Directeur Sportif Général d. Fédération Internationale de Billard (1956-61), Verlag u. Redaktion Billard-Ztg. (1957-64), Mitarb. b. div. Sportverlagen f. d. Fachgebiet Billard u. allg. Sportprobleme - Franziskanerstr. 8, 4050 Mönchengladbach 1 (T. 8 52 19) - Geb. 13. Aug. 1916 Mönchengladbach (Vater: Heinrich K., Juwelier), kath., verh. s. 1944 m. Anneli, geb. Johenneken, Lehrerin i.R., T. Dagmar, Dipl.-Trophologin Oberstudienrätin - Ehrenpräs. Dt. Billard-Bund, Ehrenmitgl. Confédération Europ. de Billard (CEB), Ehrenmitgl. Union Mondiale de Billard (UMB), Sportplak. Land Nordrh.-Westf. f. d. Jahr 1983; BVK I. Kl. - Liebh.: Geschichte, Politik u. Billard - Spr.: Franz.

KRIENEN, Norbert

Assessor, Geschäftsf. IHK Wuppertal-Solingen-Remscheid, Ltr. Bezirksst. Remscheid - Elberfelder Str. 49, 5630 Remscheid (T. 23075).

KRIENITZ, Gerhard

Dipl.-Ing., Direktor i. R., Honorarprof. f. Elektr. Bahnen TU Berlin (s. 1961) - Hoffmann-v.-Fallersleben-Pl. 2, 1000 Berlin 31 (T. 824 26 12) - Geb. 7. Okt. 1907 München, ev., verh. s. 1938 m. Angela, geb. Merk - Gymn. u. TH München. Dipl.-Ing. 1931; Regierungsbaum. 1935 - B. 1945 Reichsbahn, dann AEG bzw. AEG-Telefunken (Fachbereich Bahnen) - 1981 Ehrenvors. Dt. Maschinentechn. Ges. (DMG) - Mithrsg.: Glasers Annalen/Ztschr. f. Eisenbahnwesen u. Verkehrstechnik.

KRIER, Hubert

Dr. jur., Drs. h. c., Dr. phil. e. h., Botschafter a. D., ehrenamtl. Generalkonsul Paraguay f. Bayern u. Baden-Württ. (s. 1973) - Fritz-Reuter-Str. 25, 8000 München 60 (T. 88 27 57) - Geb. 3. März 1905 Wiesbaden (Vater: Paul-Alexander K., Bankier; Mutter: Jane, geb. Thiria), kath., verh. s. 1937 m. Hilde, geb. Waibel, 4 Kd. (Dr. Silvia-Irene Günther (vortr. Legationsrätin, AA), Dagmar, Dr. jur. Stephan-Alexander (Botschaftsrat, Botschaft Peking), Marion verh. Trebesch) - Gymn. Wiesbaden; Univ. Freiburg/Br., Frankfurt/M., Paris, London. Promot. 1927 Frankfurt; Engl.-Dipl. 1932 Univ. London - 1927-50 Teilh. Bankhaus Gebr. Krier, Wiesbaden/Frankfurt; 1940-43 Referats- u. Gruppenleit. (1942) Beauftr. f. d. Vierjahresplan, Berlin; 1950 b. 70 Ausw. Dienst Bonn (1950 Wirtschaftsref. Botschaft Brüssel, 1955 Polit. Abt. AA, Bonn, 1960 Leit. Konsulat Palermo, 1965 Botschafter Paraguay). Kurat.-Mitgl. Dt.-Hispan. Ges.; Vorst.-Mitgl. Dt.-Paraguayische Ges. Hamburg, 1980 Korresp. Mitgl. Staatl. Akad. f. Gesch.wiss., Asunción, Korresp. Mitgl. Institutión Cultural Argentino-Germana, Buenos Aires, u. Instituto Ulrico Schmidt, Buenos Aires, s. 1973 Förd. Mitgl. MPG - BV: Sizilien - gestern - heute - morgen, 1966; Tapferes Paraguay, 1973, 5. erw. u. wesentl. erg. A. 1986; Überblick üb. d. parag. Gesch., 3. überarb. A. 1981; Lateinamerikan. Probleme - a. Beisp. Parag.s, 1975; Paraguay - Herzland Südamerikas, 1977 (m. Gerhard Ponemunski) (5. A. 1986); Leprabekämpf. i. Paraguay, 1977; Sinopsis de la Historia Paraguaya, 1978; D. Deutschen i. Paraguay - Schicksal u. Leistung, 1979. Zahlr. Fachveröff. - 1970 Ehrendoktor Staatl. u. Kath. Univ. Asunción (2); 1955 Komtur Kgl. Belg. Kronenord.; 1968 BVK I. Kl.; 1970 Großkr. parag. Nat. Verdienst-Ord. m. Stern u. Schulterbd.; 1974 Gr. BVK; 1975 Dr. phil. e. h. Univ. Köln; Ehrenmitgl. Dt.-Parag. HK, Asunción; 1977 Bayer. VO. - Liebh.: Gesch., Geneal., Schwimmsport (1952 Gold. Sport- u. 1959 Gold. -leistungsabz.) - Spr.: Engl., Franz., Ital., Span. (b. allen Staatl. gepr. Gerichtl. beeid. Dolmetscher), Holl., Lat., Griech. - Bek. Vorf.: Paul-Henri K. Dir. Dresdner Bank u. Präs. Mannheimer Wertpapierbörse (Großv.) - Brüder: Edmund, Hofbankier I.K.H. d. Großherzogin Charlotte v. Luxembg.; Pablo, Gen.-Dir. u. Verwaltungsrats-Deleg. Banco Comercial Transatlántico S.A., Barcelona/Madrid - Lit: Erik Emig, Dr. H. K. - e. Portrait (in Wiesbaden Internat. 1975).

KRIMMEL, Arthur

Dr. jur. can., o. Prof. f. Kirchrecht Phil.-Theol. Hochsch. Fulda (s. 1968) - Klosterstr. 5, 6418 Hünfeld (T. 06652 - 2025) - Geb. 6. Juni 1918 Sargenzell (Vater: Norbert K., Landw.; Mutter: Maria, geb. Enders), kath. - Gymn.; PhThH u. Univ. Promot. München - 1955-68 Prof. PhThH Hünfeld (Oblaten). 1954 ff. Vizeoffizial Diözesangericht Fulda - BV: D. Rechtsstellung d. außerh. ihres Verb. lebenden Ordensleute, 1957 - Spr.: Lat., Franz., Schr.: Ital., Span.

KRINGS, Heinz

Dipl.-Ing., Geschäftsf. Forschungsvereinig. Elektrotechnik b. ZVEI e. V. - Stresemannallee 19, 6000 Frankfurt/M. 70.

KRINGS, Hermann

Dr. phil., o. Prof. f. Philosophie - Zuccalistr. 19a, 8000 München 19 (T. 17 05 36) - Geb. 25. Sept. 1913 Aachen (Vater: Wilhelm K., Fabrikant; Mutter: Jenny, geb. Dechamps), kath., verh. s. 1949 m. Inge, geb. Birkmann (Schausp.; s. dort), 1 Kd. - Univ. Bonn u. München (Phil., Gesch., Theol.). Promot. (1938) u. Habil. (1951) München - 1938-49 wiss. Assist. u. 1951-60 Privatdoz. u. apl. Prof. (1958) Univ. München; s. 1961 Ord. u. Dir. Phil. Inst. Univ. Saarbrücken (1965-67 Rektor) u. München (Dir. Phil. Inst.; 1968-80; s. 1980 Emerit.). S. 1966 Mitgl. Dt. Bildungsrat (1970 b. 75 Vors.) - BV: Ordo - Philosophhistor. Grundlegung einer abendländischen Idee, 1941, 2. A. 1983; Fragen u. Aufgaben d. Ontologie, 1954; Meditation d. Denkens, 1956; Transzendentale Logik, 1964; Neues Lernen, 1972. Herausg.: Handb. phil. Grundbegriffe (1974); System u. Freiheit (1980) - 1973 Gr. BVK; 1973 Mitgl. Bayer. Akad. d. Wiss. - Lit.: Schr. v. H. K. aus d. J. 1940-73. Verzeichn. u. Beisp. (1973).

KRINGS, Josef

Oberbürgermeister - Sanddornstr. 67, 4100 Duisburg 29 (T. 76 66 66) - Geb. 21. Okt. 1926 Düsseldorf, verh. - Realsch.; Lehrerbildungsanstalt; Päd. Akad. Volks- u. Realschullehrerprüf. - B. 1989 Volks- u. Realschullehrer u. -dir. S. 1962 Ratsherr u. 1975 Oberbürgerm. Duisburg; 1966-70 MdL Nordrh.-Westf. SPD s. 1957.

KRINK-PEHLGRIMM, Stephanie

Managerin Prima Künstlermanagement - Bundesallee 141, 1000 Berlin 41 (T. 030 - 851 40 06) - Geb. 5. Sept. 1951 Berlin, verh. s. 1980 m. Frank Pehlgrimm, 2 Kd. - Management Jürgen v. d. Lippe, Gerd Dudenhöffer, u. a. - Spr.: Engl., Schwed.

KRINNER, Ida

Bäuerin, MdL Bayern (s. 1970) - 8304 Hadersbach/Ndb. (T. 09423 - 248) - Geb. 1926 - CSU - 1980 Bayer. VO, 1984 Bayer. Verfassungsmed. in Silber.

KRIPPENDORFF, Ekkehart

Dr. phil., Prof. f. Politologie FU Berlin - Lansstr. Nr. 5-9, 1000 Berlin 33 - Geb. 22. März 1934 Eisenach - Promot. (1959) u. Habil. (1972) Tübingen - BV: u. a. D. amerik. Strategie, 1970; Intern. System als Geschichte, 1975; Intern. Bez. als Wiss., 1977; Reisebuch Italien (2 Bde., m. P. Kammerer), 1979 u. 1981.; Staat u. Krieg, 1985; Intern. Politik, 1986; Üb. Goethes Politik, 1988; Polit. Interpretationen, 1989.

KRIPPENDORFF, Wolfgang Walter

Dipl.-Ing., Geschäftsf. u. Gesellsch. - In den Sandbergen 23, 2810 Verden-Eitze (T. 04231 - 5033) - Geb. 25. Juni 1930 Freden/Leine (Vater: Walter K., Fabrikant; Mutter: Dipl.-Kfm. Elsbeth, geb. Walper), ev., verh. s. 1956 m. Kristin, geb. Koetzold, 4 Kd. (Stefan, Henning, Andrea, Ehler) - Städt. Obersch. (Abit. 1949) Alfeld/Leine; TH Hannover (Dipl.-Ing. 1954) - 1964-69 Arbeitsrichter; s. 1962 AOK-Vorst.; s. 1968 Vollvers. IHK; s. 1964 Ratsherr; CDU s. 1961 (div. Ämter) - Liebh.: Garten, Briefmarken, Schmalfilm - Spr.: Engl., Franz. - Rotarier.

KRISCHEK, Josef

Dr. med., Prof., Chefarzt Neurolog. Klinik Städt. Krankenanst. Osnabrück - Albrechtstr. 38, 4500 Osnabrück (T. 3231) - Geb. 25. Aug. 1919 Münster/W. (Vater: Josef K., Regierungsinsp.), ev., verh. s. 1954 m. Ingeborg, geb. Schmitz, 3 Kd. (Rainer, Petra, Karsten) - Univ. Münster, Wien, Berlin (Med. Staatsex. 1945) - S. 1954 Privatdoz. u. apl. Prof. (1960) Univ. Münster - BV: D. Problem d. Neuritis unt. bes. Aspekt d. Bandscheibenvorfalls, 1955; Kopfschmerzen, 1958 - Spr.: Engl., Franz.

KRISCHER, Tilman

Dr. phil., Prof. f. Klass. Philologie FU Berlin (s. 1970) - Str. z. Löwen 24, 1000 Berlin 39 - Geb. 5. Juni 1931 - Promot. 1957 Frankfurt/M.; Habil. 1970 Berlin (FU) - BV: Formale Konventionen d. Homer. Epik, 1971.

KRISCHKE, Traugott

Prof., Redakteur - Zehntfeldstr. 255, 8000 München 82 (T. 089 - 430 77 89) - Geb. 14. April 1931, kath., verh. s. 1974 m. Susanna, geb. Foral, T. Katharina - Volkssch.; Gymn., Univ. Wien u. Göttingen - Dramaturg u. Regiss. (Hamburg, Wien, Göttingen); Redakt. (WDR, ZDF, BR) - Herausg. Ges. Werke v. Horváth; div. Drehbücher - Spr.: Engl.

KRISCHKER, Gerhard C.

Dr. phil., Lektor, Schriftst. - Unterer Kaulberg 9, 8600 Bamberg (T. 0951-5 64 93) - Geb. 24. Juni 1947 Bamberg, kath., verh. s. 1976 m. Kristin Anna, geb. Rauscher, 2 T. (Johanna, Katharina) - Stud. German. u. Gesch.; Promot. 1975 Erlangen - BV: Lyrik, Regionallit. - 1979 Literaturförderungspreis Stadt Nürnberg; 1980 Kulturpreis Oberfränk. Wirtsch.; 1985 Wolfram-von-Eschenbach-Förderpreis - Liebh.: Lit., Popmusik - Spr.: Lat., Griech., Engl.

KRISEMENT, Otto

Dr. phil. (habil.), o. Prof. f. Theoret. Physik Univ. Münster (s. 1965) - Carossastr. 21, 4400 Münster (T. 02534-484) - Geb. 21. Aug. 1920 Wiesdorf/Leverkusen, kath., verh. s. 1958 m. Esther, geb. Hoppe, 2 Töcht. (Vera-Marcelle, Esther-Nicole) - Wiss. Mitarb. Max-Planck-Inst. f. Eisenforsch., Düsseldorf; Privatdoz. TH Aachen. Üb. 50 Veröff. z. Metallphysik - 1960 Masing-Preis.

KRISHAN, Mircea

s. Craus, Mauriciu

KRISTEN, Kurt

Dr. med., Dr. med. dent., o. Prof. u. Direktor Univ.-Klinik u. Poliklinik f. Mund-, Kiefer- u. Gesichtschirurgie Heidelberg - Im Neuenheimer Feld 400, 6900 Heidelberg (T. 56 73 00) - Geb. 13. Juni 1924 Olbersdorf - Habil. 1962 Heidelberg - Zul. Univ. Köln (1967ff. apl. Prof. bzw. Wiss. Rat u. Prof.). Etwa 100 Fachaufs. - 1963 Jahrespreis Dt. Ges. f. Kieferorthop.

KRISTEN, Udo

Dr. rer. nat., Prof. f. Allg. Botanik, insb. Zellbiol. Univ. Hamburg - Zu erreichen üb. Univ. Hamburg, Inst. f. Allg. Botanik, Ohnhorststr. 18, 2000 Hamburg 52.

KRISTINUS, Friedrich

Dr. jur., Fabrikant, Vorstandsvorsitzender a. D. Martin Brinkmann AG, AR-Vors. a. D. Martin Brinkmann AG, Member of the Rothmans World Croup Advisory Board, pers. haft. Ges. Kristinus KG Hamburg, Beirat Dt. Bank AG - Alsterufer 34, 2000 Hamburg 36; priv.: Obersecki 21, Terrassenhaus, CH-6318 Walchwil - Geb. 28. Juli 1913 Wien.

KRISTOF, Walter

Dr. phil., Ph. D., Dipl.-Psych., Prof. f. Soziologie Univ. Hamburg (s. 1973) - Allende-Park 1, 2000 Hamburg 13 - Geb. 18. Okt. 1931 Mähr.-Chrostau - Promot. 1960 Marburg; Habil. 1967 Gießen - Mehrj. USA-Aufenth. - BV: Unters. z. Theorie psych. Messens, 1969.

KRITZ, Hugo M.

s. Krizkovsky, Hugo

KRITZER, Karl-Heinz

Geschäftsführer Grund u. Boden GmbH, Grund u. Boden Treuhand GmbH, Grund u. Boden Baubetreuung GmbH, Grund u. Boden Wohnbau GmbH, modernes köln Ges. f. Stadtentw. mbH, Köln - Weizenweg 39, 5000 Köln 41 (T. 0221-49 30 53) - Geb. 10. Juni 1928 Hohenlockstedt/Holst., verh. s. 1960 m. Ingeborg, geb. Weimar - Kaufm. Lehre - Aussch. f. Bau- u. Bodenrecht IHK Köln u. Bonn - BVK; Franz-Böhm-Med. Univ. Siegen - Spr.: Engl.

KRIVAN, Viliam

Dr. rer. nat., Dipl. Ing., Prof. f. Analytische Chemie, Radiochemie - Johann-Miller-Str. 28, 7900 Ulm-Jungingen (T. 0731 - 6 31 75) - Geb. 10. Febr. 1933 Sklene Teplice/CSSR (Vater: Jan K., selbst.; Mutter: Maria, geb. Bukovicky), kath., verh. s. 1964 m. Katarina, geb. Drencheny, 2 Kd. (William, Katharina) - TH Bratislava, Dipl. 1957, Promot. 1964, Habil. 1966 - S. 1976 Leit. Sekt. Analytik u. Höchstreinig. Univ. Ulm - Entd.: Entw. Meth. f. d. extr. Spurenanalyse d. Elemente u. ihre Anw. in Reinststoff- u. Umweltforsch. - Üb. 140 Veröff. Mitherausg. u. Mitverf.: Nuclear Anal. Chem. (1972); Treatise on Anal. Chem., Nuclear Activ. and Radioisotopic Methods of Analysis (1986) - 1973 Gastprof. Texas A + M Univ., College Station/USA; 1979 Univ. of Michigan, Ann Arbor/USA.

KRIWET, Heinz

Dr. rer. pol., Dipl.-Volksw., Vorstandsmitglied Thyssen AG vorm. August Thyssen-Hütte, Vorst.-Vors. Thyssen Stahl AG, Duisburg-Hamborn - Kaiser-Wilhelm-Str. 100, 4100 Duisburg 11 - Geb. 2. Nov. 1931 - Verw.-Beirat Commerzbank AG, Frankfurt, AR Blohm + Voss AG, Hamburg, Rasselstein AG, Neuwied, Thyssen Handelsunion AG, Düsseldorf, Thyssen Incorporated, New York, Stahlwerke Bochum AG, Bochum, Thyssen Draht AG, Hamm, Ruhrkohle AG, Essen, MAN Gutehoffnungshütte GmbH, Oberhausen-Sterkrade, Exploration, Bergbau GmbH, Düsseldorf, Vereinigte Schmiedewerke GmbH, Bochum u. Asea Brown Boveri AG, Mannheim.

KRIWITZ, Jürgen

Fernsehproduzent, Mitgesellsch. Neue Dt. Filmges. mbH, Müchen - Waldingstr. 48m, 2000 Hamburg 65 - Geb. 2. Juli 1942 Hamburg, verh., 2 Kd. - S. 1966 freiberufl. - Spr.: Engl.

KRIZ, Jürgen

Dr. phil., Prof. f. Psych. u. Sozialwiss. Univ. Osnabrück - In der Barlage 25, 4500 Osnabrück - Geb. 5. Dez. 1944 Ehrhorn/Soltau (Vater: Willy K.; Mutter: Irmgard, geb. Marcks), ev., verh. m. Dipl.-Päd. M.A. Gisela, geb. Stolle, 4 Kd. - 1964-68 Stud. Psych., Astron. u. Phil. Univ. Hamburg u. Wien (Promot. 1969) - 1967-70 wiss. Assist. Wien; 1970-72 Wiss. Rat Univ. Hamburg; 1972-74 Prof. f. Statistik Fak. f. Soziol. Univ. Bielefeld; 1974-80 o. Prof. f. Empir. Sozialforsch., Statistik u. Wiss.theorie Univ. Osnabrück, ab 1981 FB Psych. ebd. - BV: Statistik in d. Sozialwiss., 1973; Datenverarb. f. Sozialwiss., 1975; Methodenkritik empir. Sozialforsch., 1981; Sprachentwicklungsstörungen, 1984; Grundkonzepte d. Psychotherapie, 1985 (in mehr. Spr. übers.); Familientherapie: Kontroverses-Gemeinsames (m. v. Schlippe), 1986; Wiss.- u. Erkenntnistheorie (m. Lück u. Heidbrink), 1987; Facts and Artefacts in Soc. Science, 1988; Methodenlexikon f. Mediziner, Psycholgen, Soziologen (m. Lisch), 1988; u. a.

KRIZ, Wilhelm

Dr. med., o. Prof. f. Anatomie Univ. Heidelberg - Am Schulzenbuckel 3, 6903 Neckargemünd-Waldhilsbach - Zul. Wiss. Rat u. Prof. Univ. Münster.

KROCHMANN, Jürgen

Dr.-Ing., Prof. TU Berlin (s. 1954; Inst. f. Lichttechnik) - Am Sandwerder 47, 1000 Berlin 39 (T. 751 70 55) - Geb. 22. Sept. 1919 Zeven (Vater: Eduard K., Amtsgerichtsrat; Mutter: Margarete, geb. Mayer), verh. m. Zeynep, geb. Özver, 4 Kd. (Karsten, Eike, Kay, Gülen) - Reform-Realgymn.; Abit. 1938 Realgymn. Osnabrück; Dipl.-Ing. 1951, Promot. 1958 TU Berlin, Habil. 1964 - B. 1954 Osram, dann TU. 1974; ab 1975 Vors. d. Dt. Nat. Komitees (DNK) d. Internat. Beleuchtungskommiss. (CIE); ab 1981 Mitgl. d. Kurat. d. Physikalisch-Technischen Bundesanst. Braunschweig; 1984 Gründung PRC Krochmann GmbH; 1984 Pensionierung; eigenes Büro: Prof. Krochmann, Licht- u. Strahlungsmeßtechnik - Fachmitgliedsch., dar. IES (Engl. u. USA) - Üb. 300 Veröff. - Spr.: Engl., Franz.

KROCKOW, Graf von, Christian

Dr. phil., fr. Wissenschaftler u. Publizist - Auf dem Bui 2, 3400 Göttingen-Nikolausberg - Geb. 26. Mai 1927 - Stud. Soziol., Phil., Staatsrecht. Promot. 1954 Göttingen - 1961-69 Prof. Päd. Hochsch. Göttingen, Univ. Saarbrücken (1965 Ord.) u. Frankfurt (1968 Ord.; Wiss. v. d. Politik) - BV: D. Entscheid. - E. Unters. üb. Ernst Jünger, Carl Schmitt, Martin Heidegger, 1958; Soziol. d. Friedens, 1962; Nationalismus als dt. Problem, 1970; Soziale Kontrolle u. autoritäre Gewalt, 1971; Sport u. Industrieges., 1972; Mexiko - Wirtschaft, Politik, Ges., Kultur, 1974; Sport - E. Soziol. u. Phil. d. Leistungsprinzips, 1974; Reform als polit. Prinzip, 1976; Herrschaft u. Freiheit, 1977; m. H. Fischer u. H. Schubnell: China - Das neue Selbstbewußtsein, 1978; Warnung vor Preußen, 1981; Gewalt f. d. Frieden?, 1983; Scheiterhaufen, 1983; D. Wandel d. Zeiten, 1984; D. Reise nach Pommern, 1985.

KROEBEL, Werner

Dr. phil., o. Prof. f. Angew. Physik (emerit.) - Wehrbergallee 43, 2308 Schellhorn/Holst. (T. Preetz 2576) - Geb. 7. April 1904 Berlin, verh. m. Alma, geb. Böker, 2 Kd. - Real- u. Oberrealsch. Berlin; Univ. ebd. u. Göttingen (Promot. 1929 b. James Franck). Habil. 1942 Kiel - Ab 1929 Assist. Univ. Göttingen (J. Franck), 1935-38 Leit. Abt. Fernsehen Te-Ka-De, Nürnberg, 1938-46 Abt.leit. u. Prokurist Hagenuk Kiel, 1944-46 Univ.doz., 1946 Begr. u. Geschäftsf. Elektroinst. GmbH. (b. 1947), 1946 Begr. Inst. f. angew. Phys. Univ. Kiel; Dir. u. Univ.-Prof. bis 1972 Arbeitsgeb. in d. letzten Jahrzehnten Marine Parameter-Sensor, Schaltungs- u. Auswertungsforsch. Teiln. an zahlr. marinen Exped. bis in d. Gegenwart.

KROEBER-RIEL, Franco Werner

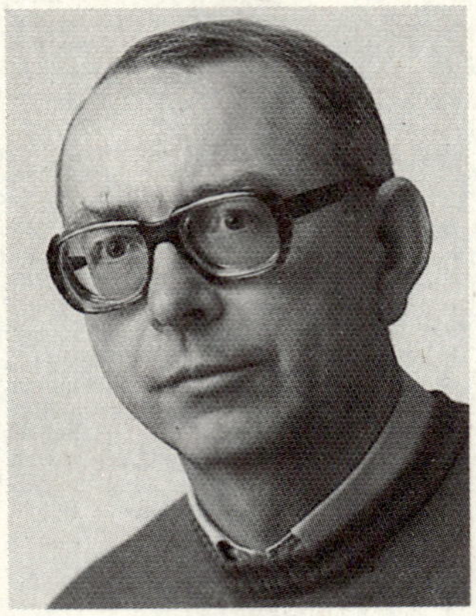

Dr. rer. pol., Prof. f. Marketing u. Werbung, Direktor Inst. Konsum- u. Verhaltensforsch., Saarbrücken - Rückertstr. 7, 6600 Saarbrücken 3 (T. 0681-6 52 15) - Geb. 4. Dez. 1934 Brüssel/Belg. (Vater: Dr. Max K.-R., Weingutsbes.; Mutter: Aenne, geb. Pels Leusden), ev., verh. s. 1968 m. Christine, geb. Klaproth, 2 T. (Annette, Julia) - Dipl.-Kfm. Univ. Köln 1956, Promot. TU Berlin 1963, Habil. TU Berlin 1968 - Dir. Inst. f. Konsum- u. Verhaltensforsch. Univ. d. Saarl., ehem. Präs. Dt. Werbewiss. Ges. - BV: Konsumentenverhalten, 3. A., 1984; Werbung, 1988. Mithrsg. Ztschr. z. Wiss. Theor. u. Zt.schriften z. Marketing - Assoc. f. Consumer Research - Liebh.: Segeln, Pilze - Spr.: Engl., Franz.

KRÖGER, Bernd

Dr., Hauptgeschäftsführer Verb. Dt. Reeder, Hamburg - Möörkenweg 39a, 2050 Hamburg 80 - Geb. 20. März 1934.

KRÖGER, Erich

Dr. med., Prof., Medizinaldir. a. D., ehem. Leit. Landes-Hygiene-Inst. Oldenburg - Wöhlerstr. 6, 3400 Göttingen (T. 59496) - Geb. 16. April 1910 Altenbeken/W. - S. 1952 Privatdoz. u. apl. Prof. (1958) Univ. Göttingen (Hyg. u. Bakt.). Üb. 80 Fachveröff.

KRÖGER, Erich

Dr. med., D.T.P.H. (London), Prof., Präsident Akad. f. Öfftl. Gesundheitswesen - Auf'm Hennekamp 70, 4000 Düsseldorf 1 - Geb. 9. Juli 1940 Berlin - Promot. 1965 Göttingen; Habil. 1973 Heidelberg - 1978 apl. Prof. Univ. Heidelberg (Fak. f. Theoret. Medizin), 1980 Univ. Düsseldorf. Üb. 50 Facharb.

KRÖGER, Hans

Dr. rer. nat., Dr. med., Prof., Robert Koch-Inst./Bundesgesundheitsamt - Nordufer 20, 1000 Berlin 65 - Geb. 11. Febr. 1928 - Promot. 1953 u. 57 Kiel; Habil. 1963 Freiburg - S. 1970 apl. Prof. Freiburg u. Berlin (FU). Facharb.

KROEGER, Heinrich

Dr. rer. nat., o. Prof. f. Genetik - Am Zoo 10, 6600 Saarbrücken 3 (T. 811870) - Geb. 22. Mai 1930 Riga/Lettl. (Vater: Dr. jur. Erhard K., Jurist; Mutter: Tamara, geb. Vaatz-Noltein), ev., verh. s. 1965 m. Ursula, geb. Scherer, 4 Kd. (Anselm, Martina, Julian, Titus) - Gymn. Posen u. Ingolstadt; Stud. Biol. Regensburg u. Göttingen. Promot. 1957 Göttingen (Univ.); Habil. 1963 Zürich (ETH) - S. 1963 Lehrtätigk. ETH Zürich u. Univ. Saarbrücken (1968 Ord.). 1958/59 Gastforscher USA. Spez. Arbeitsgeb.: Genphysiol. Mitgl. Dt. Zool. Ges. (1961), Schweizer. Ges. f. Vererbungsforsch. (1962), Dt. Ges. f. Genetik (1969). Zahlr. Fachveröff., dar. 2 Handbuchbeitr. - Spr.: Engl., Franz., Span.

KRÖGER, Heinrich

Pastor, Beauftr. f. plattd. Verkündigung Landeskirche Hannover - Birkenstr. 3, 3040 Soltau (T. 05191 - 24 95) - Geb. 15. Okt. 1932 Ahrenswohlde (Vater: Hein K., Bauer; Mutter: Sophie, geb. Wichern), ev., verh. s. 1959 m. Johanna, geb. Vos, 4 Kd. (Sophia, Gelfo, Makrina, Gerfried) - 1952-57 Stud. Theol. Hamburg, Tübingen, Heidelberg u. Göttingen; 1. theol. Ex. 1957, 2. 1959; 1971 u. 79 Kontaktstud. Göttingen - S. 1972 Vors. Arbeitsgem. plattd. Pastoren Nieders.; s. 1979 Vors. Freudenthal-Ges. Rotenburg/Wümme, s. 1988 Soltau, s. 1989 2. Vors. Inst. f. niederd. Spr., Bremen - BV: Plattdüütsche Predigten ut us Tied, 1977; Plattdüütsch Lektionar, 1981; Freudenthal-Preisträger 1979-82, 1982; Bi em tohuus, 1984; Dat Licht lücht in de Nacht, 1986 - 1986 Freudenthal-Preisträger 1983-86; 40 J. Freudenthal-Ges. 1989 - Liebh.: Lit. u. Gesch. - Spr.: Lat., Griech., Hebräisch, Engl., Franz. - Lit.: Bibliogr. in: De Kennung 5 (1982).

KRÖGER, Klaus

Dr. iur., Prof. f. Verfassungs- u. Verwaltungsrecht Politikwiss. Univ. Gießen (s. 1971) - Hölderlinweg 14, 6300 Gießen (T. 52240) - Geb. 7. Juli 1929 Meldorf/Holst. (Vater: Dr. Hugo K., StudR.; Mutter: Gertrud, geb. Gutzke), ev., verh. s. 1956 m. Claire-Louise, geb. Schmitt, 5 Kd. (Anima, Nicolaus, Marcella, Cordelia, Katharina) - Stud. Univ. Kiel, Bonn, Freiburg; Promot. 1961 - Nach Habil. (1970) Privatdoz. Univ. Gießen. Fachmitgl.sch. - BV: Widerstandsrecht u. demokr. Verf., 1971; D. Ministerverantwortlichk. in d. Verfassungsordn. d. Bundesrep. Dtschl., 1972; Grundrechtstheorie als Verfassungsproblem, 1978; Bundesdatenschutzgesetz, 2. A. 1988; Einf. in d. jüngere dt. Verfassungsgesch., 1988 - Spr.: Engl., Franz.

KROEGER, Matthias

Dr. theol., Prof. f. Kirchen- u. Dogmengeschichte - Boytinstr. 23, 2000 Hamburg 73 - S. 1971 Ord. u. gf. Seminardir. Univ. Hamburg (Fachber. Ev. Theol.).

KRÖGER, Peter

Abteilungsleiter Presse- u. Öffentlichkeitsarbeit Sender Freies Berlin - Masurenallee 8-14, 1000 Berlin 19.

KRÖGER, Wolfgang

Dipl.-Volksw., Hauptgeschäftsführer Industrieverb. Wäsche u. Hausbekleid. - Detmolder Str. 12, 4800 Bielefeld - Geb. 29. Mai 1926.

KRÖHAN, Erich

Techn. Angest., MdL Nordrh.-Westf. (s. 1966) - Schöltgeshof 59, 4330 Mülheim/Ruhr (T. 72452) - Geb. 30. Nov. 1924 Berlin (Charl.), verh., 1 Kd. - Volkssch.; Maschinenbauerlehre - Maschinenschlosser; s. 1961 techn. Angest. S. 1956 Ratsherr Mülheim (stv. Fraktionsvors.; Vors. Sportaussch.). SPD s. 1947.

KRÖHER, Heinrich

Volkssänger - Mainzer Str. 14, 6780 Pirmasens (T. 06331-7 51 02) - Geb. 17. Sept. 1927, verh. s. 1951 m. Susi, geb. Treber, 2 S. (Michael, Johannes) - Ausb. Autoschlosser, Kaufm.; Abit. - Mit Zwillingsbruder Oskar als Volkssänger bekannt (Hein + Oss). 16 Langspielpl., 4 Liederb., Liedersamml., Fernseharb. als Darst. u. Sänger, Arrangeur, Komp. u. Textdichter. Konzerttourneen im europ. Ausl. u. Übersee, Mitbegr. Festival auf Burg Waldeck/Hunsrück - BV/Liederbücher: Das sind unsere Lieder; d. schwartenhalss; Servus Europa; Dialektserie: fHoyna Tsiyäuna - Musikfilme WDR: ... der e. Lied zu singen weiß; Soldatenklagen; D. Arme muß ins Feld; üb. d. Meere weit; Seemannslieder u. Shanties; Frischauf, mein Berggesell; Geh aus mein Herz (SWF-Serie, Buch u. Idee, Hauptdarst. zus. m. Oss) - 1982 Pfalz-Plak. - Liebh.: Schreiben, Reisen, Singen - Spr.: Engl., Franz.

KROEHL, Heinz

Dr. phil., Prof. Univ. Essen, Leiter Inst. f. Marketing u. Werbung - 6209 Burg Hohenstein/Rheingau-Taunus (T. 06120 - 36 00) - Geb. 5. Mai 1935 Mainz (Vater: Franz Heinrich K.; Mutter: Christine, geb. Wilbert), verh. s. 1965 m. Hildegard, geb. Leineweber, 2 Kd. (Raoul, Rixa) - Verlagslehre; Designausbild. Schweiz (Dipl.-Designer); Abit.; fr. Mitarb. (Journ.) b. Presse u. Hörf.; Stud. Publiz., Psych. u. Soziol. Univ. Mainz (Promot.) - Gründ. u. Geschäftsf. Kroehl Design Gruppe Frankfurt u. Düsseldorf - BV: Buch u. Umschlag im Text, 1983; Communication Design 2000 (auch franz. u. engl.), 1987; Semiotik d. Werbung, 1988; Int. Fachpubl. zu Kommunikation u. Marketing.

KRÖHNERT, Otto

Dr. phil., Prof. f. Erziehungswissenschaft (Gehörlosenpäd.) Univ. Hamburg (s. 1969) - Eidechsenstieg 14, 2000 Hamburg 53 - Geb. 10. Juli 1925 Flensburg - S. 1965 Lehrtätigk. Hamburg.

KRÖHNKE, Friedrich

Dr. phil., Schriftsteller u. Essayist - Theodorstr. 11, 1000 Berlin 42 (T. 030 - 752 07 50) - Geb. 12. März 1956 Darmstadt - Herausg. Wanderbühne, Ztschr. f. Lit. u. Politik (1981-83) u. versch. kulturpolit., sexualpolit. u. belletrist. Veröff. - BV: Propaganda f. Klaus Mann, 1981; Jungen in schlechter Ges., 1981; Gorki-Kolonie. Nachtstücke. Erz., 1983; Gennariello könnte e. Mädchen sein. Ess. üb. Pasolini, 1983; Ratten-Roman, 1986; Zweiundsiebzig, Erz. 1987; Knabenkönig m. halb. Stelle, Erz. 1988; Was gibt es heut bei d. Polizei?, R. 1989. Übers. aus d. Amerik.: Nambla (1985).

KROEKER, Immanuel

Dipl.-Ing., Prof., Architekt - Stolzingstr. 4, 8000 München 81 - Geb. 24. Jan. 1913 Wernigerode/Harz (Vater: Jakob K., Missionsdir.; Mutter: Anna, geb. Langemann), ev.-men., verh. s. 1939 m. Gertrud, geb. Fischer, T. Angelika - Realgymn. Wernigerode; TH Stuttgart - Assist. u. Lehrbeauftr. TH Stuttgart, Leit. Schulbau-Inst. München, fr. Arch., s. 1961 ao. u. o. Prof. (1964) Univ. (TU) Karlsruhe (Lehrstuhl f. Baukonstruktion u. Entwerfen II), Gutachter Baukonstruktionen u. -schäden. Vornehml. Schulen, u. a. Stuttgart, Stockdorf, Straßlach, Icking, München, Dachau, Starnberg. Wohnungen: Deggendorf, Straubing, Passau, München - BV: Moderne Schulen.

KRÖLL, Friedhelm

Dr. phil. habil., M.A., Wiss. Autor - Mathildenstr. 24, 8500 Nürnberg (T. 0911-55 41 04) - Geb. 7. März 1945 Tirschenreuth/Oberpfalz, kath., ledig - 1965-70 Stud. Soziol., Politol., Kommunikationswiss., Kunstgesch. Univ. Freiburg, Wien, Erlangen-Nürnberg; M.A. 1970, Promot. 1972; Habil. 1977 Erlangen-Nürnberg - 1972-78 Doz. Akad. d. Bild. Künste Nürnberg; 1982 Univ. Marburg; s. 1982 Univ. Münster (Kultursoziol.), 1987 Univ. Wien - BV: Bauhaus 1919-1933, 1974; D. Gruppe 47, 1977 u. 79; Vereine. Gesch. Politik. Kultur, 1982; Einf. in d. Gesch. d. Soziol. (m.a.), 1984; Vereine im Lebensalltag e. Großstadt, 1987 - Liebh.: Tafelbild-Malerei, Kommunalpolitik, Fußball - Spr.: Lat., Franz., Engl.

KRÖLL, Heinz

Dr. phil. (habil.), o. Prof. f. Roman. Sprachwissensch. - Universität, 6500 Mainz - Geb. 24. April 1919 Köln - B. 1968 Univ. Mainz (Doz.), dann TH Aachen (1968 Wiss. Rat u. Prof.), s. 1970 wied. Mainz (Ord.). Fachveröff. - BV: Designacões portuguesas para embriaguez, 1955; D. Ortsadverbien im Portug. unt. bes. Berücksichtig. ihrer Verwend. in d. mod. Umgangsspr., 1968. Zahlr. Fachaufs. - 1966 korr. Mitgl. Soc. de

Geogr., Lissabon - Spr.: Franz., Span., Portug.

KRÖLL, Joachim

Dr. phil., Oberstudiendirektor a. D., Honorarprof. f. Landes- u. Volkskunde Univ. Bayreuth (s. 1966) - Mühltürlein 2, 8581 Creußen - Geb. 21. April 1911 - Promot. 1937 - Schuldst. - BV: Gesch. d. Stadt Creußen, 1958; Gesch. d. Marktes Weidenberg, 1967; Creußener Steinzeug, 1981. Herausg.: Sigmund v. Birken, Tagebücher, I/II (1971 u. 74); Theodor Künneth, Historia Crusiae v. Theodor Künneth, bisher MS.Creußen 1735. Aufs.

KROELL, Karl-Heinz

Präsident Oberlandesgericht Koblenz - Stresemannstr. 1, 5400 Koblenz (T. 0261 - 10 26 00) - Geb. 24. Dez. 1929 Mayen, kath., verh., 1 Kd.

KRÖLL, Walter

Dr. rer. nat., Prof. f. Theoret. Physik, Vorstandsvorsitzender d. Dt. Forschungsanstalt f. Luft- u. Raumfahrt (DLR) - Zu erreichen üb. Linder Höhe, 5000 Köln 90 - 1972-79 Gründ.rektor Univ. Essen GHS, 1978-82 Vizepräs. WRK, 1979-86 Präs. Univ. Marburg.

KRÖMER, Bernhard

Dipl.-Met., Prof. f. Leibeserziehung PH Reutlingen - Friedrichstr. 3, 7415 Wannweil.

KRÖMER, Eckart

Dipl.-Volksw., Dr. jur., Hauptgeschäftsf. IHK f. Ostfriesland u. Papenburg, Emden, Präs. Landessynode d. Ev.-luth. Landeskirche Hannovers - Ubbo-Emmius-Str. 2a, 2970 Emden (T. 2 43 08; Büro 89 01 22) - Geb. 13. April 1925 Plauen/V. (Vater: Dr. phil. Gotthard K., Studienrat; Mutter: Katharina, geb. Schöpff), ev.-luth., verh. s. 1952 m. Elisabeth, geb. Rietzsch, 4 Kd. (Andreas, Matthias, Stephan, Christiane) - Gymn. Plauen; 1946-51 Univ. Leipzig u. Göttingen (Wirtschafts- u. Rechtswiss.). Dipl.-Volksw. 1949 Leipzig; Promot. 1951 Göttingen 1951-58 Ref., stv. u. Geschäftsf. IHK Emden; 1958-60 stv. Gf. Gesamtverb. d. saarl. Großhandels, Saarbrücken; 1960-64 Gf. IHK Pforzheim; 1964 stv. u.s. 1967 Hgf. IHK Emden - BV: D. Sozialisierung in d. sowjet. Besatzungszone Dtschl.s als Rechtsproblem, 1952 (Göttinger rechtswiss. Studien, H. 4) - Lehrabz. DLRG; Gold. Sportabz.; 1980 Ostfries. Indigenat - Spr.: Afrikaans, Engl., Franz., Niederl. - Rotarier - Bek. Vorf.: D. Martin Luther (ms.).

KROEMER, Walter

Dr. h. c., Prof., Ehrensenator, Direktor a.D., Unternehmensberater (s. 1987) - Kollaukamp 18, 2000 Hamburg 61 (T. 040 - 58 15 49) - Geb. 21. Juli 1918 Düsseldorf (Vater: Carl K., Werksdir.; Mutter: Anna, geb. di Pecoroni), kath., gesch., S. Bernd - Realgymn. Mannheim, 1939-46 Kriegsdst., Offz. im Divisionsstab e. Panzer-Div., Gefangensch.; 1946-59 Prok., kaufm. Leit. u. Generalbevollm. in versch. ind. Großuntern.; b. 1966 kaufm. Dir. u. Mitgl. d. Geschäftsltg. d. Firmengruppe PEGULAN AG, Frankenthal/Pf.; anschl. gf. Dir. in d. Chem. u. Mineralöl-Ind.; 1968-86 allein. gf. Dir. Handelsgr. TECHNO-EINKAUF GMBH, d. TECHNO-Einkauf GmbH + Co. KG u. d. TECHNO-Marketing- u. Verlags-GmbH, alle in Hamburg; s. 1987 Inh. H.U.L-Hanseat. Untern.-Berat. Lübeck u. Hamburg u. gf. Inh. I.M.C.-Intern. Management u. Trading Consult., Hamburg. Fr. Fachpublizist in d. Bereichen: Automobil, Marketing, Absatz- u. Verkaufsförd. - BV: M. Handelsmarken d. Markterfolg sichern, 1982; Marktstrategische Konsequenzen e. dynam. Corporate-Identity, 1983; Durch Doppelstrategie d. Chancen f. mehr Markt nutzen, 1983; D. Reifen-Report, 1983/84; Do-it-yourself u. d. Autohaus, 1985/86; System Innovationen auf Teil-Märkten, 1986/87. Mithrsg.: Auto 2000-Grüne Welle ins 3. Jahrtausend (1986). Vize-Präs. Dt. Henry DUNANT Ges. f. Nächstenhilfe, Heidelberg, Vorst.-Mitgl. Staats- u. Wirtschaftspolit. Ges. Köln/Hamburg, u. d. Verb. f. Eigentumsförderung Köln sow. in versch. Fach- u. Wirtschaftsgremien; div. AR- u. Beiratsmand. im In- u. Ausland; Fachaussch. d. Stiftg. Warentest, Berlin; Beirat u. Mitgl. KUSTO-GmbH, Kunststoffverarb. Hannover; Ges. z. Förd. d. Forsch. f. Wirtschafts- u. Sozialwiss. an d. Hochsch. in St. Gallen/Schweiz; Mitgl. d. Detusch-Österr. Handelskammer in Salzburg, Übersee-Club in Hamburg; Vers. e. Ehrbaren-Kaufmanns in Hamburg; Pro-Honore, Hamburg. Doz. f. Handelsmarketing - Zahlr. in- u. ausl. Orden u. Ehrenz. (Gr. Gold. Ehrenz. f. d. Verd. u. d. Rep. Österr.; VO Land Oberösterr.; Henry-Dunant-Med. in Silber, Techno-Plak. in Gold, Ehrenpreis Stadt Mainz); Rechtsritter im Tempelherren-Orden - Liebh.: Geschichtshist. Bücher u. Schriften, Malerei d. 17. u. 18 Jh. - Lions-Club s. 1959.

KRÖMMLING, Klaus-Dieter

Dipl.-Volksw., Syndikus, stv. Hauptgeschäftsführer IHK Hannover-Hildesheim - Fasanenweg 6, 3200 Hildesheim (T. 05121 - 26 29 69) - Geb. 13. März 1936 Magdeburg (Vater: Kurt K., Kaufm.; Mutter: Johanna, geb. Pagels), ev., verh. s. 1964 m. Gerda, geb. Schultz, T. Tracey - Abit. 1957, kfm. Lehre (Industriekfm.); Stud. Dipl.-Volksw. - S. 1964 IHK Hildesheim; 1968/69 Geschäftsf. dt.-bolivianische IHK, La Paz; Gf. Vorst-Mitgl. Freundeskr. Ägypt. Mus.; Vorst-Mitgl. Harzer Verkehrsverb. - Liebh.: Reisen, Filmen, Ägyptologie - Spr.: Span., Engl.

KRÖNCKE, Adolf

Dr. med. dent., o. Prof. f. Zahn-, Mund- u. Kieferheilkunde - Rühlstr. 10, 8520 Erlangen (T. 51518) - Geb. 30. Aug. 1922 Göttingen (Vater: Dr. phil. Helmuth K.; Mutter: Frieda, geb. Wohlgemuth), ev., verh. s. 1949 m. Dr. med. dent. Sunnhild, geb. Gassmann, 2 Töcht. (Barbara, Ursula) - Promot. (1949) u. Habil. (1956) Hamburg - S. 1956 Lehrtätigk. Univ. Hamburg, Tübingen (1959); 1962 apl. Prof.; Abt.svorsteher Zahnärztl. Inst.), Erlangen (1964 ao., gegenw. o. Prof.; Vorst. Abt. f. Zahnerhalt. Klin. f. ZMKkranke) - BV: Freie Zucker im menschl. Nüchternspeichel u. deren Bezieh. z. Zahnkaries, 1958. Üb. 100 Einzelarb.

KRÖNER, Alfred

Prof., Geologe - Domitianstr. 36, 6500 Mainz-Finthen - Geb. 8. Sept. 1939 Kassel (Vater: Alfred K., Bauuntern.; Mutter: Sophie, geb. Kahlhöfer), verh. s. 1965 m. Marion, geb. Konrad, 2 Kd. (Petra, Thomas) - Goethe-Sch. Kassel; 1960-68 Stud. Geol. Clausthal, Wien, München, Kapstadt - 1969-77 Senior Research Fellow Univ. Cape Town; s. 1977 Ord. u. gf. Inst.sdir. Univ. Mainz - BV: Precambrian Plate Tectonics, 1981 (Amsterdam) - 1971 Jubilee Medal Geol. Soc. of South Africa - Liebh.: Musik, Reisen - Spr.: Engl.

KRÖNER, Ekkehart

Dr. rer. nat., o. em. Prof. f. Theoret. u. Angew. Physik - Bardiliweg 6, 7000 Stuttgart (T. 467655) - Geb. 17. Nov. 1919 Berlin (Vater: Dr. med. Walther K., Arzt; Mutter: Else, geb. Beutler), verh. s. 1951 m. Gertrud, geb. Hartmann, 2 Töcht. (Sigrid, Ursula) - 1929-37 Viktoria-Gymn. Potsdam; 1948-54 TH Stuttgart (Physik). Promot. (1956) u. Habil. (1959) Stuttgart - S. 1960 Lehrtätigk. TH Stuttgart (Doz.), Bergakad. bzw. TU Clausthal (1963 Ord.) u. Univ. Stuttgart (Ord.). 1961-62 Visiting Associate Prof. Massachusetts Inst. of Technology; 1966-67 Research Fellow of Applied Physics Harvard Univ.; 1985 emerit. (Univ. Stuttgart) - BV: Kontinuumstheorie d. Versetzungen u. Eigenspannungen, 1958 - 1961 Preis Dt. Physikal. Ges.; 1964 o. Mitgl. Braunschweig. Wiss. Ges.; 1970 ausw. Mitgl. Max-Planck-Inst. f. Metallforsch., Stuttgart - Bek. Vorf. (vs.): Johannes Kepler, Astronom (1571-1630).

KRÖNER, Hans

Dr. med., Wiss. Rat, Prof. f. Physiolog. Chemie Univ. Düsseldorf (s. 1973) - Kemperweg 20, 4042 Glehn.

KRÖNER, Hans-Otto

Dr. phil., Prof. f. Klass. Philologie, insb. Latinistik, Univ. Trier - Jamiarius-Zick-Str. 107, 5500 Trier.

KRÖNER, Sabine

Dr. phil., Prof. f. Sportsoziologie Univ. Münster - Zu erreichen üb. Univ., FB Sportwiss., 4400 Münster - Geb. 29. Juli 1935 Krefeld - Abit. 1955; Ex. f. versch. Lehrämter 1958, 59, 62, 66; 1968-74 Zweitstud. (Promot. 1976 Gießen); s. 1978 Ausb. z. Gruppenleit. in Themenzentrierter Interaktion (TZI) nach Ruth Cohn - 1959-65 Lehrerin; 1965-75 Päd. Mitarb. Univ. Gießen; 1975-81 Wiss. Assist./Akad. (Ober-)Rätin Univ. Siegen; s. 1981 Prof. Univ. Münster - BV: Sport u. Geschlecht, (sportsoziol Diss.) 1976; Tennis - lernen u. spielen, Lehrb. f. Sch. u. Verein, 1974, 3. A. 1980 (holländ. 1983) - 1976 Preis f. Sport u. Geschlecht (Carl-Diem-Wettb.) - Liebh.: Klass. Musik, Tennis, Ski - Spr.: Engl., Franz.

KRÖNER, Wilhelm

Fabrikant, gf. Gesellsch. G. Schümer G.m.b.H. & Co., Schüttorf - Steinstr. 34, 4443 Schüttorf - Geb. 2. Juni 1908 Schüttorf, verh. m. Anna, geb. Rost - S. jg. Jahren Familienbetrieb (besteht üb. 100 J.). S. 1956 Ratsherr Stadt Schüttorf.

KRÖNERT, Heinz

I. Bürgerm. Stadt Eltmann (s. 1978) - Rathaus, 8729 Eltmann/Ufr. - Geb. 24. Nov. 1938 Schweinfurt - Zul. Kaufm. Angest. CSU.

KRÖNERT, Wolfgang

Dr. rer. nat., apl. Prof. RWTH Aachen, öff. best. u. vereid. Sachverst. f. nichtmetall., feuerfeste Roh- u. Werkstoffe IHK Aachen - Dorfstr. 29, 5100 Aachen (T. 02408 - 51 17) - Geb. 7. Juni 1929 Berlin (Vater: Hermann K., Techn. Kaufm.; Mutter: Gertrud, geb. Eisbrenner), ev., verh. s. 1969 m. Karin, geb. Vester, 4 T. (Kerstin, Birgit, Gabriele, Silke) - Dipl.-Chem. 1954, Promot. 1961 - 1971 Privatdoz.; s. 1977 apl. Prof. f. Physikal.-Chem. Grundl. d. Keramik. Spez. Arbeitsgeb.: Grundl. u. Technol. d. feuerfesten Roh- u. Werkstoffe. 80 Veröff.

KRÖNIG, Bernd

Dr. med., Prof., Chefarzt Ev. Elisabeth-Krankenhs., Trier - Theobaldstr. 12, 5500 Trier/Mosel - Prof. f. Inn. Med. Univ. Mainz (n. b.).

KRÖNIG, Wolfgang

Dr. phil., Dr. h. c., Prof., Kunsthistoriker - Zu erreichen üb.: Kunsthistor. Inst. d. Univ., 5000 Köln 41 - Geb. 18. Aug. 1904 Hamburg (Vater: Eberhard K., Kaufm.; Mutter: Johanna, geb. v. Düring), verh. s. 1934 m. Ilse, geb. Strauss - Univ. München, Wien, Berlin, Bibliotheca Hertziana, Rom (1933-37). Habil. 1938 Köln - 1938-69 Privatdoz., apl. Prof. (1944), Wiss. Rat u. Prof., Abt.svorst. u. Prof. (Abt. Architekturgesch. Kunsthistor. Inst.) Univ. Köln - BV: D. ital. Einfluß in d. flämischen Malerei, 1936; Hallenkirchen in Mittelitalien, 1938; Venedig, 1957; Engel - Frühmittelalterl. Buchmalerei, 1957; Rhein. Vesperbilder, in: Wallraf-Richartz-Jahrb., 1962; Cefalù, d. sizil. Normannendom, 1963; Philipp Hackert, 1964; Monreale u. d. normann. Arch. in Sizilien, 1965 (auch ital. u. engl.); Archit. ordini mendicanti i. Umbria, 1971; Vedute di Roma, 1972; Altenberg u. d. Baukunst d. Zisterzienser, 1973; Lambert Lombard, 1974; Il castello di Caronia i. Sicilia, 1977; G. Di Stefano (†), Monumenti della Sicilia Normanna (erw. Neuausg.), 1979; Sizilien (Bildhandb. d. Kunstdenkmäler), 1986; Vedute d. luoghi classici d. Sicilia (1777) di F. Hackert, 1987. Zahlr. Einzelarb. - 1971 Commendatore, 1980 Ehrendoktor Univ. Rom - Lit.: Festschr. W. K., 1971.

KRÖNING, Volker

Senator f. Justiz u. Verfassung Bremen (1987ff.), Senator f. Sport (1987ff.) - Richtweg 16/22, 2800 Bremen (T. 361-1).

KRÖNKE, Ernst

Dr. med. (habil.), Prof., Chefarzt Chirurg. Abt. St.-Markus-Krankenhaus, Frankfurt - An d. 3 Brunnen 27, 6000 Frankfurt/M. (T. 531437) - S. 1953 Lehrtätigk. Univ. Jena (1957 Prof. f. Lehrauftr.) u. Marburg (1960 apl. Prof.).

KROEPELIN, Hans

Dr. phil., o. Prof. f. Chem. Technologie (emerit. 1970) - Hermann-Riegel-Str. 12, 3300 Braunschweig (T. 331186) - Geb. 28. Dez. 1901 Berlin (Vater: Hermann K., Schriftst.; Mutter: Hilda, geb. Louis), verh. s. 1934 m. Louise, geb. Grothe - Univ. Freiburg, Berlin, TH Berlin. Promot. 1926; Habil. 1930 - 1930 Privatdoz. Univ. Erlangen, 1935 Prof. Univ. Istanbul, 1937 Industrietätigk., 1945 apl. Prof. Univ. Erlangen, 1946 Ord. TH Braunschweig (1963-64 Rektor). Facharb. - Mitgl. Braunschw. Wiss. Ges. (1960-62 Präs.); 1960 Ehren-, 1968 Rechts-Ritter Johanniter-Orden; korr. Mitgl. Société Royale des Sciences de Liège (s. 1971). 1973 Gr. VK. d. VO. Land Nieders.

KRÖPELIN, Traute

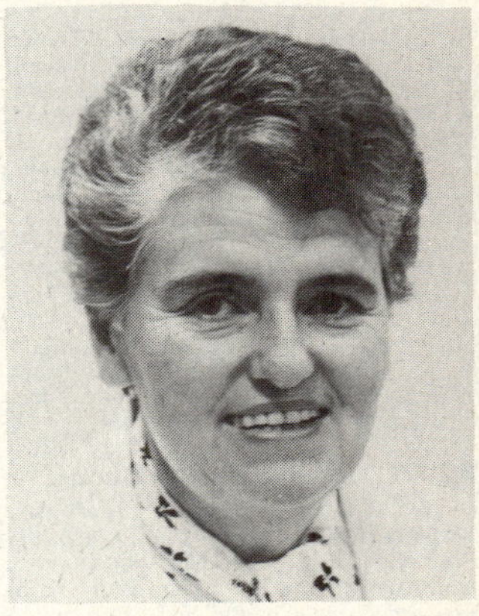

Dr. med., Univ.-Prof. f. Klin. Radiologie Univ. Freiburg, Ltd. Ärztin d. Sektion Medizin d. Abt. Röntgendiagnostik, Radiol. Klinik, Ärztin f. Radiologie u. Inn. Med. - Hugstetter Str. 55, 7800 Freiburg/Br. - Geb. Schwerin/Meckl. (Vater: Walter K., Rektor; Mutter: Ida, geb. Groth) - Staatsex. als Sozialarb.; Stud. Sozialwiss. u. Medizin; Med. Staatsex., Promot. 1965, Habil. 1972 - 1974 Wiss. Rätin u. Prof. - BV: Röntgenunters. b. akutem Nierenversagen, 1972; Nieren-Hochdruckkrankh., 1977. Handb.-beiträge; zahlr. Originalarb. Schwerpunkt: Rad. Beitr. üb. Nephrol.-Urol. u. art. Hypertonie, nieren-, gallengäng. KM, mod. bildgeb. Verf. u.a. - 1988 1. v. Senat d. Univ. gew. Frauenbeauftr. z. Förderung v. Wissenschaftlerinnen.

KRÖPLIEN, Manfred

Prof., Graphik-Designer, Rektor d. Staatl. Akad. d. bild. Künste Stuttgart - Fleischhauerstr. 43, 7000 Stuttgart 80 - Geb. 3. April 1937, verh.

KROÉS, Günter

Dr. rer. pol., Prof. f. Raumplanung Univ. Dortmund (Fachgeb. Volkswirtsch., insb. Finanz- u. Haushaltsplanung), Bewert. öfftl.er Investitionen, Plan. im ländl. Raum, räuml. Org. v. Politik u. Verw. sow. reg. Entwickl.-Plan. in Entwickl.-Ländern - Pater-Kolbe-Str. 47, 4400 Münster - Gründungsvors. gemeinn. Verein z. Förd. ausl.

Studenten in Dortmund, u. St. Sektion; Partnerschaftsbeauftr. f. d. multinat. Postgrad. Progr. z. Ausbild v. Entw.-planern aus Entw.ländern; Vorst.-Mitgl. Ecovast (Europ. Council for the Village and Small Town) zugl. Gründ.-Mitgl. d. Dt. Sektion.

KROESCHELL, Karl

Dr. jur., o. Prof. f. Dt. Rechtsgeschichte, Bürgerl. Recht, Handels- u. Landw.srecht - Werthmannpl., 7800 Freiburg/Br.; priv.: Schloßbergstr. 17, 7801 Au - Geb. 14. Nov. 1927 Hebenshausen (Vater: Dr. phil. Carl K., Landw.; Mutter: Teta, geb. Nickel), ev., verh. s. 1957 m. Ursula, geb. Scholz, 3 Töcht. (Elisabeth, Dorothea, Felicitas) - Gymn. Hann. Münden; 1947-51 Univ. Göttingen (Rechtswiss.; Promot. 1953). Habil. 1958 Freiburg/Br. - 1958 Doz. Univ. Freiburg; 1960 Ord. Univ. Göttingen (Dir. Abt. f. Dt. Rechtsgesch./Jurist. Sem. u. Inst. f. Landw.srecht), 1975 wieder Freiburg (Dir. Inst. f. Rechtsgesch.). 1960 Istituto di Diritto Agrario Internazionale e Comparato, Florenz; 1965 Vorst. Dt. Ges. f. Agrarr., 1972 Akad. d. Wiss. Göttingen - BV: Weichbild - Stud. z. Struktur u. Entsteh. d. Stadtgemeinde in Westf., 1960; Landw.srecht, 2. A. 1966; Haus u. Herrschaft im frühen dt. Recht, 1968; Dt. Rechtsgesch. I 1972, 7. A. 1985, II 1973, 5. A. 1985 - 1963 Chevalier, 1972 Officier de l'Ordre du Mérite Agricole (Frankr.) - Spr.: Engl.

KROETZ, Franz Xaver

Dramatiker u. Romancier, Verleger, Spielleiter, Schauspieler, Landwirt - Kirchberg 3, 8226 Altenmarkt (T. 08621 - 46 55) - Geb. 25. Febr. 1946 München (Vater: Beamter) - Schule München; Schauspielsch. ebd.; Reinhardt-Sem. Wien - Div. Berufe. BV: D. Mondscheinknecht, R. 1981. S. 1968 üb. 30 Theaterst., dar. Wildwechsel, Heimarbeit, Männersache, Stallerhof, Wunschkonzert, Globales Interesse, Oberösterreich, Sterntaler, Agnes Bernauer, Mensch Meier. DKP s. 1972 - 1971 Ludwig-Thoma-Med., 1972 Berliner Kunstpreis, 1973 Berliner Kritikerpreis f. Lit., 1974 Hannoverscher Dramatikerpreis, 1975 Wilhelmine-Lübke-Preis, 1976 Dramatikerpreis Mülheimer Theatertage.

KROGH, von, Jürgen Rudolf

Dr. rer. nat., Prof. f. Physik - Werderstr. 39, 6900 Heidelberg - Geb. 15. Okt. 1938 Bremen (Vater: Dr. Christian v. K., Anthropol.; Mutter: Franziska, geb. Ertl), verh. m. Chantal, geb. Besnard, 3 Kd. (Bonnie Jean, Alexander, Christopher) - Univ. München u. Univ. of Colorado/USA (Ph. D.).

KROGMANN, Klaus

Dr. rer. nat. (habil.), o. Prof. f. Analyt. Chemie - Str. d. Roten Kreuzes 80, 7500 Karlsruhe-Durlach (T. 472779) - Zul. Privatdoz. TH bzw. Univ. Stuttgart (Anorgan. Chemie).

KROGMANN, Werner

Dr. phil., Prof. f. Literaturwissenschaft (Schwerp.: Gesch. d. dt. Lit. 1750-1900 u. DDR-Lit.) Univ. Bremen - Paul-Singer-Str. 134, 2800 Bremen.

KROGOLL, Johannes

Dr. phil., Prof. f. Neuere Dt. Literaturwissenschaft - Grindealle 176, App. 4816, 2000 Hamburg - Geb. 24. April 1929 - Promot. 1968 Hamburg - S. 1969 Doz. z. Prof. (1977) Univ. Hamburg (zeitw. Wiss. Oberrat) - BV: Idylle u. Idyllik b. Jean Paul, 1972.

KROH, Hans Jürgen

Sonderschulrektor, MdL Rhld.-Pfalz - Traubenstr. 17, 6660 Zweibrücken - Geb. 24. Nov. 1944 - CDU.

KROHMANN, Elisabeth

Dr. phil., em. o. Prof. f. Schulpäd. u. Allg. Didaktik Univ. Dortmund. - Tucholskystr. 12, 4600 Dortmund 1 (T. 59 33 15) - Geb. 25. Sept. 1920 Boppard/Rh., kath. - Mithrsg.: Vierteljahresschrift f. wiss. Pädagogik.

KROHN, Karsten

Dr., Prof. f. Organ. Chemie TU Braunschweig - Brauerskamp 34, 3300 Braunschweig - Geb. 20. April 1944 Hanerau-Hademarschen (Vater: Hans-Peter K., Arzt; Mutter: Ingeborg, geb. Weber), ev., verh. s. 1972 m. Odile, geb. Cornic, 2 Kd. (Nicolas, Caroline) - 1963-68 Chemiestud. Berlin u. Kiel (Dipl. 1968, Promot. 1971, Habil. 1979) - 1975-81 Hochsch.-Assist.; s. 1981 Prof. TU Braunschweig; 1984 Gastprof. USA (Madison, Wi.) - Entd. Totalsynthese, wichtige cytostat. Antibiotika (Anthracycline). Üb. 75 Publ. in Fachztschr. - 1982 Karl-Winnaker-Preis - Spr.: Engl., Franz.

KROHN, Rüdiger

Dr. phil., Prof. f. Dt. Philologie Univ. Karlsruhe - Zu erreichen üb. Univ., Kaiserstr. 12, 7500 Karlsruhe 1 (T. 0721 - 608 29 00) - Geb. 8. April 1943 - Stud. German., Angl., Theaterwiss. Univ. Heidelberg u. FU Berlin; Promot. 1974 Karlsruhe, Habil. 1979 ebd. - S. 1969 Lit.- u. Theaterkritik in Ztg., Ztschr. u. Rundf.; s. 1971 Lehrtätigk. Univ. Karlsruhe; 1974-76 Univ. Oxford (Engl.); 1983/84 Univ. Hamburg; 1986 Univ. Wien; 1987 Univ. Salzburg; 1988/89 Univ. Hamburg. Publ. z. Lit. d. Mittelalters u. z. Mittelalter-Rezeption in d. Neuzeit - Spr.: Engl., Franz.

KROHN, Wolfgang

Rechtsanwalt, Vorstandsmitgl. i.R. Braun AG (Finanzen u. Verw.), Frankfurt/M. - Frankfurter Str. 145, 6242 Kronberg/Ts. - Geb. 2. Juni 1930 Bucholtwelmen (Vater: Werner K., Kaufm.; Mutter: Hedwig, geb. Rosinus), ev., verh. s. 1959 m. Rosmarie, geb. Rütten - Stud. Rechtswissensch. Kiel u. Köln, Ref.-Ex. 1953, Ass.-Ex. 1958 - S. 1971 Braun AG (1971 Generalbevollm. u. Vorst.-Mitgl.); s. 1. Okt. 1987 (Ruhest.) Berater u. RA - Spr.: Engl.

KROKER, Eduard, S. V. D.

Dr. jur., Dr. phil., Prof. f. Philosophie Phil.-Theol. Hochsch. Königstein, Lehrbeauftr. f. Ostasiat. Recht Univ. Frankfurt/M., Honorarprof. Univ. Frankfurt - Bischof-Kaller-Str. 3, 6240 Königstein/Ts. (T. 43 03) - Geb. 2. März 1913 Ludgerstal (Vater: Karl K., Landw.; Mutter: Julie, geb. Lukasch), kath. - Promot. Freiburg/Br. u. Zürich - Lehrtätigk. Peking (1939 Doz.), Nagoya/Jap. (1951 Prof.), Königstein (1961 Prof.; 1964-67 Rektor PhThH), 1972-78 Dir. Ostakad. Königstein e. V. - BV: D. Machtgedanke im Shang-Kün-shu, 1951; D. amtl. Samml. chines. Rechtsgewohnheiten, 3 Bde., 1965 (Übers., Einl. u. Komm.) - Hrsg.: China a. d. Weg z. Gr. Harmonie, 1974; D. Gewalt in Politik, Religion u. Ges., 1976; Rechtspositivismus, Menschenrechte u. Souveränitätslehre in versch. Rechtskreisen, 1976; Kernenergie u. Humanität, 1981; Ehe u. Familie, 1982; Anspruchsges. am Ende, 1982; Beiträge z. Problem d. Friedens u. seiner Sicherung, 1983; Ökol. u. Ökonomie im Widerstreit, 1984. Redaktionsmitgl.: Justice Dans Le Monde, World Justice, Königsteiner Studien - Spr.: Engl., Franz., Chines.

KROKER, Evelyn

Dr., M. A., Leiterin Bergbau-Archiv - Am Bergbaumuseum 28, 4630 Bochum 1.

KROL, Gerd-Jan

Dr. rer. pol., Dipl.-Volksw., Prof. f. Wirtschaftswissenschaft u. Didaktik d. Wirtschaftslehre Univ. Münster - Haus Angelmodde 73, 4400 Münster (T. 02506 - 15 51) - Geb. 17. Juni 1943 Bentheim (Vater: Gerhard K., Weber; Mutter: Berndine, geb. Tannen), ev., verh. s. 1969 m. Gesine, geb. Becker, 3 Kd. (Daniela, Florian, Andrea) - 1963-68 Volksw.-Stud. Univ. Münster (Dipl. 1968, Promot. 1971) - 1968-71 wiss. Mitarb. Univ. Münster u. Augsburg; 1971-74 wiss. Assist. Augsburg; s. 1974 o. Prof. in Münster - BV: D. Wirtschaftsreform in d. DDR u. ihre Ursachen - Erfahr. m. d. administrativen Steuerungskonzeption, 1971.

KROLICZAK, Hans

Schriftsteller - Zum Hedelsberg 47, 5000 Köln 50 (T. 02236 - 6 42 76) - Geb. 11. Aug. 1936 Stegers, Pomm. (Vater: Josef K., Gärtnereibes. †; Mutter: Anna, geb. Kanthak), kath., verh. s. 1960 m. Lydia, geb. Schatzschneider, 2 Kd. (Frank, Astrid) - Realsch., Gartenbaulehre, Polizei- u. Landeskriminalsch. - S. 1956 Polizei NRW; s. 1966 Kripo Köln (1967-88 Sachbearb. im 5. K., dann Berufsaufg.); 1974 Mitgl. Verb. Dt. Schriftst.; 1976 Förderstip. f. Lit. NRW-Kultusmin. - BV: Krimis u. and. Ged., 1976; Kein so harter Bursche, 1983; Rötpöl, 1985. MA: Kölner Weihnachtsbuch, 1988; Lyrik, Kurzprosa, Hörsp., Kindererz., Drama, Kritik; insges. 25 Anthol.; zahlr. Ged. ins Engl. übers. (in DIMENSION, USA). 10 Lesungen am Kulturtelefon Kiel u. Lit.-Telefon Herne - 1978 Ehrenmitgl. Lit. Ges. Köln; 1989 Villa Massimo, Rom - Liebh.: Lesen, Fotogr., Filmen, Sport (Ski, Rad, Laufen, Schwimmen, Eislauf, Hockey), Musik (Klassik, Rock, Konz.) - Spr.: Engl. - Lit.: Portrait H. K. im WDR u. a.

KROLL, Dieter

Opernregisseur - Ludwigsallee 39 B, 5100 Aachen (T. 0241 - 15 75 09) - Geb. 21. Aug. 1954, ev., ledig - Stud. Musikwiss. Univ. Hamburg u. Hbg. Konserv.: Forsch. u. Lehre, Musiktheaterprojekte - S. 1987 Musikdramaturg Stadttheater u. Musikdir. Aachen. Musiktheaterinsz. Mozart L'oca del Cairo; Monteverdi, Canti Guerrieri et Amorosi; Gluck, le Cinesi; Mozart, Bastien u. Bastienne (b. 1987) - Spr.: Franz., Eng., Ital.

KROLL, Jens M.

Dr. rer. nat., Verleger u. Wissenschaftsjourn. - Bergstr. 10, 8031 Seefeld/Obb. (T. 08152 - 71 60) - Geb. 20. Jan. 1942 Berlin (Vater: Werner K., Fachjourn. u. Verl., Gründ. Verb. d. Motorjourn. †1970 (s. XVI. Ausg.); Mutter: Erna, geb. Neumann), verh. s. 1965 m. Juliane, geb. Künzel, 3 Söhne (Sven, Olaf, Björn) - Stud. Univ. Berlin (FU) u. München (auch TH; Naturwiss., insb. Geowiss.). Dipl.-Geol. 1965; Promot. 1968 TU München (Mineralogie). 1969 Doz. f. Geol./Mineralogie Fachhochsch. Landshut - S. 1965 Wiss.journ. (u. a. Redakt. Fachbl. D. dt. Arzt) u. Verl. (1970: Herausg. div. Presse-Taschenb.). Inh. Kroll-Verlag (Garmisch, Seefeld). Mitautor: Handb. d. Mikroskopie in d. Technik (Bd. VII/1975). Üb. 50 wiss. Veröff. - Mitgl. Techn.-Lit. Ges. (TELI) - 1988 Gold. Groschen Kollegium d. Medizinjourn. - Liebh.: Naturwiss. Dokumente (Samml.), Mikrosk., Malen, Golf - Spr.: Engl.

KROLL, Ludwig

Verlagsbuchhändler u. Journalist, ehem. Leiter Abt. Zentralarchiv ZDF Mainz (1963-79) - Regerstr. 6, 6500 Mainz 31 (T. 7637) - Geb. 16. Juli 1915 Baden-Baden (Vater: Ludwig K., Telegraphenbeamter; Mutter: geb. Agster), ev., verh. s. 1944 m. Frieda, geb. Wüstner, 3 Kd. - Oberreal- u. Höh. Handelssch. Baden-Baden; 1932-35 Buchhändlerlehre - Verlagstätigk., 1937-40 Mitarb. Eichenkreuz-Verlag/Zentrale Christl. Verein Jg. Männer, Kassel, 1940-45 Wehrdst. (zul. Sanitäts-Feldw.) u. amerik. Gefangensch., danach Mitarb. Neuaufbau CVJM, s. 1946 Buchhändler Baden-Baden, 1946-59 Mitgl. Stadtrat Baden-Baden; 1953-61 MdB. 1946-65 Mitgl. Ev. Kirchengemeinderat Baden-Baden, 1953-59 auch Landessynode; 1979-85 Kirchenvorst. Mainz-Lerchenberg; 1958-67 Kreisvors. Kurat. Unteilb. Dtschl. Baden-Baden; 1970-78 Bundesvors. d. Vereinig. d. Rundf.-, Film- u. Fernsehschaffenden; s. 1979 Ehrenvors. Studienkr. Rundf. u. Geschichte (s. 1970); Mitgl. Vereinig. ehem. Mitgl. d. Dt. Bundestages, Bonn; Mitgl. Förderkr. Dt. Kabarett-Archiv, Mainz, Rundf.mus. Mainz u. Verein Dt. Archivare. CDU s. 1946 (div. Funktionen) - 1956 u. 1961 Adenauer-Med.; BVK - Spr.: Engl., Franz.

KROLL, Peter

Dr. rer. nat., Dipl.-Phys., Prof. f. Theoret. Physik GH Wuppertal (apl.) - Jägerhofstr. 19, 5600 Wuppertal 1.

KROLL, Rüdiger

Dr. rer. pol., Dipl.-Kfm., Direktor Nordwestdt. Klassenlotterie - Überseering 4, 2000 Hamburg 60 - Geb. 3. Mai 1937 Stettin, verh. m. Hanna, geb. Imhoff, 2 Kd. (Evelyn, Martin).

KROLL-SCHLÜTER, Hermann

Landwirt, Bürgermeister Stadt Warstein, MdB (s. 1972; Wahlkr. 120/Soest) - Effelner Weg 136, 4788 Warstein 2 (T. 02902 - 76840) - Geb. 1. März 1939 Belecke (Vater: Josef, Landw.; Mutter: Josefa, geb. Lackmann), kath., verh. s. 1972 m. Adelheid, geb. Köhne, 3 Kd. - Lw. Lehre; Dt. Landjugendakad. Fredeburg. Praktikum Engl. (1959) u. Frankr. (1960-61). Landw.m. 1965; Sozialdipl. - S. 1970 selbst. (elterl. Hof). 1967-73 Vors. Kath. Landjugendbeweg.; 1967 b. 70 Mitgl. Zentralkomitee d. Dt. Katholiken. CDU s. 1959.

KROLLMANN, Hans

Minister a. D., MdL Hessen (s. 1970; 1972/73 u. 1987/88 Fraktionsvors.) - Lindenstr. 5, 3500 Kassel (T. 36754) - Geb. 7. Nov. 1929 Werdau/Sa., verh. in 2. Ehe m. Ursula, geb. Rehberg, S. Steffen - Univ. Münster, Köln, Hamburg (Rechtswiss.). Jurist. Staatsprüf. 1954 (Hamburg) u. 1959 (Düsseldorf) - 1959-69 Stadtverw. Kassel. 1965 Polizeipräs., 1967 Stadtkämmerer; 1969-70 hess. Innenmin. (Staatssekr.), 1973-74 Min. f. Landw. u. Umwelt, 1974-84 Kultusmin., 1982-87 stv. Min.präs., 1984-87 Finanzmin. SPD (1979-87 Vors. Bez. Hessen-Nord, 1987ff. Landesvors.) - Liebh.: Lesen - Spr.: Engl.

KROLLPFEIFFER, Hannelore

Journalistin, Schriftst., stv. Chefredakt. Ztschr. Brigitte (b. 1987) (Ps. Ma Paritosh Lore) - Josthöhe 65, 2000 Hamburg 63 - Geb. 12. Aug. 1924 Berlin, Sannyasin, verw., T. Katrin - Mittl. Reife - Fr. Schriftst. (Romane u. Jugendb.) - BV: Romane: E. ideale Tochter, 1979; D. Zielgruppe, 1980; Jugendbücher: Alles nur euch zuliebe, 1981; Meine neue gr. Schwester, 1983; Tanzstundenzeit, 1985; D. Zeit m. Marie, 1986 - Liebh.: Musik, Malerei - Spr.: Engl.

KROLOW, Karl

Dr. h. c., Schriftsteller - Rosenhöhe 5, 6100 Darmstadt (T. 7 73 80) - Geb. 11. März 1915 Hannover (Vater: Albert K., Verw.beamter; Mutter: geb. Lange), ev., verh. s. 1941 m. Luzie, geb. Gaida, 1 Kd. - Realgymn. Hannover; 1935-41 Univ. Göttingen u. Breslau (German., Roman., Phil.) - BV/Ged.: Hochgelobtes, gutes Leben, 1943; Gedichte, 1948; Heimsuch., 1948; Auf Erden, 1949; D. Zeichen d. Welt, 1952; Wind u. Zeit, 1954; Tage u. Nächte, 1956; Fremde Körper, 1959; Unsichtbare Hände, Gedichte 1962; Ausgew. Gedichte, 1963; Ges. Gedichte, I-III, 1965-85; Landschaften f. mich - Ged. 1963-65, 1966; Alltägl. Gedichte, 1968; Nichts weiter als leben, 1970; Zeitvergehen, 1972; D. Einfachheit halber, Ged. 1977; D. and. Leben, Erz. 1979; Sterblich, Ged. 1980; Im Gehen, Prosa 1981; Herbstsonett m. Hegel, Ged. 1981; Zwischen Null u. Unendlich, Ged. 1982; Herodot od. d. Beginn v. Gesch., Ged. 1983; Schönen Dank u. vorüber, Ged. 1984; Nacht-Leben od. geschonte Kindh., Prosa 1985; Gesammelte Ged. I-III, 1965-85; In Kupfer gestochen. Observationen, 1987; D. andere Seite d. Welt, Ged. 1987; Als es soweit war, Ged. 1988; Betracht.: V. nahen u. fernen Dingen, 1953; Poet.

Tagebuch, 1966; Minuten-Aufzeichnungen, 1968; Flug üb. Heide, Moor u. grüne Berge - Niedersachsen/Nordhessen/Ostwestfalen, 1969; Dtschl., deine Niedersachsen - E. Land, das es nicht gibt, 1972; E. Gedicht entsteht - Selbstdeutungen/Interpretationen/Aufs., 1973; Ess.: Tessin, 1959, Schattengefecht, 1964; Unter uns Lesern, 1967; Melanie - D. Geschichte e. Namens, 1983. Übers.: Nachdicht. aus 5 Jh. franz. Lyr., 1948; Bestiarium (Apollinaire), 1956; D. Barke Phantasie, Zeitgenöss. franz. Lyrik, 1957; Paul Verlaine, 1957 - 1950 Lyrikpreis Erzählung, 1956 Georg-Büchner-Preis u. Preis Bundesverb. d. Dt. Industrie, 1965 Gr. Nieders. Kunstpr., 1983 Hess. Kulturpr.; 1975 BVK, Goethe-Plak. Ld. Hessen u. silb. Verdienstplak. Stadt Darmstadt; o. Mitgl. Dt. Akad. f. Sprache u. Dicht. (1966 u. 75 Vizepräs., 1972 Präs.), Mainzer Akad. d. Wiss. u. d. Lit., Bayer. Akad. d. Schönen Künste; Mitgl. PEN-Zentrum BRD - Univ.auftr. (1960-61 Gastdoz. f. Poetik Frankfurt/M., 1964 Lektoriat f. Poetik München) 1975 Stadtschreiber v. Bergen (Titelamt) u. Rainer-Maria-Rilke-Preis; 1976 Ehrendoktorwürde TH Darmstadt; 1983 Hess. Kulturpreis; 1985 Lit.preis Bayer. Akad. d. Schönen Künste; 1988 Friedrich-Hölderlin-Preis - Liebh.: Alte Musik, Wandern - Lit.: Rolf Paulus/ Gerhard Kolter, D. Lyriker K. K. (1983).

KROLOW, Kurt-Dietrich

Dr. agr., Univ.-Prof. f. Vererbungs- u. Züchtungsforsch. FU Berlin, FB Biologie, Inst. f. angew. Genetik - Albrecht-Thaer-Weg 6, 1000 Berlin 33.

KROME, Adolf

Dr. jur. et rer. pol., Kaufm. (Fa. Aug. Krome, Osterode), Bürgermeister Stadt Osterode - Lindenstr. 30, 3360 Osterode/ Harz - Geb. 28. Jan. 1900.

KROME, Helmut

Dr. rer. pol., Dipl.-Kfm., Geschäftsführer Gießener Gummiwarenfabr. GmbH & Co. KG, Poppe + Co. - Amselweg 8, 6301 Heuchelheim, Kr. Gießen (T. 0641 - 6 17 09) - Geb. 16. Dez. 1924 Offenbach, ev., verh. s. 1967 m. Eva-Maria, geb. Brendgens, 2 Kd. (Nadia, Michael) - Oberrealsch. Offenbach, Stud. Betriebswirtsch. Univ. Frankfurt, Dipl.-Kfm. (1950), Promot. Univ. Bonn (1954) - 1950-53 Dt. Continental-Gas-Ges., D'dorf, 1953-62 Aral AG, Bochum, 1962-76 Gf. Gummiwerk Odenwald GmbH-Metzeler-Gruppe; Vors. Arbeitgeberverb. Hess. Kautschukind., stv. Vors. Arbeitgeberverb. Dt. Kautschukind. - Spr.: Engl. - Rotarier.

KROMER, Carl Theodor

Dr.-Ing., Direktor i. R., Honorarprof. f. Elektrizitätswirtschaft TH bzw. Univ. Karlsruhe (s. 1953) - Mercystr. 11, 7800 Freiburg/Br. (T. 75410) - Geb. 10. Aug. 1901 Freiburg/Br. (Vater: Max K., Fabrikant; Mutter: Elisabeth, geb. Krebs), verh. m. Marie-Luise, geb. v. Baerle-Kriekenbeck - TH Karlsruhe u. Stuttgart (Dipl.-Ing. 1922). Promot. 1930 Karlsruhe - Väterl. Fabrik u. Kraftübertragungswerk Rheinfelden. 1929-43 Ges. f. elektr. Unternehmungen, Berlin, 1943-67 Badenwerk AG., Karlsruhe (1943 Vorstandsmitgl., 1954 -vors.). Zahlr. Ehrenstell., darung. 1959-62 Präs. UNIPEDE/ Intern. Vereinig. v. Erzeugern u. Verteilern elektr. Energie u. Ehrenmitgl. Dt. Nat. Kom. d. Weltenergiekonferenz - Ehrensenator Univ. Freiburg; Gr. BVK; Trustee Thomas Alva Edison Found. Southfield/USA.

KROMER, Wolfgang

Dr. med., apl. Prof. f. Pharmakol. Med. Hochsch. Hannover (s. 1987) - Konst.-Gutschow-Str. 8, 3000 Hannover 61 - Geb. 5. Mai 1943 Gotha - Med.-Stud. Univ. Erlangen u. Würzburg; Promot. 1973, Habil. 1981 München - Facharzt f. Pharmakol. 1984 Forschungsaufenth. London. S. 1985 Leit. e. experiment. Forsch.abt. in d. pharmazeut. Ind. Zahlr. Fachpubl., vorn. auf d. Geb. d. Opiatforsch.

KROMKA, Franz

Dr. rer. soc., Dr. agr. habil., Univ.-Prof. Univ. Hohenheim, Land- u. Agrarsoziologe - Brunnhausgasse 3, 8050 Freising (T. 08161 - 46 83) - Geb. 7. Aug. 1944 Mariahof/Österr., verh. s. 1975 m. Juliane, geb. Freudenberg, 4 Kd. (David Franz, Jan Manuel, Eva Anette, Ulrike Sibylle) - Stud. Landw. Univ. f. Bodenkultur u. Soziol. Univ. Wien; Promot. 1975 Univ. Hohenheim, Habil. 1984 TU München - Mitgl. Forsch.ges. f. Agrarpolitik u. Agrarsoziol. Bonn; 1984 Gastdoz. Univ. of Zambia/Lusaka - BV: Soziokulturelle Integration u. Machtverhältnisse, 1975; Sozialwiss. Methodologie, 1984; V. Nutzen d. Ehrenamtes, 1985; Agrarsoziol. Orientierungen, 1987 - Liebh.: Sozialphil. u. Gesch., klass. Musik, Bergsteigen - Spr.: Engl., Franz.

KROMPHARDT, Jürgen

Dr. rer. pol., o. Prof. f. Volkswirtschaftslehre TU Berlin - Fontanestr. 1 a, 1000 Berlin 33 (T. 825 76 94) - Geb. 25. Nov. 1933 Kiel (Vater: Dr. sc. pol. Dr. rer. pol. h. c. Wilhelm K., Volksw.ler (s. dort); Mutter: Ilse, geb. Tetzner), verh. s. 1958 m. Doris, geb. Koblinsky, 2 Töcht. (Ina, Sophie) - Univ. Göttingen u. Kiel (Volksw.; Dipl.-Volksw. 1956). Promot. 1957 Kiel; Habil. 1967 Münster - 1958-65 u. 1967-68 Kommiss. d. Europ. Gemeinschaften (Brüssel), 1968-80 Prof. Univ. Gießen - BV: Strukturwandel u. Einkommensverteilung - D. Entwicklung in d. Nachkriegszeit, 1969; Wachstum u. Konjunktur - Grundl. ihrer theoret. Analyse u. wirtschaftspolit. Steuerung, 2. A. 1977; Konzeptionen u. Analysen d. Kapitalismus, 2. A. 1987; Arbeitslosigkeit u. Inflation - E. Einf. in d. makroökonomischen Kontroversen, 1987.

KRON, Heinrich

Kirchenpräsident der Ev. Kirche d. Pfalz (Prot. Landeskirche) i. R. - Dompl. 5, 6720 Speyer (T. 10 91 22) - Geb. 25.Mai 1923 Kaiserslautern (Vater: Johann K., Kirchendiener; Mutter: Elisabeth, geb. Wenz), ev., verh. s. 1951 m. Helgard, geb. Klink, 2 Kd. (Gerhard, Christiane) - Gymn. Kaiserslautern (Abit. 1942); Stud. Montpellier, Mainz - S. 1950 in d. Seelsorge (Vikar; 1954 Pfarrer Neuhofen u. Kaiserslautern-West (1960); 1965 Pfarrer u. Dekan Landau-Mitte); 1974 Oberkirchenrat Protestant. Landeskirchenrat d. Pfalz. 1960 Vors. Pfälz. Pfarrverein u. 1969 Verb d. Ev. Pfarrvereine in Dtschl. 1967 Mitgl. Landessynode, 1973 Synode d. EKD u. 1973 Protestant. Kirchenreg. Pfalz - 1983 Gr. BVK, 1988 Stern dazu.

KRONAST, Benedikt

Dr. rer. nat., Wiss. Rat u. Prof. f. Experimentalphysik Univ. Bochum (s. 1974) - Haarholzer Str. 22, 4630 Bochum - 1963 Wiss. am MPI f. Plasmaphysik, Garching; 1968 Section Head, National Res. Council of Canada.

KRONAUER, Brigitte

Schriftstellerin - Rupertistr. 73, 2000 Hamburg 52 - Geb. 29. Dez. 1940 Essen - BV: D. unvermeidl. Gang d. Dinge, Erz. 1974; D. Revolution d. Nachahmung, Lyrik/Prosa 1975; V. Umgang m. d. Natur, Erz. 1977; Frau Mühlenbeck im Gehäus, R. 1980; D. gemusterte Nacht, Erz. 1981; Rita Münster, R. 1983; Berittener Bogenschütze, R. 1986; Aufs. z. Literatur, 1987 - 1985 Gr. Kunstpreis Berlin; 1987 Südwestfunk-Kritikerpreis.

KRONAUER, Erich

Vorstandsmitglied Fichtel & Sachs AG (s. 1973; Geschäftsbereich Antriebstechnik) - Ernst-Sachs-Str. 62, 8720 Schweinfurt - Geb. 26. Okt. 1930 - AR-Vors. Nürnberger Hercules-Werke GmbH/Zweirad-Union, Nürnberg, Sachs-Dolmar GmbH, Hamburg; AR-Mitgl. Sachs Industries S.A., Nanterre/ Frankr., Fichtel & Sachs Industries, New York; Präsid.-Mitgl. Verb. Fahrrad- u. Motorrad-Ind.; Beirat Messe- u. Ausstellungs-GmbH, Köln; Vorst.-Mitgl. VDMA Frankf., Fachgem. Kraftmasch.

KRONAWITTER, Georg

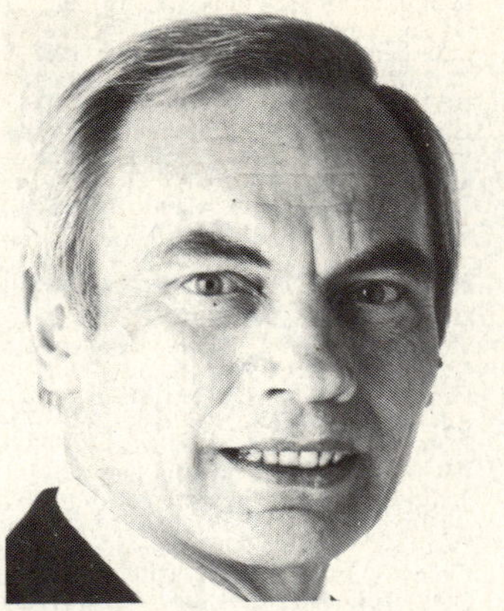

Oberbürgermeister Stadt München - Rathaus, Marienpl. 8, 8000 München 1 (T. 089 - 2 33-1) - Geb. 21. April 1928 Oberthann Kr. Pfaffenhofen/Ilm (Vater: Landw.), verh. s. 1968 (Ehefr.: Hildegard), T. Isabella, S. Florian - Volkssch. Oberthann; landw. Ausbild.; Bäckerlehre; Lehrerbildungsanstalt Pasing (Lehramtsprüf. 1949 u. 51); n. Externer-Abit. (1952) Univ. München (Betriebs-, Volksw., Päd., Soziol.) - 2 J. Volksschullehrer München; 1959-66 Studienu. Oberstudienrat; 1966-72 MdL Bayern; 1972-78 u. ab 1984 Oberbürgermeister Stadt München. 1984ff. stv. Vors. Bayer. Städtetag. SPD - 1979 Ludwig-Thoma-Med., Ehrenmitgl. Presse-Club München - Liebh.: Bergwanderungen.

KRONAWITTER, Karl Günther

Gewerkschaftssekretär, MdL Hessen (XII. Wahlp.) - Im Kreuzbruch 27, 6116 Eppertshausen (T. 06071 - 3 54 06) - Geb. 22. Dez. 1934 - SPD.

KRONE, Heinrich

Dr. phil., Bundesminister a. D. - Erftweg 28, 5300 Bonn - Geb. 1. Dez. 1895 Hess.-Oldendorf (Vater: Arbeiter, durch Unfall früh verst.), kath., verh. 1923 m. Emilie, geb. Janiak, 4 Kd. - Gymn. Hildesheim; Univ. Münster, Göttingen, Kiel (Neuere Spr., Lat., Volksw.). Promot. 1923 - 1922-33 stv. Generalsekr. Dt. Zentrumspartei u. Vors. Reichsverb. d. dt. Windthorstbünde (Jugendorg. d. Zentrums), 1925-33 MdR, danach Privatwirtsch., 1944 verhaftet, 1945 Mitbegr. Berliner CDU, 1949-69 MdB (b. 1965 Berliner Vertr.); 1955-61 Fraktionsvors. CDU/CSU), s. 1958 stv. Vors. u. Präsidiumsmitgl. (1962) CDU, 1961-66 Bundesmin. f. bes. Aufgaben (u. a. Berlin-Belange) bzw. f. d. Angelegenh. d. Bundesverteidigungsrates (1963), s. 1967 Sonderberat. d. Bundeskanzlers (Schulfragen) - Liebh.: Botanik - 1965 Ehrenbürger Bundesstaat Texas (USA).

KRONE, Heinrich Adolf

Dr. med., Prof., Chefarzt d. Frauenklinik im Klinikum Bamberg (s. 1984) - Buger Str. 80, 8600 Bamberg - Geb. 12. April 1925 Berlin (Vater: Dr. phil. Heinrich K., Bundesmin. a. D. (s. dort); Mutter: Emilie, geb. Janiak), kath., verh. s. 1953 m. Elisabeth, geb. Büchner (Tochter v. Prof. Dr. med. Franz B., Pathologe, Freiburg/Br.), 6 Kd. (Andreas, Christoph, Stephan, Monika, Elisabeth, Gabriele) - Promot. 1950 Freiburg; Habil. 1960 München - S. 1960 Lehrtätigk. Univ. München (1968 apl. Prof. f. Geburtshilfe u. Frauenheilkd.) u. Erlangen-Nürnberg (1969 apl. Prof.), Lehrauftr. f. Sozialmed. s. 1972 Univ. Bamberg (1962-84 Dir. d. Staatl. Frauenklinik u. Hebammenschule Bamberg) - BV: D. Bedeutung d. Eibettstörungen f. d. Entstehung menschl. Mißbildungen, 1961; Hebammenlehrbuch, 4. A 1983; Lehrb. f. Arzthelferinnen, 3. A. 1987. Üb. 100 Einzelarb. Mithrsg.: Dt. Hebammen-Ztg.

KRONE, Winfrid

Dr. rer. nat., Dipl.-Chem., o. Prof. f. Humangenetik Univ. Ulm - Bei der Pilzbuche 57, 7900 Ulm-Böfingen - Geb. 26. März 1932 Sondershausen/Thür. (Vater: Gerhard K., Apotheker; Mutter: Agnes, geb. Fittbogen), ev., verh. s. 1962 m. Inge, geb. Krönner, 3 Kd. (Ursula, Ulrike, Susanne) - Promot. 1962 München. U. a. Mitgl. Ges. f. Naturforscher u. Ärzte, Ges. f. Biol. Chem., Dt. Ges. f. Zellbiol. - Spr.: Engl.

KRONEBERG, Hans-Günther

Dr. med., Prof., Pharmakologe - Gustav-Freytag-Str. 8, 5600 Wuppertal 11 (T. 74 38 38) - Geb. 24. Aug. 1919 Wittenberge - S. 1950 (Habil.) Lehrtätigk. Univ. Rostock u. Frankfurt/M. (1957; 1961 apl. Prof. f. Pharmak. u. Toxikol.); Wiss. Dir. Bayer AG., Leverkusen. Zahlr. Fachveröff. - Spr.: Engl., Franz. - Rotarier.

KRONECK, Friedrich J.

Dr. jur., M.A., Erster Botschafter d. Bundesrep. Deutschl. in d. Sozialist. Volksrep. Albanien, Tirana (s. 1988) - Postfach 15 00, Botschaft Tirana, 5300 Bonn 1 - Geb. 16. Juli 1931 Eggenfelden, verh. m. Joan Carole, geb. Danchak, 2 Söhne (Stephan Franciscus, Karl Christian) - Stud. Univ. München, Genf u. Colgate Univ./USA; M.A. 1953, 1. jurist. Staatsex. 1954 München; Promot. u. 2. jurist. Staatsex. München - 1955-58 Wiss. Assist. Univ. München; 1959 Ausw. Dienst, Auslandsverwend.: 1961 Jerusalem, 1961-66 Dt. NATO-Vertretung Paris, 1969-72 Generalkonsulat New York, 1976-81 Generalkonsul in Melbourne, 1985-87 Generalkonsul in Amsterdam, 1987 stv. Leit. d. Rechtsabt. d. AA - Offz. d. nat. VO. d. Tschad; Offz. d. nat. VO. d. Côte d'Ivoire; Offz. d. iran. Homayoun Ordens; Kommand. d. nat. VO. v. Niger.

KRONEN, Heinrich

Dr. phil., em. o. Prof. f. Allg. Didaktik u. Schulpäd. Univ. Köln - Ad.-Kolping-Str. 11, 5020 Frechen - Geb. 17. Okt. 1921 Rheydt, kath. - Gymn. Mönchengladbach; PH Aachen u. Köln; Univ. Köln, Ohio State Univ. (USA). Promot. 1967 - 1947-64 Volks- u. Realschullehrer; Prof. PH Freiburg (1970), Bonn (1973), Köln (1975, Univ. 1980); 1985-87 Dekan Erziehungswiss. Fak. - BV: Prinzip d. Genese-Päd. Karl Magers, 1968; Unsere Welt - Gesch. f. Realsch., 2 Bde. 1970/ 71; Bildung u. Wortschatz im Englischunterr., 1972; Mediendid., 1980; Sozialpäd., 1980; Zeit als Faktor d. Bildungsinvestition, 1980; Wem gehört d. Schule?, 1981; Sachunterricht, 1981; ab 1984 Karl W. E. Mager, Ges. Werke (10 Bde.) - Liebh.: Gesch. (19. Jh.) - Spr.: Engl. (Dipl.-Dolm.), Franz., Ital.

KRONENBERG, Andreas

Dr. phil., Prof. f. Ethnol. Univ. Frankfurt (s. 1971) - Feldscheidenstr. 24, 6000 Frankfurt (T. 540820) - Geb. 30. Sept. 1931 Tarnow (Vater: Dr. Ferdinand, OLGrat; Mutter: Eugenia, geb. Hutny), kath., verh. s. 1958 m. Dr. phil. Waltraud, geb. Erhart, 2 Kd. (Martina, Arno) - Promot. 1955 Wien; Habil. 1969 Frankfurt - 1958-65 Governm. Anthropol. Rep. Sudan, 1965-71 Assist. Frobenius-Inst., Frankfurt. In- u. ausl. Fachmitgl.sch. - BV: D. Teda v. Tibesti, 1958; Logik u. Leben, 1972; Nubische Märchen, 1978; D. Bongo, 1981 - Liebh.: Segeln - Spr.: Arab., Engl., Franz., Poln.

KRONENBERG, Friedrich

Dr. rer. pol., Dr. rer. oec. h. c., Dipl.-Volksw., Generalsekretär Zentralkomitee d. dt. Katholiken (s. 1966), MdB (s. 1983; Landesliste NRW) - Eschenweg 9, 5300 Bonn-Bad Godesberg (T. 323356) - Geb. 16. Febr. 1933 Gelsenkirchen (Vater: Friedrich K., Postbeamter; Mutter: Katharina, geb. Kasper), kath., verh. s. 1958 m. Elisabeth, geb. Schmidt, 3 Kd. (Angela, Birgitta, Daniel) - 1943-54 versch. Gymn. (Abit. Gelsenkirchen); 1954-60 Univ. Münster (Wirtsch.s- u. Sozialwiss.). Dipl.-Volksw. 1958; Promot. 1960 (Diss.: Finanzpolit. Wirk. auf d. Vermögensverteil.) - 1958-60 Wiss. Mitarb. Inst. f. Christl. Sozialwiss. Univ. Münster; 1960-64 Hauptamtl. Leit. Dt. Pfadfinderschaft St. Georg; 1964-65 Angest. Bundesmin. f. Familie u. Jugend; zahlr. ehrenamtl. Tätigk. u. a. Vors. Arbeitsgem. f. Entwicklungshilfe (s. 1970); Vors. Kommiss. f. Zeitgesch. (s. 1982) - 1982 Ehrendoktor Nanzan Univ. Nagoya/Japan.

KRONENBERGER, Franz-Rudolph

Verwaltungsangestellter, MdL Saarland (s. 1975) - Frankfurter Str. 4, 6688 Illingen - Geb. 1. Okt. 1939 St. Wendel - SPD.

KRONES, Paul

I. Bürgermeister (s. 1965) - Rathaus, 8182 Bad Wiessee/Obb.; priv.: Freihauswinkel 9 - Geb. 29. Sept. 1916 Dürnhausen - S. 1972 stv. Landrat - 1980 BVK; 1981 Ehrenbürger Gde. Bad Wiessee.

KRONS, Fritz

Direktor, stv. ARsvors. Köllmann-Werke AG., Düsseldorf - Brinker Weg 32, 5620 Velbert 11 - Geb. 27. Juni 1915 Köln (Vater: Johann K.), verh. m. Gertrud, geb. Obermanns - Zul. Vorstandsmitgl. Köllmann-Werke.

KRONSCHWITZ, Helmut

Dr. med., Prof., Chefarzt Anaesthesie-abt./St.-Markus-Krkhs., Frankfurt, Honorarprof. f. Anaesth. Univ. ebd. - Am Eisernen Schlag 13, 6000 Frankfurt/M. - Geb. 30. Jan. 1928 Saalfeld - 1967ff. Privatdoz. Univ. Tübingen; 1973 Prof. Univ. Frankfurt. Zahlr. Publ. Herausg.: Verz. d. Ärzte f. Anästhesiol.

KRONSEDER, Hermann

Fabrikant, gf. Gesellsch. Hermann Kronseder Maschinenfabrik AG - Regensburger Str. 42, 8404 Wörth - Geb. 3. Okt. 1924 Gailsbach (Eltern: Ludwig u. Katharina K.), verh. s. 1950 m. Inge, geb. Lichtinger, 4 Kd. (Volker, Harald, Norman, Gunther) - 1951 Firmengr. Hermann Kronseder Maschinenfabrik GmbH & Co., 1980 Umwandl. in e. AG, Niederlass. in Belgien, Brasilien, Dänemark, England, Frankreich, Italien, Japan, Kanada, Mexiko, Österr., Schweiz, Spanien, USA (inzw. rd. 2.600 Mitarb. weltweit), Beteilig. an d. Firmen Steinecker, Freising, Seeger GmbH, Plüderhausen, Krones Seeger S. A., Brasilien. Üb. 20 dt. Pat. auf d. Geb. d. Etikettier-, Inspektions- u. Füllmasch. f. Flaschen. Landesbeirat Commerzbank AG - BV: Handb. d. Etikettiertechnik, 1970, 71, 76, 86; Krones Manual of Labelling Technology, 1979 - 1980 Staatsmed. f. bes. Verd. um d. bayer. Wirtsch.; 1984 BVK I. Kl. - Liebh.: Großwildjägerei.

KRONTHALER, Otto

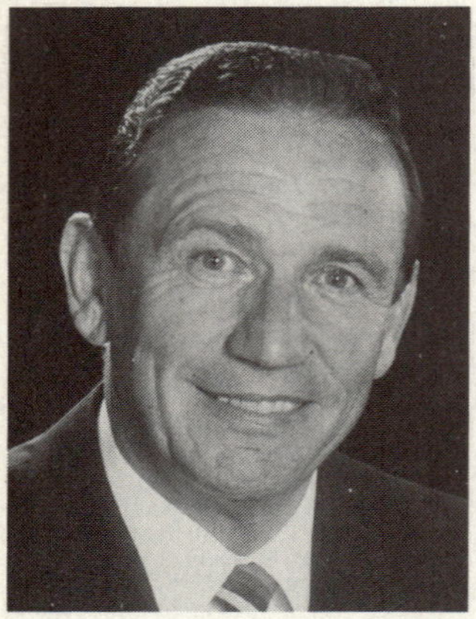

Präsident Oberpostdirektion München (s. 1989) - Spitzwegstr. 13, 8400 Regensburg (T. 0941 - 99 98 80) - Geb. 20. Nov. 1927 Passau, kath., verh., 2 Söhne (Stefan, Ulrich) - Volkssch. u. Human. Gymn. Augsburg; Stud. Rechtswiss. München; 2. jurist. Staatsprüf. 1955 - 1955 Postass. Oberpostdir. Düsseldorf, 1957 Oberpostdir. Münster, 1960 Bd.-Postmin.; 1968 Leitg. Bahnpostoberbetriebsamt West, Köln; 1969 Ref. Personalabt. BPM; 1972 Präs. Oberpostdir. Regensburg - 1976 Gr. Gold. Ehrenz. d. Rep. Österr.; 1984 BVK I. Kl.

KRONZUCKER, Hans-Dieter

Dr. phil., Journalist, ZDF - Zu erreichen üb. ZDF, Postf. 4040, Essenheimer Landstr., 6500 Mainz-Lerchenberg - Geb. 22. April 1936 München, verh., Kd. - Stud. Phil. u. Kulturgesch. München, Wien, Barcelona. Promot. 1962 - Ab 1962 WDR Köln/Fernsehen (Regionalprogramm, Zeitgeschehen/Monitor, Weltspiegel), 1968-69 ARD-Korresp. Vietnam, anschl. Lateinamerika (Sitz Caracas), 1973-77 NDR Hamburg/Ferns. (stv. Chefredakt. Zeitgeschehen u. Leit. Weltspiegel), 1978-80 Leit. Heute-Journal ZDF, 1980-86 ZDF-Korresp. in Washington, 1986-88 erneut Leit. Heute-Journal, s. 1988 Leit. Redaktion Abenteuer u. Legenden - BV (Herausg.): Kuba in d. Klemme (1981); Unser Amerika (1986); D. amerikanische Jahrhundert (1989) - 1979 Bambi-Preis (Bild + Funk/Bunte); 1984 Bambi-Fernsehpreis Bild + Funk.

KROPAT, Wolf-Arno

Dr. phil., Ltd. Archivdirektor, Leit. Hess. Hauptstaatsarchiv Wiesbaden - Hans-Böckler-Str. 78, 6200 Wiesbaden (T. 06121 - 42 53 87) - Geb. 17. Aug. 1932 Görlitz (Vater: Bruno K., Reichsbankrat; Mutter: Martha, geb. Oeltze), verh. s. 1969 m. Ulla, geb. Schwartz - Stud. Gesch. u. Lat. Univ. Marburg u. Freiburg, 1. Staatsex. 1959, Promot. 1962, 2. Staatsex. (Archivass.) 1962 Marburg - S. 1964 Hess. Hauptstaatsarchiv Wiesbaden (1976 Archivdir., 1979 Ltd. Archivdir.); s. 1971 Geschäftsf. Kommiss. f. d. Gesch. d. Juden in Hessen - BV: Reich, Adel u. Kirche in d. Wetterau v. d. Karolinger- b. z. Staufferzeit, 1965; Frankfurt zw. Provinzialismus u. Nationalismus, 1971; Juden v. Gericht 1933-45 (m. Ernst Noam), 1975; Hessen in d. Stunde Null 1945/47, 1979; Kristallnacht in Hessen, 1988.

KROPF, Heinz

Dr. rer. nat., Prof., Inst. f. Organ. Chemie Univ. Hamburg - Vogteistr. 18, 2000 Hamburg 90 (T. 7632211) - Geb. 11. Sept. 1926 - Stud. Chemie - S. 1960 (Habil.) Lehrtätigk. Bergakad. Clausthal, Univ. Hamburg (1966 apl. Prof. f. Organ. Chemie), Univ. Kiel (Lehrauftr. ehem. Techn.). Mithrsg.: Houben-Weyl, 4. A. u. erw. Folgebde. Fachaufs.

KROPFF, Bruno

Dr. jur., Ministerialdirig. Aufsichtsratsvors. Prakla-Seismos GmbH - Tannenweg 4 (Röttgen), 5300 Bonn 1 (T. 252548) - Geb. 7. Sept. 1925 Münster/Westf. (Vater: Bernhard K., LG-Präs.; Mutter: Maria, geb. Sümmermann), kath., verh. s. 1961 m. Dorothea, geb. Lades, 3 Kd. (Martin, Beate, Daniela) - Univ. Münster, Freiburg, Paris (Jura). ARsmitgl. mehr. Bundesges. Kommentar u. Aufs. z. Aktien- u. Bilanzrecht - Spr.: Engl., Franz.

KROPFINGER, Klaus

Dr. phil., Prof. f. Musikwissenschaft FU Berlin - Hewaldstr. 10, 1000 Berlin 62 - Geb. Gera, verh. m. Dr. Helga v. Kügelgen (s. dort), Kunsthistorikerin, T. Anke - Abit.; Ausb. als Fräser, da Sohn e. Akademikers; Stud. Musikhochsch. Weimar (Schulmusik u. Klavier); Stud. Musikwiss., Kunstgesch., Ethnol. u. Phil. Univ. Bonn - Mitarb. Beethoven GA; Prof. FU Berlin - BV: Wagner u. Beethoven. Unters. z. Beethovenrezeption R. Wagners, 1975; Klassik-Rezeption in Berlin (1800-1830), 1984; Gerettete Herausforderung: Mahlers 4. Symphonie-Mengelbergs Interpretation (Mahler-Interpretation), 1985; Händel, Israel in Egypt, 1986. Herausg.: Beethoven. Ballettmusik (Op. 43 u. WoO 1) (1970); Richard Wagner, Oper u. Drama (m. Kommentar 1984); Paul Hindemith, Orchesterwerke 1940-43 (1988) - Liebh.: Med., auch alternative Med., Umweltschutz, Reisen, Wandern, u. a. m.

KROPP, Jürgen

Dramaturg Ernst-Waldau-Theater Bremen - Steffensweg 209, 2800 Bremen 1 - Geb. 8. Mai 1955 Büdelsdorf, ledig - Stud. Phil., Dt. Literaturwiss., Philol. u. Kunstgesch. Univ. Kiel - BV: Niederd. Lyrik, Theaterst. u. a. Werke - 1984 Förderpreis d. Klaus-Groth-Preises d. Stiftg. F.V.S.; 1985 Freudenthal-Preis f. niederd. Lyrik - Liebh.: Oper, Konzert, Wien, Venedig, Essen u. Trinken, Bücher - Spr.: Engl.

KROPPENSTEDT, Franz

Staatssekretär Bundesinnenmin. - Graurheindorfer Str. 198, 5300 Bonn - Geb. 1. Mai 1931 Marburg (Vater: Franz K., Lehrer; Mutter: Margarethe, geb. Klammroth), ev., verh. s. 1959 m. Irmhild, geb. Köster, 3 Kd. (Katrin, Christian, Stefan) - Realgymn.; Stud. Rechts- u. Staatswiss., Volkswirtsch.; 1. u. 2. jurist. Staatsprüf. - BVG Berlin; Landratsamt Eschwege; versch. Abt. d. BMI; Präs. Statist. Bundesamt, Bundeswahlleit. (Mitgl. Wahlkreiskommiss.) - Veröff. in wiss. Ztschr. z. Probl. d. öfftl. Dienstrechts - Liebh.: Archäol., Gesch., Sport - Spr.: Engl., Franz.

KROSCHEL, Kristian

Dr.-Ing., Prof. f. Nachrichtentechnik Univ. Karlsruhe u. Inst. f. Informationsu. Datenverarbeitung d. Fraunhofer Ges. - Birkenweg 5, 7517 Waldbronn 2 (T. 07243 - 6 68 52) - Geb. 27. Dez. 1942 Chemnitz (Vater: Martin K., Kaufm.; Mutter: Dorothea, geb. Steiner), ev., verh. s. 1972 m. Christa, geb. Lichtenthäler, S. Jens Martin - Dipl.-Ing. 1967, Promot. 1971, Habil. (Nachrichtentechnik) 1974 - BV: Statist. Nachrichtentheorie, Bd. 1 1973, 2. A. 1986, Bd. 2 1974, 2. A. 1988; Digitale Signalverarbeitung, 1989.

KROSCHINSKI, Kurt

Bankdirektor - Georgenstr. 19, 1000 Berlin 45 - Geb. 19. März 1933 Gleiwitz (Vater: Friedrich K., Steuerberater; Mutter: Elfriede, geb. Kilian), kath., ledig - Jura-Stud.; Bankkaufm. - Spr.: Engl.

KROSIGK, Konrad von

Dipl.-Volksw., Vorstand d. Werner-Reimers-Stiftung, Bad Homburg (s. 1979) - Am Wingertsberg 4, 6380 Bad Homburg v.d.H. - Geb. 12. Juni 1934 Bernburg/Anhalt, ev.-luth., verh. s. 1963 m. Deli, geb. Rohde, Tierärztin, 3 Kd. - Dipl.-Volksw. Tübingen 1963 - Rechtsritter Johanniter-O.; Vorst.-Vors. Johanniter-Cronstetten-Altenhilfe, Frankfurt/M.; Vorst.-Mitgl. Lessing-Akad., Wolfenbüttel; Kurat.-Mitgl. M.C.A. Böckler-Stiftg., Bad Homburg - Spr.: Engl.

KROSS (ß), Eberhard

Dr. phil., Prof. f. Didaktik d. Geographie Univ. Bochum - Neulingsiepen 26, 4630 Bochum - Geb. 24. Juli 1938 Königsberg/Neum. (Vater: Karl K., Uhrmacherm.; Mutter: Elisabeth, geb. Page), ev., verh. s. 1970 m. Karin, geb. Dübel, 4 S. (Joachim, Ulrich, Martin, Philipp) - Gymn. Walsrode; Univ. Freiburg/Br. u. Göttingen. Beide Lehramtsprüf. f. höhere Schulen; Promot. 1968 Göttingen - BV: Fremdenverkehrsgeogr. Unters. in d. Lüneburger Heide; Indios in Peru (RCFP-Unterrichtsmodell). Herausg.: Geogr.didakt. Strukturgitter. Mithrsg.: Geogr. heute; Terra Geogr.; Terra Erdkunde - Liebh.: Tennis, Bergwandern, Reisen - Spr.: Engl., Span.

KROSS, Hinrich Jürgen

Buchhändler, Schriftst. - Kaiserstr. 8, 6500 Mainz - Geb. 26. Aug. 1937 Hirschberg, ledig - Buchhandelslehre; Ausb. z. Fernsehredakt. ZDF Mainz - 1981 Redakt. Areopag-Jahrb. - BV: Ortungen, 1975/76; Inmitten, 1980; Kaltfront, 1984; angesichts, 1986; raumzeit, 1989 - Liebh.: Bild. Kunst u. Lit. - Spr.: Engl., Franz., Lat.

KROSS, Siegfried

Dr. phil., Prof. f. Musikwissenschaft - Ippendorfer Allee 5, 5300 Bonn 1 - Geb. 24. Aug. 1930 Wuppertal (Vater: Wilhelm K., Rektor; Mutter: Elfriede, geb. Schadewald), ev., verh. s. 1962 m. Dorothee, geb. Brand, 2 Kd. - Univ. Freiburg/Br. u. Bonn. Promot. 1957 - S. 1966 (Habil.) Lehrtätigk. Univ. Bonn (1970 Prof.) - BV: u. a. D. Chorw. Johannes Brahms, 2. A. 1963; D. Instrumentalkonz. b. G. Ph. Telemann, 1969; Max Reger in s. Zeit, 1973; Gesch. d. dt. Liedes, 1989. Herausg.: Dokument. z. Gesch. d. dt. Liedes (1973ff.). Div. Einzelarb. - Präsid.-Mitgl. Landesmusikrat NRW; Mitgl. Landes-Rundfunkkommiss. NRW - Spr.: Engl., Ital., Franz.

KROST, Wolfgang

Rechtsanwalt, Justitiar u. Vizepräs. Bundesverb. d. Wirtschaftsberater - Barbarossaplatz 10, 5000 Köln 1.

KROTH, Werner

Dr. oec. publ., Dipl.-Forstw., Dipl.-Kfm., o. Prof. f. Forstwissenschaft Univ. München (s. 1972) - Friedinger Str. 4, 8031 Seefeld/Obb. (T. 08152 - 71 94) - Geb. 28. Nov. 1928 Heimbuchenthal/Spessart - Promot. 1954; Habil. 1965 - BV: u. a. D. Systeme d. Waldbesteuerung u. d. steuerl. Belast. priv. Forstbetriebe in europ. Ländern, 2 Bde. 1960/62 (auch engl. u. jap.). Zahlr. Einzelarb. - 1984 Karl-Abetz-Preis.

KROTT, Hugo M.

Dr. med., Prof., Internist, Neurologe u. Psychiater - Gänsbühl 2, 7980 Ravensburg (T. 0751 - 1 60 94); u. Genterstr. 13D, 8000 München 40 - Geb. 7. April 1934 Duisburg, verh. s. 1963 m. Dr. med. Eva, geb. Kurczer, S. Julian B. M. - Stud. Univ. Bonn, Marburg, Wien, Izmir, München; Habil. 1971 - 1966-68 Wiss. Assist. Univ. München u. Freiburg, s. 1971 Oberarzt Neurol. Univ.sklinik Ulm, s. 1975 apl. Prof. ebd. Fachmitgl.schaften - BV: Notfallmed. - Bd. 10 Klin. Anästhesiol. u. Intensivther., 1976; Handb. d. Psychosomatik, 1979; Metabolische u. entzündliche Polyneuropathien, 1984; Handb. d. Psychosomatik, 3. A. 1986 - Spr.: Engl.

KROTZ, Friedel

Dipl.-Chem., Inh. Rhein. Kammfabrik Franz Krotz GmbH. & Co. KG. u. Jacob Zimmermann, bde. Tönisvorst, Vors. Fachverb. Konsum-Kunststoffwaren, Frankfurt/M. - Buchenpl. 3, 4154 Tönisvorst 1 - Geb. 13. Nov. 1927.

KROTZINGER, Werner

Prof., Dozent f. Violine u. Kammermusik Folkwang-Hochsch. - Abtei, 4300 Essen-Werden - Geb. 1926 (?) - S. 1960 Folkwang-Hochsch. (1973 Dir.).

KRUBER, Dieter

Dr. phil., Prof. f. Sportwiss. a. Erziehungswiss. Hochschule Rheinland-Pfalz/Abt. Landau (s. 1970) - Thüringenstr. 1, 6660 Zweibrücken - Geb. 30. Dez. 1939 Oppeln/OS. - Promot. 1967 - BV: u. a. Sport-Standardw. d. Lehrers, 3. A. 1981; Programm. Lehren u. Lernen im Sport, 4 Bde. 1975ff.; D. Sportstunde, 4. A. 1984; Arbeitskarten f. d. Sportunterr., 10 Bde.: Leichtathletik in d. Halle, 6. A. 1984; Übungskarten Familiensport, 2 Bde., 1982 u. 1985; Übungskarten z. Bewegungserziehung in Vor- u. Grundschule, 3 Bde., 1985ff.; Übungskarten, Wirbelsäulen- u. Fußgymnastik, 2. Bde., 1988. Ca. 120 Ztschr.aufs. in versch. Fachztschr.

KRUBER, Klaus Peter

Dr. rer. pol., Prof., Direktor Sem. f. Wirtsch./Politik u. ihre Didaktik PH Kiel - Olshausenstr. 75, 2300 Kiel - Geb. 12.

Aug. 1944 Koblenz, verh., 1 Kd. - Stud. Univ. Bonn (Volkswirtsch.); Dipl. 1969; Promot. 1973 - 1969-72 wiss. Assist. Univ. Erlangen-Nürnberg; 1973-75 Univ.-GH Wuppertal; 1975ff. Prof. PH Kiel - BV: Unternehmensgrößen u. Wettbewerb, 1973; Konsum u. Arbeit. Einf. f. Lehramtsstud., 1977; Textilarbeit u. Verbrauchererziehung (m. G. Mosenthin), 1986 - Spr.: Engl., Franz.

KRUBER, Manfred

Dipl.-Kfm., Bankier - Speerweg 69, 1000 Berlin 28 - Geb. 22. Aug. 1929 Berlin (Vater: Oswald K., Bankier; Mutter: Hedwig, geb. Meyer), ev., verh. s. 1960 m. Siegrun, geb. Lindemann, S. Marcus - Abit. Friedrichs-Werdersches Gymn. Berlin; Bachelor of Arts Univ. of Minnesota (USA); Dipl.-Kfm. Freie Univ. Berlin - B. 1956 Osram GmbH, Berlin/München (Direktionsassist.), dann Bankhaus O. Kruber, Berlin (1967 Generalbevollm.; 1976 Mitinh.) - Liebh.: Reisen - Spr.: Engl., Span.

KRUCK, Jürgen

Bau- u. Schweißfachingenieur, Geschäftsf. - Staufenstr. 9, 6232 Bad Soden 3 (T. 06174 - 4226) - Geb. 25. Sept. 1940 Frankfurt/M. (Vater: Hermann K., Bauuntern.; Mutter: Katharina, geb. Jost), ev., verh. s. 1965 m. Karoline, geb. Karsten, Sohn Jan-Dirk - 1954-57 Straßenbauerlehre, 1957-59 kaufm. Ausb.; Stud. Bauing.wesen, alle Frankfurt, u. Schweißtechn. Lehr- u. Versuchsanst. Mannheim - Bauing. 1962-67; Geschäftsf. (s. 1968 Kruck KG, s. 1980 Kruck GmbH, Straßenbau, s. 1970 Kruck GmbH, Rohrleitungsbau, 1986-88 Hach GmbH, Mauerwerksbau. Beirat Sozialkassen d. Bankwirtsch.; Mitgl. Sozialpol. Aussch. Zentralverb. d. Baugewerbes (ZDB), Bonn - Liebh.: Boote, Weine, Reisen.

KRUCK, Thomas

Dr. rer. nat., o. Prof. f. Anorgan. Chemie - Am Wachberg 9, 5042 Erfstadt-Bliesheim (T. Lechenich 41947) - Geb. 28. Jan. 1934 Aichach/Obb. (Vater: Thomas K., Bundesbahnbediensteter, †; Mutter: Zazilia, geb. Eberl), kath., verh. s. 1954 m. Juliane, geb. Finsterer, 2 Kd. (Ruperta, Thomas) - TH München (Chemie; Dipl.-Chem. 1959). Promot. (1961) u. Habil. (1964) München - S. 1964 Lehrtätigk. TH München (1965 Doz.) u. Univ. Köln (1966 Wiss. Rat u. Prof.; 1969 Ord. u. Inst.sdir.). Entd.: System d. Metalltriftfluorphosphin-Komplexe. Üb. 50 Fachveröff. - Liebh.: Völkerkunde, Volksmusik, Astronomie, Wasser- u. Tauchsport - Spr.: Engl.

KRÜCHTEN, von, Manfred R.

Dipl.-Volksw., Geschäftsführer Verb. d. Kraftfahrzeugteile- u. Zweirad-Großhändler - Postfach 18 61, Oberstr. 36-42, 4030 Ratingen 1 (T. 02102 - 2 50 41; Telefax 02102/26113) - Geb. 4. Juni 1944.

KRÜCK, Friedrich

Dr. med., o. Prof. Univ. Bonn s. 1973 - Axenfeldstr. 1, 5300 Bonn-Bad Godesberg - Geb. 28. Aug. 1921 Karlsruhe (Vater: Georg K., Dekan; Mutter: Katharine, geb. Klein), ev., verh. s. 1944 m. Marlies, geb. Scherer, S. Hans - Gymn. Landau; Univ. Heidelberg. Promot. 1950; Habil. 1960, bde. Heidelberg - 1957 Research Fellow Cornell Univ. New York, 1958 Stanford Univ. San Francisco; 1966-68 apl. Prof. Univ. d. Saarl. (1968-73 o. Prof. u. Dir. II. Med. Univ.-klinik, Homburg/S.). Mitgl. Acad. of Sciences New York - BV (1962-69): Klin. Anwendungen d. Aldosteron-Antagonisten, Probleme d. Nephrologie, Transport u. Funktion intracellulärer Elektrolyte, Postoperative Störungen d. Wasser- u. Elektrolyt-Haushalts, Klin. Pharmak. d. Diuretika. Zahlr. Fachaufs. - Ritterkreuz - Spr.: Engl.

KRÜCKEBERG, Fritz

Dr. rer. nat., o. Prof. f. Angew. Mathematik, Leit. Inst. f. Meth. Grundl. d. Ges. f. Math. u. Datenverarb. - Am Kottenforst 65, 5300 Bonn-Röttgen (T. 25 22 60) - Geb. 19. April 1928 Dassel - S. 1967 (Habil.) Lehrtätigk. Univ. Bonn (1969 Ord.); 1971-80 Vors. Ges. f. Math. u. Datenverarb.; Präs. Ges. f. Informatik (GI); Vors. Normkonformitätskr. d. Lenkungsaussch. d. DIN f. Informationsverarbeitungssysteme; Mitgl. Max-Planck-Ges.; AR-Vors. GI Dt. Informatik-Akad. GmbH, Bonn. Facharb. z. Math. f. Informatik, Text Kommunik. - BVK; Gold. DIN-Ehrennadel.

KRÜCKEBERG, Max

Dr., Kaufm., Präs. Groß- u. Außenhandelsverb. Nieders., Hannover, Präsid.-Mitgl. Bundesverb. Groß- u. Außenhandel - Am Hoppenberg 7, 3255 Lauenau üb. Hameln - Geb. 17. Juli 1915.

KRÜCKELS, Heiner

Dipl.-Volksw., Leiter Verbindungsst. Rheinl.-Pfalz/Diakon. Werk d. Ev. Kirche im Rhld. - Mainzer Str. 86, 5400 Koblenz; priv.: Rauscherstr. 66, 5470 Andernach 12 - Geb. 4. Juli 1943 Zell/Wiesental.

KRÜCKEN, Anton

Dr. agr., Prof. Pflanzl. Produktion u. Pflanzenschutz Univ.-GH Paderborn (Fachber. Landbau, Soest) - Westufferweg 25, 4760 Werl/W.

KRUEDENER, Freiherr von, Jürgen

Dr. oec. publ., Prof., Präsident Univ. d. Bundeswehr München (s. 1987) - Werner-Heisenberg-Weg 39, 8014 Neubiberg (T. 089-60 04-20 00) - Geb. 9. März 1938 Berlin, verh. 4 Kd. - Schule Birklehof Hinterzarten/Schwarzw.; Wehrdst.; Stud. Mannheim (Wirtschaftswiss.; Dipl.-Kfm. 1966), Promot. 1971 München - 1966-71 u. 1972-77 Wiss. Assist. Univ. Mannheim/München; 1977/87 Prof. f. Wirtsch.- u. Sozialgesch. Hochsch./Univ. d. Bundeswehr München (1978-80 Gründungsdekan Fak. f. Sozialwiss.); 1986/87 Visiting fellow St. Antony's Coll., Oxford - Bücher u. Aufs. z. Wirtschafts- u. Sozialgesch. - Bek. Vorf.: Juliane Baronin v. Krüdener, Schriftst., Pietistin (1764-1824).

KRÜGER, Arnd

Dr. phil., Prof. f. Sportwissenschaften - Im Hacketal 3, 3401 Waake (T. 05507 - 15 12) - Geb. 1. Juli 1944 Mühlhausen/Thür. (Vater: Walter K., Textiluntern.; Mutter: Minna, geb. Rose), ev., verh. s. 1972 m. Dr. phil. Barbara, geb. Weber, 3 Kd. (Julius, Myrthe, Noah) - 1964-71 Stud. Gesch., Engl., Phil., Sport Köln, Mainz, Los Angeles, B.A. (UCLA), Promot. Köln - 1971-74 gf. Redakt. Ztschr. „Leistungssport“, Ref. f. Trainingswiss. Dt. Sportb., 1974-78 Wiss. Assist. Sem. f. Leibeserz. PH Berlin, 1978-3/80 Prof. Inst. f. Sportwiss. Univ. Hamburg, s. 1980 Prof. u. Inst.dir. Göttingen - Div. Ehrenämter. FDP - BV: (Mitverf.): D. Olymp. Spiele 1936 u. d. Weltmeinung, 1972; Sportführ. im 3. Reich, 1975; Sport u. Politik, 1975; Ursachen d. Schulsportmisere in Dtschl., 1979; Kl. Ratg. f. LA-Verletz., 1975; D. Berufsbild d. Trainers im Sport, 1980; Sport u. Ges. 1981; D. Anfänge d. mod. Sports in d. Renaissance, 1984; D. intern. Arbeitersport, 1985; Sportgesch.: Traditionspflege u. Wertewandel, 1985; Leibesübungen in Europa I. D. Europ. Gemeinschaft, 1985; Ritual and Record Side by Side, 1989; u. a. Publ. - 1968 Olympiateiln. (1500 m-Lauf), 1962-69 11 mal Dt. Meister LA - Spr.: Engl., Franz., Span.

KRÜGER, Arnold

Geschäftsf., MdA Berlin (1973-79 u. 1983ff.) - Alemannenstr. 108, 1000 Berlin 28 - Geb. 13. Sept. 1920 Berlin - FDP.

KRÜGER, Barbara

Schriftstellerin - Monheimsallee 99, 5100 Aachen - Geb. 17. März 1944 Neustrelitz/Meckl., verh. m. Helmut Creutz, Schriftst., 2 S. - Aachener Klinikhilfe (MTA). Kurat. Ev. Studenten-Gde.; Mitgl. VS - BV: Mein Sohn Andi; Timmi wird unser Sohn; div. Anthol., Kindertheaterst. Insz.: Angsthasen, Mit-Gefühl. Kommentare im Rundfunk.

KRÜGER, Benno M.

Unternehmensberater (Neuhaus + Partner-Berater-Gr. München/Kulmbach) - Kulmitzweg 13, 8650 Kulmbach - Geb. 18. Febr. 1924 - Zuv. Geschäftsf. Vorwerk + Co. Möbelstoffw. GmbH, Wuppertal u. Kulmbach; Geschäftsf. Pohlschröder + Co KG, Dortmund; Dir. Geschäftsber. Einricht. Mauserwerke GmbH, Köln u. Waldeck - Mitgl. im BKU - Spr.: Engl. - Rotarier.

KRÜGER, Bernhard

Dr. med., Prof. f. Chirurgie Freie Univ. Berlin, Chefarzt d. Chirurg. Abt. Krankenhaus Neukölln - Grabenstr. 11, 1000 Berlin 45 (T. 030 - 60 04-20 61) - Geb. 9. Juni 1931 Berlin, kath., verh. s. 1966 m. Heidemarie, geb. Hoffmann, 3 Kd. (Oliver, York, Colin) - Stud. Univ. Erlangen, Düsseldorf, FU Berlin; Promot. 1958; Priv.-Doz. 1972 - Prof. f. Chirurgie, 1973 Chefarzt.

KRUEGER, Bernhard

Dr. phil., Prof., Ordinarius f. Allg. Didaktik - Am Spitzberg 15, 5400 Koblenz-Karthause - Geb. 4. Juli 1926 Berlin - Promot. 1963 - S. 1964 Lehrtätigk. PH Neuwied u. EWH Rhld.-Pf./Abt. Koblenz (1971 ao., 1972 o. Prof.).

KRÜGER, Christiane

s. Krüger-Bockelmann, Christiane

KRÜGER, Detlof

Regisseur - Käthe-Kollwitz-Str. 18, 7500 Karlsruhe-Durlach - Geb. 2. Mai 1915 Rostock (Vater: Felix K., Kaufm.; Mutter: Grethe, geb. Papenhagen), ev., verh. s. 1946 m. Senatspräs. Dr. jur. Gerda, geb. Nieland (s. unt. Krüger-Nieland), S. Christof - Gymn.; Schauspielunterr., 1936-50 Schauspieler, 1950-53 Oberspiell., 1953-62 Schauspieldir. Staatstheater Wiesbaden, s. 1962 Fernsehregiss., 1966-73 Int. Stadttheater Ulm, s. 1973 Regiss. u. Schausp. Bad. Staatstheather Karlsruhe , s. 1978 desgl. Stadttheater Basel. Dt. Fernsehanst. - Liebh.: Gärtnern - Spr.: Engl., Dän., Schwed.

KRÜGER, Dieter

Steuerberater, Präsident dt. Steuerberaterverband, Bonn - Brandhorst 6, 3013 Barsinghausen 7 (T. 05035 - 4 82) - Geb. 7. Juli 1934 Zellin/O. (Vater: Wilhelm K., Polizeibeamter; Mutter: Käthe, geb. Wolter), ev., 3 Kd. (Guido, Torsten, Catrin) - 1952-55 Steuerfachsch. Hamburg - 1956-61 Verbandsprüf. Hannover, 1962-71 Steuerbevollm., 1971ff. Steuerberater. S. 1967 Vors. Verb. steuerberat. Berufe in Nieders.; s. 1974 AR Hann.-Lebensversich.; s. 1975 Präs. StB-Verband, Bonn; s. 1988 AR-Vors. Leistungsges. Nieders. HWG - 1983 BVK - Liebh.: Musik - 1952 Gold. Sportabz. - Spr.: Engl.

KRÜGER, Eberhard

Dr. med., Dr. med. dent., Prof. f. Zahn-, Mund- u. Kieferheilkunde - Sonnenscheinstr. 12, 5300 Bonn-Bad Godesberg (T. 78712) - S. 1962 (Habil.) Lehrtätigk. Univ. Bonn (1969 apl. Prof.).

KRÜGER, Erich

Dr.-Ing., Prof. f. Bautechnik Univ. Hamburg (s. 1977) - Babendiekstr. 22, 2000 Hamburg 55.

KRÜGER, Friedrich

Dr. phil., Prof., Wiss. Oberrat a. D., Zoologe - Elbterrasse 20, 2000 Hamburg 55 (T. 863505) - Geb. 18. Aug. 1902 Siegen/W. (Vater: Rudolf K., Ingenieur; Mutter: Eva, geb. Schaper), verh. 1929 m. Minka, geb. Ferger - Univ. Heidelberg, Kiel, Freiburg - 1956-67 Leit. Physiol. Abt. Biol. Anstalt Helgoland; s. 1936 (Habil.) Lehrtätigk. Univ. Münster (1942 apl. Prof.) u. Hamburg (1956). Forschungsgeb.: Trickocysten-Strukt., Vergl. Physiol. d. Tiere, insb. Stoffwechselphysiol. u. Wachstumsmath. Fachveröff.

KRÜGER, Gerhard

Dr.-Ing., o. Prof. f. Betriebswirtschaftslehre (emerit.) - Zul. 7500 Karlsruhe - Geb. 4. Juli 1904 Hamburg (Vater: Richard K., Im- u. Exportkfm.; Mutter: geb. Klein), ev., verh. s. 1934 m. Dr. Erna, geb. Wirth - Maschinening.vorex. 1926 TH Stuttgart, -hauptex. 1928, Promot. 1932 TH München - 1935 Doz. TH München, 1941 ao., 1949 o. Prof. Bergakad. Clausthal (mehrere Jahre Rektor), 1953 Honorarprof. Univ. Göttingen, 1957 o. Prof. TH, jetzt Univ. Karlsruhe. 1949 AR-Vors. Volksbk. Clausthal-Zellerfeld - BV: D. Kostenproblem d. Rationalisierung im Maschinenbau, 1932; D. Bewert. b. Jahresabschluß in industriellen Unternehmungen, 1937; D. Kalkulation, ihr Aufbau, ihre prakt. Durchführung u. ihre Prüfung im industriellen Betrieb, 1939; Erfass. u. Verrechnung v. Ausschuß, 1959. Div. Einzelarb. - Ehrenbürger Bergakad., jetzt TU Clausthal; Mitgl. Braunschweig. Wiss. Ges.

KRÜGER, Gerhard

Dr. phil. nat., Prof. f. Informatik Univ. Karlsruhe - Schwarzwaldstr. 16, 7517 Waldbronn (T. 07243 - 6 60 06) - Geb. 9. Juli 1933 Melsungen (Vater: Adalbert K., Kaufm.; Mutter: Margarete, geb. Appell), ev., verh. s. 1959 m. Erika, geb. Buciek, 3 Kd. (Thomas, Bettina, Frank) - Physik-Stud. Berlin (Dipl. 1958), Promot. 1959 Gießen - 1960-78 Kernforsch.zentrum Karlsruhe; 1971 o. Prof. in Karlsruhe (1981-83 Dekan). 1981ff. Vizepräs. Ges. f. Informatik, Bonn; 1983-85 Präs. d. Gesellsch. f. Informatik; Mitgl. d. Komm. f. Rechenanlagen d. Dt. Forschungsgemeinsch. Bonn; Stiftg.rat Werner-von-Siemens-Ring Berlin; Kurat. Dt. Museum München; Vorst. Günter-Schroff-Stiftg. Straubenhardt - Spr.: Engl.

KRÜGER, Günter

Dr. jur. utr., Hauptgeschäftsführer Dt.-Ind. Handelskammer Bombay (s. 1971) - The Cottage, 45-B, Silver Oaks Estate, B. Desai Road, Bombay 400 026, (T. 812 44 47) - Geb. 1. Sept. 1937 Essen (Vater: Ernst Günter K. †; Mutter: Herta, geb. Verheyen), ev., verh. s. 1964 m. Dr. Inge, geb. Langbein - 1979 BVK a. Bde. - Liebh.: Segelsport - Spr.: Engl. - Rotarier.

KRÜGER, Hanfried

Dr. phil., D., Prof., Oberkirchenrat a. D. - Georg-Treser-Str. 32, 6000 Frankfurt/M. 70 (T. 069 - 65 21 18) - Geb. 12. April 1914 Schwerin/Meckl. (Vater: Heinrich K., Oberpostrat; Mutter: Käthe, geb. Rettig), ev., verh. s. 1941 m. Elsbeth, geb. Tuischer, 3 Kd. (Peter-Hinrich, Eckhard, Angela) - 1932-37 Univ. Freiburg/Br., Rostock, Hamburg, Kiel, Berlin, Marburg (Jura, Theol., Religionswiss.). Promot. (Religionswiss.) 1937 Marburg; Theol.Ex. 1938 u. 40 Hannover - 1938-51 Pfarrer Landeskirche Hannover; 1951-53 Kirchenrat Landeskirchenamt Hannover; 1953-79 Oberkirchenrat Kirchl. Außenamt d. EKD, Frankfurt. 1956-80 Leit. Ökumen. Centrale u. Geschäftsf. Arbeitsgem. christl. Kirchen; 1956-84 Schriftl. Ökumen. Rundschau. S. 1982 Honorarprof. Univ. Mainz - BV: Verständnis u. Wertung d. Mystik im neueren Protestantismus, 1938; Zeugnis f. alle Völker, 1966; Ökumene in Schule u. Gemeinde, 1973. Herausg.: Bis an d. Ende d. Erde (1962), Ökumene-Lex. (1983) - 1973 Ehrendoktor Luth. Akad. Budapest - Liebh.: Gesch., klass. Musik, schöne Lit. - Spr.: Lat., Griech., Engl., Hebr.

KRÜGER, Hans Joachim

Dr. phil., Prof. f. Soziolog. Univ. Gießen - Rhaban-Fröhlich-Str. 12, 6000 Frankfurt/M. 50 - Geb. 2. Nov. 1932 Berlin - Promot. 1964 - BV: Theologie u. Aufklärung - Unters. zu ihrer Vermittlung b. jg. Hegel, 1966.

KRÜGER, Hans-Helmut

Dr. jur., Partner Krüger & Uhen, Königstein - Frankfurter Str. 7, 6240 Königstein/Ts. (T. 06174 - 50 01) - Geb. 9. Febr. 1928 Berlin - 1968-70 Vorst.-Mitgl. Bank f. Brauindustrie, Frankf./M.; 1970-81 Vorst.-Mitgl. Dt. Länderbk. AG, ebd.

KRÜGER, Hardy

Schauspieler u. Schriftsteller - Neuer Wall 61, 2000 Hamburg 36 - Geb. 12. April 1928 Berlin (Vater: Max K., Ing.; Mutter: Auguste, geb. Meier), verh. m. I) Renate Damrow (Schausp.), T. Christiane (Schausp., s. dort); II) Francesca Marazzi (Malerin), 2 Kd. (Malaika, Hardy); III) Anita Park (s. 1978) - Gymn.1945-56 - Bühnentätigk.: Berlin, Hamburg, Hannover, München, Stuttgart. Theatergastsp., Dichterles. Zahlr. Filme im In- u. Ausl.; Bundesrep. u.a.: D. Rest ist Schweigen, Alibi, Zwei unt. Millionen, Solange Du da bist, D. letzte Sommer; USA: Hatari, The Flight of the Phoenix, The Defector, The Secret of St. Vittoria, Wrong Is Right; Engl.: The one that got away, Bach. of Hearts, Blind Date, Barry Lyndon, A Bridge too Far; Frankr.: Taxi p. Tobruk, Sonntage m. Dybele, Le Chant du Monde, Le Franciscain du Bourges, Ital.: Lal Monaca di Monza; UdSSR: D. rote Zelt; Jugosl.: D. Schlacht an d. Neretva; Austral.: Blue Fin.; Fernsehen: Hardys Bordbuch (Prod. u. Regie), D. Messer - BV: E. Farm in Afrika, 1970; Sawimbulu, 1971; Wer stehend stirbt, lebt länger, 1973; D. Schallmauer, 1978; D. Frau d. Griechen, 1980; Junge Unrast, R. 1983; Sibirienfahrt, Tageb. e. Reise 1985 - Filmpreise Frankr., Belg., Jugosl. - Liebh.: Sportfliegerei, Reisen, Bücher, Musik - Spr.: Engl., Franz., Ital.

KRÜGER, Heinz

Dr. rer. nat., Prof. f. Physik Univ. Kaiserslautern - Bogenstr. 28, 6751 Trippstadt - Zul. Prof. Univ. Trier.

KRÜGER, Helmut

Dr. med., Chefarzt Psychiatr. Klinik Hans-Susemihl-Krankenh. Emden, apl. Prof. f. Psych. Med. Hochsch. Hannover (s. 1974) - Schleiweg 8, 2971 Hinte-Suurhusen - Geb. 14. Jan. 1934 Königsberg - Univ. Tübingen; Promot. 1959, Habil. 1971 - BV: Echoventrikulographie, 1972; D. Schizophrenien, 1981. Mitverf.: Gruppenarb. in d. Psychiatrie, 1973, 1981; Psychiatrie, 1973, 1976, 1980 - 1971 H. Simon-Preis.

KRÜGER, Horst

Schriftsteller - Mendelssohnstr. 49, 6000 Frankfurt/M. 1 (T. 74 62 65) - Geb. 17. Sept. 1919 Magdeburg, gesch. - Stud. Phil. u. Lit.wiss. - 1952-67 Leit. Lit. Nachtstudio Südwestfunk, Baden-Baden - BV: Zwischen Dekadenz u. Erneuerung, lit. Ess. 1952; D. zerbrochene Haus - E. Jugend in Dtschl., autobiogr. Erz. 1966; Stadtpläne - Erkundigungen e. Einzelgängers, Reiseprosa 1967; Dt. Augenblicke, 1969; Fremde Vaterländer - Reiseerfahrungen e. Deutschen, 1971; Zeitgelächter, 1973; Ostwest-Passagen, 1975; Poet. Erdkunde, 1978; Ludwig, lieber Ludwig - Ein Versuch üb. Bayerns Märchenkönig, 1979; Unterwegs - Ges. Reiseprosa, 1980; Spötterdämmerung - Lob- u. Klagelieder z. Zeit, 1981; Der Kurfürstendamm, Glanz und Elend eines Boulevards, 1982; Tiefer deutscher Traum - Reisen in d. Vergangenheit, 1983; Kennst du d. Land, Reiseerz. 1987. Div. Herausg. - 1970 Thomas-Dehler-Preis Bundesmin. f. innerdt. Fragen, 1972 Johann-Heinrich-Merck-Preis Dt. Akad. f. Sprache u. Dicht., 1973 Berliner Kritikerpreis, 1975 Ernst-Reuter-Preis, 1980 Goethe-Plak. Stadt Frankfurt/M.; 1983 Gold. Kamera HÖRZU; Präs.-Mitgl. PEN-Zentrum BRD, o. Mitgl. Dt. Akad. f. Sprache u. Dicht.

KRÜGER, Hubert

Dr.-Ing., em. o. Prof. f. Physik Univ. Tübingen (s. 1956) - Ahornweg 6, 7400 Tübingen - Geb. 16. Jan. 1914 Stettin, verh. s. 1941 m. Johanna, geb. Steffen, 3 Töcht. (Gabriele, Angela, Katrin) - Promot. 1938 Berlin, Habil. 1951 Göttingen - Entd. zus. m. H.G. Dehmelt (s. 1958 Prof. in Seattle, USA) d. Kernquadrupol-Resonanzen in Festkörpern (1949/50).

KRÜGER, Joachim

Dr.-Ing., o. Prof. f. Metallhüttenkunde u. Elektrometallurgie - Ronheider Weg 52, 5100 Aachen - Geb. 16. Juni 1933 Eberswalde - Promot. 1966 - S. 1971 (Habil.) Lehrtätigk. TH Aachen (1977 Ord. u. Inst.sdir.). Facharb.

KRÜGER, Jürgen

Einzelhandelskaufm., Vorstandsvorsitzender Hertie Waren- u. Kaufhaus GmbH, Frankfurt (s. 1988) - Zu erreichen üb. Hertie GmbH, Zentralverw., Lyoner Str. 15, 6000 Frankfurt/M. 71 - Geb. 1941 Oppeln (Vater: Verkäufer/Bezirksleit. Berlin), verh., 2 Töcht. - Mittl. Reife; Einzelhandelslehre Karstadt - 4 J. Verkäufer im Ausl. (Stockholm, New York, Paris); 16 J. Kaufhof (zul. 5 J. Vors. Geschäftsfg. I.T.S., Kaufhof Reiseveranstalter); 1982-84 Einkaufsleit. Metro Intern.; s. 1984 Hertie (Vorst. f. Verkauf, s. 1986 Vorst.-Spr.) - Liebh.: Musik (klass. u. mod.), Lesen, Sport - Spr.: Engl., Franz., Schwed.

KRÜGER, Karl-Ernst

Dr. med. vet., Prof., Tierarzt, Veterinärdir., Hon.-Prof. Tierärztl. Hochsch. Hannover - Fritz-Reuter-Str. 20, 2190 Cuxhaven (T. 04721 - 3 82 20) - Geb. 12. März 1931 Rathenow, ev., verh., 3 Kd. - Stud. Veterinärmed. 1950-55 Berlin u. Hannover - Fachtierarzt f. Lebensmittelhygiene u. f. öffentl. Veterinärwesen - Spr.: Engl.

KRÜGER, Kristian

Kaufm., Inh. Remy & Co., Hamburg, Vors. Vereinig. d. am Drogen- u. Chemikalien-Groß- u. Außenhandel beteil. Firmen (Drogen- u. Chemikalienverein) ebd. - Parkallee 44, 2070 Ahrensburg.

KRÜGER, Kurt

Dr. jur., Eisenbahndirektor i. R. - Eichhornstr. 56, 7750 Konstanz - Geb. 28. März 1909 Lübeck (Vater: Christian K., Baumeister), kath., verh. s. 1937 m. Leonie, geb. Moll, 6 Kd. (Rainer, Peter, Brigitte, Ursula, Michael, Rafael) - Katharineum Lübeck, Univ. München, Genf, Münster (Rechts- u. Staatswiss., Promot. 1934). Beide jur. Staatsprüf. 1935-37. Wiss. Assist. f. Steuerr. u. Wirtschaftsprüf., 1937-51 jurist. Hilfsarb., Prok. (1939), stv. (1945), u. o. Vorst.-Mitgl. (1946) Dt. Eisenbahn-Ges. AG, Frankfurt/M., sowie mehr. Tochterges. d. AG f. Verkehrswesen. 1951-76 Vorst.-Mitgl. u. -Vors. (1955) Köln-Bonner Eisenbahnen AG, Köln. Mitgl. (1962-77) u. Vizepräs. (1970) d. VR d. Dt. Bundesbahn. 1971 Ehrenmitgl. Intern. Verb. f. öff. Verkehrsw., Brüssel, u. 1976 Bundesverb. Dt. Eisenbahnen, Köln. Zahlr. Abh. - BVK I. Kl. - Liebh.: Reiselit., Briefm., Musik.

KRÜGER, Lorenz

Dr. rer. nat., Prof., Lehrstuhlinh. f. Philosophie, insb. Wissenschaftstheorie, Univ. Göttingen (s. 1986) - Herzberger Landstr. 75, 3400 Göttingen - Geb. 3. Okt. 1932 Marburg/L. - Promot. 1959; Habil. 1972 - 1972 Gastprof. Univ. Berkeley (USA); 1973-81 Prof. Univ. Bielefeld; 1981-86 FU Berlin - BV: Rationalismus u. Entwurf e. univers. Logik b. Leibniz, 1969; D. Begriff d. Empirismus, 1973; The Probabilistic Revolution, 2 Bde. (Hg.), 1987.

KRÜGER, Manfred

Dr. phil., Prof. f. Philosophie u. Schöne Wiss., Schriftst. - Ermreuther Str. 25, 8500 Nürnberg 10 (T. 0911 - 52 84 91) - Geb. 23. Febr. 1938 Köslin/Pom., verh. s. 1962 m. Christine, geb. Petersen, 7 Kd. (Katharina, Franziska, Thomas, Markus, Michaela, Felix, Dorothea) - Oberrealsch. Ansbach; Stud. German., Roman., Phil. Univ. Heidelberg u. Tübingen; Promot. 1965 - 1966-73 Wiss. Assist. m. Lehrauftr. f. Literaturwiss. Univ. Erlangen; Doz., Vorstandsmitgl. Anthropos. Ges. in Dtschl. - BV: Gérard de Nerval, 1966; Nerval: Tempellegende, 1967/82; Wandlungen d. Tragischen, 1973; Nora Ruhtenberg, 1976; Bilder u. Gegenbilder, 1978; Wortspuren, 1980; Denkbilder, 1981; Nerval: Chimären, 1981; Lit. u. Gesch., 1982; Mondland läßt Sonne ein, 1982; Meditation, 1983; Nah ist er, ungesehn, 1983; A. Steffen: Werke 1984; Guillaume de Lorris: D. Rosenroman, 1985 - Lit.: Frank Meyer, Dichtung u. Wiss., Info 3 (1984).

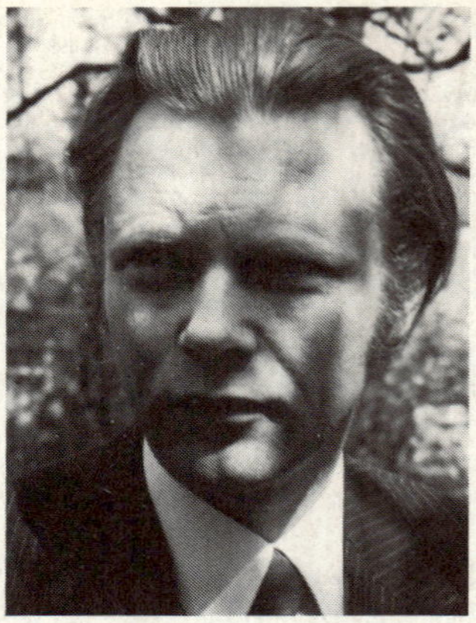

KRÜGER, Marlis

Dr. phil., Prof. f. Gesellschaftsanalyse Univ. Bremen - Kurfürstenallee 13, 2800 Bremen - Geb. 13. März 1940 Greifswald (Vater: Gerhard K., Studiendir.; Mutter: Gerda, geb. Hebel) - Stud. Hamburg, Freiburg, FU Berlin; Dipl.-Prüf. 1964; Promot. 1967 - 1964-67 wiss. Mitarb. Max-Planck-Inst. f. Bildungsforsch., 1967-72 CityCollege of New York (Assist. Prof.), s. 1972 Prof. f. Gesellschaftsanalyse Univ. Bremen - BV: Student i. Studium, 1969; Dissent Denied, 1975; Wissenssoziologie, 1981. Mithrsg.: Psychology and Social Theory - Spr.: Engl. (Amerik.), Ital., Franz., Span.

KRÜGER, Martin Maria

Direktor Richard-Strauss-Konservatorium München - Gasteig, 8000 München 80 (T. 089 - 418 14 15-6) - Geb. 11. Jan. 1954 Solingen, kath., verh. s. 1989 m. Karin, geb. Schmitt - 1971-78 Privatstud. Gitarre b. Siegfried Behrend; Schlagzeug b. Siegfried Fink u. Gitarre b. Dieter Kirsch Hochsch. f. Musik Würzburg; Künstler. Staatsprüf. Gitarre 1976 u. Schlagzeug 1977 - Freischaff. Gitarrist. 1982-87 Dir. Hermann-Zilcher-Konservat. Würzburg - Schallplatten Acanta, Audite, Bayer records, Calig (Kammermusik) - Liebh.: Lit. - Spr.: Engl., Franz.

KRÜGER, Mike

(eigentl. Michael Friedr. Wilh. Krüger), Sänger, Showmaster - Gorch-Fock Kehre 9, 2085 Quickborn - Geb. 1951 - Gelernter Betonbauer - Schlagersänger (Mein Gott, Walter; D. Nippel; u. a.); Schausp.; FS-Showmaster (Familien-Show Vier gegen Willi, 1986).

KRÜGER, Paul-Ullrich

Werbekaufm., Werbeberater (selbst.), Geschäftsf. Omnia Werbegesellschaft mbH & Co. KG, Bielefeld (1960-88), Gf. Vorst. Marketing-Club, Bielefeld (Präs. 1972-86) - Elisabethstr. 3, 4800 Bielefeld 14 (T. 4 57 49) - Geb. 5. April 1925 Dresden (Vater: Paul K. †, Kammervirtuose; Mutter: Katharina, geb. Seidel †), ev., verh. s. 1950 m. Liselotte, geb. Klett - Staatsgymn. (Abit.) Dresden; Ausbild. Verlags- u. Werbekfm. - 1942-45 akt. Offz.; 1945-60 Tätigk. Verlag u. Werb. in Hamburg. Vorst. Dt. Kinderschutzbd., Ortsverb. Bielefeld (s. 1979). FDP 1975-86 (Vors. Kreisverb. Bielefeld) - Mitautor Werbeleiter-Handb., 1973; Facharttikel - Kriegsausz. - Liebh.: Fotografie - 1969 Gold. Sportabz. - Spr.: Engl., Franz.

KRÜGER, Peter

Dr. phil., Prof. f. Neuere Geschichte Univ. Marburg - Haspelstr. 26, 3550 Marburg/L. - Geb. 17. Dez. 1935 - Abit. 1956 Goslar; Promot. 1962 München; Habil. 1972 Köln - 1966-74 Wiss. Mitarb. Ausw. Amt; 1973 apl. Prof. Köln; s. 1975 o. Prof. Univ. Marburg. 1984 Fellow Woodrow Wilson Intern. Center for Scholars, Washington D.C. - BV: D. Beziehungen d. Rhein. Pfalz zu Westeuropa 1576-82, 1964; Eichendorffs polit. Denken, 1969; Deutschl. u. d. Reparationen 1918/19, 1973; D. Außenpolitik d. Rep. v. Weimar, 1985; Versailles, 1986. Mitherausg.: Akten z. dt. ausw. Politik 1919-45 (1966-74).

KRÜGER, Rainer

Dr. o. Prof. f. Geographie Univ. Oldenburg (s. 1970; 1974 ff. Rektor) - Margaretenstr. 30, 2900 Oldenburg/O. - Geb. 12. Juli 1939 Schweidnitz (Vater: Dipl.-Volksw. Horst K.; Mutter: Elfriede, geb. Hoffmann), S. Oliver - 1958-64 Stud. Geogr., Angl., Phil., Päd. Göttingen u. Berlin (W) - Zul. Assist. Osteuropa-Inst./FU u. Doz. PH Berlin - BV: Topologie d. Waldhufendorfes n. Einzelformen u. deren Verbreitungsmuster, 1967. Zahlr. Einzelarb. - Spr.: Engl., Russ. - Bek. Vorf.: Franz-Otto K., Schauspieler (2. Grad).

KRÜGER, Ralf

Dr. rer. pol., Vorstandsmitglied Bank f. Gemeinwirtschaft AG, Frankfurt - Parkstr. 25, 6242 Kronberg - Geb. 1. Juni 1939 - AR-Vors. Hollandse Koopmansbank N.V., Amsterdam; AR AKA Ausfuhrkredit-Ges. mbH, Frankf., Robert Bosch GmbH, Stuttg., Otto Wolff AG, Köln; VR-Präs. BfG Luxembourg Société Anonyme, Luxemburg.

KRÜGER, Rolf

Dr. rer. pol., Prof., Volkswirtschaftler - Hohenstaufenallee 84, 5100 Aachen - Geb. 7. Jan. 1937 Troisdorf - Promot. 1966; Habil. 1971 - S. 1973 Wiss. Rat u. Prof. TH Aachen (Lehrgeb. Volksw.s-lehre) - BV: u. a. D. Koordination v. gesamtw., regionaler u. lokaler Planung, 1969.

KRÜGER, Rudolf

Dr. jur., o. Prof. f. Wirtschaftslehre d. Brauerei TU München (s. 1968) - Deutingerstr. 12, 8050 Freising/Obb. - Rechtsanw., Wirtschaftsprüfer u. Steuerberater.

KRÜGER, Uli

s. Krüger, Ulrich

KRÜGER, Ulrich

Architekt, MdL Hessen (s. 1970) - Im Dammwald Nr. 69, 6381 Friedrichsdorf/Ts. (T. 06172 - 7078) - Geb. 18. Jan. 1942 Münster/W., verh. - Gymn. Nordrh.-Westf., Nieders., Hessen; 1960 ff. Bauzeichnerlehre; Selbststud. - S. 1965 Arch. (vornehml. Wohnungsbau). Zeitw. Vors. hess. Jungdemokraten. FDP s. 1960 (1969 Mitgl. Landesvorst.).

KRÜGER, Walter

Dr. jur., Sprecher d. Vorstands Industriekreditbank AG - Dt. Industriebank, Düsseldorf (s. 1974) - Claudiusstr. 23a, 4000 Düsseldorf 30 - Geb. 21. Sept. 1925 Goldap - Jura-Stud. 2. Jurist. Staatsex. - 1952-1953 Dt. Waren-Treuhand AG Wirtschaftsprüf.ges., München; 1953-59 Bayer. Vereinsbank München/Nürnberg; s. 1959 Industriekreditbank AG.

KRÜGER, Werner

Dipl.-Ing., o. Prof., Lehrstuhlinh. u. Vorst. Inst. f. Haustechnik TU München (s. 1964) - Hainbuchenstr. 36, 8021 Taufkirchen (T. 6123365) - Geb. 20. Juni 1912 Berlin - Vors. Normenaussch. Heiz- u. Raumlufttechn. i. DIN. Fachveröff.

KRUEGER, Werner

Ministerialdirektor a. D. - Gustav-v.-

Veit-Str. 23, 5300 Bonn-Venusberg (T. 28 10 66) - Geb. 1. Jan. 1915 Bochum, kath. - Univ. Berlin (Ztg.swiss. u. Volksw.) - B. 1939 Redakt. Westf. Volksztg., dann Wehrdst. (zul. Oblt. d. R.), 1946-49 Parlamentsjourn. Landtag NRW, Zweizonen-Wirtschafts- u. Parlam. Rat, ab 1950 Mitarb. Presse- u. Informationsamt d. Bundesreg., 1952-54 u. 1956-66 stv. Bundespressechef (1961 Min.dir.), dazw. Chefredakt. Fernsehen NWDR Köln, 1967-69 Leit. Planungsstab Bundeskanzleramt. Gründungsmitgl. CDU.

KRÜGER, Wilfried

Dr. rer. pol., Dipl.-Kfm., Prof. f. Betriebswirtschaftslehre Univ. Gießen (s. 1986) - Zu erreichen üb. Univ., FB Wirtschaftswiss., Licher Str. 62, 6300 Gießen (T. 0641 - 702 51 60); priv.: Nelkenstr. 30, 6305 Buseck 1 (T. 06408 - 78 58) - Geb. 1. Nov. 1943 Berlin - Stud. FU Berlin (Dipl.-Kfm. 1968); Promot. 1971 Univ. Freiburg; Habil. 1975 ebd. - 1964 Offsetdrucker; 1978-86 Ord. f. Betriebsführ. Univ. Dortmund - BV: Grundl., Probl. u. Instrumente d. Konflikthandhab. in d. Untern.; Konfliktsteuer. als Führungsaufg.; Macht in d. Untern.; Aufgabenanalyse; Zielbild. u. Bewert. in d. Organisationsplanung; Technik d. organisat. Problemanalyse; Grundlagen d. Org.plan.; Organisation d. Unternehm. - 1972 Karl-Guth-Preis.

KRÜGER, Wolfgang

Dr. phil., Chefredakteur RIAS-TV, Berlin (s. 1988) - Zu erreichen üb. RIAS, Voltastr. 5, 1000 Berlin 65 - Geb. 16. April 1950 Hennigsdorf, ev., verh. - Stud. Gesch. u. German. Univ. Düsseldorf; Promot. - Volont. Westf. Rundschau; Redakt. u. Reporter b. d. Bildztg.; Hörfunk- u. Fernsehredakt. b. WDR; Ref. d. Int. Friedrich Nowottny (WDR) - BV: D. Entnazifizierung in Nordrh.-Westf., 1982.

KRÜGER-BOCKELMANN, Christiane

Schauspielerin (Ps.: Christiane Krüger) - Zu erreichen üb.: Agentur G. Lentz, Holbeinstr. 4, 8000 München 80 - Geb. 8. Sept. Hamburg (Vater: Hardy Krüger, Schauspieler (s. dort); Mutter: Renate Densow, Schauspielerin), ev., verh. s. 1974 m. Manfred Bockelmann, Fotograf; S. Tim Oliver - Cambridge-Ex., Franz. Sprach-Dipl. - BV: Magic Hollywood - Schauspiel Lausanne, Genf, Berlin. Film: 48 Std. b. Acapulco, Marquis de Sade, Doubleface, E. Mann geht in d. Falle, Little Mother. FS-Serien: Christa, Arsen Lupin 813, Graf v. Monte Christo, Mädchen a. d. Weltall, Kommissar, Derrick, D. Alte, Paul Temple, Tatort u. a. - Liebh.: Mod. Kunst - Spr.: Engl., Franz., Ital.

KRÜGER-MÜLLER, Helga

Dr. phil., Prof. f. Familiensoziologie Univ. Bremen - Riensberger Str. 28b, 2800 Bremen 1 (T. 21 79 75) - Geb. 1. April 1940 Essen (Vater: Ernst-Günter K., Angest.; Mutter: Herta, geb. Verhegen), verh. s. 1974 m. Wilfried Müller, 2 T. (Nina, Jana) - Abit. 1960; Stud. Univ. Paris, Marburg, Bogota (Kolumbien), Kiel; Staatsex. 1967, Promot. 1969 - 1970-71 Wiss. Assist. Univ. Bielefeld, 1971-74 Oberrätin Univ. Hamburg, s. 1974 Prof. Bremen. S. 1980 Ständ. AG Hochschultage Berufl. Bild.; 1981-83 Exp.-Kommiss. 6. Jugendbericht; s. 1984 Wiss. Beirat Soz.-Forschungsst. Dortmund; s. 1985 Mitgl. Forsch.schwerp. Arbeit u. Bildung d. Univ. Bremen; s. 1988 Mitgl. Sonderforsch.bereich 186 d. DFG Statuspassagen u. Risikolagen - BV: Bundestagsdrucksache (m. G. Frasch u.a.), 1984; Hauptsache, e. Lehrst., Jugendl. vor d. Hürden d. Arbeitsmarktes, (m. W.R. Heinz u.a.) 1985; Verbesser. d. Chancengleichheit v. Mädchen in d. BRD. 6. Jugendbericht; Privatsache, Kind - Privatsache Beruf ... u. dann hab ich ja noch Haushalt, Mann u. Wäsche, 1987 - Spr.: Engl., Franz., Span.

KRÜGER-NIELAND, Gerda

Dr. jur., Senatspräsidentin - Käthe-Kollwitz-Str. Nr. 18, 7500 Karlsruhe-Durlach - Geb. 22. Juni 1910 Bremen (Vater: Dr. jur. Ludwig Nieland, Richter b. Reichsgericht), verh. s. 1946 m. Detlof Krüger, 1966-73 Int. Stadttheater Ulm (s. dort), S. Christof - Univ. Freiburg u. Leipzig (Promot. 1934) - B. 1951 Rechtsanw. Hamburg, dann Richterin u. Senatspräs. (1965; erste Frau) Bundesgerichtshof Zivilsenat I).

KRÜLL, Herbert F.

Rechtsanwalt, gf. Gesellsch. Interhandel GmbH, Düsseldorf - Büro: Königsallee 14; priv.: Rubensstr. 12, 4000 Düsseldorf - Geb. 9. Juni 1929 Buer (Vater: Josef K., Kaufm.; Mutter: Walburga, geb. Wingerter), verh. s. 1956 m. Ursula, geb. Rüsing, 2 Kd. (Thomas, Bettina) - Univ. Köln (Rechtswiss.) - Liebh.: Konstruktivist. Malerei (Samml.) - Spr.: Engl., Franz.

KRÜMMEL, Hans-Jacob

Dr. rer. pol., Dr. iur. h. c., Dipl.-Kfm., o. Prof. d. Betriebswirtschaftslehre, Direktor Inst. f. Gesellschafts- u. Wirtschaftswiss., Direktor Banksem. u. Direktor Inst. f. d. Spar-, Giro- u. Kreditwesen - Gudenauer Weg 52a, 5300 Bonn-Ippendorf (T. 282967) - Geb. 22. Okt. 1928 Darmstadt (Vater: Jacob K., Betriebsleit. Daimler-Benz AG.; Mutter: Emma, geb. Junge-Illies), kath., verh. s. 1959 m. Ingeborg, geb. Schlich, 2 Söhne (Thomas, Clemens) - 1951-59 Dt. Sparkassen- u. Giroverb., Bonn; 1959-64 Univ. Saarbrücken (Inst. f. Geld-, Bank- u. Börsenwesen; 1963 Privatdoz.); s. 1965 Univ. Bonn (Ord., 1979-81 Rektor) - Commandeur dans l'Ordre des Palmes Académiques.

KRÜMPELMANN, Justus

Dr. jur., Prof. f. Straf- u. -prozeßrecht Univ. Mainz - Am Eselsweg 30, 6500 Mainz.

KRÜSKEMPER, Gertrud M., geb. Ochel

Dr. phil., o. Prof. f. Med. Psychologie Univ. Bochum (s. 1977) - Hustadtring 147, 4630 Bochum 1 - Eltern: August (Kaufm.) u. Grete Ochel, kath., verh. s. 1956 m. Prof. Dr. med. Hans K., Internist (s. dort), T. Elena - Dipl.-Psych. Bonn; Dipl.-Kfm. Köln; Promot. Hannover (TU); Habil. ebd. (MH) - Zul. Privatdoz. Med. Hochsch. Hannover.

KRÜSS, James

Schriftsteller (Ps.: Markus Polder) - Apartado 8 Tafira Alta, Las Palmas de Gran Canaria (Span.) - Geb. 31. Mai 1926 Helgoland (Vater: Ludwig K., Werkm.; Mutter: Margaretha, geb. Friedrichs) - 1946-48 Päd. Hochsch. Lüneburg - 1947-48 Lehrer; 1948-51 Redakt. - BV (b. zu 41 Übers.): Heimkehr aus d. Kriege - E. Idylle, 1965, Kinderb.: u. a. D. Leuchtturm auf d. Hummerklippen, 1956; D. glückl. Inseln hinter d. Winde, 1958; Mein Urgroßv. u. ich, 1959 (1960 Dt. Jugendbuchpreis); Mein Urgroßv., d. Helden u. ich, 1967; Naivität u. Kunstverstand - Gedanken z. Kinderlit., 1969; Seifenblasen zu verkaufen, Anthol. 1972; D. Buch d. 7 Sachen z. Staunen u. Lachen, 1973. Über 60 Bilderbücher (größtent. in Übers.; 1964 Dt. Bilderbuchpreis, f.: 3 × 3 an e. Tag). Fernsehen: ABC u. Phantasie, James Tierleben. Liedertexte - 1968 Hans-Christian-Andersen-Preis (f. d. Gesamtw.); 1968 J.-K.-Schule Berlin (3. Grundsch. Tiergarten); 1981 J.-K.-Grundsch. Barmstedt, Kr. Pinneberg - Sammelt Bilderb. u. Volkslieder f. Kinder aus aller Welt - 1971 Mitgl. PEN-Zentrum BRD - Spr.: Engl., Fries., Holl., Serbokroat., Span.

KRÜSSELBERG, Hans-Günter

Dr. rer. pol., o. Prof. f. Volkswirtschaftslehre Univ. Marburg - In den Opfergärten 4, 3557 Ebsdorfergrund 8 (T. 06424 - 59 49) - Geb. 31. Mai 1929 Wuppertal-Elberfeld - Gymn. Mettmann; Handwerkslehre; 1953-57 Univ. Köln (Wirtschafts- u. Sozialwiss.; Dipl.-Volksw.). Promot. (1962) u. Habil. (1968) Köln - S. 1968 Lehrtätigk. Univ. Köln (Privatdoz.), Bochum u. Marburg (1969 Ord., 1971-72 Dekan); 1981-82 Forschungsaufenth. Zentrum f. Interdisziplinäre Forsch., Bielefeld. S. 1973 Mitgl., 1978-84 Vors. wiss. Beirat f. Familienfragen - BV: Organisationstheorie, Theorie d. Unternehm. u. Oligopol., 1965; Marktw. u. ökonom. Theorie, 1969; Verhaltenshypothesen u. Familienzeitbudgets - D. Ansatzpunkte d. Neuen Haushaltsökonomik f. Familienpolitik (m. M. Auge u. M. Hilzenbecher), 1986; Flexibilisierung d. Beschäftigungsverhältnisse (m. E. Gaugler), 1986. Herausg.: Vermögen in ordnungstheoret. u. ordnungspolit. Sicht (1980); Vermögen im Systemvergleich (1984); Markt, Staat u. Solidarität b. Adam Smith (m. F. X. Kaufmann, 1984); Grundbegriffe z. Ordnungstheorie u. polit. Ökonomik (m. A. Schüller). Fachveröff.

KRÜSSMANN (ß), Günther

Dipl.-Ing., Vorstandsmitglied FLACHGLAS AG. - Auf der Reihe 2, 4650 Gelsenkirchen - Geb. 13. Aug. 1926 - 1984 BVK.

KRÜTZFELDT, Hans-Jürgen

Regisseur u. Schauspieler - Schusterstr. 56, 6500 Mainz (T. 06131 - 22 02 75) - Geb. 2. Aug. 1931 Kiel - Jurastud., Schauspielausb., bde. Kiel - S. 1952 Regiss. u. Schausp. an vielen namhaften Theatern. Zahlr. Bühneninsz. 1984 ehrenamtl. Richter LAG Rhld.-Pfalz - Klass. u. mod. Rollen, z. B. Mephisto, Galilei, Salieri, George (in: Virginia Woolf) - Liebh.: Musik (Orgel), Elektronik.

KRÜTZFELDT, Werner

Dr. phil., Prof., Hochschullehrer, Vors. Arbeitsgem. Musikerziehung u. -pflege/ Dt. Musikrat, Bonn - Gründgensstr. 16, 2000 Hamburg 60 (T. 040 - 630 39 03) - Geb. 27. Sept. 1928 Kiel (Vater: Hans K., Rechtsanw. u. Not.; Mutter: Annemarie, geb. Müller), ev., 2 Kd. - Stud. Kompos., Schulmusik, Musikwiss. Staatsex. 1953; Promot. 1961 - S. 1954 Doz. (Musiktheorie) u. Prof. (Kompos./ Musikwiss.; 1968) Hochsch. f. Musik u. Darst. Kunst Hamburg. 1978ff. Präs. Landesmusikrat Hamburg u. AR-Mitgl. Hbg. Staatsoper. Zahlr. Facharb. - 1960 Bach-Preis (Stip.) - Spr.: Engl.

KRUFT, Hanno-Walter

Dr., Prof. Univ. Augsburg, Kunsthistoriker - Klausenberg 20, 8900 Augsburg 22 (T. 0821 - 99 24 49) - Geb. 22. Juni 1938 Düsseldorf (Vater: Augustin K., Kaufm.; Mutter: Johanna, geb. Lueg), ev., ledig - Univ. Bonn (Promot. 1964), Habil. 1972 TH Darmstadt - BV: Altichiero u. Avanzo, 1966; Domenico Gagini u. s. Werkstatt, 1972; Antonello Gagini u. s. Söhne, 1980; Gesch. d. Architekturtheorie, 1985.

KRUG, Arno

Dr. med., Prof., Chirurg, Chefarzt - Theodor-Fontane-Str. 20, 8670 Hof/Saale (T. 092 - 81 97 31) - Geb. 16. Febr. 1935 Schneidemühl, verh. s. 1956 m. Dr. med. Christine, geb. Hartwig, 4 Kd. (Ulrike, Torsten, Christian, Hannes) - Abit. 1953; Staatsex. (Med.) 1959 Marburg; Promot. 1959 Marburg; Habil. (Chir.) 1972 Kiel - 1978 Chefarzt Allg. Chirurgie Hof/Saale; 1978 apl. Prof. Kiel. 1965 Nachweis d. Frühinfarktes im Herzmuskel (Virchows Arch. 338, 339). 45 Veröff. in nat. u. intern. Ztschr. - 1972 USA Fortbildungsstip. d. Dt. Ges. f. Chir. - Liebh.: Sport, Musik, Theater, Lit. - Spr.: Engl.

KRUG, Detlef

Dr. rer. nat., Dipl.-Chem., Prof. f. Anorgan. Chemie Univ. Tübingen - Vischerstr. 5, 7410 Reutlingen - Geb. 4. Juni 1936 Frankfurt/M.

KRUG, Edgar

Vorstandsmitgl. Landeszentralbank in Nordrh.-Westf. - Berliner Allee 14, 4000 Düsseldorf 1 - Geb. 17. Juli 1931 Wuppertal.

KRUG, Franz

Richter a. D., MdL Bayern (s. 1970) - Am Treibweg Nr.35, 8552 Höchstadt/ Aisch (T. 09193 - 629) - Geb. 1935 - CSU.

KRUG, Hans-Günter

Dr. jur., Oberstadtdirektor, ARsmitgl. Remscheider Verkehrsbetriebe AG., Remscheid, VR-Mitgl. Rhein.-Westf. Elektrizitätswerk AG., Essen - Rathaus, 5630 Remscheid; priv.: Hindemithstr. 31 - Geb. 17. Juni 1926 Remscheid.

KRUG, Helmut

Dr. hort., Prof. f. Gemüsebau - Ilmenauweg 13, 3016 Seelze 7 - Geb. 6. Juli 1925 Schönwerder (Vater: Wilhelm K., Landwirt; Mutter: Gertrud, geb. Kramer), ev., verh. s. 1954 m. Margot, geb. Voigt, 5 Kd. - Gärtnerlehre; Stud. Gartenbau. Dipl. 1954 Berlin (Humboldt); Promot. 1959 TU Hannover; Habil. 1963 ebd. - S. 1969 Prof. TU bzw. Univ. Hannover (gegenw. Leiter d. Inst.). Mithrsg.: Gartenbauwiss. (1970ff.) - BV: Gemüseproduktion (Paul Parey), 1986. Fachaufs. - Spr.: Engl.

KRUG, Hildegard Maria

Fremdsprachenlehrerin, Schriftst. - Spenglersruh 23, 6490 Schlüchtern (T. 06661 - 17 42) - Geb. 11. Jan. 1927 Danzig-Langfuhr, ev., led. - Ausb.: Vorbeck-Schule; 1949/50 staatl. anerk. Berufskolleg f. Fremdsprachen, Gengenbach - Veröff.: Bisher 45 Bde.; dar. 11 Bde. d. Kinder- u. Jugendserie üb. Fam. Wisselmann; 4 Bde. f. Senioren üb. Fam. Abendroth; 3 Bde. f. Kinder üb. Tom u. Toni; 6 Bde. aus d. Engl. übers. - Liebh.: Lit., Musik, Gartenbau - Spr.: Engl., Franz., Finn., Schwed.

KRUG, Manfred

Schauspieler - Zu erreichen üb. ZBF-Agentur, Kurfürstendamm 206, 1000 Berlin 15 - Geb. 8. Febr. 1937 Duisburg, verh. (Ehefr. Ottilie; Lehrerin), 3 Kd. (Daniel, Stephanie, Josephine) - Aufgewachsen in d. DDR, 11 Schulen; Schmelzer- u. Schauspielausb. - Darsteller im Film u. Fernsehen (auch Sänger) DDR; s. 1977 West-Berlin Div. Theaterrollen, dar. Dorfrichter Adam (D. Zerbrochene Krug). Üb. 40 Filme. Zahlr. Fernsehsp. (u.a. Kommissar Stoever/Tatort); u. -Serien (1986 Liebling-Kreuzberg, ARD). 10 Gesangspl. - Gold. Europa Saarl. Rundf. (f. erste West-LP).

KRUG, Ulrich

Dr., Fabrikant (Italmodell Kleider GmbH, Augsburg u. München) - Ulrichsberg 1, 8901 Stadtbergen - Ehrenvors. Verb. Bayer. Bekleidungsind., stv. Vors. Modekreis München, Messebeirat d. Mode-Woche-München.

KRUG, Werner G.

Dr. phil., Journalist - 262, Randolph Avenue, London W 9 - Geb. 9. Febr. 1908 Gießen - Stud. Phil. - 1931-45 Scherl-Verlag, Berlin; 1946-49 D. Neue Ztg. München; gegenw. London-Korresp. Münchner Merkur, Mannheimer Morgen, Hannoversche Allg., Kieler Nachr., Wuppertaler General-Anz., D. Tag, Berlin - BV: u. a. Sprungbrett Alaska - Land d. Zukunft (1953), Südlich d. Sahara (1954), Viel Känguruhs u. wenig Menschen (1956), Paradies m. kl. Fehlern (1957). Übers.: Walter Bedell Smith, Meine 3 J. in Moskau (1951).

KRUGLEWSKY-ANDERS, Lieselotte

Dr. rer. pol., Oberstudienrätin, Geschäftsf. Griffelkunst-Vereinig. Hamburg-Langenhorn e. V. (s. 1964), Mitgl. Hbg. Bürgerschaft (1949-74; b. 1953 FDP, dann SPD) - Böhmersweg 2, 2000 Hamburg 13 (T. 44 23 24) - Geb. 6. Mai

1915 Hamburg, verh. - Klostersch. Hamburg; Univ. ebd. u. Frankfurt/M. Promot. 1940 - 1940-44 Ref. Landw.amt Hamburg, Handelsschullehrerin (1942) u. Assist. Wirtschaftsprüf. (1943); s. 1952 Schuldst. ebd. (Handelssch.).

KRUGMANN, Günther

Werbekaufmann (p. h. Gesellsch. u. Geschäftsf. div. Hbg. Firmen), Vors. Fachverb. Film- u. Diapositivwerbung, Hamburg - Barkholt 41, 2070 Großhansdorf - Geb. 3. Juni 1926.

KRUIP, Julius

Präsident Wasser- u. Schiffahrtsdirektion Süd - Wörthstr. 19, 8700 Würzburg (T. 41051); priv.: Spitalrain 16, 8701 Reichenberg - Geb. 16. Juni 1929 Flachsmeer.

KRUKEMEYER, Hartmut

Dr. med., Facharzt f. Radiologie, Ärztl. Dir., Vizepräs. Verb. Dt. Privatkrankenanstalten - Paracelsus-Klinik, 4500 Osnabrück (T. 0541 - 6 40 66) - Geb. 11. Mai 1925 (Eltern: Wilhelm u. Emmy K.), ev., verw., S. Manfred - 1950-56 Stud. Univ. Münster, Hamburg u. Danzig. Stud.reisen in Hospitäler, u. a. Majo Hospital, Rochester/USA; Karolinska Sjukhuset Radiumhemmet, Stockholm; Groote-Schuur-Hospital, Kapstadt - Ärztl. Dir. Paracelsus Kliniken in Dtschl. (einzige Klinik-Kette in Dtschl.); Präs. Paracelsus Healthcare Corp. Los Angeles/USA, Paracelsus France Sarl, Paris/Frankr., Paracelsus U.K. Ltd., London/Engl., Paracelsus Wien/Austria, Paracelsus St. Gallen/Schweiz; Vize-Präs. Verb. Dt. Privat-Krankenanst., Präs. Verb. Privat-Krankenanst. in Nieders. Fachveröff. im In- u. Ausl. - 1986 BVK I. Kl. - Liebh.: Skilaufen, Reiten (1954 Silb. Reitabz.) - Spr.: Engl., Franz.

KRULL, Günter

Vorstandsmitgl. Ölmühle Hamburg AG. (s. 1965) - Herzog-Adolf-Str. 6, 2057 Reinbek (T. Hamburg 7225938) - Geb. 20. Aug. 1917 Berlin, ev., verh. s. 1943 m. Ursula, geb. Schramm, 3 Kd. - Lyzeum Alpinum Zuoz/Schweiz (Abit. 1935); 1935-36 Oriel College Oxford (Nat.ök., Politik; o. Abschluß); 1938-39 Trainee Unilever Ltd. Dtschl. - 1948-51 Werbeleit. Margarine-Union AG., Hamburg, 1951-1953 Geschäftsf. Langnese Eiskrem GmbH., 1954-58 Gf. Elida GmbH, 1959-61 Marketing Koordinator Stab Dt. Unilever-Gruppe ebd., 1961-65 Mark.-Dir. H. K. McCann Comp., Frankfurt/Hamburg/Köln - Spr.: Engl., Franz. - Rotarier.

KRUMBEIN, Wolfgang E.

Dr., Prof. f. Geomikrobiologie Univ. Oldenburg - Waldblick 32, 2905 Edewecht - Geb. 14. März 1937 - Promot. Würzburg 1966 - Wiss. Mitarb. Biol. Anstalt Helgoland, 1979-81 Vors. ISEB - Hrsg. u. Verfass.: Environmental Biogeochemistry and Geomicrobiology, 1978; Microbial Geochemistry, 1981; Ass. Ed. J. Geomicrobiol., üb. 50 Wiss. Veröfftl. Berater UNESCO Denkmalschutz - Spr.: Engl., Franz., Hebräisch.

KRUMHAAR, Dieter

Dr. med., Prof. f. Lungenheilkunde u. Lungenchirurgie, Chefarzt - Kladower Damm 221, 1000 Berlin 22 (T. 030 - 36501100) - Geb. 30. Dez. 1934 Berlin (Vater: Gustav K., Stud.rat; Mutter: Marianne, geb. Meyer), ev., verh. s. 1965 m. Birgit, geb. Schilfarth, 2 S. (Martin, Hartmut) - Gymn. Berlin - S. 1974 Ärztl. Dir., Chefarzt Lungenklin. Havelhöhe; 1979 apl. Prof. FU Berlin - 100 wiss. Publ. u. Buchbeitr. z. Lungen- u. Bronchialheilkd., Lungenchir., Chir., 1961-81 - Liebh.: klass. Lit., Oper, Theater, klass. Musik, Segeln, Skilaufen - Spr.: Engl., Franz., Lat.

KRUMHOFF, Joachim

Dr., Geschäftsf. Vorst. d. Kieler Yacht-Clubs - Sehestedter Str. 38, 2330 Eckernförde - Geb. 26. Dez. 1924 Berlin.

KRUMHOLZ, Walter

Dr. phil., Wiss. Geschäftsführer, Honorarprof. f. Politik FU Berlin (1964) - Paulinenstr. 22, 1000 Berlin 45 (T. 030 - 8337027) - Geb. 6. April 1924 Hannover - U. a. Otto-Suhr-Inst. Berlin - BV: Taschenlexikon d. Politik, 1960; Wie ein Gesetz entsteht, 1961; Berlin ABC. Geschichte, Politik, Wirtschaft, Kultur, 1969; D. polit. Dokumentation in d. Bundesrep. Deutschld., 1971.

KRUMM, Hans

Dr. rer. nat., Prof. f. Mineralogie u. Petrol. Univ. Frankfurt - Bornweidstr. 34, 6000 Frankfurt/M. (Bergen-Enkheim) - Zul. Prof. Univ. Erlangen-Nürnberg.

KRUMM, Hans-Jürgen

Dr. phil., M. A., o. Prof. f. Sprachlehrforsch. Zentr. Fremdspr.inst. Univ. Hamburg (s. 1975) - Am Tie 20, 2100 Hamburg 90 - Geb. 19. Juli 1942 Wuppertal (Vater: Karl-Hermann K., Studienrat; Mutter: Marie, geb. Bertsch, Schulleit.), ev., 2 Kd. (Jörg Ulrich, Antje) - Stud. d. Angl., German., Päd. Psychol. u. Erziehungswiss.; M. A. 1970; Promot. 1972 - 1970-75 wiss. Assist. Zentrum f. neue Lernverf. Univ. Tübingen; Mitgl. wiss. Beirat DaF Goethe-Inst. - BV: Praxis im Fremdsprachenstud., 1976 (m. Müller). Übers.: Sinclair/Coulthard: Analyse der Unterrichtssprache (1977); Dtsch. f. ausl. Arbeiter (1980). Mitaut.: Mannheimer Gutacht. Deutsch a. Fremdspr. (1977, Bd. 2 1979); Fremdsprachenunterr. an d. Hochsch. 1984 (m. Börsch); Lehrerfortbildung Deutsch a. Fremdspr. (1986). Mithrsg.: Ztschr. Unterrichtswiss.; Jahrb. Deutsch a. Fremdspr. Mitveranst./-hrsg.: Frühjahrskonfz. z. Erforsch. d. Fremdspr.-unterr. (s. 1980) - Spr.: Engl.

KRUMM, Klaus

Mitinhaber Firma Karl Thalmessinger GmbH & Co. KG - Theatiner Str. 1, 8000 München 2 - Geb. 9. Sept. 1924 Offenbach/M. (Vater: Heinrich K., ebenf. Vorst.-Mitgl. Gold-Pfeil Ludwig Krumm AG.; Mutter: Cecil, geb. Hahn), ev., verh. s. 1956 m. Sonja, geb. Petereit, 2 Söhne (Stefan, Christopher) - Gymn.; Feintäschnerlehre; Sprachstud. Schweiz u. Frankr. - Volontärtätigk. Engl. u. USA; 1957-89 Vorst.-Mitgl. Goldpfeil Ludwig Krumm AG, Offenbach/M. - Spr.: Engl., Franz.

KRUMMACHER, Friedhelm

Dr. phil., o. Prof. f. Musikwissenschaft - Wippen 1, 2300 Kiel 1 (T. 0431 - 31 24 82) - Geb. 22. Jan. 1936 Berlin (Vater: D. Dr. Friedr.-Wilh. K., Bischof; Mutter: Helga, geb. Stalmann), ev., verh. s. 1964 m. Aina Maria, geb. Landfeldt, 2 Kd. (Annika, Lennart) - Staatl. Musiklehrerprüf. 1957; Stud. Berlin, Marburg, Uppsala, Promot. 1964 FU Berlin, Habil. 1972 Erlangen - 1965 wiss. Assist. Erlangen-Nürnberg, 1973 Priv.-doz. ebd., 1975 Prof. Musikhochsch. Detmold, 1976 o. Prof. Univ. Kiel, 1982-85 Doz. Sommerakad. J. S. Bach in Stuttgart - BV: Mendelssohn - d. Komponist, 1978; D. Choralbearb. in d. protest. Figuralmusik zw. Praetorius u. Bach, 1978 - 1975 Mitgl. Vetenskapssocietet Lund, 1980-86 Vizepräs. Ges. f. Musikforsch., s. 1983 Vors. Ges. Brahms-Gesamtausg., s. 1986 stv. Vors. Musikgeschichtl. Kommiss. - Spr.: Schwed., Engl. - Bek. Vorf.: Bischof Dr. Friedr. Wilh. K., Vater - Lit.: Riemann, Herder- u. Brockhaus-Musiklexika.

KRUMMACHER, Hans-Henrik

Dr. phil., o. Prof. f. Neuere dt. Literaturgeschichte Univ. Mainz (s. 1967) - Am Mainzer Weg 10, 6500 Mainz-Drais (T. 47 75 50) - Geb. 24. Aug. 1931 Essen-Werden (Vater: Dr. theol. D. Dr. theol. h. c. Friedrich-Wilhelm K., Bischof zu Greifswald; Mutter: Helga, geb. Stalmann), ev., verh. s. 1956 m. Eva, geb. Wentscher, 5 Kd. (Katja, Cornelia, Andreas, Bettina, Regina) - Gymn. Berlin (Z. Grauen Kloster); Univ. Berlin (Humboldt), Heidelberg, Tübingen. Promot. Heidelberg; Habil. Köln - 1956-1958 Wiss. Mitarb. Schiller-Nationalmuseum Marbach/N.; 1958-67 Assist. u. Privatdoz. (1967) Univ. Köln - BV: D. ‚als ob' in d. Lyrik - Erscheinungsformen u. Wandlungen e. Sprachfigur d. Metaphorik v. d. Romantik b. zu Rilke, 1965; D. junge Gryphius u. d. Tradition - Stud. z. d. Perikopensonetten u. Passionsliedern, 1976. Herausg.: Neudrucke dt. Literaturw., Neue Folge (1975ff.); Eduard Mörike, Neue weltl. Lieder (1975); Briefe dt. Barockautoren. Probl. ihrer Erfass. u. Erschließ. (1978); Beitr. z. bibliograph. Lage in d. germanist. Lit.wiss. (1981); Geisteswiss. - wozu? Beispiele ihrer Gegenstände u. ihrer Fragen (1988). Mithrsg.: Eduard Mörike, Werke u. Briefe (1967ff.); Anton Ulrich Herzog zu Braunschweig u. Lüneburg, Werke (1982ff.); Zeit d. Moderne. Zur dt. Lit. v. d. Jh.wende b. zur Gegenw. (B. Zeller z. 65. Geb.tag, 1984) - 1984 o. Mitgl. Akad. d. Wiss. u. d. Lit., Mainz.- Bek. Vorf.: Friedrich Adolf Krummacher, Theologe, Parabeldichter (1767-1845)

KRUMME, Gustaf

Geschäftsf. Krahn Chemie GmbH., Hamburg - Birkenweg 28, 2085 Quickborn - Geb. 27. Juli 1928 Bad Salzuflen (Vater: Gustav K., Pfarrer; Mutter: Johanna, geb. Engelbrecht), ev.-ref., verh. s. 1955 m. Ursula, geb. Dietz, T. Carola - Gymn. Bad Salzuflen; Wirtschaftsobersch. Bielefeld; kaufm. Lehre Ind. Schötmar - S. 1951 Krahn (Außenhandel, Schwerp. USA u. Fernost) - Spr.: Engl.

KRUMMEL, Walter

Kaufm., gf. Gesellschafter Krummel & Co. GmbH & Co. Büro- u. Anlagen-KG, Frankfurt/M., Ehrenvors. BBO Landesverb. Hessen, bde. Frankfurt - Am Ackerbusch 18, 6233 Kelkheim 4 - Geb. 12. Febr. 1907 Ziegelrode Kr. Mansfeld - 1972 BVK I. Kl.

KRUMNOW, Jürgen

Dr., stv. Vorstandsmitglied Deutsche Bank AG, Frankfurt/M. - Taunusanlage 12, 6000 Frankfurt/M. - Geb. 18. Mai 1944 - Stv. AR-Vors. u. AR-Mitgl. e. Reihe namh. Ges.

KRUMSCHMIDT, Otto Erich

Tischlermeister, Vizepräs. Handwerkstag Hessen (1980-88) - Milanstr. 4, 6200 Wiesbaden 13 - Geb. 12. Aug. 1927 Wiesbaden (Vater: Otto K., Tischlerm.), ev., verh. m. Waltraut, geb. Henneberger, 3 Kd. (Verena, Karl Otto, Susanne) - Meisterprüf. 1953 - 1976 Vizepräs. dt. Tischlerhandw. u. 1979 Handwerkskammer Wiesbaden; 1979 Präs. Handwerksfachverb. Hessen, 1974 Vors. Innungskrankenk. Wiesbaden, 1974 Vors. Landesverb. Innungskrankenk. - 1977 Ehrenbrief Land Hessen; 1984 BVK I. Kl.; 1982 gold. Ehrennadel hess. Tischlerhandw.

KRUMSIEK, Rolf

Dr. jur., Justizminister Nordrh.-Westf. (s. 1985) - Am Brucher Häuschen 95, 5600 Wuppertal 1 - Geb. 31. Aug. 1934, verh. - 1971-80 Oberstadtdir. Wuppertal; 1980-83 Staatssekr. u. Chef Staatskanzlei NRW; 1983-85 Minister f. Wiss. u. Forschung.

KRUMWIEDE, Hans-Walter

Dr. theol., Dr. phil., Univ.-Prof., Theologe - Calsowstr. 19, 3400 Göttingen (T. 5 85 90) - Geb. 13. Juli 1921 Hannover (Vater: Julius Müller-K., Architekt; Mutter: Rosa, geb. Andersen), ev., verh. s. 1957 m. Regine, geb. Langer, 4 Kd. (Sabine, Gebhard, Arnd, Rainer) - Univ. München u. Göttingen. Promot. 1949 (phil.) u. 1955 (theol.); Habil. 1955 (alles Göttingen) - S. 1955 Privatdoz., apl. Prof. (1961), Wiss. Rat u. Prof. (1967) Univ. Göttingen. Zahlr. wiss. Veröff.

KRUNTORAD, Paul

Schriftsteller - Graben 11, A-1010 Wien I. (T. 0222-52 51 33) - Geb. 16. Juni 1935 B. Budweis, kath., verh. s. 1966 m. Putti, geb. Scherer - Matura; Stud. Psych. u. Slawistik Univ. Wien - 1968-72 Generalsekr. Österr. Inst. z. Förderung d. Künste in Österr., Mithrsg. u. Redakt. Neues Forum, Wien (b. 1972); 1981-83 Chefdramat. Schausp. Bonn - BV: S. - E. Modell, R. 1968; Kindlers Literaturgesch. d. Gegenw., Bd. Österr. (Mitarb.), 1976, TB 1980; Hansers Sozialgesch. d. dt. Literatur (Mitarb.), 1986, TB 1986; Ausstellung A.E.I.O.U. - Mythos Gegenwart: D. österr. Beitrag, 1985 - 1966 Theodor-Körner-Preis - Spr.: Engl., Tschech.

KRUPKE, Hans-Joachim

Dr. med., Prof., Chefarzt Chirurg. Abteilung/St.-Vinzenz-Hospital - Im Tiefen Winkel 11, 5750 Menden (T. 02373 - 4232) - Geb. 11. Mai 1934 Elbing (Vater: Kurt K., Kaufm.; Mutter: Gertrud, geb. Wagner), kath., verh. s. 1963 m. Gertrud, geb. Gieseler, T. Katharina - Abitur 1955, Stud. Med. Univ. Münster, Staatsex. 1962, Promot. 1962, Habil. 1973. 1969 Facharzt f. Chir., 1974 Facharzt f. Unfallchir., s. 1974 Chefarzt Chir. Abt. Vincenz-Hospital, Menden - 1978 apl. Prof. Univ. Münster - Liebh.: Bildhauerei - Spr.: Engl.

KRUPP, Bruno

Oberstadtdirektor, MdL Nordrh.-Westf. (1966-75) - Mauspfad 22, 5090 Leverkusen (T. 75522) - Geb. 5. Febr. 1928 Merkenich b. Köln (Vater: Peter K., techn. Angest.; Mutter: Maria, geb. Klein), kath., verh. s. 1947 m. Luise, geb. Schmitz, 2 Töcht. (Brigitte, Claudia) - Volks- u. Verw.ssch., Lehre AOK (1942), Dir. AOK (1956-71), Stadtkämmerer Leverkusen (1971-75), MdL Nordrh.-Westf. (1966-1975), Bürgermeister (1964-71). SPD s. 1953 (1962-75 Vors. SPD Leverkusen), s. 1975 Oberstadtdir. Stadt Leverkusen - Liebh.: Sportfischen.

KRUPP, Georg

O. Vorstandsmitglied Deutsche Bank AG - Königsallee 51, 4000 Düsseldorf - Geb. 15. Juli 1936 - AR-Vors., stv. AR-Vors. u. AR-Mitgl. e. Reihe namh. Ges.

KRUPP, Hans-Jürgen

Dr. rer. pol., Prof., Senator, Präses d. Finanzbehörde Hamburg (s. 1988), Präs. Dt. Inst. f. Wirtschaftsforsch. (DIW), Berlin (1979-88) - Gänsemarkt 36, 2000 Hamburg 36 - Geb. 15. April 1933 Elbing (Vater: Gerhard K., Pfarrer u. Superintendent; Mutter: Hella, geb. Liederwald), ev., verh. s. 1954 m. Ilse, geb. Weißkopf, 4 Kd. (Gotthard, Andreas, Christoph, Agnes) - Stud. TH Darmstadt, Univ. of Wisconsin. Dipl.-Wirtsch.-Ing. 1957; Promot. 1961 - 1957 Wiss. Assist., 1967 Privatdoz. TH Darmstadt; 1969 o. Prof. f. Sozialpolitik, 1970 Dekan Wirtsch.- u. Sozialwiss. Fak., 1973 Vizepräs., 1975 Präs. Univ. Frankfurt. B. 1984 Mitgl. Sachverständigenrat z. Begutacht. d. gesamtw. Entwickl. SPD - BV: Theorie d. personellen Einkommensverteilung, 1968; Möglichk. d. Verbess. d. Einkommens- u. Vermögensstatistik, 1975; Sozialpolitik u. Sozialberichterst. (m. W. Zapf), 1977; Alternativen d. Rentenreform '84 (m.a. Autoren), 1981.

KRUPPA, Claus

Dr.-Ing., o. Prof. f. Schiffshydrodynamik TU Berlin (s. 1964) - Lückhoffstr. 35, 1000 Berlin 38 (T. 8035307) - Geb. 3. Sept. 1931 Kanton (China) - Fachveröff.

KRUPPA, Hans

Schriftsteller - Schaffenrathstr. 40, 2800 Bremen 1 (T. 0421-21 65 90) - Geb. 15. Febr. 1952 Marl, ev., ledig - Stud. Angl. u. Sport Univ. Freiburg; Staatsex.; Referendarausb. f. d. Lehramt an Gymn. Bremen, 2. Staatsex. - 1979-81 Gymnasiallehrer Bremen; s. 1982 fr. Schriftst. - BV: Zaubersprüche, 1981; Wo liegt Euer Lächeln begraben? (Hg.), 1983; Nur f. Dich, 1983; Wo d. Liebe wohnt, 1984; Sei gut z. Dir, 1984; Nur wer sich liebt, 1984; E. gute Zeit, 1985; Schau mal rein, 1985; Liebesgedichte, 1986; E. Abend mit Dir, 1986; Mach Dir d. Tag zum Freund, 1986; Glücksmomente, 1986; Lust auf Leben, 1987; D. Glück ist immer unterwegs, 1987; D. Zauberbuch, 1987; Magische Momente, 1988; D. fliegenden Erdbeeren, 1988; D. Witz dabei, 1988; Kaito, 1988; Alltagswunder, 1988; Du lebst in mir, 1989; Mitgefangen - Mitgehangen, 1989. Herausg.: Warmer Regen (1988) - Liebh.: Musik, Tanz, Reisen - Spr.: Engl., Franz.

KRUSCHE, Dietrich

Dr., Prof. f. Deutsch als Fremdsprache Univ. München, Schriftsteller - Ingelsberger Weg 21, 8011 Zorneding - Geb. 25. Jan. 1935 Rippin (Vater: Waldemar K., Pfarrer; Mutter: Katharina, geb. Günther), verh. s. 1959 m. Gisela, geb. Maiss, 3 Kd. (Michael, Gerlind, Martin) - I. u. II. Staatsex. 1958-60, Promot. 1973, Habil. 1982 - Lektor (1961-63 Univ. Ceylon, 1966-69 Okayama/Japan); 1971-81 Leit. päd. Sem.; s. 1982 Prof. Univ. München - BV: Haiku. Beding. e. lyr. Gatt., 1970, 5. A. 1984; Kafka u. Kafka-Deut., 1973; Japan - konkrete Fremde, Ethnol., 1973, 2. A. 1983; Kommunikat. im Erzähltext, 2 Bde. 1978; D. Ruder auf d. Dach, Ged. 1979; Kiemspan steht auf, R. 1980; D. Fisch im Sand, Erz. 1980; Verzögerte Geburt, Ged. 1982; Literatur u. Fremde, 1985; Reisen. Verabredung m. d. Fremde; u.a.m. - 1980 Ehrengabe Bayer. Akad. d. schönen Künste (Lit.).

KRUSCHE, Peter

D., Prof., Bischof f. d. Sprengel Hamburg d. Nordelb. Ev.-Luth. Kirche (1983ff.), Vors. Ev. Missionswerk (EMW) - Neue Burg 1, 2000 Hamburg 11 - Geb. 9. Juli 1924 Tutschin (Vater: Pastor in Polen), ev., verh. s. 1945 m. Dora, geb. Otto, 8 Kd. - 1967-83 Ord. u. Vorst. Inst. f. Prakt. Theol. Univ. München; s. 1984 Vorstandsvors. Forschungsstätte d. Ev. Studiengem. d. EKD Heidelberg - Facharb.

KRUSCHWITZ, Lutz

Dr. rer. pol., Dipl.-Kfm., Univ.-Prof. - Hansingweg 1, 2100 Hamburg 90 (T. 040 - 792 51 67) - Geb. 30. Jan. 1943 Berlin, verh. s. 1971 m. Ingrid, geb. Lück, 3 Kd. (Peter, Sabine, Hans) - 1962-64 kaufm. Lehre Siemens-Schuckertwerke AG Berlin u. Erlangen; 1964-68 FU Berlin (Betriebswirtsch.); Dipl. 1968; Promot. 1970; Habil. 1975 - 1975-85 Prof. f. Betriebswirtschaftsl., Investition u. Finanzierung TU Berlin; s. 1986 o. Univ.-Prof. f. Betriebswirtschaftsl., Investition u. Finanzierung Univ. Lüneburg. 1989 Gastprof. Univ. Wien - BV: Investitionsrechnung, 3. A. 1987; Finanzmathematik, 1989.

KRUSE, Ferdinand

Landwirtschaftsmeister, MdL Nieders. (s. 1974) - 3079 Warmsen Nr. 45 (T. 269) - CDU.

KRUSE, Franz

Dipl.-Informatiker MBB/ERNO Raumfahrttechnik GmbH, Bremen - Mathildenstr. 73, 2800 Bremen 1 (T. 0421 - 7 19 96) - Geb. 30. Mai 1951 Lohne, verh. s. 1982 m. Elisabeth Kuhl-Kruse, 3 Kd. (Michael, Gesa, Anja) - Stud. Informatik TH Darmstadt; Dipl. 1980 - 1976-82 Vors. Dt. Esperanto-Jugend, Hamburg; 1976-85 Vorstandsmitgl. Dt. Esperanto-Bd., Bad Hersfeld - Spr.: Esperanto, Engl., Franz., Span., Ital., Niederl.

KRUSE, Hans Jakob

Reedereikaufmann - Auguststr. 3, 2000 Hamburg 76 - Geb. 9. Okt. 1929 - Vorstandssprecher Hapag-Lloyd AG, Hamburg/Bremen. Aufsichts- u. Beiratsmandate.

KRUSE, Hans-Joachim

Staatsrat Senatskanzlei u. Staatsarchiv Fr. u. Hansestadt Hamburg - Zu erreichen üb. Rathaus, 2000 Hamburg 1 (T. 36 81-1).

KRUSE, Heinrich Wilhelm

Dr. iur., o. Prof. f. Steuerrecht Univ. Bochum (s. 1971) - Universitätsstr. 150, 4630 Bochum 1 - Geb. 4. Aug. 1931 Hamburg, ev., verh. s. 1960, 3 Kd. - Stud. d. Rechtswiss. Hamburg, München; Promot. 1956 München; Habil. 1970 Würzburg - 1960-71 Höh. Verwaltungsdst. Hamburg. 1981-87 Vorst.-Vors. Dt. Steuerjuristische Ges., Köln - BV: Abgabenordnung, 13. A. 1965/89 (m. Tipke); Steuerrecht - Allg. Teil, 3. A. 1973 (span. Übers. 1978); Grundsätze ordnungsgemäßer Buchführung, 3. A. 1978.

KRUSE, Hellmut

Dr., Vorstandsvorsitzender Beiersdorf AG, Hamburg - Buchtallee 13, 2057 Reinbek (T. Hamburg 722 6850) - AR Dt. Bank AG, Frankfurt, Feldmühle Nobel AG, Düsseldorf, Phönix AG, Hamburg u. Hamburg-Mannheimer Sachvers.-AG, Hamburg - Spr.: Engl., Franz., Span. - Rotarier.

KRUSE, Horst

Dr.-Ing., Prof. f. Kältetechnik - Planetenring 14a, 3008 Garbsen 1 - Geb. 1. Mai 1932 Nortorf/Holst. - Promot. 1964 - S. 1969 Abteilungsvorst. u. Prof. u. Ord. TH, TU bzw. Univ. Hannover. Fachaufs.

KRUSE, Horst Hermann

Dr. phil., M. A., Prof. f. Anglistik/Amerikanistik Univ. Münster - Sudmühlenstr. 172, 4400 Münster (T. 0251 - 324665) - Geb. 5. Febr. 1929 Ruhwinkel (Vater: Heinrich K.; Mutter: Emma, geb. Steen), ev., verh. s. 1959 m. Ursula, geb. Dieck, 2 Kd. (Bettina Maria, Anna Christina) - Stud. Univ. Kiel; Fulbright Stip. Cornell Univ., USA; A.C.L.S. Stipendiat Univ. of Pennsylvania, Harvard Univ., Univ. of California, Berkeley, USA - Master of Arts (Cornell 1954), Dr. phil. (Kiel 1959), Habil. Engl. Philologie (Kiel 1970). 1959-70 Wiss. Assist. Univ. Kiel, 1964-66 Habil.-Stip. Dt. Forschungsgem., 1970 Univ.-Doz. Kiel, s. 1971 Prof. an e. wiss. Hochsch., Kiel, s. 1972 o. Prof., Dir. Engl. Seminar Univ. Münster, 1973-74 u. 1980-81 Dekan - BV: D. Romane d. Flaming Youth, 1962; Mark Twains Life on the Mississippi: E. entstehungs- u. quellengesch. Unters. z. Mark Twains Standard Work, 1970; From Rags to Riches, 1974; Schlüsselmotive d. amerik. Lit., 1979; Popular Culture i. Amerika, 1981; Mark Twain and Life on the Mississippi, 1981. Mithrsg. Zeitschr. Literatur in Wissensch. u. Unterr. (s. 1968); Amerikastud./American Studies (s. 1982).

KRUSE, Joseph Anton

Dr. phil., Prof., Direktor Heinrich-Heine-Institut, Düsseldorf, Honorarprof. Univ. Düsseldorf - Feldstr. 39, 4000 Düsseldorf 30 (T. 0211 - 498 05 56) - Geb. 8. Juni 1944 Dingden b. Bocholt (Vater: Josef K.; Mutter: Anna, geb. Klein-Hitpaß), kath., gesch., 2 S. (Daniel, Fabian) - Univ. Bonn u. Düsseldorf (Promot. 1972 Bonn) - 1972/73 Wiss. Mitarb. Heine-Ausg. Düsseldorf; 1974/75 wiss. Assist. PH Neuss; s. 1975 Dir. Heine-Inst. Düsseldorf. 1977-81 2. Vors. Heine-Ges.; s. 1981 Geschäftsf. Heine-Ges. - BV: Heines Hamburger Zeit, 1972; H. Heine. Leben u. Werk in Daten u. Bildern, 1983; Heine u. Düsseldorf; 1984; Denk ich an Heine, Biogr. lit. Facetten 1986. Herausg.: Heine-Jahrb. u. Heine-Studien.

KRUSE, Lenelis

Dr. phil., Univ.-Prof. Fern-Univ. Hagen, Hon.-Prof. Univ. Heidelberg (s. 1988) - Erlenweg 12, 6921 Lobbach - Geb. 16. Febr. 1942 Berlin, verh. m. Prof. Dr. C. F. Graumann - Dipl. Psych. 1966; Promot. 1972; Habil. 1976 Heidelberg - 1973/74 research associate City Univ. of New York; 1979-84 Heisenberg-Stip. - BV: Räumliche Umwelt, 1974; Privatheit als Problem u. Gegenstand d. Psych., 1980 - 1973 Univ. Preis Heidelberg (f. Diss.).

KRUSE, Margot

Dr. phil., o. Prof. f. Roman. Philologie - Von-Melle-Park 6, 2000 Hamburg 13 (T. 41232731) - Geb. 2. März 1928 Hamburg (Vater: Hans E. B. K., Exporteur), kath., led. - Schule Hamburg; Univ. ebd. (Promot. 1954) u. Freiburg/Br. (Roman. Philol., Lit.wiss., Phil.). Habil. 1959 Hamburg - S. 1959 Privatdoz., ao. (1961) u. o. Prof. (1963) Univ. Hamburg - BV: Das Pascal-Bild in d. franz. Lit., Habg. Romanist. Stud., Reihe A Bd. 41 1955; D. Maxime in d. franz. Lit., ebd. Bd. 44 1960.

KRUSE, Martin

Dr. theol., Bischof Ev. Kirche in Berlin-Brandenburg (Berlin West) - Bachstr. 1-2, 1000 Berlin 21 (T. 390 91-0) - Geb. 21. April 1929 Lauenberg (Vater: Walter K., Pfarrer; Mutter: Gertrud, geb. Oppermann), ev., verh. s. 1959 m. Marianne, geb. Kittel, 4 Kd. (Jan-Hinrich, Susanne, Bernhard, Bettina) - Georgianum Lingen (Abit. 1947); Stud. d. Ev. Theol. Univ. Mainz, Heidelberg; Bethel u. Göttingen; Promot. 1969 Heidelberg - 1953-55 Vikar Linz/Donau; 1957-60 Stud.leit. Ev. Akad. Loccum; 1960-64 Pfarrer ebd.; 1964-70 wied. Predigersem. L. (Konventual-Stud.dir.); 1970-76 Landessuperintendent ev.-luth. Kirche Hannovers/Sprengel Stade; s. 1977 Bischof; s. 1983 Mitgl. Zentralaussch. d. Ökumenischen Rates d. Kirchen; s. 1985 Vors. d. Rates d. Ev. Kirche in Deutschland (EKD) - BV: Speners Kritik am landesherrl. Kirchenregiment u. i. Vorgesch., 1971. Festschr.- u. Ztsch.beiträge - Ehrenstiftsherr Kloster Loccum.

KRUSE, Max

Schriftsteller - Untermaxkron 38a, 8122 Penzberg (T. 08856 - 77 57) - Geb. 19. Nov. 1921 Bad Kösen/Saale (Vater: Prof. Max K., Bildhauer, u. a. Siegesbote v. Marathon/Berliner Nationalgalerie (Ost) † 1942; Mutter: Käthe, geb. Simon, Puppengestalterin (s. XV. Ausg.) † 1968) - BV: Windkinder, Ged. 1968; Godesel AG., R. 1971. Kinderb. (u. a. Löwe-Reihe, Urmel-Serie); Shaofangs Reise (Bericht); Federleicht, Ged. 1982; D. versunkene Zeit (Biogr.), 1983; Ägypten, d. Geschenk d. Nils (Bericht), 1984; Ich will keine Lady sein (musikalische Komödie); China (Bericht), 1985; D. Schattenbruder, R. 1985; D. Ritter, R. 1988. Fernseh- u. -hörsp. - Mitgl. PEN-Zentrum BRD.

KRUSE, Rolf

Dipl.-Volksw., Wiss. Angestellter, Mitgl. Hbg. Bürgerschaft (s. 1978) u. 1. Vizepräs. d. Bürgersch. - Wohltorfer Damm 11, 2000 Hamburg 65 - Geb. 19. Juli 1940 Hamburg (Vater: Robert K., Maurer; Mutter: Gertrud, geb. Zureit), ev.-luth., verh. s. 1967 m. Ragnhild, geb. Berg, 2 S. - Gymn. Alstertal u. Univ. Hamburg (Dipl. 1965) - S. 1965 Wiss. Angest. Beh. f. Wirtsch. u. Verk. Hamburg; 1970-78 Geschäftsf. CDU-Bürgerschaftsfrakt. S. 1966 Mitgl. Bezirksvers. Hbg.-N. (1973 Fraktionsvors. CDU) - Spr.: Engl.

KRUSE, Rolf

Dr. med., Prof., Ltd. Arzt Südwestdeutsches Epilepsiezentrum Kork - 7640 Kehl-Kork - Geb. 20. Nov. 1928 Leipzig - Promot. (1956) u. Habil. (1966) Heidelberg - Gegenw. apl. Prof. f. Kinderheilkd. Univ. Heidelberg. Publ. z. Epilepsie u. Neuropädiatrie - 1966 Michael-Preis, 1977 Bodelschwingh-Preis.

KRUSE, Waltraut,
geb. Ebbertz

Dr. med., Prof. f. Allgemeinmed. u. Psychotherapie RWTH Aachen, Bürgermeisterin Stadt Aachen - Kirchberg 4, 5100 Aachen (T. 0241 - 8 00 01 u. 8 00 02) - Geb. 12. März 1925 Aachen (Vater: Theodor E., Kaufm.; Mutter: Elisabeth, geb. Cron), kath., verh. s. 1949 m. Dr. med. Herbert K., 4 S. (Michael, Thomas, Christoph, Andreas) - Abit. 1943; 1943/44 Stud. Med. Akad. Danzig; 1945/48 Univ. Frankfurt; Staatsex. 1950 Univ. Bonn, Promot. 1951 - S. 1977 Lehrbeauftr. Aachen; ab 1983 Prof. RWTH Aachen. S. 1979 Bürgerm. Aachen - BV: Entspannung, 1.-4. A. 1974; Einf. in d. Autogene Training m. Kindern - E. Leitfaden f. d. Praxis, 1.-2. A. 1980 - Liebh.: Politik, Musik (Cembalo), Skilaufen, Lit. Bes. Interesse: Forsch. auf d. Geb. d. Drogen- u. Suchtkrankh. b. Kindern u. Jugendl., u. Behandlung chron. kranker Patienten.

KRUSE, Wolf Dieter

Unternehmer, Präsident Gesamtverb. d. Textilind. in d. Bundesrep. Deutschl. - Gesamttextil - Schaumainkai 87, 6000 Frankfurt 70 - Geb. 12. Jan. 1925 Barmen - Abit. 1945 Wuppertal (nach Kriegsgefangensch.); Ing.-Schule (Textiling. 1949) - 1949 Eintr. in großväterl. Fa. G. Wittenstein-Troost, Wuppertal (s. 1950 Geschäftsleitg.); 1974 Zusammenschl. m. Fa. H. Hausner + Sohn KG, Leutershausen (Mittelfranken), seither TVU Textilveredelungsunion (u.a. Prod. v. Handstrickgarnen). Stv. Vors. Arbeitgeberverb. d. rechtsrhein. Textilind.; 1979-82 Vors. Gesamtverb. d. dt. Textilveredelungsind.; s. 1982 Präsid.-Mitgl. Gesamttextil, Präsid.-Mitgl. Bundesverb. d. Dt. Ind. (BDI) Köln - 1986 BVK.

KRUSE-JARRES, Jürgen D.

Dr. med., Prof. f. Klin. Chemie u. Biochemie, Ärztl. Direktor d. Inst. f. Klinische Chemie u. Laboratoriumsmed. Katharinenhospital Stuttgart - Kriegsbergstr. 60, 7000 Stuttgart 1 - Geb. 14. Dez. 1937 Köln - Med. Staatsex. 1965 Bonn; Promot. 1965 Düsseldorf; Habil. 1971 Mannheim - S. 1965 Univ. München (Assistenzarzt), Mannheim (Wiss. Assist. u. Oberarzt), Freiburg (1971 Leit. Chir. Labor; 1974 Wiss. Rat u. Prof., 1977 apl. Prof.), s. 1980 Stuttgart; s. 1983 Erster Ärztl. Dir. Katharinenhospital - BV: Blood Glucose Monitoring, 1977 (m. Molnar); Blutglucose, 1979; Klin. Chemie, 2 Bde. 1979; Zinkstoffwechsel, 1979; Laboratoriumsmed., 1987. 20 Buchbeitr., üb. 140 Einzelarb.

KRUSE-RODENACKER, Albrecht

Dr. rer. pol., Prof. f. Volkswirtschaftslehre (b. 1982), dan. untern. Tätigk. USA u. Kanada - Kant Str. 148, 1000 Berlin 12 (T. 3 13 75 05) u. 12 Sheppard Street ST 300, Toronto, Ont., Kanada - Verh. m. Susan, geb. Statton - Stud. Wirtschaftswiss. (Paris, London, Madrid); Promot. 1956 Frankfurt/M., Habil. 1960 Berlin - Lehrtätigk. u. wiss. Publ. (Projektfinanzierung) sow. publizist. Tätigk. (Bücher, Beiträge, FS). Ab 1960 Jun. Consultant Lateinamerik.; ab 1963 Projektberat. f. EG-Kommiss. etc.; ab 1975 Projektleit. in Afrika u. Südostasien; ab 1982 Untern. in USA u. Kanada - Spr.: Engl., Franz., Span.

KRUSEN, Felix

Dr.-Ing., Prof., Lebensmittelchemiker - Peter-Schwingen-Str. 2, 5300 Bonn 2 (T. 0228 - 32 31 23) - Geb. 11. Mai 1925 Berlin - Humboldt-Sch. u. TU Berlin (1946-51; Lebensmittelchem. Staatsex.) - 1952-55 Industrieangest., 1955-59 Zollchemiker; s. 1959 Tätigk. Bundesernährungs- u. -gesundheitsmin. (1975; Leit. Planung). 1980ff. Honorarprof. Univ. Bonn - Dr.-Heinrich-Nicolaus-Med.

KRYSMANSKI, Hans-Jürgen

Dr. phil., o. Prof. f. Soziologie - Kellermannstr. 15, 4400 Münster/W. - Geb. 27. Okt. 1935 Berlin - S. 1967 (Habil.) Lehrtätigk. Univ. Münster (gegenw. Ord. u. Institutsdir.).

KRYSTKOWIAK, Bernhard F.

Kaufm., Mitgl. Hbg. Bürgerschaft (s. 1978) - Kleinsand 3, 2102 Hamburg 93 - Geb. 8. Sept. 1933 Wilhelmsburg/Harburg, kath. - Techn. Obersch.; kaufm. Ausbild. - S. 1952 Hoesch, Schulte & Schemmann GmbH., Hamburg 26 (Abteilungsleit. Bereich FRW/EDV). Div. Ehrenstell. (Kirche, Krkhs., Diakonie). 1964-78 Bezirksparlam. (dav. 8 J. Harburg). CDU.

KRYSTOF, Gerd-Olaf

Stv. Fernsehdirektor Südwestfunk Baden-Baden - Oberbannstr. 9, 7570 Baden-Baden 11-Steinbach (T. 07223 - 5 24 50) - Geb. 6. Sept. 1932 Lodz/Polen (Vater: Rudolf K., Buchhalter; Mutter: Eugenie, geb. Arnold), verh. s. 1959 m. Wilma, geb. Spörl, 2 T. (Doris, Ute-Bettina) - Zuständig f. d. ARD-Satellitenprogramm Eins Plus.

KRYSZOHN, Wolfgang

Chefredakteur KIELER NACHRICHTEN (s. 1988) - Zu erreichen üb. Kieler Nachrichten, Fleethörn 1-7, 2300 Kiel 1 - Geb. 1942 Braunschweig - Kaufm. Ausbild. Ind.; Stud. Betriebsw. Braunschweig u. Hamburg - S. 1967 Hamburger Abendblatt (Chef v. Dienst, stv. Chefredakt.), Berliner Morgenpost (1978 Chefred.), BILD am SONNTAG (1985-87 Chefred.).

KRZYSCH, Günter

Dr. agr., Prof., Inst. f. Nutzpflanzenforsch. TU Berlin - Am Dorfanger 36, 1000 Berlin 26 (T. 411 17 53) - Geb. 24. Febr. 1929 Berlin - S. 1962 (Habil.) Lehrtätigk. Berlin (Agrarmeteorol., Acker- u. Pflanzenbau).

KRZYWANEK, Hansdieter

Dr. med. vet., Prof. f. Physiologie FU Berlin (stv. Dir. Inst. f. Vet.-Physiol., - Biochemie, -Pharmak. u. -Toxikol.) - Markobrunner Str. 24, 1000 Berlin 33.

KUBACH, Hans Erich

Dr. phil. (habil.), Konservator a.D. Landesamt f. Denkmalpflege Rhld.-Pfalz, Speyer, Honorarprof. f. Kunstgesch., insb. Mittelalterl. Baukunst, Univ. Saarbrücken - Hans-Purrmann-Allee 19, 6720 Speyer/Rh. - Geb. 2. Sept. 1909 Köln - U. a. Doz. Univ. Erlangen - BV: Roman. Kirchen a. Rhein u. Maas, 1972; Archit. d. Romanik, 1974 (auch Ital., Franz., Span., Engl.); Roman. Baukunst a. Rhein u. Maas, 4 Bde. (m. A. Verbeek), 1976 u. 89; D. Dom z. Speyer, 3 Bde. (m. W. Haas), 1972. Zahlr. Einzelarb.

KUBACH, Rudolf

Dr. jur., Hauptgeschäftsf. IHK Schwarzwald-Baar-Heuberg (s. 1978) - Romäusring 4, 7730 Villingen-Schwenningen.

KUBALEK, Erich

Dr.-Ing., o. Prof. f. Werkstoffe d. Elektrotechnik Univ. Duisburg - Hasenwaldstr. 14, 5100 Aachen - Geb. 20. Juli 1936 Alt-Walddorf - Dipl.-Phys. 1962; Promot. 1967 - B. 1970 Abteilungsleit. Inst. f. Härtereitechnik Bremen, dann Wiss. Rat u. Prof. TH Aachen. Facharb.

KUBALL, Hans-Georg

Dr. rer. nat., Prof. f. Physikal. Chemie Univ. Kaiserslautern (s. 1972) - Römerweg 4, 6751 Stelzenberg - Geb. 25. Nov. 1931 - Promot. 1963; Habil. 1968 - Fachaufs.

KUBALLA, Wolfgang

Journalist, Korresp. Arbeitsgem. Korrespondenten in London - Zu err. üb. Saarbrücker Zeitung, Gutenbergstr. 11-23, 6600 Saarbrücken - Geb. 18. Sept. 1938 Gleiwitz/Oberschl. (Vater: Georg K., Buchh.; Mutter: Hedwig, geb. Böhm), gesch., 2 Kd. (Alexander a. 1. Ehe, Beatrix a. 2. Ehe) - Stud. München, Bonn, Genf (German., Angl.) - 1962-64 Korresp. dt. Ztg. in Genf; 1964-68 Red.mitgl. Süddt. Ztg.; 1968-76 Korresp. dt. Ztg. Moskau, 1977-78 Osteuropa- u. Balkankorresp., Sitz Wien - BV: Beitr. Moskau in: 2 Tage in ..., 1971; Ein Koloß wird umgebaut, 1975; Richtig reisen - Moskau, 1977; Mitverfass.: Richtig reisen - Wien, 1980; Richtig reisen - Irland, 1984 - Liebh.: Fotografie - Spr.: Engl., Russ., Franz.

KUBASCHEWSKI, Ilse,

geb. Kramp

Filmproduzentin - Karlspl. 5, 8000 München 2 (T. 592361) - Geb. 18. Aug. Berlin (Vater: Postbeamter), verh. 1938 m. d. Filmkaufm. Hans W. K. († 1961) - Handelssch. - S. Lehrzeit Filmverleihgeschäft; zwischendurch Kinobesitzerin (Berlin) u. n. 1945 -pächterin (Oberstdorf/Allg.); 1949 Gründ. Gloria-Film, München; 1953 Divina-Filmprod. (u. a. D. Trappfamilie, Faust); 1973 J. K.-Filmprod. u. -vertrieb - 1969 BVK I. Kl.; 1984 Gold. Ehrenmed. SPIO - Liebh.: Oper, Fotografie.

KUBASCHEWSKI, Oswald

Dr. phil. nat., Dr.-Ing. E. h., Dr. h. c., Dr. h. c., Prof., Chemiker - Colynshofstr. 47, 5100 Aachen - Geb. 13. Juli 1912 Berlin/Charl. (Vater: Kurt K., Syndikus; Mutter: Ruth, geb. Barnewitz), verh. s. 1949 m. Ortrud, geb. v. Goldbeck, 2 Kd. (Peter, Karin) - Gymn. Barmen (Abit. 1930); Univ. Rostock u. Freiburg/Br. (Lehrer: P. Walden, H. Staudinger, G. v. Hevesy, W. Seith). Promot. 1935 Freiburg; Habil. 1942 Stuttgart - 1936-46 Assist. Kaiser-Wilhelm-Inst. Stuttgart; 1942-49 Doz. TH ebd.; 1949-73 National Physical Labor. Teddington/Engl. (zul. Deputy Chief Scientific Officer); s. 1973 Honorarprof. TH Aachen - BV: Thermochemie d. Legierungen, 1943 (m. F. Weibke); Metallurgical Thermochemistry, 5. A. 1979 (chin. 1953, russ. 1954, 1983, dt. 1959, franz. 1964, jap. 1967); Oxidation of Metals and Alloys, 2. A. 1962 (m. B. E. Hopkins) - Ehrendoktor TH Aachen (1968), Brunel Univ. London (1971), Polytechnikum Grenoble (1975); 1972 W. Kroll-Med. Inst. of Metals London; 1983 Korr. Mitgl. Österr. Akad. d. Wiss. - Liebh.: Geschichte - Spr.: Engl., Franz. - Bek. Vorf.: Friedrich Spielhagen, Romanschriftst. (Urgroßv.).

KUBE, Dietmar

Dr., Geschäftsführer Verb. Dt. Stahlwarenhändler u. Bundesinnungsverb. d. Messerschmiede/Fachverb. f. Schneid- u. angew. Schleiftechnik - Westwall 122, 4150 Krefeld.

KUBE, Edwin

Dr. iur., Prof., Leiter Kriminalistisches Inst. d. Bundeskriminalamts (s. 1982) - Thaerstr. 11, 6200 Wiesbaden - Geb. 11. April 1938 Wichstadtl, kath., verh. s. 1969 m. Dr. Dagmar, geb. Keck, 2 Kd. (Hanno, Ina) - Stud. Univ. Heidelberg, Mainz (Rechtswiss. u. Kriminologie); Promot. 1963 Mainz - Innenverwaltung Baden-Württ., u. a. stv. Landrat; s. 1974 Bundeskriminalamt Wiesbaden; Hon.-Prof. f. Kriminol. u. Kriminalistik Univ. Gießen. Vizepräs. Dt. Kriminol. Ges. - BV: u. a. Beweisverfahren u. Kriminalistik in Deutschl., 1964; D. Bürger überzeugen. Stil, Strategie u. Taktik d. Verwaltung, 1973; Städtebau u. Kriminalität, 1982; Systematische Kriminalprävention, 2. A. 1987.

KUBECZKA, Karl-Heinz

Dr. rer. nat., Prof. f. Pharmazeut. Biologie - Guttenberger Grund 9, 8701 Reichenberg/Ufr. - Geb. 31. März 1935 Mähr.-Ostrau - Promot. 1967; Habil. 1973 - Lehrtätigk. Univ. Hamburg (1972 Wiss. Rat u. Prof.) u. Würzburg (1974 W. R. u. Prof., 1978 ao. Prof.). Arbeitsgeb.: Phytochemie, spez. Biochemie u. Analytik äther. Öle. Üb. 80 Fachaufs. - BV: Vorkommen u. Analytik äther. Öle, (Hrsg.) 1979; Ätherische Öle, (Hrsg.) 1982; Analysis of Essential Oils by Capillary G.C and 13 C NMR Spectroscopy, 1982 (m. a.); Dünnschichtchromatographie, in: Ullmanns Encyklop. d. techn. Chemie, 1980 - 1969 Preis Fak. f. Naturwiss. Univ. Karlsruhe, 1981 Ruf an d. Danmarks Farmaceutiske Højskole Kopenhagen, 1982 a. d. Univ. Bern.

KUBEL, Alfred

Ministerpräsident a. D. (1971-76), MdL Nieders. - Hinrich-Wilhelm-Kopf-Pl. 4, 3000 Hannover 1 (T. 0511 - 32 01 45) - Geb. 25. Mai 1909 Braunschweig, verh. (Ehefr.: Hilde) - Mittelsch. Braunschweig; Drogistenlehre - U. a. Prokurist gummiverarb. Ind., 1937 verhaftet u. weg. Vorb. z. Hochverrat v. Volksgerichtshof zu 1 J. Gefängnis verurt., n. Kriegsende Geschäftsf. Braunschweig-GmbH. (jetzt Niedersachsen GmbH.) u. Generaldir. Dt. Asphalt Ag. d. Limmer d. Vorwohler Grubenfelder, Braunschweig, 1946 Ministerpräs. Braunschweig, s. 1946 m. kurzer Unterbrech. MdL Hannover bzw. Nieders. (SPD), 1946-55 Nieders. Min. (f. Wirtsch., dann f. Verkehr, 1948 f. Arbeit, Aufbau u. Gesundheit, 1951 d. Finanzen), anschl. Leit. Pressestelle Hannover Übersee-Post, Nürnberg, 1957-70 wied. Min. (f. Wirtsch. u. Verkehr, 1959 f. Ernährung, Landw. u. Forsten, 1965 d. Finanzen), 1965-70 Min. d. Finanzen, 1970-76 Min.-Präs. v. Niedersachsen, 1975 Bundesratspräsident, ab 1976 Ruhest. 1977-85 Vors. Kurat. Georg Eckert Inst. f. intern. Schulbuchforschung (Braunschweig), Mitbegr. u. ARsvors. (b. 1978) Hannover-Messe - Nieders. Landesmed.; 1961 Gr. BVK m. Stern u. Schulterbd., 1971 Großkreuz des BV Ordens, 1976 Ernst-Reuter-Plak. in Silb. Stadt Berlin.

KUBELIK, Rafael

Dirigent u. Komponist - Im Sand, CH-6047 Kastanienbaum (Schweiz) - Geb. 29. Juni 1914 Bychory (Tschechosl.) (Vater: Jan K., bek. Geigenvirtuose; Mutter: Marianne, geb. Szell), verh. in 2. Ehe (in 1. 1961 verw.) s. 1963 m. Elsie, geb. Morison (Sopran), S. Martin aus 1. E. m. Ludmilla, geb. Bertlova - 1928-34 Konservat. Prag - 1936 Dirig. Tschech. Philharmonie Prag; 1939 musikal Dir. Nationaltheater Brünn; 1941-48 Chefdirig. Tschech. Phil. Prag; 1950-53 Chefdirig. Chicago Symphony Orch.; 1955-58 musikal. Dir. Covent Garden London; 1961-79 Chefdirig. Bayer. Rundfunk, zugl. 1973/74 musikal. Dir. Metropolitan Opera New York. Kompos. Opern: Veronika, D. Kaiser's neue Kleider, D. Blume d. kl. Ida, Tagesanbruch, Cornelia Faroli; 3 Requiems, 2 Symph., e. dritte Symph. in e. Satz, Orphikon, Symph. f. Orch., Sequenzen f. Orch., Peripetie f. Orgel u. Orch., Invocation f. Tenor, Knabenchor u. Orch. Stabat Mater, Missa f. Sopransolo u. Männerchor a capella; 6 Streichquartette, Violinkonz., Cellokonz., Quattro forme per archi; Lieder; Klaviermusik u. Geigenwerke - Gr. BVK; Bayer. VO; Chevalier de l'Ordre du Daneborg, Dänemark; Comtur Istrucao Publica, Portugal; Commandeur de L'ordre des Arts et Lettres, Frankr. Ehrenmitgl.: Bayer. Akad. d. Schönen Künste, München; Royal Academy of Music, London; Kgl. Schwed. Musikakad., Stockholm; Associazione Italiana Anton Bruckner, Vienna - Genova; Ehrendoktor American Conservatory of Music, Chicago; Gold. Karl-Amadeus-Hartmann-Med.; München leuchtet (Gold. Med. Stadt München); Gold. Gustav-Mahler-Med. Gustav-Mahler-Ges., Wien; Gold. Carl-Nielsen-Med., Kopenhagen; Med. Stadt Amsterdam; Mahler-Med. Bruckner-Soc. of America; Gold. Schlüssel Stadt Cleveland.

KUBELKA, Margarete

(eigentl. Margarete Kröhnke, geb. Kubelka), Schriftstellerin - Am Kiefernwald 68, 6100 Darmstadt 13 (T. 06151 - 55 23 9) - Geb. 14. Sept. 1923 Haida/Nordböhmen, kath., verw., 4 Kd. (Claudia, Erhard, Karl, Friedrich) - Abit. 1942, Stud. German. u. Latein - Publ. v. Büchern, Herausg., Mitarb. f. Ztg. u. Ztschr., Anthol. u. Rundfunk - BV: Odysseus kommt zu spät, R. 1962; D. arme Heinrich Rosenkranz, R. 1964; Myrrhe f. d. Kind, R. 1985. Erz. u. a. Heilige sind auch Menschen, 1979; Kurkonzert, 1984. Ged. u. a. Absage an d. Mondlicht, 1972; Verhängte Spiegel, 1979; Ich werde Oma fragen, Kinder- u. Jugendb. 1983; Nachricht v. d. Insel, Ged. 1987; Till tut, was er will, Kinderb. 1988. Eisenbahnfahrt, Hörsp. 1980 - U. a. 1967 Sudetend. Kulturpreis f. Lit.; 1976 Andreas Gryphius-Preis; 1977 Gustav Leutelt-Med.; 1979 Erzählerpr. Bayer. Rundfunk; 1982 Adalbert Stifter-Med.; 1983 Bronzene Verdienstmed. Stadt Darmstadt; 1985 BVK; 1985 Lyrikpreis d. Künstlergilde; 1987 Graphikum-Literaturpreis; 1988 Joh. Heinrich Merck-Ehrung Stadt Darmstadt - Liebh.: Reisen, Samml. v. Taschentüchern aus aller Welt (ca. 1.000 St.) - Spr.: Engl., Lat., Tschech., Ital. - Lit.: Erhard Josef Knobloch in: Sudetend. Kultur-Almanach, 1969; Handlexikon Dt. Lit. in Böhmen, Mähren, Schlesien, 1976; Carl Heinz Kurz: Tangenten, 1977; Einigk. u. Recht u. Freiheit, 1981.

KUBICEK, Herbert

Dr. rer. pol., Prof. f. Angewandte Informatik Univ. Bremen - Univ. Bremen, FB 3, Bibliothekstr., 2800 Bremen 33 - Geb. 14. Aug. 1946 - Stud. Betriebsw.; Dipl.-Kfm., Promot. - Wiss. Assist. Organisationssem. Univ. Köln; 1977-88 Prof. f. Betriebw. Univ. Trier; Rufe GH Kassel u. Univ. Konstanz (abgelehnt). Sprecher d. Vorst. d. Inst. f. Informations- u. Kommunikationsökologie (IKÖ), Dortmund - BV: Informationstechnol. u. org. Regel., 1975; Empir. Organisationsforsch., 1975; Org., (m. A. Kieser) 1977, 2. A. 1983 (japan. Übers. 1987); Org.theorien, 2 Bde., (m. A. Kieser) 1978 (japan. Übers. 1982); Interessenberücks. b. Technikeins., 1979; Gefahren d. informationstechnol. Entw., (m. J. Reese u. a.) 1979 (Span. Übers. 1982); Sozialpolit. Chancen d. informationstechnol. Entw., (m. B. P. Lange u.a.) 1982; Kabel im Haus - Satellit üb. Dach, 1984, 2. A. 1985; Messungen d. Organisationsstruktur (m. G. Welter), 1985; Mikropolis (m. A. Rolf), 1985, 2. A. 1986.

KUBICKI, Stanislaw

Dr. med., Prof. f. Klin. Neurophysiol. - Onkel-Bräsig-Str. 46, 1000 Berlin 47 - Geb. 5. Juli 1926 - Promot. 1955 - S. 1967 (Habil.) Lehrtätigk. FU Berlin (1969 Prof.; 1974 Leit. Abt. f. Klin. Neurophysiol., gegenw. gf. Dir. Neurochir.-Neurol. Klinik). Üb. 150 Facharb.

KUBIK, Kalle

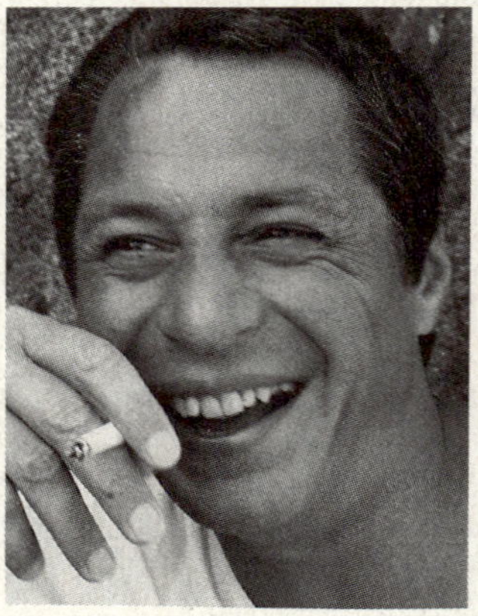

Regisseur - Graumannsweg 39, 2000 Hamburg 76 (T. 040 - 229 73 68) - Geb. 28. Juni 1949, verh. s. 1977 m. Ullah Conrad-Kubik, 2 Kd. (Jan-Carl, Hannah) - Hochsch. f. Musik u. darst. Kunst (Max Reinhardt-Schule) Berlin - 22 Insz. in Köln, Düsseldorf, Hamburg, Stuttgart, Bonn.

KUBIN, Wolfgang

Dr., Prof. f. Chinesisch, Seminar f. Orientalische Sprachen, Chines. Abt. Univ. Bonn (s. 1985) - Ermekeilstr. 54, 5300 Bonn 1 (T. 0228 - 22 24 84) - Geb. 17. Dez. 1945 Celle, ev., verh. s. 1985 m. Suizi, geb. Zhang, 2 Kd. (Anna Rebekka, Aurel) - Promot. 1973 Bochum; Habil. (Sinologie) 1981 Berlin - BV: D. lyrische Werk d. Tu Mu, 1976; Essays in Modern Chinese Literature, 1982; Woman and Literature in China, 1985; Nachrichten v. d. Hauptstadt d. Sonne, 1985; D. durchsichtige Berg, 1985 (chin. 1988) - 1985 Hon.-Prof. Fremdsprachenhochsch. Chongqing (VR China).

KUBITSCHEK, Ruth-Maria

Schauspielerin - Trautenwolfstr. 8, 8000 München - Geb. 2. Aug. 1931 Komotau (Vater: Landw.), Sohn Alexander (aus d. Ehe m. Friedrich Götz) - Hochsch. f. Theater u. Musik Halle; Deutsches

Theater-Inst. Weimar - Bühnenrollen: Puntila u. s. Knecht (Fina: Debut), George Dandin (Claudine), D. Räuber (Amalia), D. ehrb. Dirne (Lizzi), Don Carlos (Elisabeth), Othello (Emilie, unt. Fritz Kortner), Frau Warrens Gewerbe. Film: D. kl. u. d. gr. Glück, Thomas Müntzer, Senta auf Abwegen, Jacke wie Hose u. a. (alle DEFA); Fernsehen/Ost: Rose Bernd, Carmen, Hexen v Paris (Cathérine), West: Lysistrata (Lampito, u. Kortner), Don Carlos (Eboli), D. Trojan. Krieg findet nicht statt (Helena), D. sel. Edwina Black, D. ideale Gatte (Clevely), Melissa (3 T.), D. Vermächtnis (2 T.), Monaco Franz, Kir Royal - Friedericke v. Unruh (bde. Regie Helmut Dietl) - 1972 Gold. Bildschirm - Liebh.: Malen (Signet: R. K.), Musik (Mozart), Radfahren, Schwimmen.

KUBITZA, Werner

Studienprof. a. D., Ministerialrat a. D., MdL Bayern (1974-78) - Breslauer Str. 16, 8770 Lohr/M. (T. 9759) - Geb. 5. Febr. 1919 Breslau (Vater: Karl K., Rendant; Mutter: Martha, geb. Rauer), ev., verh. s. 1952 m. Anni, geb. Pfann, 5 Kd. (Frank, Petra, Volker, Alexander, Catharina) - 1929-37 Oberrealsch. (Abit.); 1946-50 Univ. Erlangen (Leibesüb., Dt., Engl., Religions- u. Geistesgesch., Phil.). Staatsex. 1950 u. 51 - 1951-61 Höh. Schuldst. Passau u. Lohr (1961-69 MdB, FDP), 1970-74 Bundesinnenmin., 1957-74 Bezirksvors. Unterfranken; Vors. Bundes-Arbeitsgemeinsch. liberaler Eltern u. Erzieher - Bayer. Verdienstorden 1976 - Liebh.: Lit., Sport - Spr.: Engl. - Rotarier.

KUBITZKI, Klaus

Dr. rer. nat., Prof. f. Systemat. Botanik - Ahornweg 96, 2083 Halstenbek - Geb. 3. Mai 1933 Niesky/Oberlausitz, verh. m. Ursula, geb. Linde, 3 Kd. - Promot. 1960 Kiel; Habil. 1968 Münster - 1968 Doz. Univ. München; 1974 Ord. Univ. Hamburg. Mehrf. Gastvorles. u. Forsch.reisen Südamerika. Arbeitsgeb.: Systematik u. Evolutionsbiol. d. Pflanzen, chem. Pflanzensystematik, Geobotanik. Herausg.: Progr. in Botan; üb. 100 Facharb. u. 2 Bücher - Mitgl. Joachim Jungius Ges. d. Wiss. Hamburg u. Brasil. Akad. d. Wiss.

KUCERA, Gustav

Dr. jur., Prof. f. Wirtschaftspolitik - In der Worth 3, 3400 Göttingen (T. 0551 - 2 34 35) - Geb. 25. Nov. 1937 Wien (Vater: Gustav K., Kfm.; Mutter: Maria, geb. Pelikan), ev.ref., verh. s. 1975 m. Erika, geb. Sanitzer - Realgymn. Wien; Jura-Stud. Univ. Wien, Promot. 1960 - 1961/62 wiss. Sachbearb. Österr. Inst. f. Wirtsch.sforsch., 1962 Univ. Assist., 1974 Doz. Wien, 1975 Prof. Univ. Göttingen, 1986 Dir. d. Sem. f. Handwerkswesen an d. Univ. Göttingen - BV: D. Bedeutung d. Nichtpreiswettb. f. Wachstumsmod., 1977; Inst. Aspekte d. österr. Integrationspol. (m. Öhlinger u. Mayrzedt), 1976; Volkswirtschaftspolitik (m. Müller-Godeffroy), 1987.

KUCHEN, Wilhelm

Dipl.-Chem., Dr. rer. nat., o. Prof. f. Anorgan. Chemie Inst. f. Anorgan. Chemie u. Strukturchemie Univ. Düsseldorf - Zu erreichen üb. Heinrich-Heine-Univ., Universitätsstr. 1, 4000 Düsseldorf - Geb. 27. Mai 1926 - Promot. 1952, Habil. 1957 Aachen - 1954/55 Forsch.stip. d. DFG Cambridge/England; Lehrtätigk. TH Aachen (1964 apl. Prof.), Univ. Bonn (1961) u. Univ. Düsseldorf (1965 Ord.). Zahlr. Veröff. in dt. u. ausl. Fachztschr.

KUCHER, Eckhard

Dr. rer. pol., Geschäftsführer Unternehmensberatung UNIC-University Connection, Bonn - Siemensstr. 44, 5205 St. Augustin 3 - Geb. 19. Okt. 1952 Schönheide, verh. s. 1980 m. Andrea, geb. Becker, 2 Kd. (Katharina, Carsten) - Stud. Univ. Bielefeld, Univ. of Georgia, Univ. of Chicago (Volks- u. Betriebswirtschaftsl.); Dipl. 1980; Promot. 1984 Bielefeld. Schwerp.: Management, Marketing u. EDV - S. 1983 1. Vors.

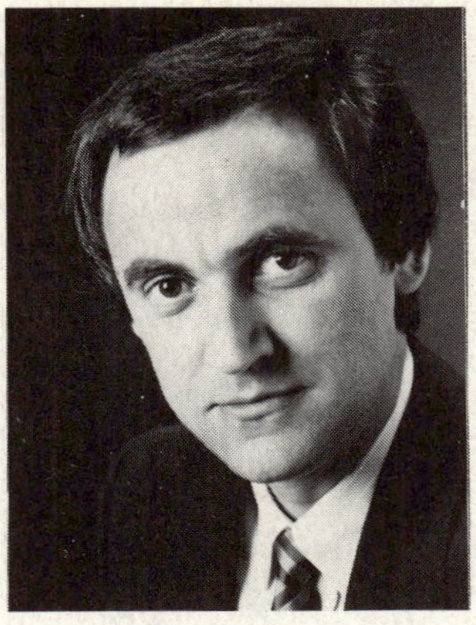

Förderges. Marketing Univ. Bielefeld; s. 1985 Geschäftsf. u. Gesellsch. UNIC GmbH; s. 1987 Lehrbeauftr. Univ. Bielefeld - BV: Scanner-Daten u. Preissensitivität b. Konsumgütern, 1985.

KUCHINKE, Kurt

Dr. jur., o. Prof. f. Bürgerl. u. Römisches Recht, Zivilprozeßrecht; Vorst. Inst. f. bürgerl. Recht u. Handelsr. - Domerschulstr. 16 (Univ.), 8700 Würzburg - Geb. 27. Dez. 1926 Pleß/OS. - Habil. 1962 Würzburg - S. 1965 o. Prof. Univ. Bonn; 1968 o. Prof. Univ. Würzburg; Veröff. in Fachztschr. - BV: Grenzen d. Nachprüfbarkeit tatrichterlicher Würdigung u. Feststellung in d. Revisionsinstanz, 1964; Zivilprozeßrecht, 1969; Erbrecht, 3. A. 1988.

KUCK, Conrad

Dr. rer. nat., Prof. f. Informatik GH Paderborn - Abtsbrede 84, 4790 Paderborn/W.

KUCK, Gerd Leo

Dramaturg Burgtheater Wien u. Staatstheater Stuttgart, Lektor Univ. Wien - Brunellengasse 57, A-1220 Wien - Geb. 16. April 1943 Wuppertal, verh. - Stud. Theaterwiss., German., Kunstgesch. Univ. Köln u. Freiburg - 1963-66 Dramat. u. Regieassist. Staatstheater Karlsruhe; 1966-69 1. Dramat. u. Regiss. Ulmer Theater, 1969-71 TAT Frankfurt/M.; 1971/72 Dramat. Staatstheater Stuttgart; 1972-75 Leit. Schauspiel-Dramaturgie u. Regiss. Staatstheater Kassel; 1973-75 Lehrauftr. f. Theaterwiss. Univ. Frankfurt; s. 1975 Burgtheater - Insz.: Sperr, Koralle Meier; Goldoni, Mirandolina; Hatry, Notstandsübung; Ibsen, Bund d. Jugend - Spr.: Engl., Franz.

KUCK, Heinrich

Hauptgeschäftsf. Diakon. Werk d. Ev.-Luth. Kirche in Oldenburg - Gottorpstr. 23, 2900 Oldenburg/O.

KUCKARTZ, Wilfried

Dr. phil., Prof. f. Allg. Pädagogik - Melatener Str. 6, 5100 Aachen - Geb. 29. März 1937 Aachen (Vater: Johannes K., Geschäftsf.; Mutter: Maria, geb. Müller), verh. s. 1969 m. Barbara, geb. Prossalendi, 2 Kd. (Sascha, Ludwig) - Gymn.; PH; Univ. (Phil., Psych., Päd.). Promot. 1965; Habil. 1970 - S. 1971 Prof. PH Westf.-Lippe/Abt. Münster, Rhld./Abt. Neuss (1975), Univ. Köln (1980) - BV: Sozialisation u. Erziehung, 2. A. 1971; Kritik d. päd. Technologie, 1974; Ludwig Klages als Erzieher, 1978; Hugo v. Hofmannsthal als Erzieher, 1981; Michael Ende: D. unendliche Gesch. - E. Bildungsmärchen, 1984; D. Zauberflöte - Märchen u. Mysterium, 1984; Frau Holle - E. Bildungsmärchen, 1986; Merlin. Mythos u. Gegenwart, 1988.

KUCKERTZ, Erwin

Prof., Leiter Seminar f. Musikerziehung Staatl. Hochsch. f. Musik Rhld./Musikhochsch. Köln - Storchenweg 31, 5000 Köln 30.

KUCKERTZ, Josef

Dr. phil., Dr. h.c., Prof., Musikwissenschaftler - Achenseeweg 41, 1000 Berlin 45 (T. 711 69 59) - Geb. 24. Nov. 1930 Würselen/Rhld. - Stud. Musikwiss., German., Alte Gesch. Promot. (1962) u. Habil. (1967) Köln - S. 1967 Lehrtätigk. Univ. Köln u. Berlin/FU (1980) - BV: Gestaltvariation in d. v. Bartók ges. rumän. Colinden, 1963; Form u. Melodiebild. d. karnat. Musik Südindiens, 2 Bde. 1970; Musik in Būšehr (Südiran), 2 Bde. 1976 (m. Mohammad Taghi Massoudieh); Bhārūd, Vāghyā-muralī and the Daff-gān of the Deccan - Studies in the regional folk music of South India, 2 Bde. 1981 (m. B. Chaitanya Deva) - 1986 Ehrendoktor Päpstl. Inst. f. Kirchenmusik, Rom.

KUCKLÄNDER, Uwe

Dr., Prof. f. Pharmazeut. Chemie - Inst. f. Pharm. Chemie d. Univ. Düsseldorf, 4000 Düsseldorf 1, priv.: Bruchstr. 71, 5024 Pulheim/Stommeln.

KUCKUCK, Hermann

Dr. agr., Dr. h. c., o. Prof. f. Angew. Genetik (emerit.) - Herrenhäuser Str. 2, 3000 Hannover (T. 762 - 1) - Geb. 7. Sept. 1903 Berlin (Vater: Hermann K.; Mutter: geb. Vockrodt), verh. s. 1931 m. Erika, geb. Matthie, 4 Kd. (Ingrid, Gisela, Elke, Holger) - Kaiserin-Augusta-Gymn. Berlin-Charl.; landw. Lehre; LH Berlin (Promot. 1929). Habil. 1942 Univ. Berlin - 1929-36 Assist. Kais.-Wilh.-Inst. f. Züchtungsforsch., Müncheberg, 1936-46 Saatzuchtleit. Privatw., 1945-48 Privatdoz. u. o. Prof. (1946) Univ. Halle, 1948-50 Dir. Zentralforschungsanst. f. Pflanzenzücht., Müncheberg, u. o. Prof. Humboldt-Univ., Berlin, 1950-51 Lehrauftr. FU Berlin u. Gastwissenschaftler in Schweden, 1952-54 Experte FAO (Food and Agriculture Organization of the United Nations) im Iran, s. 1954 o. Prof. u. Dir. Inst. f. Angew. Genetik TH bzw. TU Hannover - BV: V. d. Wild- z. Kulturpflanze, 1934; Grundzüge d. Pflanzenzücht., Bd. I 4. A. 1972, II: Spez. Gartenbaul. Pflanzenzücht. 1957 (Samml. Göschen, 2. A. (als Gartenbauliche Pflanzenzüchtung)), 1979; Lehrb. d. Allg. Pflanzenzücht., 1950 (m. A. Mudra); Entw. u. Probleme neuzeitl. Pflanzenzücht., 1951; Grundzüge d. Pflanzenzüchtung, (m. a.) 1985 - 1961 Ehrenmitgl. Inst. f. Pflanzenzücht. Svalöf (Schweden) - Spr.: Engl.

KUDELLA, Peter

Soldat, MdBB (CDU; s. 1975) - Krumme Reihe 2d, 2800 Bremen 21 (T. 64 56 75) - Geb. 20. Sept. 1941 Guttentag/OS, kath. - S. 1976 Vors. CDU-Soz.aussch. Bremen.

KUDER, Manfred

Dr. phil., Dr. h. c. (RC), Prof. f. Geogr., Europa- u. Afrikakunde, Lehrauftr. f. Zivilisation u. Landeskunde d. portug.-spr. Länder Univ. Köln - Kennedyallee 16, 5300 Bonn 2 (T. 0228 - 37 33 58) - Geb. 14. Sept. 1911 Frankfurt/O., verh. m. Marie, geb. Schultdrees - Stud. Univ. Berlin, Breslau (Geogr., German., Gesch., Soziol.) - 1955-60 Dir. Dt. Inst. Lissabon; 1960-75 Dir. Studienkolleg Univ. Bonn; 1975-78 Dir. Dt. Kulturzentr. Taipei; 1975-82 Prof. Fu Jen u. Tamkang Univ. Taipei; Vizepräs. Chin.-Dt. Kultur- u. Wirtschaftsverb.; Gastprof. National Taiwan Univ.; s. 1984 Lehrauftr. Univ. Köln; s. 1984 Präs. Dt. Ges. f. d. afrik. Staaten portug. Spr.; Präs. Dt.-Portug. Ges. Nordrh.-Westf.; korr. Mitgl. Hans-Staden-Inst. S. Paulo; Präsid.-Mitgl. Ibero-Club Bonn - BV: u. a. Landeskunde v. Uruguay, 1981; Regional Problems of the European Community, 1982; The Thames-Rhine-Rhone Axis, most developed central zone of the Europ. Community, 1982; Portugal-Skizzen, 1983; Deutsch-Portug. Kontakte in üb. 800 Jahren u. ihre wechselnde Motivation, 1984; D. Republik Kap Verde, 1985; Z. Landeswiss. d. Volksrep. Angola, 1986; Portugal-Landeskunde, 1986; Regionalgeogr. d. Europ. Gemeinschaft (chin.), 1986; D. Fünf (afrik. Staaten portug. Spr.) Landeskunde, Gesch., Politik, Kultur, Wirtsch., 1987. Herausg. u. Redakt. DASP-Hefte d. Dt. Ges. f. d. afrik. Staaten portug. Spr. (1985ff.). Mithrsg. Portugal-Magazin - 1978 Dr. h. c. (RC); Ehrenmed. d. Nat. Cheng Kung Univ.; Ehrenurkunde d. Kultusmin. Taiwan; 1985 Orden Infante Dom Henrique d. Rep. Portugal - Spr.: Engl., Franz., Portug.

KUDLEK, Manfred

Dr. rer. nat., Prof. f. Informatik - Schlüterstr. 70, 2000 Hamburg 13 - B. 1977 Doz., dann Prof. Univ. Hamburg.

KUDLIEN, Fridolf

Dr. phil., Prof., Medizinhistoriker - Goethestr. 3, 2300 Kiel (T. 92633) - Geb. 23. Nov. 1928 Berlin - Habil. 1963 Kiel - S. 1966 Wiss. Rat u. Prof. Inst. f. Gesch. d. Med. u. Pharmazie Univ. Kiel (Vorles. üb. Antike Med.). Üb. 30 Fachveröff.

KUDRNOFSKY, Wolfgang

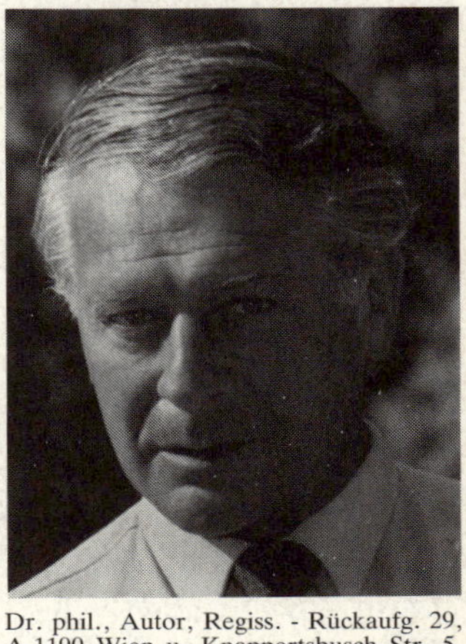

Dr. phil., Autor, Regiss. - Rückaufg. 29, A-1190 Wien u. Knappertsbusch Str. 5, 8000 München 81 - Geb. 1. Mai 1927 (Vater: Raimund K.; Mutter: Josefine, geb. v. Bertrand), 2 Kd. (Andrea, Irenäus) - Realgymn. Wien; Univ. Wien (Promot. Psych. 1950); Graph. Lehr- u. Versuchsanst. Wien - Dramat. Sender Rot-Weiß-Rot (Wien); Redakt. Stern (Hamburg), Quick (München); Chefredakt. Bunte (Wien); Pressechef Columbia-Film (München). Generalsekr. IG-Autoren f. Dachverb. d. österr. Schriftstellerverb. - BV: Romane: Bubis Hochzeit, 1967; Der Messias, 1983; Marek, Matuschka & Co., Erz. 1987. Sachb.: D. Mensch in seinem Zorn, 1970; V. 3. Reich z. 3. Mann, 1971; Z. Lage d. österr. Schriftst., 1972. Bühnenst.: Fall out, 1968; Frau Havel mal drei, 1963; Verhext, 1975; Kaffeehaus-Revue, 1980; V. 3. Reich z. 3. Mann, Revue 1987. Zahlr. TV-Dokumentarfilme, Hörsp. u. Radio-Features - Mitgl. PEN-Club, Grazer Autoren-Vers. - Liebh.: Sport (Reiten, Ski, Surfen, Segeln) - Spr.: Engl. - Bek. Vorf.: Graf Henri Bertrand, Großmarschall b. Napoleon.

KÜBLER, Ewald Otto

Dipl.-Ing. (FH), Geschäftsführer - Rostocker Str. 10, 7300 Esslingen (T. 0711 - 31 22 31) - Geb. 31. März 1928 Esslingen, ev., verh. s. 1954 m. Ruth, geb. Kettenmann, S. Thomas Wolfgang - Schlosser, Maschinenbauing., Schweißfaching., Industrial Engineer, Refa-Ing. - Gründungsmitgl. Refa-Arbeitskr. Industrial Engineering u. 9 J. 1. Vors.; s. 1968 Vors. Verein d. Freunde d. FH f. Technik Esslingen u. s. 1985 Louis Schuler Fonds, Göppingen - BV: Materialfluß in d. Einzelfertigung, Refa 1965 - 1983 BVK am Bde; 1988 Ehrensenator d. FH f. Technik, Esslingen.

KÜBLER, Friedrich

Dr. jur., Prof. f. Wirtschaftsrecht u. Bürgerl. Recht, insb. Bank- u. Verkehrsrecht Univ. Frankfurt (s. 1976) - Am Burgenblick 5, 6240 Königstein (T.

06174 - 21150) - Geb. 19. Okt. 1932 Reutlingen - Habil. 1966 Tübingen - S. 1966 Ord. Univ. Gießen u. Konstanz (1970). Fachveröff., auch Bücher.

KÜBLER, Jochen

Bürgermeister Öhringen - Peter-Rosegger-Str. 17, 7110 Öhringen (T. 07941 - 68 14) - Geb. 8. März 1953 Stuttgart-Bad Cannstatt, ev., verh. m. Dorothea K., 2 Kd. - Dipl.-Verw.Wirt FH; s. 1979 Bgm.; s. 1984 Doz. FH f. Öfftl. Verw., Stuttgart.

KÜBLER, Jürgen

Ph. D., Wiss. Rat, Prof. f. Theoret. Physik Univ. Bochum - Hustadtring 24, 4630 Bochum.

KÜBLER, Klaus-Joachim

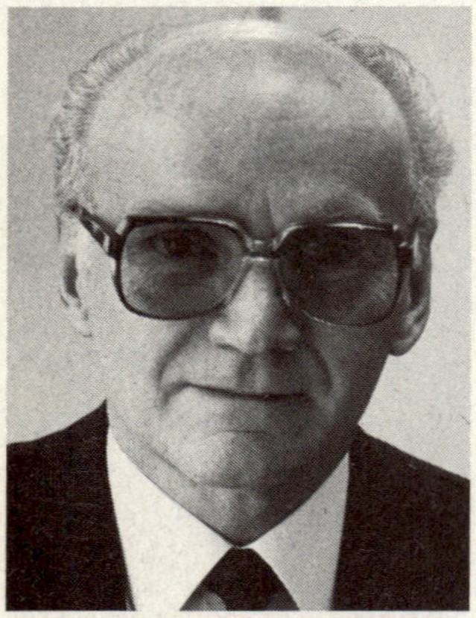

Dr. jur., Generalsekretär Zentralverb. d. Dt. Handwerks (s. 1971) - Johanniterstr. 1, 5300 Bonn (T. 0228 - 5 45-2 13) - Geb. 3. Dez. 1924 Zürich (Schweiz) (Vater: Bruno K., Kaufmann; Mutter: Käthe, geb. Wille), verh. s. 1951 m. Anneliese, geb. Johanning, T. Claudia - Stud. Rechts- u. Staatswiss. Univ. Kiel, 1. u. 2. Staatsex., Doktor jur. - S. 1971 Hauptgeschäftsf. Dt. Handwerkskammertag (DHKT) u. Bundesvereinig. d. Fachverb. d. Dt. Handwerks (BFH), Vorst.-Vors. Dt. Handwerksinst., Vorst.-Mitgl. Carl Duisberg Ges., Mitgl. Wirtschafts- u. Sozialaussch., Brüssel (b. 1986), VR-Mitgl. Kreditanst. f. Wiederaufbau u. Dt. Ausgleichsbank - Zahlr. Beitr. z. Mittelstandspolitik - Gr. BVK - Liebh.: Sprachen, Lesen, Reisen, Schwimmen - Spr.: Engl., Franz.

KÜBLER, Klaus-Joachim

Dr., Vizepräsident a. D. Bundesgesundheitsamt, MdB (Landesliste Hessen) - Heidelberger Str. 42A, 6140 Bensheim (T. 06251 - 6 19 99) - SPD.

KÜBLER, Werner

Dr. med., Prof. f. Ernährung d. Menschen Univ. Gießen - Hein-Heckroth-Str. 23, 6300 Gießen - Geb. 19. April 1927 Reutlingen (Vater: Dr. med. Fritz K., Arzt; Mutter: Lene, geb. Fleischhauer), ev., verh. s. 1956 m. Ingeborg, geb. Warneke, 3 Kd. (Michael, Ulrike, Justus) - Approb. als Arzt u. Promot. 1952 Tübingen; Habil. f. Kinderheilkunde 1962 Kiel - S. 1963 klin. Chemiker Kiel; 1952-54 MPI Biochemie Tübingen; 1954-76 Univ.-Kinderklinik Kiel; 1964 Oberarzt; 1971 Prof. f. Stoffwechsel u. Ernähr., s. 1976 Univ. Gießen (1979/80 u. 1987/88 Dekan FB 19-Ernähr.- u. Haush.wiss.). S. 1970 Präsid. Dt. Ges. f. Ernähr.; s. 1974 stv. Vors. f. Milchforsch. Kiel; 1976-86 Executive Committee, Group of European Nutritionists; s. 1979 DFG-Senatskommiss. f. Rückstände in Lebensmitteln; s. 1980 Beiratsvors. d. Bundesforsch.anst. f. Ernährung, Karlsruhe, s. 1984 f. Fettforsch., Münster; 1982-86 Committee II/10 (Education of the Public), Intern. Union of Nutritional Sciences (IUNS); s. 1986 Vors. DFG-Arb.gr. Vitamine. Entd. Grundl.formel d. Pharmakokinetik d. enteralen Resorption - Chefredakt. Ernähr.-Umschau (s. 1969) - BV: D. gesunde u. d. kranke Kind, (Hrsg. m. Catel, Dost, Oehme) 1976 u. 1979; Ernährungsbericht 1980 - 1970 Paul Martini-Preis f. Arb. u. Pharmakokinetik d. enteralen Resorption.

KÜBLER, Wolfgang

Dr. med., o. Prof. f. Inn. Med. - Hildastr. 3, 6903 Neckargemünd - Geb. 20. Okt. 1934 Reutlingen - S. 1967 (Habil.) Lehrtätigk. Univ. Köln, Düsseldorf (1972 apl. Prof.), Heidelberg (1974 Ord. u. Klinikdir. Inn. Med. III/Schwerp. Kardiol.) - BV: Tierexper. Unters. z. Herzstoffw. b. Herzinfarkt u. im Angina pectoris-Anfall, 1969.

KÜCHENHOFF, Erich

Dr. jur., Prof. f. Öfftl. Recht u. Polit. Wissensch. Univ. Münster - Dachsleite 65, 4400 Münster/W. - Geb. 30. Juni 1922 Liegnitz (Vater: Georg K., Studienrat), verh. m. Eva, geb. Greve, 3 Kd. (Peter, Barbara, Andreas) - 1973-75 MdL NRW, 1975-79 Rat Stadt Münster, s. 1980 Rundfunkrat WDR. S. 1980 SPD Parteirat - BV: Allg. Staatslehre, (m. G. Küchenhoff) 8. A. 1977; Ausdrückl., stillschweig. u. ungeschriebenes Recht in d. bundesstaatl. Kompetenzverteil.; zugl. e. Beitr. z. Lehre v. d. Rechtsgewinn. u. z. Verfass.recht d. USA, 1957; Präsentationskapitulation d. Bundeskanzlers gegenüber d. Bundespräs.?, 1966; Mißtrauensantrag u. Vertrauensfrage-Ersuchen; zwei zuläss. Mittel parlament. Regierungskontrolle m. untersch. Funktionen, 1967; Möglichk. u. Grenzen begriffl. Klarheit in d. Staatsformenlehre, 2 Teilbde. 1967; D. Darst. d. Frau u. d. Behandl. v. Frauenfragen im Fernsehen, (Schriftenr. d. Bundesmin. f. Jugend, Fam. u. Gesundh., Band 34) 1975; Gewährbieten jederzeit. Verfassungstreue v. Bewerbern f. d. öff. Dienst u. Rechtsstaatlichk. (in: Hans Koschnick, D. Abschied v. Extremistenbeschluß), 1975; Tausendfält. Grundrechtsverletz. (in: Hermann Glaser, D. Nürnberger Massenverhaft.), 1981; ab 1982 mehr. Beitr. in Sammelw. u. Ztschr. z. Verfassungsrechtfragen d. Atomwaffenstationierung u./od. e. geg. sie gericht. Widerstandsrechts od. zivilen Ungehorsams als aktiver Verfassungsschutz - 1983 Fritz-Bauer-Preis d. Humanist. Union.

KÜCHENHOFF, Klaus Karl

Dr. jur., Richter Bundespatentgericht (BPG), Vorst. Dt. Richterbund - Ringstr. 78, 8017 Ebersberg (T. 08092 - 2 05 00) - Geb. 15. Juni 1933 Breslau (Vater: Prof. Dr. Günther K.; Mutter: Eleonora, geb. Klausa), kath., verh. s. 1957 m. Waltraut, geb. Schmidt, 4 Kd. (Helmut, Stefan, Volker, Renate) - Jurastud. Münster u. München, Promot., 1. u. 2. jur. Staatsprüf. Münster - Univ.-Assist.; 1960-62 Richter LG Dortmund, Beamter DPA, s. 1970 Richter BPG. Mitgl. Personalaussch. b. Bundesmin. d. Innern. Vorst.smitgl. Dt. Richterbd. Geschäftsf. Felix-Porsch-Stiftg. - Zahlr. Veröff. in Ztschr.; Mithrsg. ERMAN, Komment. z. BGB - Liebh.: Musik, Theater, Bergsteigen, Skitouren - Spr.: Engl.

KÜCHLE, Hans Joachim

Dr. med., Univ.-Prof., ehem. Direktor Univ.-Augenklinik Münster (1977-86) - Gasselstiege 435, 4400 Münster - Geb. 10. Febr. 1921 Stettin (Vater: Dipl.-Ing. Ludwig K.; Mutter: Hildegard, geb. Krain), verh. s. 1955 m. Ingrid, geb. Zeilinger, 2 Söhne (Michael, Oliver) - 1939-45 Univ. Breslau u. Berlin, Med. Staatsex. 1949 Münster; Promot. 1950 .ebd.; Habil. 1956 München - S. 1956 Lehrtätigk. Univ. München (1962 apl. Prof.; 1957-64 Oberarzt Augenklinik), Chefarzt D'dorf (1966-77), Klin.direkt. Münster (1977-86). S. 1987 1. Vors. Berufsverb. d. Augenärzte Deutschl.; Mitgl. Dt., Schweiz., Österr., Franz. u. Niederl. Ges. f. Ophthalmologie - BV: Nervale Alteration u. Auge, 1958; Taschenb. d. Augenheilkd., 1965, 1978; Almanach d. Augenheilkd., 1969, 1973 u. 1976; Kurz. Lehrb. d. Augenheilkd., 1969 (m. Prof. A. Nover); Mod. Augenheilkde. in d. Praxis, 1981; Augenerkrankungen im Kindesalter (m. H. Busse), 1985. Üb. 200 Einzelarb. - Spr.: Engl., Franz.

KÜCHLER, Peter C.

Geschäftsführer Findustria GmbH, Frankfurt/M., ESS GmbH, Giessen, IOS GmbH, München - Delpstr. 21, 8000 München 80.

KÜCHLER, Wilhelm

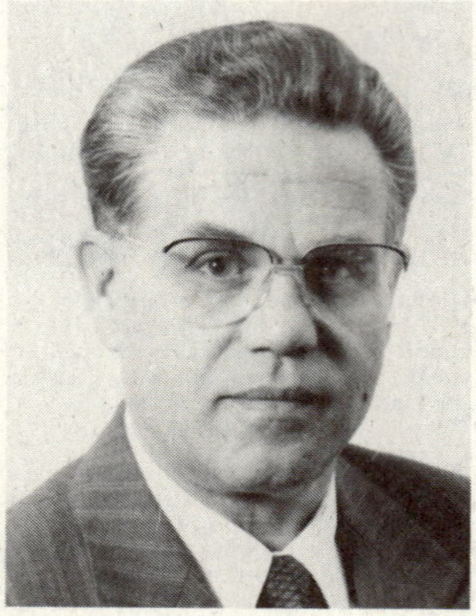

Dipl-Kfm., MdL Hessen, Gf. Gesellschafter Wilhelm Küchler Rohrleitungsbau GmbH, Kronberg im Taunus - Burgerstr. 8a, 6242 Kronberg im Taunus (T. 06173 - 15 79) - Geb. 21. Juli 1936 Frankfurt/M., kath., verh. s. 1964 m. Gertrude, geb. Schiffels, 3 Kd. (Christoph, Petra, Anna-Maria) - Stud. Wirtschaftswiss. Frankfurt, Dipl. 1961 - 1961-64 Volont., 1964 Prokurist, 1970 Pers. haft. Gesellsch. Wilhelm Küchler Rohrleitungsbau GmbH, Kronberg im Taunus - S. 1970 AR, s. 1979 AR-Vors. Frankfurter Volksbank; 1982 MdL Hessen (stv. Vors. u. wirtschaftspolit. Sprecher CDU-Frakt.); s. 1981 stv. Vors. Parteibez. Untermain d. CDU (Frankfurt u. Umland) - Mitgl. Präsid. Bundesvereinig. d. Firmen im Gas- u. Wasserfach (FIGAWA), Köln, Hauptverb. d. Dt. Bauind.; Vorst. Sozialpolit. Vertretg.; Vizepräs. Verb. d. Bauind. Hessen; Mitgl. Landesvorst. Dt. Verein d. Gas- u. Wasserfaches (DVGW) Hessen - 1983 BVK - Liebh.: Roman. Kunst Gregorian., Geschichte - Spr.: Franz., Engl.

KÜCK, Günther

Vorstandsmitgl. Bankverein Bremen AG. (s. 1970) - Gustav-Brandes-Weg 7, 2800 Bremen 33 - Geb. 11. Nov. 1935 Ströhe, verh. m. Hanna, geb. Lampe.

KÜCKER, Wilhelm

Dr.-Ing., Architekt, Honorarprof. f. Arch. TU München (1975ff.), 1983ff. Präs. Bund Dt. Arch. (BDA) - Klopstockstr. 6, 8000 München 40.

KÜFNER, Rudolf

Prof., Bühnenbildner u. Regiss. - Albanusstr. 22, 6242 Kronberg/Ts. (T. 4965) - Geb. 21. Jan. 1921 Kaaden/Tschechosl. (Vater: Hans K., Kaufm.), verh. s. 1943 m. Anna, geb. Brilmeyer, Tocht. Eva - Akad. f. angew. Kunst München (Prof. Dr. Emil Preetorius) - U. a. Ausstattungschef Fernsehen Hess. Rundf.; Gastregiss. Opernhs. Brüssel, Amsterdam; Lehrauftr. f. Szenenbild Hochsch. f. Gestalt. Offenbach - Dt. Kritikerpreis 1959-60 f. Fernsehregie u. Szenerie Ballett Orpheus, 1970 span. Ondas-Preis f. Regie u. Szenerie Ballett Cassandra - Spr.: Engl.

KÜGELGEN, von, Helga,

geb. Meyer

Dr. med., Ärztin, MdL Rhld.-Pfalz (1975-87) - Elbinger Str. 11, 6550 Bad Kreuznach (T. 6 23 52) - Geb. 13. Febr. 1929 Kiel (Vater: Prof. Dr. med. Meyer, Kinderarzt; Mutter: Hildegard, geb. Paszkowski), ev., verh. s. 1954 m. Dr. med. Bernhard v. K., Chefarzt Med. Abt. Diakonie Krkhs. Bad Kreuznach, 4 Kd. (Oda-Renée, Ivar, Svea, Holger) - Univ. Freiburg u. Heidelberg (Studienstiftg. d. Dt. Volkes); Promot. 1964 Gießen - CDU (1971 Bezirksvors. Frauenvereinigung) - 1983 BVK am Bde., 1988 BVK I. Kl.

KÜGELGEN, von, Helga

Dr. phil., Kunsthistorikerin, Wissensch., Fachautorin - Hewaldstr. 10, 1000 Berlin 62 - Geb. Hamburg (Vater: Dr. med. Robert v. Kügelgen, Urenkel d. Landschaftsmalers Karl v. K.; Mutter: Helga Gräfin v. Holck, Nachfahrin d. Generalfeldmarschalls Henrik Reichsgraf v. Holck), verh. m. Prof. Dr. Klaus Kropfinger (s. dort), T. Anke - Stud. Kunstgesch., klass. Archäol., Altamerikanistik, Ethnol., Roman., Phil. Univ. Bonn, Freiburg, Mexico, Florenz; Promot. 1967 Bonn - Übers., Reiseführ., Lehrauftr.; 1968-78 wiss. Mitarb. Mexiko-Projekt Dt. Forschungsgem.; 1979 independent scholar - BV: Amico Aspertinis Malerisches Werk. E. Beitrag z. Bologneser Malerei d. ersten Hälfte d. Cinquecento, 1973; Europ. Buchexport v. Sevilla n. Neuspanien, 1973. Herausg.: Festschr. Erwin Walter Psalm (1983) - Liebh.: Lit., Musik, Fotogr., Politik - Spr.: Span., Franz., Engl., Ital. - Lit.: Handb. d. Dt. Lateinamerika-Forsch. (1980); Latinoamericanistas en Europa (1981, 85).

KÜGLER, Dietmar

Verleger u. Schriftsteller (Ps. John Gilmoor, Stephan Hamberg) - Rebbelstieg 37, 2270 Wyk auf Föhr (T. 04681 - 31 12) - Geb. 4. Juni 1951 Dolberg, ev., verh. m. Helga Margaret, verw. Thiele (Engländerin, Übers. u. Autorin) - Handelssch.; Verlagsvolont. - S. 1970 Redakt.; s. 1984 fr. Schriftst. u. Publiz., Verleger; Alleininh. Verlag f. Amerikanistik (Wiss. Fachverlag). Mitgl. Western History Assoc., Nevada, u. American Military Inst., Manhattan/Kansas (USA) - BV: D. US-Kavallerie, 1979; D. dt. Truppen im amerik. Unabhängigkeitskrieg, 1980; D. Dt. in Amerika, 1983; D. Texas Rangers, 1984; Buchserie: Entdecker u. Abenteurer, 1984; D. Duell - Kulturgesch. d. Zweikampfes, 1986; D. Armee d. Südstaaten im Amerik. Bürgerkrieg, 1987; General Robert E. Lee, Biogr. 1988; D. Schlacht v. Gettysburg, 1988; In d. Wildnis d. Freiheit, d. amerik. Pelzhandel, 1989, u. 20 weitere Sach- u. Jugendb., 24 Taschenb.western, u. a.: Als d. Regenbogen brach, 1979; D. letzte Rebell, 1980; D. Weg d. Mormonen, 1980. Herausg.: Buchreihe Nord u. Süd - D. Amerik. Bürgerkrieg; Fachztschr. Magazin f. Amerikanistik, wiss. Reprints (J. F. Frémont: Reise n. d. Felsengebirge im J. 1844, F. Parkman: D. Jesuiten in Nordamerika, u. a.). Übers. v. G. A. Dorsey: Sonnentanz d. Ponca, 1987. Ständ. Mitarb. Fachztschr. Dt. Waffen-Journal, Schwäbisch Hall u. Visier, Stuttgart - 1982/83 Editorial Fellowship Western Historical Quarterly - Liebh.: Bibliophile Reiseberichte üb. Nordamerika, Antike Waffen d. US-Bürgerkrieges (Sachverst. f. US-Waffen d. 19. Jh.) - Spr.: Engl. - Lit.: Kürschner's Lit.-Kalender, u.a.

KÜGLER, Hans

Dr. phil., Prof. f. Deutsch PH Ludwigsburg - Rilkeweg 39, 7000 Stuttgart 40.

KÜGLER, Rudolf

Prof., Maler u. Graphiker - Hainbuchenstr. 54, 1000 Berlin 28 (T. 4013217) - Geb. 27. Sept. 1921 Berlin - Ausbild. Berlin (Schüler v. Max Kaus) - S. 1955 Lehrtätigk. Kunsthochsch. Berlin (1956 Prof.). Zeichnungen, Aquarelle, Radierungen - 1959 Kunstpreis Böttcherstraße in Bremen.

KÜGLER, Siegfried

Dipl.-Ing., Generalbevollm. Direktor Siemens AG. Sicherungssysteme - Hofmannstr. 51, 8000 München 70 - Geb. 26. März 1926 Schmarsow, ev., verh. s. 1953 m. Barbara, geb. Wossidlo.

KÜHBACHER, Klaus-Dieter
Stadtamtmann a. D., MdB (s. 1983; Landesliste Nieders.) - Schunterstr. 57, 3300 Braunschweig (T. 339255) - SPD.

KÜHBAUCH, Walter
Dr. agr., Prof., Lehrstuhlinh. f. Pflanzenbau u. Institutsdir. Univ. Bonn (s. 1981) - Karlstr. 20, 5357 Buschhoven (T. 02226 - 1 36 67) - Geb. 15. Jan. 1942 München - 1963-67 TU München (Dipl.-Landw.). Promot. (1970) u. Habil. (1976) München - 1970-80 Assist. u. Doz. (1976) TU München; 1980-81 Prof. GH Kassel. 1975 Gast Univ. of Madison, Wisconsin (USA). 1988 Ausrichtung d. 1. Intern. Fructan-Symposiums (Veranstalter).

KÜHBORTH, Wolfgang
Dr., Aufsichtsratsvorsitzender d. Klein, Schanzlin & Becker AG, Frankenthal - Goethestr. 14, 6710 Frankenthal - Geb. 10. Sept. 1924 Heidelberg (Vater: Dr. Otto K.), verh. m. Helga, geb. Brenk.

KÜHL, B.
Dr. rer. nat., Dipl.-Physiker, Honorarprof. an d. TU Berlin - Schweinfurthstr. 94, 1000 Berlin 33.

KÜHL, Georg W.
Dr. phil., Chemiker - Willi-Stamer-Str. 11, 8022 Grünwald/Obb. (T. 6412089) - Geb. 5. Okt. 1904 Aubstadt/Ufr. (Vater: Theodor K., Pfarrer; Mutter: Amalie, geb. Schad), ev., gesch., Sohn Dr. rer. nat. Peter W. - TH Braunschweig, Univ. Wien, Berlin, München (Dipl.-Chem.). Promot. 1932 München - B. 1943 Industrietätigk., dann eig. Entwicklungslabor. Zahlr. Erfindungen, dar. Elektr. Wasserreinigungsverfahren (1935), Komplexometr. Titration (1942), Gläser u. Kunststoff-Folien m. reversibel veränderl. Lichtdurchlässigk. (ab 1949 viele Patente) - Liebh.: Physikal. Basteleien, Fotogr. - Spr.: Franz.

KÜHL, Hans Eberhard
Dipl.-Ing., Senator, Vorstandsvors. i.R. - Riedstr. 16, 6500 Mainz 42 (T. 8 10 40) - Geb. 25. Febr. 1925 Helmstedt, verh. m. Dorothea, geb. Falkner - Stud. TH München - 1949-58 Bauing. Venezuela, 1958-61 Angest., s. 1962 s. o. Geschäftsf. zahlr. Tochterges. In- u. ausl. AR- u. VR-Mand., dar. Vors. u. Präs. - 1972 Senator Intern. Gutenberg-Ges., 1974 BVK, Konsul d. Rep. Gambia - Liebh.: Segeln, Filmen, Reisen, Skilaufen.

KÜHL, Heinrich
Dr.-Ing., apl. Prof. f. Thermodynamik TH Aachen (s. 1963) - Weitlstr. 66, 8000 München 45 - Geb. 27. Mai 1906 Bimbach/Ufr. - Zul. Leit. Inst. f. Luftstrahlantriebe Dt. Versuchs- u. Forschungsanst. f. Luft- u. Raumfahrt. Facharb.

KÜHL, Karl Heinz
Dr., Vorstandsvorsitzender Stinnes Reederei AG - August-Hirsch-Str. 3, 4100 Duisburg 13; priv.: Burgundenstr. 24, 4130 Moers - Geb. 11. März 1928 - Präs. Bundesverb. d. dt. Binnenschiffahrt.

KÜHL, Kristian
Dr. jur., Dr. phil., Prof. f. Strafrecht, Strafprozeßrecht u. Rechtsphilosophie Univ. Gießen - Eichendorffring 37, 6300 Gießen - Geb. 19. Dez. 1943 Karlsruhe - Jur. Promot. 1972 Univ. Heidelberg, Habil. 1981 Bielefeld, phil. Promot. 1983 Univ. Heidelberg - S. 1981 Prof. Jurist. Fak. Univ. Erlangen-Nürnberg, s. 1984 Prof. FB Rechtswiss. Univ. Gießen - BV: D. Beend. d. vorsätzl. Begehungsdelikte, 1974; Unschuldsvermut., Freispruch u. Einstell., 1983; Eigentumsordn. als Freiheitsordn., 1984.

KÜHL, Rolf
Kaufmann, Vorstandsmitglied Bundesverb. Papierrohstoffe, Köln - Memminger Str. 15, 8900 Augsburg (T. 0821-5 70 10) - Geb. 24. Dez. 1945 Oberhausen, kath., verh. - Spr.: Engl.

KÜHL, Wilhelm
Dr. med. dent., Prof. f. Zahn-, Mund- u. Kieferheilkunde, insb. Prothetik - Pleicherwall 2 (Univ.klinik), 8700 Würzburg - Geb. 6. März 1929 Vessin/Pom. (Vater: Wilhelm K., Pastor; Mutter: Christel, geb. Wolff), ev., verh. s. 1956 m. Edith, geb. Hinrichsen - Univ. Hamburg. Promot. 1954; Habil. 1964 - S. 1972 Ord. u. Dir. Poliklinik f. Zahnärztl. Prothetik Univ. Würzburg - BV: Angew. Morphol. d. Zähne, 1968 (m. T. Tabata, auch jap.); Einf. in d. zahnärztl. Prothetik, 1977 (m. Jüde u. Roßbach), 3. A. 1985. Üb. 70 Einzelarb. - 1964 Arnold-Biber-Preis - Liebh.: Golf - Spr.: Engl.

KÜHLE, Wolfgang

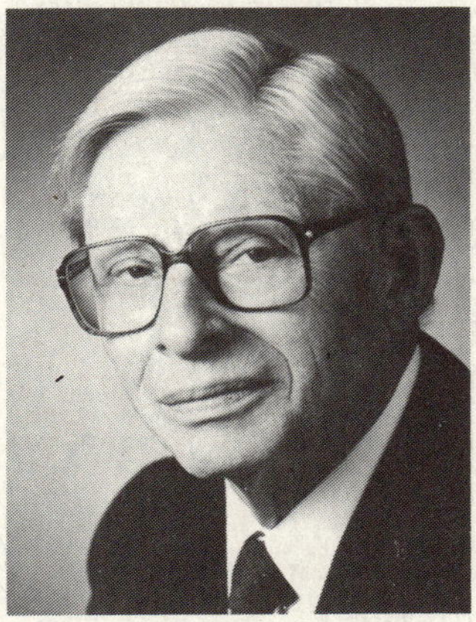

Rechtsanwalt u. Notar - Geiersberg 12, 6330 Wetzlar (T. 4 52 87) - Geb. 7. Dez. 1920 Göttingen - Schule Göttingen (Abit. 1939) - Im Krieg akt. Offz., nach 1945 Stud. Rechtswissensch., Staatsprüf. 1948 + 1952. 1954 Anwaltszulassung, 1982 Notarzulassung, ab 1952 Justitiar Hess. Berg- u. Hüttenwerke AG, 1966-80 Dir. Buderus AG Wetzlar - Vizepräs. d. Landessportbundes Hessen u. andere Ehrenämter in Sport u. Kultur - 1970-82 MdL Hessen, s. 1965 Stadtverordn. Wetzlar, Stadtverordnetenvorst., Fraktionsvors., 1969-82 Parteivors. CDU Wetzlar - Gr. BVK.

KÜHLER, Hannemarie
Dr., Präsidentin Landesarbeitsgericht Nieders. (s. 1979; erste Frau) - Siemensstr. 10, 3000 Hannover - Zul. Dir. Arbeitsgericht Kiel (1971ff.).

KÜHLEWIND, Manfred
Exportkaufmann, Dir. Dt. Staudt GmbH., Hamburg - Zuschlagkoppel 13b, 2000 Hamburg 67 - Geb. 29. Nov. 1936 Hamburg (Vater: Karl K., Kaufm.), verh. m. Herta, geb. Walter, 2 Kd. - Liebh.: Lit., Tennis - Spr.: Engl., Span., Franz.

KÜHLMANN, Wilhelm
Dr. phil., o. Prof. f. Neuere dt. Literaturgesch. Univ. Heidelberg - Am Waldrand 42, 6800 Mannheim 81 - Geb. 24. März 1946 Gelsenkirchen, kath., verh. s. 1970 m. Antonie, geb. Hillermann, 3 Kd. (Felix, Anne, Ute) - 1965-70 Univ. Freiburg u. Hamburg; Promot. 1973 Freiburg, Habil. 1980 Freiburg - 1980 Priv.-Doz.; 1986 apl. Prof.; 1987 o. Prof. - BV: Gelehrtenrep. u. Fürstenstaat, 1982; D. junge Moscherosch (m. W. Schäfer), 1983. Mithrsg.: Rompler v. Löwenhalt (1988). Fachaufs. - Spr.: Engl., Franz., Latein.

KÜHLWEIN, Wolfgang
Dr. phil., Univ.-Prof. f. Engl. Philologie - Am Mariahof 73a, 5500 Trier - Geb. 20. April 1940 Nürnberg (Vater: Albert K., Bankbeamter; Mutter: Luise, geb. Schindler), ev., verh. s. 1965 m. Christa, geb. Rotter, 3 Kd. (Holger, Rüdiger, Sonja) - Promot. 1966 Kiel; Habil. 1970 Stuttgart - 1963/64 Lektor Univ. Manchester; 1964-67 Wiss. Assist. Univ. Kiel; 1967-69 Doz. PH Kiel; 1970 wiss. Oberassist. Univ. Stuttgart; s. 1970 o. Prof. Univ. Trier. 1976-86 Präs. Ges. f. Angew. Linguistik; 1981-87 Vizepräs. Assoc. Intern. de Ling. Appl. Div. Veröff. z. Hist. u. Engl. Sprachwiss. Rel. 160 Art. u. Rezens. - 1981 österr. Ehrenkreuz f. Wiss. u. Kunst 1. Kl. u. Ehrenmed. Univ. Klagenfurt.

KÜHN, Arthur
Dr. phil., o.Prof. f. Angew. Geographie Freie Univ. Berlin (s. 1965) - Grunewaldstr. 35, 1000 Berlin 41 (Geogr. Inst.); priv.: Brehmstr. 78, 3000 Hannover - Geb. 6. Dez. 1904 Bevensen, verh. s. 1928 m. Auguste, geb. Bleckmann - Univ. Göttingen - U. a. Sekr. Akad. f. Raumforsch. u. Landesplanung, Hannover - BV: Neugestalt. d. dt. Geogr. im 18. Jh., 1939; Gesch. d. Geogr., 1969. Üb. 100 Einzelveröff.

KÜHN, Arthur
Dr. phil., Dipl.-Volksw., Prof. u. Leiter d. Seminars f. Soziologie PH Flensburg - Twedter Mark 58, 2390 Flensburg (T. 0461-3 66 72) - Geb. 25. April 1931 Lamspringe - Volkssch. u. Gymn. (Abit. 1950) Berlin; Sprachmittlersch. Berlin-Charl.; Dolmetscher 1951; Stud. Volkswirtsch. u. Soziol. FU Berlin, Univ. Saarbrücken u. Hamburg. Dipl. 1958 FU Berlin; Promot. 1968 Univ. Heidelberg - B. 1965 Berufssch.lehrer in Hannover u. Heidelberg, 1965-67 Doz. Berufsförderungsw. Heidelberg (Abt. Datenverarbeit.), 1967-69 Wiss.Assist. PH Neuss u. 1969/70 FU Berlin, s. 1970 PH Flensburg - BV: D. Problem d. Prognose in d. Soziol., 1970; Klassenfahrt. Wege zu e. päd. Schule, 1981 - Liebh.: Sport, bild. Kunst - Spr.: Engl., Franz., Schwed.

KÜHN, August
s. Zwing, Rainer

KÜHN, Claus
Vorstandsmitglied Hamburgische Anstalt f. neue Medien (HAM), gf. Vors. Verb. Techn. Betriebe f. Film u. Fernsehen, Berlin - Frettchenweg 23, 2000 Hamburg 65 - Geb. 12. Okt. 1924 Hamburg, verh. s. 1952 m. Annemarie, geb. Paulsen, 3 Kd. - Vors. Film-Fonds Hamburg, u. Bewilligungsaussch. f. Kommunikationstechnik Hgb. Bürgschaftsgem. GmbH; AR Tellux GmbH - Spr.: Engl.

KÜHN, Detlef
Präsident Gesamtdt. Institut - Bundesanst. f. gesamtdt. Aufgaben (s. 1972) - Adenauerallee 10, 5300 Bonn 1 (T. 207228), priv.: Fuhrweg 29, 5300 Bonn 3 (T. 482804) - Geb. 16. Nov. 1936 Potsdam (Vater: Heinrich K., Verkaufsleit.; Mutter: Maria, geb. Hahn), verh. s. 1966 m. Maria, geb. Schulz, Tocht. Katharina - Abit. 1956, Stud. Rechtswiss. FU Berlin. Staatsex. 1960 u. 1965 Berlin - 1966-70 Geschäftsf. FDP-Bundestagsfraktion, 1970-72 pers. Ref. d. Staatssekr. Dr. Hartkopf im Bundesmin. d. Innern, Reg.sdir.; FDP-Kreisvors. in Bonn 1969-77; Mitgl. FDP-Landesvorst. NRW 1972-76 - Liebh.: Politik, Genealogie - Spr.: Engl.

KÜHN, Dieter
Schriftsteller - Euskirchener Str. 78, 5160 Düren - Geb. 1. Febr. 1935 Köln - BV: N. Erz. 1970; Ausflüge im Fesselballon, R. 1971; D. Präsidentin, R. 1973; Stanislaw d. Schweiger, R. 1975; Goldberg-Variationen, Hörsp.texte 1976; Josephine. Aus d. öff. Biogr. d. Josephine Baker, 1976; Ich Wolkenstein (Biogr.), 1977; Löwenmusik, Essays, 1979; U. d. Sultan v. Oman, Erz. 1979; Galaktisches Rauschen, Hörsp.; D. Kammer d. schwarzen Lichts, R. 1984; D. Himalaya im Wintergarten, Erz. 1984; Flaschenpost f. Goethe, 1985; Bettines letzte Liebschaften, 1986; D. Parzival d. Wolfram v. Eschenbach, 1986; Neidhart aus d. Reuental, 1988 - 1974 Hörspielpreis d. Kriegsblinden, 1977 Hermann-Hesse-Preis, 1981 Stadtschreiber v. Bergen-Enkheim.

KÜHN, Gerhard
Versicherungsmathematiker, Vorstandsvors. NOVA Krankenversich. aG, -Lebensversich. AG, -Unfallversich. AG, Vorst.-Mitgl. Iduna Lebensversich. u. Iduna Allg. Versich. AG - Tannenweg 18, 2080 Pinneberg (T. 6 14 40) - Geb. 15. Jan. 1930 Pforzheim (Vater: Ludwig K., Kirchenmusikdir.; Mutter: Anne, geb. Müller), ev., verh. s. 1964 m. Minni, geb. Leber, 2 Kd. (Annette, Stephan) - Dipl.-Math. (wirtschaftswiss. Richt.) 1959 Köln.

KÜHN, Gerhard
Prof., Hochschullehrer - Gloedenpfad 9, 1000 Berlin 13 - Gegenw. Prof. f. Didaktik d. Politik PH Berlin.

KÜHN, Günter
Dr.-Ing., em. o. Prof. Inst. f. Maschinenwesen im Baubetrieb Univ. Karlsruhe (s. 1967) - Röthlingweg 18, 7500 Karlsruhe 41 (Grünwettersbach) (T. 0721 - 45 06 16) - Geb. 8. Febr. 1920 Parchwitz/Schles. (Vater: Fritz K.), verh. m. Dorette, geb. Lehmann.

KÜHN, Hans
Dr. agr., Prof. f. Pflanzenernährung (emerit.) - Schiffenberger Weg 16, 6300 Gießen - Zul. Univ. Gießen.

KÜHN, Hans Adolf
Dr. med. (habil.), em. o. Prof. f. Innere Medizin - Längenhardtstr. 18, 7800 Freiburg/Br. (T. 2 56 19) - Geb. 24. Okt. 1914 Rostock (Vater: Prof. Dr. med. Adolf K.), ev., verh. m. Anneliese, geb. Biegel, 2 Kd. - Gymn.; Univ. Freiburg/Br., Rostock, Bonn, München. Med. Staatsex. 1937 Freiburg - Assistenzarzt Städt. Krkhs. am Friedrichshain Berlin u. Pathol. Inst. Freiburg; Assistenz- u. Oberarzt Med. Univ.klinik Freiburg (1951 Privatdoz.; 1957 apl. Prof.); 1958 Chefarzt Med. Klin. Städt. Krkhs. Lübeck (apl. Prof. Univ. Kiel); 1965 Dir. in Med. Univ.kliniken Gießen (o. Prof.); 1970 Dir. Med. Univ.klinik Würzburg (emerit. 1980) - BV: Akute innere Krankh., 2. A. 1959 (m. Klepzig u. Schildge). Buchbeitr.: Heilmeyer, Lehrb. d. Inneren Med., 1955 (D. Krankh. d. Verdauungsorgane), Handb. d. Allg. Pathol., 1959 (D. Pathol. d. Leberausscheid.), Klin. Hepatologie, 1979 (Hrsg. m. H. Wernze); Inn. Med. (m. J. Schirmeister), 5. A. 1989; Untersuchungsmeth. u. Funktionsprüfungen in d. Inn. Medizin, 2. A. 1982 (Hrsg. m. H.-G. Lasch), Neurolog. Leit- u. Warnsymptome b. inn. Erkrankungen, 1982 (Hrsg. m. R. Janzen); Leber- u. Gallenwegserkrankungen, 1988 (m. H. Wernze) - Spr.: Engl. - Rotarier.

KÜHN, Heinz
Ministerpräsid. a. D. - Roteichenweg 5, 5000 Köln-Dellbrück (T. Amt: Düsseldorf 8371) - Geb. 18. Febr. 1912 Köln (Vater: Handwerker), verh. (Ehefr.: Marianne; 1952ff. Stadtverordn. Köln), S. Hendrik - Gymn.; 1931-33 Univ. Köln (Nationalök. u. Staatswiss.) - N. 1933 illeg. Tätigk., Emigration (Journ. u. Redakt.), 1946-50 außenpolit. Redakt. u. Chefredakt. (1949) Rhein. Ztg., Köln, 1948-54 u. s. 1962 MdL Nordrh.-Westf. (Vors. Verfassungsaussch., 1950 stv., 1962 Fraktionsvors.), 1953-63 MdB, Mitgl. Berat. Vers. Europarat (Vors. Sozialist. Fraktion), 1966-78 (Rücktr.) Ministerpräs. NRW u. Mitgl. Bundesrat (1971/72 Präs.), 1979 Mitgl. Europ. Parlament. Div. Funktionen, dar. Vors. d. Friedrich-Ebert-Stiftung, stv. VRsvors. Westd. Rundfunk, Präs. Dt.-Madagass. Ges., Bundesbeauftr. f. kulturelle Angelegenh. d. dt.-franz. Vertrags (1968-70). SPD s. 1930 (1973ff. Parteivors.), b. 1979 MdL, 1979-84 MdEP, 1983 ff. Vors. Friedrich-Ebert-Stiftg., Bonn - BV: D. Staat menschlicher machen; Widerstand u. Emigration; Aufbau u. Bewährung; D. Kunst d. politischen Rede, 1981 - 1970 Großkreuz VO. BRD; hohe ausl. Ausz., u. a. 1972 Großoffz. franz. Ehrenlegion; 1969 Ehrenschild VdK - Liebh.: Bücher, Musik, Kochen (bes. franz. Gerichte), Farbfotogr.

KÜHN, Hermann
Dr. med. vet., Dr. med., Prof., Patho-

loge - Städt. Krankenhs., 8510 Fürth/Bay. - S. Habil. Lehrtätigk. Univ. Heidelberg (gegenw. apl. Prof. Fak. f. Theoret. Medizin).

KÜHN, Jürgen

Ministerialdirektor, Leiter Europa-Abt. Bundesmin. f. Wirtschaft - Villemobler Str. 76, 5300 Bonn 1 (T. 0228 - 615 41 60) - Geb. 9. April 1929 Hildesheim (Vater: Prof. Dr. Arthur K.), ev., verh. s. 1956 m. Uta, geb. Dehn, 5 Kd. (Christian, Martin, Jürgen, Ulrich, Susanne) - Stud. Rechtswiss.; 1. Staatsex. 1953, 2. Staatsex. 1958, LL.M. 1955 (Yale Law School) - 1978-80 Kabinettchef EG-Kommiss.

KÜHN, Klaus

Dr. rer. nat., Prof., Direktor u. Wiss. Mitgl. Max-Planck-Inst. f. Biochemie, Martinsried b. München - Veroneserstr. 6, 8000 München 90 (T. 64 69 85) - Geb. 1. Mai 1927 Breslau (Vater: Georg K., Oberstudiendir.; Mutter: Anneliese, geb. Zoche), kath., verh. s. 1956 m. Barbara, geb. Bleimund, 3 Kd. - Gymn. Gleiwitz/OS. u. Breslau; 1948-55 Univ. München (Chemie) - S. 1960 (Habil.) Lehrtätigk. Univ. Heidelberg u. München (1964 apl. Prof. f. Biochemie). Spez. Arbeitsgeb.: Biochemie d. Bindegewebes u. Proteinchemie. Fachveröff. - 1960 Preis Verein f. Gerbereichemie u. -technik; 1982 Scholar-in-Residence at the Fogarty Intern. Center, National Inst. of Health, Bethesda, MD. USA; 1986 Ehrenmitgl. Czech. Medical Assoc.; 1988 Aschoff Med. d. Med. Ges. Freiburg - Spr.: Engl.

KÜHN, Kurt

Dipl.-Ing., Architekt, Vors. Verb. d. Haus-, Wohnungs- u. Grundeigentümer Ostwestf. u. Lippe, Bielefeld - Stapenhorststr. 78a, 4800 Bielefeld - Geb. 15. Mai 1916.

KÜHN, Margarete

Dr. phil., Dr. h. c., Prof., Direktorin i. R. - Innsbrucker Str. 37, 1000 Berlin 62 - Geb. 4. Febr. 1904 Lütgendortmund - Stud. Kunstgesch. - Zul. Dir. Verw. d. Staatl. Schlösser u. Gärten Berlin (langj.). Herausg.: Ztschr. f. Kunstgesch. (1958-75); Karl Friedrich Schinkel, Lebenswerk (Hrsg. s. 1962). Bücher u. Aufs. - 1980 Karl-Friedrich-Schinkel-Ring d. Dt. Nationalkomitees f. Denkmalschutz; 1984 Ernst-Reuter-Plak.

KÜHN, Oskar

Dr. jur, Landeskirchenrat i. R., Hon.-Prof. Univ. Münster f. Staatskirchenrecht (s. 1961) - Hägerweg Nr. 13f, 4800 Bielefeld (T. 887118) - Geb. 5. Jan. 1912 Gütersloh (Vater: Hermann K., Sparkassendir.; Mutter: Margarete, geb. Klockenbring), ev., verh. s. 1943 m. Eva, geb. Rieken, S. Hermann - Ev. stift. Gymn. Gütersloh, Stud. Univ. Marburg, Berlin, Münster. Promot. 1957. Vors. Schlichtungsstelle d. Ev. Missionswerks; Mitgl. Vorst. kirchl., diakon. u. geschichtl. Gremien - BV: Grundriß Kirchenrecht, 1949-84 (Mitverf.); D. Wahlrecht d. Ev. Kirche i. Deutschl. u. ihrer Gliedkirchen, 1967. Herausg. d. Sammlung: D. Recht d. Ev. Kirche von Westfalen; D. Kirchenordnung d. Ev. Kirche von Westfalen (Anmerkungen). Mithrsg.: Staat u. Kirche in Nordrh.-Westf., Verfasser v. mehreren kirchenrechtl. u. kirchengeschichtl. Arb. u. Arb. z. Rechtsprechung d. Reichskammergerichts - Liebh.: Philatelie - Bek. Vorf.: Carl Wilhelm Kühn, Ehrenbürger der Stadt Zittau (Großv.).

KÜHN, Reiner

Dr.-Ing., Vorstandsmitglied Rhein. Braunkohlenwerke AG, Köln, u. Union Rhein. Braunkohlen Kraftstoff AG, Wesseling - Stüttgenweg 2, 5000 Köln 41; Ludwigshafener Str. 8, 5047 Wesseling.

KÜHN, Robert

Dr. phil., Mineraloge u. Petrograph, Honorarprof. Univ. Heidelberg, Lehrbeauftr. TU München - Richard-Wagner-Str. 31, 6916 Wilhelmsfeld (T. 06220 - 89 24) - Geb. 10. Okt. 1911 Frankfurt/M. (Vater: Max K., Beamt.; Mutter: Louise, geb. Elvers), ev.-luth., verh. in 2. Ehe s. 1950 m. Dipl.-Chem. Erika, geb. Schlie - 1938-76 Kaliforschungsanst. GmbH, Berlin, bzw. Kaliforschungs-Inst., Hannover; s. 1977 Hon.-Prof. Univ. Heidelberg - Facharb. - 1976 Van't-Hoff-Gedenkmünze Dt. Kaliind.; Georg-Agricola-Med. d. Dt. Mineralog. Gesellsch. (1982) - Liebh.: Philatelie, Klass. Musik - Spr.: Engl.

KÜHN, Volker

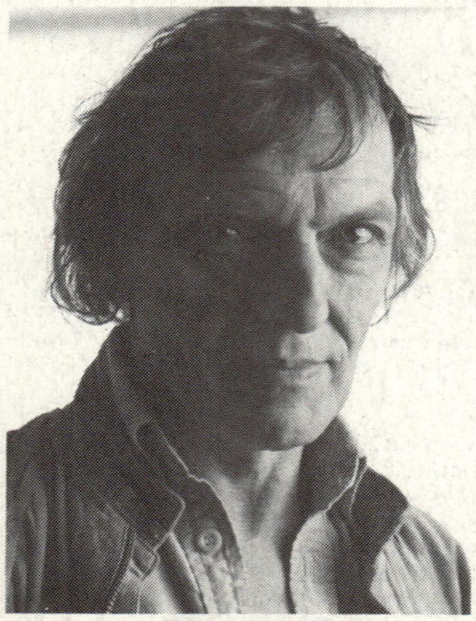

Schriftsteller, Regiss. - Am Pfaffenroth 22a, 6384 Schmitten/TS. (T. 06084 - 27 94) - Geb. 4. Nov. 1933 Osnabrück, verh. m. Uschi Flacke, Kabarettistin - Tätigk. als fr. Autor u. Regiss. f. Bühne, Funk u. FS - BV: D. Kabarett d. frühen Jahre, 1984; Leise rieselt d. Schmäh - Wende-Parodien z. Lage d. Nation, 1985; Ich bejahe d. Frage rundherum m. Ja - Einf. in d. Kanzlersprache (m. Günter Walter), 1985; Bibl. d. dt. Werte: D. dt. FS, 1989, Herausg.: D. Wolfgang Neuss Buch (1981); Zurück, Genossen, es geht vorwärts (1986); Kleinkunststücke, e. Kabarett-Bibl. in fünf Bde. (1987ff.). Hörsp., Feature, Sat., Kabarett. 1973 m. Dieter Hildebrandt ZDF-Notizen aus d. Provinz. Schrieb u. insz. u.a. f. d. Berliner Reichskabarett. Zahlr. FS-Sendungen, dar. Film-Sat. D. halbe Eva (1975); Euer Clown kann ich nicht sein (1980); Hochkant (1982); D. Eremit (1984). FS-Dokum. Bombenstimmung - Unterhaltung unterm Hakenkreuz (1987). Polit-Sat. auf Schallpl.: Wie d. Alten singen (1969); Pol(h)itparade (1972); Musik aus Studio Bonn (1975); D. Duell (1980); Turos Tutti (1980); Ich bin Kohl, mein Herz ist rein (1985). Mehrere Theater-Revuen, dar. Quaale Traum erdrosselt meine Singe (Frankf./M. 1985); Da machste wat mit (Berliner Festwochen 1987); Libertätera - d. Revolution findet im Saale statt (Frankf./M. 1989). Kabarettautor f. versch. Kabaretts u. Interpr. (L. Lorentz, W. Neuss u.a.); Songtexter (Musical 1,2,3, UA: Theater d. Westens, Berlin, 1989) - 1968 Magnus-Preis d. ARD.

KÜHN, Wilhelm

Dr. rer. nat., apl. Prof. f. Physik u. wiss. Direktor Nieders. Inst. f. Radioökologie Univ. Hannover i. R., Mitgl. d. Aussch. Radioökol. b. d. Strahlenschutzkommiss. (s. 1984) - Herrenhäuser Str. 2, 3000 Hannover; priv.: Zilleweg 4 B, 3000 Hannover 91 - Geb. 6. Dez. 1922 Rastatt - 1941 Elektrokechaniker, 1971 Priv.doz.

KÜHN-LEITZ, Knut

Dr., Dipl.-Kfm., Dipl.-Insead, Geschäftsf. Ernst Leitz GmbH., Opt. Werke (s. 1971) - Haus Friedwart, Laufdorfer Weg 6, 6330 Wetzlar/Lahn - Geb. 16. Juni 1936 Frankfurt/M.

KÜHNAU, Martin

Dr. rer. pol., Prof. f. Betriebswirtschaftslehre, insbes. Unternehmungsrechnung FU Berlin - Garystr. 21, 1000 Berlin 33.

KÜHNE, Carl Wilhelm

Fabrikant, pers. haft. Gesellsch. Carl Kühne KG./Feinkost-, Essig-, Senf- u. Konservenfabr., Hamburg, Vors. Verb. d. dt. Essigind., Bonn - Schützenstr. 38, 2000 Hamburg 50.

KÜHNE, Gerhard

Assessor, Stadtkämmerer Magistrat Stadt Kassel a. D. (1970-82), Dozent - Rolandstr. 1, 3500 Kassel (T. 0561 - 3 25 90) - Geb. 2. Juni 1934 Kassel, ev., verh. s. 1959 m. Erika, geb. Feaux de Lacroix, 3 Kd. (Eva, Wolf Michael, Alexander) - Human. Gymn. (Abit. 1954); 1954-58 Rechtswiss. Frankfurt, Würzburg, 1982/83 Alte Gesch., Archäol. Göttingen. 1963 gr. Jurist. Staatsprüf. - 1963-65 Magistratsrat (Justitiar) Kassel; 1965-70 Bürgermeister Lohfelden; 1978 Ehrenkurator Kurhess. Diakonissen-Mutterhaus. 1957 SPD - BV: Wasserversorg. im antiken Rom, (Hrsg.) 1982 - Carl-Schomburg-Ehrenplak. Stadt Kassel; Joh. Chr. Eberle-Med. Dt. Spark.- u. Giroverb.; 1982 Gold. Ehrenmed. gemeinn. Wohnungswirtsch.; 1984 Frontinusmed. - Interessen: Antike - Spr.: Latein, Griech., Hebr., Engl., Franz., Ital.

KÜHNE, Gerhard

Dr. jur., Vorstandsmitglied Siemens AG München - Hofmannstr. 51, 8000 München 70 - Geb. 16. März 1929 Berlin - AR-Mitgl. Fa. Schenker & Co. GmbH, Berlin; Beiratsmitgl. Colonia Versich. AG, Köln; Mitgl. Wirtschaftsbeirat Bayer. Landesbank, u. Bayern Versicherung, bde. München. Handelsrichter.

KÜHNE, Gunther

Dr. jur., LL.M., o. Prof. f. Rechtswissenschaft u. Direktor Inst. f. Berg- u. Energierecht TU Clausthal (s. 1978), Regierungsdirektor a. D. - Arnold-Sommerfeld-Str. 6, 3392 Clausthal-Zellerfeld - Geb. 25. Aug. 1939 Gelsenkirchen (Vater: Friedrich K., Kaufm.; Mutter: Gertrud, geb. Belgard) - Gymn. Gelsenkirchen; Univ. Köln (Rechtswiss.). Assessorex. 1967 Düsseldorf; Promot. 1970 Bochum; LL.M. 1971 New York (Columbia) - 1963-68 fr. Mitarb. Rechtsabt. Unternehmensverb. Ruhrbergbau u. Gelsenkirchener Bergwerks-AG.; 1967-70 Wiss. Assist. Univ. Bochum; 1971-74 Regierungs- u. Oberregierungsrat Bundeswirtschaftsmin.; 1974-78 Regierungsdir. (Pers. Ref. d. Parlam. Staatssekr. Dr. de With) Bundesjustizmin. 1970/71 DFG-Stip. f. USA - BV: D. Parteiautonomie im intern. Erbrecht, 1973; Entwurf e. Gesetzes z. Reform d. int. Privat- u. Verfahrensrechts, 1980; Gutachten f. d. 53. Dt. Juristentag z. Reform d. dt. intern. Ehe- u. Kindschaftsrechts, 1980. Zahlr. Fachaufs. In- u. Ausl. - 1986 Honorarprof. Univ. Göttingen - Spr.: Engl., Franz., Span.

KÜHNE, Hans Heiner

Dr. jur., Prof. f. Strafrecht, Strafprozeßrecht, Kriminologie - Universität, 5500 Trier, FB - Geb. 21. Aug. 1943 Nikolaiken (Vater: Hellmuth K., AG-Dir. a.D.; Mutter: Erna, geb. Groß), verh. s. 1978 m. Monika, geb. Kregel, 2 S. (Gero, Armin) - Musikstud. (Violine) Hannover u. Berlin, Ex. 1965; Jurastud. Berlin u. Saarbrücken - BV: u.a.: Strafprozeßlehre, 3. A. 1988; Strafverfahr.-recht als Kommunikationsprobl., 1978; Geschäftsüchtigk. o. Betrug, 1978; Beweisverb. u. Art. 1, I GG, 1970; (m. Miyazawa): D. jap. Jugendges., 1975; Kriminalität in Japan, 1979; Strafsache geg. F - Strafprozess. Lehrfilm in Zus.arb. m. d. SWF - Liebh.: Fallschirmspringen, Kammermusik - 1976 u. 1978 Dt. Vizemstr. im Fallsch.zielspringen - Spr.: Engl., Franz., Lat., Jap. (nur Schrift).

KÜHNE, Hartmut

Dr. phil., Prof. f. Vorderasiatische Altertumskunde - Feldstr. 7, 1000 Berlin 45 (T. 030 - 712 21 31) - Geb. 21. Juli 1943 Berlin (Vater: Walter K., Prok.; Mutter: Charlotte, geb. Saaber), ev., verh. s. 1967 m. Gisela, geb. Kloos, 3 Kd. (Alexander, Nicola, Philipp) - Gymn. Berlin u. Bochum (Abit. 1963 Berlin); 1960-61 High School Dipl.; 1963-72 Stud. FU Berlin: Vorderasiat. Altertumskd. Vor- u. Frühgesch. u. Klass. Archäol. Kleinasiens, Altoriental. Iranist. - 1973-75 wiss. Mitarb. Univ. Saarl. (Ausgrab. Tell Kamid el Loz, Lib.), 1975-80 wiss. Mitarb. Univ. Tübingen (Tübinger Atlas d. Vord. Orients), 1980 Prof. f. Vorderasiat. Altert.kd. FU Berlin - Entd.: Wiederentd. mittelassyr. Bezirkshptstadt Durkatlimmu in d. Ruine d. heut. Tall Schech Hamad NO Syrien, 1977 (m. W. Röllig); 1978 u. s. 1980 Leit. Ausgrab. in Tell Schech Hamad - Durkatlimmu u. Entd. e. mittelassyr. Palastarchives - BV: D. Keramik v. Tell Chuera in Nordost-Syrien (Diss.), 1976; D. Rollsiegel in Syrien, Katal., 1980 - Spr.: Engl., Franz.

KÜHNE, Horst

Dr.-Ing., Vorstandsmitgl. Lenz-Bau AG., Hamburg 22 - Große Str. 131, 2100 Hamburg 90 - Geb. 14. Mai 1915 Dresden - S. 1973 Vorstandssprecher Lenz-Bau AG.

KÜHNE, Horst

Dr. med., Prof., Chirurg (Chefarzt St.-Marienhospital, Mülheim - Franz-Fischer-Str. 14, 4330 Mülheim/Ruhr (T. 37363) - Geb. 15. Okt. 1914 - Habil. 1950 Humboldt-Univ. - S. 1950 Lehrtätigk. Univ. Berlin (1953 apl. Prof.) u. Frankfurt (Ebenf. apl. Prof.; bei beiden Oberarzt Chir. Klinik). Zahlr. Fachveröff.

KÜHNE, Ingo

Dr. phil., Prof., Inst. f. Geographie Univ. Erlangen-Nürnberg - Meisterweg 19, 8521 Weisendorf - Geb. 4. Jan. 1934 Bremen, verh. s. 1962 m. Elisabeth, geb. Gruber, 2 Kd. (Monika, Andreas) - Promot. 1962 Heidelberg, Habil. 1971 Erlangen.

KÜHNE, Jörg-Detlef

Dr. jur., o. Prof. f. öffentl. Recht u. Verfassungsgesch. Univ. Hannover - Münchhausenstr. 2, 3000 Hannover 61 - Geb. 6. März 1943 Wriezen/Oder (Vater: Dr. med. Eberhard K., Arzt; Mutter: Marianne, geb. Looks †), ev., verh. s. 1974 m. Elke, geb. Lüttgens, 3 Kd. (Holle, Tilman, Roland) - Stud. FU Berlin, Univ. Freiburg, Bonn (Rechtswiss. u. Gesch.); jurist. Staatsprüf. 1966 Hamm u. 1974; Promot. 1970 Bonn; Habil. 1983 ebd. - 1984 Prof. Univ. Köln - BV: D. Abgeordnetenbestechung, 1971; Züge unmittelbarer Demokratie in d. Gemeindeverfassung (m. Meissner), 1977; D. Reichsverfassung d. Paulskirche, 1985 - Spr.: Engl., Franz., Latein.

KÜHNE, Klaus Michael

Kaufmann, Mitinh., gf. VR Kühne & Nagel (AG & Co.), stv. AR-Vors. Kühne & Nagel Speditions-AG - Wilhelm-Kaisen-Brücke 1/August-Kühne-Haus, 2800 Bremen (T. 3 60 50); u. Baumwall 7, 2000 Hamburg 11 (T. 37 60 61) - Geb. 2. Juni 1937 Hamburg.

KÜHNE, W. H.

Geschäftsführer Normenaussch. Laborgeräte u. -einricht. im DIN - Theodor-Heuss-Allee 25, 6000 Frankfurt/M. 97.

KÜHNE, Walter G.

Dr. rer. nat., em. Prof. f. Paläontologie - Am Schülerheim 10, 1000 Berlin 33 (T. 831 12 58) - Geb. 26. Febr. 1911 - S. 1958 (Habil.) Lehrtätigk. FU Berlin (1963 ff. ao. bzw. o. Prof.). Fachveröff.

KÜHNEL, Walter

Dr. phil., Prof. f. Amerikanistik/Anglistik Univ. Frankfurt - Kl. Nelkenstr. 3, 6000 Frankfurt/M.

KÜHNEL, Wolfgang

Dr. jur., Rechtsanw., Verbandsgeschäftsf. - Eschenweg 16a, 6370 Oberursel 4 (T. 06171 - 21553) - Geb. 30. April 1939 Berlin (Vater: Willy, Min.rat a. D.; Mutter: Gerda, geb. Franke), verh. s. 1968 m. Colette, geb. Mangot, 2 Kd.

(Roland, Maryvonne) - Stud. Univ. Kiel, Berlin, Oxford; Promot. 1967 - S. 1975 Geschäftsf. Arbeitsgem. Großanlagenbau u. s. 1976 Fachgem. Allgem. Lufttechn. im VDMA - BV: Eigentumsübertragung u. Sicherungsübertragung, 1973; Montagehandbuch, 1973 - Liebh.: Sport - Spr.: Engl., Franz.

KÜHNEL, Wolfgang

Dr. med., o. Prof. f. Anatomie Med. Univ. zu Lübeck - Ratzeburger Allee 160, 2400 Lübeck - B. 1974 Ord. TH Aachen (Med. Fak., Lehrst. I).

KÜHNEMUND, Klaus

Dr. rer. pol., Dipl.-Kfm., Prokurist Fa. Joh. Gundlach - Fr. Otto Wohnungsuntern. GmbH & Co, Hannover, Vorstandsmitgl. Bundesverb. Fr. Wohnungsuntern. (BFW), Bonn (1982-86) - Alandweg 53, 3000 Hannover 1 (T. 0511-604 20 06) - Geb. 20. Febr. 1938, ev., verh. s. 1980 m. Renate, geb. Zehrt, T. Lisa - Lehre Industriekaufm. Siemens; Stud. Betriebsw.; Dipl.-Kfm. u. Promot. 1971 Univ. Göttingen - S. 1973 in d. Wohnungsw. tätig - BV: Bikausale Deckungsbeitragsrechnung. E. neues Konzept d. Kostenrechnung, 1971 - Spr.: Engl.

KÜHNEMUNDT, Walter

Arbeitsdirektor, Vorstandsmitgl. Stahlwerke Bochum AG., Bochum - Erlenweg 14, 4630 Bochum - Geb. 1. März 1923 Bochum.

KÜHNEN, Franz Josef

Dr. phil., Bibliotheksdirektor, Leit. Zentralbibl. d. Medizin - Joseph-Stelzmann-Str. 9, 5000 Köln 41; priv.: Eichenweg 4, 5060 Bergisch Gladbach 2 - Geb. 11. Mai 1934 Kalkar, verh. s. 1970 m. Helma, geb. Matz - Promot. 1962 Köln - Fachaufs. z. med. Bibl.wesen.

KÜHNEN, Harald

Dr. jur. h. c., Vorstandsvorsitzender d. Peter-Klöckner-Stiftung Duisburg - Unter Sachsenhausen 4, 5000 Köln 1 - Geb. 6. Aug. 1912 Rheydt, ev., verh. s. 1943 - Banklehre - Vors. d. Gesellschafter-Aussch. Bankhaus Sal. Oppenheim jr. & Cie; 1979-83 Präs. Bundesverb. dt. Bank, Köln - Ehrensenator Univ. Köln; Gr. BVK; Komturkreuz d. VO. d. ital. Rep. - Spr.: Engl.

KÜHNER, Otto-Heinrich

Schriftsteller - Hans-Böckler-Str. 5, 3500 Kassel - Geb. 10. März 1921 Nimburg (Vater: Gustav K., Pfarrer, Prof.; Mutter: Luise, geb. Lang), ev., verh. s. 1967 m. Christine, geb. Brückner, Schriftst. (s. dort), S. Ulrich aus 1. Ehe - Stud. Lit., Phil., Musikwiss. - 1950-65 Dramaturg u. Lektor Hörspielabt. Südd. Rundfunk - BV: u. a. Am Rande d. Großstadt (Ged.), Nikolskoje (R.), Dann kam d. Stille (Erz.), Wahn u. Untergang - Gesch. d. II. Weltkr., Verläßlichkeit d. Ereignisse (Erz.), D. Loch in d. Jacke d. Grafen Bock v. Bockenburg (R.), Aschermittwoch (R.), D. Heiratsannonce (R.), Narrensicher (Ged.), Der Freiheit e. Allee (Ged.), Lebenslauf e. Ungeborenen (R.), Pummerer (Ged.). Hörsp. - 1965 Förderpreis d. Immermann-Pr. Düsseldorf, 1967 Preis D. Bauer in d. Industrieges., 1979 Dt. Kurzgesch.-Pr., Wappenring Stadt Kassel, Mitgl. PEN-Zentrum BRD.

KÜHNER-WOLFSKEHL, Hans

s. Kühner, Hans

KÜHNHACKL, Erich

Eishockeyprofi - Mathes-Deutsch-Weg 13, 8300 Landshut/Bay. - Geb. 17. Okt. 1950 Citice/CSSR (Vater: Anton K., Rentner; Mutter: Emma, geb. Lössl), kath., verh. s. 1973 m. Sylvia, geb. Bühner, 2 Kd. (Kirstin, Keuin) - Hauptu. Berufssch. - 1970, 77, 79, 83 Dt. Eishockeymeister; 1976 Bronzemed. Olymp. Winterspiele - 1974 Silberbecher Stadt Landshut; 1976 Silb. Lorbeerbl. d. Bundespräs. - Liebh.: Motorcross - Spr.: Tschech., Russ.

KÜHNHAUSEN, Wilhelm

Dr.-Ing., Dipl.-Ing. - Niedenhofsbusch 10, 5060 Bergisch Gladbach 1 (T. 02204 - 6 44 25) - Geb. 22. Mai 1915 Köln, ev., verh. s. 1942 m. Elisabeth, geb. Dübbert, 2 Kd. (Ursula, Martin) - 1934-38 Stud. Geodäsie Univ. Bonn (Dipl.-Ing. 1938, Promot. 1940, Ass. 1950) - 1969-78 Bundesvors. BDVI, 1978-86 Geschäftsf. BDVI. Beirat HLB, Münster (1977-83) u. GEBIG, Köln (1978-82 Vors.) - 1976 Ehrenmitgl. Union Belge d. Géomètres-Experts en Immeubles; 1978 Ehrenmed. Ordre d. Géomètres-Experts Français; 1981 BVK I. Kl.; 1982 Ehrenvors. BDVI - Spr.: Engl., Franz.

KÜHNHOLD, Günther

Dr.-Ing., öffentl. best. u. vereid. Sachverständiger f. Wärme- u. Kälteschutz sowie Kunststoffe im Bauwesen - Schriesheimer Str. 4, 6945 Leutershausen/Bergstr. (T. Büro: 06201 - 5 12 18) - Geb. 5. Mai 1917 Berlin (Vater: Georg K., Obering.), ev., verh. s. 1953 m. Gisela, geb. Kamphausen, 3 Kd. - TH Berlin (Dipl.-Ing. 1941, Promot. 1943) - 1941-44 Generalluftzeugm. u. RfRuK (Ind.tätigk.); 1945-48 Bayer. Landesamt (Abt.schef); 1949-50 US Information Centre München (Dir.); 1950-53 Tachometer-Werke (Techn. Dir.); 1953-55 Dt. Bedaux GmbH. (Industrieberat.); 1955-60 Pintsch Bamag AG. (Fabrikenoberltg.); 1960-78 Vorst.-Mitgl. VKI Rheinhold & Mahla AG., Mannheim. Div. Mandate. Vizepräs. Dt. Marketing-Vereinig. u. Marketing-Club Rhein-Neckar (zeitw. Präs.). Mitgl. Lions Club - 1972 Eindeckung d. Olympiadaches München - Liebh.: Skilaufen, Fliegen, Musik - Spr.: Engl.

KÜHNL, Hubert

Dr. phil. nat., Prof., Inst. f. Anorgan. Chemie TU Hannover - Vinnhorster Weg 99, 3000 Hannover - Geb. 8. Mai 1926 Bad Königswart - S. 1962 (Habil.) Lehrtätigk. Univ. Gießen Univ. Hannover (1965 Abt.svorst. u. Prof.). Fachaufs. - 1978 Prof., Spez. Anorg. Chemie B.

KÜHNL, Reinhard

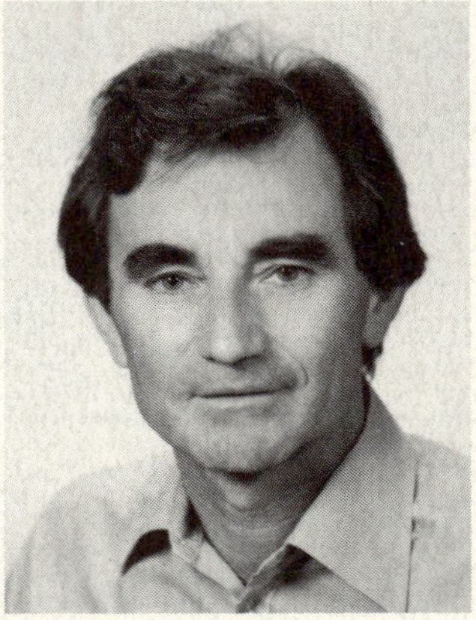

Dr. phil., Prof. f. Politikwissenschaft - Sonnhalde 6, 3550 Marburg/L. - Geb. 25. Mai 1936 Schönwerth (Vater: Rudolf K., Verwaltungsangest.; Mutter: Anna, geb. Hoyer) - Univ. Marburg u. Wien (Gesch., German., Politikwiss., Soziol.). Promot. (1965) u. Habil. (1971) Marburg - S. 1971 Prof. Univ. Marburg. 1973 Gastprof. Univ. Tel Aviv. 1972ff. Vorst.-Mitgl. Bund demokr. Wiss.ler; s. 1984 Mitgl. im Exekutivrat d. Weltföderation d. Wiss.ler - BV: D. Nationalsozialist. Linke 1925-30, 1966; D. III. Reich in d. Presse d. Bundesrep., 1966; D. NPD-Struktur, Ideol. u. Funkt. e. neofaschist. Partei, 1969; Dtschl. zw. Demokr. u. Faschismus, 1969; Formen bürgerl. Herrschaft/Liberalismus - Faschismus, 1971 (9 Übers.); Gesch. u. Ideol., 1973; D. dt. Faschismus in Quellen u. Dokum., 1975; Faschismustheorien - E. Leitf., 1979; D. Faschismus, 1983; D. Weimarer Rep., 1985; Nation - Nationalismus - nationale Frage, 1986. Herausg.: Sie reden v. Frieden u. rüsten z. Krieg. Friedensdemagogie u. Kriegsvorbereitung in Gesch. u. Gegenwart (1986); Streit ums Geschichtsbild. D. Historiker-Debatte (1987) - Liebh.: Schach (1958 Gewinner Wiener Hochschulmeistersch.).

KÜHNLE, Dieter

Chefredakteur Sport-Informations-Dienst - Graf-Adolf-Str. 49, 4000 Düsseldorf 1.

KÜHNLE, Ernst

Dipl.-Agraring., MdL Bad.-Württ. (CDU 1964-76) - Burgstr. 104, 7504 Weingarten/Baden (T. 8109) - Geb. 28. Juli 1915 Weingarten, ev., verh., 3 Kd. - Stud. Stuttgart-Hohenheim, Arbeits- u. Wehrdst. sowie Kriegsgefangensch. - S. 1951 Finanzverw. (landw. Sachverst.), Präs. Arbeitsgem. f. Heimat- u. Volkstumspflege Baden-Württ. - 1976 BVK I. Kl. - Liebh.: Heimatgesch., Schach, Gartenarb., Studienreisen.

KÜHNS, Klaus

Dr. med., Prof., vorm. Chefarzt Innere Abt. Albert-Schweitzer-Krankenhs. Northeim (1958-86) - Am Kleefeld 2, 3410 Northeim/Hann. (T. 6 59 68) - Geb. 1. Juli 1921 Herzberg/Harz, ev., verh. s. 1952 m. Ilse, geb. Berghahn, 3 Kd. (Tillman, Jutta, Achim) - Med.-Stud. Berlin, Greifswald, Danzig, Göttingen. Promot. (1945) u. Habil. (1954) Göttingen - S. 1954 Privatdoz. u. apl. Prof. (1960) Univ. Göttingen (Inn. Med.). S. 1981 Vors. Landesarb.gem. kardiol. Prävent. u. Rehab. in Nieders. - BV: Ergebn. d. Inneren Med. u. Kinderheilkd.: Kaliumstoffwechsel, 1958 (m. Weber); D. Störungen d. Wasser- u. Elektrolytstoffwechsels, 1959 (m. Schwab); Prognose d. ess. Hypertonie, 2. A. 1966 (m. Brahms). Üb. 100 Einzelveröff. üb. Mineralstoffw., Hypertonie, Infarkt (-Rehabilitation).

KÜLB, Karl Georg

Dr. jur., Regisseur u. Autor - Emil-Dittler-Str. 6, 8000 München 71 (T. 7911867) - Geb. 28. Jan. 1901 Mainz (Vater: Dr. med. Karl M. K., Oberbürgerm. Mainz u. Landtagsabg.; Mutter: geb. Sauerwein), verh. in 2. Ehe (1952) m. Ernestine, geb. Hochberger, 3 Kd. aus 1. E. (Marion, Monika, Wolfgang) - Gymn. Mainz; Univ. Gießen u. Heidelberg (Phil., Rechtswiss.) - BV: D. ew. Abenteurer, R. 1932. Bühnenst.: Narren d. Ruhms, D. Perlenkette, Liebe muß gelernt sein, Sensation in Budapest, D. Nacht m. Casanova, Wo bleibt da d. Moral?, Span. Romanze. Drehb.: u. a. D. Blaufuchs, Frauen sind doch bessere Diplomaten, Liebesschule (u. Regie), Hallo, Janine, Das Mädchen v. gestern nacht, Liebesbriefe, Mein Sohn, d. Herr Minister, D. Mädchen auf d. Titelblatt, D. Nacht o. Sünde (u. Regie), Begierde (u. Regie), Mutter sein dagegen sehr, E. Frau m. Herz, D. Perlenkette (u. Regie), Ehe f. e. Nacht, Tante Jutta aus Kalkutta (u. Regie), D. süßesten Früchte, Manöverball (u. Regie), M. d. Augen e. Frau (u. Regie), Weit ist d. Weg, Conny u. Peter machen Musik, Hab' mich lieb, Heute Nacht passiert's, Liebesbriefe, Man spielt nicht m. d. Liebe, Königswalzer (m. a.), Sonne üb. d. Adria (u. Regie); Fernsehsp.: Wenn d. Nacht kein Ende nimmt, D. standhafte Fräulein, D. Mädchen auf d. Titelbl., D. Mann m. d. Maske, D. Ermordete greift ein (6teil. Kriminalserie), Im 7. Himmel (6t. Krim.-serie) - Gold. Sportabz. - Liebh.: Tennis, Schwimmen - Spr.: Engl., Franz., Ital.

KÜLKEN, Horst

Kaufmann, gf. Teilhaber Geestemünder Wohnungsbauges. Külken OHG, Bremerhaven - Walter-Delius-Str. 6, 2850 Bremerhaven (T. 2 73 41)- Geb. 13. Okt. 1918 Bremerhaven - Rotarier.

KÜLP, Bernhard

Dr. rer. pol., o. Prof. f. Sozialpolitik - Kapellenweg 34, 7800 Freiburg/Br. - Geb. 10. April 1933 Freiburg/Br., kath. - Univ. Freiburg (Wirtschafts- u. Sozialwiss.; Dipl.-Volksw. 1955). Promot. 1957 Freiburg; Habil. 1964 Köln - 1957-61 Bund kath. Unternehmer, Köln (zul. Geschäftsf.); 1961-65 Univ. Köln (Assist. Sozialpolit. Sem. (Prof. Schreiber); 1964 Privatdoz.); 1965-73 Ord. Univ. Bochum, s. 1973 Ord. Univ. Freiburg - BV: Hauptprobleme d. Krankenversicherungsreform, 1959; Theorie d. Drohung, 1965; Streik u. Streikdrohung, 1969; Verteilungstheor., 1974; Wohlfahrtsökonomie, Bd. 1 u. 2, 1975/76; Außenwirtschaftspolitik, 1978; Freizeitökonomie, 1983; Sektorale Wirtschaftspolitik, 1984; Rückwirkungen ausgewählter Systeme d. Soz. Sicherung auf d. Funktionsfähigk. d. Marktwirtsch. (m. Prof. Dr. N. Berthold), 1987.

KÜMMEL, Friedrich

Dr. phil., Prof. f. Philosophie Päd. Hochsch. Ludwigsburg (s. 1985), apl. Prof. f. Phil. Univ. Tübingen (s. 1977) - Zollerstr. 21, 7450 Hechingen (T. 1 36 88) - Geb. 26. April 1933 Essingen/Württ. (Vater: Georg K., Landw.; Mutter: Friederike, geb. Borst), ev., verh., 3 Kd. (Dorothea, Eberhard, Mechthild) - Lehreroberschl.; Päd. Inst.; Univ. (Phil. Päd., Ev. Theol.). Promot. (1961) u. Habil. (1967) Tübingen - 1954-56 Volksschullehrer; 1961-67 Univ.assist. Tübingen (Phil. Sem.); 1967-85 Prof. Päd. Hochsch. Reutlingen - BV: Üb. d. Begriff d. Zeit, 1962 (Diss.); Verständnis u. Vorverständnis, 1965; D. Einsicht in d. Gute als Aufgabe e. sittl. Erziehung, 1968; Platon u. Hegel z. ontolog. Begründung d. Zirkels in d. Erkenntnis, 1968 (Habil.sschr.); Vergißt d. Schule uns. Kinder?, 1978 - Spr.: Engl.

KÜMMEL, Georg

Dr. rer. nat., o. Prof. f. Zoologie - Zul. Im Grund 3, 7507 Pfinztal - Geb. 28. Febr. 1926 Berlin (Vater: Prof. Dr. phil. Otto K., Generaldir. Staatl. Museen Berlin (s. X. Ausg.); Mutter: Therese, geb. Klee), ev. - S. 1962 (Habil.) Lehrtätigk. FU Berlin, 1965 Univ. Freiburg, 1967 Ord. FU Berlin, 1974 Ord. Univ. Karlsruhe. Spez. Arbeitsgeb.: Morphol., Cytol. - Mithrsg.: Zoomorphol. - Fachaufs. - Bruder: Hermann K.

KÜMMEL, Hermann

Dr. rer. nat., o. Prof. f. Theoret. Physik - Wagenfeldstr. 5, 5810 Witten (T. 02302 - 7 32 18) - Geb. 7. Okt. 1922 Berlin, ev., verh. I) 1954 m. Mechthild, geb. Panick (†), S. Otto (†), II) 1970 Dr. Heide, geb. Krüner, 2 Kd. (Eva, Tilmann) - 1933-41 Gymn. Berlin; 1946-50 Humboldt-Univ. ebd. (Physik; Dipl.-Phys. 1950). Promot. (1952) u. Habil. (1956) Freie Univ. Berlin - S. 1956 Lehrtätigk. FU Berlin, Univ. Tübingen u. Mainz (1964 apl. Prof. f. Theoret. Physik), 1958-59 Forschungs-, 1962-64 Lehrtätigk. USA (Full Prof. Oklahoma State Univ.), 1964-68 Forschungstätigk. Max-Planck-Inst. f. Chemie, Mainz (Wiss. Mitgl. u. Leit. Abt. f. Theoret. Kernphysik), seith. Lehrtätigk. Univ. Bochum (Ord.). Mitgl. Dt. Physikal Ges. u. American Physical Soc. Beitrag in: Many Body Theory (1963). Buch: Introduction to quantum Mechanics, 1984 - Spr.: Engl., Franz. - Eltern s. Georg K. (Bruder).

KÜMMEL, Joachim

Dr. med., Prof., Chefarzt Geburtshilfl.-gynäk. Abt. - Bethanien-Krankenhs., Bethanienstr. 21, 4130 Moers 1 (T. 2 00 - 1) - Geb. 5. Sept. 1925 Rostock (Vater: Dr. phil. Adolf K., Regierungsdir.; Mutter: Anneliese, geb. Müller), ev., verh. s. 1957 m. Dr. med. Ursula, geb. Hilker, S. Klaus Peter - Univ. Rostock, Münster, Kiel - S. 1962 (Habil.) Lehrtätigk. Univ. Münster (1968 apl. Prof.). Div. Fachveröff., dar. D. unspezif. Scheidenentzünd. (Archiv f. Gynäk., 1962) - Liebh.: Golf, Jagd - Spr.: Engl.

KÜMMEL, Reiner

Dr. phil. nat., Prof. f. Theoret. Physik Univ. Würzburg (s. 1974) - Albrecht-Dürer-Str. 60, 8706 Höchberg/Ufr. -

Geb. 9. Juli 1939 Fulda, kath., verh. s. 1965 m. Rita, geb. Jung, 2 Kd. - TH Darmstadt (Dipl.-Phys. 1964), Univ. Illinois/USA u. Frankfurt. Promot. (1968) u. Habil. (1973) Frankfurt - 1970-73 Prof. (Assoc.) Univ. Cali/Columbien, 1986 Gastprof. Rijksuniv. Utrecht - BV: Zukunft durch kontroll. Wachstum (m. W. Dreier), 1977; Growth Dynamics of the Energy Dependent Economy, 1980. Energie u. Gerechtigk. (m. M. Suhrcke), 1984. Üb. 40 Facharb. - Spr.: Span., Engl., z. Verständ. Franz.

KÜMMEL, Werner Friedrich

Dr. phil., Prof. f. Geschichte d. Medizin - An der Pfingstweide 8 a, 6501 Hahnheim - Geb. 17. Okt. 1936 Zürich (Vater: Prof. Dr. theol. Werner K.; Mutter: Dr. phil. Auguste, geb. Bender), ev., verh. s. 1973 m. Ute, geb. Rößiger - 1956-63 Univ. Marburg, Kiel, Göttingen (Gesch., Musikwiss., Klass. Philol.). Promot. 1966 Marburg; Habil. 1973 Frankfurt/M. - S. 1973 Lehrtätigk. Univ. Frankfurt u. Mainz (1976); 1986-88 Leit. Inst. f. Gesch. d. Med. d. Robert Bosch Stiftg., Stuttgart; s. 1988 Leit. Medizinhistor. Inst. Univ. Mainz - BV: Geschichte u. Musikgesch., 1967; Musik u. Med. v. 800 b. 1800, 1977; Kursus d. med. Terminol. (m. H. Siefert), 5. A. 1988; Kommentarband zu C. Stromayrs Practica copiosa (1559), 1983 (Hrsg.) - Liebh.: Musik - Spr.: Engl., Franz., Ital., Lat., Griech. - Bek. Vorf.: Jacob Henle, Anatom, 1809-85 (Ururgroßv.).

KÜMMEL, Werner Georg

Dr. theol., D. D., o. Prof. f. Neues Testament (emerit. 1973) - v.-Harnack-Str. 23, 3550 Marburg/L. (T. 67965) - Geb. 16. Mai 1905 Heidelberg (Vater: Prof. Dr. med. Werner K., Hals-Nasen-Ohrenarzt (s. IX. Ausg.); Mutter: Marie, geb. Ulmann), ev., verh. s. 1935 m. Dr. phil. Auguste, geb. Bender, 5 Kd. (Werner, Hans, Katharina, Dorothea, Barbara) - Univ. Heidelberg (Promot. 1928), Berlin, Marburg - 1930 Assist. Marburg, 1932 ao., 1946 o. Prof. Zürich, 1951 Mainz, 1952 Marburg, 1963 Präs. Intern. Vereinig. d. Neutestamentler - BV: Römer 7 u. d. Bekehrung d. Paulus, 1929, Neudruck 1974; Verheißung u. Erfüllung, 3. A. 1956 (engl. 1957); D. Bild d. Menschen im Neuen Testam., 1948 (engl. 2. A. 1963); D. Neue Testam. - Gesch. d. Erforsch. s. Probl., 2. A. 1970; Heilsgesch. u. Gesch., 1965, 2. Bd. 1978. Hrsg.: H. Lietzmann, Korintherbriefe, 5. A. 1969; M. Dibelius, Paulus, 3. A. 1964 (erg.), Jesus, 3. A. 1960 (erg.); P. Feine - J. Behm, Einleit. in d. Neue Testam., 21. A. 1983 (neubearb.); D. Neue Testament im 20. Jh., 1970; Theol. d. Neuen Testaments - Jesus, Paulus, Johannes, 4. A. 1980; 30 J. Jesusforschung, 1985 - 1969 Theol. Ehrendoktor Univ. Glasgow; 1973 Burkitt Medal f. Biblical Studies.

KÜMMERLE, Fritz

Dr. med., o. Prof. u. em. Direktor Chir. Univ.klinik Mainz (s. 1963) - Am Eselsweg 31, 6500 Mainz-Bretzenheim (T. Klinik: 17 29 92) - Geb. 14. Febr. 1917 Göppingen/Württ. - 1954-63 Privatdoz. u. apl. Prof. (1959) Univ. Freiburg (zul. Oberarzt Chir. Klin.) - S. 1968 Vors. Mittelrh. Chirurgenvereinig., s. 1974 Präs. Dt. Ges. f. Chir. - BV: D. Erkrankung d. Dünndarms, 1963; Chirurgie d. endokrinen Pankreas, 1982; Erkrank. d. Nebennieren, 1985; Intraoperative Schalldiagnostik, 1985 . Handb.- u. Ztschr.beitr. - 1978 ausl. Mitgl. Académie de Chirurgie Paris; Mitgl. d. Dt. Akad. d. Naturforsch. Leopoldina, Halle/S., 1982; 1982 Ehrenmitgl. d. Österr. Ges. f. Chir., 1988 Colleg. Intern. Chir. Digest., 1988 Dt. Ges. f. Verdauungs- u. Stoffwechselkrankh., 1989 Vereinig. Mittelrhein. Chirurgen.

KÜMPERS, Hubertus

Finanzberater u. Geschäftsf. Kümpers GmbH, Heiligenhaus - Karlstr. 6, 5628 Heiligenhaus (T. 02056 - 51 31 u. 51 32) - Geb. 20. Jan. 1932 Rheine (Vater: Franz K., Fabrikant; Mutter: Lore, geb. Beckmann), kath., verh. s. 1961 m. Ka-

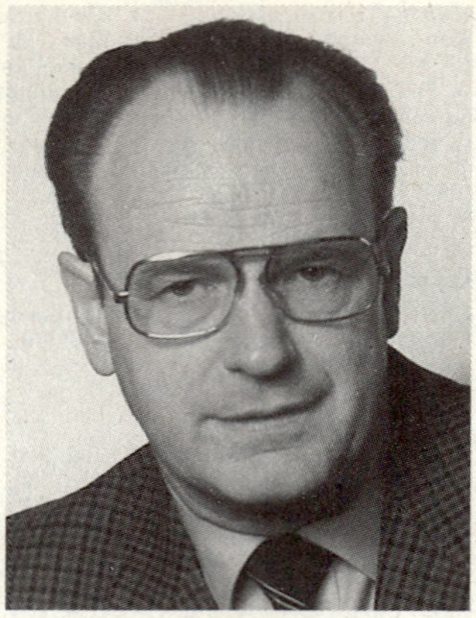

rin, geb. Fabritzius, 2 Kd. (Carsten, Britta) - Handelssch., Ing.sch. - 1973 Finanzberater, Geschäftsf. Kümpers GmbH, Heiligenhaus; Beirat in 12 dt. Ges. - BV: Kapitalanlage, 1981 - Liebh.: Jagd, Golf, Fotogr. - Spr.: Engl. - Lit.: Mies/Pfeiffer, Berg. Portraits.

KUEN, Hermann

Ehrenbundesdirigent Bayer. Musikbund - Dorfstr. 27, 8961 Sulzberg/Allg. (T. 08376 - 10 17) - Geb. 31. Jan. 1921 Sulzberg, kath., verh. m. Centa, geb. Ruf, 2 Söhne (Peter, Hermann) - Human. Gymn. Kempten; Lehrerausb. Königsberg (Musik- u. Dirigentenprüf. Heidelberg) - S. 1967 Bundesdirig. u. stv. Landesdirig. Bayer. Musikbd.; stv. Bundeskapellm. im Dt. Blasmusikverb. - Wertungsrichter im In- u. Ausl. Kompos. f. gr. Blas- u. Harmoniemusik: ASM Marsch; M. Energie u. Kraft; Frundsberg-Marsch; Festauftakt Ouvert. - 1980 Verdienstkreuz in Gold Rep. Österr. u. Südtirol - 1984 BVK I. Kl.; - Spr.: Lat., Griech., Franz. - Bruder: Paul Kuen, Kammersänger.

KUEN, Otto L.

Dr. phil., Studiendirektor i. R., Schriftst., Komp. - Staltacher Str. 84 d, 8127 Iffeldorf - Geb. 20. Mai 1910 München (Vater: Otto K., Oberlehrer; Mutter: Anny, geb. Schmid), kath., verh. s. 1941 m. Rosa, geb. Ferstl, 4 S. (Franz, Rupert, Peter, Anjo) - Staatsex. f. Neuphilol. 1933, Promot. 1935, bde. Univ. München - Ab 1933 fr. Mitarb. Bayr. Rundf.; ab 1940 Studienrat; 1972 Ruhest. - BV: u. a. D. Teufel geht um, 1970; D. darf doch nicht wahr sein, 1971; Da taat a dar aa stinka - Bairisch f. Fortgeschr., 1977; Koboldlieder, 1979; D. Odysseusgesch. v. Homer, (aus d. griech. übers.) 1987; D. stille Spur, Ausgew. Ged. 1987 - Musikwerke: Rd. 100 Lieder d. Weißblauen Drehorgel (1930-55); Rdf. D. Odysseusgschichtn v. Homer, ins Bairische übersetzt (s. 1981). Singspiele - Spr.: Engl., Franz., Latein, Griech., Ital., u. a.

KUEN, Paul

Kammersänger - 8961 Sulzberg/Allgäu (T. Kempten 2 46) - Geb. 8. April 1910 Neuburg (Vater: Paul K., Oberlehrer u. Bundesmusikdir.; Mutter: Dominika, geb. Weitnauer), kath., verh. s. 1936 m. Friederike, geb. Gschwender - Ausbild. Klaviertechniker; Gesangsstud. Heinrich Knote (München) - S. 1933 Operns. Konstanz, Bamberg, Freiburg, Plauen, Königsberg, Nürnberg, Staatsoper Dresden (1944) u. München (1947). S. 1952 Bayreuther Festsp.; Gast Metropolitan Opera New York u. gr. europ. Opernbühnen. Schallpl.: Columbia, Dt. Grammophon, Electrola, Decca. Fach: Charaktertenor - Brosch.: V. untern Wirt z. grünen Hügel - 1957 Bayer. Kammers.; Ehrenbürger Sulzberg; BVK I. Kl. - Liebh.: Fischen - Bek. Vorf.: Fam. Vöoertl (Maler u. Musiker aus Ungarn u. Südtirol) - Lit.: Allgäuer Lausbub erobert d. Bühnen d. Welt (Allgäuer Zeitungsverl.).

KÜNG, Hans

Dr. theol., Drs. h. c., o. Prof. f. ökumen. Theologie u. Direktor Institut f. ökumenische Forschung Univ. Tübingen (aus kath.-theol. Fachber. ausgegliedert) - Waldhäuserstr. 23, 7400 Tübingen (T. 6 26 46) - Geb. 19. März 1928 Sursee/Schweiz (Vater: Hans K., Kaufm.; Mutter: Emma, geb. Gut), kath. - Gymn. Luzern; Stud. Phil. u. Theol. Gregoriana Rom (Lic. phil. et theol.) u. Sorbonne u. Inst. Catholique Paris (Dr. theol.). Priesterweihe 1954 Rom - 1957-59 Vikar Hofkirche Luzern; 1959-60 Assist. Univ. Münster/W.; s. 1960 Ord. Univ. Tübingen (Dir. Inst. f. ökumen. Forsch.). Gastprof.: 1968 Union Theological Seminary New York, 1969 Univ. Basel, 1981 Univ. Chicago, 1983 Univ. Michigan/Ann Arbor, 1985 Univ. Toronto, 1987 Rice Univ., Houston/Texas - BV (größtent. in mehr. Aufl. u. zahlr. Übers.): Rechtfertigung - D. Lehre Karl Barths u. e. kath. Besinnung, 4. A. 1964; Konzil u. Wiedervereinig. - Erneuerung als Ruf in d. Einheit, 1960; Damit d. Welt glaube - Briefe an jg. Menschen, 1962; Strukturen d. Kirche, 1962; Kirche im Konzil, 1963; Freiheit in d. Welt, 1964; Theologe u. Kirche, 1964; Kirche in Freiheit, 1964; Christenheit als Minderheit, 1965; D. Kirche, 1967; Wahrhaftigkeit - Zukunft d. Kirche, 1968; Unfehlbar? - E. Anfrage, 1970; Menschwerdung Gottes - E. Einf. in Hegels theol. Denken als Prolegomena zu e. künft. Christologie, 1970; Wozu Priester?, 1971; Freiheit d. Christen, 1971; Was in d. Kirche bleiben muß, 1973; Fehlbar? E. Bilanz, Sammelbd. 1973; Christ sein, 1974; 20 Thesen z. Christsein, 1975; Was ist Firmung, 1976; Jesus im Widerstreit, E. jüdisch-christl. Dialog, 1976 (m. Pinchas Lapide), 1976; Gottesdienst - warum, 1976; Heute noch an Gott glauben? (m. Walter Scheel), 1977; Existiert Gott?, 1978; Kirche - gehalten in d. Wahrheit?, 1979; 24 Thesen z. Gottesfrage, 1979; Kunst u. Sinnfrage, 1980; Wegzeichen in d. Zukunft, 1980; D. christl. Herausf., 1980; Glauben an Jesus Christus, 1982; Ewiges Leben?, 1982; Christentum u. Weltrelig. (m. Josef van Ess, Heinrich v. Stietencron, Heinz Bechert), 1984; Woran man sich halten kann, 1985; Dichtung u. Religion (m. Walter Jens), 1985; Theologie im Aufbruch. E. ökumenische Grundlegung, 1987; Freud u. d. Zukunft d. Religion, 1987; Christentum u. Chinesische Religion (m. Julia Ching), 1988; Wortführer d. Menschlichkeit. Thomas Mann - Hermann Hesse - Heinrich Böll (m. Walter Jens), 1989. Üb. 400 Fachaufs. Herausg.: Theol. Meditationen (1964ff.); Mithrsg.: Konzilsreden (1964), Ökumenische Forsch. (1967ff.), Tübinger Theol. Quartalsschr. (1960-80), Journal of Ecumenical Studies (1964ff.), Concilium (1964ff.) - 1962 Peritus (offz. Konzilstheologe); Ehrendoktor Univ. St. Louis (1963), Pacific School of Religion Berkeley (1966), Loyola Univ. Chicago (1970), Univ. Glasgow (1971), Univ. Toronto (1984), Univ. Cambridge/Engl. (1985), Univ. Michigan/Ann Arbor - Spr.: Lat., Griech., Hebr., Franz., Engl., Ital., Span., Holl. - Lit.: Hans Küng. Weg u. Werk. Hrsg. v. H. Häring u. K. J. Kuschel (m. Bibliogr. v. M. Gentner), 1978; Um nichts als d. Wahrheit. Dt. Bischofskonferenz contra Hans Küng. E. Dokument. hrsg. u. eingel. v. Walter Jens, 1978; D. Fall Küng. E. Dokument. hrsg. v. N. Greinacher u. H. Haag, 1980; u. a. Dokument. - 1979 Mitgl. PEN-Zentr. BRD u. PEN American Center.

KUENHEIM, von, Eberhard

Dipl.-Ing., Dr.-Ing. E.h., Vorstandsvorsitzender BMW AG (s. 1970) - Geb. 2. Okt. 1928 Königsberg - Abit. 1948, Praktikum Bosch Stuttgart, 1950-54 Stud. Maschinenbau TH Stuttgart (Dipl.-Ing.) - 1954 Betriebs- u. Verkaufsing., spät. techn. Leit. Werkzeugmaschinenfabrik Max Müller, Hannover, 1965 Harald Quandt (spez. Aufg. d. techn. Berat. u. Koordination versch. Ges.), 1968 Generalbevollm. u. stv. Vorst.-Vors. Ind. Werke Karlsruhe Augsburg AG. AR-Mitgl. Bayer. Vereinsbk. AG, Ind. Werke Karlsruhe Augsburg AG, Münchener Rückversich.-Ges. AG u. Königl.-Niederl. Petroleum Ges. (Royal Dutch-Shell Gruppe); Vorst.-Mitgl. Vereinig. d. Arbeitg.verb. in Bayern; Präsid. d. Landesverb. d. Bayer. Ind.; Vizepräs. Verb. d. Automobilind. - Mitgl. d. Senats d. Max-Planck-Ges. z. Förd. d. Wiss.; Ehrensenator TU München; 1984 Goldmed. Amerik. Wirtschaftsmagazin FORTUNE (Disz. Unternehmensführ.).

KÜNKEL, Helmut

Dr. med., o. Prof. f. Klin. Neurophysiologie u. Leit. Inst. f. Klin. Neurophysiol. u. Exper. Neurol./Departm. Psych. u. Neurol. Med. Med. Hochschule Hannover (s. 1973) - Hauptstr. 61, 3004 Isernhagen 2 F - Zul. FU Berlin.

KÜNNE, Wulf

Dr. phil., Prof. f. Erziehungswissensch. (Didaktik d. Engl. Sprache u. Lit.) Univ. Hamburg (s. 1974) - Ludwig-Meyn-Str. 2, 2083 Halstenbek.

KÜNNEKE, Evelyn

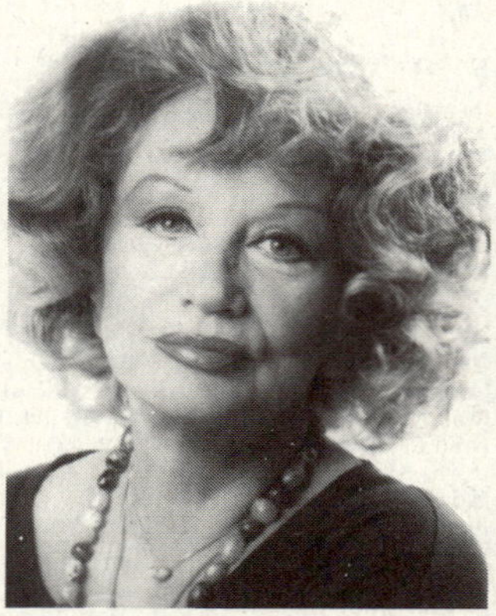

Sängerin, Schauspielerin - Giesebrechtstr. 5, 1000 Berlin 12 (T. 883 52 10) - Geb. 15. Dez. 1921 Berlin (Eltern: Eduard (Operettenkomp.; s. XI. Ausg.) † 1953 u. Katharina K. † 1967), ev., verh. m. Reinhard Thomanek - Schulen Berlin, USA, Engl. - Tänzerin; Sängerin; Schausp. - BV: Sing, Evelyn, sing, Erinn. 1982 - Liebh.: Kochen, Schwimmen (1935 Berliner Juniorenmeisterin im Brustschwimmen), Reiten, Musik, Malen, Bücher - Spr.: Engl., Franz., Russ., Ung.

KÜNNEMEYER, Friedrich

Fabrikant, Geschäftsf. Hornitex Werke Gebr. Künnemeyer u. Hornitex Werke, Nidda - Ackhöfe Nr. 6, 4934 Horn-Bad Meinberg - Geb. 7. Juni 1922.

KÜNNEMEYER, Otto

Dipl.-Holzw., Fabrikant, Ges. u. Sprecher d. Geschäftsführung: Hornitex Werke Gebr. Künnemeyer, Horn-Bad Meinberg 1; Hornitex Werke Nidda, Nidda 1 - Paschenburg 5, 4934 Horn-Bad Meinberg 1 - Geb. 17. Juli 1931 Detmold (Vater: Otto K.) - Beir. Deutsche Bank Bez. Bielefeld-Osnabrück; Vorst. Wilhelm-Klauditz-Inst. f. Holzforsch. d. Fraunhofer-Gesellsch., Braunschweig; Beir. INTERZUM Messe- u. Ausstellungsges. m.b.H., Köln.

KÜNNETH, Walter

Dr. phil., Dr. theol. h. c., D. D., Kirchenrat, o. Prof. f. Systemat. Theologie (emerit.) - Burgbergstr. 6, 8520 Erlangen (T. 2 44 43) - Geb. 1. Jan. 1901 Etzelwang/Opf. (Vater: Lorenz K., Geistl.; Mutter: Lisette, geb. Schlupper), verh. I) 1927 m. Mathilde, geb. v. Ammon († 1961), 3 Kd. (Irmela, Adolf, Friedrich Wilhelm), II) 1964 Gerda, geb. Betz - Gymn.; Univ. Erlangen (Promot. 1924) u. Tübingen. Lic. theol. 1927 Erlangen; Habil. 1930 Berlin - 1927-37 Apologet. Zentrale, Berlin-Spandau (1932 Leit.),

1938-44 Pfarrer Starnberg/Obb. (Verfolgung durch Gestapo (N.S.), 1937 Rede- u. Schreibverbot f. Reichsgebiet), 1944-53 Dekan Kirchenbez. Erlangen, 1946-69 Honorarprof. u. o. Prof. (1953) Univ. Erlangen - BV: D. Lehre v. d. Sünde, 1927; D. Nation vor Gott, 1931 (m. H. Schreiner); D. Theol. d. Auferssteh., 5. A. 1968 (engl. 1965), 6. A. 1982; D. Antwort auf d. Mythos, 1935; D. gr. Abfall, 2. A. 1947; Leben aus Christus, Predigten 1947; D. Autorität d. Bekenntnisses, 1949; Christus od. Maria?, 1950; D. öfftl. Verantw. d. Christen, in: Luthertum, H. 7 1952; Politik zw. Dämon u. Gott, E. christl. Ethik d. Politischen, 1953; Mod. Wirtschaft - christl. Existenz, 1959; Begegnungen m. Gott, 1959; Schuld in d. Politik als theol.-eth. Problem, in: Jahrb. d. Albertus-Univ. zu Königsberg/Pr., Bd. XI 1960; Wir sind nicht allein, 1961; M. d. Leben fertig werden, 1962; Ostergedanken, 1963; Glauben an Jesus?, 3. A. 1969; V. Gott reden?, 1965 (finn. 1965); Entscheidung heute, 1966; Jesus u. d. Neue Testament, 1967; Glaubenskrise? Zw. Lehre, Irrlehre u. Revolution, 1969; Glauben an Jesus, 3. A. 1969; D. theol. Horizont d. Ökumen.-missionar. Problematik heute, in Festschr. f. Dietzfelbinger, 1973; Leuenberg im Kontext d. Zeitgeistes, in Leuenberg-Konkordie oder Diskordie, 1974; Fundamente d. Glaubens (Bibl. Lehre heute) 1975; Lebensführungen (Autobiogr.), 1979; D. Christ als Staatsbürger - E. ethische Orientier., 1984 - Ehrendoktor Univ. Erlangen (1945) u. Wartburg Theological Seminary, Dubuque/USA (1966); 1962 Bayer. VO., 1966 Gr. BVK; 1981 bayer. Maximilians-Orden f. Wiss. u. Kunst.

KÜNSTLER, Bodo

Dr. jur., Vorstandsmitglied BHW-Bausparkasse Hameln (s. 1980) - Ostertorwall 13b, 3250 Hameln 1 (T. 05151 - 4 36 62) - Geb. 26. Juni 1931 Goslar, verh. s. 1957 m. Otti, geb. Möller, 2 Töcht. (Annette, Susanne) - Univ. Göttingen; Gr. jurist. Staatsprüf. u. Promot. 1961 - 1961-80 Staatsdst. (Ltd. Reg.-Dir. Nieders. Steuerverw.). 1971-81 Vors. Dt. Beamtenbd. Nieders. - 1981 BVK - Liebh.: Lit., Gesch. - Spr.: Engl.

KÜNSTLINGER, Rudolf

Dr. phil., Prof. f. Politikwiss. Univ. Köln - Am Siepen 15, 5300 Bonn 1 - Geb. 5. Nov. 1923 Lipt. Nicolaus (Vater: Adolf K.; Mutter: Helene, geb. Schiffer), verh. s. 1947 m. Zdena, geb. Novak, 2 S. (Michael, Martin) - Hochsch. f. Politik u. Sozialwiss. u. phil. Fak. Univ. Prag. Habil. 1964 Prag - 1953-69 Univ. Prag (Doz. f. Zeitgesch. u. polit. Theorien), 1968-69 Stip. A. v. Humboldt-Stiftg. - Osteuropa Inst. Univ. Tübingen, Mitarb. Friedrich-Ebert-Stiftg. - BV: Parteidiktatur od. Demokr. Sozialismus?, 1972. Zahlr. Einzelarb. z. Gesch. d. Sozialismus u. polit. Theorien - Spr.: Franz., Russ., Tschech., Slow.

KÜNTZEL, Gottfried

Dr. phil., Univ.-Prof., Dozent f. Musikerziehung Univ. Lüneburg - Am neuen Felde 28, 2120 Lüneburg (T. 4 13 35) - Geb. 30. Jan. 1925) Bonn (Vater: Prof. Dr. phil. Adolf K. †; Mutter: Erika, geb. Berg †), ev., verh. s. 1954 m. Margrit, geb. Hansen, 3 Kd. (Matthias, Bettina, Tilman) - Gymn. Darmstadt; Stud. Musik, -wiss., Päd., Ev. Theol., Phil. Stuttgart, Hannover, Freiburg, Münster, Frankfurt - Musikpäd. in Forsch. u. Lehre, Orchesterleit. - BV: D. Instrumentalkonzerte v. Johann Friedrich Fasch (1688-1758), 1965 (Diss.); Sequenzen - Musik Sekundarstufe I; banjo Musik 5/6 - Liebh.: Musik, Lit., bild. Kunst, Theater, Wandern - Spr.: Engl.

KÜNZEL, Erich

Dr. med. vet., o. Prof. f. Anatomie, Histologie u. Entwicklungslehre u. Direktor Inst. f. Veterinäranat. Freie Univ. Berlin (s. 1962) - Irmgardstr. 29, 1000 Berlin 37 (T. 8138084) - Geb. 2. Mai 1922 Kulmbach/Ofr. - S. 1957 (Habil.) Lehrtätigk. FU Berlin - BV: D. Entwickl. d. Hühnchens im Ei, 1962. Üb. 40 Einzelarb.

KÜNZEL, Franz Peter

Schriftsteller, Übersetzer - Egenhoferstr. 24, 8031 Puchheim/Obb. (T. München 803257) - Geb. 31. März 1925 Königgrätz (Vater: Franz K., Eisenbahnbeamter; Mutter: Helena, geb. Müller), kath., verh. s. 1957 m. Helga, geb. Schneeberger - Tschech. u. dt. Schulen; Kriegssch. Staatsprüf. Tschech. 1958 München - Wehrdst. (zul. Ltn. d. R.), spät. Bauernknecht u. Malerhilfsarb., 1956-63 Cheflektor Dt. Bücherbund u. Kindler-Verlag (1960), seith. fr. Schriftst. u. Übers. f. Tschech. u. Slowak. - BV: Aphorismen zur Schriftstellerei, 1950; An die Heimat, Gedichte 1950; 13 Herbstblätter, Gedichte 1954. Übersetz. aus dem Tschechischen u. Slowak. nach 1945 (1969). Mitautor: Mitten im Strom - Anthol. d. Gegenwart (1956); D. Sozialismus m. menschl. Gesicht, 1969. Herausg.: Sagen und Geschichten aus d. Weitnauer Tal (1950); Mithrsg.: Europ. Balladen (1967), Meine Freundin Julca u. a. tschech. Erz. (1967), Verspät. Tränen u. a. slowak. Erz. (1969), Tschechoslowakei erzählt (1970). Übers.: Bohumil Hrabal, Richard Weiner, František Langer, Vladimir Páral, Miroslav Holub, Josef Toman, Milan Kundera u. a. - 1968 Übersetzerpreis Tschechosl. Schriftst.verb., 1983 Suddt. Kulturpreis f. Schrifttum, 1967 Ehrengabe Andreas-Gryphius-Preis, 1971 Kulturkr. BDI, 1972 Bayer. Akad. d. Schönen Künste; 1966 Silb. Verdienstmed. Tschechosl. Ges. f. intern. Bezieh., 1978 Gedenkmed. f. lit.-kommerz. Kooperation ARTIA, Prag - 1972 Mitgl. PEN-Zentrum BRD, 1977 Ehrenmitgl. Exil-PEN deutschspr. Länder, 1980 o. Mitgl. Suddt. Akad. d. Wiss. u. Künste - Liebh.: Skifahren.

KÜNZEL, Klaus

Dr. phil., Prof. f. Allg. Pädagogik u. Erwachsenenbildung - Zum Brauk 7, 4760 Werl-Holtum/W. - Geb. 12. Febr. 1945 Dresden (Vater: Fritz K., Offz. i. R.; Mutter: Hildegard, geb. Gückel), kath., verh. s. 1971 (Ehefr.: Deirdre, geb. Berry), 4 Kd. (Robert, Rebecca, Maxim, Guido) - Aufbaugymn. Hilchenbach; Reserveoffz., Stud. Bochum (German., Päd.) u. Oxford (Phil.). Promot. 1972 Bochum - B. 1973 Univ. Liverpool (Lecturer/Adult Education), dann Univ. Bochum (Wiss. Assist.), s. 1976 Univ. Dortmund (Prof.) - BV: Univ.ausdehnung in Engl., 1974; Berufsfördermaßn. f. nicht-berufsreife Jugendl., 1978; Von d. Nationalerzieh. z. Weiterbild., 1980; Weiterbild. in Nordrh.-Westf., 1981; Intern. Erwachsenenbild., 1981; Werbung f. Weiterbildung, 1988 - Liebh.: Rundfunktechnik, Golf, Hockey- Spr.: Engl.

KÜNZEL, Wolfgang

Dr. med., o. Prof. f. Geburtshilfe u. Gynäkologie Univ.-Frauenklinik - Klinikstr. 28, 6300 Gießen (T. 0641 - 702 33 02) - Geb. 28. Juli 1936 Zwickau, ev., verh. s. 1961, verw. s. 1983, 4 Kd. (Steffen, Marret, Gerret, Tina), verh. s. 1985 m. Dr. Michaele, geb. Loh - Stud. Univ. Marburg u. Kiel; Promot. 1962; Habil. 1971; 1975 apl. Prof. Med. Hochsch. Hannover u. Univ. Würzburg; 1968-70 Inst. f. Physiol. Med. Hochsch. Hannover; 1974-75 Forsch.aufenth. Nassau County Med. Center, State Univ. of New York Stony Brook; s. 1980 o. Prof. u. gf. Dir. Univ.-Frauenklinik Gießen. Schatzm. Dt. Ges. f. Gynäkologie u. Geburtshilfe. Üb. 100 Fachveröff. Mithrsg. u. wiss. Beirat v. 4 Fachztschr. - 1972 Preis NWD-Ges. f. Gynäkol. u. Geburtshilfe.

KÜNZER, Wilhelm

Dr. med. (habil.), o. Prof. u. Direktor Univ.s-Kinderklinik Freiburg (s. 1962) - Kirchenhölzle 8, 7800 Freiburg/Br. (T. 54636) - Geb. 3. Nov. 1919 Aachen - 1950-62 Privatdoz. u. apl. Prof. (1956) Univ. Würzburg (zul. Oberarzt Kinderklin.) - BV: Üb. d. Blutfarbstoffwechsel gesunder Säuglinge u. Kinder, 1951; Z. Physiologie d. Blutgerinnung b. Neugeborenen, 1964. Mithrsg. Lehrb. d. Kinderheilkd. Zahlr. Einzelarb. in (Fachb., Ztschr.) - 1973 Mitgl. Dt. Akad. d. Naturforscher (Leopoldina), Halle/S.

KÜNZL, Ernst Rüdiger

Dr. phil., Archäologe, Direktor am Römisch-Germanischen Zentralmuseum Mainz (s. 1971) - Zu erreichen üb. Ernst-Ludwig-Platz 2, 6500 Mainz - Geb. 22. Aug. 1939 Karlsbad (Vater: Ernst K., Beamter; Mutter: Maria, geb. Müller), verh. s. 1979, 4 Kd. - Hum. Gymn. Aschaffenburg; Stud. Univ. München, Frankfurt, Köln; Promot. 1966 ebd. - 1966-69 Wiss. Mitarb. Rhein. Landesmuseum Bonn, 1969-70 Wiss. Assist. Archäol. Inst. Univ. Köln - BV: Frühhellenist. Gruppen, 1968; D. Kelten d. Epigonos von Pergamon, 1971; CSIR, Dtschl. II/1, 1975; Med. Instrumente aus Sepulkralfunden d. römischen Kaiserzeit (Unt. Mitarb. v. Franz Josef Hassel u. Susanna Künzl), 1983; D. römische Triumph, 1988; D. Schale v. Altenwalde, 1989.

KÜNZL, Hannelore,

geb. Worringen

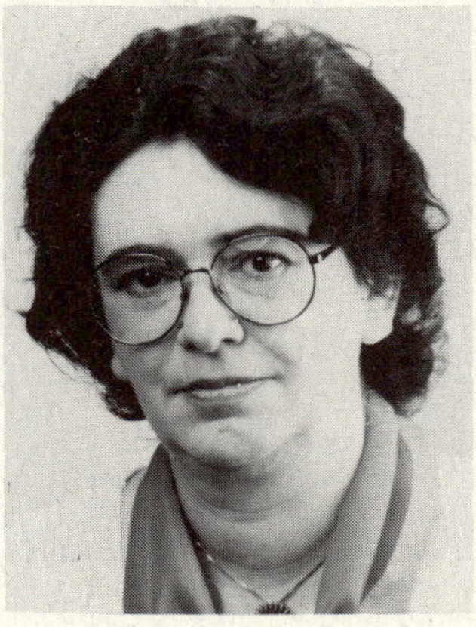

Dr. phil. habil., Prof. f. Jüdische Kunst - Unterer Fauler Pelz 2, 6900 Heidelberg (T. 06221 - 2 97 73) - Geb. 28. März 1940 Köln, gesch. - Promot. (Kunstgesch., Judaistik u. Semitistik) 1970 Köln; Habil. 1980 ebd. - 1971-75 Martin-Buber-Inst. Univ. Köln; 1976-77 Habil.-Stip. d. DFG; s. 1980 Doz. f. Jüdische Kunst Hochsch. f. Jüdische Stud. Heidelberg; s. 1985 Prof. - BV: D. Einfluß d. Alten Orients auf d. europ. Kunst, 1973; Neo-Islamische Stilelemente im Synagogenbau d. 19. u. frühen 20. Jh., 1984 - Liebh.: Musik, Reisen - Spr.: Engl., Franz., Ital., Span., Griech., Hebr., Latein, Arab., Syr.

KÜPER, Wilfried

Dr. jur., o. Prof. f. Straf- u. -prozeßrecht sowie -rechtsgeschichte Univ. Heidelberg - Am Schloßgarten 11, 6945 Hirschberg-Leutershausen - Geb. 1. Mai 1937 Brandenburg (Vater: Wilhelm K., Realschuldir.; Mutter: Elisabeth, geb. Koch), ev., verh. s. 1977 m. Ursula, geb. Wörmann - Promot. 1967, Habil. 1974.

KÜPERS, Herbert

Prof., Hochschullehrer - Schneidemühlerstr. 6c, 7500 Karlsruhe 1 - Geb. 12. Juni 1935 Mannheim - Gegenw. Prof. f. Engl. (Didaktik u. Methodik d. Fremdspr.unterr.) PH Karlsruhe - Veröff.: u. a. in WPB, Insight V; Lehrw. u. Lehrmatt., Textausg.

KÜPKER, Erich

MdL, stv. Vorsitzender FDP-Fraktion, Landesminister a. D., Unternehmensberater - Drögen-Hasen-Weg 61A, 2900 Oldenburg (T. 7 47 53) - Geb. 27. März 1933 Oldenburg, ev., verh., 2 Kd. - Dipl.-Ing. agr., Assess.; 1974-76 u. 1977-78 nds. Minister f. Wirtsch. u. Verk. - Gr. BVK.

KÜPPER, Heinz

Studienrat (Staatl. St. Michael-Gymn. Münstereifel), Schriftst. - Kommerner Str. 212, 5350 Euskirchen - Geb. 10. Nov. 1930 Euskirchen (Vater: Kaspar K., Angest.; Mutter: Gertrud, geb. Sever), kath. - Univ. Bonn, FU Berlin (German., Gesch.). Staatsex. 1958 - BV: Simplicius 45, R. 1963 (div. Übers.); Milch u. Honig, R. 1965 (auch franz.); Am A... d. Welt - Landserdeutsch 1933-45, 1971. Herausg.: Handl. Wörterb. d. dt. Alltagssprache (1968) - 1965 Förderungspreis f. Lit. Stadt Köln - Liebh.: Rhein. Archäol. - Spr.: Engl., Franz.

KÜPPER, Karl

Dr. rer. pol., Dipl.-Kfm., Direktor, Vors. d. Geschäftsfg. Heinrich Koppers GmbH., Essen - Dümpelweg 30, 4330 Mülheim/Ruhr - Geb. 5. Aug. 1915 Düsseldorf (Vater: Heinrich K.) - Dipl.-Kfm. 1939; Promot. 1948 - B. 1959 Mannesmann, dann Koppers (Gf.).

KÜPPER, Tassilo Georg

Dr. rer. nat., Prof. f. Mathematik Univ. Hannover - Saarstr. 24, 3000 Hannover 1 - Geb. 19. April 1947 Düsseldorf (Vater: Georg K., Forstamtmann; Mutter: Elsbeth, geb. Iffland, kath., verh. s. 1979 m. Monika, geb. Reuther, 3 Kd. (Moritz, Robert, Charlotte) - 1966-74 Univ. Köln (Dipl.); Promot. 1974, Habil. 1979 - 1973-82 Wiss. Assist. Univ. Köln; 1982-86 Prof. Univ. Dortmund; s. 1986 Prof. Univ. Hannover; 1981/82 Gastprof. USA (Math. Res. Center, Madison; Univ. of Arizona, Tucson; Stanford Univ.; Cal. Tech., Pasadena) - 1981/182 Heisenberg-Stip. (DFG).

KÜPPER, Werner

Dr. med. vet., Dr. med. habil., Prof., Leiter Abt. Versuchstierkunde RWTH Aachen - Am Beulardstein 32, 5100 Aachen (T. 0241 - 1 24 29) - Geb. 28. Mai 1943 Neuenburg, verh. s. 1969 m. Monika, geb. Zureda, 2 Kd. (Saskia, Fabian) - Stud. Univ. Gießen, Wien, Zürich; Promot. 1971; Habil. 1980 - Wiss. Assist. Univ. Gießen, Med. Hochsch. Hannover; 1983 Prof. RWTH-Aachen; Schriftf. Senatskommiss. d. DFG f. Versuchstierforsch. - BV: Biomechanik d. Hüftgelenks u. Schultergelenks d. Hundes, 1981; Krankheiten d. Heimtiere (Mitarb.), 1984; Schmerzausschaltung in d. experimentellen Chirurgie, 1985 - Liebh.: Musik, Sport - Spr.: Engl.

KÜPPER, Willi

Dr., Prof. f. Betriebswirtschaftslehre Univ. Oldenburg - Insterburger Str. 5h, 2900 Oldenburg/O.

KÜPPERS, Horst

Dr. rer. nat., Prof. f. Kristallographie - Russeer Weg 182, 2300 Kiel (T. 0431-52 78 19) - Geb. 24. April 1933 Köln (Vater: Dr. Paul K., Dipl.-Chem.; Mutter: Gertrud, geb. Holtermann), verh. s. 1961 m. Sieglinde, geb. Hierholzer, 4 Kd. (Marion, Frank, Nicola, Denise) - Stud. Univ. Köln, (Dipl.-Phys. 1960), Promot. Freiburg 1966, Habil. Köln 1973.

KÜPPERS, Topsy

Theaterdirektorin, Schauspielerin, Chansonette, Tänzerin u. Kabarettistin - Wiedner Hauptstr. 60b, A-1040 Wien (562122) - Geb. 17. Aug. 1934 Aachen - S. 1976 eig. Theater in Wien - 1967 Trude Hesterberg Ring als beste dt. Chansonette, 1977 Kulturpreis Stadt Wien, 1984 gold. Verdienstz. d. Land Wien.

KÜPPERS, Waltraut

Dr. phil., o. Prof. f. Päd. Psychologie Univ. Frankfurt (s. 1966) - Weidlingstr. 5, 3500 Kassel (T. 3 66 15) - Beide Lehrerprüf. 1938 u. 41, Dipl.-Psych. 1943, Promot. 1946 Göttingen - 1951-55 Rektorin Kassel; 1955-63 Doz. f. Psych. Jugenh./Bergstr.; 1963 a. o. Prof.; 1966 o. Prof. Univ. Frankf. Spez. Arbeitsgeb.: Entw.psych., Unterrichtspsych., Verhaltensstör. - BV: Z. Psych. d. Geschichtsunterr. 2. A. 1966; Mädchentageb. d. Nachkriegszeit, 1964; Psych. d.

Dtschunterr., 1980; zahlr. Ztschr.beitr. - Mitgl. Dt. Ges. f. Psychologie.

KÜPPERSBUSCH, Fritz
Dipl.-Ing., Aufsichtsratsmitgl. d. Küppersbusch AG, Gelsenkirchen - Ravenbusch 6, 4650 Gelsenkirchen - Geb. 1. März 1912 Gelsenkirchen.

KUERPICK, Josef

Akad. Kunstmaler, Oberstudienrat - Am Schafberg 9, 6962 Adelsheim; u. La-Palmyre-Les-Mathes, F 17, Pav. Nr 143 - Geb. 31. Mai 1936 Wiedenbrück/Westf., kath., verh. m. Maria, geb. Merz (T. v. Prof. Dr. W. Merz), 2 Kd. (Dipl.-Ing. Oliver, Stud. Biol. Susanne) - Abit. 1956 Wiedenbrück; Stud. Kunst, Geogr., Psych. Univ. München, Berlin (Prof. Dörries), Karlruhe (Prof. W. Becker u. Herzger); Staatsex. 1963 - Kunstlehrer; Kunsterzieher Burghardt Gym. Buchen. 1. Vors. Fremdenverkehrsgemeinsch. Bauland - Ausst.: Bad Kissingen, Mergentheim, Orb, Schloß Bödigheim, Heilbronn, Buchen, Mosbach, Obrigheim, Bonn (Parlam. Ges.), Wien. Verkauf v. Bildern in d. USA u. BRD, nach Österr., Frankr., Austral. - Liebh.: Reisen, Jagd - Spr.: Engl., Franz.

KÜRSCHNER, Wilfried

Dr. phil. habil., Prof. f. Allg. Sprachwissenschaft u. Germanist. Linguistik Univ. Osnabrück - Dohlenstr. 7, 2848 Vechta (T. 04441 - 72 00) - Geb. 8. April 1945 Lichterfeld (Vater: Willi K., Zimmermann; Mutter: Milda K.), ev., verh. s. 1970 m. Christa, geb. Ledebrink, 2 Kd. (Katrin, Sebastian) - Gymn. Dortmund; Stud. Univ. Tübingen, Newcastle-upon-Tyne (German., Angl.; 1. Staatsex. 1970); Promot. 1973 Tübingen, Habil. 1980 Freiburg - S. 1980 o. Prof. Univ. Osnabrück, Abt. Vechta - BV: Dt. Nominalkomposita, 1974; Negation im Deutschen, 1983; Grammat. Grundbegr., 1988; Grammat. Kompendium, 1989. Herausg.: Akten d. 10. Linguist. Koll. (1976); Akten d. 19. Linguist. Koll. (1985); Zw. Renaissance u. Aufklärung (1988).

KÜRSTEN, Martin
Dr. rer. nat., Prof., Präsident Bundesanstalt f. Geowiss. u. Rohstoffe, Präs. Nieders. Landesamt f. Bodenforsch., Hannover - Stilleweg 2, 3000 Hannover 51 - Geb. 12. Okt. 1931, verh. m. Barbara, 3 Kd. - Stud. Univ. Bonn, Edinburgh (Geol.); Promot. - Hon.-Prof. Würzburg.

KÜRTEN, Dieter
Journalist, Chefreporter Sport ZDF (1984ff.) - Zu erreichen üb.: ZDF, 6500 Mainz-Lerchenberg - Geb. 1935, verh., Kd. - Zahlr. Übertrag., zul. Fußball-WM 1982 in Spanien (m. Buchherausg.) - Liebh.: Musik.

KÜRTEN, Elisabeth Charlotte
Dr. phil., Dipl.-Psych., Prof. f. Psychologie PH Ludwigsburg (s. 1972) - Eckener Str. 5, 7146 Tamm/Württ. - Geb. 17. Dez. 1931 Wuppertal - Promot. 1971.

KÜRTEN, Gerold

Dozent Rhein. Musikschule Stadt Köln, Autor, Komp., Verleger - Franz-Peter-Kürten-Weg 5, 5000 Köln 80 (T. 0221 - 60 23 48) - Geb. 28. Okt. 1927 Düren-Birkesdorf, kath., gesch., 2 Kd. (Cassia, Marius) - Musikstud. (vorw. Kompos. u. Direktion) - Versch. Buch-Veröff. Herausg. d. Werke Franz Peter Kürtens (rhein. Mundartdichter), Interpretationen, Lose-Blatt-Samml.: Loss m'r doch noch jet singe (s. 1975); Schallpl. - 1987 Schmitz-Orden; 1988 Rheinlandtaler - Liebh.: Reisen - Spr.: Span., Franz., Engl. - Bek. Vorf.: Franz Peter Kürten, rhein. Mundartdichter (Vater).

KÜRTEN, Hans Peter
Bürgermeister Remagen - Alter Fuhrweg 39, 5480 Remagen (T. 02642 - 2 01 11) - Geb. 15. Mai 1929 Langenfeld/Rhld. (Vater: Egon K., Werkmstr.; Mutter: Anastasia, geb. Jaschinski), ev., verh. s. 1976 in 2. Ehe m. Carola, geb. Ickenroth - Abit. Opladen 1951, 1. u. 2. Verw.prüf. Verw.sch. Wuppertal 1954 - 1957-65 Bürgerm. Nastätten/Taun., 1965ff. Bürgerm. Remagen. S. 1977 Vors. Stift. Jean Arp u. Sophie Taeuber-Arp e.V.; s. 1981 Vors. Friedensmus. Remagen e.V. (Gründ.), s. 1983 Vors. Gemeinde- u. Städtebund. Rhld.-Pfalz; s. 1985 Mitgl. Rundf.-Rat SWF - BV: Kriegsgefangene in Remagen - 1978 PR-Preis, 1979 VK a Bdes., VÖ BRD, 1986 Europakreuz Dt. Sekt. Confédération Européenne des Anciens Combattants d. Dt. Komit. f. europ. Zusammenarb.

KÜRTEN, Josef
Oberbürgermeister Landeshauptstadt Düsseldorf, Vors. Landschaftsverb. Rheinland, Köln, AR-Vors. Düsseldorfer Messeges. mbH. (NOWEA) u.a. - Marktpl. 2, 4000 Düsseldorf; priv.: Cannstatter Str. 17 - Geb. 20. März 1928 Düsseldorf - Prok. Stahlhandelsfa. Auffermann, D'dorf; 1984ff. Bürgerm. D'dorf - 1984 Gr. BVK.

KÜRTEN, Reiner
Dr. rer. pol., Vorstandsmitgl. Nordstern Allg. Versicherungs-AG., Berlin/Köln -
Gereonstr. 43-65, 5000 Köln - Geb. 14. Febr. 1928 - Vorst.-Spr. UNION AG f. Versich., Hamburg.

KÜRTEN, von, Wilhelm
Dr. phil., em. Prof. f. Geographie Univ.-GH Wuppertal - Am Steinbruch 12, 5830 Schwelm/W. - Geb. 12. März 1915 Schwelm (Vater: Wilhelm, Feilenhauer; Mutter: Pauline, geb. Stucke), ev., verh. s. 1943 m. Irmgard, geb. Eichelkraut, 3 T. (Sigrid, Ulrike, Irmhild) - Realgymn. Schwelm; Univ. Münster, Göttingen, Köln. Beide Staatsex. Promot. 1939 Köln; Habil. 1969 Bochum - B. 1958 höh. Schuldst. (zul. Oberstudienrat), dann Bezirksbeauftr. Naturschutz Ruhrgebiet, 1970-72 Wiss. Rat u. Prof. Univ. Bochum, 1972-81 o. Prof. Univ. Wuppertal - BV: D. landschaftl. Struktur d. Ennepe-Ruhr-Kr., 1954; Nordrh.-Westf., 1957; Landschaftsstruktur u. Naherholungsräume im Ruhrgeb. u. in s. Randzonen, 1973; D. naturräuml. Einheiten auf Blatt Kleve/Wesel, 1977; D. Bevölkerungsentw. im Berg.-Märk. Land u. im Ruhrgeb. s. 1950, 1977; Feinstruktur u. Gliederung d. Kulturlandsch., 1979; D. Wupper-Ennepe-Verdichtungszone im räuml. Gefüge, 1985 - 1973 BVK - Lit.: Festschr. z. Emerit. (hg. v. D. Beckmann u. H. Knübel), 1981.

KÜRTHY von FAYKÜRTH u. KOLTA, Tamàs G.
Dr. phil., Univ.-Prof. RWTH Aachen, Lehrgeb. Sozialisationstheoret. Grundlagen d. Erziehungswiss. (s. 1975) - Karl-Friedrich-Str. 30, 5100 Aachen - Geb. 6. März 1921 München (Vater: E. v. K., Rittmeister; Mutter: G. Freiin Hofenfels), verh. s. 1964 m. Auguste, geb. Lücke, 2 T. (Anikò, Ildikò) - Chemie Dipl. 1946 Budapest, Dr. phil. Münster - BV: Geschlechtsspezif. Sozialisation I/II, 1978; Dornröschens zweites Erwachen, 1985; Einzelkinder, 1988 - 1986 Rechtsritter d. Ungar. Genoss. d. Johanniterordens u. Rechtsritterkreuz d. Johanniterordens - Interessen: Sprachen, Gesch., Politik - Spr.: Engl., Franz., Ital., Ungar., Esperanto.

KÜRTZ, Hans Joachim
Journalist - Bergstr. 26, 2305 Kiel-Möltenort (T. 0431/241648) - Geb. 5. Mai 1933 Tetzlaffshagen, ev., verh. m. Jutta, geb. Dotzenrodt, 5 Kd. (Mareike, Jens, Henner, Karsten, Klaas Ole) - Herdersch. Rendsburg (Abit. 1954) - S. 1956 Flensburger Tagebl. (Redakt.), Die Welt (1960 Korresp.), ZDF (1963; Leit. Landesstudio Kiel u. Skandinavien-Korresp.) - Fernseh-Dok. u. a.: D. rote Bär am Nordkap, Wo d. Straßen schwimmen, Piroggen u. Kantele - BV: F. Gold u. Silber nimm d. Schein, 1981; Z. Zeiten d. Hanse, 1983; Island kennen u. lieben, 1985 - Spr.: Engl., Dän., Norweg., Schwed.

KÜRZDÖRFER, Klaus
Dr. theol., Dr. phil., Dr. phil. habil., Prof. f. Religionspädagogik PH Kiel (s. 1981) - Ruschsehn 10, 2300 Klausdorf/Schwentine - Geb. 11. Juni 1937 Nürnberg, ev., verh. s. 1970 m. Roswitha Elke, geb. Schaarschmidt, M.A., 2 Kd. (Ruben Alexander, Eva-Maria) - Dr. theol. 1966 Tübingen, Dr. phil. 1976 Würzburg, Habil. 1982 Würzburg - BV: Kirche u. Erwachsenenbildung, 1976; Grundpositionen u. Perspektiven d. Erwachsenenbildung, 1981; Pädagogik d. Gewissens, 1982; Reconsidering Romans, 1986 - 1977 Preis d. Unterfränk. Gedenkjahrsstiftg.; 1985 Stip. Harmisanum Kiel; 1986 Fulbright Grant Yale Univ. - Liebh.: Mission, Blumen, Reisen.

KÜRZINGER, Josef
Dr. jur., Prof., Bibliotheksdirektor Max-Planck-Inst. f. Strafrecht Freiburg - Oltmannsstr. 11, 7800 Freiburg (T. 0761 - 40 68 20) - Geb. 22. Juni 1940 Geisenfeldwinden/Bay. (Vater: Albert K.; Mutter: Regina, geb. Frisch), ledig - Stud. Rechtswiss. Univ. München, Tübingen; 1. jurist. Staatsprüf. 1966 Tübingen, 2. jurist. Staatsprüf. 1970 Stuttgart; Promot. 1970 Tübingen; Habil. (Kriminologie, Jugendstrafrecht, Strafvollzugsrecht 1976 Freiburg - 1976 Priv.-Doz. Freiburg; 1983 apl. Prof. Freiburg - BV: Private Strafanzeige u. polizeiliche Reaktion, 1978; Kriminologie, 1982 - Liebh.: Bayer. Landesgesch. u. Lit., Filmgesch.

KUES, Holger
Dozent Hochsch. f. Wirtschaft u. Politik, Hamburg (Rechtswiss. Abt.), Mitgl. Hbg. Bürgerschaft (s. 1978) - Kupferdamm 76, 2000 Hamburg 72 - SPD.

KÜSPERT, Hans-Jürgen
Dr. rer. nat., Prof. f. Informatik GH Paderborn - Spanckenweg 15, 4790 Paderborn - Stud. Math.

KÜSPERT, Heinz
Dr., gf. Direktor Bayer. Sparkassen- u. Giroverb. (1983ff.) - Karolinenpl. 5, 8000 München 2 - Geb. 6. Juni 1931.

KÜSSWETTER, Wolfgang
Dr. med. (habil.), o. Prof. f. Orthopädie Univ. Tübingen (s. 1987) - Zu erreichen üb. Univ. Tübingen - Geb. 27. Juli 1940 München (Vater: Georg K., Forstm.; Mutter: Marion, geb. Edenhofer), ev., verh. s. 1971 m. Dagmar, geb. Oloff, 3 Töcht. (Kathrin, Julia, Sophie) - Univ. München (Med.). Promot. 1966; Habil. 1977 - 1978ff. Ltd. Oberarzt Würzburg; 1980-84 Extraord. f. Orthopädie Univ. Würzburg - BV: Morphol. u. Biomech. d. Membrana interossea antebrachii, 1981 - Liebh.: Musik, Jagd - Exper. Arb. auf d. Fachgeb.

KÜSTER, Eberhard
Dr. rer. nat., em. o. Prof. f. Landw. Mikrobiologie Univ. Gießen/Landw. Fak. - Friedhofsallee 24, 6300 Gießen (T. 3 19 40) - Geb. 22. Okt. 1918 Bonn (Vater: Prof. Dr. Ernst K.), verh. m. Waltraut, geb. Dierker - Promot. 1949 Univ. Göttingen. Emerit. 1985.

KÜSTER, Friedrich O.
Dr., Prof., Hochschullehrer - Hölzleswiesen 13, 7000 Stuttgart 75 - Geb. 16. Dez. 1938 Stuttgart (Vater: Otto K., Rechtsanwalt; Mutter: Irmgard, geb. Mayer-List), ev., verh. s. 1965 m. Wiltraut, geb. Sutter, 2 Kd. (Bettina, Johannes) - Eberhard-Ludwigs-Gym. Stuttgart; Univ. Tübingen, München, Zürich (German. Altphilol.). Staatsex. 1965 (Tübingen) u. 66 (Stuttgart), Promot. Univ. Stuttgart 1984 - Schuldst. Stuttg. Gymn. (zul. Studienrat); s. 1971 Lehrtätig. PH Karlsruhe u. Esslingen (1973 Prof.), 1980 Prorektor; s. 1978 z. T. Univ. Stuttgart, s. 1984 PH Ludwigsburg - BV: Klett-Sprachbuch u. Elemente z. Unterrichtsplanung dazu, 1970 ff.; Sprachschlüssel, 1982 ff.; Satzsemantik, 1983 - Interessen: Interlinguistik, Logik, Zahlentheorie, Ontol., Erkenntnistheorie, Wiss.slehre - Spr.: Lat., Griech., Hebr., Engl., Franz., Ital. - Bek. Vorf.: Prof. William K., Chemiker (Großv.).

KÜSTER, Fritz
Dr. med., em. (1975) o. Prof., ehem. Dir. Univ.s-Kinderklinik/Klinikum Essen - Spillheide 71, 4300 Essen 16 - Geb. 24. Juli 1909 Königsberg/Pr., ev., verh. 1939 m. Lisa, geb. Rambow, 2 Töcht. (Heide-Katrin, Sigrid) - Univ. Königsberg u. München - 1938-39 Univ.s-Kinderklinik Königsberg; 1939 I. Med. Univ.sklinik Berlin (Charité); 1940-45 Wehrm.; 1946-55 Kinderklinik Med. Akad. Düsseldorf (apl. Prof.); 1955-63 Chefarzt Städt. Kinderklinik Essen; 1963 ff. Univ. Münster (Ord.) u. Essen (GHS). Div. Fachveröff.

KÜSTER, Ludwig
Bundesrichter a.D. - Zul. 3500 Kassel-W'höhe - Geb. 2. Juni 1928 - B. 1970 LSG NRW, dann BSG.

KÜSTER, Norbert
Rechtsanwalt, Geschäftsf. Bundesverb.

Dt. Unternehmensberater - Friedrich-Wilhelm-Str. 2, 5300 Bonn 1.

KÜTEMANN, Heinz
Hauptgeschäftsf. Arbeitsgem. Westd. Rennvereine - An d. Rennbahn 10, 4650 Gelsenkirchen-Horst.

KÜTHE, Heinz-Werner
Dr. phil., Prof. f. Zoologie u. Entwicklungsphysiol. Univ. Marburg - Drosselweg 12, 3551 Niederweimar.

KÜTHE, Horst
Dipl.-Ing., Prof. f. Aufnahme u. Darstell. v. Bauten Univ. Hannover - Alte Rehre 8, 3011 Gehrden - Zul. Wiss. Rat u. Prof.

KÜTHER, Kurt
Bergmann i. R., Schriftsteller - Welheimer Str. 69, 4250 Bottrop (T. 02041 - 4 59 63) - Geb. 3. Febr. 1929 Stettin (Vater: Gerhard K., Gärtner; Mutter: Marie, geb. Tiede), ev., verh. s. 1952 m. Anna, geb. Janeczkowiak, 2 Söhne (Wolfgang, Michael) 1943-45 Handelsschule Stettin, Lehre, Hauerprüf. 1955 Bottrop; 1968/69 Stud. Soz.-Wiss. Univ. Dortmund - 1948-84 Ruhrbergbau (techn. Angest. Stabsstelle); Vorst.-Mitgl. IG-Medien, Essen; nebenher schriftst. Tätigk. - BV: E. Dir. geht vorbei, Ged. 1974; Und doppelt zählt jeder Tag, Lyrik u. Prosa 1984; Erz. u. Veröff. in 145 Anthol., Lit.-Zeitschr. u. Leseb., auch in Holland, UdSSR, Schweden, Dänemark, Schweiz u. Österr. Sprechcass.: D. Mond v. Wanne-Eickel ist passé, 1987. S. 1974 VS-Mitgl. - 1986 Autorenpreis - Forum Kohlenpott - Liebh.: Lit. d. Arbeitswelt; Neuere dt. Gesch. - Spr.: Engl., Ital. - Lit.: Lex. dt.sprach. Schriftst., 1974; lobbi, junge dt.sprach. Lit., 1973.

KÜTT, Anton
I. Bürgerm. (s. 1978) - Rathaus, 8709 Rimpar/Ufr. - priv.: Kaspar-Schnetter-Str. 30 - Geb. 21. Juli 1940 Rimpar (Vater: Georg K., Zimmerer; Mutter: Hedwig, geb. Walter), kath., verh. s. 1965 m. Margarete, geb. Schömig, 3 Kd. (Sabine, Stephan, Christian) - Volkssch. - Post- u. Verwaltungsdst. (Oberinsp.) - Div. Ämter. CSU.

KÜTTING, Herbert
Univ.-Prof., Lehrstuhlinh. f. Mathematik u. ihre Didaktik - Einsteinstr. 62, priv.: Coesfeldweg 61, 4400 Münster/W. - Geb. 3. Aug. 1932 Dortmund, kath., verh. s. 1959 - 1952-58 Univ. Münster (Math.). Staatsprüf. 1958 u. 60 - S. 1959 höh. Schuldst., TH Aachen (Assist.), PH Westf.-Lippe/Abt. Münster (1969; o. Prof.) u. Univ. Münster (1980; Univ.-Prof.) - BV: Einf. in Grundbegriffe d. Analysis, 2 Bde. 2. A. 1979 bzw. 1977; Didaktik d. Wahrscheinlichkeitsrechnung, 1981 - Spr.: Engl., Franz.

KÜTTINGER, Georg
Dipl.-Ing., o. Prof. f. Hochbaukonstruktion u. Baustoffkunde TU München (s. 1976) - Hirschgartenallee 11, 8000 München 19.

KUFFERATH, Karl-Heinz
Geschäftsführer i. R. - Im Weingarten 10, 5100 Aachen-Laurensberg - Geb. 20. Okt. 1919 Köln - Zul. Geschäftsf. UNIROYAL ENGLEBERT-Reifen GmbH, Aachen, jetzt dort AR-Mitgl.

KUFNER, Georg
Fabrikant (Kufner-Gruppe) - Fritz-Gerlich-Str. 14, 8023 Großhesselohe/Obb. - Geb. 9. Aug. 1931 München (Vater: Dr.-Ing. Georg K.; Mutter: Betty, geb. Fürmaier), gesch. - TH München - Spr.: Engl., Franz.

KUFNER, Josef
Fabrikant (Kufner-Gruppe) - Mendelssohnstr. 2, 8023 Pullach (T. 089-793 18 64) - Geb. 11. Jan. 1934 München.

KUGEL, Erich
Dr. med., Prof., Chefarzt Chir. Abt. Städt. Krkhs. München-Harlaching (b. 1981), s. 1982 Chefarzt Hart-Klinik Solln - Grafstr. 1, 8000 München-Unterhaching (T. 984744) - Geb. 12. Sept. 1919 Berlin - S. 1956 Privatdoz. Univ. u. TH München/Med. Abt. (1969).

KUGELMÜLLER von TESSIN, Brigitte
s. Tessin, von, Brigitte

KUGELSTADT, Hermann
Regisseur - Aufhausen 78, A-5721 Piesendorf (T. Zell am See 06542 - 60 76) - Geb. 16. Febr. 1912 Limburg/L., kath., verh. s. 1948 m. Irene, geb. Hügelland - S. 1951 Filme, Dokumentarspiele (auch als Autor), Fernsehserien u. a.: Hengst Maestoso Austria, Hallo Taxi, Diamanten sind gefährlich, D. Halsbandaffaire, Wenn d. Vater m. d. Sohne, Hallo - Hotel Sacher - Portier. Autor mehr. Lustspiele - Spr.: Engl., Franz.

KUGLER, Johann
Dr. med., Prof., Univ.-Nervenklinik München - Schrimpfstr. 34, 8035 Gauting/Obb. (T. München 8501011) - Geb. 1. Juni 1923 Wien - S. 1962 (Habil. f. Klin. Neurophysiol.) Lehrtätig. Univ. München (1969 apl. Prof.) - BV: Elektroencephalographie in Klinik u. Praxis, 1963. Zahlr. Einzelarb.

KUHBIER, Heinz
(eigtl. Heinz Coubier) Schriftsteller - Haus Langewiesche, 8026 Ebenhausen/Isartal - Geb. 25. Mai 1905 Duisburg (Vater: Max C., Dir.; Mutter: Edith, geb. Weber), verh. s. 1935 m. Marianne, geb. Langewiesche, Schriftst. (s. dort) - Univ. München, Berlin, Köln, Freiburg - Regiss. u. Dramat. Gladbach-Rheydt, Regensburg, Köln, Berlin - BV: D. falsche Zar, R. 1959. Bühnenw.: u. a. Aimée (UA. 1938 Bremen), D. Kommandant (UA. 1953 Berlin), D. Lorbeermaske (UA. 1957 Celle). Mithrsg.: Psalter u. Harfe - Lyrik d. Christenheit, 1955.

KUHBIER, Jörg
Umweltsenator d. Fr. u. Hansestadt Hamburg - Steindamm 22, 2000 Hamburg 1 (T. 040 - 24 86-32 00) - Geb. 1940 Dessau - Stud. Rechtswiss., 2. Staatsex. - S. 1969 Mitarb. in d. Stadtverwaltung, zul. als Leit. Beamter d. Umweltbehörde; 1983-87 Senator f. Wasserwirtsch., Energie u. Stadtentsorgung. SPD - Oblt. d. R. (Fallschirmj.).

KUHFUSS, Günter Friedrich
Dr. jur., Oberbürgermeister a.D. (1967-78), gf. Vorstandsmitgl. Forschungsges. f. Angew. Naturwiss. (FGAN) Wachtberg-Werthhoven (s. 1979) - Am See 2, 6520 Worms/Rh. (T. 06241 - 853538) - Geb. 31. Jan. 1926 Dortmund (Vater: Hermann K., Gärtner; Mutter: Luise, geb. Seidenstiker), ev., verh. s. 1959 m. Hildegard, geb. Kamp, 2 Kd. (Swantje, Tilman) - Gymn.; Univ. Münster u. Paris - 1959-62 Stadtdir. Duderstadt; 1962-67 Oberkreisdir. Osterode; 1967-78 Oberbürgerm. Worms - Liebh.: Wandern, Reiten, Segeln - 1973 Gold. Sportabz. - Spr.: Engl., Franz. (Sprachdipl. 1956 Paris).

KUHL, Hans-Joachim
Feuerwehrbeamter a.D., MdL Nordrh.-Westf. - Dachsberger Weg 21, 4132 Kamp-Lintfort (T. 02842 - 73 31) - Geb. 18. Dez. 1949 Krefeld, ev., verh. s. 1972 m. Margarethe, geb. Pahl, T. Kerstin - Mechaniker-u. Werkzeugmacherlehre - 1979-84 Ratsmitgl. Kamp-Lintfort (Fraktionsvors. FDP, s. 1983 Mitgl. Bezirksvorst. Niederrh., s. 1984 Kreisvors. Wesel, s. 1988 Mitgl. FDP-Landesvorst.

NRW) - Liebh.: Tennis, Handball, Lesen, Reisen - Spr.: Engl.

KUHL, Wolfgang
Dr. med., Prof. f. Neurologie u. Neurophysiol. Univ. Mainz (n. b.) - Aukammallee 33, 6200 Wiesbaden - Geb. 9. Juni 1930 - Arztl. Tätig. Dt. Klinik f. Diagnostik.

KUHLBRODT, Eckhard
Dr. phil., Ethnologe, DGB-Geschäftsf. Ruhrfestspiele Recklinghausen GmbH (Künstlername: Fred Eckhard) - Haynstr. 19, 2000 Hamburg 20 - Geb. 3. Okt. 1936 (Vater: Prof. Erich K., Meteorol.) - Stud. Völkerkd. d. Vorgesch. u. Volkskd. Univ. Hamburg; Promot. 1959; Ausb. im Bühnentanz (Bühnenreifeprüf. u. Kammertanzex.); Tanzpäd.-Prüf. - S. 1962 Mitgl. Ballett Hamburg. Staatsoper (b. 1976 Ballettleit., Ref. d. Vorst.); s. 1977 Geschäftsf. Ruhrfestsp. Mitgl. Abt. Kultur DGB-Bundesvorst. - BV: Wildbeutertänze. Ihre Formen u. Funktionen, Diss. 1959.

KUHLE, Matthias

Dr. rer. nat. habil., Prof. f. Geographie Univ. Göttingen - Am Hirtenberg 6, 3401 Waake-Bösinghausen (T. 05507 - 6 90) - Geb. 20. April 1948 Berlin - Stud. Phil., German., Geogr., Geol. FU Berlin; Staatsex. 1972, Promot. 1975 Göttingen, Habil. (Geogr.) 1980 - Hochgebirgs- u. Eiszeitforschung (Geomorphologie, Glaziologie, Klimatologie, Ökologie); Ausrichtung Intern. Symposium üb. Tibet u. Hochasien, Göttingen 1985. S. 1970 Teiln. an 16 wiss. Exped. in außereurop. Gebirge u. d. Arktis, 13 unter eigener Leit., u. a. Dt. Dhaulagiri-u. Annapurna-Exped. 1976/77, Dt.-Chin. Südtibet- u. Mt. Everest-Exped. 1984, Dt.-Chin. Karakorum- u. K2-Exped. 1986. Entd.: Aufstellung d. Reliefspezif. Eiszeittheorie z. Erklärung d. Eiszeit; Rekonstruktion d. 2,4 Mio qkm großen eiszeitlichen Tibetischen Inlandeises. Nachweis u. Erklärung e. irdischen Gletscherobergrenze - BV: Formen ästhetischer Idealität in Stifters Studien I, 1974; Quartärmorphologie südostiranischer Hochgebirge, 1976; Dhaulagiri- u. Annapurna-Himalaya. Z. Geomorphologie extremer Hochgebirge, 1982; E. subtropisches Inlandeis als Eiszeitauslöser, 1985; Gebirgslandschaften, 1985; A New Ice Age Theory, 1985; D. Vergletscherung Tibets u. d. Entstehung v. Eiszeiten, 1986; The upper Limit of Glaciation in the Himalayas, 1986; Subtropical Mountain- u. Highland-Glaciation as Ice Age Triggers and the Waning of the Glacial Periods in the Pleistocene, 1987; Tibet and High Asia: Results of the Sino-German-Joint Expedions (m. Wang Wenjing), 1988. 85 Fachveröff. z. Eiszeittheorie u. Hochgebirgsforsch. Film: Südtibet- u. Mt. Everest-Exped., 1984; Geogr. Untersuchungen in Hochasien, 1985; Heutige u. eiszeitl. Vergletscherung Hochasiens, 1987.

KUHLEN, Klaus
Geschäftsf. d. Goossens Vertriebs-GmbH. - Bismarckstr. 106, 4050 Mönchengladbach; priv.: Heimerstr. 62, 4060 Viersen 1 - Geb. 26. Juni 1935.

KUHLEN, Rainer
Dr. phil., Prof., Hochschullehrer - An der Steig 21, 7750 Konstanz - Geb. 7. Jan. 1944 Potsdam, verh. s. 1976 m. Dr. Elizabeth, geb. Couper, 2 Kd. (Michael, Anna) - Stud. German., Phil., Soziol.; Staatsex. 1969, Promot. (Allg. Sprachwiss.) 1976 - 1969-72 Hochschulassist. f. Phil. Münster; 1974-79 Doz. Lehrinst. Dokumentation Frankfurt; 1980 Lehrst. Informationswiss. Univ. Konstanz - BV: Experimentelle Morphologie in Informationswiss., 1977; Datenbanken, Datenbanken, Netzwerke, 3 Vols., 1978/80; Koordination v. Informationen, 1984; Informationslinguistik, 1986 - Spr.: Engl., Franz.

KUHLENCORDT, Friedrich
Dr. med., Prof., ehem. Direktor Abt. Klinische Osteologie Med. Universitätsklinik Hamburg - Am Hang, 2081 Holm (T. 04103 - 8 86 66) - Geb. 22. Juli 1917 Oldendorf Kr. Stade (Eltern: Dr. med. Friedrich u. Martha K.), verh. m. Elke, geb. Nordmann - Univ. Hamburg. Promot. u. Habil. Hamburg - S. 1957 Privatdoz. u. apl. Prof. (1964) Hamburg (Inn. Med.). Hammersmith Hospital, London u. Mayo Clinic, Rochester (USA). 1985 u. 1986 Präs. Dt. Ges. f. Osteologie. Fachveröff., u.a. Handb. f. inn. Med. - Klinische Osteologie, 1980 (Hrsg.).

KUHLENDAHL, Hans
Dr. med., em. o. Prof., ehem. Dir. Neurochir. Univ.klinik Düsseldorf - Hubbelrather Weg 14, 4006 Erkrath - Geb. 2. Juli 1910 - S. 1959 ao. u. o. Prof. (1963) Med. Akad. bzw. Univ. Düsdorf. D'orf. Fachveröff. - Otfrid Foerster-Med. Dt. Ges. f. Neurochir.; Paracelsus-Med. Dt. Ärzteschaft, Ehrenmitgl. mehrerer wiss. Ges.; Ehrenpräs. (langjähr. Präs.) Arb.-gem. Wiss. Med. Fachges. (AWMF).

KUHLENKAMP, Detlef
Dr. phil., Prof. f. Weiterbildung (Schwerp.: Bildungsplanung u. -politik) Univ. Bremen - Ohmstr. Nr. 51, 2800 Bremen 33.

KUHLMANN, Albert
Dr.-Ing., Direktor (gf. Vorstandsmitgl.), Honorarprof. f. Maschinenwesen Univ. Kaiserslautern - Wieselweg 9, 5000 Brück.

KUHLMANN, Dieter
Dr. rer. nat. (habil.), Prof., Zoologe - Linneweberstr. 9, 4600 Dortmund-Aplerbeck - Gegenw. apl. Prof. u. Doz. Univ. Münster.

KUHLMANN, Eberhard
Regisseur, Schriftst. - Isarstr. 11, 8400 Regensburg - Geb. 7. April 1904 Brieg/Schles., verh. - 1 Kd. - Univ. Breslau; Ausbild. Dr. Lothar Wallerstein u. Heinz Tietjen - Regiss. Stadttheater Breslau, Halberstadt, Gera-Reuß, Dortmund, Koblenz, Oberspiell. u. Chefdramat. Stadttheater Regensburg - BV: D. In-

formationsverhalten d. Konsumenten, 1971. Bühnenst.: König Pausolo, Kom. (UA. 1941 Bremen), D. Briefkasten, Lsp. (UA. 1941 Hamburg). Herausg.: Erzähler d. Zeit, 1948; Fr. Geist, Anthol. 1953; Schles. Lyrik, Anthol. 1958 - 1970 Ostbayer. Kulturpreis - Bek. Vorf.: Quirinus K. (Kühlpsalter, verbrannt 1689 Moskau).

KUHLMANN, Franz Wilhelm

Dr., Dipl.-Kfm., Geschäftsf. GAF-Hüls Chemie GmbH., Marl - Katharinental 26, 5060 Bergisch-Gladbach 2 (T. 02202 - 8 42 08) - Geb. 27. März 1935 Ankum (Vater: Franz K., Hotelier; Mutter: Johanna, geb. Böckmann), kath., verh. s. 1960 m. Christa, geb. Bergmann (Opernsängerin), T. Sibylla-Maria - Gymn. Quakenbrück (Abit. 1955); 1955-59 Univ. Münster (Betriebsw.); Promot. 1963 - 1972-78 Geschäftsf. Faserwerke Hüls GmbH, Marl; s. 1978 Gf. GAF-Hüls Chemie GmbH, Marl - BV: Staatsraum u. Wirtsch.raum in Brasilien, 1964 (in: Weltwirtsch. Stud. H); D. Abhängigk. d. Verkehrsaufkommens v. d. konjunkturellen Entw., 1965 - Liebh.: Plattdeutsch, Klavier, Tennis - Spr.: Engl., Franz.

KUHLMANN, Friedrich

Dr. agr., o. Prof. f. landw. Betriebslehre Justus-Liebig-Univ. Gießen (s. 1973) - Waldstr. 6, 6301 Fernwald-Annerod (T. 0641 - 41643) - Geb. 14. Febr. 1939 Soltau (Vater: Friedrich K., Landw.; Mutter: Käthe geb. Müller), ev., verh. s. 1966 m. Ute, geb. Löcke, 2 Kd. (Friedrich, Henrik) - Wilhelmsgymn. Kassel (Abit. 1959); landw. Lehre; Stud. d. Agrarwiss. Univ. Berlin (TU) u. Gießen; Dipl.ex. 1966; Promot. 1968; Habil. 1971 (Agrarökonomik) - 1972 u. 78 Ausl.saufenth. USA. Mitgl. Intern. Assoc. of Agricultural Economists - BV: Modelle z. Wirtschaftswachstum, 1968; Entnahmefähige Einkommen in wachsenden landw. Unternehmen, 1971; Einf. i. d. Betriebswirtschaftsl., 1978 - Liebh.: Gesch., Reisen - Spr.: Engl., Franz.

KUHLMANN, Hans

Prof. f. Sprechbildung Staatl. Hochsch. f. Musik Westf.-Lippe/Nordwestd. Musikakad. - Allee 22, 4930 Detmold 1.

KUHLMANN, Helmut

Verkaufsleiter, MdL Nieders. (s. 1974) - Am Stahlberg 5, 3170 Gifhorn (T. 2839) - CDU.

KUHLMANN, Joachim

Geschäftsf. Sunlicht GmbH, Hamburg i. R. - Josthöhe 66, 2000 Hamburg 63 (T. 538 37 55) - Geb. 20. Nov. 1923.

KUHLMANN, Norbert

Dr. rer. nat., Prof. f. Mathematik Univ.-GH Essen (s. 1973) - Stemmannsfeld 5, 4630 Bochum (T. 47 34 21) - Geb. 24. Jan. 1934 - Habil. 1962 Würzburg - U. a. Associate Prof. Univ. of Notre Dame (USA). Fachaufs.

KUHLMANN, Werner

Oberbürgermeister Gelsenkirchen (s. 1975) - Lortzingstr. 38, 4650 Gelsenkirchen - Geb. 27. Febr. 1921 Gelsenkirchen, verh., 2 Kd. - Volkssch.; Lehre - Arbeits- u. Wehr-, s. 1945 Polizeidst. (zul. Kriminaloberkommissar). B. 1933 SAJ; 1958-75 Bundesvors. Gewerksch. d. Polizei; ehem. Präs. Union Intern. des Syndicats de Police, ehem. MdL in NRW. SPD s. 1945 (1964 stv. Vors. Unterbez. G'kirchen, jetzt noch Landesvorst.).

KUHLO, Karl-Ulrich

Chefredakteur SAT 1 (1987/88) - Zul. Hamburg 60 - Geb. 25. Okt. 1947 Düsseldorf, ev., verh. s. 1971 m. Ulrike, geb. Schwander, 2 Kd. (Johan-Philip, Anna-Lena) - 1966-71 Stud. Jura u. Politik-Wiss. - Volontariat b. Generalanzeiger Stadt Wuppertal; 1971-76 Redakt. Kölnische Rundschau (Lokalrep., Leit. Vermischtes); 1976-83 Bild am Sonntag (Redakt., Chefrep., stv. Ressortleit. Pol. u. Wiss.); 1984-86 APF (stv. Chefredakt. u. Ressortleit.); 1986/87 Bild-Ztg. (stv. Chefredakt.); 1987/88 Chefredakt. SAT 1 - BV: D. Energie-Sparbuch f. Jedermann, 1980 - Spr.: Engl.

KUHLOW, Angela

Dr. phil., Prof. f. Trainingswissenschaften Univ. Frankfurt/M. (Fachber. Erziehungswiss.) - Zum Traroth 47, 6483 Bad Soden-Salmünster.

KUHLWEIN, Eckart

Dipl.-Volksw., Journalist, MdB (s. 1976; SPD), Parlam. Staatssekr. a.D. (1981/82) - Postf. 1349, 2070 Ahrensburg (T. 04102 - 5 23 80) - Geb. 11. April 1938 Schleswig, verh., 4 Kd. - Oberrealsch. (Abit.); Univ. München, Würzburg, Erlangen (Volksw., Gesch., Polit. Wiss.). Dipl.-Volksw. 1960 Würzburg - 1962-64 polit. Redakt. Lübecker Nachr., 1964-67 Chefredakt. fremdsprachl. Publ. (polit. Öffentlichkeitsarb. f. d. Ausl.); 1969-70 Wirtschaftsredakt. Nordwoche; 1970-71 Chefredakt. Elternblatt; jetzt freiberufl. 1967 u. 1969-71 Landesvors. Jungsozialisten SH. 1966-70 Gemeindevertr. Großhansdorf. SPD s. 1965, 1973-75 stv. Landesvors. Schlesw.-Holst., s. 1975 Mitgl. Landesvorst. SPD, 1971-76 MdL, 1981 Parlam. Staatssekr. b. Bundesmin. f. Bild. u. Wiss., 1983 Obmann f. Bild. u. Wiss. SPD - Bundestagsfraktion.

KUHN, Annette

Dr. phil., o. Prof. f. Geschichte (mittl. u. neuere Gesch. u. Frauengesch.) u. Didaktik Päd. Fak. Univ. Bonn - Rodderbergstr. 95, 5300 Bonn-Bad Godesberg (T. 345422) - Geb. 22. Mai 1934 Berlin - BV: D. Kirche im Ringen m. d. Sozialismus 1803-1848, 1965; Theorie u. Praxis histor. Friedensforsch., 1971; Einf. in d. Didaktik d. Gesch., 1974; Frauenbildung u. Geschlechtsrolle, 1980.

KUHN, Dieter

Dr. med., Prof., Internist - v.-Harnack-Str. 15, 3550 Marburg/L. - S. Habil. Lehrtätigk. Univ. Heidelberg (gegenw. apl. Prof. f. Inn. Med.).

KUHN, Dieter

Dr., Geschäftsf. Dt. Mälzerbund - Dechant-Heimbach-Str. 21, 5300 Bonn 2 (T. 31 10 62) - Geb. 20. Febr. 1931.

KUHN, Erich

Dr. med., Prof. Innere Med. - Wilckensstr. 13, 6900 Heidelberg - Geb. 23. Nov. 1920 Oberrod - S. 1959 (Habil.) Lehrtätigk. Heidelberg (1963 apl. Prof.). Bes. Aufgabengeb.: Skelett- u. Herzmuskelerkrank. - BV: Studien z. Pathogenese d. myotonischen Dystrophie, 1961; Progressive Muskeldystrophie - Myotonie - Myasthenie, 1966. Zahlr. Fachveröff. - 1985 Duchenne-Erb-Preis.

KUHN, Fritz

Sprachwissenschaftler, MdL Baden-Württ. (Wahlkr. 62, Tübingen) - Allensteiner Weg 8, 7400 Tübingen (T. 0711 - 206 34 68) - Geb. 29. Juni 1955 Bad Mergentheim - Die Grünen (Fraktionsvors.).

KUHN, Götz-Gerd

Dr. med., o. Prof., Leiter Abt. f. Techn. Orthopädie u. Rehabilitation Orthopäd. Univ.sklinik Münster (s. 1967) - Herkentrup 41, 4401 Havixbeck/W. (T. 434) - Geb. 5. Nov. 1922 Harleshausen/Oberhessen - S. 1965 (Habil.) Lehrtätigk. Münster (1967 apl. Prof., 1968 Wiss. Rat u. Prof., 1973 o. Prof.). Etwa 60 Fachveröff.

KUHN, Hans

Dr., Alleinvorst. Walter Rau Neußer Ölwerke AG. (s. 1971) - Olympiastr. 7, 4040 Neuss/Rh. - Geb. 25. Febr. 1927 - Rotarier.

KUHN, Hans

Prof., Maler - Charlottenbrunner Str. 42, 1000 Berlin 33 (T. 8232931) - Geb. 12. Okt. 1905 Baden-Baden - Stud. Berlin, Paris, Ital. - S. 1947 Lehrtätigk. Kunsthochsch. Berlin (Abt. Freie Kunst) - 1964 Burda-Preis Gr. Kunstausstell. München.

KUHN, Hans W.

Dr. phil., Dr. h. c., Prof., Chemiker, Wiss. Mitgl. Max-Planck-Inst. f. Biophysikal. Chemie, Göttingen (s. 1969) - Am Faßberg 1, 3400 Göttingen-Nikolausberg (T. 20 13 79) - Geb. 5. Dez. 1919 Bern (Schweiz) - 1946-53 Privatdoz. u. ao. Prof. (1951) Univ. Basel; 1953-69 o. Prof. u. Dir. Physikal.-Chem. Inst. Univ. Marburg. Facharb. - 1949 Werner-Preis Schweiz. Chem. Ges., 1967 korr. Mitgl. Naturforsch. Ges. Basel, 1968 Mitgl. Dt. Akad. d. Naturforsch. Halle/S., 1972 Lit.preis Fonds d. Chem. Ind., 1972 Liebig-Gedenkmünze Ges. Dt. Chemiker, Dr. h. c. Univ. München, 1973 Mitgl. Akad. d. Wiss. u. Lit. Mainz, 1977 korr. Mitgl. Senckenberg. Naturforsch. Ges., 1978 Ernst Hellmut-Vits-Preis Univ. Münster, 1979 Paul Karrer-Med. Univ. Zürich, 1980 Carl-Friedrich-Gauß-Med. Braunschw. Wiss. Ges., s. 1985 em. wiss. Mitgl.

KUHN, Hans-Georg

Gewerkschaftsangest., Mitgl. Hbg. Bürgerschaft (s. 1971) - Freesienweg 42, 2000 Hamburg 65 (T. 6015931; dstl. DAG: 349151) - Mitgl. Bundesvorst. DAG. CDU.

KUHN, Heinz-Wolfgang

Dr. theol., o. Univ.-Prof. f. Neues Testament - Muxelstr. 3, 8000 München 71 - Geb. 2. März 1934 Coburg (Vater: Horst K., Pfarrer; Mutter: Therese, geb. Schubarth), ev., verh. s. 1964 m. Ursula, geb. Mohr, 3 Kd. (Berthold, Annegret, Verena) - Promot. 1963; Habil. 1969 - 1971 Univ.-Doz. Heidelberg; 1973 apl. Prof.; 1979 Prof.; s. 1986 Ord. Univ. München - BV: Enderwartung u. gegenw. Heil, 1966; Ältere Sammlungen im Markusevang., 1971. Fachaufs.; Mitübers.: Einheitsübers. Hl. Schrift (NT), 1979. Mithrsg.: Studien z. Umwelt d. Neuen Testaments (s. 1978) - 1978 Bonifatius-Med. kath. Dt. Bischofskonfz.

KUHN, Helmut

Dr. rer. pol., Dipl.-Volksw., o. Prof. f. Volkswirtschaftslehre - Konrad-Adenauer-Str. 36, 3400 Göttingen (T. 2 23 32) - Geb. 22. Febr. 1933 Metzingen/Württ. (Vater: Wilhelm K., Bildhauermstr.; Mutter: Pauline, geb. Krehl), ev., verh. s. 1963 m. Ingeborg, geb. Brühl, 2 Kd. (Brigitte, Michael) - 1952-57 Stud. Volksw. Univ. Tübingen (Dipl. 1957), 1957-60 Inst. f. Angew. Wirtsch.forsch. (Tübingen), Promot. 1965 - 1972-77 o. Prof. Univ. Graz/Österr., s. 1977 o. Prof. Univ. Göttingen - BV: D. Struktur quantit. Mod. (Diss.), 1968; Probleme d. Stabilitätspolitik, 1986 (Hrsg.) - Spr. Engl., Franz.

KUHN, Hugo jun.

Kaufmann, Inhaber Fa. Kuhn & Betz, Schorndorf - Johannesstr. 8, 7060 Schorndorf (T. 2426) - Geb. 2. Febr. 1922 Stuttgart, verh. s. 1950 m. Hedwig, geb. Moser, 3 Kd. (Hannelies, Gerhard, Susanne) - Reform-Realgymn. Stuttgart; kaufm. Lehre - Ehem. zahlr. Ämter.

KUHN, Karl-Georg

D. Dr. phil., o. Prof. f. Neues Testament - Ezanvillestr. 53, 6900 Heidelberg-Ziegelhausen (T. Heidelbg. 50787) - Geb. 6. März 1906 Thaleischweiler/Pfalz (Vater: Georg K., Generalsekr.; Mutter: Magdalene, geb. Theyson), ev., verh. s. 1934 m. Hanna, geb. Landwehr, 5 Kd. - Univ. Breslau u. Tübingen - 1928 Stip. Notgem. d. Dt. Wiss., 1934 Privatdoz., 1942 apl. Prof. Univ. Tübingen, 1949 Univ. Göttingen, 1954 o. Prof. Univ. Heidelberg - BV: Sifre zu Numeri (übers. u. erklärt), 1933 ff., NA. 1955 ff.; D. älteste Textgestalt d. Psalmen Salomons, 1937; Achtzehngebet u. Vaterunser u. d. Reim, 1950; Phylakterien aus Höhle 4 v. Qumran, 1957; Konkordanz z. d. Qumrantexten, 1960 - 1955 Theol. Ehrendoktor Univ. Göttingen - Bruder: Hugo K.

KUHN, Klaus

Dr. rer. pol., Dr. rer. pol. h. c., Unternehmensberater - Hunsrückstr. 15, 4300 Essen-Bredeney - Geb. 11. Mai 1927 - Dipl.-Kfm. 1952 Univ. Köln, Promot. 1954 ebd., Steuerberater-Ex. 1959 - 1970-73 Vorst. Thyssen-Handelsunion AG; 1973-82 Vorst. Thyssen AG. 1968-71 Mitgl. Steuerreformkommiss.; s. 1982/83 Lehrauftr. Univ. Bochum. Zahlr. betriebsw. u. steuerrechtl. Aufs. in Fachztschr. Ehrenämter u. AR-Mand. u.a. AR-Vors. Benteler Aktienges., AR-Mitgl. u.a. AEG Aktienges., Westfalenbank - 1977 Ehrendoktor Univ. Gießen.

KUHN, Manfred

Dr. jur., Rechtsanw., Publizist - Luegete 27, Zürich (T. 535170) - Geb. 7. Nov. 1930 Zürich (Vater: Franz-Josef K., Lehrer; Mutter: Helen, geb. Kuhn-Widmer), konf.sl., gesch. - Promot. 1956 Univ. Zürich - 1959-63 Mitgl. Kantonsrat Zürich (Fraktion Landesring d. Unabhängigen) - BV: D. Prinzip d. Einheit u. d. Materie bei Volksbegehren auf Partialrevision d. Bundesverfass., 1956 (Diss.); Umfragen u. Demokratie, 1959; Herrschaft d. Experten?, 1960; Was heißt öfftl. Meinung?, 1961; D. Skorpion, R. 1981 - Liebh.: Musik (Cello) - Spr.: Engl., Franz. - Prägte 1958 d. Begriff Expertokratie (heute allg. gebräuchl.).

KUHN, Rudolf

Dr.-Ing., Honorarprof. f. Verkehrswasserbau TU München (1969ff.) - Sommerstr. 2, 8032 Gräfelfing/Obb.

KUHN, Siegfried

Inh. textil promotion (s. 1974) - Landhausstr. 11, 7454 Bodelshausen (T. 07471 - 76 85) - Geb. 12. Nov. 1933 - Zuvor Geschäftsf. Georg Fauser Trikotwarenfabrik GmbH., Bodelshausen.

KUHN, Walfred Anselm

I. Bürgermeister Stadt Ichenhausen (s. 1978) Rathaus, 8873 Ichenhausen/Schw. - Geb. 8. Juli 1931 Neumünster - Zul. Verwaltungsangest. CSU.

KUHN, Walther

Dr. med., Prof. f. Gynäkologie, Direktor Univ.-Frauenklinik Göttingen - Primelweg 1, 3400 Göttingen (T. 0551 - 2 14 06) - Geb. 12. Jan. 1930 Göttingen, ev., verh. s. 1957 m. Dr. Irmgard, 3 Kd. (Dr. med. Ulrich, Dr. med. Walther, Dorothea) - Promot. 1957, Habil. 1968 - Facharzt f. Innere Med., Geburtshilfe u. Frauenheilkunde - BV: Gerinnungsstör. in d. Geburtshilfe (m. H. Graeff), 1970 (Übers. Engl., Ital., letzte amerik. Aufl. 1980); Tokolyse m. Betastimulatoren (m. G. Grospietsch), 1982; Armamentarium obstetricium Gottingense, e. hist. Samml. z. Geburtsmed. (m. U. Tröhler u. A.T. Teichmann), 1987 (Dt., Franz., Engl.). Mithrsg. Int. J. Gyn. Obstet - Präs. d. westdt. Section d. Intern. Association f. Maternal and Neonatal Health; Vorst.-Mitgl. Dt.-Franz. Ges. f. Gynäk. u. Geburtshilfe - Spr.: Franz., Engl.

KUHN, Wilfried

Dr. phil. nat., o. Prof., Direktor Institut f. Didaktik d. Physik, Univ. Gießen - Seelbacher Str. 18, 6256 Villmar 2 (T. 06474 - 3 49) - Geb. 6. Mai 1923, ev., verh. m. Ingrid, geb. Lill - 1981 Gastprof. Inst. f. Theoret. Physik Univ. Wien. Zahlr. Fachmitgl.sch., u. a. Dt. Physik. Ges. (Vors. Aussch. Didaktik d. Phys.); Beiratsmitgl. European Journal of Physics u. Physik u. Didaktik. Hrsg. Ztschr.: Praxis d. Phys.; Autor v. Funk- u. FS-Sendungen z. Phys., 62 Einzelveröff. - BV: Atomphysik, 1960; Lehrb. d. Physik, Bd. I 1967, Bd. II 1968; Mechanik, 1973; Thermodynamik, 1971; Felder u. Lad., 1974; Schwing. u. Wellen, 1974; Einf. in d. Physik, 1974; Quantenphysik, 1976; Energie u. Entropie, 1982. Herausg. u. Verf. d. Handb. d. exp. Physik f. Unterr. u. Lehre, 12 Bde. (ab 1983) - 1982 Pohl-Preis Dt. Physik. Ges.

KUHN, Wolfgang
Dr. rer. nat., Prof. f. Biologie, Didaktik u. Methodik d. Biologieunterrichts Univ. Saarbrücken - Gehnbachstr. 146, 6670 St. Ingbert (T. 06894 - 44 78) - BV: Ganzheitl. Menschenkunde in exemplar. Sicht, 4. A. 1972; Biolog. Materialismus, 1973; Exemplar. Biolog. Unterr.sbeisp., Bd. 1 4. A. 1976, Bd. 2 2. A. 1975; Biolog. 5/6 (Lehrb. f. 5. u. 6. Schulj.), 2. A. 1976; Biolog. 7/8, 1977; Biol. 9/10 (Hrsg.) 1982; Methodik u. Didaktik d. Biologieunterr., 5. A. 1975; Funktionelle Anatomie d. menschl. Bewegungsapparates, 2. A. 1981; Das Eichhörnchen u. d. liebe Gott. Rätsel d. Lebendigen, 1979; M. Jeans in d. Steinzeit, 1984; Stolpersteine d. Darwinismus (Bd. 1, 1984; Bd. 2, 1985); Stille Wunder am Wegrand, Bildbd. 1987; Zwischen Tier u. Engel. D. Zerstörung d. Menschenbildes durch d. Biologie, 1988. Mitarb. an biol. Arb.heften; Autor zahlr. Rundfunk-, Schul- u. Fernsehsend. BR. Zahlr. Veröff. in päd. Ztschr.

KUHN, Wolfgang
Dr. jur., Honorarkonsul, Versicherungsdirektor - Dstl.: Berliner Str. 56-58, 6000 Frankfurt/M. 1 (T. 069 - 1332-215); priv.: Am Eichwald 23, 6056 Heusenstamm - Geb. 23. Febr. 1930 Offenbach/M. (Eltern: Josef (Studienrat) u. Wilhelmine K.), kath., verh. s. 1956 m. Helga, geb. Arnold, 2 Kd. (Dagmar, Johannes) - Jurist. Staatsex. 1954 u. 58; Promot. 1957 (Frankfurt) - S. 1958 Helvetia Schweizerische Feuerversich.-Ges. (1960 Prok., 1964 stv. Dir., 1969 Dir. u. Hauptbevollm. f. Dtschl., 1981 Mitgl. Direktionsaussch.); Vorst.-Vors. Helvetia-Anker schweizerische Lebensversich.-AG. AR-Mandate.

KUHNE, Wilhelm
Dr. phil., Monsignore, Geistl. Rat, Rektor Kath. Landvolkshochschule Anton Heinen, Hardehausen/W. (s. 1962) - Abt-Overgaer-Str. 1, 3530 Warburg-Hardehausen (T. 05642 - 60 09 40) - Geb. 10. Sept. 1926 Lünen, kath., ledig - Stud. Phil., Erziehungswiss., Theol.; Priesterweihe 1952 Paderborn; Promot. 1981 Bonn - 1952-60 Vikar, Brilon; 1960-62 Pfarrvikar, Heringhausen (Sauerl.); s. 1962 Rektor s.o. - BV: Gesch. d. Zisterzienserabtei Hardehausen, 1972; Christl. Erwachsenenbild., 1983; Im Dienste d. ländl. Bildung, 1982 - BVK; Familiare Zisterzienserorden - Interessen: Gesch. Westfalens, Gesch. d. Zisterzienserklosters Hardehausen - Spr.: Latein, Griech., Engl.

KUHNEN, Frithjof
Dr. agr., Dr. rer. pol., Dr. sc. agr. h. c., o. Prof. f. Ausl. Landwirtsch. - Hohe Linde 13, 3400 Göttingen-Herberhausen (T. dstl.: 393902) - Geb. 22. Dez. 1927 - S. 1965 (Habil.) Lehrtätigk. Univ. Göttingen (1968 Wiss. Rat u. Prof., 1970 o. Prof.). Fachveröff.

KUHNER, Helmut
Dr., Fabrikant, Mitinh. Mez & Co., Maschinenbürstenfabrik - 7800 Freiburg/Br. - Geb. 3. Juni 1904 Todtnau/Schwarzw. - S. üb. 40 J. Mez - 1970 BVKI. Kl.

KUHNER, Herbert
Schriftsteller, Übers. - Gentzgasse 14/4/11, A-1180 Wien - Geb. 29. März Wien, ledig - Columbia Univ.; B.A. 1958 - Außer Übers. Lyrik, Novellen, Dramen - Gold. Feder f. Übers. Intern. Dichtertreffen; 1980 Struga, Jugosl. - Spr.: Engl., Franz.

KUHNERT, Günter
Werkmeister, Mitgl. Brem. Bürgerschaft (1967-71 u. s. 1973) - Johann-Janssen-Str. 67, 2820 Bremen 70 - Geb. 5. Juli 1923 Breslau, ev.-ref., verh., 3 Kd. - Volkssch.; 1937-39 Lehre Eisenwarenhandel - B. 1941 kaufm. Angest., dann Kriegsdst. u. Gefangensch., n. 1945 landw. Tätigk., s. 1948 Werkm. Bremer Wollkämmerei. FDP s. 1965 (1972 Kreisvors. Bremen-N, 1976 stv. Landesvors.).

KUHNERT, Reinhard
Dr. phil., Prof. f. Englisch PH Schwäb. Gmünd (gegenw. Rektor) - Konrad-Adenauerstr. 27, 7070 Schwäbisch Gmünd 6.

KUHNKE, Eberhard
Dr. med., Prof. f. Physiol. u. Lymphol., Ärztl. Direktor Feldbergklinik - Benzenweg, 7828 Feldberg 1/Schwarzw. (T. 07655 - 800 92 55) - Geb. 5. Sept. 1922 Treuburg/Ostpr. (Vater: Prof. Dr. Alfred K.; Mutter: Elisabeth, geb. Czymmek) - Univ. Königsberg u. Bonn - Ärztl. Dir. Feldbergklinik (Krkhs. f. physikal.-lymphol. Med.); Leit. Lehr- u. Forsch.-Inst. f. Lymphol.; Generalsekr. Dt. Ges. f. Lymphol. Mithrsg. Ztschr. f. Lymphol. Div. Fachaufs.

KUHNLE, Franz Josef
Weihbischof Diözese Rottenburg-Stuttgart, Vors. Caritasverb. Württ. - Bischof-von-Keppler-Str. 9, 7407 Rottenburg 1.

KUHNLE, Helmut
Dr. rer. pol., Prof. f. Betriebswirtschaftslehre - Paracelsusstr. 10, 7000 Stuttgart 70 (T. 0711 - 45 61 73) - Geb. 22. Juli 1940 - Nach Lehre Bankkaufm. (1960) Stud. Univ. Erlangen-Nürnberg (Dipl.-Handelslehrer 1965, Promot. 1967) - 1967-74 Lehrer f. d. höh. Lehramt an berufl. Schulen; s. 1974 Hochschullehrer, s. 1977 Prof., s. 1982 Prorektor u. 1987-88 Rektor Berufspäd. Hochsch. Esslingen; s. 1988 Univ. Hohenheim - BV: Wie arbeiten mod. Unternehmen, 1987. Herausg.: Erfolgreiches Marketing (1986); 40 J. Lehrerbildung f. berufl. Schulen an d. Berufspäd. Hochschule (1988).

KUHNT, Hans Eberhard
Dr. phil., Vortragender Legationsrat I. Kl. a. D. - Telemannstr. 12, 5300 Bonn 2 Bad Godesberg (T. 0228 - 33 46 45) - Geb. 23. Aug. 1920 Brandenburg (Havel), ev., verh. s. 1947 m. Brunhilde, geb. Krussig, 2 Kd. - Luftwaffe; Oberlt.; Flugzeugführer; Kriegsgefangensch. Kanada - S. 1947 Stud. Islamkunde u. Arabistik Univ. Bonn; Promot. 1951 - Doz. Goethe-Inst. Damaskus; s. 1959 ausw. Dienst; 1979 Botschafter Verein. Arab. Emirate; 1982 Leit. Arbeitsstab Euro-Arabischer Dialog - Spr.: Engl., Franz., Arab.

KUHWEIDE, Willy
Flugkapitän, Segelsportler - Whg.: Zug (Schweiz) - Geb. 6. Jan. 1943 Berlin (Vater: Wilhelm K. †1975; Mutter: Hertha, geb. Rossmüller), verh. in 3. Ehe (1983) m. Irma Bernet (Schweizerin) - Schule Berlin (Abit. 1963); Flugsch. Lufthansa - 1963-68 Luftwaffe (zul. Oblt.) - Sportl. Erfolge: Goldmed. Olymp. Spiele 1964, Bronzemed. Olymp. Spiele 1972, 4 × Welt-, 3 × Europam., 10 × Gewinner Kieler Woche - Liebh.: Musik - 1964 Silb. Lorbeerbl. d. Bundespräs. - Spr.: Engl., Franz.

KUIPER, Hajo
Dr. rer. nat., Prof. f. Physik Univ. Erlangen-Nürnberg Physik. Inst. - Erwin-Rommel-Str. 1, 8520 Erlangen - Geb. 20. Jan. 1931 Berlin (Vater: Dr. med. Engelbert K., Internist; Mutter: Charlotte, geb. Dolgner), verh. m. Barbara, geb. Woelk, 3 Kd. (Susanne, Christine, Lars) - Stud. Physik Univ. Heidelberg; Promot. 1961 Heidelberg, Habil. 1970 Erlangen - 1962 Yale Univ., 1981 Massachusetts Inst. of Technol. Cambridge, Mass.

KUK, von, Alexander
Dipl.-Kfm., Geschäftsf. Bundesverb. Dt. Zeitungsverleger - Riemenschneiderstr. 10, 5300 Bonn 2 - Geb. 6. Juni 1934.

KUKA
s. Kauffungen, von, Kunz

KULAWIG, Alwin
MdB (1961-76); 1964-69 Mitgl. d. Europ. Parlaments - Schwalbenweg 43, 6630 Saarlouis (T. 3551) - Geb. 17. Jan. 1926 Krughütte-Klarental/Saar (Vater: Fritz K.; Mutter: Elisabeth (geb. Marx), kath., verh. s. 1957 m. Elisabeth, geb. Henneike, T. Regine - Volkssch., Optikerlehre, Augenopt., Bergmann - 1955-61 MdL Saarl.; 1956-75 Mitgl. SPD-Landesvorst. Saarl. (zeitw. stellv. Vors.); 1956-77 Vorsitzender SPD-Unterbez. Saarlouis; 1960-73 Stadtverordn., SPD-Fraktionsvors., zeitw. 1. u. 2. Beigeordn. Stadt Saarlouis.

KULENKAMPFF, Arend
Dr. phil., Prof. f. Philosophie Univ. Frankfurt - Am Eisernen Schlag 31, 6000 Frankfurt/M.

KULENKAMPFF, Caspar
Dr. med., Prof., Landesrat a. D., ehem. Leit. Gesundheitsabt. d. Landschaftsverb. Rheinl. - Wolfgang-Müller-Str. 30, 5000 Köln 51 - Geb. 12. Nov. 1921 Bremen, ev., verh. s. 1946 m. Angela, geb. Brügelmann, 3 Söhne (Christoph, Georg, Adrian) - Bismarck-Gymn. Berlin; Stud. Berlin u. Hamburg. Promot. Hamburg; Habil. Frankfurt - S. 1957 Lehrtätigk. Univ. Frankfurt (1962 apl. Prof.; 1960 Oberarzt, 1964 komm. Dir. Nervenklinik, 1967-72 Dir. psych. Univ.-Klinik/Psych. Landeskrankenh. Düsseldorf, s. 1972 Honorarprof. - 1971-75 Vors. Sachverständigenkommiss. z. Erarbeit. e. Enquête üb. d. Lage d. Psychiatrie in d. Bundesrep.; s. 1979 Vorst.-Mitgl. Dt. Verein f. öfftl. u. private Fürsorge; Mitgl. Bundesgesundheitsrat. Fachveröff. Beitr.: Ztschr. D. Nervenarzt.

KULENKAMPFF, Christoph
Generalstaatsanwalt, Leiter Staatsanwaltschaft b. d. Oberlandesgericht Frankfurt - Zeil 42, 6000 Frankfurt/M. 1 (T. 069 - 13 67-25 80) - Geb. 2. März 1947 Heidelberg, ev., verh. s. 1971 m. Brigitte, geb. Weiß, 2 Kd. (Anna Julia, Johannes) - 1984-86 stv. Abt.-Leit./Personalref. im HMdJ Wiesbaden.

KULENKAMPFF, Hans-Joachim
Schauspieler - Am Obertrumersee, A-5164 Seeham - Geb. 27. April 1921 Bremen (Vater: Im- u. Exportkaufm.), verh. s. 1948 m. Gertraut (Traudl), geb. Schwarz, 3 Kd. (Merle, Till †, Kai-Joachim) - Realgymn. Bremen (Abit. 1939); Schauspielsch. Berlin (Dt. Theater) - Div. Bühnen (u. a. General Harras, in: Des Teufels General). Film, Rundfunk u. Fernsehen (Quizmeister Einer wird gewinnen, Guten Abend - Nachbarn, Acht n. 8 - BV: Wer d. Meer liebt ... D. tollsten Seemannsgesch. d. Weltlit., 1971 - 5 x Goldener Bildschirm (zul. 1968); 1966 Gold. Kamera u. Gold. Rose, 1969 Fernseh-Bambi - Liebh.: Segeln (bes. Hochsee).

KULENKAMPFF, Thomas
Dipl.-Ing., Bauassessor, Geschäftsf. Dt. Akademie f. Städtebau u. Landesplanung - Karlsbader Str. 12, 3000 Hannover 71.

KULISCH, Ulrich
Dr. rer. nat., o. Prof. u. Direktor Inst. f. Angew. Mathematik Univ. Karlsruhe (s. 1968) - Im Eichbäumle 37, 7500 Karlsruhe (T. 686263) - Geb. 4. Mai 1933 Breslau - Habil. 1963 München - Herausg.: Jahrbuch Überblicke Mathematik u. Reihe Informatik - 1969/70 Math. Res. Center, Univ. Wisconsin, 1972/73 u. 1978/79 IBM Research Center Yorktown Heights, N. Y. - BV: Analogrechnen, BJ, Grundl. d. Numerischen Rechnens, BJ, Computer Arithmetric in Theory and Practice, AP.

KULKA, Janos
Dirigent, Komponist, Württ. Staatsoper Stuttgart, Deutsche Oper am Rhein, Düsseldorf - Auberlenweg 15A, 7000 Stuttgart 1 (Botnang) - Geb. 1929 Budapest - Klavierunterr. s. 7. Lebensj.; Stud. Musikhochsch. Franz Liszt, Budapest - 1950 Solorepetitor Staatsoper Budapest; 1957-59 Kapellm. Bayer.

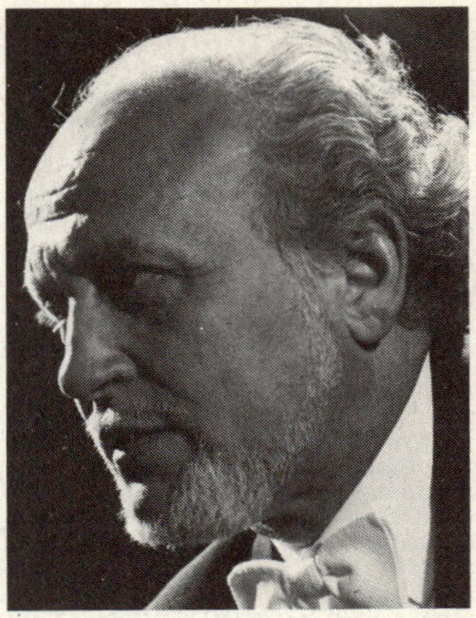

Staatsoper; 1959-61 I. Kapellm. Württ. Staatsoper (Fliegende Holländer, m. W. Wagner), 1961-64 I. Kapellm. Hamburg. Staatsoper (ca. 30 Opern, u. a. Rigoletto m. Felsenstein); 1964-75 GMD Oper Wuppertal. Gastsp.dirig. u. a. Wien, München, Berlin, Fränk. Festwochen Bayreuth, Leipzig, Schwetzinger Festsp. Gastdirig. Brüssel, Granada, Boston, Kopenhagen, Buenos Aires, Barcelona, Genf, Mailand, Budapest, Staatsoper Wien. Rundf.aufn. Berlin, Hamburg, Stuttgart, München, Köln; Fernsehaufzeichnungen München, Stuttgart, Hamburg. Schallpl.einspielungen.

KULKE, Christine
Dr. rer. pol., Dipl.-Soziol., Prof. f. Polit. Wissenschaft u. Sozialkunde TU Berlin - Prinz-Handjery-Str. Nr. 11a, 1000 Berlin 37 - Geb. 10. April 1937 Dresden - Promot. 1968 FU Berlin - Zul. Wiss. Assist. FU Berlin u. TH Darmstadt. Publ. z. Schwerp. d. Forsch. Polit. Sozialisation z. Wissenschaftstheorie u. Frauenforsch. (Frauen u. Politik). Mitarb. in d. Arbeitsstelle Frauenforsch. d. TUB u. in d. Intern. Soc. f. Pol. Psychology.

KULL, Ulrich
Prof. f. Biol. Univ. Stuttgart - Rütlistr. 51, 7000 Stuttgart 40 (T. 0711 - 82 46 27) - Geb. 26. Juli 1938 Stuttgart-Bad Cannstatt, ev., verh. m. Marga Bühler-K. - Stud. Chemie, Biol., Geol., Phil.; Staatsex. 1962, Promot. 1964, Habil. 1969 Univ. Stuttgart - 1969-77 Doz. Univ. Stuttgart; s. 1978 Leit. Abt. Pflanzenphysiol. Biol. Inst. Univ. Stuttgart. S. 1983 Vors. Ges. f. Naturkd. Württ. - BV: Wirkungen v. Wuchsstoffen, 1972; Evolution, 1977; Genetik u. Molekularbiol. (zus. m. H. Knodel), 2. A. 1980. Mithrsg. u. Mitautor Linder Biol. (1989).

KULLE, Hermann
Bezirksgeschäftsführer SPD/Bez. Weser-Ems - Huntestr. 23, 2900 Oldenburg/O.

KULLEN, Siegfried
Dr. phil., Prof. f. Geographie - Achalmsteige 43, 7410 Reutlingen 26 - Geb. 2. Juli 1939 Esslingen - Promot. 1967 - S. 1969 Lehrtätigk. PH Lörrach u. Reutlingen (1972 Ord.). Bücher u. Aufs.

KULLMANN, Hans Otto
Dipl.-Ing., Mitglied Geschäftsleitg. TELENORMA, Ressort: Technik - Mainzer Landstr. 128-146, 6000 Frankfurt 1 - Geb. 13. Okt. 1929 Mainz - Ressort: Produktbereich Mittl. u. kleine Nebenstellenanlagen TN GmbH; Funktionsber. Fertigung, Zentr. Vorfertigung u. Qualitätssicherung TN GmbH.

KULLMANN, Jürgen
Dr. rer. nat., Prof. f. Geologie u. Paläontol. - Panoramastr. 27, 7406 Mössingen-Öschingen - Geb. 23. Mai 1931 Berlin - S. 1964 (Habil.) Lehrtätigk. Univ. Tübingen (1965 Doz.; 1971 apl. Prof.). Facharb., auch Bücher.

KULLMANN, Marie-Luise
Journalistin, Chefredakteurin, Schrift-

stellerin - Grüneburgweg 154, 6000 Frankfurt/M. 1 (T. 069 - 55 95 89) - Geb. 10. Dez. 1962 Frankfurt/M. - Gründ. TUN, Org. Tier- u. Naturschutz, s. 1983 Präs. TUN - BV: E. Mord, d. weitergeht: unsere Singvögel sterben in Italien, 1983; D. Flug in d. Tod, 1984; Meeresschildkröten - erbarmungslos gejagt, 1985 - Liebh.: Tier, Natur, Umwelt, Vegetarismus, Veganismus, Esoterik, Religion, d. d. Tier gleichberechtigt neben d. Menschen stellen (z.B. Buddhismus) - Spr.: Engl., Franz., Ital., Russ., Latein.

KULLMANN, Wolfgang
Dr. phil. (habil.), o. Prof. f. Klassische Philologie Univ. Freiburg (s. 1975) - Bayernstr. 6, 7800 Freiburg - Geb. 12. Okt. 1927 Berlin (Vater: Walter K.; Mutter: Elsa, geb. Rietdorf), verh. 1959 m. Luise, geb. Gehrcke, 2 Kd. (Thomas, Dorothea) - Stud. Klass. Philol. Berlin. Promot. 1952 Tübingen; Habil. 1957 Freiburg - 1964-75 o. Prof. Marburg - BV: D. Wirken d. Götter in d. Ilias, 1956; D. Quellen d. Ilias, 1960; Wiss. u. Meth. - Interpret. z. aristotel. Theorie d. Naturwiss., 1974; D. Teleologie i. d. aristotel. Biologie, 1979.

KULLMER, Lore,
geb. Poschmann
Dr. rer. pol., o. Prof. f. Volkswirtschaftslehre - Schubertstr. 23, 6000 Frankfurt/M. 1 (T. 75 12 73) - Geb. 9. Nov. 1919 Frankfurt/M. (Vater: Heinz Poschmann, Steuerberater; Mutter: Auguste, geb. Faulenbach), ev., verh. 1953 m. Dr. Hans K., 2 Kd. (Horst-Thomas, Bettina-Ulrike) - Univ. Frankfurt/M. (Wirtschafts- u. Sozialwiss.). Promot. (1948) u. Habil. (1959) Frankfurt - S. 1959 Lehrtätigk. TH Darmstadt, Saarbrücken, Frankfurt (1966 apl. Prof.) u. Regensburg (1967 Ord.), 1985 emerit. - BV: D. Ehegattenbesteuerung, 1960; Finanztheorie, 1966/69/74; D. öffentl. Finanzen in Theorie u. Praxis, 4 Bde., 1975-78 (m. Musgrave), 5. A. in Vorbereitung - 1949 UNESCO-Fellow u. 1957 Habilitationsstip. Harvard Univ. - Spr.: Engl., Franz.

KULP, Martin
Dr. phil., Prof., Physiker - Rabenkopfstr. 2, 7800 Freiburg - Geb. 5. Juni 1904 Mörchingen/Els. (Vater: Johann K., Pastor; Mutter: Else, geb. Mittwede), ev., verh. 1932 m. Elsa, geb. Beer, 3 Kd. - Gymn.; Univ. Kiel, Göttingen, Rostock (Physik, Math., Chemie, Elektrotechnik; Promot. 1931) - 1928-37 Univ. Rostock (Habil. 1937); 1937-51 Telefunken GmbH., Berlin, Dachau, Ulm; s. 1952 TH Stuttgart (1958 apl. Prof. Recheninst.) - BV: Elektronenröhren u. ihre Schaltungen, 4. A. 1963; Menschliches u. maschinelles Denken, 1968; Röhren- u. Transistorschaltungen (T. IV u. V: Transistortechnik), 1970; Schaltungsprinzipien v. Digitalanl., 1976.

KULS, Wolfgang
Dr. phil. (habil.), em. o. Prof. f. Geographie Univ. Bonn (s. 1963) - Erfurtstr. 73, 5300 Bonn - Geb. 27. Febr. 1920 Königsberg/Pr. - 1958-63 Privatdoz. Univ. Frankfurt. Fachveröff.

KULZE, Rolf
Dr. rer. nat., Prof. f. Mathematik - Bornweidstr. 36, 6000 Frankfurt/M. (Bergen-Enkheim) - Geb. 29. April 1934 - S. 1964 (Habil.) Lehrtätigk. Univ. Heidelberg u. Frankfurt (1965). Fachaufs.

KULZER, Erwin
Dr. rer. nat., Prof. Inst. Biol. III, Abtlg. Physiol. Ökol., Univ. Tübingen - Oberer Weg 5, 7400 Tübingen 5 (T. 7 15 87) - Geb. 23. Febr. 1928 Kempten/Allgäu - S. 1959 (Habil.) Lehrtätigk. Tübingen (apl. Prof. f. Zool.). Fachaufs.

KUMETAT, Heinrich
Prof., Hochschullehrer - Hohensyburgstr. 96a, 5000 Köln-Merheim 91 - Geb. 7. April 1909 Köln (Vater: Robert K., Kaufm.; Mutter: Magdalena, geb. Laquer, Lehrerin), kath., verh. s. 1935 m. Paula, geb. Abt, 2 Söhne (Winfried, Bruno) - Päd. Akad. Bonn; Univ. Köln (Päd.) - Ab 1930 Volksschullehrer; 1952 Gründer u. danach Rektor Jena-Plan-Sch. Köln-Höhenhaus; s. 1958 Dozent u. Prof. (1962) Univ. Köln - BV: Wir lesen, erzählen, berichten, 1957-59. Herausg.: Blütenreigen - Gedichtsamml. f. d. Grundsch. (1959). Buch- u. Ztschr.beitr., dar.: Führung d. Gesprächs, in: Mieske, Jenaplan - Anruf u. Antwort (1964), u. Schulreform u. -wirklichkeit, in: D. Dt. Schule (H. 1 1968); Wann beginnt d. Schulreform? in: Neue Unterrichtspraxis (7/1975); Das Unterrichtsgespräch i. d. Grundschule, in Becher (Hrsg.), Taschenb. d. Grundschulunterr., 1981 - Kumetat, Hauptschule Ferdinandstraße - Fallstudie e. humanen Schule, 1984; D. Peter-Petersenschule Am Rosenmaar - Impulse f. e. Kinder- u. Jugendsch. unserer Zeit, 1986 - Spr.: Engl.

KUMHER, Franz
Prof. f. Bildende Kunst Univ. Hildesheim (Malerei u. Graphik) - Landsberger Str. 15, 3200 Hildesheim (T. 05121 - 8 11 34) - Geb. 16. Juli 1927 Orawitz/Banat - 1948-61 Stud. Pädag. Hochschule Alfeld, Werkkunstschule Hannover, Schule d. Sehens Salzburg, Kunsthochsch. u. Univ. Hamburg - S. 1963 Prof. Arbeitsgeb.: Kunst d. 20 Jh., Kunst- u. Kulturpäd., Lichtkinetik u. Schattenspiel - Kunstpreise u. Anerk. in Österr., Monaco, Frankr., Argent., Ital. u. Engl.

KUMMER, Benno
Dr. med., o. Prof. f. Anatomie - Im Grünen Weg 5, 5042 Erfstadt-Liblar (T. 02235 - 39 55) - Geb. 19. April 1924 Rüdigheim - S. 1958 (Habil.) Lehrtätigk. Univ. Frankfurt/M. u. Köln (1962 ao., 1967 o. Prof.). Wiss. Veröff - BV: Bauprinzipien d. Säugerskelettes, 1959.

KUMMER, Bernd
Dr., Staatssekretär a. D. Min. f. Wirtschaft u. Technik Land Hessen (b. 1987).

KUMMER, Dieter
Dr. med., Prof., Chefarzt Chirurg. Abt. Stadtklinik Baden-Baden - Rotackerstr. 15, 7570 Baden-Baden - Geb. 18. Sept. 1938 - Promot. 1963 - S. 1973 (Habil.) Lehrtätigk. Tübingen (gegenw. apl. Prof. f. Chir.). Fachveröff. - 1971 Felix-Haffner-Preis.

KUMMER, Heinz
Dr. jur., Rechtsanwalt, gf. Vorst.-Mitgl. Verb. d. Dt. Automaten-Industrie (s. 1983) - Aachener Str. 197, 5000 Köln 41 (T. dstl. 40 10 09; priv. 02234 - 7 83 10) - Geb. 4. Juni 1920 Deuben/Sa., ev., verh. s. 1952 m. Ursula, geb. Scholz, Sohn - Obersch. Dresden; Univ. Leipzig (Rechts-, Staats- u. Wirtschaftswiss.; Promot. 1942). Gr. jurist. Staatsprüf. 1945 - 1942-45 Assist. Univ. Leipzig; 1945-48 Stadtrechtsrat Leipzig; 1948-51 Rechtsanw. Leipzig; 1951-59 Land- u. Verwaltungsgerichtsr. Berlin. S. 1983 Vize-Präs. Euromat. Div. Fachveröff., dar. D. Recht d. Glücksspiele u. d. Unterhaltungsautomaten m. Gewinnmöglichkeit, 1977; D. rechtl. Regelung d. Glücksspiele u. Spielautomaten in europ. Ländern, 1980.

KUMMER, Jörg
Dr. phil. nat., Prof. f. Physik Univ. Frankfurt/M. - Am Forsthaus Gravenbruch 24, 6078 Neu-Isenburg 2 - Geb. 14. März 1926 Zürich - Promot. 1960; Habil. 1971 - S. 1972 Prof. Aufs.

KUMMER, Richard D.
Geschäftsführer ZVEI-Fachverb. Elektr. Lampen - ZVEI-Landesstelle Nordrh.-Westf. - Schumannstr. 15, 5300 Bonn 1 - Geb. 6. Sept. 1935 Worbis (Eichsfeld).

KUMMER, Stefan
Dr. phil. habil., o. Univ.-Prof. f. Kunstgeschichte, Vorst. Inst. f. Kunstgesch. u. Neuere Abt. d. Martin-v.-Wagner-Museums Univ. Würzburg - Am Hubland, 8700 Würzburg - Geb. 3. Okt. 1947 - Promot. 1974 Würzburg; Habil. 1984 Tübingen - 1975-77 Gebietsref. Landesdenkmalamt Baden-Württ.; 1984-87 Prof. f. Kunstgesch. Univ. Freiburg im Br.; s. 1987 o. Prof. Univ. Würzburg - BV: Mailänder Kirchenbauten d. Francesco Maria Ricchini, 1974; Anfänge u. Ausbreitung d. Stuckdekoration im röm. Kirchenraum (1500-1600).

KUMMER, Werner
Dr. phil., M. A., Prof., Lehrstuhl f. Linguistik Univ. Bielefeld (s. 1974) - Im Hagen 9, 4800 Bielefeld 15 (T. 05206 - 4181) - Geb. 19. Mai 1943 Spittal/Drau (Vater: Wilhelm K., Beamter; Mutter: Olga, geb. Lungin), ev., verh. 1966 m. Dr. Ingrid, geb. Hudabiunigg, 2 Kd. (Michael, Christian) - Promot. (Graz) u. Dipl. (California) 1968 - Forschungsgr. LIMAS (1967-69) u. FU Berlin (1971-74); Dekan Lili-Fak., Univ. Bielefeld (1976-77) - BV: Grundlagen d. Texttheorie, 1975; Transformationsgrammatik d. Deutschen (m. Walter Huber), 1976 - Liebh.: Musik - Spr.: Engl., Franz., Span., Swahili.

KUMMER, Wolfgang
Dr. jur., Vorstandsvorsitzender Linotype AG, Eschborn - Habichtstr. 17, 6078 Neu-Isenburg 2 - Geb. 10. Mai 1927 Berlin.

KUMMERT, Paul
Dr. jur., Bankdirektor i. R. - Am Heiligenberg 2, 6352 Ober-Mörlen 2 - Geb. 12. Sept. 1913 Yokohama (Jap.), ev., verh. s. 1947 m. Hannelore, geb. Nickel, 3 Kd. (Karin, Thomas, Martina) - Univ. Berlin (Rechtswiss.), Ass.ex. - Industrieu. Verbandstätigk.; 1958-74 Vorst. Frankf. Hypothekenbank AG - Spr.: Engl., Franz.

KUMMERT, Wolfgang
Graphiker, Schriftst. (Ps. Simon Ruge) - Bredkamp 1A, 2000 Hamburg 55 - Geb. 21. Mai 1924 Stralsund, verh. m. Desi, geb. Walther - Abit.; Hochsch. f. Bild. Künste Berlin-Charlottenburg - Textilentwerfer, Hörspiel- u. Kinderbuchautor - BV: u.a. Katze m. Hut, 1980; D. kühne Mädchen, 1983; Neues v. d. Katze m. Hut, 1984; Lelewan, 1985; D. Mondkalb ist weg!, 1987 (alle m. Desi Ruge).

KUNA, August Karl
Dr. jur., Geschäftsführer d. Fachbuch-Verlages GmbH, Siegen-München - Wittgensteiner Str. 6, 5900 Siegen/W. - Gr. jurist. Staatsprüf.

KUNAD, Rainer

Prof., Komponist - Friedhofstr. 31, 7400 Tübingen (T. 07071 - 8 22 85) - Geb. 24. Okt. 1936 Chemnitz, ev., verh. s 1970 m. Steffi, geb. Eyle, 4 Kd. (Konstanze, Susanne, Jona, Micha) - Abit. 1955; Kompos.stud. Musikhochsch. Dresden u. Leipzig (b. Fidelio F. Finke u. Ottmar Gerster); 1959 Staatsex. - 1960-72 Leit. d. Schauspielmusik Staatstheater Dresden; 1972-84 Hauskomp. Dt. Staatsoper Berlin (Ost); 1972-84 Komp. Staatsoper Dresden; 1978-84 Prof. f. Komp. Musikhochsch. Dresden; 1984 Übersiedlung in Bundesrep. Dtschl. - Opern: Meister u. Margarita, Maitre Pathelin, Vincent, Litauische Claviere, Amphitryon, Sabellicus u.a. Ballette: Münchhausen, Wir aber nennen tolle lebendigen Frieden. Oratorien: Stimmen d. Völker, Salomonische Stimmen, Menschen v. Babel, Thomas-Evangelium, Jovian d. Seher, D. Seher v. Patmos, D. Neue Jerusalem, Kosmischer Advent, Sinfonie d. göttl. Friedens, D. Große Haus, Kosm. Spiel. Sinfonien, Kammermusik - Kunst- u. Nationalpreis d. DDR; Hanns-Eisler-Pr.; O. Mitgl. d. Akad. d. Künste d. DDR - Lit.: Oper heute, Opernwelt u. intern. Publ.

KUNAU, Wolf H.
Dr. rer. nat., Wiss. Rat, Prof. f. Physiolog. Chemie Univ. Bochum (s. 1975) - Marktstr. 264, 4630 Bochum 1.

KUNDE, Wolfgang P.
Prof., Kunsterzieher, Maler u. Graphiker - Hertelstr. 1, 1000 Berlin 41 (T. 8219593) - Geb. 1. Febr. 1935 Berlin (Vater: Albert K., Ing.; Mutter: Lisbeth, geb. Hoepfner), ev., verh. s. 1961 m. Jutta, geb. Hoffmann - Univ. Berlin, München, Göttingen (Rechtswiss., Phil.); Kunsthochsch. Berlin (1962 Meisterschüler) - 1966-68 Kunsterzieher Hermann-Ehlers-Sch. (Gymn.) Berlin (Studienrat); s. 1968 o. Prof. Päd. Hochsch. Berlin (Lehrstuhl f. Bild. Kunst); s. 1980 o. Prof. HdK Berlin. Zahlr. Ausstell. In- u. Ausl. - Spr.: Engl.

KUNDLER, Herbert
Prof., Stv. Intendant - Kufsteiner Str. 69, 1000 Berlin 62 - Geb. 5. Nov. 1926 Düsseldorf (Vater: Dr. jur. Wilhelm K., Rechtsanw. u. Notar; Mutter: Elly, geb. Frankenberg), ev., verh. m. Rose, geb. Schweitzer - Univ. Berlin, Frankfurt/M., Cambridge (Harvard) - Redakt. u. Autor; s. 1956 Leit. RIAS-Funk-Univ., 1961 Programmdir., 1986 stv. Int. RIAS Berlin; 1979 Honorarprof. FU Berlin (Inst. f. Publizistik) - BV/Herausg.: Anatomie d. Glücks, 1971; D. Goldenen Zwanziger, Revue z. Berlin-Jubiläum - 1987 BVK I. Kl.

KUNDT, Wolfgang

Dr. rer. nat., Wiss. Rat (Inst. f. Astrophysik u. Extraterrestr. Forschung), Prof. f. Astrophys. Univ. Bonn (s. 1977) - Rosenweg 41c, 5357 Buschhoven - Geb. 3. Juni 1931 Hamburg (Vater: Helmut K., Ingenieur; Mutter: Käte, geb. Thänert), ev., verh. s. 1966 m. Ulrike, geb. Schümann, 2 Kd. (Liane, Rasko) - Univ. Hamburg (Theoret. Physik, Lehrer: Prof. Pascual Jordan; Dipl.-Phys. 1956). Promot. 1959; Habil. 1965 - Hochschullehrer Hamburg, Genf, Bielefeld. Leit. Raumsondenexper. Helios E 11. Etwa 170 Facharb., 4 Bücher (auch Fernsehen u. Rundfunk) - 1975 NASA Group Achievement Award - Liebh.: Tennis - Spr.: Engl., Franz., Span.

KUNER, Eugen Hermann
Dr. med., Univ.-Prof. Ordinarius u.

Ärztl. Direktor Abt. Unfallchirurgie Chir. Univ.-Klinik Freiburg - Hugstetterstr. 55, 7800 Freiburg/Br; priv.: Mühlematten 7, 7801 Umkirch.

KUNER, Wolfdieter
Dr. jur., Rechtsanw., Lehrbeauftr. f. Lit. Jugendschutz Univ. ebd. - Schwabener Weg 17, 8011 Neukeferloh/Obb.

KUNERT, Bernhard
Steuerberater, Präs. Bundesverb. d. Steuerberater (s. 1981) - Gereonstr. 13, 5000 Köln 1 (T. 0221 - 13 76 26) - Geb. 12. Aug. 1921 Magdeburg - S. 1954 Steuerberater, s. 1968 Mitgl. Prüfungsausss. f. Steuerberater. S. 1980 Vors. Verein d. Steuerberater, Wirtschaftsprüfer, vereidigten Buchprüfer Köln.

KUNERT, Günter
Dr. h. c., Schriftsteller, Präsident Literaturges. Schleswig-Holstein (s. 1987) - Schulstr. 7, 2216 Kaisborstel (T. 04892 - 14 14) - Geb. 6. März 1929 Berlin (Vater: Adolf K., Kaufm.; Mutter: Edith, geb. Warschauer), verh. s. 1952 m. Marianne K. - BV: 47 Bücher, viel Lyrik, u. a.: Wegschilder u. Mauerinschriften, Ged. 1950; D. ewige Detektiv u. and. Gesch., Sat. 1954; Unter dies. Himmel, Ged. 1955; D. Kaiser v. Hondu, Fernsehsp. 1959; Tagträume, Kl. Prosa 1964; Kunerts lächerl. Leinwand, Fotosat. 1965; Unschuld d. Natur, Ged. 1966; Im Namen d. Hüte, R. 1967; Poesiealbum acht, Ged. 1968; Nikolaus Lenau (Hrsg.), 1969; Warnung vor Spiegeln, Ged. 1970; Off. Ausgang, Ged. 1972; Gast aus England, Erz. 1973; D. geheime Bibliothek, 1973; D. andere Planet, Amerika-Report, 1974; D. Mittelpunkt d. Erde, 1975; D. kleine Aber, Ged. 1976; Warum schreiben, Aufs. 1976; Jeder Wunsch e. Treffer, Kinderb. 1976; Berliner Wände, Fotobilderb. (m. Th. Höpker), 1976; Kinobesuch, Ges. Erz. 1977; E. anderer K., Hörsp. 1977; Verlangen nach Bomarzo, Ged. 1978; Ziellose Umtriebe, Ges. Reiseber. 1979; Unruhiger Schlaf, Ged. 1979; Drei Berliner Gesch., 1979; Abtötungsverfahren, Ged. 1980; Verspätete Monologe, Prosa 1981; Diesseits d. Erinnerns, Aufs. 1982; Stilleben, Ged. 1983; Auf d. Suche n. d. wirklichen Freiheit, Prosa 1983; Leben u. Schreiben, Prosa 1983; Zurück ins Paradies, Gesch. 1984; Kain u. Abels Brüderlichkeit, E. Rede 1984; Vor d. Sintflut - D. Ged. als Arche Noah, Frankf. Vorlesungen 1985; Berlin Beizeiten, Ged. 1987; Auf Abwegen, Erz. 1988 - 1962 Heinrich-Mann-Preis, 1973 J.-R.-Becher-Preis, 1983/84 Stadtschreiber Bergen; 1985 Heinrich-Heine-Preis d. Stadt Düsseldorf; 1988 Dr. h. c. Allegkeny College Pennsylvania, USA - Lit.: Kunert lesen - B. üb. d. Autor, 1979.

KUNERT, Ilse
Dr. phil. (habil.), o. Prof. f. Slav. Philologie Univ. Tübingen (s. 1968) - Corrensstr. 33, 7400 Tübingen (T. 65479) - Geb. 12. März 1923 Bromberg - Zul. Doz. Univ. München. 1972-78 Vizepräs. Westd. Rektorenkonfz.

KUNERT, Julius
Fabrikant - Lindauer Str. 5, 8970 Immenstadt-Bühl - Geb. 4. Juni 1900 Warnsdorf/Nordböhmen - Alleininh. Kunert-Werke, Immenstadt; Alleingesellsch. Kunert-Werke GmbH, Berlin; Hauptgesellsch. u. Geschäftsf. Hudson-Textilwerke GmbH, Stuttgart; Gf. Roylon Textilfabrik J. u. G. Kunert Ges.m.b.H., Bregenz-Wolfurt/Vorarlb. Österr. - 1970 Gold. Bürgermed. Stadt Immenstadt, 1975 Ehrenbürger Stadt Immenstadt, 1975 Bayer. VO, 1979 Staatsmed. f. bes. Verd. um d. bayer. Wirtschaft, 1980 BVK I. Kl., Gold. Ehrenring d. Landkr. Oberallgäu.

KUNERT, Karl Heinz
Dr. jur., Prof. f. Straf- u. Strafprozeßrecht Univ. Bochum, Ministerialdirektor im Bundesrat - Torstr. 31, 5330 Königswinter 41 (T. 02244 - 8 05 75) - Geb. 29. Okt. 1930 Aachen, verh. s. 1954 m. Wilma, geb. Erwig, 5 Kd. - Stud. Univ. Heidelberg, Oxford, Bonn (Phil., Gesch., Jura); Dr. jur. 1958 Bonn, 1. u. 2. jurist. Staatsex. 1955 u. 1959 - 1955 Mitarb. Neue Krit. Hedlg.ausg.; 1959 Richter LG Essen; 1961 Bundesjustizmin.; 1965 Gastdoz. Harvard Law School; 1966 Ref.; 1973 Unterabt.leit.; 1979 Abt.leit. Justizmin. NRW u. Prof. Univ. Bochum. 1987 stv. Dir. d. Bundesrats - BV: D. normativen Merkmale d. Strafrechtl. Tatbestände, 1958; Löwe-Rosenberg, Großkomment. StPO, Mitarb. 1973. Mitherausg.: Neue Ztschr. f. Strafrecht (s. 1981); zahlr. Abhandl. in jurist. Fachztschr. - 1983 BVK I. Kl. - Spr.: Engl., Franz.

KUNERT, Rudolf
Dipl.-Ing., Dipl.-Wirtsch.-Ing., Vorsitzender d. Geschäftsführung Flohr Otis GmbH, Berlin, u. Flohr Otis Aufzugs-GmbH, Stadthagen - Zu erreichen üb. Otisstr. 33, 1000 Berlin 27 (T. 030-43 04 0) - Geb. 16. Dez. 1939, verh., 1 Sohn.

KUNERT, Werner
Dr. med., apl. Prof. f. Inn. Med. Univ. Münster (s. 1968), Priv.Doz. (s. 1959), vormals Chefarzt u. Ärztl. Direktor Städt. Paracelsus-Klinik, Marl/W. - Hellweg 5, 4370 Marl-Polsum (T. 73 60) - Geb. 20. März 1920 Oels/Schles. (Vater: Karl K., Beamter; Mutter: Elfriede, geb. Heinatsch), ev., verh. m. Erika-Inge, geb. Fischer-Lentrodt, S. Matthias (Arzt Bergmannsheil, Bochum, Ruhr-Univ.) - Stud. Breslau, Düsseldorf, Jena, Med. Staatsex. 1945 Jena - Ärztl. Tätigk. Braunschweig, Bayreuth, Iserlohn, Bonn - BV: Arteria vertebralis u. Halswirbelsäule, 1961; Wirbelsäule, Vegetatives Nervensystem u. Inn. Med., 1963, 2. A. 1975 - Liebh.: Musik.

KUNI, Horst
Dr. med., Prof. f. Klin. u. Exper. Nuklearmedizin - Auf dem Wüsten 5, 3554 Cappel.

KUNISCH, Hermann-Adolf
Dr. jur., Vorstandsmitgl. Hessische Landesbank - Girozentrale -, Frankfurt - Geb. 7. Sept. 1936 Berlin, verh., 2 Kd. - Univ. Marburg, Köln, Valladolid u. Münster, Univ. of Michigan/USA (1962), Promot. Münster 1963, 2. jur. Staatsprüf. 1967, Harvard Business School 1973 - 1967 Dt. Shell AG, Hamburg; s. 1968 Westd. Landesb. - Girozentr. - Düsseldorf (1970 Prok., 1971 Abt.sdir., 1974 Bankdir.); s. 1970-73 Orion Bank London; s. 1975 Hess. Landesb. (Dir., 1976 Generalbevollm., 1980 stv. Vorst.smitgl.) - Div. VR- u. AR-Mand.

KUNITZSCH, Paul
Dr. phil., Prof. f. Arabistik - Davidstr. 17, 8000 München 81 - Geb. 14. Juli 1930 Neu-Krüssow/Ostprign. (Vater: Paul K., Lehrer; Mutter: Margarete, geb. Kaiser), ev. - 1951-57 Univ. München u. Berlin (FU). Promot. 1956 Berlin (FU); Habil. 1971 München - 1957-60 Doz. Univ. Kairo; 1963-68 Wiss. Berat. Dt. Welle Köln; s. 1975 Doz. u. Prof. (1977) Univ. München - BV: u. a. Arab. Sternnnamen in Europa, 1959; D. Almagest /-B, Syntaxis Mathematica d. C. Ptolemäus in arab.-lat. Überlieferung, 1974. Zahlr. Einzelarb. - 1974 Preis Akad. d. Wiss. Göttingen (Philol.-Histor. Kl.); 1985 o. Mitgl. Bayer. Akad. d. Wiss.

KUNKEL, Dieter
Dr. rer. pol., Vizepräsident Marketing and Sales Dtschl. Thomson Consumer Electronics S.A. Paris, Generaldir. Dt. Electronic Gruppe GmbH, Vors. d. Geschäftsfg. Telefunken Fernsehen u. Rundf. GmbH, Hannover - Göttinger Chaussee 76, 3000 Hannover 1 (T. 0511 - 4 18-1) - Geb. 16 Aug. 1934 - Stud. Wirtsch.wiss. TU Berlin; Promot. 1960 - S. 1961 Tätigk. b. Telefunken, ab 1965 Finanzdir. Telef. France S.A. Paris, 1971 Vorst.-Mitgl. (kaufm. Ber.) AEG-Telefunken (UK) Ltd. London, 1973 Vorst.-Vors. ebd., 1975-79 Vorst.-Vors. AEG-Telefunken France S.A. Paris, 1979 Vorst.-Mitgl. Telefunken Fernsehen u.

Rundf. GmbH Hannover; 1983 allein. Geschäftsf. Nordmende Bremen; 1985 Generaldir. Thomson Grand Public S.A. Paris, zugl. Vors. d. Geschäftsfg. ECE Europ. Consumer Electronics Hannover.

KUNKEL, Gert
Dr. med., Prof. f. Inn. Med. FU Berlin (Abt. f. Klin. Immunologie u. Asthma-Poliklinik/Rudolf-Virchow-Krkhs.) - Schillerstr. 103, 1000 Berlin 49.

KUNKEL, Günther (W. H.)
Wissenschaftlicher Schriftsteller u. Naturforscher - EDEZA, E-04240 Viator (Almería), España (T. 34-51-31 03 77) - Geb. 26. Sept. 1928 Mittenwalde/M., verh. s. 1960 m. Mary Anne Charlewood Turner, engl. Pflanzenmalerin, 2 Söhne (Jürgen G., Thomas A.) - 1960 Prof. f. Forstbotanik Peru; 1961-63 Dendrologe Dt. Forstmission Liberia; 1973 Sekr. I Intern. Congr. Flora Macaronesica Las Palmas; 1974-78 Generalsekr. Assoc. pour l'Etude Taxonomique de la Flore d'Afrique Tropicale (AETFAT); 1972 Fellow, Linnean Soc. of London; 1978 (CO) The Explorers Club; 1982 Instituto de Estudios Almerienses - BV: Trees of Liberia, 1965; Helechos Cultivados, 1967; Arboles Exóticos, 1969; Flórula Isla Lobos, 1970; Vegetacíon La Graciosa, 1971; Flora Gran Canaria I-IV, 1974-79; Vegetation of Hormoz, Qeshm & neighbouring Islands, 1977; Inventario Laurisilva La Gomera, 1977; Plantas Vasculares Fuerteventura, 1977; Endemismos Canarios, 1977; Flowering Trees in Subtropical Gardens, 1978; Vida Vegetal P.N. de Timanfaya, 1978; Kanarische Inseln u. ihre Pflanzenwelt, 2. A. 1987; Arboles y Arbustos Islas Canarias, 1981; Riscos de Famara, Lanzarote, 1982; Malas Hierbas de Almería, 1984, 2. A. 1987; Plants for Human Consumption, 1984; Diccionario Botánico Canario, 1986; Flórula Desierto Almeriense, 1988; Geografia en nomenclatura botanica Ibero-Lusitana, 1988. Herausg.: Cuadernos de Botánica Canaria (1967-78); Monogr. Biol. Canariensis (1970-75); Biogeography and Ecology in the Canary Islands (1976); Bull. AETFAT (1975-78); Taxonomic Aspects of African Economic Botany (1979); Ediciones Alternativas (1986). Bearbeiter: Boerner, Taschenwörterb. botan. Pflanzennamen (4. A. 1989). Üb. 400 wiss. Veröff. - Comendador Orden del Mérito Agrícola - Liebh.: Gärten, Reisen - Spr.: Engl., Span. - Lit.: G.H. Schwabe in Willdenowia 2, S. 420-425 u. 634 (1960); Kürschners Dt. Gelehrtenkalender (s. 1970); Who's Who in the World (1976/77); Intern. Directory Scholars & Specialists African Studies.

KUNKEL, Klaus
Dipl.-Volksw., Geschäftsf. Verb. Dt. Tapetenfabriken u. Arbeitgeberverb. d. dt. Tapetenind., Frankfurt/M. - Kolpingstr. 20, 6463 Freigericht 5 - Geb. 20. Sept. 1942.

KUNKEL, Rolf
Fr. Journalist - Gustav-Delle-Str. 33, 2070 Ahrensburg - 1981 Egon-Erwin-Kisch-Preis (f. d. Reportage: Tod am 4. Hindernis (Pferderennen im böhm. Pardubitz) in GEO); 1971 Theodor-Wolff-Preis; 1980 Gr. Preis d. Dt. Sportpresse.

KUNOLD, Hans-Joachim

Fabrikant, Vorstand Vereinig. d. Arbeitgeberverb. in Bayern (VAB) Bezirksgruppe München-Oberbayern - Kapferberg 1, 8110 Murnau - Geb. 18. Jan. 1916 Groddeck/Westpr. - Ehrenamtl. Bundessozial-, Finanz-, Handels- u. Arbeitsrichter - BVK.

KUNRATH, Karl Franz

Juwelier, Präsident Europaverband d. Selbständigen (CEDI), Vorstandsvors. Bundesverb.-BVD im Europaverb. d. Selbständ. (s. 1981), Präs. Gewerbeverb. GVS - Oberbexbacherstr. 7, 6652 Bexbach (T. 06826 - 29 14 u. 14 70) - Geb. 4. Juli 1923 Kaiserslautern (Vater: Franz K., Kaufm.; Mutter: Emilie, geb. Winter), kath., verh. s. 1946 m. Thea, 3 Kd. (Franz Josef, Siglinde, Michael) - Gymn., Handels- u. Fachsch. - S. 1962 Präs. Gewerbeverb.-Bd. d. Selbst., s. 1974 Präs. Europaverb. CEDI - Herausg. u. Redakt. Gewerbereport, s. 1965; Veröff. v. Komment. z. Mittelstandsfrage - 1984 BVK I. Kl. - Liebh.: Mittelstandspolitik - Spr.: Franz. - Lit.: Knaurs Promin.-Lexikon, Ltd. Männer d. Wirtsch.; Stamm: D. Bundesrep.-Verb. u.a. Nachschlagewerke.

KUNSMANN, Peter W.
Ph. D., Prof. f. Engl. Philologie (Linguistik) - Hamerlingweg 5, 1000 Berlin 37 - Geb. 4. April 1938 Bochum - S. 1974 Prof. FU Berlin - BV: Verbale Gefüge - Transformationsgrammatikal. Unters. im Engl. u. Dt., 1973.

KUNST, Hans-Joachim
Dr. phil., Prof. f. Kunstgeschichte Univ. Marburg - Wettergasse 1, 3550 Marburg/L. - Geb. 5. Juli 1929 Perleberg/Mark (Vater: Joachim K., Maurerm.; Mutter: Marie, geb. Steinhardt), ev. - Obersch. Perleberg; TU Berlin (Arch.), Univ. Marburg (Kunstgesch.). Promot. 1964 - BV: D. schwarze Afrikaner in d. Kunst,

1967 (auch engl. u. franz.); D. Entsteh. d. Hallenumgangschores - D. Domchor zu Verden/Aller u. s. Stell. in d. got. Arch., 1969; Schinkels Neue Wache in Berlin, 1981; Katalog 700 J. Elisabethkirche in Marburg 1283-1983, Bd. 1; D. Elisabethkirche - Architektur in d. Gesch.; D. Marienkirche in Lübeck, 1986; D. Kathedrale v. Reims. Schauplatz polit. Bedeutungen (zus. m. Wolfgang Schenkluhn), 1988. Mithrsg.: Krit. Berichte (1973-86); Werners Kunstgesch. (1986) - Spr.: Engl.

KUNST, Herbert

Möbelkaufm., pers. haft. Gesellsch. u. Geschäftsf. Möbel Kunst oHG. - Blücherstr. 32, 1000 Berlin 61 (T. 6982051; priv. 842542) - Geb. 8. Dez. 1904 Berlin.

KUNST, Hermann

D. Dr. DD., Bischof - Rheinallee 50, 5300 Bonn 2 (T. 0228 - 35 37 40) - Geb. 21. Jan. 1907 Ottersberg (Vater: Wilhelm K., Beamter; Mutter: Emma, geb. Lauterbach), ev., verh. s. 1932 m. Elisabeth, geb. Quade, 5 Kd. (1977 verw.) - Gymn. Bocholt/W.; Univ. Marburg, Berlin, Münster/W. - 1932 Pfarrer Marien-Gem. Herford, 1940 Superint. das., n. 1945 Mitgl. Leitung Ev. Kirche in Westfalen, 1949-77 Bevollm. d. Ev. Kirche in Dtschl. b. d. Bundesreg., 1956 Ev. Militärbischof f. d. Bundeswehr (im Nebenamt; b. 1972). Ehrenvors. Ev. Sozialakad. Friedewald, u. Ev. Zentralst. f. Entwicklungshilfe (b. 1979); Vors. Ludwig Steilhof Espelkamp (b. 1983); Vorst.-Vors. Hermann-Kunst-Stiftg. f. Neutestamentl. Textforsch. - BV: Dienst d. Kirche in d. Politik; Martin Luther u. d. Krieg; Martin Luther. E. Hausb., 1982; Martin Luther - D. Kl. u. d. Gr. Katechismus; Credo Ecclesiam - Vortr. u. Aufs., 1987. Herausg.: Zuversicht u. Dienst; Martin Luther u. d. Kirche; Protestant. Positionen in d. dt. Politik (1972). Mithrsg.: Ev. Christenheit in Dtschl.; Ev. Staatslexikon (1.-3. A.), Für Freiheit u. Recht; Evang. Glaube u. polit. Verantw. (1977); Handb. f. Frauenfragen (1988) - Liebh.: Bücher - Ehrendoktor Münster/W., Gettysburg (USA), Orthodoxe Fakult. Paris u. Theol. Orthodoxe Akad. Bukarest (1982); Hellenic College Holy Cross Boston, USA (1983); Ehrenstiftsherr Loccum; Stiftsherr Altenburg; 1971 Ehrenbürger Espelkamp/W.; 1970 Kdr. franz. Ehrenlegion; Ehrenbürger Univ. Münster 1977, 1977 Großkr. BVK m. Schulterbd. u. Stern, 1978 Komturkr. d. Phönixordens v. Griechenl., 1980 Goldmed. Frhr. v. Stein-Stiftg.; 1985 Preis Augsburger Friedensfest (1. Träger).

KUNST, Karl

Holzkaufmann, MdL Nieders. (s. 1970) - Bremer Str. 23, 2832 Twistringen (T. 2203) - CDU.

KUNSTMANN, Hartmut H.

Dr., Vorstandsvorsitzender Erba AG, AR-Mitgl. Weber & Ott AG, Forchheim - Äußere Brucker Str. 51, 8520 Erlangen.

KUNSTMANN, Heinrich

Dr. phil. (habil.), Prof., Slavist - Emperbichlstr. 6, 8211 Raiten/Obb. (T. 08641 - 83 02) - Geb. 4. März 1923 Regensburg - S. 1960 Lehrtätigk. Univ. Würzburg (1967 apl. Prof.) u. München (1972 apl. Prof. Slav. Philol.); Schriftl. Ztschr.: D. Welt d. Slaven - BV: D. Nürnberger Univ. Altdorf u. Böhmen, 1963; Moderne poln. Dramatik, 1965; D. Fünfte zum Bridge, Poln. Hörsp. 1968; Tschech. Erzählkunst im 20. Jh., 1974; Vorläufige Untersuchungen über d. bairischen Bulgarenmord v. 631/632, 1982; Beitr. z. Gesch. d. Besiedlung Nord- u. Mitteldeutschl. m. Balkanslaven, 1987; D. Anfänge d. russ. Gesch. in neuer Sicht, 1990. Insges. rd. 200 poln. u. tschechoslovak. dramat. Werke übersetzt - Lit.: Ars philologica slavica. Festschr. f. H. Kunstmann (1988).

KUNTER, Manfred

Dr. rer. nat., Prof. f. Anthropologie Univ. Gießen - Gullringpark 14, 6312 Laubach-Wetterfeld - Geb. 13. Nov. 1940 Gumbinnen/Ostpr. - BV: Kamid el-Loz, 1977. Zahlr. Einzelarb.

KUNTZ, Erwin

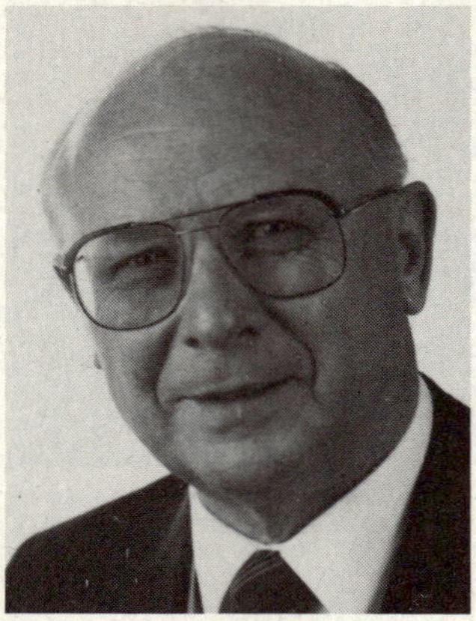

Dr. med., Prof. - Auf dem Kronberg 6, 6330 Wetzlar 17 (T. 0641 - 2 14 24) - Geb. 21. Okt. 1922 Kröffelbach - 1945-51 Univ. Marburg. Promot. 1951 Marburg - S. 1964 (Habil.) Lehrtätigk. Univ. Gießen (1969 Prof.; Inn. Med. u. Lungenkrankh.); 1968-72 Chefarzt Innere Abt. Diakonie-Krhs. Schwäbisch Hall; 1974-87 Chefarzt Kreiskrhs. Wetzlar - BV: D. klin. Aktivitätsbeurt. d. Lungentbc., 1964; D. Pleuraergüsse, 1968; Hepatose, 1972; Erkrank. d. Gallenblase u. -wege, 1974; Chron. Bronchitis, 1975; Hepatologie in Klinik u. Praxis (im Druck). 150 wiss. Publ. - 1962 u. 1966 Franz-Redeker-Preis; 1974 Ernst-v.-Bergmann-Plak.; 1983 BVK I. Kl.; 1984 Ehrenteller d. Stadt Wetzlar; 1986 Ehrenmed. d. Univ. Debrecen; 1986 korr. Mitgl. Ges. Gastroenterol. v. Uruguay, Argentinien, Peru; 1987 Ehrenplak. d. Landesärztekammer Hessen; 1988 Dr. Peter-Jeschke-Med.; 1988 Ehrenmitgl. Ung. Ges. Gastroenterol.

KUNTZ, Eugen

Dr.-Ing., Prof. f. Astronom. u. Elektron. Geodäsie Geodätisches Institut TH bzw. Univ. Karlsruhe (s. 1966) - Ludwig-Windthorst-Str. 7, 7500 Karlsruhe (T. 71971) - Geb. 6. März 1925 Klingen/Pf. (Vater: Heinrich K., Landw.; Mutter: Elise, geb. Seebach), ev., verh. s. 1952 m. Ilse, geb. Dellmuth, 2 Söhne (Michael, Martin) - Aufbausch. Speyer; TH Karlsruhe (Dipl.-Ing. 1951). Promot. (1959) u. Habil. (1964) Karlsruhe - BV: Kartennetzentwurfslehre - Grundlagen u. Anwendungen, 1983.

KUNTZ, Stefan

Theaterpädagoge - Maria-Hilf-Str. 9, 5000 Köln 1 (T. 0221 - 32 87 58) - Geb. 7. Jan. 1950 Krefeld (Vater: Ulrich K.; Mutter: Mildred, geb. Pastor), verh. m. Mechthild, geb. Watermann - Ab 1969 Stud. German., Gesch., Politol., Phil., Päd. Univ. Freiburg; ab 1971 zusätzl. Theaterwiss. Univ. München, Bristol, Paris u. Köln. 1. Staatsex. 1974 - 1973 Initiier. Gr. Kukuruz; 1976 Gründ.: theaterges.; 1980 Theaterdilldopp - Projekte: Bäuerl. Leben v. 100 J., D. ungeheuren Ungeheuer, D. Rote Rübe, Mann, oh Mann, wie bist Du schön!, Max u. d. wilden Kerle, Stanislaus Stenzel spricht, D. Damenhandtasche, Wer hat Angst vor'm schwarzen Mann?, Leih mir Dein Ohr, Karin will n. Kairo - Herausg. u. Ko-Autor: Angst wegspielen. Mitspieltheater in d. Medienerzieh. (1987) - Spr.: Engl., Franz.

KUNTZE, Ernst

Dr.-Ing. E. h., Dipl.-Ing., Erster Baudirektor i. R. - Lichtensteinweg 32, 2000 Hamburg 65 - Geb. 14. Febr. 1920 - Ehrenmitgl. Abwassertechn. Vereinig. (ATV), Verb. Schweiz. Abwasserfachleute (VSA); Honorary Member Water Pollution Control Federation (WPCF-USA); European Water Pollution Control Assoc. (EWPCA-EUROPE); Honorary Fellow Inst. of Water Pollution Control, (IWPC-GB); Ehrennadel Österr. Wasserwirtschaftsverb. (ÖWWV).

KUNTZE, Herbert

Dr. sc. agr., Univ.-Prof. f. Bodentechnologie, ltd. Direktor - Fr.-Mißler-Str. 46-50, 2800 Bremen - Geb. 8. Febr. 1930 Delitzsch (Vater: Felix K., Saatzuchtinsp.; Mutter: Berta, geb. Schalles), ev., verh. s. 1958 m. Sigrid, geb. Sachse - Agrarwiss. Univ. Göttingen, Promot. 1956, Habil. 1964 - 1956-64 Marschversuchsstat. Infeld, 1964-69 Moorversuchsstat. Bremen, 1969 Nds. Landesamt f. Bodenforsch., 1985-89 Präs. Dt. Bodenkd. Ges. - BV: Marschen - schwere Böden, 1965; Bodenkunde, 1969, 4. A. 1988; Verockerung, 1978, u. a. - 1981 Silb. Max-Eyth-Denkmünze d. DLG - Spr.: Engl., Franz.

KUNTZE, Karlheinz

Dr. rer. nat., o. Prof. Univ. Augsburg (s. 1971) - Lärchenstr. 24, 8035 Gauting (T. 089 - 8502745) - Geb. 19. Juni 1924 (Vater: Karl K., Obering.), kath., verh. s. 1954 m. Ingeborg, geb. Meltzer, 3 Kd. (Michael, Susanne, Christian) - Stud. d. Math. u. Phys. Univ. München; Promot. 1952; Habil. 1966 - 1951-60 Höh. Schuldst., 1960-68 Staatsbausch. München, 1969-71 ao. Prof. PH Nürnberg. Fachveröff.

KUNTZE, Peter

Journalist Redakt. Südd. Ztg. (Außenpolitik) - Zu erreichen üb. Südd. Zeitung, Sendlinger Str. 80, 8000 München - BV: D. Osten ist rot, 1970; Peking contra Moskau - V. Marx zu Mao, 1971; China - d. konkrete Utopie, 1973; China - Revolution in d. Seele, 1977; Mao Tsetung, 1977; China nach Mao, 1978; China - Supermarkt 2000?, 1979; D. Kippnase, 1976; Cora-Cora oder D. Streik d. Tiere, 1979; D. Versteck im Park, 1980; D. geheimnisvolle Ring, 1982; Bleib bei uns, kleiner Hund!, 1987; D. Färingische Traum, R. 1987. Mitautor: China - Dtschl. Partner?, 1974; Asien, 1974; Europa, 1974; In allen Häusern, wo Kinder sind, 1975; Satz-Zeichen, 1988; Wenn ich e. Pferd hätte, 1988.

KUNTZE, Wolfgang

Präsident Bundesaufsichtsamt f. d. Kreditwesen (s. 1984) - Reichpietschufer 74-76, 1000 Berlin 30 - 1952-56 Stud. Rechtswiss. FU Berlin; 1. Staatsprüf. 1956, 2. Staatsprüf. 1961 - 1961 Bundesfinanzverw. Berlin u. Bonn; 1965 Bundesaufsichtsamt f. d. Kreditwesen; 1979-84 Leit. Grundsatzabt. (Ltd. Reg.dir.); 1972-81 nebenamtl. Mitgl. Justizprüfungsamt Berlin - Geb. 19. Jan. 1930.

KUNTZE-JUST, Heinz

Film- u. Fernsehproduzent - Südstrand 11, 2101 Bullenhausen (T. Hamburg 777755; Büro: 660797) - Geb. 29. Aug. 1913 Ostrau, Kr. Zeitz (Vater: Wilhelm Kuntze; Mutter: Lina, geb. Just), ev., verh. in 2. Ehe (1949) m. Ute, geb. Folz (Journ.) - Gymn.; Univ. Leipzig u. Wien (Literatur- u. Kunstgesch.) - Ab 1936 Pressechef Terra, Tobis, Wien-Film, n. Kriegsende Journ., ab 1948 Herausg. Korresp. Filmpress, 1949-53 Gründer, Chefredakt. u. Geschäftsf. Neue Dt. Wochenschau (ab 1952 auch Chefredakt. Wochenschau Welt im Bild), dann Filmproduzent, 1955-60 Chefredakt. Star-Revue, s. 1961 gf. Gesellsch. Firmengr. Televersal, Teletechn., Tele-Commerz, Tele-Terra. Filmwirtsch.l. Schr. Text zu d. Filmen: D. goldene Garten - Kaliforn. Impressionen (1954), Kein Platz f. wilde Tiere (1955), Abschied v. Afrika (1959), Traumstraße d. Welt (1960); Filmb.: Rußland heute, Mondo Cane, Alle Frauen dieser Welt. Prof. zahlr. Fernsehfilme, dar. D. Weimarer Republik u. Weimar - Anatomie e. Rep. (13 Folgen), D. unheiml. Nachbar/UdSSR (13 F.), Marx z. Ansicht (13 F.), Ehen vor Gericht; Fernsehspiele, TV-Unterhaltung (u. a. Das ist ihr Leben) - Liebh.: Golf, Uhrensamml.

KUNTZSCH, Matthias

Prof., Operndirektor u. GMD Staatstheater Saarbrücken (s. 1977) - Geb. 22. Sept. 1935 Karlsruhe (Vater: Alfred K., Kapellm. u. Komp.; Mutter: Nora, geb. Fuchs), ev., verh. s. 1966 m. Sylvia, geb. Anderson (Opernsängerin) - 1953-57 Hochsch. f. Musik u. Theater Hannover. Dirigentenkurse Mozarteum Salzburg; Meisterkl. f. Musik Zermatt (Pablo Casals) - 1962-73 I. Kapellm. Stadttheater Bonn, Nationaltheater Mannheim (1964), Staatsoper Hamburg (1966) u. München (1969), Generalmusikdir. Lübeck (1973-77). Konzerttätigk., auch als Klavierbegleit. Div. Kompos., dar. Ballettmusiken u. Instrumentation Menotti-Oper Help, Help the Globolinks (eig. UA.) - 1976-78 Prof. f. Dirigieren Hochsch. f. Musik Hamburg; Schallplatten-Einsp., Rundfunk- u. Fernseh-Produkt. - 1960 Förderungspreis d. Nieders. Kunstpreises - Liebh.: Malerei, Politik, Sport - Spr.: Engl., Franz., Ital. - Bek. Vorf.: Johann Gottfried K., erster Klavierlehrer d. neunj. Robert Schumann (Zwickau).

KUNZ, Christof

Dr. rer. nat., Prof. f. Experimentalphysik - Op de Gehren 22, 2000 Schenefeld - Geb. 25. April 1936 Karlsbad - Promot. (1966) u. Habil. (1973) Hamburg - S. 1966 Wiss. Mitarb. u. Gruppenleit. (1973) Dt. Elektronen-Synchroton (DESY) Hamburg. 1973 ff. Privatdoz. u. Prof. (1978) Univ. Hamburg. 1969-70 Gastprof. USA. Üb. 50 Facharb.

KUNZ, Ernst

Dr. rer. nat., Prof., Lehrstuhlinh. f. Mathematik Univ. Regensburg - Karl-Stieler-Str. 33, 8400 Regensburg.

KUNZ, Gerhard

Rechtsanwalt, Senator a.D., Abteilungsleit. Salzgitter-Konzern (s. 1986) - Nürnberger Str. 53-55, 1000 Berlin 30 (T. 030 - 2 12 31) - Geb. 11. Febr. 1942 Komotau, kath. - 1956-61 Obersch. Genthin (b. 1959) u. Berlin/Schöneberg (Abit.); 1961-67 FU Berlin (Rechtswiss.). Jurist. Staatsex. 1967 u. 1971 - s. 1971 RA. Langj. stv. Landesvors. Jg. Union Berlin (1965-68 Mitgl. Dtschl.rat JU). 1971 (März) b. 1972 (Jan.) MdA Berlin; 1981-85 Senator f. Finanzen v. Berlin; s. 1986 Leit. Abt. f. strategische Planung Salzgitter-Konzern. CDU s. 1961.

KUNZ, Gerhard

Dr. rer. pol., o. Prof. f. Soziologie Univ. zu Köln - Sonnenweg 7, 5060 Berg. Gladbach 2.

KUNZ, Joseph

Dr. phil., o. Prof. f. Dt. Philologie (emerit.) - Kurhausstr. 34b, 6238 Hofheim/Ts. - Geb. 10. März 1906 - Habil. 1947 Frankfurt/M. - 1951-71 Prof. Univ. Frankfurt (apl.) u. Marburg (1959 o.) - BV: Brentanos Godwi - 2. Beitrag z. Lebensgefühl d. Frühromantik; Eichendorff - Höhepunkt d. Krise d. Spätromantik - 1973 Ehrendoktor Univ. Tours.

KUNZ, Max-Josef

Dr., Dipl.-Agraring., MdB (s. 1972, CDU/CSU-Fraktion; Wahlkr. 221/Tirschenreuth) - Hochstr. 16, 8480 Weiden/Opf. (T. 4 49 13) - Geb. 25. Juni 1929 Groppenheim (Vater: Engelbert K., Landw.; Mutter: Theresia, geb. Ernstberger), kath., verh. s. 1958 m. Evi, geb. Röger, 3 Kd. (Maxiluise, Stefan, Thilo) - Gymn. Weiden, n. Arbeitsdst. (1945) Gymn. Regensburg (Abit.); landw. Lehre; TH München (Landw.; Dipl.ing. agr. u. Promot.) - S. 1953 bayer. Staatsdst. (1963 Vorst. Landw.amt u. Dir. Landw.sch. Vohenstrauß, 1969 dass. Weiden). CSU s. 1958 (div. Funktionen) - Spr.: Engl.

KUNZ, Ulrich Heinrich

Dr.-Ing., Dipl.-Ing., o. Prof. f. El. Energietechnik Univ. Siegen (s. 1978) - Mörikeweg 2, 5908 Neunkirchen - Geb. 3. Aug. 1935 Gleiwitz (Vater: Wilhelm K., Elektroing. †1986; Mutter: Gertrud, geb. Kleingeist †1949), ev., verh. s. 1973 m. Gudrun, geb. Albrecht, 3 Kd. (Hans-Peter, Andreas, Katharina) - Stud. d. Regelungstechn. TH Darmstadt; Dipl.ex. 1961 - 1962-64 Entwicklungsing. AEG, 1964-78 TH Darmstadt (Assist., 1972 Doz., 1974 Prof.).

KUNZ, Werner

Dr. med. (habil.), Prof. f. Pharmakologie u. Toxikol. Univ. Tübingen (apl.) - Dt. Krebsforschungszentrum, 6900 Heidelberg.

KUNZ, Werner

Dr., Chemiker, Honorarprof. f. Informationswiss. in d. Chemie Univ. Frankfurt/M. - In den Pfädelsäckern 1a, 6900 Heidelberg.

KUNZ, Wolfgang Dietrich

Dr. oec., Dipl.-Kfm., Geschäftsf. Bankers Trust GmbH., Frankfurt am Main - Zu erreichen üb.: Bockenheimer Landstr. 39, 6000 Frankfurt/M. - Geb. 15. Aug. 1932.

KUNZE, Christian

Dr., Dipl.-Biol., Prof. Univ. Gießen - Nelkenweg 5, 6307 Linden (T. 06403 - 6 29 33, dstl.: 702 58 45) - Geb. 28. Aug. 1940 Schreiberhau/Schles. (Vater: Dr. med. Willy K.; Mutter: Steffi, geb. Ihms), ev., verh. s. 1968 m. Marianne, geb. Petsch, 2 Kd. (Alexander, Kathy) - Stud. Univ. Gießen; Promot. 1968 ebd.; Habil. 1976; 1982-84 Vertr. d. Lehrstuhls f. Biogeographie a. d. Univ. Saarbrücken. Üb. 50 Fachveröff.

KUNZE, Günther

Dr. rer. nat., Prof. f. Kristallographie - Hainbrink 4c, 3252 Bad Münder 13 - Geb. 12. Mai 1921 Glashütte - Stud. Physik - 1961 (Habil.) Lehrtätigk. Bergakad. Univ. Clausthal u. Hannover (1963 Doz., 1967 apl. Prof., 1978 Univ.-Prof.). Zahlr. Fachaufs.

KUNZE, Hanns-Ulrich

Pianist, Prof. f. Klavier u. Prorektor Hochsch. f. Musik Detmold (Nordwestd. Musikakad.) - Papenbergweg 2a, 4930 Detmold - Geb. 20. Sept. 1930 Bielefeld - 1950-56 Nordwestd. Musikakad. (Hans Richter-Haaser, Günter Bialas, Wilhelm Maler) - Ausgedehnte Konzerttätigk.; s. 1960 Hochschullehrer Detmold.

KUNZE, Hans-Joachim

Dr. rer. nat., o. Prof. f. Experimentalphys. Univ. Bochum (s. 1972) - Wagenfeldstr. 12, 5810 Witten-Herbede (T. 7 72 18) - Geb. 19. März 1935 Kauffung (Vater: Wilhelm K.; Mutter: Else, geb. Hoffmann), ev., verh. s. 1961 m. Regina, geb. Zellerer, 2 Kd. (Stefanie, Martina) - Oberrealsch. Marktredwitz; Stud. TH München (Dipl.ex. 1961); Promot. 1964 - 1961 b. 65 Wiss. Angest. Max-Planck-Inst. f. Plasmaphysik; 1967-72 Assist. u. Assoc. Prof. (1970) Univ. Maryland/USA.

KUNZE, Herbert

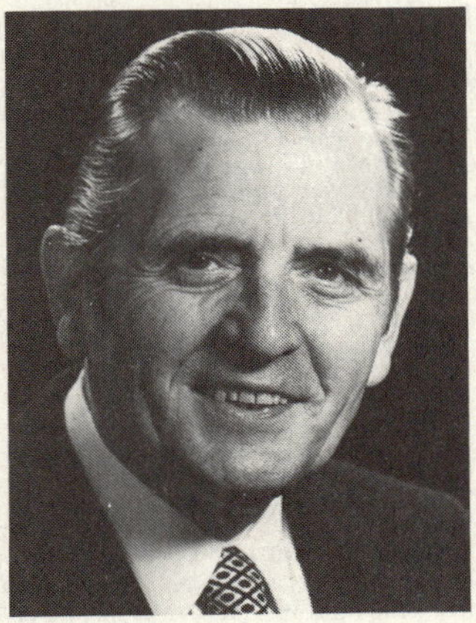

Rechtsanw., Generalsekretär Organisationskomitee f. d. Spiele d. XX. Olympiade München 1972 e. V. (1966-73) - Steinsdorfstr. 18, 8000 München 22 (T. 292900) - Geb. 14. Nov. 1908 Berlin (Vater: Paul K.; Mutter: geb. Schinke), ev., verh. I) 1943 m. Annemarie, geb. Coenders († 1967), S. Sven, II) 1968 Irene, geb. Henne - Grunewald-Gymn. u. Univ. Berlin. Ass.ex. 1935 - 1940-45 Reichsfinanzmin., Berlin (Reg.rat); 1951-66 Bundesverb. d. priv. Bankgewerbes, Köln (Geschäftsf.). Div. Sportämter, dar. Vors. Berliner Schlittschuh-Club, Präs. Dt. Eissportverb., Vizepräs. NOK (1952 Delegationsführer dt. Mannschaft VI. Olymp. Winterspiele Oslo, 1960 Chef de Mission gemeins. dt. Mannsch. VIII. Olymp. Winterspiele Squaw Valley), 1966 Österr. Olympiamed., 1970 Gr. BVK, 1972 Ritter franz. Ehrenlegion, 1972 Komturkreuz d. Königl. Schwed. Wasa-Ordens, 1973 Bayer. VO; 1974 Med. in Gold München leuchtet; 1982 Ordre Olympique in Silber d. IOC; 1983 Ehrenring in Gold d. Landeshauptstadt München - Rotarier.

KUNZE, Jürgen

Dr. phil., Dipl.-Volksw., Prof., MdA Berlin (1976-85) - Am Volkspark 81, 1000 Berlin 31 (T. 853 35 24) - Geb. 8. April 1945 Berlin, verh. s. 1975 - Abit. 1964 Essen; Stud. FU Berlin; Promot. 1973 ebd. - 1966-1968 Geschäftsf. Ring Polit. Jugend, Berlin; 1969/70 Hilfsref. Landesarbeitsamt Berlin (Arbeitsmarkt- u. Berufsforsch.); 1970-74 wiss. Mitarb. Dt. Bildungsrat (Bildungsplan.); 1974-77 wissenschaftl. Mitarb. b. Dt. Inst. f. Wirtschaftsforsch. (Konjunkturanalyse); s. 1977 Prof. Fachhochsch. f. Wirtschaft Berlin (Makroökonomie u. Bildungsökonomie). FDP 1964-83 (Austr.), 1969-72 Landesvors. d. Jungdemokr. Berlin, 1970-71 auch stv. Bundesvors.; 1973-83 Mitgl. Landesvorst. d. Berliner FDP, 1981-83 Landesvors., 1976ff. wirtschaftspolit. Sprecher d. FDP-Fraktion im Abgeordnetenhaus v. Berlin; 1975-84 Mitgl. Rundfunkrat SFB (s. 1978 Mitgl. Verwaltungsrat) - Div. Veröff. z. Wirtschaftspolitik - Spr.: Engl.

KUNZE, Klaus

Dr. med., Prof. f. Neurologie u. Klin. Neurophysiol., Direktor Neurol. Univ.-Klinik u. Poliklinik Hamburg-Eppendorf - Martinistr. 52, 2000 Hamburg 20 (T. 040 - 468 37 70/27 70) - Geb. 16. Juli 1933 Bremen (Vater: Franz K., Regierungsamtm.; Mutter: Sophie, geb. Lemmermann), ev., verh. s. 1963 m. Anne, geb. Hiesch, 2 Töcht. (Alexandra, Kerstin) - Stud. Med. (versch. Univ.). Promot. 1958 Frankfurt/M.; Habil. 1968 Gießen - S. 1968 Lehrtätigk. Univ. Gießen (1970 Prof., 1975 gf. Dir. Zentrum f. Neurol.); 1981 Ord. f. Neurol. Univ. Hamburg, Dir. Neurol. Univ.-Klinik Hamburg-Eppendorf - BV: D. Sauerstoffdruckfeld im normalen u. pathol. veränd. Muskel, 1969; Studies in Neuromuscular Diseases, 1975; Clinical Problems of Brainstem Disorders, 1986. Über 180 Einzelarb. auf d. Gesamtgeb. d. Neurol., Klin. Neurophysiol. u. Klin. Neuroimmunologie - 1970 Schunk-Preis Univ. Gießen.

KUNZE, Michael

Dr. jur., Schriftsteller, Liedertexter, Bühnenautor - 8022 Grünwald/Krs. München - Geb. 1943, verh. (Ehefr. Roswitha), S. Stephan - Abit. (1,0); Promot. 1980 (Summa cum laude) - In 10 J. üb. 1200 Liedertexte (u. a. Griech. Wein, D. kl. Kneipe, Du, Stimmen im Wind) - 39 Gold. Schallpl. - Musicalübers. (Evita, Cats, A Chorus Line, Phantom d. Oper) - BV: Der Prozeß Pappenheimer, 1980; Straße ins Feuer, 1983; engl. Highroad to the Stake, 1987.

KUNZE, Reiner

Schriftsteller - Am Sonnenhang 19, 8391 Obernzell 1-Erlau - Geb. 16. Aug. 1933 Oelsnitz/Erzgeb. (Vater: Ernst K., Bergarb.; Mutter: Martha, geb. Friedrich), verh. s. 1961 m. Dr. Elisabeth, geb. Mifka, 2 Kd. (Marcela, Ludwig) - Stud. d. Phil. u. Journalistik Univ. Leipzig (Dipl.-Journ. 1955) - 1955-59 wiss.

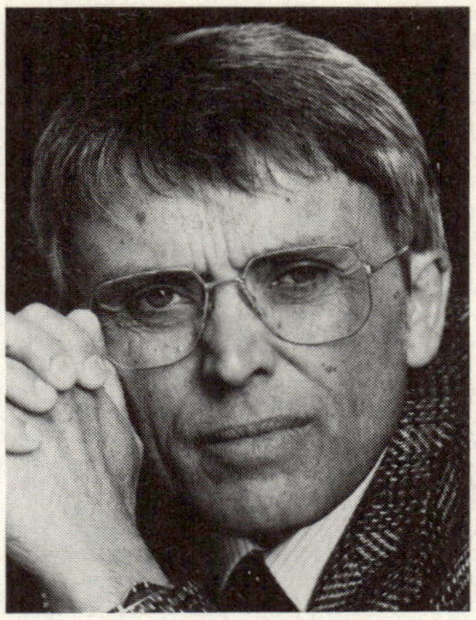

Assist. m. Lehrauftr. ebd., dann Hilfsschlosser, s. 1962 freiberufl. - 1988/89 Gastdozenturen f. Poetik an d. Univ. München u. Würzburg - BV: Widmungen, Ged. 1963; Sensible Wege, Ged. 1969; D. Löwe Leopold, 1970; Zimmerlautstärke, Ged. 1972; Brief m. blauem Siegel, Ged. 1973; D. wunderb. Jahre, Prosa, 1976; Darf e. Schriftst. überhaupt vernünftig werden wollen?, zwei Reden (gem. m. Heinrich Böll), 1977; Auf eigene Hoffn., Ged. 1981; E. stadtbekannte Gesch., Erz. 1982; Gespräch mit d. Amsel, Ged. 1984; In Deutschl. zuhaus, Funk- u. Fernsehinterviews (1977-83), 1984; Eines jeden einziges Leben, Ged. 1986; Zurückgeworfen auf sich selbst, Interview (1984-88), 1989; D. weiße Gedicht, Ess. 1989. Herausg.: Über, o üb. d. Dorn, Ged. aus hundert J. (1986). Werke-Übers. in 20 europ. u. außereurop. Sprachen (u. a. amerik. u. jap.) - 1968 Preis f. Nachdichtungen Tschechoslow. Schriftst.verb., 1971 Dt. Jugendbuchpreis, 1973 Lit.preis Bayer. Akad. d. Schönen Künste, 1973 Mölle-Lit.preis Schweden, 1977 Andreas-Gryphius-Preis, 1977 Georg-Trakl-Preis Österr., 1977 Georg-Büchner-Preis; 1979 Bayer. Filmpreis (Drehbuch); 1981 Geschw.-Scholl-Preis; 1984 Eichendorff-Lit.preis u. BVK I. Kl.; 1988 Bayer. VO.; o. Mitgl. Bayer. Akad. d. Schönen Künste, d. Akad. d. Künste Berlin u. d. Dt. Akad. f. Sprache u. Dichtg. Darmstadt - Reiner Kunze - Materialien u. Dokumente, hrsg. von J. P. Wallmann, 1977; R. K. - Werk u. Wirkung (hrsg. v. Rudolf Wolff), 1983; R. K. - Materialien zu Leben u. Werk (hrsg. v. Heiner Feldkamp), 1987.

KUNZLER, Michael

Dr. theol., o. Prof. f. Liturgiewiss. Theol. Fak. Paderborn - Kamp 6, 4790 Paderborn, u. Am Wald 3, 6636 Überherrn-Bisten - Geb. 23. Aug. 1951 Saarbrücken (Vater: Willy K., Kaufm.; Mutter: Franziska, geb. Mongin), kath., ledig - Univ. Trier (Dipl.-Theol. 1975, Promot. 1978); Stud. Slaw. Univ. München, Saarbrücken u. fr. Ukrain. Univ. München; Habil. 1987 Univ. Tübingen - 1980-83 Kaplan St. Eligius, Völklingen; 1983/84 Vikar St. Marien, Großrosseln; 1984ff. Univ. d. Saarl. u. Lehrer f. Relig. u. Gesch. staatl. Ludwigsgymn., Gymn. Saarbrücken - BV: D. Eucharistietheol. d. Hadamarer Pfarrers u. Humanisten G. Lorich, Diss. 1981; Pastoraltheol. d. 16. Jh., 1981; Preparatio ad missam = Ukrainische Liturgiegesch., 1982; Willibald Pirckheimer's Auseinandersetz. m. Oekolampad z. Eucharistie, 1982; Studien z. Beeinfluss. d. orthodoxen Sakramententheol. u. Liturgik durch d. Palamismus unter bes. Berücksicht. d. Werke d. Symeon v. Thessaloniki (†1429), Habil.schrift 1987 - Spr.: Latein, Griech., Hebr., Franz., Engl., Ital., Russ., Ukrain., Kirchenslawisch.

KUNZMANN, Alfred

Gewerkschaftler, Vors. IG Chemie/Papier/Keramik in Bayern, mitgl. Bayer. Senat - Buschingstr. 43, 8000 München 80.

KUNZMANN, Klaus R.

Dr. techn., Univ.-Prof., Leit. Inst. f. Raumplanung/Univ. Dortmund (s. 1974) - Auf der Papenburg 43, 4630 Bochum 1 - Geb. 30. Sept. 1942 Karlsruhe, kath,. verh., 1 Kd.

KUO, Heng-yü

Dr. phil. (habil.), Prof. f. Sinologie Freie Univ. Berlin - Kaunstr. 26, 1000 Berlin 37.

KUPČIK, Vladimir

Dr., o. Prof. f. Mineralogie u. Kristallogr. Univ. Göttingen (s. 1969) - Bergstr. 3, 3401 Diemarden (T. 795961) - Geb. 8. April 1934 Wischau/Tschechosl. - Zul. Univ. Bratislava.

KUPFER, Günther

Dr.-Ing., o. Prof. f. Geodäsie, insb. Photogrammetrie, Univ. Bonn (s. 1971) - Hüllenviertel 8, 5307 Wachtberg - Geb. 15. März 1924 Zedlin/Pom. (Vater: Martin K., Lehrer; Mutter: Anna, geb. Runge), verh. s. 1952 m. Gundula, geb. Klühe, 3 Kd. (Susanne, Andrea, Christian) - TH München (Vermessungswesen; Dipl.-Ing. 1951). Promot. 1960 München; Habil. 1970 Bonn - U. a. Dezern. Landesvermessungsamt Bad Godesberg (1964ff.) - BV: Z. Geometrie d. Luftbildes, 1971 - Spr.: Engl.

KUPFER, Herbert

Dr.-Ing., o. Prof. TU München, Lehrst. Massivbau - Arcisstr. 21, 8000 München 2 - Geb. 1927 - Obering. u. Prok. Dyckerhoff + Widmann AG (b. 1967); 1971-72 Dekan Fakult. Bauing. u. Vermessungsw. u. s. 1984 1. Vizepräs. TU München. Ca. 80 Fachveröffentl. Mitgl. Dt. Aussch. f. Stahlbeton; Ber. Mitgl. Dt. Beton-Verein E.V., Mitgl. ausl. Organisat. (ACI, CEB, FIP, IASS, IVBH). 1976-80 Fachgutacht. Dt. Forschungsgem. f. Konstruktiv. Ingenieurbau.

KUPISCH, Berthold

Dr. jur., o. Prof. f. Röm. u. Bürgerl. Recht Univ. Münster (gf. Dir. Inst. f. Röm. Recht, Dir. Rechtswiss. Sem.) - Hittorfstr. 34, 4400 Münster/W.

KUPISCH, Herbert

Dr. rer. nat., o. Prof. f. Mathematik FU Berlin - Jenaerstr. 8, 1000 Berlin 31.

KUPKA, Engelbert

I. Bürgermeister, stellv. Landrat Kr. München - Rathaus, 8025 Unterhaching/Obb. - Geb. 21. Jan. 1939 Rosenberg/OS. - Jurist. CSU.

KUPKE, Ingeborg Ruth

Dr. rer. nat., Prof. f. Klinische Chemie u. Biochemie - Ziegeleiweg 49, 4000 Düsseldorf - Geb. 1. Aug. 1933 Gr.-Woitsdorf/Schles. (Vater: Georg K.; Mutter: Gertrud, geb. Kursawe), ev. - Obersch. Wurzen (Abit. 1952); 1952-58 Stud. Biol., Med. Biochem. Humboldt-Univ. BerlinDipl.-Biol. 1958-63 Charité Berlin; 1963-66 TU München (Promot.); 1966-75 Med. Hochsch. Hannover (Habil. 1972) - 1969-71 Univ. of Southern Calif., Los Angeles/USA; s. 1975 Univ. Düsseldorf, Kinderklin., Leit. Lab. Päd. Klin. Chem. u. Lipidforsch.; s. 1980 apl. Prof. - BV: Lipide u. Lipoproteine: Stoffwechsel, Analytik, Früherkennung v. Risikoindikatoren d. Atherogenese im Kindes- u. Jugendalter.

KUPKE, Peter

Regisseur - Wilhelmstr. 64, 6200 Wiesbaden (T. 06121 - 30 51 94) - Geb. 1. Mai 1932 Kreuzburg (Schles.), verh. s. 1958 m. Sonja, geb. Hörbing (Schausp.), T. Kattrin - 1951-56 Stud. Schausp. u. Theaterwiss. Theaterinst. Weimar u. Theaterhochsch. Leipzig - 1956-60 Stadttheater Döbeln (Schausp. u. Dramat., ab 1958 Oberspielleit.); 1960-63 Dt. Theater Berlin (Regieassist.); 1963-71 Hans-Otto-Theater Potsdam (Oberspielleit., ab 1968 auch Int.); 1971-80 Berliner Ensemble (Regiss. u. Mitgl. d. Theaterleit.); 1982-84 Musiktheater

Gelsenkirchen (Oberspielleit.); ab 1985 Staatstheater Wiesbaden (Schauspieldir.); 1964-77 Doz. f. Schausp. Schauspielsch. Berlin u. Filmhochsch. Potsdam-Babelsberg; 1977-80 Doz. Inst. f. Schauspielregie Berlin - Zahlr. Schauspielinsz., auch im Ausl. (Dänemark), Operninsz. - Spr.: Dän.

KUPPE, Volker

Kaufmann, gf. Gesellsch. C. Woermann GmbH & Co., Hamburg, u. C. Woermann & Co., Accra (Ghana), Vorst. C. Woermann (Nigeria) Ltd., Lagos - Kurt-Nonne-Weg 8a, 2070 Ahrensburg - Geb. 1. Nov. 1938 Hamburg (Vater: Walter K., Beamter i. R.; Mutter: Ellen, geb. Marquard), ev., verh. s. 1964 m. Johanna, geb. Augst, 2 Kd. (Axel, Beate) - Liebh.: Jagd - Spr.: Engl.

KUPSCH, Anita

Schauspielerin - Bonner Str. 6, 1000 Berlin 33 - Geb. 18. Mai 1940 Berlin, ev., verh. s. 1986 m. Klaus Detlef Krahn - Schauspielausbild. - Bek. Rollen Berlin: Äpfelchen - Äpfelchen, Mein Vater hatte recht (Renaissance-), D. Kaiser v. Alexanderpl., Und zweitens bin ich 17, Pepsie (Hebbel-Theater), D. Mädchen in d. Suppe (Komödie). Film: Tunnel 28, Rheinsberg, Wochentags immer; Fernsehen: Walzer d. Toreros, Theorie u. Praxis, E. Champagner f. Lady Macbeth, Napoleon greift ein, Und zweitens bin ich 17, D. Kaiser v. Alexanderpl., Schönes Wochenende, Auf Sieg - auf Platz - auf Liebe, Klassenkeile, Alfie, Okay S.I.R. (Serie, 1973), Praxis Bülowbogen (Serie, 1988/89) - Spr.: Engl.

KUPSCH, Bernhard

Dipl.-Kfm., Gf. Gesellschafter B. Kupsch GmbH, Würzburg, Vorst. Verb. Christl. Kaufleute, Präs.-Mitgl. IHK Würzburg-Schweinfurt - Zu erreichen üb. Nürnberger Str. 63, 8700 Würzburg - Geb. 17. Juli 1952, verh., 4 Kd. - Stud. Betriebsw. Univ. Frankfurt/M.; Ex. 1977.

KUPSCH, von, Hans-Karl

Dr. jur., Hauptgeschäftsführer Börsenverein d. Dt. Buchhandels - Gr. Hirschgraben 17-21, 6000 Frankfurt/M. 1; priv.: Im Buchenhain 5, 6070 Langen-Oberlinden - Geb. 7. März 1936.

KUPSCH, Hermann

Gf. Gesellschafter Bernhard Kupsch GmbH, Würzburg, Alt-Präses CVJM-Gesamtverb. in Dtschl., Ehrenvors. Verb. Christl. Kaufleute - Nürnberger Str. 63, 8700 Würzburg (T. 20 80) - Geb. 24. Sept. 1918 Würzburg (Vater: Bernhard K.) - 1976 Gold. Zuckerhut; 1978 Bayer. VO.; 1982 BVK I. Kl.

KUPSCH, Joachim

Dr. rer. nat., Prof. f. Physik Univ. Kaiserslautern (Spez.: Theoret. Elementarteilchenphysik) - Ladenburger Str. 70, 6900 Heidelberg - Geb. 17. Okt. 1939 Düsseldorf.

KUPSCH, Peter

Dr. oec. publ., Dipl.-Kfm., Prof. f. Betriebswirtschaftslehre, insb. Betriebl. Steuerlehre u. Wirtschaftsprüfung Univ. Bamberg (s. 1974); Steuerberater (s. 1979); Wirtschaftsprüfer (s. 1982) - Im Bauernfeld 15, 8600 Bamberg - Geb. 26. Juni 1943 Altlandsberg (Vater: Rudolf K., Kaufm.; Mutter: Ilse, geb. Schnierstein), ev., verh. s. 1972 m. Traudel, geb. Werner, 2 S. (Florian, Andreas) - Gymn. u. Wirtschaftsobersch. Ulm; Univ. München. Dipl.-Kfm. 1969; Promot. 1971; Habil. 1974 (alles München) - BV: D. Risiko im Entscheidungsprozeß, 1973; D. Bilanzierung v. Rückstellungen im Rahmen d. Bilanzpolitik d. Unternehmung, (Habil.) 1973; D. Bilanzierung v. Rückstellungen u. ihre Berichterstatt., 1975; D. Struktur v. Qualitätsurteilen u. d. Informationsverhalten v. Konsumenten b. Kauf langleb. Gebrauchsgüter, 1978 (m. P. Hufschmied. D. Mathes, K. Schöler); Unternehmensziele, 1979. Herausg.: Bonner Handb. Rechnungslegung (m. M.A. Hofbauer) - Liebh.: Sportgesch. (bes. Leichtathl.) - Spr.: Engl.

KUPSKI, Helmut

Landeskirchenoberamtsrat a. D., MdL Nordrh.-Westf. - Nießenstr. 40, 4150 Krefeld (T. 59 05 68) - Geb. 7. April 1932 (Vater: Gustav K., Landwirt; Mutter: Karoline, geb. Wenzel), ev., verh. s. 1957 m. Dorothee, geb. Bongertz, 4 Kd. (Gerhard, Markus, Isabel, Martin) - Ext. Abit. (Begabtenprüf.); Reg.insp.prüf. 1955; nebenberufl. Stud. d. Wirtsch. u. pol. Wiss. Univ. Köln (o. Abschl.) - 1955-60 Reg.insp.; 1960-80 Verw.beamter Landeskirchenamt Düsseldorf - Spr.: Engl., Poln.

KURBEL, Karl E.

Dr. rer. pol., Prof. f. Wirtschaftsinformatik Univ. Dortmund - FB Wirtschafts- u. Sozialwiss., 4600 Dortmund 50 - Geb. 27. Dez. 1947 Geislingen - 1969-74 Stud. Betriebswirtsch. Univ. Mannheim; Promot. 1977, Habil. 1982 TU Berlin - 1975-78 wiss. Angest. Univ. Mannheim; 1978-82 Akad. Rat TU Berlin; 1982-85 Prof. Univ. Bielefeld, 1985ff. Prof. Univ. Dortmund; 1987-89 Sprecher Wiss. Kommiss. Wirtsch.informatik im Verb. d. Hochsch. f. Betriebsw.; 1987-89 Koordinator DFG-Schwerpunktprogr. Interaktive betriebswirtschaftl. Informations- u. Steuerungssysteme. Forschungsschwerp.: interaktive Produktionsplanung, Bürokommunikation, Expertensysteme im Betrieb - BV: Programmentw., 3. A. 1985; Software Engineering im Produktionsbereich, 1983; Programmierstil in Pascal, Cobol, Fortran, Basic, PL/1, Berlin, Heid., New York 1985; Entw. u. Einsatz v. Expertensystemen, 1989; Handb. d. Wirtschaftsinformatik, 1989 - Liebh.: Basketball, Skilaufen.

KUREK, Ernst Günther

Dr.-Ing., Honorarprof. f. Spurführungs- u. Gleislauftechnik TH Darmstadt - Roonstr. 9, 4500 Osnabrück.

KURLBAUM-BEYER, Lucie, geb. Fuchs

Hausfrau, Präsidium AGV., Bonn (s. 1968) - Händelstr. 67, 8501 Schwaig/Mfr. - Geb. 17. Juni 1914 Herdorf/Siegerl. (Vater: Franz Fuchs; Mutter: Ottilie, geb. Vogel), verh. I) 1939 m. Ferdinand Beyer, 2 Kd., II) 1965 Dipl.-Ing. Georg Kurlbaum, 1949-69 MdB (s. dort) - Volks-, Mittel- u. Handelssch. - Sekr. Buchhalterin, Helfer in Steuers., n. 1945 Fürsorgerin, ab 1953 Frauensekr. DGB-Landesbez. Hessen, 1946-50 Stadtverordn. Wetzlar; 1953-69 MdB (zeitw. Mitgl. Fraktionsvorst.), 1970-85 VR-Vors. Stiftung Warentest; s. 1978 Mitgl. Gemeinderat Schwaig. SPD s. 1932.

KUROPKA, Joachim

Dr. phil., Univ.-Prof. f. Geschichte Univ. Osnabrück, Abt. Vechta (s. 1982) - Kiefernweg 27, 2848 Vechta - Geb. 20. Sept. 1941 Namslau/Schlesien, verh. s. 1977 m. Kornelia, geb. Pals, 2 Töcht. (Marianne, Christiane) - BV: Image u. Intervention, 1978; D. Machtergreifung d. Nationalsozialisten, 4. A. 1981; Z. historischen Identität d. Oldenburger Münsterlandes, 2. A. 1987; F. Wahrheit, Recht u. Freiheit - gegen d. Nationalsozialismus, 1983; 1945/46 Ende u. Neubeginn. Herausg.: V. d. Normalschule z. Univ. (1980, m. A. Hanschmidt); Z. Sache - D. Kreuz! Untersuchungen z. Gesch. d. Konflikts um Kreuz u. Lutherbild ... (2. A. 1987); Neubeginn 1945 zw. Kontinuität u. Wandel (2. A. 1989, zus. m. W. Eckermann/).

KUROTSCHKA, Viktor Georg

Dr. rer. nat., o. Prof. f. Mathematik FU Berlin (s. 1975) - Klopstockstr. 11, 1000 Berlin 37 (T. 8011788) - Geb. 13. Juli 1936 Dneppropetrowsk/UdSSR (Vater: Georg K., Ing.; Mutter: Olga, geb. Herrmann), ev., verh. s. 1962 m. Astrid, geb. Küchler, T. Maria Gabriele - Abit. (1958), Stud. Univ. Heidelberg u. TU Karlsruhe, Promot. 1967, Habil. 1972. 1964-68 Wiss. Assist. Univ. Freiburg; Gasttätigk. Univ. Wisconsin (1968/69), Michigan (1969/71), Indiana (1969/70), 1971 Oberassist., 1973 Univ.Doz. Univ. Göttingen, 1973-74 Gastprof. FU Berlin; s. 1975 o. Prof. FU Berlin. Dort Aufbau Ausbild.s- u. Forschungsprogr. - Mitgl. versch. wiss. Vereinig. - Facharb. - Spr.: Engl., Franz., Ital., Russ.

KUROWSKI, Franz

Schriftsteller - Kötterweg 2, 4600 Dortmund-Oespel (T. 65 02 21) - Geb. 17. Nov. 1923 Hombruch - Romane, Erz., Jugendb., Sachb. u. a. - 1971 Ehrenliste d. österr. Staatspreise f. Kinder- u. Jugendlit. (f. Unsere Zukunft, d. Meer), 1973 Kurt-Lütgen-Sachbuchpreis u. 1974 Sachbuchpreis Freier Dt. Autorenverb. (f.: Satelliten erforschen d. Erde), 1975 Bestenliste Dt. Jugendbuchpr. (f.: In d. Tiefen d. Meere), Member and Fellow Intern. Oceanograhic Foundation, Miami.

KURP, Karl-Heinz

Dipl.-Kfm., Tabakwaren-Großhändler, Inh. Fa. Adolf Kurp, Düsseldorf, Mitinh. Team-Tabakwaren, Andernach/Duisburg, Beiratsvors. Pichelsberg-Reitmann KG., Berlin, Präs. Europ. Tabakwaren-Großhandelsverb., Köln, u. Bundesverb. dt. Tabakwaren-Großhändler ebd. u. a. - Schwarzbachstr. 38, 4000 Düsseldorf - Geb. 21. Mai 1930 Düsseldorf (Vater: Adolf K., Tabakwarenkfm.; Mutter: Barbara, geb. Köhler), kath. - Univ. Köln (Dipl. 1956) - 1981 BVK - Spr.: Engl.

KURR, Hans-Peter

Theaterleiter, Regiss. - Stapelstr. 20, 2000 Hamburg 54 - Geb. 29. Juni 1937 Bielefeld/W. (Vater: Hugo K., Kaufm.; Mutter: Margret, geb. Bessler), verw., 2 Töcht. (Anke, Dagmar) - Folkwang-Hochsch. Essen (Regiestud.) u. Univ. Hamburg (3 Sem. Oriental./Ägyptol.) - Redakt. Bielefeld, Stuttgart, Recklinghausen (Auslandsberichterstatt. USA, UdSSR, Japan, China, Singapur, Australien, Ägypten, Iran); Dir. Ruhrfestsp.; Dramat. Hersfelder Festsp.; Regiss. Ernst-Deutsch-Theat. Hamburg; Dir. Wolfgang-Borchert-Theat. Münster; dazw. Leit.: Das Kulturbüro, Hamburg. Üb. 80 Bühneninsz. - Liebh.: Musik - Spr.: Engl., Franz.

KURRENT, Friedrich

Prof., Ordinarius f. Entwerfen, Raumgestaltung u. Sakralbau TU München - Franz-Joseph-Str. 23, 8000 München 40 - S. 1973 o. Prof.

KURRUS, Karl

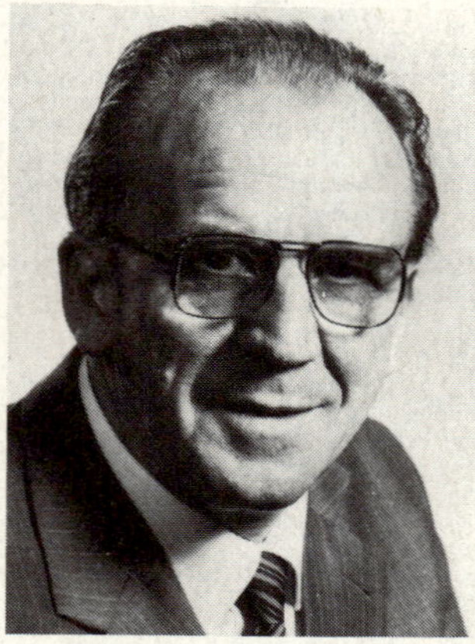

Städt. Direktor i. R., Schriftst. - Schlesierstr. 7, 7800 Freiburg/Br. (T. 6 46 41) - Geb. 25. Okt. 1911 Endingen, kath., verh. s. 1939 m. Elisabeth, geb. Schwehr, 3 Kd. (Werner, Helga, Wolfgang) - Handelssch.; kaufm. Lehre; Verw.prüfungen f. d. gehob. Dst. - 1935-76 Kommunalverw. (1969 Amtsleit. u. Dienstvorst. Stadtverw. Freiburg) - BV: D. St. Katharinenkapelle, 1962; Üs em Kriagli, Ged. 2. A. 1970; Ruaf in d Zit ni, Ged. 1972; Allewil, Ged. 1975 (alle in alemann. Spr.); Land zw. Rhein u. Schwarzwald, 1974; D. Witz d. Alemannen, 1975, Erw. Aufl. 1985; S Eige zeige, Ged., Sprüche, Gesch. 1979; Vu Gott un dr Welt, Ged. 1981; Alemannischi Sprich, Sprüche 1981 (alle in alemann. Sprache); Heimatgesch. Stadt Vogtsburg 1985; Historische-, Weihe- u. Fasnet-Spiele, 1952-83; Wir Menschen unterwegs, hochd. Ged., 1983; Unterwegs in Zähringen, 1986; Zähringer-Stadt Freiburg i.Br., 1987; Blib eso!, Ged. 1988; Menschligi Eigeschafte, Ged. 1988; Bildbde. m. Versen v. K. K.; Schriftltg. u. Mitautor f. S lebig Wort, alemann. Anthol. 1978; ebenso f. Unser heimelig badisches Rebland, 1982; Blick zurück. Hochdeutsche Ged. u. Gesch., 1989. Beitr. in Jahresheften d. Breisgau Geschichtsvereins Schau-ins-Land, d. Bad. Heimat u. d. Freiburger Almanach, sowie f. Rundfunksendungen - 1952 Preis Kultusmin. Baden-Württ.; 1977 Hebel-Gedenkplak., 1977 Ehrenbürger Stadt Endingen; 1981 René-Schickele-Preis; 1986 BVK am Bde.; 1988 Oberrhein. Kulturpreis (J. W. v. Goethe-Stiftg. Basel) - Lit.: Prof. Raymond Matzen, Univ. Straßburg, üb. K. K. in: Bad. Heimat (1982).

KURTH, Gottfried

Dr. rer. nat., Prof. f. Anthropologie - Stolpstr. 11, 3300 Braunschweig (T. 6 63 28) - Geb. 25. Juni 1912 Dresden (Vater: Dr. jur. Paul K., Gerichtspräs.; Mutter: Johanna, geb. Anhalt), verh. 1946 m. Johanna, geb. Rudolph - Stud. Anthropol., Vorgesch., Geol. - Tätigk. Univ. Jena (1939), Göttingen (1946), TU Braunschweig (1960 Privatdoz., 1966 beamt. apl. Prof., 1967 Wiss. Rat u. Prof.; 1977 pens.). Ausgrab. Jericho. Zahlr. Fachveröff. u. Bücher.

KURTH, Ina

Dr., Prof. f. Mathematik im Anwendungszush. m. Gesellschaftswiss. in d. Lehrerbild. Univ. Bremen - Großbeerenstr. 74, 2800 Bremen.

KURTH, Matthias

Rechtsanwalt, MdL Hessen (s. 1978) - Geissberg 23, 6072 Dreieich - Geb. 19. Febr. 1952 Heidelberg - Dreieichsgymn. Langen; 1971-76 Univ. Frankfurt/M. (Rechtswiss., Volksw.). Jurist. Staatsex. 1976 u. 1978 - Richter LG Darmstadt. Aufg. Jungsozialisten (b. 1978 Bezirks- u. Landesvors.); SPD s. 1968 (s. 1986 Vors. UB Offenbach-Kreis; Innenpolit. Sprecher d. SPD-Landtagsfrakt.).

KURTH, Otto

Regisseur - Zul. Keferstr. 4, 8000 München 23 (T. 397266) - Geb. 31. Mai 1912 Bremen, verh. m. Margot, geb. Franken - Schauspielausbild. Erich Ziegel (Kammersp. Hamburg) - Schausp. u. Dramat. Kammersp. Hamburg, 1933-45 Regiss., Dramat. u. Schausp. Thalia-Theat. ebd., Stadttheater Münster/W., Schauspielhaus Bremen u. Staatstheater Berlin (1938), 1945-49 Chefregiss. u. Leit. Hörspielabt. NWDR Hamburg u. Berlin, dann fr. Regiss. (Bühne, Funk, Fernsehen), ab 1963 Schauspieldir. Staatstheater Kassel.

KURTH, Paul

Dipl.-Ing., Architekt - Wöhler Str. 7, 3400 Göttingen (T. 5 89 44) - Geb. 11. Juni 1921 Rollshausen Kr. Duderstadt (Vater: Augustin K., Landwirt; Mutter: Maria, geb. Roth), kath., verh. s. 1949 m. Elisabeth, geb. Nachtwey, 2 Kd. (Christiane, Hans-Rudolf) - Altspr. Gymn., Bauhandwerk, TH Braunschweig (b. Prof. Kohl). Dipl. 1950 - Spez. Arbeitsgeb.: S. 1960 an d. Entwickl. d. Bauens m. großformat. Fertigteilen beteiligt, bes. Einzel-, Terrassen-, Hochhäuser u. Ind.bauten. Bek. Bauwerke: Erstes Studenten-Hochhaus Göttingen, Hangbebau. Gehrenring - Liebh.: Filmen, Reisen - Spr.: Franz.

KURTH, Reinhard

Dr. med., Prof., Präsident Paul-Ehrlich-Inst., Bundesamt f. Sera u. Impfstoffe (s. 1986) - Paul-Ehrlich-Str. 42-44, 6000

Frankfurt/M. 70 (T. 069 - 63 60 16) - Geb. 30. Nov. 1942 Dresden - Med.-Stud.; Staatsex.; Promot. 1968 Erlangen; Habil. 1977 Tübingen - 1973-75 wiss. Assist. Imperial Cancer Research Fund, London; 1975-80 Arbeitsgr.-Leit. Friedrich Miescher Laborat. Max-Planck-Ges. Tübingen; 1980-86 Abt.-Leit. Virologie Paul-Ehrlich-Inst. Üb. 100 wiss. Publ. in intern. Fachztschr. - 1976 Wilhelm-Warner-Preis; 1986 Johann-Lukas-Schönlein-Preis; 1987 Hoppe-Seyler-Preis - Spr.: Engl., Franz.

KURTH, Ulrich

Prof., Theologe - Otto-Gildemeister-Str. 28, 2800 Bremen - Geb. 22. Juni 1929 Treptow/Pommern - S. 1965 Lehrtätigk. PH u. Univ. Bremen (Prof. f. Religionswissenschaft u. Bibl. Geschichte sow. Unterrichtsdidaktik) - BV: Didaktik d. Religionsunterr., 1975.

KURTZ, August F.

Geschäftsführer German Oil GmbH, Hamburg, German Oil Refinery GmbH, Wilhelmshaven - Leuchtturmweg 20, 2000 Hamburg 56 - Geb. 21. Juni 1920 Hamburg - B. 1985 Vorst. Erdölbevorratungsverb., Körperschaft d. Öfftl. Rechts - 1985 Gr. BVK.

KURTZ, Gustav

Sprecher d. Geschäftsf. Ferrum GmbH, Saarbrücken - Schulweg 19, 6601 Bübingen - Geb. 30. Mai 1918 Apia (Samoa).

KURTZ, Hermann

Dipl.-Ing., Vorstandsmitgl. Porsche AG., Stuttgart - Holderstr. 12/2, 7140 Ludwigsburg - Geb. 28. Aug. 1931 Sulz (Eltern: Pfarrer Walter u. Margarete K.), ev., verh. s. 1962, 2 Kd. - Stud. Univ. Stuttgart - Spr.: Engl., Franz.

KURTZ, Rudolf

Dr.-Ing., Baudirektor, MdL Hessen (1958-74) - Oberhöchstadter Str. 65, 6370 Oberursel/Ts. (T. 3830) - Geb. 20. Okt. 1910 Nieder-Leschen/Schles. - Stud. Math. u. Physik - Ab 1937 wiss. Mitarb. TH Breslau, 1939-45 Wehrdst., s. 1947 Doz., Bau-, Oberbaurat u. Baudir. Staatl. Ing.sch. Frankfurt/M. MdK Obertaunuskr. (Fraktionsführer).

KURTZ, Walter

Gerichtsass. a. D., Kaufmann (Fa. Christian Otto Kurtz, Textilwareneinzelhandel, Osnabrück), Ehrenvizepräs. IHK Osnabrück-Emsland, Ehrenpräs. Verkehrsverein Stadt + Land Osnabrück - Schemmannstr. 7, 4500 Osnabrück (T. 2 17 00) - Geb. 17. Juni 1918 Bromberg, ev., verh. m. Marianne, geb. Meyer zu Uphausen, 5 Kd. - 1969 BVK I. Kl.

KURTZE, Gerhard

Buchhändler, Gesellsch. u. Geschäftsf. Grossohaus Wegner & Co. GmbH, Hamburg - Conventstr. 12/14, 2000 Hamburg 76 - Geb. 21. Juli 1932 Hamburg, ev., verh. s. 1967 m. Ruth, geb. Zippel, T. Michaela - Realsch.; Buchhandelslehre.

KURUS, Ernst

Dr. med., Prof., Augenarzt - Friedrichsring 10, 6800 Mannheim - Geb. 7. März 1924 Mähr.-Ostrau - S. 1961 (Habil.) Lehrtätigk. Univ. Heidelberg (gegenw. apl. Prof. f. Augenheilkd.).

KURZ, Carl Heinz

M.A., Ph.D., Schriftsteller - Pappelhof, 3406 Bovenden 1 (T. 05594 - 5 67) - Geb. 26. Nov. 1920 Zellerfeld, ev., verh. I) 1944 m. Johanna Sylvia, geb. Freiin v. Wrangel († 1963), 3 Kd., II) 1964 Anna-Helene, geb. Wippert, 2 Kd. - Univ. Göttingen, Prag, Nottingham, Orange (Lit., Gesch., Päd.) - Staats- u. Univ.-Ex. - Fr. Schriftst. u. Privatgelehrter, Prof. of German Literature (USA) - Präs. Autorenkreis Plesse (intern. Schriftst.-Vereinig.), Ehrenpräs. d. Senryu-Zentrums, Senator d. Intern. Free Academy for Applied Literature, Ehrenmitgl. Dt. Haiku-Ges., weit. 15 Ehrenämter. Reisen durch alle Erdteile - BV: Üb. 60 Buchveröff. nahezu zwei Mio. Aufl., u. a.: Begegn. in aller Welt, Reiseskizzen; Liebesbriefe an d. Harz, Ess.; E. Mensch namens Laci, Dokument.; Wohin ich auch ging, lyr. Prosa; D. ewige Feuer (David Ben Gurion), Biogr. - Übers. u. Teilübers. in 40 Spr. Bearbeit., Hrsg., Übertrag.; Einf. japan. geprägten Partnerdicht. (Renga) im mitteleurop. Raum - Zahlr. Ehrungen, u. a. span. Ritter v. Yuste, schwed. Eremit-Lit.-Preis, jap. Renga-Meister, israel. Korczak-Med., amerik., chines., ind. Ehrendoktor (lit.), dt. Zenta-Maurina-Lit.-Preis, Intern. Mölle-Lit.-Preis - Lit.: Dr. R. Busch: C. H. K., Schriftst. in Rauschenwasser (1974); J. Lebek: Pappelhof, Besuch bei C. H. K., 1974; Prof. Dr. W. Bortenschlager: Inseln, Aus Leben u. Werk des C. H. K., 1980; S. Kunath: In literis (Festgabe f. C. H. Kurz), 1980; Prof. Dr. W. Manheim: C.H. Kurz - Dank u. Besinnung, 1985; M. Buerschaper: C. H. Kurz - e. dt. Haijin, 1988.

KURZ, Eberhard

Dipl.-Ing., Vorstandsmitgl. Maehler & Kaege AG./Elektron. Fabrik - Wilhelm-v.-Erlanger-Str. 77, 6507 Ingelheim/Rh. - Geb. 2. Sept. 1935.

KURZ, Hanns

Dr. jur., gf. Direktor d. Münchner Kammerspiele - Am Blütenring 52, 8000 München 45 - Geb. 2. Febr. 1930 Passau, kath., verh. s. 1966 m. Veronika, geb. Brunner, 2 Kd. (Johanna, Gregor) - Stud. Rechtswiss. (2. jur. Staatsex. 1959 München), Volksw. (Dipl.-Volksw. 1955 Mainz), Dr. jur. 1965 Univ. München; Philosoph. Fakultät; Bay. Staatsmin. f. Wirtsch. u. Verkehr b. 1975, zuletzt Ministerialrat; Stadtwerke München b. 1982 als Stadtdir. u. Referentenvertr. - BV: Volkssouveränität u. Volkspräsent., 1966.

KURZ, Hermann

Dr. med., Prof., Abteilungsvorst. Pharmakolog. Inst. Univ. München (s. 1969) - Seydlitzpl. 10, 8000 München 54 (T. 541194) - Geb. 22. Febr. 1925 Stuttgart - S. 1963 (Habil.) Lehrtätigk. Univ. München (1969 apl. Prof. f. Pharmak. u. Toxikol.). Fachveröff.

KURZ, Jürgen

Dipl.-Verwaltungswirt, Bürgermeister Niefern-Öschelbronn - Friedenstr. 11, 7532 Niefern-Öschelbronn (T. 07233 - 8 32) - Geb. 3. Juni 1948 Pforzheim - 1974-77 Stud. Verw. u. Wirtsch.akad. (Dipl.-Verwaltungswirt FH u. Dipl. Inh. VWA) - S. 1979 Kreisrat - Gold. u silb. Ehrennadel Stadt Pforzheim (f. bes. sportl. Leist.), 1970 Bad. Meister im 3-Kampf BTB, Dt. Meister DMM Leichtathletik.

KURZ, Otmar

Ing., Vorstandsmitgl. Verolme-Vacuumtechnik AG. - 6228 Eltville/Rh. - Geb. 29. Juli 1926.

KURZ, Paul Konrad

Dr, phil., Teilzeit-Lehrer, Schriftst. - Pater-Köster-Weg 9, 8035 Gauting-Buchendorf - Geb. 8. April 1927, kath., verh. s. 1972 m. Rosemarie, geb. Plass, 2 S. (Raffael, Johannes) - 1950-53 Stud. Phil. Irland (lic. phil.); 1953-57 Stud. Theol. Innsbruck (lic. theol.); 1958-64 Stud. German. u. Angl. München (Promot.) - 1964-72 Lehrauftr. f. neuere dt. Lit. Univ. München; Redaktionsmitgl. Monatsschr.: Stimmen d. Zeit (b. 1972); s. 1964 Mitarb. b. Ztschr., Ztg., Rundf.; Vortragstätigk.; Mitarb. in lit. Juries. PEN-Mitgl. - BV: Üb. mod. Lit., 1-7 1967-80 (Bd. 1-4 ins Amerik. übers.); D. Liebe ist e. Hemd aus Feuer, Lyrikbd. m. Holzschnitten v. HAP Grieshaber, 1981; Zwischen Widerstand u. Wohlstand. Z. Lit. d. frühen 80 er Jahre, 1986; Griech. Licht, Lrikbd. 1986; Apokalyptische Zeit. Z. Lit. d. mittleren 80er J., 1987; Noch atmet d. Erde, Ged. 1987. Herausg.: Psalmen v. Express. b. z. Gegenw. (1978), Wem gehört d. Erde? Neue relig. Lyrik (1984) - 1973 Kritikerpreis: D. gold. Feder; 1985 Günther-Klinge-Preis - Spr.: Lat., Engl., Franz.

KURZ, Rolf

Geschäftsführer, MdL Baden-Württ. (Wahlkr. 15, Waiblingen) - Haldenstr. 44, 7012 Fellbach (T. 0711 - 51 13 12) - Geb. 17. Jan. 1935 Fellbach - CDU.

KURZ, Wolfgang

Kapellmeister, Dozent Hochsch. f. Musik in Würzburg (s. 1988) - Athener Ring 9, 8700 Würzburg (T. 0931 - 66 18 54) - Geb. 28. Juni 1954 Bad Tölz, kath., verh. s. 1984, 2 Söhne (Leonhard, Andreas) - Dirigierstud. Staatl. Hochsch. f. Musik München (Künstler. Staatsprüf.); Stud. Phil. Hochsch. f. Phil. München - Solorepetitor Bayer. Staatsoper München; s. 1980 Kapellmeister Hess. Staatstheater Wiesbaden u. Stadttheater Würzburg. Umfangreiche Tätigk. im In- u. Ausl. als Klavierbegleiter - Liebh.: Lit., Bergwandern - Spr.: Engl., Latein.

KURZE, Dietrich

Dr. phil., o. Prof. f. Allg. Geschichte des Mittelalters m. Schwerp. auf Gesch. d. soz. Strukturen u. Theorien - Ermanstr. 20, 1000 Berlin 41 - Geb. 1. Jan. 1928 Berlin - Promot. 1955; Habil. 1964 - S. 1973 Ord. Univ. Tübingen u. FU Berlin (1975) - BV: u. a. Johannes Lichtenberger († 1503), 1960; Pfarrerwahlen im Mittelalter, 1966. Herausg.: Quellen z. Ketzergesch. d. Mark Brandenburg u. Pommerns (1975); Büchelin wye der mensch bewar das Leben sein (mittelalterl. Gesundheitslehre, 1980); Wilhelm Berges. Reden z. 70. u. 80 Geb. v. Hans Herzfeld. Aus d. Nachlaß hrsg., in: Jahrb. f. d. Gesch. Mittel- u. Ostdeutschl., Bd. 32 (1983), auch in: O. Büsch (Hrsg.), Hans Herzfeld. Persönlichk. u. Werk, (1984); Popular Astrology and Prophecy in the fifteenth and sixteenth Centuries: Johannes Lichtenberger, aus: Astrologi hallucinati. Stars and the End of the World in Luther's Time, ed. by Paola Zambelli (1986); Zeitgenossen üb. Krieg u. Frieden anläßl. d. Pax Paolina (röm. Frieden) v. 1468, aus: Krieg u. Frieden im Horizont d. Renaissancehumanismus (1986); D. Kirche, aus: Berlin im Mittelalter (1987). Zahlr. Aufs. u. Art. in Ztschr. u. Sammelw.

KURZECK, Peter

Schriftsteller - Wielandstr. 47, 6000 Frankfurt/M. 1 (T. 069 - 59 51 82) - Geb. 10. Juni 1943 Tachau, gesch., T. Carina - BV: D. Nußbaum, 1979; D. schwarze Buch, 1982; Kein Frühling, 1987; Kommt kein Zirkus ins Dorf, 1987. Romane, Erz., Funkarb., Hörsp. u. FS - 1985/86 Fabrikschreiber d. Romanfabrik Frankfurt; 1988 Lit.preis Landkr. Gießen; 1989 Künstlerhaus Edenkoben.

KURZWEIL, Hans

Dr. phil. nat., Mathematiker, apl. Prof. Univ. Erlangen-Nürnberg (s. 1978) - Rathsberger Str. 5, 8520 Erlangen.

KUS, Alexander

Redakteur (Ressortleit. Schlesw.-Holst. Volksztg.) - Geibelpl. 10, 2300 Kiel - Geb. 3. Sept. 1911 Preiswitz/OS. - Stud. Musik, Gesang, Theaterwiss. - Vornehml. Theater- u. Musikkritik.

KUSCH, Dieter

Kaufmann, Gesellsch. Kusch + Co. Sitzmöbelwerke KG., Hallenberg, Vors. Fachverb. d. Sitzmöbel- u. Tischind., Wiesbaden - Gundringhausen 9, 5789 Hallenberg/W. - Geb. 23. Dez. 1938.

KUSCH, Franz

Journalist - Zu erreichen üb. Westdeutscher Rundfunk, Appellhofpl. 1, 5000 Köln 1 - Geb. 20. Apr. 1929 - Tätigk. Gewerksch. (Öffentlichkeitsarb.) u. WDR (Polit. Redakt.) - BV: D. Machtkartell - D. Gewerksch. in Dtschl., 1980; Eisen ist nicht nur hart, 1981; Der Lastenausgleich, 1982; Macht, Profit u. Kollegen - D. Affäre Neue Heimat, 1986; D. Ausverkauf d. Neuen Heimat, 1987.

KUSCHE, Benno

Kammersänger - Harthauser Str. 67, 8000 München 90 (T. 089 - 64 52 83) - Geb. 30. Jan. 1916 Freiburg/Br. (Vater: Paul K., Kunstmaler; Mutter: Else, geb. Franke), gesch., 2 Kd. (Eveline, Christian) - Schauspiel- u. Gesangsausbild. (Prof. Fritz Harlan) - Viels. Einsatz (Oper/Schauspiel/Film/Fernsehen/Schallpl.) - 1968 Bayer. VO., 1981 BVK I. Kl.; Commandeur Orden Cordon Bleu Du Saint Esprit.

KUSCHEL, Hans

Bankdirektor, Past-Präs. d. LEASEUROPE Europ. Vereinig. d. Verb. v. Leasing-Ges., Ehrenpräs. Bundesverb. Dt. Leasing-Ges., AR UFB Kredit Bank AG Köln - Am Golfplatz 11, 2105 Seevetal 1 (T. Hittfeld 24 70) - Geb. 16. Juli 1916 Hamburg, ev., verh. s. 1944 m. Charlotte, geb. Klinger - Gelehrtensch. d. Johanneums Hamburg (Abit.); Kriegsakad.; Univ. Hamburg (Rechts- u. Staatswiss.). Gr. jurist. Staatsprüf. 1952 - B. 1945 Wehrm. (zul. Major im Generalstab); Rechtsanw. Hanseat. OLG.

KUSCHINSKY, Gustav

Dr. med., o. Prof. f. Pharmakologie u. Toxikol. (emerit.) - Gertrud-Bäumer-Str. 16, 6200 Wiesbaden - Geb. 10. Jan. 1904 Berlin, verh. m. Ingeborg, geb. Stoehr - Gymn. Berlin; Univ. Tübingen, Marburg, Innsbruck, Berlin. Promot. 1928 Kiel - Assist., 1933 Privatdoz. Berlin, Prof. Schanghai, 1936 Berlin, 1938 Lehrstuhlvertr. Graz, 1939 o. Prof. Prag (Dt. Univ.), 1946 Mainz - BV: Taschenb. d. mod. Arzneibehandl., 9. A. 1987; Kurzes Lehrb. d. Pharmak., 11. A. 1987 (m. H. Lüllmann; auch span., ital., jap., engl.) - 1963 Purkinje-Med. (2. Intern. Pharmakologen-Kongreß Prag), 1973 Ehrenmitgl. Dt. Pharmakol. Ges., 1977 Dt. Ges. Inn. Med., 1982 Dt. Physiologische Ges.

KUSCHINSKY, Klaus

Dr. med., Prof. f. Pharmakologie Inst. f. Pharmakologie u. Toxikologie, FB 16, Univ. Marburg (s. 1983) - Weintrautstr. 37, 3550 Marburg (T. 06421-13828) - Geb. 9. Okt. 1939 Berlin (Vater: Gustav K., Prof. f. Pharmakologie; Mutter: Ingeborg, geb. Stoehr), ev. - Ärztl. Prüf. 1963 Univ. Freiburg, Promot. 1965 FU Berlin - 1969-83 Max-Planck-Inst. f. exper. Med. Göttingen - Veröff. in Fachztschr. - Liebh.: Gesch., Phil. - Spr.: Engl.

KUSCHKE, Arnulf

D. Dr. theol., em. Prof. f. Bibl. Archäologie - Haußerstr. 86, 7400 Tübingen (T. 07071 - 6 54 22) - Geb. 10. Aug. 1912 Kiel, ev. - S. 1949 (Habil.) Lehrtätigk. Univ. Göttingen, Erlangen (1952), Mainz (1955 ao., 1959 o. Prof.), Tübingen (1968 o. Prof.). Zahlr. Veröff.

KUSCHMANN, Walther

Dr. phil., Prof. i. R. f. Didaktik d. Physik unt. bes. Berücks. phil. u. psych. Probleme - In den Gärten 9, 3101 Wienhausen - Geb. 11. Juni 1925 Altfriedland (Vater: Walther K., Pfarrer; Mutter: Margarethe, geb. Kopfermann), kath., verh. s. 1948 m. Brigitte, geb. Burow - Gymn.; Univ. Berlin (Humboldt); PH Potsdam; FU u. TU Berlin (Phys., Math., Psych., Päd. Phil.) - 1947-64 Lehrer; 1964-68 Wiss. Assist.; s. 1968 Doz., Prof. (1971) u. Ord. (1973) PH Berlin, 1980-85 FU Berlin. Fachveröff. - Spr.: Engl.

KUSS, Bertram

Dr. med., Prof., Chefarzt Chirurgische Klinik - St.-Johannes-Hospital, 4100 Duisburg 11 - Geb. 9. Nov. 1921 Vettweiß/Rhld. - B. 1968 Privatdoz., dann apl. Prof. Univ. Bonn (Chir.). Fachveröff.

KUSS, Bruno C.

Reiseverkehrs-Kaufmann, Vbd.Dir. In-

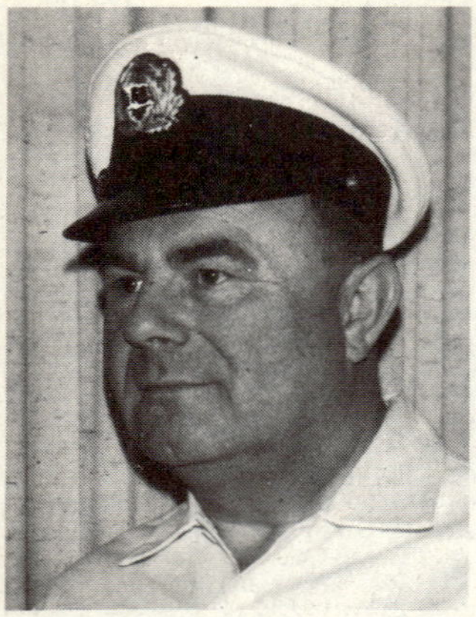

tern. Union Tour Managers (Ps. Bruno Carl) - Wilhelm-Raabe-Straße 16 A, 4902 Bad Salzuflen 1 (T. 05222 - 1 75 75) - Geb. 1. März 1913 Hamburg, verh. s. 1971 m. Else, geb. Hausstätter - Ausl.-Stud.: Sprachen, Kunst, Kultur, Gesch. - Safari-, Stud. u. Weltreiseleit.; fr. Mitarb. Rundf., FS, in- u. ausl. Presse, Verlage, Redakt., tm-infos, Bild- u. Tonserien - - Ehrenbürger Burlington Wisconsin (USA); Mitgl. National Geographic Soc. of the United States of America u. East African Wild Life Soc. - Liebh.: Fotos u. Tonaufn., Reisebeschr. - Spr.: Engl., Span., Franz., Ital.

KUSS, Heinrich

Dr., Kammerdirektor LK Rheinland u. Leiter Höhere Forstbehörde Rhld. (i. R. s. 1978) - Röttgen/Florastr. 11, 5300 Bonn 1 (T. 0228-25 15 05) - Geb. 23. Aug. 1913 Budsin.

KUSS, Horst

Dr. phil., o. Prof. f. Didaktik d. Geschichte - Zur Scharfmühle 48, 3400 Göttingen - Geb. 24. Sept. 1936 Bad Kudowa/Schles. (Vater: Alfred K., Klempnerm.; Mutter: Helene, geb. Hillmann), kath., verh. I) 1962-75 (Tod d. Ehefr.), 2 T. (Claudia, Julia); II) 1981 m. Ulrike, geb. Kuropka - Univ. Göttingen (Lehrer: Prof. Dr. Percy Ernst Schramm), Würzburg, Genua (Gesch., Klass. u. Roman. Philol.). Promot. 1964 - S. 1971 Ord. PH Nieders./Abt. Göttingen bzw. Univ. Göttingen (1978). Fachveröff. - Spr.: Engl., Franz., Ital.

KUSS, Otto

Dr. theol., o. Prof. f. Neutestamentl. Exegese u. bibl. Hermeneutik (emerit.) - Elisabethstr. 71, 8000 München 40 (T. 180454) - Geb. 6. Jan. 1905 Laubau/Schles., kath. - Gymn. Schweidnitz/Schles.; Univ. Breslau, Bonn (Kath. Theol.), Berlin (Klass. Philol.) - 1931 Kaplan Liegnitz, 1932 Konviktpräfekt Glogau, 1933-45 Domvikar u. Studentenseelsorger Breslau, 1946-48 apl. Prof. f. Patrol. Phil-Theol. Hochsch. Regensburg, 1948-60 o. Prof. f. Neutestamentl. Exegese Phil.-Theol. Akad. Paderborn, 1960-73 o. Prof. Univ. München - BV: u. a. Theol. d. Neuen Testaments, 3. A. 1938; D. Briefe an d. Römer, Korinther. u. Galater, in: Regensburger Kommentar z. NT, Bd. VI 1940; D. Brief an d. Hebräer, ebd. Bd. VIII 1953; D. Römerbrief, 2 Liefg. 1957-59. Übers.: M.-J. Lagrange, D. Evangelium v. Jesus Christus, 1949. Herausg.: D. Kirche in d. Zeitenwende, 1934, 3. A. 1939; Regensburger Kommentar z. NT, 1938 ff.; D. Kirche u. d. Welt, 1939; Sacramentum ordinis, 1942; Amt u. Sendung, 1949; Mithrsg.: Ztschr. Theol. u. Glaube (1948-60).

KUSS, Siegfried

Dr. rer. nat. (habil.), Prof., Wiss. Rat Geolog.-Paläontol. Inst. Univ. Freiburg - Waldstr. 1, 7809 Buchholz/Br. (T. 07681 - 9208) - B. 1965 Privatdoz., dann apl. Prof. Freiburg (Geol. u. Paläontol.-).Facharb.

KUSTERER, Jürgen A.

Dipl.-Kfm., Geschäftsführer Kusterer Innenausbau GmbH, Pforzheim - Bleichstr. 50, 7530 Pforzheim (T. 07231 - 28 78) - Geb. 27. April 1944 Pforzheim - Gymn. (Abit.); Gesellenprüf.; Univ. Berlin u. München (Dipl.); Schreinermeister - Präs. Schreinerhandw. Baden-Württ.; Beiratsmitgl. Baden-Württ. Handwerkstag; AR Volksbank Pforzheim EG - BVK am Bde. - Spr.: Engl., Franz.

KUSZ, Fitzgerald

Schriftsteller - Ludwig-Frank-Str. 36, 8500 Nürnberg 30 - Geb. 17. Nov. 1944 Nürnberg - Mundartged. u. -theaterst. (zul. Schwank: Derhamm is derhamm, 1982). Fernsehreihe: Die Schwiers (1980) - Div. Ausz., dar. 1975 Hans-Sachs-Preis Nürnberg; 1988 Kulturpreis d. Stadt Nürnberg.

KUTSCH, Axel

Herausgeber, Schriftsteller, Redakteur - Im Wohnpark 21, 5010 Bergheim/Erft (T. 02271 - 9 63 81) - Geb. 16. Mai 1945 Bad Salzungen/Thür., T. Katja - BV: Vorläufiges - Lyrik, Prosa, Dialog, 1975; Aus e. dt. Dorf u. and. Ged., Lyr. 1986; In d. Räumen d. Nacht, Lyr. 1988. Herausg. v. Anthol. m. neuer dt. Lyrik, u.a. D. frühen 80er (1983); Keine Zeit f. Lyrik? (1984); Lebenszeichen '84 (1984); Gegenwind (1985); Ortsangaben (1987); Lyrik '87 (1987); Wortnetze (gem. m. M. Rupprecht, 1988). Veröff. in Ztschr., Anthol., Rundf.

KUTSCH, Ernst

Dr. theol., em. o. Prof. f. Alttestamentl. Theologie - Ina-Seidel-Str. 10, 8520 Erlangen-Frauenaurach (T. 99 32 24) - Geb. 17. Juni 1921 Frankfurt/M. (Vater: Dr. Ferdinand K., zul. Museumsdir. Wiesbaden; Mutter: Else, geb. Knies †), ev., verh. s. 1948 m. Margarete, geb. Rasche, 2 Kd. (Marianne, Matthias) - 1930-1938 Gymn. Wiesbaden; 1948-53 Univ. Mainz (Ev. Theol.). Promot. (1955) u. Habil. (1960) Mainz - S. 1963 Ord. Univ. Wien u. Erlangen-Nürnberg (1966), 1986 emerit. - BV: Salb. als Rechtsakt im Alten Testament u. im Alten Orient, 1963; Sein Leiden u. Tod - unser Heil. E. Exegese v. Jesaja 52,13-53,12, 1967; Verheiß. u. Gesetz. Untersuch. z. sog. Bund im Alten Testament, 1973; Neues Testament - Neuer Bund? E. Fehlübers. wird korrig., 1978; D. chronol. Daten d. Ezechielbuches, 1985; D. Kirchen d. Ev.-Luth. Kirchengemeinde Frauenaurach, 1986; Kleine Schriften z. Alten Testament, 1986 - 1960 Associate Member Brit. Soc. of Old Testament Study.

KUTSCH, Karl

Dr.-Ing., Honorarprof. f. Baubetriebswissenschaft TH Aachen (s. 1960) - Heinrich-Gossen-Str. 9a, 5160 Düren (T. 1 36 75) - Geb. 14. Nov. 1909 Büsbach - 1966 Komturkreuz päpstl. Sylvester-Orden.

KUTSCHA, Günter

Dr. phil., Dipl.Hdl., Prof. f. Berufspädagogik/Berufsbildungsforsch., Univ.-GH Duisburg - Rott 111, 4150 Krefeld (T. 02151 - 59 28 58) - Geb. 26. Sept. 1943 Willingen/Hess. - 1970-75 Wiss. Assist. Univ. Münster; 1976-77 Wiss. Rat u. Prof. f. Wirtschaftspäd. Ruhr-Univ. Bochum; 1977-81 o. Prof. Univ. Oldenburg; s. 1981 Prof. f. Erziehungswiss. (m. Schwerp. Berufspäd./Berufsbildungsforsch.) Univ.-GH Duisburg - BV: Ökonomie an Gymn., 1975; D. politisch-ökonom. Curriculum, 1976; Enzyklop. Erziehungswiss., Bd. 9 1983.

KUTSCHA, Werner

Dr. med., Prof., Chefarzt Med. Klinik - Vinzentius-Krankenhaus, 6740 Landau/Pfalz (T. 3061) - Geb. 22. Febr. 1931 Königshütte/OS. - Zul. Oberarzt I. Med. Klinik/Klinikum Mannheim (Städt. Krankenanstalten). S. 1962 (Habil.) Lehrtätigk. Univ. Tübingen u. Heidelberg (1969 apl. Prof. f. Inn. Med.). Fachveröff.

KUTSCHEID, Michael

Bürgermeister a. D., MdL Rhld.-Pfalz (s. 1971), Parl.-Geschäftsf. CDU-Landtagsfraktion - Im Weerberg 1, 5503 Konz (T. 5571) - Geb. 30. Jan. 1923 Gillenfeld/Eifel (Vater: Landwirt), kath., verh., 2 Kd. - Volkssch.; Verwaltungslehre Gillenfeld; Landw.ssch. (n. 1945); 3 Sem. Verwaltungs- u. Wirtschaftsakad. Trier - 1941-45 Arbeits- u. Wehrdst. (verwundet); Mitarb. elterl. Landw.; 1947-57 Angest. u. Beamter Amtsverw. Klüsserath; 1957-75 Stadt- u. Verbandsbürgermeister Konz. MdK Trier-Saarburg. CDU s. 1950 (1959-81 CDU-Kreisvors., s. 1982 CDU-Bezirks-Schatzm.); Mitgl. Regionalvertr. Landesvorst. d. KPV.

KUTSCHER, Dagmar

Chefredakteurin Zeitschrift Frau im Leben - Frauentorstr. 5, 8900 Augsburg (T. 0821 - 32 57/180) - Geb. 22. Febr.1944 Meiningen/Th., kath., verh. s. 1969, 2 T. (Tamina, Natascha) - Abit.; Stud. German. Univ. München; Dt. Journalistensch. München - Chefredakt. Tagesztg., s. 1981 Ztschr. Frau im Leben u. Zenit - 1979 Wächterpreis d. Tagespresse.

KUTSCHER, Friedrich

Dr. phil., Dipl.-Geol., Prof., Regierungsdirektor a. D. - Breitenbachstr. 19, 6200 Wiesbaden (T. 84 63 31) - Geb. 23. April 1907 Manubach Kr. St. Goar (Vater: Friedrich K., Lehrer; Mutter: Charlotte, geb. Kurz), verh. s. 1933 m. Wally, geb. Siedentopf, 3 Kd. (Friedrich-Walter, Uta, Jens) - Univ. Marburg, Heidelberg, Berlin (auch TH). Turn- u. Sportlehrer-Ex.; Geol. Staatsex. 1933 u. 36; Promot. 1931, Habil. 1959 - Ab. 1934 Pr. Geol. Landesanstalt bzw. Reichsamt f. Bodenforsch.; Wehrdst. u. sowjet. Kriegsgefangensch. (b. 1950); 1950-72 Hess. Landesamt f. Bodenforsch. (1954 Oberreg.sgeologe, 1965 Reg.sdir., 1970 Dir.). S. 1952 Lehrtätigk. Univ. Mainz (Lehrbeauftr., 1959 Privatdoz., 1962 apl. Prof. f. Geol.). Mitgl. v. 10 in- u. ausl. Fachges. Üb. 290 Veröff. z. Geol., Stratigr., Paläontol., Geophysik, Gesch. d. Geologie u. d. Kartierwesens u. a. - 1978 BVK a. Bd. - Liebh.: Erforsch. d. Hunsrückschiefers.

KUTSCHER, Hans

Dr. jur., Prof., Präsident a. D. Gerichtshof d. Europ. Gemeinschaften, Luxemburg, Honorarprof. f. Verfassungsrecht u. -gerichtsbarkeit Univ. Heidelberg (s. 1965) - Viertelstr. 10, 7506 Bad Herrenalb-Neusatz - Geb. 14. Dez. 1911 Hamburg - Stud. Rechtswiss. Promot. 1937 (Königsberg/Pr.); Ass.ex. 1939 Berlin. Ab 1939 Reichswirtschaftsmin. (1942 Reg.srat), 1939-46 Wehrdst. u. Kriegsgefangensch., dann Verkehrs- u. Innenmin. Württ.-Baden (zul. Reg.sdir.), 1951-55 Bundesrat (Sekr. Rechts-, spät. Geschäftsf. Vermittlungsaussch.; 1952 Ministerialrat), 1955-70 Bundesverfassungsgericht (Richter) - 1980 Großkreuz VO d. BRD.

KUTSCHERA, von, Franz

Dr. phil., Prof. f. Philosophie Univ. Regensburg - Prebrunnstr. 23, 8400 Regensburg - Geb. 3. März 1932 Hannover (Vater: Kurt v. K.), verh. m. Ingeborg, geb. Vogt - S. 1963 (Habil.) Lehrtätigk. Univ. München u. Regensburg (1968 Ord.) - BV: D. Antinomien d. Logik, 1964; Elementare Logik, 1967; Sprachphil., 1971; Einführ. in d. mod. Logik, 1971 (m. A. Breitkopf); Wissenschaftstheorie, 1972; Einführ. in d. Logik d. Normen, Werte u. Entscheid., 1973; Einf. in d. intensionale Semantik, 1976; Grundfragen d. Erkenntnistheorie, 1981; Grundlagen d. Ethik, 1982; D. Satz v. ausgeschlossenen Dritten, 1985; Ästhetik, 1988. Div. Einzelarb.

KUTSCHERA, Rolf

Prof., Theaterdirektor - Lehárgasse 5, Wien 6 - Geb. 6. Jan. 1916 Wien, kath., verh. m. Susanne, geb. v. Almassy (Schausp.) - Musiker- (Klavier) u. Schauspielausbild. Wien (Prof. Beer) - Schausp. u. Regiss. vornehml. Wiener u. Berliner Bühnen; s. 1965 Dir. u. Geschäftsf. Theater an d. Wien. Film: Stille Nacht, hl. Nacht. Insz. u. a.: Cabaret, Anatevka, My fair lady, Lächeln e. Sommernacht, D. Gräfin v. Naschmarkt, Helden, Helden - 1976 Gr. Gold. Ehrenz. Land Wien; 1981 Ehrenmed. in Gold Bundeshauptstadt Wien.

KUTSUPIS, Apostolos

Dipl.-Ing., Prof. f. Entscheidungs-, Planungstheorie u. -verfahren Univ. Oldenburg - Hollerallee 14c, 2800 Bremen 1.

KUTTER, Eckhard

Dr.-Ing., Prof. f. Integrierte Verkehrsplanung TU Berlin - Zu erreichen üb. TU, Str. d. 17. Juni 135, Sekr. ZAZ 6, 1000 Berlin 12 - Geb. 28. März 1939 Braunschweig (Vater: Karl K., Konrektor; Mutter: Hildegard, geb. Günther), ev., verh. s. 1959 m. Rita, geb. Christmann, 3 Kd. (Axel, Anne, Ralf) - 1959-65 Stud. Bauing.wesen TU Braunschweig (Dipl.-Ing. 1965, Promot. 1972) - 1965-74 wiss. Assist. u. Obering. TU Braunschweig; s. 1974 Prof. TU Berlin - BV: Demograph. Determinanten städt. Personenverkehrs, (Diss.) 1972; zahlr. Publ. in verkehrswiss. Ztschr. u. Reihen - 1973 August-Lösch-Preis Stadt Heidenheim (f. Diss.) - Spr.: Engl.

KUTTER, Günther

Dipl.-Volksw., Leiter Wirtschaftsredaktion Münchner Merkur - Bayerstr. 57-67, 8000 München 2.

KUTTER, Heinz

Finanzgerichtspräsident - Postf. 86 03 60, 8000 München 86 - Geb. 24. Jan. 1923 München, kath., verh. - S. 1977 Präs. Finanzgericht München - Mitautor d. AO u. FGO Kommentars Kühn-Kutter-Hofmann.

KUTTER, Peter

Dr. med., Prof. f. Psychoanalyse Univ. Frankfurt (s. 1974) - Oppenheimer Landstr. 4, 6000 Frankfurt 70 - Geb. 5. Febr. 1930 Heidenheim/Brenz (Vater: Peter K., Facharzt f. Kinderkrankh.; Mutter: Margarethe, geb. Fleege), ev., verh. s. 1958 m. Ehefr. Ursula, 4 Kd. (Martin, Wolfgang, Thomas, Eva) - Stud. Mainz, München, Göttingen, Heidelberg; Promot. 1955 - 1972-74 Assist.prof. FU Berlin. Mitgl. Dt. Ges. f. Psychotherapie, Psychosomatik u. Tiefenpsych., Dt. u. intern. Psychoanalyt. Verein. - BV: Psychiatrie, 1972; Sozialarbeit u. Psychoanalyse, 1974; Elemente d. Gruppentherapie, 1976; Die menschl. Leidenschaften, 1978; Psychoanalyse in d. Bewähr., 1984; Psychoanalyt. Interpretation u. empirische Meth., 1985; Moderne Psychoanalyse, 1989 - Spr.: Engl.

KUTTERER, Richard E.

Dr.-Ing., Direktor i. R., Honorarprof. f. Strömungslehre Univ. Karlsruhe (s. 1967) - Leopoldstr. Nr. 2, 7858 Weil/Rh. (T. Lörrach 71528) - U. a. Dir. Dt.-Franz. Forschungsinst., St. Louis u. Bundesamt f. Wehrtechnik u. Beschaffung, Weil (I.) - 1969 BVK I. Kl.

KUTTIG, Helmut

Dr. med., Prof. f. Klin. Radiologie - Burgstr. 63, 6900 Heidelberg - Geb. 8. Aug. 1921 Lüben - S. 1963 (Habil.) Lehrtätigk. Univ. Heidelberg - 1969 Studienpreis d. Radiologen.

KUTTLER, Wilhelm

Dr. rer. nat., Prof., Hochschullehrer - Westpreußenstr. 15, 4300 Essen 15 (T. 0201 - 46 16 41) - Geb. 16. Sept. 1949 Bochum, kath., verh. - Stud. Biol. u. Geogr.; Staatsex. 1976; Promot. (Klimatol.) 1979 Bochum; Habil. (Klimatol.) 1985 - S. 1981 Generalsekr. Ständiger Aussch. Stadt- u. Bauklimatol. im Intern. Verb. f. Wohnungswesen, Städtebau u. Raumordnung - BV: Einflußgrößen gesundheitsgefährdender Wetterlagen u. deren bioklimat. Auswirk. auf pot. Erholungsgeb. - dargest. am Beisp.

d. Ruhrgeb. u. d. Sauerl., 1976; Raumzeitl. Analyse atmosph. Spurenstoffeinträge in Mitteleuropa, 1986 - 1980 Heinrich-Kost-Preis Ruhr-Univ. Bochum - Spr.: Engl.

KUTTNER, Stephan

Dr. jur., Drs. h. c., Prof., Kirchenrechtler - 771 Euclid Ave., Berkeley, Cal. 94708 (USA) - Geb. 24. März 1907 Bonn (Vater: Georg K.; Mutter: Gertrud, geb. Schocken), verh. s. 1933 m. Eva, geb. Illch, 9 Kd. (Ludwig, Andrew †, Susanne, Angela, Barbara, Thomas, Michael, Francis, Philip) - 1933 wiss. Mitarb. Vatikan. Bibl., 1940 Prof. (1942 Ord.) Cath. Univ. Washington, 1964 Yale, s. 1970 Univ. of Calif., Berkeley (Dir. Robbins Collection of Canon Law). S. 1966 Honorarprof. Univ. Bonn. Div. Fachmitgliedsch. Bücher u. zahlr. Einzelveröff. - Ehrendoktor Univ. Bologna, Löwen, Paris, Mailand, Straßburg, Salamanca, Montpellier, Catholic Univ. Washington, Madrid, Cambridge, Würzburg; 1969 ausw. Mitgl. Orden Pour le Mérite f. Wissenschaften u. Künste; Korr. Mitgl. Accad. dei Lincei (Rom), Inst. de France, Bayer. Akad. d. Wiss., Académie Royale de Belgique, British Acad. u. a. - Lit.: Collectanea S. K. - Festschr. z. 60. Geburtstag (4 Bde. 1967, Bologna), z. 70. Geburtstag (1977, Philadelphia), z. 75. Geburtstag (1982, Ztschr. d. Savigny-Stiftung).

KUTTRUFF, Karl Heinrich

Dr. rer. nat., o. Prof. f. Techn. Akustik - Nordhoffstr. 7, 5100 Aachen (T. 8 27 90) - Geb. 17. Aug. 1930 Engen/B. - Stud. Physik - S. 1962 (Habil.) Lehrtätigk. Univ. Göttingen (1968 apl. Prof.), TH Darmstadt u. Aachen (1972 o. Prof. u. Inst.dir.); 1978 Mitgl., 1981-88 Sekr. Intern. Kommiss. f. Akustik (ICA) d. IUPAP - BV: Room Acoustics, Lehrb./ Wiss. Monogr., 1973, 2. A. 1979; Physik u. Technik d. Ultraschalls, Lehrb./Wiss. Monogr., 1988; zahlr. Fachveröff. u. a. Beitr. zu Sammelw. Deutscher Herausg. d. intern. Ztschr. Acustica - Fellow d. Acoust. Soc. of America; 1988 Silbermed. d. Société Française d'Acoustique - Liebh.: Kammermusik.

KUTZBACH, Heinz-Dieter

Dr.-Ing., Prof. f. Grundlagen d. Landtechnik Univ. Hohenheim, Honorarprof. Univ. Stuttgart - Goethestr. 5, 7441 Schlaitdorf/Württ. - Geb. 14. März 1940 Bad Doberan/Meckl. (Vater: Heinz K., Lehrer; Mutter: Liselotte, geb. Hebert), ev., verh. s. 1968 m. Gudrun, geb. Hartmann, 3 Kd. (Inke, Martin, Jens) - Obersch. Husum; TH Braunschweig (Maschinenbau; Dipl.-Ing. 1967). Promot. 1972 Braunschweig - U. a. Projektleit. Intern. Harvester Comp., Neuss. Vors. Arbeitskr. Forschung u. Lehre/ MEG.

KUTZBACH, Karl August

Schriftsteller - Schumannstr. 39, 5300 Bonn 1 (T. 0228 - 21 89 05) - Geb. 23. Sept. 1903 Nürnberg (Vater: Prof. Dr. Karl K.; Mutter: Franziska, geb. Swoboda) - S. 1923 Stud. Kunst- u. Literaturgesch., Phil. Univ. Freiburg, München, Wien, Hamburg, Bonn - S. 1933 Vorst. Paul-Ernst-Ges. Berlin, jetzt Düsseldorf. Herausg. d. Werke v. Paul Ernst, d. Jahrb. u. Mitteil. d. Paul-Ernst-Ges. (1934ff.), d. Schriftenreihe D. Wille z. Form (1957-65, Neue Folge 1970ff.) - BV: Autorenlex. d. Gegenw., 1950; Autorenlex. d. XX. Jh., 1952; Paul Ernst. E. Dokumtar-Biogr. 8 Bde., 1966ff.; D. neuklass. Beweg. um 1905, 1972; P. E. u. Georg Lukács, 1974; P. E.: Acht Einakter (aus d. Nachlaß), 1977. Herausg. d. Schriften v. Erich Härlen: Unterschiedliche Versuche vornehmlich an Paul Ernst (1982); Vortr. üb. europ. Dichtung vornehmlich zu Novelle u. Roman (1987).

KUTZELNIGG, Werner

Dr., Dipl.-Chem., o. Prof. f. Theoretische Chemie Univ. Bochum (s. 1973) - Kämperfeld 7, 5810 Witten - Geb. 10. Sept. 1933 Wien (Vater: Prof. Dr. Artur K., s. dort; Mutter: Hilde, geb. Laubner), verh. s. 1975 m. Irmgard, geb. Merkel - Stud. Univ. Bonn, Freiburg/Br., Paris, Uppsala, Göttingen; Dipl.ex. 1958 u. Promot. 1960 Freiburg; Habil. 1967 - 1970-73 apl. Prof. Univ. Karlsruhe - BV: Einführung in d. Theoretische Chemie, Bd. 1 1975, Bd. 2 1978 - 1971 Carl-Duisberg-Gedächtnis-Preis Ges. Dt. Chem. - Spr.: Engl., Franz.

KUTZER, Reinhard

Dr. phil., Prof. f. Sonderpädagogik Univ. Marburg - Milseburgstr. 10, 6418 Hünfeld (T. 06552 - 3155) - Geb. 27. Mai 1937 Abaschin b. Marienbad - Stud. Math. u. Physik, Lehrerstud., Stud. d. Sonderpäd. Marburg; 1968-70 Lehrbeauftr. Univ. Marburg, 1970-78 Päd. Mitarb. u. Studienrat; Hochschuldienst Univ. Marburg; Promot. 1976; Prof. Univ. Marburg 1978 - BV: u. a. Über d. Erfordernis einer Neuorientierung d. Didaktik d. Schule f. Lernbehinderte unter d. Aspekt d. Emanzipation, 1973; D. Erarbeitung d. Zahlenraumes, in: G. Kanter (Herausg.): Didaktik d. Mathematikunterr., 1975; Zur Kritik gegenw. Didaktik d. Schule f. Lernbehinderte, 1976; Anmerkungen z. struktur- u. -niveauorientierten Unterricht, in: Probst, H. (Hrsg.): Kritische Behindertenpäd. in Theorie u. Praxis, 1979; Unterrichtswerk: Mathem. entdecken u. verstehen, 4 Bde., 1982-84.

KUTZIM, Heinrich

Dr. med., o. Prof. f. Nuklearmedizin - Raschdorffstr. 16, 5000 Köln 41 (T. 491161) - Geb. 6. Nov. 1919 Altenessen, kath., verh. s. 1948 m. Marieluise, geb. Ebert, 3 Töcht. Margret, Renate, Marieluise) - Univ. Münster, Erlangen, Köln. Promot. (1947) u. Habil. (1956) Köln - S. 1956 Privatdoz., apl. (1962) u. o. Prof. (1972) Univ. Köln. Spez. Arbeitsgeb.: Jod- u. Eisenstoffwechsel. Üb. 50 Fachveröff. - 1963 Hochhauspreis.

KUTZNER, Hans Jürgen

Dr. agr., Prof. f. Mikrobiologie TH Darmstadt - Dresdner Str. 16, 6105 Ober-Ramstadt.

KUTZNER, Joachim

Dr. med. (habil.), Prof. f. Klin. Strahlenkunde Univ. Mainz - Backhaushohl 46, 6500 Mainz 22.

KUTZSCH, Gerhard

Dr. phil., Direktor i. R. (s. 1979) - Gatower Str. 86, 1000 Berlin 20 (T. 362 58 08) - Geb. 5. Aug. 1914 Leipzig, ev., verh. 1945-71 m. Gertraude, geb. Gabin, T. Christiane - Univ. Leipzig (Geschichte, German., Kunstgesch.); Dt. Hochsch. f. Politik Berlin - 1952-54 Geh. Staatsarchiv Berlin; 1955-56 Staatsarchiv Marburg (Lehrg.); s. 1957 Landesarchiv Berlin. 1978 ff. - Veröff. z. preuß. Geschichte u. Berliner Kommunalgesch.

KUXMANN, Ulrich

Dr.-Ing., o. Prof. f. Metallhüttenwesen u. Elektrometallurgie - Birkenweg 4, 3392 Clausthal-Zellerfeld (T. 3560) - Geb. 14. Okt. 1924 Bielefeld, ev. - S. 1962 (Habil.) Bergakad. bzw. TU Clausthal (1964 Ord. u. Inst.sdir.). Veröff., vorwieg. Ztschr. Erzmetall.

KUZEL, Hans-Jürgen

Dr. phil.nat., Prof., Ordinarius f. Mineralogie u. Vorst. Inst. f. Geol. u. Mineral. Univ. Erlangen-Nürnberg (s. 1973) - Wolfsäckerweg 6, 8520 Erlangen.

KUZMANY, Elfriede

Schauspielerin u. Malerin - Ainmillerstr. 31, 8000 München 40 - Geb. 29. Sept. Rokitnitz/Böhmen, ev., verw., 2 Kd. - Akad. f. Musik u. Darstell. Kunst, Wien (Dipl. Akad. Malerin) - Theater in d. Josefstadt Wien, ab 1941 Dt. Theater Berlin, ab 1949 Residenztheater München - Rollen: Bühne u. a. Käthchen, Undine, Rosalinde, hl. Johanna, Gretchen, Natalie, Alkmene, Doña Rosita, Ariel (in: Sturm), Elektra (Sophokles), Totentanz, Endstation Sehnsucht, Geliebter Lügner, Memoiren (Sarah Bernhard). Film: D. fallende Stern, D. schwarz-weiß-rote Himmelbett, D. Reiher. Fernsehen: Ostern, Nora, Johanna v. Lothringen, Schatten d. Helden, Elisabeth (in: Maria Stuart), Königin Christine, D. Bär, Heiratsantrag, Fernamt bitte!; Komissar- u. Derrik-Filme u. v. a. - 1979 eig. Kündig. d. langj. Residenztheatervertrags, seither fr. Schausp. Theaterengag.: Ernst Deutsch-Th. (Hamburg), Fritz Rémond-Th. (Frankfurt), Altmod. Kom. S. 1970 neben Schauspieltätigk. wieder Malerei u. Radierung: Intern. Sommerakad. Salzburg: (Sem. b. Corneille, Meckseper). Gastschülerin b. Mac Zimmermann; Ausst.: Berlin, Wien (Palais Palffy), München (Haus d. Kunst) u. BMW-Galerie (Aachen) - 1963 Bundesfilmpreis; 1967 Bayer. VO; 1981 Hersfeldpreis (Rolle d. Narren in: König Lear).

KWASNITSCHKA, Karl

Dr., Dipl.-Forstw., Oberforstdir., Leit. Fürstl. Fürstenberg. Forstverw. - Feursteinstr. 15, 7710 Donaueschingen (T. 0771 - 86-442) - Geb. 15. Juni 1919 Nirklowitz (Vater: Karl K., Werkm.; Mutter: Marie, geb. Bezacinsky), kath., verh. s. 1945 m. Ilse, geb. Krüger, 2 Kd. (Rainer, Ulrich) - Promot. 1954 - Präs. Dt. Forstverein (1970 ff.). Erf.: Stammholzvereinzelung, Entrindungskombination - Liebh.: Kunst, Gesch., Naturgesch., Jagd - Spr.: Engl., Ital., Tschech., Russ.

KWIET, Hans

Leiter Spiel u. Unterhaltung Sender Freies Berlin (SFB) - Schlettstadterstr. 118, 1000 Berlin 37 (T. 030 - 812 18 84) - Geb. 27. April 1931 Halle/S. (Vater: Bernhard K., Arzt; Mutter: Judith, geb. de Levie), ev., verh. s. 1976 in 3. Ehe m. Christina, geb. Köhnhorn, 4 Kd. (Manuel, Bettina, Sebastian, Ariane) - Baltenschule Misdroy, Schauspielsch. Dt. Theater Berlin - B. 1959 Schausp.; 1959-69 fr. Mitarb. SFB (Redakt., Prod.leit.); 1969-73 Prod.-Chef SFB; 1973ff. Leit. Hauptabt. Fernsehspiel SFB; s. 1989 Leit. HA-Spiel u. Unterhaltung - Spr.: Engl.

KYRIELEIS, Helmut

Dr. phil., apl. Prof. f. Klass. Archäologie Univ. Bonn (s. 1974), Präsident Dt. Archäologische Inst. - Podbielskialle 69-71, 1000 Berlin 33 - Geb. 10. Jan. 1938 Hamburg - Promot. 1965 Marburg; Habil. 1972 Bonn - S. 1972 I. Dir. u. Prof. DAI Berlin u. Athen (1975-88) - BV: Throne u. Klinen, 1969; Bildnisse d. Ptolemäer, 1975.

KYTZLER, Bernhard

Dr. phil., Prof. f. klass. Philologie FU Berlin (s. 1971) - Lohengrinstr. 10, 1000 Berlin 39 - Geb. 16. Aug. 1929 Hindenburg - Stud. Kath. Kirchenmusik, Klass. Philol., Musikwiss. Univ. Berlin; Promot. 1956; Habil. 1970 - Lehrtätigk. Harvard Univ., Fordham Univ. (USA), Frankf., Changchun (Volksrep. China). Leit. Arbeitsst. Neulatein; Mitgl. Histor. Kommiss. Böhmen u. Schlesien - Wiss. Veröff. u. a. z. Gesch. d. griech. u. lat. Lit., d. Rom-Idee, d. antiken Rhetorik u. Phil., d. antiken u. neulat. Utopie, d. Humanismus in Schlesien.

L

LA ROCHE, von, Walther

Leiter Hörfunk-Nachrichtenredaktion Bayer. Rundf. - Rundfunkplatz 1, 8000 München 2 (T. 089 - 59 00 29 27) - Geb. 29. Febr. 1936 München, led. - 1956 Werner-Friedmann-Inst. München (Lehrredaktion); Stud. Rechtswiss., 2. jurist. Staatsex. 1966 Univ. München; Zulassung als Rechtsanwalt - Vorst.-Mitgl. Dt. Journalistenschule München - BV: Einführung in d. praktischen Journalismus. Mithrsg. (m. Axel Buchholz): Radio-Journalismus. Herausg. d. Fachbuchreihe List Journalistische Praxis - Kurt-Magnus-Preis d. ARD - Spr.: Engl.

LAACKHOVE, Winfried

Vorsitzender d. Geschäftsführung Heinrich Heine GmbH & Co. - Windeckstr. 15, 7500 Karlsruhe (T. 0721 - 86 03-5 60) - Geb. 26. Aug. 1942.

LAAF, Wolfgang

Dr. rer. pol., Dipl.-Kfm., Vorstandsmitgl. Edelstahlwerke Buderus AG., Wetzlar (s. 1970) - Wertherstr. 8, 6330 Wetzlar/Lahn - Geb. 6. Mai 1926 - Zul. Geschäftsf. Röchlingstahl GmbH., Völklingen.

LAAGE, Gerhart

Dipl.-Ing., o. Prof. Univ. Hannover, Inst. f. Architektur- u. Planungstheorie - Schloßwender Str. 1, 3000 Hannover; priv.: Süllbergstreppe 3a, 2000 Hamburg 55 - Geb. 19. April 1925 Hamburg (Vater: Richard L.; Mutter: Valerie, geb. Pitzner), verh. s. 1959 m. Ursula, geb. Gebert, 3 Kd. (Bert, Clea, Ebba) - Gelehrtensch. d. Johanneums, Hamburg (Abit. 1943); TH Braunschweig (Arch.; Dipl.-Hauptprüf. 1953) - 1969-73 Vors. Dekans- u. Abt.leiterkonfz. d. Fak. u. Abt. d. Univ. d. Bundesrep. u. Westberlin, 1974-75 Rektor d. Univ. Hannover - Bauten: 40 Atriumhäuser Hamburg-Flottbek (1965), Nicolaiplatz Hamburg (1963-76), Hörsaalzentrum Univ. Göttingen (1970-74), verdichteter Wohnungsbau in Hamburg, Norderstedt (Schl.-Holst.), Bonn; Museum f. Stadtgeschichte Köln; Stadtsanierungs- u. -entwickl.planung Stade, Hann.-Münden, Bremen-Ritterhude, Stadtgestalt.plan. Osnabrück, Berat. d. Bundesreg. f. d. Ausbau d. Hauptst. Bonn - BV: Wohnungen v. heute f. Ansprüche v. morgen, 1971; Planung u. Mitbestimmung, 1973; Planungstheorie f. Arch., 1976; Wohnen beginnt auf der Straße, 1977; Handbuch f. Architekturplanung, 1978; Weder Traum noch Trauma, 1978; D. Stadthaus, 1980; Neues Wohnen in alten Städten, Schriftenreihe d. Bundesmin. f. Raumordn., Bauwesen u. Wohnungsbau, 1980; Warum wird nicht immer so gebaut?, 1985; Kosten- u. flächensparendes Bauen in Essen-Vogelheim, Schriftenreihe d. Bundesmin. f. Raumordn., Bauwesen u. Städtebau, 1986 - Villa-Massimo-Ehrung Rom - Spr.: Engl.

van LAAR, Karl-Wilhelm

Dipl.-Ing., Mitglied d. Unternehmensleitung Vorwerk & Co. - Mühlenweg 17-37, Postf. 20 16 11, 5600 Wuppertal 2 - Geb. 31. Aug. 1931.

LAAS, Ernst

Dr. med. (habil.), Pathologe, apl. Prof. f. Pathol. Univ. Hamburg - Loehrsweg 11, 2000 Hamburg 20 (T. 48 74 42) - Geb. 17. Mai 1905 Frankfurt/O. - Chefarzt i. R. Pathol. Abt. Allg. Krkhs. Heidberg (Hamburg). S. 1942 Prof. Facharb.

LAATSCH, Hartmut

Dr., apl. Univ.-Prof. f. Organ. Chemie - Adolf-Ellissen-Weg 21, 3400 Göttingen (T. 0551 - 37 25 36) - Geb. 19. April 1946, verh. s. 1973 m. Dr. Sigrun, geb. Schwab - S. 1969 Stud. Chemie Univ. Göttingen; Dipl. 1971, Promot. 1973, Habil. 1981 alle Göttingen - 1981/82 Forschungsaufenth. Univ. Aberdeen/ Schottland; 1973-78 Wiss. Assist.; 1978-84 Oberassist., s. 1984 Prof. a. Z., 1986 apl. Prof. - Arb. z. Chemie d. Chinone, Wirkstoffe aus Mikroorganismen, spez. Meeresbakterien; ca. 45 Fachveröff. BV: D. Technik d. Organischen Trennungsanalyse, 1988 - Liebh.: Mineral., Numismatik, Sport - Spr.: Engl., Lat.

LAATSCH, Willi

Dr. sc. nat., Dr. forest. h. c., o. Prof. (emerit. 1971) - Aachener Str. 7, 8000 München 40 (T. 36 72 77) - Geb. 18. Okt. 1905 Vorwerk Demmin/Pom. (Vater: Richard L., Brennereiverw.; Mutter: geb. Henning), verh. s. 1936 m. Sigrid, geb. Torner, 2 Kd. - Univ. Halle - 1938 Privatdoz. Univ. Halle (b. 1945), 1948 o.

Prof. f. Pflanzenernährung u. Bodenkd. Univ. Kiel, 1954 o. Prof. Univ. München u. Dir. Inst. f. Bodenkd. u. Standortslehre Bayer. Forstl. Forschungsanst. ebd. - BV: Dynamik d. mitteleurop. Mineralböden, 4. A. 1957 (Dresden) - 1965 Mitgl. Dt. Akad. d. Naturforscher (Leopoldina), Halle/S.

LABARDAKIS, Augoustinos

Griech.-Orth. Metropolit v. Deutschl. u. Exarch v. Zentraleuropa - Dietrich-Bonhoeffer-Str. 2, 5300 Bonn 3 (T. 0228 - 46 20 41/42) - Geb. 7. Febr. 1938 Chania/Kreta, griech.-orth., ledig - Theol. Hochsch. Chalki (Dipl.); Theol. u. Phil. Nachstud. in Österr. u. Deutschl.- 1964-72 Pfarrer Berlin; 1972-80 Vikarbischof d. Griech.-Orth. Metropolie v. Deutschl.; ab 1980 Metropolit u. Exarch - Gr. BVK - Spr.: Deutsch, Engl., Türk. (Griech. Mutterspr.).

LABES, Günther

Versicherungskaufmann, Aufsichtsratsmitgl. Volkswohl-Bund Lebensversich. a. G. Sachversich. AG - Kantstr. 13, 1000 Berlin 12 - Geb. 10. Jan. 1928 Berlin, verh. s. 1954 m. Erika, geb. Zimmermann - Lehre Versicherungskaufm. - Mitgl. Widerspruchsaussch. d. BfA.

LABRYGA, Franz

Dipl.-Ing., Architekt, Univ.-Prof. f. Entwerfen, Bauten d. Gesundheitswesens TU Berlin - Grethe-Weiser-Weg 1 c, 1000 Berlin 19 (T. 030 - 304 54 29) - Geb. 25. April 1929 Erfurt, kath., verh. s. 1963 m. Barbara, geb. Gerhardt, S. Lars - Univ. Jena (Math., Naturwiss.), Weimar, TU Berlin (Architektur); Dipl.-Ing. - Fr. Architekt (Wohn-, Kirchen- u. Krankenhausbauten; Ziel-, Betriebs- u. Bauprogrammplanungen); Wiss. Tätigk. Inst. f. Krankenhausbau TU Berlin; s. 1974 Prof.; 1974-77 Sprecher d. SFB Krankenhausbau; 1974-80 geschäftsf. Dir. Inst. f. Krankenhausbau; Leiter mehr. Arbeitsaussch.; Mitveranstalter Intern. Krankenhaussymp. in Berlin u. Düsseldorf - BV: Rationelle Gebäudereinigung in Krankenanstalten (m. a.), 1964; Moderne Gesundheitsbauten, 1970 (span.); Krankenhausbau - Maßkoordination u. Entwurfsstrategie (m. a.), 2. A. 1984; Einf. v. Standards f. d. Bauprogrammplanung, mehrere Bde. (m. a.), 1980 u. 82. Mithrsg.: Reihe Bauten d. Gesundheitswesens; zahlr. Fachaufs. - Liebh.: Lit., Fotogr., Filmen, Bildhauerarb. - Spr.: Engl.

LACHER, Günther

Dr.-Ing., Prof. Univ. Hannover - Lakefeldstr. 9, 3003 Ronnenberg-Benthe - Geb. 18. Aug. 1929 Dortmund (Vater: Karl L., Untern.; Mutter: Katharina, geb. Jung), kath., verh. s. 1963 m. Christa, geb. Schatka, 2 T. (Susanne, Ute) - TH Darmstadt (Dipl.-Ing. 1956, Promot. 1962) - 1963-69 Leit. d. Brückenbauabt. Neusser Eisenbau Bleichert KG; 1969-73 Geschäftsf. Südd. Eisenbau GmbH, Nürnberg; 1973-77 Mitgl. Geschäftsltg. Fa. Mehne, Heilbronn; s. 1978 Hochschullehrer Univ. Hannover. Zahlr. Facharb. - Spr.: Engl., Franz.

LACHMANN, Hans-Georg

Dr. phil., em. o. Prof. f. Geschichte u. Polit. Bildung Univ. Bielefeld - Bossestr. 13, 4800 Bielefeld (T. 6 51 65).

LACHMANN, Marcus

Regisseur, Schauspieler - Vogelsangstr. 37, 7530 Pforzheim (T. 07231 - 2 32 47) - Geb. 23. Juli 1956 Pforzheim, ledig - Ausb. Westf. Schauspielsch. Bochum - Engagem.: 1977 Staatsoper Hamburg, 1977-79 Theater am Neumarkt, Zürich, 1979-81 Staatstheater Stuttgart, 1981-84 Staatstheater Hannover, 1983-85 Leit. S.TU Jugendforum, Schloßtheater Moers, 1985 Düsseldorfer Schauspielhaus, Stadttheater Pforzheim, s. 1985 Schauspiel Frankfurt - Rollen: Leslie (D. Geisel), Posa (Don Carlos, Regie: Heyme), Odysseus (Philoktet), Bertram (Ende gut alles gut), Valmont (Quartett), Laertes (Hamlet), Peter Cirre von Chaillot), Egmont (Egmont) u.a. Regie: D. Frieden (nach Arisophanes), Reproduktion untersagt (S. Tm Jugendforum), Dädalus u. Ikarus (Fo), D. Gesch. v. Onkelchen (Brömssen/Brossner, Dt. Erstauff.), D. Kontrabaß (Süßkind) - Else-Lasker-Schüler-Abend - Liebh.: Lit., Astrol., Kochen, Musik, Menschen.

LACHMANN, Raimar

Generalsekretär Dt. Segler-Verb. - Gründgensstr. 18, 2000 Hamburg 60 (T. 040-632 00 90).

LACHMANN, Rainer

Dr. theol., Prof. f. Ev. Theol. (m. Schwerpunkt Religionspäd.) Univ. Bamberg - Hetzerstr. 3, 8600 Bamberg (T. 0951 - 5 73 03) - Geb. 9. Sept. 1940 Marburg (Vater: Otto L., Studienrat; Mutter: Helene, geb. Viering), ev., verh. s. 1969 m. Diethilde, geb. Harder, 3 Kd. (Mareike, Till, Lars) - 1. theol. Ex. 1965, Staatsex. Gesch., ev. Relig. u. Päd. 1967, 2. Staatsex. f. Lehramt an Gymn. 1970, Promot. 1971, Habil. 1978 - 1974-79 Akad. Rat Univ. Erlangen-Nürnberg; s. 1979 C4-Prof. in Bamberg - BV: D. Religionsunterr. Chr. G. Salzmanns, 1974; Eth. Krit. im Religionsunterr., 1980. Herausg.: Religionsunterr. als religionspäd. Herausford., 1982; Religionspäd. Kompendium, 1984, 2. A. 1986; Gemeindepäd. Kompendium, 1987.

LACKNER, Erich

Dr.-Ing., Dr.-Ing. E.h., em. o. Prof. Univ. Hannover (emerit. s. 1980), Berat. Ing. - Lindenstr. 1A, 2820 Bremen 70 (T. 0421 - 65 84 10) dst., Lesmonastr. 30B, 2820 Bremen 77 (T. 0421 - 63 14 98) priv. - Geb. 13. Mai 1913 Himmelberg/Kärnten (Vater: Johann L., Landwirt, Sägewerksbes. u. Holzhändler; Mutter: Paula, geb. Würtenberger), verh. s. 1941 m. Ursula, geb. Ahlbrecht (†1985) - 1931 Abit. Klagenfurt, TH Berlin (Dipl.-Ing. 1937); Promot. 1942 Berlin - 1949-75 Mitinh. Ing.büro Prof. Dr. Agatz Nachf. bzw. Dr. Lackner - Dr. Kranz - Barth, Berat. Ing.; s. 1976 Geschäftsf. Ges. d. Büros Prof. Dr. Lackner & Partner, Berat. Ing. GmbH & Co. KG. - S. 1949 Vors. Arbeitsaussch. Ufereinfassungen d. Hafenbautechn. Ges. e. V. u. d. Dt. Ges. f. Erd- u. Grundbau e. V. S. 1980 Vors. d. Hafenbautechn. Ges., s. 1967 Mitgl. Wiss. Beirat BVM, Bonn - Patent f. gegen d. Baugrund vorgespannt verankerte Trogkörpersohlen - Zahlr. Fachveröff., dar. Agatz/Lackner: Erfahrungen m. Grundbauwerken, 1977 - 1982 Ehrendoktor Ruhr-Univ. Bochum; 1975 Ernenn. z. Ehrenmitgl. d. HTG - 1937 Franzius-Plakette d. Siemensring-Stiftung u. Plak. d. TH Berlin - Spr.: Engl., Franz. - Vorf.: Johann Lackner (Großv.).

LACKNER, Karl

Dr. phil., Physiker, wiss. Mitgl. Max-Planck-Ges., Direktor am Inst. f. Plasmaphysik Garching, Hon.-Prof. Univ. Innsbruck - Mühlgasse 4a, 8046 Garching (T. 089 - 320 24 51) - Geb. 15. Aug. 1942 Innsbruck, verh. s. 1967 m. Dr. Dora Russo-Lackner, S. Johannes - Promot. 1966 Innsbruck - 1967/68 STD Res. Corp., Pasadena/USA; 1968-72 Europ. Space Res. Labor. Esrin, Frascati/Ital.; 1972ff. Max-Planck-Inst. f. Plasmaphysik - Liebh.: Fotogr., Sport - Spr.: Engl., Ital.

LACKNER, Stephan

Dr. phil., Schriftsteller - 601, El Bosque Road, Santa Barbara, Cal./USA (T. 9 06 82) - Geb. 21. April 1910 Paris, konfessionsl., verh. s. 1940 m. Margaret, geb. Pernkopf, 3 Kd. - Univ. Gießen - Journ., Farmarb., fr. Schriftst. - W.: D. weite Reise, Ged. 1937; D. Mensch ist kein Haustier, Dr. 1938; Jan Heimatlos, R. 1939; In letzter Instanz, Sp. 1949; D. Lied d. Pechvogels, N. 1950; Gruß v. unterwegs, Ged. 1952; Discover yourself, 1956; Max Beckmann, Biogr. 1962; D. weise Prof. Virrus, Satiren 1963; D. Triptychen, Ess. 1965; Ich erinnere mich gut an Max Beckmann, 1967; Max Beckmann, Biogr. 1979; D. geteilte Mantel, R. 1979; Minimärchen, Erz. 1979; Requiem f. e. Liebe, R. 1980; D. friedfertige Natur, Phil. Ess. 1982; Max Beckmann, Bildbiogr. 1983; Selbstbildnis m. Feder, Autobiogr. 1988 - Liebh.: Kammermusik (Violine), Komposition - 1982 BVK I. Kl.

LACKSCHEWITZ, Klas

Vizepräsident Bund d. Vertriebenen, Kapitän z. See a.D. - Zu erreichen üb. dstl.: Bund d. Vertriebenen, Godesberger Allee 72-74, 5300 Bonn 2; priv.: Obere Wehrhalden 56, 7881 Herrischried (T. 07764 - 64 22) - Geb. 22. Dez. 1934 Libau/Kurl., verh., 2 Kd. - 1945 Flucht in d. Westen; Abit. 1956 - Eintr. in d. Bundesmarine: Verwend. an Bord, Marinefliegerdienst, Offiziersausb., zul. b. 1986 Referatsleit. BMVg-Führungsstab d. Streitkräfte. 1980-84 Bundesvors. Dt.-Balt. Landsmannschaft; 1986/87 Generalsekr. Bund d. Vertriebenen. S. 1988 Kontaktadr. (priv.) f. d. Freundeskreis Deutschl. - Ehrenritter d. Johanniterordens.

LACMANN, Rolf

Dr.-Ing., Dipl.-Ing., o. Prof. Inst. f. Physikal. u. Theoret. Chemie TU Braunschweig - Am Hasengarten 74, 3300 Braunschweig - Geb. 4. April 1927 Moskau (Vater: Otto L., o. Prof.; Mutter: Erna, geb. Vogler), ev., verh. s. 1961 m. Ingeborg, geb. Dumsch - Stud. Chemie TU Berlin (Dipl.-Ing. 1955, Promot. 1958), Habil. FU Berlin 1968 - 1958-74 MPG Berlin; 1974ff. TU Braunschweig (Dir. Inst. physik. Chemie) - Ass. Editor Journal of Crystal Growth.

LADEN, von der Wolfgang

Dipl.-Volksw., Kaufm. Verlagsleiter, Geschäftsf. VDI-Verlag GmbH. (s. 1969) - Kaienburgsweg 13, 4307 Kettwig/Ruhr - Geb. 16. Nov. 1927.

LADENDORF, Heinz

Dr. phil., o. Prof. f. Kunstgeschichte - Kerpener Str. 4, 5000 Köln 41 - Geb. 29. Juni 1909 Leipzig, ev., verh. s. 1938 m. Dr. Dora, geb. Straube, 3 Kd. - S. 1948 Lehrtätigk. Univ. Leipzig (1954 Ord.) u. Köln (1958) - BV: D. Bildhauer u. Baumeister Andreas Schlüter, Beitr. z. s. Biogr. u. z. Kunstgesch. s. Zeit, 1935; Andreas Schlüter, 1937; Antikenstudium u. -kopie (Abh. d. Sächs. Akad. d. Wiss., 46, 2 1958) - Mitgl. Dt. Archäol. Inst., Berlin; ausw. Mitgl. Sächs. Akad. d. Wiss., Leipzig.

LADENDORF, Kurt-Friedrich

Dr.-Ing., Vorstandsmitglied Beiersdorf AG, Hamburg - Langkamp 13, 2000 Hamburg 52 (T. 040 - 82 70 94) - Geb. 3. März 1941 Hamburg, ev.

LADES, Heinrich

Dr. jur., Ministerialrat a. D., Oberbürgermeister a. D. - Sieglitzhoferstr. 53, 8520 Erlangen - Geb. 4. Juli 1914 Nürnberg (Vater: Heinrich L., Staatsbankdir.; Mutter: Elise, geb. Schlemmer), ev., verh. s. 1940 m. Ingeborg, geb. Althaus, 3 Kd. - Gymn.; Stud. Rechtswiss. u. Volksw. Gr. jurist. Staatsprüf. - 1945-59 Bayer. Kultus- (Ref.), Bundesinnenmin. (1950, Ref.), -min. f. Familien- u. Jugendfragen (1957, Unterabt.sleit.; verantw. f. d. Bundesjugendplan); 1959-72 Stadtverw. Erlangen (Oberbürgerm.). Ehrenstellungen u. Mandate. CSU - BV (Hrsg.): Handb. d. Bayer. Jugendrechts, 1949; Hb. d. Jugendwohlfahrt, 1950; D. Welt v. A - Z, Lexikon, 1953 (GA. etwa 700 Ts.; auch ital. u. span.) - Ehrensenator Univ. Erlangen-Nürnberg; ital. Orden Cavaliere Ufficiale, franz. Orden de Mérite, Bayer. VO (1970), BVK I. Kl. - Liebh.: Kochen, Schreinern, Garten - Spr.: Engl.

LADIK, Janos

Dr. rer. nat., Dr. math. h. c., o. Prof. f. Theoret. Chemie u. Vorst. Inst. f. Physikal. u. Theoret. Chemie Univ. Erlangen-Nürnberg (s. 1975) - Mistelweg 5, 8520 Erlangen.

LADWIG, Zita

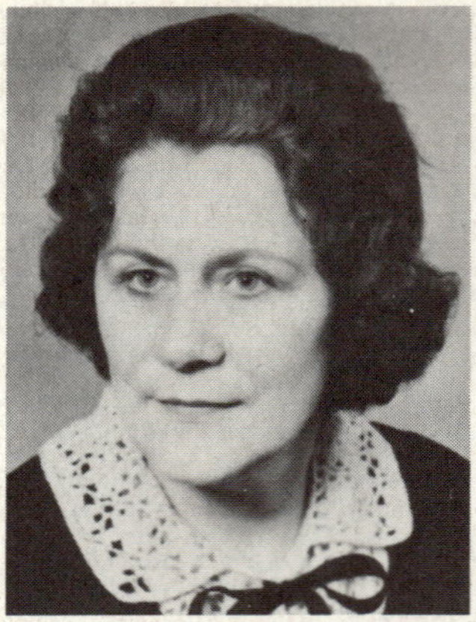

Freie Schriftstellerin - Böhmerwaldstr. 3, 8264 Waldkraiburg (T. 08638 - 24 21) - Geb. 4. März 1919 Rothau Krs. Graslitz/Böhmen, kath., verw. - Mittlere Reife; kaufm. u. gewerbl. Fortbildungssch. - Kulturwart Egerländer Gmoin Waldkraiburg; stv. Landeskulturwart Bayern; Mitgl. Kulturaussch. Sender Mühldorf - BV: Mascha, 1973; Walderdbeeren, 1978; Märchenschloß d. Markus Frey, 1979; Egerl. Mundartged., 1979; Waldkraiburg, neue Heimat, 1980; Moishe u. Rachele, 1981; Blumen am Wege, 1982; Im Strom d. Zeit, 1983; Kleines Glück, 1985 - 1980 Bundesehrennadel; 1985 Bundesehrenz. - Liebh.: Kunsthandwerk (Asiat. Applikationstechnik), Liedertexte - Spr.: Tschech. - Lit.: Handlex. Dt. Lit. in Böhmen, Mähren, Schlesien; Lex. z. Bayer. Gegenwartslit.; Egerländer biogr. Lex., Zürich; Kürschner: WHO'S WHO (10. Ed.).

LÄHNEMANN, Johannes

Dr. theol., o. Prof. Univ. Erlangen-Nürnberg - Viatisstr. 125, 8500 Nürnberg 30 (T. 0911 - 40 67 03) - Geb. 15. Juni 1941 Schellerten (Vater: Karl-Heinz L., Pastor; Mutter: Magdalene, geb. Kirchberg), ev., verh. s. 1967 m. Susanne, geb. Dörner, 3 Kd. (Henrike, Charlotte, Luise) - Abit. 1960 Diepholz; 1960-65 Stud. Ev. Theol.; 1. theol. Ex. 1965 Bielefeld, Promot. 1968 Münster, 2. theol. Ex. 1969 Bielefeld, Habil. 1977 Bern/Schweiz - 1965 Wiss. Hilfskraft; 1968 Wiss. Assist.; 1973 Akad. Rat; 1976 Akad. Oberrat; 1981 Prof. - BV: D. Kolosserbrief, (Diss.) 1971; D. Philemonbrief, 1973; Hochschuldidaktik in Ev. Theol., 1973; Nichtchristl. Relig. im Unterr., Schwerp. Islam, 1977; Jesus Christus, Stud.buch 1981; Kulturbegegnung in Schule u. Studium, 1983; Weltreligionen im Unterr., T. I: Fernöstl. Religionen, T. II: Islam, 1986; Erziehung z. Kulturbegegnung, 1986 - 1968 Jahrespreis Ev.-Theol. Fak. Univ. Münster - Liebh.: Musik, Instrum.: Horn (konzertm.), Klavier, Geige (Lehrauftr. f. Bläsermusik) - Spr.: Engl., (Latein, Altgriech., Hebr.).

LÄMMEL, Christoph

Vorstandsmitgl. Cosmos Allg. Versicherungs-AG. - Beethovenstr. 1, 6600 Saarbrücken.

LÄMMERT, Eberhard

Dr. phil., o. Prof. f. Dt. Philologie u. Allg. Literaturwiss. FU Berlin - Hüttenweg 9, 1000 Berlin 33 - Geb. 20. Sept. 1924 Bonn (Vater: Dipl.-Berging. Arnold L.), ev., verh. s. 1948 m. Luise, geb. Martini, 3 Kd. (Angelika, Michael, Constanze) - Univ. Bonn (Promot. 1952) u. München (Naturwiss., German.). Habil. 1960 Bonn - S. 1960 Lehrtätigk. Univ. Bonn, FU Berlin (1961 ao., 1962 o. Prof.), Univ. Heidelberg (1970) u. wied. FU (1976-83 Präs.). 1972-76 Vors. Vereinig. dt. Hochsch.german.; s. 1976 Vorst. Dt. Literaturarchiv Marbach, s. 1984 d. DAAD - BV: Bauformen d. Erzählens, 8. A. 1988; Germanistik - e. dt. Wiss. (Mitverf.), 1967; Reimsprecherkunst im Spätmittelalter, 1970. Herausg.:

Friedrich v. Blanckenburg, Versuch üb. d. Roman (1965); Erzählforschung (1982); Mithrsg.: Wilhelm Scherer/Erich Schmidt, Briefwechsel (1963); Romantheorie in Dtschl., 2 Bde. (2. A. 1984/88); Reader Literatur, 2 Bde. (1976ff.); Funkkolleg Literatur, 2 Bde. (1977ff.); Lit.wiss. Grundkurs, 2 Bde. (1981); Unser Commercium. Goethes u. Schillers Literaturpolitik (1984); Das war ein Vorspiel nur - Literaturpolitik im Dritten Reich (1985); D. Zukunft d. Aufklärung (1988); Regelkram u. Grenzgänge. V. poetischen Gattungen (1988); Literatur in e. industriellen Kultur (1989).

LÄPPLE, Alfred

Dr. theol., Prof., Oberstudienrat - 8031 Argelsried/Obb. - Doz. f. Katechetik u. Religionspäd. Univ. Salzburg - 1981 BVK.

LÄPPLE, Erich

Fabrikant, Mitinh. August Läpple GmbH. & Co., Werkzeugbau, Preß- u. Stanzwerk, Heilbronn - Wollhausstr. 83, 7100 Heilbronn/N. - Geb. 28. Mai 1912 Neckarsulm - Ing.

LÄPPLE, Friedel

Sonderschulrektor, Innenminister Saarland, MdL (s. 1970) - Weberstr. 19, 6685 Illingen-Hirzweiler - Geb. 20. Juni 1938 Schiffweiler, ev., verh., 2 Kd. - Volkssch. Schiffweiler; Lehrersem. Ottweiler; Päd. Hochsch. Saarbrücken (4 Sem.) - S. 1962 Lehrer Sondersch., Sonderschul-Rektor, Logopäde - Fraktionsvors. SPD Landtag (1973-85); Landesvors. SPD Saar (1970-1977); Mitgl. d. Bundesvorst. d. SPD (1973-1979).

LAERMANN, Karl-Hans

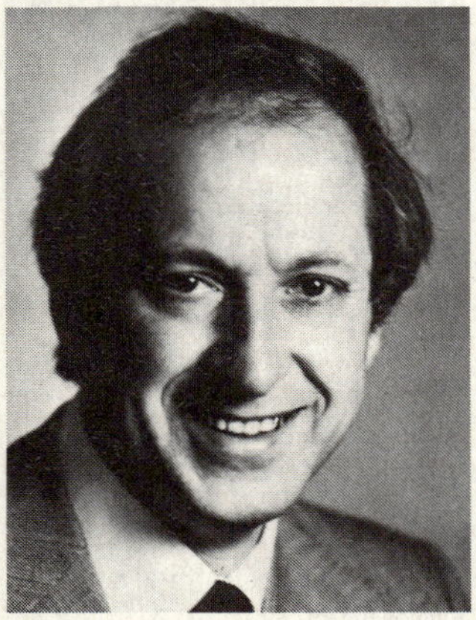

Dr.-Ing., Bauing., o. Prof. f. Baustatik BUGH-Berg. Univ. GH Wuppertal (s. 1974), Labor f. exper. Spannungsanalyse - Am Tannenberg 19, 4050 Mönchengladbach 4 - Geb. 26. Dez. 1929 Kaulhausen Kr. Erkelenz, ev., verh., 4 Kd. - TH Aachen (Bauing.wesen; Dipl. 1955). Promot. 1963; Habil. 1966 - Bauwirtsch.; Lehrtätigk. (1970 apl. Prof., 1971 Wiss. Rat u. Prof. TH Aachen); Obmann d. VDI/VDE-Aussch. Exp. Mechanik; Vors. TC Exp. Mechanik d. IMEKO. FDP s. 1968; Forschungspolit. Sprecher FDP-Bundestagsfrakt., Mitgl. Bundesvorst. FDP, stv. Vors. Bundestagsaussch. f. Forsch. u. Technol. Parlamentar. Mitgl. Enquete-Kommiss. Zukünft. Kernenergiepolit. d. 9. Dt. Bundestages, Vors. Bundesfachaussch. f. Forsch. u. Techn., Vors. Landesfachaussch. f. Wiss., Forschungs- u. Technologiepolitik d. FDP NRW, Vors. Arbeitskr. Bildung u. Forsch. FDP-Bundestagsfraktion. Kurat.-Mitgl. Volkswagen-Stiftg. - BV: Konstr. Ing.-Bau (Hrsg.) Exp. Plattenuntersuch. - Theoret. Grundl., 1971; Perspektiven - E. Wissenschaftler in d. Politik, 1984. Zahlr. Einzelarb. - Gr. BVK; Comandeur in de Orde von Orantje-Nassau (Niederl.); Hon. Commander of the Civil Div. of the Order of the British Empire - Liebh.: Segeln, Malen, Lit.

LAERMANN, Klaus

Dr. phil., Prof. f. Germanistik FU Berlin - Zu erreichen üb. FB 16, Habelschwerdter Allee 45, 1000 Berlin 33 (T. 838 42 17) - Geb. 26. Jan. 1939 Wiesbaden - M.A. Princeton 1962, Promot. 1969 u. Habil. 1976 FU Berlin - 1979 Gastprof. Univ. Venedig; 1980 Amsterdam; 1982 Straßburg; 1985 Parma; 1987 Venedig - BV: Eigenschaftslosigkeit, 1970; Arthur Schnitzler (m. Janz), 1977; Übers.: Lacan, Fenichel, Skinner, Mead, Chesler, Ringer, McDougall, Jacoby, Gould, Veyne, Farias, Gerstein, Luce, Smelser & Sperlich - 1986 Joseph Roth Preis d. Int. Publiz. Preises Klagenfurt - Spr.: Engl., Franz., Ital., Span.

LÄSSIG, Erik Theodor

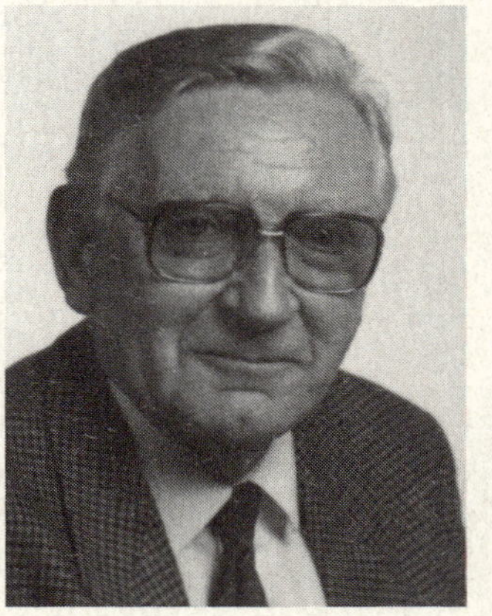

Grafik- u. Industrie-Designer, Illustrator f. Naturwissenschaften u. Technologie - Asternstr. 19, 8012 Riemerling (T. 089 - 60 28 69) - Geb. 31. Jan. 1928 München, ev., verh. 1955-76 m. Brigitte L., S. Uwe Bertram - Gymn.; 1943-45 Luftwaffenhelfer; Abit. 1948; Kombistud. m. Ausb. z. Fachillustrator f. Naturwiss. u. Technol. - Zun. fr. Presseillustrator; ab 1952 Schwerp. d. Arb. b. Luft- u. Raumfahrt u. Energietechnik sow. Gestaltung mehrerer intern. Raumfahrtausst. als grafischer Leit. d. Dt. Raketen- u. Raumfahrtmuseums; 1958ff. grafischer Mitarb. v. Messerschmidt-Bölkow-Blohm. Päd. Arb. f. d. Designer-Nachwuchs - Illustration v. 95 Büchern, dar. zun. 13 Bde. e. Buchreihe (gepl. 25 Titel) üb. d. Entwicklungsgesch. d. dt. Luftfahrt. Erstellung v. 18 Großpostern m. Raumfahrt-Themen sow. üb. 60 Bildreportagen. In Vorb. sind 2 eigene Werke (Text, Fotos u. Zeichn.): D. neuen Elemente d. Illustration u. Schule d. räumlichen Sehens. Illustration v. Büchern u. Berichten d. Raumfahrtpioniere Herrmann Oberth, Wernher v. Braun u. Eugen Sänger - Beteil. an zahlr. Messen u. Industrie-Ausst.; so u.a. ständiger Mitarb. Dt. Museum München u. Haus d. Natur Salzburg - 1980 Berufung (Prof.) Intern. Sommerakad. f. bild. Kunst Salzburg - Liebh.: Klass. Musik, Oper, Theater, Ausst. u. Museen, Lit. (Sammlung v. Science Fiction u. Fantasy Art), Raumfahrt, Astronomie - Spr.: Engl., Lat. - Bek. Vorf.: Prof. Franz Theodor Lässig (Großv.), Dirigent u. Soloklarinettist.

LÄSSING, Horst

Ministerialrat a. D., Landrat - Landratsamt Rems-Murr-Kreis, Alter Postpl. 10, 7050 Waiblingen (T. 07151 - 50 13 33) - Geb. 28. Febr. 1937 Stuttgart, ev., verh. s. 1968 m. Rose, geb. Leibfried, 2 Kd. (Marc, Claudia) - 1957-62 Stud. Rechtswiss. u. Phil. Tübingen, Bonn, Köln, München; 1962 u. 66 1. u. 2. jurist. Staatsex. - Vorst.-Mitgl. Württ. Sparkassen- u. Giroverb.; VR-Vors. Kreissparkasse Waiblingen - BV: D. Rems-Murr-Kreis, 1986 - BVK - Spr.: Engl., Franz., Portug., Span.

LÄUFLE, Karl

I. Bürgermeister - Rathaus, 8976 Blaichach/Schw. - Geb. 1. Aug. 1929 Immenstadt.

LÄUGER, Peter

Dr. phil. nat. (habil.), o. Prof. f. Biologie Univ. Konstanz (s. 1968 - Stählistr. 35, CH-8280 Kreuzlingen (Schweiz) - Geb. 9. Mai 1934 - Fachaufs.

LAFFERS, Zoltan

Dr. med., Prof. f. Augenheilkunde Ruhr-Univ. Bochum, Chefarzt a.D. - Schattbachstr. 13, 4630 Bochum (T. 0234 - 70 27 17) - Geb. 22. Aug. 1925 Budapest, kath., verh. s. 1970 m. Klara Reichert, 2 Kd. (Ildiko, Caroline) - Milit. Akad. Budapest; Kriegssch. Dresden; Med.-Stud. Szeged u. Budapest, Ex. u. Promot. 1951 Budapest - 1955 Facharzt f. Chir.; s. 1958 Facharzt f. Augenheilkd.; augenärztl. Tätigk. Forschungsinst. f. Rheuma, Budapest; Oberassist. Augenklinik Wuppertal; 1966-85 Chefarzt Augenklinik Knappschaftskrankenhaus Bochum-Langendreer. S. 1976 Lehrbeauftr. Ruhr-Univ. Bochum - 1984 Honorarprof. - Liebh.: Politik, Futurologie - Spr.: Ungar.

LAFONTAINE, Oskar

Dipl.-Phys., Ministerpräsident Saarland (s. 1985), stv. Bundesvors. SPD (s. 1987) - Am Ludwigsplatz 14, 6600 Saarbrücken - Geb. 16. Sept. 1943 Saarlouis/Saarl. - Gymn. Prüm/Eifel (Abit. 1962); 1962-69 Stud. Physik Univ. Bonn u. Saarbrücken (1969 Dipl.-Physiker) - 1969-74 Versorgungs- u. Verkehrsges. Stadt Saarbrücken, ab 1974 als Vorst.-Mitgl. - 1970-75 MdL Saarl., 1974-76 Bürgermeister d. Landeshauptstadt Saarbrücken, 1976-85 Oberbürgermeister. Vors. SPD-Landesverb. Saar (1977); Mitgl. Parteivorst. SPD (1979) - BV: Angst vor d. Freunden, 1983; D. andere Fortschritt, 1985; D. Gesellschaft d. Zukunft, 1988; D. Lied vom Teilen, 1989.

LAFORET, de, Jean

s. Böckl, Manfred Ludwig

LAFORGUE, de Leo

Ing., Filmproduzent u. Regisseur - Kurfürstendamm 29, 1000 Berlin 15 (T. 881 25 60) - Geb. 9. Febr. 1902 Grumbach - Kunstakad. u. Univ. - Schriftst. u. Filmprod. (ab 1933 nur noch Auftragsfilme f. Ufa, Tobis, Paramount), 1936 Mitarb. Olympia-Film, n. Kriegsende Kunstmaler (Schlesw.-Holst.) - BV: SMS, 1929; Hölle im Hirn, 1931; Brand am Skagerrak, 1933; Dämon d. Sonne, 1950; Tod v. Berlin, 1950. Filme: u. a. Symphonie e. Weltstadt (Berlin, wie es war), D. weiße Schiff, D. Paradies d. Fürsten Pückler, Tumult im Schlafwagen, D. Schloß in Berlin, Großstadtgeheimnis (D. Fall d. Brüder Sass), D. Hochhaus, D. Herz e. Weltstadt, Kurfürstendamm, Männer gegen d. Himmel (Großf. v. d. Weltluftfahrt), Rivalen d. Liebe, Gigant Berlin (D. erregendste Stadt), D. große Beute (Als d. Königin kam ...), Feuer-Orkan (Bombenkrieg üb. Berlin) - Zahlr. Orden - Aerophilatelist (viele Goldmed.) - Bek. Vorf.: Jules Laforgue, franz. Dichter; Dr. Leopold Kayssler, Chefredakt. Bismarck-Ztg. D. Post u. Begr. Berliner Presse-Verein (Großv. ms.).

LAGA, Gerd

Dr. phil., Prof. f. Soziologie Univ. Hannover - Kirchwerder Hausdeich 33 A, 2050 Hamburg 80 (T. 040 - 723 28 47) - Geb. 24. Juni 1938 Hamburg (Vater: Josef L., Bauaufsichtsing.; Mutter: Frieda, geb. Harms), verh. s. 1970 m. Ilse, geb. v. Hacht (Oberstudienrätin f. Sprachbeh.päd.) - Facharbeiterprüf. als Masch.schlosser 1958 Hamburg; Abit. 1961 (2. Bildungsweg) Buxtehude; Promot. 1971 (Soziol.) Univ. Hamburg - 1971 Wiss. Angest. Univ. Hamburg; 1973 Wiss. Ass. PHN Hannover; 1974 Hochschuldoz.; 1980 Prof. in Hannover. Zahlr. wiss. Veröff. in Sammelbd. u. Fachztschr. - Liebh.: Segeln - Spr.: Engl., Span. - Lit.: Kürschnes Dt. Gelehrten-Kal.; Festschr. z. 150-J.-Feier d. Univ. Hannover.

LAGALY, Gerhard

Dr. rer. nat., Prof. f. anorganische Chemie - Institut f. anorganische Chemie Univ. Kiel, Olshausenstr. 40/60, 2300 Kiel (T. 880-32 61) - Geb. 14. Okt. 1938 Ludwigshafen/Rh. - 1957-62 Stud. Heidelberg; Promot. 1967, Habil. 1971 - 1962-67 Wiss. Assist. Inst. f. anorgan. Chemie Univ. Heidelberg u. München, 1968-74 Wiss. Assist., akad. Rat u. O.rat Inst. f. anorgan. Chemie Univ. München, s. 1974 Prof. Inst. f. anorgan. Chemie Univ. Kiel - Wiss. Beitr. in zahlr. Fachztschr. - Liebh.: Musik (Orgel), Kunstgesch., Motorrad.

LAGARIE, Gerd W.

Dr. med., M.P.H., Prof. Univ. Essen, Stadtdirektor Essen a.D. - Mathilde-Kaiser-Str. 27, 4300 Essen (T. 0201-27 48 07) - Geb. 12. März 1916 Düsseldorf (Vater: Wilhelm L., Bankdir.; Mutter: Berta, geb. Erkens), ev., verh. s. 1939 m. Hildegard, geb. Dreschers, T. Brigitte - Prinz-Georg-Gymn. Düsseldorf; Stud. Bonn, Tübingen, Hamburg, Düsseldorf. Promot. 1945 Würzburg; Master of Public Health 1953 John Hopkins Univ. Baltimore/USA - 1947-52 Hyg.-bakt. Landesuntersamt D'dorf (Fachausbild. u. Assist.); 1953-54 Reg.präsid. ebd.; s. 1954 Stadtverw. Essen (stv., 1956 ltd. Amtsarzt u. Leit. Gesundheitsamt (Obermedizinaldir.), gegenw. wie oben) - Bes. Interessen: Tropenmed., Parasitol. u. Arbeitsmed. - Mitgl. American Public Health Assoc., Dt. Ges. f. Hyg. u. Bakt., Dt. Ges. f. Arbeitsmed., Lions Club - Spr.: Engl., Franz.

LAGERFELD, Karl-Otto

Modeschöpfer u. Designer - Avenue Champs-Elysées, F-75008 Paris - Geb. 1938 Hamburg - Begann Mitte d. 50er Jahre als Amateur (gewann Preis d. Intern. Wollsekr. f. Entwurf e. Mantels); kreiert neben Mode auch Parfum (KL, Cloé), Porzellan-Geschirr (f. Rosenthal), Pelze (f. Fendi), Schuhe, Strümpfe, Hüte, Wäsche, Frisuren, Schmuck.

LAGERGREN, Gunnar K. A.

Dr. h.c., Richter - Dahlbergsvägen 22, 18262 Djursholm/Schweden - Geb. 23. Aug. 1912 Stockholm - Univ. Stockholm, jur. Ex. 1937 - 1957-66 Richt. Beruf.ger. Stockholm, 1966-77 Präs. Beruf.ger. f. West-Schwed. Göteborg; 1976-82 Reichsmarschall, s. 1949 Vermittl. u. 1951-67 Präs. Kommiss. f. Intern. Handelsprakt. Intern. HK Paris (s. 1967 Ehrenpräs.), 1953-56 Mitgl. Intern. Gerichtshof Tanger, 1956-69 Vizepräs. Schiedskommiss. f. Eigent. Interessen in Dtschl., Koblenz, 1957-72 Mitgl. Dt.-Franz. Schiedsger. Saarbr., s. 1964 Präs. Oberstes Rückerstattungsger., München. 1964 Präs. Ital.-Somal. Schiedstribunal Mogadischu, 1965-69 Vors. Indo-Pakist. Ger. f. Grenzfälle, Genf, s. 1966 Mitgl. Ständ. Gerichtshof Den Haag, s. 1967 Richt. Intern. Zentr. z. Beileg. v. Invest.-Streitf., New York, 1972-75 Alleinvermittl. Konzess.verf. BP/Lybien (Kopenhagen), 1977-88 Richt. Europ. Gerichtshof f. Menschenrechte, Straßburg; s. 1981 Vizepräs. (s. 1987 Präs.) d. Appeals Board of the Council of Europe (Strassburg); 1981-84 Präs. Iran-United States Claims Tribunal, Den Haag; s. 1982 Präs. Schiedsgerichtshof u. gemischten Kommiss. f. d. Abkommen üb. dt. Auslandsschulden, Koblenz; 1986-89 Präs. Ägypt.-Israel. Schiedsgerichtshof, Genf - 1965 Ehrendoktor Univ. Uppsala.

LAGERSHAUSEN, Karl-Hans

Landwirt, MdB (s. 1976) - 2876 Schlüte/Oldbg. (T. 04406 - 324) - Geb. 19. April 1924, ev. - Obersch. Seesen (Abit.); n. 1945 landw. Ausbild. - Akt. Seeoffz. (u. a. Schnellbootverb.); s. 1948 eig. Landw. Schlüte. CDU (1967-70 MdL Nieders.).

LAGRANGE, Gerhard

Kapellmeister - Rudolf-Reiter-Str. 7, A-2540 Bad Vöslau (T. 02252-79 03 15) - Geb. 11. Jan. 1939 Bad Vöslau (Vater: Franz L., Schausp. u. Regiss.; Mutter: Gisela, geb. Neumayer), kath., verh. s. 1964 m. Ilse, geb. Schottleitner, 2 Kd. (Ronald, Andrea) - Mittelsch., 1962

LAHMANN, Erwin
Dr.-Ing., Prof., Direktor u. Prof. im Bundesgesundheitsamt - Schützallee 136, 1000 Berlin 37 (T. 030 - 832 54 63) - Geb. 15. Febr. 1925 Berlin, ev., verh. s. 1963 m. Jutta, geb. Neukirch, 3 Kd. (Sabine, Robert, Peter) - Lehre z. Molkereigehilfen; Stud. Chemie; Dipl.-Ing. 1953; Promot. 1954 Berlin - Abt.-Leit. f. Lufthygiene Inst. f. Wasser-, Boden- u. Lufthygiene Bundesgesundheitsamt Berlin; Hon.-Prof. TU Berlin - BV: Handb. d. Lebensmittelchemie, VIII, 2. A. 1969; Technik d. Luftreinhaltung, 1972 - Ehrenplakette u. Ehrenmed. VDI - Spr.: Engl.

LAHMANN, Horst-Jürgen
Senatsrat (beurl.), stv. Vorsitzender d. Geschäftsfg. d. Friedrich-Naumann-Stiftg., Königswinter - Hans-am-Ende-Weg 9, 2800 Bremen-Oberneuland - Geb. 1. Juni 1935 Horsten/Ostfriesl., ev., verh., 3 Kd. - Univ. Kiel u. Tübingen (Rechts- u. Staatswiss.). Jurist. Staatsprüf. 1960 (Oldenburg/O.) u. 64 Hannover) - S. 1965 brem. Staatsdst. (Finanzbeh.; 1969-71 pers. Ref., Finanzref. b. Senator (FDP); 1971-83 Mitgl. Brem. Bürgersch. (1975-83 Fraktionsvors.); 1974-84 Landesvors. Bremen FDP; 1977-84 Mitgl. Präsid. FDP; Mitgl. Exekutivkomit. Europ. Liberalen u. Demokrat. Parteien; 1974-86 Vors. FDP-Bundesfachaussch. f. Finanzen u. Steuern; s. 1985 Hauptabteilungsleit. Inland d. Friedrich-Naumann-Stiftg.

LAHN, Lothar
Dr. iur., Botschafter d. Bundesrep. Deutschl. in Italien (Quirinal) - Via Po 25c, 00198 Roma/Italien (T. 860-341) - Geb. 1921 (Vater: Karl L.; Mutter: Elisabeth, geb. Stehnkuhl), verh. m. Cecilia, geb. Fundi (Italienerin), 2 Kd. (Claudia, Michael) - B. 1971 Leit. Unterabt. Ost AA Bonn, 1971-73 Botsch. Chile, s. 1973 Leit. Polit. Abt. (f. Länder d. Dritten Welt) im AA; 1978-82 Botschafter in Madrid; 1983 Leit. Abt. f. Ausw. Kulturpolitik Ausw. Amt; ab Ende 1983 Botsch. Italien - Div. Ausz. - Spr.: Engl., Franz., Ital., Span.

LAHNSTEIN, Manfred
Dipl.-Kfm., Bundesminister d. Finanzen a.D. - Carl-Bertelsmann-Str. 270, 4830 Gütersloh - Geb. 20. Dez. 1937 - U.a. Sekr. Europ. Gewerkschaftsbd., Kabinettschef EG-Kommiss. (Vizepräs. Wilhelm Haferkamp), Abt.-Leit. Bundeskanzleramt (Willy Brandt), Leit. Grundsatzabt. (1974) u. Staatssekr. (1977) Bundesfinanzmin., 1980-82 Chef Bundeskanzleramt, dann Bundesfinanzmin. (b. Sturz sozialliab. Koalition). SPD. Vorst.-Mitgl. Bertelsmann AG - Liebh.: Musik - Zigarrenraucher.

LAHNSTEIN, Peter
Dr. iur., Schriftsteller - Gaußstr. 109a, 7000 Stuttgart - Geb. 1. Nov. 1913 Stuttgart - Höh. Landesbeamter a.D. Baden-Württ. - BV (1962-71): Schwäb. Silhouetten, Württemberg anno dazumal, Bürger u. Poet, Gabriele Münter, Report e. guten alten Zeit; D. Leben im Barock, Auf d. Spuren v. Karl V, Schillers Leben.

LAHREM, Arnold F.
Dr. jur., Geschäftsführer Fachgemeinsch. Thermo Prozess- u. Abfalltechnik, Forschungsgem. Industrieofenbau, Fachgemeinschaft Gießereimaschinen, Vereinig. zur Absatzförder. d. Thermo Prozeß-, Feuer- u. Abfalltechnik e.V. (T.F.A.), Geschäftsf. Europ. Komit. d. Hersteller v. Ind.öfen u. Ind.-Wärmeanl. - Lyoner Str. 18, 6000 Frankfurt/M. 71 (T. 069 - 6 60 30).

LAHRS, Johann Ernst
Landwirt, Präs. Brem. Landwirtschaftsverb., Bremen - In der Laake 14, 2800 Bremen-Arsten.

LAHUSEN, Carl
Botschafter a.D. d. Bundesrep. Deutschl. in Pretoria/Kapstadt (1983-86) - Quantelholz 24 D, 3000 Hannover 21 - Geb. 6. Febr. 1922 Bremen (Vater: Georg Carl L., Kaufm.; Mutter: Louise, geb. Kulenkampff), ev., verh. s. 1950 m. Eva, geb. Scheidt, 4 Kd. (Susanne, Stephan, Martin, Louise) - Jura Univ. Berlin, Wien, München. Ass.ex. 1949 Hamburg - S. 1955 Ausw. Dienst (1952-55 Botschaft Madrid, 1955-59 AA, 1959-61 Botsch. Paris, 1961-68 AA, 1968-75 Botsch. Washington, 1975-80 Botsch. Paris, 1980-1983 Botsch. Dublin, 1983-86 Kapstadt) 1962 Offz. niederl. Orden v. Oranje-Nassau; 1962 Offz. franz. Ehrenlegion; 1986 Gr. BVK - Spr.: Engl., Franz., Span.

LAIDIG, Klaus-Dieter
Geschäftsführer Hewlett-Packard GmbH - Herrenberger Str. 130, 7030 Böblingen (T. 07031 - 14 22 10) - Geb. 18. Juni 1942 Bad-Cannstadt, ev., verh. s. 1970 m. Margrit, geb. Schweitzer, 2 Töcht. (Bettina, Christina) - 1964 Bankkfm.; 1967 Dipl.-Betriebsw.; FH f. Wirtsch. Pforzheim - S. 1967 Hewlett-Packard GmbH, versch. in- u. ausl. Managment Positionen, s. 1986 verantwortl. f. Untern.ber. kommerzielle Informationssysteme u. Personal Computing in Europa - Liebh.: Golf, Ski, Jogging - Spr.: Engl.

LAING, Nikolaus Johannes
Meteorologe, Physiker, Leiter eig. Physikal.-Techn. Inst. - Hofenerweg 35, 7148 Remseck 2-Aldingen (T. 07146 - 71 51) - Geb. 5. Dez. 1921 Vechta (Vater: Engelbert Alexander L., Altphilol.; Mutter: Henriette, geb. Hoyng), kath., verh. s. 1950 m. Ingeborg, geb. Melchior, 6 Kd. (Claudia, Silke †, Oliver, Karsten, Birger, Doerte) - Abit.; Hochschulpraktikum; Stud. Flugzeugbaumeister; Flugzeugführer; Stud. Meteorol., Physik, Göttingen, Karlsruhe - 1700 Patente bzw. -anmeld. - Spr.: Engl. - Lit.: Baumeister d. Zukunft (Econ); D. Energiekaskade (Econ); Ingenieurbau (Habel).

LAIS, Hermann
Dr. theol., o. Prof. f. Dogmatik - Goethestr. 3, 8880 Dillingen/Donau (T. 09071 - 47 00) - Geb. 16. Juli 1912 Augsburg (Vater: Franz L., Rechnungsinsp.; Mutter: Franziska, geb. Kempter), kath. - Gymn. - Univ. Priesterweihe 1939 - S. 1948 Lehrtätig. Phil.-Theol. Hochsch. Dillingen (1953 Ord.; 1961 Rektor) u. Univ. Augsburg (1970) - BV: Eusebius Amort u. s. Lehre üb. d. Privatoffenbarungen, 1941; D. Gnadenlehre d. hl. Thomas in d. Summa contra gentiles u. d. Kommentar d. Franziskus Sylvestris v. Ferrara, 1951; Probleme e. zeitgemäßen Apologetik, 1956; Dogmatik I, 1965, II, 1972 - Bek. Vorf.: Karl Kempter, Domkapellm. u. Komp. Augsburg († 1871).

LAIS, Klaus-Jürgen
Dipl.-Ing., Landtagsabgeordneter Rhld.-Pfalz - Wittelsbacher Str. 64, 6730 Neustadt/Weinstraße - Geb. 21. Jan. 1944 - SPD.

LAITENBERGER, Hugo
Dr. phil. (habil.), o. Prof. f. Romanistik Univ. Würzburg (s. 1977) - Falkenstr. 10, 8700 Würzburg - Geb. 29. Jan. 1933 Neckarwestheim - Zul. Univ. Regensburg (1967-77) u. Privatdoz. Univ. Tübingen. Fachveröff.

LAKNER, Laszlo
Prof. Univ.-GH Essen, Maler - Wilmersdorfer Str. 69, 1000 Berlin 12 - Geb. 15. April 1936 Budapest - 1954-60 Kunstakad. Budapest; Dipl. Malerei 1960, Phil.-Ex. 1959 - S. 1982 Prof. in Essen - BV: Ausst.kataloge: Biennale Venedig 1972 u. 76, Dokumenta Kassel 1976, ROSC Dublin 1977, Biennale Sydney 1978, Neue Malerei in Dtschl.; 1983; Einzelausst.: Ludwig Samml. Aachen 1975; Dumont's Künstler-Lex. 1977; Arb. in öfftl. Samml.: Ludwig Samml. Aachen u. Köln, Mus. Boymans v. Boeningen, Rotterdam, Paula Modersohn-Becker-Stiftg., Bremen, National Galerie Berlin, Berlin, Galerie Berlin, National Galerie Budapest, Modern Mus. Lodz (Polen), Mus. Folkwang Essen - 1977 Dt. Kritikerpreis; 1981-82 P.S.1-Stip./Jahresaufenth. in New York - Spr.: Engl. - Lit.: Katalog-Vorworte v. Heinz Ohff, Karl Ruhrberg, Thomas Deecke, Alain Jouffroy.

LALLINGER, Ludwig M.
Kriminalobermeister a. D. - Hochleite 3, 8000 München 90 - Geb. 30. Sept. 1908 Reißing/Ndb. (Vater: Markus L., Bauer u. Viehhändler; Mutter: Maria, geb. Stadler), kath., verh. s. 1953 m. Inge, geb. Pongratz - 3 J. Polizeisch.; 6 Sem. Verw.akad. - S. 1926 Polizeidst. (1938 Kriminalbeamter), 1948-66 ehrenamtl. Stadtrat in München, 1950-66 MdL Bayern. 1946 Begr. BP Vors. Parteiaussch. u. Bez. München/Oberbay.) - 1964 Bayer. VO.; Gold. Ehrenmed. Stadt München; Ital. Orden Cavaliere Ufficiale.

LAMBERG, Peter
Dr. jur., Prof., Oberstadtdirektor Stadt Wolfsburg - Bärenwinkel 30, 3180 Wolfsburg 1 - Geb. 5. März 1935 Detmold, ev., verh. s. 1964 m. Gudrun, geb. Werner, Studienrätin, 2 S. (Jörg, Tilmann) - 2. jurist. Staatsex. Berlin - B. 1970 Oberreg.Rat Osnabrück; 1971-75 Wirtschaftsdezern. Stadt Recklinghausen; 1975-83 Stadtdir. Braunschweig; s. 1983 Oberstadtdir. Wolfsburg - BV: Staats- u. Verwaltungsrecht f. Wirtschafter (2. A.) - Honorarprof. TU Braunschweig f. öffentl. Recht.

LAMBERT-LANG, Heide
Dr., Richterin Bundesgerichtshof (1981ff.) - Herrenstr. 45a, 7500 Karlsruhe - Geb. 11. Febr. 1937 - OLG Zweibrücken. Mitgl. Bez. T. d. Pfalz.

LAMBINUS, Uwe
Bürgermeister a. D., Amtmann im Notardst. a. D., Rechtsbeistand, MdB (1972ff.) - Eduard-Deubert-Str. 7, 8772 Marktheidenfeld-Zimmern (T. 09391 - 26 23) - Geb. 21. Juli 1941 Würzburg (Vater: Valentin L., Prof.; Mutter: Sophie, geb. Koch), ev.-luth., verh. s. 1961 m. Gerda, geb. Scheiner, 2 T. (Carmen, Nadine) - Volkssch.; kaufm. Berufssch., Notarlehre, Inspektorenprüf. 1968 - S. 1971 Amtmann i. Notardienst, Notarst. Marktheidenfeld. 1967-74 1. Bürgermeister Zimmern (m. 26 jüngster Bürgerm. Bayerns; letzte Wiederw. 1972 m. 96,5 %), 1972ff. Kreisrat Ldkr. Main-Spessart. SPD s. 1956 (1963 b. 1967 Ortsvors. Zimmern; 1965-72 Mitgl. d. Landesvorst. Jungsoz. Bayern; 1971ff. Mitgl. Landesvors. SPD Bayern; 1976 Unterbezirksvors. Main-Spessart u. Miltenberg) - Liebh.: Jagd, Fischerei - Spr.: Engl. - BRK-Ehrennadel f. 50 Blutsp.

LAMBOY, Paul
Bauunternehmer, MdL Rhld.-Pfalz - Bahnhofstr. 16, 5439 Stockum-Püschen - Geb. 5. Dez. 1927 - CDU.

LAMBRECHT, Stefan
s. Ronneberger, Franz

LAMBRECHT, Werner
Inhaber Auskunftei Bürgel, Wiesbaden u. Bad Kreuznach - Heerstr. 128, 6200 Wiesbaden - Geb. 3. Mai 1947 - AR-Mitgl. Auskunftei Bürgel Centrale GmbH, Aachen; gf. Gesellsch. BS Plastik Hardware GmbH, Wiesbaden; Gesellsch. Astro Musikverlag u. Produkt. GmbH, Wiesbaden.

LAMBSDORFF, Graf, Hagen
Diplomat - Plittersdorfer Str. 178, 5300 Bonn-Bad Godesberg - Geb. 20. Dez. 1935 Berlin (Vater: Herbert Graf L.; Mutter: Eva, geb. v. Schmid), ev., verh. s. 1963 m. Ruth, geb. Graefe, Rechtsanw., 2 Söhne (Alexander, Philip) - Gymn. Köln (Kreuzgasse); 1957-63 FU Berlin, Univ. Freiburg u. Köln (Rechtswiss., Polit. Wiss., Publizistik, Theaterwiss.) - S. 1963 Kölner Stadt-Anzeiger, Köln, Handelsblatt, Düsseldorf (1965 verantw. Redakt. f. Außenpolitik), D. Spiegel, Hamburg (1968 ltd. Redakt. f. Militärpolitik). S. 1974 Angehör. Ausw. Dienst; Gesandter (Wirtsch.) an d. Botsch. Washington; Mitgl. Dt. Ges. f. Ausw. Politik - Rechtsritter Johanniter-Orden - Rotarier - Liebh.: Lesen, Theater, Ballett, Jagd, Segeln - Spr.: Engl., Franz., Russ. - Bruder: Otto.

LAMBSDORFF, Graf, Hans Georg

Rechtsanwalt - Burnitzstr. 65, 6000 Frankfurt/M. - Geb. 22. Sept. 1931 Templin, ev., verh. s. 1961 m. Barbara, geb. Fenkner, 3 Söhne (Matthias, Konstantin, Johann) - 1. jurist. Staatsex. Oldenburg 1956; 2. jurist. Staatsex. 1960 Hannover - BV: Handb. d. Eigentumsvorbehalts im dt. u. ausl. Recht, 1974; Handb. d. Werbeagenturrechts (m. B. Skora), 1975; D. Werbung m. Schutzrechtshinweisen (m. B. Skora) 1977; D. Mängelhaftung nach d. Einheitsbeding. d. dt. Textil- u. Bekleidungsind. (zus. m. B. Skora), 1981; Grundsätzl. Fragen z. Eigentumsvorbehalt unt. Berücksichtig. d. höchstrichterl. Rechtsprechung, Kommunikationsforum Recht Wirtschaft Steuern, 1981; Eigentumsvorbehalt u. AGB-Gesetz, Kommunikationsforum Recht Wirtschaft Steuern (m. U. Hübner), 1982. Mithrsg.: Amann-Jaspers, Rechtsfragen in Wettbewerb u. Werbung, RWW (1983ff.) - Liebh.: Kunst, Gesch. - Spr.: Engl.

LAMBSDORFF, Graf, Otto
Dr. jur., Dr. h.c., Bundeswirtschaftsminister a.D. (1978-84; Rücktr.), MdB (s. 1972) - Fritz-Erler-Str. 23, 5300 Bonn - Geb. 20. Dez. 1926 Aachen (Vater: Herbert Graf L.; Mutter: Eva, geb. v. Schmid), ev., verh. I) 1953 m. Renate, geb. Lepper, 3 Kd. (Nikolaus, Cecilie, Susanne), II) 1975 Dipl.-Volksw. Alexandra, geb. von Quistorp - Schulen Berlin, Brandenburg/H. (durch Kriegsdst. u. -gefangensch. (1944 b 1946) unterbr.; schwerbesch. durch Oberschenkelamputation), Unna (Abit. 1946); 1947-50 Univ. Bonn u. Köln. Jurist. Staatsex. 1950 u. 55; Promot. 1952 - S. 1955 Kredit (zul. Generalbevollm. Privatbank) u. Versicherungswesen (1970 Vorstandsmitgl. Victoria Rückversich.-AG). Wirtschaftspolit. Sprecher FDP-Bundestags-

frakt. FDP s. 1951 (1953 Mitgl. Landesvorst., 1978 stv. Vors., 1968 Landesschatzm. NRW, 1972 Mitgl. Bundesvorst.) - BV: Zielsetzungen - Aufgaben u. Chancen d. Marktwirtschaft, 1978; Bewährung - Wirtschaftspolitik in Krisenzeiten, 1980 - 1980 Ehrendoktor Wagner-Collage Staten Island; Gold. Versehrtensportabz.; 1986 Alexander-Rüstow-Plakette Aktionsgemeinsch. Soziale Marktwirtsch. - Spr.: Engl. - Rotarier.

LAMBY, Werner

Dr. jur., Ministerialdirektor a. D., Vorstandsmitgl. VIAG Aktiengesellsch. (s. 1974) - Lyngsbergstr. 19, 5300 Bonn 2 (T. 33 04 18) - Geb. 1. Okt. 1924 Oberwörresbach (Vater: Peter L., Ing.; Mutter: Anna, geb. Munzlinger), kath., verh. s. 1956 m. Gisela, geb. Bürfent, 3 Söhne (Frank, Stefan, Christoph) - Oberrealsch. Idar-Oberstein; Univ. Heidelberg u. Mainz (Rechtswiss.). Jurist. Staatsprüf. 1948 u. 51 - 1952-73 Bundesdienst - Rotarier.

LAMERS, Karl Franz

Angestellter, MdB (s. 1980, Landesliste NRW) - Geb. 11. Nov. 1935 Königswinter, kath., verh., 1 Sohn - Abit. 1956; Stud. Jura, Politol., Soziol. Univ. Bonn u. Köln (1. jurist. Staatsex. 1964) - 1966-80 Leit. e. polit. Akad.; Vors. Karl-Arnold-Stiftg., Bonn. CDU s. 1955 (div. Funkt.).

LAMHOFER, August

Dipl.-Landw., Landwirtschaftsrat, Agrarjournalist - Kerschensteiner Str. 14, 8120 Weilheim - Geb. 5. Juli 1907 Landshut - LH Weihenstephan - Dir. Bayer. Bauernverb.

LAMM, Otto

Gastronom, Präsident Bayer. Hotel- u. Gaststättenverb., München - Adolf-Kolping-Str. 1, 8070 Ingolstadt - 1984 Ehrenbürger Stadt Cognac (Frankr.); 1984 Bayer. VO.

LAMM, Rüdiger

Dr.-Ing., Prof., Privatdozent Inst. f. Straßenbau u. Eisenbahnwesen Univ. Karlsruhe, Leit. Forschungsgr. Sicherheit v. Verkehrswegen - Zu erreichen üb. Univ. Karlsruhe, Inst. f. Straßenbau u. Eisenbahnwesen, Kaiserstr. 12, 7500 Karlsruhe - Geb. 13. Juni 1937 Essen-Kettwig (Vater: Fritz L., Dipl.-Kolonialwirt; Mutter: Herta, geb. Hachmann), ev., verh. s. 1960 m. Christa, geb. Fessel, 4 Kd. (Nicola, Beatrice, Thorsten, Martin) - Dipl.-Ing. 1963, Bauing.TH Karlsruhe, Promot. 1967; Habil. 1973 Univ. Karlsruhe - B. 1978 Hochschullehrer Univ. Karlsruhe; 1978/79 gf. Dekan Ing.wiss. Fak. d. dt.-orient. Univ. Gilan, Rasht/Iran; 1980 Visit. Prof. Ohio State Univ., Columbus/USA; s. 1982 Prof. Univ. Karlsruhe; ab 1983 Full Prof. Clarkson College of Technol. Potsdam, State New York/USA. Mitgl. Forsch.-ges. f. d. Straßenwesen, Dt. Verkehrswiss. Ges., Vereinig. d. Straßenbau- u. Straßenverkehrsing. (1968 ff.). Üb. 60 Veröff. in straßenbau- u. verkehrstechn. Ztschr. (Hauptthema: Straßenverkehrssicherh. u. Straßenentwurf) - Liebh.: Münzen, Zinnsoldaten, Modelle üb. Transportmittel - Spr.: Engl., Farsi, Franz.

LAMMERMANN, Franz

Dipl.-Ing., Geschäftsführer Saarland-Raffinerie GmbH., Saarbrücken - Im Sperrnfeld 3, 6601 Bübingen - Geb. 17. Dez. 1915.

LAMMERS, Alexander

I. Beigeordneter, Stadtdir. a. D. - Im Mondsröttchen 34, 5060 Berg. Gladbach-Bensberg (T. 02204 - 18 88) - Geb. 5. März 1923 Schwerin/Meckl. (Vater: Dr. med. Philipp L., prakt. Arzt; Mutter: Charlotte, geb. Bock), kath., verh. s. 1953 m. Barbara, geb. Löer, T. Astrid-Sabine - 1933-41 Gymn. Schwerin (Fridericianum); 1947-51 Univ. Bonn u. Münster (Rechtswiss.). 1. u. 2. Jurist. Staatsprüf. - 1957-71 Stadtdir. Cloppenburg, 1971-74 Stadtdir. Bensberg, s. 1975 I. Beigeordn. v. Bergisch Gladbach.

LAMMERS, Gadso

Dr.-Ing., em. o. Prof. f. Städtebau u. Landesplanung - Elsa-Brändström-Str. 19, 7500 Karlsruhe 41 (T. 47 33 97) - Geb. 13. Okt. 1918 Neumünster (Vater: Heinrich L., Beamter; Mutter: Frieda, geb. Jacobsen), ev., led. - Gymn. Neumünster; TH Berlin u. Darmstadt (Bauing.wesen, Arch.; Dipl.-Ing. 1953), Univ. Bonn (Wirtschaftswiss.). Promot. 1959 - 1937-45 Wehrdst.; 1953-59 Wiss. Assist. u. Oberassist. Univ. Bonn; 1959-60 2. Geschäftsf. Forschungsges. f. d. Straßenwesen, Köln; 1961-63 Berat. Ing. Bonn; 1963-84 Ord. u. Inst.-Dir. TH bzw. Univ. Karlsruhe. 1975 Korr. Mitgl. Akad. f. Raumforsch. u. Landesplanung, 1980-82 Vors. Fakultätentag f. Bauing.- u. Vermessungswesen; s. 1984 emerit. Fachveröff.

LAMMERS, Hans-Jörn

Dr. med., Prof., Psychiater u. Neurologe, em. gf. Direktor Zentrum f. Psychiatrie Univ. Gießen u. Abt. f. Suchtforsch. u. -behandlung - Am Steg 18, 6300 Gießen - Geb. 9. Aug. 1926 Fraustadt (Vater: Hans L., Dir.; Mutter: Herta, geb. Hirsch), ev., verh. s. 1964 m. Ingrid, geb. Schöne, 2 Kd. (Jutta, Catrin) - Stud. d. Med. Univ. Rostock; Promot. 1954; Habil. 1971, Prof. 1972 - 1962-66 Oberarzt Nervenkl. Gießen. Mitgl. in zahlr. Vereinig. - Veröff. auf d. Gebiet d. Nervenheilkunde - Liebh.: Naturphil., Musik - Spr.: Engl.

LAMMERS, Karl-Alexander

s. Lammers, Alexander

LAMMERS, Walther

Dr. phil., o. em. Prof. f. Mittl. u. Neuere Gesch. Univ. Frankfurt/M. (s. 1965) - Höllsteinstr. 68, 6380 Bad Homburg v. d. H. (T. 8 12 32) - Geb. 25. Jan. 1914 Neumünster (Vater: Heinrich L., Tuchmacher), ev., verh. s. 1951 m. Helga, geb. Kremers, 2 Kd. (Irene, Felix) - Stud. Phil. u. Gesch. Promot. 1937 Kiel; Habil. 1952 Hamburg - 1952-65 Privatdoz. u. apl. Prof. f. mittlere u. neuere Gesch. (1957) Univ. Hamburg - BV: D. Schlacht bei Hemmingstedt, 1953, 3. A. 1987; Vestigia Mediaevalia. Ausgew. Aufsätze, 1979; Das Hochmittelalter bis zur Schlacht von Bornhöved. Geschichte Schleswig-Holsteins, 1981. Herausg.: Otto v. Freising, Historia de duabus Civitatibus - Chronik od. D. Gesch. d. zwei Staaten (1960); Fahrtberichte aus d. Zeit d. Deutsch-Sowjetischen Krieges 1941 (1988). Div. Aufs. z. mittelalterl. Siedlungs-, Verfassungs-, Geistes- u. Personenengesch.

LAMMERT, Norbert

Dr., Dipl.-Sozialwissenschaftler, Parlam. Staatssekretär Bundesmin. f. Bildung u. Wiss. (s. 1989), MdB (s. 1980) - Zur Burkuhle 6, 4630 Bochum 1 - Geb. 16. Nov. 1948 Bochum (Vater: Ferdinand L., Bäckermeister; Mutter: Hildegard, geb. Potthast), kath., verh. s. 1971 m. Gertrud, geb. Wilmes, 4 Kd. (Felicitas, Nils, Jonas, Teresa) - Human. Gymn. Bochum; Ruhr-Univ. (Polit.-Wiss., Soziol., Sozialök., Gesch.); Dipl. 1972, Promot. 1975 - S. 1972 Freiberufl. Tätigk. Erwachsenenbild. Vors. CDU Ruhrgebiet - BV: Lokale Organisationsstrukt. innerpart. Willensbild., 1975; Wirtsch. in d. Ges., 1978 - Liebh.: Theater, Kunst, Sport - Spr.: Engl.

LAMMICH, Immo

Vorstandsmitgl. Dinkelacker Brauerei AG., Stuttgart - Tübinger Str. 46, 7000 Stuttgart 1 (T. 0711 - 6681-205).

LAMPALZER, Johann

Dr. rer. pol., Prof., Oberstudienrat, Schriftst., Abteilungsvorst. i. R. PA Baden - Bundesstr. 18a, A-2632 Wimpassing (T. 02630 - 6 27 62) - Geb. 9. Aug. 1927 Wien-Atzgersdorf, kath., verh. s. 1959 m. Friederike, geb. Sommer, 3 S. (Thomas, Hans, Hermann) - Hauptsch.; Lehrerbildungsanst.; Univ. Wien; Promot. 1963 Wien - Landesvors., Stellv. Niederösterr. Bildungs- u. Heimatwerk; 1975-86 Leit. Arge Lit. im NÖBHW; Mitgl. niederösterr. Kultursenat; Vorst.-Mitgl. österr. PEN-Club - BV: u.a. Ged. ohne Titel, 1970; Reise nach Felizitanien od. Meine kl. Contessa, 1974; Auslese Lyrik-Epik-Dramatik, 1977; Dichtung aus Niederösterr. (Hg.), 1978; Leopold III. u. d. Babenbergerzeit (Hg.), 1985; Karl-K.u.K.-1917, Hörsp. 1984 u. Textb. 1986; Nachlese Texte e. Dichters; Ess., Buchbesprech. - 1968 niederösterr. Förderungspr. f. Dichtkunst; 1973 Silb. Ehrenz. f. Verd. um d. Rep. Österr.; 1978 Kulturpr. f. Lit. Stadt Baden; 1979 Gold. Ehrenz. f. Verd. um d. Bundesland Niederösterr. u. Sonderpr. KÖLA f. Prosa; 1982 Pr. Stadt Pölten f. Kurzmemoiren; 1984 Österr. Ehrenkreuz f. Wiss. u. Kunst, 3. G.-Orwell-Pr. d. Niederösterr. Kulturforums u. d. Ztschr. d. pult, Ehrenring NÖBHW; 1986 Ehrenring Weilburg-Verlag; 1989 Gold. Ehrenz. f. Verdienste um d. Rep. Österr.

LAMPARTER, Erwin

Bürgermeister, Mitgl. d. Regionalverb. MN - Stuttgarter Str. 82, 7032 Sindelfingen-Maichingen/Württ. - Geb. 6. April 1923 Böblingen/Württ., ev., verh., 2 Kd. - Obersch. Böblingen. Ex. f. d. gehob. Verwaltungslaufb. 1948 - 1940-44 Arbeits- u. Wehrdst.; 1946-71 Bürgerm. Gemeinde Maichingen; s. 1971 Bürgerm. (Beigeordn.) Stadt Sindelfingen. MdK Böblingen (Fraktionsf., stv. Kreistagsvors.); 1970-80 Mitgl. Landtag Baden-Württ.; 1973-85 Mitgl. Regionalverb. MNR. SPD.

LAMPARTER, Helmut

Dr. theol., Prof. - Schloßbergstr. 29, 7400 Tübingen - Geb. 28. Sep. 1912 Reutlingen, ev., verh. s. 1950 m. Lore, geb. Mausshardt, 2 Söhne - 1930-34 Univ. Tübingen, Marburg, Bonn. Promot. 1940 - 1934-40 u. 1945-55 Kirchendst.; s. 1955 Lehrerbild. (Päd. Hochsch. Ludwigsburg) - BV: u. a. D. Botschaft d. Alten Testaments (Kommentare zu Hiob, Psalmen, Prediger, Sprüche, Ruth, Hohes Lied, Jeremia, Hesekiel), 3./4./5. Buch Mose; Apokryphen (Sirach, Weisheit u. a.). Bibelstudien, Psalmendichtung; Prüfet die Geister (von Kant b. Bloch).

LAMPE, Bernd

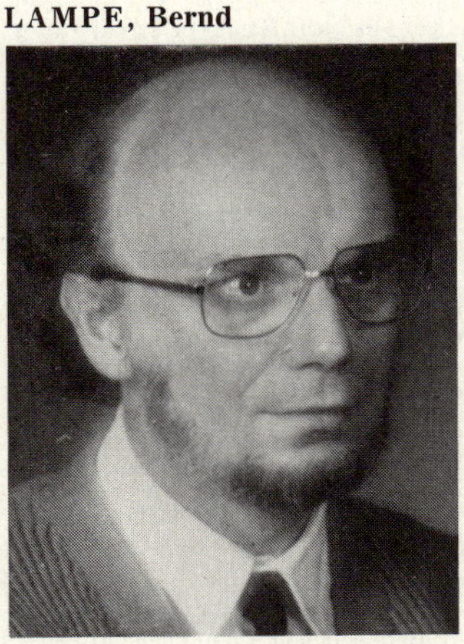

Schriftsteller - Schwoonstr. 2A, 2935 Steinhausen/Friesland (T. 04453 - 7 11 85) - Geb. 14. April 1939 Hamburg - Stud. Literaturwiss. u. Gesch. Hamburg, Straßburg u. Freiburg - Vortr.- u. Seminartätigk. - BV: V. d. Tor d. Sonne, 1972; Chorfassung 1988; Tobin, e. slaw. Legende u. a. Erz. 1972, 75 u. 85; Cristóbal Colón D. Schicksal e. Meerfahrt, 1974; Kaspar Hauser in Treblinka, 1979 (Übers. dän., engl., franz., holl.); Patmos 1984 (Übers. schwed.); Pandora u. d. Haus d. Wortes 1985; Parzivâl, Gralssuche u. Schicksalserkenntnis, I 1986; Gâwân, dss. II 1987; D. Evangelium nach Johannes, 1988; Anfortas, dss. III 1989; Lyrik, Ess. u. wiss. Aufs. in Ztschr. u.a. - Auff. aller Dramen in d. meisten Großstädten Deutschl. u. d. Schweiz - Spr.: Nord. Spr., Mittelhochdt., Lat., Griech.

LAMPE, Ernst-Joachim

Dr. jur., Prof. Univ. Bielefeld - An der schwarzen Hecke 25, 6501 Ober-Olm (T. 06136 - 8 51 83) - Geb. 1933 Oppeln, verh. s. 1964 m. Dr. Ortrun, geb. Pongratz, 2 Kd. - Promot. 1957 Mainz, Habil. 1966 - 1971 o. Prof. Bielefeld - BV: Fälschen v. Gesamturk. u. v. zusammengesetzten Urk., 1957; D. Personale Unrecht, 1967; Rechtsanthropol. I, 1970; Jurist. Semantik, 1970; D. Kreditbetrug, 1980; D. sog. Rechtsgefühl, 1985; Beitr. z. Rechtsanthropol., 1985; Persönlichkeit, Familie, Eigentum, 1987; Genetische Rechtstheorie, 1987; Grenzen d. Rechtspositivismus, 1988; Verantwortlichkeit u. Recht, 1989.

LAMPE, Joachim

Produktionsdirektor b. Norddt. Rundfunk, Mitgl. Hbg. Bürgerschaft (1978-83) - Zu erreichen üb. NDR, Gazellenkamp 57, 2000 Hamburg 54 - Geb. 1. Nov. 1949 Hamburg - 1969-73 Univ. Hamburg (Rechtswiss.). Jurist. Staatsex. 1973 u. 76 - CDU s. 1968 (1974-81 Ortsvors. Fuhlsbüttel, 1981 Vors. Landesaussch.).

LAMPERSBERGER, Heinrich

Dipl.-Kfm., Kanzler TU München - Maxlrainstr. 1, 8000 München 90 (T. 21 05 22 02) - Geb. 9. Juni 1933 München (Vater: Heinrich L., Bankprok.; Mutter: Elvira, geb. Schuhbauer), kath. - Dipl.-Kfm. 1956 Univ. München; 1. jurist. Staatsex. 1959, Ass. 1963 - 1968-76 Univ.-Syndikus, s. 1976 Kanzler - Spr.: Engl. (Franz., Span.).

LAMPERT, Fritz

Dr. med., Prof. f. Pädiatrie Univ. Gießen - 6300 Gießen (T. 0641 - 7 13 99) - Geb. 4. Mai 1933 Frankfurt/M. (Vater: Prof. Dr. med. Heinrich L., Internist (s. X. Ausg.); Mutter: Ilse, geb. Eckart), ev., verh. s. 1961 m. Felicitas, geb. Pleitgen, 4 Kd. (Andreas, Christina, Philipp, Friederike) - Univ. Frankfurt u. FU Berlin. Promot. 1959 Frankfurt; Habil. 1968 Erlangen - S. 1962 klin. Tätigk. Univ. Erlangen-Nürnberg (zul. Oberarzt), München (Abt.vorst.), Gießen (Leit. Kinderpoliklin.). S. 1968 Privatdoz. Univ. Erlangen-Nürnberg u. München (apl. Prof. 1974). 1959/60 Rotating internship, 1964/65 Research fellowship, 1968/69 Visiting scientist USA. Spez. Arbeitsgeb.: Tumoren im Kindesalter, Chromosomenstruktur u. -funktion - BV: Krebs im Kindesalter, 1970. 5. A. 1980 (ital. 1974); Pädiatrie in d. Praxis, 1981; Pädiatrie, 1982 - 1968 Adalbert-Czerny-Preis Ges. d. dt. Kinderärzte (f. bes. Leistungen auf d. Gebiet d. Leukämie-Zellforsch.) - Liebh.: Sport (Golf, Ski), Geschichte, Garten - Spr.: Engl., Franz.

LAMPERT, Heinz

Dr. rer. pol. (habil.), o. Prof. f. Volkswirtschaftslehre Univ. Augsburg - Danziger Str. 12, 8902 Neusäß - Geb. 21. März 1930 Nürnberg, kath., verh. s. 1954, 2 Kd. - Realgymn. Nürnberg; Univ. Erlangen. Promot. 1956 Erlangen; Habil. 1962 München - S. 1965 Ord. TU Berlin, Univ. Köln (1970), u. Augsburg (1974). Mitgl. Verein f. Socialpolitik, u. im wiss. Beirat f. Familienfragen b. BMJFFG - BV: D. Lohnstruktur d. Industrie, 1963; D. Wirtschafts- u. Sozialordnung d. BRD, 9. A. 1988; Sozialpolitik, 1980; Lehrbuch d. Sozialpolitik, 1985 - Spr.: Engl., Franz.

LAMPL, Wilhelm

Verleger, Gesellsch. Wila Verlag f. Wirtschaftswerbung Wilhelm Lampl KG, München, Beirat Joh. Roth sel. Ww. GmbH, Graph. Kunstanstalt, München - Starnberger See 1, 8131 Berg/Starnberger See (T. 65 84) - Geb. 21. Febr. 1914 München - 1961 Ehrenbürger TH München; 1966 Ullsteinring BGV.

LAMPRECHT, Erich

Dr. rer. nat. (habil.), o. Prof. u. Direktor Math. Inst. Univ. Saarbrücken (1963) - Goerdelerstr. 24, 6600 Saarbrücken (T. 81 81 31) - Geb. 14. April 1926 Mainz - 1955-63 Privatdoz. u. apl. Prof. (1961) Univ. Würzburg. Fachveröff.

LAMPRECHT, Günter

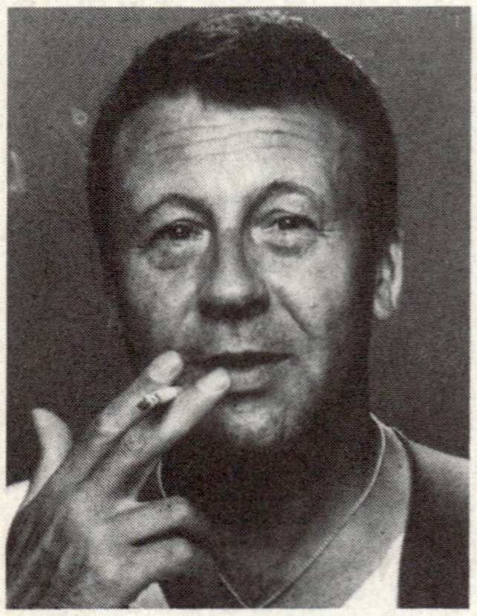

Schauspieler - Görlinger Zentrum 3, 5000 Köln 30 - Geb. 21. Jan. 1930 Berlin - 1946-49 Ausb. z. Orthopädiemechaniker; 1953-55 Schausp.-Ausb. Max-Reinhardt-Sch. Berlin - Ensemblemitgl. an 10 versch. Schauspielhäusern; s. 1972 freischaff.; s. 1986 auch als Autor tätig - Bis 1986 rd. 100 Film- u. Fernsehprod. - 1978 Gold. Kamera f.: Rückfälle; 1982 Dt. Darstellerpreis f.: Berlin Alexanderplatz; 1983 Kritikerpreis in USA.

LAMPRECHT, Hans

Dr.-Ing. forest., em. Univ.-Prof. f. Waldbau d. Tropen u. Naturwaldforsch. - Hünstollenstr. 54, 3401 Waake (T. 05507 - 8 12) - Geb. 26. Juni 1919 Zürich - Stud. ETH Zürich; Dipl. ing. forest. 1944 ETH; Promot. Dr. sc. tech. 1951 ETH - 1945-52 Assist. Inst. f. Waldbau ETH, 1952-65 o. Prof. f. Waldbau u. Inst.dir. Andenuniv. Mérida/Venezuela; s. 1966 o. Prof. Univ. Göttingen. Emerit. 1984 - BV: Waldbau in d. Tropen, 1986 - 1984 Fernow-Plak. f. bes. Verdienste um d. intern. Forstwirtsch. - Spr.: Span.

LAMPRECHT, Heinz-Otto

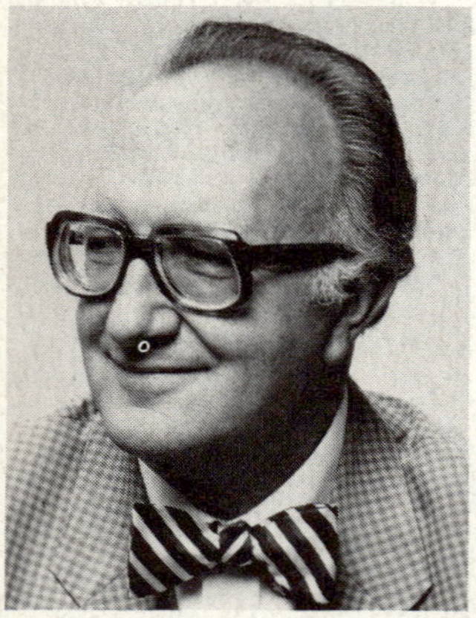

Dr.-Ing., Prof. f. Baugeschichte TH Aachen - Klerschweg 5, 5000 Köln 51 - Geb. 30. März 1925 Hannover, verh., 2 Kd. - Stud. Bau-Ing.-Wesen TH Hannover; Dipl.-Ing. 1951; Promot. 1955 Hannover - 1952-57 Leit. Staatl. Forschungsst. f. Küstenschutz Sylt; 1957-61 Bau- u. Oberbauleit. Bauind.; 1961-72 Berat. Ing. (Bauberatungsst. Zement Frankfurt); sd. Geschäftsf. Bundesverb. Zement u. Leit. Bauberatung Zement (9 Beratungsst.); 1984 Hon.-Prof. TH Aachen. Mehrere archäol. Studienreisen in Mittelmeerländern - BV: Uferveränderungen u. Küstenschutz auf Sylt, 1957; Betonprüfungen auf d. Baustelle u. im Labor, 1971; Opus Caementitium - Bautechnik d. Römer, 1984. Mitverf.: Gesundes Wohnen (1986); Wasserbauten aus Beton (1987); D. Wasserversorgung antiker Städte (1988) - 1986 Frontinus-Med. f. wiss. Verdienste u. Leistungen auf d. Geb. d. Technik-Gesch.

LAMPRECHT, Helmut

Dr. phil., Schriftsteller - Heinrich-Baden-Weg 15, 2800 Bremen-Oberneuland (T. 25 94 55) - Geb. 7. April 1925 Ivenrode b. Magdeburg (Vater: Hans L., Dorfschullehrer; Mutter: Margarete, geb. Tiedemann), verh. m. Grete, geb. Samen (Lehrerin), 2 Kd. (Henriette, Hans-Rudolf) - Stud. German., Phil., Soziol. (u. a. b. Horkheimer u. Adorno in Frankf.) - Leit. Kultur. Wort Radio Bremen - BV: Erfolg u. Ges., 1964; Teenager u. Manager, 1965; D. Hörner beim Stier gepackt (Aphorismen u. Lyrik), 1975; Früher hat Lächerlichkeit getötet (155 Bedenksätze), 1979. Herausg.: Ungewisser Tatbestand, 16 Autoren variieren e. Thema (1964); Deutschland - Deutschland, polit. Ged. v. Vormärz b. z. Gegenw. (1969); Wenn d. Eis geht, e. Leseb. zeitgenöss. Lyrik (1983 u. 85); Achill u. d. Schildkröte, z. Kulturgesch. d. Geschwindigkeit (1988) - Mitgl. PEN-Zentrum BRD; 1986 Ehrengast Villa Massimo.

LAMPRECHT, Ingolf

Dr. rer. nat., Prof. f. Biophysik - Irmgardstr. 20A, 1000 Berlin 37 (T. 030-813 80 63) - Geb. 27. Nov. 1933 Dortmund (Vater: Prof. Dr. Wilhelm L.; Mutter: Edith, geb. Stephan), ev., verh. m. Natalija, geb. Vladimirovna Kalinina - Stud. Phys., Math. Innsbruck, Münster, Berlin, Promot. (Physik) 1969, Habil. (Biophysik) 1974 - 1978 Prof. f. Biophysik FU Berlin - Spr.: Engl., Franz.

LAMPRECHT, Walther

Dt. rer. nat., o. Prof. f. Klin. Biochemie u. Physiol. Chemie - Tiefe Trift 9, 3002 Isernhagen 2 (T. 05139 - 8 76 76) - Geb. 17. Okt. 1924 München (Vater: Dipl.-Landw. Rudolf L.; Mutter: Antonie, geb. Weber), kath., verh. s. 1955 m. Dr. Gabrielle, geb. Trautschold, 2 Kd. (Stefan, Christian) - Stud. Chemie, Biol., Geogr., Med., Biochemie München. Promot. (1954) u. Habil. (1957) München - S. 1957 Lehrtätigk. TH München, Univ. ebd., FU Berlin, TH München, Med. Hochsch. Hannover (1965 Ord. u. Inst.Dir.). Fachveröff. - Spr.: Engl., Franz., Ital., Span.

LAMSZUS, Hellmut

Dr. phil., Univ.-Prof. f. Berufs- u. Betriebspäd. Univ. d. Bundeswehr Hamburg (s. 1976) - Professor-Krüger-Weg 8, 2105 Seevetal 1 - Geb. 15. Okt. 1928, verh. s. 1966 m. Elke, geb. Limpach, T. Katrin - Oberschule Hamburg; Verlagsbuchh.-Lehre; 1951-53 Stud. Akad. f. Gemeinwirtsch. Hamburg, Univ. Hamburg; Dipl.-Volksw. 1956; Dipl.-Hdl.-Lehrer 1958; Promot. 1971 Hamburg - B. 1969 Stud.-Rat u. OStud.-Rat Hdl.-Schulen in Hamburg; s. 1971 wiss. ORat Univ. Hamburg; s. 1973 Prof. Kassel - BV: Wandlungen d. Berufs- u. Ausbildungssituation im Buchhandel, 1971; Entw. u. Erprobung e. Konzepts z. Verbesserung d. Fahrlehrerausb., 1983; Curriculum f. d. Ausb. in d. Fahrschule, 1986; Neue Technologien, Arbeitsmarkt u. Berufsbildung (m. Sanmann), 1987; u. a. Veröff. - Liebh.: Jazz (Klarinettist), üb. 100 Plattenaufn. - Bek. Vorf.: Wilhelm Robert Lamszus, Dr. h. c., Lehrer, Schriftst., Schulreformer.

LANC, Otto

Dr. phil., Dipl.-Ing., Prof. f. Psychologie Univ. Marburg (s. 1973) - Hohlweg 17, 3550 Marburg/L. - Geb. 13. Juli 1930 Naklo/Tschechosl. - Promot. Prag - BV: Ergonomie, 1975; Psychophysiolog. Methoden, 1977. Üb. 30 Einzelarb.

LANCIER, Peter

Dipl.-Ing., Vorsitzender d. Geschäftsleitung Peter Lancier Maschinenbau-Hafenhütte GmbH u. Co. KG, Münster - Petersheide 37, 4400 Münster - Geb. 29. April 1924.

LANCKEN, von der, Henning

Staatssekretär (b. 1989) - Zu erreichen üb. Württembergische Str. 6-10, 1000 Berlin 31 - Geb. 3. Aug. 1937 - 1979-81 Bezirksbgm. W'dorf, seither Senator f. Bau- u. Wohnungswesen Berlin.

LANCKEN-WAKENITZ, Freiherr von der, Rickwan

Vorstandsvorsitzender Centralgenoss. Vieh & Fleisch eG, Hannover - Freundallee 11, 3000 Hannover 1 (T. 0511 - 8 11 00) - Geb. 9. März 1934 Jena (Vater: Rickwan, Frh. v. d. L., Landwirt; Mutter: Adelheid, Gräfin Perponcher-Sedlnitzky), ev., verh. s. 1962 m. Irene, geb. Kaempfe - Abit.; Lehre; Stud. IMEDE, Lausanne - AR- u. Beir.-Mandate - Spr.: Engl., Franz.

LANCZKOWSKI, Günter

Dr. phil., Prof. - Liebermannstr. 45, 6900 Heidelberg (T. 3 57 24) - Geb. 18. Mai 1917 Kassel - S. 1960 (Habil.) Lehrtätigk. Heidelberg (1967 apl. Prof. f. Religionsgesch., 1978 Prof.) - BV: Hl. Schriften (auch ital. u. engl.); Altägypt. Prophetismus; Religionswiss. als Problem u. Aufg.; Aztekische Sprache u. Überliefer.; Religionsgesch. Europas (auch ital.); Begegn. u. Wandel d. Religionen; Gesch. d. Religionen; D. neuen Religionen. Schüler-Duden: Die Religionen; Verborgene Heilbringer; Einf. i. d. Religionsphänomenol.; Einf. in d. Religionswiss. Zahlr. wiss. Aufs.

LANDAU, Edwin M.

Dr. phil., Claudel-Forscher - Beustweg 7, CH-8032 Zürich (Schweiz) - Geb. 20. Sept. 1904 Koblenz - B. 1933 Verleger Berlin - Zahlr. Übers., vornehml. Claudel - 1970 Offiz.kreuz franz. Orden Arts et Lettres; BVK I. Kl.; Mitgl. PEN-Club. Begr. (durch Schenk. seiner Samml.) Intern. Claudel-Forschungszentrum an d. Univ. Zürich; Präs. Schweiz. Ges. d. Freunde Paul Claudels, Ehrenpräs. Reinhold-Schnedder-Ges., Freib. i. Br.

LANDAU, Marc

Geschäftsführer Offizielle Deutsch-Iranische IHK - P. O. Box 14155, 3478, Teheran/Iran - Geb. 9. Dez. 1949 Köln (Vater: Dr. H. F. L., Botschafter a. D.), ev., verh. s. 1979 m. Sabine, geb. Zenz - Stud. Rechtswiss. u. Orientalistik Univ. Köln, Berlin, Bonn; 1. u. 2. jurist. Staatsex. - 1978-82 stv. Geschäftsf. Dt.-Arabische Handelskammer Kairo; 1982-86 Delegierter d. dt. Wirtsch., Riyadh, Saudi-Arabien - Spr.: Engl., Franz., Ital., Arab.

LANDAU, Peter

Dr. jur., o. Prof. f. Dt. u. Vergleichende Rechtsgesch. u. Bürgerl. Recht Univ. München - Tsingtauer Str. 103, 8000 München 82 (T. 089 - 430 01 21) - Geb. 26. Febr. 1935 Berlin (Vater: Gerhard L., Bankkfm.; Mutter: Ilse, geb. Lohr), ev., verh. m. Angelika, geb. Linnemann - Obersch. Berlin; FU ebd., Univ. Freiburg/Br. u. Bonn (Rechtswiss., Gesch., Phil.). Promot. (1964) u. Habil. (1968) Bonn - 1960-68 Assist. Univ. Bonn. 1965 Lecturer Yale Univ. (USA) - BV: D. Entstehung d. kanon. Infamiebegriffs v. Gratian b. z. Glossa ordinaria, 1966; Ius Patronatus (Stud. z. Entwickl. d. Patronats im Dekretalenrecht u. d. Kanonistik d. 12. u. 13. Jh., 1975 - Spr.: Engl., Franz.

LANDEN, Heribert C.

Dr. med., Prof., Internist - Kaiser-Friedrich-Str. Nr. 90, 4040 Neuss - Geb. 8. Okt. 1912 Düsseldorf - Stud. Bonn, Würzburg, Freiburg, Düsseldorf. Med. Staatsex. 1939 - S. 1950 (Habil.) Privatdoz. u. apl. Prof. (1955) Med. Akad. bzw. Univ. (1966) Düsseldorf. Mitgl. AvD-Hauptaussch. Etwa 80 Fachveröff. (Lungen- u. Herzkrankh.) - Rotarier.

LANDERS, Siegfried

Unternehmer, gf. Gesellsch. Landers-Firmengruppe - Gabainstr. 6, 4230 Wesel - Geb. 14. Sept. 1924 Bocholt (Vater: Willi L., Kaufm.; Mutter: Jetty, geb. Schöttler), kath., verh. s. 1951 m. Hannelore, geb. Beltrop, 2 Kd. (Norbert, Burkhard) - Gymn. (Kriegsabit.); kaufm. Werdegang - Vors. d. Kuratoriums Mutter- u. Kind-Heim Wesel; Protektor d. Fusternberger Sänger Wesel; Schirmherr d. Histor. Schienenverkehrs e. V. Wesel; Vorst.-Mitgl. d. Bürger-Schützen Wesel; Aussch.-Mitgl. Niederrh. Kammer u. Verkehr, Großhdl. u. Öfftl.keitsarb.; Mitgl. d. FDP; Bundesfachaussch. FDP f. Umweltpolitik, Raumordn. u. Landesplan. u. weit. Mitgl.sch. - Gold. Nadel Techn. Hilfswerk; BVK I. Kl.

LANDERT, Walter

Selbst. Kaufmann, fr. Schriftst. (s. 1960) - Lendikonerstr. 54, CH-8484 Weisslingen/ZH (T. 052 - 34 13 62) - Geb. 3. Jan. 1929 Zürich, ev., verh. s. 1954 m. Elsy, geb. Weber, 4 Kd. - Banklehre m. kaufm. Lehrabschl. 1948 Uster; Dipl. Swiss Mercantile School 1950 London - B. 1955 Bankangest.; 1955-66 Außendienstmitarb. u. Abteilungsleit. IBM Zürich; s. 1966 selbst. Kaufm. m. eig. Versandgeschäft, Weisslingen - BV: Manager auf Zeit, R. 1968; Selbstbefragung, Ged. 1969; Entwurf Schweiz, Ess. 1970; Koitzsch, R. 1971; Unkraut im helv. Kulturgärtchen, Ess. 1981; Traum e. besseren Welt, Kurzgesch. u. Ged. 1981; Meine Frau baut e. Bahnhof, Kurzgesch. 1982; s Huus us Pilatusholz, Monodrama 1985; Klemms Memorabilien - E. Vorspiel, 1989 - 1970 Artemis-Jubiläumspreis; Lyrikpr. Lit. Union, Beckingen/Saarl. - Spr.: Franz., Engl.

LANDES, Erich

Dr. med., Prof., Direktor Städt. Hautklinik Darmstadt (s. 1964) - Kleukensweg 2, 6100 Darmstadt-Eberstadt (T. 79 04 07) - Geb. 23. Aug. 1921 Frankfurt/M. (Vater: Heinrich L., Kaufm.; Mutter: Minna, geb. Rühle), ev., verh. m. Charlotte, geb. Röhrig, 4 Kd. (Brigitte, Michael, Thomas, Sabine) - Univ. Halle, Frankfurt, Jena - S. 1958 (Habil.) Privatdoz. u. apl. Prof. (1963) Univ. Frankfurt (zeitw. komm. Leit. Hautklinik u. Vertr. Lehrstuhl f. Dermatol. u. Venerol.). Üb. 100 Fachveröff. - Korr. Mitgl. Österr. Dermatol. Ges. u. zahlr. Fachges. - Liebh.: Musik - Spr.: Engl., Franz.

LANDES, Georg

Dr. med., Prof., Chefarzt Med. Abt. Städt. Krankenanstalten Landshut (1948-71) - Am Schloßanger 13, 8300 Landshut/Bay. (T. 2 24 74) - Geb. 17. Febr. 1906 München, kath., verh. s. 1934 m. Franziska, geb. Nether, 4 Kd. - Gymn., TH u. Univ. München (Promot. 1930). Habil. 1939 Köln - 1943 Doz., 1947 ao. Prof. Med. Akad. Düsseldorf, 1949 apl. Prof. Univ. München - BV: Grundriß d. Perkussion u. Auskultation, 1944.

LANDFESTER, Manfred

Dr. phil., Prof. f. Griech. Philologie - Schillerstr. 10, 6330 Wetzlar-Dutenhofen - Geb. 4. April 1937 Wuppertal (Vater: Wilhelm L., Polizeibeamter; Mutter: Grete, geb. Zatryb), ev., verh. s. 1967 m. Heidi, geb. Flume, 3 Kd. - Stud. Klass. Philol., Gesch. u. Phil.; Promot. 1963, Habil. 1969 - 1963-79 Wiss. Assist., Doz. u. apl. Prof.; s. 1980 o. Prof., 1980-85 Vorst.-Mitgl. Mommsen-Ges. - BV: Handlungsverl. u. Komik in d. Kom. d. Aristophanes, 1977; Humanismus u. Ges. im 19. Jh., 1988.

LANDFRIED, Klaus

Dr. phil., Prof. f. Politikwiss. u. Präsident Univ. Kaiserslautern - Albert-Ueberle-Str. 9, 6900 Heidelberg (T. 06221 - 47 42 07); u. Meißenerstr. 4, 6750 Kaiserslautern - Geb. 26. Jan. 1941 Heidelberg (Vater: Werner L.; Mutter: Helmtraut, geb. Kloevekorn), ev., T. Andrea C. - Abit. Heidelberg; Univ. Basel u. Heidelberg (Promot. 1970) - 1968/69 Verw.-Ass. Inst. f. polit. Wiss. Univ. Heidelberg; 1969-72 stv. Leit. DFG Forsch.-Projekt; Wahl d. Parla-

mente; 1972 Forsch.-Stip. Iran/Afghanistan; 1972/73 Kennedy-Memorial Fellow Harvard-Univ. Cambridge, Mass./USA; 1974 Prof. f. Politikwiss. Univ. Kaiserslautern (1981-87 Vizepräs., s. 1987 Präs.) - BV: Stefan George - Politik d. Unpolit., 1975; Studienb. Politik (m. a.), 1980; Folgen neuer Informationstechniken, 1985. Mithrsg.: Wahl d. Parlam. u. a. Staatsorgane (1978) - Spr.: Engl., Franz.

LANDGRAF, Friedrich
Dr. jur., Dr. rer. pol., Rechtsanwalt - Prinzregentenstr. 24, 8200 Rosenheim/Obb. (T. 08031 - 3 70 97; Telefax 08031 - 3 45 27) - Geb. 15. Mai 1930 Oberviechtach/Ndb. - Oberrealsch. Weiden; Univ. München, Würzburg, Innsbruck; Promot. 1956 (jur. Würzburg) u. 57 (rer. pol. Innsbruck) - 1960-64 Justitiar Kindler & Schiermeyer Verlag AG, München; 1965-66 Dir. Heinrich Bauer-Verlag, Hamburg; 1966-70 Geschäftsf. Gruner + Jahr GmbH & Co., Hamburg; 1971-75 Geschäftsf. Frankfurter Societäts-Druckerei. Veröff. z. Urheber- u. Verlagsrecht - Liebh.: Hochseesegeln - Spr.: Engl.

LANDGRAF, Gerhard
1. Bürgermeister - Rathaus, 8031 Maisach/Obb.; priv.: Almrauschstr. 4 - Geb. 6. April 1940 Bamberg (Vater: Max L., Hauptlehrer; Mutter: Rosa, geb. Geus), kath., verh. s. 1968 (Ehefr.: Erika), T. Sabine - Wirtschaftsakad. Bamberg; Ausbild. u. Prüf. f. d. mittl. u. gehob. Beamtendst. Gde. Maisach - Zul. Verwaltungsoberinsp. SPD.

LANDGREBE, Ludwig
Dr. phil., Dr. phil. h. c., LLD h. c., o. Prof. f. Philosophie (emerit.) - Richard-Zanders-Str. 47, 5060 Berg. Gladbach 2 (T. 3 62 29) - Geb. 9. März 1902 Wien (Vater: Carl L.; Mutter: Rosa, geb. Thuma), ev., verh. s. 1933 m. Ilse, geb. Goldschmidt, 3 Kd. - Univ. Wien u. Freiburg/Br. (Phil., Geisteswiss.; Promot. 1927) - 1935 Doz. Dt. Univ. Prag, 1939 Univ. Löwen (b. 1940), 1945 Univ. Hamburg, 1946 apl. Prof. das., 1947 o. Prof. Univ. Kiel, 1956 Univ. Köln - BV: Diltheys Theorie d. Geisteswiss., 1926; Nennfunktion u. Wortbedeut., 1935; Was bedeutet uns heute Phil.?, 1948; Phänomenologie u. Metaphysik, 1948; Phil. d. Gegenw., 1952 (1957 Ullstein-Taschenb.; auch span., holl., serbokroat., jap., engl.); D. Weg d. Phänomenologie, 4. A. 1974 (TB-Ausg. 1978; a. span., ital.); Phänomenol. u. Gesch., 1968; Üb. einige Grundfragen d. Phil. d. Politik; D. Streit um d. phil. Grundl. d. Ges.theorie, 1974; Phänomenol. Analyse u. Dialektik, 1980; Faktizität u. Individuation, 1982; V. Sinn d. transzendentalphänomen. Reflexion. Philos. Selbstbetrachtungen Bd. 10, Bern, 1983. Herausg.: E. Husserl, Erfahrung und Urteil, 4. A. 1974; Beispiele - Festschr. f. E. Fink, 1965; Bericht üb. d. 9. Dt. Kongreß f. Phil., Düsseldorf 1969; Mitgl. Inst. Intern. de Phil. Paris u. Rhein.-Westf. Akad. d. Wiss.

LANDMANN, Salcia,
geb. Passweg

Dr. phil., M.A., Schriftstellerin - Winkelriedstr. 1, CH-9000 St. Gallen (T. 071 - 22 74 83) - Geb. 18. Nov. 1911 Zolkiew (heute Ukraine) (Vater: Israel P., Kaufmann; Mutter: Regina, geb. Gottesmann), jüd., verh. s. 1939 m. Prof. Michael L., S. Valentin, Dr. jur., Rechtsanw. u. Schriftst. - Stud. Rechtswiss., Phil., Psych. u. Kunstgesch. Univ. Berlin, Paris, Zürich, Genf u. Basel (Promot. 1939, zugl. M.A.); Ausb. als Modegraphikerin - Publiz. Tätigk. Arbeitsgeb.: Üb. d. Ostjudentum u. d. Selbstzerstör. d. Fr. Westens. Kochbücher - BV: D. jüd. Witz, s. 1960 zahlr. Aufl. (auch holl. u. japan.); Jiddisch - Abenteuer e. Sprache, 1962; Gepfeffert u. Gesalzen, e. streitbares Kochbrevier, 1965 u. 1980 (auch holl.); D. Juden als Rasse, 1967 u. 1981; Marxismus u. Sauerkirschen; e. streitb. Zeitbetracht., 1979; D. ewige Jude, Ess. 1974; Koschere Küche, 1964, 84 u. 88 (auch holl.); Jugendunruhen; Ursachen u. Folgen, 1982; Jüd. Anekdoten u. Sprichwörter, s. 1965 zahlr. Aufl.; Nachlese jüd. Witze, s. 1977 mehr. Aufl.; Jüd. Weisheit aus 3000 J., 1968; Bilderbogen aus Ostgalizien, 1975; Westöstl. Küchendivan (Balkanküche), 1968; Poln. Küche, 1970; Frucht- u. Blütensäfte. Mein Sirup-Brevier, 1985; Jesus u. d. Juden, 1986. Jidd. Lit., Übers. (teilw. Vorwort): An-Ski: D. Dibbuk, Itzik Manger: D. Buch v. Paradies, I. B. Singer: D. Knecht, Chaim Bloch: Chassid. Gesch., Eliasberg: Chassid. Gesch., Scholem Alejchem: Marienbad, Scholem Alejchem: Neue Anatewka-Gesch. - Mitgl. PEN Liechtenstein - Liebh.: Pilze - Spr.: Franz., Hebr., Jiddisch, Lat., Griech.

LANDMANN, Valentin

Dr. jur., Rechtsanwalt, Schriftsteller - Winkelriedstr. 1, CH-9000 St. Gallen (T. priv.: 071 - 23 52 06); dstl.: 01 - 361 61 65) - Geb. 7. Juni 1950 Basel (Vater: Prof. Dr. Michael L.; Mutter: Dr. phil. Salcia, Schriftst.), verh. s. 1975 m. Dr. jur. Anna, geb. Autenrieth, T. Elisabeth - Stud. d. Rechte u. Volksw. Zürich; Promot. 1975 - Tätigk. an Gerichten; Lehrbeauftr. Univ. Zürich u. Wirtschaftshochsch. St. Gallen; RA - BV: Notwehr, Notstand u. Selbsthilfe im Privatrecht, Diss. 1975; Haftpflichtrecht, e. Grundriss in Tafeln, (m. M. Keller) 1979; D. Böse, Gesch. e. Urphänomens, 1985; D. Hells-Angels-Hatz, 1989; D. integrierte Verbrechen, 1989.

LANDOWSKY, Klaus
Rechtsanwalt, Vorstandssprecher Berliner Pfandbrief-Bank - Fontanestr. 6a, 1000 Berlin 33 - Geb. 21. Juli 1942 Berlin, ev., verh. s. 1966 m. Karin, geb. Jungas, 2 Kd. - Abit., 1. u. 2. jurist. Staatsex. - MdA Berlin; stv. Fraktionsvors.; Mitgl. Rundfunkrat SFB. CDU.

LANDRÉ, Heinz F.
Maschinenbauing. (Dipl.-Ing. FH), Schlossermeister, Fabrikant, Präs. Dt. Verb. f. Schweißtechnik - DVS, Düsseldorf (s. 1987), Westf. Genoss.verb. - WGV Münster, Handwerkskammer Ostwestf.-Lippe zu Bielefeld - Lindenweg 12, 4900 Herford - Geb. 24. Sept. 1930 Herford, ev., verh., 2 Kd. - Gymn. Schlosserhandw.; Fachhochsch. 1956 Ingenieurprüf. (Maschinenbau); 1961 Schlosserm. - 1959 Übern. elterl. Betrieb; s. 1968 pers. haft. Gesellsch. u. Geschäftsf. H. F. Landré KG, Landré Stahl- u. Apparatebau GmbH, Herford; AR-Vors. Handwerksbau AG, Dortmund; Präsidialmitgl. Zentralverb. Dt. Handwerk. CDU s. 1963.

LANDSBERG-VELEN, Dieter, Graf
Forstwirt, Präs. Malteser-Hilfsdienst Köln, Präs. Dt. Reiterl. Vereinig. Warendorf, Vizepräs. Dt. Sportbund, 1982 I. Vizepräs. Intern. Reiterverb. (FEI) - 5983 Balve-Wocklum - Geb. 17. Dez. 1925 Wocklum (Vater: Graf L.-V.), verh. m. Monika, geb. Gräfin Westphalen.

LANDSMANN, Paul
Regierungsdirektor a. D., MdL Rhld.-Pfalz (s. 1967) - Enzweiler J 10, 6580 Idar-Oberstein (T. 2 42 39) - Geb. 18. Juni 1928 Oberstein/N., kath., verh., 4 Kd. - Gymn.; Univ. Mainz (Geschichte, Staatswiss.); Hochsch. f. Verw.swiss. Speyer. Beide jurist. Staatsprüf. - Landratsämter; Bundesinnenmin. Stadtverordn. Idar-Oberstein (1956-60 u. 1964 ff. Fraktionsvors.), ehrenamtl. Bürgerm. Idar-Oberstein CDU (1961 ff. Kreisvors. Birkenbach) - BVK, Frh.-v.-Stein-Plak. Rhld.-Pfalz u. a.

LANDSTORFER, Friedrich Michael
Dr.-Ing., Prof., Ord. u. Dir. Inst. f. Hochfrequenztechnik Univ. Stuttgart (s. 1986) - Pirolstr. 3a, 8000 München 60 (T. 814 15 59) - Geb. 28. Mai 1940 München (Vater: Johann L., Postbetriebsinsp.; Mutter: Albertine, geb. Strauß), ev.-luth., verh. s. 1967 m. Irmgard, geb. Ernst - Abit. 1959 München; Dipl.-Ing. 1964 TH München, Promot. 1967 TU München, Habil. (Priv.Doz.) 1971, Prof. 1976 - S. 1976 apl. Prof. TU München, 1978 Extraord. ebd. Vors. Fachausschuß Antennen d. ITG/VDE - Üb. 60 Patente (Hochfrequenztechnik). Beitr. in Landstorfer/Graf: Rauschprobl. d. Nachrichtentechnik, 1981; Landstorfer/Sacher: Optimisation of Wire Antennas, 1985; Beitr. in Meinke-Gundlach, Taschenb. d. Hochfrequenztechnik, 1986 - 1977 Literaturpreis Nachrichtentechn. Ges. VDE - Liebh.: Segeln, Motorfliegen, Fallschirmspringen, Amateurfunk - Spr.: Engl., Franz., Span.

LANDWEHR, Götz
Dr. jur., o. Prof. f. Dt. u. Nord. Rechtsgeschichte, Bürgerl. Recht u. Handelsrecht - Marienhöhe 47, 2085 Quickborn (T. 04106 - 29 20) - Geb. 24. Nov. 1935 Verden/Aller - Promot. u. Habil. Göttingen - S. 1965 Ord. Univ. Heidelberg u. Hamburg (1969). Facharb.

LANDWEHR, Karl-Heinrich
Oberkreisdirektor Unna - Friedrich-Ebert-Str. 17, 4750 Unna (T. 02303 - 27 - 0) - Geb. 14. Aug. 1935 Heeren-Werve.

LANDWEHRMANN, Friedrich
Dr. rer. pol., Dipl.-Kfm., Univ.-Prof. f. Soziologie - Friedrich-Lang-Str. 5, 6200 Wiesbaden (T. 06131 - 39 25 68) - Geb. 29. April 1934 Oberhausen (Vater: Friedrich L., Betriebsf.; Mutter: Mathilde, geb. Schröder), verh. s. 1961 m. Christel, geb. Theile, 2 Kd. (Ralf, Ute) - Abit. 1954; Lehre Ind.kfm.; Stud. Betriebs- u. Volkswirtschaft, Soziol. Hamburg, München, Münster; Dipl.-Kfm. 1960; Promot. 1964; Habil. (Soziol.) 1968 - 1968-71 Gf. Dir. Inst. f. Arbeitssoziol. u. Arbeitspolitik Univ. Bochum. 1970-76 Mitgl. Kommiss. d. Bundesreg. f. wirtsch. u. soz. Wandel; s. 1971 o. Prof. f. Soziol. Univ. Mainz (1976-77 u. 1979-81 Dekan); 1983-87 Mitgl. wiss. Begleitkommiss. z. Versuch m. Breitbandkabel in d. Region Ludwigshafen/Vorderpfalz - BV: Organisationsstrukturen ind. Großbetriebe, 1965; Ind. Führ. unt. fortschreit. Automatisier., 1970; Information u. Mitwirk., 1977; Zielgr. unbekannt? Kommun. Öffntl.keitsarbeit im Ruhrgebiet, 1971; Auswirk. kleinräumiger Mobilität auf d. Stadt- u. Regionalentw., 1978; Europas Revier. D. Ruhrgeb. gestern, heute, morgen, 1980; Nutzung u. Konsequenzen e. erweit. Fernsehprogrammangebots (m. M. Jäckel u. A. Topfmeier), 1988 - Spr.: Engl.

LANDWEHRMEYER, Richard
Dr. phil., Generaldirektor d. Staatsbibliothek Preußischer Kulturbesitz (s. 1987) - Potsdamer Str. 33, 1000 Berlin 30 (T. 030 - 266 23 23) - Geb. 26. Nov. 1929 Belm/Osnabrück - Stud. Roman., German. Univ. Göttingen, Freiburg, Montpellier; Promot. 1955; Staatsex. 1956; Bibliothekar. Fachprüf. 1958 - 1958-63 Univ.-Bibl. Freiburg; 1965-72 Univ.-Bibl. Konstanz; 1972-87 Univ.-Bibl. Tübingen.

LANDZETTEL, Wilhelm
Dipl.-Ing., Architekt (BDA), o. Prof. f. Ländl. Bau- u. Siedlungswesen TH bzw. TU Hannover (s. 1959) - Schloßwenderstr. 1, 3000 Hannover - Geb. 8. Sept. 1926 Witten/Ruhr, verh. m. Dipl.-Ing. Christa, geb. Dietzmann - Maurerhandw.; TH Darmstadt (Arch.; Diplom 1953) - Mitarb. Prof. Bartmann, Darmstadt (1953-54), Architsgem. landw. Bauwesen, Frankfurt/M. (1955-56), LK Pfalz, Kaiserslautern (1956-59) - BV: Ländl. Siedl. in Nieders., 1981; Dorferneuerung in Nieders., 1985; D. Dorf in dem wir leben, 1985; Architektenwettbewerbe z. Dorferneuerung in Nieders., 1987; D. Bild d. Dörfer, 1989. Herausg.: Dt. Dörfer (1982).

LANG, Alexander E.
Journalist - Grabenstr. 1 A, 5342 Rheinbreitbach (T. 02224 - 7 12 04) - Geb. 3. Juni 1934 Enger (Vater: Walter L., Buchhändler; Mutter: Elfriede, geb. Frillmann), verw., T. Claudia Weinkopf - Jurastud.; Redaktionsvolont. - 1965-71 Redakt. Der Spiegel; 1972-76 stv. Chefredakt. Capital; 1976-82 Sprecher Bundesarbeitsmin.; s. 1982 Ref. Leit. Öffntl.keitsarb. f. Ausländerpolitik - Spr.: Engl., Franz.

LANG, Armin
Vorsitzender d. Landtagsaussch. f. Familie, Gesundheit u. Sozialordnung, MdL Saarland - Neumeyerstr. 14, 6690 St. Wendel-Osterbrücken (T. 06856 - 5 26) - Geb. 21. Nov. 1947 Niederkirchen, ev., verh. s. 1970 m. Ingrid, geb. Jung, S. Torsten - Staatl. anerk. Sozialarb., PR-Ref. u. Gemeinwesenarb. 1971-73 Internats- u. Lehrgangsleit. b. Intern. Bund f. Sozialarb.; 1973-83 Ref. f. Soz. Planungs- u. Öffentlichkeitsarb. im Diakon. Werk d. Ev. Kirche an d. Saar (s. 1980 Leit. Ev. Bildungszentrum Neunkirchen-Wiebelskirchen); 1983

Vors. Geschäftsfg. Diakon. Werk an d. Saar u. Leit. Geschäftsst. d. Diakon. Werkes (s. 1984). S. 1972 Lehrauftr. Kath. Fachhochsch. Saarbrücken. S. 1975 Mitgl. Bundesvorst. Fachverb. f. ev. Jugendsozialarb. S. 1974 MdK (stv. Fraktionsvors.); s. 1984 Vorst. Saarl. Landkreistag; 1983 Bundestagskandidat Wahlkr. 247. Div. Ehrenämter u. Mitgliedsch. SPD s. 1969 (s. 1987 Landesvors. Arbeitsgemeinsch. d. Sozialdemokraten im Gesundheitsw. ASG); 1979-82 VR-Vors., s. 1982 ea. Geschäftsf. d. Neuen Arbeit Saar gGmbH; s. 1987 Beiratsvors. d. Stiftg. Saarl. Öko-Zentrum Hofgut Imsbach - BV: Therap. Schülerhilfe - Meth. Jugendhilfe f. benachteiligte Jugendl., 1978; Kontakte - Jahrb. f. kirchl. Mitarbeiterinnen - Hermine-Albers-Preis, Bonn.

LANG, August (Gustl)

Rechtsanwalt, Bayer. Staatsmin. f. Wirtschaft u. Verkehr (s. 1989), MdL Bayern (s. 1970), b. 1982 Fraktionsvors. CSU-Fraktion - Prinzregentenstr. 28, 8000 München 22 (T. 21 62 01) - Geb. 1929 - 1982-86 Bayer. Justizmin.; 1986-89 Bayer. Innenmin. - 1982 Bayer. VO; 1984 BVK I. Kl.; 1984 Bayer. Verfassungsmed. in Gold - CSU.

LANG, Bernhard

Dr. theol. habil., Elève titulaire de l'Ecole Biblique (Jerusalem), Prof. f. Bibelwiss. u. Religionswiss. Univ. Paderborn (s. 1985) - Warburger Str. 100, 4790 Paderborn - Geb. 12. Juli 1946 Stuttgart (Vater: Gert L., Kaufm.; Mutter: Stefanie, geb. Germautz), kath. - 1966-76 Stud. Theol., oriental. Altert.kd., Ägyptol., Archäol. Tübingen, Münster, Jerusalem, Paris; Elève titulaire de l'Ecole biblique de Jérusalem 1971, Promot. 1975 Tübingen, Habil. 1977 Freiburg, Völkerk. 1981/82 London - 1973-75 Pfarrer Reutlingen, 1977-82 Prof. (Tübingen), 1977/78 Gastprof. Freiburg, 1980 Berlin, 1982-85 o. Prof. Mainz, 1982/83 Gastprof. Philadelphia - BV: Frau Weisheit, 1975; K. Aufst. in Jerusalem, 1978; Ist d. Mensch hilflos?, 1979; E. Buch wie kein anderes, 1980; Wie wird man Prophet in Israel?, 1980; Ezechiel, 1981; D. einzige Gott, 1981; Monotheism, 1983; D. tanzende Wort, 1984; Anthropological Approaches to the Old Test, 1985; Wisdom, 1986; Heaven: A History (m. C. McDannell), 1988; D. Himmel, 1989 (auch ital., holl.). Herausg. Intern. Ztschr.schau f. Bibelwiss.; Neues Bibel-Lex. (m. M. Görg) - Liebh.: Soziol., Anthropol. - Spr.: Engl., Franz.

LANG, Eberhard

Küfermeister, Vors. Verb. d. Dt. Faß- u. Weinküfer-Handwerks, München, u. Landesinnungsverb. Baden-Württ., Schwaigern - Zwerchstr. 4, 7103 Schwaigern - Geb. 23. März 1924.

LANG, Elmy

s. Lang-Dillenburger, Elmy

LANG, Erich

Dr. med., Prof., Chefarzt Medizin. Klinik/Waldkrkhs. St. Marien, Vorst. Carl-Korth-Inst. f. Herz-Kreislauferkrankungen, Erlangen, Facharzt f. inn. Medizin (Kardiologie) - Sportmed.; Kardiol., Gerontol. - Am Veilchenberg 8, 8521 Spardorf/Mfr. - Geb. 17. Sept. 1935 Kleinwallstadt/M. - Promot. 1960 Düsseldorf u. Habil. 1971 Erlangen, apl. Prof. 1975 Erlangen. 1978-80 Vors. Sektion Klin. Geriatrie d. Dt. Ges. f. Gerontologie, 1980-84 Präs. Dt. Ges. f. Gerontol. - BV: Kl. EKG-Seminar, 9. A. 1987; Koronare Herzkrankh., 1980; Geriatrie-Grundl. f. d. Praxis, 2. A. 1981; Kardiovaskuläre Notfälle, 1981; Kard. Ursachen zerebrovaskuläre Syndrome, 1981; EKG-Praxis Seminar, 1981; Vorbereitung auf d. aktive Alter, 1986; Therapie m. Vaso-Dilatatoren, 1987; Lehrbuch d. Geriatrie, 1987. Üb. 250 Einzelarb. - 1975 Max-Bürger-Preis Dt. Ges. f. Gerontol.; 1981 Ehrenmitgl. d. Mexikan. Ges. f. Gerontol.

LANG, Erwin

Dr. phil., MdL Hessen (s. 1964; 1967-69 Fraktionsvors.; 1970ff. Vors. Haushaltsaussch.), Präs. Hess. Landtag (b. 1987) - Wilhelminenstr. 10, 6096 Raunheim - Geb. 14. März 1924 Bad Nauheim, verh. s. 1944 m. Martha, geb. Wolf, Tochter Dr. jur. Gabriele Holzmann - TH Darmstadt (Math., Physik), Univ. Frankfurt/Main (Rechts- u. Staatswissensch.) u. Mainz (Polit. Wiss.) - 1942-45 Wehrdst.; 1951-55 Mittelschullehrer Frankfurt/M.; 1955-69 Bürgerm. Raunheim; 1960-70 hess. Finanzmin. 1956ff. MdK. SPD (Vors. Kreistag Groß Gerau).

LANG, Friedrich

Dr. theol. - Eugenstr. 9, 7400 Tübingen (T. 3 29 59) - Geb. 6. Sept. 1913 Grötzingen/Württ., ev., verh., 3 Söhne - 1951-56 Prof. f. Neues Testament Kirchl. Hochsch. Wuppertal, 1956-70 Ephorus Ev. Stift Tübingen, 1962 Ord. f. Neues Testament Univ. ebd. - BV: Theologie u. Kirche, 1967; D. Briefe an d. Korinther, NTD 7, 1986. Beitr. Theol. Wörterb. z. Neuen Testament, Ev. Kirchen- u. Calwer Bibellex.

LANG, Gerhard

Dr. jur., Richter, Bürgermeister Stadt Stuttgart - Waldenbucher Platz 15, 7000 Stuttgart 70 (Degerloch) - Geb. 18. Aug. 1931 Rottenburg/N. (Vater: Anton L., Oberverw.; Mutter: Maria, geb. Rudischhauser), kath., verh. s. 1961 m. Brigitte, geb. Reinhardt, Sohn Stefan - 1951-56 jurist. Stud. Univ. Heidelberg, Freiburg, München, Tübingen u. Zürich - 1961-66 Richter LG Hechingen u. Rottweil; 1966-70 parlam. Berater Landtag Baden-Württ.; 1970-79 Ref.leit. u. stv. Leit. Kommunalabt. Innenmin. Baden-Württ.; s. 1980 Bürgerm. - Spr.: Engl., Franz.

LANG, Hans

Komponist - Leschetitzkygasse 23, Wien XVIII - Geb. 5. Juli 1908 Wien - Zahlr. Lieder u. Schlager (u. a. Mariandl u. D. Rose v. Wörthersee); Bühnen- u. Filmmusiken.

LANG, Hans Ernst

Kaufmann, Inh. Ernst Stegmüller, Darmstadt u. Hanau; Gesellsch. ABZ Einkaufsagentur Essen, Kommand. BEDEBE Rechenzentrum, Handelsrichter - Brahmsweg 10, 6100 Darmstadt (T. 06151 - 2 63 03) - Geb. 8. Jan. 1926 Wiesbaden (Vater: Adolf L., Kaufm.; Mutter: Maria, geb. Krischer), kath., verh. s. 1949 m. Dorothea, geb. Altfuldisch, 2 T. (Yvonne, Anja) - 1948 Textil-Ing.-Schule Gladbach - Inh. Pat. Nr. 1172158 (El. Akust. Abrufanl. f. Masch.) - Liebh.: Leistungssport, Feinmechanik - 6 J. Mitgl. Dt. Nationalmannsch. im Wurftaubenschießen; s. 1972 Mitgl. intern. Jury d. UIT - Spr.: Engl., Franz.

LANG, Hans-Friedrich

Dipl.-Kfm., Geschäftsführer Gustav Weyland GmbH u. Co. KG, Landau - Nußdorfer Weg 15, 6740 Landau - Geb. 22. Juni 1938, verh. s. 1967 m. Monika, geb. Helling, 2 Kd. (Andreas, Barbara) - Stud. Maschinenbau Karlsruhe, Betriebsw. Saarbrücken; Ex. 1966 - Versch. Erf. - Liebh.: Sport, Reiten, Gesch. - Spr.: Engl., Franz.

LANG, Hans-Joachim

Dr. phil., em. o. Prof. f. Nordamerik. Philologie u. Geistesgeschichte Univ. Erlangen-Nürnberg - Eppendorferweg 109, 2000 Hamburg 20 (T. 491 68 12) - Geb. 3. Jan. 1921 Berlin (Vater: Franz L., Versicherungsdir.; Mutter: Emilie, geb. Schauer), verh. 1948 m. Ruth, geb. Strube - Schule Hamburg; Univ. Göttingen, Hamburg, Gießen. Promot. 1946; Habil. 1958 - 1958 Privatdoz. Univ. Hamburg; 1959 ao., 1964 o. Prof. Univ. Tübingen, 1967 o. Prof. Univ. Erlangen-Nürnberg. Stadtrat (SPD) 1965-67 Tübingen u. 1972-78 Erlangen (SPD) - BV: H. G. Wells, 1948; Studien z. Entsteh. d. neueren amerik. Lit.kritik, 1961; D. amerik. Roman, (hg.) 1972; Nordamerik. Lit. im dt. Sprachraum s. 1945, (hg.) 1973 (m. H. Frenz); George Orwell, e. Einf., 1983; Poeten u. Pointen, 1984 - Lit.: Mythos u. Aufkl. in d. amerik. Lit. Zu Ehren v. H.J.L., (hg. D. Meindl/ F.W. Horlacher), 1985.

LANG, Hans-Jürgen

Dr. rer. nat., Prof. f. Zoologie, Biorhythmik, Sinnesphysiologie - I. Zool. Inst. d. Univ., Berliner Str. 28, 3400 Göttingen (T. 0551 - 39 54 28) - Geb. 1. Mai 1934 Chemnitz - 1955-65 Stud. Göttingen u. Kiel, 1965-67 Ref. Inst. f. d. Wiss. Film, dann wiss. Assist. Göttingen, s. 1973 akad. Rat/O.Rat, 1980 Prof. f. Zool. I. Zool. Inst. Univ. Göttingen, Senatsbeauftr. f. Hochsch.filmfragen; Natursch.beauftr. Landkr. Göttingen - Entd.: Mondphasenabh. d. Farbensehens b. Fisch.

LANG, Herbert

Dr. med., Prof., Chefarzt Chir. Abt. Rotkreuz-Krkhs. I, München (s. 1951), Dir. Schwesternschule Rotes Kreuz (s. 1952), apl. Prof. Univ. ebd. (s. 1957) - Fafnerstr. 35, 8000 München 38 (T. 57 36 92) - Geb. 4. Aug. 1911 Karlsbad (Vater: Dipl.-Ing. Josef L., Oberreg.srat; Mutter: Adolfine, geb. Klein), kath., verh. s. 1940 m. Theodora, geb. v. Bolschwing, 2 Töcht. (Heide-Marie, Evelyn) - Univ. Prag (Promot. 1936) u. Wien - 1936 Assist. Prag (Dt. Chir. Univ.sklinik), 1945 Chefarzt München, 1949 Oberarzt Würzburg (Chir. Univ.sklinik) - BV: D. Fortschritte d. Chirurgie s. 1945, 1952. Zahlr. Einzelarb.

LANG, Hermann

Geschäftsführer Renolit-Werke GmbH. - 6520 Worms/Rh. - Geb. 11. Sept. 1936 Berlin.

LANG, Jean

Techn. Direktor, Vorstandsmitgl. AG. d. Dillinger Hüttenwerke, Dillingen - Trierer Str. 109, 6638 Dillingen - Geb. 16. Aug. 1921 St. Dizier - 1971ff. stv. Vors. Saarl. Wirtschaftsvereinig. Eisen u. Stahl.

LANG, Joachim

Dr. jur., o. Prof. u. Direktor Inst. f. Steuerrecht Univ. zu Köln - Albertus-Magnus-Platz 1, 5000 Köln 41 (T. 0221 - 470 22 71) - Geb. 22. Okt. 1940 München (Vater: Dr. K. L., Chefarzt; Mutter: Annelore, geb. Volkhardt), verh. m. Christine Barendregt-Lang, 4 Kd. (Franziska, Nora, Maximilian, Helena) - 1960-65 Jura-Stud. Univ. München u. Kiel; 1. Staatsex. 1965, 2. Staatsex. 1968, bde. München; Promot. 1973 Köln; Habil. 1982 Köln - 1969-70 Konzernrechtsabt. ZF Friedrichshafen AG; 1970-72 Steuerverw. Nordrh.-Westf.; 1972-73 Bundesmin. d. Finanzen; 1974-82 Inst. f. Steuerrecht Univ. Köln; 1975-81 Vorst.-Mitgl. Dt. Steuerjurist. Ges., Köln; 1982-88 Lehrst. f. Finanz- u. Steuerrecht TH Darmstadt; s. 1984 Mitgl. Wiss. Beirat Dt. Steuerjurist. Ges., Köln; s. 1988 Univ. Köln. BV: Gf. Herausg. v. Steuer u. Wirtschaft. 6 Bücher u. zahlr. Aufs. z. Steuerrecht. E. systematischer Grundriß (m. Tipke), 12. A. 1989.

LANG, von, Jochen

Autor u. Regisseur - Strehlowweg 3, 2000 Hamburg 52 - Geb. 14. Mai 1925 Altlandsberg - BV: Veröff. in Deutschl., Engl., Frankr., USA, Kanada, Italien, Schwed., Norw., VR China, VR Polen u.a.: Adolf Hitler, Gesichter e. Diktators, (Hg.) 1968; Hitlers Tischgespräche im Bild, (Hg.) 1969; D. Sekretär. Martin Bormann, d. Mann, d. Hitler beherrschte, 1977; D. Eichmann-Protokoll, (Hg.) 1982; D. Adjutant. Karl Wolff, d. Mann zw. Hitler u. Himmler, 1985; Krieg d. Bomber, 1986; D. Hitlerjunge. Baldur v. Schinach, d. Mann d. Deutschl. Jugend erzog, 1988; zahlr. TB-Ausg. Autor u. Regiss. FS-Filme: Robert Kempner, Ankläger in Nürnberg, Leopold Trepper, d. Mann d. Stalin Otto nannte; Eugene Bird, Kommandant v. Spandau; Graf Einsiedel, Nationalkomitee Freies Deutschl.; Robert Kempner, Ankläger in Nürnberg; Leopold Trepper, d. Mann d. Stalin Otto ... FS-Serie: D. Krieg d. Bomber - 1984 DAG-Fernsehpreis; 1988 BVK I. Kl.

LANG, Johann

Dipl.-Ing., Regierungsdirektor, Leit. Bibliothek d. Dt. Patentamtes - Zweibrückenstr. 12, 8000 München 2 - Geb. 11. Juni 1935.

LANG, Karl

Dr. jur., Rechtsanwalt, Vizepräs. Zentralverb. d. Dt. Haus-, Wohnungs- u. Grundeigentümer, Düsseldorf (s. 1977), Vors. Landesverb. Württ. Haus- u. Grundeigentümer, Stuttgart (s. 1974; 1964 ff. Geschäftsf.), MdL Baden-Württ. (Wahlkr. Ludwigsburg) - Achalmstr. 23, 7014 Kornwestheim - Geb. 18. Okt. 1929 Kornwestheim (Vater: Georg L., Bundesbahnoberrat; Mutter: Alice, geb. Keller), kath., verh. s. 1955 m. Gudrun, geb. Häcker, 2 Kd. (Thomas, Claudia) - Gymn. Ludwigsburg; Univ. Tübingen (Rechtswiss.; Promot. Prof. Erbe) - Gemeinderatsmitgl. Kornwestheim (1959 Vors. CDU-Fraktion); MdK Ludwigsburg (1977 Fraktionsvors.) - Spr.: Engl.

LANG, Karl

Dr. med. vet., Dipl.-Landw., Prof. f. Tierärztl. Lebensmittelhygiene - Holbeinring 5, 6300 Gießen (T. 5 18 39) - Geb. 25. Sept. 1920 Ungarn - S. 1958 (Habil.) Lehrtätigk. Univ. Gießen (1967 Prof.). Fachaufs.

LANG, Lieselotte (Lilo)

Vorsitzende Verbraucherzentrale Rheinl.-Pfalz - Gr. Langgasse 16, 6500 Mainz.

LANG, Michael

1. Bürgermeister - Wolfersdorf Nr. 3, 8647 Stockheim - Geb. 10. Jan. 1921 Wolfersdorf - Landw. CSU.

LANG, Norbert

Dr. med., Prof., Chefarzt Innere Abt. u. Ärztl. Direktor Krankenhaus Ahlen (s. 1967) - Händelweg 13, 4730 Ahlen/W. (T. 30 40) - Geb. 15. Febr. 1921 Saarbrücken - S. 1956 (Habil.) Lehrtätigk. Marburg (1963 apl. Prof., 1977 Hon.-Prof.). Etwa 100 Fachveröff. - 1963 Wilhelm-Warner-Preis.

LANG, Norbert

Dr. jur., Botschafter d. Bundesrep. Deutschl. in Dakar/Senegal - BP 2100, Dakar/Senegal - Geb. 1921, verh. - S. 1983 Botsch. Senegal, zugl. f. Gambia, Guinea-Bissau, Kap Verde.

LANG, Thomas

Musikdramaturg Theater d. Landeshauptstadt Mainz - Zu erreichen üb. Theater Mainz, Gutenbergplatz 7, 6500 Mainz (T. 06131-12 26 64) - Geb. 13. April 1953 Gießen, ev. - Stud. Schulmusik (Staatsex.); Musikwiss. u. German. Univ. Frankfurt - 1979-81 Dramat. Stadttheater Gießen; 1981-85 Dramat. Bühnen Bonn; 1985-87 Ltd. Dramaturg Musiktheater u. pers. Ref. d. Operndir. Staatstheater Saarbrücken.

LANG, Ulrich

Studiendirektor, MdL Baden-Württ. (s. 1972) - Panoramastr. 30, 7178 Michelbach/Bilz (T. Schwäb. Hall 39 33) - Geb. 24. Juli 1933 Sulz/N., ev., verh., 3 Kd. - Gymn. Heilbronn; 1953-58 Univ. Tübingen u. Hamburg (Theol., Dt., Lat.). Prüf. f. d. höh. Lehramt 1958 u. 59 - S. 1960 Ev. Kirchl. Aufbau-Gymn. Michelbach (1969 stv. Leit.). SPD (Mitgl. Landtag Baden-Württ. s. 1972, s. 1988 stv. Fraktionsvors., Mitgl. Parteirat d. SPD, Mitgl. Kommiss. f. Polit. Bild. u. Kommiss. Medienfragen b. SPD Parteivorst.); VR-Mitgl. Südd. Rundf.; AR-Mitgl. Rundf.werbung GmbH Stuttgart.

LANG, Werner

Dr. med., Prof., Internist - Antwerpener Str. 1, 8000 München 40 - Geb. 27. Juli 1920 Nürnberg (Vater: Dr. med. Wilhelm L., Internist; Mutter: Johanna, geb.

Leidig), ev., verh. s. 1945 m. Anni, geb. Kirchner, 1 Kd. - Melanchthon-Gymn. Nürnberg; Univ. Erlangen, Kiel, Hamburg (Med., Psych.). Diplom f. trop. Med. u. Hyg. 1968 London - S. 1954 (Habil.) Privatdoz. u. Prof. (1965) München (gegenw. Vorst. Abt. f. Infektions- u. Tropenmed. d. Univ.). Fachveröff. - Mitgl. Royal Soc. of Tropical Medicine and Hygiene, London u. a. Fachges. Hauptschriftl. Münchn. Med. Wochenschr., Schriftl. Ztschr. Infection - Liebh.: Musik, Lit., Bergsport - Spr.: Engl., Franz.

LANG, Werner

Dr. jur., Richter, Präsident Oberverwaltungsgericht Bremen (1973-78) a. D. - Justus-Liebig-Str. Nr. 31, 2800 Bremen 33 (T. 25 24 33) - Geb. 14. Dez. 1913 Leipzig (Vater: Johannes L., Stadtrat; Mutter: Else, geb. Kurth), verh. s. 1950 m. Lisa, geb. Jürgens, 2 Kd. (Birgit, Verena) - Stud. Univ. Leipzig; Promot. 1953 Hamburg - S. 1955 Richter, s. 1961 o. Mitgl. Staatsgerichtshof (1975 stv. Präs., a. D. s. 1978); 1962-68 Doz. Wirtsch.sakad. Landesvors. Volksb. Dt. Kriegsgräberfürs. e. V. (s. 1978) - 1955 Gold. Sportabz. - Spr.: Engl.

LANG-DILLENBURGER, Elmy

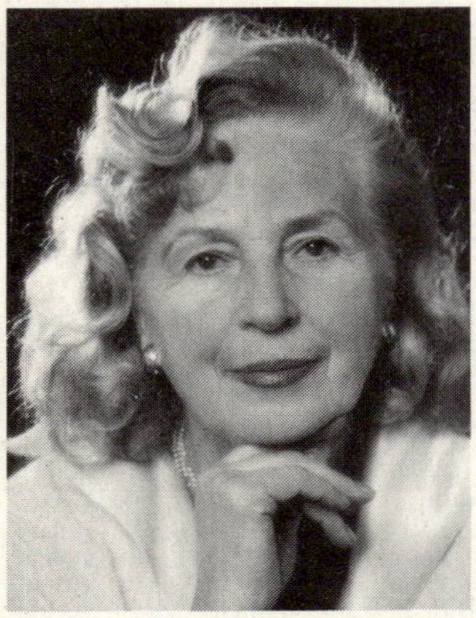

Schriftstellerin (Ps. Elmy Lang) - Walter-Kolb-Str. 25, 6750 Kaiserslautern 27 - Geb. 13. Aug. 1921 Primasens, ev. - Dolmetscherdipl. - Auslandskorresp.; Mitgl. Europ. Autorenvereinig. D. Kogge u. VS - BV: Frühstück auf franz., R. 1971; D. Rabenwald, R. 1985; Mitternachtsspritzer, Lyr. 1970; Pingpong Pinguin (dt.-engl.), Lyr. 1978 u. 1980; D. Wort, Lyr. 1980; Blick ins Paradies, Lyr. 1980; Limericks, 1984; Stufen z. Selbst, Lyr. 1986; D. Schäfer v. Madrid, 1987; Lebenszeichen, Lyr. m. Grafiken v. Otto Lackenmacher 1988; Meisenheim am Glan in Wort u. Bild, m. Grafiken v. Willi Stock, 1989; Funkerz., Hörsp., Schausp., zahlr. u. lit. Anthol. - 1982 Diploma di merito dell'Univ. delle Arti, Salsomaggiore; 1986 Landgrafenmed. Stadt Pirmasens - Spr.: Engl., Franz., Ital., Span. - Lit.: Kürschners Dt. Literaturkalender, Intern. Authors and Writers, u.a. Nachschlagew.

LANGE, Adalbert

Dr. med. (habil.), Prof., Oberarzt Inst. f. Mikrobiologie u. Virologie Univ. Düsseldorf - Brahmsweg Nr. 9, 4005 Meerbusch 2 - B. 1967 Privatdoz., dann apl. Prof. Düsseldorf (Hygiene u. Mikrobiol.). Facharb.

LANGE, Bernd-Peter

Dr. phil., Prof. f. Anglistik Univ. Oldenburg - Uhlhornsweg 36A, 2900 Oldenburg (T. 0441 - 5 83 71) - Geb. 24. März 1943 Berlin (Vater: Rudolf L., Verw.Angest.; Mutter: Erika, geb. Steinbrink), verh. s. 1967 m. Helgard, geb. Stichnote, 2 Töcht. (Asja, Jessica) - Gymn. Berlin; 1962-69 Stud. FU Berlin, Hamburg, London (Promot. Anglistik 1969) - 1969-74 wiss. Assist. FU Berlin; 1974-83 Akad. Rat TU Braunschweig; 1983-87 Prof. TU Braunschweig; s. 1988 Univ. Oldenburg - BV: Charles Dickens (Diss.), 1969; Lit. Form u. Polit. Tendenz b. George Orwell, 1975; Engl. Gattungstheorie, 1979; Orwell 1984, 1982; Cultural Studies, 1984; D. Utopie in d. Angloamerikan. Lit., 1984; The Spanish Civil War, 1988. Herausg.: Gulliver (1980ff.) - Liebh.: Schach - Spr.: Engl., Franz., Latein.

LANGE, Dieter Ernst

Dr. med. dent., o. Prof. f. Parodontologie, Dir. Klinik f. Zahn-, Mund- u. Kieferkrankh. Univ. Münster (s. 1978) u. Leiter Abt. f. Parodontologie - Waldeyerstr. 30, 4400 Münster (T. 0251 - 83 70 58) - Geb. 10. Juli 1933 Emden (Vater: Wilhelm Chr. L., Kfm.; Mutter: Helene, geb. Tippmann), ev., verh. s. 1958 m. Dr. Margarita, geb. Richter, 4 Kd. (Christian, Steffen, Dirk, Karin) - Stud. Univ. Münster. Promot. 1958 ebd.; Habil. 1969 Kiel - 1970-71 Doz. Univ. Zürich, 1973 ltd. Oberarzt u. apl. Prof. Univ. Kiel, 1974 Prof. u. wiss. Rat Univ. Münster, 1978 Dir. ZMK-Klinik u. Leit. Abt. f. Parodontologie Univ. Münster - BV: Chir. Differentialdiagnostik, 1972 (m. Th. Spreter, Abschn. Gesicht, Mund, Kiefer); Zellphysiol. u. Funktion d. menschl. Gingivaepithels, 1972; Parodontologie in d. tägl. Praxis, 1981, 83 u. 86. Herausg.: Parodontologie, Implantologie u. Prothetik im Brennpunkt v. Praxis u. wiss. (1985). Zahlr. Handb.- u. weitere Buchbeitr., mehr als 200 Veröff. auf d. spez. Fachgeb., Member versch. Arb.gruppen u. Gremien d. WHO u. Federation Dentair Intern. - 1966 René-Jaccard-Pr., 1969 Miller- u. ARPA-Pr. - Liebh.: See-Segeln.

LANGE, Dietz

Dr. theol., Prof. f. System. Theologie Univ. Göttingen - Insterburger Weg 1, 3400 Göttingen (T. 0551 - 7 54 55) - Geb. 2. April 1933 Bremen (Vater: Dr. Louis L., Rechtsanw. u. Notar †; Mutter: Amélie, geb. Finke), ev., verw. s. 1976, 2 Kd. (Frank-Rainer, Judith) - 1952 Abit. Bremen; Stud. in Tübingen, Göttingen, Chicago u. Zürich; 1. theol. Ex. 1958 Göttingen, 2. 1963 Bielefeld, Promot. 1964 Zürich, Habil. 1973 wieder Göttingen - 1961-63 Vikar Bochum u. Witten; 1963-69 wiss. Assist. Göttingen; 1971-80 Akad. Rat/Oberrat; 1973-77 Privatdoz.; s. 1977 Prof. - BV: Christl. Glaube u. soz. Probl. E. Darst. d. Theol. R. Niebuhrs, 1964; Hist. Jesus oder myth. Christus. Unters. z. Gegensatz zw. F. Schleiermacher u. D. F. Strauß, 1975; Erfahrung u. d. Glaubwürdigk. d. Glaubens, 1984 - 1969-71 Habil.-Stip. DFG - Spr.: Engl., Franz., Schwed.

LANGE, Elmar

Dr. rer. soc., Dipl.-Soz., Prof. f. Soziologie (insbes. Berufssoz.) Univ. Bielefeld - Baumschulenweg 14, 4400 Münster - Geb. 30. Sept. 1943 Greven (Vater: Wilhelm L.; Mutter: Gertrud, geb. Stolpe), kath., verh. s. 1971 m. Jutta, geb. Wehrhahn, 2 S. (Martin, Andreas) - 1964-69 Stud. Soz. Univ. Wien u. Münster (Dipl. 1969, Promot. 1973, Habil. 1978) - 1970-71 wiss. Angest. Hochsch. f. Verw.wiss. Speyer; 1971-79 wiss. Angest. Univ. Bielefeld; 1979-82 Doz. ebd.; s. 1982 Prof. in Bielefeld - BV: Strukturprobl. einf. Interaktionssyst., 1975; Berufswahl, 1978; Akademiker in d. Privatwirtsch., 1981; Evaluat. d. Berufsberat. d. Bundesanst. f. Arbeit, 1981 u. 83; Soziol. d. Erziehungswesens, 1986; Wirtschaftssoziol., 1987; zahlr. wiss. Aufs. - Spr.: Engl., Franz.

LANGE, Ernst F.

Dr. jur., Geschäftsführer Verb. Holzindustrie u. Kunststoffverarb. Hessen, Bundesverb. Sonnenlichtsysteme, Bundesfachverb. u. Gütegemeinsch. Saunabau - Bierstadter Str. 39, 6200 Wiesbaden (T. 06121 - 30 60 96-97).

LANGE, Erwin

Betriebsleiter, Politiker a. D. - Am Buchenhain 8, 4300 Essen 16 (T. 49 13 93) - Geb. 10. Mai 1914 Essen, ev., verh., 3 Kd. - Mittelsch.; Kaufmanns- u. Schriftsetzerlehre. Lehrmeisterprüf. 1947 - Schrifts., 1936 verhaftet, 1937 weg. Vorb. z. Hochverr. zu 3 1/2 J. Zuchthaus u. 3 J. Ehrverlust verurt. Moorarbeitslager, Schutzhaft, ab 1942 Soldat (Sondereinheit 999) u. amerik. Kriegsgefangenschaft, n. Entlass. Schrifts. u. Betriebsleit. Essener Druckereiunternehmen, 1949-79 MdB (1967 Mitgl. Fraktionsvorst.). ; 1979-84 MdEP. 1928ff. Sozialist. Jugendbeweg. Ehrenamtl. Tätigk. SPD (u. a. Vors. Bez. Niederrhein) - Spr.: Engl., Franz., Russ., Span.

LANGE, Franz Christian

Dr. med., Priv.-Doz., Facharzt f. Kinderheilkd., ehem. Chefarzt Kinderabt. Mathias-Spital Rheine - Quellenstr. 30, 4440 Rheine (T. 05971 - 5 10 53) - Geb. 5. Febr. 1931 Oppeln (Vater: Dr. Heinrich L., Obermedizinaldir.; Mutter: Elisabeth, geb. Patzek), kath., verh. s. 1958 m. Hildegard, geb. Johannknecht, 5 Kd. (Christian, Elisabeth, Wolfram, Andreas, Stefan) - Promot. 1955 Berlin; Habil. 1969 Würzburg - 1956-61 Wiss. Mitarb. Robert-Koch-Inst. (Bundesgesundheitsamt); 1961-69 Wiss. Assist. Univ. Würzburg, s. 1969 Priv.-Doz. - BV: Probleme d. Verhütung von Viruskrankheiten (m. Ströder, Henle, Mietens) - Liebh.: Gesch. - Spr.: Engl.

LANGE, Gerhard

Dr. phil., Prof., Univ. zu Köln - Auf dem Steinchen 8, 5300 Bonn-Ippendorf (T. 28 19 00) - Geb. 25. Juni 1930 Dortmund (Vater: Dipl.-Ing. Hermann L.; Mutter: Anna, geb. Bock), kath., verh., 2 Söhne (Ralph, Oliver) - Univ. Bonn u. Freiburg. Promot. (German.) 1955; Staatsex. f. d. höh. Schuldst. 1955 u. 57; Prüf. f. Sprecherzieher 1963 - 1957-61 Gymn. u. Studiensem. Bonn (zul. Studienrat); 1961-65 Studienkolleg d. Univ. Bonn (stv. Dir.); s. 1965 Lehrtätigk. Univ. Köln (1970 Studienprof.; 1987 Prof.). Gründ.-Mitgl. Arbeitskr. politische Rhetorik - BV: D. Goethe-Roman Thomas Manns im Vergleich zu d. Quellen, 1955 (Diss.); Texte f. d. Sprecherziehung an Päd. Hochschulen, 1965; Taschenbuch d. polit. Bildung, 4. A. 1971; Orthoepische Übungen, 8. A. 1985; Rhetorische Kommunikation (Texte, Techniken, Tafeln), 2. A. 1986; Breviarium rhetoricum, 8. A. 1981; Taschenheft d. Hochschulgermanisten, 1969; Struktur- u. Quellenunters. z. Lotte in Weimar, 1970; Vademecum d. politischen Bildungsarbeit, 1976; Rhetorische Techniken i. Hörfunk-Interview, 1978. Wichtige Einzelarb.: Sprach- u. Sprechform in Hitlers Reden (in: Sprache u. Sprechen, 1969), Unters. z. Wirkung polit. Sprachdokumente auf Jugendl. (Jahrb. d. Univ. Köln 1968), Unters. z. Sprach- u. Sprechstil v. Helmut Schmidt (75. Muttersprache, Jan. 1975); Kritik d. Verw.sprache u. Vorschl. z. ihrer Verbess., 1981; Amerikaner verhandeln (etwas) anders, in: Pharmaforum, 1979; Wiss. Grundlagen d. Information u. Kommunikation, in: Führung in der Polizei, 1982; D. Sprache d. Generale (Geißler, Adam-Schwaetzer, Glotz),. in: Bonner Rede u. Kommunik., Nr. 8, 1984; Grüne Rhetorik, in: Bonner Rede und Kommunik., Heft 10, 1985; D. Redner Richard v. Weizsäcker, in: Bonner Rede u. Kommunik., Nr. 12, 1985; Richtig rhetorisch! Rhetorisch richtig? in: Johannes Rau (hg. W. Filmer u. H. Schwan), 1986; Dokumentation 1. Dt. Rhetorik-Wettbewerb, 1987; Dokumentation 1. Intern. Rhetorik-Wettbewerb, 1988; Zweimal nachdenken, bevor man nicht sagt!, in H.-D. Genscher (hg. v. W. Filmer u. H. Schwan), 1988; D. Simulationsges. (DLF 1988); D. Redner üb. d. Schulter geschaut, Analyse u. Kritik d. Sprachstils, in: H. Schmidt - E. dt. Staatsmann - Redebilanz 1988 (Schallplatte). Mithrsg. Ztschr. Bonner Rede u. Kommunik. (s. 1984). Schallplattensprecher: D. Hörkunstwerk I (1967). Hörsp.: E. Markenstreit im Emscherbruch (WDR, 1961) - Liebh.: Zaubern - Spr.: Engl., Franz.

LANGE, Gerhard

Dipl.-Verwaltungswirt, Verwaltungsleiter Theater im Pfalzbau Ludwigshafen - Keplerweg 4, 6708 Neuhofen (T. 06236 - 5 37 26 u. 0621 - 504 25 52) - Geb. 5. März 1949 Kaltenkirchen, ev., verh. - Stud. Verw.- u. Wirtschaftsakad. Mannheim (Verw.-Dipl.) - Vors. Theatergde. Ludwigshafen; stv. Landesvors. Theatergde. Rhld.-Pfalz, u. DBB Rhld.-Pfalz.

LANGE, Hans-Ulrich

Bundesrichter Bundesverwaltungsgericht, Berlin 12 - Schädestr. 6a, 1000 Berlin 37 (T. 815 75 19) - Geb. 27. Febr. 1911.

LANGE, Harald

Dr. med., Prof. f. Innere Medizin Univ. Marburg - Wehrdaer Weg 42c, 3550 Marburg/L.

LANGE, Hartmut

Schriftsteller - Hohenzollerndamm 197, 1000 Berlin 31 - Geb. 31. März 1937 Berlin - B. 1965 DDR, dann West-Berlin. Bühnenst. (Kom.): Marski (1965), D. Gräfin v. Rathenau (1968), Trotzki in Coyoacan (1972) - BV: D. Revolution als Geisterschiff - Massenemanzipation u. Kunst, 1973; D. Ermordung d. Aias, Dr. 1971 - Mitgl. PEN-Zentrum Bundesrep. Dtschl.

LANGE, Heiko

Dr. phil., Arbeitsdirektor, Vorstandsmitglied Dt. Lufthansa AG (s. 1986) - Frankfurt Flughafen (T. 069 - 6 96-40 75) - Geb. 28. April 1938 Breslau, verh., 1 T. - 1966-81 SEL/ITT (zul. Dir. Pers. and Ind. Relations ITT Brüssel); 1981-86 Vorst.-Mitgl. Dr. Ing. h.c. F. Porsche AG.

LANGE, Heiner

Vorstandsmitglied Securitas Bremer Allg. Versicherungs-AG, Bremen, stv. Vors. Dt. Transport-Versich.-Verb., Hamburg, Vorst.-Vors. Dt. Versich.-Ges. in Bremen AG - Warfer Landstr. 32, 2800 Bremen-Borgfeld - Geb. 4. April 1936 - Rechtsanw.

LANGE, Heinz-Joachim

Dr. med., Prof., Internist - Gotthelfstr. 40, 8000 München 80 (T. 089 - 91 54 68) - Geb. 16. Sept. 1925 Oppeln (Vater: Heinz L., Obermed.rat; Mutter: Elisabeth, geb. Patzek), kath., verh. s. 1952 m. Maria, geb. Plazek, 4 Kd. (Maria, Bernhardt, Johanna, Christiane) - Promot. 1952 München; Habil. 1966 (f. Med. Statistik u. Dokumentation) - 1954 Knappschaftskrkhs., Bottrop u. Recklinghausen; 1963 b. 1970 Inst. f. Med. Stat. u. Dok., Univ. Mainz; 1970 Lehrstuhlinh. f. Med. Statistik u. Epidemiologie, TU München; 1969-76 Leit. Inst. f. Med. Datenverarb. d. Ges. f. Strahlen- u. Umweltforsch. GmbH., ebd.; 1970-75 Vors. Ges. f. Angew. Datenverarb. u. Automation in d. Med., 1973-75 Vors. Dt. Ges. f. Med. Dok. u. Stat. - Zahlr. Veröff. zu Epidemiol., Stat. u. computerunterstütz. ärztl. Entscheidungshilfe - Liebh.: Gesch. - Spr.: Engl.

LANGE, Hellmut

Schauspieler - Borchshöhe 22, 2822 Leuchtenburg (T. 0421-62 21 80) - Geb. 19. Jan. 1923 Berlin (Vater: Wilhelm L., Beamter; Mutter: Emmy, geb. Holscher), ev., verh. s. 1958 m. Ingrid, geb. Probst, 2 Kd. (Katharina, Tobias) - Abit. Berlin; Schauspielsch. Hannover - Theater München u. Stuttgart, 1953-60 Radio Bremen, fr. Schausp. f. ARD u. ZDF - 60 FS-Hauptrollen; Serien: Lederstrumpf, Salto Mortale. Moderator: Kennen Sie Kino?.

LANGE, Hellmuth

Schriftsteller, Verleger - Zu erreichen üb. Verlag Schide + Schön, Nordstr. 6, 3300 Braunschweig (T. 0531 - 33 22 68) - Geb. 10. Febr. 1903 Thorn, verh. m. Ilse, geb. Schnor, 2 Kd. (geb. 1940) - HH Berlin (Dipl.-Kfm. 1926) - 1933-40 (Einzieh. z. Luftschutzwarndst.) Schriftl. Fotoztschr. Satrap. n. Kriegsende Herausg. Fachztschr. Schmalfilm - R.: Ste-

LANGE, Horst
Prozeßvertreter, MdA Berlin (s. 1971) - Oranienstr. Nr. 69, 1000 Berlin 61 (T. 61 58 42) - Geb. 30. März 1934 Berlin, verh., 2 Kd. - Volksssch.; Bäckerlehre; n. Mittl. Reife 1955-57 Sem. f. Sozialberufe d. Arbeiterwohlf. (Mannheim). Staatsex. als Fürs. - S. 1963 Prozeßvertr. Jugendamt Kreuzberg u. Tiergarten (1967). 1967-71 Bezirksverordn. Kreuzberg. SPD s. 1952.

LANGE, Horst Peter
Dr. med., Prof., Chefarzt Pathol. Inst. St. Markus-Krankenhs., Frankfurt/M. (s. 1976) - Schwalbenstr. 4, 6078 Neu Isenburg 2 (T. 06102 - 5 15 01) - Geb. 9. Sept. 1934 Leipzig (Vater: Herbert L., Kaufm.; Mutter: Alice, geb. Leipner), ev., verh. s. 1963 m. Heide, geb. Thiel, 2 Kd. (Annette, Bettina) - Oberrealsch. Fürth; Stud. d. Med. Univ. Erlangen, Freiburg/Br., Frankfurt/M. (Staatsex. 1960); Promot. 1961; Habil. 1971 - S. 1972 Prof. Univ. Frankfurt. Mitgl. Dt. Ges. f. Pathol. - Spr.: Engl.

LANGE, Hubert-H.
Dipl.-Kfm. - Oskar-Winter-Str. 5, 3000 Hannover 1 - Geb. 30. Sept. 1938 - Vorst.-Mitgl. Dt. Messe AG, Hannover, Dt. Südafrikanische Kammer f. Handel u. Industrie, Johannesburg; VR Luftfahrtschau Grundstücks- u. Anlagenges. mbH, Hannover; stv. VR-Vors. Ges. f. Verkehrsförderung mbH, Hannover.

LANGE, Günther Joachim
Ehrenpräsident Kurat. dt. Schule Thomas-Morus - Av. Pocuro 3004, Santiago de Chile (T. 49 50 13) - Geb. 16. Febr. 1908 Berlin (Vater: Prof. Anton L.; Mutter: Philippine, geb. Becker), kath., verh. s. 1937 m. Ruth Schmidt, geb. Valck - 1935-45 Rechtsanw. Berlin - Liebh.: Segelsport, Sammler alter Bücher, Kupferstiche u. Landkarten - Spr.: Deutsch, Span. - BVK I. Kl.

LANGE, Jürgen

Designer - In der Stegmühle, 7043 Grafenau 1/Württ. - Geb. 13. Aug. 1940 Büchen - Stud. Kunsterziehung (Prof. Kaschak) Hamburg, Innenarch. Braunschweig, Ind.-Design Staatl. Hochsch. f. bild. Künste, Braunschweig; Staatl. Abschlußex. b. Prof. Votteler - S. 1968 eig. Designbüro; 1972 Gastdoz. Nat. Design Inst. Ahmedabad, Indien; 1981-86 Gast-Prof. Hochsch. Offenbach; 1983-86 Prof. f. Möbeldesign u. Ergonom. - Div. Pat. - 1970-88 Design-Ausz. Design-Center Stuttgart, mehrf. Design-Ausz. Dt. Werkbd.; 1970-85 Ausz. Gute Industrieform Hannover u. Essen.

LANGE, Karl-Heinz
Kaufmann, Inh. Fa. Albrecht, Müller-Pearse & Co. - Wachtstr. 17-24, 2800 Bremen - 1966 ff. Präs. Bremer Baumwollbörse.

LANGE, Karlheinz
Dr. phil., Chefredakteur Bayer. Staatszeitung (1957-87) - Chamissostr. 6, 8000 München 81 (T. 98 21 97) - Geb. 1. Okt. 1922 Dresden, ev., verh. s. 1949 m. Eleonore, geb. Wall, 3 Kd. (Thomas, Matthias, Claudia) - Wettiner Gymn. Dresden; Univ. Leipzig u. München (Gesch., Lit.gesch., Phil., Ztg.wiss.; Promot. 1946) - 1947 Nachrichtenredakt. Radio München; 1947-49 Lokalredakt. Straubing; 1949 b. 1953 fr. Journ.; 1953-57 Presseref. Bayer. Staatsmin. f. Arbeit u. soz. Fürsorge. Stv. Vors. Presse-Club München, stv. Vors. Bayer. Journ.-Verb. (BJV); Mitgl. Fernsehrat d. ZDF (1966-70 u. s. 1982).

LANGE, Karl-Heinz
Rektor u. Schriftsteller (Ps.: Karl Dorpus) - 2819 Riede, Bez. Bremen (T. 2 95) - Geb. 26. März 1925 - Hannover, ev., verh. s. 1947 m. Susanne, geb. Steegemann, 2 Kd. - 1959-74 üb. 30 Laien- u. Lesesp. sow. ed. 100 Kinder- u. Jugendhörsp. Herausg.: Ztschr. Spiel u. Theater, Samml. Lesezenen u. -sp., Samml. Texte Spiel u. Theater.

LANGE, Klaus
Dr. jur., Prof. f. Verwaltungslehre u. öfftl. Recht Univ. Gießen - Hein-Heckroth-Str. 5, 6300 Gießen (T. 702 50 19) - Geb. 6. Aug. 1939 Dessau - BV: D. Org. d. Region, 1968; Verkehr u. öfftl. Recht, 1974; Möglichk. u. Grenzen gemeindl. Wirtschaftsförd., 1981.

LANGE, Klaus
Dr. rer. pol., Dipl.-Kfm., Kaufm. Leiter Fielmann-Gruppe - Kuckucksberg 10, 2073 Lütjensee - Geb. 15. Febr. 1955 Uelzen, led., 2 Töcht. (Katrin, Kristina) - 1976-79 Stud. Betriebswirtsch. Univ. Hamburg (Abschl.: Dipl.-Kfm.); Promot. 1979-81 Hamburg - Group-Controller Maizena Gruppe - BV: Unters. z. Vorteilhaftigkeit d. Aktien- u. Zinsanlage unter Berücksichtigung v. Inflations- u. Besteuerungsgesichtspunkten - Liebh.: Strandsegeln, Lesen - Spr.: Engl., Franz.

LANGE, Lothar
Dipl.-Ing., Aufsichtsratsvorsitzender Teutonia Zementwerk AG - Postfach 73 03 65, 3000 Hannover 73 - Geb. 27. Sept. 1910 Anderten/Hannover.

LANGE, Martin
Geschäftsführer FDP-Landesverb. Hessen - Fürstenberger Str. 167, 6000 Frankfurt/M. (T. 55 64 81) - Geb. 21. Mai 1926 Weissenfels.

LANGE, Mechthild
M.A., Journalistin, Redakteurin NDR-Fernsehen Kultur - Isestr. 134, 2000 Hamburg 13 - Stud. Neuere German., Theaterwiss. u. Kunstgesch. Hamburg, Genf, München, Berlin; M.A. - Zun. Fr. Journ., s. 1972 Redakt. NDR-FS, Autorin u. Regiss. v. Dok. im Bereich Psych. u. Kultur, insbes. Theater; Theaterkritiken f. d. Frankfurter Rundschau u. and. Medien; 1986-89 Ltd. Dramaturgin Dt. Schauspielhaus Hamburg - BV: Regie im Theater (m. Peter Zadek), 1989 - 1969 Erich Klabunde Preis d. Berufsvereinig. Hbg. Journ.; 1972 Adolf-Grimme-Pr. d. VHS-Verb. f. FS-Sendung Psych. Tests - Liebh.: Reisen - Spr.: Engl.

LANGE, Otto Ludwig
Dr. rer. nat., o. Prof. f. Botanik - Leitengraben 37, 8700 Würzburg-Heidingsfeld - Geb. 21. Aug. 1927 Dortmund (Vater: Otto L., Rektor; Mutter: Marie, geb. Pralle), verh. s. 1959 m. Rose, geb. Wilhelm, 2 Töcht. (Anette, Ulrike) - Univ. Göttingen u. Freiburg (Biol., Chemie, Physik). Promot. 1952; Habil. 1959 - S. 1959 Lehrtätig. Univ. Göttingen, TH Darmstadt (Wiss. Rat) Univ. Göttingen (1963 o. Prof. f. d. Inst. f. Forstbotanik) u. Würzburg (1967 o. Prof. u. Dir. Botan. Garten). Wiss. Veröff. - 1972 Mitgl. Dt. Akad. d. Naturforscher (Leopoldina), Halle/S.; 1974 Antarctic Service Medal d. Reg. d. U.S.A.; 1976 korresp. Mitgl. Akad. d. Wiss. Göttingen; 1978 Mitgl. Bayer. Akad. d. Wiss. München - 1985 BVK I. Kl; 1986 Gottfried Wilhelm Leibniz-Preis d. Dt. Forschungsgemeinschaft; 1988 Balzan-Pr. f. Angew. Botanik einschl. Ökol. (zus. m. Prof. Evenari, Jerusalem).

LANGE, Richard
Dr. jur., Oberlandesgerichtsrat, a. D., o. Prof. f. Straf-, -prozeß- u. Zivilprozeßrecht - Bachemer Str. 95a, 5000 Köln 41 - Geb. 29. April 1906 Wittstock/Dosse (Vater: Gustav L., Sattler; Mutter: Anna, geb. Gudert), ev., verh. s. 1933 m. Ursula, geb. Fischer, 3 Kd. - Gymn. Wittstock; Univ. Freiburg/Br. u. Kiel. Promot. 1935 Berlin - 1929 Assist. Univ. Berlin, 1933 Gerichtsass., 1937 Staatsanw., 1938 Lehrbeauftr., 1940 ao., 1943 o. Prof. Univ. Jena, 1949 FU Berlin, 1951 Univ. Köln (gf. Dir. Kriminalist. Inst.) - BV: D. moderne Täterbegriff u. d. dt. Strafgesetzentwurf, 1935; D. notwend. Teilnahme, 1940; D. Rätsel Kriminalität - Was wissen wir v. Verbrechen?, 1970; Strafrechtsform - Strafjustiz im Dilemma, 1971. Herausg.: Kommentar z. Strafgesetzb.; Ztschr. f. d. gesamte Strafrechtswiss. - Liebh.: Musik, Schach.

LANGE, Rolf
Dr. phil., Dipl.-Polit., Senator a. D. - Kielmannseggstr. 98, 2000 Hamburg 70 - Geb. 5. März 1942, verh., 3 Adoptivkinder - Schule (Mittl. Reife), Seemannssch., kaufm. Lehre Groß- u. Außenhdl., Wirtschaftsgymn. (Abit.) u. Univ. (Polit. Wiss., Sozial- u. Wirtschaftsgesch., Öfftl. Recht; Dipl. 1974, Promot. 1980) alles Hamburg - Lehrauftrag Polit. Wiss. Univ. Hamburg; 1980-84 Bezirksamtsleit. 1978-80 MdHB; danach Senator Behörde f. Inn. u. f. Bezirksangelegenh. Hbg. (1986 Rücktr.); s. 1986 MdHB u. Mitgl. d. Sportaussch.; Vorst.-Vors. Gemein. Baugenossenschaft HANSA eG - BV: u. a. Großstadtpolitik (1977), Selbstverw. in Hamburg (1981). Div. Tätigk. - SPD.

LANGE, Rudolf
Gemeindedirektor Kirchhundem - Wirme 16, 5942 Kirchhundem (Tel. 02753-47 88); priv.: Gübecke 20, 5942 Kirchhundem - Geb. 5. Juli 1947 Twistringen (Vater: Heinrich L., Bundesbahnbeamter; Mutter: Ursula, geb. Brackmann), kath., verh. s. 1970 m. Grete, geb. Heuermann, 2 S. (Rüdiger, Bastian) - Mittl. Reife 1963; Höh. Handelsreife 1964 - 1970-75 Prüfer Landkreis Diepholz; 1975-78 Kommunalaufsicht; 1978-80 Kämmerer Harpstedt; 1980-82 Bürgermeister Garding - Liebh.: Sport, Lit. - Spr.: Engl.

LANGE, Rudolf
Dr. phil., Journalist, Schriftst. - Kopernikusstr. 3, 3003 Ronnenberg (T. 0511 - 46 66 23) - Geb. 2. April 1914 Osnabrück - Stud. German., Gesch., Kunstgesch., Erziehungswiss. Univ. Göttingen u. Marburg sow. TH Braunschweig (durch Kriegsdst. (1939-45) unterbr.). Promot. 1948 Göttingen (Diss.: Theorie u. Praxis i. Drama b. Paul Ernst) - S. 1948 Journ., u. a. Hannoversche Allg. Ztg. - BV: Auf Goethes Spuren in Italien - Tageb. e. Reise, 1960; Otto Gleichmann, Monogr. 1963; Carl Buchheister, Monogr. 1964; Olivenhaine u. Götterbilder - E. Griechenlandb., 1964; Kurt Lehmann, Monogr. 1968; Carl Zuckmayer - D. dramat. Werk, Ess. 1969; Bernhard Dörries, Monogr. 1982. Herausg.: V. Nützlichen durchs Wahre z. Schönen - Mitgl. PEN-Zentrum BRD.

LANGE, Rudolf
Dr. theol., ao. Prof. (s. 1965), o. Prof. (s. 1968) f. Christl. Soziallehre u. Allg. Religionssoz. Phil.-Theol. Hochsch. (s. 1979 Univ.) Bamberg, em. 1976 - Stephansplatz 2, 8600 Bamberg (T. 0951 - 5 34 97) - Geb. 22. Sept. 1911 Schwarzheide, kath. - Stud. Phil. u. Theol. Breslau u. Innsbruck, Sozialwiss. Freiburg u. München - 1937-50 Seelsorge; Dr. theol. 1949 Freiburg/Brsg.; 1950-59 Zentrale Dt. Caritasverb. (Ref.); Dr. habil. 1962 München; 1962-65 Univ. München (Privat- u. Univ.doz.).

LANGE, Rudolf
Dr., Geschäftsführer Landesverb. d. brem. Gaststätten- u. Hotelgewerbes - Contrescarpe 17, 2800 Bremen.

LANGE, Rudolf Hartwig
Dipl.-Betriebsw., Hauptgeschäftsführer NAV-Verb. d. niedergel. Ärzte Deutschl. (s. 1975) - Alt Heerdt 39, 4000 Düsseldorf-Heerdt (T. 0211 - 504 77 06) - Geb. 15. Sept. 1941 Plauen/Vogtland, ev., ledig - Kaufm. Lehre (Kaufmannsgehilfenprüf. 1962); 2 J. Wehrdienst; 1969-71 Assist. d. Geschäftsf. Verb. d. Druckind. Nordrh., Düsseldorf; 1972-74 Ref. f. Betriebsw. im Zentralverb. d. Augenoptiker (Bundesinnungsverb.), Düsseldorf; 1 J. verlegerische u. journ. Tätigk. in mittl. Verlagsuntern., Düsseldorf; s. 1975 Assist. Hauptgeschäftsf. NAV, stv. Vors. Stiftg. programmed, Frankfurt - Liebh.: Segeln, Tennis - Spr.: Engl.

LANGE, Victor
Dr. phil., Dr. h. c., Prof. u. Direktor Abt. Dt. Sprache u. Lit. Princeton Univ. (s. 1957), emer. 1977, Honorarprof. f. Dt. Philol. Freie Univ. Berlin (s. 1962), Präs. Intern. Vereinig. f. German. Sprache u. Lit.wiss. (1965-70), Präs. Americ. Soc. f. 18th Cent. Studies, Präs. Goethe Society of North America - 343 Jefferson Road, Princeton, N. J. 08540/ USA (T. (609 - 921 - 83 94) - Geb. 13. Juli 1908 Leipzig (Vater: Walter L., Landgerichtsdir.; Mutter: Theodora, geb. Schellenberg), ev., verh. s. 1945 m. Frances, geb. Olrich, 2 Kd. (Dora, Thomas) - Thomas-Sch. Leipzig; Univ. Oxford, München, Leipzig (Promot. 1934), Toronto (M. A. 1931) - Lecturer Univ. Toronto (1932); Assistant Prof. (1938) u. Prof. u. Dir. Abt. Dt. Studien (1945) Cornell Univ. Trustee Goethe House New York; Dir. National Carl Schurz Assoc.; Dir. American Council for German Studies, Guggenheim-Stip. 1950 u. 67; Zahlr. Gastprof. in Dtschl., USA, Australien - BV: D. Lyrik u. ihr Publikum in Engl., 1935; Kulturkritik u. Lit.betracht. in Amerika, 1938; Modern German Literature, 1945; Goethe's Craft of Fiction, 1953; Erzählformen im Roman, 1958; New Perspectives in German Literary Criticism, 1979; The Classical Age of German Lit., 1982; Illyrische Betrachtungen, 1989; Goethe. Dt. Dichter, 1989. Mithrsg.: Münchner (Hanser), Goethe-Ausg. (1986) - 1959 Gr. BVK; 1965 Goethe-Med. in Gold; 1966 Friedr.-Gundolf-Preis f. German. im Ausl. Dt. Akad. d. Sprache u. Dicht. (wo auch korr. Mitgl.); Mitgl. Goethe-Ges. Weimar, Grolier-Club (N.Y.) u. a. - Liebh.: Musik, Bibliophilie, Drucken - Spr.: Engl., Franz. - Festschr.: Aspekte der Goethezeit, 1977.

LANGE, Werner A.
Dr. jur., Direktor bei der Bürgerschaft - Rathaus, 2000 Hamburg (T. 3 68 11) - Geb. 15. Okt. 1924 Berlin - Univ. Hamburg (Rechtswiss., Politologie), Geschäftsf. Studentenwerk, Assist. Univ. Hamburg, 1954 Sozialrichter, 1956 Rechtsanwalt, 1960 Bundesverwaltg. (Wirtsch.sprüf.), 1968 Justitiar Hamburg. Bürgerschaft, s. 1973 Dir. - BV: Einzelarb. z. Sozialpol., Kriminologie, Wirtsch.srecht, Parlamentswesen.

LANGE, Wilfried
Dr. jur., Prof. f. öfftl. Recht Univ.-GH Duisburg - Am Flugfeld 9, 4000 Düsseldorf 31 (T. 0211 - 40 77 16) - Geb. 8. Dez. 1935 Cottbus, verh. s. 1968 m. Katalin, geb. Irányossy, 2 Kd. - Stud. Rechtswiss. Univ. Hamburg, Wien, Saarbrücken (Refer. 1961, Ass. 1968, Promot. 1972) - S. 1973 Prof. in Duisburg - Liebh.: Sprachen, Schwimmen, Langstreckenlauf - Spr.: Span., Engl., Franz., Ital., Ungar.

LANGE, Wolf-Dieter
Dr. phil., o. Prof. f. Romanistik Univ. Bonn (s. 1971) - Lyngsbergstr. 11, 5300 Bonn-Bad Godesberg (T. 0228 - 33 33 96) - Geb. 7. Juli 1939 Hamburg (Vater: Arnold Max L. †; Mutter: Ursula, geb. Mollweide), verh. m. Dr. Elisabeth, geb. Bange - Hirtenweg-Sch. u. Christianeum, Hamburg; Lessing-Gymn. Frankfurt/M. (Abit. 1959); Promot. 1965 Köln; Habil. 1970 - 1965-70 Wiss. Assist., 1970 apl. Prof., 1971 Wiss. Rat u. Prof., 1976-85 Vors. Studienreformkommiss. (Sprach- u. Lit.wiss.) Nordrh.-Westf., Dekan Phil. Fak. Univ. Bonn, 1979-81. 1979-85 Mitgl. d. Senates d. Univ. Bonn. 1985-89 stv. Leit. Staatl. Prüfungsamt f. Lehrämter an Schulen, Bonn. Mitgl. Soc. Rencesvals, Soc. Arthurienne, Dt. Romanistenverb. u. Dt. Hispanistenverb. - BV: Philolog. Studien z. Latinität westhisp. Privaturkunden, 1966; El fraile trobador, 1971. Herausg.: Franz. Lit. d. Gegenwart (1971); Franz. Lit.kritik d. Gegenw. (1975); Einf. i. d. Studium d. franz. Lit.-wissensch. (1979); Franz. Lit. d. 19. Jh. (3 Bde., 1979-80); Kritisches Lexikon d. romanischen Gegenwartsliteraturen (1984ff.); Grundriß d. roman. Literaturen d. Mittelalters (Bd. 5, 1985ff.); Franz. Lit. d. 20. Jh. - Gestalten u. Tendenzen. Z. Erinnerung an Ernst Robert Curtius (1986); D. Lit.-Brockhaus (m. W. Habicht, 3 Bde. 1988); In Ihnen begegnet sich das Abendland. Bonner Vorträge zur Erinnerung an Ernst Robert Curtius (1989) - Spr.: Engl., Franz., Span., Portug., Ital. - Bek. Vorf.: Dr. Eduard Thorn, Schriftst. Hamburg (Großonkel).

LANGE, Wolfgang
Dr. phil., o. Prof. f. German. u. Nord. Philologie - Beethovenstr. 54, 3400 Göttingen (T. 5 85 35) - Geb. 29. Juni 1915 Kiel (Vater: Marineoffz.), ev., verh. 1954 m. Inge, geb. Klima - Gymn.; Univ. Kiel u. München (German., Phil., Volkskd.) - 1950 Assist. Univ. Hamburg, 1955 Doz. Univ. Göttingen, 1958 ao. Prof., 1962 pers. Ord., 1963 o. Prof. (emer. 1977) - BV: Studien z. christl. Dichtung d. Nordgermanen, 1958; Christl. Skaldendichtung, 1958; Texte z. german. Bekehrungsgesch., 1962. Bearb.: Much, Germania (3. A.).

LANGE, Wolfgang Kurt
Dr. jur., Dr. rer. pol., Marktforscher, Lehrbeauftr. TH Aachen, Präs. Intern. Kirchenbau-Verein Kirche am Wege, Düsseldorf - Mellinghoferstr. 174, 4330 Mülheim/Ruhr (T. 0208 - 7 07 17; Büro: Düsseldorf 0211 - 74 24 15) - Geb. 29. Nov. 1907 Ströbitz/NL., ev., verh. s. 1939 m. Dr. rer. pol. Dr. jur. Dipl.-Kfm. Martha, geb. Schäfer - Univ. Jena, Heidelberg, Berlin, Bonn - 1935-37 Assist. Univ. Jena u. Berlin, 1938-45 Abt.sleit. Ministerien u. öfftl.-rechtl. Körpersch., 1945-49 Geschäftsf. mehrerer Industrieuntern., seither Inh. Marktforschungsinst. Wihak GmbH., Düsseldorf - BV: D. Häufigkeit d. Gesetzesparagraphen, D. Wirtschaftsführung e. Tageszeitg., D. Selbstkostenrechnung im Ztg.sbetrieb, HGB-Textausg. m. Wichtigkeitshinweisen, D. Kostengestaltung in d. dt. Brauind., D. Institution d. Unternehmensberaters (in: Festschr. f. J. W. Hedemann, Berlin, z. 80. Geb.) - 1973 Ehrenbürger Rhein.-Westf. TH Aachen; 1984 BVK.

LANGE-BERTALOT, Horst
Dr., Prof. Univ. Frankfurt - Silberweg 3, 6380 Bad Homburg (T. dstl.: 798 47 37) - Geb. 26. Febr. 1936 Danzig, ev., verh. s. 1965 m. Renate, geb. Heil, S. Nils-Frederik - Veröff. z. Physiologie, Ökologie u. Systemat. d. Pflanzen. S. 1975 spez. Arb. üb. d. Indikatorwert v. Algen, insbes. Diatomeen im Zusammenh. m. ind. u. kommunaler Abwasserbelast., Trophie, Saprobie, Versauerung d. Gewässer.

LANGEHEINE, Richard
Landesminister a. D., Rechtsanwalt u. Notar - Hindenburgstr. 15, 3150 Peine (T. 50 52) - Geb. 16. Febr. 1900 Eixe b. Peine (Vater: Bauer) - Realgymn. Peine; Univ. Göttingen u. Kiel (Rechts- u. Staatswiss.). Ass.ex. 1928 - 1928 bis 34 Justiz- (Staatsanw.) u. Kommunaldst., ab 1935 Org. d. gewerbl. Wirtschaft, zul. Hauptgeschäftsf. e. Wirtschaftsgruppe, n. 1945 Anwaltspraxis Peine, 1948-55 u. ab 1961 Ratsmitgl., 1949-55 MdK, 1951-52 Landrat, 1952-55, 1960-64, 1970 ff. Bürgerm. ebd., 1955-70 MdL (DP, GDP, CDU; 1959 Vizepräs.), 1955-59 (b. 1956 Justiz-, dann Kultus-) u. 1965-70 nieders. Min. (Kultus-, zugl. stv. Min.präs.). 1969-72 Vors. Kurat. Stiftg. Volkswagenwerk. CDU (1968 ff. Vors. Landesverb. Nieders.) - 1970 Gr. BVK m. Stern u. Schulterbd.; 1972 nds. Landesmed.

LANGEMAACK, Friedrich
Techn. Beamter, Mitgl. Hbg. Bürgerschaft (s. 1974) - Nobleestr. 17, 2100 Hamburg 90 - Geb. 11. April 1921 Below, verh., 2 Kd. - Volkssch.; Maschinenbauerlehre - 1940-45 Soldat (Waffenm.) u. Kriegsgefangensch.; s. 1946 Reichs- bzw. Bundesbahn (Betriebsinsp.). SPD s. 1946 (stv. Kreisvors. u. Distriktvors. Harburg).

LANGEMAACK, Hans-Eberhard
Rechtsanwalt, Bankkaufmann, Geschäftsf. Ring Dt. Makler Bundesverb. - Hofweg 53, 2000 Hamburg 76 (T. 220 34 46) - Geb. 15. Aug. 1945 Hamburg (Vater: Eberhard L., Kaufm.; Mutter: Hildegard, geb. Page), ev., verh. s. 1974 m. Ulrike, geb. Person, 1 Kd. - 1956 Human. Gymn. Hamburg, 1966 Banklehre ebd., 1974 Gerichtsrefer., Gr. jurist. Staatsprüf. 1976 - Zun. RA, 1976 Syndicus Bankhaus Fischer & Co, Hamburg, 1977 Asien-Pazifik-Bank AG/Nederlandse Credietbank (Dtschl.) AG; s. 1981 Geschäftsf. Ring Dt. Makler Bundesverb. u. RDM-Verlags-Ges. mbH, Hamburg - Liebh.: Klass. Gesch., Geogr., Klass., Briefmarken v. Griechenl. u. Altdtschl. - Spr.: Engl., Span.

LANGEMANN, Hans
Bauingenieur, Vizepräs. Zentralverb. d. Dt. Handwerks, Bonn, Präs. Handwerkskammer Köln - Osterather Str. 7, 5000 Köln-Nippes - Geb. 7. Juli 1918.

LANGEN, Albrecht
Dr., Vorstandsmitglied Schweizerischer Bankverein (Deutschland) AG, Frankfurt - Parkstr. 15, 6240 Königstein/Ts. (T. 06174 - 31 41) - Geb. 3. Sept. 1946 Bergheim/Köln, ev., verh. m. Daniela, geb. Gebhard, 3 Kd. (Annabel, Diana, Valentin) - Jurastud., Referendarex., Assessorex.

LANGEN, Werner
Dr., Dipl.-Volksw., Landtagsabgeordneter Rhld.-Pfalz - Müdenerberg 17, 5401 Müden (Mosel) - Geb. 27. Nov. 1949 - CDU (stv. Vors. d. CDU-Landtagsfrakt.).

LANGENBECK, Ulrich
Dr. med., Prof. f. Humangenetik - Theodor-Stern-Kai 7, Hs. 9, 6000 Frankfurt/M. 70 - Geb. 24. Okt. 1938 (Vater: Prof. Dr. Wolfgang L., Org. Chemie), 2 Kd. (Ulrike, Martin) - Stud. Univ. Rostock, Hamburg (Med.), Tübingen (Biochemie) - Wiss. Tätigk. in Freiburg, Hamburg, La Jolla, Göttingen, Bronx - Gaschromatograph. Analyse v. Ketosäuren in Körperflüssigkeiten; Ätiologie u. Pathogenese v. geistiger Behinderung.

LANGENBERGER, Rolf
Verwaltungsamtmann, MdL Bayern (s. 1970) - Kreuterstr. 42, 8500 Nürnberg 70 - Geb. 1939 - SPD - 1980 Bayer. VO, 1984 Bayer. Verfassungsmed. in Silber.

LANGENBERGER, Walter
Hauptgeschäftsführer Verb. d. Dt. Rauchwaren- und Pelzwirtschaft, Direktor d. Intern. Pelzmesse Frankfurt, Geschäftsf. Dt. Pelz-Inst. - Düsseldorfer Str. 1-7, 6000 Frankfurt; priv.: Melsunger Str. 7 - Geb. 19. Sept. 1926 - Abit.; Stud. d. Ztg.wiss. u. a. Redakteur: Verlag: Motor-Reise-Revue; Verlagsleit.: Rund um d. Pelz - Liebh.: Lit., Musik, Sport.

LANGENBUCHER, Wolfgang Rudolf
Dr. phil., o. Prof. Inst. f. Publizistik- u. Kommunikationswissenschaft Univ. Wien (s. 1984) - Peter-Jordan-Str. 145/1/1, 1180 Wien (T. 0043 - 222-47 64 37) - Geb. 24. April 1938 Pforzheim (Vater: Dr. Hellmuth L., Verlagsleit.; Mutter: Rose, geb. Kurz), ev., verh. s. 1973 m. Dr. med. Elisabeth, geb. Kallmünzer, 3 S. (Florian, Tobias, Titus) - Promot. 1963, Habil. 1974 - 1975-84 Prof. Inst. f. Kommunikationswiss. München. Bibliogr. in: W. Hömberg (Hg.), Schriftenverz. Inst. f. Kommunikat.wiss. Univ. München, 1981; Forts. in: M. Bobrowsky (Bearb.): Schriftenverz. I Pkw (Univ. Wien), 1986 - Liebh.: Kochen, Wein - Spr.: Engl.

LANGENDÖRFER, Günter
Dr. med., Prof. - Münsterstr. 10/II, 5300 Bonn 1 (T. 63 56 22) - Geb. 8. Jan. 1923 Bonn (Vater: Dr. med. Johannes L., Oberstadtdir. a. D. (s. dort); Mutter: Gertrud, geb. Lehmacher), kath., verh. s. 1950 m. Ursula, geb. Kipp († 1979), 3 Kd. (Hans, Gerhard, Elisabeth) - Gymn. u. Univ. Bonn (Promot.) - S. 1961 (Habil.) Lehrtätigk. Univ. Bonn (1969 apl. Prof.; 1970 Wiss. Rat u. Prof.); 1971-89 Chefarzt d. Geburtshilfl.-Gynäkolog. Abt. St. Elisabeth Krkhs. - BV: Physiotherapie in d. Frauenheilkd. u. Geburtshilfe, 1963; Grundsätzliches z. Anwend. d. Bindegewebsmassage in Frauenheilkunde u. Geburtshilfe, Beitr. z. 5. A. Monogr. Meine Bindegewebsmassage v. E. Dicke, 1968; Frauenheilkunde u. Geburtshilfe, 1968 (zus. m. Dr. Hans Baatz, im Handb. d. physikal. Heilverf., hsg. v. J. Grober u. E. Stieve). Zahlr. Arb. in Ztschr. üb. Geburtshilfe, Gynäkologie u. Physiotherapie - 1977 Komtur d. päpstl. Gregorius-Ritterordens.

LANGENDÖRFER, Horst
Dr. rer. nat., Prof. f. Informatik, TU Braunschweig - In den Eichen, 6601 Riegelsberg (T. 06806 - 4 57 96) - Geb. 19. Mai 1936 Altenwald (Vater: Jakob L., Beamter; Mutter: Elisabeth, geb. Krauss), kath., verh. s. 1962 m. Marlies, geb. Schäfer, 2 Kd. (Peter, Barbara) - Stud. Math., Physik, Chemie 1960-66 Saarbrücken; Dipl. Math.; Promot. Math. - B. 1970 wiss. Assist. Univ. Saarbrücken; s. 1970 wiss. Assist., Doz. u. Prof. f. Informatik TU München - BV: Prolog, 1987 (m. Cordes u. Kruse); Messen, Modellieren, Simulation, 1989 - Liebh.: Musik, bild. Kunst, Sport - Spr.: Franz., Engl.

LANGENDORF, Heinz
Dr. med. (habil.), Prof. Univ. Mainz - Franz-Schubert-Str. 10, 6095 Ginsheim-Gustavsburg 2 (T. 06144 - 3 21 29) - Geb. 5. März 1920 Frankfurt/M. (Vater: Carl L., Arch.; Mutter: Katharina, geb. Fritz), ev., verh. s. 1950 m. Helma, geb. Mercker, 4 Kd. (Elke, Claus, Ingrid, Karin) - Stud. Univ. Frankfurt. Promot. 1948 Frankfurt; Habil. 1963 Mainz - 1968-85 Leit. Zentrallabor Chirurg.-Univ.kliniken Mainz.

LANGENFASS, Martin
Verleger, Vors. Fachgr. Konfessionelle Zeitschriften/Verb. Dt. Ztschr.verleger, Geschäftsf. u. Verlagsdir. Ev. Presseverb. f. Baden, Schatzmeister, Präsid.-Mitgl. Verb. Dt. Ztschr.-Verleger, stv. Vors. FB Ztschr. im gem.-werk d. Ev. Publ. - Blumenstr. 7, 7500 Karlsruhe 1 - Geb. 17. Juni 1924 München - 1988 BVK am Bde.

LANGENHAN, Rainer
Rechtsanwalt u. Syndikus, Geschäftsf. Verb. Dt. Lederindustrie - Königsberger Str. 33, 6501 Nieder-Olm (T. 06136 - 4 40 61) - Geb. 22. Aug. 1952 Mainz, ev., verh. s. 1983 m. Kristina, geb. Brandschau - 1974-79 Stud. Rechtswiss. Univ. Mainz.

LANGENMAYR, Arnold
Dr., Dipl.-Psych., Wiss. Rat u. Prof. Univ. Essen (s. 1975) - Efeuweg 2, 4030 Ratingen (T. 47 23 65) - Geb. 15. Mai 1935 Traunstein (Vater: Arnold L., RA.; Mutter: Anni, geb. Schaumeier), kath., verh. s. 1970 m. Sigrid, geb. Lüdtke, 2 Kd. (Dirk, Raul) - Hum. Gymn. Traunstein; Stud. d. Psychol. Univ. München u. Erlangen; Promot. 1973 - 1967 Heimberater, 1968-73 Erziehungsberater

Wunsiedel, Selb u. Arnsberg (1970 Leit. Psychol. Beratungsstelle), 1974 Doz. Univ. Oldenburg, 1975 wiss. Rat u. Prof. Univ. Essen - BV: Familiäre Umweltfaktoren u. neurotische Struktur, 1975; D. Berufstätigk. b. d. Müttern verhaltensgestörter Kd., 1976; Familienkonstellation, Persönlichkeitsentw., Neurosenentsteh., 1978; Krankheit als psychosoz. Phänomen, 1980; Diskriminierung v. Mädchen in Erziehungsberatungsstellen, 1980; Analyse biographischer Daten v. Multiple-Sklerose Kranken, 1985 (m. U. Prümel); Lebenslaufanalyse, 1987 (m. U. Schubert) - Liebh.: Orchideenzucht, Pilzesammeln, Edelsteinschleifen - Spr.: Engl., Serbokroat.

LANGENOHL, Hanno

Dr. phil., o. Prof. f. Didaktik d. Schule f. Lernbehinderte - Sandbrinkerfeld 18, 4700 Hamm 1 (T. 02381 - 8 18 74) - Geb. 8. Juni 1926 Werne/Lippe (Vater: Josef L., Rektor; Mutter: Agnes, geb. Drees), kath., verh. s. 1953 m. Ilse, geb. Gillessen, T. Brigitte - Oberrealsch.; PH; Univ. (Päd., Phil., Engl. Philol., Psych.). Promot. 1962 Münster - 1947 Volks-, 1958 Hilfsschullehrer, 1961 Hochschulassist., 1963 -doz.; 1966 Prof. Univ. Dortmund - BV: D. Anfänge d. dt. Volksbildungsbeweg. im Spiegel d. moral. Wochenschriften, 1964; D. weiterführende Leseunterricht b. Lernbehind., 1970; Biologieunterricht a. d. Lernbehindertensch., 1976 - Spr.: Engl. - Bek. Vorf.: Prof. Franz Hitze, Priester, Prälat, Sozialpolitiker, MdR (Zentrum), 1851-1921 (Urgroßonkel vs.).

LANGENSIEPEN, Hans

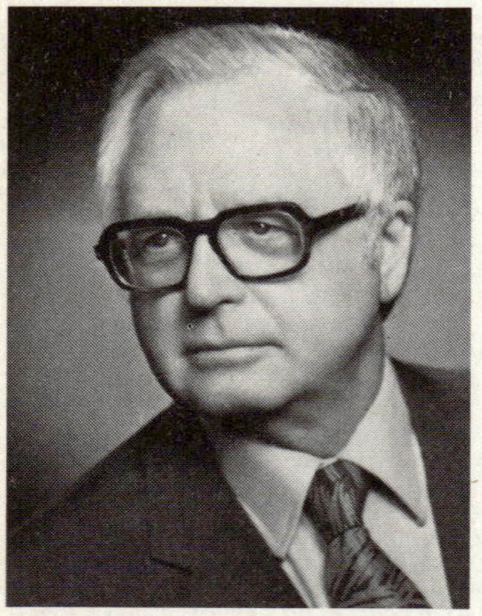

Dipl.-Ing., Generalkonsul d. Bundesrep. Deutschl. d. Zentralafrikanischen Republik - Herdweg 16, 7000 Stuttgart 1 - Geb. 18. Jan. 1917 Mönchengladbach, ev., verh. s. 1944 m. Ursula Sailer, T. Barbara-Sylvia - Abit. 1937; 1937-45 Wehrdst.; 2 J. Praktikum Textil-Untern.; Stud. Textilmasch.; Dipl. 1949 - 1949-51 Auslandstätigk. Schweiz; b. 1979 Generalvertr. schweiz. Textilmasch.-Fabrik f. d. BRD; s. 1979 Berat.-Ing. Vorst.-Mitgl. Vereinig. Reutlinger Ing., u. Europ. Ges. f. Schmerzforsch.; Mitgl. VDI - 1983 Paracelcus-Med.; 1988 BVK - Spr.: Engl., Franz., Ital.

LANGENSTEIN, Hellmut

Dipl.-Ing. (FH), Gf. Gesellschafter Langenstein & Schemann GmbH - Rosenauer Str. 58, 8630 Coburg/Ofr. - Geb. 8. Aug. 1921 - Ehrenbürger Univ. Erlangen-Nürnberg.

LANGENSTEIN, Horst

Geschäftsführer Langenstein & Schemann GmbH, u. Lasco Umformtechnik GmbH - Rosenauer Str. 66, 8630 Coburg/Ofr.

LANGER, Bernhard

Golfer - Dt. Anschrift: Bachstr. 18, 8901 Anhausen b. Augsburg; USA: Fort Pierce (Florida) - Geb. 27. Aug. 1957 Anhausen (Vater: Maurer), verh. s. 1984 (Ehefr.: Vikki, amerik. Stewardess) - Begann m. 9 Jahren als Caddie u. gehört n. div. Masters-Turniererfolgen (1985 Sieger) s. Jahren zu d. besten Profis d. Welt. Dt. Meister m. 17 J., Europameister m. 23 J. - 1985 bester Golfer d. Jahres (Wahl d. Golf Digest, USA) - Liebh.: Kochen - Spr.: Engl.

LANGER, Erich

Dr. med., Prof., Pathologe, Chefarzt a.D. Städt. Krankenhaus München-Schwabing - Franz-Sperr-Weg 17, 8000 München 50 (T. 150 32 46) - Geb. 26. März 1915 - S. 1951 (Habil.) Lehrtätigk. Med. Akad./Univ. Düsseldorf (1957 apl. Prof.) u. Univ. München (apl. Prof.).

LANGER, Günter

Regisseur - St. Karliquai 9, CH-6004 Luzern/Vierwaldstättersee - Geb. 17. Mai 1933 Düsseldorf (Vater: Albert L., Kaufm.; Mutter: Margarete, geb. Kronenberg), kath., T. Daniela - Schauspielausbild.; psych. u. soziol. Stud. - Theatertätigk. Braunschweig, Hamburg, Saarbrücken, Chefdramat. u. stv. Int. Bamberg (1974) u. Luzern (1978), s. 1981 fr. Regiss. 1974-80 Lehrbeauftr. Univ. Bamberg (Spiel- u. Theaterpäd.). Wesentl. Bühnenrollen: Leonato, Escalus, Welti. Üb. 30 Insz., dar. Sternheim, Ibsen, Hebbel, Ionesco - BV: Vorsokratiker u. Avantgardist - E. Unters. am Beisp. Heraklit u. Beckett, 1963 (auch jugosl. Ausg.); Psych. u. Rolle, 1968; D. Rolle in Ges. u. Theater, 1980 - Silb. Ehrennadel GDBA - Liebh.: Briefm. - Spr.: Engl. - Bek. Vorf.: Hermann Bahr, österr. Schriftst. (Großonkel).

LANGER, Hans

Dr. rer. nat., Prof. Inst. f. Landschaftspflege u. Naturschutz Univ. Hannover (s. 1968) - Lange Str. Nr. 16, 3008 Garbsen 4 (T. 05103 - 62 28) - Geb. 8. Febr. 1933 Komotau (Vater: Robert L.; Mutter: Franziska, geb. Kössler), verh. m. Ingrid, geb. Bürgermeister, 3 Kd.

LANGER, Hans-Klaus

Dirigent u. Komponist - Bundesallee 196, 1000 Berlin 31 (T. 211 24 14) - Geb. 6. Dez. 1903 Tost/Schles. (Vater: Josef L., Rektor; Mutter: Maria, geb. May), kath., verh. s. 1937 m. Elisabeth Frieda, geb. Rück, S. Klaus-Ulrich Florian - Hum. Gymn. Gleiwitz/OS., 1942-45 Wehrdst. - Staatl. Hochsch. f. Musik Berlin (Meisterkl. f. Kompos. Prof. Franz Schreker); 1932 Beethovenstip. Stadt Berlin - W.: Klavier-, Orgel-, Cembalo-, Harfen-, Kammermusik, Liederzyklen, sinfon. Orchestermusik, Oratorien, Kantaten a cappella u. mit Instrumentalbegleit., neuere W.: u.a. Collage (1970); Kaleidoskop (1971), Impromptu (1972), Sinfonia tragica (1972), Sinfonia piccola (1974), Sinfonietta liturgica (1977), Barock-Variationen üb. e. eig. Thema (1977), Thema u. Variat. i. neobarocken Stil f. Cembalo (1977), Liturg. Suite f. Orgel (1977); Ballette: Grand Hotel (1949), Cafe cantante (1951), Plaisanterie amoureuse (1957), D. letzte Weg (1958); Opern: D. Heuchler (1947/52), D. Psychotherapeut o. M. Cocu (1965/66), Damals wie heute (1967-69), szen. Oratorium: D. Erlösung; Musicalette: Es wackelt d. Thron; Drama: Mörder Abel; päd. W.: Takt u. Rhythmus, Rhythmika, Vom Walzer z. Cha-cha-cha; 6-teil. Reim-Lexikon D. Reimer - 1969 Johann-Wenzel-Stamitz-Preis - Spr.: Engl., Franz.

LANGER, Helmut

Dr. rer. nat., o. Prof. f. Tierphysiologie - Lombergsweg 11a, 4630 Bochum 5 (T. 47 14 37) - Geb. 12. Jan. 1930 Chemnitz/Sa. - S. 1960 (Habil.) Lehrtätigk. Univ. München, Würzburg (1964; Doz.), Bochum (1966; Ord.). Üb. 70 Fachveröff., u. a. Biologie, Lehrb., 4. A. 1989.

LANGER, Horst

Dr.-Ing., Vorstandsmitglied Siemens AG (Leit. Geschäftsbereiche Industrie), Erlangen - Zu erreichen üb. Siemens AG, 8520 Erlangen - Geb. 16. März 1936 Breslau, kath., verh., 3 Kd. - Stud. Elektrotechnik TH Braunschweig (Promot. 1966) - 1978-83 Managing Dir. Siemens India Ltd., Bombay.

LANGER, Klaus

Dr., Prof. f. Mineralogie TU Berlin (s. 1978) - Bamberger Str. 27, 1000 Berlin - Geb. 25. April 1936 Stettin (Vater: Ernst L., Lehrer; Mutter: Gerda, geb. Protz), ev., verh. s. 1959 m. Hannelore, geb. Trübenbach, 4 Kd. (Birgit, Martin, Christoph, Kirsten) - Hum. Gymn. Kiel (Abit. 1956); Stud. Univ. Kiel u. Wien; Promot. 1965; Habil. 1971 - 1970-74 Akad. Rat Bochum; 1974-78 Prof. Bonn - Entd.: Hochdruck-Hochtemperatur-Synthese u. Absorptionsspektroskopie von Silikatmineralen. In- u. ausl. Fachmitgl.sch. Fachveröff. Hg. Fachzeitschr. - Liebh.: Malerei, Lit. - Spr.: Engl.

LANGER, Klaus

Abteilungsleiter Unterhaltung-Wort Hörfunk SWF - Zu erreichen üb. SWF, Hans-Bredow-Str. 6, 7570 Baden-Baden - Geb. 14. April 1938, kath., verh. s. 1977 m. Sigi Harreis, geb. Dannenmann (s. dort) - Abit. 1957 Göttingen; Stud. German., Roman. u. Theaterwiss. Univ. Göttingen, München, Rennes, Paris u. Heidelberg - 1957-66 Regiss., Dramat. u. Schausp. am Jungen Theater Göttingen; Spielleit. Hoftheater Scherzheim; Regiss. Theater Baden-Baden (als Gast) - Liebh.: Tennis - Spr.: Franz.

LANGER, Siegfried

Dr. jur., Vorstandsmitgl. Globus Versicherungs-AG., Hamburg (s. 1971) - Taxusweg 11, 2000 Hamburg 52 (T. 880 24 86) - Geb. 22. Nov. 1925.

LANGER, Winrich

Dr. jur., Prof. f. Straf- u. -prozeßrecht Univ. Marburg (s. 1974) - Über der Kirch 10, 3550 Marburg/L. - Geb. 3. Mai 1939 Allenstein/Ostpr. - Promot. (1970) u. Habil. (1973) Hamburg - BV: D. Sonderverbrechen, 1972; D. falsche Verdächtigung, 1973; Anleit. z. Bearbeitung v. Strafrechtsfällen, 8. A. d. v. E. Kern begr. Werkes, 1985.

LANGER, Wolfhart

Dr. rer. nat., Prof. f. Paläontologie u. Historische Geologie Univ. Bonn - Eichenweg 2, 5305 Alfter - Geb. 17. Okt. 1933 Krefeld, ev., 2 Kd. - 1964-65 Assist. Münster; 1974 apl. Prof. Bonn, 1980 Prof. ebd. - Üb. 60 Fachveröff. incl. Gesch. d. Geol./Paläontol.

LANGER, Wolfram

Dr. rer. pol., Staatssekretär a. D. - Van-Gogh-Str. 5, 8000 München 71 (T. 79 83 34) - Geb. 16. Sept. 1916 Berlin (Vater: Paul L., Schulrat; Mutter: Sophie, geb. Bobolz), kath., verh. s. 1947 m. Dr. rer. pol. Margit, geb. Siebert - Oberrealsch. Waldenburg/Schles. (Abit. 1936); Univ. Breslau u. Genf. I. jurist. Staatsex. 1939; Promot. 1941 - 1939-46 Wehrdst. u. engl. Kriegsgefangenschaft; 1946-47 Zentralamt f. Wirtschaft, Minden; 1947-58 Handelsblatt, Frankfurt/M. u. Bonn (Redakt.); 1958-66 Bundeswirtschaftsmin. (b. 1963 Ministerialdir., dann Staatssekr.); 1966-68 Bundesschatzmin. (Staatssekr.); 1968-78 Präs. Dt. Pfandbriefanst. anschl. Verw.rat d. Dt. Pfandbriefanst. - AR-Mandate: Dt. Ges. f. Wertpapiersparen mbH., Frankfurt, Treuhand-Vereinig. AG (AR-Vors.), ebd., Berlinische Lebensversich., Wiesbaden, Ind. Verw. Ges. AG (AR-Mitgl.), Bonn - 1969 Gr. BVK - Spr.: Engl., Franz.

LANGER-EL SAYED, Ingrid

Dr. phil., Prof. f. Politikwissenschaft Univ. Marburg - Unterer Schellberg 5, 6232 Bad Soden/Ts. - Zul. Doz. Darmstadt.

LANGES, Horst

Studiendirektor a. D., Staatssekretär, MdEP - Bonhoefferstr. 32, 5500 Trier/Mosel (T. 3 16 59) - Geb. 2. Dez. 1928 Koblenz, kath., verh., 5 Kd. - Gymn. Koblenz (durch Kriegsdst. unterbr.; Abit. 1948); Univ. Mainz u. München (German., Gesch., Phil., Theol.). Staatsex. 1954 u. 56 - S. 1960 Studienrat bzw. Studiendir. (1965). S. 1974 Staatssekr. im Kultusmin. v. Rhld.-Pfalz. S. 1960 Mitgl. Stadtrat Trier; s. 1967 MdL Rhld.-Pf. 1956ff. Bezirksvors. Jg. Union Trier. 1979 Mitgl. Europ. Parlament. S. 1962 Kreisvors. d. CDU Trier-Stadt.

LANGEWIESCHE, Dieter

Dr. phil. habil., o. Prof. f. Mittlere u. Neuere Geschichte - Im Rotbad 9, 7400 Tübingen 1 - Geb. 11. Jan. 1943 Mariazell (Vater: Erich L., Arbeiter; Mutter: Emma, geb. Kienesberger), ev., verh. s. 1966 m. Sigrun, geb. Scholz, 2 Töcht. (Katrin, Kerstin) - Mittelsch. b. 1959, 1959-62 Kfm. Lehre Essen; 1962-66 Abendgymn. Gelsenk.; 1966-71 Stud. Gesch., Pol., German. Heidelberg; Promot. Würzburg 1973, Habil. 1978/79 - 1962-66 Kfm. Angest., 1971-78 wiss. Assist., s. 1978 Prof. - BV: Liberalismus u. Demokr. in Württ. zw. Revolut. u. Reichsgr., 1973; Z. Freizeit d. Arbeiters, 1980; Europa zwischen Restaurat. u. Revolution 1815-49, 1985; Liberalismus in Deutschl., 1988. Herausg.: D. Tagebuch Julius Hölders 1877-1880 (1976); D. dt. Revolution 1848/49 (1983); D. dt. Kaiserreich (1984); Liberalismus im 19. Jh. (1988); Revolution u. Krieg (1989); Handb. d. dt. Bildungsgesch. V (1989). Mithrsg.: Arbeiter in Deutschl. (1981); Arbeiter in Hamburg (1983); Studien u. Texte z. sozialgesch. d. Lit.; Intern. Archiv f. Sozialgesch. d. dt. Lit.

LANGGUTH, Gerd

Dr. phil., Leiter Vertretung d. EG-Kommiss. in d. Bundesrep. Dtschl., Bonn - Zitelmannstr. 22, 5300 Bonn - Geb. 18. Mai 1946 Wertheim/M. (Vater: Werner L.; Mutter: Elly, geb. Marquardt), ev., verh. - Gymn. Wertheim; Stud. polit. Wiss. Univ. Bonn; Promot. 1975 ebd. - 1976-80 MdB (Wahlkr. Esslingen); b. 1986 Dir. Bundeszentrale f. polit. Bildung, Bonn; s. 1987 Staatssekr. u. Bevollm. d. Landes Berlin b. Bund - BV: Protestbewegung am Ende, 1971; Bildungsreform - konkret, 1973 (m. P. Hintze); Schulkampf als Klassenkampf, 1975; D. Protestbewegung in d. Bundesrep. Dtschl. 1968-76, 1976; Jugend ist anders - Portrait e. jungen Generation, 1983; D. grüne Faktor, 1984; The Green Factor in German Politics, USA 1986. Herausg.: Aspekte z. Reformpolitik (1971), Offensive Demokratie (1972) - 1975 Hermann Ehlers-Förderpreis - Liebh.: Fotografieren - Spr.: Engl.

LANGHAGEL, Joachim

Dr. med. (habil.), Prof., Chefarzt u. Ärztl. Direktor Orthopäd. Klinik u. Rehabilitations-Zentrum Lichtenau - 3436 Hess. Lichtenau - Geb. 28. März 1914 Glogau, ev., verh. - B. 1965 Privatdoz., dann apl. Prof. Univ. Münster/W. (Orthop.), Facharb.

LANGHANS, Herbert

Prof., Dozent f. Musikerzieh. Dt. Sporthochsch. Köln - Friedhofsweg 27, 5024 Pulheim.

LANGHANS, Peter Michael

Dr. med., apl. Prof. f. Chirurgie Univ. Münster - Rinscheweg 45, 4400 Münster (T. 0251 - 21 20 94) - Geb. 22. Jan. 1943 Plauen/Vogtland (Vater: Peter L., Prok.; Mutter: Margot, geb. Ketzel) - Med.-Stud. Univ. Erlangen; Staatsex. u. Promot. 1971; Approb. 1972; chir. Ausb.; Habil. 1979 Münster - Med.-Assist. Städt. Krankenhaus Forchheim; 1973-74 Chir. Klinik Bamberg; s. 1975 Chir. Univ.-Klinik Münster (Oberarzt) - Mitherausg.: 100 J. Ulkus-Chirurgie (1982); A Century of Ulcer Surgery (1984); D. Roux-Schlinge (1984); Aktuelle Therapie d. Magenkarzinoms (1985); Folgeerkrankungen d. Ulkus-Chirurgie (1987); Buchreihe Chirurgie. Mitgl. d. Schriftleitg. Ztschr. Verdauungskrankheiten. Mitgl. zahlr. med. Ges.; Sekr. Europ. Ges. f. Gastroenterol. u. Endoskopie - 1980 Preis Ztschr. f. Allgemeinmed. u. Johann-Nepomuk-Nußbaum-Preis; 1982/83 Gerhard-Domagk-Preis - Spr.: Engl., Latein.

LANGHECK, Wilhelm
Dr.-Ing., E. h., Direktor i. R. - Feuerbacher Heide Nr. 30, 7000 Stuttgart - Geb. 29. Nov. 1907 Eßlingen/N. (Vater: Johann L., Fabrikant; Mutter: Christiane, geb. Deyle), ev., verh. 1940 m. Meta, geb. Nagel † - TH Stuttgart (Maschinenbau; Dipl.-Ing. 1932) - 1933-76 Daimler-Benz AG. (1952 Vorstandsmitgl.) - 1966 Ehrendoktor TH Stuttgart (jetzt Univ.); Gr. BVK.

LANGHEINRICH, Werner Alfred
Dr. rer. nat., Prof. TH Darmstadt - Ringstr. 138, 6101 Rossdorf - Geb. 12. Jan. 1934 Ulm (Vater: Georg Adam L., Beamter; Mutter: Marie, geb. Frank), verh. s. 1963 m. Christa, geb. Bauer, 2 S. (Markus, Tobias) - Abit. 1954; Dipl.-Chem. 1959, Promot. 1962 Stuttgart - 1962 AEG-Telefunken (Forsch.); s. 1967 Prof. TH Darmstadt. Wiss. Publ. u. Erf. auf d. Geb. d. Halbleitertechnik - Liebh.: Archäol. - Spr.: Engl.

LANGHOFF, Udo
Regisseur, Schausp. - Itzenbütteler Str. 65, 2112 Jesteburg (T. 04183 - 37 92) - Geb. 11. Juli 1912 Hamburg (Vater: Adolph L., Kaufm.; Mutter: Margarete, geb. Kostelnyck), ev., verh. s. 1964 m. Marina Ried, Filmschausp., 2 Kd. (Halvard, Marion) - Theaterausbild. Paris u. Gustav Knuth - U. a. 1952-77 NDR (Leit. Familienprogr.). Fernsehf.: Jörn Drescher - 19 J. (1971) - BV: Hamburg-Bombay, 1962; Land o. Steine, 1966 - Div. Ausz. - Liebh.: Kochen, Fotogr., Reisen - Spr.: Engl., Franz., Span., Ungar.

LANGMAACK, Friedrich
Bürgerschaftsabgeordneter (s. 1974) - Nobleestr. Nr. 17, 2100 Hamburg 90 - SPD.

LANGMANN, Hans Joachim
Dr. rer. nat., Prof., Physiker, Vors. d. Gesellschafterrates u. d. Geschäftsltg. E. Merck, Darmstadt - Geb. 5. Okt. 1924 Güstrow/Mecklenburg, verh. m. Dr. rer. pol. Marlis, geb. Groos, 3 Töcht. - Univ. Göttingen u. Heidelberg - Vizepräs. BDI, 1985/86 Präs. BDI (15. Mai 1984 gewählt), Präsid.-Mitgl. VCI - 1984 Gr. BVK, 1987 Stern dazu.

LANGNER, Günther
Generaldirektor Kodak Ges. Wien u. AR Kodak AG - Zu erreichen üb.: Kodak AG, Hedelfinger Str. 56, 7000 Stuttgart - Geb. 23. Jan. 1924 - B. 1970 stv., b. 1982 o. Vorst.-Mitgl. Kodak AG, Stuttgart.

LANGNER, Heinz
Verbandsvorsitzender d. GVR-Gemeinschaft v. Versicherten u. Rentnern d. Angestellten Vers. - Zu erreichen üb. Heinrichstr. 31, 3000 Hannover 1 (T. 0511 - 34 17 98) - Geb. 16. Febr. 1915 Mülheim/R., ev., verh. - Schriftleit. d. Dt. Angest.-Ztg.

LANGNER, Manfred
Dr. jur., Rechtsanwalt u. Notar, MdB (s. 1976; Wahlkr. 133) - Frankfurter Str. 2, 6290 Weilburg (T. 3 90 71) - Geb. 28. Juni 1941 - CDU (Justitiar CDU/CSU-Bundestagsfrakt.).

LANGNER, Manfred Rolf
Dramaturg u. Regiss. Grenzlandtheater Aachen, fr. Schriftst. u. Übersetzer - Am Beulardstein 93, 5100 Aachen (T. 0241 - 17 15 08) - Geb. 10. Febr. 1958 Wiesbaden, verh. m. Nathalye, geb. Lebreton - BV: D. verwunschene Blinddarm, Kinderst. (zus. m. J. Ross); versch. Theaterst. - Übers.: u.a. Ein Volksfeind v. H. Ibsen - Spr.: Engl., Franz.

LANGOSCH, Karl
Dr. phil., o. Prof. f. Mittellatein. Philologie (emerit.) - Buchenstr. 5, 6104 Jugenheim (T. 36 34) - Geb. 11. April 1903 Berlin (Vater: Karl L., Lehrer; Mutter: Elsa, geb. Kötschau), ev., verh. s. 1931 m. Vera, geb. Steinbrüggen, 4 Kd. (Gisela, Gunhild, Ingo, Erika) - Kaiserin-Augusta-Gym. Berlin; Univ. ebd. u. Tübingen (German. u. mittellat. Philol.). Promot. (1931) u. Habil. (1941) Berlin - 1929-36 Assist. Pr. Akad. d. Wiss. (Mitarb. Dt. Wörterb.); 1936-45 Lehrbeauftr. Univ. Berlin; 1948-58 Doz. u. Prof. Päd. Inst. Darmstadt; 1958-68 ao. u. o. Prof. (1961) Univ. Köln. 1964/65 Gastprof. Univ. Bonn - BV: u. a. D. Germania d. Johannes Cochläus, 1960; D. Lat. Mittelalter, 1963; D. dt. Lit. d. lat. Mittelalters, 1964; Profile d. lat. Mittelalters, 1965; D. europ. Lit. d. Mittelalters, 1966; Waltharius - D. Dichtung u. d. Forschung, 1973. Herausg.: Dt. Lit. d. Mittelalters/Verfasserlexikon (1943 ff.), Geschichtsschreiber d. dt. Vorzeit (1943 ff.), Studien z. Jugendlit. (1954 ff.), Mittellat. Jahrb. (1964 ff.), Beihefte dazu (1968 ff.), Mittellat. Studien u. Texte (1968 ff.). Übers.: Lat. Lyrik, Epik, Drama d. Mittelalters (3 Bde. 1954 ff.), Lyr. Anthol. d. lat. Mittelalters (1968), Vagantendicht. (1963), Weib, Wein u. Würfelspiel (1969) - Lit.: Festschr. z. 60. Geburtstag, z. 70. Geb. (Lit. u. Sprache im europ. Mittelalter, 1973).

LANGREDER, Wilhelm
Dr. med., Dr. rer. nat., Prof., Chefarzt - Holunderweg 1, 5800 Hagen/W. (T. 5 51 61, Krkhs.: Hohenlimburg 5 10 51, Praxis: Hohenl. 21 41) - Geb. 16. Nov. 1920 Aurich/Ostfriesl. (Vater: Henry L., Oberregierungsrat), ev., verh. s. 1945 m. Elsa, geb. Gsaenger, 2 Söhne (Heinrich, Stefan) - Univ. Kiel u. Tübingen - 1945-49 Assist. Univ. Tübingen (Frauenklinik), s. 1949 Doz. Univ. Freiburg/Br. u. Mainz (1954); 1958 apl. Prof., s. 1958 Chefarzt Städt. Frauenklinik Rheydt u. Ev. Krkhs. Hohenlimburg - BV: Cytolog. Atlas, 1955 (4spr.); D. Parametrium, 1955; D. Tokometrie, 1960; D. Cervix uteri, 1961 - 1957 Maximilian-Nitze-Preis Dt. Ges. f. Gynäk. u. f. Urol. u. Lions Club - Liebh.: Musik, Malerei - Spr.: Engl., Franz., Holl., Ital.

LANGREEN, Karl-Heinz
Bürgermeister, Vors. Vereinig. d. Ostseebäder u. d. Kur- u. Fremdenverkehrsorte im küstennahen Gebiet u. Arbeitsgem. Heilbäder u. Kurorte in Schlesw.-Holst., Kiel - Rodenbergstr. 12, 2409 Niendorf/Ostsee - Geb. 18. Febr. 1920.

LANGROCK, Ursula
Eigentl. Ursula Busch, Schauspielerin, Regisseurin - Zu erreichen üb.: Südwestfunk, 7570 Baden-Baden - Geb. 30. Jan. 1926 Leipzig (Vater: Hans, Kaufm.; Mutter: Hanna, geb. Seifert), verh. s. 1969 in 2. Ehe m. Rolf Busch, Fernseh-Regiss., T. Stefanie - 1946-48 Schauspielausb. b. Ellen Daub u. Max Noack in Frankfurt - S. 1946 künstl. Sprecherin an dt. Rundfunkanst., Autorin u. s. 1974 Hörspielregiss. - FS: u.a. D. gold. Kranz; O Wildnis; D. Ermittl.; D. Ungeduldigen; Standgericht; Stress; Radieschen - Liebh.: Lesen, Reisen.

LANGSDORFF, Jens

Mitglied d. Hamburgischen Bürgerschaft (s. 1986) - Wehlbrook 22, 2000 Hamburg 73 (T. 040 - 677 24 64) - Geb. 28. Sept. 1938 Hamburg-Wandsbek, ev., verh. s. 1963 m. Birgit, geb. v. Seth, T. Britta - Lehre als Reedereikaufm.; Wirtschaftsdolmetscher Englisch Kings Univ./Newcastle - S. 1970 selbst. Straßen- u. Tiefbau-Untern. WELA-Straßenbau GmbH u. Weltin & Langsdorff GmbH & Co. KG, Hamburg. Vorst.-Mitgl. Hamburg. Mittelstandsvereinig. u. CDU-Kreisverb. Wandsbek.

LANKES, Hans Christian
Dr.-Ing., Botschafter a. D. - Viktoriastr. 23, 5300 Bonn Bad-Godesberg - Geb. 4. Dez. 1919 München (Vater: Dr. Artur L., Arzt; Mutter: Emmy, geb. Oswalt), ev., verh. s. 1959 m. Janny, geb. Reijne, 2 Kd. (Elyane Christine, Hans Peter) - Gymn. Essen, Stud. Hüttenwesen TH Stuttgart, nach Kriegsdst. TH Berlin, Aachen (1947 Dipl.-Ing.), Bergakad. Clausthal-Zellerfeld (1951 Dr.-Ing.), Diplomatenschule Speyer 1951 - 1947 Metallges. Frankfurt/M., 1949 wiss. Assist. Inst. Metallkunde Clausthal; s. 1951 Ausw. Dienst (Auslandsposten: San Francisco, Washington, EG-Kommiss. Brüssel [1958], Bangkok; 1965 Leit. Referat Europ. Sicherheit; Botschafter Guinea [1969], Libanon [1972], Äthiopien [1975]; beigeordn. Generalsekr. Nato [1978]; Botsch. Thailand [1982-84]). 1946 Gründ. Jungenschaft Essen; 1986 Mitgl. Bundeskurat. Intern. Bd. Jugendsozialwerk Frankfurt/M.; 1987 Präs. Dt.-Thail. Ges. Bonn - 1970 BVK I. Kl., 1983 Gr. BVK, ausl. Orden - Liebh.: Kl. Musik, Gesch., Dichtung, Segeln.

LANKHEIT, Klaus
Dr. phil., em. o. Prof. f. Kunstgeschichte - Erich-Heckel-Str. 8, 7500 Karlsruhe 41 (T. 4 24 17) - Geb. 20. Mai 1913 Landsberg/W. (Vater: Max L.; Mutter: Anna, geb. Gladosch), verh. 1950 m. Marie-Luise, geb. Bartels - Univ. Greifswald, Tübingen, Berlin, Göttingen (Promot. 1947). Habil. 1952 Heidelberg - S. 1958 ao. u. o. Prof. (1960) TH bzw. Univ. Karlsruhe (1965/66 Rektor). 1960ff. Honorarprof. Univ. Heidelberg - BV: u. a. D. Frühromantik u. d. Grundl. d. ungegenstandslosen Malerei, 1951; Wert oder Unwert d. Jugendstils, 1953; J.-L. David, D. Tod Marats, 1962 (Reclam); Florentin. Barockplastik, 1962; Revolution u. Restauration, 1965, 3. A. 1988; D. Blaue Reiter, Dokum. Ausgabe 1965, 7. A. 1989; Kunstgesch. und. Primat d. Technik, 1966; D. Tempel d. Vernunft. Unveröff. Zchngn. v. Boullée 1968, 2. A. 1973; Franz Marc, Katalog d. Werke, 1970; Franz Marc, S. Leben u. s. Kunst, 1976; Franz Marc, Schriften, 1978; Friedrich Weinbrenner u. d. Denkmalskult um 1800, 1978; D. Modellsammlg. d. Porzellanmanufaktur Doccia, 1982; D. kurpfälzische Hofbildhauer Paul Egell 1691-1752, I + II 1988; V. d. napoleonischen Epoche z. Risorgimento, 1988 - 1975 Gold. Med. f. Kultur u. Künste Rep. Italien - Lit.: Festschr. 1973.

LANKL, Hermann
I. Bürgermeister - Rathaus, 8631 Weitramsdorf/Ofr. - Geb. 29. April 1938 Reisesberg - Zul. Verwaltungsbeamter.

LANSER, Günter
Schriftsteller, Kulturberichterstatter - Graf-Recke-Str. 160, 4000 Düsseldorf 1 (T. 0211 - 63 21 63) - Geb. 23. März 1932 Düsseldorf (Vater: Heinrich L.; Mutter: Maria, geb. Wiedemeier †1989) - Fernmeldetechniker; Pantomime b. J. Soubeyron; 1951-55 Schausp.stud. b. K. Linder (letzter Chefdramat. v. L. Dumont); 1952-56 Schauspieler u. Regieassist. a. d. Düsseldorfer Kammerspielen unt. H. Utzerath; 1959 eig. Theater; 1967/68 Intimes Theater Düsseldorf - BV: An d. Ufern, Ged., 1964; Schwarznebel, Ged., 1973 (m. e. Nachwort v. H. Bender); Viaducs-Viaducte, Ged., Paris 1977 (m. e. Vorwort v. H. Schumacher); Nachtworte, Ged., 1984; Satzbau - Poesie u. Prosa aus Nordrh.-Westf., (Mitherausg.) 1972; Mitautor u. a. Thema Weihnachten, 1965; Brenn-

punkte, 1973; Jahresring, 1974 u. 78; Jahrb. f. Lyrik, 1979 u. 80; Anstöße, 1987; Liebesgeschichten aus d. Alltag, 1989. Div. Rundf.send. - Liebh.: Philatelie (auch Fachveröff.).

LANSKY, Ralph
Dr. jur., Bibliotheksdirektor Max-Planck-Inst. f. ausl. u. intern. Privatrecht Hamburg (s. 1972) - Mittelweg 187, 2000 Hamburg 13 (T. 412 72 24) - Geb. 18. Juli 1931 Riga, ev., verh. s. 1962 m. Hildegard, geb. Krüger, 3 Kd. - Stud. Rechts- u. Staatswiss.; Ausbild. f. d. Höh. Dst. an wiss. Bibl. - 1963 Bibl.rat, 1970 -dir. - BV: D. Schutz d. öfftl. Bibl. nach dt. Verw.- u. Strafrecht, 1963; Systematik d. Rechtswiss. in Grundzügen, 1968; Bibliotheksrechtl. Vorschriften, 3. A. 1980ff. (Loseblattausg.); Handb. d. Bibliogr. z. Recht d. Entwicklungsländer, 1981; Grundlit. Recht, 3. A. 1984; Bibliogr. Handb. d. Rechts- u. Verwaltungswiss., 1987ff. Zahlr. Veröff. in wiss. Ztschr.

LANTERMANN, Klaus
Geschäftsführer, MdL a.D. - Geißlstr. 28, 4230 Wesel (T. 5 12 89) - Geb. 6. Aug. 1933 - 1975-80 Landtag NRW. FDP (s. 1964 Mitgl. d. Bezirksvorst. Niederrhein, s. 1972 stv. Bezirksvors.).

LANZ, Kurt
Dr. h. c., Aufsichtsratsmitgl. Hoechst AG, Direktor a.D. - Postf. 800 320, 6230 Frankfurt/M. 80 - Geb. 25. Jan. 1919 Mannheim - Kaufm. Ausbild. - S. 1937 IG. Farbenindustrie AG bzw. Hoechst AG - 1980 Gr. BVK.

LANZHAMMER, Josef
Dr. rer. pol., Landrat a. D., ehem. Geschäftsführer Bundesverb. d. Dt. Papiergroßhandels - Kirchbachstr. 12a, 4330 Mülheim/R. (T. 40 04 11) - Geb. 9. März 1921 Parsberg (Vater: Josef L., Bahnbeamter; Mutter: Maria, geb. Schmidt), kath., verh. s. 1960 m. Ingrid, geb. Rein, 2 Kd. (Rainer, Gertrud) - Gymn.; Stud. Staatswiss. - Beamter; Landrat; Syndikus - Spr.: Engl., Franz.

LAPP, Horst M.
Schwarzwälder Bergbauer - Staigbauer, 7620 Wolfach-Langenbach - Geb. 21. April 1937, verh. s. 1961 m. Lina Rosa, geb. Gebele, 2 Kd. (Markus Maria, Barbara Lina) - Ausb. z. Kaufm., Autolackierer - Bekannter schwarzwälder Bergbauer in Film, Funk, Fernsehen u. Presse. Reisen in viele Länder. Lesungen. Fernsehen (SWF Baden-Baden: Gold. Boden ade). Früher bek. Boxer im Mittelgew. - BV: Heimat deine Sünder, 1987 - Liebh.: M. fremden Menschen üb. d. Menschen re-

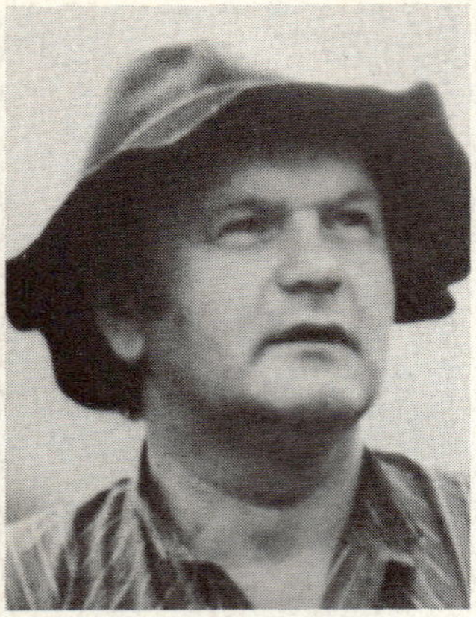

den - Bek. Vorf.: Baron v. Zorn u. Bulach v. Straßburg/Elsaß.

LAPP, Klaus

Dr., Geschäftsführer Großhandelsverb. f. Floristen- u. Gärtnerbedarf, Vereinig. d. kosmet. Einfuhrfirmen, Außenhandelsverb. Nordrh.-Westf. - Postf. 20 02 36, 4020 Mettmann 2; priv.: Azaleenweg 10a, 4020 Mettmann - Geb. 2. Dez. 1928.

LAPPAS, Alfons

Vorstandsvorsitzender a.D. Beteiligungsges. f. Gemeinwirtschaft AG (GBAG), Frankfurt/M. - Theaterplatz 2, 6000 Frankfurt/M. 1 - Geb. 3. Juni 1929 Wiesbaden (Vater: Peter L., Kriminalbeamter; Mutter: Therese, geb. Klee), verh. s. 1954 m. Sigrid, geb. Albrecht, T. Susanne - Mittelsch. (Mittl. Reife); Waldfacharbeiter- u. Verw.slehre - S. 1949 Gewerksch. Gartenbau, Land- u. Forstw. (1952 Bezirksleit. Rhön, 1957 Landesbezirksleit. Rhld.-Pfalz, 1959 Leit. Abt. Tarifpolitik. 1962 Mitgl. gf. Hauptvorst., 1966 stv., 1968 Vors.) u. DGB (1969 Mitgl. gf. Bundesvorst.); b. 1986 Vorst. GBAG (zurückgetr.). 1970ff. Präs. EWG-Wirtschafts- u. Sozialaussch. SPD s. 1951 - AR-Vors. Volksfürsorge Dt. Sachversich. AG, Hamburg, co op Zentrale AG, Frankfurt/M., co op Handels- u. Produktions-AG, Hamburg. Zahlr. weitere AR- u. Beirats-Mand. - Spr.: Engl.

LAPPAS, Günther

Vorsitzender Gewerkschaft Gartenbau, Land- u. Forstwirtschaft - Petunienweg 11, 6382 Friedrichsdorf (T. 06172 - 7 94 50) - Geb. 12. Jan. 1932 Wiesbaden, verh. s. 1957 m. Traute, geb. Froese, T. Tatjana - Lehre als Großhdl.kfm.; Polizeibeamter; Gewerkschaftssekr.; Bezirksleit., Landesbezirksleit., stv. Vors. Gewerkschaft Gartenbau, Land- u. Forstwirsch.

LAPPE, Rolf

Dr., Vors. d. Aufsichtsrates A. Nattermann & Cie. GmbH. - Nattermannallee 1, 5000 Köln 30 (T. 0221 - 509-1) - Geb. 3. Mai 1912 Köln (Vater: Rudolf L., Kaufm.; Mutter: Maria, geb. Bauhus), kath. - Ehrenmitgl. Gesamtvorst. Bundesverb. d. Pharm. Ind. - 1955 Ritterkr. v. Orden d. hl. Sylvester; 1967 Ehrensenator Univ. Heidelberg; 1976 Gr. BVK.

LAPPY, Karl

Geschäftsführer Arbeiterwohlfahrt/Bezirksverb. Niederbayern-Oberpfalz - Brennestr. 2, 8400 Regensburg (T. 40 71).

LARCHER, Franz

I. Bürgermeister (1960-84) - Rathaus, 8205 Kiefersfelden/Obb.; priv.: Dreibrunnenweg 10 - Geb. 3. Sept. 1914 Kufstein - Landw. 1971ff. Vors. Fremdenverkehrsverb. Bayer. Inntal/Mangfalltal.

LARENZ, Karl

Dr. jur., o. Prof. f. Bürgerl. Recht, Zivilprozeß u. Rechtsphil. (emerit. 1971) - Hubertusstr. 18, 8000 München 19 (T. 17 65 14) - Geb. 23. April 1903 Wesel (Vater: Karl L., b. 1937 Senatspräs. Pr. OVG, Herausg. Ztschr. f. Agrar- u. Wasserrecht; Mutter: Ida, geb. Pagenstecher), ev., verh. s. 1929 m. Irmgard, geb. Müller, 4 Kd. - Abit. H.-v.-Kleist-Realgymn. Berlin-Schmargendorf; Promot. (1926) u. Habil. (1929) Göttingen - 1929 Privatdoz. Univ. Göttingen (2 Sem. Lehrstuhlvertr. Univ. Bonn), 1933 o. Prof. Univ. Kiel, 1960 Univ. München - BV: Hegels Zurechnungslehre u. d. Begriff d. objektiven Zurechnung, 1927; D. Problem d. Rechtsgeltung, 1929; D. Meth. d. Auslegung d. Rechtsgeschäfts, 1930; D. Rechts- u. Staatsphil. d. dt. Idealismus, in: Handb. d. Phil., Bd. IV 1933; Rechts- u. Staatsphil. d. Gegenw., 2. A. 1935 (auch span. u. jap.); Sittlichkeit u. Recht, in: Reich u. Recht in d. dt. Phil., Bd. I 1943; Geschäftsgrundl. u. Vertragserfüllung, 3. A. 1963 (auch span. u. jap.); Lehrb. d. Schuldrechts, Bd. I 14. A. 1987 u. Bd. II 13. A., 1. Halbbd. 1986 (Bd. I auch span.); Methodenlehre d. Rechtswiss., 5. A. 1983 (auch span., ital., portug.); Lehrb. d. Allg. Teils d. dt. bürgerl. Rechts, 7. A. 1989; Richtiges Recht, 1979 (auch span.). Zahlr. Fachaufs.

LARENZ, Rudolf-Wilhelm

Dr. rer. nat., o. Prof. f. Theoret. Physik (em. 1985) - Am Schwalbenberg 2, 4000 Düsseldorf 12 (T. 20 38 15) - Geb. 7. Febr. 1917 Düsseldorf, kath., verh. s. 1946 m. Hildegard, geb. Silberkuhl, 2 Kd. (Rudolf, Mechthild) - TH Hannover (Physik; Dipl.-Phys. 1949). Promot. 1951 u. Habil. 1956 Hannover - S. 1956 Lehrtätigkeit TH Hannover (1962 apl. Prof.), TH Braunschweig, Univ. Düsseldorf (1966 Ord.; 1969/70 Dekan). Spez. Arbeitsgeb.: Plasmaphysik, Magnetohydrodynamik, Statist. Mechanik. Fachveröff. - 1981 BVK I. Kl.

LARESE, Dino

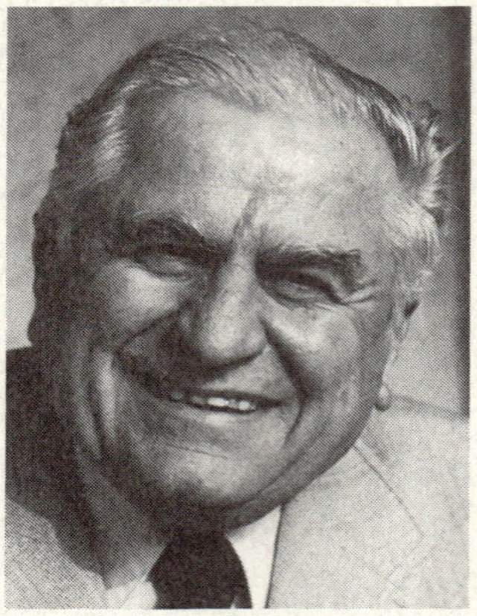

Schriftsteller - Sandbreiterstr. 20, CH-8580 Amriswil (T. 67 15 53) - Geb. 26. Aug. 1914 Amriswil/Schweiz (Vater: Francesco L.; Mutter: Teresa L.), kath., verh. s. 1937 m. Helen, geb. Schläpfer, 4 Kd. (Peter, Wolfgang, Bettina, Ingeborg) - Lehrer-Ausb. Kreuzlingen - Leit. Akad. Amriswil - BV: Rd. 150 Veröff., u. a. Auf d. Weg zum Menschen; D. Scherenschleifer; Noch blühen d. Rosen; In jenen Zeiten - Werkausg. b. jetzt 6 Bde. - Mitgl. PEN; Ehrenbürger Amriswil; BVK I. Kl. - Sammelt Handschriften - Lit.: Festschriften z. 50., 60. u. 70. Geb.; Auch noch e. Schelm.

LARINK, Johannes

Dipl.-Ing., Wiss. Verlagsleiter, Hauptgeschäftsf. VDI-Verlag GmbH., Düsseldorf (s. 1969) - Düsselring 121, 4020 Mettmann - Geb. 11. Jan. 1924.

LARISIKA-ULMKE, Dagmar

Kriminalbeamtin a.D., MdL Nordrh.-Westf. - Westicker Str. 29, 5758 Fröndenberg (T. 02373 - 7 71 61) - Geb. 30. Mai 1943 Koblenz (Vater: Franz L.; Mutter: Margit, geb. Felden-Dinget), kath. - Gymn., Mittl. Reife; Staatsex. als Kindergärtnerin; Ausb. Kriminaldst. (Brandermittl., Vermißtenfälle, Sittensachen, ungeklärte Todesfälle) - Kriminalbeamtin. S. 1975 Ratsmitgl. Stadt Fröndenberg, 1975-84 1. stv. Bürgerm.; s. 1985 MdL (Innen- u. Petitionsaussch.); Präsid.-Mitgl. Nordrh.-Westf. Städte- u. Gemeindebd. FDP (Vors. Kr.-Verb. Unna, Bez.-Vorst. u. Landesvorst.) - Liebh.: Klass. u. mod. Lyrik, Reiten, Märchen, Bach.

LARSEN, Egon

Schriftsteller, Journ. - 34 Dartmouth Road, London NW 2 (T. Gladstone 37 73) - Geb. 13. Juli 1904 München (Vater: Albert L., Kaufm.; Mutter: Beatrice, geb. Königsberger), verh. in 2. Ehe (1940) m. Ursula, geb. Lippmann, S. Wilhelms - Gymn. u. Realg. München - Ab 1928 Berliner Korresp. d. Provinzblätter, Mitarb. Berliner Tagebl. u. Vorwärts, 1933-35 Reportagereisen f. New York Times, dann fr. Journ. Prag u. London (1938), s. 1954 Londoner Korresp. Bayer. Rundfunk u. Südd. Ztg. Verf. v. üb. 50 engl. Büchern (b. zu 27 Übers.), dar. in dt.: Abenteuer d. Technik (1948), Erfindungen u. kein Ende (1950), Zwölf d. d. Welt veränderten (1954), Rebellen f. d. Freiheit (1957), Graf Rumford (1962), Kl. Gesch. d. Technik (1962), England - vorwiegend heiter/Humor-Anthol. (1964), Hochstapler (1966), D. Ztg. bringt es an d. Tag (1970), D. Weimarer Republik: E. Augenzeuge berichtet (1980), Amnesty International (1980) & Taschenb. (1983). Fernsehfilm: Sie kamen n. London - Emigrantenschicksale (BR, 1965) - 1963 Diesel-Med. in Silber; Mitgl. PEN-Club, London - Liebh.: Fotogr., Musik - Spr.: Engl., Franz.

LARSSON, Lars Olof

Dr., Prof., Direktor kunsthist. Inst. Univ. Kiel - Rotenbek 61, 2300 Kiel - Geb. 26. Mai 1938 Västerås, Schweden, ev., verh. s. 1961 m. Sabine Edith, geb. Stephan, 3 Kd. (Andreas, Jonas, Cecilia) - Fil.licentiat-Ex. 1964; Promot. 1967 Stockholm - S. 1966 Univ.-Doz. Stockholm; Lehrstuhlvertretung Stockholm (wiederh.), 1979/80 München; 1971-72 Fellow Harvard Center f. Renaissance Stud. in Florenz; s. 1980 Prof. Univ. Kiel - BV: Adrian de Vries, 1967; V. allen Seiten gleich schön, 1975; Metoder i konstvetenskap, 1971; D. Neugestalt. d. Reichshauptstadt, 1978 - 1985 Korr. Mitgl. d. Vetenskapssocieteten in Lund.

LASA, Rolf

s. Swieca, Hans-Joachim

LASCH, Hanns-Gotthard

Dr. med., Dr. med. vet. h. c., o. Prof. f. Innere Medizin (Lehrstuhl I) u. Direktor Med. Univ.skliniken u. Poliklin. Gießen (s. 1965) - Aulweg 103, 6300 Gießen (T. 702 36 65) - Geb. 29. Sept. 1925 Liegnitz/Schles., ev., verh. s. 1961 m. Anne-Marie, geb. Lemke, 2 Kd. (Ute, Peter) - Zul. Oberarzt Med. Univ.sklinik Heidelberg (Habil. 1959). Fachveröff.

LASCHET, Karl

Vorstandsmitglied Karstadt AG., Essen-Bredeney, AR-Vors. Nur Touristic GmbH, Frankfurt - Theodor-Althoff-Str. 2, 4300 Essen 1 (Bredeney) - Geb. 6. Mai 1931 Köln - B. 1972 Direktor, dann stv. Vorst.-Mitgl. Karstadt AG.

LASCHET, Ulrich

Hauptgeschäftsführer Verb. Wehr- u. Kriegsdienstopfer, Behinderten u. Sozialrentner Dtschl. (VdK) - Wurzerstr. 2-4, 5300 Bonn 2.

LASCHKA, Boris

Dr.-Ing., o. Prof. f. Strömungslehre TU München (1986) - Geb. 6. Aug. 1934 Agram - Dipl.-Ing. 1958 TH München, Promot. 1962 ebd. - 1976 Honorarprof. TU München; 1978-86 o. Prof. TU Braunschweig.; Präs. Intern. Council of the Aeronautical Sciences (ICAS), Wiss.-Techn. Ausschuß d. DFVLR, Vorst. Dt. Ges. f. Luft- u. Raumfahrt. Korr. Mitgl. d. Intern. Academy of Astronautics (Paris).

LASER, Dieter

Schauspieler - Motzstr. 5, 1000 Berlin 30 (T. 030-215 32 05) - Geb. 17. Febr. 1942 Kiel (Vater: Oskar L., Bauing.; Mutter: Lore, geb. Giffhorn), verh. s. 1968 m. Inge, geb. Tobolka - Mittl. Reife; 1 J. Schauspielsch. - 1961 Dt. Schauspielhs. Hamburg (G. Gründgens), Dt. Kammersp. Santiago de Chile, Münchener Kammersp., Schauspielhs. Zürich, Schaubühne Berlin (b. 1973 Mitgl. d. Dir.); s. 1973 freisch., erste Filmarb. Gastsp.: Fr. Volksbühne Berlin, Schillertheater Berlin, Staatstheater Stuttgart. Insz.: D. neue Menoza, Tat Frankf.; Bühne: Peer Gynt, Macbeth, City Sugar, Tiefseefisch; Film: John Glückstadt, D. verlorene Ehre d. Katharina Blum, D. Elixiere d. Teufels, Deutschl. im Herbst, D. gläserne Zelle, Nachtwachen, Don Quichotes Kinder, E. gutes Land; FS: Desaster (1973), Ermittl. gegen Unbekannt (1973), D. Verräter (1974), Revolte 1848 (1947), D. letzten Ferien (1975), Kurzschluß (1975), Turandot (1975), D. Gigant (1975), Operation Ganymed (1976), Väter u. Söhne (1977), D. Geburtstagsfeier (1978), Union d. festen Hand (1978), D. Rückkehr (1979), Kreuzfahrten e. Globetrotters (1979), Kennwort Schmetterling (1980), Wir (1981), Konsul Möllers Erben (1982) - 1975 Bundesfilmpreis - Liebh.: D. Beruf - Spr.: Engl. - FS-Portrait Dieter Laser, 1979.

LASKOWSKI, Wolfgang

Dr. rer. nat., Prof., Strahlenbiologe, Genetiker, Maler - Thielallee 63-67, 1000 Berlin 33 - Geb. 20. Juni 1927 Berlin - S. 1960 (Habil.) Lehrtätigk. FU Berlin (1965 Prof.) - BV: Elemente d. Lebens - Einf. in d. Grundl. d. allg. Biol., 1966; D. Weg z. Menschen, 1968; Geistes- u. Naturwissenschaft, 1970; Biophysik, 1974 (m. W. Pohlit, span. 1976, jap. 1979); Biolog. Strahlenschäden u. i. Reparatur, 1981. Zahlr. Einzelarb. Üb. 400 Bilder (Öl, Acryl, Aquarell).

LASS (ß), Johannes

Dr. phil., Prof. f. Didaktik d. Physik Päd. Hochsch. Flensburg (1956-71) - Fliederbogen 18, 2390 Flensburg - Geb. 13. März 1906 Olpenitzdorf - 1929-71 Industrie-, Univ.s- (1931) u. Hochschultätigk. (1949) - BV: Leitf. d. Photogr., 1937; Zeit- u. lebensnaher Naturlehreunterr., 1954.

LASSAHN, Bernhard

Schriftsteller - Bei der Apostelkirche 32, 2000 Hamburg 20 (T. 040 - 40 93 64) - Geb. 15. April 1951 Coswig/Anhalt, verh. m. Hiltraud, geb. Seyfarth - Stud. Marburg u. Tübingen - BV: u.a. Land m. lila Kühen, 1981.

LASSAHN, Rudolf

Dr. phil., Prof. f. Allgemeine Erziehungswiss. u. Päd. Anthropol. - Heitkampsweg 15, 4516 Bissendorf 1 (T. 05402 - 10 48) - Geb. 30. Mai 1928 Köslin (Vater: Friedrich L.; Mutter: Olga, geb. Wodzinski), verh. s. 1947 m. Erika, geb. Hilgenhof, 3 Söhne (Bernhard, Thomas, Martin) - Stud. Univ. Halle, Münster; Promot. 1965 Münster; Habil. 1969; Prof. Münster, s. 1972 Lehrstuhl f. Päd. Anthropologie, Gießen, s. 1981 Dir. d. Erzieh.wiss. Sem. d. Univ. Bonn - S. 1972 Schriftl. u. Mithrsg. Päd. Rundschau - BV: D. Pädagogik Theodor Litts, 1968; Hermann Lietz, 1970; Studien z. Wirkungsgesch. Fichtes, 1970; Einführung in d. Päd., 3. A. 1978; Grundriß e. allg. Pädag., 2. A. 1983, Päd. Anthropol., 1983.

LASSEN, Birger

Dr. iur., Vorstandsmitglied Westfalenbank AG Bochum/Düsseldorf - Huestr. 21-25, 4630 Bochum 1 - Geb. 26. Nov. 1944 Hamburg.

LASSLOB, Isidor

1. Vorsitzender Karpatendeutsche Landsmannschaft Slowakei, Vors. Rat d.

Südostdeutschen - Schloßstr. 92, 7000 Stuttgart 1.

LASSMANN (ß), Gert

Dr. rer. pol., Dipl.-Kfm., Prof. f. Betriebswirtschaftslehre, insb. Fertigung u. Industriew. Univ. Bochum (s. 1968) - Peter-Roos-Str. 6, 4000 Düsseldorf - Geb. 14. Juni 1930 Lauban/Schles., ev., verh. s. 1959 m. Vera, geb. Kreisel, 2 Kd. - 1958-68 Geschäftsf. Betriebsw. Inst. d. Eisenhüttenind., Düsseldorf, Beiratsmitgl. Schmalenbachges., Deutsche Ges. f. Betriebswirtsch. (s. 1979), Vorst.-Mitgl. Schmalenbach-Stiftg. (s. 1988), List-Ges. (s. 1986), AR-Mitgl. Stahlwerke Bochum AG, Thyssen Guss AG - BV: D. Produktionsfunktion u. ihre Bedeutung f. d. betriebsw. Kostentheorie, 1958; D. Kosten- u. Erlösrechnung als Instrument d. Planung u. Kontrolle in Ind.betrieben, 1968; Betriebswirtschaftstheorie Bd. I (m. B. v. Colbe), 4. A. 1988; Bd. II (m. B. v. Colbe u. Hammann), 2. A. 1985; Bd. III (m. B. v. Colbe), 2. A. 1986; Produktionswirtsch. (m. Hahn), Bd. II, 1989; Mithrsg.: Schmalenbachs Z. f. betriebswirtschaftl. Forschung.

LAST, James (Hans)

Bigbandleader, Komponist u. Arrangeur - 2139 Fintel/Lünebg. Heide - Geb. 17. April 1929 Bremen - Zeitw. Militärmus. Etwa 140 Gold. Schallpl. - 1969 Dt. Schallpl.preis; 1977 Robert-Stolz-Preis; 1978 BVK.

LATENDORF, Fritz

Landwirt, MdL Schlesw.-Holst. (s. 1962) - 2421 Majenfelde/Holst. (T. Hutzfeld 2 52) - Geb. 8. Febr. 1924 Eutin-Fissau, ev., verh., 2 Kd. - Oberrealsch. (Abit.); Landw. Fachsch.; Kurse Bauernvolkshochsch. - 1942-45 Wehrdst. u. Gefangensch.; s. 1953 eig. Hof. 1960 ff. MdK. 1967 ff. parlam. Vertr. d. Min. f. Ernährung, Landw. u. Forsten, s. 1972 parl. Vertr. d. Finanzmin. CDU (Mitgl. Kreisvorst.).

LATTE, Konrad

Dirigent, Leit. Berliner Barockorchester - Arnold-Knoblauch-Ring 64, 1000 Berlin 39 (T. 805 14 18) - Geb. 5. Mai 1922 Breslau (Vater: Dr. Manfred L.; Mutter: Margarete, geb. Blumberg), verh. s. 1945 m. Ellen, geb. Brockmann, T. Gabriele - 1982 BVK - Sp.: Engl.

LATTEN, Reiner

Dipl.-Landw., Präsident Rheinischer Landwirtschaftsverb. Bonn - Hünshoverhof, 5130 Geilenkirchen-Hünshoven - Geb. 4. April 1931 Lüdenscheid, kath., verh. m. Karin, geb. Roßkamp, 4 Kd. (Jutta, Erich, Berto, Arno) - Abit.; Landwirt.-Stud. Univ. Bonn - Prakt. Landw.; Umweltbeauftr. Dt. Bauernverb.; AR-Vors. Zuckerfabrik Jülich AG; Vorst.-Vors. Raiffeisen-Waren-Zentr. eG; Vors. Fördergemeinsch. Integrierter Pflanzenbau; VR-Mitgl. Dt. Bundesbahn.

LATTKE, Herbert

Dr. phil., o. Prof. (emerit.) f. Psychologie Päd. Fakultät Univ. Bonn - Rheinaustr. 137, 5300 Bonn 3 (Beuel) - Geb. 28. Nov. 1909 Langenbielau/Schles. (Vater: Johannes L., Schneiderm.; Mutter: Minna, geb. Schreyer), kath., verh. s. 1937 m. Christel, geb. Vollmar, 2 Kd. (Ute-Barbara, Frank-Rainer) - Realgymn. (Reifeprüf.); Päd. Akad. Bonn (I. Staatsprüf. 1931); Univ. Berlin u. Bonn (Psych., Päd., Phil., Gesch.; Promot. 1935) - 1935-37 Schuldst., dann Wehrmachtspsychologe, 1944-46 Kriegseins. u. Gefangensch., spät. fr. Graphologe, 1949-62 Dir. Höh. Fachsch. f. Sozialarb. Köln - BV: Psychoanalyse, Soziale Arbeit u. Erzieh., 1951; Soz. Arbeit u. Erzieh., 1955; Sozialpäd. Gruppenarb., 1962; D. helfende Gespräch, 1969, 2. A. 1973 - Liebh.: Wandern, Schwimmen - Spr.: Engl., Franz. - Rotarier.

LATTMANN, Dieter

Schriftsteller, MdB (1972-80) - Heimstättenstr. 28, 8000 München 40 (T. 32 54 79) - Geb. 15. Febr. 1926 Potsdam (Vater: Hans L., Oberst a. D.; Mutter: Margret, geb. Friedrich), ev., verh. s. 1950 m. Marlen, geb. Ahrens, 2 Söhne (Andreas, Till) - Gymn. (Abit.); 1946-47 Verlagsbuchhändlerlehre (Bärenreiter-Vg., Kassel) - 1968-69 Präs. Bundesvereinig. d. dt. Schriftst.verb., Berlin/München; 1969-74 Vors. Verb. Dt. Schriftst. ebd. (Neugründ.), b. 1984 Präsidiumsmitgl. Goethe-Inst. München, 1985ff. Wochenkommentator Bayer. Rundf., SPD - BV: D. gelenk. Generation, Ess. u. Erz. 1957; E. Mann m. Familie, R. 1962; Mit e. dt. Paß, Weltreiseb. 1964; Zwischenrufe u. a. Texte, Ess. 1967; Schachpartie, R. 1968; D. Lit. d. BRD, 1973 (Herausg. u. Mitverf.); Die Einsamkeit d. Politikers, 1977; D. lieblose Republik - Aufzeichn. aus Bonn a. Rh., 1981; D. Brüder, R. 1985 - 1968 Literatur-Förderpreis München; 1967 Mitgl. PEN-Zentrum BRD - Liebh.: Schach, Tennis - Spr.: Engl. - Bek. Vorf.: General Martin Lattmann; Reichstagsabg. Wilhelm L.

LATTMANN, Klaus

Handelsvertreter, Mitgl. Hbg. Bürgerschaft (s. 1966) - Holtkamp 12, 2000 Hamburg 55 (T. 870 17 14) - Geb. 27. Febr. 1923 Potsdam, verh., 3 Söhne - Wilhelmsgymn. Braunschweig (Abit. 1940); 1947-48 Banklehre Hameln (Dt. Bank) - 1940-47 Wehrdst. (zul. Oblt.; gegenw. Major d. R. Bundeswehr) und engl. Kriegsgefangensch. (1945); s. 1950 Handelsvertr. Hamburg (1957 pers. haft. Gesellsch. Erwin Kahler KG. (Werbegeschenke)). 1961-66 Bezirksabg. Altona. CDU s. 1957 - EK I.

LATTREUTER, Ernst-Horst

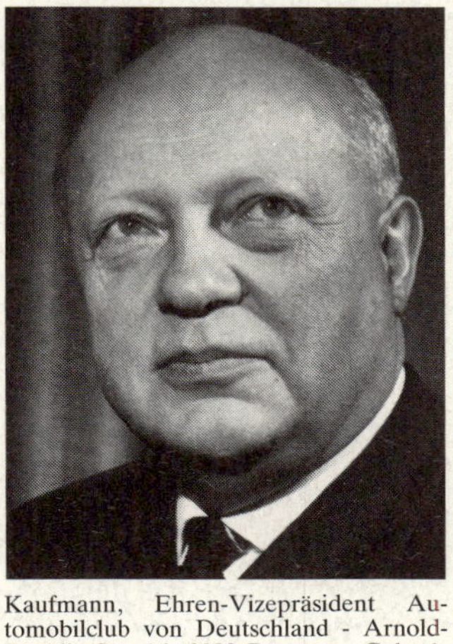

Kaufmann, Ehren-Vizepräsident Automobilclub von Deutschland - Arnold-Böcklin-Str. 16, 2800 Bremen - Geb. 1. Aug. 1905 Oldenburg (Vater: August L.; Mutter: geb. Heinemann), verh. s. 1931 m. Josefa, geb. Bossong, 4 Kd. (Werner, Hans Günter, Rolf, Jutta) - Human. Gymn.; kaufm. Lehre (Tee-Import) Bremen - S. 1932 Handelsvertr. (Textilien). Ehrenvors. Wirtsch.verb. d. Handelsvertr. u. -makler, Bremen, Ehrenpräs. AvD-Club Bremen - Kriegsausz., 1965 BVK I. Kl. 1972 Gr. BVK, Komtur m. Stern, Ritterorden v. Hl. Grabe zu Jerusalem.

LATTREUTER, Rolf

Dr. iur., Bankkaufmann, Vorst. Bankhaus Neelmeyer AG., Bremen - Am Markt 14-16, 2800 Bremen 1 (T. 3 60 30) - Geb. 27. Okt. 1938 Bremen (Vater: Ernst-Horst L., Kaufmann; Mutter: Josefa, geb. Bossong), kath., verh. s. 1973 m. Annemarie, geb. Fischer, 3 Kd. (Michaela Maria, Martina Andrea, Philipp Alexander) - Banklehre; Stud. d. Rechtswiss.; 1. u. 2. jur. Staatsex.; Promot. 1970 Kiel - Zun. Dresdner Bank; 1971-77 Merck, Finck & Co., München u. Nordbank (Vorst.), Frankfurt/M., 1975 ff. Vors. Richter ONS-Berufungsgericht, Frankfurt/M., Richter Tribunal d'Appel FIA, Paris - BV: D. Sozialrichter - Liebh.: Golf (CZV), Automobilsport (nicht mehr aktiv; 1963 Gold, AvD-Sportabz. u. Gr. Gold. DMV-Sportabz.).

LATWESEN, Klaus-Hagen

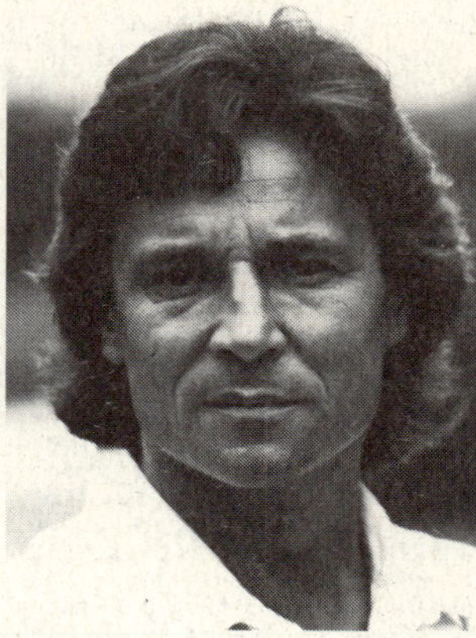

Schauspieler, Regisseur, Autor, Int. Karl-May-Freilichtspiele Treuchtlingen/Möhren (ab 1990) - Alte Königstr. 41, 2000 Hamburg 50 - Geb. 26. Juni 1940 Hagen, 1 Sohn - 1961-64 Hochsch. f. Musik u. Theater Hannover - 1981-87 Int. Karl-May-Spiele Bad Segeberg; Inh.: theater transfer (Tournee-Theater) - Bühnenstücke (Buch u. Insz.): Winnetou, D. Schatz im Silbersee, D. Schut, D. Graf v. Monte Christo (ab 1977). Fernsehen: Schinderhannes (Titelrolle, ZDF) - Liebh.: Sportl. Autos - Jugend-Nieders.meister im Fünfkampf - Spr.: Engl.

LATZ, Geert

Oberkreisdirektor Landkreis Wesermarsch (s. 1983) - Dungendeichsweg 51, 2880 Brake/Unterweser - Geb. 5. Aug. 1943 Blankenburg/Harz, ev., verh. s. 1967 m. Swanhild, geb. Goethe, 4 Töcht. (Ulrike, Andrea, Meike, Annette) - 1964-69 Stud. Soziol. u. Rechtswiss. Tübingen, Berlin u. Kiel; 1. jurist. Staatsex. 1970 Schleswig, 2. jurist. Staatsex. 1973 Hamburg - S. 1973 Wasser- u. Schiffahrtsdir. Bremen; s. 1975 stv. Oberkreisdir. d. Landkr. Wesermarsch - Liebh.: Musik, Lit., Phil. - Spr. Engl., Franz., Russ.

LATZIN, Kurt

Dipl.-Ing., o. Professor f. Stahlbau TH bzw. TU München (s. 1966) - Springerstr. 8, 8000 München 71 (T. 79 82 34) - Geb. 7. Juni 1910 Mähr.-Ostrau (Vater: Karl L.; Mutter: Aurelie, geb. Roleder), verh. m. Martha, geb. Thyssen, 3 Kd. (Wolf-Dieter, Ingeborg, Reinhild) - TH Brünn - Langj. Industrietätigk. (1955 Krupp, 1964 Rheinstahl) - BV: D. Schweißtechnik d. Bauing.s, 1952 (m. Sahling; div. Aufl.). Zahlr. Einzelarb. - Liebh.: Musik (spielt Geige).

LAUBE, Heinrich

Dr. med., Prof. f. Innere Med. u. Diabetol. (s. 1978) - Med. Poliklinik Gießen, Rodthohl 6, 6300 Gießen - Geb. 8. Jan. 1938 Merseburg/S. (Vater: Dr. Ing. Hans L.; Mutter: Carola, geb. Grenouillet), ev., verh. s. 1971 m. Elisabeth, geb. Bumann, 3 T. (Ingrid, Sabine, Birgit) - Univ. Heidelberg; Med. Staatsex. 1962, Promot. 1963, 1964-67 Boston/USA; Habil. 1976 Univ. Ulm - Oberarzt Univ. Gießen - BV: Kohlenhydrate in d. Ernährung, 1976. Zahlr. Beitr. zu med. Fachb. - Üb. 200 Publ. in dt. u. intern. Journalen - Spr.: Engl.

LAUBE, Robert W.

Dr., Direktor, Vors. Fachverb. Elektro-Isoliermaterial/ZVEI, Frankfurt/M. - Zu erreichen üb. Hüls Troisdorf AG, 5210 Troisdorf/Rhld.

LAUBENBERGER, Theodor

Dr. med., Prof. f. Radiologie Univ. Frankfurt, Direktor Strahleninst. Stadt- u. Lehrkrankenhaus Hanau (s. 1978) - Basaltweg 12, 6450 Hanau 7 (T. 06181 - 29 63 91) - Geb. 14. Dez. 1927 Wall-dorf-Baden (Vater: Emil L., Gewerbeschulrat; Mutter: Marie L.), ev., verh. s. 1957 m. Dr. Helga, geb. Erbsen), 3 Kd. (Jörg, Lorenz, Christine) - Promot. 1954; Habil. 1968 Univ. d. Saarl. S. 1971 Prof. f. Radiol., 1979 Honorarprof. Univ. Frankfurt. 1977-85 Vors. Hess. Röntgenges. - BV: D. Röntgenunters. d. Niere u. d. Harnleit. (m. and.), 2. A. 1975; Leitfaden d. med. Röntgentechnik, 5. A. (in Vorber.) - Spr.: Engl., Franz.

LAUBER, Hans-Ludwig

Dr. med., Prof. - Kastanienstr. 11, 4006 Erkrath 2 - Geb. 12. Juni 1921 Essen (Vater: Dr. jur. Gustav L.), verh. s. 1950 m. Margherita Ali, geb. Schaefer, 2 Söhne (Andreas, Stephan) - Burggymn. Essen; Univ. Köln u. Düsseldorf. Promot. (1947) u. Habil. (1961) D'dorf - 1947 Assistenz-, 1955 Oberarzt, 1961 - klinikdir., 1961 Privatdoz., gegenw. apl. Prof. Univ. D'dorf (Psychiatrie u. Neurol.); Vorst.-Mitgl. Alfred-Adler-Inst., Düsseldorf - 1972 Ehrenbürger Wallis/Schweiz - BV: Die Messung der Intelligenz Erwachsener, 1955; Hamburg-Wechler-Intelligenztest f. Erwachsene, 1955 (m. D. Wechler u. A. Hardesty); D. Pneumencephalogramm, 1965. Zahlr. Einzelveröff. - Bek. Vorf.: Diebold L. (Kalligraph, 1410-67) u. C. O. L. (Geschützkonstrukteur, 1862-1927).

LAUBER, Rudolf J.

Dr.-Ing., o. Prof. f. Elektrotechnik TU Stuttgart - Sudetenstr. 22, 7252 Weil der Stadt (T. 07033 - 96 76) - Geb. 7. April 1930 Tannheim/Iller (Vater: Pius L., Betriebsmeister.; Mutter: Maria, geb. Heumoos), kath., verh. s. 1965 m. Rosmarie, geb. Deuschle, 3 Kd. (Christiane, Jochim, Katrin) - Stud. TH Stuttgart (Dipl.-Ing. 1957, Promot. 1962) - 1962-70 Ind.tätigk.; s. 1970 o. Prof. Stuttgart, 1973 u. 83-85 Dekan Fak. Elektrotechnik. 1988 Vors. VDI/VDE-Ges. f. Meß- u. Automatisierungstechn. - BV: Analogrechnen, 1963; Prozeßautomatis. I, 1975, 2. A. 1989 - Spr.: Engl., Franz., Span., Latein, Griech.

LAUBER, Theo

Oberbürgermeister a. D. Stadt Neuburg - 8858 Neuburg/Donau - Geb. 22. Nov. 1914 Neuburg - B. 1984 Oberbürgerm. Stadt Neuburg.

LAUBEREAU, Alfred

Dr. rer. nat. habil., Prof. f. Physik Univ. Bayreuth - Neckarstr. 8, 8580 Bayreuth (T. 0921 - 4 37 05) - Geb. 25. Febr. 1942 Bamberg, verh. m. Christa, geb. Goppert - Dipl. 1966 TH München, Promot. 1970 u. Habil. 1975 TU München - 1975 Privatdoz. TU München; s. 1978 o. Prof. Univ. Bayreuth. 1978-82 Vors. AG Quantenoptik DPG; 1983-85 Dekan d. Fak. f. Math. u. Physik - Rd. 120 Publ. in wiss. Ztschr. u. Büchern - 1974 Haber-Preis Dt. Bunsenges. f. Physikal. Chemie.

LAUCKEN, Uwe

Dr. phil., Dipl.-Psych., Univ.-Prof. Univ. Oldenburg - Lesumstr. 7, 2902 Rastede 1 - Geb. 15. Mai 1941 Berlin (Vater: Paul L., Ing. (grad); Mutter: Elsa, geb. Schweish), ev., verh. s. 1966 m. Birgit, geb. Fouquet, 3 Kd. (Miriam, Fabian, Eva) - Realgymn. Bad Neustadt/Saale; Stud. d. Psychol. FU Berlin; Dipl.ex. 1968 ebd.; Promot. 1973 Tübingen - S. 1974 Univ. Oldenburg - BV: Einführ. in d. Studium d. Psychol., 5. A. 1985 (m. A. Schick; ital. 1974); Naive Verhaltenstheorie, 1974; Didaktik d. Psychologie, 1977 (m. A. Schick); Umwelt u. Handeln, 1985 (m. P. Day u. U. Fuhrer); Logographie alltäglichen Lebens, 1987 (m. U. Mees) - Spr.: Engl.

LAUDEHR, Alfred

Dipl.-Math., Direktor, Vorstandsmitgl. Volksfürsorge Lebensvers. AG. u. Deutsche Sachversicherung AG., Volksfürsorge Krankenvers. AG. Hamburg - Strandweg 15, 2000 Hamburg 55 - Geb. 19. Mai 1927 Hamburg - AR: Hamb. Intern. Rückversich. AG.

LAUENSTEIN, Helmut
Dr., Univ.-Prof. f. Agrarökonomie u. Ökonometrie Univ. Göttingen (s. 1974) - Platz der Göttinger Sieben 5, 3400 Göttingen - Geb. 18. Sept. 1937 Lübeck, verh. - Stud. Agrarwiss. 1960-64 Univ. Göttingen; Dipl. 1964; Stud. Wirtschaftswiss. 1966/67 Univ. of Calif., Berkeley; Promot. 1969 Univ. Göttingen; Habil. 1972 ebd. - BV: Statistische Probleme b. Saisonschwankungen (Schriften z. wirtschaftswiss. Forsch., Bd. 32), 1969.

LAUER, Brunhilde,
geb. Klein
Ing. grad., Direktorin, Leit. Geka-Werk Reinhold Klein KG. - 3573 Gemünden/Wohra (T. 4 63) - Geb. 12. Juli 1926 Voerde (Vater: Reinhold Klein, Fabrikant; Mutter: Erna, geb. Hackenberg), verh. s. 1970 m. August L., T. Angela - Lyz. Hagen u. Wuppertal; prakt. Lehre; Fachhochsch. Hagen (Maschinenbau) - 1949-58 Geschäftsf. Reinhold Klein Gesenkschmiede, 1958 Gründ. u. geschäftsf. Gesellsch. Reinhold Klein KG., Gemünden - 5 Erf. - Liebh.: Pferdezucht u. -sport - Spr.: Engl.

LAUER, Hans H.
Dr. med., Prof. f. Geschichte d. Medizin - Biegenstr. 43, 3550 Marburg/L. - Geb. 18. April 1934 - Promot. 1962 Bonn; Habil. 1969 Heidelberg - B. 1973 apl. Prof. Univ. Heidelberg, dann Ord. Univ. Marburg - BV: Geschichtl. z. Koronarsklerose, 1971. Div. Einzelarb.

LAUER, Hanswerner
Ass., Direktor, Hauptgeschäftsführer Berufsgenoss. chem. Industrie (s. 1980) - Zu erreichen üb.: Gaisbergstr. 11, 6900 Heidelberg (T. 06221 - 52 35 91) - Geb. 19. Dez. 1930 Nürnberg, verh. s. 1957 m. Ursula, geb. Krüger, S. Christian - 1954-59 Refer. OLG Nürnberg u. Reg.-Präs. Mittelfranken; 1. jurist. Staatsprüf. 1954; 2. jurist. Staatsprüf. 1959 München - S. 1980 Geschäftsf. d. Vereins f. Berufsgenoss. Heilbehandlung Heidelberg; Si. 1982 Präs. Intern. Vereinig. f. Soz. Sicherheit - Intern. Sektion f. d. Verhütung v. Arbeitsunfällen in d. chem. Ind.; s. 1985 Geschäftsf. d. Vereinig. Berufsgenoss. Kliniken - Liebh.: Jagd - Spr.: Engl.

LAUER, Klaus Dieter
Lehrer f. Lernbehinderte, Schriftst. - Lindenbrunnenstr. 44, 7240 Horb-Bildechingen (T. 07451 - 39 37) - Geb. 9. Jan. 1947 Karlsruhe (Vater: Richard F. L., Arch.; Mutter: Ida, geb. Link) - Vordipl. Arch. 1971 Univ. Karlsruhe; Lehrerstud., Ex. 1975 PH Karlsruhe - BV: Was zählt, 1979; Verschüttete Feuersteine, 1981; Ausgesetzt, 1982; Bis z. nächsten Wolke, 1983; D. Nacht unt. deinen Achseln, 1984; M. Träumen behuft, 1985; Herbst im Briefkasten, 1987 - 1982 Berthold-Auerbach-Preis Stadt Horb; 1983 Förderpr. d. junge Lit. d. Fischer-Werke Tumlingen; 1986 Arbeitsbeihilfe Förderkr. dt. Schriftst. in Baden-Württ. - Spr.: Franz., Engl.

LAUER, Reinhard
Dr. phil., o. Prof. d. Slavischen Philologie Univ. Göttingen - Baurat-Gerber-Str. 18, 3400 Göttingen - Geb. 15. März 1935 Bad Frankenhausen (Vater: Dr. jur. Erich L., Amtsgerichtsrat; Mutter: Rose, geb. Fischer), verh. s. 1962 m. Stanka, geb. Ibler, T. Lucinde - 1954-60 Univ. Marburg, FU Berlin, Univ. Belgrad u. Firenze; Promot. 1960, Habil. 1969 - Vors. Südosteuropa-Kommiss. Akad. d. Wiss. Göttingen - BV: Heine in Serbien, 1961; Gedichtform im Verfall, 1975; M. Krleža u. d. dt. Expressionismus, 1984; Poetika i ideologija, 1987. Herausg.: Europ. Realismus (1980); Sprachen u. Lit. Jugoslaviens (1985); M. Krleža: Ess. üb. Lit. u. Kunst (1987); Prinzipien d. Lit.geschichtsschreibung (m. H. Turk, 1988); Sprache, Literatur, Folklore bei V. St. Karadžić (1988). Üb. 100 Aufs. in Ztschr., Sammelbd. u. Handb. - 1961 Valjavec-Preis; 1980 o. Mitgl. Akad. d. Wiss. Göttingen;

1986 Ehrenmitgl. d. Bulgar. Philologen-Verb.; 1988 ausl. Mitgl. d. Serbischen Akad. d. Wiss. u. Künste Belgrad.

LAUER, Waltraud
Hausfrau, MdL Nordrh.-Westf. (s. 1975) - Albertus-Magnus-Str. 68, 4100 Duisburg 25 (T. 78 17 32) - Geb. 13. Juni 1926 - SPD.

LAUER, Wilhelm
Dr. rer. nat., em. o. Prof. d. Geographie - Endenicher Allee 7, 5300 Bonn (T. 63 63 20) - Geb. 1. Febr. 1923 Oberwesel/Rh. - Promot. 1950 - S. 1955 (Habil.) Lehrtätigk. Univ. Kiel (Privatdoz.), Valdivia/Chile (1956 Prof.), Marburg (1962 Ord. u. Inst.dir.), Bonn (1966 Ord. u. Inst.dir.). Zahlr. Fachveröff. z. Geo-Ökologie, Tropen, Lateinamerika, Hochgebirge. Herausg.: D. Mexiko-Projekt d. Dt. Forschungsgem., Erdwiss. Forsch. Akad. d. Wiss. u. Lit. Mainz. Mithrsg.: Erdkunde, Archiv f. wiss. Geogr. Bonn, Ibero-Amer. Archiv, Berlin, Geo Journal L (Int. Journal f. Physical, Biological and Human Geosciences), Wiesbaden, Bonner Geogr. Abh. Coll. Geographicum - 1970 o. Mitgl. Akad. d. Wiss. u. d. Lit., Mainz (s. 1985 Vizepräs.), 1981 Korr. Mitgl. Bayer. Akad. d. Wiss., München, Mitgl. Dt. Akad. d. Naturforscher Leopoldina, Halle/Saale.

LAUERBACH, Erwin
Staatssekretär a. D., MdL (1960-78) - Oberer Weinbergweg Nr. 8, 8721 Zell/Ufr. (T. 09720 - 2 88) - Geb. 9. Sept. 1925 Niederwerrn (Vater: Gustav L., Handwerker), ev., verh. m. Martha, geb. Späth, 8 Kd. (Katrin, Christine, Gabi, Joachim, Elisabeth, Uta, Helmut, Johannes) - 1943-45 Militärdst. (Pilot; 1945 schwer verwundet, beinamputiert), sowjet. Kriegsgefangensch., n. Abit. Philologiestud. Würzburg (Ass.ex. 1952), höh. Schuldst. (zul. Oberstudienrat), 1964-74 Staatssekr. Bay. Min. f. Unterricht u. Kultus, 1956-62 Mitgl. Gemeinderat Niederwerrn; s. 1960 MdL Bayern (1962-64 stv. Fraktionsvors.); 1960 ff. MdK Schweinfurt. 1968-74 Mitgl. Fernsehrat ZDF. Div. Ehrenstell., dar. Präs. Dt. Liga f. Luft- u. Raumfahrt; Ehrenpräs. Luftsportverb. Bayern, Dt. Aeroclub, Bayer. Org.skomit. Olymp. Spiele 1972 München. Studienreisen USA, Japan, Afrika, Südamerika - 1965 Bayer. VO; 1970 BVK I. Kl.; 1974 Gr. BVK, 1975 Kette d. Windrose, Präs. Bayer.-Hellen. Ges.

LAUERMANN, Alfons
Verwaltungsdirektor - Günterstr. 57, 5470 Andernach (T. 4 32 86) - Geb. 18. Juni 1924 Ettringen, kath., verh., 5 Kd. - Gymn. (Abit. 1949 n. Kriegsdst. (schwerverwundet) u. 2j. -gefangensch.), Banklehre - 1950-68 Raiffeisenverb. Mittelrhein, Koblenz (Prüfungsw.); s. 1968 Stiftsspital Andernach (Verwaltungsdir.), 1960 ff. Stadtratsmitgl. Andernach (1962 Fraktionsf.); 1969 ff. MdK Mayen bzw. Mayen-Koblenz; 1971-79 MdL Rhld.-Pfalz. CDU s. 1954.

LAUF, Friedrich
Sparkassendirektor, Vorstandsmitgl. Frankfurter Sparkasse von 1822, Frankfurt/M. (1967-81) - Moselstr. 19, 6457 Maintal 1 (Dörnigheim) - Geb. 7. März 1916 Frankfurt/M.

LAUFENBERG, Uwe-Eric
Regisseur u. Schauspieler - Textorstr. 72, 6000 Frankfurt 70 - Geb. 11. Dez. 1960, ledig - 1981-83 Folkwang-Sch. Essen - Z.Zt. fester Regisseur Frankfurt - Insz.: Pfingstläuten, Krankheit/Gerechte, Andorra, Krieg.

LAUFENBERG, Walter
Dr. phil., Schriftsteller - Schloßberg 21, 6900 Heidelberg (T. 06221 - 16 23 73) - Geb. 1. Sept. 1935 Opladen b. Köln - BV: Seiltänzer u. armer Poet, Prosaged. auf Bilder 1980; M-Maybe u. d. Gold. Zeitalter, Prosaged. auf Bilder 1982; D. Stadt bin ich, Berlin-Texte 1985; Axel Andexer od. D. Geschmack v. Freiheit

u. so fort, R. 1985; Ich liebe Berliner, Satire 1986; Ratgeber f. Egoisten, Satire 1987 - Lit.: Gisberg Kranz, D. Bildged. I (1981); ders. in: arcadia 16, H. 2 (1981); ders. in: Lit. in Wiss. u. Unterr., Heft 14 (1981); Guido Robbens in: Levende Talen, Culemborg, NL, 9 (1983).

LAUFER, Gerda
Geschäftsführerin - Wittelsbacherstr. 38, 8700 Würzburg (T. 13 40) - Geb. 3. Jan. 1910 Würzburg - Vorsch. (Inst. d. Engl. Fräulein) u. Lyz. Würzburg - B. 1937 Warenhausangest. (Kassiererin, Einkäuferin, Abt.sleit.); s. 1945 Stadtbeirätin u. -rätin Würzburg; einige J. Parteisekr.; s. 1952 Geschäftsf. Arbeiterwohlfahrt, Würzburg. 1954-74 MdL Bayern. SPD s. 1929.

LAUFER, Heinz

Dr. jur. utr., Prof. f. Politische Wissenschaft u. Öfftl. Recht Univ. München (s. 1969) - Höfen 22, 8197 Königsdorf - Geb. 22. April 1933 Würzburg (Vater: Anton L., Bankdir.; Mutter: Käthe, geb. Gruber), kath., verh. s. 1962 m. Sybille, geb. Heydenreich, Ass. - Oberrealsch. Würzburg (Abit. 1952); 1952-58 Stud. Rechts- u. Politikwiss., Gesch. u. Phil.; Promot. 1961, Habil. 1967 - Privatdoz.; Vorst. Geschwister-Scholl-Inst. f. Politische Wiss. u. Dekan d. Sozialwiss. Fak. d. Univ. München - Veröff.: 17 Bücher u. 60 Aufsätze z. Theorie d. Politik, Regierungs- u. Verwaltungslehre, Staatsfunktionslehre, z. Föderalismus u. z. Pol. Rechtslehre - Liebh.: Ski alpin u. nord., Bergsteigen, Schwimmen, Gärtnern, Theater, Musik - Spr.: Engl., Franz.

LAUFS, Adolf
Dr. iur., Dr. h.c., o. Prof. d. Rechte - Hainsbachweg 6, 6900 Heidelberg - Geb. 18. Nov. 1935 Tuttlingen - Promot. 1961 Freiburg/Br. - S. 1968 (Habil.) Univ. Heidelberg (1969 Ord. f. Dt. u. Neuere Rechtsgesch.) - BV: D. Verfassung u. Verw. d. Stadt Rottweil 1650-1806, 1963; D. Schwäb. Kreis, 1971; Rechtsentwickl. in Dtschl., 1973, 3. A. 1984; Arztrecht, 1977, 4. A. 1988; Recht u. Gericht im Werk d. Paulskirche, 1978;

Eduard Lasker. E. Leben f. d. Rechtsstaat, 1984. Zahlr. Einzelarb.

LAUFS, Paul

Dr.-Ing., Angestellter, MdB (s. 1976, Wahlkr. 168/Waiblingen), stv. Vors. CDU/CSU-Fraktion) - Thomas-Mann-Str. 5, 7050 Waiblingen/Württ. - Geb. 22. Juni 1938 Tuttlingen, kath., verh., 5 Kd. - Schule Rottweil (Abit. 1957); Stud. Maschinenbau u. Luftfahrttechnik München u. Stuttgart (Dipl.-Ing. 1963). Promot. 1967 - S. 1967 IBM; 3 J. USA. CDU s. 1963.

LAUGWITZ, Detlef
Dr. rer. nat., o. Prof. f. Mathematik (Lehrstuhl II) TH Darmstadt (s. 1963) - Schloßgartenstr. 7, 6100 Darmstadt (T. 16 22 87) - Geb. 11. Mai 1932 Breslau, ev., verh. s. 1961 m. Käte, geb. Wüstenfeld, 2 Kd. (Annette, Bettina) - Schule Rinteln/Weser (Reifeprüfung 1949); Univ. Göttingen (Math., Physik, Phil.). Promot. 1954 Göttingen; Habil. 1957 München - Zul. Doz. TH München - BV: Differentialgeometrie, 1960 (engl. 1965); Ing.-math., Taschenb. I-V 1963ff.; Differentialgeom. in Vektorräumen, 1965; Funktionalanalysis, 1974 (m. Fuchssteiner); Infinitesimalkalkül, 1978; Zahlen u. Kontinuum, 1986 - 1963 Jubiläumspreis Vieweg-Verlag, Braunschweig - Spr.: Engl.

LAUKAT, Gerd-Harald

Chefredakteur IVB-REPORT (Intern. Verkehrsnachr. u. Bilderdienste) - Amselweg 33, 5628 Heiligenhaus (T. 02056 - 6 99 44) - Geb. 30. März 1932 Pogegen - Abit., Stud., Volont. - Reporter im aktuellen Ber.; Chefredakt. s. o. - Autoren-Preis u. 2 Sonderpr. Christopherus-Stiftg. (f. hervorrag. Berichterst. auf d. Geb. d. Verkehrssicherh.); VO Rep. Tunesien - Spr.: Franz., Engl.

LAUKIEN, Günther
Dr. rer. nat., o. Prof. f. Elektronik (s. 1968), Vorstand Bruker-Physik AG. (s. 1973) - Ruhr-Universität, 4630 Bochum; priv.: Silberstreifen, 7501 Forchheim/Baden - Geb. 23. Mai 1924 Eschringen

(Vater: Julius L.; Mutter: Alwine, geb. Hinkelmann) - Dipl.-Phys. 1951 Tübingen; Promot. (1955) u. Habil. (1957) Stuttgart - Hochschulassist. u. -doz. Tübingen, Stuttgart, Karlsruhe (1960 apl. Prof. f. Physik) - BV: Handb. d. Physik, Bd. 38/1 1958.

LAUKVIK, Jon
Prof. f. Orgel Staatl. Hochsch. f. Musik u. darst. Kunst, Stuttgart - Senefelderstr. 13, 7000 Stuttgart 1 (T. 0711 - 62 51 95) - Geb. 16. Dez. 1952 Oslo/Norwegen - 1972-74 Stud. Orgel, Kirchenmusik u. Klavierpäd. Musikhochsch. Oslo; 1974-76 Orgelstud. (Prof. Michael Schneider) Musikhochsch. Köln (Reifeprüf. 1976); 1974-80 Cembalostud. (Prof. Hugo Ruf) Musikhochsch. Köln (Reifeprüf. 1979, Konzertex. 1980); 1975-77 Orgelstud. b. Marie-Claire Alain, Paris - S. 1980 Musiker u. Prof. in Stuttgart. Konzerttätigk. in west- u. osteurop. Ländern, in USA u. Israel. Rundf.- u. Schallpl.aufn. m. eig. Orgelmusik. Kompos. Orgel: Via Crucis, 1974; Triptychon, 1977; Magnificat, 1979; Epitaph f. H.G., 1982; Suite, 1983/84; MM, 1984 (m. Tonband); Anrufung II, 1984 (m. Tonbd.). Ensemblemusik: Anrufung I f. 2 Orgeln, Blechbläser u. Tonbd., 1982 - 1977 1. u. Bach-Preis intern. Orgelwettbew. Intern. Orgelwoche Nürnberg; 2. Preis intern. Orgelwettbew. ev. Kirchentag Berlin.

LAULE, Gerhard

Dr. jur., Prof., Rechtsanwalt (1977ff). Anwaltsoc. Feddersen, Laule, Stroth & Partner, Frankfurt/M. u. Notar (ern. 1979) - Mainblick 1, 6240 Königstein 2/Ts. - Geb. 26. Mai 1935 Potsdam (Vater: Adolf L., Generallt.; Mutter: Sophie, geb. Happich), ev., verh. s. 1959 m. Uta, geb. Groger, 2 Kd. (Eva, Uwe) - 1955-59 Univ. Freiburg, Bonn, Köln (Rechtswiss.). Jurist. Staatsprüf. 1959 u. 63; Promot. 1962 - 1964-77 Tätigk. AEG (zul. Leit. Rechnungswesen). S. 1982 Prof. Univ. Saarbrücken (Steuerrecht). Vorst.-Mitgl. Dt. Vereinig. f. Intern. Steuerrecht - BV: D. Gleichheitssatz (Art. 3 Abs. 1 GG) in d. Rechtsprech. d. Steuergerichte, 1962; D. Einfluß v. Verlusten in e. Land auf d. einkommen- oder körperschaftsteuerl. Behandl. v. intern. Unternehmen oder verbundenen Ges. in anderen Ländern, 1979 (Dt., Engl., Franz., Span.); Dt. Steuerrecht-Leitf. f. ausl. Untern., 1981 (Dt., Engl., Franz., Span.; Mitverf.) - Spr.: Engl., Franz., Ital.

LAUM, Heinz-Dieter
Dr. jur., Präsident Oberlandesgericht Köln (s. 1984) - Reichensperger Platz 1, 5000 Köln 1 - Geb. 25. Dez. 1931 Mülheim (Vater: Friedrich L., Verw.beamter; Mutter: Else, geb. Laarmann), kath., verh. s. 1962 m. Erika, geb. Budde - Stud. Rechts- u. Staatswiss. Univ. Köln (Promot. Bonn) - 1965-68 wiss. Mitarb. Bundesgerichtshof Karlsruhe; 1976-79 Vors. Richter OLG Düsseldorf; 1979-83 Präs. LG Duisburg; s. 1984 Präs. OLG Köln - Liebh.: Musik.

LAUMANN, Hugo
Hauptgeschäftsführer Verb. Dt. Sportfachhandel - Langgasse 17, 6200 Wiesbaden (T. 06121 - 30 40 22).

LAUN, Herwart
Dipl.-Kfm., Geschäftsführer Johannes Kauffmann GmbH, Langenargen/Mannheim (s. 1972) - Hölderlinstr. 14, 7994 Langenargen/B. (T. 07543 - 16 75) - Geb. 3. April 1929 Ulm/D. (Vater: Heinrich L., Fabrikdir. (i.R.); Mutter: Katarina, geb. Gugenhan), ev., verh. s. 1973 m. Christine, geb. Wehmeyer - 1949-54 Univ. Erlangen-Nürnberg, Dipl. 1954 - 1955-60 Assist. Univ. Erlangen-Nürnberg (Prof. Schäfer); 1961-62 Industrieberat.; 1963-72 Vorst.-Mitgl. Gold-Zack-Werke AG, Mettmann - Liebh.: Alte Uhren - Spr.: Engl.

LAUN, von, Kurt
Dr. jur., Wissenschaftler - Goethestr. 2a, 6380 Bad Homburg v. d. H. - Geb. 11. März 1918 Wien (Vater: Prof. Dr. jur. Dr. h. c. Rudolf v. L.; Mutter: Margarete, geb. Schäffler), verh. s. 1952 m. Dr. phil. Hilma, geb. Rubrecht, 3 Kd. (Susanne, Rudolf, Ulrich) - Gelehrtensch. d. Johanneums Hamburg u. High School Ann Arbor; Univ. Chicago, Hamburg, Berlin. Jurist. Staatsprüf. (1939 u. 49) u. Promot. (1940) Hamburg - 1955-66 Vorstandsmitgl. Dampfschiffahrts-Ges. Neptun, Bremen; 1966-71 Vorstandsmitgl. u. -sprecher (ab 1968) Flughafen Frankfurt/M. AG., Frankfurt; 1971-81 Mitgl. d. Geschäftsl. Schimmelpfeng GmbH; 1973-77 Präs., 1977-80 Mitgl., 1980/81 Präs., 1981-84 Gen.Sekr.; Ehrenmitgl. Federation of Eur. Credit Reporting Org., AR-Mand. - BV: Überleg. z. EWG, 1970; Probleme d. EG, 1986 - Liebh.: Briefm. - Spr.: Engl., Franz. - Bek. Vorf.: Otto Schäffler, Feinmechaniker, Erfinder u. Unternehmer Wien (ms.), Rudolf v. Laun, Völkerrechts- u. Staatsrechtslehrer, Philosoph, Hamburg.

LAUNHARD, Rolf
Geschäftsführer i. R. Tesa-Werke Offenburg GmbH (b. 1988) - Jagdhausstr. 38, 7575 Baden-Baden (T. 07221 - 1 75 76) - Geb. 18. Okt. 1925 Frankfurt/M., verh. s. 1959 m. Gisela, geb. Kay, 2 Söhne (Martin, Stefan) - 1943-48 Wehrdst. Luftw. u. engl. Kriegsgefangensch.; 1948-55 Chemieewerk Homburg, Frankfurt; 1956-60 Mitgl. d. Geschäftsltg. tesa s.a., Paris; 1960-76 Vors. d. Geschäftsltg. Beiersdorf France S.A., Paris; 1976-1988 Geschäftsltg. Tesa-Werke Offenburg GmbH - Richter LAG Freiburg - Liebh.: Skifahren, Golf - Spr.: Franz., Engl., Span. - Rotarier.

LAUNSPACH, Ewald
Taxenunternehmer, Mitgl. Brem. Bürgerschaft (s. 1967) - Lausanner Str. 100, 2800 Bremen 44 (T. 42 03 03) - Geb. 6. Aug. 1931 Bremen, ev., verh., 3 Kd. - Mittelsch.; Ausbild. Kraftfahrzeughandw. - B. 1943 väterl. Taxengeschäft, dann selbst. Vors. Landesverb. Bremen Fachvereinig. Personenverkehr (1963 ff.) u. Vereinig. Bremer Kraftdroschkenbes. (1964 ff.). SPD.

LAUR, Albert
Dr. med., Prof., Chefarzt Röntgenabt. Städt. Krankenhaus Leverkusen - Saarlauterner Str. 7, 5090 Leverkusen (T. 5 11 70) - Geb. 8. Juni 1918 Wald/Hoh.- B. 1964 Privatdoz., dann apl. Prof. Univ. Heidelberg (Innere Med. u. Röntgenol.), s. 1983 Berater Strahleninst. Prof. Hoeffken, Köln - BV: Osteoklerose u. Knochenmarkfibrose, 1953 (m. a.); D. Q-Fieber (m. a.), in: Ergebnisse d. Inn. Med. u. Kinderheilkd., 1954; Diagnostik u. Therapie d. Lungenembolie, in: In memoriam Karl-Matthes F. C. Boehringer, 1965; D. hereditäre Hyperostose m. u. o. Pachydermie (m. Perassi), in: Handb. d. Med. Radiol., 1968 - Spr.: Engl., Franz. - Rotarier.

LAUR, Wolfgang
Dr. phil., Namenforscher - Gormweg 3, 2380 Schleswig - Geb. 1. Dez. 1921 Riga - Promot. 1949 - 1962-86 wiss. Angest. Schlesw.-Holst. Landesarchiv. Zahlr. Fachveröff. (auch Bücher) - 1985 Joost-van-den-Vondel-Preis FVS-Stiftg. Hamburg.

LAURENT, Jean
Violinvirtuose, Prof. Musikhochsch. München - Franz-Kaim-Str. 16, 8000 München 71 (T. 79 59 76) - Geb. 7. Juni 1909.

LAURIEN, Hanna-Renate

Dr. phil., Bürgermeisterin u. Senatorin f. Schulwesen, Berufsausbildung u. Sport v. Berlin a. D.; stv. Bundesvors. CDU - Bredtschneiderstr. 5, 1000 Berlin 19 (T. 30 321); priv.: Dillgesstr. 4, 1000 Berlin 46 - Geb. 15. April 1928 Danzig (Vater: Dr. Helmut L., Ministerialrat; Mutter: Charlotte, geb. Feuerabend), kath., ledig - N. Reifevermerk (1944) u. Heimkehrerabit. (1946) Stud. German., Angl., Slav., Phil. Berlin. Staatsex. u. Promot. 1951 Berlin; Ass.ex. 1953 Bonn - B. 1957 Schuldst., dann Kultusmin. Nordrh.-Westf. (Schulverw.), 1963-65 Fachleit. f. Deutsch, anschl. Leit. Königin-Luise-Sch. Köln. 1967ff. Vors. Rhein. Direktoren-Vereinig. 1969 Kandidatin f. d. Bundestag; 1970 in Rheinl.-Pfalz, dort 1971-76 Staatssekr., 1976-81 Kultusmin.; s. 1981 Senatorin, 1986-89 zugl. auch Bürgerm. u. Stellv. d. Reg. Bürgerm. v. Berlin; ab 1981 Berlin. Landesvors. Berlin d. CDU-Frauenunion - BV: Berufl. Bildung, 1973; D. Kampf um d. Köpfe in: Neue Bildungspolitik (Hrsg.: Bernhard Vogel), Mitherausg.: Klingende Anthol. Fernsehserie: D. Weg z. Abitur (1969), Nicht Ja u. nicht Amen (1984); Pastoral f. Randchristen (1985); Gedankengänge (1988) - 1979 Hermann-Voß-Preis Dt. Orch.-Vereinig.; 1981 Gr. BVK - Liebh.: Theol., Lit., Kochen - Spr.: Engl., etwas Franz.

LAURIG, Wolfgang
Dr.-Ing., Univ.-Prof. f. Arbeitsphysiologie, Direktor Abt. Ergonomie Inst. f. Arbeitsphysiol. Univ. Dortmund - Ardeystr. 67, 4600 Dortmund 1 (T. 0231 - 10 84-1) - Geb. 26. Juli 1935 Offenbach, ev., verh. s. 1963 m. Ursula, geb. Jaxt, 2 Kd. (Matthias, Christiane) - Abit. 1958; 1957-58 Werkstud. u. Praktikant; 1958-65 Maschinenbaustud. TH Darmstadt Dipl.-Ing.; Promot. 1970, Habil. 1973, alles Darmstadt - 1965-76 Assist., Doz. u. Akad. Oberrat Inst. f. Arbeitswiss. TH Darmstadt; s. 1976 Univ. Dortmund (u. a. Mitgl. d. Direktoriums; 1978-80 u. 1984-86 gf. Institutsleit. s. o.) - BV: Grundzüge d. Ergonomie, 1980, 3. A. 1988, Arbeitsplätze f. Behinderte I - Handb. techn. Arbeitshilfen, 1980 (übers. ins japan.); Prospektive Ergonomie - Utopie oder Wirklichkeit, 1984; Unters. z. Gesundheitsrisiko b. Heben u. Umsetzen schwerer Lasten im Baugewerbe, 1985 - Liebh.: Segelflug, Musik (Oper) - Spr.: Engl.

LAURITZEN, Christian
Dr. med., o. Prof. u. Vorstand Univ.-Frauenklinik Ulm (s. 1968) - Prittwitzstr. 43, 7900 Ulm/D. (T. 179 41 30) - Geb. 6. Dez. 1923 Rendsburg (Vater: Dr. Christian L., Beamter; Mutter: Ella, geb. Fredeland), ev., verh. s. 1953 (Ehefr.:

Brigitte), 2 Töcht. (Christine, Constanze) - Vorklin. Stud. Berlin, klin. Kiel. Med. Staatsex. 1949 - 1962-68 Privatdoz. u. Wiss. Rat u. Prof. Univ. Kiel (Oberarzt Frauenklinik). Spez. Arbeitsgeb.: Gynäk. Endokrinologie (v. Neugeborenen b. z. alternden Frau) - u. a. intern. Vereinig. f. Kindergynäkologie; Vors. Menopauseges. dt.spr. Länder - BV: Oestrogene b. Menschen, 1961 (m. E. Diczfalusy); Gynäkologie (Lehrb.); Handb. d. Gerontologie, Gynäkologie, 1987; Klinik d. menschlichen Fortpflanzung, 1988; Gynäkologische Endokrinologie, 1988. Üb. 400 Einzelarb. - Ehrenmitgl. zahlr. intern. Ges.; Vesalius-Med., Ernst v. Bergmann Med. d. Bundesärztekammer; 1989 BVK I. Kl. - Liebh.: Schöngeist. Literatur, Musik - Spr.: Engl., Dän., Schwed.

LAUS, Andreas
Ehrenpräsident Bundesverb. mittelständ. Privatbrauereien e.V., Bonn - Kaiser-Bräu Neuhaus, Oberer Markt, 8574 Neuhaus/Pegn. (T. 09156 - 6 25).

LAUSBERG, Heinrich
Dr. phil. (habil.), o. Prof. f. Roman. Philologie - Schreiber-Str. 14, 4400 Münster/Westf. (T. 8 05 09) - Geb. 12. Okt. 1912 Aachen (Vater: Ludwig L.; Mutter: Barbara, geb. Mattar), kath., verh. s 1942 m. Dr. phil. Pia, geb. Müller, Tocht. Marion - Kaiser-Karls-Gymn., Aachen; Univ. Bonn u. Tübingen (Promot. 1937), 1937-41 Mitarb. Franz. Etymol. Wörterb. (W. v. Wartburg, Leipzig) u. Thesaurus Linguae Latinae (München), 1941 Wiss. u. Pädag. Staatsprüf. München - 1941-45 Studienass. München, Wehrdst. Habil. 1946 München. 1946-49 apl. Prof. Bonn, 1949 o. Prof. Münster, 1972 Paderborn, Hon.Prof. Münster - BV: Mundartkunde Südlukaniens, 1939; Elemente d. liter. Rhetorik, 1987 (a. span., portug., ital.); Handb. d. liter. Rhetorik, 1973 (a. span.); Roman. Sprachwissensch., 1972 (a. span., portug., ital.); Sonett Les Grenades v. P. Valéry, 1971; Hymn. Jesu dulcis memoria, 1967; Hymn. Ave maris stella, 1982; Hymn. Veni Creator, 1979; Rhetor. Befunde zu Form u. Sinn des Joh.-Evangeliums (Nachr. Akad. d. Wiss. Göttingen 1979, 1982-87) - 1956 Komtur Rep. Ital.; 1961 Accadem. Crusca; 1967 Rhein.-Westf. Akad. d. Wiss.; 1969 Akad. d. Wiss. Göttingen (o. Mitgl.).

LAUSCH, Harry H. J.
Kaufmann, Vorstandsvors. Hbg. Kaffeebörse - Zu erreichen üb. Pickhuben 3, 2000 Hamburg 11 (T. 040 - 36 58 78 u. 36 62 56) - Vors. Verein d. am Caffeehandel betheiligten Firmen v. 1886.

LAUSCHNER, Erwin A.
Dr. med., Prof., Generalarzt a. D., niedergel. prakt. Arzt u. Leiter d. Flieger-Untersuchungsst. - Ludwig-Weiß-Str. 6, 8089 Emmering/Obb. (T. Fürstenfeldbruck 4 31 09 u. 61 67) - Geb. 21. Mai 1911 Treptow/Rega (Vater: Dr. med. Erwin L., Psychiater u. Neurologe; Mutter: Else, geb. Unger), ev., verh. in 2. Ehe (1952) m. Maria-Luise, geb.

Bünte, 3 Kd. (Erwin, Christiane, Stefan) - Med. Staatsex. 1934, Approb. u. Promot. 1936 - 1935-45 Sanitätsoffz. Luftw. (u. a. Lazarettchefarzt); 1947-57 Ltd. Werks- u. Chefarzt Grande Dixence S. A. (Schweiz); 1957 b. 1959 Dezern. f. Flugmed. Bundesverteidigungsmin.; 1959-63 Berat. Fliegerarzt Oberkommando d. Alliierten Luftstreitkräfte Europa-Mitte-Fontainebleau, 1963-70 Leit. Flugmed. Inst. d. Luftwaffe, Fürstenfeldbruck, Generalarzt, 1970-80 Leit. Klin. Forschung Cyanamid GmbH; u. Leit. e. Flieger-Unters.stelle. S. 1968 Honorarprofessor Techn. Univ. München (Luft- u. Raumfahrtmed.); 1966-68 Chairman Advisory Group for Aerospace Research & Development/NATO; 1968-74 Präs. dt. Ges. f. Luft & Raumfahrtmed.; 1976-78 Präs. Internat. Acad. of Aviation & Space Med.; 1976-82 Trustee Internat. Acad. of Astronautics; Fellow Aerospace Med. Association (USA); Ehrenmitgl. franz. Ges. f. Luft & Raumfahrtmed.; Mitgl. schweizer. Ges. f. Luft & Raumfahrtmed.; Mitgl. weiterer in- u. ausl. Fachges. u. Comitees sow. Gemeinsch. Alte Adler. Buchbeitr.: D. Flugmed. Inst. d. Luftw. (Jahrb. d. Luftw., 1966), Flugmed. (Handb. f. Verkehrsmed., 1966), Flugsicherheit - e. med. Problem (Jb. d. Wehrmed., 1967), Erkrankungen durch Hypoxie (Innere Med. in Praxis u. Klinik, 1970, 85 u. 89); Arbeitsmed. Probleme b. Flugreisen, Arbeitsmed. aktuell 1980); üb. 60 wiss. Arb. in Fachztschr. Div. Kriegsausz. EK I u. II, Silb. Verwundetenabz.; Frontflugspange in Silber; Medaille d'Honeur du Service de Santé des Armées; 1970 Gr. BVK; 1983 Hubertus-Strughold Preis d. DGLRM - Liebh.: Sportfliegerei - Spr.: Franz., Engl., Ital.

LAUSE, Marlies
s. Marjan, Marie-Luise.

LAUSTER, Peter
Dipl.-Psych., Autor, Psychotherapeut - Lüderitzstr. 2, 5000 Köln 60 (T. 0221 - 760 13 76; Telefax 0221 - 760 58 95) - Geb. 21. Jan. 1940 Stuttgart, ledig - Stud. Phil., Kunstgesch. u. Psych. Univ. Tübingen; Dipl. 1968 - B. 1970 journ. Tätigk.; s. 1971 eig. Praxis f. psych. Diagnostik u. Berat., Köln - BV: Lassen Sie sich nichts gefallen, 1976; Lassen Sie Seele Flügel wachsen, 1978; Die Liebe, 1980; Lebenskunst, 1982; Wege z. Gelassenheit, 1984; Selbstbewußtsein kann man lernen, TB neue Aufl., 1985; Menschenkenntnis, 1985; Über die Liebe, 1986; Der Sinn d. Lebens, 1989 - Liebh.: Fotogr., Film, Malerei, Lyrik.

LAUSTER, Wolfgang W.
Geschäftsführer Radium Lampenwerk GmbH (1981ff.) - Dr.-Eugen-Kersting-Str. 6, 5272 Wipperfürth/Rhld.

LAUT, Hans Walter
Assessor jur., Verbandsdirektor, Geschäftsführer Verb. Rhein. Haus-, Wohnungs- u. Grundeigentümer e. V., Landesverb. Haus-, Wohnungs- u. Grundeigent. v. Rhld.-Pfalz. e. V. u. Gf. Haus und Grund Verlag GmbH - Lütticher Str. Nr. 1-3, 5000 Köln 1; priv.: Waldhausstr. 40, 5000 Köln 80 (T. 0221 - 68 15 30) - Geb. 28. Febr. 1930 Köln, verh., 3 Kd.

LAUTENBACH, Ernst
Fleischermeister, MdL Rheinland-Pfalz (s. 1979) - Niederwiese 27, 6551 Hargesheim - Geb. 22. April 1935 - CDU.

LAUTENBACH, Walter
Dipl.-Ing., Prof. f. Vermessungswesen Univ.-GH Essen - Keplerstr. 5, 5620 Velbert 1 (T. 02124 - 6 48 16) - Geb. 29. Mai 1935 Köln (Vater: Wilhelm L., Baurat; Mutter: Maria Helene, geb. Müller), ev., verh. s. 1960 m. Hendrika, geb. v. d. Mooren), 5 Kd. (Ruth, Elke, Mareike, Karin, Tim) - S. 1957 Stud. Univ. Bonn; Dipl.-Ing. 1962 - 1962-67 wiss. Assist. Univ. Karlsruhe; s. 1967 Univ. Essen - Spr.: Niederl., Engl.

LAUTENBACHER, Susanne
Prof. f. Violine Staatl. Hochsch. f. Musik u. Darstell. Kunst, Stuttgart - Krähwinkelweg 1, 7250 Leonberg (T. 07152 - 4 18 68) - Geb. Augsburg, verh. m. Heinz Jansen - Konzerttätigk. - Mitgl. d. Bell'Arte-Ensemble

LAUTENSCHLÄGER, Karl
Dr. jur., Rechtsanwalt, Landrat a. D., MdL Bayern (s. 1974) - Kahler Str. 24, 8755 Alzenau (T. 06023 - 16 97) - Geb. 1933 - CSU.

LAUTENSCHLÄGER, Manfred

Assessor, Versicherungsvermittler u. Vermögensberater, Mehrheitsakt. u. Vorst.-Vors. Fa. Marschollek, Lautenschläger u. Partner AG, Heidelberg - Hainbuchenweg 4, 6906 Leimen-Lingental - Geb. 15. Dez. 1938 Karlsruhe (Vater: Hermann L., Justizoberamtm.; Mutter: Lina, geb. Mußgnug), verh. s. 1974 m. Angelika, geb. Bösing, 5 Kd. (Christine, Markus, Matthias, Catharina, Maximilian) - Beide jurist. Staatsex. - S. 1969 Finanzierung u. Versich.-Vermittl. - Spr.: Engl., Franz.

LAUTENSCHLAG, Christian
Schriftsteller, Lektor (Ps. Marockh Lautenschlag) - Zu erreichen üb. Verlag Nikolai & Medea, Wittelsbacher Allee 84, 6000 Frankfurt 60 - Geb. 17. Nov. 1949 Frankfurt/M., kath. - Stud. Sozialarb. u. Soziol. - BV: Araquin, 1981; Sweet America, 1983; Wenn d. Schnee in meinem Land fällt, 1984. Herausg.: Sadomasochismus (1985).

LAUTENSCHLAGER, Hans
Stadtamtmann a. D., MdB (1960-76), Mitgl. Europ. Parlament (1968-77) - Klenzestr. 16, 8400 Regensburg (T. 0941 - 9 08 18) - Geb. 20. Jan. 1919 Montenich b. Metz, verh. - Gymn. - 1938-60 Stadtverw. Regensburg (zul. Leit. Wohlfahrtsamt), dazw. 1939-45 Wehrdst. 1960-61 Stadtrat Regensburg. SPD s. 1948 - 1970 Bayer. VO.; 1973 BVK I. Kl.; 1978 Gr. BVK.

LAUTENSCHLAGER, Hans Werner
Dr., Staatssekretär, Botschafter d. Bundesrep. Deutschl. b. d. Vereinten Nationen, New York (1984-89) - Zu erreichen üb. Auswärtiges Amt, Adenauerallee 99-103, 5300 Bonn 1 - Geb. 1927 Tientsin/China (Vater: Diplomat) - 1979-84 u. s. 1989 Staatssekr. AA.

LAUTER, Hans
Dr. phil., Prof. C-4 f. klass. Archäologie - Biegenstr. 11, 3550 Marburg - Geb. 14. Jan. 1941 Nürnberg (Vater: Karl L., Kaufm.; Mutter: Maria, geb. Köglberger), ev., verh. s. 1967 m. Heide, geb. Bufé - Promot. 1966 Univ. Bonn; Habil. 1972 Univ. Erlangen - 1979 o. Prof. Univ. Bochum; 1986 Prof. Univ. Marburg - BV: Röm. Kopien nach griech. Originalen; Z. ges. Stell. d. griech. Künstlers; Karyatiden d. Erechtheion; Attische Forsch. I/II; Architektur d. Hellenismus - 1979 o. Mitgl. Dt. Archäol. Inst.

LAUTER, Josef
Dr., Prof. f. Mathematik u. ihre Didaktik Univ.-GH Siegen - Im Mittelfeld 67, 5100 Aachen (T. priv.: 0241 - 8 55 65; dstl.: 0271 - 740 44 69) - Geb. 18. Juli 1924 Aachen (Vater: Josef L.; Mutter: Gertrud, geb. Keller), kath., verh. s. 1951 m. Resi, geb. Gorgels, 3 Kd. (Marianne, Franz-Martin, Claudia) - Staatsex. 1950, Promot. 1953 - S. 1973 o. Prof. - 1951-56 wiss. Assist. TH Aachen. 1956-73 Gymn.lehrer ebd.; 1973ff. Prof. Univ.-GH Siegen - BV: Math.werk f. Gymn., 7 Bde. 1967ff.; Math., 23 Bde. 1972ff.

LAUTERBACH, Heinrich
Staatssekretär im Hess. Kultusministerium (s. 1987), MdL Hessen (1974-87) - Klappacher Str. 20, 6100 Darmstadt (T. 6 51 72) - Geb. 24. Sept. 1925 - CDU.

LAUTERBORN, Werner Horst
Dr. rer. nat., Dipl.-Phys., Prof. f. Angew. Physik TH Darmstadt (s. 1987) - Inst. f. Angew. Physik, Schloßgartenstr. 7, 6100 Darmstadt - Geb. 25. Mai 1942 Königsberg/Pr., verh. s. 1968 m. Roswitha, geb. Nabroth, 2 Töcht. (Natascha, Sonja) - Gymn. Essen, Univ. Göttingen (Physik), Dipl. 1966, Promot. 1968, Habil. 1974 - S. 1978 Hochsch.lehrer f. Physik, zul. Prof. f. Nichtlineare Physik Univ. Göttingen - BV: Cavitation and Inhomogeneities in Underwater Acoustics, Fachlit., (Hrsg. 1980) - 1976 Physikpreis Dt. Physik. Ges. - Liebh.: Musik, Malerei - Spr.: Engl.

LAUTERJUNG, Karl Heinz
Dr. phil., em. o. Prof. u. Direktor Inst. f. Kernphysik Univ. Köln (s. 1960) - Schallstr. 6, 5000 Köln-Lindenthal - Geb. 10. Mai 1914 Leichlingen/Rhld., ev., verh. s. 1942 m. Anneliese, geb. Hassbach, 2 Söhne (Karl Lutz; Friedrich Gerd) - Promot. (1941) u. Habil. (1948) Köln - 1954-60 Max-Planck-Inst. f. Kernphysik, Heidelberg (Abt.leit.). Fachveröff.

LAUTH, Reinhard
Dr. phil. (habil.), Dr. med., Prof. f. Allg. Philosophie - Ferdinand-Maria-Str. 10, 8000 München 19 - Geb. 11. Aug. 1919 Oberhausen/Rhld. (Vater: Julius L., Prokurist; Mutter: Louise, geb. Casaretto), kath., verh. m. Gertrud, geb. Kürzl (†), S. Bernhard - S. 1948 Privatdoz. u. Prof. (1955) Univ. München - BV: u. a. D. Philos. Dostojewskijs, 1950; D. Frage n. d. Sinn d. Daseins, 1953; Begriff, Begründ. u. Rechtfertig. d. Phil., 1967; La filosofia di Fichte, 1968; Ethik, 1969; Conciencia y tiempo, 1974; D. Entsteh. v. Schellings Identitätsphilos., 1975; Theorie d. philos. Arguments, 1979; D. Konstitution d. Zeit im Bewußtsein, 1981; D. transzendentale Naturlehre Fichtes, 1984; Hegel vor d. Wiss.lehre, 1987. Herausg.: J. G. Fichte Gesamtausg. (Bayer. Akad. d. Wiss.), Reinhold-Briefe-Ausg. (Österr. Akad. d.

Wiss.), F.H. Jacobi Briefwechsel - Spr.: Engl., Franz., Ital., Span., Russ.

LAUTMANN, Rüdiger
Dr. phil., Dr. jur., Prof. - Schubertstr. 22, 2800 Bremen 1 (T. 34 68 42) - Geb. 22. Dez. 1935 Koblenz (Vater: Dipl.-Ing. Kurt L.) - Stud. Rechtswiss. u. Soziol. - BV: Wert u. Norm, 1969; Soziol. vor d. Toren d. Jurisprudenz, 1971 (span. 1975); Justiz - d. stille Gewalt, 1972; Seminar: Gesellsch. u. Homosexualität, 1977; D. Zwang z. Tugend, 1984; D. Gleichheit d. Geschlechter u. d. Wirklichkeit d. Rechts, 1988. Mithrsg.: D. Polizei (1972); Lexikon z. Soziol. (1973/78); Rechtssoziologie Examinatorium (1980).

LAUTNER, Karl-Heinz
Pianist, Prof. Staatl. Hochsch. f. Musik u. Darstell. Kunst, Stuttgart - Wacholderweg 32, 7000 Stuttgart-Degerloch - Geb. 18. Nov. 1918 Braunschweig - Meisterschüler von Prof. Gieseking (Wiesbaden), Prof. Rehberg (Zürich), Prof. Kreutz (Musikhochsch. Stuttgart) - Konzertreisen nach England, Frankr., Belgien, Schweiz, UdSSR, Island, Österr., Italien, Spanien, Malta, Israel, Persien, Japan, Australien, Brasilien, USA, Kanada. Partner von Maurice Gendron, Janos Starker, Ludwig Hoelscher, Ricardo Odnoposoff, Zwi Zeitlin u. a. Zahlr. Urauff. zeitgen. Komponisten. Schallpl. b. Dt. Grammophon Ges., Bärenreiter Musicaphon, Christophorus, Da Camera, The Musical Heritage Soc., New York.

LAUTS, Jan

Dr. phil., Direktor Staatl. Kunsthalle Karlsruhe (1956-73, s. 1973 i. R.), Honorarprof. f. Kunstgesch. TH bzw. TU ebd. (s. 1963) - Bismarckstr. 15, 7500 Karlsruhe - Geb. 9. März 1908 Bremen (Vater: Johann Theodor L., Exportkfm.; Mutter: Louiza, geb. Brouwer), ev., led. - Univ. München, Berlin, Wien, Hamburg (Kunstgesch., Archäol.; Promot. 1931) - B. 1939 Berliner Museen, dann Kunsthalle Karlsruhe - BV: Antonello da Messina, 1939; Domenico Ghirlandajo, 1943; Isabella d'Este, 1952 (schwed.

1955, franz. 1956); Carpaccio, 1962 (auch engl.) - 1973 Gr. BVK, 1980 Karoline Luise von Baden - Spr.: Engl., Franz., Ital.

LAUTWEIN, Theo

Univ.-Prof., Vorstandsmitglied DJK DV Trier (s. 1971) - Schulstr. 6, 5401 Brey (T. 02628 - 26 82) - Geb. 30. März 1935 Trier, kath., verh. s. 1963 m. Margret, geb. Meng, 2 Kd. (Martin, Barbara) - 1. u. 2. Prüf. f. d. Lehramt an Grund- u. Hauptsch.; Dipl.-Sportlehrer Dt. Sporthochsch. Köln - S. 1975 Mitgl. Wissenschaftskommiss. Kirche u. Sport in d. Kath. Kirche Dtschl. - BV: Sport + Spiel = Spaß + Gesundheit, 1972 (holl., finn., franz., span., portug.) - 1970 Lobende Anerkennung im Carl-Diem-Wettbewerb DSB - Liebh.: Gartenarbeit, Mozartmusik - Spr.: Franz.

LAUTZ, Günter

Dr. rer. nat., Prof. f. Physik TU Braunschweig - Fallsteinweg 97, 3340 Wolfenbüttel (T. 05331 - 7 28 29) - Geb. 15. Nov. 1923 Münster (Vater: Walter L., Prok.; Mutter: Elisabeth, geb. Wältermann), ev., verh. s. 1952 m. Gudrun, geb. Schulz, 2 Kd. (Hans-Ulrich, Beate-Sibylle) - 1945-50 Physik-Stud. Braunschweig (Dipl.-Phys. 1950, Promot. 1952, Habil. 1954) - 1950-55 wiss. Assist., 1956-60 Obering., 1960-62 a.o. Prof. Univ. Kiel, s. 1962 o. Prof. f. Elektrophysik TU Braunschweig (1964-66 Dekan Fak. f. Masch.wesen, 1969-70 Prorektor, 1970-72 Rektor, 1972-73 wieder Prorektor) - BV: Prakt. Physik, Sammelwerk (Hrsg.), 1968; Elektromagnet. Felder, Monogr., 3. A. 1985 - 1977 Korr. Mitgl. Akad. d. Wiss. u. d. Lit., Mainz, 1979 o. Mitgl. ebd. - Spr.: Engl., Franz., Ital.

LAUX, Hans

Dr., Dipl.-Mathematiker, Privatdozent, Vorstandsvors. Wüstenrot Lebensversicherungs-AG, Ludwigsburg - Lenbachstr. 6, 7014 Kornwestheim (T. 07154 - 31 19) - Geb. 31. Dez. 1929 Köln (Vater: Josef L.; Mutter: Wilma, geb. Dolinsek), kath., verh. 1956-77 m. Martha, geb. Stein, 1977 verw., s. 1978 verh. m. Walburgis, verw. Thiele, geb. Wiegelmann, 6 Kd. (Stefan, Christoph, Ulrich, Annegret, Roswitha, Monika) - Naturwiss. Gymn. Köln-Mülheim; wirtschaftswiss. Math. Univ. Köln. Dipl. u. Promot. 1954 Köln; Habil. 1983 Karlsruhe (Wirtschaftswiss.) - 1955-62 Versich.math. in Gutachterbüros, s. 1962 Chefmath. Bausparkasse GdF Wüstenrot, Ludwigsburg - BV: D. Bausparfinanzier., 5. A. 1983; D. Zwischenfinanz. v. Bausparvertr., 5. A. 1980; D. Dritte Vermögensbildungsgesetz, 5. A. 1972; D. kollektive Bausparen, 1973; Einkommensteuer u. Sparförderung ab 1975, 1974; Bausparwissen f. Bankkaufl., Baufinanz.- u. Anlageber., 5. A. 1988; Grundz. d. Bausparmathem., 1978; Bausparstarife, 1988 - Liebh.: Musik, Wein, Lit. - Spr.: Engl.

LAUX, Hartmut Hermann

Dr.-Ing., Dipl.-Ing., Geschäftsführer - Zur Ville 13, 5020 Königsdorf - Geb. 15. Sept. 1928 Berlin (Vater: Heinrich L., Dir.; Mutter: Katharina, geb. Dahsel), verh. s. 1955 m. Anneliese, geb. Wenglorz, 3 Kd. (Claudia, Stefan, Michael) - Abit. 1947; 1948-55 Stud. Masch.bau - 1955-59 Wiss. Assist. Hermann-Föttinger-Inst. Berlin; 1959-62 Entw.-Ing. BAHCO Ventilatoren-Werke, Enköping/Schweden; 1963-68 Techn. Leit. (Prok.) ROX-Lufttechn. Gerätebau GmbH, Köln; ab 1969 Geschäftsf. ROX-Lufttechn. Gerätebau GmbH, Köln. Vorst. Forschungsvereinig. f. Luft- u. Trocknungstechnik im VDMA, Frankfurt, Fachgemeinsch. Allg. Lufttechnik VDMA - Liebh.: Hochseesegeln, Skilaufen.

LAUX, Manfred

Dr. jur. utr., Dipl.-Volksw., Hauptgeschäftsführer Bundesverband Dt. Investment-Gesellschaften, Generalsekr. d. Europ. Investment-Vereinigung (1980-82, 1986-88) - Eschenheimer Anlage 28, 6000 Frankfurt/M. 1 - Geb. 3. Nov. 1937 Landau/Pfalz (Vater: Jakob; Mutter: Maria, geb. König), verh. s. 1971 m. Maria, geb. Mücke, T. Caroline - Stud. Univ. München, Würzburg, Heidelberg, Freiburg i. Br. (Stip. Stiftg. Volkswagenwerk-Stip.); Gr. jurist. Staatsprüf.; Promot. (Verfassungsgerichtsbarkeit u. Entscheidung abstrakter Rechtsfragen) 1963 Würzburg - BV: Grundstücks-Investment, 1978, 2. A. 1988.

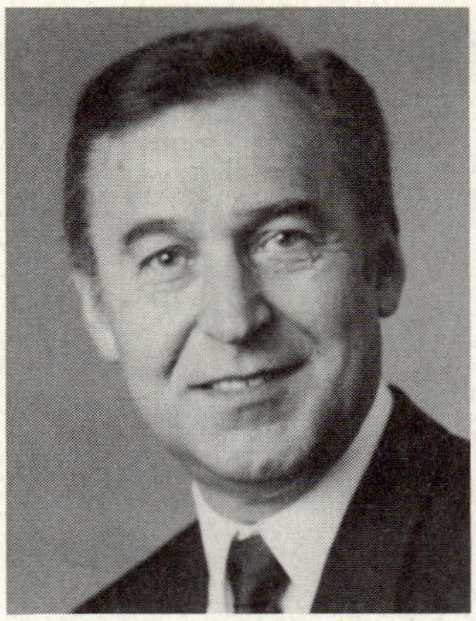

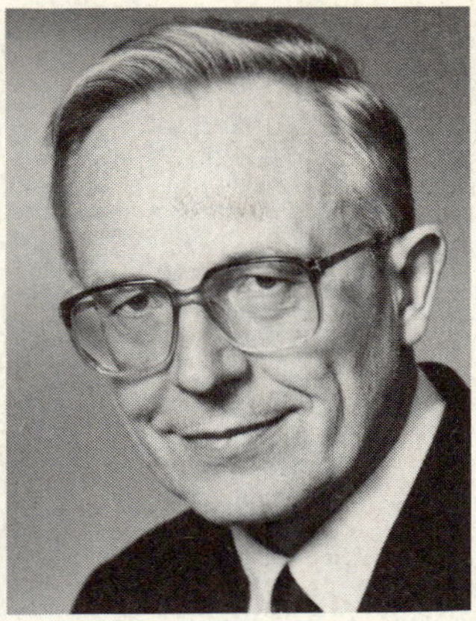

LAUX, Wolfrudolf

Dr. rer. nat., Dipl.-Biol., apl. Prof., Direktor, Bibliotheken, Dokumentationsstelle f. Phytomedizin, Informationszentrum f. trop. Pflanzenschutz/Biol. Bundesanstalt f. Land- u. Forstw. (s. 1965) - Königin-Luise-Str. 19, 1000 Berlin 33 - Geb. 23. Okt. 1934 Leipzig - Promot. 1961; Habil. 1971 - Ab 1969 Lehrtätigk. FU Berlin (Lehrbeauftr.) u. TU Berlin (1971 Privatdoz.). Üb. 50 Facharb.

LAVEN, Hannes

Dr. rer. nat., em. o. Prof. f. Genetik - Am Eselsweg 27, 6500 Mainz-Bretzenheim (T. 3 49 34) - Geb. 10. Febr. 1913 Dremmen, verh. s. 1940 m. Brunhilde, geb. Tolkmitt, 3 Söhne (Gerhard, Burkhard, Reinhard) - Univ. Köln, Bonn, Königsberg/Pr. (Naturwiss.; Promot. 1939) - 1939-40 Assist. Univ. Berlin (Zool. Inst.); 1940-46 Wehrdst. u. Gefangensch.; 1947-54 Assist. Tropeninst. Hamburg; 1954-58 Assist. Max-Planck-Inst. f. Biol. Tübingen; 1958-59 u. 1962-63 Gastprof. Univ. of Illinois Urbana/USA; s. 1959 ao. u. o. Prof. (1962) Univ. Mainz, emerit. 1983 - 1957 Genetik-Preis Stifterverb. f. d. Dt. Wiss. - Spr.: Engl., Franz., Holl.

LAVES, Werner

Prof., Maler u. Graphiker - Spessartstr. 5, 1000 Berlin 31 (T. 821 69 56) - Geb. 23. März 1903 Berlin - 1923-28 Kunsthochsch. Berlin (Karl Hofer) - Langj. Prof. Kunsthochsch. Berlin (Abt. Kunstpäd.) - 1930 Staatsstip. Villa Massimo Rom; längerer Aufenthalt Frankr. (u. a. Paris) u. Schweiz; s. 1948 Lehrtätigk. Kunsthochsch. Berlin.

LAVIS, Robert

Pers. haft. Gesellschafter Stahlbau M. Lavis S., Offenbach, Vizepräs. IHK ebd. - Hergenröder Str. Nr. 21, 6050 Offenbach/M. (T. 830 12 42) - Geb. 11. Mai 1921 Offenbach - Vorst.-Mitgl. Arbeitgeberverb. hess. Metallind., Frankfurt, Dt. Stahlbauverb., Köln.

LAY, Peter-Martin

Dr. rer. oec., Dipl.-Kfm., Pers. haft. Gesellschafter Firmengruppe Lay, Limburg - Schleusenweg 10, 6250 Limburg 1 (T. 06431 - 2 53 03) - Geb. 13. Nov. 1943 Simmern, kath., verh. - Lehre Bankkaufm.; Stud., Promot. 1973 Univ. Saarbrücken - AR-Vors. Limburger Volksbank u. Einkaufsgemeinsch. Möbel, Frankfurt - Spr.: Engl., Franz.

LAY, Rupert

Dr. phil., Lic. theol., o. Prof. f. Philosophie u. Wissenschaftstheorie Phil.-Theol. Hochschule St. Georgen in Frankf. a.M.; Psychotherapie; Managementtraining - Offenbacher Landstr. 224, 6000 Frankfurt/M. 70 - Geb. 14. Juni 1929 Drolshagen/W., kath. - Univ. München, Bonn, Frankfurt (Phil., Physik, Psych., Theol.). Promot. Bonn; Habil. Frankfurt - BV: Welt d. Stoffes, 2 Bde. 1965/66; D. Leben - Wesen u. Werden, 1969; D. Entwickl. d. Menschen, 1970; Zukunft ohne Religion?, 1970; D. neue Glaube an d. Schöpfung, 1971; Einf. in d. komplexe Wiss.theorie, 2 Bd. 1971/73; Vor uns d. Hoffnung, 1974; Dialektik f. Manager, 1974; Z. Weltbild d. Naturwiss., 2 Bde. 1975/78; Marxismus f. Manager, 1975; Meditationstechniken f. Manager, 1976; Manipulat. durch d. Sprache, 1977; Führen durch d. Wort, 1978; Krisen u. Konflikte, 1980; Ketzer - V. Roger Bacon b. Teilhard, 1981; Credo-Wege ins Christentum, 1981; Ethik f. Wirtsch. u. Politik, 1983; D. Bild d. Menschen - Einführ. in d. Psychoanalyse, 1984; V. Sinn d. Lebens, 1985; Zw. Wirtsch. u. Christentum, 1986; D. Macht d. Wörter, 1986; Philosophie f. Manager, 1988; Ethik f. Manager, 1988. Zahlr. wiss. Beiträge u. Vorträge - Liebh.: Sporttauchen, Problemschach - Spr.: Lat., Engl.

LAYER, Friedemann

Dirigent, Generalmusikdirektor u. Operndirektor Mannheim - Onkel-Tom-Str. 17, 1000 Berlin 37 - Geb. Wien, verh. - Konzert- u. Operndirig. in d. Hauptstädten Europas u. d. USA - Spr.: Engl., Franz., Ital.

LAYTON, Robert G.

Industrieberater Berlin (s. 1986), Beiratsvors. Genes GmbH, Köln u. Heidemann Werke GmbH, Einbeck, Beiratsmitgl. Simon Bank, Düsseldorf, J 2 T Viceorecorder, Berlin, u. Dt. Kredit u. Handelsbank, Berlin - Fasanenstr. 28, 1000 Berlin 15 - Geb. 16. Mai 1923 Berlin - Bachelor Degree u. Chartered Accountant (London) - 1950-69 Ford USA/Europa; Vorst.-Vors. Ford Werke AG Köln, VP Ford of Europe, VP Latein Amerika u. Far East); 1970-73 Vorst. Dynamit Nobel AG; 1973-78 Feldmühle AG (Vorst. bzw. Vors. d. Vorst.); 1978-86 Generalbeauftr. d. Landes Berlin f. Wirtschaftsförd.

LAZAROWICZ, Klaus

Dr. phil., em. o. Prof. f. Theaterwissenschaft - Schubertstr. 2, 8132 Tutzing/Obb. (T. 88 45) - Geb. 19. Jan. 1920 Riesenburg/Westpr., verh. m. Ingeborg, geb. Reinhardt, 3 Kd. - S. 1961 (Habil.) Lehrtätigk. Univ. München (1966 Ord. u. Dir. Inst. f. Theaterwiss.) - BV: Verkehrte Welt - Vorstudien zu e. Gesch. d. dt. Satire, 1963. Div. Einzelarb. Herausg.: Ernst Barlach, D. Dramen (1956), Münchener Beiträge z. Theaterwiss. (1971 ff.).

LAZI, Erhard

Dr. jur., Landrat Zollernalbkr. (s. 1968) - Lortzingstr. 20, 7460 Balingen/Württ. (T. 2 23 45) - Geb. 12. April 1923 Heilbronn/N. (Vater: Emil L., Landgerichtsdir.; Mutter: Margarete, geb. Geißler), ev., verh. s. 1956 m. Ruth, geb. Vogelmann, T. Cornelia - 1933-41 Gymn. Heilbronn u. Ulm; 1945-49 Univ. Tübingen (Rechts- u. Wirtschaftswiss.). Jurist. Staatsprüf. 1949 u. 53 - 1953-68 Landratsämter Aalen, Schwäb. Hall (1955; Reg.srat), Backnang (1961 Reg.s-, 1962 Oberreg.srat; I. Landesbeamter) - BV: In welchem Umfang ist e. Wahlfeststellung heute noch zulässig? (Diss.) - Kriegsausz. - Liebh.: Geschichte, Sport - Spr.: Engl.

LEBEDJEWA, Irina

Ballettänzerin - Zu erreichen üb. Bayer. Staatsoper-Nationaltheater, Max-Joseph-Pl. 2, 8000 München 80 - Geb. 21. Jan. 1958 Gorki/UDSSR (Vater: Sergei L.; Mutter: Lidia, geb. Baranowa), verh. s. 1977 m. Gyula Harangolo, Tänzer (s. dort), Sohn Gyula - Ausb. Moskau Bolshoi-Theater - Solistin: 1976-77 Odessa, 1977-82 Budapest, 1982ff. München (Bayer. Staatsoper) - Liebh.: Lesen - Spr.: Ungar., Engl., Deutsch.

LEBEK, Hans

Fabrikant, Geschäftsf. Bekleidungswerke G. Lebek GmbH. & Co. - Hofgut Bissingen, 5423 Braubach - Geb. 20. Jan. 1928.

LEBEK, Wolfgang Dieter

Dr. phil., Prof. f. Klass. Philol. u. Nebendisziplinen - Unter Buschweg 98, 5000 Köln 50 - Geb. 29. März 1938 Bad Reinerz, kath., verh. s. 1964 m. Elisabeth, geb. Hahn, 2 Töcht. (Stefanie, Julia) - Stud. Univ. Köln, Freiburg (Studienstiftg. d. dt. Volkes); Promot. u. 1. Staatsex. (Lehramt Gymn.) 1964 Köln, Habil. (Klass. Philol.) 1971 Köln - 1972/73 Junior Fellow Center for Hell. Stud. Washington D.C.; 1976 Mâtre de conf. assoc. Univ. Clermont-Ferrand (Frankr.); 1976-78 Visiting Prof. UCLA; 1979-84 a.o. Prof. Univ. Ausburg; 1984 Prof. Univ. Köln - BV: Verba prisca, 1970; Lucans Pharsalia, 1976. Mithrsg.: Ztschr. f. Papyrologie u. Epigraphik - 1986 o. Mitgl. Rhein.-Westf. Akad. d. Wiss. - Liebh.: Schwimmen, Musik - Spr.: Latein, Griech., Engl., Franz., Ital., Span.

LEBER, Georg

Dr. jur. h. c., Bundesminister a. D., MdB (1957-82; Wahlkr. 140/Frankfurt I), 1978-82 Mitgl. Fraktionsvorst., 1979ff. Vizepräs. Bundestag - Krennstr. 41, 8240 Schönau/Königsee - Geb. 7. Okt. 1920 Obertiefenbach/Oberlahnkr. (Vater: Maurer), kath., verh. s. 1942 m. Erna, geb. Wilfing †1984, in 2. Ehe m. Katja, geb. Grüttner, S. Manfred - Volkssch.; kaufm. Ausbild.; Maurerlehre (n. 1945) - 1939-45 Soldat (Luftw.), dann Baugewerbe, 1949-52 Geschäftsstellenleit. Baugewerksch. Limburg, 1952-55 Schriftl. D. Grundstein (Gewerksch.ztg.), 1953-66 Hauptvorstandsmitgl., 2. bzw. 1. Vors. (1957) IG Bau/Steine/Erden, 1966-78 (Rücktr.) Bundesverkehrs-,1969-72 zugl. -post- u. -verteidigungsmin. (1972). 1958-59 Mitgl. Europ. Parlam.; s. 1967 Mitgl. Zentralkomitee d. dt. Katholiken; 1984ff. Mitgl. Leitungsgremium Kath. Akad. Bayern. SPD s. 1947 (1961 Mitgl. Parteivorst., 1968 -präsid.). BV: Vom Frieden, 1979; Herausg.: Vermögensbild. in Arbeitnehmerhand - Dokumentation 1-3, 1964/65 - 1980 Ehrendoktor Univ. Tübingen; 1969 Ehrenbürger Gde. Obertiefenbach (Geburtsort); 1966 Ehrenmitgl. D. Palette/Intern. Ring d. Kunstfreunde, Frankfurt/M.; 1969 Gr. BVK m. Stern, 1973 Schulterbd. dazu, 1976 Großkreuz; 1980 Kdr. Franz. Ehrenlegion; ausl. Orden, dar. 1981 Komturkreuz m. Stern Päpstl. Gregoriusorden; 1983 Ludger-Westrick-Preis; 1984 Bayer. VO; 1985 Theodor-Heuss-Preis; 1987 Freiherr v. Stein-Preis - Liebh.: Malen, Wandern, Skat.

LEBER, Rolf

Dr.-Ing., Direktor, Unternehmensberater, Ehrenvors. Dt. Elektrotechnische Kommission (DKE) - Am Kubergraben 61, 3500 Kassel (T. 0561 - 6 49 45) - Geb. 11. Okt. 1927 Bielefeld, ev., verh. s. 1954 m. Irmtraut, geb. Ferke, 4 Kd.

(Wulf, Susanne, Margarete, Henning) - 1946-49 Lehre als Fernmeldemonteur; 1949-53 Stud. Elektrotechnik TH Aachen; Promot. 1960; 1953-63 Entw.-Ing. AEG Hochspannungs-Inst. Kassel; 1963-65 Leit. Techn.-Wiss. Abt.; 1966-73 Leit. d. Inst.; 1966 Dir. Hochspannungsschaltgerätefabrik KS; 1969 Leit. Geschäftsber. Energieverteilung, 1973 stv. Vorstandsmitgl. AEG-Telefunken; 1976-85 Vorst.-Mitgl. AEG-Telefunken Anlagentechn. AG; 1974-76 AR-Vors. Trafo-Union; 1973-85 AEG Kanis; 1971-88 Techn. Beirat d. DKE; 1977-87 Techn. Aussch. d. ZVEI; 1972-89 Vorst.-Mitgl. im VDE; 1974-85 Techn. Beirat d. Allianz - Einige Patente auf d. Geb. d. Hochspannungsleitungs-Schaltertechnik - 1983 Stephan-Ehrenmed. in Gold d. Elektrotechn. Vereines Österreichs; 1985 DIN-Ehrenring; 1987 BVK - Liebh.: Musik, Sport - Spr.: Engl.

LEBERT, Vera,
geb. Hinze

Schriftstellerin (Ps. Vera Lebert-Hinze, Claire Grohé) - Am Sonnenhang 24, 5912 Hilchenbach 4 (T. 02733 - 5 11 96), u. Qu 7, 6, 6800 Mannheim 1 (T. 0621 - 1 41 58) - Geb. 23. Juni 1930 Mannheim, kath., verh. s. 1956 m. Dipl.-Ing. Heinz L., 2 Kd. (Matthias, Annette) - B. 1948 Gymn.; Handelssch.; Ausb. in Malerei - Kaufm. Tätigk. im Buchdruck; Korrektor; Journ., Lyrik, Ess., Rezension; 1981-87 Schriftleit. d. Christl. Autorinnengruppe; s. 1988 Fachbeirätin f. Lit. u. Deleg. d. GEDOK Rhein-Main-Taunus; s. 1989 Mitgl. Verb. Dt. Schriftst. - BV: Wenn d. Schatten leben, Lyrik, 1981; Flugtuch d. Träume, Lyrik, 1984; ... u. d. Wege sind ohne Zeichen, Lyrik, 1987 + 1981 u. 84 Preise b. Intern. Lyrikwettbew. - Liebh.: Schausp., Malerei, Lit. - Spr.: Engl. - Lit.: Kürschners Literaturkal.; A. Bungert, Christl. Lyrik in d. Nordhälfte d. Bundesrep; H. Schulz-Fielbrandt, Lit. Heimatkunde d. Ruhr-Wupper-Raumes; Kürschners Lit. Kal.

LEBSANFT, Ulrich

Botschafter d. Bundesrepublik Deutschland in d. Schweiz (1981 i. R.) - Wilbrechtstr. 48, 8000 München 71 - Geb. 3. März 1916 Stuttgart - Stud. d. Rechts- u. Wirtsch.swiss., Neue Spr. Univ. Tübingen, Heidelberg, Springfield/USA - S. 1951 Ausw. Amt (Ausl.sposten: Madrid, Mexiko, Monterry u. 1973 Botsch. EG Brüssel).

LEBUHN, Jürgen

Dr. jur., Rechtsanwalt, Honorarprof. TH Aachen (s. 1978) - Vorsetzen 35, 2000 Hamburg 11 (T. 040 - 37 30 23) - Geb. 22. Mai 1922 Hamburg, ev., verh. s. 1954 m. Inge, geb. Wulfff, 2 Töcht. (Kirsten, Eike) - 1942-44 kaufm. Lehre; Stud. Univ. Königsberg/Pr., Hamburg (Rechtswiss.); Promot. 1949 Hamburg - Seniorpartner Anwaltssozietät Lebuhn & Puchta, Hbg.; Vors. bzw. Mitgl. versch. Beiräte; Präs. Hafen-Klub Hbg. - BV: Neuzeitige Konnossementsbegr., 1949; D. Linienkonnossement, 1958, FOB u. FOB-Usancen, 1964, 3. A. 1971; Kom-

pendium f. d. Vertragswesen im Schiffs- u. Maschinenbau, 1979 - Spr.: Engl., Franz.

LECHELER, Helmut

Dr., o. Prof. Univ. Erlangen - Würzburger Str. 10d, 8600 Bamberg - Geb. 13. Febr. 1941 - Stud. Rechtswiss. u. Betriebswirtschaftslehre - 1979-81 o. Prof. Univ. Marburg, seith. Ord. Erlangen, Inst. f. Staats- u. Verwaltungsrecht, Erlangen - BV: D. Europ. Gerichtshof; D. Personalgewalt öfftl. Dienstherren; Arbeitsmarkt u. öfftl. Dienst; Lehrb. Verwaltungslehre.

LECHER, Kurt

Dr. sc. techn., Dipl.-Ing., Prof. f. Wasserwirtschaft, Hydrologie u. landw. Wasserbau Univ. Hannover - Holzwiesen 1, 3005 Hemmingen 1 (T. Büro: 0511 - 762 22 37) - Geb. 24. Dez. 1936 Bregenz/Österr. (Vater: Theo L., Zollbeamter; Mutter: Anna, geb. Niederer), verh. s. 1962 m. Renate, geb. Kohl, S. Hanno - Stud. Kulturtechnik Hochsch. f. Bodenkultur Wien (Dipl.-Ing. 1959); Promot. 1964 ETH Zürich; Habil. (Tropenwasserwirtsch.) 1968 TH Hannover - S. 1973 Tätigk. b. Consultingfirmen, nat. u. intern. Org. in Übersee; 1970/71-74 o. Prof. Univ. f. Bodenkultur, Wien; s. 1974 o. Prof. Univ. Hannover - BV: Bewäss., (m. a.) 1978; Taschenb. d. Wasserwirtsch., (m. a.; Mithrsg.) 6. A. 1982; Gewässerregelung (m. a.; Mithrsg.), 1986, 2. A. 1989. Mitherausg. Ztschr. f. Kulturtechnik u. Flurbereinig. - Spr.: Engl., Franz., Span.

LECHNER, Ernst

Landwirtschaftsstudienrat, MdL Bayern (s. 1962), Vizepräsident Bayer. Landtag - Schmalespanstr. 56, 8820 Gunzenhausen/Mfr. (T. 21 87) - Geb. 23. Jan. 1925 Nordstetten/Mfr. - Volkssch. Nordstetten; Landw.sch. Gunzenhausen; Ackerbausch. Triesdorf; Staatsinst. f. Landw. Unterr. München (Ex.) - B. 1945 Kriegsmarine; zeitw. elterl. Hof; s. 1960 Lehrer. MdK Gunzenhausen. CSU (stv. Kreisvors.) - 1971 Bayer. VO; 1983 BVK I. Kl.; 1985 Bayer. Staatsmed. in Gold.

LECHNER, Ewald

Forstoberamtsrat, MdL Bayern (s. 1970) - Fritz-Kollmann-Str. 1, 8380 Landau/Ndb. (T. 09951 - 53 17) - Geb. 1926 - Präs. Fischereiverb. Niederbayern. CSU - 1980 Bayer. VO.

LECHNER, Georg

Dr. phil., Institutsleiter Goethe-Inst. Paris - Zu erreichen üb. Goethe-Institut Paris, 17, Avenue d'Jena, 75116 Paris - Geb. 9. Juni 1934 Aufham (Eltern: Georg L. u. Albertine L.), 3 Kd. (Christoph, Claudia, Kim-Gabriel) - 1954-60 Stud. Roman., Angl., Phil. Univ. München; Promot. 1960 - 1962-84 Leit. Goethe-Inst. Rangun, Kalkutta, New Delhi; Montreal, Seoul - BV: Koreana, 1982 - Filme: Tabla Calcutta, 1967; I point to India, 1973; East-West Dance Encounter - u. a. - Liebh.: Interkultureller Dialog - Spr.: Engl., Franz.

LECHNER, Hans Helmut
s. Lechner, Odilo

LECHNER, Irmgard,
geb. Schreckenberg

Prof., Cembalistin - Bandelstr. 5, 4930 Detmold (T. 2 48 56) - Geb. 5. Juli 1907, verh. 1934-43 m. Prof. Konrad L., S. Florian - Lyz.; Musikhochsch. Köln - Lehrtätigk. Mozarteum Salzburg (1941-45) u. Nordwestd. Musik-Akad. Detmold (s. 1949; Cembalo, Klav.).

LECHNER, Konrad

Prof., Komponist - Keltenring 113, 7815 Kirchzarten-Burg - Geb. 24. Febr. 1911 Nürnberg (Vater: Georg L.; Mutter: Barbara, geb. Görtler), ev., verh. m. Cordula, geb. v. Rutendorf, 3 Kd. (Florian (aus 1. Ehe), Barbara, Johanna) - Akad. d. Tonkunst München u. Mozarteum Salzburg; Cello: Joseph Diclez u. Hugo Becker, Dirigieren: Clemens

Krauß, Kompos.: Carl Orff, Johann Nepomuk David u. Wolfgang Fortner - Cellist Bayer. Staatstheater München, Münchn. Fideltrio, 1939 Dirig. Münchn. Bachverein, 1941 Doz., Orchester- u. Chorleit. Mozarteum Salzburg, 1946 Dirig. Bamberger Symphoniker, 1948 Prof. u. Orch.leit. Hochsch. f. Musik Freiburg/Br., 1953 Dir., 1958 Leit. Meisterkl. Kompos. u. Cello Städt. Akad. d. Tonkunst Darmstadt, 1969 Prof. f. Musiktheorie Musikhochsch. Freiburg, 1974 i. R. - W.: Requiem, Psalmkantate, Geistl. Konzert, Ballett Kontraste f. Str. Cemb. Schlagwerk, Cantica I f. Sopr. u. Kammerensemble, 3 Orgelstücke, Cantica II f. Sopr., Fl. Cello u. Tonband, 6 Cellostücke, Perspektiven f. Fl. u. Klav. Mikro-Phonie f. ars nova Ensemble Nürnberg, Metanoia f. Pos. u. Orgel, v. Angesicht z. Angesicht f. 3 Stimmen, Sprecher, Klav., Schlagzeug u. Kontrabaß, Canticum Sacrum f. Soli, Chor, Schlagzeug u. Orgel, Facettes f. gr. Orch., Psalmodie f. 3 Soli, 2 Chöre u. Orch. - 1970 Joh.-Heinr.-Merck-Ehrung Stadt Darmstadt.

LECHNER, Manfred Dieter

Dr. rer. nat., Prof. f. Physikal. Chemie Univ. Osnabrück - von-Hövell-Str. 11, 4512 Wallenhorst 2 (T. 05407 - 67 62) - Geb. 5. Okt. 1940 Lübeck, ev., verh. m. Elisabeth, geb. Mors, 4 Kd. (Antje, Silke, Kristina, Thomas) - Univ. Mainz (Dipl.-Chem. 1967, Promot. 1969) - 1969-75 Wiss. Mitarb. Inst. f. Physik. Chem. Univ. Mainz; s. 1975 Prof. in Osnabrück - BV: Light Scattering from Polymer Solutions, 1972.

LECHNER, Odilo O. S. B.

Abt v. St. Bonifaz, München-Andechs - Karlstr. 34, 8000 München 2 (T. 55 17 10) - Geb. 25. Jan. 1931 München, kath. - Univ. München, Innsbruck, Würzburg (Theol., Phil.). Promot. 1963 (Dr. phil.) Würzburg - 1956 Priester; 1964 Abtweihe, 1972-78 u. s 1984 Präses d. Bay. Benediktinerkongregation; 1972-82 1. Vors. d. Salzb. Äbtekonf. - BV: Idee u. Zeit in d. Metaphysik Augustins, 1964; Advent/Weihnachten, 1972, Fastenzeit, 1973; Ostern/Pfingsten, 1973; V. Gewicht d. Zeit, 1980; Geschenke f. d. Tag, 1981; Mit d. Augen d. Seele, 1984; D. Weg d. großen Sehnsucht, 1986; Mit den Heiligen durch d. Jahr, 1987; Auf dem Weg d. Hoffnung, 1987 + 1975 Bayer. VO - Spr.: Engl.

LECKE, Bodo

Dr. phil., Prof. f. Erziehungswiss./Deutschdidaktik Univ. Hamburg - Poppenbütteler Chaussee 110, 2000 Hamburg 65 (T. 040 - 607 14 15) - Geb. 6. April 1939 Braunschweig (Vater: Ernst L., Büroangest.; Mutter: Elfriede, geb. Gehrke), ev., verh. s. 1966 m. Wernhild, geb. Lottmann, 2 Kd. (Verena, Volkmar) - Promot. 1965, Staatsex. 1966 Univ. Göttingen - 1965 Wiss. Assist.; 1971 Studienrat; 1972 Prof. - BV: Dichter üb. ihre Dicht.; F. Schiller, 2 Bde. (Hrsg.) 1969/70; Projekt Deutschunterr., (Hrsg.) 1971-78; Lit. d. dt. Klassik - Rezeption u. Wirk., 1981.

LECKEBUSCH, Klaus

Rechtsanwalt, Syndikus Bayer. Börse, Geschäftsf. Münchener Handelsverein - Lenbachpl. 2a, 8000 München 2; Holbeinstr. 22, priv.; - 80 - Geb. 7. Febr. 1930.

LECLAIRE, Alfred

Dr., I. Bürgermeister, Kreisrat Starnberg, Vors. Bayer. Gemeindetag/Kreisverb. Starnberg u. Fremdenverkehrsverb. Fünfseenland - Rathaus, 8132 Tutzing/Obb.; priv.: Paulweg 4 - Geb. 23. April 1935 Bardenberg, verh., 2 Söhne - Zul. Doz.

LECLERCQ, Patrick Gerard

Journalist, ARD-Korrespondent Naher Osten - Alte Weinsteige 64, 7000 Stuttgart 1 (T. 0711 - 60 35 72) - Geb. 21. Jan. 1950 Baden-Baden (Vater: Luc Bérimont, Schriftsteller Paris), vd., verh. s. 1981 Ursula, geb. Fritsche - Obersch.

Filmakad. Stuttgart u. Berlin - SDR-Regional-Programm FS; Inlandskorresp. Tagesschau/Tagesthemen; Leit. Auslandsredaktion FS, Sondersendungen f. 1. u. 3. Programm; Auslandsfeatures; Sonderkorresp. d. ARD im Nahen Osten, ARD-Korresp. f. d. Südl. Afrika - Liebh.: Lit., Filme - Spr.: Engl., Franz.

LEDDEROSE, Lothar

Dr. phil., o. Prof. f. Kunstgesch. Ostasiens - Univ. Heidelberg, Kunsthistor. Institut, Seminarstr. 4, 6900 Heidelberg (T. 06221-54 23 48) - Geb. 12. Juli 1942 München (Vater: Dr. Georg L., Musikhochsch.lehrer; Mutter: Maria, geb. Freundlieb), kath., verh. s. 1975 m. Doris, geb. Croissant, 2 Kd. (Julia, Lukas) - 1961-69 Stud. Bonn, Paris, Taipei, Heidelberg; Promot. 1969; Habil 1976 Univ. Köln - 1969-71 Stud. Princeton u. Harvard - 1972 Übers.tätigk. Ehem. Palastmus. Taipei, 1973-75 Forsch.-Inst. f. Oriental Culture Univ. Tokyo, s. 1976 Lehrst. f. Kunstgesch. Ostasiens, Univ. Heidelberg. S. 1984 1. Vors. Dt. Morgenl. Ges.; 1986 o. Mitgl. Heidelberger Akad. d. Wiss. - BV: D. Siegelschr. (chuan-shu) in d. Ch'ing-Zeit, 1970; Mi Fu and the Classical Trad. of Chinese Calligraphy, 1979 - Liebh.: Klass. Musik - Spr.: Engl., Franz., Chin., Jap. - Bek. Vorf.: 1. Johannes Scharrer (1785-1844), Bürgerm. u. Dir. Polytechn. Nürnberg, Erbauer 1. Dt. Eisenb. Nürnberg-Fürth (Urgroßv.); 2. Carl Ledderhose, Nm. Elsass-Lothr., Kurator Univ. Straßburg (Urgroßv.); 3. Georg Ledderhose, Prof., Chirurg. Entd. Glykosamin, Gründ. Straßburger Unfallkrkhs. 1899 (Großv.).

LEDEBUR, Freiherr von, Wilhelm

Dr. med. vet., Industrietierarzt, Vorstandsvors. Wirtschaftsgenoss. Dt. Tierärzte eG - Dreyerstr. 8-12, 3000 Hannover (T. 0511 - 1 51 43) - Geb. 14. Mai 1942 Crollage/Kr. Minden-Lübbecke, ev., verh. s. 1981 m. Christine, geb. von Schmiterlöw - 1965-71 Stud. Veterinärmed. Tierärztl. Hochsch. Hannover; Staatsex. 1971; Promot. 1972 - 1972-76 Tierärztl. Praxis; 1977-78 Leit. Wiss. Abt. Fa. Albrecht, Aulendorf/W.; AR-

Mitgl. Animedica Intern. GmbH, Frankfurt - Spr.: Engl., Franz.

LEDER, Gottfried

Dr. jur., Prof., Hochschullehrer - Ortelsburger Str. 35, 3200 Hildesheim (T. 8 41 08) - Geb. 4. Juli 1929 Berlin - S. 1961 Prof. f. Polit. Univ. Hildesheim.

LEDERBOGEN, Rolf

Prof., freier Architekt, Designer - Postfach 4007, 7500 Karlsruhe (T. 0721 - 85 53 00) - Geb. 17. März 1928 Hann. Münden (Vater: Dr. Friedrich Karl L., Oberstudiendir.; Mutter: Ina, geb. Brümmerhoff), verh. s. 1954 m. Ursula, geb. Weiler (Malerin), 2 Söhne (Sebastian, Florian) - N. Abit. Hochsch. f. bild. Künste Kassel - S. 1960 Lehrtätigk. Univ. Karlsruhe (1962 Ord. f. Grundl. d. Architektur). Mitgl. Dt. Werkbd. Div. Wettbewerbspreise - Sammelt Plakate, Spielkarten, Ausschneidebogen, Bestecke - Spr.: Engl.

LEDERER, Joe

Schriftstellerin - Zul. 8000 München 23 - Geb. 12. Sept. 1907 Wien - Gymn. - BV: D. Mädchen George, R. 1928; Musik d. Nacht, R. 1930; 3 Tage Liebe, Erz. 1931 (verfilmt); Bring' mich heim, R. 1932; Unter d. Apfelbäumen, R. 1934; Blatt im Wind, R. 1935; Blumen f. Cornelia, R. 1936; E. einfaches Herz, R. 1937; Heimweh n. Gestern, Erz. 1951; Letzter Frühling, R. 1955; Unruhe d. Herzens, R. 1956; Sturz ins Dunkel, R. 1957; V. d. Freundlichkeit d. Menschen, Erz. 1964 - Mitgl. PEN-Club.

LEDERER, Karl

Dr. jur., Geschäftsführer Schwäbische Hüttenwerke GmbH. - Wilhelmstr. 67, 7080 Aalen-Wasseralfingen - Geb. 23. Dez. 1915.

LEDERGERBER, Alfred

Dr.-Ing. - Tulpenweg 12, 7140 Ludwigsburg - Geb. 26. Juli 1926 Bodman/Bodensee, verh. m. Gisela, geb. Piwowarsky - Stud. TH Aachen (Promot. 1965).

LEDERMANN, Hellmuth

Dr. med., Sportarzt, Schriftsteller - In der Dell 14, 6940 Weinheim - Geb. 19. Mai 1939 Hamburg (Vater: Dr. med. Dr. phil. Richard L., Arzt; Mutter: Dr. med. Helene, geb. Martin) - verh. s. 1961 m. Heidi, geb. Draheim, 2 Kd. (Christian, Christina) - 1958-65 Univ. Hamburg, anschl. klin. Ausb. Hamburg - 1970-81 Leit. klin. Forsch. Ausl. Boehringer Mannheim GmbH; s. 1982 Geschäftsleit. ICI-Pharma; 1972 Olympia-Arzt München - BV: Grundzüge klin. Arzneimittelprüf. u. med. Statistik, 3. A. 1981; Nur e. Kirschblütenzweig, Reiseged., 1976; Fachveröff. - Liebh.: Reitsport, Schwimmen, Malerei - Spr.: Engl., Span., Franz. - Bruder: V. D. Ledermann; Cousin: Hans Magnus Enzensberger.

LEDERSBERGER, Erich

M.A., Lehrer, Schriftsteller - Lindengasse 13-15/II/23, A-1070 Wien (T. 0222 - 96 65 76) - Geb. 20. Juni 1951, T. Nina - Stud. Wirtschaftspäd.; Dipl. 1975 Linz - BV: Glatteisgefahr!, 1982; Alles im Lot, 1984; Wiener Brut, 1986. Herausg.: Päd. TB-Reihe - 1981 Rauriser Förderungspreis; 1983 Förderungspreis d. Schärf-Fonds - Spr.: Engl.

LEDIG-ROWOHLT, Heinrich-Maria

Dr. h. c., Verleger, Direktor i. R. Rowohlt Verlag GmbH u. Rowohlt Taschenbuch Verlag GmbH, bde. 2057 Reinbek b. Hamburg - Hamburger Str. 17, 2057 Reinbek - Geb. 12. März 1908 Leipzig, verh. (Ehefr.: Jane, geb. Scatcherd) - Buchhändler- u. Verlagsausbild. Deutschl. u. England. S. 1931 Rowohlt Verlag - Eig. Publik.: Thomas Wolfe i. Berlin, in: Der Monat Nr. 1, Jahrg. 1 u. engl. Übers. in The American Scholar, 1953. Übers.: James M. Cain (D. Defraudant), Alfred Hayes (D. Mädchen von d. Via Flaminia u. Alle deine Siege), Harold Pinter (Stücke), Thomas Wolfe (Uns bleibt die Erde, John Updike, Ged.) u. a. - 1974 Gr. BVK; 1975 Degree of Doctor of Humane Letters d. Washington Univ., St. Louis, 1978 Senator Biermann-Ratjen Medaille, Hamburg; 1979 Österr. Ehrenkreuz f. Wiss. u. Kunst I. Kl.; 1957 Mitgl. PEN-Zentrum BRD; 1984 Ordre des Arts et des Lettres (Frankr.) - Spr.: Engl., Franz. - Lit.: H.-M. L.-R. zuliebe (Festschr. z. 60. Geb.).

LEEB, Hermann

Rechtsanwalt, MdL Bayern (s. 1970) - Bohlenweg 23, 8750 Aschaffenburg/Ufr. (T. 9 24 68) - Geb. 1938 - S. 1987 stv. Vors. CSU-Landtagsfraktion - 1981 Bayer. VO, 1984 Bayer. Verfassungsmed. in Silber.

LEEB, Klaus

Dr. phil., Prof., Inh. Lehrstuhl f. Informatik (Automatentheorie u. Formale Sprachen) u. Vorst. Inst. f. Math. Maschinen u. Datenverarb. Univ. Erlangen-Nürnberg (s. 1972) - Anton-Bruckner-Str. 34, 8520 Erlangen.

LEEB, Wolfgang Th.

Dr. oec. publ., Dipl.-Kfm., Bankdirektor - Gallusanlage 7, 6000 Frankfurt/M. (T. 2 63-1) - Geb. 23. Dez. 1925 München - AR-Mitgl. Dresdner Bank AG.

LEEGAARD, Alf

Prof., Schriftsteller - Postf. 1114, 8031 Eichenau (T. 08141 - 7 01 55) - Geb. 29. Okt. 1939 Eisleben (Vater: Dr. Otto Ehrhardt-L., Kieferchir.; Mutter: Irmgard, geb. Rüdiger-Rosenbaum, Pianistin), 3 T. (Theresa, Maddalena, Lisa) verh. m. Maria Theresa Antonella Contessa di Zastelli - 1959 b. 62 Stud. d. German., Phil., Theaterwiss. Univ. Köln, Wien, London - 1963-64 Dramat. Theater a. Dom, Köln; 1964-67 Fernsehdramat. Saarl. Rundfunk u. Telefilm Saar; 1967-70 Chefdramat. u. Presseref. Städt. Bühnen Nürnberg-Fürth u. Doz. f. Theaterwiss. u. Päd. VHS ebd.; 1970-72 Programmdir. TV-Star (RT Luxemburg, IP Paris, IPA Frankfurt) u. München-/Hanseatic-/Vienna-Kontakt-Film; 1972-76 Gesamtleit. u. -herstell. Programmabt. (Film, TV, AV, Management, Schulung, Marketing, PR) Commerz-Film/Rothschildt + Co., Düsseldorf.; 1982 Prof. Univ. Terme/Parma; Theaterinsz. (auch Nachdicht.): Sturm u. Drang, D. Bohne (Köln); Filmregie (a. Drehb.): Budapest; Fernsehinsz.: Ultima Thule - Island im Spiegel d. Sagas (eig. Produkt. Saarl. Rundf.); Musikprodukt.; M. Melodie (ZDF); Fernsehsp. (Produkt. u. Drehb.): D. Cello, E. Tag ohne Morgen, Valentin Katajews chirurg. Eingriffe in d. Seelenleben d. Dr. Igor Igorowitsch (SR); Bühnenst.: D. Bohne, Frauen ohne Vogelkopf; UA u. dt. Erstauff. (eig. Übers. u. Bearb.): Macbeth, Tom Jones, Vietrock, Bericht üb. d. Krieg e. Volkes, Morgen Morgen u. Morgen, Marjuschka u. d. Hptm. (Städt. Bühnen Nürnberg-Fürth), D. selts. Liebesgesch. d. Welt (Tennessee Williams), E. Fall zerbrochener Petunien, In e. Hotelbar in Tokio; Sturmwarnung; Chicago, Ikarus (Wien), D. Ballade v. Café u. d. traurigen Barmann (Bonn); D. Pfandleiher (ZDF). 50 Übers. u. Nachdicht. - BV: Wege um Crecelius, R. e. Notation 1977; Kurzgesch. Kriminalr., Ess., wiss. Aufs. Herausg.: D. heils. Drecksapotheke (1968); Lektorentätigk. (Rowohlt, S. Fischer, Bloch Erben, Vlg. dt. Bühnenschriftst. u. -komponisten, Universal Edit.) - 1963 Kulturförderungspreis NRW; 1967 Adolf-Grimme-Preis; 1965 ff. Mitgl. Dramaturg. Ges. Berlin - Liebh.: Fliegen (Pilotenex.) - Spr.: Engl., Ital. - Lions-Club.

LEEKER, Joachim

Dr. phil., Prof. a. Zt. f. Roman. Philol. Univ. Münster (s. 1985) - Erphostr. 24, 4400 Münster (T. 0251 - 3 32 79) - Geb. 17. April 1949 Düsseldorf (Vater: Erwin L., Kaufm., Mutter: Else, geb. Lohmann), ev. - 1967-75 Stud. Univ. Köln, Poitiers (Roman. Philol., Lat.); Promot. 1975 Köln; Habil. 1983 Münster - 1975-85 wiss. Assist. Univ. Münster - BV: D. Perspektive d. Wirklichkeitsflucht im Romanwerk v. A. Malraux, 1977; Existentialist. Motive im Werk A. Moravias, 1979; D. Darstellung Cäsars in d. roman. Lit. d. Mittelalters, 1986 - Spr.: Ital., Franz., Span., Engl.

LEESEMANN, Uwe

Geschäftsführer Verlag W. Girardet, Verlagsdirektor Westdeutsche Zeitung - Königsallee 27, 4000 Düsseldorf 1.

LEEUWERIK, Ruth

s. Leuwerik, Ruth

LEFERENZ, Heinz

Dr. jur., Dr. med., o. Prof. f. Kriminologie - Heidelberger Str. 49, 6901 Dossenheim (T. Heidelberg 8 59 53) - Geb. 15. Juli 1913 Heidelberg - S. 1956 (Habil.) Privatdoz., apl. (1958), ao. (1959) u. o. Prof. (1962) Univ. Heidelberg - BV: D. Kriminalität d. Kinder, 1957. Zahlr. Einzelveröff. Mithrsg.: Psychiatrie u. Recht (1961).

LEFÈVRE, Eckard

Dr. phil., o. Prof. f. Klass. Philologie - Seminar f. Klass. Philologie, Universität, 7800 Freiburg (T. 0761-20 31) - Geb. 3. Sept. 1935 Hannover (Vater: Dr. Albert L., Syndikus IHK †; Mutter: Lotte, geb. Bartsch), ev., verh. s. 1964 m. Helga, 2 S. (Anselm, Andreas) - Habil. Kiel 1967, o. Prof. Saarbrücken 1974, o. Prof. Freiburg 1977 - S. 1977 Dir. Sem. f. Klass. Phil. Univ. Freiburg - BV: Propertius ludibundus, 1966; D. Expositionstechnik in d. Kom. d. Terenz, 1969; D. Thyestes d. L. Varius Rufus, 1976; D. Epidikazomenos d. Apollodor v. Karystos u. d. Phormio d. Terenz, 1978; Vom trag. Amphitryon z. tragikomischen Amphitruo, 1982 - Spr.: Ital., Engl., Franz.

LEFÈVRE, Wolfgang

Dr. phil., Prof. f. Philosophie FU Berlin - Emdener Str. 4, 1000 Berlin 21 (T. 030 - 395 51 68) - Geb. 1941 - Stud. Phil., Gesch., Soziol. FU Berlin; Promot 1971, Habil. 1977 - S. 1982 Prof. f. Phil. in Verbind. m. wiss. Gesch. S. 1979 Vorstandsmitgl. Intern. Hegel-Ges. - BV: Z. histor. Charakter d. bürgerl. Soziol., 1971; Naturtheorie u. Produktionsweise, 1978; D. Entsteh. d. biol. Evolutionstheorie, 1984.

LEFFSON, Ulrich

Dr. rer. pol., em. o. Prof. f. Betriebswirtschaftslehre Univ. Münster - Schreiberstr. 34, 4400 Münster/W. (T. 8 19 19) - Geb. 25. Febr. 1911 Berlin (Vater: Dr. August L., Oberstudiendir.; Mutter: Marianne, geb. Reichert), ev., verh. s. 1945 m. Elisabeth, geb. Minneken - Realgymn. Berlin; Buchhändlerlehre; Univ. Berlin u. Freiburg (Wirtschaftswiss.). Promot. 1938; Habil. 1963 - 1945-63 Wirtschaftssachverst. u. Berater. Mitgl. Verein f. Sozialpolitik u. Mont Pelerin Soc. - BV: D. Jahresabschluß in d. Aktienrechtsreform, 1961; D. Grundsätze ordnungsgemäß. Buchführung, 1964, 7. A. 1987; Z. Sicherheit u. Wirtschaftlichk. d. Urteilsbild. bei Prüfungen, 1969 (m. J. Baetge u. K. Lippmann); Programmiert. Lehrb. d. Investitionsrechn., 1973; Bilanzanalyse, 1976, 4. A. 1988; Wirtschaftsprüfung, 1977, 3. A. 1985 - Lit.: Bilanzfragen (Festschr. 1976; Hrsg.: J. Baetge, A. Moxter, D. Schneider).

LEGER, Willi

Dr. med., Prof., ehem. Chefarzt Orthopäd. Abt. St.-Franziskus-Hospital, Köln-Ehrenfeld - Am Platzhof 6, 5000 Köln (T. 43 29 44) - Geb. 18. Jan. 1914 Köln (Vater: Rudolf L., Architekt; Mutter: Elisabeth, geb. Schievenbusch), kath., verh. s. 1944 m. Alice, geb. Gunda, 3 Kd. (Gabriele, Rolf, Günther) - Realgymn.; Univ. Köln, Königsberg, Freiburg - U. a. Städt. Krkhs. Stralsund u. Orthop. Univ.sklinik Köln; Kriegseins. Hauptverbandsplätze u. Feldlazarette. S. 1958 (Habil.) Privatdoz. u. apl. Prof. (1964) Univ. Köln - BV: D. Form d. Wirbelsäule - Liebh.: Fotogr., Segeln, Theater - Spr.: Engl., Franz. - Rotarier.

LEGGE, Ludwig

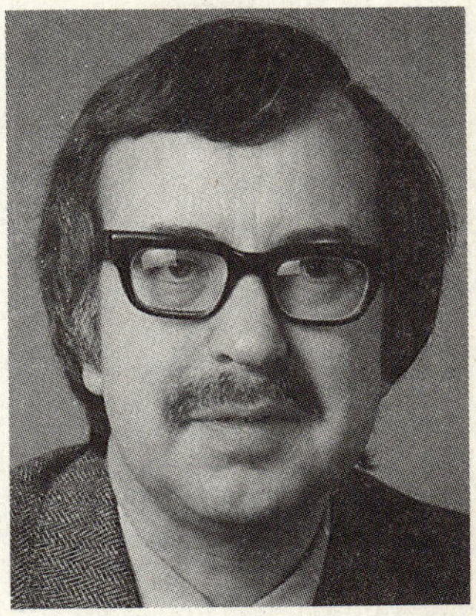

Redakteur, Autor - Sauersgäßchen 1, 3550 Marburg (T. 06421 - 6 48 22) - Geb. 5. Dez. 1936, verh., 1 Sohn - Stud. German., Gesch., Phil. - S. 1974 Vors. Neue Lit. Ges., Marburg; Mitherausg. Ztschr.: Lit. um 11 - BV: Untermorgen übergestern, Dt. Lit. 1-4 (zus. m. Dr. J. Bättig) - Mithrsg.: D. gemütl. Selbstmörder (m. Prof. W. Solms); Belletristik-Reihe Vis poetica.

LEGIEN, Roman

Dr. jur., Bürgermeister a. D. (1961-79), MdA Berlin (s. 1981) - Otto-Suhr-Allee 100/Rathaus, 1000 Berlin 10 (T. 34 04 01) - Geb. 26. Dez. 1927 Danzig - Univ. Kiel (Rechtswiss.). Promot. Kiel; Ass.ex. Berlin - U. a. Ref. Büro f. Gesamtberliner Fragen (Senatskanzlei); s. 1961 Bezirksstadtrat (f. Gesundheitswesen) u. -bürgerm. (1971) Charlottenburg. CDU s. 1951.

LEGLER, Ulrich

Dr. med., o. Prof. f. Hals-, Nasen- u. Ohrenheilkunde - Spinozastr. 21, 6800 Mannheim (T. 4 16 69) - Geb. 14. März 1919 Berlin - S. 1953 (Habil.) Lehrtätigk. FU Berlin u. Univ. Heidelberg (1954; 1959 apl. Prof., 1967 Ord. u. Dir. HNOklinik Klinikum Mannheim) - BV: HNOheilkd. f. Studierende, 1957 (m. a.) - Spr.: Engl., Franz., Russ., Ital. - Rotarier.

LEGNER, Anton

Dr. phil., Prof., Direktor Schnütgen-Museum (s. 1970) - Am Pantaleonsberg 7, 5000 Köln 1 - Zul. Leit. Liebighaus (Museum Alter Plastik) Frankfurt/M.

LEHBERGER, Reiner

Dr. phil., Prof., Leiter d. Arbeitsstelle Hamburger Schulgesch. Univ. Hamburg - Hohwachter Weg 20c, 2000 Hamburg 73 (T. 040 - 677 64 99) - Geb. 22. Juni 1948 Bochum-Langendreer, verh. s. 1977 m. Jutta, geb. Stratmann, 3 Kd. (Timo, Martin, Mira) - Gymn. Bochum-Langendreer; Stud. Angl., Päd., Soziol., Sport Bochum u. Hamburg; 1. Staatsex. höh. Lehramt 1973; 1973-75 Promotionsarb. in USA u. England; Promot. 1976 Hamburg; 2. Staatsex. 1978; Habil. 1984 - 1976-79 Schuldst.; 1979-84 Hochschulassist. Univ. Hamburg, 1985-88 Prof. f. Erziehungswiss. u. Englischdidaktik ebd. - BV: D. sozialist. Theater in England, 1977; Lit. u. Politik in Irland, (Hrsg.) 1980; Literaturdidakt., (Hrsg.) 1982; Landeskd. u. Didakt., (Hrsg.) 1983; Cultural Studies, 1984; Englischunterr. im Nationalsozialismus, 1986; D. Fahne hoch. Schulpolitik u. Schulalltag in Hamburg unterm Hakenkreuz, (hg.) 1986; Entrechtet, vertrieben, ermordet, vergessen: Jüd. Schüler u. Lehrer in Hamburg unt. Hakenkreuz (zus. m. C. Pritzlaff, U. Randt), 1988; Philipp Aronstein (1862-1942). Dok. u. Bilder aus d. Leben e. dt.-jüd. Neuphilologen, 1988. Zahlr. Aufs. u. Rezens. in

Fachztschr. Herausg. d. Hamburger Schriftenr. z. Schul- u. Unterr.gesch. Mithrsg. v. Gulliver (Dt.-Engl. Jahrbücher) - Spr.: Engl., Franz.

LEHFELDT, Werner

Dr. phil., o. Prof. f. slav. Sprachwiss. Univ. Konstanz (s. 1976) - Jacob-Burckhardt-Str. 43, 7750 Konstanz (T. 07531 - 5 49 50) - Geb. 22. Mai 1943, ledig - Stud. Germersheim, Hamburg, Sarajevo, Bochum; Promot. 1967 Bochum, Habil. 1973 Bochum - 1973 Doz. Univ. Bochum, 1975 ao. Prof. ebd., mehrf. Gastdoz. Univ. Basel; Gastdoz. Univ. Zürich. S. 1984 Leit. d. Sprachlehrinst. Univ. Konstanz - BV: Einf. in d. quantitative Phonol. (m. G. Altmann), 1981; Sprjaženie ukrainskogo glagola, 1985; Eine Sprachlehre v. d. Hohen Pforte, 1989. Mithrsg.: Russian Linguistics (s. 1983) - Spr.: Engl., Franz., slav. Spr.

LEHLBACH, Julius

Vorsitzender DGB-Landesbezirk Rhld.-Pfalz (s. 1965), MdL Rhld.-Pfalz (s. 1975) - Kaiserstr. 26-30, 6500 Mainz (T. 2 61 75); priv.: Ernst-Reuter-Str. 14, 6501 Laubenheim - Geb. 24. Febr. 1922 - SPD.

LEHMANN, Eike

Dr.-Ing., Univ.-Prof. f. Konstruktion u. Statik d. Schiffe - Mühlenberg 21, 2400 Lübeck-Travemünde (T. 04502 - 62 55) - Geb. 19. Mai 1940 Breslau (Vater: Prof. Dr. med. Wolfgang L.; Mutter: Ursula, geb. Arnold), ev., verh. s. 1968 m. Mechthild, geb. Wiegmann, 3 Kd. (Friederike, Sebastian, Katrin) - TH Hannover, Univ. Hamburg; Dipl.-Ing. 1969, Promot. 1972 bde. Hannover - BV: Beitr. in Handb. d. Werften - Liebh.: Segeln.

LEHMANN, Friedrich-Karl

Dr. jur., Vorstandsmitgl. Felten & Guilleaume Carlswerk AG., Köln-Mülheim - Lovis-Corinth-Str. 16, 5000 Köln-Müngersdorf - Geb. 17. Nov. 1912 - Rechtsanw., s. 1960 Vorstands-, Präsidiumsmitgl. (1966), Vizepräs. (1968) u. Präs. (1972) ZVEI - Vizepräs. BDI (1972). Zahlr. ARsmandate.

LEHMANN, Gerhard

Dr. rer. pol., Hauptgeschäftsführer Fachverb. Stahlblechverarb. - Emsterstr. 78, 5800 Hagen/W. - Geb. 14. Nov. 1919.

LEHMANN, Gerhard

Dr. rer. nat., Prof. f. Physikalische Chemie - Am Tiergarten 71, 4400 Münster (T. 02506 - 74 32) - Geb. 26. Febr. 1935 Dessau (Vater: Otto L., Schlosser; Mutter: Anna, geb. Ebenhan), kath., verh. s. 1962 m. Rosemarie, geb. Valk, S. Andreas - Dipl.-Chem. Univ. Münster 1961, Promot. 1963, Habil. 1970 - Member of Edit. Board of Physics and Chemistry of Minerals; Assoc. Edit. Ztschr. f. Naturforsch. (Teil a) - Spr.: Engl.

LEHMANN, Hans Georg

Dr. phil., Prof. f. Politikwissenschaft - Brandenburger Str. 1, 5300 Bonn 2 (T. 37 44 76) - Geb. 13. Okt. 1935 Mähr.-Schönberg, verh. m. Gisela, geb. Rust - Univ. München u. Tübingen, Staatsex. 1963, Promot. u. Habil. 1966/76 - 1966-74 Ausw. Amt Bonn - 1977 Priv.-Doz. PH Rhld., 1979 apl. Prof., s. 1980 Prof. Univ. Bonn - Zahlr. Veröff. üb. Politik u.a. (Hg.). BV: Akten z. dt. ausw. Politik 1918-1945, Serie E, 4 Bde., 1969-75; In Acht u. Bann, 1976; Carlo Schmid, Bibliogr. 1977; D. Oder-Neiße-Konflikt, 1979; Chronik d. Bundesrep. Dtschl., 1983; Öffnung nach Osten. D. Ostreisen Helmut Schmidts, 1984; Chronik d. DDR, 1987 - Liebh.: Psych., Musik - Spr.: Engl., Russ.

LEHMANN, Hans Joachim

Dr. med., em. o. Prof. f. Neurologie, Klinikdirektor - Arp Schnitgerweg 24, 2307 Strande (T. 04349 - 2 67) - Geb. 12. Dez. 1922 Kiel (Vater: Adalbert L., Landgerichtspräs.; Mutter: Elisabeth, geb. Schuster), ev., verh. s. 1958 m. Dagmar, geb. Gerfin, 3 Kd. (Holger, Birgit, Nils) - Human. Gymn. Kiel; Stud. Freiburg u. Kiel, Promot. 1950, Habil. 1960 Univ. Kiel - 1966 apl. Prof., 1970 o. Prof. Univ. Essen - Üb. 130 wiss. Publ. a. d. Geb. d. Neuroanat. üb. Neurophysiol. u. Klin. Neurol. - Liebh.: Nordeurop. Gesch., vorgesch. bild. Kunst, Navigationslehre.

LEHMANN, Hans M.

Dr. phil., Publizist (Ps.: Jean Bodensee, Giovanni Vassal, Jack Hunter) - Karl-Stieler-Str. 2, 8035 Stockdorf/Obb. (T. München 857 42 43) - Geb. 6. Nov. 1909 Siegmar/Sa. (Vater: Louis L., Bäckerm.; Mutter: Emma, geb. Vogel), ev., verh. s. 1951 m. Hedi, geb. Steinmann (Journalistin), T. Corinna - Realgymn. u. Oberrealsch. Chemnitz; Stud. Gesch., Soziol., Ztg.swiss., Phil., German., Kunst- u. Musikgesch. Leipzig u. Wien. Promot. 1937 Leipzig; Chefredakt. Kulturberichte, Berlin; 1945-49 Ressortleit. D. Neue Ztg., München; 1949-50 Chefredakt. Hannoversche Allg. Ztg., Hannover; 1950-51 stv. Chefr. Münchner Merkur, München; 1952 Chefr. Revue, München; s. 1953 fr. Publizist; 1961-62 Chefr. Visier, Bonn. Zeitw. Doz. Hochsch. f. Polit. Wiss., München. Verantw. f. d. Münch. Publ.: Musikfestsp. (1960 ff.), Kunstausstell. (1964 ff.); Kunst u. Musik in Europa (1981 ff.) - BV: D. Thema uns. Zeit, 1947; D. Weimarer Republik, 2. A. 1961; Dt. Theater u. Festsp., 1964 - 1981 Gold. Verdienstzeichen d. Landes Salzburg - Spr.: Engl., Franz.

LEHMANN, Hans-Joachim

Dr., Verwaltungsdirektor Sender Berlin - Masurenallee 8-14, 1000 Berlin 19 - B. 1985 Verw.-Dir. SFB.

LEHMANN, Hans-Joachim

Arbeitsdirektor, Vorst. f. Personal- u. Sozialwesen Ford-Werke AG, Vorstands-Mitgl. Arbeitgeberverb. d. Metallind., alle Köln; Verb. d. Metallind. NRW, Düsseldorf; Vors. Aussch. f. Arbeitsmarktfragen b. d. Bundesvereinig. Dt. Arbeitgeberverb. Köln; stv. Vorst.-Vors. Dt. Ges. f. Personalfg., Düsseldorf; Vorst.-Mitgl. Bundesanstalt f. Arbeit, Nürnberg - Hackenbroicher Str. 53, 5024 Pulheim - Geb. 17. April 1927, verh., 1 T. - Liebh.: Sport, Lit. - Spr.: Engl.

LEHMANN, Hans-Peter

Regisseur, Intendant Nieders. Staatstheater (s. 1980) - Flüggestr. 8, 3000 Hannover (T. 0511 - 33 20 64) - Geb. 15. Dez. 1934 Kassel (Vater: Kurt L. (Bildhauer); Mutter: Hedwig, geb. Nöldeke), ev., verh. s. 1964 m. Erika-Maria, geb. Küchle, 2 Söhne (Markus, Matthias) - Abit.; Musikhochsch. Detmold; FU Berlin - Regiss.; 1963-76 Oberspielleit.; 1976-80 Operndir. - Film: Otello (Eurovis.) Rienzi (ZDF) - Interessen: Theater, Sport, Natur - Spr.: Engl., Franz.

LEHMANN, Hans-Ulrich

Dr. med., Prof., Chefarzt Med. Klinik II (Kardiol., Pulmonol. Nephrol.) Städt. Krkhs. Weiden in d. Opf. - Söllnerstr. 16, 8480 Weiden/OPf. (T. 0961 - 30 32 62) - Geb. 2. Nov. 1940 Neubrandenburg, ev., verh. s. 1968, 2 Kd. - Naturwiss. Gymn.; FU Berlin, Univ. Aberdeen u. Edinburgh (Schottland); Dt. u. Amerik. Ärzteex., Promot. 1970, Habil. 1979 - 1984 Prof., Hochschullehrer FU Berlin. Schriftf. Sektion Rettungswesen d. DIVI, Mitgl.schaften Dt. Ges. f. Internist. Intensivmed., Dt. Ges. f. Innere Med., AGBN. 200 wiss. Veröff., üb. 100 Vortr. - Liebh.: Musik, Sport, Natur, Reisen.

LEHMANN, Harald

Dr. med., Prof., Chefarzt Innere Abt. Evangelisches Krankenhaus Zweibrücken (s. 1982) - Im Tempel 33, 6660 Zweibrücken - Geb. 19. Mai 1940 Breslau (Vater: Prof. Dr. med. Wolfgang L., Humangenetiker; Mutter: Ursula, geb. Arnold), ev., verh. s. 1971 m. Dr. med.

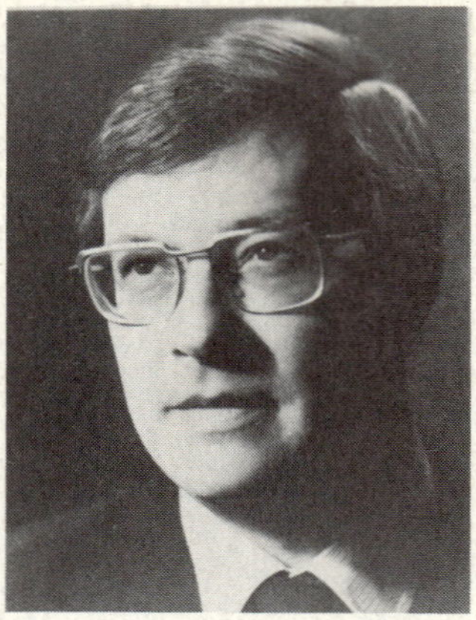

Sylvia, geb. Schmitz, 4 Kd. (Wolfgang, Helmar-Christof, Sibylle, Lorenz) - Stud. Univ. Kiel, Heidelberg, Wien; Promot. 1971 u. Habil. 1978 Kiel - Vors. Kulturgutstiftg. Gehrlein-Fuchs Zweibrücken - Üb. 100 Publ. z. allg. Inneren Med., Hepatitis, Wegenerschen Granulomatose - Liebh.: Medizingesch., Lokalgesch. - Spr.: Engl.

LEHMANN, Harry

Dr. rer. nat., o. Prof. u. Direktor II. Inst. f. Theoret. Physik Univ. Hamburg (s. 1956) - Siegrunweg 8, 2000 Hamburg 56 - 1967 Max-Planck-Med. Dt. Physikal. Ges.

LEHMANN, Hedi,

geb. Steinmann

Journalistin, Theater-, Musik- u. Kunstkritikerin - Karl-Stieler-Str. 2, 8035 Stockdorf/Obb. (T. 857 42 43) - Geb. 11. Jan. 1924 Arnsberg/W. (Vater: August Steinmann, Studienrat; Mutter: Theodora, geb. Stordeur), kath., verh. s. 1951 m. Dr. phil. Hans M. L. (s. dort), T. Corinna - Obersch. Bochum; Univ. Bonn, Köln, München (German., Theater-, Ztg.s-, vergl. Religionswiss.) - Journ. Bochum u. München - BV: V. Volksbrauch im Jahreslauf, 1964 (auch engl. u. jap.). Herausg.: Wie's Wetter wird (Bäuerl. Wetterregeln), Spruchweisheiten aus aller Welt. Mitverantwortl. f. d. Münch. Publ.: Musikfestsp. (1960 ff.), Kunstausstell. (1964 ff.), Kunst u. Musik in Europa (1981 ff.).

LEHMANN, Heiner

Dr. rer. nat., Prof. f. Biologie (Botanik) Tierärztl. Hochsch. Hannover - Lange Heese 33a, 3017 Pattensen (T. 05101 - 1 32 90) - Geb. 5. April 1939 Dresden (Vater: Karl L., Bankkaufm.; Mutter: Luise, geb. Herrmann), ev., verh. s. 1966 m. Irmgard, geb. Heimes, 2 Kd. (Lars, Silke) - Stud. Univ. Köln (Promot.); Habil. Tierärztl. Hochsch. Hannover - 1978 Privatdoz.; s. 1982 Prof. - BV: D. Pflanzenzelle, 1976; rd. 30 Fachpubl. - Spr.: Engl.

LEHMANN, Heinz

Dr. phil. (habil.), beamt. ao. Professor i. R. - Autenriethstr. 12, 7400 Tübingen (T. 3 29 13) - Geb. 13. Aug. 1907 Berlin, ev., verh. s. 1935 m. Dr. phil. Lotte, geb. Böckheler, 2 Töcht. (Renate, Rosemarie) - Univ. Berlin, Bonn, London (Anglistik, Gesch., Staatswiss.). Studienreisen Engl., Kanada, USA - 1940-45 Dozent u. ao. Prof. (1942) Univ. Berlin (Volks- u. Staatenkd. Großbritanniens u. d. brit. Weltreichs), 1946-48 Sparkommissar Württ.-Hoh., dann Sekr. Westd. Kultmin.konfz., 1949-70 höh. Schuldst. Reutlingen u. Tübingen. 1952-58 Lehrbeauftr. Univ. Tübingen. 1954-56 Geschäftsf. Dt.-Ind. Studienges. - BV: D. Deutschtum in Ostkanada, 1931 (Bd. 31, Kulturhistor. Schr.reihe Dt. Auslands-Inst.); D. Dt.tum in Westkanada, 1939; Großbritannien, 1943 (Bd. 27/28, Kl. Auslandskd.); Kanada u. Neufundland, 1944 (Bd. 31 ebd.); Nehru - Baumeister d. Neuen Indien, 1965 (Bd. 38, Persönlichk. u. Gesch.); The German-Canadians. Their Immigration, Settlement and Culture, 1985.

LEHMANN, Helmut

Dipl.-Kaufm., Verleger Ferdinand Dümmlers Verlag - Kaiserstr. 31-37, 5300 Bonn 1 - Geb. 23. April 1938 Bonn (Vater: Consul Dr. Willy L., Verleger; Mutter: Annetrud, geb. Großmann), verh. s. 1972 m. Karin, geb. Pingen.

LEHMANN, Henri

Dr. phil., Prof., Archäologe - 2, rue Livingstone, Paris 18/Frankr. (T. 264 59 21) - Geb. 14. März 1905 Berlin (Vater: Georg L., Kaufm.; Mutter: Frida, geb. Model), verw. - Promot. 1928 Frankfurt/M. - S. 1933 Musee de l'Homme Paris (1947 Leit. Amerik. Abt., 1959 Subdir.). Gründer Archäol. Museum Popayan (1943); Leit. Franco-Guatemaltek. Mission (1953 ff.; Ausgrab. Maya-Festung Mixco Viejo) - BV: Lombard. Plastik im letzten Drittel d. 15. Jh.s, 1928; Les civilisations precolombiennes, 1953, 7. A. 1977 (Paris; auch jap., span., portugies.); Les céramiques précolombiennes, 1959 (Paris; auch engl.); Architecture et sculpture: L'Amerique précolombienne, 1970; Arte precolombino en Mesoamérica, Guatemala 1980 - Quetztal-Orden Guatemala (Kommandant) - Liebh.: Kunst, Briefm. - Spr.: Franz., Span., Engl. - Bek. Vorf.: Hugo Preuss (Vetter väterlichers.), Max Liebermann (Vetter Großmutter väterlichers.).

LEHMANN, Jakob

Dr. phil., em. Prof. Univ. Bamberg - Am Weingarten 12, 8608 Memmelsdorf b. Bamberg - Geb. 8. Sept. 1919 Bamberg (Vater: Fritz L., Geschäftsf.; Mutter: Elisabeth, geb. Hohl), kath., verh. s. 1943 m. Annelie, geb. König, 2 Kd. (Archibald, Gisela) - Univ. München, Bamberg, Erlangen (Promot., 2 Lehramts-Staatsex.) - 1950 Gymnasiallehrer; 1958 Gymnasialdir.; 1972 o. Prof.; 1974 Konrektor; 1977 Vizepräs. - BV: Franken-Wiege d. Romantik, 1976; Wagnis d. Unzeitgemäßen. Bambergs lit. Bedeut., 1977; Dt. Nov. v. Goethe b. Walser, Interpret. 1980; Dt. Romane v. Grimmelshausen b. Walser, 1982; Kl. dt. Dramenlexikon, 1983; J. Fränk. Humanisten, 1980; Wege d. dt. Lit.Gesch. u. Leseb., 1986; Fränk. Lit. Barock, 1986 - Ehrenvors. Colloquium Historicum Wirsbergense; 1985 BVK I. Kl.; 1986 Med. Pro meritis d. Bay. Phil. Verb. - Liebh.: Musik, Orgel - Spr.: Franz. - Lit.: Festschr. z. 65. Geb. Literatur-Sprache-Unterricht, Bamberg (1984).

LEHMANN, Johannes

Dr. phil., Redakteur, Schriftst. - Degerlocher Str. Nr. 8, 7000 Stuttgart 70 (T. 76 36 44) - Geb. 7. Sept. 1929 Madras/Indien (Vater: Arno L., Prof.; Mutter: Gertrud, geb. Harstall), verh. s. 1956 m. Ruth, geb. Lindenberg, 2 Kd. (Christine, Maria) - Stud. d. Theol., Psychol., Publizistik Phil. Univ. Halle/S., Edinburg, FU Berlin; Promot. 1957 ebd. - BV: Mao, Marx u. Jesus - E. Vergleich in Zitaten, 1969 (auch holl.); Jesus Report - Protokoll e. Mißverständnisses, 4. A. 1970 (auch schwed., dän., holl., engl., portug., franz., finn., slowen.); D. Jesus GmbH. - Was J. wirkl. wollte, 1972 (auch holl., engl.); Religion ungenügend - E. Feste Burg m. Rissen, 1973 (auch engl.); Allah, Öl u. Israel - D. Nahostkonflikt in Argumenten, 1974; D. Hethiter - Volk d. tausend Götter, 1975 (auch span., holl., ital., engl., jap.); D. Kreuzfahrer - Abenteurer Gottes, 1976 (auch holl., ital.); Die Staufer, Glanz u. Elend e. dt. Kaisergeschl., 1978; Buddha-Leben, Lehre, Wirkung, 1980; Moses - D. Mann aus Ägypten, 1983; Unterwegs durch unser Jahrh. - d. fünfziger J., 1983 (Hg); D. Geheimnis d. Rabbi J. - Was die Urchristen versteckten, verfälschten u. vertuschten, 1985. Zahlr. Herausg. - Spr.: Engl.

LEHMANN, Jürgen

Dr. jur., Rechtsanwalt, Direktor Hoechst AG - Zu erreichen üb. Hoechst AG - Geb. 23. April 1930 Königsberg/

Pr., ev., verh. s. 1963 m. Irene, geb. Zeidler, 4 Kd. (Christof, Uta, Astrid, Daniel) - 1949-51 Maurerlehre; 1952-56 Jurastud. Univ. Frankfurt; 1. Staatsex. 1956, 2. Staatsex. 1960, Promot. 1959 Univ. Frankfurt - Wirtschaftsjurist; Vorst. Arbeitskr. Ev. Untern., stv. AR-Vors. Spinnstoff-Fabrik Zehlendorf AG - BV: D. kl. Religionsges. d. öfftl. Rechts, 1959; Kommentar z. Mitbestimmungsgesetz, 1978 (zus. m. D. Hoffmann u. H. Weinmann).

LEHMANN, Karl

Dr. theol., Dr. phil., o. Prof. f. Dogmatik u. ökumen. Theol. Univ. Mainz u. Freiburg, Bischof v. Mainz (s. 1983), Vors. Dt. Bischofskonferenz (s. 1987) - Bischofsplatz 2A, 6500 Mainz (T. 06131 - 25 31 01) - Geb. 16. Mai 1936 Sigmaringen - Kath. - B. 1968 Univ. Mainz (o. Prof. f. Dogmatik), 1971 Univ. Freiburg, s. 1983 Honorarprof. d. Univ. Mainz u. Freiburg. S. 1987 Vors. Dt. Bischofskonfz. u. Mitgl. Gemeinsame Röm.-kath./Ev.-luth. Kommiss.; s. 1986 Mitgl. Glaubenskongregation. Facharb. Mithrsg.: Intern. Kath. Ztschr. (1972ff.), Dialog d. Kirchen (1982ff.) - S. 1987 korr. Mitgl. Akad. d. Wiss. u. d. Lit. Mainz - Lit.: Karl Lehmann Bibliographie (1962-1983) (hg. v. A. Raffelt), 1983.

LEHMANN, Karl-Heinz

Präsident Gemeindetag Baden-Württ., Oberbürgermeister Stadt Calw - Hengstetter Steige 28, 7260 Calw (T. 07051 - 1 67-1 99) - Geb. 4. Juli 1936 Calw (Vater: Karl L., Kaufm.; Mutter: Emilie, geb. Fuchs), ev., verh. s. 1960 m. Heidi, geb. Carle, 2 S. (Rainer, Uwe) - Gymn.; Ausb. f. d. geh. Verw.dst.; FHS - S. 1966 Oberbürgerm.; s. 1979 Präs. Gemeindetag, Vizepräs. Dt. Städte- u. Gemeindebd.

LEHMANN, K.-D.

Generaldirektor Deutsche Bibliothek Frankfurt/M., Hon.-Prof. f. Wirtschaftswiss. Univ. Frankfurt/M. - Zeppelinallee 4-8, 6000 Frankfurt/M. 1 (T. 069 - 7 56 61) - Geb. 29. Febr. 1940 Breslau, verh. s. 1965, 2 Kd. - Stud. Physik, Math. Univ. Köln u. Mainz, Dipl. 1967; Bibliothekssch. Frankfurt/M.; 2. Staatsprüf. 1970 - Mitarb. in Gutachter- u. Planungsgremien d. DFG, d. Wiss.rat, europ. u. intern. Fachverb., bevorzugt auf d. Geb. Datenverarb. u. Kommunikationstechniken.

LEHMANN, Konstantin

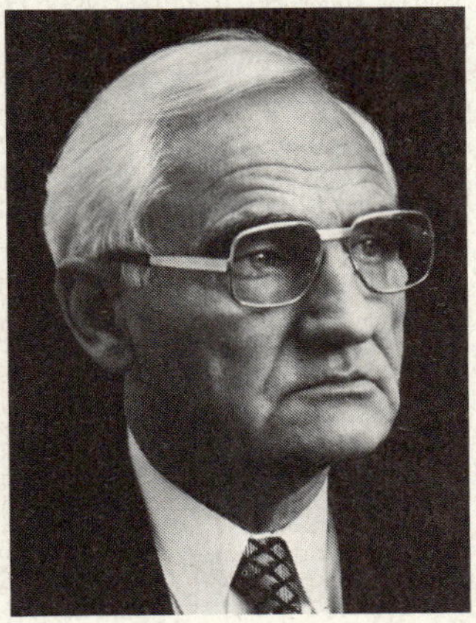

Dr. jur., Herausg. Archiv f. Unfall-Forsch. u. Zentralbl. f. Unfall-Unters., Leit. d. Institute f. Interdisziplinäre Forsch. u. f. d. Gesamte Unfall-Forsch. - Lichtentaler Str. 25, 7570 Baden-Baden (T. 2 49 95) - Geb. 10. Febr. 1912 Lustnau (Vater: Prof. Dr. Ernst L., Botaniker (s. X. Ausg.); Mutter: Elfriede, geb. Barg), ev., verh. s. 1970 m. Helga, geb. Maier, 4 Kd. (Karsten; aus 1. Ehe: Karin, Antje, Klaus-Dieter) - Gymn. Tübingen; Univ. Kiel, Graz, Tübingen (Rechts-, Naturwiss.; Promot. 1940). Jurist. Staatsprüf. 1936 (Stuttgart) u. 1940 (Berlin) - 1940-46 Wehrdst. (Panzerjäger, Fernaufklärer; Ltn. d. R.) u. Kriegsgefangensch.; 1947-60 Staatsanw. Tübingen, Stuttgart, Freiburg. Vors. Ges. z. Förd. d. Ges. Unfall-Forsch. S. 1950 Aufbau e. interdiszipl. Archivs f. Unfall-Forsch.; s. 1958 Inst. f. Verkehrsunfall-Forsch.; 1969 Inst. f. d. Ges. Unfall-Forsch. Ab 1961 50 intern. Tag. in d. BRD, Österr. u. Schweiz. - Zahlr. Veröff. in Schr.-Reihen u. Ztschr. versch. Fachgeb. (s. 1938) - 1943 EK I - Liebh.: Alte Graphik - Spr.: Lat., Griech., Engl., Franz.

LEHMANN, Lutz

Journalist, Korresp. f. MERIAN u. a., Moskau - Zu erreichen üb. Ausw. Amt, Diplomaten-Kurier-Abfertigung Moskau, Adenauerallee 103, 5300 Bonn 1 - Geb. 5. Febr. 1927 Stettin (Vater: Otto L., Verlagsvertreter; Mutter: Helene, geb. Schroeter), Diss. - Askan. Oberschule Berlin - 1947-51 Redakt. Telegraf. u. D. Abend, dann fr. Journ. 1970 Redakt. NDR/Zeitgesch.; 1977-82 ARD-Korresp. Ost-Berlin, 1982-87 Moskau - BV: Legal & Opportun - Polit. Justiz in d. Bundesrep., 1966; Klagen üb. Lehrer F. u. a. Schulbeispiele v. autoritärer Tradition, 1971; Wie d. Luft z. Atmen - E. Journalist erlebt d. Perestroika, 1988 - 1950 Dt. Journalisten-Preis f. Reportage; 1973, 1976 u. 1978 Jakob-Kaiser-Preis.

LEHMANN, Markus Hugo

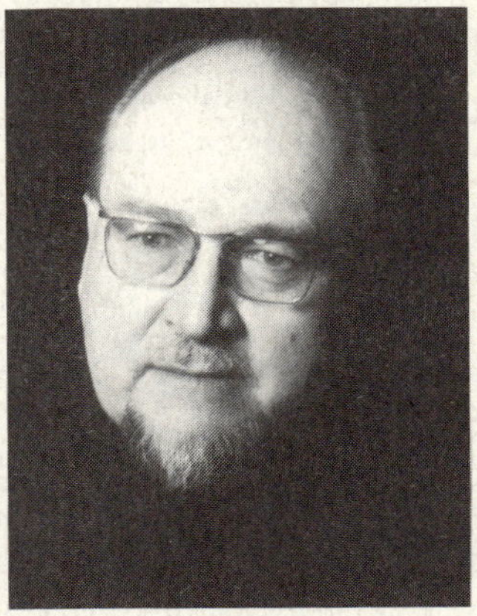

Prof., Komponist, Dirig. - Urachstr. 39, 7800 Freiburg i.Br. (T. 0761 - 7 56 19) - Geb. 31. März 1919 Böhmisch-Leipa, CSSR, kath., verh. s. 1955 m. Aretje Bartruida, geb. van de Graaf - Human. Gymn. (Abit.); Univ. Salzburg (Phil. u. Theol., Ex.); Nordwestd. Musikakad. Detmold (Kompos., Dirig. u. Klavier) - 1953-62 Kapellm. an versch. Theatern d. BRD; 1958-65 Fr. Mitarb. d. Musikverlages B. Schott's Söhne, Mainz; 1962-84 musikal. Leit. Opernsch. d. Staatl. Hochsch. f. Musik Freiburg - Werke: 6 Opern, 2 Ballette, Werke f. Orch., Konz. f. Solo-Instrumente, Kammermusik, Lieder, Werke f. Orgel, Chorwerke, Kirchenmusik - 1976 Sudetend. Kulturpreis f. Musik; 1982 Johann-Wenzel-Stamitz-Pr. d. Künstlergilde; 1987 BVK - Spr.: Niederl., Altgriech., Latein - Lit.: Festschr. z. 65. Geb.

LEHMANN, Michael

Prof., Dr. jur., Dipl.-Kfm., Prof. Univ. München, Max-Planck-Inst. - Siebertstr. 3, 8000 München 80 (T. 089 - 92 46/3 64) - Geb. 3. April 1949 Nürnberg (Vater: Joachim L., Ministerialr.; Mutter: Dr. Gabriele, geb. Retterspitz), kath., verh. s. 1982 m. Michaela März-Lehmann, Staatsanw. - Stud. Rechts- u. Wirtsch.wiss. Univ. München, Florenz u. Chicago - BV: Veröff. z. Wirtsch.recht, insb. Wettb.-, Kartell- u. Handelsrecht, Bürgerl. Recht, Gewerbl. Rechtsschutz, ökon. Analyse d. Rechts.

LEHMANN, Norbert

Aufsichtsratsvorsitzender Robert Cordier AG, Bad Dürkheim, stv. AR-Vors. PWA Papierwerke Waldhof-Aschaffenburg AG - Weckentalstr. 3, 7730 Villingen 25 - Geb. 11. April 1921 Villingen/Schwarzwald - U. a. Kienzle Apparate GmbH, Aschaffenbg. Zellstoffw., PWA (1970-83 Vorst.-Mitgl. bzw. -vors.)

LEHMANN, Rainer Hans-Jürgen

Dr. theol., Dr. phil., Prof. f. Allg. Erziehungswissenschaft - Twiete 6, 2000 Barsbüttel (T. 710 45 57) - Geb. 10. Nov. 1944 Strehlen/Schles. (Vater: Prof. Dr. Ing. Theodor L., Hochschull.; Mutter: Dr. Traute, geb. Weber), ev., verh. s. 1970 m. Anke, geb. Rohwedder, 3 Kd. (Gönke, Volker, Gerrit) - Abit. altspr. Gymn. 1964; Stud. Theol., Phil., Erziehungswiss., Phys. Heidelberg, Hamburg u. Kiel; Promot. 1973 u. 1977 - 1973-78 wiss. Assist. Hamburg, 1978-79 Prof. João Pessoa/Bras., 1980 ff. Prof. Univ. Hamburg - BV: Analyt. u. Krit. Theol., 1975; Modell u. Meth. in d. empir. Erziehungsforsch., 1977 - Spr.: Engl., Portug.

LEHMANN, Rolf Gerhard

Journalist, Medienberater, Geschäftsf. Medienreport Verlags-GmbH Waiblingen - Hegnacher Str. 30, 7050 Waiblingen 7 (T. 07151 - 2 33 31) - Geb. 11. Mai 1946 Bückeburg - Veranstalter v. Kongressen; Anwenderstudien: Video in d. Wirtschaftskommunikat.; 1980-87 Lehrbeauftr. f. Medienplanung u. Kalkulat. FHD Stuttgart; gf. Vorst. Fachverb. d. Medienberater (FdM); 1983-88 Generalsekr. Intern. Verb. d. Video-Anwender (ITVA); Gründ. u. Sprecher d. Fördergemeinsch. Audiovisual Communication; Mitgl. DGPh, dju, UEPRE - BV: Audiovisuelle Informationssyst. im Marketing; Ausbildungsbedarf, Ausbildungsstätten u. -angeb. im Bereich d. audiovisuellen u. elektron. Medien, 1984; Planung, Praxis, Fallbeisp. d. betriebl. Schulung, 1985 u. 88 (Hrsg.); Medienreport u. Corporate AV; zahlr. Veröff. in Fachzeitschr., Mediensem. u. Vortr.

LEHMANN, Theodor

Dr.-Ing., em. o. Prof. f. Mechanik - Soldnerstr. 10, 4630 Bochum - Geb. 10. August 1920 Groß-Wandriß/Schlesien (Vater: Martin L., Superintend.; Mutter: Frieda, geb. Daerr), verh. m. Dr. Traute, geb. Weber, 3 Kd. - Kaiser-Wilhelm-Gymn. Strehlen/Schles. (Abit. 1937); TH Breslau u. Hannover (Allg. Maschinenbau; Dipl.-Ing. 1949). Promot. (1952) u. Habil. (1959) Hannover - 1952-56 Senkingwerk, Hildesheim; 1961 TU Hannover Lehrst. f. Baumechanik; 1969 Univ. Bochum Lehrst. f. Mechanik I, emerit. 1985. 1972/74 Prorektor Univ. Bochum; 1975 Gast-Prof. Univ. Toronto; 1977-83 Vizepräs. Dt. Forschungsgem.; 1987-90 Vors. Dt. Komitee f. Mechanik; 1981 u. 83 Tongji-Univ. Shanghai, 1987 TU Shanghai. Spez. Arbeitsgeb.: Kontinuumsmechanik - BV: Elemente d. Mechanik, Bd. I/IV 1974/79; Techn. Mechanik I/II, 1987 - 1983 Kopernikus-Med. Poln. Akad. d. Wiss.

LEHMANN, Wolfgang

Dr. rer. nat., Bergwerksdirektor Rabat/Marokko Klöckner & Co. - Augustastr. 3, 4100 Duisburg 74 - Geb. 3. März 1926 Stargard/Pom. - Promot. 1953 TU Braunschweig - 1965 Manag.Dir. Johannesburg/Südafrika; 1970 Geschäftsf. Klöckner Metrel; s. 1976 Dir. Representativo, Salvador-Brasil; s. 1980 Dir. d. Mines Rabat/Marokko.

LEHMANN-BROCKHAUS, Otto

Dr. phil., Kunsthistoriker, Honorarprof. f. Quellenkunde d. Kunstgeschichte Univ. München (s. 1961) - Via Gregoriana, I-00187 Rom - Geb. 2. März 1909 Unna/W. - Langj. Tätigk. Bibliotheca Hertziana Rom (Dir.). Div. Fachveröff.

LEHMANN-EHLERT, Klaus

Rechtsanwalt, Notar, Präs. Verb. Dt. Bürgervereine (s. 1977) - Lüder-von-Bentheim-Str. 2, 2800 Bremen (T. 0421 - 35 41 20) - Geb. 13. Sept. 1919 Insterburg/Ostpr., ev., verw., 2 Kd. (Norbert, Ilsa-Maria) - Abit. 1938 Königsberg; 1938/39 Stud. Rechtswiss. Albertina Königsberg, 1946-48 Stud. Erlangen; 1. jurist. Staatsex. 1948, 2. jurist. Staatsex. 1951 Hamburg - S. 1952 Rechtsanw. u. s. 1956 Notar in Bremen; s. 1966 Vors. Verb. Bremischer Bürgervereine.

LEHMANN-GRUBE, Hinrich

Dr., Oberstadtdirektor v. Hannover - Trammpl. 2, 3000 Hannover; priv.: Am Großen Garten 1, 21 - Geb. 21. Dez. 1932 - AR-Mand. u.a.

LEHMBRUCH, Gerhard

Dr. phil., Prof. Univ. Konstanz (s. 1978) - Falkenweg 44, 7400 Tübingen 1 - Geb. 15. April 1928 Königsberg (Vater: Werner L., Pfarrer; Mutter: Erna, geb. Müller), verh. s. 1967 m. Dr. Ursula, geb. Naschold, 2 Kd. (Barbara, Eva Charlotte) - Stud. d. Theol., Phil., Politikwiss., Gesch.; Promot. 1962 Tübingen; Habil. (Politikwiss.) 1969 ebd. - 1969-73 Prof. Univ. Heidelberg; 1973-78 Tübingen - BV: Proporzdemokratie, 1967; Einführung in d. Politikwiss., 4. A. 1971; Parteienwettbew. im Bundesstaat, 1976 - Spr.: Engl., Franz., Ital.

LEHMBRUCK, Manfred

Dr.-Ing., o. Prof. f. Gebäudelehre u. Entwerfen von Hochbauten (Lehrstuhl D) TU Braunschweig (s. 1967) - Friedensallee 23/24, 3300 Braunschweig; priv.: Humboldtstr. 20, 7000 Stuttgart - Geb. 13. Juni 1913 Paris - Facharb.

LEHMING, Sigo

Dr. theol., Propst, Ev. Militärbischof d. Bundeswehr (1972-85) - Bahnhofstr. 18-22, 2080 Pinneberg (T. 20 54 40) - Geb. 1927 Berlin - S. 1967 Propst Pinneberg. 1943ff. Wehrdst. (Luftwaffenhelfer Berlin, Brandenburg, Peenemünde; 1944 Soldat Heer), amerik. u. engl. Kriegsgefangensch. - 1983 BVK.

LEHMKUHL, Dieter

Inhaber Bohlen & Sohn Holz- u. Sperrholz Import u. Großhandel Oldenburg - Achterdiek 44, 2900 Oldenburg (T. 0441 - 50 59 30) - Geb. 13. Mai 1936 Oldenburg, verh. m. Elke, geb. Leonhard, S. Dirk - Vizepräs. Oldenburgische 2. Vors. Nieders. im BDH (Bundesverb. Dt. Holzgroßhdl.) - Liebh.: Sport, Jagd - Spr.: Engl., Franz.

LEHN, Erwin

Prof., Komponist, Dirigent - Rotwiesenstr. 18, 7000 Stuttgart 70 (T. 0711 - 47 34 13) Geb. 8. Juni 1919 Grünstadt (Vater: Georg L.; Mutter: Helene, geb. Walther), ev., verh. s. 1951 m. Lydia, geb. Jeschke, 2 Kd. (Georgia, Rainer) - Privatunterr.; Städt. Musiksch. Peine (Hann.) - S. 1951 Leit. Südfunk-Tanzorch.; s. 1977 Leit. Big Band d. Staatl. Musikhochsch. Stuttgart - 1983 BVK.

LEHNA, Heinz

Dr., Sprecher d. Vorstands Bausparkasse Mainz AG - Zu erreichen üb. Bausparkasse Mainz AG, Kantstr.1, 6500 Mainz (T. 06131 - 30 30) - Geb. 19. Febr. 1925, ev., verh. - AR-Mitgl. Mainzer Haus Vertriebs-GmbH, Mainz.

LEHNER, Alfred

Stv. Vorstandsvorsitzender Bayer. Landesbank/Girozentrale (s. 1984) - Brienner Str. 20, 8000 München 2 - 27 J. Stadtsparkasse München (9 J. Vorst., dav. 7 Vors.).

LEHNER, Franz

Dr. phil., Dipl.-Soz., o. Prof. f. Polit. Wissenschaft u. Dekan (1984-87) Fak. Sozialwiss. Ruhr-Univ. Bochum - Knapp 3, 5810 Witten-Heven - Geb. 14. Juli 1946 Zürich (Vater: Alphons Josef L., Journ.; Mutter: Verena, geb. Blatter), verh. s. 1968 m. Ursula Elisabeth, geb. Föhrenbach, 2 Kd. (Sascha Boris, Julia Nicola) - 1966-70 Stud. Sozialwiss. Univ. Freiburg u. Mannheim; Dipl. 1970, Promot. 1972, Habil. 1978 alles Mannheim - 1970-80 Wiss. Assist. Mannheim;

1981 Prof., 1981 o. Prof. Ruhr-Univ. Bochum (1984-87 Dekan). S. 1982 Mitgl. Executive Committee European Consortium for Political Res.; s. 1985 stv. Vors. Dt. Vereinig. f. Polit. Wiss. (DVPW); s. 1989 Sprecher d. Sonderforsch.ber. 187 Neue Informationstechnologien u. flexible Arbeitssysteme - BV: Polit. Verh. als soz. Tausch, 1973; Grenzen d. Regierens, 1979; Einf. in d. Neue Polit. Ökonomie, 1981 - Spr.: Engl., Franz.

LEHNER, Gunthar

Journalist, Hörfunkdirektor i.R. Bayer. Rundfunk (1972-82) - Rundfunkpl. Nr. 1, 8000 München 2 (T. 089/59 00-22 71) - Geb. 28. Nov. 1918 Nördlingen (Vater: Michael L.; Mutter: Maria, geb. Lutz), kath., verh. s. 1946 m. Hannelore, geb. Böttcher - Stud. Phil., German., Ztg.-Wiss., Gesch. - 1946 Redakt. Ztschr. D. Überblick; 1948 Chefredakt. Christl. Nachr.-Dienst; 1950 Leit. Pol. Ress. d. Wochenztg. Michael,D'dorf; 1952 Redakt. Hauptabt. Kultur u. Erzieh. d. Bayer. Rundf.; 1959 Leit. HA Kultur u. Erzieh. Zahlr. Art. in in- u. ausl. Ztschr. - 1975 Bayer. VO; 1977 Cavaliere Ufficiale, Ital.; 1982 BVK I. Kl. - Liebh.: Sprachen, Reisen - Spr.: Engl., Franz., Ital., Span.

LEHNERS, Richard

Landesminister a. D., MdL Nieders. (1955-70 u. s. 1974; 1963-67 Präs.) - Habichthorst 6, 3011 Garbsen (T. Seelze 39 79; Amt: Hannover 19 01) - Geb. 20. März 1918 Rüstringen b. Wilhelmshaven, verh. s. 1942, 4 Kd. - Mittelsch. (Mittl. Reife); Maschinenbaulehre (Marinewerft, Wilhelmshaven) - 1938-45 Arbeits- u. Wehrdst. (Luftw.), Land-, Hafenarb., Monteur, 1947-51 Sekr. SPD, 1951-56 Sozialpol. Sekr. DGB Bremen, 1954-67 Vors. Kreisaussch. Hannover DGB u. Mitgl. Landesbezirksvorst., 1967-74 nds. Innenmin. ARsmitgl. Stahlwerke Peine-Salzgitter AG. - Liebh.: Fußball - 1966 Großkreuz VO. BRD.

LEHNERT, Christa

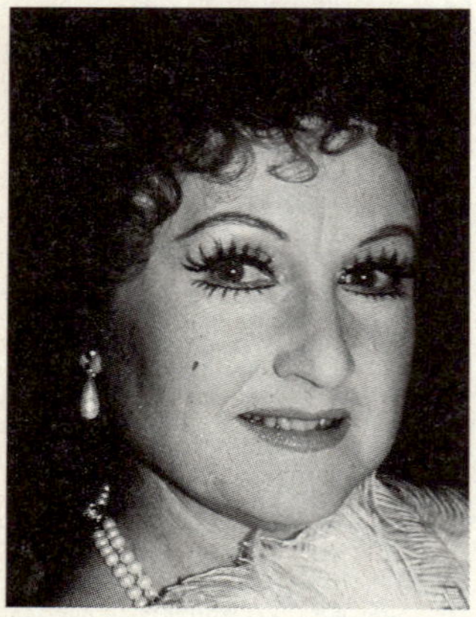

Kammersängerin Staatstheater Karlsruhe - Husstr. 3, 7505 Ettlingen (T. 07243 - 1 50 98) - Geb. 11. Juli 1934 Braunschweig (Vater: Fritz L., 1 lyr. Tenor Hambg. Staatsoper, b. 1964), verh. - Ausb. b. Richard Lüttjohann (Met, Bayreuth) u. Staatl. Musikhochsch. Hamburg - Lehramt Staatl. Musikhochsch. Karlsruhe; Mitgl. paritát. Prüfungskommiss. - Engagem. Berliner Staatsoper, Opernhaus Leipzig, Staatstheater Karlsruhe; Gastsp. im In- u. Ausl., Rundf., Schallpl. Fachrichtg.: Lyr. Koloratursopran - Spr.: Engl., Franz., Ital.

LEHNERT, Gregor

Kriminaldirektor, Leit. Kriminalpolizeiamt d. Saarl. - Graf-Johann-Str. 27-29, 6600 Saarbrücken.

LEHNERT, Siegfried

Dr. med., Dr. med. dent., Prof. f. Mund-Kiefer-Gesichtschirurgie Univ. Bonn - Hobsweg 39, 5300 Bonn 1 (T. 25 10 96) - Geb. 17. Sept. 1925 Groitzsch - Stud. Zahnmed. u. Med. Univ. Leipzig (Promot. 1950 u. 1957); Habil. 1965 Univ. Münster - 1970 apl. Prof. Göttingen; s. 1974 o. Prof. Univ. Bonn.

LEHNHARDT, Ernst

Dr. med., Dr. med. dent., o. Prof. f. Hals-, Nasen- u. Ohrenheilkunde Med. Hochsch. Hannover - Konstanty-Gutschow-Str. 8, 3000 Hannover 61 - Geb. 26. April 1924 Crivitz/Meckl. (Vater: Ernst L., Pastor; Mutter: Dorette, geb. Wigger), 2 Kd. (Frank, Jana-Maria) - Habil. 1959 Rostock - S. 1962 Lehrtätigk. Univ. Hamburg (1966 apl. Prof.) u. MH Hannover (1969 Ord.). Etwa 150 Fachaufs., monograph. Handbuchbeitr.

LEHNHARDT, Rolf

Redakteur, Schriftst. - Kopfhausstr. 15, 7970 Leutkirch 1 (T. 07561 - 43 79) - Geb. 1. Juni 1920 Berlin (Vater: Rudolf L., Senatspräs.; Mutter: Ilse, geb. Freybe), ev., verh. s. 1981 in 2. Ehe m. Ursula, geb. Lück - Abit. 1937; 1937-41 Stud. Kulturwiss. Berlin - S. 1939 fr. Schriftst.; s. 1947 Redakt. (Theaterkritiker) - BV: D. Lucie-Mannheim-Story, Monogr. 1973; Tele-Lieblinge, Monogr. 1973 - Spr.: Engl.

LEHR, Ernst

Kaufmann (Ausstattungshaus Louis Lehr), Vizepräs. IHK Dillenburg - Hauptstr. 104, 6348 Herborn/Dillkr. (T. 2 80).

LEHR, Günter

Dr., Ministerialdirektor i. R. (Bonn), s. XXVII. Ausg.

LEHR, Ursula Maria

Dr. phil., Bundesministerin f. Jugend, Familie, Frauen u. Gesundheit (s. 1989), Prof. f. Psych. u. f. Gerontologie, Direktorin Inst. f. Gerontol. Univ. Heidelberg (beurl.) - An den Buchen 18, 5300 Bonn 1 (T. 0228 - 25 14 22) - Geb. 5. Juni 1930 Frankfurt (Vater: Josef Georg , Bankkfm.; Mutter: Gertrud, geb. Jendorff), kath., verh. s. 1950 m. Helmut Lehr, 2 Söhne (Volker, Gernot) - Abit. Offenbach 1949; Promot. Univ. Bonn 1954, Dipl. Psych. 1955, Habil. Univ. Bonn 1968 - 1969 apl. Prof. u. wiss. Abt.-Vorst. (Entwickl.psych.) Univ. Bonn; 1971 o. Prof. f. Päd. u. päd. Psych. Univ. Köln, Dir. Päd. Sem.; 1975-86 Prof. f. Psych. Univ. Bonn; 1986 Prof. f. Gerontol. Univ. Heidelberg (1988 beurl.) - 1973-76 u. 1980-84 Vizepräs. dt. Ges. f. Gerontol., s. 1976 korr. Mitgl. Schweiz. Ges. f. Gerontol., s. 1982 Ehrenmitgl. d. Mexikan. Ges. f. Gerontol., s. 1987 Gründungsmitgl. d. Akad. d. Wiss. Berlin - 400 Beitr. in Fachztschr. u. Sammelw., 20 Monogr. BV: u.a.: D. Frau im Beruf, 1969; Psychol. d. Alterns, 1972, 5. A. 1984 (Übers. Holl., Ital., Span.); Seniorinnen - z. Situation d. älteren Frau, 1978; Interventionsgerontol., 1979; Formen seelischen Alterns, 1987. Herausg.: Ztschr. f. Gerontol. (zus. m. Prof. Falck) - 1973 Max Bürger-Preis f. Gerontologie; 1987 BVK I. Kl.; 1988 Dr. h.c. Univ. Fribourg/Schweiz - Liebh.: Kunst (Malerei) u. Lit. - Spr.: Engl.

LEHR, Werner

Komplementär Karl Lehr KG., Großkellereien, Oberlustadt, Vizepräs. IHK f. d. Pfalz, Ludwigshafen/Rh. - Karl-Lehr-Str. 20, 6723 Lustadt/Pf. (T. Niederhochstadt 4 41) - Geb. 12. Juni 1924.

LEHR, Wolfgang

Rechtsanwalt, Hess. Rundfunk (1950-86) - Rudolf-Presber-Str. 16, 6000 Frankfurt/M. 50 - Geb. 22. Jan. 1921, verh. s. 1956 m. Irmgard, geb. Ahnert - VR-Mitgl. Europ. Medieninst. Univ. Manchester; Mitgl. Intern. Presseinst.; Mithrsg. Kommunikationswiss. Bibliothek.

LEHRECKE, Peter

Dipl.-Ing., Architekt, o. Prof. f. Entwerfen, Baukonstr. u. Innenraumgest. - Lärchenweg 33, 1000 Berlin 19 (T. 302 53 53) - Geb. 24. Mai 1924 Dresden (Vater: Friedrich L., Arch.; Mutter: Nelly, geb. Pohle), ev., verh. s. 1956 m. Sigrid, geb. Hitzigrath, 4 Kd. (Hans, Jakob, Mirjam, Benjamin) - Dipl. 1954, Assist. TU Berlin 1956-61 b. Prof. Peter Poelzig - Dir. Inst. f. Ausbau- u. Innenraumplan. - Mehr. Kirchenbauten - Spr.: Engl. - Rotarier.

LEHRL, Siegfried

Dr. Dipl.-Psychologe, Akad. Direktor Univ. Erlangen-Nürnberg - Kopfklinik, Schwabachanlage 10, 8520 Erlangen - Geb. 30. Mai 1943 Schlackenwerth/Karlsbad, ev., verh. s. 1968 m. Maria, geb. Leitner, 2 Töcht. (Katrin, Sandra) - Stud. Bauingenieurwesen TH Aachen, Psych. Köln u. Erlangen; Dipl. Psych. 1969 Erlangen, Promot. 1979 Erlangen - Intelligenzforsch., Entw. psych. u. psychopathol. Tests, Forsch. üb. med. Informierung, Steigerung d. geist. Leistungsfähigk., Steigerung d. Forsch.leistung - 1. Vors. Service f. häusl. geist. Training; Vorst. Ges. f. Gehirntraining. Ca. 280 wiss. Veröff. (davon 15 Bücher), 170 wiss. Vortr. - BV: Mehrfachwahl-Wortschatz-Intelligenztest, 1977; Selber denken macht fit, 1986; Kurztest f. Allg. Intelligenz, 1980 - Spr.: Engl.

LEHRMUND, Willi

Dipl.-Ing., Vorstandsmitglied M. Hensoldt & Söhne Wetzlar, Optische Werke AG - Weingartenstr. 21, 6337 Leun (T. 06473-428) - Geb. 21. Jan. 1925 Leun, ev., verh. s. 1948 m. Marianne, geb. Kadletz, 2 T. (Ellen, Ursula) - Feinmechaniker-Lehre; FH Berlin u. Gießen.

LEHRNDORFER, Franz

Prof., Dom- u. Konzertorganist, Komponist - Hartstr. 96a, 8034 Germering (b. München) (T. 089 - 84 32 62) - Geb. 10. Aug. 1928 Salzburg (Vater: Dr. Franz L., Chordir.; Mutter: Martina, geb. Eberl), kath., verh. s. 1958 m. Ingeburg, geb. Hoffmann, 2 Kd. (Monika, Stefan) - Human. Gymn. Kempten; 1948-51 Stud. Kirchenmusik u. Orgel Hochsch. f. Musik München; Orgel-Dipl. 1952 - 1951-62 Lehrtätigk. b. d. Regensburger Domspatzen, ab 1962 Musikhochsch. München (s. 1969 Leit. Abt. f. Kath. Kirchenmusik); Organist Münchner Dom - Musikwerke: Chorliedsätze. Schallpl. (auch m. Improvis.) - 1957 1. Preis Intern. Wettb. d. ARD; 1965 Staatl. Kunstförd.preis; 1979 Bayer. VO; 1981 Dt. Schallpl.pr.; 1983 BVK.

LEHTONEN, Reijo P.

Dipl.-Ing., Geschäftsführer Telefonkabeldivision Nokia Kabel u. Honorarkonsul d. Bundesrep. Deutschl. in Oulu/Finnl. - Zu erreichen üb. Nokia Kabel, Box 269, SF-90101 Oulu - Geb. 16. Mai 1930 Helsinki/Finnl., ev., verh. s. 1957 m. Kaarina Peltoniemi, 3 Kd. (Eija, Päivi, Jarmo) - Univ. Oulu/Finnl. (Dipl.-Ing. 1976) - 1983-86 Vorst.-Mitgl. Sähköliikkeiden Oy/Helsinki, Vorst.-Mitgl. Handelskammer Oulu - S. 1977 Honorarkonsul BRD - Spr.: Finn., Deutsch, Engl., Schwed.

LEIB, Jürgen

Dr. phil., Akad. Oberrat f. Geogr. Univ. Marburg - Löwenweg 8, 6301 Wettenberg 1 - Geb. 5. Aug. 1946, verh. s. 1971 m. Renate, geb. Becker, T. Katja - Stud. Geogr., Gesch., Päd. u. Politik Univ. Gießen; 1. Staatsex. 1969, Promot. (Geogr.) 1972 - 1972-75 Wiss. Assist. Univ. Gießen; s. 1975 Akad. Rat/Oberrat Univ. Marburg. 1979-85 stv. bzw. Bundesvors. Verb. Dt. Hochschulgeogr.; Vorst.-Mitgl. zahlr. Vereine (Orts- u. Landesgesch., Geogr., Sport). Publ. v. 13 Monogr., 23 wiss. Aufs. u. 28 Beitr. geogr., orts- u. landesgeschichtl. Inhalts.

LEIBBRAND-WETTLEY, Annemarie, geb. Wettley

Dr. med., Prof., Psychiaterin u. Neurologin - Nordendstr. 2, 8000 München 40 (T. 272 06 23) - Geb. 12. Juni 1913 Berlin, verh. s. 1962 m. Prof. Dr. med. Werner Leibbrand, Ord. Prof. f. Gesch. d. Med. † (s. XVII. Ausg.) - Univ. Jena. Promot. 1939 Jena; Habil. 1962 München - S. 1962 Privatdoz. u. apl. Prof. (1970) Univ. München (Gesch. d. Med.) - BV: D. Wahnsinn, 1961 (m. W. Leibbrand); Kompendium d. Medizingesch., 2. A. 1963, 1967 (m. W. Leibbrand); Formen d. Eros, 2 Bde. 1972 (m. W. Leibbrand); August Forel, 1953; V. d. Psychopathia sexualis zur Sexualwissensch., 1959. Zahlr. Einzelarb.

LEIBENGUTH, Friedrich

Dr. rer. nat., Prof. f. Genetik - Fachricht. Genetik d. Univ. d. Saarlandes, 6600 Saarbrücken - Geb. 7. März 1939 Elversberg, T. Annemarie - Stud. Bonn u. Tübingen (Promot. 1966, Habil. 1972) - 1973 Prof. Saarbrücken - BV: Züchtungsgenetik. Thieme, Stuttg. (1982).

LEIBER, Bernfried

Dr. med., Prof., Kinderarzt - Uhlandstr. 3, 6078 Neu-Isenburg/Hessen (T. 88 69) - Geb. 30. Sept. 1919 Freiburg/Br. (Vater: Ferdinand L., Photochemiker; Mutter: Sofie, geb. Bender), verh. s. 1949 m. Marion, geb. Kuhrt, 2 Söhne (Michael, Ullrich) - 1939-45 Univ. Berlin, Leipzig, Jena (Promot.). Habil. 1951 Jena - S. 1945 klin. Tätigk.; s. 1951 Doz. u. apl. Prof. (1954) Univ. Jena, Berlin, Frankfurt/M. (1958). Leit. d. Abt. f. klin. Nosologie u. Semiotik (DOFONOS) i. R. a. Zentrum d. Med. Informatik d. Fachbereichs Humanmedizin d. J. W. Goethe-Univ. Frankfurt/M. Spez. Arbeitsgeb.: Klin. Syndromatologie, computerunterstützte klin. Diagnostik, klin. Teratologie u. Dysmorphologie. Mitgl. Dt. Ges. f. Kinderheilk. - BV:. D. Altersbiol. d. akuten Rheumatismus, in: D. Rheumatismus, Bd. 29 1952; D. klin. Syndrome, 6. A. 1981 (m. G. Olbrich); D. menschl. Lymphknoten, 1961; D. klin. Eponyme, 1968 (m. Th. Olbert); Menthol and Menthol-Containing External Remedies, 1968 (m. F. H. Dost); Baby-Lexikon f. Mütter, 4. A. 1984. Begr.: Fachztschr. Med. i. Bild (Jena 1958); Mithrsg.: Moderne Medizin 1972-81; Schriftleitg.u. Herausg. pais s. 1982.

LEIBFRIED, Erwin

Dr. phil., Prof. f. Deutsche Literaturwissenschaft - Blumenstr. 26, 6301 Fernwald 3 (T. 06404 - 16 48) - Geb. 14. Jan. 1942 Ingelheim, verh. s. 1966 m. Barbara, geb. Polock, 3 Töcht. (Lara, Jana, Esther) - Abit.; Stud. German., Sportwiss., Phil., Psych. - 1970 wiss. Assist. Univ. Trier, 1972 Assist. Prof., 1973 Prof. Univ. Gießen - BV: Fabel, 1966; Kritische Wiss., 1970; Identität, 1970; Interpret., 1972; Fabeltheor., 1978; Hermeneutik, 1980; Fabel, 1982; Goethe, 1982; Schiller, 1985; D. Spur d. Freiheit, 1986; Kleist, 1986; Multatuli, 1987; Seb. Münster.

LEIBFRIED, Eugen

Landesminister a. D. - Flytstr. 18, 6951 Guttenbach/Baden (T. 06263 - 3 15) - Geb. 16. April 1897 Guttenbach, ev., verh., 2 Kd. - Volks- u. Landw.ssch. - Selbst. Landw., b. 1933 Bürgerm. Guttenbach, n. Kriegsende MdK Mosbach, Vizepräs. Verb. landw. Genoss. in Baden - Raiffeisen, Karlsruhe, u. Vorstandsmitgl. Bad. Landw. Hauptverb. (Bauernverb.), Freiburg, 1949-56 MdB, 1953-68 Min. f. Ernährung, Landw. u. Forsten Baden-Württ., 1956-72 MdL BW. CDU. Teiln. beider Weltkr. (Marine) - Ehrensenator LH Hohenheim (jetzt Univ.).

LEIBFRIED, Günther

Dr. rer. nat., o. Prof. f. Theoret. Physik (Lehrstuhl C) - Laurentiusstr. 3, 5105 Laurensberg (T. Aachen 1 21 09) - Geb. 10. Juni 1915 Fraulautern/Saar (Vater: Arthur L.; Mutter: Ilse, geb. Dörries), verh. 1941 m. Ilse, geb. Meyerhoff - Univ. Göttingen. Promot. (1939) u. Habil. (1950) Göttingen - S. 1950 Lehrtätigk. Univ. Göttingen (1956 apl. Prof.) u. TH Aachen (1957 ao., 1964 o. Prof. u. Inst.sdir.). Üb. 60 Facharb.

LEIBING, Eberhard

Dr., Ministerialdirektor Min. f. Wirtschaft, Mittelstand u. Technologie Baden-Württ. - Theodor-Heuss-Str. 4, 7000 Stuttgart 1 (T. 20 20-1).

LEIBINGER, Berthold

Dipl.-Ing., Gf. Gesellschafter Fa. TRUMPF, Präs. IHK Mittl. Neckar (s. 1985) - Zu erreichen üb. Fa. TRUMPF, Johann-Maus-Str. 2, 7257 Ditzingen (T. 07156 - 303-230) - Geb. 26. Nov. 1930 Stuttgart, verh., 3 Kd. - Stud. Maschinenbau TH Stuttgart - Vors. Arbeitsgem. IHK in Baden-Württ. Senator e.h. Univ. Stuttgart.

LEIBUNDGUT-MAYE, Annalis
Dr. phil., Prof. f. klass. Archäologie Joh. Gutenberg-Univ. Mainz, Inst. f. Klass. Archäologie (s. 1987) - Viktoriastr. 43, 6200 Wiesbaden - Geb. 27. Juni 1932 Langenthal/Schweiz (Vater: Walter L., Kaufm.; Mutter: Claire, geb. Zürcher), ev., verh. s. 1981 m. Joachim Maye - Abit. 1961; Stud. Straßburg u. Bern (Promot. 1969), Habil. 1978 Trier - Tätigk. im Kunsthandel u. Journ.; 1980 Prof. in Trier - BV: D. röm. Lampen i. d. Schweiz (e. kultur-u. handelsgesch. Studie), 1977; D. röm. Bronzen d. Schweiz: Avenches, 1976; D. röm. Bronzen d. Schweiz: Westschweiz, 2 Bde. 1980 - Spr.: Franz., Ital., Engl.

LEICHERT, Paul
Bankdirektor (Dt. Bank AG., Fil. Stuttgart) - Dillmannstr. 1, 7000 Stuttgart - Geb. 15. Sept 1914 Berlin - Vorstandsmitgl. RKW/Landesgr. Baden-Württ.; ARsmandate (größtent. Vors.) u. a.

LEICHT, Albert
Regierungsdirektor a. D., Mitgl. Europ. Rechnungshof (Haushalt u. Finanzwesen) - Waldstr. 22, 6728 Germersheim/Rh. (T. 27 79) - Geb. 1. März 1922 Hagenbach/Pf., kath., verh. s. 1953 m. Marianne, geb. Steiner, 2 Kd. - Gymn.; Univ. Mainz (Rechtswiss.), Ass.ex. 1953 - 1940-45 Wehrdst. (Ltn.); 1945-49 Stud.; 1953-55 Richter Sozialger. Speyer; ab 1955 Reg.rat Kultusmin. Rhld.-Pfalz u. Landratsamt Bergzabern (1957); 1957-77 MdB; 1957-65 Vors. d. Rechnungsprüf.-aussch.; 1965-67 Obmann CDU i. Haushaltsaussch. d. Dt. Bundestages; 1967-69 Parlam. Staatssekr. Bundesfinanzmin.; 1969-77 Vors. Haushaltsaussch.; CDU s. 1946 (1954 Kreisvors. Germersheim) - BV: D. Haushaltsreform, 1970; Leben m. d. Inflation, 1970; D. Weg in d. Finanzkrise, Dokument., 1972 (m. Strauß u. Pohle); Öff. Subventionen u. i. Bedeut. i. Verw. u. Fortbild., 1975. Zahlr. Fachaufs. - 1972 BVK I. Kl., 1975 Gr. BVK, 1977 Gr. BVD mit Stern - Lit.: Goyke, D. 100 v. Bonn; Henkels, Neue Bonner Köpfe.

LEICHT, Hans-Herbert
Vorstandsmitglied i.R. Brauerei Rob. Leicht AG. (1954-83) - Hauptstr. 26-44, 7000 Stuttgart-Vaihingen; Demetriusweg 29, priv.: 80 - Geb. 20. Sept. 1921 Stuttgart - Dipl.-Braum.; Dipl.-Kfm.

LEICHT, Hugo
Oberstudienrat, MdL Baden-Württ. (s. 1972) - Tiefenbronner Str. 53, 7530 Pforzheim/Baden (T. 6 27 00) - Geb. 29. Sept. 1934 Freiburg/Br., kath., verh., 5 Kd. - 1946-54 Zinzendorf-Gymn. Königsfeld/Schwarzw. u. Max-Planck-Gymn. Lahr/Baden (1947); 1954-61 Univ. Heidelberg u. Freiburg (Geogr., Gesch., Engl). Staatsex. 1954 u. 63 - S. 1963 Gymn. Neuenbürg (zul. Studienrat) u. Kepler-Gymn. Pforzheim (Oberstudienrat). 1971 ff. Stadtratsmitgl. Pforzheim. CDU (stv. Kreisvors.) - Spr.: Engl.

LEICHT, Justin
Dipl.-Ing., Oberregierungslandwirtschaftsdirektor a. D. - Zul. 8510 Fürth/Bay. - Geb. 1. Febr. 1913 Muckhof bei Podersam (CSSR) - Dt. TH. Prag (Abt. Landw. Tetschenliebwerd) - Ab 1937 iterl. Landw. (Muckhof) 1940-45 Kriegsdst.; s. 1947 bayer. Landw.ämter (1959 Vorst. Landw.amt Roth). S. 1960 Mitgl. Stadtrat Fürth (1963 stv. Fraktionsvors.); 1966-78 Mitgl. Bayer. Landtag. CSU.

LEICHT, Martin
Kaufmann, gf. Gesellsch. ista-Gruppe Mannheim u. Münster - Papenbusch 7, 4400 Münster - Geb. 8. März 1940 Gütersloh (Vater: Gustav L., Tischlermeister; Mutter: Paula, geb. Plaßmann), verh. s. 1982 m. Rosemarie, geb. Jansen - Prakt. Lehre, Med.-Stud. - 1977-79 Vors. Bundesverb. jg. Untern.; 1981-87 Vors. ASU-Arbeitsgemeinschaft Selbst. Untern.

LEICHTENBERGER, Horst

Stv. Vorsitzender Bundesverb. Arbeitnehmer Bundesrep. Deutschl. - Dielmelstr. 26, 4600 Dortmund 41 (T. priv.: 0231 - 48 01 97, dienstl.: 0201 - 77 03 92) - Geb. 10. Dez. 1921 - Mitgl. BV CDA in d. CDU, Landesvors. Ev. Arbeitnehmerbeweg. - EAB-Landesverb. NRW - Ehrenring Stadt Dortmund; BVK.

LEICHTLE, Georg
Dipl.-Ing., Vorstandsmitglied Bayernwerk AG./Bayer. Elektrizitätsversorgung, München, Geschäftsführer Kernkraftwerk Niederaichbach GmbH. u. Ilse-Bayernwerk Energieanlagen GmbH. ebd., Beiratsmitgl. Energieversorgung Ostbayern AG., Regensburg, ARsmitgl. Bayer. Braunkohlen-Industrie AG., Schwandorf, Bayer. Wasserkraftwerke AG., München, Donaukraftwerk Jochenstein AG., Passau, Untere Iller AG., München - Maria-Eich-Str. 59, 8032 Gräfelfing/Obb. (T. München 85 54 63) - Geb. 28. April 1917 Lamerdingen/Schwaben, verh. m. Minni, geb. Burger († 1971).

LEICHTWEISS (ß), Kurt
Dr. rer. nat., o. Prof. f. Mathematik - Am Beether Hof 49, 7000 Stuttgart (T. 88 43 54) - Geb. 2. März 1927 Villingen/Schwarzw. - S. 1955 (Habil.) Lehrtätig. Univ. Freiburg/Br. (1961 apl. Prof.), TU Berlin (1963 o. Prof.), Univ. Stuttgart (1970 o. Prof.). Facharb.

LEIDING, Ekke Nils
Dipl.-Volksw., Geschäftsführer Wickmann Energietechnik GmbH - Rechbergstr. 9, 7031 Gärtringen (T. 07034 - 2 25 14) - Geb. 18. März 1943 Treuburg (Vater: Kurt L., Lehrer; Mutter: Anna Elisabeth, geb. Mauer), ev. - Gymn. Plön; Univ. Hamburg (Dipl.-Volksw.).

LEIDINGER, Adalbert
Dr. h.c., Direktor, gf. Vorst.-Mitgl. Landkreistag Nordrh.-Westf. (s. 1969) - Liliencronstr. 14, 4000 Düsseldorf 30 (T. 65 20 45) - Geb. 20. Jan. 1926 - Staats- u. Kommunalverwaltung.

LEIDINGER, Paul W. J.
Dr., Prof. f. Geschichte Univ. Münster - Luise-Hensel-Str. 3, 4410 Warendorf (T. 02581 - 13 01) - Geb. 4. Sept. 1932 Werl - 1962-78 Studienrat, Oberstudienrat u. Studiendir. am Gymn. in Warendorf; 1964-75 Leit. Stadt- u. Kreisarchiv Warendorf (im Nebenamt); 1965-75 Kreisheimatpfleger im Kr. Warendorf; 1970-83 Vors. Heimatverein Warendorf, s. 1983 Ehrenvors.; s. 1971 Mitgl. Hist. Kommiss. f. Westf.; s. 1972 Privatdoz. u. apl. Prof. ehem. PH Münster; s. 1980 Univ. Münster. 1972-86 Vors. d. Landesverb. nordrh.-westf. Geschichtslehrer; s. 1986 Ehrenvors. ebd.; 1986-88 Vors. Verb. d. Geschichtslehrer Dtschl. - Herausg. v. Geschichte, Politik u. ihre Didaktik (1973-87) - 1983 Wilhelm-Zuhorn-Plakette in Warendorf.

LEIDL, August
Dr. theol., Prof. f. Kirchengeschichte Univ. Passau, Päpstl. Ehrenprälat - Birgmeierweg 2, 8390 Passau 18 - Geb. 19. Jan. 1933 Burghausen/Salzach (Vater: Georg L., Kaufm.; Mutter: Maria, geb. Stadler), kath., ledig - Synodal- u. Pastoralex., kath. Priesterweihe 1957/58, Promot. 1964, Habil. 1968 - 1968 Privatdoz. Univ. München; s. 1969 Prof. Univ. Passau (1972 o. Prof., 1973 Vorst. Inst. f. Ostbair. Heimatforsch.). 1969 Leit. u. 1980 Dir. Archiv Bistum Passau - BV: D. Einheit d. Kirchen auf d. spätmittelalterl. Konzilien. V. Konstanz b. Florenz, 1966; Simon Konrad Landersdorfer. Bischof v. Passau 1936-1968 (m. A. Siegmund), 1973; 50 J. Verein u. Inst. f. Ostbair. Heimatforsch. in Passau 1977; D. Bischöfe v. Passau 739-1968 in Kurzbiogr., 2. A. 1978; St. Johannes-Spital Passau (m. G. Schäffer), 1978; D. Bischofsbild im Wandel d. Jahrhunderte, dargest. am Bistum Passau, 1985; Kleine Passauer Bistumsgesch., 1989; zahlr. Fachaufs. Mitherausg. bzw. Herausg.: Ostbair. Grenzmarken. Passauer Jahrb. f. Gesch., Kunst u. Volkskd. (s. 1971 bzw. 1974); Neue Veröff. Inst. f. Ostbair. Heimatforsch. in Passau (s. 1971 bzw. 1974); D. Passauer Dom; 2. A. 1980; Diener in Eurer Mitte, FS f. Dr. Antonius Hofmann, Bischof v. Passau, z. 75. Geb., 1984; Bistumspatrone in Deutschl., 2. A. 1985 - 1979 Päpstl. Ehrenprälat; 1979 Kultureller Ehrenbrief Stadt Passau.

LEIDL, Werner
Dr. med. vet., o. Prof., Vorst. Gynäk. u. Amb. Tierkl. Univ. München (1963) - Königinstr. 12, 8000 München 22 - Geb. 3. Juni 1925 Moos/Obb., kath., verh. s. 1955 m. Annemarie, geb. Friedrich, S. Reiner - Promot. u. Habil. München - S. 1957 Lehrtätig. München (1963 ao., 1970 o. Prof.). Spez. Arbeitsgeb.: Physiol. u. Pathol. d. Fortpflanz. d. Haustiere, Mitgl. Dt. Veterinärmed. Ges., Dt. Ges. z. Stud. d. Fertilität u. Sterilität, Society for the Study of Fertility (Engl.) - BV: Klima u. Sexualfunktionen b. männl. Haustieren, 1958. Mitverf.: Schaetz, D. künstl. Besamung d. Haustiere, 1963. Etwa 100 Einzelarb. - Spr.: Engl., Franz.

LEIDLMAIR, Adolf
Dr. phil., o. Prof. f. Geographie - Innrain 52 (Inst. f. Geographie), A-6020 Innsbruck; priv.: Kaponsweg 17, A-6065 Thaur - Geb. 5. Juni 1919 Linz/Österr. (Vater: Adolf L., Beamter; Mutter: Viktoria, geb. Lettner), verh. s. 1950 m. Elisabeth, geb. Lafleur - Univ. Innsbruck - S. 1958 (Habil.) Lehrtätig. Univ. Tübingen, TH Karlsruhe (1963 Ord. u. Inst.dir.), Univ. Bonn (1967 Ord. u. Inst.dir.), Univ. Innsbruck (1969 Ord. u. Inst.vorst.). Korr. Mitgl. Österr. Akad. d. Wiss. - BV: D. Formenentwickl. im Mitter-Pinzgau, Bevölkerung u. Wirtschaft in Südtirol, Hadramaut - Bevölkerung u. Wirtschaft im Wandel d. Gegenw.; Landeskunde Österreich. Zahlr. Einzelarb.

LEIDNER, Gert
Dipl.-Ing., Geschäftsführer Ytong Nord GmbH. - Industriegebiet Hohenesch, 2720 Rotenburg/Wümme.

LEIFELD, Bernd
Regisseur, Intendant Landestheater Württ.-Hohenzollern, Tübingen (s. 1984) - Gartenstr. 32, 7400 Tübingen (T. 07071 - 2 14 42) - Geb. 27. Juni 1949 Heggen/Kr. Olpe - Univ. Köln u. FU Berlin (German., Päd. u. Theaterwiss.) - Zul. Schauspieldir. Staatstheater Kassel - BV: Theater in Wuppertal, 1978/79 (Mithrsg.) - Insz./Bühne u. a. Werke v. Bergmann, Brecht, Fo, Hey, Kroetz, Ostrowskij, Shakespeare, Walser.

LEILICH, Hans-Otto
Prof., Dr.-Ing., Inst. f. Datenverarbeitungsanlagen d. TU Braunschweig - Hans-Sommer-Str. 66, 3300 Braunschweig (T. 0531 - 391 37 34).

LEIMBERG, Inge
Dr. phil., o. Prof. f. Engl. Philologie Univ. Münster/W. - Raesfeldstr. 52, 4400 Münster/W. - Geb. 2. Dez. 1926 Halberstadt/Harz - Habil. Bonn - S. 1965 o. Prof. Univ. Gießen und Kiel - BV: Unters. zuShakespeares Zeitvorst. als e. Beitr. z. Interpretation d. Tragödien, 1961; Shakespeares Romeo u. Julia - V. d. Sonettdicht. z. Liebestrag., 1968; (m. L. Cerny) Charles Dickens. Methoden u. Begriffe d. Kritik, 1978.

LEINBACH, Karl
Postbetriebsinspektor, MdL Hessen (s. 1971) - Hainstr. 2, 3568 Gladenbach (T. 06462 - 76 30) - Geb. 9. Nov. 1919 Gladenbach, verh., 2 Kd. - Volkssch.; Selbststud. u. Lehrg. - Postdst., dazw. Kriegseins. (schwerbesch.) u. 2 J. engl. Gefangensch. 1952 ff. Stadtverordn. (u. a. Vorsteher); 1956 ff. MdK SPD s. 1946.

LEINBROCK, Arthur
Dr. med., Dipl.-Ing., o. Prof. f. Haut- u. Geschlechtskrankheiten - Achim-v.-Arnim-Str. 22, 5300 Bonn (T. 23 18 26) - Geb. 24. Mai 1908 Prag, ev., verh. s. 1938, 3 Kd. - 1929-32 TH Dresden (Chemie; Dipl.-Ing.); 1932-37 Univ. Bonn (Med.). Promot. u. Habil. Bonn - 1943 Privatdoz., 1951 apl. Prof. Univ. Bonn (Oberarzt Klinik f. Haut- u. Geschlechtskrankh.), 1959 Ord. u. Klinikdir. Univ. Würzburg, 1964 Univ. Bonn - BV: D. quantitative Elektrophorese in d. Med., 1952, 2. A. 1957 (m. Antweiler, auch engl.); Aktuelle Probleme d. Dermatologie, 1959 (m. Schuppli). Zahlr. Fachaufs. - Spr.: Engl. - Rotarier.

LEINEMANN, Anneliese
Verwaltungsangestellte, Mitgl. Brem. Bürgerschaft (s. 1971) - Kantstr. 103, 2800 Bremen 1 - Geb. 3. Juni 1923 Bremen, verh. - 1939-40 Staatl. Fachsch. f. Frauenberufe Bremen; 1940-42 Sem. f. Kindergärtnerinnen u. Hortnerinnen ebd. (Staatsex.) - B. 1945 Kindertagesstättenleit. Bremen, spät. Kunstgewerblerin, Kinderg. u. Hortn., ab 1956 Adrema-Druckerin u. -Prägerin, zul. Angest. Steueramt ebd. 1968 ff. Arbeitsrichterin. SPD s. 1959.

LEINEN, Günther
Dipl.-Ing., Komplementär Boley & Leinen - Werkzeug- u. Maschinenfabrik - Postf. 64, 7300 Esslingen.

LEINEN, Jo
Minister f. Umwelt d. Saarlandes (s.

1985) - Zu erreichen üb. Min. f. Umwelt, Hardenbergstr. 8, 6600 Saarbrücken - Geb. 6. April 1948 Überherrn-Bisten/S., kath., ledig - Abit. Realgymn. Völklingen; Stud. Jura u. Volksw. Univ. Saarbrücken u. Bonn; 2. jurist. Staatsex. 1976 Koblenz; 1972/73 Stud. d. Rechts d. EG Europa-Kolleg, Brügge u. Stud. Intern. Politik Inst. of World Affairs Univ. Connecticut, USA - 1977-79 Ref. f. Intern. Jugendpolitik SPD-Parteivorst.; danach Rechtsanw. Freiburg/Kirchzarten - BV: Prinzip leben, 1982; Gr. Schritte wagen, 1984; Umweltfreundl. Kohlepolitik, 1982 - Liebh.: Sport, Musik, Theater, Wandern - Spr.: Engl., Franz.

LEINER, Bernd
Dr. rer. pol., Prof. f. Statistik - Univ. Heidelberg, Grabengasse 14, 6900 Heidelberg - Geb. 24. Juni 1941 Saarbrücken (Vater: Heinrich L., Kaufm.; Mutter: Karoline, geb. Altpeter), ev., verh. s. 1965 m. Maja, geb. Thielen, 2 Söhne (Richard, Bastian) - Dipl.-Volksw. 1965, Promot. 1969, bde. Univ. Saarbrücken; Habil. 1975 Univ. Heidelberg; 1977-79 Doz. Univ. Heidelberg, 1978/79 Prodekan, s. 1980 Prof. f. Statistik Univ. Heidelberg - BV: Ökonometr. Schätzverf., 1969; Spektralanalyse ökonom. Zeitreihen, 2. A. 1978; Einf. i. d. Statistik, 1980; Einf. i. d. Zeitreihenanalyse, 1982; Stichprobentheorie, 1985; Statistik-Programme in BASIC, 1988 - Liebh.: Skilauf, Tennis, Karate (1. Kyu), Modelleisenb. - Spr.: Engl., Franz.

LEINER, Herbert
Stv. Chefredakteur, Ressortleiter Politik General-Anzeiger Bonn - Burgstr. 83, 5300 Bonn 2 - Geb. 2. Dez. 1926 Pirmasens, ev., verh. s. 1947 m. Alice, geb. Döring, S. Wolfgang (Facharzt f. Kieferorthopädie) - Obersch. Pirmasens (Abitur 1947); Stud. German., Theaterwiss. u. Gesch. Univ. Mainz - 1952-54 journ. Ausb. Pirmasenser Ztg., s. 1954 Redakt. General-Anzeiger Bonn (s. 1960 Ressortleit.) - BV: Und d. Dritte Rom wird Moskau sein, 1981 - Liebh.: Gesch.

LEINER, Wolfgang
Dr. phil., o. Prof. f. Romanische Philologie - Payerstr. 2, 7400 Tübingen (T. 07071 - 2 32 59) - Geb. 21. Okt. 1925 Ottenhausen/Saarbr. (Vater: Adolf L.; Mutter: Margarete, geb. Kurz), ev., verh. s. 1953 m. Prof. Dr. Jacqueline L., S. Stephane - Dolmetscher-Hochsch. Germersheim; 1948-50 Univ. Toulouse, 1950 Univ. d. Saarl.; Staatsex., Promot., Habil. (1963) - 1963-65 Priv.-Doz.; 1963-65 Gastprof., 1965ff. Prof. Univ. of Washington; 1975ff. Univ. Tübingen; Vizepräs. d. Assoc. Intern. d'Etudes franc (Paris) - BV: u. a. Widmungsbrief in d. franz. Lit., 1965; Hrsg. von 2 Ztschr. - 1980 Silb. Plak. Stadt Nizza; 1981 Officier des Palmes Académiques; 1982 Ehrenmitgl. Società universitaria per gli studi di Lingua e letteratura Francese - Spr.: Franz., Ital., Engl.

LEINERT, Michael
Intendant Pfalztheater Kaiserslautern - Am Fackelrondell, 6750 Kaiserslautern - Geb. 20. Okt. 1942 Meldorf/Schlesw.-Holst., ev., verh. m. Dagmar L.-Lange, geb. Oberthür, 5 Kd. (Susanne, Stefanie, Maria, Amrei, Benjamin) - Univ. München u. Hochsch. f. Musik u. Theater München (Theaterwiss., German., Kunstgesch. b. Prof. Heinz Arnold u. Prof. A. Everding, Oboe b. Prof. H. Winschermann) - Chefdramat. u. Ltd. Dramat. in Hamburg, Braunschweig, Bremen, Dramat. u. Spielleiter in Kiel, München; Oberspielleit. in Coburg - BV: Monogr. üb. C. M. v. Weber, 1978 - Insz.: De v. Cikker Erdbeben in Chile (1981 Braunschweig), VA Hiller, An diesem heut. Tage (1979 Festsp. München), Amleth u. Fengo (UA 1983 Heidelberg), Through Roses (EA Landestheater Coburg) - 1968 tz-Rose München (Pressepreis München); 1982 Insz. d. Monats d. Ztschr. Orpheus - Liebh.: Reiten, Bücher - Spr.: Engl. - Bek. Vorf.: Dr. Robert Leiner, Oberbürgerm. Hannover Weimarer Rep.

LEINEWEBER, Claus
Dr. jur., Hauptgeschäftsführer Deutsche Handelskammer für Spanien/Cámara de Comercio Alemana para Espana - Paseo de la Castellana, 18, Madrid-1 (T. 275 40 00; Telex 42989 haka e) - Geb. 16. Juli 1927 Gronau/W. (Vater: Wilhelm L.; Mutter: Anneliese, geb. Gescher).

LEININGER, Claus
Regisseur, Generalintendant Musiktheater im Revier, Gelsenkirchen (s. 1977); 1986ff. Int. Hess. Staatstheater Wiesbaden - Geb. 17. Jan. 1931 Mannheim - 1956-60 Dt. Theater Göttingen; 1960 b. 1967 Städt. Bühnen Freiburg; 1967-74 Oberspielleit. Bühnen d. Stadt Essen, 1974-77 Schauspieldir. Nationaltheater Mannheim; 1986 Theaterint. Wiesbaden.

LEINS, Werner
Dr.-Ing., em. o. Prof. f. Straßenwesen, Erd- u. Tunnelbau TH Aachen (1962-81) - Am Friedrich 23, 5100 Aachen (T. 7 17 67) - Geb. 11. Juli 1912 Zwerenberg - 1973-76 Ministerialdir. Bundesverkehrsmin. (Abt.sleit. f. Straßenbau). Mitgl. in Fachausss. f. Wiss. u. Forsch. Zahlr. Fachveröff.

LEIPERTZ, Alfred

Dr.-Ing., Prof., Ord. f. Techn. Thermodynamik, Techn. Fak. Univ. Erlangen-Nürnberg (s. 1989) - Merianstr. 18, 4630 Bochum - Geb. 5. Aug. 1946 Eltmann/M. (Vater: Matthias M.; Mutter: Angelina, geb. Seybold), verh. s. 1966 m. Gisela, geb. Homberg †1987, T. Regina Suzanne - Dipl.-Phys. 1974 Gießen; Dr.-Ing. 1979 Bochum; Habil. 1984 Bochum - 1974 DFVLR Köln; 1975/76 wiss. Mitarb. Univ.-GH Duisburg; 1977-89 Ruhr-Univ. Bochum, Fak. Masch.bau (1977-86 wiss. Assist., 1986-88 Prof. f. Exp. Wärme- u. Stoffübertragung, 1988/89 o. Prof. f. Laseranw.technik). 1982 6-monat. Gastaufenth. Yale Univ. USA.

LEIPNITZ, Harald
Schauspieler - Badstr. 10, 8112 Bad Kohlgrub/Obb. (T. 2 74) - Geb. 22. April 1926 Wuppertal (Vater: Schlosserm.), verh. (Ehefr.: Walburga), 3 Kd. (Thomas, Christine, Cosima) - Realgymn. (Abit.); Schauspielunterweis. Hans Canninenberg - S. 1948 Bühnen Wuppertal (12 J.) u. München. Bek. Rollen: Posa, Zettel, Parris. Regie: Lieber reich u. glücklich. Film (u. a. D. endlose Nacht, Todestrommeln am Gr. Fluß, D. Gruft m. d. Rätselschloß, D. Grab d. blauen Diamanten, D. Ölprinz, D. Amazonas schweigt, Herrl. Zeiten im Spessart); Fernsehen (D. Schlinge, D. Geisterzug, Boeing-Boeing, D. Schlüssel (Durbridge), 4 Fenster z. Garten u. a.) - 1962 Bundesfilmpreis (f.: D. endlose Nacht).

LEIPOLD, Dieter
Dr. jur., o. Prof. f. Vorst. Inst. f. Zivil- u. -prozeßrecht Univ. Erlangen-Nürnberg (s. 1970) - Lerchenweg 8, 8521 Bubenreuth - Geb. 15. Jan. 1939 Passau - Promot. (1965) u. Habil. (1970) München - Bücher u. Aufs.

LEIPOLD, Heinrich
Dr. theol., Prof. f. Systemat. Theologie Univ. Marburg (s. 1971) - Kiefernweg 19, 3556 Niederweimar - Geb. 6. Nov. 1931 Wallroth, ev. - Promot. 1960; Habil. 1971 - Bücher u. Einzelarb.

LEIPOLD, Helmut
Dr. rer. oec., Privatdozent Univ. Marburg - Uferstr. 19, 3550 Marburg (T. 6 59 36) - Geb. 17. April 1944 Lütter, kath., verh. s. 1974 m. Uschi, geb. Tönges - BV: Betriebsdemokratie, 1974.-Herausg.: Sozialist. Marktwirtschaften (1975), Wirtsch.- u. Ges.systeme im Vergleich, 5. A. 1987 - Liebh.: Tennis, Ski, Wandern - Spr.: Engl., Franz.

LEIPZIGER, Karl
Dr. Dr. h.c. Theol., Landespfarrer Diakon. Werk Bayern, Nürnberg, Mitgl. Bayer. Senat, München - Vestnertorgraben 7, 8500 Nürnberg - Generalsekretär Martin-Luther-Bund - 1980 Bayer. VO; 1985 Ehrendoktor Akad. d. Ev.-Luth. Kirche in Ungarn.

LEIS, Rolf
Dr. rer. nat., Dr. h.c., o. Prof. f. Angew. Mathematik Univ. Bonn (s. 1965) - Merler Allee 55, 5300 Bonn-Röttgen - Geb. 22. Juli 1931 Essen, ev., verh. s. 1963 m. Gisela, geb. Bartsch, 3 Kd. (Annekatrin, Christian, Kordula) - 1952-56 Stud. Math. Univ. Bonn u. TH Aachen. Promot. (1957) u. Habil. (1961) Aachen - 1956-65 TH Aachen (Assist.; 1961 Dozent); 1958-59 Univ. New York, 1976-77 Rektor Univ. Bonn, 1977 Commandeur de l'Ordre de Mérite du Grand-Duché de Luxemburg, 1979 Officier dans l'Ordre des Palmes Académiques, Rep. Francoise; 1981 Doctor of Science h.c. Glasgow - BV: Vorlesungen üb. partielle Differentialgleichungen zweiter Ordnung, 1967.

LEISCHNER, Anton
Dr. med., Prof., Direktor i. R. Rhein. Landesklinik f. Sprachgestörte, Bonn - Rheinstr. 18, 5330 Königswinter 1 - Geb. 22. Mai 1908 Niklasdorf (Vater: Oskar L., Oberförster; Mutter: Marie, geb. Clement), kath., verh. s. 1980 m. Dr. Margarete, geb. Löwe - Promot. (1933) u. Habil. (1943) Prag - BV: u. a. D. Störungen d. Schriftsprache, 1957; D. Lebensschicksal hirnverletzter Jugendlicher u. Kinder, 1962; The agraphias, Handbook of clinical Neurology, Vol. 4, 141-180, 1969; Aphasien u. Sprachentwicklungsstör., 1979, 2. A. 1987; Klinische Sprachpathol., 1981 - Spr.: Franz., Engl., Tschech.

LEISER, Erwin
Publizist u. Filmregisseur - Postf. 2112, CH-8028 Zürich - Geb. 16. Mai 1923 Berlin (Vater: Hermann L., Rechtsanw. †1937; Mutter: Emmy, geb. Abrahamsohn †1964), verh. s. 1960 m. Vera, geb. Wagner, 2 Töcht. (Marion, Sandra) - Univ. Lund/Schweden (cand. phil. 1946) - Theater- u. Literaturkrit., Übers. (Theaterst., Lyrik), 1950-58 Feuilletonredakt. Morgon-Tidningen (Stockholm), fr. Mitarb. Schwed. Rundf. (Fernsehen),

Herausg. zahlr. Publ., s. 1959 Filmregiss., 1966-69 Dir. Dt. Film- u. Fernsehakad. Berlin. Filme: Mein Kampf (1960), Eichmann u. d. III. Reich (1961), Wähle d. Leben (1963), Deutschland erwache! (1968), Keine Welt f. Kinder (1972), Ich lebe in d. Gegenw. (1973), V. Bebel z. Brandt (1974), Weil sie Frauen sind (1975), Frauen d. dritten Welt (1975), D. Welt d. Fernando Botero (1976), Bram van Velde - Maler d. Schweigens (1977), Edward Kienholz (1977), Männer im besten Alter (1978), D. versunkenen Welten d. Roman Vishniac (1978), Willem de Kooning u. d. Unerwartete (1979), D. Leidensch. d. Isaac Bashevis Singer (1981), Stille Stellen (1981), Raphael Soyer - New Yorker Maler (1981), Leben n. d. Überleben (1982), Botero als Bildhauer (1982), Vor 50 Jahren war alles dabei (1983), D. Kunst ist d. Leben - Willem de Kooning 1984 (1984), Erde-Schatten-Stein-Rolf Iseli (1984), D. Mitläufer (1985), D. furchtlose Auge - Berenice Abbott (1985), Isaac Bashevis Singer u. New York (1985), Hiroshima-Erinnern u. Verdrängen (1985), James Rosenquist (1986), Boteros Corrida (1986), Im Zeichen d. Feuers - Elie Wiesel (1986), Welt im Container (1987), Licht zwischen d. Bäumen (1987), D. größte Kunstraub aller Zeiten (m. Nina Steinhauser, 1987), Kulturszene Los Angeles (1987), Frei und links (1988), D. Feuerprobe (1988), Ich habe immer Schutzengel gehabt (1989) - BV (deutschspr.): Mein Kampf, 1962; Wähle d. Leben, 1963 (beide m. d. Untertitel: D. Buch z. Film); Dtschl. erwache!, 1968; Leben nach d. Überleben, 1982 - 1960 Gr. Preis Filmfestsp. San Franzisko, 1961 Preis Senator f. Jugend u. Sport Berlin, 1963 Filmpreis Stadt Zürich, 1964 Gr. Qualitätsprämie Schweizer. Bundesrat, 1964 Filmfestp. Melbourne, 1973 Filmfestp. Moskau, 1979 u. 80 Grand Prix Kunstfilmfestival Asolo, 1981 u. 84 Montreal, Grand Prix Kunstfilmfestival Padua, 1985 - Liebh.: Musik, Kunst, Pfeifensamml. - Spr.: Schwed., Engl., Franz. - 1938-62 Schweden (schwed. Staatsbürger); s. 1962 Wohnsitz Zürich.

LEISER, Wolfgang
Dr. jur., o. Prof. f. Deutsche u. Bayer. Rechtsgeschichte u. Bürgerl. Recht Univ. Erlangen-Nürnberg (s. 1966) - Saarmühlenweg 16, 8524 Neunkirchen a. Br. (T. 13 58) - Geb. 9. Jan. 1931 Karlsruhe (Vater: Armin L., Postamtm.; Mutter: Helene, geb. Knieriem), ev., verh. s. 1957 m. Jutta, geb. Stammler, 3 Kd. (Michael, Christine, Verena) - Stud. d. Rechtswiss. Univ. Heidelberg u. Freiburg; Promot. 1957 Heidelberg; Habil. 1964 Freiburg - BV: D. gemeine Zivilprozeß in d. Bad. Markgrafschaften, 1961; Strafgerichtsbarkeit in Süddtschl., 1971; D. Regionalgliederung d. ev. Landeskirchen i. d. BRD, 1978.

LEISING, Helmut
Dr. jur., Fabrikant, Geschäftsf. Schraubenfabrik Dorn GmbH. - Dornstr. 9, 4690 Herne/W. - Geb. 4. Jan. 1909 - Gr. jurist. Staatsprüf.

LEISING, Klaus
Dr. rer. nat., Geschäftsführer Amersham Buchler GmbH (s. 1972) u. The Radiochemical Centre GmbH (s. 1984), beide Braunschweig - Südstr. 23, 3171 Didderse, Kr. Gifhorn (T. 05373 - 70 23) - Geb. 30. Sept. 1927 Berlin (Vater: Hermann L., Bankier; Mutter: Eva, geb. Wenzel), ev., verh. s. 1952 m. Hildegard, geb. Wache, 2 Kd. (Renate, Stefan) - Promot. 1950 FU Berlin - 1950-52 Wiss. Assist. Zoolog. Inst. FU Berlin; Betriebsassist., Verkaufsleit. Sass, Wolf u. Co., Berlin; Akumed GmbH., Berlin (b. 1965); 1965-72 Geschäftsf. Dt. Endoskopbau-Ges. mbH., Berlin; 1969-72 Sozialrichter - Mitarb. Handb. d. zerstörungsfreien Materialprüf., 1970 - Liebh.: Sammeln mod. Kunst - Spr.: Engl.

LEISNER, Walter
Dr. jur., o. Prof. f. Staats-, Verwaltungs- u. Völkerrecht - Kochstr. 2 (Jurist. Fak.), 8520 Erlangen - Geb. 11. Nov. 1929 München (Vater: Andreas L., Ministerialrat; Mutter: Annemarie, geb. Bräutigam), kath. - Dr. jur. München, Docteur en Droit Paris, Dottore in Giurisprudenza Rom - 1960 Privatdoz. Univ. München; 1961 Ord. Univ. Erlangen-Nürnberg Vorst. Inst. f. Staats- u. Verwaltungsrecht - BV: Grundrechte u. Privatrecht, 1960; Öffentlichkeitsarbeit der Regierung, 1966; Werbefernsehen u. öffentl. Recht, 1967; Grundl. d. Berufsbeamtentums, 1971; Verfass.srechtl. Grenzen d. Erbschaftsteuer, 1972; Sozialbind. d. Eigentums, 1972; Sozialversich. u. Privatversich., 1974; Pressegleichheit, 1976; Wertzuwachssteuer, 1978; Demokratie - Selbstzerstörung e. Staatsform, 1979; D. Gleichheitsstaat, 1980; D. Demokr. Anarchie, 1982; D. Lenkungsauflage, 1982; D. Führer, 1983; D. Triumph, 1987; D. Staatsrenaissance, 1987; Umweltschutz durch Eigentümer, 1987 - 1982 Bayer. VO; Großoffz. ital. VO - Spr.: Engl., Franz., Ital., Span., Russ.

LEISSING, Günter
Dr., Geschäftsführer Schraubenfabrik Dorn GmbH. - Dornstr. 9, 4690 Herne/ W. - Aus.ex.

LEIST, Otmar
Schriftsteller - Löningstr. 35, 2800 Bremen 1 - Geb. 16. Jan. 1921 Bremen, ledig - Abit.; Banklehre - S. 1969 Mitgl. DFG-VK; s. 1975 Mitgl. im Werkkreis Lit. d. Arbeitswelt; s. 1977 Mitgl. IG-Druck u. Papier - BV/Gedichtbde.: Helm ab z. Denken, 1975; Jahre d. Feuerteufels, 1976; In halber Helle, 1976; Mobilmachung, 1977; Im Gold. Westen, 1978; Menschenwerk, 1979; D. Stadt f. uns, 1981; Springende Punkte, 1984.

LEISTENSCHNEIDER, Wolfgang

Dr. med., Univ.-Prof. f. Urologie FU Berlin - Hardenbergstr. 8, 1000 Berlin 12 (T. 313 30 70) - Geb. 28. Sept. 1943 Traben-Trarbach (Vater: Dr. med. Edmund L., Arzt; Mutter: Anneliese, geb. Goers), kath., verh. s. 1969 m. Doris, geb. Kupzok, 2 Kd. (Alexandra, Patrick) - 1963-69 Univ. Münster (Staatsex. Med. 1969, Promot. 1970); Habil. 1981 FU Berlin - B. 1983 Urol. Klinik Charlottenburg; ab 1983 Prof. FU - BV: Praxis d. Prostatazytologie, 1984; Atlas of prostatic cytology (auch engl.), 1985. Üb. 100 Publ. u. Buchbeitr. - 1989 Vors. d. Berliner Urolog. Ges.

LEISTER, Ingeborg
Dr. phil., Prof., Geographin - Haspelstr. 41, 3550 Marburg/L. (T. 2 53 63) - Geb. 21. Mai 1926 Werdohl/W. - S. 1961 (Habil.) Lehrtätig. Univ. Marburg (1967 apl. Prof.) - BV: Wachstum u. Erneuerung brit. Industriegroßstädte, 1970. Fachaufs.

LEISTER, Klaus Dieter
Dr. jur., Generalbevollmächtigter d. Westd. Landesbank (s. 1989) - Herzogstr. 15, 4000 Düsseldorf 1 (T. 8 26-20 10) - Geb. 26. Nov. 1937 Berlin, ev., verh. s. 1967 m. Karin L. - Gymn.; Stud. Rechts- u. Staatswiss. - 1969-72 Bundeswirtschaftsmin. (Leit. Ministerbüro); 1972-74 Bundesfinanzmin. (Leit. Kanzlerbüro), 1979-80 Bundesmin. f. wirtschaftl. Zusammenarbeit (Leit. Abt. 2); 1981-82 Staatssekr. (Rüstung u. milit. Planung) Bundesmin. d. Verteidig., dann Innenmin. NRW; 1983-88 Chef d. Staatskanzlei NRW u. Staatssekr. - Spr.: Engl., Franz.

LEISTER, Rolf-Dieter
Unternehmensberater - Beratungs- f. Kommunikations- u. Informationstechnik mbH, Theodor-Heuss-Str. 1, Stuttgart 1 (T. 0711 - 29 70 11 od. 29 70 42) - Geb. 23. Sept. 1940 Wilhelmshaven (Vater: Karl L., Musiker; Mutter: Gertrud, geb. Ammann), kath., verh. s. 1963 m. Ingrid, geb. Teltschik, 2 T. (Claudia, Sandra) - Gymn. Berlin; Ind.kfm. Berlin, Hochschulinst. f. Wirtsch.kunde Berlin - B. 1980 Geschäftsf. IBM Dtschl.; s. 1981 Inh. u. Leit. Beratungsinst. f. Informations- u. Kommunikationstechn., Stuttgart/ Frankfurt; s. 1983 AR-Mitgl. BÖWE Maschinenfabrik GmbH, Augsburg - Liebh.: Ski, Tennis, Segeln, Musik (Klass.), Lit. - Spr.: Engl., Franz. - Lit.: div. Presseveröff.

LEISTNER, Eckhard
Dr., Prof. f. Pharmaz. Biologie, Dir. Inst. f. Pharmaz. Biol. Univ. Bonn - Nußallee 6, 5300 Bonn - Geb. 20. Jan. 1941 Bad Oeynhausen (Vater: Dr. Walter L., Meteorologe; Mutter: Käthe, geb. Tracht), ev., verh. s. 1968 m. Doris, geb. Beyer, 3 S. (Jan, Tillman, Benjamin) - 1962-65 Stud. Biol. u. Chemie Univ. München; Promot. 1968, Habil. 1973 - 1968-69 wiss. Assist. Univ. München; 1969-71 Res. Assoc. McMaster Univ. Hamilton/Kanada; 1971-73 wiss. Assist. Univ. Bochum; 1973-75 Priv.-Doz. ebd.; 1975-82 Wiss. Rat u. Prof. Univ. Münster; 1983 Beruf. Univ. Bonn. Entd. neuer pflanzl. Stoffwechselwege. Buchbeitr. - Spr.: Engl.

LEISTNER, Lothar
Dr. med. vet., Prof., Lebensmittel-Mikrobiologe - E.-C.-Baumann-Str. 20, 8650 Kulmbach/Ofr. (T. 8 03-2 20) - Geb. 23. Juli 1927 Aue/Sa., ev., verh. s. 1961 m. Kai Min, geb. Diao, 3 Söhne (Rumo, Rulan, Rupert) - 1947-52 Univ. Leipzig u. Berlin (1948 Humboldt, 1950 Freie). Promot. FU Berlin - 1954 b. 1959 Bundesanstalt f. Fleischforsch., Kulmbach (Wiss. Angest.); 1959-61 American Meat Inst. Foundation, Chicago (Visiting scientist); 1961-62 Inst. Pasteur, Lille (Stagiaire); 1962-63 Euratom, Paris (Fonctionnaire scientifique); 1963-66 Iowa State Univ. Ames (Assistant Prof.); s. 1966 Bundesanst. f. Fleischforsch. (Ltd. Dir. u. Prof.). Etwa 860 Fachveröff. - Spr.: Engl., Franz.

LEITHÄUSER, Eva
Senatorin a.D., Justizsenatorin Hamburg (1979-86).

LEITHOFF, Horst
Dr. med. (habil.), em. o. Prof. u. Direktor i.R. Inst. f. Rechtsmedizin Univ. Mainz - Am Pulverturm 3, 6500 Mainz - Geb. 29. März 1920 Brandenburg/H. - Zul. Univ. Freiburg. Etwa 100 Fachveröff.

LEITHOFF, Peter
Dr. jur., Hauptgeschäftsführer (b. 1986) u. Präsidialmitglied Dt.-Schwed. Handelskammer, Stockholm - Ehrenvärdsgatan 3, 112-35 Stockholm (T. 52 57 12) - Geb. 13. Juli 1916 Stettin, verh. s. 1964 m. Annemarie, geb. Larsson - Marienstifts-Gymn. Stettin; Univ. Tübingen (Promot. 1940) - 1967 Ritterkreuz I. Kl. Kgl. Schwed. Vasa-Orden; 1976 Gr. BVK; 1986 Königl. Schwed. Verdienstmed. 8. Stufe am Seraphimband.

LEITNER, Anton Gerhard

Canc., Publizist - Buchenweg 3, 8031 Weßling/Obb. (T. 08153 - 16 98) - Geb. 16. Juni 1961 München (Vater: Anton L., Oberstud.-Dir.; Mutter: Ingrid, geb. Wölpl), kath., led. - Abit. humanist. Gymn.; Stud. d. Rechte Ludwig-Max.-Univ. München - Vors. Initiative Junger Autoren (IJA), München; 1988 Projektleit. Inter-Aktionen/Tage junger Lit. München u. 1989 Dialoge/Bayer. Forum f. junge Lit., Gießen - BV: Schreite fort, Schritt, Ged. 1986; Nichts geht mehr - aber spielt ruhig weiter!/Liebe made in Germany, u. Miniat. 1989. Herausg./ed. üb. Leben (1987); Eiszeit - Heißzeit / Lit. d. 80er J. (1988). Lit. Toncassette: D. B-Tonleiter, BR-Aufz., 1985 - 1986-88 Jurymitgl. Bundeswettbew. Schüler schreiben, Bonn/Berlin; 1989 Einladung z. Lit. März Stadt Darmstadt - Liebh.: Werke d. ital. Dichters Giuseppe Ungaretti, Musik (Jazz, Mozart, Bach) - Spr.: Engl., Lat., Griech. - Bek. Vorf.: Peter Wölpl, Gitarrist (Cousin); Josef Nemetz, Rennfahrer (Großonkel); Ferdinand Leitner, Dirig./Komp.

LEITNER, Ferdinand
Prof., Generalmusikdirektor - Trägernstr. 22, CH-8127 Forch/Zürich - Geb. 4. März 1912 Berlin, ev., verh. m. Gisela, geb. Büsing, S. Michael aus 1. Ehe - Musikhochsch. Berlin (bereits m. 14 Jahren) - B. 1939 (Einberuf.) Pianist u. Konzertbegl., n. 1945 Dirig. Staatsoper Hamburg, 1946-47 Operndir. Staatsoper München, 1947-69 GMD Staatsoper Stuttgart u. Leit. Symphonie-Konzerte Württ. Staatskapelle, s. 1969 künstler. Leit. Züricher Oper. Gastdirig. Mailand, Buenos Aires, USA, Japan, Edinburgher Festsp., Wiener Festwochen, Bayreuth, München, Staatsoper Hamburg, Luzern, Venedig, Kapstadt, Bregenz etc. Schallpl.: Dt. Grammophon - 1961 Prof.-Titel; Gr. BVK; Commandeur Oranje Nassau-Ord., Nägeli-Med. Zürich.

LEITNER, Ruth-Margret
s. Pütz, Ruth-Margret

LEITZ, Georg
Dr. med., Prof. f. Orthopädie u. Unfallchir. Univ. Münster, Ltd. Arzt - Klinik Dr. Baumann e.V., Alexanderstr. 5-7, 7000 Stuttgart 1 (T. 0711 - 21 38-0) - Geb. 7. Juni 1931 Tübingen (Vater: Georg L., Pfarrer; Mutter: Hedwig, geb. Werwag), ev., verh. s. 1965 m. Renate, geb. Köhler, 2 Kd. (Sibylle, Andreas) - 1952-59 Univ. Tübingen (Promot. 1959), Habil. 1969 Münster - S. 1975 Prof. (Ltd. Arzt Klinik f. Orthopäd. u. Unfallchir. Dr. Baumann e. V. s. 1970) - BV: Ursachen d. Bruchverh. langer Röhrenknochen, 1970; zahlr. Beitr. u. Publ. in d. Fachpresse - Spr.: Engl.

LEITZ, Ludwig
Dr. med. h. c., Fabrikant i. R. - Laufdorfer Weg 33, 6330 Wetzlar/L. - Geb. 28. Mai 1907 Wetzlar - S. 1927 Ernst Leitz Wetzlar, Opt. Werke (gegr. 1849), Wetzlar, 1939-74 Geschäftsf. (Ber. Forsch. u. Entw.) - B. 1985 Leitz Vertrieb BRD (Komplementär, Vors. Beirat), zeitw. Vors. FNA Feinmechanik Optik (1961ff.) - Bildhauer - 1951 Ehrendoktor Univ. Gießen - Eltern u. Großv. s. Ernst L. (Bruder).

LEITZMANN, Claus
Dr. rer. nat., Prof. f. Ernährungswissensch., Biochemiker - Dörrenbergweg 24, 6312 Laubach (T. 06405 - 76 14) - Geb. 6. Febr. 1933 Dahlenburg (Vater: Wilhelm L., Postbeamt.; Mutter: Thyra, geb. Garbers), ev., verh. s. 1957 m. Ilse, geb. Wachenhusen, 4 Kd. (Peter, Michael, Rita, Heidi) - Mittelsch. Lüneburg, 1949-51 Gärtnerlehre, 1952-56 Wanderjahre; Chemie-Stud. Capital Univ. Columbus/Ohio, M.Sc. 1964 (Mikrobiol.); Promot. 1967 (Biochemie), Habil. 1976 - 1967-69 Wiss. Mitarb. Mol.-Biol. Inst. Univ. of Calif., Los Angeles; 1971-74 Doz. Univ. Bangkok/ Thail.; 1971-74 Assist.-Prof. Chiang-Mai/ Thail.; s 1974 Inst. f. Ernähr.wiss. u. Tropeninst. Univ. Gießen; 1978 Prof. Univ. Gießen u. Dir.mitgl. Zentr. f. Region. Entwickl.forsch.; Gutachterreisen u. Forsch.proj. Afrika u. Asien (Ernährungsprobl. in Entwickl.ländern) Mitgl. div. wiss. Ges. - BV: Vollwert-Ernährung, 1981; Nahrungsmittelhilfe in Katastrophenfällen, 1982; Möglichkeit. z. Verbess. d. Ernährungssituation in Entwicklungsländern, 1984; Wörterb. d. Ernährungswiss., 1988; Ernährung d. Menschen, 1988; zahlr. Veröff. in Fachzschr. - 1988 Zabel-Preis - Spr.: Engl., Franz.

LELEK, Antonin

Ph. D., Prof. f. Fischereikunde Univ. Göttingen, Leit. Sekt. Ichthyologie II u. Fischökol. Forschungsinst. Senckenberg, Frankfurt - Neugartenstr. 32A, 6231 Sulzbach/Ts. (T. 06196 - 7 20 33) - Geb. 11. Okt. 1933 Nachod, verh. s. 1956 m. Dr. rer. nat. Marta, geb. Lokuenc, 2 Töcht. (M.A. Martina, Karolina) - Stud. Land- u. Fortwiss. Univ. Brno (Brünn); Dipl.-Ing. u. C.S.C. Ph.D. (Staatskommiss. d. Akad. d. Wiss. Prag) - Wiss. Tätigk. Akad. d. Wiss. Brünn; Lehrtätigk. Univ. Legon in Ghana; Fischereibiol. d. F.A.O. d. Biol. Anst. Helgoland. Mehrere Aufenthalte in trop. Ländern.

Gastprof. Univ. Guelph, Kanada - Üb. 120 wiss. Veröff., z. B. Bedrohte Fische Europas; Ökol.-Fischereibiol. Publ. üb. d. Rhein, Donau u. trop. Gewässer. Mithrsg. v. 4 wiss. Ztschr., u.a. Journ. of Fish Biology; Env. Biol. of Fish; Fischökol. - Liebh.: Jagd, Ski, Fotogr. - Spr.: Engl., Tschech. (Mutterspr.), Russ.

LELL, Joachim

D., Prof., Pfarrer i. R., ehem. Direktor Ev. Bund u. Leit. Konfessionskundl. Inst. Bensheim (1957/63-81) - Ernst-Ludwig-Str. 7, 6140 Bensheim/Bergstr. 1 - Geb. 5. Febr. 1916 Heidenheim/Brenz (Vater: Dr.-Ing. Jakob L.; Mutter: Wanda, geb. Wagner), ev., verh. s. 1942 m. Luise-Marianne, geb. Koppenhöfer, 2 Kd. (Karl-Gerhard, Luise-Dorothea) - 1948-50 Kirchl. Hochsch. Neuendettelsau; 1950/51 Univ. Tübingen - 1951/52 Vikar Ulm; 1952-57 Pfarrer Stuttgart - BV: D. Mischehe - Handb. f. d. ev. Seelsorge, 1959; Mischehen? - D. Ehe im ev.-kath. Spannungsfeld, 1967 (Siebenstern-Taschenb.). Beitr. Bensheimer Hefte (Luther vor d. Konzil, 17 1962; Bleibende Aufgaben d. Reformation, 22 1964; Ev. Fragen an d. Röm.-Kath. Kirche, 32 1967). Mitbegr. JGtB (1958) u. wiss. Reihe Kirche u. Konfession (s. 1962); darin kirchengeschichtl. konfessionskundliche u. theologische Beiträge, u. a. - 1968 Ehrendoktor Univ. Tübingen; 1985 Hon.-Prof. Univ. Mainz - Spr.: Engl., Franz.

LELLEK, Walter E.

Dipl.-Politol., MdL Nieders. (s. 1970) - Jakob-Kaiser-Weg 3, 3180 Wolfsburg 1 (T. 7 21 58) - Geb. 11. März 1924 Kattowitz O/S (Vater: Josef L., Baumeister; Mutter: Rosa, geb. Orgler), kath., verh. s. 1957 m. Evamaria, geb. Nachtwey, 3 Söhne (Gregor, Viktor, Oliver) - Abit. 1949 Berlin, Stud. Pol. Wiss., Jura, Volksw., Dipl. 1954 FU Berlin - S. 1988 Vors. Trägerverein Landesmuseum Schlesien; s. 1983 Vorst.-Mitgl. Stift. Schlesien; s. 1986 stv. Vors. AS Jugend u. Sport d. Nieders. Landtages - 1983 BVK - Spr.: Engl., Poln.

LEMBACH, Wolfgang K.

M.A., Geschäftsführer u. Pressesprecher FDP-Fraktion im Landtag Rhld.-Pfalz, Pressesprecher FDP-Landesverb. Rhld.-Pfalz - Deutschhausplatz 12, 6500 Mainz 1 (T. 06131 - 20 84 25/4 38) - Geb. 14. Mai 1953 - Verwaltungslehre; Stud. Publiz., Politikwiss. u. Öfftl. Recht; Stip. Friedrich-Naumann-Stiftg.

LEMBCKE, Hans-Rudolf

Dr. Ing., Dipl.-Ing., Hon.-Prof. Univ. Hannover, Geschäftsführer Krupp-MaK Maschinenbau, Kiel-Friedrichsort (1966-85) - Friedrich-Voß-Ufer 6, 2300 Kiel-Holtenau (T. 36 11 56) - Geb. 19. Nov. 1920 Westerrönfeld (Vater: Claus L., Steueramtm.; Mutter: Greta, geb. Solterbeck), ev., verh. s. 1950 m. Helga, geb. Hoffmann, 2 Kd. (Margrit, Hans-Peter) - Gymn. Rendsburg (Abit. 1939); TH Danzig u. Hannover (Maschinenbau; Dipl.-Ing. 1947). Promot. 1950 Hannover - 1939-45 Kriegsmarine (zul. Oblt.; Ing.); 1950-85 Krupp MaK, Kiel (1985 i.R.) - Spr.: Engl.

LEMBCKE, Rudolf

s. Lembcke, Hans-Rudolf

LEMBKE, Andreas

Dr. phil., Dr. med., Prof., Inst. f. Virusforschung u. experimentelle Medizin - 2420 Sielbeck/Holst. (T. Eutin 7 10 61-63) - Geb. 22. Jan. 1911 Bannesdorf/Fehmarn - s. 1939 (Habil.) Lehrtätigk. Univ. Kiel (1945 apl. Prof. f. Bakt.). Mitgl. Dt. Ges. f. Hygiene u. Mikrobiol., Dt. Ges. f. Elektronenm., Ges. Dt. Chemiker, Nordwest-dt. Ges. f. inn. Med. In- u. ausl. Mitgliedsch. üb. 200 Fachveröff. - 1969 BVK I. Kl., Österr. Ehrenkreuz f. Wiss. u. Kunst I. Kl., Gold. H.-Weigmann-Med., Ehrenmitgl. Dt. Ges. f. Milchwiss., Jap. Ges. f.

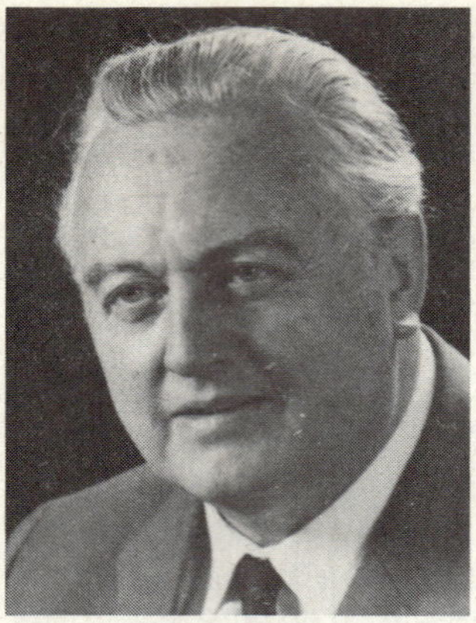

Zootechn., Am. Geogr. Soc. - Spr.: Engl., Franz. - Rotarier.

LEMCKE, Dietmar

Prof., Maler u. Graphiker, Dozent Hochsch. f. bild. Künste Berlin (s. 1958) - Hildegardstr. 24, 1000 Berlin 31 (T. 853 79 45) - Geb. 13. Jan. 1930 Goldap/Ostpr. (Vater: Friedrich L., Studienrat; Mutter: Dorothee, geb. Granse), verh. (Ehefr.: Juristin) - Kunstakad. Berlin (Prof. Ernst Schumacher). 1951-54 Stud. europ. Länder u. Nordafrika; 1958 Stip. Rom (Villa Massimo) - 1953 Kunstpreis Stadt Berlin - Liebh.: Bücher, Schallpl.

LEMCKE, Kurt

Dr. phil. nat., Geologe, Prof. - Fritz-Reuter-Str. 19a, 8000 München 60 (T. 83 53 58) - Geb. 28. April 1914 Wittenburg (Vater: Dr. jur. Emil L., Oberkirchenratspräs.; Mutter: Margarete, geb. Schlottmann), ev., verh. s. 1944 m. Hilde, geb. v. Laue, 3 Kd. (Margarete, Jutta, Barbara) - Stud. d. Geol. Univ. Heidelberg, Freiburg/Br., Jena; Promot. 1937 ebd.; 1. u. 2. Staatsex. 1938 u. 1940 Reichsamt f. Bodenforsch., Berlin - 1937-39 Hochsch.assist. Rostock; 1940-45 Reichsamt f. Bodenforsch. Berlin u. Wehrdst.; s. 1948 Geologe Gewerksch. Elwerath Erdölwerke bzw. Gew. Brigitta u. Elwerath Betriebsführungsges. mbH., Hannover, s. 1978 i. R., s. 1969 Lehrauftr. TU München (1974 Honorarprof.) - BV: Geologie v. Bayern I (Bayer. Alpenvorland v. d. Eiszeit), 1988 - Liebh.: Gesch., Klass. Musik, Bergsteigen - Spr.: Engl. - Schwiegersohn v. Max v. Laue.

LEMHOEFER, Dieter Wolf

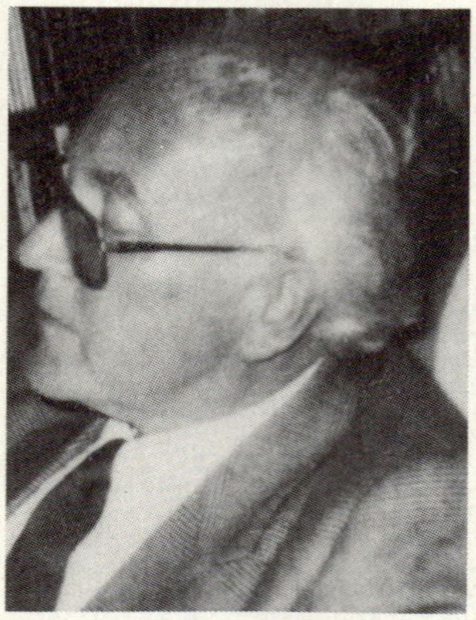

Dr. iur., Prof., Ltd. Regierungsdirektor a. D. (Bundeskartellamt Berlin), Hon.-Prof. f. Wirtschafsrecht, FH f. Wirtschaft Berlin (s. 1987) - Lückhoffstr. 5 A, 1000 Berlin 38 (T. 030 - 803 70 33) - Geb. 13. Febr. 1925 Berlin (Vater: Gustav L., Hauptmann a.D.; Mutter: Ida, geb. Zürcher), ev., verh. s. 1953 m. Jutta, geb. Pfau, 2 Kd. (Claudia, Stephan) - Stud. Friedr.-Wilh.-Univ. Berlin (Jura), FU Berlin (Volksw.); 1. u. 2. jurist. Staatsex.; Promot. (Jura) 1953 Berlin/W. - 1946-52 pers. haft. u. gf. Gesellsch. e. oHG (Werbewirtsch.); 1948ff. Mitgl. d. Kammer d. Werbeschaffenden, Fachgr. Werbung in Bild u. Ton (Mitgl. Berufsprüfungskommiss.); 1948ff. Vereinig. Film- u. Lichtbildwerb. (Mitgl. Ehrenrat, Schlichtungs- u. Satzungskommiss., 1951/52 Syndikus); 1952-60 Richter in Berlin/W., zul. Vors. Kammer f. Handelssachen; 1960-87 Bundeskartellamt Berlin; 1971 u. s. 1972/73 Lehrauftr. f. Wettbewerbsrecht, Gewerbl. Rechtsschutz u. Kartellrecht a. d. FH f. Wirtsch., Berlin. S. 1962 jurist. Seminartätigk. im In- u. Ausl. - BV: D. Schutz d. gestalteten Werbeidee-Grundleg. d. Rechtsschutzes d. Werbung, 1954; D. Verw.praxis d. Bundeskartellamtes zu d. Lizenzverträgen (Mitautor), 1969; Willibald Krain (1886-1945) - E. bedeut. Berliner Pressezeichner u. Graphiker, Maler u. Illustrator, 1987. Publ.: Lit. u. Kunst, desgl. Vortr. a. d. Geb. u. Jura - Vors. d. Berliner Bibliophilen Abend; Mitgl. Ges. d. Bibliophilen, Maximilian-Ges. Hamburg; Dt. Exlibris-Ges., Förderverein Berlin-Museum - Liebh.: Bibliophilie u. Lit., Graphik - Spr.: Franz.

LEMINSKY, Gerhard

Dr. rer. pol., Wirtschaftsjournalist, Geschäftsf. Hans-Böckler-Stiftg. - Bertha-von-Suttner-Platz 3, 4000 Düsseldorf 1 - Geb. 1934 - 1971-81 Chefred. Gewerkschaftl. Monatshefte, Düsseldorf.

LEMKE, Alexander-Gotthilf

Schriftsteller - Obere Str. 28, 3051 Sachsenhagen (T. 05725 - 2 23) - Geb. 28. Aug. 1908 Stettin (Vater: Hermann L., Kapitän (u. a. Silb. Ehrenmed. Dt. Seewarte); Mutter: Rosa, geb. Müller), verh. s. 1958 m. Amalie-Gisela, geb. Emig, S. Hans-Joachim aus 1. Ehe - Oberrealschule Lübeck (Mittl. Reife 1925); 1925-27 Seefahrt (zul. Segelmacher ‚Passat'); 1927-30 Ausbildung als Überseekaufmann (Valdivia/Chile); Begabtenabit. 1949; Stud. Psych., Hispan., allgem. Schriftgesch. u. altamerik. (indian.) Spr. - Fremdsprachler Wirtsch., 1930-35 Berichterstatter Dt. Ztg. f. Chile, Schriftl. El Correo de Valdivia, 1936-45 Tätigk. Reichsluftfahrtmin. (Berlin). Entzifferung d. altkret. Schrift; Entd. Zehnerwertigk. d. Zahlen (in: altchristl. Osterinschr. a. d. J. 397 = 113 diocletian; 70 J. vor ältest. ind. Beleg, 500 J. v. d. Arab. (Soc. Storica Maremmana Grosseto (Italien), Bollettino Nro. 29-30, XII - 1974) - BV: Die 13 südchilenischen Lieder, 1932; Heitere Peil-Ergebnisse, 1941; Weltbild n. Augenmaß, 1942; Schnappschüsse, 1943; D. Erfass. d. Persönlichkeit mittels d. Schriftanalyse in d. Psychiatrie, 1955 (Sonderdruck Psychiatr.-Neurol. Univ.klinik Innsbruck). Mitübers.: D. Nationalhymnen d. Erde, 1958 - Spr.: Engl., Norw., Ital., Span. - Bek. Vorf.: C. F. Wilhelm L., Segelschiffkapt., Blockadebrecher Krimkrieg, u. a. Gold. Ehrenkette türk. Sultan (1821-86).

LEMKE, Helmut

(gen. v. Soltenitz)

Dr. jur., Ministerpräs. a. D., Landtagspräs. a.D. - Seehaus, 2361 Nehms/Holst. (T. 04555 - 2 57); Calvinweg 6, 2400 Lübeck (T. 0451 - 3 49 29) - Geb. 29. Sept. 1907 Kiel (Vater: Konteradmiral Franz L., b. 1925 (†) Ingenieurchef Marine; Mutter: Friederike, geb. Voigt), ev., verh. s. 1933 m. Annemarie, geb. Petersen, 4 Kd. - Gymn. Kiel; Univ. Tübingen u. Kiel. Promot. 1929 Heidelberg (b. Prof. Dr. Walter Jellinek) - 1928-31 Refer. Kiel, 1932-33 Gerichtsass. Staatsanwaltsch. Kiel u. Altona, dann Bürgerm. Eckernförde u. Schleswig, im Krieg Oblt. z. See (Batteriechef, Kommandant v. Vorpostenbooten und Sperrbrechern), b. 1948 Minenräumdst., s. 1949 Rechtsanw., Notar u. Fachanw. f. Verw.recht Lübeck, 1951-54 ehrenamtl. Senator f. d. Schulwesen u. 2. Bürgerm. das., 1954-55 Kultus-, 1955-63 Innenmin., 1963-71 Min.präs. Schlesw.-Holst., 1954-71 Mitgl. Bundesrat (1966/67 Präs., als solcher 4 Mon. amtierender Bundespräs.). 1955-83 MdL SH (1971-83 Präs.), 1971-76 stv. Vors. Bundestags-Enquete Kommiss. f. Verfassungsreform - CDU (1963-73 Bundesvorst., 1964-71 Landesvors., s. 1950 Landesvorst., s. 1979 Ehrenvors. CDU Schlesw.-Holst., Mitgl. d. Ältestenrates d. CDU Dtschl., s. 1955 Kreis- bzw. Ehrenvors. Segeberg) - Großkr. VO. Bundesrep. Dtschl. (1963), v. Italien, Kamerun; 1964 Frhr.-v.-Stein-Med.; Ehrenschild Reichsbund d. Kriegsbeschädigten u. Sozialrentner; DRK-Ehrenz.; Med. Europa-Union u. a. - Lit.: Festschr. f. Helmut Lemke (1977); Helmut Lemke, Reden, Ansprachen, Gedanken 1954-83 (1987) - Liebh.: Segeln, Jagd - Spr.: Engl., Franz.

LEMKE, Karl-Heinz

Bibliotheksdirektor Dt. Sporthochsch. Köln - Carl-Diem-Weg, 5000 Köln 41 (T. 0221 - 498 23 25) - Geb. 14. Febr. 1937 Hamburg, verh. s. 1984 m. Helge Ortlepp-Lemke - Canisius-Kolleg Berlin, Freie Univ. Berlin, Stud. Latein, Griechisch, Alte Geschichte, Philos., Pädagogik, Politologie, Ethnologie, Indologie; Staatsex. 1963, Pädag. Fachprüf. 1967, Bibl. Fachprüf. 1969 - Stv. Dir. d. Landesbibl. Fulda 1969-75; Dir. d. Bibl. d. Dt. Sporthochsch. Köln 1975.

LEMKE, Klaus

Dr. iur., Oberkreisdirektor Gifhorn (s. 1976) - Am Schloßgarten 10, 3170 Gifhorn (T. 8 23 29) - Geb. 20. Okt. 1938 Schleswig (Vater: Dr. Helmut L., s. dort; Mutter: Annemarie, geb. Petersen), ev., verh. s. 1971 m. Victoria, geb. Willemer, 4 Kd. (Bettina, Tim Helmut, Klaus-Philipp, Ernst-Christian) - Hum. Gymn. Lübeck (Abit. 1957); Stud. d. Rechte Univ. München u. Kiel; 1. u. 2. jur. Staatsex. 1961 u. 66 - 1967-69 Ass. Kreisverw. Eckernförde; 1969 Innenmin. Kopenhagen; 1970-75 Ref. Wirtsch.s- u. Innenmin. Kiel - Liebh.: Segeln, Wandern, Gesch. - Spr.: Engl., Dän.

LEMKE, Manfred

Vorstandsmitglied Deutsche Telephonwerke u. Kabelindustrie AG - Wrangelstr. 100, 1000 Berlin 36 (T. 030-61042110) - Geb. 20. April 1931 - S. 1980 DeTeWe, stv. AR-Vors. Francotyp-Postalia GmbH (s. 1984).

LEMKE, Volker

Dr. jur., Rechtsanwalt u. Notar - Kleine Petersgrube 11, 2400 Lübeck; Kanzlei: Am Burgfeld 4, 2400 Lübeck (T. 3 60 27) - Geb. 27. Sept. 1942 Schleswig (Vater: Helmut Lemke, s. dort) - 1979-83 Wirtschaftssenator u. CDU-Fraktionsvors. in Lübeck, 1983-87 MdL Schlesw.-Holst. CDU, Wirtsch.politischer Sprecher d. CDU-Fraktion.

LEMKE, Willy

Sparkassendirektor - Freiligrathstr. 40, 2800 Bremen - Geb. 22. Juni 1913 Rastenburg/Ostpr. - B. 1971 stv., dann o. Vorstandsmitgl. Sparkasse in Bremen.

LEMKE-SCHULTE, Eva-Maria

Senatorin f. Umweltschutz u. Stadtentw. Freie Hansestadt Bremen (s. 1987) - Ansgaritorstr. 2, 2800 Bremen 1 - Geb. 1948 - S. 1979 MdBB; 1984ff. Senatorin f. Umweltschutz (jüngste Frau im Min.-rang in d. Bundesrep.). SPD.

LEMMEL, Dieter

Regisseur - Zentnerstr. 19, 8000 München (T. 18 81 67) - Geb. 14. Febr. 1924 Eberswalde, verh. m. Dr. Barbara, geb. Bronnen, Sohn Florian - Fernsehfilme: Protokoll e. Ehe; D. Story; Wo liegt Arkadien - Bundesfilmbd. in Gold; 1979 u. 80 Dt. Industriefilmpreis - Spr.: Ital., Engl.

LEMMEL, Ernst-Martin

Dr. med., Prof., Rheumatologe - Wetzelstr. 2, 7570 Baden-Baden (T. 07221-3 32 58) - Geb. 8. April 1935 Königsberg (Vater: Dr. med. habil. Gerhard L.; Mutter: Vera, geb. Sembritzki), ev., verh. s. 1967 m. Krista, geb. Prokop, 2 Kd. - Ausl.tätigk. (1964-66 Tschech. Akad. d. Wiss., Prag; 1966 b. 1968 Univ. Minnesota u. 1968-70 Univ. Texas, Dallas/USA), 1970-82 Univ. Mainz; 1982-86 Ärztl. Dir. Staatl. Rheumaklinik, Wildbad; s. 1986 Ärztl. Dir. Staatl. Rheumakrkhs. Baden-Baden. Zahlr. Mitgl.sch. dt. u. intern. Fachges. In- u. ausl. Fachveröff. - Spr.: Engl., Franz.

LEMMEN, Hans

Dr. jur., Stadtdirektor Dülmen a.D. - Goetheweg 12, 4408 Dülmen/W. (T. 39 41) - Geb. 9. Juni 1925, kath., verh. s. 1956 m. Hildegard, geb. Rieken, 3 Kd. (Angelika, Gertrud, Hans-Josef) - Univ. Bonn u. Köln (Promot. 1953) sow. TH Aachen. Jurist. Staatsprüf. 1949 u. 54 - 1955-59 inn. Verw. Nordrh.-Westf. (zul. Reg.rat), 1959-87 Stadtdir. Stadt Dülmen, Landesgeschäftsf. KPV CDU Nordrh.-Westf. a. D. CDU.

LEMMER, Gerd

Landesminister a. D., Mitglied d. Geschäftsführung d. Krupp Industrietechnik GmbH, Duisburg-Rheinhausen (s. 1983), MdL Nordrh.-Westf. (1958-75) - Hindemithstr. 28, 5630 Remscheid (T. 7 23 16) - Geb. 13. Sept. 1925 Remscheid (Vater: Senatsbaudir. a. D. Prof. Ludwig L., Arch. (s. XVIII. Ausg.); Mutter: Betty, geb. Zehles), verh. (Ehefr.: Laurita), 2 Kd. - Lyzeum Alpinum Zuoz (Schweiz); 1946-49 Univ. Göttingen (Rechtswiss.). Gr. jurist. Staatsprüf. 1954 - Ab. 1954 Landkreistag NRW (Ass.), Landschaftsverb. Rhld. (Ref.), Vertr. d. Landes Berlin b. Bund (1957 Regierungs-, 1959 Oberreg.rat, 1961 Reg.dir.), 1961-62 Oberbürgerm. Remscheid, 1962-66 (Sturz Kabinett Meyers) Min. f. Bundesangelegenh. NRW u. Mitgl. Bundesrat, 1967 Beratertätigk. Fried. Krupp, Essen, 1967-69 Staatssekr. Bundesvertriebenen- u. -postmin. (1969); 1969-83 Vorst.-Mitgl. Buckau Walther AG, Grevenbroich. S. 1979 Mitgl. Europa-Parlament - Liebh.: Jagd.

LEMMER, Klaus J.

Dr. phil., Verlagskaufmann, Geschäftsf. Rembrandt Verlag GmbH. - Schaperstr. 35, 1000 Berlin 15 (T. 030 - 213 50 03) - Geb. 4. Aug. 1925 Berlin (Vater: Konrad L., Verleger; Mutter: Charlotte, geb. Rost), ev., gesch., 2 Kd. - Sortiments- u. Vlgsausb.; Stud. Kunstgesch., Theaterwiss., Archäol. (alles Berlin). Promot. FU Berlin - BV: Oberitalien u. s. Kunst, 1955; Primaballerinen, 1961; Engl. Theater, 1962; Franz, Barocktheater, 1963; Berlin vor hundert J., 1975; Berlin z. Kaiserzeit, 1978; Alexanderplatz, 1980 - Liebh.: Mod. Kunst - Mitgl. Ges. f. Theatergesch., Verein f. d. Geschichte Berlins, Maximilian-Ges., Berliner Kunstverein.

LEMMERMANN, Heinz

Prof., Dozent f. Musik u. Didaktik d. Musik Päd. Hochschule Bremen - 2804 Lilienthal-Trupe 25 üb. Bremen 5.

LEMMERMANN, Inge

Studienrätin a. D., MdL Nieders. (s. 1978; Schriftf.) - Holzweg 1, 4475 Sögel - Geb. 15. Juli 1938 Berlin, verh., 3 Kd. - Gymn. Berlin (Abit. 1957); Univ. Berlin u. Aix-en-Provence (Angl., Roman.). Staatsex. 1964 (Berlin) u. 66 (Hannover) - Schuldst. Cuxhaven u. Hannover. 1973-76 MdK Aschendorf-Hümmling (1974 Fraktionsf.). SPD s. 1962.

LEMMRICH, Karl-Heinz

Dipl.-Ing., Bauingenieur u. -leiter, MdB (1961-88 CDU/CSU; Wahlkr. 240/Donauwörth), Vors. Verkehrsaussch. Bundestag - Bayerdillinger Str. 28, 8852 Rain/Lech (T. 4 48) - Geb. 28. Sept. 1926 Zella-Mehlis/Thür. (Vater: Otto L., Rechtsbeistand; Mutter: Paula, geb. Schöps), ev., verh. s. 1956 m. Rosemarie, geb. Schmeißer, 2 Kd. - Oberrealschule; Maurerlehre (Gesellenprüfung 1949); TH München (Dipl.-Ing. 1951) - 1959 ff. stv. Vors. Jg. Union Bayern. CSU s. 1947 - 1970 Bayer. VO. - Liebh.: Lit., Wandern, Briefm. - Spr.: Engl.

LEMOR, Rainer

Dr., Bankdirektor Landesbank Schlesw.-Holst., Girozentrale Kiel - Roesoll 20, 2305 Heikendorf.

LEMP, Hans

Verkaufsleiter, MdB (s. 1967) - Beim Tannenhof Nr. 11, 2848 Vechta/Oldbg. (T. 29 01) - Geb. 11. Dez. 1928 - Ratsherr Vechta. SPD.

LEMPER, Lothar Theodor

Dr. phil., Nordrh.-Westf. (MdL 1975-80) - Weilerstr. 32, 5040 Brühl-Vochem (T. 2 42 32) - Geb. 1. März 1946 Brauweiler, kath. - CDU (1976-88 Vors. CDU-Kreistagsfraktion, Erftkreis; 1981-83 stv. Landesvors. der CDU-Rheinl.; 1978-86 Landesvorst. CDU-Rheinl.); Schul- u. Kulturdezernent d. Erftkreises.

LEMPER, Ute

Schauspielerin, Sängerin, Tänzerin - Zu erreichen üb. Marek Liederberg-Konzertagentur, Hansaallee 19, 6000 Frankfurt 1 - Geb. 4. Juli 1963 Münster - Abit. Münster; Schauspielunterr. Max-Reinhardt-Seminar Wien - Cats 1983 Wien; Peter Pan Berlin; Cabaret Düsseldorf; Cabaret 1987 Paris - FS: D. Erbe d. Guldenburgs - 1987 Pariser Theaterpreis Molière.

LEMPIO, Frank

Dr. rer. nat., o. Prof. f. Angew. Mathematik Univ. Bayreuth - Holunderweg 1, 8580 Bayreuth.

LEMPP, Reinhart

Dr. med., em. Prof. u. ärztl. Direktor d. Abt. f. Kinder- u. Jugendpsychiatrie Univ.-Nervenklinik Tübingen (s. 1967) - Hennentalweg 1, 7400 Tübingen (T. 4 32 17) - Geb. 21. Okt. 1923 Eßlingen (Vater: Prof. Rudolf L., Architekt (s. dort); Mutter: Hedwig, geb. Hartmann), ev., verh. s. 1950 m. Annegret, geb. Büchner, 6 Kd. (Christof, Friederike, Albrecht, Wolfgang, Henriette, Franziska) - Gymn.; Univ. Tübingen u. Freiburg - S. 1963 (Habil.) Lehrtätigk. Tübingen (o. Prof. f. Kinder- u. Jugendpsychiatrie) - BV: Frühkindl. Hirnschädigung u. Neurose, 1964; E. Pathologie d. psych. Entwicklung, 1967; Kinder f. Anfänger, 2. A. 1968 (Zürich); Psychosen im Kindes- u. Jugendalter - e. Realitätsbezugsstörung, 1973; Jugendl. Mörder, 1977; Gerichtl. Kinder- u. Jugendpsychiatrie, 1983; Familie im Umbruch, 1986. Div. Einzelarb. - 1964 Curt-Adam-Preis; 1984 Hermann Emminghaus-Preis - Liebh.: Musik - Spr.: Engl.

LEMPPENAU, Joachim

Dr. jur., Rechtsanwalt, Hauptgeschäftsf. Arbeitgeberverb. Eisen- u. Stahlind. - Kaiserswerther Str. 115, 4000 Düsseldorf 30 (T. 0211 - 45 20 81) - Geb. 20. Juli 1942 Stuttgart.

LEMTIS, Horst G.

Dr. med., Prof., Gynäkologe, ehem. Leit. Inst. f. Exper. Gynäkologie Univ.-Frauenklinik Berlin (Klinikum Steglitz) - Nibelungenstr. 7b, 1000 Berlin 39 (T. 803 47 11) - Geb. 24. Aug. 1923 Dechsel Kr. Landsberg/Warthe, ev., verh. s. 1951 m. Dr. med. Inge, geb. Stumme, 2 Töcht. (Nina, Nannette) - 1948-54 Baltic Univ. u. Univ. Kiel. Promot. 1954 Kiel (m. Preisarb. Med. Fak.); Habil. 1967 Berlin - S. 1956 Univ. Marburg (Wiss. Assist. Frauenklinik), Göttingen (Frauenklinik), Hamburg (Radiolog. Klinik), Berlin/Freie (1963 Oberarzt Frauenklinik/Städt. Krkhs. Moabit, 1969 Wiss. Rat u. Prof. Frauenklinik/Klinikum Steglitz) - BV: Fortschritte auf d. Gebiete d. Plazenta-Physiologie, 1970 (m. D. Puppe, U. Wilhelmi, U. Banniza v. Bazan, J. Kollath, G. Pohle); D. Rückenlage - Schocksyndrom, 1973 (m. R. Seger). Üb. 70 Einzelarb., dar. Handbuchbeitr.: D. menschl. Plazenta (m. G. Hörmann), in: Schwalm/Döderlein, Klinik d. Frauenheilkd. u. Geburtsh., Bd. III 1965 - 1971 b. 1975 Gold. Sportabz. - Liebh.: Leben u. Werk Mozarts, Architektur - Spr.: Engl., Franz., Span.

LENART, Frank

Schauspieler, Regiss., Übers., Drehbuchautor - Schwarzstr. 2, 8000 München 80 (T. 089 - 448 98 46) - Geb. 31. Dez. 1955 Los Angeles/USA (Vater: Ernest L. (Schausp.); Mutter: Renata, geb. Oppenheimer), ledig - 1974-79 Univ. of Maryland; Priv. Ausb. Los Angeles, Kalif. - S. 1974 schausp. Tätigk.; 1976 Münchener Kammersp.; 1977-78 Theater an d. Wien; 1979 Globe Theater Los Angeles; 1980-81 Tourneen; 1982 Regie American Drama Group München The Price v. A. Miller; 1982 Schauspielunterr. u. Regie b. Univ. ob Maryland München - Hauptrollen im Fernsehen: Meine dicke Freundin, SWF 1978; Was wären wir ohne uns, SDR 1979; D. Fall Walrawe, ZDF 1980; Weltuntergang, ARD/ORF 1984; Alte Sünden rosten nicht, ZDF 1985; 1974-85 versch. Auftr. in Derrick, Aktenzeichen XY, Achsensprung (SWF), E. Haus f. uns (WDR), Klaviersp. (ZDF), Streng vertraulich (ZDF/Ch.4 England), Big Mäc (Franz Seitz Film), u.a. - Liebh.: Film, Musik, Kunst, Theater - Spr.: Engl., Deutsch.

LENCKNER, Theodor

Dr. jur. (habil.), o. Prof. f. Straf- u. Prozeßrecht - Falkenweg 5, 7400 Tübingen (T. 6 45 40) - Geb. 14. Juli 1928 Schwäb. Hall, ev., verh. s. 1961 m. Sigrid, geb. Hutten, S. Tilman, T. Bettina - Univ. Tübingen (Rechtswiss.) - 1953 Gerichtsrefer., 1957 Bankjurist, 1958 Geschäftsf. Reichsstudentenwerk i. L., 1960 Assist. Univ. Tübingen, 1964 Privatdoz. ebd., 1964 o. Prof. Univ. Münster (Dir. Rechtswiss. Sem. u. Inst. f. Kriminalwiss.), gegenw. o. Prof. Univ. Tübingen - BV: D. rechtfertigende Notstand - Z. Problematik d. Notstandsplanung im Entwurf e. Strafgesetzbuches (E 1962), 1965; Strafe, Schuld u. Schuldfähigkeit, 1973. Mitverf.: Alternativ-Entwurf e. Strafgesetzb. (Allg. Teil 1966, Bes. T. (i. Teilbd. 1968, 70, 71, 77)); Schönke-Schröder, Komment. z. StGB, 19. A. 1978.

LENDERS, Helmut

Gewerkschaftssekretär, MdB (s. 1965; Wahlkr. 75/Düsseldorf II), Präs. Arbeitsgem. d. Verbraucher, Bonn (1984ff.) - Wiehagener Str. 89, 5609 Hückeswagen - Geb. 13. Aug. 1922 Wuppertal, verh. - Volkssch.; kaufm. Lehre; 1950-51 Sozialakad. - 1941-45 Kriegsdst.; s. 1951 DGB (Bildungssekr. NRW, 1960-69 gf. Vors. Krs. Ddf). SPD s. 1955. 1965-80 Mitgl. d. Dt. Bundestag, 1971-83 Vors. SPD-Unterbez. Düsseldorf, 1973-76 Parlam. Geschäftsf. SPD-Bundestagsfraktion.

LENDERS, Winfried

Dr. phil., Prof. f. Linguistische Datenverarbeitung - Hauptstr. 128, 5300 Bonn - Geb. 1943 Straelen - S. 1974 Prof. f. Kommunikationsforsch. (Linguist. Datenverarb.) - BV: D. analyt. Begriffs- u. Urteilstheor. v. Leibniz u. Wolff, 1971; Einf. in d. Linguist. Datenverarb., 1972; Semant. u. Argument. Textdeskription, 1975; Masch. Auswert. sprachhist. Quellen, 1982; Maschinenlesbare dt. Lexika, 1982. Mithrsg.: Sprache u. Datenverarb. (1977ff.); Sprache u. Inform. (Buchreihe, 1982ff.); Computational Linguistics (Handb. 1989).

LENDLE, Otto

Dr. phil., o. Prof. f. Klass. Philologie Univ. Marburg (s. 1977) - Alte Höhle 4, 3552 Wetter 6 (Mellnau) (T. 06423 - 67 48) - Geb. 17. Jan. 1926 Hersfeld - Habil. 1962 Marburg - Zul. o. Prof. Univ. Saarbrücken (1967-77). Fachveröff.

LENEL, Hans Otto

Dr. rer. pol., Dipl.-Kfm., o. Prof. f. Volkswirtschaftslehre Univ. Mainz - 6500 Mainz - Geb. 18. Febr. 1917 Göttingen, ev., verh. s. 1949 m. Dr. Mechtild, geb. Oehlert, 3 Kd. - Stud. Volks- u. Betriebsw. - Wirtschaftsprüfer; Privatdoz. Univ. Bonn u. Hamburg - BV: Ursachen d. Konzentration, 2. A. 1968; Unternehmensverflechtungen i. d. EWG, 1972.

LENGELER, Rainer

Dr. phil., o. Prof. f. Engl. Philologie, Direktor Engl. Seminar d. Univ. Bonn - Habsburgerring 5, 5000 Köln 1 (T. 0221 - 240 18 42) - Geb. 3. März 1933 Bracht, kath., ledig - Stud. Univ. Löwen, Köln, Leeds, Bonn; Promot. 1963 Bonn; Habil. 1971 Kiel - 1973 o. Prof. Düsseldorf; 1978/79 Dekan; 1979 o. Prof. Bonn; 1984/85 Dekan - BV: Tragische Wirklichk. als groteske Verfremdung b. Shakespeare, 1964; D. Theater d. leidenschaftl. Phantasie. Shakespeares Sommernachtstraum als Spiegel s. Dichtungstheorie, 1975; Engl. Lit. d. Gegenwart 1971-1975, 1977; D. engl. Lit. in Text u. Darstellung, Bd. 3: 17. Jh. I., 1982; Shakespeares Sonette in dt. Übersetzung: Stefan George u. Paul Celan, 1989 - 1987 Rhein.-Westf. Akad. d. Wiss. - Liebh.: Klavierspiel - Spr.: Engl., Franz., Niederl.

LENGEMANN, Jochen

Richter a. D., Präs. Hess. Landtag 1982-83 u. 1987-88), MdL Hessen (s. 1970; 1972ff. Mitgl. CDU-Fraktionsvorst., 1972-82 u. ab 1988 Vors. Innenaussch., 1978-82 u. 1983-87 Vizepräs.) - Fuldablick 39, 3500 Kassel (T. 1 56 69) - Geb. 10. Jan. 1938 Kassel, verh., 2 Kd. - Realgymn. Kassel (Abit. 1958); Univ. Marburg, Bonn, Köln, Genf. Jurist. Staatsprüf. 1962 u. 67 - S. 1967 Richter Frankfurt/M. u. Kassel (L- bzw. AG). 1964-74 Stadtverordn. Kassel. CDU s. 1956 (1966-81 Kreisvors. Kassel-Stadt); 1968-88 Mitgl. CDU-Landesvors. - Spr.: Engl. (einj. USA-Aufenth.).

LENGERT, Rudolf

Dr. phil., o. Prof. f. Philosophie Univ. Oldenburg - Kaspersweg 117 A, 2900 Oldenburg/O. (T. 5 25 08).

LENGFELD, Martin

Geschäftsführer Salzgitter Stahl GmbH., Düsseldorf - Schwannstr. 12, 4000 Düsseldorf; priv.: An den Linden 18, 4005 Meerbusch 1 (T. 02105 - 25 79) - Geb. 25. Juli 1933 - Stud. Rechtswiss. Gr. jurist. Staatsprüf. - B. 1966 Ilseder Hütte, dann Industrie- u. Handels-AG., Stahlwerke Peine-Salzgitter AG. (Leit. Rechtsabt.), s. 1972 Salzgitter Stahl GmbH., D'dorf.

LENGL, Siegfried

Beamteter Staatssekretär Bundesmin. f. wirtsch. Zusammenarbeit (s. 1982) - Karl-Marx-Str. 4-6, 5300 Bonn (T. 53 51).

LENGSFELD, Peter

Dr. theol., o. Prof. u. Direktor Kath.-Ökumen. Inst./Abt. I Univ. Münster (s. 1967) - Am Roggenkamp 18, 4400 Münster/Westf. (T. 02501 - 60 97) - Geb. 15. Jan. 1930 Breslau (Vater: Dr. med. Walter L., Kinderarzt; Mutter: Elisabeth, geb. Buchholz), kath. - Stud. Phil. u. Theol. Königstein, Tübingen, Rom. Lic. phil. (1952) u. theol. (1956); Promot. 1960 (Rom); Habil. 1964 (Münster) - 1958-61 Kaplan Berlin; 1962-64 Univ.assist. Münster - BV: Überlieferung, 1960 (DDR 1962, Frankr. 1964); Adam u. Christus, 1965; D. Problem d. Mischehe - E. Lösung entgegen, 1970. Herausg.: Ökumen. Theologie (1980); Ökumen. Praxis (1984) - Spr.: Engl., Franz., Lat., Ital.

LENHARD, Günter

Sprecher d. Geschäftsfg. Vacuumschmelze GmbH - Grüner Weg 37, 6450 Hanau 1 - Geb. 5. Juni 1931.

LENHARD, Hans

Journalist, Verantwortl. Redakt. f. Wissenschaft Bild am Sonntag, Hamburg - Luhdorfer Waldweg 44, 2090 Winsen-Luhdorf (T. 04171 - 7 12 96) - Geb. 24. Juli 1929 Sembach (Vater: Andreas L., Schneiderm.; Mutter: Maria, geb. Rubel), ev., verh. s. 1982 in 3. Ehe m. Eva Luz, geb Gutierrez, Mexikanerin, 3 Kd. (Marcus, Andreas, Katja) - Abit. 1949; 1950-51 Volont. Grünstadter Ztg.- 1955-64 Redakt. D. Rheinpfalz, Ludwigshafen; Pfälzer Tageblatt, Landau; dpa,

Frankurt; s. 1964 Bild a. Sonntag, Hamburg - Liebh.: Gesch. d. Weinbaues - Spr.: Span., Engl., Franz.

LENHART, Volker

Dr. phil. o. Prof. f. Erziehungswiss. Univ. Heidelberg - Zu erreichen üb. Erziehungswiss. Sem., Akademiestr. 3, 6900 Heidelberg - Geb. 14. Dez. 1939 Berlin, ev., verh., 2 Kd. - Stud. ev. Theol., Klass. Philol. u. Erziehungswiss. Univ. Heidelberg u. Bonn; Staatsex. f. d. Höh. Lehramt, Promot. 1968, Habil. 1972 - 1964-71 Assist. u. Akad. Rat Univ. Heidelberg; 1971-73 Doz/Prof. PH Heidelberg; s. 1973 o. Prof. f. Erziehungswiss. Univ. Heidelberg; s. 1988 Vors. Dt. Ges. f. Erzieh.wiss. - BV: D. Diskussion üb. d. Schulreform in d. Bundesrep. Deutschl., 1972; Gesch. d. Lehrerbewegung in Baden, 1977; Hist. Päd., 1977 (Hrsg.); D. Evolution erzieherischen Handelns, 1987 - Spr.: Engl., Franz., Span.

LENIGER, Elfriede Katharina

Dr. med., Prof. f. Physiologie Univ. Bochum - Sprinkstück 3, 5800 Hagen-Herbeck - Geb. 25. Sept. 1942 Seligenstadt/Hessen, kath., verh. s. 1972, S. Peter - Abit.; 1962-67 Med.-Stud. Univ. Marburg (Bischöfl. Studienförd. Cusanuswerk); Staatsex. 1967; Promot. 1969 Marburg; Approb. 1970; Habil. 1976 - S. 1970 wiss. Mitarb. Max-Planck-Inst. f. Systemphysiol., Dortmund, 1977-87 wiss. Arbeitsgruppenleit. - Arbeitsgeb.: Sauerstoffversorgung u. Regulation d. Mikrozirkulation d. Gehirns, exper. u. klin. Forschung - Liebh.: Instrumentalmusik u. Gesang, zeitgenöss. Lit., Gesch., Psychosomatik - Spr.: Engl., Franz., Lat.

LENK, Elisabeth

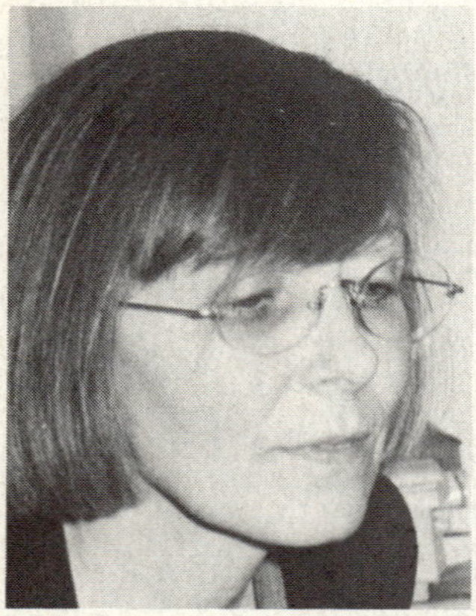

Dr., o. Prof. f. Literaturtheorie Univ. Hannover - Scharnhorststr. 19, 3000 Hannover 1 - Geb. 22. Dez. 1937, gesch. - Stud. Phil., Soziol. u. Literaturwiss. (Deutsch, Franz.) Univ. Frankfurt u. Paris - BV: D. springende Narziß. André Bretons poet. Materialismus, 1971; D. unbewußte Ges., 1983. Übers. d. Kommunizierenden Röhren v. André Breton (m. Fritz Meyer), 1971; Kritische Phantasie, 1986; Übers. u. Ess. ins Engl.: Feminist Aesthetics; New German Critic - 1984 Bremer Beiträge; 1985 Stip. d. Stiftg. Volkswagenwerk f. D. Ethik d. Ästhetischen.

LENK, Hans

Dr. phil., Dr. h.c., o. Prof. f. Wissenschaftstheorie d. Sozialwiss. u. Planungswiss. Faculté Européenne des Sciences du Foncier, Straßburg, Olympiasieger - Zu erreichen üb. Univ., F-67100 Strasbourg - Geb. 23. März 1935 Berlin (Vater: Albert L., Kreisbeamter; Mutter: Annemarie, geb. Jaeger), ev., verh. s. 1962 m. Ulrike, geb. Reincke, 3 Kd. (Ulf, Uta, Ulrich) - Lauenburg. Gelehrtensch. (Reifeprüf. 1955); Phil., Math., Soziol., Sportwiss., Psych., Kybernetik Univ. Freiburg u. Kiel. Promot. 1961 Kiel; Habil. 1966 (Philosophie) u. 1969 (Soziologie) TU Berlin - 1966 Wiss. Assist. TU/Berlin, 1967 Priv.doz., 1969 Wissenschaftlicher Rat u. Prof. ebd., 1969 o. Prof. f. Phil. Univ. Karlsruhe, 1973 Gastprof. Univ. of Illinois, 1973-75 Dekan Fak. f. Geistes- u. Sozialwiss. Univ. Karlsruhe; 1976 Distinguished Visiting Prof. Univ. of Massachusetts; Gastprof. Santa Maria, Saõ Paulo, Belo Horizonte (1979-80), Carácas 1981; s. 1983 Prof. in Straßburg - BV: Werte - Ziele - Wirklichkeit d. modernen Olymp. Spiele, 1964, 2. A. 1972; Olympische Amateurregel, 1965; Kritik d. log. Kontanten, 1968; Leistungsmotivation u. Mannschaftsdynamik, 1970, 2. A. 1977 (engl., japan. Übers. 1977); Phil. im technologischen Zeitalter, 1971, 2. Ausgabe 1972; Neue Aspekte der Wissenschaftstheorie, 1971 (Herausgeber); Erklärung - Prognose - Planung, 1972; Leistungssport: Ideologie oder Mythos?, 1972, 2. A. 1974; Materialien z. Soziol. d. Sportvereins, 1972; Metalogik u. Sprachanalyse, 1973; Technokratie als Ideologie, 1973 (Hg.); Phil. d. Sports, 1973 (hg. m. a.); Techne - Technik - Technol., 1973 (hg. m. a.); Wozu Phil.?, 1974; Normenlogik, 1974 (Hg.); Hat Leistung noch Zukunft?, Kriittisen Rationalismin Julkaisusarja, 1974 (Sonderh.); Pragmat. Phil. 1975; Sozialphil. d. Leistungshandelns, 1976; Technische Intelligenz im systemtechnol. Zeitalter, 1976 (m. a.), 2. A. 1977; Rudertraining, 1977 (m. a.); Handlungstheorien interdisziplinär, 4 Bde. 1977 ff. (Herausg.); Team Dynamics, 1977; Handlungsmuster Leistungssport (Hg.), 1977; Social Philosophy of Athletics, 1979; Leistungssport als Denkmodell (Nachlaß Karl Adam, herausgeg.) 1978; Systemtheorie als Wissenschaftsprogramm, 1978 f. (Mithrsg.); Pragmatische Vernunft, 1979. Über 300 Aufsätze - 1959 u. 1960 Silberlorbeer d. Bundespräs.; 1962 Diem-Plak.; 1973 Sievert-Preis; 1978 Noel-Baker-Research-Prize (UNESCO); 1979 Outstanding Acad. Book Award (USA); 1986 Ehrendoktor Dt. Sporthochsch. Köln (FB Sportwiss.) - 1960 Olympiasieger im Achter, vorh. viermal Dt. u. zweimal Europameister im Vierer o. (1958) u. Achter (1959). Amateurtrainertätigk. (Weltmeisterachter 1966) - Mitgl. intern. u. dt. phil. u. soziol. Ges., sportwiss. Gremien sowie NOK; Ehrenmitgl. Intern. Olymp. Akad., Präs. a.D. Intern. Philosophic Society for the Study of Sport (1980-81). Intern. Olympiade-Vereinig. u. Europ. Forum Baden; 1983 Mitgl. Dt. UNESCO-Kommiss. - Spr.: Engl., Span., Franz., Lat., Altgriech. - Lit.: Phil. m. Goldmed. - Prof. Dr. H. L., ZDF Aug. 1970; Lust vs. Leistung, H. L., 1975.

LENK, Klaus

Dr. jur., Prof. f. Verwaltungswiss. Univ. Oldenburg (s. 1975) - Hamelmannstr. 12, 2900 Oldenburg - Geb. 15. März 1940 Frankfurt/M. - Stud. d. Rechtswiss. Univ. Heidelberg, München; Promot. 1969 Heidelberg - 1971-72 OECD, Paris, 1972-75 Akad. Rat Univ. Frankfurt/M. - BV: Automated Information Management in public Administration, 1973; Verwaltungsautomation, 1974 (m. a.); Automatisierte Verw., 1981 (m. a.).

LENK, Kurt

Dr. phil., o. Prof. f. Polit. Wissenschaft - Merowinger Str. 50, 5100 Aachen - Geb. 30. Jan. 1929 Kaaden/Tschechosl. - S. 1964 (Habil.) Lehrtätigk. Univ. Marburg, Erlangen-Nürnberg (1966 o. Prof.), TH Aachen (o. Prof.) - BV: Volk u. Staat - Strukturwandel polit. Ideologien im 19. u. 20. Jh., 1971; Marx in d. Wissenssoziol. - Studien z. Rezeption d. Marxschen Ideologiekritik, 1972, Neuausg. 1986; Wie demokrat. ist d. Parlamentarismus, 2. A. 1974; Ideologie, Neuaufl. 1984; Theorien d. Revolution, 2. A. 1981; Theorie u. Soziologie d. polit. Parteien, Neuausg. 1974 (hg. m. F. Neumann); Politische Wissenschaft, 1975; Staatsgewalt u. Ges.theorie, 1980; Polit. Soziologie, 1982; Theorie d. Politik (m. B. Franke), 1986; Deutscher Konservatismus, 1989.

LENK, Rudolf

I. Bürgermeister Stadt Teublitz - Rathaus, 8411 Teublitz/Opf. - Geb. 29. Juli 1929 Neusattl - Zul. Techniker. SPD.

LENK, Rudolf

Schriftsteller - Flachskampstr. 31, 4000 Düsseldorf 12 - Geb. 28. März 1905 Pr. Holland/Ostpr. - In d. 20er Jahren Bürovorst. Strafvert. Dr. Max Alsberg (Berlin) - BV: D. ferne Licht, R. 1926. Theaterst.: D. Toten Sehnsucht (Msp. 1926); Hörsp.: u.a. Sommertag am Haff, D. stille Stunde, D. Nogat reißt aus. Zahlr. Buchkritiken (Köln. Rundschau).

LENK, Thomas

Bildhauer u. Grafiker - Schloß Tierberg, 7176 Tierberg, Gemeinde Braunsbach (T. 07905 - 3 62) - Geb. 15. Juni 1933 Berlin (Vater: Franz L., Maler; Mutter: Anneliese, geb. Hoernnecke), verh. s. 1959 m. Maria, geb. Bendig, 2 Töcht. (Mira, Ilona) - Autodidakt. - S. 1978 Gastprof. Univ. Kairo - BV: Texte, 1978; zahlr. biblioph. Ausg. - S. 1958 üb. 30 Einzelausst. u. üb. 50 Gruppenausst. i. all. Welt, bedeut. Architekturproj., Skulpturen, Reliefs, u. a. Stadttheater Münster (1968), Karstadt-Hauptverw. Essen (1969), Univ. Konstanz (1969/70), Spiegelschicht. Olympiagelände München (1971/72), TU München (1973/74), U-Bahn-Stuttgart (1974/75), Bad. Staatstheater (1975), Wasserskulpt. Landespolizeidir. Tübingen (1975), Finanzamt Heilbronn (1975-78); graf. Bücher u. Mappen - 1958 Teiln. intern. Wettb. f. e. Mahnmal im ehem. KZ Auschwitz; 1967 Carnegie Intern. Purchase Award Price; 1969 3. Preis Socha Piestanskych Parkov Bratislava; 1974 Preis d. 2. Norw. Grafik-Bienn.; 1988 Ehrenmitgl. d. Art Gallery of Ontario, Toronto; 1989 Ehrenprof. d. Landes Bad.-Württ. - Liebh.: Musik, Phil., Pilzesammeln - Spr.: Engl. - Bek. Vorf.: Johann-Peter Hebel - Lit.: D. Honisch: Thomas Lenk, 1976; div. Kunstbücher, 3 FS-Filme, zahlr. Aufs.

LENKEIT, Antje

Regisseurin - Zu erreichen üb. Theater Basel, CH-4051 Basel - Geb. 18. April 1953 Düsseldorf - Schauspiel Köln, Residenztheater München, Theater in d. Kreide München, Stadttheater St. Gallen, Stadttheater Konstanz, s. 1988 Theater Basel - Spr.: Engl.

LENNAR, Rolf

Schriftsteller - Am Waldspitz 28, 8000 München 70 (T. 70 33 97) - Geb. 9. Juli 1911 Leipzig (Vater: Rudolf Pilz, Oberpostinsp.; Mutter: Elsbeth, geb. Jakob), ev., verh. s. 1946 m. Gusti, geb. Florschütz, T. Kirsten - Oberrealsch. und Univ. Leipzig (Staatsprüf. 1934 Phil. u. Päd.) - S. 1941 Mittelschul- u. Oberlehrer (1958) - BV/R.: Der ungefährl. Dritte, 1941 (auch span. u. slowen.), 1940 Story m. 1. Rühmann-Film-Preis ausgezeichn.; D. Ehekandidat (1941; A. 100 Ts., auch span. u. slow.), D. Totospieler (1950), Tante Nelly aus Amerika (1952), Meine Frau - die Mustergattin (1960); Jugendb.: D. 3 Naseweise (1956, m. G. Florschütz). Bühnenst.: D. Treubruch (1948), D. 2 Naseweise (1949, m. G. Florschütz), Wellensittich entflogen (Volksst. 1974), Klassenlehrer Pilz greift ein (1976), Diese Nacht ist unbezahlbar (Kom. 1976); Kinderb.: D. kleine Storch Nepomuk, 1979; D. Autorin, R. 1981 - Liebh.: Dramat.

LENNARTZ, Franz

Schriftsteller - Rosenweg 5, 7777 Salem/Baden - Geb. 20. März 1910 Rheydt, verh. m. Gudrun, geb. Dux - Abit.; Stud. (Germanistik) - Journalist, Film-Lektor (Ufa, Berlin), Kriegsoffizier, sowj. Gefangenenschaft 1945-50 - BV: D. Dichter unserer Zeit, 1938, zul. 1963; Dichter u. Schriftst. uns. Zeit, 1963 u. 77; Ausl. Dichter u. Schriftst. uns. Zeit, 5 Ausg. 1955-76; Dt. Schriftst. d. Gegenw., 1978; Dt. Schriftst. d. 20. Jh. im Spiegel d. Kritik, 3 Bde. plus Register, Anhang 1984; Briefwechsel m. Autoren d. 20. Jh., 1987 (s. Dt. Lit.-Archiv. Marbach) - Lit.: Doris Rune, F.L.: Lit-Führer im 3. Reich u. nach 1945 (Stockholm 1969, auch deutsch); ZDF u. 3SAT: 18. u. 19. I. 1985: Interview Dr. Schwarzenau-L.

LENNARTZ, Heinz

Kaufmann, Geschäftsf. Hornitex Werke (s. 1975), Vorstandsmitgl. Fachgruppe DKS im GKV (s. 1972) - Am Neumarkt 12, 4902 Bad Salzuflen (T. 05222 - 46 45) - Geb. 23. Juni 1937 Köln (Vater: Heinrich L., Kaufm.; Mutter: Gertrud, geb. Fey), kath., verh. s. 1964 m. Doris, geb. Porz - Gymn.; Kaufm. Lehre - 1967-71 Werksleit. DKS-Platten Formica (1971-74 Geschäftsf.) - Liebh.: Tennis, Tischtennis - Spr.: Engl., Franz.

LENNARTZ, Herbert

Dr. med., Prof. f. Anästhesiologie Univ. Marburg - Baldingerstr. 1, 3550 Marburg/L. - Zul. Wiss. Rat u. Prof. Univ. Düsseldorf; Leit. d. Abt. f. Anästhesie u. Intensivtherapie Klinikum d. Philipps-Univ. Marburg.

LENNARTZ, Klaus

Versicherungskaufmann, MdB (s. 1980; Wahlkr. 57), Landrat d. Erftkr. (Rheinl.) (s. 1984) - Knapsackstr. 39, 5030 Hürth (T. 02233 - 7 54 04) - Kreisvors. SPD Erftkreis; Obmann SPD Aussch. f. Umwelt, Naturschutz u. Reaktorsicherheit. SPD.

LENNER, Volker

Dr. med., Prof., Chirurg, Gefäßchirurg, Chefarzt Diakonie-Krkhs. Schwäbisch Hall (s. 1985) - Seiferheldstr. 1, 7170 Schwäbisch Hall (T. 0791 - 8 99 86) - Geb. 13. Juni 1941 Mainz, ev., verh. s. 1970 m. Dr. med. Beate, geb. Vilbig, 3 Kd. (Ulrike, Christian, Sabine) - 1963-69 Med.-Stud. Univ. Erlangen, Bern, Wien u. Mainz; Staatsex. 1969 Mainz; Promot. 1971 (üb. Schenkelhalsfraktur im Kindesalter) Mainz; Habil. 1980 - 1976 Facharzt f. Chir.; 1983 Prof.; 1984 Gefäßchir. - 1969/70 Med. Assist. Univ.-Klinik Mainz; 1970-80 wiss. Assist. Univ. Mainz; 1980-85 Oberarzt Chirurg. Univ.-Klinik Mainz - BV: Handb. d. Inneren Med., Bd. III/3, 1983; Erkrankungen d. Nebenniere, 1984 - Spr.: Engl.

LENNERT, Karl

Dr. med., Dres. med. h.c., o. Prof. f. Allg. Pathologie u. Pathol. Anatomie - Niemannsweg 26, 2300 Kiel (T. 56 78 05) - Geb. 4. Juni 1921 Fürth/Bay. (Vater: Johann L., Kaufm.; Mutter: Emilie, geb. Theisinger), ev., verh. s. 1954 m. Dr. Amanda, geb. Heyer, 2 Töcht. (Monika, Claudia) - Univ. Erlangen. Promot. Erlangen; Habil. Frankfurt - 1945-50 Assist. Univ. Erlangen; Med. Forschungsanst. d. Max-Planck-Ges. Göttingen (1950; Biochemie), Univ. Frankfurt (1951; 1952 Privatdoz., 1958 apl. Prof.), 1961-63 Oberarzt u. komm. Leit. Pathol. Inst. Univ. Heidelberg, s. 1963 Ord. u. Inst.dir. Univ. Kiel - BV: Pathol. d. Halslymphknoten, 1964. Beitr.: Handb. d. spez. pathol. Anat. Lymphadenitis, 1961; Maligne Non Hodgkin-Lymphome, 1978 - 1966 Mitgl. Dt. Akad. d. Naturforscher (Leopoldina), Halle/S. (1969 Obmann Sektion Pathol.).

LENNERT, Rudolf

Dr. phil., o. Prof. f. Pädagogik (emerit.) - Bahnhofstr. 14, 8132 Tutzing (T. 31 31) - Geb. 5. Dez. 1904 München (Vater: Fritz L., Reichsbankrat; Mutter: Toni, geb. Brink), verh. s. 1937 m. Dr. Annemarie, geb. Neumeister, 4 Kd.; s. 1982 in 2. Ehe m. Marianne, geb. Schmidt - Univ. Leipzig u. Berlin - Lehrer Landerziehungsheime u. Staatsdst.; s. 1960 ao. u. o. Prof. (1963) FU Berlin - BV: D. Religionstheorie Max Webers, 1935; Verschlossenheit u. Verborgenheit - Üb. einige Phänomene d. inneren Erfahrung, 1965; D. Problem d. gymn. Oberstufe, 1971.

LENNINGS, Manfred

Dr.-Ing., Bankberater (WestLB) - Schmachtenbergstr. 142, 4300 Essen 18 (T. 45 45) - Geb. 23. Febr. 1934 Oberhausen/Rhld. (Vater: Dr.-Ing. Wilhelm L., Hüttendir.; Mutter: geb. Albert),

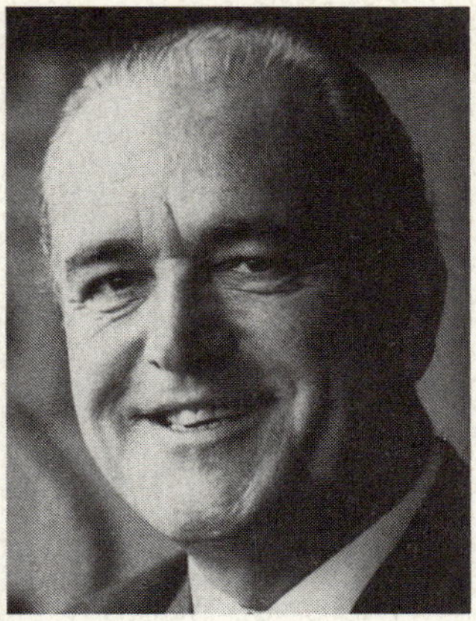

ev., verh. s. 1961 m. Renate, geb. Stelbrink, 2 Kd. (Frank, Christiane) - Gymn. Geislingen/Steige (Abit.); Univ. München (Betriebsw.); Bergakad. Clausthal (Bergbau; 1964 Promot.) - 1964-68 Gutehoffnungshütte Aktienverein, Oberhausen (1966 Handlungsbevollm., 1967 Prok., 1968 Dir.), 1968-69 Dt. Werft AG, Hamburg (Vorst.-Mitgl.), 1969-70 stv. Vorst.-Mitgl. GHH Aktienverein, Oberhausen, 1970-74 Vorst.-Vors. Howaldtswerke-Dt. Werft AG, Hamburg/Kiel, 1975-83 GHH Aktienverein, Oberhausen, 1984 Berater Westdt. Landesbank Girozentrale Düsseldorf/Münster, AR-Vors. Gildemeister AG, Bielefeld, Hamburger Stahlwerke GmbH, IVG AG, Bonn; AR-Mitgl. Bayer AG, Leverkusen, Dt. Shell AG, Hamburg, Preussag AG, Hannover, SEL AG, Stuttgart, Friedr. Krupp GmbH, Essen, L. + C. Steinmüller GmbH, Gummersbach. 1982ff. Präs. Inst. d. dt. Wirtsch., Köln, Mitgl. Präsidium d. BDI u. BDA - Liebh.: Mod. Malerei u. Lit. - Spr.: Engl. - Rotarier.

LENSING, Carlheinz

Konsul, Kaufmann (Kaffee-Tee-Import), stv. ARsvors. Gedelag Gemeinschaft Dt. Lebensmittel-Großhändler AG., Berlin, Mitgl. Außenhandelsaussch. IHK ebd. - Saatwinkler Damm 42/43, 1000 Berlin 13 (T. 344 10 73) - Geb. 30. Okt. 1910 - Konsul v. El Salvador f. Berlin; Nationalorden Jose Matias Delgado El Salvador - Mitgl. Lions Intern.

LENSING-WOLFF, Florian

Dipl.-Kfm., Verleger, Herausg. Chefredakt. Ruhr-Nachrichten - Westenhellweg 86-88, 4600 Dortmund (T. 18 46-1); priv.: 5804 Herdecke - Geb. 6. Nov. 1930 Dortmund.

LENSKI, Ingeborg

Dr. rer. nat., Prof. f. Botanik Univ. Marburg - Alter Kirchhainer Weg 28, 3550 Marburg/L.

LENSSEN, Gerhard

Dipl.-Ing., Geschäftsführer Moselkraftwerke GmbH., Andernach - Birkenweg 26, 5550 Bernkastel-Kues - Geb. 14. Dez. 1922 Viersen.

LENTRODT, Ursula

Prof., Harfenistin Hochsch. f. Musik München - Wagnerstr. 1a, 8000 München 40 - Geb. 20. Nov. Berlin (Vater: Wilhelm L., Schriftst.), gesch., T. Ingrid - Hochsch. f. Musik Berlin u. Paris - Solo-Harfenistin Berliner Rundfunk; 1953-74 Solo-Harfenistin Bayer. Rundfunkorchester München; 1957-84 Prof. Hochsch. f. Musik München. S. 1968 publ. Tätigk. in Fachpresse - 1984 BVK; 1987 Ehrenbürgerin v. Gargilesse/Frankr. - Spr.: Engl., Franz., Schwed.

LENTZ, Hubert

Dr. jur. utr., Oberstadtdirektor - Rathaus, 5160 Düren/Rhld. (T. 19 12 02); priv.: Holzstr. 1 (T. 19 12 10) - Geb. 19. Nov. 1927 - ARsmandate - S. 1965 Mitgl. Dt. Bildungsrat - BV: D. Konkurrenz d. franz. u. preuß. Staatskirchenrechts, 1961; Mithrsg.: Entscheidungen in Kirchensachen s. 1946, B. I-XVI (1963-82). Einzelveröff. - Spr.: Engl. - Rotarier.

LENTZE, Alexander

Dr., Dipl.-Ing., Geschäftsführer Saba GmbH., Villingen - Zu erreichen üb.: Saba GmbH, Hermann-Schwer-Str., 7730 Villingen-Schwenningen - Geb. 25. Mai 1935 - B. 1981 Geschäftsf. Baumgartner & Partner Marketingberat.

LENTZEN, Manfred

Dr. phil., o. Prof., Direktor Roman. Seminar Univ. Münster - Mersmannsstiege 11, 4417 Altenberge - Geb. 15. Juli 1940 Dormagen (Vater: Carl L., Ing.; Mutter Wilma, geb. Schiffer) - Stud. Univ. Köln, Madrid, Florenz, Rom (roman. u. klass. Philol.); Promot. 1965; Habil. 1970 - BV: Carlos Arniches, vom género chico z. tragedia grotesca, 1966; Stud. z. Dante-Exegese Cristoforo Landinos, 1971; Reden Cristoforo Landinos, 1974; D. spanische Bürgerkrieg u. d. Dichter; Beisp. d. polit. Engagements in d. Lit., 1985. Herausg.: D. Dialog De vera nobilitate v. Cristoforo Landino (1970) - Spr.: Engl., rom. Spr.

LENZ, Aloys

Ltd. Schulamtsdirektor a.D., stv. Kreistagsvors., MdL Hessen - Haingärten 6, 6451 Großkrotzenburg (T. 06186-27 27) - Geb. 5. Sept. 1943 Hanau (Vater: Aloys L., Dreher; Mutter: Maria, geb. Frei), kath., verh. s. 1968 m. Gisela, geb. Stickler, 2 T. (Katja, Silja) - Abit. 1962; Stud. German. u. Politik Frankfurt u. Marburg, 1. Staatsex. 1969, 2. 1971 - 1980-83 u. s. 1987 MdL, s. 1976 Vors. d. Kulturpreisjury d. Main-Kinzigkr. - Spr.: Engl.

LENZ, Bernhard

Geschäftsführer Huppmann GmbH, Dipl.-Braumeister - Schwarzacher Str. 51a, 8710 Kitzingen (T. 09321 - 30 30) - Geb. 20. Aug. 1941 München (Vater: Conrad L., Geschäftsf. †; Mutter: Anna, geb. Holler), kath., verh. s. 1962 m. Isabella L., T. Isabella - 1962-64 TU München-Weihenstephan (Betriebswirtsch.). 16 Patente, 6 Gebrauchsmuster - Liebh.: Tennis, Skifahren - Spr.: Engl.

LENZ, Carl Otto

Dr. jur., Rechtsanwalt u. Notar, Generalanw. b. Europ. Gerichtshof (s. 1984) - Sudetenstr. 14, 6148 Heppenheim/Kirschhausen/Odw. - Geb. 5. Juni 1930 Berlin (Vater: Dr. jur. Otto L., 1951-53 Staatssekr. Bundeskanzleramt, dann MdB (s. XII. Ausg.); Mutter: Marieliese, geb. Pohl), kath., verh. s. 1960 m. Ursula, geb. Heinrich, 5 Kd. (Monika, Susanne, Matthias, Stephanie, Markus) - Univ. München, Freiburg, Fribourg, Bonn, Ithaca (Cornell), Hochsch. f. Verw.wiss. Speyer. Ass.ex. 1959; Promot. 1961 - 1959-66 Generalsekr. d. Christl.-Demokr. Fraktion Europ. Parlament, Luxemburg; 1963-65 Generalsekr. d. Christl.-Demokr. Fraktion d. Versammlung d. Westeurop. Union, Paris; 1965-84 MdB; 1969-80 Vors. Rechtsaussch.; 1980-83 Berichterstatter f. EG-Fragen im Bundestag; 1982 Koordinator f. dt.-franz. Zusammenarb.; 1983 Vors. Europa-Komm. BT. CDU s. 1957 - BV: Notstandsverfassung d. Grundgesetzes, Komm. 1971 - Spr.: Engl., Franz., Ital.

LENZ, Dietrich

Dipl.-Ing., Senator E. h., AR-Vorsitzender Ed. Züblin AG, Bauunternehmung, Stuttgart (s. 1988), Beiratsmitgl. Normenaussch. Wasserwesen i. DIN Deutsches Institut f. Normung e. V. (s. 1971), Vorst.-Mitgl. Dt. Beton-Verein e. V. (s. 1975, s. 1985 stv. Vors.), AR-Mitgl. Kautionsverein f. d. dt. Baugewerbe (s. 1982, s. 1987 stv. Vors.) - Postfach 80 11 46, 7000 Stuttgart 80; priv.: Lenzhalde 25, 7000 Stuttgart 1 - Geb. 22. Mai 1925 Stuttgart (Vater: Dipl.-Ing. Ludwig L., Regierungsbaum. a. D.; Mutter: Marta, geb. Linsenmeier), ev., verh. s. 1954 m. Ruth-Ilse, geb. Nagel, 3 Kd. (Claudia, Eberhard, Tankred) - Dillmann-Obersch. bzw. -Realgymn. (1935-43) u. TH Stuttgart (1946-50; Bauing.wesen) - S. 1950 Züblin (1959 Vorst., 1988 AR-Vors.). Veröff.: Beton-, Stahlbeton- u. Spannbetonleitungen (m. H. J. Möller; Beton-Kalender 1960, 62 u. 67); Rohrleitungen aus Beton, Stahl- u. Spannbeton (S. Schwaigerer, Rohrleitungen - Theorie u. Praxis, 1967). Senator E. h. Univ. Stuttgart s. 1975 - Liebh.: Samml. v. Altbriefen Italiens - Spr.: Engl., Ital.

LENZ, Friedrich

Dr. rer. nat., o. Prof. f. Physik - Bohnenbergerstr. 21, 7400 Tübingen (T. 6 46 21) - Geb. 21. März 1922 Herrsching/Obb. (Vater: Prof. Dr. med. Fritz L., † 1976, em. Ord. f. Menschl. Erbl. (s. XIX. Ausg.); Mutter: Emilie, geb. Weitz † 1928), ev., verh. s. 1950 m. Fredeke, geb. v. Alvensleben, 3 Kd. (Gerlinde, Udo, Reimar) - TH Berlin, Univ. Kiel, Göttingen (Dipl.-Phys. 1949). Promot. (1953) u. Habil. (1957) Aachen - 1957-60 TH Aachen; s. 1960 Univ. Tübingen (Lehrstuhl f. Theoret. Elektronenphysik), 1965/66 Visiting Prof. Univ. of Arizona, Tuscon, 1969-70 Visiting Prof. Portland State Univ., Portland, Oregon (USA). Üb. 90 Facharb. - Liebh.: Go - Spr.: Engl. - Brüder: Hanfried u. Widukind L.

LENZ, Fritz

Dr. agr., o. Prof. f. Obst- u. Gemüsebau Univ. Bonn (s. 1976) - Auf dem Hügel 6, 5300 Bonn - 1969 b. 1976 o. Prof. TU Berlin.

LENZ, Gerhard

Journalist - Lietzensee-Ufer 2, 1000 Berlin 19 - Geb. 5. Okt. 1929 - Langj. Tätigk. SFB (Rundfunk/Fernsehen).

LENZ, Hanfried

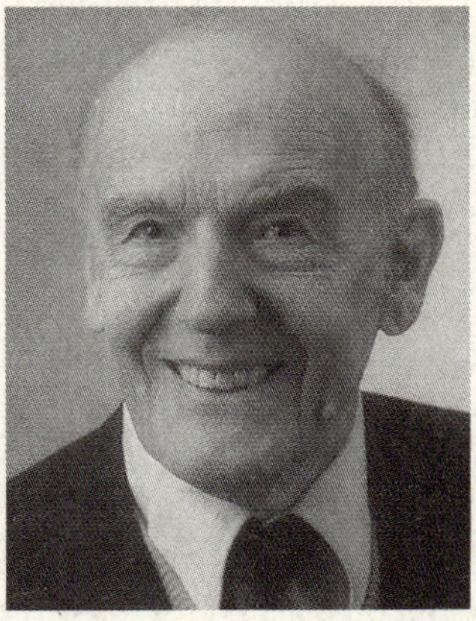

Dr. rer. nat., em. Prof. f. Mathematik FU Berlin - Bleibtreustr. 32, 1000 Berlin 15 - Geb. 22. April 1916 München (Vater: Prof. Dr. med. Fritz L., Ord. f. Humangenetik († 1976); Mutter: Emilie, geb. Weitz † 1928), ev., verh. s. 1943 m. Helene, geb. Ranke, 4 Kd. (Ingeborg, Erich, Ilse, Karl Friedrich) - Univ. Tübingen, München, Berlin, Leipzig. Promot. u. Habil. München - S. 1953 Lehrtätigk. TH bzw. TU München (1959 apl. Prof.; 1966 Wiss. Rat u. Prof.) u. FU Berlin (o. Prof.). 1967/1968 Visiting Prof. Ohio State Univ. (USA) - BV: Grundl. d. Elementarmath., 3. A. 1976; Vorles. üb. Projektive Geometrie, 1965; Nichteuklid. Geometrie, 1967 Design Theory (m. Beth u. Jungnickel), 1985. Etwa 80 Einzelveröff. - Liebh.: Go - Spr:. Engl. - Brüder: Friedrich u. Widukind L.

LENZ, Hans

Dr. med., Prof., Radiologe m. Fachkunde Nuklearmedizin - Gartenstr. 14, 5180 Eschweiler (T. 02403 - 35733) - Geb. 5. Juni 1923 Gerderath - S. 1961 (Habil.) Lehrtätigk. Univ. Bonn, Med. Fak. RWTH Aachen (1967 apl. Prof., 1968 Wiss. Rat u. Prof.), 1971 Ärztl. Dir. u. Chefarzt, Radiol. Abt. Kliniken St. Antonius Wuppertal, 1973 Chefarzt Radiol. u. Nuklearmed. Abt. St.-Antonius-Krkhs. Eschweiler, Akad. Lehrkrkhs. RWTH Aachen - 80 Fachaufs., Lehrbuchbeitr., Ref. Intern. Kongr. - 1959 Silb. Bukranion d. Univ. Padua f. best. Röntgenkinofilm auf IV. Intern. Kongr. Wiss. didakt. Film; 1962 Schleussner Jub.preis d. Dt. Röntgenges.; 1968 Membre honoraire étranger de Société Belge de Gastroenterologie.

LENZ, Hans Christian

Dr. rer. nat., Dipl.-Holzw., Geschäftsführer Dr. Wolmann GmbH., Sinzheim, Vors. Verb. Holzschutzmittel-Ind., Frankfurt/M. - Zu erreichen üb. Dr. Wollmann GmbH, Postfach, 7573 Sinzheim/Baden - Geb. 1. Aug. 1933.

LENZ, Helmut

Rechtsanwalt, MdL Hessen (s. 1970; Vors. Sozialpolit. Aussch., s. 1982) - Im Waldfeld 17, 6000 Frankfurt/M. (T. 76 48 99) - Geb. 31. Jan. 1930 Montabaur/Westerw., verh. s. 1958 m. Franziska L.-Gerharz (Bildhauerin) - S. 1962 Bundesvorst. IG Bau-Steine-Erden. 1971ff. ehrenamtl. Richter Bundessozialgericht. CDU s. 1952.

LENZ, Hermann

Prof., h. c., Schriftsteller, Sekr. Südd. Schriftst.-Verb. (1951 b. 1971) - Mannheimer Str. 5, 8000 München 40 - Geb. 26. Febr. 1913 Stuttgart (Vater: Hermann L., Oberstudienrat), ev., verh. s. 1946 m. Dr. Johanna, geb. Trautwein - 1933-39 Univ. München u. Heidelberg (Kunstgesch., German., Archäol.) - BV: Gedichte, 1936; D. stille Haus, Erz. 1947; 2. A. 1952; D. doppelte Gesicht, 3 Erz. 1949; D. Abenteuerin, N. 1952; D. russ. Regenbogen, R. 1959; Nachmittag e. Dame, R. 1961; Spiegelhütte, 3 Erz. 1962; D. Augen e. Dieners, R. 1964; Verlassene Zimmer, R. 1966; Andere Tage, R. 1968; Im inneren Bezirk, R. 1970; D. Kutscher u. d. Wappenmaler, R. 1972; Dame u. Scharfrichter, Erz. 1973; Neue Zeit, R. 1975; Tageb. v. Überleben u. Leben, 1978; D. Begegn., R. 1979; Zeitlebens, Ged. 1981; Erinnerung an Eduard, R. 1981; E. Fremdling, R. 1983; D. Letzte, Erz. 1984; D. Wanderer, R. 1986; Leben u. Schreiben, Frankf. Vorlesungen 1987; Seltsamer Abschied, R. 1988 - 1962 Förderungspreis Künstlergilde Esslingen (Ostd. Lit.preis), 1978 Georg-Büchner-Preis; 1981 Franz-Nabl- u. Wilhelm-Raabe-Preis; 1983 Gottfried-Keller-Preis; 1987 Petrarca-Preis; 1964 Mitgl. PEN-Zentrum BR; 1974 Mitgl. Dt. Akad. f. Sprache u. Dicht., Darmstadt; 1975 Mitgl. Bayer. Akad. d. Schönen Künste; 1980 Bayer. VO - Lit.: D. Hoffmann, H. L., in: Schriftst. d. Gegenw. - Dt. Lit., 1963; P. Handke, Tage wie ausgeblasene Eier, in: Als d. Wünschen noch geholfen hat, 1974; M. Durzak, Gespräch m. H.L., in: Gespräch üb. d. Roman, 1976; H. u. J. Kreuzer, üb. H.L., Dok. Reception, 1981; R. Moritz, Einladung, Hermann Lenz zu lesen, 1988.

LENZ, Horst

Dr. rer. oec., Hauptgeschäftsführer Handwerkskammer Ostwestfalen-Lippe zu Bielefeld - Obernstr. 48, 4800 Bielefeld 1.

LENZ, Joachim

Dipl.-Kaufm., Media Direktor, Ges. Prokura u. Mitgl. d. Geschäftslg. D'Arcy Masius Benton & Bowles GmbH - Bleichenbrücke 10, 2000 Hamburg 36 (T. 040- 35 91 32 80) - Geb. 13. Mai 1951 Lichtenberg.

LENZ, Karl

Dr. rer. nat., o. Prof. f. Wirtschafts- u. Bevölkerungsgeographie (Nordamerika, DDR) Freie Univ. Berlin (s. 1966) - Petzower Str. 30, 1000 Berlin 39 (T. 805 21 30) - Geb. 9. Aug. 1928 Schloppe (Vater: Fritz L., Holzkfm.; Mutter: Käte, geb. Rückert), ev., verh. s. 1954 m. Ilse, geb. Rochow, 2 Töcht. (Gabriele, Birgit) - Univ. Greifswald (Geogr., Gesch., Päd., Geol.; Diplomex. 1954) -

Assist. Univ. Greifswald (1954-58) u. Marburg (1962-65); Abt.svorsteher u. Prof. TH Hannover (1965-66) - BV: D. Wüstungen d. Insel Rügen, 1958; D. Prärieprovinzen Kanadas, 1965; Nordamerika im Kartenbild, 1976; Kanada. E. geographische Landeskunde, 1988 - Liebh.: Fotogr. - Spr.: Engl.

LENZ, Marlene

Mitglied d. Europa-Parlaments - Burgstr. 102, 5300 Bonn 2 (T. 0228-31 38 45) - Geb. 4. Juli 1932 Berlin (Vater: Dr. Otto L., RA; Mutter: Marieliese, geb. Pohl), kath. - Univ. Heidelberg, Dolmetscherinst.; akad. gepr. Übers. f. Franz. u. Engl. - 1958-63 Sachbearb. b. Kommiss. d. EWG, b. 1972 Ref. Bundesgeschäftsst. CDU, b. 1979 wiss. Ref. Dt. Bundestag, Mitgl. d. Europa-Parlam. - BV: D. Weg d. Frau in d. Politik, 4. A. - Spr.: Franz., Engl. - Bek. Vorf.: Staatssekr. a.D. Dr. Otto Lenz, MdB, † 1957 (Vater).

LENZ, Otto

Dipl.-Ing., Bergassessor a. D., Geschäftsführer Kaliverein (s. 1971) - Geb. 29. Aptil 1935 Bochum - Dipl.ex. 1960 Berlin - 1964-66 Hamborner Bergbau AG., s. 1967 Kaliverein.

LENZ, Rolf

Dr. rer. oec., Geschäftsführer, Vorstandsmitglied Dt. Arbeitgeberverb. - Sonnenstr. 48, 7900 Ulm (T. 0731 - 38 65 10) - Geb. 15. Juli 1929 Würzburg - Dipl.-Kfm. 1954, Promot. 1955 - Senator JCI - Spr.: Franz. - Rotarier.

LENZ, Siegfried

Dr. phil. h. c., Schriftsteller - Preußerstr. 4, 2000 Hamburg 52 (T. 880 83 09) - Geb. 17. März 1926 Lyck/Ostpr. (Vater: Beamter), verh. (Ehefrau: Liselotte) - Notabit.; n. Kriegsdst. (Marine) Univ. Hamburg (Phil., Lit.) - 1950 ff. Feuilletonredakt. WELT - BV: Es waren Habichte in d. Luft, R. 1951; Duell m. d. Schatten, R. 1953; So zärtlich war Suleyken, Erz. 1955; D. Mann im Strom, R. 1957; Jäger d. Spotts, Erz. 1958; Brot u. Spiele, R. 1959; D. Feuerschiff, Erz. 1959 (verfilmt); Stadtgespräche, R. 1963; Lehmanns Erz. oder So schön war mein Markt - Aus d. Bekenntn. e. Schwarzhändlers, 1964; D. Spielverderber, Erz. 1965; D. Haussuchung, 4 Hörsp. 1967; D. Deutschstunde, R. 1968 (div. Übers.; Fernsehsend. 1971); Leute v. Hamburg, Erz. 1969; Ges. Erzählungen, 1970; Heimatmuseum, R. 1978; D. Verlust, R. 1981; Elfenbeinturm u. Barrikade - Erfahr. am Schreibtisch, 1983; E. Kriegsende, Erz. 1984 (FS ARD). Herausg.: So war das m. d. Zirkus (Bilderb. 1971); D. Vorbild, R. 1973, Der Geist d. Mirabelle (Gesch. a. Bollerup), 1975; Einstein überwuert die Elbe b. Hamburg, Erz. 1975 - Bühnenst.: Zeit d. Schuldlosen (verfilmt), D. Gesicht, D. Augenbinde - 1976 Dr. h. c. Univ. Hamburg; 1961 Bremer Lit.preis Gerhart-Hauptmann-Preis, 1962 René-Schickele-Preis, Ostd. Lit.preis, 1966 Gr. Kunstpreis d. Ld. Nordrh.-Westf., Hamburger Leserpreis, 1970 Lit.preis d. Dt. Freimaurer; 1978 Kulturpreis Goslar; 1979 Andreas-Gryphius-Preis; 1960 o. Mitgl. Fr. Akad. d. Künste, Hamburg; Mitgl. PEN-Zentrum BRD; 1973 Mitgl. Akad. d. Künste Berlin; 1984 Thomas-Mann-Preis Lübeck; 1985 Marius-Sperber-Preis (Österr.); 1985 DAG-Fernsehpreis in Silber (f. E. Kriegsende); 1988 Friedenspreis dt. Buchhandel - Liebh.: Tischtennis, Tauchen, Fischen - Lit.: Colin Russ (Herausg.), D. Schriftst. S. L. - Urteile u. Standpunkte, 1973; Hans Wagner, S. L., 1976.

LENZ, Werner

Oberbürgermeister a.D., Senator f. Wirtschaft u. Außenhandel Bremen (s.1983) - Bahnhofsplatz 29, 2800 Bremen (T. 0421 - 36 11) - Geb. 1928 Osnabrück, verh. (Ehefrau: Hildegard, MdBB) - In d. 70er Jahren Chef Neue Heimat. 1955 Rat Stadt Bremerhaven (1958-77 Fraktionschef); 1961-65 MdB; ab 1978 OB Bremerhaven. SPD s. 1950.

LENZ, Widukind

Dr. med., Dr. rer. nat. h. c., em. o. Prof. f. Humangenetik - Vesaliusweg 12-14, 4400 Münster/W. (T. 86 16 41) - Geb. 4. Febr. 1919 Eichenau (Vater: Prof. Dr. med. Fritz L., † 1976; Mutter: Emilie, geb. Weitz † 1928) - S. 1958 (Habil.) Lehrtätigk. Univ. Hamburg (1961 Ord. u. Inst.dir.) u. Münster (1965-86) - BV: Ernährung u. Konstitution, 1949; Med. Genetik, 6. A. 1983; Humangenetik i. Psychol. u. Psychiatr., 1979. Zahlr. Einzelveröff. Mithrsg.: Münchner Med. Wochenschr., Klinische Pädiatrie - 1963 Ehrendoktor Univ. Tübingen; 1964 Otto-Heubner-Preis Dt. Ges. f. Kinderheilkd.; 1966 o. Mitgl. Akad. d. Wiss. u. d. Lit., Mainz; 1970 Mitgl. Dt. Akad. d. Naturforscher (Leopoldina), Halle/S.; 1972 BVK I. Kl. - Brüder: Friedrich u. Hanfried L.

LENZ, Wilhelm

Dr. phil., Geschäftsführer, Landtagspräs. (1970-80), VR-Vors. WDR (1971-77) u. a. - Eitorfer Str. 29, 5000 Köln-Deutz (T. 81 66 95) - Geb. 2. Juli 1921 Köln (Vater: Wilhelm L., Spediteur; Mutter: Käthe, geb. Vierling), kath., verh. s. 1948 m. Irmgard, geb. Ortmann, 5 Kd. - Schule (Abit. 1939) u. Univ. Köln (Promot. 1949) - Lehrer Abendgymn. Köln u. Geschäftsf. Dt. Beamtenbd./Landesbd. Nordrh.-Westf., Düsseldorf 1958-80. (MdL NRW 1958-80, 1962 Fraktionsvors.; 1970-80 Präs.). CDU (div. Funktionen) - BV/Herausg.: Mensch u. Staat in NRW - 25 J. Landtag, 1972 - 1969 Gr. BVK, 1973 Stern dazu, 1977 Schulterbd.

LENZ-GERHARZ, Franziska

Bildhauerin u. Töpfermeisterin - Im Waldfeld 17, 6000 Frankfurt 90 (T. 069 - 76 48 99) - Geb. 16. Febr. 1922 Ransbach/Westerw., kath., verh. m. Helmut L., Rechtsanwalt u. MdL, T. Dorothee - FH f. Keramik Höhr-Grenzhausen; Hochsch. d. bild. Künste Karlsruhe (Bildhauerstud.); Académie de la Grande/Chaumière Paris (Schülerin v. Ossip Zadkine) - Werke: u.a. Ehrenmal Frankfurt-Höchst, 1965; Plastik Madonna St. Canisius Berlin, 1975; Struwwelpeter-Brunnen Hauptwache Frankfurt, 1985 - Lit.: Ulrich Gertz, Franziska L.-G. - Plastik, Relief, Gefäß (1979); Joachim Proeschold, Menschen, Plastiken v. Franziska L.-G. (1985).

LENZEN, Dieter

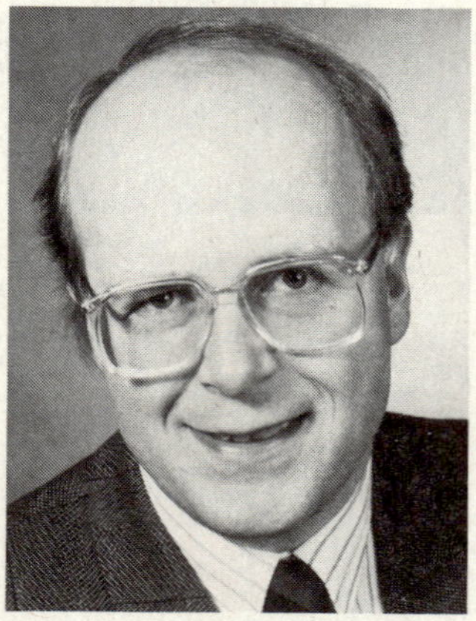

Dr. phil., M.A., o. Univ.-Prof. f. Phil. d. Erziehung Freie Univ. Berlin - Mozartstr. 9, 1000 Berlin 49 (T. 030 - 744 86 85) - Geb. 27. Nov. 1947 Münster (Vater: Ernst Johannes L.; Mutter: Paula, geb. Held), verh. s. 1984 m. Dr. phil. Agi Schründer-Lenzen, 3 Kd. (Fabian, Timon, Janus) - Stud. Erziehungswiss., Phil., Deutsch, Engl. u. Niederl. Philol., M.A. 1970, Promot. 1973, alles Münster - 1975-77 Prof. f. Erziehungswiss. Univ. Münster, 1976/77 Dekan d. Fachber. Erziehungswiss. Univ. Münster, s. 1977 o. Prof. f. Erziehungswiss. FU Berlin. S. 1987 Kurator FU Berlin - BV: Didaktik u. Kommunik., 1973; Curriculumentw. f. d. Kolleg-Sch., 1975; D. Struktur d. Erziehung u. d. Unterr., 1976; Päd. u. Alltag, 1980; Mythologie d. Kindheit, 1985. Gesamthrsg. Enzyklop. Erziehungswiss. Herausg.: Grundbegriffe d. Erziehung. Mithrsg.: Jahrbücher f. Erziehungswiss., Melancholie als Lebensform; ca. 200 Aufs. u. Rundfunksendungen - S. 1987 Collegiumsmitgl. Forschungszentrum f. Hist. Anthropologie, Berlin - Spr.: Engl., Franz., Niederl., Ital.

LENZEN, Godehard

Dr. rer. pol., Leiter Dt. Gemmologisches Ausbildungszentrum Idar-Oberstein - Auf der Lay 35-37, 6580 Kirschweiler (T. 06781 - 4 30 11) - Geb. 6. Okt. 1922 Bonn (Vater: Hans Lorenz L., Rektor; Mutter: Anna, geb. Brenner), verh. s. 1957 m. Elisabeth, geb. Seifert, 3 Kd. (Martin, Peter, Bettina) - 1945-49 Stud. Mineral., Geol. u. Bergbaukd. Univ. Bonn u. Clausthal-Zellerfeld, Fachprüf. Edelsteinkd. (Gemmologie) 1954, Inst. f. Edelsteinforsch. Idar-Oberstein, 1954 Fellow of Gemmological Assoc. London; 1960-64 Stud. Wirtschaftsgesch. Univ. Graz (Promot. 1965); Grad. Gemologist 1971, Gemological Inst. of America (Los Angeles) - 1950-72 Mitinh. dt., holländ. u. belg. Untern. d. Diamantind.; 1967-84 Obmann RAL-Vereinbar. 560 A 5; 1967-72 Doz. Dt. Gemmolog. Ges. e.V., Idar-Oberstein; 1968ff. Gf. Vorst.-Mitgl. Dt. Gemmolog. Ges.; 1972ff. Leit. Dt. Gemmolog. Ausb.zentrum u. Geschäftsf. Dt. Stiftg. Edelsteinforsch., Idar-Oberstein - Erf. Diamantphotometer z. objekt. Farbbest. geschliffener Diamanten (m. M. Eickhorst, 1967) - BV: Produkt.- u. Handelsgesch. d. Diamanten, 1966; The History of Diamond Production and the Diamond Trade, 1970; Kurzgefaßte Diamantenkd., 1971; Il Diamante (span.), 1976; Diamantenkd. m. krit. Darst. d. Diamantengrad., 1979; D. Gesch. d. Diamanten. V. Mythos z. Wirklichk., 1981 (Übers. ins Engl., Finn., Franz., Holländ., Ital., Japan. u. Schwed.); Diamonds and Diamond Grading, 1983; Edelsteinbestimm. m. gemmolog. Geräten, 1984 - 1974 Ehrenmitgl. Gemmolog. Assoc. Japan; 1975 Gold. Ehrenz. Dt. Gemmolog. Ges.; 1986 Ehrenmitgl. Associação Brasileira de Gemologia e Mineralogia, u. Ehrenmitgl. Sociedade Gemológica Brasileira, 1989 Ehrenmitgl. Polskie Stowarzyszenie Rzeczoznawców Jubilerskich - Spr.: Engl., Franz.

LENZEN, Hans-Georg

Prof., Fachhochschullehrer, Fachbereich Design Fachhochschule Düsseldorf, Maler, Grafiker, Schriftsteller - Landsberger Str. 13, 4048 Grevenbroich 5 - Geb. 2. Juli 1921 Moers (Vater: Josef L., Architekt; Mutter: Margarete, geb. Schmitz), verh. I) 1944-85 m. Gertrud, geb. Czischke, 4 Söhne (Dieter, Rainer, Thomas, Christoph); II) s. 1986 m. Marcelle, geb. Ruck - Gymn. Moers (Adolfinum); 1946-50 Kunstakad. D'dorf (Examen f. Künstl. Lehramt) - S. 1952 Werkkunstsch. D'dorf; 1963-64 Gastdoz. Kansas City Art Inst., USA; s. 1986 Lehrauftr. Malerei u. Graphik; Buchillustr. - BV: Kinder- u. Jugendbücher. Übers. aus d. Engl. u. Franz. - Liebh.: Musik - Spr.: Engl., Franz., Lat.

LENZEN, Heinrich

Dr. phil., o. Prof. f. Allg. Heil- u. Sozialpädagogik Univ. Köln - Laurentiusstr. 22, 6551 Wallhausen (T. 2 77) - Geb. 13. Mai 1921 Essen.

LENZEN, Peter Wilhelm

Dipl.-Kfm., Vorsitzender d. Geschäftsleitung Krupp Stahl AG Stahlverarbeitung - Stenglingser Weg 66, 5860 Iserlohn-Letmathe (T. 02374 - 37 77) - Geb. 4. Sept. 1934, verh. s. 1960 m. Annemarie, geb. Hüske, 2 Kd. (Friederike, Peter Wilhelm) - Ex. 1954 Köln - BVK.

LENZEN, Wolfgang

Dr. phil., Prof. f. Philosophie Univ. Osnabrück - Immelmannweg 2, 4500 Osnabrück (T. 0541 - 1 52 16) - Geb. 4. Febr. 1946 Essen (Vater: Josef L., Ing.; Mutter: Margret, geb. Wess), kath., verh. s. 1970 m. Gertrud, geb. Braunmiller, 5 Kd. (Stephan, Christoph, Alexander, Barbara, Angelika) - 1965-71 Stud. Math. u. Phil. (Promot. 1972, Habil. 1979) - 1972-78 wiss. Assist.; 1979-80 Priv.-Doz.; s. 1981 Prof. - BV: Theorien d. Bestätig. wiss. Hypothesen, 1974; Recent Work in Epistemic Logic, 1978; Glauben, Wissen u. Wahrscheinlichk., 1980 - Sammelt mod. Druckgraphik - Spr.: Engl., Franz.

LENZER, Christian

Oberstudienrat a. D., MdB (s. 1969) - Am Türmchen 1, 6349 Burg/Dillkr. (T. 02772 - 81 86) - CDU.

LENZING, Rudolf

Kaufmann, Vors. Bundesverb. d. Dt. Tankstellen- u. Garagengewerbes, Braunschweig - Natruper Str. 197, 4500 Osnabrück - Geb. 23. Okt. 1914.

LEONHARD, Ernst P.

Verleger, pers. haft. Gesellsch. A. Seydel u. Cie, Ges. Druck u. Buchbinderei-Werkst. May GmbH & Co KG, beide Darmstadt, Paul Zsolnay Verlag, Wien - Klappacherstr. 138, 6100 Darmstadt - Geb. 13. Mai 1926 Berlin (Vater: Paul L.; Mutter: Erna, geb. Lüscow) - S. 1948 Verlagswesen - 1976 Silb. Ehrenz. Rep. Österr.; BVK; 1986 Goldenes Ehrenz. Rep. Österr.; 1986 Goldenes Ehrenz. Stadt Wien.

LEONHARD, Kurt

Prof. h. c., Schriftsteller, Übersetzer - Auchtweg 24, 7300 Esslingen/N. - Geb. 5. Febr. 1910 Berlin - AICA, VS - BV: D. heilige Fläche, 1947; D. gegenw. Dante, 1950; Augenschein u. Inbegriff, 1953; Gegenwelt (Ged.), 1955; Silbe, Bild u. Wirklichkeit, 1957; Mod. Lyrik, 1963; Cézanne in Selbstzeugnissen, 1966; Picasso - D. graph. Werk 1954-65, D. Maler Henri Michaux, 1967; Ida Kerkovius (Monogr.), 1969; Wort wider Wort (Ged.), 1974; Bruno Stärk (Monogr.), 1975; F. Heeg-Erasmus (Monogr.), 1977; Was ist Kunst?, 1981; D. zehnte Loch, 1983; Horst Beck (Monogr.), 1984; Gegenbilder (Ged.), 1986; Zirkelschlüsse (Ged.), 1988. Übers. aus d. Franz Kunstkrit. - 1972 o. Mitgl. Akad. d. Wiss. u. Lit., Mainz. 1976 Prof. h. c. - 1984 Verdienstmed. Land Baden-Württ.; 1985 Ehrenmitgl. Staatl. Akad. Stuttgart; 1985 Ehrenplak. Familienverb. Lütze.

LEONHARD, Wolfgang

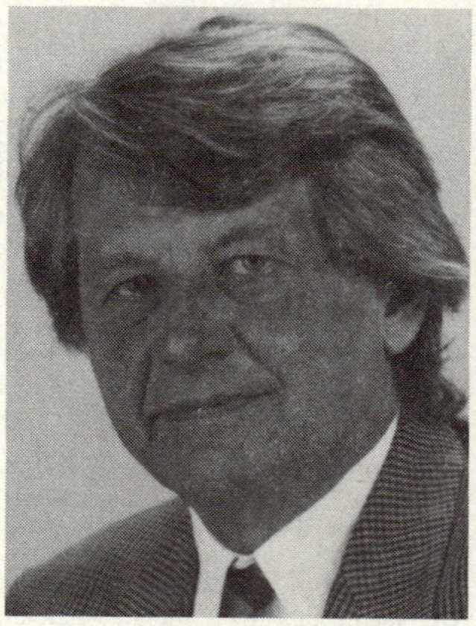

Prof., Publizist - 5562 Manderscheid/Eifel (T. 7 55) - Geb. 16. April 1921 Wien (Vater: Rudolf L., Schriftst. † 1953 (s. XI. Ausg.); Mutter: Susanne, geb. Köhler (Verf.: Gestohlenes Leben), verh. s. 1974 m. Dr. Elke Leonhard-Schmid - Schulen Berlin (Realgymn. Reinickendorf, Karl-Marx-Sch. Neukölln); 1932-33 Landschulheim Herrlingen/Schwaben; 1933-35 Internatssch. Viggbyholm (Schweden); 1935-40 Sowjetsch. Moskau; 1940-41 Hochsch. ebd.; 1942-43 Komintersch. Ufa (UdSSR) - 1943-45 Rundfunksprecher Sender Fr. Dtschl. Moskau, 1945-47 Ref. Abt. Agitation u. Propaganda ZK d. KPD bzw. SED Berlin (Ost), 1947-49 Lehrer Parteihochsch. Karl-Marx, s. 1950 fr. Journ. (ständ. Mitarb. f. Ostfragen D. Zeit u. Neue Ruhr-Ztg.) u. Schriftst. BRD. Mitarb. Publik. 1956-58 Gast St. Antony's College Univ. Oxford, 1963/64 Columbia Univ. New York (Russ. Inst.), 1966-87 Prof. Yale University New Haven (Histor. Fak.), 1971ff. Gastprof. Univ. Mainz, 1972ff. Univ. Trier-Kaiserslautern - BV (größtent. in Übers.): Schein u. Wirklichkeit in d. UdSSR, 1952; D. Revolution entläßt ihre Kinder, 1955; Kreml ohne Stalin, 1959; D. polit. Lehren, 1962; Sowjetideologie heute, 1962 (m. Gustav A. Wetter); Chruschtschow - Aufstieg u. Fall e. Sowjetführers, 1965; D. Dreispaltung d. Marxismus - Ursprung u. Entwickl. d. Sowjetmarxismus, Maoismus u. Reformkommunismus, 1970. Herausg.: Aino Kuusinen, D. Gott stürzt s. Engel (1972); Am Vorabend e. neuen Revolution? D. Zukunft d. Sowjetkommunismus (1975); Was ist Kommunismus? (1976); Eurokommunismus - Herausford. f. Ost u. West (1978); Völker hört d. Signale (1981); Dämmerung im Kreml (1984); D. Schock d. Hitler-Stalin-Paktes (1986); Europ. Zeitzeugen (s. 1986) - 1982 Phi Beta Kappa, Yale Univ.; 1987 BVK I. Kl.; Mitgl. PEN-Zentrum BRD - Spr.: Russ., Engl.

LEONHARDT, Fritz

Dr.-Ing., Dr.-Ing. E. h., Dr. techn. h. c. mult., em. o. Prof. f. Massivbau Univ. Stuttgart (1957-74; 1967-69 Rektor) - Schottstr. 11b, 7000 Stuttgart (T. 257 83 31) - Geb. 11. Juli 1909 Stuttgart (Vater: Gustav L., Arch.; Mutter: Lene, geb. Schlecht), verh. s. 1936 m. Liselotte, geb. Klein, 5 Kd. (Sabine, Monika, Heidemarie, Hansjörg, Christine) - Dillmann-Realgymn. Stuttgart; TH ebd. (Dipl.-Ing. 1931) u. Purdue Univ. USA - B. 1938 Angest. Reichsautobahn, dann berat. Ing. (auch gegenw.). Mitgl. zahlr. Fachgremien. Neue Spannbeton-Verfahren u. Hängebrücken-Typen; Forschungsarb. auf d. Gebiet d. Stahlbetons. U. a. Rheinbrücken Köln-Deutz, -Mülheim, -Rodenkirchen, Düsseldorf, Fernsehturm Stuttgart - BV: Gestaltung d. Brücken, 1937; Vereinfachte Trägerostberechnung, 1938; Spannbeton f. d. Praxis, 1955 (auch russ.); Vorspannung m. konzentr. Spanngliedern, 1956; Ingenieurbau, 1974; Brücken, Bridges, Aesthetik u. Gestaltg., DVA 1982; Türme (m. Heinle), DVA 1988. Vorlesungen Massivbau, 1975/79. Zahlr. Einzelveröff. - Fritz-Schumacher- u. Paul-Bonatz-Preis; 1952 VDI-Ehrenz., 1965 Gold. Ehrenmünze Österr. Arch.- u. Ing.verein; 1965 Werner-v.-Siemens-Ring; 1967 Emil-Mörsch-Denkmünze; 1968 Medaille d'Or Gustave Magnel; 1973 Grashof-Gedenkmünze VDI; Freyssinet Med.; Gold Medal Brit. Inst. of Structural Eng.; Dr. e. h. (Braunschweig, Kopenhagen, Oregon State U., Purdue U., U. de Liège, U. of Bath); Gold Med. AIPC, Rom; Gr. BVK; National Acad. of Engineering USA; Schweiz. Akad. d. Techn. Wiss. SATW - Liebh.: Wandern, Bergsteigen - Spr.: Engl., Franz. - Rotarier.

LEONHARDT, Gustav

Geschäftsführer WKV Waren-Kredit-Bank GmbH, Stuttgart - Mendelssohnstr. 44, 7000 Stuttgart - Geb. 2. April 1916.

LEONHARDT, Helmut

Dr. med., em. o. Prof. f. Anatomie Univ. Kiel - Anatomisches Inst. d. Univ., 2300 Kiel (T. 880 36 00) - Geb. 14. Juli 1918 Stuttgart (Vater: Richard L.; Mutter: Luise, geb. Weber), ev., verh. s. 1944 m. Ursula, geb. Barchewitz, S. Matthias - Univ. Tübingen, München, Freiburg - s. 1953 (Habil.) Lehrtätigk. Univ. Erlangen-Nürnberg (1958 apl. Prof.; Prosektor Anat. Inst.), Kiel (1964 Wiss. Rat u. Prof.; Leit. Prosektur), Saarbrücken (1968 o. Prof.; Dir. I. Anat. Inst.), Kiel (1974 o. Prof. Anat. Inst.). Spez. Arbeitsgeb.: Neuroglia. Mitgl. Dt. Akad. d. Naturforsch. Leopoldina, Anat. Ges., Ges. f. Elektronenmikroskopie - BV: Histologie, Zytologie u. Mikroanatomie d. Menschen, Lehrb. 7. A. 1985 (auch jap., span., ital., engl.); Taschenatlas d. Anatomie, 5. A. 1986 (auch jap., franz., span., ital., holländ., eng.); Taschenlehrb. d. ges. Anatomie, Bd. I, II, 3. A. 1987; Ependym u. circumventriculäre Organe (in: Hdb. mikrosk. Anat. d. Menschen). Üb. 100 Einzelarb. Mithrsg.: Rauber/Kopsch, Lehrb. u. Atlas d. Anat. d. Menschen; Ztschr. mikrosk.-anat. Forschg.; Normale u. Patholog. Anatomie - Spr.: Engl., Franz.

LEONHARDT, Karl Ludwig

Verleger - Isestr. 121, 2000 Hamburg 13 - Geb. 14. Okt. 1922 Dresden (Vater: Dr. Helmuth L., Zahnarzt; Mutter: Elisabeth, geb. Mindner), verh. s. 1965 in 2. Ehe m. Sieglinde, geb. Buschkamp - Abit. - Liebh.: Bibliophilie.

LEONHARDT, Roland

Betriebswirt & Handelsfachwirt, Schriftsteller - Fontanestr. 14, 6330 Wetzlar (T. 06441 - 7 64 72) - Geb. 23. Jan. 1957 Gößnitz (Vater: Egon L.; Mutter: Brigitte, geb. Hrachoveć), ev., ledig - Mitgl. IGdA (Interessenverb. dtschspr. Autoren), Kreis d. Freunde Dülmen, Verb. d. Kasseler Autoren. Lektoratsmitarb. b. Herausg. d. Buches Heimat-Anthol. v. Ernst Reichelt (1980), jüngster Autor in d. Welt-Anthol. - BV: Neue Sicht unseres Weltbildes (m. a.), 1979; Jenseits d. Welt d. Bösen, Aphor., 1980; Leben, weil Gott uns liebt, 1982; Und jeder Tag ist e. Geschenk, 1984; Herr, dein Licht laß mich schauen, 1985; Segenswünsche zum Geburtstag, 1985. Herausg. Fototaschenb.reihe: Bleibende Liebe, Hoffnung, Trost, Dank, Geborgenheit, Weisheit; Mini-Farbfotohefte; Bildb. D. Leben - e. Geschenk; Grußheftreihe: Gedanken z. Freundschaft, Alle guten Wünsche z. Geburtstag; Alle guten Wünsche z. Genesung; Trauernden z. Trost; Weisheiten f. jeden Tag; Alle guten Wünsche f. d. gemeinsamen Lebensweg. Kunstb.: Das Glück hat Flügel (Ged. zu Gemälden v. Caspar David Friedrich), 1989. Weit. Veröff. in Anthol. u. Sammelw. (in 10 Büchern); öfftl. Lesungen - 1982 Lit.stip. Stadt Bad Harzburg, Schatzmeister d. IGdA - Liebh.: Lesen, Musik, Reisen - Lit.: Lichtband Autoren-Bild-Lexikon (1980); Hans Margolius, Philosophenkartei (1980); Rudolf Dressler, Zeitgesch. einmal anders - Handschr. u. Manuskripte (1980).

LEONHARDT, Rudolf Walter

Dr. phil., Journalist, Schriftst. - Leuchtturmweg Nr. 42A, 2000 Hamburg 56 - Geb. 9. Febr. 1921 Altenburg, ev., verh. in 2. Ehe (1949) m. Ulrike, geb. Zoerb, 3 Kd. - Stud. Naturwiss. u. Neuphilol. Leipzig, Bonn, Cambridge, London. Promot. 1950 Bonn - 1948-50 Doz. Cambridge (Moderne dt. Lit.). 1950-53 BBC London, seith. Auslandskorresp., polit. Redakt. (1955), Feuilletonchef (1957), Reporter u. stv. Chefredakt. Wochenztg. Die Zeit, Hamburg - BV: Cassels Encyclopaedia of Litterature, Moderne deutsche Literatur, 1955 (London); 77 × England, 1957 (auch span.); D. Sündenfall d. dt. Germanistik, 1959; ×-mal Deutschland, 1961 (auch engl., ital., span.; GA. üb. 300 Ts.); Leben ohne Literatur?, 1962; Zeitnotizen - Kritik/Polemik/Feuill., 1963; Reise in e. fernes Land - Bericht üb. Kultur, Wirtschaft u. Politik in d. DDR, 1964 (m. Marion Gräfin Dönhoff u. Theo Sommer); Jg. dt. Dichter f. Anfänger, 1965; Wer wirft d. ersten Stein - Minoritäten in e. zücht. Gesellschaft, 1969; 3 Wochen u. 3 Tage - E. Europäer in Japan, 1970; Haschisch, Report 1972; Dtschl., 1972; Argumente pro u. contra, 1974; D. Weib, d. ich geliebt hab - Heinrich Heines Mädchen u. Frauen, 1975; Journalismus u. Wahrheit, 1977; Lieder aus d. Krieg, 1979; Sylt 1870-1920, 1980; Auf gut deutsch gesagt, 1983 - Herausg.: Kästner f. Erwachsene (1969) - Spr.: Engl., Franz., Ital.

LEONHART, Günther

Vermessungstechniker, Beigeordneter, MdB (s. 1980) - Brahmsstr. 18, 6550 Bad Kreuznach/N. (T. 6 13 44) - Geb. 31. Aug. 1929 Bad Kreuznach, ev., verh., 2 Kd. - S. 1944 Kulturverw. (1958 ff. Personalratsvors. Kulturamt Bad Kreuznach). S. 1960 Stadtratsmitgl., Bürgerm. u. Beigeordn. Bad Kreuznach (1962 Fraktionsvors.). SPD s. 1956, MdL Rhld.-Pfalz s. 1967 (Funktionen Kreis- u. Bezirksebene).

LEOPOLDER, August

Prof., Konzertpianist - Walter-vom-Rath-Str. 25, 6000 Frankfurt/M. (T. 56 62 46) - Geb. 6. Juli 1905 München - Gymn. u. Univ. München (Phil.); Klavierstud. Làszlo, Petri, Martienssen - Ab 1931 Lehrer f. Klav. Konservat. Aschaffenburg, Musisches Gymn. (1941-45) u. Musikhochsch. Frankfurt (1950 ff.).

LEOPOLDT, Heinrich-Wolfgang

Dr. rer. nat. (habil.), o. Prof. f. Mathematik - Schneidemühler Str. 2c, 7500 Karlsruhe-Waldstadt - S. 1964 Ord. u. Inst.dir. TH bzw. Univ. Karlsruhe. Facharb. Mithrsg. v. Fachtzschr. - 1979 o. Mitgl. Heidelberger Akad. d. Wiss.

LEPA, Albert

Oberregierungsrat a. D., Ehrenvors. Landessportbund Nieders. (1983ff.; vorher 28 J. Vors.) - Maschstr. 20, 3000 Hannover (T. 88 60 66) - Geb. 9. Dez. 1907 Hildesheim - Sportabz.-Förderer.

LEPACH, Paul

Dipl. rer. pol., Vorstandssprecher Touristik Union International (TUI), Hannover - Alter Postweg 16, 3006 Burgwedel 1 (T. 05139 - 48 41) - Geb. 25. Mai 1925 Breslau - Stud. Volkswirtschaft Hamburg, 1956 Norddt. Lloyd, 1967 Hapag Lloyd Reisebüro GmbH., 1970 Vorst. TUI.

LEPENIES, Wolf

Dr. phil., Prof. f. Allg. Soziologie, Rektor Wissenschaftskolleg Berlin (s. 1986) - Ostpreußendamm 49, 1000 Berlin 45 (T. 030 - 772 30 21) - Geb. 11. Jan. 1941 - Promot. 1967 Münster; Habil. 1970 Berlin (FU) - 1971-86 FU Berlin - BV: u.a. Melancholie u. Gesellschaft, 1969; Soziol. Anthropologie, 1976 (auch Engl.). Zahlr. Einzelarb. - 1984 Alexander-v.-Humboldt-Preis.

LEPPICH, Johannes, S. J.

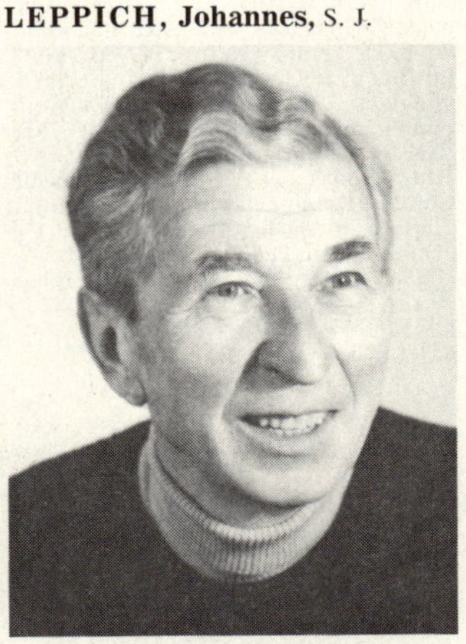

Pater - Osannstr. 49, 6100 Darmstadt (T. 4 53 40) - Geb. 1915 Ratibor/OS. (Vater: Zuchthausaufseher) - Stud. Phil. u. Theol. - BV: Christus auf d. Reeperbahn; Gott zwischen Götzen u. Genossen; Meditationen auf d. Asphalt; Brasilian. Vaterunser; D. Zeitung - e. Gebetbuch; Atheisten-Brevier; Passiert - notiert - meditiert. Langspielpl. bzw. Cassetten: Revolution d. Bergpredigt, 10 Gebote - heute, u. a., Initiator u. Leit. action 365 international m. Mitarb. in üb. 12 Ländern. In 25 J. Straßenpredigten Mill. Menschen angesprochen. Dzt. Vorträge in Kirchen u. Sälen.

LEPPIEN, Helmut R.

Dr. phil., Hauptkustos Hamburger Kunsthalle (s. 1976) - Glockengießerwall, 2000 Hamburg 1 (T. 24 82 51) - Geb. 1933 - Volontär Wallraf-Richartz-Museum Köln; 1963-68 Assist. Hamburger Kunsthalle; 1969-71 Dir. Kunsthalle Köln; 1972-75 Dir. Kunstverein Hannover. 1968-74 Präs. ICOM-Komitee f. Museen mod. Kunst. Fachveröff., vor allem z. Kunst d. 19. u. 20. Jh.

LEPPIG, Manfred

Dr. rer. nat., o. Prof. f. Mathematik Univ.-GH Duisburg - Kötterstr. 18, 4400 Münster - Geb. 9. Febr. 1930 Striegau - Lehrersem.; Stud. Math., Physik, Päd., Phil. (Promot. 1960 Math.) - Grundschullehrer, Studienrat, Doz. Münster; Prof. Kiel u. Duisburg - BV: E. Computer-Übungsmodell, 2. A. 1972; Math. d. mod. Schule, 1971; Abbild. u. topol. Strukturen, 1973; Analyt. Geometrie d. Großkreise u. Loxodromen, 1970; Lehrb.reihe Lernstufen Math. 5-10, ab 1980; Weitere Schulbuchwerke Math.; Aufs. in Fachtzschr., Arbeitsmittel z. Math.unterricht.

LEPPMANN, Wolfgang

Dr. phil., Prof., Schriftsteller u. Germanist - 2655 Central Blvd., Eugene, OR 97403/USA (T. 503 - 342-2894) - Geb. 9. Juli 1922 Berlin (Vater: Dr. Franz L., ehem. Leit. Propyläen-Verlag; Mutter: Ida, geb. Orloff (Burgschausp.), ev., verh. m. Theodosia, geb. Olafson, 3 Kd. - B.A. 1948, M.A. 1949 McGill/Kanada; Ph.D. 1952 Princeton/USA - 1974-78 Vors. German. Abt. L. & L. Univ. Oregon; Gastprof. Univ. Toronto u. Yale Univ. Virginia; Schriftst. - BV: The German Image of Goethe, Oxford 1961; Pompeii in Fact and Fiction, London 1968; Winckelmann, New York u. London 1971, Berlin 1972, München 1982; Rilke, München 1981, New York u. Paris 1984; Gerhart Hauptmann, München 1986; Übers. eig. u. fremder Werke - 1962 u. 1979 Alex.-v.-Humboldt-Stip.; 1963 u. 1972 Guggenheim-Fellow; 1986 Gr. BVK am Bde. - Liebh.: Tennis, Hunde - Spr.: Engl., Franz., Ital., Span.

LEPSIUS, Mario Rainer

Dr. oec. publ., o. Prof. f. Soziologie - Mozartstr. 23, 6940 Weinheim/Bergstr. (T. 6 11 82) - Geb. 8. Mai 1928 Rio de Janeiro (Brasil.), verh. s. 1958 m. Dr. phil. Renate, geb. Meyer, Bundestagsabg. (s. dort), 1 Kd. - Habil. 1963 München - 1963-81 Ord. WH bzw. Univ. Mannheim, s. 1981 Univ. Heidelberg. Vors. Dt. Ges. f. Soziol. (1970-74), Mitgl. Heidelberger Akad. d. Wiss. Fachveröff. - Spr.: Engl.

LEPSIUS, Rainer

s. Lepsius, Mario-Rainer

LEPSIUS, Renate,

geb. Meyer

Dr. phil., Autorin, MdB (1972-83; 1984-87) - Mozartstr. 23, 6940 Weinheim/Bergstr. (T. 6 11 82) - Geb. 21. Juni 1927 Berlin, verh. s. 1958 m. Prof. Dr. oec. publ. Mario-Rainer L., Ord. f. Soziol. Univ. Heidelberg (s. dort), 1 Kd. - Stud. Gesch., Literatur-, Staatswiss. Berlin, Freiburg, London. Promot. 1953 - 1953-58 Ref. kulturpolit. Einrichtungen. SPD s. 1956 (1965-73 Mitgl. Landesvorst. Baden-Württ., 1968-73 Parteirat).

LERBS, Renate

Schriftstellerin (Ps.: Renate Lienau) - 8972 Altstädten/Sonthofen (T. 08321 - 22 44) - Geb. 8. April 1914 Berlin, 1936 verh. m. Karl Lerbs, 2 Kd. (Frank, Christiane), 1941 Übersiedl. ins Allgäu, s. 1946 verw. - Humanist Abit., Schauspielausb. Studio Ilka Grüning - b. 1940 Schauspielh. Bremen. Dramaturg. b. Herzog Film u. Ufa, Redakt. b. Revue und WINTER - BV: Über Hohen Dünen, R. 1942; D. Schöne aus d. Hinteren Tal, 1945, Nov. Gabriele Varell, R. 1946; D. wirst gebraucht, Arnika, R. 1957; Am Puls d. Lebens, R. 1959; Dirk war d. Anlaß, R. 1965. Übers. a. d. Franz. u. Engl. (22 Bücher, Beletristik, Sachb., Med.). Hrsg. v. Werken v. Karl Lerbs (Pointen usw.) - Liebh.: Musik, Bergsteigen - Bek. Vorf.: Prof. Dr. August Hirsch, u. a. Exped. Leiter 1879 b. Pestausbr. in Südrußland.

LERCHE, Peter
Dr. jur., Prof. f. Öfftl. Recht - Junkersstr. 13, 8035 Gauting/Obb. (T. München 850 20 88) - Geb. 12. Jan. 1928 Leitmeritz/Böhmen (Vater: Dr. Fritz L., Rechtsanw.; Mutter: Karoline, geb. Artmann), verh. s. 1955 m. Dr. Ilse, geb. Peschek, 2 Söhne (Wolfgang, Clemens) - Univ. München. Promot. (1951) u. Habil. (1958) München - 1960 Ord. Univ. Berlin (Freie) u. München (1965). Vors. Strukturbeirat Univ. Augsburg, Mitgl. Wissenschaftsrat, o. Mitgl. Bayer. Akad. d. Wiss., Vors. Vereinig. d. Dt. Staatsrechtslehrer (1982/83), Stiftg.-Vorst. Carl-Friedr.-v.-Siemens-Stiftg., u. a. - BV: Ordentl. Rechts- u. Verw.rechtsweg, 1953; Übermaß u. Verfassungsrecht, 1961; Verfassungsfragen um Sozialhilfe u. Jugendwohlfahrt, 1963; Z. Kompetenzbereich d. Dtschl.funks, 1963; Rechtsprobleme d. Werbefernsehens, 1965; Werbung u. Verfassung, 1966; Verfassungsrechtl. Zentralfragen d. Arbeitskampfes, 1968; Rundfunkmonopol, 1970; Verfassungsrechtl. Fragen z. Pressekonzentration, 1971; Verfassungsrechtl. Aspekte d. inneren Pressefreiheit, 1974, Landesbericht: Rundfunkorg. u. Kommunikationsfreiheit, 1979. Mitarbeit in Maunz/Dürig, Grundgesetz u. a. - 1977 Bayer. VO, 1984 Bayer. Verfassungsmed. in Silber, 1989 Maximiliansorden f. Wiss. u. Kunst - Liebh.: Nilpferdzucht - Bek. Vorf.: v. Prohaska, Artmann, Haller.

LERG, Winfried B.
Dr. phil., o. Prof. f. Publizistik- u. Kommunikationswissenschaft, Dir. Inst. f. Publizistik d. Univ. Münster - Schürbusch 115, 4400 Münster (T. 71 96 82) - Geb. 23. Aug. 1932 Frankfurt/M. (Vater: Emil L., Finanzbeamter; Mutter: Paula, geb. Klutmann), kath., verh. in 2. Ehe m. Sabine, geb. Schiller, T. Charlotte - Gymn. Frankfurt/M., Fulda, Linz/Rh.; Univ. Bonn u. Münster (Publiz., Gesch., Soziol.). Promot. (1964) u. Habil. (1969) Münster - S. 1960 Assist., Doz., Wiss. Rat u. Prof., o. Prof. (1971) Univ. Münster. 1973-75 Vors. Dt. Ges. f. Publizistik- u. Kommunikationswiss. - BV: D. Entsteh. d. Rundf. in Dtschl. - Rundfunkgesch., 1965, 2. A. 1970; D. Gespräch - Theorie u. Praxis d. unvermittelten Kommunikation, 1970; Rundfunkpolitik in d. Weimarer Rep., 1980 - Spr.: Engl., Franz. - Arnulf Kutsch: Auswahlbibliogr. W. B. Lerg (1956-1982). In: Publizistik 27. Jg. 1982.

LERMANN, Hilde
Schauspielerin, Drehbuchautorin, Regiss. - Ascheringerweg 6, 8134 Pöcking - Geb. 8. Juli 1944 Starnberg (Vater: H. Schmitt-L. (s. dort); Mutter: Maria, geb. v. Claer), verh. m. Diethard Klante (s. dort), T. Johanna - Fernsehrollen u.a.: Kameraden, Helga N. Hörsp.: Mexiko-Marmelade, Betsingmesse (Autorin). Fernsehsp.: D. Winterhaus (Autorin u. Regiss.) - 1987 Filmpreis Rhld.-Pfalz; 1989 Preis d. Akad. d. darstell. Künste u. Adolf Grimme Preis in Gold.

LERMEN, Birgit Johanna
Dr. phil., Prof. f. Neuere dt. Literatur Univ. Köln - Gartenstr. 30, 5100 Aachen (T. 0241-8 17 27) - 1. u. 2. Staatsex. höh. Lehramt, Promot. 1967, Habil. 1974 - BV: Mod. Legendendicht., 1968; D. traditionelle u. neue Hörspiel, 1975; D. Trickfilm als didakt. Aufg. (2 Bde.), 1983; Medium Trickfilm, 1984; D. Aachenfahrt in Gesch. u. Literatur, 1986; Lyrik aus d. DDR, 1987; Herausragende Frauengestalten d. Gegenwartslit. in Ost u. West, 1987.

LERNER, Franz
Dr. phil., Dipl.-Kfm., Historiker, Honorarprof. f. Sozial- u. Wirtschaftsgeschichte m. bes. Berücks. d. Technikgesch. Univ. Marburg (s. 1973) - Gerhart-Hauptmann-Ring 29, 6000 Frankfurt/M. 50 - Geb. 7. März 1903 Frankfurt/M. (Vater: Julius L., Glaserm.; Mutter: Margarete, geb. Blöchinger), kath., verh. in 2. Ehe (1977) m. Antonie, geb. Behrendt, 2 Kd. aus 1. Ehe (Dipl.-Ing. Friedrich, Dr. rer. nat. Hedwig) - Univ. Frankfurt, Rostock, Tübingen. Dipl.-Kfm. 1925; Promot. 1930 - BV: u. a. Bilder z. Frankf. Gesch., 1950; Holzhausen - Gestalten, 1953; Aber die Biene nur findet d. Süßigk., 1963; Wirtschafts- u. Sozialgesch. d. Nass. Raumes 1816-1964, 1965; Bürgersinn u. -tat, 1966; Gesch. d. Deutsch. Glaserhandw., 1981; Blüten, Nektar, Bienenfleiß, 1984; Mit Gunst Meister u. Gesellen, 1987 - BVK 1983.

LEROY, Herbert
Dr. theol. o. ö. Prof. f. Einleitung in d. Bibelwiss. u. Hermeneutik Univ. Augsburg (s. 1972) - Wilhelm-Hauff-Str. 28, 8900 Augsburg 1 (T. 55 56 13) - Geb. 10. Jan. 1936 Düren (Vater: Jakob, Verw.sdir.; Mutter: Maria, geb. Scholz), kath. - Stud. d. Theol. Univ. Tübingen. Promot. 1968; Habil. 1972 smtl. Tübingen - BV: Rätsel u. Mißverständnis, 1968; Nicht Knechte, sondern Freunde, 1973; Z. Vergebung d. Sünden, 1974; Jesus. Überlief. u. Deut., 1978; U. m. deinem Geist, 1980; D. Schöpfung, 1987.

LERSCH, Rainer
Dr. phil. habil., Prof. f. Schulpädagogik u. Allg. Didaktik Univ. Dortmund (s. 1983) - Sanderweg 20, 4630 Bochum (T. 0234 - 35 22 96) - Geb. 14. Dez. 1943 Rheydt, ev., verh. s. 1970 m. Heidrun, geb. Prahl, S. Tobias - Hugo-Junkers-Gymn. Rheydt; Lehramtsstud. PH Wuppertal; 1. Staatsprüf. 1966; 2. Staatsprüf. 1969 Wuppertal; Stud. Univ. Bochum (Päd., Phil., Sozialpsych.); Promot. 1973 Bochum; Habil. 1982 Dortmund - 1966-70 Lehrer Wuppertal; 1970-74 Lehrer im Hochschuldst. Univ. Bochum; 1974-83 wiss. Mitarb. u. Priv.-Doz. Univ. Dortmund - BV: Wiss. u. Mündigkeit, 1975; Lernen u. Erfahrung - Perspektiven e. Theorie schulischen Handelns (m. H.H. Krüger), 1982 - Liebh.: Sport, Reisen.

LERSCH, Willy
Ehrenpräsident d. IHK Regensburg-Petersberg, 8472 Schwarzenfeld-Kögl. - Geb. 7. Jan. 1914 Eschweiler (Vater: Karl L.; Mutter: Sidonie, geb. Closset), kath., verh. s. 1944 m. Ilse, geb. Limberger, S. Hannes - Ausb. z. Bankkfm. - S. 1939 keram. Ind.; 1955-85 Vorst. Buchtal GmbH, Keram. Betr., Schwarzenfeld; 1970-76 1. Vors. Fachverb. Baukeramik u. Spaltpl., 1974-86 Präs. IHK Regensburg; AR-Vors. Krones AG, Neutraubling; AR-Mitgl. Buchtal GmbH, Keramische Betriebe, Schwarzenfeld; Mitgl. Board of Directors General Ceramic Hellenic Industries S. A., Athen - Bayer. VO. - Spr.: Engl., Franz.

LERSNER, Freiherr von, Heinrich

Dr., Präsident Umweltbundesamt -

Bismarckpl. 1, 1000 Berlin 33 - Geb. 14. Juli 1930, verh. m. Uta, geb. v. Weyhe, 4 Kd. (Ludwig, Marita, Brigitta, Charlotte) - Veröff. üb. Umweltrecht - U. a. Bundesinnenmin. FDP - Liebh.: Wandern, Genealogie, Heraldik d. Weineitiketts.

LESAAR, Heinz
Dr. rer. nat., Prof. f. Chemie Univ. Bonn - Quirinstr. 62, 4000 Düsseldorf 11 - Geb. 6. Sept. 1930 Wuppertal, verh. m. Sigrid, geb. Halbach, 1 Kd. (Henrik) - Dipl.-Chem. 1959, Promot. 1963; 1969 Doz.; 1973 o. Prof. u. Sem.-Dir. Univ. Bonn.

LESCHANOWSKY, Heinz
Mühlen- u. Maschinenbauer, MdL Bayern (s. 1975) - Karlsruher Str. 13, 8500 Nürnberg (T. 41 14 04) - Geb. 1932 - CSU.

LESCHIK, Georg
Dr. rer. nat., em. o. Prof. f. Didaktik d. Biologie - Erlenring 16, 6369 Massenheim (T. 04509 - 43 49) - Geb. 16. Nov. 1916 Bergstadt/OS. - Habil. 1957 Marburg (Paläobotanik) - S. 1957 Lehrtätig. Univ. Marburg (1959 apl. Prof.), Dipl. Hochsch. Saarbrücken (1960 Prof.), Univ. Frankfurt/Abt. f. Erziehungswiss. (1962 ao., 1965 o. Prof., 1981 emerit.). Fachveröff.

LESER, Hans G.
Dr. jur., M. C. L., o. Prof. f. Bürgerl. Recht, Gesellschaftsrecht, Rechtsvergleichung Univ. Marburg (s. 1968) - Frhr.-v.-Stein-Str. 37, 3550 Marburg 6 (T. Marburg 8 13 33) - Geb. 25. Nov. 1928 Konstanz/B. (Vater: Prof. Dr. Ernst Th. L.; Mutter: Johanna, geb. Tavernier), ev., verh. s. 1952 m. Marianne, geb. Wunderle, 2 Kd. (Hans-Georg, Sabine) - Gymn.; Univ. Tübingen, München, Freiburg, Chicago. Gr. jurist. Staatsprüf. u. Promot. 1956; Habil. 1968; Gastprof. Baton Rouge, Louis. (USA); Poitiers (Frankr.); Chuo, Tokio Kyoto Univ., Tokio Univ. (Japan); Korea Univ. Seoul (Korea) - Beiratsvors. TVU Textilveredlungsunion Wuppertal - BV: V. d. Saldotheorie z. fakt. Synallagma, 1956; D. Rücktritt v. Vertrag, 1975; m. Horn u. Kötz: German Private Law, Oxford 1982. Herausg.: Ernst Rabel - Ges. Aufs. (3 Bde. 1965/67); Ernst v. Caemmerer - Ges. Schr. (2 Bde. 1968, Bd. 3 1983); Max Rheinstein - Ges. Schr. (2 Bde. 1979) - Mitgl. Intern. Assoc. of Law Libraries (1971 Präs.) - Spr.: Engl., Franz.

LESKIEN, Hermann
Dr. phil., Ltd. Bibliotheksdirektor, Leit. Univ.bibliothek München (s. 1979) - Geschw.-Scholl-Pl. 1, 8000 München 22 - Geb. 23. Dez. 1939 Königsberg/Pr. - Stud. German., Gesch., Geogr. - 1967-73 Univ.bibl. Würzburg, 1973-79 Univ.bibl. Bamberg.

LEŚNIAK, Zdzislaw K.

Dr.-Ing., Prof. Techn. Hochsch. Darmstadt (s. 1984) - Erbacher Str. 97c, 6100 Darmstadt (T. 06151 - 42 17 11) - Geb.

10. Jan. 1924 Tlumacz/Polen, kath., T. Anna - 1945-49 Stud. TU Warschau u. Prag; Promot. 1962 Warschau (aufgr. i. 1960/61 durchgeführten Forsch.-Arb. an d. TH Darmstadt); Habil. 1969 Warschau - 1949-63 Stahlbauing. (u.a. Bauleit. u. Brücke üb. d. Weichsel); 1963-75 Abt.-Leit. Inst. f. Bautechnik Warschau. 1973/74 Gastforscher TH Darmstadt. S. 1975 Prof. TU Bialystok (s. 1979 beurlaubt). 1979-81 Gastprof. TH Darmstadt; 1981-84 Gastprof. Univ. Hamburg. Pionierarb. auf d. Geb. d. computergestützten Optimierung v. Systemen - Üb. 10 Bücher, dar.: Methoden d. Optimierung v. Konstruktionen, 1970. Erste wiss. system. Darst. d. Geb. (Üb. d. Autors ins Poln.) - 1974 Preis d. poln. Min. f. Bauwesen; Mitgl. Intern. Inst. of Welding; Mitgl. Committee Planning and Design of Tall Buildings Americ. Soc. of Civil Engineers; Mitgl. Intern. Federation for Informations Processing - Liebh.: Lit., Sport (Tennis) - Spr.: Poln. (Mutterspr.), Engl., Russ., Tschech.

LESS (ß), Hannes
Rechtsanwalt, Hauptgeschäftsführer Bund Dt. Buchbinder-Innungen - Sendlinger Str. 55, 8000 München 2; priv.: 19, Schachenmeierstr. 64 - Geb. 25. Febr. 1921.

LESSENICH, Rolf Peter

Dr. phil., Prof. f. Anglistik - Graurheindorfer Str. 8, 5300 Bonn 1 (T. 0228-63 58 56) - Geb. 19. Juni 1940 Köln (Vater: Josef L., Landw.; Mutter: Käthe, geb. Schmidt), led. - Gymn. Köln-Deutz; 1960-63 Univ. Köln, 1963-66 Univ. Bonn - S. 1966 Assist., Priv.doz., Prof. Univ. Bonn (Engl. Sem.) - BV: Dichtungsschmack u. althebr. Bibelpoesie im 18. Jh., 1967; Elements of Pulpit Oratory in Eighteenth-Century England, 1972; Lord Byron a. the Nature of Man, 1978; Aspects of English Preromaticism, 1989; 8. Aufs. in wiss. Ztschr. u. Sammelbd. - Liebh.: Barockmusik, Reitsport - Spr.: Engl., Franz., Span., Ital., Hebr.

LESSING, Alois
Dipl.-Ing., Direktor, Vorstand Studiengemeinschaft f. Fertigbau, Wiesbaden - Lerchenstr. 27, 6056 Heusenstamm - Geb. 24. Nov. 1914.

LESSING, Heinz A.
Bankier, VR-Mitgl. Bankhaus Joh. Berenberg, Goßler & Co., Hamburg - Holztwiete 4c, 2000 Hamburg 52 (T. 82 85 86) - Geb. 2. Juli 1909 - Schule Schloß Salem (Abit.); Banklehre Hamburg (M. M. Warburg) - U. a. Bank of Manhattan, New York, Hamburg-Amerika Linie, Hamburg.

LESSLE, Dieter Felix
Hess. Landtagsdirektor (s. 1968) - Schloßpl. 1, 6200 Wiesbaden - Geb. 21. April 1931 Stuttgart - Schulausbild. Stuttgart, Maulbronn u. Blaubeuren - Stud. Tübingen, Exeter u. München - 1962-64 Assist. TH Darmstadt; 1964-68 Ref. (Parlam., KMK) b. Hess. Kultusmin.

LESSMANN (ß), Gerhard

Dr., Direktor Landwirtschaftskammer Rheinland (s. 1984) u. Leit. d. Höh. Forstbehörde Rhld. als Landesbeauftr. - Pescher Str. 8, 4044 Kaarst 2 (Büttgen) - Geb. 29. Mai 1931 Saalhoff/Kr. Moers, kath., verh. s. 1971 m. Doris, geb. Nießen, 2 S. (Markus, Stefan) - Stud. Agrarwiss. m. Dipl., Promot. u. 2. gr. Staatsprüf., Bonn - 1966-84 Min. f. Ernährung, Landwirtsch. u. Forsten Nordrh.-Westf., Düsseldorf (zul. Ltd. Ministerialrat) - Spr.: Engl.

LESSMANN (ß), Herbert

Dr. jur., o. Prof. f. Bürgerl. Recht, Handels- u. Wirtsch.srecht - Habichtstalgasse 30, 3550 Marburg - Geb. 10. Juli 1935 Langenau/Schles., ev., verh. s. 1968 m. Hilgegard, geb. Delles, S. Andreas - Gymn.; Jura-Stud. Berlin, Freiburg u. Münster - Prof. Münster u. Marburg - BV: Übertragbarkeit n. Teilübertrag. urheberrechtl. Befugnisse, 1967; D. öfftl. Aufgabe u. Funkt. privatrechtl. Wirtsch.verb., 1976 - Spr.: Engl., Franz.

LESSMANN, Marianne Katharina

Dipl.-Volksw., Lehrerin a.D., Schriftst. (Ps. Maria Helmer) - Stralsundweg 4, 4400 Münster/W. - Geb. 18. Juni 1920 Gelsenkirchen, kath., led. - Abit. 1939; Dipl.-Volksw. 1943; 1. u. 2. Staatsex. 1962 u. 1965; 1967-68 Stud. Heilpäd. - 1943/44 Landesjugendamt (Abt. Fürsorgeerziehung); 1944-59 Einsatz im elterl. Haush.; Gedichtveröff., Tagebuch; 1963-71 Lehrberuf Volkssch. u. orthopäd. Kliniksch. - BV: Im Erbe d. Auftrages, 1972; Vergangenes lebt, 1972; Religiöse Lyrik, 1972; M. Gott im Gespr., 1973; Wer richtig staunt, d. glaubt, 1973; D. Vollkommenheitsstreben u. s. Grenzen, 1973; Leben im Tode, 1977; Glockensp., 1980; Mensch werden - Mensch bleiben, 1981; Musische Erziehung: Rettung d. Kinderseele, 1982; Evelyns Weg, 1984; Es grünt so grün ..., 1984; D. Zeit z. Trost e. Wort gesagt, 1986; Erde z. Blühen bringen, 1986 - Liebh.: Kohle- u. Rötelzeichnen, Stein- u. Achatarb., Lesungen v. Lyrik u. Prosa.

LETTMANN, Reinhard

Dr., Bischof v. Münster - Dompl. 27, 4400 Münster/W. (T. 49 51) - Geb. 9. März 1933 Datteln/W. - B. 1967 Bischöfl. Kaplan (Bischof Höffner), dann Generalvikar Münster, 1973 Weihbischof, 1980 Bischof.

LETTNER, Adolf

Dr. rer. pol., Dipl.-Kfm., Rechtsanwalt, Vorstandsmitgl. a. D. Zentralkasse Bayer. Volksbankan eG., München - Kyberg 21, 8024 Deisenhofen/Obb. (T. München 613 14 73) - Geb. 9. Juli 1920 Deisenhofen - Stud. Betriebs-, Volks-, Rechtswiss.

LETTOW, Ellen

Dr. med. vet., Prof. f. Pathologie u. Therapie d. kl. Haustiere - Albiger Weg 22, 1000 Berlin 38 (T. 803 71 57) - Geb. 27. Sept. 1927 - S. 1960 (Habil.) Lehrtätigk. FU Berlin (1965 apl. Prof., 1971 Prof.). Facharb.

LETZELTER, Franz

Dr. iur., Ministerialdirektor i.e.R., Generalsekr. Deutscher Bildungsrat, Bonn (1967-76), Berater wiss. Organis. u. Stiftungen (s. 1976) - Behringstr. 7, 5300 Bonn-Bad Godesberg (T. 33 40 97) - Geb. 7. Mai 1926 Ludwigshafen/Rh. (Vater: Philipp L., Stadtschulrat a. D.; Mutter: Clara, geb. Karch), kath., verh. s. 1958 m. Liselotte, geb. Hamacher, 2 Töcht. (Dr. Marion, Yvonne) - Gymn. Ludwigshafen; 1949-53 Univ. Heidelberg (Rechtswiss., Gesch., Musikwiss.). Promot. 1955 Heidelberg; Ass.ex. 1958 Mainz - 1958-60 Hochschulref. Sekretariat d. Ständ. Konfz. d. Kultusmin., Bonn; 1960-67 Verw.-, Oberverw.-Rat (1961), Reg.- (1964), Ltd. Reg.-Dir. (1966) Univ. d. Saarl., Saarbrücken - BV: Saarl. Univ.-Recht, 1966 (m. Heinz Krabler); Wiss., Forsch. u. Rechnungshöfe, (m. Heinrich Reinermann) 1981; D. Dt. Forschungsgemeinsch., 1982 (im Hb. d. Wiss.Rs.); D. wiss. Hochsch. u. ihre Verw. nach 1945 (in Dt. Verw. Gesch.), 1986 - S. 1979 Mitgl. Kurat.; s. 1986 Präs. Frh.-v.-Stein-Ges.; Mitgl. Stiftgrat Dt. Inst. intern. päd. Forsch. (DIPF) in Frankf.; Berat. Dt. Univ.-Ztg. (DUZ) - 1986 BVK I. Kl. - Liebh.: Musik, Neue Gesch., Musikwiss.

LETZELTER, Manfred

Dr., Prof. f. Trainings- u. Bewegungswiss. Univ. Mainz - Südring 285, 6500 Mainz (T. 4 27 37) - Geb. 18. Aug. 1940 Ludwigshafen, kath., verh. s. 1969 m. Prof. Dr. Helga, geb. Krieß, S. Stefan - BV: Eigenschaftsniveau, Wettkampfverhalten u. Ausdauertraining b. 200 m-Läuferinnen d. Weltklasse, 1975; Hürdensprint, 1977; Trainingsgrundlagen, 1978 - 4facher Dt. Meister, 1970 Hallen-Weltrekord 200 m-Lauf - Spr.: Franz., Engl.

LEU, Al'

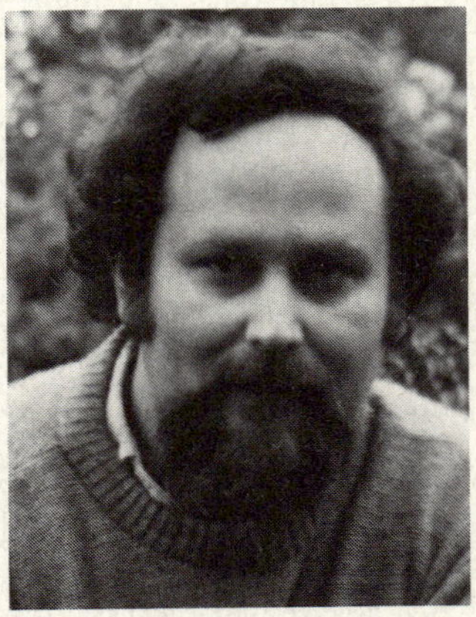

Bildhauer, Maler u. Publizist, Verlagsleit. Edition Leu - Schöneggstr. 26, CH-8953 Dietikon/Zürich - Geb. 26. Mai Beinwil/Freiamt, Schweiz - Stud. Bild. Kunst Luzern, Bern, Zürich, Salzburg, Berchem u. Antwerpen - Präs. Zürcher Schriftst. Verb. u. Verb. Ostschweizer Autoren (ZSV); Mitgl. Kantonalkonfz. CH 9I; Vorst.-Mitgl. Verein Radio Zürichberg, Zürich; ständiger Mitarb. Freiämter Woche/Aargauer Anzeiger Kultur-Tip - BV: 8 Lyrik-Anthol. Herausg.: Literaturztschr. Philodendron (zus. m. E. Scherer) u. Naos-Lit. d. Gegenw. Herausg. v. 26 Büchern - 2 Staatsauftr. f. Monumental-Plastiken.

LEUBE, Eberhard

Dr. phil., o. Prof. f. Roman. Philologie Univ. Bonn (s. 1967) - Gothastr. 42, 5205 St. Augustin 2 (T. 02241 - 33 29 89) - Geb. 6. März 1934 Breslau (Vater: Prof. D. Dr. Hans L., Hochschull.; Mutter: Waldtraut, geb. v. Klaeden), ev., verh. s. 1969 m. Dr. Christiane, geb. Fey, 2 Kd. (Hans Peter, Sabine) - Univ. Rostock (Roman. Philol.). Promot. Rostock; Habil. Berlin - 1958-66 FU Berlin (Assist.; 1966 Privatdoz.) - BV: Fortuna in Karthago - D. Aeneas-Dido-Mythe Vergils in d. roman. Literaturen v. 14. b. 16. Jh., 1969; D. Celestina, 1971; Tradición y antitradición, 1986. Herausg. (zus. m. Ludwig Schrader): Interpretation u. Vergleich, Festschr. W. Pabst (1972), Grundlagen d. Romanistik, Handb.reihe (1972ff.), Studienr. Romania (1975ff.); W. Pabst, Themen u. Texte (1977); Apollinaire (zus. m. Alfred Noyer-Weidner, 1980); E. Wolf, G. Apollinaire u. d. Rheinland (1988).

LEUE, Ernst

Industriekaufmann, Direktor, geschäftsf. Gesellsch. Monza GmbH. & Co., Langen - Mozartweg Nr. 13, 6070 Langen - Geb. 14. Sept. 1919 - Vorst.smitgl. Wirtschaftsverb. d. Dt. Fenster- u. Fassadenherst., Gütegemeinsch. Holzfenster, bde. Gießen, u. Inst. f. Fenstertechn., Rosenheim. Handelsrichter Landgericht Darmstadt.

LEUNER, Hanscarl

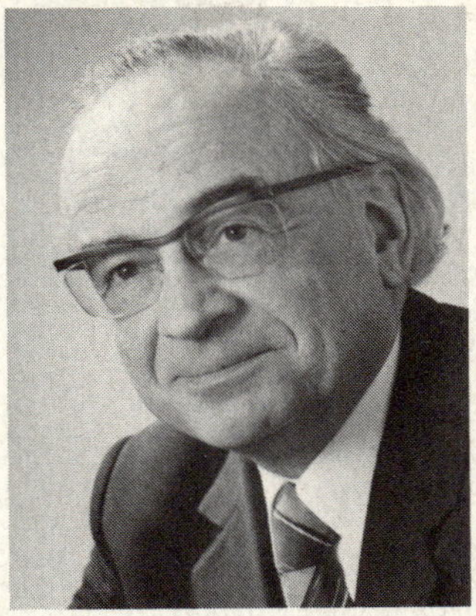

Dr. med., em. Prof. f. Psychotherapie u. Psychoanalyse - Eisenacher Str. 14, 3400 Göttingen-Geismar (T. 79 19 72) - Geb. 8. Jan. 1919 Bautzen/Sa. (Vater: Konsul Johannes L., Fabrikant; Mutter: Johanna, geb. Koch), ev., verh. I) 1946 m. Dr. med. Barbara, geb. Recker, 3 Kd. (Christian, Thomas, Claudia), II) 1969 m. Erdmute, geb. Kaups - Obersch. Bautzen; Univ. Frankfurt/M., Marburg, Würzburg. Promot. 1946 Marburg; Habil. 1959 Göttingen - S. 1959 Lehrtätigk. Univ. Göttingen (ab 1967 Leit. Abt. Psychoth. Psychosom. Univ. Göttingen), 1985 emerit. 1964ff. Vorst.-Mitgl. Ausbildungszentrum f. Psychotherapie u. -analyse Göttingen. 1966 Visiting Prof. Yale Univ. (USA). Fachmitgliedsch. In- u. Ausl. 1. Vors. AGKB, Präs. IGKB. Entwickl. v. intensiven Verf. Psychother.: Psycholytische Ther., Katathymes Bilderleben, Respirator. Feedback - BV: D. exper. Psychose, 1962; Katathymes Bilderleben, 1970, 81, 82, 89 (Übers. engl., schwed., ital.), Lehrbuch 85, 87, 89; Halluzinogene, 1981. Herausg.: Religion u. d. Droge (m. Josuttis); Katathymes Bilderleben b. Kindern u. Jugendl. (1978, 79, 89, m. Horn u. Klessmann).

LEUNIG, Manfred

Dr., Geschäftsführer Vorwerk Intern. AG - Hauptstr. 19, CH-8832 Wollerau (T. 00411 - 784 69 11) - Geb. 16. Okt. 1937.

LEUNINGER, Ernst

Direktor a. D., Landesversicherungsanst. Hessen (s. 1964) - Ferdinand-Dirichs-Weg 52, 6000 Frankfurt/M. (T. 35 55 79) - Geb. 5. Mai 1914 Mengerskirchen/Lahn - Volkssch.; 1930-34 Schriftsetzerlehre Berlin; 1933-37 Abendgymn. - Zul. Vors. DGB-Landesbez. Hessen, 1958-70 MdL Hessen. SPD - 1971 BVK I. Kl., 1976 Ehrenplak. Stadt Frankfurt, 1977 Wilh.-Leuschner-Med., 1979 Gr. BVK a. Bde.

LEUNINGER, Helen

Dr. phil., Prof. f. German. u. Allg. Linguistik, Dir. Inst. f. Dt. Sprache u. Lit. Univ. Frankfurt - Am Wildpfad 18, 6000 Frankfurt/Main 71 (T. 0611 - 6 66 63 33) - Geb. 22. März 1945 Berlin (Vater: Ernst L., Dir.; Mutter: Helene, geb. Chmieletzki), kath. - Abit. 1964; Promot. 1970; Habil. 1980 - 1981-82 Sekr. Dt. Ges. f. Sprachwiss.; 1983 Dir. Inst. f. dt. Spr. u. Lit. Frankfurt - BV: Psycholinguistik (m. and.), 1972; Linguistik u. Psych. (m. and.), 1974; Reflexionen üb. d. Universalgrammatik, 1979 - Liebh.: Klass. Ballett, Malerei, Sport, Politik, Hunde - Spr.: Engl., Franz., Span., Rumän., Japan.

LEUPOLD, Friedrich

Dr. med., Prof. i. R. - Siefen 13, 5060 Bergisch Gladbach 2 (T. 7 84 17) - Geb. 9. Juni 1918 (Vater: Prof. Dr. med. Ernst L., Pathologe (s. X. Ausg.); Mutter: Elisabeth, geb. Münzig), verh. m. Dr. med. Hanna, geb. Rogwalder - Univ. Münster u. Köln. Promot. 1944 Köln; Habil. 1955 Kiel - S. 1956 Lehrtätigk. Univ. Köln (1961 apl. Prof.; zeitw. Oberarzt Med. Klinik). B. 1962 Chefarzt Innere Abt. u. Ärztl. Dir. Johanniter-Krkhs. Duisburg-Rheinhausen.; s. 1984 Ruhest. Üb. 80 Fachveröff.

LEUPOLD, Walter

Stahlwarenfabrikant - Hölzleinsmühle 1, 8580 Bayreuth (T. 55 01) - Geb. 26. Juli 1913 Gefrees/Fichtelgeb. (Vater: Christof L., Fabr.; Mutter: Hedwig, geb. Weisheit) - Oberrealsch. Bayreuth; handwerkl. u. kaufm. Lehre väterl. Betrieb (1932 n. Bayreuth verlegt) - B. 1939 u. s. 1948 Familienuntern. (üb. 500j. Tradition als Messer- u. Waffenschmiede), dazw. Kriegsdst. (zul. Oblt. u. Kompanief. Panzerjägerabt.) u. Gefangensch. S. 1966 Stadtratsmitgl. Bayreuth; 1966-74 MdL Bayern. NPD.

LEUSCHNER, Albrecht

Dr. jur., Vorstandsvorsitzender Ceag AG, Bad Lauterberg - Zu erreichen üb. Postf., 3422 Bad Lauterberg (T. 05524 - 8 22 03) - Stv. Vors. Beirat Fa. Langguth Erben, Traben-Trarbach; Vors. d. Geschäftsfg. DETA GmbH.

LEUSCHNER, Fred

Dr. med., Prof., Pharmakologe u. Toxikol. - Bredengrund 31, 2104 Hamburg-Hausbruch - Geb. 11. April 1922 Dresden - S. 1959 (Habil.) Lehrtätigk. Univ. Erlangen-Nürnberg (1971 apl. Prof. f. Pharmak. u. Toxikol.). Üb. 100 Facharb. u. Monographien.

LEUSCHNER, Joachim

Dr. phil., o. Prof. f. Geschichte TU Hannover - Feuerbachstr. 18, 3000 Hannover (T. 69 53 83) - Geb. 22. Juni 1922 Berlin, verh. s. 1945, 2 Söhne - Stud. Gesch., German., Lat. Philol., Phil., Rechtsgesch. Berlin u. Göttingen - 1963-69 Prof. PH Göttingen (zeitw. Rektor). 1954 ff. Mitarb. Histor. Kommiss. Bayer. Akad. d. Wiss. Veröff. - Liebh.: Musik, Wandern.

LEUSCHNER, Kurt

Regierungsdirektor, MdB (dir. gew. Wahlkr. 3, Steinburg - Dithmarschen Süd) - Kapellenstr. 22, 2210 Itzehoe (T. 04821-52 26) - Geb. 16. April 1936 Wismar, verh. - Jura-Stud. Kiel - SPD; stv. Kreisvors. Steinburg, Ratsherr Itzehoe - Liebh.: Geschichte, Kunst - Spr.: Engl., Franz.

LEUSCHNER, Ulrich

Dr. med., Prof. Univ. Frankfurt, Facharzt f. inn. Med. u. f. Gastroenterologie - Zu erreichen üb.: Med. Klinik d. Univ., Theodor-Stern-Kai 7, 6000 Frankfurt/M. - Geb. 17. Juni 1938 Breslau - Med. Staatsex. 1965, Promot. 1966, Habil. 1974 - 1973 Facharzt f. inn. Med., 1975 Facharzt f. Gastroenterologie. Internist; 1977-79 u. 1985-87 komm. Leit. Abt. f. Gastroenterologie Univ. Frankfurt; Mitgl. mehr. wiss. Ges. - Rd. 200 wiss. Veröff. in Fachztschr. u. Büchern, Vorträge - Liebh.: Gesch., Kunst - Spr.: Engl.

LEUSER, Franz

Rechnungsrat, MdL Baden-Württ. (s. 1964) - Saverner Str. 4, 7710 Donaueschingen/Baden (T. 29 25) - Geb. 12. Febr. 1913 Heidelberg, kath., verh., 2 Kd. - Gymn. u. kurzes Jurastud. Heidelberg. Inspektorenex. 1939 - B. 1940 Kommunaldst. Heidelberg, dann Fürstl. Fürstenberg. Verw. Donaueschingen. 1940-46 Kriegsdst. u. -gefangensch. Stadtratsmitgl. u. stv. Bürgerm. (1957) Donaueschingen; MdK (Vors.). CDU (1952 Kreisvors.).

LEUSSINK, Hans

Dr.-Ing., Dr. h.c., Prof., Bundesminister a. D. - Strählerweg Nr. 45, 7500 Karlsruhe-Durlach (T. 4 26 68) - Geb. 2. Febr. 1912 Schüttorf Kr. Bentheim (Vater: Gerhard L., Architekt; Mutter:

Gertie, geb. Barkemeyer), ev., verh. s. 1941 m. Erika-Renate, geb. Hagemann - Reform-Realgymn.; TH Dresden (Dipl.-Ing.). Promot. 1941 TH München - Assist. Bergakad. Freiberg/Sa. (Inst. f. Techn. Mechanik), 1939 ff. Betriebsleit. Erdbau-Inst. München, 1950 ff. Ing.büro (Ruhrgebiet), 1954 ff. Ord. u. Dir. Inst. f. Bodenmech. u. Felsmechanik TH, jetzt Univ. Karlsruhe (1958-61 Rektor); 1969-72 (Rücktr.) Bundesmin. f. Bildung u. Wiss. 1960-62 Präs. Westd. Rektorenkonfz. 1962 ff. Vors. Aussch. f. Univ. u. Forsch. Europarat; 1963 ff. Mitgl. Wiss.rat (1965-69 Vors.); 1968 ff. Mitgl. Kuratorium Krupp-Stiftg.; 1968 ff. AR-Mitgl. Fried. Krupp GmbH; 1972 ff. Mitgl. Kurat. Stiftg. Volkswagenwerk; 1973 ff. Mitgl. Kuratorium Dt.-Brit. Stiftg.; 1972 ff. Senator Max-Planck-Ges. - Veröff.: Versuche m. geländegäng. Erdbaugeräten unt. bes. Berücksicht. d. Einflusses d. Bodenart (in: Forschungsarb. aus d. Straßenwesen, Bd. 30 (1941), D. Sicherheitsgrad im Erd- u. Grundbau (in: D. Bauing., H. 33 1942), Gedanken z. Erzieh. d. wiss. Ing. (Karlsruher Akad. Reden, Neue Folge Nr. 16). Herausg.: Baugrund u. -werk - 1982 Gr. BVK; 1982 Ehrendoktor PUCP - Liebh.: Bergwanderungen, Archäologie - Parteilos.

LEUTENEGGER, Gertrud

Regisseurin, Schriftst. - Zu erreichen üb.: Suhrkamp-Verlag, Lindenstr. 29-35, 6000 Frankfurt/M. 1 - Geb. 7. Dez. 1948 Schwyz - BV: Vorabend, R. 1975; Ninive, R. 1977; Wie in Salomons Garten, Ged. 1980; Gouverneur, R. 1981; Komm ins Schiff, 1983; Kontinent, R. 1985. Bühnenst.: Lebewohl, Gute Reise (1980); D. verlorene Monument (1985) - U. a. Meersbg. Droste-Preis (1979).

LEUTERITZ, Karl

Dr. jur., Dr. jur. h.c., Generalkonsul a. D. - Fuchspfad 10, 5330 Königswinter 41 - Geb. 29. Dez. 1922 Miltitz, verh. m. Ingeborg, geb. Hellwig, 2 Töcht. (Erika, Gabriele) - Stud. Rechtswiss. Frankfurt. 1. jurist. Staatsprüf.; Promot. 1954 - S. 1952 Auswärt. Dienst; Generalkonsulate Amsterdam (Vizekonsul) u. Rotterdam (Konsul); Botschaft Asunción (Legationsrat); 1962-66 als Konsul I. Kl. stând. Vertr. d. Generalkonsuls Chicago; 1966-75 AA (1968 Vortr. Legationsrat, 1970 Vortr. Legationsrat I. Kl. u. Ref.leit. Zentralabt.). 1975-80 Botsch. in Korea, 1980-83 in Jamaika; 1983-87 Generalkonsul in Istanbul, s. 1988 i. R. - 1978 Ehrendoktor d. jurist. Fak. Univ. Seoul/Korea; 1971 Gold. Sportabzeichen; 1983 BVK.

LEUTNER, Reinhard

I. Bürgermeister Stadt Staffelstein - Rathaus, 8623 Staffelstein/Ofr. - Geb. 15. Sept. 1942 Marktgraitz - Zul. Regierungsoberinsp. CSU.

LEUTSCHAFT, Roderich

Dr. med. (habil.), Akad. Direktor, apl. Prof. f. Chir. Kardiologie Univ. Erlangen-Nürnberg (s. 1972) - Am Veilchenberg 6, 8521 Spardorf/Mfr. - Zul. Privatdoz.

LEUTZBACH, Wilhelm

Dr.-Ing., Prof. u. Leiter Inst. f. Verkehrswesen Univ. Karlsruhe (1962) - Str. d. Roten Kreuzes 59, 7500 Karlsruhe 41 - Geb. 9. Nov. 1922 Freudenberg/W. - B. 1984 Präs. Dt. Verkehrswiss.-Ges. - Fachveröff. - 1965 Gold. Diesel-Ring Verb. d. Motorjourn.; 1979 Ehrenmitgl. Inst. of Highways and Transportation, London, 1987 Ehrenmitgl. Dt. Verkehrswiss. Ges.

LEUWERIK, Ruth

Schauspielerin - Zuccalistr. 31, 8000 München 19 - Geb. 23. April 1924 Essen (Vater: Julius Leeuwerik, Kaufm.; Mutter: Luise, geb. Sokolowski), verh. in 3. Ehe (1969) m. Dr. med. Heinz Purper (Augenarzt) - Lyzeum u. Handelssch. Münster/W. - Währ. d. Krieges Fräserin Rüstungsind. (dienstverpflichtet), dann Stenotypistin, n. Schauspielausbild. Darstellerin Bremen, Lübeck u. Hamburg (Mitgl. Dt. Schauspielhs.) - Bühne: u. a. Gretchen, Sally, Federle, Lucille, Cordelia, Pippa, Emilie, Rosalinde, Irma, Viola, Inke Peters; Film: 13 unt. e. Hut, Vater braucht e. Frau, D. gr. Versuchung, E. Herz spielt falsch, Geliebtes Leben, Muß man sich gleich scheiden lassen?, Königl. Hoheit, Bildnis einer Unbekannten, Ludwig II., Geliebte Feindin, Rosen im Herbst (Effi Briest), D. goldene Brücke, D. Trapp-Familie, Königin Luise, Auf Wiederseh'n Franziska!, Immer wenn der Tag beginnt, Taiga, Dorothea Angermann, D. Trapp-Familie in Amerika, D. ideale Frau, E. Tag, d. nie zu Ende geht, Liebling d. Götter, E. Frau f.s ganze Leben, Auf Engel schießt man nicht, D. Stunde, d. du glücklich bist, D. Rote, 11 Jahre u. 1 Tag, D. Haus in Montevideo, E. Alibi zerbricht, Und Jimmy ging z. Regenbogen (1971), Unordnung u. frühes Leid (nach Thomas Mann, 1977); Fernsehen: Hedda Gabler (1966), D. weite Land (1969), D. Segelbootmord (1974), Buddenbrock (1979) - 1953 u. 1958 ff. Bambi-Preis Film-Revue; 1954 Bundesfilmpreis/Filmband in Gold; 1958 1. Preis San Francisco International Filmfestival; 1966 Preis Dt. Fernsehen in Bronze; 1980 Gr. BVK; 1978 Bayer. Verdienstorden - Liebh.: Bücher, Musik, Antiquitäten - Spr.: Engl., Franz.

LEUZE, Dieter

Dr. jur., Hochschulkanzler Univ.-GH Essen - Rüstermark 31, 4300 Essen 1 (T. 0201 - 44 02 56) - Geb. 20. Febr. 1933 (Vater: Matthias L., Schuldekan; Mutter: Hildegard, geb. Krauss), ev., verh. s. 1965 m. Gertrautt, geb. Bruny, 2 T. (Gudrun, Elke) - 1. jurist. Staatsex. 1959, Promot. 1960, 2. jurist. Staatsex. 1962 - Vizepräs. OSA Freiburg; 1972 Kanzler Univ. Essen - BV: D. Entw. d. Persönlichkeitsrechts im 19. Jh., 1962; Gesetze üb. d. wiss. Hochsch. d. Landes NW; Komment. (m. Ministerialrätin Dr. Bender), 1981 - Spr.: Engl.

LEUZE, Reinhard

Dr. theol., Prof. GH Neuendettelsau, Abt. München, apl. Prof. Univ. München - Paosostr. 53, 8000 München 60 (T. 089 - 820 13 83) - Geb. 26. Jan. 1943 Bad Wörishofen, ev., verh. s. 1974 m. Christa, geb. Bock - Stud. ev. Theol. Tübingen, Heidelberg u. Mainz; 1. Ex. 1968 Tübingen; 2. Ex. 1980 Ansbach; Promot. 1972 München; Habil. 1978 München - BV: D. außerchristl. Relig. b. Hegel, 1975; Theol. u. Religionsgesch. D. Weg Otto Pfleiderers, 1980; Gotteslehre, 1988.

LEUZE, Ruth

Dr., Landesbeauftragte f. d. Datenschutz Baden-Württ. - Marienstr. 12, 7000 Stuttgart 1 - 1982 Fritz-Bauer-Preis; 1984 Theodor-Heuss-Med.

LEVEDAG, Eduard B.

Präsident Dt.-Japan. Ges. Frankfurt - Taunushöhe 1, 6233 Kelkheim (T. 06195 - 33 22) - Geb. 29. Juni 1912 Yokohama/Japan, verh. s. 1951 m. Ingeborg, geb. Gessner, 4 Kd. (Rolf, Silvia, Corinna, Stefan) - Abit.; kaufm. Lehre - 1931-47 Leit. E. Merck-Abt. b. Schmidt Shoten, Tokio; 1951-60 Repräsent. u. Dir. Fa. C. Correns & Co., Ltd., Tokio, in Frankfurt; 1961-79 Dir. u. Leit. Ausl.-Sekr. Lurgi Ges., Frankfurt; 1979-81 Repräsent. Lurgi Ges. u. Metallges. AG, Frankfurt, in Bonn - Liebh.: Sport (Feldhockey, Tennis), Lit., Gesch. - Spr.: Engl., Japan.

LEVELT, Willem J. M.

Dr. phil., Prof., Direktor Max-Planck-Inst. f. Psycholinguistik Nijmegen, Niederlande - Wundtlaan 1, 6525 XD Nijmegen, Niederlande - Geb. 17. Mai 1938 Amsterdam, verh. s. 1963 m. Elisabeth, geb. Jacobs, 3 Kd. (Clara, Philip, Christiaan) - Stud. Univ. Leyden; Dipl. 1962; Promot. 1965 - 1962-65 Res. Stab Mitgl. Inst. f. Perception Res., Soesterberg; 1965/66 Res. Fellow Center f. Cognit. Stud., Harvard Univ.; 1966/67 Assist.-Prof. Univ. of Illinois; 1967-70 Prof. f. Psych. u. Psycholinguistik, Groningen Univ.; 1971/72 Mb. Inst. of Advanced Study, Princeton; 1972-79 Prof. f. Psych., Nijmegen Univ.; s. 1980 gf. Dir. MPI f. Psycholinguistics Nijmegen - BV: On binocular rivalry, 1968; Formal Grammars in Linguistics a. Psycholinguistik, 3. A. 1974; Speaking: From intention to articulation, 1989 - S. 1978 Mitgl. Kgl. Niederl. Akad. d. Wiss. - Liebh.: Flöte - Spr.: Engl., Dt., Franz.

LEVERKUS, C. Erich

Dr. rer. pol., Bankier, pers. haft. Gesellsch. Leverkus & Co. (s. 1961), Vorstandsmitgl. Dt. Schutzvereinig. f. Wertpapierbesitz/Landesverb. Hamburg u. Schlesw.-Holst. - Schauenburgerstr. 55/57, 2000 Hamburg 1 (T. 37 12 14) - Geb. 15. März 1926 Duisburg (Vater: Dr. Otto L.; Mutter: Paula, geb. Siebert), ev., verh. 1952 m. Ingrid, geb. Nottebohm - Univ. Bonn (1948-52, Chemie) u. Tübingen (1952-55, Volksw.). Promot. 1957 - 1944-48 Wehrdst. (Luftw.) u. amerik. Kriegsgefangensch. (1945); Vorst. Diakonissenanst. Alten Eichen, Vors. Vers. Eines Ehrbaren Kaufm. zu Hamburg - BV: D. Offenmarktpolitik in d. Bundesrep. unt. bes. Berücks. ausl. Erfahrungen, 1957; Nordelb. Pastorenfamilien u. ihre Nachkommen, 1973 - Bek. Vorf.: Carl L., 1934 Firmengründer, erste dt. Ultramarinfabrik in Wermelskirchen, spät. Leverkusen (Urgroßv.); Bruder Otto C. L.

LEVERKUS, Otto C.

Stv. Aufsichtsratsvorsitzender d. Ciba-Geigy GmbH, Wehr/Baden, Director of the board Big Rock Brewery Ltd., Calgary, Alberta, u. IVAG Investment Ltd., Calgary, Alberta, Pres. d. Briland Investment Ltd., Calgary, Alberta, Pres. Big Coulee Ranch Co. Ltd., Fort Macleod, Alberta, Canada - Geissacher 12, CH-8126 Zumikon - Geb. 27. Juli 1920 Wiesbaden (Vater: Dr. phil. nat. Otto-Carl L., Chemiker, Vorst.-Mitgl. Vereinigte Ultramarinfabr. AG vorm. Leverkus, Zeltner & Consorten; Mutter: Paula, geb. Siebert), verh. 1946 m. Eva-Maria, geb. Cause - Liebh.: Wassersport, Fischen - Spr.: Engl. - Rotarier - Eltern u. Urgroßv. s. C. Erich L. (Bruder).

LEVI, Hans Wolfgang

Dr.-Ing., Prof. f. Kernchemie, Geschäftsf. Ges. f. Strahlen- u. Umweltforsch. - Rauschbergstr. 6, 8011 Baldham (T. 08106 - 88 15) - Geb. 28. Aug. 1924 Berlin (Vater: Joel L., Bankkaufm.; Mutter: Ella, geb. Bittkow), ev., verh. s. 1952 m. Dr. Ruth, geb. Jost - TU Berlin (Dipl.-Ing. 1952, Promot. 1955, Habil. 1967) - 1969/70 Visit. Prof. MIT Cambridge/Mass.; 1970-73 stv. Dir. Sekt. Kernchemie, Inst. f. Kernforsch. Berlin (HMI), 1973-81 Wiss.-techn. Geschäftsf. (HMI); s. 1981 Wiss.-techn. Geschäftsf. Ges. f. Strahlen- u. Umweltforsch. (GSF) - BV: Nuclear Chemical Engineering, Lehrb. 1981 (m. M. Benedict u. Th. Pigford) - Spr.: Engl.

LEVSEN, Karsten

Dr. rer. nat., Prof. f. Analytische Chemie, Fraunhofer Inst. f. Toxikologie u. Aerosolforsch. - Nikolai Fuchs Str. 1, 3000 Hannover 61 (T. 0511 - 535 04 05) - Geb. 16. Dez. 1939, ledig - 1952-59 Gymn. Lüchow; Stud. Chem. Bonn; Promot. 1971, Habil. 1975 - Mitgl. Math. Nat. Fak. Univ. Bonn - BV: Fundamental Aspects of Organic Mass Spectrometry, 1978.

LEWANDOWSKI, Theodor

Dr. phil., o. Prof. f. Sprachwissenschaft - Heideweg 16, 5358 Bad Münstereifel-Scheuerh. (T. 02257 - 822) - Geb. 16. Nov. 1927 Allenstein/Ostpr. (Vater: Theodor L., Dekorateur; Mutter: Margarete, geb. Hoffmann), kath., verh. s. 1956 m. Gertrud, geb. Hempel (verw. s. 1968), T. Claudia - Gymn. Allenstein, Inst. f. Lehrerbild. Brandenburg, ext. Abit. Düsseldorf 1958; Univ. Köln, Promot. 1971 - 1950-54 Ober-Assist. u. Doz. Brandenburg, Weimar u. Güstrow; Lehrer Köln, 1967 Förderassist. PH Rheinl., Wiss. Assist., 1973 o. Prof. PH Köln, s. 1980 Prof. u. Sem.dir. Erziehungswiss. Fak. Univ. Köln, s. 1981 o. Mitgl. Wiss. Rat Inst. f. dt. Spr. Mannheim - BV: D. mittelniederdt. Zwiegespräch zw. d. Leben u. d. Tode u. s. altruss. Übersetzung, 1972; Linguist. Wörterbuch, Bde. 1-3, 4. A. 1984/85 (span. 1982); Dt. als Zielsprache, Bde. 1-2 (hrsg. v. Kultusmin. NRW), 1978; Deutsch f. Aussiedler (WDR Köln; m. W. Schöler), 1978 - Lit.: Festgabe f. Wörter: Schätze, Fugen u. Fächer d. Wissens (hg. H. Aust, 1987) - Spr.: Engl., Russ., Poln.

LEWANDOWSKY, Helga

Fachlehrerin, MdL Nieders. (1970-86) - Fürstenauer Damm 1, 4550 Bramsche 3 (T. 36 29) - Geb. 21. Mai 1930 Rockhampton/Austr. - Präs. Freireilig. Landesgemeinsch. Nieders.; Vizepräs. Bund Freirelig. Gemeinden Dtschl.; Vors. Verb. alleinst. Mütter u. Väter Landesvorst. Nieders.; stv. Bürgerm. Stadt Bramsche. SPD - Spr.: Engl.

LEWENTON, Georg

Dipl.-Ing., Prof., berat. Ingenieur - Neckarhelle 98, 6900 Heidelberg 1 - Geb. 5. Juni 1902 Berlin (Eltern: Vladimir (Schriftsteller) u. Frida L.), ev., verh. s. 1933 m. Johanna, geb. Elshorst †, S. Michael, 2. Ehe s. 1984 m. Gerda, geb. Bakker - Gymn. u. TH Berlin (Bauing.-wesen; Diplom-Hauptprüf. 1926) - B. 1939 Harkort-Brückenbau, Duisburg (zul. Oberimg.), dann selbst. (s. 1950 auch Prüfing. f. Baustatik). Zeitw. Ratsherr Duisburg (1957 Vors. Kulturaussch.). S. 1962 Honorarprof. TH bzw. Univ. Karlsruhe (Stahlbau f. Architekten). Mitbegr. Dt. Oper am Rhein/Theatergem. Düsseldorf-Duisburg. Statik u. Konstruktion: Norderelbebrücke Hamburg (1927); Ing.berat.; Mannesmann-Hochhaus Düsseldorf (1955), Dt. Pavillon Brüsseler Weltausstell. (1958), Wilhelm Lehmbruck-Museum Duisburg (1964), Kanzlerbungalow Bonn (1964), Dt. Bundesbank Frankfurt/M. (1967) - 1983 BVK.

LEWIN, Bruno

Dr. phil. (habil.), o. Prof. f. Sprache u. Literatur Japans u. Koreas - Spechtweg 9, 5802 Wetter 4/Ruhr (T. 7 01 13) - Geb. 18. Juli 1924 Berlin - S. 1959 Lehrtätigk. Univ. Münster (1962 apl. Prof. u. Wiss. Rat) u. Bochum (1964 Ord.) - BV: Futabatei Shimei in s. Bezieh. z. russ. Lit., 1955; Abriß d. japan. Grammatik, 1959; Aya u. Hata - Bevölkerungsgruppen Altjapans, 1962; Kl. Wörterb. d. Japanologie, 1968; Morphol. d. korean. Verbs, 1970. - 1974 Mitgl. Rhein.-Westf. Akad. d. Wiss.

LEWINSKI, von, Ursula

s. unt. Lewinski, v., Wolf-Eberhard

LEWINSKI, von, Wolf-Eberhard

Musikschriftsteller - Postf. 1 11, 6500 Mainz 42 - Geb. 2. Juni 1927 Berlin (Vater: Dr. jur. Ernst-Alfred v. L., Bankdir. (zul. Dt. Bank AG., Freiburg) † 1970; Mutter: Hildegard, geb. Miesitscheck v. Wischkau), ev., verh. s. 1954 m. Dr. phil. Ursula, geb. Risse (geb. 15. März 1926 Bochum; Verf.: Verwehter Sommer, Erz. 1948), 3 Töcht.(Claudia, Silke, Viola) - Stud. Musik (Kapellm. b. Meyer-Giesow, Abendroth, Keilberth Dresden), Literatur- u. Kunstgesch. (R. Lindemann) - 1946-50 Gastdirig. Dresden (u. a. Philharmonie) u. Eisenach; s. 1947 Musikkrit. Dresden, Berlin, Darmstadt (1951), Mainz (1971), Chefmusikkrit. Allg. Ztg. Mainz, Wiesbadener Tagblatt. Mitarb. Südd. Ztg., Rhein. Merkur - Christ u. Welt, Opernwelt, Rundfunk u. Fernsehen (ZDF, ARD); Ltg. Seminar Musikkritik Dr. Hoch's Konservat. u. Musikhochsch. Frankfurt/M.; Intendant d. Staatsphilharmonie Rheinland-Pfalz in Ludwigshafen - BV: Dietrich Fischer-Dieskau, 1966 (Mitautor) u. 1988; Rubinstein, 1967; Ludwig Hoelscher, 1967; Musik wieder gefragt, 1967; Rothenberger, 1968; Keilberth,

1968; Foldes, 1970; Kremer, 1982 - 1981 Gold. Verdienstzeichen d. Landes Salzburg.

LEWY, Hermann

Publizist - Berliner Allee 45, 4000 Düsseldorf (T. 77 17 47) - Geb. 1. März 1906 Berlin (Vater: Moritz L., Kaufm.; Mutter: Anna, geb. Fraenkel), jüd., verh. s. 1959 m. Gerda, geb. Brieger - Gymn.; Buchhändler- u. Verlagsausbild. - Journ. Berlin (u. a. 12-Uhr-Blatt, 1930 ff.), b. 1933 Antiquar ebd., dann Emigration (Belgien, Portugal; u. a. Mitarb. Aufbau, New York), n. Rückkehr (1946) Verlagsredakt. u. -leit. Berlin (Rütten & Loening), Herausg. u. Chefredakt. Allg. jüd. Wochenztg., dann freier Journalist f. Zeitungen in New York, Basel, Wien u. a. - BV: Brücken schlagen (m. Dr. Hans Lamm); D. Endlösung d. Judenfrage u. d. Akten d. Nürnbg. Prozesses. Text zu Israel v. Erwin Fieger (1975) - 1971 Gr. BVK; 1975 Med. Pro Mundi Beneficio d. Acad. Bras. de Ciencias Humanas/Sao Paulo; 1977 Gr. BVK m. Stern; 1986 Ehrenmitgl. Jüd. Gemeinde Düsseldorf - Liebh.: Theater, Musik - Spr.: Franz., Portugies., Engl. - Bek. Vorf.: Lazarus Fraenkel.

LEY, Hans

Sozialarbeiter, MdL Saarland (s. 1983) - Biermannstr. 3, 6690 St. Wendel - Geb. 31. Juli 1954 St. Wendel, kath. - Fachobersch. f. Sozialwesen St. Wendel; Kath. FHS Saarbrücken (Dipl. 1979) - 1979-82 Diözesanref. d. Christl. Arbeiterjugend (CAJ) Bistum Trier; s. 1982 Geschäftsf. CDU-Fraktion Rat d. Stadt Saarbrücken. CDU (s. 1973 JU-Landesvorst., s. 1979 stv. Landesvors., s. 1983 Partei-Landesvorst. Saar) - Liebh.: Jugendarb., Sport, Lesen.

LEY, Hermann

Unternehmer, Vors. Verb. d. Zigarettenpapier verarb. Industrie, Bonn - Feldstr. 17, 5275 Bergneustadt/Oberberg. Kr. - Geb. 27. Sept. 1924.

LEY, Josef

Dr.-Ing., Vorstandsmitglied i.R. Aesculap AG (Fabrik f. chirurg. Instr.), Tuttlingen - Emmingerstr. 27, 7200 Tuttlingen/Württ. (T. 22 78) - Geb. 14. Mai 1915 Meckenheim, kath., verh. s. 1941 m. Ingeborg, geb. Langsdorf, 2 Kd. - TH Aachen - BVK - Mitgl. Lions-Club.

LEY, Karl

Geschäftsführer Wilhelm Ley GmbH., Meckenheim, Präs. Zentralverb. d. Dt. Gemüse-, Obst- u. Gartenbaues, Bonn - Baumschulenweg 9, 5309 Meckenheim - Geb. 31. Okt. 1922 - 1982 BVK.

LEY, Karl

Ltd. Baudirektor, Präs. Verb. Kommunaler Städtereinigungsbetriebe - Am Rosenwald 13, 5901 Wilnsdorf-Obersdorf (T. 0271 - 39 02 86) - Geb. 26. Juni 1925 Siegen, verh. s. 1954 m. Ruth Bender, 2 T. (Sigrid, Karin) - Abit., 1951-57 Stud. Bauingenieurwesen TH Aachen (Dipl.) - Vorstandsmitgl. Intern. solid wastes and public cleansing assoc. (ISWA), Paris, Aktion Saubere Landschaft (ASL), Abwassertechn. Vereinig. (ATV), European water pollution control assoc. (EWPCA).

LEYDHECKER, Wolfgang

Dr. med., Dr. h. c., em. Prof. f. Augenheilkunde, Direktor Univ.-Augenklinik (b. 1987), Landesarzt f. Sehbehinderte - Anne-Frank-Str. 24, 8700 Würzburg (T. 0931 - 7 64 44) - Geb. 3. Mai 1919 Darmstadt (Vater: Dr. med. Otto L.; Mutter: Elisabeth, geb. Klappach), verh. s. 1948 m. Dr. med. Gertrud, geb. Neugebauer, 2 Töcht. (Marianne †, Renate) - Univ. München, Budapest, Innsbruck, Prag, Berlin, Frankfurt/M. Fachärztl. Ausbild. Frankfurt, London, Mainz - S. 1953 Lehrtätigk. Univ. Bonn (1958 apl. Prof.) u. Würzburg (1964 Ord. u. Klinikdir.). Vorst.-Vors. Komit. d. Bundesrep. Dtschl. z. Verhütung v. Blindheit; Gründungspräs. u. Ehrenmitgl. Glaucoma Soc. of the Intern. Congress of Ophthalmology; Ehrenpräs. Europ. Glaucoma Soc. - BV: Glaukom, Handb. 1960, 2. A. 1973; Glaukom in d. Praxis, 1962, 4. A. 1985 (auch span., jap. u. engl.); Glaucoma-Symposium in Tutzing Castle, 1966; Grundriß d. Augenheilkunde, 1968, 24. A. 1989 (auch griech., ital., poln., span., türk.); Eye Hospitals to-day and tomorrow, in: Documenta Ophthalmologica (1972); Was Sie üb. Ihre Augen wissen müssen, 1979, 2. A. 1987; Alles üb. grünen Star, 1978, 2. A. 1984 (auch engl., ungar., jap., holl. u. span.); Manual d. Tonographie f. d. Praxis, 1977; Untersuchungsmethoden d. Auges (mit G. K. Krieglstein), 1981. Üb. 350 Einzelarb. - 1981 BVK I. Kl.; 1975 Goldmed. d. Univ. Asunción/Paraguay; 1983 Sir Stewart Duke-Elder Award; 1987 Bayer. VO - Liebh.: Schwimmen, Musik (Cello), Wandern - Spr.: Engl., Franz., Span.

LEYGRAF, Hans

Konzertpianist, Prof. f. Klavier Staatl. Hochsch. f. Musik u. Theater - Schiffgraben 42, 3000 Hannover.

LEYHAUSEN, Paul Josef

Dr. rer. nat., Prof. f. Verhaltensforschung i.R. (Ps. Dr. Peter Leysen) - Auf'm Driesch 22, 5227 Windeck 1 (T. 02292 - 16 41) - Geb. 10. Nov. 1916 Bonn (Vater: Theodor L., Philologe; Mutter: Hedwig, geb. Goedel), verh. s. 1979 in 2. Ehe m. Barbara, geb. Tonkin, 2 Töcht. aus 1. Ehe (Hella, Gabriele) - Abit. 1936 Bonn; Univ. Bonn, Königsberg, Freiburg (Zool., Botanik, Geol. u. Paläontol., Psych.) (dazw. Kriegsgefangensch.); Promot. 1948; Dipl.-Psych. Bonn 1950 - 1948/49 Hilfsarb., 1949 Assist. Univ. Berlin, 1949-52 Forsch.stip. Kultusmin. NRW, Lehrauftr. Univ. Bonn, 1952-58 Ref. f. Biol. Inst. f. d. wiss. Film Göttingen (üb. 100 wiss. Filme), 1958-81 Assist./Leit. Max-Planck-Inst. f. Verhalt.forsch. Wuppertal, s. 1981 Ruhest., 1964-70 Lehrauftr. f. Tierpsych. Univ. Bonn, s. 1967 Vicepres. Conservation Society/Engl., Hon. Res. Assoc. Smithsonian Inst. Washington, 1969-75 Beir. Tierschutz Bundesmin. f. Landwirtsch., 1970 apl. Prof. Univ. Düsseldorf, s. 1974 Mitgl. Dt. Rat f. Landespfl. u. div. and. Organis., Forsch.reisen in alle Welt - Entd.: D. inn. Org. d. Antriebsgesch. b. Säugetieren einschl. d. Menschen, 1965 - BV: Verhalt.stud. an Katzen, 1956, 4. A. 1975; Antriebe tier. u. menschl. Verhalt. (m. K. Lorenz), 1968; Motivation of Human and Animal Behavior, 1973; Katzen: E. Verhaltenskd., 1979; Cat Behavior, 1979 - 1976 Fellow Explorers Club, New York - Liebh.: Naturschutz, Reisen, Autofahren, Fotogr., Schach, Musik - Spr.: Engl., Franz. - Bek. Vorf.: Prof. Wilhelm Leyhausen (Onkel).

LEYKAUF, Walter Heinz

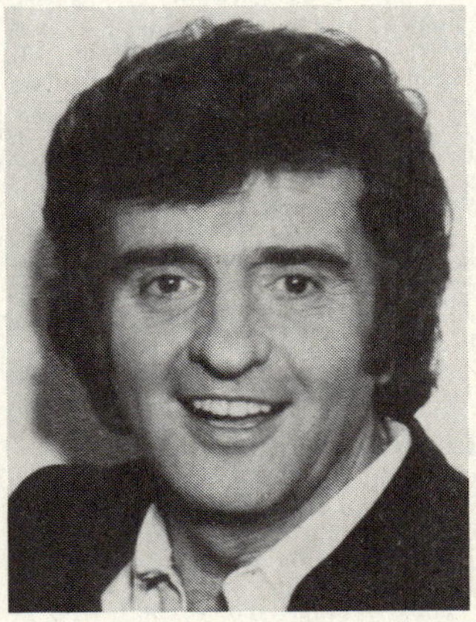

Komponist, Texter, Moderator, Sänger (Patrizius) - Kreuzeckweg 10, 8137 Berg 3 - Geb. 8. Juni 1942 Regensburg, ev., verh. s. 1970 m. Renate Sick (Eislauftrainerin u. Modefachfrau), 2 Töcht. (Caroline, Isabella) - Oberrealsch. - 1959-70 Nilsen Brothers (Tom Dooley, Aber Dich gibt's nur einmal), 1976-86 Viel-Harmoniker. Als Solist Festival-Sieger Musica 1974. Eigene FS-Sendung (ARD): Nachbarn kommt rüber - Wir machen Musik. Musikal. Impulse f. d. Volksmusik - 1974 Musica (geehrt v. Bundeskanzler Kreiski) - Liebh.: Kunst, Gitarren, Tennis, Skifahren, Eislaufen, Grillen m. Holzkohlengrill - Spr.: Engl., Franz.

LEYSEN, Luc

Afrika-Korrespondent d. ARD, Studioleiter Nairobi (Kenia) - P.O. Box 4 70 21, Nairobi, Kenya - Geb. 19. Juli 1945 Heist-op-den-Berg/ Belgien (Vater: Bert L., 1. Programmdir. Fläm. FS †1959) - Stud. German. u. Angl. Univ. Leuven; Promot. Lic. phil. lit 1969 Leuven - S. 1968 Redakt. ARD-Studio Brüssel; 1970-77 Korresp. ABC Radio New York; s. 1983 ARD-Reisekorresp. f. Westafrika; s. 1987 Studioleit. ARD Nairobi - Außer akt. Report. mehrere FS-Dok. - 1987 Journalistenpreis Entwicklungspolitik - Spr.: Niederl., Engl., Franz., Span.

LICHT, Josef

Dr., Geschäftsführer Heilbäderverb. Baden-Württ. - Stadtstr. 2, 7800 Freiburg/Br. - Geb. 21. Dez. 1924.

LICHTE, Heinrich

Dr.-Ing., o. Prof. f. Geodäsie - August-Bebel-Str. Nr. 34, 7500 Karlsruhe (T. 7 18 16) - Geb. 8. April 1910 Einbeck (Vater: Karl L.; Mutter: Agnes, geb. Priggert), kath., verh. m. Marie, geb. Bußmann, 4 Kd. - Gymn. Warendorf/W.; Univ. Münster u. Bonn (Vermessungsing. 1933), TH Braunschweig (Dipl.-Ing. 1940). Promot. (1947) u. Habil. (1950) TH Hannover - 1942 Obering. TH Hannover, 1952 Abt.sleit. Nieders. Landesvermessungsamt ebd., 1953 ao., 1956 o. Prof. u. Inst.sdir. TH, jetzt Univ. Karlsruhe. Fachveröff.

LICHTENBERG, Ernst

Major a. D., Mitgl. Hbg. Bürgerschaft (s. 1978) - Sievekingsallee 150d, 2000 Hamburg 74 - Geb. 21. Sept. 1939 Hamburg, verh. s. 1961, 3 Kd. (dar. 2 S.) - B. 1959 Gymn. Hamburg - Ab 1960 Zeit- bzw. Berufssold. CDU s. 1972.

LICHTENBERG, Heinz

Stadtdirektor - Fuchsbachweg 13, 3005 Hemmingen-Westerfeld - Spr.: Franz. - Rotarier.

LICHTENBERG, Paul

Ehrenvorsitzender d. Aufsichtsrats Commerzbank AG - Neue Mainzer Str. 32-36, 6000 Frankfurt/M. (T. 1 36 20) u. Breite Str. 25, 4000 Düsseldorf (T. 82 71) - Geb. 10. Dez. 1911 Bonn.

LICHTENBERG, Peter Max

Dr. rer. pol., Dr. phil., Ministerialrat Dt. Bundestag, Lehrbeauftr. Univ. Bonn - Tulpenweg 19, 5205 St. Augustin 1 (T. 02241 - 20 30 14) - Geb. 31. Jan. 1931 Münster (Vater: Adam Egon L., Kaufm.; Mutter: Julianna, geb. Stechern), kath., verh. s. 1957 m. Eva-Maria, geb. Buß, 3 Kd. (Anne-Catherine, Hella-Claudia, Jan-Peter) - Stud. Wirtsch.-, Rechts-, Sozial- u. Erziehungswiss. Univ. Bonn, Freiburg, Graz u. Münster, Ass. jur. 1960 - 1957 Assist. Univ. Münster; 1961 Rechtsanw. LG u. OLG Düsseldorf; 1964 Regierungsrat Bundeswehr (I. Corps Münster); s. 1969 Dt. Bundestag. Zahlr. Beitr. in wiss. Ztschr. u. als Buchveröff. z. Bildungs-, Forschungs- u. Wissenschaftspolitik (s. 1970).

LICHTENBERGER, Hermann

Dr., Univ.-Prof. Univ. Münster (s. 1988) - Ossenkampstiege 61, 4400 Münster/Westf. - Geb. 25. Mai 1943 Neu-Werbass/Jugosl., verh. m. Doris, geb. Richter, 2 Söhne (Jan Achim, Jörg Matthias) - Stud. Ev. Theol. u. Semitistik Univ. Erlangen u. Heidelberg; Fakultätsex. 1970 Heidelberg; Promot. 1975 Marburg; Habil. 1985 Tübingen - 1967-77 Qumran-Forschungsstelle Heidelberg u. Marburg; 1977-86 Univ. Tübingen; 1986-88 Univ. Bayreuth; 1988 Dir. d. Institutum Judaicum Delitzschianum Münster - BV: Stud. z. Menschenbild in Texten d. Qumrangemeinde, 1980. Herausg. u. zahlr. Veröff. in wiss. Ztschr.

LICHTENFELD, Herbert

Schriftsteller - Wandsbeker Schützenhof 18, 2000 Hamburg 70 (T. 040 - 693 11 89) - Geb. 16. Juni 1927 Leipzig, verh. s. 1958 m. Winnie, geb. Zürner, T. Katrin - Musikstud. - BV: D. Stunde d. Löwen, 1979; Nachtaufnahme, 1981; Spielraum, 1984. Hörsp.: Herr Print erkennt sich selbst, 1971; Nebenwirkungen, 1982; Informationen f. e. Bankraub, 1983. Fernsehfilme: Jagdrevier, 1974; Reifezeugnis, 1977; Kurzschluß, 1975; Beweisaufnahme, 1982; Wasser f. d. Blumen, 1984; Mord im Spiel, 1985; Schwarzwaldklinik, 70-teilige TV-Serie 1986-89; D. Landarzt, 30-teilige TV-Serie 1987; D. Traumschiff, Serie 1984; Berliner Weiße m. Schuß, 1985; Specials 1985; Schöne Ferien, Serie 1985; TKKG, Serie 1986 - 1971 Grimme-Preis in Silber; Preis d. Akad. f. Spr. u. Dicht. (f. Hörsp.: Inform. f. e. Bankraub) - Spr.: Engl.

LICHTENFELD, Manfred

Kammerschauspieler Staatstheater am Gärtnerplatz München - Ballinfull PO, Co. Sligo, Rep. Irland - Geb. 5. Juni 1925, ev., verh. s. 1950 m. Ilse, geb. Witlenberg (Opernsängerin), 1 Kd. - Rollen: Oberst Pickering (My fair Lady), Herr Schultz (Cabaret), Sancho (Man of la Mancha); Gastspiele Theater d. Westens Berlin, Theater an d. Wien, Volksoper Wien, Schwetzinger Festsp. - 1974 Kammerschauspieler - Spr.: Engl.

LICHTENSTEIN, Wolfgang

Künstler. Leiter Theaterensemble Ruhrfestspiele (1983ff.) - Otto-Burmeister-Allee 1, 4350 Recklinghausen - U. a. Oberspiell. Landestheater Tübingen.

LICHTENSTEIN-ROTHER, Ilse

Prof., Lehrstuhl f. Pädagogik Univ. Augsburg (1973, emerit. 1986) - Gotentr. 27, 8901 Stadtbergen - Geb. 10. Dez. 1917 Wilsdruff/Sa., ev., verh. s. 1958 m. Prof. Dr. phil. Ernst Lichtenstein, Pädagoge † 1971 (s. XVI. Ausg.) - Hochsch. f. Lehrerbild. Dresden, TH ebd., Univ. Münster u. Innsbruck (Päd., Psych., Soziol.) - Volksschullehrerin; Jugendpflege; s. 1948 Lehrerbild., Leit. Inst. f. Strukturfragen d. Volkssch. Päd. Hochsch. Westf.-Lippe). Mitgl. Dt. u. Intern. Ges. f. Erziehungswiss. - BV: Schulanfang - E. Beitrag z. Arbeit in den ersten beiden Schulj., 1954; Schulleistung u. Leistungssch., 1976; Jedem Kind s. Chance, 1980; Zus. lernen - miteinand. leben - soziale Erzieh. in Schulen, 1981; Grundschule - D. päd. Raum f. Grundleg. d. Bild., 1982 (m. E. Röbe) - Spr.: Engl.

LICHTENTHAELER, Charles

Dr. med. (habil.), o. Prof. u. Direktor Inst. f. Geschichte d. Medizin Univ. Hamburg (s. 1963), Extraord. f. Med.-gesch. Univ. Lausanne (s. 1965) - Poppenbüttler Stieg 5, 2000 Hamburg 63 (T. 538 47 58) - Geb. 31. Aug. 1915 - 1960-63 Doz. Univ. Lausanne. Facharb.

LICHTENTHALER, Frieder W.

Dr. rer. nat., Prof. f. Org. Chemie TH Darmstadt - Am Willgraben 5, 6109 Mühltal 4 (T. 06151 - 14 77 86) - Geb. 19. Jan. 1932 Heidelberg (Vater: Wilhelm L., Rektor), ev., verh. s. 1966 m. Evemaria, geb. v. Infeld, 3 Kd. (Matthias, Johannes, Kathrin) - Dipl. 1956, Promot. 1959 Univ. Heidelberg; Habil. 1963 TH Darmstadt - 1959-61 Res. Chemist Univ. California, Berkeley; 1962 wiss. Assist. TH Darmstadt, s. 1967 Prof.

(1972 o. Prof.) ebd. Rd. 150 Publ. in wiss. Ztschr. - Spr.: Engl.

LICHTENTHALER, Hartmut K.

Dr., o. Prof. f. Pflanzenphysiol. u. Pflanzenbiochemie Univ. Karlsruhe (s. 1970) - Im Kennental 17, 7500 Karlsruhe-Durlach - Geb. 20. Juni 1934 Weinheim/Baden (Vater: Wilhelm L., Rektor; Mutter: Emma, geb. Hick), ev., verh. s. 1966 m. Regine, geb. Schneider, 3 Söhne (Stefan, Eckhard, Ulrich) - Realgymn. Sinsheim (Abit. 1953); Stud. d. Pharmazie TH Karlsruhe (Staatsex. 1958) u. d. Botanik, Chem., Physik Univ. Heidelberg; Promot. 1961 ebd.; 1961 Europastip. Centre d'Etudes Nucléaires Grenoble; 1962-64 Forschungsstip. Univ. of Calif., Berkeley (b. Prof. M. Calvin) - 1964-70 wiss. Assist. u. Privatdoz. (1967) Botan. Inst. Univ. Münster (1970 Wiss. Rat u. Prof.). Mitgl. u. a. Dt. Botan. Ges., Ges. f. Biol. Chemie, Americ. Soc. Plant Physiol. Federation of Europ. Societies of Plant Physiology (Chairman 1984-86). Mithrsg.: Lipids and Polymers in Higher Plants (1977), Praktik. d. Photosynthese (1978), D. Waldsterben aus botan. Sicht. (1984), Applications of Chlorophyll Fluorescence (1988). Zahlr. in- u. ausl. Fachveröff. üb. eig. Forschungen - Spr.: Engl., Franz.

LICHTENTHALER, Rüdiger N.

Dr. rer. nat., Prof. - Langgewann 31, 6900 Heidelberg 1 - Geb. 31. Okt. 1941 Sinsheim/Elsenz.

LICHTENWALD, Gerd

Dr., Verbandsdirektor, Geschäftsf. Verb. d. Sachversicherer, Köln - Klerschweg 11, 5000 Köln 51 - Geb. 21. Juli 1936 - Assessorex.

LICHTNER, Otto

Dr., Vorstandsmitglied Vereinigte Seidenwebereien AG/Verseidag i. R. - Weltistr. 79, 8000 München 71 - Geb. 10. Juli 1923 - Stud. d. Rechte (Rechtsanwalt).

LICHTNER, Rolf

Rechtsanwalt, Geschäftsführer Wirtschaftsprüferkammer/KdöR - Tersteegenstr. 14, 4000 Düsseldorf 30 (T. 0211 - 45 61-0) - Geb. 4. Jan. 1951 Hof/Bay., verh. s. 1978 - S. 1987 Alleingf. Wirtschaftsprüferkammer, Düsseldorf.

LICHY, Wolfgang

Dr. rer. pol., Dipl.-Kfm., Geschäftsführer ETO Nahrungsmittel, Ettlingen - Fridtjof-Nansen-Str. 35, 7500 Karlsruhe 41 (T. 0721-47 27 39) - Geb. 29. Juni 1938 Berlin, ev., verh. s. 1963 m. Doris, geb. Ritters, 3 Kd. (Christian, Thorsten, Annette) - 1956-59 Lehre Industriekaufm. Siemens-Schuckert-Werke AG; 1958-62 Stud. Betriebsw. TU Berlin (Dipl. 1962, Promot. 1965); 1969 10-Wochen-Sem. USW; 1980 Advanced Management Program Harvard Business School - 1962-64 Hochschulassist. TU Berlin; 1967-69 Zentralverw. Rudolf A. Oetker; 1970ff. Geschäftsf. Dibona Markenvertrieb KG, Eto Nahrungsmittel u. Fleischer GmbH, Ettlingen. Mitgl. Vollvers. IHK Mittl. Oberrh., Karlsruhe; Richter Finanzgericht Baden-Württ. - BV: Besteuer. u. Innenfinanzier., Diss. 1966; Ztschr.-Aufs. - Liebh.: Gesch., Seefahrt d. 15.-19. Jh., Lit. - Spr.: Engl., Franz.

LICKTEIG, Klaus Erich

Dipl.-Kfm., Geschäftsführer Fachgemeinsch. Geldschränke u. Tresoranlagen, u. Druck- u. Papiertechnik im VDMA, Frankfurt - Lyoner Str. 18, 6000 Frankfurt 71 - Geb. 22. Aug. 1938 Mannheim, kath., verh.

LIEB, Hans-Heinrich

Dr. phil., o. Prof. f. dt. Philol. u. Linguistik FU Berlin (s. 1971) - Goßlerstr. 22, 1000 Berlin 41 - Geb. 13. Nov. 1936 Hannover (Vater: Heinrich L., Gymn.-lehrer; Mutter: Hanna, geb. Müller), ev., verh. s. 1971 m. Agnes Lieb-Dóczy, geb. Trombitás, 2 Kd. (Enese Esther, Béla Matthias) - Stud. d. German., Anglistik, Phil., Allgemeine Sprachwiss. Univ. Göttingen, Durham/Engl., Köln; Promot. 1963 ebd. - Nach Habil. (1969) apl. Prof. Köln, 1970/71 Visit. Assoc. Prof. Univ. of British Columbia, 1978-80 Fachbereichsspr. Fachber. Germanistik. In- u. Ausl. Fachmitgl.sch. - BV: Communication complexes and their stages, 1968; Sprachstadium u. Sprachsystem, 1970; Outline of integrational linguistics, 1977; Klasse u. Klassifikation in d. Sprachwiss., 1968 (m. A. Juilland); Integrational Linguistics: General Outline, 1983. Herausg.: Oberflächensyntax u. Semantik (1980); BEVATON - Berliner Verfahren z. auditiven Tonhöhenanalyse (1988) - Spr.: Engl., Franz.

LIEB, Manfred

Dr. jur., Prof. Direktor Institut f. Arbeits- u. Wirtschaftsrecht Univ. Köln - An der Schmitten 17 a, 5060 Bergisch Gladbach 1 - Geb. 6. April 1935 Stuttgart - Zahlr. Veröff. im Arbeitsrecht, Handels- u. Ges.recht u. im bürgerl. Recht.

LIEB, Norbert

Dr. phil., o. Prof. f. Kunstgeschichte unt. bes. Berücks. d. v. Bayern (emerit.) - Isoldenstr. 28, 8000 München 40 (T. 36 54 78) - Geb. 18. Jan. 1907 Frankenthal/Pfalz, verh. m. Doris, geb. Haas - Gymn. u. Univ. München (Promot. 1931 b. Wilhelm Pinder) - 1932-63 Leit. Maximilian-Museum u. Dir. Städt. Kunstsamml. Augsburg; 1959-73 Honorarprof., ao. (1963) u. o. Prof. (1968) Univ. München - BV (1932-71): Ottobeuren u. d. Barockarchitektur (Diss.), Münchener Barockbaumeister, München - Lebensbild e. Stadtkultur, D. Fugger u. d. Kunst im Zeitalter d. Spätgotik u. d. frühen Renaissance, Barockkirchen zw. Donau u. Alpen, Münchner Kunstgesch., München - D. Gesch. s. Kunst - 1962 Bayer. VO. - Spr.: Franz., Ital. - Rotarier.

LIEBAU, Friedrich

Dr. rer. nat., o. Prof. f. Mineralogie - Schmalholt 7, 2301 Achterwehr/Holst. (T. 7 82) - Geb. 31. Mai 1926 Berlin (Vater: Otto L., Tapeziererm.; Mutter: Anna, geb. Hecklau) - B. 1944 Kölln. Gymn. Berlin; 1946-51 Humboldt-Univ. ebd. (Chemie; Dipl.-Chem. 1951). Promot. 1956 Berlin (Humboldt-U.); Habil. 1963 Würzburg - 1951-60 Dt. Akad. d. Wiss. zu Berlin (Inst. f. Anorgan. Chemie); 1960-65 Max-Planck-Inst. f. Silikatforsch., Würzburg; s. 1965 Univ. Kiel (Ord.). 1983-85 Leit. Arbeitsgem. f. Kristallogr. Dt. Mineral. Ges., Dt. Physikal. Ges. u. Ges. Dt. Chemiker. Unters. üb. d. Kristallchemie v. Silikaten u. Phosphaten - BV: Structural Chemistry of Silicates - Structure, Bonding and Classification, 1985.

LIEBAU, Gerhart

Dr. med., Prof., Internist - Akazienstr. 18, 3150 Peine (T. 61 81) - Geb. 13. Dez. 1905 Schochwitz (Vater: Ernst L., Pfarrer; Mutter: Gertrud, geb. Schollmeyer), ev., verh., 5 Kd. - Gymn. Joachimsthal; Univ. Tübingen u. Berlin (Promot.). Habil. 1942 Berlin - B. 1970 Chefarzt Innere Abt. Kreiskrkhs. Peine. S. 1966 Honorarprof. TH bzw. TU Braunschweig (Flugmed.). Entd.: Ventilloses Strömungsprinzip d. Blutkreislaufs. Fachveröff. - Spr.: Engl. - Rotarier.

LIEBCHEN, Wolfgang

Dipl.-Kfm., Wirtschaftsprüfer, Verbandsdir. Berliner Genossenschaftsverb. (Schulze-Delitzsch) - Selbitzerstr. 85a, 1000 Berlin 22.

LIEBE, Bodo

Prof. f. Mathematik, Datenverarb., Astronomie Univ.-GH Siegen - Zinsenbach 27, 5902 Netphen 2 (T. 0271 - 7 57 08) - Geb. 3. Okt. 1924 Hannover (Vater: Karl L.; Mutter: Lucie, geb. Töpel), verh. s. 1961 m. Ruthild, geb. Schöner, 5 Kd. (Hellmut, Heidrun, Irmlind, Siegrun, Helgard) - Maurerlehre; 1949 Stud. Bauing., 1951 Stud. Math., Astron. u. Psych. (Dipl.-Math. 1959) - 1943 Sanitäter; s. 1948 Maurerges.; 1950-60 Doz. f. Math. VHS Hannover; 1956-60 Leit. Dt. Guttempler-Jugend Nieders.; 1959 Siemens Hann. (Techn. Vertrieb, Progr. techn. Probl., Ausb. d. Programmierern); 1961 wiss. Mitarb. DFL Braunschweig (Leit. math. Aufg. Inst. f. Flugzeugbau); 1962 Lehrer f. Math. Gymn. Holzminden; 1963-66 Mitarb. Fa. Zuse KG Bad Hersfeld (u. a. Ausb. v. Programmierern, Leit. v. Sem.); 1965 Doz. f. Math. u. EDV Staatl. Ing.sch. f. Bauwesen Siegen; 1973 Prof. Univ.-GH Siegen (Betreuung d. Univ.-Sternwarte). S. 1977 Vors. Bd. f. Lebenserneuer., Frankfurt, s. 1981 Vors. Verein Vegetarier-Altenhilfe, Hamburg, s. 1986 Bundesvors. ganzheitlich-esoterisch orientierten Partei Dtschl. NEUES BEWUSSTSEIN. Math. Entd. - Liebh.: Gartenbau, Wandern, Judo, Schwimmen - Spr.: Franz., Latein.

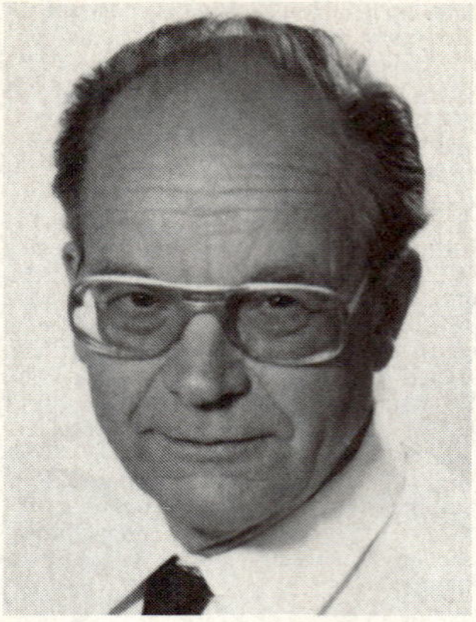

LIEBE, Wolfgang

Dr.-Ing., Prof., Aerodynamiker - Im Eichengrund 25, 1000 Berlin 13 (T. 381 76 30) - Geb. 22. Juni 1911 Gandersheim (Vater: Johannes L., Biologe), ev., verh. s. 1939 m. Charlotte, geb. Baarß, 3 Kd. (Waltraute, Roland, Adelheid) - Gymn. Cottbus; TH Danzig (Flugzeugbau) - 1937-45 Wiss. Mitarb. Dt. Versuchsanst. f. Luftfahrt Berlin, 1946-51 Berat. Staatl. Jugosl. Luftfahrt-Ind. Belgrad, 1952-76 Wiss. Berater Siemens AG Berlin, Entwärmg. el. Maschinen in Hütte-Energietechnik - Erf.: Grenzschichtzaun (verbreit. Sicherh.-vorr. f. Flugz.) - Liebh.: Flugphysik (Wirbel u. Auftrieb), Biotechnik (Schlagflug u. Flossenantr.) - Spr.: Engl., Franz., Serb.

LIEBENOW, Peter

Dr. phil., Bibliotheksdirektor Senatsbibliothek (s. 1988) - Blücherpl., 1000 Berlin 61 - Geb. 15. Nov. 1932 Berlin - FU Berlin (German., Phil.) - 2 J. Lektor f. Dt. Sprach- u. Literaturwiss. Univ. Uppsala (Schweden); ab 1967 Ausbild. u. Bibliothekar Staatsbibl. Pr. Kulturbesitz; s. 1974 Amerika-Gedenkbibl.; s. 1988 Senatsbibl.

LIEBENOW, Richard

Dipl.-Brauerei-Ing., ehem. Vorstandsmitgl. Dortmunder Union-Schultheiss Brauerei AG., Berlin/Dortmund (1972-76) - Paplitzer Str. 77, 1000 Berlin 49 (T. 744 83 61) - Geb. 5. Juni 1911.

LIEBER, Hans-Joachim

Dr. phil., Prof. f. Philosophie Dt. Sporthochschule Köln - Widdersdorfer Landstr. 1B, 5000 Köln 40 (T. 02234 - 7 14 25) - Geb. 27. März 1923 Trachenberg/Schles. (Vater: Willi L., Postbeamter; Mutter: geb. Kreutz), verh. s. 1946 m. Käthe, geb. Moltz (Opernsängerin) - Realgymn. (Steglitz) u. Univ. Berlin (Phil. u. Soziol.) - S. 1950 (Habil.) Lehrtätigk. FU Berlin (1955 ao., 1957 o. Prof.; 1965-67 Rektor) u. Sporthochsch. Köln (1972 o. Prof.; 1974-82 Rektor) - BV: Wissen u. Ges., 1952; D. Phil. d. Bolschewismus in d. Grundzügen i. Entwickl., 1957; Individuum u. Kollektiv in d. Sowjetideologie, 1964; Phil./Soziol./Ges. - Studien z. Ideologieproblem, 1965; Bilanz d. Ära Chruschtschow, 1966 (m. Erik Boettcher u. Boris Meissner). Herausg.: Karl Marx, Werke - Schriften - Briefe (7 Bde. 1960ff.); D. Sowjetkommunismus (2 Bde. 1963/64, m. Karl-Heinz Ruffmann); Kulturkritik u. Lebensphil. (1974); Blick zurück (1982); Ideologienlehre u. Wissenssoziol. (1974); Ideologie, Wiss., Ges. (1976); Ideologie (1985); Marx-Lexikon (1988) - Gr. BVK.

LIEBEREI, Reinhard

Dr. rer. nat. habil., Dipl.-Biologe, Prof. Botanisches Inst. TU Braunschweig - Mendelssohnstr. 4, 3300 Braunschweig; priv.: Ungerstr. 4, 3340 Wolfenbüttel (T. 05331 - 7 40 01) - Geb. 4. Juli 1948 Seefeld/Kr. Wesermarsch, ev., verh. m. Roswitha, geb. Schülke, 4 Kd. (Saskia, Swenja, Ankea, Ansgar) - 1968-74 Stud., Dipl.-Biol.; Promot. 1974-76 üb. Enzymregulation; Zertifikat Phytomed. 1983; Habil. 1985 TU Braunschweig - Liebh.: Segeln, Sprachen - Spr.: Engl., Franz., Portug.

LIEBERG, Godo

Dr. phil., o. Prof. f. lat. Sprache u. Literatur Univ. Siena, Facolta di Magistero Arezzo, Italien - Friederikastr. 90, 4630 Bochum (T. 31 17 70) - Geb. 30. Dez. 1929 Karmel/Estl. (Vater: Herbert L., ev. Pastor; Mutter: Helene, geb. v. Haller), kath., verh. s. 1956 m. Dr. Marisa, geb. de Dal Lago, 4 Kd. (Irene, Elisabeth, Angela, Albert) - Johanneum Lüneburg; Univ. Göttingen u. Tübingen. Promot. 1953 Tübingen; Habil. 1960 Rom u. 1962 Tübingen - 1956-79 Lehrtätigkeit Goethe-Institut Turin. Univ. Palermo, Tübingen, Mailand (Kath.), Bochum - BV: D. Lehre von d. Lust in d. Ethiken d. Aristoteles, 1958; Geist u. Lust, 1959; Puella Divina - Studien z. Gestalt d. göttl. Geliebten bei Catull im Zusammenhang d. antiken Dichtung, 1962 (Amsterdam); Poeta Creator 1982 (Amsterdam); Zu Idee u. Figur d. dichter. Schöpfertums, 1985; Strukturalistische Analyse v. Tibull I 5, 1988 (Arezzo) - 1952 Akad. Preis Univ. Tübingen (Phil. Fak.) - Liebh.: Reisen (Mittelmeerländer) - Spr.: Lat., Ital., Engl., Franz. - Bek. Vorf.: Historiker Johannes Haller (Großonkel 2. Gr.).

LIEBERICH, Heinz

Dr. jur., Generaldirektor, Honorarprof. f. bayer. Rechtsgeschichte Univ. München (s. 1955) - Adalbertstr. 44, 8000 München 40 (T. 33 55 12) - Geb. 29. Jan. 1905 Kaiserslautern (Vater: Heinrich L., Generalstaatsanw.; Mutter: geb. Clemens) - Promot. 1928 - S. 1931 bayer. Archivdst. (1959 ff. Generaldir. Staatl. Archive Bayerns). 1960 ff. 2. Vors. Kommiss. f. Bayer. Landesgesch. Bayer. Akad. d. Wiss. - BV: Rechtsgesch. Bayerns u. d. bayer. Schwaben, 1952; Z. Feudalisierung d. Gerichtsbarkeit in Bayern, 1954; Kaiser Ludwig d. Bayer als Gesetzgeber, 1959; Landherren u. -leute - Z. polit. Führungsschicht Baierns im Spätmittelalter, 1964; D. gelehrten Räte - Staat u. Juristen in Bayern in d. Frühzeit d. Rezeption, 1964/66; D. Anfänge d. Polizeigesetzgeb. d. Herzogtums Baiern, 1969; Mitteis/Lieberich: Dt. Privatrecht, 9. A. 1981; Dt. Rechtsgesch., 16. A. 1981.

LIEBERMANN, Berta R.

Schriftstellerin - Kieferbachstr. 6, 8205 Kiefersfelden (T. 08033 - 81 04) - Geb. 16. März 1921 Glashütten/Burgenland, Österr., verh. s. 1967 m. Dr. Albert L. (Biol.) - Höh. Töchtersch. Ungarn u. geisteswiss. Fernstud. USA - Mitarb. geisteswiss. Ztschr.; Beteilig. an zahlr. Anthol. im In- u. Ausland - Bisher 33 BV: u.a. Heimweh, Ged.; Planet d. Glückl., Ged.; Aufbruch aus d. Zeit, Ged.; Geheimnis d. tausend Gesichter, Prosa; Traumnetz d. silb. Spinne, Ged.; Orakel d. weißen Eule, Ged.; Gläserne Spur; Wann? Tierged.; Schwarze Trommel afrikan. Zyklus; Im Tal d. Könige, Märchen; Spätlicht, Ged.; Ver-

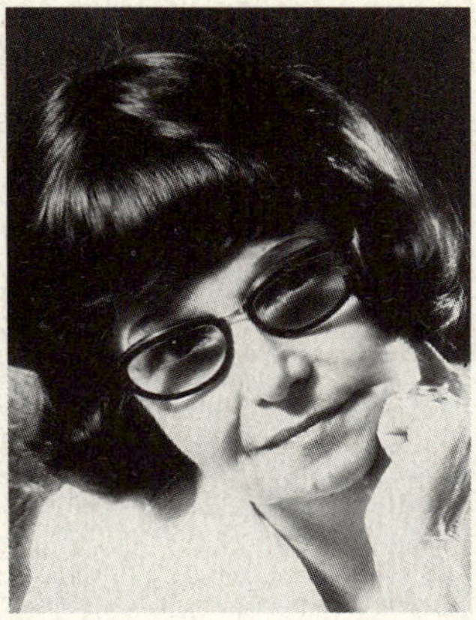

wehte Spuren, Ged.; M. d. Liedern d. Zigeuner, Ged.; Weiße Insel d. Kormorane, Ged.; Schattenbaum d. Paradieses, Ged.; Steine u. Sterne, Ged.; Rückruf d. Vergangenheit, Ged.; (Jugend auf Burg Lockenhaus); D. innere Meister, Lyr.; D. andere Gesicht, Ged.; Verstreute Blüten, Ged.; Lieder d. Erdfee, Ged.; Verstreute Blüten, Folge II, Ged. - 1981 Lyrikpreis AWMM Luxemburg, 1982 Salsomaggiore; 1982 AWMM Brüssel - Liebh.: Paläontol., Familienforschung, eig. kl. Tierheim - 1984 Gründ. Rosenheimer Aktivgruppe gegen Tierversuche - Spr.: Ungar., Engl. - Bek. Vorf.: Prof. Ernst L., Maler (Schwiegerv.).

LIEBERMEISTER, Kurt

Dr. med., o. Prof. u. Vorst. Inst. f. Hygiene u. Med. Mikrobiol. TU München/Fak. f. med. (s. 1968) - Geb. 24. Jan. 1919 München - Habil. 1954 Frankfurt/M. - Zul. Chefarzt Bakt.-Hyg. Inst. Städt. Krkhs. r. d. Isar, München. Üb. 50 Fachveröff. - 1966 Prof.-Titel (Hessen).

LIEBEROTH-LEDEN, Horst

Speditionskaufmann, AR-Vors. Frasag GmbH & Co. KG, Frankfurt/M. (s. 1974), Beirat Präsid. Industrie- u. Handelskammer ebd. (s. 1989) - Röderbergweg 270, 6000 Frankfurt (T. 44 86 00) - Geb. 15. Sept. 1914 Schierke (Vater: Hans L.-L., Bankier; Mutter: Leonore, geb. Haug), ev., verh. s. 1953 m. Felicitas, geb. Ritgen, 2 Söhne (Axel, Bernd) - Gymn., Kaufm. Lehre - BVK am Bde. - Spr.: Engl.

LIEBERS, Gerhard

Dr. phil., Ltd. Bibliotheksdirektor i. R., Honorarprof. f. Bibl.wiss. Univ. Münster (1968) - Am Schloßgarten 18, 4400 Münster/W. (T. 8 15 10) - Geb. 23. Mai 1914 Radebeul/Sa. (Vater: Alfred L., Lehrer; Mutter: Else, geb. Schneider), ev., verh. 1946 m. Ilsemarie, geb. Friese, 2 Töcht. (Gudrun, Margret) - Kgn.-Carola-Gymn. u. Univ. Leipzig (Klass. Philol., German., Phil.; Promot. 1939) - 1942 Bibl.refer. Dt. Bücherei Leipzig, 1948 Wiss. Hilfsarb. Murhardsche Bibl. Kassel, 1952 Bibl.- (komm. Leit.), 1958 Oberbibl.rat (stv. Dir.) Nieders. Staats- u. Univ.bibl. Göttingen, 1963 Dir. Univ.bibl. Münster. 1964-66 Vors. Verein Dt. Bibliothekare - Fachveröff. üb. Bibl.wesen, insbes. Bibl.bau. Herausg.: Bibl.neubauten in d. BRD (1968). Mithrsg.: Bibl.neub. in d. BRD, 1968-83 (1983); Elemente d. Buch- u. Bibl.wesens, Bd. 1-9 (1975-83).

LIEBERT, Paul

Schriftsteller u. Komp. - Alter Postweg 14, 4800 Bielefeld 17 - Geb. 16. Dez. 1907 Bochum, ev. - Mittelsch. u. Gymn.; Leibniz-Akademie Hannover u. Univ. Berlin (Wirtschaftswiss., Rechts- u. Staatswiss.); Schriftl., Journalist, Dirig. u. Komp.; Kunstkrit. - BV: Glöckner v. St. Marien, Erz. 1948; Den d. Götter lieben, Gesch. u. gr. Musiker, 1948; D. Frage nach d. Sinn d. Lebens, 1949; Veit Stoß berühmt u. geächtet, 1960; D. Geheimnis um Tiefensee, 1964; Die Heideprinzessin, 1979 - Liebh.: Bücher, Musik, Kunst.

LIEBERT, Wolfgang

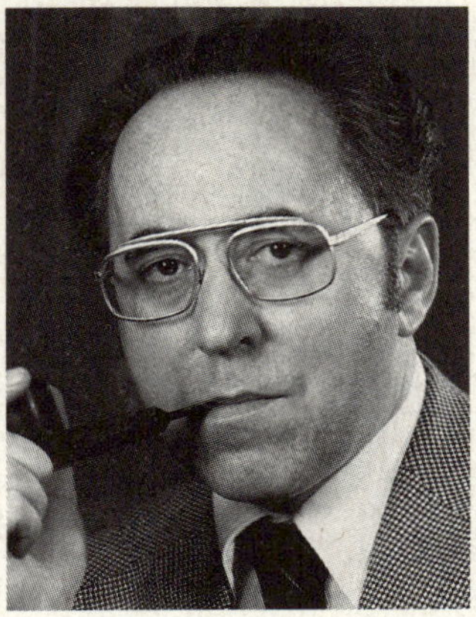

Dipl.-Kfm., Unternehmensberater - Bundesallee 215, 1000 Berlin 15 (T. 030 - 24 33 45) - Geb. 9. Jan. 1935 Berlin (Vater: Herbert L., Küchenchef; Mutter: Grete, geb. Langer), ev., verh. s. 1958 m. Margot, geb. Buller, 2 Kd. (Martina, Wolfmar) - Stud. Wirtschaftswiss. u. Ing.wiss. TU Berlin (Dipl.-Kfm.) - 1955-57 kaufm. u. techn. Praktika Berlin, Paris u. Mülheim/R.; 1958-62 Ltg. Lebensmittelgroßhdlg. Paul Buller, Berlin; 1962-65 Ref. f. polit. Öfftl.-Arb. Besucherdst. Bundeshaus Berlin, fr. Journ.; 1965-66 Wirtschaftsredakt. Berliner Morgenpost; 1966-67 Leit. betriebswirtsch. Abt. Braas & Co. GmbH, Frankf./M.; s. 1967 selbst. Unternehmensberater (Schwerp.: PR/Market., Verkaufsförder. u. Außenwirtschaftsberat.); s. 1974 Lehrbeauftr. TFH Berlin. FDP (stv. Vors. Bundesfachaussch. Finanzen u. Steuern) - Liebh.: Tauchen, Surfen, Theater, Zeichnen - Spr.: Engl., Franz.

LIEBETRAU, Alfred

Präsident IHK Schwarzwald-Baar-Heuberg, Villingen-Schwenningen - Am Doniswald 4, 7744 Königsfeld (T. 07721-20450) - Geb. 29. Aug. 1922 Farnroda - S. 1969 Geschäftsf. SABA-Werke, Generalbevollm. Grundig-Werke (s. 1971), Vors. d. Gfg. Junghans Werke (1972-82). AR-Vors. Ges. z. Förder. d. dt. Uhren- u. Schmuckwarenfachgeschäfte mbH (1973-83), Geschf. d. Untern.-Partn. Management-Beratg. GmbH.

LIEBHART, Ernst

Dr. phil., Prof. f. Psychologie Univ. Marburg - Holderstrauch 7, 3550 Marburg/L. - Geb. 3. Febr. 1937 - Promot. 1968 München - Zul. Prof. Univ. Gießen - BV: Nationalismus in d. Tagespresse 1949-66, 1971. Div. Einzelarb.

LIEBHERR, Hans

Dr.-Ing. E. h., Aufsichtsratsvorsitzer Liebherr-Holding GmbH, Biberach/Riß; Präs. Verwaltungsr. Liebherr-International AG Bulle/Schweiz - 19, rue de l'industrie, CH-1630 Bulle/Schweiz - Geb. 1. April 1915 Kaufbeuren - Baumeisterprüf. 1938 - 1964 Ehrendoktor TH Aachen, 1974 Ehrensenator Univ. Karlsruhe.

LIEBICH, Werner

Dr. phil., Prof., Ltd. Direktor Freie Universitätsbibliothek Berlin - Garystr. 39, 1000 Berlin 33; priv.: 12, Knesebeckstr. 18 - Geb. 12. Aug. 1927 Görlitz (Vater: Otto L., Syndikus; Mutter: Lydia, geb. Werner), ev. - 1946-50 Humboldt-Univ. Berlin (Griech., Lat., Ägypt.). Staatsex. 1951 u. 59; Promot. 1956 - 1951-57 Wiss. Assist. Inst. f. Hellenist.-röm. Phil./Dt. Akad. d. Wiss. Berlin (Ost); s. 1957 Bibl.refer., -ass., -rat (1963), Oberbibl.rat (1967), Bibl.dir. (1969), Ltd. Bibl.dir. (1976) Bibl. FU Berlin (West), Hon.-Prof. (1983) f. Bibl.wiss. FU Berlin (West) - BV: Anwendungsmöglichk. d. Vertikalablage, 1959; Aufbau, Absicht u. Form d. Pragmateiai Philodems, 1960 - Spr.: Engl., Neugriech.

LIEBKE, Harry

Dipl.-Ing., Direktor, Geschäftsführer Landeswohnungs- u. Städtebauges. Bayern mbH./Organ d. staatl. Wohnungspolitik - Herzog-Heinrich-Str. 13, 8000 München 2.

LIEBL, Franz

Studienrat i. R., Schriftsteller - Am Volkammersbach 6, 8832 Weißenburg/Bay. - Geb. 28. Jan. 1923 Heiligenkreuz/Böhmen - BV: D. hohe Hymne (Sonette), Unterwegs (Ged.), Immer hab ich dich gesucht (Ged.), Land im Frührot (Ged.), D. böhm. Dorf (Erz.), Was je deine Seele verlor (Ged.), Zeitgitter (Ged.), Hinter d. sieben Bergen (Erz. u. Ged.), Elegie f. Flügelhorn, (Ged.), Blaue Iris (Ged.) - 1962 Förderpreis f. Lyrik Sudetend. Landsmannschaft; 1966 Nordgau-Kulturpreis f. Dichtung; 1974 Ehrengabe z. Andreas-Gryphius-Preis; 1989 Johann-Alexander-Döderlein-Preis (Kulturpr. d. Stadt Weißenburg/Bay.) - S. 1980 Mitgl. PEN.

LIEBMANN, Bernhard G.

Dr. rer. nat., Prof., Vorstandsmitglied Degussa, Ressort Technik Metall i. R. (1973-89) - Am Oberberg 3, 6242 Kronberg 3 - S. 1967 o. Prof. u. Honorarprof. (1972) TH Aachen (Reaktorwerkstoffe); zeitw. Wiss. Tätigk. Kernforschungsanlage Jülich. Facharb.

LIEBONER, Werner

Geschäftsführer Walzstahl-Vereinigung - Kasernenstr. 36, 4000 Düsseldorf (T. 82 91).

LIEBRECHT, Gerhard

Dr., Min.direktor, stv. Chef Presse- u. Informationsamt d. Bundesreg. - Welckerstr. 11, 5300 Bonn (T. 208 20 10) - Geb. 23. Nov. 1925 - Zul. Min.dir. BMI.

LIEBRECHT, Klaus

Dipl.-Ing., Gf. Mayer Anlagen Verwalt.s GmbH., Meerbusch 2 - Germanicusstr. 4, 5000 Köln 51 (T. 38 28 86) - Geb. 4. Jan. 1916 - U. a. Geschäftsf. Chem. Fabrik Kalk GmbH., Köln, Vorstandsmitgl. Westfalia Dinnendahl Gröppel AG., Bochum, u. Gf. Chemiebau Dr. A. Zieren GmbH. & Co. KG. u. Davy Powergas GmbH., bde. Köln. ARs- u. Beiratsmand. - Spr.: Engl. - Rotarier.

LIEBS, Detlef

Dr. jur., Prof. f. Röm. Recht, Bürgerl. Recht, Neuere Privatrechtsgesch. Univ. Freiburg - Rosenau 10, 7800 Freiburg - Geb. 12. Okt. 1936 Berlin (Vater: Dr. Wilhelm L., Dipl.-Ing. u. Doz.; Mutter: Erika, geb. Dierig), ev., verh. s. 1982 m. Katharina, geb. Bölle, 2 Söhne (Samuel, David) - Stud. Rechtswiss. u. Gesch. Univ. Freiburg u. Göttingen (Promot. 1962, Habil. 1970). S. 1970 Ord. in Freiburg - BV: Hermogenians iuris epitome - Z. Stand d. röm. Jurisprudenz im Zeitalter Diokletians, 1964; D. Klagenkonkurrenz im röm. Recht - Z. Gesch. d. Scheid. v. Schadensersatz u. Privatstrafe, 1972; Röm. Recht - E. Studienb., 1975, 3. A. 1987; Latein. Rechtsregeln u. Rechtssprichwörter, 1982, 4. A. 1986; D. Jurisprudenz im spätantiken Italien, 1987 - Spr.: Engl., Franz., Lat., Ital. - Bek. Vorf.: Geh. Kommerzienrat Dr. h.c. Friedrich Dierig (Urgroßv. ms.).

LIEBSTER, Günther

Dr. agr., em. o. Prof., Inh. Lehrstuhl f. Obstbau TU München (s. 1953) - Alois-Steinecker-Str. 27, 8050 Freising/Obb. (T. 1 37 96) - Geb. 31. Mai 1911 Berlin (Vater: Alfred L., Justizoberinsp.; Mutter: geb. Frech), verh. m. Anneliese, geb. Licht, 2 Kd. - Diplom-Gärtner 1937; Promot. 1940 - 5 J. gärtner. Praxis. Fachveröff.

LIEDEL, Herbert

Dipl.-Sozialwirt, Bildredakteur Kicker-Sportmagazin - Laufamholzstr. 442, 8500 Nürnberg 30 (T. 0911 - 50 21 89) - Geb. 6. Mai 1949 Nürnberg (Vater: Otto L., Kfm. Angest.; Mutter: Hedwig, geb. Post), ev., verh. s. 1983 m. Hannelore Christen-Liedel, geb. Christen, Sohn Robert - 1974 Univ. Erlangen/Nürnberg (Sozialwiss., Dipl.-Sozialwirt) - B. 1977 fr. Bildjourn.; ab 1977 Bildredakt. Kicker - BV: D. alte Kanal - damals u. heute, Fotobildb. 1981; D. Pegnitz - Augenblicke e. Flusses, Fotobildbd. 1982; Alte Mühlen - Bilder d. Abschieds, Fotobildbd. 1983; D. Johannisfriedhof zu Nürnberg, Fotobildbd. 1984; Haus d. Lebens - Jüd. Friedhöfe, Fotobildbd. 1985 - Fotoausst. in Nürnberg, Pommersfelden u. Bad Windsheim - 1978 1. Preis Foto-Wettbewerb Verb. Dt. Sportjourn. (VDS) f. Sport-Kampfbilder; 1979 2. Preis f. Fußball- u. Sportkampfbilder (Farbdias) u. 3. Pr. f. Sport-Feuill.bilder (Farbdias) b. VDS-Foto-Wettb.; 1980 1. Pr. f. Sport-Feuill.bilder (Schw./W.) u. 3. Pr. f. Farbdias VDS-Wettb., 1. Pr. Intern. Sportfoto-Wettb. Intern. Vereinig. d. Sportpresse (AIPS) f. Farbbilder, 1., 2. u. 3. Pr. Foto-Wettb. Uefa anl. 25-j. Best. f. Farbbilder; 1982 1. Pr. Farbbilder bei VDS-Wettb.; 1983 1., 2. u. 3. Pr. Farbbilder bei VDS-Wettb.; 1984 2. Pr. Kategorie Sport bei World Press Photo; 1985 4. Pr. Farbbilder VDS-Wettb., 2. Pr. AIPS-Kodak-Foto-Wettb. - Liebh.: Naturschutz, Industriekultur.

LIEDTKE, Claus-Eberhard

Dr.-Ing., Prof. Univ. Hannover - Am Gehäge 46, 3008 Garbsen 4 (T. 0511 - 762 53 18) - Geb. 21. März 1942 Leipzig - Stud. Nachrichtentechnik TU Berlin (Dipl.-Ing. 1968, Promot. 1972) - 1968 wiss. Mitarb. Heinrich-Hertz-Inst. Berlin; 1970 wiss. Assist. TU Berlin; 1973 Assist.-Prof. Univ. of Minnesota, Minneapolis/USA; s. 1977 Prof. Univ. Hannover.

LIEDTKE, Hans Jürgen

Dr. phil., Chefdramaturg Niedersächsische Staatsoper Hannover - Im Haspelfelde 8, 3000 Hannover (T. 809 35 79) - Geb. 20. April 1937 Insterburg/Ostpr. (Vater: Alfred L., Kaufm.; Mutter: Charlotte, geb. Riemke), ev., led. - Univ. Göttingen u. Wien (Theaterwiss., German., Phil., Psych.). Promot. 1965 Wien - S. 1966 Landestheater Darmstadt (Dramat.), Hannover (1968 u. 79 Chefdramat.), Nürnberg, 1966 Regieassist. b. Prof. Oscar Fritz Schuh (Hbg. Staatsoper). Spez. Arbeitsgeb.: Operndramat. - BV: D. szen. Raum- u. Figurengestaltung in d. Dramatik O'Neills, 1964 (Wien) - Liebh.: Musik, Malerei - Spr.: Engl., Franz.

LIEDTKE, Herbert

Dr. rer. nat., o. Prof. f. Geographie - Kellermannsweg 1, 4630 Bochum (T. 47 64 38) - Geb. 25. Nov. 1928 Berlin, ev., verh. s. 1958, T. Silja - Promot. Berlin; Habil. Saarbrücken - S. 1968 Prof. Univ. Bochum (apl. Prof., Wiss. Rat u. Prof., 1970 o. Prof.). Vorstandsmitgl. Zentralverb. dt. Geographen - BV: Geomorpholog. Entwicklung d. Oberflächenformen d. Pfälzer Waldes, 1968; Grundzüge u. Entwickl. d. Oberflächenformen d. Saarlandes, 1969; D. nordischen Vereisungen in Mitteleuropa, 1975, 2. A. 1981; Namen u. Abgrenzungen v. Landschaften in d. BRD, 1984. Mitautor: Topograph. Atlas Rhld.-Pfalz, 1973; D. Saarland in Karte u. Luftbild, 1974 - Silb. Carl-Ritter-Med. f. geogr. Forschungen.

LIEDTKE, Karl

Rektor a. D., MdB, Mitglied Fraktionsvorst. d. SPD-Bundestagsfraktion, Vors. Aussch. f. d. Post- u. Fernmeldewesen d. Dt. Bundestages (s. 1983) - Dahlhauser Höhe Nr. 40b, 4630 Bochum-Dahlhausen (T. 49 08 75) - Geb. 10. März 1925 Bochum, ev., verh., 2 Kd. - Päd. Stud., beide Lehrerprüf. - 1943-45 Soldat; s. 1946 Volksschull. u. Rektor (1960). Mitgl. Stadtrat Bochum (Fraktionsvors.) 1956-70. SPD s. 1946 (Vors.

d. Parteirats, Mitgl. Bezirksvorst. Westl. Westf.).

LIEDTKE, Max

Dr. phil., o. Prof. f. Pädagogik Univ. Erlangen-Nürnberg (s. 1973) - Kirchhoffstr. 22, 8505 Röthenbach/Pegnitz - Geb. 8. März 1931 Düsseldorf (Vater: Albert L., Werkmeister; Mutter: Maria, geb. Ziebarth), verh. s. 1963 m. Margarete, geb. Bock, S. Ulrich - Görres-Gymn. Düsseldorf; Univ. Bonn, München, Hamburg - 1967-70 Doz. PH Göttingen; 1970-73 Prof. Univ. Hamburg. 1984 Konzept d. Bayer. Schulmuseums Ichenhausen, 1985 Leit. d. Schulmuseums Univ. Erlangen/Nürnberg - BV: D. Begriff d. reflekt. Urteilskraft in Kants Kritik d. reinen Vernunft, 1964; J. H. Pestalozzi, 10. A. 1987 (holl. 1976, jap. 1984); Evolution u. Erzieh., 2. A. 1976.

LIEFFEN, Karl

(eigentl. Karl Lifka), Schauspieler u. Autor - Wirtstr. 8, 8000 München 90 (T. 089 - 692 42 96) - Geb. 17. Mai 1926 Ossek/CSSR (Vater: Franz L., Bergbeamt.; Mutter: Josefine, geb. Háwa) - Münchener Kammersp., Städt. Bühnen Frankf., Bayer. Staatstheater München, Mitgl. Bayer. Staatsschausp.; fr. Schausp. Film u. FS, (223 Rollen s. 1958, u.a. Tadellöser & Wolff). Regisseure u.a.: Brecht, Kortner, Schweikart, Fechner - BV: Was fällt Ihnen ein - Lieffen? (Autobiogr.), TB 1976; Gerneklein, 1980 - BVK am Bde.

LIEFFERING, Wolfgang Adrianus

Wirtschaftsprüfer u. Steuerberater, Präs. Steuerberaterkammer Berlin - Griegstr. 8, 1000 Berlin 33 (T. 882 75 81/82) - Geb. 10. Dez. 1914 Stettin (Vater: Adrian L., Violin-Virtuose; Mutter: Margarete, geb. Reich), ev., verh. s. 1958 m. Luise, geb. Bietz - Abit., Lehre Holzgroßhandel - 1958-61 Vorstandsmitgl. Berliner Verb. d. Steuerberater; 1961-68 Vorstandsmitgl., 1968-70 Vizepräs., 1970-75 Präs. Steuerberaterkammer Berlin - 1975 BVK - Spr.: Niederländ.

LIEFKE, Eugen

Schweißfachingenieur, Obering., Inh. Hugo Achcenich, Inh. Eugen Liefke, Berlin - Roßfeld 10, 4780 Lippstadt - Breitenbachstr. 14, 1000 Berlin 27 - Geb. 29. Juli 1913.

LIEFLAND, Erika, geb. Cychon

Bildhauerin - Talstr. 11, 6109 Mühltal (T. 06151 - 5 79 98) - Geb. 4. Dez. 1936, verh., 3 Kd. - Chemiestud.; prakt. Ausb. als Bildhauerin - Lehrauftr. VHS Darmstadt-Dieburg, s. 1987 Malen m. Dispersionsfarben - Künstlerporträt Klappe-Darmstadt. Arbeiten im Besitz d. Stadt Frankfurt, d. Landkr. Darmstadt-Dieburg, d. Gde. Mühltal - Keramikpreis d. Dt.-Amerik. Ges. - Liebh.: Phil., Auslandsreisen.

LIEGEL-SEITZ, Günter

Dipl.-Ing., Gesellschafter Seitz-Filter-Werke GmbH & Co KG, Bad Kreuznach u. Seitz-Enzinger-Noll, Maschinenbau AG, Mannheim; Vorst. RKW, Landesgr. Rhld.-Pf. - Krötenpfuhlerweg 15, 6550 Bad Kreuznach - AR- u. Beiratsmand.

LIEGERT, Friedrich

Dr. oec. publ. - Albert-Einstein-Str. 10, 7562 Gernsbach (T. 07224/79 77) - Geb. 23. März 1934 Olmütz (Vater: Erwin L., Dipl.-Ing.; Mutter: Valerie, geb. Wondraschek), kath., verh. s. 1961 m. Gabriele, geb. Meyer, 3 Kd. (Karin, Klaus-Peter, Birgit) - Univ. Heidelberg u. München (Volks- u. Betriebswirtsch.), Dipl.-Kfm. 1957, Promot. 1960 - Vorstand d. Matth. Hohner AG, Trossingen - BV: Führungspsych. f. Vorgesetzte, 1973; D. Arbeitszeugnis in d. Praxis, 1976 - Spr.: Engl.

LIEGL, J. Alfred

Dr. h.c., Konsul, Bankdirektor i. R. - Ebersberger Str. 4, 8000 München 80 (T. 98 14 81) - Geb. 30. Jan. 1906 München - U. a. Dir. Dt. Bau- u. Bodenbank AG. u. Vorstandsmitgl. Bayer. Handelsbank/Bodenkreditanstalt, bde. München. Handelsrichter; Beirats- u. ARsmandate - Konsul v. Monaco f. Bayern; 1969 Gr. BVK.

LIEGLE, Ludwig

Dr. phil., Prof. f. Erziehungswissenschaft - Biesingerstr. 9, 7400 Tübingen (T. 07071-21 17 55) - Geb. 29. Jan. 1941 Schwäb. Gmünd (Vater: Josef L., Kustos u. Prof.; Mutter: Gertrud, geb. Weber), kath., verh. s. 1967 m. Adelindis, geb. Locher - Gymn. Schwäb. Gmünd; Univ. Freiburg, FU Berlin (Päd., Soziol., German., Slawist.) - S. 1975 Mitgl. wiss. Beirat f. Fam.fragen b. BMJFG, Bonn - BV: Familienerz. u. soz. Wandel in d. Sowjetunion, 1970 (amer. Übers. 1975); Fam. u. Kollektiv im Kibbutz, 5. A. 1979 (niederl. Übers. 1974); Israel - Erziehung u. Ges. (zus. m. Hellmut Becker), 1980; Welten d. Kindheit u. Familie, 1987 - Liebh.: Musik - Spr.: Russ., Neuhebr.

LIEHR, Harry

Senator a. D. - Trippsteinstr. 58, 1000 Berlin 46 - Geb. 15. Mai 1927 Berlin, ev., verh. s. 1954 (Ehefr.: Felicitas), 2 Kd. (Ralf-Marco; Petra) - Volkssch.; 1941-44 Betonbauerlehre; Abendsch.; Fircroft College Engl. u. Harvard Univ. USA (Wirtsch., Soziol., Phil.) - Facharb. u. Polier; Ausbildungsleit. v. Lehrlingen; 1951-71 Leit. Abt. Jugend u. Berufsausbild. DGB Berlin. 1959-62 (Übertritt in d. Bundestag) MdA Berlin; 1962-71 (Mandatsniederleg.) MdB. 1971-75 Senator f. Arbeit u. Soziales; 1975/76 (Rücktr.) Senator f. Verkehr u. Betriebe. SPD s. 1949 (1967-71 Kreisvors. Steglitz). 1975-79 MdA Berlin, s. 1977 Generalbev. Bahner-Unternehmensgr., s. 1980 Generalbev. Treuhandelsges., Aktienges. -THG- - Spr.: Engl.

LIEKWEG, Georg R.

Geschäftsführer Klöckner Industrie-Anlagen GmbH - Neudorfer Str. 3-5, 4100 Duisburg 1 - Geb. 21. Dez. 1935 Königsberg - Abit.; kfm. Lehre, Rechts- u. Wirtsch.stud., Staatsex. 1964 - 1973 Dir., 1976 Geschäftsf. Klöckner Ind.-Anl. GmbH, gleichz. Geschäftsf. u. Vors. verschied. Aufs.grem. europ. u. überseeisch. Untern. im Firmenverb.

LIELIENTHAL, Edwin

Kaufmann, MdL Nieders. (1963-74) - Burgstr. 101a, 2890 Nordenham-Phiesewarden (T. 3 11 28) - Geb. 8. Dez. 1909 Lehe b. Bremerhaven, verh., 2 Kd. - Volkssch.; kaufm. Lehre - Kaufm. Angest.; n. 1933 Einzelhändler. 1941-45 Wehrdst. 1946-86 Mitgl. d. Rates d. Stadt Nordenham (1956-71 Bürgerm.); 1946-86 Kreistagsmitgl.; 1959-86 VR-Mitgl. Oldenburgische Landesbrandkasse. SPD s. 1927 - 1971 Verdienstkreuz I. Kl. Nieders. VO; 1973 BVK I. Kl.; 1985 Ehrenz. f. 50j. Dienste im Feuerlöschwesen Nieders. (als Brandmeister); s. 1986 Ehrenbürger Stadt Nordenham.

LIENAU, Cay

Dr. phil., Prof. f. Geographie (s. 1974) - Zumsandestr. 36, 4400 Münster - Geb. 3. Juli 1937 Lübeck - Stud. klass. Philol., Phil. u. Geogr.; Promot. 1963 Kiel, Habil. (Geowiss.) 1974 Gießen - 1963-64 wiss. Assist. Inst. f. Klass. Phil. Gießen; 1965-74 wiss. Mitarb. Inst. f. Geogr. Univ. Gießen. Vors. Dt.-Griech. Ges. Münster. Vorst.-Mitgl. Vereinigung Dt.-Griech. Ges. - Mithrsg.: Münst. Geogr. Arb. Zahlr. Veröff. z. Terminologie d. ländl. Kulturlandschaft, z. Geogr. d. ländl. Raumes, zu Probl. d. Wirtsch.- u. Sozialgeogr. Griechenlands u. Malawis. Länderkunden Malawi (1981) u. Griechenland (1988).

LIENAU, Rainer

Dipl.-Chem., Direktor - Nördl. Seestr. 30, 8193 Ammerland - Geb. 17. Aug. 1914 Uerdingen/Rhld., verh. (Ehefr.: Ilse) - B. 1967 Dt. Gelantine-Fabriken GmbH. Göppingen (Geschäftsf.), dann Süd-Chemie AG., München (stv., 1969 o. Vorstandsmitgl.).

LIENAU, Renate

s. Lerbs, Renate

LIENEN, von, Horst

Dr., Dipl.-Math., Prof. f. Mathematik TU Braunschweig - Lindenstr. 21, 3300 Braunschweig (T. 05307 - 21 97) - Geb. 26. Juni 1933 Rodenkirchen (Vater: Hans v. L., Angest.; Mutter: Henny, geb. Ahting), ev., verh. s. 1978 m. Marlies, geb. Dernedde, 3 T. (Karin, Elke, Almut) - 1953-60 Stud. Univ. Tübingen, München, Marburg, Göttingen, London; Staatsex. 1962 Tübingen, Dipl. (Math.) 1964 Kiel, Promot. 1970 Bochum, Habil. 1976 Braunschweig) - In 50er J. Aufbaulager, später Entwicklungshilfe; 1967 Wiss. Assist.; ab 1970 Lehrtätigk. - 1970 Preis Univ. Bochum (f. Diss.) - Liebh.: Theol., Meteorol., Astronomie.

LIENER, Gerhard

Dr., Dipl.-Volksw., Vorstandsmitglied Daimler-Benz AG, Stuttgart (s. 1982), Leiter Vorstandsressort Finanzwirtschaft u. Materialwesen (s. 1987) - Geb. 23. April 1932 Stuttgart (Vater: Oskar L., Prok.; Mutter: Frida Maria, geb. Schwarz), kath., verh. s. 1962 m. Margit, geb. Freund, 2 Kd. (Ulrich, Barbara) - Stud. Wirtschaftswiss. Univ. Stuttgart u. Tübingen; Ausl.-Stud. Univ. Madrid, Austauschpraktikum Göteborg/Schweden, Paris u. San Francisco - Tätigk. Salzdetfurth AG, Santiago de Chile u. Wien, Fried. Krupp Bonn u. Essen; s. 1967 Daimler-Benz AG, Stuttgart (s. 1982 Vorst. Beteilig.) - Spr.: Engl., Franz., Span., Ital.

LIENERT, Gustav A.

Dr. med., Dr. phil., em. o. Prof. f. Psychologie - Heinr.-Heine-Str. 2, 3350 Marburg - Geb. 13. Dez. 1920 Michelsdorf (Vater: Emil L., Landw.), kath., verh. s. 1957 m. Rosemarie, geb. Posenenske, 2 Töcht. (Ilona, Christine) - Gymn.; Univ. Wien, Breslau, Innsbruck (Med. Psych.). Promot. 1950 u. 52 Wien - 1953-61 Assist. Inst. f. Psychol. Univ. Marburg (1961 Privatdoz.); 1961-64 ao. Prof. Psychol. Inst. Univ. Hamburg; 1964-74 o. Prof. u. Dir. d. Psychol. Inst. d. Med. Akad., Düsseldorf (Univ. s. 1967) u. s. 1974 em. o. Prof. f. Psychol. d. Fak. f. Erz.wiss. d. Univ. Erlangen-Nürnberg - BV: Testaufbau u. Testanalyse, 1969; Verteilungsfreie Meth. d. Biostatistik, 1978; Schulnoten-Evaluation, 1987 - Präs. d. Dtsch. Region d. International Biometric Society 1976-77, Dr. Science h.c. (Colgate U.) 1982, Hon. Prof. f. klin. Psych. Univ. Wien.

LIENHARD, Siegfried

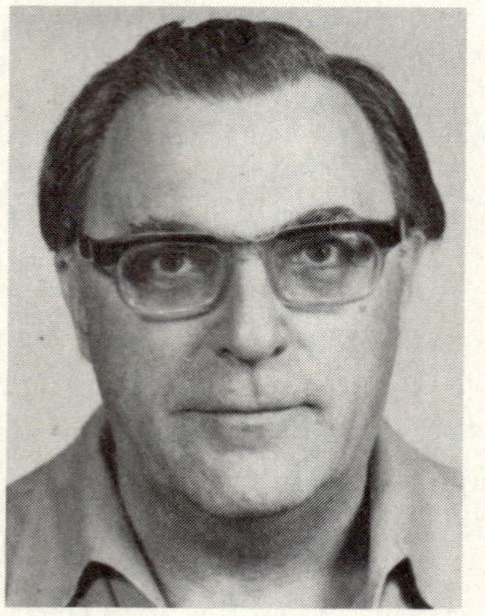

Dr. phil., Dr. h. c., o. Prof. f. Indologie Univ. Stockholm - Korsövägen 11, S-182 45 Enebyberg (Schweden) - Geb. 29. Aug. 1924 St. Veit a. d. Gl./Österr. (Vater: Georg L.; Mutter: Johanna, geb. Nusser), kath., verh. s. 1958 m. Madeleine, geb. Baronesse Lagerfelt - Univ. Wien u. Paris. Promot. 1949 Wien - 1955 Lektor Hindu Univ. Benares/Ind.; 1960 Doz. Univ. Stockholm; 1962-68 o. Prof. Kiel; 1976 Gastprof. Col. de France, Paris - BV: U. a. Tempusgebr. u. Aktionsartenbild. in d. mod. Hindi, 1961; Manicudavadanoddhrta - A Buddhist Rebirth Story in the Nevari Language, 1963; Dal sanscrito all'hindi. Il nevari, 1962; Nevarigitimanjari - Religious and Secular Poetry of the Nevars of the Kathmandu Valley, 1974; Probleme d. Religionssynkretismus in Nepal, 1978; D. Legende v. Prinzen Visvantara, 1980; Songs of Nepal: An Anthology of Nevar Folksongs a. Hymns, 1984; A History of Classical Poetry: Sanskrit-Pali-Prakrit, 1984; D. Abenteuer d. Kaufm. Simhala, 1985; Nepalese Manuscripts: Nevari and Sanskrit, 1988 - 1971 Ritter d. Nordstern-Ordens; o. Mitgl. d. Königl. Schwed. Akad. d. Lit., Gesch. u. Altertümer; korr. Mitgl. d. Österr. Akad. d. Wiss. u. d. Akad. d. Wiss. Göttingen; ausl. Mitgl. d. Kgl. Dänischen Akad. d. Wiss. u. d. Accad. delle Scienze Turin; Mitgl. d. Acad. Europaea; Ehrenmitgl. d. Akhila Bharatiya Sanskrit Parishad, Lucknow (Indien); Generalsekr. d. Intern. Assoc. of Sanskrit Stud.; Ehrendoktor Sorbonne, Paris - Spr.: Schwed., Engl., Franz., Ital., Hindi, Sanskrit.

LIENING, Wolfgang

Dr. rer. pol., Dipl.-Volksw., Ministerialdirigent Nieders. Min. f. Wirtschaft u. Verkehr - Beethovenstr. 4, 2863 Ritterhude - Geb. 25. Juni 1929 Bremen, ev., verh., 2 Kd.

LIEPELT, Klaus

Geschäftsführer INFAS - Inst. f. angew. Sozialwiss. - Friedrichallee 19, 5300 Bonn 2 (T. 0228 - 36 35 02) - Geb. 6. Sept. 1931 Halle/Saale, gesch., 2 Kd. (Benjamin, Jessica) - Abit. 1949; Stud. Gesch., German. 1949-51 FU Berlin, 1952 Göttingen, Sozialwiss. 1953/54 Univ. of Michigan, Ann Abor/USA; M.A., C.P. - 1955/56 Assist. Inst. f. Sozialforsch. Frankfurt/M.; 1957/58 Wiss. Projektleit. Wahlforsch. DIVO-Inst., Bad Godesberg; Mitbegr. Infas-Inst., s. 1959 Gesellsch. u. Geschäftsf.; s. 1975 Mitbegr. d. Teleskopie-Zuschauerforsch. - Zahlr. Veröff. im Ber. d. Wahlforsch.

LIERSE, Werner

Dr. med., o. Prof. f. Anatomie (unt. bes. Berücks. d. Neuroanat.) Univ. Hamburg (s. 1969) - Marienhöhe Nr. 23, 2085 Quickborn - Geb. 5. Nov. 1928 - 1962-68 Privatdoz. u. apl. Prof. Univ. Hamburg; 1968-69 o. Prof. Univ. Basel. Fachaufs.

LIERTZ, Rolf

Dr. rer. pol., Industrieberatung - Niedenau 36, 6000 Frankfurt/M. 1 (T. 069 - 724 08 91-94) - Vorst.-Mitgl. Saarbergwerke AG, H. F. & Ph. F. Reemtsma, Vorst.-Vors. Busch Jäger, Ges. f. Industriebeteiligungen AG; Beiratsvors. Brose Fahrzeugteile GmbH & Co. KG, Coburg, Olsberger Hütte, Olsberg; VR-Präs. Dimaco, Ecublens; stv. Beiratsvors. Papierfabrik Oberschmitten W.&J. Moufang GmbH; AR Indivers N.V. Amsterdam, u. Pittler AG, Langen; Verw.-Beirat Super Ego, Bilbao, Beirat Innotec, Technol.-Beteilig.ges. mbH & Co. KG, Essen.

LIESE, Johann Ernst Horst

Dr.-Ing., Dipl.-Ing., Vorstandsmitgl. Scheidemandel AG.,Berlin - Hofgutstr. 25, 6204 Taunusstein 4 (T. 06128 - 68 90) - Geb. 5. Juni 1926 Berlin (Vater: Bruno L. †; Mutter: Marta, geb. Tischer †), ev., verh. s. 1948 m. Ursula, geb. Brandt, 3 Kd. (Dagmar, Stefan, Robert) - Stud. d. Chemie u. Nahrungsmittelchemie TU Berlin; Dipl.ex. 1950; Promot. 1952 - Vereidigt. Sachverst. IHK Wiesbaden (10 J.); Ehrenamtl. Richter AG u. LAG Frankfurt/M. (10 bzw. 2 J.); Mitgl. Selbstverw. AOK Wiesbaden (10 J.) GDCh, VDI. 1960 Bearb. Kapitel, Leim u. Gelantine' in: Ullmann's Enzyklopädie d. Techn. Chemie - 1976 Ehrenbrief Land Hessen - Liebh.: Schach, Briefmarken - Spr.: Engl., Franz.

LIESE, Walter

Dr. forest., Drs. h. c., o. Prof. f. Holzbiologie Univ. Hamburg (s. 1963), zugl. Direktor Inst. f. Holzbiologie u. -schutz Bundesforschungsanstalt f. Forst- u. Holzw. Reinbek - Bernhard-Ihnen-Str. 2f, 2057 Reinbek (T. Hamburg 722 34 02) - Geb. 31. Jan. 1926 Berlin (Vater: Prof. Dr. Johannes L., Forstbotaniker; Mutter: Erika, geb. Süvern), ev., verh. s. 1952 m. Elsa, geb. Pabst, 2 Söhne (Andreas, Stefan) - Stud. Forstw. Eberswalde, Freiburg, Hann. Münden. Promot. 1951 Göttingen; Habil. 1957 Freiburg - 1959-63 Lehrtätigk. Univ. München (1963 apl. Prof.). Mitgl. zahlr. in- u. ausl. Fachges. Zahlr. Veröff. üb. Elektronenmikroskopie, Holzanat., -pathol., -schutz - 1966 Fellow Intern. Acad. of Wood Science, Wien (1969 Vizepräs.); 1977-81 Präs. Intern. Verb. Forstl. Forschungsanst.; Ehrenmitgl. Philippine Forest Res. Soc., Finn. Forstwiss. Ges.; Ehrenmitgl. Indian Acad. Wood Sc., Soc. Americ. Foresters, Intern. Ass. Wood Anatomists; 1977 Academia Ital. Science Forestale, u.a.; Goldmed. Royal Observ. Greenwich; 1978 Carolus Clusius Med. Ung. Forstverein - Spr.: Engl.

LIESEN, Klaus

Dr. jur., Dr. rer. pol. h. c., Vorstandsvorsitzender Ruhrgas AG - Zu erreichen üb. Ruhrgas AG, Huttropstr. 60, 4300 Essen 1 (T. 1 84-1) - Geb. 15. April 1931 - Vorst.-Vors. Stifterverb. f. d. Dt. Wiss.; AR-Vors. Volkswagen AG; AR-Mitgl. von Untern. d. dt. Energie-, Stahl- u. Versicherungswirtsch. sowie d. Bankwesens.

LIESENDAHL, Heinz

Dr. med., Regisseur - Wessobrunnerstr. 24, 8035 Gauting (T. 089 - 850 21 50) - Geb. 9. Sept. 1926 Stuttgart (Vater: Ernst L., Kaufm.; Mutter: Lina, geb. Kauderer), ev., verh. in 2. Ehe m. Adelheid, geb. Duhm, Kostümbildnerin, 3 Kd. aus 1. Ehe (Manuela, Marc, Matthias) - 1948-52 Univ. Heidelberg (Med.; Promot. 1952) - 1953-57 Univ.s-Kinderklinik Heidelberg (Assistenzarzt), dann Südd. Rundfunk, Stuttgart (Mitarb. Abendschau, 1959 Regieassist.), s. 1960 Bavaria-Atelier GmbH., Geiselgasteig (Regiss. u. Prod., s. 1980 Leit. Abt. Unterhalt.). Fernsehen: Show, Ballett, Oper (üb. 50 Sendungen) - 1967 Gold. Kamera Hör zu (f. Regie u. Buch: Playboy-Playgirl-Playtime) - Spr.: Engl.

LIESENFELD, Herbert

Konsul, Finanzier - Wagnerstr. 26, Postf. 24 02 26, 4000 Düsseldorf 1 (T. 35 34 33) - Geb. 3. Juni 1913 Düsseldorf, kath., verh. s. 1947 m. Brigitte, geb. Schoeller, Tochter - Gymn.; Bankausbild. In- u. Ausl. - 1931-45 Banktätigk. Düsseldorf, Paris, London, Berlin; s. 1948 Finanzier Düsseldorf. Präsident Düsseldorfer Reiter- u. Rennverein; Vorst. d. Direktoriums f. Vollblutzucht u. Rennen e.V., Köln; Mitgl. Industrie-Club, Düsseldorf, Union-Klub, Köln, Dt. Ges. f. Ausw. Politik, Bonn - 1954 Honorarkonsul v. Uruguay f. NRW; Versch. Auszeichn. - Vorf.: Bankiers.

LIESER, Karl Heinrich

Dr. rer. nat., o. Prof. f. Anorg. Chemie u. Kernchemie - Karolinenstr. 5, 6104 Seeheim/Bergstr. (T. 06257 - 8 15 17) - Geb. 26. April 1921 Ludwigshafen/Rh. (Vater: Heinrich L., Kaufm.; Mutter: Anna-Maria, geb. Adam), verh. 1952 m. Dr. rer. nat. Edith, geb. Schierandt - Univ. Göttingen u. Heidelberg (1939-40), TH Darmstadt (1946-52). Promot. (1952) u. Habil. (1957) Darmstadt - S. 1957 Lehrtätigk. TH Darmstadt (1962 ao., 1964 o. Prof.) - BV: Einführ. in d. Kernchemie, 1. A. 1969, 2. A. 1980. üb. 400 Fachveröff.

LIESNER, Claus

Dr. rer. pol., Verlagskaufmann - Zu erreichen üb.: Kaiser-Wilhelm-Str. 6, 2000 Hamburg 36 - Geb. 28. April 1935 Naumburg/S. (Vater: Curt L., Rechtsanw.; Mutter: Edith, geb. Neumann), ev., verh. s. 1964 m. Barbara (Bärbel), geb. Petersen, S. Jörg - N. Abit. kaufm. Lehre u. Bankprakt.; 1957-60 Stud. Betriebsw. Hamburg (Dipl.-Kfm.). Promot. 1962 - 1963 USA-Aufenth.; s. 1964 Axel Springer Verlag AG (1969 Mitgl. Geschäftsfg., 1982 Vorst.). 1973ff. AR-Mitgl. bzw. -Vors. Touristik Union Intern.

LIESS, Bernd

Dr. med. vet., o. Prof. u. Direktor Inst. f. Virologie Tierärztl. Hochsch. Hannover - Pappelweg 10, 3203 Sarstedt (T. 26 31) - Geb. 15. Febr. 1930 Hannover - S. 1963 (Habil.) Lehrtätigk. Univ. Göttingen u. TiäH Hannover (1965; 1968 Wiss. Rat u. Prof. bzw. o. Prof.). Facharb. - 1988 Dr. med. vet. h. c. Univ. Ankara.

LIESS (ß), Bernhard

Oberbürgermeister a. D., Verbandsdir. a. D., Hauptgeschäftsf. BTSV „Eintracht" v. 1895 - Olbrichtstr. 35, 3300 Braunschweig - Geb. 16. Sept. 1926 - 1964-72 Oberbürgerm. Braunschweig, 1970-74 MdL Nieders. SPD.

LIESS, Reinhard

Dr. phil., Prof. f. Kunstgeschichte TU Braunschweig, Kunsthistoriker - Marthastr. 14, 3300 Braunschweig (T. 0531 - 7 44 92) - Geb. 10. April 1937 Bunzlau/Schles. (Vater: Dr. phil. Eberhard L., Studienrat; Mutter: Doris, geb. Matzke), ev., verh. s. 1973 m. Marie Paule, geb. Farci, 2 Kd. (Karl, Thierry) - Abit. Nieders. Heimsch. Wolfenbüttel; 1957-65 Stud. Kunstgesch. u. Archäol. Univ. Marburg u. München (b. R. Hamann, H. Sedlmayr u. W. Gross); Promot. 1965 Univ. München; Habil. 1970 TU Braunschweig - 1960 Regieassist. Wolfgang Wagners (Bayreuther Festsp.); 1965 wiss. Assist. Lehrst. f. Kunstgesch. TU Braunschweig. 1971 Univ.-Doz.; s. 1974 Prof. - BV: D. frühroman. Kirchenbau d. 11. Jh. in d. Normandie, 1967; D. Kunst d. Rubens, 1977; Braunschweig, 1980; Goethe v. d. Straßburger Münster: Z. Wissenschaftsbild d. Kunst, 1985. Publ. üb.: D. kl. Landsch. Pieter Bruegels d. Ä. (in: Kunsthist. Jahrb. Graz, Bd. 15, 16, 17, 18), 1979/80-82; D. Straßburger Münsterfassade (u. a. in: Wallr. Richartz Jahrb. u. Münch. Jahrb. d. bild. Kunst), 1985/86 - Bek. Vorf.: Andreas L., Wiener Musikhistoriker u. Kulturphil. (Onkel).

LIESTMANN, Wulf Dietrich

Dr.-Ing., Vors. d. Vorst. Mannesmannröhren-Werke AG. - Mannesmann-Hochhaus, Postf. 1104, 4000 Düsseldorf 1 (T. 0211-87 50).

LIETH, Helmut

Dr. phil., o. Prof. Univ. Osnabrück, Botaniker, Ökologe, Leit. Arbeitsgr. Systemforschung - Wipperfürther Str. 147, 5067 Kürten-Dürscheid - Geb. 16. Dez. 1925 Kürten-Steeg (Vater: Johann Heinrich L., Finanzbeamter; Mutter: Josefine, geb. Junker), kath., verh. s. 1952 m. Magdalene, geb. Roth, 4 Kd. (Margot, Johann Heinrich, Erich, Armin-Friedrich) - Gymn. Ernestinum Gotha, Grillo Obersch. Gelsenkirchen. Phil.-theol. Hochsch. Bamberg, Univ. Köln. - 1980-85 Präs. Intl. Soc. of Biometeorology, 1985-88 Präs. Intl. Soc. for Tropical Ecology - 7 Buchtitel, 1 Atlas. Herausg.: Handb. f. Vegetationskd.; Tasks for Vegetation Science; Intl. Journal of Biometeorology. 2 Ztschr., 150 Artikel - 1960 NRC Fellow Canada; 1968 AAAS Fellow; 1972 Complimentary parcel Jockey's Ridge State Park, N. C.; 1982 Biometerol. award; AMS award f. interdisciplin. Arbeiten Ökologie/Klima - Spr.: Engl., Span.

LIETZ, Klaus

Dr. agr., Dipl.-Brauereiingenieur, Geschäftsführer Schwartauer Werke GmbH. & Co., Bad Schwartau - Seeblick 2, 2407 Travemünde/Ostsee (T. 04502 - 37 38) - Geb. 14. Jan. 1920 Memel - Spr.: Engl. - Rotarier.

LIETZ, Walter

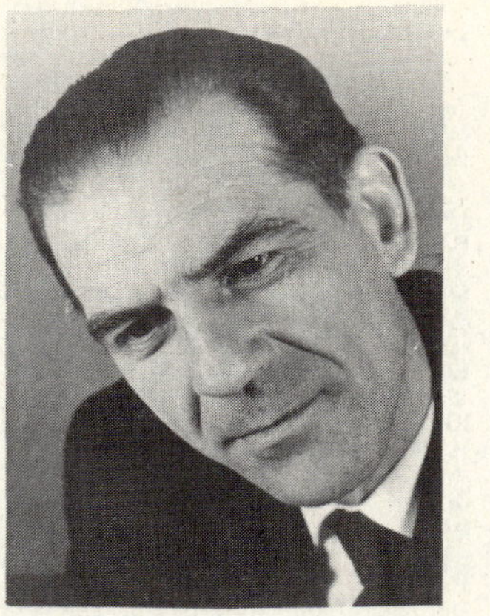

Pensionär, Schriftsteller - Landwehr 201, 4200 Oberhausen 1 (T. 0208 - 85 51 54) - Geb. 27. Juli 1914 Elbing/Westpr., ev., verh. m. Hildegard, geb. Partenheimer - 1929-33 kaufm. Lehre Oberhausen; 1934-45 Reichsmarine; 1946-74 Pol.-Beamter u.a. Jugendschutz; 10 J. Leit. Arbeitsgemeinsch. f. film. Schaffen an d. VHS Oberhausen - BV: D. Köhlerkindes Weihnachtsabend, 1952; Licht u. Schatten, 1959; ... manchmal, 1966; Kaleidoskop, 1967; Pfoten u. Krallen, 1968; Dazwischen d. Lust u. d. Pein, 1976; Mach dir nicht d. Leben schwer, 1982; Manchmal solltest du verweilen, 1983; Unkraut verdirbt nicht, wächst stets raus, 1985; Wie schwer ist's doch e. Korn zu finden, 1986; Wenn sich d. Menschen nur verstünden, 1986; Spürst du d. Hauch d. Weihnachtsabends, 1987; ... denn wir haben d. Frieden so nötig, 1988. Rezitationen/Lesungen in Schulen, Altenheimen, VHS u. auf Kreuzfahrtschiffen ms Europa u. MS Dnjpr - 1957 u. 60 Ehrenrose im Autorenwettstreit d. Herner Begegnung; 1985 Lyrik-Buchpreis AWMM in Luxemburg - Spr.: Franz., Span. - Lit.: Kommunalverb. Ruhrgebiet Manfred Bourrée Gr. Kultur- u. Freizeitführer Ruhrgeb. Bd. II Oberhausen.

LIETZAU, Hans

Prof., Generalintendant a. D. - Trabener Str. 25, 1000 Berlin 33 - Geb. 2. Sept. 1913 Berlin, verh. in 2. Ehe (1960) m. Carla, geb. Hagen (Schausp.) - Univ. Berlin; Schauspielsch. Pr. Staatstheater ebd. - Ab. 1935 Schausp. Kiel, Leipzig (1937), Wien (1939; b. 1946 Regiss. Burgtheater), dann Regiss. Hamburg, Bochum, Köln, Darmstadt, Berlin (1953 Städt. Bühnen), München (1965 Oberspiell. Staatsschauspiel), Hamburg (1969 Int. Schauspielhaus), Berlin (1972-80 Generalint. Staatl. Schauspielbühnen Berlins). Insz.: u. a. D. seidene Schuh, D. Buch v. Christoph Columbus, Besuch d. alten Dame, D. Perser, D. arme Vetter, D. echten Sedemunds, D. blaue Boll, 1913, D. Hose, D. Wupper, Timon v. Athen, Fallschirmjäger, Seid nett zu Mr. Sloane, Wassa Schelesnowa, D. Meteor, Rosenkranz u. Güldenstern sind tot, D. Stühle, D. Wände, Philoktet, D. Räuber; Fernsehen: D. Marquis v. Keith (1972) - 1968 u. 71 Berliner Kunstpreis; 1969 o. Mitgl. Akad. d. Künste Berlin (1971 stv. Dir. Abt. Darstell. Kunst); 1980 Prof. E.h. Senat v. Berlin; 1982 Ehrenmitgl. Staatl. Schauspielb. Berlin; 1984 BVK - Spr.: Engl., Franz.

LIETZMANN, Heinrich

Dr. jur., Barrister-at-Law, Licencié-en-Droit, Rechtsanwalt u. Notar, ehem. Vizepräsident Dt. Schutzvereinig. f. Wertpapierbesitz, Sprecher Rhein-Ruhr-Club u. a. - Moorenstr. 32, 4300 Essen (T. 77 45 79) - Geb. 12. Mai 1904 Saarbrücken (Vater: Heinrich L., Apoth. u. Fabr.; Mutter: Eleonore, geb. Wagner) - Stud. Rechtswiss. In- (Promot. 1927 Marburg) u. Ausl. (Paris, London). As-s.ex. 1931 Berlin - S. 1938 Anwaltspraxis Berlin u. Essen (1946; 1953 auch Notariat), dazw. 1939-45 Wehrdst. - Liebh.: Schöngeist. Litz., Antiquitäten, Sport - Spr.: Engl., Franz. - Rotarier.

LIETZMANN, Sabina

Dr. phil., Journalistin - Pierce Lane, Box 270, West Cornwall, CT 06796/USA - Geb. 5. Dez. 1919 Jena (Vater: Hans L., Kirchenhistoriker) - Augusta-Sch. Berlin; Univ. ebd. (Promot. 1944 b. Prof. Baethgen) u. Tübingen (Gesch., German., Archäol., Arabistik) - U. a. Cheflektorin Bühnenvertrieb, Lehrerin Schauspielsch. Regieassist., Übers. engl. u. franz. Theaterst., stv. Chefredakt. Ztschr. f. Theater, Film u. Funk, journalist. Tätigk. S. 1949 (Gründung) Korresp. FAZ Berlin u. New York (1961) - BV: New York, d. wunderbare Katastrophe, 1976; D. amerikanische Dilemma, 1989.

LILIENFELD, von, Fairy,

geb. Baronesse v. Rosenberg

Dr. theol., o. Prof., Inh. Lehrst. f. Geschichte u. Theologie d. christl. Ostens Univ. Erlangen-Nürnberg (s. 1966; 1969/70 Dekan Theol. Fak. (erste Frau) - Sandstr. 4, 8551 Hemhofen - Geb. 4. Okt. 1917 Riga/Lettl. (Vater: Rechtsanw.), verw. 1942 - 1947-51 Stud. Phil., Slaw., Philol. Jena, 1953-57 Theol. Naumburg. Zul. Lehrtätigk. Katechet. Obersem. Naumburg - S. 1967 Mitgl. beratd. Aussch. Konferenz Europ. Kirchen; 1974/75 Enträtsel. altruss. Laodizänerbr. - BV: Nil Sorskij u. s. Schriften, 1963; Spiritualität d. frühen Wüstenmönchtums. Zahlr. Facharb. - Spr.: Russ., Engl., Franz., Tschech., Slovak., Serb.-Kroat., Ital., Georgisch.

LILIENFELD, von, Georg

Botschafter d. BRD in Spanien (s. 1974) - Fortuny, 8, Madrid (Spanien) - Geb. 27. Nov. 1912 Riga - Stud. Rechts-, Staats- u. Ztg.swiss. - S. 1939 (m. Unterbrech. 1945-54) Ausw. Dienst (1961 Gesandter Washington, 1968 Botschafter Iran) - 1969 BVK I. Kl.

LILIENFELD-TOAL, von, Hans-Otto Konstantin

Dipl.-Ing., Architekt, BDA - Köln 50 (T. priv.: 02236 - 6 15 85; Büro: 0221 - 39 20 56) - Geb. 26. Okt. 1923 Kiel (Vater: Dr. Paul v. L.-T., Prof.; Mutter: Gabriele, geb. v. Krusenstjern), ev., verh. s. 1977 in 3. Ehe m. Lieselotte, geb. Germar, T. Daisy Gisela - Abit. 1942 Thorn; Dipl.-Ing. 1950 Karlsruhe - 1957-61 Chefarch. Kocks-Consulting Engineers, Teheran; 1961-63 Leit. Büro Köln AG f. Ind.plan.; s. 1963 selbst. Arch., Köln. Veröff. in Fachztschr. - Arch. Werke: u.a. Fernsehstation Teheran, Trabantenstadt Malekshar im Iran, Verw.geb. LGA in Rolandseck, Haus am Park Düsseldorf-Benrath - Spr.: Engl., Estnisch.

LILIENTHAL, Peter

Regisseur - Zul. Schubartstr. 10b, 8000 München 60 (T. 88 26 04) - Geb. 27. Nov. 1929 Berlin (Vater: Hans L., Bühnenbildner; Mutter: Erna, geb. Israel), jüd. - Gymn. Montevideo; Univ. ebd.; Kunsthochsch. Berlin (b. 1959) - 1959-64 Hausregiss. Südwestfunk (Abt. Fernsehspiel); s. 1964 fr. Regiss. 1966 ff. Doz. Film- u. Fernseh-Akad. Berlin. Film: Dear Mr. Wonderful (1982); Fernsehf.: Stück f. Stück, Striptease, Jede Stunde verletzt u. d. letzte tötet, D. Martyrium d. Peter O'Hey, Seraphine, Abschied, D. Beginn, Verbrechen m. Vorbedacht, Malatesta, Jacob v. Gunten, D. Sonne angreifen, La Victoria, Icaros - 1965 Berliner Kunstpreis (Jg. Generation), 1965 Fernsehpreis Akad. d. Darstell. Künste, Frankfurt/M., 1967 Adolf-Grimme-Preis in Gold u. DAG-Fernsehpreis, 1970 u. 1983 Bundesfilmpreis/Filmband in Gold (f.: Malasteta u. Dear M. Wonderful), 1979 Gold. Bär Berlinale (f.: David) - Liebh.: Musik, Lit. - Spr.: Span., Engl.

LILL, Rudolf

Dr. phil., o. Prof. u. Leiter Inst. f. Geschichte Univ. Karlsruhe (s. 1983) - Alvenslebenstr. 8, 5000 Köln 1 - Geb. 12.

Okt. 1934 Köln, kath. - 1954-60 Stud. Univ. Köln u. Bonn; Promot. 1960; Habil. 1971 Köln - 1961-74 wiss. Mitarb. Dt. Hist. Inst. Rom; 1974-79 Prof. Univ. Köln; 1979-83 Passau - BV: Vatikan-Akten z. Gesch. d. deutschen Kulturkampfes, 1970; D. Wende im Kulturkampf, 1973; Gesch. Italiens in d. Neuzeit, 1980, 4. A. 1988; 20. Juli Portraits d. Widerstands (m. H. Oberreuter), 1984, 2. A. 1989; Gesch. Südtirols unter Faschismus u. NS (m. U. Corsini), 1988 - 1986 Offizierskreuz d. VO d. Ital. Rep.

LILLELUND, Kurt

Dipl. biol., Dr. rer. nat., em. o. Prof. f. Hydrobiologie u. Fischereiwiss. - Saselbergweg 16, 2000 Hamburg 65 - Geb. 9. Okt. 1922 Flensburg (Vater: Peter L., Kapitän; Mutter: Berta, geb. Henriksen), ev., verh. m. Jutta, geb. Geisel, 2 Töcht. (Cornelia, Beatrix) - Univ. Hamburg; Habil. 1961 - Beiratsmitgl. BFA f. Fischerei (1970), dt. Fischereiverb. (1967). Div. Fachveröff.

LILLIE, Roland

Dr. phil., Dramaturg Kulturabt. Bayer, Leverkusen - Louis-Hagen-Str. 22, 5205 St. Augustin 1 - Geb. 19. Sept. 1937 Stuttgart (Vater: Paul L., Beamter; Mutter: Antonie, geb. Braunschweiger), verh. s. 1978 m. Margareta Einarsson-Lillie, 2 Kd. (Ellen, Benjamin - Univ. Tübingen (German., Gesch., Polit., Soziol., Phil.); Berlin (German., Theaterwiss., Phil.); Promot. - 1967 Wiss. Assist., Theaterwiss. Inst. FU Berlin; 1969/70 Schausp., Regieassist. u. Dramat. Städt. Bühnen Münster; 1971-76 Dramat. u. Schausp. Staatstheater Darmstadt; 1976-80 Dramat. u. Presseref. Bühnen Bonn; 1980ff. Dramat. Bayer. Kulturabt. - BV: Libretto z. e. Oper König Ubu, 1983 (UA 1984 Landestheater Salzburg); weit. Theaterst. u. Libretti - Liebh.: Theater, Reisen, Weine - Spr.: Engl.

LIMBACH, Albert

Chordirektor Nationaltheater Mannheim - Soldatenweg 113, 6800 Mannheim 31 (T. 0621 - 74 68 60) - Geb. 8. Aug. 1937 Bonn, kath., verh. s. 1967, 2 Kd. - Chorleiterreifeprüf. 1961 Köln, Kapellmeisterprüf. 1965 Salzburg - Ab 1966 Chordir. u. Kapellm. Lüneburg, Bonn u. Bremerhaven; 1972-77 Stellv. v. Prof. Hagen-Groll, Berlin; 1977-82 Chordir. Karlsruhe, 1982-87 Chordir. Hamburg - BV: D. Kunst reiner Intonation - Stud. z. unbegleitetem Solo- u. Chorgesang in Oper u. Konz., 1980.

LIMBERG, Paul

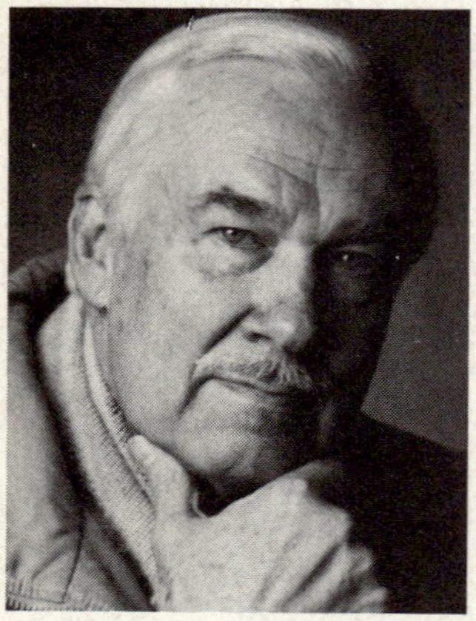

Dr. agr., em. o. Prof. Inst. f. Naturpflanzenforschung TU Berlin - Prinzregentenstr. 89, 1000 Berlin 31 (T. 854 14 73) - Geb. 7. Jan. 1917 St. Petersburg (Vater: Dipl.-Landw. Boris L., Industrieller; Mutter: Olga, geb. Mietens), ev., verh. s. 1949 m. Maria, geb. v. Winkler, 3 Kd. (Anita, Carmen, Alexander) - Univ. Dorpat, Königsberg, Breslau (Landw.; Diplom-Hauptprüf. 1941) - 1948 Saatzuchtleit. Puchhof/Ndb.; 1948 Assist. (Inst. f. Pflanzenbau u. -züchtung), 1962 Dozent Univ. Gießen; 1965 Prof. u. Dir. Inst. f. Pflanzenbau u. Saatguterzeug. Forschungsanstalt f. Landw., Braunschweig-Völkenrode; 1966-82 Dir. Inst. f. Acker- u. Pflanzenbau TU Berlin - BV: Handb. d. Pflanzenernährung u. -düngung, 1966; Ackerbau, 1981 (Mitautor). Div. Einzelarb. - 1960 Justus-Liebig-Preis Univ. Gießen - Spr.: Russ., Estn., Engl.

LIMBOURG, Peter

Botschafter a. D. - Geb. 18. April 1915 Kevelaer/Rhld. - Stud. Rechts- u. Staatswiss. Jurist. Staatsprüf. 1939 u. 49 - S. 1950 Auswärt. Dienst (1952-55 Botschaft Paris (Legationsrat), 1955-61 pers. Ref. Bundesaußenmin. v. Brentano), 1961-65 Hl. Stuhl Rom (Botschaftsrat I. Kl.), 1965-69 Paris (Gesandter u. ständ. Vertr. d. Botschafters), 1969-72 (Abberuf.) Athen (Botschafter), 1973-80 Brüssel (Botschafter). 1939-45 Kriegseinsatz.

LIMBURG, Hans

Dr. med., em. o. Prof. u. Direktor Univ.-Frauenklinik Saarbrücken (1957-78) - Lerchenstr. 32, 6650 Homburg/Saar - Geb. 29. Juni 1910 Köln (Vater: Dr. jur. Hermann L., Rechtsanw.; Mutter: geb. Mumm), ev., verh. s. 1947 m. Inka, geb. Genth, 3 Kd. - Realgymn. Köln; Univ. Rostock, Köln, Wien, Freiburg (Promot. 1935) - 1934-37 Assist. Med. Univ.sklin. Köln, Ev. Krkhs. das., Univ. Berlin (Frauenklin., Geheimrat Stoeckel; Pathol. Inst., Prof. R. Meyer), Martin-Luther-Krkhs. ebd. (Chir. Abt., Prof. O. Nordmann), 1938-57 Assist.- u. Oberarzt (1951) Univ.s-Frauenklinik Hamburg (Prof. Heynemann u. Schubert; 1945 Privatdoz., 1949 apl. Prof.); s. 1969 Mitgl. Krebskomitee d. Weltgesundheitsorg., Genf, s. 1970 dt. Vertr. Intern. Federation of Gynaecology and Obstetrics - BV: D. Adenocarcinom des Collum Uteri, Histolog., klin. u. therapeut. Ergebn., 1949 (m. Thomsen); D. Frühdiagnose d. Uteruscarcinoms, Histologie, Kolposkopie, Cytologie, biochem. Meth., 1950, 3. A. 1956 - Ehrenmitgl. ausl. Fachges. u. a. - Spr.: Engl., Franz., Portug.

LIMBURG, Hans

Dr. phil., Bibliothekar, Direktor Univ.- u. Stadtbibl. Köln - Lichgasse 27 a, 5330 Königswinter 21 - Geb. 27. Mai 1933 Millich/Kr. Heinsberg, verh. s. 1966 m. Gisela, geb. Wagenbach, 2 Kd. (Judith, Lutz) - Abit. 1955; Stud. Phil. u. kath. Theol. Ordenssem. d. Redemptoristen in Hennef, Ex. 1962; Stud. mittelalterl. Gesch. 1962-67 Univ. Bonn, Promot. 1967; Bibliotheksref. 1967-69 Köln, 2. Staatsex. 1969 - 1969-72 Leit. Bibl. d. PH Rheinl. Köln; 1972-85 stv. Dir. UuStB Köln, s. 1986 Dir. - BV: D. Hochmeister d. Dt. Ordens u. d. Ballei Koblenz, 1969. Aufs. in bibl. Fachztschr.

LIMLEI, Bruno

Dipl.-Volksw., General Manager Intern. Spec. Tooling Assoc., Frankfurt (s. 1973) - An d. 7 Bäumen 21, 6236 Eschborn (T. 06173 - 6 29 50) - Geb. 18. Okt. 1930 Edersgrün üb. Karlsbad (Vater: Josef L., Kfm.; Mutter: Marie, geb. Helfert), kath., verh. s. 1955 m. Inge, geb. Holzer, 4 Kd. (Karin, Michael, Christian, Martina) - Hochsch. f. Wirtsch.s- u. Sozialwiss., Nürnberg; Dipl.ex 1954 - 1969 ff. Geschäftsf. Fachgemeinsch. Präzisionswerkzeuge im VDMA, Frankfurt, 1973 ff. General Manager d. Intern. Special Tooling Association (ISTA) - Liebh.: Fotogr., klass. Musik, Garten, Skifahren.

LIMMROTH, Manfred

Bühnenbildner, Karikat., Schriftst. - Minsbekkehre 10, 2000 Hamburg 65 (T. 040 - 602 16 25) - Geb. 24. Febr. 1928, verh. m. Ursula, geb. Grässel, 4 Kd. (Stefan, Susanne, Robin, Mareike) - Hochsch. f. Bildende Künste Kassel; Staatstheater Kassel; Meisterschüler v. Hans Ugistikow, Frankf. u. Teo Otto, Zürich - Mitarb. Stern, D. Zeit, D. Welt, Capital, Börsenblatt d. Buchhandels u. intern. Blätter - BV: Bella Figura, 1988; D. verschwundene Ottchen, 1988; Schlotts schlimmer Sommer, 1988; Gr. Sprüche, 1989. Autor v. 24 Büchern - Erich Klarunde-Preis; Gr. Preis Grafikdesign Dtschl.

LIMPACH, Elmar

Dr.-Ing., Dipl.-Ing., Fabrikant, pers. haft. Gesellsch. Textilausrüstungs-Ges. Schroers & Co., Krefeld - Maria-Sohmann-Str. 113, 4150 Krefeld - Vors. Verb. d. Nordrh. Textilind., Krefeld.

LIND, Peter

Dipl.-Volksw., Hauptgeschäftsführer Bundesverb. Dt. Tabakwaren-Großhändler u. Automatenaufsteller - Stadtwaldgürtel 44, 5000 Köln 41.

LINDAU, Friedrich

Dipl.-Ing., Architekt, Präs. Nieders. Architektenkammer (s. 1970) - Morgensternweg 17, 3000 Hannover-Herrenhausen (T. 0511 - 79 50 41) - Geb. 10. Mai 1915 Quedlinburg (Vater: Franz L., Kaufm.; Mutter: Helene, geb. Strube), ev., verh. s. 1946 m. Ingeborg, geb. Fischer - HTL Buxtehude; Maurerlehre; TU Hannover (Dipl. 1939) - 1946-51 wiss. Assist. ebd.; s. 1951 freischaff. Arch.; 1957-64 Vors. BDA, Bez. Hann.; 1964-68 Vors. Landesverb. Nieders. im BDA; 1969-70 Präs. Landesgem. Nieders. Arch. - W: Zahlr. Verwaltungsgebäude, Heime u. Schulen, u. a. DGB-Haus, Siedl. Am kurzen Kamp, Sehbehind.sch., Emmi-Lanzke-Heim (alle Hann.) - Ehrenmitgl. BDA - Mitgl. SPD (s. 1962) - Liebh.: Primit. Kunst (eig. Samml. primit. Malerei) - Spr.: Engl., Franz. - Rotarier.

LINDAU, Günter

Geschäftsführer Fachgruppe Fachzeitschriften/Verb. Dt. Ztschr.verleger - Winterstr. 50, 5300 Bonn 2.

LINDAUER, Martin

Dr. rer. nat., Dr. phil. h. c. mult. - Röntgenring 10, 8700 Würzburg (T. 3 16 95) - Geb. 19. Dez. 1918 Wäldle/Oberbayern (Vater: Matthias L., Landwirt; Mutter: Katharina, geb. Erhard), kath., verh. s. 1943 m. Franziska, geb. Fleck, 3 Kd. (Georg, Franziska, Martin) - Gymn.; TH u. Univ. München (Biol., Chemie, Geogr., Zool.; u. a. Schüler d. Bienenforschers Prof. Karl v. Frisch). Promot. (1948) u. Habil. (1955) München - S. 1955 Lehrtätigk. Univ. München (1961 apl. Prof.), Frankfurt/M. (1963 Ord. u. Inst.dir.), Würzburg (1973-87 Ord. u. Inst.dir.). Fellow Rockefeller Foundation Indien u. Brasilien; Prather Lecturer Harvard Univ.; Guest Lecturer Academic Year Program in USA; D. White Professor at Large Cornell University - BV: Communication among Social Bees, 1961 (Cambridge), auch schwed., norw., ital.; Verständigung im Bienenstaat, 1975 (Stuttgart). Zahlr. Einzelarb. zu Sprache u. Orientierung d. Bienen - 1959 Mitgl. Dt. Akad. d. Naturforscher/Leopoldina, 1962 American Acad. of Arts and Sciences, 1970 Akad. d. Wiss. u. d. Lit. Mainz, 1976 Nation. Acad. of Sciences, Washington u. Americ. Philosophical Soc., Philadelphia, 1987 Accad. Nazionale dei Lincei, Roma; 1961 Buchpreis Phi Beta Kappa; 1966 Korr. Mitgl. d. Bayer. Akad. d. Wiss.; 1980 Magellan-Preis d. Americ. Philosophical Soc.; 1986 Karl v. Frisch Med. - Spr.: Engl., Franz., Portugies., Ital.

LINDBERG, Albert Hermann

Dr. rer. nat., Physiker, Direktor - Andernacher Str. Nr. 1, 5000 Köln 51 (T. 38 83 53) - Geb. 30. Nov. 1914 Straßburg (Vater: Albert L., Beamter; Mutter: Agnes, geb. Planert), ev., verh. s. 1946 m. Dr. Hilda, geb. Hänchen, 3 Kd. (Renate, Claudia, Dorothea) - Promot. 1939 - S. 1952 Leybold Heraeus GmbH. & Co. KG., Köln (zul. Bereichsleit. u. Entwicklungsdir.). S. 1979 i. R. - Liebh.: Musik, Lit. - Spr.: Engl., Span.

LINDE, Hans

Dr. phil. (habil.), o. Prof. f. Soziologie - Eugen-Wollfarth-Weg 1, 7500 Karlsruhe 41 (T. Karlsruhe 48 18 86) - Geb. 16. März 1913 Jessnitz, verh. m. Margot, geb. Ehlerding - S. 1962 Ord. TH bzw. Univ. Karlsruhe (1981 emerit.).

LINDE, Horst

Dr. med. h. c., Prof., Architekt, Direktor Inst. f. Hochschulplan. - Keplerstr. 11, 7000 Stuttgart; priv.: Schlierbergstr. 33, 7800 Freiburg - Geb. 6. April 1912 Heidelberg, ev., verh. in 2. Ehe (Ehefr.: geb. Jennicke) - Gymn. Baden-Baden; TH Berlin u. Karlsruhe (Dipl.-Ing. 1936). Reg.baum. 1939 - 1933-34, 1938-39, 1947-49 fr. Architekt, 1940-46 Wehrdst. u. Gefangensch., 1950-57 Baudir. Land Südbaden, 1957-59 Abt.s-leit. Landesreg. Baden-Württ. (Ministerialdirig.), s. 1959 o. Prof. f. Städtebau TH bzw. Univ. Stuttgart. Planungen v. Univ.kliniken u. -inst., Heilbädern, Bau Ludwigskirche Freiburg u. a. - BV: Hochschulplanung - Beitr. z. Struktur- u. Bauplanung, 4 Bde. 1972 ff. - 1957 Ehrendoktor Univ. Freiburg; o. Mitgl. Dt. Akad. f. Städtebau u. Landesplanung, Köln (1951), u. Akad. d. Künste Berlin (1956); 1962 Preis Fritz-Schumacher-Stiftg., 1963 Paul-Bonatz-Preis, Ehrenmitgl. RIBA (Royal Inst. f. brit. Architekts) u. d. finn. Architektenverb., Helsinki - Spr.: Engl., Franz.

LINDE, Jürgen

Dr. jur., Oberstadtdirektor Stadt Gelsenkirchen (s. 1983) - Raiffeisenstr. 11, 4650 Gelsenkirchen - Geb. 7. Febr. 1935 Braunschweig (Vater: Dr. Franz L., RA; Mutter: Elisabeth, geb. Müller), verh. s. 1962 m. Eva, geb. Schmidt, 2 Kd. (Frank, Christiane) - Gymn. Braunschweig (Abit. 1956); Stud. d. Rechtswiss. Univ. Freiburg/Br., Berlin (Freie), Göttingen; 1. u. 2. jurist. Staatsex. 1961 bzw. 1966 - 1962-69 wiss. Mitarb. Univ. Göttingen; 1969-70 Oberreg.rat Reg.-präs. Hildesheim; 1970-72 Oberkreisdir. Landkr. Zellerfeld; 1972-76 Dir. Samtgde. Oberharz; 1976-83 MdB-SPD, 1981ff. Parlam. Geschäftsf., Mitgl. Europarat u. WEU. SPD - BV: Außenwirtsch.gesetz u. zwischenstaatl. Vereinbarungen, 1970.

LINDEINER-WILDAU, von, Klaus

Dr. jur., Mitglied d. Geschäftsführung Lurgi GmbH, Frankfurt - Winterbachstr. 42, 6000 Frankfurt 1 - Geb. 14. Sept. 1937 - Landesschatzmeister FDP Hessen.

LINDEMANN, Eckard

Rechtsanwalt u. Notar, Bezirksbürgermeister v. Berlin-Charlottenburg (1979-85) - 1000 Berlin 19 - Geb. 8. Juni 1937 Stettin, verh., 4 Kd. - Gymn. (Abit. 1957); FU Berlin, Univ. Bonn und Saarbrücken (Rechtswiss.). Jurist. Staatsprüf. 1961 u. 65 - S. 1965 RA Berlin. 1971-75 Bezirksverordn. Charl. Div. Ämter, u. a. Vorst. Charl. TSV v. 1858, 1975-79 MdA Berlin. CDU s. 1960 (1971 stv. Kreisvors. Charl., 1979-83 Kreisvors.).

LINDEMANN, Erich

Dr. rer. nat., Vorstandsvorsitzender (b. 1980) Agfa-Gevaert AG., Leverkusen, u. Gevaert-Agfa N. V., Mortsel/Belg. (s. 1964; Photochem. Produktionsltg. - Uppersberg 2, 5090 Leverkusen (T. 5 25 35) - Geb. 19. Okt. 1919 Isernhagen/Hann. (Vater: Heinrich L.; Mutter: Auguste, geb. Haase), ev., verh. s. 1951 m. Ursula, geb. Heger, 2 Kd. (Michael, Petra) - TH Hannover, Univ. Göttingen u. Freiburg (Chemie; Dipl.-Chem. 1949) - 1950-55 Bundesforschungsanstalt f. Getreideverarb., Detmold (zul. Oberassist.); 1956-63 Farbenfabriken Bayer AG., Leverkusen (zul. Dir.) - Liebh.: Jagd, Reiten - Spr.: Engl., Franz. - Rotarier.

LINDEMANN, Hannes

Dr. med., Arzt u. Gesundheitspädagoge - Waldstr. 106a, 5300 Bonn 2 (T. 31 27 91) - Geb. 28. Dez. 1922 Sandesneben/Lbg. (Vater: Dr. med. vet. Heinrich L., Tierarzt; Mutter: Maria, geb. Martens), ev., verh. s. 1958 m. Dr. Ilse-Doris, geb. Beier - Gymn. Ratzeburg u. Hamburg; 1941-48 Sport- u. Medizin-

stud. Posen, Marburg, Hamburg (Staatsex. u. Promot.) - B. 1950 Klinikassist., dann ärztl. Tätigk. (u. a. Marokko, Liberia, USA) - BV: Allein üb. d. Ozean, 1957 (9 A.; franz., niederl.); Alone at Sea, 1957; Ein Mann - e. Boot - zwei Kontinente, 1960 (2 A.; Braille); Suchtstoffe, 1971; Autogenes Training, 1973, 45. A. (12 Übers.); Antistreßprogramm, 1974, 5. A. (5 Übers.); Einf. entspannen - Psychohygienetraining, 1984, 2. A. (1. Übers.) - Liebh.: Lesen, Sport, Malen - Versch. inoffz. Weltrekorde Hochseesegeln - Spr.: Engl., Franz., Span.

LINDEMANN, Hans
Dipl.-Bergingenieur, gf. Gesellschafter Quarzwerke GmbH., Frechen, u. Großpeter-Lindemann Verwaltungsges., ebd., AR SCR-Sibelo S. A., Antwerpen, Sifraco S. A., Paris, Jan de Poorter B. V., Gertruidenberg, Vingerling B. V., Gouda, A.I.M.E.B.V., Amsterdam, Unimin Corp., Greenwich, Beirat Dt. Bank AG., Vors. Bundesfachabt. Mineral. Rohstoffe im Bundesverb. Kies-, Sand- u. Mörtelind., Duisburg - Bachemer Str. 4, 5020 Frechen-Bachem - Geb. 14. Febr. 1922 Köln.

LINDEMANN, Helmut
Dr. jur., Publizist - Uferstr. 56, 8993 Nonnenhorn - Geb. 10. Dez. 1912 Kiel (Vater: Paul L., Bankier, 1912-19 Oberbürgerm. Kiel (s. IX. Ausg.); Mutter: Margarete, geb. Abshagen), ev., verh. s. 1940 m. Cornelie, geb. Volkmann, 6 Kd. (Thomas, Barbarah, Hartwig, Constanze, Dorothee, Florian) - Matthias-Claudius-Gymn. Hamburg; Univ. Kiel, Hamburg, Exeter, Berlin. Promot. 1936 Berlin - 1938-45 Auslandskorresp. (London, Amsterdam, Athen, Stockholm); s. 1948 fr. Publizist. Mitbegr. Christophorus-Stift/Studiengemeinsch. d. EKD - BV: Generale machen Politik, 1952; Konrad Adenauer, 1965; D. antiquitierte Grundgesetz, 1966; D. Sache m. d. Nation, 1970; Gustav Heinemann, 1978 - Div. Herausg., dar. 1972-74 neues hochland. Zahlr. Übers. aus d. Engl. u. Franz. - 1957 Joseph-Drexel-Preis, 1963 Dt. Journalistenpreis - Liebh.: Alte Bücher - Spr.: Engl., Franz., Schwed.

LINDEMANN, Peter
Dr. rer. pol., Dipl.-Volksw., Prof. - Kranichweg 33, 7030 Böblingen/Württ. (T. 07031 - 27 54 30) - Geb. 16. Jan. 1917 Koblenz-Stolzenfels - BV: Planung von elektron. Datenverarbeitungsorganisationen, 1964; Aufbau u. Arbeitsweise elektron. Datenverarbeitungsanlagen, 1967; Revision u. Kontrolle b. automatisierter Datenverarb. (m. Dr. Kurt Nagel), 2. A. 1972; Unternehmensführung u. Wirtschaftskybernetik, 1970; Org. d. Datenschutzes, (m. Dr. Kurt Nagel u. Günther Herrmann), 1973; D. Arbeitswelt v. morgen, 1975; Auswirk. d. Bundesdatenschutzgesetzes auf d. Wirtsch. (m. Dr. Kurt Nagel u. Günther Herrmann), 1977; Handb. u. Richtlinien in d. mod. Untern.-Org. (m. Franz Josef Brenneis u. Kurt Nagel), 1978 - 1987 BVK I. Kl.

LINDEMANN, Theodor
Konsul, Unternehmensberater - Redtenbacher Str. 17, 4300 Essen-Bredeney - Geb. 25. Nov. 1914.

LINDEMANN, Willi
Dr. phil., nat., Prof. f. Kristallstrukturlehre - Pfisterstr. 3, 8600 Bamberg/Ofr. (T. 2 31 66) - Geb. 15. Jan. 1921 Kassel (Vater: Friedrich L., Ing.; Mutter: Luise, geb. Voigt), ev., verh. s. 1944 m. Anna-Luise, geb. Köberle - Univ. Erlangen, Berlin, Göttingen (Kristallogr., Math., physikal. Chemie). Promot. (1951) u. Habil. (1959) Erlangen - 1960-66 Privatbzw. Diätendoz. (1965) Univ. Erlangen-Nürnberg; s. 1966 ao. u. o. Prof. (1971) Univ. Würzburg. Fachveröff. - S. 1982 Mitgl. The New York Acad. of Sciences - Sport (Bayer. Leistungsabz. in Gold (30 ×), Skisportabz. in Gold, Mehrkampfabz. in Gold (25 ×), Dt. Radsport- u. Dt. Sportabz. in Gold (35 ×)) - Spr.: Engl., Franz., Russ., Span., Ung.

LINDEMANN-MEYER zu RAHDEN, Heidi (Adelheid)
Ländl. Hauswirtschaftsmeisterin, Vors. Dt. Landfrauenverb., Bonn - Sattelmeierweg 1, 4806 Werther-Häger/W. - Geb. 5. Aug. 1924.

LINDEN, Freiherr von, Christoph
Rechtsanwalt, Verwaltungsleit. Kath. Waisen- u. Armenkinderhausstiftg. Augsburg (s. 1982) - Oblatterwallstr. 36 c, 8900 Augsburg (T. 0821 - 15 49 48; Büro: 15 10 71) - Geb. 21. Nov. 1935 Berlin (Vater: Wilhelm v. L., Ltd. Reg.dir. a. D.; Mutter: Huberta, geb. v. Mitschke-Collande), kath., verh. s. 1965 m. Elisabeth, geb. v. Harnier, 2 Kd. (Annette, Christoph) - Hum. Gymn. (Abit.); Banklehre; Stud. d. Rechtswiss. Univ. München (1. u. 2. Staatsex.) - 1969-82 Industriesynd., Prok. Stetter GmbH, Memmingen - Spr.: Engl. - Rotarier.

LINDEN, Johannes Wilhelm
Ass., Rechtsanwalt, Bundesgeschäftsf. Verb. Dt. Discotheken u. Tanzbetriebe - Auf dem Oberhalberg, 5202 Hennef-Sieg - Geb. 19. Juni 1945 Hennef-Sieg (Vater: Wilhelm L., Oberst i.G.), verh. s. 1971 m. Elke Linden-Schepler, 3 Kd. (Alexandra, Constantin, Christian) - Stud. Rechts- u. Staatswiss., Betriebsw.; Dr. Staatsex. OLG Düsseldorf - Hotelkaufm. (Ausbildereign.); Geschäftsf. Dt. Hotel- u. Gaststättenverb., Union Dt. Bahnhofsbetriebe u. Bundesverb. Dt. Discotheken u. Tanzbetr.; Vorst. Berufsgenoss. Nahrungsmittel u. Gaststätten - Liebh.: Reisen, Renovieren alter Bauernhäuser - Spr.: Engl., Franz.

LINDENAU, Hans A.
Reeder, pers. haft. Gesellsch. Petersen & Alpers Johannisbollwerk, gf. Gesellsch. Atlantic-Reederei & F. & W. Joch u. Reederei Walter Joch & Co. KG, Geschäftsf. Hansa-Tank Reederei GmbH, Fairplay Petersen & Alpers Seatowage GmbH, Paar Intern. GmbH, Hans A. Lindenau GmbH, Vorst. Hansa-Universal Vermögens-Bildungs- u. Beteiligungs-GmbH, alle Hamburg - Johannisbollwerk 20, 2000 Hamburg 11 - Geb. 23. Juni 1924 - Div. Ehrenstell. (dar. Handelsrichter u. Vors. Verein Hbg. Reeder) u. Mandate - Rotarier (zeitw. Clubpräs. Hamburg-Wandsbek).

LINDENBERG, Kurt
Reeder, Vorstandsmitgl. Woermann Linie AG, Hamburg, ARsvors. Euro Kai KaA, ebd. - Leinpfad 1, 2000 Hamburg 60: - Geb. 19. Juni 1906.

LINDENBERG, Wladimir

Dr. med., Nervenarzt, Schriftsteller - Beyschlagstr. 13a, 1000 Berlin 27 (T. 431 26 71) - Geb. 16. Mai 1902 Moskau, orthod., verh. m. Dolly Gräfin v. Roedern, geb. Croissant-Uhde † - Langj. Chefarzt Hirnverletztenabt. Waldkrkhs. Berlin-Spandau - BV (z. T. in Übers.): Tragik u. Triumph großer Ärzte, 1948; Ärztl. u. soz. Betreuung d. Hirnverletzten, 1948; D. Unvollendeten, 1948; D. Hirnverletzte, Wegweiser f. s. Leben, 1950; So sieht es d. Patient, 1954; Praktikum d. Menschenkenntnis f. Polizeibeamte, 1956; Training d. positiven Lebenskräfte, 1957; D. Menschheit betet, 1956; Mysterium d. Begegnung, 1959; Gespräche am Krankenbett, 1959; Yoga - m. d. Augen e. Arztes, 1960; Marionetten in Gottes Hand, 1961; Ärzte im Kampf gegen Krank- u. Dummheit, 1963; Schicksalsgefährte sein - Aufz. e. Seelenarztes, 1964; Richter, Staatsanwälte, Rechtsbrecher - Betracht. e. Sachverständigen, 1965; D. Yoga-Bilderb., 1967; Gottes Boten unt. uns, 1967; Jenseits d. Fünfzig - Reife u. Erfüllung, 1972; Üb. d. Schwelle, 1972; Geheimnisv. Kräfte um uns, 1974. Bobik-Reihe: ... im Feuerofen (1964), ... begegnet d. Welt (1969), ... in d. Fremde (1971); Tag um Tag ist guter Tag (1977), Riten u. Stufen d. Einweihung (1978), Mit Freude leben (1979); D. unversiegbare Strom. Gesch. m. Legenden aus d. hl. Rußl. (1982); Himmel in d. Hölle. Wolodja als Arzt in unseliger Zeit (1983); Lob d. Gelassenh. (1986); D. hl. Ikone. V. Wesen christl. Urbilder im alten Rußl. (1987) - 1966 Poppelreuter-Med. (Bund d. hirnverletzten Kriegs- u. Arbeitsopfer) u. VDK-Literaturpreis, 1979 BVK, 1982 BVK I. Kl. - Spr.: Dt., Russ., Poln., Franz., Engl., Span. - Unt. Hitler größtent. KZ.

LINDENBERGER, Heinz
Dr. rer. nat., o. Prof. f. Kernphysik FU Berlin - Potsdamer Chaussee 47a, 1000 Berlin 38 - Geb. 22. Mai 1925 Karlsruhe, verh. - TH Karlsruhe, Univ. Göttingen - Zul. Privatdoz. Univ. Heidelberg. Fachveröff.

LINDENFELS, Freiherr von, Hans-Achaz
Oberbürgermeister Stadt Marktredwitz (s. 1970) - Wuttigmühlstr. 19, 8590 Marktredwitz/Ofr. (T. 09231-31 79) - Geb. 14. Jan. 1932 Nürnberg (Vater: Hans-Hellmuth v. L., Landrat; Mutter: Luise, geb. Wunderer), ev., verh. s. 1961 m. Benita, geb. v. Feilitzsch, 2 Kd. (Wolf-Christoph, Christina) - Gymn. Amberg; Univ. München (Rechtswiss.). Jurist. Staatsex. 1954 u. 58 - 1959-68 bayer. inn. Verw.; 1969 Oberrechtsrat Marktredwitz - Spr.: Engl.

LINDENMEIER, Maria
Hausfrau, MdL Schlesw.-Holst. (1965-87) - Gerstenhof 9, 2314 Schönkirchen - Geb. 27. Juli 1923 Hohenstein-Ernstthal/Sa., ev., verh., 3 Kd. - Abit. - Landw.-gehilfin u. kaufm. Angest., 1960-75 Geschäftsf. Europa-Union/Landesverb. SH, Vors. d. agrarpolit. Beirats d. SPD SH. 1970-75 Mitgl. Gemeindevertr. Heikendorf; 1970ff. MdK Plön. SPD s. 1965.

LINDER, Fritz
Dr. med., Drs. med. h. c., Dr. jur. h. c., Prof. u. em. Direktor Chir. Univ.klinik Heidelberg (s. 1962) - Waldweg 25, 6900 Heidelberg (T. 56 65 57) - Geb. 3. Jan. 1912 Breslau (Vater: Konrad L., Oberstud.dir.; Mutter: Luise, geb. Bergner), ev., verh. s. 1941 m. Ilsegret, geb. Rendschmidt, 2 Kd. (Malte, Rupert) - Univ. Breslau, Bristol, Freiburg - 1948-51 Privatdoz. Univ. Heidelberg; 1951-62 o. Prof. u. Klinikdir. Berlin;1962-81 o. Prof. u. Dir. Heidelberg; 1972ff. Präs. Dt. Ges. f. Chir.; 1973-75 Präs. Intern. Chir.ges.; 1979 Präs. Dt. Krebsges.; s. 1981 Präs. Intern. Federation Surgical Coll. Üb. 300 Fachveröff. - Ehrenmitgl. 30 nationaler u. intern. Fachvereinig. (u. a. Royal Society of Med. Royal College of Surgeons, London u. Edinburgh, American College of Surgeons, Acad. de Chir., Paris, Schwed. Chir.ges.), 1982 Paracelsus Med. - Spr.: Engl., Franz.

LINDER, Otto
Dr. jur., Ministerialdirektor - Im Hohn 27, 5300 Bonn-Bad Godesberg (T. 31 42 56) - Geb. 2. Jan. 1914 Rottweil/N., kath., verh. s. 1947 m. Marianne, geb. Heinen, 2 Kd. - Gymn. Stuttgart; Univ. Tübingen (Promot. 1939), Berlin, Kiel (Rechtswiss.). Ass.ex. 1939 Stuttgart - 1940-48 Ass. u. Reg.rat württ. Innen- u. Wirtschaftsverw.; 1948-52 Ref. f. Wirtschaft u. Verkehr Vertr. d. Landes Württ.-Baden Frankfurt/M. u. Bonn, 1953-56 Sekr. Wirtschafts- u. Verkehrsaussch. Bundesrat, dann Min.dirig. u. - dir. Bundesverkehrsmin. (Leit. Abt. Straßenverkehr), 1973 einstw. Ruhest., Rechtsanwalt - BV: D. Entsteh. d. Verw.rechtspflege d. Geh. Rates in Württ., 1940 - Kriegsausz.; 1974 Gr. BVK.

LINDHORN, Rolf
Senatsrat, Abteilungsleiter, Justitiar - Senatskanzlei, Rathaus, 2800 Bremen 1 (T. 0421 - 361 22 31) - Geb. 10. Febr. 1935, ev., verh., 3 Kd. - Landesgeschäftsf. Dt. Städtetag; Vorst.-Mitgl. Carl-Schurz-Ges., Bremen.

LINDHORST, Willi
Oberregierungsrat a. D., MdL Nieders. (s. 1978) - Fössestr. 18, 3016 Seelze 7 - Geb. 10. Aug. 1941 Quakenbrück, verh., 2 Kd. - Gymn. Quakenbrück (Abit.); 3 J. Bundeswehr (Major d. R.). FU Münster (Volksw., Gesch., Politik. Wiss.; Dipl.-Polit. 1970). - S. 1975 Beamter Nieders. Staatsdst. 1972 ff. Ratsherr u. Beig. Hemmingen-Westerfeld bzw. Hemmingen. CDU s. 1963.

LINDIG, Wolfgang
Dr. phil., Prof., Ethnologe - Forsthausstr. 18, 6380 Bad Homburg - Geb. 9. Aug. 1925 Aschersleben (Vater: Willy, Beamter; Mutter: Frieda, geb. Bethmann), ev., verh. s. 1957 m. Margot, geb. Kunzmann, S. Andreas - Stud. Marburg, Salt Lake City/USA, Mainz; Promot. 1958 Mainz; Habil. 1969 Frankfurt - 1962-69 Wiss. Assist. Frobenius-Inst., Univ. Frankfurt u. Gießen (Lehrbeauftr.); s. 1969 Doz. Univ. Frankfurt (1971 Prof.). Forschungsreisen Nordamerika, Mexiko, Kanada. In- u.

ausl. Fachmitgl.sch.en - BV: Geheim- u. Männerbünde d. Prärie- u. d. Waldlandindianer Nordamerikas, 1970; D. Kulturen d. Eskimo u. Indianer Nordamer., 1972; Vorgesch. Nordamer., 1973; D. Indianer, 1976 (m. M. Münzel), erw. Neuaufl. 1985; Völker der Vierten Welt (Hrsg.), 1981 - Spr.: Engl.

LINDINGER, Hans

I. Bürgermeister Stadt Griesbach/Rottal - Rathaus, 8399 Griesbach/Ndb. - Geb. 14. Juni 1921 Griesbach - Zul. Kreiskämmerer. CSU.

LINDINGER, Stefan

I. Bürgermeister - Rathaus, 8399 Ruhstorf/Rott - Geb. 6. März 1932 Ruhstorf - Zul. Kaufm.

LINDLAU, Dagobert

Fernsehjournalist, Leit. ARD-Studio Wien (s. 1987) - Zu erreichen üb. ARD, Arnulfstr. 42, 8000 München 2 - Geb. 11. Okt. 1930 München (Vater: Peter L., Arch.; Mutter: Katharina, geb. Engelhardt), kath., gesch. - Chefreporter BR-Fernsehen-ARD, Ltd. Redakt., Moderator Weltspiegel ARD - Übers. aus d. Engl.: Josef Heller, Wir bombardieren Regensburg; Connor Cruise O'Brian, D. mörderischen Engel u. a. Zahlr. Features, Reportagen, Ess., Kommentare - 3 Adolf-Grimme-Preise; 1982 Knatterton-Ehrenmütze Bund Dt. Kriminalbeamter (f. Arbeiten üb. organisiertes Verbrechen) - Liebh.: Tontaubenschießen, Aquarellieren - Spr.: Engl.

LINDNER, Albrecht Ludwig

Dr. phil. nat., Prof. f. Theor. Physik - Drosselweg 5, 2080 Pinneberg - Geb. 29. März 1935 Hamburg (Vater: Dr. Martin L., Dipl.-Volksw.; Mutter: Erna, geb. Albrecht), verh. s. 1966 m. Uta, geb. Knoll, 3 Kd. (Almut, Gerald, Eike) - Univ. Freiburg (Dipl. 1959); Univ. Hamburg; Frankfurt (Promot. 1962); Univ. Kopenhagen, Hamburg (Habil. 1969) - Buch: Drehimpulse in d. Quantenmech., 1984.

LINDNER, Erich

Dr. med., o. Prof. f. Morphologie u. Anatomie (s. 1969) - Kurt-Schumacher-Str. 23, 8400 Regensburg - Geb. 12. Sept. 1920 Auerbach/Vogtl. - Promot. 1956 Düsseldorf; Habil. 1961 ebd. - Zul. Univ. Kiel (1966 ff. Wiss. Rat und Prof. Anat. Inst.).Facharb.

LINDNER, Ernst

Dr. med., Prof., Pharmakologe - Amselweg 8, 6000 Frankfurt/M.-Höchst (T. 31 29 28) - Geb. 17. Aug. 1918 Mainz - S. 1960 (Habil.) Lehrtätigk. Univ. Gießen (1966 apl. Prof. f. Pharmak. u. Toxikol.). Fachveröff.

LINDNER, Fritz

I. Bürgermeister Markt Teisendorf, I. Vors. TSV Teisendorf - Marktstr. 34, 8221 Teisendorf/Obb. - Geb. 14. Okt. 1936 Teisendorf (Vater: Georg L., Kaufm.; Mutter: Justine, geb. Schauer), kath., verh. s. 1964 m. Ranhild, geb. Klein, 3 Kd. (Silvia, Gerold, Ulrich) - N. Mittl. Reife 2 J. Handelssch. - Kaufm. - Liebh.: Volksmusik, Sport - Silb. Ehrennadel Bayer. Landessportverb.

LINDNER, Georg

Dr. jur., Rechtsanwalt u. Notar (s. 1968), MdL Hessen (s. 1965) - Salzburger Str. 50, 6050 Offenbach/M. (T. 89 12 88) - Geb. 11. Mai 1925 Offenbach/M., verh., 3 Kd. - Univ. Mainz u. Frankfurt/M. (Rechtswiss.). Jurist. Staatsprüf. 1951 u. 55 - 2 J. Anwaltsass., Rechtsanwalt, Synd. Frankfurt/M. (Ind.), 1962-68 Stadtrechtsrat Offenbach. 1956-62 Stadtverordn. Offenbach (Fraktionsvors.). CDU (Vors. Stadtverb. Offenbach u. Mitgl. Landesvorst.).

LINDNER, Hans-Joachim

Dr.-Ing., Fabrikant, Gesellsch. Lindner GmbH. (Fabrik elektr. Lampen u. Apparate), Bamberg - Viktor-v.-Scheffel-Str. 14, 8600 Bamberg/Ofr. (T. 7 92 - 1) - Geb. 19. Juni 1910 Sondershausen/Thür. (Vater: Kommerzienrat Kurt L., Fabr.; Mutter: Margarethe, geb. Taubert), verh. 1936 m. Elsbeth, geb. Müller - TH München - Mitarb. väterl. Untern. Thür.; Mitbegr. Lindner GmbH, stv. AR-Vors. - BVK I. Kl. u. BVK a. Bd. - Ehrenmitgl. VDE, ehrenamtl. Mitarb. DKE d. VDE u. DNA, Ehrenvors. Prüfstellenaussch. u. a. - Spr.: Engl. - Rotarier - Bruder: Kurt L.

LINDNER, Helmut

Angestellter, MdL Nordrh.-Westf. - Teichstr. 12, 5860 Iserlohn (T. 02371 - 6 24 98) - Geb. 4. Okt. 1927 Iserlohn, ev., verh. s. 1955 m. Elisabeth, geb. Fiss, 3 Kd. (Renate, Gabriele, Thomas) - 1942-44 kaufm. Lehre; 1944/45 Soldat - 1946-49 DGB; Arbeitsamt; 1949-81 Ind. (1955-81 Prok.). S. 1956 Ratsmitgl. Stadt Iserlohn (s. 1968 Fraktionsvors.); 1969 Bürgerm., 1975 Oberbürgerm., 1979 wieder Bürgerm., 1984 1. stv. Bürgerm.; s. 1985 MdL. CDU s. 1956 - Liebh.: Lesen.

LINDNER, Joachim

Dr.-Ing. habil., o. Prof., Ordinarius f. Stahlbau TU Berlin (s. 1974) - Furtwängler Str. 20B, 1000 Berlin 33 (T. 030 - 825 61 12) - Geb. 29. März 1938 Guben, verh. s. 1965 Monika, geb. Grund, Tocht. Alexandra - Abit. 1959; 1959-65 Stud.; Dipl.-Ing.; Promot. 1970; Habil. 1972 - 1964-66 Statiker Berlin; 1966-72 wiss. Assist.; 1972-74 Abt.leit. Ind. Düsseldorf; s. 1981 Schriftleit. Fachztschr. Stahlbau. S. 1979 Dt. Aussch. f. Stahlbau; zahlr. Fachaussch. In- u. Ausland - BV: Biegetorsionsprobleme gerader dünnwand. Stäbe (m. Roik/Carl), 1972; Einf. in d. Berechnung n. d. Traglastverfahren (m. Roik), 1972/76; ca. 80 Fachveröff., bes. auf d. Geb. d. Stabilität - Liebh.: Lit., Sport, Reisen - Spr.: Engl.

LINDNER, Marianne

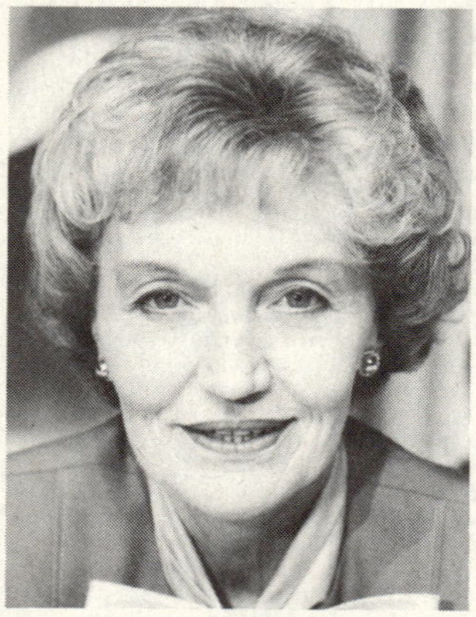

Schauspielerin - Moosweg 15, 8184 Dürnbach - Geb. 11. Dez. 1922, gesch., 2 Töcht. (Regine, Edith) - Theater (Volkstheater, Kl. Komödie, Kammerspiele München, Tourneen m. Theater rechts d. Isar, Wunsiedel), Rundf., FS (ZDF-Serie Kapitän Harmsen, 1968; 20x Komödienstadel; Trauer um e. verlorenen Sohn, 1979).

LINDNER, Roland

Dr. rer. nat., Prof., Kern- u. Radiochemiker, Gen. Dir. h.c. Kommission Europ. Gemeinschaften - 7500 Karlsruhe - Geb. 24. Febr. 1921 Goslar/Harz - Schüler v. Prof. Otto Hahn - U. a. Doz. u. Leit. Inst. f. Kernchemie TH Göteborg u. o. Prof. u. Dir. Inst. f. Kern- u. Radiochemie TH bzw. TU Braunschweig (1961-71); Direktor Forschungsanlage Karlsruhe d. EG (1969-86) - BV: Kern- u. Radiochemie, 1961. Etwa 100 Einzelveröff.

LINDNER, Werner

Dr.-Ing., Dr.-Ing. E.h., Bauass., Direktor i.R. - In d. Erlen 3, 5353 Mechernich/Rhld. (T. 02443 - 50 93) - Geb. 15. Mai 1922 Glatz/Schles. (Vater: Dr. med. dent. Werner L., Zahnarzt; Mutter: Lilly, geb. Franz), verh. s. 1947 m. Gisela, geb. Herbst, 3 Kd. (Klaus, Wulf, Heide) - TH Breslau (1942-43) u. Stuttgart (1946-50; Dipl.-Ing.). Promot. 1957 TH Hannover - 1960-78 Geschäftsf. Gr. Erftverb. (1980-86 Vorst.). 1972-78 Präs. Dt. Verb. f. Wasserw. - 1982 Ehrendoktor TH Aachen; 1978 Ehrenmitgl. DVWK; 1982 BVK I. Kl. - 1963 Gold. Sportabz. - Spr.: Engl.

LINDNER, Wulf-Volker

Prof., Psychoanalytiker - Isestr. 117, 2000 Hamburg 13 (T. 040-47 47 94) - Geb. 2. Nov. 1938 Magdeburg (Vater: Emil L.; Mutter: Martha, geb. Buschow), ev.-luth., verh. s. 1966 m. Ingrid, geb. Claus (Kinder- u. Jgdl.-Psychotherap.), 2 T. (Susanne, Annegret) - Stud. Phil., Ev. Theol., Psychoanalyse u. Psychotherapie Göttingen, Tübingen, Marburg; 1. Staatsex. 1966, 2. Staatsex. 1970, Ex. in Psychoanalyse 1971 - 1970-74 Doz. f. Pastoralpsych. Göttingen, s. 1975 Prof. f. Prakt. Theol. (Schwerp. Seelsorge) Hamburg, s. 1972 Lehr- u. Kontrollanal. Vorst.smitgl. Dt. Psychoanalyt. Ges. (DPG), 1. Vors. Sekt. Analyt. Gruppenpsychotherapie Dt. Arbeitskr. f. Gruppenpsychotherapie u. Gruppendynamik (DAGG).

LINDORF, Helmut Heinrich

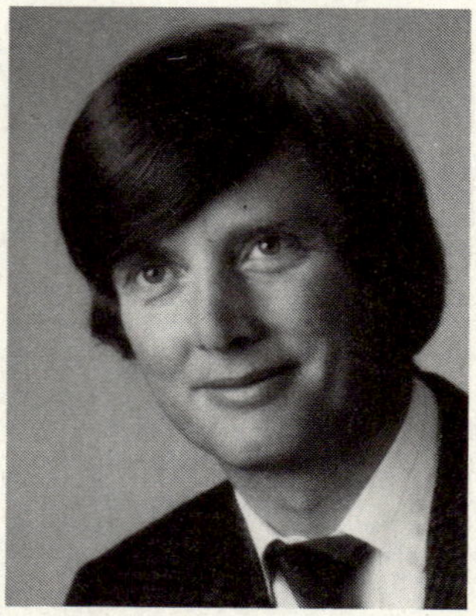

Dr. med., Dr. med. dent., Dr. med. habil., Prof. Univ. Erlangen-Nürnberg - Hallerwiese 8, 8500 Nürnberg 90 (T. 0911 - 26 14 26) - Geb. 19. Nov. 1943 Berlin, ev., verh. s. 1975 m. Ingeborg, geb. Menacher, Rechtsanwältin - 1965-72 Stud. u. Staatsex. Med. u. Zahnmed. Univ. Erlangen-Nürnberg; Dr. med. 1971; Dr. med. dent. 1972; Dr. med. habil. 1980 - S. 1981 niedergelassener Arzt f. Mund-, Kiefer-, Gesichtschir. u. plast. Operationen m. Klinikabt. in Nürnberg. Vorl. Univ. Erlangen üb. d. Geb., 1986 apl. Prof. Univ. Erlangen. 1980 Gastprof. Univ. Denver, Colorado, USA. S. 1983 Mitgl. d. Lehrkörpers d. Akad. Praxis u. Wiss. Dt. Ges. f. Zahn-, Mund- u. Kieferheilkd. Hauptarbeitsgeb.: Plast. Chir. dento-facialer Mißbildungen - Patente versch. neuartiger chir. Instrumente; Verbesserung mehrerer chir. Meth. (u. a. osteoplast. Knochendeckel-Meth.) - BV: Chir. d. Kieferhöhle, 1983; Internal Rigid Fixation. New Applications in Maxillofacial Osteotomie, 1987; rd. 80 wiss. Fachveröff. - Mitgl. versch. nationaler u. intern. wiss. Ges. - Liebh.: Malerei, Sport - Spr.: Engl., Franz., Latein.

LINDSTEDT, Klaus J.

Dipl.-Ing., Vorstand Berthold AG, Berlin - Herwarthstr. 12, 1000 Berlin 45 (T. 030 - 7 72 29 30) - Geb. 1. Mai 1937 Frankfurt/M., ev., verh. s. 1965, 2 Kd. - Dipl.-Ing. 1965 (Wirtsch.ing.wesen) TU Berlin - B. 1977 Financial Manager u. Controller Flohr-Otis GmbH, Berlin; b. 1981 Controller Varta Batterie AG, Hannover; ab 1981 Vorst.-Mitgl. Berthold AG, Berlin - Spr.: Engl., Franz.

LINDT, Peter M.

Dr. phil., Dr. d. Lit. (Columbia Univ. New York), Schriftsteller - 949 West End Avenue, New York 25, N. Y./USA - Geb. 26. April 1908 Wien, verh. m. Theodora, geb. v. Stojanovič - Univ. Wien - Journ. u. Schriftst. Wien, Dir. German American Broadcast und German Literature Hour Radiostation WEVD New York, Präs. Social Scientific Society for Intercultural Relations, Inc. (e. d. ältesten dt.-amerik. Ges., gegr. 1870 v. Carl Schurz u. Dr. Abraham Jacoby), Herausg. und Chefredakt. Monatsschr. Weltspiegel ebd. Initiator d. einz. dt. lit. Rundfunksend. in USA (1942) - W.: D. Leben spielt Komödie (Kom.), Salzburger Intermezzo (Sch.), D. Ehe d. Francois Beaupré (Kom.), Künstler u. Frauen (N.), Schriftst. im Exil (1944 New York). Zahlr. Kurzgesch.

LINGELBACH, Ernst

Dr. rer. nat., Prof., Präsident Dt. Wetterdienst a. D. - Geb. 2. Nov. 1919 - 1969 Honorarprof. Univ. Bonn (Meteorol.).

LINGELBACH, Karl Christoph

Dr., Prof. f. Erziehungswiss. Univ. Frankfurt - An den Brunnenröhren 11, 3550 Marburg (T. 06421 - 6 57 76) - 1. Lehrerex. f. Volks- u. Mittelschulen 1955 Jugenheim; 1. u. 2. Ex. f. Gymnasiallehrer 1959 u. 1963 Univ. Marburg, Promot. 1969 - 1963-69 Schuldienst u. Studienrat im Hochschuldienst; 1969/71 Hess. Curriculumkommiss.; s. 1972 Prof. f. Erziehungswiss. Univ. Frankfurt - BV: Erzieh. u. Erzieh.theorie im nationalsozial. Dtschl., 1970, erw. Neuaufl. 1987; M. Klafki u.a.: Funkkolleg Erziehungswiss., 1970; M. Diederich: Handlungsprobl. d. Lehrers. Bd. 1: Unterr. u. Schulleben, 1979; Beiträge z. Schulpäd. u. Theorie d. Schule, z. polit. Bildung u. z. Zeitgesch. d. dt. Bildungswesens.

LINGEN, Ursula

Schauspielerin - Zu erreichen üb.: Management Baumbauer, Burggsperger St. 28a, 8000 München 90 - Geb. Frankfurt/M. (Vater: Theo L. †1978), verh. s. 1953 m. Kurt Meisel (Schaupieler u. Regiss.), Sohn Christoph - Bühne, Film, Funk u. Fernsehen - 1983 Bayer. Staatsschausp.

LINGENBRINK, Kurt

Kaufmann, Inh. Georg Lingenbrink, Buchhandlungsuntern. Libri, Hamburg 50 (m. Filialbetrieben) - Stresemannstr. 300, 2000 Hamburg 50 (T. 85 39 80) - Geb. 8. Nov. 1921 Karlsruhe, kath., verh. s. 1945 m. Karin, geb. Kopietzky - Buchhandelslehre - Firma gilt als e. d. größten dt. Zwischenbuchhandlungen u. Bücherexporteure. Ehrenamtl. Mitarb. im Börsenverein d. Dt. Buchhandels - 1986 BVK I. Kl.; Freund Jerusalem.

LINGENS, Franz

Dr. rer. nat., Dipl.-Chem., o. Prof. f. Mikrobiologie Univ. Hohenheim (s. 1967) - Im Asemwald 32/4, 7000 Stuttgart 70 (T. 72 42 31) - Geb. 9. Aug. 1925 Elberfeld (Vater: Wilhelm L., Studienrat; Mutter: Adele, geb. Eicker), kath., verh. s. 1961 m. Sibylle, geb. Kern, 3 Kd. (Brigitte, Anita, Gundula) - Stud. d. Chemie u. Med. Univ. Würzburg u. Tübingen; Promot. 1954; Habil. 1959 - 1955-67 Univ. Tübingen. Zahlr. in- u. ausl. Fachveröff. - 1959 Preis Dt. Forschungsgemeinsch.

LINGENS, Heinrich

Landrat a. D. - Gräfin-Hedwig-Str. 16, 5438 Westerburg/Westerw. - Geb. 25. Aug. 1914 - Präs. Sparkassen- u. Giroverb. Rhld.-Pfalz, Mainz - Rotarier.

LINGNAU, Hermann

Dipl.-Kfm., Studentenweltmeister im Kugelstoßen - Am Gänsborn 16, 6203 Hochheim (T. 06146 - 23 27) - Geb. 22. Okt. 1936 Kassel (Vater: Alfred L., Dipl.-Ing.; Mutter: Erna, geb. Weiss), verh. s. 1964 m. Ulrike, geb. Schölch, T. Tina - Banklehre; Stud. Betriebswirtsch. Frankfurt (Dipl.-Kfm. 1964) - 1969-72

Geschäftsf. Hess. Landesentw.- u. Treuhandges. m.b.H., 1972-78 Stadtkämmerer von Frankfurt; 1979-87 Vorst.-Mitgl. Kreditanstalt f. Wiederaufbau - Liebh.: Tennis, Golf, Ski - 1957-61 Dt. Rekord, 1957/58 Dt. Meister (Student.), 1955-61 Dt. Hallenm., 1959 Weltm. u. Studentenweltm., alles Kugelstoßen. - Spr.: Engl.

LINGNAU, Josef

Dr. phil., o. Prof. f. Soziologie Päd. Univ. Münster - Burchardstr. 9, 4400 Münster/W. - Geb. 12. Sept. 1930 Gelsenkirchen (Vater: Conrad L., Arbeiter; Mutter: Alwine, geb. Reimann), kath., verh. s. 1961 m. Angela, geb. Schulte, 3 Kd. (Heinrich, Hildegard, Wiltrud) - Promot. 1962 Münster - 1953 Volksschullehrer; 1962 wiss. Angest.; 1963 Hochschuldoz. - BV: D. System sozialer Hilfeleistungen, 1965; Bevölkerung u. Siedlung im Raum Wulfen, 1967 (m. Brepohl); Mithrsg.: Beiträge z. Problem Sozialisation u. Sprache, 6 Bde. 1973/74 - Spr.: Engl., Franz.

LINHARD, Brigitte,

geb. Koehler

Dipl.-Handelslehrerin, gf. Gesellschafterin Hermann Koehler oHG., Triangel - Röhrfeld 15, 3300 Braunschweig (T. 0531 - 35 13 03) - Geb. 15. Juli 1924 Stettin (Vater: Hermann Köhler, Fabrikant; Mutter: Anna, geb. Fobke), ev., verh. s. 1964 m. Dr. Hans L. - Abit.; Stud. Hochsch. f. Wirtschafts- u. Sozialwiss. Nürnberg (Dipl. 1953) - 1963-73 gf. Gesellsch. Triangeler Dämmstoffwerk Hermann Koehler oHG. - Liebh.: Gesch., Kunstgesch. - Spr.: Engl.

LINICUS, Kurt

Landrat Kr. Merzig-Wadern - Gipsberg 61, 6640 Merzig/Saar- Geb. 4. Juni 1921 - Versch. Mandate.

LINK, Almuth

Schriftstellerin - Gartenstr. 31, 6390 Usingen/Ts. 5 - Geb. 1935 Frankfurt/M., verh. m. Dr. Horst L. (Richter am OLG), 2 T. (Charlotte, Franziska) - Musikstud. Staatl. Hochsch. f. Musik Frankfurt; German. Univ. Frankfurt - 1965-76 Lehrerin Leibniz-Gymn. Frankfurt-Höchst; fr. Mitarb. an Tageszstg. - BV: Kurzgesch. u. R., u.a. Meine kl. Arche Noah, 1980; Sommer ohne Blumen, 1981; Hol d. Geige v. Himmel, 1982; Geh nicht unter, kl. Arche, 1985 - Liebh.: Musik, Tierschutz - Spr.: Engl., Lat., Franz.

LINK, Christoph

Dr. jur., o. Prof. d. Rechtswissenschaft - Hindenburgstr. 47, 8520 Erlangen - Geb. 13. Juni 1933 Dresden (Vater: Hellmuth L., RA; Mutter: Gerda, geb. Freude), ev.-luth., verh. s. 1957 m. Eva, geb. Linn, 2 Kd. (Susanne, Matthias) - Abit. Dresden 1951; 1952-59 Stud. Marburg, Köln, München; 1. jur. Staatsprüf. München 1960,. 2. jur. Staatsprüf. 1964, Promot. 1963, Habil. 1970 - 1960-70 wiss. Assist. Univ. München, 1970-71 Doz., 1971-77 o. Prof. Wien, 1977-79 o. Prof. Salzburg, 1979-86 o. Prof. Göttingen, s. 1986 o. Prof. Erlangen (Staats-, Verwaltungs-, Kirchenrecht) - BV: D. Grundl. d. Kirchenverfass. im luth. Konfessionalismus d. 19. Jh., 1966; Herrschaftsord. u. bürgerl. Freiheit. Grenzen d. Staatsgewalt in d. ält. dt. Staatslehre, 1979; Hugo Grotius als Staatsdenker, 1983; Kirchen u. privater Rundfunk (m. M. A. Pahlke), 1985; u. a. Publ. - 1979 Hon.-Prof. Univ. Salzburg; 1983 o. Mitgl. Akad. d. Wiss. Göttingen.

LINK, Ewald

Dr. theol., em. Prof. f. Fundamentaltheologie u. theol. Anthropologie im Institut f. kath. Theologie Fachber. Religionswissensch. Univ. Gießen (1966-81) - Adelheidstr, 1, 6250 Limburg/L. (T. 06431 - 64 58) - Geb. 15. April 1912 Höhr-Grenzhausen - Facharb.

LINK, Franz H.

Dr. phil. (habil.), o. Prof. f. Engl. Philologie m. bes. Berücks. d. Sprache u. Lit. Amerikas - Eichrodtstr. 1, 7800 Freiburg/Br. (T. 6 75 71) - Geb. 1. Aug. 1924 Frankfurt/M. (Vater: Josef L., Kaufm.; Mutter: Anni, geb. Loeven), kath., verh. s. 1952 m. Annemarie, geb. Heydemann, 2 Kd. (Stephan, Emily) - Stud. Anglistik. Promot. (1950) u. Habil. (1961) Frankfurt/M. - 1961 Privatdoz. Univ. Frankfurt, 1961 Prof. Päd. Hochsch. Alfeld, 1962 ao., 1963 o. Prof. Univ. Freiburg. Dir. Inst. f. Nordamerikastud., Sektionsleit. Görres-Ges. - BV: D. Erzählkunst Nathaniel Hawthornes, 1962; Amerik. Lit.geschichtsschreib., 1963; O'Neill, 1967; E. A. Poe, 1968; Stilanalysen amerik. Erzählkunst, 1970; Tennessee Williams, 1974; Dramaturgie d. Zeit, 1977; H. D., Trilogie, 1978; Zwei amerik. Dichterinnen, 1979; Gesch. d. amerik. Erzählkunst, 2 Bde. 1980 u. 83; Ezra Pound, 1984; Gesch. d. amerik. Verskunst b. 1900, 1988. Herausg.: Amerika - Vision u. Wirklichkeit, 1968; Amerikanische Lyrik, 1974, 2. A. 1984 (hg. u. übers. m. Annemarie Link); Jewish Life and Suffering as Mirrored in English and American Literature, 1987; Paradeigmata: Lit. Typol. d. AT, 2 Bde. 1989. Mithrsg.: Theatrum Mundi (1981); Literaturwissenschaft. Jahrb., ab Bd. 20 (1979); Beitr. z. engl. u. amerik. Lit. (ab 1984).

LINK, Gerhard A.

Dr. jur., Kaufmann in Fa. B. Grimm & Co. Hamburg - Bangkok u. Link & Co., Basel - Am Feenteich 14, 2000 Hamburg 76 - Geb. 23. Okt. 1915 Bangkok (Vater: Generalkonsul Adolf L.), verh. s. 1951 m. Monika Freiin Rüdt v. Collenberg, 4 Kd. - Jurist. u. kaufm. Ausb. - S. 1953 Wahl-Generalkonsul v. Thailand.

LINK, Gotthilf

Landwirt u. Weinbaumeister, MdL Baden-Württ. (1972-88), Präs. Weinbauverb. Württ., Vizepräs. Dt. Weinbauverb., Vors. Weingärtnergenoss. Lauffen/N. - Ludwigstr. 15, 7128 Lauffen/N. (T. 07133 - 51 61) - Geb. 19. Okt. 1926 Lauffen, ev., verh., 4 Kd. - S. 1959 Stadtrat, 1969ff. stv. Bürgerm. Lauffen. CDU - Gr. BVK, Verdienstmed. d. Landes Baden-Württ.

LINK, Helmut

Elektromechaniker, MdB (s. 1969) - Ben-Gurion-King 159, 6000 Frankfurt 56 - Geb. 6. Febr. 1927 Frankfurt/M., kath., verh., Tochter - Volkssch.; Elektromechanikerhandw. - S. 1944 Siemens-Schaltwerk Frankfurt (1953 Betriebsratsmitgl., 1956 freigest.); dazw. 1944-45 Arbeits- u. Wehrdst. 1960-69 Stadtverordn. Frankfurt. CDU s. 1957.

LINK, Helmut

Dirigent u. Komponist - Göllweg 17, 1000 Berlin 42 (T. 030 - 741 12 68) - Geb. 10. Febr. 1918 Berlin (Vater: August L., Kellermeister; Mutter: Bertha Sabrowski), ev., verh. s. 1955 in 2. Ehe m. Gisela Sommer, 3 Kd. (Hans-Helmut, Ekkehard, Annette) - 1937-39 Stud. Konservat. Berlin; 1950-55 Musikakad. Berlin - S. 1958 Haydn-Kammerorch. Berlin - Musikwerke: Konz. f. Orch., Sinfonietta f. Orch., Violinkonz., Violoncellokonz., Klavierkonz., Trompetenkonz., Lieder (Benn, Gurk, Haushofer, Huch, Mombert, Hesse), Klaviertrio, 2 Violinsonaten, Kl. Schlachtmusik f. Viol.-Solo: Michaels Kampf m. d. Drachen, 2 Streichquartette, Chorfantasie u. Bearbeit.: Weber (Sinf. Nr. 2), Pergolesi (La serva padrona), Haydn (Ariadne auf Naxos), Gluck (Ouv. Alceste) - Liebh.: Lit., Theater, Bild. Kunst, Philatelie - Spr.: Engl.

LINK, Horst

Fabrikant, Gf. Gesellschafter d. Johs. Link GmbH & Co. KG, Aue, Vors. Bundesverb. d. Dt. Musikinstrumenten-Hersteller, Frankfurt/M., AR-Mitgl. d. Messe Frankfurt GmbH - Hudeweg 15,

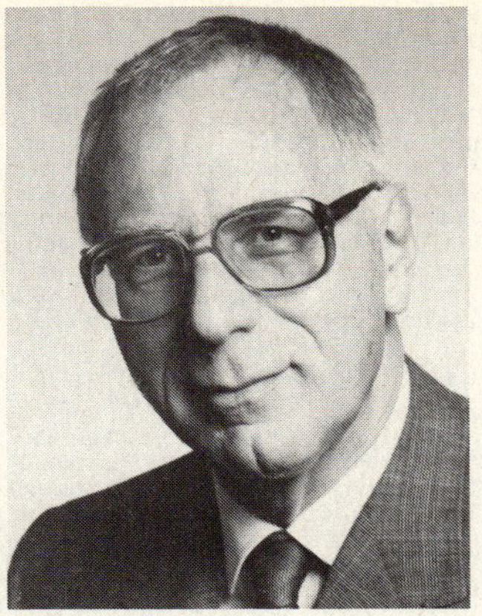

5920 Bad Berleburg 2/Sauerl. - BVK I. Kl.

LINK, Walter H.

Diakon, Sportlehrer, MdB Nieders. (Wahlkr. 28/Diepholz) - Badeweg 70, 2839 Freistatt - Geb. 21. Juli 1937 Siegen, ev., verh. - Volkssch.; Formerausbild.; 4 J. Bundeswehr (Luftwaffe); Diakonenausbild. Bethel; Sporthochsch. Köln (staatl. anerk. Sportl.); Fachsch. f. Sozialpäd. Hannover (staatl. anerk. Erzieher) - S. 1968 Bodelschwingh'sche Teilanstalt Freistatt. 1976 ff. MdK Diepholz; 1978 MdL Nieders. CDU s. 1956.

LINK, Werner

Dr. phil., Prof. f. Politikwissenschaft Univ. Trier - Greiffenklaustr. 84, 5500 Trier (T. 0651 - 3 76 16) - Geb. 14. Juli 1934 Quotshausen (Vater: Gustav L., Pfarrer; Mutter: Else, geb. Griese) - Univ. Marburg (Politikwiss., Gesch., German.; Staatsex. 1960); Promot. 1961, Habil. 1970 Univ. Mannheim - 1971 Prof. Univ. Marburg; 1971-75 Prof. GH Kassel; 1973 Gastprof. in Washington/USA; s. 1975 Prof. Univ. Trier; 1987/88 Forschungsprof. Stiftg. Wiss. u. Politik, Ebenhausen. 1971 Vors. Kommiss. f. Friedens- u. Konfliktsforsch. u. 1976-79 Vors. Kurat. Dt. Ges. f. Friedens- u. Konfliktforsch. Bonn - BV: D. Gesch. d. Intern. Jugend-Bd. (IJB) u. d. Intern. Sozialist. Kampfbd. (ISK) (Bd. 1 Marburger Abhandl. z. polit. Wiss.), 1964; D. amerik. Stabilisierungspolitik in Dtschld. 1921-32, 1970; D. Konzept d. friedl. Kooperation u. d. Beginn d. Kalten Krieges, 1971; Dt. u. amerik. Gewerksch. u. Geschäftsleute 1945-1975, 1978; D. Ost-West-Konflikt, 1980, 2. A. 1988 (engl. Ausg. 1986); D. Nord-Süd-Konflikt (m. Paul Tücks), 1985; Republik im Wandel 1969-74. D. Ära Brandt (m. Karl Dietrich Bracher u. Wolfgang Jäger), 1986; Republik im Wandel, 1974-82, D. Ära Schmidt (m. Wolfgang Jäger), 1987 - Spr.: Engl., Franz.

LINKE, Adolf

Dr. med., Prof., Internist, Chefarzt Med. Klinik St.-Marien-Krankenhaus, Ludwigshafen - Salzburger Str. 15, 6700 Ludwigshafen/Rh. - Geb. 26. Nov. 1919 Oelsa/Sa. (Vater: Adolf L.; Mutter: Emilie, geb. Köhler), kath., verh. 1944 m. Marianne, geb. Schuster - Univ. Leipzig. Promot. 1944 Leipzig; Habil. 1954 Heidelberg - S. 1954 Privatdoz. u. apl. Prof. (1959) Univ. Heidelberg (zeitw. Oberarzt Ludolf-Krehl-Klinik) - BV: Erythroleukämie u. erythroleukäm. Reaktion. Üb. d. Chemotherapie d. Hämoblastosen u. malignen Tumoren, Früherkennung d. Krebses. Üb. 100 Fachaufs.

LINKE, Bernhard

Dr. phil., Univ.-Prof. f. Schulpädagogik Univ. Osnabrück, Abt. Vechta (s. 1958) - Welper Str. 20, 2848 Vechta/Oldenburg (T. 27 02) - Geb. 15. Okt. 1926 Plauen/V. (Vater: Kurt L., Konditor; Mutter: Helene, geb. Bauer), kath., verh. s. 1954 m. Sigrid, geb. Birett, 8 Kd. - Wirtschaftsobersch. Plauen, Gymn. Eichstätt; Akad. Paderborn, Univ. München (Päd., Phil., Theol.). Beide Lehrerprüf.; Promot. 1955 - 1952-58 Volksschuldst. Eifel; s. 1983 Referatsleit. Hochschule u. Lehrerbildung im VBE - BV: D. 9. Volksschuljahr, 3. A. 1965; Wir u. d. Kinder, 1969. Mitarb.: Mein neues Sprachbuch; Die Hauptschule; Wohin geht die Schule? - Spr.: Lat., Engl.

LINKE, Bruno

Oberkreisdirektor a. D., Rechtsanwalt - Hauptstr. 54, 5340 Bad Honnef - Geb. 13. April 1936 Lendringsen - Zul. OKD Rees/Wesel.

LINKE, Hansjürgen

Dr. phil., Prof. f. Dt. Sprache u. Literatur - Gyrhofstr. 27, 5000 Köln 41 (Lindenthal): (T. 41 65 37) - Geb. 23. Nov. 1928 Görlitz (Vater: Richard L., Reg.-Amtm.; Mutter: Margarethe, geb. Dohndorf), ev., verh. m. Tamako, geb. Yamada, 2 Kd. (Yukiko, Naoko) - 1949-55 Univ. Köln (German., Theater-, Kunstwiss.), 1955-58 Univ. Göttingen, Hamburg (Angl., Roman.) - S. 1969 Dir. Inst. f. Dt. Sprache u. Lit. Univ. Köln - BV: D. Kultische in d. Dicht. Stefan Georges u. s. Schule, 2 Bde., 1960; Epische Strukt. in d. Dicht. Hartmanns von Aue, 1968. Mitarbeit: D. dt. Lit. d. Mittelalters, Verfasserlex. 2. A. (s. 1978); Neues Handb. d. Lit.wiss., Bd. 8 Europ. Spätmittelalter (1978); Gesch. d. dt. Lit. (de Boor/Newald), Bd.III, 2 (1987). Rd. 140 Fachveröff. bes. z. mittelalterl. Drama.

LINKE, Horst

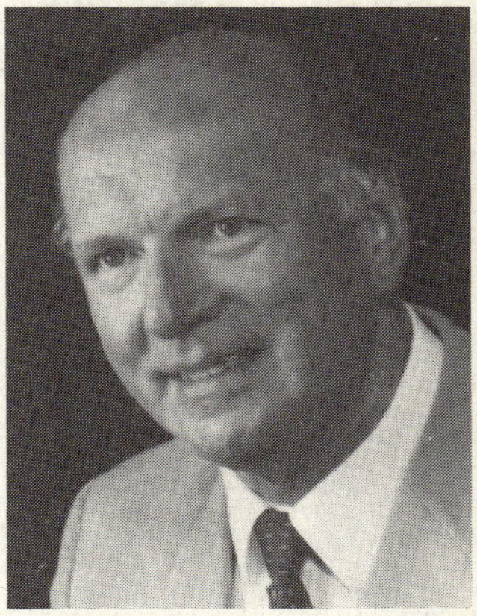

Dr. med., Prof. f. Innere Medizin, Chefarzt - Martha v. Opel-Weg 22 a, 6208 Bad Schwalbach/Ts. (T. 06124 - 27 61) - Geb. 17. Febr. 1924 Neustadt/Orla (Thür.), ev., verh. s. 1948 m. Vera, geb. Ludwig, T. Birgit - Promot. 1948 Göttingen; Habil. 1961 Med. Akad. Magdeburg - 1964-68 a.o. Prof., 1968-72 o. Prof. Med. Akad. Magdeburg; s. 1973 apl. Prof. Univ. Mainz. 300 Publ. u. Buchbeitr.

LINKE, Manfred

Dr. phil., Geschäftsführer Zentrum Bundesrep. Deutschl. d. Intern. Theaterinstituts (s. 1982) - Unter den Eichen 115, 1000 Berlin 45 (T. 030 - 831 80 98) - Geb. 24. Nov. 1936 Halle/S., ev. - Ausb. Industriekaufm.; Stud. Theaterwiss., German., Musikwiss., Promot. 1967 FU Berlin - 1968-85 Wiss. Assist. u. wiss. Angest. FU Berlin; 1961-73 Regiemitarb. Bayreuther Festsp.; s. 1969 Leit. Intern. Forum junger Bühnenangehöriger Berlin - BV: Gustav Lindemann. Regie am Düsseldorfer Schauspielhaus, 1969; Hermann Ungar, 1971; Carl Sternheim, 1979; Theater/Theatre 1967-82, (Hg.) 1983; Mitherausg. Gesamtausg. d. Werke Carl Sternheims, 1969-76. Herausg. Schriftenreihe d. intern. Theaterinst. - Bearb. v. C. M. von Webers Oberon (UA Bregenzer Festsp. 1977) - Spr.: Engl., Franz.

LINKE, Norbert

Dr. phil., Prof. Univ.-GH Duisburg, Komponist - Torfstück 23, 2000 Ham-

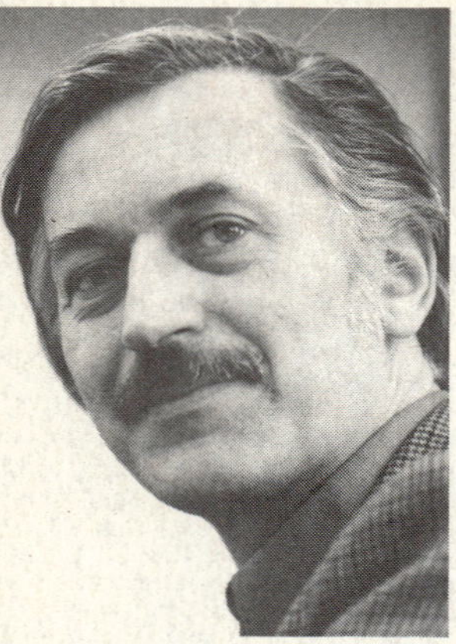

burg 62; u. Am Rahmer Bach 143, 4100 Duisburg 29 - Geb. 5. März 1933 Steinau/O. (Vater: Reinhold L., Schuhmacherm.; Mutter: Martha, geb. Zacher-Regber), ev., verh. s. 1959 m. Marianne, geb. Conrad, 3 Töcht. (Annette, Bettina, Corinna) - 1952-57 Musikhochsch. Univ. Hamburg (Staatsex. 1955 höh. Schulmusik, 1957 Dt. Lit.; Promot. 1960) - 1960-72 Schuldienst Hamburg; 1972-76 FHS Darmstadt-Jugenheim (Prof.); 1972-77 MHS Lübeck; s. 1976 o. Prof. Univ. Duisburg; Vors. Dt. Johann Strauss Ges., Duisburg. Erf. Flageolett vom Flageolett (Klavier); Schwarz-Weiß-Notation (Orgel); Begr. Ontologie d. Musik; Wertdidakt. d. Musik; Chronotherapie - BV: Musik zw. Konsum u. Kult, 1972, 3. A. 1976; Neue Wege in d. Musik d. Gegenw., 1975; Phil. d. Musikerzieh., 1976; Wertprobl. u. Musikerzieh., 1977; Heil. durch Musik? 1977; Robert Schumann - Z. Aktualität romant. Musik (m. Gustav Kneip), 1978; Einf. in d. Musiksoziol., 1979; Musik in d. soz. Schule, 1981; D. Tätigk. d. Musiklehr., 1982; Johann Strauß Sohn in Selbstzeugn. u. Bilddok., 1982; Musik erobert d. Welt, 1987 - Musikwerke: Lyr. Symph., I. Symph., Strati f. Orch., Klavierkonz., Violinkonz.; Konkret. I-V f. Kammerens., Polyrhythmika I-III f. Klavier, Bläserquint., Klavierquart., Nonett, Puzzle I-III, Varim I u. II; Rital u. Retro f. Orgel, Reformationssonate in Fragm. f. Org., Choralsuite, Choral-Variat., Organ-Pops; Diri Dana f. Chor u. Instr., Hätt' ich des Goldes e. Stücke (dito), Markuspass., Canticum I-III f. Chor, Kleist-Epigramme, Denn ihr werdet Gott schauen; Tschech. Lieder - Kompos.-preise: 1962 u. 1968 Stuttgart, 1966 Hamburg (LTM), 1969 Hof (Hofer Symphoniker), 1970 Doppelpreis Kammermusikwettb. LTM Hamburg, 1977 Johann-Wenzel-Stamitz-Pr. Stuttgart. 1971 o. Mitgl. Sektion Musik Fr. Akad. d. Künste Hamburg - Liebh.: Musizieren, Spielen - Lit.: Rudolf Lück, D. Komponistenporträt: N. L., 1972; G. Pankalla/G. Speer, Zeitgen. Schles. Komponisten: N. L., 1979; Dietrich Kämper, Rhein. Musiker: N. L., 1981; MD u. G, Werke auf Schallplatten: N. L., 1983; versch. Beitr. in Büchern u. and. Publ.

LINKE, Volkard

Dr. rer. nat., Prof. f. Theoretische Physik FU Berlin - Matterhornstr. 32, 1000 Berlin 38 (T. 030 - 802 42 40) - Geb. 28. Juni 1938 Berlin - FU Berlin, Dipl.-Phys. 1962; Promot. Univ. Marburg 1965, Habil. 1969 ebd. - S. 1972 Prof., 1975 SC. Assoc. of Cern, 1980 Gastprof. Manila - Publ. üb. theor.-phys. u. comp.-phys. Probl.

LINKOHR, Rolf

Dr. rer. nat., Physiker, Mitgl. Europ. Parlament (s. 1979, Sprecher d. sozialist. Fraktion f. Energie, Forsch. u. Technol.) - Asangstr. 219a, 7000 Stuttgart 61 - SPD.

LINKWITZ, Klaus, W.

Dr.-Ing., o. Prof. f. Vermessungswesen u. Direktor Inst. f. Anwend. d. Geodäsie im Bauwesen d. Univ. Stuttgart - Keplerstr. 10, 7000 Stuttgart 1 (T. 207 33 65) - Geb. 3. Juli 1927 Bad Oeynhausen (Vater: Wilhelm L., öffentl. best. Verm.Ing.), ev., verh. s. 1956 m. Ursula, geb. Friedel, 2 Kd. - 1948-53 Stud. Geodäsie Stuttgart, München (1960 Dr.-Ing.), 1953-60 Ing.tätigk. Afghanistan u. Indien, 1960-64 Partner Ing.büro, Brücken- u. Straßenprojekte Deutschl., Iran, Westafrika, s. 1964 Univ. Stuttgart - Etwa 75 wiss. Artikel in versch. wiss. Ztschr. - Spr.: Engl., Franz., Span.

LINN, Horst

Elektroing., Geschäftsführer Linn-Elektronik, Hirschbachtal-Micro-Elektronik - Heinrich-Hertz-Platz 1, 8459 Eschenfelden - Geb. 26. Juli 1944 Hersbruck, kath., verh. s. 1967 m. Eva Ros, 2 Kd. (Horst, Diana) - Stud. München u. Frankfurt - Entw. Datenverarb., Bau v. HF-Generatoren. Mehrere Anlagen- u. Verfahrenspat. Vorst. ZVEI u. OTTI (Ostbayer. Technol.-Transfer-Inst.) u. d. ACCES (Aachener Centrum f. Erstarrung unt. Schwerelosigkeit), Stifter d. AIT Vilseck (Applikationszentr. f. innovative Werkstoff-Technologien). Mitgl. Gemeinderat - Liebh.: Kochen, Motorsport - Spr.: Engl., Franz.

LINNEMANN, Eta

Dr. theol., Prof., Hochschullehrerin - Adolfstr. 27, 3300 Braunschweig (T. 7 52 50) - Geb. 19. Okt. 1926 Osnabrück (Vater: August L., Oberinsp. i. R.; Mutter: Frieda, geb. Gonsior), ev., led. - Obersch. Meppen; Univ. Marburg, Tübingen, Göttingen (Theol.). Staatsex. 1953 u. 57 Göttingen; Promot. 1961 Berlin (Kirchl. Hochsch.); Habil. 1970 Marburg - 1961 Doz. Seminar f. kirchl. Dienste Berlin; 1966 Prof. Päd. Hochsch. Braunschweig (Lehrstuhl f. Ev. Theol.). 1971 Honorarprof. Univ. Marburg (Neues Testament) - BV: Gleichnisse Jesu - Einf. u. Ausleg., 1961, 7. A. 1979 (engl. u. amerik. 1966); Studien z. Passionsgesch., in: FRLANT 102, 1970 - Liebh.: Plast. Gestalten, Fotogr. - Spr.: Engl.

LINNEMANN, Hans

Kanzler Tierärztl. Hochschule Hannover (s. 1971) - Bischofsholer Damm 15, 3000 Hannover - Geb. 7. Dez. 1936 Bremen, ev., verh. - Stud. Rechte Univ. Göttingen, Freiburg/B., Münster - 1960 Eintritt Höh. Verw.dienst, zul. Reg.-Dir. b. Sen. f. d. Bildungswesen Bremen (Hochschulplanung).

LINNEMANN Hans-Martin

Dr. theol. h. c., Präses d. Ev. Kirche v. Westfalen - Kantstr. 17, 4800 Bielefeld 1 - Geb. 30. Dez. 1930, verh. s. 1958, 5 Kd. (Ute, Dorette, Almut, Wolfram, Rainer) - Theol.-Stud.

LINNEMANN, Heyko

Dr., Bankdirektor, Vors. Bankenverb. Nieders., Hannover - Elisabethstraße 1, 3000 Hannover-Kirchrode - Geb. 21. Febr. 1924 - U. a. Dir. Dt. Bank AG., Fil. Hannover. Div. Mandate.

LINNENKOHL, Karlheinz

Aufsichtsratsmitglied Progress-Werk Oberkirch AG - 7602 Oberkirch-Stadelhofen/Baden; priv.: 7602 Oberkirch - Geb. 5. April 1921 Frankfurt/M.

LINNERT, Gertrud

Dr. rer. nat., Prof. f. Cytologie u. -genetik - Milowstr. 3, 1000 Berlin 33 (T. 824 16 23) - Geb. 26. April 1920 Nürnberg (Vater: Philipp L.; Mutter: Elsa, geb. Thurn), ev. - Univ. Erlangen u. Freiburg (Botanik; Promot.) - S. 1954 (Habil.) Privatdoz., apl. Prof. (1961) TU Berlin, Prof. (1972) FU Berlin (Inst. f. Angew. Genetik). Veröff. üb. Cytologie, Polyploidie, Chromosomenfeinstruktur, Mutationsauslös., Genetik induzierter Mutationen.

LINNERZ, Heinz

Dr. phil., Leiter Hauptabt. Kultur Westd. Rundfunk - Appellhofpl. 1, 5000 Köln - Geb. 22. Mai 1926 Köln (Vater: Johann L., Handwerker; Mutter: Gertrud, geb. Heidkamp), kath., verh. s. 1953 m. Rosemarie, geb. Knab, 2 Söhne (Sebastian, Stefan) - Realgymn. Köln; Univ. ebd. u. Bonn (German., Phil., Kunstgesch.) - S. 1958 Wochenztg. Echo d. Zeit (Leit. Ressort Kultur u. stv. Chefredakt.), Ztschr. Dokumente (1962 Chefr.), WDR (1967 Hauptabt.leit. Kultur).

LINNEWEH, Friedrich

Dr. med. (habil.), o. Prof. f. Kinderheilkunde - Südl. Auffahrtsallee 13, 8000 München 19 (T. 089 - 13 24 46) - Geb. 22. Sept. 1908 Meine/Hann., verh. s. 1939 m. Dr. Marga, geb. Eitel - 1940 Doz. Univ. Berlin, 1946 Univ. Marburg, 1949 ao., 1951 o. Prof. (Dir. Kinderklinik), em. 1975 - BV: D. physiol. Entw. d. Kindes, 1959; D. Prognose chron. Erkrankungen, 1960; Pädiatrie in d. Praxis, 1961; Erbl. Stoffwechselkrankh., 1962; Fortschr. d. Pädologie, 2. A. 1968. Zahlr. Handbuchbeitr. - 1964 Ehrenmitgl. Schwed. Pädiatr. Ges., 1971 Intern. Med. Ges. Japans; Mitgl. Dt. Akad. d. Naturforscher (Leopoldina); korr. Mitgl. franz., ital., schweiz. Pädiatr. Ges.; 1978 Ehrenmitgl. Dt. Ges. Kinderheilkd.

LINSEL, Eberhard

Dr.-Ing., Prof. f. Bergbaukunde u. Grubenbewetterung - Robert-Koch-Str. 7, 4350 Recklinghausen (T. 2 26 10) - Geb. 2. Jan. 1906 Berlin (Vater: Dipl.-Ing. Eduard L., Direktor; Mutter: Emma, geb. Lude), verh. s. 1936 m. Liesanne, geb. Rösler, 2 Töcht. (Ebba, Sibylle) - TH Berlin. Promot. 1939; Habil. 1950 - 1939-57 Leit. Wetterwirtschaftsst. Westf. Berggewerkschaftskasse, Bochum; s. 1950 Privatdoz. u. apl. Prof. (1959) TH Aachen; 1957-68 Leit. Forschungsst. für Grubenbewetterung d. Steinkohlenbergbauvereins, Essen; s. 1969 freiberufl. Ing.- u. Gutachtertätigk. b. d. Planung u. Ausführ. d. Be- u. Entlüftung unterird. Schnellbahnstr. im Inu. Ausland - BV: Stand u. Entwicklungsricht. d. Grubenbewetterung; Klimatisierungen v. Bergwerken (in: Handb. d. Kältetechnik, Bd. XII 1967). Zahlr. Fachaufs. - Spr.: Engl.

LINSENHOFF, Liselott,

geb. Schindling

s. Schindling-Rheinberger, Liselott

LINSENMANN, Wolfram

Journalist, Vors. Verb. d. Journ. in Nieders., Hannover - Bussardweg 12, 3014 Laatzen 1 (T. 0511 - 82 73 67) - Geb. 10. Febr. 1929 Lörrach/Baden, verh. s. 1954 m. Lieselotte, geb. Lambert, 2 Kd. - S. 1949 Redakt., Pressechef Messe-AG Hannover (1966), Chefredakt. Nieders. Wirtsch. u. Geschäftsf. IHK Hannover-Hildesheim (1981).

LINSER, Hans

Dr. phil., Dr. nat. techn. h. c., o. Prof. f. Pflanzenernährung - An der Fels 6, 6301 Launsbach (T. Gießen 8 24 67) - Geb. 4. Juli 1907 Linz/Donau (Vater: Hermann L., Steinmetzm.; Mutter: Johanna, geb. Schachermayr), kath., verh. s. 1932 m. Carola, geb. Koehler, 2 Kd. (Gerhard, Christa †1960) - Realgymn. Linz; Univ. Wien. Promot. (1930 Univ.) u. Habil. (1949, TH) Wien - 1930-45 IG Farbenind. AG, Ludwigshafen (Biol. u. ab 1937 landw. Forschungslabor.); 1947-60 Österr. Stickstoffwerke AG, Linz (Leit. Biol. Forschungsabt.); s. 1949 TH Wien, Hochsch. f. Bodenkultur ebd. (1951) u. Univ. Gießen (1960 Ord. u. Inst.dir.). Mitgl. dt., österr., schwed., jap. Fachges. - BV: Chemismus d. Lebens, 1948; D. Problem d. Todes, 1952; Können wir wissen?, 1954; Grundl. d. Allg. Vitalchemie, 1956ff.; Methoden z. Bestimmung pflanzl. Wuchsstoffe, 1957 (m. O. Kiermeyer); Isotope in d. Landw., 1960 (m. K. Kaindl); Handb. f. Pflanzenernährung u. Düngung, 3 Bde. 1964ff. (m. K. Scharrer); System u. Produkt (1984); Dynamismus d. Lebens (1988). Etwa 250 Einzelarb. - 1972 Ehrendoktor Hochsch. f. Bodenkultur Wien; 1973 Johannes-Kepler-Preis Oberösterr. Landesreg.; 1974 Ehrensenator Hochsch. f. Sozial- u. Wirtschaftswiss. Univ. Linz; 1975 österr. Ehrenkr. f. Wiss. u. Kunst I. Kl. - Liebh.: Naturphil., Psych. - Spr.: Engl.

LINSER, Herbert

Geschäftsführer Intertractor Gevelsberg - Forstring Nr. 22, 4630 Bochum 6 (Wattenscheid) (T. 7 10 16) - Geb. 16. Juli 1933 Solingen, ev., verh. s. 1957 m. Ursula, geb. Klein, 3 Kd. (Michael, Andrea, Tobias).

LINSINGEN, Freiherr von, Detlev

Rechtsanwalt, Fachanwalt f. Steuerrecht, Vorstandsmitglied Alte Leipziger Lebensversich.ges. a.G. u. Alte Leipziger Versich. AG Oberursel - Geb. 3. Okt. 1943 Königsberg, kath., verh. s. 1977 m. Marion, geb. von Rosenthal, 3 Kd. - Stud. Rechtswiss. Berlin, Mainz, München; 1. u. 2. jurist. Staatsprüf. 1967 u. 1970 München, Steuerberaterex. 1974 Hamburg - S. 1970 Wirtschaftsprüfung u. Steuerberatung in Dtschl., Brasilien, Südafrika (1971/72), 1975/76 Chemie, s. 1976 Versich.wirtsch.; s. 1980 Vorst. Alte Leipziger Versich.gr. - Veröff. im Intern. Steuerrecht, Versich.wesen u. Daten- u. Informationsverarbeitung - Spr.: Engl., Franz., Portug.

LINSMAYER, Eleonore

Dr. jur., Botschaftsrätin, Botschaft Washington (Leiterin Kultur) - Zu erreichen üb. Ausw. Amt, Ref. 232, 5300 Bonn - Geb. 11. Mai 1934 München - Frühere Auslandsposten: Edinburgh, Tokyo, Johannesburg, Genf, Houston/Texas (Generalkonsulin), zul. vortragende Legationsrätin Ausw. Amt Bonn.

LINSMEIER, Josef

Rechtsanwalt, MdB (Wahlkr. 208/München-Land) - Beethovenstr. 17, 8013 Haar - CSU.

LINSS, Hans Peter

Dr. phil., Bankkaufmann, Vorstandsvors. Bayer. Landesbank Girozentrale - Brienner Str. 20, 8000 München 2 (T. 21 71-01) - Geb. 15. Juli 1928, kath., verh., 3 Söhne (Peter, Pascal, Martin) - Abit. 1948; 1948-53 Stud. Univ. Mainz u. Bonn, Altphilol., semit. Spr., Islamkd., Gesch.; Promot. Dr. phil. 1953 - AR-Vors. Bankhaus H. Aufhäuser, München, u. Alexander Trust Company, Zürich; stv. AR-Vors. Südd. Bodencreditbank AG, München, u. Thüga AG, München; AR-Mitgl. Gabriel Sedlmayr Spaten-Franziskaner-Bräu KGaA, München, u. Fränkisches Überlandwerk AG, Nürnberg; VR-Vors. Bayer. Landesbank Intern. S.A. Luxembourg; VR-Mitgl. DGZ Dt. Girozentrale, Dt. Kommunalbank, Frankfurt - Spr.: Engl., Franz., Arab.

LINSSEN, Dieter

Kaufmann, gf. Gesellsch. Linssen KG, Meerbusch - Breite Str. 10, 4005 Meerbusch-Osterath (T. 02159 - 20 71) - Geb. 7. Jan. 1938 Düsseldorf, ev., verh. s. 1979 m. Helga, geb. Buchholz, 3 S. (Mario, Nicolai, Bastian) - Gymn., Kaufm. Privatsch., Ausb. Einzelhandelskaufm. - Vorstandsmitgl. Bundesverb. Rolladen u. Sonnenschutz, Düren; VR-Vors. Fachgem. Rolladen, Jalousien, Markisen, Köln; Landesinnungsm. f. d. Rolladen- u. Jalousiebauerhandwerk NW; Vorst.-Mitgl. d. Rolladen- u. Jalousiebauerinnung Regierungsbez. Düsseldorf, Bundesverb. Rolladen + Sonnenschutz, Düren; VR-Vors. Fachgemeinsch. Rolladen, Jalousien, Markisen, Köln; Landesinnungsm. Nordrh.-Westf. f. d. Rolladen- u. Jalousiebauer Handwerk. Veröff.: Fachart. in d. Verbandszeitschr. Rolladen u. Sonnenschutz - 1979 Gr. BVK am Bde.; gold. Ehrennadel Bundesverb. Rolladen u. Sonnenschutz; silb. Ehrennadel Handwerkskammer Düsseldorf; 1987 BVK I. Kl. - Spr.: Engl.

LINSSEN, Helmut

Dr., Dipl.-Kfm., MdL (s. 1980), Generalsekretär d. CDU Nordrh.-Westf. (s. 1987) - Wasserstr. 5, 4000 Düsseldorf 1 (T. 0211 - 13 60 00) - Geb. 21. Juni 1942 Krefeld, kath., verh., 1 T. - Gymn.; Abit. 1961; Kaufm. (Groß- u. Außenhdl.) 1963; Stud. Univ. Hamburg u. München; Dipl. oec. publ. 1968; Promot. 1972 - S. 1972 Mitgl. CDU; Schatzm. im CDU Kreisvorst. Kleve; s. 1984 Mitgl. Landesvorst. d. MIT d. CDU Nordrh.-Westf.; 1975-80 Mitgl. Rat d. Stadt Geldern; s. 1987 stv. Frakt.-Vors. CDU Landtagsfrakt. - BV: Interdependenzen im absatzpolit. Instrumentarium d. Unternehmung.

LINSSER, Hans Ferdinand

Dr. jur., Botschafter d. Bundesrep. Deutschl. in Malaysia - P.O.St. 23, Kuala Lumpur; Heimatadr.: Semerteichstr. 87-I, 4600 Dortmund - Geb. 11. Dez. 1918 Dortmund, verh. - Stud. d. Rechtswiss. u. oriental. Spr. Univ. Berlin, Genf; 1940 Dipl.ex. Chines. u. Thai (Siames.); 1940-45 Wehrdst. (Lt. d. R.); 1946 u. 1950 1. u. 2. jur. Staatsex.; 1949 Promot. Göttingen - 1950-52 Ref. u. Justitiar nieders. Kultusmin.; s. 1952 Ausw. Amt (Auslposten: Bangkok, Khartoum, Ankara, Botschafter Fort Lamy, Generalkonsul Kalkutta, Botsch. Birma).

LINTL, Wolfgang

Journalist, Mitgl. Dt. Presserat - Orleansstr. 72, 2800 Bremen (T. 0421 - 498 58 25) - Geb. 18. April 1949 Gevelsberg (Vater: Hans G., Fotografenmeister; Mutter: Ruth, geb. Brink), ev., T. Birte - Ind.-Lehre, 2. Bildungsweg, Volont. - B. 1976 Tagesztgredakt.; 1976ff. Nachrichten-Redakt. Hörfunk; 1983ff. Nachrichten-Moderator RegionalTV. S. 1979 Mitgl. Dt. Presserat - 1980 Kurt-Magnus-Preis - Liebh.: Drachenfliegen - Spr.: Engl.

LINTNER, Eduard

Rechtsanwalt, Regierungsrat a. D., MdB (s. 1976) - Ludwig-Derleth-Str. 6, 8732 Münnerstadt (T. 09733 - 13 82) - Geb. 4. Nov. 1944 Marktlangendorf (Vater: Eduard L., Forstbeamter; Mutter: Helen, geb. Ludwig), kath., verh. s. 1966 m. Alrun, geb. Erlebach, 3 Kd. (Eva Maria, Markus, Johannes) - Stud. Würzburg (2. jur. Staatsex. 1973) - CSU - Spr.: Engl.

LINUS, Hans

Maler, Porträtist - Postfach, 8110 Murnau (T. 08841 - 53 50) - Porträts: Kaiserl. Familie von Persien, königl. Familien von Marokko u. Saudi-Arabien, Hildegard Knef, v. Karajan, Ella Fitzgerald, Muhhamad Ali, Papst Johannes Paul II., König Juan Carlos II., Chomeini, Mildred Scheel, erfundene Porträts.

LINZBACH, Kurt

Dipl.-Betriebswirt, Geschäftsführer Vereinigte Landwarenkaufleute, Bundesvereinig., u. Agrarhandelsunion d. Vereinigte Landwarenkaufleute GmbH - Bertha-von-Suttner-Platz 1-7, 5300 Bonn 1 - Geb. 4. Juli 1944, verh. m. Marion, geb. Schebben, 2 Kd. (Meike, Bernd).

LINZENMEIER, Götz

Dr. med., em. o. Prof. f. Med. Mikrobiologie - Hufelandstr. 55, 4300 Essen - Geb. 17. Juli 1917 Heidelberg (Vater: Prof. Georg L.; Mutter: Hedwig, geb. Arendt), verh. 1951 m. Elsbeth, geb. Weitzel - S. 1957 (Habil.) Lehrtätig. Univ. Bonn, München (1958; 1963 apl. Prof.), Bochum bzw. Klinikum Essen (1966-1987 Ord. u. Inst.dir.). S. 1967 Schriftf. u. Schatzm., 1971-73 Vors. Dt. Ges. f. Hyg. u. Mikrobiol., 1980/82 Vors. Paul-Ehrlich-Ges. f. Chemotherapie. 240 Fachveröff. - 1967 Mitgl. New York Acad. of Sciences; 1984 Korr. Mitgl. Wiss. Akad. Buenos Aires; 1985 BeuthMed./DIN.

LIPFERT, Helmut

Dr. rer. pol., Prof., Lehrstuhlinh. f. Intern. Management u. Genoss.wesen Univ. Hamburg, AR-Vors. Tchibo Frisch-Röst-Kaffee AG Hamburg - Foßredder 23c, 2000 Hamburg 67 (T. 603 70 79) - Geb. 5. Mai 1924 Braunschweig - Habil. 1958 Darmstadt - Stud. Wirtschaftswiss. - 1950-58 Prok. Privatbank; 1960-66 o. Prof. TH Darmstadt u. Univ. Hamburg (1962); 1966-74 Vorst. Landesbk./Girozentrale Düsseldorf 1975-76 Full Prof. INSEAD Fontainebleau; 1976-82 Distinguished Visit. Prof. ebd.; s. 1976 Univ. Hamburg - BV: Intern. Devisen-u. Geldhandel, 3. A. 1969; Nat. u. intern. Zahlungsverkehr, 2. A. 1970; D. Geldmarkt m. Eurogeldm, 8. A. 1975; Einf. in d. Währungspolitik, 8. A. 1974; Intern. Finanzmärkte, 1964; Optimale Unternehmensfinanzierung, 3. A. 1969; Devisenhandel, 3. A. 1988 - Spr.: Engl., Franz. - Rotarier.

LIPINSKY-GOTTERSDORF, Hans

Schriftsteller - Lobensteiner Weg 5, 5000 Köln 91 (T. 0221 - 87 45 28) - Geb. 5. Febr. 1920 Leschnitz/OS (Vater: Robert L.-G., Landwirt, Oberamtsanw.), ev., verh. s. 1949 m. Minne, geb. Adam, T. Susanne - BV: u.a. Gesch. v. d. See, 1974; Pferdehandel, Erz. 1976; ProsnaPreußen, R. 1977, Neuaufl. 1985; Zugvögel, zwei R. 1978; D. Sprosser schlug am Putrabach, Gesch. u. Ber. 1984; Feindliche See, 1987 - 1966 Ehrengabe Bayer. Akad. d. Schönen Künste; 1978 Kulturpreis Schlesien Nieders. Landesreg.; 1986 Oberschles. Kulturpreis.

LIPKA, Leonhard

Dr. phil., o. Prof. f. Anglistik (spez.: Sprachwissenschaft) Univ. München (s. 1975) - Rothschwaigestr. 51, 8000 München 50 (T. 149 51 91) - Geb. 12. Juni 1938 Jägerndorf, kath., verh. s. 1971 m. Uta, geb. Staadt - Promot. 1966 Tübingen; Habil. 1971 ebd. - 1972-75 Prof. Univ. Frankfurt - BV: Semantic Structure and Word-Formation, 1972 - Spr.: Engl., Franz.

LIPKAU, Ernst-Günther

Bankdirektor i. R. - Rua Jaime Cortezão 208, 04720 São Paulo/Brasilien - Geb. Meyenburg/Mark, verh. m. Ilse-Marie, geb. Delorme -Verwaltungsbeirat Dt.-Südamerik. Bank AG Hamburg; Vorst.-Mitgl.: Fichtel & Sachs do Brasil S. A. Nova Técnica S. A, Fligor - Ind. de Válvulas S. A., Dinamic Ltda.; Beirat: Siemens u. Henkel do Brasil S. A., Banco Finasa de Investimentos S. A. u.a.m. Ehrenpräs. IHK Dt.-Brasil., São Paulo - Gr. BVK.

LIPP, Alfons

Oberspielleiter - Hess. Staatstheater, 6200 Wiesbaden - B. 1972 Oberspiell. Kiel, dann Wiesbaden.

LIPP, Ernst-Moritz

Dr. rer. pol., Chefvolkswirt Dresdner Bank - Jürgen-Ponto-Platz 1, 6000 Frankfurt 11 (T. 069 - 263 64 78) - Geb. 17. Mai 1951, kath., verh. s. 1980 m. Angelika Lipp-Krüll (Fernsehjourn.) - Stud. Volksw. u. neuere Gesch. Univ. Saarbrücken, Münster u. Cambridge/Engl. - 1977/78 Regierungsberat. in Engl. (Cambridge Economic Policy Group); 1979-87 Generalsekr. u. Leit. d. wiss. Stabes dt. Sachverständigenrat (Fünf Weise); 1984/85 Regierungsberat. in Lateinamerika; Lehrauftr. an versch. Univ. - BV: Parallelwährung f. Europa, 1979; Finanzpolitik und Lohnpolitik - Akteure zw. Konflikt und Kooperation, 1981; Wirtschaftspolitik u. Politikberat. in Lateinamerika, 1985; L'Allemagne - Une Economic Gagnante?, 1988 - Spr.: Engl., Franz., Span.

LIPP, Peter

Dipl.-Kfm., Mag. rer. soc. oec., gf. Gesellschafter R. W. Lipp GmbH & Co. Kunststoffverarbeitung, Berlin - Riemerstr. 8, 1000 Berlin 27 - Geb. 4. Febr. 1936 Berlin (Vater: Rudolf L., Graveur †; Mutter: Meta, geb. Rahn), verh. s. 1964 m. Christa, geb. Tauchert, Ing., 2 T. (Kerstin, Maja) - Gymn.; TU Berlin, Dipl.-Kfm. 1963; Hochsch. f. Welthandel Wien, Mag. rer. soc. oec. 1980 - Vorst.-Mitgl. Gesamtverb. d. Kunststoffverarb. Ind., Frankfurt.

LIPP, Wolfgang

Dr. rer. soc., o. Prof. f. Soziologie - Methfesselstr. 7, 8700 Würzburg (T. 88 36 37) - Geb. 21. Dez. 1941 Linz/D. (Vater: Prof. Dr. Franz L., Mus.dir.; Mutter: Elfriede, geb. Mühlhuber, OSTR, Dr.), kath., verh. s. 1968 m. Gisela, geb. Rahlenbeck, 3 Söhne (Florenz, Thorolf, Julius) - Human. Gymn.; Univ. Wien, Münster, Bochum (Promot. 1967), Habil. Univ. Bielefeld 1977 - 1972-78 Red. Ztschr. f. Soziol. (1979-81 Mithrsg.) Bielefeld. S. 1979 Inh. d. Lehrst. f. Soziol. Univ. Würzburg; Generalsekr. Griech.-dtsch. Initiative - BV: Institut. u. Veranst. 1968; Konformismus-Nonkonformismus, 1975 (Sammelb.); Kultursoziol. (Edit., m. F.H. Tenbruck), 1979; Biol. Kateg. im Vormarsch? Herausford. u. Antw. e. künft. Soziol., 1980; Industrieges. u. Regionalkultur (Edit.), 1984; Stigma u. Charisma, 1985; Kulturtypen, Kulturcharaktere (Edit.), 1987; Kulturpolitik (Edit.), 1989. Mithrsg.: Schriften z. Kultursoziol. (1984ff.); wiss. Beirat: Sozialwiss. Abh. (1982ff.); Ztschr. f. Soziol. (1982ff.); Annali di Sociologia/Soz. Jb. (1987ff.) - Liebh.: Kulturgesch., Kunst - Spr.: Engl.

LIPPE, von der, Jürgen

Fernsehmoderator, Satiriker - Bundesallee 141, 1000 Berlin 41 (T. 030 - 851 40 06) - Geb. 8. Juni 1948 - Stud. German. u. Phil. - Fernsehmoderator b. WDR: WWF-Club, So isses, Donnerlippchen, Voll ins Leben; 50 - 70 Gastspielauftr. jährlich - BV: WWF-Witzparade, 1984; in diesem Sinne - Ihr Herbert Lippenblüter, ersch. 1987. 10 Langspielpl. - 1982 Liederpfennig; 1987 Gold. Löwe RTL; 1988 Gold. Kamera in Bronze u. gold. Langspielpl. f. üb. 250.000 verk. Tonträger v. Guten Morgen, liebe Sorgen - Liebh.: allg. Fitness, Wassersport, Tennis, Kochen - Spr.:

Engl., Lit.: Selbstredend, div. Ztg. u. Ztschr.-Art.

LIPPE, von der, Peter Michael

Dr. rer. pol., Dipl.-Volksw., Prof. f. Statistik, Ökonometrie, Ostforschung - Richard Wagner Str. 29, 4300 Essen 1 (T. 0201 - 23 84 22) - Geb. 23. Juni 1942 Immenstadt/Allg. - Stud. Volksw. - Assist., Doz. f. Statistik Univ. Marburg, Wiss. Rat u. Prof. Univ. Essen-GH, s. 1975 Prof. GH Essen - BV: Statist. Meth. z. Mess. d. soz. Schichtung, 1972, 2. A. 1975; Wirtsch.sstatist., 1975, 3. A. 1985; Klausurtraining in Statist., 1979; Investitionszyklen in Polen, DFG-Projekt, 1984; Industrial Statistics Manual, 1985 u. a.; div. Aufs. Fachztschr., insbes. ü. Wirtsch. Polens - Mitgl. Dt. Statist. Ges. - Liebh.: Privatpilot - Spr.: Engl., Franz., Span., Poln. - Bek. Vorf.: J.H.W.Tischbein (1751-1829), Maler.

LIPPE, Prinz zur, Rudolf

Dr. phil., Dipl. rer. pol., o. Prof. f. Sozialphilosophie u. Ästhetik - Gutshaus, 2872 Hude/Oldenb. - Geb. 8. Jan. 1937 Berlin (Vater: Friedrich-Wilhelm Prinz z. L.; Mutter: Godela, geb. v. Oven), verh. s. 1979 m. Béatrice, geb. Colonna de Giovellina, S. Friedrich - Altsprachl. Gymn.; dipl. rer. pol. Volksw. u. Gesch. Heidelberg, Promot. in mittl. u. neuer Gesch. u. Habil. Sozialphil. u. Ästhetik Frankfurt - Verw.-Lehrst. f. Kulturtheorie Frankfurt; s 1974 Lehrst. f. Soz.phil. u. Ästhetik Univ. Oldenburg - BV: Bürgerl. Subjektivität, 2. A. 1984; Naturbeherrschung am Menschen, 2 Bde. 1975, 2. A. 1981; Am eig. Leibe. Z. Ökonomie d. Lebens, 1978, 2. A. 1980; Entfaltung d. Sinne (m. H. Kükelhans), 6. A. 1989; Sinnenbewußtsein. Grundlegung e. anthropologischen Aesthetik, 1987; V. Leib z. Körper, 1988. Zahlr. Beitr. u. Essays. Einige Ausstell. u. Bühnenbilder - 1981 Fellow Wiss.kolleg Berlin (Inst. for Advanced Study); I.C.I.S., New York - Laboratoire De Soliolog. Univ. Paris VII; Wiener Akad. f. Zukunftsfragen - Spr.: Franz., Engl. - Lit.: Who is Who in the World, Dictionaire de la Sociol. de la Connaissance.

LIPPELT, Helga

Freie Schriftstellerin - Bernburger Str. 28, 4000 Düsseldorf 1 (T. 0211 - 22 69 67) - Geb. 26. Sept. 1943 Insterburg/Ostpr. - BV: Jeans f. e. Gliedermann, R. 1984; Good bye Leipzig, R. 1985; Ohne Turm u. Elfenbein, Erfahrungen e. Stadtschreiberin, 1986; Popelken, R. 1988; Embryo, Erz. 1988 - 1982 Preis b. 2. NRW-Autorentreffen; 1983 Pr. b. Erzählwettbewerb Dortm. Kulturrat; 1983 Kulturpr. d. Stadt Bocholt m. Berufung z. Stadtliteratin 1984-86; 1984 Förderpr. f. Lit. d. Stadt Düs-

seldorf; 1987 Förderpr. z. Andreas-Gryphius-Pr.

LIPPERT, Ernst
Dr. rer. nat., ehem. Prof. u. Direktor Iwan-N.-Stranski-Inst. f. Physikal. u. Theoret. Chemie Techn. Univ. Berlin - Eichendorffstr. 4, 8972 Sonthofen (T. 08321 - 32 45) - Geb. 16. März 1922 Magdeburg (Vater: Ernst L., Kaufm.; Mutter: Ilse, geb. Schuchardt), kath., verh. s. 1949 m. Luise, geb. Merkle, 3 Kd. (Bernhard, Dorothea, Manja) - TH Berlin (Physik; Diplom-Vorpruf. 1941), Univ. Erlangen (1948 Dipl.-Phys.) - Promot. 1951 Freiburg/Br.; Habil. 1956 Stuttgart - Zahlr. Fachveröff., u. a. Structure, Dynamics and Dissipation in Hard Core Molecular Liquids (m. C. A. Dreismann u. K.-H. Naumann) in Adv. Chem. Phys. 57, 1984; Photophysics of Intern. Twisting (m. V. Bonačić-Koutecký, F. Heisel, J.A. Miehé u. W. Rettig), ibid. 68, 1987. Mithrsg. Organic Liquids: Structure, Dynamics and Chemical Properties (m. A. D. Buckingham u. S. Bratos), 1978.

LIPPERT, Herbert
Dr. med., Dr. phil., Prof. f. Anatomie - Postfach 61 01 80, 3000 Hannover 61 (T. 0511 - 532 29 05) - Geb. 28. Juli 1930 Horaschdowitz (Vater: Anton L., Lehrer; Mutter: Maria, geb. Mrkvitschka), verh. s. 1955 m. Elisabeth, geb. Rieß, 2 Töcht. (Wunna, Almut) - Univ. München Med. u. Psych.; Promot. 1953 u. 1957, Dipl.-Psych. 1955, Privatdoz. 1962 - S. 1966 Prof. f. Anat. Med. Hochsch. Hannover, 1984 Präs. d. Anat. Ges. - BV: Einf. in d. Pharmakopsych., 1959; Anat., Text u. Atlas, 1975, 5. A. 1989, SI-Einheiten in d. Med., 1976 (übers. Engl., Span., Poln., Russ., Jap. 1980); D. wiss. Manuskript, 1977; Lehrbuch d. Anat., 1982; Repetit. d. Anat. 1982; D. med. Dissertation, 1984, 3. A. 1989; Arterial Variations in Man, 1985 (übers. Jap. 1989); V. Kopf b. Fuß - Nutzen u. Risiken v. Operationen, 1986 (übers. Niederl. 1987); Übers. Funktionelle Histologie, 1979, 2. A. 1987; Anat. am Lebenden, 1989 - Liebh.: Bild. Kunst - Spr.: Engl.

LIPPERT, Wolfgang
Dr., Prof. f. Sinologie Univ. Erlangen - Rennesstr. 34, 8520 Erlangen - Geb. 28. März 1932 Höckendorf (Vater: Arno L.; Mutter: Hildegard, geb. Näcke), verh. s. 1958 m. Helga, geb. Röhringer, Sohn Dietmar - Gymn. Dresden (Abit. 1950); 1952-57 Stud. Sinol. Univ. Berlin-Ost. (Dipl.), Promot. 1964 Frankfurt/M. - 1965-69 Doz. Goethe-Inst. Osaka/Japan; 1971-78 Akad. Rat Univ. Tübingen; Habil. 1976 Tübingen; s. 1978 Ord. f. Sinol. Erlangen - BV: Entsteh. u. Funktion einiger chines. marxist. Termini - lexikal.-begriffl. Aspekt d. Rezeption d. Marxismus in Japan u. China, 1979 - Spr.: Chines., Jap., Engl., Russ.

LIPPL, Robert
Dipl.-Ing., Prof., Architekt u. Bildhauer - Sigmundstr. 3, 8000 München 22 (T. 29 53 40) - S. 1958 ao. u. o. Prof. (1966)

TH bzw. TU München (Grundlehre d. Gestaltens).

LIPPMANN, Friedrich
Dr. rer. nat., Prof. f. Mineralogie Univ. Tübingen - Dreifürstensteinstr. 22, 7406 Mössingen - Geb. 16. Mai 1928 Göttingen - Promot. 1952 Göttingen, Habil. 1974 Tübingen - 1965 Akad. Rat Univ. Tübingen; 1978 apl. Prof. ebd. Begr. neue Mineralnamen: Corrensit, 1954; Benstonit, 1961 - BV: Sedimentary Carbonate Minerals, 1973 - Spr.: Engl., Franz., Ital., Serbokroat., Russ.

LIPPMANN, Hans Dietrich

Drucker, Verleger, Fachlehrer, Redakt. (Ps. Christian Diekholtz) - Kapuzinerstr. 7, 8390 Passau 12 (T. 0851 - 25 10) - Geb. 15. Okt. 1928 Dresden-Klotzsche, ev., verh. m. Martha, geb. Anwander †1988 - Lehrtätigk. Ostbayer. Meistersch.; Chefredakt. u. Herausg. Magazin: Bagatelle; Vorst.-Mitgl. MinD (Mensa in Deutschl.) - BV: u.a. Salz u. Pfeffer, 1964; Kraut u. Rüben, 1972; D. treffende Zitat zu Recht, Politik u. Wirtsch., 1984 (m.a.); Land zw. Wein u. Nachtigallen, 1987 (m.a.). Kurzprosa, Lyrik, Satire, Kritiken - Interessen: Entwicklungsfragen, Naturwiss., Lit., PC - Spr.: Engl.

LIPPMANN, Horst
Dr. rer. nat., Dr. mont. h. c., Univ.-Prof., Inh. Lehrst. A f. Mechanik u. Leit. Staatl. Materialprüfungsamt f. d. Maschinenbau TU München - C.-v.-Hofacker-Str. 9, 8132 Tutzing/Obb. (T. 08158 - 15 36) - Geb. 7. Mai 1931 Dresden (Vater: Walter L., Reproduktionsphotographenm.; Mutter: Elsbeth, geb. Findeisen), verh. s. 1958 m. Martina, geb. Arnold, 2 Söhne (Carsten, Jens) - Obersch. Dresden; Univ. Greifswald (Math.; Dipl.-Math. 1953). Promot. 1955 Greifswald; Habil. 1961 Hannover - 1953-54 Univ. Greifwald (Assist. Inst. f. Math.); 1954-57 Inst. f. bilds. Formung d. Metalle Zwickau (Wiss. Mitarb.); 1957-65 TH Hannover (Mitarb., 1958 Assist., 1960 Obering. Lehrst. f. Mechanik; 1961 Privatdoz.); s. 1965 TH bzw. TU Braunschweig (Ord.) u. Univ. (TH) Karlsruhe (1971-75 Ord.); Rektor Centre Intern. des Sc. Mécaniques, Udine; 1970-71 Dekan Fak. Masch.-Wes. u. Elektrotechn., TU Braunschweig 1972-73 Prodekan Fak. Chemieing.-wes., Univ. Karlsruhe; 1979-81 Dekan Fak. Masch.-wes, TU München - BV: Plastomechanik d. Umformung metall. Werkstoffe, 1966 (m. O. Mahrenholtz); Schwingungslehre, 1968; Extremum and Variational Principles in Mechanics, 1972; Mechanik d. Plastischen Fließens, 1981 (jap. 1983). Herausg.: Engineering Plasticity: Theory of Metal Forming Processes. Vol. I, II, 1977; Metal Forming Plasticity, 1979; Mechanics Res. Communications (1974-76); Ing.-Archiv. Mithrsg.: Intern. Journal of the Mechanical Sciences, Intern.-Journal of Metal-Working Technology - 1985 Ehrenpromot. Montan-Univ. Leoben (Österr.); 1988 Mitgl. Bayer. Akad. d. Wiss. - Liebh.: Schmalfilm, Musik, Segeln - Spr.: Engl., Franz., Jap.

LIPPMANN, Klaus
Textilingenieur, Vors. Bundesverb. d. Dt. Seiler-, Segel- u. Netzmacher-Handwerks, Ulm, Geschäftsf. Lippmann Tauwerk GmbH, Hamburg - Zu erreichen üb. Lippmann Tauwerk GmbH, Dubbenwinkel 11, 2104 Hamburg 92 - Geb. 27. Sept. 1941.

LIPPOLD, Adolf
Dr. phil., o. Prof. f. Geschichte - Carl-Thiel-Str. 10, 8400 Regensburg (T. 7 22 42) - Geb. 23. Okt. 1926 Erlangen - S. 1960 (Habil.) Lehrtätigk. Univ. Bonn u. Regensburg. Fachveröff.

LIPPOLD, Klaus W.
Dr., Geschäftsführer Vereinig. d. hess. Unternehmerverb., Landesvertretg. Hessen d. BDI, Bundestagsabgeordneter (s. 1983; Wahlkr. 142/Offenbach) - Bundeshaus, 5300 Bonn 1 - CDU.

LIPPROSS, Otto
Dr. med., Prof. Univ. Münster, Internist, Ehrenmitgl. dt. Senat f. ärztl. Fortbild. - Hohenzollernstr. 35, 4600 Dortmund - Geb. 3. Juni 1910 - BV: Logik u. Magie in d. Med., 1968; Mitarb. an zahlr. Sammelw.; üb. 200 Aufs. (bes. üb. Fortbild.probl., Arzneitherapie, Hormonstör.) - E.-v.-Bergmann-Plak.; BVK I. Kl.; Parazelsus-Med.

LIPPSCHÜTZ, Alfred

Politiker - Hoeppnerstr. 93 A, 1000 Berlin 42 - Geb. 1. Okt. 1922 Nauen - 1975-85 MdA Berlin (1981-85 Vors. Aussch. f. Inn. Sicherh. u. Ordnung) - Verbandsprüfer u. vereidigter Sachverst. f. Briefmarken. SPD.

LIPTAY, Wolfgang
Dr. rer. nat., o. Prof. f. Physikal. Chemie Univ. Mainz (s. 1966) - Jakob-Welder-Weg 11, 6500 Mainz - Geb. 8. Febr. 1928 Würzburg - Promot. u. Habil. Würzburg - Fachveröff.

LIS, Victor

Geschäftsführer Verb. Nordwestd. Zeitungsverleger (s. 1971) - Schiffgraben 17,
3000 Hannover 1 (T. 30 60 70) - Stud. Rechtswiss. u. Publiz. - Versch. Tätigk. als Justitiar u. Verlagsleit. in Zeitungs- u. Buchverlag; Geschäftsf. in tourist. Untern. - Veröff. üb. medienpolit. Fragen.

LISCHKA, Joachim Hubertus
Präsident Bundesanstalt f. Flugsicherung Frankfurt (s. 1985) - Opernplatz 14, 6000 Frankfurt/M. 1 (T. 069 - 21 08-200) - Geb. 18. Juli 1934 Klodnitz-Oderhafen/Oberschles. (Vater: Johannes L., Bundesbahnbeamter; Mutter: Margarete, geb. Riedel), kath., ledig - Gymn. Paulinum Münster; Stud. Univ. Münster (Rechtswiss., Volkswirtsch.); Jurist. Staatsprüf. 1961 Hamm u. 1967 Düsseldorf - 1967-69 Dt. Bundesbahn; 1969-73 Bundesmin. f. Verkehr; 1973-85 Bundeskanzleramt; s. 1982 Leit. Kabinetts- u. Parl.-Ref. u. ständiger Protokollführer im Bundeskabinett - 1985 BVK am Bde. - Spr.: Engl., Franz.

LISCHKE, Gottfried
Dr. rer. nat., Dipl.-Psych., o. Prof. Freie Univ. Berlin (s. 1972) - Quastenhornweg 28, 1000 Berlin 22 - Geb. 18. Aug. 1938 Aussig/Elbe (Vater: Adolf L., Chem.; Mutter: Edith, geb. Peczi), kath., verh. s. 1973 m. Gabriele - M.A. Dipl. Psych., Med., Zool.; Promot. 1969 - S. 1972 Prof. - BV: Aggression u. Aggressionsbewältigung, 3. A. 1975 - Spr.: Engl., Franz.

LISKEN, Günter
Kaufmann, Dt. Honorargeneralkonsul in Guayaquil (Ecuador) - Avenida 9 de Octubre 109, Casilla 4721, Guayaquil - Verh. s. 1942 m. Violeta Buenaventura, geb. Intriago, 4 Kd. (Günter, Gisela, Ingrid, Violeta) - S. 1939 Bevollm. Thyssen-Gruppe (incl. Vorgängerfirmen) f. Ecuador; s. 1973 Chef Dt. Seeamt Guayaquil. Gründer u. Ehrenpräs. Dt.-Ecuadorian. Kulturzentrum - Spr.: Span., Engl., Franz. - Rotarier.

LISSMANN (ß), Dieter
Vorsitzender d. Verwaltungsr. Alkor Holding Karl Lissmann GmbH - 8000 München 71 (T. 089 - 727 12 22), priv.: Habenschadenstr. 71, 8023 Fullach - Geb. 9. Mai 1919 - Ehrenvors. Ind. Industrieverb. Kunststoffbahnen, Frankfurt/M.; Handelsrichter Landger. München I - Bayern VO - Spr.: Engl., Franz. - Rotarier.

LISSON, Peter
Dipl.-Ing., Prof., Präsident Bundesbahndirektion München - Richelstr. 3, 8000 München 19 - Geb. 7. Sept. 1936.

LIST, Günther
Kaufmann - Heilwigstr. 128, 2000 Hamburg 20 - Geb. 20. April 1911 - Ehrenpräs. Komit. d. Europ. Kaffee-Vereine.

LIST, Harald
Direktor - Billtal 27, 2005 Wohltorf/Lbg. (T. Aumühle 29 33; Büro: Hamburg 69 43 -1) - S. 1957 stv., o. Vorstandsmitgl. (1958), allg. Vorstand (1965) u. Vorstandsvors. (1966) Reichhold-Albert Chemie AG., Hamburg bzw. Schering AG., Berlin/Bergkamen - Spr.: Engl. - Rotarier.

LIST, Heinrich
Dr. jur., Prof., Präsident i.R. Bundesfinanzhof (1978-83) - Lannerstr. 3, 8000 München 19 - Geb. 15. März 1915 - B. 1964 Lehrbeauftr., dann Honorarprof. Univ. Erlangen-Nürnberg (Steuerrecht) - 1980 Bayer. VO, 1982 Gr. BVK m. Schulterbd. u. Stern.

LIST, Manfred
Oberbürgermeister Stadt Bietigheim-Bissingen - Posener Str. 91, 7120 Bietigheim-Bissingen (T. 07142 - 74 200/201/255) - Geb. 5. Mai 1936 Stuttgart (Vater: Hermann L., Werkm.; Mutter: Emma, geb. Esslinger), kath., verh. s. 1959 m. Ingrid, geb. Kienle, 4 Kd. - Gymn.; Staatsprüf. f. d. gehob. Verw.dst. - 1961-70 Bürgerm. Stadt Haigerloch; 1970-75

Bürgerm. Stadt Bietigheim; s. 1975 OB Stadt Bietigheim-Bissingen.

LIST, Paul Heinz
Dr. rer. nat., Dr. h. c., em. o. Prof. Inst. f. Pharmaz. Technologie Univ. Marburg - Auf'm Gebrande 23, 3551 Wehrshausen (T. Marburg 3 54 63) - Geb. 4. März 1924 Nürnberg (Vater: Karl L., kaufm. Abteilungsleiter; Mutter: Elise, geb. Hiermeier), ev., verh. s. 1955 m. Eva, geb. Sömmer, 3 Söhne (Martin, Hans, Klaus) - Aufbausch. Schwabach (Abit. 1942); Stud. Passau, Erlangen, Würzburg (Pharmaz. Staatsprüf. 1951). Promot. (1953) u. Habil. (1958) Würzburg - S. 1958 Lehrtätigk. Univ. Würzburg, Münster (1961 Doz.), Marburg (1963 ao., 1966 o. Prof.; 1967 Dir. Inst. f. Pharmaz. Technol.). Bes. Arbeitsgeb.: Pflanzl. Arzneizubereit., Pilzinhaltstoffe; Erf. zahlr. pharmazeut. Meßverf. Herausg.: Hagers Handb. f. Pharmaz. Praxis (1967; Verf. zahlr. Kapitel) - 1967 Dr.-Wilmar-Schwabe-Preis; 1984 Ehrendoktor Univ. Tübingen (Fak. f. Chemie u. Pharmazie) u. Ehrenmitgl. Ungar. Pharmazeut. Ges. - Liebh.: Filmen - Spr.: Engl. - Rotarier.

LIST, Wolfgang
Rechtsanwalt, Oberfinanzdir. Nürnberg (s. 1984), MdL Bayern (1978-82) - Goethestr. 4, 8800 Ansbach/Mfr. - Geb. 19. Sept. 1935 Mainz, ev., verh., 3 Kd. - Gymn. Ansbach; Univ. Erlangen (Rechtswiss.). Gr. jurist. Staatsprüf. - S. 1964 RA Ansbach, Mitarb. Bundesfinanzmin. (1973) u. SPD-Bundestagsfraktion (1975). 1975 Oberregierungsrat; 1977 Regierungsdir. 1966-73 Stadtratsmitgl. Ansbach. SPD 1958-84 (1971-72 Kreisvors. Ansbach-Stadt, 1974-81 Ortsvors. Ansbach).

LIST-DIEHL, Wilhelm
Theaterintendant i.R. - Ziegelbergweg 7, 8958 Füssen - B. 1968 Generalint. Oldbg. Staatstheater, Oldenburg, b. 1980 Int. Stadttheater Konstanz.

LISTL, Joseph
Dr. jur., o. Prof. f. Kirchenrecht Univ. Augsburg/Kath.-Theol. Fakultät (s. 1977) - Am Hinteren Perlachberg 1a, 8900 Augsburg - Geb. 21. Okt. 1929 Maria-Ort Kr. Regensburg (Vater: Georg L., Landw.; Mutter: Magdalena, geb. Wein), kath. - Hochsch. f. Phil. München; Phil.-Theol. Hochsch. St. Georgen Frankfurt/M.; Univ. Bonn (Rechtswiss.). Promot. 1970 Bonn; Habil. 1977 Bochum - 1970ff. Dir. Inst. f. Staatskirchenrecht d. Diöz. Dtschl., Bonn - BV: D. Grundrecht d. Religionsfreiheit in d. Rechtsprech. d. Gerichte d. BRD, 1971; Kirche u. Staat in d. neueren kath. Kirchenrechtswiss., 1978. Herausg.: D. Konkordate u. Kirchenverträge in d. BRD (2 Bde. 1987); Mithrsg.: Handb. d. Staatskirchenrechts d. BRD (2 Bde. 1974/75), Grundriß d. nachkonzil. Kirchenrechts (1980), Handb. d. kath. Kirchenrechts (1983), Staatskirchenrechtl. Abhandlungen (s. 1971) u. Dt.-Franz. Kolloquien Kirche-Staat-Ges. (Straßburger Kolloquien) (1982ff.) - Interessen: Staats- u. Kirchengesch. - Spr.: Engl., Franz., Ital.

LITH, Fabian
s. Gutmann, Hermann

LITH, van, Klaus
Hafendirektor Duisburg, Vors. Bundesverb. öfftl. Binnenhäfen - Zu erreichen üb. Bundesverb. öfftl. Binnenhäfen, Hammer Landstr. 3, 4040 Neuss 1.

LITTAUER, Rudolf M.
Dr. jur., Prof., Rechtsanwalt - Southfield Farm R. D. Poughquag, N. Y. 12570 (USA) - Geb. 29. Okt. 1905 - Promot. 1927 Leipzig u. 1936 New York (Columbia-Univ.) - 1931-33 Hilfsrichter LG Leipzig; 1934-39 Ass. Prof. Grad. Faculty, New School, New York; s. 1939 RA New York; s. 1968 Honorarprof. f. Rechtsvergleich. Univ. Erlangen-Nürnberg. Facharb.

LITTEK, Wolfgang
Dr., Dipl.-Volksw., Prof. f. Soziologie Univ. Bremen - Gravelottestr. 67, 2800 Bremen (T. 49 07 80) - Geb. 28. Nov. 1937 Sensburg (Vater: Richard L., Jurist; Mutter: Hedwig, geb. Brzezinski), verh. s. 1976 m. Claudia, geb. Sobirey, 2 Kd. (Maxim, Manon) - Dipl.-Volksw. 1963 Univ. Hamburg; Post-grad. 1964/65 USA; Promot. 1972 Univ. München - 1966-73 wiss. Assist. Soziol. Inst. Univ. München; s. 1973 Univ. Bremen - BV: Ind.arbeit u. Ges.struktur, 1973; Rationalisier. d. Büroarbeit u. kaufm. Berufsausb. 1981 (m. a.); Einf. in d. Arbeits- u. Ind.soziol., 1982 (m. a.) - Spr.: Engl.

LITTERSCHEID, Hans
Prokurist, MdL Nordrh.-Westf. (s. 1975) - Carl-Sonnenschein-Weg, 4018 Langenfeld/Rhld. (T. 7 18 36) - Geb. 24. Dez. 1921 - CDU - 1973 BVK I. Kl.

LITTMANN, Eberhard
Dr. jur., Bundesrichter Bundesfinanzhof, München - Arastr. 8, 8014 Neubiberg/Obb. (T. München 60 25 70) - Geb. 22. Juli 1909 Neumark/Th. (Vater: Otto L., Landwirt; Mutter: Hedwig, geb. Dönnecke), verh. s. 1936 m. Margit, geb. Kley, 3 Kd. (Mechthild, Rosmarie, Hans-Otto) - Schulpforta Naumburg; Univ. Tübingen, Jena, Berlin - S. 1941 Reg.s-, Finanzgerichts-, Oberfinanzgerichtsrat, Finanzgerichtsdir. u. Bundesrichter (1959), Senatspräsident beim BFH (1971); ab 1974 Rechtsanwalt u. Steuerberater in München - BV: D. Einkommensteuerrecht, 8. A. 1966; Rückstellungen in d. Bilanzen, 1964. Etwa 200 Fachaufs. - EK II u. I, Dt. Kreuz in Gold, Gold. Verwundetenabz. - Liebh.: Schnelle Autos.

LITTMANN, Konrad
Dr. rer. pol. (habil.), o. Prof. f. Volkswirtschaftslehre - Pirmasenser Str. 1, 6729 Jockgrim (T. 07271-5 22 75) - Geb. 24. Dez. 1923 Premnitz/Westhavell. - 1956 Privatdoz. Univ. Münster/W., 1961 Ord. FU Berlin, 1968 Univ. Hamburg, 1975 Hochsch. Verw.-Wiss. Speyer. Mitgl. Wiss. Beirat Bundesfinanzmin., Bonn, u. Inst. Intern. de Finances Publiques, Brüssel. Üb. 100 Veröff. z. Finanz- u. Steuerpolitik.

LITTMANN, Peter
Dipl.-Ing., Dipl.-Kfm., Dr. rer. pol., pers. haft. Gesellschafter Vorwerk & Co. Teppichwerke KG - Kuhlmannstr. 11, 3250 Hameln (T. 05151 - 1 03-0) - Geb. 21. Dez. 1947.

LITZ, Alois
Polizeibeamter, MdL Saarland (s. 1974) - Hauptstr. Nr. 45, 6692 Oberthal (T. 06854 - 321) - Geb. 23. Dez. 1924 Namborn, kath., verh., 2 Kd. - Ausbild. Einzelhandelskaufm. - Kriegsdst. u. russ. Gefangensch.; s. 1950 Polizeidst. - CDU s. 1964.

LITZENBURGER, Gernot
Dr. jur., Geschäftsführer Verb. d. Schuhindustrie in Rheinland-Pfalz - Buchsweilerstr. 61, 6780 Pirmasens (T. 06331 - 1 30 57) - Geb. 16. April 1939 Kaiserslautern (Vater: Richard L., Betriebsleit.; Mutter: Gertrud, geb. Neupert), protest., verh. s. 1968 m. Charlotte, geb. Scheck, 2 Kd. (Jens, Tanja) - Univ. Mainz u. Heidelberg (Rechtswiss.). Gr. jurist. Staatsprüf.

LIXFELD, Rudolf
Geschäftsführer Carl Lixfeld GmbH & Co. KG, Siegen - Am Stadtwald 8, 5900 Siegen (T. 0271 - 5 26 60) - Geb. 22. Aug. 1910 Siegen - U. a. Vorstandsvors. i. R. J. A. Henckels Zwillingswerk AG, Solingen.

LIXFELD, Ursula Brigitte
Illustratorin, Malerin, Autorin - Gumpersberger Str. 26, 6123 Bad König - Geb. 7. April 1937 Mainz, verh., T. Corinna - Werk-Kunst-Schule Wiesbaden, Ex. - BV: Nur e. Pferd, Jugendb., 1973; Traumvogelfedern, Lyrik, 1982. Als Pferdemalerin intern. bek. - Liebh.: Lesen (Psych., Frauenlit. u.a.), Musik (Klassik, Jazz); Umgang m. Tier u. Mensch - Spr.: Engl.

LOB, Reinhold
Dr. phil., Prof. f. Geographie - Werzenkamp 9, 4600 Dortmund 14 (T. 0231-23 21 11), dstl. Univ. Essen, FB 9, Universitätsstr. - Geb. 20. Mai 1943 Hagen/Westf. (Vater: Erich L., Bundesb.beamter; Mutter: Marie, geb. Schelberg), kath., verh. s. 1970 m. Christa, geb. Schmiemann, 2 Kd. (Henrike, Harald) - Gymn. (Abit. 1963); Stud. Geogr., German., Gesch.; Promot. 1970, Habil. 1976 - Leit. d. Zentralst. f. Umwelterz. Univ. Essen - BV: Zahlr. Buch- u. Aufs.veröff. üb. Siedlungsgeogr., Umweltforsch. u. Umwelterziehung - Umweltpreis Stadt Essen - Liebh.: Heimatforsch. - Spr.: Engl.

LOBECK, Falk
Dipl.-Kfm., Geschäftsführer SAS Hotels (Deutschland) GmbH, u. VHH Vereinigte Hotel-Holding GmbH, Berlin-Hamburg - Nibelungenstr. 45, 1000 Berlin 28 (T. 401 29 94) - Geb. 10. Juli 1920 Berlin (Vater: Reinhold L., Dir.; Mutter: Edith, geb. Hax), ev., gesch. - Stud. Betriebs- u. Volkswirtsch. Wirtsch.-hochsch. Berlin; Dipl.ex. 1943 - 1950-67 Ref., Hauptref., Dezern. Senator f. Finanzen Berlin - Liebh.: Musik, Kunst, Gesch. - Spr.: Engl., Franz.

LOBENHOFFER, Hans
Dipl.-Ing., Geschäftsführer Dt. Novopan Gesellschaft mbH Göttingen - Zur Akelei 6, 3400 Göttingen - Geb. 15. Sept. 1916.

LOBENSTEIN, Walter
Schriftsteller - Rodenberger Str. 13, 3000 Hannover 91 (T. 0511 - 42 49 63) - Geb. 6. Aug. 1930 Hannover, verh. m. Dr. Elisabeth Lutterloh - 1950 Gründ. u. Leit. World Youth Friendship League in Hannover; 1955 Mitbegr. Junger Literaturkr. Hannover; mehrere J. Mitherausg. Horen; s. 1961 Herausg. Ztschr. Wegwarten - BV: Kleine Kadenz, Sonderveröff. d. Horen, 1957; Zyklus Instrumente, Wandkalender (illustr. v. Fritz Möser), 1971. Mitarb.: Gr. Nieders., 1961; D. Königl. Gärten - Herrenhausen, 1963; Portraits, Fränk. Kette, 1970; Brennpunkte, 1971; Haiku Nr. 2, Distelstern, 1971. Rundf.: Aufz. e. Mußpreußen (1977); Geo - D. Tor z. Steigerwald (1978); Schatten füllt mein Glas (Erinn. an Friedrich Schnack, 1978; Exkursionen, 2. Send. (1978); Biogr. e. Flusses (1978); D. vergold. Pegasus (1979); D. Frauenaufstand (1979); E. Dia-Vortrag zum Hören eingerichtet (1980); Auf Tonband gesprochen, E. Festspiel z. e. 1200j. Stadtjubiläum m. Dieter Borsche in d. Hauptrolle (1980). Mithrsg. u. Mitarb.: Schlagzeug u. Flöte, Ged. (Anthol. 1961); Anstöße (Texte, Bilder, Begegnungen) (Anthol. 1987); Hugo Ernst Käufer - Bibl., Autor, Herausg. (Anthol. 1987) - Lit.: Godehard Schramm üb. W. L. in: Poet. Franken (1971); Hans-Jörg Modlmayr in: Diascope (1975); Eberhard Thieme üb. W. L. (50 Wegwarten) in: Buchhändler heute (1975); Gerhard Rademacher üb. W. L. u. d. Wegwarten in d. Europ. Hochschulschr.: D. Technik-Motiv in d. Lit. u. s. didakt. Relevanz (1981); Eberhard Thieme üb. W. L. (100 Wegwarten) in: Buchhändler heute (9/1986); Üb. W.L. (100. Ausg. Lit.ztschr. Wegwarten) Börsenblatt Nr. 8 (1987).

LOBIN, Gerd
Journalist, Schriftsteller, Redakt. Frankfurter Allg. - Brucknerstr. 75, 6450 Hanau (T. 06181-8 15 49) - Geb. 22. Aug. 1925 Berlinchen/Neumark, ev., verh. s. 1951 m. Eva, geb. Eiben (Lektorin), 3 Kd. - BV/Kinder- u. Jugendb.: u.a. D. Sohn d. Seekönigs, 1981; Drachen nach Drontheim, 1982; D. Fluß erzählt, (m. Ill. v. I. Gantschev) 1984; Timmi u. d. alte Lokomotive (m. Ill. v. I. Gantschev), 1986; Drachenboote in Sicht, 1988 - Interessen: Archäol., Gesch.

LOBKOWICZ, Nikolaus

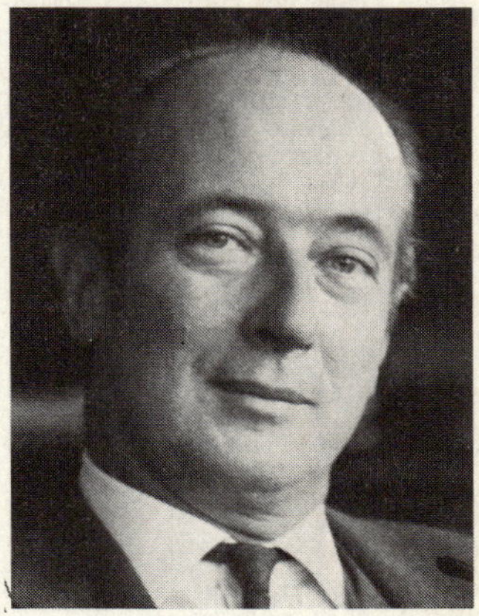

Dr. phil., Drs. h.c., Prof. f. Polit. Theorie u. Philosophie - Zu erreichen üb. Kath. Univ., 8078 Eichstätt (T. 08421 - 2 02 30) - Geb. 9. Juli 1931 Prag (Vater: Johannes Fürst L., Grundbesitzer; Mutter: Marie, geb. Gräfin Czernin), kath., verh. s. 1953 m. Josephine, geb. Gräfin Waldburg-Zeil, 5 Kd. (Johannes, Erich, Franz, Monika, Miriam) - Gymn. Prag u. Schwyz; Univ. Erlangen (Phil.). Promot. 1958 Fribourg - 1958-60 Wiss. Mitarb. Univ. Fribourg; 1960-67 Associate Prof. Univ. Notre Dame USA; s. 1967 Leit. Geschw.-Scholl-Inst. f. Polit. Wiss. Univ. München; 1971-76 Rektor; 1976-82 Univ.-Präs.; s. 1984 Präs. kath. Univ. Eichstätt. Spez. Arbeitsgeb.: Marxismusforsch., Erkenntnistheorie, Logik d. Sozialforsch., Kulturphil. - BV: D. Widerspruchsprinzip in d. neueren sowjet. Phil., 1959 (Dordrecht/Holl.); Marxismus-Leninismus in d. CSR, 1961 (Dordrecht); Marx and the Western World, 1967 (London); Theory and Practice, 1967 (London); Ende aller Religion?, 1976; Marxismus u. Machtergreifung, 1978; Wortmeld. z. Kirche, Staat, Univ., 1981; Irrwege d. Angst, 1983; D. Europ. Erbe u. s. christl. Zukunft, 1985; Was brachte uns d. Konzil?, 1986; Was wäre e. geistige Wende?, 1986 - 1976 Bayer. VO., 1978 Ritter v. Ord. d. Gold. Vließ; 1982 Mitgl. Päpstl. Rat f. d. Kultur; 1985 Präs. Fr. Dt. Autorenverb.; 1979 Ehrendoktor Univ. Detroit, 1980 Univ. Notre Dame u. Univ. Seoul, Korea; 1985 Ukrain. FU München; 1989 Catholic Univ. of America, Washington; 1986 Deutschlandpreis f. Wiss. - Spr.: Tschech., Franz., Engl.

LOCH, Werner
Dr. phil., o. Prof. f. Pädagogik - Mühlenberg 29, 2302 Flintbek/Holst. (T. 04347 - 24 92) - Geb. 11. Mai 1928 - S. 1961 Prof. Päd. Hochsch. Oldenburg, Univ. Erlangen-Nürnberg (1964 Ord.) und Kiel (Ord.) - BV: Erzieh. durch Verkündig., 1959 (m. H. Diem); D. anthropolog. Dimension d. Päd., 1963; D. Verleugnung d. Kindes in d. Ev. Päd., 1964. Mithrsg.: Neue päd. Bemühungen, Spr. u. Lernen.

LOCH, Wolfgang
Dr. med., em. o. Prof. f. Psychoanalyse - Neckargasse 7, 7400 Tübingen - Geb. 10. Mai 1915 Berlin - Zeitw. Prof. Inst. u. Ausbildungszentrum f. Psychoanalyse u. psychosomat. Med. Frankfurt/M.; s. 1964 (Habil.) Privatdoz. - o. Mitgl. DPV/IPV - BV: Vorauss., Mechanism. d. psychoanalyt. Prozesses, 1965 (ital. 1970); Z. Theorie, Technik u. Therapie d. Psychoanalyse, 1972; Begriffe u. Methoden d. Psychoanalyse, 1975; Perspektiven d. Psychoanalyse, 1986. Herausg.: D. Krankheitslehre d. Psychoanalyse (5. A. 1989, ital. 1975). Einzelarb.

LOCHER, Friedrich Wilhelm
Dr. rer. nat. (habil.), Prof. - Termühlenweg 6, 4030 Ratingen 4 (T. 02102 - 3 11 26) - Geb. 4. Juni 1922 Kreiensen,

ev., verh. s. 1952 m. Eva, geb. Ernst, 3 Söhne - 1946-51 Univ. Göttingen (Mineral.; Promot. 1951) - S. 1952 Forschungsinst. d. Zementind. B. 1967 Privatdoz., dann apl. Prof. TU Clausthal (Bindemittel d. Steine- u. Erdenind.). Fachveröff., dar. Abschnitt: Zement Ullmanns Encyklopädie d. Techn. Chemie. Schriftleit. Ztschr. Zement - Kalk - Gips, u. Cement and Concrete Research - Michaelis Gedenkmünze u. Gold. Ehrennadel Verein Dt. Zementwerke; Georg-Agricola-Med. Dt. Mineral. Ges.; L.E. Copeland Award Cem. Dir. d. Am Ceram. Soc.

LOCHER, Horst

Dr. jur., Prof., Rechsanwalt - Herderstr. 31, 7410 Reutlingen - Geb. 20. Okt. 1925 Tübingen, ev., verh. s. 1954 - Hochsch.lehrer f. Bau-, AGB- u. Kunstrecht Akad. d. bild. Künste Stuttgart u. Univ. Tübingen - BV: D. Recht d. bild. Kunst, 1970; Baubetreuungsrecht, 4. A. 1984; D. priv. Baurecht, 3. A. 1983; Kommentar z. HOAJ, 4. A. 1985.

LOCHER, Hubert

Dr., Hörfunkdirektor Südwestfunk - Hans-Bredow-Str. 6, 7570 Baden-Baden.

LOCHMANN, Ernst-Heinrich

Dr. med. vet., Univ.-Prof. f. Geschichte d. Veterinärmed. Tierärztl. Hochsch. Hannover - Bischofsholer Damm 15, 3000 Hannover 1 (T. 0511 - 85 65 03) - Geb. 25. April 1926 Riesa/Elbe (Vater: Hans L., Kaufm.; Mutter: Charlotte, geb. Richter), ev., verh. s. 1956 m. Gerda, geb. Wülfing - Tierärztl. Staatsex. 1954, Promot. 1955; 1963-67 Stud. d. Gesch. (Habil. f. Gesch. d. Vet.med. 1969) - 1970 Hochschuldoz., 1974 apl. Prof., 1978 Prof.; 1969 Leit. Fachgeb. Gesch. d. Vet.med., Vet.med.hist. Mus. u. Archiv Tierärztl. Hochsch. Hannover. Zahlr. Ehrenämter, u. a. 1977ff. Präs. Welt-Ges. f. Gesch. d. Vet.med. (selbst gegr.), 1984ff. Leit. Fachgruppe Gesch. d. Vet.med. d. Dt. Vet.med. Ges. - BV: 200 J. Tierärztl. Hochsch. Hannover (m. and., Hrsg.), 1978, Mitarb. D. dt. Tierzucht im 19. u. 20. Jh. Stuttgart, 1984; Mitherausg. d. Documenta Hippologica Darst. u. Quellen z. Gesch. d. Pferdes; weit. Beitr. in Fachpubl. - Mitgl. d. Wiss. Beirates d. tierärztl. Fachjournals VET; Mitgl. d. Real Academia de Ciencias Veterinarias Madrid, Ehrenmitgl. Sektion Gesch. Vet.med. Soc. Portuguesa Veterinaria des Estudos Sociológicos, Nuĉleo Português de História da Medicina Veterinária, u. Bundessekt. Gesch. d. Vet.med. d. Tierärzteverb. Jugoslawiens, Mitgl. d. internat. wiss. Ehren-Komitees d. „Revista Portuguesa de Ciencias Veterinárias", Kemal-Atatürk-Plak. Tierärztl. Fak. Univ. Ankara, 150-Jahr-Med. d. Finnischen Tierärzteschaft, Béla-Adalbert-Tormay-Plakette d. Ges. Ungarischer Tierärzte, Gedenkplakette d. Veterinärmed. Univ. Budapest, Silb. Ehrennadel Stadt Rinteln, Ehrennadel d. Nieders. Reiterverb. in Bronze - Liebh.: Jagdreiterei - Spr.: Engl.

LOCHTE, Wilfried

Dipl.-Ing., Vorstandsvorsitzender MAN Nutzfahrzeuge AG - Dachauer Str. 667, 8000 München 50 (T. 089 - 14 80-29 23) - Abit. 1947; Dipl.-Ing. Maschinenbau FH Braunschweig-Wolfenbüttel - 1951-53 VW, Wolfsburg; 1953-58 Büssing Automobilwerke, Braunschweig; 1958ff. MAN, München, 1979ff. Vorst.-Mitgl. MAN AG u. Leit. Untern.ber. Nutzfahrzeuge, 1985/86 Vorst.-Vors. MAN Nutzfahrzeuge GmbH u. Vorst.-Mitgl. MAN AG; s. 1982 Vors. Präsid. u. VR DAT, Stuttgart; s. 1986 Vorst.-Mitgl. VDA, Frankfurt; AR-Vors. ÖAF - Gräf & Stift AG.

LOCK, Wilhelm

Dr. med., Lungenfacharzt, Ltd. Medizinaldirektor i. R. - Dora-Specht-Allee 2, 2055 Aumühle (T. 04104 - 15 57) - Geb. 3. Aug. 1916 Mülheim/R., kath., verh. s. 1949 m. Doris, geb. Schell - Promot. 1942 Wien - S. 1950 Lungenfacharzt; 1964-78 Ltd. Arzt Zentrale f. Lungenkrankh. Hamburg; 1970-86 Generalsekr. Dt. Zentralkomitee z. Bekämpfung d. Tuberkulose - Zahlr. Veröff. üb. Epidemiol. u. Bekämpfung d. Tuberkulose, Handbuchart., Krebs-Epidemiol. - Spr.: Engl.

LOCKEMANN, Peter Christian

Dr.-Ing., Prof. f. Informatik Univ. Karlsruhe - Fak. f Informatik, Univ., Kaiserstr. 12, 7500 Karlsruhe - Geb. 17. Nov. 1935 Berlin (Vater: Dr.-Ing. Wilhelm L.; Mutter: Christiane, geb. Bühler), ev., verh. s. 1963 m. Liane, geb. Hoffmann, 2 Kd. (Christian, Stephanie) - Dipl.-Ing. Elektrotechnik 1958, Promot. 1963 - 1958-63 wiss. Assist. TU München; 1963-70 Res. Fellow Calif. Inst. of Techn.; 1970-72 wiss. Angest. GMD Bonn; 1972ff. Prof. Karlsruhe; 1985ff. Vorst. Forschungszentrum Informatik Karlsruhe - BV: Rechnergestützte Informationssysteme, Lehrb. 1978; Systemanalyse, Lehrb. 1982.

LOCKOWANDT, Oskar

Dr. phil., Dipl.-Psych., Prof. f. Psychologie Univ. Bielefeld - Künnekestr. 5, 4800 Bielefeld 14 (T. 0521 - 44 61 54) - Geb. 28. April 1935 Ülsbyholz (Vater: Louis L., Förster; Mutter: Clara, geb. Poelka), verh. m. Roswitha, geb. Jokisch, 2 Söhne (Frank, Peter) - Stud. Griech., Lat., Phil., German. u. Psych. Univ. Kiel u. Freiburg; Dipl.-Psych. 1963, Promot. 1966, Habil. 1978 - 1972/73 Prodekan PH Bielefeld; 1977-79 Präs. Intern. Reading Assoc., Sektion Dtschl. Erf.: Tests z. visuellen Wahrnehm. - BV: Mach e. Fest aus deinem Leben. Wie man v. Glück beschenkt wird, 1984; Du kannst werden, der du bist. Wege d. Selbstverwirklichung, 1988; zahlr. Art. in Fachztschr. Herausg.: IRA/D-Beitr. d. Intern. Reading Assoc. - Liebh.: Lyrik, Klarinettenspiel - Spr.: Engl., Schwed.

LODEMANN, Jürgen

Dr., Redakteur Südwestfunk Baden-Baden, Schriftst. - Heiligensteinstr. 45, 7570 Baden-Baden 23 - Geb. 28. März 1936, verh., 2 S. (Benjamin, David) - Gymn.; Stud. (Lit., Geogr.); Staatsex.; Promot. - BV: Anita Drögemöller, R. 1975; Lynch, R. 1976; Ahnsberch, Theaterst., 1980; D. Solljunge, R. 1982; D. Jahrtausendflug, Phantast. Erz., 1983; Essen Viehofer Pl., R. 1985; Siegfried, R. 1986; D. Beistrich, Theaterst. 1987 - 1977 Alfred-Kerr-Preis f. Literaturkritik; 1986 Essener Dramatikerpreis; 1987 Lit.preis Ruhrgebiet.

LODUCHOWSKI, Heinz

Dr. theol., Prof. Univ. Eichstätt - Kaiserin-Augusta-Anlagen 9, 5400 Koblenz - Geb. 18. März 1920 Koblenz, kath., Lic. theol. 1953, Promot. 1960, Prof. 1970 - 1953-57 Jugendpfarrer Diöz. Trier; 1957-59 Res. USA, Japan u. Skandin.; 1960-63 Doz. Akad. f. Jugendfragen; 1964-69 PH Bonn; ab 1970 o. Prof. Univ. Eichstätt - BV: Teenager u. Koedukation? Jugend d. fr. Welt in Gefahr, 3. A. 1964 (ital. 1970 u. 1976, span. 1963); Päd. aus Amerika? 1961; Auferstehung - Mythos od. Vollend. d. Lebens? 1970; Bibl. Verkündig. nach Johann Baptist v. Hirscher, 1970; Schöpfer. Selbstmitteil. I: Grundl. e. kreativ-dialog. Erzieh. u. Bild., 1977, II: Kreative Kommunik. in Gruppen, 1979, III: Kreativ-kommunik. Relig.unterr., 1982 (I u. II span.).

LÖB, Arno

Aktions-Agent, PR-Marketing - Meister-Veits-Gäßchen 20, 8900 Augsburg (T. 0821 - 51 34 91) - Geb. 4. März 1949 Augsburg, verh. m. Isabella, geb. Ostermann, S. Elias - Industriekfm.; Grafiker - Inh. Aktions-Agentur SoSo in Augsburg; Tätigk. als Verleger u. Journ.; Werbe-Aktionen f.: Unabhängige Film-Tage Augsburg, Kinderlit.-Fest Bücher-Dschungel Augsburg, Lit. im Biergarten, Bücher-Wigwam auf Weihnachtsinsel Augsburg, Neue Schauburg-Kino, Ideen-Konzepte f. Messen. Mitbegr. d. Monatsztschr. Lueginsland u. Szene - BV: D. Augsburger Pop-Gesch., 1988; Augsburg in d. Tasche-Stadt-Tour-Tips,

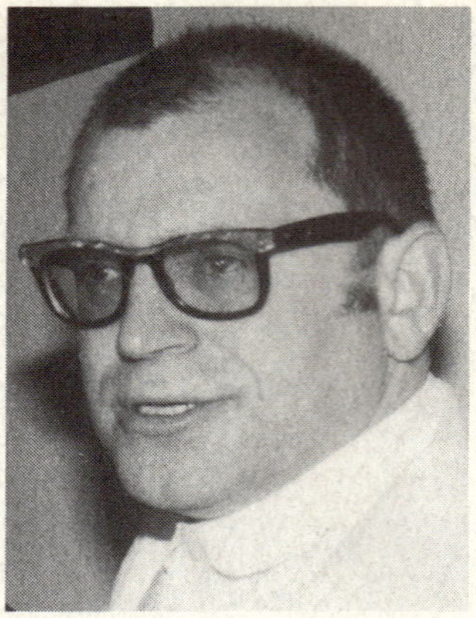

1989. Schallpl.: 2000-Töne aus Augsburg; Impotenz-LP (Gesang u. Text), 1985.

LOEB, Frank Julius

Anteilseigner u. Beir. Diners Club Deutschland GmbH, Frankfurt/M.; Vors. d. Vorst. Stabil. Kapital-Treuhand Aktiengesellschaft, Königstein/Ts. (s. 1978) - Zul. 6000 Frankfurt - Geb. 12. Juli 1913 Wien (Vater: Wilhelm L.; Mutter: Paula, geb. Geyerhahn), kath., verh. s. 1974 m. Etta, geb. Plavetic, 2 Kd. (Barbara Ann, Bruce Thomas) - Realsch. Wien - Prok. elterl. Sped.sbetrieb Wien; ltd. Pos. Sped.skonzern i. Nord- u. Südamerika; danach Management Diners Club do Brasil, s. 1963 Geschäftsf. Diners Club Deutschland GmbH bis 1975 - Liebh.: Reisen, Autos - Spr.: Deutsch, Engl., Franz., Ital., Portug., Span.

LÖB, Günter

Dipl.-Soziologe, Hauptgeschäftsführer Rhein.-Westf. Auslandsges. (RWAG) - Steinstr. 48, Postf. 10 33 34, 4600 Dortmund 1 (T. 0231 - 838 00 12) - Geb. 20. Mai 1941 Krummau.

LÖB, Horst

Dr. rer. nat., Prof. f. Experimentalphysik Univ. Gießen - Gartenstr. 18, 6300 Gießen (T. 0641-7 24 25) - Geb. 14. Sept. 1932 Chomutov/CSSR (Vater: Edmund L., Bauing.; Mutter: Emma, geb. Eisenstein), kath., verh. m. Krystyna, geb. Lisicka, T. Sylvia - 1952-60 Physik-Stud. Gießen (Dipl.-Phys. 1956; Promot. 1960; Habil. 1967) - 1960-67 wiss. Assist., 1967-69 Oberassist., 1969-70 Doz.; s. 1970 Prof. Univ. Gießen (1974-75 Dekan FB Physik) - BV: Monogr. Ionenraketen, 1967; Kerntechn. b. Satelliten u. Raketen (Hg.), 1970. Üb. 150 Facharb. - Kuratoriumsvors. HOG; Mitgl. Intern. Astron. Akad. - Spr.: Engl., Franz.

LÖBBECKE, Wolfgang

Dr. rer. pol., Dipl.-Volksw., Geschäftsf. Bankenfachverb. Konsumenten- u. gewerbl. Spezialkredite (BKG) u. Verlag f. Absatzwirtschaft GmbH - Bonn-Center HI 1104, 5300 Bonn 1.

LÖBBERT, Josef

Oberbürgermeister a.D. - Boniverstr. 23, 4650 Gelsenkirchen (T. 69 22 17) - Geb. 26. Mai 1916 Gelsenkirchen, verh., 2 Kd. - Volkssch.; Lehrgänge Volksbildungsw., Gewerksch., VHS - S. 1932 (Lehre) Glasschneider Dt. Libbey-Owens-Ges., Gelsenkirchen; 1936-37 Arbeits-, 1939-45 Wehrdst. 1956 ff. Ratsmitgl. Gelsenkirchen (1963 Fraktionsf.). 1965-75 MdB. SPD s. 1946 (1954 Mitgl. Unterbezirksvorst. Gelsenkirchen).

LOEBE, Horst

Regisseur - Warferlandstr. 45, 2800 Bremen-Borgfeld (T. 27 05 16) - Geb. 15. Mai 1924 Braunschweig (Vater: Otto L., Kaufm.; Mutter: Wally, geb. Müller), ev., verh. s. 1953 m. Sigrid, geb. Daub, 2 Söhne (Jonas, Matthias) - Martino Katharineum und Staatsmusiksch. Braunschweig (1940-42; Schauspielkl.); Univ. Göttingen (1947 bis 51; German., Theaterwiss.) - B. 1943 Schausp. Städt. Bühne Hildesheim, dann Wehrdst., 1945-47 Regie- und Dramaturgieassist. Staatstheater Braunschweig, anschl. Stud., 1952-59 Schausp., Assist. v. Heinz Hilpert (Int.) u. Regiss. (1956) Dt. Theater Göttingen, 1959-60 Oberspiell. Theater d. Stadt Baden-Baden, seith. Oberspiell. Hörfunk/Fernsehen u. Leit. Hauptabt. Hörspiel/Produktion, stv. Hörfunkdir. (1971) Radio Bremen; Lehrauftrag FU Berlin (1969) u. Univ. Heidelberg (1973). Bühneninsz.: E. Engel kommt nach Babylon, Biedermann und die Brandstifter, Wir sind noch einmal davongekommen, Zoogesch., Misanthrop u. a.; Fernsehregie: u. a. D. Mann im Fahrstuhl; D. Mal, Orangensouffle - 1966 Ernst-Reuter-Preis (Hörspielregie: Ende d. Weißkrautsommers) - Mitgl. d. Dtsch. Akad. d. Darst. Künste (1971) - Liebh.: Bücher.

LÖBEL, Bruni (Brunhilde)

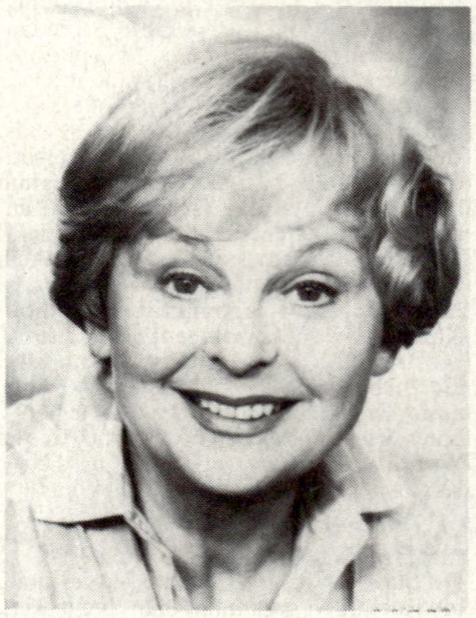

Schauspielerin - Silcherstr. 25, 8000 München 40 (T. 089 - 359 81 16) - Geb. 20. Dez. 1920 Chemnitz/Sa. (Vater: Richard L., Handelsvertr.; Mutter: Melitta, geb. Goldammer), gottgl., verh. I) 1955 m. Gerhard Bronner (gesch. 1959), S. Felix, II) 1971 Holger Hagen - Lyz.; Schauspielsch. u. Privatunterr. (Sonja Karzau, Lucie Höflich, Lyda Wegener) - Bühne: Minna v. Barnhelm, D. Mustergatte (600 ×), E. Frühlingstag, Engel v. Montparnasse, D. Fee, Wolken sind überall, D. Lied d. Taube, Ornifle, Was ihr wollt, D. Kassette, D. zerbrochene Krug, D. Irre v. Chaillot, D. eingebildete Kranke, D. Zimmerschlacht, D. liebe Familie, Jane, D. Engel mit dem Blumentopf, Céline, D. Haus in Montevideo, Ende d. Spiels, Bunburry (Miss Prism) v. Oscar Wilde (1984 Kl. Komöd. München). Film: Kein Platz für Liebe, Krach im Hinterhaus, Man spielt nicht mit der Liebe, Absender unbekannt, The Big Lift, Mädchen mit Beziehungen, Die Nacht ohne Sünde, Engel im Abendkleid, D. Stadt ist voller Geheimnisse, V. Himmel gefallen, Geliebte Feindin, D. schöne Abenteuer, E. Gruß aus Wien; Fernsehen: Juno u. d. Pfau, D. Hausfreund, Love-in, Fisch zu viert, Blüten d. Gesellschaft, Spannagl (Frau Spannagl), Timm Thaler (Schwester Agatha), Jane, D. Präsidentin, E. Zug n. Manhattan, Traumschiff, Keine Angst v. Verwandten, Weihnachtsreise, Ich heirate e. Familie, Gretchens Faust, 1985, Forsthaus Falkenau, 1989, u.a. - BV: Kleine unbek. Größe, R. 1962 (auch niederl.). Hörsp.: Fanta u. Tasie (1955, HR) - Liebh.: Malen, Modellieren - Spr.: Engl.

LOEBELL, Ernst

Dr. med., Univ.-Prof. f. Phoniatrie u. Pädaudiol. Med. Hochsch. Hannover, Klinikdirektor - Buchholzer Str. 49, 3000 Hannover 61 (T. 0511-58 06 21) - Geb. 24. Juli 1928 Marburg (Vater: Prof. Dr. Dr. Helmut L.; Mutter: Dr. med. dent. Elfriede, geb. Weiße), ev., verh. s. 1960 m. Dr. med. Elisabeth, geb. Bodechtel, 4 Kd. (Ina, Andrea, Britta, Rainer) - Univ. Marburg u. Münster, Promot., Fachausb. HNO u. Habil. Univ. Mün-

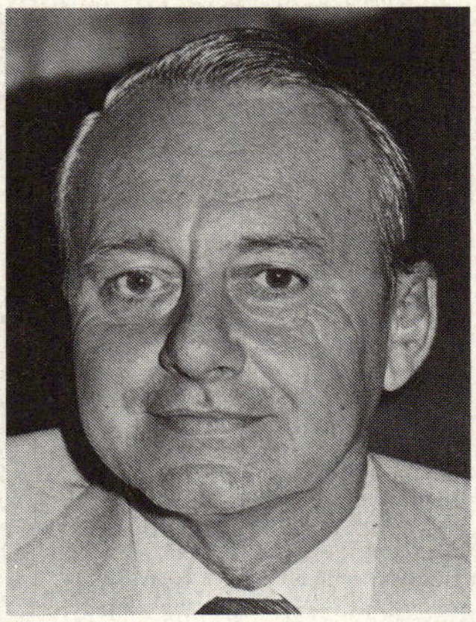

chen (1966), o. Prof. Univ. Bern 1970 - 1970 Prof. f. HNO-Phonaudiol. Univ. Bern, 1980 Prof. f. Phoniatrie u. Pädaudiol. Hannover - 1971-75 u. 1987-90 Präs. Dt. Ges. f. Sprach- u. Stimmheilkd., 1977-80 Präs. IALP (Int. Ass. of Logopedics and Phoniatrics); s. 1983 Präs. Collège Intern. de Phonologie Experimentale; s. 1987 Präs. Intern. Collegium of Experimental Phoniatrics and Communication Sciences. 1967 Chefredakt. Folia Phoniatrica, s. 1978 Redakt. Acta Phoniatrica Latina - Zahlr. wiss. Art. z. HNO-Heilkd., Phoniatrie, Audiol., Kommunikationsstörungen; Berichte v. 16. IALP - Weltkongreß (1974) - 1980 Gutzmann-Med., Ehrenmitgl. zahlr. ausl. Fachges., Mitgl. div. Collegien - Spr.: Engl. - Lit.: Who is who in the World; Who is who in medicine; Kürschners' Dt. Gelehrten-Kalender.

LOEBER, Dietrich A.

Dr. jur., o. Prof. f. Rechtsvergleichung u. Recht d. soz. Staaten, Rechtswiss. Fak. Univ. Kiel (s. 1966), Dekan Rechtswiss. Fak. (1985-87) - Gehlenkamp 14, 2000 Hamburg 56 (T. 81 38 91) - Geb. 4. Jan. 1923 Riga (Vater: Prof. Dr. Dr. h. c. August L., Senator, Richter Oberster Gerichtshof Lettlands; Mutter: Emilie, geb. Mentzendorff), ev.-ref., verh. s. 1955 m. Christa, geb. Hasselblatt, 4 Kd. (Tatjana, Silvia, Alexis, John) - Univ. Marburg (Promot. 1951), Académie de Droit International de La Haye (Diplôme 1951), Columbia Univ. New York (M. A. 1953), Lomonosov Univ. Moskau (1961) - 1953-55 Rechtsanw.; 1955-60 Redakt. Ztschr. Osteuropa-Recht; 1958-70 Ref. Max-Planck-Inst. f. ausl. u. intern. Privatrecht Hamburg; 1963-64 Research Fellow Harvard Univ. Cambridge, Visiting Prof. Stanford Law School (1971, 1973), Univ. of California, Los Angeles (1970, 1974), Univ. of Adelaide (1977), Columbia Univ., New York (1980-81, 1983), Univ. of California, Berkeley (1985, 1986) - BV: Urheberrecht d. Sowjetunion, 1966, 2. A. 1981; D. hoheitl. gestaltete Vertrag, 1969; Diktierte Option, 1972, 2. A. 1974; East-West Trade, 4 Bde. 1976-77; Ruling Communist Parties and Their Status Under Law, 1986.

LOEBERMANN, Harald

Architekt BDA, Städteplaner - Spittlertorgraben Nr. 29, 8500 Nürnberg (T. 26 83 36) - Geb. 14. Okt. 1923 Ansbach, verh. s. 1953 m. Irmgard, geb. Stoldt, 2 Kd. - Obersch. Ansbach (Abit. 1941); Arbeits- u. Wehrdst. (1941-46); Stud. München - S. 1955 Architekturbüro Nürnberg in- u. ausl. Bau- u. Stadtprojekte (u. a. Türkei, Ceylon, Ostafrika); Entwurf u. Ausführung von Rathäusern, Verwaltungsgebäuden, Einkaufszentren, Verkehrssystemen - Fachmitgl.sch. - Inh. Gold. Diesel-Med. (VDI) - Liebh.: Lit., klass. Musik - Mitgl. Lyons-Club.

LÖBKE, Otto

Dr. rer. pol., Stadtdirektor a. D., Vors. d. Geschäftsfg. Stadtwerke Hamm GmbH i. R., Handelsrichter - Auf dem Döhn 12, 4700 Hamm 1 Rhynern - Geb. 4. Juni 1920.

LÖBNER, Gunther

Dr. rer. nat., Dipl.-Phys., Prof. Univ. München - Sekt. Physik, Univ. München, Am Coulombwall 1, 8046 Garching (T. 089 - 32 09-40 66) - Geb. 10. Febr. 1935 Hammelspring Kr. Templin, ev. - Dipl.-Phys. 1961 Erlangen, Promot. 1965 Amsterdam, Habil. 1975 TU München, Umhabil. 1976 Univ. München - S. 1980 Prof. Rd. 45 Veröff. in engl. Sprache in intern. Fachorganen - 1982 Ausz. f. Veröff. in Fachztschr. Nuclear Data.

LÖBNER-FELSKI, Erika

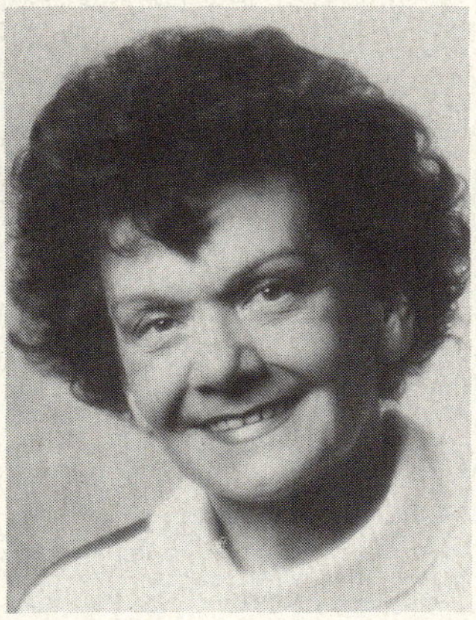

Kosmetologin, Schriftstellerin (Ps. E. Karlowna) - Schulstr. 21, 8261 Kastl (T. 08671 - 1 26 61 od. 44 36) - Geb. 3. März 1922 Rathenow, verh. m. Herbert L. (Geschäftsf.) - 1940-42 Hochsch. f. Lehrerbildung Hirschberg; Schausp.-Ex. Breslau, 1943; Kosmetik-Ausb. m. Dipl., München, 1958 - 1943-45 Lehrerin in Oberschlesien; 1946-49 Schausp. Theater Wismar u. Schwerin. Herst. v. Kosmetika - BV: Klawa, d. Mädchen aus Charkow, R. 1961 (Übers. fläm.); Puderdose, Lippenstift u. Weltgesch., schöngeist. Sachb., 1976; U. morgen wieder e. Tag jünger!, 1978; Geliebte Heimat, Havelland, 1986; u.v.m. - Liebh.: Gesch., Tiere u. Pflanzen.

LÖBSACK, Theo

Dr. rer. nat., Schriftsteller - Pfitznerstr. 5b, 6550 Bad Kreuznach (T. 0671 - 6 71 37) - Geb. 19. Okt. 1923 Thale/Harz (Vater: Georg L., Hotelbesitzer; Mutter: Anna, geb. Niewerth), verh. s. 1952 m. Anita-Maria, geb. Meierdirks, T. Denise-Bettina - Univ. Halle u. Jena (Naturwiss.). Promot. 1948 Halle - S. 1948 publizist. Tätigk. Hamburg (zeitw. Redakt.) u. Bodensee (1958). Gründungsmitgl. Dt. Unterwasser-Klub; Kollegium d. Medizinjourn. - BV: Sachb. (z. T. in Übers.); D. Atem d. Erde - Wunder u. Rätsel d. Luft, 1957; Denn sie wissen nicht, was sie tun - D. Griff nach d. Leben im Atomzeitalter, 1959; Nur noch Wunschkinder? - Geburtenkontrolle Gebot d. Vernunft, 1968; D. unheiml. Möglichkeiten oder D. manipulierte Seele, 1967; D. Biologie u. d. lb. Gott, 1969; Medizin als Gefahr, 1970. Herausg.: Zu dumm f. d. Zukunft? (1971); Versuch u. Irrtum (1974); Wunder, Wahn u. Wirklichk. Naturwiss. u. Glaube (1976); D. Flucht d. Milchstraßen (1978); Magische Medizin (1980); D. letzten Jahre d. Menschheit - V. Anfang u. Ende d. Homo sapiens (1983); D. manipulierte Leben (1985); Diese Handvoll Erde - Entstehung, Funktion u. Zerstörung d. Bodens (1986); D. unheimliche Heer - Insekten erobern d. Erde (1989) - 1967 Theodor-Wolff-Preis; 1969 Wilhelm-Bölsche-Med. in Silber; 1970 Glaxo-Preis f. europ. Wissenschaftsjourn.; 1976 Wächterpreis; 1979 Umschau-Preis; 1980 Journ.preis d. Bundesmin. f. Ernährung, Landw. u. Forsten - Liebh.: Sporttauchen - Spr.: Engl., Franz.

LÖCHELT, Ernst

Oberstadtdirektor Stadt Bottrop - Rathaus, 4250 Bottrop - Geb. 22. Juni 1937 Bottrop - 1954/55 Verwaltungslehre; Prüfung mittl. Dst. 1958, Prüf. geh. Dst. 1962 - 1967-76 Personalratsvors., 1977/78 Leit. Haupt- u. Personalamt. 1978 Beigeordn., s. 1987 Oberstadtdir.

LÖCHERBACH, Dieter

Dr., Prof., Berlin - Mommsenstr. 11, 1000 Berlin 12 (T. 324 13 94) - Geb. 26. Aug. 1939 Wuppertal (Vater: Ewald L., Kaufm.; Mutter: Lieselotte, geb. Reiner), gesch. - 1963-71 Stud. Phil. u. Politikwiss. Berlin u. Frankfurt; Magister Phil. 1971, Berlin; Promot. Politikwiss. 1974 Berlin; Habil. 1982 Berlin - BV: Bestandsaufn. d. Ratlosigk., 1972; Untersuchungen z. e. hermeneutisch-materialist. Rekonstrukt. d. Anthropogenese, 1974; Kritik d. Leninschen Abbildtheorie, 1978; Erkenntnistheoret. Grundlagen d. polit. Theorie, 1978; Nation u. kollektive Identität, 1983 - Spr.: Engl., Franz., Griech., Lat., Span., Ital., Russ., Portug., Chines.

LÖCK, Carsta

Schauspielerin - Südwestkorso 48, 1000 Berlin 33 (T. 821 27 04) - Geb. 28. Dez. 1902 Niebüll Kr. Tondern, verw. 1960 - Ausbild. Kiel - Zahlreiche Bühnenrollen. Üb. 50 Filme, dar.: Krach um Jolanthe, Wenn d. Hahn kräht, Film ohne Titel, Kapt. Bay-Bay. Fernsehen - Liebh.: Bücher.

LOECKLE, Michael

Soloflötist, Lehrbeauftr. - Bergstr. 36, 7573 Sinzheim - Geb. 7. Febr. 1945 Berlin (Vater: Dr. med. Werner L., Arzt; Mutter: Mimi L., Pianistin) - Stud. Paris, London, Frankfurt, Detmold - S. 1967 Soloflötist b. ARD-Orch. (NDR, SR, SWF); Lehrbeauftr. Hochsch. f. Musik u. Darst. Kunst, Frankfurt/M. - 1964 Preistr. Hochschulwettbewerb d. Bundesrep. Deutschl. - Liebh.: Asiat. Kulturen, Reisen, Kunst - Spr.: Engl., Franz.

LÖCKLE, Walter Gustav

Leitender Ministerialrat Ministerium f. Wirtschaft, Mittelstand und Verkehr, Baden-Württ., Stuttgart (s. 1972), stv. Leiter Abt. Strukturpolitik u. Wirtschaftsförd. - Pfühlstr. 29, 7100 Heilbronn/N. (T. 7 28 70) - Geb. 27. Dez. 1928 Heilbronn (Vater: Gottlob L., Kaufm.; Mutter: Pauline, geb. Schuler), ev., verh. s. 1961 m. Gudrun, geb. Altvater, 2 Kd. (Felix, Corinna) - Abit. 1949; Univ. Freiburg, München, Heidelberg (Volksw., Rechtswiss.). Jurist. Staatsprüf. 1956 Heidelberg, 1960 Stuttgart - S. 1960 Beamter Land Baden-Württ. (1960 Landratsamt Sinsheim, 1961 L. Böblingen, 1962 Landesanwaltsch. Stuttgart, 1964 Innenmin.) - Liebh.: Wandern, Filmen, Fotografieren - Spr.: Engl.

LOEFEN, von, Michael

Schauspieler, Regiss., Prod., Moderator, Theaterinh. - Löwengasse 9, 6078 Neu-Isenburg (T. 06102 - 3 43 33) - Geb. 29. Dez. 1954 Worms, verh. - Ausb. Schauspielstudio Haller, Heidelberg; Bühnenreifeprüf. 1980 Frankfurt - Eig. Theater: Spott-Licht-Kabarett, Frankfurt-Neu-Isenburg - Film: Herbstfeuer, m. Karin Anselm u. Paul Dahlke; Hörf.: HR (Südhessenjournal, Wir in HR 3); SWF (Gute Laune, Frohes Wochenende) - Insz. u. Hauptdarst.: D. Ackermann aus Böhmen (1984 Frankfurt) - Liebh.: Auslandsreisen, Kochen u. Schlemmen, Theater - Spr.: Engl.

LÖFFELHOLZ, Franz

s. Mon, Franz

LÖFFELHOLZ, Thomas

Dr. jur., Dipl.-Volksw., Journalist, Chefredakt. Stuttgarter Zeitung (s. 1983) - Paracelsusstr. 46, 7250 Leonberg - Geb. 7. Nov. 1932 - 1982/83 Vors. Dt. Presseclub Bonn - 1972 Theodor-Wolff-Preis (Politik); Chevalier de l'Ordre de la Couronne (Belgien); 1981 Karl-Bräuer-Preis; 1984 Ludwig-Erhard-Preis.

LÖFFLER, Ernst

Direktor, Geschäftsf. a. D., Berater Dt. Vieh- u. Fleischzentrale Bonn - Wiedemannstr. 42, 5300 Bonn 2 Bad Godesberg - Geb. 28. Jan. 1912.

LÖFFLER, Gerd

Dr., Unternehmer, Mitgl. Hbg. Bürgerschaft (s. 1978) - Ottenser Marktpl. 13, 2000 Hamburg 50 - Geb. 30. Mai 1939 Bremen - Univ. Freiburg/Br. u. Hamburg (Physik; Dipl.-Phys. 1966. Promot. 1970) - Dt. Elektronen-Synchroton, 1970-73 Industrietätigk. (ltd.), seith. gf. Gesellsch. Systemtechnik GmbH., alles Hamburg. CDU s. 1966.

LÖFFLER, Gerd

Dipl.-Politol., Senator a. D., MdA Berlin (s. 1963) - Haderslebener Str. 26, 1000 Berlin 41 - Geb. 10. Aug. 1927 Xaverhof Kr. Lodz, verh., 2 Kd. - Obersch. (Reifeprüf.); Päd. Fachsch. Gera; Stud. Polit. Wiss. u. Neuere Gesch. Dt. Hochsch. f. Politik u. FU Berlin. Beide Lehrerprüf. - Schuldst. Gera (b. Flucht 1950) u. West-Berlin (1961 ff.); 1964-70 Dir. VHS Schöneberg. Zeitw. Stadtverordn. Gera. SPD s. 1958 (b. 1979 (Rücktr.) Landesvors.

LÖFFLER, Hans

I. Bürgermeister Stadt Dettelbach - Rathaus, 8716 Dettelbach/Ufr. - Geb. 11. Aug. 1913 - Rechtsanw. CSU.

LÖFFLER, Hans-Jürgen

Dr.-Ing., Dipl.-Phys., o. Prof. f. Thermodynamik - Am Schiefen Berg 94, 3340 Wolfenbüttel (T. 7 15 47) - Geb. 24. Sept. 1930 - 1960 Privatdoz. TH Karlsruhe; 1962 Ord. u. Inst.sdir. TU Berlin; 1968 Ord. u. Inst.sdir. TU Braunschweig.

LOEFFLER, Klaus

Dr. med. vet., o. Prof. f. Anatomie u. Physiologie d. Haustiere Univ. Hohenheim - Postf. 700562, 7000 Stuttgart 70 (T. 459 24 12) - Geb. 20. Jan. 1929 Berlin (Vater: Dr. med. Lothar L.; Mutter: Hertha, geb. Härle), ev., verh. s. 1954 m. Erika, geb. Heidenreich, 4 Kd. (Heike, Thomas, Ulrich, Bernd) - BV: Kreuzbandverletzungen im Kniegelenk d. Hundes, 1964; Anatomie u. Physiol. d. Haustiere, 7. A. 1987 - Spr.: Engl.

LÖFFLER, Leonhard

Dr. med., Prof., Stadtmedizinaldirektor, Chefarzt Chir. Abt. u. Direktor Städt. Krkhs. Bamberg - Schellenbergerstr. 38, 8600 Bamberg/Ofr. - Geb. 16. Dez. 1906 Würzburg - Habil. 1943 Leipzig - S. 1947 Lehrtätigk. Univ. Erlangen bzw. - Nürnberg (1951 apl. Prof. f. Chir.). Zahlr. Facharb.

LÖFFLER, Lothar

Oberschulrat a. D., MdB/Vertr. Berlins (s. 1969) - Jaczostr. 80, 1000 Berlin 20 (T. 362 10 20) - Geb. 11. Aug. 1929 - B. 1969 Bezirksverordnetenvorsteher Charlottenburg. SPD - 1986 Gr. BVK m. Stern.

LOEFFLER, Wolfgang

Dr. sc. nat., Prof. f. Mikrobiologie - Gellertstr. 11a, CH-4052 Basel - Geb. 9. März 1923 - BV: Mykologie, 4. A. 1968-87 (übers. Poln. 1972, 1987, Engl. 1976, Span. 1976).

LÖFFLER, Wolfgang K.

Elektroingenieur, Geschäftsführer Maschinenfabrik Reinhausen GmbH - Falkensteinstr. 8, Postf. 12 03 60, 8400 Regensburg 12 (T. 0941 - 44 02 14); priv.: Gerhart-Hauptmann-Str. 2, 8402 Neutraubling (T. 09401 - 34 33) - Geb. 9. März 1944 Gloggnitz (Vater: Karl L., Hotelier; Mutter: Luise, geb. Fornleitner), kath., verh. m. Renate, 2 Kd. (Birgit, André) - Höh. techn. Lehr- u. Versuchsanst. f. allg. Elektrotechnik, Mödling/Wien - Liebh.: Tennis, Skifahren - Spr.: Portugies., Engl., Franz.

LÖGTERS, Herbert
Dr. rer. nat., Geschäftsführer i. R. - Haus Steenkamp, 4444 Bentheim 2/Gildehaus (T. 05924 - 3 37) - Geb. 9. Mai 1913, ev., verh. s. 1938 m. Dr. Toni, geb. Mehlschmidt, 3 Söhne (Gerhard, Christian, Herbert-Rudolf) - Gymn.; 1932-37 Stud. Geologie Göttingen, Graz, Hamburg (Promot. 1937) - 1937-40 TH Darmstadt; 1949-52 Amt für Bodenforsch.; 1952-70 C. Deilmann AG (Chefgeologe u. Vorst.-Mitgl.); 1970-76 Deminex Dt. Erdölversorgungsges. mbH, Düsseldorf (Vors. d. Geschäftsfg.); AR Dt. Tiefbohr AG, Bentheim; Hon.-Prof. Univ. Köln - Liebh.: Wandern, Golf - Spr.: Engl., Franz., Span., Niederl. - Rotarier.

LÖH, Hans
Vorstandsmitglied Volksfürsorge Lebensversicherung AG., Hamburg 1 (s. 1965) - Schärstr. 8, 2000 Hamburg 80 (T. 736 46 08) - Geb. 1912 Hannover - S. 1929 Volksfürsorge.

LÖHER, Paul
Industriekaufmann, MdB (s. 1972) - Hessenbank 6, 4600 Dortmund 50 - Geb. 29. Juni 1924 Hörde (Vater: Johannes L., Betriebsangest.; Mutter: Anna, geb. Geldmacher), kath., verh. s. 1947 m. Margret, geb. Beckmann, 2 S. (Hans-Joachim, Martin) - Gymn. (Abit.); kaufm. Lehre Ind. - Seit 1948 Hoesch Hüttenwerke AG., Dortmund (1954 Sachbearb., 1966 Gruppenleit.; 1963 Betriebsratsmitgl.). 1943-45 Kriegsteiln. (zul. Ltn.; gegenw. Oberstltn. d. R. Bundeswehr). 1956-72 Ratsmitgl. Dortmund (1961 Fraktionsf.). CDU s. 1953 - Liebh.: Klass. Musik (bes. Orgelsp.), Wandern, Schwimmen.

LÖHLEIN, Herbert A.
Schriftsteller (Ps.: C. Astor) - Graf-Rasso-Bungalows, 8082 Grafrath/Amper (T. 5 76) - Geb. 5. Juli 1900 München, kath., verh. s. 1937 m. Thea, geb. Bauer - Oberrealsch. u. Univ. München (3 Sem. Ztg.swiss.); Bankausbild. - B. 1930 Bankfach (zul. Prokurist), dann fr. Schriftst., s. J. Redaktionsmitgl. Monatsschr. Madame - BV:: u. a. Platin-Sklaven, R. aus Columbien 1932; Kosmo-Psych., 1934; D. Wolfsschlacht, Jugendb. 1936; 3 Wochen Grüne Hölle, Jgdb. 1937; Im Todessumpf v. Santos, Jgdb. 1937; D. Gezeiten d. Schicksals, 1952; Harmonisierung, 1953; Welt d. geheimen Mächte, 1953; D. himml. Kursbuch, 1954; Schätze im Ozean, Jgdb. 1954; Handb. d. Astrologie, 1968; Angst - e. Bluff d. eig. Seele / E. Buch d. Harmonisierung, 4. A. 1972; Standesamt d. Sterne, 1972; Charakterkunde, 1978; Astropsychologie, 1982. Zahlr. Hörsp.; Mitarb. an Drehb. (Walt-Disney-Filme und andere) - Liebh.: Reisen, Astrologie (Horoskop-Archiv prominenter Persönlichkeiten), Parapsych. Forsch.

LÖHLEIN, Roland
Dr. jur., Rechtsanwalt, Honorarprof. f. Bürgerl. u. Handelsrecht Univ. München (s. 1951) - Ruffiniallee 7, 8033 Planegg/Obb. (T. München 859 90 89) - Geb. 9. Mai 1906 Berlin, ev., verh. s. 1931 m. Elisabeth, geb. Pracher, 4 Kd. - Univ. München u. Freiburg/Br.

LÖHN, Johann
Dr. rer. nat., Prof., Regierungsbeauftragter f. Technologietransfer Baden-Württ. (s. 1983), Vorstandsvors. Steinbeis-Stiftg. f. Wirtschaftsförderung - Schloßstr. 25, 7000 Stuttgart 1 (T. 0711 - 2 29 09-0) - Geb. 16. Dez. 1936 Holvede (Vater: Johann L., Landw.; Mutter: Elise, geb. Klindworth), ev., verh. s. 1969 m. Ilse, geb. Pernkopf, T. Valeska - Dipl.-Phys. 1967, Promot. 1969 Univ. Hamburg - 1967-72 Wiss. Assist., Industrietätigk. (Informatik); s. 1972 FH Furtwangen (Prof. f. Informatik, 1973-77 Prorektor, 1977-83 Rektor) - Spr.: Engl.

LÖHNING, Bernd
Dr. jur., Staatssekretär b. Senator f. Finanzen v. Berlin - Zu erreichen üb. Nürnberger Str. 53-55, 1000 Berlin 30 - Geb. 4. Febr. 1944 Halle/S. - Richter Finanzgericht; Geschäftsf. FDP-Frakt. Parlam. Berlin; 1982-86 Dir. b. Abgeordnetenhaus v. Berlin.

LÖHR, Albert
Dr.-Ing. E. h., Dipl.-Ing., Konsul - Zul. 5000 Köln-Deutz - Geb. 27. Juni 1905 Leubsdorf/Rhein (Vater: Egidius L., Winzer; Mutter: Walburga, geb. Faßbender), kath., verh. s. 1936 m. Margarethe, geb. Trümpler, 2 Kd. (Waltraud; Rolf-Werner) - Gymn. Linz/Rh.; TH München (1928 Dipl.-Maschinening.) - S. 1930 Strabag (1963 Vorstands-, 1971 ARsvors.) AHI. Div. Mandate - 1963 Ehrendoktor TU Berlin (f. Verdienste im Erd- u. Wasserbau); 1967 Ehrenkonsul v. Tanzania f. Nordrh.-Westf. - 1979 Gr. BVK - Spr.: Engl., Franz.

LÖHR, Alfred
Dipl.-Ing., Vorstandsmitglied Küppersbusch AG., Gelsenkirchen (s. 1971) - Kneppersrt. 14, 4630 Bochum - Geb. 4. Jan. 1922 Bochum.

LÖHR, Georg-Wilhelm
Dr. med., o. Prof. f. Innere Medizin - Kreuzkopfstr. 23a, 7800 Freiburg/Br. (T. 40 44 97) - Geb. 20. Juli 1922 Kiel (Vater: o. Prof. Dr. med. Hanns L. †1941; Mutter: Marianne, geb. Dieterici), verh. m. Ursula, geb. Grützmacher, 4 Kd. (Dr. Sabine, Dr. Hanns, stud. Susanne, stud. Silke) - Promot. 1952 Hamburg; Habil. 1960 Marburg, 1965 Prof. Tübingen - 1966 o. Prof. Univ. Marburg (Dir. med. Poliklinik) u. 1968 Freiburg (Dir. Med. Klinik); Dt. Akad. d. Naturforsch. Leopoldina Halle/S.; Dt. Ges. f. inn. Med.; Dt. Ges. f. Hämatol. u. Onkol.; Dt. Ges. f. Fortschr. inn. Med.; Dt. Ges. f. Mutationsforsch.; Dt. Ges. f. Chemotherapie; Dt. Ges. f. Bluttransfusion u. Immunhämatol. - Erstbeschr. euras. Pat. m. genet. G6PD, PK, 6-PGD u. Glutathionreduktase-Defekt in d. roten Blutzellen als Ursache v. Hämolytischen Anämien (zus. m. H.D. Waller). Genet. Enzymdefekte, Pharmakogenetik, Blutstammzellforsch. Immuntherapie v. Tumoren. Ca. 400 Publ. BV: Pathophysiologie (zus. m. H.E. Bock u. W. Kaufmann), 1972, 82, 85, 89; Pharmakogenetik u. Präventivmed. (m. H. D. Waller), 1966ff.; Nutrition and Metabolism in Cancer (zus. m. R. Kluthe), 1981; Knochenmark-Transplant. (zus. m. K. Bross, G. Dölken u. A. Fauser) - 1959 Oehlecker-, 1960 Frerichs-, 1964 Homburg-, 1965 Hufeland-Preis; 1971 Mitgl. Heidelb. Akad. d. Wiss.; 1977 Semmelweis-Med. d. Med. Fak. Budapest; 1987 Dr. h.c. Univ. Innsbruck; BVK I. Kl.

LÖHR, Hanns-Friedrich
Dr. med. (habil.), Prof., Chefarzt Kinderabt. Stadtkrankenhaus Wolfsburg - Sauerbruchstr. 7, 3180 Wolfsburg/Niederс. (T. 4 80 61) - B. 1969 Privatdoz., dann apl. Prof. Univ. Göttingen (Kinderheilkd.). Facharb.

LÖHR, Hanshorst
Dr. med., apl. Prof., Wiss. Rat Radiol. Univ.-Klinik u. Strahleninst. Hamburg - Bahrenfelder Chaussee 75, 2000 Hamburg 50 (T. 89 30 27); priv.: Twietenkoppel 94, 2000 Hamburg 65 (T. 604 75 32) - Geb. 18. März 1918 - S. 1957 (Habil.) Lehrtätigk. Univ. Marburg, Düsseldorf u. Hamburg (1966 apl. Prof. f. Radiol. Zahlr. Facharb. (üb. Röntgendiagnostik d. Thoraxerkrank., Strahlenschutz).

LÖHRS, Udo
Dr. med., Univ.-Prof. d. Allg. Pathol. u. Pathol. Anat. - Ratzeburger Allee 160, 2400 Lübeck 1 - Geb. 27. Febr. 1938 Emden/Ostfr., ev., verh. s. 1964 m. Christine, geb. Daniel, 3 Kd. (Bettina, Jan Udo, Peter Christian) - Med.-Stud. Univ. Innsbruck, Würzburg, Hamburg, München; Promot. 1965 München, Habil. 1973 - 1979 apl. Prof. Univ. München, 1980 C 3-Prof., 1984 C 4-Prof., Dir. Inst. f. Pathol. d. Med. Univ. Lübeck, 1987-89 Dekan d. Fak. Klin. Med. - Publ. üb. Pathol. d. Gastro-Intestinaltrakts, Tumorpathol., Schilddrüsen- u. testikuläre Tumoren.

LÖLIGER, Hans Christoph
Dr. med. vet., Prof. f. Allg. Pathologie u. Pathol. Anat. d. Haust. - Lisztstr. 20, 3100 Celle (T. 05141 - 5 34 66) - Geb. 21. Dez. 1923 Stargard/Pom. (Vater: Kurt L., Bundesbahnvizepräs.; Mutter: Erna, geb. Köhn), ev., verh. s. 1955 m. Dr. phil. Brigitte, geb. Müller, 3 Kd. - Abit. 1941 Wuppertal; 1946-50 Univ. München; 1950 (Promot.), 1959 (Habil., Priv. Doz.. TiHo., Hannover), 1965 (apl. Prof. TiHo Hannover), 1966 (Lehrauftr. Pelztier-, Kaninchenkrankh. TiHo Hannover. Dir. + Prof. Inst. f. Kleintierzucht, Forschungsanst. f. Landwirtsch. Celle. Vizepräs. WRSA (World Rabbit Science Assoc.) - BV: Lehrb. Pelztierkrankh., 1970; Leukosen d. Gefl., Pelztiere u. Kaninchen in: Handb. d. pathol. Anat. d. Haustiere, 1969; Lehrb. Kaninchenkrankh., 1986; Leukosen, Marek'sche Krankh., Retikuloendotheliosen d. Gefl.; Pelztier- u. Kaninchenkrankh. in: Handb. tierärztl. Praxis, 1978/79; Leukosen d. Gefl. in: Handb. d. Gefl.krankh., 1989. Ferner Arb. üb. Haltungskrankh. u. Technopathien u. Tierschutz b. Gefl., Pelzt., Kaninchen - Spr.: Engl.

LÖLLGEN, Herbert
Dr. med., Prof. Univ. Freiburg, Facharzt f. Inn. Med. - Bermesgasse 32b, 5630 Remscheid 11 - Geb. 5. Jan. 1943 Bonn (Vater: Artur L., Kaufm.; Mutter: Maria, geb. Decker), kath., verh. m. Dr. med. Inge, geb. Horres, 4 Kd. (Ruth, Deborah, Noëmi, Eva) - Staatsex. 1967; Habil. 1979 - 1979 Ltd. Oberarzt Med. Klinik Freiburg; 1983 Ltd. Arzt Med. Klinik Limburg; 1986 Chefarzt Med. Klinik Kardiologie Städt. Krankenanst. Remscheid - BV: Ergometrie in d. Praxis, 1983; Kardiopulmonale Funktionsdiagnostik, 1983; Progress in Ergometrie, 1984; Reanimationsfibel (zus. m. G. Meuret), 1988; zahlr. wiss. Veröff. - Mitgl. d. Med. Board f. Dt. Astronauten, Chairman (ICSSPE) Working Group on Ergometry (UNESCO).

LÖNING, Karl
Dr. theol., Prof. Univ. Münster - Jupiterweg 22, 4400 Münster - Geb. 11. Juli 1938 Fürstenau, kath. - 1. Staatsprüf. (German., Theol.) 1965; Promot. Lic. theol. 1967; Dr. theol. 1971 - 1967 Wiss. Assist., 1970 Akad. Rat, 1972 o. Prof..

LÖNNE, Karl-Egon

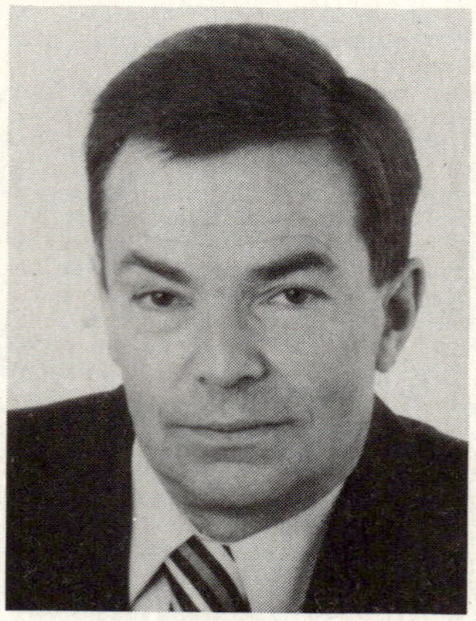

Dr. phil., Prof. Univ. Düsseldorf, Historiker - 4048 Grevenbroich 2 (T. 02181 - 7 37 71) - Geb. 2. Mai 1933 Weveling-hoven (Vater: Franz Michael L., Kaufm.; Mutter: Maria, geb. Kaulen), kath., verh. s. 1966 m. Gerhild, geb. Lassen, 5 Kd. (Michael, Johannes, Martin, Hildegard, Monika) - 1955-64 Univ. Marburg, Köln, München, Neapel; Promot. 1964 München, Habil 1975 - 1969 Rom; 1970 Univ. Düsseldorf; 1979 ao. Prof.; 1982 Prof. - BV: Benedetto Croce als Kritiker s. Zeit, 1967 (ital. Übers. in Arb.); Faschismus als Herausforder., 1981 (ital. Übers.: Fascismo come provocazione, Napoli 1985); Polit. Katholizismus im 19. u. 20. Jh., 1986. Herausg.: Wissenschaftstradition u. Nachkriegsgeschichte in Italien u. Deutschland (1987) - Liebh.: Kultur d. Renaissance - Spr.: Ital., Latein, Griech., Engl., Franz.

LÖNS, Rolf
Dr. jur., Hauptgeschäftsführer IHK Stade f. d. Elbe-Weser-Raum (s. 1975) - Am Schäferstieg 2, 2160 Stade (T. 04141 - 6 06 60) - Geb. 10. Mai 1929 Bochum (Vater: Hugo L., Oberamtmann; Mutter: Kläre, geb. Möllmann), ev., verh. s. 1958 m. Elisabeth, geb. Meyer, 3 Kd. (Jörg, Peter, Jan) - Kfm. Lehre u. Praxis. Univ. Bonn, Erlangen, Heidelberg (Rechts- u. Wirtschaftswiss.), Köln u. Münster (Pädagogik); Staatsex., Promot. - 1959 Verbandsgeschäftsf. Düsseldorf, 1965 Kammergeschäftsf. Osnabrück, 1972 Ltd. Dir. Bundesinst. f. Berufsbildungsforschung, Berlin. Fachveröff. Berufsforschung - Spr.: Engl. - Rotarier - Bek. Vorf.: Dichter Hermann Löns (Großonkel).

LOERS, Veit

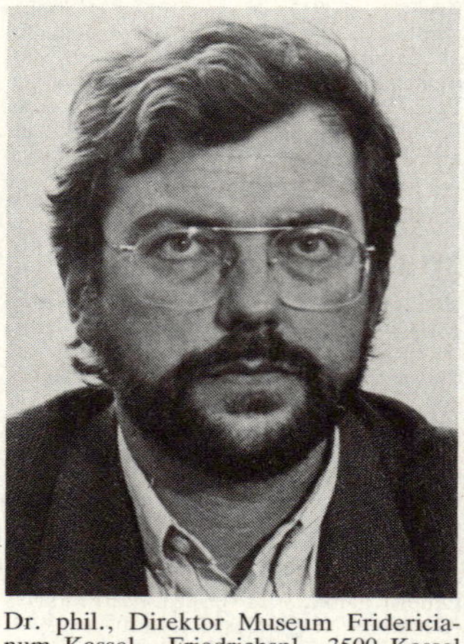

Dr. phil., Direktor Museum Fridericianum Kassel - Friedrichspl., 3500 Kassel (T. 0561 - 77 00 33) - Geb. 12. März 1942 Schaidt/Rheinpfalz, 2 Söhne (Gerald, Fabian) - Stud. Kunstgesch., klass. Archäol. u. Phil. Wien u. München; Promot. 1972 München - 1981-86 Leit. d. Städt. Galerie Regensburg - BV: Rokokoplastik u. Dekorationssysteme, 1976; Umgang m. d. Aura, 1984; Schlaf d. Vernunft, 1988 - Spr.: Engl., Franz., Ital.

LÖSCH, Georg
Geschäftsführer Zentralverb. d. Dt. Geflügelwirtschaft - Niebuhrstr. 53, 5300 Bonn.

LOESCHCKE, Hans Hermann
Dr. med., Dr. h. c., em. o. Prof. f. Physiologie - Paracelsusweg 18, 4630 Bochum-Querenburg (T. 70 17 14) - Geb. 20. Okt. 1912 Köln (Vater: Prof. Dr. med. Hermann L., Pathol. (s. X. Ausg.); Mutter: Dr. rer. nat. Thekla, geb. Freytag), konf.sl., verh. s. 1942 m. Dr. med. Gertrud, geb. Wilckens, 4 Kd. - Karl-Friedrichs-Gymn. Mannheim; Univ. Heidelberg, Freiburg/Br., Greifswald (Med. Staatsex. 1935, Promot. 1937) - Praktikant Univ. Greifswald (Pathol. Inst.), Assist. Städt. Krkhs. Düren (Med. Abt.), Univ. Frankfurt/M. (Med. Klin.), 1938 Univ. Göttingen (Physiol. Inst.), 1942 Privatdoz., 1949 apl., 1962 ao. Prof. ebd., 1964 o. Prof. Univ. Bochum. 1949/50 Rockefeller-Stip. Pennsylvania-Univ. Philadelphia/USA; 1954/55 Gastprof. Univ. Bern u. 1973 Univ. of the West Indies, Kingston (Jamaica); 1974 korr. Mitgl. Wiener Ges. d. Ärzte; 1974 Ehrendoktor Univ.René Descartes, Paris; Ehrenmitgliedsch.: Dt. Physiol. Ges., Ges. f. Atemwegs- u. Lungenkrankh.; Ass. of Physiologists and Pharmacologists of India. Fachveröff. - 1963 Mitgl. New York Acad. of Sciences.

LÖSCHE, Peter
Dr. phil., Prof. f. Politische Wissenschaften - Landwacht 7, 3400 Göttingen (T. 0551-2 36 79) - Geb. 13. Febr. 1939 Berlin (Vater: Bruno L., Schriftsetzer, Bürgermeister; Mutter: Dore, geb. Ludwig), verh. s. 1969 m. Christel, geb. Stüber, 2 Kd. (Daniel, Nina-Suzanne) - Stud. Berlin, Göttingen u. USA; Promot. 1966, Habil. 1973, alles Berlin - S. 1971 Prof. Berlin, Hamburg u. Göttingen, 1975-76 stv. Vors. Dt. Verein. f. Polit. Wiss., s. 1973 o. Prof. Göttingen - BV: D. Bolschewismus im Urteil dt. Sozialdemokratie, 1967; Ind.gewerksch. im organis. Kapitalismus, 1974; Anarchismus, 1977; Politik in USA, 1977; Wovon leben d. Parteien? Üb. d. Geld in d. Politik, 1984. - S. 1973 Mitgl. Histor. Kommiss. Berlin - Spr.: Engl., Franz., Niederl.

LÖSCHNER, Fritz
Dr. techn., em. o. Univ.-Prof., ehem. Direktor Geodät. Inst. TH Aachen (s. 1963) - Limburger Str. 8, 5100 Aachen (T. 7 14 26) - Geb. 27. Mai 1912 Brünn (Vater: Prof. Dr. Hans L. † 1956, erster Dr. techn. d. Österr.-Ung. Monarchie, 1901) - 1936 Dipl.Bauing.; 1937 Dipl.-Vermessungsing.; 1955 Dipl.-Kulturing., 1938-63 Leiter Vermessungsarb. Tauernkraftwerk Glockner-Kaprun - Zahlr. Facharb. z. Ingenieurgeodäsie - 1976 Ehrenmitgl. Comité Intern. de Photogrammétrie Arch., Paris, 1963 Mitgl. d. Dt. Geodätischen Komm. b. d. Bayer. Akad. d. Wissensch., München; 1982 o. Mitgl. d. Sudetendt. Akad. d. Wissensch. u. Künste, München.

LÖSENBECK, Hans-Dieter
Dr. rer. pol., Journalist, Chefredakteur Zeitschrift test - Zeltinger Str. 60 a, 1000 Berlin 28 (T. 030 - 401 71 66) - Geb. 13. März 1934, ev., verh. s. 1963 m. Heide, geb. Lühring, 2 Kd. (Antje, Imke) - 1954-57 kaufm. Lehre z. Industriekfm.; Stud. Volksw. 1957-63 Nürnberg, Innsbruck, Göttingen; Dipl.-Volksw. 1959, Promot. 1963 - 1963-65 Wirtschaftsredakt. b. Volkswirt, spät. Wirtschaftswoche; s. 1965 Ltd. Redakt., spät. Chefredakt. b. test - BV: Preisbildung b. öfftl. Untern. Diss.; Wegweiser f. Verbraucher (Broschüre f. Bundespresseamt), z.Zt. 3. A. - Liebh.: Bücher, Sport (Tennis, Skilaufen) - Spr.: Engl.

LÖSER, Hans-Joachim

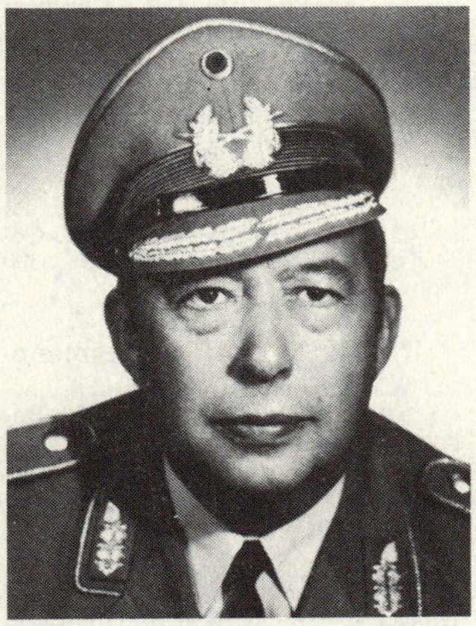

Generalmajor a.D., Journalist u. Schriftsteller (Ps. Jochen Löser) - Schulstr. 21, 8213 Sachrang (T. 08057 - 2 42) - Geb. 3. April 1918 Weimar (Vater: Franz-J. L., Landwirt; Mutter: Johanna L.), verh. s. 1943 m. Ursula, geb. Müller, 3 Kd. (Brigitte, Peter, Dieter) - Abit. 1936 Berlin; ab 1945 Kriegsakad. Hirschberg, 1957 Führungsakad. Ems (Generalstabsoffz.) - 1936-45 Wehrmacht-Major; 1945-55 Selbst. Untern.; 1956-74 Hilfsref. u. Ref. BMVG, Div.- u. Korpschef, Brigade- u. Divisionskommand.; Gründungspräs. u. Ehrenmitgl. Europ. Inst. f. Sicherheitsfragen (EIS), Luxemburg; Kuratoriumsvors. Arbeitskr. Wehrpol. Initiativen (AWI), München; Gründungs- u. Vorst.-Mitgl. FORUM ZUKUNFT, München - BV: Terrorismus (m. and.), 1977; Antibürokratie (Hrsg.), 1980; Weder rot noch tot, 1981; Gegen d. Dritten Weltkrieg - Strat. d. Freien, 1982; Was heißt für mich Frieden (m. and.), 1982; Antwort auf Genf, 1984; Neutralität f. Mitteleuropa - d. Ende d. Blöcke; Bittere Pflicht - Kampf u. Unterg. d. 76. Berlin-Brandenburg. Inf. Div., 2. A. 1988 (Hrsg.); Kollektive Sicherh. (m. and.); Sachranger Chronik - Heimatgesch. a. d. Chiemgau, 1987; Menschenführung im Gefecht (m. O.i.G. v. Horn) - Kunstwerke: Plastiken (Ausst. Kunsthochsch. Weimar 1943) - 1942 Ritterkr. d. Eis. Kreuzes; 1974 Gr. BVK; 1985 Friedensmed. d. Stadt Verdun - Liebh.: Gesch., Phil., Bild. Kunst - Spr.: Engl., Franz. - Bek. Vorf.: Hofmaler F. Krüger, Berlin.

LÖSER, Hermann
Dr. med., Prof., Kinderarzt, Kardiologe Univ.-Kinderklinik Münster - Schweringstr. 38, 4400 Münster (T. 02534 - 75 45) - Geb. 28. Okt. 1940 Forst/Lausitz, verh. s. 1968 m. Else, geb. Leidig, 3 Kd.

LÖTTGEN, Ulrich
Dr. phil., o. Prof. f. Mathematik u. ihre Didaktik - Hagedorns Kamp 4, 5000 Köln 80 (T. 68 25 24) - Geb. 14. Aug. 1927 Hamm/S. - Stud. (Math., Phys., Phil., Päd.) Univ. Bonn, Köln; Promot. 1952 Köln; 1953 u. 55 1. u. 2. Staatsex. f. d. Höh. Lehramt - 1953/54 Assist. Köln, 1953-63 Schuldst.; 1963-65 Doz. PH Wuppertal; 1965-71 o. Prof. PH Rheinland; s. 1980 Univ. Köln.

LOEW, Friedrich
Dr. med., o. Prof. f. Neurochirurgie (s. 1963) - Universitätskliniken, 6650 Homburg/Saar (T. 16 26 07) - Geb. 28. Juli 1920 Remscheid (Vater: Prof. Lic. theol. Dr. med. Wilhelm L. (s. dort); Mutter: Elisabeth, geb. Naumann), ev., verh. s. 1944 m. Anneliese, geb. Heuser, 3 Kd. (Dorothea, Michael, Cornelia) - Reform-Realgymn. Traben-Trarbach; Univ. Graz u. Wien. Med. Staatsex. 1944 - B. 1945 Wehrmachtlazarette, dann chir. u. neurochir. Ausbild. bzw. Tätigk. Knappschafts-Krkhs. Bochum-Langendreer u. Neurochir. Univ.klinik Köln (1951-60 Oberarzt), s. 1960 Leit. Neurochir. Abt. u. Dir. (1963) Neurochir. Univ.klinik Homburg. 1962-66 Vors. Dt. Ges. f. Neurochir.; 1970-77 Vors. Wiss. Beirat Bundesärztekammer. Div. Fachmitgliedsch. S. 1957 gf. Redakteur d. intern. Fachzeitschr. Acta Neurochir. - BV: D. Glioblastoma multiforme, 1959 (m. Weber, Wien); Diagnose, Behandl. u. Prognose d. traumat. Hämatome d. Schädelinneren, 1960 (m. Wüstner, Wien); Lumbaler Bandscheibenvorfall - Konservative u. operative Behandl., 1961 (m. Jochheim u. Rütt). Etwa 120 Einzelveröff., darunt. Buchbeitr. - 1956 Preis Niederr.-Westf. Chirurgen-Vereinig. (f. d. beste wiss. Arbeit d. J.); Wilhelm-Tönnis-Med. d. Dt. Ges. f. Neurochir.; Ehrenmitgl. Dt., Brit. u. Jugosl. Neurochir. Ges. - Liebh.: Musik, Flugsport - Spr.: Engl., Franz. - Bek. Vorf. (Großv.): Friedrich Naumann (Politiker, Schriftst., Theologe).

LOEW, Hans-Heinrich
Dr. med., Prof. f. Inn. Medizin u. Nephrologie - Hans-Luther-Allee 5, 4300 Essen (T. 0201-78 84 12) - Geb. 21. Mai 1938 Braunschweig (Vater: Gottfried L., Dipl.-Ing; Mutter: Dr. phil. Maria, geb. Sack), verh. s. 1964 m. E. Otzdorf, 2 Kd. (Britta, Holger) - Gymn. Bremen; Med.-Stud. Hamburg, Freiburg, München; Promot. 1963 München, Habil. 1973 - 1973-79 O.Arzt Med. Univ. Poliklin. Münster, s. 1979 ltd. Arzt d. Med. Klin. II/Nephrolog. Alfried-Krupp-Krkhs. Essen - Spr.: Engl.

LOEW, Hans-Werner
Oberregierungsrat a. D., Rechtsanwalt, MdL Bayern, stellv. Vors. Aussch. f. Staatshaushalt u. Finanzfr. - Arndtstr. 22, 8700 Würzburg (T. 0931 - 7 47 97) - Geb. 1942 - SPD.

LÖW, Konrad

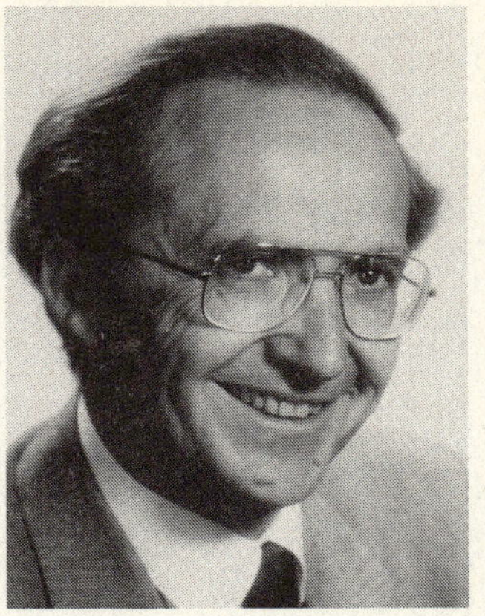

Dr. jur., Prof. f. Politikwiss. Erlangen-Nürnberg (s. 1972) u. Bayreuth (s. 1975) - Kirchenstr. 17, 8021 Baierbrunn (T. 089 - 793 25 14) - Geb. 25. Dez. 1931 München (Vater: Peter L., Angest.; Mutter: Maria, geb. Meyer), kath., verh. s. 1959 m. Rita, geb. Wagner, 5 Kd. (Peter, Birgitt, Elisabeth, Bernadette, Andrea) - 1960-65 Staatsdienst Bay. u. 1965-72 Bonn - BV (Gesamtaufl. 307 Ts.): Rechtsstaat, Demokratie, Sozialstaat, 5. A. 1982; 25 Jahre Grundgesetz, 1974; Ausbeutung d. Menschen durch d. Menschen, 3. A. 1983; D. Grundrechte, 2. A. 1982; Betrogene Hoffnung, 1978; WIR - Eine Sozialkunde, 3. A. 1989; Warum fasziniert d. Kommunismus?, 5. A. 1985 (span. 1983); D. Lehre d. Karl Marx (Dok.-Kritik), 2. A. 1989; Marxismus, Quellenlexikon, 2. A. 1988; Kann ein Christ Marxist sein?, 2. A. 1987 (span. 1985); Das Prinzip Gorbatschow - Inhalt u. Glaubwürdigkeit, 1. A. 1989 - 1978 Gold. Sportabz. - Spr.: Engl., Franz.

LÖW, Reinhard
Dr. rer. nat., Dr. phil., Prof., Gründungsdirektor Forschungsinst. f. Philosophie Hannover - Lange Laube 14, 3000 Hannover 1 (T. 0511 - 164 09 20) - Geb. 15. Febr. 1949 Freising, kath., ledig - 1968-77 Stud. Naturwiss. u. Phil. München; Approb. Apoth. 1973, Dr. rer. nat. 1977, Dr. phil. 1979, Habil. f. Phil. 1983, alles München - 1977-84 Wiss. Assist. München, 1984-87 Prof. f. Naturphil. S. 1979 Vorstandssprecher CIVITAS; s. 1983 Redaktionsmitgl. Scheidewege - BV: Phil. d. Lebendigen, 1980; D. Frage Wozu?, 1981 (Jap. 1986); Nietzsche - Sophist u. Erzieher, 1984; Leben aus d. Labor, 1985. Mithrsg.: COMMUNIO (s. 1987) - 1978 Partington-Prize (GB) f. Wiss.gesch.; 1985 Letamendi-Preis (Span.) f. Anthropol. - Liebh.: Musik, Bergsteigen - Spr.: Engl., Ital.

LÖWE, Armin
em. Prof. f. Pädaudiologie u. Gehörlosenpäd. PH Heidelberg, Fachschriftsteller - Görresstr. 76a, 6900 Heidelberg 1 (T. 06221 - 3 51 51) - Geb. 17. Okt. 1922 Meißen/Sa. (Vater: Willy L., Buchh.; Mutter: Helene, geb. Braune), kath., verh. s. 1953 m. Margrit, geb. Glock †1984, 5 Kd. - 1947-52 Ausb. z. Volksschullehrer u. Gehörlosen- u. Schwerhörigenlehrer - 1951-59 Gehörlosenlehrer; 1959-66 Gründ. u. Leit. 1. Pädaudiol. Beratungsstelle; 1966-70 Doz. f. Pädaudiol.; 1970ff. Prof. Verf. v. 25 Büchern z. Hörgeschädigtenpäd., dar. Spiel- u. Leseb., Ratgeber u. Tests; Herausg. v. 5 Büchern z. selb. Thema; 350 Beitr. in audiol., med. u. päd. Werken, in Kongreßberichten u. Ztschr. im In- u. Ausl. - 1984 Sonnenschein-Med. (Hilfe f. mehrfachbeh. Kinder); 1988 BVK am Bde.; 1988 Fellow of the Intern. Coll. of Rehabilitative Audiology; 1989 Auftrag z. Aufbau e. National Hearing and Speech Centre in Dhaka/Bangladesch.

LÖWE, Hartmut
Dr. theol., Pfarrer, Präs. Kirchenamt d. Ev. Kirche in Deutschland - Herrenhäuser Str. 12, 3000 Hannover 21 (T. 0511 - 809 30 00) - Geb. 13. Nov. 1935 Steinbach-Hallenberg/Thür. (Vater: Max L., Kaufm.; Mutter: Martha, geb. Capraro), ev., verh. s. 1961 m. Elisabeth, geb. Bresser, 3 Kd. (Wanda Ulrike, Teresa Elisabeth, Johannes Robert) - Abit. 1956; 1956-61 Stud. Theol. Univ. Marburg, Heidelberg u. Zürich (1. Theol. Ex. 1961 Heidelberg, Promot. 1965, 2. Theol. Ex. 1966 Kassel) - 1962-66 Wiss. Assist. Heidelberg; 1966-72 Pfarrer in Treisbach/Oberhessen u. St. Martini Bremen, Ausb. d. Vikare; 1972-80 Oberlandeskirchenrat Kassel; 1980 ff. Vizepräs. Kirchenkanzlei d. Ev. Kirche in Dtschl.

LÖWE, Heinz
Dr. phil., em. Prof. f. Mittlere u. Neuere Geschichte - Gottlieb-Olpp-Str. 46, 7400 Tübingen (T. 6 33 41) - Geb. 21. Mai 1913 Berlin (Vater: Wilhelm L.; Mutter: Charlotte, geb. Nieder), verh. 1941 m. Bernhardine, geb. Kallen, 2 Kd. (Heinz-Dietrich; Irene) - Univ. Berlin u. München. Promot. 1937 Berlin; Habil. 1947 Köln - S. 1953 Ord. Univ. Erlangen u. Tübingen (1961) - BV: D. karoling. Reichsgründ. u. d. Südosten, 1937; E. lit. Widersacher d. Bonifatius, 1951; Dtschl. im fränk. Reich in: Gebhardts Handb. d. dt. Geschichte I, 1970; V. Theoderich d. Gr. zu Karl d. Gr., 2. A. 1958; Von Cassiodor zu Dante. Ausgewählte Aufs. z. Gesch.schreib. u. politischen Ideenwelt d. Mittelalters, 1973. Zahlr. Einzelveröff. Herausg.: Jahrb. f. Fränk. Landesforsch. (1954-57), Geschichte u. Zukunft, 5 Vortr. (1978), D. Iren u. Europa im früh. Mittelalter, 2 Bde., 1982. Neubearb.: Wattenbach/Levison, Dtschl.s Geschichtsquellen im Mittelalter - Vorzeit u. Karolinger II, III, IV, V, VI (1953, 57, 63, 73, 89) - Mitgl. Zentraldir. Monumenta Germaniae Historica, Dt. Kommiss. f. d. Bearbeitung d. Regesta Imperii u. Kommiss. f. geschichtl. Landeskd. in Baden-Württ. - Geschichtsschr. u. geistiges Leben i. Mittelalter. Festschr. f. H. Löwe, hrsg. v. K. Hauck u. H. Mordek, 1978.

LÖWE, Heinz-Dietrich
Dr. phil. habil., Fellow am Oxford Centre f. Postgraduate Hebrew Studies u. Senior Res. Fellow Wolfson College Oxford/Grobrit. - 35, Oakthorpe Rd., Oxford Ox 2 7BD (T. 0867 - 31 02 29) - Geb. 27. Juli 1944 Brandenburg, kath., verh. s. 1976 m. Christiane, geb. Brust, 4 Kd. (Anne-Marie, Alexandra, Andreas, Matthias) - Univ. Freiburg u. London School of Economics; Staatsex. 1972 Freiburg, Promot. 1977 Freiburg, Habil. 1985 Freiburg - 1975 Redakt. b. Handb. d. Gesch. Rußl.; 1978 Wiss. Angest. Univ. Freiburg; 1981 DFG-Stip.; 1986 Priv.-Doz. Univ. Freiburg; 1987 Visiting Fellow St. Antony's Coll. Oxford. 1975-81 fr. Mitarb. Stuttgarter Ztg.; Editorial Board Contemporary Jewry - BV: Antisemitismus u. reaktionäre Utopie. Russ. Konservatismus im Kampf gegen d. Wandel v. Staat u. Ges., 1978; D. Lage d. Bauern in Rußl. Wirtsch. u. soz. Veränderungen in d. ländl. Ges. d. Zarenreiches, 1987. Beitr. z. Handb. d. Gesch. Rußl., 1978ff., u. Lexikon d. Gesch. Rußl., 1985; Einzelschr.

LOEWE, Lothar
Journalist - Zu erreichen üb. Sender Freies Berlin, Masurenallee 8-14, 1000 Berlin 19 (T. 30 31 10 00) - Geb. 9. Febr. 1929 Berlin (Vater: Ernst L., Postbeamter; Mutter: Ella, geb. Hass), ev., verh. s. 1967 m. Hannelore, geb. Krueger, 2 Kd. (Alexander, Oliver) - Abit. 1948; 1953-54 Univ. of Oregon - 1949-54 Reporter, 1954-60 Polit. Redakteur, 1961-67 Rundf.- u. Fernsehkorresp. f. ARD in Washington, 1967-70 ARD-Fernsehkorresp. in Moskau, 1971-74 Fernseh-Sonderkorresp. f. aktuelle Berichterst. (ARD), 1974-76 (Ausweisung) Leit. DDR-Studio d. ARD in Ostberlin, 1978-82 ARD-Fernseh-Korresp. Washington/USA, 1983-86 Int. SFB (Berlin-W.) - BV: Abends kommt d.

Klassenfeind - Eindrücke zwischen Elbe u. Oder, 1977 - BVK.

LÖWE, Rüdiger

Verleger - Aachener Str. 20, 6090 Rüsselsheim (T. 06142 - 1 31 00) - Geb. 13. Mai 1955 Mainz (Vater: Willi L., Schlosser; Mutter: Anna Luise, geb. Tucholsky), 3 Kd. (Julian Pascal, Nelly Florence, Judith-Jael) - Math.-naturw. Hochschulreife; Fachhochschulstud. (Kommunikations Design, Werbepsych. u. Fotogr.) - 1979-82 Präs. Löwe-Verlagsges. Rüsselsheim; 1981-82 General-Manager European Emergency Federation Frankfurt; s. 1982 Repräsent. J. Löwe Verlag Rüsselsheim; s. 1984 Vors. d. AG Waldorfpäd. u. Anthroposophie Rüsselsheim; 1985-86 Präs. d. Dt. Tier-Hilfe-Werkes - Veröff.: CB-Euro-Revue - Fachillustrierte f. Deutschl. (auch franz., engl., holländ., span. f. Europa u. USA); D. Neue Rüsselsheimer, Lokalztg. - Liebh.: Malerei u. Zeichnen - Spr.: Engl.

LÖWE, Walter

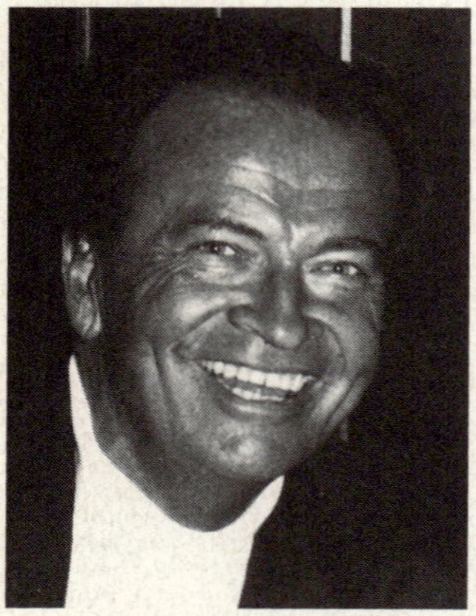

Dr. jur., Prof., Richter am Bundesfinanzhof a. D. (1976-84) - Fasanenstr. 23 b, 8025 Unterhaching (T. 089 - 611 35 72) - Geb. 5. Feb. 1935 Neustadt/Aisch (Vater: Dr. med. Günther L.; Mutter: Ilse, geb. Merkel), ev., 3 Kd. (Gabriele, Peter, Christof) - Hum. Gymn. (Abit.), Lehre Ind.kfm., Stud. Rechts- u. Staatswiss. Univ. München u. Heidelberg - S. 1962 höh. Justizdst. (zul. Min.rat Bay. Justizmin.); 1974ff. Honorarprof. Univ. München f. Zivil-, Wirtschafts- u. Verfahrensrecht; s. 1986 Rechtsanwalt - Mitverf. Fachkommentar z. AGB-Ges., 1982; Kommentat. d. Reisevertragsges. im Münchener Kommentar z. BGB (1. Aufl.); Das neue Pauschalreiserecht, 1981. Mithrsg.: Zehn Jahre AGB-Gesetz (1987). Ständ. Mitarb. d. Ztschr. f. Recht u. Wirtschaft Betriebsberater, Heidelberg; auf d. Geb. d. zivilrechtl. Verbraucherschutzes publ. u. fachjourn. tätig. Zahlr. Veröff. - 1984 Verbraucherpreis IKEA-Stiftg.

LOEWE, Werner

Wiss. Angestellter, Mitgl. Hbg. Bürgerschaft (s. 1978) - Jungfrauenthal 16, 2000 Hamburg 13 - Geb. 18. Mai 1941 Stettin - Univ. Hamburg, Innsbruck, München, Bremen (Angl., German., Literaturwiss., Polit., Arbeitslehre) - SPD s. 1968 (div. Funkt.).

LOEWEL, Ernst-Ludwig

Prof., Dr. agr., Obstbau Landwirtschaftsdirektor i.R. - Ziegeleiweg 13, 2170 Hemmoor (T. 37 61) - Geb. 8. Nov. 1906 Saarbrücken (Vater: Rudolf L., Geh. Oberbaurat, zul. Reichsbahndirektionspräs.), ev., verh. s. 1933 m. Ida-Okea, geb. Lüken, 2 Kd. (Hilke, Rolf) - Realgymn. Berlin; LH Bonn u. Berlin - 1934-71 Herausg. Zeitschr. „Erwerbsobstbau" - BV: D. Obstbaumspritzung, 1936 (zahlr. A.). Viele Einzelveröff. - Liebh.: Pferde, Gläser - Spr.: Engl., Holl.

LOEWEL, Horst-G.

Freier Maler - Gut Neuhaus, 7972 Isny (T. 07562 - 88 55); Atelier u. Galerie, El Médano, La Mareta 11, Tenerife, Islas Canarias - Geb. 15. März 1939 Hannover, led. - 1958 Gärtnerlehre; Stud. Biol. u. Geogr., Ex. 1969 Univ. Köln, Bonn u. Münster - Durchführung v. Ausstell. u. Musiktagen auf Gut Neuhaus, Isny/Allg. - Kunstrichtung: Surrealismus, Realismus. Werke: Tryptichon Der Wasserfall, 1980-83; D. Stadt, 1969; Gr. Marienbild, 1971; Esso Niagara, 1983 - Interessen: Barock u. Renaissance, Musik - Spr.: Engl.

LOEWEN, Matthias

Prof. f. Dt. Sprache u. Literatur sowie ihre Didaktik RWTH Aachen - Hein-Görgen-Str. 5, 5100 Aachen (T. 6 12 70) - Geb. 5. Mai 1909 Detzem - 1929-35 Stud. German., Roman. u. Angl. Univ. Bonn, München u. Dijon - 1935-55 höh. Schuldst.; 1955-59 Doz., dann Prof. PH Rheinl., Abt. Aachen; emerit. 1977 - BV: D. Trickfilm als didakt. Aufg., I u. II (m. Birgit Lermen), 1983 u. 84; Lyrik aus d. DDR. Exemplarische Analysen (m. Birgit Lermen), 1987.

LÖWEN, Walter

Dr. phil., Journalist, Schriftst., Verleger - Kampstr. 91D, 3000 Hannover 61 (T. 0511-58 08 25) - Geb. 18. März 1927 Friedensfeld, verh. s. 1952 m. Brigitte, geb. Moßler, 2 Kd. (Bettina, Hendrik) - Kaufmannslehre; Stud. m. Staatsex.; Promot. 1955 Jena - Redakt. b. HAZ; Verlagsleit. Moorburg-Verlag Hannover - Spr.: Engl., Russ.

LÖWENBERG, Bernward

Dr. jur., Landrat - Bismarckstr. 15, 6232 Bad Soden/Ts. (T. 06196 - 2 17 77) - Geb. 26. Febr. 1937 Trier, kath., verh. s. 1963 m. Carola, geb. Bauer, 4 Kd. (Claudia, Cornelia, Camilla, Fabian) - Stud. Rechtswiss. Univ. Freiburg, Hamburg, Münster; 1. jurist. Staatsex. 1962 Hamm; Promot. 1967 Münster; 2. jurist. Staatsex. 1968 Düsseldorf - Amtsdirektor (Wolbeck); 1971-77 Stadtkämmerer Paderborn; 1978-89 Landrat Main-Taunus-Kr. S. 1973 Mitgl. (Vizepräs., zugl. s. 1984 Präs. d. dt. Sektion) Intern. Bürgermeister Union; Kr.Vors. DRK Main-Taunus; s. 1978 Frankfurt-Königsteiner Eisenbahn AG (AR-Mitgl.; stv. Vors.; Mitgl. Kl. Kommiss. d. AR), Mitgl. Finanzaussch. u. stv. Vors. Hess. Ld.kreistag (s. 1981 Präs.-Mitgl. u.a.), VR-Mitgl. Kommun. Gemeinschaftsst. f. Verw.vereinfachung; VR-Mitgl. (u.a.) Kreisspark. Main-Taunus-Kr., Beirats-Mitgl. (u. stv. Vors. s. 1987) Main Gas AG; VR-Mitgl. Kommun. Gebietsrechenzentrum Wiesbaden; Beirats-Mitgl. (u.a.) Main-Kraftwerke AG; s. 1979 Verw.-Aussch. (u.a.) Arbeitsamt Frankfurt; s. 1980 Mitgl. Gemeins. Auslandsaussch. Bundesvereinig. Kommun. Spitzenverb., Vors. Förderkr. Musik Main-Taunus, VR-Mitgl. Wohnstift Augustinum; s. 1982 stv. Vors. Kr.verb. Mittelstandsvereinig. CDU Hessen, Vorst.-Mitgl. u. Vors. Dt. Bibl.verb. Landesverb. Hessen, VR-Mitgl. (u.a.) Hessen Nassauische Lebensversich.anst.; s. 1984 stv. Kurat.-Mitgl. Dt.-Franz. Jugendwerk, Mitgl. Aussch. f. Europa u. intern. Fragen Konrad-Adenauer-Stiftg.; s. 1986 Mitgl. d. Präs. Dt. Sektion (u.a.) Rat d. Gemeinden Europas, Vors. Stiftg.-VR Kreisspark.stiftg.; AR-Mitgl. u. Vors. Main-Taunus Verkehrsges. MTV; Vors. Arb.gemeinsch. Flugplatz Wiesbaden Erbenheim; stv. Mitgl. (u.a.) Conseil de l'Europe - BV: D. Geltendmachung v. Geldforderungen im Verwaltungsrecht, 1967 - Liebh.: Dt.-Franz. Verhältnis, Lit., Wandern, zeitgenöss. Kunst - Spr.: Engl., Franz.

LOEWENECK, Hans

Dr. med., Prof. f. Anatomie Univ. München - Zu erreichen üb.: Anatom. Anstalt Univ. München, Pettenkoferstr. 11, 8000 München - Geb. 12. Febr. 1938 Düsseldorf.

LOEWENHEIM, Ulrich

Dr. jur., Prof., Vizepräsident Univ. Frankfurt - Hermann-Schuster-Str. 26, 6274 Wallbach/Ts. (T. 06126 - 49 98) - Geb. 30. Mai 1934 Göttingen (Vater: Hans L., Richter BGH; Mutter: Ruth, geb. Bandelow) - Stud. Univ. Hamburg, München, Frankfurt/M., Berkeley/Calif. - 1971-72 Ausw. Amt, Bonn - BV: Warenzeichen u. Wettbewerbsbeschränkung, 1970; Komment. z. Gesetz geg. Wettbewerbsbeschr., 1977 - Spr.: Engl., Franz., Span.

LOEWENICH, von, Gerhard

Staatssekretär Bundesmin. f. Raumordnung, Bauwesen u. Städtebau (s. 1982) - Weißdornweg 79, 5300 Bonn-Bad Godesberg - Geb. 18. Febr. 1929 Nürnberg, verh. m. Waltraud, geb. Kölz, 3 S. - Melanchtongymn. Nürnberg; Gymn. Erlangen (Abit.) - Univ. Erlangen; 1. u. 2. jurist. Staatsprüf. 1957 Verwaltungsgericht Ansbach - 1958-59 Bayer. Staatsmin. d. Innern; 1960-62 BVerfG (wiss. Mitarb.); 1963-64 Landratsamt Forchheim; 1965/66 Synd. Univ. Erlangen-Nürnberg; 1966-82 Bundesmin. d. Innern (u. a. Grundsatzref. Verfassungsrecht, zul. Leit. Abt. Innere Sicherh.) - Spr.: Engl.

LOEWENICH, von, Volker

Dr. med., Prof., Leiter d. Abt. f. Neonatologie Univ. Frankfurt - Zentrum d. Kinderheilkunde, Univ. Frankfurt, Theodor-Stern-Kai 7, 6000 Frankfurt 70 - Geb. 23. März 1937 Erlangen (Vater: Walter v. L., Kirchenhistoriker), ev., verh. s. 1965 m. Dr. med. Katharina, geb. Lagois, 3 Kd. (Friederike, Clemens, Maria) - Stud. Univ. Erlangen, Wien (Med.) - Kinderarzt, spez. Neonatologie u. pädiatr. Intensivmed.; 1981-85 Präs. Dtsch.-österr. Ges. Neonatologie u. pädiatr. Intensivmed.; 1985-87 Präs. Dtsch. Ges. perinatale Med. - BV: Pädiatrische Intensivmedizin, 1974 (m. H. Koch) - Liebh.: Musik, Fotografie - Spr.: Engl., Span. - Vorf.: Walther v. L., Kirchenhistoriker, Erlangen (Vater).

LOEWENICH, von, Walther

D. theol., em. Prof. f. Histor. Theologie u. Geschichte d. christl. Kunst - Ebrardstr. 23, 8520 Erlangen (T. 2 11 71) - Geb. 3. März 1903 Nürnberg (Vater: Clemens v. L., Präs.; Mutter: geb. Heinlein), ev., verh. s. 1935 m. Elisabeth, geb. Thielicke, 3 Kd. - 1931 Privatdoz., apl. (1939), o. Prof. (1946) u. Vorst. Sem. f. Kirchengesch. u. f. Christl. Archäol. u. Kunstgesch. Univ. Erlangen (1956-57 Rektor); 1935-45 zugl. Studienrat. 1964-75 Präs. Luther-Gesellschaft - BV: Luthers Theologia crucis, 5. A. 1968 (engl., ital., jap.); D. Johannesverständnis im 2. Jh., 1932; Luther u. d. johanneische Christentum, 1935; Johanneisches Denken, 1936; V. Abendmahl Christi, 1936; D. Gesch. d. Kirche v. d. Anfängen b. z. Gegenw., 6. A. 1962 (engl. u. jap.); Was heißt Offenbarung?, 1938; Paulus, s. Leben u. s. Werk, 2. A. 1949 (auch engl.); D. Stunde d. göttl. Heimsuch., 1946; D. Mensch im Lichte d. Passionsgesch., 1947; Luthers ev. Botschaft, 1946; Augustin u. d. christl. Geschichtsdenken, 1947; D. Katholizismus u. wir, 1947; Humanitas - Christianitas, 1948; D. Weg d. Evangeliums durch d. Welt, 6. A. 1960; Luther als Ausleger d. Synoptiker, 1954; D. moderne Katholizismus, 7. A. 1970 (auch engl. u. ital.); Glaube - Kirche - Theol., 1958; V. Augustin zu Luther, 1959; Luther u. Lessing, 1960; Luther u. d. Neuprotestantismus, 1963; Protestant. Glaube, 1964; Augustin - Leben u. Werk, 1965; Duplex iustitia, 1972; Erlebte Theol. Begegn., Erfahr., Erwäg., 1979; Martin Luther. D. Mann u. d. Werk, 1982. Zahlr. Einzelarb. - 1959 o. Mitgl. Bayer. Akad. d. Wiss. - Liebh.: Musik.

LÖWENSTEIN-WERTHEIM-FREUDENBERG, Prinz zu, Wolfram Wilhelm

Schriftsteller, Marinehistoriker (Künstlern.: Wolfram zu Mondfeld) - Hofheynenberg 46, 8081 Steindorf - Geb. 21. Okt. 1941, gesch., S. Wolfram Michael - Stud. Gesch., Kunstgesch., Lit. Univ. München - Autor, Herausg., Fachberat. div. Museen - BV: D. Piratenb., 1976; Historische Schiffsmodelle, 1977; Schicksale berühmter Segelschiffe, 1984; Wikingfahrt, 1985; Schiffsgeschütze 1350-1870, 1988. Insges. üb. 30 Titel, sow. Übers. (Engl., Franz., Ital., Span., Portug., Jap., Niederl.) - 1976 Jugend-Sachbuchpreis FDA; 1976 Heinrich-Pleticha-Preis - Liebh.: Gesch., Psych., Schiffsmodellbau, Grenzwiss. - Spr.: Engl., Ital. - Bek. Vorf.: d. Europ. Hochadel s. Karl d. Großen.

Fürst zu LÖWENSTEIN-WERTHEIM-ROSENBERG, Karl

Dr. phil., Dr. jur., Gutsbesitzer - Schloß, 8764 Kleinheubach - Geb. 8. Febr. 1904 Kleinheubach/Ufr. (Vater: Dr. jur. Alois Fürst zu L.-W.-R., Präs. Zentralkomitee d. dt. Katholiken (s. X. Ausg.); Mutter: Josephine, geb. Gräfin Kinsky), verh. s. 1935 m. Carolina, geb. Gräfin Rignon (Ital.), 7 Kd. (dar. Sohn) - Jesuitenkolleg Stella Matutina Feldkirch; Univ. Innsbruck, München, Würzburg (Phil., Rechtswiss.) - 1949-68 Präs. Zentralkomitee d. dt. Katholiken - 1955 Gr. BVK m. Stern u. Schulterband, 1962 Bayer. VO.; Großkreuz päpstl. Gregorius-Orden; 1986 Wahl als Einpersönlichk. ins ZdK - Bek. Vorf.: Karl Fürst zu L.-W.-R., 1888 Begr. Zentralkomitee d. dt. Katholiken (Großv.).

LÖWENTHAL, Gerhard

Journalist - Sonnenberger Str. 58, 6200 Wiesbaden - Geb. 8. Dez. 1922 Berlin (Vater: Julius L., Fabrikant; Mutter: geb. Schabel), verh. s. 1948 m. Dr. med. Ingeborg, geb. Lemmer (Tochter v. Bundesmin. Ernst L. † 1970; s. XVI. Ausg.), 2 Söhne (Thomas, Stefan) - Humboldt- u. Freie Univ. Berlin - 1945-54 RIAS Berlin (Reporter, Abt.-, Hauptabt.leit., stv. Programmdir., 1949 Gründ. RIAS-Funkuniv.); 1954-57 SFB (stv. Programmdir.); 1959-63 OECD Paris (Leit. Abt. f. wiss. Information); 1963-69 Leit. ZDF-Studio Brüssel; 1969-87 Chefredakt. ZDF-Magazin - BV: Wir werden durch Atome leben (m. Josef Hausen). Herausg.: D. ung. Revolution (Dt. Ausg.); Ich bin geblieben (Autobiogr., 1987) - 1969 Silb. Med. Europ. Gemeinschaften; 1975 Konrad-Adenauer-Preis; 1979 BVK; 1983 Bayer. VO - Spr.: Engl., Franz.

LÖWENTHAL, Kurt

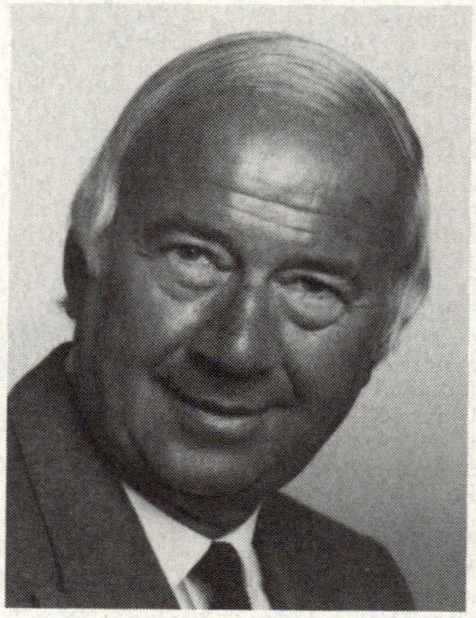

Selbständiger Kaufmann, Vorstandsvorsitzender Einzelhandelsverband (s. 1968) - Seilerstr. 23-29, 4200 Oberhausen (T. 0208 - 87 90 37) - Geb. 3. Juli 1928, kath., verh. s. 1951 m. Irmgard, geb. Kersting, 2 Kd. (Sylvia, Markus) - Elektrotechn. - 1969 Mitgl. IHK-Vollvers. u. Einzelhandelsaussch. Vorst. Verkehrsverein, Verw.- u. Wirtschaftsakad. Vereidigter Sachverst. f. Büroeinrichtung; Beirat Hauptgemeinschaft dt. Einzelhdl. 1977 Handelsrichter; 1987 Sozialrichter - 1987 BVK am Bde.; Gold. Verdienstmed. d. Einzelhdl.; Kammerehrenz. u. Verdienstnadel d. Stadt Oberhausen.

LÖWENTHAL, Richard

Dr. phil., Prof. f. Theorie u. Geschichte d. Ausw. Politik (emerit. 1974) - Höhmannstr. 8, 1000 Berlin 33 (T. 826 21 63) - Geb. 15. April 1908 Berlin (Vater: Ernst L., Kaufm.; Mutter: Anna, geb. Gottheil), verh. m. Charlotte, geb. Herz - Mommsen Gymn. Berlin; Univ. ebd. u. Heidelberg (Nationalök., Soziol.; Promot. 1931) - Ab 1935 polit. Emigrant u. Publizist in Prag, Paris u. London, 1948-54 Dtschl.-Korresp. Reuter's Nachrichtenagentur, s. 1951 Observer, beide London, 1954-58 außenpolit. Leitartikler Observer, 1959-60 Forschungsauftrag Harvard Univ. (USA), s. 1961 Ord. FU Berlin. 1964/65 Gastprof. Columbia Univ. New York. 1972-73 Visiting Fellow All Souls College, Oxford - BV: u. a. Jenseits d. Kapitalismus, 1947 (unt. Ps. Paul Sering); Ernst Reuter - E. polit. Biogr. 1957 (m. Willy Brandt); Chruschtschow u. d. Weltkommunismus, 1964 (div. Übers.); D. Romantische Rückfall, 1970; Hochschulen f. d. Demokratie - Polit. Stellungnahme z. gegenw. Diskussion, 1971; Sozialismus u. aktive Demokratie, 1974; D. zweite Republik, 25 J. Bundesrep., 1974 (hrsg. m. H. P. Schwarz); D. Sowjetunion als Weltmacht, 1976 (Hg.); Model or Ally - The Communist Powers and the Developing Countries, 1977; Gesellsch.-Wandel u. Kulturkrise - Zukunftsprobleme d. westl. Demokration, 1979 - Herausg. Franz Borkenau, End and Beginning on the Generations of Culturs and the Origin of the West, 1981 (dt. 1984); Weltpolit. Betracht., 1983 - 1974 Ausl. Ehrenmitgl. Americ. Acad. of Arts; 1974 Gr. BVK; 1984 Waldemar-v.-Knoeringen-Preis; 1986 Arthur-Burkhardt-Preis f. Wissenschaftsförderung - Liebh.: Musik (bes. 17. u. 18. Jh.) - Spr.: Engl., Franz. - S. 1947 engl. Staatsbürger, s. 1983 wieder/auch dt. Staatsbürger.

LOEWER, Hans Dietrich

Dr. phil., Prof. f. Sozialpädagogik - Brandhoveweg 32, 4400 Münster (T. 02506 - 78 59) - Geb. 30. Juni 1934 Bremen (Vater: Kurt L., Dipl.-Ing.; Mutter: Maria, geb. Vassmer), ev., verh. s. 1960 m. Barbara, geb. Isbary, 2 Kd. (Sebastian, Maria) - Altes Gymn. Bremen; Univ. Freiburg, München u. Berlin, Dipl.- Psych. 1961, Promot. 1967 Freiburg - 1962-69 Klin. Psych., 1969-72 Assist. Psych. Inst. Univ. Bonn, s. 1972 Prof. FB Erziehungswiss. Univ. Münster - Entd.: Ausarb. e. Mod. z. Förderung d. Persönlichkeitsentw., d. kreat. Denkens u. soz. Lernens - BV: Die sozialpäd. Übungsgruppe, 1975 - Liebh.: Aphorismen, Tagebücher, Malerei, Fotos v. Menschen - Bek. Vorf.: Christian Gotthilf Salzmann.

LOEWER, Harald

Dr.-Ing., Prof., Berat. Ingenieur - Auguststr. 11, 2000 Hamburg 76; Adalbert-Stifter-Str. 6, 7500 Karlsruhe 51 - Geb. 11. Febr. 1931 Wuppertal (Vater: Emil L., Ing.; Mutter: Lucie, geb. Petry), ev., 2 Kd. (Katja, Nicholas) - Gymn. Wuppertal, Abit. 1951; Univ. Karlsruhe (Verfahrenstechnik), Dipl.-Ing. 1957, Promot. 1960 - 1957-61 Wiss. Assist. Univ. Karlsruhe, 1961-62 Ing.tätigk. USA, 1962-64 OberIng. Univ. Karlsruhe, s. 1964 selbst. Ing. Karlsruhe, 1973-79 Prof. FH Gießen, (Techn. Gesundheitswesen), s. 1979 Prof. Univ. Hamburg (Erziehungswiss., Fachr. Metall- u. Masch.techn.). Bücher, Aufs., Lexikonbeitr. z. Thema Kälte-, Klima- u. Haustechn. - Liebh.: Skifahren, Tennis, Reisen - Spr.: Engl., Franz.

LOEWIG, Roger

Maler, Zeichner, Schriftst. - Wilhelmsruher Damm 120, 1000 Berlin 26 (T. 030 - 416 51 51) - Geb. 5. Sept. 1930 Striegau, Lebensgef. - Autodid. - BV: D. lithogr. Werk, 1972; Brusberg Dok. 4, 1978; Ewig rauchende Kältezeit, Ged. 1979; E. Vogel bin ich ohne Flügel, Ged. u. Zeichng., 1980; Gesichtedünung, 250 Handzeichng., 1981; E. Hinterlassensch.,

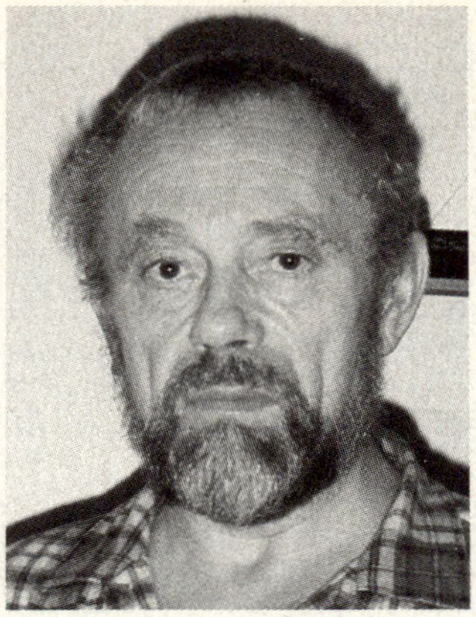

Prosa 1982; Bis e. Stück Himmel d. Brust trägt, Ged. 1983; Erfahrungen e. dt. Künstlers in O. u. W., Übers. v. Ged. u. Texten ins Span., Engl., Franz., Ital., Norw., Poln.; 10 Kataloge v. Einzelausst., Dok. Warschauer Nationalmuseum, 1986; Etwas unheiml. Zeichn., Texte u. Zeichn. 1988.

LÖWISCH, Dieter-Jürgen

Dr. phil., o. Prof. f. Allg. Pädagogik Univ. Duisburg - Pallweide 18, 4330 Mülheim/R. (T. 0208 - 76 32 37) - Geb. 26. Jan. 1936 Leipzig (Vater: Dr. rer. pol. Hans L., Messedir.; Mutter: Anneli, geb. Röhrs), kath., verh. s. 1964 m. Gerhild, geb. Chyla, 2 Kd. (Stephan, Verena) - 1957-63 Stud. Univ. Köln, Würzburg, Bonn (klass. Philol., German., Phil., Päd.); Promot. 1963 Bonn – 1963-70 Wiss. Assist.; 1970-72 o. Prof. PH Ruhr; 1972ff. o. Prof. Univ. Duisburg (s. 1987 Prorektor) - BV: Päd. Heilen (erziehungsphil. Grundl. d. Heilpäd.), 1968 u. 79; Erzieh. u. krit. Theorie, 1974; Arbeitsbuch Päd. 5. Bde., 1976-79; Einf. in d. Erziehungsphil., 1982; Kultur u. Päd. - E. Einführung, 1988 - Spr.: Engl., Latein.

LÖWISCH, Manfred

Dr. jur., o. Prof. f. Bürgerl. Recht, Wirtschafts-, Arbeits- u. Sozialversicherungsrecht, Richter OLG Freiburg (s. 1980) - Lindenstr. 3a, 7800 Freiburg/Br. (T. 8 35 11) - Geb. 8. März 1937 Jena (Vater: Dr. jur. et rer. pol. Günther L., Verbandsgeschäftsf. (s. XIV. Ausg.); Mutter: Elfriede, geb. Lapp), ev., verh. s. 1963 m. Sigrun, geb. Majer, 4 Kd. (Henriette, Anne, Ingeborg, Georg) - 1963-64 Richter Stuttgart; s. 1969 (Habil.) Lehrtätigk. Univ. Hamburg (Privatdoz.) u. Freiburg (1969 Ord.). CDU - BV: D. Stellung d. Produzentenhändler im Wettbewerbsbeschränkungsrecht, 1961; D. Deliktschutz relativer Rechte, 1970; D. Rechtsgeschäft - Studienb., 4. A. 1982; Arbeitsrecht - Studienbuch, 2. A. 1980; D. Schuldverhältnis - Studienbuch, 2. A. 1982; Kommentar Betriebsverfassungsgesetz, 6. A. 1982 (m. Galperin); Staudinger, Komment. z. BGB (Mitarb.).

LÖWLEIN, Hans

Prof., Dirigent - Äußere Baselstr. 202, Riehen (Schweiz) (T. Basel 49 42 50) - Geb. 24. Juni 1909 Ingolstadt/D., ev., verh. s. 1936 m. Charlotte, geb. Gerbitz - Gymn. Ingolstadt; Akad. d. Tonkunst München (Meisterkl. f. Dirigieren: Hausegger) - Solorepetitor Staatsoper München, Kapellm. Stadttheater Stettin, I. Kapellm. Staatsoper Dresden; Musikal. Oberleit. Kom. Oper Berlin, I. Staatskapellm. Staatsoper Berlin, stv. Generalmusikdir. Opernhaus Frankfurt/M., Chefdirig. Orch. Musikhochsch. Frankfurt/M., s. 1968 ständ. Gastdirig. Stadttheater Basel; s. 1979 Gastprof. f. Oper u. Gesang in Tokio.

LOFINK, Gerhard

Dr. rer. pol., Geschäftsführer d. Nienburger Glas, Himly, Holscher GmbH & Co. - 3070 Nienburg - Geb. 16. Aug. 1930.

LOGEMANN, Fritz

Bauer, Parlam. Staatssekr. Bundesmin. f. Ernährung, Landw. u. Forsten (1969-76), MdB (1957-76) 2831 Vohrde Post Scholen (T. Ehrenburg 3 84) - Geb. 9. Juni 1907 Vohrde, ev., verh., 2 Kd. - Privat- u. Landw.ssch. - S. 1929 Hofbesitzer, 1943-45 Wehrdst., 1948-72 Bürgerm., MdL Nieders. (II. u. III. Wahlp.). B. 1961 DP, dann FDP (1968 ff. Vors. Bezirksverb. Osnabrück u. stv. Vors. Landesverb. Nieders.) - 1976 Gr. BVK m. Stern u. Schulterbd.

LOGES, Werner

Dr., Apotheker, Gf. Gesellsch. Dr. Loges + Co. GmbH Arzneimittelfabrik, Winsen, u. Dr. Graf + Co. GmbH Arzneimittelfabrik, Hamburg, Präs. Ind. u. Handelskammer Lüneburg-Wolfsburg - Schützenstr. 5, 2090 Winsen/Luhe (T. 04171 - 7 10 85) - Geb. 7. April 1928, verh., 6 Kd.

LOH, Friedhelm

Gf. Gesellschafter Rittal-Werk, Herborn - Auf der Weide 13, 6344 Dietzhoelztal - Geb. 16. Aug. 1946 Weidenau/Sieg, verh. m. Debora L., 3 Kd. - Stud. Betriebsw. - Gf. Gesellsch. Rittal-Werk Rudolf Loh GmbH + Co. KG/D, Rittal CSM Ltd. + Rittal Ltd./GB, Rittal Corp./USA, Rittal Skandinavien AB/Schwed., Rittal France/Frankr., Rittal AG/CH, Rittal Ges. mbH/Österr., Ritto-Werk Loh GmbH u. Co. u. Ritto AG/CH, Stahlo Gmbh u. Co. KG, Lkw-Loh Kunststoffwerk Haiger-GmbH + Co. KG - Spr.: Engl.

LOHBERG, Hans

Chordirektor u. Kapellmeister Vereinigte Städt. Bühnen Krefeld-Mönchengladbach - Bessemerstr. 22, 4150 Krefeld (T. 02151 - 30 33 33) - Geb. 27. Sept. 1919 Krefeld, kath., verh. s. 1949 m. Johanna, geb. Schrod, 2 Kd. (Michael, Gabriele) - Abit. 1937; Stud. Musikhochsch. Köln; Univ. (Phil. Fak.) Köln u. Bonn - S. 1946 Theater Krefeld; s. 1985 Gründ. u. musikal. Leit. Krefelder Kammerchor. Kompos.: f. Klavier, Chöre u. Sololieder; Schauspielmusiken f. d. Theater Krefeld-Mönchengladb. u. Essen; 5 Klavierwerke (Lieder ohne Worte) zu e. Gedichtbd.: Lieder hinter d. Mauer - 1985 Siegel d. Stadt Krefeld - Liebh.: Schwimmen.

LOHFF, Wenzel

Dr. theol., Dr. phil., Prof. f. Syst. Theol. - Fritz-Flinte-Ring 49, 2000 Hamburg 60 - Geb. 5. Nov. 1925 Bad Oeynhausen (Vater: Walter L.; Mutter: Else, geb. Reinking), ev., verh. s. 1975 m. Hildegard, geb. Geyer, 2 Kd. (Claudia, Andreas) - Dr. phil. (1950) u. Dr. theol. (1954) Erlangen; Habil. 1958 ebd. - 1952 Religionslehrer, 1955 Assist., 1958 Privatdoz. Univ. Erlangen (Systemat. Theol.), 1959 ao. Prof. Päd. Hochsch. München, 1963 o. Prof. Univ. Hamburg u. 1972 Univ. Göttingen, s. 1973 Vors. d. Wiss. Ges. f. Theol. - BV: Glauben u. Freiheit - Existenzphil. u. protestant. Theol., 1957; Glaubenslehre u. Erzieh., 1974; Argumente d. Zuversicht, 1980.

LOHFINK, Norbert S. J.

Dr. in re bibl., Lic. Theol., Lic. Phil., Prof. f. Bibelwissenschaft - Offenbacher Landstr. 224, 6000 Frankfurt/M. 70 (T. 60 61-1) - Geb. 28. Juli 1928 Frankfurt/M., kath. - Berchmannskolleg Pullach (Phil.; lic. phil. 1953); Phil.-Theol. Hochsch. St. Georgen, Frankfurt (Theol.; lic. theol. 1957); Pontificio Istituto Biblico Rom u. Jerusalem (Bibelwiss.; Promot. 1962) - 1962-66 Doz. u. ao. Prof. (1964) PhThH St. Georgen, Frankfurt/M. (Exegese d. Alten Testaments); 1966-70 ao. u. o. Prof. (1967) Pont. Ist. Bibl., Rom; s. 1970 o. Prof. Phil.-Theol. Hochsch. St. Georgen, Frankfurt; 1978-84 auch Prof. m. Lehrauftr. Hochsch. f. Phil., München - BV: D. Hauptgebot, 1963; D. Siegeslied am Schilfmeer, 3. A. 1967; Höre Israel, 1965; V. Lesen d. Hl. Schrift, 1966; Bibelausleg. im Wandel, 2. A. 1968; D. Landverheiß. als Eid, 1967; I profeti ieri e oggi, 1967; Unsere gr. Wörter, 3. A. 1985; Hinter d. Dingen ein Gott, 3. A. 1981; Weltgestalt. u. Gewaltlosikg., 1978 (m. R. Pesch); Kohelet (Neue Echter Bibel), 3. A. 1986; Preliminary a. Interim Report Old Testament Text Project 1-5, 1974-80 (m. D. Barthélemy u. a.); D. messian. Alternative, 3. A. 1984; Kirchenträume, 5. A. 1988; D. Geschmack d. Hoffnung, 1983; Unsere gr. Feste, 1983; D. Jüdische am Christentum, 1987; Option for the Poor, 1987; Studien z. Pentateuch, 1988. Herausg.: Gewalt u. Gewaltlosigk. im AT (1982); D. Deuteronomium, BETL 68 (1985); Stuttgarter Bibelstudien (Wiss. Heftreihe; 1965 b. 1967); Biblica/Bibelwiss. Fachztschr. (1968-69); Mithrsg.: Jahrb. f. bibl. Theol. (1986ff.); Stuttgarter bibl. Aufsatzbde. (Wiss. Nachdruckreihe; 1987ff.) - Spr.: Engl., Franz., Ital.

LOHMANN, Adolf W.

Dr. rer. nat., o. Prof. f. Angew. Optik u. Vorst. Physikal. Inst. Univ. Erlangen-Nürnberg (s. 1973) - Esperstr. 49, 8521 Uttenreuth.

LOHMANN, Erika

Geschäftsführerin Merkur-Direktwerbeges. mbH. u. Co. KG., Einbeck - Knickebrink 3, 3352 Einbeck (T. 5904) - Geb. 20. Mai 1926 Einbeck, ev. - Mittelsch., Handelssch. - Üb. 20 J. bei Merkur-Direktwerbeges. tätig - Liebh.: Wandern, Reisen - Spr.: Engl.

LOHMANN, Friedrich

Vorsitzender Richter am Bundesgerichtshof - Zu erreichen üb.: Herrenstr. 45a, 7500 Karlsruhe - Geb. 13. Febr. 1929 Minden (Vater: Martin L., Pfarrer; Mutter: Aenne, geb. Graeve), ev., verh. s. 1962 m. Susanne, geb. Vogt, 4 Kd. (Ulrike, Matthias, Gerhard, Katharina) - 1938-47 Staatl. Gymn. Minden, 1948-51 Univ. Bonn - 1957-67 Richter AG, LG u. OLG, 1967-74 Justizmin. Nordrh.-Westf. (zul. Ministerialrat). Spez. Arbeitsgeb.: Zivilsachen, Familienrecht.

LOHMANN Hans Joachim

Dr. jur., Ass., Gf. Gesellschafter Dr. Paul Lohmann GmbH KG, Lomapharm Rudolf Lohmann GmbH KG, W. Neudorff GmbH KG - Bückebergstr. 14, 3254 Emmerthal 1 (05155 - 6 31 93) - Geb. 19. Juli 1933 Hameln, ev.-luth., verh. s. 1970 m. Prof. Dr. Marie-Luise Lohmann-Matthes, 4 Kd. (Carina, Antonia, Sebastian, Matthias) - Kaufm. Lehre; Stud. Rechtswiss.; Ass.-Ex., Promot. - Vors. Arbeitgeberverb. Hameln; Vorst. UVN Hannover; Landesverb. BPI Nieders.; Vollvers. IHK Hannover; Kirchenkreisvorst. Hameln-Pyrmont, Arbeitsrichter - Spr.: Engl., Franz.

LOHMANN, Hans-Jürgen

Dipl.-Politologe, Geschäftsführer Verein d. Zeitschriftenverlage in Nordrh.-Westf. e. V. u. Verb. Dt. Zeitschriftenverleger e. V. - Winterstr. 50, 5300 Bonn 2 (T. 0228 - 38 20 30) - Geb. 14. Mai 1941, ev., verh.

LOHMANN, Hans-Wolfgang

Hauptgeschäftsführer Kreishandwerkerschaft Bonn (s. 1985) - Spessartstr. 48-50, 5300 Bonn 1 (T. 0228 - 726 21 29) - Geb. 19. Jan. 1941 Essen, ev., verh. s. 1968 m. Heidemarie, geb. Lippert, 2 Töcht. (Ilka, Ebba) - Leopoldinum Detmold; Stud. Rechtswiss. Univ. Bonn, Berlin u. Köln; Dipl. 1968 Straßburg; Ass.-Ex. 1970 - S. 1970 Leit. Rechtsabt. KH Bonn; gf. Vors. Gewerbeförderungswerk Heinrich-Schäfer-Stiftg., Alte-Meister-Stiftg.; Arbeitg.-Vertr. im AR VEBOWAG - Liebh.: Bergwandern, Radwandern, Klass. Musik - Spr.: Engl., Franz. - Bek. Vorf.: Großvater (vs.) Generalsuperintendent v. Sachsen-Anhalt.

LOHMANN, Heinrich

Dr. rer. pol., Dipl.-Kfm., Direktor - Kalkarer Str. 14, 4000 Düsseldorf - Geb. 11. Juni 1925 - Vorstandsmitgl. Eisenbahn-Verkehrsmittel AG., Düsseldorf. Div. Mandate.

LOHMANN, Joachim
Dr. phil., Pädagoge, MdL Schlesw.-Holst. - Jakobsleiter 1, 2300 Kiel 17 (T. 0431 - 37 18 61) - Geb. 18. Juni 1935 Berlin (Vater: Wilhelm L., Jurist; Mutter: Margarethe, geb. Wollschlaeger), ev., verh. s. 1963 m. Christa, geb. Baader, 2 Kd. - Stud. Päd., Phil. u. Politik Univ. Göttingen, Würzburg - 1966/70 wiss. Ref. f. Gesamtschulfragen Päd. Zentr. Berlin, 1970-79 Stadtschulrat Stadt Kiel, 1979ff. MdL, finanzpolitischer Sprecher SPD-Frakt.vorst. - BV: D. Problem d. Ganztagsschule, 1964; Gesamtschule, Disk. u. Planung, 1967.

LOHMANN, Klaus
Bergingenieur, MdB (s. 1983; Wahlkr. 111/Bochum II - Ennepe-Ruhr-Kr. II) - Bundeshaus, 5300 Bonn 1 - Geb. 17. März 1936 Witten, verh., 2 Kd. - Gymn.; Bergschule m. Abschlußprüf. - S. 1970 Ratsmitgl., 1978-83 Oberbürgerm. Stadt Witten. S. 1954 SPD.

LOHMANN, Ludger
Dr. phil., Prof. Musikhochsch. Stuttgart, Organist - Hohentwielstr. 74 , 7000 Stuttgart 1 (T. 0711 - 60 52 23) - Geb. 9. März 1954 Herne (Vater: Dr. med. Raimund L., Arzt; Mutter: Brigitte, geb. Baumert), kath., verh. s. 1978 m. Gisela, geb. Seyfarth, 3 Kd. (Julia, Luisa, Martin) - 1972-81 Musikhochsch. u. Univ. Köln (Promot. 1981) - 1979-83 Doz. Musikhochsch. Köln; s. 1983 Prof. in Stuttgart - 1982 Grand Prix de Chartres - Spr.: Engl., Franz., Ital.

LOHMANN, Martin
Dr. rer. pol., o. Prof. f. Betriebswirtschaftslehre (emerit.) - Am Hörchersberg 2 c, 7800 Freiburg/Br. (T. 6 38 58) - Geb. 20. April 1901 Leopoldshall/Anh. (Vater: Richard L., Chemikalienkfm.; Mutter: Margarete, geb. Höpfner), ev., verh. s. 1935 m. Margarete, geb. Schröder †, 2 Kd. - Dipl.-Kfm. u. Promot. 1923; Habil. 1928 (alles Leipzig) - 1928 Privatdoz. HH Leipzig, 1929 Univ. Kiel, 1937 ao. Prof. das., 1939 o. Prof. Univ. Freiburg - BV: D. Wirtschaftsplan d. Betriebes u. d. Unternehmung, 2. A. 1930 unt. d. Titel: D. Wirtschaftsplan d. Unternehm.; Betriebsw.slehre, 1936; D. Rechnungswesen d. Kartell- u. Gruppenwirtschaft, 1937; Wandlungen in d. Betriebs- u. Finanzierungsformen d. dt. Außenhandels, 1938; Einf. in d. Betriebsw.slehre, 4. A. 1964; D. industrielle Mittelbetrieb unt. d. Einfluß d. gegenw. wirtschaftl. Strukturwandlungen, 1962; Neue Ansatzpunkte in d. Praxis betriebsw. Investitionen, 1962.

LOHMANN, Martin
Redakteur (Ressortleiter Kath. Theol. u. Kirche) b. Rheinischen Merkur (Wochenztg. aus Bonn) - Dienstl.: Redakt. Rhein. Merkur, Godesberger Allee 157, 5300 Bonn 2 (T. 0228 - 88 4(4)0) - Geb. 14. März 1957 Bonn, kath., verh. - Gymn. Aloisiuskolleg Bad Godesberg; Stud. kath. Theol. u. Gesch. Bonn, Staatsex. 1983 - 1983-84 Vorst. Jungakademikerkreis Bonn im Kath. Akademikerverb.; s. 1985 Vorst. Katholikenrat Bonn; 1983-87 stv. Bundesgeschäftsf. Bund Kath. Untern. BKU - Veröff.: u. a. Aufbruch e. Jugend; D. Bund Neudeutschl. v. s. Gründung b. z. Beginn d. Dritten Reiches, 1988 - Spr.: Lat., Franz., Engl.

LOHMANN, Sigrid
Dr. rer. pol., Geschäftsführerin Kuratorium Dt. Altershilfe - An der Pauluskirche 3, 5000 Köln 1 (T. 0221 - 31 30 71) - Geb. 18. April 1931 Grasleben Kr. Helmstedt, ev., ledig - Abit. Stud. Volkswirtsch. u. Sozialpolitik Kiel u. Köln; Dipl. Wirtsch.wiss. 1965 Köln, Promot. 1969 Köln - BV: Lebenssituation älterer Menschen in d. Geschlossenen Altersfürsorge, Diss. 1969 - 1988 BVK - Spr.: Engl., Franz.

LOHMANN, Walter
Gewerkschaftsangestellter, Mitgl. Hbg. Bürgerschaft (s. 1970) - Tilsiter Str. 47, 2000 Hamburg 70 (T. 693 53 53) - U. a. Angest. Gewerksch. d. Eisenbahner. SPD.

LOHMANN, Wolfgang
Dr. rer. nat., Prof. f. Biophysik - Petersweiher 20, 6300 Gießen (T. 0641-4 59 36) - Geb. 1. Aug. 1930 Frankfurt/O. (Vater: Max L., Angest.; Mutter: Gertrud, geb. Klingenberg), ev., verh. s. 1959 m. Dr. Christa, 2 Kd. (Birgit, Chris) - Univ. Jena; Dipl.-Phys. 1954 Univ. Freiburg, Promot. 1958, TU München, Habil. 1969 - 1958-60 wiss. Mitarb. MPI f. Biophysik Frankfurt, 1960-62 Assist. Prof. Univ. of Arkansas, 1962-65 Assoc. Prof. Univ. of Arkansas, 1965-69 Assoc. Prof. Univ. of Iowa, 1969-74 apl. Prof. TU München, s. 1974 Prof. Univ. Gießen - BV: Biophysik, 1977 (übers. - Engl., Span.) - Liebh.: Sport, Kultur - Spr.: Engl.

LOHMANN, Wolfgang Friedrich
Bundestagsabgeordneter (s. 1983; Wahlkr. 123/Märk. Kr. II) - Bundeshaus, 5300 Bonn 1 - CDU - Geb. 29. Mai 1935, ev., verh., 4 Kd. - 1957 Abitur, Stud. d. Wirtschafts- u. Sozialwiss., 1961 Staatsex.; b. 1964 Tätigk. in d. Ind., 1964-69 Geschäftsf. IHK; Geschäftsf. Kremp & Hüttemeister GmbH & Co. KG, Metall- und Kunststoff-Kurzwaren; Geschäftsf. Bildungswerk d. Nordrh. Westf. Wirtsch., Außenst. Lüdenscheid; Vorst.mitgl. Arbeitgeberverb. Lüdenscheid, Fachverb. Kurzwaren, Wirtschaftsverb. Eisen, Blech u. Metall; Mitgl. Jugend- u. Bildungsaussch. d. Landesverein. Arbeitgeberverb. u. d. Aussch. f. Berufsbild. sowie f. Bildungspol. u. Bildungsarbeit d. Bundesvereinig. d. Arbeitgeberverb. S. 1967 CDU (stv. Ortsunionsvors., s. 1983 Vors. CDU-Kreisverb. Mark); 1969-75 Mitgl. d. Rates d. Stadt Lüdenscheid u. d. Kreistages; 1975-84 Kreistagsabg. Märk. Kreis; 1975-84 Kreistagsabg.; Mitgl. Bundesvorst. d. Mittelstandsverein. d. CDU/CSU; Obmann CDU/CSU-Bundestagsfrakt. im Aussch. f. Arbeit u. Sozialordnung.

LOHMAR, Ulrich
Dr. sc. pol., Prof., Politikwissenschaftler, Vorst.-Vors. Anstalt f. Kabelkommunikation, Ludwigshafen (1983-86), (MdB 1957-76; 1972-76 Vors. Aussch. f. Forschung u. Technologie) - Am Fronhof 8, 5300 Bonn 2 - Geb. 30. April 1928 Engelskirchen/Rhld. (Vater: Karl L., Kreisdir.; Mutter: Adele, geb. Richter), ev., 2 Töcht. (Cornelia, Jutta) - Univ. Köln, München, Hamburg (Rechts- u. Sozialwiss.). Promot. 1963 Münster (Magna cum laude; Soziol. Probleme d. innerparteil. Demokr.); Habil. 1968 ebd. (Wissenschaftsförd. u. Politik-Berat. als Kooperation v. Staat u. Wiss.) - 1950-54 Mitarb. Prof. Schelsky (Soziologe); 1952-55 Bundesvors. Sozialist. Dt. Studentenbd.; 1954-68 Chefredakt. Ztschr. D. Neue Gesellschaft; 1968-69 Chefredakt. Neue Westfälische Ztg.; 1970-84 o. Prof. Gesamthochschule Paderborn (Politikwissensch.). 1964-68 Lehrbeauftr. Univ. Münster. SPD s. 1948 - BV: Innerparteil. Demokratie - E. Unters. d. Verfassungswirklichkeit polit. Parteien in d. BRD, 1964; Wiss.förd. u. Politik-Berat., 1968; Demokratisierung in Dtschl., 1969; D. Ratlosen - V. Dilemma d. Jungen, d. Erwachsenen u. d. Alten, 1980. Herausg.: Dtschl. 1975 - Analysen/Prognosen/Perspektiven (1964), Politik in d. Hauptschule - Ergebnisse e. Befragung v. 4000 Hauptschülern in Duisburg (1970). Mitarb.: Arbeitslosigkeit u. Berufsnot d. Jugend (1952), Arbeiterjugend gestern u. heute (1955), D. Hohe Haus (1975), Staatsbürokratie (1978), Auf d. Spuren d. Zeit (1987).

LOHMEIER, Georg
Schriftsteller - Kaulbachstr. 69, 8000 München 22 (T. 39 52 64) - Geb. 9. Juli 1926 Loh/Obb. (Vater: Michael L., Brauereibesitzer; Mutter: Magdalena, geb. Schwaiger), kath., verh. s. 1979 m. Eleonore, geb. Schwarz, T. Katharina - Domgymn. Freising; Phil.-Theol. Hochsch. Freising, Univ. München - Langj. Mitarb. Bayer. Rundfunk (Funk- u. Fernsehautor) - BV: Bayer. Barockprediger, 1961; Kgl. Bayer. Amtsgericht, 2 Bde. 1969 ff. (auch ZDF: 53 Folgen); Liberalitas Bavariae, 1971; D. Weihnachter, 1971; Ostergelächter, 1972; Jos. Baumgartner, ein bay. Patriot; Geschichten f. d. Komödienstadel. Volksst.; Fernsehsp. - 1972 Bayer. Poetentaler; 1983 Valentin-Orden (Narrhalla München) - Liebh.: Klass. Kirchenmusik, alte Bräuche u. Zeremonien, Eisstockschießen - Spr.: Lat., Engl., Franz. - Vorf.: Bierbrauer u. Bauern.

LOHMEYER, Wolfgang
Schriftsteller - Burg 12, 8221 Taching am See (T. 08687 - 3 08) - Geb. 15. Nov. 1919 Berlin (Vater: Dr. Robert L., Chem.; Mutter: Alwine, geb. Peter), ev., verh. s. 1949, 3 Kd. (Peter, Till, Cordula) - Abit.; Stud. d. Germ., Psych. Berlin u. Marburg - Zun. Redakt., Verlagslektor, fr. Schriftst. - BV: D. Hexe, R. 1976; D. Hexenanwalt, R. 1979; D. Kölner Tribunal, R. 1981; Nie kehrst du wieder, gold'ne Zeit, R. 1985; D. Glück d. Lina Morgenstern, R. 1987. In Lemgo 89 Sch. 1965, FS 1966; Cautio criminalis, Sch. 1966, FS 1974; D. Hexe v. Köln, FS 1988 - Liebh.: Malen - Spr.: Engl., Franz. - Bek. Vorf.: Julius L., Schriftst. (Großv.); Albert Peter, Botaniker (Großv.).

LOHMÜLLER, Wolfgang

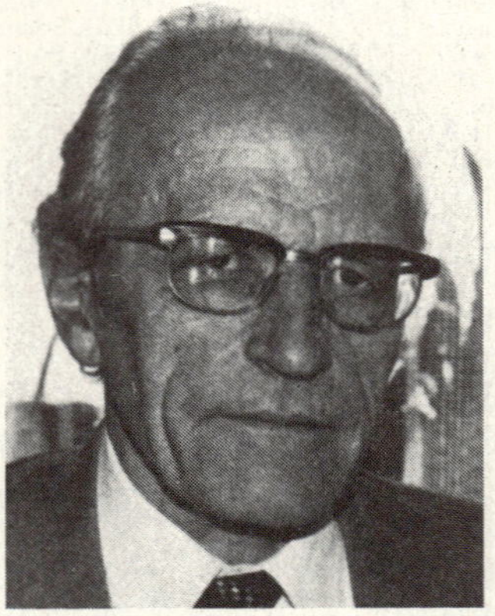

Versicherungskaufmann i.R., Schriftsteller, Verleger - Franz-Joseph-Str. 16, 8000 München 40 (T. 33 13 34) - Geb. 24. Dez. 1915 Kassel (Vater: Otto L., Ingenieur; Mutter: Charlotte, geb. Seiffert), ev., verh. s. 1942 m. Lucia, geb. Westermann †1988, 2 Söhne (Jürgen, Berndt) - Oberrealsch. (Obersekundareife) - S. Lehre Versich.gewerbe (u. a. Abt.dir. Berlinische Feuer-Versich.-Anstalt u. Aachen-Leipziger Versich. AG), Vorst.-Mitgl. Artur-Mahraun-Ges. - BV: Plaudereien um e. König, Erz. 1936; D. ew. Unruh, Erz. 1937; Anno 1812 - Briefe e. jg. Deutschen vor d. Befreiung, Erz. 1937; Attacke in verlorenes Land, Kriegserz. 1940; Sturm üb. Flandern, Kriegserz. 1941; Kommentar z. Gesetz üb. Verbesserungen d. gesetzl. Unfallversich. v. 10.8.1949, z. Ges. üb. d. Behandlung d. Verfolgten d. Nationalsozialismus v. 22.8.1949 u. z. Ges. üb. d. Gewährung v. Unfall- u. Hinterbliebenenrenten an d. Opfer d. Naziunterdrückung v. 5.3.1947, 1950; Komm. z. Handels- u. Versich.vertreterrecht, 1953; Transportversich. leicht gemacht, 1957; E. neues Ordnungsbild, Überschaubare Willensbild. im mod. Staat, 1960. Herausg. u. verantw. Redakt.: Mensch u. Staat (Zweimonatsschr. f. Ordnungspolitik u. Widerstandsrecht) 1966-74. Hrsg. Schriftenreihe Beiträge z. Gesch. d. Jungdeutschen Ordens, 6 Bde., 1970-80; Führung, Verwaltung u. Kontrolle/Gegen d. Bürokratisierung in Staat u. Wirtschaft, 1984. Hrsg. u. verantw.Redakt.: Informationsdienst f. direkte Demokratie, s. 1983.

LOHNES, Hans-Herbert
Musiker, Flamenco-Gitarrist (Ps. Manolo Lohnes) - Albanusstr. 10, 6500 Mainz (T. 06131 - 3 52 33) - Geb. 12. Dez. 1943 Freiburg, ev., verh. s. 1968 m. Dr. Ingrid, geb. Langpaap, 2 Kd. (Manuel, Alicia) - 1960-63 Stud. Klass. Gitarre b. Kurt Gudian, Autodidakt - BV: Flamencotexte (span. u. deutsch, m. M. Reinhard), 1969; Lyrik u. Gitarre (m. Kurt Sigel), 1981; u. a. Herausg. Ztschr. Flamenco - Zahlr. Konz. b. Rundf. u. Fernsehen, Tourneen, Schallpl. (u. a. Flamenco Guitarre, 1968; El Flamenco fenómeno, 1970; Weiß & Violet, 1972; Fantaśa on Guitar, 1974; Flamenco Gitarre in Concert, 1975; Sentimientos, 1978; Starportrait, 1980; Lyrik u. Gitarre, 1981); MC Arabesca, 1984; MC D. alte Hof, 1987 (Ged. + Gitarre m. Marianne Sidenstein); MC Als die Schmetterlinge kamen, 1988 (Märchen u. Gitarre m. Helga Höfle) - 1967 2. Preis ZDF-Wettb.; 1968 1. Pr. Festival Européen - Spr.: Engl., Franz., Span., Latein.

LOHNES, Manolo
s. Lohnes, Hans-Herbert

LOHR, Charles
Dr. phil., Dr. theol. h.c., Prof. Univ. Freiburg, Direktor Raimundus Lullus-Inst. Univ. Freiburg - Frankenweg 20, 7800 Freiburg/Br. - Geb. 24. Juni 1925 New York/USA (Vater: Charles L., Versich.agent; Mutter: Margaret, geb. Ruch), kath. - Lic. theol. Baltimore 1962, Promot. 1967 Freiburg, Habil. 1972 ebd. - 1968-70 Assist.-Prof. Fordham Univ. New York; 1970-72 Assoc. Prof. ebd.; 1972-76 Doz., 1976-78 apl. Prof., 1978ff. Prof. Univ. Freiburg - BV: Medieval Latin Aristotle Commentaries, 1967-74; Renaissance Latin Aristotle Commentaries, 2. A. 1988; St. Thomas, Scriptum super Sententias. An Index of Authorities, 1980; Raimundi Lulli Opera latina op. Montepessulana A.D. 1308, 1983; Raimundus Lullus, D. neue Logik, 1985; Andreas de sancto Victore, Opera I, 1986; zahlr. wiss. Beitr. u. Vortr. - 1972 Magister Maioricensis schola lullistica, Palma; 1981 Ehrendoktor, Fribourg/Schweiz - Liebh.: Radsport - Spr.: Deutsch, Franz., Span.

LOHR, Christian
Versicherungsdirektor i. R. - Echterweg 8, 8180 Tegernsee/Obb. (T. 34 33) - Geb. 30. Jan. 1911 Geislingen (Vater: Isidor L., Werkmeister; Mutter: Katharina, geb. Renner), kath., verh. s. 1943 m. Gertrud, geb. Müller, 3 Söhne (Volker, Ulrich, Christoph) - 1933-59 Karlsruher Lebensversich.-AG., Karlsruhe; 1959-73 Bayern-Versich./Öfftl. Lebensversich.anstalt, München (b. 1964 stv., dann o. Vorst.-Mitgl.). LSW. 1961-73 1. Vors. EU München-Stadt u. Land; 1968-73 Landesschatzm. Bayern u. EU - 1967 Orden d. Europ. Frontkämpfer-Verb.; 1971 BVK I. Kl.; 1976 Europa-Med. Europa-Union Dtschl.; 1984 Europa-Union Nadel in Gold.

LOHR, Helmut
Dr. oec., Dipl.-Ing., Senior Vice President Alcatel n.v. - 33, Rue Emeriau, F-75015 Paris; Lenzhalde 65, 7000 Stuttgart 1 - Geb. 7. April 1931.

LOHRMANN, Dietrich
Dr. phil., Univ.-Prof. f. mittlere Geschichte u. Hilfswiss. RWTH Aachen (s. 1987) - Schurzelter Mühle 35, 5100 Aachen (T. 0241 - 7 50 31) - Geb. 9. Juni 1937 Hagen, ev., verh. s. 1968 m. Helga, geb. Pouplier, 2 Kd. (Philipp, Ulrike) - 1957-62 Stud. Gesch., Roman., Latein; Staatsex. 1963 Freiburg; Promot. 1965 ebd.; Habil. 1978 Mainz - 1968-87 wiss. Ref. Dt. Hist. Inst. Paris; 1978 Priv.-Doz. Univ. Mainz u. 1985 Univ. Saarbrücken - BV: Register Papst Joh. VIII, 1968; Kirchengut im nördl. Frankr., 1983; Villa-curtis-grangia, 1983; Pap-

sturk. in Frankr., 8. A. 1989 - Liebh.: Musik - Spr.: Engl., Franz., Lat., Ital.

LOHRMANN, Erich

Dr. rer. nat. (habil.), Prof. Univ. Hamburg, II. Inst. f. Experimentalphysik - Notkestr. 85, 2000 Hamburg 52 - Geb. 25. Mai 1931 Eßlingen/Neckar - 1961-76 Dt. Elektronen-Synchrotron Hamburg; s. 1976 Prof. Univ. Hamburg.

LOHSE, Bernd

Bildjournalist, Schriftst. - Messerzeile 13, 8263 Burghausen - Geb. 5. Okt. 1911 Dresden (Vater: Ernst L., Lehrer; Mutter: Margarete, geb. Müller), verh. in 2. Ehe (1949) m. Eva, geb. Gasper, 2 Kd. - 1930-34 Univ. Frankfurt u. Berlin (German., Gesch., Neuphilol., Ztg.s-wiss.) - Ehrenmitgl. mehr. fotogr. Ges.; 1947-49 Red. d. Ztschr. Foto-Spiegel, 1949-50 Photo-Magazin, 1964-75 Photoblätter, 1970-73 Iris - BV: Cameras from Germany, 1950; Australien u. Südsee heute, 1953 (auch engl.); Kanada - Land v. morgen?, 1955. Herausg.: Frankfurt/M. - Porträt e. Stadt (1957), Dtschl. im Luftbild (1959). Mithrsg.: Europa Camera (1951), Schnappschuß (1955), Kleinodien - Auserlesene Kunstwerke in Dtschl. (1957), Unsere Heimat - d. Revier (1958), Baukunst d. Gotik in Europa (1958), ... Romanik ... (1959), ... Renaissance ... (1960), Wunderwelt, Schreine (1959), Europ. Plastik d. Spätgotik u. Renaissance (1963; div. Aufl. u. Übers.) u. a. - Sammelt jap. Streichholzschachteln - Spr.: Engl., Franz.

LOHSE, Bernhard

Dr. theol., o. Prof. f. Kirchen- u. Dogmengeschichte - Wittenbergener Weg 40, 2000 Hamburg 56 (T. 81 47 77) - Geb. 24. Mai 1928 Hamburg (Vater: Dr. Walther L., Oberstudiendir.; Mutter: Dr. Wilhelmine, geb. Barrelet), ev., verh. s. 1955 m. Annelotte, geb. Streitel, 3 Söhne (Reinhard, Joachim, Andreas) - Gelehrtensch. d. Johanneums Hamburg; Univ. Heidelberg, Göttingen, Bristol, Cambridge (Theol.). Promot. 1952 Göttingen; Habil. 1957 Hamburg - 1951-55 Vikar u. Pastor (1954) Hamburg; s. 1955 Assist., Privatdoz. (1957), apl. (1963) u. o. Prof. (1964) Univ. Hamburg; 1958-59 Lehrstuhlvertr. Univ. Göttingen. 1961 Gastprof. Claremont, 1967 Yale Univ. (USA). Mitgl. Luther-Ges. - BV: D. Passafest d. Quartadecimaner, 1953; Ratio u. Fides - E. Unters. üb. d. ratio in d. Theol. Luthers, 1958; Mönchtum u. Reformation - Luthers Auseinandersetz. m. d. Mönchsideal d. Mittelalters, 1963; Epochen d. Dogmengesch., 1963, 6. A. 1986 (amerik. 3. A. 1985, brasil. 1972, 2. A. 1981); Lutherdeutung heute, 1968; Askese u. Mönchtum in d. Antike u. in d. alten Kirche, 1969; Martin Luther - E. Einführung in s. Leben u. s. Werk, 1981, 2. A. 1982 - Spr.: Engl.

LOHSE, Eduard

Dr. theol., D., Dr. h. c., Prof., Landesbischof i. R., Ratsvorsitzender Ev. Kirche in Deutschland (1979-85), Landesbischof Ev.-luth. Landeskirche Hannover (1971-88) - Ernst-Curtius-Weg 7, 3400 Göttingen (T. 4 24 24) - Geb. 19. Febr. 1924 Hamburg, verh. s. 1952 m. Roswitha, geb. Flitner, 3 Kd. (Regula, Martin, Ansgar) - Johanneum Hamburg (Abit. 1942); Kirchl. Hochsch. Bethel u. Univ. Göttingen. Promot. 1949 Göttingen; Habil. 1953 Mainz (1953 Privatdoz.), Kiel (1956 ao., 1962 o. Prof.), Göttingen (1964 o. Prof. f. Neues Testament, 1970/71 Rektor, 1971 Honorarprof.). 1971-75 Vors. d. Rates d. Konf. ev. Kirchen in Nieders.; 1975-78 Ltd. Bischof Vereinigte Ev.-Luth. Kirche Dtschl., 1973-79 Mitgl. d. Rates d. Ev. Kirche in Dtschld. - BV: Ordination im Spätjudentum u. im Neuen Testament, 1951; Märtyrer u. Gottesknecht, 1955, 2. A. 1963; Mark's Witness to Jesus Christ, 1955; D. Offenbarung d. Johannes, 1960, 7. A. 1988; Israel u. d. Christenheit, 1960; D. Auferst eh. Jesu Christi im Zeugnis d. Lukas-Evangeliums, 1961; D. Gesch. d. Leidens u. Sterbens Jesu Christi, 1964, 2. A. 1967; D. Texte aus Qumran, 1964, 2. A. 1971; D. Briefe an d. Kolosser u. an Philemon, 1968, 2. A. 1977; Umwelt d. Neuen Testaments, 1971, 7. A. 1986; D. Entsteh. d. Neuen Testaments, 1972, 4. A. 1983; D. Einheit d. NT, 1973, 2. A. 1976; Grundriß d. neutestamentl. Theol., 4. A. 1989; Tod u. Leben (m. O. Kaiser), 1977; Tagesordnungspunkt Bibel, 1977; Glauben (m. H.-J. Hermisson), 1978; Orientierungspunkte, 1979; D. Urkunde d. Christen, 1979; Theol. Ethik d. NT, 1988 - 1961 Theol. Ehrendoktor Univ. Mainz; 1983 Univ. Glasgow; 1979 Niedersachsenpreis f. Kultur.

LOHSE, Gerhart

Dr. phil., Ltd. Bibliotheksdirektor a. D., Honorarprof. f. Ältere Germanistik u. Bibliothekswesen TH Aachen (s. 1967) - Moreller Weg 43, 5100 Aachen (T. 7 19 34) - Geb. 15. Aug. 1914 Bremerhaven (Vater: Wilhelm L., Oberstudiendir.; Mutter: Hella, geb. Spruckerhoff), ev., verh. s. 1951 m. Dorothea, geb. Klein, S. Klaus - Univ. Marburg u. Bonn (Dt., Gesch., Geogr.; Promot. 1938); 1951-53 Ausbild. f. d. Höh. Dienst an wiss. Bibl.en Köln - S. 1953 Hochschulbibl. Aachen (1959 Dir.). Zahlr. Arbeiten z. dt. Lit. u. z. Bibl.swesen.

LOHSE, Hans-Heinrich

Dr. rer. nat., Prof. f. Mineralogie, Petrol. u. Lagerstättenkd. Univ. Marburg - Holderstrauch 5, 3550 Marbach.

LOIBL, Georg

Elektromeister, MdL Bayern (s. 1978) - Scharrerstr. 3, 8352 Grafenau/Ndb. - Geb. 14. Dez. 1921 Grafenau, kath., verh., 1 Kd. - Volkssch. Grafenau; Elektrolehre. Meisterprüf. 1948 - 1940-44 Arbeitsdst. u. Wehrm.; 1944-46 amerik. Kriegsgefangensch.; Elektrohandw. Grafenau (1958 pers. haft. Gesellsch. Fa. Elektro-Loibl oHG.). 1967 ff. Sachverst. Stadtrat, II. Bürgerm., Kreisrat, MdK, stv. Landrat. CSU (1964 Orts-, 1970 Kreisvors.).

LOIBL, Joseph

Prof. f. Sologesang, Konzertsänger - Heimstr. 14, 8035 Stockdorf - Geb. 1939 Schönbrunn (Eltern: Franz Xaver u. Kreszentia Maria L.), kath., verh. s. 1961 m. Margarete, geb. Schneider, 2 Kd. - Hochsch. f. Musik München, Mozarteum Salzburg, Privatstud. b. Fred Husler (Lugano) - Konzertsänger; Prof. f. Sologesang Hochsch. f. Musik München u. Graz, Kurse f. Liedgestalt. im In- u. Ausl. - Schallplattenveröffentlichungen u.a.: Bach, Solokantaten m. d. Münchener Kammerorch. (in CD); Lieder v. Franz Schubert (m. Erik Werba); Joh. Brahms u. Hugo Wolf (m. Norman Shetler, in CD); Goethelieder v. Schubert u. Wolf (in CD) - Liebh.: Arch., Malerei - Spr.: Engl.

LOJEWSKI, von, Günther

Dr. phil., Journalist, Intendant Sender Freies Berlin (s. 1989) - Schwabenerweg 10, 8011 Neukeferloh (T. 089 - 46 72 18; dstl.: Berlin 31 31-0) - Geb. 11. Juni 1935 Berlin, verh. m. Rosmarie, geb. Giese, 4 Kd. (Eckart, Susann, Britta, Meike) - Univ. Bonn u. Innsbruck (Geschichte, German., Staatsrecht) - 1960 b. 1969 Redakt. Hannoversche Allgemeine u. Frankfurter Allg. (1964); Leit. Nachrichtenredakt. ZDF (1969); Leit. Report ARD (1977); Vors. Dt. Sängerschaft (1973-78). 1988/89 Leit. Redaktionsgruppe Politik u. Wirtschaft Bayer. Rundfunk Fernsehen - BV: Bayerns Weg n. Köln, 1961; Bayer. Symphonie, 1967 (Mitautor); V. Sammeln u. anderen Liebhabereien, 1969 (Mitautor); Wort u. Bild, 1974 (Mitautor); Politische Orientierung durch Fernsehnachrichten, 1974 (Mitautor); Manipulation of the Mass Media, 1978; Soziale Kommunikation im Dienste d. Bürgers, 1978 (Mitautor); D. Bild d. Unternehmers in d. Öffentlichk., 1979; Mut zu neuen Kommunikationsmodellen, 1979 (Mitautor); Sprache u. Politik, 1980 (Mitautor); Um Glauben u. Reich, 1980 (Mitautor); Mehr Staat-weniger Staat, 1982; Fernsehmoderatoren in d. Bundesrep. Deutschl., 1983 (m. a.); Irrwege d. Angst, 1983 (m. a.); Bonn am Anfang, 1984 (m. a.); Wem gehört die deutsche Geschichte?, 1984 (m. a.); Wider d. Übermacht - Üb. d. Unersetzlichk. d. Mittelstandes, 1984; Politik u. Kirche - kontrovers, 1988. Herausg.: D. Menschenbild in Ost u. West (1963); Kulturbegegnung zw. Ost u. West (1965); Geschichte u. Kultur in Ost u. West - Spiegel d. Vielfalt (1967); D. dt. Frage im Rahmen d. Sicherheitsbedürfnisses v. Ost u. West (1969); D. Integration d. Kinder ausl. Arbeitnehmer (1982); Tausend Jahre - durch meine Brille (1984) - 1969 Theodor-Wolff-Preis (f.: D. Spiel üb. d. Netz, FAZ 1968); Gold. Sportabz. - Spr.: Engl.

LOJEWSKI, von, Wolf

Fernsehjournalist, London-Korresp. ARD (s. 1982) - 10-12 Great Chapel Street, London W1V 3AL - Geb. 4. Juli 1937 Berlin (Vater: Erich v. L., Redakt.; Mutter: Ursula, geb. Erdmann), ev., verh. s. 1968 m. Ute, geb. Wagner - Jura-Stud., 1. jurist. Staatsex. 1966 OLG Schleswig - 1971-74 Amerikakorresp. ARD; 1978/79 Leit. Weltspiegel; 1979-81 Moderator Tagesthemen; s. 1982 London-Korresp. ARD-Fernsehen.

LOMMEL, Ekkehard

Dr. jur., Landrat a. D. - Friedrich-Ebert-Str. 30, 6140 Bensheim 3 (Auerbach) (T. 71783) - Geb. 14. Dez. 1913 Weilburg/Lahn (Vater: Henner L., Richter; Mutter: Auguste, geb. Schultze), ev., verh. m. Hilde, geb. Heyl, 3 Kd. (Henner, Rotraut, Astrid) - Human. Gymn. Philippinum Weilburg; Univ. Gießen, Königsberg (Rechtswiss.); 1939-45 Wehrdst. - 1949-51 Reg.rat Hess. Min. d. Innern, 1951-76 Landrat Kr. Bergstr. - 1968 van-Tienhoven-Preis F.V.S.-Stiftung Hamburg (f. Gründ. Naturpark Bergstr.-Odenw.); 1971 Frhr.-v.-Stein-Plak. Land Hessen; 1976 Gr. BVK.

LOMNITZER, Helmut

Dr. phil., Prof. f. Dt. Sprache u. Ältere Dt. Philol. Univ. Marburg (s. 1972) - Haspelstr. 12, 3550 Marburg/L. - Geb. 15. Juli 1935 Dillenburg - Promot. 1961 - Bücher u. Aufs.

LOMPE, Klaus

Dr. rer. pol., o. Prof. f. Politikwiss. TU Braunschweig (s. 1970) - Parkstr. 15, 3301 Groß Schwülper (T. 05303 - 58 19) - Geb. 6. Jan. 1937 Velbert (Vater: Hans L., Schreinerm.; Mutter: Marta, geb. Pollhaus), ev., verh. s. 1964 m. Karin, geb. Neuhaus, S. Markus - Stud. d. Wirtsch.s- u. Sozialwiss.; Dipl.ex. 1962 u. Promot. 1965 Köln; Habil. 1970 Berlin - S. 1968 wiss. Berater (u. a. Planungsstab Bundeskanzleramt) - BV: Wiss. Beratung d. Politik, 2. A. 1972; Gesellschaftspolitik u. Planung, 2. A. 1976; Möglichkeiten u. Grenzen politischer Planung in parlam. Demokr., 1975; Sozialstaat u. Krise, 1987; Techniktheorie - Technikforsch. - Technikgestaltung, 1987; Die Realität d. neuen Armut, 1987; Reform d. Mitbestimmung, 1988. Herausg.: Freiheitl. Sozialismus (1972/73). Mithrsg.: u. a. Wissenschaftler u. Politiker (1967); Willi Eichlers Beiträge z. demokrat. Sozialismus (1979); Enquete-Kommiss. u. Royal Commiss. (1981).

LONDENBERG, Kurt

Buchgestalter u. Designer, Prof. Hochsch. f. bild. Künste Hamburg (s. 1954) - Bülowstr. 4, 2000 Hamburg 50 (T. 880 05 03) - Geb. 1. Juli 1914 Hamburg, verh. s. 1940 m. Ala, geb. Wendt - Akad. f. graph. Künste u. Buchgewerbe Leipzig - Tätigk. 1945-53: Doz. Staatl. Hochsch. f. Werkkunst Dresden u. Staatl. Werkakad. Kassel, Vorstandsmitgl. Maximilian-Ges. Buchentwürfe f. bek. Verlage u. a. Ausstell. In- u. Ausl. - BV: Papier u. Form, 1963 - Gold. (1953) u. Silb. Med. (1957) Triennale Mailand - Lit.: K. L. - Monogr. (Klingspor-Museum) u. Herzog August Bibliothek Wolfenbüttel.

LONGIN, Talypin

Bischof d. Russ. Orth. Diözese v. Düsseldorf u. Nordwestdeutschl. (s. 1981) - Marienstift, Ellerstr. 213, 4000 Düsseldorf 1 (T. 0211 - 72 62 63) - Geb. 17. Febr. 1946 Helsinki, Finnland, orth., ledig - Theologiestud. Geistl. Akad. Leningrad; Dipl. theol. 1974 - B. 1981 Pfarrer Mariä-Obhut-Gde. Helsinki; 1979-81 Propst d. Diözese Düsseldorf. 1974 Orden d. hl. Lammes; 1977 O. d. hl. Vladimir III. Kl.; 1984 O. d. hl. Grabes; 1985 O. d. hl. Sergi II. Kl.; 1989 Erzb. (pers. Rang) - Spr.: Finn., Russ., Dt.

LONGOLIUS, Alexander

Geschäftsführer d. Initiative Berlin-USA, MdA Berlin (1975-89), Vizepräs. Bundesvors. Partnerschaft d. Parlamente (1981-89), Referatsleiter f. Polit. Bildung b. Bevollm. d. Bundesrep. in Berlin, MdA Berlin (s. 1975; 1981ff. Vizepräs.), Bundesvors. Partnerschaft d. Parlamente - Setheweg 11, 1000 Berlin 22 - Geb. 30. Dez. 1935 Berlin, verh., 2 Kd. - Stud. FU Berlin - Lehrer. SPD s. 1963 (u. a. langj. Mitgl. Landesvorst. Berlin).

LONGSTAFF, John

Dirigent, Komp., Herausg., Solorepetitor, Organist - Theodor-Heuss-Ring 55, 2300 Kiel (T. 0431-68 35 75) - Geb. 10. Jan. 1961 Bury, England, Church of England - 1971-78 Gymn.; 1976 Assoc. of the Royal College of Organists; 1978 Fellow of the Royal College of Organists; Gipton College, Cambridge, BA 1982; Bachelor of Music 1983 - Kapellm. u. Solorepetitor Bühnen Kiel - Werke: Eig. Ausg. d. Krönung d. Poppea Monteverdi, gesp. Cambridge 1981; Musik d. Balletts Dorian (komp. u. dir.), Kiel UA 1984 - Liebh.: Reisen, Theol., Musikwiss. - Spr.: Deutsch, Engl.

LOO, van de, Richard

Rechtsanwalt - Nassauer Str. 9, 4190 Kleve/Ndrh. (T. 2 32 26) - Geb. 21. Febr. 1909 Kleve (Vater: Franz v. d. L., RA.) - 1970 BVK I. Kl., 1977 EdDRK, 1978 Gr. BVK; Ehrenbürger Stadt Kleve - Spr.: Niederl. - Rotarier.

LOOCKE, Gerhard

Dr.-Ing., o. Prof. f. Grundlagen d. Elektrotechnik i. R. Univ. d. Bundeswehr Hamburg; AEG (Berater Geschäftsbereich Industrietechnik) - Wohltorfer Str. 60c, 2057 Reinbek (T. 722 77 38) - Geb. 15. Okt. 1923 St. Egidien/Sachsen (Vater: Erich L.; Mutter: Helene, geb. Keller), verh. s. 1952 m. Gisela, geb. Kledtke) - TH Berlin u. Dresden - S. 1959 (Habil.) Lehrtätigk. TU Berlin (1968-75) apl. Prof. f. Steuerungen u. Regelungen elektr. Antriebe) - BV: Elektr. Maschinenverstärker, 1958. Div. Einzelarb.

LOOGEN, Franz

Dr. med. (habil.), o. Prof. f. Innere Medizin, insb. Kardiologie - Am Wasserturm 9, 4000 Düsseldorf - Geb. 13. April 1919 Baesweiler/Rhld. - S. 1963 apl., ao. (1965) u. o. Prof. (1967) Med. Akad. bzw. Univ. D'dorf - BV: D. Herzkatheterismus b. angeb. u. erworb. Herzfehlern (m. Bayer u. Wolter). Üb. 150 Einzelarb.

LOOKS-THEILE, Christel

Journalistin u. Schriftst. - Markenweg 2, 2905 Edewecht (T. 04405 - 3 92) - Verw. s. 1981 - BV: Warst du es, Steffi?; Steffi, wohin geht d. Fahrt?; Nicht alles dreht sich um Steffi; ... dj 3 ph ruft Kopenhagen; Hallo, hallo, Christine; D. Zirkus-Kinder; D. ging noch einmal gut; u.a. Mitarbeit an Ztg. u. beim Rundfunk.

LOOS, Erich

Dr. phil., o. Prof. (em.) f. Roman. Philologie - Normannenstr. 12, 1000 Berlin 38 (T. 803 50 69) - Geb. 4. Sept. 1913 Wetzlar/L. (Vater: Richard L., Kaufm.), verh. s. 1967 m. Ingrid, geb. Klostermann - 1931-33, 1938-39 u. 1947-49 Stud. Promot. 1949; Habil. 1954 - 1933-38 Versich.sangest.; 1940-45 Wehrdst.; 1949 b. 1960 Assist., Diätendoz. (1957) u. apl. Prof. (1960) Univ. Köln; s. 1961 o. Prof. FU Berlin - BV: B. Castigliones Libro del Cortegiano - Studien z. Tugendauffass. d. Cinquecento, 1955. Herausg.: G. Casanova, Gesch. meines Lebens, 12 Bde. (1964-67); G. Casanova, Eduard u. Elisabeth (Utop. R.), 3 Bde. (1968-69); Crébillon fils, D. Gesamtwerk, 8 Bde. (1968-70). Beitr. Sammelbde. u. Ztschr.; wiss. Buchbesprech. - 1965 Commendatore Ordine al Merito della Repubblica Italiana; 1967 Off. des Palmes Académiques; 1976 ord. Mitgl. Akad. d. Wiss. u. d. Literatur, Mainz.

LOOS, Gerold

Dr. jur., Dr. oec. publ., Vorstandsmitglied Agrippina-Versich. AG - Kardinal-Schulte-Str. 11, 5060 Bergisch Gladbach 1 (T. Büro: 0221 - 77 15 213-211; priv.: 02204 - 8 13 16) - Geb. 25. Jan. 1925 Wertheim/Rh. (Vater: Adolf L., Dir. e. Reichsbanknebenst.), verh. m. Ingeborg, geb. Hauke, 2 Kd. (Bele, Malte) - Abit. 1943; Jura-Stud. Univ. München u. Austin/Texas; Refer. 1949, Promot. 1950 u. 1953 (Ass.Ex.), alles München - 1964-69 Dir. Steuerabt. Mannesmann AG; 1970-74 Mitgl. Geschäftsleitg. SKF Kugellager-Fabr. GmbH; seitd. stv. Vorst.-Mitgl. Agrippina Versicherung AG, Chefsyndikus Agrippina Lebensversich. AG, Patria Versich. AG u. Agrippina Rückversich. AG. - BV: Komment. z. Umwandlungssteuergesetz, 1969 (Loseblatt), 2. A. ab 1970; rd. 100 Aufs. u. Beitr. in Sammelw. - Spr.: Engl., Franz.

LOOS, Helmut

Rektor, MdL Nordrh.-Westf. (s. 1970) - Leibnizstr. 7, 5216 Lülsdorf/Rhld. (T. 02208 - 65 08) - Geb. 8. Jan. 1924 Engers Kr. Neuwied, verh., 3 Kd. - Obersch. (Abit.); Stud. - Volks-, Hauptschullehrer u. -rektor Lülsdorf (1967). 1961-69 Mitgl. Gemeinderat (Bürgerm.) Lülsdorf; 1961 ff. MdK Siegkr. CDU (1961-69 Ortsvors. Lülsdorf).

LOOS, Herbert

Ltd. Direktor, Hauptgeschäftsf. Kassenzahnärztl. Vereinig. Westf.-Lippe (s. 1975) - Reinhold-Friedrichs-Str. 59, 4400 Münster (T. 0251-7 57 19) - Geb. 27. Dez. 1925 Mannheim, verh. s. 1950 m. Christel, geb. Prahl, S. Wolfgang - B. 1975 Geschäftsf. KZV-WL, Münster; 1970-78 Vizepräs. Pr. Münster u. noch Vorstandsmitgl.; Präs. d. Ehrensenats d. KG Paohlbürger Münster; zahlr. berufsständ. Ehrenämter - 1972 Ehrennadel in Silber d. Sports; 1981 Brillantnadel in Gold KG Paohlbürger; 1982 Gold. Ehrenn. d. Kriegsopferverb.; 1983 Gold. Ehrenn. d. Dt. Verkehrswacht; 1984 Ehrenn. d. Dt. Zahnärzte; BVK - Liebh.: Sport (Tennis, Fußb.); Karneval - Spr.: Engl.

LOOSE, Hans-Dieter

Dr. phil., Prof., Leiter Staatsarchiv Hamburg (s. 1975) - ABC-Str. 19, 2000 Hamburg 36 (T. 040/368 18 32) - priv.: Weg zur Mühle 58, 2110 Buchholz 5 (T. 04187-560) - Geb. 18. März 1937 Harburg (Vater: Otto L., Stadtinsp.; Mutter: Dora, geb. Renken); ev.; verh. s. 1961 m. Uta, geb. Bennink, 2 Kd. - 1956-62 Univ. Hamburg, 1. Staatsex. 1961, Promot. 1962 - 1962-64 Archivschule Marburg, 2. Staatsex. 1964. S. 1962 Staatsarchiv Hamburg, s. 1973 Lehrtätigk. Univ. Hamburg, s. 1981 Prof. Univ. Hamburg - Zahlr. Veröff., vor allem z. hamburg. Gesch.

LOOSE, Kurt-Egon

Dr. med., Prof., Chefarzt Chirug. Abt. Städt. Krankenanstalten Itzehoe - 2214 Hohenlockstedt (T. 04826 - 24 48) - S. 1961 Honorarprof. Univ. Kiel (Angiochir.) - Spr.: Engl., Franz. - Rotarier.

LOOSE, Siegfried

Kaufmann, Vorstandsmitgl. Oranienburger Chem. Fabrik AG., Hamburg (s. 1962), MdL Schlesw.-Holst. (s. 1967) - Manhagener Allee 91, 2070 Ahrensburg (T. 5 32 14) - Geb. 23. Juni 1915 Berlin, ev., verh., 3 Kd. - Realgymn. u. Univ. Berlin (1936-37 Rechtswiss.); 1946 Volontär Düngemittelbranche - 1937-45 Berufssoldat (Offz.; 1943 Nordafrika verwundet); 1955 ff. Prokurist. S. 1962 Stadtverordn. Ahrensburg (1966 2. stv. Bürgervorsteher u. Vors. Finanzaussch.). CDU s. 1958.

LOOSEN, Joseph

Dr. phil., Dr. theol., o. Prof. f. Dogmatik u. Dogmengesch. Phil.-Theol. Hochsch. St. Georgen, Frankfurt/M. (s. 1940), Honorarprof. f. Dogmatik Univ. ebd. (s. 1964) - Offenbacher Landstr. 224, 6000 Frankfurt/M. 70 (T. 65 10 47) - Geb. 29. Mai 1904 Düsseldorf, kath. - BV: Logos u. Pneuma im begnadeten Menschen bei Maximus Confessor, 1941.

LOPE, Hans-Joachim

Dr. phil., Prof. f. Roman. Philologie Univ. Marburg (s. 1974) - Weidenhäuser Str. 35, 3550 Marburg/L. - Geb. 19. April 1939 Wuppertal (Vater: Willi L., kaufm. Angest.; Mutter: Gunhild, geb. Hahne), ev., verh. s. 1979 m. Brigitte, geb. Erven, T. Bettina - Stud. Roman. Köln u. Aix-en-Provence (Frankr.). Habil. 1972 Aachen - BV: u. a. Franz. Literaturgesch., 1978, 2. A. 1984. Herausg.: Studia Belgica (1980, 2. A. 1983); Actas del coloquio celebrado en Marburgo con motivo del centenario del nacimiento de. J. Ortega y Gasset (1986) - 1989 Chevalier de l'ordre des Palmes académiques.

LOPEZ COBOS, Jesus

Dr. phil., Generalmusikdirektor Dt. Oper Berlin - Zu erreichen üb. Dt. Oper, Richard-Wagner-Str. 10, 1000 Berlin 10 (T. 3 43 81) - Geb. 25. Febr. 1940 Toro (Spanien) (Vater: Lorenzo L. C.; Mutter: Gregoria), kath., verh. s. 1986 in 3. Ehe m. Alicia, geb. Ferrer, 2 S. (Jesus-Lorenzo, Manuel) - Promot. 1964 Univ. Madrid; 1969 Kapellmeistersch. (Orch. u. Chor) Hochsch. f. Musik Wien - 1981 Preis Principe de Asturias - Liebh.: Phil., Gedichte - Spr.: Deutsch, Ital., Franz., Engl.

LOPPIN, Hans-Joachim

Dr., gf. Präsidialmitgl. Hauptverb. Dt. Filmtheater - Dantestr. 15, 6200 Wiesbaden - Geb. 6. Aug. 1920.

LORBACHER, Peter

Dr. med., Prof., Hämatologe, Internist Dt. Klinik f. Diagnostik Wiesbaden (s. 1970) - Nerotal 77, 6200 Wiesbaden (T. 52 42 41) - Geb. 1. Juli 1936 Essen (Vater: Dr. med. Wilhelm L., Chefarzt a. D.; Mutter: Hilde, geb. Schrod), kath., verh. s. 1963 m. Brigitte, geb. Gymnich, 4 Kd. (Marcus, Louisa, Frank, Dominik) - Neusprachl. Gymn. Essen-Werden (Abit. 1955); Stud. d. Med. Univ. Tübingen, Bonn, Innsbruck, Hamburg, Düsseldorf; Promot: 1960 ebd.; Habil. 1969 Bonn - Med. Assist. Oberhausen u. Wanne-Eickel, dann wiss. Assist. Pathol. Inst. u. Med. Klinik Bonn u. Freiburg, Res. Fellow New England Med. Center Boston/USA, Stip. US Publ. Health Service, Görres-Ges. u. Dt. Forschungsgemeinsch.; s. 1973 apl. Prof. Bonn. Mitgl. Dt. Ges. f. Hämatologie. Div. wiss. Veröff. (insb. üb. Zytochemie d. Blutzellen u. Knochenmarkgewebe) - 1986/87 Präs. Rotary Club Wiesbaden-Kochbrunnen - Spr.: Engl.

LORBER, Curt Gerhard

Dr. med., Dr. med. dent., Prof. f. Mund-, Kiefer- u. Gesichtschirurgie Univ. Gießen - Zum Westergrund 49, 6330 Wetzlar 21 - Geb. 28. Mai 1931 Saarbrücken (Vater: Dr. Curt L., Zahnarzt; Mutter: Gertrud, geb. Schröder), ev., verh. s. 1967 m. Dr. Edeltraud, geb. Hüthwohl - Med.-Stud. Univ. Heidelberg u. München (Promot. 1958 u. 1960); Habil. 1970 Köln - S. 1970 Oberarzt chir. Abt. Univ.-Zahn- u. Kieferklinik Köln; s. 1974 Prof. Univ. Köln; s. 1976 Zentrum f. Zahn-, Mund- u. Kieferheilkunde d. JLU-Gießen. Leiter d. Abt. f. Mund-, Kiefer- u. Gesichtschirurgie dieses Zentrums am Krankenhaus Wetzlar.

LORBERTH, Jörg

Dr. rer. nat., Prof. f. Chemie Univ. Marburg - Zi. 5107, Hans-Meerwein-Str., 3550 Marbach/L.

LORCH, Peter Arnold

Verleger - Kaiserstr. 51, 6050 Offenbach (T. 0611-81 49 88) - Geb. 24. April 1937 Berlin (Vater: Wilhelm L., Verleger; Mutter: Eva, geb. Böhm), ev., gesch., 3 Kd. (Catrin, Anette, Britta) - Stud. Volksw.; verlagskaufm. Lehre - Mitgl. Kurat. d. Dt. Journal.schule, München. Fachveröff. - Liebh.: Ostasiat. Kunst - Spr.: Engl.

LORENSER, Hans

Dr. rer. pol., Dr. med. h. c., Oberbürgermeister i. R. Stadt Ulm (1972-84) - Messelsteinweg 32, 7900 Ulm/D. (T. 16 11) - Geb. 6. Febr. 1916 Stuttgart (Vater: Otto L., Werkmeister), kath., verh. s. 1941 m. Rosl, geb. Freitag, 2 Töcht. (Brigitte, Monika) - Oberreal- u. Höh. Handelssch.; kaufm. Lehre; n. Sonderreifeprüf. TH Stuttgart u. Univ. Tübingen (Rechts- u. Wirtschaftswiss.; Promot. 1949) - 1947-54 Verw.dir. Kreiskrkhs. Ludwigsburg; s. 1954 2. bzw. 1. Beigeordn./Bürgerm. (1955) Ulm. 1964-72 MdL Baden-Württ. Mehrere Jahre Soldat. Vors. d. Geschäftsfg. Sozial- u. Arbeitsmed. Akad. Baden-Württ. - Brosch.: D. Reform d. Rechnungswesens in Krankenanstalten, 1950; Durchschreibebuchführung im Krkhs., 1951; Etat oder Bilanz?, 1956 - BVK I. Kl.; 1984 Gr. BVK m. Stern - Mitgl. Bund Neu-Deutschl. u. Lions-Club - Liebh.: Garten - Spr.: Engl., Franz.

LORENTZ, Kay

Schriftsteller, Inh. u. künstler. Leit. Kom(m)ödchen, Düsseldorf (gegr. 1947) - Kom(m)ödchen, Kunsthalle; Sekr.: Bolkerstr. 44, 4000 Düsseldorf (T. 32 54 28) - Geb. 17. Febr. 1920 Chemnitz/Sa. (Vater: Wilhelm L., Ingenieur; Mutter: Elisabeth, geb. Viermetz), ev., verh. s. 1944 m. Lore, geb. Schirmer (kath.; Kabarettistin), 4 Kd. (Constanze, Kathinka, Kay, Christopher) - Univ. Köln u. Berlin (Oriental. Sprachen, Jap. u. Arab.) - BV: D. Kom(m)ödchenbuch, 1955 - 1961 Gastspiel New York - 1970 Jacques-Offenbach-Preis Stadt Köln (m. d. Ehefr.; erste Träger); 1969 Mitgl. PEN-Zentrum BRD; 1986 Staatspreis Nordrh.-Westf. (m. d. Ehefr.; erste Träger) - Liebh.: Innenarch.

LORENTZEN, Jens-Peter

Regisseur - Saturnstr. 57, 8011 Aschheim (T. 089 - 903 24 17) - Geb. 8. Sept. 1942 Celle.

LORENZ, Dieter Peter

Dr. iur., o. Prof. f. Staats- u. Verwaltungsrecht Univ. Konstanz (s. 1974), Richter a. D. Verwaltungsgerichtshof Baden-Württ. - Bohlstr. 21, 7750 Konstanz (T. 07533 - 68 22) - Geb. 12. Nov. 1938 München (Vater: Ludwig L.; Mutter: Maria, geb. Dirnhofer), verh. m. Gisela, geb. Sahlberg, 3 Kd. - Stud. d. Rechtswiss. Univ. München; Promot. 1965; Habil. 1971 - BV: D. Rechtsschutz d. Bürgers u. d. Rechtsweggarantie, 1973.

LORENZ, Eberhard

Dipl.-Ing. (FH), Gewerbeschulrat, Verkehrspolitischer Sprecher Ausländerpolitik, MdL Baden-Württ. (Wahlkr. 64, Ulm) - Reutlinger Str. 54, Postfach 28 69, 7900 Ulm (T. 0731 - 6 51 72) - Geb. 16. Aug. 1942 Treffurt/Werra - SPD.

LORENZ, Egon

Dr. jur., o. Prof. f. Zivilrecht Univ. Mannheim - Schopfheimer Str. 20, 6800 Mannheim-Seckenheim (T. 0621 - 47 43 60) - Geb. 9. Juli 1934 Loxstedt - 1955-59 Stud. Rechtswiss. Univ. Marburg, München u. Göttingen; Staatsex. 1959 u. 1964, Promot. 1963, Habil. 1969 Göttingen - S. 1970 o. Prof. Univ. Mannheim - BV: u. a. D. Dotalstatut in d. ital. Zivilrechtslehre d. 13. b. 16. Jh., 1965; Z. Struktur d. IPR, 1977; Immat. Schaden u. billige Entschädig. in Geld, 1981; Intern. Scheidungsr. in Münchener Komm., 1983; D. Auskunftsansprüche d. Versich. z. Überschußbeteil. in d. Lebensvers., 1983; Dictionary of Legal, Commercial and Political Terms, Wörterbuch für Recht, Wirtschaft u. Politik, Englisch-Deutsch, 4. A. 1987 (zus. m. Dietl u. Moss).

LORENZ, Erika

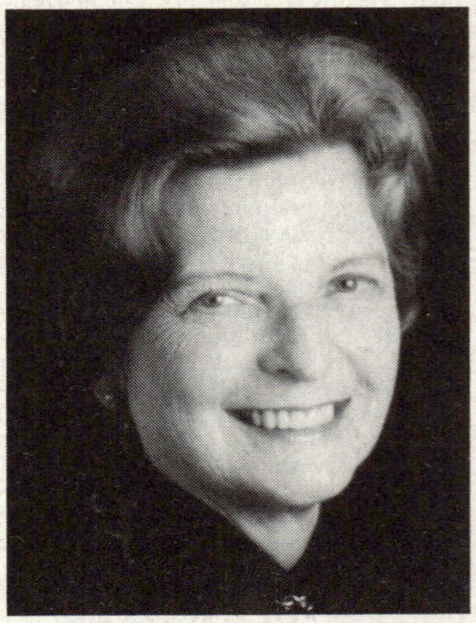

Dr. phil., Prof. f. Roman. Philologie - Flerrentwiete 97, 2000 Hamburg 56 - Geb. 20. März 1923 Hamburg (Vater: Dr. rer. pol. Egon L., Baukaufmann; Mutter: Clara, geb. Jörss), kath., led. - Stud. Romanistik, Musikwiss., Phonetik Hamburg u. Paris. Promot. (1953) u. Habil. (1960) Hamburg - S. 1960 Lehrtätigk. Univ. Hamburg (1969 Prof. d. Univ.). 1965 einj. Gastprofessur Kolumbien (Bogotá, Medellín). Mitgl. Dt. Hispanistenverb. Athenäum, Cali/Kolumbien u. Engadiner Kollegium - BV: Rubén, Dario - Studie zur Bedeutung eines ästhet. Prinzips, 1956 (span. 1960); D. metaphor. Kosmos d. mod. span. Lyrik, 1961; D. altspan. Cid, 1971; F. de Osuna, 1982; Teresa von Avila - Ich bin e. Weib, 1982; Nicht alle Nonnen dürfen das (Teresa - Gracián), 1983; R. Llull, 1985; D. nahe Gott im Wort d. span. Mystik, 1985; E. Pfad im Wegelosen (Biogr. T. v. Avila), 1986; D. Vaterunser d. Teresa v. Avila, 1987; Ins Dunkel geschrieben (Johannes v. Kreuz), 1987; Ramon Llull - D. Buch v. Freunde u. vom Geliebten, 1988; Vom Karma zum Karmel, 1989 - Großoffizierskreuz Rubén Dario - Liebh.: Musik - Spr.: Engl., Franz., Span., Portugies., Ital., Katalan.

LORENZ, Frank

Unternehmer, Vors. Fachverb. Dt. Durum-Weizen-Mühlen - Zu erreichen üb.: Wilhelmstr. 32, 5300 Bonn 1.

LORENZ, Frieder

Dr. phil., Intendant Theater Baden-Baden - Zu erreichen üb. Theater am Goethepl., 7570 Baden-Baden - 1971 Dramat. Landestheater Darmstadt, dann Chefdramat.; 1972 Chefdramat. Städt. Bühnen Münster; 1973-83 Generalint. ebd. 1979 Int. Gandersheimer Domfestsp. - 1979 Franz-Grillparzer Ring; 1983 Ehrenmitgl. Städt. Bühnen Münster.

LORENZ, Gerald

Wirtschafts-Ingenieur, MdA Berlin (s. 1975) - Eisenacher Str. 32, 1000 Berlin 30 - Geb. 2. Dez. 1937 Berlin - SPD.

LORENZ, Gert

Dr. rer. nat., Dipl.-Physiker, Prof., Vorstandsmitglied Philips GmbH, Eindhoven - Strengenbergstr. 47, 8501 Rückersdorf - Geb. 18. Nov. 1929 Düsseldorf (Vater: Wilhelm L., Kaufm.; Mutter: Käthe, geb. Hennig), ev., verh. s. 1958 m. Stefanie, geb. Helmich, 3 Kd. (Till, Marc, Tobias) - Promot. 1957 Bonn - 1956-60 Assist. Max-Planck-Inst. Düsseldorf u. M.T.I. Cambridge/USA; 1960 Entwicklungschef Intermetall; s. 1966 Valvo GmbH. (Artikelchef u. 1969 Dir.) - 1986 Hon.-Prof. f. Mikroelektronik TU München - Spr.: Engl.

LORENZ, Günter W.

Journalist, Schriftsteller, Übersetzer,

Abteilungsleit. (Lateinamerika) Inst. f. Auslandsbezieh., Stuttgart - Postf. 45, 7592 Renchen (T. 07843 - 378) - Geb. 1932 CSR, verh. s. 1969 m. Maria Haydée, geb. Malugano Foricher, S. Constantin Mathias - BV: Lit. in Lateinamerika, 1964; Dialog m. Lateinamerika - Panorama e. Literatur d. Zukunft, 1971; D. zeitgenöss. Literatur in Lateinamerika- Chronik e. Wirklichkeit / Motive u. Strukturen, 1972; Lateinamerika: Stimmen eines Kontinents, 1974; Lit. u. Ges. in Lateinamerika, 1976; Wie sie sich sehen: D. Deutschlandbild in Lateinam. - D. Lateinamerikabild in Deutschl., 1980; Federico Garcia Lorca, Leben u. Werk (Neuausg. v. 1961), 1981; Türken in Deutschland, e. Bestandsaufn. nach d. Völkerwanderung d. 20. Jh., 1981; Mythen-Märchen-Moritaten: Orale u. tradition. Literatur i. Brasilien, 1983; ...aber d. Fremde ist in mir. Migrationserfahrung u. Deutschlandbild in d. türk. Lit. d. Gegenwart, 1985 - 1971 Literaturpreis Dt. Iberoamerika-Stiftg. (f.: Dialog m. Lateinamerika); 1973 Premio Iberoamerica; Mitgl. PEN-Zentrum BRD u. DJV; Ehrenmitgl. Unión Latinoamericana de Escritores.

LORENZ, Hans (Johannes)

Dr.-Ing., Dr. h. c., o. Prof. f. Grundbau u. Bodenmechanik - Sensburger Allee 7, 1000 Berlin 19 (T. 304 47 31) - Geb. 25. Okt. 1905 Graz, kath., verh. s. 1931, 4 Kd. - TH Graz, München, Berlin - B. 1934 wiss. Assist. TH Berlin, dann Bauleit. versch. Großbauvorhaben u. Geschäftsf. Baugrund-Gmbh., s. 1947 o. Prof. u. Dir. Inst. f. Grundbau TU ebd. (1955/56 u. 1960-61 Rektor). Div. Patente - BV: Grundbau-Dynamik, 1960 - 1966 Ehrendoktor Univ. Strasbourg; 1939 Gold. Med. Intern. Wasserbau-Ausstell. Lüttich; 1971 Offz. franz. Orden Palmes académiques - Liebh.: Tennis - Vater bek. Internist Univ. Graz.

LORENZ, Hans-Georg

Jurist, Mitgl. Abgeordnetenhaus v. Berlin (s. 1979) - Zu erreichen üb.: SPD-Fraktion, Rathaus, 1000 Berlin 62.

LORENZ, Kuno

Dr. phil., Prof. f. Philosophie Univ. d. Saarlandes - Turnerstr. 30, 6601 Riegelsberg (T. 06806 - 27 52) - Geb. 17. Sept. 1932 Vachdorf (Vater: Konrad L., Pfarrer; Mutter: Margarete, geb. Praetorius), verh. s. 1965 m. Dr. Karin Lindemann (Schriftst.), 2 S. (Marc-Andor, Benjamin) - 1951-57 Stud. Math. u. Physik Univ. Tübingen, Hamburg u. Bonn (Staatsex.); nach USA-Aufenth. Promot. 1961 Kiel, Habil. 1969 Erlangen-Nürnberg - 1970-74 o. Prof. f. Phil. Univ. Hamburg, 1974ff. Univ. Saarbrücken - BV: Elemente d. Sprachkritik, 1970; Konstrukt. versus Positionen (Hrsg.), 1979; Identität u. Individuation I, II (Hrsg.), 1982.

LORENZ, Otto

Dr. med., Dr. med. dent., em. Prof., Facharzt f. Zahn-, Mund-, Kieferheilkunde, Kiefer- u. Gesichtschirurgie - Luisenstr. 27, 4600 Dortmund (T. 14 39 31) - Geb. 14. März 1909 Gelsenkirchen (Eltern: Wilhelm u. Emmi L.), ev., verh. s. 1942 m. Ruth, geb. Hasenhauer, 4 Kd. - Univ. Münster, Innsbruck, Würzburg (Med. Staatsex. 1933) u. Med. Akad. Düsseldorf (Zahnärztl. Staatsex. 1942) - S. 1943 Doz. u. apl. Prof. (1950) Univ. Düsseldorf (Westd. Kieferklinik); 1974 emerit. Anwend. neuer Operationsmeth. - BV: Geschwülste im Mund-, Kiefer- u. Gesichtsbereich, 1948 (m. Lindemann). Üb. 80 fachwiss. Einzelarb. - Liebh.: Geogr., Sprachen.

LORENZ, Rudolf

Dr. theol., D., o. Prof. f. Kirchen- u. Dogmengeschichte - Jakob-Steffan-Str. 12, 6500 Mainz - Geb. 10. Juli 1914 Kritschen/Schles., ev., led. - Theol. Prüf. (I. 1938, II. 41). Promot. (1942) u. Habil. (1956) Halle/S. - S. 1954 Lehrtätigk. Katechet. Obersem. Naumburg/S., Kirchl. Hochsch. Berlin (1959; 1960 Prof.) u. Univ. Mainz (1962 Ord.). Div. Fachveröff. - 1964 Theol. Ehrendoktor Univ. Göttingen, 1979 em.

LORENZ, Rüdiger

Dr. med., Neurochirurg, Prof., Leiter d. Abt. f. Allg. Neurochirurgie, Klinikum d. J. W. Goethe-Univ., Frankfurt (s. 1980) - Schleusenweg 2-16, 6000 Frankfurt/M. 71 (T. 069 - 63 01-52 95) - Geb. 9. Sept. 1932 Niederfischbach/Kr. Altenkirchen (Vater: Johannes, Prakt. Arzt; Mutter: Erna, geb. Müller), ev., verh. s. 1959 m. Gunde, geb. Hussmann, 2 Kd. (Matthias, Mechthild) - Abit. 1951 Hannover; Stud. Univ. Bonn, Göttingen; Staatsex. u. Promot. 1956 ebd.; Habil. (Neurochir.) 1971 Gießen; Prof. Justus Liebig Univ. Gießen 1973-80; s. 1980 Prof. Univ. Frankfurt/Main - BV: u.a. Wirkungen intrakranieller raumfordernder Prozesse auf d. Verlauf v. Blutdruck u. Pulsfrequenz, 1973; Intensivmedizin, 3. A. 1987; Neurochirurgie, 1980 - Korr. Mitgl. Real Acad. de Medicina de Zaragoza (1979); Clinical Prof. Yonsei-Univ. Seoul/Korea (1980); Mitgl. Akad. Rat d. Humboldt-Ges. (1982); korr. Mitgl. Asociation Argentina de Neurocirugia (1982) - Liebh.: Kunstgesch. - Spr.: Engl., Franz.

LORENZ, Siegfried

Dr. oec. publ., Bankdirektor, Vorstandsmitgl. DG BANK Dt. Genossenschaftsbank (s. 1987) - Am Platz der Republik, 6000 Frankfurt/M. (T. 74 47 01) - Geb. 26 Juni 1928 München - 1948-52 Stud. d. Betriebswirtsch. Univ. München, Promot. 1962 - 1962-86 Vorst.-Mitgl. Bayer. Volksbanken AG, München; stv. AR-Vors. Dt. Genossenschafts-Leasing GmbH, Unterföhring; AR Bausparkasse Schwäbisch Hall AG, Schwäbisch Hall, Dt. Genossenschafts-Hypothekenbank AG, Hamburg; VR DG BANK International S.A., Luxemburg; VS Beteiligungs-AG bayer. Volksbank, München.

LORENZ, Steffen

Dr. agr., Vorstandssprecher Gilde-Brauerei AG u. Vorstandsmitgl. Brauergilde AG, bde. Hannover, Gf. Malzfabrik Langkopf GmbH, Peine, Vorst.-Vors. Verein zur Förd. d. Qualitätsgerstenbaues im Bundesgeb., München-Gröbenzell, AR-Vors. Inst. f. Energieeinsparung GmbH, Vorst.-Vors. Bundesverb. d. Energie-Abnehmer, u. Verb. nieders. Brauereien, alle Hannover, stv. AR-Vors. Hofbrauhaus Wolters AG, Braunschweig, AR Lindener Volksbank, Hannover, Vorst.-Mitgl. Dt. Brauerbund, Bonn - Forbacher Str. 19, 3000 Hannover-Kirchrode - Geb. 26. Juni 1931 Berlin - Zahlr. Aussch.- u. Beiratsmitgliedsch. (Beirat Centrale Marketing Ges. (CEMA) Bonn, u. Commerzbank Nieders.) - Nieders. VDK, BVK I. Kl.

LORENZ, Walter J.

Dr. rer. nat., Dipl.-Phys., Prof. f. Med. Physik Univ. Heidelberg (s. 1973) - Kastellweg 26, 6900 Heidelberg 1 (T. 48 45 67) - Geb. 8. März 1932 Mähr. Ostrau (Vater: Robert L., Oberbahnm.; Mutter: Mathilde, geb. Liss), kath., verh. s. 1963 m. Dr. med. Dorothea, geb. Marx - Univ. Heidelberg (Phys., Math., Chem. u. Med.), Dipl.-Phys. 1959, Promot. 1961, Habil. 1967 - 1961-63 Wiss. Assist. MPI f. Kernphys. Heidelberg, 1963/64 ltd. Physiker, Abt. f. Nuklearmed. Univ.-Strahlenklinik Heidelberg, s. 1964 Leit. d. Abt. Biophys. u. med. Strahlenphys., Inst. f. Radiologie u. Pathophysiologie Dt. Krebsforsch.-zentr. Heidelberg, s. 1982 Geschf. Inst.-Dir. ebd. 1983-84 Vors. Dt. Ges. f. Med. Physik. Ca. 350 wiss. Veröff. u. Buchbeitr. - Spr.: Engl.

LORENZ, Werner

Dr. jur., o. Prof. f. Bürgerl. Recht, Rechtsvergleichung u. Intern. Privatrecht - Lochhamer Str. 34, 8032 Gräfelfing b. München (T. München 85 30 89) - Geb. 15. Nov. 1921 Lichtenstein/Sa. - S. 1957 (Habil.) Lehrtätigk. Univ. Heidelberg, Würzburg (1958 Ord.), München (1965 Ord. u. Vorst. Inst. f. Rechtsvergl.) - BV: Vertragsabschluß u. Parteiwille im intern. Obligationsrecht Englands, 1957; D. Haftung d. Warenherstellers, 1966.

LORENZ, Werner

Dr. med., o. Prof. u. Direktor Univ.sklinik f. Strahlentherapie u. Nuklearmed. Frankfurt (s. 1964) - Waldfriedstr. 18, 6000 Frankfurt/M. (T. 67 53 00) - Geb. 27. April 1920 Frankfurt/M. (Vater: Carl L., Studienrat; Mutter: Martha, geb. Kettner), verh. s. 1943 m. Gertrud, geb. Lutz - Promot. 1945; Habil. 1954 - Zul. Univ. Mainz (1960 apl. Prof.) - BV: Strahlenschutz in Klinik u. ärztl. Praxis, 1961. Zahlr. Einzelarb.

LORENZ, Wilfried

Dr. med., Prof. f. Theor. Chirurgie - Ernst-Lemmer-Str. 33, 3551 Wehrda - Geb. 18. Mai 1939 Eschenbach - Promot. 1965; Habil. 1969 - S. 1969 Lehrtätigk. Univ. München u. Marburg (1970 Prof.). Viele Facharb. - 1981 Karl-Thomas-Preis Dt. Ges. f. Anästhesie u. Wiederbelebung; 1983 korr. Mitgl. Österr. Ges. f. Experimentelle Chir.; 1989 Jubiläumspreis d. Dt. Ges. f. Chirurgie.

LORENZ, Wilhelm

Dr. rer. pol., Prof., Ing., Dipl.-Kfm., Hochschullehrer (Ps. W. F. Lorzen), Neugründ. Dt. Werbewiss. Ges. (1975, Erstgründ. 1919), Lehrbeauftr. RWTH Aachen (s. 1967; Marketing u. Management), Ständ. Vortr. Hochsch. f. Welthandel, Wien, Initiator Battenberger Intern. Hochsch.woche - Langenbachstr. 10, 4040 Neuss 1 (T. 02101 - 4 22 79) - Geb. 27. Dez. 1913 Neuss (Vater: Friedrich Wilh. L., Ing. u. Fabrikant; Mutter: Johanna Maria, geb. van Coeverden), ev., verh. s. 1952 m. Dipl.-Kfm. Wilhelmine, geb. Kamp, Tocht. Dr. med. Beate Ulrike - Dipl.-Kfm. 1949 u. Promot. 1952 Köln - 1962-85 wiss. Mitarb.; 1988 Prof. Wien - Erf. f. Blech- u. Kunststoffverarb. - BV: Handb. d. Exportwerbung, 1970 (m. Herbert Walter) - Mehrere Dokumentarfilme - 1962 Gr. Ehrenzeichen f. Verdienste um d. Rep. Österr.; 1975 BVK am Bde.; 1978 Ehrenring d. Österr. Werbewissenschaftl. Ges. - Liebh.: Historisches, Latein, Fotografie, Bücher, Soziol. - Spr.: Niederl., Engl.

LORENZ, Wolfgang Joachim

Dr.-Ing., Dipl.-Chemiker, Prof. Inst. f. Physikal. Chemie u. Elektrochemie Univ. Karlsruhe (s. 1974) - Franz-Vetter-Str. 1, 7502 Malsch 2 (T. 0721 - 608 33 03) - Geb. 5. Sept. 1933 Dresden (Vater: Ernst L., Drogist; Mutter: Ella, geb. Lange), ev., verh. s. 1961 m. Ingrid, geb. Hennig, S. Jörg Ulrich - Dietrich-Eckart-Obersch. Dresden-Johannstadt u. Obersch. Dresden-Blasewitz (Abit. 1952); Stud. d. Chemie Univ. Leipzig u. TH Dresden; Dipl.ex. 1958 ebd.; Promot. 1961 Bergakad. Clausthal-Zellerfeld; Habil.l 1968 Karlsruhe - S. 1961 Univ. Karlsruhe (Wiss. Assist., 1969 Doz., 1974 Prof.). Spez. Arb.geb.: Physik u. Chemie von Grenzflächen, elektrochem. Kinetik u. Meßmethoden, Metallkorrosion u. -Inhibition, dynamische Systemanalyse, Hochtemperatur-Supraleiter. Mitgl. Dt. Bunsenges. f. Physikal. Chemie, Intern. Soc. of Electrochemistry, Electrochem. Soc./New York, Dechema-Arbeitsaussch. Üb. 150 Fachveröff. Mehrere Buchbeiträge - Spr.: Engl., Russ.

LORENZ-MEYER, Hartwig

Dr. med., a.o. Prof., Chefarzt Med. Klinik I Städt. Krkhs. Friedrichshafen, Lehrkrkhs. Univ. Tübingen - Appenzellerstr. 7, 7990 Friedrichshafen - Geb. 19. Jan. 1943 Wohltorf (Vater: Ernst Helmut L.-M, Im- u. Exportkaufm.; Mutter: Ursula, geb. Napp), ev., verh. s. 1969 m. Dr. med. Brigitte, geb. Wolf - Stud. Univ. Marburg u. München; DFG-Stip.; Promot. 1970 TH München; Habil. (Inn. Med.) 1977 - Wiss. Ausb. Med. Uniklinik Marburg; s. 1981 Prof. Schwerp.: intestinale Adaption, chronisch entzündl. Darmkrankheiten, Endoskopie - Rd. 100 Veröff. in d. Gastroenterologie, in intern. u. nationalen Ztschr.; mehrere Lehrb.-Beitr. - Spr.: Engl., Griech., Latein.

LORENZEN, Harald

Dr. phil., Prof., Pflanzenphysiologisches Institut/Botan. Anstalten Univ. Göttingen - Thorner Str. 10, 3406 Bovenden (T. Göttingen 8 12 85) - Geb. 1. Febr. 1928 Wilhelmshaven - S. 1962 (Habil.) Lehrtätigk. Göttingen (1968 apl. Prof.; 1969 Wiss. Rat u. Prof.) - BV: Physiol. Morphol. d. Höh. Pflanzen, 1972. Fachveröff. Herausg.: Berichte Deutsch. Botan. Ges. (1972, ab Jg. 85; 1987, b. Jg. 100).

LORENZEN, Hermann

Dr. phil., em. o. Prof. f. Allg. Pädagogik - Lannerstr. 20, 4800 Bielefeld 14 (T. 0521 - 44 52 27) - Geb. 10. Mai 1909 Tingleff, ev., verh. s. 1934 m. Hildegard, geb. Rottmann, 2 Kd. - Päd. Akad. Kiel; Univ. Hamburg (Musikwiss., Päd., Phil.). Lehrerprüf. Kiel (1930) u. Wandsbek (1933); Promot. 1940 Hamburg; Ex. f. Organisten u. Chorleit. 1932 - 1930-47 Hbg. Schuldst., 1933-36 Auslandsschuldienst Athen u. Kantor ev. Christuskirche, Athen, 1937-47 Kantor St. Johannis, Hamburg-Eppendorf; s. 1946 Doz. u. o. Prof. Päd. Hochsch. Westf.-Lippe/Abt. Bielefeld (Dir. Sem. f. Päd. u. Phil.); 1980 Univ. Bielefeld; 1940-60 Musikberat. Reg. Detmold; s. 1956 Lehrbeauftr. f. Päd. Nordwestd. Musik-Akad. Detmold - BV: Päd. Ideen b. Hermann Hesse, 1955; August Hermann Francke - Päd. Schriften, 1957, 2. A. 1964; Martin Luther - Päd. Schr., 1957, 2. A. 1968; D. Auftrag d. Erziehung, 1964; D. Kunsterziehungsbeweg., 1966; Fritz Klatt - Beruf u. Bildung, 1966. Herausg.: Musikwerke (Konzerte) v. Heinrich Grimm.

LORENZEN, Käte

Dr. phil., Prof., Hochschullehrerin - Schönkamp 1, 2305 Kitzeberg (T. Kiel 2 33 31) - Geb. 26. Dez. 1918 - S. 1960 Doz. u. Prof. (1964) PH Kiel (Englisch u. Methodik d. Engl.unterr.). Fachveröff.

LORENZEN, Paul

Dr. rer. nat., Dr. h. c., Dr. h. c., em. o. Prof. f. Philosophie - Charlottenburger Str. 19, 3400 Göttingen - Geb. 24. März 1915 Kiel, ev., verh. s. 1939 m. Käthe, geb. Dalchow, 1 Kd. - 1933-38 Univ. Kiel, Berlin, Göttingen - 1939 wiss. Assist., 1946 Privatdoz., 1952 apl. Prof. Univ. Bonn (Math.), 1956 o. Prof. Univ. Kiel u. 1962-80 Univ. Erlangen-Nürnberg (Philos.); 1957 b. 1958 Gast Inst. for Advanced Studies, Princeton; 1965/71 Gastprof. Univ. of Texas, Austin; 1972/75 Gastprof. Boston Univ. (1980 emerit.) Spezialgeb.: Algebra, Grundl. d. Mathematik, Logik, Wiss.theor., Ethik - BV: Einf. in operative Logik u. Math., 1955; Formale Logik, 1958 (Samml. Göschen; engl. 1964); Entsteh. d. exakten Wiss., 1960; Metamath., 1962 (BJ-Taschenb.); Differential u. Integral, 1965; Log. Propädeutik, m. W. Kamlah 1967, 2. A. 1973 (BJ-Tb.); Konstrukt. Logik, Ethik u. Wiss.-Theorie, m. O. Schwemmer 1973 (BI-Tb.); Konstruktive Wissenschaftstheorie, 1974 (Tb.); Theorie d. techn. u. polit. Vernunft, 1978; Elementargeometrie, 1984; Grundbegriffe d. techn. u. polit. Kultur, 1985; Lehrb. d. konstruktiven Wiss.theorie, 1987; Constructive Philosophy, 1987 - 1960 o. Mitgl. Akad. d. Wiss. Göttingen, 1965 Mitgl. Acad. Intern. d. Phil. des Sciences, Brüssel, 1969 Inst. Intern. de Phil., Paris.

LORENZEN, Rudolf

Schriftsteller, Film- u. Fernsehautor - Nürnberger Str. 17, 1000 Berlin 30 (T. 030 - 24 67 78) - Geb. 5. Febr. 1922 Lübeck, verh. s. 1983 m. Bettina L. - BV/R.: Alles andere als e. Held, 1959 (auch engl., London u. New York); Die Beutelschneider, 1962; Nur noch e., d. Emil heißt, 1968; Dämmerstunde oder Kallisto, 1968; Kopal ruft, 1971; D. Hochzeit v. Jalta, 1973; D. Expedition, 1974 (auch japan., Tokyo); Im Räderwerk, 1976; Wildererszenen, 1978; Grüße aus Bad Walden, 1980 (ungar.

1987, Budapest); Neuaufl.: Alles andere als e. Held, 1982. Hörsp.: Mi Noche triste, 1982; Einst e. bacchantischer Wahnsinn, 1984; D. tolle Jakob, 1984; Abschied v. Bunten Rock, 1985; Cake Walk, 1987. Film u. Ferns.: D. Inseln d. Seligen, 1965; Mauerblume im Ballhaus Verkehrt, 1968; Unterwegs n. Kathmandu, 1971; China heute, 1974; D. Berliner Sportpalast, 1974; So leben wir alle Tage, 1977; Goethes Weimar heute, 1979; V. Tibet n. Shanghai, 1981; Alles andere als e. Held, 1987. Roman, Erz., Spielfilm, FS-Spiel, FS-Dok., hist. Musik-Dok., Kulturkorresp.

LORENZEN, Thomas
Landwirtschaftsmeister, MdL Schlesw.-Holst. (Wahlkr. 3/Flensbg. Land), stv. Vors. CDU-Landtagsfraktion - Dorfstr. 44, 2391 Meyn/Post Schafflund (T. 04639 - 5 38) - Geb. 23. Juli 1940 Meyn/Krs. Schlesw.-Flensburg - CDU.

LORENZEN, W. F.
s. Lorenz, Friedrich Wilhelm.

LORENZEN, Wolfram
Pianist - Birkenweg 7, 7860 Schopfheim (T. 07622 - 76 32) - Geb. 14. Mai 1952 Freiburg/Br. (Vater: Johannes L., Musiker; Mutter: Irmgard L.), ev. - Stud. b. Dir. Klaus Linder (Basel), Prof. Ludwig Hoffmann (München) u. Prof. Paul Badura-Skoda (Essen); intern. Meisterkurse - Konz. in wicht. Musikzentren in Deutschl., Schweiz, Österr., Frankr., Italien, Holland, Engl., Fernost u. Australien. 1984 Tourneen Nah. Osten u. Ostasien; 1985-87 Konzertreisen in alle Teile d. Erde - Repertoire: 40 versch. Klavierkonz. (UA 3. Klavierkonz. v. Harald Genzmer); Rundf.aufn., Schallpl. - 1976-81 Preise b. intern. Wettb.: Finale Ligure (1.), Senigallia (1.), Vercelli (3.), Monza (2.); 1982 1. Pr. Intern. Klavierwettb. Montevideo/Uruguay - Spr.: Engl.

LORENZER, Alfred
Dr. med., Prof. f. Soziologie Univ. Frankfurt/M. - Kapellenstr. 16, 6238 Hofheim - Geb. 8. April 1922 Ulm - Stud. d. Med. - BV: Kritik d. psychoanalyt. Symbolbegriffs, 1970; Sprachzerstörung u. Rekonstruktion, 1970; Z. Begründung e. materiał. Sozialisationstheorie, 1972; Üb. d. Gegenstand d. Psychoanalyse, 1973; D. Wahrheit d. psychoanalyt. Erkenntnis, 1974; Sprachspiele u. Interaktionsformen, 1976; Das Konzil d. Buchhalter, 1981 (teilw. auch ital., span., dän., norweg., japan.); Intimität u. Soz. Leid, Archäol. d. Psychoanalyse, 1984 - Spr.: Engl.

LORENZL, Günter
Dr. agr., Dipl.-Agraring., Prof. f. Agrarökonomie TU Berlin - Lindenallee 43, 1000 Berlin 19 (T. 030 - 301 67 64) - Geb. 4. Okt. 1937 Karlsbrunn (Vater: Ernst L., Landwirt; Mutter: Anni, geb. Stefan), verh. s. 1968 m. Meeli, geb. Tui, 2 S. (Hanno, Mathias) - Abit. 1957 Itzehoe; Stud. Agrarwiss. u. Volksw. Univ. Kiel (Promot. 1965); 1968/69 Stud. UC, Berkely; Habil. 1971 TU Berlin - S. 1971 Prof. Berlin; 1973-76 Sen. Lect. Univ. Nairobi; 1979 Gastprof. M.I.T, Mass. Arbeitsgeb.: Agrarmarktpolitik, Agrarmärkte in Entw.ländern, insbes. Ostafrika, Kolumbien.

LORETZ, Oswald
Dr. theol., Prof., Theologe - Ricarda-Huch-Str. 6, 4400 Münster/W. (T. 0253 - 4 15 90) - Geb. 14. Jan. 1928 Hörbranz, kath. - S. 1964 (Habil.) Prof. Univ. Münster (Exegese d. Alten Testamentes, Ugarit-Forsch.).

LORIOT
s. Bülow, von, Vicco

LORKE, Hans
I. Bürgermeister - Rathaus, 8708 Gerbrunn/Ufr. - Geb. 13. März 1937 Beuthen/OS. - Bauing. CSU/FWG.

LORTZ, Helmut
Prof., Grafiker - Uhlandstr. 43/44, 1000 Berlin 15 (T. 881 74 53) u. Jakob-Jung-Str. 12, 6100 Darmstadt-Arheilgen (T. 3 52 49) - Geb. 25. April 1920 Schneppenhausen - Realgymn. Darmstadt, Fachsch. Erbach i. Odw., Hochsch. f. bild. Künste Berlin (4 Sem. Bildhauerei) - 1952 Doz. Werkkunstsch. Darmstadt, s. 1959 Prof. Hochsch. f. bild. Künste Berlin (Experimentelle Grafik) - Erstes dt. Mitgl. Alliance Graphique Intern. (s. 1954). 1956 Kunstpreis Stadt Darmstadt, 1970 Johann Merck Ehrung. 1. Preis Plakate: Intern. Automobilausst. (1963), Intern. Funkausst. (1971). Ausstell. in Paris, London, Tokio, Internationale d. Handzeichn. (1964) - BV: Lortz Reihen (Bildprotokolle), Bd. 1 1972, Bd. 2 1973, Bd. 3 1974 - Rotarier.

LOSCHELDER, Wolfgang
Dr. jur., Univ.-Prof. (Öffentl. Recht) Univ. Bochum - An der alten Kirche 8, 5205 Sankt Augustin 3 (T. 02241 - 31 23 16) - Geb. 25. Juli 1940 Rom/Ital. (Vater: Dr. Josef L.; Mutter: Dr. Elisabeth, geb. Hesemann), kath., verh. s. 1967 m. Christiane, geb. Brückner, 4 Kd. (Friedrich, Anne Kathrin, Christine, Johanna) - 1960-65 Stud. Univ. Bonn; Jurist. Staatsprüf. 1965 u. 1971; Promot. 1976; Habil. 1980 Bonn - BV: Kommunale Selbstverw.garantie u. gemeindl. Gebietsgestaltung, 1976; V. bes. Gewaltverhältnis z. öffentl.-rechtl. Sonbindung, 1982; D. Befugnis d. Gesetzgebers z. Disposition zw. Gemeinde- u. Kreisebene, 1986; D. Islam u. d. religionsrechtl. Ordnung d. Grundgesetzes, in: Essener Gespräche Bd. 20, 1986.

LOSER, Fritz
Dr. phil., o. Prof. f. Schulpädagogik Univ. Osnabrück (s. 1974) - Droste-Hülshoff-Str. 11, 4401 Altenberge - Geb. 29. Mai 1935, ev., verh., 2 Kd. - S. 1956 Lehrer an Volkssch. 1958-62 Stud. Tübingen u. Heidelberg. 1963-64 Assist. u. Doz. PH Reutlingen; 1963-74 Prof. PH Westf.-Lippe, Abt. Münster; daneben s. 1968 Lehrbeauftr. Univ. Münster - S. 1970 Mithrsg. Bildung u. Erzieh. Div. Veröff. z. Stadtgeogr. u. z. Theorie d. Lehrens u. Lernens.

LOSER, Karl Heinz
Dipl.-Ing., Geschäftsführer AEG, Berlin (s. 1970) u. Loser GmbH & Co., Karlsruhe - Nördl. Uferstr. 4-6, 7500 Karlsruhe 21 - Geb. 1. Juni 1934 Karlsruhe, ev., verh. s. 1962 m. Renate, geb. Lacroix, S. Steve - Mittl. Reife; Lehre als Elektromech.; Stud. FH Karlsruhe f. Elektrotechn.; staatl. Ingenieurprüf.; 1956-57 AEG Berlin (Konstrukt. f. Ind.-Elektromotoren u. Phasenschieber); s. 1958 Konstruktionsleit. AEG Berlin - Patentinh. versch. Pat. f. Nahrungsmittelmaschinen - Liebh.: Tennis, Wassersport, Skilaufen, Briefm., Musik - Spr.: Engl., Franz.

LOSKAND, Rudolf
Oberbürgermeister Stadt Hagen (s. 1971) - Friedrich-Ebert-Pl./Rathaus, 5800 Hagen (T. 02331 - 207 304-305) - Geb. 3. Nov. 1924 - S. 1984 Vors. Landschaftsvers. Westf.-Lippe, Münster.

LOSKANT, Dieter
Dr. phil., Prof. f. Musiktheorie u. Dirigieren, Rektor Musikhochsch. d. Saarl. - An der Steinkaul 13, 6601 Saarbrücken-Bübingen - Geb. 14. Dez. 1926 Brebach/Saar (Vater: Ernst L., Bürgermeister), verh. s. 1952 m. Dorothee, geb. Kirchner, 2 Kd. (Wolfgang, Christiane) - Oberrealsch. Saarbrücken u. Mus. Gymn. Frankfurt/M.; ab 1947 Univ. Mainz (Musikwiss., German., Philol., Phil.; Promot. 1956) u. Paris (1950/51 Sorbonne; Musikologie, Franz. Sprache u. Lit., Phil.) - 1946-50 Assist. v. Prof. Kurt Thomas, Kantorei Dreikönigskirche Frankfurt; s. 1952 Doz. u. Prof. Musikhochsch. Saarbrücken (Musikgesch., Tonsatz u. Dirigieren; Dirig. Hochschulorch.). Künstler. Leit. Hochschulkonzerte Saarbrücken; Vorstandsmitgl. Vereinig. f. Musik in d. Ludwigskirche u. Freunde zeitgenöss. Musik ebd. - BV: Unters. üb. d. Oratorien Marc-Antoine Charpentier's, 1956 (Diss.) - Liebh.: Kynologie, Reisen - Spr.: Franz., Engl. - Rotarier.

LOSKANT, Karl-Adolf
Assessor jur., Generaldirektor, Vorstandsvorsitzender Landwirtschaftl. Versicherungsverein (s. 1974), s. 1971 AR-Vors. Landwirtschaftl. Rechtsschutzversich. AG, s. 1974 stv. AR-Vors. Eisen u. Stahl Rückversich. AG, s. 1976 Beiratsmitgl. West LB, AR E. I. Euroinvest GmbH - Kerkheideweg 27, 4400 Münster (T. 70 22 02) - Geb. 28. Jan. 1928 (Vater: Dr. Karl L., Bankdir.; Mutter: Minne, geb. Beidermühle), kath., verh. s. 1958 m. Helga, geb. Armeloh, 3 Kd. (Petra, Oliver, Marcus) - 1948-56 Univ. Münster (Jura). Refer. 1952; Ass. 1956 - 1959-67 Bundesaufsichtsamt f. d. Versich.wesen (zul. Oberreg.rat) - Interessen: Politik.

LOSKILL, Jörg
Kulturredakteur Westd. Allg. Zeitung (WAZ), Schriftst. - Am Dornbusch 54a, 4250 Bottrop-Kirchhellen (T. 02045 - 65 81) - Geb. 24. Juli 1944 Fürstenwalde - 1963-68 Stud. Theaterwiss., Kunstgesch., Musikwiss., German. Köln - Mitarb. überreg. Kulturztschr. (Opernwelt u. a.); Herausg., Autor, Juror b. Kunstpreisen - BV: V. Konzessions- z. Subventionstheater, 1973; Rauhreifzeit, 1977; Stadtansichten, 1978; Musiktheater, 1979; Zeitpunkt, 1980; Stadt Bottrop, 1980; Zeichen, d. am Wege stehen (Arbeitsgem. Video u. Kultur), 1984/85; Anstoß - Schlußpfiff, 1985; Museen im Ruhrgebiet, 1986; Zeitzeugen - D. andere Revier, 1987.

LOSS, Hubertus
Dipl.-Volksw., Hauptgeschäftsführer Bundesverb. Druck - Postf. 18 69, Biebricher Allee 79, 6200 Wiesbaden 1.

LOSSE, Heinz
Dr. med., o. Prof. f. Innere Medizin - Holteistr. 8, 4400 Münster/W. (T. 02534 - 76 60) - Geb. 5. Juni 1920 Cosel/OS. - S. 1955 (Habil.) Privatdoz., apl. (1951), ao. (1965) u. o. Prof. (1968) Univ. Münster (Dir. Med. Poliklinik). 1972 ff. Vorstandsmitgl. Ges. f. Nephrologie - BV: Kurzlehrb. d. Nierenkrankh., 1963. Herausg.: D. Pyelonephritis (m. M. Kienitz, 1966) - 1957 Mitgl. New York Acad. of Sciences; 1968 korr. Mitgl. Intern. Ges. f. Allgemeinmed.

LOSSOW, Hubertus
Dr. phil., o. Prof. (emerit.) f. Kunstwiss. - Niklasstr. 2 b, 1000 Berlin 37 (T. 802 88 18) - Geb. 2. Jan. 1911 Oppeln/OS. (Vater: Fedor L., Dentist; Mutter: Claire, geb. Jorde), kath. - Univ. Berlin, München, Innsbruck, Breslau (Kunstgesch., Phil.) - 1934 Assist. Schles. Museum d. bild. Künste Breslau, 1945 Kustos ehem. Staatl. Museen Berlin, 1949 Ref. Amt f. Volksbild. u. Lehrbeauftr. FU, 1953 ao., 1963 o. Prof. Hochsch. d. Künste (FB 6) - BV: u. a. Z. Stilproblem d. Manierismus, in: Watzold-Festschr., 1941; Apocalipsis cum figuris, 3. A. 1948; Rembrandt - Bibl. Themen, 1949; Kunst als Lebenswert, 1963; Freskenzyklus d. Chorkapelle v. S. Francesco in Arezzo, 1972 - 1959 Ritter Orden d. Hl. Gregor d. Gr.; 1986 Cavaliere Ufficiale nell'Ordine Al Merito della Rep. Ital.

LOTH, Helmut
Dr. rer. nat., Prof., Fachrichtung Pharmaz. Technologie, Univ. d. Saarld. (s. 1972) - Jahnstr. 31, 6602 Saarbrücken-Dudweiler - Geb. 6. Sept. 1926 Berlin (Vater: Oskar L., Kaufmann; Mutter: Käthe, geb. Schilling), ev., verh. s. 1952 m. Vera, geb. Beyer, 2 Söhne (Andreas, Carsten) - Helmholtz-Oberschule (b. 1943), TU (1948-49) u. FU Berlin (1949-52; Pharmaz. Staatsex.). Promot. (1954) u. Habil. (1960) FU Berlin - S. 1955 FU Berlin (1959 Wiss. Rat Pharmaz. Inst.; 1964 apl. Prof.) u. Univ. Frankfurt (1970 Prof.); s. 1972 Univ. Saarbrücken (o. Prof.). Mitgl. Dt. Pharmaz. Ges. u. Ges. Dt. Chemiker. Div. Fachveröff. - Spr.: Engl., Franz.

LOTH, Wilfried
Dr. phil., Prof. f. Neuere Geschichte Univ. Essen - Ohmweg 27, 4400 Münster (T. 0251 - 21 41 71) - Geb. 29. Aug. 1948 Wadern/Saarl., kath. - Stud. German., Geschichte, Philos., Erziehungswiss. Univ. Saarbrücken; Staatsex. 1972; Promot. 1974 - 1974-84 wiss. Mitarb. u. Hochschulassist. Univ. Saarbrücken; 1984/85 Prof. f. Politikwiss. FU Berlin; 1985/86 Prof. f. Politikwiss. Univ. Münster - BV: Sozialismus u. Internationalismus. D. franz. Sozialisten u. d. Nachkriegsordnung Europas 1940-1950, 1977; D. Teilung d. Welt. Gesch. d. Kalten Krieges 1941-1955, 1980, 7. A. 1989 (engl. Übers. 1988); Katholiken im Kaiserreich. D. politische Katholizismus in d. Krise d. wilhelminischen Deutschl., 1984; Geschichte Frankreichs im 20. Jh., 1987; Documents on the History of European Integration, 1988; Ost-West-Konflikt u. dt. Frage, 1989 - Spr.: Engl., Franz.

LOTH, Wilhelm
Prof., Bildhauer - Park Rosenhöhe 3, 6100 Darmstadt - Geb. 24. Sept. 1920 Darmstadt, ev., verh. s. 1948 m. Annelise, geb. Koch, 1 Kd. - Werkkunstsch. Darmstadt - Wiss. Assist. TH Darmstadt; 1958-86 Leit. e. Bildhauerkl. Staatl. Akad. d. bild. Künste, Karlsruhe (1960 Prof.). 1953-55 Vors. Neue Darmstädter Sezession. Zahlr. Ausstell. - 1954 Josef-Hoffmann-Ehrung Wiener Sezession, 1956 Darmstädter Kunstpreis, 1959 Rom-Preis (Villa Massimo), 1965 Kunstpreis Stadt Köln, 1967 Stip. Cité des Arts, Paris. Werke in Nationalgalerie Berlin, Museum Ludwig Köln u. zahlr. anderen Museen - 1979 BVK a. Band - Lit.: Ulrich Gertz, D. Bildh. W. L. (in: Jg. Künstler 1959/60); in: 100 Bildhauerzeichn. (H.-J. Imiela, 1973); Schmoll gen. Eisenwerth: W. L. Bildwerke i. Metall 1947-72 (Oeuvre-Kat., Darmstadt 1976); Horst Keller: W. L. Handzeichnungen (Berlin 1977).

LOTHAR, Frank
Regisseur - Rothenberg 19, 3119 Altenmedingen/Bad Bevensen - Geb. 7. Juni 1916 Berlin, ev., - Stud. Rechtswiss., Germanist., Theaterwiss., Schauspielsch. m. Prüf. - Wehrdst., Gefangensch. (1939-45) - Schausp., Regiss., Dramat. div. Bühnen, Int. Stadttheater Frankfurt/O. u. Tribüne Berlin (1950-72), Geschäftsf. Deutscher Bühnenverein Berlin u. Theaterdienst Berlin GmbH, 1972-81 Dir. Theater-, Film- u. Fernsehprod. Berlin - Zahlr. Insz. Theater, Fernsehen, Film - Drehbücher, Übersetzungen - 1952 Kunstpreis Berlin, 1958 BVK.

LOTSCH, Manfred
Dr. phil., Verlagsdirektor - Gottfried-Keller-Str. 44, 4000 Düsseldorf (T. 435 08 24) - Geb. 9. Mai 1932 Danzig (Vater: Ernst-Georg L., Direktor; Mutter: Gertrud, geb. Libischewski), kath., verh. s. 1965 m. Ludgardis, geb. Tosses, 2 Kd. - Stud. German., Kunstgesch., Publiz. Promot. 1958 Hamburg - S. 1959 Verlagswesen: S. Fischer Verlag GmbH. u. Fischer Bücherei KG., Frankfurt/M. (1962 Prokurist), 1964 Verlagsleit. Alfred Metzner, Bernard & Graefe, Athenäum Verlag GmbH., Verlag f. Standesamtswesen GmbH. ebd., 1967 Verlagsdir. Droste Verlag GmbH., Düsseldorf, s. 1970 Prok. Rhein.-Berg. Druckerei- u. Verlagsges. mbH (Rheinische Post), ebd., 1974 Geschäftsf. Gastgewerbe Verlag GmbH., ebd.; 1973-76 Vorstandsmitgl. Verband Schöngeist. u. wiss. Verleger; 1982/83 Lehrbeauftr. Univ. Bochum; 1986 Geschäftsf. Eisenwaren Ztg. GmbH - BV: Johann Caspar Lavater; D. Verwert. d. Urheberrechte/Nebenrechte (in: Handb. d. Buchhandels, Bd. II).

LOTT, Jürgen
Dr. theol., Prof. f. Religionspädagogik Univ. Bremen - Holbeinstr. 16, 2872 Hude 1 (T. 04408 - 72 86) - Geb. 10.

Nov. 1943 Gladenbach - Stud. ev. Theol. u. Päd. (1. u. 2. Theol. Ex. 1967 u. 69); Promot. 1971 - S. 1977 Prof. f. Religionspäd. Univ. Bremen (1981 Konrektor) - BV: Neues Handb. d. Religionsunterr., 1972; Einf. in d. Religionspäd., 1977 (m. G. Otto / H. J. Dörger); Handb. Religion: Erw.bild., 1984; Sachkd. Religion II. Herausg.: Religionen u. Religionswiss. (1985).

LOTTER, Friedrich

Dr. phil., Univ.-Prof. f. mittlere u. neuere Geschichte Univ. Göttingen, Sem. f. Mittl. u. Neuere Geschichte - Platz der Göttinger Sieben 5, 3400 Göttingen (dstl.); priv.: Heideweg 1, 3500 Kassel-Wilh. (T. 0561 - 3 49 33) - Geb. 22. Dez. 1924 Deutsch-Krone (Vater: Paul L., Baurat; Mutter: Elsbeth, geb. Koch), ev., verh. s. 1955 m. Hella, geb. Huning, 3 Kd. (Christian, Maria Sibylla, Dorothea) - Univ. Marburg (Gesch. u. Klass. Philol.), Promot. 1956, Habil. 1972/74 Marburg/Göttingen - 1955-66 Gymn.lehrer Kassel, 1966-76 Wiss. Mitarb. Marburg u. Göttingen, 1977 apl. Prof., 1980 Prof. - BV: D. Vita Brunonis d. Ruotger (Diss.), 1958; D. Brief d. Priesters Gerhard a. d. Erzb. Friedrich v.Mainz, 1975; Severinus v. Noricum, Legende u. hist. Wirklichkeit, 1976; D. Konzeption d. Wendenkreuzzugs, 1977. Üb. 35 Einzelarb. - Spr.: Engl., Franz., Span., Ital., Griech., Lat.

LOTTER, Oskar

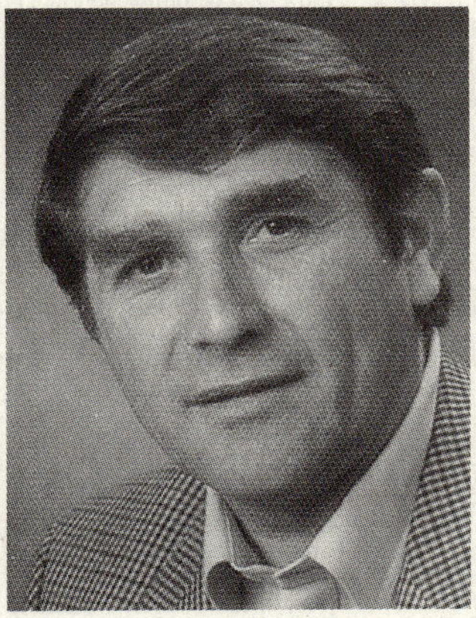

Bauing., Geschäftsführer, Vizepräs. Dt.-Israel. Ges. Niederbay./Oberpfalz, Sitz Pocking - Passauer Str. 45, 8398 Pocking (T. 08531 - 82 89) - Geb. 2. Juli 1933 Schwandorf/Oberpf., kath., verh. s. 1958 m. Sieglinde, geb. Ragaller, S. Oskar - Ausb.: Chemielaborant Vereinigt. Aluminiumwerke Schwandorf (m. Abschl.), Chemotechn.; Abendschullehrg.; Ing.-Dipl. durch d. Regierung v. Niederbay. - Tätigk. in versch. Zweigst. d. Vereinigt. Aluminiumw. Schwandorf; VAW Pokking u. Buchtalgrobkeramik Schwarzenfeld; langj. Tätigk. als Laborleit. im In- u. Ausl. Bauaktienges. Held & Francke; s. 1970 selbst.; Gf. Gesellsch. in versch. Ges. d. Grundstücksverwertungs- u. Baubranche; Stadtrat Stadt Pocking. Vorst.-Mitgl.: Dt.-Israel.-Ges. Niederbay./Oberpf., Bayer.-Togoische-Ges., Arbeiterwohlf. Pocking; Beiratsmitgl. Bayer. Togoische Ges., München; fr. Mitarb. Univ. Passau - BV: Lehrb. f. Beton- u. Schalungsbauer, 1965 - 1983 BVK; 1984 Landkreisverdienstmed. d. Region Galiläa/Israel; Med. d. Univ. Passau; 1984 Ehrennadel Bayer. Togoische Ges. - Liebh.: Umweltschutz, humanit. Hilfe f. d. Dritte Welt (bes. Interessensgeb. Israel u. W.-Afrika) - Spr.: Engl., Franz. - Lit.: Div. Aufs. in Ztg. u. Ztschr.

LOTTES, Günther

Dr. phil., Prof. f. neuere Geschichte Univ. Regensburg - Bucher Str. 74, 8500 Nürnberg 10 (T. 0911 - 39 71 69) - Geb. 7. Febr. 1951 Altdorf, verh. s. 1979 m. Gabriele, S. Julius - Stud. Univ. Erlangen; M. A. 1973, Promot. 1977 Erlangen; Habil. 1984 ebd. - BV: Polit. Aufklärung u. plebej. Publikum, 1979; Elisabeth I, 1982; D. industr. Revolution, 1985; ca. 30 Aufs. z. westeurop. u. dt. Ideen-, Sozial- u. Verf.gesch.

LOTZ, Erwin

Dr. jur., Vorstandsmitglied Dt. Linoleum-Werke AG., Bietigheim/Württ. - Nürnberger Str. 80, 7100 Heilbronn/N. - Geb. 13. April 1914 Heilbronn - Zul. Vorstandsmitgl. Staatssalinen Dürrheim-Rappenau AG., Bad Rappenau/Baden. 1971 ff. Vors. Arbeitgeberverb. Chemie Baden-Württ. ARsmand. (stv. Vors.) - Eltern s. Wolfgang L. (Bruder).

LOTZ, Franz

Dr. phil., o. Prof. u. Direktor Sportzentrum Univ. Würzburg (1949-80 em.) - Lerchenweg 9, 8700 Würzburg (T. 8 56 56) - Geb. 21. Aug. 1910 Darmstadt, kath., verh. s. 1944 m. Doris, geb. Reisert, 3 Kd. (Martina, Ulrich, Sabine) - Stud. d. Neuphilol., Psychol., Phil., Sportwiss. Univ. Frankfurt, München, Gießen. Promot. 1936 ebd. - 1932-38 Assist. u. Oberassist. Univ. Gießen, Berlin, Köln; 1939-41 Inst.sdir. Leoben, dann Wehrdst.; 1946-48 Lehrer Kolleg. St. Blasien., Mitgl. Exekutiv-Komit. Weltrat f. Sport u. Leibeserziehung, Ehrenmitgl. Intern. Olymp. Akad. u. Dt. Sportbund - 1980 Bayer. VO - Spr.: Franz., Engl.

LOTZ, Gustav

Dr. oec. publ., Hotelbesitzer, Altpräs. u. Ehrenmitgl. Intern. Hotel Association, Paris - Gleißbühlstr. 15, 8500 Nürnberg - Geb. 17. Dez. 1906 Nürnberg (Vater: Rudolf L., Hotelbes.; Mutter: Ingeborg, geb. Eggers), ev., verh. s. 1949 m. Sigrun, geb. Busch, 3 Kd. (Vera, Monika, Michael) - Realgymn.; Hotelfach-Ausbild. In- u. Ausl.; Univ. München (Staatswiss.). Dipl.-Volksw. 1935; Promot. 1936 - 1966 BVK I. Kl.; 1973 Bayer. VO., 1977 Bürgermed. d. Stadt Nürnberg - Spr.: Franz., Engl.

LOTZ, Henrik

Vorsitzender d. Geschäftsführung Dunlop AG - Wöhlerstr. 2, 6450 Hanau - Geb. 4. Aug. 1929 - Präs. Dt. Ruderverb., Hannover.

LOTZ, Klaus Werner

Präsident Bayer. Verwaltungsgerichtshof u. stv. Präs. d. Bayer. Verfassungsgerichtshofs (s. 1987) - Ludwigstr. 23, 8000 München 22 - Zul. Vizepräs. Bayer. Verwaltungsgerichtshof.

LOTZ, Kurt

Dr. rer. pol. h. c., Prof., Industrieberater - Bergstr. 110, 6900 Heidelberg (T. 48 07 85) - Geb. 18. Sept. 1912 Lenderscheid/Hessen (Vater: Bauer), ev., verh. s. 1939 m. Elisabeth, geb. Lony, 3 Kd. - Abit. 1932 - 1932-45 akt. Dienst Wehrmacht (zul. Major i. G.); 1946-67 Brown Boveri & Cie. AG, Mannheim (1952 Prok., 1955 Dir., 1957 Vorst.-Mitgl., 1958 Vorst.-Vors.); 1968-71 (Rücktr.) Volkswagenwerk AG, Wolfsburg (Vorst.-Vors.). 1970ff. Honorarprof. TU Braunschweig (Unternehmenspolitik). Vorst.-Vors. Umweltstiftg. WWF Dtschl.; Sprecher Dt. Rat f. Landespflege, Vorst.-Vors. Stiftg. 600 J. Univ. Heidelberg - 1962 Ehrendoktor WH, jetzt Univ. Mannheim; 1960 Ehrensenator Univ. Heidelberg - Liebh.: Golf, Jagd - Spr.: Engl. - Rotarier.

LOTZ, Max

I. Bürgermeister - Rathaus, 6660 Zweibrücken - Geb. 27. Sept. 1919 - FDP.

LOUVEN, Bernd Arnold

Dr. med., Prof. f. Innere Medizin u. Kardiologie Univ. Bonn, Ärztl. Dir. Stadtkrankenhaus Neuwied - Deichstr. 18, 5450 Neuwied 1 (T. 02631 - 2 80 10) u. Theresienweg 15, 5300 Bonn 1 (T. 0228 - 25 17 97) - Geb. 22. Nov. 1936 Mönchengladbach (Vater: Arnold L., Berufsschuldir.; Mutter: Maria, geb. Thaddey), kath., verh. s. 1965 m. Dr. med. Marlies, geb. Göhring, 2 Kd. (Costia, Georg) - Human. Gymn. Mönchengladbach; Univ. Freiburg u. Bonn, Staatsex., Facharzt, Habil., Prof. Univ. Bonn - Stv. Vors. Ärztekammer Bonn - Entd.: Neue Methode z. exper. Herzkontusion. 60 Publ. in Ztschr. f. exper. u. angew. Psych. u. med. Beitr. üb. Herzschäden (übers. span.) - Liebh.: Violinspiel (Barockmusik), Lit., intern. Lyrik, Ornitologie.

LOUVEN, Julius

Konditormeister, MdB (s. 1980; Wahlkr. 80/Viersen) - Hahnendyk 48, 4152 Kempen 4 (T. 02152 - 77 77) - Geb. 18. Febr. 1933 - 1975-80 MdL Nordrh.-Westf. CDU Kreisvors. Kreis Viersen.

LOUVEN, Klaus

Dr. jur., Richter, Präs. Sozialgericht Köln (s. 1980) - Thomasstr. 17, 4152 Kempen 1 (T. 02152 - 47 70) - Geb. 10. Nov. 1931 Mönchengladbach (Vater: Arnold L., Berufsschuldir.; Mutter: Maria, geb. Thaddey), kath., verh. s. 1962 m. Ellen, geb. Amend, S. Christoph - Abit.; Stud. Rechtswiss. m. Refer.- u. Ass.-Ex., Promot. - Richter am Amts-, Land- u. Oberlandesgericht sow. Landessozialgericht NRW; 1978-80 Ref. b. Min. f. Arbeit, Gesundheit u. Soziales NRW - BV: Zivilprozeßrecht, Grundriß 1967; Strafprozeßrecht, Grundriß 1969.

LOVISONI, Vulmar

Beamter i. R., Autor - Gumppstr. 48, A-6020 Innsbruck - Geb. 31. Okt. 1907 Innsbruck (Vater: Dr. Vulmar L., Arzt; Mutter: Antonie, geb. Tesarz), kath., verh. s. 1931 m. Karoline, geb. Rether, 2 T. (Ingrid, Anni †) - Handelsakad. - Abt.-Leit. intern. Werbeges. m.b.H. Wien; Rundf.-, Fernseh- u. rd. 20 Theaterstücke, u. a. Schurke Kuno v. Drachenfels (Rundf. u. FS) - Div. staatl. Ausz. - Spr.: Engl., Ital.

LOWACK, Ortwin

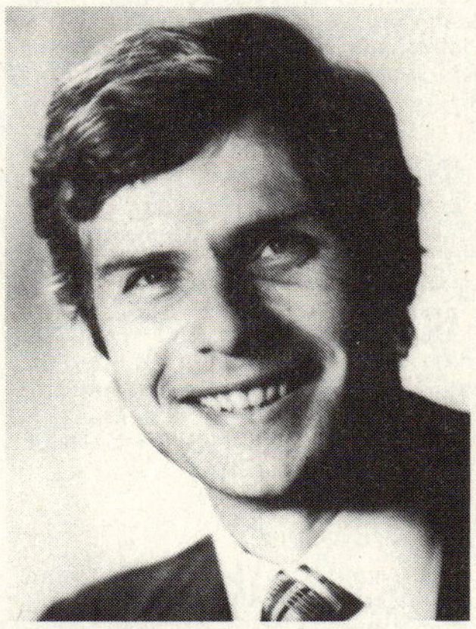

Rechtsanwalt, MdB - Friedrichstr. 15, 8580 Bayreuth (T. 0921 - 6 60 36) - Geb. 25. Dez. 1942 Gleiwitz (Vater: Dr. Gerhard L., Notar †; Mutter: Charlotte, geb. Kaplick), ev.-luth., verh. s. 1970 m. Gertraud, geb. Holoubek, 3 Kd. (Gerhard, Annette, Julia) - Oberrealsch.; Univ. (Jura u. Volkswirtsch.), 1. u. 2. jur. Staatsex. - B. 1980 Stadtrat, b. 1982 Mitgl. Bezirkstag Oberfranken. CSU - Spr.: Engl., Franz., Ital., Schwed., Russ.

LOWINSKI, Leonhard

Dr. rer. pol., Prof. Univ. Düsseldorf (s. 1980) - Rosenstr. 7, 4044 Kaarst (T. Neuss 6 58 14) - Geb. 13. Jan. 1923 Zempelburg (Vater: Alex L., Beamter; Mutter: Maria, geb. Dams), kath., verh. s. 1947 m. Ursula, geb. Musolff, 5 S. (Andreas, Alexander, Gregor, Matthias, Clemens), T. Felicitas - Univ. Münster (Soziol., Volksw., Sozialphil.; Dipl.-Volksw. 1948, Promot. 1950) - 1950-61 Leit. Abt. f. Soziologie u. Sozialpolitik/ Inst. f. Siedlungs- u. Wohnungswesen Univ. Münster; s. 1961 Prof. Päd. Hochsch. Rhld./Abt. Neuss (o.). 1955-62 Dozent Verw.- u. Wirtschaftsakad. Industriebezirk; s. 1964 Mitgl. Leitg. Studienkr. Schule/Wirtsch. d. Ld. NRW; s. 1966 Vorstandsmitgl. Intern. Bund f. Sozialarb. (Jugendsozialwerk); 1967-70 Leit. Hochsch.aussch. f. Wirtschafts- u. Arbeitslehre in Nordrh.-Westf.; 1980 Prof. Univ. Düsseld. - BV: D. kath. Sozialethik u. d. Problem d. Wirtschaftsordnung, 1950; Jacobsberg - D. ökonom. u. soz. Struktur d. Gemeinde/Möglichk. e. Sanierung, 1951; D. Eigenheim, 1955; D. Beitrag e. Siedlungs- u. Wohnungsges. z. Eigentumsbild., 1961 (m. M. Kurth); Grundl. Zielsetz. u. Meth. d. Wohnungspolitik in d. soz. Marktw., 1964; Familiensoziol. Aspekte d. Wohnens, in: Festschr. f. Hermann Wandersleb, 1970; Bildungsref. als soz. Frage d. Gegenw., in: Einf. in d. Soziol. d. Erzieh. (K. Kippert), 1970; Z. Sozialökologie e. neuen Stadtteils, 1972; Stadtentwickl. - V. d. Krise z. Reform, 1973 (m. J. Helle u. a.); Familie im soz. Spannungsfeld, in: unitas 1981; Soziale Marktwirtschaft, 1986 - Liebh.: Sport - Spr.: Poln., Franz.

LOWITZ, Siegfried

Schauspieler - Possartstr. 14, 8000 München 80 (T. 47 15 15) - Geb. 22. Sept. 1914 Berlin (Vater: Bildhauer), ev., verh. s. 1952 m. Marianne, geb. Probst - Gymn. Mainz; Staatl. Schauspielsch. Frankfurt/M. - S. 1934 Theater (gegenw. Bayer. Staatsschauspiel, München), Film, Fernsehen (u. a. D. Trinker, Krebsstation, D. Weber (Fabrikant Dreissig), Tschad, Herr Soldan hat keine Vergangenheit, E. Tote soll ermordet werden, Einfach davonsegeln, D. Fall Opa). FS-Serie: D. Alte (1977ff.; 25. Juni 1982 60×), Funkrollen - 1968 Gold. Kamara Programmztschr. Hör zu (f. d. Fernsehrolle in: D. Trinker) - Liebh.: Phil., Bergsteigen, Schwimmen.

LUBE, Frank

Dr. phil., Geschäftsführer u. Verlagsleiter Friedrich Vieweg & Sohn Verlagsges. mbH., Braunschweig/Wiesbaden (s. 1973), Westdeutscher Verlag GmbH., Opladen, Wiesbaden (s. 1977), ILS Inst. f. Lernsysteme GmbH, Hamburg (s. 1983), Betriebswirtschaftl. Verlag Dr. Th. Gabler GmbH, Wiesbaden (s. 1981), u. Bereichsleitg. Wiss.-Verlage d. Verlagsgruppe Bertelsmann GmbH, München (s. 1985) - Lanzstr. 15, 6200 Wiesbaden (T. 06121 - 52 81 13) - Geb. 29. Mai 1938 Wien (Vater: Paul L., General i. R.; Mutter: Inge, geb. Kortschak), kath., verh. s. 1964 m. Heidemarie, geb. Pahlke, 3 Kd. (Frank-Ivo, Nathalie, Marc-Milo) - 1949-57 Gymn. Wien, 1957-64 Stud. Physik, Math., Phil. TH u. Univ. Wien, TH Graz. Promot. 1965 Wien - 1964-66 Generalsekr. Österreichisches College, Wien, 1967-72 zun. Lektor, dann Leit. Verlag Vieweg, Braunschweig - Liebh.: Reisen, Lit., Golf - Spr.: Engl., Franz.

LUBER, Hans

Dr.-Ing.-, Dipl.-Ing., Vorstandsmitgl. Held & Francke Bau-AG., München 90 - Tessiner Str. 74, 8000 München 71 (T. 75 14 89) - Geb. 17. Febr. 1930 München (Eltern: Flugleiter Hans u. Kunigunde L.), kath., verh. s. 1957.

LUBKOLL, Klaus

Dekan i. R. - Silcherstr. 17/1, 7036 Schönaich (T. 07031 - 5 08 68) - Geb. 16. Okt. 1928 Naumburg/S. (Vater: Paul L., Bürgerm. † 1936; Mutter: Aenne, geb. Thiele), ev., verh. s. 1952 m. Irmgard, geb. Müller-Volbehr, 5 Kd. (Angelika, Christine, Gabriele, Ulrike, Andreas) - Obersch.; Volksschullehrerausbild.; Stud. German., Phil., Theol. (Eichstätt, Neuendettelsau, Göttingen) - 1953-59 u. 1966-68 Pastor Bremen; 1959-66 Landesjugendpfr. ebd.-1963-66 Vors. Landesjugendpfr.konfz. Dtschl.s; 1968-72 Generalsekr. Arbeitsgem. d. Ev. Jugend Dtschl.s; 1972-78 Dir. Ev. Akad. Bad Boll; s. 1970 Mitgl. Synode EKD - BV: Jugend im Gottesdst., 1967; Woran wir uns halten können, 1972; D. Traum v. besseren Leben, 1974 - Liebh.: Sport, mod. Lit. - Spr.: Engl. - Rotarier.

LUBOS, Arno
Dr. phil., Studiendirektor, Schriftst. - Untere Klinge 16, 8630 Coburg/Ofr. - Geb. 9. Febr. 1928 Beuthen/OS. (Vater: Konrad L., Grubenbeamter; Mutter: Rosa, geb. Jung), kath., verh. s. 1953 m. Ilse, geb. Schmalenberger, 3 Kd. (Stefan, Felicitas, Constanze) - Gymn. Beuthen u. Bamberg; Phil.-Theol. Hochsch. Bamberg u. Univ. Erlangen (German., Phil., Gesch., Geogr.) - S. 1956 höh. Schuldst. - BV: Reichenstein, Skizzen 1958; Gesch. d. Lit. Schlesiens, Ess. 3 Bde. 1960/67/74; D. schles. Dichtung im 20. Jh., Ess. 1961; Valentin Trozendorf, Monogr. 1962; Linien u. Deutungen, Ess. 1963; Kleinstadtgeschichten, Skizz. 1963; D. humane Aufstand, 2 Erz. 1967; Horst Lange, Monogr. 1967; Erinnerungen an Schlesien, 1968; Sieben Parabeln, 1969; Deutsche u. Slawen, Ess. 1974; V. Bezruc b. Bienek, Ess. 1977; Hermann Stehr, Monogr. 1977; Schles. Schriftt. d. Romantik u. Popularromantik, Monogr. 1978; Jochen Klepper, Monogr. 1978; Gerhart Hauptmann, Monogr. 1978; Schwiebus, R. 1980. Mitautor: Wege d. dt. Lit., 1961, Neuausg. 1986 - 1967 Förderungspreis Ld. Nordrh.-Westf.

LUCAE, Hans-Joachim
Dipl.-Ing., Vorsitzender d. Geschäftsführung d. BMW-Motorenges., Steyr i. Oberösterreich - Nederlingerstr. 28A, 8000 München 19 - Geb. 23. Jan. 1938 Leipzig.

LUCAN, Helmut
Kaufmann, ARsvors. Arbeitsgem. Dt. Kraftwagen-Spezideure e. G., Bonn - Schorf 80, 2800 Bremen.

LUCAS, Klaus
Dr.-Ing., Prof. f. Angewandte Thermodynamik Univ. Duisburg - Amselweg 31, 4150 Krefeld - Geb. 25. Juni 1943 Berlin, ev., verh. s. 1970 m. Gabriele, geb. Scholz, 2 Kd. (Hanno, Elena) - Dipl. 1969, Promot. 1971, Habil. 1975 - S. 1978 in Duisburg - BV: Angew. Statistische Thermodynamik, 1986.

LUCAS-VON WINTERFELD, Hans-Jürgen
Industrie-Kaufmann, Werbeberater, gf. Gesellsch. Dr. Lucas Lichtbild-GmbH, Stuttgart, Vors. u. Ehrenmitgl. Werbefachverb. Südwest, Vors. Werbefachl. Akad. Bad.-Württ., bde. Stuttgart; Präs. Dt. Werbefachverb., Bonn/Rhein; Mitgl. Präsidialrat d. Zentralaussch. d. Werbewirtsch. (ZAW), Bonn/Rhein; Kreisvors. d. Mittelstandsvereinig. d. CDU/CSU im Rems-Murr-Kreis; Mitgl. Verb. d. Verlage u. Buchhandlungen in Baden-Württemberg, Stuttgart, Verb. Dt. Agrarjournalisten, Bonn/Rh. - Apfelweg 12, 7012 Fellbach-Stuttgart (T. 0711 - 58 27 29) - Geb. 12. Nov. 1925 Berlin-Friedenau (Vater: Dr. Werner L.; Mutter: Lilly, geb. Legien) - Human. Gymn.; Kaufm. Ausbild.; werbefachl. Weiterbild. - BV: Informationen üb. d. Werbung in Südwestdtschl., 1971/72, 2. Ausg. 1974/75 - Liebh.: Fotografie, Werbung, Lit., Malerei, Wirtsch.-Geogr., Hunde.

LUCHNER, Karl
Dr.-Ing., o. Prof., Lehrstuhlinh. Didaktik d. Physik Univ. München (s. 1974) - Josef-Ritz-Weg 98, 8000 München 80 (T. 43 66 08) - Geb. 5. Mai 1929 München (Vater: Balthasar L., Bäckerm.; Mutter: Anna, geb. Nadler), kath., verh. s. 1960 m. Christina, geb. Hollitzer, 2 Kd. (Clemens, Andreas) - BV: Aufgabensammlg. z. Experimentalphysik, 3 Bde. 1966-72; Physik - 4. Teilbd. (m.a.); Handb. d. exper. Physik SII - 11 Teilbd. (m.a.). Spezialarb. aus Physik u. Fachdidaktik - Spr.: Engl.

LUCHSINGER, Fred W.
Dr. phil., Verwaltungsrat Verlag Neue Zürcher Zeitung (b. 1985) - Falkenstr. 11, CH-8021 Zürich (Schweiz) - Geb. 9. Juli 1921 St. Gallen/Schweiz (Vater: Caspar L., städt. Angest.; Mutter: Karolina, geb. Schwyter), verh. s. 1950 m. Dorette, geb. Walther, 3 Kd. (Christine, Katrin, Thomas) - Univ. Zürich, Basel u. Yale/USA (Gesch., dt. Lit.). Promot. 1948 - Auslandsredakt., Bonner Korresp. (1955-63) u. Chefredakt. (1968-84) Neue Zürcher Ztg. Mitgl. Freisinn. Partei Zürich - BV: D. Basler Buchdruck als Vermittler ital. Geistes, 1953 (Diss.); D. NZZ im Zeitalter d. II. Weltkr., 1955; Bericht üb. Bonn, 1966; Realitäten u. Illusionen, 1983 - 1981 BVK; 1985 Freiheitspr. Max-Schmidheiny-Stiftg.; Oberrhein. Kulturpreis Goethe-Stiftg. - Spr.: Engl., Franz., Ital.

LUCIUS, von, Wulf D.
Dr. rer. pol., Dipl.-Volksw., gf. Gesellschafter Gustav Fischer Verlag Stuttgart - Wollgrasweg 49, 7000 Stuttgart 72 (T. 0711 - 45 80 30) - Geb. 29. Nov. 1938, verh. s. 1967 m. Akka, geb. Achelis, 3 Söhne (Daniel, Julian, Clemens) - Abit. Stuttgart 1958; Bundeswehr (OLt. d. Res.); Stud. Volksw. 1960-65 Heidelberg, Berlin u. Freiburg - 1980-86 stv. Vorst. d. Börsenvereins d. dt. Buchhandels; Vors. d. Stiftg. Buchkunst; Vors. H.-Kliemann-Stiftg.; Vors. Württ. Bibl.ges. - Liebh.: Büchersammeln (insbes. Klassizismus u. neue Buchkunst, Künstlerb.) - Spr.: Engl.

LUCK, Erwin
Brauereidirektor i. R. - Am Wald 2, 7983 Wilhelmsdorf-Zussdorf (T. 07503 - 5 06) - Geb. 30. Aug. 1904 Zussdorf (Vater: Georg L., Brauereibes.; Mutter: Louise, geb. Birk), kath., verh. s. 1938 m. Liesclotte, geb. Schilling - Oberrealsch. Ravensburg; Lehre Volksbk. u. Benediktiner-Brauerei ebd.; TH München (Dipl.-Brauerei-Ing. 1929 Weihenstephan) - 1929-47 Wicküler-Küpper-Brauerei AG., Wuppertal (Leit. Betriebskontrolle); 1948-67 Bürgerl. Brauhaus Ravensburg AG., Ravensburg (Vorstandsmitgl.). Ehrenmitgl., Landesgruppe Württ., Braumeister- u. Malzmeisterbund - Liebh.: Gesang, Seereisen - Spr.: Engl., Franz. - Rotarier.

LUCK, Ulrich
Dr. theol., o. Prof. f. Neues Testament Univ. Kiel (s. 1977) - Königsweg 78F, 2300 Kiel 1 - Geb. 15. Dez. 1923 Landsberg/W., ev., - 1959-61 Privatdoz. Univ. Münster, 1961-77 Prof. Kirchl. Hochsch. Bethel - BV: Kerygma u. Tradition i. d. Hermeneutik Adolf Schlatters, 1955; D. Vollkommenheitsford. d. Bergpredigt, 1968; Welterfahrung u. Glaube als Grundproblem bibl. Theol., 1976.

LUCK, Werner
Dr. rer. nat., Prof. f. Physikal. Chemie Univ. Marburg (s. 1970) - Ahornweg 6, 3550 Marburg - Geb. 3. April 1922 Berlin (Vater: Siegfried L.; Mutter: Gertrud, geb. Baumgärtner), ev., verh. s. 1959 m. Eva, geb. Teschauer, 6 Kd. - Stud. Physik Berlin, Tübingen. Promot. 1951; Habil. 1968 - 1952-70 Gruppenleit. Forsch. BASF, Ludwigshafen. 1968-70 Privatdoz. Univ. Heidelberg. Vors. Ges. f. Verantw. in d. Wiss. u. DECHEMA-Aussch. Wasserentsalzung - BV: homo investigans, 1976; Structure of Water and Aqueous Solution, 1974. Übers. u. Erweit.: Quantenmechanik in d. Chemie (1976) - Spr.: Engl.

LUCKE, Fritz
Journalist - Zu erreichen üb.: Nordwest-Zeitung, 2900 Oldenburg/O. - Geb. 5. Juli 1902 Berlin - Stud. Nationalök. - U. a. Chefredakt. Berliner Illustr. Nachtausgabe, Berliner Lokal-Anzeiger, Nordwest-Ztg. (b. 1972).

LUCKE, Horst-Günter
Dipl.-Kfm., Vorstandsmitglied Bremer Landesbank Kreditanstalt Oldenburg, Girozentrale - Markt 12, 2900 Oldenburg/O. - Geb. 1. Febr. 1936.

LUCKENBACH, Helga
(Seeger-Luckenbach)
Dr. rer. pol., Dipl.-Volksw., Prof.in, Inh. Lehrstuhl Volksw. III Univ. Gießen (s. 1969) - Licherstr. 66, 6300 Gießen - Geb. 18. Sept. 1935 Wuppertal - Stud. Univ. Köln, Hamburg, München; Dipl.ex. 1959; Promot. 1963; Habil. 1969, alle Köln - BV: Wirtschaftswachstum u. intern. Handel, 1970; Theorie d. Haushalts, 1975; Theorie d. Außenwirtsch.-politik, 1979; Theoret. Grundl. d. Wirtsch.politik, 1986.

LUCKER, Elisabeth
Dr. phil., Dipl.-Psych., o. Prof. f. Psychologie Gesamthochschule Essen - Henri-Dunant-Str. 92, 4300 Essen (T. 79 70 14) - Geb. 18. Sept. 1914 Friedenshütte - S. 1946 Hochschultätigk. (1959 Prof.) - BV: D. Berufswahlsituation e. Abiturientenjahrganges unt bes. Berücksichtig. s. Einstellung z. Volksschullehrerberuf, 1965; So sind sie, E. Mädchenpsychologie, 3. A. 1965; Elternpäd. u. Psychohygiene, 1967; D. Schule im Wandel d. Gesellschaft, 1972. Fachveröff. 1963 Gold. Sportabz. - Spr.: Engl., Franz.

LUCKERT, Reinhard
Vorstandsmitglied Wertpapiersammelbank Baden-Württemberg AG., Stuttgart - Burgeräcker 34, 7057 Winnenden - Geb. 25. Aug. 1938 Winnenden.

LUCKEY, Eberhard-Rainer
Dipl.-Kfm., Vorstandsmitglied Vereins- u. Westbank - Zikadenweg 7, 2000 Hamburg 70 - Geb. 24. Nov. 1926 Berlin.

LUCKHARDT, Horst
Dr., Prof. f. Mathematik Univ. Frankfurt (s. 1972) - Altkönigstr. 10, 6240 Königstein (T. 06174 - 34 30) - Geb. 21. März 1938 Kassel, verh. s. 1965 m. Helen, geb. Zimmermann, 3 Kd. (René, Cécile, Anne) - Promot. 1966; Habil. 1970 Marburg - BV: Extensional Gödel Functional Interpretation, 1973.

LUCKHARDT, Karl-Heinz
Oberbürgermeister Stadt Kiel - Rathaus, Fleethörn 9-17, 2300 Kiel; priv. Am Wiesenhof - SPD.

LUCKMANN, Thomas
Ph. D., M. A., Dr. h. c., o. Prof. f. Soziologie Univ. Konstanz (s. 1970) - Kirchstr. 15, CH-8274 Gottlieben - Geb. 14. Okt. 1927 Jesenice (Jugosl.) - Lehrtätigk. USA - BV: The Invisible Religion, 1967 (auch dt., ital., jap., span.); D. gesellsch. Konstruktion d. Wirklichk., 1969 (m. P. Berger; auch chin., engl., franz., dän., ital., span., jap., poln., port.); Strukturen d. Lebenswelt I u. II, 1975 (auch engl.) u. 1984 (m. A. Schütz); Soziol. d. Sprache, 1979 (auch engl.); Lebenswelt u. Gesellschaft, 1980 (auch engl.) - Dr. h. c. Univ. Linköping/Schweden.

LUCZAK, Holger
Dr.-Ing., Prof. f. Arbeits- u. Betriebswiss. TU Berlin u. Dir. Inst. f. Arbeitswiss. TU Berlin - Ernst-Reuter-Platz 7, 1000 Berlin 10 (T. Sekr. 14) - Geb. 30. Nov. 1943 Leipzig (Vater: Theodor L., Kaufm.; Mutter: Renate, geb. Fischer), verh. s. 1979 m. Dr. rer. nat. Elke, geb. Grimm, S. Urs - Dipl.-Wirtschaftsing. 1969 TH Darmstadt; Promot. 1974, Habil. 1978 ebd. - 1970-77 wiss. Mitarb. Inst. f. Arbeitswiss. TH Darmstadt; 1978-81 Prof. Univ. Bremen; 1981-83 Dir. Bremer Inst. f. Betriebstechnik u. Arbeitswiss. Univ. Bremen. Üb. 100 Ztschr.beitr. u. Monogr. z. Arbeitswiss. - Spr.: Engl., Franz.

LUDA, Manfred
Dr. jur., Rechtsanwalt u. Notar, MdB (1961-80) - Genkeler Str. 35, 5892 Meinerzhagen/W. (T. 26 14) - Geb. 8. Juni 1921 Schweidnitz/Schles. (Vater: Georg L.; Mutter: Auguste, geb. Windus), ev., verh. s. 1951 m. Hannelore, geb. Niggemann - Zeppelin-Gymn. Lüdenscheid (Abit. 1939); Univ. Göttingen u. Bonn (Rechts- u. Staatswiss., Volksw.) - S. 1959 Anwaltspraxis u. Notariat (1958) Meinerzhagen. CDU - BV: Mitbestimmung durch leistungsbezogene Erfolgsbeteiligung - D. System Fuchs, 1968; Hätte Schiller doch gehört ..., 1969 - Lit.: Polit. Wegbereiter d. Mehrwertsteuer: Curt Becker u. Manfred Luda (Verlag Martin Hoch, Ludwigsburg/Württ.).

LUDAT, Herbert
Dr. phil. habil., em. o. Prof. f. Mittlere u. Neuere Geschichte, spez. Osteuropas, Justus-Liebig-Univ. Gießen - Senckenbergstr. 23, 6300 Gießen (T. 0641 - 3 49 15) - Geb. 17. April 1910 Insterburg/Ostpr. (Vater: Franz L., Postinspektor; Mutter: Gertrud, geb. Joup-pien), ev., verh. s. 1952 m. Mechtild, geb. Eimer, 3 Kd. (Gisela, Sylvia, Hartmut) - Königstädt. Realgymn. u. Univ. Berlin (Gesch., Slavist., German., Phil.). Promot. 1935, Habil. 1940 Berlin - Doz. Univ. Posen, Kiel (1945-47), Münster (1947, 1948-56), Liverpool (1948), Mainz (1956), Gießen (s. 1956 o. Prof. u. 1964 Dir. Histor. Sem. Abt. Osteurop. Gesch., 1956-72 Dir. Inst. f. kontinent. Agrar- u. Wirtsch.forsch. ebd., 1972-78 Mitgl. d. Direktoriums Zentrum f. kont. Agr.- u. Wirtschaftsforsch.) - BV: Polen u. Deutschland, 1963; D. Lebuser Stiftsregister v. 1405, 1965; Dt.-slav. Frühzeit u. mod. poln. Geschichtsbewußtsein, 1969; An Elbe u. Oder um d. Jahr 1000, 1971; Slaven u. Deutsche im Mittelalter, 1982; D. ostdeutschen Kietze, 2. A. 1984 - 1957 Honorarprof. Univ. Marburg; 1968 Palacký-Med. Tschechosl. Akad. d. Wiss., Prag; Mitgl. Herder-Forschungsrat, Berliner Histor. Komm., Korr. Mitgl. Wiss. Ges. Univ. Frankfurt/M. - Lit.: K. Zernack, Gruß an H. L. z. 60. Geb., in: Beiträge z. Stadt- u. Regionalgesch. Ost- u. Nordeuropas; W. Knackstedt, H. L. z. 65. Geb. in: Jahrb. f. Gesch. Osteuropas. N.F. Bd. 23, G. Stökl, H.L. 70 J., ebd. Bd. 28, L. Dralle, H.L. z. 75. Geb., ebd. Bd. 33 (1985) u. K.-D. Grothusen, in: Europa Slavica - Europa Orientalis, Festschr. f. H.L., 1980.

LUDES, Hans
Dr. med., Prof., Internist u. Lungenfacharzt, Chefarzt 1. Med. Klinik d. Kliniken St. Antonius, Wuppertal (1967-86), berat. Phthisiologe d. Med. Univ.-Klinik Köln (1967-84), apl. Prof. Univ. Köln - Brucknerweg 13, 5600 Wuppertal 2 - Geb. 5. Nov. 1921 Saarbrücken (Vater: Anton L., Oberstaatsanw.; Mutter: Annemarie, geb. Cohnstädt), kath., verh. s. 1960 m. Ursula, geb. Wassermeyer, 2 Kd. (Sabine, Ernst) - Dreikönigsgymn. Köln (Abit. 1939); Univ. Marburg, Baltimore, Köln (Med., Chemie; Med. Staatsex. 1949). Promot. (1949) u. Habil. (1959) Köln - Zul. Oberarzt Med. Univ.klinik Köln (1959 Privatdoz., 1965 apl. Prof.). Gastarzt Spanien, USA, Schweden - BV: Radioisotope in d. Herzdiagnostik, 1958, 2. A. 1960 (Jena; m. Lehnert). Buchbeitr. (Lungentuberkulose, Boecksches Sarkoid, in: Gross/Schölmerich, Lehrb. d. Inneren Med., 1966 (7. A. 1987), Antituberkulotika, Internist 1989, u. a. - Liebh.: Kunstgesch. - Spr.: Engl., Span.

LUDEWIG, Erwin
Mitglied d. Geschäftsführung Reederei Hamburg-Südamerikanische Dampfschifffahrts-Ges., Hon.-Konsul Königreich Tonga - Ost-West-Str. 59, 2000 Hamburg 11 - Geb. 22. Sept. 1929 Hamburg, verh. s. 1954 m. Edith, geb. Schuster, 2 Kd. (Rainald, Ragna).

LUDEWIG, Rainer
Dr. rer. pol., Dipl.-Kfm., Prof., Wirtschaftsprüfer, Steuerberater - Friedrichsstr. 11, 3500 Kassel (T. 0561 - 70 00 20) - Geb. 20. Mai 1926 Kassel, ev. - Realgymn.; Stud. d. Betriebswirtsch.lehre Univ. Frankfurt/M.; Dipl.ex. 1952; Promot. 1955; Wirtsch.prüferex. 1958 - S. 1972 Honorarprof.; VR-Mitgl. Inst. d. Wirtschaftsprüfer in Dtschl. u. a.; Beirat Musterring Intern., Rheda-Wiedenbrück; Wirtsch.beirat Hans

Kolbe u. Co, Bad Salzdetfurth - BV: Aufgaben u. Verantwortung d. Wirtschaftsprüfers, 1975 (in: Fachtagung d. IdW 1975); Forderungsbewertung u. BFH-Rechtsprechung, 1976 (in: Bilanzfragen, Festschr. f. Ulrich Leffson); Ztschr.: Rückstellungsbegriff DB 1988; Prüfungsbericht WPg 1987; Generalnorm AG 1987 - Spr.: Engl., Franz. - Rotarier.

LUDEWIG, Walter
Fabrikant, Aufsichtsratsvors. Fr. Poggenpohl GmbH, Herford - Kattenschling 3, 4900 Herford/W. (T. 8 24 45) - Geb. 10. Febr. 1910 Herford, ev., verh. s. 1935 - 1980 Gr. BVK; Gr. Gold. Ehrenzeichen f. Verd. u. d. Rep. Österreich - Spr.: Engl., Franz. - Rotarier.

LUDOLPHY, Elise Ingetraut
Dr. habil., Prof. - Burgbergstr. 16, 8520 Erlangen (T. 09131 - 2 62 61) - Geb. 2. März 1921 Dresden, ev., ledig - Staatsex. (Biol., Math., Chemie), Assessorex., Staatsex. (Theol.), Assessorex. Staatsex. (Theol.) Leipzig - 1944-51 Lehrer an Höh. Schule Zschopau u. Dresden; 1961-81 Doz. f. Kirchengesch. Leipzig; 1982-86 Prof. f. Kirchengesch. Erlangen u. Tübingen, 1988 Neuendettelsau - BV: Henrich Steffens. S. Verhältn. zu d. Lutheranern u. s. Anteil an Entstehung u. Schicksal d. altluth. Gemeinde in Breslau; Friedrich v. Weise, Kurfürst v. Sachsen 1463-1525 - Doctor of Humane Letters, Augustana College, Rock Island, Illionis - Spr.: Engl., Franz.

LUDWIEG, Hubert
Dr. rer. nat., Prof. f. Strömungsphysik - Stegemühlenweg 57, 3400 Göttingen - S. Habil. Lehrtätig. Univ. Göttingen (gegenw. apl. Prof.).

LUDWIG, Brigitte
Kauffrau, Gf. Gesellsch. d. Fa. D. Aushilfe GmbH & Co. KG - Lindemannstr. 26, 4000 Düsseldorf (T. 0211 - 67 50 88) - Geb. 11. Jan. 1941 Berlin, ledig - Gymn. (Abg. 11. Kl. wegen Tod d. Vaters); Höh. Handelssch. - Spr.: Engl., Franz.

LUDWIG, Christa

Kammersängerin - 14, Rigistr., CH-6045 Meggen (Schweiz) - Geb. 16. März 1928 Berlin (Vater: Prof. Anton L., Operns. u. Int.; Mutter: Eugenie, geb. Besalla, Operns.), verh. I) 1957 u. 1970 Kammers. Walter Berry (gesch. 1970), S. Wolfgang, II) 1971 Paul-Émile Deiber, Schausp. u. Regiss. (Comédie Francaise) - S. 1946 Städt. Bühnen Frankfurt/M., Landestheater Darmstadt (1952) u. Hannover (1954), Staatsoper Wien (1955). Gast Opernbühnen Berlin (Dt. Oper), New York (Met), Mailand (Scala), Tokio (Nissei Theater), Buenos Aires (Teatro Colón), München, Stockholm, London (Covent Garden), Chicago, Rom, Athen. Mitwirk. Salzburger u. Bayreuther Festsp., Luzerner Festwochen u. a. Bek. Partien: Carmen, Octavian, Ortrud, Färberin, Dorabella, Ariadne, Amneris, Eboli, Marie, Kundry, Venus, Iphigenie, Marschallin (Lieblingsrolle) - 1962 österr. Kammers.; 1966 Grand Prix du Disque;

1967 Grammy Award; 1969 österr. Ehrenrkr. I. Kl. f. Wiss. u. Kunst; 1969 Mozartmed.; 1970 Dt. Schallplattenpreis; 1970 Orphée D'Or; 1972 Prix des Affaires Culturelles; 1971 Ehrenmitgl. Wiener Konzerthaus; 1980 Hugo Wolf Med.; 1980 Gustav Mahler Med.; 1980 Silb. Rose Wiener Phil.; 1980 Gold. Ehrenring Wiener Staatsoper (25 J. Zugehörigk.); 1981 Ehrenmitgl. Staatsoper Wien - Lit.: C. Lorenz u. W. Berry (Künstlerportrait).

LUDWIG, Dieter
Dipl.-Ing., Oberbaudirektor, Präs. Bundesverb. Dt. Eisenbahnen, Köln - Tullastr. 71, 7500 Karlsruhe (T. 0721 - 599-58 00). Geb. 15. Juli 1939 Dortmund, verh. s. 1969 m. Eva-Maria, geb. Türk, Sohn Andreas - Abit. 1957 Mannheim; Dipl.-Hauptpr. 1964 TH Karlsruhe, 2. Staatspr. 1966 Oberprüfungsamt Karlsruhe - Werkleit. Stadtwerke Karlsruhe; Geschäftsf. Albtal-Verkehrs-Ges. mbH. AR-Vors. Versicherungsverb. Dt. Eisenbahnen - Spr.: Engl., Franz.

LUDWIG, Egon
Chefredakteur i. R. - Grabenstr. 91, 5300 Bonn 3 (T. 0228 - 47 48 14) - Geb. 7. Juli 1920 Berlin (Vater: Franz L., Angest.; Mutter: Ida, geb. Rother), kath., verh. s. 1956 m. Erika, geb. Moschall, 2 T. (Christiane, Gabriele) - Abit. 1939 Berlin; Dipl.-Wirtschaftskorresp. d. engl. Sprache 1949 Berlin - 1950-63 Inst. f. Publiz. FU Berlin; 1963-67 Redakt. (Dokument.) ZDF-Studio Bonn; 1967-85 Wochenztg. D. PARLAMENT - 1958 Pro Ecclesia et Pontifice - Liebh.: Schwimmen, Kunst, Völkerkd. - Spr.: Engl.

LUDWIG, Ehrhardt
Rechtsanwalt, Geschäftsf. Bundesverb. d. Dt. Verlagsvertreter - Zeil 65-69, 6000 Frankfurt/M.

LUDWIG, Ernst
Polit. Staatssekretär a. D., Oberbürgermeister Stadt Ulm, MdL Baden-Württ. - Sonnenstr. 72, 7900 Ulm/Donau (T. 38 48 22) - Geb. 25. Febr. 1927 Ulm, ev., verh., 2 Kd. - Obersch. Ulm (Kriegsabit. 1944); 1944-45 Wehrdst.; 1945-47 kaufm. Lehre; 1948-53 Univ. München (Rechtswiss.). Jurist. Staatsprüf. 1953 (München) u. 1956 (Stuttgart) - 1956-66 Leit. Rechtsamt u. Univ.-Beauftr. Ulm; 1966-73 Geschäftsf. Planungsgemeinsch. Donau-Iller-Blau, 1973-78 Dir. im Regionalverb. Donau-Iller; 1978-83 Staatssekr. CDU (Mitgl. Orts- u. Kreisvorst., s. 1972 MdL) - Ehrensenator Univ. Ulm.

LUDWIG, Franz
Arbeitsdirektor, Geschäftsf. Stahlwerke Röchling-Burbach GmbH., Völklingen - Erlenweg 16, 6620 Völklingen/Saar - Geb. 29. Jan. 1922.

LUDWIG, Gerd-Reimar

Dr. med., Prof., Direktor Urol. Klinik Städt. Klinikum Frankfurt in Höchst - Am Aukopf 13, 6900 Heidelberg (T.

06221 - 80 08 21) - Geb. 11. Juni 1942 Köln, ev., verh. m. Helga, geb. Körner, 5 Kd. (Roman, Dirk †, Katja, Stephanie, Jörn) - Stud. Med. Univ. Heidelberg u. Düsseldorf; Staatsex. 1967, Promot. 1968 Heidelberg; 1970-74 Urol. Ausb. Klinikum Mannheim d. Univ. Heidelberg - S. 1974 Facharzt f. Urol.; 1974-82 Oberarzt Urol. Klinik im Klinikum Mannheim d. Univ. Heidelberg; ab 1982 Dir. Urol. Klinik Städt. Krankenhaus Frankfurt in Höchst. S. 1984 Vors. Arbeitskr. Androl. Dt. Urologen; 1989 Präs. d. Südwest-Dt. Ges. Urologie, s. 1988 Mitgl. d. Präsid. d. Dt. Ges. f. Urologie - BV: Praxis d. Spermatol., 1987 - 1984 Preis f. besten wiss. Film Dt. Ges. f. Urol.; 1983 Ehrenmed. Univ. Surabaya/Indonesien - Liebh.: Reisen (vor allem Abenteuerreisen), Fotogr., Wein - Spr.: Engl., Span.

LUDWIG, Gerhard
Stv. Bürgermeister (s. 1971) u. Bezirksstadtrat f. Sozialwesen v. Neukölln (s. 1965) - Karl-Marx-Str. 83-85, 1000 Berlin 44, Rathaus (T. 62 02 91) - Geb. 12. Okt. 1915 Berlin (Neukölln) - Schule (Mittlere Reife) u. kaufm. Lehre Berlin - 1937-45 Soldat, dann Buchhalter, 1947-49 Parteisekr., anschl. Angest. Baugenoss., 1955 pers. Ref. Senator Lipschitz, ab 1956 Haupträf. Entschädigungsamt (alle Tätigk. Berlin). 1950-65 Bezirksverordn. Neukölln (zeitw. Fraktionsvors.). SPD.

LUDWIG, Gerhard
Buchhändler - Statthalterhof Allee 1a, 5000 Köln 40 (T. 0221-48 62 93) - Geb. 27. Juni 1909 Berlin (Vater: Hermann L., Fabrikarb.; Mutter: Martha, geb. Domke), 2 S. (Kai, Thomas) - Abit. 1929 - 1936 Lehre Ztgskaufm. Verlag August Scherl, Berlin; 1937-39 Werbeleit. Frankf. Ztg.; 1940-42 dass. Verlag M. DuMont Schauberg, Köln; 1945-46 Gründ. u. Verlagsleit. Schwäb. Tagblatt, Tübingen. 1946 Gründ. Bahnhofsbuchhandl. Gerhard Ludwig, Köln, Hauptbahnhof; s. 1950 Veranst. d. bek. Mittwochgespr. im Wartesaal d. Kölner Hbf. (Diskuss. m. Autoren u. Prominenten aus Kultur, Wirtsch. u. Politik). Gründungsmitgl. Lions-Club Köln-Agrippina - Spr.: Engl., Franz.

LUDWIG, Gerlinde
Dr. med., Prof. f. Anatomie Univ. Marburg - Sudetenstr. 33, 3550 Marburg/L.

LUDWIG, Günter
Konzertpianist, Prof. f. Klavier Staatl. Hochschule f. Musik - Dagobertstr. 38, 5000 Köln.

LUDWIG, Günther

Dr. rer. nat., o. Prof. f. Theoret. Physik - Sperberweg 11, 3350 Marburg 7 (T. 4 13 13) - Geb. 12. Jan. 1918 Zäckerick (Vater: Hermann L., Lehrer; Mutter: Hertha, geb. Kurts), kath., verh. s. 1944 m. Lucie, geb. Staneczek - Reform-Realgymn.; 1936-39 Univ. Berlin. Promot. 1943 Berlin; Habil. 1948 Göttingen - 1940-45 Physiker Ind.; s. 1946 Hochschultätig. (Assist., 1948 Privatdoz. Univ. Göttingen, 1949 ao., 1952 o. Prof.

FU Berlin (Inst.dir.), 1963 Univ. Marburg (ebenf. Inst.dir.) - BV: Fortschritte d. projektiven Relativitätstheorie, 1951; Grundl. d. Quantenmech., 1953; Einführung in d. Grundlagen d. theoret. Physik, 4 Bde. 1974-79; D. Grundstrukturen e. physikal. Theorie, 1978; Foundations of Quantum Mech., 2 Bde., 1983; An Axiomatic Basis for Quantum Mech., 2 Bde., 1985.

LUDWIG, Hans Dieter
Dipl.-Ing., Direktor - Felix-Dahn-Str. 63a, 7000 Stuttgart-Degerloch - Geb. 31. Dez. 1926 Breitenbrunn (Vater: Dr. rer. pol. Hans L., Dipl.-Kfm.; Mutter: Gertrud, geb. Brandt), ev., verh. s. 1952 m. Eva, geb. Munter, 2 Töcht. (Angela Beatrice, Gabriele Nicole) - TU Berlin (Wirtschaftsing.wesen; Dipl.-Ing. 1950) - 1953-61 Direktionsassist., Prokurist, Mitgl. d. Geschäftsltg. Pohlschröder, Dortmund; 1962-67 Kaufm. Geschäftsf. Essener Apparatebau GmbH, Essen, zugl. Prok. bzw. Dir. Mannesmann AG., Düsseldorf; s. 1968 Kaufm. u. techn. Geschäftsf. Südrad GmbH., Ebersbach (b. 1973), dann pension. - Spr.: Engl.

LUDWIG, von, Hans-Joachim
Dipl.-Ing. - Immanuel-Kant-Str. 8, 7015 Korntal-Münchingen 1 (T. 0711 - 83 39 39) - Geb. 7. Aug. 1930 - S. 1958 Standard Elektrik Lorenz AG. (SEL), Stuttgart (Vorst., Ressort Intern. Beziehungen) - Spr.: Engl., Franz. - Rotarier.

LUDWIG, Helmut
Pfarrer, Journ. (Ps. Harro Lutz) - Königsberger Str. 4, 6434 Niederaula (T. 06625-78 45) - Geb. 6. März 1930 Marburg/Lahn, ev., verh. s. 1956 m. Ilse, geb. Seippel (Dipl.-Sozialpäd.), 2 T. (Karin, Claudia) - Ausb. in Diakonie, Päd., Theol., Journalistik - Heimleit. Diakoniezentrum Hephata; Vikar in Baunatal-Rengershausen; zwei Jahrzehnte Pfarrer in Hohenroda; Pressepfarrer; Mitgl. Ev. Presseverb. d. LKKW; beruf. Mitgl. Kurat. f. Publiz.; Redakt. Ev. Pfarrerblatt d. EKKW u. EKHN; Vorst.-Mitgl. Pfarrerverein; Mitarb. div. Fotoagenturen, Lektoratsmitgl. Ev. Buchhilfe, eig. Pressedienst im deutschsprach. Raum - 83 B. im Ber. d. Jugendlit.; 3 Krimis; Anthol.; theol. Lit. - Werk- u. Vorlesbd.; Short-Story-Bde. - Liebh.: Reisen, Fotogr., Schreiben - Spr.: Engl., Ital., Franz., Span.

LUDWIG, Herbert W.
Dr. rer. nat., Prof. f. Zoologie Univ. Heidelberg - In der Schanz 39, 6905 Schriesheim (T. 6 29 35) - Geb. 7. Okt. 1924 Welzheim (Vater: Gotthilf L., Pfarrer; Mutter: Hedwig, geb. Kühnle), verh. s. 1954 m. Anneliese, geb. Will, Sohn Mario - 1947-53 Stud. Heidelberg; Dipl.-Biol. 1953, Promot. 1954, Habil. 1958 - S. 1965 apl. Prof.; 1971/72 Dekan Fak. f. Biol. Univ. Heidelberg. S. 1978 Landesbeirat f. Naturschutz, Baden-Württ. - Spr.: Engl.

LUDWIG, Hermann
s. Paulus, Herbert

LUDWIG, Johannes
Dipl.-Ing., Prof., Architekt - Laplacestr. 17, 8000 München 80 (T. 98 92 08) - Geb. 18. Juni 1904 Düsseldorf (Vater: Aloys L., Arch.; Mutter: Margarethe, geb. Wannieck), ev.-luth., verh. s. 1934 m. Elisabeth, geb. Lindström, 3 Kd. (Gunilla, verehel. Hübner; Thomas; Christian) - TH München (Dipl.-Ing. 1929) - Arch.; s. 1955 o. Prof. TH Wien (Städtebau) u. München (1957; Raumkunst). U. a. Ev. Paul-Gerhardt-Kirche München u. Johanneskirche Ansbach; 4 Schulen; 15 Ev. Kirchen; Wohnanl. - Mus. d. Antikensammlg. u.a. - 1966 Mitgl. Bayer. Akad. d. schönen Künste; 1974 Kommand. d. Kgl. Schwed. Nordsternordens; 1978 Bayer. VO - Liebh.: Musik - Spr.: Engl., Ital., Schwed. - Bek. Vorf.: Friedrich Wannieck, Begr. d. ersten Brünner Maschinenfabrik (ms.).

LUDWIG, Karl-Hartmann

Dipl.-Volksw., Vorstandsmitglied Schulze-Delitzsch-Haus eG, Geschäftsf. Bundesverb. d. Dt. Volks- u. Raiffeisenbanken - Heussallee 5, 5300 Bonn 1 (T. 0228 - 50 92 15) - Geb. 2. Juli 1932.

LUDWIG, Karl-Heinz

Dr. phil., Prof. - Parkallee 203, 2800 Bremen (T. 21 14 80) - Geb. 12. Okt. 1931 Löbau (Vater: Erich L.; Mutter: Martha, geb. Kern), ev., verh. s. 1970 m. Gundela, geb. Blohm - Obersch., FU Berlin (Gesch., Phil.). Staatsex.; Ass. d. L.; Promot. 1961 FU Berlin - 1962-68 Wiss. Mitarb. Verein Dt. Ing. (VDI); 1968-71 DFG-Habil.-Stip.; s. 1971 Univ.-Prof.; 1974-82 Bereichsleit. VDI-Hauptgruppe; Leit. Wiss. Einheit f. Sozial-, Technik- u. Wirtschaftsgesch. Univ. Bremen - BV: Technik u. Ingenieure im III. Reich, 1974 (1979); Gold- u. Silberbergbau im Übergang v. Mittelalter z. Neuzeit, 1987, u.a.; Wiss. Leit. d. Zeitschr. Technikgeschichte.

LUDWIG, Karl-Heinz

Oberlandesgerichtspräsident - Fürther Str. 110, 8500 Nürnberg 80 - Geb. 1921 Nürnberg (Vater: Berufsschullehrer) - Wehrdst. (zul. Panzeroffz.; schwerverw.); Stud. Rechtswiss. - S. 1952 bayer. Justizverw. (1960 ff. OLG Nürnberg; 1970 Senats-, 1973 Vizepräs., 1977 Präs.) - 1982 Bayer. VO.

LUDWIG, Karl-Heinz

Dr. jur., Präsident OLG Nürnberg, Lehrbeauftr. Univ. Erlangen-Nürnberg - Belgrader Str. 12, 8500 Nürnberg-Eibach.

LUDWIG, Kurt S.

Dr. med., o. Prof. f. Anatomie Univ. Basel/Med. Fak. (s. 1973) - Tessinstr. 46, CH-4054 Basel (T. 38 63 71) - Geb. 6. Juli 1922 Dottikon (Schweiz) - Promot. u. Habil. Basel - 1960-67 ao. Prof. Univ. Basel, 1967-73 o. Prof. TH Aachen. Fachveröff.

LUDWIG, Otto

Dr. theol., o. Prof. f. dt. Sprache Univ. Hannover - Entenfang 36, 3006 Burgwedel 1 (T. 05139 - 36 83) - Geb. 20. Juli 1931 Bandung/Java (Vater: Dr. Otto L., Studienrat; Mutter: Elisabeth, geb. Wolff), ev., verh. s. 1957 m. Renate, geb. Wolf, 2 Kd. (Heidrun, Malte) - 1952-58 Stud. ev. Theol. Univ. Tübingen u. Bonn; 1958-61 Stud. German. Univ. Köln; Promot. 1961 - 1961-67 wiss. Assist.; 1967-70 akad. Rat; s. 1970 Prof. Hannover.

LUDWIG, Peter

Dr. phil., Dr. h.c. mult., Prof., Aufsichtsratsvorsitzender Ludwig Schokolade GmbH - Eupener Str. 281, 5100 Aachen - Geb. 9. Juli 1925 Koblenz (Vater: Fritz L.; Mutter: Helene, geb. Klöckner), verh. s. 1951 m. Prof. Irene, geb. Monheim (Mitstudentin Kunstgesch., heute Kunsthistorikerin, 1983 BVK I. Kl.) - Univ. Mainz (Rechtswiss., Kunstgesch.; Promot. 1950 m. Diss. üb. Picasso) - S. 1950 Monheim (1953 Mitinh.). 1972ff. Honorarprof. Univ. Köln (Kunstgesch.); zahlr. Tätigk. im Bereich d. Kunst, u.a.; s. 1957 Vors. Mus.verein Aachen u. Herausg. Aachener Kunstblätter (53 Bde.); s. 1966 Vorst.-Mitgl. Ges. f. Völkerkd. Köln; 1969 Kurat. Wallraf-Richartz-Museum, Köln; 1971 Intern. Council of the Museum of Modern Art, New York; 1972 Ankaufskommiss. d. Kunstsamml. Nordrh.-Westf., Düsseldorf; 1972 Mitgl. Kommiss. d. Antikenmus. Basel; 1976 Vorst. Verein d. Freunde d. Wallraf-Richartz-Mus. u. Mus. Ludwig, Köln; 1981 Vorst. d. Dt.-Franz. Kulturstiftg., Bonn. Tätigk. in d. Wirtsch.: 1962 AR Agrippina Versich. AG, Köln; 1966 Beiratsmitgl. Waggonfabrik Talbot, Aachen; 1969 Mitgl. Bezirksbeir. d. Dt. Bank AG, Köln-Aachen-Siegen, 1972 Vors.; 1975 AR Duewag AG, Krefeld Uerdingen, 1987 Lind & Sprüngli Chocoladefabriken GmbH, Aachen, 1988 Klöckner & Co. AG, Duisburg; 1988 Vorst.-Mitgl. Peter Klöckner Stiftg., 1988 Peter Klöckner-Familienstiftg. - Versch. Ehrungen: u. a. 1982 Max-Slevogt-Med. Land Rheinl.-Pfalz, 1983 Dr. h.c. (Phil.) Karl-Marx-Univ. Leipzig, 1983 Gr. BVK, 1984 Med. 1300 J. Bulgarien f. kult. Verd., 1984 Kyril- u. Metodi-Orden I. Kl. in Sofia, 1985 Dr. h.c. Kunstakad. Sofia, 1985 Ehrenmitgl. Verein Freunde d. Neuen Galerie Aachen, 1985 Hans-Grundig-Med. Verb. Bildender Künstler (DDR), 1985 Kulturpreis Stadt Koblenz, 1985 Ehrenmitgl. Hochsch. f. angew. Kunst, Wien, 1986 Kommandeurkreuz dän. Dannebrogorden, Kopenhagen, 1986 Ehrenmitgl. Ges. f. Mod. Kunst am Museum Ludwig, 1986 VO Land Nordrh.-Westf., 1987 Dr. of Humane Letters h.c. Univ. of Vermont, Burlington/USA, 1987 Gold. Schlüssel d. Stadt Venedig, 1987 Gold. Münze d. Stadt Florenz; 1988 Dr. h.c. Hochsch. d. bild. Künste, Budapest, u. Commandeur de la Légion d'Honneur, Officier de l'Ordre d. Arts et d. Lettres; 1989 Gold. Ehrenz. d. Intern. Lyudmilla Zhivkova Stiftg.; 1989 Ehrenmed. Pro Cultura Hungarica - Kunstsammler m. Leihgaben alter Kunst in Martin v. Wagner-Mus. Würzburg, Antikenabt. Staatl. Kunstsamml. Kassel, Suermondt-Ludwig-Mus., Neue Galerie - Samml. Ludwig u. Couven-Mus. Aachen, Antikenmus. u. Kunstmus. Basel, Basel, Mittelrh.-Mus. Koblenz, Schnütgenmus., Rautenstrauch-Joest-Museum u. Wallraf-Richartz-Mus. (s. 1976 Mus. Ludwig), Köln; Bayer. Nationalmus. München, Nationalgalerie Ostberlin, Mus. f. mod. Kunst Wien, Saarl.-Mus. Saarbrücken, National-Galerie Berlin, Mittelrh. Landesmus. Mainz. K.-Schenkungen an Stadt (284 Bilder u. Plast., vereinigt im neu zu gr. Mus. Ludwig), Stadt Aachen (148 W. alter K.), Stadt Wien (161 W. z. Gründ. d. österr. Ludwig-Stiftg. f. K. u. Wiss.), Antikenmus. Basel (199 W. d. Antike) u. Couven-Mus. Aachen (6000 Fliesen, d. Gesch. d. Kacheln zu verdeutl.), Stadt Köln (183 Obj. d. Samml. Altamerika) (1983), Gründ. Ludwig-Stiftg. f. Kunst u. intern. Verständigung GmbH, Aachen (1983), Errichtung Ludwig-Inst. f. Kunst d. DDR, Oberhausen (1983), Vertr. zw. Ehepaar L. u. Ludwig Stiftg. f. Kunst u. intern. Verständigung, Aachen, u. Stadt Aachen z. Erricht. d. Intern. Kunstforums Aachen (1987), Ludwig-Stiftg. in Ungarn (1988), Gründ. Ung. Ludwig-Mus. (Magyarországi Ludwig Múzeum) in Budapest nach Schenkung v. 70 Kunstw. aus Ost u. West - Spr.: Engl. - Rotarier - Entstammt e. Koblenzer Fabrikant.-Fam. (Thonwerke Ludwig) - Fernseh-Porträt (ARD, 1981).

LUDWIG, Theodor

s. Habernoll, Kurt

LUDWIG, Walther

Dr. phil., Prof. f. Klass. Philologie - Reventlowstr. 19, 2000 Hamburg 52 - Geb. 9. Febr. 1929 Stuttgart (Vater: Prof. Dr. Paul L., Studiendir. a. D.; Mutter: Susanna Maria, geb. Morian), ev., verh. s. 1962 m. Karin, geb. Fragel, 2 Kd. (Carl Friedrich, Ulrike) - Eberhard-Ludwigs-Gymn. Stuttgart; Univ. Tübingen u. München (Klass. Philol., Gesch., Archäol., Phil.). Promot. 1954 Tübingen; Habil. 1961 München - S. 1961 Lehrtätigk. Univ. München (Privatdoz.) u. Frankfurt/M. (1964 ao., 1966 o. Prof.). 1966-67 Visiting Prof. Stanford Univ. (USA), Prof. and Dept. Chairman Columbia University, New York 1970-76, o. Prof. Hamburg 1976 - BV: Sapheneia (Euripides), 1955; Struktur u. Einheit d. Metamorphosen Ovids, 1965; Antike Komödien, 1966; Stephanium, 1971; Comediola Michaelida, 1975; D. Borsias d. Tito Strozzi, 1977; D. Kröll v. Grimmenstein, 1984; Römische Historie im dt. Humanismus, 1987; Litterae Neolatinae, 1989; u.a. Üb. 100 Aufs. z. griech. u. lat. Lit., Geneal u. dt. Landesgesch. in Fachzeitschr.; Schriftl.: Gnomon (1965ff.). 1962 Junior Fellow Center for Hellenic Studies Washington D.C.; 1970 Member Institute f. Advanced Study Princeton, N.J.; 1974 Fellow American Council of Learned Societies; s. 1980 Mitgl. Joachim Jungius-Gesellsch. d. Wiss. Hamburg; 1978-83 Präs. Mommsen-Ges.; 1983-88 Vizepräs. Intern. Association for Neo-Latin Studies, 1988-91 Präs.; 1984 Vorstandsmitgl. Fed. Intern. des Ét. Class - Liebh.: Geneal., Wandern.

LUDWIG, Werner

Dr. jur., Oberbürgermeister - Pommernstr. 29, 6700 Ludwigshafen/Rh., (T. 0621 - 50 41) - Geb. 27. Aug. 1926 Pirmasens (Vater: Adolf L., Gewerkschaftssekr.; Mutter: Helene, geb. Sprenger), verh. s. 1952 m. Lucia, geb. Denig, 3 Kd. (Simone, Stefan, Ruth) - Jurastud. Toulouse, Paris, Mainz Lic en Droit, 1947; Ass.ex. 1954; Promot. 1956 - S. 1956 Stadtverw. L'hafen (Leit. Ausgleichsamt, 1958 Beigeordn., 1965 Oberbürgerm.). SPD (Vors. Bezirksverb. Pfalz) - BV: D. Verhältnis zwischen Reg. u. Parlam. in Frankr. d. IV. Rep. (Diss. 1956) - BVK I. Kl. - Liebh.: Politik, Musik, Wandern - Spr.: Franz.

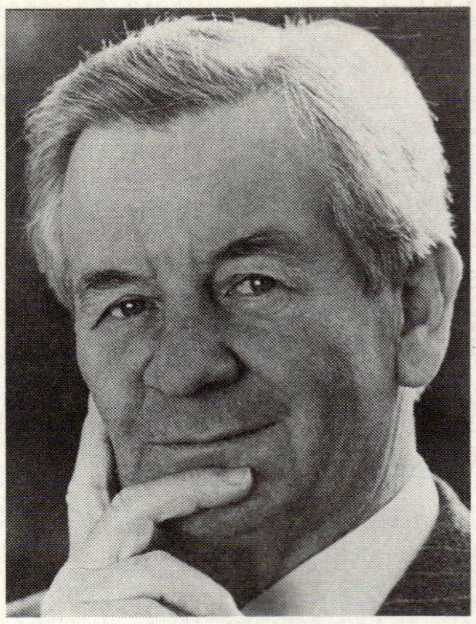

Liebh.: Familie, Freundeskreis, Reisen, Golf - Spr.: Engl.

LUDWIG, Wolfgang

Dr. rer. nat., o. Prof. f. Theoret. Physik Univ. Münster - Stefan-Zweig-Str. 2, 4400 Münster-Nienberge - Geb. 13. Sept. 1929 Osterholz-Scharmbeck (Vater: Fritz L., Ingenieur; Mutter: Helene, geb. Bomhoff), ev., verh. s. 1958 m. Felicitas, geb. Albus, 3 Kd. (Wolfgang, Joachim, Angelika) - Gerhard-Rohlfs-Gymn. Bremen-Vegesack; Univ. Göttingen (Physik). Promot. 1957 Univ. Göttingen; Habil. 1962 TH Aachen - 1957-66 Wiss. Mitarb. Kernforschungsanlage Jülich; s. 1966 o. Prof. Univ. Gießen (Lehrstuhl III), TH Darmstadt (1969; Lehrstuhl II) u. Univ. Münster (1972; Lehrstuhl II). Mitgl. Dt. Phys. Ges., EPS, APS, DAV, ADAC - BV: Theory of Anharmonic Effects in Crystals, 1961 (m. G. Leibfried; auch russ.); Recent Development in Lattice Theory, 1967; Festkörperphysik, Lehrb. 1970, 2. A. 1978; Theorie d. Wärme, 1985; Symmetries in Physics (m. C. Falter), 1988. Div. Einzelarb. - Spr.: Engl., Franz.

LUDWIKOWSKI, Peter

Dipl.-Ing., Oberbergrat a.D., Techn. Vorstandsmitgl. Main Gaswerke AG (1980ff.), Präs. Dt. Verein d. Gas- u. Wasserfaches (s. 1987) - Usinger Str. 10, 6360 Friedberg 2 (T. 06031-44 20) - Geb. 21. Dez. 1929 Neisse - Bergbaustud. Aachen, 2. Staatsprüf. - 1960-68 Bergverw. NRW, 1968-80 Hptgeschäftsf. Dt. Verein d. Gas- u. Wasserfaches, AR- u. Beiratsmand.

LUDYGA, Hans

Dr., gf. Vorstandsmitglied Bayer. Gemeindetag - Dreschstr. 8, 8000 München 40.

LUDYK, Günter

Dr.-Ing., Prof. f. Regelungstheorie Univ. Bremen - Rohrdommelweg 13, 2800 Bremen - Geb. 1. Jan. 1932 Berlin - Promot. 1967 Berlin, Habil. 1970 ebd. - S. 1972 o. Prof. in Bremen - BV: Theorie dynam. Systeme, 1977; Time-Variant Discrete-Time Systems, 1981; Stability of Time-Variant Discrete-Time Systems, 1985.

LÜBBE, Gustav

Verleger, Inh. Gustav Lübbe Verlag, Bastei-Verlag Gustav H. Lübbe, Druckhaus Lübbe - Scheidtbachstr. 23-31, u. Senefelder Str. 10-16, 5060 Bergisch Gladbach 2 (T. 02202 - 12 10) - Geb. 12. April 1918 Bramsche/Osnabrück, ev., verh. m. Ursula, geb. Sprenger, 2 Kd. - Journalist, u. a. Neue Osnabrücker Ztg.; s. 1977 Mitgl. Dt. Presserat - 1966 BVK I. Kl., 1984 Gr. BVK; 1988 VO d. Landes Nordrh.-Westf. -

LÜBBE, Hermann

Dr. phil., Prof., Staatssekretär a. D., Ordinarius f. Philosophie u. polit. Theorie Univ. Zürich (s. 1971) - Universität, Zürich (Schweiz) - Geb. 31. Dez. 1926 Aurich/Ostfriesland, ev., verh. s. 1951 m. Grete, geb. Grothues, 4 Kd. (Gertrude, Jann, Weyma, Anna) - Stud. Theologie, Phil., Soziol. Univ. Münster, Freiburg, Frankfurt, Erlangen. Promot. 1951 Freiburg; Habil. 1956 Erlangen - S. 1956 Lehrtätigk. Univ. Erlangen, Hamburg, Köln, Münster. o. Prof. f. Phil. Bochum 1963, o. Prof. f. Sozialphil. Bielefeld (1968-73; 1966-70 Staatssekr. Kultusmin. u. Ministerpräs. (1969) Nordrh.-Westf.; Präs. Allg. Ges. f. Philosophie i. Deutschland 1975-78. Mitgl. Akad. d. Wiss. Düsseldorf, Mainz u. Berlin - BV: D. Hegelsche Rechte, 1962 (ital. 1974); Polit. Phil. in Dtschl., 1963; Säkularisierung, 1965 (ital. 1970); Sprache u. Politik, 1967; Theorie u. Entscheidung - Studien z. Primat d. prakt. Vernunft, 1971; Hochschulreform u. Gegenaufklärung, 1972; Bewußtsein in Gesch. - Studien z. Phänomenol. d. Subjektivität, 1972; Fortschritt als Orientierungsprobl. - Aufklär. in d. Gegenwart, 1975; U. stille Kulturrevolution 1976; Wissenschaftspolitik, 1977; Geschichtsbegriff u. Geschichtsinteresse, 1977; Endstation Terror, 1978; Praxis d. Phil. Prakt. Phil., Gesch.-Theorie, 1978; Phil. n. d.Aufklär. V. d. Notwendigk. pragmat. Denkens, 1980; Zw. Trend u. Tradition. Überfordert uns d. Gegenwart?, 1981; D. Einheit v. Naturgesch. u. Kulturgesch. Bemerk. z. Gesch.-Begriff, 1981; Zeit-Verhältnisse - Z. Kulturphil. d. Fortschritts, 1983; Religion nach d. Aufklärung, 1986; Politischer Moralismus. D. Triumph d. Gesinnung üb. d. Urteilskraft, 1987; Fortschrittsreaktionen. Üb. konservative u. destruktive Modernität, 1987; D. Aufdringlichkeit d. Geschichte, 1989.

LÜBBEN, Gerd

Wirtschaftsprüfer, Direktor Raiffeisen-Genossenschaftsverb. Weser-Ems - Raiffeisenstr. 26, 2900 Oldenburg/O.; priv.: Am Sandkamp 7, 2872 Hude - Geb. 30. Sept. 1924.

LÜBBEN, Heino

Dr.-Ing., Prof., Geschäftsführer, Gewerkschaften Brigitta u. Elwerath Betriebsführungsges. mbH. - Parkstr. 6, 3167 Burgdorf-Ehlershausen (T. 05085 - 76 07) - Geb. 27. Jan. 1929 Eckwarden (Vater: Georg L., Landw.; Mutter: Ella, geb. Suhr), ev., verh. s. 1957 m. Inge, geb. Lux, 3 Kd. (Frank, Gesine, Natalie) - Bergbaustud. Bergakad. Clausthal - Lehrbeauftr. TU Clausthal - BV: Wiss. Arbeiten z. Erdöl- u. Erdgaslagerstättentechnik - Spr.: Engl.

LÜBBERING, Gerd

Hauptgeschäftsführer Zentralverb. d. Bäckerhandwerks u. a. - Am Schönblick 1, 5340 Bad Honnef/Rh. (T. 7 10 58) - Geb. 3. Nov. 1922 - Stud. Volksw. (Dipl.).

LÜBBERS, Dietrich W.

Dr. med., Prof., Direktor (em.) Max-Planck-Inst. f. Systemphysiologie (vormals Arbeitsphysiol. (s. 1968) - Rheinlanddamm 201, 4600 Dortmund (T. 1 20 61); priv.: Wenkerstr. 30 (T. 52 48 10) - Geb. 12. Mai 1917 Hamburg (Vater: Friedrich L., Rektor; Mutter: Hermine, geb. Bergmann), verh., 3 Töcht. (Anke, Helga, Gesine) - Med. Staatsex. 1943 Berlin; Habil. (Physiol.) 1956 Kiel - 1956-67 Lehrtätigk. Univ. Kiel, Köln (1959 Diätendoz.), Marburg (1961 ao. Prof. f. Angew. Physiol. u. Arbeitsphysiol., 1965 o. Prof. f. Angew. Physiol.). Spez. Arbeitsgeb.: Gewebsatmung u. Sauerstoffversorg. d. Organe. Fachveröff. - Spr.: Engl. - Rotarier.

LÜBBERS, Wilhelm

Dr. rer. oec., Repräsentant Schoeller & Co. Bank AG, Wien - Claudiusstr. 17b, 4000 Düsseldorf (T. 436 00 24) - Geb. 2. Dez. 1918 Berlin (Vater: Wilhelm L., Exportkfm.; Mutter: Blanca, geb. Mörler), ev., verh. s. 1948 m. Sophia, geb. Kielau, 2 T. (Angelika, Nicola) - Ausb. Außenhandel, 1939-45 Kriegsteiln.; Stud. Univ. Hamburg u. Berlin, 1. jurist. Staatsprüf., Promot. (Volksw.) - 1950-52 Doz. Univ. Berlin; anschl. Dt. Bank AG, Bayer AG, Banque Lambert Brüssel (Mitgl. d. Dir.), 1967-78 Mannesmann-Exp. AG, Mannesmann-Handel AG (Vorst.-Mitgl.); 1979-84 Dt.-Schweiz. Bank AG (Vorst.-Mitgl.); 1986-88 VR-Mitgl. Hauck Banquiers Luxembourg S.A. S. 1973 Beirat Gerling-Konz., s. 1970 Vizepräs. Dt. Finn. HK, Helsinki, s. 1971 Vorst.-Mitgl. HK Dtschl.-Schweiz Zürich, s. 1988 Rechtsu. Staatswiss. Vereinig. S. 1978 Handelsrichter Landger. Düsseldorf - BV: D. Außenhandel d. Volksrep. China, 1959; D. Mongol. Volksrep., 1959 - 1975 Rechtsritter d. Johanniter-O.; 1981 BVK I. Kl.; 1982 Komturkreuz d. Ordens d. finn. Löwen - Liebh.: Wandern, Gesch. - Spr.: Engl., Franz.

LÜBBERSMANN, Wilhelm

Dr. jur., Oberkreisdirektor a. D. - Peter-Wust-Str. 35, 4400 Münster - Geb. 22. Juli 1912 Icker - B. 1971 Oberkreisdir. Kreis Recklinghausen - ARsmandate u. a. - 1971 BVK I. Kl.

LÜBBERT, Erich

Kaufmann, Vorsitzender Aufsichtsr. Dyckerhoff & Widmann AG - Grosostr. 14, 8032 Gräfelfing - Geb. 12. April 1931 Sommerswalde (Vater: Dr. Erich L.; Mutter: Irmela, geb. Wagener), ev., verh. s. 1956 m. Eva-Maria, geb. v. Usedom, 2 Töcht. (Alexandra, Bettina) - Realgymn., St. John's College Johannesburg (Abit.) - Spr.: Engl.

LÜBBERT, Jens

Dr. sc. pol. (habil.), o. Prof. Univ. Hamburg (s. 1965) - Schaarbargsweg 29, 2000 Hamburg 65 (T. 607 08 31) - Geb. 13. Juni 1928 Rendsburg (Vater: Konrad L., Pastor; Mutter: Elisabeth, geb. Paulsen), ev., verh. s. 1964 m. Dr. Jutta, geb. Beyer, 2 Kd. (Kirsten, Karin) - Obersch. Rendsburg; Prakt. Schiffsmaschinenbau; Stud. Univ. Kiel (E. Schneider); Dipl.ex. 1953 u. Promot. 1956 Kiel; 1956-57 MIT School f. Adv. Studies; 1974-76 Präs. Forsch.srat Hamburg; 1974-78 Mitgl. Bürgersch. Hamburg; 1976-78 Vorstandsvors. u. gf. Dir. Dt. Übersee-Inst. ebd. - BV: Unters. z. Theorie d. gesamtwirtschaftl. Einkommensverteilung - Kieler Studien, 1964; D. Wirtschaftsraum Rendsburg, 3 Bde. 1968; D. vier norddt. Länder, 1973 - Liebh.: Schmalfilmen - Spr.: Engl. - Bek. Vorf.: Prof. Karl Müllenhoff, Germanist, 1818-84 (vs.).

LÜBKE, Friedhelm

Dr. med., Prof. f. Frauenheilkunde, Chefarzt - Lietzensee-Ufer 7, 1000 Berlin 19 (T. 322 11 11) - Geb. 6. April 1927 Berlin (Vater: Dr. med. Friedrich-Wilhelm L., HNO-Arzt; Mutter: Friedel, geb. Pfeiffer), ev., verh. s. 1953 m. Ingeborg, geb. Brandtner, 3 Kd. (Marion, Susann, Stephan) - Realgymn. Berlin-Steglitz; Med.stud. FU Berlin, Staatsex. 1954, Promot. 1955, Facharzt Univ.-Frauenkl. Berlin, Habil. 1968 - B. 1972 O.arzt Univ.frauenkl. Berlin, s. 1972 Chefarzt Auguste-Viktoria-Krkhs. Berlin. 1975-79 Präs. Berliner Gynäk. Ges., 1978ff. Präs. Dt. Ges. f. Endoskopie, 1981 Präs. Europ. Endoskopiekongr., Gründungsmitgl. European Soc. of Hysteroskopy. Zahlr. wiss. Publ. - Liebh.: Lit., Musik, Film.

LÜBKE, Waldemar

Dr. agr., Oberstudienrat, MdL Rhld.-Pfalz (s. 1971) - Bergweg 4, 5552 Morbach (T. 5 19) - Geb. 15. Aug. 1914 Köln, ev., verh., 2 Kd. - Eichendorff-Oberrealsch. Breslau (Abit.); 1934-36 landw. Lehre; 1936 b. 1939 Univ. Berlin, München, Breslau (Landw.; Dipl.-Landw. u. Promot.) - Zeitw. Kriegseins.; b. 1945 Landesbauernschaft Posen; spät. landw. Bereich SBZ bzw. DDR; s. 1952 landw. Schuldst. Rhld.-Pf. SPD s. 1946.

LÜBTOW, von, Ulrich

Dr. jur., o. Prof. f. Röm. u. Bürgerl. Recht sow. Zivilprozeßrecht (emerit.) - Ithweg 28a, 1000 Berlin 37 - Geb. 21. Aug. 1900 Demmin/Pom. (Vater: Arthur v. L., Regierungsrat; Mutter: Elisabeth, geb. Foelschow), ev., verh. m. Ilse, geb. Corswandt - Univ. Greifswald u. Freiburg/Br. Promot. 1922; Habil. 1933 - Gerichtsass. 1926, 1930 Amts- u. Landrichter, 1931 Lehrbeauftr., 1933 Privatdoz. Univ. Greifswald, 1934 Landgerichtsrat, Lehrstuhlvertr. Univ. Marburg, Freiburg, Köln. Rostock, 1940 o. Prof. Univ. Rostock, 1948 FU Berlin (Röm., Bürgerl., Zivilprozeßr.) - BV: D. Ediktstitel Quod metus causa gestum erit, 1932; Schenkungen d. Eltern an ihre minderj. Kinder u. d. Vorbehalt dingl. Rechte, 1949; Beitr. z. Lehre v. d. Condictio n. röm. u. geltendem Recht, 1952; Blüte u. Verfall d. röm. Freiheit, 1953; Reflexionen üb. Sein u. Werden in d. Rechtsgesch., 1954; D. röm. Volk, s. Staat u. s. Recht, 1955; D. Struktur d. Pfandrechte u. Reallasten, 1956; Catos leges venditioni et locationi dictae, 1957; D. Entwickl. d. Darlehensbegriffs im röm. u. im gelt. Recht, 1965; Erbrecht - E. systemat. Darstell., 2 Bde. 1972; Untersuch. z. lex Aquilia de damno iniuria dato, 1971; Catos Seedarlehen, 1976; D. Seedarlehen d. Callimachus, 1976; D. Methode d. Gesetzesanwendung, erläut. am § 2325 BGB; D. Aufgaben d. röm. Prätors auf d. Geb. d. Zivilrechtspflege, 1983; Savigny u. d. Hist. Schule, 1984; Ciceros Rede f. Publius Sestius, 1984; D. Aktionen im Umkreis d. Lex Aquilia, 1984; D. Anschauungen d. röm. Jurisprudenz üb. Recht u. Gerechtigkeit, 1985; Z. Theorie d. Rechtssubjektes u. ihrer geschichtl. Entw., 1985; Richtlinien f. d. Anfertigung v. Übungs- u. Prüfungsarb. im Bürgerlichen Recht, Handels- u. Arbeitsrecht, 2. A. 1986; Recht u. Rechtswiss. im Rom d. Frühzeit, 1986 - Spr.: Lat., Griech., Franz., Engl., Ital. - Lit.: W. G. Becker/L. Schnorr v. Carolsfeld, Sein u. Werden - Festgabe z. 70. Geburtstag; M. Harder/G. Thielmann, De iustitia et iure, Festg. z. 80. Geb.

LÜCHAU, Henning

Dr. rer. pol., Dipl.-Kfm., Wirtschaftsprüfer u. Steuerberater, Vorstandsmitgl. Dt. Revisions- u. Treuhand AG, Geschäftsf. Coopers & Lybrand GmbH u. Karoli-Wirtschaftspr. GmbH, Frankfurt - Feldbergstr. 20, 6240 Königstein 2 (T. 06174 - 53 37) - Geb. 8. Dez. 1925 Berlin, ev., verh. m. Dr. Doris, geb. Hallermann, 4 Kd. - Mitgl. Executive Committee v. Coopers & Lybrand Intern. - Spr.: Engl.

LÜCHTRATH, Helmut

Dr. med., Prof., Leiter Patholog. Inst., Koblenz (s. 1960) - Burgweg 48, 5400 Koblenz - Geb. 7. April 1921 Bad Reichenhall/Obb. (Vater: Paul L., Kaufm.; Mutter: Wilhelmine, geb. Steuber), verh. s. 1948 m. Agnes, geb. v. Maltzahn, 7 Kd. (Helene, Ludwig, Adelheid, Ulrike, Gundula, Wolfgang, Martin) - Univ. Berlin, Bonn, München. Med. Staatsex. 1945; Habilit. 1953 - 1945-60 Univ. Bonn (b. 1946 Med. Klinik, dann Pathol. Inst.; 1959 apl. Prof.). Arbeitsgeb.: Allg. u. spez. Pathol., Arbeitsmed. Mitgl. Dt. Ges. f. Pathol., Ges. f. Ärzte u. Naturforscher - BV: D. Einfluss d. antibiot. u. chemotherapeut. Behandl. auf d. morphol. Bild d. abheilenden Tuberkulose, 1954 (span. 1957); Stud. üb. Säuglingssterblichkeit, 1980. Veröff. üb. Pathol., Tuberkulose, Berufskrankh. u. urolog. Krankh. - 1986 Ernst v. Bergmann-Plak. d. Bundesärztekammer.

LÜCK, Heinrich

Dipl.-Braum., Vorstandsmitgl. Brauerei zur Walkmühle H. Lück AG. - Geninerstr. 102b, 2400 Lübeck.

LÜCK, Helmut Ekkehart

Dr., Prof. f. Psychologie Fernuniv. Hagen - Zu erreichen üb. Fernuniv., Postf. 9 40, 5800 Hagen - Geb. 16. Dez. 1941 Lüdenscheid (Vater: Eugen, Kaufm.; Mutter: Nanni Stichel), ev., verh. s. 1971 m. Barbara, geb. Schwachenwald, 2 Kd. (Silke, Jan) - Dipl.-Kfm. Univ. Köln 1966; Promot. (Dr.rer.pol.) Univ. Köln - 1973-78 Wiss. Rat u. Prof. GH Duisburg; s. 1978 Prof. f. Psychol. - BV: Soz. Aktivierung, 1969; Forschungsartefakte u. nichtrektive Meßverfahren, 1974; Prosoziales Verhalten, 1975; Soziale Prozesse, 1985.

LÜCK, Wolfgang

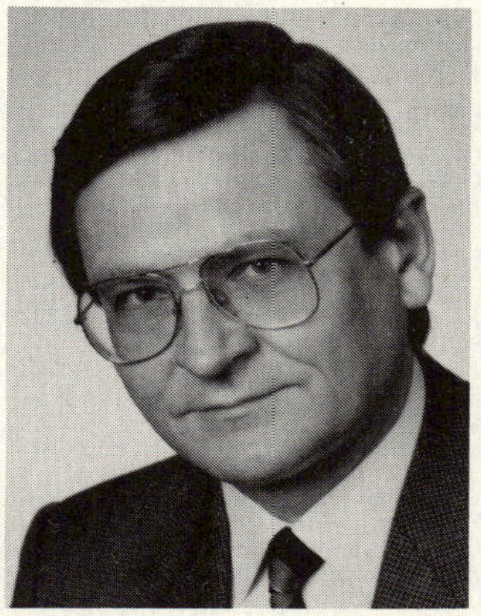

Dr. rer. pol., Dipl.-Kaufm., Wirtschaftsprüfer, Steuerberater, o. Prof. Univ. Marburg (s. 1984) - In der Wann 33, 3550 Marburg (T. 06421 - 3 37 73) - Geb. 18. Juni 1938 Siegen-Eiserfeld, ev., verh. s. 1971 m. Dipl.-Kfm. Elke, geb. Krüger, Steuerberaterin, 2 Kd. (Henriette, Nina) - Stud. Univ. Freiburg, Köln Gießen, Harvard, Illinois (Betriebswirtsch.lehre); Dipl. 1966 Köln; Promot. 1969 Gießen - 1973 Wirtschaftsprüfer; 1978 o. Prof. TU Berlin - BV: Rechnungslegung USA, 1970; Währungsumrechnung, 1974; Materiality, 1975; Lexikon d. Wirtschaftsprüf., 1980/89; Lexikon d. Betriebswirtsch.lehre, 1983, 1986/89; Rechnungslegung HR u. StR, 1985; Wirtschaftsprüf. u. Treuhandwesen, 1986; Rechnungslegung d. GmbH, 1987; Logistik, 1987; Praxis d. Rechnungslegung, 1987; 22 Bücher, ca. 150 Aufs. in Fachztschr., ca. 600 Beitr. in Sammelw. - Liebh.: Reiten, Pferdezucht, Tennis - Spr.: Engl., Latein.

LÜCKE, Herman

Dipl.-Phys., Prof., Wiss. Rat Inst. f. Materialprüf. u. Forsch. d. Bauwesens TU Hannover - Am Hünenbrink 1, 4962 Obernkirchen (T. 7 77) - Geb. 30. Nov. 1921 Todenmann b. Rinteln (Vater: Karl L., Lehrer; Mutter: Marie, geb. Grupe), verh. m. Ursula, geb. Thiemann, 2 Kd. - S. 1963 Wiss. Rat u. Prof. (1965) TH bzw. TU Hannover. Facharb.

LÜCKE, Kurt

Dr. rer. nat., o. Prof. f. Metallkunde u. -physik - Am Morillenhang , 5100 Aachen (T. 7 13 06) - Geb. 28. Juni 1921 Halberstadt/Harz (Vater: Heinrich L.; Mutter: geb. Baganz), ev., verh. 1955 m. Helen, geb. v. Reenstierna, 2 Kd. (Christian, Hanna Melanie) - Univ. Göttingen (Physik; Promot. 1949) - 1949 Wiss. Assist. Univ. Göttingen, 1953 Privatdoz. TU Berlin, 1954 Prof. Brown Univ., Providence, Rhode Island/USA, 1957 Ord. u. Inst.sdir. TH Aachen, Grundleg. Forsch. auf d. Gebiete d. Metallkd. u. Festkörperphysik, insb. Plastizität u. Rekristallisation d. Metalle u. d. inneren Reibung d. festen Körper - BV: Lehrb. d. allg. Metallkd. (m. G. Masing), 2. A. 1958 - 1976 Heyn-Denkmünze Dt. Ges. f. Metallkd.

LÜCKE, Wolfgang

Dr. rer. pol., o. Prof. f. Betriebswirtschaftslehre - Goerdelerweg 10, 3400 Göttingen (T. 2 27 17) - Geb. 15. Sept. 1926 Wunstorf (Vater: Wilhelm L., Kaufm.), verh. s. 1959 m. Dipl.-Kfm. Gabriele, geb. Huffelmann - Dipl.-Kfm. 1951 Frankfurt/M.; Betriebswirt (VWA); Promot. 1953 Köln - 1958 Privatdoz. Univ. Saarbrücken, 1960 o. Prof. Hochsch. f. Sozialwiss. Wilhelmshaven, Doz. Leibniz-Akad. Hannover, 1962 Univ. Göttingen (Vorst.-Vors. Inst. f. Betriebsw. Produktions- u. Investitionsforsch. u. Dir. d. Sem. f. Betriebsw.), 2mal Gastprof. in Japan, 1967 Steuerberater, 1977 Studienleiter Verw.- u. Wirtschafts-Akad. Göttingen, 1976 AR-Mitgl., stv. AR-Vors., 1981 AR-Vors.; 1981 Vors. Nieders. Landesaussch. Kassenärztl. Vereinig.-Krankenkassen. Mitgl. Study Group on Enterprises and Economic Systems in Far East Asia - BV: Finanzplanung u. Finanzkontrolle in d. Industrie, 1964; Betriebs- u. Unternehmungsgröße, 1967; Produktions- u. Kostentheorie, 1969; Bilanzen aus Zukunftswerten, 1973; Investitionslexikon, 1975 u. 1986; Produktionswirtschaft, 1981; Wachstum, 1982; 91 wiss. Aufs. im In- u. Ausland üb. Rechnungswesen, Management u. Innovation - Liebh.: Japan. Kunst - Spr.: Engl.

LÜCKENHAUS, Alfred

Journalist u. Schriftsteller - Rheinweg 5, 5300 Bonn (T. 2 34 31) - Geb. 24. April 1902 Barmen, ev., verh. s. 1935 m. Marianne, geb. Felleckner, 2 Kd. - Realgymn. - U. a. Korresp. London, New York, Tokio, Peking (b. 1945). Teiln. Bundespressekonfz. - BV: Studie d. Südwalliser Kohlenreviers, 1936; Jenseits d. Großen Mauer, 1949; V. draußen gesehen, 1955; Mao Tse-tung, 1958 - Mitgl. Hockey- u. Tennis-Club Bonn u. American Club Godesberg - Spr.: Engl.

LÜCKER, Hans-August

Kammerdirektor a. D. - Ferdinandstr. 64, 5300 Bonn 1 - Geb. 21. Febr. 1915 Krümmel (7. v. 9 Kd. e. mittelbäuerl. Familie; Vater: Johann L.; Mutter: Anna-Maria, geb. Ferdinand), kath., verh. s. 1940 m. Getrud, geb. Reich (Tochter d. Münchener Kunstmalers Prof. R.), 3 Kd. - Gymn. Montabaur; 1934-39 landw. Praxis u. Stud. Land- u. Volksw. - 1939-45 Wehrdst. (Feldzüge Westen, Osten u. Südosten; mehrm. verwundet; 1941 Ltn. d. R.), 1945-47 Leit. Ernährungsamt Freising/Erding, 1947-53 stv. Generalsekr. Bayer. Bauernverb. u. in Personalunion Dir. Bayer. Landesbauernkammer. 1953-80 MdB; 1953-61 Mitgl. Europarat u. Westeurop. Union; 1958-84 Mitgl. Europ. Parlament (1969-75 Vors. Christl. Demokr. Fraktion; s. 1975 Vizepräs.); Vizepräs. d. Europ. Volkspartei, u. d. Union Europ. Christdemokr. u. Weltorg. d. Christl. Demokr. CSU s. 1947 - Bayer. VO.; Gold. Staatsmed. d. Freistaates Bayern; Europ. VO. in Gold; Gr. Robert Schumann-Med.; Konrad-Adenauer-Med.; VO. m. Schulterbd. u. Stern: BRD, Ital., Mexiko, Venezuela, Kolumbien, Bolivien, Equador u. Peru - Spr.: Franz., Span., Ital.

LÜCKERATH, Carl August

Dr. phil., Univ.-Prof. f. Geschichte, Univ. zu Köln (s. 1980, 1986-88 Senator) - Eckenbacher Hardt 5, 5223 Nümbrecht (T. 02293 - 66 93) - Geb. 13. Dez. 1936 Much/Berg. Land (Vater: Wilhelm L., Landw.; Mutter: Anna Gertrud, geb.

Reiff, Schneiderin), kath., gesch., T. Caroline Johanna - Stud. Gesch., German., Phil., Rechtswiss. Univ. Bonn, Göttingen, Frankfurt; Promot. 1965 Bonn; 1968-70 DFG-Stip.; Habil. Gesch. 1973 Köln - 1966-67 Wiss. Mitarb. Dt. Rechenzentrum Darmstadt; 1970-73 Wiss. Assist.; 1974-80 Wiss. Rat u. Prof. - BV: Paul v. Rusdorf, Hochm. d. Dt. Ordens, 1969; Hist. Wiss. u. elektr. Datenverarb. (m. R. Gundlach), 1976; Rheinland-Reich-Westeuropa (m. E. Heinen), 1976; Rechtsgesch. u. Geschichtswiss., 1980; Gesch. d. Mittelalters (m. U. Uffelmann), 1982; Akademische Lehrerbild. in Köln (m. E. Heinen), 1985. Herausg.: Quellen u. Darstellungen z. Gesch. d. dt. Beamtentums (1987ff.). Mithrsg.: Schriften z. Rhein. Gesch. (1974ff.) - Spr.: Engl., Franz., Ital.

LÜCKERATH, Hans-Ludwig

Fabrikant (Ruhr-Lückerath Vereinigte Textilindustrie, Euskirchen), Vors. Verb. d. Dt. Tuch- u. Kleiderstoffind., Krefeld - Billiger Str. 114, 5350 Euskirchen/Rhld. - Geb. 31. Juli 1927.

LÜCKING, Carl Hermann

Dr. med., Prof. Ärztl. Dir. d. Abt. Klin. Neurolog. u. Neurophysiologie Univ. Freiburg - Hansastr. 9, 7800 Freiburg i. Br. (T. 0761-27 07 42 16) - Geb. 29. März 1938 Oelde/Westf., verh. m. Dr. med. Irmgard, geb. Bauer, 2 S. (Christoph Burkhard, Thomas Claudius) - Stud. Göttingen, Freiburg, München, Wien u. Paris (Med., Neurol. u. Neurophysiol.); Hôpital Salpêtrière u. Foch (Paris); Max-Planck-Inst. f. Psychiatrie, München; Neurol. Klinik TU München - 1980/81 Vizepräs., 1981/82 Präs. Dt. EEG-Gesellsch. - Veröff. üb. klin. Neurol., Neurophysiol. u. funktionelle Neurochir. (Stereotaxie).

LÜCKING, Hugo

Hauptgeschäftsführer Landesverb. Einzelhandel Rheinland-Pfalz - Ludwigstr. 7, 6500 Mainz.

LÜCKING, Theodor

Dr. med., Prof., Chefarzt Kinderklinik d. Kliniken d. Landeshauptstadt Düsseldorf - Gräulinger Str. 120, 4000 Düsseldorf 12 - Geb. 16. März 1935 Oelde/Westf. - Med.-Stud. Univ. Münster, München, Wien, Berlin u. Med. Akad. Düsseldorf (Promot. 1960) - 1962-64 DFG-Stipendiat Biochem. Inst. Freiburg/Br. - 1973 Priv.-Doz. Hamburg, 1977 apl. Prof. Hannover u. D'dorf.

LUEDDECKE, Werner

Rektor, Bezirksvors. Gewerksch. Erzieh. u. Wiss. im DGB (s. 1958), MdA Berlin (1967-75) - Haselhuhnweg 13, 1000 Berlin 27 (T. 49 00 12, App. 187) - Geb. 23. Jan. 1920 Berlin, verh., 2 Kd. - Aufbausch. (Mittl. Reife); 1936-38 kaufm. Lehre (Lehr- u. Lernmittel); 1945-49 Lehrerausbild. (alles Berlin). Lehrerprüf. 1949 u. 53 - 1938-41 Korresp.; 1941-45 Kriegseinsatz; s. 1949 Schuldst. (1962 Rektor). SPD s. 1960.

LÜDDECKE, Werner-Jörg

Schriftsteller (Ps. Robert Crain) - Casa Delta, Ascona (Schweiz) u. Ernst-Lemmer-Str. 10, 3550 Marburg 6 (T. 06421 - 8 35 04) - Geb. 10. Juni 1912 Hannover (Vater: Hermann L., Ing.; Mutter: Ruth, geb. Treumann) - BV: u. a. Schatten, R. 1947; D. Totosieger, R. 1953; D. Hund v. anderen Stern, R. 1961; Morituri, R. 1963; Donnerstag im Morgengrauen, R. 1964; Leben u. leben lassen, R. 1965; Büffeltage, R. 1981; Sard. Sommer, R. 1982. Hörsp. Zahlr. Drehb., darunt. D. Beil v. Wandsbek, D. 20. Juli, Nacht d. Entscheid., Nachts, wenn d. Teufel kam, Herrenpartie, Lotos u. Asche R. Westfront - Gesch. (Erz.) - 1956 u. 1957 Bundesfilmpreis; 1957 Preis d. dt. Filmkritik; 1957/58 u. 1963 Bundesfilmprämie Innenminister.

LÜDDECKENS, Erich

Dr. phil., em. o. Prof. f. Ägyptologie - Schillerstr. 10, 8707 Veitshöchheim/Ufr. (T. Würzburg 9 23 47) - Geb. 15. Juni 1913 Hirschberg/Rsgb. (Vater: Eugen L., Pfarrer; Mutter: Maria, geb. Przygodda), ev., verh. s. 1957 m. Hildegard, geb. Gräff - Lessing-Gymn. Berlin; Univ. ebd. (Promot. 1939) u. München (Ägyptol., Klass. Philol., Alte Gesch.). Theol. Prüf. 1946 u. 50 Eisenach - Mitarb. ägypt. Untern. Akad. d. Wiss. Berlin (1935-43) u. Mainz (1950 ff.); 1946-50 pfarramtl. Tätigk.; 1953-64 Privatdoz. u. apl. Prof. Univ. Mainz; s. 1965 Ord. u. Seminardir. Univ. Würzburg - BV: Unters. üb. religiösen Gehalt, Sprache u. Form d. ägypt. Totenklagen, 1943 (Mitt. Dt. Inst. f. ägypt. Altertumskd.); Ägypt. Eheverträge, 1960; Demotisches Namenbuch, 1980 ff. - Mitgl. Dt. Morgenl. Ges., Assoc. Intern. de Papyrologues, Egypt Exploration Soc.; 1968 korr. Mitgl. Akad. d. Wiss. u. d. Lit. (Mainz); Société française d'Egyptologie; o. Mitgl. Dt. Archäol. Inst. - Liebh.: Musik (Cellosp., Kammermusik, Trompeteblasen) - Bek. Vorf.: Philipp Spitta, Theologe u. Musikgelehrter.

LÜDECKE, Wenzel

Filmproduzent, gf. Geschäftsf. Berliner Synchron GmbH, Arena Synchron GmbH, Inter West Film GmbH u. Berliner Synchron Atelier-Betriebsges. mbH - Mühlenstr. 52, 1000 Berlin 46 (T. 770 00 10) - Geb. 26. März 1917 München (Vater: Johannes L., Offz.; Mutter: Katharina, geb. Magdeburg) - S. 1933 Film (Assist., Dramat., Produktionsleit. u. Firmenchef) - Liebh.: Tennis (Rot-Weiß), Erstaussg.

LÜDEKE, Dietrich

Dr. rer. pol., o. Prof. f. Statistik u. Ökonometrie Univ. Freiburg/Br. (s. 1969).

LÜDEMANN, Hans-Dietrich

Dr. rer. nat., Prof. f. Biophysik Univ. Regensburg, Chemiker - Karl-Anselm-Str. 6, 8400 Regensburg - Geb. 6. Nov. 1934 Schwerin/Meckl. (Vater: Hans-Erich L., Buchhändler; Mutter: Else, geb. Güldenpenning), ev., verh. s. 1970 m. Ingrid, geb. Popp, 3 Kd. (Hans-Christian, Anke Marina, Elke Kerstin) - Dipl.Chemie 1963, Promot. 1966, Univ. Karlsruhe; Habil. f. Biophysik 1974 Univ. Regensburg - 1967 Los Angeles; 1968-69 Assist. Univ. Karlsruhe; 1970-80 Univ. Regensburg, 1980ff. Prof. ebd. - 110 Fachveröff. - Spr.: Engl.

LÜDER, Heinrich

Dr.-Ing., o. Prof. u. Direktor Inst. f. Verfahrenstechnik TH bzw. TU München (s. 1957) - Schatzlgasse 54, 8131 Berg/Starnberger See (T. Starnberg 53 60).

LÜDER, Wolfgang

Rechtsanwalt, Senator f. Wirtschaft (1975-81), Bürgermeister (1976-81), FDP-Vors. Berlin (1971-81), MdB (s. 1987) - Nymphenburger Str. 8, 1000 Berlin 62 (T. 854 37 75) - Geb. 11. April 1937 Celle (Vater: Gastwirt), verh., T. Anna - Gymn. Celle (Ernestinum); FU Berlin (Rechtswiss.). Jurist. Staatsprüf. 1963 u. 67 - S. 1970 Berliner Justizdst. (1970 LGsrat). 1963ff. Jungdemokr. (1967-68 Landes-, 1968-70 Bundesvors.). FDP s. 1962, 1968-88 Mitgl. im Bundesvorst. d. FDP, s. 1983 Vorst.-Mitgl. d. Dt. Ges. f. d. Vereinten Nationen (DGVN) - 1980 Offz. National. Franz VO.

LÜDERITZ, Alexander

Dr. jur., o. Prof. f. Bürgerl. Recht u. Zivilprozeß- u. Intern. Privatrecht u. Rechtsvergl. - Kellerhardtsweg 12, 5064 Rösrath (T. Köln 470 22 28) - Geb. 19. März 1932 Göttingen - Promot. (1957) u. Habil. (1965) Köln; Ass.ex. 1960 ebd. - 1961-65 Rechtanw.; s. 1965 Ord. Univ. Frankfurt/M. u. Köln (1971; Dir. Inst. f. Intern. u. Ausl. Privatrecht) - BV: Auslegung v. Rechtsgeschäften, 1966; Empfiehlt es sich, Gründe u. Folgen d. Ehescheidung neu zu regeln?, 1970; Adoption, 1972; d.o. in Münch.Komm. BGB, 2. A. 1987; Einheitskaufrecht in Soergel BGB, 12. A. 1989; Int. Privatrecht, 1987. Mithrsg.: Studienkommentar BGB (2. A. 1979); Festschr. Kegel (1977).

LÜDERITZ, Berndt

Dr. med., Prof. f. Innere Medizin, Dir. Med. Univ.-Klinik, Inn. Medizin-Kardiologie, Bonn - Erich Böger Str. 10, 5300 Bonn 1 - Geb. 26. März 1940 Braunschweig (Vater: Bernhard L., Arzt; Mutter: Theda, geb. Winter), ev., verh. s. 1969 m. Hedwig, geb. Muschol, 3 S. (Florian, Martin, Stephan) - Univ. München, Mainz, Heidelberg, Göttingen - 1968 Wiss. Assist., 1972 Priv.-Doz., 1978 Prof. - BV: Cardiac Pacing, 1976; Elektr. Stimulation d. Herzens, 1979; Therapie d. Herzrhythmusstör., 1981; Ventrikuläre Herzrhythmusstör., 1981; Herzschrittmacher, 1986; Perspektiven d. Arrhythmiebehandlung (m. H. Antoni), 1988 - 1980 Arthur-Weber-Preis d. dt. Ges. f. Herz- u. Kreislaufforsch. - Spr.: Engl.

LÜDERS, Carl-Heinz

Dr. jur., Botschafter i. R., Leiter Ständige Vertretung d. BRD b. Europarat - Beim Dorfgraben 18, 2000 Hamburg 56 - Geb. 1913 - 1949-50 Bundesinnenministerium (Pers. Ref. Minister Heinemann); Europa-Union (Generalsekr.); AA (Kulturabt.; Botschafter Acra/Ghana; 1963 Botschaftsrat Neu Delhi/Ind.; 1966 Botschafter Luxembourg; 1971 Gesandter Moskau; 1974 Botschafter Straßburg) - BV: Breschnew denkt anders, 1981 - 1969 BVK I. Kl.

LÜDERS, Detlev

Dr. phil., Museumsdirektor a. D. - Am Klingenborn 5, 6238 Hofheim/Ts. - Geb. 1. Nov. 1929 Hamburg, ev., verh. s. 1957 m. Christa, geb. Reschke, 2 Kd. (Christoph, Karen) - Univ. Hamburg (Promot. 1957) - 1958-82 Goethe-Museum Frankfurt/Fr. Dt. Hochstift (1963 Dir.) - BV: D. Welt im verringerten Maasstab - Hölderlin-Studien, 1968; D. Goethehaus in Frankfurt/M., Bildbd. 1968, 3. A. 1980. Herausg.: Jahrb. FDH (1962ff.); Reihe d. Schr. FDH (1966ff.); Friedrich Hölderlin - Sämtl. Gedichte (Komment. Studienausg., 2 Bde. 1970); Histor.-Krit. Ausg. Sämtl. Werke u. Briefe Clemens Brentanos (zus. m. and.); Aufs. üb. Hölderlin, Goethe, Brentano, Mörike, Trakl, Hofmannsthal. Kunsttheoretische u. kulturkritische Publikationen. Weit. Tätigkeitsbereich: Malerei, Ausstellungen s. 1988.

LÜDERS, Dieter

Dr. med., Prof., Kinderarzt, Ärztl. Direktor Kinderkrkhs. Park Schönfeld, Kassel (s. 1973) - Frankfurter Str. 167, 3500 Kassel (T. 0561 - 200 31 07) - Geb. 21. Nov. 1929 Braunschweig, ev., verh. s. 1961 m. Reinhilde, geb. Neubauer, 2 Kd. (Rainer, Gudrun) - 1949-55 Stud. Univ. Heidelberg, Göttingen (Med.); Staatsex. u. Promot. 1955 Heidelberg; Habil. (Kinderheilkd.) 1964 Göttingen; apl. Prof. 1970 Göttingen - 1958-60 Assistenzarzt u. Res. Fellow Boston (Boston City Hosp. u. Harvard Univ.); 1965 u. 1970/71 Res. Fellow Boston u. New York, 1961-73 Assistenzarzt, Oberarzt u. Leit. d. Isotopenlabors Univ.-Kinderkl. Göttingen - Herausg. d. zweibd. Lehrb. f. Kinderkrankenschwestern, bish. 4 A. (s. 1968) - 1963 Franz-Redeker-Preis - Liebh.: Geräteturnen - Spr.: Engl., Franz.

LÜDERS, Gerhart

Dr. rer. nat., Prof. a.D. f. Theoret. Physik - Hasenwinkel 10, 3400 Göttingen (T. 0551 - 9 21 24) - Geb. 25. Febr. 1920 Hamburg, verh. s. 1951 m. Ingeborg, geb. Suhrmann - Habil. 1954 Göttingen - b. 1960 Gruppenleit. Max-Planck-Inst. f. Physik u. Astrophysik München, dann Ord. u. Inst.dir. Univ. Göttingen; 1982 Ruhestand - 1959 Physikpreis Akad. d. Wiss. Göttingen; 1966 Max-Planck-Med.; Mitgl. Akad. d. Wiss. Göttingen, Accad. Mediterranea delle Scienze in Catania; ausw. wiss. Mitgl. Max-Planck-Ges.

LÜDICKE, Klaus

Dr. jur. can., Prof. f. Kirchenrecht Univ. Münster - Grimmstr. 14, 4402 Greven 1 - Geb. 18. Juni 1943 Bad Warmbrunn/Schles., kath., verh. s. 1970 m. Isa, geb. Grueneberg, 2 Kd. - Dipl.-Theol. 1968 Münster, 1. jurist. Staatsex. 1971 Hamm, 2. Staatsprüf. 1974 Düsseldorf, Lic. iur. can. 1977 München, Promot. 1977 München, Habil 1983 Graz - Diözesanrichter Münster - BV: Psych. bedingte Eheunfähigk., 1978; Familienplanung u. Ehewille, 1983; Münster. Kommentar z. Codex Iuris Canonici, 1985.

LÜDICKE, Manfred

Dr. phil., Prof., Zoologe - Adlerstr. 32, 4460 Nordhorn (T. 3 34 50) - Geb. 22. Febr. 1911 Berlin (Vater: Walter L., Bankbeamter; Mutter: Elfriede, geb. Schauer), ev., verh. s. 1937 m. Lotte, geb. Hohmann, 3 Kd. - Realgymn. u. Univ. Berlin (Promot. 1932). Habil. 1938 Heidelberg - Assist. Kaiser-Wilhelm-Inst. f. med. Forsch., Heidelberg (1934), Univ. ebd. (1936) u. Rostock, 1939 Privatdoz. Rostock (b. 1945), 1949 Heidelberg, 1950 apl. Prof., 1959 Kustos, 1961 Wiss. Rat, 1966 Abt.-Vorst. Zool. Inst. u. Mus. ebd. Arbeiten üb. Vogelschnabel, Wachstumsrhythmen d. Integumentbild., Blutgefäßsystem d. Schlangen, Atmung u. Vakatsauerstoff b. Kaltblütern, Aufnahme u. Weiterleit. v. Phosphorsäure-Estern im tier. u. pflanzl. Organismus, Bedeut. physikal. Faktoren f. d. Wirksamkeit v. Insektiziden, Phosphorstoffw. b. Insekten, Kernverhältnisse d. Geschlechtsformen d. Malariaparasiten, Pigmente d. Fischhaut u. d. Insektenflügels, Blutversorg. d. Reptilienauges - BV: D. San-José-Schildlaus, in: Sorauer Handb. d. Pflanzenkrankh.; D. Serpentes, in: Kükenthal, Hb. d. Zool.

LÜDTKE, Heinz

Dr. phil. (habil.), o. Prof. f. Zoologie u. Tierphysiologie (emerit. 1974) - Am Kornacker 29, 3550 Marburg 6 - Wehrda (T. Marburg 8 11 39) - Geb. 23. April 1908 Konitz/Westpr., ev. - 1940 Doz. Univ. Königsberg/Pr., 1947 Univ. Freiburg, 1949 apl. Prof., ebd. (zul. Hauptkonservator Zool. Inst.), 1963 ao., 1967 o. Prof. Univ. Marburg (Lehrstuhl f. Tierphysiol.) - BV: Praktikum d. vergl. Zoohistologie. Fachaufs.

LÜDTKE, Helmut

Dr. phil., o. Prof. f. Roman. Philologie - Moltkestr. 49 a, 2300 Kiel 1 - Geb. 26. Nov. 1926 Osnabrück (Vater: Otto L., Tischler; Mutter: Else, geb. Rüenpohl), verh. s. 1960 m. Sigrid, geb. Wulfhoop - Univ. Köln u. Bonn (Philol.). Promot. 1952 Bonn; Habil. 1963 Basel - S. 1965 Ord. Univ. Freiburg/Br., TU Berlin (1969), Univ. Kiel (1976) - BV: D. strukturelle Entwicklung d. roman. Vokalismus, 1956; Geschichte d. roman. Wortschatzes, 2 Bde. 1968 (I: Wandlungen innerh. d. Romania v. d. Antike b. z. Gegenw., II: Ausstrahlungsphänomene u. Interferenzzonen); Profilo dei dialetti ital., vol. 17: Lucania, 1979; Kommunikationstheoret. Grundl. d. Sprachwandels (hrsg.), 1980 - Liebh.: Schach, Bridge, Tennis, Schi - Spr.: Franz., Ital., Span., Portugies.

LÜDTKE, Jürgen

Dipl.-Soziologe, Bezirksstadtrat, Leit. Abt. Bauwesen Bezirksamt Wedding (1981 ff.) - Mülerstr. 146/47, 1000 Berlin 65 - Geb. 1945, verh., 2 Kd. - Zul. Berliner Gesundheitsverw. u. Bezirksverordn.vorsteher Wedd. SPD s. 1963.

LÜER, Gerd

Dr. rer. nat., Prof. f. Psychol. Univ. Göttingen (s. 1982), Präs. Dt. Ges. f. Psychologie (s. 1988) - F.-v.-Bodelschwingh-Str. 13, 3400 Göttingen - Geb. 4. April 1938 Egestorf, ev., verh. s. 1964 m. Sigrid, geb. Dudek, 2 Kd. (Nina, Jan Ole) - 1973 Prof. Univ. Kiel, 1978-82 TH Aachen, Univ. Düsseldorf - BV: Gesetzmäßige Denkabläufe b. Problemlösen, 1973; Allg. Experimentelle Psychologie, 1987.

LUEG, Dieter

Direktor, Bundesvors. Verb. angestellter Führungskräfte (VAF), Köln - Hohenstaufenring 43, 5000 Köln - Vors. Verein Dt. Ing. (VDI) Ruhrbez.; 1982-86 Präs. Union d. Leit. Angest. (VLA) - BVK I. Kl.

LUEG, Ernst Dieter

Journalist, Leit. ARD-Studio Bonn - Auf dem Köllenhof 17, 5307 Wachtberg-Liessem - Geb. 9. Jan. 1930 Essen (Vater: Ferdinand L., Geschäftsf.; Mutter: Käthe, geb. Holländer), ev., verh. s. 1960 m. Wiltraud, geb. Althäuser, 3 Kd. (Jochen, Barbara, Konstanze) - Schule (Abit.); Stud. Gesch. u. Polit. Wiss.; 2j. Redaktionsausbild. - Redakt. Tagespresse. Vornehml. Innenpolitik. Bericht aus Bonn (ARD). Interviewbücher m. Helmut Schmidt u. Kurt Gscheidle - Liebh.: Mod. Graphik - Spr.: Engl., Franz.

LÜGHAUSEN, Albert

Vorsitzender Bundesverb. Dt. Holzhandel (BD Holz) - Rostocker Str. 16, 6200 Wiesbaden (T. 06121 - 50 20 91); priv.: Im Jelsloch 8, 5200 Siegburg - Geb. 31. März 1943, verh. m. Elisabeth, geb. Billen, 2 Kd. - Geschäftsf. O.A. Lüghausen KG, Siegburg, Lüghausen GmbH, Köln, Albert Lüghausen GmbH, Wien, u. ProHolz GmbH, Siegburg.

LÜHR, Karl

Dr. med., Univ. Prof., Chefarzt - Münchener Str. 36, 8182 Bad Wiessee/Obb. - Geb. 23. Dez. 1907 Frankfurt/M. - S. 1944 (1956 Prof. Univ. Greifswald) Lehrtätigk. (1964 apl. Prof. f. Inn. Med. Univ. Göttingen). Leit. Rheuma-Forschungsinst. Bad Elster (1947-58) u. Chefarzt II. Med. Klinik Dresden-Friedrichsstadt (1958-61); 1963-74 Chefarzt Med. Klinik Ev. Krkhs. Göttingen-Weende; s. 1974 Chefarzt Priv.San. Wiessee - Fachveröff. Fleckfieber, Gastroskopie, Kardiol., Rheumatismus, Balneol. u. Med. Rehabilitation.

LÜHRMANN, Dieter

Dr. theol., Prof. f. Neues Testament Univ. Marburg - Im Hainbach 9, 3550 Marburg (T. 06421 - 3 13 06) - Geb. 13. März 1939 Lingen/Ems (Vater: Karl L., Schulrat; Mutter: Käte, geb. Emkes), ev., verh. s. 1965 m. Renate, geb. Stockhusen, 3 Töcht. (Silke, Susanne, Sonja) - Schulen Oldenburg (Abit. 1957); 1957-62 Stud. ev. Theol. Bethel, Heidelberg u. Göttingen; Promot. 1964, Habil. 1968 Heidelberg - 1965-68 wiss. Assist. Heidelberg; 1968-74 Univ.-Doz./apl. Prof. ebd.; 1974-82 Prof. Kirchl. Hochsch. Bethel, s. 1982 Marburg; 1989 Gastprof. Yale - BV: D. Offenbarungsverständnis b. Paulus, 1965; D. Redakt. d. Logienquelle, 1969; Glaube im frühen Christentum, 1976; D. Brief an d. Galater, 2. A. 1988; Auslegung d. Neuen Testaments, 2. A. 1987; D. Markusevangelium, 1987.

LÜHRS, Hans John

Dr. jur., Rechtsanwalt - Zikadenweg 19c, 2000 Hamburg 70 - Geb. 4. Febr. 1929, verh. s. 1954 m. Clarita, geb. Klassen, 3 Kd. (Ulrike, Christian, Beate) - Stud. Rechtswiss. u. Betriebsw. Hamburg u. Tübingen; 1. jurist. Staatsex. 1952; Promot. 1955; 2. jurist. Staatsex. 1956 - 1957-81 Dt. Texaco AG. S. 1964 Vorst. Hamburger Spastikerverein - Spr.: Engl.

LÜKE, Friedmar

Dr. phil., Hörfunkdirektor Süddeutscher Rundfunk Stuttgart - Zu erreichen üb. Südd. Rundf., Postf. 10 60 40, 7000 Stuttgart 10 - Geb. 19. Mai 1932 Bremen, ev., 4 Kd. (Christiane, Jens, Katrin, Franziska) - 1952-59 Stud. wiss. Politik, Neuere dt. Lit.-Gesch., Neuere Gesch. u. Musikwiss.; Promot. 1962 Freiburg/Br. - Geschäftsf. Schwetzinger Festspiele GmbH - BV: D. Nachbar im Westen. Frankr. im Spiegel d. dt. Lit., 1963; Wir hatten d. Wahl, 1965 - Liebh.: Phil., Altertumswiss., Segeln - Spr.: Engl.

LÜKE, Gerhard

Dr. jur. (habil.), o. Prof. f. Prozeßrecht, Bürgerl. Recht, Arbeitsrecht u. Direktor Inst. f. Arbeits- u. Sozialrecht Univ. Saarbrücken (s. 1961) - Finkenstr. 22, 6602 Dudweiler/Saar (T. dstl.: Saarbr. 2 13 51) - Geb. 21. Febr. 1927 Hildesheim, verh. m. Elisabeth, geb. Schlener, 2 Kd. - 1958-61 Privatdoz. Univ. Frankfurt/M. 1966 Gastprof. Univ. Chicago. Üb. 40 Fachveröff.

LÜLLMANN, Heinz

Dr. med., o. Prof. f. Pharmakologie - Alter Viedamm 23, 2300 Kiel (T. 31 28 75) - Geb. 10. April 1924 Norden/Ostfriesl. (Vater: Georg L., Lehrer; Mutter: Käthe, geb. Burmeister), verh. s. 1955 m. Rosemarie, geb. Ueberle †; s. 1970 m. Prof. Renate, geb. Rauch - Ulrichs-Gymn. Norden; Univ. Berlin u. Mainz. Promot. (1950) u. Habil. (1956) Mainz - S. 1956 Lehrtätigk. Univ. Mainz (1962 apl. Prof.) u. Kiel (1964 Ord. u. Inst.dir.) - BV: Kurzes Lehrb. d. Pharmak., 12. A. 1989 (m. Kuschinsky) - Spr.: Engl.

LÜNEBURG, Karl

Techn. Angestellter, Mitgl. Brem. Bürgerschaft (s. 1967), Ortsamtsleiter (Bezirksbürgermeister) in Bremen-Blumenthal (s. 1975) - Burgweg 3, 2800 Bremen 71 - Geb. 4. Mai 1927 Stargard/Pom., ev., verh., 1 Kd. - Schmiedlehre; Maschinenbaustud. - 1943-48 Arbeits-, Wehrdst., Gefangensch.; n. Umschul. techn. Zeichner; s. 1959 Konstrukteur Vereinigte Flugtechn. Werke, Bremen (Mitgl. Gesamtbetriebsrat). SPD.

LÜPKE, Gerd

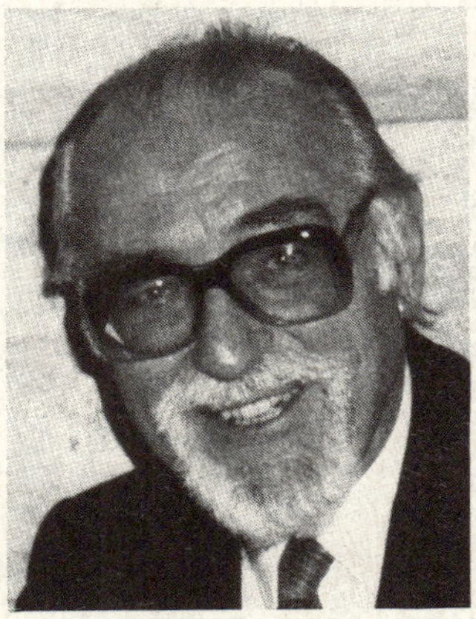

Schriftsteller - Friedrich-Wegener-Str. 16, 2930 Varel 1 - Geb. 19. Mai 1920 Stettin (Vater: Gustav L., Reichsbahnoberinsp.; Mutter: Hilde, geb. Burkhard), ev., verh. s. 1940 m. Irmgard, geb. Greiff, T. Ingrid - Obersch. - 1939-45 Reichsarbeits- u. Wehrdst. - W: Mozart, Leben u. Werk, 1948; Musik in Varel, 1949; V. Leben, Ged. 1950; Un dat Licht keem, Spiel 1952; Minschen, niederd. Spiel 1952; Straße d. hellen Schatten, Ged. 1952; De Trichinendichter, Lsp. 1952; ... b. z. Neige, Tsp. 1954; De Moorhoff, Dr. 1955; Peerköpp, Kom. 1957; Saken grifft't, niederd. Spiele 1957; Schult un Ko., Erz. 1958; Philosoviechereien, Ged. 1959; Mecklenburg-Vorpommern, 1960; Dome, Kirchen u. Klöster in Meckl., 1962; Premka Tschakkör, Ged. in Urdu 1966 (Pakistan); Fahren u. bleiben, Ged. 1968; Song of Midnight, Ged. 1970; Tag u. Traum, ges. Ged. 1970; D. Witz d. Mecklenburger, 1972; Heiterkeit d. Herzens, Biogr. 1973; Givers uf d. Sant, Städteb. 1975; Achter Dünen u. Diek, Erz. 1975; Unner'n Seewind, Erz. 1977; De swarte Unschuld, Erz. 1978; Von Dag un Droom, Ged. 1980; Varel-Stadt zw. Wald u. Meer, Städteb. 1981; Käppen Möhlenbeck sein Stammtisch, Erz. 1981; Mecklenburg in alten Ansichtskarten, Bildbd. 1982; Varel wie es war, Bildbd. 1982; Mit Mütze un Fedder, Erz. 1982; Wiehnachtslichter, Erz. 1983; Pythagoras, Musical 1983; Käppen Möhlenbeck seine Abenteuer, Erz. 1984; Strandgras un Buernrosen, Erz. 1985; Käppen Möhlenbeck s. Ärgernisse, Erz. 1985; Typisch Mecklenburg, Leseb. 1986. 6 Langspielplatten, Erz. 1970-85; Karl Witt up Reisen, Erz. 1987. 3700 Rundf.-send., 60 Fernseh-Auftr. u. -Beiträge; üb. 50 Hörsp.; etwa 900 -folgen. Lfd. Beitr. Ztg. u. Ztschr. - 1957 Preis f. Kurzgesch. Bundeszentrale f. Heimatdst. (Bonn), 1968 Pommerscher Kunstpreis; 1965 Fritz-Reuter-Med.; 1972 BVK; 1974 Ritter d. Ordens v. Oranje-Nassau (verlieh. durch Königin Juliane); 1978 Mecklenburg. Kulturpr.; 1981 Verdienstkr. Land Nieders.; 1982 Gold. Verdienstmed. (Dänemark); 1985 Gold. Ehrennadel Landsmannsch. Mecklenburg; u. Johannes-Gillhoff-Lit.-Preis; 1988 Freudenthal-Preis - Liebh.: Musik, Reisen - Spr.: Engl., Franz. (Übers. u. Dolm.), Ital., Holl. - Lit.: Gerd Lüpke als Lyriker, 1975.

LÜRIG, Hans Joachim

Dr.-Ing., Dipl.-Ing., o. Prof. u. Direktor Inst. f. Bergbau TU Clausthal (s. 1972) - Rosenberg 9, 3380 Goslar 1 (T. 2 47 65) - Geb. 29. April 1935 Wuppertal (Vater: Richard L., Kaufm.; Mutter: Grete, geb. Stockerl), verh. s. 1967 m. Dr. med. Claudia, geb. Sann, S. Christoph - Gymn.; 5 J. Bergbau; Stud. TH Aachen; Dipl.-Ing. 1961; Promot. 1965 - 1961-66 wiss. Assist. u. Obering. TH Aachen; 1966-72 Abt.sleit. Bergbauforschung Essen - Spr.: Engl.

LÜRIG, Rolf

Dr. jur., Vorstandsvorsitzer Hamburger Bank v. 1861 Volksbank eGmbH., Hamburg (s. 1960) - Zu erreichen üb.: Volksbank eG, 2000 Hamburg - Geb. 10. April 1924 Alfeld/Leine (Vater: Ernst L., Regierungsrat; Mutter: Anna, geb. Wemmel), ev., verh. s. 1952 m. Liesel, geb. Maschmeyer - Obersch. Quakenbrück; 1943-48 Univ. Göttingen (Rechtswiss., Phil.). Jurist. Staatsprüf. Oldenburg (1948) u. Hannover (1951); Promot. Göttingen (1950) - 1955-60 Bremer Landesbank u. Staatl. Kreditanstalt Oldenburg-Bremen (zul. Dir.) - Liebh.: Kunstgesch., Musik - Spr.: Engl., Ital.

LÜRING, Ingo

Dr. rer. pol., Hauptgeschäftsführer IHK Ostwestfalen zu Bielefeld - Elsa-Brandström-Str. 1-3, 4800 Bielefeld 1 - Geb. 1. April 1934.

LÜRSSEN (ß), Ernst

Dr. med., Prof., Arzt, Psychoanalytiker - Eiderstedter Weg 7, 1000 Berlin 38 (T. 802 76 43) - Geb. 1930 Kiel - Stud. Med. Kiel u. Berlin; Promot. 1958; Facharzt f. Nervenheilkd. 1963 - 1972 Prof. - Prof. f. Sozialpsychiatr.; Leit. d. Berliner Psychoanalyt. Inst.; s. 1964 Mitgl. d. dt. Psychoanalytiker-Vereinig.

LÜSCHEN, Günther

Dr. phil., Prof., Soziologe, Sportwissenschaftler - Ohmstr. 21, 2800 Bremen u. zu erreichen üb. University of Illinois (Dpt. Sociology), Urbana, Jll. 61801 (USA) - Geb. 21. Jan. 1930 - S. 1965 Prof. Univ. Illinois. 1970-83 Präs. ISA-Komitee f. Soziol. d. Sports; 1981ff. Prof. RWTH Aachen - Herausg.: Kleingruppenforsch. u. Gruppe im Sport (1966), The Cross-Cultural Analysis of Sport and Games (1970), Herman Schmalenbach on Society and Experience, 1976 (m. G. Stone); Dt. Soziologie (1979). Mithrsg.: Soziol. d. Familie (1970, m. E. Lupri); Handbook Soc. Science Sport (1981, m. G. Sage); Gesundheit u. Krankheit in d. BRD u. d. USA (1989, m. Cockerham u. Kunz) - 1974 Philip-Noel-Baker-Preis; 1986 BVK I. Kl.

LÜSCHER, Edgar

Dr. sc. nat., o. Prof. f. Physik - Tannenstr., 8011 Baldham/Obb. - Geb. 15. Sept. 1925 Reinach/Schweiz (Vater: Alfred L., Bankprokurist; Mutter: Klara, geb. Ammann), ev., 2 Söhne (Felix, Peter) - 1944-49 ETH Zürich (Diplom 1949). Promot. (1955) u. Habil. (1956) Lausanne - B. 1956 Industrie-, dann Hochschultätigk. (1956 Privatdoz. Univ. Lausanne, 1959 Prof. Univ. of Illinois, 1964 Ord. u. Dir. Physik-Department TU München) - BV: Experimentalphysik, 1966. Herausg.: Physik - gestern/heute/morgen, 1970; Mod. Physik, 1986. Üb. 300 Einzelveröff. - Liebh.: Dt. u. engl. Lit. - Spr.: Engl., Franz., Ital., Lat.

LÜSCHER, Ingeborg

Malerin - Strada Cantonale, CH-6652 Tegna/Ti - Geb. 22. Juni 1936 Freiberg/DDR, gesch., T. Una Alja - Matura; Schauspielsch. - Künstl. Audodidakt; intern. Ausst. - BV: D. größte Vogel kann nicht fliegen, Dokument. üb. A.S., 1972; D. Angst d. Ikarus od. Hülsenfrüchte sind Schmetterlingsblütler, 1982; D. unerhörte Tourist Laurence Pfantz, 1985 - Oumansky-Preis - Spr.: Engl., Franz., Ital. - Lit.: Skulpturen-Katalog I.L., S. 53-59 (1988).

LÜSCHER, Kurt

Dr. rer. pol., o. Prof. f. Soziol. Univ. Konstanz (s. 1971) - CH-8580 Amriswil/Schweiz - Geb. 6. Juli 1935 Luzern (Vater: Karl L., Gärtner; Mutter: Marie, geb. Huwyler), ev., verh. s. 1962 m. Therese, geb. Daepp, 3 Söhne (Christian, Michael, Markus) - Stud. Univ. Basel, Bern u. Columbia-Univ., New York - 1968-70 ao. Prof. Bern, 1969/70 Visit. Assoc. Prof. Univ. North Carolina, Chapel Hill - BV: D. Beruf d. Gymn.-lehrers, 1965; Prozeß d. berufl. Sozialisation, 1968; Vorschulbild. - Vorschulpolitik, 1972; Early Childcare in Switzerland, 1973; Sozialpolitik f. d. Kind, 1979, 2. A. 1984; Lebenssituationen junger Familien, 1985; Medienwirk. u. Gesellschaftsentwickl., 1982; Elternbild. d. Elternbriefe, 1984; Medienökologie, 1985; D. postmoderne Familie, 1988 - Spr.: Engl., Franz., Ital.

LÜST, Reimar

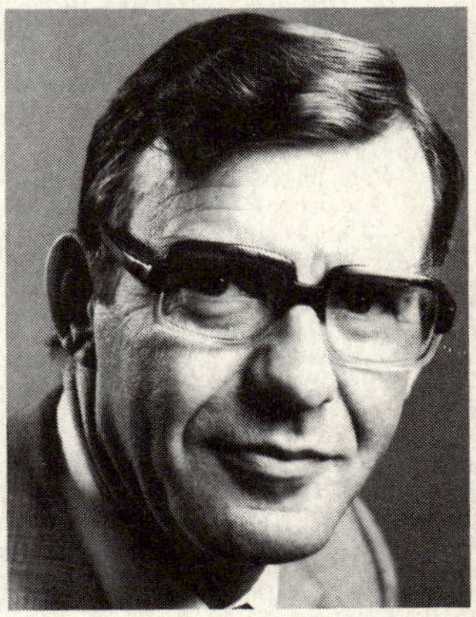

Dr. rer. nat., Prof. f. Physik TH bzw. TU München (1965-84), Generaldirektor Europ. Weltraumorg. ESA, Paris, Präsident a. D. Max-Planck-Ges. z. Förd. d. Wissenschaften, Wiss. Mitgl. Max-Planck-Ges. - 8-10, rue Mario Nikis, F-75738 Paris Cedex 15 (T. (1) 42 73 74 04) - Geb. 25. März 1923 (Vater: Hero L., Pfarrer; Mutter: Grete, geb. Strunck), verh. m. Nina, geb. Grunenberg, 2 Söhne - 1946-51 Univ. Frankfurt/M. u. Göttingen (1949) - 1960-72 MPI f. Physik u. Astrophysik (zul. Dir. Inst. f. extraterrestr. Physik). 1962-64 Wiss. Dir. u. 1968-70 Vizepräs. ESRO (European Space Research Organization); 1969-72 Vors. Wiss.rat; 1968-71 Vors. Dt. Ges. f. Luft- u. Raumfahrt. Gast Univ. Chicago, Princeton, New York, MIT, Cambridge, Caltec, Pasadena. Fachveröff. - 1972 Guggenheim-Med.; 1971 Kdr. franz. Orden Palmes académiques; 1973 BVK I. Kl., 1980 Gr. BVK, 1981 Bayer. VO, 1984 Bayer. Maximiliansord. f. Wiss. u. Kunst. 1974 Assoc. of the Royal Astronomical Society; 1976 Hon. mem- Americ. Acad. of Arts and Sciences; Bayer. Akad.; 1977 Kopernik.-Med.; 1980 Mitgl. Österr.

Akad. d. Wiss.; 1981 Academico Correspondiente Extranjero de Real Academia de Ciencies Exactas, Fisicas & Naturales de Madrid; 1982 korr. Mitgl. Heidelbg. Akad. d. Wiss.; 1984 Officier dans l'Ordre National de la Legion d'Honneur; 1984 Bayer. Maximiliansorden f. Wissenschaft u. Kunst; 1984 Gr. BVK m. Stern; 1985 T. v. Karman Preis; 1986 Science personality of the year; 1987 Tsidkowsky Med. USSR Federation of Cosmonauts; 1988 Mitgl. Academia Europaea; Ehrenmitgl. Senat d. Max-Planck-Ges.; Mitgl. Intern. Acad. of Astronautics; Foreign Fellow Imperial College of Science and Technology, London.

LÜTCKE, Albrecht

Dr. med., Prof. f. Psychiatrie u. Neurol. Univ. Marburg - Calvinstr. 24, 3550 Marburg/L.

LÜTGEMEIER, Jürgen

Dr. med., Prof. Univ. Heidelberg, Arzt - Seitzstr. 1, 6900 Heidelberg (T. 48 00 21) - Geb. 27. April 1939 Berlin, verh. s. 1973 m. Inge, geb. Probst, T. Claudia - Med.-Stud.; Ex. 1964, Promot. 1966, Habil. 1974 - S. 1979 Prof. in Heidelberg - BV: Lungendiagnostik m. Radionukliden, 1977 - Spr.: Engl., Franz.

LÜTGEN, Kurt

Schriftsteller - Volkhausenstr. 26, 4902 Bad Salzuflen (T. 1 58 51) - Geb. 25. Nov. 1911 Gietzig, ev., verh. s. 1968 m. Dipl.-Bibl. Gisela, geb. Winter - Gymn. Magdeburg; 1931-33 Univ. Halle - 1933-41 Sortiments- u. Verlagsbuchhändler - BV: D. gr. Kapitän, biogr. R. 11. A. 1981; D. weiße Kondor, biogr. R. 1952; Kein Winter f. Wölfe, Jugendb. 19. A. 1981; D. Elefantenjahr, Erz. 1957; D. Rätsel Nordwestpassage, Jgdb. 6. A. 1981; D. Gespenst v. Kioto, jap. Erz. 1972; Wagnis u. Weite, biogr. Ess. 4. A. 1976; Kapitäne, Schiffe, Abenteuer, 4. A. 1978; Lockendes Abenteuer Afrika, biogr. R. 5. A. 1974; Rebellen a. Red River, biogr. R. 1974 Vitus Bering, Biogr. 1976; Vorstoß in tödl. Tiefen, Erz. 2. A. 1976 (sämtl. Titel in 17 Spr. übers.); Hoch im Norden neues Land, Sachb. 1977; Auf Geheimkurs, Erz. 1977; Weit hinter dem Wüstenmond, Erz. 1977; Nachbarn d. Nordwinds, Erz. 3. A. 1978; Japan aus erster Hand, Sachb. 1978; Große Jagd auf allen Meeren, Ber., 2. A. 1978; Wie Sand v. d. Wind, Erz. 1979; D. gr. Kurt-Lütgen-Buch, 1980; Auf e. Insel weit draußen im Meer, Erz. 1981; Feuer in d. Prärie, Erz. 1982; Wächter d. Wildnis, biogr. Erz. 1984; Meine Insel, biogr. R. 1986 - 1952 u. 72 Friedrich-Gerstäcker-Preis Braunschweig, 1956 u. 1967 Dt. Jugendbuchpreis, 1983 Gr. Preis Akad. f. Jug.Lit.; 1971 Mitgl. PEN-Zentrum BRD - Bes. Ehrung: K.-L.-Sachbuchpreis (gestiftet 1971 u. 1981 v. Arena-Verlag, Würzburg).

LÜTH, Hans

Dr. rer. nat., Prof. f. Physik RWTH Aachen, Direktor am Inst. f. Schicht- u. Ionentechnik (ISI) d. KFA Jülich - Kopener Str. 299b, 5100 Aachen (T. 0241 - 6 35 23) - Geb. 28. Nov. 1940 Aachen (Vater: Friedrich L.; Mutter: Katharina, geb. Schartmann), kath., verh. s. 1965 m. Roswitha, geb. Landmesser, S. Erik - 1960-65 Physikstud. RWTH Aachen (Dipl. 1965, Promot. 1968, Habil. 1973) - 1967-74 Wiss. Assist.; 1976 apl. Prof.; 1974 Gastforscher b. IBM, Yorktown Heights (USA); s. 1980 Prof. in Aachen. 1982 Gastprof. Univ. Paris; 1983 Gastprof. Univ. Aix-Marseille/Frankr. Seit 1983 Mitherausg. Fachztschr. Thin Solid Films - BV: Festkörperphysik - E. Einf. in d. Grundl. (m. H. Ibach), 1981 (japan. Übers.) - Spr.: Engl., Franz.

LÜTH, Heinrich

Kaufmann, pers. haft. Gesellsch. Yankee Polish Lüth GmbH + Co., Reinbek - Diekredder 12, 2000 Hamburg 67 (T. 603 45 28) - Geb. 17. Aug. 1908 Pinneberg - Auslandstätigk. Madrid, Paris, San Francisco - Ehrenvors. Industrieverb. Putz- u. Pflegemittel, Frankfurt - Spr.: Engl., Franz., Span.

LÜTH, Percy

Vorsitzender Arbeiterwohlfahrt/Landesverb. Hamburg - Rothenbaumchaussee 44, 2000 Hamburg 13.

LÜTHGE, Jürgen

Dr., Senatsdirektor Senatsverw. f. Umweltschutz Fr. Hansestadt Bremen (1983ff.) - Zu erreichen üb. Große Weidestr. 4-16, 2800 Bremen (T. 0421 - 36 11).

LÜTHJE, Jürgen

Dr. jur., Kanzler d. Univ. Oldenburg (s. 1973) - Lindenallee 28, 2900 Oldenburg/O. - Geb. 30. Sept. 1941 Dievenow (Vater: Wilhelm L., Beamter; Mutter: Hildegard, geb. Schneider), ev., verh. s. 1968 m. Gerhild, geb. Tschacksch, 3 Kd. (Jörn, Jana, Jula) - Röntgen-Gymn. Remscheid-Lennep; FU Berlin u. Univ. Bonn (Rechtswiss.). Jurist. Staatsprüf. 1967 (Köln) u. 73 (Düsseldorf) - 1968-73 Wiss. Mitarb. Univ. Bochum u. Hochschul-Informations-System (1969), Justitiar Univ. Bochum (1972), Wiss. Mitarb. Bundesmin. f. Bildung u. Wiss. (1973) - BV: D. numerus clausus oder Wer darf studieren?, 1973 (m. Asche u. Schott); Entwicklung u. Profil d. Univ. Oldenburg, 1984; Mitautor: Hochschulrahmengesetz, Kommentar (Hrsg. E. Denniger), 1984 - Spr.: Engl., Franz., Span.

LÜTHKE, Karsten

Rechtsanwalt, Vorstandssprecher (Bundesvors.) amnesty international Bonn (s. 1987) - Dstl.: Heerstr. 178, 5300 Bonn; priv.: Friedrichstr. 31, 1000 Berlin 61 - Geb. 25. April 1954, led. - Stud. Jura u. Politik - BV: amnesty international: D. regionale Menschenrechtsschutz in Afrika, Amerika u. Europa, 1988; sow. Publ. in: Schulze-Hageleit (hg.) Alltag - Macht - Folter, 1989.

LÜTJEN-DRECOLL, Elke

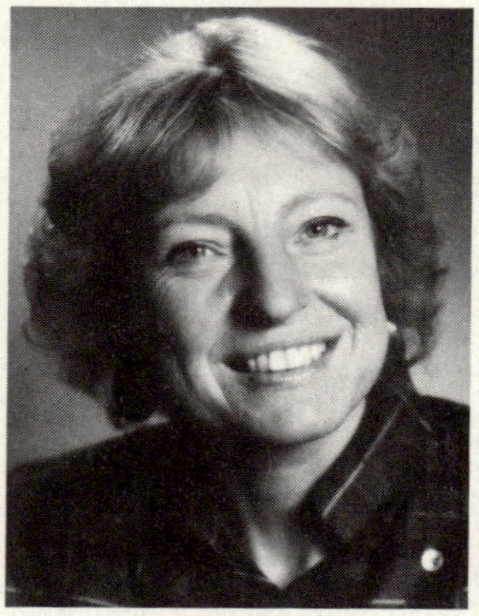

Dr. med., o. Prof., Direktorin Anatom. Inst. Univ. Erlangen - Am Veilchenberg 29, 8521 Spardorf (T. 09131 - 5 21 77) - Geb. 8. Jan. 1944 Ahlerstedt (Vater: Johann L., Rektor; Mutter: Frieda, geb. Meyer), ev., verh. s. 1969 m. Dr. Henning Drecoll, 2 Söhne (Jens, Axel) - Stud. Univ. Marburg (Studienstiftg. d. Dt. Volkes); Promot. 1969, Habil. 1973 Marburg - 1974 Wiss. Rätin; s. 1980 Prof. Univ. Erlangen - BV: Lehrbuch d. Funktionellen Histol.; Basic Aspects of Glaucoma Research; Age-related changes in the Anterior Segment of the Eye. Übers.: Lehrb. u. Atlas d. Embryol.; Farbatlas d. Embryol. Rd. 70 Fachveröff., bes. z. Thema Funktionelle Anatomie d. Auges - 1973 Preis Dt. Wiss.; 1985 Preis Alcon Research Laboratories - Liebh.: Lit., Musik, Sport - Spr.: Latein, Franz., Engl.

LÜTKEPOHL, Helmut

Dr. rer. pol., Prof., Direktor Inst. f. Statistik u. Ökonometrie Univ. Kiel - Forstweg 89, 2300 Kiel 1 - Geb. 26. Juli 1951 Bad Oeynhausen - 1972-79 Stud. Math. u. Wirtschaftswiss. Univ. Bielefeld, Georgia, Illinois; 1977 Dipl. (Math.), Promot. 1981, Habil. 1984 Osnabrück - 1984/85 Visit. Assist. Prof. Univ. of Calif., San Diego; 1985-87 Prof. Univ. Hamburg, s. 1987 Prof. Univ. Kiel - BV: The Theory and Practice of Econometrics (Ko-autor), 1985; Forecasting Aggregated Vector ARMA Processes, 1987.

LÜTTGAU, Hans-Christoph

Dr. rer. nat., o. Prof. f. Zellphysiologie - Hansstr. 3, 4630 Bochum-Stiepel (T. 47 21 05) - Geb. 20. Juli 1926 Braunschweig (Vater: Wilhelm L., Mühlenbesitzer; Mutter: Ilse, geb. Westermann), ev. - Univ. Göttingen (Naturwiss.). Promot. 1952 ebd.; Habil. 1959 Bern - S. 1959 Lehrtätigk. Univ. Bern (1964 Extraord. f. Physiol.) u. Bochum (1967 Ord. f. Zellphysiol.). Spez. Arbeitsgeb.: Elektrophysiol. (Nerv, Muskel). Facharb.

LÜTTGE, Dieter

Dr. rer. nat., Dipl.-Psych., Univ.-Prof. f. Psychologie Univ. Hildesheim (s. 1969) - Marienburger Platz 22, 3200 Hildesheim - Geb. 11. Mai 1931 Braunschweig (Vater: Otto L., Beamter; Mutter: Hildegard, geb. Riechers), ev., verh. m. Elke, geb. Sziede, Bildhauerin, 2 Kd. - Stud. Psychol., Zool., Phil. TH Braunschweig; Dipl. Psych. 1963, Promot. 1966 - Lehrbeauftr. TU Braunschweig - BV: u. a. Einf. in d. Pädagogische Psych., 1973; Beraten u. Helfen, 1981.

LÜTTGE, Günter

Rektor a. D., MdL Nieders. (s. 1978) - Martin-Buber-Weg 14, 2971 Simonswolde-Ihlow - Geb. 8. Juli 1938 Hannover - Schiller-Sch. Hameln (Abit. 1958); PH Hannover - S. 1962 Grundsch. Simonswolde. Mitgl. Gemeinderat Simonswolde u. Kreistag Aurich; 1972 ff. Bürgerm. Ihlow; 1973 ff. stv. Landrat Aurich. SPD s. 1964 (div. Funkt.).

LÜTTGEN, Dieter

Bürgerschaftsabgeordneter (s. 1974) - Bilsenkrautweg 13, 2000 Hamburg 65 - CDU.

LÜTTGEN, Ernst-Günther

Dipl.-Ing., Prof. f. Maschinentechnik Univ.-GH Essen - Kaulbachstr. 64, 4300 Essen 1 (T. 70 56 32) - Geb. 15. Jan. 1928 Düsseldorf (Vater: Alex L., Syndikus; Mutter: Mary, geb. Meuter), kath., verh. s. 1965 in 2. Ehe m. Anette, geb. Elbers - Abit. 1946; Maurerlehre; Stud. Maschinenbau RWTH Aachen (Dipl. 1955) - B. 1963 Forsch.- u. Entwicklungs-Ing. Krupp-Kraftw. Essen; 1963 Doz. Staatl. Ing.-Schule Essen; 1972 Dekan (Maschinentechnik) Univ. Essen. Patent f. Luftfeder. u. Luftdämpf. v. Fahrzeugen - Liebh.: Gesch. d. Neuzeit, Med., Fotogr., Musik (ausüb. Klavier) - Spr.: Latein, Engl.

LÜTTGER, Hans

Dr. jur., em. o. Prof. f. Straf- u. -prozeßrecht, unt. Einschl. d. intern. Strafrechts, Freie Univ. Berlin (s. 1967) - Römerstr. 118, 5300 Bonn 1 (T. 556 32 04) - Ministerialrat a. D. - BV: Medicina y Derecho Penal, 1984; Vortr. u. Abh. Ausgew. Beitr. z. Strafrecht, z. Strafrechtsreform u. z. Strafverfahrensrecht aus d. Jahren 1950-85, 1986. Herausg.: Festschr. f. Ernst Heinitz (1972); Probl. d. Strafprozeßreform (1975); Festschr. f. Eduard Dreher (1977); Strafrechtsreform u. Rechtsvergleichung (1979). Veröff. in jurist. u. med. Ztschr. zu Arztrecht, Strafrecht u. Strafrechtsreform, Intern. Strafrecht, Strafverfahrensrecht.

LÜTTGERT, Hans

Dipl.-Ing., Generalbev. Direktor, Werkleiter Schaltwerk Berlin (SW) - Nonnendammallee, 1000 Berlin 13 - Geb. 19. Okt. 1930 Berlin.

LÜTTICHAU, von, Hannibal

Land- u. Forstwirt, Kaufmann, Präsident Dt. Burgenvereinigung (s. 1971) - Rodderberghof, 5300 Bonn-Bad Godesberg - Geb. 2. Febr. 1915 Dresden (Vater: Siegfried v. L., Land- u. Forstwirt; Mutter: Margaret, geb. Soutter), ev., verh. s. 1943 m. Angelika, geb. Haniel, 4 Söhne (Bernhard, Christian, Wolff, Hubertus) - Hermann-Lietz-Sch. (Abit. 1934); 1936 Kriegssch. Potsdam - 1937-45 Offz. (zul. Major); Landw.lehre, Kaufm. Lehre - Selbständ. Kaufm.; 1951-58 AR Westdt. Ytong AG. - 1945 Ritterkreuz; 1980 BVK - Liebh.: Jagd, Skisport, prakt. Denkmalspflege histor. Bauten - Spr.: Engl., Franz. - Bek. Vorf.: Friedrich August (August d. Starke), Kurfürst v. Sachsen, König v. Polen, 1670-1733 (Vorfahr 7. Grades); Johann Paul Frhr. v. Falkenstein, 1801-1882, Kgl. sächs. Min. d. Inn., d. Justiz, d. Kultus, Min.-präs. u. Min. d. Kgl. Hauses (Ur-Ur-Großv.).

LÜTTIG, Gerd

Dr. rer. nat., Prof., Ordinarius f. Angew. Geol. Univ. Erlangen-Nürnberg - Schloßgarten 5, 8520 Erlangen - Geb. 21. Sept. 1926 Lindenthal (Vater: Franz L., Kaufm.; Mutter: Ella, geb. Kurze), ev., verh. s. 1952 m. Eva, geb. Triebel, 2 Kd. (Cornelis, Christian) - Stud. d. Geologie Univ. Freiberg, Freiburg, Göttingen; Promot. 1952 Göttingen. Spez. Arbeitsgeb.: Geologie, Paläontologie - U. a. 1. Vors. Dt. Ges. f. Moor- u. Torfkunde, Vizepräs. Intern. Moor- u. Torfges. Zahlr. Fachveröff. üb. Geologie, Paläontol., Geomorphol., Lagerstättenk., Umweltforschung. Hrsg. mehrerer wiss. Reihen - Spr.: Engl., Franz., Ital.

LÜTTKE, Wolfgang

Dr. rer. nat., em. o. Prof. f. Organ. Chemie Univ. Göttingen - Senderstr. 49, 3400 Göttingen-Nikolausberg - Geb. 20. Nov. 1919 Köln, ev. - Univ. Freiburg/Br. (Chemie). Promot. (1949) u. Habil. (1956) Freiburg - 1956 Privatdoz. Freiburg; 1960 ao., 1961 o. Prof. Univ. Göttingen. Spezialgeb.: Molekülstrukturforsch., Spektroskopie, Organ. Farbstoffe, Laserfarbstoffe. Üb. 150 Fachveröff. Mithrsg.: Chem. Berichte (1958-87) - 1959 Preis f. Chemie Akad. d. Wiss. Göttingen; 1973 Mitgl. Akad. d. Wiss. Göttingen; 1987 Mitgl. Norweg. Wiss.-Akad., Oslo; 1989 Mitgl. Kongelige Norske Videnskabers Selskab, Trandheim.

LÜTTMANN, Reinhard

Dr. phil., Prof., Leiter Sem. f. Musikerziehung Staatl. Hochschule f. Musik Westf.-Lippe, Inst. Münster - Platanenweg 6, 4400 Münster - Geb. 27. Nov. 1929, kath., verh. - Ausb. Robert-Schumann-Konservat., Düsseldorf; Conservatoire National Supérieur de Paris; Univ. Münster; Staatl. Musiklehrer Pr. Oboe u. Musikerziehung u. Musikgesch. 1969 Detmold; Nordd. Musikakad.; Promot. Musikwiss., Erziehungswiss., Kunstgesch. 1979, Univ. Münster - Hauptfachlehrer f. Oboe u. Kammermusik Staatl. Hochsch. f. Musik Westf.-Lippe, Inst. Münster - BV: D. Orgelregister u. sein instrumentales Vorbild in Frankr. u. Span. v. 1800, 1979 - Werke: 21 Etüden üb. e. Zwölftonreihe f. Oboe, Paris, Leduc, 1969; 12 dodekaphon. Etüden f. Flöte, ebenda, 1972; Meditation I f. Oboe solo, ebenda, 1973; Meditation II f. Engl. Horn u. Orgel (od. Saxophon u. Orgel) ebenda, 1973 u. 1977 - Spr.: Franz., Engl.

LÜTTRINGHAUS, Arthur

Dr. phil. nat. (habil.), Dr. rer. nat. h. c., Prof. (emerit.) f. Chemie - Albertstr. 21, 7800 Freiburg - Geb. 6. Juli 1906 Mülheim am Rhein (Vater: Max L., Fabr.) - Realgymn. Köln-Mülheim; Univ. München u. Göttingen (Promot. 1930). Habil. 1937 Heidelberg - Assist. Univ. Göttingen (A. Windaus), 1933 Univ. Heidelberg (K. Ziegler), 1938 Doz. Univ. Berlin, Abt.sleit. Kaiser-Wilhelm-Inst. f. Physikal. Chemie ebd., 1941 ao. Prof. Univ. Greifswald, 1947 o. Prof. Univ. Halle, 1951 Univ. Freiburg (Inst.sdir.). Spez. Arbeitsgeb.: Stereochemie (Makrocyclen, Ansa- u. Catenaverbind.,

Konformations-Enantiometrie), Schwefel- u. Alkali-organ. Verbind., medizin. Chemie (Toxogonin) u. a. - Zahlr. Fachveröff., Handb.beitr., Übers. (m. R. Cruse): E. Eliel, Stereochemie d. C-Verbind. (1967). Mithrsg.: Ztschr. Chem. Berichte (1955-75) - 1967 Emil-Fischer-Med. Ges. Dt. Chemiker (100-Jahrfeier); 1970 Ehrenmitgl. Soc. Chimique Belg., ausw. Mitgl. Dt. Akad. d. Wiss., Berlin, u. Heidelbg. Akad. d. Wiss.; o. Mitgl. Dt. Akad. d. Naturforscher (Leopoldina), Halle/S. - Liebh.: Musik, Segeln - Spr.: Engl., Franz., Latein.

LÜTTWITZ, Freiherr von, Rochus-Ernst

Gf. Vorstandsmitglied Nah- u. Mittelost-Verein, Dt.-Iranische Handelskammer, stv. Vors. VS Dt. Orient Stiftung - Mittelweg 151, 2000 Hamburg 13.

LÜTZE, Diethelm

Berat. Betriebswirt, Journalist, Mitgl. Geschäftsltg. Baumgärtner & Burck GmbH & Co. KG, Stuttgart (1961-80), Jakob Thalheimer KG, Stuttgart (1981-83); Inh. d. Unternehmensberatg. Lütze + Partner, Stuttgart (s. 1984); Beiratsvors. Friedrich Lütze GmbH & Co. KG, Weinstadt (s. 1986) - Korntaler Str. 23, 7000 Stuttgart 40 (T. 0711 - 80 14 96) - Geb. 23. Aug. 1931 Weingarten, Kr. Ravensburg (Vater: Dipl.-Ing. Reinhold L., Oberreg.baurat, Major d. R.; Mutter: Ursula, geb. Freiin v. Kittlitz u. Ottendorf), ev., ledig - Gymn. u. Höh. Wirtsch.Fachsch. Calw - 1969 Vors. d. Vorst. d. Familienverb. Lütze, 1976 Stifter d. Max-Lütze-Med. f. bes. Leistungen in d. bild. Kunst - BV: Histor. Ahnen e. Stuttgarter Ehepaares, 1969; Bad Teinach - E. Büchl. f. Einheim. u. Kurgäste, 1970; 2. Bodensee-Treffen - Dokumentation e. Oekumen. Begegn., 1971 - 1958 Ehrenritter d. Johanniterordens, 1971 Deutschherr d. Dt. Ordens u. Rechtsritter d. Johanniterordens, 1975 Verdienstord. v. Hl. Kreuz z. Jerusalem, 1975 BVK a.Bd., 1982 BVK I. Kl. - Liebh.: Theater, Musik, Gesch., Bild. Kunst (Mitinh.: Samml. Lütze I - Dt. Kunst 20. Jh. (Staatsgalerie Stuttgart), Begründer Samml. Lütze II - Süddt. Kunst d. 20. Jh. (Galerie d. Stadt Sindelfingen) - Spr.: Engl. - Bek. Vorf.: Jean de Forcade Marquis de Biaix 1663-1729, Kgl. preuß. Generallt., Kommandant v. Berlin; Guido v. Madai 1810-92, Polizeipräs. v. Berlin (bde. ms.); Dr.-Ing. E. h. Max L., Bauindustrieller u. Kunstmäzen (Onkel), s. XV. Ausg. - Lit.: Prof. Dr. G. Wunder, Ahnenliste D. L.-Vorf. a. 10 Generationen (1975); Prof. K. Leonhard, Samml. L. II - Kunst d. 20. Jh.s a. Süddtschl. (1978).

LÜTZEN, Ludolf

Dr. phil., Prof. Musikhochschule Köln - Friedrichstr. 10, 5000 Köln 90 (T. 02203 - 5 33 92) - Geb. 23. April 1939 Leipzig, ev., verh. - Stud. Schulmusik, German., Soziol., Psych., Päd., Musikwiss. Frankfurt u. Köln; Promot. (Musikwiss., Psych., Päd.) - 1964-72 Leit. Sem. f. Musikerziehung Rhein. Musiksch. Köln. 1972-89 Mitgl. Ensemble Odhecaton. 1988 Mitbegründer u. Mitgl. La Morra Intern. Ensemble f. Alte Musik. Zahlr. Schallplatteneinspielungen - BV: Violoncell-Transkriptionen Fr. Grützmacher, Diss. 1974; Bericht d. wiss. Begleitung z. Übertragung d. Suzuki-Methode nach Deutschl., 1976 - 1979 BVK - Interessen: Musik d. Renaissance auf hist. Instrumenten, schwed. Volksmusik, Bordonmusik - Spr.: Engl., Franz., Niederl.

LÜTZKENDORF, Felix

Dr. phil., Schriftsteller - Höchlstr. 3, 8000 München 80 - Geb. 2. Febr. 1906 Leipzig (Vater: Paul L., Drogist; Mutter: Marta, geb. Thiele), verh. s. 1935 m. Karin, geb. Klingenspor, 1 T. - Univ. Wien u. Leipzig (German.). Promot. 1932 Leipzig (Diss. üb. Hermann Hesse) - 1932-35 Redakt. Neue Leipziger Volksztg. u. Berliner Nachtausg.; 1936-43 Dramat. Volksbühne Berlin. 1943-45 Kriegsberichter - W.: u.a. Grenze, Sch. 1932; Opfergang, Sch. 1935; Alpenzug, Sch. 1936; Märzwind, R. 1936; Liebesbriefe, Lsp. 1938; Wiedergeburt, Ged. 1943; Geliebte Söhne, Sch. 1944; D. dunklen Jahre, R. 1955; Und Gott schweigt, R. 1958; Feuer u. Asche, R. 1959; D. Eisscholle, Kom. 1959; D. Wundmale, R. 1961; D. Fahrt n. Abendsee, Kom. 1963; Dallas - 22. Nov., Sch. 1965; D. schöne Gräfin Wedel, R. 1974; D. Muse v. Paris, R. 1976; Florentiner Spitzen, R. 1978; Franca, R. 1979. Filme (üb. 30 Drehb.): Urlaub auf Ehrenwort, Patrioten, Verwehte Spuren, Capriccio, Bal paré, Sauerbruch, Feuerwerk, Konsul Strotthoff - 1932 Schiller-Preis Stadt Leipzig; 1936 Biennale-Filmpreis; 1963 Dramatikerpreis Münchner Kammersp. - Spr.: Franz., Span., Engl., Schwed., Dän., Finn., Ital. - Lit.: Franz Lennartz, Dt. Dichter d. Gegenw. (1969).

LUFF, Karl

Dr. med., Prof., Gerichts- u. Sozialmediziner - Falkenstr. 9, 6078 Neu-Isenburg 2 (T. 5 24 63) - S. 1956 (Habil.) Privatdoz. u. apl. Prof. (1961) Univ. Frankfurt (1962 Wiss. Rat Inst. f. Gerichtl. u. soz. Med.). Fachveröff. - 1973 Gold. Diesel-Ring VdM.

LUFT, Friedrich

Prof., Theater-, Filmkritiker - Maienstr. 4, 1000 Berlin 30 (T. 24 58 73) - Geb. 24. Aug. 1911 Berlin (Vater: Prof. Fritz L.; Mutter: Mary, geb. Wilson), verh. s. 1940 m. Heide, geb. Thilo (Zeichnerin u. Illustratorin) - Gymn.; Univ. Berlin u. Königsberg/Pr. (Anglistik, German., Phil. (8 Sem.)) - Ab 1936 Essayist u. Kulturfilmautor, n. Kriegsende Feuilletonredakt. u. Kritiker D. Neue Ztg., Berlin, Kommentator RIAS Berlin (1946 ff. D. Stimme d. Kritik) u. Chefkritik D. Welt (1955 ff.). 1968 ff. Vors. Kurat. Lit. Colloquium - BV: Luftballons, Ess. 1939; Tageblätter v. Urbanus, Ess. 1948; Puella auf d. Insel, Kinderb. 1949 (m. d. Ehefrau); 10 J. Theater, 1955; Köpfe, 1956; V. großen schönen Schweigen - Arbeit u. Leben d. Charles Spencer Chaplin, 1958; Berliner Theater 1945-61, 1961; Luftsprünge - Heitere Skizzen u. Zeitgespräche, 1962; Stimme d. Kritik, ges. Kritiken 1965. Herausg.: Facsimile-Querschnitt durch d. Berliner Illustrierte (1965), Zille - Mein Photomilieu (1967), Stimme d. Kritik, Theaterereign. s. 1965 (1979) - 1976 Prof. e. h.; Fellow Royal Soc. of Arts, London - 1984 Ordre des Arts et des Lettres (Frankr.).

LUGER, Peter

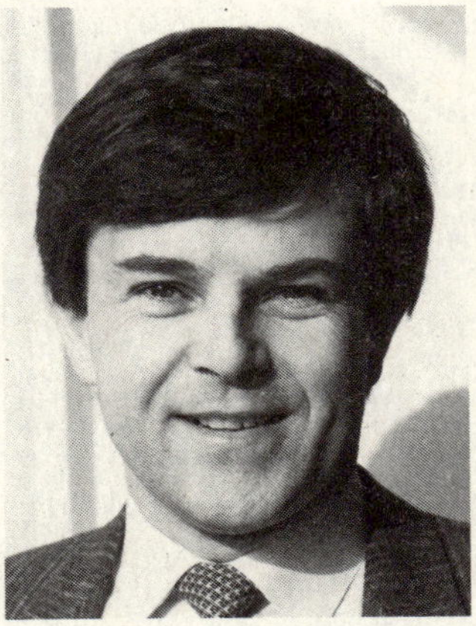

Dr. rer. nat., Prof., Gf. Direktor Inst. f. Kristallographie FU Berlin (s. 1981) - Takustr. 6, 1000 Berlin 33 (T. 030 - 838 34 11) - Geb. 2. Juli 1943 Berlin, ev., verh. s. 1974 m. Rut, geb. Remus, T. Katrin - 1962-70 Stud. FU Berlin (Math., Physik, Kristallogr.); Promot. 1970, Habil. 1974, Heisenberg-Stip. 1978 - S. 1979 Prof. f. Kristallographie - BV: Modern X-Ray Analysis on Single Crystals, 1980 - Bek. Vorf.: Georg Luger, Erfinder d. Luger-Pistole (08 Parabellum) (Urgroßv.).

LUHMANN, Niklas

Dr. sc. pol., Dres. h. c. mult., o. Prof. f. Soziologie Univ. Bielefeld (s. 1968) - Marianne-Weber-Str. 13, 4811 Oerlinghausen - Geb. 8. Dez. 1927 Lüneburg (Vater: Wilhelm L., Brauereibes.; Mutter: Dora, geb. Gurtner), ev., verh. s. 1960 m. Ursula, geb. v. Walter, 3 Kd. (Veronika, Jörg, Clemens) - Gymn. Lüneburg; Univ. Freiburg (Rechtswiss.) - 1955-62 Ref. Kultusmin. Hannover; 1962-65 Ref. Hochsch. f. Verwaltungswiss. Speyer; 1965-68 Abt.leit. Sozialforsch.stelle Dortmund; s. 1968 Prof. f. Soziologie Univ. Bielefeld. 1975 Gastprof. Theodor-Heuss-Lehrst. New School of Social Research New York. Versch. Bücher üb. Organisations- u. Rechtssoziol., Gesellschaftstheorie - Spr.: Engl.

LUHMER, Alfred

Dr. rer. pol., Prof. f. Allgemeine Betriebswirtschaftslehre Univ. Frankfurt/M. - Kleine Nelkenstr. 4, 6000 Frankfurt 90 - Geb. 5. Juni 1941 Bonn, verh. s. 1969 m. Dr. med. Isolde, geb. Schuler, T. Monika - Stud. Betriebswirtsch.lehre u. Math.; Dipl.-Kfm. 1965 Köln; Promot. 1974 Regensburg; Habil. 1987 Bielefeld - 1966/67 Assist. Univ. Kiel u. 1969-74 Univ. Regensburg; 1974-88 Akad. Rat Univ. Bielefeld - BV: Maschinelle Produktionsprozesse, 1975 - Spr.: Engl., Franz.

LUIG, Heribert

Dr. rer. nat., Dr. med. habil., Akad. Oberrat, Privatdozent f. med. Physik Univ. Göttingen - Reinholdstr. 15, 3400 Göttingen (T. 0551-770 06 88) - Geb. 17. Jan. 1940 Krefeld (Vater: Carl L., Beamter; Mutter: Clara, geb. Plückhahn), kath., verh. s. 1966 m. Ulrike, geb. Skousen, 2 S. (Martin, Peter) - Physikstud. Göttingen u. Bonn, Dipl. 1968, Bonn; Promot. 1972, Bonn; Habil. 1984 Göttingen - 1968-72 wiss. Angest. Dt. Krebsforschungszentrum, Heidelberg, Inst. f. Nuklearmed.; s. 1972 Kliniken d. Univ. Göttingen, Abt. Nuklearmed.; s. 1984 Privatdoz. f. Med. Physik; Mitgl. u. Deleg. Sonderforschungsber. 89 Kardiol. Göttingen d. Dt. Forschungsgem.; s. 1975 Teilprojektleit. Sonderforschungsber. 89; s. 1980 Vorstandsmitgl. d. Zentrums Radiol. Univ. Göttingen - Erf.: Geräte z. szintigraph. Abb. - BV: Funktionsszintigraphie d. linken Herzkammer, Monographie, 1984 - Liebh.: Musik - Spr.: Engl., Lat., Altgriech., Franz.

LUIG, Klaus

Dr. jur., Prof. f. Bürgerl. Recht, Röm. Recht u. Neuere Privatrechtsgesch. Univ. Köln (s. 1984) - Wilhelm-Backhaus-Str. 9, 5000 Köln 41 (T. 0221 - 470-2740) - Geb. 11. Sept. 1935 Krefeld (Vater: Karl L., Kommunalbeamter; Mutter: Clara, geb. Plückhahn), kath., verh. s. 1966 m. Hildegard, geb. Mennicken, 3 T. (Eva, Sibylle, Judith) - Jura-Stud. (Promot. 1963, 2. jurist. Staatsex. 1964, Habil. 1978) - 1965-79 wiss. Mitarb. Max-Planck-Ges.; 1979-83 Prof. Univ. Passau, s. 1984 s.o. - BV: Z. Gesch. d. Zenionslehre, 1966. Herausg. Ztschr. f. hist. Forsch.; Publ. auf d. Geb. d. neueren Privatrechtsgesch. u. d. Gesch. d. Naturrechts - Spr.: Engl., Ital, Latein.

LUIG, Michael

1. Kapellmeister Städt. Bühn. Frankfurt/M. - Karl-Hutter-Str. 16, 5431 Wallmerod (T. 06435-67 13) - Geb. 16. März 1950, kath., verh. s. 1976 m. Gabriele, geb. Wolf, 3 Kd. (Raphael, Florian, Katharina) - Staatl. Privatmusiklehrerprüf. f. Klavier (Städt. Konservat., Dortmund); Dipl. d. künstler. Abschlußprüf. im Fach Dirig. (Staatl. Musikhochsch. Köln) - Frankfurt (Solorepet. u. Kapellm.); Saarbrücken (1. Kapellm. u. stv. GMD); Frankfurt (1. Kapellm.); Konzerttätigk. in Deutschl., Frankr., Ital.; Rundfunkprodukt.; Frankr.: Lyon, franz. Erstauff. Luigi Nono, Al Gran sole carico d'amore; Arb. m. versch. Landesjugendorch. (Konz., Tourneen, Schallpl.).

LUIK, Hans

Dr. rer. pol., Prof., Wirtschaftsprüfer u. Steuerberater, Vorst.-Vors. Schitag Schwäb. Treuhand AG, Stuttgart, Honorarprof. f. Betriebswirtschaftslehre d. Univ. Mannheim - Forchenrain 1, 7016 Gerlingen/Württ. (T. 2 34 94) - Geb. 1. Aug. 1926 Stuttgart - AR-, VR- u. Beirats-Mand., b. 1984 Vorst.-Vors. Inst. d. Wirtschaftsprüfer - BVK I. Kl. - Spr.: Engl. - Rotarier.

LUIKEN, Andreas

Landwirt, MdL Nieders. (s. 1974) - 2941 Neu Augustengroden (T. Carolinensiel 2 65) - CDU.

LUIPPOLD, Rolf

Dipl.-Kfm., Vorstandsmitgl. Fr. Hesser AG., Waiblingen - Bühlgärten 2, 7052 Schwaikheim - Geb. 25. Mai 1931.

LUKAC, Alfred

Dr. rer. pol., Vorstandsmitglied Fried. Krupp GmbH., Essen (s. 1973) - Tausnusbogen 10, 4300 Essen-Bredeney - Geb. 10. Sept. 1926 - Zul. 1960-72 August-Thyssen-Hütte (1967 ff. Generalbevollm.). ARsmandate - Spr.: Engl. - Rotarier.

LUKAS, Edith

Dr. oec. publ., Direktor, o. Vorstandsmitgl. Münchner Rückversicherungsges., AR-Mitgl. Karlsruher Lebensversicherungs-AG, Berlinische Lebensversich.-AG, Hamburg-Mannheimer Sachversich.-AG, Hamburg, Karlruher Versich. AG, Vereinte Krankenversich. AG, Berlin u. München - Elisabethstr. 16, 8000 München 40 (T. 089 - 271 20 89) - Geb. 31. Aug. 1929 Tübingen (Vater: Dr. Eduard L., Univ.-Prof.; Mutter: Dr. Maria, geb. Lackmann), kath., led. - Stud. Univ. München - Beirat Bayer. Vereinsbank, München.

LUKAS, Georg

Dipl.-Ing., Mitinh. Lukas-Erzett Engelskirchen - Obersteeg 26, 5250 Engelskirchen (T. 02263 - 84-0) - Geb. 12. Febr. 1933 Engelskirchen (Vater: Edmund L.; Mutter: Luise, geb. Schmidt), kath., verh. s. 1960 m. Marlene, geb. Barth (verw.) - Fachhochsch. - Spr.: Franz., Engl.

LUKAS, Hans

Landwirt, MdL Bayern (s. 1970) - Blumenstr. 12, 8481 Döltsch/Opf. (T. 09681 - 6 68) - Geb. 1935 - CSU - 1980 Bayer VO.

LUKAS, Viktor

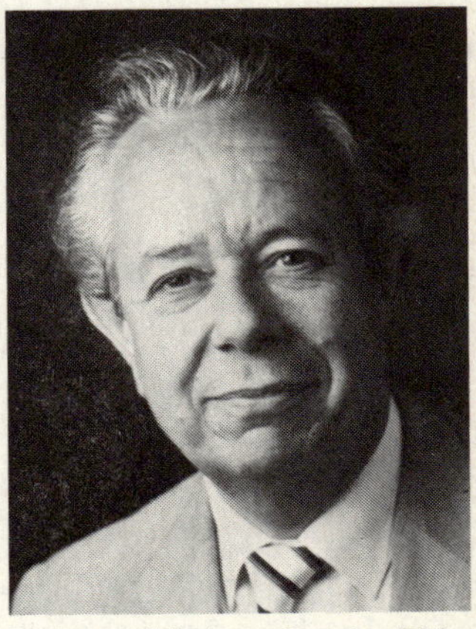

Kirchenmusikdirektor, Organist, Dirig., Prof. Musikhochsch. Köln (s. 1975) - Bühlstr. 32, 8581 Donndorf (T. 3 32 00) - Geb. 4. Aug. 1931 Rothenburg/T. (Vater: Viktor L., Beamter; Mutter: Anna-Maria, geb. Rahn), ev., verh. s. 1958 m. Elisabeth, geb. Hoffmann, 4 Kd. (Ralf, Clemens, Adrian, Viktoria) - Stud. Musikhochsch. u. Univ. München u. Konservat. Paris (Kapellm. Kirchenmusik) - 1956-76 Kirchenmusikdir. Kempten u. Bayreuth. Leit. Musica

Bayreuth; Gründ. u. Dirig. Lukas-Consort - BV: Orgelmusikführer, 5. A. 1985 (auch jap. u. engl.) - 1967 Bayer. Staatspreis f. Musik; 1976 BVK a. Bd., 1981 Kulturpreis Stadt Bayreuth; 1984 BVK I. Kl. - Spr.: Engl., Franz. - Rotarier.

LUKES, Rudolf Hans Peter

Dr. jur., Dr. oec. publ., o. Prof. f. Dt. bürgerl. Recht, Handels-, Wirtschafts- u. Zivilprozeßrecht - Veghestr. 13, 4400 Münster/W. - Geb. 30. Okt. 1924 München (Vater: Peter L., Kaufm.), kath., verh. I) m. Dr. Wilhelmine, geb. Hollinger, T. Gabriele, II) Dr. Ulrike, geb. Wohlenberg - Univ. München (Rechtsu. Staatswiss.). Jurist. Staatsex. 1948 u. 1950; Promot. 1950 u. 52, Habil. 1958 (München) - 1950 Univ.assist.; 1954 Rechtsanw.; 1958 Privatdoz., 1959 Ord. Univ. Münster (Dir. Rechtswiss. Sem. u. Inst. f. Arbeits- u. Wirtschaftsrecht); 1960-72 Oberlandesgerichtsrat (im Nebenamt); Ltr. Forschungsstelle Recht u. Technik - BV: D. Kartellvertrag - D. Kartell als Vertrag m. Außenwirkungen, 1959; Urheberrechtsfragen b. überbetriebl. techn. Normen, insb. DIN-Normen u. VDE-Vorschr., 1967; Überbetr. Normung USA, 1971; Mehrfachtätigk. v. Sachverst., 1971; Namens- u. Kennzeichenschutz f. TÜV, 1972; Benutz. öfftl. Wege z. Fortleit. elektr. Energie, 1973; Techn. Überwachungs-Verein u. Vereinsrecht, 1975; Grundprobleme zum atomrechtl. Verwaltungsverfahren, 1974; Preisvergl. u. Strukturvergl. b. d. Mißbrauchsaufsicht n. §§ 103, 104 GWB, 1977; Reformdiskussion z. wettbewerbsrechtl. Regelung d. leitungsgebund. Versorgungswirtsch., insbes. d. Elektrizitätswirtsch., 1979; Reform d. Produkthaftung, 1979; Überbetr. techn. Normung in d. Rechtso. EWG- u. EFTA-Staaten, 1979; Sachverst. in atomrechtl. Genehm. u. Aufsichtsverf., 1980; 1., 2., 5. u. 6. Dt. Atomrechtssymposium, 1972, 1974, 1977 u. 1980; Schutzrechtsdauer b. Sortenschutzrecht, 1982; Sachverst.tätigk. nach Gashochdruckleitungs VO, 1983. Herausg.: Gefahren u. Gefahrenbeurt. im Recht (3 Bde., 1980/81); Rechtl. Ordnung d. Technik als Aufg. d. Industrieges. (1980); Sicherheitstechn. Rechtsvorschr. im dt. u. europ. Recht (Schr.reihe BMWi 53, 1984); Schutz v. Betriebs- u. Geschäftsgeheimnissen in ausg. EG-Staaten (1986); Rechtsfragen d. Gentechnol. (1986); Europ. Binnenmarkt f. Elektrizität (1988); Schriftenreihe „Recht-Technik-Wirtschaft" u. „Wirtschafts-, Industrie- u. Handelsrecht". Zahlr. Aufs. üb. Wettbewerbs- u. Wirtschaftsrecht, insbes. Organisations- u. Energierecht, Recht u. Technik - Spr.: Engl.

LUKESCH, Helmut

Dr. phil., Prof. f. Psychologie - Lindenstr. 6, 8411 Wolfsegg (T. 09409 - 13 28) - Geb. 27. Sept. 1946 Linz/Donau (Vater: Walter L., Amtsrat; Mutter: Irmtraud, geb. Hruby), verh. s. 1979 m. Angelika, geb. Keller, 4 Kd. (Katharina, Florian, Robert, Maximilian) - 1960-65 Lehrer-Bild.-Anst. Salzburg, Stud. Univ. Innsbruck u. Salzburg 1966-71, Promot. 1971, Habil. Konstanz 1976 - 1971-73 Hochschulassist. Salzburg, 1973-78 Wiss. Assist. Konstanz, s. 1979 Lehrst. f. Psych. Regensburg, 1982-84 Prodekan - BV: Erziehungsstile, 1975; Elterliche Erziehungsstile, 1976; Ist d. Gesamtschule besser?, 1980; Schwangerschafts- u. Geburtsängste, 1981; Lehrerverhaltensinventar, 1982; Geburts-Angst-Skala, 1983; D. Schwierigkeiten d. systemvergleichenden Schulforschung, 1986; Video-Studie '88, 1989. Herausg.: Fam.-Sozialisation (1978); Fam.-Sozialisation u. Intervention (1980) - Spr.: Engl.

LUKSCHY, Stefan

Regisseur, Autor - Giesebrechtstr. 13, 1000 Berlin 12 - Geb. 3. Juli 1948 Berlin (Vater: Wolfgang L., Schausp., †1983 (s. XXII. Ausg.); Mutter: Victoria, geb. v. Schack, Malerin, Bühnenbildn., †1965 (s. XIV. Ausg.)), gesch. - 1968-70 FU Berlin (German., Publiz., Musikwiss., Phil.); 1970-76 Dt. Film- u. Fernsehakad. ebd. - Filmregie: Krawatten f. Olympia (1976), Valse Triste (1980), Wer spinnt denn da, Herr Doktor? (1982). Div. Fernseharb. - 1980 Bundesfilmpreis (f. Valse Triste); 1986 Silb. Rose v. Montreux (f. Oft passiert es unverhofft) - Spr.: Engl., Franz., Ital.

LULEY, Martin

Generalvikar Bistum Mainz (s. 1973) - Bischofspl. 2, 6500 Mainz (T. 06131 - 25 31 10) - Geb. 25. Nov. 1925 Wattenheim, kath. - Domkapitular, Prälat.

LUMMA, Klaus

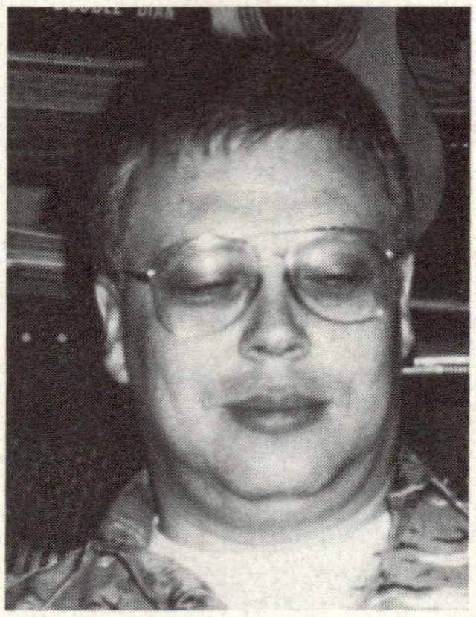

Dr. paed., M.A., A.C.P., Erziehungswissenschaftler u. Orientierungsanalytiker, Jazztrompeter, Wiss. Leit. Inst. f. Humanistische Psychol. (IHP) - Goerdtstr. 7, 5180 Eschweiler (T. 47 76-47 26; Telefax 20447) - Geb. 11. Juni 1944 Gerolstein/Lissingen (Vater: Robert L., Stadtrat; Mutter: Hedwig, geb. Krämer), kath., verh. s. 1969 m. Dagmar, geb. Eiteneier, 5 Kd. (Thorsten Julius, Melanie Christiane, Nils Friedmann, John Frederick, Roman Ben) - Stud. Päd., Phil., Angl., Musikwiss. u. Psych. Musikhochsch. Köln, College of Preceptors London, Univ. Hamburg, RWTH Aachen; A.C.P. London; M.A. (Prof. Zielinski); Promot. (Prof. Pöggeler) Aachen - Initiator d. organ. Human. Psych. in Dtschl. (Dt. Ges. f. Human. Psych. DGHP, Inst. f. Human. Psych. IHP, staatl. anerk. Weiterbildungseinrichtung, Ztschr. f. Human. Psych.) - Begründer v. Orientierungsanalyse u. Päd.-Psychotherapie als Konzept d. Erwachsenenbildung; Entwickl. d. entspr. Berufsverb. BVPPT - Personal- u. Org.-entwickl. b. ihp consulting (IHP Tochter); Verl. Lumma & Kern; Trompeter d. Sun Lane Ltd. - New Orleans Jazzband; Mitgl. Union dt. Jazzmusiker UDJ; fr. Mitarb. d. Jazz Podium - BV: Kindgerechte Erziehung, 1972; Paul Ritter, Educreation u. Folgendes (m. D. Lumma), 1972; Strategien d. Konfliktlösung, 1982; Neuorientierung, Grundl. d. Päd.-Psych.therapie, 1988. Herausg.: Medien f. kreative Gestalt Arbeit in Beruf. Therapie & Weiterbildung (m. B. Knüdeler, 1984) - Liebh.: Transskription alter Jazzmelodien - Spr.: Engl. - Lit.: Programmheft Inst. f. Human. Psych.; Ztschr. f. Human. Psych.

LUMMA, Udo

Lehrer, MdL Schlesw.-Holst. (Wahlkr. 42 - Lauenburg-Süd) - Schützenweg 3, 2410 Mölln (T. 04542 - 47 14; 0431 - 5 96, 22 06, 20 65) - Geb. 21. April 1941 Stargard/Pom. - SPD.

LUMMER, Heinrich

Dipl.-Pol., Bürgermeister u. Senator a.D., MdB Berlin - Karl-Hofer-Str. 39, 1000 Berlin 37 (Zehlendorf) - Geb. 21. Nov. 1932 Essen (Vater: Heinrich L., Arbeiter; Mutter: Sophie, geb. Kovac), kath., verw., 3 Kd. (Markus, Barbara, Bernhard) - Elektromechaniker-Lehre; Abendgymn. Dortmund (Abit. 1957); Stud. Phil., Rechtswiss., Polit. Wiss. (Dipl. 1961 Otto-Suhr-Inst./FU Berlin) - 1962-64 Assist. Inst. f. Polit. Wiss./FU Berlin; 1964-65 Leit. Besucherdienst Bundeshaus Berlin; 1965-69 Geschäftsf., 1969-80 Vors. CDU-Fraktion d. Abgeordn.hauses Berlin; 1980-81 Präs. Abgeordn.haus; 1981-86 Senator f. Inn. Berlin, zugl. auch Bürgerm. - 1960-61 AStA-Vors. FU Berlin, 1969ff. stv. Vors. Landeskurat. Berlin Unteilbares Dtschl., 1971-80 Vors. Dt. Politol.-Verb., 1973-81 Mitgl. SFB-Rundfunkrat, 1977-86 Mitgl. Bundesfachaussch. Außenpolitik d. CDU; 1983ff. VR-Mitgl. Deutschlandfunk, 1984-86 Mitgl. Bundesaussch. d. CDU, 1984-86 Mitgl. Bundesfachaussch. Innenpolitik d. CDU, 1988 Mitgl. Bundesfachaussch. Dtschl.politik d. CDU. CDU s. 1953 - 1982 silb. Ehrennadel Dt. Politol.-Verb. - Spr.: Engl.

LUND, Georg

s. Bocksch, Karl.

LUND, Heinz

Senator f. Kultur u. Bildung, Studiendirektor a. D. - Rudolf-Groth-Str. 4, 2400 Lübeck (T. 62 46 32) - Geb. 31. Mai 1925 Lübeck, ev., verh., 4 Kd. - Johanneum Lübeck, Univ. Kiel (Philol.) - 1955-71 höh. Schuldienst Lübeck (1969 Studiendir. Abendgymn.). 1962-66 Mitgl. Lübecker Bürgersch., 1959-65 Landesvors. Jungsozialisten, 1962-78 Mitgl. Schlesw.-Holst. Landtag. SPD-Fraktion. Veröff. z. engl. Grammatik u. z. Jugendschrifttum (Schmuggelnest, 1959) - Spr.: Engl., Franz. - Rotarier.

LUND, Otto-Erich

Dr. med., Prof. u. Direktor Univ.-Augenklinik München (s. 1968) - Hanfstaenglstr. 23a, 8000 München 19 (T. 51 60-38 00) - Geb. 19. Aug. 1925 Hannover: Vater: Prof. Dr. med. vet. Ludwig L., Ord. Tierärztl. Hochsch. Hannover (s. X. Ausg.); Mutter: Käthe, geb. Witt), ev., verh. s. 1954 m. Dr. med. Berti, geb. Jacobi, 2 Töcht. (Susanne, Barbara) - Stud. Hannover u. Bonn. Promot. (1953) u. Habil. (1962) Bonn - 1957-68 Univ.-Augenklinik Bonn u. Bochum/Klinikum Essen (1967 apl. Prof.). Mitgl. u. a. Dt. u. Österr. Ophthalmolog. Ges., American Academy of Ophthalmology. Div. Einzelarb. - o. Mitgl. Bayer. Akad. d. Wiss., Dtsch. Akad. d. Naturforscher - Leopoldina - Spr.: Engl., Franz.

LUNDEBERG, Steffan C. A.

Geschäftsführer Electrolux GmbH., Berlin/Hamburg/Wien (s. 1959) - Eichenallee 26, 2000 Hamburg 52 (T. 880 65 62) - Geb. 13. Aug. 1924 Malmö/Schweden (Vater: Dipl.-Ing. Nils L.; Mutter: Margit, geb. Gemzell), ev., verh. m. Ursula, geb. Klapp - HH Stockholm (Dipl.) - S. 1952 Electrolux Südafrika, Holl. (1955), BRD (1959) - 1974 Schwed. Vasa Orden - Liebh.: Golf - Spr.: Schwed., Dt., Engl., Franz., Holl.

LUNDGREEN, Peter

Dr. phil., Prof. f. Wissenschaftsgesch. Univ. Bielefeld - Schwarzer Weg 24, 4806 Werther (T. 05203 - 63 03) - Geb. 8. April 1936 Berlin, verh. s. 1963, 4 Kd. - Stud. Geschichtswiss.; Staatsex. 1963, Promot. 1968, Habil. 1973 - 1965-79 Wiss. Mitarb. u. Assist.; s. 1980 Prof. - BV: Bildung u. Wirtschaftswachstum, 1973; Techniker in Preußen, 1975; Umweltforsch. - d. gesteuerte Wiss.? 1978; Sozialgesch. d. dt. Schule, 1980; Wiss. im Dritten Reich, 1985; Staatl. Forschung in Deutschl., 1986; Bildungsbeteiligung u. soziale Mobilität, 1988.

LUNDHOLM, Anja

Schriftstellerin - Ostendstr. 1, 6000 Frankfurt/M. (T. 069-43 76 26) - Geb. 28. April 1918, ev., gesch., 2 Kd. (Diana†, Melvyn) - Staatl. akad. Hochsch. f. Musik, Berlin - Bei Kriegsausbr. akt. Mitgl. e. Org. z. Rettung polit. Gefährdeter in Rom; 1943 verhaftet v. d. Gestapo, Todesurteil in Innsbruck; b. Kriegsende polit. Häftl. KZ Ravensbrück; Übers. engl. u. amerik. B. ins Deutsche - BV/R.: Halb u. Halb, 1966; Via Tasso, New York, 1968; Morgengrauen, 1970; Ich liebe mich - liebst du mich auch?, 1971; D. Grüne, 1972; Zerreißprobe, 1974; Nesthocker, 1976; Mit Ausblick z. See, 1979; Jene Tage in Rom, 1981; Geordnete Verhältnisse, 1983; Narziss postlagernd, 1985; D. Äusserste Grenze, 1987; D. Höllentor, 1988 (Bericht e. Überlebenden). Alle Bücher in mehrere Spr. übers. 2 Verfilmungen, e. Hörspieladaption. Fünf Anthologiebeitr., fünf Buchübers. engl./deutsch - 1970 Dt. Literaturpreis d. AA Bonn; 1972 Schwed. Lit. Akademiepreis; 1974 Svensk författar-Preis; 1986 Förderpreis d. Dt. Akad. f. Lit., Darmstadt - Liebh.: Psychologie, Philosophie - Lit.: Hinw. in d. Werken Prof. Dr. Berendsohns, Stockholm.

LUNGWITZ, Harald

Vorsitzender d. Geschäftsführung Maizena Ges. mbH - Georg-Bonne-Str. 26, 2000 Hamburg 52 - Geb. 18. Sept. 1921 Stettin - Stud. Volksw. (Dipl. rer. pol.).

LUNIN, Hanno

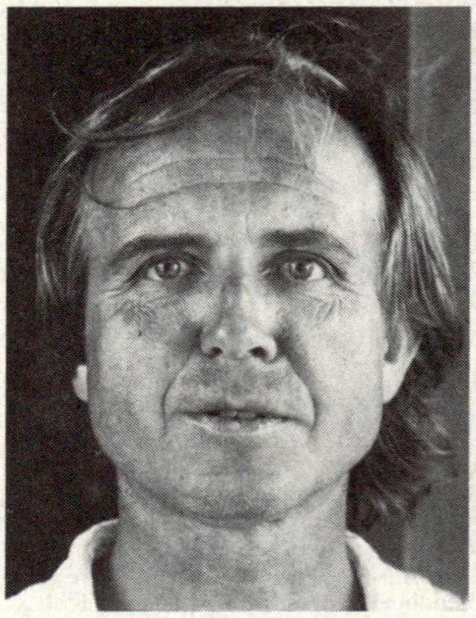

Dr. phil., Regisseur, Drehbuchautor, Theaterleiter - Woldsenweg 13, 2000 Hamburg 20 - Geb. 19. Sept. Dorpat/Baltikum, verh. m. Karin, geb. Rasenack - 1953-59 Univ. Göttingen u. Köln (German., Theaterw., Nordisch. Kunstgesch., Angl., Philos.). Promot. 1959. Schauspielunterr. Düsseld.; Hospitanz Dt. Theater Göttingen (b. Heinz Hilpert); Kommun. Kulturarb. Kulturamt Marl/Ruhrgebiet - Regie-Assist. Schiller-Th. Berlin, Folkets Hus Theater Göteborg/Schweden u. NWDR Hamburg; 1959-62 Regiss. u. Chefdramat. Stadtth. Pforzheim, 1962-64 Staatsth. Braunschweig, 1964-68 Staatsth. Wiesbaden, 1968-70 Bühnen d. Stadt Köln, 1970-75 Thalia Th. Hamburg, Gastregiss. Schiller-Th., Berlin; 1975-78 Generalint. Wuppertaler Bühnen; s. 1979 Regiss. u. Autor f. NDR, WDR, ZDF; über 70 Bühneninsz. - BV: Strindbergs Dramen, Strukturanalyse, 1962; D. Paternoster, Theaterst. 1959, Urauff. Freie Volksbühne, Berlin; 4 Fernsehsp., 2 Hörsp., 4 Revuen, Übersetz. v. Bühnenst. u. Hörsp. aus Engl., Franz. u. Schwed. - Spr.: Engl., Franz., Span., Schwed., Ital.

LUNTOWSKI, Gustav

Dr. phil., apl. Prof. f. Landesgeschichte Univ. Dortmund, Ltd. Archivdirektor Stadtarch. u. Verwaltungsbibl. Dortmund - Präsidentenstr. 14, 4600 Dortmund 1 - Geb. 17. Jan. 1930 Wien (Vater: Gustav L., ev. Pfarrer; Mutter: Elisabeth, geb. Reisenweber), verh. s. 1953 m. Erika, geb. Seidel, T. Marianne - 1940-48 Franckesche Stiftg. Halle; 1948-54 Univ. Halle, (FU) Berlin, Marburg, Promot. 1954; 1955/56 Inst. f. Archivwiss. Marburg; Habil. 1973 (Landesgesch.) - 1957 Archivar Luth. Weltbund Genf; 1958 Leit. v. Stadtarch. u. Ratsbücherei Lüneburg, s. 1967 Leit. Stadtarchiv u. Verw.-Bibl. Dortmund. Vorst. Westf. Wirtsch.archiv., Mitgl. Hist. Kommiss. Westf., Vereinig. f. Verf.-Gesch. u. a. - BV: D. IHKK u. d. Entw. v. Ind., Handel u. Verkehr im Reg.-Bez. Lüneburg, 1967; Grundzüge e. Stadtgesch. d. Neuzeit, 1969; Dortmunder Kaufleute in Engl. im 13. u. 14. Jh., 1970; Gesch. Dortmunds im 19. u. 20.

Jh. I: D. kommun. Selbstverw., 1977; Kl. Wirtsch.gesch. v. Dortmund, 1988. Herausg.: Dortmund - 1100 Jahre Stadtgesch. (1982); u. a. - Spr.: Engl., Franz.

LUPBERGER, Bernd

Dr.-Ing., Vorstand Bayernwerk AG, Bayer. Landeselektrizitätsversorgung - Postf. 200340, 8000 München 2.

LUPFER, Horst Paul

Dipl.-Verwaltungswirt (FH), Bürgermeister Stetten a.k.M. - Rathausplatz 4, 7488 Stetten a.k.M. (T. 07573 - 5 01-45) - Geb. 12. Mai 1940 Gengenbach (Vater: Paul Ernst L.; Mutter: Amalie, geb. Schmid), kath., verh. s. 1965 m. Hedwig, geb. Mayer, 2 Kd. (Karin Silvia, Horst Andreas) - Staatl. Verw.sch. Stuttgart (Fachricht. gehob. Verw.dst.); Ex. 1963 - S. 1966 Bürgermeister Stetten; 1968ff. MdK Landkr. Stockach u. Sigmaringen; 1980ff. Mitgl. Landesvorst. u. Vors. Kreisverb. Sigmaringen im Gemeindetag Baden-Württ.; 1966ff. DRK-Vors. Stetten u. Mitgl. Kreisvorst. DRK Stockach (jetzt Sigmaringen); VR-Mand. CDU (Fraktionsvors.) - Liebh.: Wandern, Radfahren, Tennis, Briefmarken, Münzen - Spr.: Franz., Engl.

LURCH, Carl-Heinz

Rechtsanwalt, Hautgeschäftsf. Bundesverb. d. Dt. Güterfernverkehrs (s. 1974) - Breitenbachstr. 1, 6000 Frankfurt/M. 90 (T. 7 91 91) - Geb. 18. Sept. 1925 - 1962-72 Geschäftsf. Bundesverb. d. Dt. Groß- u. Außenhandels, Bonn.

LUSCHEY, Heinz

Dr. phil., Prof., I. Direktor Dt. Archäol. Inst. Teheran (1961-71) - Steinbösstr. 50, 7400 Tübingen-Lustnau - Geb. 3. Dez. 1910 Berlin (Vater: Gustav L., Oberstudiendir.; Mutter: Martha, geb. Kruk), ev., verh. s. 1952 m. Dr. phil. Ingeborg, geb. Schmeisser - Stadtgymn. Stettin; Univ. Heidelberg, Bonn, Berlin, München (Archäol.). Promot. 1938; Habil. 1956 - 1938 Volontär Antiken-Abt. Staatl. Museen Berlin; 1939 Stipendiat DAI; ab 1946 Hilfsassist. Archäol. Inst. Univ. Heidelberg; 1949-56 Assist. u. Privatdoz. (1956; Lehrbefugnis ruht) Univ. Tübingen; 1956-61 II. Dir. DAI Istanbul - BV: D. Phiale, 1939 (Diss.); Funde zu d. Gr. Fries v. Pergamon, 1962 - o. Mitgl. DAI (Zentraldir.) - Spr.: Engl., Franz.

LUSCHNAT, Otto

Dr. phil., em. o. Prof. f. Klass. Philologie u. Altertumswiss. Kirchl. Hochsch. Berlin (s. 1955) - Lessingstr. 4, 1000 Berlin 41 (T. 791 41 49) - Geb. 10. März 1911 Canzow/Meckl. (Vater: Hermann L., Lehrer u. Organist; Mutter: Alwine, geb. Brack), ev., verh. s. 1949 m. Erika, geb. Mantels (†1987) - Univ. Jena, Wien, Berlin (Klass. Philol. u. German.) - BV: D. Feldherrnreden im Geschichtswerk d. Thukydides, 1942; Z. Text von Philodems Schrift De musica, 1953; Thukydides, d. Historiker, 2. A. 1978. Herausg.: Ztschr. Philologus (1954-70), Texte u. Kommentare (s. 1963) - Spr.: Lat., Griech., Engl., Franz., Ital., Schwed.

LUSTER, Rudolf

Staatssekretär a. D., Rechtsanwalt, MdEP (s. 1978) - Platz der Republik, Reichstagsgebäude, 1000 Berlin 21 (T. 397 74 37) - Geb. 20. Jan. 1921 Berlin (Vater: Franz L., kaufm. Angest.; Mutter: Viktoria, geb. Kempa), kath., verh. s. 1950 m. Elisabeth, geb. Piecyk (Werklehrerin), 2 Töcht. (Daniela, Martina) - Gymn. u. Univ. Berlin (Rechts- u. Staatswiss., Ztg.wiss.). Gr. jurist. Staatsprüf. - 1950-51 Richter LG Berlin, 1951-55 Personalref., Leit. Rechtsamt u. Stadtrat f. Pers. u. Verw. Bezirksamt Steglitz, 1955-63 Staatssekr. b. Senator f. Inneres v. Berlin, s. 1963 RA. 1949-51 Stadtverordn. Berlin. 1950-52 Vors. Jg. Union Berlin. CDU s. 1945 (1950 Mitgl. Landesvorst. Berlin); MdA Berlin (1967-76); MdB (1976-80); 1978 MdEP - 1968 BVK, 1981 Gr. BVK; 1987 Gr. BVK m. Stern - Spr.: Engl.

LUSTIG, Ernst

Dr., Chemiker, Leit. Abt. Physikal. Meßtechnik Ges. f. Biotechnol. Forsch. (emerit. 1986), Braunschweig - Rossittenweg 10, 3340 Wolfenbüttel (T. 05331 - 7 34 10) - Geb. 12. Sept. 1921 Gleiwitz (Vater: Dr. Wilhelm L., Rechtsanw. u. Notar; Mutter: Gertrud, geb. Glaser), jüd., verh. s. 1951 m. Hanna Ruth, geb. Löwe, 3 Kd. (Roger L., Catherine Anne, Sandra Helen) - Staatl. kath. FW-Gymn. Gleiwitz (Abit. 1938); 1943-48 Univ. Buenos Aires (Promot.); 1953-57 Mass. Inst. Techn. Cambridge/USA (Ph.D. Physikal. Chemie) - S. 1948 wiss. Tätigk. an Hochsch. u. in d. Ind. Buenos Aires, Wilmington u. Washington, DC/USA, Wiss. Mitarb. National Bureau of Standards u. d. Food & Drug Administr. (Washington, DC/USA; 1970 Stip. an Physikal. Inst. Univ. Basel; 1970-72 Leit. Abt. Physikal. Chemie Forsch.abt. Food & Drug Administ. (USA); s. 1972 Ges. f. Biotechnol. Forsch. Lehrtätigk. USA (1964-72) u. TU Aachen (Mitgliedsch. u. Ämter). Rd. 30 Fachveröff. in intern. Ztschr. - BV: NMR - Basic Principles and Progress, Bd. 6 1972 (m.a.) - 1968 Award of Merit, Food & Drug Administration (USA, höchste Ausz. d. FDA) - Liebh.: Musik (Klavier), Anwend. d. EDV auf Geisteswiss., Gesch. Juden Schlesiens, Genealogie, Fotogr. - Spr.: Engl. u. Span. (perfekt in Spr. u. Schrift) - Bek. Vorf.: Eugen Lustig (1856-1929), Justizrat, Abgeordn. u. Ehrenbürger Gleiwitz (Großv.); Dr. Hans Louis Schäffer (1886-1962), Staatssekr. Reichswirtsch.min. u. Reichsfinanzmin. u.a. (Vetter d. Vaters); Fritz Naphtali (1888-1961), Journalist u. Politiker, Landwirtsch.-, später Wohlfahrtsmin. in Israel (Vetter d. Vaters); Dr. Oscar Troplowitz (1863-1918), Pharmazeut, kaufte 1888 Fa. Beiersdorf, Hamburg, Erf. v. Hansaplast, Nivea-Creme u. d. ersten Zahnpasta, Kunstmäzen (Vetter e. Großmutter) - Lit.: Nachschlagewerke, u.a. Kürschner.

LUTHE, Hubert

Dr. theol., Weihbischof in Köln (s. 1969) - Marzellenstr. 32, 5000 Köln (T. 164 27 15) - Geb. 22. Mai 1927 (Vater: Hermann L., Kaufm.; Mutter: Amalie, geb. Hasert), kath. - Dreikönigsgymn. Köln, Univ. Bonn u. München, Priestersem. Köln. Promot. 1964 München - 1953 Kaplan Düsseldorf, 1955 Relig.lehrer Köln, 1955 Erzbischöfl. Kaplan u. Geheimsekr., 1968 Regens Erzbischöfl. Priestersem., 1969 Weihbischof.

LUTHER, Gerhard

Dr. jur., Prof. Univ. Hamburg (s. 1962), Wiss. Mitarb. Max-Planck-Inst. f. ausl. u. intern. Privatrecht, Hamburg. Spez. Arbeitsgeb.: Ausl. Rechte (bes. ital. Recht), Intern. Privat- u. Strafrecht, Jugendrecht - Wolferskamp 11, 2000 Hamburg 56 - Geb. 28. April 1912 Berlin, ev., verh. s. 1939 m. Eva-Maria, geb. Schmidt, 2 Kd. - Univ. Graz, Halle, Berlin (Rechtswiss.) - BV: Rangordnung d. Fahrnispfandrechte, 1939; D. ital. Jugendstraf- u. -fürsorgerecht, 1958; Ehemündigkeit - Volljährigkeit - Strafmündigkeit, 1961; Einf. in d. ital. Recht, 1968; Ital. Scheidungsgesetz, 1971 (m. E. Jayme) - 1957 Preis Dt. Forschungsgem.; Ausw. Mitarb. v. Unidroit Rom - Spr.: Ital., Franz., Engl.

LUTHER, Gerhard

Dr.-Ing., Vorstandsmitglied Berliner Maschinenbau AG. vorm. L. Schwartzkopff, Berlin 48, u. a. - Englerallee 15, 1000 Berlin 33 (T. 824 12 00; Büro: 749 55 17) - Geb. 18. Okt. 1927 Berlin.

LUTHER, Walter

Kaufmann, Inh. Max Leube, Nürnberg, Geschäftsf. Baustoff Union GmbH. & Co. KG. ebd., Vors. Bund Dt. Baustoffhändler, Bonn - Metthingstr. 14, 8500 Nürnberg - Geb. 3. Febr. 1924.

LUTTER, Heinz

Dr., Prof., Leiter Inst. f. Sportwissenschaft Univ. Regensburg (s. 1975) - Innstr. 22a, 8400 Regensburg (T. 4 92 89) - Geb. 13. Dez. 1928 Landshut, kath., verh. s. 1955 m. Inge, geb. Nadler, 3 Kd. (Klaus, Rainhard, Bernd) - Stud. Univ. München, Würzburg, Köln; Promot. 1968 - 1975-77 Dekan Fachber. Phil., Psychol., Päd. - BV: Untersuchungen ü. Formen seelischen Geschehens auf d. Gebiet d. Leibeserziehung, 1968; Z. Praxis d. Leibeserz. an Grund- u. Hauptsch., 3. A. 1975 (m. Heribert Lutter); Z. Praxis d. Leibeserzieh. a. Grund- u. Hauptsch., 4. A. 1977. Hrsg.: Schulsport - pädagog. u. method. Aspekte, 1977; Sportwissenschaftl. Erkenntnis - sportprakt. Erfahrung, 1978; Sport an berufsbild. Schulen, 1981 (m. Hans-Jörg Held) - Spr.: Engl.

LUTTER, Marcus

Dr. jur., o. Prof. f. Bürgerl. Recht, Handels- u. Wirtschaftsrecht Univ. Bonn (b. 1979 Bochum), Präs. Dt. Juristentag (1982-88) - Auf der Steige 6, 5300 Bonn 1 (T. 73 91 12) - Geb. 1930 München (Vater: Dr. jur. Michael L., Notar), verh. m. Rebecca, geb. Garbe - Gymn. München u. Pirmasens; Univ. München u. Freiburg (Rechtswiss.). Promot. 1957 Freiburg; Habil. 1963 Mainz. Ass.ex. 1957 - Assist. Univ. Saarbrücken (Prof. Liebisch); 1962-63 Forschungsstip. DFG (m. Studienaufenth. Brüssel, Paris, Rom, Utrecht); 1964-65 Notar Rockenhausen/ Pf. u. Privatdoz. Univ. Mainz; 1972 Gastprof. in Berkeley, Cal. - BV: Information u. Vertraulichk. i. Aufsichtsrat, 2. A. 1984; Der Letter of Intent, 2. A. 1983; Europ. Gesellschaftsrecht, 2. A. 1984; Rechte u. Pflichten d. Aufsichtsrats, 2. A. 1989; div. Monogr. u. Abh., insbes. zu Mitbestimmung, Aktiengesellschaft u. GmbH. Herausg. d. Zeitschr. f. Unternehmens- u. Gesellschaftsrecht - Spr.: Engl., Franz., Ital.

LUTTEROTTI, von, Markus

Dr. med., Prof., Chefarzt Innere Abt. Loretto-Krankenhs. Freiburg a. D. - Lugostr. 8, 7800 Freiburg/Br. (T. 7 40 74) - Geb. 10. Aug. 1913 Trient - S. 1954 (Habil.) Privatdoz. u. apl. Prof. (1961) Univ. Erlangen u. Freiburg (1962) - BV: Menschenwürdiges Sterben, 2. A. 1988. Facharb.

LUTZ, Burkart

Dr. phil., Direktor Inst. f. Sozialwiss. Forschung, München, Honorarprof. f. Industrie- u. Betriebssoziol. Univ. München (s. 1967) - Jakob-Klar-Str. 9, 8000 München 40 (T. 272 92 10).

LUTZ, Dietmar

Dr. jur., Bürgermeister Stadt Elmshorn - Retinastr. 12, 2200 Elmshorn (T. 04121 - 6 14 09) - Geb. 23. Juli 1941 Marienburg (Vater: Max L., Ing.; Mutter: Herta, geb. Schlie), ev.-luth., verh. s. 1968 m. Elke-Maria, geb. Lübbert, 3 Kd. - Stud. Rechtswiss. u. Gesch.; jurist. Staatsex. 1966 u. 70, Promot. 1969 Kiel - 1970 Richter, danach Sekr. Staatshaftungsrechtskommiss.; s. 1973 1. Stadtrat, s. 1980 Bürgerm. Elmshorn, stv. Landesvors. SGK Schlesw.-Holst.; Mitgl. Bundesvorst. SGK u. Präsid. Rat d. Gemeinden Europas.

LUTZ, Egon

Redakteur, MdB (s. 1972; Wahlkr. 231/ Nürnberg-Süd) - Emilienstr. 6, 8500 Nürnberg - Geb. 16. Jan. 1934 Bayreuth, verh. s. 1956 m. Roselies, geb. Rammensee, 2 Töcht. (Petra, Kristiane) - Volkssch.; Schriftsetzerlehre - 1956-65 IG Druck + Papier (Jugend- u. Bildungssekr.), 1960 Chefredakt. Organ Druck + Papier u. Vorst.-Mitgl.); s. 1965 Nürnberger Nachr. (Redakt.). SPD s. 1954 - BV: D. Zwang z. Sozialpartnerschaft, 1969 (m. Mühlbradt).

LUTZ, Frieder

Dr., Tierarzt, Prof. Univ. Gießen (s. 1975) - Ebelstr. 18, 6300 Lahn (T. 7 72 69) - Geb. 13. Juni 1939 Chemnitz (Vater: Erich L., Handelsvertr.; Mutter: Marianne, geb. Müller), ev., verh. s. 1968 m. Sigrid, geb. Harms, 2 Kd. (Friedemann, Viola) - Stud. d. Veterinärmed. Univ. Gießen u. München - 1963-65 Praxis; 1965-75 Assist. Pharmakol. Inst. Hamburg u. Inst. f. Pharmakol. u. Toxikol. Gießen. Fachmitgl.sch.

LUTZ, Hans-Jürgen

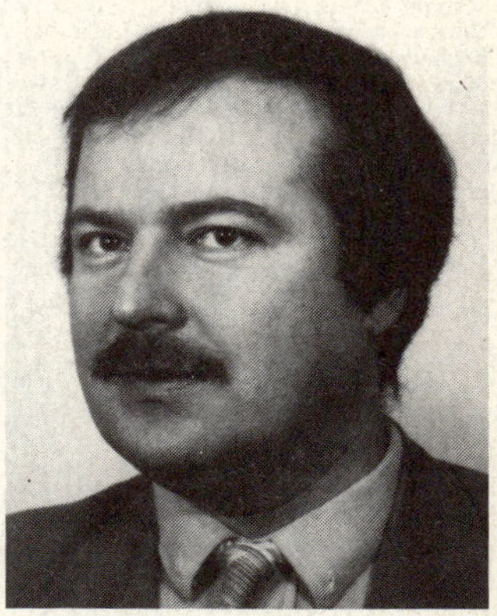

Verleger, Chefredakt., Journ., Schriftst., Komp., Musiker - Postf. 14 20, 6233 Kelkheim-Mitte (T. 06195 - 6 51 18) - Geb. 26. April 1948 Kelkheim - S. 1979 Begr. u. Herausg. div. Ztschr.-Bibliogr.; s. 1982 Präs. TUN, Org. Tier- u. Naturschutz; s. 1987 Chefredakt. Ztschr. Kurz-Info International - BV: D. Neue Musik, Lexikon z. Neuen Musik, 1979; Aktualitätslexikon Umweltschutz, 1980; Umweltschutz-Referatedienst, 1981; Kurvendiskussionen, 1986; Handb. d. Hess. Kommunalverf.rechts (m. Rafael Wiegelmann), Bde. I u. II 1988 - Insz.: In memoriam Toni S. (UA 1978), Zirkel I (1979), Konzert Nr. 1 f. Solo-Mandoline u. Orch. (1980), David u. Goliath (1981), Konfrontation 13/20 (1981), Elegie (1982) - Liebh.: Musik, Mathematik, Naturwiss., Ökologie.

LUTZ, Harald

Dr. med. habil., Prof., Internist, Chefarzt Med. Klinik I Klinikum Bayreuth - Neckarstr. 10, 8580 Bayreuth (T. 0921 - 4 39 24) - Geb. 24. April 1938, ev., verh. m. Hedi, geb. Wunderer, 3 Kd. (Anja, Holger, Dieter) - Stud. Univ. Erlangen, Wien u. München; Promot. 1965, Habil. 1978 - Zul. Oberarzt Med. Univ.-Klinik Erlangen. 1983-86 1. Vors. Dt. Ges. f. Ultraschalldiagnostik in d. Med.; 1987 president elect, 1990 president Europ. Ges. Ultraschall in d. Med. - BV: Ultraschalldiagnostik (B-scan) in d. Inn. Med., 1978; Ultraschallfibel, 1981; Manual of Ultrasound, 1984; Ultraschallanatomie, 1986.

LUTZ, Heinz Dieter

Dr. rer. nat., Prof. f. Anorgan. Chemie Univ.-GH Siegen - In der Seelbach 11, 5902 Netphen 2 (T. 0271 - 7 66 35) - Geb. 16. März 1934 Rockenbach, ev., verh. s. 1962 m. Renate, geb. Löblein, 4 Kd. (Elisabeth, Barbara, Matthias, Gabriele) - 1953-62 Chemiestud. Univ. Köln; Dipl. 1960, Promot. 1962, Habil. 1967 - 1970-72 Wiss. Rat u. Prof. Univ. Köln; s. 1972 o. Prof. in Siegen (1972-81 Mitgl. Gründungssenat Univ.-GH Siegen) - Entd. schnelle Lithium-Ionenleiter. IUPAC Solubility Series, Sulfites, Selenites and Tellurites, 1986, Structure and Bonding Series, Bonding and Structure of Water Molecules in Solid Hydrates. Rd. 180 Veröff. in nationalen u. intern. wiss. Fachztschr.

LUTZ, Hermann

Kath. Priester, Prälat, Diözesan-Caritasdir. (s. 1965) - Auf dem Kreuz 41, 8900 Augsburg (T. 0821-3156 222) - Geb. 6. Nov. 1919 Bad Honnef/Rh., kath., ledig - 1930-37 Human. Gymn. Dillingen; 1937-41 Phil.-Theol. Hochsch. Dillingen, Abschl. Synodale, Priesterweihe 1942; Cura Ex. nach Kaplanszeit in Neu-Ulm, 1946 (Augsburg) - 1942-46

Kaplan Neu-Ulm; 1945-46 Seelsorger i. Kriegsgefangenenlager Neu-Ulm; Caritas-Sekr. ab 1946, Heimleit. Ulrichsheim Augsburg 1946-61, Caritas-Rektor b. 1964, Vizepräs. d. DCV; Mitgl. kirchl. Räte, Hauptaussch. Dt. Verein, Zentralrat Dt. Caritasverb., Finanzkomm., Zentralvorst. d. DCV; Vors. d. Arbeitsgem. öfftl. u. fr. Wohlfahrtspflege Schwaben; Vors. od. Vorstandsmitgl. versch. Vereine u. Einricht. - Herausg.: Zeitschr. Caritas-Werkblatt, Jahresber.; Kleinveröff. - 1971 BVK; 1976 Gold. Ehrenz. d. Dt. Caritasverb.; 1979 Bayer. VO; 1982 Silb. Brotteller d. DCV, u.v.m. Interessen: Briefm., Kunst, Natur, Hobbyjäger, tätig in e. Fülle v. kirchl., öfftl. u. soz. Aussch. - Spr.: Franz.

LUTZ, Joachim

Dr., Prof. f. Physiologie Univ. Würzburg - Röntgenring 9, 8700 Würzburg - Geb. 15. Mai 1932 Ludwigshafen (Vater: Dr. Georg L., Chirurg; Mutter: Elsi, geb. Betzler), ev., verh. s. 1957 m. Elisabeth, geb. Dalitz, 3 Kd. (Reinhart, Ulrich, Barbara) - Stud. Univ. Mainz (Promot. 1957); Habil. 1967 Univ. Würzburg - S. 1973 Prof. Rd. 100 Buch- u. Ztschr.beitr. z. Organkreisläufen, Sauerstofftransport, Blutersatz.

LUTZ, Peter

Dipl.-Ing., pers. haft. Gesellsch. Gottlieb Duttenhöfer, Blechwarenfabrik, Haßloch (s. 1983 i.R.) - Luitpoldstr. 13, 6733 Haßloch (T. 06324-59 01 01) - Geb. 14. Febr. 1916 - S. 1982 Ehrenmitgl. REFA-Verb. f. Arbeitsstudien.

LUTZ, Robert A.

Aufsichtsratsvorsitzender Ford-Werke AG., Köln (s. 1984) - Postfach, 5000 Köln 21 - Geb. 1932 Zürich/Schweiz (Vater: Bankdirektor), verh., 4 Töchter - Stud. Univ. Berkeley - Mehrj. Tätigk. General Motors, 1970-72 Opel-Vorst. 5 J. US-Armee/Marine Corps (rund 1500 Flugstunden als Düsenjäger-Pilot) - 1972-74 Verkaufsdir. BMW u. Vorstandsmitgl.; s. 1974 Vorstandsvors. (b. 1976) Ford-Werke AG.; 1976 Exekutiv Vizepräs. u. VR-Mitgl. Ford-Motor-Comp., Detroit; VR-Vors. Ford Europa Inc., Ingatestone - Liebh.: Motorradfahren, Oldtimer, Skeleton-Schlitten - Spr.: Engl., Franz., Ital.

LUTZ, Werner

Hauptgeschäftsführer Handwerkskammer Stuttgart - Heilbronner Str. 43, 7000 Stuttgart 1 - Geb. 27. Nov. 1930.

LUTZ, Wilhelm

Dr. phil., Prof. - Schwarzdornweg 4, 6236 Eschborn-Niederhöchstadt (T. 06173 - 6 45 35) - Geb. 22. Juli 1931 Adorf/Vogtl. (Vater: Erich L., Oberlehrer; Mutter: Aloisa, geb. Müller), ev., verh. s. 1963 m. Elisabeth, geb. Heinz, 4 Kd. (Thomas, Margarethe, Johannes u. Peter) - Stud. Innsbruck; Promot. 1963 ebd. - Spr.: Engl.

LUTZ, Wolfgang

Dipl.-Kfm., Inh. Lutz & Co., Elektrokeramik, pers. haft. Gesellsch. Döbrich & Heckel, Steatitwerke, bde. Lauf - Schlachthofstr. 13, 8560 Lauf - Geb. 9. Sept. 1930.

LUTZEYER, Wolf(gang)

Dr. med., o. Prof. f. Urologie - Colynshofstr. 2, 5100 Aachen (T. 7 56 60) - Geb. 21. Juni 1923 Leipheim/Donau, ev., verh., Tochter Katharina - Gymn. Günzburg/D.; ab 1941 Univ. Berlin u. Würzburg. Med. Staatsex. 1947 München; Promot. 1947, Habil. 1955, beides Würzburg - U. a. Leit. Urol. Abt. Chir. Univ.klinik Würzburg (1960; 1962 apl. Prof. f. Chir. u. Urol.) u. Chefarzt Urol. Klinik Städt. Krankenanstalten Aachen (1963; 1966 Ord. u. Urol. TH Aachen). 1967/68 Vors. Nordrh.-Westf. Ges. f. Urol., 1972-73 Präs. Dt. Ges. f. Urol. - Zahlr. Mitgliedschaften, u. a. Dt. Akad. d. Naturforscher Leopoldina, Intern. Ges. f. Urodynamik, Europ. Ges. f. Urol., Dt. Ges. f. Chir., Europ. Ges. f. Experiment. Chir., Max-Planck-Ges.; Korr. Mitgl.: American Urological Assoc., Inc., American Assoc. of Genitourinary Surgeons, Inc., Span., Schweizer., Österr. u. Franz. Ges. f. Urol. - Mithrsg.: Handb. d. Urol. - Liebh.: Mod. Graphik u. Malerei - Spr.: Engl., Franz., Ital. - Rotarier.

LUUK, Dagmar,

geb. Pioch

Diplom-Politologin, MdB (Vertr. Berlins, s. 1980) - Hasselfelder Weg 23, 1000 Berlin 45 - Geb. 14. April 1940 Bremen - SPD (1975-80 MdA Berlin).

LUX, Emil

Dr. rer. pol., Dipl.-Kfm., Geschäftsführer Emil Lux, OBI Handels-GmbH., beide Wermelskirchen, Dt. GRID-Inst., Herten, Vors. Arbeitsgem. z. Förd. d. Partnerschaft in d. Wirtsch., Handelsrichter LG Wuppertal - Industriestr. 10, 5632 Wermelskirchen 1 (T. 02196 - 8 61) - Geb. 18. Dez. 1918 Remscheid (Vater: Emil L., Kaufm.; Mutter: Jenny, geb. Schultz), verh. s. 1945 m. Marianne, geb. Hoolmans, 3 Kd. (Rita, Harald, Wolfgang) - Hochsch. f. Welthandel Wien (Dipl.-Kfm.), Univ. Köln (Promot.) - 1972 BVK - Interessen: Marketing, gruppendynam. Prozesse - Spr.: Engl., Franz., Span.

LUX, Hermann

Dr.-Ing., o. Prof. f. Anorgan. u. Analyt. Chemie (emerit.) - Rottenbucher Str. 46, 8032 Gräfelfing/Obb. (T. München 85 12 88) - Geb. 3. Sept. 1904 Karlsruhe (Vater: Heinrich L., Regierungsrat; Mutter: Anna, geb. Göhler), verh. s. 1943 m. Eugenie, geb. Zirngibl, T. Inge - TH Karlsruhe (Promot. 1931) - 1937 Doz., 1944 apl. Prof. TH München, 1950 Univ. ebd., 1955 ao., 1968 o. Prof. TH, jetzt TU München. Entd.: Fünfwert. Mn., Chrom (II)-Verbind. - BV: Praktikum d. quantitativen anorgan. Analyse, 7. A. 1979 (span. 1960); Anorgan.-chem. Experimentierkunst, 3. A. 1970 (poln. 1960, russ. 1965).

LUZ, Werner

Dipl.-Ing., em. Prof., Architekt BDA - Taubenheimstr. 76, 7000 Stuttgart-Bad Cannstatt (T. 56 14 27) - S. 1967 o. Prof. f. Entwerfen, Raumkunst u. Wohnungsbau TH Hannover - 1970 Hugo-Häring-Preis, 1976 BDA-Architekturpreis Nieders.

di LUZIO, Aldo

Dottore, Prof. Univ. Konstanz (Fachbereich Sprachwiss.) - Postfach, 7750 Konstanz/B..

LYDTIN, Helmut

Dr. med., Prof., Internist, Ärztl. Direktor Kreiskrankenhaus Starnberg - Oßwaldstr. 1, 8130 Starnberg/Obb. - Lehrtätigk. München.

LYMPASIK, Siegmund

Kunstmaler, Graphiker, Kunsterzieher - Sybelstr. 46, 1000 Berlin 12 (T. 323 62 09) - Geb. 14. Jan. 1920 Berlin, kath., led. - Oberrealsch. Berlin (Abit.); 1939-40 u. 1947-52 Kunsthochsch. ebd. - 1940-47 Wehrdst. u. Kriegsgefangensch. (vorzeit. Entlass. auf Grund v. Ausstellungserfolgen in Berlin n. 1945 m. Arbeiten aus d. Krieg aus Frankr. u. Belg.). Beteilig. an zahlr. Ausstell. Mitgl. Dt. Künstlerbd. - 1951 Berliner Kunstpreis, 1959 Preis Gr. Berliner Kunstausstell., s. 1981 m. e. Bild vertr. u. a. in d. Bonner Samml. Kunst f. d. Bund u. d. Berlin. Galerie.

LYNDEN, Baron von, Diederic Wolter

Königl. Niederländ. Botschafter in Bonn - Fasanenstr. 20, 5300 Bonn-Bad Godesberg (T. 35 53 38) - Geb. 22. April 1917 Amsterdam (Vater: Jan Carel Elias Baron v. L. †; Mutter: Johanna, geb. de Clercq), Neder-Duits hervormd, verh. s. 1945 m. Anne, geb. Heathcote, 3 Kd. (Carola, Jan Willem, Carel Diederic) - 1934-37 Kgl. Inst. d. Marine, Willemsoord - 1937-49 Berufsoffz. Kgl. Marine; s. 1949 im Ausw. Dienst; New York (Vereinte Nat.), London, Wien, AA Den Haag (stv. Leit. Directie Intern. Organisaties), bevollm. Min. Kgl. Niederl. Botschaft London, 1970-74 Min.dir. (Leit. polit. Abt.) Den Haag; 1984-86 Präs. Intern. Kommiss. z. Schutz d. Rheins gegen Verunreinigung - Zahlr. hohe niederl. u. ausl. Orden - Liebh.: Landschaftsmalerei, Musik, Architektur, Interieurs, Politik, Gesch., Jagd, Segeln - Spr.: Dtsch., Engl., Franz.

M

MAACK, Jürgen

Dipl.-Ing., Geschäftsführer Bundesverb. d. Energie-Abnehmer u. Inst. f. Energieeinsparung Beratungs-GmbH, Hannover - Fuchsklint 17, 3004 Isernhagen - Geb. 12. Nov. 1935 Berlin, ev., verh. s. 1967 m. Gisela, geb. Arndt, S. Tilo - Abit. 1953, Stud. Elektrotechnik TH Ilmenau u. TU Hannover, Dipl. 1966 - Spr.: Engl.

MAACK, Siegfried

Kaufmann, Bürgermeister Rinteln - Rathaus, 3260 Rinteln/Weser, priv.: Fürst-Ernst-Str. 2 (T. 05751 - 24 91, 22 64) - B. 1970 FDP, dann CDU.

MAACKEN, Eberhard

Bankdirektor - Neuer Jungfernstieg 16, 2000 Hamburg 36 (T. 3 41 07-1) - B. 1972 stv., dann o. Vorstandsmitgl. Dt.-Südamerik. Bank AG.

MAAK, Wilhelm

Dr. rer. nat., o. Prof. f. Mathematik - Ewaldstr. 69, 3400 Göttingen (T. 5 66 43) - Geb. 13. Aug. 1912 Hamburg, verh. - Oberrealsch.; Univ. Hamburg u. Kopenhagen. Promot. u. Habil. Hamburg - 1935 Assist. Univ. Hamburg, spät. Univ. Heidelberg, 1940 Privatdoz., 1945 apl. Prof. Hamburg, 1952 o. Prof. Univ. München, 1958 Univ. Göttingen. 4 J. Wehrdst. (Luftw.) - BV: Lehrb. d. Differential- u. Integralrechnung, 4. A. 1969, engl. A. 1962; Fastperiod. Funktionen, 2. A. 1967. Zahlr. Einzelarb. - 1958 o. Mitgl. Akad. d. Wiss. München, 1962 Göttingen, 1973 Kopenhagen.

MAAR, Paul

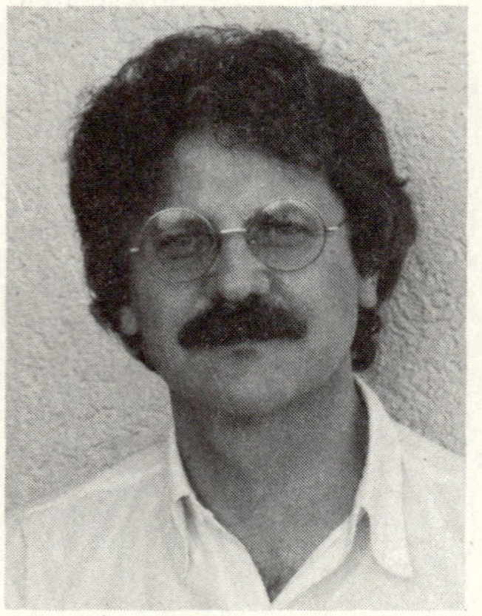

Autor u. Illustrator - Zinkenwörth 7, 8600 Bamberg - Geb. 13. Dez. 1937 Schweinfurt/M., verh. m. Nele M., 3 Kd. (Michael, Katja, Anne) - Hochschulabschl. - Kinder- u. Jugendb.: u.a. E. Woche voller Samstage, 1975; Lippels Traum, 1985; Türme, 1987. Kindertheaterst., u.a. Kikerikikiste, 1973; Freunderfinder, 1983; Übers. ins Engl., Franz., Russ., Japan., Ital. usw. - 1981 Brüder-Grimm-Preis; 1985 Österr. Staatspreis f. Kinderliteratur; 1985 Europ. Jugendbuchpreis (Premio Europeo di Letteratura Giovanile), Ehrenliste; 1987 Gr. Preis d. Dt. Akad. f. Kinder- u. Jugendlit. f. d. Gesamtw.; 1988 Dt. Jugendlit.-preis (f. Türme) - Spr.: Engl.

MAAS, Georg

Dr., Prof., Direktor, Leit. Inst. f. Unkrautforschung/Biol. Bundesanstalt f. Land- u. Forstw. - Messeweg 11/12, 3300 Braunschweig.

MAAS, Utz

Dr. phil., Prof. f. Allg. u. German. Sprachwissenschaft Univ. Osnabrück - Am Harderberg 35, 4504 Georgsmarienhütte - Geb. 24. Nov. 1942 Bonn (Vater: Hermann-Josef M., Lehrer; Mutter: Gertrud, geb. Fritz), verh. s. 1980 m. Eva-Maria, geb. Nasner, S. Konrad Asmus - Promot. 1968 Univ. Freiburg, Habil. 1971 TU Berlin - 1968 Wiss. Assist. Univ. Freiburg; 1969-73 Wiss. Mitarb. TU Berlin; 1975-76 Prof. Univ. Roskilde (Dänemark); s. 1976 Prof. Univ. Osnabrück - BV: Pragmatik u. sprachl. Handeln (m. and.), 1972, 3. A. 1974; Argumente f. d. Emanzipation v. Sprachunterricht u. Sprachstud., 1974; Grundkurs Sprachwiss., Teil I: Grammatiktheorie, 1973, 3. A. 1979; Berufsverbot (in Dän. u. Schwed.), 1976; Kann man Sprache lehren? F. e. and. Sprachwiss., 1976, 2. A. 1979; Potemkins Universitäten, 1979; Als d. Geist d. Gemeinschaft e. Sprache fand. Sprache im Nationalsozialismus, 1984; Sprachwiss. u. Volkskunde (m. a.), 1986.

MAAS-EWERD, Theodor

Dr. theol. habil., o. Prof. f. Liturgiewissenschaft Kath. Univ. Eichstätt - Ostenstr. 26-28, 8078 Eichstätt; priv.: Wacholderheide 2 (Gn), 8079 Walting bei Eichstätt - Geb. 6. Febr. 1935 Senden/Westf. (Vater: Th. M.-E., Personalleiter; Mutter: Maria, geb. Thorwesten), kath., ledig - 1955-61 Stud. Phil. u. Theol. Univ. Münster u. Passau, 1961 Priesterweihe, Promot. 1967, Habil. 1976 Univ. Münster - 1961-64 Kaplan u. Religionslehrer, 1968-73 u. 1975-80 Pfarrer Bistum Münster; 1964-68 u. 1973-75 wiss. Assist., 1976-80 Privatdoz. Univ. Münster; 1980 Ord. Kath. Univ. Eichstätt (1985 Ruf n. Paderborn) - BV: Liturgie u. Pfarrei, 1969; Gemeinde im Herrenmahl, 1976; Pius Parsch, 1979; Fürbitten, 1981; D. Krise d. Liturg. Beweg. in Dtschl. u. Österr., 1981; Auf d. Weg durch d. Zeit, 1982; Besondere Tage, 1985; V. Sinn d. Sonntags, 1985; Lebt unser Gottesdienst? D. bleibende Aufg. d. Liturgiereform, 1988. Herausg. Reihe: Extemporalia. Fragen d. Theol. u. Seelsorge (s. 1985, m. M. Seybold) - Vorst.-Mitgl. Lit. Inst. Trier; Redakt.-Mitgl. Fachztschr. Forum Kath. Theologie, Aschaffenburg, u. Praedica Verbum, Donauwörth; s. 1984 nebenamtl. Schriftleiter bayer. Klerusbl. München/Eichstätt; s. 1986 Päpstl. Ehrenprälat.

MAASJOST, Ludwig

Dr. phil., Prof., Geograph - Greiteler Weg 38, 4790 Paderborn (T. 3 35 43) - Geb. 23. Juli 1905 Oesterwiehe - 1950 Doz., 1954 Prof. Päd. Hochsch., 1972 Ges.-Hochsch. Paderborn f. Geographie (1973 emerit.) - BV: Geogr. Lit. ü. Nordrh.-Westf.

MAASS (ß), Dieter

Dr., Prof. f. Informatik Univ. Kaiserslautern - Postf. 3049, 6750 Kaiserslautern - Geb. 20. Sept. 1930 - Dir. Regionales Hochschulrechenzentrum (RHRK).

MAASS, Erich

Dipl.-Kfm., Bundestagsabgeordneter (s. 1983; Landesliste Nieders.) - Bundeshaus, 5300 Bonn 1 - Geb. 1. März 1944, ev., verh. - CDU.

MAASS, Fritz

Dr. theol., o. Prof. f. Altes Testament u. Bibl. Archäol. - Berliner Str. 32, 7809 Denzlingen b. Freiburg - Geb. 15. Febr. 1910 Naugard/Pom. - Univ. Berlin u. Halle (Theol., German., Oriental.; Promot. bei Prof. Otto Eißfeldt). Habil. 1951 Berlin (Humboldt) - 1936-47 Pfarrer Dt. Ev. Gemeinde Jerusalem u.

Schanghai; s. 1948 Lehrtätigk. Kirchl. Hochsch. Berlin (1958 Ord.; 1961/62 Rektor), Univ. Kiel (1964) u. Mainz (1968). Spezialgeb.: Alttestamentl. Theol. u. rabbin. Lit. Fachveröff.

MAASS (ß), Heinrich

Dr. med., Prof., Ltd. Oberarzt Univ.s-Frauenklinik Hamburg - Ansgarweg 1 n, 2000 Hamburg 54 (T. 56 39 55) - Geb. 15. Nov. 1927 Flensburg (Vater: Emil M., Konditormeister; Mutter: Aenne, geb. Siggelkow), verh. s. 1958 m. Gisela, geb. Irwahn, 3 Kd. (Mareile, Nicolai, Anneke) - 1948-53 Stud. - S. 1962 (Habil.) Lehrtätigk. Hamburg (1968 apl. Prof. f. Geburtshilfe u. Frauenheilkd.). Spez. Arbeitsgeb.: Exper. u. klin. Krebsforsch. - BV: D. Supervolttherapie, 1961. Zahlr. Fachaufs. - 1962 Konjetzny-Preis - Spr.: Engl.

MAASS (ß), Heinrich

Dr. d. Techn. Wiss., Dipl.-Phys., Geschäftsleiter i. R. Fried. Krupp GmbH. Atlas-Elektronik, Bremen - Billungstr. 16, 2800 Bremen-St. Magnus - Geb. 27. Juni 1910 - 1936-75 Atlas-Werke AG. bzw. Krupp. Spez. Interessengeb.: Wasserschallortung.

MAASS (ß), Max-Peter

Dr. rer. pol., Schriftsteller, Theater- u. Kunstkritiker - Pützerstr. 1, 6100 Darmstadt (T. 2 02 64) - Geb. 3. März 1904 Itzehoe/Holst. (Vater: Johannes M., Kaufm.; Mutter: Amanda, geb. Stücker), ev., verw. - Kaiser-Karl-Sch.; Univ. Freiburg, Kiel, Göttingen (Nationalök.; Promot. 1926) - S. 1928 Redakt. Göttinger Ztg., Ztg. f. Ostpommern, Stolp (1935), Hannoverscher Kurier (1939), Hildesheimer Ztg. (1943), Westd. Rundschau, Wuppertal (1949), Darmstädter Tagbl. (1952; Redaktionsleit.), dazw. 1944-45 Wehrdst. (Ostfront) u. 1946-48 fr. Schriftst. Initiator Ausstell. Zeugnisse d. Angst in d. modernen Kunst 1963 Darmstadt. Herausg. Darmstädter Monografien - BV: D. Apokalyptische in d. mod. Kunst - End- oder Neuzeit?, 1965; Halsgericht - Kriminalität u. Strafjustiz in alter Zeit, 1968; Eberhard Schlotter, Monogr. 1971; Neuausg. Bd. 1 Weg zum Selbst, Bd. 2 Was gilt der Mensch?, 1985; Hermann Tomada, Monogr. 1973; Dellweg-Seggn, plattdt. Erz., 1975; Wenn dat soo is . . . , plattdt. Ged. 1976; Marietta Merck, Monogr. 1984 - 1964 Johann-Heinrich-Merck-Ehrung Darmstadt - Liebh.: Archiv f. apokalypt. Kunst - Spr.: Engl., Franz.

MAASS (ß), Wolfgang

Dr. rer. nat., Prof. f. Theoret. Physik - Am Richtsberg 74, 3550 Marburg/L. - Geb. 15. Juni 1936 Berlin - Promot. 1966; Habil. 1970 - S. 1970 Privatdoz. u. Prof. (1971) Univ. Marburg. Fachveröff.

MAASSEN (ß), Hermann

Dr. jur., Staatssekretär i. R., Rechtsanwalt - Mendelssohnstr. 12, 5300 Bonn-Bad Godesberg (T. 33 19 22) - Geb. 12. Okt. 1915 Köln (Vater: Dr. jur. Jakob M., Rechtsanw.; Mutter: Christel, geb. Fassbender), kath., verh. s. 1940 m. Marianne, geb. Cornelius, 3 Kd. (dar. 2 S.) - Gymn. Köln; Univ. München u. Köln (Rechtswiss.). Gr. jurist. Staatsprüf. - Justizverw. (Richter); 1951-71 Bundesjustizmin. (1967 Min.dir., 1969 Staatssekr.). Mitverf.: Erläuterungsbuch z. Strafgesetzbuch.

MAATMANN, Hermann R.

Landwirt, MdL Nieders. (s. 1978) - Haus Nr. 118, 4459 Wilsum - Geb. 15. Febr. 1925 Rheine/W., verh., 1 Kd. - Volkssch.; Banklehre - 1946-61 Bankangest.; s. 1961 selbst. (elterl. Landw.). 1961 ff. Bürgerm. Wilsum; 1964 ff. MdK Grafsch. Bentheim (1968 Fraktionsf.); 1976 ff. Landrat Kr. Grafsch. Bentheim. CDU s. 1961.

MAATSCH, Richard

Dr. h. c., Prof., Ordinarius f. Zierpflanzenbau (emerit.) - Burgweg 11, 3000 Hannover 21 (T.0511 - 701 01 82) - Geb. 4. Dez. 1904 Braunschweig (Vater: Friedrich M., Lehrer; Mutter: Elisabeth, geb. Tödter), ev., verh. s. 1932 m. Anna, geb. Bornhöft, 3 Kd. (Tatjana, Maja, Immo) - Gärtnerlehre Braunschweig (Botan. Garten); Praxis Baumsch. Berlin u. Elmshorn, Botan. Garten München (Nymphenburg) u. Berlin (Dahlem); Lehr- u. Forschungsanst. f. Gartenbau u. Landw. Hochsch. Berlin (Gasthörer) - 1931-49 Betriebsleit. Versuchsgärtnerei (Zierpflanzenbau) Lehr- u. Forschungsanst. f. Gartenbau Berlin (Dahlem); ab 1946 Lehrbeauftr. u. Prof. m. Lehrauftr. (1947) Humboldt-Univ. ebd.; 1949-73 Ord. u. Inst.dir. Inst. f. Zierpflanzenbau TU Hannover. Spez. Arbeitsgeb.: Reaktion gärtner. Kulturpflanzen auf Licht u. Temperatur. Mitgl. Internat. Gartenbau-Ges. u. Intern. Kommiss. f. d. Nomenklatur d. Kulturpflanzen - BV: Cyclamen, 5. A. 1971; Zierpflanzenbau, H. 2; Marktpflanzen, 1952; Blumenzwiebeltreiberei, m. H. Schlösser, 3. A. 1953. Herausg.: Pareys Illustr. Gartenbau-Lexikon (5. A. 1956); Mitarb.: Pareys Blumengärtnerei (2. A. 1958); Ruge, Gärtner. Samenkd., 1966; Buch d. Freilandfarne, 1979; Mitarb. Gesch. d. dt. Gartenbaues, 1984; Schlechter, Orchideen, 3. A., Mithrsg. (Bd. II) 1985 - 1979 Dr. (agr.) h. c. TU Berlin, 1973 Georg-Arends-Gedächtnismünze. 1975 Fried. Scherrer Gedächnismed.

MAATZ, Richard

Dr. med., Prof., Chirurg - Ellernbrook 19, 2407 Bad Schwartau (T. 0451 - 2 39 25) - Geb. 19. Aug. 1905 Kiel (Vater: Richard M., Lehrer; Mutter: Ella, geb. Lutze), ev., verh. s. 1935 m. Hildegard, geb. Lüders, 4 Kd. - Oberrealsch. u. Univ. Kiel. Promot. 1932 - 1931-33 Assist. Pathol.-Hyg. Inst. Chemnitz, 1933-35 Assist. u. Oberarzt (1946) Chir. Univ.-Klinik Kiel (1940 Doz., 1949 apl. Prof.), 1956-71 Ärztl. Dir. u. Chefarzt Chir. Abt. Auguste-Viktoria-Krkhs. Berlin, apl. Prof. FU ebd. - BV: Technik d. Marknagelung, 1945 (m. Küntscher); Feder-Osteosynthese, 1951; Ergebnisse d. Marknagelung, 1951; Wanke/Maatz/Junge/Lentz, Knochenbrüche u. Verrenkungen, Lehrb. 2. A. 1967; D. Marknagel. u. a. intramedulläre Osteosynthesen, 1982 (m. Lentz, Arens u. Beck); Intramedullary Nailing and Other Intramedullary Osteosynthese, 1986. Div. Handbuchbeitr. Üb. 60 Fachaufs. - Liebh.: Segelsport.

MAAZEL, Lorin

Dr. h. c., Dirigent - Wohnhaft in Monaco - Geb. 6. März 1930 Neuilly/Frankreich (Eltern amerik. Staatsbürger), verh. I) 1952 m. Mimi, geb. Sandrbank (Pianistin, Komponistin), Tocht., II) 1969 m. Israela, geb. Margalit (Pianistin), III) 1986 m. Dietlinde, geb. Turban (Schausp.), S. Orson - Frühes öfftl. Auftreten (m. 7 J. als Dirigent, m. 9 als Geiger); 1965-71 GMD Dt. Oper Berlin; 1965-75 Chef Radio-Sinf.-Orch. Berlin; 1972-82 Chef Cleveland Orch., Cleveland (USA); 1982-84 GMD Staatsoper Wien; dzt. musikal. Berater u. Gastdirig. in USA; ab 1988 Musikdir. Sinf.-Orch. v. Pittsburgh (USA). Ring-Dirig. Bayreuther Festsp. (1968ff.) - Ehrendoktor Univ. Pittsburgh/USA (Musik); 1969 Sibelius-Med. (Finnl.); 1972 Ehrenmitgl. Dt. Oper Berlin; 1977 BVK I. Kl.; 1983 Bambi Bild + Funk - Beherrscht 5 Sprachen - Lit.: Ingvelde Geleng, L. M. - Monogr. e. Musikers, 1971.

MACAL, Zdenek

Dirigent - Postfach 17, CH-8044 Zürich - Geb. 1936 Brünn - Chefdirig. Prager Symph. (b. 1968), WDR Köln 1970-74, 1980-83 NDR Hannover. Preisträger Dirig. Wettbewerb Besançon (1965) u. New York (1966). Gastdirig. Europa, USA, Japan u. Australien. Berliner, Münchner, Chicago u. New York Philharmonie, Orch. de Paris, Philharmonia London, u. b. Intern. Musik Festivals. Fernsehen- u. Radio-Aufn. i. ganz Europa, Schallplatten bei EMI, DECCA, DGG, Supraphon. Wiener Flötenuhr 1971 für Mozart-Auff. Prix d'Italia 1973 für TV-Aufnahme.

MACHAC, Peter

Redakteur, Schauspieler, Autor, Moderator - Elisabethstr. 15, 8000 München 40 - Geb. Wien, verh. s. 1978 m. Monika, geb. Strauch - Human. Gymn.; Abit.; Schauspielsch. Prof. Helmut Krauss u. Prof. Polly Kügler - Redakt. Bayer. Rundf. (HA Unterhaltung); Schauspielengagements: Volkstheater, D. Courage, Komödie (Wien), Kl. Komödie, Kl. Freiheit (München), Film, FS (ORF, ZDF, ARD, RAI, SRG) - 1988 Gold. Verdienstzeichen Rep. Österr. - Spr.: Engl., Niederl.

MACHEMER, Hans Georg

Dr. rer. nat., Prof. f. Zoologie - Sauerbruchstr. 40, 4630 Bochum 1 - Geb. 7. Sept. 1934 Münster/Westf. (Vater: Helmut, Dr. med. et phil., Augenarzt; Mutter: Erna, geb. Schwalbe), ev., verh. s. 1964 m. Dr. rer. nat. Sigrun, geb. Röhnisch, 2 Kd. (Helmut, Oda) - Gymn. Ahaus/Westf. u. Coesfeld/Westf. (Abit. 1954); 1954-55 TH Karlsruhe (Archit.); Univ. Freiburg 1955-57 (Biol., Chem., Phys.); 1957-62 Univ. Münster (Biol., Chem., Phil.); Promot. 1964, Habil. (Biol.) 1971 Univ. Tübingen - 1964-65 Wiss. Assist. Zool. Inst. Univ. Münster; 1965-70 Assist. Univ. Tübingen; 1971-73 Postdoctoral Trainee, Res. Assoc. Dept. of Biol. Univ. of Calif. Los Angeles; 1973 Priv.doz., 1975 Univ.doz. Univ. Tübingen; s. 1975 Prof. u. Leit. Arbeitsgr. Zelluläre Erregungsphysiologie, Fak. f. Biol. Ruhr-Univ. Bochum; Mitgl. d. Forschergr. d. Dt. Forsch.gem. Membrankontrolle d. Zellaktivität - BV: Forsch.beitr. u. Übersichtsart. z. zellulären Sinnesphysiol., Membranphysiol. u. Physiol. d. Beweg. - Spr.: Engl., Franz.

MACHER, Egon

Dr. med., o. Prof., f. Dermatologie, Venerologie, insb. Immunologie d. Hautkrankh. - Ahausweg 27, 4400 Münster (T. 86 12 89) - Geb. 13. Juni 1924 Leipzig (Vater: Rudolf M., Kunstbuchbinder; Mutter: Martha, geb. Reichenbach), kath., verh. s. 1948 m. Dr. Brigitte geb. Schneider, 4 Kd. (Michael, Stefan, Sabine, Columbine) - Univ. Tübingen, Jena, Heidelberg; Promot. 1948; Habil. 1959 Marburg. S. 1959 Privatdoz. Marburg, s. 1960 Freiburg. 1963/64 Ausbild.stip. Rockefeller-Univ. New York. 1965 apl. Prof. Univ. Freiburg; 1965-67 ass. Prof. Rockefeller Univ., N. Y., s. 1972 o. Prof. u. Dir. Univ.-Hautklinik Münster - Div. Fachveröff. Mithrsg. versch. Fachztschr. - Mitgl. Dt. Akad. d. Naturforscher Leopoldina, Rhein.-Westf. Akad. d. Wiss., New York Acad. of Sciences Amer. Ass. of Immunologists, Ehrenmitgl. Poln. u. Österr. Dermat. Ges.; 1984 Johann-Georg-Zimmermann-Preis f. Krebsforsch. - Liebh.: Musik, Freiballonsport - Spr.: Engl.

MACHERAUCH, Eckard

Dr. rer. nat., Dr.-Ing. E.h., Prof. u. Leiter Inst. f. Werkstoffkunde I TH bzw. Univ. Karlsruhe (s. 1966) - Nonnenbühl 10, 7500 Karlsruhe 41 - Geb. 30. Sept. 1926 Stadtilm - Promot. 1955, Habil. 1959 Stuttgart - B. 1966 Abt.-Leit. Max-Planck-Inst. f. Metallforsch., s. 1966 o. Prof. f. Werkstoffkd. Univ. Karlsruhe, s. 1982 Hon.-Prof. Xian Jiaotong Univ. - BV: Röntgen- u. Kernphysik f. Mediziner u. Biophys. (m. Richard Glocker), 1965, Stud.ausg. 1971; Praktikum in Werkstoffkunde, 7. A. 1987; Einführ. i.d. Versetzungslehre, 7. A. 1982 - Beitr. z. versch. Standardwerken, z. B. Materialprüf. m. Röntgenstr. (m. Richard Glocker), 5. A. 1971; Handb. d. zerstörungsfr. Prüfverfahren (E.A.W. Müller), 1975 - 300 Publ. üb. Span. Analys., Plast., Ermüd., Wärmebeh., Bruchmech. - Mitgl. wissensch. u. wiss.-techn. Ges. (DGM, DPG, DVM, VDG, AFS, ASM, SAE) - Fachgutachter f. forschungsförd. Institutionen (DFG, AIF, VW-Stiftung, BMFT) - Kuratoriumsmitgl. b. mehr. Forschungsinst. - Mithrsg. Z. f. Metallkunde; International Journal of Fatigue; Schriftenr. Werkstoffkd. 1970-74; Beitr. z. Werkstoffkd. u. -technik, 1977; Zeitschr. f. Werkstofftechn. 1970-1973, 1979ff., Fatigue of Engin. Mat. and Struct. - 1979 Erich-Siebel-Gedenkmünze; 1983 o. Mitgl. Heidelb. Akad. d. Wiss.; 1984 Ehrendoktor TH Darmstadt; 1985 Mitgl. d. Wiss.Rates; 1985 Heyn-Denkmünze; 1988 Röntgen-Plak.; 1988 Fellow d. Americ. Soc. of Metals; 1988 Adolf-Martens-Med.; 1988 Award d. Wallenberg Found.

MACHLEIDT, Hans

Dr. rer. nat., Dipl.-Chem., Prof. f. organ. Chemie u. Biochemie Univ. Tübingen, Forschungsleit. u. Mitgl. d. Geschäftsf. a. D. Dr. Karl Thomae GmbH, Biberach an d. Riß - Talfeldstr. 23, 7950 Biberach/Riß - Stud. Chemie - S. Habil. Lehrtätigk. Univ. Bonn (1962 apl. Prof.) u. Tübingen (1966). Spez. Arbeitsgeb.: Organ. Chemie - Mitgl. Aussch. f. Biotechnol. u. Gentechnol. Verb. d. Chem. Ind., Aussch. f. Forsch. u. Entw. Bundesverb. d. Pharmaz. Ind.; Mitgl. Aussch. f. Forsch. u. Technol. im Landesverb. d. Baden-Württ. Ind.; o. Kurat.-Mitgl. Steinbeis-Stiftg. f. Wirtschaftsförd., Baden-Württ.; Landesvertr. d. Bundesverb. d. Dt. Ind.; Pers. Mitgl. im engeren Kurat. d. Fonds d. Chem. Ind.; Wiss. Beirat BioEngeneering. Beauftr. d. Zentralgeschäftsleit.ber. Forsch. u. Entw. Boehringer Ingelheim. Wahrnehmung d. Interessen v. Forsch. u. Technol. in Gremien d. Politik u. Wirtsch. u. fr. Management- u. Technol.beratung - Ehrensenator Univ. Tübingen.

MACK, Günter

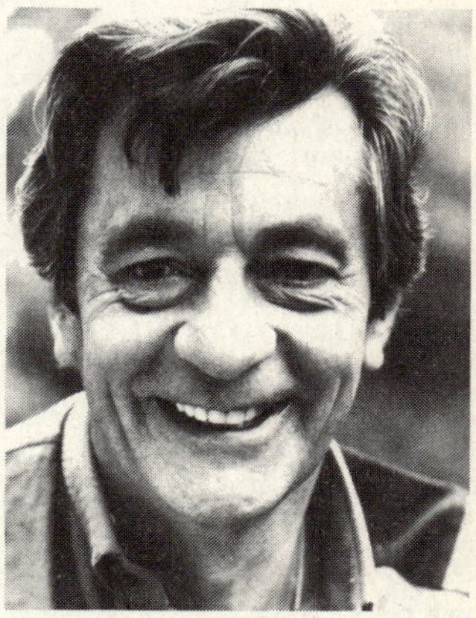

Schauspieler - Brombeerweg 1, 8038 Gröbenzell (T. 08142 - 92 09) - Geb. 12. Dez. 1930 Augsburg, ev., verh. s. 1955 m. Wiltrud, geb. Regner, T. Susanne - Gymn., Schausp.sch. - S. 1955 Sprecher f. Blindenhörbüchereien - Div. Bühnenrollen in 7 festen Engag.; s. 1969 freischaff., Festspiele, Tourneen, Gastspiele, dar. Cyrano de Bergerac, Armer Mörder, Wallenstein, Becket (Anouilh), Kean (Sartre); üb. 100 FS-Filme, dar. Nobile, D. ewige Gatte, Kaddisch n. e. Lebenden, Tarabas, Hiob (J. Roth). 1983 TV-Film zweispr.: Weltunterg./End of the World; 5 Kinofilme - 1967 Bundesfilmpreis Gold, 1979 Gold. Kamera, 1987 Preis Dt. Blindenverb. (Beliebtester Sprecher) - Spr.: Engl. - Lit.: Zeutschel Biogr.

MACK, Heinz

s. Mack, Otto-Heinz

MACK, Lorenz

Prof. h. c., Schriftsteller - Karl-Wagner-Pl. 3, A-9300 St. Veit/Glan - Geb. 17. Juni 1917 Ferlach/Kärnten (Vater: Franz M., Büchsenmacher; Mutter: Theresia, geb. Odreitz), kath., verh. s. 1968 - Hauptsch. Bundeslehranstalt f. Handfeuerwaffen - Initiator u. Leit. Diskuss.-Forum Tage d. Poesie St. Veit; Gründer u. 1. Präs. Kärntner Schriftst.-Verb.; Gründ. Diskussionsforum podium u. Intern. Forum ü.d. Kulturaustausch Profile

- BV (b. zu 5 Übers.): Glück wohnt in d. Wäldern, R. 1952; D. Saat d. Meeres, R. 1954; D. gottlose Dorf, R. 1955; D. Brücke, R. 1958; Hiob u. d. Ratten, R. 1960; Weihnachtsballade, 1962; Räuberhptm. Fridolin Schneck, 7. A. 1964; D. Sohn d. Erde, R.; An jenem Samstag, R.; D. Herr auf Weyer, R.; Martin Tallmann u. s. Söhne, R.; D. Hunnenbrunner, R.; D. Tod im Forsthaus, R.; Treibholz, Nov. 1978; D. Kosakennovelle, 1986; D. Büchsenmacher, 1987; D. Grünen Hügel, 1987; D. Weihnachtsballade, 1987. Hör- und Fernsehsp. Herausg. Anthol. Dichtung aus Kärnten, 1970 - 1964 Theodor-Körner-Preis; 1968 Hörspielpr. ORF; 1981 Österr. Ehrenkreuz f. Wiss. u. Kunst; 1987 Gr. Ehrenzeichen Land Kärnten; 1987 Ehrenbürger d. Heimatstadt Ferlach; Mitgl. Österr. PEN-Club - Lit.: Interpretationen mod. Prosa (Moritz Diesterweg Verlag 1955).

MACK, Otto-Heinz

Prof., Bildhauer - Üddinger Str. 232, 4050 Mönchengladbach (T. 02161 - 60 24 58) - Geb. 8. März 1931 Lollar (Vater: Ferdinand M., Kaufm.; Mutter: Ida, geb. Lang), verh. in 2. Ehe s. 1985 m. Ute, 3 Töcht. (Simone u. Bettina aus 1. Ehe, Maria-Valeria) - Schule Krefeld (Abit.); 1950-53 Kunstakad. Düsseldorf, 1953-56 Univ. Köln - Spez. Arbeitsgeb.: Konstruktionen m. d. Medien Licht u. Bewegung. Verwend. neuer Materialien zwecks einer opt. Immatrialisat. d. Werkstoffe; Werke in üb. 85 Museen d. Welt; s. 1974 Arbeitsgeb. Kunst im öfftl. Raum (m. monumentalen Arb. in üb. 13 Großstädten) - Fernsehfilm: Tele-Mack (1968/69) - BV: Zero, 3 Ausg. (m. Otto Piene); Mackazin (1967/1968); . . . daß Silber meine Farbe ist, 1977 - 1958 Kunstpr. Stadt Krefeld; 1965 Prix Marzotto; 1966 Premier Prix Paris; 1968 o. Mitgl. Akad. d. Künste Berlin - Spr.: Engl., Ital. - Mitgl. Lions-Club - Lit.: Mack, Mackazin (1965); Staber, H. Mack, Monogr. (1968); Bense, Kunst in d. Wüste (1969); Mack, Piene, ZERO, Vol. 1, 2, 3 (1973); Weidemann, Imaginationen (1973); Heckmanns, Mack, Handzeichnungen (1974); Mack, Strukturen (1975); Thomas, Monogr. (1975); Thomas, Mack (1976); Höpker, Expedit. in künstl. Gärten (1976); Galerie Denise René, Hans Mayer, Werkkatalog (1977); Honisch, Skulpturen (1986); Ruhrberg, Sehverwandtschaften (1989).

MACK, Wolfgang

I. Bürgermeister Stadt Bad Königshofen im Grabfeld - Rathaus, 8742 Bad Königshofen/Ufr. - Geb. 13. Juni 1932 Königshofen - Kommunalbeamter.

MACKE, Peter

Dr. jur., Richter Bundesgerichtshof - Herrenstr. 45a, 7500 Karlsruhe - Geb. 26. Nov. 1939 Berlin, kath., verh. m. Hildegard, geb. Klaus, 3 Kd. (Ruth, Klaus, Rolf) - Stud. Univ. Köln; Promot. Köln; 2. jurist. Staatsprüf. 1967 Düsseldorf - 1967ff. Richter OLG Mönchengladbach; 1977ff. Richter LG Düsseldorf; zwischenzeitl. Abordnung an Bundesjustizmin. (Leit. Ref. f. Kabinettangelegenh.); 1981ff. Richter BGH; 1982-85 Pressespr. BGH; 1987 Vors. Verein Bundesrichter BGH u. Mitgl. Bundesvorst. Dt. Richterbund.

MACKENRODT, Jochen

Dr. jur., Generalbevollm. Direktor Siemens AG (Beteiligungen u. Versich.) - Wittelsbacherpl. 2, 8000 München 2 (T. 089 - 234 25 58) - Geb. 12. Juli 1930 Berlin (Vater: Hans M., Arzt; Mutter: Hedwig), verh. s. 1959 m. Sibylle, geb. Fahr, 2 Töcht. (Kathrin, Nina) - Schulen Salem, Konstanz, Castrop-Rauxel; Univ. Freiburg u. München - RA. 1958-67 Pfaff AG., 1967-72 Singer, s. 1972 Siemens - Spr.: Engl., Franz., Ital.

MACKENSEN, Günter

Dr. med., Dr. sc. h.c., em. o. Prof. f. Augenheilkunde - Bergleweg 6, 7800 Freiburg/Br. (T. 7 14 12) - Geb. 7. Okt. 1918 Braunschweig, verh. s. 1944 m. Dr. Charlotte, geb. Küchemann - Promot. 1944 Göttingen; Habil. 1957 Tübingen - S. 1957 Lehrtätigk. Univ. Tübingen (1963 apl. Prof.; Oberarzt Augenklinik) u. Freiburg (1967 o. Prof.; Dir. Augenklinik). Fachveröff.

MACKENSEN, Jürgen

Geschäftsführer Hommel Handel GmbH., Köln - Rheinallee 135, 4000 Düsseldorf 1 - Geb. 21. Juli 1925, verh. m. Inge, geb. Pretsch, Sohn.

MACKENSEN, Lutz

Dr. phil. (habil.), Prof., Philologe - Hamfhofsweg 125 b, 2800 Bremen 1 (T. 0421 - 27 34 63) - Geb. 15. Juni 1901 Bad Harzburg (Vater: Ludwig M., OStudDir.; Mutter: geb. Kochinki), ev., verh. I) 1926 m. Maria, geb. Hergt, II) 1943 Eva, geb. v. Hollander, 5 Kd. (Ludwig (†), Prof. Dr. Rainer, Brigitte (†), Dr. Gesine, Dr. Götz) - Univ. Berlin u. Heidelberg - Lehrtätigk. Univ. Greifswald, Riga (1932-39), Gent (1940-41) u. Posen (1941-45; emerit. o. Prof. 1961 Univ. Münster); Leitg. Dt. Presseforsch. (1957-66) - BV (1927-71; z. T. wiederh. aufgelegt): Dt. Kulturatlas (5 Bde.), Handwörterb. d. dt. Märchens (2 Bde.), D. dt. Volksbücher, Dt. Wörterb., Dt. Rechtschreib., Sprache u. Technik, D. tägl. Wortschatz, D. dt. Sprache unserer Zeit, Dt. Etymologie (Leitf. durch d. Gesch. d. Wortes), Etymolog. Wörterb.; D. mod. Fremdwörter-Lex.; Verführung durch Sprache, 1973; Traktat üb. Fremdwörter, 1974; Stauferzeit, 1979; Fachwörter in d. Umgangsspr., 1981; D. Nibelungen, 1984; Ursprung d. Wörter, 1985. Herausg.: Ztschr. Mutterspr. (1949-57) - 1966 VDI-Ehrenmünze; Mitgl. Vetenkaps Societeten (Lund), Ehrenmitgl. Ges. f. Dt. Presseforsch.

MACKENSEN, Rainer

Dr. phil., o. Prof. f. Soziologie - Provinzstr. 92, 1000 Berlin 51 (T. 492 61 91) - Geb. 8. Juni 1927 Greifswald (Vater: Prof. Dr. Lutz M., Philologe (s. dort); Mutter: Dr. Maria, geb. Hergt), ev., verh. s. 1951 m. Ingeborg, geb. Reinfeldt, 2 Kd. (Philip, Anna-Renate) - 1948-54 Univ. Göttingen u. Tübingen (1950; German., Angl., Theol., Phil.). Promot. 1955 Tübingen; Habil. 1967 Münster - 1955-68 Wiss. Mitarb. Sozialforschungsst. Dortmund/Univ. Münster (1963-68 zugl. Lehrbeauftr.); s. 1968 Ord. u. Inst.dir. TU Berlin. 1961-62 Rockefeller Research Fellow USA. Spez. Arbeitsgeb.: Großstadtforsch., Bevölkerungswiss. Üb. 80 Fachveröff.

MacKENZIE, David Neil

Prof. f. Iranistik - Am Weendespring 28, 3400 Göttingen (T. 0551 - 3 55 88) - Geb. 8. April 1926 London (Vater: David MacK., Minist.beamter; Mutter: Ada, geb. Hopkins), verh. I) m. Gina, geb. Schaefer; II) m. Gabriele, geb. Hoffmann, 4 Kd. (Kenneth, Ian, Karin, Alasdair) - Univ. London (Iranistik), B.A. u. M. A. 1953, Ph.D. 1957 - 1955-75 Schule f. orient. Studien Univ. London; s. 1975 Prof. Univ. Göttingen - BV: Kurdish Dialect Studies, 2 Bde., 1961/62; Sūtra of the causes and effects of actions, in Sogdian, 1970; Concise Pahlavi dictionary, 1971; Buddhist Sogdian texts of the British Library, 1976 - Spr.: Engl., Franz., Kurdisch, Paschto, Pers.

MACUCH, Rudolf

Dr. phil., o. Prof. f. Semitistik, Mitgl. d. Norweg. Akad. d. Wiss. (s. 1988) - Schützallee 36, 1000 Berlin 37 (T. 813 82 25) - Geb. 16. Okt. 1919 Dolnè Bzince/Slow. (Vater: Johann M., Baumeister; Mutter: Anna, geb. Harmadi), ev. A. B., verh. s. 1949 m. Iran, geb. Chaghaghi, T. Maria - Gymn. Wagneustadt; Ev. Theol. Fak. Preßburg (2. Staatsprüf. 1943), Univ. Paris (Semit. Philol., Arab.) u. Preßburg (Semit., Phil.), Promot. 1948 - 1943-45 Kaplan Slow. Ev.-Luth. Kirche Trenčin; 1948-50 Assist. Univ. Preßburg; 1951-55 Lehrer f. Lat. u. Franz. Community School Teheran; 1955-63 ao. Prof. Univ. Teheran. Herausg.: Handbook of Classical and Modern Mandaic, A Mandaic Dictionary (m. Lady E. S. Drower), Grammatik d. samaritan. Hebräisch, Neusyrische Chrestomathie (m. E. Panoussi), Gesch. d. spät- u. neusyr. Lit., Zur Spr. u. Lit. d. Mandäer (Studia Mandaica I), Grammatik d. samaritan. Aramäisch, Neumandäische Chrestomathie. Zahlr. Fachaufs. - Liebh.: Slaw. u. iran. Philol. - Spr.: Engl., Franz., slaw., semit. u. iran. Spr.

MADAUS, Rolf

Dr., Fabrikant, Mitgesellsch. u. Geschäftsf. Dr. Madaus GmbH & Co./ Pharmaz. Erzeugnisse, Köln - Ostmerheimer Str. 198, 5000 Köln 91.

MADEL, Waldemar

Dr. phil. (habil.), Prof., Geschäftsf. i. R. - Stiegelstr. Nr. 79, 6507 Ingelheim - Geb. 27. März 1912 Berlin - Promot. u. Habil. Berlin - S. 1954 Privatdoz. u. apl. Prof. Univ. Mainz (Angew. Zoologie m. bes. Berücks. d. Entomol.); b. 1976 (Ruhestand) Geschäftsf. Fa. Celamerck, Ingelheim - BV: Drogenschädlinge - Erkennung u. Bekämpf., Schädlinge im Bauholz (mehrere A.), Schädlinge zw. Keller u. Dach, Wirtschaftsfeinde m. 6 Beinen.

MADELUNG, Gero

Dipl.-Ing., Prof., berat. Ingenieur, Messerschmitt-Bölkow-Blohm GmbH - Postfach 801109, 8000 München 80 - Geb. 2. Febr. 1928 Berlin (Vater: Prof. Georg M., Flugzeugbauer; Mutter: Ello, geb. Messerschmitt) - Stud. Maschinenbau TH-Stuttgart u. Clarkson College Potsdam (USA), TH-München - S. 1952 Messerschmitt bzw. MBB; (1978-83 Vors. d. Gfg.) AR.-Mand. Robert Bosch GmbH, u. Deutsche Alcan GmbH; 1975ff. Honorar-Prof. TU-München (Luftfahrttechn.) - 1974 u. 1977 amerik. Ausz.; 1981 BVK; 1972 u. 1984 brit. Ausz.

MADELUNG, Otfried

Dr. rer. nat., o. Prof. f. Theoret. Physik - Am Kornacker 18, 3550 Marburg-Wehrda (T. Marburg 6 13 35) - Geb. 14. April 1922 Frankfurt/M. - S. 1957 (Habil.) Lehrtätigk. Univ. Marburg (1962 Ord. u. Inst.sdir.; 1967/68 Rektor). Fachveröff.

MADER, Bernd M.

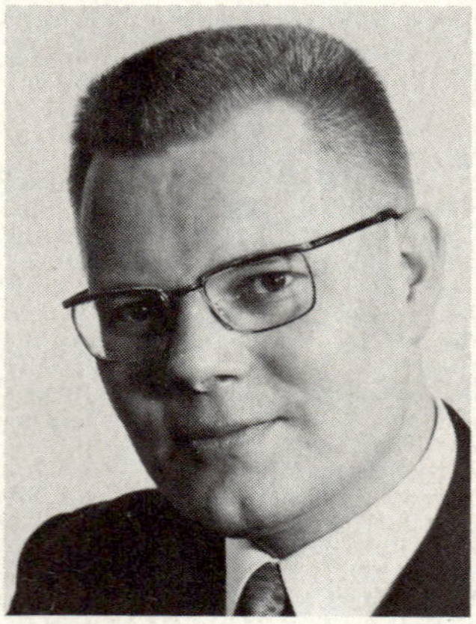

Intern. Berufsnumismatiker, freiberufl. Finanz-Journalist - Martinistr. 49, 4402 Greven/Westf. 1 (T. 02571 - 21 37) - Geb. 7. Nov. 1940 Bremen (Vater: Dipl.-Hdl. Karl R. M., Handelsstud.rat; Mutter: Eleonore K., geb. Jentsch), ev., verh. s. 1963 m. Anita, geb. Teufel - Kaufm. im Groß- u. Außenhandel - Inh. u. Geschäftsf. Fa. Münzen-Mader (Versand exklusiver Münzen- u. Med.-Raritäten, gegr. 1973). Mitgl.schaften: Berufsverb. dt. Münzenfachhandel, Bonn; GIG (Ges. f. Intern. Geldgesch. u. gemeinn. Forsch.ges.), Frankfurt/M.; ÖNG (Österr. Numismatische Ges.), Wien; BNS (British Numismatic Soc.), London - Autor zahlr. numismatischer Fachbeitr. in Presseorganen aller Art. Herausg. u. verantw. Redakt. Informationsdienst mader aktuell - münzen & informationen (s. 1973) - Liebh.: Helgolandica-Sammler - Spr.: Engl., Franz., Lat. u. Altgriech.

MADER, Franz

Rechtsanwalt u. Notar, Fachanw. f. Steuerrecht - Alfred Bozi-Str. 23, 4800 Bielefeld 1 (T. 49 11 88); Büro: 1, Alfred-Bozi-Str. 23 (T. 0521 - 6 50 21) - Geb. 28. Jan. 1912 Mitteldorf (Vater: Josef M.; Mutter: Anna, geb. Kastner), verh. s. 1943 m. Ilsetraut, geb. Mündel, 4 Kd. - Gymn. Glatz; Stud. Rechts-, Staats- u. Wirtschaftswiss. - S. 1948 RA u. Not. (1958). 1939-45 Kriegsdst. (zul. Regtskdr.; Oberst d. R. a. D. Bundeswehr); 1967-80 MdL NRW, 1956-80 Ratsherr Stadt Bielefeld, 1956-70 FDP, s. 1971 CDU - U. a. Ritterkreuz, Dt. Kreuz in Gold, Ehrenblattspange, Gr. BVK - Liebh.: Skifahren, Schwimmen, Wandern, Histor. Lit., Briefmarken - Spr.: Engl.

MADER, Fritz

Dr.-Ing. - Hartstr. 39, 8034 Germering/Obb. - 1977ff. Vorst.-Mitgl. Dornier GmbH., Friedrichshafen/München - Rotarier.

MADER, Helmut

Aufsichtsratsvorsitzender RGH Rat. Ges. d. Handels KG - - Buchenweg 1, 6909 Walldorf (T. 06227 - 22 21) - Geb. 4. März 1923 Freiwalde, kath., verh. s. 1952 m. Hilda Luise, geb. Staufer, S. Detlef Jürgen - Drogist; Akad. f. Führungskräfte d. Wirtsch. - Vorstandstätigk. Handelsgr. Drogerie - Liebh.: Heilpflanzen.

MADER, Roland

Ingenieur, Betriebswirt, Gesellschafter d. Fernseh System Ges., München, Präs. Dt. Volleyball-Verb. (1979ff) u. Bayer. Volleyball-Verb. (1977-83), Vice-Pres. Europ. Volleyball Verb. (s. 1983) u. Intern. Volleyball Verb. (s. 1984), Mitgl. NOK - Sonnenstr. 5, 8042 Oberschleißheim/Obb. (T. 089 - 315 40 91) - Geb. 21. Sept. 1944 Innsbruck/Österr. (Vater: Josef M., Kaufm.; Mutter: Rosa, geb. Saurwein), verh. in 2. Ehe (1978) m. Hilde, geb. Weber, 3 T. (Carmen, Christina-Maria, Clarissa) - Fachsch. f. Elektronik; Verwaltungs- u. Wirtschaftsakad. - 1975-78 Vors. Bundesverb. Jg. Unternehmer in Südbayern; 1977 ff. Landesvors. BJU in Bay. u. Mitgl. Bundesvorst. 1969-72 Vizepräs. TSV 1860 München - Liebh.: Sport (mehrf. österr. Meister Leichtathletik; Fußball, Tennis, Volleyball), Wirtschaftspolitik, Psych. - Spr.: Engl.

MADER, Wilhelm

Polizeihauptmeister a. D., MdL Nieders. (s. 1965) - Hartenkamp 37, 2900 Oldenburg/O. (T. 6 11 28) - Geb. 12. Juni 1914 Bieber Kr. Offenbach/M., verh., 2 Kd. - Oberrealsch.; Ausbild. väterl. Handwerksbetrieb - S. 1934 Polizeidst., dazw. 1936-45 Wehrmacht. S. 1961 Ratsmitgl. u. Senator (1964) Oldenburg. SPD.

MADER, Wilhelm

Dr. phil., Prof. f. Erwachsenenbildung Univ. Bremen, Psychoanalytiker - Gaußstr. 33, 2804 Lilienthal (T. 04298 - 13 71) - Geb. 25. Aug. 1939 Verl/Westf., verh. s. 1969 m. Sabine, geb. Schumacher, 3 Kd. (Till, Daniel, Kristin) - Lic. phil. 1966 Univ. München; Promot. 1968 Univ. Innsbruck; s. 1980 Fachpsych. f. psychoanalyt. Therapie (DGPPT), Bremen - 1968-72 päd. Mitarb. Erwachsenenbild.; s. 1973 Prof. f. Erwachsenenbild. - BV: Erwachsenenbild., 1975; Max Scheler, 1980; D. Hauptschulabschl. in d. Weiterbild., 1980.

MADER, Wolfgang

Dr., Prof., Lehrstuhl Mathematik Univ. Hannover (s. 1979) - von-Weber-Str. 11, 3057 Neustadt 1 - Geb. 1. Jan. 1937 Roßtal b. Nürnberg (Vater: Dr. Wilhelm M.; Mutter: Dipl.-Ing. Ruth M.), ev., verh. s. 1969 m. Christel, geb. Schoch, 2 Söhne (Wolfgang, Björn) - 1957-63 Stud.

Univ. Erlangen, Köln (Math., Physik); Promot. 1967 Köln; Habil. 1973 Berlin - 1977 Gastprof. Univ. Hamburg u. 1977/78 Univ. Ulm; s. 1977 Prof. f. Math. FU Berlin - 50 Abhandl. üb. Graphentheorie in versch. math. Fachztschr. Mithrsg.: Journal of Combinatorial Therory (B); Combinatorica, Europ. Journal of Combinatorics; Journal of Graph Theory - Liebh.: Tischtennis, Klavier, Ornithologie, Schach - Spr.: Lat., Griech., Engl., Franz., Russ., Ital., Span.

MADLINGER, Anton

Generalbevollmächtigter Münchener Rückversicherungs-Ges. - Königinstr. 107, 8000 München 40 - Geb. 3. Sept. 1923.

MADRE, Alois

Dr. theol., Prof., Raimundus-Lullus-Institut (Inst. f. Quellenkunde d. Mittelalters) Univ. Freiburg (b. 1980, pens.) - Ringstr. 5, 7815 Kirchzarten/Br. (T. 41 20) - Geb. 19. Febr. 1915 Rechtenbach/Ufr. - S. 1962 (Habil.) Lehrtätigk. Freiburg (1969 apl. Prof. f. Theologiegesch.).

MÄCKE, Paul A.

Dr.-Ing., Univ.-Prof., ehem. Direktor Inst. f. Stadtbauwesen TH Aachen (1966) - I. Rote-Haag-Weg 36, 5100 Aachen (T. 6 17 89) - Geb. 17. Jan. 1922 Essen, verh. s. 1951 m. Hildegard, geb. Finkeldey, 3 Kd. (Peter, Heidrun, Helgard) - Dipl.ex. 1953, Promot. 1956, bde. Aachen - S. 1964 (Habil.) Lehrtätigk. Aachen. 1970-72 Vors. Ges. f. Regionalforsch. u. Forsch.beirat Forsch.ges. f. d. Straßenwesen; berufenes Mitgl. Rheinisch-Westf. Akad. d. Wiss. - BV: D. Prognoseverf. in d. Straßenverkehrsplanung, 1964; Wechselbeziehungen zw. Siedlungsstruktur u. Verkehr, 1965; Siedl.schwerpunkte im Ruhrgebiet - Untersuch. z. Schnellbahnsystem, 1971; Verkehrsmittelwahl in Hamburg, 1973; Arb.meth. d. kommunalen Verkehrsplanung, 1975; Gutachten zu verkehrspolitischen Fragen in Düsseldorf, 1981. Herausg.: Schriftenr. Stadt - Region - Land - Ehrenpräs. Ges. f. Regionalforsch.; Ehrennadel Forsch.ges. f. d. Straßenwesen.

MAECKER, Heinz

Dr. rer. nat., Dr.-Ing. E.h., em. o. Prof. TU München (s. 1961) - Puppenweg 19, 8000 München 83 (T. 60 63 44) - Geb. 6. April 1913 Bromberg (Vater: Dr. phil. Adolf M., Studienrat; Mutter: Martha, geb. Homeister), ev., verh. s. 1945 m. Maria, geb. Wollny, 2 Kd. - Univ. Rostock, München, Kiel. Promot. (1938) u. Habil. (1948) Kiel - 1941-45 Ball. Inst. d. Techn. Ak. d. Luftwaffe Bln.-Gatow, 1945-51 Assist. Univ. Kiel; 1948-61 Privatdoz. Univ. Kiel u. Erlangen (1956); 1951-61 Physiker Siemens-Schuckertwerke AG, Erlangen (zul. Abt.leit. Forschungslabor.), 1961 o. Prof. f. Techn. Elektrophysik u. Dir. Elektrophysik. Inst. TH München, 1978 emerit. Spez. Arbeitsgeb.: Techn. Elektrophysik, Plasmatechnik u. Plasmaphysik (Erzeug. stationärer Temperaturen b. 50 000 K; Nachweis opt. Grenzschichtwellen; Stationärer Pinch-Effekt; Kaskadenbogenkammer). Div. Fachveröff., dar. m. W. Finkelnburg; Elektr. Bögen u. Therm. Plasma (S. Flügge, Handb. d. Physik, Bd. 22 1956) - Liebh.: Schwimmen, Skilaufen - Spr.: Engl - 1983 Ehrendoktor Univ. Karlsruhe.

MAEDEL, Karl-Ernst

Schriftsteller - Wachenheimer Str. 63, 6520 Worms - Geb. 2. Sept. 1919 Halle, verh. m. Gisela, geb. Auerswald, 3 Kd. - Stud. Univ. Halle u. Berlin - Tätigk. im Kommunaldienst, zul. Prüfgruppenleit. - Zahlr. Veröff. üb. Eisenbahnwesen. BV: Geliebte Dampflok, (auch japan. übers.); Bekenntnisse e. Eisenbahnnarren; D. Eisenbahnjh.; Erz. v. Führerstand; Eisenb. zu meiner Zeit; u.a.m.; (auch Übers. u. zahlr. Aufs.).

MAEDGE, Rainer

Geschäftsführer Westd. Lotterie GmbH & Co., Köln - Strunder Feld 2a, 5000 Köln 80 (T. 680 43 38) - Geb. 17. Febr. 1944 - SPD.

MÄGDEFRAU, Karl

Dr. phil. nat., Prof. f. Botanik (emerit.) - Waldstr. 11, 8024 Deisenhofen/Obb. (T. München 613 19 84) - Geb. 8. Febr. 1907 Ziegenhain/Thür. (Vater: Otto M., Lehrer; Mutter: geb. Koch), verh. s. 1940 m. Paula, geb. Götz, 5 Kd. (Meinhart, Dieter, Gerlinde, Wolfgang, Helmut) - Gymn. Jena; Univ. ebd. (Promot. 1930) u. München (Botanik) - 1930 Wiss. Hilfskraft Botan. Inst. Univ. Halle, 1932 Assist. Botan. Inst., 1936 Doz. Univ. Erlangen, 1942-45 apl. Prof. Univ. Straßburg, 1948 Reg.rat Forstbotan. Inst. München, 1951 ao., 1956 o. Prof. Univ. ebd., 1960 Univ. Tübingen - BV: Geol. Führer durch d. Trias um Jena, 1929, 2. A. 1957 (m. A. H. Müller); Paläobiol. d. Pflanzen, 1942, 4. A. 1968; Vegetationsbilder d. Vorzeit, 1948, 3. A. 1959; Botanik (Winter's Studienführer), 1951; Geschichte d. Botanik, 1973; Lehrb. d. Botanik f. Hochsch., 29.-31. A. 1967-78 (m. D. v. Denffer, F. Ehrendorfer, H. Ziegler). Etwa 130 Fachaufs. - 1961 Mitgl. Dt. Akad. d. Naturforscher (Leopoldina), Halle/S.; Ehrenmitgl. Bayer. Botan. Ges., Regensburg. Botan. Ges., Dt. Botan. Ges.; Fellow Linnean Soc., London - Lit.: W. Frey, Beitr. z. Biol. d. nied. Pfl., 1977 (Festschr.).

MÄHL, Hans-Joachim

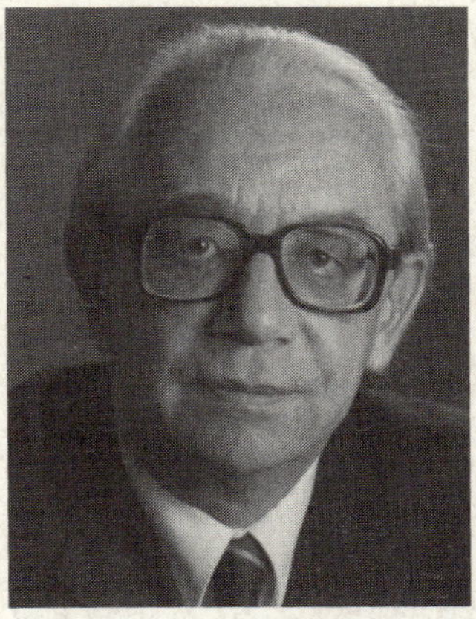

Dr. phil. (habil.), o. Prof. f. Neuere dt. Literaturgeschichte - Faulstr. 27, 2307 Surendorf (T. 04308 - 9 72) - Geb. 3. Mai 1923 Flensburg - S. 1960 Lehrtätigk. Univ. Hamburg (1967 Privatdoz.), Regensburg (1967 Ord.), Kiel (Ord.), Dir. Inst. f. Literaturwiss. - BV: D. Idee d. gold. Zeitalters, 1965; Sebastian Brants Narrenschiff, 1968; Novalis' Schriften, 1965-75; Dichter üb. ihre Dichtungen: Novalis, 1976, Hermaea; German. Forschungen, 1977ff., u. a. Veröff. - Lit.: Geschichtlichkeit u. Aktualität, Festschr. z. 65. Geb. (1988).

MÄHLMANN, Peter

Sparkassendirektor i. R. - Dannenkoppel 39, 2000 Hamburg 65 - Geb. 30. Sept. 1923 Hamburg - Präses d. Verwalt.rates d. Hamburger Sparkasse, Hamburg.

MÄHNER, Karl

Dr. rer. nat., Dipl.-Chem., Geschäftsführer Verb. d. Mineralfarbenindustrie - Karlstr. 21, 6000 Frankfurt/M.; priv.: 60, Rangenbergstr. 69 - Geb. 30. Juli 1932.

MÄKELT, Heinrich

Dr.-Ing., Vorstandsmitglied Düsseldorfer Eisenhüttenges., Ratingen, u. Eisenwerk Fraulautern AG., Saarlouis-Fraulautern, Honorarprof. f. Werkzeugmaschinen d. Umformtechnik TH Darmstadt (s. 1958) - Hossenhauser Str. 134, 5650 Solingen-Hohscheid (T. 28 17 71).

MAELICKE, Alfred

Dr., Prof., Leiter Arbeitsgruppe Interzelluläre Kommunikation f. Ernährungsphysiologie - Max-Planck-Inst. f. Ernährungsphysiologie, Rheinlanddamm 201, 4600 Dortmund 1 - Geb. 12. Aug. 1938 Berlin - Promot. 1968 Saarbrücken - 1973-81 Prof. Rockefeller Univ. New York; s. 1977 MPI f. Ernährungsphysiol. Dortmund - Arbeitsgeb.: Biochemie v. Neurorezeptoren, Mechanismen d. Informationsübertr. - BV: Acetylcholinreceptor; Structure and Function, 1986; mehr als 100 wiss. Originalarb.

MAELICKE, Bernd

Dr., Direktor Institut f. Sozialarbeit u. Sozialpädagogik - Am Stockborn 5-7, 6000 Frankfurt 50 - Stud. Rechtswiss., Volkswiss. u. Politik - Zul. Leit. Akad. f. Jugend- u. Sozialarb. Zahlr. Veröff. u. Buchpubl.

MÄLZER, Gottfried

Ltd. Bibliotheksdirektor, Leit. Univ.-Bibl. Würzburg - Am Hubland, 8700 Würzburg.

MÄLZIG, Günter

Dr. Ing., Vorstandsmitglied Anneliese Zementwerke AG, Ennigerloh - Brandhoveweg 104, 4400 Münster-Wolbeck (T. 02506 - 24 41) - Geb. 5. April 1933 Gleiwitz, ev., verh. s. 1965 m. Rosemarie, geb. Gaugenmaier, 3 Kd. (Rüdiger, Eckhard, Ulrike) - Stud. Steine u. Erden, Bergakad. Clausthal; Dipl.-Ex. 1959; Promot. TU Clausthal 1964 - Vorst. Verein Dt. Zementwerke, Düsseldorf, Vorst. Arbeitgeberverb. Nordwestdt. Zement- u. Kalkwerke, Beckum u. Allgem. Ortskrankenkasse f. d. Kreis Warendorf; s. 1982 ehrenamtl. Richter am AG Münster - Liebh.: Jagd, Wandern, Spr.: Engl., Franz.

MÄNDL, Bernhard

Dr. agr., o. Prof., Vorst. Inst. f. Techn. Mikrobiologie u. Brauerei II TU München/Fak. f. Brauwesen (s. 1968) u. Staatl. Brautechn. Prüf- u. Versuchsanstalt Weihenstephan - Aribostr. 1, 8050 Freising/Obb. - Geb. 26. Nov. 1910 Hartenricht (Vater: Michael M.; Mutter: Therese, geb. Zenger), verh. s. 1939 m. Adelgunde, geb. Schwab.

MÄNNING, Peter

Dipl.-Pol., MdB (s. 1975; Vertr. Berlins) - Riemeisterstr. 183, 1000 Berlin 37 - Geb. 3. Mai 1941 Berlin (Vater: Herbert M. †; Mutter: Hildegard, geb. Klug), ev., verh. s. 1966 m. Marianne, geb. Kirski, T. Constanze - Stud. d. Politologie FU Berlin; Dipl.ex. 1965 ebd. - 1965-67 Bildungsref. SPD Landesverb. Berlin, 1967-71 wiss. Assist. SPD-Fraktion u. 1971-75 pers. Ref. Präs. Abg.haus Berlin. Fachmitgl.sch., s. 1981 Vors. dt.-amerik. Parlamentariergr. d. Bundestages, s. 1982 Obmann Arbeitsgr. Außenpolitik d. SPD-Fraktion - Spr.: Engl.

MAENNLE, Ursula Käthe

Prof. f. Politikwiss. Kath. Stiftungsfachhochsch. München (Abt. Benediktbeuern), MdB (s. 1979-80 u. s. 1983 Landesliste Bayern), Vors. d. Gruppe Frauen CDU/CSU-Fraktion im Bundestag - Gräfelfinger Str. 18, 8000 München 70 - Geb. 7. Jan. 1944 Ludwigshafen, kath., ledig - Abit. 1964; 1964-69 Stud. Politol., Soziol. u. Neuere Gesch. Univ. München u. Regensburg (M.A. 1969) - 1970-76 wiss. Assist. Akad. f. Polit. Bild. Tutzing; s. 1976 Prof. CSU s. 1964 (Landesvors. RCDS; 1973-77 stv. Bundesvors. JU; s. 1974 Landesvorst. CSU; s. 1981 Landesvors. Frauen-Union).

MÄRKER, Roland

Dr. phil., M.A., Sozialwissenschaftler, Landesgeschäftsf. d. Arbeiterwohlfahrt, Landesverb. Saarland (s. 1982) - Am Viktoriaschacht 16, 6625 Püttlingen (T. 06898 - 6 17 21) - Geb. 25. Sept. 1948 Saarbrücken, ev., verh. s. 1973 m. Monika Maria, geb. Bittner - Gymn. Saarbrücken, Abit. 1967; 1968-73 Stud. Sozialwiss., M.A. 1973; Promot. 1979 (alles Univ. Saarbrücken) - 1973-78 Hochschulassist. Univ. Saarbrücken; 1979-82 Ref. f. Behindertenfragen d. Arbeiterwohlfahrt u. Assist. d. Geschäftsf. - Veröff.: Diss.: D. Begriff d. Soz. in Verhaltensforschung u. Soziol. (unt. bes. Berücksichtig. v. K. Lorenz), 1980 - Liebh.: Garten, Angeln, Modelleisenbahn, Bernhardiner, Klass. Musik, Chemie - Spr.: Franz., Engl.

MÄRKL, Alfred

Dr. rer. pol. - Max-Reger-Str. 29, 6000 Frankfurt/M. (T. 63 28 32) - Geb. 26. Juli 1914 Würzburg - B. 1976 Generaldir. Dt. Allg. Versicherungs-AG. u. Zürich Kautionsversich.s-AG.

MAERLENDER, Gerhard

Volks- u. Betriebsw., Wirtschaftsberater, ehem. Präs. Arbeitsgemeinsch. gegen Behördenwillkür, Nürnberg, Bezirksrat Stadtbezirk Hannover 2 - Waldstr. 8, 3000 Hannover - Geb. 1. März 1922 Berlin - Wirtschaftshochsch., Univ.-Stud., Bankpraktikum - Berat. Volks- u. Betriebw.; Geschäftst. Akad. Recht u. Wirtsch., Bischofsmais; Vorst. Bundesverb. Rechts- u. Wirtschaftsdst., Bonn, u. Vereinig. d. Ehemal. d. Pädagogiums u. Waisenhauses b. Züllichau, Traditionsanst. Jugenddorf Oberurff (Hessen); Mitgl. Akad. Maison Intern. Des Intellectuels (M.I.D.I.), Europa-Union, Reichsbund, Mittelstandsvereinig. Hannover.

MÄRTEN, Heribert

Landrat a. D. - Kirchstr. 96, 6227 Oestrich-Winkel (T. 06723 - 34 87) - Geb. 15. Febr. 1935 Mainz, verh., 2 Kd. - Univ. Frankfurt/M. (German., Gesch., Phil., Politik). Staatsex. 1960 u. 1963 - 1963-70 Rheingau-Sch. Geisenheim (Oberstud.rat). 1964ff. Gemeindevertr. Winkel u. 1972ff. Stadtverordneter Oestrich-Winkel; 1968ff. MdK Rheingau (Fraktionsf.). 1970-77 MdL Hessen (CDU); 1977-83 Landrat Rheingau-Taunus-Kreis. CDU.

MÄRZ, Fritz

Prof. Dr. phil., Ordinarius f. Pädagogik Univ. Augsburg (s. 1972) - Grüntenstr. 20, 8950 Kaufbeuren (T. 08341 - 51 54) - Geb. 10. Nov. 1934 Oberhaching (Vater: Martin M., Forstarb.; Mutter: Frieda, geb. Mühlbauer), kath., verh. s. 1963 m. Erika, geb. Hipper, 2 Kd. (Erika, Christoph) - Hum. Gymn.; Lehrerausbildung; Stud. (Phil., Theol., Päd.) Univ. München; Promot. ebd. - 1958-61 Schuldst., 1961-65 Wiss. Assist. Päd. Hochsch. Augsburg, 1965-70 Doz. PH Westf.-Lippe Abt. Siegerl., 1970 a.o. u. 1971 o. Prof. PH Augsburg (1970-72 Vorst.) - BV: 11 wiss. Werke (4 davon auch span., 1 ital.). Zahlr. Fachveröff. (u. a. Lexika) - Liebh.: Orgelspiel.

MÄRZ, Gerhard

Dr. jur., Präsident Landgericht Stade (s. 1973) - Wilhadikirchhof 1, 2160 Stade (T. 04141 - 107317, n. Dst.-Schluß: 107355) - Geb. 28. Febr. 1929 Berlin (Vater: Dipl.-Ing. Georg Wimplinger; Mutter: Maria, geb. März, gesch. W.), kath., verh. s. 1960 m. Dr. med. Gertraut, geb. Abramowski, Sohn Marc Andreas - Abit. (1946) Bayreuth; Refer. Würzburg 1953, Assess. Hannover 1958. Dr. jur. 1957 Würzburg - 1959-60 Assess. Staatsanwaltsch. u. LG Braunschweig; 1960-63 Nieders. Staatskanzlei Hannover (Hilfsrefer.); 1963-67 LGRat Braunschweig; 1968 OLGRat Celle; 1969-73 Ref.Leit. (Min.-Rat) Justiz-Min. Hannover (Bundesrat u. VerfassungsR) - BV: Strafb. Handl. gegen d. Rechtspfl., 1956; D. Begünstig. (Diss.), N. 1958; Nieders. Gesetze, Samml. s. 1966; D. Landgericht (Festschr.), 1985 - Liebh.: Naturwiss., Gesch., Malerei, Musik - Spr.: Engl., Franz., Span.

MÄRZHEUSER, Paul Emil

Rechtsanwalt u. Notar, Präsident a.D. MSV Duisburg - 4223 Voerde-1-Löhnen (T. 02855-2 40 22) - Geb. 31. Juli 1924 Duisburg (Vater: Dr. Josef M., Chefarzt; Mutter: Ferdinande, geb. Rensing), kath., verh. s. 1960 m. Monika, geb. Firley, 2 T. (Babette, Stefanie) - Abit.; Rechtsrefer., Ass., RA., Notar - 1970 Beirat DFB; s. 1974 Präs. MSV Duisb., 1976 Vorst. DFB, 1976 Vizepräs. Mülheimer Rennverein, 1978 Dir. f. Vollblutzucht u. Rennen, Vors. oberes Renngericht - 1969 Ritter v. Hl. Grabe z. Jerusalem; BVK - Liebh.: Fußball, Galopprennsport - Spr.: Engl., Franz., Lat.

MAES, Karl
Dr. h.c., Vortragender Legationsrat (Ausw. Dienst d. Bundesrep. Dtschl.), Leiter d. Konsulats in Concepción/Chile (s. 1980) - Casilla 41, C, Concepción/Chile (T. 2 59 78) - Geb. 7. Febr. 1922 Köln - 1958 Magister Chicago/USA; 1972-76 Leit. Konsulat Cordoba (Argent.); 1976-80 Botsch. in Nepal - 1975 Ehrendoktor Cordoba (Argent.).

MAETSCHKE, Walter
Verleger, Inh. Sport- u. Jugend-Verlag, Hamburg - Schliemannstr. 9, 2000 Hamburg 52 (T. 82 95 41) - Geb. 13. Sept. 1914 Berlin (Vater: Carl M., Ztg.verleger; Mutter: Else, geb. Walter), verh. s. 1947 m. Gertrud, geb. Menck - Fachausbild.; Stud. (Diplom 1935 Univ. Lausanne) - Wehrdst. - 1965 Verdienstmed. Verein d. Ztschr.verleger in Hamburg u. Schlesw.-Holst. (zeitw. Vors.) - Liebh.: Ski, Tennis - Gold. Sportabz.

MAETZEL, Wolf-Bogumil
Bundesrichter - Spanische Allee 68, 1000 Berlin 38 (T. 84 05 80) - Geb. 11. Aug. 1913 Hamburg (Eltern: Emil (Baudir., Kunstmaler †1955) u. Dorothea (Kunstmalerin †1930) M.), ev., verh., 3 Kd. - Obersch. Hamburg; Univ. ebd., Freiburg/Br., Berlin (Rechtswiss.). Ass.ex. 1939 Hamburg - 1939-47 Wehrdst. u. Kriegsgefangensch.; s. 1947 Richter Amtsgericht Hamburg, Landesverw.s-(1951), Oberverw.sgericht ebd. (1956), Bundesverw.sgericht Berlin (1959) - Spr.: Engl.

MÄTZNER, Karl
Fuhrunternehmer (Fa. Fritz Mätzner), Vors. Fachvereinig. Güterfernverkehr Berlin (b. 1972) - Tempelhofer Damm 183, 1000 Berlin 42 (T. 752 77 75) - Geb. 27. Dez. 1909 - Langj. Vorstandsmitgl. Güterfernverkehr-Genoss. Berlin eG.

MÄURER, Helmut
Dr., Prof. f. Math. Techn. Hochsch. Darmstadt - Am Wittumsacker 18, 6101 Groß-Bieberau (T. 06162 - 53 90) - Geb. 16. April 1936 Ludwigshafen/Rh. (Vater: Georg M., Landw.; Mutter: Veronika, geb. Weigel), ev., verh. s. 1967 m. Waltraud, geb. Jäger, 2 Kd. (Christoph, Barbara).

MÄURER, Horst-Christian

Dr. med., Prof. - Adolfstr. 21, 1000 Berlin 37 (T. 030 - 815 25 07) - Geb. 12. Mai 1921 Berlin, verh. s. 1948 m. Dr. med. Dorothea, geb. Birkholtz, 2 Söhne (Andreas, René, bde. Ärzte) - Stud. Univ. Göttingen u. Berlin; Staatsex. 1945 Berlin; Promot. 1948 ebd. - Charité Berlin, FU Berlin Weiterbildung Inn. Med. u. Röntgen; versch. Positionen in d. BfA (zul. Ltd. Arzt b. d. Geschäftsfg.); Mitgl. Sachverständigenrat d. dt. Ärzteschaft b. d. BÄR; Leiter Inst. f. Europ. Rehabilitationsforsch. - BV: Klinisch-physiol. Untersuchungsmeth., 1972; Leitfaden f. d. sozialmed. Begutachtung in d. gesetzl. Rentenversich., 1986. Herausg.: Ztschr. Acta medico technica (20 J.); D. Schlaganfall. Rehabilitation statt Resignation - 1979 Ernst-von-Bergmann-Plakette f. Verd. um d. ärztl. Fortbild. - Liebh.: Theater, Musik, Malerei - Spr.: Engl., Ital.

MAEYAMA, Yasukatsu
Dr. phil. nat., Privatdozent f. Geschichte d. Naturwiss. (spez. Atronomiegesch.) Univ. Frankfurt - Korr. Mitgl. Acad. Intern. d'Histoire des Sciences Paris.

MAG, Wolfgang
Dr., o. Prof. f. Betriebswirtschaftslehre Univ. Bochum - Dürerstr. 12, 4630 Bochum-Weitmar (T. 43 19 14) - Geb. 6. Okt. 1938 Bad Homburg (Vater: Josef M., Betriebsinsp. i.R.; Mutter: Frieda, geb. Walker), ev., verh. s. 1969 m. Ursula, geb. Vetter - Stud. d. Wirtsch.swiss. Frankfurt/M.; Dipl.ex. 1964; Promot. 1968; Habil. 1973 (alle Frankfurt/M.) - 1972 Prof. Frankfurt/M. - BV: Grundlagen e. betriebswirtsch. Organisationstheorie, 2. A. 1971; Entscheidung u. Information, 1977; Einf. in d. betriebl. Personalplanung, 1986 - Spr.: Engl.

MÁGA, Othmar M. F.
Dirigent - Merlos 19, 6325 Grebenau (T. 2 62) u. 56 Rue de Boulainvilliers, F 75016 Paris (T. 524 49 78) - Geb. 30. Juni 1929 Brünn, verh. m. Gisela, geb. Dennig - B. 1970 Chefdirig. Nürnberger Symphoniker, dann b. 1981 GMD Bochum, u. 1975-79 Prof. Folkwanghochsch. Essen - Spr.: Engl., Franz., Ital.

MAGEN, Albrecht
Dr. jur., Vorstandsmitglied der Rütgerswerke AG - Mainzer Landstr. 217, 6000 Frankfurt 1 (T. 069 - 759 22 41) - Geb. 10. Aug. 1929.

MAGENER, Elisabeth
Dipl.-Volksw., gf. Vorstandsmitglied Verband der Technischen Händler VTH - Graf-Recke-Str. 79, 4000 Düsseldorf (T. Büro: 44 44 07) - Geb. 18. Febr. 1922 Hamburg.

MAGENER, Rolf
Dr. rer. pol., Direktor i. R. - 6900 Heidelberg-Schlierbach - Geb. 1910 Odessa - Hermann-Lietz-Sch. Schloß Bieberstein; Stud. Exeter (Engl.) u. Frankfurt/M. (Betriebsw.) - 1935-45 IG Farbenind. AG. (ab 1938 Ostasien u. Indien; 1939-44 (Flucht) Internierung Lager Debra Dun/Himalaja-Gebiet); 1948-56 Dt. Commerz GmbH., Frankfurt/M. (Partner); s. 1957 BASF (Finanzierungsaufg.; 1962-75 Vorst.smitgl.). ARsmandate u. a. - BV: D. Chance war null - D. wahre Gesch. e. tollkühnen Flucht, 1963.

MAGER, Erich
Dr. rer. pol., Dipl.-Kfm., stv. Vorstandsvorsitzender Benteler-Werke AG, Paderborn - Lehmweg 15, 4794 Hövelhof ü. Paderborn (T. 05257 - 35 28) - Geb. 3. Sept. 1935 Ennepetal-Voerde/Westf. (Vater: Ernst M., Fabrikant; Mutter: Charlotte, geb. Schulte), ev., verh. s. 1960 m. Christa, geb. Jüngermann, 3 Kd. (Bernd, Jürgen, Sibylle) - Volksch. Voerde, Gymn. Ennepetal u. Schwerte, Abit. 1956; Stud. Betriebsw. Marburg, München, Köln, Göttingen. Dipl. 1960 Köln; Promot. 1969 Göttingen - 1961-71 Dt. Revisions- u. Treuhand AG, Hannover, s. 1971 Salzgitter AG (1973 Leit. Generalsekretariat u. Assist. Vorstandsvors., danach Leit. Finanz- u. Rechn.wesen), s. 1976 Vorstandsmitgl. Stahlwerke Peine-Salzgitter AG - Spr.: Engl.

MAGES, Karl
Geigenbauer, Ehrenvors. Verb. dt. Geigenbauer (s. 1983) - Kernerstr. 37, 7000 Stuttgart 1.

MAGG, Wolfgang
Gf. Vorstandsmitglied Landkreisverb. Bayern (s. 1971) - Kardinal-Döpfner-Str. 8, 8000 München 2 (T. 089 - 28 20 67) - Geb. 1. Juni 1936 Gröbenzell b. München - Volljurist - 1965-71 innere Verwaltung Freistaat Bay. - BV: D. bayer. Landkreise u. ihr Verb., 1980.

MAGIERA, Siegfried
Dr. jur., o. Prof. f. öfftl. Recht, insb. Völker- u. Europarecht Hochsch. Speyer (s. 1984) - Hochsch. f. Verwaltungswiss., Freiherr-vom-Stein-Str. 2, 6720 Speyer - Geb. 5. Okt. 1941 Ratibor/OS, verh. (Ehefr.: Patricia), T. Marlis († 1984) - M. A. 1967 Univ. Kansas/USA, Promot. 1969 Kiel, Habil. 1978 ebd. - S. 1980 Prof. f. Staatsrecht, Völkerrecht u. Europarecht Univ. Köln - BV: D.Vorwahlen in d. Vereinigten Staaten, 1971; Parlament u. Staatsltg. in d. Verfass.ordn. d. Grundges., 1979.

MAGIN, Theo
Bürgermeister a. D., 1983ff. Präs. Dt. Städte- u. Gemeindebund, MdB, MdL Rheinl.-Pfalz (1968-80), Geschäftsführer (1975-80) - Eichendorffallee 8, 6707 Schifferstadt (T. 57 42) - Geb. 15. Dez. 1932 - CDU.

MAGNANI, Franca
Journalistin (ARD, Rom) - Zu erreichen üb.: Rundfunkpl. 1, 8000 München 2 - Geb. 31. Juli 1925 - 1983 Fritz-Sänger-Preis (1. Träger).

MAGNUS, von, Arthur W.
Dipl. sc. pol., Dr. phil., Botschaftsrat I. Kl. u. Ständ. Vertreter d. Botschafters d. Bundesrep. Deutschl. in Rabat (s. 1984) - Zu erreichen üb. Postfach 1500, 5300 Bonn 1 - Geb. 23. Juli 1927 Linz/Österr. (Vater: Arthur G. v. M., Beamt.; Mutter: Isabel, geb. Ritter), ev., verh. s. 1972 in 2. Ehe m. Christa, geb. Holm, T. Heidemarie - Hum. Gymn.; Pol. Wiss. Hochsch. f. Polit. Berlin - S. 1957 AA (Nato-Vertr. Paris, Botsch. Paris, Washington, Buenos Aires; Royal Coll. f. Defence Studies; Botschafter Nouakchott; Ref. Bundespresseamt; Ständ. Vertr. Bogotá) - Inh. versch. ausl. Orden- Spr.: Engl., Franz., Span. - Bek. Vorf.: Gustav M., Physiker (Urgroßv.).

MAGNUS, Dietrich B. E.

Dr. rer. nat., Prof. f. Zoologie i.R. - Heinrichstr. 191, 6100 Darmstadt (T. 4 77 59) - Geb. 28. März 1916 Magdeburg (Vater: Erich M., Oberkonsistorialrat; Mutter: Elisabeth, geb. Wagner), verh. I) s. 1943 m. Eva, geb. Fischer († 1977), 2 Kd. (Peer-Olaf, Angelika), II) s. 1979 m. Edeltraut, verw. Illhardt, geb. Schweisfurt, 3 Kd. (Sabine, Joachim, Lutz) - S. 1956 (Habil.) Lehrtätig. TH Darmstadt (1958 Doz., 1963 apl. Prof., 1970 Wiss. Rat u. Prof., 1971 Prof. H3, 1981 Ruhestand). Spez. Arbeitsgeb.: Ethologie, Ökologie, Trop. Eulitorale. Üb. 60 Fachveröff.

MAGNUS, Kurt
Dr. rer. nat., Dr.-Ing. E.h., o. Prof. f. techn. Mechanik - Germeringer Str. 13, 8035 Gauting/Obb. (T. München 850 33 35) - Geb. 8. Sept. 1912 Magdeburg - Habil. 1942 Göttingen - S. 1956 Prof. Univ. Freiburg (apl.), TH Stuttgart (1958; o.), TH bzw. TU München (1966; o.)-1962/63 Gastprof. Kansas Univ. (USA). Emerit. 1980 - BV: 6 Fachb., teilw. übers. ins Engl. (3), Russ. (2), Franz. u. Türk. (je 1); Üb. 70 Einzelveröff. - 1983 Ehrendoktor Univ. Stuttgart, Ludwig-Prandtl-Ring Dt. Ges. f. Luft- u. Raumfahrt u. Wilhelm-Exner-Med. Österr. Gewerbeverein; 1986 Bayer. Maximiliansorden - Spr.: Russ., Engl., Franz. - Rotarier.

MAGNUS, Ulrich
Dr. jur., Prof. f. Zivilrecht Univ. Hamburg (s. 1983) - Hünefeldstr. 14, 2000 Hamburg 70 (T. 66 64 43) - Geb. 19. Febr. 1944 Füssen/Allg. (Vater: Hans-Joachim M., Bauing.; Mutter: Sybille, geb. Clauberg), ev., verh. s. 1969 m. Dr. med. Sabine, geb. Loeckell, 5 Kd. (Tim, Jessica, Dorothea, Robert, Konstanze) - 1963-68 Stud. Rechtswiss. Univ. Berlin, Freiburg, Heidelberg; Promot. 1972; Habil. 1983 - 1973-83 Wiss. Ref. Max-Planck-Inst. f. ausländ. u. intern. Privatrecht Hamburg - BV: Drittmitverschulden im dt., engl. u. franz. Recht, Diss. 1974; Schaden u. Ersatz, Hab.-Schrift 1987; IPR u. Rechtsvergleichung (m. Koch u. a.), 1989 - Liebh.: Lit., Musik, Sport - Spr.: Engl., Franz.

MAGNUSSON, Harald
Direktor a. D. Kriminalpolizeiamt Schleswig-Holst. - Brunswiker Str. 50, 2300 Kiel - Regionalbeauftr. d. Weißen Ringes (Gemeinn. Verein z. Unterstütz. v. Kriminalitätsopfern u. z. Verhütg. v. Straftaten) f. Schlesw.-Holst.

MAHKORN, Richard

Chefredakteur Neue Revue - Burchardstr. 11, 2000 Hamburg 1 - Geb. 6. Sept. 1943 Passau, verh., 2 Kd. - Volont. Erlanger Volksblatt - Tätigk. b. Hamburger Abendblatt, Bild, Quick, Bild-Bremen, Woche Aktuell - Spr.: Engl., Franz.

MAHL, Hans
Dr.-Ing., Physiker - 7082 Oberkochen/Württ. - Geb. 17. Juli 1909 Münchsmünster/Bay. (Vater: Hans M., Volksschullehrer; Mutter: Katharina, geb. Heggenstaller), kath., verw. s. 1976 - Oberrealsch., TH Danzig (Dipl.-Ing.). Promot. Berlin - S. 1935 AEG-Forschungsinst., Berlin, Südd. Labor., Mosbach (1948), Carl Zeiss, Oberkochen (1954-73 Leit. Abt. Elektronenoptik). Gründungsmitgl. Dt. Ges. f. Elektronenmikroskopie. Pioniererf. auf d. Gebiet d. Elektronenoptik - BV: Elektronenmikroskopie, 1951 - 1941 Silb. Leibniz-Med. Preuß. Akad. d. Wiss. Berlin.

MAHLER, Alfred
Dipl.-Volksw., stv. Aufsichtsratsvorsitzender Stuttgarter Hofbräu AG, Stuttgart - Partnachauen 8, 8100 Garmisch-Partenkirchen - Geb. 12. Febr. 1913 Saarbrücken.

MAHLER, Gerhard
Dr., Dipl.-Kfm., Vorstandsvorsitzender

Landesanst. f. Kommunikation Baden-Württemberg, Geschäftsf. Mahler-Verwaltungs-GmbH, Esslingen - Lindenstr. 114, 7302 Ostfildern 2 - Geb. 6. Nov. 1930, ev., verh. s. 1965 m. Jutta, geb. Solbrig, 2 Söhne (Thorsten, Kilian) - Ex. Dipl.-Kfm. 1956 München; Promot. Dr. rer. pol. 1962 Hamburg.

MAHLER, Gerhard

Dr.-Ing., Prof., Abteilungsleiter Heinrich-Hertz-Inst. Berlin - Helmstedter Str. 21, 1000 Berlin 31 (T. 030 - 853 36 56) - Geb. 15. Sept. 1931 Hannover, verh. s. 1961 m. Renate, geb. Schuster, 2 Kd. (Beate, Burkhard) - 1951-57 Stud. TH Hannover (Hochfrequenz- u. Fernmeldetechn.); Dipl.-Ing. 1959; Promot. 1974 TU Hannover - 1957-80 Telefunken Hannover, Grundlagenentw. Rundf. u. Ferns., insbes. PAL-Farbfernsehsystem (b. Prof. Bruch), digitale Tonaufzeichnung; s. 1980 Forschung u.a. zum Hochauflösenden Fernsehen am Heinrich-Hertz-Inst. Berlin; 1983 Hon.-Prof. Univ. Hannover.

MAHLER, Margot

Schauspielerin - Windhuker Str. 5, 8000 München 82 - Geb. 24. Sept. Straubing/Ndb., kath., ledig - Ausb. Bankkaufm.; Schauspielausb. u. Bühnengenossenschaftsprüf. - Rollen: D. Fenster z. Flur (Flatow/Pillau); D. Mustergatte (Reg.: Liebeneiner); Specials, Shows: Carell, Schanze, P. Kraus, Rosenthal...; u.a. Kabarett: Valentin, Medienklinik, Lit. Revuen, Freitag's Abend; Serien: Derrick, Polizeiinspektion, Mordkommission (13. F.), Kneippiaden u. Ende 1986: Hauptrolle erstmals auch als Charakterdarst. d. Serie f. d. Abendprogramm (5 Folgen) Schafkopfrennen unt. d. Reg. v. B. Fischerauer; Theater: v. Horvath, Valentin b. T. Williams; u.v.m. - Liebh.: Reisen, Schreiben (Lieder, Pl. Ged., Manuskripte); eig. Solo-Programme u. Theater-Gastsp. (Mahlerbühne) - Spr.: Engl., Ital.

MAHLING, Lothar

Freier Journalist, Pressearbeit f. d. Friedrich-Naumann-Stiftg. - Mönkemöllerstr. 50, 5300 Bonn 1 (T. 0228 - 23 66 11 u. 02223 - 7 01-1 05) - Geb. 14. Juni 1952 Schlieben, ev., verh. s. 1985 m. Brita Rühle-Mahling - Abit. 1971 Geislingen - 1971-73 Volont. Geislinger Ztg. u. Südwest Presse Ulm - 1973/74 Redakt. Geislinger Ztg.; 1974-77 Pressespr. FDP Baden-Württ., Stuttgart; 1977-85 Attaché de Presse d. Liberalen Fraktion Europ. Parlament in Straßburg, Luxemburg u. Brüssel; 1985-88 Pressesprecher d. FDP, Bonn - Liebh.: Sport, Musik - Spr.: Engl., Franz.

MAHLKE, Knut

Dirigent, Generalmusikdir. Oldenburg - Zu erreichen üb. Staatstheater, Theaterwall 18, 2900 Oldenburg - Geb. 30. Jan. 1943 Berlin (Vater: Rudolf Schulz, Konzertm. in Berlin) - 1. Kapellm. u. stv. GMD Hannover; Doz. Musikhochsch. Hannover - Bek. Vorf.: Hans Mahlke, Bratschist im Havemannquartett Berlin (Großv.).

MAHLMANN, Max H.

Maler, Zeichner - Kiefernweg 3, 2000 Wedel/Holst. - Geb. 5. April 1912 Hamburg (Vater: Max M., Arch.), ev., verh. in 2. Ehe (1953) m. Gudrun, geb. Piper (Malerin, Zeichn.), 3 Kd. - Kunstgewerbesch. Hamburg u. Kunstakad. Dresden - 1949-58 Doz. Kunstsch. Alsterdamm u. 1958-77 FHS Gestalt. Hamburg. Freie Malerei (konstruktive Richtung); Wandgestalt. in versch. Materialien. Zahlr. Ausstell. (auch Ausl.) - Liebh.: Musik.

MAHLMANN, Theodor

Dr. theol., Prof. f. Systemat. Theologie Univ. Marburg (s. 1971) - Heinrich-Heine-Str. 13a, 3550 Marburg/L. - Geb. 15. Sept. 1931 Langholt, ev. - Promot. 1960 Münster; Habil. 1968 Marburg - BV: D. neue Dogma d. luth. Christologie, 1969; Joh. Brenz, Christolog. Schriften, 1981.

MAHLO, Dietrich

Dr. jur., Rechtsanwalt, Mitgl. Abgeordnetenhaus v. Berlin (s. 1979) - Zu erreichen üb.: CDU-Fraktion, Rathaus, 1000 Berlin 62.

MAHLO, Klaus

Journalist i. R. (s. 1981) - Adolf-Menzel-Str. 14, 5000 Köln 50 (Rodenkirchen) - Geb. 10. Febr. 1916 Berlin (Vater: Curt M.; Mutter: Annie, geb. Alisch), ev., verh. s. 1940 m. Christiane, geb. Gräfin Schönfeldt, T. Monika-Maria - Univ. Berlin (Zeitungs- u. Theaterwiss.) - B. 1939 fr. Pressearb., dann Wehrdst., ab 1945 Neues Theater Herford (Dramat.), 1949-53 dpa Hamburg (Leit. Kulturredaktion), seither NWDR Hamburg (Pressechef u. Leit. Aktuelle Abt. Fernsehen) u. Köln, NWDR, WDR-Fernsehen. Stv. Fernsehdir. u. Ltr. Hauptabt. Sendeleit. u. Zentrale Aufg. Fernsehen; b. 1981 Mitgl. Aussch. f. Öffentlichkeitsarb. d. Dt. Verkehrswacht. Kuratoriumsmitgl. Dt. Krebshilfe, Gründungsmitgl. Dt. Leseges. - Liebh.: Bücher, Antiquitäten - Spr.: Engl., Franz.

MAHLSTEDT, Jörg

Dr. med., Prof. f. Nuklearmedizin Univ. Erlangen-Nürnberg - Fasanenweg 76, 8522 Herzogenaurach (T. 09132 - 49 18) - Geb. 25. Febr. 1943 Nienburg/W. (Vater: Heinz M., Arzt; Mutter: Dr. Hildegund, geb. Axhausen, Ärztin), ev., verh. s. 1976 m. Claudia, geb. Kühn, 2 Kd. (Amelie, Nicolaj) - Stud. Univ. Freiburg/Br., Innsbruck, Wien (Staatsex. u. Promot. 1968 Freiburg); Ausb. in Nuklearmed. Univ. Marburg; Habil. 1979 - S. 1979 Extraord. Erlangen/Nürnberg. Mitherausg. u. Hauptschriftleit. Ztschr.: NUC-Compact - Compact News in Nuclear Medicine.

MAHN, Hans-Peter

Dr., Ministerialdirigent, Leit. Abt. 2 - Öfftl. Sicherheit u. Ordnung Nieders. Min. d. Innern - Lavesallee 6, Postf. 221, 3000 Hannover 1.

MAHNE, Erhard

Geschäftsführer, Parlam. Staatssekr. a.D., MdB a.D. (1972-83) - Drosselweg 4, 4902 Bad Salzuflen - Geb. 29. Sept. 1931 Bielefeld, verh., 2 Kd. - Realsch.; Handelssch.; kaufm. Ausbild. - 1956-64 Geschäftsf. elterl. Kurheimbetrieb; s. 1964 Parteigf. Unterbez. Lippe (z. Z. beurl.). 1961-69 MdK Lemgo; 1964-73 Ratsmitgl. Bad Salzuflen (stv. Fraktionsvors.); 1964-73 Mitgl. Landschaftsverb. Westf.-Lippe. SPD s. 1958 (s. 1974 Vors. Unterbez. Lippe; Mitgl. Bez.-Vorst. Ostw.-Lippe); 1979-82 Parlam. Staatssekr. b. Bundesmin. f. Verkehr.

MAHNEL, Helmut

Dr. med. vet., Prof. Tiermedizin Univ. München - Richardstr. 8, 8000 München 50 - Geb. 1. Dez. 1928 Warnsdorf (Vater: Josef M., Beamter; Mutter: Valerie, geb. Richter), kath., verh. s. 1968 in 2. Ehe m. Elisabeth, geb. Knyps, S. Andreas - 1950-54 Stud. Tiermed.; Promot. 1955; Habil. 1966; 1972 Prof. - BV: Mikrobiol. u. Tierseuchenlehre (m. and.), 5. A. 1984; Virol. Arbeitsmeth., Bd. 4 (m. and.), 1982; Schweinepest (m. and.), 1974 - Spr.: Engl.

MAHR, Carl

Dr. phil., o. Prof. f. Analyt. Chemie (emerit. 1969) - Georg-Voigt-Str. 9, 3550 Marburg/L. (T. 6 73 59) - Geb. 22. Dez. 1900 Essen (Vater: Carl Andreas M.; Mutter: geb. Bauer), verh. s. 1950 m. Helene, geb. Richter (Bobda/Rumänien), 2 Kd. - Realgymn. Essen; landw. Ausbild.; Univ. Jena, Freiburg, Marburg (Promot. 1928). Habil. 1936 Marburg - 1938 Doz. TH Karlsruhe, 1943 ao., 1955 o., 1969 em. Prof. Univ. Marburg - BV: Chem. Übungen f. Mediziner, 9. A. 1948 (m. Strecker); Anorgan. Grundpraktikum, 6. A. 1985 (m. Fluck) (span. 1965). Zahlr. Einzelarb.

MAHR, Emil

Präsident Oberpostdirektion München b. 1977 (i. R.) - Ruffinistr. 5a, 8000 München 19 (T. 16 50 66) - Geb. 2. Juni 1912 Würzburg (Vater: Postbeamter) - Univ. Würzburg (Rechts- u. Staatswiss.). Beide jurist. Staatsprüf. - S. 1938 Postdst. Würzburg, Dortmund (1950; n. Militär-, Feldpostdst. u. sowjet. Kriegsgefangensch.), Neustadt/Weinstr., Kaiserslautern, Würzburg (bei beiden Amtsvorst.), Bonn (1958 Pers. Ref. (Min.rat) Bundesmin. Stücklen), Trier (1963 Präs. OPD), München (1965 Präs. OPD). 1971 BVK I. Kl.; 1973 Gr. Gold. Ehrenz. Rep. Österr.; 1977 Gr. BVK; 1977 Bayer. VO.

MAHRENHOLTZ, Oskar

Dr.-Ing., o. Prof. f. Mechanik (Lehrstuhl B) TU Hannover - Töpferweg 2, 3015 Wennigsen 4 - Geb. 17. Mai 1931 Ostrhauderfehn/Ostfriesl. - Schmied (1949); Ing. (1954); Dipl.-Ing. Verfahrenstechnik (1958) - 1976/77 Rektor TU Hannover, 1983ff. Vizepräs. DFG.

MAHRENHOLZ, Ernst Gottfried

Dr. jur., Richter u. Vors. d. Zweiten Senats d. Bundesverfassungsgerichts - Schloßbezirk 3, 7500 Karlsruhe.

MAI, Ernst

Senatspräsident Bundesgerichtshof (IX. Zivilsenat) - Frauenalber Str. 40, 7500 Karlsruhe 51 - Geb. 6. Juni 1915 - Zul. Bundesrichter BGH (1965 Leit. Pressest.).

MAI, Franz

Dr. jur., Rundfunkintendant a. D. - St. Ingberterstr. 13, 6600 Saarbrücken (T. 3 61 63) - Geb. 31. Dez. 1911 Köln (Vater: Wilhelm M., Oberreg.rat; Mutter: Hedwig, geb. Quickert), kath., verh. 1941-1973 m. Hildegard, geb. Michels, T. Amaryllis, 2) s. 1974 m. Suzanne, geb. Pascalin - Univ. Frankfurt/M., München, Bonn (Promot. 1939). Ass.ex. 1940 Frankfurt/M. - 1940-45 Wehrdst., dann Justizdst., 1950-57 Ref. d. Bundeskanzlers (b. 1952) u. Abt.leit. Presse- u. Informationsamt d. Bundesreg., s. 1957 Int. Saarl. Rundf. Initiator Europawelle; 1969 Präs. Europ. Akad. Otzenhausen; Präs. Dt.-Franz. Ges. Saarbr. Veröff. z. Miet- u. Pachtrecht, üb. bild. Kunst, Film u. Funk; Autor v. Hörsp. - 1932 Scheffel-Preis; 1976 Offizier franz. Ehrenlegion; 1972 Gr. BVK; 1976 Kommandeurskr. Luxemburg. VO u. Ital. VO. - Liebh.: Malerei.

MAI, Gottfried

Dr. theol., Dr. phil., Schriftsteller, Marinepfarrer Flottille d. Minenstreitkräfte Wilhelmshaven (s. 1980) - Harlinger Weg 2, 2948 Grafschaft (T. 04423 - 72 87) - Geb. 11. Mai 1940 Finsterwalde/Mark Brandenburg, ev., verh. s. 1962 m. Gunhild, geb. Flemming, 4 Kd. (Iris, Frithjof, Bjanka, Björn) - Abit. 1958 Finsterwalde; 1959 Seefahrtsschule Bremen; 1. Theol. Ex. 1965 Göttingen; 2. Theol. Ex. Bremen 1968; Dr. theol. 1971 Hamburg; Dr. phil. 1979 Bremen - 1965-75 Gemeindepfarrer in Bremen; 1975-80 Aubildungsref. Hermannsburger Mission, s. 1976 nebenamtl. Lehrtätigk. Univ. Birmingham (U.K.), Columbia S.C. (USA), Oldenburg u. Bremen; s. 1974 Vors. Reha-Verein Bremen - BV: D. dt. Auswanderermission, 1972; D. niederd. Reformbewegung, 1979; D. Gesch. d. Stadt Finsterwalde, 1979; D. Überfall d. Tigers (Kinderb. m. Erz.), 1982; AAG d. 2. Geleitschwaders d. Bundesmarine n. Westafrika, 1983; Mehr als nur e. Schiff, AAG 115/84 d. Zerstörers Mölders, 1984; Buddha, 1985; Mittelamerika - AAG 102/86, 1985; Napoleon, 1986; Lenin, 1987; Amerikareise - AAG 111/87 d. 4. Fregattengeschwaders, 1987; Zw. Polar- u. Wendekreis, 1987; Zerstörer Bayern - D 183 Stanav Forlant, 1988; German Task Group Mediterranean AAG 103/89 d. 2. Fregattengeschwaders, 1988; Kulturraum Mittelmeer, 67. Ausl.-Ausb.-Reise d. Schulschiffs Dtschl., 1989. Theol. Abhandlungen n. in Tamil- u. Hindi-Übers. Madras (s. 1980) - 1983 Intern. Buchpreis d. AWMM f. Gesch. Brügge/Belg. - Spr.: Russ., Engl., Span., Schwed., Lat., Griech., Hebr.

MAI, Hermann

Dr. med., Dr. phil., Dr. med. h. c., o. Prof. f. Kinderheilkunde (emerit.) - Sentruper Str. 199, 4400 Münster/W. (T. 8 13 76) - Geb. 2. Jan. 1902 München (Vater: Prof. Dr. phil. Carl M.; Mutter: geb. Zwack), verh. s. 1935 m. Hildegard, geb. Fechner - 1937-39 Privatdoz. Univ. München, 1940-43 o. Prof. Dt. Univ. Prag, 1943-70 o. Prof. Univ. Münster (Klinikdir.). 1970-72 Aufbau u. 1976 ff. ärztl. Tätigk. Kinderklinik Albert-Schweitzer-Hospital Lambarene (Zentralafrika) - 1972 Ehrendoktor Univ. Münster; 1966 Ehrenmitgl. Dt. Ges. f. Kinderchir. u. 1970 d. Ges. f. Kinderheilkd.; 1978 Paracelsus-Med.

MAI, Manfred

Schriftsteller - Otto-Butz-Str. 12, 7472 Winterlingen (T. 07434 - 39 49) - Geb. 15. Mai 1949 Winterlingen, ev., verh. s. 1973 m. Lieselotte, geb. Huonker, 2 Töcht. (Melanie, Daniela) - Malerlehre, Pädagogikstud. - 1977-84 Realschullehrer - BV: Suchmeldung, Ged. z. Anfassen, 1980; Ohne Garantie, 1983; Mut z. Atmen, 1985; Zärtlichkeit läßt Flügel wachsen, 1985; Heute ist dein Tag, 1986; Große Pause, 1986; Monis Freund, 1987; Zwischen den Türen, 1987; Nur für e. Tag, 1987; Mama hat heut frei, 1988; D. Frau im Gobelin, 1988; Adventsgesch., 1988; Nur Mut, kleiner Rabe, 1989; Angenehme Überraschungen, 1989; Anna, Sonntag u. so weiter, 1989; E. tolle Familie, 1989.

MAI, Paul

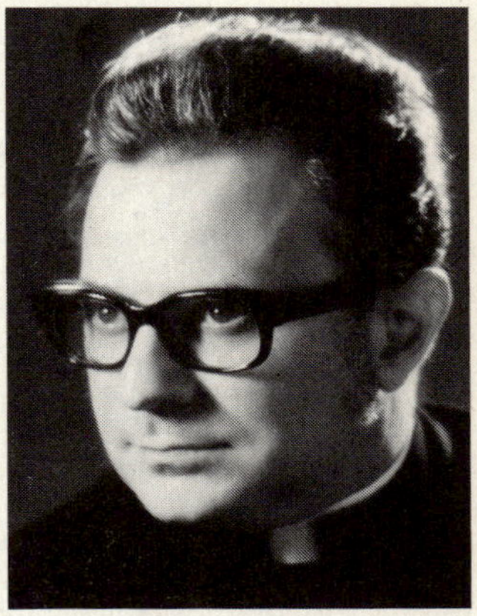

Dr. phil., Msgr., Direktor d. Bischöfl. Archive u. Bibliotheken Regensburg - St. Petersweg 11-13, 8400 Regensburg (T. 0941 - 5 88 13) - Geb. 11. April 1935 Breslau (Vater: Hugo M., Bank-Prok.; Mutter: Margarete, geb. Seidel), kath., ledig - Abit. 1954; Stud. Theol., Geschichtl. Hilfswiss., Kunstgesch. (Promot. u. Priesterweihe 1962); 1965-67 Bibliotheksschule - 1967 Bibl.-Ass.; 1968-71 Assist. Univ. Regensburg (Lehrst. f. Kirchengesch. d. Donauraums); s. 1971 Dir. d. Bischöfl. Archive u. Bibl. Mitgl. Bundeskonfz. f. kirchl. Archive; Vorst. Inst. f. Ostd. Kirchen- u. Kulturgesch. - Spr.: Engl., Latein, Ital.

MAIBAUM, Karl

Präsident Landesarbeitsamt Nordbayern - Regensburger Str. 100, 8500 Nürnberg 30 (T. 0911 - 17-41 31) - Geb. 23. Jan. 1926, kath., verh., 3 Kd.

MAIDL, Bernhard, Robert

Dr.-Ing., o. Prof. f. Bauverfahrenstechnik u. Baubetrieb Ruhr-Univ. Bochum - Weidengrund 43, 4630 Bochum-Stiepel - Geb. 15. Aug. 1938 Bukschoja/Rumänien (Vater: Anton M.; Mutter: Christina, geb. Kübeck), kath., verh. s. 1963 m. Ulrike, geb. Ruhland, 3 Kd. (Julia, Ulrich, Nadine) - Stud. Dresden u. München, Dipl.-Ing. 1963 TU München, Promot. 1967 TU München, Habil. 1969 - 1963/64 Leonhard Moll KG, München,

1966 Tunnelbau-Ing. Thailand; 1969-74 Hochtief Essen, s. 1974 Prof. Ruhr-Univ. Bochum - BV: Veröff. Handb. d. Tunnelbau I + II - Spr.: Engl.

MAIER, Alfons Sebastian
Dr. agr., Geschäftsführer Wildbräu Grafing b. München - Marktplatz 2, 8018 Grafing (T. 08092 - 50 56) - Geb. 12. Juli 1927 München - TU München: Dipl.-Braumstr. u. Univ. München: Dipl.-Kfm.

MAIER, Anton
Unternehmer, Inhaber Fa. Bimsbaustoffwerk Anton Maier, Andernach - Eichenstr. 4, 5470 Andernach - 1969-74 Vorst.smitgl. Star Türenwerk GmbH.

MAIER, Christoph
Dr., Fischereidirektor, MdL Bayern (s. 1978) - Konrad-Adenauer-Str. 10, 8501 Eckental/Mfr. - Geb. 16. Jan. 1931 Kühlenfels, kath., verh., 3 S. - Höh. Schule Bamberg (Abit. 1951); 1951-58 Univ. Erlangen (Chemie, Biol., Geogr.; Promot.) - S. 1959 Bayer. Landesanst. f. Fischzucht u. Bez. Mittelfranken (1961). Div. Ämter, dar. 1985 Präs. Fischereiverb. Mittelfranken.

MAIER, Ernst-Hermann (gen. Erne)
Dr. med., Prof. f. Sozialpädiatrie, Kinderarzt, Ministerialdirigent a. D. Ministerium f. Umwelt u. Gesundheit Rhld.-Pfalz - Nidegger Str. 10, 5000 Köln 41 (T. 0221 - 41 66 43) - Geb. 29. Juli 1921 Hamburg-Blankenese (Vater: Ernst M., Bankkfm. †; Mutter: Gertrud, geb. Wascher †), kath., verh. s. 1949 m. Annelise, geb. Balensiefer, 5 Kd. - Obersch. Blankenese (Abit. 1939); Soldat 1941/42, Reichsarb.dst. - B. 1946 Med.-Stud. Hamburg, Promot. 1947, Stip. England (6 Mon.) - B. 1948 Jungendpflege Herford, 1948-56 Facharztausb. Kinderarzt Univ.-Klin. Köln, 1951-63 Gesundheitsamt Hannover, 1956 Med.rat (Berufsschul- u. Schularzt), 1960 Staatsarzt, 1963-67 Leit. schulärztl. Abt. Gesundheitsamt Bremen, s. 1967 Ref. f. Gesundheitshilfe Mutter u. Kind, Med. Dokument. u. Statist., s. 1956 Lehrauftr. versch. Städte u. s. 1970 Extraordin. Sozialpädiatrie Univ. Kiel, 1973 Hon.-Prof., 1976-83 Leit. Gesundheitsabt. Min. Rhld.-Pfalz, div. Ämter in berufsbez. Organis. - BV: Zahlr. Veröff. üb. Kindesentw., Lehrb.-Beitr. - Liebh.: Zeitg. Graphik - Spr.: Engl.

MAIER, Erwin Otto
Senator, Kaufmann, Präs. Landesverb. Bayer. Einzelhandel - Lindentorstr. 1, 8940 Memmingen (T. 08331 - 40 45) - Geb. 22. Jan. 1927 Memmingen, kath., verh. s. 1950 m. Elisabeth, geb. Büchler, 3 Töcht. (Hannelore, Susanne, Andrea) - Lehre Textil-Kaufm. (Abschl. 1944), Kriegsdst., Gefangensch. - S. 1951 selbst. Textil-Kaufm., Übern. d. elterl. Betriebes. 1975 Vors. Bildungszentrum München; 1983 Präs. Landesverb. Bayer. Einzelhandel, 1984 Vizepräs. Hauptgemeinsch. d. Dt. Einzelhandels. S. 1986 Mitgl. Bayer. Senat - 1977 BVK; 1979 Gold. Ehrenring IHK Augsburg; 1985 Bayer. VO; 1986 Bayer. Staatsmed. in Gold; 1989 BVK I. Kl.

MAIER, Franz
Dr., Vorstandsmitglied i. R. Bayer. Landesbank - Girozentrale - Brienner Str. 20, 8000 München 2 (T. 21 71 -1) - Geb. 17. Febr. 1910 - Lehre Bayer. Gemeindebank; Stud. Wirtschaftswiss. Promot. 1936 Nürnberg - In- u. ausl. Bankinst.; 1945-76 Bayer. Gemeindebzw. Landesbk. (1969 Mitgl. Direktorium, s. 1976 i. R.).

MAIER, Franz Georg
Dr. phil., o. Prof. f. Alte Geschichte - Waldrain 4, CH-8280 Kreuzlingen - Geb. 25. Okt. 1926 Stuttgart (Vater: Adolf M., Kaufm.; Mutter: Elisabeth, geb. Cohnen), kath., verh. s. 1954, 3 Söhne - Eberhard-Ludwigs-Gym. Stuttgart; Univ. Tübingen u. Zürich (Gesch., Lat., German., Phil.). Promot. (1951) u. Habil. (1957) Tübingen - S. 1957 Lehrtätig. Univ. Tübingen (Privatdoz.), Frankfurt/M. (1963 Ord.), Konstanz (1967-68 Prorektor), Zürich (1972). Leit. d. Ausgrab. Alt-Paphos/Cypern - BV: Augustin u. d. antike Rom, 1955. Griech. Mauerbauinschr., 2 Bde. 1959/61; Cypern, 1964; D. Verwandlung d. Mittelmeerwelt, 1968 (auch ital., span.); Byzanz, 1973 (auch ital.); Neue Wege in die alte Welt, 1977; Paphos, 1984 (engl.) - Ordentl. Mitgl. Dt. Archäol. Inst., Ehrenmitgl. Ges. f. Zypr. Studien (Hetaireia Kypriakon Spoudon), Hon. F.S.A. - Liebh.: Aquarellieren - Spr.: Engl., Franz., Ital., Neugriech. - Rotarier.

MAIER, Franzjosef
Prof., Violinsolist - An d. Wallburg 37, 5060 Bensberg-Refrath/Rhld. (T. 6 75 57) - Geb. 27. April 1925 Memmingen (Vater: Benedikt M., Klavierpädagoge; Mutter: Laura, geb. Wassermann), kath., verh. s. 1949 m. Marlies, geb. Wasser, 2 Kd. (Tordis, Sergius) - Mus. Gymn. Frankfurt (Abit.); Musikhochschule Köln - S. 1944 Lehrtätig. (Violine) Landesmusiksch. Saarbrücken, Richard-Schumann-Konservat. Düsseldorf (1949), Musikhochsch. Köln (1959; 1967 Prof. u. Leit. Meisterkl.). Konzertauftr. In- u. Ausl. Schallpl. - Liebh.: Ölmalerei, Film, Foto - Spr.: Engl., Franz. - M. 16 J. jüngster Preisträger b. d. Ausscheid. f. d. Staatspreis f. Violine. Leiter Collegium Aureum.

MAIER, Friedrich
Dipl.-Kfm., Gf. Gesellschafter C.F. Maier GmbH & Co., Königsbronn - Weikersbergstr. 71, 7923 Königsbronn (T. 07328 - 71 16) - Geb. 19. Aug. 1930 Schnaitheim, ev., verh. s. 1955 m. Hedwig, geb. Gnaier, 2 Kd. (Cornelia, Markus) - Stud. Univ. Mannheim; Dipl. 1954 - AR-Vors. Heidenheimer Volksbank; Vorstandsvors. AOK Heidenheim; VR-Vors. Maschinenfabr. Christian Maier GmbH & Co., Heidenheim - Spr.: Engl.

MAIER, Hanns
Dr.-Ing., Konsul, Bauunternehmer - Klenzestr. 101, 8000 München 5 (T. 20 24 20) - Geb. 13. Aug. 1922 - Architekt. AR-Mandate u. a. - Luxemb. Konsul f. Bayern - 1973 Bayer. VO; Luxemburg. VO; 1985 BVK I. Kl.

MAIER, Hans

Dr. phil., Dr. jur. et phil. h.c., Prof., Staatsminister a.D. - Meichelbeckstr. 6, 8000 München 90 (T. 64 82 49) - Geb. 18. Juni 1931 Freiburg/Br. (Vater: Joseph M., kaufm. Angest.; Mutter: Paula, geb. Klingler), kath., verh. s. 1962 m. Adelheid, geb. Dilly, 6 Töcht. - Gymn. Freiburg; Univ. ebd., München, Paris. Promot. (1957) u. Habil. (1962) Freiburg - 1962-87 Ord. f. Polit. Wiss. Univ. München; 1970-86 Bayer. Staatsminister f. Unterricht u. Kultus. 1971/72 u. 1982 Präs. Kultusmin.konf. d. Länder; 1976-88 Präs. Zentralkomitee d. dt. Katholiken; s. 1988 Ord. f. christl. Weltanschauung, Religions- u. Kulturtheorie Univ. München - BV: Revolution u. Kirche - Studien z. Frühgesch. d. christl. Demokratie 1789-1901, 5. A. 1988, engl. 1969; D. ältere dt. Staats- u. Verw.lehre, 1966, 3. A. 1986; Politische Wiss. in Dtschl., 1969, 2. überarb. A. 1985; Kritik d. polit. Theol., 1970; Kirche u. Ges., 1972; Zwischenrufe z. Bildungspolitik, 2. A. 1973; D. Grundrechte d. Menschen im mod. Staat, 2. A. 1974; Aktuelle Tendenzen d. pol. Spr., 1973; Kulturpolitik. Reden u. Schr., 1976; Anstöße. Beitr. z. Kultur- u. Verfass.politik, 1983; Katholizismus u. Demokr., 1983; Staat-Kirche-Bildung, 1984; Relig. u. mod. Ges., 1985; D. Deutschen u. d. Freiheit, 2. A. 1987. Mithrsg.: Intern. kath. Ztschr. (1972ff.) - 1966 Mitgl. Inst. Intern. de Phil. Politique, Paris; u. Dt. Akad. f. Sprache u. Dichtung; 1971 Bayer. VO., 1972 Gr. BVK, 1981 Offz.orden Franz. Ehrenlegion, 1982 Ehrendoktor Univ. Tübingen, 1983 Gr. BVK m. Stern u. Schulterbd., 1984 Spidem-Kristall (f. Verd. zeitgenöss. Musikschaffens) - Liebh.: Musik (bes. Cembalo- u. Orgelsp.) - Spr.: Franz., Engl.

MAIER, Helmut Ernst
Dr. oec., Dipl.-Kfm., Vorstandsmitglied Garny AG, Mörfelden-Walldorf - Tulpenstr. 8, 7036 Schönaich - (T. 07031 - 5 12 11) - Geb. 12. März 1924 (Vater: Ernst M., Dir.), verh. s. 1956 m. Susanne, geb. Höfter, 4 Kd. (Suse-Marie, Ernst-Bernhard, Robert-Paul, Ulrike-Christine) - Gymn.; Lehre Ind.kfm./ Stud. d. Wirtsch.- u. Rechtswiss. Univ. München u. Nürnberg - 1952-56 Wirtsch.-Ref.; 1957-64 Kaufm. Leit., 1964-85 Centra-Bürkle; Vors. d. Geschäftsfg. einschl. Tochterfirmen Fema Weber & Freund, Stuttgart, Chavonin-Centra SA, Annemasse (Frankr.), Codeci Sarl, Paris, Centra-Bürkle AG, Konolfingen (Schweiz), 1986-87 Vorst.-Mitgl. Honeywell Europe, Offenbach/ M.; VR Bund d. Steuerzahler; Handelsrichter LG Stuttgart.

MAIER, Johann
Dr. theol., Dr. phil., o. Prof. f. Judaistik - Chlodwigstr. 2, 5040 Brühl - Geb. 17. Mai 1933 Arriach/Österr. (Vater: Josef M., Landw.; Mutter: Maria, geb. Wadlig), ev., verh. s. 1956 m. Emilie, geb. Stenz, 1 Kd. (Hans) - Realgymn. Villach; 1951-1956 Stud. Ev. Theol. Wien u. Zürich, 1956-60 Phil. Wien - S. 1964 Lehrtätig. Univ. Wien, FU Berlin (1965); Univ. Köln (1966 Ord.) - BV: D. Texte v. Toten Meer, 2 Bde. 1960; V. Kultus z. Gnosis - Bundeslade, Gottesthron u. Märkabah, 1964; D. altisraelit. Ladeheiligtum, 1964; Gesch. d. jüd. Religion, 1972; D. Judentum, 1973; Jesus v. Nazareth i. d. talmud. Überlieferung, 1978; D. Tempelrolle vom Toten Meer, 1978; Grundzüge d. Gesch. d. Judentums im Altertum, 1981; Jüd. Auseinandersetz. m. d. Christentum in d. Antike, 1982. Mithrsg.: Lit. u. Religion d. Frühjudentums, 1973; Kl. Lexikon d. Judentums, 1981.

MAIER, Karl Ernst
Dr. phil., Univ.-Prof., Pädagoge - Ligastr. 48, 8400 Regensburg (T. 3 25 97) - Geb. 8. Dez. 1920 Bruck/Opf. (Vater: Josef M., Geschäftsinh.; Mutter: Katharina, geb. Wittmann), kath., verh. s. 1949 m. Hildegard, geb. Stepp, 2 Söhne (Robert, Wolfgang) - Univ. München (Päd., Psych., Anthropol.). Promot. 1955 München; Habil. 1967 Salzburg - S. 1946 im bayer. Schul- u. Hochschuldienst, 1968-72 Vorst. Päd. Hochsch. u. s. 1972 Univ. Regensburg. 1969-73 Vors. Arbeitskr. f. Jugendlit. (e. V.) - BV: Jugendliteratur - Inhalte, Formen u. päd. Bedeutung, 1965, 9. A. 1987; D. Werden d. allgemeinbild. Pflichtschule in Bayern u. Österr., 1967; Die Schule in d. Literatur, 1972; Päd. Taschenlexikon, 1978; Sekundärlit. z. Kinder- u. Jugendbuchtheorie, 1979 (Bibliogr.); Kind u. Jugendl. als Leser, 1980; Grundriß moralischer Erziehung, 1985.

MAIER, Karl Friedrich
Dr. rer. pol. (habil.), Prof., Papierfabrikant - Schiltachstr. 57, 7230 Schramberg/Württ. (T. 40 54) - Geb. 21. Mai 1905 Schramberg - S. 1953 apl. Prof. Univ. Freiburg (Volksw.lehre, Geld- u. Zinstheorie).

MAIER, Karl-Heinz
Journalist, Vorsitzender Berliner Pressekonferenz (s. 1974) - Angerburger Allee 59, 1000 Berlin 19 - Geb. 19. Okt. 1923 Kassel (Vater: Max M., Kaufm.; Mutter: Leonore, geb. Mehlmann), verh. s. 1945 m. Brigitte, geb. Gora - 1968 BVK am Bde.; 1982 Gr. Ehrenzeichen f. Verd. um d. Rep. Österreich; 1983 BVK I. Kl.; 1988 VO Land Berlin - Spr.: Engl.

MAIER, Karl-Heinz
Dipl.-Ing., Präsident d. Bundesverb. Allg. Rettungsverb. Dtschl. - Alpenring 18, 6082 Mörfelden-Walldorf 2 (T. 06105 - 4 28 89) - Geb. 21. April 1944 Gengenbach/Ortenaukr., kath. - Dipl.-Ing. f. Nachrichtentechnik 1971 - Berat. Ing. Fa. Du Pont - Spr.: Engl.

MAIER, Konrad
I. Bürgermeister - Hochriesstr. 5, 8252 Taufkirchen/Vils - Geb. 14. März 1934 Pesenlern - Zul. Oberlehrer. CSU.

MAIER, Kurt
Dr. jur., 1. Direktor Landesversicherungsanstalt Braunschweig - Kurt-Schumacher-Str. 20, 3300 Braunschweig - Geb. 21. Aug. 1930, verh., 2 Kd. - Hon.-Prof. f. Sozialrecht FU Berlin. Ca. 400 Veröff. z. Sozialrecht.

MAIER, Oskar
Verwaltungsdirektor Bayer. Rundfunk-Rundfunkpl. 1, 8000 München (T. 59 00 -1) - Geb. 1927 Aidenbach/Ndb. - Stud. Betriebsw. - 12 J. Wirtschaftsprüfer; s. 1965 Leit. Hauptabt. Finanzen, Rechnungswesen, Steuern, stv. (1968) u. Verw.sdir. (1972) BR.

MAIER, Otto J.
Verleger Otto Maier Verlag Ravensburg AG - Postfach 1860, 7980 Ravensburg - Geb. 1930 Bad Waldsee - 1958 AR Spielwarenmesse eG, Nürnberg, 1980 Württ. Feuervers. AG, Stuttgart; 1983 Präs. IHK Bodensee-Oberschwaben - Spr.: Engl., Franz.

MAIER, Rudolf Georg

Prof., Freier Journalist, Lehrbeauftragter, Inh. Pressebüro m. Sitz in Pocking (s. 1970) - Richard-Wagner-Str. 21, 8398 Pocking (T. 08531 - 45 77) - Geb. 3. Jan. 1939 Senden/Iller (Vater: Josef M., Beamter; Mutter: Lore, geb. Schefold), kath., verh. s. 1963 m. Rosemarie, geb.

Bierfert, T. Corinna - Journ.sch. München, Stud. HS f. polit. Wiss. München - Presseref., fr. Journ. Tageszeitg., Chefredakt. O.bayer. Steuerzahler - Pressespr. European Taxpayers Assoc. (ETA) Europ. Steuerzahlerorg., Inst. for Financial Science and Economics (Europ. Inst. f. Finanz- u. Wirtschaftswiss., Luxemburg); Fachjourn. f. Kur- u. Bäderwesen; Med. Präs. Dt. Israelischen Ges. Niederbayern/Oberpfalz - 1978 BVK am Bde.; 1984 Medal of Merits Lions Club; 1985 BVK I. Kl.; 1988 a.o. Prof. Univ. San Salvador - Liebh.: Lit., Judaistik, intern. Bez., Naher Osten - Spr.: Engl.

MAIER, Sepp (Josef Dieter)

Fußballprofi (b. 1980) - Zu erreichen üb.: FC Bayern, 8000 München - Geb. 28. April 1944 Metten/Ndb., verh. (Ehefr.: Agnes), T. Alexandra - Volkssch.; Kunstschlosserlehre - S. Jugendauf TSV Haar (Stürmer) u. FC Bayern (Torhüter), 1965 ff. Bundesliga (üb. 450 Spiele); 1966 ff. Nationalmannsch. (92 x). 1974 Weltmeister, 1972 Europam., 1974, 75, 76 Europacupsieger d. Landesm., 1967 . . . d. Pokalm., 1976 Weltpokalsieger, 1969, 72, 73, 74 Dt. Meister, 1966, 67, 69, 71 DFB-Pokals. - BV: Ich bin doch kein Tor, 1980 - 1966 Silberlorbeerebl. d. Bundespräs.; BVK; 1975, 77, 78 Fußballer d. J.; 1976 u. 77 Gold. K (Sportmagazin Kicker) - Liebh.: Tennis (eig. Anlage).

MAIER, Willi

Dr. phil., Prof., Hochschullehrer - Höhenstr. 32, 7141 Steinheim/Murr (T. Marbach 69 43) - B. 1968 Doz., dann Prof. PH Ludwigsburg (Systemat. u. histor. Pädagogik).

MAIER-AICHEN, Hansjerg

Bildhauer - Zul. 7022 Leinfelden - Geb. 1940 - Stud. Werkkunstsch. Wuppertal u. Staatl. Akad. d. Bild. Künste München (1960-67) - Fulbright-Stipendiat USA - 1968 Dt. Kunstpr. d. Jugend, 1970 Kunstpr. Böttcherstraße Bremen, 1971 Villa-Romana-Preis, 1973 Villa-Massimo-Preis, 1973 Master of Fine Arts (Art Inst. of Chicago/USA), s. 1984 Präs. d. Fedeau/Europa, Paris.

MAIER-BODE, Hans

Dr.-Ing., Chemiker, Prof. f. Chem. Pharmakologie Univ. Bonn (s. 1960) - Tannenweg 7, 7884 Rickenbach (T. 07765 - 407) - Geb. 25. Jan. 1906 Augsburg, ev. - Univ. Tübingen, TH München u. Berlin. Promot. 1929; Habil. 1953 - 1933-57 Chemiker Farbenfabrik Wolfen; 1953-57 Doz. u. Prof. m. Lehrauftr. f. Landw. Chemie Univ. Leipzig - BV: D. Pyridin u. s. Derivate, 1934; Pflanzenschutzmittel-Rückstände, 1965; Herbizide u. ihre Rückstände, 1970. Zahlr. Fachaufs.

MAIER-LEIBNITZ, Heinz

Dr. phil., Drs. h. c., em. Prof. f. Techn. Physik TH bzw. TU München (s. 1952), Präs. Dt. Forschungsgemeinsch. (1974-79) - Pienzenauer Str. 110, 8000 München 81 (T. 98 03 20) - Geb. 28. März 1911 Eßlingen/N. (Vater: Prof. Dr.-Ing. Hermann M.-L., Ord. f. Bauing.wesen (s. XIV. Ausg.); Mutter: Marianne, geb. Leibnitz), verh. I) s. 1937 m. Rita, geb. Lepper († 1971), 3 Töcht. (Christine, Dorothee, Elisabeth), II) s. 1979 m. Prof. Dr. phil., Dr. oec. h.c. Elisabeth, geb. Noelle-Neumann - TH Stuttgart u. Univ. Göttingen - 1935-52 Kaiser-Wilhelm- bzw. Max-Planck-Inst. f. Med. Forsch. Heidelberg; 1967-72 Dir. Inst. Max v. Laue-Paul Langevin, Grenoble. 1972ff. Mitgl. Wiss.rat u. Präs. Intern. Union f. Reine u. Angew. Physik (1. Deutscher); 1973-83 Stiftungsrat Carl-Friedr.-v.-Siemens-Stiftg.; 1974-79 Präs. DFG - BV: u.a. An d. Grenze z. Neuen. Rollenverteilung zw. Forschern u. Politikern in d. Ges., 1977; Zw. wiss. u. Politik, Ausgew. Reden u. Aufs. 1974-79, 1980; Kochb. f. Füchse, 1980; D. geteilte Plato. E. Atomphysiker z. Streit um d. Fortschritt, 1981; Streitbriefe üb. Kernenergie (m. Peter Kafka), 1982 (Neuaufl. 1987: Kernenergie - Ja od. Nein?). Herausg.: Zeugen d. Wissens (1986); Mikrowellen-Kochkurs f. Füchse (1986, m. Traude Cless-Bernert); Lernschock Tschernobyl (1986) - 1965 Ehrendoktor Univ. Wien, 1966 Grenoble, 1973 Univ. Reading; 1971 Carus-Med. Dt. Akad. d. Naturforscher (Leopoldina), Halle/S. 1963 Mitgl. Kgl. Schwed. Sozietät d. Wiss., Leopoldina, Heidelbg., Bayer., Fläm., Ind., Schwed. u. Österr. Akad. d. Wiss.; 1961 Bayer. VO., 1972 Gr. BVK, 1973 Offz. franz. Ehrenlegion, 1975 Stern zum Gr. BVK, 1980 Command. Ordre du Mérite; 1976 Mitgl. Ordenskl. Pour le Mérite f. Wiss. u. Kunst, 1979-84 Kanzler d. Ordens; 1980 Freiherr-v.-Stein-Preis; 1984 Otto-Hahn-Preis d. Stadt Frankfurt; 1985 Wilhelm Exner-Med.; 1986 Otto-Hahn-Pr. f. Chemie u. Physik; 1988 Lorenz-Oken-Med. - Spr.: Engl., Franz. - Rotarier.

MAIER-OSWALD, Peter

Botschaftsrat, Protokoll-Referat 701 Ausw. Amt Bonn - Zu erreichen üb.: Ausw. Amt Bonn, Adenauer Allee 99-103, 5300 Bonn - Zul. Wirtschaftsref. Botsch. d. BRD in Rabat (Marokko).

MAIHOFER, Werner

Dr. jur., Dr. h. c., Prof., Bundesminister a. D., Leiter Europ. Hochschulinst. Florenz (s. 1982) - Zu erreichen üb. Europ. Hochschulinst., Badia Fiesolana, Via dei Roccettini 5, I-50016 San Domenico di Fiesole (Firenze) - Geb. 20. Okt. 1918 Konstanz, ev., verh., 5 Töcht. - Oberrealgymn. Konstanz (Abit. 1937); Arbeits-, Militär- u. Kriegsdienst (zul. Oblt. d. R.); 1946-50 Stud. Univ. Freiburg (Rechtswiss.); Promot. 1950; Habil. 1953 - S. 1953 Lehrtätigk. Univ. Freiburg, Würzburg u. Saarbrücken (1955 ao., 1956 o. Prof. f. Strafrecht, Strafprozeßrecht u. Rechtsphil., 1967-69 Rektor); ab 1970 Univ. Bielefeld. 1968-71 Vizepräs. Westd. Rektorenkonfz.; 1972-80 MdB; s. 1972 Bundesmin. f. bes. Aufg.; 1974-78 Bundesmin. d. Innern. FDP s. 1969 (1970-78 Präsid.-Mitgl.). 1981-87 Präs. Europ. Hochsch.inst. Florenz; 1982 Präs. Studienstiftg. d. Dt. Volkes - BV: D. Handlungsbegriff im Verbrechenssystem, (Diss.) 1953; Recht u. Sein, (Habil.-Schrift) 1954; V. Sinn menschl. Ordnung, 1956; Naturrecht als Existenzrecht, 1963; Rechtsstaat u. menschl. Würde, 1968; Demokratie im Sozialismus, 1968; D. Freiburger Thesen d. Liberalen (m. Karl-Hermann Flach u. Walter Scheel), 1972 - 1968 Ehrendoktor Univ. Nancy (Frankr.), 1987 Ehrendoktor Univ. Dublin (Irl.); 1975 Gr. BVK; 1971-77 (Austr.) Mitgl. PEN-Zentrum Bundesrep. Deutschl. - Liebh.: Musik (spielt Geige u. Bratsche), Sport (u. a. südwestd. Meister im Eiskunstlauf).

MAINUSCH, Herbert

Dr. phil., Prof. f. engl. Philologie Univ. Münster (s. 1972) - Stellmacherweg 191, 4400 Münster (T. 02534 - 20 02) - Geb. 19. Juli 1929 Troppau (Vater: Paul M.; Mutter: Gertrud, geb. Gawlik), kath., verh. s. 1956 m. Irmgard, geb. Schwarze, 3 Kd. (Thomas, Christoph, Jessica) - Stud. Germ., Angl., Phil.; Promot. 1956 Münster; Habil. 1969 - 1960-62 Gastprof. Univ. of Pittsburgh, 1972 Ruf Univ. Essen (abgel.); Prof. Münster (1972/73, 1975/76 u. 1982/83 Dekan Phil. Fak. bzw. Fachber. Angl.); Gastprof.: 1975 Univ. of New England, Armidale, Australien, 1978 Univ. of South Africa, Pretoria, 1981 Univ. of New England, Armidale, Australien, 1983 Univ. of Peradeniya, Sri Lanka, 1984 Univ. of South Africa, Pretoria, 1988 Acad. of Social Sciences u. Beda Univ., Beijing, VR China. 1972/74 Vors. Kommiss. Lehrerfort- u. -weiterbildung BRD Modell Angl., s. 1974 Vors. Wiss.l. Beirat f. Anglistik b. Dt. Inst. f. Fernstudien, Tübingen - BV: u. a. Romant. Ästhetik, 1969; Pornotopia, 2. A. 1971 (m. E. Mertner); Engl. Lit.-theorie im 18. Jh. I u. II, 1974; Literatur im Unterricht, 1979; Einf. in d. Lit.-Theorie, Stud.-Brief 1982; Regie u. Interpretation, 1985; Andacht u. Tanz, 1988. Herausg.: Literaturstudium (1981ff.); Samuel Johnson, Vorw. z. Werk Shakespeares (1987); D. Europäische Komödie (1989), Mithrsg.: Arb. zur Ästhetik, Didaktik, Lit.- u. Sprachwiss. (1975ff.), Lehrerfort- u. -weiterbildung in d. BRD (1976), Stud z. engl. Philologie. Edgar Mertner z. 70. Geburtstag (1979).

MAINZ, Friedrich Stephan

Dipl.-Ing., Wirtschaftsingenieur, Vorstandsmitgl. Eternit AG Berlin, Arbeitsdir. u. Vorst.-Mitgl. Dt.-Schwed. Handelskammer - Podbielskiallee 67, 1000 Berlin 33 (T. 030-831 27 94) - Geb. 3. April 1936 Chemnitz (Vater: Herbert M., Kaufm.; Mutter: Herta, geb. Fiedler), ev., verh. s. 1963 m. Ilse, geb. Schlimme, 2 T. (Anette, Bettina) - Abit., Stud. TU-Berlin, Dipl.-Ing. 1962 - 1963-69 Planungsing. u. Konstruktionsleit., b. 1978 versch. Werksleit.-Pos., s. 1979 Vorst.-Mitgl. Eternit AG - Spr.: Engl.

MAINZ, Walter

Kaufmann, gf. Gesellschafter Kronenbrot KG, Würselen, Aachen u. Köln - Elsa-Brändström-Str. 17, 5100 Aachen (T. 0241 - 15 19 35) - Geb. 23. Juni 1929 Neusen/Krs. Aachen (Vater: Franz M., Kaufm.; Mutter: Herta, geb. Bienert), kath., verh., 3 Kd. (Helga, Franz, Andrea).

MAINZER, Klaus

Dr. med. (habil.), Prof., Chefarzt II. Med. Abt. Allg. Krankenhaus Altona, Hamburg - Parkstr. 23, 2000 Hamburg 52 (T. 82 09 72) - Geb. 31. Juli 1927 Bremerhaven (Vater: Dr. med. Gustav M., prakt. Arzt; Mutter: Hildegard, geb. Tacke), ev., verh. s. 1965 m. Erdmute, geb. v. Köckritz, 2 S. (Philipp, Fabian) - Stud. d. Med. (Lehrer: Ch. Huggins, A. Butenandt, H. E. Bock, P. Schölmerich); Habil. 1966 Mainz - S. 1971 apl. Prof. f. Innere Med. (Hämatol., Onkologie) Univ. Mainz, 1973 ff. Chefarzt Hamburg - Spr.: Engl. - Großv.: Prof. Dr. Dr. e. h. Bruno Tacke, Vorst. Moorversuchsstation Bremen.

MAINZER, Udo

Dr. phil., Prof., Landeskonservator, Leit. Landschaftsverb. Rheinland/Rhein. Amt f. Denkmalpflege - Abtei Brauweiler, 5024 Pulheim 2 - Geb. 3. Juli 1945 Witterda/Thür. - Promot. 1973 - 1983 Hon.-Prof. Univ. Köln; zul. Konserv. Münster/W. - Zahlr. Veröff. z. Baugesch., Theorie u. Praxis d. Denkmalpflege. Herausg. mehrerer wiss. Publ.-reihen.

MAIR, Volkmar

Dr. rer. pol., Dipl.-Kfm., Verleger Mairs Geogr. Verlag - Marco-Polo-Straße 1, 7302 Ostfildern 4 (T. 0711 - 45 02-220) - Geb. 6. Mai 1931 Innsbruck (Vater: Kurt M., Schriftst. u. Verl.; Mutter: Hildegard, geb. Danner), kath., verh. s. 1960 m. Gabriele, geb. Eisenhardt, 4 Kd. (Stephanie, Frank, Ralph, Claus) - Volont. Hallwag AG Bern; Stud. Univ. München, Hamburg, Paris; Dipl. 1955, Promot. 1958 Hamburg - Liebh.: Segeln, Malerei.

MAIROSE, Ralf

Dipl.-Volksw., Bürgerschaftsabgeordneter Hamburg (s. 1974) - Horstweg 2b, 2000 Hamburg 65 - Geb. 21. Juni 1940 Hamburg - Wiss. Oberrat Hochsch. f. Wirtsch. u. Politik, Hamburg (Forsch.stelle, Abt. Polit. Bildung) - BV: Wohnungs- u. Bodenpolitik in d. Bundesrep. Dtschl.; Kostenmiete, Städtebaurecht, Wohnungseigent. d. Mietkauf, 2. A. 1975 (m. G. Orgaß) - CDU.

MAIS, Edgar

Studienrat, MdL Rhld.-Pfalz (s. 1971) - Ezenichstr. Nr. 28, 6580 Idar-Oberstein (T. 4 25 89) - Geb. 27. März 1926 Siesbach, ev., verh., 3 Kd. - Aufbau-Gymn.; Lehrersem. (Stud. durch Kriegsdst. unterbr.). Lehrerprüf. 1948 u. 51; Ex. f. Realsch. 1967 - S. 1971 Studienrat. 1960 ff. MdK Birkenfeld; 1969 ff. Mitgl. Stadtrat Idar-Oberstein. SPD s. 1959 (1968-70 Vors. Stadtverb.; 1969 ff. Mitgl. Unterbezirksvorst.).

MAISCH, Bernhard

Dr. med., Univ.-Prof., Leit. Abt. Innere Medizin-Kardiologie Univ. Marburg (s. 1989) - Baldingerstr., 3550 Marburg (T. 06421 - 28 27 72) - Geb. 1. April 1947, verh. s. 1981 m. Stefanie, geb. Katter, 3 Kd. (Philipp, Christoph, Katharina) - 1954-58 Grundsch.; 1958-66 Gymn. Nürtingen, 1965 Stockton, USA; 1968-74 Stud. Med. Univ. Tübingen; Staatsex. 1974 Lausanne; Promot. (summa cum laude) 1975; 1975 Ausb. Innere Med./ Kardiol. Univ. Tübingen; Habil. 1982 - 1984 Prof.; 1984-88 Ltd. Oberarzt Med. Klinik Würzburg. 1982 Vors. Arbeitsgr. Entzündliche Herzerkrankungen Dt. Ges. f. Herz- u. Kreislaufforsch.; s. 1986 Mitgl. Council on Cardiomyopathies (ISFC); s. 1987 chairman WG Myocardial & Pericardial Diseases d. Europ. Soc. Cardiology - Arb. üb. Kardioimmunologie u. Kardiologie. Üb. 100 Originalarb., üb. 300 Kurzvortr., 24 Buchbeitr., 2 Bücher üb. Herzschrittmachertherapie u. Infektiöse Endokarditis - 1965 Ehrenbürger Wabash (USA); 1982 1. Preis Investigator's Contest (9. Weltkongress f. Kardiologie, Moskau); 1983 Förderpreis z. Frerichspreis d. Dt. Ges. f. Innere Med.; 1986 Albert Knoll Preis d. Saarl.-Rheinlandpfälz. Ges. f. Innere Med. - Liebh.: Musik, Wandern, Kajakfahren - Spr.: Engl., Franz.

MAISCH, Erich

Dr. jur., Senatspräsident i. R. - Oberbinge 13, 3500 Kassel-Kirchditmold (T. 3 87 98) - Geb. 14. Dez. 1910 Karlsruhe (Vater: Theodor M., Reichsbahnobersekr.), kath., verh. s. 1940 m. Elisabeth-Maria, geb. Matern, 4 Kd. (Ingrid, Angelika, Winfried, Gabriele) - 1937-40 Univ. Berlin (Promot. 1942) - 1942 Gerichtsass. (1944 Ernenn. z. Landgerichtsrat), 1942-48 Wehrdst. u. Kriegsgefangensch., 1950-51 Reg.srat Bad. Wirtschaftsmin., 1951-53 Kammervors. Oberversich.samt u. Versorgungsgericht Freiburg (m. d. L. b. 1953 Oberversich.samt Konstanz u. 1954 Sozialgericht Konstanz), 1954-56 Landessozialgerichtsrat u. Senatsvors. Landessozialgericht Baden-Württ., Stuttgart, 1956-57 Dir. Sozialgericht Karlsruhe, 1957-61 Senatspräs. LSG Stuttgart, seither Bundesrichter u. Senatspräs. (1971) BSG Kassel, 7 Jahre Vors. Richterrat am BSG. Veröff. üb. gesetzl. Unfallversich. - Liebh.: Musik - Spr.: Engl. - Bek. Vorf.: Hansjakob, Pfarrer u. Volksschriftst. (ms.).

MAIWORM, Heinrich

Dr. phil., Prof., Hochschullehrer - v.-Ossietzky-Weg 30, 3200 Hildesheim (T. 4 11 22) - Geb. 28. Aug. 1916 Buer - S. 1960 Doz. u. Prof. PH Alfeld, s. 1969 Wiss. Hochsch. Hildesheim (Dt. Sprache u. Methodik d. Dt.unterr.).

MAIZIÈRE, de, Ulrich

General a. D. - Eschenweg 37, 5300 Bonn 2 (T. 0228 - 32 19 72) - Geb. 24. Febr. 1912 Stade, ev., verh. s. 1944 m. Eva, geb. Werner, 4 Kd. - Gymn. (Abitur 1930); 1940 Generalstabsausbildung; Buch- u. Musikalienhändlerlehre (Gehilfenprüf. 1949) - 1933-72 Berufsoffz. (bei Kriegsende Oberstlt. i.G. u. Ia Operationsabt. Generalstab d. Heeres); 1945-47 brit. Kriegsgefangensch.; 1951ff. Dienststelle Blank bzw. Bundeswehr, u. a. Kommandeur Schule Innere Führung d. Bundeswehr (1960) u. Führungsakad. (1962), Inspekteur d. Heeres (1964-66), Generalinsp. d. Bundeswehr (1966-72); 1956 Brigadegeneral, 1962 Generalmajor, 1964 -lt., 1966-72 General) - BV: Bekenntnis z. Soldaten, 1971; Militär. Führung in unserer Zeit / Reden, Vortr., Anspr., 1971; Führen im Frieden, 1974; Verteidigung in Europa-Mitte, 1975; In d. Pflicht, 1989. Fachveröff. - Zahlr. Ehrungen, darunter 1964 Frhr.-v.-Stein-Preis Hamburg; 1969 Kdr.kreuz American Legion of Merit; 1969 Großoffz. Franz. Ehrenlegion; 1970 Gr. BVK m. Stern u. Schulterbd.; 1986 Hermann-Ehlers-Preis - Liebh.: Klass. Musik (Pianist), Lit., Zeitgesch. - Spr.: Engl. - Rotarier - Lit.: v. Freitag-Loringhoven/ Jakobsen, Im Dienst d. Friedenssicherung - Festschr. z. 60. Geburtstag (1972); U de Maizière, Stationen e. Soldatenlebens - Festschr. z. 70. Geburtstag (1982) - Entstammt e. im 17. Jh. aus Frankr. eingewanderten Hugenottenfamilie.

MAJEWSKI, Frank

Dr. med., Prof. f. Humangenetik u. Kinderheilkunde - Grünewald 91, 4010 Hilden (T. 02103 - 4 70 22) - Geb. 14. Mai 1941 Berlin (Vater: Helmuth M., Stud.dir.; Mutter: Ilsemarie), verh. s. 1967 m. Dr. med. Brigitte, 3 Kd. - S. 1975 Facharzt f. Kinderheilk. Univ. Tübingen, 1978 Prof. f. Humangenetik u. Kinderheilkd. Univ. Düsseldorf - Üb. 120 wiss. Publ. - 1978 Hufelandpreis - Liebh.: Violine, Windsurfen - Spr.: Engl.

MAJEWSKI, Hans-Martin

Komponist u. Kapellmeister - Lindenallee 27, 1000 Berlin 19 (T. 030 - 302 40 19) - Geb. 14. Jan. 1911 Schlawe (Vater: Dr. med. vet. Walter M., Veterinärrat; Mutter: Margarete, geb. Köppen), ev., verh. s. 1936 m. Charlotte, geb. Kiessling, 3 Kd. (Peter-Michael, Dagmar, Hans-Martin) - 1931-32 Med.-Stud. Königsberg, gleichz. Privatunterr. (Ansorge, Fedtke), Musikhochsch. Leipzig (1932-35; Dirigieren, Opernsch., Theorie u. Kompos.lehre) - Korrepetitor, Kapellm. (1935-37 Theater d. Volkes Berlin, b. 1940 Ufa, Terra u. Tobis ebd.) u. (1947ff.) Komp. 5 J. Soldat - W: Insel d. Träume (1938), D. Jagd nach d. Glück (Ballett), Sinfon. Skizzen 47, Impressionen e. Weltreise, Ägypt. Suite, Sinf. Suite 52, Programm-Mus. u. a. Synopsis 74, Danse Exorcisme, Facetten, ca. 100 Fernseh-Musiken, 160 Filmmusiken (u. a. Liebe 47, Klettermaxe, Sie, D. fliegende Klassenzimmer, Weg o. Umkehr, D. zweite Leben, Herr über Leben u. Tod, D. verschwundene Miniatur, Ohne Dich wird es Nacht, D. Bekenntnisse d. Hochstaplers Felix Krull, D. Brücke, D. Ehe d. Herrn Mississippi, D. Wunder d. Malachias, Schloß Gripsholm, D. Besuch (The Visit), Schloß Rheinsberg). Bühnen-, Fernseh- u. Hörspielmus., D. Verfolg. u. Ermord. d. Jean Paul Marat, L'ile Pourpre, Paris, Sarah Bernard-Théatre; Operette (Gombrovicz), Schauspielhaus Bochum, Schillertheater Berlin u. a. - 1954, 58, 60 u. 74 Bundesfilmpreis (Gold u. Silb.), 1956 u. 60 Preis Verb. d. dt. Kritiker, 1959 Karl-Szuka-Preis Südwestfunk; 1977 Filmbd. in Gold - Liebh.: Gartenarb., Schwimmen, Briefm. - Spr.: Engl., Franz.

MAJEWSKI, Otto

Dr. jur., Ministerialdirigent - Birkenstr. 48, 8039 Gröbenzell - Geb. 14. Aug. 1943, verh., 2 S. (Johannes, Mathias) - Jura-Stud. Univ. München; 1. u. 2. Staatsprüf., Promot. 1969 - 1969-70 Ref. jurist. Dir. Bayer. Rundf.; 1970-72 Hilfsref. Bayer. Staatsmin. f. Landesentw. u. Umweltfragen; 1973-77 pers. Ref. Staatsmin. f. Landesentw. u. Umweltfragen; 1977-79 pers. Ref. Staatsmin. d. Finanzen; 1979-81 Leit. Ref. f. Staatsbeteilig. im energie-, verkehrs- u. ind. Bereich; s. 1982 Leit. Abt. f. Staatsbeteilig., Banken, Staatsbetrieben u. Wirtschaftsangelegenh. - Liebh.: Schach, Skilaufen, Wandern - Spr.: Engl., Franz.

MAJONICA, Ernst

Dr., Rechtsanwalt - Johannstr. 5, 4770 Soest/W. (T. 1 37 41) - Geb. 29. Okt. 1920 Soest (Vater: Ernst M., Holzkaufm.; Mutter: Josefa, geb. Hagen), kath., verh. s. 1961 m. Ursula, geb. Dullin († 1982) - Gymn. Soest; Univ. Freiburg/Br. u. Münster (Rechtswiss. u. Gesch.). Ass.ex. 1950 Düsseldorf - 1942-46 Wehrdst. u. Gefangensch. 1950-55 Bundesvors. Jg. Union Dtschl.s. 1950-72 MdB (1953 Mitgl. CDU-Fraktionsvorst.). CDU s. 1946; 1979-84 Mitgl. Europäisches Parlament - BV: Dt. Außenpolitik - Probleme u. Entscheidungen, 1965 (engl. 1969 New York); Möglichkeiten u. Grenzen d. dt. Außenpolitik, 1969; Bonn - Peking / D. Beziehungen d. BRD z. Volksrep. China, 1971 - 1969 Gr. BVK; BVK m. Stern; Commandatore d. Ital. VO.; 1985 europ. Pressepreis - Liebh.: Bücher, ostasiat. Kunst - Spr.: Engl., Franz.

MAKRIS, Jannis (Ioannis)

Dr. rer. nat. habil., Prof., Geophysiker, gf. Dir. Inst. f. Geophysik Univ. Hamburg (s. 1978) - Zu erreichen üb. Inst. f. Geophysik d. Universität Hamburg, Bundesstr. 55, 2000 Hamburg 1 - Geb. 16. Jan. 1937 Athen (Vater: Nikolaos M., Offz.; Mutter: Elisabeth, geb. Adam), griech.-orth., verh. s. 1968 m. Birgit, geb. Neumann, 3 S. (Nikolaos, Gellasios, Philipp) - 1958-63 TU Clausthal; Promot. 1971 Hamburg; Habil. 1977 ebd. - BV: Aufbau d. Kruste in d. Ostalpen aus Schweremessungen u. d. Ergebn. d. Refraktionsseismik, 1971; Geophysical investigation of the Hellenides, 1977; Geophysikal. Unters. d. Helleniden u. d. geodynamischen Konsequenzen f. ihre Entwickl., 1984. Zahlr. Veröff. üb. Iran, Äthiopien, d. Mittelmeer u. d. Rote Meer - Spr.: Engl., Griech.

MALAN, Thomas Michael

s. Soik, Helmut Maria

MALANGRÉ, Heinz

Dr. jur., geschäftsf. Gesellschafter Einhard-Verlag GmbH - Tempelhofer Str. 21, 5100 Aachen - Geb. 25. Juli 1930 Aachen - Präs. IHK Aachen; VR-Mitgl. TÜV Rheinl. u. Stadtsparkasse Aachen; Vorst.-Mitgl. DIHT; Präs. Vereinig. d. IHK'n Land Nordrh.-Westf.; Präs. Deutsch-Belgisch-Luxemburg. Handelskammer, Brüssel.

MALANGRÉ, Kurt

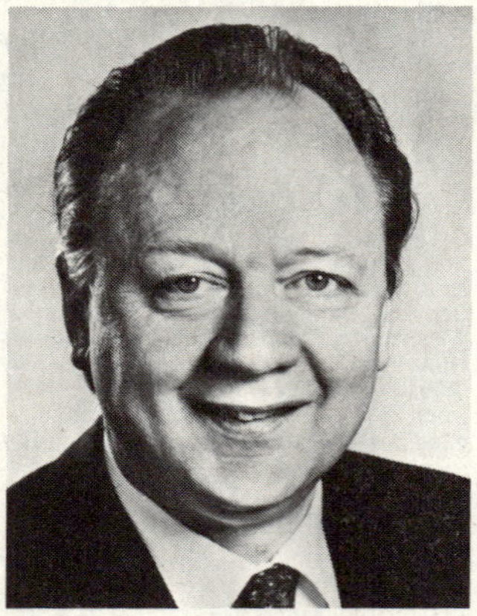

Oberbürgermeister, MdEP - Wilhelmstr. 2, 5100 Aachen - Geb. 18. Sept. 1934 Aachen, verh., 5 Kd. - Abit. 1955; Stud. Rechts- u. Staatswiss. Köln u. Bonn; Stud. Musik u. Gesang Aachen u. Frankfurt/M. (Staatsex.); 1. jurist. Staatsex. 1958 OLG Köln; 2. jurist. Staatsex. 1963 b. Justizmin. Düsseldorf; s. 1963 RA in Aachen - S. 1969 Mitgl. d. Stadtrates (1970 Wahl z. Fraktionsvors. d. CDU u. 1972 z. Bürgerm.); s. 1973 OB d. Stadt Aachen; 1975 Vors. d. Rates d. REGIO Aachen (Arbeitsgem. d. Stadt Aachen sow. d. Kr. Aachen, Heinsberg, Düren u. Euskirchen); s. 1979 MdEP; Vizepräs. Geschäftsordn.- u. Petitionsaussch.; Mitgl. Rechtsaussch., stv. Vors. Dt. Delegation (EVP-Fraktion) - Offz. d. Leopoldordens (Belgien); Kommand. d. Ordens Adolf v. Nassau (Luxemburg); BVK; 1981 Alcide-de-Gasperi-Med.; Komturkreuz d. Ordens Oranje-Nassau (Niederl.); 1982 Großkreuz d. zivilen VO (gran cruz del merito civil) (Spanien); 1983 BVK I. Kl.; 1983 Ehrenbürger d. Rhein.-Westf. TH Aachen; 1985 Ritter d. Silvesterordens (Vatikan); 1985 Komturkreuz d. belg. Kronenordens; 1987 Offiz. franz. Ehrenlegion; 1988 Komptur Gregoriusorden (Vatikan).

MALCHERS, Heribert

Leiter Puppenspiele Stadt Köln u. Hänneschen-Theater (s. 1988) - Auf der Halde 10 a, 5060 Bergisch Gladbach 1 (T. 02204 - 5 68 30) - Geb. 7. Okt. 1947 Köln, verh. s. 1983 m. Anne, geb. Sonne, 3 Kd. (Hansi, Thorsten, Laura) - Abit.; Jurastud.; Schausp.ausb. - Tätigk. als Schausp.: Schauspielhaus Köln unter Heyme, Millowitsch-Theater, Düsseldorfer Schauspielhaus b. Beelitz; s. 1974 WDR Köln als Schausp., Regieassist. u. Regiss.; 1982-85 Dt. Welle (als Regiss.); s. 1985 Regiss. wieder WDR (zahlr. kölsche Hörsp. u. Krimis, sow. Film üb. Hänneschen Theater) - Liebh.: Sport (insbes. Tennis aktiv), Klavier, Kölner Gesch. - Spr.: Engl., Franz., Lat., Ital.

MALER, Anselm

Dr., Prof. GH Kassel - An der Turnhalle 27, 3500 Kassel (T. 0561 - 40 77 20) - Geb. 29. Nov. 1935 Köln (Vater: Prof. Wilhelm M., Komp. †1976 (s. XVIII. Ausg.); Mutter: Hedwig, geb. Beyerle), ev., verh. s. 1968 m. M. Antonia, geb. Alonso, 2 Kd. (Manuel, Alicia) - 1956-63 Stud. German., Roman., Phil. Univ. München, Freiburg, Berlin, Bonn; Promot. 1966; Habil. Univ. Bern 1977 - 1966 wiss. Assist. Univ. Göttingen; 1977 Priv.-Doz. Univ. Bern; 1980 Prof. Univ. Oldenburg; 1981 Prof. GH Kassel - BV: D. Held im Salon, 1973; D. exot. Roman, 1975; Zachariä: D. Renommist, D. Schnupftuch, (hg.) 1974; J. W. Goethe, fünf Studien z. Werk (hg.) 1983; Einzelveröff. u. Übers. a. d. Span. - Liebh.: Antike, Antiken, Musik - Spr.: Span., Engl. - Bek. Vorf.: Wilhelm M. (Vater).

MALETTKE, Klaus

Dr. phil., Prof. f. Neuere Geschichte Univ. Marburg - Pappelweg 28, 3550 Marburg (T. 06421 - 3 13 19) - Geb. 30. Mai 1936 Rastenburg/Ostpr. (Vater: Karl M., Lehrer; Mutter: Margret, geb. Bäcker), ev., verh. s. 1965 m. Waltraut, geb. Suthoff-Groß, T. Nicole Mariette - Stud. Gesch., Roman., Erzieh.wiss. Univ. Marburg, Dijon u. Paris; Brevet de Langue Française 1958 Dijon, Promot. 1965 Marburg, Habil. 1972 FU Berlin - 1971-80 Prof. FU Berlin; s. 1980 Lehrst. f. Neuere Gesch. Univ. Marburg - BV: D. Beurteil. d. Politik Bismarcks (1862-1866) in d. Pariser Presse, 1969; Opposition u. Konspiration unt. Ludwig XIV., 1976; Jean-Baptiste Colbert, 1977; Ämterkäuflichk.: Aspekte soz. Mobilität im europ. Vergleich (17. u. 18. Jh.), 1980; Soz. u. polit. Konflikte im Frankr. d. Ancien Régime, 1982; Nationalsozialismus an d. Macht, 1984 - 1980 Mitgl. Hist. Kommiss. Berlin u. 1981 Hist. Kommiss. f. Hessen; 1983 Wiss. Beirat Dt. Hist. Inst. Paris - Spr.: Latein, Franz., Engl., Ital.

MALETZKE, Gerhard

Dr. phil., Prof. - Argonnenstr. 21, 7000 Stuttgart 50 (T. 0711 - 52 37 03) - Geb. 6. Jan. 1922, T. Gertraud - Stud. Univ. Hamburg (Psych., Phil., German.), Dipl.-Psych. 1949, Promot. 1950 - Tätigk. in zahlr. wiss. Inst.; s. 1983 Prof. f. Kommunikationswiss. - BV: Psych. d. Massenkommunikation, 1963 (auch Jap., Span. u. Portug.); Ziele u. Wirkungen d. Massenkommunikation, 1976; Kommunikationsforschung als empirische Sozialwiss., 1980; Medienwirkungsforschung - Grundl., Möglichk., Grenzen, 1981; Bausteine z. Kommunikationswiss. 1949-84, 1984; Massenkommunikationstheorien, 1987; Kulturverfall durch Fernsehen?, 1988 - Liebh.: Fremde Kulturen, Musik - Spr.: Engl., Franz., Span., Norweg.

MALICH, Siegfried

Dr. rer. pol., Doctor of Health Sciences (USA), Prof. Gesundheitswiss. u. Präventionsstrategien, UEFT-Univ. Neuchâtel/Schweiz (s. 1989), Vors. AKTION PRÄVENTION (s. 1987) - Geb. 4. Juni 1923 Schwarmitz/Schles. (Vater: Willy M., Lehrer; Mutter: Hedwig, geb. Conrad), verh. s. 1979 m. Gisela, geb. Sündermann, 2 Söhne aus 1. Ehe - 1941-50 Wehrdst. u. Kriegsgefangensch.; 1950-53 Stud. Univ. Göttingen u. Marburg; Promot. 1958 Marburg - 1954-56 Direkt.-Assist. Elektrotechn. Ind. Frankfurt/M.; 1956-59 Forschungsstellenleit. Hamb. Welt-Wirtsch.-Inst. (HWWA); 1959-68 Haupt-VR (zul. Sektionsleit.) Kommiss. d. EG, Brüssel. 1978 Mitgl. Intern. Ges. z. Erforsch. v. Zivilisationskrankh. u. d. Umwelt, 1979 Schweiz. Vereinig. f. Gesundheitserziehung, 1981 Schweiz. Vereinig. f. Ernährung; 1987 Gründungsmitgl. Aktion Prävention - Üb. 100 Fachveröff., insbes. in Fachztschr. - Interessen: Ernährungswiss. u. Gesundheitsvorsorge - Spr.: Engl., Franz., Russ., Niederl.

MALKOWSKI, Rainer

Schriftsteller - Bahnhofstr. 10, 8204 Brannenburg/Obb. - Geb. 26. Dez. 1939 Berlin - BV/Ged.: Was f. ein Morgen, 1975; Einladung ins Freie, 1977; V. Rätsel e. Stück, 1980; Zu Gast, Ged. 1983; Was auch immer geschieht, Ged. 1986; D. Meer steht auf, Ged. 1989 - U. a. Leonce- u. Lena-Preis (1979).

MALLACH, Martin

Dipl.-Landw., Dipl.-Volksw., Hauptgeschäftsführer Gesamtverb. d. Dt. Land- u. Forstwirtschaftl. Arbeitgeberverb., Bonn - Godesberger Allee 142-148, 5300 Bonn 2 (T. 0228 - 81 98-2 48) - Geb. 22. April 1939 Berlin, kath. - Leit. d. Ref. Arbeit u. Sozialordn. im Dt. Bauernverb., Bonn; Vors. d. Vereins z. Förd. d. Informationsdienstes Forum Sozialstation, Bonn.

MALLMANN, Walter

Bürgerbeauftragter d. Landes Rhld.-Pfalz (s. 1987) - Am Stadtgarten 19, 6540 Simmern/Hunsrück (T. 26 46) - Geb. 19. Juli 1940 Ney (Vater: Heinrich M., Anstreicher u. Landwirt; Mutter: Theresia, geb. Liesenfeld), kath., verh. s. 1961 m. Klara, geb. Kuhn, 2 Söhne (Volker, Michael) - Fach- u. Verw.sch. - Präsid.-Mitgl. Intern. Volkssportverb. (IVV) - Freiherr-vom-Steim-Plak.; BVK I. Kl. - Liebh.: Wandern, Langstreckenlauf - Spr.: Engl.

MALTESE, George

Ph. D., Prof. f. Mathematik - Einsteinstr. 64, 4400 Münster (T. 0251-83 30 87) - Geb. 24. Juni 1931 Connecticut/USA (Vater: Giorgio M., Arbeiter; Mutter: Sebastiana, geb. Morello), kath., verh. s. 1956 m. Marlene, geb. Kunz, 2 Kd. (Christopher, Michelle) - Wesleyan Univ., USA; Yale Univ., USA; Ph.D. 1960 - 1963-73 Prof. Univ. of Maryland, USA; s. 1973 Prof. Univ. Münster - Spr.: Engl., Ital.

MALTZAN, Freiherr von, Jaspar

Dipl.-Ing., Mitglied d. Geschäftsführung Pfeifer & Langen, Köln, Vors. d. Zuckerind., Bonn - Linnicher Str. 48, 5000 Köln 41.

MALURA, Oswald

Maler - Hohenzollernstr. 16, 8000 München 40 (T. 39 85 87) - Geb. 9. Okt. 1906 Boleslau (Vater: Thomas M.; Mutter: Anna, geb. Kaschny), kath. - 1926-30 Kunstakad. München - Studienreisen Asien u. Südamerika - BV: Als Maler durch Indien, 1948 - 1964 Schwabinger Kunstpreis (Malerei) - Spr.: Poln., Engl., Span. - Lit.: A. Sailer, D. Maler O. M. Werkausw. 1945-76 (1976); Oswald Malura, Wege z. Bild (1986).

MALY, Werner

Dipl.-Volksw., Generalbevollm. Direktor Siemens AG (Vors. d. Geschäftsführung Bereich Med. Technik) - Henkestr. 127, 8520 Erlangen (T. 09131 - 84 22 11) - Geb. 18. März 1934 Nürnberg.

MÁLYUSZ, Miklós

Dr. med., Prof., Direktor Physiol. Inst. Univ. Kiel - Adenauerstr. 23, 2300 Kronshagen (T. 0431 - 58 29 99) - Geb. 13. Mai 1936 Budapest (Vater: Prof. Dr. phil. Elemér M., Historiker), kath., verh. s. 1964 m. Dr. Gizella, geb. Kerekes, 2 Kd. (Thomas, Victoria) - 1954-60 Stud. Univ. Leningrad (Promot. 1961) u. Budapest (Facharzt f. Labormed. 1963); 2. Promot. 1970 Göttingen, Habil. 1972

Kiel - 1960-65 Physiol. Inst. Budapest; 1965-67 Visiting Prof. Rangoon (Birma); 1967-70 Max-Planck-Inst. Göttingen; 1971ff. Kiel (s. 1979 Prof.) - Spr.: Engl., Ital., Russ., Ungar.

MAMMITZSCH, Volker
Dr. rer. nat., Prof. f. Mathematik Univ. Marburg (s. 1973) - Haselhecke 20, 3550 Marburg/L. - Geb. 1. März 1938 Leipzig (Vater: Horst M., Rechtsanw.; Mutter: Ingeborg, geb. Werner), ev., verh. s. 1975 m. Elisabeth, geb. Eschenbach, 2 Kd. (Christoph, Irene) - 1951-54 Lehre Böhlen; 1954-57 Obersch. München; 1957-62 Univ. München (Math., Phys.). Promot. (1964) u. Habil. (1970) München (Math.) - 1961-73 Wiss. Assist., Akad. Rat, Wiss. Rat u. Prof. Univ. München - BV: Methode d. kleinsten Quadrate, 1973 (m. H. Richter) - Liebh.: Musik - Spr.: Engl.

MAMPEL, Siegfried
Dr. jur., Prof. - Roonstr. 14, 1000 Berlin 37 (T. 030 - 801 79 07) - Geb. 13. Sept. 1913 Halle/S. (Vater: Wilhelm M.; Mutter: Cläre, geb. d'Heureuse), ev., verh. s. 1950 m. Susanne, geb. Jenge, 2 Kd. (Sabine, Christian) - Human. Gymn. (Abit. 1932 Halle); 1. jur. Staatsprüf. 1935 Naumburg, gr. jur. Staatsprüf. 1939 Berlin, Promot. (summa cum laude) 1967 Univ. Köln - 1951-69 Unters.-Aussch. Freiheitl. Juristen, 1977 Hon.prof. FU Berlin, b. 1978 Ref.-Leit. Bundesanst. f. Gesamtdt. Aufg., s. 1978 Vors. Ges. f. Dtschl.forsch. - BV: D. Verfass. d. sowj. Besatzungszone in Dtschl., Text u. Komm., 1962, 2. A. 1966; D. Sowjetsektor v. Berlin, 1963; D. Recht in Mitteldtschl., Lehrb. 1966; Arbeitsverf. u. Arbeitsrecht in Mitteldtschl., 1966; Herrschaftssystem u. Verfassungsstruktur in Mitteldtschl., 1968; D. sozialist. Verfass. d. DDR, Text u. Komm. 1972, 2. A. 1982 - 1983 Gr. BVK.

MAMPELL, Klaus

Dr. phil., Genetiker, Schriftsteller - 7997 Immenstaad am Bodensee - Geb. 1. Nov. 1916 Mannheim (Vater: Dr. med. Otfried M.), ev., verh. s. 1946 m. Tera, geb. Haex van Halen, 2 Kd. (Maja, Geiso) - Human. Schule in Dtschl., dan. naturwiss. Stud. in d. USA: (Biol.): Univ. Southern California, B.A. 1939; (Genetik): Exp. Embryologie, California Inst. of Technology; Promot. 1943 - 1947 Prof. f. Biologie, Genetik Univ. Pennsylvania. Gastprof. Univ. Oregon, California, Virginia, Mailand. Gastvorl. Univ. Wisconsin, Texas, Connecticut, Princeton, Columbia, Johns Hopkins, Yale, Berkeley, Vanderbilt, Notre Dame, Zürich, Tübingen, Leiden. Entd.: 1943 Mutator-Gene; 1945 Plasma d. Spermiums übertragene paternale Effekte; 1946 virusartiger Transfer v. Genen; 1968 zytoplasmatische Vererbung umweltbedingter Veränderungen - Wiss. BV: D. biol. Evolution, 1962; D. Entwicklung d. lebenden Welt, 1962. BV: Wohlgeboren Wolfgang Wundersam, R. 1952; Blender u. Söhne, R. 1952; D. letzte Testament, 1958; D. Gesch. d. berüchtigten Zauberers Doktor Faust, R. 1962; D. Sternenreise, 1986. Erzäh-

lungsbde.: M. spitzer Feder, 1959; Wie man berühmt wird, 1963; Was mir auffällt, 1985. Sprachglossen: Heraus m. d. Sprache, 1985. Satiren: Typisch französisch, 1985; Typisch amerikanisch, 1986 - Inter.: Musik, Züchtung neuer Variationen d. uralten indian. Kulturpflanze iskutasquash f. europ. Konsum - Spr.: Engl., Franz., Niederl.

MANCHOT, Jürgen
Dr., Dipl.-Chem., Mitgl. des Gesellschafterausschusses der Henkel KGaA., Düsseldorf - Kraumenhausweg 3, 4020 Mettmann 2 - Geb. 26. Okt. 1936 Berlin.

MANDEL, Hans H.
Dr. jur., Bankdirektor - Mohrhaldenstr. 136, CH-4125 Riehen (Schweiz) (T. Basel 67 03 11) - Geb. 19. April 1907 Thorn (Vater: Paul M., Gutsbesitzer; Mutter: Hedwig, geb. Thal), ev., verh. s. 1951 m. Hertha, geb. Ewert, 3 Kd. (Hans-Joachim, Sabine, Christine) - Gymn. Stettin; 1930-33 Univ. Halle (Rechtswiss.) - 1933-36 Reichsbank, Halle (-insp.); 1937-45 Dt. Golddiskontbank, Berlin (Bankrat); 1948-54 Bank dt. Länder, Frankfurt/M. (Dir.); 1954-1972 Bank f. Intern. Zahlungsausgleich (Mitgl. Dir. u. Chef Bankabt.) - BV: Bank f. Intern. Zahlungsausgl., Europa - Bd. 67 Europ. Wirtsch., Nomos 1974 - 1968 Gr. BVK - Spr.: Engl., Franz., Ital.

MANDEL, Horst G.
Konsul, Fabrikant (Horst Mandel GmbH & Co., Mäntel/Kostüme) - Rankestr. 33-34, 1000 Berlin 30 (T. 24 90 06) - Geb. 19. Mai 1919 Berlin (Vater: Jakob M.), verh. m. Käthe, geb. Boldt - Konsul v. Südafrika 1983, 1970 BVK I. Kl. - Spr.: Engl., Franz. - Rotarier.

MANDEL, Michael
Dr. phil., Regisseur - Platanenstr. 33, 4000 Düsseldorf - Geb. 3. Juni 1948 Frankfurt/M., ledig - Gymn. Freiburg (Abit. 1967); Stud. Angl. u. German. Univ. Frankfurt, Norwich u. Berlin; Promot. 1977 - 1979 Dramat. Bielefeld; Regie-Assist. Düsseldorf, Freiburg; s. 1981 freiberufl. Regiss. - BV: Denken u. Sprechen, 1977 - Insz.: Könry Ubu (1980), D. Wasserhuhn (1981), Frankenstein (1981), Schrott (1982), Aristophanie (1982), Quartett (1983), Gespenster (1983), Kennen Sie d. Milchstr. (1983), D. Kaiser u. d. Arch. (1984), Voll auf d. Rolle (1985), D. kahle Sängerin (1986), u.a. - 1982 Förderpreis f. Lit. Stadt Düsseldorf - Liebh.: Reisen - Spr.: Engl., Franz., Span.

MANDELKOW, Karl Robert
Dr. phil., Prof. f. Literaturwissenschaft Univ. Hamburg - Heilwigstr. 37, 2000 Hamburg 20 (T. 46 11 73) - Geb. 7. Dez. 1926 Hamburg, ev.-luth., verh. s. 1956 m. Eva, geb. Valentin, 4 Kd. - Promot. 1958 Univ. Hamburg - 1961 Doz. Univ. Amsterdam; 1965 o. Prof. Univ. Leiden/Niederl.; 1970 o. Prof. Hamburg - BV: Goethe im Urteil s. Kritiker, 4 Bde. 1975-84; Orpheus u. Maschine, 1976; Goethe in Dtschl., Bd. 1 1980. Herausg.: Briefe v. u. an Goethe, 6 Bde. (1962-69).

MANDL, Heinz
Dr. phil., Prof. f. Päd. Psychologie Univ. Tübingen - Panoramastr. 6, 7407 Rottenburg 5 (T. 07472 - 2 21 64) - Geb. 21. Mai 1937 München (Vater: Georg M., Bundesbahnamtm.; Mutter: Rosa, geb. Suckfüll), kath., verh. s. 1973 m. Brigitte, geb. Kirsch - 1. u. 2. Lehramtsprüf. 1958/61 München; Dipl.-Psych. 1970 München; Promot. 1975 München - 1958-67 Lehrer; 1967-78 Assist.; ab 1978 Prof.; 1986 Redaktion American Psychol. Ass.; 1988 Dir. Dt. Inst. f. Fernstudien. 1988-91 DFG-Gutachter; 1989-91 Präs. European Association for Research on Learning and Instruction - BV: Kognitive Entwicklungsverläufe v. Grundschülern, 1975; Schuleingangsdiagnose, 1978; Kognitive Komplexität, 1978; Schülerbeurt. im Längsschnitt, 1980; Texte verstehen - Texte gestalten, 1981; Z. Psych. d. Textverarb., 1981; Emotion u. Kogni-

tion, 1983; Emotionspsych., 1983; Kogn. Proz. u. Unterr., 1983; Learning and Comprehension of Text, 1984; Lernen im Dialog m. d. Computer, 1985; Päd. Psychol., 1986; Learning Issues f. Intelligent Tutoring Systems, 1988; Wissenspsychologie, 1988; Knowledge Acquisition with Text and Pictures, 1989.

MANECKE, Georg
Dr.-Ing., em. Prof. - Hittorfstr. 29, 1000 Berlin 33 (T. 831 13 47) - Geb. 13. Juni 1916 Pleskau (Vater: Dipl.-Ing. Viktor M.; Mutter: Alexandra, geb. Gottschalk), verh. s. 1954 m. Nina, geb. Landshoff - TH Berlin (Chemie). Promot. (1941) u. Habil. (1954) Berlin - Ab 1954 Gruppenleit. Fritz-Haber-Inst. d. Max-Planck-Ges. Berlin; s. 1954 Privatdoz., apl. (1959), ao. (1961) u. o. Prof. u. Dir. Inst. f. Organ. Chemie Freie Univ. Berlin (1964-81), s 1959 Honorarprof. TU ebd. - 1963 ausw. wiss. Mitgl. Fritz-Haber-Inst. Berlin (MPG); 1978 Distinguished Lecturer awsh Univ. of Mass., Amherst, Mass./USA; 1979 Staudinger-Preis Ges. Dt. Chemiker; 1981 Recipient Senior Fellowship d. Jap. Soc. for the Promotion of Science - Liebh.: Segeln, Kunst - Spr.: Engl., Russ., Litauisch.

MANESCUL, von, Ursula
Schauspielerin - Rebgasse 7, 7570 Baden-Baden 23 (T. SWF 07221 - 276-22 20) - Geb. 14. Mai 1931 Lemberg (Vater: Ritter v. Modest), gesch. - Obersch. u. Schauspielsch. Berlin - S. 1954 Sprecherin b. SWF Baden-Baden, fr. Schausp. Theater: Berlin, Baden-Baden u. Tourneen; Fernsehen: SWF - Ehrenmitgl. Verb. d. Hörf.- u. Fernsehteiln. d. Saarl.

MANEVAL, Helmut
Dr. rer. pol., Dipl.-Volksw., o. Prof. f. Volkswirtschaftslehre Univ. d. Bundeswehr München (s. 1975) - Adelheidstr. 28, 8000 München 40 - Geb. 10. Febr. 1931 Pforzheim - Dipl.-Volksw. Heidelberg 1955; Promot. 1958 Heidelberg - 1963 stv. Dir. Inst. f. angew. Wirtschaftsforsch. Tübingen; 1972 Privatdoz. Tübingen; 1973 Prof. Univ. Köln - BV: D. Phillips-Kurve, 1973; D. Konjunkturanfälligk. d. Wirtsch. Baden-Württ. im Vergleich z. Bundesgebiet, 1974 (Mitverf.: H. Enke u. L. Rall).

MANG, Anton
Werkzeugmacher, Motorrad-Weltmeister - Toni-Mang-Ring 1, 8084 Inning (T. 08143 - 81 83) - Geb. 29. Sept. 1949 Inning (Vater: Alois M., Maurer; Mutter: Maria, geb. Ritzel), kath., verh. m. Colette - BV: Weltmeister auf zwei Rädern 1981 - Darst. in Märchenfilmen - 1980

silb. Lorbeerblatt; 5 Motorrad Weltmeister-Titel - Spr.: Engl.

MANG, Hans J.
Dr. rer. nat., o. Prof. f. Theoret. Physik u. Direktor Physik-Department TH bzw. TU München (s. 1964) - Am Mühlbach 56, 8046 Garching/Obb. (T. 089 - 320 28 30) - Geb. 4. Febr. 1931 Ludwigshafen/Rh. (Vater: Rudolf M., Bankprokurist; Mutter: Charlotte, geb. Büttner), ev., verh. s. 1957 m. Carola, geb. Lehn, 2 Kd. (Daniel, Belisa) - Univ. Mainz u. Heidelberg (Physik). Promot. (1957) u. Habil. (1961) Heidelberg 1961-64 Privatdoz. Heidelberg. Fachveröff. - Spr.: Engl.

MANGER, Hansjörg
Dr.-Ing., Geschäftsführer Robert Bosch GmbH - Postfach 10 60 50, 7000 Stuttgart 10 (T. 0711 - 8 11-61 00) - Geb. 6. Juni 1936 Donaueschingen, verh., 2 Kd. - Stud. Elektrotechn. u. Physik TH Karlsruhe; Promot. 1964 - Spr.: Engl., Franz.

MANGER, von, Jürgen

Schauspieler, Kabarettist, Schriftst. - Hölkeskampring 184, 4690 Herne 1 (T. 3 07 11) - Geb. 6. März 1923 Koblenz (Vater: Fritz v. Manger-Koenig, I. Staatsanw.; Mutter: Antonia, geb. Manger), kath., verh. s 1952 m. Ruth, geb. Stanszus - Gymn. Hagen (Abitur 1941); Schauspiel- u. Gesangsausbild.; 1954-58 Univ. Köln u. Münster (Rechts- u. Staatswiss.) - S. 1945 bühnentätig (Schausp. Hagen, Bochum, Gelsenkirchen). Gastsp. Bundesrep., deutschsprachl. Ausl. Zahlr. Rundf.- u. Fernsehsend. 9 Langspielplatten (Höchstaufl.) - BV: Bleibense Mensch! - Träume, Reden u. Gerede d. Adolf Tegtmeier, 1966 - 2 Goldene Schallpl. (f.: Stegreif-Geschichten I/II) - Spr.: Ital., Franz. - Kreierte d. Figur d. Adolf Tegtmeier, m. d. er insb. d. Denk- u. Sprechweise d. Menschen d. Ruhrgebiets bekanntmachte - Bruder: Prof. Dr. med. Ludwig v. Manger-Koenig †1983 (s. XXII. Ausg.).

MANGOLD, Hans
Stellvertretendes Verwaltungsratsmitglied Hess. Landesbank - Humboldtstr. 31, 3500 Kassel (T. 0561 - 1 88 89) - Geb. 3. Sept. 1915 Verden, ev., verh. s. 1943 m. Marga, geb. Henze - Mitgl. Historische Kommiss. f. Hessen, u. Kurat. f. d. Hess. Kulturpreis; Ehrenvors. Hess. Museumsverb. - Gr. BVK; Leuschner-Medaille Land Hessen; Wappenring Stadt Kassel; Goethe-Plak. d. Hess. Kult.-Minist.

MANGOLD, Helmut K.
Dr. rer. nat., Ltd. Dir. u. Prof. Bundesanstalt f. Fettforschung - Piusallee 68-76, 4400 Münster/W. (T. 5 75 97) - Geb. 19. Juni 1924 Heilbronn/N. (Vater: Karl M., Fotograf u. -händler; Mutter: Helene, geb. Haag), ev., verh. s. 1961 m. Anne, geb. Wenzel, 3 Kd. (Barbara, Michael, Ulrike) - Univ. Tübingen, Würzburg, Heidelberg (Chemie) - 1957-69 Assist., Assoc. (1962) u. Full Prof.

(1966) Univ. of Minnesota (USA), Consultant, Oak Ridge Inst. of Nuclear Studies, Oak Ridge, Tenn. 1963-72; s. 1970 Ltd. Dir. Inst. f. Biochemie u. Technol. (H.-P.-Kaufmann-Inst.) Bundesanst. f. Fettforsch. 1975 Gast-Prof. Univ. Kairo, 1978 Univ. Alexandrien, 1978 Japan. Universitäten, 1981 Südafr. Univ., 1983 CSIR-DAAD Gastprof. Indien; Mitgl. Beirat Ann. Nutr. Metab., Lipids, Separation Sci. Technol. - Herausg.: Ether Lipids, Biochemical and Biomedical Aspects (m. F. Paltauf) Acad. Press, New York (1983); Lipids Vols I u. II, CRC Press, Boca Raton (1984); Biologically Active Ether Lipids (m. P. Braquet u. B.B. Vargaftig) Karger Publ., Basel (1988). Zahlr. Fachveröff. - 1977 Heinrich-Wieland-Preis; 1987 Stefano-Fachini-Preis - Liebh.: Bücher, Aquarellieren - Spr.: Engl.

MANGOLD, Max

Dr. phil., Prof. f. Phonologie u. Phonetik - Hellwigstr. 17, 6600 Saarbrücken (T. 6 20 70) - Geb. 8. Mai 1922 Basel (Schweiz) - S. 1956 (Habil.) Lehrtätigk. Univ. Basel u. Saarbrücken (1959; 1963 apl. Prof.; 1969 Wis. Rat u. Prof.; gegenw. Prof.) - BV: u. a. Laut u. Schrift im Deutschen, 1961; Aussprchlehre d. bek. Fremdspr., 1964.

MANGOLD, Werner

Dr. phil., o. Prof. f. Soziologie - Im Heuschlag 7, 8520 Erlangen - Geb. 21. Mai 1927 - 1962 Prof. PH Osnabrück; 1968 o. Prof. Univ. Erlangen-Nürnberg. Facharb.

MANI, Nikolaus

Dr. med., em. o. Prof. f. Gesch. d. Med. Univ. Bonn (s. 1971) - Im Eichholz 26, 5300 Bonn 1 - Geb. 19. März 1920 Andeer (Vater: Jakob M., Lehrer; Mutter: Leni, geb. Pedrett) - Arztdipl. 1947 Genf; Promot. 1951 Basel - 1957-64 med. Bibl. Privatdoz. f. Gesch. d. Med. Univ. Basel 1964; 1965-71 Prof. Univ. of Wisconsin, Madison/USA, u. 1967/68 Visit. Prof. Yale u. Harvard Univ. (1985 emerit.). In- u. ausl. Fachmitgl.sch. - BV: D. histor. Grundlagen d. Leberforschung, T. 1 u. 2. 1959 u. 1967 - Spr.: Franz., Engl., Ital.

MANITZ, Günther

Dr. med., Prof., Wiss. Rat, i.R. - Heinrich-v.-Stephan-Ring 55, 4400 Münster/W. (T. 61 48 79) - B. 1964 Privatdoz., dann apl. (Inn. Med. u. Gastroenterol.) u. Wiss. Rat u. Prof. Univ. Münster. Facharb.

MANLEITNER, Manfred F.

Dipl.-Ing., o. Prof., Bauingenieur - Hardenbergstr. Nr. 33, 1000 Berlin 12 (T. 31 03 31 - 232); priv.: Kleiststr. 12, 1000 Berlin 37 (T. 801 12 48) - o. Prof. Hochsch. d. Künste Berlin Fachber. Architektur (Lehrstuhl f. Tragwerkslehre, Statik u. Festigkeitsl.).

MANLEY, Geoffrey Allen

Dr., Prof. TU München - Lichtenbergstr. 4, 8046 Garching - Geb. 1. Dez. 1945 England - 1964-67 Cambridge Univ. (B.A.); 1967-70 Princeton Univ. (M.Sc. u. Ph.D.) - 1970-74 Assist. Prof. Mc Gill, 1974-78 Assoc. Prof.; 1977-79 Humboldt-Stip. BRD; ab 1980 Prof. TU München. Forsch. z. vgl. Physiol. d. Hörsystems d. Wirbeltiere.

MANLIK, Josef

I. Bürgermeister Stadt Neunburg vorm Wald - Rathaus, 8462 Neunburg/Opf. - Geb. 13. Okt. 1927 Wittowa (Egerland) - Zul. Finanzbeamter. CSU.

MANN, Albrecht

Dr. phil., Univ.-Prof. f. Baugeschichte RWTH Aachen (s. 1968) - Nordhoffstr. 2, 5100 Aachen (T. 8 25 82) - Geb. 7. Nov. 1925 Dresden (Vater: Paul M., Kaufm.; Mutter: Elise, geb. Ulbricht), ev., verh. s. 1949 m. Ingeborg, geb. Sieben, 4 Kd. (Sabine, Gundula, Christine, Christoph) - Kreuzgymn. Dresden; Stud. Dresden (1946-47; Arch.) u. FU Berlin (1948-52; Kunstgesch.). Promot. 1952 Berlin; Habil. 1963 Aachen - S. 1963 Lehrtätigk. Aachen (Baugesch.) - BV: St. Aposteln in Köln, 1961; Doppelchor u. Stiftermemorie, 1961; D. Neuromanik, 1964; Wohnhöhlen, 1981; Ringwälle, Atlantis u. Utopien, 1983; Vicus Aquensis - D. Karol. Ort Aachen, 1984. Mitautor: Handb. z. rhein. Baukunst d. 19. Jh. (1968). Weit. Veröff. z. Baugesch. d. MA (1954ff.), d. 19. Jh. (1963ff.), z. Sozialgesch. d. Archit. (1981ff.) - Lit.: Renovatio Romani imperii (Festschr. Stephany), 1986.

MANN, Are

Dr. rer. nat., o. Prof. u. Direktor Inst. f. Theoret. Physik I Univ. Münster (s. 1965) - Kemperweg 13, 4400 Münster/W. (T. 2 42 46) - Geb. 11. Sept. 1925 Dorpat (Vater: Max M., Gartenbau-Oberlehrer; Mutter: Axella, geb. Kirpson), ev., verh. s. 1956 m. Karin, geb. Hebsaker, 3 Kd. (Taimi, Verena, Paul) - Univ. Mainz u. Marburg (Dipl.-Phys. 1952). Promot. 1955 Aachen (TH); Habil. 1964 Marburg - 1957-59 Assistant Prof. New York Univ.; 1961-65 Wiss. Rat Physikal. Inst. Univ. Marburg (1964 Privatdoz.) - Spr.: Engl.

MANN, Bernhard

Dr. phil., Prof. f. Neuere Geschichte - Geißhäuserstr. 41, 7406 Mössingen - Geb. 13. Okt. 1936 Stuttgart (Vater: Dr. Wolfgang M., Doz.; Mutter: Hildegard, geb. Finckh), ev., verh. s. 1962 m. Ute, geb. Naumann, 6 Kd. - BV: D. Württemberger u. d. dt. Nationalversammlung 1848/49, 1975; Biograph. Handb. f. d. preuß. Abgeordnetenhaus 1867-1918, 1988.

MANN, Frédéric

s. Bohle, Hermann

MANN, Frederick Alexander

Dr. jur., LL.D., Dr. h. c., Prof., Jurist - Flat 4, 56 Manchester Street, London W.I. - Geb. 11. Aug. 1907 Frankenthal (Vater: Justizrat Dr. jur. Richard M.; Mutter: Ida, geb. Oppenheim), isr., verh. s. 1933 m. Eleonore, geb. Ehrlich († 1980), 3 Kd. - Univ. Genf, München, Berlin (Promot. 1930), London (LL. D. 1938) - B. 1933 Assist. Univ. Berlin, dann Dt. Anwalt u. Solicitor (1946) London. S. 1960 Honorarprof. Univ. Bonn (Engl. Recht u. intern. Wirtschaftsrecht). Mitgl. d. brit. Akad., Membre de l'Inst. de Droit Internat.; Ehrendoktor d. Univ. Kiel, Oxford u. Zürich - BV: u. a. D. Recht d. Geldes, 1960; Z. Privatrecht d. dt. Reparationsleistung, 1962; Studies in Internat. Law, 1974; Beiträge z. Internat. Privatrecht, 1976; The Legal Aspect of Money, 4. A. 1982; Foreign Affairs in English Courts, 1986. Zahlr. Einzelveröff. - C.B.E. (Commander of British Empire); Gr. BVK m. Stern - Spr.: Engl., Franz.

MANN, Gerhard

Dr. oec. publ. (habil.), Dipl.-Kfm., Univ.-Prof. f. Betriebswirtschaftslehre Univ. Köln (s. 1969) - Echternacher Str. 19a, 5000 Köln 41 - Geb. 24. Sept. 1928 Braunschweig - 1964-66 Privatdoz. u. Doz. (1965) Univ. München; 1966-69 ao. Prof. Univ. Erlangen-Nürnberg. Facharb.

MANN, Golo

Dr. phil., Dr. h. c., Prof., Historiker - Alte Landstr. 39, CH-8802 Kilchberg/Zürichsee (Schweiz) (T. Zürich 91 46 66) - Geb. 27. März 1909 München (Vater: Drs. h. c. Thomas M., Schriftsteller †1955 (s. XII. Ausg.); Mutter: Katja, geb. Pringsheim †1980), luth. - Schule Schloß Salem (Gymn.); Univ. München, Berlin, Heidelberg (Promot. (Hauptf. Phil.) 1932 b. Prof. Karl Jaspers) - B. 1935 Lektor f. Dt. Lit. u. Gesch. Ecole Normale Superieure, St. Cloud, dann Univ. Rennes, 1937-40 Redakt. Ztschr. Maß u. Wert, Zürich, ab 1942 Prof. f. Gesch. Olivet College (b. 1943) u. Claremont Men's College (USA), WS. 1958/59 Gastprof. Univ. Münster, s. 1960 Ord. (b. 1964) u. Honorarprof. f. Polit. Wiss. TH bzw. Univ. Stuttgart - BV: Friedrich v. Gentz - Gesch. e. europ. Staatsmannes, 1947 (amerik. Ausg. 1946); V. Geist Amerikas, 1954; Außenpolitik, 1958 (m. Dr. Harry Pross; Fischer-Bücherei); Dt. Geschichte d. 19. u. 20. Jh., 2 T. 1958; Geschichte u. -n, 1962; Ist d. Krieg noch zu retten? - D. wichtigsten militärpolit. Meinungen, 1963; Wilhelm II., 1964; V. Weimar n. Bonn - 50 J. dt. Republik, 1970; Wallenstein, Biogr. 1971; Wallenstein, Bildbd. 1973; Zwölf Versuche, Ess. 1973; Erinnerungen u. Gedanken. E. Jugend in Deutschl., 1986. Herausg.: Neue Propyläen-Weltgesch. (1960 ff.); Mithrsg.: Neue Rundschau (s. 1963) - 1962 Berliner Kunstpreis (Fontane-Preis), 1965 Mannheimer Schiller-Preis, 1967 Gold. Ludwig-Thoma-Med.; 1968 Georg-Büchner-, 1969 Gottfried-Keller-Preis, 1972 Lit.preis d. Dt. Freimaurer; 1972 Gr. BVK; 1973 Dr. h. c. Univ. Nantes u. Pour le Mérite; 1974 Bay. VO.; 1967 o. Mitgl. Bayer. Akad. d. Schönen Künste; 1977 American Academy of Arts and Sciences; 1977 Schiller-Gedächtnispreis; 1980 Ehrenpreis Stadt München; 1982 Bayer. Maximiliansorden f. Kunst; 1982 Aschendorfer Geschichtspreis (erstm. verliehen); 1982 Jakob-Fugger-Med.; 1984 Ernst-Robert-Curtius-Preis f. Essayistik; 1985 Goethe-Preis; 1987 Bodensee-Preis; Dr. h. c. Univ. Bath (Engl.) - Liebh.: Wandern - Spr.: Engl., Franz., Span. - Bek. Vorf.: Prof. Alfred Pringsheim u. Hedwig Dohm (Schriftst.); Heinrich M. (Onkel); Geschw.: Erika (†), Monika (Schriftst.) u. Klaus M.

MANN, Gunter

Dr. med., o. Prof. f. Geschichte d. Medizin - Geißbergstr. 7, 6070 Langen/Hessen - Geb. 12. Aug. 1924 Langen/Hessen (Vater: Heinrich M., Realschulrektor; Mutter: geb. Grosch), verh. 1951 m. Dr. rer. nat. Rosemarie, geb. Schröder - Stud. Med.; Biol., Gesch., Bibl.-wiss. - 1955ff. Bibl.rat, 1957 Leiter Senckenberg. Bibl. Frankfurt/M.; 1964ff. o. Prof. Univ. Marburg; 1971-74 o. Prof. Univ. Frankfurt u. 1974ff. o. Prof. Univ. Mainz, Dir. Med.-hist. Inst.; 1987-89 Stiftungsprof. Stifterverb. f. d. Dt. Wiss. - 1968 korr. Mitgl. Akad. d. Wiss. u. d. Lit., Mainz; 1974-76 Vors. d. Dt. Gesellsch. Gesch. Med., Nat.wiss. u. Technik; 1971 o. Mitgl. d. Int. Acad. History Med., London; 1972 o. Mitgl. Sektion Gesch. d. Med. Schwed. Ges. d. Ärzte; 1976 Korr. Mitgl. d. Wiss. Ges. d. Univ. Frankfurt/M.; 1976 o. Mitgl. Akad. d. Wiss. u. d. Lit., Mainz; 1977 o. Mitgl. d. Dt. Akad. d. Nat.forscher Leopoldina, Halle; 1976-78 Dekan Fachbereich Klin.-theor. Med., Mainz, 1979 Korr. Mitgl. Senckenberg. Naturforsch. Ges., Frankfurt a. M.

MANN, Hans

Dr. phil., Fischereibiologe, Honorarprof. f. Hydro- u. Fischereibiol. Univ. Hamburg (s. 1963) - Dorotheenstr. 69, 2000 Hamburg 60 (T. 27 48 88) - Geb. 10. Dez. 1910 Berlin (Vater: Fritz M., Lehrer; Mutter: Elsbeth, geb. Schmolling), ev., verh. s. 1939 m. Marianne, geb. Szabo, 2 Kd. (Margarete, Helmut) - Realgymn. u. Univ. Berlin (Promot. 1934) - Wiss. Tätigk. Landes- (1934-38) bzw. Reichsanstalt f. Fischerei, Berlin (1939-45), u. Bundesforschungsanst. f. Fischerei, Hamburg (s. 1947). Facharb. - 1981 BVK.

MANN, Heinrich

Bauunternehmer, MdL Saarland (s. 1975) - Werbelner Str. 4, 6620 Völklingen-Ludweiler - Geb. 27. Sept. 1927 Jakobsweiler/Pfalz, ev., verh. s. 1950, 2 Kd. - 1952 Gründung e. Bauuntern.; 1953 Meisterprüf. im Bauhandwerk - Vizepräs. Saarl. Landtag; Vors. Landtagsaussch. Verfassung u. Recht; Mitgl. Bundesfachaussch. Frieden u. Sicherheit, Interparlament. Arbeitsgem., Bonn; s. 1975 Mitgl. Landesvorst. Arbeitgeberverb. d. Bauwirtsch. d. Saarlandes. FDP.

MANN, Helmut

Dr. med., Prof. f. exper. Med. TH Aachen - Fuchserde 7, 5100 Aachen - Geb. 18. Febr. 1938 Köln (Vater: Max M., Amtsgerichtsrat; Mutter: Dr. jur. Else, geb. Wessel), verh. s. 1974 m. Kook-Ja, geb. Park, 3 Kd. (Daniel, Julia, Lilian) - Stud. Univ. Köln, Innsbruck, Lausanne; Promot. 1963 Köln; Habil. 1980 Aachen; 1978 Facharzt f. Innere Med. (Zusatzbez. Nephrol.); apl. Prof. TH Aachen - Spr.: Lat., Franz., Engl.

MANN, Irene

(Eigtl. Irene Freifrau von Cramm) Regisseurin, Choreographin - 8069 Loipersdorf Nr. 7 - Geb. 12. April Königsberg/Ostpr., ev., verh. s. 1965 m. Berno Frhr. v. Cramm (Schausp.) - Ausb. Tänzerin, Charakterballerina, Schausp., nicht abgeschl. Gesangsausb. - 1969-72 Beraterin in Fragen Ballett im ZDF; s. 1973 Choreogr. f. Theater, ARD, ZDF, priv. Prod.; Regiss. f. Musical, Operetten, Theater u. FS - Insz.: B. 1976 alle gr. Shows choreogr.; eig. Shows; s. 1973 1. Regie Theater Essen: Hallo Dolly; 1985 Staatstheater Saarbrücken: Lustige Witwe. FS hauptsächl. ARD: D. Montagsmaler, Michael Schanze Show, u.a. 13 Musicals, dar. deutschspr. Erstauff.: Hans Andersen (Wien 1986), Hallo Dolly (Staatstheater Braunschweig 1987), 5 Operetten - Robert Stolz Med.; Peter Kreuder Med. - Spr.: Engl., Franz.

MANN, Karl

Kurdirektor, Geschäftsf. d. Kur- u. Klinikverwaltung GmbH (s. 1973) - Buchenstr. 6, 6927 Bad Rappenau (T. 07264 - 51 28) - Geb. 7. Mai 1925 Bad Rappenau, verh. s. 1952 m. Liselotte, geb. Traut, 2 Kd. (Ulrich, Christiane) - Obersch.; Ausb. f. d. gehob. Verwaltungsdst. m. Abschluß - B. 1973 Städt. Oberverwaltungsrat; Vorst. Schwärzberg Kurklinik AG; Geschäftsf. Salinen Kurklinik GmbH; Beiratsmitgl. Heilbäderverb. Baden-Württ. - Liebh.: Tennis - Spr.: Franz.

MANN, Malcolm G.

Generaldirektor, Vors. d. Geschäftsfg. Remington Rand GmbH., Frankfurt/M., Vorst. Torpedo AG. ebd. - Höhenblick 6, 6240 Königstein/Ts.

MANN, Norbert

Richter a.D., MdB (s. 1985; Landesliste Nordrh.-Westf.) - Scharpenberg 20, 4330 Mülheim/R. - Geb. 4. Juni 1943 Marburg/L. - Gymn. Mülheim (Abit. 1962); Stud. Volksw. u. Jura Univ. Freiburg, München u. Bonn, 1. u. 2. jurist. Staatsex. - S. 1973 Richter. 1979-84 Kommunalpolit. Arb. (Bezirksvertr.) Stadt Mülheim. 1979/80 Gründungsmitgl. Partei d. Grünen (1979-81 Bundesvorst.).

MANN, Siegfried

Dr. jur., Staatssekretär a. D., Hauptgeschäftsf. u. Mitgl. Präsidium Bundesverb. d. Dt. Ind. (s. 1977) - Gustav-Heinemann-Ufer 84-88, 5000 Köln 51 (T. 37 08-00).

MANN, Ulrich

Dr. theol. (habil.), em. Prof. f. Systemat. Theologie Univ. Saarbrücken (s. 1963) - Kirschnerstr. 12 a, 8132 Tutzing - Geb. 11. Aug. 1915 Stuttgart, ev. - 1957-63 Privatdoz. u. apl. Prof. (1962) Univ. Tübingen. Spez. Arbeitsgeb.: Rel.psychol. - 1967-74 Vors. Dt. Alpenverein, 1969ff. Präs. Bund f. freies Christentum - BV: Lorbeer u. Dornenkrone, 1958; Gottes Nein u. Ja, 1959; Theol. Religionsphil. im Grundriß, 1961; Vorspiel d. Heils, 1962; V. Wesen d. Protestantismus, 1964; Theogonische Tage, 1970; Einführ. in d. Rel.phil., 1970; D. Christentum als absolute Religion, 2. A. 1974; Einführ. in d. Rel.psychologie, 1973; D. Religion in d. Religionen, 1975; Tragik u. Psyche, 1981; Schöpfungsmythen, 1982. Herausg.: Theol. u. Rel.wiss. (1973) - 1974 Bayer. VO.

MANN, Walther

Dr.-Ing., o. Prof. f. Statik d. Hochbaukonstruktionen TH Darmstadt (s. 1967) - Claudiusweg 19b, 6100 Darmstadt (T. 4 72 75) - Geb. 20. Nov. 1931 Odrau (Vater: Ludwig M.; Mutter: Hermine, geb.

MANNACK, Eberhard
Dr. phil., Prof. f. Deutsche Philologie - Am Kolen Born 2, 2305 Heikendorf - Geb. 22. April 1928 Mittelherwigsdorf (Vater: Erich M., Beamter; Mutter: Hedwig, geb. Pilz), ev., verh. s. 1957 m. Helga, geb. Buchmann, 3 Kd. (Thomas, Bettina, Philine) - Gymn. (Abit. 1947); 1948-53 Stud.; Promot. 1953, Habil. 1968 - O. Prof., Dir. Hist. f. Lit.wiss. Univ. Kiel - BV: A. Gryphius, 1963, 2. A. 1985; u. 68, 2. A. 1986; D. Pegnitz-Schäfer, 1968, 2. A. 1988; J. Rist, Werke 1969ff.; Goethe, Raumdarst. u. Realitätsbezug, 1971; Zwei dt. Literaturen?, 1977 - Spr.: Engl., Franz.

MANNER, Wolfgang
Polizeipräsident - Polizeipräsidium, 4600 Dortmund - Geb. 1932, verh., 3 Töcht. - Liebh.: Jogging.

MANNHARDT, Horst-Günter
Katechet, Vors. Verb. Kirchl. Mitarbeiter Deutschlands (VKM) - Pinneberger Weg 33, 1000 Berlin 20 (T. 030 - 366 58 34) - Geb. 27. Nov. 1928 Halle/S., ev. - Ausb. z. A-Katecheten - 1977-83 Vors. VKM Berlin; 1983-87 Vors. VKM Deutschl. (Durchsetzung e. Tarifvertrages f. kirchl. Mitarb. in d. Landeskirche Berlin-Brandenburg (Berlin West) - BV: Kleines Lexikon d. Reformation (m.a.) - Liebh.: Gartenarbeit, Anlage e. biol. Teiches.

MANNHEIM, Christian
Dr., Geschäftsführer Ferrozell Ges. Sachs & Co. mbH., Inningen - Thomas-Mann-Str. 3, 8900 Augsburg 1 - Geb. 14. Dez. 1922 - Handelsrichter.

MANNHEIM, Walter
Dr. med., Prof. f. Med. Mikrobiologie u. Bakterienphysiol. (s. 1971) u. Leit. d. Inst. f. Med. Mikrobiol. d. Zentrums f. Hygiene und Med. Mikrobiol. (s. 1979) Univ. Marburg - Am Krappen 36, 3550 Marburg/L. - Geb. 27. Nov. 1930 Kaiserslautern - Promot. 1959 Univ. Bonn; Habil. 1967 Univ. Marburg - Üb. 90 Facharb.

MANNHERZ, Karl Heinz
Dr. med., Prof., Chefarzt i. R. - Hohenzollernstr. 36, 4100 Duisburg (T. 33 11 75) - Geb. 20. Nov. 1909 Kleinaga/Thür. (Vater: Karl M., Fabrikdir.), verh. m. Annemarie, geb. Becker, 2 Kd. - Univ. Heidelberg, München, Wien, Greifswald - S. 1947 (Habil.) Privatdoz. u. apl. Prof. (1954) Univ. Heidelberg. Fachveröff. - 1979 Ernst v. Bergmann Plakette.

MANNS, Peter
Dr. theol., Dr. h.c., Prof. f. Theologie Univ. Mainz - Alte Universitätsstr. 19, 6500 Mainz - Geb. 10. März 1923 Oberhausen, kath., ledig - Stud. Theol. Univ. Bonn u. Mainz; Priesterweihe 1951, Promot. 1967 Mainz - S. 1977 Prof. f. d. Gesch. d. christl. Spiritualität FB kath. Theol. Univ. Mainz; s. 1981 Dir. Inst. f. Europ. Gesch., Abt. Abendl. Religionsgesch. ebd. - BV: Lutherforschung heute. Krise u. Aufbruch, 1967; Höchst persönl. Erinn. an e. gr. Franzosen. In memoriam Raymond Schmittlein, 1978; Martin Luther. E. Biogr. 1982. Herausg.: D. Heiligen in ihrer Zeit (1966); D. Heiligen (1975); Veröff. d. Inst. f. Europ. Gesch. - 1983 Ehrendoktor Univ. Helsinki - Interessen: Lutherforschung, Hagiographie - Spr.: Franz., Ital.

MANNSTEIN, von, Coordt
Prof., Inhaber u. Geschäftsf. von Mannstein werbeagentur, medical innovation, political communication, Solingen, Düsseldorf, München u. Paris - Hackhausen 15, 5650 Solingen 11 (T. 0212 - 7 28-0; Telex: 8514568) - Geb. 8. März 1937 Flensburg - Internat Salem;

Staatl. Akad. Stuttgart - Prof. f. Kommunikation u. Design Univ. Essen; Mitgl. Kurat. ZNS; Mitgl. Bierconvent Intern.

MANSHARD, Walther
Dr. rer. nat. (habil.), o. Prof. u. Direktor Geogr. Inst. Univ. Freiburg (s. 1973) - Schwarzwaldstr. 24, 7812 Bad Krozingen (T. 07633 - 34 88) - Geb. 17. Nov. 1923 Hamburg (Vater: Otto M., Lehrer; Mutter: Ida, geb. Gerber), verh. s. 1951 m. Helga, geb. Koch, T. Andrea - Univ. Hamburg (1945-49) u. Southampton/Engl. (1950-52) - S. 1952 Lehrtätigk. Univ. Accra/Ghana (Doz.), Köln (1959; Privatdoz.), Gießen (1963; Ord. u. Dir. Geogr. Inst.); 1969-73 Leit. Abt. Umwelt-Wiss. u. Erforsch. d. natürl. Ressourcen UNESCO, Paris; 1977-80 Vice Rector. United Nations Univ., 29th Floor, Toho Seimei Bldg. 15-1, Shibuya 2-chome Shibuya-ku, Tokyo 150, Japan - BV: D. geogr. Grundlagen d. Wirtschaft Ghanas, 1961; Agrargeogr. d. Tropen, 1968; Tropical Agriculture, 1974; D. Städte d. trop. Afrika, 1977; Renewable Natural Resources and the Environment, 1982; Entw.probleme in Agrarräumen Trop.-Afrikas, 1988 - Spr.: Engl., Franz.

MANSKE, Dietrich Jürgen
Dr. phil., Prof. f. Regionalgeogr. Univ. Regensburg - Gartenstr. 4, 8411 Altenthann/Krs. Regensburg - Geb. 21. April 1937 Eberswalde - Stud. Univ. Erlangen, Hamburg (Geogr., German., Gesch., Geol.); Promot. 1966 Erlangen; Habil. 1983 Regensburg - 1966-68 wiss. Assist. Univ. Erlangen; 1968ff. Univ. Regensburg, 1984 C2-Prof. f. Regionalgeogr. - BV: Planungsregionen in d. Opf.; Naturräumliche Gliederung Blatt Regensburg; Wales - E. wirtschafts-, sozial- u. bevölkerungsgeogr. Unters. e. brit. Peripherraumes unt. bes. Berücks. v. Mittel- u. Nordwales. Mithrsg.: Regensburger Beitr. z. Regionalgeogr. u. Raumplanung - Spr.: Engl., Serbokroat.

MANSTETTEN, Rudolf
Dr. rer. pol., Dipl.-Hdl., Univ.-Prof. f. Berufs- u. Wirtschaftspädagogik Univ. Osnabrück (s. 1984) - Albrechtstr. 28, 4500 Osnabrück - Geb. 10. Sept. 1941 Geilenkirchen, kath., verh. m. Beatrice, geb. Pullem, T. Nicola Alexandra - Dipl.-Prüf. f. Handelslehrer 1967; Promot. 1970; Habil. 1983, Univ. Köln - 1968-84 wiss. Assist., Akad. Rat, Priv.-Doz. Univ. Köln - BV: D. Berufsberatungsgespr., 1975; Päd. Beratung, 1982; Kommunikation u. Interaktion im Unterr., 1983; Mitautor: Kompendium Fachdidaktik Wirtschaftswiss., 1983; zahlr. Ztschr.- u. Sammelwerkbeitr. - Liebh.: Schach, Tennis, Reiten.

MANTE, Willi
Dr. agr., Prof., Agrarwissenschaftler - Zul. Stubenrauchstr. 43, 1000 Berlin 37 (T. 811 62 18) - Geb. 30. Okt. 1919 Hasen, ev., verh. in 2. Ehe (1965) m. Ingrid, geb. Kastenholz, S. Otfried) - Humboldt- u. Techn. Univ. Berlin (Gartenbau). Promot. (1955) u. Habil. (1961) Berlin (TU) - S. 1961 Privatdoz.,

Prof. (1965), Vors. d. Fachbereichsrats Fachber. Internat. Agrarentwickl. TU Berlin s. 1977 - Spr.: Engl.

MANTELL, Ursula, geb. Oomen
Dr., Prof. f. Anglistik/Linguistik - Am Herrenweiher 17, 5500 Trier - Geb. 23. Okt. 1936 Dortmund, verh. s. 1968 m. Leroy Mantell - BV: Automat. syntaktische Analyse, 1968; Sprachl. Konstituenten mod. Dichtung, 1970 (zus. m. R. Kloepfer); Linguist. Grundl. poet. Texte, 1973 (Teilübers. Holl.); D. engl. Spr. in d. USA: Variation u. Struktur, 1982 - 1964 Fak.preis f. Diss. (Univ. Freiburg) - Spr.: Engl., Franz.

MANTEUFFEL, von, Claus
s. Zoege v. Manteuffel, Claus

MANTHEY, Christian
Klavierfabrikant (Ferd. Manthey Pianofortefabrik KG. u. Pianofortefabrik A. Grand) - Reichenberger Str. 125, 1000 Berlin 36 (T. 618 16 64).

MANTHEY, Ferdinand
Klavierfabrikant (Ferd. Manthey Pianofortefarik) - Reichenberger Str. 125, 1000 Berlin 36 (T.618 16 64) - Zeitw. Vors. Fachverb. d. Dt. Klavierind.

MANTHEY, Gerhard
Bundesgeschäftsführer Fachgr. Journalismus (dju/SUJV) in IG Medien-Druck u. Papier, Publiz. u. Kunst - Friedrichstr. 15, 7000 Stuttgart 1 - Geb. 9. Sept. 1949 Mannheim, led. - Mittl. Reife, Handelssch., Bankkaufm. - 1969-75 Redakt., 1975-78 stv. DBG-Pressesprecher, 1978 Geschäftsf. Dt. Journalisten-Union - BV: D. Schere im Kopf, 1978; u. zahlr. Fachveröff. Neue Technik in d. Redaktion u. sogen. Neue Medien - Spr.: Engl.

MANTHEY, Joachim
Dr. med., Privat-Dozent f. Innere Med. Univ. Heidelberg, Chefarzt Abt. Innere Med./Kardiol. Kreiskrkhs. am Plattenwald/Landkr. Heilbronn - Am Plattenwald, 7107 Bad Friedrichshall (T. 07136 - 28 14 91) - Geb. 2. Juli 1943 Kaiserslautern.

MANTLER-BONDY, Barbara, geb. Bondy
Journalistin, Schriftst. - Tiepolostr. - 8000 München 19 (T. 17 14 36) - Geb. 21. Okt. 1927 Berlin (Vater: Philippe Bondy, Kaufm.; Mutter: Berthe, geb. Gast, bek. Schausp., 1925-27 Mitgl. Thalia-Theater Hamburg), kath., verh. s. 1968 m. Dr. Herbert Mantler - Gymn. (Abit. 1944 Reichsdt. Schule Budapest); 1947-50 Stud. Literaturwiss. Sorbonne Paris (Lic. és Lettres) - 1951-53 Feuill.-redakt. D. Neue Ztg., München; 1953-54 Lektorin f. Deutsch u. Dt. Lit. Oberlin College, Oberlin (USA); 1955-61 fr. Publizistin; s. 1961 Redakt. u. Lit.kritik. Südd. Ztg., München - BV: Gefährl. Jahre - 9 Berichte, 1959; D. unversöhnl. Traum - Dichterporträts aus zwei Jahrh., 1986. Herausg.: Lebenskunst o. d. Fähigk. menschlicher zu leben, Heilung durch Nähe - seel. Kranke brauchen uns. Mithrsg.: D. Gedichtbuch - Lyrik-Anth. (1971; m. Dr. Rudolf Goldschmit); Georg v.d. Vring, Ged. u. Lieder (1979 m. Dr. Rudolf Goldschmit) - Kurat.-Mitgl. Landeszentrale-Heime Salem u. Schloß Stein; 1966 Theodor-Wolff-Preis, 1977 Gr. Preis Akad. f. Kinder- u. Jugendlit. Volkach; 1976 Silbergriffel Stiftg. z. Förd. d. Schrifttums in München; 1979 Bayer. VO. - Spr.: Engl., Franz.

MANZ, Friedrich
Dr. med., Prof., stv. Direktor Forschungsinst. f. Kinderernährung Dortmund (Univ. Münster) - Zu erreichen üb. Forschungsinst. f. Kinderernährung, Heinstück 11, 4600 Dortmund 50 (T. 0231 - 71 40 21) - Geb. 22. Juli 1941, verh. s. 1966 m. Irmgard, geb. Schad-Klaus, 2 Kd. (Helmut, Annette) - Gymn.; Med.-Stud. Univ. Tübingen u. FU Berlin; Promot. 1968, Habil. 1980 -

1971-83 wiss. Assist. Univ.-Kinderklinik Heidelberg; s. 1983 apl. Prof. Univ. Heidelberg/Münster u. stv. Direktor Forschungsinst. f. Kinderernährung, Dortmund - 1983 Milupa-Preis Herbert-Quandt-Stiftg. - Liebh.: Wachstum, Ernährung, Stoffwechsel b. gesunden Kindern - Spr.: Engl., Franz.

MANZ, Rudolf
Dr. med., em. Prof. f. Gerichtl. Medizin - Lindauer Weg 1, 4044 Kaarst üb. Neuss/Rh. - Geb. 3. Sept. 1908 Neustadt/Weinstr., ev., verh. m. Ingeborg, geb. Boehlk - Univ. Freiburg/Br., Heidelberg (Physikum), Hamburg, Innsbruck, Würzburg (Staatsex., Promot.). Habil. 1942 Göttingen - 1950 apl. Prof. Univ. Göttingen, 1957 ao. Prof. Univ. Köln (Dir. Inst. f. Gerichtl. Med. u. Kriminalistik), 1960 o. Prof. Med. Akad., 1966 Univ. Düsseldorf (Dir. Inst. f. Gerichtl. Med.), s. 1975 em. Prof. Fachabr.

MANZKE, Hermann
Dr. med., Prof., Ärztlicher Direktor Kinderkrkhs. Seehospiz Kaiserin Friedrich, Norderney - Zu erreichen üb. Kinderkrkhs. Seehospiz, 2982 Norderney - Geb. 13. Mai 1933 Stettin, ev., verh. s. 1963 m. Traute, geb. Behrmann, 2 S. (Holger Christian, Jens Martin) - Abit.; Med. Staatsex. 1958; Promot. 1959; Habil. 1970-75 apl. Prof.; b. 1987 Ltd. Oberarzt Univ.-Kinderklinik Kiel; s. 1987 Chefarzt u. Ärztl. Dir. - BV: Entwicklungsprognose v. Kindern m. perinatalen Risikofaktoren, 1984; üb. 100 Publ. in med. Fachztschr. - Spr.: Engl.

MAPPES, Alfons

Prälat, Leiter Zentralstelle Weltkirche d. Dt. Bischofskonferenz - Kaiserstr. 163, 5300 Bonn 1 (T. 0228 - 10 32 84); priv.: Weichselstr. 62, 6500 Mainz 1 (T. 06131 - 5 26 01) - Geb. 18. Sept. 1918 Frankenthal/Pfalz, kath., ledig.

MARAHRENS, Johannes
Bauer, Präs. i.R. Landwirtschaftskammer Weser-Ems, Oldenburg (b. 1982), AR-Vors. Nordd. Hagel-Versicherungs-Ges. a.G., Gießen, u. Concordia Versich.ges. a.G., Hannover, u.a. - Meyerhof, 4520 Melle-Garden/Oldbg. - Geb. 8. Mai 1912 Ehrisburg (Vater: August M., Landesbischof u. Abt zu Loccum; Mutter: Agnes, geb. Werner), ev., verh. s. 1949 m. Elisabeth, geb. Prenzler, 4 Söhne (Friedrich, August-Wilhelm, Johannes, Matthias) - Realgymn. Hannover - 1969 Ehrenbürger Tierärztl. Hochsch. Hannover; 1972 Gr. BVK - Liebh.: Lit., Sport.

MARBACH, Karl Theodor
s. Kadelbach, Gerd

MARCARD, von, Enno
Bankier (Bankhaus Marcard & Co, Hamburg) - Blumenstr. 10, 2000 Hamburg 60 (T. 47 60 07) - Geb. 14. Dez. 1900 Hamburg, kath., verh. s. 1957 m. Maren, geb. Gerths, 4 Kd. (Enno-Edzard, Ramona, Mathias, Micaela) - S. 1922 Bankhaus Delmonte & Co. bzw. Marcard & Co. (1941; 1937 Geschäfts-

MARCELLUS, Antonius
s. Reimers, Emil

MARCINOWSKI, Heinz
Dr.-Ing., o. Prof. f. Strömungsmaschinen - Thumersbach 94, A-5700 Zell am See (Österreich) (T. 06542 - 22 85) - Geb. 24. Nov. 1910 Sielbeck (Vater: Dr. med. Johann M.; Mutter: geb. Rode), ev., verh. s. 1947 m. Heidi, geb. Kapferer, 3 Kd. (Peter, Cornelia, Bettina) - TH Hannover (Dipl.-Ing. 1935). Promot. 1956 Karlsruhe - 1935-59 Fa. J. M. Voith, Heidenheim (zul. Abt.sleit.); s. 1959 TH bzw. Univ. Karlsruhe (Ord. u. Inst.sdir.). Zahlr. Fachveröff.

MARCKS, Friedrich
Dipl.-Ing., em. VST Bilfinger + Berger Bau AG - Gertelsklingen 21, 6149 Rimbach - Geb. 23. Aug. 1924 Berlin (Vater: Erich M., General; Mutter: Elisabeth, geb. Tietgens), ev., verh. s. 1958 m. Freya, geb. v. Kameke, 2 Kd. (Eckart, Christian) - Stud. Bauing.wesen TH Karlsruhe u. Braunschweig; Dipl.ex. 1949 - 1949-1970 Niederlassungsleit. Vorstandsmitgl. (1972-79) Berger Bauboag u. Bilfinger + Berger Bau-AG - Spr.: Engl. - Bek. Vorf.: Historiker Erich M. (Großv.), Bildhauer Gerhard M., s. dort (Großonkel).

MARCKS, Marie

Karikaturistin, Graphikerin u. Autorin - Handschuhsheimer Landstr. 94, 6900 Heidelberg (T. 06221 - 48 01 66), ev. 25. Aug. 1922 Berlin, gesch., 5 Kd. - Abit.; Priv. Kunstsch. b. Else Marcks, Berlin; Stud. Arch., Berlin u. Stuttgart - Fr. Graphikerin u. Karikaturistin; Ausstellungsgestalt., u.a. Weltausstellung Brüssel - BV: Weißt du daß du schön bist?, 1974; Immer ich!, 1976; D. paar Pfennige!, 1979; Krumm dich beizeiten!, 1977; Darf ich zw. euch?, 1982; Marie, es brennt! Autobiogr., 1984 u.v.m. - Liebh.: Gesch., Kunst (bes. Bild.), Arch., Ökol. - Spr.: Engl. - Bek. Vorf.: Gerhard Marcks, Bildhauer (Onkel); Erich Marcks, Historiker (Großonkel).

MARCZINSKI, Hans-Jürgen
Dipl.-Ing., Geschäftsführer Thyssen Maschinenbau GmbH Wagner Dortmund - Herrenstr. 18, 4700 Hamm 5 (T. 02381 - 3 47 44) - Geb. 27. Dez. 1929 Bartenstein/Ostpr. (Vater: Williy M., Lehrer a. D.; Mutter: Maria, geb. Spauschuß), ev., verh. s. 1957 m. Evelin, geb. Paust, 2 Kd. (Jörg, Götz) - Obersch. Hann.-Münden, Masch.schloss.lehre, TH Hannover, Allg. Maschinenbau, Dipl. 1956 - Vorst.-Mitgl. Verb. Dt. Masch.- u. Anlagenbau (VDMA), Frankfurt; stv. Vors. Verein Dt. Werkzeugmaschinenfabriken e. V. (VDW) u. Fachgem. Werkzeugmasch. im VDMA, Frankfurt. Mitgl. Comité Européen de Coopération des Industries de la Machine-Outil, Brüssel, u. gemischte Fachgr. f. Werkzeugmaschinenbau d. Kommiss. d. Bundesrep. Deutschl. u. d. UdSSR f. wirtschaftl. u. wissenschaftl.-techn. Zusammenarb.; Präsid.-Mitgl. d. DIN - Spr.: Engl.

MARCZOK, Alfons
Geschäftsführer Greviga, Zweigniederl. Conservenfabr. Eugen Lacroix GmbH. - Elsener Haus 5, 4048 Grevenbroich-Elsen - Geb. 21. März 1916 Beuthen/OS.

MARDER, Jürgen

Redakteur - Gartenstr. 17, 8042 Schleißheim vor München (T. 089 - 315 05 06) - Geb. 17. Aug. 1924 (Vater: Bruno M., Justizoberrentm.; Mutter: Elise, geb. Ménarde), ev., verh. s. 1947 m. Gudula, geb. Koehler, S. Peter - N. Abit. Stud. Publizistik - 1947-58 Redakt. Fränk. Landesztg. (Nürnbg. Ztg.); 1958-81 Redakt. Ev. Pressedst. (epd); 1963-69 Chefredakt. schwesternrevue. Clubmitgl. Schlaraffia, DJV - BV: Ev. Leben in Würzburg, 1963; Publizistik - Festschr. f. Otto Groth, 1965; Geschichte - Gegenwart - Ausblick - 500 J. Ludwig-Maximilians-Univ. München, 1972; Wegzeichen - Festschr. f. Hugo Maser, 1977; Nur kein Neid auf München, Feuill., 1979; D. aufgeschnauzelte Schnauzl, Feuill., 1983 - BVK - Spr.: Latein, Griech., Franz. (Schulkenntn.) - Bek. Vorf.: Hans Schomburgk (Afrikaforscher).

MARGARETHA, Paul
Dr. phil., Prof. f. Organ. Chemie Univ. Hamburg (s. 1980) - Beselerstr. 8, 2000 Hamburg 52 - Geb. 27. Juni 1944 Zürich - Promot. 1969 Univ. Wien, Habil. 1974 Genf (CH). 1978-80 Prof. associé, Strasbourg - Spr.: Engl., Franz., Portug.

MARGET, Walter

Dr. med., Prof., ehem. Vorstand Abt. f. Antimikrobielle Therapie/Univ.-Kinderklinik München, Editor-in-Chief d. intern. Ztschr. (engl.) Infection - Lindwurmstr. 14, 8000 München 2 (T. 089 - 53 47 33 u. 53 70 21); priv.: Am Buchenwald 8, 8133 Feldafing (T. 08157 - 31 89) - Geb. 1. Aug. 1920 Stuttgart, verh. m. Marianne, geb. Vater, 2 Kd. (Claudia, Matthias) - Staatsex. 1946 Heidelberg. 1946-1951 Hygiene-Inst. Heidelberg, 1951-61 Univ.-Kinderklinik Freiburg/Br. Habil. 1961 Freiburg. 1961-67 Lehrtätig. u. zul. Oberarzt Kinderkl., 1967 Tübingen, seith. Univ. München - BV: Zahlr. Buchbeitr. u. Fachveröff. in Ztschr. Herausg. u. Mithrsg. von 6 Werken, 3 dt. u. 3 angelsächs. Ztschr. - Corresp. Fellow of Infectious Diseases Soc. of America; Gründungspräs. European Soc. Paediatric Infectious Diseases; 1961 Moro-Preis Dt. Ges. f. Kinderheilkde; Bill-Marshall-Med., BVK.

MARGGRAF, Wilhelm
Dr. med., Prof., Chirurg, Chefarzt - Schlehenweg Nr. 5, 5900 Siegen 1 (T. Siegen 6 28 60) - Geb. 5. Juni 1915 Oberhausen/Rhld. (Vater: Wilhelm M., Studienrat), ev., verh. s. 1953 m. Ursula, geb. Nagel, 2 Kd. (Achim, Regina) - Univ. Bonn u. Göttingen. Promot. u. Habil. Göttingen - s. 1957 Privatdoz. u. apl. Prof. (1962) Univ. Göttingen (1959-64 Oberarzt Chir. Klinik); s. 1964 Chefarzt Chir. Abt. Kreiskrankenhs. Siegen/ Haus Hüttental. Üb. 80 Fachveröff. - 1962 Fellow Intern. College of Angiology; 1970 Fellow of the Intern. College of Surgeons - Liebh.: Malerei - Spr.: Engl., Franz.

MARGUTH, Frank
Dr. med., o. Prof. u. Direktor Neurochir. Univ.-Klinik München (s. 1964) - Nördl. Münchener Str. Nr. 26, 8025 Grünwald - Geb. 25. April 1921 Leipzig (Vater: Dr. phil. Georg M.; Mutter: Bertha, geb. Kurz), kath., verh. s. 1945 m. Dr. med. Hildegard, geb. Heinz, T. Beatrix - Gymn. Leipzig (Thomas-) u. Düsseldorf (Hindenburg-Sch.); Univ. Leipzig u. Frankfurt/M. Promot. 1945 Frankfurt; Habil. 1960 Köln - 1945-47 II. Med. Klinik Med. Akad. D'dorf; 1948-49 Max-Planck-Inst. Bad Nauheim; 1950-64 Neurochir. Univ.-Klinik Köln (W. Tönnis). Facharb. Mitherausg. versch. Fachztschr. - Ehrenmitgl. British Society of Neurological Surgeons, Jugoslaw. Ges. f. Neurochirurgie; Argentin. Ges. f. Neurochir., Ärztl. Akad. v. Kroatien; Korr. Mitgl. d. Americ. Acad. of Neurological Surgery, d. Acad. Eurasiana Neurochirurgica; BVK I. Kl.

MARIACHER, Anton
Dr. rer. comm., Dipl.-Kfm., Wirtschaftsjournalist - Fuchsholl 11a, 6232 Bad Soden 2 (T. 06196 - 2 94 11) - Geb. 23. Sept. 1946 Zell a. See (Vater: Anton M., Pensionär; Mutter: Katharina, geb. Schirocky), verh. s. 1981 m. Dr. med. Claudia, geb. Sammet, 2 Söhne (Stephan, Philipp) - Wirtschaftsuniv. Wien (Dipl.-Kfm., Promot.) - B. 1977 Wirtschaftsberater; 1977-82 Wirtschaftsredakt. Münchner Merkur; 1982-84 Geschäftsl. Wienerwald-Konzern, München; Leiter Öffentlichkeitsarb. im Verb. d. Chem. Ind., Frankfurt; Geschäftsf. d. Initiative Geschützter leben - BV: Standortanalysen im Fremdenverkehr (Diss.), 1975 - Liebh.: Klass. Musik, Tennis, Skilauf, Surfen, hist. Lit. - Spr.: Engl., Span.

MARIAUX, Richard
Vorstandsmitglied i. R. (Brown, Boveri & Cie. AG, Mannheim) - Philosophenpl. 2, 6800 Mannheim - Geb. 3. April 1913 Köln - Versicherungsw.; 1943-76 BBC (1963 Vorst.-Mitgl.; Personal- u. Sozialwesen). AR-Mitgl. Kölnische Lebensversich. a.G. u. Kölnische Sachversich. AG.

MARIENFELD, Wolfgang
Dr. phil., Prof., Hochschullehrer - Bergener Str. 38, 3000 Hannover 61 (T. 579 97 38) - Geb. 8. Okt. 1926 Hannover - S. 1957 Doz. u. Prof. (1963) Päd. Hochsch. Nieders. Abt. Hannover (Didaktik d. Gesch.), Univ. Hannover (1978) - BV: Konferenzen üb. Deutschland, 1963; D. Gesch. im Unterr., 1966; Gesch. im Lehrbuch d. Hauptsch., 1972; Ur- u. Frühgesch. im Unterr., 1979; D. Deutschlandproblem in s. gesch. Entwicklg., 2. A. 1985; Deutschlandbild u. Deutsche Frage in d. Geschichtsbüchern d. Bundesrep. Deutschl. u. in d. Richtlinien d. Länder. Studien z. intern. Schulbuchforsch. Bd. 43, 1986; D. Historikerstreit, 1987.

MARING, Christine
Dipl.-Volksw., Senatorin Gesundheitsbehörde Fr. u. Hansestadt Hamburg (b. 1988) - Kurt-Schumacher-Str. 12, 5300 Bonn 1 (T. 0228 - 2 28 70) - Geb. 12. Nov. 1933 Trautenau (CSSR), verh. m. Bodo M., Prof. FH Hamburg, Dipl.-Ing., 2 Kd. - Abit. 1952, Stud. Volksw.-lehre Univ. Frankfurt/M. (Dipl. 1955) - B. 1957 Wiss. Mitarb. Sem. f. Finanzwiss. Univ. Frankfurt/M., 4 J. Battelle-Inst. Frankfurt/M. (bes. Geb. Investitions- u. Produktionsgüter-Marktforsch.), spät. freiberufl. Tätigk. s. 1976 Lehrbeauftr. f. Volksw. FH Hamburg, 1978 Mitgl. Hbg. Bürgersch.; zul. Bevollm. Hbg. b. Bund. SPD s. 1969 - Spr.: Engl.

MARING, Klaus D.

Gas- u. Wasser-Installateur-Meister, Geschäftsführer - Hochstr. 8, 3300 Braunschweig (T. 0531 - 7 50 43) - Geb. 7. März 1935 Braunschweig, kath., verh. s. 1963 m. Gertrud, geb. Mann, 2 Kd. (Bianca M., Viola P.) - Handwerkslehre, Fortbildung - Ehrenoberm. d. Innung Sanitär-, Heizungs-, Klima- u. Klempnertechnik Braunschweig; Landesinnungsm. d. Fachverb. Sanitär-, Heizungs-, Klima- u. Klempnertechnik Nieders.; altern. Vorst.-Vors. d. Innungskrankenkasse Braunschweig, altern. Vorst.-Vors. d. Landes-Verb. d. Innungskrankenkassen in Nieders.; Kirchenvorst.-Mitgl. Kath. Probstei Pfarrgemeinde St. Aegidien Braunschweig; Ratsherr d. Stadt Braunschweig (Planungsausssch., Wirtsch.-Ausssch.) - 1984 25jähr. Meisterjubiläum; 1988 10jähr. Oberm.jubiläum - Lieb.: Arch., Gesch., Kunst, Musik, Reisen, Burgen, Schlösser, Fotogr., Theater - Spr.: Engl.

MARISCHKA, Franz O. F.
Regisseur, Autor - Schellingstr. 88, 8000 München 40 - Geb. 2. Juli 1918 Unterach/Attersee (Vater: Prof. Hubert M., Operettentenor, Theaterdir. Theater an d. Wien, Filmregiss. †1959 (s. XIII. Ausg.); Mutter: Lizzy, geb. Leon), verh. in 2. Ehe s. 1968, S. Hubert aus 1. E. - Max-Reinhardt-Sem. Wien - 1939 Flucht n. England (1947 engl. Staatsbürger). B. Anf. 1969 32 Spielfilme (haupts. Lustsp., zul. Laß jucken Kumpel, Liebesgrüße aus d. Lederhos'n) u. 30 Fernsehsp. (meistens m. Musik, u. a. Serien: John Kling, Percy Stuart, Mark Twain, Hauptstr. Glück, 13 Stühle); gr. Erfolg m. D. lust. Witwe auf d. Eis (Theater auf d. Eis m. M. Kilius/Bäumler). 12 Bühneninsz. - Goldene Leinwand - Liebh.: Fußball (Bayern München, Austria Wien) - Spr.: Engl. - Bek. Vorf.: Victor Leon, Operettenlibrettist (Großv.); Georg M., Regisseur (Bruder); Ernst M., Filmregiss. u. a. Sissi, 3 Teile (Onkel).

MARISCHKA, Georg
Filmregisseur u. Autor - Mark-Twain-Str. 5, 8000 München 60 (T. 83 29 99) - Geb. 29. Juni 1922 Wien, kath., verh. s. 1961 m. Ingeborg, geb. Schöner

(Schausp.), 2 Töcht. (Juliette, Nicole) - Regieassist. b. Willi Forst; s. 1951 Filmregiss. Filme: D. fidele Bauer, Einmal keine Sorgen haben, Hanussen, Sklavenkarawane, Peter Voß - d. Held d. Tages, M. Himbeergeist geht alles besser (Österr. Bundesfilmpreis 1961), D. Buch v. San Michele, D. Vermächtnis d. Inka u. a.; Drehb.: u. a. D. Sünderin. Div. Fernsehfilme (Autor: Ferdinand Lassalle, ZDF 1972. Regiss.: Vidocq; 2 Finger einer Hand, Streichquartett, Boccaccio, Apartment f. drei, Volksfeind, Ende d. Vorstellung. Schauspieler: Strohfeuer, 21 Hours in Munich, Odessa File, Boys of Brasil, Sept Morts sur Ordonnance, Baby Sitter, Le Bon et les Mchants, D. blaue Palais, D. Ding, Lieb' Vaterland, magst ruhig sein, u. a. - Sammelt historische Autographen (Napoleonica) - Spr.: Engl., Franz., Ital., Span. - Eltern u. Vorf. s. Franz O. F. M. (Bruder).

MARJAN, Marie-Luise

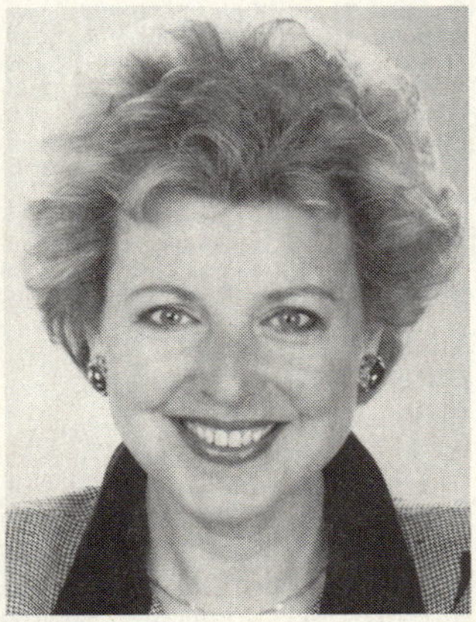

Schauspielerin - Averhoffstr. 28, 2000 Hamburg 76 (T. 040 - 220 47 68) - Geb. 9. Aug. 1940 Essen - N. Mittl. Reife (Hattingen) 1958-60 Musikhochsch. Hamburg (Schauspielausbild. Prof. Eduard Marks) - Zahlr. Bühnen- u. Fernsehrollen (Charakterdarst.); u. a. Mutter Helga Beimer in d. TV-Serie Lindenstraße (s. 1985) - Liebh.: Kochen, Wandern - Spr.: Engl. (durch Seminare Hollywood).

MARKAU, Eike

Vorsitzender d. Geschäftsführung Messe Frankfurt GmbH - Ludwig-Erhard-Anlage 1, 6000 Frankfurt am Main 1 (T. 069 - 75 75-0).

MARKEFKA, Manfred

Dr. rer. pol., Dipl.-Hdl., Univ.-Prof. f. Soziologie, Dipl.-Handelslehrer - Am Klausenberg 32, 5000 Köln 91 - Geb. 9. Sept. 1932 Leverkusen, kath., verh. s. 1962 m. Regina, geb. Timm, 2 Kd. - 1956-63 Stud. Wirtsch.- u. Soz.wiss. Univ. Köln, Dipl.-Hdl.-Lehrer 1959, Promot. 1963 - 1962-65 Lehrtätigk. kfm. Schulen, wiss. Assist., 1965-69 Doz., 1972 o. Prof. f. Soziol. - BV: Jugend-Begriffe u. Formen in soz. Sicht, 1967; Übergang in d. Berufswelt, 1970; zus. m. B. Nauck: Zw. Lit. u. Wirklichk., 1972; Vorurteile - Minderheiten - Diskrimin., 5. A. 1984.

MARKELIN, Antero

Dipl.-Ing., Prof., Architekt, Ord. f. Städtebau u. Entwerfen Univ. Stuttgart (s. 1966) - Keplerstr. 11, 7000 Stuttgart 1 (T. 207 37 36) - Geb. 10. April 1931 Finnland (Vater: Dipl.-Landw. Einar M., Verw.beamter; Mutter: Marjatta, geb. Rinne), ev., verh. s. 1962 m. Dipl.-Ing. Ulla, geb. Lehtonen, 3 Kd. (Lilli, Lina, Maikki) - Schule Helsinki; TH München u. Helsinki - S. 1961 Arch. Mehrere Stadtplanung. u. Bauten in Finnland u. Bundesrep. Dtschl., 1974 Wohngr. Elementa Bonn, 1975 Päd. Hochsch. Weingarten - BV: Stadtbild in d. Planungspraxis, 1976 (m. Michael Trieb); Umweltsimulation, 1979 (m. Bernd Fahle); Stadtbaugesch. Stuttgart, 1985 (m. Rainer Müller). Herausg.: Mensch u. Stadtgestalt (1974ff.) - Mitgl. Dt. Akad. f. Städtebau u. Landespl., Finn. Architektenverb. SAFA,, Int. Soc. of City a. Region. Planners - Spr.: Finn., Schwed., Engl.

MARKERT, Hans-Günter

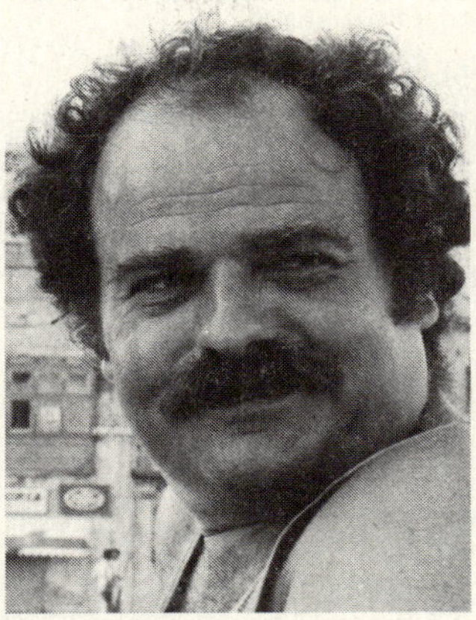

Autor, Regisseur (Ps. Joy Markert) - Grunewaldstr. 14, 1000 Berlin 62 (T. 215 20 31) - 1982 Vorst.-Mitgl. BAF Berliner Arbeitskr. Film, 1986 stv. Vors. VS-Berlin - 8 Drehb. f. Kino u. FS, üb. 30 Hörsp. b. ARD u. ORF. Insz. Fernsehsp.: Ich fühle was, was du nicht fühlst (Buch u. Regie, m. Helga Krauss), 1982; Theaterst. u. Buchveröff. Asyl, 1984; Theaterst. Erichs Tag, 1986. BV: Malta, 1989. Hörsp.: Akkordeon (1988); Malta (1988); Hören, erinnern (1989).

MARKERT, Joy

s. Markert, Hans-Günter

MARKERT, Kurt

Dipl. rer. pol., Dr. jur., M. C. J. (New York Univ.), Honorarprof. Freie Univ. Berlin, Direktor b. Bundeskartellamt (Vors. 8. Beschlußabt.) - Ilmenauer Str. 2a, 1000 Berlin 33 - Geb. 22. Juni 1933 Sennfeld (Vater: August M.; Mutter: Maria, geb. Volk), verh. m. Birgit, geb. Kuckartz - Spr.: Engl., Franz.

MARKERT, Oswald

I. Bürgermeister - Rathaus - 8721 Dittelbrunn/Ufr. - Geb. 22. Juni 1933 Holzhausen - Landw. CSU.

MARKGRAF, Gerhard

Dipl.-Ing., Bauunternehmer, Vorstandsmitgl. Bayer. Bauindustrieverb. München, Vizepräs. IHK f. Oberfranken, Bayreuth, stv. Vors. RKW-Landesgr. Bayern - Dieselstr. 9, 8580 Bayreuth - Geb. 1929, verh. - Dipl.-Ing. Bauingenieurwesen TU München - Ehrensenator e.h.

MARKL, Hubert S.

Dr. rer. nat., o. Prof. f. Zoologie, Verhaltensforschung - Kennedyallee 40, 5300 Bonn 2 - Geb. 17. Aug. 1938 Regensburg - Stud. Univ. München; Promot. 1962 Univ. Frankfurt, Habil. 1967 - 1968-74 o. Prof. TH Darmstadt, 1974 Prof. Univ. Konstanz, s. 1986 Präs. Dt. Forsch.gemeinsch. u. Vizepräs. Alexander v. Humboldt-Stiftg. - BV: Evolution, Genetik u. menschl. Verhalten, 1986; Natur als Kulturaufgabe, 1986; zahlr. Veröff. in intern. Ztschr. - Mitgl. Heidelberger Akad. d. Wiss., American Assoc. for the Advancement of Science, Bayer. Akad. d. Wiss., American Acad. of Arts and Sciences, Dt. Akad. d. Naturforscher Leopoldina, Halle, Rhein.-Westf. Akad. d. Wiss.; 1984 Karl-Voßler-Preis u. Lorenz-Oken-Med. (1. Träger); 1989 Arthur-Burkhardt-Preis.

MARKMANN, Heinz

Dr. phil., Geschäftsführer Wirtschafts- u. Sozialwiss. Inst. d. Dt. Gewerkschaftsbundes GmbH., Düsseldorf - Daimlerstr. 207, 4040 Neuss/Rh. - 1968 ff. Mitgl. Senat Max-Planck-Ges. - 1971 ff. Kommiss. f. wirtschaftl. u. sozialen Wandel u. Wiss.rat.

MARKO, Hans

Dr.-Ing. E. h., o. Prof. u. Direktor Inst. f. Nachrichtentechnik TH bzw. TU München (s. 1962) - An der Dornwiese 2, 8032 Gräfelfing/Obb. (T. München - 85 24 24) - Geb. 24. Febr. 1925 Kronstadt/Siebenbürgen (Vater: Dr. Alexander M., Rechtsanw.; Mutter: Gertrud, geb. Tischler), ev., gesch., 3 Kd. (Johannes, Anka, Corina) - Gymn.; TH Stuttgart (Dipl.-Ing. 1950, Promot. 1952) - 1952-62 Standard Elektrik Lorenz AG., Stuttgart (Entwicklungsing.). Mitgl. Nachrichtentechn. Ges. im VDE, Dt. Ges. f. Kybernetik (1971-73 Präs.; 1974-76 Vizepräs.), Fellow IEEE. Mehrf. Patentinh. - BV: Theorie linearer Zweipole, Vierpole und Mehrtore, 1971; Methoden d. Systemtheorie, 1977. Herausg.: Buchr. Nachrichtentechn. Mithrsg.: Buchr. Kybernetik. Zahlr. Einzelarb. - 1957 Preis Nachrichtentechn. Ges. im VDE; 1984 Karl-Küpfmüller-Pr. d. Nachrichtentechn. Ges. im VDE; Ehrenpromotion PH Darmstadt - Spr.: Engl.

MARKS, Erich

Dipl.-Päd., Geschäftsführer Dt. Bewährungshilfe, Bonn - Friedrich-Ebert-Str. 11 b, 5300 Bonn 2 (T. 0228 - 35 37 26) - Geb. 22. Juni 1954 Bielefeld, ev.

MARKS, Friedrich

Dr. rer. nat., Dipl.-Chem., Prof. f. Biochemie, Leiter Abt. Biochemie Dt. Krebsforschungszentrum Heidelberg - Im Bildsacker 34, 6903 Neckargemünd-Dilsberg (T. 06223 - 36 95) - Geb. 17. Dez. 1936 Berlin (Vater: Carl-Peter M., Offz.; Mutter: Johanna, geb. Reddemann), ev., verh. s. 1963 m. Lilli, geb. Beins, 3 Kd. (Andreas, Hans-Joachim, Katja) - 1956-61 Stud. Chemie Univ. Marburg u. München (Promot. 1964) - Rd. 200 wiss. Publ., u. a. Molekulare Biol. d. Hormone, 1979 - Liebh.: Malerei, Musik, Tanzen - Spr.: Engl.

MARKSCHEFFEL, Günter

Journalist - Am Schwallenberg, 5488 Adenau (T. 02691 - 24 66) - Geb. 11. Nov. 1908 Gleiwitz/OS., ev., verh. - 1947-57 Chefredakt. Tageszeitg. Die Freiheit (Mainz); 1957-69 Chefredakt. SPD-Pressedst. u. PPP (Bonn); 1970-74 Pers. Ref. Bundespräs. Heinemann. MdL Rhld.-Pfalz (II. u. III. Wahlp.). 1947-57 Vors. Bezirksverb. Rheinhessen SPD; 1951-56 Vors. Landesverb. Rhld.-Pfalz DJV; 1966-1976 Mitgl. Rundfunkrat WDR - Zahlr. Fachreport. - Gr. BVK, Chevalier de la Légion d'Honneur, VO. Holland, Belgien, Luxemburg, Dänemark, Jugoslawien, Rumänien, Gutenberg-Büste Stadt Mainz, Ehrenmitgl. Dt. Journalisten-Verb., Landesverb. Rhld.-Pf.

MARKUS, Axel

Dipl.-Wirtschafts-Ing., Vorstandsmitglied Grundig AG, Fürth - Heidenreichstr. 9, 8540 Schwabach-Walkersdorf (T. 09122 - 64 90 50) - Geb. 2. Okt. 1943, verh. s. 1966 m. Gudrun, geb. Schlösser, 2 Kd. (Stefanie, Christian) - Stud. Wirtschaftsing. TU Berlin; Dipl. 1969 - Vorst. f. Controlling, Finanzen u. Steuern - Liebh.: Tennis, Radfahren, Surfen, Ski - Spr.: Engl.

MARKUS, Benno

Dr. rer. nat. (habil.), Prof., Vorsteher Abt. f. Strahlenphysik u. -biol./Radiolog. Zentr. Univ. Göttingen - Schlesierring 15, 3400 Göttingen (T. 7 40 25) - Geb. 28. März 1921 Eger (Vater: Wilhelm M., Lehrer), verh. m. Ingeborg, geb. Schreyer - B. 1969 Doz., dann apl. Prof. u. Wiss. Abt.svorst. u. Prof. (1970) Göttingen. 1969 ff. Vorstandsmitgl. Dt. Ges. f. Med. Physik. Facharb.

MARKWORT, Helmut

Chefredakteur - Nordendstr. 64, 8000 München 40 - Geb. 8. Dez. 1936 Darmstadt (Vater: August M., Justizamtmann; Mutter: Else, geb. Volz), verh. s. 1965 m. Elke, geb. Wolters, S. Moritz - Human. Gymn., Abit.; Volont. - Redakt. Darmstädter Tagebl., Wuppertaler Generalanz., 1962-64 Chefreporter D. Mittag, 1964-66 Korresp. stern, 1966-70 Chefredakt. Bild + Funk, s. 1970 Chefredakt. Gong, s. 1979 Chefredakt. d. aktuelle - Liebh.: Fußball, Tennis - Spr.: Engl.

MARLIERE, Andree

Ballettmeisterin Badisches Staatstheater - Finkenweg 5, 7500 Karlsruhe 31 - Geb. 22. Febr. 1931 Antwerpen/Belgien, verh. m. L. de Comimek, Sohn Michael - Spr.: Niederl., Franz., Engl.

MARNAU, Alfred

Schriftsteller - 120, Eyre Court, London NW8 9TY - Geb. 24. April 1918 Preßburg, kath., verh. m. Senta, geb. Polányi, T. Corinna - BV: Ges. Gedichte, 1948; D. steinerne Gang, R. 1948; D. Verlangen n. d. Hölle, R. 1951; Räuber-Requiem, Ged. 1961; in engl. Spr.: Christopher Marlowe, Andrew Marvell, Ess. 1948 (London); Free among the Dead, R. 1950; The Guest, 1956; (London u. New York); New Poems, 1985; D. Mitwirkenden, 1986. Übers.: John Webster, D. Herzogin v. Malfi, u. D. weiße Teufelin, 1986; Endre Ady: Ged. u. Novellen; Christopher Marlowe: Doktor Faustus, 1988. Herausg.: Kunst- u. Lit.ztschr.; Jesse Thoor, D. Sonette u. Lieder, 1956 - Ritter Malteserorden - Liebh.: Engl. Dichtung.

MARNER, Waldemar Josef

Dr. jur., Landrat St. Wendel - Mommstr. 25a, 6690 St. Wendel - Geb. 3. Febr. 1927 Nastätten/Ts., kath., verh. m. Gerda, geb. Schmidt, T. Gabriele Elisabeth - Abit. Limburg; Stud. Rechtswiss.; 1. jurist. Staatsex. 1951; Promot. 1953; 2. jurist. Staatsex. 1955 - Ehrenamtl. Vorst.-Mitgl. GVV Köln; AR-Vors. Wasservers. Landkr. St. Wendel GmbH; AR-Mitgl. VSE; VR-Vors. Kreissparkasse St. Wendel; VR-Mitgl. Landesbank Saar Girozentr.; Vizepräs. Saarl. Sparkassen- u. Giroverb.

MARNEROS, Andreas

Dr. med., Prof., Leiter Abt. Med. Psychol. u. allg. Psychopathol., Psychiatrische Klinik Univ.-Nervenklinik - Sigmund-Freud-Str. 25, 5300 Bonn 1 (T. 0228 - 280 27 15) - Geb. 22. Okt. 1946 Limassol/Zypern - Stud. Aristoteles-Univ. Saloniki/Griechenl. (Med.); Staatsex. m. Ausz. u. Ehrenpreis, Promot. 1977 Mainz; Habil. 1979 Köln (Psychiatrie, Psychotherapie u. Neurol.) - 1983 Prof. Psychiatr. Univ.-Klinik Köln; 1985 Univ. Bonn - BV: Schizoaffective Psychoses (m. M. T. Tsuang), 1986; zahlr. Veröff. üb. Prognose u. Verlauf d. schizoaffektiven Psychosen, d. Schizophrenie, psychotische Depression, Psychopathol. d. org. Psychosen, Pharmakotherapie, gegenw. Forschungsschwerp. d. Verlaufspsychiatrie - Aristeion (f. d. besten Abiturienten); Ehrenpreis Ethikis Trapezis v. Hellas (f. d. besten Univ.-Absolv.) - Mutterspr.: Griech., Fremdspr.: Dt., Engl.

MARON, Gottfried

Dr. theol., Prof. f. Kirchen- u. Dogmengeschichte Univ. Kiel - Exerzierplatz 30, 2300 Kiel 1 (T. 9 31 51) - Geb. 5. März 1928 Osterwieck/Harz, ev., verh. s. 1969 m. Illa, geb. Hahn - Promot. 1956 Univ. Göttingen; Habil. 1969 Univ. Erlangen - 1956 Wiss. Ref. Konfessionskundl. Inst. Ev. Bund Bensheim; 1964 Assist. Univ. Erlangen; 1969 Privatdoz. ebd.; s. 1973 Prof. Kirchl. Hochsch. Berlin; 1976 Prof. Univ. Kiel. 1979 Präs. Ev. Bund - BV: Individualismus u. Gemeinsch. b. C. v. Schwenckfeld, 1961; Ev. Bericht v. Konzil 1964-66; Kirche u. Rechtfertig., 1969; D. röm.-kath. Kirche v. 1870-1970, 1972; Z. Gespräch m. Rom, 1988; M. Luther u. Epikur, 1988.

MAROSKE, Dieter

Dr. med., Prof. f. Chirurgie Univ. Marburg - Bruchwiesenweg 21, 3550 Marburg/L.

MAROTZ, Günter
Dr.-Ing., Prof., Leiter Versuchsanstalt f. Wasserbau - Pfaffenwaldring 61, 7000 Stuttgart 80 - Geb. 4. Juli 1930 Berlin - 1970 Dekan Fak. Bauwesen Univ. Stuttgart. Vorles. auch Univ. Tübingen - 70 wiss. Veröff.; Schriftleit. Fachztschr. Wasserwirtschaft.

MAROTZKE, Wolfgang
Dr. jur., Prof. f. Bürgerliches Recht, Zivilprozeßrecht u. Freiwillige Gerichtsbarkeit Univ. Erlangen-Nürnberg (s. 1989) - Kochstr. 2, 8520 Erlangen (T. 09131 - 85 22 51-52) - Geb. 5. Dez. 1949 Bielefeld, verh. s. 1973 m. Annette, geb. Brockmann, 2 Töcht. (Eva, Petra) - Abit. 1968; Stud. Rechtswiss. Univ. Köln u. Bielefeld; 1. jurist. Staatsprüf. 1973 Hamm; 2. jurist. Staatsprüf. 1975 Düsseldorf; Promot. 1977 u. Habil. 1984 Bielefeld - 1984-89 Prof. Univ. Konstanz - BV: D. Anwartschaftsrecht - e. Beispiel sinnvoller Rechtsfortbildung?, 1977; Gegenseitige Verträge in Konkurs u. Vergleich, 1985. Mitautor d. 12. A. d. Staudinger (Großkomment. z. BGB).

MARQUARD, Günter
Journalist, Landesvors. Gewerksch. Kunst im DGB - Fritz-Reuter-Allee 46, 1000 Berlin 47 (T. 606 12 17) - Geb. 18. April 1924 Berlin - S. 1946 Rhein. Ztg. (Köln), Berliner Stadtbl. (1947; Ressortleit.), RIAS Berlin (1951; Chef v. Dienst), SFB (1955; Leit. Gesamtnachr.-Abt.). Herausg.: Polec - 3-sprach. Wörterb. (Dt./Engl./Franz.) u. Lexikon f. Politik u. Wirtsch. (1964) - BVK.

MARQUARD, Odo
Dr. phil., o. Prof. f. Philosophie Univ. Gießen (s. 1965) - Nelkenweg 44, 6300 Gießen (T. 3 57 05) - Geb. 26. Febr. 1928 Stolp/Pom. - 1963-65 Privatdoz. Univ. Münster - BV: Skept. Methode im Blick auf Kant, 1958.

MARQUARDT, Hans
Dr. phil., Dr. phil. nat. (habil.), em. o. Prof. f. Forstbotanik - Marzeller Weg 2, 7847 Badenweiler - Geb. 1. Okt. 1910 Öhringen/Württ. (Vater: Emil M., Regierungsdir.; Mutter: geb. Luppold), verh. s. 1939 m. Dr. med. Charlotte, geb. Jung - Univ. Tübingen (Musikwiss.; Promot. 1934) u. Freiburg (Botanik; Promot. 1938) - S. 1940 Doz., apl. (1946), ao. (1950) u. o. Prof. (1954) Univ. Freiburg (Dir. Forstbotan. Inst., 1979 emerit.). Spez. Arbeitsgeb.: Zytogenetik, Mutationsforschung, Gründungsvors. Ges. f. Umweltmutationsforschung - BV: Natürliche u. künstl. Erbänderungen, 1957 (Rowohlts Dt. Enzyklopädie); Strahlengefährdung d. Menschen durch Atomenergie, 1959 (m. G. Schubert); Biologie d. Chromosoms in Hdb. Pathologie Bd. 2/1, 1971; über 150 Publ. in wiss. Ztschr.

MARQUARDT, Hans Wilhelm
Dr. med., Prof., Direktor Abt. f. Allg. Toxikologie Univ.-Krankenhs. Eppendorf (s. 1978) u. Leit. Fraunhofer Inst. f. Toxikol. u. Aerosolforsch. Hannover (s. 1982) - Kortenredder 3, 2000 Hamburg 65 (T. 040 - 605 07 48) - Geb. 28. Aug. 1938 Berlin (Vater: Prof. Dr. med. Peter M.; Mutter: Ilse, geb. Grunert), ev.-luth., verh. s. 1974 m. Dr. med. Hildegard, geb. Ströcker, 2 S. (Peter, Jens) - Stud. Med. Marburg, Kiel, Münster, Köln, Promot. 1964 Köln - 1968-79 Memorial Sloan-Kettering Cancer Center New York, NY u. McArdle Lab. Cancer Res. Madison, Wis./USA - 1975 Research Career Development Award, US Public Health Service; 1978 Felix-Wankel-Tierschutz-Forschungspreis; 1979 Jürgen u. Margarete Voss Preis f. Krebsf. d. Werner-Otto-Stiftg.

MARQUARDT, Henning
Dr. med., Prof. f. Urologie, Facharzt - Stallupöner Allee 11, 1000 Berlin 19 (T. 305 42 30) - Geb. 5. Okt. 1936 Kassel (Vater: Alfred M., Chefarzt (Chirurg); Mutter: Anneliese, geb. Herwig), ev., verh. s. 1967 m. Eugenie, geb. Kalt, S. Michael - Staatsex. u. Promot. 1961, Facharzt f. Urol. 1970, Habil. 1975, Prof. f. Urologie (FU Berlin) 1978 - B. 1978 Hochschullehrer FU Berlin, s. 1978 auch Praxis u. Privatklin. - Üb. 100 wiss. Publ. u. Vortr. - Spr.: Engl., Franz.

MARQUARDT, Klaus
Dr. rer. pol., Mitinhaber Intercountry Management Corp., Luzern - Roggenkamp 14, 4630 Bochum 1 (T. 0234 - 79 10 91) - Geb. 18. Dez. 1926 Berlin (Vater: Dr. jur. Arno M.; Mutter: Ruth, geb. Ludwig), ev., verh. s. 1952 m. Dr. Brigitte, geb. Weber, 3 Töcht. (Claudia, Bettina, Daniela) - Univ. u. TU Berlin. Dipl.-Volksw. 1948; Promot. 1951 (beides Berlin) - S. 1951 Aral AG, Bochum (b. 1971 Vorst.-Mitgl., 1971-86 -Vors.). AR-Vors. Westfalenbank AG, Bochum; stv. AR-Vors. Dortmunder-Ritterbrauerei AG; AR-Mitgl. Gerling-Konzern Zentrale Vertriebs-AG, Köln ; Beirat Hypothekenbank in Essen AG, Essen, u. Bankinst. Zürich, Zürich - 1985 Gr. BVK - Liebh.: Alte Kunst - Spr.: Engl., Franz. - Rotarier.

MARQUARDT, Manfred

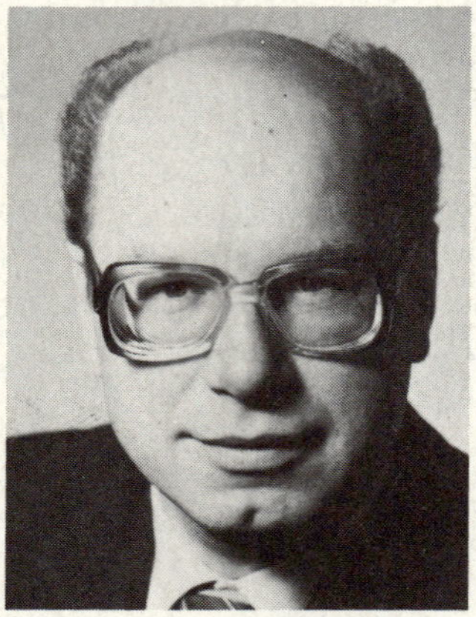

Dr. theol., Direktor d. Theologischen Seminars (s. 1989) - Hagstr. 8, 7410 Reutlingen (T. 29 05 10) - Geb. 18. Mai 1940 Britz (Mark Brandenb.) (Vater: Wilhelm M., Landw.; Mutter: Else, geb. Dombrowski), ev.-meth., verh. s. 1966 m. Christel, geb. Wendt, 3 Kd. (Helge, Sören, Birte) - Zentralsch. Britz, Gymn. Altenkirchen u. Neuwied, Univ. Wuppertal, Münster, Tübingen, Bochum, Promot. 1975 - 1967-77 Gemeindepfarrer Wuppertal u. Kiel, s. 1977 Doz. f. Systemat. Theol. Reutlingen - BV: Praxis u. Prinzipien d. Sozialethik John Wesleys, 2. A. 1986. Beitr. in theol. Ztschr. u. Lexika (Theologenlex., EKL, TRE, u.a.) - 1976 Universitätspreis Kiel - Liebh.: Musik - Spr.: Engl., Franz.

MARQUARDT, Niels
Dr. rer. nat., Dipl.-Physiker, Prof., Beschleunigerphysik Univ. Dortmund (s. 1986) - Vormholzstr. 16, 4630 Bochum (T. 0234 - 70 16 25) - Geb. 7. Jan. 1940 Berlin, ev., verh. s. 1970 m. Joana, geb. Schlieper, 3 Söhne (Christian, Thomas, Claudio) - Physikstud. Univ. Göttingen, Heidelberg; Dipl. 1966 Heidelberg; Promot. 1969 ebd.; Habil. (Exper. Physik) 1980 Bochum - 1985 Prof. f. Kernphysik Univ. Bochum - 1977 Universitätspreis Univ. Bochum - Spr.: Engl., Franz., etwas Russ. - Bek. Vorf.: Maria Mayer-Göppert, Nobelpreis Physik 1963 (Tante).

MARQUARDT, Peter
Dr. med., Dipl.-Chem., Prof., Direktor Inst. f. experimentelle Therapie Univ. Freiburg i. R. - Laufener Str. 9, 7800 Freiburg/Br. (T. 4 17 25) - Geb. 8. Okt. 1910 Berlin (Vater: Hans M., Rechtsanwalt u. Notar; Mutter: Margarete, geb. Göppert), ev., verh. s. 1985 m. Merit, geb. Schlagintweit, 3 S. aus 1. Ehe - Dipl.-Chem. 1935; ärztl. Approb. u. Promot. 1937 - S. 1946 (Habil.) Lehrtätigk. Univ. Freiburg (1953 apl. Prof.). Ehem. stv. Vors. Dt. Lebensmittelbuchkommiss. u. Kommiss. f. d. menschl. Ernährung d. EG Brüssel, ehem. Mitgl. Advisory Panels f. Zusatzstoffe d. WHO. z.Z. noch Kosmetikkommiss. b. Bundesgesundh.amt, Arzneimittelkommiss. Dt. Apotheker u. private consultant of EG Brüssel. Zahlr. Fachveröff. - Med. d.'Argent de l'Academie de Médécine (Paris); Gr. BVK - Spr.: Franz., Engl.

MARQUARDT, Rolf
Dr. med., Prof. f. Augenheilkunde, Leiter Univ. Augenklinik Ulm - Baldigerweg 8, 7900 Ulm - Geb. 8. Sept. 1925 Öhringen (Vater: Emil M., Reg.-Dir.; Mutter: Eugenie, geb. Luppold), ev., verh. m. Hannelore, geb. Piesch - Med.-Stud. Univ. Freiburg - Tätigk. Pathol. Inst. Wuppertal, Univ.-Augenklinik Freiburg, Mainz, s. 1972 Leit. Augenklinik Univ. Ulm, Dekan Klin.-med. Fak. ebd. Zahlr. Publ. in ophthalmolog. Fachztschr. In- u. Ausl.; Redakt.mitgl. f. Augenärztl. Fortb.

MARQUARDT, Werner
Angestellter, MdB (s. 1961; Wahlkr. 38/ Hannover III) - Sudewiesenstr. 9, 3014 Laatzen 1 - Geb. 2. Juni 1922 Kl.-Wittenberg, verh. s. 1945 m. Ruth, geb. Kopsch, S. Norbert - Volkssch.; kaufm. Lehre - Ab 1939 kaufm. Angest.; 1941-47 Wehrdst. u. Gefangensch., dann nieders. Verw.sdst. (zul. Pers. Ref. d. Min. f. Ernährung, Landw. u. Forsten). SPD s. 1947 (1955 Vors. Unterbez. Hannover-Land/Springe).

MARR, Folkert
Rechtsanwalt, Geschäftsf. Bundesmarktverb. d. Fischwirtschaft, Hamburg - Otto-Ernst-Str. 3, 2000 Hamburg 52 - Geb. 28. Mai 1935 - BV: Wegweiser d. d. Lebensmittelrecht, DTV-Beck Rechtsberater, 1981.

MARRÉ, Heribert
Dr. rer. pol., Geschäftsführer Suhrkamp Verlag u. Insel Verlag, Frankfurt/M. - Postf. 101945, 6000 Frankfurt/M. 1.

MARRÉ, Johannes
Dt. Botschafter a. D. - Zul. Montevideo.

MARSCHALL, Arnim
Dr. jur. - Statthalterhofweg 20, 5000 Köln 40 - Geb. 30. Aug. 1919, verh. m. Annemarie, geb. Taeffner - Vorstand Gerling-Konzern Zentrale Verwaltungs-Aktiengesellschaft; Arbeitgeberverb. Versicherungsuntern. Deutschlands, München, u. Verein f. Berufsfachbild. d. Versicherungswirtsch. Köln (VBV) e. V., Köln.

MARSCHALL, Hans
Dr. rer. nat., o. Prof. f. Theoret. Physik - Schlehenrain 13, 7800 Freiburg/Br. (T. 5 38 72) - Geb. 13. Sept. 1913 Otterbach/ Rhpf. - S. 1950 (Habil.) Lehrtätigk. Univ. Marburg, Bonn (1954), TH Darmstadt (1955), Univ. Freiburg (1956; 1960 Ord.). Facharb. üb. Theoret. Kernphysik.

MARSCHALL, Manfred
Sekretär ÖTV München, Referent f. Polit. Bildung, Redakteur - Antoniterstr. 45, 5300 Bonn 2 - Geb. 20. Dez. 1937 München - 1954-58 Schule f. Chemieberufe; 1964-67 Hochsch. f. Polit. Wiss. (bde. München) - 1965-68 Redakt. Ztschr. direkt; 1972-83 MdB; Gründ. Dt.-Poln. Ges. (Vorst. s. 1974); Vorst.-Mitgl. Intern. Jugendbibliothek (s. 1973). SPD s. 1964 (1967-73 Kreisvors., 1967-83 Unterbez.vorst.) - BV: Radioaktivität u. Gesundheitsgefährd., Dok. 1982; Straßenlärm - Qual ohne Ende?, Sachb. 1984.

MARSCHALL von BIEBERSTEIN, Michael, Freiherr
Dr. phil., Leiter Abt. Erziehung, Kultur u. Sport d. Europarates, Strasbourg - Avenue de l'Europe, F-67006 Strasbourg Cedex (T. 88 - 61 49 61) - Geb. 1. Juli 1930, ev., verh. (Ehefr.: Karin), 8 Kd. - 1961-74 Leit. Goethe-Inst. Rom; 1974-79 Leit. Goethe-Inst. Paris - Neben Übers. (Ungaretti, Montale, Pavese, Pasolini) Schr. ü. zeitgen. Lit. u. Fragen dt. u. europ. Kulturpolitik in Merkur, Akzente, Preuves, Die Zeit, Ulisse, Faz. u.a. - 1970 ital. Komturkreuz; 1971 Mitgl. PEN-Zentrum BRD; 1974 Europapreis Alcide de Gaspéri; Goldmed. Enciclopedica Italiana; 1982 Übersetzerpreis Circe Sabaudia.

MARSCHALL von BIEBERSTEIN, Walther, Freiherr
Dr. jur., Botschafter d. Bundesrep. Deutschl. in Birma - Botschaft d. Bundesrep. Deutschl., 32 Nat Mauk Street, Rangoon, Birma (T. 5 04 77 u. 5 06 03) - Geb. 29. Mai 1930 Freiburg/Br. (Vater: Fritz Frhr. M. v. B., Univ.-Prof.; Mutter: Nora, geb. Kübler), ev., verh. m. Dr. med. Hninsi Kyin - Jura-Stud. Univ. Freiburg (Refer. 1954, Promot. 1960, Dipl.-Kons. Abschl.prüfg. 1961) - S. 1958 Ausw. Dienst; 1976-79 Leit. Völkerrechtsref. AA; 1979-85 Botsch. in Dhaka, Bangladesch, s. 1985 Botsch. in Rangun, Birma - BV: Z. Probl. d. völkerrechtl. Anerkenn. d. bd. dt. Reg. - E. Beitr. z. Diskuss. üb. d. Rechtslage Deutschl., 1959; D. Krieg in Kambodscha 1970-1975, (in: Festschr. f. Wilhelm Grewe) 1981 - Spr.: Engl., Franz., Span.

MARSCHALL von BIEBERSTEIN, Wolfgang, Freiherr
Dr. jur., o. Prof. f. Deutsches u. Ausl. Bürgerliches Recht, Handels- u. Intern. Privatrecht Univ. Bonn (s. 1978) - Niebuhrstr. 61, 5300 Bonn 1 (T. 21 61 67) - Geb. 4. Aug. 1928 Freiburg/Br. (Vater: Prof. Dr. jur. Fritz, Ord. d. Rechte (s. X. Ausg.); Mutter: Nora, geb. Kübler), ev., verh. m. Christa, geb. v. Wendorff, 5 Kd. (Ernst, Christoph, Peter, Heinrich, Elisabeth) - Univ. Freiburg, Bern, Frankfurt, Chicago (1961 auch Visiting Assistant Prof.) - 1966 b. 1967 Privatdoz. Univ. Freiburg, 1967-78 Univ. Frankfurt - BV: D. Abzahlungsgeschäft u. s. Finanzierung, 1959; Reflexschäden u. Regreßrechte, 1967; D. Produktenhaftpflicht in d. neueren Rechtspr. d. USA, 1975; Gutachten z. Reform d. finanziert. Abzahlungskaufs, 1978; Fälle u. Texte z. Schuldrecht (m. A. Lüderitz), 5. A. 1986. Herausg.: Zivilrechtslehrer dt. Sprache (1988, m. Hyung-Bae Kim) - Rechtsritter Johanniterorden.

MARSCHEWSKI, Erwin Hermann
Bundestagsabgeordneter (s. 1983; Landesliste NRW) - Bundeshaus, 5300 Bonn 1 - CDU.

MARSCHNER, Horst
Dr. agr., o. Prof. u. Direktor Inst. f. Pflanzenernährung TU Berlin - Schottmüllerstr. 100 b, 1000 Berlin 37 (T. 80 62 85) - Geb. 30. Okt. 1929 Zuckmantel - Habil. 1961 Hohenheim - Zul. LH Hohenheim. Fachaufs.

MARSCHNER, Wilhelm
Rektor a. D., MdL Schlesw.-Holst. (s. 1975) - Hamburger Chaussee 140, 2300 Kiel 1 - Geb. 5. Nov. 1926 Niederkreibitz, verh. - S. 1948-75 Schuldst. Kiel (1962-75 Rektor Fröbel-Sch.). Rats- u. Magistratsmitgl. Stadt Kiel 1970-74, Vors. Finanzaussch. SH-Landtag. SPD s. 1952 (div. Funkt.).

MARSCHNER, Wolfgang
Prof. Musikhochsch. Freiburg, Violinist, Kompon., Dirig. - Burgunderstr. 4, 7800 Freiburg/Br. (T. 0761 - 2 33 80) - Akad. f. Musik u. Theater Dresden; Mozarteum Salzburg - 1956 Prof. Folkwangsch. Essen; 1958 Prof. Musikhochsch. Köln; s. 1963 Prof. Musikhochsch. Freiburg; Intern. Konzerttätigk.: Edinburgher Festsp., Berliner Philharm., Royal Philharm. Orch. London, Dir. Dt. Spohr-Akad. u. Intern. Violin-Wettb. Ludwig

Spohr Freiburg, Festival Wolfgang Marschner, Hinterzarten - Werke: Violinkonz., Orch.konz., Instrumentalw., Solosonaten f. Violine, Streichquartett - 1954 Kranichsteiner Musikpreis f. Interpret. mod. Musik; BVK.

MARTEAU, Claus

Schauspieler, Regiss., Theaterleit. - Euro Theater Central Bonn, Postf. 24 51, 5300 Bonn 1 - Geb. 8. Okt. 1927 Osterode/Harz, kath. - Max-Planck-Gymn. Göttingen u. Josephinum Hildesheim; 1943 Theatersch. Hannover - 1946-49 Schausp. u. Regieassist. Stadttheater Göttingen u. Nieders. Kammerspiele; 1950-60 Theaterleit. u. Regiss. Hausbühne Harz u. Theater-tangente, Göttingen und theater im kleinen raum, Münster; 1961-65 Dramat. CCC- u. Arca-Film Berlin; 1965-68 Filmref. BMG Bonn; s. 1969 Dir. Bonner Theater Central (Begr.). 1978ff. Dt. Koord. Arbeitsgem. Euro Theater (Begr.). 1983ff. Eurotheatertage Bonn (Begr. u. Künstl. Gesamtltg.) in Zusammenarb. m. d. Stadt Bonn u. d. Botsch. d. EG. Üb. 100 Bühneninsz. Göttingen, Münster, Berlin, Bonn - Liebh.: Gesch., Psych., Musik, Malerei, Reiten, Sportfliegerei.

MARTELL, Jupp

s. Gaulke, Heinz-Bruno

MARTELL, Sophie

s. Wech, Ursula

MARTEN, Rainer

Dr. phil., Prof., Philosoph - Turnseestr. 36, 7800 Freiburg/Br. - Geb. 28. Nov. 1928 Mill Valley (USA), verh. m. d. Malerin Helga M. - S. 1963 (Habil.) Lehrtätigk. Univ. Freiburg (1969 apl., 1979 Prof.) - BV: D. Logos d. Dialektik, 1965; Existieren, Wahrsein u. Verstehen, 1972; Platons Theorie d. Idee, 1975; D. menschliche Tod, 1987; D. menschl. Mensch, 1988; Denkkunst, 1989. Fachaufs., Buchbeitr.

MARTENS, Ekkehard

Dr. phil., Prof. f. Philosophiedidaktik - Bahrenfelder Str. 132, 2000 Hamburg 50 - Geb. 2. Nov. 1943 Oppeln - Stud. (Phil., Päd. u. alt. Sprachen), 1. u. 2. Staatsex., Promot. 1972, Habil. 1977 - S. 1978 Prof. f. Phil.didakt. Univ. Hamburg - BV: D. selbstbezügliche Wissen in Platons Charmides, 1973; Dialog.-pragmat. Phil.didaktik, 1979; Herausg.: Philosophie - e. Grundkurs (zus. m. H. Schnädelbach), 1985; Unterrichtsmaterialien f. d. Phil.unterr., Platon-Übers., Ztschr. f. Didakt. d. Phil., Aufs. z. Phil., Phil.didaktik u. Erziehungswiss.

MARTENS, Günther

Journalist, Vors. Schlesw.-Holst. Journalistenverb., Kiel - Blocksberg 19, 2300 Kiel - Geb. 1. Juni 1930.

MARTENS, Gunter

Dr. phil., Prof. f. Deutsche Literaturwiss. Univ. Hamburg - Schulweg 10, 3111 Wulfsode (T. 05829 - 15 91) - Geb. 30. März 1934 - Stud. German., Phil., klass. Philol. TU Stuttgart, Univ. Hamburg u. Münster, Promot. 1968 - 1973-75 Gastprof. Univ. Kiel; 1977 Prof. Univ. Hamburg; 1982/83 Gastprof. Johns-Hopkins-Univ. Baltimore/USA - BV: Vitalismus u. Expressionismus, 1971; Texte u. Varianten, 1971.

MARTENS, Hans-Josef

Dipl.-Kfm., Geschäftsführer Torrington GmbH - Krefelder Str. 22-26, 5102 Würselen, priv.: Am Wachholder 59 A, 5120 Herzogenrath - Geb. 27. Sept. 1948.

MARTENS, Jochen Alexander

Dr. rer. nat., Prof. f. Zoologie - Hans-Böckler-Str. 85, 6500 Mainz - Geb. 10. Juni 1941 Jena (Vater: Alexander M., Archit.; Mutter: Adelheid, geb. Rosenhain), ev. - Gymn. (Abit. 1962); 1962-68 Stud. Univ. Mainz (Zool.), Staatsex. 1967, Promot. 1968 (Biol., Chem.), Wiss. Assist. - 1972-76 Assist. Prof., 1976-77 Priv.doz., 1977 wiss. Rat u. Prof. Univ. Mainz, 1979 Generalsekr. Dt. Ornithologen-Ges., Forsch.-Reisen n. Indien, Nepal, Iran, UdSSR (Kaukasus, Sibirien) - BV: Catalogus Faunae Graeciae, II. Aves Thessaloniki, 1969 (m. and.); Spinnentiere-Arachnida; Weberknechte-Opiliones, 1978; Lautäußerungen, verwandtsch. Bez. u. Verbreitungsgesch. asiat. Laubsänger, 1980 - Liebh.: Asiat. Kunst - Spr.: Engl., Franz.

MARTENS, Karl-Heinz

Sparkassendirektor - Bundesallee 171, 1000 Berlin 31 (T. 8 69 -1) - Geb. 4. Nov. 1925 - S. 1972 Vorstandsmitgl. Sparkasse d. Stadt Berlin West.

MARTENS, Peter H.

Verleger, Werbe- u. Unternehmensberater - Hauptstr. 41, 6240 Königstein-Schneidhain/Ts. (T. 06174 - 50 06) - Geb. 8. Sept. 1938 Berlin (Vater: Richard M., Bankinspektor; Mutter: Elisabeth, geb. Marquardt), kath., led. - Schule Berlin (Mittl. Reife); 4 J. Druckerei- u. Verlagslehre; Akad. f. Grafik, Druck u. Werbung Berlin - S. 1969 selbst. - BV (1969-73): Rationelle Schreibtischarbeit, Optimale Textprogrammierung, Kniffe u. Pfiffe, D. Optimal-Werbeplan-System, D. Optimal-Zeitplan-System, Optimale Werbeplanung (Handb.), Checklist z. Planung e. Direktwerbekampagne, Handb. d. Etatsätze, Honorar-Handb., D. optimal geplante Leben. Herausg. div. Schriftenreihen.

MARTENS, Wolfgang

Dr. phil., em. Univ.-Prof. Univ. München (s. 1979) - Nockstr. 15, 8110 Murnau (T. 08841 - 36 25) - Geb. 12. Jan. 1924 Templin/Uckermark, ev., verh. s. 1953 m. Helga, geb. Seemann, 3 Töcht. (Brigitte, Corona, Andrea) - Stud. Univ. Köln (German., Gesch., Franz.); Promot. 1952; Habil. 1968 (Dt. Philol.) FU Berlin - 1952/53 Sorbonne Paris; 1955-57 Bibliothekarlehrinst. Köln; 1977 Bibl.-Ass.; 1958-68 Akad. u. wiss. Rat FU Berlin; 1968-72 o. Prof. f. Neuere dt. Lit.gesch. Univ. Münster; 1972-79 Univ. Wien. 1973 Gastprof. Ohio State Univ. Columbus/Ohio USA; 1985 Gastprof. Univ. of the Witwatersrand, Südafrika - BV: Bild u. Motiv im Weltschmerz, 1958, 2. A. 1975; D. Botschaft d. Tugend, 1968, 2. A. 1971; Lyrik kommerziell, 1975; Literatur u. Frömmigkeit in d. Zeit d. frühen Aufklärung, 1989. Herausg.: D. Patriot 1724-26, 4 Bde. (1968-84); K.Ph. Moritz, Anton Reiser (R. 1972, neue Ausg. 1986); D. Gesellige 1748-50 (3. Bde. 1987). 60 Aufs. z. neueren dt. Lit. - S. 1979 Korr. Mitgl. d. Österr. Akad. d. Wiss. Wien - Spr.: Franz., Engl.

MARTENSEN, Erich

Dr. rer. nat., o. Prof. f. Mathematik Univ. Karlsruhe (Angew. Analysis u. math. Physik) - Zuckmayerstr. 11, 6109 Mühltal 2 - Geb. 5. Nov. 1927 Schleswig - Stud. Univ. Kiel, Göttingen; Promot. 1954 Kiel; Habil. 1961 Univ. München - 1954-63 Wiss. Mitarb. Max-Planck-Ges., 1964-72 o. Prof. TH Darmstadt - BV: Potentialtheorie, 1968; Analysis, z.Zt. 4 Bde., merf. Aufl. 1969-88.

MARTERSTEIG, Manfred

Wirtschaftsprüfer, Direktor Württ. Genossenschaftsverb. Raiffeisen/Schulze-Delitzsch, Stuttgart - Stangenstr. 25, 7022 Leinfelden-Echterdingen - Geb. 27. Nov. 1928.

MARTI, Kurt

Dr. theol., Pfarrer, Schriftst. - Kuhnweg 2, CH-3006 Bern (Schweiz) - Geb. 31. Jan. 1921 Bern - Univ. Bern u. Basel (Prof. Karl Barth) - Zahlr. Bücher (Lyrik u. Prosa) u. a. Abendland, christl. Lyrik - Mehrere Literaturpreise (Schweiz), außerd. 1972 Johann-Peter-Hebel-Preis Baden-Württ.; 1982 Buchpreis Dt. Verb. eV. Büchereien.

MARTI, René

Schriftsteller u. Lyriker - Haldenstr. 5, CH-8500 Frauenfeld (T. 054 - 21 43 74)

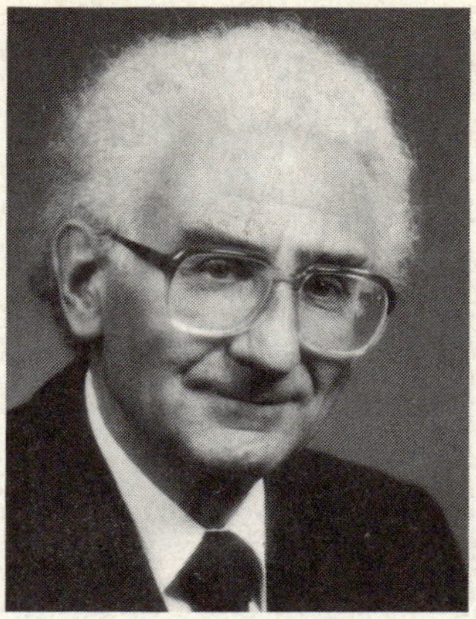

- Geb. 7. Nov. 1926 Frauenfeld, ev., verh. m. Elsbeth, geb. Wahrenberger, 3 Kd. (Cathérine, Christine, René) - Kantonssch. Frauenfeld; Handelssch. Lausanne; Polytechnic School London; eidg. kaufm. Fähigkeitszeugnis; Sprachdipl. d. Cambridge Proficiency Class; Polytechnic-School-Certificate - 1950 Gründ. u. Leit. d. Neuen Presse Agentur (NPA); Rundfunkmitarb.; nebenamtl. Sprachlehrer f. Franz. u. Engl; Mitredakt. lit. Marktztschr. PUBLIKATION (Bremen, München); 1967 Mitbegr. Interessengem. dtschspr. Autoren, 1969-73 deren stv. Vors.; Vorst. Zürcher Schriftstellerverein. Begr. (zus. m. Lili Keller) d. japan. Renga-Lyrik in Reimform; Mitgl. Fr. Dt. Autorenverb. (FDA) u. Schweiz. Schriftst.-Verb.; Vorst.-Mitgl. dt.-schweiz. P.E.N.-Zentrum; Präsidialmitgl. Intern. Bodensee-Club; o. Mitgl. Regensburger Schriftstellergruppe int. u. TURMBUND, Innsbruck; Aktivmitgl. INTERN. P.E.N., Centre of German-speaking Writers Abroad, London (s. 1988) - BV: D. unauslöschl. Licht, Nov., La lumière qui ne s'eteint point (franz. Übers.ausgabe); Dom d. Herzens, Ged.; Weg an Weg, Ged.; D. verbrannten Schreie, Ged.; D. unsichtbare Kreis, Erz.; Stationen, Erz.; Die fünf Unbekannten (Hauptautor m. Lyrik u. Erz.), Etliche Vertonungen (LP u. Kassetten); Besuche dich in d. Natur, Ged. (m. Lili Keller), Ged. z. Verschenken (m. Lili Keller); Kosmos im Du, Renga; Novum in Reimform (m. Lili Keller); Etliche Vertonungen (LP u. Kassetten) in rd. 60 Anthol. Übers. v. Ged. ins Engl., Franz., Pers., Poln. Herausg.: Schweizer Frauen-Korrespondenz u. Leben u. Umwelt (s. 1958) - 1985 AWMM-Lyrikpreis - Liebh.: Kunst.

MARTIENSSEN, Werner

Dr. rer. nat., o. Prof. u. Direktor Physikal. Inst. Univ. Frankfurt/M. (s. 1962) - Philipp-Holzmann-Str. 20, 6072 Dreieich 4/Hessen (T. 06103 - 8 45 37) - Geb. 23. Jan. 1926 Kiel (Vater: Prof. Dr. phil. Oskar M., Erf. Kreiselkompaß u. a.; Mutter: Marie-Luise, geb. Flichtenhöfer), ev., verh. s. 1953 m. Dr. Helga, geb. Reich †1987, 3 Tö̈cht. (Marie Luise, Renate, Doris) - Gymn. Kiel; Univ. Würzburg u. Göttingen (Physik). Promot. (1952) u. Habil. (1957) Göttingen - 1957-61 Assist. u. Doz. Univ. Göttingen; 1961-62 ao. Prof. TH Stuttgart. 1972-78 Senat Dt. Forschungsgemeinsch. (1974-78 Hauptaussch., 1980-88 Vors. Fachaussch. Physik), 1974-77 Mitgl. Wiss.rat; 1976-78 Vizepräs. Europ. Physikal. Ges.; s. 1988 Dt. Akad. d. Naturforscher Leolpoldina. Spez. Arbeitsgeb.: Festkörperphysik, Optik u. Nichtlineare Dynamik - BV: Einf. in d. Physik, Bd. I-IV 1969ff. - 1988 BVK I. Kl. - Liebh.: Musik, Wintersport - Spr.: Engl.

MARTIN, Adrian Wolfgang

Schriftsteller u. Maler - Oberdorfstr. 67, CH-9100 Herisau - Geb. 29. April 1929 St. Gallen, verh. m. Regina Brunnschweiler, 2 Kd. (Flandrina, Donato) - Abit.; Univ. - 1977 Gründ.: Fondazione Salina, Ital. - BV, Lyrik, Ess., Roman: Phoenix, 1955; Requiem, 1960; Janus v. Neapel, 1966; Ged., 1967; Giano di Napoli, 1969; Salina, 1977; u.a. - Aquarelle - Literaturpreis: 1953 Bern, 1962 St. Gallen; 1978 Premio Sicilia; 1980 Ehrenbürger Santa Marina Salina; Mitgl. PEN-Club; Ehrenmitgl. Univ. Sanfilippese, Sizilien u. Accad. Tiberina, Rom - Liebh.: Symbolforschung - Spr.: Ital., Franz.

MARTIN, Albrecht

Studiendirektor a. D., 1985ff. Minister f. Bundesangelegenh. v. Rhld.-Pfalz, MdL Rhld.-Pfalz (s. 1967), Präsident des Landtages (1974-85), Minister für Bundesangelegenh. (s. 1985) - Hugo-Reich-Str. 10, 6550 Bad Kreuznach (T. 6 57 00) - Geb. 9. Juli 1927 Bad Kreuznach, ev., verh., 4 Kd. - Oberrealsch. u. Gymn. Bad Kreuznach (durch Kriegsdst. unterbr.; Abit. 1946); Univ. Mainz (Theol., Gesch., German.). Staatsex. 1952 u. 54 - Versch. Gymnasien. 1960-72 Lehrbeauftr. f. Stud.- u. Berufsfragen d. Facultastheologen Univ. Mainz. 1956-63 Stadtratsmitgl. Oppenheim, 1964-86 Bad Kreuznach, 1974-85 Präs. d. Landtags Rhld.-Pfalz. CDU - 1976 Gr. BVK, 1982 Stern u. Schulterbd. dazu.

MARTIN, Bernd

Dr. phil., Prof. f. Neuere u. Neueste Geschichte - Hist. Seminar Univ. Freiburg, Werthmannplatz, 7800 Freiburg (T. 203-23 78) - Geb. 8. Aug. 1940 Berlin - Stud. Angl., Gesch., Politik u. Erziehungswiss. Univ. Marburg (Staatsex. 1966, Promot. 1967, Habil. 1973 Univ. Freiburg) - S. 1976 Prof., 1976/77 Forschungsaufenth. Harvard (USA) u. Taipei (Taiwan), 1988 VR China; 1982 Gastprof. Oxford, 1989/90 Bern - BV: Dtschl. u. Japan im Zweiten Weltkrieg, 1969 (Japan. Ausg.); Friedensinitiativen u. Machtpolitik im Zweiten Weltkrieg, 2. A. 1976; Weltmacht od. Niedergang - Dt. Großmachtpolitik im 20. Jh., 1989. Herausg.: D. dt. Beraterschaft in China (1981); Japans Weg in d. Moderne (1987); Martin Heidegger u. d. Nationalsozialismus - E. Kompendium (1989). Mithrsg.: D. Juden als Minderheit in d. Geschichte (3. A. 1985); Agriculture and Food Supply in the Second World War (1985).

MARTIN, Erich

Dr. phil., Prof., Physiker - Marinesteig 6, 1000 Berlin 38 (T. 803 27 86) - Geb. 13. Sept. 1904 Eschwege, ev., verh. s. 1931 m. Maria, geb. Engelhardt, 2 Kd. (Bernd, Hildmarie) - TH Berlin, Univ. ebd. u. Göttingen (Physikal. Chemie, Physik, Math., Metallkd.). Promot. 1930 - B. 1934 Univ. Göttingen (Assist.), dann Versuchsanstalt Dt. Reichsbahn, Berlin (Wiss. Mitarb.), u. Bundesbahn, Göttingen (Leit.), 1951-58 Bundesbahn-Zentralamt, Minden (Werkstoff- u. Schweißdezern.). 1958-69 Bundesanstalt f. Metallprüf., Berlin (Ltd. Dir. u. Leit. Abt. Metalle u. Metallkonstruktionen), Vors. Arbeitsgem. Schweißtechnik. Erf. auf d. Gebiet d. zerstörungsfr. Werkstoffprüf. m. Ultraschall.

MARTIN, Ernst

Fernsehjournalist, Redakteur ZDF Mainz (s. 1989) - Rheinstr. 35, 5300 Bonn 2 - Geb. 4. Juli 1941 Naumburg (Vater: Herbert M., Pfarrer; Mutter: Erika, geb. Hartwig), ev., verh. s. 1978 m. Karin, geb. Hoche - 1961-67 Stud. Theaterwiss., German. u. Phil. FU Berlin - 1968-73 Reporter u. Moderator SFB Berlin; 1973-81 Mitarb. versch. Fernseh-Magazine; 1981-83 ZDF Mainz, 1983-87 ZDF Bonn; 1987/88 Sprecher Hess. Landesregierung - BV: Deutschlandpolitik d. 80er Jahre. CDU. Mitgl. Berliner Presseclub - Spr.: Engl., Franz.

MARTIN, Franziska

s. Sivkovich, Gisela

MARTIN, Gerhard

Dipl.-Geol., Dr. phil. nat., Dr. habil., Honorarprof. Univ. Gießen - Elisabethenstr. 19, 6350 Bad Nauheim (T. 06032 - 8 59 85) - Geb. 2. Juli 1929 Gießen, verh., 2 Söhne (Peter, Johannes) - 1949-55 Stud. Univ. Frankf. - 1956-59 Standard Oil Co. of California in Maracaibo, Venezuela; s. 1960 freiberufl. tätig als Geologe (Erdöl- u. Erdgasexploration u.a. Industrieprojekte). 1982-85 kommiss. Prof. f. Geologie Univ. Gießen. Schwerp.: Nordseeraum, Westafrika, Tschadbecken, Libyen, Arab. Golf, Nordjemen, Chile, Venezuela.

MARTIN, Gerhard Marcel

Dr. theol., Prof. f. Prakt. Theologie Univ. Marburg, Schriftsteller - Lahntor 3, 3550 Marburg - Geb. 21. März 1942 Düsseldorf (Vater: Ernst M., Obering.; Mutter: Irmgard, geb. Staudemeyer), verh. s. 1981 m. Ulrike, geb. Spill, T. Juliane Charlotte - 1. theol. Ex. 1967 Düsseldorf, Promot. 1973 Tübingen, 2. theol. Ex. 1976 Darmstadt, Pfarrer (Ordin.) 1976 - Ab 1969 Lehrauftr./Assist. Univ. Tübingen; 1973/74 Stud.jahr u. Lehrauftr. in New York u. St. Louis; 1975-82 Stud.leit. Ev. Akad. Arnoldshain; 1982 Prof. Marburg - BV: Wir wollen hier auf Erden schon ... D. Recht auf Glück, 1970; Fest u. Alltag. Bausteine z. e. Theorie d. Festes, 1973 (engl. Übers. 1976); V. Unglauben z. Glauben, 1976; Hautnah Amerika. Profane u. relig. Erfahr., 1977; Hoffnung weltweit. Impulse u. Texte aus Bangalore, 1979; Kunst-stücke. Z. Dialog zw. Kunst u. Glaube, 1981; Weltuntergang, Gefahr u. Sinn apokalypt. Visionen, 1984. Zahlr. Aufs./Beitr., Predigten, Lyr.

MARTIN, Gunther

Prof., Schriftsteller u. Übers. - Altmannsdorfer Str. 164/12/17, A-1232 Wien; u. Höglwörthweg 55, A-5020 Salzburg - Geb. 12. Dez. 1928 Rodaun/ Niederösterr., kath., verh. m. Otti, geb. Haltrich, 2 Kd. (Rüdiger, Gudrun) - Human. Gymn.; Fotokl. Graph. Lehr- u. Versuchsanst. Wien; Abschlußdipl. 1951 - Tätigk. Filmind. u. Filmpresse, Journ., Rundfunkautor; 1959-61 Pressechef d. Philips Österr.; s. 1961 fr. Autor, Publ. u. Lit. Übers. - BV: Schnapsbrevier; D. Silb. Vlies; Wien, Gesichter e. Stadt; Als Victorianer in Wien; D. ist Österr. Militärmusik; u.a. Üb. 30 Buchübers. - 1977 Österr. Med. f. Verd. um d. Denkmalschutz; 1984 Österr. Prof.-Titel; 1985 Gold. Ehrenz. Niederösterr. - Liebh.: Kulturgesch., Militärgesch. - Spr.: Engl., Niederl., Franz., Ital. - Bek. Vorf.: Josef Schretter, Tiroler Maler (Großonkel).

MARTIN, Hans

Dr.-Ing., Prof. f. Arbeitswissenschaft GH Kassel - Zu erreichen üb. Gesamthochsch., (Arbeitswiss.), Heinrich-Plett-Str. 40, 3500 Kassel (T. 0561 - 804-44 41); priv.: Kissinger Str. 16, 3501 Emstal-Sand - Geb. 9. April 1945 Köppern/Ts. (Vater: Hans M.; Mutter: Ria, geb. Güldner), verh. s. 1969 m. Heidelore, geb. Laudert, 2 Kd. (Heike, Michael) - 1965-71 Stud. Wirtschaftsing. TU Berlin; Dipl.-Ing. 1971, Promot. 1976 - 1971-76 wiss. Assist. TU Berlin; 1976-79 wiss. Ref. Projektträger Humanisier. d. Arbeitslebens, Bonn; ab 1980 Prof. GH Kassel - BV: E. Methode z. integr. Betriebsmittelanordn. u. Transportplan., (Diss.) 1976; Neue Anforder. an Produktionsplan.- u. Steuer.syst. b. neuen Formen d. Arbeitsstrukturier., 1979; D. Ergebnisse d. Forschungsprogr. Humanisier. d. Arbeitslebens u. was wir daraus lernen können, 1981; Techn. Aspekte d. ind. Arbeit, Lehrkurs 1981; Arbeit u. Umwelt, 1982; CAD u. Qualifikation-Einfluß auf d. Personalplanung, 1983; D. Gestalt. zukünft. Büroarb.plätze - Hard- u. Sofware-Ergonom. Aspekte, 1985; Krit. d. Benutzerfreundlichk. v. CNC-Steuerungen, 1986; Auswirk. v. CIM-Konzepten auf d. Arbeitssituation, 1987; CAD u. Ergonomie - menschengerechte Arb.gestaltung b. rechnergestützten Konstruieren, 1988; Handb. z. softwareergonom. Ausstattung v. Bildschirmmasken, 1989.

MARTIN, Hans

Oberbürgermeister - Rathaus, 6450 Hanau/M. - Geb. 18. Okt. 1930 Frankfurt/M., ev., verh. - Abit., Verwaltungslehre;

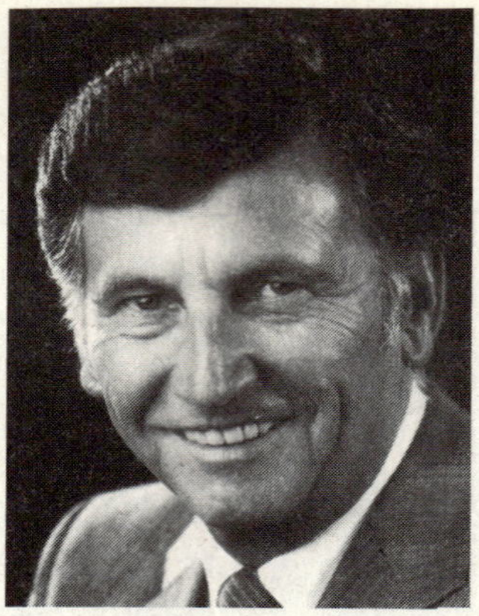

Stud. d. Rechte; gr. rechtswiss. Staatsprüf. 1961 - Kommunalbeamter in Frankfurt/M.; zul. Magistratsdir.; 1966 Bürgerm., s. 1972 Oberbürgerm. Stadt Hanau (m. kurzer Unterbrechung). SPD.

MARTIN, Hans-Dieter

Dr. rer. nat., Prof. f. Organische Chemie - Haafstr. 13, 8700 Würzburg - Geb. 18. Jan. 1939 Berlin (Vater: Fridolin M., Apoth.; Mutter: Elsa, geb. Kohlstock), kath., verh. s. 1965 m. Marianne, geb. Maucher, 2 Kd. - Gymn. Singen, Abit. 1958; 1958-65 Chem.stud., Promot. 1965-69, Habil. 1969-74, alle Freiburg - 1975-80 wiss. Rat u. Prof. Würzburg, 1980 Lehrstuhlinh. Düsseldorf - 1980 Carl-Duisberg-Gedächtnispreis Ges. Dt. Chemiker.

MARTIN, Hans-Herbert

Dr. re. nat., o. Prof. u. Direktor Inst. f. Mikrobiologie TH Darmstadt (s. 1966) - Stefan-George-Weg Nr. 40, 6100 Darmstadt (T. 6 33 91) - Geb. 17. März 1926 - 1963-66 Doz. TH München. Fachveröff.

MARTIN, Hansjörg

Schriftsteller - Haidbrook 71, 2000 Wedel/Holst. - Geb. 1. Nov. 1920 Leipzig - Stud. Malerei u. Graphik - Zirkusclown, Maler, Dekorateur, Journalist, Bühnenbildner, Dramaturg - BV: 24 Jugend- u. Kinderbücher; 26 Krimis; Gegen d. Wind, R. 1984. Hörsp., Drehbücher f. Film u. Fernsehen (z. T. Übers. in 14 Spr.) - 1986 BVK.

MARTIN, Hans-Peter

Dr. rer. pol., Dipl.-Volksw., stv. Hauptgeschäftsführer Niederrhein. Ind. u. Handelsk. Duisburg-Wesel-Kleve zu Duisburg - Mercatorstr. 22/24, 4100 Duisburg (T. 28 21-276) - Geb. 28. Okt. 1934 Bremen - VR-Vors. Versuchsanst. f. Binnenschiffbau, Vors. Niederrh.-kommiss., Geschäftsf. Schifferbörse Duisburg-Ruhrort, gf. Vorst.smitgl. Niederrh. Verkehrsverb.

MARTIN, Helmut

Dr. phil., Prof. f. Sinologie - Ruhr Univ. Bochum, 4630 Bochum (T. 0234 - 70 01) - Geb. 5. März 1940 Kassel (Vater: Christian-Adolf M., Kaufm.; Mutter: Mari-Lies), verh. s. 1969 m. Tienchi, geb. Liao, T. Katja - Stud. München, Belgrad, Paris, Heidelberg (Promot. 1966); 1967-70 Stud. Ostasien (Taiwan u. Japan) - 1972-79 Inst. f. Asienkunde Hamburg, s. 1979 Prof. Ruhr-Univ. Bochum, 1980-82 Dir. Landesinst. f. Arabische, Chines. u. Japan. Sprache NRW in Bochum - BV: Li Liweng üb. d. Theater, 1966; Chinakunde in d. Sowjetunion, 1972; Mao intern, 1974; Mao Tsetung - D. machen wir anders als Moskau, 1975; Martin/Liao: Chin.-dt. Wortschatz, 1977; China o. Maoismus, 1980; Cult & Canon The origin and developement of State Maoism, 1982; Dt. Fernostbibliogr., 1979-82. Herausg.: Mao Zedong Texte (7 Bde., 1979-82); Cologne-Workshop (1984); On Contemporary Chinese Lit. (1986); Chinathemen, Bochum (39 Bde.), neue chines. Bibl. (7 Bde., 1985-87) - Bek. Vorf.: Prof. Gottfried Martin, Philosoph (Onkel).

MARTIN, Helmut

Dr. med., em. Prof., Direktor Abt. f. Hämatologie u. Onkologie/Zentrum f. Innere Medizin Univ. Frankfurt - Brauhannsweg 40, 6382 Friedrichsdorf 2 - Geb. 14. Aug. 1918 Heide (Vater: Gustav M., Oberstudienrat; Mutter: geb. Neuse), verh. 1942 m. Ilse, geb. Schultze - Univ. Frankfurt. Promot. 1941 Halle/ Saale, Habil. Frankfurt - S. 1957 Lehrtätigk. Univ. Frankfurt (1962 apl. Prof. f. Inn. Med., 1969 o. Prof.). 1972 Präs. Kongreß f. Hämatol. Bad Nauheim. Facharb.

MARTIN, Helmut

Maler - Ubierstr. 101, 5300 Bonn 2 (T. 0228 - 35 42 84) - Geb. 7. Sept. 1941 Düsseldorf, ledig - Besuch priv. Kunstsch. Berlin u. Amsterdam - 1978-81 Hausmaler Galerie Edition Todt - Kunstrichtung: Keine feste Stilrichtung.

MARTIN, Henno

Dr. rer. nat., em. o. Prof., Geol.-Paläontol. Inst. Univ. Göttingen (s. 1965) - Ludwig-Beck-Str. 19, 3400 Göttingen (T. 2 26 10) - 1967 o. Mitgl. Akad. d. Wiss. Göttingen; 1969 Draper-Med. Geol. Ges. v. Südafrika; 1975 Hans Stille Med. Dtschl. Geol. Ges.; 1980 Gustav Steinmann Med. Geol. Vereinig. - Arbeitsgeb.: Gebirgsbildung; Kontinentverschieb.; präkambr. Stratigraphie u. Korrelation.

MARTIN, Holger

Dr.-Ing., Prof. f. Therm. Verfahrenstechnik - Nokkstr. 22, 7500 Karlsruhe - Geb. 3. Dez. 1942, verh. s. 1964 m. Marianne, geb. Reich, 2 Kd. (Uwe, Katrin) - Univ. Karlsruhe (Dipl.-Ing. 1969, Promot. 1973, Habil. 1980) - 1977 Obering. Inst. f. Therm. Verfahrenstechnik Univ. Karlsruhe. S. 1980 Prof. Univ. Karlsruhe; s. 1980 Leit. Intern. Sem. f. Forsch. u. Lehre in Chemieing.-Wesen, Techn. Physikal. Chemie Univ. Karlsruhe. Zahlr. Fachveröff. u. Buchbeitr. in: Advances in Heat Transfer, 1977; Heat Exchanger Design Handbook, 1983; VDI-Wärmeatlas, 1974/77/84 - 1980 Arnold Eucken-Preis VDI; 1984 Dt.-frz. Alexander v. Humboldt-Preis.

MARTIN, Janis

Kammersängerin, Opernsängerin - Zu erreichen üb. Steinhaus GmbH, Seitzstr. 9, 8000 München 22 (T. 089 - 22 66 23) - Geb. 16. Aug. 1939 Sacramento, California/USA, S. Robert - Gesangsstud. San Francisco u. New York - Mitgl. Dt. Oper Berlin u. Staatsoper Wien - Gastsp.: San Francisco Opera; Chicago Lyric Opera; Metropolitan Opera New York; Mailänder Scala; Grand Opera Paris u. Genf; Opernhäuser Zürich, München, Hamburg; Bayreuther Festsp., Salzburger Festsp., Helsinki-Festival, Hongkong-Festival, Opera-Festival Savolinna, Wiener Festwochen - 1980 Berliner Kammersängerin, Senat Berlin - Spr.: Deutsch, Ital., Franz.

MARTIN, Jochen Gustav

Dr., Prof. f. Alte Geschichte - Seminar f. Alte Geschichte, Werthmannplatz 1, 7800 Freiburg - Geb. 26. Dez. 1936 Peiskretscham Kr. Gleiwitz/OS. (Vater: Rudolf M., Bankangest.; Mutter: Luzie, geb. Bormke), kath., verh. s. 1962 m. Eva-Maria, geb. Ozimek, 2 T. (Isabel, Anne-Eve) - Gymn. Marne; Stud. Gesch. u. Lat. Kiel, Tübingen, Freiburg; Staatsex. 1961, Promot. 1965 (Freiburg), Habil. 1972 (Konstanz) - 1962-65 Redakt., 1965-72 Wiss. Assist., 1972-76 Univ.-Doz. Konstanz, 1976-80 o. Prof. Bielefeld, 1978-80 Prorektor ebd., s. 1980 o. Prof. Freiburg, s. 1979 Schriftl. Saeculum, Mitgl. Inst. f. Hist. Anthropol. - BV: D. Popularen in d. Gesch. d. spät. röm. Rep. (Diss.), 1965; Atlas z. Kirchengesch., 1970; Z. Genese d. Amtspriestertums in d. frühen Kirche, 1972; Spätantike u. Völkerwanderung, 1987. Mithrsg.: D. Gr. Ploetz, 29. A., 1980 - Spr.: Engl., Franz., Ital.

MARTIN, Jörg

Dr., Leitender Bibliotheksdirektor Univ.-Bibl. Hohenheim (1973) - Garbenstr. 15, 7000 Stuttgart 70 (T. 0711 - 4 59-21 00; Telefax 459 - 32 62) - Geb. 11. Okt. 1936 Hofgeismar/KS, verh. m. Angele, geb. Yenikomshian, 2 Kd. (Maral, Nigol) - Stud. Univ. Mainz (Musikwiss., Orientalistik, Geogr.); Staatsex. 1963, Promot. 1967 - 1970 Univ.-Bibl. Mainz u. Trier, 1973 Univ.-Bibl. Hohenheim.

MARTIN, Johannes-Josef

Dr.-Ing., Fabrikant, gf. Gesellsch. Josef Martin Feuerungsbau GmbH., München - Montsalvatstr. Nr. 3, 8000 München 40 - Geb. 19. Dez. 1909 Köln.

MARTIN, Klaus-Rainer

Dipl.-Sozialpäd., Heilpädagoge, Diakon, 1. Vors. Berufsverb. d. Sozialarb., Sozialpäd. u. Heilpäd. (1978-87) - Bolande 30, 2067 Reinfeld/Holst. (T. 04533 - 80 21) - Geb. 22. Aug. 1938 Hartenstein/ Erzgeb. (Vater: Max M., Fabrikarb.; Mutter: Emma, geb. Sachse), ev., verh. s. 1967 m. Ursula, geb. Franck, 3 T. (Gabriele, Carola, Ulrike) - 1952-55 Lehre im Steinkohlebergbau; 1959-64 Diakonensch. u. Fachhochsch. d. Rauen Hauses Hamburg; 1964-65 Heilpäd. Sem. Bethel, Bielefeld - S. 1965 Leit Heilpäd. Kinderheim Reinfeld; 1967-77 Vors. Berufsverb. d. Heilpäd. - BV: Einf. in Theorie u. Praxis d. Heimerziehung, 1977; Erziehung verhaltensgestörter Kinder, 1978; Öfftl. Erziehung als Aufgabe d. Ges., 1979; Heilpäd. Heimerziehung, 1982 (alle m.a.). Herausg.: Sozialarb. u. Sozialpäd. im Grundriß, (1983). Zahlr. Veröff. in päd. Fachztschr. - S. 1978 Marathon- u. Ultra-Langstreckenlauf (100 km); 1980 Gold. Sportabzeichen; 1987 erfolgr. Teiln. am 1000-Kilometer-Deutschl.-Lauf (v. d. Ostsee zu d. Alpen in Tagen) - Liebh.: Skisport, Bergwandern.

MARTIN, Ludwig A. C.

Publizist, Verlagsdirektor a.D., Seminarleit. Akad. f. Publiz., Hamburg, Dt. Journalistensch., München, Wirtschaftsakad. Schlesw.-Holst., Kiel, Bonn - Dorfstr. 49, 2082 Groß-Nordende (T. 04122 - 4 32 69) - Geb. 8. Nov. 1919 - BV: D. Illustration d. dt. Tageztg. (Diss.); Weltsensation im Bild, Bildjourn. enquête, 100 J. Weltsensat. in Pressefotos. Praxis u. Weiterbildung v. Bildredakt. u. Fotokokumentarinnen, Ren. Piao-Verlag Baden-Baden - BVK.

MARTIN, Ludwig Markus

Generalbundesanwalt a. D., Präs. u. Generalsekr. Dt. Sektion d. Internat. Juristen-Kommission - Postfach 510229, 7500 Karlsruhe 51 - Geb. 25. April 1909 Martinszell/Allgäu (Vater: Joachim, Kaufm.; Mutter: Maria Anna, geb. Endraß), rk., verh. s. 1943 m. Renate, geb. Borgmeyer, 4 Kd. (Hans-Joachim, Gabriele, Franz-Ludwig, Maria Elisabeth) - Univ. München (Rechtswiss., Philosophie, Volkswirtsch.) - Ab 1937 bayer. Justizdst.; 1939-46 Wehrmacht (zul. Ltn. d. R.) u. Kriegsgefangensch.; s. 1950 Bundesjustizmin., Bundesgerichtshof (1951; 1952 Bundesanw., 1953 - richter, 1963 Generalbundesanw.) - Fachveröff.

MARTIN, Matthias

s. Fröba, Klaus

MARTIN, Michael

Dr. med. Prof. f. Innere Medizin, speziell Angiologie Städt. Kliniken, Geriatrische Klinik, Zu den Rehwiesen 9, 4100 Duisburg 1 - Geb. 27. Okt. 1932 Altona (Vater: Dr. Ing. Karl Otto M.; Mutter: Anna, geb. Rahtjen), verh. m. Dr. med. Ute, geb. Bruer, 2 Kd. (Moses, Nele) - Med.-Stud. Hamburg - S. 1977 Chefarzt Geriatr. Klinik - BV:(Mitverf.) Thrombolyse b. chron. Arteriopathie, 1970; Defibrinierung m. thrombinähnlichen Schlangengiftenzymen, 1975; Geriatrie f. Stud., 1980; Streptokinase in Chronic Arterial Disease, 1982; D. Streptokinese-Behandl. peripherer Arterien- u. Venenverschl. unter bes. Berücks. d. ultrahohen Dosier., 1985; D. Kurzzeitlyse m. ultrahoher Streptokinase-Dosierung z. Behandl. peripherer Arterien- u. Venenverschlüsse, 1988. Übers. m. Bearb. d. amerik. Buches D. 36-Stunden-Tag üb d. Pflege d. verwirrten ält. Menschen, spez. d. Alzheimer-Kranken - Spr.: Engl.

MARTIN, Norbert

Dr. phil., Univ.-Prof. f. Soziologie Koblenz u. Rom (Lateran-Univ.) - Am Sonnenhang 21, 5414 Vallendar (T. 0261 - 6 15 66) - Geb. 11. Juli 1936 Herschbach/Ww., kath., verh. s. 1965 m. Renate, geb. Spahl, 4 Kd. (Maria, Johanna, Isabel, Bernhard) - Abit.; 1958-63 Stud. German., kath. Theol.; Staatsex. Münster, Dipl. Christl. Sozialwiss. 1962 Münster; 1963-68 Univ. Münster, Freiburg, Saarbrücken (Soziol., Phil., Päd.); Promot. 1968; Habil. 1970 - 1963-64 Wiss. Mitarb. Sozialforschungsst. Dortmund (Prof. Schelsky); 1964 Univ. Ass. Bochum, 1964-69 Saarbrücken - 1969/70 Min. f. Jugend, Familie u. Gesundh., Bonn; 1970 Prof. Freiburg u. Koblenz; 1972-88 Berater d. ZdK; 1980 Auditor Röm. Bischofssynode; 1982-92 Mitgl. Päpstl. Rat f. d. Familie; s. 1981 Prof. an d. Lateran-Univ.; s. 1986 ständ. Gastprof. in Rolduc, Niederl. - Mehrere BV: u.a. D. Ordenspartisan, 1969; Soziol. d. Abtreibung, 1971; Dr. Friedrich Kühr, 1974; Familie u. Religion, 1981; Brennp. Ehe u. Familie, 1981; Gemeinsch. d. Lebens u. d. Liebe, 1985; Communio Personarum, 3 Bde., 1985 - Liebh.: Bergsteigen, Modellieren, Bauernmalerei, Architektur - Spr.: Engl., Lat., Griech., Ital., Franz.

MARTIN, Richard Graham

Dr. phil., M.A., Prof. f. Englische u. Amerik. Literatur - Karl-Friedrich-Str. 23, 5100 Aachen (T. 0241 - 1 47 13) - Geb. 5. Dez. 1934 London (Vater: Colin M., Versich.kfm.; Mutter: Beatrix, geb. Wilbraham), verh. in 2. Ehe s. 1982 m. Dagmar, geb. Pohlenz, 2 Kd. (Christopher, Nicola) - Univ. of Cambridge, B.A. 1956, M.A. 1960 Ruhr-Univ. Bochum, Promot. 1971 - 1956-63 Engl.lehrer Oslo, Kopenhagen, Rom u. Hamburg; 1961-63 Lehrbeauftr. Univ. Hamburg; 1963-65 Lektor Univ. Kiel; 1965-66 Lecturer West London College; 1966-73 Lektor, spät. Akad. Rat Ruhr-Univ. Bochum; s. 1973 Prof. TH Aachen; 1977 Visit. Fellow, Wolfson College, Cambridge; 1987/88 Gastprof. Univ. of Maryland - BV: The Love that Failed: Ideal and Reality in the Writings of E.M. Forster, 1974; Ink in Her Blood: The Life and Crime Fictions of Margery Allingham, 1988 - Liebh.: Schreiben (Fiktion, Lyrik), Kochen - Spr.: Engl., Franz., Ital.

MARTIN, Wolfram

Ordenskanzler - Zu erreichen üb.: Orden Dt. Falkoniere - Poststr. 65, 5920 Bad Berleburg.

MARTINEK, Michael

Dr. iur., Dr. rer. publ., Master of Comp. Jurispr. (New York Univ.), Univ.-Prof., Lehrst. f. Bürgerl. Recht, Handels- u. Wirtschaftsrecht u. Intern. Privatrecht Univ. d. Saarlandes - Am Kieselhumes 92, 6600 Saarbrücken (T. 0681 - 6 36 02) - Geb. 5. Okt. 1950 b. Düsseldorf, ev., verh. in 2. Ehe s. 1985 m. Margarethe, geb. Albus - 1969-71 kaufm. Lehre; 1971-80 Stud. Rechtswiss., Phil. u. Verwaltungswiss. Berlin, London, Hamburg, Speyer u. New York; Dr. iur. 1978 FU Berlin; Dr. rer. publ. 1981 Speyer; M.C.J. 1982 New York - 1982-86 Hochschulassist. Tübingen u. Kiel; s. 1986 Lehrstuhlinh. in Saarbrücken - BV: Repräsentantenhaftung, 1978; Entwicklungshilfe-Verw., 1981; Ungerechtfertigte Bereicherung (m. Dieter Reuter), 1983; Franchising, 1987; Intern. Kartellprivatrecht, 1987; Vertriebsrecht, 1988; Fallsamml. z. Handels-, Gesellschafts- u. Wertpapierrecht, 1988 - Liebh.: Musik, Klavierspielen.

MARTINI, Fritz

Dr. phil., o. Prof. f. Dt. Literatur u. Ästhetik - Grüneisenstr. 5, 7000 Stuttgart (T. 24 50 64) - Geb. 5. Sept. 1909 Magdeburg (Vater: Fabrikbes.), ev., verh. 1938 m. Ruth, geb. Hoelscher, 3 Kd. (Wolfram, Angela, Johannes) - Gymn. Magdeburg; Univ. Berlin. Promot. 1934 Berlin; Habil. 1939 Hamburg - Assist. Univ. Berlin, 1937 fr. wiss. Tätigk., 1939 Privatdoz. Univ. Hamburg, 1943 ao., 1950 o. Prof. TH, jetzt Univ. Stuttgart (Fak. f. Natur- u. Geisteswiss.) - BV: Wilhelm Raabe, 1934 (Diss.); German. Heldensage, 1935; Heinrich v. Kleist u. d. geschichtl. Welt, 1939; D. Bauerntum im Schrifttum d. Mittelalters, 1944; Was war Expressionismus?, 1948; D. Lit.-gesch., Grundriß, 13. A. 1964 (auch ital., span., portugies., engl./USA); D. Goethezeit, 1949; D. Wagnis d. Sprache, Interpretationen d. Prosa v. Nietzsche b. Benn, 4. A. 1963; Dt. Lit. im bürgerl. Realismus - 1848-98, 2. A. 1963. Herausg.: Probleme d. Erzählens in d. Weltlit. - Festschr. f. Käte Hamburger z. 75. Geburtstag (1971); Mithrsg.: D. Deutschunterricht; Jb. d. Dt. Schiller-Ges.; Klass. Dt. Dicht. (22 Bde., 1961 ff.); Wielands Werke (5 Bde., 1964 ff.) - Präsidialmitgl. Dt. Akad. f. Sprache u. Dicht., Darmstadt; Vorstandsmitgl. Goethe-Ges. Weimar - Spr.: Engl., Franz., Ital. - Rotarier.

MARTINI, Gustav-Adolf

Dr. med. (habil.), em. o. Prof. f. Innere Medizin u. Dir. Med. Univ.sklinik Marburg - Blitzweg 18, 3550 Marburg (T. 2 68 21) - Geb. 13. Juli 1916 Marienhöhe/Westpr. (Vater: Dr. jur. Gustav Adolf M., Syndikus; Mutter: Gertrud, geb. Gamm), ev., verh. s. 1943 m. Elisabeth, geb. Schierloh, S. Jürgen - Stud. d. Med. Univ. Breslau, Tübingen, Freiburg - 1953-63 Privatdoz. u. apl. Prof. (1959) Univ. Hamburg (Oberarzt I. Med. Univ.sklinik), s. 1964 o. Prof. Univ. Marburg - 1965 ff. Präs. Europ. Assoc. f. the Study of the Liver, 1972 ff. Vors. Dt. Ges. f. Verdauungs- u. Stoffwechselkrankh. 1963 korresp. Mitgl. Franz., 1966 Schweizer Ges. f. Gastroenterol. 1966 Ehrenmitgl. Vlaamse Vereenig. v. Gastroenterol., 1974 Royal Coll. of Phys. Edinburgh, Hon., F. R. C. P. Ed., u. 1975 Americ. Coll. of Phys., F. A. C. P., Hon.; 1978 Pres. Intern. Soc. of Internal Med.; 1979-80 Vors. Ges. Dt. Naturforscher u. Ärzte - 1982 Ehrenmitgl. Dt. Ges. Inn. Med. Mitherausg.: Klinische Wochenschr., Ergebnisse f. Innere Med., D. Internist, Ztschr. f. Gastroenterologie - 1967 Gold. Sportabz. - Spr.: Engl., Franz., Ital.

MARTINI, Louise

Schauspielerin - Widenmayerstr. 39, 8000 München 22 - Geb. 10. Nov. 1931 Wien (Vater: Leopold Chiba, Buchhändler; Mutter: Anna, geb. Martini), verh. s. 1966 in 2. Ehe m. Heinz Wilh. Schwarz - Abit.; Staatsakad. f. Musik u. Darstell. Kunst, Wien - Ca. 100 FS-Spiele u. Filme, Theater Wien, Schauspielhs. Hamburg, Kammersp. München, Residenztheater Salzburger Festspiele - 1978 Gold. Kamera, Österr.; 1987 Gold. Ehrenmed. d. Stadt Wien - Liebh.: Musik - Spr.: Engl. - Lit.: Div. Publ. üb. Kabarett u. Theater.

MARTINI, Wolfram

Dr. phil., o. Prof. f. Klass. Archäologie Univ. Gießen (s. 1985) - Ostanlage 2, 6300 Gießen (T. 0641 - 3 80 24) - Geb. 15. Sept. 1941 Hamburg (Vater: Fritz M., Germanist; Mutter: Ruth, geb. Hölscher), calv., verh. m. Renate, geb. Cornelius, 2 Kd. (Thomas, Alexandra) - Abit. 1961 Stuttgart; Stud. Univ. Heidelberg, Lawrence (Kansas), Mainz, Rom, Hamburg; Promot. 1968 Hamburg - 1968-78 Assist. Archäol. Inst. u. s. 1978 Prof. Univ. Kiel. 1969-79 Ausgrab. auf Samos; o. Mitgl. d. Zentraldir. d. Dt. Archäol. Inst.; Vertrauensdoz. d. Studienstiftg. d. Dt. Volkes - BV: D. etrusk. Ringsteinglyptik, (Diss.) 1970; D. Gymn. v. Samos, (Habil.Schr.) 1984 - Korr. Mitgl. Österr. Archäol. Inst. - Spr.: Engl., Franz., Ital., Neugriech. - Rotarier.

MARTINOTY, Jean-Louis

Prof., Regisseur, Generalint. d. Pariser Oper (s. 1986) - 18, Rue Saint-Marc, 75002 Paris/Frankr. (T. 1/42 36 48 79) - Geb. 20. Jan. 1946 Etampes/Frankr. (Vater: Louis M., Insp.; Mutter: Genevieve M.) - Univ.; Dipl. Latein, Alte griech. u. franz. Lit. 1969; Stud. Cello, Musik u. Theater - Dramat. u. Kritiker, Prof., Mitarb. J. P. Ponnelle; s. 1975 Opern- u. Theater-Regiss. in Frankr., Deutschl., USA, Österr. , Schweiz, Engl.; 1985 Südwestf. (Film-Oper Pasticcio) - Versch. Publ. üb. Musik u. Kunst. Buch in Vorb. - 1981, 82, 83 Franz. Preis d. Kritik - Spr.: Deutsch, Engl., Ital.

MARTINSEN, Wolfram O.

Dipl.-Ing., Generalbevollmächtigter Direktor Siemens AG - Werner-v.-Siemensstr. 50, 8520 Erlangen (T. 09131 - 72 46 05) - Geb. 12. April 1941 Berlin, verh. s. 1969 m. Dr. Sylvia, geb. Knippenberg, 2 Kd. (Nina, Malte) - Abit. 1962; 1962-68 TU Braunschweig; Abschl. Dipl.-Ing. - Liebh.: Lit., Musik - Spr.: Engl., Franz.

MARTINSSON, Gunnar

Dipl.-Gartenarch., o. Prof. f. Landschafts- u. Gartengestaltung - Baischstr. 7, 7500 Karlsruhe - S. 1965 ao. u. o. Prof. (1967) TH bzw. Univ. Karlsruhe. Facharb. - 1983 Friedrich-Ludwig-v.-Sckell-Ehrenring Bayer. Akad. d. Schönen Künste.

MARTINY, Anke

Dr. phil., Journalistin, Senatorin f. Kulturelle Angelegenh. d. Landes Berlin - Europa-Center, Tauentzienstr. 9, 1000 Berlin 30 - Geb. 1. Juli 1939 Dortmund, gesch., 3 Kd. - Mädchengymn. Wuppertal (Abit. 1959); Stud. Musikwiss., German., Theaterwiss., Soziol. Berlin, Wien, Göttingen; Redaktionsvolont.; Promot. 1965 - Musikkrit.; fr. Journ. 1972-89 MdB (VII-XI Wahlp./Landesl. Bay.); s. 1965 SPD (1975/76 u. 1986 Mitgl. Parteivorst. Wirtschaftspolitik, Verbraucherpolitik, Kulturpolitik, Gleichst.politik). Mitgl. GEW - BV: Marktmacht u. Manipulation. Sind d. Verbraucher Objekt od. Subjekt d. Wirtschaftsordnung, 1977; Wer nicht kämpft, hat schon verloren. Frauen u. d. Mut z. Macht, 1986.

MARTINY, Margarete

Dr. phil., Prof., Hochschullehrerin i. R. - Blumenthalstr. 55, 6900 Heidelberg - Zul. Prof. f. Psychologie PH Lüneburg.

MARTIUS, Gerhard

Dr. med., Prof., Chefarzt Gynäk. Abt. Martin-Luther-Krkhs., Berlin (s. 1967), apl. Prof. Freie Univ. ebd. (s. 1968) - Wildpfad 1, 1000 Berlin 33 (T. 826 10 91) - Geb. 31. Jan. 1924 Bonn (Vater: Prof. Dr. med. Dr. h. c. Heinrich M., Ord. f. Geburtshilfe u. Gynäk. Univ. Göttingen (s. XIV. Ausg.); Mutter: Berta, geb. Weinlig), ev., verh. s. 1951 m. Theda, geb. Freiin von dem Bussche-Hünnefeld, 3 Kd. (Joachim-Alexander, Goetz-Heinrich, Sibylle-Friedericke) - Gymn. u. Univ. Göttingen, Promot. 1948 Göttingen; Habil. 1956 München - 1949-67 Med. Univ.klinik Göttingen, Univ.-Kinderklinik Zürich (1950), Univ.-Frauenkliniken Tübingen (1951) u. München (I.; 1954; 1962 apl. Prof., 1965 I. Oberarzt) - BV: Pathogenese d. Morbus haemolytions neonatorum, 1956; Geburtenerleichterung, 1959; D. Vorb. auf d. Geburt, 4. A. 1959; Lehrb. d. Geburtshilfe, 12. A. 1988; Differentialdiagnose in Geburtshilfe u. Gynäkol. in 2 Bd., 1988; Therapie in Geburtshilfe u. Gynäkol. in 2 Bd., 1988; Krankenpflegelehrb. Geburtsh. u. Gynäkol., 8. A. 1988; Hebammenlehrb., 4. A. 1983; Geburtshilfl.-perinatol. Operationen, 1987; Gynäkol. Operationen, 2. A. 1988. Etwa 300 Einzelarb. - Rotarier - Bek. Vorf.: (Großv.): Prof. Dr. Friedrich M., Ord. f. Innere Med. Univ. Rostock (Begr. d. Konstitutionslehre).

MARTIUS, Walter

Wirtschaftsberater, Vorstandsvors. Schutzgemeinsch. d. Kleinaktionäre, Frankfurt - Bökenbuschstr. 39, 5620 Velbert 11 (T. 02052 - 40 34-35) - Geb. 13. Dez. 1919 - Div. Mandate.

MARTY, Willy

Fabrikant, gf. Gesellsch. Weser-Sperrholzwerke GmbH., Holzminden/Eschershausen, Gesellsch. Weser-Holzwerke GmbH., Göpfritz/W. (Österr.) - Kurpfalzstr. 5, 6908 Wiesloch - Geb. 8. März 1919, kath., verh. m. Charlotte, geb. Woldt, 2 Kd.

MARTZ, Georg

Dipl.-Ing., Prof. FH Rhld.-Pfalz, Mainz - Heiligkreuzweg 85, 6500 Mainz-Weisenau (T. 06131 - 8 59 55) - Geb. 10. Febr. 1923 Lodz (Vater: Heinrich Karl M., kaufm. Dir.; Mutter: Else, geb. Fröhnel), ev., verh. s. 1958 m. Dr. Margarethe, geb. Armbruster (Lyrikerin) - Stud. u. Dipl. 1958 TH Graz (Fak. Bauingenieurwesen) - B. 1963 Ing.-Büros Ulm, Kempten/Allg.; 1963-71 Baurat u. Doz. Ingenieursch. Mainz; 1971 Prof. FH Rhld.-Pfalz, dort auch Presseref. (b. 1987) - BV: Fabeln u. Florabeln, Vierzeiler, 1979; Am Donnerstag jeder Woche, Kurzprosa, 1983. Kurzgesch. in Anthol., Ztschr. u. Kulturtelefon; 1. Preis f. Kurzgesch. 1954. Fachlit.: Siedlungswasserbau in 5 Teilen, (1. b. 3. Teil jew. in 3. A. 1985, 87 bzw. 89, alle übers. ins Griech.); Aufgabensammlg., I (1986), II (1988); Einf. in d. ökol. Umweltschutz, 1975; (übers. ins Griech.). Versch. Beitr. in lexikal. Werken (z.T. ins Span. übers.). Beitr. in Ztschr. usw. - Spr.: Poln. - Lit.: In einschläg. Büchern, versch. Periodika; u.a. H. Knebel, Prof. Georg Martz - 60; G. M. wird 65 (AZ, Mainz); Literarisches Rheinl.-Pfalz heute (Autorenlexikon 1988).

MARTZ, Margarethe,

geb. Armbruster

Dr. phil., Schriftstellerin u. Malerin - Heiligkreuzweg 85, 6500 Mainz-Weisenau (T. 06131 - 8 59 55) - Geb. 11. Nov. 1925 Lukač/Virovitica/Jugosl. (Vater: Gottfried A., Unternehmer; Mutter: Maria, geb. Sauer), ev., verh. s. 1958 m. Prof. Georg M., Dipl.-Ing. - Stud. u. Promot. 1950 Univ. Graz (Phil. Fak.) - B. 1959 Landesschulrat v. Steiermark, Graz; b. 1975 Lehrtätigk. - BV: Was d. Tag trägt, 1976; Stockwerke nach innen, 1979; V. Hochhaus z. Monddach, 1983; Schnecken-Geduld, 1983; Worte aus d. Schnee, 1986. Ged. u. Beitr. in Anthol., u.a. Innenansicht e. Zeit (Anlaß: 40 J. Rheinl.-Pfalz), Ankunft, Ztschr., Hörf., Kulturtel. - Werke: Aquarelle, Tuschmalerei, Zeichn.; Ausst. an versch. Orten; Zeichn. in Büchern - Spr.: Serbokroat. - Lit.: J. Hempel, Lit. Leben in Rhld.-Pfalz, 1968-80; G. Borrmann in Vierteljahreszstchr. Mainz, 1984/3; Literarisches Rheinl.-Pfalz heute (Autorenlexikon 1988).

MARUHN, Siegfried

Washington-Korrespondent WAZ, Essen - 6712 River Trail Court, Bethesda, MD 20817, USA - Geb. 13. April 1923 Tilsit/Ostpr., ev., verh. m. Christel, geb. Teschke, 4 Söhne (Jürgen, Joachim, Matthias, Robert) - 1970-88 Chefredakt. Westd. Allg. Ztg. (WAZ) - 1975 Gr. BVK.

MARWYCK, van, Christian

Dr. med., Prof., Direktor a. D. Hygiene-Inst. Bremen - Osterwaldstr. 73, 8000 München 40 (T. 089 - 361 39 07) - Geb. 27. Nov. 1912 Duisburg (Vater: Christian v. M., Chefing.; Mutter: Elisabeth, geb. Bergmann), verh. s. 1942 m. Waltraud, geb. Kachholz, 3 Kd. (Ilka, Christian, Ute) - Univ. Freiburg, Würzburg, Heidelberg, Königsberg, Münster (Promot. 1939) - 1938-39 Lektorat f. Pathol. Trinity College (Univ.) Dublin; Kriegsdst. als Tr.-Arzt u. Armeehygieniker; 1939-58 Assist. u. Oberarzt Hyg.-Inst. Univ. Münster (Habil.; 1954 apl. Prof.). Mitgl. Ges. dt. Naturforscher u. Ärzte, Dt. Ges. f. Elektronenmikr., Dt. Ges. f.

Hygiene u. Mikrobiol. - BV: Penicillin u. Mikroorganismen, 1949. Zahlr. Fachvorträge u. Publi. - Liebh.: Musik, Reiten - Spr.: Engl., Franz.

MARX, August

Dr. rer. pol. h. c., Dipl.-Kfm., o. Prof. f. Betriebswirtschaftslehre (emerit. 1971) - R 7, 12, 6800 Mannheim (T. 2 55 14) - Geb. 8. Juli 1906 Mannheim (Vater: Friedrich M.; Mutter: Anna, geb. Rothecker), kath., led. - Stud. Frankfurt/M. u. Freiburg/Br. (Nationalök., Betriebsw., Theol.) - Industriepraxis in Handelskammerdst. (Geschäftsf. IHK Frankfurt/M.); ab 1950 kath. Priester; Lehrtätig. Karlsruhe, WH, jetzt Univ. Mannheim (1955 Ord. u. Seminardir.; 1957 b. 1959 Rektor), Univ. Heidelberg (1957 Honorarprof.). 1966 Vorlesungstätigk. Univ. Tel Aviv (erster Deutscher) - BV: Betriebsformen u. -ziele 1942; Preis-, strafu. -verfahrensrecht, 1943 (m. Kockler); D. Personalplanung in d. mod. Wettbewerbsw., 1963; Verbandseig. Buchführungs- u. Kostenrechnungsrichtlinien, T. I 1965. Zahlr.Fachaufs. - Päpstl. Hausprälat; 1957 Gr. BVK.

MARX, Eberhard
Dr. phil., Museumsdirektor i. R. - Maarweg 47, 5300 Bonn-Duisdorf - Geb. 14. Febr. 1914 Wesel/Rh. (Vater: Karl M., Regierungs- u. Baurat; Mutter: Katharina, geb. Hübenthal), ev., verh. s. 1947 m. Lucie, geb. Tode - Gymn. Hildesheim, Hannover, Breslau; Stud. Prag (1934-38) u. Berlin (1950 b. 1953 FU). Promot. 1955 - 1954-55 Assist. u. Lehrbeauftr. FU Berlin; 1955-58 wiss. Mitarb. Dt. Verein f. Kunstwiss.; 1958-61 Leit. Amt f. Kunst ebd. (Haus am Waldsee); 1962-76 Dir. Städt. Kunstmuseum Bonn. Bearb. Schrifttum z. dt. Kunst (Jg. 1950-55) - BV: Heinrich Nauen, 1966; August Macke u. d. Rh. Expressionisten, 1973; 25 Jahre Kunst in d. BRD, 1974 - BVK I. Kl. - Spr.: Engl.

MARX, Hans Joachim
Dr. phil., Univ.-Prof. f. Histor. Musikwissenschaft - Alsterchaussee 3, 2000 Hamburg 13 - Geb. 16. Dez. 1935 Leipzig (Vater: Oskar M.; Mutter: Inge, geb. Meißner), verh. s. 1970 m. Dr. Magda, geb. Weber, S. Thomas - Promot. Basel 1966, Habil. Bonn 1972 - BV: D. Überliefer. d. Werke A. Corellis, 1980; D. Tabulaturen d. XVI. Jh., in: Schweizer Musikdenkmäler, Bd. VI-VIII s. 1967; Lebensbeschreib. d. Hamburger Musikers, Schriftstellers u. Diplomaten Johann Matheson (1681-1764), 1982. Zahlr. Aufs. in in- u. ausländ. Fachztschr. Herausg.: Göttinger Händel-Beitr. u. Karlsruher Veröff. d. Intern. Händel-Akad. (s. 1987) - Mitgl. Joachim Jungius-Ges. d. Wissenschaft, Hamburg - Spr.: Engl., Ital.

MARX, Helmut
Dr. rer. nat., Prof., Physiker - Helgebachstr. 53, 6330 Wetzlar/L. - Geb. 4. Nov. 1918 Marburg - S. 1945 Wiss. Mitarb. Opt. Werke Ernst Leitz GmbH., Wetzlar; s. 1951 (Habil.) Lehrtätig. TH Aachen u. Univ. Mainz (1953; 1958 apl. Prof. f. Theoret. Physik). Facharb.

MARX, Herbert
Geschäftsführer u. Generalbevollm. d. Kamax-Werke Rudolf Kellerman GmbH & Co. KG, Osterode; AR-Vors. T.U.-S.A. Tornilleria Universal, S.A. Spanien - Petritorwall 25a, 3300 Braunschweig (T. 4 28 30) - Geb. 8. Mai 1913 Lemgo - Gymnasium - Ehem. (s. 1930) Miag bzw. Bühler-Miag, Braunschweig (1951 Geschäftsf., dann Vors. d. Geschäftsf.) - Spr.: Engl. - Rotarier.

MARX, Nikolaus
Dr.-Ing. habil., Prof. f. Maschinenbau u. Verbrennungskraftmaschinen Univ. Hamburg (s. 1977) - Elbinsel Krautsand 12, 2168 Drochtersen 1 (T. 04143 - 64 32) - Geb. 4. Jan. 1938 Neiße (Vater: Alfred M., Kaufm.; Mutter: Katharina, geb. Benne), verh. s. 1959 m. Sophie, geb. Fuchs, 2 Söhne (Mario, Christian) - Gymn. 1959; TU Berlin 1965; 1972 Promotion; Dipl.-Ing. - S. 1977 Prof. Univ. Hamburg - Liebh.: Tischtennis, Motorrad, Jagd - Spr.: Engl., Russ.

MARX, Rudolf
Dr. med., Prof., Internist - Osterwaldstr. 16, 8000 München 40 (T. 089 - 36 99 92) - Geb. 22. Mai 1912 Landstuhl/Pfalz (Vater: Dr. med. Josef M., Chefarzt; Mutter: Maria, geb. Weiner), verh. 1939 m. Dr. med. Elisabeth, geb. Nowotny - Univ. München, Freiburg, Berlin - S. 1954 (Habil.) Privatdoz. u. apl. Prof. (1961) Univ. München (Inn. Med.). B. 1981 Leit. hämostaseol. Abt. Med. Univ.-Klinik München; jetzt frei praktizierend. 1983 Vorst. dt. Thrombophiliages. - BV: Hämostaseologie, 1953. Üb. 300 Einzelarb. Mithrsg.: Ztschr. Hämostaseologie, Med. Welt u.a. - 1968 Emil K. Frey Preis; 1977 Johann Lukas Schönlein Preis; 1982 Rudolf Jürgens Med. in Gold; 1983 BVK. 1968 Ehrenmitgl. mexik. Ges f. Hämatol.; 1983 Ehrenpräs. th. Hämophiliages. - Liebh.: Geschichte, Lyrik, Garten.

MARX, Siegfried
Dr. iur., Prof., Ordinariatsrat u. Rechtsdirektor, Justitiar Bistum Limburg - Schliemannweg 29, 6000 Frankfurt/M. 50 - Geb. 23. Juli 1928, kath., verh. s. 1952 m. Johanna, geb. Koch, 3 Kd. (Eva-Maria, Andreas, Susanne) - Stud. Gesch., German. Univ. Berlin; Stud. Rechtswiss. Univ. Berlin u. Frankfurt; Promot. München - Lehrbeauftr. Prof. Phil.-Theol. Hochsch. St. Georgen, Frankfurt; Hon.-Prof. Theol. Fak. Fulda.

MARX, Werner
Dr. jur., Ph. D., em. Prof. u. Direktor Husserl-Archiv, Univ. Freiburg (Dt. Idealismus, Gegenwarts- u. griech. Phil.) - Schloß, 7801 Bollschweil/Br. (T. Staufen 59 88) - Geb. 19. Sept. 1910 Mülheim/Ruhr (Vater: Karl M.; Mutter: Emilie, geb. Kann), jüd., verh. s. 1937 m. Hilde, geb. Ritter - Univ. Freiburg, Berlin, Bonn, New School New York - 1949-63 Assistant, Associate u. Full Prof. New York City, 1958 Gastprof., 1962 Fulbright Prof. Univ. Heidelberg - BV: The Meaning of Aristotle's Ontology, 3. A. 1954; Heidegger u. d. Tradition, 1961, engl. 1971; D. Bestimmung d. Phil. im Dt. Idealismus, 1965; Absolute Reflexion u. Sprache, 1967; Vernunft u. Welt, 1970, engl. 1971; Hegels Phänomenologie d. Geistes, 1971, engl. 1975; Einführung in Aristoteles' Theorie vom Seienden, 1972; Schelling: Gesch., System, Freiheit, 1977 (engl. 1986); Heidegger: Freiburger Gedenkvorträge (m. H. G. Gadamer u. C. F. v. Weizsäcker), 1977; D. Sterblichen, 1979; D. Wesen d. Bösen u. seine Rolle in d. Gesch., 1981; Gibt es auf Erden e. Maß?, 1983 (engl. 1986); Ethos u. Lebenswelt, 1986; Selbstbewußtsein in Hegels Phänomenol. d. Geistes, 1986; D. Phänomenol. Edmund Husserls, 1987 - 1965 Ruhr-Kulturpreis - Spr.: Engl., Franz. - Meiner: Phil. in Selbstdarstellungen, 1975; Schelling: Gesch., System, Freiheit, 1977; Heidegger: Freiburger Gedenkvorträge (zus. mit H. G. Gadamer u. C. F. v. Weizsäcker), 1977.

MARX, Will
Bankier, Teilh. Bankhaus Sal. Oppenheim jr. & Cie., Köln/Frankfurt (s. 1969) - Mühlweg 28, 6240 Königstein 2 (Falkenstein) - Geb. 28. Aug. 1919 Köln (Vater: Paul M., Bankier; Mutter: Maria, geb. Klagges), verh. m. Anne-Gret, geb. Zapp - Zul. Vorstandsmitgl. Commerzbank AG. ARsmandate - Spr.: Engl., Franz. - Rotarier.

MARX, Wolfgang
Dr. phil., Prof. f. Psychologie Univ. München - Antonienstr. 7, 8000 München 40 (T. 34 37 77) - Geb. 20. Juni 1943 Weidenau/Sieg (Vater: Joh. Friedr. M., Kaufm.; Mutter: Maria, geb. Andersen), verh. s. 1970 m. Erika, geb. Stimpfl, T. Julia - Dipl.-Psych. 1968, Promot. 1972, Habil. 1978 - S. 1980 Prof. f. Psych. München. Entd. d. T-Effekts - BV: Semant. Dimensionen. Verhaltenstheoret. Konzepte e. psychol. Semantik (m. A. v. Eye), 1984; Verbales Gedächtnis u. Informationsverarbeitung, 1988; Subjektive Strukturen (m. A. Hejj), 1989. Mithrsg.: Münchner Univ.-Schriften Psychol. u. Pädagogik.

MARX-MECHLER, Gerhard
Dr., Prof., Schriftsteller - Wohnh. in 7300 Eßlingen/N. - Geb. 6. Sept. 1919 Grünthal/Erzgeb., ev., verh. s. 1945 m. Maria Marion, geb. Schmitz - Germanistikstud.; Promot. Univ. Würzburg - Mitarb. SWF, WDR, SR u. Österr. Rundf.; s. 1961 im Staatsdienst, Berufspäd. Hochsch. Stuttgart - BV: Seltsame Verhaltnisse od. Aufbruch in Marienbad; Herr Tschann auf Geschäftsreise; Rauenfels; Im Halbdunkel; Begegnungen; Mittelmeerreise f. Liebh.

MARXEN, Klaus
Dr. jur., o. Prof. f. Strafrecht, Strafprozeßrecht, Wirtschaftsstrafrecht u. Rechtsphil. Univ. Münster (s. 1989) - Zumsandstr. 31, 4400 Münster (T. 0251 - 3 44 04) - Geb. 15. Jan. 1945 Marne/Holst., ev., verh. s. 1968 m. Ute, geb. Sievers, 2 Kd. (Tobias, Julia) - Gymn. Marne/Holst.; Stud. Rechtswiss., Gesch., Phil. Univ. Kiel; 1. u. 2. Staatsex. 1970 u. 75; Promot. 1974 u. Habil. 1982 Frankfurt - 1983-85 Prof. Univ. Bremen; 1985-89 Prof. Univ. Bielefeld. S. 1984 Richter am Landgericht im zweiten Hauptamt - BV: D. Kampf gegen d. liberale Strafrecht, 1975; D. sozialethischen Grenzen d. Notwehr, 1979; Straftatsystem u. Strafprozeß, 1984; Rechtl. Grenzen d. Amnestie, 1984.

MARXSEN, Manfred
Dr. rer. pol., Geschäftsführer Touropa GmbH. & Co. KG./Touristik-Union Intern., München (s. 1969) - Fliederweg 4, 8012 Ottobrunn/Obb. (T. München 60 37 88) - Geb. 23. Okt. 1933 - Univ. Kiel - Ltd. Tätigk. Procter + Gamble, C. H. Buer, Coty.

MARZAHN, Christian
Dr. phil., Prof. f. Sozialpädagogik Univ. Bremen - Kreftingstr. 4, 2800 Bremen 1 - Geb. 22. Juni 1941 Stuttgart - Stud. German., Latein, Päd., Kunstgesch.; Staatsex. 1969; Promot. 1973 - Div. Tätigk. in d. univ. Selbstverw.; 1984 Dekan; 1986 Konrektor Univ. Bremen - BV: Konflikt im Jugendhaus, 1975; Sozialpäd. - Institut., Partizipat., Selbstorganisat., 1978; Sucht u. Ordn., 1983; Zähmen u. Bewahren - D. Anfänge bürgerl. Sozialpolitik, 1984; Criminalia, 1988 - Spr.: Latein, Span., Engl.

MARZEN, Philipp
Präsident a. D., Oberverwaltungsgericht Saarlouis - Erlenhainstr. 34, 6601 Eschringen - Geb. 27. Febr. 1909 - Zul. Präs. Landesarbeitsgericht Saarbrücken.

MARZIN, Werner

Dr. jur., Hauptgeschäftsführer Münchener Messe- u. Ausstellungsges. mbH, Hauptgeschäftf. Gesellschaft für Handwerks-Ausstellungen und -Messen mbH, Hauptgf. IMAG - Internat. Messe- u. Ausstell.dst. - Theresienhöhe 13, 8000 München 2 (T. 089 - 510 72 50) - Geb. 1. Nov. 1930 Teplitz-Schönau, kath., verh. s. 1955 m. Dr. Gerta, geb. Eichler, 3 Kd. (Wolfgang, Bernd, Petra) - 1950-54 Jura-Stud. München u. Würzburg. Jurist. Staatsprüf. 1954 u. 1958; Promot. 1957 - 1959-64 Anwaltsass., Rechtsanw., Beamter Landeshauptstadt München, s. 1964 Abt.lt. u. Prok. MMG - Münchener Messe- u. Austell.ges., s. 1978 Hauptgf., s. 1966 Gf., s. 1968 Hauptgf. Ges. f. Handwerksausst. u. Mess., s. 1981 Hauptgf. IMAG; s. 1981 Sprecher d. Unternehmensgruppe Messe München Intern.; Mitgl. Landesvorst. Bayer. Handwerkstag, stv. Vors. Ausst.- u. Messe-Aussch. d. Dt. Wirtsch. - AUMA, Köln, Mitgl. Dir.-Komit. Union d. Foires Internationales - UFI, Paris, Vizepräs. Export-Club Bayern, VR-Mitgl. Ital. HK, München, Vorst.-Mitgl. Dt. Handelskammer f. Spanien, Madrid - 1971 Cavaliere Ufficiale d. ital. VO; 1974 Croix de Chevalier dans l'Ordre National du Mérite; 1975 Bayer. VO; 1976 Gr. silb. Ehrenz. d. Rep. Österr.; 1977 BVK; 1979 Staatsmed. f. bes. Verd. um d. bayer. Wirtschaft; 1982 BVK I. Kl.; 1983 Silb. Ehrenz. Land Wien; 1984 Commendatore d. VO d. Rep. Italien - Spr.: Engl., Franz., Ital.

MASCHLANKA, Annemarie,
geb. Krapp
Kinderspiel-Autorin (Ps. Annemarie Krapp) - Lampennesterstr. 64, 6601 Riegelsberg-Saar (T. 06806 - 4 83 91) - Geb. 3. Juni 1924 Neuenburg an d. Enz, ev., verh. s. 1949 m. Johannes M., 2 Kd. (Michaela, Hans-Christian) - Human. Abit. 1943; 1943/44 Kunstakad. München; 1947 Journal. Kurs Dr. Otto Groth; 1947/48 Zeichensch. München - 1948-88 etwa 112 Kindersp., u.a.: Matz, d. Gassenjunge v. Bethlehem; D. Weihnachtsmann verlor e. Ohr; Geht es hier n. Bethlehem?; Ist ja alles schon bezahlt; D. Engel d. Weihnacht u.a. - Ehrenpreis dt. Kriegsgräberfürsorge -

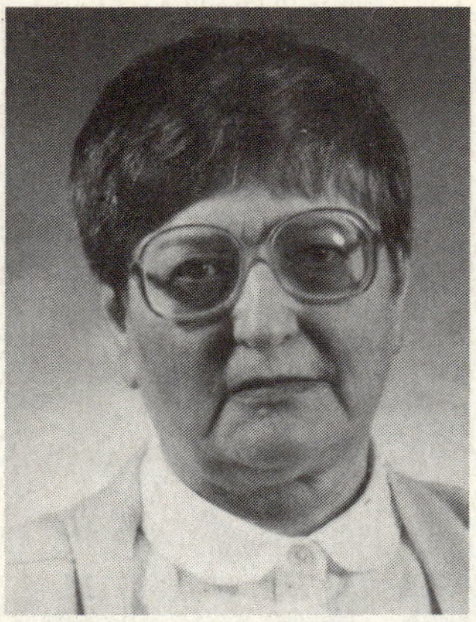

Liebh.: Modellieren, schnitzen, töpfern - Spr.: Lat., Griech.

MASCHMANN, Ingeborg

Dr. phil., Prof. f. Schulpädagogik Päd. Hochsch. Lüneburg - Hindenburgstr. 110, 3140 Lüneburg - Geb. 9. März 1921 Hamburg - Fachveröff.

MASCOS, Werner

Journalist, Vorsitzender Fachaussch. Freie Journalisten im Dt. Journalisten-Verband (DJV) u. Vors. Sozialfond VG WORT - Am Weinberg 1, 3550 Marburg/L. - Geb. 19. Dez. 1921 Krefeld - S. 1951 freiberufl. Korrespondent Tagesztg., Pressedienste u. Ztschr. S. 1954 Vorst.-Mitgl. Hess. Journalistenverb.; Vors. Verkehrsverein Marburg, Arbeiterwohlfahrt Marburg Stadt und Land, Marburger Musikfreunde, Sportfreunde Marburg, Verein z. Forderung u. Förderung d. Herzchirurgie Marburg - Veröff.: Großen Marburgern auf d. Spur u. Graben - Bach - Brunnen - BVK, Gold. Ehrennadel sow. Medaille Stadt Marburg, Ehrenmitgl. DLRG, Silb. Verdienstspange Arbeiterwohlfahrt - Liebh.: Autographensamml.

MASEBERG, Eberhard

Herausgeber JS/D. Magazin f. junge Soldaten - Obenhauptstr. 4, 2000 Hamburg 63 - Geb. 28. Juni 1923 Danzig (Vater: Ludwig M., Verwaltungsrat), ev., verh. s. 1954, 3 Kd. - Univ. Münster/W. u. Hamburg (Rechts- u. Staatswiss.) - Zul. Chefredakt. DAS. Vors. Akad. f. Publizistik; Vors. Stiftg. Wiss. u. Presse; Vorst.-Mitgl. Evang. Pressedienst.

MASER, Gottlob

Kaufmann, Geschäftsführer C. Müller S 18 GmbH, Gebr. Maser GmbH, bde. Nürnberg, GeTeFa Gebrauchstechnik Fahrig GmbH München, Vorst.-Vors. AOK Mittelfranken - Bärenschanzstr. 2b, 8500 Nürnberg (T. 26 24 56).

MASER, Hugo

Dr. theol. h. c., Oberkirchenrat i.R., Mitgl. Bayer. Senat - Gerner Str. 27, 8000 München 19 (T. 15 69 93) - Geb. 17. Dez. 1912 Augsburg (Vater: Kommerzienrat Arnold M., Dir. Dt. Bank), ev., verh. m. Hilde, geb. Döbig, 3 Kd. - St.-Anna-Gymn. Augsburg; Theol.stud. Erlangen, Königsberg/Pr., Bonn, Bethel. I. Theol.ex. 1936 - 1937 Insp. Predigersem. d. Bekenn. Kirche Ostpreußens, 1938-50 Pfarrer u. Religionslehrer, dann Studentenpfr. München. 1954-64 Rektor Predigersem. Bayreuth, s. 1964 OKR Landeskirchenamt München (b. 1972 Leit. Abt. Bildung u. Medien, dann Abt. Personalfragen), 1972-80 Stellv. d. Landesbischofs, dann Ruhestand.

MASER, Siegfried

Dr. phil., Prof. Univ.-GH Wuppertal - Roonstr. 22, 5600 Wuppertal 1 (T. 0202 - 30 15 92) - Geb. 30. Nov. 1938 Stuttgart (Vater: Heinrich M.; Mutter: Gertrud, geb. Walker), ev., verh. s. 1965 m. Helga, geb. Federmann, 2 T. (Claudia, Vera) - Promot. 1965 Univ. Stuttgart - 1996-71 Doz., 1971-78 Prof. (1976-78 Rektor HBK Braunschweig), s. 1978 Prof. Univ.-GH Wuppertal, s. 1987 Rektor ebd. - BV: Numerische Ästhetik, 1970; Allg. Kommunikationstheorie, 1971 (Portug. 1975) - Spr.: Engl., Franz.

MASER, Werner

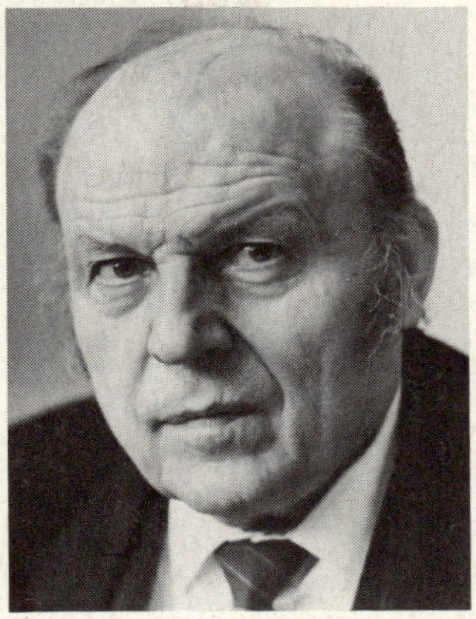

Dr. phil., Prof. f. Geschichte u. Völkerrecht, Schriftsteller - Am Renngraben 2, 6720 Speyer/Rh. - Geb. 12. Juli 1922 Paradeningken/Ostpr. (Vater: Gustav M., Landw. u. Trakehner-Pferdezüchter; Mutter: Auguste, geb. Siebert), ev., verh. in 2. Ehe (1961) m. Ingrid, geb. Wenz, 3 Kd. (Mahela Renate, Eva Mirjam, Thomas) - Oberrealsch. Königsberg/Pr. (Abit.); Kriegsdst. als Inf.-Offz.; Univ. Berlin (Humboldt), München, Erlangen (Theol., Phil., Gesch., Politik, Päd., German.). Staatsex. 1951 Berlin; Promot. 1954 - 1950-52 Wiss. Assist. Berlin; 1955-57 Lexikon-Redakt. Frankfurt/M.; 1957-60 Chefredakt. u. Schriftl. Bochum, Leverkusen, Mannheim. Gutacht. d. Bundesreg., Hochschullehrer in d. BRD u. Gastprof. in Finnl., USA u. Japan. Erstmal. Auswert. d. Dokumente d. ehem. Hauptarchivs d. NSDAP f. d. Geschichtswiss. - BV: Genossen beten nicht - Kirchenkampf d. Kommunismus, 1963; D. Frühgeschichte d. NSDAP. Hitlers Weg bis 1924, 1965; Hitlers „Mein Kampf". E. Kommentar, 1966; Adolf Hitler. Legende - Mythos - Wirklichkeit, 1971 (8. A. in 7 Jahren); D. Sturm auf d. Republik. Frühgesch. d. NSDAP, 1973; Hitlers Briefe u. Notizen, S. Weltbild in handschr. Notizen, 1973; Adolf Hitler - Mein Kampf. D. Fahrplan e. Welteroberers, 1974; Mein Schüler Hitler. D. Tagebuch s. Lehrers Paul Devrient, 1975; Nürnberg. Tribunal d. Sieger, 1977; Am Anfang war d. Stein - D. Gesch. d. Abendl./E. Wettlauf um d. Bodenschätze, 1984; Deutschl. Traum o. Trauma. Kein Requiem, 1984; Friedrich Ebert. D. erste dt. Reichspräs., E. polit. Biogr. 1987. Werke s. 1963 in rd. 100 Ausg. u. Übers. Hrsg. Micro-Edition: Nürnberger Prozeß, 125 Bde., dt., engl., franz., 1981; Völkerrechtsverletzungen d. Alliierten im Zweiten Weltkrieg, 40 000 Dok. d. Wehrmachtsunters.st., 1981 - Liebh.: Besitz. u. Züchter bedeut. Trakehner-Pferde; Kunstsammler - Spr.: Lat., Griech., Hebr., Russ.

MASING, Walter Ernst

Dr. rer. nat., Prof. - Danziger Str. 19, 6120 Erbach (T. 06062 - 39 87) - Geb. 22. Juni 1915 St. Petersburg (Vater: Albert M., Studienrat; Mutter: Elisabeth, geb. v. Schroeder), verh. 1940-81 m. Ruth, geb. Frieser (Ehrenbürgerin Pont de Beauvoisin, Isére u. Pont de Beauvoisin/Savoie) †, 3 Kd. (Helgard, Angela, Alexa) - Stud. d. Physik Univ. Dorpat/Estl., Rostock, Leipzig; Promot. 1940 ebd. - B. 1947 Entwicklungsphysiker (Laborleit.) Berlin, 1948 Mitgründung Fa. Dr. Masing & Co., Erbach. Zahlr. Patente. In- u. ausl. Fachmitgl.sch. - BV: Ignitronsteuerungen, 1961; Qualitätslehre, 6. A. 1979; Handbuch d. Qualitätssicherung, 2. A. 1988 - 1975 Edwards Medal (Amerik. Ges. f. Qualitätskontrolle), 1976 BVK a. Bde. u. I. Kl. - Liebh.: Fliegen, Segeln - Spr.: Engl., Franz. - Lions-Club.

MASKE, Helmut

Dr. med., Prof., Internist - Grauertstr. 9, 8000 München 90 - Geb. 28. April 1921 Stettin, ev., verh. s. 1946 m. Irmingard, geb. Rubach, 4 Kd. (Lore, Dörte, Helmut, Christian) - S. 1955 (Habil.) Lehrtätigk. Univ. München u. Frankfurt/M. (1960; 1961 apl. Prof. f. Therapeut. Biochemie); 1958-65 Leit. Pharmaz. Forsch. Farbwerke Hoechst AG., Frankfurt/M.-Höchst; 1968-79 Leit. Sandoz Forschungsinst. GmbH., Wien. Spez. Arbeitsgeb.: Exper. Med. - BV: Insulin u. -therapie, 1956 (m. W. Stich). Zahlr. Einzelveröff. Herausg.: Handb. d. experimentellen Pharmakologie, Bd. XXIX Oral wirksame Antidiabetica.

MASKUS, Rudi

Dr. phil., em. o. Prof. f. Pädagogik - Römerstr. 164 (Univ.), 5300 Bonn; priv.: Hochstr. 13, 6300 Gießen-Allendorf - Geb. 26. April 1920 Breslau (Vater: Robert M., Sparkasseninsp.; Mutter: Elisabeth, geb. Jensch), ev., verh. s. 1954 m. Waltraut, geb. Brieger, 2 Kd. (Rüdiger, Ursula) - Stud. Päd., Phil., Gesch., Angl., Publiz. Bielefeld, London, Münster - 1951-60 Volks- u. Realschullehrer (1954), 1960-61 Doz. Päd. Inst. Weilburg, 1961-67 Doz. u. Oberstudienrat im Hochschuldst. Univ. Gießen, 1967-71 Prof. Päd. Hochschule Schwäb. Gmünd (Systemat. u. histor. Päd.), s. 1971 o. Prof. u. Dir. Sem. f. Schulpäd. Univ. Bonn - BV: u. a. Gesch. d. Mittel- u. Realschule, 1966; D. fachl. Ausbild. d. Volksschullehrers, 1967; D. Schulwirklichkeit als Studienfeld, 1967 (m. F. Roth); Paläoanthropologie u. Didaktik, 1973; Motivation in Erziehung u. Unterricht, 7. A. 1986; Unterricht als Prozeß, 1976; 20 Beitr. z. Sexual- bzw. Geschlechtserziehung, 1979; üb. 300 päd. Fachveröff. - BVK; Ehrenvors. Dt. Ges. f. Geschlechtserz. - Liebh.: Lit., Kunst - Spr.: Engl., Franz. - Festschr. z. 60. Geb., Fortschritt u. Engagement, (A. Engels u. H. Emden) 1980.

MASS, Edgar

Dr. phil., Prof. f. Roman. Philol. Univ. Köln - Hebbelstr. 60, 5000 Köln 51 (Bayenthal) - Geb. 13. März 1939 Berlin, verh. s. 1967 m. Gabriele, geb. Ostmann, 3 Kd. (Caroline, Nicolai, Rebecca) - Abit. 1961; Stud. Univ. Freiburg, Paris, Berlin; M.A. 1969, Promot. 1973, Habil. 1979 Berlin - Gastprofessuren Univ. Freiburg u. Reims - BV: Le Marquis d'Adhémar, 1973; Lit. u. Zensur: Lettres persanes v. Montesquieu, 1981. Herausg.: L'Encyclopédie et Diderot (1985); Marcel Proust-Motiv u. Verfahren (1986) - Vizepräs. d. Société Montesquieu, 1987; Korr. Mitgl. d. Acad. Nationale, Bordeaux, 1988.

MASSARRAT, Sadegh

Dr. med., Prof. f. Innere Medizin Univ. Marburg (s. 1971) - Gunzelinweg 10, 3550 Marburg - Geb. 24. Mai 1932 - Promot. 1958; Habil. 1969 - Üb. 85 Facharb.

MASSENBACH, Freiherr von, Wichard

Dr. med. (habil.), em. o. Prof. u. Dir. Frauenklin. Med. Hochsch. Lübeck (1964-74 - Emil-Nolde-Weg 8, 3400 Göttingen - Geb. 9. Jan. 1909 Berlin, ev., verh. s. 1937 m. Helga, geb. Stille, 4 Kd. (Susanne, Klaus-Berthold, Sitta, Jost Eduard) - Univ. Freiburg/Br., Göttingen (Med. Staatsex. 1933), Rostock, München, Graz - 1941-64 Privatdoz. u. apl. Prof. (1949) Univ. Göttingen; 1954-64 Chefarzt Städt. Frauenklinik u. Dir. Krkhs. Süd/Ost Lübeck (ltd. Med.dir.) - BV: Hebammenlehrbuch, 1948 (m. Schüer u. Zimmermann) - 1977 Hochschulmed. Med. Hochsch. Lübeck.

MASSENBERG, Norbert

Dr. rer. pol., Vorstandsmitglied i. R. TELA Versicherungs-AG. f. Techn. Anlagen, München - Breitschwertstr. 5, 8000 München 71 (T. 79 41 48) - Geb. 3. Juni 1913 - Stud. Wirtsch.swiss. u. Physik - Tätigk. Telefunken u. Siemens; s. 1958 Vorst. TELA - Liebh.: Malen (zahlr. Einzelausst. i. d. BRD, Künstlername: Bert Berg).

MASSENKEIL, Günther

Dr. phil., o. Prof. u. Direktor Inst. f. Musikwissenschaft Univ. Bonn (s. 1966) - Böckingstr. 3, 5340 Bad Honnef/Rh. (T. 61 33) - Geb. 11. März 1926 Wiesbaden (Vater: Dr. phil. Joseph M., Oberstudiendir.; Mutter: Lotte, geb. Böhlen), kath., verh. s. 1954 m. Ursula, geb. Gross, 4 Kd. (Julia, Sabine, Christoph, Monika) - Univ. Mainz u. Paris (Sorbonne); Staatl. Hochschulinst. f. Musik Mainz. Promot. u. Habil. Univ. Mainz. 1972-74 komm. Leit. Beethovenarchiv, Bonn. Künstler. Tätigk. als Konzertsänger (Baß-Bariton) - BV: Unters. z. Problem d. Symmetrie b. W. A. Mozart, 1962; Mehrst. Lamentationen aus d. 1. Hälfte d. 16. Jh., 1965; D. Oratorium, 1970; D. Gr. Lexikon d. Musik, 8 Bde., 1978-82 - Spr.: Franz., Engl.

MASSING, Otwin

Dr. phil., Dipl.-Soz., o. Prof. f. Politikwiss. Univ. Hannover (s. 1975; 1976/77 Pro-Rektor, 1977/78 Rektor, 1978/79 Vizepräs.) - Moltkeplatz 6, 3000 Hannover 1 (T. 0511 - 66 61 26) - Geb. 3. Mai 1934 Namborn/Saar (Vater: Otto M., Hüttenarb.; Mutter: Berta, geb. Veit), kath., verh. s. 1960 m. Gisela, geb. Schmitt, 2 Kd. (Anja, Erik) - Stud. Univ. Saarbrücken u. Frankfurt/M.; Dipl.ex. 1962; Promot. 1964 - 1965-69 Assist. Univ. Frankfurt/M., Wiss. Dir. u. Prof. (1970) München, 1972ff. stv. Vors. Dt. Vereinig. f. Polit. Wiss.; 1973-78 Mitgl. Redaktionsrat d. Polit. Vierteljahresschrift (PVS) - BV: u. a. Fortschritt u. Gegenrevolution, 1966; Anagogische Modelle, 1967; Adorno u. d. Folgen, 1970; Politische Soziologie, 1974; Reform im Widerspruch, 1976; Verflixte Verhältnisse, 1987; Im Labyrinth d. Moderne, 1989. Mithrsg.: Sozialwiss. u. Recht (1972ff.), Konkretionen politischer Theorie u. Praxis (1972), Prismata (1974), Anti-Sozialismus aus Tradition? (1976) - 1957ff. Stip. Cusanuswerk u. 1968ff. DFG - Liebh.: Kammermusik, Fotografie - Spr.: Engl., Franz.

MASSION, Georg

Dr., Botschafter, Beauftragter f. Nord-Süd-Verhandlungen - Zu erreichen üb. Auswärtiges Amt, 5300 Bonn - Geb. 27. Nov. 1930, verh.

MASSMANN (ß), Hans

Dr., Landrat, Landwirt - 4509 Brockhausen Bez. Osnabrück - 1972 BVK I. Kl.

MASSMANN, Peter

Prof., Generalintendant i. R., Schauspieler, Regisseur - Luxemburger Ring 32, 5100 Aachen (T. 0241 - 60 33 74) - Geb. 13. Febr. 1916 Wilhelmshaven (Vater: Adolf M., Kaufm.; Mutter: Sophie, geb. Opfermann), ev., verh. s. 1949 in 2. Ehe m. Margrit, geb. Jülich, T. Yvonne - Abit., Staatl. Schauspielsch. Hamburg - Intend. - Ca. 80 FS-Spiele, Opern, Schauspiele (Romant. Held) - BVK I. Kl. - Spr.: Engl., Franz.

MASSON, Christoph

Dr. jur., Generalstaatsanwalt - Krenner Weg 7, 8000 München 71 (T. 79 47 33) - Geb. 26. Aug. 1907 München (Vater: Christoph M., Stabszahlmeister; Mutter: Eleonore, geb. Pettinger), kath., verh. s. 1950 m. Hildegard, geb. Ittlinger - Gymn. u. Univ. München (Rechtswiss.; Promot. 1931). Jurist. Staatsprüf. 1930 u. 33 - S. 1933 Verwaltungs- (1936 ff. Justizmin.) u. Justizdst. (1954 ff. Verw.s-gerichtsbarkeit; 1967 Generalstaatsanw. Bayer. VGH) - BV: Bayer. Kommunalgesetze, Loseblatt-Kommentar, 1961 ff. Schriftl.: Ztschr. f. Öfftl. Recht u. Öfftl. Verw./Bayer. Verw.sblätter (1955 ff.) - Liebh.: Reisen - Spr.: Engl., Franz., Ital., Russ.

MAST, Günter
Dipl.-Volksw., Geschäftsführer W. Mast KG., Jägermeister-Spirituosenfabrik, Präs. Eintracht Braunschweig (s. 1983) - Am Schwedendamm 3, 3340 Wolfenbüttel - Geb. 4. April 1926 - S. 30 Jahren kaufm. Leitg. Familienuntern. - Liebh.: Jagd, Kochen, Fußball (1983ff. Präs. Eintracht Braunschweig).

MASTEIT, Dietrich
Volkshochschuldirektor a. D., MdA Berlin a.D. (1971-81), stv. Vors. Nichtraucherbund Berlin - Angerburger Allee 43, 1000 Berlin 19 (T. 305 11 85) - Geb. 19. Jan. 1923 Gülzow/Pom., verh., 4 Kd. - 1949-53 Stud. Polit.wiss. (Diplomex.) - 1955-57 Sachbearb. Entschädigungsamt Berlin, dann pers. Ref. Senator f. Jugend u. Sport, ab 1964 Doz. f. Polit. Bildung, s. 1968 VHS-Dir. Kreuzberg ebd. 5 J. Wehrdst. SPD s. 1952.

MASTHOFF, Helga
Tennisspielerin - Lakronstr. 95, 4000 Düsseldorf 12 (T. 0211 - 29 24 50) - Geb. 11. Nov. 1941 Essen, verh. - Mittl. Reife, Höh. Handelssch. - Dt. Meisterin (10 × Einzel, 13 × Doppel, 6 × Mixed); Intern. Meisterin Dtschl. (3 ×); Endsp. Paris; Wimbledon, unter d. letzten 8 (2 ×), 1970-72 Nr. 4 d. Welt; 1974 3. b. Sportlerin d. J.; Gew. vieler intern. Turniere; 1983, 84, 86 Senioren-Weltmeisterin; Federations Cup (11 ×); Flushing Meadow, unter d. letzten 4 - Ehrenmitgl. u. gold. Ehrennadel ETUF, Ehrenmitgl. Travemünde TV, gold. Ehrennadel u. silb. Lorbeerbl. DTB.

MATARÉ, Charlotte
Prof., Hochschullehrerin - Flandrische Str. 48, 5100 Aachen (T. 6 19 37) - Geb. 14. Dez. 1913 Aachen - S. 1958 Doz. u. Prof. (1962) PH Aachen bzw. Rheinland/Abt. Aachen (Kunsterzieh.). Facharb.

MATENA, August
Verwaltungsangestellter, Mitgl. Hbg. Bürgerschaft (s. 1966) - Eilbeker Weg 55, 2000 Hamburg 76 (T. 20 96 06) - Geb. 29. Juni 1920 Sickingmühle Kr. Recklinghausen, verh., 2 Kd. - Volks- u. Handelssch. (Mittl. Reife); 1936-39 kaufm. Lehre - 1939-45 Arbeits- u. Wehrdst. (Kriegsmarine); s. 1945 Bauarb., Schaffner, Verw.sangest. (1947) Hamburg (1958 Personalratsvors. Rathausbehörde).

MATERN, Gerhard
Dr. phil., Dr. theol. (habil.), Prof., Kirchenhistoriker - Kanalstr. 22, 6400 Fulda - Geb. 7. Juni 1913 Lisettenhof/Ostpr. (Vater: Richard M., Landw.; Mutter: Lucia, geb. Belau), kath. - Gymn. Braunsberg (Hosianum); Staatl. Akad. ebd., Univ. Breslau u. Freiburg (Promot. 1944 u. 48). Habil. 1958 Freiburg - 1952-60 Doz. u. Prof. Phil.-Theol. Hochsch. Königstein/Ts.; 1960-62 Doz. Univ. Freiburg; s. 1962 o. Prof. PhThH Fulda; s. 1967 Honorarprof. (1971) Univ. Marburg - BV: D. kirchl. Verhältnisse in Ermland währ. d. späten Mittelalters, 1953; Z. Vorgesch. u. Gesch. d. Fronleichnamsfeier, bes. in Spanien - Stud. z. Volksfrömmigk. d. Mittelalters u. d. beginnenden Neuzeit, 1961; Zuspruch am Morgen. Ansprachen zu e. Lebensgestaltung in Zuversicht, 1988. Fachveröff., Ztschr.beitr.

MATERN, Norbert
Dr. phil., Leiter d. Schulfunks im Bayer. Rundfunk, Lehrbeauftr. Univ. München - Schrimpfstr. 32a, 8035 Gauting (T. 089 - 850 44 86) - Geb. 20. Juni 1934 Braunsberg/Ostpr., kath., verh. s. 1960 m. Dipl. rer. pol. Annemarie, geb. Nieschlag, 3 Söhne (Ulrich, Dietrich, Rainer) - Gymn. Hildesheim; Univ. Bonn, Kiel, Frankfurt; Promot. 1959 - B. 1970 stv. Referatsleit. Bundespresseamt, Bonn; 1970-75 1. Redakt. in Chefredakt. Deutsche Welle - BV: München im Bombenkrieg, 1983; Ostpreußen - als d. Bomben fielen, 1986 - 1988 Kulturpreis/Publizistik d. Landsmannsch. Ostpreußen.

MATERN, Siegfried
Dr. med., Dipl.-Biochem., Prof., Lehrstuhlinhaber, Dir. Med. Klinik III RWTH Aachen - Geb. 12. Febr. 1940 Cottbus, ev., verh. m. Priv.-Doz. Dr. rer. nat. Heidrun M. - 1958-65 Medizinstud. Univ. Berlin, FU Berlin, Univ. Freiburg; Promot. 1966 Freiburg; 1967-72 Stud. Physiol. Chemie u. Biochemie Univ. Tübingen; 1972 Dipl. Tübingen; Habil. 1977 Freiburg - 1972/73 Forschungsaufenth. Chem. Departm. d. Karolinska Inst. Stockholm/Schweden; s. 1984 Inh. Lehrst. f. Innere Medizin III (Schwerp. Gastroenterol. u. Stoffwechselkrankh.) RWTH Aachen - BV: Advances in Glucuronide Conjugation, 1985 (m. K. W. Bock u. W. Gerok).

MATEŠIC, Josip
Dr. phil., o. Prof. f. Slavistik - Uhlandstr. 11, 6945 Hirschberg/Großsachsen/Kr. Bergstr. (T. 06201 - 5 27 00) - Geb. 4. Sept. 1927 Kaptol/Zagreb, kath., verh. s. 1960 m. Magret, geb. Grulich, 3 Kd. (Andreas, Mirela, Katharina) - Stud. Univ. Zagreb, Erlangen, Moskau; 1953 Staatsex., Promot. 1959, Habil. 1969 - 1959-62 Assist. Zagreb; 1963-67 Lektor in Gießen; 1968 Assist. Fribourg/Schweiz; 1969 Lehrstuhlvertr. Göttingen; s. 1969 o. Prof. Mannheim - BV: Erlanger Liederhandschr., 1959; D. Wortakzent d. s-ken Schriftspr., 1969; Rückläufiges Wörterb. d. S-ken, 1973. Phraseolog. Wörterb. Kroatisch, Kroat.-Dt., Russ.-Dt., Lexikologie, Phraseologie, Gattungsgesch. d. russ. Lit., Ältere kroat. Lit. d. 15.-19. Jh. Herausg.: Mannheimer Beitr. z. Slav. Philol. - Liebh.: Fußball - Spr.: Russ., Dt., Kroat., Sloven., Bulg., Poln., Čech.

MATHEIS, Rainer
Fernseh-Sendeleiter Südwestfunk - Hans-Bredow-Str., 7570 Baden-Baden (T. 07221 - 276 29 13) - Geb. 21. Mai 1947 Konstanz, kath., verh. s. 1976 m. Cornelia, geb. Schellhorn, 2 Kd. (Anna, Stefan) - Abit.; 1969/70 Univ. Tübingen, 1970-74 Univ. Freiburg, 1974-76 Univ. Konstanz; 1. u. 2. jurist. Staatsex.; M.A. (Soziol. u. Polit. Wiss.) - 1979-85 Ref. in d. Fernsehdirektion d. SWF; s. 1985 Fernseh-Sendeleiter u. Koordinator 3. Programm - Veröff.: Parkwohnstift Rosenau - e. soziol. Unters., in Konstanzer Blätter, 1976 - Liebh.: Jogging - Spr.: Engl., Franz.

MATHEWS, Peter
Autor u. Werbeleiter Rowohlt Verlag - Hohe Weide 58, 2000 Hamburg 20 - Geb. 22. Okt. 1951 Bremerhaven, verh. s. 1988 m. Monika Paulick, 2 Kd. - Dipl.-Volksw. - BV: Beule, 1984; E. Kommissar f. alle Fälle, 1985; Flieg, Adler Kühn, 1985; D. Schädiger, 1986; D. Scheidungsparty, 1989. Herausg. d. thriller-Magazins Schwarze Beute (alles zus. m. N. Klugmann) - 1986 Dt. Krimi-Preis.

MATHIEU, Theodor
Alt-Oberbürgermeister Stadt -Bamberg - Ludwigshöhe 6, 8600 Bamberg (T. 0951 - 5 43 43) - Geb. 14. März 1919 Hohenkamm/Kr. Freising, kath., verh. s. 1951 m. Herta, geb. Schropp, 2 T. (Christine, Hedwig) - Jura-Stud. Erlangen - 1952-58 Richter LG Bamberg, 1952-54 Bundesmin. d. Justiz, 1957-58 Doz. Bayer. Rechtspflegesch., 1958-82 Oberbürgermeister, 1976-81 Mitgl. Bayer. Senat - BVK I. Kl., Bayer. VO, Goldmed. f. Verd. um kommun. Selbstverw. Bayern, Commendatore VO Rep. Ital., Ehrenringe österr. Städte Villach u. Feldkirchen, Gr. Ehrenz. in Gold f. Verdienste um d. Rep. Österr., Komtur d. Päpstl. Ritterordens d. Hl. Gregor d. Gr., Ehrensenator Univ. Bamberg (1980), Ehrenmitgl. d. Dt. Städtetages (1983), Ehrenbürger d. Stadt Bamberg (1984), Honorary Freemann of The Borough of North Bedfordshire-GB (1984).

MATHIS, Edith
Kammersängerin - Zu erreichen üb. Bueker-Management, Postf. 11 69, 3000 Hannover 1 - Geb. 11. Febr. 1939 Luzern, kath. - Oper (Hamburg. Staatsoper, Bayer. Staatsoper München, Wiener Staatsoper, Opéra de Paris, Covent Garden Opera London, Metropolitan Opera New York), Oratorium, Lied. Festivals: Salzburger Festsp., Edinburgh Festival, Glyndebourne Festival, Luzerner Musikfestwochen, Tanglewood Festival, Mozart Festival New York. Zahlr. Schallplattenaufn. - Mozartmed. Salzburg, Kunstpreis Stadt Luzern, Reinhart-Ring Ges. f. Theaterkultur Zürich - Spr.: Engl., Franz., Ital.

MATIASEK, Hellmuth
Dr. phil., Staatsintendant; Generalint. Städt. Bühnen Wuppertal - Rinkl-Hof, 8201 Kleinholzhausen/Obb. (T. Brannenburg 20 80; OFS: München 22 25 02) - Geb. 15. Mai 1931 Wien (Vater: Johannes M., Oberamtsrat; Mutter: Wilhelmine, geb. Karasek), kath., jetzt ev., verh. I) 1957 m. Felicitas, geb. Ruhm, T. Katharina, II) 1967 Cornelia, geb. Froboess (Schausp.), T. Agnes, Sohn Kaspar - Max-Reinhardt-Sem. u. Univ. Wien (Theaterwiss., German., Psych.) - 1953 Begr. u. Leit. kaleidoskop. (Avantgardist. Theater), 1955 Regiss. Landestheater Salzburg, 1960 Städt. Bühnen Köln (unt. Prof. O. F. Schuh), 1962 Int. Landestheater Salzburg, 1964 Generalint. Staatstheater Braunschweig; 1972-79 Otto-Falkenberg-Schauspielsch. München; 1979-83 Generalint. Wuppertal, ab 1. Sept. 1983 Chef Staatstheater am Gärtnerplatz, München. Gastregiss. München, Wien (Burgtheater), Hamburg (Staatsoper, Schauspielhaus), Berlin (Theater am Kurfürstendamm, Komödie). Bek. Bühneninsz.: Komödie d. Eitelkeit (Braunschweig), Landshuter Erzählungen (Hamburg), Ascanio in Alba (Salzbg. Festsp.); Fernsehen: u. a. Biedermann u. d. Brandstifter, Falstaff, Elga, Staatsexamen, Im bayer. Stil - BV: D. Komik d. Clowns (Diss.) - 1963 Österr. Theaterdirektoren-Preis - Liebh.: Buchbinderei - Spr.: Engl., Franz.

MATIJAS, Herbert
I. Bürgermeister Stadt Windsbach - Rathaus, 8802 Windsbach/Mfr. - Geb. 13. Aug. 1944 Ansbach - Zul. Justizhauptsekr. CSU.

MATIS, Paul
Dr. med., Dr. med. h. c., Prof. - Albblickweg 8, 7447 Aichtal (T. 07127 - 5 17 14) - Geb. 18. Mai 1920 Mähr.-Schönberg - Promot. 1945 Prag; Habil. 1958 Tübingen (Allgem. Chirurgie) - S. 1964 apl. Univ.-Prof.; 1967-86 gf. Gesellsch. F. K. Schattauer-Verlag GmbH, Stuttgart. Mitgl. Dt. u. Intern. Ges. f. Chir.; Fellow Royal Soc. of Med. - Regensburger Kollegium f. Ärztl. Fortbild.; Ehrenmitgl. Dt. Ges. f. Phlebol. u. Proktol.; Ehrenmitgl. Dt. Ges. f. Lymphol.; 1969 E.-K.-Frey-Medaille; 1982 Rudolf-Jürgens-Gedenkmed. in Gold; 1984 BVK I. Kl. - Lit.: Med. Welt 1980: S. 779 u. 1985: S. 645, 646.

MATIS, Ulrike
Dr. med. vet., Dr. med. vet. habil., Univ.-Prof., Vorstand Chirurgische Tierklinik d. Univ. München (s. 1989) - Hans-Denzinger-Str. 19, 8000 München 40 - Geb. 26. März 1945 Ellwangen/Jagst - Tierärztl. Prüf. 1970; Promot. 1973 München; Priv.-Doz. 1981; Habil. 1982 München - S. 1982 Lehrtätigk. München. Spez. Arbeitsgeb.: Orthopädie, Traumatol. - 30 Veröff. in Fachztschr., sow. 25 Beitr. in Lehr- u. Handb. - 1983 Mitgl. Vet. Orthop. Soc., 1987 Europ. Soc. Vet. Orthop. Traumatol., 1987 Arbeitsgemeinsch. Osteosynthese; 1989 Bundesgesundheitsrat.

MATOUSCHEK, Erich
Dr. med., Dr. rer. nat., Prof., Direktor Urolog. Klinik Städt. Klinikum, Karlsruhe, Akad. Lehrkrkhs. d. Univ. Freiburg (s. 1968) - Fridtjof-Nansen-Str. 49, 7500 Karlsruhe 41 - Verh. s. 1964 m. Dr. med. Eleo, geb. Madelung, 4 Kd. (Andreas, Gero, Eva, Niko) - S. 1963 (Habil.) Lehrtätigk. Univ. München u. Freiburg (1969 apl. Prof. f. Urol.). Facharb. (Bücher u. Handb.-Beitr.) - Ehren- u. korr. Mitgl. zahlr. ausl. wiss. Ges.

MATSCHKE, Manfred Jürgen
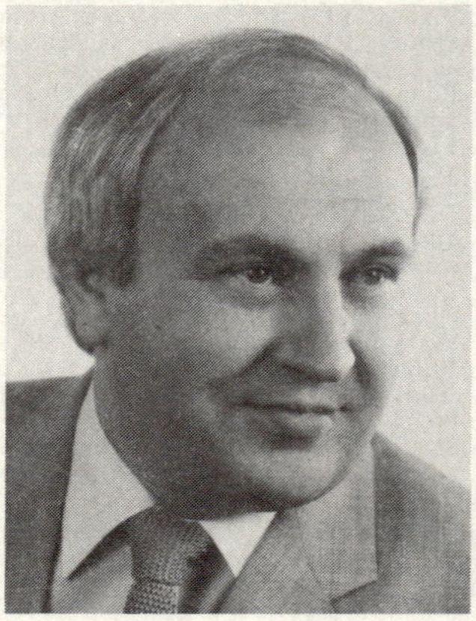

Dr. rer. pol., Dipl.-Volksw., Univ.-Prof. f. Wirtschaftswiss. TU Clausthal - Inst. f. Wirtschaftswiss., Adolf-Römer-Str. 2a, 3392 Clausthal-Zellerfeld (T. 05323 - 72 22 46) - Geb. 21. Juni 1943 - Dipl.-Volksw. 1968 Univ. Köln; Promot. 1973, Habil. 1977 - 1977-82 Prof. Univ.-GH Siegen; s. 1982 Prof. TU Clausthal - 1971-77 Schriftltg. Betriebswirtschaftl. Forschung u. Praxis (BFuP); s. 1977 Mithrsg. BFuP - BV: Entscheidungswert d. Untern., 1973; Funktionale Unternehmungsbewert., 1979. Zahlr. Fachveröff.

MATSCHL, Gustav
Dr. jur., Ltd. Ministerialrat, MdL Bayern (s. 1978, CSU) - Rosenstr. 9, 8026 Ebenhausen - Geb. 27. Dez. 1932 Böhmerwald, verh., 2 Kd. - Gymn. Passau (Abit. 1951); Univ. München u. Köln (Rechtswiss.). Gr. jurist. Staatsprüf. 1960 München - S. 1960 Justizdst. München (Staatsanw. u. Richter) u. Innenmin. (stv. Leit. Abt. Siedlungs- u. Wohnungsbau).

MATTENKLOTT, Gert
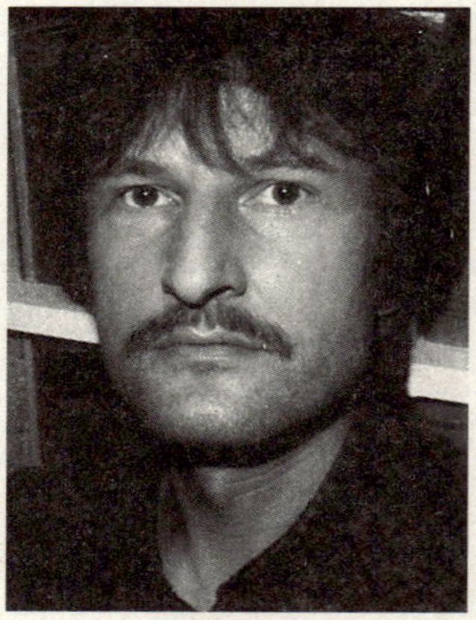

Dr. phil., Schriftsteller, Prof. f. Geschichte d. Neueren dt. Literatur m. bes. Berücks. d. Lit.theorie Univ. Marburg (s. 1972) - Bamberger Str. 8, 1000 Berlin 30 - Geb. 21. Jan. 1942 Oranienburg/Berlin (Vater: Günther M., Verwaltungsbeamter; Mutter: Irene, geb. Ostermann), verh. s. 1968 m. Gundel, geb. Krebs, 2 Kd. (Caroline, Benjamin) - Univ. Berlin u. Göttingen. Promot. 1968; Habil. 1970 - Zul. Privatdoz. FU Berlin. 1968 Gast Yale Univ. (USA), 1983/84 Univ. Pisa (phil. Fak.), anschl. Forsch. in USA u. Israel (Akad.-Stip. Stiftg. Volkswagenwerk), 1985 Univ. Venedig, s. 1986 Adjunct Prof. d. Univ. of Massachusetts at Amherst - BV: Melancholie in d. Dramatik d. Sturm u. Drang, 1968; Bilderdienst - Ästhet. Opposition b. Beardsley u. George, 1970; Grundkurs 18.

Jh., 1974 (m. a.); Nach links gewendet, 1980; Karl Blossfeldt, 1981; D. übersinnl. Leib, 1983; Blindgänger, 1985; Berlin Transit (m. Gundel M.), 1987; Deutsche Briefe (m. Hannelore u. Heinz Schlaffer), 1988; Jüdische Intelligenz in dt. Briefen, 1988. Mithrsg.: Lit. im histor. Prozeß (12 Bde. 1973-80, m. K. Scherpe) u. Kontext 2 (1978). Mitarb.: Encyclop. Europea (Mailand), MERKUR, Rundfunkessays - Spr.: Engl., Franz., Ital.

MATTERN, Karl-Heinz

Dr., Prof., Präsident Bundesakademie f. öfftl. Verwaltung a. D. - Bodelschwinghweg 5, 5300 Bonn 1 (T. 28 14 18) - Geb. 11. Dez. 1918 Danzig (Vater: Paul M., Schulrat; Mutter: Hertha, geb. Letkemann), ev., verh. s. 1956 m. Notburga, geb. Eiermann, 4 Kd. (Ulrike, Hans Günther, Elke, Volker) - Promot. 1949 Univ. Tübingen; Gr. jurist. Staatsprüf. 1951 Tübingen - 1951 Verw. Dt. Bundestag; 1965 Vorst. Inter Nationes; 1970-83 Präs. Bundesakad. f. öfftl. Verw.; 1957-69 Lehrauftr. Univ. Saarbrücken; s. 1979 Hon.prof. Univ. Münster; Vors. Stiftungsrat Ostd. Kulturrat - BV: D. Exilreg., 1953; Kommentar z. Atomgesetz (Mitverf.), 1961; Grundlinien d. Parlaments, 1969; D. Verw.handeln im Richtsteig v. Ziel u. Ergebnis, 1984; D. öfftl. Management, 1989. Zahlr. Aufs. üb. öfftl. rechtl. u. verw. wiss. Themen - 1982 Ritter d. franz. Ehrenlegion; 1983 Gr. Silb. Ehrenz. Rep. Österr.; 1983 Gr. BVK - Spr.: Engl., Franz. - Lit.: Festschr. Verw.-führ., -praxis, -wandel, 1983.

MATTES, Helmut

Dr. rer. pol., Dipl.-Kfm., Vorstand d. Baden-Württbg. Bank AG, Stuttgart - Zu erreichen üb. Bad. Württbg. Bank AG, Stuttgart - Geb. 19. Juli 1934 Gosheim - AR-Vors. Brauerei Cluss AG, Heilbronn, u. Eisen- u. Drahtwerk Erlau AG, Aalen; st. AR-Vors. ZEAG Zementwerk Lauffen - Elektrizitätswerk Heilbronn AG, Heilbronn; AR Hüller-Hille GmbH, Ludwigsburg u. Südwestdt. Salzwerke AG, Heilbronn; VR Maschinenfabrik Diedesheim GmbH, Mosbach; Beiratsvors. Richard-Drautz-Stiftung Firma J. Weipert & Söhne GmbH & Co. KG, Heilbronn, u. GVG Grundstücksverw.ges. mbH Heilbronn; Beirat Papier Union GmbH & Co. KG, Frankfurt.

MATTHÄUS-MAIER, Ingrid, geb. Matthäus

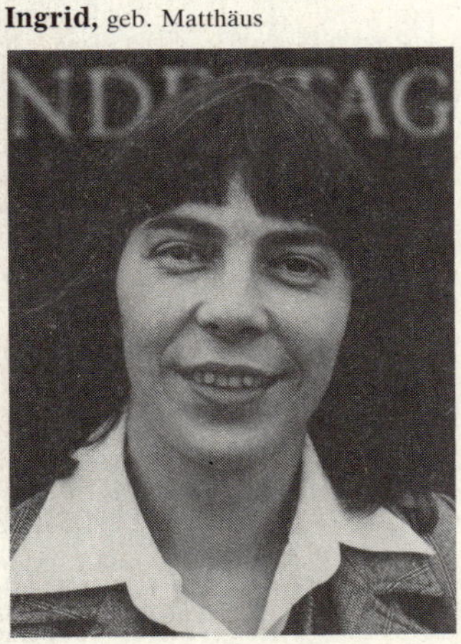

Richterin, MdB (s. 1976; Landesliste NRW/SPD) - Am Paddenhofen 4, 5205 Sankt Augustin 1 - Geb. 9. Sept. 1945 Werlte (Vater: Heinz-Günther M., techn. Angest.; Mutter: Helmtraud, geb. v. Hagen, Chemotechn.), verh. s. 1974 m. Dipl.-Math. Robert M., 2 Kd. (T., S.) - B. 1982 FDP (ausgetr.; 1972 Bundesvors. Jungdemokraten, s. 1974 Mitgl. Landes- u. Bundesvorst.); s. Ende 1982 SPD; Jan.-Okt. 1988 Vors. d. 2. Untersuchungsaussch. d. Dt. Bundestages z. Unters. d. Atomskandals; s. Sept. 1988 stv. Fraktionsvors. u. Vors. d. Arbeitskreises Finanzpolitik d. SPD-Bundestagsfrakt. - Spr.: Engl., Franz.

MATTHEIS, Gregor

Dr., Rechtsanwalt, Vorstandsmitglied Raab Karcher AG, Essen - Lüdemannsweg 6, 4650 Gelsenkirchen-Buer (T. 0209 - 37 96 66) - Geb. 29. März 1933 Gelsenkirchen, kath., verh., 2 Kd. (Dorothee, Christoph) - Stud. Rechts- u. Staatswiss.; 1. Refer.-Ex.; 2. Ass.-Ex. - Wirtsch.-Jurist Ruhrgas AG, Essen; Chefjustitiar Erdgas Münster; Generalbevollm. Veba Oel AG, Gelsenkirchen - Liebh.: Musik, Sport - Spr.: Engl., Franz.

MATTHES, Dieter

Dr. phil. nat., Prof., Zoologe - Schleifweg 53, 8525 Uttenreuth - Geb. 21. Aug. 1919 Auerbach/Vogtl. (Vater: Oskar M., Studienrat i. R.; Mutter: Gertrud, geb. Berndt), ev., verh. s. 1972 m. Dr. Carla, geb. Mattner, 4 Kd. (Tobias, Cornelia, Fabian, Manuel) - Stud. Zool., Botanik, Chemie. Promot. 1948 - S. 1962 (Habil.) Lehrtätigk. Univ. Erlangen-Nürnberg (1968 apl. Prof.); 1970 Wiss. Rat u. Prof.; 1973 Abt.vorst.; 1978 Extraordinarius; 1985 Lehrstuhlvertr. - Spez. Arbeitsgeb.: Morphologie, Ökologie u. Systematik d. Protozoen, Tiersoziol., Sexualbiol. d. Insekten - BV: Wimpertiere, 1966 (m. F. Wenzel); Tiere miteinander, 1967; Vom Liebesleben d. Insekten, 1972; Plagegeister d. Menschen 1974 (m. Dr. Carla Matthes); D. Felsenküste d. Adria, 1976; Tiersymbiosen, 1978; Seßhafte Wimpertiere, 1982; Tierische Parasiten, 1988. 180 Einzelarb. Herausg.: Archiv f. Protistenkd.; Protozoenfauna (14 Bde) - Spr.: Engl.

MATTHES, Eckhard

Dr. phil., Direktor Inst. Nordostdt. Kulturwerk Lüneburg (s. 1982) - Korb 28, 2120 Lüneburg (T. 04131 - 4 64 11) - Geb. 6. Juli 1940 Hamburg (Vater: Prof. Dr. Walther M.), verh. s. 1980 m. Irmgard, geb. Böhler, 2 Söhne (Nikolaus, Stephan) - Stud. Hamburg, Heidelberg, Berlin, Leningrad; M.A. 1972 FU Berlin; Promot. 1978 FU Berlin - 1966-69 Sem. f. osteurop. Gesch., Osteuropa-Inst. FU Berlin; 1969/70 Forsch.aufenth. Univ. Leningrad/UdSSR; 1971-82 Wiss. Angest. Univ.-Außenamt FU Berlin - BV: D. veränderte Rußl. Studien z. dt. Rußlandverständnis im 18 Jh. zw. 1725 u. 1762, 1981 - Spr.: Engl., Russ.

MATTHES, Franz

Dr., Hauptgeschäftsführer Bundesverb. Dt. Kartoffelbrenner, Geschäftsf. Verb. Bayer. Landw. Brennereien - Schmaedelstr. 2, 8000 München 60 - Geb. 11. Juli 1930 Nürnberg - Stud. Landwirtsch. TU München-Weihenstephan.

MATTHES, Günter

Journalist - Potsdamer Str. 87, 1000 Berlin 30 (T. 030 - 2 60 09-0) - Geb. 31. Dez. 1920 Leipzig (Vater: Richard M., Beamter), ev., verh. s. 1946 m. Else, geb. Rösner, 2 Söhne (Dieter, Ulrich) - Mitgl. Chefredakt. D. Tagesspiegel, Berlin, 1970-72 Vors. Berliner Presse Club - BV: Samml. v. Glossen: Am Rande bemerkt, 3. A. 1960-63; Berliner Spitzen, 2. A. 1976/77; Berliner Spitzen II, 1980 - 1966 Theodor-Wolff-Preis; 1968 BVK II., 1979 I. Kl. - Gold. Sportabz. - Spr.: Engl.

MATTHES, Joachim

Dr. phil., o. Prof. f. Soziologie - Badstr. 1a, 8500 Nürnberg - Geb. 1. Juni 1930 Magdeburg, ev. - 1949-55 Freie Univ. Berlin (Phil., Soziol., Rechtswiss.). Promot. Berlin; Habil. Münster - B. 1960 Ev. Akad. Loccum (Wiss. Ref.), anschl. Wiss. Inst. Diakon. Werk EKD Bonn (Wiss. Ref.), dann Sozialforschungsst. Dortmund/Univ. Münster (Ref. Abt.-leit., 1967 Dir.), 1964-67 Päd. Hochsch. Ruhr/Abt. Hagen (o. Prof. f. Soziol. u. Sozialpäd.), s. 1967 Univ. Münster (o. Prof.), Bielefeld (1969) u. Erlangen-Nürnberg (1976); 1979-82 Vors. Dt. Ges. f. Soziol. - BV: D. Emigration d. Kirche aus d. Gesellschaft, 1964; Gesellschaftspolit. Konzeptionen im Sozialhilferecht - Z. Kritik d. neuen dt. Fürsorgegesetzgeb. 1961 (1965ff.); Religion u. Ges.-Einf. in d. Religionssoziol., Bd. I 1967; Kirche u. Ges.-Einf. in d. Religionsseoziol., Bd. II 1969; Einf. in d. Stud. d. Soziol., 1973 u. 1981. Div. Herausg., dar. m. a. Intern. Jahrb. f. Religionssoziol., Alltagswissen, Interaktion u. gesellschaftl. Wirklichkeit, 1973 u. 1981.

MATTHES, Karl J.

Dr. med., Internist, Prof. Univ. Gießen - Klinikstr. 36, 6300 Gießen - Geb. 16. Dez. 1931 Leipzig (Vater: Prof. Karl H. M.; Mutter: Hedwig, geb. Weiss), ev., verh. s. 1965 m. Doris, geb. Stemper († 1978), s. 1981 m. Bettina, geb. Kemkes, 4 Kd. (Karl, Katharina, Elisabeth, Karoline) - Stud. d. Med. u. Chemie Univ. Erlangen, Freiburg, Lausanne; Staatsex. u. Promot. 1954; Habil. 1966 - S. 1967 Univ. Gießen (1971 Prof.). Fachmitgl.sch. - BV: Biochemische Untersuchungen z. Pathol. d. Leberstoffwechsels b. menschl. Lebererkrankungen, 1968. Fachveröff. In- u. Ausl. - Liebh.: Reisen, Fotogr., Gesch. - Spr.: Engl., Span., Franz., Ital.

MATTHES, Siegfried

Dr. rer. nat. (habil.), em. o. Prof. f. Mineralogie - Trautenauer Str. 52, 8700 Würzburg (T. 0931 - 7 56 35) - Geb. 7. Sept. 1913 Pausa/Vogtl., ev., verh. s. 1953 m. Ursula, geb. Vogel, 2 Töcht. (Uta, Heike) - Univ. Leipzig u. Berlin - 1940-44 Wehrdst., 1944/45 Freistellung f. Forsch.aufgabe z. Asbestsynthese als wiss. Assist. am Mineralog. Inst. Univ. Leipzig; 1950-55 Privatdoz. Univ. Frankfurt/M.; s. 1955 ao. u. o. Prof. (1962-81) Univ. Würzburg (Dir. Mineral. Inst.). Spez. Arbeitsgeb.: Mineralogie, Petrologie - BV: Mikroskopie d. techn. nutzbaren Asbeste, in: H. Freund, Handb. d. Mikroskopie in d. Technik, 1955; Mineralogie - e. Einf. in d. spezielle Mineralogie, Petrologie u. Lagerstätttenkunde, 2. A. 1987; Spessart, Sammlung geol. Führer (m. M. Okrusch), 2. A. 1987. Zahlr. Fachveröff. - Spr.: Engl., Ital.

MATTHES, Werner

Dr. jur., Rechtsanwalt, Geschäftsf. Bundesverb. d. Dt. Hefeindustrie - Schaumkrautweg 2-4, 2000 Hamburg 65.

MATTHESS, Georg

Dr. rer. nat., Prof. f. Hydrogeologie - Geologisch-Paläontol. Institut, Olshausenstr. 40, 2300 Kiel (T. 880 28 58) - Geb. 28. Febr. 1932 Darmstadt, verh. s. 1961 m. Helga, geb. Reineck, 2 Kd. (Volker, Barbara) - Stud. Darmstadt - 1957-73 Hess. Landesamt f. Bodenforsch. Wiesbaden, s. 1973 Univ. Kiel - BV: D. Beschaff. d. Grundwassers, Lehrb., Bd. 2, 1973 (engl. Übers.: The Properties of Groundwater, 1981); Allgem. Hydrogeologie - Grundwasserhaushalt (m. Karoly Ubell), Lehrb., Bd. 1, 1983 - Spr.: Engl.

MATTHESS, Walter

Verleger, Werbefachmann - Dohnenstieg 20, 1000 Berlin 33 - Geb. 4. Okt. 1903 Zwickau/Sa. (Vater: Emil M., Justizbeamter; Mutter: geb. Mosig), verh. in 2. Ehe (1949) m. Lydia, geb. Höfner, 4 Kd. (Jutta, Thomas, Peter, Michael) - Obersch.; Buchhändlerlehre - Werbeleit. Verlagswesen (u. a. Querschnitt u. Vogue); gegenw. Hauptgesellsch. Dorland GmbH u. Dorland Werbeagentur Berlin, Hauptges. u. Geschäftsf. Haus d. Werbung GmbH. & Co. KG. Berlin, Mitglied Weltwirtschl. Ges. - 1964 BVK - Liebh.: Sport (Tennis, Schwimmen, Ski) - Rotarier - Spr.: Engl.

MATTHEUS, Bernd

Schriftsteller (Ps. Elena Kapralik, Franz Loechler, Eike Hühnermann) - Zu erreichen üb. Matthes & Seitz Verlag, Mauerkircherstr. 10, 8000 München 86; priv.: Kassel - Geb. 8. März 1953 Eisenach - BV: Jede wahre Sprache ist unverständlich, 1977; Antonin Artaud. Leben u. Werk d. Schausp., Dichters u. Regiss., 1977; (m. K. Kollmann) Briefe üb. d. Spr., 1978; D. Augen öffnen sich im Unklaren u. schließen sich im Verdunkelten, Notizen, 1980; Georges Bataille. E. Thanatographie I, 1984; Heftige Stille. Andere Notizen, 1986; Georges Bataille. E. Thanatographie II, 1988; Herausg. (m. A. Matthes): Ich gestatte mir d. Revolte, (1985). Versch. Übers. aus d. Franz. - Spr.: Franz.; Engl. - Lit.: Dt. Literatur-Lex., Bd. 10, 3. A. 1985; Kürschners dt. Literurkalender, 59. Jg., 1984; The Intern. Authors and Writers Who's Who, Cambridge, 10. A. 1985/86

MATTHIAS, Klaus

Dr. phil., Studiendirektor Inst. f. Literaturwiss. Univ. Kiel (s. 1967) - Konsulweg 5, 2409 Scharbeutz/Ostsee - Geb. 1. Juni 1929 Lübeck, verh. s. 1960 m. Gabriele, geb. Delbrück (Studiendir.), 4 Töcht. (Renate, Claudia, Bettina, Julia) - Human. Gymn. Lübeck; Stud. Lit.wiss., Musikwiss. u. Gesch. Kiel; 1. Staatsex. 1954; Promot. 1956; 2. (päd.) Staatsex. 1957; Zweitstud. Kunstgesch. Kiel - 1955-67 Lehrtätigk. Gymn.; Tätigk. Musik- u. Literaturkritiker u. s. 1981 Museumspäd. Lübeck; 1965 Gründ. Th. Mann-Ges., Lübeck (Vors. b. 1974); 1971 Org. u. Leit. H. Mann-Tagung, Lübeck; 1985 Gründ. u. wiss. Leit. Th. Mann-Archiv Lübeck; 1989 Th. Mann-Akad. am TM-Archiv Lübeck - BV: D. Musik b. Th. Mann u. H. Hesse, 1956; Stud. z. Werk Th. Manns, 1967; Th. Mann u. Skandinavien, 1969; H. Mann 1871/1971 (Herausg.), 1973. Div. Veröff. üb. Th. Mann, Th. Fontane, C.F. Meyer, Sudermann/Kerr, St. Zweig, M. Frisch, Mozart, Beethoven, z. Musik-Erzähllit., Musikgesch. Lübecks, Neuen Musik, Mod. Arch. Veröff. v. Lyrik. - Spr.: Lat., Griech., Engl.

MATTHIAS, Max

Vorsitzender Fachverb. Dt. Klavierindustrie (s. 1989) - Friedrich-Wilhelm-Str. 31, 5300 Bonn 1.

MATTHIES, Frank-Wolf

Schriftsteller - Zwinglistr. 39, 1000 Berlin 21 (T. 030 - 391 33 10) - Geb. 4. Okt. 1951 Berlin, verh. s. 1977 m. Petra, geb. Neumann, 4 Kd. (Anne, Jenny, Franz-Jule, Gustav) - Abit.; Ausb. Kunstschlosser - Kontenf., Dispatcher, Schuster, Taxifahrer, Leichenwäscher, Kameramann, Fernmeldemech., Filmvorf. - BV: Morgen, 1979; Unbewohnter Raum m. Möbeln, 1980; F. Patricia im Winter, 1981; Exil, 1983; Tagebuch Fortunes, 1985; Stadt, 1985; Stadt, 1986; D. Märchen v. Franz Lövenhertz, 1987; Gelächter, 1987; D. Sehn-Sucht, 1987; Inventar d. Irrtümer, 1988 - 1984-85 Villa Massimo, Stip. f. Lit., Rom - Liebh.: Lit., Phil. - Spr.: Russ., Lat., Franz., Engl.

MATTHIES, Hans-Jürgen

Dr.-Ing., o. Prof. u. Direktor Inst. f. Landmaschinen TH d. TU Braunschweig (s. 1958), Vors. VDI-Fachgruppe Landtechnik (1983-88), Mitgl. Braunschw. Wiss. Ges. (s. 1974), 1966/68 Dekan Fakultät Maschinenb. u. Elektrotechn., 1978/79 Rektor Techn. Univ. Braunschweig - Wöhlerstr. Nr. 15, 3300 Braunschweig - Geb. 9. Nov. 1921 Teterow/Meckl. (Vater: Ernst M., Fabrikbes.; Mutter: Helene, geb. Klement), ev., verh. s. 1944 m. Ursula, geb. Benz - N. Wehrdst. TH Berlin u. Stuttgart - Zul. Chefkonstrukteur Gebr. Welger, Wolfenbüttel. Im II. Weltkr. Oblt. u. Batterief. Mehrere Patente u. Gebrauchsmuster. Zahlr. Fachveröff., darunt. D. Strömungswiderstand b. Belüften landw. Erntegüter (VDI-Forschung, H. 454 1956) - BV: Einf. in d. Ölhydraulik, 1984 - Spr.: Engl.

MATTHIES, Horst

Dr. rer. nat., Vorstandsmitglied Preussag AG, Hannover, Vors. d. Geschäftsführung VTG Vereinigte Tanklager u. Transportmittel GmbH, Hamburg - Siegrunweg 45b, 2000 Hamburg 56 (T. 81 58 55) - Geb. 22. Febr. 1932 Braunschweig - Stud. Volksw.

MATTHIESEN, Hinrich

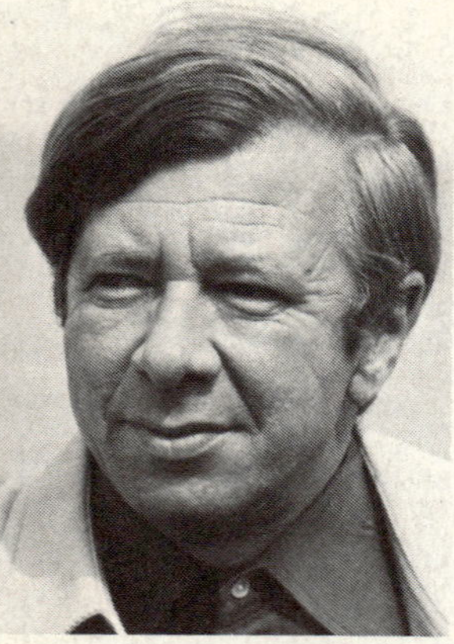

Schriftsteller - Uasterjen, 2280 Morsum/ Sylt (T. 04654 - 6 10) - Geb. 29. Jan. 1928 Westerland/Sylt (Vater: Meinert M., Kapitän; Mutter: Hilda, geb. Jacobsen), ev., verh. s. 1953 m. Gondel, geb. Behrends, T. Svendine - Obersch. Lübeck; Univ. Kiel u. Valparaiso/Chile - 1950-54 Lehrer, 1954-57 Lehrer in Chile, 1962-74 in Mexiko - BV: Minou, R. 1969; Blinde Schuld, R. 1970; Tage, d. aus d. Kalender fallen, R. 1972; D. Skorpion, R. 1974; Acapulco Royal, R. 1976; Tombola, R. 1977; D. Variante, R. 1978; D. Mestize, R. 1979; Verschlungene Pfade, Erz. 1979; Brandspuren, R. 1981; Reifezeit, Erz. 1981; D. Ibiza-Spur, R. 1981; Mit dem Herzen einer Löwin, R. 1983; Unter dem Mond von Veracruz, Erz. 1983; D. Barcelona-Affäre, R. 1983; Fluchtpunkt Yucatán, R. 1984; I. den Fängen d. Nacht, R. 1984; D. Málaga-Mann, R. 1984; D. Canasta-Trick, R. 1985; D. Gift, R. 1986; D. Córdoba-Testament, R. 1986; Vabanque, R. 1987; VX, R. 1988 - Liebh.: Reisen, Gesch. u. Kultur Lateinamerikas - Spr.: Engl., Span., Fries. als Mutterspr. - Lit.: Who's who in Lit. 1978/79; Kürschners dt. Lit.-Kal., 1973; Schriftst. in Schl.-Holst. heute, 1980.

MATTHIESEN, Klaus

Minister f. Umwelt, Raumordnung u. Landwirtschaft Nordrh. Westf. - Schwannstr. 3, 4000 Düsseldorf (T. 0211 - 4 56 60) - Geb. 15. Febr. 1941 Gangerschild, ev., verh. - Mittelsch.; Ausbild. Bundespost; Fachhochsch. f. Sozialarb. (8 Sem.). Staatsex. Kiel - 1968ff. Studienleit. Grenzakad. Sankelmark (Erwachsenenbild.); b. 1983 MdL Schlesw.-Holst.; 1983-85 Landwirtschaftsmin. NRW. SPD s. 1962 (1973-83 Oppositionsf. Schlesw.-Holst.).

MATTHIESSEN, Kjeld

Dr. phil., Prof. f. Klass. Philologie - Heinrich-von-Stephan-Ring 34, 4400 Münster (T. 61 49 89) - Geb. 21. Juli 1930 Bad Oldesloe (Vater: Hugo M., Archit.; Mutter: Grete, geb. Nölke, Archit.), verh. s. 1962 m. Hildegard, geb. Martin, 2 S. (Kai, Holger) - Katharineum Lübeck; Univ. Kiel, Tübingen, Münster, Hamburg; Promot. Hamburg - 1960-65 Wiss. Mitarb. Lexikon frühgriech. Epos, 1965-70 Wiss. Assist. Münster, 1970 Habil., 1962-63 Forsch.-saufenth. Italien, 1968-69 USA - BV: Elektra, Taurische Iphigenie, Helena, 1964; Stud. z. Textüberlief. d. Hekabe d. Euripides, 1974.

MATTHIESSEN, Peter

Landrat a. D., MdL Schlesw.-Holst. (1967-75) u. a. - Pünstorfer Str. 96, 2210 Itzehoe (T. 7 81 49) - Geb. 17. Jan. 1907 Kiel (Vater Theodor M., Justizrat; Mutter: Elisabeth, geb. Grühn), ev., verh. s. 1957 m. Dr. Gisela, geb. Botsch, 2 Kd. (Juliane, Matthias) - Realgymn. Univ. Marburg, Jena, Kiel (Rechts- u. Staatswiss.) - Reg.-Ref., -Ass., -Rat, Landrat Eckernförde u. Itzehoe. Wehrdst. u. sowjet. Kriegsgefangensch. (1945-54). CDU s. 1957 - 1973 Gr. BVK - Spr.: Engl. - Rotarier.

MATTHÖFER, Hans

Dipl.-Volksw., Bundesminister a.D., Vorstandsvors. Beteiligungsges. f. Gemeinwirtschaft (BGAG), Frankfurt/M. - Schreyerstr. 38, 6242 Kronberg/Taunus (T. 7 93 34) - Geb. 25. Sept. 1925 Bochum (Vater: Johann M., Fabrikarbeiter; Mutter: Eva, geb. Elz), kath., verh. s. 1951 m. Traute, geb. Mecklenburg - Volkssch.; n. Sonderreifeprüf. Stud. Wirtschafts- u. Sozialwiss. Wisconsin u. Frankfurt - Stahlind., 1942-43 Arbeits-, 1943-45 Wehrdst. (Panzergrenadiere; zul. Uffz.) u. Gefangensch., Werkstud., 1953-57 IG Metall (Abt. Wirtschaft), 1957-60 OECD (Missionsmitgl. Washington); 1961-72 IG Metall (Leit. Abt. Bildungswesen). 1971-73 Präs. Dt. Stiftung f. Entwicklungsländer. 1961-87 MdB; 1972-74 Parlam. Staatssekr. Bundesmin. f. wirtschaftl. Zusammenarbeit. 1974-78 Bundesminister f. Forschung u. Technologie. 1978-82 Bundesmin. d. Finanzen; 1982 Bundesmin. f. d. Post- u. Fernmeldewesen; s. 1987 Chef d. Gewerkschaftsholding BGAG. SPD s. 1950 (1973-87 Mitgl. d. Parteivorst.; 1985-87 Schatzmeister d. Partei) - BV: D. Unterschied zw. Tariflöhnen u. d. Effektivverdiensten in d. Metallind. d. Bundesrep., 1956; Technological change in the metal Industries (2 T.), 1961/62; D. Beitrag pol. Bild. z. Emanzipation d. Arbeitnehmer - Materialien z. Frage d. Bildungsurlaubs, 1970; Streiks u. streikähnl. Formen d. Kampfes d. Arbeitnehmer im Kapitalismus, 1971; F. e. menschl. Zukunft - Sozialdemokrat. Forschungs- u. Technologiepolitik, 1976; Humanisier. d. Arbeit u. Produktivität in d. Industrieges., 1977. Zahlr. Art. zu Fragen d. Gewerksch.-, Finanz- u. Entwickl.-Politik. Herausg.: Ztschr. links (1951-53), Expres Español (b. 1972), Vorwärts (1985ff.) - 1973 Gran Oficial de la Orden de Bernardo O'Higgins (Chile); 1982 Großkreuz d. BVO; 1984 Gran Cruz del Merito Civil (Spanien); 1985 Gran Maestre de la Orden del Mayo al Mérito (Argentinien) - Liebh.: Schach - Spr.: Engl., Span.

MATTHYS, Heinrich

Dr. med., Prof., Ärztl. Direktor Abt. Pneumologie Med. Univ.klinik Freiburg - Hugstetterstr. 55, 7800 Freiburg (T. 270 38 06) - Geb. 24. März 1935 Zürich - BV: Med. Tauchfibel; Lungenkrankh., Schlafstörungen - Spr.: Engl., Franz., Ital.

MATTICK, Wolfgang

Dipl.-Ing., Vorstandsmitglied Brown, Boveri & Cie. AG., Mannheim (s. 1971) - Telemannstr. 4, 6940 Weinheim/ Bergstr. - Geb. 25. Aug. 1920 Dresden - Zul. stv. Vorstandsmitgl. BBC (S. auch Nachtrag). Vors. Fachgem. Kraftmasch./ VDMA, Frankfurt/M.

MATTIG, Edmund

Verw.-Angestellter, MdA Berlin (1975-79) - Herthastr. 1n, 1000 Berlin 33 - Geb. 19. April 1929 Dömitz/Elbe - 1961-74 Informationszentrum Berlin (zul. stv. Leit.); 1971-75 Bez.verordn.-Vorsteher Wilmersdorf; s. 1974 stv. Leit. d. Verwaltung im Reichstagsgebäude Berlin d. Dt. Bundestages u. Leit. d. hist. Ausst. Fragen an d. Dt. Geschichte. CDU (1975-77 Mitgl. Landesvorst.) - 1979 BVK a. Bde., 1989 BVK I. Kl.

MATTIG, Wolfgang

Dr. rer. nat., Prof. f. Astronomie (Sonnenphysik) - Schoeneckstr. 6, 7800 Freiburg (T. 0761 - 3 73 49) - Geb. 22. Nov. 1927 Brandenburg (Vater: Max M., Schneidermstr.; Mutter: Hedwig M.), ev., verh. s. 1953 m. Ingrid, geb. Schaack, 2 T. (Claudia, Bettina) - Abit. Brandenburg, Dipl. 1953 Berlin, Promot. 1957 Berlin.

MATUSSEK, Paul

Dr. med., Dr. phil., Prof., ehem. Leiter Forschungsstelle f. Psychopathologie u. -therapie Max-Planck-Ges., München, Vorst. Stiftg. f. analytische Psychiatrie (s. 1987) - Keferstr. 5, 8000 München 40 (T. 34 45 11) - Geb. 1. Febr. 1919 Berlin - Univ. Breslau, Berlin, Heidelberg (Phil., Psych., Med.). Promot. 1944 (phil.) u. 46 (med.); Habil. 1952 - 1952-68 Privatdoz. u. apl. Prof. (1959); Univ. München (Psychiatrie) - BV: Metaphys. Probleme d. Med., 2. A. 1950 (span. 1953); Ideologie, Glaube u. Gewissen, 1965 (m. Egenter; auch franz., engl., span.); Endogene Depression, 1965 (m. Halbach u. Troeger); D. Konzentrationslagerhaft u. i. Folgen, 1971 (auch engl.); Kreativität als Chance, 1974; Psychotherapie schizophrener Psychosen (Hrsg.), 1976. Zahlr. Einzelarb. Mitarb.: Ztschr. f. psychosomat. Med. (1954ff.).

MATUZ, Josef Eugen

Dr. phil., Docteur en Etudes Orientales, Prof. f. Osmanistik u. Turkologie - Sundgauallee 21, 7800 Freiburg (T. 8 52 91) - Geb. 27. Okt. 1925 Budapest/ Ung. (Vater: Josef Wagner, Archit.; Adoptivv.: Ladislaus M.; Mutter: Etelka, geb. Kovács), ev.-ref., verh. s. 1949 m. Klara, geb. Csákóy - Univ. Budapest, Frankfurt, Freiburg, Straßburg (Turkolog., Persistik, Arabistik, Mongolistik, Hungarolog., Gesch., Phil.); Dipl. Lehramt Höh. Sch. (Gesch.) 1954 Budapest; Promot. 1961 u. 1965; Habil. (Osmanistik u. Turkolog.) 1972 Freiburg; Läng. Orientaufenth. (Türkei, Libanon, Syrien, Ägypten) - 1948-51 Ref. ungar. Verteid.min.; 1951-53 Wiss. Mitarb. Militärhist. Archiv Budapest; 1953-56 Leit. Gesch.wiss. Abt. Ges. z. Verbreitung wiss. Kenntn. Budapest; 1957-61 Sozialpäd. Darmstadt, Düsseldorf, Köln; 1962-63 Orient. Sem. Univ. Freiburg; 1963-64 Centre National de la Recherche Scientifique, Paris-Straßburg; 1964-68 Lektor Orient. Sem. Univ. Freiburg; 1968-70 Habil.stip. DFG; 1970-73 Lektor u. Priv.doz. Orient. Sem. Univ. Freiburg; 1973-75 Univ. Doz.; 1975-76 Ref. Orient-Inst. Dt. Morgenl. Ges. Beirut; 1975-78 apl. Prof. Orient. Sem. Univ. Freiburg; s. 1979 Prof. Orient. Sem. Univ. Freiburg - Entd.: Handschr. Quellen u. Urkunden z. Gesch. d. islam. Völker, (osman. Türken) - BV: Herrscherurk. Sultan Süleymáns d. Prächtigen (1520-1566), 1971; D. Kanzleiwesen Sultan Süleymáns d. Prächtigen, 1974; D. Osman. Reich, Grundlinien seiner Gesch., 1985; u. a. Buchveröff.; div. Fachaufs. in Deutsch, Franz., Engl., Türk., Ungar. - 1973 Ehrenurk. d. Türk. Staatsmin.

MATZ, Guenther

Dr. phil. nat., Dipl.-Phys., Prof. Univ. Dortmund - Teschensudberg 45a, 5600 Wuppertal 12 (T. 47 38 66) - Geb. 14. Mai 1920 Braunschweig (Vater: Dr.-Ing. Werner M.; Mutter: Hertha, geb. Schluttig), ev., verh. s. 1951 m. Helga, geb. Mueller, 2 Kd. (Richard, Konstanze) - Univ. Frankfurt (Dipl. 1948, Promot. 1950) - S. 1978 Hon.-Prof. Dortmund; 1950-57 techn. Physiker Bayer Leverkusen; 1957-78 Aufbau d. verf.-techn. Abt. Bayer Elberfeld; s. 1978 Forsch. Verf.technik (therm. Trennverf.). Mitbegr. Fachaussch. Kristallisat. Ges. f. Verf.technik u. Chemieing.wesen (GVC) im VDI (1976--82 Obmann). Pat. in Dtschl. u. USA - BV: D. Kristallisat. in d. Verf.technik, 1954; Berechn. v. gußeisernen emaillierten Druckbehältern, (m. P. Gayer) 1959; Kristallisat., Grundl. u. Technik, 1969; D. Thermodynamik d. Wärme- u. Stoffaustausches in d. Verf.technik, Bd. I u. II., 2. A. 1979 u. 80. Üb. 60 Fachveröff. - 1983 VDI-Ehrenmed. - Liebh.: Gesch. - Spr.: Engl., Franz.

MATZ, Johanna (Hannerl)

Schauspielerin - Opernring 4, A-1010 Wien (T. 52 17 97) - Geb. 5. Okt. 1932 Wien, verh. I) 1956-77 m. Dr. med. Karl Hackenberg (Arzt), Sohn Daniel Stefan, II) 1982 Harry Wutzler (Großhandelskfm.) - Ballettunterr.; Akad. f. Musik u. darstell. Kunst u. Reinhardt-Sem. Wien - S. 1950 Burgtheater Wien. Filme: Asphalt, D. alte Sünder, Maria Theresia, Du bist d. Schönste f. mich, D. Försterchristel, D. Gr. Zapfenstreich, Ich tanze mit dir in d. Himmel hinein, D. Jungfrau auf d. Dach (1953 Hollywood), Arlette erobert Paris, D. Perle v. Tokay, Alles f. Papa, Ingrid, d. Gesch. e. Fotomodells, Reich mir d. Hand, mein Leben, D. Kongreß tanzt, Regine, . . . und führe uns nicht in Versuch., Es wird alles wieder gut, Im Prater blüh'n wied. d. Bäume, Hoch klingt d. Radetzky-Marsch, D. Dreimäderlhaus, D. unvollk. Ehe, Frau Warrens Gewerbe, D. Leben beginnt um 8, D. glückl. Jahre d. Thorwalds, D. ganze Welt ist himmelblau, Rote Lippen soll man küssen, Ruf d. Wälder, D. Kapitän u. a.; Fernsehen - 1966 Kammerschausp.

MATZAT, Hartmut

Prof. Univ. Kassel - Dahlmannstr. 5, 3400 Göttingen (T. 0551 - 79 44 79) - Geb. 12. April 1936 Königsberg (Vater: Herbert M.; Mutter: Hedwig, geb. Paul), verh. s. 1974 m. Dr. Antje, geb. Walther, 2 Kd. (Moritz, Talena) - 1956-62 Stud. Hamburg, London, Göttingen; Engl. Spr. u. Lit., Sport, Päd., Psych.; 1968-73 Zahnmed. Göttingen - 1964-67 Studienrat Bremen; s. 1974 Prof. Kassel (1976-77 Dekan FB Intern. Agrarwirtsch.). 1977 Gastprof. Univ. of Brit. Columbia, Vancouver - BV: A Practical Approach to College a. University Teaching, UBC Vanvouver, 1979.

MATZAT, Wilhelm

Dr. phil. nat., Prof. f. Siedlungsgeographie - Buschackerweg 8, 5300 Bonn 1 (T. 64 44 90) - Geb. 19. Okt. 1930 Tsingtau/ China (Vater: Willy M., Missionar; Mutter: Dorothea, geb. Werdermann), ev., verh. s. 1967 m. Karla, geb. Reetz, 3 S. (Mathias, Georg, Lorenz) - Stud. Erlangen, Worcester/USA, Göttingen, Frankfurt - 1961-69 Wiss. Assist. Geogr. Inst. Univ. Frankfurt, s. 1970 Prof. Univ. Bonn - Herausg. d. Reihe: Studien u. Quellen z. Gesch. Schantungs u. Tsingtaus - Spr.: Engl.

MATZEL, Klaus

Dr. phil., o. Prof. f. Dt. Philologie Univ. Regensburg (s. 1968) - Carl-Thiel-Str. 12, 8400 Regensburg - Geb. 11. Okt. 1923 Borsdorf/Sa. (Vater: Hellmuth M., Offz.), verh. s. 1956 m. Renate, geb. Langer, 2 Kd. - Promot. 1957; Habil. 1968 - Fachveröff. - Lit.: Festschr. f. K. M. (1984).

MATZEN, Hans

Reisebüro-Kaufmann, Direktor Dt. Reisebüro GmbH (DER), Direktion Frankfurt/M. - Weilbächer Wälder, 6239 Langenhain (T. 06192 - 89 49) - Geb. 22. Juni 1936 Frankfurt/M.

MATZEN, Oscar H. F.

Kaufmann - Ferdinand-Ancker-Str. 11, 2000 Hamburg 52 (T. 82 44 88) - Geb. 3. Nov. 1901 - 1925 Mitbegr. Hbg. Handelshaus Matzen & Timm. Handelsrichter a. Landgericht Hamburg. Gilt als e. d. besten Kenner d. Westafrika-Geschäfts.

MATZKER, Joseph

Prof., Dr. med., Chefarzt Hals-Nasen-Ohrenklinik Städt. Krankenanstalten Köln - Neufelder Str. 32, 5000 Köln 80 - Geb. 17. Febr. 1923 Hirschberg (Riesengebirge) - S. 1957 Privatdoz. u. apl. Prof. (1963) Univ. Mainz. Über 150 Veröffentl. - BV: E. binauraler Hörsynthese-Test z. Nachweis zerebraler Hörstörungen (1958); Ärztl. Rat f. Kehlkopflose (1975) - BVK I. Kl.

MATZKER, Reiner

Dr. phil., Verleger - Jugendweg 6a, 1000 Berlin 13 - Geb. 24. Juni 1953 Gretesch - Stud. Univ. Berlin, Wien (German., Relig.wiss.); Promot. 1984 - BV: D. nützliche Idiot. Wahnsinn u. Initiation b. Jean Paul u. E.T.A. Hoffmann, 1984; D. Attraktor, 1987. Herausg. d. kulturwiss.-relig.phil. Reihe „sog.". Mithrsg. d. Reihe Forschungsberichte z. German. Medienwiss.

MATZNER, Egon

Dr., Prof., Direktor Wissenschaftszentrum Berlin f. Sozialforsch., Forschungsschwerp. Arbeitsmarkt u. Beschäftigung (II MV) - Beerenstr. 36, 1000 Berlin 37 (T. 030 - 801 30 48) - Geb. 2. März 1938 Klagenfurt, verh. s. 1984 m. Gabriele, geb. Holzer, 3 Kd. (Jörg, Robert, Sissela) - Stud. Betriebs- u. Volkswirtsch. Wirtschaftsuniv. Wien; Dipl.-Kfm. 1960; Doktor d. Handelswiss. 1961 - 1970 Doz. f. Volkswirtsch. u. Finanzwiss. Univ. Linz; 1962/63 Direktionssekr. Bank f. Arb. u. Wirtsch.; 1966/67 Research Fellow Inst. for Intern. Economic Stud. Univ. Stockholm; 1970/71 Dir. Kommunalwiss. Dokumentationszentrum Wien; 1972-84 Vorst. Inst. f. Finanzwiss. u. Infrastrukturpolitik TU Wien - BV: Trade between East and West: The Case of Austria, 1970; D. Wohlfahrtsstaat v. morgen: Entwurf e. zeitgemäßen Musters staatl. Investitionen, 1982. Herausg. (m. Jan Kregel u. A. Roncaglia): Barriers to Fullemployment (1988) - 1956 Österr. Jugendm. im 3 x 1000 m Staffellaufen; 1957 Wiener Meister im Geländelauf - 1962 Theodor-Körner-Preis Wien- Spr. Engl., Franz., Schwed.

MATZNER, Franz

Dr. agr. (habil.), Prof., Extraordinarius f. Weinbau u. Kellerwirtsch. TU München - 8050 Freising-Weihenstephan/Obb.; priv.: Hittostr. 6, 8050 Freising - Geb. 16. Aug. 1919 Spansdorf - S. 1967 apl. Prof. TU München (Fak. f. Landw. u. Gartenbau). Zahl. Fachveröff.

MATZNETTER, Josef

Dr. phil., em. Prof. f. Wirtschaftsgeographie - Am Berg 5, 8781 Motten - Geb. 13. März 1917 Wien (Vater: Josef M., Oberamtsrat; Mutter: Aloisia, geb. Lustig), kath., verh. s. 1949 m. Dr. Thusnelda, geb. Bleyer, 2 Kd. (Peter, Hilma) - Univ. Wien (Geogr., Gesch.). Promot. (1939) u. Habil. (1956) Wien - S. 1956 Lehrtätigk. Univ. Wien (b. 1963; Dozent, 1962 ao. Prof.), Hochsch. f. Welthandel ebd. (1957-63; Doz.), Univ. Frankfurt/M. (1963ff., Dekan (1974-76), Gast-Doz. Univ. Basel (1980), Research Vis.-Prof. Nat. Taiwan Univ. (1987/88); 1970-82 Vors. Frankf. Geogr. Ges., 1972-80 Chairman Arb.gruppe Geography of Tourism a. Recreation, Intern. Geogr. Union. Spez. Arbeitsgeb.: Geogr. d. Atlant. Inseln sow. d. westl. u. südl. Afrika, Brasiliens u. Taiwans. Zahlr. Fachmitgliedsch. - BV: D. Kanar. Inseln - Wirtschaftsgesch. u. Agrargeogr., 1958; D. Seeverkehr d. Kanar. Inseln, 1958; Siedlungsgeogr.-Südafr. (Koautor), 1984; Wandel u. Beharren, Autobiogr., 1987. Herausg.: Polit. Geogr. (1977) - Mitgl. Inst. de Estudios Canarios Univ. La Laguna (1956) u. Soc. de Geogr. Lissabon (korr.; 1958) - Spr.: Engl., Span., Portugies., Ital., Franz.

MATZNETTER, Thusnelda,

verw. v. Engel

Dr. phil., Anthropologin - Meisenstr. 20, 6078 Neu-Isenburg 2 - Geb. 9. Aug. 1911 Triesch (Vater: Hans Bleyer, RA; Mutter: Maria, geb. Elster), kath., verh. s. 1949 m. Josef M., 2 Kd. (Wolf Peter, Hilma Maria) - Univ. Wien - Zahlr. Veröff. - 1958 Theodor Körner Preis Wien - Spr.: Engl., Portug., Russ., Tschech.

MAU, Günter

Dipl.-Ing., Prof., Schiffahrtssachverst., Honorarprof. f. Maschinenanlagen an Bord v. Schiffen TH Aachen - Sonnenholm 100, 2391 Westerholz b. Flensburg (T. 04636 - 7 45) - Geb. 28. Febr. 1915 Rostock (Vater: Friedrich M., Kaufm.), verh. s. 1939 m. Viktoria, geb. Wilcke, 2 Kd. (Günther, Viktoria) - Ing.sch. Bremen (Ex. 1940); TH Danzig (Diplom-Hauptprüf. 1944) - U. a. Hapag (zul. ltd. Ing.); 1952-69 Dir. Ingenieursch. Flensburg, 1970-78 Rektor Fachhochsch. Flensburg. Versch. Fachb., dar. zul.: Handb. Dieselmotoren im Kraftwerks- u.

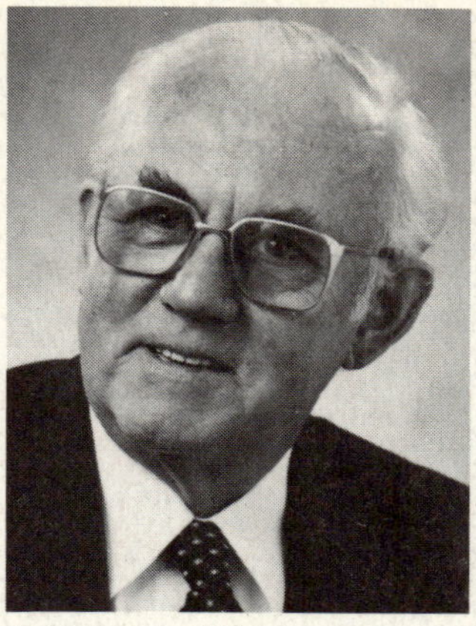

Schiffsbetrieb - Liebh.: Segelsport - Spr.: Engl.

MAU, Hans

Dr. med., em. o. Prof. u. Direktor Orthopäd. Univ.-Klinik Tübingen (s. 1963) - Burgholzweg 113, 7400 Tübingen - Geb. 15. Jan. 1921 Kiel - Promot. 1947 Hamburg; Habil. 1957 Heidelberg - 1957-63 Privatdoz. u. apl. Prof. (1962) Univ. Heidelberg. Fachmitgliedsch. - BV: Wesen u. Bedeut. d. enchondralen Dysostosen, 1958; Mau-Gabe: Sog. Säuglingskoliose u. ihre krankengymnast. Behandl., 1981; Ätiopathogenese d. Skoliose, 1982. Mithrsg.: Ztschr. f. Orthop. - Obmann Orthop. Akad. Naturforsch. u. Ärzte Leopoldina, Halle.

MAU, Jürgen

Dr. phil. (habil.), Prof., Akad. Oberrat Seminar f. Klass. Philologie Univ. Göttingen - Otto-Lauffer-Str. 35, 3400 Göttingen-Weende (T. 3 27 25) - Geb. 26. Sept. 1916 Straßburg, ev., verw. - U. a. Dt. Akad. d. Wiss. zu Berlin. Spez. Arbeitsgeb.: Elektron. Datenverarb. an lit. Texten - BV: Sexti Empirici opera, Bd. I u. II (griech.) 1958 (Leipzig); Plutarchi moralia, Bd. V, 2 (griech.) 1969. Herausg.: Galen, Einf. in d. Logik, 1960 - Spr.: Engl.

MAUCH, Elmar

Dr., Oberbürgermeister, Präs. Fremdenverkehrsverb. Neckarland-Schwaben, Heilbronn - 6990 Bad Mergentheim - Geb. 19. April 1927 - Rd. 30 Ehrenämter auf kommun., Kreis- u. regionaler Ebene, u. a. Vizepräs. Landesfremdenverkehrsverb. Baden-Württ.

MAUCHENHEIM, Freifrau von, Helga

Galeristin - Savignystr. 80, 6000 Frankfurt/M. (T. 069 - 74 53 39); u. Mooslachenstr. 2, 8992 Wasserburg/B. (T. 08382 - 2 81 48) - Geb. 24. Mai, ev., verw., 2 Kd. (Peter †1987, Marlene) - Inh. Ikonen-Kunststube Freifrau v. Mauchenheim, Frankfurt; Gutachterin, berat. Tätigk., spezialisiert auf russ. Ikonen d. 15.-19 Jh.; Vortragsreihen üb. russ. Ikonen (d. Einfl. d. Rurikiden u. d. Romanovs auf d. Ikonenmalerei Russl., d. Tafelmalerei in Ost u. West usw.); Fachart. in Wochen- u. Monatsmagazinen - BV: Ikonen, Heilige Bilder d. Ostkirche. Veröff.: Ikonen-Kalender, jährl. s. 1979; Russ. Ikonen. Holländ. Ausg. - Liebh.: Russ. Kirchengesch.

MAUCHER, Eugen

Geschäftsführer BdK (Verb. d. Kriegsbeschädigten, -hinterbliebenen u. Sozialrentner Dtschl.s)/Bez. Süd-Württ.-Hoh., MdB (Wahlkr. 198/Biberach), Mitgl. Stadtrat Biberach - Zollerweg 1, 7950 Biberach/Riß (T. 90 87) - Geb. 16. Juli 1912 Gaisbeuren/Württ. (Vater: Landw.), kath., verh. s. 1942 m. Anni, geb. Henkel, Töcht. Angelika u. Theresia, Pfleges. Rudolf - Landw. (elterl. Betrieb) u. Banktätigk. (Spar- u. Darlehnskasse), 1939-45 Wehrdst. (schwer verwundet), spät. Angest. Versorgungsamt Ravensburg, Landesvors. Sozialaussch. Württ.-Hoh., 1947-56 MdL Württ.-Hoh. u. Baden-Württ., 1953-56 u. s. 1958 MdB. S. 1933 Jung-Zentrum; s. 1946 CDU (mitbegr.; Kreisvors., Mitgl. gf. Landesvorst.).

MAUCHER, Helmut

Dipl.-Kfm., Delegierter d. Verwaltungsrates NESTLE AG CH-1800 Vevey, VR-Mitgl. Schweizerische Kreditanstalt, Member of the Intern. Council of Morgan Guaranty Trust Company, u. Intern. Council of Allianz-Versich., München - Geb. 9. Dez. 1927 Eisenharz/Allg. - S. 1948 Nestlé (zun. Deutschl., Leit. dt. Nestlé Gr.; s. 1981 Konzernspitze Schweiz) - 1983 BVK I. Kl; 1984 Goldmed. Amerik. Wirtschaftsmagazin FORTUNE (Disz. Unternehmensführ.); 1987 Gr. BVK.

MAUDER, Horst

Dr., Dipl.-Phys., Prof. u. Direktor Astronom. Inst. Univ. Tübingen (s. 1975) - Ob dem Viehweidle 21 B, 7400 Tübingen (T. 6 22 14) - Geb. 4. Mai 1937 Nürnberg (Vater: Albert M., Kaufm.; Mutter: Ilse, geb. Nestler), ev., verh. s. 1963 m. Elke, geb. Kabermann, 3 Kd. (Christoph, Ulrike, Tilmann) - Stud. Univ. Erlangen-Nürnberg; Dipl.ex. 1961; Promot. 1966; Habil. 1971 - Fachmitgl.sch. (1974 ff. Schriftf. Astronom. Ges.) - Spr.: Engl.

MAUEL, Kurt

Dr.-Ing., Prof., Abt.-Leiter Verein Dt. Ingenieure (VDI) - Widdauenerstr. 8, 5090 Leverkusen 1 (T. 02173 - 4 14 83) - Geb. 24. Juli 1926 Köln (Vater: Dr. med. Willy M., Arzt; Mutter: Hedwig, geb. Tilmann), kath., verh. s. 1952 m. Hildegard, geb. Hachenberg, 3 Kd. (Peter, Stephan, Hedwig) - Abit. 1946; Stud. Masch.bau TH Braunschweig u. Aachen, Dipl.-Ing. 1951, Promot. TU München 1965; Habil. TU Berlin 1971, apl. Prof. TU Berlin 1976 - 1952-58 Konstrukt. u. Projekting., s. 1958 Geschäftsf. VDI, 1973 Abt.leit., s. 1965 Schriftl. Ztschr. Technikgesch. - BV: Rivalität zw. Heißluftmasch. u. Verbrennungsmotor, 1967; Naturwiss., Technik u. Wirtsch. im 19. Jh., 1976; D. Technik in d. ant. Welt, 1979 (übers. a. d. Engl.) - 1984 BVK - Liebh.: Gesch., Wiss.- u. Technikgesch. - Spr.: Engl.

MAUER, Aloys

Dipl.-Kfm. - Friedrich-Ebert-Str. 17, 6142 Bensheim-Auerbach - Geb. 14. Juli 1927 Wartenburg/Ostpr., verh., 4 Kd. - Zuvor Vorstandsmitgl. Preussag AG., Hannover, 1971-74 -vors. Kübel AG., Bensheim. ARsvors. 3K France S.A.R.L., Paris-Iory, u. 3K Española S.A., Barcelona; Vorst.smitgl. Verb. Holzind. Rheinpfalz/Rheinhessen, Neustadt, u. Verb. Holzind. u. Kunststoffverarb. Hessen, Wiesbaden.

MAUER, Burkhard

Generalintendant Städt. Bühnen Nürnberg (s. 1986) - Zu erreichen üb. Städt. Bühnen, Richard-Wagner-Pl. 2-10, 8500 Nürnberg 70 - Chefdramat. Bremen, Nürnberg, Bochum, Berlin, München.

MAUER, Rainer

Rechtsanwalt, Hauptgeschäftsführer Bundesverb. Bekleidungsindustrie, Köln, Aussch.-Vors. f. Heimarbeit d. BDA - Lilienweg 4, 5064 Rösrath - Geb. 22. Nov. 1931 Frankfurt/M. (Vater: Karl-Wilhelm M., selbst. Holzkaufm.; Mutter: Hedwig, geb. Ramp), kath., verh. s. 1961 m. Gabriele, geb. Steuer, 3 Kd. (Thomas, Manuela, Antonius) - Stud. Rechtswiss. Univ. München u. Frankfurt; jurist. Staatsprüf. 1956 u. 1960, bde. Frankfurt/M. - 1961-71 Ref. bzw. Stellv. d. Geschäftsf. Arbeitgeberverb. Chemie u. verwandte Ind. Land Hessen, Wiesbaden; 1972-78 Geschäftsf. Bundesvereinig. d. Arbeitgeber im Bundesverb. Bekleidungsind., Köln; s. 1979 Hauptgeschäftsf. Bundesverb. Bekleidungsind., Köln. Ehrenamtl. Richter b. Bundesarbeitsgericht; Vorst.-Mitgl. Textil- u. Bekleidungs-Berufsgenoss.

MAUERMAYER, Gisela

Dr. rer. nat., Zoologin - Böcklinstr. 60, 8000 München 19 (T. 15 66 88) - Geb. 24. Nov. 1913 München (Vater: Oberstudienrat Dr. phil. Theodor M., Naturwiss.ler; Mutter: Gisela, geb. Schmidt, Altphilologin), led. - Gymn., Univ. u. Bayer. Landesturnanstalt München - 1936-45 Turn- u. Sportlehrerin; 1954-74 Bibliotheksleit. Zool. Staatssamml. München. Ehrenamtl. Mitarb. NOK - Sportl. Erfolge. Weltrekorde Frauen-Fünfkampf, Kugelstoßen u. Diskuswerfen, 20 x dt. Meisterin, 2 x Welt-, 1 x Europameisterin, 1936 olymp. Goldmed. Diskuswerfen, 7 Ehrenbriefe Stadt München - Liebh.: Musik, Reisen, Kunsthandwerk.

MAUERMAYER, Wolfgang

Dr. med., em. o. Prof. u. Direktor Urolog. Klinik u. Poliklinik TU München (Klinikum r. d. Isar) - Birkenstr. 15, 8011 Neukeferloh/Obb. (T. München 46 71 00) - Geb. 2. Juni 1919 München, verh. m. Aloisia, geb. Kratzer, 2 Kd. (Andreas, Constanze) - Schule Schloß Salem; Univ. Erlangen, Würzburg, München. Promot. (1945) u. Habil. (1969) München - Interne u. chirurg. Ausbild.; s. 1948 Assistenz-, Ober- (1952) u. Chefarzt (1963) München (zul. Urolog. Abt. Krkhs. r. d. Isar). Entwickl. urolog. Operationsinstrumente - 1955 Maximilian-Nitze-Preis Dt. Ges. f. Urologie - BV: Transurethrale Operationen, 1981; Transurethral Surgery, 1983. Etwa 80 Einzelarb. - 1979 Ehrenmitgl. Berufsverb. Dt. Urologen, d. Österr. Ges. f. Urologie u. d. Ital. Ges. f. Urologie; 1979 Bayer. VO; 1980 Grann Uff. d. Republ. Italien; 1982 Bergmann Plak. Dt. Ärzteschaft; 1985 Ehrenmitgl. Dt. Ges. f. Urol.; 1986 Dr.-Ing. E.H. - Liebh.: Farbfotogr., Kunstgesch. - Spr.: Engl., Ital. - Lit.: Urologe (A) 24,2.: (1985).

MAUERSBERG, Hans

Dr. phil., Prof., Sozial- u. Wirtschaftshistoriker - Am Ölberg 37, 8630 Coburg (T. 3 93 76) - Geb. 3. April 1910 Bad Rothenfelde - S. 1962 (Habil.) Lehrtätigk. Univ. München (1967 apl. Prof.). Vorstandsmitgl. Ges. f. Sozial- u. Wirtsch.sgesch. - BV: Wirtsch.s- u. Sozialgesch. zentraleurop. Städte, 1960; Dt. Industrien im Zeitgeschehen e. Jhs., 1966; D. Wirtsch. u. Ges. Fuldas, 1968; D. Wirtsch. u. Ges. Fürths, 1974.

MAUERSBERGER, Frank

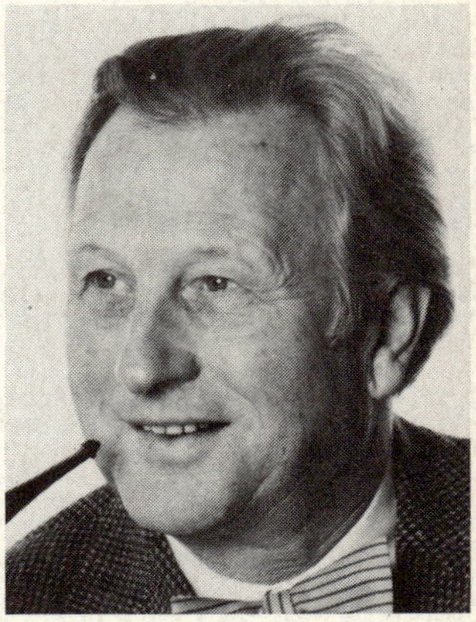

Kaufmann, Präsident Bundesverb. Dt. Wach- u. Sicherheitsuntern., Vors. Fachverb. d. Geld- u. Werttransportuntern. (s. 1982) - Elsa-Brandström-Str. 10, 4500 Osnabrück (T. 0541 - 6 38 87; Büro: 0541 - 3 31 11-01) - Geb. 11. Sept. 1922 Trier, verh. s. 1946 m. Irene, geb. Runge, 4 Kd. (Wolfgang, Mareile, Axel, Jörn) - Abit. 1943 Osnabrück - Vors. Dt. Alpenverein, Sekt. Osnabrück (s. 1968) - 1983 Verdienstmed. Verdienstorden d. Bundesrep. Deutschl.; Bürgermed. d. Stadt Osnabrück.

MAUERSBERGER, Helga

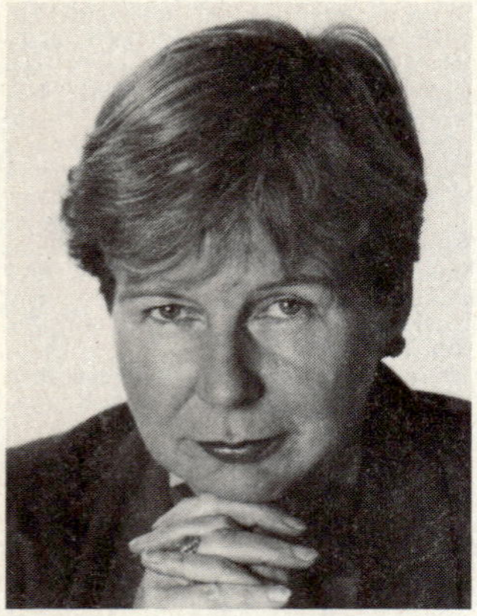

Journalistin, Geschäftsf. Studio Hamburg Atelier GmbH - Zu erreichen üb. Studio Hamburg Atelier GmbH, Jenfelder Allee 80, 2000 Hamburg 70 - Geb. 23. April 1931 Eisenach (Vater: Prof. Erhard M., Kirchenmusiker; Mutter: Else, geb. Moll), gesch. - 1949-51 Univ. Mainz; 1951-55 Univ. Frankfurt (Musikwiss., German., Psych., Gesch.) - 1952-57 Journ. u.a. Frankf. Neue Presse, Spiegel; 1957-80 Redakt. Hess. Rundf. u. NDR; s. 1980 Geschäftsf. s.o. - Spr.: Engl. - Bek. Vorf.: Thomaskantor Prof. Erhard M. (Vater), Kreuzkantor Prof. Rudolf M. (Onkel).

MAUERSBERGER, Volker-Jürgen

Dr. disc. pol., ARD-Hörfunkkorrespondent, Iberische Halbinsel - Calle Monteverde 37, E-28042 Madrid, Alameda de Osuna (T. 320 29 73) - Geb. 18. Juli 1939, ev., verh. s. 1982 m. Ute, geb. Walberg, 3 Kd. (Mathias, Anna-Babette, Julia) - Gymn. Hagen-Haspe; Abit. 1962; Stud. Sozialwiss. Univ. Münster u. Göttingen; Dipl.-Sozialw. 1967; Promot. 1971 Göttingen - ARD-Korresp. Madrid; Chefredakt. Radio Bremen; s. 1986 ARD-Korresp. Madrid - BV: Rudolf Pechel u. d. Deutsche Rundschau - Studie z. Konservatismus 1918-33, 1971 - Liebh.: Lit., Malerei - Spr.: Engl., Span.

MAUL, Wilfrid

Dipl.-Volksw., Hauptgeschäftsführer IHK f. d. südöstl. Westfalen - Königstr. 18-20, 5760 Arnsberg; priv.: Starengasse 5, 5768 Sundern 13 - Geb. 30. März 1929 - Mitgl. Kreditaussch., Informationsaussch. u. Tourismusaussch. Dt. Ind.- u. Handelstages (DIHT); berat. Mitgl. Bezirksplanungsrat Reg.bez. Arnsberg; Vorst.-Mitgl. Verkehrsverb. Westf.-Mitte, u. Bergisch-Märkischer Verkehrsverb.

MAUNZ, Theodor

Dr. jur. utr., Prof., Staatsminister a.D. - Hartnagelstr. 3, 8032 Gräfelfing/Obb. (T. München 854 39 85) - Geb. 1. Sept. 1901 Dachau/Obb. (Vater: Theodor M., Lehrer; Mutter; Katharina, geb. Pernpointner), kath., verh. s. 1928 m. Maria, geb. Dannhauser, 3 Kd. - Gymn.; Univ. München - 1927-35 u. 1946-52 bayer. u. bad. innere Verw.; 1932-69 (emerit.) Lehrtätigk. Univ. Freiburg (Privatdoz., 1935 ao., 1937 o. Prof.) u. München (1952 o. Prof.); 1957-64 bayer. Min. f. Unterr. u. Kultus (zurückgetr.). 1951/52 Mitgl. Vorl. Min.rat Südweststaat; 1960/61 Präs. Ständ. Konfz. d. Kultusmin. d. Länder in d. BRD - BV: Hauptprobleme d. öfftl. Sachenrechts, 1933; Lehrb. d. Verw.rechts, 1937; Lehrb. d. Dt. Staatsrechts, 1951, 27. A. 1988; Kommentar z. Verlagsrecht, 1952, 2. A. 1984 (m. Schwicker); Komm. z. Grundgesetz, 1959-88 (m. Dürig) - 1961 Goldmed. Bayer. Akad. d. Wiss. - Festschrift f. Th. M. (1971 u. 81).

MAUR, Hanns

Präsident Bundessprachenamt - Zu erreichen üb. Bundessprachenamt, Horbeller Str. 52, 5050 Hürth/Rhld.; priv.: Briandstr. 104, 5300 Bonn 1.

MAURATH, Johann

Dr. med., Prof., Chefarzt i.R. Chirurg. Klinik Krankenhaus Lahr (b. 1980) - Philosophenweg 1, 7630 Lahr/Schwarzw. (T. 71 56) - Geb. 13. Juni 1915 Unzhurst/Baden (Vater: Josef M., Kaufm.; Mutter: Maria, geb. Winter), kath., verh. s. 1946 m. Gerdi, geb. Goldschmidt, 3 Kd. (Monika, Christel, Tobias) - Univ. Würzburg, Rostock, Freiburg (Med. Staatsex. 1941). Promot. 1941 Freiburg; Habil. 1957 Tübingen - S. 1957 Lehrtätigk. Univ. Tübingen, Marburg (1964 apl. Prof.), Freiburg (1970 apl. Prof.). In- u. ausl. Fachmitgliedsch. - BV: Pathophysiol. d. Atmung in d. Lungenchir., 1955 (auch span.); D. sog. symptomat. Hernie u. deren Bruchzufälle, 1964; Gutachten-Fibel, 1967 - Liebh.: Jagd, Modellflug - Spr.: Engl., Franz.

MAURENBRECHER, Jan W.

Unternehmer, Vors. Industrieverb. Reißspinnstoffe Textiles Reinigungs- u. Poliermaterial - Zu erreichen üb.: Viktoriastr. 45, 6200 Wiesbaden.

MAURER, Adolf

Dr., Dipl.-Kfm., Vorstandsvorsitzender i. R. (Hamm), s. XXVII. Ausg.

MAURER, Alfons

Industriekaufmann, Staatssekretär f. Verkehr u. Straßenbau im Innenmin. Baden-Württ. (ab 1984), MdL Baden-Württ. (s. 1976) - Erlenweg 23, 7980 Ravensburg (T. 0751 - 1 61 12) - Geb. 30. Okt. 1927 Ravensburg (Vater: Markus M.; Mutter: Ida, geb. Heim), kath., verh. s. 1952 m. Theresia, geb. Schwarz, 6 Kd. (Anton, Mechtild, Luitgard, Alfons, Meinrad, Ilga) - Handelssch.; Bilanzbuchhalter - S. 1968 Prokurist u. kaufm. Leit. CDU (s. 1965 Kreisvors.).

MAURER, Christian

Dr. theol., em. Prof. f. Neues Testament - Fellenbergstr. 1, CH-3000 Bern (Schweiz) - Geb. 30. April 1913 Arosa/Schweiz (Vater: Gustav M.; Mutter: Anna, geb. Koller), reform., verh. s. 1942 m. Susanna, geb. Schäfer, 4 Kd. - Theol.stud. Zürich, Berlin, Basel - 1937-54 Pfarrer Beggingen u. Fehraltorf/Schweiz (1951); s. 1947 Lehrtätigk. Univ. Zürich (Privatdoz.), Theol. Schule (Kirchl. Hochsch.) Bethel (1954 Prof.), Univ. Bern (1966 Ord., 1978 emerit.) - BV: D. Gesetzeslehre d. Paulus, 1941; D. Galaterbrief, 1943; Ignatius v. Antiochien u. d. Johannesevangelium, 1949; Ev. Predigt heute, 1957; Wahrheit u. Wahrhaftigkeit, e. Grundfrage krit. Theologie, 1966; Aufs. z. neutestamentl. Wiss. in Fachztschr. Herausg.: Wort u. Dienst (Jb. d. Theol. Hochsch. Bethel), 1959).

MAURER, Ekkehard

Direktor i. R. WACKER-CHEMIE GmbH (b. 1982) - Prinzregentenstr. 56, 8000 München 22 - Geb. 25. Nov. 1918 - Vorst.-Vors. Dt. Ges. d. Freunde d. Weizmanninst.; Vorst.-Mitgl. Ges. f. Auslandskd. - Ehrenstell.: dar. Ehrenmitgl. d. Beir. d. Informationszentr. d. Bayer. Wirtsch., d. Vereinig. d. Arbeitgeberverb. Bayerns, u. Ehrenmitgl. d. Bayer. Chemieverb., Vicepräs. d. Goethe-Inst.; 1973 Bayer. VO, 1983 Gr. BVK - Spr.: Engl., Franz. - Rotarier.

MAURER, Friedemann

Dr. phil., o. Prof. f. Pädagogik Univ. Augsburg (s. 1987) - Baustätter Str. 44, 7410 Reutlingen (T. 07121 - 27 05 51) u. 7201 Hausen ob Verena - Geb. 3. Juni 1940 Hausen ob Verena, Kr. Tuttlingen (Vater: Karl M., Bürgerm.; Mutter: Else, geb. Enslin), ev., verh. s. 1967 m. Ute Elisabeth, geb. Anders, 2 S. (Hans Michael, Philipp) - Gymn. Tuttlingen; Päd. Inst. Weingarten; Univ. Tübingen (Päd., Phil., Gesch.), Promot. 1967 - 1967-68 Wiss. Assist. Univ. Tübingen; 1968-79 Prof. PH Reutlingen; 1972 Gastprof. PH Berlin; Rufe auf Ord. 1973 (PH Berlin) u. 1979 (Univ. Paderborn) abgelehnt; 1979-83 o. Prof. TU Braunschweig; 1983-87 o. Prof. Univ. Tübingen u. Vorst.-Mitgl. Stiftg. Dt. Inst. f. Fernstud. Tübingen. Üb. 50 fachwiss. Veröff. Vors. Kunststiftg. Hohenkarpfen (Kunstverein Schwarzwald-Baar-Heuberg) - Spr.: Franz., Engl., Latein.

MAURER, Hans

Journalist, Ehrenvors. Dt. Journalisten-Verb., L.sverb. Rhld.-Pfalz - Mainzer Str. 10, 5400 Koblenz - Geb. 10. Okt. 1904 Koblenz - 1925-43 Koblenzer General-Anzeiger (1936 stellv. Chefredakt.), 1949-70 Rhein-Zeitung (1951 Chef v. Dienst, 1956 Chefredakt.) - 1964 Silberschild Rhld.-Pfalz, 1968 Gr. BVK, 1969 Palmes Académiques.

MAURER, Hans

Hauptlehrer a. D., Staatssekretär im Bayer. Staatsmin. f. Unterricht u. Kultus (s. 1986), MdL Bayern (s. 1970) - Ulmenweg 2, 8800 Ansbach-Schalkhausen (T. 0981 - 47 15) - Geb. 1933 - 1984ff. 2. stv. Fraktionsvors. CSU - 1980 Bayer. VO, 1984 Bayer. Verfassungsmed. in Silber.

MAURER, Hans-Joachim

Dr. med., Prof., Chefarzt, Radiologe - Slevogtstr. 10, 6908 Wiesloch - Geb. 2. Febr. 1922 Magdeburg (Vater: Dr. med. Walter M., prakt. Arzt; Mutter: Gerda-Maria, geb. Kempfe), ev., verh. s. 1949 m. Brigitte, geb. Magnus, 4 Kd. (Karen Sibylle, Hans-Joachim, Axel, Viktoria) - Gymn. Güstrow (Domsch.); Univ. Kiel, Berlin, Tübingen - S. 1956 (Habil.) Lehrtätigk. Univ. Erlangen, Bern (1957), Saarbrücken (1959), Bonn (1963; 1964 Doz. (beamt.), 1965 apl. Prof., Düsseldorf (1968) apl. Prof., Doz. (beamt.) u. Oberarzt Inst. u. Klinik f. Med. Strahlenkd.); 1971 Prof. (Ord.) f. Radiologie Univ. Tromsö/Norwegen, 1975 Chefarzt Radiolog. Abt. St. Josefs Krankenhaus, Heidelberg, 1976 apl. Prof. Univ. ebd., 1987 Chief of Radiology of Oman a. Head, x-ray dept., Royal Hospital, Al Ghubra-Muscat, Sultanate of Oman. Mitgl. Deutsche Röntgen-Ges., Dt. Ges. f. Naturforscher u. Ärzte, Brit. Inst. f. Radiology, Royal Soc. of Med., Hon. Mem. Roy. Coll. Radiol. Naturforsch. Ges. Bern. Mithrsg.: Diagnostik d. Geschwulstkrankh., 1962 (m. H. Bartelheimer); Magenoperation - Magenoperierter, 1969 (m. H. Bartelheimer u. H. W. Schreiber); Nierenverletzungen bei stumpfen Traumen des Körperstammes, 1968 (m. D. Günther); D. Hiatushernie, 1971 (m. W. Otto); Herausg.: Berichtsbd. 3. Dt.-japan. Kongr. Angiol. (1985); Physik d. bildgebenden Verfahren in d. Medizin (m. E. Zieler); Politik u. Medizin II (m. E. H. Schallenberger). Übers.: Bacq/Alexander: Grundl. d. Strahlenbiol., 1958. Etwa 275 Fachaufs. - Liebh.: Gesch., Porzellan - Rotarier.

MAURER, Hans-Martin

Dr., Prof., Ltd. Staatsarchivdirektor, Leit. Hauptstaatsarchiv Stuttgart - Konrad-Adenauer-Str. 4, 7000 Stuttgart 1 - Geb. 22. Juni 1929 Hattenhofen/Württ. - Honorarprof. f. Landesgesch. Univ. Stuttgart; Vors. Württ. Gesch.- u. Altertumsverein. Herausg.: Ztschr. f. Württ. Landesgesch.

MAURER, Hartmut

Dr. jur., o. Prof. f. Öfftl. Recht - Säntisblick 10, 7750 Konstanz 19 (T. 07533 - 13 12) - Geb. 1931 Stuttgart - Gymn. Tübingen u. Stuttgart; Univ. Tübingen u. Göttingen (Rechtswiss.). Jurist. Staatsprüf. 1954 (Tübingen) u. 59 (Stuttgart); Promot. 1957 (Göttingen), Habil. 1965 (Tübingen) - B. 1965 Doz. Univ. Tübingen, 1969 Ord. Univ. Marburg, 1978 Univ. Konstanz. Fachveröff.

MAURER, Helmut

Dr. med., Prof., Chefarzt Hals-Nasen-Ohren-Abt. Rastphul-Krankenhaus, Saarbrücken - Max-Planck-Str. 9, 6650 Homburg/Saar (T. 6 12 29) - Geb. 14. Sept. 1926 - S. 1961 (Habil.) Lehrtätigk. Univ. d. Saarl./Klinikum Homburg (1967 apl. Prof. f. HNOheilkd.). Üb. 50 Fachveröff.

MAURER, Karl

Dr. phil., o. Prof. f. Roman. Philologie - Am Buchenhain 2a, 4630 Bochum-Weitmar (T. 47 00 81) - Geb. 15. April 1926 Darmstadt (Vater: Prof. Dr. phil. Dr. h. c. Friedrich M., Germanist (s. dort); Mutter: Dr. phil. Jula, geb. Matthes), ev., verh. s. 1957 m. Irmgard, geb. Maßmann, 2 Söhne (Franz, Wolfheinrich) - Univ. Freiburg/Br. (Promot. 1951), Basel, Lille, Paris, Pisa. Habi. 1955 Bonn - S. 1956 Lehrtätigk. Univ. Bonn (1959 Ord.) u. Bochum (1965) - BV: Interpretationen z. späteren Lyrik Paul Valerys, 1954; Giacomo Leopardis Canti u. d. Auflös. d. lyr. Genera, 1957; Himml. Aufenthalt - Fray Luis de Leóns Ode Alma región luciente . . . , 1958. Hrsg. Ztschr. Poetica (s. 1967).

MAURER, Rainer

Dr. rer. nat., Prof. f. Pharmazie FU Berlin - Schopenhauer Str. 93, 1000 Berlin 38 (T. 030 - 803 44 55) - Geb. 18. März 1937 Tübingen (Vater: Dr. Wilhelm M., Apotheker; Mutter: Senta, geb. Roessle), ev., verh. s. 1964 m. Sigrid, geb. Dinkel, 2 Töcht. (Tatjana, Nicolette) - Pharmaz.stud. Univ. München (Staatsex. 1961); Promot. (b. Prof. Karlson u. Nobel-Preistr. Prof. Butenandt) 1964 Univ. München; Habil. 1973 Tübingen - 1964/65 Postdoctoral Res. Fellow Calif. Inst. Tech.; Wiss. Assist. MPI f. Virusforsch. Tübingen; 1974 FU Berlin; s. 1980 stv. Dir. Inst. f. Pharmaz. FU. 1965 Entd. Östradiol-Kern-Rezeptor. Entw. Agar-Kapillar-Meth. z. Invitro-Testung v. Anti-Krebs-Arzneimitteln - BV: Disk-Elektrophorese, 1968 (Übers. ins Russ. 1971); Polyacrylamide Gel Electrophoresis, 1971; rd. 110 wiss. Publ. in wiss. Ztschr. - 1983 Felix-Wankel-Tierschutz-Forschungspreis; 1987 Hauptpreis E. Graff-Stiftg. f. Tierschutz - Liebh.: Musik, Sport - Spr.: Engl., Franz.

MAURER, Reinhart Klemens

Dr. phil., Prof. f. Philosophie - Freie Univ. Berlin, Institut f. Philosophie, Habelschwerdter Allee 30, 1000 Berlin 33 - Geb. 26. März 1935 Xanten (Vater: Dr. Paul M.; Mutter: Hanna, geb. Siemshen), verh., 3 Kd. - Gymn. Bad Harzburg u. Krefeld; Stud. Phil., Dtsch, Engl. Münster, Kiel, Wien; Promot. Münster 1964, Habil. Stuttgart 1969 - 1962-75 wiss. Assist., Doz. u. apl. Prof. Univ. Stuttgart, s. 1975 Prof. f. Phil. FU Berlin - BV: Hegel u. d. Ende d. Gesch., 1965, 2. erw. A. 1980; Platons Staat u. d. Demokr., 1970; Revolut. u. Kehre, 1975; Jürgen Habermas' Aufhebung d. Phil., 1977 - 1964 u. 1974 Preise d. Univ. Münster u. Stuttgart - Spr.: Engl., Franz.

MAURER, Rolf

Dr. med., Prof., Chefarzt Abt. f. Hals-Nasen-Ohren-Erkrankungen, plast. Operationen sow. Stimm- u. Sprachstörungen Ev. Krankenhaus - Waldstr. 47, 5300 Bonn-Bad Godesberg - Geb. 29. April 1919 Ludwigshafen/Rh. (Vater: Karl M., Oberlandesgerichtsrat a. D.; Mutter: Emma, geb. Bauer), ev., verh. s. 1950 m. Dr. med. Elisabeth, geb. Schüttler, 2 Kd. (Joachim, Barbara) - Univ. Heidelberg, Berlin, Königsberg - S. 1953 (Habil.) Privatdoz. u. apl. Prof. (1959) Univ. Bonn (zul. Oberarzt Klinik f. HNOkranke) - BV: D. heut. Stand d. Tonsillenerkrank., 1958. Üb. 70 Einzelarb.; 5 Röntgen-Kinofilme - Korr. ausl. Mitgl. Soc. Française d'Oto-Rhino-Laryngologie - Gold. Sportabz.

MAURER, Ulrich

Rechtsanwalt, MdL Baden-Württ. (Wahlkr. 3, Stuttgart III) - Kyffhäuserstr. 79, 7000 Stuttgart 30 (T. 0711 - 56 86 91) - Geb. 29. Nov. 1948 Stuttgart - SPD.

MAURER, Walter

Prof., Chefarzt - Städt. Krankenhaus, 8550 Forchheim/Ofr. - Geb. 31. Aug. 1920 Hechlingen - S. 1962 (Habil.) Pri-

MAURER, Werner
Dr.-Ing., o. em. Prof. f. Med. Strahlenkunde - Versbacher Landstr. 5, 8700 Würzburg - Geb. 22. März 1906 Solingen - TH Darmstadt (Physik; Dipl.-Ing. 1930). Promot. (1933) u. Habil. (1939) Darmstadt - 1933-36 u. 1937-39 TH Darmstadt, 1936-37 Kaiser-Wilhelm-Inst. f. Med. Forsch. (Abt. Physik), ab 1939 Univ. Berlin, 1940-45 KWI f. Physik, 1947-65 Univ. Köln (1950 apl. Prof.; b. 1957 Med. Klinik, dann Leit. Inst. f. Med. Isotopenforsch.), s. 1965 Univ. Würzburg (Ord. u. Inst.sdir.).

MAURER, Wolfdieter
Dirigent, Generalmusikdir. Würzburg - Schloss Thüngen, 8702 Thüngen (T. 09360 - 16 36) - Geb. 23. Nov. 1941 Wien (Vater: Raimund M., Offz.; Mutter: Katharina, geb. Kotzian), kath. - 1960-64 Univ. Wien (Musikwiss., Psych.); 1960-64 Musikakad. Wien (Stud. b. Swarowsky, Schmid) - 1964-66 Wiener Sängerknaben; 1966-68 Chordir. Klagenfurt; 1968-71 Kapellm. Basel, 1971-72 München, 1972-77 Braunschweig, 1977-79 Oldenburg; s. 1979 GMD Würzburg - Spr.: Engl., Franz., Ital.

MAURICE, Dietrich
Vorstandsmitglied Gerling-Konzern Vertriebs-AG, Köln (Vertr.-Vorst.) - Zu erreichen üb. Gerling-Konzern, Postfach 10 08 08, 5000 Köln 1 - Geb. 27. Febr. 1936, verh., 3 Kd. - AR-Mitgl. Gerling-Konzern Rechtsschutz Versich.-AG, Köln, u. Gerling-Konzern Zentr. Verw.-AG, Köln.

MAURICE, Klaus
Dr. phil., Generalsekretär d. Kulturstiftung d. Länder - Kurfürstendamm 102, 1000 Berlin 31 (T. 030 - 893 10 07) - Geb. 17. Febr. 1936 München, ev., verh. m. Dorothy Ann Schade-M. - Stud. Kunstgesch.; Promot. 1967 Univ. München - 1979 Hauptkonservator am Bayer. Nationalmuseum München, 1983 stv. Generaldir. am Deutschen Museum München - BV: D. Dt. Räderuhr, 1976; Clockwork Universe, 1980; D. drechselnde Souverän, 1985 - 1978 Gold. Ehrennadel d. Zentralverb. d. dt. Uhrmacherhandw. - Liebh.: Segeln - Spr.: Engl., Franz. - Bek. Vorf.: Chéri Maurice, Gründer d. Hamburger Thalia-Theaters.

MAURIN, Viktor
Dr. phil. (habil.), o. Prof. u. Direktor Geolog. Inst. TH bzw. Univ. Karlsruhe (s. 1965) - Kriegsstr. 95, 7500 Karlsruhe (T. 81 39 93) - Geb. 19. Juli 1922 Kapellen (Österr.) - U. a. Doz. TH Graz. Etwa 80 Fachveröff.

MAURITZ, Alfred
Dr. rer. pol., Dipl.-Kfm., Direktor - Sachsenhäuser Landwehrweg 41, 6000 Frankfurt 70 (T. 0611 - 68 28 00) - Geb. 16. Dez. 1932 Guecho (Spanien) - Vorstandsmitgl. Binding-Brauerei AG, Frankfurt/M.; ARsvors. Mainzer Aktien-Bierbrauerei; ARsvors. Brauereiges. vorm. Meyer & Söhne, Riegel; stv. ARsvors. Dortmunder Actien-Brauerei AG; ARsmitgl. Hansa-Brauerei, Dortmund.

MAURITZ, Hans Werner
Dr. rer. pol., Kaufmann, Geschäftsf. BASI Schöberl GmbH & Co., Rastatt - Breslauer Str. 1b, 7850 Lörrach (T. 07621-8 88 10) - Geb. 9. Juli 1928 Barmen (Vater: Friedrich M., Oberstltn.; Mutter: Grete, geb. Goeters), ev., verh. s. 1958 m. Monika, geb. Kleyböcker, 3 Kd. (Ilsaben, Nicola, Veit) - Abit. (Barmen), Banklehre, Stud. Nürnberg u. Köln; Dipl.-Kfm. Köln; Promot. Köln - Vizepräs. IHK Hochrhein-Bodens., AR- u. VR-Mand., Beirat Sauerst.-Ind. Frankfurt.

MAURUS, Wolfgang
Direktor Bundeszentrale f. politische Bildung, Bonn - Berliner Freiheit 7, 5300 Bonn - Geb. 10. Febr. 1943 Temeschburg/Rumänien, kath., verh. s. 1971 m. Christa, geb. Lexow, 2 Kd. (Christine, Moritz) - Stud. Polit. Wiss. (M.A.) Univ. München - 1970-81 Kultur- u. Bildungsref. CSU-Landesleit., Persönl. Ref. CSU-Generalsekr. u. CSU-Parteivors.; 1982-86 Abt.-Leit. u. Geschäftsf. Hanns-Seidel-Stiftg.; s. 1986 Dir. BpB - Liebh.: Phil., Politik, Gesch., Sport, Reisen - Spr.: Engl., roman. Spr.

MAUS, Robert
Dr. jur., Oberjustizrat a. D., Landrat Landkr. Konstanz (s. 1973), MdL Bad.-Württ. (s. 1972; Vors. Innenaussch. u. Wahlprüf.aussch.) - Neureben 1, 7702 Gottmadingen (T. 07731 - 7 12 37) - Geb. 9. Juni 1933 Singen, verh., 3 Kd. - Gymn. Singen; Univ. Heidelberg, Bonn, Freiburg/Br. (Rechts- u. Staatswiss.). Jurist. Staatsex. 1957 u. 61; Promot. 1962 - 1961-70 Justizdst. BW (Richter, Staatsanw., Notar), 1970-73 Bürgerm. Gottmadingen u. MdK Konstanz (stv. Fraktionsf.); VR-Vors. SWF u. AR-Vors. d. Werbeges. (WiS) GmbH im SWF; VR-Vors. Jugendwerk Gailingen, VR Regionales Rechenzentrum Süd-Oberrhein GmbH, Freiburg, VR-Mitgl. ÖVA Mannheim, Kraftwerk Laufenburg (Schweiz), u. Sparkasse Gottmadingen, Präsid.-Mitgl. DRK-Landesverb. Baden; Kreisvors. DRK-Kreisverb. Konstanz, Vizepräs. Ges. d. Freunde u. Förderer d. Univ. Konstanz - CDU - Gold. Sportabz.; BVK am Bde., BVK I. Kl., Gr. BVK; Feuerwehrenkreuz in Silber; Ehrenzeichen d. DRK - Spr.: Engl., Franz.

MAUSBACH, Günter
Dr. rer. pol., Vorstandsmitglied Mannesmann AG, Düsseldorf - Florastr. 72, 4020 Mettmann (T. 02104 - 5 23 26; Büro: 0211 - 82 01) - Geb. 21. Jan. 1926 Dortmund - Univ. Münster u. Freiburg (1952 Dipl.-Voksw., 1953 Promot.) - 1970 ff. Vors. Stahlrohrverb. Düsseldorf - Spr.: Engl. - Rotarier.

MAUSER, Heinz

Dr. rer. nat., Prof., Inst. f. Physikal. Chemie Univ. Tübingen - Frauenstr. 43, 7410 Reutlingen (T. 23 08 87) - Geb. 27. Febr. 1919 Plochingen (Vater: Ludwig M., Arch.; Mutter: Lisa, geb. Röllig), verh. s. 1952 m. Inge, geb. Bevernick, 4 Kd. (Werner, Rainer, Ute, Gernot) - S. 1961 (Habil.) Lehrtätigk. Tübingen (apl. Prof. f. Physikal. Chemie). Photokinetik - BV: Formale Kinetik, 1974. Zahlr. Fachveröff.

MAUSER, Peter
Fabrikant, all. u. gf. Gesellsch. Mauser KG/Verpackungen (1981ff.), AR-Vors. Mauser Werke GmbH - Schildgsstr. 71, 5040 Brühl/Rhld.

MAUSER, Wolfram
Dr. phil., o. Prof. f. Neuere dt. Literaturwissenschaft Univ. Freiburg (s. 1964) - Columbastr. 3, 7801 Pfaffenweiler (T. 07664-68 10) - Geb. 29. Jan. 1928 Faistenau (Vater: Dipl.-Ing. Alfons M., Oberlandforstm.; Mutter: Maria, geb. Mitterhammer), kath., verh. s. 1977 m. Helmtrud, geb. Brodmann, 4 Kd. (Wolfram, Ingrid, Manfred, Ulrike) - Univ. Innsbruck, Cincinnati (USA), Nancy (Frankr.), Perugia (Ital.). Promot. (1951) u. Habil. (1960) Innsbruck - Zul. Oberassist. Univ. Innsbruck - BV: Karl Hillebrand - Leben, Werk, Wirkung, 1960 (Dornbirn); Bild u. Gebärde in d. Sprache Hofmannsthals, 1962; Beschwör. u. Reflexion. Bobrowskis sarmat. Ged., 1970; Text u. Reflexion Celans Fadensonnen, 1972 (m. a.); Dicht., Religion u. Ges. im 17. Jh. D. Sonn. d. A. Gryphius, 1976; Hugo v. Hofmannsthal, E. psychosoz. Stud., 1977; Christa Wolff: Nachdenken üb. Christa T., 1987 (m. Helmtrud Mauser). Fachaufs. Herausg.: Corso di lingua tedesca (1958, 7. A. 1965); Eichendorff - Histor.-krit. Ausg. Bd. VIII/1 u. 2 (1962/66), Bd. IX (1970); Erinnerte Zukunft (üb. Christa Wolf) (1986); Geträumte Welt (1987) - 1960 Theodor-Körner-Preis Wien - Spr.: Engl., Franz., Ital.

MAUTSCHKA, Georg
Prof., Leit. Abt. Schulmusik Staatl. Hochsch. f. Musik Frankfurt - Chattenstr. 48, 6500 Mainz-Weisenau.

MAUVE, Karl-Eberhard
Dr. rer. pol., Kaufmann, Inh. Dr. Mauve & Co., Ratingen, Gf. Gesellsch. Signa Informations-Technik GmbH, Ratingen - Am Tannenbaum 13, 4030 Ratingen-Hösel (T. 02102 - 6 71 53) - Geb. 2. Mai 1934 Kattowitz (Vater: Dr. Karl M., Gutsbes.; Mutter: Ilse, geb. Achilles), ev., verh. s. 1963 m. Brigitte, geb. Hildenbrand, 3 S. (Carl-Philipp, Christian, Gregor) - Jurastud. München, Hamburg u. Köln (1. jurist. Staatsprüf. 1959); Promot. 1962 - Univ. of Colorado/USA u. univ. Graz (Stud. Volksw.) - 1969-74 Dir. KHD-Ind.anl. AG; 1975-80 Generalbevollm. Dt. Babcock; 1980-82 Vorst.-Mitgl. Wasag-Chemie AG; ab 1983 selbst. (s.o.). Mitautor versch. Abhandl. üb. Marketing in d. Investitionsgüterind. Schmalenbachs Ztschr. f. betriebswirtschaftl. Forsch. - Ehrenbürger Boulder/ Colorado (USA) - Liebh.: Reiten, Wirtschaftspolitik - Spr.: Engl., Franz. - Bek. Vorf.: Carl-Philipp Mauve (1760-1829), Kriegs- u. Domänenrat d. Grafsch. Lingen u. Tecklenburg; Ludwig Mauve (1840-1915) Mitbegr. d. Oberschles. Industriereviers.

MAVIGNIER da SILVA, Almir
Prof., Maler u. Graphiker - Schöne Aussicht 35, 2000 Hamburg 76 (T. 220 81 86) - Geb. 1. Mai 1925 Rio de Janeiro/Brasilien (Vater: Melchizedek Mavignier, Schiffskapt.; Mutter: Margarida, geb. da Silva), verh. s. 1965 m. Sigrid, geb. Quarch, S. Delmar - N. Abitur Stud. Malerei Rio de Janeiro u. Ulm (Diplom Abt. Visuelle Kommunikation Hochsch. f. Gestalt.) - S. 1959 fr. Maler u. Graph. Ulm; s. 1965 Prof. f. Malerei Kunsthochsch. Hamburg. Spez. Arbeitsgeb.: Konkrete Malerei m. Unters. v. opt. Phänomenen. Bilder; Serigraphien; Plakate. Ausstellungskataloge; Galerie d. Spiegel Köln (1966; Geh durch d. Spiegel) u. Kestner-Ges. Hannover (1968); Kunstgewerbemuseum, Zürich (1974); Mus. f. Kunst u. Gewerbe, Hamburg (1981); Josef Albers Museum, Bottrop (1985). Intern. Einzelausst.: Biennale Venedig (1964, 68, 86), Biennale Sao Paulo (1969 - dt. Abt.), Documenta III (1964) u. IV (1968) - Div. Preise, u. a. I. Biennale d. Plakate Warschau, Museum of modern art Kyoto u. 6. Biennale f. Graphik Tokio - Spr.: Portugies., Ital., Franz., Span., Dt.

MAX, Anton
Kaufmann, Inh. Fa. Conrad Hamann, Vizepräs. IHK Detmold, Vors. Einzelhandelsvorst. Lippe, ARsvors. Salamander-Bund, Kornwestheim - Birkenallee 52b, 4930 Detmold 17 - Geb. 7. Febr. 1903, kath., verh. s. 1933 m. Leni, geb. Hoseit, 5 Kd. (Barbara, Brigitte, Wolfgang, Sabine, Dietrich) - Gymn. - 1968 BVK I. Kl.

MAXWELL, Silvester
s. Dörner, Claus S.

MAY, Alfred
Dipl.-Volksw., Direktor a.D. - Kreuzdornweg 37, 4050 Mönchengladbach 4 (Wickrath) - Geb. 8. Juni 1916 Rüdesheim/Rh. (Vater: Emil M., Direktor; Mutter: Alma, geb. Berger), ev., verh. s. 1950 m. Berty, geb. Hinzen, 2 Kd. (Ursula, Werner) - Univ. Köln, Mainz, Frankfurt/M. - Assist. Verbandsgeschäftsfg.; Leit. Rechnungswesen Industrieuntern.; Prok. u. kaufm. Leit. Ind.untern.; zul. Vorst.-Mitgl. Niederrh. Licht- u. Kraftwerke AG, Mönchengladbach-Rheydt.

MAY, Angelica

Cellistin, o. Hochsch.-Prof. Staatl. Hochsch. f. Musik Wien - Promenadegasse 19, A-2391 Kaltenleutgeben b. Wien (T. 02238 - 5 52) - Geb. 17. Sept. Reutlingen, verh. m. Prof. Dr. Gerhard Petry, 2 Töcht. (Carolina, Magdalena) - Stud. Klavier u. Violoncello Musikhochsch. Stuttgart, Trossingen, München - Mehrere J. b. Pablo Casals, s. 1958 solist. Tätigk. als Cellistin; Prof. Hochsch. f. Musik Düsseldorf; s. 1984 o. Prof. Hochsch. f. Musik u. Darst. Künste Wien - 1957 Grandprix b. Concours Intern. Pablo/Casals Paris; 1974 Smetana-Med. Prag; 1985 BVK - Spr.: Engl., Franz.

MAY, Franz
Dr. jur., o. Vorstandsmitglied Südd. Bodencreditbank AG, München (s. 1975) - Ottostr. 21, 8000 München 2 - Geb. 18. Febr. 1928 - Zul. Vorstandsmitgl. Frankfurter Hypothekenbank.

MAY, Georg
Dr. theol., Lic. jur. can., o. Prof. u. Direktor Kirchenrechtl. Seminar Univ. Mainz (s. 1960) - Fränzenbergstr. 14, 6501 Budenheim (T. 61 82) - Geb. 14. Sept. 1926 Liegnitz/Schles. (Vater: Wilhelm M.; Mutter: Gertrud, geb. Pietsch), kath. - 1958-60 ao. Prof. Phil.-Theol. Hochsch. Freising - BV: D. kirchl. Ehre als Voraussetzg. d. Teilnahme a. d. euch. Mahle, 1960; D. kanon. Formpflicht h. Abschluß v. Mischehen, 1963; D. neue Mischehenrecht, 1966; D. Gebrauch d. Volkssprache . . ., 1969; Interkonfessionalismus in d. ersten Hälfte d. 19. Jh., 1969; Mischehe heute, 1970; D. sog. Handkommunion, 2. A. 1971; Demokratis. d. Kirche, 1971; D. Prinzipien d. jüngsten kirchl. Gesetzgeb. . . ., 1971; D. Seels. a. Mischehen i. d. Diözese Mainz u. Bisch. L. Colmar, 1974; D. alte u. d. neue Messe, 1975; Mit Kath. zu besetzende Professuren a. d. Univ. Tübingen 1817-1945, 1975; Interkonfessionalismus i. d. dt. Militärseelsorge v. 1933-1945, 1977; Ludwig Kaas - D. Priester, d. Politiker u. d. Gelehrte aus d. Schule v. Ulrich Stutz, 3 Bde. 1981-82; D. dt. Bischöfe angesichts d. Glaubensspaltung 16. Jh., 1983; Re-

formation u. dt. Bischöfe. E. unerläßl. Beitrag z. Lutherjahr, 1983; D. Glaube in d. nachkonziliaren Kirche, 1983; Einf. in d. kirchenrechtl. Meth. (m. A. Egler), 1986; D. Krise d. Kirche ist e. Krise d. Bischöfe (Kard. Seper), 1987; D. Recht d. Gottesdienstes in d. Diözese Mainz z.Z. v. Bischof Joseph Ludwig Colmar (1802-1818), 2 Bde. 1987.

MAY, Heinz

Dr., Oberfinanzpräsident, Leit. OFD Nürnberg - Krelinastr. 50, 8500 Nürnberg - 1984 Bayer. VO.

MAY, Michaela

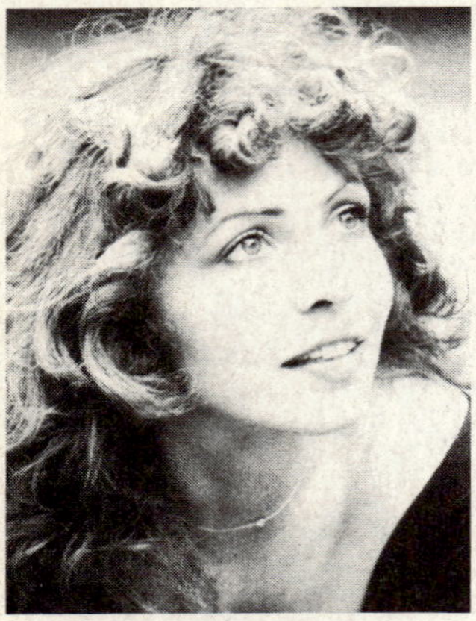

(eigentl. Gertraud Schiffer, geb. Mittermayr), Schauspielerin - Zu erreich. üb. Agentur Alexander, Lamontstr. 9, 8000 München 80 - Geb. 18. März 1952 München (Vater: Josef M; Mutter: Anneliese, geb. Dirnagl), kath., verh. s. 1980 m. Dr. Jack Schiffer - Schauspiel.-Ausb., Staatl. geprüf. Erzieherin - S. 1962 zahlr. Rollen b. Theater, Film, FS u. Funk in Berlin, Hamburg, München; 7 Filme, ca. 70 FS-Spiele, Tourneen - Liebh.: Tennis, Ski, Segeln, Bücher, Kochen, Klavier - Spr.: Engl., Franz.

MAY, Oswald

Dipl.-Ing., Vorstandsmitglied Klöckner-Humboldt-Deutz AG. (s. 1970; Entwickl. Traktoren) u. Maschinenfabrik Fahr AG., Gottmadingen (s. 1972; Entwickl. Landmaschinen, Mähdrescher) - Deutz-Mülheimer Str. 111, 5000 Köln-Deutz; priv.: 5300 Bonn - Geb. 1920 Berlin.

MAY, Willi F.

Dr. rer. pol., Hauptgeschäftsführer Bundesverb. Spedition u. Lagerei, Bonn - Heerstr. 30, 5482 Grafschaft 2 (T. 02225 - 58 17) - Geb. 5. Juli 1932 Nammen, ev., verh. s. 1964 m. Vera, geb. Witt, 2 Kd.

MAYBERG, Katharina

Film-, Fernseh- u. Bühnenschauspielerin - Elbchaussee 204/8, 2000 Hamburg 52 (T. 880 35 35) - Geb. 31. März 1929 Hamburg (Vater: Richard Neb, Kapitän; Mutter: Katharina, geb. Steffen), verh. m. Alf Teichs (Filmprod.), S. Jan - Schauspielausbild. - Viele Hauptrollen in dt., ital., span., jugosl. Filmen u. im dt. Fernsehen (u. a. Hinter Klostermauern, Der Theodor im Fußballtor, Vera Brühne, Die Nibelungen) - Bühnen-Engag. Josefstadt Wien, Kammerspiele München, Ernst Deutsch- u. St. Pauli-Theater Hamburg u.a. - Jugosl. Staatspreis f. Spielfilm Der Hochwaldjäger - Liebh.: Segeln, Reiten, Antiquitäten - Spr.: Ital., Engl.

MAYDELL, Baron von, Bernd

Dr. jur., o. Prof. f. Bürgerliches Recht, Arbeits- u. Sozialrecht Univ. Bonn (s. 1981) - Siebengebirgsstr. 58a, 5205 St. Augustin 2 (T. 02241 - 2 88 18) - Geb. 19. Juli 1934 Reval/Estl. (Vater: Hans v. M., Landwirt; Mutter: Martha, geb. Dehn), ev., verh. s. 1960 m. Christamaria, geb. Sethe, 3 Kd. (Olaf, Renata, Boris) - Abitur 1954; Stud. d. Rechts- u. Staatswiss. Univ. Marburg u. Berlin; Promot. 1960 Marburg; 1. u. 2. jur. Staatsex. 1958 u. 1963; Habil. 1971 Bonn - 1963-75 Univ. Bonn (wiss. Assist., 1970 Akad. Rat, 1971 Doz.); 1975-81 FU Berlin. Mitgl. Ges. f. Rechtsvergleich.; Europ. Inst. f. Soziale Sicherheit; Intern. Ges. f. d. Recht d. Arbeit u. d. soz. Sicherheit; Mitgl. Sachverständigen-Aussch. f. d. Kontrolle d. Anwend. d. Konventionen d. Intern. Arbeitsorg. in Genf - BV: Sach- u. Kollissionsnormen im intern. Sozialversicherungsrecht, 1967; Geldschuld u. Geldwert, 1974; Grenzen d. Eigenwirtschaft gesetzl. Krankenversicherungsträger (m. R. Scholz); Kommentar z. Sozialgesetzbuch I, 2. A. 1981 (m. Burdenski u. Schellhorn) u. X/3, 1984 (m. Schellhorn); D. Neuordn. d. sozial. Alterssich. d. Frau, 1982; Harmonisierung d. Alterssich.?, 1984; Lexikon d. Rechts: Sozialrecht, 1986 - Spr.: Engl., Franz.

MAYER, Albert

Geschäftsführer Fachgruppe Allg. Zeitschriften/Verb. Dt. Ztschr.verleger (b. 1980) - Zu erreichen üb.: Axel Springer Verlag, Kaiser-Wilhelm-Str. 6, 2000 Hamburg 36 - s. XXIII. Ausg.

MAYER, Arthur

Vorsitzender Bundesaussch. Finanzen/Dt. Sportbund (b. 1986) - 6000 Frankfurt/M. 71.

MAYER, Arthur

Dr. phil., em. o. Prof. f. Angew. Psychologie - Möwestr. 38, 8000 München 82 (T. 430 65 51) - Geb. 8. Dez. 1911 Ottenbach/Württ., kath., verh. s. 1953 m. Alice, geb. Schölich, 3 Kd. - Univ. Würzburg, Freiburg, Bonn. Promot. 1945; Habil. 1951 - 1943-45 ltd. Psychologe Inst. f. klin. Psych. Bonn, 1947-48 Berufsberat. Arbeitsamt Heidelberg, 1948-63 Assist., Doz. (1951), apl. (1954), ao. (1957) u. o. Prof. (1959) WH Mannheim (Dir. Psych. Inst.), s. 1963 o. Prof. Univ. München (Abt.-Vorst. Psych. Inst., emerit. 1976) - BV: D. soziale Rationalisierung d. Industriebetriebes, 1951; Mensch im Betrieb, 1953; Mensch u. Arbeit, 1955. Herausg.: Handb. d. Betriebs- u. Organisations-Psych. (2 Bde.); Organisationspsych., 1978 - 1984 BVK I. Kl.; 1987 Hugo Münsterberg-Med. - Liebh.: Musik - Spr.: Engl.

MAYER, Bruni

Landrätin Kreis Rottal-Inn (1987 m. 53,68% Unabhängige Wählergemeinsch.) - Landratsamt Rottal-Inn, 8340 Pfarrkirchen - Geb. 10. Juli 1947 Pfarrkirchen - Modistin, Geschäftsst.leit.

MAYER, Carlheinz

Generalagent f. Deutschland d. Yasuda Fire & Marine Insurance Comp., Ltd., Tokyo - Meister-Johann-Str. 5, 5000 Köln 41 - Geb. 20. Okt. 1922 Berlin (Vater: Dr. med. dent. Heinz M.; Mutter: Martha, geb. Hartwig), ev., verh., 2 S. (Michael, Stephan) - Abit. 1941, 1948 Lehre, 1951 Bezirksdir., 1960-72 Vorstand, alles Nordstern Allgemeine Vers.-AG., Köln/Berlin.

MAYER, Christian

Schriftsteller (Ps. Carl Amery) - Drächslstr. 7, 8000 München 90 (T. 45 14 97) - Geb. 9. April 1922 München (Vater: Prof. Dr. phil. Dr. theol. h. c. Anton M., Historiker (s. dort); Mutter: Anna, geb. Schneller), kath., verh. s. 1950 m. Marijane, geb. Gerth, 5 Kd. (Gregor, Benedikt, Pia, Anna, Ambros) - Gymn. Freising u. Passau; Stud. Roman. u. Lit. München u. Washington (USA) - Fr. Schriftst.; 1968-70 (Rücktr.) Dir. Städt. Biblioth. München. 1976 Vors. VDS - BV: D. Wettbewerb, R. 1954; D. Gr. Deutsche Tour, R. 1959; D. Kapitulation oder Deutscher Katholizismus heute, 1963; Fragen an Welt u. Kirche, Ess. 1965; D. Ende d. Vorsehung - D. gnadenlosen Folgen d. Christentums, 1972; D. Königsprojekt, R. 1974; D. Untergang d. Stadt Passau, R. 1975; Natur als Politik, Ess. 1976; An d. Feuern d. Leyermark, R. 1979; Leb wohl geliebtes Volk d. Bayern, Ess., 1980; E. starke Position, od. Ganz normale MAMUS, Satiren, 1985; D. Wallfahrer, R. 1986. Bühnenstücke: Ich stehe z. Verfügung (UA. 1967 München). Fernsehsp.: Ansichten v. Bayern (1972); Hörsp.: Ich stehe z. Verfügung; Finale Rettung Michigan (1984); D. Schirmspringer (1986); D. Penthouse-Protokoll (1987/88). Herausg.: D. Provinz - Kritik e. Lebensform (1964); Übers. J. F. Powers, Gottes Schrift ist schwer zu lesen (1965) - 1958 Förderungspreis Stadt München; 1975 Ernst-Hoferichter-Preis; 1979 Turkan-Preis München; Mitgl. PEN-Zentrum BRD - Spr.: Engl., Franz., Ital., Span.

MAYER, Claus-Jürgen

Dr. med., Dr. med. habil., Prof., Oberstarzt, stv. Kommandeur Sanitätsakad. d. Bundeswehr - Neuherbergstr. 11, 8000 München 45 - Geb. 21. Sept. 1938 Berlin (Vater: Hermann M.; Mutter: Anneliese, geb. Deppe), verh. m. Karin, geb. Völkel, 2 S. (Thomas, Jens-Peter) - Med. Staatsex. 1966 LMU München, Promot. 1970; Habil. 1975, alles München - 1982 apl. Prof. f. Physiol. München - Lehrstabsoffz. Sanitätsakad. d. Bundeswehr; Referent Bundesmin. d. Verteidigung - Entw. Neuromodulation v. Nervenzellen - 1985 Ehrenkreuz d. Bundeswehr in Silber - Spr.:Engl., Franz.

MAYER, Dieter Heinzjörg

Dr. rer. nat., Prof. f. Physik RWTH Aachen - Stolberger Str. 142, 5100 Aachen (T. 0241 - 51 21 08) - Geb. 22. Sept. 1943 Freising, verh. s. 1977 m. Christiane, geb. Guilbert, S. Francois - 1963-68 Stud. Physik Univ. München; Dipl. 1969, Promot. 1972 München, Habil 1979 Aachen - 1972-74 wiss. Assist.; 1974-76 Post-doc (IHES Paris, Simon-Fraser Univ. Vancouver); 1981 Heisenberg-Stip.; 1980-84 Gastprof. Essen, Heidelberg, Gießen; s. 1985 apl. Prof. RWTH Aachen - BV: The Ruelle-Araki Transfer Operator in Classical Statistical Mechanics, 1980.

MAYER, Eberhard

Dr. rer. nat., Prof. f. Geographie - Im Eichholz 10, 5300 Bonn 1 (T. 0228-28 17 91) - Geb. 16. Mai 1933 Stuttgart (Vater: Erwin M., O.stud.rat; Mutter: Helene, geb. Bopp), ev., verh. s. 1958 m. Margret, geb. Dippon - Gymn. Stuttgart; 1952-57 Univ. Stuttgart (Geogr., Biol., Chem.), Staatsex. 1957, Promot. 1959, Habil. 1971 - 1957-61 Wiss. Assist., 1971 Priv.doz., 1971-72 Univ.Doz. Stuttg., 1972 Prof. Univ. Bonn - BV: Mod. Formen d. Agrarkolonis. im sommertrockenen Spanien, 1960; D. Balearen: Soz. u. wirtsch.s-geogr. Wandl. mediterranen Inselarchipels unt. d. Einfl. d. Fremdenverkehrs, 1976; Vegetationsgeogr. auf geoökol. Grundl. (m. H.-J. Klink), 1982; Aufs. u. Beitr. im Fachztschr., Sammelb. u. e. span. Lexikon - Spr.: Span., Engl.

MAYER, Frederic

Dr., Kammersänger, Opernsänger Staatstheater am Gärtnerplatz München (s. 1968) - Tirschenreuther Str. 19, 8000 München - Geb. 21. April 1931 Lincoln Nebraska, USA, verh. s. 1974 m. Rosemarie, geb. Hege, 3 Kd. (Eric, Kirk, Paul) - B.A. Degree Midland College, Fremont Nebraska, USA; M.A. u. Ed.D. Degrees Columbia University New York; Stimmbildung m. Maestro R. Pandicio (N.Y.) u. Hans Hopf (München) - 1958-68 Musik-Prof. Columbia Univ. New York - Konz., Oper, Oratorien USA (New York, Chicago etc.). Gastsp.: Berlin, Frankfurt, Wien, Stuttgart - BV: The Changing Voice, 1965 - 1974 Bayer. Kammersänger.

MAYER, Gerhart

Dr. phil., Dr. sc. rel., o. Prof. f. Neuere dt. Sprache u. Literatur - Gabriel-Biel-Str. 8, 6720 Speyer/Rh. - Geb. 4. Juni 1926 Stuttgart, ev., verh. s. 1958 m. Margit, geb. Schlünder, 2 Kd. (Elke-Birgit, Jörg-Peter) - 1946-50 Univ. Marburg (Dt., Engl., Päd.; Staatsex. 1950). Promot. 1951 u. 54 Marburg; Habil. 1958 Braunschweig - 1958-65 Doz. u. apl. Prof. (1964) TH Braunschweig; dazw. 1958-62 Lehrstuhlvertr. Univ. Salamanca (Span.); s. 1965 o. Prof. Univ. Mainz, Fachber. Angew. Sprachwiss. Germersheim - BV: D. Begegnung d. Christentums m. d. asiat. Religionen im Werk Hermann Hesses, 1956; Rilke u. Kassner, 1960; D. geist. Entwickl. Wilhelm Raabes, 1960 - Spr.: Engl., Span.

MAYER, Günter

Dr. theol., Prof. Univ. Mainz - Ruländerstr. 10, 6501 Zornheim (T. 06136 - 4 48 37) - Geb. 6. April 1936 Pirmasens (Vater: Wilhelm M.; Mutter: Henriette, geb. Wilhelm), ev., verh. s. 1965 m. Elisabeth, geb. Busch - Stud. Mainz; Promot. 1960 ebd.; Habil. 1970 Münster - S. 1972 Prof. f. Theol. Univ. Mainz - BV: D. Mischnatraktat Para, 1964; E. Zaun um d. Tora, 1972; Index Philoneus, 1974; D. jüdische Frau in d. hellenistisch-römischen Antike, 1987 - Spr.: Franz., Engl.

MAYER, Hannelore

s. Valencak, Hannelore

MAYER, Hans

Dr. phil., Dr. phil. h. c., o. Prof. f. Dt. Literatur u. Sprache TU Hannover (1965-73; emerit.), Honorarprof. Univ. Tübingen (s. 1975) - Neckarhalde 41, 7400 Tübingen - Geb. 19. März 1907 Köln - Univ. Köln, Bonn, Berlin (Rechts-, Staatswiss., Gesch., Phil.). Promot. 1931 Köln - Forschungsstip. Inst. f. Sozialforsch. Genf/New York (1935-39) u. Hochschulinst. f. Intern. Studien Genf (1936-41); 1946/47 Chefredakt. Radio Frankfurt/M.; 1947/48 Dozent Akad. d. Arbeit Frankfurt/M.; 1948-63 Ord. Univ. Leipzig (Dt. Literaturgesch. u. Gesch. d. Weltlit.). Gastprof. TU Berlin (1965) u. Milwaukee/USA (1971). 1954ff. Vorst.-Mitgl. Dt. Schiller-Ges. - BV (Auswahl): Georg Büchner u. s. Zeit, 1946; Thomas Mann - Werk u. Entwickl., 1950; Studien z. dt. Lit.gesch., 1954; Dt. Lit. u. Weltlit., 1957; Richard Wagner, 1959; V. Lessing b. Thomas Mann, 1959; Bertolt Brecht u. d. Tradition, 1961; Ansichten - Z. Lit. d. Zeit, 1962; Z. dt. Klassik u. Romantik, 1963; Z. dt. Lit. d. Zeit - Zusammenhänge/Schriftst./Bücher, 1967; Dt. Lit. s. Thomas Mann, 1968; Brecht in d. Gesch. - 3 Versuche, 1971; D. Lit.kritik d. Gegenw., 1971ff.; Thomas Mann, 1980; versuche üb. d. Oper, 1981; Augenblicke. E. Leseb. 1987; D. umerzogene Lit., 1988; D. unerwünschte Lit., 1989. Herausg.: Meisterw. dt. Lit.kritik (4 Bde. 1962-76), Dtsch. Literaturkritik d. Gegenwart, 1972; Georg Büchner u. s. Zeit, 1972; Vereinzelt Niederschläge, 1973; Goethe im 20. Jh. (1967), Außenseiter (1975); Nach Jahr u. Tag, Reden, 1968; Richard Wagner - Mit- u. Nachwelt, 1978; Doktor Faust u. Don Juan, 1979; E. Deutscher auf Widerruf. Erinner., 2 Bde. 1982/84 - 1969 Ehrendoktor Univ. Brüssel u. 1972 Univ. of Wisconsin; 1955 Nationalpreis III. Kl. (Ost), 1965 Johann-Heinrich-Merck-Preis Dt. Akad. f. Sprache u. Dicht. (abgelehnt), Lit.preis Verb. d. dt. Kritiker; 1974 Ehrenmed. Collège de France; 1964 o. Mitgl. Akad. d. Künste Berlin (1971 Dir. Abt. Lit.); 1975 Ehrenmitgl. Modern Language Assoc. of America; 1980 Gr. Lit.preis d. Stadt Köln; Med. f. Wiss. u. Kunst Hamburg; 1987 Gr. BVK m. Stern u. Schulterbd., Ernst-Bloch-Pr. Ludwigshafen, Ehrensenator Univ. Hannover. Mitgl. PEN-Zentrum BRD - Spr.: Franz., Engl., Ital.

MAYER, Hans-Eberhard

Dr. phil. (habil), o. Prof. f. Mittlere u. Neuere Geschichte u. Histor. Hilfswiss. Univ. Kiel (s. 1967) - Neue Universität, Haus 16, 2300 Kiel - Geb. 2. Febr. 1932 Nürnberg - U. a. Doz. Univ. Innsbruck. Facharb.

MAYER, Helga Barbara
s. unt. König, Barbara

MAYER, Josef
I. Bürgermeister Stadt Thannhausen - Rathaus, 8907 Thannhausen - Geb. 26. Sept. 1924 Konzenberg - Dipl.-Verwaltungswirt.

MAYER, Karl Heinz
Dr. rer. nat., Prof. f. Mathematik Univ. Dortmund - Eichenmarkweg 10, 4600 Dortmund 30 (T. 0231 - 48 22 28) - Geb. 9. Juli 1936 Düsseldorf (Vater: Anton M.; Mutter: Magdalena, geb. Görlich), kath., verh. s. 1965 m. Barbara, geb. Damm, 2 Kd. (Stefanie, Till) - 1956-64 Math.stud. Univ. Köln, Tübingen, Bonn; 1. Staatsex. f. d. höh. Lehramt 1961, Promot. 1964, Habil. 1969 - 1964-70 wiss. Assist. Bonn; 1970 o. Prof. Dortmund - BV: O(n)-Mannigfaltigk., exot. Sphären u. Singularitäten, (m. F. Hirzebruch) 1968; Relationen zw. charakterist. Zahlen, 1969; Algebraische Topologie, 1989.

MAYER, Karl Ulrich
Dr., Prof., Direktor Max-Planck-Institut f. Bildungsforschung - Lentzeallee 94, 1000 Berlin 33 (T. 030-82 99 51) - Geb. 10. April 1945, verh. m. Martha, geb. Babiak, 3 Kd. (Uljana, Roman, Antonia) - 1964-68 Stud. Soziol., German., Phil., Theol. Univ. Tübingen, Spokane, Wash./USA, New York, Konstanz; B.A., M.A.; Promot. 1973, Habil. 1977 - Projektleit. Univ. Konstanz; wiss. Ass. Univ. Frankfurt; wiss. Mitarb. Univ. Mannheim; wiss. Leit. Zentrum f. Umfragen, Meth. u. Analysen (ZUMA), Mannheim; Prof. f. Soziol. Univ. Mannheim; s. 1983 wiss. Mitgl. u. Dir. MPI f. Bildungsforsch. - BV: Ungleichheit u. Mobilität im soz. Bewußtsein, 1975; Klassenlagen u. Sozialstruktur (m. J. Handl u. W. Müller), 1977; Allg. Bevölkerungsumfrage d. Sozialwiss. Beitr. zu meth. Problemen d. Allbus 1980 (m. P. Schmidt), 1984; Ereignisanalyse (m. P. Blossfeld u. A. Hamerle), 1986 - Spr.: Engl.

MAYER, Karl-Heinz
Hauptgeschäftsführer Landessportbund Hessen - Otto-Fleck-Schneise 4, 6000 Frankfurt 71 (Telefon 63 09 -1).

MAYER, Klaus

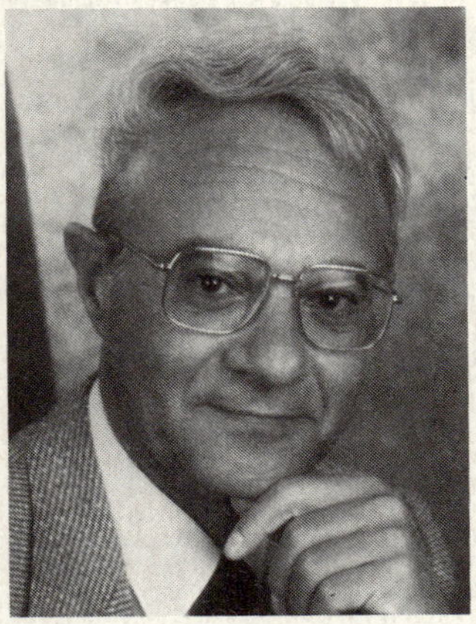

Dr. med., Dr. phil., Dipl.-Psych., Prof., Ärztl. Direktor Abt. Neuropsychol. u. Neurol. Poliklinik Univ. Tübingen, ärztl. Vorst.-Mitgl. Kurat. ZNS f. Unfallverletzte m. Schäden d. zentralen Nervensystems, Bonn - Eduard-Spranger-Str. 9, 7400 Tübingen (T. 6 13 03) - Geb. 6. Sept. 1926 Düsseldorf (Vater: Karl M., Ltd. Angest. †; Mutter: Martha, geb. Bleser †), kath., verh. s. 1958 m. Hanny, geb. Kober, 2 Söhne (Thomas, Peter) - Stud. d. Med., Psych., Phil. Univ. Marburg, Bonn, D'dorf; Promot. 1956 (phil.) u. 1957 (med.); Habil. 1963 - 1970-72 Dekan. In- u. ausl. Fachmitgl.sch. Mitgl. versch. Hochsch.gremien u. min. Kommiss. Zahlr. wiss. Veröff. - BVK I. Kl.

MAYER, Klaus
Dr. phil., Prof. f. Soziologie Univ. Bonn (s. 1976) - Kösliner Weg 8, 5309 Meckenheim - Geb. 5. Mai 1935 Wien, verh. - 1958-63 Stud. Gesch. Univ. Wien; Promot. 1963 Wien; Habil. (Soziol.) 1975 Linz - BV: D. Sozialstruktur Österreichs, 1970; Landtagsabgeordnete in Oberösterreich, 1973; Dynamik sozialen Verhaltens, 1975.

MAYER, Klaus-Dieter
Generalsekretär Dt. Billard-Bund - Konrad-Adenauer-Str. 43, 6072 Dreieich/Hessen.

MAYER, Martin
Dr. agr., Oberregierungsrat, MdL Bayern (s. 1978) - Am Baumgarten 5, 8011 Siegertsbrunn/Obb. - Geb. 1941 Siegertsbrunn - Volkssch.; Landw.slehre; Höh. Ackerbausch. Landsberg; Stud. Landw. Freilassing-Weihenstephan, Paris, Bonn. Promot. 1969; 2. Staatsex. 1972 - Gutachtertätigk. Elfenbeinküste; Bayer. Landw.smin. 1972 ff. MdK München. CSU (Orts-, 1985 Kreisvors. München).

MAYER, Max
Dipl.-Ing., Ministerialdirektor i. R., Unternehmensberater (s. 1972) - Lucas-Cranach-Str. 16, 5300 Bonn-Bad Godesberg (T. 37 93 20) - Geb. 30. Juni 1913 Regensburg (Vater: Eduard M., Bankdir.; Mutter: Mathilde, geb. Angermann), ev., verh. s. 1947 m. Rita, geb. Schoen, 3 Töcht. (Ingelo Christina, Andrea Susanne, Claudia Martina) - Maximilians-Gymn. u. TH München (Maschinen- u. Flugzeugbau; Dipl.-Ing. 1936). 2. Staatsex. (Flugbaumeister) 1939 Berlin - 1938-43 Testpilot u. Erprobungssing. Versuchsst. Peenemünde; 1944/45 Leit. e. Erprobungsgruppe f. Raketenflugzeuge u. Flugkörper ebd.; 1949-57 Techn. Prüfer u. Mitgl. Dt. Patentamt, München; 1957-62 Ref. f. Flugkörpersysteme Bundesverteidigungsmin. (Min.rat); ab 1962 Leit. Abt. Weltraum- u. Luftfahrtforsch. Bundesmin. f. Wiss. Forsch. (Min.dirig. bzw. - dir.); s. 1972 Luft- u. Weltraumberater Dresdner Bank AG, s. 1976 Repräsentant, b. 1982 Senior Technical Adviser d. Raytheon Co., USA; Vizepräs. Club d. Luftfahrt v. Dtschl.; Vors. d. Kuratoriums d. Lilienthalstift.; Vorst.-Mitgl. Dt. Ges. f. Luft- u. Raumfahrt; Mitgl. Club d. amerik. Botschaft u. Intern. Club La Redoute - Versch. Buch- u. Ztschr.beitr. - BVK I. Kl. - Liebh.: Farbfotogr., Segeln - Spr.: Engl.

MAYER, Mechthild
Schriftstellerin u. Malerin - Allensteiner Str. 16, 7500 Karlsruhe 1 (T. 0721 - 68 45 00) - Geb. 9. Jan. 1918 Ellwangen/J., kath., verw. s. 1970 - Ausb. Kinderpflegerin u. Kindergärtnerin, Ausb. im bildhaften Gestalten b. H. Meyer-Weingarten (gegenständl. u. figürl. Malerei), T. Sand (Abstrakt.), G. Manz (Portrait) - Ausst. in Bad. Kunstverein Karlsruhe, Käuze-Theater, Bundesverfassungsgericht u. in d. Dt. Bank, Karlsruhe. 1972-82 üb. 10 Lesungen bzw. Rezitat. in Karlsruher Theatern, b. Vernissagen, im Rahmen d. Karlsruher Bücherfrühlings; Beteilig. b. Kollektivlesung in d. Lit. Ges. Karlsruhe - BV: D. Sonnenspeicher, 1973; Schierling od. d. Beschaffenheit d. ganz einfachen Tages, 1975; D. Blume Begriffenezeit, 1977 (alle 3 Gedichtbd.). Herausg.: Bildbd. m. eig. Arb. u. lyr. Komment. (1978); Erwähnung v. Bildged. b. Gisbert Kranz, Bd. II (1981); Mitarb. an Anthol. sowie Karlsruher Literaturtelefon - Lit.-Dipl. Univ. Delle Arti, Ital.

MAYER, Paul
Prof., Dipl.-Ing., Bergass., Leiter Techn. Aufsichtsdienst Berufsgenoss. d. keram. u. Glas-Ind. - Röntgenring 2, 8700 Würzburg - Geb. 18. Okt. 1929, kath., verh. s. 1957 m. Marga, geb. Schleicher, Tocht. Dr. med. Barbara - Abit.; TH Aachen (Dipl.-Ing.); Assessorenausb. - Prof. f. Sicherheitstechnik TFHS Berlin - BV: Angew. Sicherheitstechnik, Handb. d. Arbeitsschutzes; weit. Veröff. - Liebh.: Klass. Musik, klass. Lit., Politik - Spr.: Engl.

MAYER, Richard
Bürgermeister a. D., Geschäftsführer, MdL Bad.-Württ. (1972-76) - Sommerhaldenweg 6, 7238 Oberndorf-Aistaig (T. 07423 - 44 47) - Geb. 22. Juni 1925 Göllsdorf/Württ., kath., verh., 2 Kd. - Gymn. Rottweil; Höh. Verwaltungssch. Haigerloch - 1943-47 Kriegsdst. u. franz. Gefangensch.; n. Verw.-Ausb. Sachbearb. Landratsamt Rottweil, Stadtverw. Oberndorf u. Kirchheim/Teck; 1956-74 Bürgermeister Aistaig. 1960-66 Vors. Zweckverb. Wasserversorgungsgr. Kleiner Heuberg; 1965-68 Gesamtvorst. Württ. Gemeindetag; 1968-75 Vors. Abwasserverb. Aistaig. 1965 ff. MdK Rottweil (1971 Fraktionsspr.). SPD. 1976 ff. Schramberger Wohnungsbau GmbH (Gf.).

MAYER, Robert
Rechtsanwalt, ehem. Gf. Vereinig. d. Bayer. Schuhfabr., Nürnberg - Gastelshof 5, 8431 Seubersdorf (T. 09492-13 03) - Geb. 6. Okt. 1908 München - Stud. Rechtswiss. Gr. jurist. Staatsprüf. - Staatsdst. (zul. Reg.rat) - BVK a. B.

MAYER, Ruth
Autorin, Übers., Bücherherausg. u. Verlegerin, Journ. - Postf. 116, CH-8029 Zürich - Geb. 24. März 1943 St. Gallen/Schweiz - Handelsdipl. u. journ.-redakt. Ausb. - Inh. Frauenbuchverlag Edition R + F, Zürich - BV: u.a. Ansichtsseiten, Aphorismen, 1976 u. 1979. Herausg.: Bewegte Frauen (1977); Anfällig sein (1978); Im Beunruhigenden (1980); Frauen erfahren Frauen (1982); Sie will wissen wie weit ihre Kühnheit sie forträgt (1984); E. Inselsommer v. Rosemarie Egger (1988) - 1977 Lit. Ehrengabe Kanton Zürich - Spr.: Engl., Franz. - Lit.: Ingeborg Drewitz, in: Ansichtsseiten (1976 u. 1979).

MAYER, Ursula Maria
Dr. med., Prof. f. Augenheilkd. Univ. Erlangen, Augenärztin - Essenbacher Str. 15, 8520 Erlangen - Geb. 26. Nov. 1936 Hamburg (Vater: Johann Baptist M., Ord. f. Pädiatrie, Homburg; Mutter: Gertrud, geb. Hauswirth), kath., ledig - Abit. 1955 Homburg/S.; Stud. Homburg, München, Paris; Staatsex. 1961 Homburg, Promot. 1962; 1962-64 Med.assist.; ab 1964 Augenheilkd. Düsseldorf (Prof. Dr. E. Custodis u. Prof. Dr. H. Pau), ab 1970 Erlangen (Prof. Dr. E. Schreck); Habil. 1974 - 1974 Akad. Rätin, 1976 Akad. Oberrätin; Oberärztin, 1980 apl. Prof. u. C3-Prof. - 1969 erstmal. Messung d. RQ v. Linsenepithelien; 1981 Anmeld. e. Augenspiegels m. Restlichtverstärk. - BV: Übers.: Prakt. Glaskörperchir. (v. J. Haut u. S. Limon, Franz. in Deutsch); Zeitschr.art. üb. exper. Ophthalmologie u. pädiatr. Ophthalmologie - 1958 u. 1961 SPECIA-Preis - Liebh.: Musik, Gärtnerei - Spr.: Lat., Franz., Engl., Span., wenig Ital. u. Altgriech. - Bek. Vorf.: Prof. Dr. Johann Baptist M., Prof. Hamburg u. Homburg/Saar Säuglingsernähr., Viruskrankh., Embryopathien, Diabetes (Vater).

MAYER, Walter
Dr. phil. nat., Prof. f. Chemie i.R. - Im Hassel 18, 6901 Dossenheim (T. Heidelberg 8 52 91) - Geb. 3. April 1915 Stockach/Baden, kath., verh. s. 1943 m. Ingeborg, geb. Oeller, 4 Kd. (Christa, Felicitas, Andrea, Hans-Walter) - Univ. Heidelberg (Chemie; Dipl.-Chem. 1939). Promot. (1941) u. Habil. (1953) Heidelberg - S. 1953 Privatdoz. u. Prof. Univ. Heidelberg, s. 1981 im Ruhestand. Fachveröff.

MAYER-BÖRICKE, Claus Ulrich
Dr. rer. nat., em. o. Prof. f. Kernphysik, Direktor Inst. f. Kernphysik KFA Jülich (1967-83) - Postf. 1913, 5170 Jülich; priv.: Kommstr. 5, 5170 Jülich (T. 02461 - 35 85) - Geb. 10. Aug. 1928 Stuttgart (Vater: Wilhelm M., Ing.; Mutter: Hertha, geb. Böricke), ev., verh. s. 1955 m. Dr. med. Elisabeth, geb. Müller, T. Anni Hertha - Phys.-Stud. Univ. Heidelberg, Dipl. 1954, Promot. 1958, Habil. 1967 (Stip. Stud.stift. dt. Volk); 1963/64 Research Assistant Prof. Florida State Univ., USA; 1964/65 Res. Research Associate, Argonne Nation. Lab., USA - S. 1967 o. Prof. Univ. Bonn - Üb. 170 wiss. Originalveröff. in intern. Fachztschr. u. Büchern - 1977 Ehrenmitgl. Roland Eötvös Physical Society, Ungarn - Spr.: Engl.

MAYER-KÖNIG, Wolfgang
Direktor, Handelsrat, Vorstandsmitglied Porr AG, Schriftst. - Wohnhaft Wien (T. 0043 - 22 24 25 83 62) - Geb. 28. März 1946 Wien, kath., ledig - Herausg. u. Verleger d. intern. Kulturztschr. LOG; Lektor u. Gastdoz. Univ. in Frankr., Ital., Österr. u. USA; Mitgl. Akad. d. Wiss. u. Künste: Accademia Cosentina, Acc. Tiberina, Akad. Burckhardt; 1971-78 Sekr. d. Österr. Bundeskanzlers; 1972 Generalsekr. intern. Kongress z. Erarb. v. Richtlinien f. Technologietransfer, Forschungsförd. u. Wissenschaftspolitik; 1973 Mitverf. Zivildienst-Bundesgesetzentw.; 1975 Koord. off. humanit. Hilfsprogramm f. Indochina; 1976 Koord. div. Verhandl. m. arab. Staaten; 1975-79 Vors. Österr. Führungskräftetag. d. Berufsförderungsinst. z. Koord. v. Managementprobl.; s. 1978 Industrietätigk.; Geschäftsf. Transportbeton KG; AR-Mitgl. Porr Intern. AG. Vizepräs. Pro Austria Nostra - BV: u.a. Sichtbare Pavillons, 1968; Texte u. Bilder, 1974; Vorläufige Versagung, 1985; Chagrin non dechiffré, 1986; Colloqui nella stanza, 1986 - 1976 Österr. Ehrenkreuz f. Wiss. u. Kunst; 1975 Offizierskr. d. ägyptischen VO; 1982 Ehrenz. Niederösterr.; Gold. Verdienstz. ÖRK; Commendatore Rep. San Marino; Ehrenz. I. Kl. fürstl. Abt v. Lilienfeld; Verdienstkreuz d. griech.-orth. Papstpatriarchen v. Alexandrien; päpstl. Ehrenz. Leo XIII.; a.o. Hochsch.-Prof. (verlieh. v. Bundespräs. d. Rep. Österr.) - Lit.: Karl Krolow in Tagesspiegel Berlin 1970; Kurt Adel, Z. österr. Lit. s. 1945, 1982, u.a.

MAYER-KUCKUK, Theo
Dr. rer. nat., o. Prof. u. Direktor Inst. f. Strahlen- u. Kernphysik Univ. Bonn (s. 1965) - Nußallee 14, 5300 Bonn; priv.: Königswinter (T. 2 23 80) - Geb. 10. Mai 1927 Rastatt, kath., verh. s. 1965 m. Irmgard, geb. Meyer - Univ. Heidelberg (Physik). Promot. (1953) u. Habil. (1963) Heidelberg - 1953-59 Assist. Univ. Heidelberg; 1960-61 Research Fellow California Inst. of Technology Pasadena; s. 1964 auswärt. Wiss. Mitgl. Max-Planck-Inst. f. Kernphysik Heidelberg; s. 1982 o. Mitgl. d. Rhein.-Westf. Akad. d. Wiss.; Vizepräs. Intern. Union f. reine u. angew. Physik (IUPAP) - BV: Kernphysik, Lehrb. 1970, 4. A. 1984; Atomphysik, Lehrb. 1977, 3. A. 1985 - 1963 Röntgen-Preis Univ. Gießen - Spr.: Engl., Franz.

MAYER-KULENKAMPFF, Ilse
Dr. phil., em. Prof. f. Sozialpädagogik Univ. Oldenburg - Ofenerstr. 10, 2900 Oldenburg/O. - Geb. 6. Juli 1916 Berlin - Staatsex. f. d. Höh. Lehramt 1941; Promot. 1943; 1948-49 Jahresstip. f. d. USA (Gruppenpäd.) - Päd. Mitarb. u. zeitw. Leitg. VHS Kassel; 1967 Prof. PH Oldenburg f. Sozialpäd.; s. 1981 emerit. - Bek. Vorf.: Otto Mayer, Begr. d. dt. Verwaltungsrechtswiss.

MAYER-REINACH, Ursula
Opern- u. Konzertsängerin - P.O.Box 6011, Tel Aviv 61060/Israel (T. 03 - 44 86 97) - Geb. in Kiel (Vater: Dr. Albert M.-R., bek. Musikwiss.; Mutter: Antonie Mathilde, geb. Heuser, Opernsängerin), verh. s. 1967 in 2. Ehe m. Peter Gradenwitz - Gesangsstud. b. Maria Golombek (Hamburg) u. George Armin (Kopenhagen); Gesangspäd. Ausb. Musikhochsch. Hamburg (Prof. Maja Stein) - Opern- u. Konz.tourneen in westeurop. Länder, USA, Israel. Fernsehen, Schallpl.aufn., Rundf. - Zahlr. Uraufführungen.

zeitgenöss. Musikwerke auf intern. Festivals, in Konz. u. Rundf. - Liebh.: Tiere, Garten, Schwimmen, Wandern - Spr.: Engl., Franz., Ital., Hebr., Schwed.

MAYER-SKUMANZ, Lene

Schriftstellerin - Lampig 15/12, A-1020 Wien - Geb. 7. Nov. 1939 Wien - Vornehml. Kinder- u. Jugendb. - U. a. Österr. Staatspreis f. Jugendlit. (1965) u. Kath. Kinderb.preis (1981).

MAYER-TASCH, Peter Cornelius

Dr. jur., Prof. f. Politikwiss. u. Rechtstheorie - Am Seeberg 11, 8913 Schondorf/Ammersee (T. 08192 - 6 68) - Geb. 13. März 1938 Stuttgart (Vater: Eberhard M., Fabrikdir.; Mutter: Elisabeth), kath., verh. s. 1964 m. Dorothee, geb. Tidow, 5 Kd. (Marina, Verena, Tertia, Adrian, Lucius) - Jura-Stud., 1. jur. Staatsprüf. Univ. München 1961, Promot. Univ. Mainz 1964, Dipl. f. Rechtsvergleichung Straßburg/Coimbra 1964/65, Dipl. Bobogna Center der Johns Hopkins-Univ. 1965 - 1966-71 Wiss. Assist. Mainz, 1971 Priv.-Doz. Univ. Mainz, s. 1971 Prof. Univ. München, 1975/78/79/85/87/88 gf. Dir. Geschw.-Scholl-Inst., Mitgl. d. Lehrkörpers u. d. Senats d. Hochsch. f. Politik. Kurat.-Mitgl. mehrerer ökol. Inst. - BV: Thomas Hobbes u. d. Widerstandsrecht, 1965; Korporativismus u. Autoritarismus, 1971; Hobbes u. Rousseau, 1976; D. Verfass. Europas, 1975; Umweltrecht im Wandel, 1978; Ökologie u. Grundgesetz, 1980; D. Welt als Baustelle, 1982; Aus d. Wörterbuch d. polit. Ökologie, 1985; D. Bürgerinitiativbewegung, 5. A. 1985; D. Luft hat keine Grenzen, 1986; D. verseuchte Landkarte, 1987; E. Netz f. Ikarus, 1988 - Liebh.: Lyrik, Bild. Kunst, Architektur, Esoterik, Naturheilkd. - Spr.: Engl., Franz., Ital. - Lit.: u.a. Persönlichkeiten Europas (Dtschl.), Luzern 1976.

MAYER-VORFELDER, Gerhard

Minister f. Kultus u. Sport Baden-Württ. (s. 1980), VfB-Präsident, MdL - Einsteinstr. 106, 7000 Stuttgart 50 - Zul. Staatssekr. Baden-Württ. Finanzmin.; s. 1977 Mitgl. CDU-Landesvorst.; s. 1979 Kreisvors. CDU Stuttgart.

MAYERHOFER, Elfie

Opern- u. Operettensängerin (Koloratursopran) - Grinzingerstr. 4a, A-1190 Wien - Geb. 15. März 1917 Marburg/Südslawien (Vater: Hans M., Lehrer; Mutter: Maria M.), kath. - Musikhochsch. u. Stern'sches Konservat. Berlin; Gesang Prof. Fred Husler - Bühnen Wien (Volksoper), Düsseldorf (Dt. Oper am Rhein), Hamburg (Staatsoper), München (Theater am Gärtnerpl.), Berlin (Theater am Kurfürstendamm), Dortmund u. a. Gast Staatsoper Wien, Bühnen d. Stadt Köln, Theater d. Hansestadt Bremen, Hess. Staatstheater Wiesbaden, Landestheater Salzburg. Raimundttheater Wien, Salzburger u. Bregenzer Festspiele. Rundf. u. Ferns. Spez. Johann Strauß. Filme: Frauen für Golden Hill, Hotel Sacher, D. Vorhang fällt, D. himmelblaue Abendkleid, Wir bitten z. Tanz, Meine Frau Theresa, D. Lied d. Nachtigall, D. kl. Hofkonzert, Wiener Melodien, Anni - E. Wiener Ballade, D. himml. Walzer, Höll. Liebe, E. Mann m. Grundsätzen, Geliebter Lügner, Küssen ist keine Sünd' - Liebh.: Jagd, Samml. intern. Volkslieder u. Trachtengruppen aus aller Welt - 1967 Johann-Strauß-Statuette Stadt Wien (Ehrengeschenk); 1971 Johann-Strauß-Ring Dt. Bühnenclub; 1975 Gold. Ehrenzeichen f. Verdienste um d. Land Wien, 1975 in Monaco Urkunde als bedeut. u. beliebteste Johann-Strauß-Interpretin d. Gegenw. - Spr.: Serbokroat., Slov., Franz., Engl.

MAYINGER, Franz

Dr.-Ing., o. Prof. f. Thermodynamik TU München - Zu erreichen üb. Lehrstuhl A f. Thermodynamik, TU München, Arcisstr. 21, 8000 München 2 (T. 089 - 21 05 34 35) - Geb. 2. Sept. 1931, kath., verh. s. 1958 m. Franziska Lindermeir, 3 Kd. (Thomas, Brigitte, Wolfgang) - 1951-55 Stud. Maschinenbau; Promot. 1961 TU München - 1962-69 MAN Nürnberg (Leit. Forschungsabt.); 1969-81 Prof. u. Dir. Inst. f. Verfahrenstechnik Univ. Hannover; s. 1981 o. Prof. f. Thermodynamik. S. 1971 Mitgl. Reaktorsicherheitskommiss. (RSK) (1983-84 Vors.); s. 1989 Mitgl. Bayer. Akad. d. Wiss. (Math. naturwiss. Klasse) - BV: Thermodynamik, Bd. 1 1986, Bd. 2 1988; Strömung u. Wärmeübergang in Gas-Flüssigkeitsgemischen, 1981 - Spr.: Engl., Franz.

MAYNTZ, Renate

Dr. phil., Drs. h.c., Prof., Direktorin Max-Planck-Institut f. Gesellschaftsforschung, Honorarprof. d. Univ. zu Köln - Lothringer Str. 78, 5000 Köln 1 (T. 0221-3 36 05-10) - Geb. 28. April 1929 Berlin, ev., verh. s. 1962 m. Hann Trier - Abit. 1947 Berlin; B.A. Wellesley College (USA) 1950; Promot. im Hauptfach Soziol. FU Berlin; Habil. 1957 FU Berlin - 1983-84 Gastprof. Stanford Univ.; 1974-80 Mitgl. Senat d. DFG; 1973-85 Prof. f. Soziol. Univ. Köln, u. Dir. Inst. f. Angew. Sozialforsch.; 1971-73 Prof. f. Organisationssoziol. Hochsch. f. Verwaltungswiss. Speyer; 1968 Theodor-Heuss-Lehrstuhl New School for Social Research New York; 1966-70 Mitgl. Dt. Bildungsrat; 1965 Gastprof. Flacso Santiago de Chile; 1965-71 Prof. f. Soziol. Wirtsch.- u. sozialwiss. Fakultät FU Berlin; 1959-60 Visitin Ass. Prof. Columbia Univ. New York; 1958-59 Fellowship Rockefeller Foundation - BV: Soziol. d. Organis., Band 166, 9. A. 1977 (holl. Übers., 1965; span. Übers., 1967; dän. Übers., 1969); (zus. m. Fritz W. Scharpf) Policy-Making in the German Federal Bureaucracy, 1975; Soziol. d. öff. Verw., 3. A. 1984 (ital. Übers., 1982). Herausg.: Bürokrat. Organis., 1968; Implementation polit. Programme - Empir. Forschungsber., 1980; Implementation polit. Programme II - Ansätze z. Theoriebild., 1983 - 1977 Ehrenpromot. Univ. Uppsala; 1979 Ehrendoktor Univ. Parix X - Nanterre.

MAYR, Anton

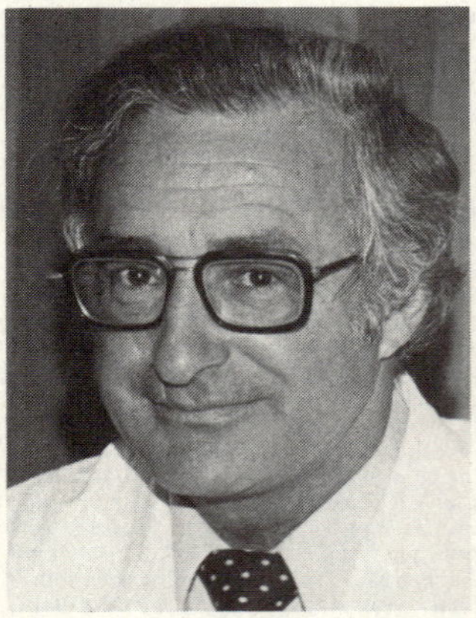

Dr. Dr. h. c. mult, o. Prof. f. Mikrobiologie u. Seuchenlehre - Veterinärstr. 13, 8000 München 22 - Geb. 6. Febr. 1922 Dürrnhaar/Obb. - 11 Fachb. 413 Einzelpubl. Herausg.: J. Vet. med. B u. Zbl. Bakt. Hyg. B - Ehrenmitgl. zahlr. wiss. Ges.; Mitgl. Akad. d. Naturforscher Leopoldina. Zahlr. Ehrungen, u. a. Bayer. VO.; Dr. h.c. Univ. Zürich, Hochsch. Hannover u. TU Weihenstephan.

MAYR, Christian

Vors. Richter am BGH a. D. - Käthe-Kollwitzstr. 16, 7500 Karlsruhe 41 - Geb. 29. Jan. 1911 München, ev., verh., 2 Kd. - 1939 Amtsgerichts-, 1959 Oberlandesgerichtsrat, 1961 Bundesrichter, 1976-79 Vors. Richter (4. u. 1. Strafsenat) BGH.

MAYR, Hans

Industriekaufmann, Gewerkschaftsvors. i.R. - Zu erreichen über IG Metall, Wilhelm-Leuschner-Str. 79-85, 6000 Frankfurt/M. 11 (T. 069 - 2 64 71) - Geb. 13. Dez. 1921 Freudenegg/Neu-Ulm (Vater Beamter), verh., 1 Tocht. - Handels- u. Wirtschaftssch., Akad. d. Arbeit Univ. Frankfurt - Industriekaufm. b. Junkers Flugzeug- u. Motorenwerke AG, Dessau; s. 1948 hauptamtl. Gewerkschafter; 1951 Vors. DGB-Kreis Göppingen; 1955 1. Bevollm. d. IG Metall-Vorst., Göppingen; s. 1962 gf. Vorst.-Mitgl. d. IGM (1963-77 zust. f. Tarifpolitik); 1972 2. Vors., 1983-86 1. Vors. 1960-64 MdL Baden-Württ. S. 1964 Richter Bundesarbeitsgericht Kassel. SPD - BV: Perspektiven d. Arbeitszeitverkürzung, 1984; Streit um Arbeitszeit, 1984 (bde. m. Hans Janßen, Hg.); Qualifizierte Mitbestimmung in Theorie und Praxis, Schriftenreihe.

MAYR, Herbert

Dr. rer. nat., Prof., Direktor Inst. f. Chemie Med. Univ. Lübeck - Ratzeburger Allee 160, 2400 Lübeck (T. 0451 - 500 42 30) - Geb. 8. Juni 1947 Weilheim/Obb., kath., verh., 3 Kd. - Stud. Chemie Univ. München (Dipl. 1971, Promot. 1974); 1975/76 Case Western Reserve Univ. Cleveland/Ohio; Habil. 1980 Univ. Erlangen-Nürnberg - S. 1984 Prof. Med. Univ. Lübeck - BV: Meth. z. Aufbau v. Kohlenstoff-Gerüsten durch elektrophile Alkylierungen v. Alkenen; Kationische Polymerisationen - 1980 Habilitationspreis Univ. Erlangen-Nürnberg; 1983 Dozentenstip. Fonds d. Chem. Ind.

MAYR, Otto

Dr. rer. nat., Generaldirektor Dt. Museum München - Postf., 8000 München 26 (T. 089 - 217 93 13) - Geb. 2. Nov. 1930 Essen, verh. s. 1958 m. Louise, geb. Erb, 3 Kd. (Otto, Sophie, Rudolf) - Dipl.-Ing. (Maschinenbau) 1956 TH München; Master of Science 1964 Univ. of Rochester (USA), Promot. (Technikgesch.) 1968 TH München - 1976-83 Konservator Smithsonian Inst., Washington D.C.; s. 1983 Generaldir. Dt. Mus. - BV: Frühgesch. d. techn. Regelungen, 1969 (engl. Übers.); Authority, Liberty and Automatic Machinery, 1986 (dt. u. ital. Übers.).

MAYR-HOEFFNER, Harald

Gesellschafter u. Geschäftsführer Dachziegelwerk Mayr, Straubing - Regensburger Str. 34, 8440 Straubing - Geb. 8. Juli 1939 Potsdam, verh. m. Ingelore, geb. Krüger, 2 S. (Simon, Timor) - Dipl.-Kfm. Univ. München - Geschäftsf. versch. Firmen; stv. Vors. Bayer. Ziegelindustrieverb.; Handelsrichter LG Regensburg.

MAYRHOFER, Manfred

Dr. phil., Dr. Litt. h.c. (Univ. of Illinois), o. Prof. f. Allg. u. Indogerman. Sprachwissenschaft - Bauernfeldgasse 9/2/6, A-1190 Wien - Geb. 26. Sept. 1926 Linz/Österr. (Vater: Dipl.-Ing. Josef M., Generaldir.; Mutter: Irma, geb. Fischer), 2 Töcht. (Bettina, Daniela) - Stud. Indogerman. Sprachwiss., Semitistik, Phil. Promot. 1949 Graz - 1948 Lektor Univ. Graz, 1951 Privatdoz. ebd., 1955 Univ. Würzburg, 1957 apl., 1958 o. Prof. das., 1962 Univ. Saarbrücken, 1966 Univ. Wien - BV: Handb. d. Pali, 2 Bde. 1951; Sanskrit-Grammatik, 1953, 3. A. 1978 (auch engl.); Kurzgef. etymolog. Wörterb. d. Altind., 1956-80; Antiguo Persa, Léxico etimológico, 1958 (Madrid); Handb. d. Altpersischen, 1964 (m. Wilhelm Brandenstein); D. Indo-Arier im Alten Vorderasien, 1966; Onomastica Persepolitana, 1973; D. Arier im Vord. Orient - E. Mythos?, 1974; Z. Namengut d. Avesta, 1977; D. avestischen Namen, 1977; Supplement z. Sammlung d. altpers. Inschriften, 1978; D. altpers. Namen, 1979; Sanskrit u. d. Sprachen Alteuropas, 1983; Indogermanische Grammatik I: Lautlehre, 1986; Etymologisches Wörterb., d. Altindoarischen, 1986ff. - 1968 Mitgl. Österr. Akad. d. Wiss. Wien; 1963 ausw. Mitgl. Soc. Finno-Ougrienne, Helsinki; 1965 Accad. di Scienze e Lettere, Mailand; 1971 Sächs. Akad. d. Wiss.; 1973 Ehrenmitgl. Ungar. Akad. d. Wiss., 1975 korr. Mitgl. Königl. Schwed. Akad. f. Lit., Gesch. u. Altertümer, 1976 Acad. des inscriptions et belles-lettres, Paris, 1977 Bayer. Akad. d. Wiss., 1977 Poln. Akad. d. Wiss., 1978 Heidelberger Akad. d. Wiss., 1980 Königl. dänische Akad. d. Wiss., 1982 Göttinger Akad. d. Wiss., 1988 Sowj. Akad. d. Wiss. - 1972 Ritterkr. I. Kl. d. finnl. Ordens d. Weißen Rose; 1973 Kommandeurskr. Kaiserl. iran. Humayun-Orden; 1986 Österr. Ehrenz. f. Wiss. u. Kunst.

MAYRÖCKER, Friederike

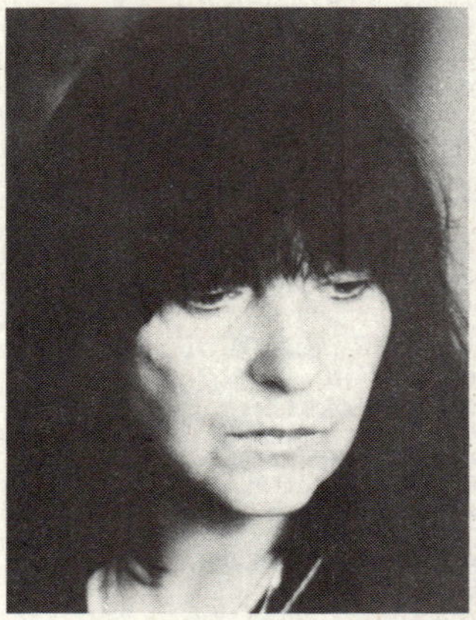

Lehrerin, Schriftst. - Zentagasse 16/40, A-1050 Wien (Österr.) (T. 54 37 80) - Geb. 20. Dez. 1924 Wien (Vater: Franz-Xaver M., Volksschuldir.; Mutter: Friederike, geb. Petschauer), kath., gesch. - Abitur; Lehrbefähigungsprüf. f. Engl. - S. 1946 Schuldst. Wien (Fremdsprachenoberlehrerin) - BV: Larifari, Prosa 1956; Tod durch Musen, Ged. 1966; Sägespäne f. mein Herzbluten, Ged. 1967; Minimonsters Traumlexikon, Prosa 1968; Fantom Fan - Prosatexte, 1971; Babysaurier, Kinderb. 1971; Arie auf tönernen Füßen, 1972; Blaue Erleuchtungen, erste Gedichte, 1973; in langsamen Blitzen, 1974; Augen wie Schaljapin bevor er starb, 1974; M. Träume ein Flügelkleid, Kb. 1974; D. Licht in d. Landschaft, 1975; Fast e. Frühling d. Markus M., 1976; rot ist unten, 1977; heisze hunde, 1977; Heiligenanstalt, 1978; schwarmgesang, 1978; Ausgew. Gedichte (G. v. 1944-78), 1979, Neuaufl. 1987; E. Lesebuch (Prosa, Hörsp., Ged., Ausschn. aus vergr. Büch., Zeichnungen d. Autorin), 1979; Pegas d. Pferd, Kinderb. 1980; D. Abschiede, Prosa 1980, Neuaufl. 1987; Akt e. Treppe hinabsteigend, n. Duchamp, Prosa 1981; ich, d. Rabe u. d. Mond, Kinderb. 1981; schwarze Romanzen, Ged. 1981; Gute Nacht, guten Morgen, Ged. 1982; Reise durch d. Nacht, Erz. 1984. Fernsehsp.: Traube (mit Ernst Jandl u. Heinz v. Cramer, 1971); Magische Blätter, 1983 (Prosa); D. Anheben d. Arme bei Feuersglut, 1984 (Prosa, Lyr.); Materialienbuch FM, hg. S. J. Schmidt (1984); Rosengarten, Prosa 1985; D. Herzzerreißende d. Dinge, Prosa 1985; D. Jahr Schnee, Prosa, Lyr., Hsp., Bildged., 1985; Winterglück, Ged. 1986; D. Donner d. Stillhaltens (m. Bodo Hell), Prosa u. Fotos 1986; Magische Blätter II, Prosa, Hsp., Bildged. 1987; Mein Herz mein Zimmer mein Name, R. 1988; Ges. Prosa 1949-75, 1989; Umbra, d. Schatten (zus. m. Linde Waber), 1989; Zittergaul, Kinderb. m. eig. Zeichn., 1989; Variantenverz. od. Abendempfindung an Laura, 1989 - 1964 Theodor-Körner-Preis, 1968 Hörspielpreis Bund d. Kriegsblinden Dtschl. (f.: 5 Mann Menschen, m. Ernst Jandl). 1974 Österr. Würdigungspreis f. Lit., 1975 Preis d. Stadt Wien, 1977 Georg-Trakl-Preis f. Lyrik, 1981 Anton-Wildgans-Preis, 1982 Gr. Österr. Staatspreis f. Lit., Roswitha Med. f. Lit., s. 1982 Mitgl. Österr. Kunstsenat, Mitgl. Akad. d. Künste, Berlin-West; Mitgl. dt. Akad. f. Sprache u. Dichtung, Darmstadt, 1985 Lit.preis SWF Baden-Baden - Liebh.: Zeichnen - Spr.: Engl. - Lit. ü. F. M. von Bense,

Gomringer, Weibel, Okopenko, Jandl, Bisinger, Schmidt-Dengler, Schweizer, Moser, Lindemann, Schöning, Schafroth, Engerth, Ramm, Heissenbüttel, Dischner, Bezzel, G. Lindemann, S. J. Schmidt etc.

MAZURA, Franz

Kammersänger Nationaltheater Mannheim - Eichendorffstr. 1, 6803 Edingen-Neckarhausen (T. 06203 - 36 31) - Geb. 22. April 1924 Gnigl/Salzburg, kath., verh. s. 1957 m. Elisabeth, geb. Friedmann, 2 Kd. (Susanna-Martin) - Ing.-Stud. Maschinenbau (Abschl. 1942); 1950-55 Musikhochsch. Detmold - S. 1971 Bayreuther Festsp., s. 1980 Metropolitan Opera New York - Grammy Award (f. Moses u. Aron); Dt. Schallplattenpr. f. Lulu - Liebh.: Malen, Zeichnen - Spr.: Engl.

McDANIEL, Barry

Kammersänger - Schopenhauerstr. 31, 1000 Berlin 38 - Geb. 18. Okt. 1930 Kansas/USA, gesch., 3 Kd. - Juilliard School of Music, New York; Hochsch. f. Musik, Stuttgart - Engagem. Mainz, Stuttgart, Karlsruhe; s. 1962 Dt. Oper Berlin - Partien: Papageno, Guglielmo, Barbier, Harlekin (Ariadne), Wolfram, u.a. - Festspiele: Bayreuth, Salzburg, München, Amsterdam, Berlin, Edinburgh - 1971 Kammersänger, Dt. Oper Berlin.

MEBS, Gudrun

Schriftstellerin - Schleißheimer Str. 64, 8000 München 40 (T. 089 - 52 76 52) - Geb. 8. Jan. 1944 Bad Mergentheim, ledig - Schauspielsch. Frankfurt/M. - Schausp., Welt-Tournee m. Goethe Inst.; Kinderb.-Autorin - BV: Birgit - e. Gesch. v. Sterben, 1982; Sonntagskind, 1983; (18 Übers.) - 1983 Stip. Dt. Literaturfond; 1984 Dt. Kinderbuchpreis, u. La Vache qui lit.

MECHEL, Fridolin P.

Dr., Prof., Physiker, Institutsleiter Fraunhofer-Inst. f. Bauphysik, Stuttgart - Landhausstr. 12, 7031 Grafenau-Döffingen - Geb. 16. April 1930 Blickweiler/Saar, kath., verh., 3 Kd. - Stud. Univ. Mainz, Heidelberg, Göttingen; Dipl. 1957; Promot. 1960, Habil. 1966 Göttingen; a.o. Prof. Saarbrücken 1971; 1966-77 Entwicklungsleit. f. Dämmstoffe in Ind.; s. 1977 Institutsleit.; 1960-66 Ass. u. Doz. Univ. Göttingen; s. 1971 a.o. Prof. Saarbrücken; s. 1973 Vors. Fachber. Akustik d. Dt. Physikal. Ges. - BV: Schallstreuung, 1966; Schallabsorption u. Schalldämpfung, 1975; russ. Taschenb. Akustik, 1985 - Spr.: Engl., Franz.

MECHELKE, Friedrich

Dr. rer. nat., o. Prof. u. Direktor Inst. f. Allg. Genetik LH bzw. Univ. Hohenheim (s. 1965), Honorarprof. f. Genetik Univ. Stuttgart - Kirchnerstr. Nr. 7, 7000 Stuttgart-Hohenheim - Geb. 30. Nov. 1919 Berlin - Stud. Naturwiss. - U. a. Kaiser-Wilhelm- bzw. Max-Planck-Inst. f. Züchtungsforsch. Fachveröff.

MECHOW, von, Ulf

Autor, Regisseur, Prod. - Im Schloß, 6303 Hungen - Geb. 18. Jan. 1939 München (Vater: Karl Benno v. M., Schriftst.), verh. m. Angela, geb. Helwig, 2 Kd. (Alexander, Johanna) - Odenwaldsch. Abit. 1959 - Kameraassist.; Produktionsassist.; Regieassist. b.: F.J. Wild, Kurt Wilhelm, R.A. Stemmle, John Huston, Nicholas Ray, Delbert Mann; s. 1964 Dramat.; Drehb. f. FS - Übers. u. Synchronis.: Hair, Easy Rider, Performance u.a. Buch u. Regie: Wintermärchen (Spielfilm). Theater u. Filme f. Kinder: Löwenzahn, Knock Out. S. 1977 ständ. fr. Mitarb. Hess. Rundf. u. FS, üb. 30 Fernsehfilme - 1972 1. Preis f. bestes Feature f. Wintermärchen (Dt. Festspielbeitr. in Edingburgh, London, Bergamo, Adelaide/Auckland) - Liebh.: Musik, Kunst - Spr.: Engl., Franz.

MECHTEL, Angelika

Schriftstellerin - Zu erreichen üb. Paul List Verlag, Goethestr. 43, 8000 München 2 - Geb. 26. Aug. 1943 Dresden (Vater: Walter Mechtel, Journalist, zul. Korresp. Südd. Rundfunk, 1967 in Aden ermordet; Mutter: Gisela, geb. Altendorf, Schausp.), verh. 1962-85 m. Wolfhart Eilers (Verleger/Relief-Verlag; s. dort), 2 Töcht. (Anke, Silke) - 1961-64 Redaktionsmitgl. Literaturztschr. Relief; ab 1965 Redakt. Literaturztschr. Aspekte - Impulse; s. 1972 Mithrsg. Autorenztschr. Publikation. S. 1965 Vors. Gruppe München Lit. Union; Mitgl. VS u. (1965) Gruppe 61 - BV: Gegen Eis u. Flut, Ged. 1963; Lachschärpe, Ged. 1965; D. feinen Totengräber, Erz. 1968; Kaputte Spiele, R. 1970 (auch franz. u. poln.); Hochhausgeschichten, Erz. 1971; Alte Schriftst. in d. BRD - Gespräche u. Dokumente, 1972; Friß Vogel, R. 1972; D. gläserne Paradies, R. 1973 (auch poln.); D. Blindgängerin - Gesch. e. alleinstehenden Frau, 1974; E. Plädoyer f. uns - Gespr. u. Dokum., 1975; Hallo Vivi, Kd.r. 1975; D. Träume d. Füchsin, Erz. 1976; Kitty Brombeere, Kd.r. 1976; Keep smiling o. wieder im Leichtlohntrott, Erz. u. Report, 1976; Wir sind arm w. s. reich, R. 1977; Kitty u. Kay, Kd.r. 1978; Gott u. d. Liedermacherin, R. 1983. Hörsp.: D. Belagerung d. gläs. Turmes (1968), D. Puppe in meinem Kopf (1969), Elisa, laß dich beißen (1970), D. Niederlage e. Ungehorsamen (1971), Hochhausgesch. I u. II (1971), Märchen v. einem, der auszog d. Fürchten zu lernen (1973), Mut z. eigenen Courage (1973), Vater, Sohn u. Ritterkr. (1974), Bereitsch.sdst. (1974), D. Freistunde (1974), Wenn d. Wasser b. zum Halse steht (1974), Hilf dir selbst (1975). Fernsehf.: D. Leben ist Schreiben (1971), Fluchtversuch (1975), Barbara u. d. Flipper (1975), Eskapaden (1975), Nächtl. Unfall (1975) - 1970 Förderpreis Stadt Nürnberg, 1971 Förderpreis Bundesverb. d. Dt. Industrie, 1971 Tukan-Preis; 1972 Mitgl. PEN-Zentrum BRD. S. 1982 im P.E.N. Präsidium - Spr.: Engl., Franz.

MECHTERSHEIMER, Alfred

Dr. rer. pol., Oberstleutnant a. D., Friedensforscher, MdB - Uhdestr. 2, 8130 Starnberg - Geb. 13. Aug. 1939 Neustadt (Weinstr.), kath., verh. s. 1967 m. Ruth, geb. Lambert, 2 Kd. (Gregor, Bettina) - Dipl.-Polit. 1970 FU Berlin, Promot. 1976 Univ. München - B. 1979 Oberstltn. d. Luftw., 1979 MPI f. Sozialwiss. Starnberg, s. 1982 Leit. Forschungsinst. f. Friedenspol. Starnberg - BV: MRCA-Tornado, 1977; Rüstung u. Frieden, 1982 (Taschenb. 1984); D. Atomkrieg führbar u. gewinnbar machen?, 1983; Zeitbombe NATO, 1984; Militärmacht Sowjetunion, 1985; Militarisierungsatlas d. Bundesrep., 1988.

MECKE, Dieter

Dr. rer. nat., Dipl.-Chem., o. Prof. f. Biochemie Univ. Tübingen (s. 1974) - Torstr. 44, 7400 Tübingen-Hirschau (T. 22 17) - Geb. 8. März 1933 Heidelberg (Vater: Reinhard M., Prof.; Mutter: Maria, geb. Guillery), kath., verh. s. 1964 m. Uta, geb. Schwartzkopff, 3 Kd. (Sabine, Andrea, Roland) - Dipl.ex. 1959; Promot. 1963; Habil. 1969 - 1964-74 Univ. Freiburg (wiss. Assist. u. 1971 Abt.svorst.). Fachmitgl.sch. - Spr.: Engl., Franz.

MECKE, Wilhelm

Dr.-Ing., em. o. Prof. f. Landstraßen-, Erd- u. Grundbau TH bzw. TU Braunschweig (s. 1956) - Pascheburgring 8, 3410 Northeim 1 (T. 05551 - 5 44 13) - Geb. 12. Aug. 1907 Hannover (Vater: Wilhelm M.; Mutter: Lina, geb. Möhrs), verh. m. Thea, geb. Frenzel, 1 Tochter.

MECKEL, Christoph

Schriftsteller, Graphiker - Kulmbacher Str. 3, 1000 Berlin 30 - Geb. 12. Juni 1935 Berlin (Vater Dr. phil. Eberhard Meckel, Schriftst. †1969 (s. XVI. Ausg.); Mutter: Dr. phil. Annemarie, geb. Pietzker), protest. - Gymn.; Graphikstud. Freiburg u. München (3 Sem.) - BV: Hotel u. Schlafwandler, Lyrik 1958; Nebelhörner, Lyrik 1959; Im Land d. Umbramauten, Prosa 1961; Wildnisse, Ged. 1962; Tullipan, Erz. 1965; Bei Lebzeiten singen, Ged. 1967; Lieder aus d. Dreckloch, Ged. 1972; Bockshorn, R. 1973; Licht, Erz. 1978; Erinn. a. Johannes Bobrowski, 1978; Ausgewählte Ged., 1955-78; Säure, Ged. 1979; Suchbild - Üb. meinen Vater, 1980; Nachricht f. Baratynski, 1981; D. wahre Muftoni, Erz. 1982; E. roter Faden, Erz. 1983; Zeichn. u. Bilder, 1983; Souterrain, Ged. 1984; Jahreszeiten, 1984; Ber. z. Entstehung e. Weltkomödie, 1985; Sieben Bl. f. Monsieur Bernstein, 1986; Plunder Pro, 1986; D. Buch Jubal, Ged. u. Graph. 1987; Berliner Doodles, 1987; Poet. Grabschr., Rad. 1987; Hundert Ged., 1988; Pferdefuß, Ged. u. Zeichn. 1988; Erinnerung an Joh. Bobrowski. Neuaufl. v. 1978 m. Forts. 1989; D. Buch Shiralee, 1989. Graph. Zyklen: Moel (1959), D. Krieg - D. Stadt - Welttheater (1960), D. Turm (1961), D. Meer (1965), Manifest d. Toten (1971); Werkauswahl (1981); Anabasis (1982); Komödien d. Hölle/Trilogie (Säure 1979, Souterrain 1984, Anzahlung auf e. Glas Wasser 1987) - 1959 Förderpreis Immermann-Preis, 1961 Julius-Campe-Preis, 1971 Kurzgeschichtenpreis Intern. Autoren-Coloquium Hamm/Neheim-Hüsten/Iserlohn/Soest, 1973 Literaturpreis Neue Lit. Ges., Hamburg, 1978 Rainer-Maria-Rilke-Preis, 1980 Breuer Lit.preis; 1981 Ernst-Meister-Preis Stadt Hagen (erstm. verliehen), 1982 Georg-Trakl-Preis f. Lyrik Stadt Salzburg; 1973 Mitgl. PEN-Zentrum BRD; 1980 Mitgl. Dt. Akad. f. Sprache u. Dicht., Darmstadt - Spr.: Engl., Franz.

MECKENSTOCK, Hanns J.

Dr.-Ing., Univ.-Prof. f. Vermessungskunde Berg. Univ.-GH Wuppertal - Domagkweg 90, 5600 Wuppertal 1 (T. 0202 - 75 13 58) - Geb. 22. Aug. 1928 Essen (Vater: Ernst M., Wirtschaftsing.; Mutter: Else, geb. Bachmann), ev., verh. s. 1956 m. Gerda, geb. Schulze, 3 Söhne (Roger, Axel, Burkhard) - Dipl.-Ing. 1954 TH Hannover, Ass. f. Vermessungswesen 1958, Promot. 1963 RWTH Aachen - Schriftleit. Ztschr.: Vermessungswesen u. Raumordn. - Liebh.: Fotogr., Briefmarken - Spr.: Engl., Franz.

MECKLENBURG, Norbert

Dr. phil., Prof. f. Neuere dt. Literaturwiss. - Siebengebirgsallee 74, 5000 Köln 41 (T. 44 44 30) - Geb. 13. Mai 1943 Insterburg (Vater: Horst M., Minist.rat; Mutter: Ilse, geb. Petereit), led. - 1953-62 Kieler Gelehrtensch.; 1962-64 Militärdst.; Stud. German., ev. Theol., Phil. u. Päd. Kiel, Tübingen, Köln, Staatsex. 1970, Promot. 1971, Habil. 1981 - BV: Krit. Interpretieren, 1972; Erkenntnisint. u. Lit.wiss., 1974; Naturlyr. u. Ges., 1977; Erzählte Provinz, 1982; D. grünen Inseln, 1987.

MECKSEPER, Cord Reinhard

Dr.-Ing., Prof. f. Bau- u. Kunstgeschichte Univ. Hannover (s. 1974) - Eisenacher Weg 4, 3000 Hannover 1 - Geb. 29. Okt. 1934, ev. - Promot. 1969, Habil. 1970 Univ. Stuttgart - Buch- u. Aufsatzpubl. z. Bau- u. Kunstgesch., Stadtbaugesch., Burgenkd. u. Denkmalpflege - 1985 Verdienstkreuz 1. Kl. Nieders. VO.

MECKSEPER, Friedrich

Maler u. Graphiker - Landhausstr. 13, 1000 Berlin 31 - Geb. 8. Juni 1936 Bremen (Vater: Gustav M., Arch.; Mutter: Lilly, geb. Debatin), verh. s. 1962 m. Barbara, geb. Müller, 3 Kd. (Julia, Josephine, Cornelius) - 1955-57 Kunstakad. Stuttgart, 1957-59 Kunsthochsch. Berlin - 1968 Gastdoz. London; 1977 Gastprof. Wuppertal. 1977-79 Leit. Radierkl. Intern. Sommerakad. Salzburg. Zahlr. Arbeiten, dar. Bilder, Graph., Bücher. Ausstell. In- u. Ausl. (auch New York, Chicago, Tokio, Melbourne) - 1963 Dt. Rom-Preis (Villa Massimo), 1970 Preis Intern. Graphik-Biennale Tokio - Liebh.: Ballonsport, Dampfloks - Spr.: Engl. - Lit.: F. M.-Monogr. (Piper-Verlag, München).

MEDEM, Freiherr von, Eberhard

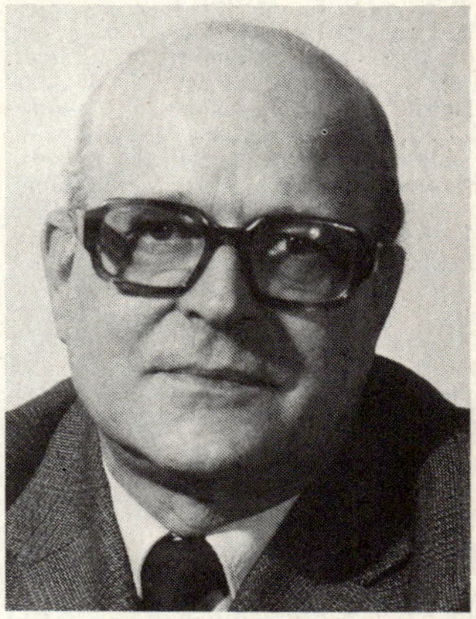

Dr. jur. h. c., Ministerialdirigent, Univ.-Kanzler a.D. - Ernst-Poensgen-Allee 5, 4000 Düsseldorf 12 - Geb. 29. Dez. 1913 Beeskow/Mark (Vater: Walter-Eberhard v. M., Chefredakteur; Mutter: Edith, geb. v. Budde), ev., verh. in 2. Ehe (1952) m. Linde, geb. Seehausen, 5 Kd. (Monica, Wolf-Eberhard, Christopher, Alexander, Gevinon) - Franz. Gymn. Berlin; Stud. Rechts- u. Staatswiss. - Kriegsdst. u. Gefangensch.; 1950-54 Dt. Forschungsgem. (Ref.); 1954-62 Kultusmin. Nordrh.-Westf.; 1962-69 Kanzler Univ. Bonn, dann Abt.leit. Min. f. Wiss. u. Forschung NRW - 1959ff. Lions-Club; Ehrensenator Univ. Bielefeld - Ehrenbürger TH Aachen u. Univ. Bonn; Univ.-Med. Univ. Köln u. Münster; 1970 Off.kreuz Palmes Académiques u. VO Luxemburg; 1978 Gr. BVK; Medaille Musikhochsch. Köln u. Dt. Sporthochschule Köln; 1989 VO Land Nordrh.-Westf. - Liebh.: Musik, Pferdesport - Spr.: Franz., Engl. - Bek. Vorf.: Hermann v. Budde, pr. Staatsmin. f. d. Eisenbahnwesen (Großv.).

von der MEDEN, Jobst

Vorstandsvorsitzer Verkehrsopferhilfe, Hamburg - Langmaackweg 5a, 2000 Hamburg 52 (T. 880 19 68) - Geb. 12. Mai 1918 Hamburg.

MEDICUS, Dieter

Dr. jur., o. Prof. f. Bürgerl. Recht u. Antike Rechtsgeschichte - Beiselestr. 25, 8132 Tutzing - Geb. 9. Mai 1929 - S. 1961 (Habil.) Lehrtätigk. Univ. Hamburg, Kiel (1962 Ord.), Tübingen (1966 Ord.), Regensburg (1969 Ord.), München (1978 Ord.). Fachveröff. - O. Mitgl. Bayer. Akad. d. Wiss. phil.-hist. Kl. - Spr.: Ital., Engl. - Rotarier.

MEDIGER, Walther

Dr. phil., Prof., Wiss. Rat, Historiker - Siegesstr. Nr. 11, 3000 Hannover (T. 81 31 55) - Geb. 2. Jan. 1915 Kiel - S. 1952 (Habil.) Lehrtätigk. TH bzw. TU Hannover (1958 apl. Prof., 1967 Wiss. Rat u. Prof.). Spez. Arbeitsgeb.: Mittelalterl. u. neuere Geschichte. Wiss. Veröff.

MEDUGORAC, Ivan

Dr., apl. Prof. - Sattlerstr. 4, 7000 Stuttgart - Geb. 28. Sept. 1928 Viništе/Jugosl. (Vater: Zarko M., Eisenbahnbeamt.; Mutter: Mara, geb. Martinović), kath. - Stud. Theol. Sarajevo (Dipl. 1952), Naturwiss./Biol., Chem., Biochem. Sarajevo u. Belgrad (Dipl. 1958). Promot. 1966 Frankfurt (Biol., Biochem.); Habil. 1977 Tübingen (Humanphysiol.) - S. 1971 Wiss. Assist., Doz. (1977) u. Prof. (1981) Univ. Tübingen - Spr.: Kroat., Russ., Engl.

MEESMANN, Werner

Dr. med., o. Prof. f. Pathol. Physiologie Klinikum d. Univ. (GHS) Essen - Hufelandstr. 55, 4300 Essen - Geb. 16. Jan. 1924 Witten/Ruhr - Habil. 1960 Heidelberg - B. 1966 apl. Prof. Univ. Heidelberg, dann o. Prof. Univ. Bochum. Fachveröff.

MEESSEN, Hubert

Dr. med. (habil.), Dres. med. h. c., em. Prof. f. Allg. Pathologie u. Pathol. Anatomie - Schloßmannstr. Nr. 35, 4000 Düsseldorf - Geb. 10. Sept. 1909 Würselen/Rhld. (Vater: Hubert M., Bildhauer; Mutter: Hubertine, geb. Schirp), kath., verh. s. 1938 m. Margarete, geb. Hein, S. Karl-Matthias - Univ. Freiburg/Br., Wien, Berlin - 1939 Privatdoz. Univ. Freiburg/Br., ao. Prof. 1942 Dt. Univ. Prag, 1949 o. Prof. u. Dir. Pathol. Inst. Med. Akad., jetzt Univ. Düsseldorf (1977 emerit.) - BV: Cytoarchitekton. Atlas d. Rautenhirns d. Kaninchens, 1949; Experimentelle Histopathol., 1952; Pathol. d. Laboratoriumstiere, 1958; Lymphgefäßsystem, 1972; Mikrozirkulation, 1977; Zw. Leben u. Tod, 1979; Exper. Pathomorphol., 1982. Div. Handb.- u. Ztschr.beitr. Mithrsg.: Ergebn. d. Allg. Pathol. u. pathol. Anat., Virchows Archiv. Handb. d. Allg. Pathol. Bayer-Film: Mortui vivos docent, 1986 - 1960 Claude-Bernard-Med. Montreal/Can.; 1964 Ehrenmitgl. Acad. Nac. d. Med. Rio de Janeiro/Bras.; 1968 Ehrendoktor Rio de Janeiro; 1971 Ehrendoktor Szeged; 1974 Ernst-v.-Bergmann-Plak.; 1977 Ehrenmitgl. Dt. Ges. f. Lungen- u. Atmungsforsch.; 1981 Gr. BVK; 1982 Paul-Linser-Med; Ehrenmitgl. Dt. Ges. f. Kreislaufforsch.

MEESSEN, Karl Matthias

Dr. jur., o. Prof. f. Öfftl. Recht, Völker- u. Europarecht sow. Intern. Wirtschaftsrecht, zugl. Prof. of Intern. Trade Law - Eichleitnerstr. 30, 8900 Augsburg; u. Graduate Inst. of Intern. Studies, 132 rue de Lausanne, CH-1211 Genf - Geb. 30. Juli 1939 (Vater: Prof. Dr. med., Dr. h. c. mult. Hubert M.), verh. s. 1964 m. Heidi, geb. Boie, 2 Kd. (Franziska, Maximilian) - 1969-73 Rechtsanwalt; s. 1975 Prof.; 1979-83 Präs. Univ. Augsburg; 1982-86 Berater f. Intern. Wirtschaftsrecht d. American Law Inst. (Restatement (Third): Foreign Relations Law). 1986 Gastprof. Univ. of Chicago Law School - BV: Völkerrechtl. Grundsätze d. internat. Kartellrechts, 1975; Kollisionsrecht d. Zusammenschlußkontrolle, 1984 - 1976 BVK.

MEFFERT, Heribert

Dr. oec. publ., o. Prof. f. Betriebswirtschaftslehre - Potstiege 56, 4400 Münster (T. 86 26 94) - Geb. 11. Mai 1937 Oberlahnstein (Vater: Heinrich M.), verh. m. Helga, geb. Kopp - S. 1968 (Habil.) Lehrtätigk. Univ. München (Privatdoz.) u. Münster (1969 o. Prof., Dir. Inst. f. Wirtschafts- u. Sozialwiss. u. Inst. f. Marketing) - BV: Marketing, 6. A. 1986; Strategische Untern.führung u. Marketing, 1988 - Spr.: Engl. - Rotarier.

zur MEGEDE, Ekkehard

Sportjournalist - Oldenburgallee 12a, 1000 Berlin 19 (T. 304 44 23) - Geb. 19. Nov. 1926 Reetz/Neum. (Vater: Dr. med. Arnd z. M., prakt. Arzt; Mutter: Käthe, geb. Juhr), ev., gesch. s. 1973, 3 Kd. (Claudia †, Andreas, Matthias) - Realgymn. Arnswalde; Redaktionsausbild. Tagesspiegel Berlin - S. 1950 Redakt. Leichtathletik, Illustrierte Berliner Ztschr. (1959; zul. Chef v. Dienst), Tagesspiegel (1964) - BV: . . . und dann trennten wir uns - Läufer, Lorbeer u. Legenden, 1966; Geschichte d. Olymp. Leichtathletik, 3 Bde. 1968/69/84; Progression of World Records, 1987 - Liebh.: Leichtathletik - Spr.: Engl. - Bek. Vorf.: Johannes Richard z. M., Schriftst. (R.: Quitt, D. Blinkfeuer v. Brüsterort u. a.) - Stammtafeln vergl. D. Märker/Heimatbl. f. d. Bereich d. ehem. Grafsch. Mark (H. 4, 1966; S. 63-69).

MEGERLE, Karl

Kaufmann, Gesellsch. Steigerwald Arzneimittelwerk GmbH., Darmstadt - Weberweg 6, 6100 Darmstadt - Geb. 31. Okt. 1901 Ilshofen/Württ. - Zul. Vorstandsvors. Wella AG., Darmstadt.

MEGERLE, Klaus Reiner

Dr. phil., Prof. f. Polit. Wissenschaften - Dohnenstieg 6a, 1000 Berlin 33 (T. 030 - 832 67 53) - Geb. 1. Febr. 1943 Stuttgart (Vater: Albert M., kfm. Angest.; Mutter: Margarete, geb. Kirchner), ev., verh. s. 1969 m. Gabriele, geb. Marggraff, Tocht. Cathrin - Stud. Gesch., Polit.-Wiss. u. Leibeserz. Tübingen, FU Berlin; Promot. 1972, Habil. 1977 - 1979 Prof. f. Polit. Wiss., bes. histor. Grundl. d. Politik, 1982 Akad. Rat, FU Berlin - BV: Dt. Außenpolit. 1925, 1974; Württ. im Industrialisier-Prozeß Dtschl., 1982. Herausg.: D. nationalsozialist. Machtergreif. (1982); Warum gerade d. Nationalsozialisten? (1983). Mithrsg.: Modell Studienreform (1976); Gesch. als polit. Wiss. (1979); Polit. Identität u. nat. Gedenktage (1989).

MEGGLE, Josef Anton (Toni)

Gf. Gesellschafter Meggle Milchindustrie GmbH & Co. KG, Wasserburg, Vors. Milchind.-Verb., Bonn - Megglestr. 6-12, 8090 Wasserburg am Inn 2.

MEHL, Dieter

Dr. phil., o. Prof. f. Engl. Philologie Univ. Bonn (s. 1968) - Uckerather Str. 74, 5330 Königswinter 21 (T. 17 98) - Geb. 21. Sept. 1933 München - Promot. u. Habil. München - Zul. Univ. München. Vorst.-Mitgl. Dt. Shakespeare-Ges; Kurat. ev. Studienwerk Villigst. Vertrauensdoz. Studienstiftg. d. Dt. Volkes - BV: D. Pantomime im Drama d. Shakespearezeit, 1964 (engl. 1965); D. mittelengl. Romanzen d. 13. u. 14. Jh., 1967 (engl. 1969); Geoffrey Chaucer: E. Einf. in s. erzählenden Dichtungen, 1973 (engl. 1986); D. engl. Roman b. z. Ende d. 18. Jh., 1977; D. Tragödien Shakespeares, 1983 (engl. 1986). Mithrsg.: Ztschr. Archiv f. d. Stud. d. neueren Sprachen u. Lit.; European Studies in English Literature.

MEHL, Gerd

Sportberichter - Zu erreichen üb. SWF, 7570 Baden-Baden - Geb. 1. Dez. 1922 - Zahlr. Fernsehübertrag. In- u. Ausl., bes. Leichtathletik u. Skikonkurrenzen.

MEHL, Ulrike

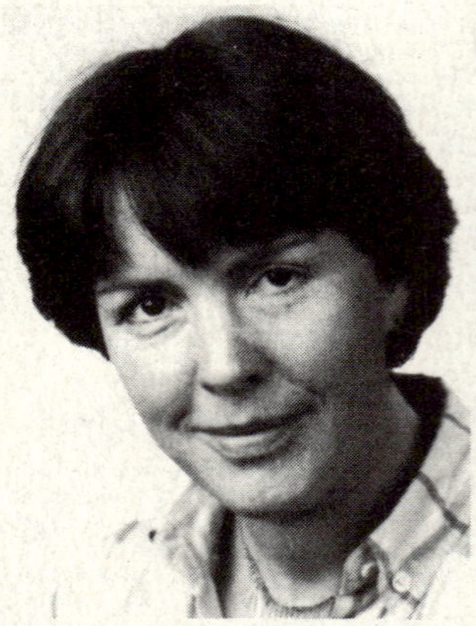

Dipl.-Ing., stv. Bundesvorsitzende Bund f. Umwelt u. Naturschutz - Waldweg 1, 2371 Groß Vollstedt (T. 04305 - 12 70) - Geb. 6. Aug. 1956 Leibolz/Hess., verh. s. 1980 m. Dipl.-Ing. Ulrich M., Landschaftsökol., T. Franka - Lehre im Garten- u. Landschaftsbau; Stud. FH Geisenheim (Abschl. 1978) - 1978-80 Angest. b. Min. f. Ernähr., Landwirtsch. u. Forsten Schlesw.-Holst.; 1980/81 Landesamt f. Naturschutz u. Landschaftspflege; 1983/84 Projektleit. Landeskampagne Mehr Natur in Dorf u. Stadt Bd. f. Umwelt u. Naturschutz, Landesverb. SH; s. 1980 im Verb. ehrenamtl.; s. 1980 Kreisvorst. Kreisgr. Rendsburg-Eckernförde (davon 4 J. als Kreisvors.); s. 1985 Landesvors. SH, s. 1986 stv. Bundesvors. - Liebh.: Gesch. (insb. frühes Mittelalter), Kunst (insb. expressionist. Malerei).

MEHLER, Horst

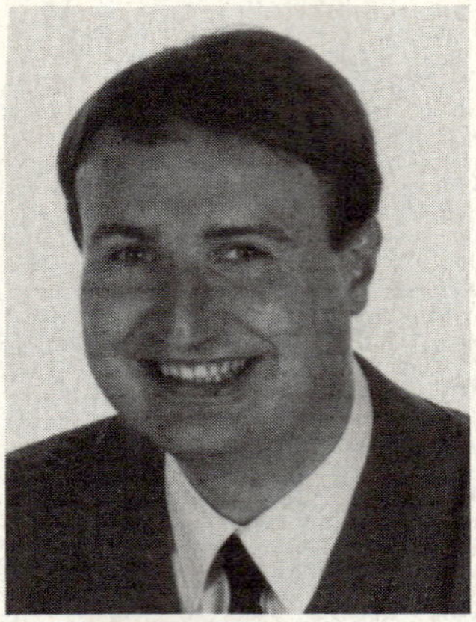

Schriftsteller (Ps. Ha. A. Mehler) - Hermann-Schuster-Str. 9, 6274 Hünstetten-Wallbach (T. 06126 - 5 18 07) - Geb. 11. März 1952 Fulda, verh. s. 1981 m. Regina, geb. Erdmann, S. Marco Maximilian - Stud. German. u. Gesch. Univ. Frankfurt u. Würzburg; Staatsex. 1977 Würzburg; Stud. Phil. an priv. Akad. in Dänemark, Engl. u. USA - 1978-82 Fernsehredakt. ZDF, Wiesbaden (Produktion v. ca. 200 Filmen); 1982/83 Chefredakt. Wiesbadener Verlag; s. 1983 fr. Schriftst., Bestsellerautor - BV: Ca. 30 Bücher, Übers. in and. Spr., u.a. Wie mache ich mich als Immobilienmakler selbständig; Geld; Wie Profis motivieren; Wie man m. Immobilien e. Vermögen aufbaut; Manager-Geheimnisse; Handb. Führungskräfte - Spr.: Engl., Franz., Griech., Lat.

MEHLHORN, Heinz

Dr. rer. nat., Prof., Lehrstuhlinhaber Univ. Bochum - Zu erreichen üb. Ruhr-Univ. Bochum, Lehrst. f. Spez. Zoologie u. Parasitologie, 4630 Bochum (T. 0234 - 700 45 63) - Geb. 30. Sept. 1944, kath., verh. s. 1973 m. Birgit, geb. Horbert, 3 Kd. (Martin, Isabelle, Tim) - Promot. 1971 Bonn; Habil. 1975 Düsseldorf - 1977-84 Abt.-Leit. Parasitologie Univ. Düsseldorf; s. 1984 Lehrst. Spez. Zool. u. Parasitologie RUB Bochum; s. 1983 Vizepräs. Dt. Ges. Parasitologie; s. 1987 Vors. Tierschutz-Kommiss. d. Regierungspräs.; 1987-89 Dekan; ab 1989 Präs. Dt. Ges. Parasitologie; s. 1989 Sekr. d. Dt. Nationalkomit. f. Biowiss.; 1989-93 Treasurer Europ. Soc. of Parasitologists - BV: Grundriß d. Parasitologie (m. Piekarski), 1981, 3. A. 1988; Diagnose d. Parasiten d. Menschen (m. Peters), 1983; Diagnose u. Therapie d. Parasiten d. Tiere (mit Düwel und Raether), 1986. Herausg.: Ztschr. f. Parasitenkunde = Parasitology Research (s. 1983); Parasitology in Focus (1988); Grundriß d. Zoologie (1988). 120 Originalarb. - 1984 Aaronson-Preis Senat v. Berlin - Spr.: Engl., Franz.

MEHLHORN, Peter

Dr. jur., Rechtsanwalt, Aufsichtsratsmitgl. Gerling-Konzern, Welt-Versich. AG Köln u. Ausl. Konzernges. - Friedrich-Schmidt-Str. 32, 5000 Köln-Braunsfeld - Geb. 30. Aug. 1928 - AR-Mandate.

MEHLIG, Rainer

Bundesgeschäftsführer d. Verb. dt. Musikschulen - Breslauer Str. 32, 5309 Meckenheim - Geb. 25. April 1942, verh. s. 1967 m. Erdmute, geb. Dietze, S. Arne - Hochsch. f. Musik u. Theater Hannover; Musikpädagoge - 2. Vors. Bundesvereinig. Kulturelle Jugendbildung; Mitgl. Hauptaussch. Bundeswettbewerb Jugend musiziert - BV: Curriculum Musik. Früherziehung (Mitautor), 1976; Unsere Lieder in d. Musikschule, 1987.

MEHLING, Marianne,

geb. Wünzer

Dr. phil., Schriftstellerin - Maximilianstr. 2, 8100 Garmisch-Partenkirchen (T. 08821 - 23 91) - Geb. 12. Juli 1934 München (Vater: Rudolf W., Bayer. Kammersänger; Mutter: Clara, geb. v. Gropper), kath., verh. s. 1969 m. Franz Nikolaus M., 3 Kd. (Nicole, Beatrix, Jessica) - Stud. Theaterwiss., German., Kunstgesch., Phil.; Promot. 1964 München - Schausp., Schriftst. - BV: Van Gogh, 1967; Wir basteln f. Weihnachten, 1978; 24 Tage v. Weihnachten, 1979; D. schönsten Weihnachtsbräuche, 1980; Frohe Weihnachten, 1981; D. gr. Familienbuch f. d. Advents- u. Weihnachtszeit, 1983; Rund ums Osterfest, 1984; Knaurs gold. Weihnachtsbuch, 1985; Knaurs großer Bibelführer, 1985; s. 1982 Herausg. v. 35 Bde. d. Reihe Knaurs Kulturführer in Farbe - Liebh.: Musik, Theater - Spr.: Engl., Franz., Ital. - Bek. Vorf.: Eduard Hanauer, Dt. Staatssekr. im Reichsjustizamt unter Bismarck (Urgroßv.).

MEHNER, Alfred

Dr. agr., Prof., Ltd. Direktor a. D., ehem. Leit. Bundesforschungsanstalt f. Kleintierzucht (s. 1955) - Meersburger Str. 17, 7759 Hagnau (T. 07532 - 99 29) - Geb. 16. Juni 1908, ev., verh. s. 1937 m. Elsbeth, geb. Ruhfus, 3 Kd. - Realgymn. Stuttgart; Stud. Landw. Dipl.-Landw. 1931; Promot. 1933; Habil. 1937 - 1937-55 Doz. u. apl. Prof. (1942) LH Hohenheim - BV: Züchtungslehre f. Geflügelzüchter (m. Weinmiller); Lehrb. d. Geflügelzucht, D. Buch v. Huhn, Beitr.: Handb. d. Landw. (Abschn. Geflügelzucht), Handb. d. Tierzüchtung (Eierproduktion u. -qualität). Herausg.: Handb. d. Geflügelphysiologie. Schriftl.: Archiv f. Geflügelkd. (1961-80) - 1972 BVK I. Kl.

MEHNER, Otto

Dr. rer. pol., Gesellsch.-Geschf. UCS-GmbH, Dortmund - Reichsmarkstr. 137, 4600 Dortmund 30 (T. 0231 - 77 47 67) - Geb. 1. März 1927 Eulau, ev., verh. s. 1957 m. Gertrud, geb. Münch, 4 Kd. (Ingeborg, Thomas, Stefan, Matthias) - WU Mannheim, zul. Werks-Vorst. Klöckner Stahl GmbH, Bremen, Osnabrück, Troisdorf - BV: Industrielle Kosten- u. Ertragsprobleme, 1956.

MEHNERT, Dietrich

Dr. jur., Rechtsanwalt, Geschäftsf. Verb. d. Druckindustrie Nord e.V. - Palmaille 98, 2000 Hamburg 50 (T. 38 20 36; priv.: 04101 - 3 48 73).

MEHNERT, Günther

Dipl.-Ing., Geschäftsführer Pickhardt & Gerlach GmbH., Werdohl (s. 1970) - Zum Wintergarten 33, 5980 Werdohl - Geb. 2. Okt. 1930 - Zul. stv. Gf. P & G.

MEHNERT, Hellmut

Dr. med., Prof., Chefarzt III. Med. Abt. Städt. Krankenhaus Schwabing (Leit. Forschergruppe Diabetes) - Kölner Pl. 1, 8000 München 23 (T. 3 80 11); Droselweg 16, 8033 Krailling/Obb. (T. 857 12 49) - Geb. 22. Febr. 1928 Leipzig - S. 1963 (Habil.) Lehrtätigk. Univ. München (1974 ao. Prof. f. Inn. Med.). Spez. Arbeitsgeb.: Stoffwechsel, Ernährung, Diabetes. In- u. ausl. Fachmitgliedsch. Vertr. BRD WHO (Diabetes-Komitee), Vizepräs. Int. Diabetes-Vereinig. (IDF) - BV: D. Zuckerkranke u. s. Arzt 1961 (m. W. Seitz); Stoffwechselkrankheiten, 1970 (m. H. Förster); Diabetologie in Klinik u. Praxis, 1971 (m. K. Schöffling). Üb. 400 Einzelarb. - 1979 Ernst-v.-Bergmann-Plak., 1979 Bayer. Verdienstorden, 1981 Präs. d. Dt. Ges. f. inn. Med. - Spr.: Engl. - Rotarier.

MEHNERT, Karl-Richard

Dr. rer. nat., o. Prof. u. Direktor Inst. f. Mineralogie FU Berlin (s. 1954) - Takustr. 6, 1000 Berlin 33 (T. 838 34 21) - Geb. 19. Juni 1913 Berlin (Vater: Carl M.; Mutter: Gertrud, geb. Engel), ev., verh. s. 1942 m. Eleonore, geb. Schwarz, 1 Kd. - Oberrealsch. Riesa/Sa.; Univ. Leipzig. Promot. 1938; Habil. 1947 - 1938-54 Assist. u. Doz. (1948) Univ. Freiburg/Br. - BV: Migmatites and the Origin of Granitic Rocksm, 1968. Einzelarb. zu gesteinskundl. u. geochem. Fragen - 1961 Mitgl. Dt. Akad. d. Naturforscher (Leopoldina), Halle/S.

MEHNERT, Peter

Dr. rer. nat., Univ.-Prof. f. Chemie Inst. f. Verfahrenstechnik TU München - Clemensstr. 50, 8000 München 40 (T. 089 - 308 29 11) - Geb. 2. Nov. 1935 Dresden (Vater: Wolfgang M., Architekt; Mutter: Johanna, geb. Vetters), verh. s. 1963 m. Gisela, geb. Sommerwerck, 2 Söhne (Florian, Martin) - Dipl.-Chem. 1963, Promot. 1966, Habil. 1971.

MEHREN, Günther

lic. phil., Schriftsteller - Schwarzenbacher Str. 23, 3392 Clausthal-Zellerfeld (T. 05323 - 36 98) - Geb. 26. März 1928 - Univ. Göttingen, München, Tübingen, Basel (Ethnol., Psych., Kunstgesch.), C. G. Jung-Inst., Zürich, Psychoanalytiker. 1980/81 Gast-Doz. Jung-Inst. Stuttgart - BV: Angst vertreiben, Ged. 1977; Erziehung b. d. Basotho, 1978; Hysterie u. Ekstase, 1988.

MEHRER, Helmut

Dr. rer. nat., Prof., Dipl.-Physiker, Direktor Inst. f. Metallforschung Univ. Münster - Zu erreichen üb. Inst. f. Metallforschung Univ. Münster, Wilhelm-Klemm-Str. 10, 4000 Münster (T. Münster 83 35 71) - Geb. 22. Okt. 1939 Heilbronn (Vater: Paul M., Kellermeister; Mutter: Emma, geb. Scheible), ev., verh. s. 1974 m. Karin, geb. Munz, 4 Kd. (Tobias, Julia, Simon, Lisa) - Gymn. Heilbronn; Physik-Stud. Univ. Stuttgart u. ETH Zürich; Dipl. 1965, Promot. 1968 Univ. Stuttgart - Univ.-Doz. Univ. Stuttgart, 1980 apl. Prof. ebd.; s. 1984 Prof. Univ. Münster - BV: Diffusion in Metals and Alloys, 1989. Ca. 100 Fachveröff. - Spr.: Engl., Franz.

MEHRGARDT, Otto

Prof. (emerit.) - Gehrenring 33, 3400 Göttingen-Geismar (T. 7 33 31) - Geb. 29. Sept. 1916 Kassel (Vater: Fritz M., Postbeamter; Mutter: Emmi, geb. Hahn), ev., verh. s. 1943 m. Maria, geb. Lüth, 2 Kd. (Ulrike, Sönke) - Hohe Schule (Abit.); Päd. Hochsch.; Hochsch. f. Kunsterzieh. - 1951-52 Konrektor Volkssch.; s. 1952 Doz. nieders. Lehrerfort- bzw. Lehrerbild.; 1958-74 Lehrst. f. Kunst- u. Werkerz. PH Göttingen. Erf.: Schulwerkbank (DGBM Nr. 1870558). Fachveröff. - Liebh.: Bild. Kunst, Design - Spr.: Lat., Engl., Franz.

MEHRING, Johannes

Dr. rer. nat., Vorstandsmitglied Victoria Feuer-Versicherungs-AG., Berlin/Düsseldorf - Rheinallee 122, 4000 Düsseldorf - Geb. 30. Juni 1923 Osnabrück.

MEHRING, Wolfram

Theaterleiter, Regiss., Schausp., Theaterpäd. - 12, Boulevard Poissonnière, F-75009 Paris - Geb. 25. Juni 1930 Münster - Stud. Phil. u. German. Univ. Münster u. Paris (Sorbonne); 2 J. Ausb. b. Etienne u. Maximilien Decroux, Paris - 1951-54 Schausp. Bundesrep., ab 1955 auch Regiss. u. Dramat.; s. 1958 Leit. (Gründ.) Intern. Theaterzentrum Theatre de la Mandragore Paris; Gründ. Mandragore-Zentren in Afrika, Asien, Amerika. S. 1960 Tourneen durch Deutschl., Österr., Frankr., Spanien usw., s. 1966 in aller Welt. Sem., Vorles., Lehrauftr. Entw. Körperspr. als transkulturelle Ausdrucksspr. in Verbind. m. gespr. Wort, Integrat. versch. Bewußtseinsstrukturen in d. Arb. e. neuen Darst. - Insz. (Paris): u.a. Goldtopfkom. (Plautus, 1959); Leonce u. Lena (Büchner, 1959); Woyzeck (Büchner, 1960). Metamorphosen (Mehring, 1963); V. morgens b. Mitternacht (Kaiser); D. gestiefelte Kater (Tieck); Scherz, Satire, Ironie; La Mort de Büchner, Collage; D. Hofmeister (Lenz); Antigone; König Ödipus; Visuelle Spektakel. Gastinsz. u.a. in Düsseldorf, Frankfurt, Hamburg, Wiesbaden, Nürnberg, Mannheim, Darmstadt, Neuss, München (s. 1971), u. im Ausl. - BV: zul. Masques Brules, Aphorismen u. Bildbd., 1983; Le Masque du Rite au Théâtre, 1985 - Beste Insz. Pariser Theaterbiennale; 1. Preis franz. Fernsehen - Spr.: Franz., Engl. - Lit.: FS-Porträts; Beiträge in Theaterztschr. in Deutschl., Frankr., Afrika, Ostasien.

MEHRTENS, Jürgen

Oberstadtdirektor - Rathaus, 2870 Delmenhorst (T. 1 22 23); priv.: Bismarckstr. 39 (T. 1 22 37) - Geb. 7. April 1912 - Spr.: Engl., Franz. - Rotarier.

MEIBOM, von, Irmgard,

geb. Stoltenhoff

Mitglied Präsidium d. Arbeitsgem. d. Verbraucherverb., Vorst. Konfz. Kirchl. Werke u. Verb., Vereinig. Dt. Gewässerschutz, Dt. UNESCO-Kommiss. u. Vollzugsaussch., Jury Umweltz., Ehrenpräs. Evgl. Aktionsgem. f. Familienfragen, Dt. Evgl. Frauenbund, Ehrenmitgl. Arb.gem. Hauswirtschaft - Höhenweg 99, 5300 Bonn 1 - Geb. 21. August 1916 Mülheim/Ruhr (Vater: Dr. theol. h. c. Ernst Stoltenhoff, Generalsuperint. d. Rheinprov. (s. X. Ausg.); Mutter: Gertrud, geb. Funcke), ev., verh. s. 1940 m. Min.rat a. D. Dr. jur. Hanspeter v. M., 3 Kd. - Abitur 1935; Ex. als Krankengymnastin 1938 - 1981 Gr. BVK - Spr.: Engl., Franz.

MEICHSNER, Dieter

Schriftsteller - Rögenweg 31, 2000 Hamburg 67 (T. 603 90 19) - Geb. 14. Febr. 1928 Berlin (Vater: Walter M., Privatgelehrter; Mutter: Frida, geb. Tuchscherer), verh. 1957 m. Dr. Edith, geb. Neise, 2 Kd. (Maximilian, Karoline) - Obersch., Humboldt- (1946-48) u. Freie Univ. Berlin (1948-50; Gesch., German., Angl.) - S. 1966 NDR (Chefdramat. bzw. Hauptabt.leit. Fernsehspiel) - BV: Versuch's noch mal mit uns!, Tatsachenbericht 1948; Weißt Du, warum?, R. 1952; D. Studenten v. Berlin, R. 1954. Bühnenst.: Besuch aus d. Zone (1958). Hörsp. u. Fernsehsp. u. a. 1000 Milliarden (FS 1975), Bergpredigt (FS 1983) - 1960 Ernst-Reuter-Preis, 1970 Alexander-Zinn-Preis Stadt Hamburg; 1981 Gold. Kamera Hörzu; Mitgl. Fr. Akad. d. Künste Hamburg; 1972 Mitgl. PEN-Zentrum BRD.

MEID, Wolfgang

Dr. phil., Prof. f. Sprachwissenschaft - Reithmannstr. 20, A-6020Innsbruck - Geb. 12. Nov. 1929 Pfungstadt - S. 1961 (Habil.) Lehrtätigk. Univ. Würzburg, 1965 Innsbruck (o. Prof.) - Fachveröff. z. Indogerman., German. u. Keltol. - 1974 Mitgl. Österr. Akad. d. Wiss.

MEIDEL, Erich

Dr., stv. Hauptgeschäftsführer IHK Würzburg-Schweinfurt - Altstadtstr. 2, 8720 Schweinfurt (T. 3 22 97).

MEIDENBAUER, Georg

Fabrikant (Fa. J. G.Schrödel, Nürnberg), Vors. Verb. d. Dt. Spielwarenind., Nürnberg, u. a. Vorst.-Mitgl. Intern. Spielwarenmesse Nürnberg - Holzwiesenstr. 10-28, 8500 Nürnberg - Geb. 2. Nov. 1927.

MEIDINGER, Ingeborg,

geb. Geise

Dr. phil., Schriftstellerin - Schobertweg 1a, 8520 Erlangen (T. 4 13 07) - Geb. 16. März 1923 Berlin (Vater: Kurt G., Kaufm. †1973; Mutter: Irene, geb. Minsberg †1986), ev., verh. s. 1946 m. Dr. jur. Konrad M., Rechtsanw. †1979 - Lyz.; Stud. German. u. Gesch.; Musikausbild. (Sopranistin). Promot. 1945 Erlangen - Mitarb. in- u. ausl. Ztg. - BV/ R.: D. Freilassung, 1958; D. Mond v. gestern, 1963; Ich schenke mir ein Jahr, 1980. Erz.: D. Mondbude, 1955; Hannibal u. d. Unsterblichkeit, 1957; D. Amt schließt um 5, 1960; Nie-Land, 1964; D. Fallgrube, 1971; Nichts ist geschehen, 1973; Ordentl. Leute, 1976; Kleinkost u. Gemischtfarben, 1978; Tee im Parterre, 1982; Alle Katzen sind nicht grau, 1982; Zweimal Ortwin, 1983; Eine Minute Vergänglichkeit, 1985; Mauros Partner, 1988. Ged.: Helle Nacht, 1955; Saat im Sand, 1963; Gegenstimme, 1970; Nouvel Age - Neues Alter, 1971 (Dt.-Franz.); Quersumme, 1975; Framtidskrönika - Zukunftschronik, 1978 (Dt.-Schwed.); Europa-Kontrapunkte, 1978; Zw. Stein u. Licht, Letzte Notizen f. K., 1979; Ich bin geblieben, wo du warst, 1981; Jenseits d. Wortmarken, 1982; Was sich abspielt, 1983; Zwischenzeiten, 1988; Erlanger Topographien, Ess. 1976. Div. Herausg. Hörsp. - 1956 Willibald-Pirkheimer-Med.; 1972 Kunstpreis Stadt Erlangen; 1973 Kogge-Ehrenring Stadt Minden; 1976 Hans-Sachs-Bühnenpr., 1979 Max Dauthendey-Plak. u. Mölle-Lit.-Preis (Schweden); 1982 Hugo-Carl-Jüngst-Med.; 1985 BVK; 1988 Wolfram-von-Eschenbach-Preis - Mitgl. D. Kogge (1967ff. Vors.), PEN-Zentrum BRD u. a. - Liebh.: Kirchenmusik - Spr.: Engl., Franz., Ital. (z. Verständ.) - Lit.: üb. Autorin: 1977 C. H. Kurz „Quersummen", 1978 PEN (BRD): Mitgl., Gesch., Aufg.

MEIDINGER-GEISE, Inge

s. Meidinger, Ingeborg

MEIER, Alfred

Dipl.-Ing., Präsident Oberpostdirektion München (s. 1977) - Arnulfstr. 60, 8000 München 2 - Geb. 12. Jan. 1933, verh., 3 Töchter - Zul. Bundesmin. f. d. Post- u. Fernmeldewesen.

MEIER, Bertold

Vorstandsmitglied Dt. Gewerbe- u. Landkreditbank AG., Frankfurt - Vogelsbergstr. 9, 6451 Hochstadt.

MEIER, Christa,

geb. Stangl

Lehrerin, MdL Bayern (s. 1978) - Harzstr. 14, 8400 Regensburg - Geb. 6. Dez. 1941 Regensburg (Vater: Rupert Stangl, Reichsbahngehilfe (gef. 1945); Mutter: Theresia, geb. Peintinger), verh. m. Ludwig M. (Architekt) - v.-Müller-Gymn. Regensburg; 1961-64 PH Regensburg. Lehramtsprüf. 1964 u. 68 - B. 1970 Aachen, dann Regensburg. 1972ff. Stadträtin Regensburg; s. 1982 Vors. d. Kulturpolitischen Aussch. d. Bayer. Landtags. SDP s. 1966 (Vors. Stadt Regensburg) - BVK.

MEIER, Christian

Dr. phil., Prof. f. Alte Geschichte - J. M. Fischer Str. 14, 8021 Hohenschäftlarn - Geb. 16. Febr. 1929 Stolp/Pom., ev., verh. m. Dr. Elisabeth, geb. Lefhalm, 3 Kd. (Andreas, Johann Christian, Franziska) - S. 1963 (Habil.) Lehrtätigk. Univ. Frankfurt, Freiburg (1964), Basel (1966 Ord.), Köln (1968 Ord.), Basel (1973), Bochum (1976), München. Vors. Verb. d. Historiker Deutschl. (1980-88) - BV: Res Publica Amissa, 1966, m. neuer Einf. 1980; D. Entstehung d. Begriffs Demokratie, 1970; Histor. Prozesse (m. K.-G. Faber), 1978; D. Entstehung d. Politischen b. d. Griechen, 1980; D. Ohnmacht d. allmächt. Dictators Caesar, 1980; Caesar, 1982; Introduction à l'Anthropologie Politique de l'Antiquité Classique, 1984; Politik und Anmut, 1985; 40 J. nach Ausschwitz, 1987; Kannten d. Griechen d. Demokratie? (m. P. Veyne), 1988; D. polit. Kunst d. griech. Tragödie, 1988.

MEIER, Eckart

Dr., Dipl.Ing. agr., Hauptgeschäftsführer Zentralverb. Dt. Getreide-, Futter- u. Düngemittelhandel e.V., Bonn - Buschstr. 2, 5300 Bonn 1 (T. 0228 - 21 50 58 u. 22 83 45) - Geb. 10. März 1943 Hannover - Geschäftsf. Zentralaussch. d. Agrargewerbl. Wirtsch.; Hauptgeschäftsf. u. Vorst.-Mitgl. Zentralverb. Dt. Kartoffelhandel; Vorst.-Vors. Unterstützungskasse d. Landsmannsch. Thuringia, Essen.

MEIER, Friedhelm

Dr., Dipl.-Landw., Geschäftsf. Landmaschinen- u. Ackerschlepper-Vereinig. - Taunusstr. 79, 6370 Oberursel (T. 7 26 27) - Geb. 6. Jan. 1930 Langenberg (Vater: Wilhelm M., Ing.; Mutter: Emmy, geb. Grimberg), ev., verh. s. 1960 m. Dr. Helga, geb. Thomae, 3 Kd. (Ulrike, Sabine, Klaus) - Gymn.; Landwirts.slehre; Stud.; Promot. 1960 - 1958-60 Presseref., s. 1961 LAV (1976 - Gf.) - Liebh.: Mineralogie - Spr.: Engl., Franz.

MEIER, Friedrich Wilhelm

Dr. rer. pol., Dipl.-Kfm., Dipl.-Volksw., Vorstand u. Arbeitsdirektor Vereinigte Elektrizitätswerke Westf. AG, Dortmund - Geb. 6. Dez. 1930 Gelsenkirchen (Vater: Dr. Friedrich M.; Mutter: Luise M.), ev., verh. s. 1961 m. Barbara, geb. Steinberger, 2 Kd. - Promot. 1958 Univ. Köln.

MEIER, Gerhard

Schriftsteller - Lehnweg 17, CH-4704 Niederbipp (Schweiz) - Geb. 20. Juni 1917 Niederbipp (Vater: Klinikpfleger; Mutter: Schäfertochter), verh., 3 Kd. - N. Schule Technikum (Stud. abgebr.) - Üb. 30 J. Fabriktätigk. (Zeichner f. Lampen) - BV/Ged.: Einige Häuser nebenan, 1973; Erz.: D. andere Tag, 1974; R.: D. Besuch, 1976; D. schnurgerade Kanal, 1977; Toteninsel, 1979; Borodino, 1982; D. Ballade v. Schneien, 1985; Werkausgabe in drei Bde., 1987 - 1983 Petrarca-Preis - Liebh.: Gärtnern.

MEIER, Gernot

Dipl.-Math., Prof. f. Wirtschaftsinformatik Univ.-GH-Duisburg - Josef-Neuberger-Str. 24, 4000 Düsseldorf 12 (T. 0211 - 23 52 49) - Geb. 27. Mai 1944 Köln (Vater: Gerhard M., Bankkfm.; Mutter: Maria, geb. Rickert), kath., ledig - 1963-69 Stud. Math. Univ. Köln (Dipl.-Math. 1969) - 1969-81 IBM Deutschl. GmbH; s. 1981 Univ.-GH-Duisburg.

MEIER, Hans

Dr. rer. nat., Leiter Staatl. Forschungsinst. f. Geochemie, apl. Prof. f. Physikal. Chemie Univ. Erlangen-Nürnberg (s. 1972) - Himmelreich 10, 8609 Bischberg.

MEIER, Harri

Dr. phil., Dr. h. c., o. Prof. f. Roman. Philologie (emerit.) - Wegelerstr. 2, 5300 Bonn (T. 63 69 02) - Geb. 8. Jan. 1905 Hamburg - S. 1937 (Habil.) Lehrtätigk. Univ. Rostock, Leipzig (1940; 1943 Ord.), Lissabon (1943), Heidelberg (1950), Bonn (1954) - BV: D. Onomasiologie d. Dummheit, 1972; Primäre u. sek. Onomatopöien, 1975; Lat.-roman. Etymologien, 1981; Neue lat.-roman. Etymol., 1980; D. Entfaltung v. lat. vertere/versare im Roman., 1981; Notas Criticas al DECH de Corominas/Pascual, 1984; Aufs. u. Entwürfe z. rom. Etymologie, 1984; Prinzipien d. etymolog. Forschung, 1986; Etymolog. Aufzeichnungen, 1988 - Ehrendoktor Faculdade de Letras Lissabon; Ehrenmitgl. American Assoc. of Teachers of Spanish and Portugese; Korr. Mitgl. Heidelbg. Akad. d. Wiss., Real Acad. Buenos Letras, Barcelona, Kgl. Dän. Akad. d. Wiss., Hispanistic Soc. of America, Soc. Brasileira de Lingua e Literatura, Real Academia Española (korr.).

MEIER, Heinrich

Dr. phil., Geschäftsführer Carl Friedrich v. Siemens Stiftg. (s. 1985) - Südliches Schloßrondell 23, 8000 München 19 (T. 089 - 17 22 07) - Geb. 8. April 1953, verh. s. 1983 m. Wiebke, geb. Neupert, 2 Kd. (Desiderius, Anima) - Stud. Phil., Polit. Wiss., Soziol.; Promot. 1985 Freiburg/Br. - BV: J.-J. Rousseau, Diskurs üb. d. Ungleichheit (krit. Ed. m. dt. Übers. u. ausführl. Kommentar), 1984; Carl Schmitt, Leo Strauss u. D. Begriff d. Polit., 1988 (jap. Übers. 1989, franz. Übers. 1990). Herausg.: D. Herausforderung d. Evolutionsbiol. (1988); Z. Diagnose d. Moderne (1990).

MEIER, Heinrich-Christian

Schriftsteller - Goldbekweg 7, 2000 Hamburg 60 (T. 27 49 87); Glanz/Kärnten (Österr.) - Geb. 5. April 1905 Altona (Eltern: Heinrich (Handelsgärtner) u. Marie M.), ev., gesch., T. Maren-Josepha - Univ. Hamburg (Philol., Psych.) - Ab 1946 Geschäftsf. Hbg. Kulturrat (mitbegr.), 1948-49 Chefdramat. Dt. Schauspielhs. Hamburg u. Dramat. Berliner Rundfunk - W: Amrie Delmar, Dr. 1929; D. Weib d. Soldaten, Dr. 1929; Wanderer im Wandel, Ged. 1935; D. Weg ins Sein, Ged. 1947; D. Sturz in Alhama, Dr. 1947; Kevins Kompromiß, Dr. 1947; Cenci wie Cenci, Dr. 1947; D. Tod Heinrichs IV., Dr. 1948; Aus wachsender Stille, Ged. 1948; Verschüttete Klänge, Ged. 1948; D. Gr. Änderung, Ess. 1948; 2 neue Handtücher, Dr. 1949; Im Frühwind d. Freiheit, R. 1950; D. grüne Insel, D. 1951; Elsa Quast, R. 1957; Sisyphos, Dramat. Ged. 1960; D. goldene Perspektiven, Ged. 1960; Hans Henny Jahnn, Ess. 1965; Fünfzig Jahre Literatur in Hamburg, 1969; D. Eselsgeschichten, Erz. 1970; Macht u. Wahnwitz d. Begriffe, Ess. 1975; Geschichte u. Wunder war dein Anruf, Ged. 1985. Herausg.: Zeitschrift Das Neue (1946-48) - PEN - Liebh.: Kosmobiol. Studien (Veröff. unt. Ps. Parm) - Spr.: Franz., Engl. - Bek. Vorf.: Georg M., Geograph u. Kartenzeichner, Husum (16. Jh.).

MEIER, Heinz

Konsul d. Bundesrep. Deutschl. in Porto/Portugal - Rua do Campo Alegre, 276-4, 4100 Porto (T. 6 51 32/33) - zuvor Konsul in Apenrade, Dänemark.

MEIER, Henning

Dipl.-Math., Vorstandsmitglied Bayern-Versicherung/Öfftl. Lebensversicherungsanstalt, München (s. 1964) - Spitzstr. 17, 8034 Germering/Obb. (T. München 84 39 90) - Geb. 12. März 1925 Hamburg (Vater: Hinrich M.; Mutter: Gertrud, geb. Berschel), ev., verh. s. 1953 m. Herta, geb. Bestmann, 3 Töcht. (Sabine, Andrea, Gisela) - Obersch. (Abit. 1943) u. Univ. Hamburg (1948-53; Math., Rechtswiss., Volksw., Physik) - 1946-64 Dt. Ring Lebensversich. AG, Hamburg, Nova Krankenversich. ebd. (1953; Prokurist u. Chefmath.), Sparkassen-Versich., Stuttgart (1958; Vorst.-Mitgl.). Vorst.-Mitgl. Dt. Ges. f. Versich.math.; Vorst.-Vors. Inst. f. Berufsbild. Münchner Versich.-wirtsch., Verein dt. Lebensversicherer, Verein f. Versich.wiss; stv. Vors. Berufsbild.aussch. Berufsbild.werk d. Versich.wirtsch.; Vorst.-Mitgl. Bild.werk d. Bayer. Wirtsch., Bayern Versich. München (s. 1964). Veröff.: Schaltalgebra, Entwickl. d. Rentenversich. (Blätter d. DGfV 1957 bzw. 63), EDV-Technik u. Versich.math. (Blätter d. DGfV 1975) - 1980 BVK - Spr.: Engl., Franz.

MEIER, Herbert

Dr. phil., Schriftsteller - Appenzellerstr. 73, CH-8049 Zürich - Geb. 29. Aug. 1928 Solothurn (Vater: Albert M., Kaufm.; Mutter: Anna, geb. Muller), kath., verh. s. 1954 m. Yvonne, geb. Haas, 3 Kd. (Jonas, Livia, Titus) - Univ. Basel u. Fribourg (Germ.; Promot. 1954) - Schausp.; Dramat.; Lektor. 1977-82 Chefdramat. Schauspielhaus Zürich, 1986 Writer-in-residence USC, Los Angeles - W.: Ejiawanoko, M. 1953; D. Barke v. Gawdos, Dr. 1954; Siebengestirn, Ged. 1956; Dem unbek. Gott, Orat. 1957; D. König v. Bamako, Puppensp. 1958; D. Jonas u. d. Nerz, Dr. 1959; Ende September, R. 1959; Verwandtschaften, R. 1963; Skorpione, Fernsehsp. 1964; D. verborgene Gott - Studien zu Ernst Barlach, 1963; Kaiser Jovian, Oper 1966; Sequenzen, Ged. 1969; Rabenspiele, Sch. 1969; D. neue Mensch steht weder rechts noch links, er geht, Manif. u. Reden 1969; Stiefelchen, Ein Fall, R. 1970; Wohin geht es denn jetzt?, Reden 1971; Anatomische Geschichten, Erz. 1973; Stauffer-Bern, Sch. 1974; Dunant, Sch. 1976; Carlotta/Der Visitator, Monodramen, 1977; Bräker, Komödie 1978; D. Göttlichen, Sch. 1980; Schlagt d. Laute, schlagt sie gegen alles, Kom. 1981; Zanin, Kom. 1986; Bei Manesse, Theaterst. 1989. Übers.: Was ihr wollt (Shakespeare), 1981; Medea (Euripides), 1981; Romeo und Julia (Shakespeare), 1982; D. Misanthrop (Molière), 1983; Britannicus (Racine), 1984; Ophelia (Libretto), 1984; Kaffeehaus (Goldoni), 1985; D. Leben ist Traum. Nach Calderón, 1988 - 1955 Lit.pr. Fr. Hansestadt Bremen, 1975 Kunstpr. Lions-Club Basel, 1963 Preis Schweiz. Schiller-Stiftg., 1964 Conrad-Ferdinand-Meyer-Preis; 1964 Willibald-Pirkheimer-Med., 1970 Welti Preis, 1975 Solothurner Kunstpreis - Spr.: Franz., Ital., Engl.

MEIER, Karl A.

Kaufm. Direktor, Geschäftsführer i. R. Linke-Hofmann-Busch Waggon-Fahrzeug-Maschinen GmbH., Salzgitter - Hohe Wiese 3, 3301 Stöckheim - Geb. 17. Jan. 1913 - Zul. Gf. Scharfenbergkupplung GmbH., Salzgitter.

MEIER, Karl-Hans

Direktor, Geschäftsf. Fachverb. Weichenbau (ab 1979) - Am Höing 22, 5800 Hagen (T. 8 35 59). Zu erreichen üb. Fachverb. Weichenbau, Schwerter Str. 149, 5800 Hagen - Geb. 31. Jan. 1929 Gelsenkirchen (Vater: Hans, Major a. D.; Mutter: Else, geb. Boesken), ev., verh. s. 1952 m. Erika, geb. Rosenau, 2 Kd. (Gabriele, Barbara) - Gymn., Maschinenbaustud., Examen 1959, 1960 Ref. Wirtschaftsvereinig. Essen, 1964 Verkaufslt. SHW Aalen/Württ., 1969 Hauptabteilungslt. Klöcknerwerke Osanbrück; 1976 Vorst.-Vors. Fachverb Weichenbau, Hagen; 1979 Vorst.-Mitgl. Wirtschaftsvereinig. SET, Köln.

MEIER, Konrad

I. Bürgermeister - Rathaus, 8563 Schnaittach/Mfr. - Geb. 29. Okt. 1923 Schnaittach - Zul. Techn. Angest. CSU.

MEIER, Richard

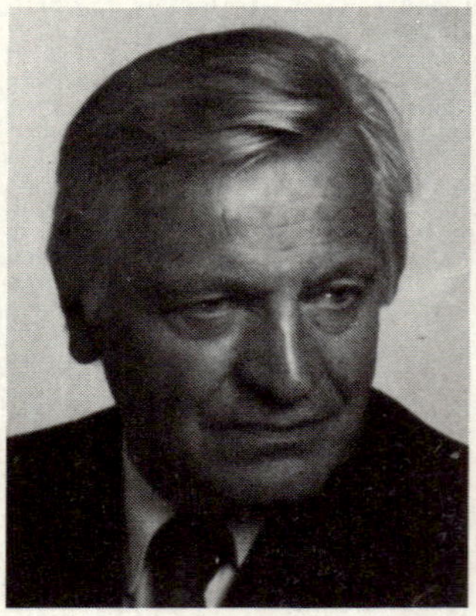

Dr. jur., Präsident i.R. Bundesamt f. Verfassungsschutz - 5000 Köln - Geb. 6. Jan. 1928 München - Stud. Rechtswiss. - 1954-57 Justizdst. Wuppertal; 1958-70 Bundesamt f. Verfassungsschutz (1964 Abt.leit.); 1970-75 Bundesnachrichtendst. Pullach; 1975-83 Präs. BfV. S. 1983 Sicherheitsberater f. Ind. u. Wirtsch.

MEIER, Wilhelm F.

Kaufmann, pers. haft. Gesellsch. Eggers & Franke, Bremen - Töferbohm 8, 2800 Bremen 1 - Geb. 17. Febr. 1935 - Honorarkonsul v. Frankreich.

MEIER-BRUCK, Walter

Bankkaufmann - Lindenhof, 2071 Rausdorf - Geb. 15. Jan. 1905 Berlin - Vorstandsmitgl. Commerzbank AG., Hamburg (b. 1970).

MEIER-HEDDE, Ernst

Reeder, Mitinh. Schüssel Reederei KG., Bremen (1950 mitbegr.), Vors. Dt. Ges. z. Rett. Schiffbrüchiger - Im Moor 13, 2800 Bremen 33 - Geb. 25. April 1913 Hamburg.

MEIER-PETER, Hansheinrich

Dr.-Ing., Prof. - Am Thinpl. 27, 2392 Glücksburg (T. 04631 - 22 20) - Geb. 24. Jan. 1939 Berlin, verh. s. 1974 m. Monika, geb. Voss - 1958 Praktikum Bremen, 1958-65 Stud. TU Hannover u. Univ. Hamburg; Dipl.-Ing. Schiffstechnik 1965 TU Hannover; Promot. 1974 TU Hannover - 1970 Lloyds Register, 1974-82 Konstruktionsleit. Schiffsmaschinenbau AG Weser Bremen - Div. nationale u. Europatente - Mitautor: Handb. f. Schiffsbetriebstechnik 1972, 1982; Handb. d. Werften 1966, 1986 - Spr.: Engl., Franz.

MEIER-PLOEGER, Angelika

Dr. agr., Prof., Hochschullehrerin FH Fulda (s. 1986) - An der Wegelänge 17, 3430 Witzenhausen (T. 05542 - 51 00) - Geb. 8. Febr. 1952 Recklinghausen, kath., gesch., T. Ariane - 1971-75 Stud. Univ. Gießen; Dipl. oec. troph.; Promot. 1978 - B. 1981 wiss. Mitarb. Univ. Gießen; 1981-83 Tätigk. in d. Industrie; 1984 Berufung an d. FH Niederrhein (FB Haushalt u. Ernährung) - BV: Lebensmittelqualität - ganzheitl. Methoden u. Konzepte (m. H. Vogtmann), 1988 - Liebh.: Kunst, Theater, Ökologie - Spr.: Engl., Franz.

MEIER-PRESCHANY, Manfred

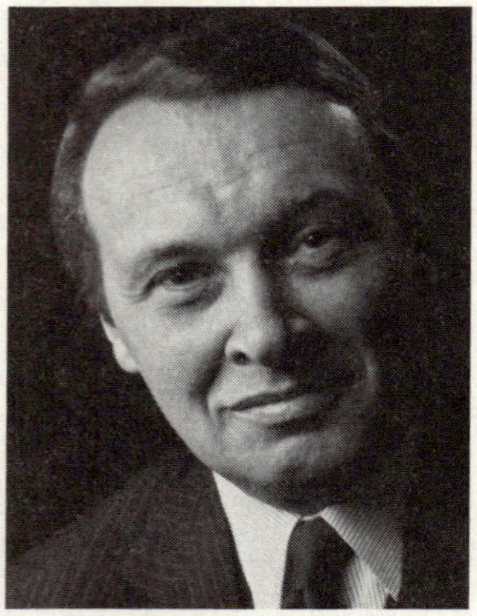

Dr. rer. pol., Prof., Inhaber M.P. Consult - Friedrichstr. 10-12, 6000 Frankfurt/M. (T. 069 - 724 10 61-62); priv.: Grüner Weg 5, 6240 Königstein/Ts. - Geb. 21. Jan. 1929 - B. 1984 Vorst.-Mitgl. Dresdner Bank AG; AR-Vors. Davy McKee AG Frankfurt; AR-Mitgl. Hoffmann-La Roche AG Grenzach; div. weitere Mandate - Hon.-Prof. Univ. Karlsruhe - Spr.: Engl., Franz. - Rotarier.

MEIER zu KÖCKER, Heinz Friedrich

Dr. rer. nat., o. Prof. Inst. f. Energietechnik, Fachgeb. Energieverfahrenstechnik u. Brennstofftechnik TU Berlin (s. 1968) - Waldmüllerstr. 10a, 1000 Berlin 37 (T. 817 31 09) - Geb. 13. Febr. 1931 Gelsenkirchen (Vater: August M., Kaufmann; Mutter: Gertrud, geb. Schümer), ev., verh. s. 1958 m. Dr. rer. nat. Ingrid, geb. Steinheuer, 2 Kd. (Petra, Gerd) - 1951-57 Chemiestud. Bamberg u. Aachen (Dipl.-Chem.). Promot. (1960) u. Habil. (1965) Aachen - 1965-67 Chefchem. Erno, Bremen - Forsch.-schwerp.: Verflüssigung v. Kohlen u. Biomassen - Spr.: Engl.

MEIERKAMP, Dierk

Dipl.-Math., Direktor Signal-Versicherungen Dortmund - Joseph-Scherer-Str. 3, 4600 Dortmund 1 (T. 0231 - 1 35 - 0) - Geb. 7. April 1942 Wuppertal - Vorst.-Mitgl. SIGNAL Krankenversich./Unfallversich. aG Lebensversich. AG, u. Polizeiversich.-AG (PVAG).

MEIJERE, de, Armin

Dr. rer. nat., Prof. f. Organische Chemie - Vor den Hockenkuhlen 26, 2105 Seevetal 6 (T. 04105 - 25 14) - Geb. 18. Mai 1939 Homberg/Rh. (Vater: Theodor d.M., Bäcker; Mutter: Kunigunt, geb. Fischer), ev., verh. s. 1964 m. Ute, geb. Fitzner, 2 Kd. (Arne, Kerstin) - Abit. Homberg 1958; Stud. Chemie Freiburg u. Göttingen, Dipl. 1963, Promot. 1966, Habil. 1971 - 1963-69 Wiss. Assist., 1969-72 Oberass., 1973 Visiting Prof. Madison, Wisc./USA, 1974 apl. Prof., 1977 o. Prof. Hamburg, 1978 Visiting Scientist IBM Lab., San Jose, CA, USA, 1984 Visiting Prof. Haifa, Israel, 1985 Visiting Prof. Princeton N. Y. USA. 1981-82 Sprecher Fachber. Chemie Univ. Hamburg; 1980-84 Vors. Ortsverb. Hamburg d. Ges. dt. Chemie; 1986-88 gf. Dir. Inst. f. Org. Chem. - Entd.: Struktur-Reaktivitätsbez. a. polycychischen Verbindungen, neue synth. Meth. - BV: 7 Drehb. z. Studienprogr. Chemie, ZDF; 5 Buchveröff.; 190 wiss. Publ. - 1972 Doz.stip. Fonds d. Chem. Ind. - Liebh.: Graphiken, ant. Keramik, Fossilien - Spr.: Engl., Franz.

MEILER, Bruno

Dipl.-Ing., Generalbevollmächtigter Direktor Siemens Aktiengesellschaft, Leit. Geschäftsbereich Passive Bauelemente u. Röhren - Balanstr. 73, 8000 München 80 - Geb. 10. Aug. 1927 München.

MEILICKE, Heinz

Dr. jur., Rechtsanwalt u. Steuerberater, em. Honorarprof. f. Steuerrecht FU Berlin (1951ff.) - Poppelsdorfer Allee 106, 5300 Bonn (T. 63 16 35) - Geb. 25. Dez. 1904 Berlin, ev., verh. s. 1937 m. Irmgard, geb. Schreiber, 3 Kd. - Univ. Berlin u. Graz - AR-Mandate. Zahlr. Fachveröff., dar. auch Bücher - Spr.: Engl.

MEIMBERG, Rudolf

Dr. rer. pol., em. o. Prof. f. Volkswirtschaftslehre - Fasanenstr. 18, 6078 Neu-Isenburg 2/Hessen - Geb. 19. Dez. 1912 Prüm/Eifel (Vater: Richter) - Univ. Göttingen (Rechtswiss., Nationalök.) - S. 1939 (Habil.) Lehrtätigk. Univ. Berlin, TH Prag (1944 Ord.), Univ. Frankfurt/M. (1954 Honorarprof.) u. Mainz (1960 Ord.); zeitw. Banktätigk. (b. 1952 Dir. Berliner Zentralbank, dann Direktoriumsmitgl. Südd.Bank, ab 1956 Dir. Dt. Bank). Kriegsteiln. (Reserveoffz. Panzergren.) - BV: Wirtschaft u. Währung zwischen Ost u. West, 1950 (auch engl.); D. Wirtschaft Westberlins, 1950 (auch engl.); D. öfftl. Finanzen in d. SBZ, 1951 (m. Franz Rupp); Üb. d. Einseitigkeit, 1951; D. wirtschaftl. Entwickl. in Westberlin u. in d. sowjet. Zone, 1952 (auch engl.); Probleme d. Richtigen im Leben d. Ges., 1952; Alternativen d. Ordnung, 1956; Z. Streit üb. d. Wechselkurs d. DM, 1960; D. Geldwert im Widerstreit d. Interessen, 1961; D. rationale Gehalt gesellschaftl. Leitbilder, 1979; Z. Vertretbarkeit v. Störungen d. Marktwirtsch., 1983; Principien d. Wirtschafts- u. Gesellschaftspolitik, 1989. Zahlr. Einzelarb.

MEINARDUS, Günter

Dr. rer. nat., Prof. Lehrst. f. Mathematik Univ. Mannheim (s. 1980) - Triftbrunnenweg 36, 6730 Neustadt 19 (T. 06321-3 19 36) - Geb. 11. Juni 1926 Bremen (Vater: Eduard M.), verh. s. 1974 m. Gertrud, geb. Krause - Habil. Univ. Hamburg (1959), o. Prof. TU Clausthal (1964), Univ. Erlangen-Nürnberg (1968) u. Univ. Siegen. Div. Fachveröff. u. Fachb. - Mitgl. d. Leopoldina, Halle.

MEINBERG, Eckhard

Dr. phil., M. A., Prof. f. Pädagogik, Leiter Päd. Seminar Dt. Sporthochschule Köln - Matthias-Curt-Str. 7, 5042 Erftstadt-Friesheim (T. 02235 - 7 14 07) - Geb. 27. Okt. 1944 Holzhausen (Vater: Walter M.; Mutter: Grete, geb. Schlup), ev., m. Barbara, geb. Weber - Promot. 1973; Habil. 1978 - 1973-78 wiss. Assist.; 1978 Wiss. Rat u. Prof. Univ.

Bochum; 1979 o. Prof. f. Päd.; s. 1987 Prorektor f. Forsch. an d. Dt. Sporthochsch. Köln - BV: D. Päd. in d. Nachfolge Hegels (Diss.), 1973; Leist. in Sport u. Ges., 3. A. 1982; Erziehungswiss. u. Sportpäd., 1979; Sportpäd. Konzepte u. Perspektiven, 1981; Hauptprobl. e. Sportpäd., 1984; Kinderhochleistungssport: Fremdbestimmung oder Selbstentfaltung?, 1984; Herausg.: Kindheit - interdisziplinär betrachtet (1984); D. Menschenbild d. modernen Erziehungswiss. (1988). Div. Aufs.

MEINCKE, Horst

Dr. jur., Generalkonsul d. Bundesrep. Deutschl. in Antwerpen/Belgien - De Keyserlei 5, bus 26, B-2018 Antwerpen.

MEINCKE, Jens Peter

Dr. jur., o. Prof. f. Bürgerl. Recht, Röm. Recht u. Steuerrecht Univ. Köln - Am Grünen Weiher 10, 5060 Bergisch Gladbach 2 - Geb. 22. Okt. 1935 Hamburg, ev., verh. 4 Kd. - Habil. 1972 Hamburg - BV: D. Recht d. Nachlaßbewertung im BGB, 1973; Kommentar z. ErbStG., 7. A. 1981 (m. Michel); D. Einkommensteuerrecht, 15. A. 1988 (m.a.).

MEINCKE, Ulrich

Dr. iur., Rechtsanwalt, Vorstandsmitgl. Vereins- u. Westbank AG, Hamburg (s. 1981) - Justus-Brinckmann-Str. 89, 2050 Hamburg 80 - Geb. 9. Aug. 1937 Hamburg, ev., verh., 3 Kd. - Banklehre b. M.M. Warburg-Brinckmann-Wirtz & Co., Hamburg; 1952-62 Stud. Rechtswiss. Univ. Graz, Freiburg u. Hamburg; jurist. Staatsprüf. 1962 u. 68; Promot. 1967 - 1968-71 Synd. u. Leit. Kreditabt. (Dir.) Westbank/Vereins- u. Westbank. AR-Vors. Montblanc-Simplo GmbH; AR SKV Kredit-Bank GmbH, Kiel, HKV-Kredit-Bank, Hamburg; div. weitere Mand. - Liebh.: Musik, Sport - Spr.: Engl. - Rotarier.

MEINDEL, Franz

Straßenbaumeister, Präs. Handwerkskammer f. Oberfranken, Bayreuth (s. 1966) - Neuerbstr. 13, 8600 Bamberg (T. 3 20 01) - Geb. 11. Sept. 1902 - 1972 Bayer. VO.

MEINDL, Dieter

Dr. phil., Univ.-Prof. Inst. f. Anglistik u. Amerikanistik Univ. Erlangen-Nürnberg (s. 1982) - Am Weißen Berg 27, 8521 Weisendorf (T. 09135 - 36 69) - Geb. 6. Febr. 1941, kath., verh. s. 1973 m. Helga, geb. Batzoni, 4 Kd. (Christian, Matthias, Anne, Friederike) - Stud. Engl. u. Franz. Univ. Erlangen, Caen u. Tübingen; M.A. (Vergl. Lit.wiss.) Univ. of Arkansas, 1965; Staatsex. 1968 Tübingen; Promot. 1972 Erlangen; Habil. (Nordamerik. Philol.) 1979 Erlangen - 1980 Priv.-Doz. Univ. Erlangen; 1981 Lehrstuhlvertr. Univ. Mainz - BV: Bewußtsein als Schicksal. Z. Struktur u. Entwicklung v. William Faulkner Generationenromanen, 1974; D. amerik. Roman zw. Naturalismus u. Postmoderne (1930-60). E. Entwicklungsstudie auf diskurstheoret. Grundl., 1983 - 1975/76 American Council of Learned Soc. Fellow, Charlottesville (Va.) - Liebh.: Ökologie, Garten - Spr.: Engl., Franz.

MEINDL, Vinzenz

Dr. phil., Dipl.-Chem. - Am Forsthaus 65, 6078 Neu-Isenburg 2 (T. 06102 - 5 12 88) - Geb. 15. Febr. 1924 Bozen (Vater: Vinzenz M., Gymn.-Dir.; Mutter: Klara, geb. Horváth), kath., verh. s. 1954 m. Annelies, geb. Berwigg, 3 Kd. (Christoph, Christiane, Nicole) - Univ. Innsbruck (Chem., Geophys., Phil.), Promot. 1953 - 1954-63 Laborleit. (s. 1958 Chefchem.), 1964-72 Vorst.-Mitgl., s. 1973 selbst. Berater - Liebh.: Geisteswiss., Reisen, Musik - Spr.: Engl.

MEINECKE, Carl-Theodor

Dr. rer. pol., Geschäftsführer Lindemann Maschinenfabrik GmbH, Düsseldorf (1987ff.) - Zu erreichen üb. Lindemann Maschinenfabrik GmbH, Erkrather Str. 401, 4000 Düsseldorf 1 - Geb. 1. Febr. 1927 Braunschweig - 1971-84 Vorst.-Mitgl. Korf Stahl AG, Baden-Baden; 1984-87 Geschäftsf. Bison-Werke Bähre & Greten GmbH & Co. KG, Springe - Spr.: Engl. - Rotarier.

MEINECKE, Heinrich

Inh. H. Meinecke Steinind., Königslutter, Geschäftsf. Gesellsch. Drei Quellen Verlags GmbH., Hannover - Kaulbachstr. 35, 3000 Hannover-Kleefeld - Geb. 26. Mai 1902 Breslau - 1970 Gr. BVK.

MEINEKE, Jürgen

Hauptgeschäftsführer Landesvereinig. d. Arbeitgeberverb. in Hamburg - Feldbrunnenstr. 56, 2000 Hamburg 13 (T. 040 - 44 74 86).

MEINEL, Erhard

Dipl.-Volksw., Leiter Akad. f. Führungskräfte d. Dt. Bundespost - Am Kamin 20, 5300 Bonn 3 (T. 0228 - 48 52 92) - Geb. 19. April 1936 Berlin, ev., verh. s. 1965 m. Helga, geb. Schilling - Stud. Maschinenbau staatl. Ing.-Schule Berlin (Abschl. 1959); Stud. Wirtschaftswiss. FU Berlin (Dipl.-Volksw.) - Leiter d. Postamtes Berlin 65; Hilfref. Bundespostmin.; Leit. e. Studiengr. d. Führungsakad. d. DBP; s. 1983 s.o. - Liebh.: Klass. Musik, Ski, Motorsport - Spr.: Engl., Franz.

MEINEL, Hans Georg

Dr. rer. nat., Generalsekr. Dt. Unesco-Kommission - Colmantstr. 15, 5300 Bonn 1 (T. 69 20 91) - Geb. 3. Juni 1928, verh. s. 1959 m. Ilse, geb. Meyer, 2 Kd. (Wulf, Ute) - Stud. d. Geogr. u. Naturwiss. Univ. Würzburg - 1959-62 Lektor Indian Inst. of Science, Bangalore; 1962-72 Leiter Goethe-Inst. Calcutta, Ankara, Beirut; 1972-75 Leit. Nahostbüro Dt. Akad. Austauschdst., Kairo, Prof. Univ. Kairo - BV: Wissenschaftsdeutsch, 1969 - Liebh.: Lit., Musik, Golf - Spr.: Engl.

MEINEN, Günter

Kaufmann, Präsident Dt. Tanzsportverb. - Hartwigstr. 37a, 2800 Bremen - Geb. 25. Juli 1925 Brake/Unterweser, verh. s. 1949 m. Anneliese, geb. Beltner - 1967 1. Vors. Grün-Gold-Club, Bremen, s. 1974 Präs. Dt. Tanzsportverb. 1980 ehrenamtl. Richter Bundessozialgericht - 1960 Gold. Ehrennadel GGC u. 1980 DTV; BVK - Vizemeist. Standardtänze.

MEINERS, Hermann

Dr. rer. nat., Univ.-Prof., Direktor Inst. f. Zahnärztl. Werkstoffkunde Univ. Münster - Waldeyerstr. 30, 4400 Münster (T. 0251 - 83 71 25) - Geb. 13. Juni 1935 Emsdetten (Vater: Hubert M., Stud.-Dir.; Mutter: Hedwig, geb. Schürmann), kath., verh. s. 1966 m. Mechthildis, geb. Sommer, Krankengymn., 2 S. (Jan, Klaus) - Physikstud.; Dipl. 1964; Promot. 1969 Münster; Habil. 1976 - 1970/71 Res. Assoc. Pitt-Univ. Pittsburgh, USA; 1982 Prof. f. Zahnärztl. Werkstoffkunde Univ. Münster - BV: Röntgenphysik u. Strahlenschutz f. Zahnmediziner, 1981; Taschenb. d. Zahnärztl. Werkstoffkunde (Mitautor), 3. A. 1988. Mithrsg.: Fortschritte d. Zahnärztl. Prothetik u. Werkstoffkunde 3 Bde. (1980, 84 u. 87) - Liebh.: Alte Meßinstrumente, Aquaristik - Spr.: Engl.

MEINERT, Rotraud

s. Busch-Meinert, Rotraud

MEINHARDT, Hans

Dr. rer. pol. Dipl.-Kfm., Vorstandsvorsitzer Linde AG - Abraham-Lincoln-Str. Nr. 21, 6200 Wiesbaden - Geb. 14. Mai 1931 - Versch. AR-Mitgliedsch.

MEINHARDT, Helmut

Dr. phil. habil., Prof. Univ. Gießen (s. 1972; 1976/77 Dekan) - Otto-Behaghel-Straße 10, 6300 Gießen (T. 702 25 03) - Geb. 15. Dez. 1933 Dingelstädt/Eichsf. (Vater: Heinrich M., Kaufm.; Mutter: Elisabeth, geb. Fiedler), kath., verh. s. 1965 m. Margarete, geb. Berger, 2 Kd. (Birgitta, Matthias) - Stud. d. Phil., Kath. Theol., Griech. Univ. Münster; Promot. 1963 ebd.; Habil. 1971 Gießen - BV: Teilhabe b. Platon, 1968; Fachb.-beitr. z. antik. u. mittelalterl. Phil. Herausg.: Lexikon d. MA - Liebh.: Musik, Theater - Spr.: Engl., Franz., Griech., Hebr., Latein.

MEINHARDT, Horst

Dipl.-Kfm., Vorstand d. Schuhfabrik Manz AG. - Jakobsberg 18e, 8600 Bamberg (T. 2 4027) - Geb. 13. März 1930 Zeitz - Lions-Club.

MEINHARDT, Karl-Ernst

Dr. jur., Geschäftsf., Vorstandsvors. Frankfurter Immobilienbörse IHK - Frauenlobstr. 50, 6000 Frankfurt/M. (T. 77 32 69) - Geb. 27. Juni 1925 Meiningen/Thür. (Vater: Karl M., Bankier; Mutter: Helena, geb. Ledermann), ev., verh. s. 1956 m. Helga, geb. Schlüter, S. Frank - Stud. d. Rechtswiss. Univ. Frankfurt/M.; 2. jur. Staatsex. 1956; Promot. 1957 - Mitgl. Vollverslg. IHK Frankfurt/M.; Vorst.vors. Arbeitsgem. Dt. Immobilienbörse; gf. Vorst.-Mitgl. Akad. f. Welthandel Frankfurt/M. - BV: Kriminalfälle aus d. Reichsstadt Frankfurt, 1964.

MEINHOLD, Helmut

Dr. rer. pol., Prof. f. Wirtschaftl. Staatswissenschaften - Sitzbuchweg 12, 6900 Heidelberg-Ziegelhausen - Geb. 22. Nov. 1914 Stargard/Pom. (Vater: Hermann M., Gymnasiallehrer; Mutter: geb. Schnee), ev., verh. s. 1941 m. Gerda, geb. Scholz (Krakau), 4 Kd. - Univ. Leipzig u. Hamburg (Dipl.-Volksw.). Promot. 1939 u. Habil. 1944 Kiel - 1937-40 Inst. f. Weltwirtschaft, Kiel (Assist. u. 1945-46); 1941-42 Inst. f. dt. Ostarbeit Krakau (Assist.); 1946-52 Bundeswirtschaftsmin. u. Vorgänger (zul. Min.rat); s. 1952 Univ. Heidelberg (Ord.) u. Frankfurt/M. (1962). S. 1952 Mitgl. wirtschaftswiss. Sozialbeir. Bonn (1959-86 Vors.). Fachveröff.

MEINIKE, Erich

Verwaltungsangestellter, MdB (1969-76; Wahlkr. 85/Oberhausen) - Im Kreuzfeld 1, 4200 Oberhausen 11 (T. 6 99 93) - Geb. 27. Nov. 1929 Duisburg (Vater: Wilhelm M., Geschäftsf.; Mutter: Auguste, geb. Huschke), verh. s. 1955 m. Hannelore, geb. Thiel, 2 Söhne (Udo, Klaus) - Mittelsch.; Ausbild. gehob. Kommunaldst.; Verwaltungs- u. Wirtschaftsakad. (Diplom) - S. 1946 Stadtverw. Oberhausen (u. a. stv. Leit. Straßenreinigungs- u. Fuhramt). SPD s. 1947.

MEININGHAUS, Alfred

Industriekfm., Gewerkschaftssekr., MdB (1976-87; Wahlkr. 114) - 4600 Dortmund 30 (T. 57 70 60) - Geb. 14. März 1926 Dortmund - 1943-48 Kriegsd. u. Gefangensch. - 1950 kfm. Angest. - 1964 Gewerksch.sekr. IG Metall; 1975/76 Bürgerm. u. 2. stellv. Oberbürgermeister Dortmund. 1962-69 Mitgl. u. Vors. Bürgeraussch. Dortmund-Wellinghofen; 1969-76 Mitgl. Rat d. Stadt Dortmund; 1983-87 stv. Vors. d. Petitionsaussch.

MEINK, Ago

Dr. rer. pol., Dipl.-Kfm., Industriekaufmann, Geschäftsf. Nord. Maschinenbau Rud. Baader GmbH + Co. KG., Lübeck - Wachtelschlag 19, 2400 Lübeck (T. 59 75 92) - Geb. 17. Okt. 1929 Rendsburg - Mitgl. Geschäftsltg. Nord. Maschinenbau Rud. Baader GmbH + Co KG, Lübeck; Geschäftsf. Baader Verw. GmbH, Lübeck; Beirat Gerling-Konzern, Köln.

MEINRAD, Josef

Prof., Schauspieler - Zu erreichen üb.: Burgtheater, Dr.-Karl-Lueger-Ring 2, A 1014 Wien 1 - Geb. 21. April 1913 Wien (jüngstes v. 12 Geschwistern), kath., verh. m. Germaine, geb. Clement - Untergymn. Wien; Priestersem. Wiener Neustadt (5 J.); Volontär Lackind.; Schauspielakad. Wien - S. 1938 Schausp. Wiener Bühnen (Kabarett ABC, Komödie, Volks-, Renaissance-, s. 1948 Burgtheater); Lehrtätigk. Akad. Wien. Gastsp. Bühne: Franzl, Ingeborg, D. zerbrochene Krug, Axel an d. Himmelstür, Kabale u. Liebe, Lysistrata, Helden, D. Sommernachtstraum, D. Unmensch, D. Glasmenagerie, D. beiden Nachtwandler, Cyprienne, Was ihr wollt, Färber u. s. Zwillingsbruder, Anatol, Viel Lärm um Nichts, Donadieu, D. Kaiser v. Amerika u. v. a.; Film: u. a. D. Prozeß, Anni, D. Siegel Gottes, Fregola, D. Theodor im Fußballtor, D. bunte Traum, D. Verschwender, 1. April 2000, Geld aus d. Luft, Kaiserwalzer, D. Weg in d. Vergangenheit, Seine Tochter ist d. Peter, Um Thron u. Liebe (Sarajevo), D. Kongreß tanzt, D. Deutschmeister, Sissi, Opernball, D. Trapp-Familie, D. unentschuldigte Stunde, Auf Wiederseh'n, Franziska!, D. Trapp-Familie in Amerika, The Cardinal (Innitzer); Fernsehen: Pater Brown (Serie) u. a. - 1959 Iffland-Ring (lt. Vermächtnis v. Werner Krauß), 1963 Kainz-Med. Stadt Wien u. Österr. Ehrenkreuz f. Wiss. u. Kunst I. Kl.; Kammerschausp.; 1973 Ehrenmitgl. Burgtheater; 1983 Raimund-Ring Wien - Liebh.: Kunsttischlerei, Schnitzen, Tierhege - Lit.: Weigel/Melchinger/Ruhle, J. M.; Hans Weigel, D. Schausp. J. M.

MEINRENKEN, Helmut

Dr. med., Prof., Leitender Landesmedizinaldirektor a. D. - Westfalenweg 293, 5600 Wuppertal 1 (T. 70 20 81) - Geb. 6. Febr. 1919 Eutin (Vater: Wilhelm M.; Mutter: Martha, geb. Albrecht), ev., verh. s. 1950 m. Arnhild, geb. Bleschke, 3 Töcht. (Birgit, Karen, Frauke) - Reform-Realgymn.; Univ.stud. (1943 Med. Staatsex.) - S. 1959 (Habil.) Privatdoz. u. apl. Prof. (1965) Univ. Köln (Geburtshilfe u. Frauenheilkd.). Fachveröff., dar. Beitr.: Gynäk. Operationen (m. K. G. Ober), in: N. Guleke/R. Zenker, Allg. u. spez. chir. Operationslehre (Bd. IX 1964) - Spr.: Engl.

MEINZ, Theo

Vorstandsmitglied Hessische Landesbank - Girozentrale - 6000 Frankfurt/M. - Geb. 3. Nov. 1932 Schönecken (Eifel), verh., 2 Kd. - Stud. Univ. Mainz, Dipl.-Volksw. (1957), Landesbank Rheinland-Pfalz - Girozentrale -, Mainz (1959), Lt. Hauptabt. Wertpapiere, Gelddisposit. u. Auslandsgesch. (1966), ab 1970 Börse, Wertpap., Refinanzier., Anlageberat. Hessische Landesbank, Vorstandsmitglied s. 1975.

MEINZOLT, Gerhard

Dr. jur., Rechtsanwalt (s. 1976) - Kreuzweg 6, 8031 Stockdorf - Geb. 21. Sept. 1924 München (Vater: Dr. jur. h.c. Friedrich M., Oberstlandesgerichtsrat († 1984); Mutter: Martha, geb. Becker), ev., verh. s. 1951 m. Erika, geb. Völk, 3 Kd. - Univ. München (Rechtswiss.). Gr. jurist. Staatsprüf. - 1963-75 Vorstandsmitgl. Berlinische Feuer-Versich.s-Anstalt, München u. Aachen-Leipziger Versichs.-AG., Aachen - Liebh.: Theater, Konzert - Spr.: Engl., Franz.

MEIRER, Karl

Geschäftsführer Renolit-Werke GmbH., Worms - Breiter Michelsweg 41, 6520 Worms/Rh. - Geb. 23. Febr. 1923 Kirn/Nahe.

MEIS, Rudolf

Dr. phil., o. Prof. f. Psychologie Päd. Hochschule Ruhr/Abt. Duisburg - Laupendahler Höhe 12, 4300 Essen 18 (T. 02054 - 39 75) - Dipl.-Psych.

MEISE, Rudolf

Bundesrichter - Herrenstr. 45 a, 7500 Karlsruhe - Geb. 27. Mai 1920 Bad Harburg - B. 1970 OLG Frankfurt (1963 OLGsrat), dann BGH.

MEISE, Wilhelm

Dr. phil., Prof., Zoologe, Lehrbeauftr. Univ. Hamburg (Stammesgeschichte u. Systematik d. Vögel) - Am Weiher 23, 2000 Hamburg 20 (T. 40 80 22) - Geb. 12. Sept. 1901 Essen (Vater: Wilhelm

M., Malerm.; Mutter: Karoline, geb. Albrecht), ev., verh. 1930-84 m. Eva, geb. Lehmann, 3 Kd. (Werner, Helmut, Gisela) - Promot. 1928 Berlin (Univ.); Habil. 1936 Dresden (TH) - 1929-45 Assist. u. Kustos Staatl. Museum f. Tierkunde Dresden; 1949-51 Kustos Zool. Mus. Berlin; 1951-69 Kustos u. Hauptkustos Zool. Mus. Hamburg. Vors. Ornithol. Verein Dresden (1930-45) u. Hamburg (1957-84), Verein Jordsand z. Begr. v. Vogelfreistätten an d. dt. Küsten (1952-62), Naturwiss. Verein Hamburg (1964-66) - BV: D. Kuckuck, 1930; D. Abendsegler, 1951. Herausg.: 50 J. Seevogelschutz, 1957 (Festschr. Verein Jordsand); Naturgesch. d. Vögel, 3 Bde. 1958/66 (m. R. Berndt); M. Schönwetter, Handb. d. Oologie, 1960 ff.; Mithrsg.: Grzimeks Tierleben (1968-70) - Prof. 1975 - Spr.: Engl., Franz., Russ.

MEISEL, Harry

Dr. jur., Präsident Landesarbeitsamt Baden-Württ. - Hölderlinstr. 36, 7000 Stuttgart (T. 2 08 71) - Geb. 7. Mai 1926 - S. 1951 Bundesanst. f. Arbeit (1964 Presseref., 1969 Unterabt.leit., 1970 Oberdir., 1978 wie oben); s. 1982 Vors. d. Stiftungsrates d. Stiftg. Rehabilitation, Heidelberg - BV: D. Deutsche Berufsberatung, 1978 - BVK - Spr.: Engl., Poln.

MEISEL, Kurt

Staatsintendant a. D. Bayer. Staatsschauspiel/Residenztheater (1972-83) - Max-Josef-Pl. 1, 8000 München 22 (T. 2 18 51) - Geb. 18. Aug. 1912 Wien, verh. s. 1953 m. Ursula, geb. Lingen (Schausp.; Vater: Theo L. †1978), S. Christoph - Schauspielsch. Volkstheater Wien - Volkstheater Wien, Kammersp. München, Stadttheater Leipzig, b. 1945 Preuß. Staatstheater Berlin, später Hebbel-Theater, Theater am Kurfürstendamm u. Schiller-Theater ebd., 1960-64 (Rücktr.) Oberspiell. Bayer. Staatsschauspiel München, zul. Oberspiell. Burgtheater Wien - 1952 Kunstpreis Stadt Berlin; 1963 Bayer. Staatsschausp.; 1975 Bayer. VO.; 1975 Ludwig-Thoma-Med.; 1979 Ehrenmed. Stadt Wien i. Gold; 1983 Ehrenmitgl. Bayer. Staatsschausp.

MEISEL, Peter G.

Dr. jur., Rechtsanwalt, Geschäftsf. Unternehmensverb. Westf.-Mitte u. Westf.-Nordwest (s. 1967) - Reiherstr. 12, 4700 Hamm 1 - Geb. 26. Aug. 1930 Großenhain/Sachsen, verh. s. 1958 m. Gretel Sütterlin - Univ. Freiburg - Altern. Vorst.-Vors. Landesverb. d. Ortskrankenkassen, Westf.-Lippe, Dortmund, d. AOK Hamm, u. Verwaltungsaussch. d. Arbeitsamtes Hamm; Vorst.-Mitgl. Landesversicherungsanst. Westf., Münster; gf. Vorst.-Mitgl. Bildungswerk Westf.-Mitte, u. Verein Werkarztzentr. Westf.-Mitte - BV: D. Verfassung u. Verw. d. Stadt Konstanz im 16. Jh.; Konstanzer Stadtrechtsquellen; Kommentar z. Mutterschutzgesetz, 3. A. 1988; Komment. z. Arbeitszeitordn., 2. A.; Arbeitsrecht f. d. betriebl. Praxis, 5. A. 1988; D. Mitwirk. u. Mitbestimm. d. Betriebsrats in personellen Angelegenh., 5. A.; Bundesurlaubsges., Komment. 3. A.; Arbeitsschutz f. Frauen u. Mütter (Reihe: D. aktuelle Betrieb). Zahlr. Aufs. üb. arbeitsrechtl. Themen in Ztschr.; Vorträge üb. arbeitsrechtl. Fragen in Betrieben u. Verb. - 1987 BVK am Bde. - Spr.: Engl., Franz.

MEISER, Ernst

Assessor, Vorstandsmitgl. Agrippina Versicherung AG, stv. AR-Vors. d. Agrippina Rechtschutzvers. AG (s. 1974) - Fürst-Pückler-Str. 8, 5000 Köln 41 (T. 40 94 08) - Geb. 19. Sept. 1930 Beuthen/OS. (Vater: Ernst M., Eisenbahner; Mutter: Erna, geb. Brunner), ev., verh. s. 1963 m. Ursula, geb. Mansfeld, Tocht. Carola - 1958-62 Stud. Rechtswiss. Frankfurt u. Köln; Gerichtsrefer. OLG-Bez. Düsseldorf - 1952-58 Versich.s-sachbearb.; 1968-74 Abt.sleit. bzw. -sdir. - Spr.: Engl.

MEISNER, Joachim

Dr. theol., Kardinal, Erzbischof v. Köln (s. 1989) - Kard.-Frings-Str. 10, 5000 Köln 1 - Geb. 25. Dez. 1933 Breslau-Lissa - Bankkfm.; Stud. Theol.; Priesterweihe 1962 - Kaplan Heiligenstadt u. Erfurt, später Rektor Diözesancaritas, Bischofsweihe 1975, Auxiliarbischof in Erfurt-Meiningen, 1980 Bischof v. Berlin, 1983 Kardinal.

MEISNER, Michael

Ehrenlandrat d. Kreises Würzburg - Berner Str. 2, Main-Post, 8700 Würzburg-Heuchelhof (T. 60 01-2 00) - Geb. 5. Nov. 1904 Würzburg, kath., verh. m. Rose, geb. Kreutzer - Rechtsanwalt; 1945-49 Landrat u. Oberbürgermeister, 1949-74 Verleger - BV: Heringsbärtchen; Burschen in Sonne u. Wind; Quissel u. Quassel; Kaust; 30 Jahre danach; Würzburg, 5. A. 1988; Mit Weinverstand durchs Frankenland, 5. A. 1987; Die Zerbrochenen Hände - Tilman Riemenschneider u. seine Zeit, 2. A. 1983; Martin Luther - Heiliger oder Rebell, 5. A. 1985; Bekenntnisse e. Außenseiters, 1985 - 1966 BVK I. Kl.; 1968 Bayer. VO.

MEISNER, Norbert

Wiss. Assistent, Senator f. Finanzen (s. 1989), MdA Berlin (s. 1979) - Zu erreichen üb. Nürnberger Str. 53-55, 1000 Berlin 30 (T. 21 23-1).

MEISSNER, Boris

Dr. jur., Dipl.-Volksw., em. o. Prof. f. Ostrecht - Kl. Budengasse 1, 5000 Köln (T. 23 97 54) - Geb. 10. Aug. 1915 Pleskau/Rußland (Vater: Arthur M., Richter; Mutter: Xenia, geb. v. Dombrowa), verh. m. Irene, geb. Sieger - Univ. Dorpat (Dipl.-Volksw. 1935). Promot. 1955 Hamburg - Univ. Posen u. Breslau (Assist.), Wehrdst.), b. 1953 Forschungsst. f. Völkerrecht u. ausl. öfftl. Recht Hamburg (Ref.), dann Ausw. Dienst (u. a. Legationsrat I. Kl. Dt. Botschaft Moskau), s. 1959 Univ. Kiel (Ord.) u. Köln (1964; Dir. Inst. f. Ostrecht). Ehrenmitgl. Dt. Ges. f. Osteuropakd.; Mitgl. Direktorium Bundesinst. f. ostwiss. u. intern. Studien (1961-71); Mitgl. Direktor. Ostkolleg Bundeszentrale f. Polit. Bildung (1959-82); Vors. Arbeitskr. f. Ost-West-Fragen b. Auswärt. Amt (1972-82); Präs. Göttinger Arbeitskr. (e. V.); s. 1981 o. Mitgl. der Rhein.-Westf. Akad. d. Wiss. (Kl. f. Geisteswiss.); o. Mitgl. d. Balt. Histor. Komm. - BV: u. a. (1949-66 s. XIX. Ausg.): Völkerrecht in Ost u. West, 1967 (m. Reinhart Maurach); D. Selbstbestimmungsrecht d. Völker in Osteuropa u. China, 1968; Sowjet. Innenpolitik, 1968 (m. Richard Löwenthal); 50 J. Sowjetrecht, 1969 (m. R. Maurach); D. Breschnew-Doktrin, 1969; Grundfragen sowjet. Außenpolitik, 1970 (m. Gotthold Rhode); D. dt. Ostpolitik - Kontinuität u. Wandel, 1970; Sowjetstaat u. -recht unt. Chruschtschow, 1971 (m. R. Maurach); Bundesstaat u. Nationalitätenzucht in d. Sowjetunion, 1974 (m. F. Chr. Schroeder); Moskau - Bonn, d. Beziehungen zw. d. Sowjetunion u. d. BRD 1955-73, 1975; Gruppeninteressen u. Entscheidungsprozeß in d. Sowjetunion, 1975 (m. Georg Brunner); Sowjetunion. Völkerrechtstheorie u. Vertragspolitik (Osteuropa-Handb.), 1976 (m. D. Geyer); Verfassungs- u. Verwaltungsreformen i. d. sozialist. Staaten, 1978 (m. F.-Ch. Schroeder); D. Nation in östlicher Sicht, 1978 (m. J. Hacker); Einparteisystem u. bürokrat. Herrschaft, 1978 (m. G. Brunner u. R. Löwenthal); Entspannungspolitik in Ost u. West, 1979 (m. H.-P. Schwarz); Verfass. d. Kommunist. Staaten, 1981 (m. Georg Brunner); Nationalitätenprobleme in d. Sowjetunion u. Osteuropa, 1982 (m. Georg Brunner); D. Verhältnis v. Partei u. Staat im Sowjetsystem, 1982; Weltmacht Sowjetunion, 1982; Kontinuität u. Wandel i. d. Ost-West-Beziehungen, 1983 (m. Axel Seeberg); Staatl. Kontinuität, 1983 (m. Gottfried Zieger); D. Selbstbestimmungsrecht d. Völker u. d. dt. Frage, 1984 (m. Dieter Blumenwitz); D. Sowjetblock zw. Vormachtstellung u. Autonomie, 1984 (m. Richard Löwenthal); Sowjetische Kurskorrekturen. Breshnew u. s. Erben, 1984; Staatl. u. nationale Einheit Dtschl. - ihre Effektivität, 1984 (m. Dieter Blumenwitz); Sowjetges. am Scheideweg, 1985; Partei, Staat u. Nation in d. Sowjetunion, 1985. Zahlr. Einzelarb. - 1979 BVK I. Kl.; 1977 Kgl. Schwed. Nordstern-Orden 1. Kl.; 1985 Gr. BVK - Liebh.: Tennis.

MEISSNER, Günther

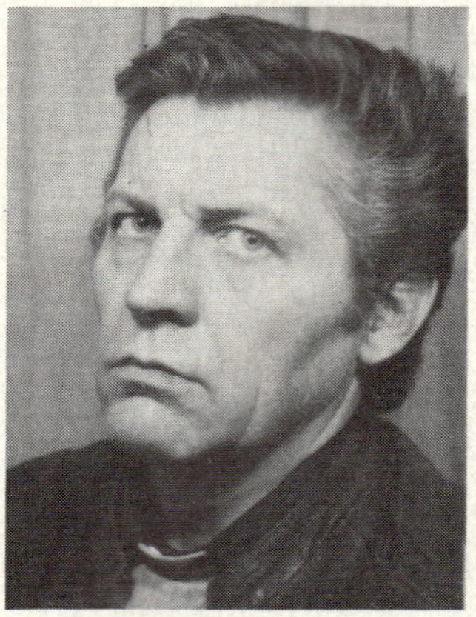

Dr. rer. nat., Prof. f. Theor. Physik Univ. Saarbrücken (s. 1972) - Dr.-Ehrhardt-Str. 25, 6670 St. Ingbert (T. 06894 - 3 45 40) - Geb. 6. Juli 1932 Kronsdorf (Vater: Helmut M., Lehrer; Mutter: Leopoldine, geb. Heider), kath., verh. s. 1966 m. Rosemarie, geb. Peters, 2 Kd. (Michael, Carolin) - Dipl.-Physik 1959 TH München; Promot. 1963, Habil. 1971 - 1964-66 wiss. Assist. Marburg u. Tübingen, 1967 Max-Planck-Inst. München, 1968/69 Res. Assoc. Cornell Univ./USA; 1969-71 Sen. Scientist, Inst. Laue-Langevin, Garching-Grenoble; s. 1972 Ord. Univ. Saarbrücken. Zahlr. Veröff. üb. Quantenkristalle u. Kristallisation, Strukturelle Phasenumwandl., Elektron-Phononwechselwirk., Zweidimensionale Elektronensysteme - Liebh.: Violine, Zeichnen, Tennis, Ski - Spr.: Engl., Franz.

MEISSNER, Hans Günther

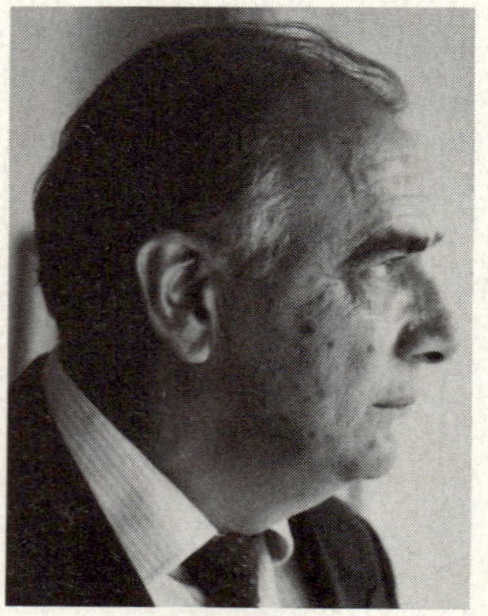

Dr. rer. pol., Dipl.-Kfm., Prof. f. Marketing Univ. Dortmund - Hölderlinstr. 87/89, 5000 Köln 40 (T. 02234 - 7 13 60) - Geb. 24. Sept. 1929 Düsseldorf (Vater: Karl M., kaufm. Angest.; Mutter: Leni, geb. Steltmann), ev., verh. s. 1963 m. Dr. Bettina, geb. Granow, 2 Kd. (Ruth Christiane, Patrick Jan) - 1950-52 kaufm. Lehre; 1953-56 Stud. Betriebswirtsch. Univ. Köln (Dipl.-Kfm. 1955, Promot. 1958) - 1956 Wiss. Assist. Univ. Köln; 1965 Privatdoz. ebd.; 1970 Prof. Köln; 1973 Lehrst. f. Market. Dortmund - BV: Anthropol. Grundl. d. Exportmarktforsch., 1959; D. Entwicklungsgesch., 1966; Exportpolitik, 1974; Außenhandels-Market., 1981; Strategisches Intern. Marketing, 1987; Marketing f. gemeinnützige Wohnungsunternehmen, 1987 - Spr.: Engl., Span.

MEISSNER, Hans-Dieter

Dipl.-Ing., Vorstandsmitglied MAN Aktienges., München, Vorst.-Vors. MAN Gutehoffnungshütte AG, Oberhausen - Zu erreichen üb. MAN Gutehoffnungshütte AG, Postf. 11 02 40, 4200 Oberhausen 11 - Geb. 5. Mai 1927 Berlin (Vater Rudolf M.; Mutter: Margarete, geb. Mosel), ev., verh. s. 1955 m. Marlis, geb. Heicks, 2 Kd. (Jochen, Birgit) - Stud. Bauing.wesen TU Berlin; Dipl.ex. 1950 ebd. - 1950-53 Ing.tätigk. Ing.büro, 1953-54 Bauleiter, 1954-63 Abt.leit.; 1963-65 Handlungsbevollm., 1965-67 Prokurist Ind.anlagenbau, 1967-70 Abt.-dir., 1970-79 Vorst.-Mitgl. GHH Sterkrade - Liebh.: Golf, Tennis, Ski - Spr.: Engl. - Lions-Club.

MEISSNER , Hans-Otto

Dr. jur., Konsul I. Kl. a. D., Schriftsteller - Widenmayerstr. 50, 8000 München 22 (T. 22 42 15) u. Jagdhaus Siebenschlaf, 8211 Unterwössen (T. 08641/84 51) - Geb. 4. Juni 1909 Straßburg/Elsaß (Vater: Dr. jur., Staatsmin. Otto M., 1920-45 Chef Präsidialkanzlei Berlin, † 1953 (s. X. Ausg.); Mutter: Hildegard, geb. Roos, † 1952), kath., verh. m. Marianne, geb. Mertens, T. Andrea (geb. 1943) - Univ. Heidelberg, Freiburg, Göttingen, Lausanne, Trinity College, Cambridge - 1935-45 Auswärtiger Dienst (1935-36 u. 1939-40 London, 1936-39 Tokio, 1940-41 Moskau, 1942-45 Mailand); dazw. 1941-42 Kriegseinsatz (verw.). Oberstlt. d. R.; Deutschordensherr; div. Ehrenmitgliedsch. - BV: Üb. 50 Bücher, dar. D. Fall Sorge, D. Machtergreifung, Völker, Länder u. Regenten, Wildes rauhes Land - Reisen u. Jagen im Norden Kanadas (1969), D. Wunder d. Aufgeh. Sonne - Japan zw. Tradition u. Fortschr. (1970), Abenteuer der Weltentdeckung, 12 Bde. 1963-71; Alatna - Duell in d. Wildnis (1970), Im Zauber d. Nordlichts - Reisen u. Abenteuer am Polarkr. (1972), Abenteuer Persien, 1975; Herrlich wie am ersten Tag, Bildband 1974; D. überlistete Wildnis, 1982; D. verschollenen Schiffe d. Lapérouse, 1984; Strassburg, oh Strassburg (1985), Rund um Kap Horn (1986), Erster Klasse in d. Wilden Westen (1987), davon verfilmt: Dr. Holl (1972), D. Fall Sorge (1961), Duell in d. Wildnis (1975), Inseln d. Südsee (1979) (60. Buch) - Liebh.: Reisen, Jagd - Spr.: Engl., Franz., Ital., Span.

MEISSNER, Hartwig

Dr. rer. nat., Prof. f. Mathematik u. Didaktik d. Math. Univ. Münster - Am Diekamp 12, 4400 Münster ' Geb. 15. Nov. 1938 Berlin (Vater: Erich M., Ing.; Mutter: Ilse, geb. Bogula), verh. s. 1964 m. Elfi, geb. Kiener, 3 Kd. (Jörn, Karen, Inga) - Abit. 1958 Landshut; 1958-65 Stud. Math., Physik, Päd. u. Phil. Univ. München, Hamburg, Berlin (1. Staatsex. f. d. Höh. Lehramt 1965 Hamburg, 2. Staatsex. 1967 ebd., Promot. 1966 ebd.) - 1965 Assist. Math. Sem. Univ. Hbg.; 1967-70 Stud.-Ass. u. Stud.rat am Gymn.; 1970-73 wiss. Rat u. Prof. Math. Sem. Hbg.; s. 1973 Lehrst. f. Math. u. ihre Didakt. PH Westf.-Lippe, später Univ. Münster. Vortr. auf Kongr. im In- u. Ausl., Lehrerfortb., 1979-83 Mitgl. wiss. Beirat Intern. Gr. f. Psych. of Math. Educ. (PME) - Zahlr. Veröff. z. Math. u. ihre Didakt. m. Schwerp. Geometrie, Einsatz v. Computern, Arithmetik, Lernpsych. - Liebh.: Sport, Bergsteigen, Skilaufen - Spr.: Engl., Franz.

MEISSNER (ß), Johannes

Dr. rer. nat., Honorarprof. für Biophysik, Univ. Kiel (s. 1965), Mitgl. in d. Leitung d. Strahlenschutzseminars Univ. Kiel (s. 1980) - 2061 Borstel üb. Bad Oldesloe (T. 04537 - 72 01) - Geb. 27. Juni 1914 Rheinsberg/Mark, ev., verh. s. 1951 m. Ulla, geb. Rosin, s. 1980 verw., 2 Kd. (Gabriele, Jörn) - Univ. Berlin (Physik; Promot. 1941) - 1941-49 Entmagnetisierungsgruppe (zul. wiss. Leit.), 1949-80 Forsch.inst. Borstel, Inst. f. Experiment. Biologie u. Med. (Leit. Abt. Biophysik, 1978-80 kom. Inst.dir.) - BV: Kernenergie u. Leben, 1966.

Mithrsg.: D. Anwendung radioaktiver Isotope in d. Tuberkuloseforschung (1967); Herzschrittmacher m. nuklearen Batterien (1973); D. Hypothesen im Strahlenschutz (1985). Beitrag Handb. med. Radiologie: Berufsrisiko b. Umgang m. radioaktiven Stoffen (1985).

MEISSNER, Kurt
Rechtsanwalt u. Notar, MdA Berlin (1971-79) - Gawanstr. 51, 1000 Berlin 28 (T. 401 51 07) - Geb. 26. April 1924 Duisburg, verh., 10 Kd. - Oberrealsch. (Abit.); n. 3j. Wehrdienst. Jurastud. Gr. jurist.Staatsprüf. - Langj. Justitiar Duisburg-Ruhrorter Hafen-AG.; s. 1965 RA u. Nt. (1968) Berlin. 1968 ff. Bezirksverordn. Reinickendorf. CDU s. 1961.

MEISSNER, Manfred
Dr., Vorstandsmitglied - Hohe Bleichen 17, 2000 Hamburg 36 (T. 3 59 10-0) - S. 1972 Vorst.-Mitgl. Hypothekenbank in Hamburg.

MEISSNER, Otto
Filmkaufmann, Firmeninhaber terranova Film- u. Fernsehprod. Otto Meissner KG, Berlin (s. 1985) - Zu erreichen üb. novafilm fernsehprod. Otto Meissner KG, Wilmersdorfer Str. 94, 1000 Berlin 12 (T. 882 74 98) - Geb. 27. Juni 1925 Berlin, ev., verh. s. 1960 m. Renate, geb. Schwarz, 2 Söhne (Lutz, Oliver) - Gymn. - 1948-55 Produktionsleit. Real-Film; 1956-62 Herstellungsleit. Film-Hansa u. Ufa-Film-Hansa; 1962-64 freischaff.; b. 1965 Hauptabt.-Leit. ZDF; s. 1966 Inh. novafilm - Liebh.: Fliegen, Segeln - Spr.: Engl., Franz.

MEISSNER, Werner
Dr., Prof. f. wirtsch. Staatswissenschaft Univ. Frankfurt - Schumannstr. 34a, 6000 Frankfurt/M. 1 - Geb. 24. April 1937 Velbert - Stud. Wirtschaftswiss. Univ. Köln, Berlin, Stanford (USA) u. Uppsala (Schwed.) - BV: Oligopolanalyse, 1965; Ökonometrische Mod., 1971; Investitionslenk., 1974; D. Lehre d. Fünf Weisen, 1980; D. neue Wohlstand, 1985 - Spr.: Engl., Franz., Span., Schwed.

MEISSNER, Werner

Komponist, Kapellm. - Brennerstr. 22, 7016 Gerlingen/Württ. - Geb. 16. Okt. 1926 Lyck/Ostpr., ev., verh. m. Lydia, geb. Feil - Musikhochsch. Weimar - Theaterkapellm. 1947-52 Braunschweig, 1952-53 Worms, 1958-64 Baden-Baden. B. 1978 außerd. Gastsp. als Musikal. Leit. u.a. in Celle, Darmstadt, Frankfurt/M., Heidelberg, Konstanz, Memmingen sow. an versch. Freilicht-Theatern; langjähr. fr. Rundfunk-Mitarb.; Schallpl.-Aufn.; Orchesterw., Klavierst., Ballettmusiken, Lieder, Chansons. Erfolgr. Schausp.- u. Hörspielmusik-Komp. - Liebh.: Phil., Psych., Lit., Esoteriker.

MEISTER, Caesar
Senator a. D. - Bergedorfer Str. 122, 2050 Hamburg 80 (T. 724 51 56) - Geb. 20. Nov. 1927 Hamburg, verh. - Volks- u. Handelsschuls.; inf. Einberuf. kurze kaufm. Lehre - B. 1951 kaufm. Angest. Hamburg, dann Geschäftsf. e. Baugenoss., 1966-74 Bausenator ebd. 1953-61 Bezirksabg. Bergedorf; 1966-78 Mitgl. Hbg. Bürgersch. SPD.

MEISTER, Dietrich

Zollhauptsekretär i.R., MdL Hessen (s. 1970) - Boyneburger Str. 14a, 3440 Eschwege (T.05651 - 2 18 85) - Geb. 18. Juli 1927 Reinfeld/Kr. Belgard (Pommern), ev., verh. s. 1953 m. Brunhilde, geb. Koch, 2 Kd. (Volker, Jörg-Uwe) - Obersch. in Schivelbein - N. Kriegseinsatz als Marinehelfer u. Soldat (1943-45), Former, Kraftfahrer - S. 1952 Bundeszollverwaltung (Zollgrenzdienst). CDU (s. 1963 Kreisvors.), 1964-74 MdK Kreis Eschwege u. 1974ff. im Werra-Meißner-Kreis, Vors. Unterausssch. Justizvollzug d. Hess. Landtags. 1974 Mitgl. d. 6., 1979 d. 7., 1984 d. 8., 1989 d. 9. Bundesversamml. - 1987 BVK I. Kl.

MEISTER, Edgar
Rechtsanwalt, Vorstandsmitgl. Dt. Pfandbriefanst. - Oberer Lindenstruthweg 16, 6242 Kronberg - Geb. 21. Mai 1940 Kassel, ev., verh. s 1967 m. Ursula, geb. Helfmeyer - Stud. Rechts- u. Staatswiss. Univ. Marburg; gr. jurist. Staatsprüf. 1969 - 1975 Dir. Bank f. Gemeinwirtsch. AG; 1977 Generalsekr. Beteiligungsges. f. Gemeinwirtsch. AG, Frankfurt; AR Dt. Wohnstätten-Hypothekenbank AG, Berlin-Wiesbaden, u. Salzgitter Wohnungs AG - Spr.: Engl.

MEISTER, Erhard
Dr. rer. nat., Prof. TH Darmstadt (Math.) - Tieckstr. 6, 6100 Darmstadt - Geb. 12. Febr. 1930 Bernburg - 1963-66 Privatdoz. u. Doz. (1964) Univ. Saarbrücken. Gastdoz. Univ. Strathclyde (1966); 1966-70 o. Prof. TU Berlin; 1970-74 o. Prof. Univ. Tübingen; 1971-83 Vors. d. GAMM-Fachaussch. Angewandte Analysis u. mathemat. Physik; 1982-87 Mitgl. d. Senats- u. Bewilligungsaussch. d. DFG f. Angelegenh. d. Sonderforschungsbereiche - BV: Monogr.: Herausg. in dt. Spr.: Einführ. in d. Theorie d. eindimens. singul. Integraloperatoren v. I. Gohberg u. N. Krupnik, 1979; Integraltransform. in. Anwend. auf Probl. d. mathem. Physik, 1983; Randwertaufgaben d. Funktionentheorie, 1983.

MEISTER, Hans-Jörg
Geschäftsführer v. Tochterges. im Konzern Henninger Bräu AG - Mödlingstr. 36, 6050 Offenbach am Main - Geb. 16. Okt. 1924 Königs Wusterhausen, ev., verh. m. Ilselotte, geb. Beil, S. Olaf Jörg - Abit., Industriekaufm. - Beirat Nass. Heimstätte GmbH; Landesaussch. Hessen Dt. Heimstättenwerk, Bonn; Mitgl. Inter-Expert, Metz - Liebh.: Kunst (Schwerp. Malerei), Klass. Musik - Spr.: Engl., Franz.

MEISTER, Klaus
Dr. phil., Prof. TU Berlin, Althistoriker - Trajanstr. 5, 5000 Köln 1 (T. 0221 - 31 48 25) - Geb. 26. März 1938 Nürnberg (Vater: Karl M., Berufsberater; Mutter: Thekla, geb. Geißler), ev., verh. s. 1971 m. Daniela, geb. Alecu, 2 Kd. (Irene, Carlo) - 1957-62 Stud. klass. Phil. u. Gesch. Univ. Tübingen u. München (dort Staatsex. 1962); Promot. 1966 München, Habil. 1971 Saarbrücken - 1962-71 wiss. Assist.; 1971 Prof. Univ. Saarbrücken, 1974 Prof. Köln; 1977 o. Prof. PH Berlin, 1980 dass. TU Berlin - BV: D. sizil. Gesch. b. Diodor, 1967; D. griech. Sizilien, 1969; Hist. Kritik b. Polybios, 1974; D. Ungeschichtlichk. d. Kalliasfriedens u. deren hist. Folgen, 1982.

MEISTER, Konrad
Prof. f. Klavier u. Didaktik d. Klavierspiels Hochsch. f. Musik u. Theater Hannover, Pianist - Auf dem Lärchenberge 14b, 3000 Hannover 1 - Geb. 30. Juli 1930 Heidelberg (Vater: Hermann M., Schriftst. u. Verleger; Mutter: Ada, geb. Brandt), verh. I) 1957-79 m. Sigrid, geb. Ernst; II) s. 1979 m. Anne, geb. Hammann, 4 Kd. (Beate †, Rudolf, Cornelius, Gabriele) - Human. Gymn. Heidelberg (Abit. 1949); 1952-56 Musikstud. Heidelberg u. Detmold (b. Conrad Hansen, Dipl.) - Zahlr. Konzertreisen In- u. Ausl. Lehrtätig. Musikhochsch. Heidelberg, Bremen u. (s. 1973) Hannover; s. 1977 Prof. Fachveröff. in Musiktschr. - Liebh.: Lit., Phil., Bergsteigen.

MEISTER, Richard
Ministerialrat, Personalreferent f. d. höheren Dienst (s. 1984), Hauptverw. Dt. Bundesbahn - Friedrich-Ebert-Anlage 43-45, 6000 Frankfurt 1 (T. 265 52 01); priv.: Kennedyallee 58 (T. 631 31 03) - Geb. 19. April 1935 Erlangen (Vater: Anton M., Textilkfm.; Mutter: Marie, geb. Prütting), ev., verh. s. 1962 m. Rosmarie, geb. Suntheimer, 2 Kd. (Kathrin, Martin) - Stud. d. Rechtswiss. Univ. Erlangen, Kiel. München; 1. u. 2. jur. Staatsex. 1957 bzw. 1961 - S. 1962 Dt. Bundesbahn (1972 Gf. Betriebskrankenk.; 1973 Abteilungspräs.; 1974 Vorstandsvors. Versicherungsanst.; 1976 Vizepräs. Bundesbahn-Sozialamt).

MEISTERJAHN, Reinhold
Dr. agr., Geschäftsführer Bund d. Dt. Landjugend - Fasanenweg 21, 5330 Königswinter 21 - Geb. 14. April 1951, kath., verh. s. 1976, S. Michel, Boris - hum. Gymn. Steinfeld; Wehrdst.; Stud. Agrarwiss. Univ. Bonn (Promot., 2. Staatsprüf.) - S. 1983 Geschäftsf. (s.o.) - Spr.: Engl.

MEISTERMANN, Georg
Prof., Maler - Christian-Gau-Str. 30, 5000 Köln 41 (T. 49 22 25) - Geb. 16. Juni 1911 Solingen (Vater: Artur M.; Mutter: Sophie, geb. Kaltenheuser), verh. s. 1959 m. Prof. Dr. phil. Edeltraud, geb. Lindner, Psychoanalytikerin (s. unt. Meistermann-Seeger) - Kunstakad. Düsseldorf - Lehrtätig. (Prof.) Kunstakad. Düsseldorf, Karlsruhe (1960), München (1964). 1965-72 Vors. Dt. Künstlerbd. Bildw. öffntl. u. priv. Besitz In- u. Ausl. - 1949 Blevin-Davis-Preis, 1952 Stefan-Lochner-Preis Köln, 1955 Gr. Kunstpreis Nordrh.-Westf., 1962 Goldmed. III. Biennale f. christl. Kunst d. Gegenw. Salzburg; Gr. BVK, 1981 Stern dazu; 1975 Kulturpr. Solingen, 1977 Gr. Staatspr. f. Kunst am Bau Rheinland-Pfalz; 1984 Romano-Guardini-Preis München, 1982 Slevogt Med. Rhld.-Pf.

MEISTERMANN-SEEGER, Edeltrud, geb. Lindner
Dr. phil., Prof., Psychoanalytikerin - Christian-Gau-Str. 30, 5000 Köln 41 (T. 49 22 25) - Geb. 6. April 1906 Köln (Vater: Jakob Lindner, Historiker; Mutter: Maria, geb. May), verh. in 3. Ehe (1959) m. Prof. Georg Meistermann, Maler (s. dort), 4 Kd. (Claus, Buja, Donate u. Monika Bingemer) - Univ. Köln, Bonn, Freiburg (Psych., Phil., Biol.). Promot. 1946 Köln - S. 1947 Lehrbeauftr. u. Honorarprof. (1963) Univ. Köln (Sozialpsych. Probleme d. Persönlichkeitsstruktur). 1964 ff. Präs. Dt. Ges. f. Psychoanalyt. Forsch. Mitgl. Dt. Psychoanalyt. Vereinig. (Berlin) u. Royal Soc. of Med. (London) - BV: Leitf. d. Bilder, 1947; Leben als Gastarbeiter, 1968; Gestörte Familien, 1976; Psychoanalyse, 1978; Kurztherapie Fokaltraining - 1968 - 1977 BVK a. Bde., 1987 BVK I. Kl. - Liebh.: Mod. Kunst - Spr.: Engl.

MEIXNER, Albert
I. Bürgermeister - Rathaus, 8901 Zusmarshausen/Schw. - Geb. 4. April 1932 Zusmarshausen - Zul. Techniker. CSU.

MEIXNER, Horst
Dr. phil., Prof. d. Literatur u. Kulturwiss. Univ. Mannheim - Leibnizstr. 7, 6800 Mannheim 1 (T. 0621 - 41 51 27) - Geb. 10. Juli 1932 Stuttgart (Vater: Gustav M., Kaufm.; Mutter: Elise, geb. Niethammer) - Promot. 1961, Habil. 1970 - BV: Naturalist. Natur (Diss.), 1961; Romant. Figuralismus, 1971; zahlr. Aufs. z. neueren dt. Lit. u. z. Kulturwiss. - Liebh.: Musik, Bild. Kunst - Spr.: Engl., Franz., Ital.

MEIXNER, Josef

Dr. phil., Dr. rer. nat. h. c., o. Prof. emerit. Theoret. Physik - Am Blockhaus 31, 5100 Aachen-Hanbruch - Geb. 24. April 1908 Percha/Obb., verh. s. 1933 m. Hildegard, geb. Diemke, 3 Söhne (Michael, Georg, Reinhard) - Univ. München (Math., Phys.; Promot. 1931). Habil. 1937 Gießen - 1937 Privatdoz. Gießen, 1939 Univ. Berlin, 1942 ao. 1948 o. Prof. u. Inst.dir. TH Aachen, 1974 emerit. - Ztschr.aufs. - 1968 Ehrendoktor Univ. Köln; Mitgl. Rhein.-Westf. Akad. d. Wiss., Düsseldorf - Lit.: Proceedings Koninklijke Nederl. Akad. v. Wetenschappen (1979); Nature (1971).

MEIXNER, Robert
Dr. jur., Regierungspräsident - Peterpl. 9, 8700 Würzburg (T. 38 01); priv.: Maasweg 3 (T. 7 67 88) - Geb. 5. Dez. 1909, ev.-luth., verh. s. 1951 m. Ursula, geb. v. Korff - Stud. Rechtswiss. - AB 1937 Reg. Würzburg, Landratsämter Naila u. Luditz, 1947-56 Bayer. Innenmin., seither Reg. Würzburg (1956 Vizepräs., 1968 Präs). Mitarb.: Kommentar üb. d. Gemeinde- u. Landkreiswahlrecht in Bayern - 1970 Bayer. VO., 1973 Gr. BVK - Spr.: Engl. - Rotarier.

MELCHER, Hanno W.
Fabrikant, Geschäftsf. Weinbrennerei Dujardin & Co. vorm. Gebr. Melcher (gegr. 1810), Krefeld-Uerdingen - Jentgesallee 44, 4150 Krefeld - Geb. 8. Febr. 1936 Düsseldorf (Vater: Wilhelm M., Fabr. †1969 (s. XV. Ausg.); Mutter: Marie-Luise, geb. Matthes), verh. m. Karin, geb. Erbe - Bankausbild. Krefeld; Stud. Sorbonne (Paris) - S. 1965 Dujardin - Liebh.: Golf, Jagd - Spr.: Engl. (1 J. USA-Aufenth.), Franz. (Stud.).

MELCHERS, Georg
Dr. phil., Hon.-Prof. Univ. Tübingen, em. wiss. Mitgl. Max-Planck-Inst. f. Biologie - Corrensstr. 45, 7400 Tübingen (T. 6 14 38) - Geb. 7. Jan. 1906 Cor-

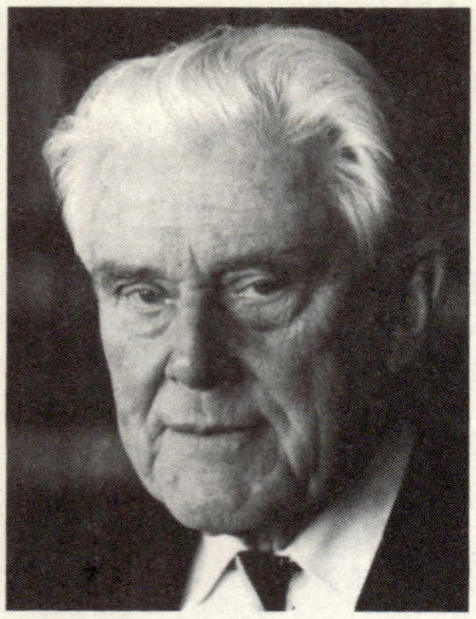

dingen/Hann. (Vater: Georg M., Landw.; Mutter: Betty, geb. Voss), ev., verh. s. 1931 m. Eleonore, geb. Drexler, 3 Söhne (Dr. rer. nat. Prof. Fritz (Biochemiker); Dipl.-Ing. Christoph (Architekt); Dr. Dipl.-Volksw. Konrad) - Gymn. Leopoldinum Detmold; Univ. Freiburg/Br., Kiel, Göttingen (Bot., Zool., Chem., Phys.; Promot. 1932) - Assist. Botan. Univ.-Inst. Göttingen u. München, Kaiser-Wilhelm-Inst. f. Biol. Berlin (1934), Abt.leit. Arbeitsstätte f. Virusforsch. KWI f. Biochemie u. Biol. ebd. (1941) u. Max-Planck-Inst. f. Biol. Tübingen (1945; 1946-76 Dir.). S. 1947 Honorarprof. Univ. Tübingen (Bot.); s. 1984 Dir. Agrogenetic Corp., Tokio. Veröff. üb. Genetik, Evolutionsforsch., Entwicklungsphysiol., Virusforsch., somat. Hybridisierung v. Pflanzen durch Fusion v. Protoplasten z. B. Kartoffeln u. Tomaten - Korr. Mitgl. American Soc. of Plant Physiologists; 1976 Kungl. Fysiogr. Sällskapet Lund/Schwed.; 1982 Ehrenmitgl. Dt. Bot. Ges.; 1984 Assoc. Etran. Acad. Scien. Paris; Honorary Memb. Japan Acad.; Foreign Assoc. Nat. Acad. USA; 1965 Mendel-Med. Tschechosl. Akad. d. Wiss.

MELCHERS, Hans H. P.

Gf. Direktor a. D. Vereinigte Wirtschaftsdienste GmbH., Frankfurt (1954-74) - Tulpenstr. 3, 7701 Büsingen (T. 13 15) - Geb. 29. Jan. 1908 Tientsin/China (Vater: Karl F. M.), verh. in 2. Ehe (1941) m. Ursula, geb. Ehrlicher, 3 Kd. - B. 1933 kaufm. Tätigk. Hamburg, Johannesburg, Foochow, Shanghai, 1934-45 Leit. Ostasien Transocean Nachrichten-Agentur, Shanghai, ab 1946 Dir. dpd/Dt. Pressedst. u. dpa/Dt. Presse-Agentur, Hamburg, 1953 Bundespresseamt, Bonn - 1970 BVK I. Kl., 1974 Gr. BVK.

MELCHERT, Helmut

Prof., Lehrer f. Gesang Staatl. Hochsch. f. Musik Hamburg - Bernadottestr. 43, 2000 Hamburg 50 (T. 880 60 86) - Geb. 24. Okt. 1910 Kiel (Vater: Max B., Beamter; Mutter: geb. Wille), ev., verh. s. 1939 m. Edith, geb. Rohr, 2 Kd. - Stud. Musikwiss. - Opernsänger (Mitgl. Hamburger u. Berliner Oper); s. 1961 Hochschulprof. (Mod. Opernrepertoire) - Spr.: Engl., Franz.

MELCHIOR, Hansjörg

Dr. med., Prof., Leit. Arzt Klinik f. Urologie d. Städt. Kliniken Kassel - Mönchebergstr. 41/43, 3500 Kassel (T. 0561-803-26 00) - Geb. 8. Juli 1937 Kassel (Vater: Dr. med. Paul M., Kinderarzt; Mutter: Ruth, geb. Ernst), ev., verh. s. 1963 m. Karin, geb.Meyer-Delpho, 3 S. (Steffen, Andres, Tobias) - Abit. Gymn. Kassel (altsprachl.) 1957; 1957-65 Stud. Naturwiss., Physik, Med. Marburg; Staatsex. 1966, Promot. 1966, Habil. 1972 - 1977 ltd. Oberarzt Urolog. Klinik RWTH Aachen, 1975 apl. Prof., s. 1977 Chefarzt. 1981-83 1. Vors. Vereinig. Norddt. Urologen e.V., s. 1983 Vors. Urol. Chefärzte - Entd.: Uro-Rheografie - BV: Ureterdynamik, 1971; Urodynamics, 1973; Urolog. Funktionsdiagnostik, 1980 - 1973 Maximilian-Nitze-Preis - Liebh.: Mod. Kunst, Golf - Spr.: Engl.

MELICHAR, Ferdinand

Dr. jur., Rechtsanwalt, Gf. Vorstandsmitgl. Verwertungsges. WORT - Goethestr. 49, 8000 München 2 - Geb. 4. Dez. 1938 Berlin (Vater: Prof. Alois M., Komp.) - BV: D. Wahrnehmung v. Urheberrechten durch Verwertungsges., 1983 - Spr.: Engl., Franz.

MELLER, Horst S.

Dr. phil., Prof. f. Literaturwiss. - Unterer Igel 21, 6921 Waldwimmersbach - Geb. 25. Aug. 1936 Berlin (Vater: Paul Friedrich M., Maurer; Mutter: Liesbet Margarete, geb. Sommer), verh. s. 1963 m. Margrit, geb. Wegner, 2 Kd. (Marius, Caroline) - Stud. Angl., Roman., Phil. u. Päd. Berlin, London, Heidelberg - S. 1974 Prof. f. Angl. Univ. Heidelberg - BV: D. Ged. als Einüb.: Z. Dichtungsverständnis William Empsons, 1974; British and American Classical Poems, 1966; Zeitgenöss. engl. Dichtung: Einf. i. d. engl. Dichtungsbetrachtung m. Interpretationen: Lyrik (1966); Lebende Antike: Symposion f. Rudolf Sühnel (1967); Zum Verstehen engl. Gedichte (1984); London: The Urban Experience in Poety and Prose (1987).

MELLEROWICZ, Harald

Dr. med., Prof., Leiter Inst. f. Leistungsmedizin (s. 1963), Berlin 33 - Terrassenstr. 11, 1000 Berlin 38 (T. 823 86 34) - Geb. 31. März 1919 Weinberg/Schles. (Vater: Prof. Dr. rer. pol. Konrad M., emerit. Ord. f. Betriebsw.-lehre † (s. XVII. Ausg.); Mutter: Agnes, geb. Samm), kath., verh. s. 1950 m. Rosemarie, geb. Kindler, 3 Söhne (Holger, Harald, Hanns) - Promot. Königsberg/Pr. (1944); Habil. Berlin (FU) - FU Berlin (b. 1963 Privatdoz., dann Prof. f. Sportmed.). Bes. Arb.geb.: Ergol. u. Ergometrie, Prävent. rehabilit. Cardiol.; Vors. Forsch.gem. f. Arb.- u. Sportmed., Berlin - BV: D. Ökonomieprinzip d. trainierten Kreislaufs in d. präventiven u. rehabilitiven Med. (Habil.), 1956; Präventive Cardiol., 1961; Ergometrie, 3. A. 1979; D. Kreislauf d. Jugendl. b. Arbeit u. Sport, 2. A. 1981 (Basel); D. körperl. Leistungsvermögen d. heut. Jugend, 1965; Gesundheit u. Leistung, 1985 - 1944 Schaudinn-Preis Univ. Königsberg; 1970 Philip-Noel-Baker-Preis UNESCO-Weltrat f. Sport u. Leibeserzieh. - Bek. Kurzstreckenläufer (7 Dt. Meistersch., Studentenweltm., 9 Länderkampfsiege; Bestzeiten: 100 m 10,4; 200 m 21,0) - Spr.: Engl., Franz.

MELLERT, Volker

Dr., Dipl.-Phys., Prof. f. Angewandte Physik Univ. Oldenburg (s. 1974) - Kiehnpool 5, 2900 Oldenburg (T. 0441 - 798 35 69) - Geb. 15. Okt. 1943 Uelzen (Vater: Friedrich M., Kapt.; Mutter: Annelise, geb. Morgernstern), verh. s. 1972 m. Eva, geb. Hartling - Promot. 1971 Göttingen - 1970-74 wiss. Assist.; 1984-86 Vizepräs. Univ. Oldenburg. 3facher Patentinh. (Verf. z. richtungstreuen Schallfeldabbild., Kunstkopf-Stereofonie) - Spr.: Engl.

MELLIN, W.

Dr. phil., Ing., Betriebswirt, Unternehmensberater, Geschäftsf. Unternehmens- u. Personalberatung Dr. Mellin + Partner (s. 1961) - Mittelmühle, 6920 Sinsheim (T. 07261 - 44 44 od. 39 38) - Geb. 13. Nov. 1919 - 17 J. Leitg. eigene Maschinen- u. Rechnerfabrik. Lehrte an Univ. Göttingen. Eigene Patente (teils als volkswirtschaftl. wertvoll anerkannt). Langj. Chefredakt. Initiator u. Gründer KIB (Arbeitskr. Kunststoffing. u. Berater). Langj. Amerika-Aufenth.

MELLIS, Bruno

Fabrikant, Vors. Verb. serienmäß. Sarghersteller im Bundesgeb., Frankfurt/M. - Jägerstr. 80, 4200 Oberhausen-Sterkrade (T. 6 01 68).

MELSHEIMER, Olaf

Dr. rer. nat., Prof. f. Theoret. Physik Univ. Marburg (s. 1972) - Geschw.-Scholl-Str. 26, 3550 Marburg/L. - Geb. 5. Jan. 1937 Gießen - Promot. (1966) u. Habil. (1972) Marburg - Facharb.

MELZER, Friso

Dr. phil., Dr. theol., Oberstudienrat a. D. - Glaswaldstr. 16, 7744 Königsfeld-Burgberg - Geb. 27. Febr. 1907 Aurich/Hann., ev., verh. s. 1935 m. Helene, geb. Hamel, 3 Kd. - 1926-34 Univ. Breslau (Dr. phil. 1930), Tübingen (Dr. theol. 1934), Basel, Oxford (Phil., German., Theol.) - 1931-33 Assist. Univ. Tübingen (Ev. Theol. Fak.), 1935-40 Missionar u. Theol.doz. Indien (Basel-Mission), spät. Dorfpfarrer, 1949-51 Prorektor Intern. Inst. (YMCA), Mainau, 1951-69 Schuldst. Künzelsau u. Geislingen, 1970-74 Leit. Ev. Missionssch. d. Bahnauer Brudersch., 1978-87 Gastdoz. Fr. Ev. Theol. Akad. Basel - BV: u. a. Im Ringen um d. Geist, 1931; Goethes Faust, e. ev. Auslegung, 1932; Kirche u. Lit., 1933; Theol. Begegnung m. Indien, 1948; Christus u. d. ind. Erlösungswege, 1949; D. christl. Wortschatz d. dt. Sprache, 1951; Unsere Sprache im Lichte d. Christus-Offenbarung, 2. A. 1952; Blätter d. Besinnung, 2. A. 1953; Konzentration, 1955; Meditation in Ost u. West, 1957; Anleit. z. Meditation, 2. A. 1959; Staunen u. Gelassensein, 1960; D. Wort in d. Wörtern - D. dt. Sprache im Dienste d. Christus-Nachfolge, 1965; Ev. Verkündigung u. dt. Sprache, 1970; D. Licht d. Welt/Beitr. z. Begegnung m. asiat. Hochreligion, 1973; Konzentration, Meditation, Kontempl., 1974; Chr. Ashrams in Südind., 1976; Innerung/Stufen u. Wege d. Meditation, 2. A. 1977; Wege d. Denkens/Anleit. z. Philosophieren, 1977; Indien greift nach uns/Begegn. m. d. mod. Hinduismus, 1978; Antwort aus d. Schweigen/D. Guru als Seelenführer, 1978; Mein lit. Lebensweg, 1979 (Herausg. H. Kl. Hofmann); Sonne u. Regen, Rückbl. a. Kindh. u. Jugend (1907-1935), 1980; D. Christus-Botsch. üb. d. Religionen, 1981; Gott od. Götze, 1983; Durch Christus erleuchtet, 1983; Gnade u. Schönheit /Grundfr. christl. Kunstauffass., 1985; Anthroposophie - Ausweg oder Irrweg?, 16 Briefe üb. d. Unterschied zw. Anthroposophie u. Christus-Nachfolge, 1986; Unsere Sprache zw. Alltag u. Altar, 1987; Versenkung oder Begegnung?, 1987. Herausg.: Ev. Monatsschr. Neubau (1946-53); Ges. Schr. d. Sadhu Sundar Singh (übers. u. erl.; 11. A. 1984); Übers.: St. J. Samartha, Hindus vor d. universalen Christus (1970) - Spr.: Engl.

MELZER, Werner

Stifter u. gf. Vorst.-Mitgl. Stiftg. z. Schutze gefährdeter Pflanzen, Vorst.-Mitgl. Dt. Naturschutzring/Bundesverb. f. Umweltschutz - Kalkuhlstr. 24, 5300 Bonn 3.

MEMMEL, Linus

Oberstaatsanwalt a. D., MdB (1957-76; Wahlkr. 237/Würzburg; 1961 CDU/CSU-Fraktionsvors. u. Richterwahlaussch.), Mitgl. Europ. Parlam. u. Präs. Dt. Atomforum - Würzburger Str. 93, 8706 Höchberg/Ufr. (T. Würzburg 4 88 95) - Geb. 24. Juli 1914 Rothenburg/Tauber (Vater: Oskar M., Bierbrauer; Mutter: Caroline, geb. Koch), kath., verh. s. 1937 m. Käthe, geb. Pfadenhauer, 5 Kd. (Annemarie, Johannes, Peter, Ursula, Anton) - Altes Gymn. u. Univ. Würzburg (Rechtswiss.). Ass.ex. 1941 - 1947-57 Justizdst. Würzburg (Staatsanw. LG, 1951 AGsrat, 1954 Strafrichter/Vors. Jugendschöffengericht). 1952-57 Stadtrat Würzburg, 1939-45 Kriegseins. (Infanterieoffz.). CSU s. 1954 - Bayer. VO., Gr. BVK - Spr.: Engl.

MEMMER, Hermann

Dr., gf. Direktor a.D. d. Fürst Thurn u. Taxis Gesamtverwalt. (b. 1987) - Emmeramsplatz 5, 8400 Regensburg - Geb. 18. März 1932 Merzig/Saarland (Vater: Richard M., AGsrat; Mutter: Elisabeth, geb. Müller), kath., verh. s. 1961 m. Kuni, geb. Rück, 2 Kd. (Angela, Sabine) - Abit. (1951); Jurist. Staatsex.; 1968-69 Lehrg. f. Führungskräfte d. Bayer. Staatskanzlei - Ministerialrat Bayer. Staatsmin. d. Innern; Chairman of the Board Art Wire/Doduco, New Jersey, U.S.A.; Vors. AR Bayer. Metallwerke Dachau GmbH, Unidor GmbH; stv. Vors. VR bzw. AR: Fürst Thurn u. Taxis Bank oHG, Fürstl. Brauerei Thurn u. Taxis, Dt. Industrieges. mbH; VR-Mitgl. Dr. E. Dürrwächter Doduco KG, Fr. Kammerer GmbH; Beirat: Dresdner Bank, Industriekreditbank, Verb. Bayer. Grundbes., Vorst. Landesversicherungsanst. Niederbayern/Opf., Mitgl. im Kuratorium Deutschl. d. Insead, Fontainebleau.

MENCK, Horst

Kaufmann, Honorarkonsul v. Paraguay (s. 1974) - Vossberg 5, 2070 Grosshansdorf (T. 04102 - 6 13 54) - Geb. 21. März 1935 Hamburg, verh. s. 1967 m. Helga, geb. Jensen, 4 Kd. (Michael, Marianne, Christian, Carsten) - Ausbild. in Hamburg - Geschäftsf. intern. Konzerne in Lateinamerika, Ostafrika u. Dtschl. Jetzt berufl. selbst. tätig Kaufm. im Groß- u. Außenhandel (intern. Kaffeehandel), Spezialist f. Latein-Amerika. Wirtsch.- Finanz- u. Anlageberat. - Spr.: Engl., Span.

MENDE, Erich

Dr. jur., Bundesminister a. D. - Am Stadtwald 62, 5300 Bonn 2 (T. 31 44 86) - Geb. 28. Okt. 1916 Groß-Strehlitz/OS. (Vater: Max M., Lehrer), kath., verh. s. 1948 m. Margot, geb. Hattje (ev. Kunstmalerin), 4 Kd. (Walter-Rainer (aus 1. Ehe), Marcus, Manuela, Matthias) - Gymn. Johanneum Gr.-Strehlitz, 1945-49 Universität Köln u. Bonn (Rechts- u. Staatswissenschaften) - Reichsarbeits- u. Wehrdst. (Inf.), Berufsoffz. (zul. Major u. Regimentskdr.), ab 1946 Parteigeschäftsf. NRW, Verbandssynd., s. 1949 MdB (FDP; 1950-53 Fraktionsgf., 1953-57 stv., 1957-63 Fraktionsvors.; 1970 ff. CDU), 1963-66 (Rücktr.) Bundesmin. f. gesamtd. Fragen u. Stellv. d. Bundeskanzlers. Div. Wirtschaftsfunktionen. 1945-70 (Austr.) FDP (1960-68 Bundesvors.) - BV: D. FDP - Daten/Fakten/Hintergründe, 1972; D. verdammte Gewissen; D. neue Freiheit, 1984; V. Wende zu Wende 1962-1982, 1986 - 1945 Ritterkreuz; 1967 Großkreuz VO. BR Deutschland, ausl. Orden (6 Großkreuze) - Liebh.: Bücher, Musik, Schwimmen, Radfahren, Reiten - Spr.: Franz., Engl. - Nichtraucher.

MENDE, Hans Horst

Dr. rer. nat., Prof. f. Physik - Besselweg 41, 4400 Münster (T. 0251-86 24 73) - Geb. 22. Nov. 1926 Liegnitz/Schles., kath., verh. s. 1958 m. Hedwig, geb. van Wüllen, 3 Kd. (Christa-Maria, Gudula, Andreas) - Gymn. Coesfeld, Abit.; Univ. Münster, Dipl. Physik, Promot., Habil. - Spr.: Engl.

MENDE, Michael

Dr. phil., Prof. f. Werkpädagogik Braunschweig - Am Landwehrgraben 23, 3000 Hannover 81 - Geb. 23. Juni 1945 Schleswig (Vater: Gerhard M., Polizeihauptkommiss.; Mutter: Ingeborg, geb. Turné), ev., verh. s. 1982 m. Marlies v. Treeck-Mende - Stud. Kunst- u. Werkpäd., Polit. Wiss., Berufspäd. Berlin (Hf.bk, FU, PH); 1. Staatsprüf. 1970, Promot. 1978 TU Berlin - 1973-77 wiss. Assist. TU Berlin; 1978 Doz., 1980 Prof. f. Werkpäd. (Lehrgeb. Technol. u. Arbeitsorg.) HBK Braunschweig - BV: Qualifikationsstruktur u. berufl. Curricula, 1974 u. 76; Techn. Entw. u. Struktur d. Arbeitstätigk., 1979; Industriearchäol. Erkund. z. Landwirtsch. in Nieders., 1983; zahlr. Aufs. z. Technikdidaktik u. Technikgesch. - Spr.: Engl., Niederl.

MENDEN, Erich

Dr. rer. nat., Prof. f. Ernährungswissenschaft - Institut f. Ernährungswissenschaft Univ. Gießen - Wilhelmstr. 20, 6300 Gießen - Geb. 25. Dez. 1924 Trier (Vater: Anton M., Geschäftsf.; Mutter:

Gertrud, geb. Cartus), kath., verh. s. 1953 m. Marietheres, geb. Hagen, 3 S. (Axel, Rolf, Dieter) - Stud. Pharmazie; Staatsex. Mainz 1951, Promot. 1955, Habil. 1970 - B. 1956 Physiol.-Chem. Inst. Univ. Mainz, 1964 Res. Assoc. Dep. Nutrit. Food Science, Mass. Instit. of Technol. (USA), 1973-75 Dekan (Ernähr.wiss.) Gießen, s. 1975 gf. Dir. Inst. f. Ernähr.wiss. Univ. Gießen, 1982-86 Präs. Dt. Ges. f. Ernährung, s. 1982 Mitgl. Americ. Inst. of Nutrit., s. 1985 Treasurer Intern. Union of Nutrit. Sciences (IUNS), s. 1980 Mitgl. Dt. Lebm.-buchkommisson - Üb. 100 Arb. in Fachztschr.; Büch. in dtsch., engl. Spr., span. Übers. - 1977 Paech-Preis Berlin - Spr.: Engl.

MENDEN, Werner

Dr.-Ing., Dipl.-Phys., Ministerialdirigent, Unterabteilungsleit. Bundesmin. f. Forschung u. Technologie, AR-Vors. Forschungszentrum Geesthacht GKSS - Argelander Str. 129, 5300 Bonn 1 - Geb. 27. Febr. 1930 Kempen/Rh., ev., verh.

MENDGEN, Jürgen

Dipl.-Braumeister, Dipl.-Kfm., Brauereibesitzer - Hettnerstr. 5, 5500 Trier (T. 4 16 26) - Geb. 15. Febr. 1940 Trier (Vater: Carl M., Kaufm.; Mutter: Elisabeth, geb. Bethge), kath., verh. s. 1964 m. Yvonne, geb. Grenzhaeuser, S. Sascha - Stud. Betriebswirtsch. Univ. München u. Köln (Ex. 1965); Brauereitechnol. TU Berlin (Ex. 1968) - Gf. Gesellsch. Löwenbrauerei Trier J. Mendgen. Vizepräs. IHK Trier - Spr.: Engl., Franz., Span.

MENDRZYK, Hildegard

Dr. phil., Prof., Chemikerin - Prausestr. 28, 1000 Berlin 45 (T. 831 26 32) - Geb. 27. Febr. 1905 Ortelsburg, ev., led. - Univ. Berlin (Chemie, Physik, Biol.) - 1927-30 Kaiser-Wilhelm-Inst. Berlin (Wiss. Hilfskraft); 1931-35 Leipziger Wollkämmerei (Chemikerin); 1935-70 Staatl. Materialprüfungsamt Berlin bzw. Bundesanstalt f. Materialprüf. (zul. Ltd. Dir.). Beiratsmitgl. Dt. Verb. f. Materialprüf., Stiftg. Warentest, Dt. Rheolog. Ges., Dt. Rheologen-Vereinig. Obm. u. Mitgl. zahlr. Aussch. DNA. Mitarb.: Sommer/Winkler, D. Prüfung d. Textilien; Nitsche/Wolf, Prakt. Kunststoffprüf.; Koch/Sarlow, Gr. Textil-Lexikon. Üb. 30 Fachaufs. - 1965 Ehrennadel DNA (Waldemar-Hellmich-Kr.).

MENGDEN, von, Bruno

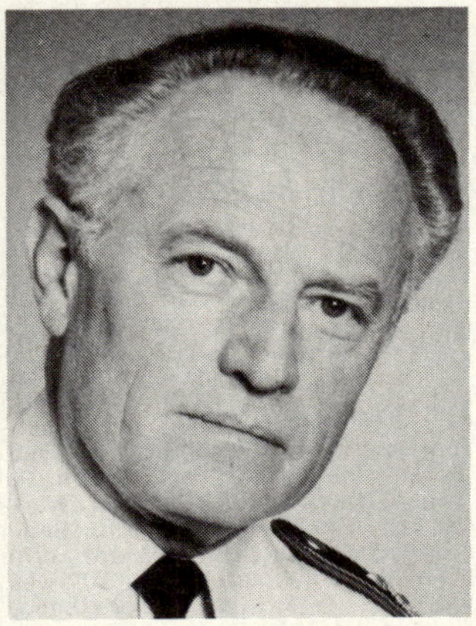

Generalmajor u. Befehlshaber Wehrbereich VI - Saarstr. 14, 8000 München 40 (T. 089 - 30 69 30 00) - Geb. 1. Juni 1934 München, kath., verh. s. 1959 m. Adele, geb. v. Mengden, 4 Kd. (Bruno, Michael, Elisabeth, Horst-Jürgen) - Human. Gymn.; Stud. Physik u. Chemie; nach Stud. Ausb. z. Flugzeugführer u. Offz. d. Bundeswehr - Jet-Flugzeugführer (F 84F, F 104, Starfighter, Alpha-Jet); Staffelkapitän; Abt.leit. NAMMA (NATO MRCA (Tornado) Management Agency), München; Kommodore Jagdbombergeschwader 34, Memmingen; General Flugsicherheit in d. Bundeswehr, Köln; Kommandeur 1. Luftwaffendivision, Meßstetten; Chef d. Stabes d. 2. Alliierten Takt. Luftflotte, Mönchengladbach - BVK; Gold. Ehrenkreuz d. Bundeswehr - Liebh.: Jagd, Golf, Ski, Segeln, klass. Musik - Spr. Engl.

MENGE, Wolfgang

Schriftsteller - Zu erreichen üb. Radio Bremen, Bürgermeister-Spitta-Allee 45, 2800 Bremen 33 - Geb. 10. April 1924 - Zeitungskorresp. London, Tokio, Hongkong - Fernsehtätigk. (u.a. Moderat.: Drei nach neun, RB; 1983-87 Talkshow Leute, SFB). Veröff.: vornehml. Drehb. f. Film u. Fernsehen, dar. E. Herz u. e. Seele, D. Millionenspiel, Adrian u. Alexander, Hallo-Nachbar, Fernsehsp.: Reichshauptstadt privat (Mehrteiler v. NDR/SFB) - Liebh.: Kochen (Buch: Ganz einfach - chines., 1969) - 1987 Grimme-Preis.

MENGEL, Konrad

Dr. agr., Prof. Inst. f. Pflanzenernährung Univ. Gießen (s. 1976) - Südanlage 6, 6300 Gießen - Geb. 8. Nov. 1929 Rosenthal/Hessen, verh. s. 1955, 4 Kd. - Gymn.; Univ. (Dipl.-Landw. 1954). Promot. 1956 (Agrikulturchemie); Habil. 1962 (Pflanzenernährung) - S. 1962 Lehrtätigk. Univ. Gießen (1967 apl. Prof., gegenw. Honorarprof. f. Pflanzenernährung). Gastdoz. Univ. Izmir (Türkei). 1967-76 Dir. Landwirtschaftl. Forschungsanstalt Büntehof, Hannover - BV: Ernährung u. Stoffwechsel d. Pflanze, 6. A. 1984; Principles of Plant Nutrition (m. E. A. Kirkby), 3. A. 1982. Zahlr. Einzelarb. - Spr.: Engl., Franz.

MENGELBERG, Heinrich

Dr. rer. pol., Dr. jur., Dipl.-Kfm., Hauptgeschäftsführer Handwerkskammer Mannheim (s. 1951) - Werderstr. 15, 6800 Mannheim (T. 2 58 57) - Geb. 3. Juni 1913 - Promot. 1939 - S. 1945 Handwerksorg.

MENGER, Christian-Friedrich

Dr. jur., o. Prof. f. Öfftl. Recht, insb. Verw.recht - Piusallee 109, 4400 Münster/W. (T. 230 33 15) - Geb. 1. Nov. 1915 Oppeln/OS., ev., verh. s. 1952 m. Gisela, geb. Ernst, 2 Kd. (Jürgen, Sybille) - Gymn.; Univ. Heidelberg u. Göttingen (Promot. 1940). Ass.ex. 1949 - S. 1952 (Habil.) Lehrtätigk. Univ. Münster, Hochsch. f. Sozialwiss. Wilhelmshaven (1952 o. Prof.), Hochsch. f. Verw.wiss. Speyer (1955), Univ. Kiel (1961) u. Münster (1967) - BV: u. a. D. Begriff des sozialen Rechtsstaates, 1953; System d. verw.gerichtl. Rechtsschutzes, 1954; Landesrecht vor Bundesgerichten?, 1963; Mod. Staat u. Rechtsprech., 1968; Verfass. u. Verw. in Gesch. u. Gegenw., 1972; Dt. Verfassungsgesch. d. Neuzeit, 1975, 5. A. 1986.

MENGER, Reinhard

Dr.-Ing., Vorstand Georg-Agricola-Ges., u. Dt. Aktionsgem. Bildung-Erfindung-Innovation (DABEI) - Mozartstr. 30, 5657 Haan - Geb. 3. Okt. 1920 Berlin (Vater: Dr. med. Ludwig M.; Mutter: Erika, geb. Ruppert), verh. m. Brunhild, geb. Köchig, 2 Kd. (Jörg, Kerstin) - Stud. Schiffs- u. Allg. Maschinenbau TH Danzig u. Braunschweig; Promot. 1955 ebd. - 1955-62 Versuchsing. u. Abt.leit. Fahrzeugind.; 1962-69 Fabrikleit. Elektroind.; 1970-85 Dir. Verein Dt. Ing. (VDI). Präs. Gemeinschaftsaussch. Technik (GdT); Mitgl. Museumsrat Dt. Mus., Fachaussch. Naturwiss. Dt. UNESCO-Kommiss., Komitee Technik u. Ges. Fédération Européenne d'Assoc. Nat. d'Ingénieurs (FEANI) - 1960 VDI-Ehrenring, 1980 BVK I. Kl.; 1985 Gr. BVK; Ehrenmitgl. VDI.

MENGER, Wolfgang

Dr. med., Prof., Kinderarzt - Physikalische Therapie, Klimatherapie, Asthma i. Kindesalter - Emsstr. 29, 2982 Norderney/Nordsee (T. 04932 - 8 13 12) - Geb. 19. Juli 1919 Berlin (Vater: Dr. med. Ludwig M., Internist; Mutter: Erika, geb. Ruppert), ev., verh. s. 1948 m. Hildegard, geb. Schall, 4 Kd. (Irmgard, Waltraud, Dr. Dietmar, Dr. Hartmut) - Gymn. Berlin (-Steglitz) u. Domgymn. Halberstadt; Stud. Berlin, Danzig, Wien. Med. Staatsex. (Berlin) u. Promot. (Danzig) 1944; Habil. 1957 (Mainz) - 1945-50 Kinderklinik Bremen; 1951-57 Univ.-Kinderklinik Mainz (1957 Privatdoz.; 1964 apl. Prof.); 1957-83 Ärztl. Dir. d. Kinderkrankenhauses Seehospiz "Kaiserin Friedrich", Norderney. Vors. Landesfachaussch. f. d. Anerkenn. v. Artbez. f. Kurorte, Vors. Aussch. f. Meeresheilk. im Dt. Bäderverband, Vors. Vereinig. f. Bäder- u. Klimakd. i. Dt. Bäderverb., Mitgl. d. Präs. d. Dt. Bäderverb., Intern. Soc. of Bioclimatology, Dt. Ges. Phys. Med. u. Rehabil., Ges. Paediatrische Pneumologie, Diakonische Konferenz der EKD - BV: Häufigkeit u. Art meteorotroper Erscheinungen im Kindesalter, 1958 (Basel/New York); Indikationen f. d. Meeresheilkd., 5. A. 1983. Gf. Herausg.: Unser Kind ist allergisch (1989). Mithrsg.: Grundlagen d. Kurortmedizin (1987) - BVK; Ehrenmitgl. Dt. Ges. phys. Med. u. Rehabil.; Ehrenvors. Forschungsgem. f. Meeresheilkde.

MENGERINGHAUSEN, Rolf

Hauptgeschäftsführer Hütten- u. Walzwerks-Berufsgenoss., Geschäftsf. Landesverb. Rhld.-Westf. d. gewerbl. Berufsgenoss., bde. Essen - Bandelstr. 12, 4300 Essen 1 - Geb. 1926 Duisburg.

MENGES, von, Dietrich Wilhelm

Dr. jur., Rechtsanwalt, Generaldirektor i. R. - Am Wiesental 16, 4300 Essen-Bredeney (T. 42 15-05) - Geb. 26. Okt. 1909 Wangritten/Ostpr. (Vater: Gutsbesitzer), verh. s. 1933 m. Maria, geb. v. Oppen, 5 Kd. (dar. S.) - Ass.ex. - B. 1938 Reichskommissar d. Berliner Börse, dann Leitg. väterl. Besitz Ostpr., Wehrdst. (Inf., zul. Hptm. d. R.), 1947-66 Vorstandsvors. Ferrostaal AG., Essen, 1966-75 Vorstandsvors., 1975-83 AR Mitgl. Gutehoffnungshütte Oberhausen; 1969-78 Präs., s. 1978 Ehrenpräs. IHK zu Essen; s. 1983 Ehrenvizepräs. Dt.-Schwed. Handelskammer, Stockholm; Ehrenmitgl. Dt. Ges. f. Ausw. Politik, Bonn; 1961-81 Vors. Arbeitsgem. Entwickl.länder, Köln; Ehrenvors. Aussch. f. Agrarwirtsch. Bundesverb. d. Industrie, Köln; s. 1983 Präs. Birger-Forell-Stiftg., Bonn; s. 1976 Präs. Arab.-Dt. Vereinig. Ghorfa f. Handel u. Ind., Bonn-Bad Godesberg; s. 1979 Mitgl. Corporate Strategic Planning Council Intern. Management and Development Inst., Washington; s. 1982 Intern. Counselor Fowler-Mc Cracken Commission, Washington. - BV: Unternehmensentscheide - E. Leben f. d. Wirtsch., 1976; Afrika morgen - Schlachtfeld oder Partnersch., 1980; Reisen, Reiten, Jagen - Erlebn. in vier Kontinenten, 1982; D. Preis d. Friedens, 1983 - Liebh.: Landw., Jagd - Spr.: Engl., Franz. - Rotarier - Lit.: Ferdinand Simoneit. D. Neuen Bosse, 1966.

MENGES, Georg

Dr.-Ing., em. Univ.-Prof. am Lehrstuhl f. Kunststoffverarb. d. TH Aachen (s. 1965) - Am Beulardstein 19, 5100 Aachen-Laurensberg (T. 0241 - 80 38 06) - Geb. 19. Dez. 1923 Gernsbach (Vater: Georg M., u. a. Bürgerm.), ev., verh. m. Margarethe, geb. Lavis - TH Stuttgart (Maschinenbau; Dipl.-Ing. 1953). Zahlr. Facharb. u. -bücher - 1982 Swinborn Award; 1982 John W. Derham Memorial Award; 1983 Intern. Award of SPE u. zahlr. andere; 1984 Vieweg Med. d. VDJ - Spr.: Engl., Franz., Russ. - Rotarier.

MENGES, von, Klaus

Dr. rer. pol., Vorstandsmitglied Ferrostaal AG - Hohenzollernstr. 24, 4300 Essen 1 (T. 0201 - 8 18-01) - Geb. 20. Juli 1937 Berlin, verh. m. Heinke, geb. von Winning, 4 Kd. (Joachim, Albrecht, Katharina, Barbara) - 1948-57 Gymn.; 1957/58 landwirtsch. Ausbild. in Dtschl. u. Engl.; 1959-62 Stud. Betriebswirtsch. Univ. Göttingen, Köln u. USA; Promot. Köln - 1963-76 Assist. Univ. Köln - Vorst.-Mitgl. Nah- u. Mittelostverein, u. Afrika Verein; AR Deggendorfer Werft, u. Eisenbau GmbH; VR-Mitgl. S.P. Burda-Moden, Moskau, u. Trinkaus u. Burkhardt - Spr.: Engl., Franz., Span.

MENKE, Friedrich

Dr. phil., Studiendirektor a. D., Leit. Hermann-Ehlers-Akad. Bremen (s. 1983), Mitgl. Brem. Bürgerschaft (s. 1975, jugendpolit. Sprecher) - Koenkampstr. 28, 2800 Bremen 1 - Geb. 12. Febr. 1931 Neubrandenburg/Meckl., ev., verh., 4 Kd. - Gymn.; Univ. München, Perugia, Göttingen (Geschichtswiss., German., Phil.). Staatsex. 1960 (Göttingen) u. 62 (Bremen); Promot. 1960 (Göttingen) - S. 1962 brem. Schuldst. (zul. stv. Leit. Abendgymn.). Vorstandsmitgl. Kunstverein Bremen. Vors. Bd. Freiheit d. Wiss., Sekt. Bremen (s. 1975) u. Dt.-Franz. Ges. Bremen (s. 1980). CDU s. 1964 (s. 1979 Landesvors. Ev. Arbeitskr.)

MENKE, Hubertus

Dr. phil., Prof. f. Deutsche Philologie (Niederdt., Niederländisch) Univ. Kiel - Feldstr. 94, 2300 Kiel 1 - Geb. 31. Aug. 1941 Warburg/Westf. (Vater: Josef, M., Landw., 1953-65 CDU-Bundestagsabg.; Mutter: Irene, geb. Seemann), kath., verh., 2 Kd. - Stud. German., Gesch., Niederl. 1963/64 Univ. Göttingen, 1964-69 Bonn/Köln, 1966 Löwen/Belg., 1970/71 Münster; M.A. 1969; 1. phil. Staatsex. 1969; Promot. 1974; Habil. 1983 - 1983 o. Prof. Univ. Kiel, Dir. German. Sem. (Niederdt./Niederl. Abt.). Dir. Inst. f. Landesforsch.; Entd. einiger mittelalterl. Hass. u. Drucke (Niederdt./fries.) - BV: D. Namengut d. frühen karolingischen Königsurkunden, 1980; V. Reinicken Fuchs, 1981; Aufs. z. niederdt. u. niederl. Spr. u. Lit. - 1980 Henning-Kaufmann-Preis z. Förderung d. dt. Namenforsch. - Spr.: Engl., Franz., Niederl.

MENKE, Karl-Heinz

Dr. agr., o. Prof. f. Tierernährung - Zu erreichen üb.: Universität Stuttgart, Keplerstr. 7, 7000 Stuttgart 1 - Geb. 15. Aug. 1927 Warburg/W. (Vater: Josef M., Landw., 1953-65 CDU-Bundestagsabg.; Mutter: Irene, geb. Seemann), kath., verh. s. 1955, 4 Kd. - König-Wilhelm-Gymn. Höxter; Univ. Göttingen u. Bonn (Dipl.-Landw. 1953). Promot. (1955) u. Habil. (1960) Bonn - 1960 Privatdoz., 1965 apl. Prof. Univ. Bonn, 1967 o. Prof. Univ. (LH) Hohenheim (Dir. Inst. f. Tierernährung). Spez. Arbeitsgeb.: Biochemie d. Ernährung, bakt. Vitaminsynthesen, Spurenelementstoffw. - BV: Tierernährung u. Futtermittelkd., 1975 (m. Huss). Handbuchbeitr. - Spr.: Engl.

MENKE, Klaus

Dr. rer. nat., Prof. f. Mathematik Univ. Dortmund - Rolevinckstr. 38, 4600 Dortmund (T. 43 78 50) - Geb. 16. Febr. 1943 Dortmund (Vater: Dr. med. dent. Herbert M., Zahnarzt; Mutter: Annemarie, geb. Brinkmann), ev., verh. s. 1977 m. Uta, geb. Hackenberg - Stud. Math. Physik Univ. Göttingen u. Heidelberg; Dipl. Math. 1967 Göttingen, Promot. 1970 TU Berlin, Habil. 1975 Univ. Dortmund - S. 1975 Lehrtätigk. Dortmund (1978 Prof.). Versch. Veröff. z. Funktionentheorie - Liebh.: Musik, Sport - Spr.: Engl., Franz.

MENKE, Uwe

Bürgermeister Stadt Bad Segeberg - Schulkamp 6, 2360 Bad Segeberg - Geb. 5. Dez. 1938 Fehrenbötel (Vater: Helmut M.; Mutter: Nanny, geb. Gustävel), ev., verh. s. 1966 m. Marlen, geb. Stitterich, 2 T. (Andrea, Kirsten) - Mittl. Reife, Verw.-Lehre - Liebh.: Politik - Spr.: Engl.

MENKE, Wilhelm

Dr. phil., Prof., Direktor Max-Planck-Inst. f. Züchtungsforschung (s. 1968), Emerit. wiss. Mitgl. Max-Planck-Inst. f. Züchtungsforschung (s. 1978) - Dresdener Str. 12, 5090 Leverkusen 1 - Geb. 18. Juni 1910 Paderborn (Vater: Wilhelm M., Kaufm.; Mutter: Elisabeth, geb.

Meesmann), verh. 1938 m. Dr. Gertrud, geb. Scheibmair - Stud. Münster, Graz, Berlin. Habil. 1944 Berlin -S. 1958 apl. Prof., Ord. (1961) u. Honorarprof. (1968) Univ. Köln (Botan. Inst.). Fachveröff. - 1962 Mitgl. Dt. Akad. d. Naturforscher (Leopoldina), Halle/S.

MENKE-GLÜCKERT, Peter
Publizist, Ministerialdirektor a. D., Geschäftsf. AGVU (Arbeitsgem. Verpackung u. Umwelt, Bonn) - Zu erreichen üb. Poppelsdorfer Allee 48, 5300 Bonn 1 (T. 0228 - 63 11 03) - Geb. 27. März 1929 Karlsruhe (Vater: Emil M.-G.; Mutter: Hilde, geb. Kluge), ev., verh. s. 1965 m. Wanda, geb. v. Laskowski (Journalistin), S. Peter-Christian - Gymn.; Stud. Psych., Rechtswiss. Jurist. Staatsex. 1950 u. 1955; 1963-67 Ref. f. Forschungsplanung Bundesmin. f. wiss. Forsch., Bonn; 1966-70 gf. Vors. Arbeitsgem. Friedens- u. Konfliktforsch.; 1967-70 Leit. Abt. Wiss.ressourcen OECD Paris; 1970-82 Abt.leit. Umwelt Bundesinnenmin. Bonn; 1974-82 Vors. Ges. f. Zukunftsfragen Berlin; stv. Vors. Kurat. Friedrich-Naumann-Stiftg.; Präses Verb. Liberaler Akademiker (VLA); Mitgl. Kammer f. kirchl. Entw.dst. d. Ev. Kirche - BV: Friedensstrategien - Wiss. Techniken helfen d. Politik, 1969; Bürgeranwälte - Beamte v. morgen, 1975; Medienmarkt im Umbruch, 1978; Kommentar z. Großfeuerungsanlagenverord., 1985; Stand u. Entw. d. Abfallwirtschaft in IWL-Praxis-Handb. Abfall/Altlasten, 1987. Zahlr. Buchbeitr. u. Ztschr.aufs. z. Techn.politik, Umweltökonomie u. Umweltplanung, Friedensforschung.

MENKHOFF, Herbert
Dr.-Ing., Prof., Institutsdirektor - Am Sahlgarten 2, 3004 Isernhagen 4 (T. 05139 - 8 73 94) - Geb. 6. April 1928 Brackwede/Bielefeld (Vater: Erich M., Betriebsleit.; Mutter: Helene, geb. Thomas), ev., verh. s. 1955 m. Martha, geb. Kirsch, 3 Kd. (Lukas, Ruth, Andreas) - Dipl.-Ing. 1958, Promot. 1962 TH Aachen - 1961-64 Abteilungsleit. Theodor Küppers/Bauges., Oberhausen; 1965-68 stv. Niederlassungsleit. Philipp Holzmann AG, Karlsruhe; 1968-73 Geschäftsf. Projectconsult GmbH (Kienbaum-Gruppe), Gummersbach; s. 1974 Geschäftsf. Inst. f. Bauforsch., Hannover. 1979ff. Lehrbeauftr. Univ. Hannover - BV: Raumgewichtsbestimmung m. Hilfe radioakt. Isotope, 1962; Bau-Enquête, 1973. Zahlr. Einzelarb. - 1963 Borchers-Plak. TH Aachen - Liebh.: Münzen, Briefm. - Spr.: Engl.

MENNE, Albert Heinrich
Dr. phil., em. Prof. f. Logik - Trauermantelweg 8, 4600 Dortmund 30 (T. 0231 - 48 21 19) - Geb. 12. Juli 1923 Attendorn (Vater: Albert Ferdinand M., Kaufm.; Mutter: Anna, geb. Bongard), kath. - Abit. Gymn. Attendorn 1942; 1946-52 Stud. Phil., Theol., Psych. Paderborn, Tübingen, München - 1962-71 Univ. Hamburg, 1971 Ruhr-Univ. Bochum (Leit. Arbeitsgr. Logik, Dir. Inst. f. Phil.) - BV: Logik u. Existenz, 1954; Einf. in d. Logik, 4. A. 1986; Einf. in d. Methodolog., 2. A. 1984; Grundriß d. Formalen Logik (m. I. M. Bocheński), 5. A. 1982; Logisch-phil. Studien 1958; Logik d. Religion, 2. A. 1983; Logik u. Sprache (m. G. Frey), 1974; Formale Logik, 1985; Folgerichtig Denken, 1988 - Spr.: Engl., Franz. - E. Walther-Klaus, Log. Philosophieren, Festschr. A. Menne, Hildesheim, 2. A. 1988.

MENNE, Alexander
Dr. rer. pol. h. c., Direktor i. R. - Im Brühl 37, 6242 Kronberg/Ts. (T. 06173 - 18 66) - Geb. 20. Juni 1904 Dortmund (Vater: Kaufm.), kath., verh. m. Marianne, geb. Müller, 1 Kd. - Realgymn. Dortmund; Bankausbild. - 1929-39 Dir. Gleno Paint Products, London; 1940-51 Vorstandsmitgl. Glasurit-Werke M. Winkelmann AG., Hamburg/Hiltrup; 1952-69 Vorstandsmitgl. Farbwerke Hoechst AG. vorm. Meister Lucius & Brüning, Frankfurt-Höchst. Zahlr. Ehrenstell., dar. Präs. Verb. d. Chem. Ind. (1946-56), Dt.-Amerik. Ges., Steuben-Schurz-Ges., Vizepräs. Bundesverb. d. Dt. Ind. (1949 ff.; mitbegr.). ARsmand.; Vors. Ausstellungs- u. Messeaussch. d. Dt. Wirtsch., Vors. BDI-Atom- u. BDI Europaaussch.; 1954-75 Präs., seither Ehrenpräs. Steuben-Schurz-Ges., 1961-69 u. 1972 MdB (1965-69 Vors. Ausschuß f. Wirtschafts- u. Mittelstandsfragen). FDP - 1954 Ehrendoktor Univ. Münster; 1956 Ehrenpräs. VdCI; 1968 Ehrenmitgl. BDI; 1952 Gr. BVK, 1954 Stern dazu. 1960 Gr. Silb. Ehrenz. m. Stern Bundesrep. Österr.; 1983 Gold. AUMA-Med. - Spr.: Engl. - Rotarier.

MENNE, Ferdinand W.
Dr. phil., Prof. f. Sozialpädagogik, gf. Leiter Inst. f. Sozialpäd. Univ. Dortmund - Wichernstr. 35, 4400 Münster (T. 0251 - 27 36 18) - Geb. 6. April 1941 Bad Driburg-Pömbsen - Univ. Münster (1. phil. Staatsprüf. 1967, 2. Staatsex. 1978); Promot. 1970, Habil. (Soziol. u. Sozialphil.) 1978 FU Berlin - 1978/79 Studienrat z.A. f. Deutsch u. Sozialwiss.; s. 1978 Prof. Dortmund - BV: Kirchl. Sexualethik gegen ges. Realität, 1971 (Herausg.); Neue Sensibilität, 1974 (m. J. Lell; Herausg.); Relig. Gruppen, 1976 u. 77; Aufs. in Ztschr. u. Sammelw.

MENNE, Fritz C.
Botschafter a. d. - Zu erreichen üb. Auswärt. Amt, Postfach, 5300 Bonn - Geb. 14. Juni 1919 Berlin (Vater: Karl M., Konsul; Mutter: Elfriede, geb. Beermann), ref., verh. s. 1945 m. Franzi, geb. Flenker, 3 Kd. (Henrike, Karl-Hubert, Klaus) - 1946ff. Rechtswiss. Univ. Münster, 1950 Öfftl. Recht Univ. Charlottesville, Va./USA - Wehr- u. Kriegsdst. (zul. Hptm. d. Res. u. Batteriechef). S. 1951 AA, Auslandsposten: Amsterdam, Washington, Paris, Brüssel, Sofia, Bagdad, Helsinki - Liebh.: Basteln, Gärtnern - Spr.: Engl., Franz.

MENNEKES, Friedhelm
Dr. phil., Prof., Jesuit, Hochschullehrer, Pfarrer - Offenbacher Landstr. 224, 6000 Frankfurt (T. 069 - 6 06 11) - Geb. 6. März 1940, kath., ledig - Zuschneidelehre; Abit. am Abendgymn.; Stud. Phil. (Lizentiat), Polit. Wiss. (Promot.); Stud. Kath. Theol. (Habil.) - Prof. f. Prakt. Theol., Homiletik, Relig.- u. Kunstsoziol. Phil.-Theol. Hochsch. Sankt Georgen Frankfurt; Pfarrer in Köln Sankt Peter; Ausstellungsmacher; Redakt. Ztschr. Kunst u. Kirche - BV: Menschenbild-Christusbild, 1984; Mythos u. Bibel, 1985; Christusgesichter. Arnulf Rainer, 1985; Abstraktion - Kontemplation, 1986; Religion im Werk v. Hrdlicka, 1986 - Interessen: Gegenwartskunst, Theater, New York - Spr.: Engl., Span.

MENNEMEIER, Franz Norbert

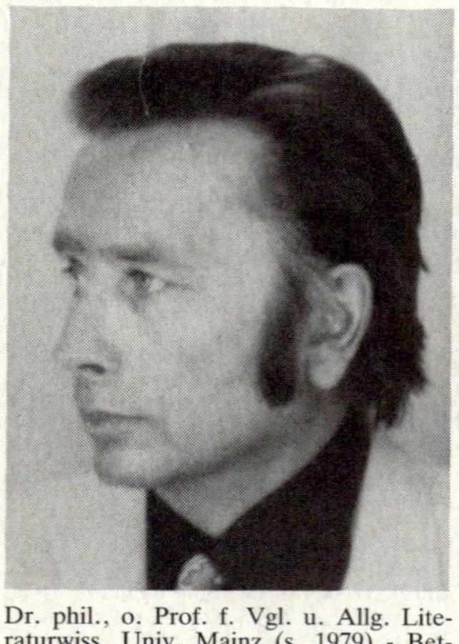

Dr. phil., o. Prof. f. Vgl. u. Allg. Literaturwiss. Univ. Mainz (s. 1979) - Bettelpfad 56, 6500 Mainz (T. 83 26 32) - Geb. 1. Okt. 1924 Beckum (Vater: Bernhard M., Päd.; Mutter: Anna, geb. Brinkschulte), kath., verh. s. 1957 m. Felicitas, geb. Wilhelm, S. Stephan - Stud. d. Germ., Angl., Gesch., Phil. - BV: D. moderne Drama d. Auslandes, 3. A. 1976; F. Schlegels Poesiebegriff, 1971; Modernes dt. Drama, 2 Bde. 1973/75; D. Exildramatik, 1980; B. Brechts Lyrik, 1982; Lit. d. Jh.-Wende, 2 Bde. 1985/88 - Herausg.: E. Barth, Ges. Werke (1960); D. Dramatiker Pirandello (1965); Dt. Lit. in d. Weltlit. (IVG-Kongr. Bd. 9, 1986) - Spr.: Engl., Franz.

MENNEN, Josef
Dr.-Ing., Dr. Ing. E. h., Vorstandsmitglied Klöckner-Werke AG., Duisburg (s. 1971) - Am Eichenkreuz 10, 4005 Meerbusch 1 - Geb. 26. März 1925 Rheydt, r.-kath., verh. s. 1955 m. Anneliese, geb. Mainzer, 3 Kd. (Ulrike, Hildegund, Klaus) - Stud. Masch.-Bau RWTH Aachen, Dipl.-Ing. 1946, Dr.-Ing. 1949 - 1966 Vorst. Rheinmetall Berlin AG u. Geschäftsf. Rheinmetall GmbH.Düsseldorf; Präs. DVS (Dt. Verb. f. Schweißtechnik); Vizepräs. DIN (Dt. Inst. f. Normung) - 1982 Ehrendoktor TU Braunschw.; BVK I. Kl.

MENNER, Klaus
Prof. f. Kinderheilkunde, Chefarzt - Kinderklinik Kreiskrankenhaus, 6430 Bad Hersfeld - Geb. 31. Mai 1931 Halle/S. (Vater: Dr. Erich M., Zool.; Mutter: Margarete, geb. Richter), verh. m. Lisa, 3 Kd. (Christina, Karin, Martin) - Stud. Med. Martin-Luther Univ. Halle-Wittenberg; Facharzt, Habil. 1969 - 1971 Oberarzt, 1978 Chefarzt - Beitr. zu verschied. Lehrb. - Spr.: Engl.

MENNICKEN, Jan-Baldem
Dr. jur., Ministerialdirektor, Leiter d. Abt. Luft- u. Raumfahrt, Rohstoffe, Geowiss., Verkehr im Bundesmin. f. Forsch. u. Technol. - Heinemannstr. 2, 5300 Bonn 2 (T. 0228 - 59 32 25) - Geb. 1. Febr. 1935 Köln, verh. s. 1960 m. Christiane, geb. Terrahe, 2 Kd. (Caroline, Jan Baldem jr.) - Stud. Rechts- u. Staatswiss.; 1. u. 2. jurist. Staatsprüf., Promot. 1966 - S. 1969 BMFT u. Rechtsvorg., 1971-74 abgeordnet z. EG-Vertr., Brüssel, 1977-83 beurl. z. EG-Kommiss. als Gen.Dir. Euralom-Versorgungsagentur; Kurat.-Vors. Alfred-Wegener-Inst. f. Polar- u. Meeresforsch.; AR-Mitgl. Ind.anlagen-Betriebsges. (IABG); Kurat.-Mitgl. Max-Planck-Inst. f. Aeronomie; Mitgl. Vorstandsrat Dt. Ges. f. Luft- u. Raumfahrt (DGLR); Ständ. Gast im Vorst. d. RKW - BVK - Spr.: Engl., Franz.

MENNICKEN, Reinhard
Dr. rer. nat., Prof. f. Mathematik - Neuallkofen 27, 8401 Mintraching - Geb. 16. März 1935 Köln (Vater: Leonard M., Amtsgerichtsrat; Mutter: Elisabeth, geb. Klöckner), kath., verh. s. 1987 in 2. Ehe, 3 Kd. (Guido, Jörg, Silke) - 1957-63 Stud. Math. u. Phys. Univ. Köln, Dipl.-Math. 1963, Promot. 1963, Habil. 1968, alles Univ. Köln - 1963-69 Assist. Inst. f. Angew. Math. Univ. Köln, 1969-71 Univ. Konstanz, 1970 Lehrauftr. Univ. Freiburg, 1971-74 Abt.vorst. u. Prof. Univ. Regensburg, 1974-75 o. Prof. TU Braunschweig, 1975-82 Prof. Univ. Regensburg (Leit. Abt. Angew. Math.), 1979-81 Dekan Naturwiss. Fak. I-Math. Univ. Regensburg, s. 1982 o. Prof., 1988-90 Sekr. d. GAMM (Ges. f. Angew. Mathematik u. Mechanik) - 1982 Gastprof. Univ. v. Campinas São Paulo (Brasilien) u. Bahia Blanca (Argentinien) u. 1984 am Argentin. Inst. f. Math. (I.A.M.), Buenos Aires - BV: Numer. Math. I-III, 1976-81 - Spr.: Engl., Franz., Span.

MENNIG, Günter
Dr.-Ing., stv. Institutsleiter DKI, Honorarprof. TH Darmstadt (s. 1973) - Trondheimstr. 23, 6100 Darmstadt (T. 06151 - 5 65 89) - Geb. 3. Nov. 1939 Friedrichshafen - Stud. Allg. Maschinenbau TH Stuttgart; Dipl. 1964; Promot. 1969 - 1964-70 Wiss. Assist. Univ. Stuttgart; 1970-73 Assoc. Prof. Indian Inst. of Tech. Madras/Indien - 1972 Award f. beste Veröff. in Plast. & Polym., London - Spr.: Engl.

MENNIGMANN, Horst-Dieter
Dr. rer. nat., Prof. f. Mikrobiologie u. molekulare Genetik - Eppsteiner Str. 6, 6234 Hattersheim - Geb. 1. Mai 1930 Düsseldorf (Vater: Heinz M., Bankdir.; Mutter: Hildegard, geb. Schliffer), verh. s. 1960 m. Gisela, geb. Laqua, S. Ulf Henning - Stud. Univ. Kiel, Marburg, Innsbruck, Göttingen; Promot. 1955 ebd.; Habil. 1965 Frankfurt/M. - Spr.: Engl.

MENNINGER, Dieter

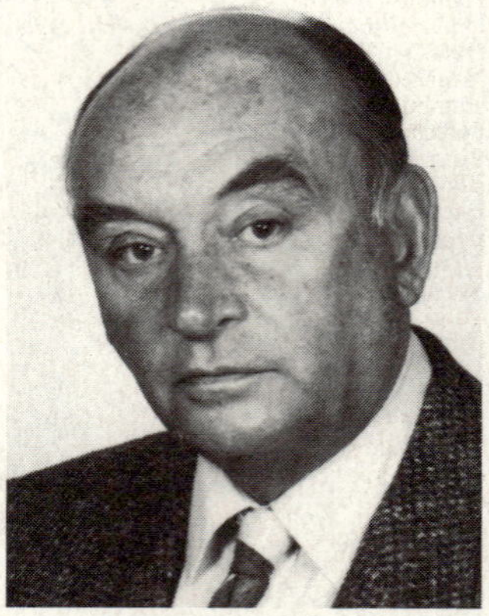

Fernsehredakteur u. Regiss. - Tannenweg 2, 5036 Overath/Rhld. (T. 02206 - 21 74) - Geb. 6. Mai 1921 Leipzig (Vater Ernst M., Revisor; Mutter: Gertrud, geb. Quaasdorf), ev., verh. s. 1954 m. Edith, geb. Kaminski, 3 Kd. (Petra, Martina, Martin) - 1931-39 König-Albert-Gymn. Leipzig; Univ. ebd.; 1940 Einberufung - 1949-51 Schausp.; 1952 SWF-Rundfunkreporter; 1959 SWF-Fernsehredakt. u. -regiss. (üb. 50 sozialkrit. Fernsehfilmber. in Zusammenarb. m. Gottfried Gülicher, wichtige Titel s. dort) - Ehrenvors. Rhein. Berg. Naturschutzverein - BV: (m. G. Gülicher); Essen wir uns krank?, 1970; Wechseljahre im Beruf, 1972; Belügt uns nicht!, 1978. Fernsehbericht: Marsch in d. Monotonie (1983) - EK II (1942) u. I (1944); 1965 Ehrenvolle Anerk. Adolf Grimme Preis; 1969 Fernsehpreis Arbeiterwohlfahrt, 1972 Wilhelmine-Lübke-Preis Dt. Altershilfe, 1973 Georg-Michael-Pfaff-Med., 1974 Silb. Steuerschraube (Bund Dt. Steuerbeamten), 1980 Umweltschutzmed., 1984 Silberne Ähre 13. Intern. Agrarfilmwettbewerb Berlin; 1985 BVK; 1987 Theodor-Heuß-Med. Rheinlandtaler - Liebh.: Natur- u. Landschaftsschutz, Psych., Wandern - Spr.: Lat., Griech., Engl.

MENRAD, Siegfried
Dr. rer. pol., o. Prof. f. Betriebswirtschaftslehre - Schloßbergstr. 15/1, 7400 Tübingen (T. 4 92 10) - Geb. 20. Nov. 1928 Schwäb. Gmünd - Promot. u. Habil. Tübingen - B. 1969 Ord. Univ. Mainz, dann Tübingen. Fachveröff.

MENSAK, Alfred
Fernseh-Redakteur - Rabienstr. 30, 2862 Worpswede (T. 04792 - 8 46) - Geb. 18. Aug. 1926 Niedersee - Leit. III. Fernsehprogr. Radio Bremen - Herausg.: Siegfried Lenz, Gespr. m. Manès Sperber u. Leszek Kolakowski (1980); Üb. Phantasie (1982); Lit. im Kreienhoop (1984 m. Manfred Dierks). FS: August Strindberg, Filmporträt 1969; So zärtlich war Suleyken, FS-Fassung m. Philipp Wiebe 1971 - 1976 Adolf-Grimme-Preis - Spr.: Engl.

MENSCH, Gerhard
Dr. rer. pol., Dipl.-Volksw., Dipl.-Kfm., Prof. Case Western Reserve Univ., Cleveland - 1371 Oakridge, Cleveland, Ohio 44121 (T. 216 - 381 81 24) - Geb. 12. Nov. 1937 Ummendorf (Vater: Otto M., Fabr.; Mutter: Anneliese, geb. Lautner), verh. m. Karin, geb. Walter, 3 Kd. (Ulrich, Tina, Thilo) - Nach Stud. in Forsch. u. Lehre (Stanford, Berkeley,

Tulane, Bonn, Berlin) - BV: Ablaufplanung, 1968; D. technolog. Patt, 1975 Innovationspraxis, 1976 - Spr.: Engl., Franz.

MENSCHING, Horst, Georg

Dr. rer. nat., em. o. Prof. f. Geographie: Trockengebiete - Ökologie - Heinz-Hilpert-Str. 10, 3400 Göttingen 1 - Geb. 5. Juni 1921 Porta-Westf. (Vater: Georg M., Lehrer; Mutter: Tina, geb. Kahre), ev., verw. s. 1986 - 1945-49 Univ. Göttingen, Promot. 1949, Prof. 1958, o. Prof. TU Hannover 1962, o. Prof. Univ. Hamburg 1974, em. 1985; Gastprof. Univ. Paris, Kuweit, Amman, Wien (1988) - 1962-74 Dir. Geogr. Inst. TU Hannover, s. 1974 Inst. f. Geogr. Univ. Hamburg, 1975-81 Senator Dt. Forsch.sgemeinsch., 1968-72 u. 1980-84 Vors. Nationalkommitee d. Geogr. d. BRD, Berater nat. u. intern. Org. d. Entwicklungshilfe, bes. in d. Sahelzone (Desertifikation) - O. Mitgl. Akad. d. Wiss. Göttingen (s. 1974) u. Akad. d. Nat.forsch. Leopoldina Halle/S., korr. Mitgl. Akad. d. Wiss. Wien; Ehrenmitgl. Ungar. Akad. d. Wiss (1986), Ehrenmitgl. Geogr. Ges. Hannover, Darmstadt, Paris u. Ungarn - BV: Zw. Rif u. Draa, 1955 (russ. u. tschech.); Marokko, 1957; Tunesien, 1968 u. 1979; Nordafrika u. Vorderasien (gem. m. E. Wirth), 1973 u. 1980; Phys. Geogr. d. Trockengeb. (Hrsg. 1982); Morphodynamik im J. Marra u. Vorland (1984); D. Sahelzone (1986). 200 Art. in Fachztschr. - Spr.: Engl., Franz.

MENSENDIEK, Jürgen

Dipl.-Pol., Verbandsdirektor, Geschäftsführer Landesverkehrsverb. Westfalen - Südwall 6, 4600 Dortmund (T. 0231 - 52 75 06/07).

MENSLER, Hanns

Verkehrsdirektor i. R., Schriftst. - Nußdorfer Weg Nr. 8, 6740 Landau/Pfalz (T. 24 83) - Geb. 3. Aug. 1901 Straßburg/Els., ev., verh. s. 1926 m. Elfriede, geb. Becker, 1 Kd. - Oberrealsch.; Ausbild. Redaktion Berg.-Märk. Ztg., Elberfeld; Stud. Volksw. - 1923-38 Schriftl. Elberfeld, Wertheim (1925), Würzburg (1931), 1938-43 Bürgerm. Wertheim, 1943-45 Schriftl. Straßburg, 1947-50 Verkehrsdir. Paderborn, 1950-56 Hauptschriftl. Bad Kissingen, dann Verkehrsdir. Landau - BV: Seelen u. Fahrtenspiegel, Ged. 1925; Wertheim, zauberhafte Frankenstadt, 1928; Am Rande d. Alltags, N. 1942; D. Truhe, R. 1942; Ruf d. Heimat, R. 1943; Bürgermeister Hämmerlein, R. 1950; Skandinav. Rhapsodie, Erz. 1952; Der Fremde ging leise davon, R. 1956, 2 Bühnenst. (D. Spielmann, 1950; D. Quelle, 1951); 10 Hörsp.

MENSSEN (ß), Hans Georg

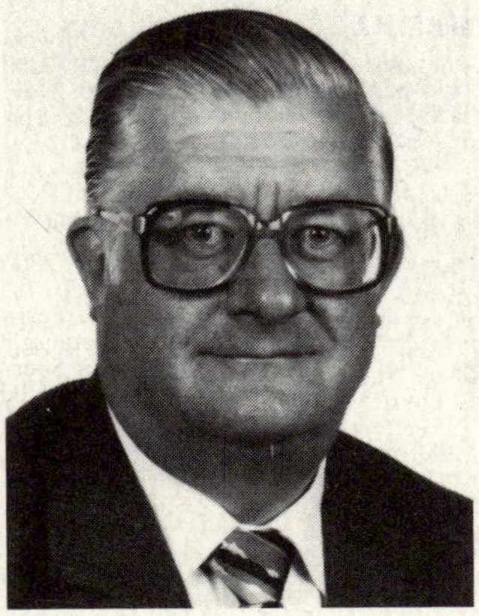

Dr. rer. nat., Generalsekretär Dt. Pharmazeut. Gesellschaft, Mitglied d. Geschäftsltg. Phytopharmazie/Phytotherapie RP A. Nattermann & Cie. GmbH Gruppe Rhône-Poulenc (s. 1988) - Nattermannallee 1, 5000 Köln 30 - Geb. 8. Juni 1926, ev., verh. s. 1959 m. Herta, geb. Schenderlein, 2 Kd. (Hans Dietrich, Adriane) - Stud. Med. Univ. Kiel u. Pharmazie Univ. Würzburg; Staatsex. 1957 u. Promot. 1958 Würzburg - B. 1960 Assist. Univ. Würzburg; ab 1960 Fa. Nattermann (1962-70 Phytowerk Ehrenfeld, 1970-78 Pharmazeut. Forsch. u. Entw. d. Firmengr., 1975-78 Leit. Forschungsrat, 1978-83 Leit. Ressortdirektorat Wiss., b. 1985 Mitgl. Führungskonfz., dann Vors. Phytoplanungskr. 1963 Mitgl. Dt. Arzneibuch-Kommiss. u. Pharmazeut. Aussch. BPI, 1964-85 Vors. Phytochem. u. Phytoparhmazeut. Aussch. BPI, 1965 Vorst. d. Fachab. Phytopharmaka BPI; 1966 Vorst.-Mitgl. Ges. f. Arzneipflanzenforsch.; 1967/77 Vors. Dt. Pharmazeut. Ges., Untergr. Köln; 1968 Mitgl. Dt. Arzneimittel Codex (DAC); 1969-77 stv. Vors. Rhein. Landesgr. Dt. Pharmazeut. Ges.; 1970 Mitgl. Expertengr. Europ. Arzneibuch-Kommiss.; 1978-83 Vors. Rhein. Landesgr., 1978 Vorst.-Mitgl. Dt. Pharmazeut. Ges.; 1978 Beruf. in Zulassungskommiss. E b. BGA durch d. Min.; 1983 Dt. Vertr. Expertengr. 13; s. 1984 Generalsekr. Dt. Pharmazeut. Ges.; 1986 Lenkungsaussch. Phyto u. Vors. Aussch. Phytopharmaka BPI. 3 Hauptpat., 47 Länderpat.; 90 Publ. - BV: Mod. Aspekte d. Phytotherapie, 1981; Phytotherapeut. Welt, 1983; Pflanzen als Arzneimittel - Ratgeber, 1986; Qualitätskontrolle v. Phytopharmaka, 1985 - Lit.: Art. in Fachztschr. - 1986 BVK am Bde.

MENTEN, Bert

Betriebswirt, Premier Cosmetics GmbH, Köln (s. 1984) - Im Waldwinkel 109, 5060 Bergisch-Gladbach 2 - Geb. 9. Aug. 1939 Köln (Vater: Michael M., Handelsvertr.; Mutter: Margarethe, geb. Müller), kath., verh. s. 1960 m. Margot, geb. Kramer, 2 Kd. (Ralph, Martina) - Gymn.; Handelssch.; Lehre als Ind.kfm.; Wirtsch.akad. (Volks- u. Betriebswirtsch., Jura; Externenabit.); Univ. (5 Sem. Jura) - 1961-68 Assist. Geschäftsleit. H. Odendahl Parf. Import u. Estée Lauder Cosmetic GmbH (1964); 1968-72 gf. Gesellsch. Novick Cosmetic GmbH & Co. KG; 1973-83 Geschäftsf. Novicos Cosmetic GmbH, Köln; 1984 Geschäftsf. Premier Cosmetics GmbH Köln; Mitgl. Wirtschaftspol. Club, Ind.-Club - Liebh.: Musik, Lit., Theater - Spr.: Engl., Franz.

MENTZ, Siegfried

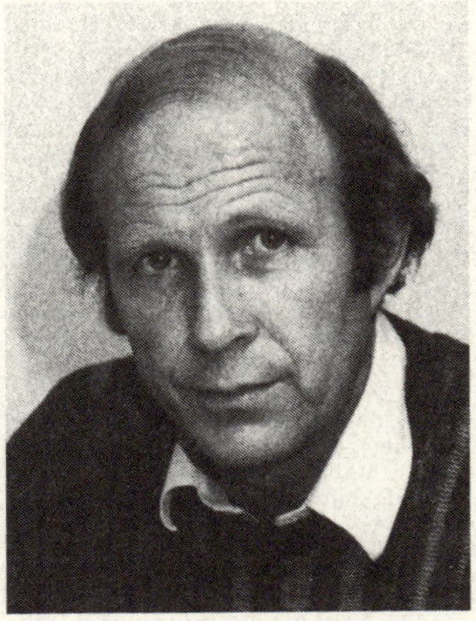

Sportpfarrer Ev. Kirche in Deutschland - Weender Landstr. 72, 3400 Göttingen (T. 0551 - 3 14 72; priv.: 0551 - 4 12 55) - Geb. 10. Mai 1940, ev., verh. s. 1967 m. Gerda, geb. Teipel, 3 Kd. (Matthias, Andreas, Stefanie) - Stud. Theol. - Mitgl. wiss. Beirat Dt. Sportbund; Gründungsmitgl. d. INAS-FMH (Intern. Sports Federation for Persons with Mental Handicap) - BV: Mit Andreas fing alles an - Wie sich d. leben e. geistig behinderten Kindes durch Sport u. Spiel verändern kann, 1982 - 1986 Breitensportpokal durch dt. Sportjournalisten - Liebh.: Klass. Musik - Spr.: Engl., Franz. - Bek. Vorf.: Eduard Mörike, Dichter (Urgroßonkel).

MENTZINGEN, Freiherr von, Franz

Botschafter d. Bundesrep. Deutschl. in Kenia - P.O. Box 30180, Nairobi/Kenia - Geb. 1932 - Jura-Stud. - S. 1957 Ausw. Dienst; Ausl.posten in Kolumbien, Indien, Genf (Ständ. Vertret. b. d. UN-Büro u.a. intern. Org.), Sudan (1980-84), Zimbabwe (1984-88). 1972 Royal College of Defense Studies, London.

MENZ, Egon

Dr. phil., Schriftsteller - Zul. zu erreichen üb.: Suhrkamp-Verlag, 6000 Frankfurt/M. - Geb. 24. Mai 1939 Stuttgart, verh. m. Katherine, geb. Holli - Bühnenst.: Tübinger Mahlzeit (UA. Freiburg/Br. 1968) - 1968 Fördergabe Schiller-Gedächtnispreis; 1969 Gerhart-Hauptmann-Preis.

MENZ, Lorenz

Dr., Staatssekretär Staatsmin. Baden-Württ. (s. 1984) - Rich.-Wagner-Str. 15, 7000 Stuttgart 1 (T. 0711 - 21 53-1) - Zul. Min.dir. Min. f. Wiss. u. Kunst.

MENZ, Maria

Schriftstellerin (Ps. Marie Anna Riem) - Kronenstr. 11, 7951 Oberessendorf üb. Biberach/Riß - Geb. 19. Juni 1903 Oberessendorf - BV/Ged.: Innenwelt, 1968; Anmutungen, 1969; Oberland, 1979 (Mundart). 3bänd. Gesamtausg. d. Ged. (1981) - 1982 Droste-Hülshoff- u. Johann-Peter-Hebel-Preis.

MENZ, Walter

Dipl.-Kfm., Vorstandsmitglied Aachener u. Münchener Lebensversich. AG, u. Aachener u. Münchener Versich. AG - Dienstl. Aureliusstr. 2, 5100 Aachen; priv.: Landgrafenstr. 114, 5000 Köln 41 - Geb. 12. April 1936, kath., verh., 3 Kd. - Ausb.: Wirtschaftspr., Steuerber.

MENZ, Willi

Polizeipräsident i. R. - Limbacher Str. 16 (Wallstadt), 6800 Mannheim 51 - Geb. 12. Okt. 1923 Mannheim, verh. m. Renate, geb. Mayer - 1971-88 Polizeipräs. in Mannheim - 1988 BVK I. Kl. - Rotarier.

MENZE, Clemens

Dr. phil., o. Prof. f. Pädagogik - Paul-Gerhardt-Str. Nr. 8, 5303 Bornheim-Walberberg (T. 16 23) - Geb. 20. Sept. 1928 Tietelsen (Vater: Clemens M., Landw.; Mutter: Elisabeth, geb. Menke), kath. - 1949-54 Univ. Köln (German., Klass. Philol., Phil.). Promot. u. Habil. Köln - S. 1963 Privatdoz., Wiss. Rat u. Prof. (1965), o. Prof. (1967) Univ. Köln (1975/77 Rektor) - BV: D. Bildungsbegr. d. jg. Schlegel, 1964; Wilhelm v. Humboldts Lehre u. Bild v. Menschen, 1965; Wilhelm v. Humboldt u. Heyne, 1966; Die Bildungsreform Wilhelm v. Humboldts, 1975; Bildung u. Bildungswesen, 1980.

MENZEL, Erich

Dr.-Ing., Prof., Physiker - Kasernenstr. 32, 3300 Braunschweig (T. 33 80 80) - Geb. 13. Aug.1918 Danzig (Vater: Karl M., Rechtsanw.; Mutter: Martha, geb. Allert), ev., verh. s. 1947 m. Dr. Christel, geb. Kopp - TH Danzig (Dipl.-Ing. 1944). Promot. 1949 Stuttgart - S. 1947 Assist. u. Doz. Univ. Tübingen, TH Darmstadt (1956; 1959 apl. Prof.), TH bzw. TU Braunschweig (1962; 1963 Abt.-Vorsteher Physikal. Inst.), 1978 Prof., 1977 Fellow Opt. Soc. Am. - BV: Fourier Optik u. Holographie, 1973 (m. W. Mirandé, J. Weingärtner). Zahlr. Fachveröff., Herausg.: Ztschr. Optik (1968 ff.) - Liebh.: Lit., Fotogr.

MENZEL, H. H. Werner

Dr. med., Ltd. Chefarzt Amalie-Sieveking-Krankenhaus, Hamburg i. R., apl. Prof. f. Innere Medizin Univ. Hamburg (s. 1948) - Feldkamp 6, 2000 Hamburg 67 (T. 644 83 44) - Geb. 8. Okt. 1908 Düsseldorf (Vater: Walter M., Architekt; Mutter: Frieda, geb. Noll), ev., verh. s. 1935 m. Herta, geb. Meis, 3 Kd. - Promot. 1937 Düsseldorf; Habil. 1941 Tübingen - U. a. Oberarzt Charité Berlin - BV: Beruf u. Berufung d. Arztes, 1958 (B. Bornikoel u. Chr. Scholz); Menschl. Tag/Nacht-Rhythmik u. Schichtarbeit, 1962. Zahlr. Arbeiten üb. klin. Fragestellungen, bes. langweil. Organperioden - 1963 Mitgl. New York Acad. of Sciences; 1966 Vesalius-Med., 1971 Ehrenmitgl. Intern. Soc. for Chronobiology; 1973 Ludolph-Brauer-Med.; 1978 Ehrenmitgl. Nordwestdt. Ges. f. Innere Med. u. 1986 Europ. Chronobiologische Ges.

MENZEL, Hans-Dieter

Dipl.-Volksw., Hauptgeschftsführer Fachverb. Heiz- u. Kochgeräte-Industrie/ HKI (s. 1973) - Am Hauptbahnhof 10, 6000 Frankfurt/M. (T. 23 41 57) - Geb. 29. Aug. 1934.

MENZEL, Heinz

MdB (s. 1976, Wahlkr. 94/Gelsenkirchen II/Herten) - Katharinastr. 14, 4650 Gelsenkirchen-Buer - Geb. 22. Jan. 1926 Kunzendorf/Schles., verh., 2 Kd. - Volkssch.; 1940-43 Werkzeugmacherlehre; 1957-58 Sozialakad. - 1943-46 Kriegsdst. u. -gefangensch.; 1946-60 Bergmann (Hauer); 1960-86 Sekr. IG Bergbau u. Energie (1969 Abt.-Leit. Hauptverw.). 1974-76 Ratsmitgl. Gelsenkirchen. SPD s. 1957.

MENZEL, Josef Joachim

Dr. phil., Prof. Univ. Mainz (s. 1972) - Hinter der Kirche 26, 6500 Mainz 41 (T. 06136 - 4 26 95) - Geb. 19. Juni 1933 Mühlsdorf, kath., verh. s. 1967 m. Dr. phil. Maria, geb. Tinhof - Stud. Altphil., Gesch. Univ. Münster, Heidelberg, Graz, Wien; Promot. 1962; Habil. 1970 - Fachmitgl.schaften (meist Vorst.) - Hrsg.: Jahrb. d. Schles. Friedrich-Wilhelms-Univ. (bish. 29 Bde.); Beitr. z. Gesch. u. Landeskunde Oberschlesiens (2 Bde.). Mithrsg.: Gesch. Schlesiens (3 Bde.), Quellen u. Darstellungen z. Gesch. Schlesiens (bish. 27 Bde.). Zahlr. hist. Fachpubl. - 1967 Förderpreis Oberschlesischer Kulturpreis.

MENZEL, Klaus

Dr. med. (habil.), Prof., Chefarzt Kinderklinik Reinhard-Nieter-Krankenhaus (Städt. Krankenanstalten) - Friedrich-Paffrath-Str. 100, 2940 Wilhelmshaven (T. 291-560) - Geb. 17. Aug. 1924 - B. 1966 Privatdoz., dann apl. Prof. Univ. Münster (Kinderheilkd.). Üb. 50 Fachveröff. - 1976 Ernst-v.-Bergmann-Plak.

MENZEL, Rolf W.

Rundfunkkorrespondent - Zu erreichen üb.: Sender Freies Berlin, Masurenallee 8-14, 1000 Berlin 19 - Geb. 10. Aug. 1924 Berlin (Vater: Rudolf M.; Mutter: Margarete, geb. Heip), ev. - Realgymn.; Stud. USA (Mod. Gesch. u. intern. Recht) - S. 1947 Rundfunktätigk. (Redakt., Leit. Nachrichtenabt., Kommentar Radio Bremen; 1956 Chefredakt., 1962 UNO-Korresp. SFB; 1966 Amerika-Korresp., 1978 England-Korresp. SFB, Hess. u. Saarld. Rundf.) - Spr.: Engl.

MENZLER, Wilhelm

Dr. jur., Vorstandssprecher Patrizier-Bräu AG., Nürnberg (1974 i. Ruhest.) - Ewaldstr. 70, 8500 Nürnberg (T. 59 11 28) - Geb. 4. Juni 1907 Kulmbach - Gr. jurist. Staatsprüf. - Langj. Banktätigk.; 1953 ff. Vorstandsmitgl. Lederer-Bräu AG., Nürnberg u. Brauerei Joh. Humbser AG., Fürth - Rotarier.

MERBOLD, Ulf

Dr. rer. nat., Wissenschaftler, erster dt. Astronaut - Am Sonnenhang 4, 5200 Siegburg - Geb. 20. Juni 1941, verh., 2 Kd. (Susanne, Hannes) - Promot. 1976 Univ. Stuttgart - Astronaut European Space Agency - BV: Flug ins All, 1986 - Versch. Ehrungen - Liebh.: Segelflug, Skifahren - Spr.: Engl.

MERCATOR

s. Stolze, Diether

MERCK, Johann Peter

Konsul a.h. der Philippinen, Fabrikant,

Direktor, pers. haft. Gesellsch. E. Merck, Darmstadt - Am Löwentor 24, 6100 Darmstadt - Geb. 3. Febr. 1927 Darmstadt (Vater: Wilhelm M., Fabrikant; Mutter: Ernesta Rogalla, v. Biberstein), ev., verh. in 2. Ehe m. Heidemarie, geb. Rowohl-Vogel, 3 Kd. (Wilhelm Alexander, Peter Emanuel, Andrea Christiane) - Gymn., Bankkfm., Dolmetscherex. - BVK I. Kl. - Liebh.: Sportfahrzeuge, Sportschießen - Spr.: Engl. - Bek. Vorf.: Kriegsrat Johann Heinrich M. (Freund Goethes).

MERCKER, Hermann

Dr. med., Prof., Pharmakologe - Nizzaallee 25, 5100 Aachen - Geb. 3. Febr. 1912 Mariensee/Nieders. - S. 1945 (Habil.) Privatdoz. u. apl. Prof. Univ. Göttingen; b. 1974 Ltd. Dir. u. Prof. Max-v.-Pettenkofer-Inst./BGA. Üb. 50 Veröff. z. Physiol. u. Pharmak.

MERFORTH, Manfred

Dipl.-Landw., Staatssekretär b. Min. f. Ernährung, Landwirtsch. u. Forsten Kiel (s. 1988) - Forstweg 75, 2300 Kiel 1 - Geb. 27. Dez. 1926 Auerbach/Vogtland, ev., verh. s. 1954 m. Hannelore, geb. Geipel, 2 Kd. (Katrin, Klaus) - 1950 Landw.-Lehre Rodewisch/Vogtland; Landwirtsch.-Stud.; Dipl.-Landw. 1953 Göttingen - Mitarb. Agrarsoz. Ges. Göttingen u. Arb.-Gem. z. Verbesseung d. Agrarstruktur Hessen; 1964-73 Landwirtsch.-Min. Wiesbaden u. 1973-88 Hannover.

MERGELL, Arnold F.

Kaufmann, pers. haft. Gesellsch. Harburger Oelwerke Brinckman & Mergell, Hamburg, Vors. Verb. Dt. Ölmühlen, Bonn - Seehafenstr. 2, 2000 Hamburg 90 (T. 77 11 40).

MERGELSBERG, Wolfgang

Dr. rer. oec., Dipl.-Kaufmann, Generalbevollm. d. Readymix Aktienges. f. Beteiligungen, Ratingen - Pigageallee 19a, 4000 Düsseldorf 13 - Geb. 4. Mai 1934 - Dipl.-Kfm.

MERGEN, Armand

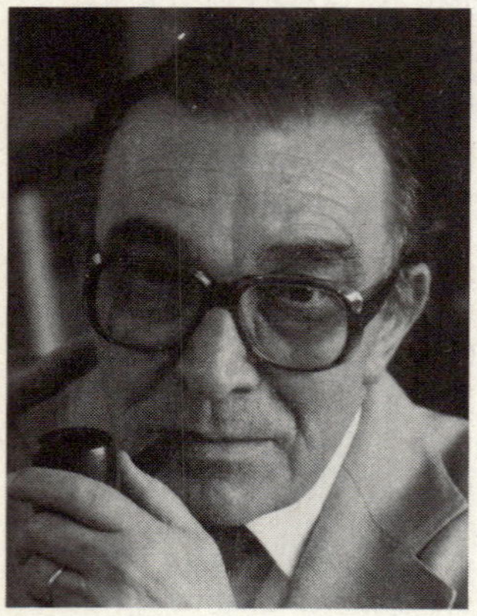

Dr. Dr. jur., em. Prof. - 20, Rue de Strassen, L-8156 Bridel (T. 00352 - 33 21 03) - Geb. 29. Jan. 1919 Heffingen/Lux. (Vater: Jean M., Ing.-Chemiker; Mutter: Maria, geb. Faber), kath., verh. s. 1977 m. Eva-Beate, geb. Lodde - Stud. Rechtswiss., Med., Psych., Luxembourg, Innsbruck, Brüssel u. Paris; Promot. Innsbruck u. Luxembourg - 1941-44 Assist. Univ. Innsbruck; 1947-56 Rechtsanw. Luxembourg, Mitglied Inst. Grand.-Dueal, Abt. sciences médicales u. sciences morales - Kriminologische Praxis; s. 1947 Lehrtätigk. Univ. Mainz (1953 Habil.); 1949-55 Leit. Inst. de défense sociale Luxembourg (Mitbegr.); 1980-81 Prof. d. Kriminol. Univ. Lausanne (Schweiz); em. 1984. Gründungsmitgl. Dt. Kriminol. Ges. (Ehrenpräs.) u. Soc. Intern. de défense sociale - BV: D. Kriminalität d. Geisteskranken, 1942; La narcoanalyse, 1949; Die Tiroler Karrner, 1949; Methodik kriminalbiol. Unters. 1952 (auch franz.); D. kriminol. Gutachten, 1959; D. Wiss. v. Verbrechen, 1961; D. Kriminologie, 1967; D. geborenen Verbrecher, 1968; Tat u. Täter, 1971; Krankheit u. Verbrechen, 1972; Spiel mit d. Zufall, 1973; Verunsicherte Kriminologie, 1975; Spiel m. d. Glück, 1976; D. Kriminologie, 2. A. 1978; Grausame Spiele, 1981; D. BKA-Story, 1987; Tod in Genf, 1988; D. blinde Göttin, 1989; Beschaffungskriminalität, 1989. Herausg.: Kriminol. Schriftenreihe; Sexualforsch. - Stichwort u. Bild (2 Bde.); Dokumentation üb. d. Todesstrafe; Kriminol. Aktualität - 1953 Ordo equester de St. Agatha, 1977 Officier de l'Ordre de mérite - Liebh.: Sportfliegerei (Begründ. u. erster Präs. Union des Pilotes d'aviation Luxembourgeois), Fechten, Musik, Kunst - Spr.: Franz., Engl., Ital., Luxembg.

MERGNER, Hans

Dr. rer. nat., em. Prof. f. Spez. Zoologie Ruhr-Univ. Bochum - Ruhr-Universität, Postf. 102148, Universitätsstr. 150, 4630 Bochum (T. 0234 - 7 00-44 42) u. Hansstr. 1, 4630 Bochum-Stiepel (T. 0234 - 47 05 02) - Geb. 8. Mai 1917 Lemgo (Vater: Konrad M., Studienprof.; Mutter: Luise, geb. Tasche), ev.-luth., verh. s. 1955 m. Maria Theresia, geb. Zieger, 3 Söhne (Hans Joachim, Wolfgang Christian, Andreas) - 1949-56 Univ. Tübingen (Promot. 1956, Habil. 1963) - 1968 apl. Prof., 1970 o. Prof., emerit. 1984 - Entd.: Embryonalentw. Eudendrium (Hydroida), Induktion v. Oscularrohren b. Spongilliden, Ökol. u. Diversität v. Korallenriffen, Organon vasculosum laminae terminalis. Zahlr. Publ. u. Buchart. Orchideenkde. - Liebh.: Klass. Musik, Kakteen- u. Orchideenkultur, Reisen (bisher 80 Länder), Tauchen in Korallenriffen - Spr.: Engl.

MERIAN, Svende

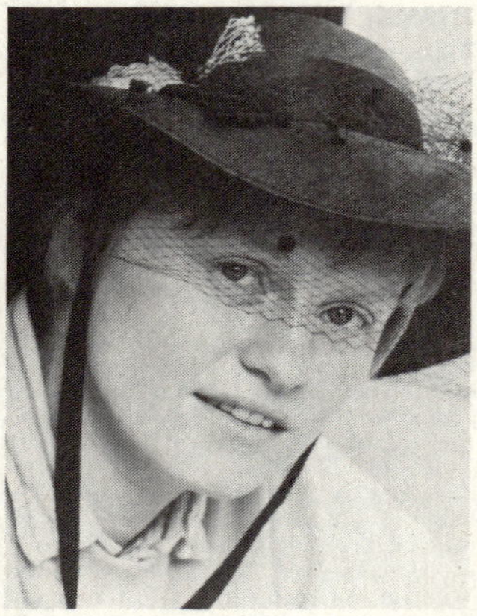

Schriftstellerin - Postfach 50 11 22, 2000 Hamburg 50 - Geb. 25. Mai 1955 Hamburg (Vater: Maurer) - Stud. generale (Gesch., German., Med., ev. Theol., Päd.), dar. Schwerp.: Mittelalter u. 20. Jh. - BV: D. Tod d. Märchenprinzen, 1980 (schwed. u. holl.); Mutterkreuz, 1983; D. Mann aus Zucker, 1985; Spiegelfüße, Schattenohr, Nov. 1990. Herausg.: Scheidungspredigten (1986); Satire-Leseb. v. Frauen (1990); u.a. - Liebh.: Dt. Dichtung d. MA, zeitgen. Film - Spr.: Engl., Franz., Ital.

MERK, Bruno

Dr. jur., Staatsminister a. D., Präsident d. BRK (s. 1985), Mitgl. d. Bayer. Senats (s. 1986) - Markgrafenweg 15, 8870 Günzburg - Geb. 15. April 1922, verh., 1 Kd. - Volkssch.; humanist. Gymn.; 1941-45 Kriegdst. (zul. Ltn. d. R., Schwerkriegsbesch.: Verlust d. l. Armes); Ersatzlehrer; Verw. Angest.; Stadtinspekt.; 1952-55 Stud. Univ. München; Promot. 1956 - 1958-60 Regierungsrat BStMdI - Oberste Baubehörde; 1960-66 Landrat Günzburg; 1966-77 Bayer. Innenmin.; 1977-86 geschäftsf. Präs. Bayer. Sparkassen- u. Giroverb. S. 1946 CSU. 1958-77 MdL Bayern.

MERK, Gerhard Ernst

Dr. rer. pol., Dipl.-Volksw., Dipl.-Hdl., Prof. f. Volkswirtschaftslehre, insb. Geld u. Währung - Albertus-Magnus-Str. 2, 5900 Siegen 1 - Geb. 8. Mai 1931 Mannheim, kath., verh. s. 1964 m. Dr. rer. nat. Martha, geb. Jansen (Apothekerin), 2 Töcht. (Irene, Judith) - 1952-56 Univ. Heidelberg (Dipl.-Volksw., Promot.), 1956-1958 Univ. Mannheim (Dipl.-Hdl.) - 1958-66 Industrie- (Fried. Krupp/Abt. Marktforsch., Essen), dann Lehrtätigk. (1973 Prof. GH Siegen) - 1962ff. Präs. Ges. f. Wirtschaftskd., Essen bzw. Siegen; 1983ff. Obmann Arbeitsgem. Währungsethik, Köln; 1984ff. Mitgl. Beirat Görres-Ges., Bonn/Köln; 1988 Präs. Jung-Stilling-Ges., Siegen - BV: Wissensch. Marktforsch., 1962; Dringlichkeit Wirtschaftsk. Bildung, 1965; Programm. Einf. in d. Volksw.-lehre, 4 Bde. 1973/1974; Einf. in d. Geldlehre, 1974; Grundlehren d. Nationalökonomik, 2 Bde. 1975; Mikroök., 1976; Z. Begrenzung d. Offensivwerb., 1977; Grundbegriffe d. Erkenntnislehre f. Ökonomen, 1985; Ges. Aufs. z. Wirtschaftstheorie, 1986; Jung-Stilling-Lexikon Wirtsch., 1987; Jung-Stilling-Lexikon Religion, 1988. Herausg.: Acta Monetaria/Jahrb. f. Geldordnung u. -politik (1976ff.); versch. Herausg.schaften; versch. Gedichtbändchen - Lit.: (Gold) Rohstoff-Hortungsobjekt-Währungsmetall, Festgabe f. Gerhard Merk, 1981 - Liebh.: Bibliophilie.

MERK, Otto

Chefredakteur tz - Zu erreichen üb.: Pressehaus Bayerstraße, 8000 München 2 - Geb. 10. Jan. 1922 München - Kriegsdst. (Luftw.-Offz. u. Fernaufkl.); s. 1946 Ztg.svolont. Münch. Mittag, Journ. Münch. Merkur u. tz (1968 stv. Chefredakt., 1970 Redaktionsleit., 1973 Chefred.) - 2 Bücher z. Luft- u. Raumfahrt.

MERK, Otto

Dr. theol., o. Prof. Univ. Erlangen-Nürnberg (s. 1974) - Rühlstraße 3a, 8520 Erlangen (T. 09131 - 5 74 22) - Geb. 10. Okt. 1933 Marburg/L. (Vater: Prof. Dr. jur. Walther M.; Mutter: Gertrud, geb. v. Buengner), ev., verh. s. 1967 m. Margret, geb. Ladendorf, 2 Kd. - Hum. Gymn. Philippinum Marburg; Stud. Univ. Marburg u. Heidelberg; 1. theol. Staatsex. 1960; Promot. 1966; Habil. 1970 Marburg - 1966-74 Assist. u. Prof. (1972) Univ. Marburg. Mitgl. Studiorum Novi Testamenti Societas (s. 1971) u. Ges. f. Theol. (s. 1974) - BV: Handeln aus Glauben. D. Motivierungen d. paulinischen Ethik, 1968; Bibl. Theol. d. Neuen Testaments in ihrer Anfangszeit, 1972; Verantwort., 1982 (m. E. Würthwein). Herausg.: R. Bultmann, Theol. d. Neuen Testaments, 7.-9. A. (1977/80/84); Schriftauslegung als theol. Aufklärung (1984); Glaube u. Eschatologie. Festschr. W. G. Kümmel (1985, m. W. Gräßer). Div. Fachbeitr. - Bek. Vorf.: Prof. Dr. jur. Ludwig Enneccerus, Parlamentarier (Urgroßv.).

MERK, Rudolf

Dipl.-Chem., Kaufmann (Merk & Cie., Landshut), b. 1979 Vors., dann Ehrenvors. Uniti Bundesverb. mittelständ. Mineralölunternehmen, Hamburg - Anabergweg 13, 8300 Landshut/Bay. - Geb. 16. Febr. 1912.

MERKEL, Friedemann

Dr. theol., o. Prof. f. Prakt. Theologie u. Religionspäd. - Potstiege 58, 4400 Münster (T. 86 26 25) - Geb. 28. Jan. 1929 Freiburg/Br., ev., verh. s. 1957 m. Marianne, geb. Kempf, 4 Töcht. (Ute, Eva, Gesine, Juliane) - Gymn. Pforzheim; Stud. Ev. Theol. Ex. 1952 u. 1953 Karlsruhe; Promot. 1958 Heidelberg - 1953-54 Vikar u. Religionslehrer; 1954-60 wiss. Assist. u. Lehrbeauftr. Univ. Heidelberg; 1960-65 Doz. Predigersem. Bad Kreuznach u. Pfarrer Mandel; s. 1965 Ord. Kirchl. Hochsch. Berlin (1968-70 Rektor) u. Univ. Münster (1970) - BV: Gesch. d. ev. Bekenntnisse in Baden v. d. Reformation b. z. Union, 1960; Im Angesicht d. Gemeinde, 1970.

MERKEL, Friedrich-Wilhelm

Dr. phil. nat., Prof. i.R., Zoologe - Karlsbader Str. 19, 6370 Oberursel 6 - Geb. 27. Aug. 1911 - S. 1955 (Habil.) Privatdoz. u. apl. Prof. (1961) - BV: Orientierung im Tierreich, 1980. Veröff. z. Ornithologie.

MERKEL, Harald

Dipl.-Kfm., Geschäftsführer Martin Merkel GmbH & Co. KG, Hamburg - Schrödersweg 8, 2000 Hamburg 61.

MERKEL, Helga

s. Elstner, Helga

MERKEL, Horst

Dr. med. (habil.), em. Prof., Direktor Patholog.-Bakteriolog. Inst. Städt. Krankenhaus Kiel - Knooper Weg 188, 2300 Kiel (T. 4 80 96) - Geb. 13. Juni 1911 Chemnitz/Sa. (Vater: Robert M., Ing.; Mutter: geb. Richter), verh. 1942 m. Katharina, geb. Gorol - Univ. Leipzig - B. 1948 Privatdoz., dann apl. Prof. Univ. Kiel, emerit. 1977. Fachveröff. - Liebh.: Fotogr.

MERKEL, Konrad

Dr. agr., em. Prof. f. Agrarpolitik u. -statistik TU Berlin (1966-84) - Sedanstraße 28 A, 1000 Berlin 41 (T. 771 82 72) - Geb. 9. Dez. 1918 Kronstadt/Siebenb. (Vater: Michael M., Landwirt; Mutter: Margarete, geb. Dik), ev., verh. s. 1944 m. Rosemarie, geb. Neumann - Gymn. Kronstadt; Univ. Berlin (Dipl.-Landw. 1948, Promot. 1950), Habil. 1960 TU Berlin - S. 1949 TU Berlin (Wiss. Assist., 1952 Oberassist., 1960 Privatdoz., 1961 Leit. Inst. f. Angew. Agrarpolitik u. -statistik; 1966 Prof.). Zugl. s. 1970 Leit. Bereich Agrarökonomie d. Forsch.stelle f. gesamtdt. wirtsch. u. soz. Fragen, Berlin, emerit. 1984 - BV: Agrarprod. im zwischenvolksw. Vergleich, 1960; D. Agrarw. in Mitteldtschl., 1960, 2. A. 1963 (m. E. Schuhans); D. Agrarpolitik in Mitteldtschl. u. ihre Auswirk. auf Produktion u. Verbrauch landw. Erzeugnisse, 1969 (m. E. Tümmler u. G. Blohm); Sektorale Produktionsleistungen d. Landwirtsch. beider dt. Staaten im Entwickl.vergl., 1974; D. DDR nach 25 J., 1975 (m. B. Gleitze, P. C. Ludz, K. Pleyer, K. C. Thalheim); Verbrauch u. Erzeug. landw. Prod. in d. DDR - Analyse u. Projektion, 1980 (m. H. Lambrecht u. W. Steinbeck). Zahlr. Einzelarb. - Liebh.: Reitsport, Musik - Spr.: Rumän., Ungar., Franz.

MERKEL, Rudolf

Dr. jur., Bundesrichter - Herrenstr. 45a, 7500 Karlsruhe - Geb. 26. Okt. 1921 - B. 1968 OLG Frankfurt/M., dann BGH Karlsruhe.

MERKELBACH, Reinhold

Dr. phil., o. Prof. f. Klass. Philologie - Parkstr. 2, 8139 Bernried (T. 08158 - 83 24) - Geb. 7. Juni 1918 Grenzhausen (Vater: Paul M.; Mutter: Gertrud, geb. Stade), ev., verh. m. Lotte, geb. Dorn, 3 Kd. (Judith, Anna, Paul) - S. 1950 (Habil.) Lehrtätigk. Univ. Köln, Erlangen (1957 Ord.), Köln (1961) - BV: u. a. Unters. z. Odyssee; D. Quellen d. griech. Alexanderromans; Roman u. Mysterium; Isisfeste; Fragmente Hesiodea (m. W. L. West). Krit. Beitr. zu antiken Autoren, Mithras, Inschr. von Erythrai (m. H. Engelmann), Assos, Kalchedon, Ephesos (m. mehr. Mitarb.), Mithras. Mani u. s. Religionssystem, Nikaia in d. röm. Kaiserzeit, Platons Menon, D. Hirten d. Dionysos - 1978 Dr. h. c. Besançon; 1980 Mitgl. Rhein.-Westf. Akad. d. Wiss.; 1986 Korr. Mitgl. d. Brit. Acad.

MERKENSCHLAGER, Michael

Dr. med. vet., Prof., Lehrstuhl f. Physiologie u. Physiol. Chemie Inst. f. Physiologie, Physiolog. Chemie u. Ernährungsphys., Tierärztl. Fakultät d. Univ. München - Veterinärstr. 13, 8000 München 22 (T. 089 - 21 80 25 51).

MERKER, Günter Peter
Dr.-Ing. habil., apl. Prof. f. Techn. Thermodynamik TH Karlsruhe - Kapfstr. 8, 7990 Friedrichshafen (T. 07541 - 3 22 66) - Geb. 9. April 1942 Augsburg (Vater: Erich M., Elektro-Ing.; Mutter: Charlotte, geb. Niedermeier), kath., verh. s. 1974 m. Monika, geb. Zimmermann, S. Maximilian - Dipl.-Ing. 1969, Promot. 1974, Habil. 1978, alles TU München - 1969-78 wiss. Assist. TU München; 1978-80 Fachref. MTU München; 1980-86 Prof. in Karlsruhe; 1986ff. MTU Friedrichshafen Abt. Thermodynamik u. Strömung - BV: Konvektive Wärmeübertrag. Fachb. 1987 - Spr.: Engl.

MERKER, Hans-Joachim
Dr. med., o. Prof. f. Anatomie FU Berlin (s. 1973) - Pacelli-Allee 41, 1000 Berlin 33 (T. 832 82 40) - Geb. 7. Okt. 1929 Merseburg (Vater: Dr. med. Rudolph M.; Mutter: Hertha, geb. Stelling), ev., verh. s. 1966 m. Antje, geb. Hellenschmied, T. Ulrike - Stud. d. Med. Berlin, Gießen; Promot. 1958 Berlin; Habil. 1964 ebd. - Fachmitgl.schaften, u. a. Anatom. u. Europ. teratolog. Ges. - 200 Fachveröff. Teratologie u. Embryologie - Spr.: Engl.

MERKER, Ulrich
Dr., Geschäftsführer Fachverb. Elektroleuchten (ZVEI), Gf. Fördergemeinsch. Gutes Licht - Stresemannallee 19, 6000 Frankfurt/M. 70.

MERKES, Manfred
Dr. phil., Prof. f. neuere Geschichte - Fritz-Pullig-Str. 14, 5205 St. Augustin 2 (T. 02241-2 99 67) - Geb. 8. Mai 1929 Trier (Vater: Peter M., Berufsschuldir.; Mutter: Franziska, geb. Blau), kath., verh. s. 1971 m. Ursula, geb. Wagner, 2 T. (Barbara, Martina) - Gymn. (Abit. 1949); 1949-55 Stud. Bonn, Freiburg (Gesch., Angl.), Stud.Ass. 1957, Promot. 1958, Habil. 1971 - 1972 apl. Prof., 1973 Doz., s. 1980 Prof. auf Lebenszeit - BV: D. dt. Politik im Span. Bürgerkrieg 1936-1939, 2. A. 1969 - Spr.: Engl., Franz., Span.

MERKL, Gerhard
Dr. jur., Richter, MdL Bayern (s. 1974) - Rosenstr. 13, 8421 Teugn (T. 09405 - 10 28) - Geb. 1940 - CSU.

MERKL, Rudolf
I. Bürgermeister Stadt Vilseck - Rathaus, 8453 Vilseck/Opf. - Geb. 10. Febr. 1929 Schlicht - Land- u. Gastw. CSU.

MERKLE, Hans
Dipl.-Sozialw., Vorsitzender Arbeitskr. Werbefernsehen d. dt. Wirtschaft - Schöne Aussicht 59, 6200 Wiesbaden - Geb. 9. Juni 1939 Karlsruhe - Manager External Relations Procter & Gamble GmbH, Schwalbach/Ts.

MERKLE, Hans L.
Dr. h. c., Prof., Direktor i. R. - Postf. 50, 7000 Stuttgart 1 (T. 81 11) - Geb. 1. Jan. 1913 Pforzheim (Vater: Emil M., Druckereibesitzer u. Verleger; Mutter: Zeline, geb. Kilgus), verh. 1941 m. Annemarie, geb. Schlerff - Stud. Rechtswiss. u. Volksw. - 1949-58 Vorst.-Mitgl. Ulrich Gminder AG, Reutlingen; s. 1958 Geschäftsf., Vors. d. Gfg. (1963) u. AR-Vors. (1984-88) Robert Bosch GmbH, Stuttgart. Mitgl. Max-Planck-Gesellschaft. AR-Mandate (z. T. Vors., 1984ff. Dt. Bank, Frankfurt/M.) - BV: Inflation u. Öffentl. Finanzen, 1975 - 1973 Prof.-Titel baden-württ. Landesreg.; 1973 Frhr.-v.-Stein-Med. in Gold F.S.V.-Stiftg. Hamburg - Sammelt Erstausg. dt. Literatur - Spr.: Engl. - Rotarier (Ehrenmitgl. Rotary Club Stuttgart). - B. 1979 (Austr.) CDU.

MERKLE, Ludwig
Dr. phil., Journalist, Schriftst. - Perlacher Bahnhofstr. 9, 8000 München 83 - Geb. 28. März 1928 München, verh. s. 1949 m. Dr. Elli Röckl, 3 Söhne (Alexander, Stefan, Andreas) - Stud. Ztg.-Wiss. u. German. München - BV: Bairische Grammatik, 1975; D. Pyrenäen sind schön, aber hoch, 1988; u.v.a.

MERKLE, Udo
Dr. med., Prof. f. Anatomie - Niendorfstr. 13, 8520 Erlangen - Geb. 24. Aug. 1920 Stuttgart (Vater: Victor M., SKF-Dir.; Mutter: Irene, geb. Krause), ev. - Eberhard-Ludwigs-Gymn. Stuttgart; Univ. Tübingen (Med.). Promot. u. Habil. Tübingen - B. 1964 Lehrtätigk. Univ. Tübingen, dann Erlangen (1967 apl. Prof., 1980 Extraord.). Fachaufs.

MERKLEIN, Helmut
Dr. theol., Dr. theol. habil., Prof. f. Neues Testament Univ. Bonn - Töpferstr. 6a, 5307 Wachtberg - Geb. 17. Sept. 1940 Aub, kath. - Theol. Abschlußex. 1964 Phil.-Theol. Hochsch. Bamberg; Promot. 1972 Univ. Würzburg, Habil. 1976 ebd. - 1965-71 kirchl. Dienst; 1972-77 Wiss. Assist.; 1977 Privatdoz. Univ. Würzburg; 1977-80 o. Prof. Univ.-GH Wuppertal; s. 1980 o. Prof. Univ. Bonn - BV: Wiss. Monogr. (Theol.): D. kirchl. Amt nach d. Epheserbrief, 1972; Christus u. d. Kirche, 1973; D. Gottesherrsch. als Handlungsprinzip, 1978, 3. A. 1984; Jesu Botschaft v. d. Gottesherrsch., 1983, 3. A. 1989; Stud. zu Jesus u. Paulus, 1987.

MERKT, Hans
Dr. rer. pol., Ministerialrat a.D., MdL Bayern (1958-74) - Magdalenenweg 4, 8033 Planegg (T. München 859 93 55) - Geb. 5. Juni 1915 Börwang/Allgäu (Vater: Bäckerm.) - Oberrealsch. Kempten; 1935-37 Wehrdst.(IR 9 Potsdam); Univ. München (Promot. 1942) - B. 1945 Kriegsdst. (Ltn.), dann Bayer. Unterrichts- u. Kultusmin. (Min.Rat). CSU s. 1945 - 1968 Bayer. VO., 1961 Komturkreuz Silvesterorden m. Stern, 1974 BVK.

MERKT, Hans
Dr. med. vet., Prof. f. Fortpflanzung u. Haustierbesamung - Im Gehäge 2, 3004 Isernhagen 2 (K.B.) (T. Hannover 73 36 26) - Geb. 3. Okt. 1923 Koblenz - S. 1958 (Habil.) Privatdoz., Wiss. Rat (1963), apl. Prof. (1963), Wiss. Rat u. Prof. (1963), o. Prof. (1965) Tierärztl. Hochsch. Hannover (Dir. Klinik f. Andrologie u. Besamung d. Haustiere) - BV: D. Schnittentbindung b. Rind in d. neuzeitl. Geburtshilfe. Zahlr. Einzelarb. - Ehrenprof. Universidade Federal do Rio Grande do Sul, Ehrenmitgl. Soc. de Veterinaria do Rio Grande do Sul u. Soc. de Veterinária de Pernambuco; korr. Mitgl. Soc. de Medicina Veterinaria Argentina, Dr. h. c. Univ. Federal Rural de Pernambuco u. Univ. Nacional de Asunción, Univ. Austral de Chile, Inhaber Iwanow-Medaille; Gold. Verdienstmed. Akad. Rolnicza/Warschau.

MERKWITZ, Jürgen
Dr. rer. nat., o. Prof. f. Informatik TH Aachen (s. 1973) - Schwerzfelder Str. 29c, 5106 Roetgen (T. 02471 - 29 36) - Geb. 24. Mai 1932 Bremen (Vater: Willy M., StudR; Mutter: Margarete, geb. Grashorn), ev., verh. s. 1960 m. Brigitte, geb. Hahn, 3 Kd. (Thomas, Gisela, Wolfgang) - Stud. d. Math. Univ. Heidelberg - 1960-73 Wissenschaftler Kernforschungszentrum Karlsruhe - Spr.: Engl.

MERL, Wilhelm Anton
Physiker - Ob. Wingertweg 69, 7530 Pforzheim - Geb. 19. Juni 1929 München, kath., verh. s. 1955 m. Gisela, 4 Kd. - TH München, Dipl. 1954 - 1971 Leit. Forsch. u. Entw. Doduco KG, 1975 Techn. Geschäftsf. Bayer. Metallwerke; 1989 Alleingeschäftsf. - BV: D. elektr. Kontakt, 1959 (übers. Russ. 1962); Werkstoffe f. elektr. Kontakte (Mitverf.), 1960. Ca. 60 wiss.-techn. Veröff. u. Pat. Mithrsg.: Elektr. Kontakte u. ihre Werkstoffe (1984).

MERSCHMEIER, Jürgen
Journalist, Sprecher d. CDU Deutschlands - Konrad-Adenauer-Haus, Friedrich-Ebert-Allee 73-75, 5300 Bonn 1 (T. 0228 - 544-522/1) - Geb. 16. Nov. 1946 Münster, kath. - Abit. 1966 Münster; 1966-72 Stud. Phil. u. Kath. Theol. Univ. Münster, Rom (Gregoriana) u. Bonn - 1973-77 Pers. Ref. d. CDU-Bundesgeschäftsf.; 1977-84 Redakt. Köln. Rundschau (zul. stv. Chefredakt.); 1985 Leit. Bonner Studio Aktuell Presse-Fernsehen (APF); s. 1985 Sprecher CDU - Liebh.: Enten sammeln, Lesen (hist. Lit., Biogr.), Theater, Wandern - Spr.: Engl., Ital., Franz.

MERSEBURGER, Peter
Journalist, Fernsehkorrespondent u. Studioleiter ARD-Studio London (s. 1987) - Zu erreichen üb. ARD-Studio London, Diadem House, 10-12 Great Chapel Street, London W1V 3AL - Geb. 9. Mai 1928 Zeitz, Regierungsbez. Merseburg (Vater: Karl Erich M. Graphiker; Mutter: Gertrud, geb. Troeger), verh. m. Sabine, geb. Rüdiger, 2 Kd. (Stephan, Kathrin-Carolina) - Leibniz-Obersch. Leipzig; Univ. Halle/S. u. Marburg (German., Neuere Gesch., Soziol.) - B. 1956 u. spät. Hannoversche Presse, dazw. NDR u. Neue Ruhr-Ztg., 1960-65 D. Spiegel (u. a. Korresp. Berlin u. Brüssel), seither NDR (1967 Leit. Fernsehsend. Panorama, 1969 Chefredakt. Fernsehen), 1977ff. ARD-Korresp. Washington u. Ostberlin (1982). SPD s. 1950 - BV: D. unberechenbare Vormacht - Wohin steuern d. USA?, 1983; Grenzgänger - Innenansichten d. and. dt. Republik, 1988 - Liebh.: Literatur, Schach, Schwimmen, Kochen - Spr.: Engl., Franz.

MERSMANN, Hermann
Dr. jur., Oberfinanzpräsident i.R., Leiter Oberfinanzdir. Köln (1971-80) - Riehler Platz 2, 5000 Köln 1 (T. 7 72 71); priv.: Mörikestr. 8, -51 - Geb. 21. Juni 1915 Kiel (Vater: Dr. jur. Heinrich M., Rechtsanwalt u. Notar), verh. m. Hildegard, geb. Ratzow - B. 1967 Oberfinanzdir. Köln, dann Berlin (Finanzpräs.; Leit. Abt. Zoll u. Verbrauchssteuern).

MERSON, Georg
Dr. jur. & oec. (coventry), Magister jur. u. Magister econ. (Warschau), Vorstandsmitglied Dr. Merson & Partner (Consulting) Ltd., London, Vors. VR u. Direkt. MBC Ind. Products Trading Corp., Wilimington/USA, Seniorpartner Dr. Merson & Partner, Untern.beratung, Diepoldsau/Schweiz - Sonnenstr. 1, CH-9444 Diepoldsau/St. Gallen - Geb. 20. März 1924 Wilna/Lit. (Vater: Prof. Dr.-Ing. Hermann M.; Mutter: Olga, geb. Gräfin Lutzensky Fittinghoff v. Schell), kath., verh. in 3. Ehe (1976) m. Galina, Künstlern. Lanskaja, 2 Kd. (Irene, Georg) - Gymn. Wilna u. Pinsk (Abit. 1941); 1941-43 kaufm. Lehre Reichskommissar f. d. Ukraine; 1943-45 Militäreins.; b. 1956 Staatsdst. Warschau (zul. Ltd. Ministerialdir. Min. f. Kultur u. Kunst); 1957-58 Rechtsanw.; s. 1959 Unternehmensberat.; Mitgl. Science Management Assoc., Boston/Philadelphia; Mitgl. Expertenring d. Bundesverb. Mittelständ. Wirtschaft BVMW, Bonn; Ehrenmitgl. Accad. Italia delle Asti e del Lavoro, Parma - BV (USA): D. dt. Steuerrecht, 1975; D. Steuerrecht u. d. Auslandsinvestition, 1976; D. Management, 1977; Betriebsaufspaltung - ein Maßanzug für mittelständ. Unternehmen, 1982 - 1944 EK I; 1955 Gr. Verdienstkreuz in Gold (Polen) - Spr.: Russ., Poln., Franz., Engl., Ital.

MERTÉ, Hanns-Jürgen
Dr. med., Prof. u. Direktor Augenklinik TU München/Fak. f. Med. (s. 1967) - Eisensteinstr. 1, 8000 München 80 (T. 98 03 22) - Geb. 17. Aug. 1921 Jena (Vater: Dr. phil. Willy M., Mathematiker u. Physiker Zeiss-Werke; Mutter: Antonie, geb. Popp), verh. s. 1956 m. Dr. med. Gertrud, geb. Richter, 4 Kd. (Birgit, Nicole, Ralph Laurent, Egmont) - Univ. Jena, Berlin. Promot. 1945; Habil. 1953 - 1953-67 Privatdoz. u. apl. Prof. (1961) Univ. München; zul. Chefarzt Augenabt. Städt. Krhs. rechts d. Isar ebd. S. 1961 Landesarzt f. Sehbehinderte, 1966 ff. Präs. Intern. Ges. f. Ergophthalmologie; Vors. Sektion Gutes Sehen Dt. Grünes Kreuz. Diverse Fachmitgliedsch. - BV: Grundl. d. Tonographie, in: Augenheilkd. in Klinik u. Praxis, 1958 (Herausg.: Rohrschneider); Sehorgan, Normale Anatomie, in: Pathologie d. Labor.stiere, Bd. I 1958 (Hrsg.): Cohrs, Jaffe, Meessen); Arbeits- u. Sozialmed. in: Axenfeld, Lehrb. u. Atlas d. Augenheilkd.; Ergophthalmologie, in: Augenheilkunde in Praxis und Klinik (Herausg.: François und Hollwich). Herausg.: Arbeitsmedizin, Fragen in d. Ophthalmol. (1969-87), Augenärztl. Fortbild. (1970-88), Clonidin in der Augenheilkunde (1974), Genesis of Glaucoma (1978); Mitheraus.: Pharmako-Therapie (s. 1977), Historia Ophthalmologica Internationalis (s. 1978), Claucoma Klin. Mb. Augenheilkd. (s. 1979, Hauptschr.leit.); Clinica oculistica e patologia oculare. Zahlr. Fachaufs. - 1955 korr. Mitgl. Chilen. Ophthalmol. Ges.; 1975 Charter Member Acad. Ophthalmologica Intern.; Ehrenmitgl. Franz. (1972) u. Span. (1973) Ergophthalmol. Ges., Österr. Ophthalmol. Ges., Griech. Ophthalmol.-Histor. Ges., Charter Member Intern. Glaucoma Congr.; Societas Ergophthalmologica Internat. (Präs. 1966, Ehrenpräs. 1978); Präs. Internat. Association of Ocular Surgeons (1980); Präs. Glaukomliga; 1981 Ernst-v.-Bergmann-Plak. d. Bundesärztekammer; 1982 Gold. Ehrennadel Dt. Grünes Kreuz; 1985 Univ.-Med. Neapel; 1986 Mansoura; 1986 Ismailia; 1987 Inst. Ocul. Roma; 1987 Joh.-Aug.-Heinr. Duncker-Med.; u. a. intern. u. nat. Ausz. - Spr.: Engl., Schr.: Franz., Span., Ital.

MERTEN, Detlef
Dr. rer. pol., Dr. jur., Prof. f. Staats- u. Verwaltungsrecht, Sozialrecht - von-Dalberg-Str. 8, 6731 St. Martin - Geb. 29. Nov. 1937 Berlin, ev., verh. s. 1966 m. Christiane, geb. Philipowski - 1956-60 Jura- u. Volksw. FU Berlin, Promot. 1963, Habil. 1971 - S. 1972 o. Prof., 1977-79 Rektor Hochsch. f. Verw.wiss. Speyer - BV: D. Inhalt d. Freizügigkeitsrechts, 1970; Rechtsstaat u. Gewaltmonopol, 1975; Rechtsstaatlichkeit u. Gnade, 1978; D. Katte-Prozeß, 1980; Gemeinsch.komment. z. Sozialgesetzbuch, 1978.

MERTEN, Hubert
Betriebswirt (grad.), Geschäftsf. Merten & Storck, Drensteinfurt - Amtshofweg 12, 4406 Drensteinfurt - Geb. 10. Febr. 1947.

MERTEN, Klaus
Dr. soc., Prof. f. Kommunikationsforschung - Pfarrweg 13, 6301 Annerod (T. 0641 - 4 24 21) - Geb. 31. Juli 1940 Potsdam (Vater: Rolf M., Dr.-Ing.; Mutter: Margit, geb. Ocholt), ev., verh. s. 1971 m. Frogard, geb. Nölting, 2 Söhne (Jan, Christoph) - TH Aachen, Univ. Münster, Dipl.-Soz. 1971, Promot. Univ. Bielefeld 1976 - 1972-76 Wiss. Assist. Univ. Bielefeld, 1976-78 Lehrst.-vertr. Univ. Mainz/Gießen, 1979 Prof. Univ. Gießen, 1984 Prof. Univ. Münster - BV: FORTRAN IV, 1975 u. 1980; Kommunikation, 1977; Inhaltsanalyse, 1983; Struktur d. Berichterstatt. d. Tagespresse, 1985; Bild d. Ausländer, 1986; FORTRAN 77, 1988; Nachrichten, 1990; Methoden, 1990 - 1977 Top Award Intern. Communication Association Berlin - Spr.: Engl., Lat., Neugriech.

MERTEN, Richard
Dr. med., Prof., Internist, Arzt f. Laboratoriumsmedizin - Brinckmannstr. 21, 4000 Düsseldorf - Geb. 6. Dez. 1910 Köln (Vater: Hans M., Mittelschullehrer; Mutter: Margarete, geb. Kraemer), kath., verh., 4 Söhne - Gymn. u. Univ. Köln. Promot. 1935; Habil. 1953 - Assist. Charité Berlin, Univ.klin. Köln u. Mainz, Max-Planck-Inst. Tübingen u. Regensburg; s. 1953 Lehrtätigk. Univ. Mainz (1959 apl. Prof.) u. Med. Akad. bzw. Univ. Düsseldorf (1961); Inst. f. Klin. Chemie; zw.zeitl. ärztl. Leit. u. Dir. Zentrallabor. Ges. z. Bekämpf. d.

Krebskrankh. NRW, Düsseldorf. Zahlr. Veröff. üb. Stoffwechselprobleme, Enzyme, Methoden z. Frühdiagnose d. Carcinoms, Qualitätssicherung in med. Labor - Spr.: Engl., Franz.

MERTENS, Dieter

Dr. rer pol., Dr. habil., Dipl.-Volksw., ehem. Direktor Inst. f. Arbeitsmarkt- u. Berufsforsch. (IAB), Oberdir. u. Prof. Hauptstelle d. Bundesanst. f. Arbeit a. D. - Noetherstr. 35, 8520 Erlangen (T. 09131 - 6 49 40) - Geb. 29. Jan. 1931 Krefeld (Vater: Dr. Heinz M., Facharzt; Mutter: Else, geb. Ruland), verh. s. 1954 m. Ursula, geb. Wolf (Dipl.Soz.päd., Stadtrat), 3 Kd. (Lutz †, Till, Kaj) - Gymn. Bonn; FU Berlin (Promot. 1963), Habil. 1974 Univ. Regensburg - Tätigk. in Handel u. Ind.; 1959 Dt. Inst. f. Wirtsch.forsch. Berlin; 1967-87 Dir. IAB; 1984-86 Mitgl. Sachverst.-Rat z. Begutacht. d. gesamtwirtschaftl. Entwickl. - Zahlr. Veröff. z. Wirtsch.-, Arbeitsmarkt- u. Bild.forsch. - 1987 BVK I. Kl.; Honorarprof. GH Kassel - Lit.: Resonanzen - Arbeitsmarkt u. Beruf, Forsch. u. Politik, Festschr. f. D. M. (1988).

MERTENS, Franz-Josef

Dr. jur., Abteilungsdirektor, MdB (Wahlkr. 95/Bottrop-Recklinghausen IV) - Gerichtsstr. 3, 4250 Bottrop (T. 02041 - 2 21 63) - SPD.

MERTENS, Hans-Joachim

Dr. iur., o. Prof. u. Direktor Inst. f. ausl. u. intern. Wirtschaftsrecht Univ. Frankfurt/M. - Kronberger Str. 16, 6240 Königstein 2 (T. 06174 - 57 77) - Geb. 25. Juli 1934 Guben (Vater: Heinz M., RA u. Notar; Mutter: Margarete, geb. Lange), verh. s. 1962 m. Isa, geb. Cuntze, 2 Kd. (Annette, Georg) - Stud. d. Rechtsu. Wirtsch.swiss. Univ. Kiel u. Lausanne; Promot. 1961 Kiel; Habil. 1966 Mainz - 1966 Privatdoz. Mainz, 1967 Prof. Lausanne - BV: D. Selbstbindung d. Verw. a. Grund d. Gleichheitsgrundsatzes, 1963; Eigentumsvorbehalt u. sonstige Sicherungsmittel d. Verkäufers im ausl. Recht, 1964; D. Begriff d. Vermögensschadens im Bürgerl. Recht, 1967; Wirtschaftsr. (m. Kirchner u. Schanze), 2. A. 1982. Zahlr. Fachveröff. Mitautor jur. Kommentare z. Aktien-GmbH- u. Bürgerl. Recht, u.a. Kölner Kommentar z. AktG: Vorst. (zul. 1989); AR u. KGaA; Hachenburg GmbHG: Durchgriff (zul. 1989) Geschäfsf.; Münchener Kommentar z. BGB: Deliktsrecht (zul. 1986); Soergel, BGB: Schadensrecht (zul. 1989). Gf. Herausg.: D. Aktienges. (1976ff.) - Spr.: Engl., Franz. - Rotarier.

MERTENS, Heinz

Dr.-Ing., Prof. TU Berlin (s. 1981) - Institut f. Konstruktionslehre u. Thermische Maschinen TU, Str. des 17. Juni 135, 1000 Berlin 12 (T. 030 - 31 42 23 35) - Geb. 30. Nov. 1936, kath., verh. s. 1962 m. Ursula, geb. Schier, 2 Kd. (Klaus, Antje) - Maschinenbau-Ing. 1959 Nürnberg, Dipl.-Ing. 1965 TH München, Promot. 1969 TH München - 1959-61 Robert Bosch GmbH Nürnberg, 1970-81 Siemens AG; Dynamowerk Berlin - BV: Hütte, Elektr. Energietechn., Beitrag: Mechan. Entwurfsberechn., 29. A. 1978.

MERTENS, Johannes

Dipl.-Hdl., Oberstudiendirektor, MdHB (s. 1982) - Quadenweg 24a, 2000 Hamburg 61 (T. 51 25 64) - Geb. 25. April 1935 Münster (Vater: Hermann M., Transportuntern.; Mutter: Maria, geb. Schröer), kath., verh. s. 1964 m. Eva-Beate, geb. Porsch, 3 Kd. (Marianne, Michael, Markus) - 1954-59 Stud. Univ. Münster u. Hamburg (Ex. 1959 u. 60) - 1959/60 Tutor intern. Franziskus-Kolleg Hbg.; s. 1960 Stud.rat, s. 1971 Oberstud.dir. 1968-74 Mitgl. gf. Landesvorst. GEW Hbg. (Kassenverw.). CDU (ab 1980 Kreisvors. Eimsbütel, ab 1980 Mitgl. Landesvorst. Hbg.) - BV: Mathematik f. Wirtschaftsschulen, Schulb. 1968 - Liebh.: Politik, Gesch., Math. - Spr.: Latein, Engl., Franz.

MERTENS, Meinolf

Landwirt, MdL Nordrh.-Westf. (s. 1966), Vors. Zweckverb. Naturpark Arnsberger Wald - 5768 Sundern 6/Sauerl. (T. 02933 - 36 80) - Geb. 4. Juni 1923 Bönkhausen, verh., 4 Kd. - Gymn. (Abit.); Höh. Landbausch. Staatl. gepr. Landw.; Meisterprüf. - S. 1956 stv. Landrat Kr. Arnsberg bzw. Hochsauerlandkreis. 1956 ff. MdK. CDU. 1979 Mitgl. Europ. Parlament.

MERTENS, Paul

Dr. phil., Verbandsgeschäftsführer i. R. - Albertus-Magnus-Str. 66, 5300 Bonn-Bad Godesberg (T. 33 04 47) - Geb. 9. Jan. 1903 Duisburg (Vater: Paul M., Landgerichtspräs.; Mutter: Anna, geb. Weghmann), kath., verh. s. 1937 m. Annemarie, geb. Müller-Castell, 4 Kd. (Michael, Gereon, Ursula, Stephanie) - Realgymn.; Univ. Freiburg/Br., München, Bonn (Promot. 1927), Köln (Phil., Rechtswiss.). Gr. jurist. Staatsprüf. 1931 Berlin - 1932-34 Verein z. Wahrung d. Interessen d. chem. Industrie Dtschl.s; 1934-45 Reichsverb. d. Dt. Ölmühlen bzw. Fachgr. Ölmühlenind. (2. Geschäftsf.); 1947-49 Verb. d. rhein.-westf. Fleischwarenind. (Gf.); 1949-69 Arbeitsgem. selbst. Unternehmer (Hgf. a.D.); 1968-71 Mitgl. Steuerreform-Kommission - 1969 BVK - Spr.: Engl. - Rotarier.

MERTENS, Peter

Dr., Dipl.-Wirtsch.-Ing., Prof. f. Wirtschaftsinformatik - Waldstr. 26, 8501 Rückersdorf (T. 0911 - 57 90 23) - Geb. 18. Mai 1937 Seifhennersdorf (Vater: Werner M.; Mutter: Elsbeth, geb. Grunewald), verh. s. 1976 m. Prof. Dr. Krista, geb. Rösel, Tocht. Kerstin - Oberrealsch. Saarbrücken; TH Darmstadt, TU München - 1960-66 wiss. Assist. TH Darmstadt u. TU München; Mitarb. u. Geschäftsf. Orga-Ratio AG; 1968-70 Prof. Univ. Linz/Österr.; s. 1970 Prof. Univ. Erlangen-Nürnberg - BV: u. a. Programmierte Einführ. in d. Betriebsw.-lehre; Industrielle Datenverarb.; Aufbauorg d. DV; Simulation; Zwischenbetriebl. Kooperat. u. Integrat. b. d. Datenverarb.; Betriebl. Dokumentation und Inf.; Substanzerhaltg. bei Scheingewinnbesteuerung; Betriebl. Expertensystem-Anwendungen; Lernprogramme Unternehmensanalyse m. Kennzahlen - Liebh.: Sport - Spr.: Engl., Franz.

MERTENS, Rudolf

Dipl.-Ing., Bergassessor a. D., Geschäftsführer Maschinenfabrik Möllers GmbH. - Berliner Allee Nr. 2, 4152 Kempen - Geb. 17. Juli 1935.

MERTES, Joachim

Bezirksgeschäftsführer SPD Rhld.-Hessen/Nassau, MdL Rhld.-Pfalz - Beller Weg 4a, 5449 Buch/Hunsrück - Zul. Landesgeschäftsf. SPD Rhld.-Pfalz.

MERTINS, Erich

Bankier, pers. haft. Gesellsch. Hermsbank (gegr. 1926), Hamburg - Kampstr. 5, 2000 Oststeinbek (T. Hamburg 712 29 19).

MERTINS, Günter

Dr. rer. nat., Prof. f. Geographie Univ. Marburg - Krokelstr. 30 6301 Krofdorf-Gleiberg; dstl.: Deutschhausstr. 10, 3550 Marburg - Zul. Prof. Univ. Gießen.

MERTNER, Edgar

Dr. phil., o. Prof. f. Engl. Philol. (emerit.) - Weierstraßweg 9, 4400 Münster (T. 8 65 28) - Geb. 13. Dez. 1907 Gurten/Posen, ev., verh. s. 1938, 4 Kd. - Univ. Marburg, Breslau, Berlin, Halle (German., Neuere Spr., Phil.). Promot. (1930) u. Habil. (1938) Halle - 1938 Privatdoz. Univ. Halle, 1947 apl. Prof. Univ. Kiel, 1951 Ord. u. Seminardir. Univ. Münster - BV: D. Prosawerk Rudyard Kiplings, 1940; Engl. Literatur v. d. Renaissance b. z. Gegenw. in: Standop/Mertner, Engl. Lit.gesch., 3. A. 1976 (m. H. Mainusch); Pornotopia, 1970 - Lit.: Festschr. z. 60. Geburtstag.

MERTSCH, Hans

Beamter, MdA Berlin (s. 1971) - Swakopmunder Str. 14, 1000 Berlin 65 (T. 451 79 89) - Geb. 15. April 1927 Berlin, verh., 2 Kd. - Obersch. Berlin, 1943-44 kaufm. Lehre (weg. Einberuf. nicht abgeschl.), ab 1946 Lehre Bezirksamt Wedding, Dt. Hochsch. f. Politik ebd. - B. 1953 Angest. öfftl. Dienst, dann Beamter (gegenw. Hauptsachbearb. Rudolf-Virchow-Krkhs.). SPD s. 1946.

MERTZ, Bernd-Arnulf

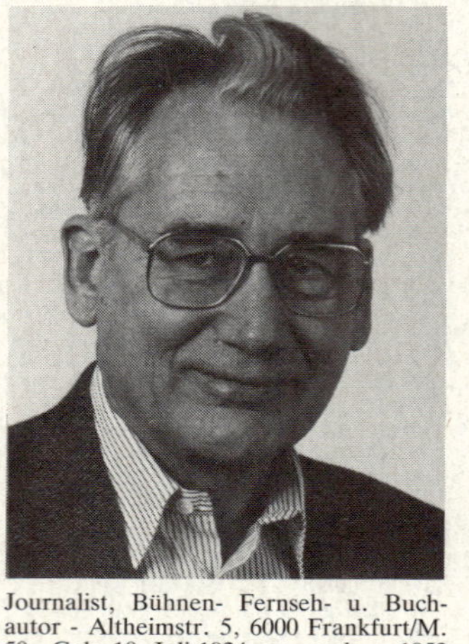

Journalist, Bühnen- Fernseh- u. Buchautor - Altheimstr. 5, 6000 Frankfurt/M. 50 - Geb. 10. Juli 1924, ev., verh. s. 1953 m. Christiane, geb. Eisler (Schausp.) - Abit., Schauspielsch. (Regiss.); Autodid. - Tätigk. als Seminarleit. - BV: Psych. Astrol. (I-III); Astrol.; Handdeutung; Tarot-Numerologie; D. Magie d. Zahlen; D. Horoskop in d. Hand; D. ägyptische Tarot; D. Esoterik in d. Atrologie, 1988; D. Karma im Tarot, 1988; Grundlagen d. Klass. Astrologie; Goldmann Handb. d. Astrologie; insges. 21 B. Fernsehsp.: Keine Spürhunde f. d. Fiskus; D. Aufgabe d. Dr. med. Graefe; u.a. Bühnenstücke: D. Boss ist tot; Erschieß mich doch, Liebling; u.a. - Liebh.: Relig., Ägypten.

MERTZ, Christian

Dr. rer. nat., Dipl.-Chem., Geschäftsf. Gesellschafter Lindenmeyer GmbH & Co., Heilbronn - Bergstr. 26, 7108 Möckmühl-Züttlingen - Geb. 1. Juli 1932.

MERVELDT, Gräfin v., Eka

Reisejournalistin - Zul. Wochenztg. D. Zeit, Hamburg - Seeliger Straße 11, 8000 München 81 (T. 98 74 95, 6) - Geb. 20. Mai 1911 Kowanowko, verh. 1949 m. Hanns Hubertus Graf v. M., Kunstmaler (Westf. Kunstpreis, Rom-Preis) †1969 - Oberlyzeum (Abit.); Volontär Scherl-Verlag Berlin; Ressortchef Redakt. D. Zeit, Hamburg - BV: Weltreisen f. Anfänger, 1963; Mexiko City f. Anfänger, 1968; Reisen zu neuen Weltwundern, 1968; 4 mal Florenz, 1982. Herausg.: Reise Textb. Florenz (1989) - 1969 Theodor-Wolff-Preis (f. d. Beitrag: Los Angeles oder D. Lust am Wohnen, D. Zeit 1968) - 1982 Premio Ponte Vecchio, Florenz - Spr.: Engl., Franz., Ital.

MERX, Volker

Dr. rer. pol., Hauptgeschäftsführer Industrie- u. Handelskammer Darmstadt - Rheinstr. 89, 6100 Darmstadt - Geb. 19. Dez. 1939 - Stud. Staatswiss. Univ. Göttingen u. Köln - 1966-72 wiss. Mitarb. Inst. f. Wirtschaftspolitik Univ. Köln (Prof. Müller-Armack); 1973-77 IHK Stade, 1978-86 Hauptgeschäftsf. IHK Offenbach/M.

MERZ, Erich

Dr. rer. nat., Prof., Institutsdirektor Kernforschungsanlage Jülich, Inst. f. Chem. Technologie RWTH Aachen - Nordstr. 44, 5170 Jülich (T. priv.: 02461 - 29 71; dstl.: 02461 - 61 31 14) - Geb. 30. Okt. 1928 Albstadt, ev., verh. s. 1955 m. Elisabeth, geb. Stein, 2 Söhne (Klaus, Bernd) - Chemiestud. Univ. Mainz; Ing.-Schule Essen; Ing. (grad.) 1952; Dipl.-Chem. 1955; Promot. 1957; Habil. 1965 Aachen - 1955-58 wiss. Assist. Max-Planck-Inst. f. Chemie Mainz; 1959-60 Res. Assoc. Carnegie Inst. of Technology, Pittsburgh, Pa/USA; 1961-67 KFA Jülich (Abt.-Leit. f. Radiochemie u. Chem. Technol., s. 1968 Inst.-Dir., s. 1974 Mitgl. Reaktorsicherheitskommiss.). Ca. 230 wiss. Veröff. u. 20 Patente - 1978 BVK am Bde. - Spr.: Engl., Franz.

MERZ, Ferdinand

Dr. phil., o. Prof. f. Psychologie (Lehrstuhl II) u. Direktor Inst. f. Psych. Univ. Marburg (s. 1964) - Unter d. Gedankenspiel 3, 3551 Wehrda (T. Marburg 8 27 33) - Geb. 16. Mai 1924 Chicago - Habil. 1960 Würzburg, zul. Univ. Marburg. Fachveröff.

MERZ, Friedhelm

Journalist, Chefredakteur sozialdemokr. Wochenzeitung Vorwärts (b. 1987) - Am Römerlager 21, 5300 Bonn 1 (T. 02221 - 67 17 05) - Geb. 11. Okt. 1937 Iserlohn/W. (Eltern: Peter (Schneidermeister) u. Paula M.), kath., verh. s. 1961 m. Elisabeth, 2 Söhne (Markus, Tobias) - Stud. Rechts- u. Staatswiss., Soziol. Münster, Marburg - 1963-65 fr. Journ.; Abt.sleit. Hilfswerk Misereor, Aachen; 1970-71 Wochenztg. Publik; 1972 Entwicklungsmin.; 1973-74 Büro Bundeskanzler Willy Brandt; 1974-76 Chefredakt. sozialdemokrat magazin - BV: Ministory, 1964; E. Provisorium lacht, 1965; D. zweite Entwicklungsjahrzehnt 1970-1980, 1970; Entwicklungshilfe - Versuch e. Gesamtdarstell., 1969/70; Freiheit für den Sieger / Dokumentation der port. Revolution 1974 (Hrsg.), 1976; Vorwärts 1876-1976 (Hrsg.), 1976 - Spr.: Engl., Franz.

MERZ, Horst

Dr. rer. nat., Univ.-Prof. f. Physik Univ. Münster - Stellmacherweg 142, 4400 Münster (T. 02534 - 4 12) - Geb. 20. Juni 1933 Heidelberg - Physik-Stud., Promot. 1966, Habil. 1971, Prof. 1972.

MERZ, Klaus

Schriftsteller - CH-5726 Unterkulm - Geb. 3. Okt. 1945, verh. - 1965-70 Primar- u. Sekundarlehrerdipl. - BV: Latentes Material, Erz. 1978; D. Entwurf, Erz. 1982; Bootsvermietung, Prosa u. Ged. 1985; Tremolo Trümmer, Erz. 1988. Div. Theaterarb., Hörsp. u. FS-Drehb. Auff. in d. Schweiz u. BRD - 1976 u. 81 Werkjahre f. Lit. d. Kt. Aargau; 1979 Preis d. Schweiz. Schiller-Stiftg. - Spr.: Franz., Engl.

MERZ, Ludwig

Dr.-Ing., emerit. o. Prof. u. Direktor Inst. f. Meß- u. Regelungstechnik TU München (s. 1961) - Stiftsbogen 74, 8000 München 70 (T. 709 69 21) - Geb. 25. Jan. 1905 Pirmasens/Pf. (Vater: Ludwig M., Studienprof.; Mutter: geb. Henle), kath., verh. s. 1931 m. Theresia, geb. Besold, 3 Kd. (Uta, verehel. Schäfer; Florian; Maria, vereh. Kürpik) - Reifeprüf. 1924 Gymn. Ludwigshafen/Rh.; Dipl.-Ing. (Elektrotechnik; 1929), Promot. (1936; m. Ausz.), Habil. (1949) TH München - 1930-61 Siemens & Halske AG, Berlin/Erlangen/Karlsruhe (1942 Handlungsbevollm., 1950 Prok., 1954 Abt.-Dir.). 1949-61 Privatdoz. u. apl. Prof. f. Meß- u. Regelungstechnik (1956) TH München u. Karlsruhe (1958). Erf.: Gleichstromverstärker in Saugschaltung f. elektron. Verstärker - BV: Regelung in Instrumentierung v. Kernreaktoren, Bd. I 1961; Grundkurs d. Regelungstechn. - Einf. in d. prakt. u. theoret. Meth., 9. A. 1988; Grundkurs d. Meßtechnik, Teil I (D. Messen elektr. Größen) 5. A. 1977; Teil II (D. elektr. Messen nichtelektr. Größen) 5. A. 1980 - 1980 BVK I. Kl.

MERZ, Walter

Dr. rer. pol., Dipl.-Kfm., Ing. VDI, Direktor i. R., AR-Mitgl. Signal Lebensvers. AG u. DEUFINANZ AG, bde. Dortmund - Am Knappenberg 88, 4600 Dortmund (T. 12 31 48) - Geb. 16. Jan.

1922 Stuttgart, ev., verh. s. 1958 m. Renate, geb. Gayler, 3 Kd. - TH Stuttgart; WH Mannheim; Univ. Heidelberg - BV: Z. Ermittlung d. wagnistreuen Prämie f. d. Betriebsunterbrechungsversich., 1952 - Ehrenamtl. Richter LG Dortmund (s. 1975).

MERZBACHER, Klaus Peter

Chefdramaturg, Regiss. - Im Rehteich 11, 7506 Bad Herrenalb od. Hirtenstr. 7, 8600 Bamberg (T. 0951 - 2 30 58) - Geb. 26. Okt. 1948 Pähl/Weilheim am Ammersee - Stud. German., Theaterwiss., Musikgesch. Univ. Erlangen - S. 1972 Dramat. u. Regiss. div. dt. Theater; 1981-86 Lehrauftr. Univ. Trier; s. 1987 Chefdramat. Theater Baden-Baden - Insz.: Schwerp. Werke d. 20. Jh. (u.a. Orton, Seid nett zu Mr. Sloane, 1977; Miller, D. Tod d. Handlungsreisenden, 1978; Borchert, Draußen v. d. Tür, 1980; Mrzok, Satiren, 1981; Faßbinder, Blut am Hals d. Katze, 1982; Saunders, Herbst 1984; Brasch, Mercedes 1986) - Interesse: England u. d. engl. Theater.

MERZDORF, Günther

Bezirksstadtrat, s. 1982 zugl. stellv. Bez.-Bürgerm. - Matterhornstr. 76f, 1000 Berlin 38 (T. 803 37 91) - Geb. 8. April 1926 Potsdam (Vater: Johannes M., Kaufm.; Mutter: Gertrud, geb. Schreiner), ev., verh. s. 1952 m. Karla, geb. Schultz, T. Alexa - Gymn. (Reifeprüf. n. Kriegsdst. u. Gefangensch.); FU Berlin (Publizistik, Soziol., Psych., Phil.) - 1951-54 fr. Journ., dann Aufnahmeleit. u. Regieassist. SFB, 1957-62 pers. Ref. Senator f. Volksbild. (Prof. Tiburtius); s. 1962 Bezirksstadtrat Zehlendorf (1962 f. Wirtschaft, 1965 zugl. f. Finanzen, s. 1975 f. Sozialwesen). CDU (1956-69 Kr.vors. Zehlendorf), s. 1975 Mitgl. German-American Committee Berlin - 1980 BVK.

MERZKIRCH, Wolfgang

Dr. rer. nat., Prof. f. Physik u. Strömungstechnik - Brockhauser Str. 66, 4630 Bochum (T. 0234 - 79 33 50) - Geb. 1. Aug. 1935 Wittenberg (Vater: Franz M., Phys.; Mutter: Grete, geb. Roth), kath., verh. s. 1964 m. Brita, geb. Koopmann, 2 Kd. (Susanne, Christoph) - Stud. Univ. Freiburg - Prorektor f. Forsch. Ruhr-Univ. Bochum - BV: Flow Visualization, 1974, 1987; Flow Visualization II, 1981.

MERZYN, Gottfried

Dr. rer nat., Dipl.-Phys., Prof. f. Didaktik d. Physik Univ. Göttingen (s. 1980) - Waldweg 26, 3400 Göttingen (T. 0551 - 39-92 20) - Geb. 11. Juni 1941 Berlin - 1961-66 Physik-Stud. Univ. Heidelberg, Bonn; Dipl.-Phys. Heidelberg, 1966; Dr. rer. nat. Bonn, 1970 - 1972 Doz. PH Nieders. - Zahlr. Fachveröff.

MESALLA, Horst

Dr., Generalintendant Schlesw.-Holst. Landestheater u. Sinfonieorchester - Lollfuß 53, 2380 Schleswig - Geb. 1935.

MESCHKAT, Klaus

Dr. phil., Prof. f. Sozialwissenschaften Univ. Hannover - Sedanstr. 49, 3000 Hannover 1 (T. 0511 - 31 34 87) - Geb. 29. Okt. 1935 Berlin - Stud. Soziol. u. osteurop. Gesch. FU Berlin; Promot. 1965 - 1958/59 Vors. Verb. Dt Studentensch. (VDS); 1965-68 wiss. Assist. Osteuropa-Inst. FU; 1968/69 Gastprof. in New York (NYU), 1969/70 in Medellín/Kolumbien, 1973 in Concepción (Chile); s. 1975 Univ. Hannover - BV: D. Pariser Kommune im Spiegel d. sowjet. Geschichtsschreib., 1965; Kolumbien. Gesch. u. Gegenw. e. Landes im Ausnahmezustand, (m. a.) 1980. Mitherausg. Jahrb. Lateinamerika. Analysen u. Berichte (jährl. s. 1977) - Spr.: Engl., Span., (Russ., Franz. u. Portug.).

MESCHKE, Hildegard

Schriftstellerin (Ps.: Hilde Ahemm) - Forststr. 91, 7000 Stuttgart (T. 61 31 76) - Geb. 18. Juli 1908 Berlin - BV: Kl. Strophe im ewigen Lied, N. 1939; Begegnung zw. Traum u. Tag, Kindheitsgesch. 1941; D. hungrigen Augen, N. 1946; Florian, R. 1948; D. verschwender. Herz, R. 1952; Tates Wahltochter, Erz. 1976. Lit.kritiken.

MESCHKOWSKI, Herbert

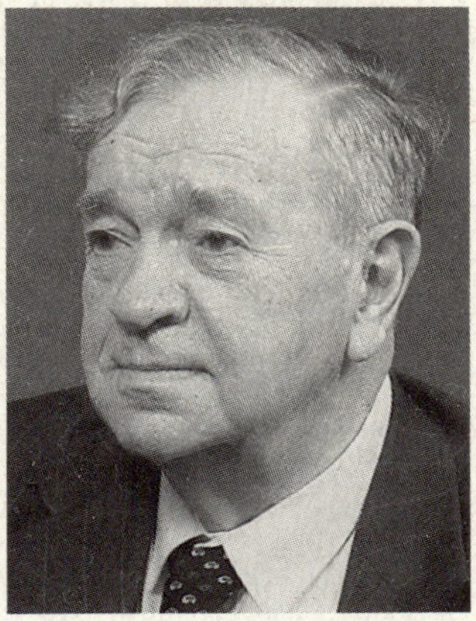

Dr. phil., Prof., Mathematiker - Türksteinweg 5, 1000 Berlin 37 (T. 815 16 70) - Geb. 13. Febr. 1909 Berlin (Vater: Eduard M., Hauptwachtm.; Mutter: Emma, geb. Schäfer), ev., verh. s. 1936 m. Magdalena, geb. Meitz, 4 Kd. (Inge, Christa, Helmut, Katrin) - Univ. Berlin (Promot.). Habil. 1954 FU Berlin - Studienrat Berlin; s. 1949 Doz. u. o. Prof. (1962) Päd. Hochsch. Berlin (1962-64 Rektor); s. 1954 Privatdoz. u. apl. Prof. (1960) FU Berlin - BV: Nichteuklid. Geometrie, 1954; Wandlungen d. math. Denkens, 3. A. 1963 (auch ital.); Differenzgleichungen, 1959; Ungelöste u. unlösbare Probleme d. Geometrie, 1960; Christentum im Jh. d. Naturwiss., 1962; Hilbertsche Räume m. Kernfunktion, 1962; Unendl. Reihen, 1963; Reihenentwickl. in d. math. Physik, 1964; Einf. in d. mod. Math., 1964; Math. als Bildungsgrundl., 1965; Math. Begriffswörterb., 1965; Grundl. d. euklid. Geometrie, 1966; Probleme d. Unendlichen - Werk u. Leben Georg Cantors, 1967; Wahrscheinlichkeitsrechnung, 1968; Zahlen, 1970; Funktionen, 1970; 100 Jahre Mengenlehre, 1973; Theorie d. Punktmengen, 1974 (m. J. Ahrens); Ungelöste u. unlösb. Probl. d. Geometrie, 1975; Richtigk. u. Wahrh. in d. Math., 1976; Problemgesch. d. neueren Math. (1800-1950), 1978; Math. u. Realität, 1979; Problemgesch. d. Math. I, II, 1980, 1981. Hrsg.: Mathematiker-Lex. (1969); Didaktik d. Math., 1972-74; Zur erkenntniskritischen Funktion d. Mathematik, 1982; Was wir wirkl. wissen - D. exakten Wiss. u. ihr Beitr. z. Erkenntnis, 1984; E. jeder nach seiner Façon, Berliner Geistesleben v. 1700-1810, 1986; V. Humboldt b. Einstein. Berlin als Weltzentrum d. exakten Wiss., 1989 - Spr.: Engl., Franz.

MESCHZAN, Dietrich

Dipl.-Kfm., Geschäftsführer Grünzweig + Hartmann MONTAGE GmbH - Bürgermeister-Grünzweig-Str. 1, 6700 Ludwigshafen (T. 0621 - 50 22 00) - Geb. 27. Jan. 1933 Berlin, ev., verh. s. 1963 m. Ursula, geb. Kübler, 3 Kd. - Abit.; Lehre Ind.-Kaufm., Stud. Betriebswirtsch. Univ. Frankfurt, Dipl.-Kfm. 1961 - S. 1975 Geschäftsf. G + H MONTAGE GmbH.

MESEKE, Hedda

Dr. jur., Staatssekretärin im Ministerium f. Ernährung, Landwirtschaft u. Forsten - Zu erreichen üb. Calenberger Str. 2, 3000 Hannover (T. 12 01) - Geb. 18. Juli 1942.

MESKE, Christoph

Dr. rer. nat., Prof. f. Biologie - Bundesforschungsanstalt f. Fischerei, Außenstelle Ahrensburg - Wulfsdorfer Weg 204, 2070 Ahrensburg - Geb. 14. Sept. 1928 Essen (Vater: Bruno M., Dipl.-Chem.; Mutter: Erna, geb. Blank), ev., verh. s. 1965 m. Barbara, geb. Wiskott, 3 T. (Dagmar, Ulrike, Gesine) - Math.-nat. Gymn. Schwerte/Ruhr; Stud. Biol. Univ. Münster, Promot. (Zool.), Habil. 1972 Göttingen - 1961-65 Inst. f. med. Parasitol. Univ. Bonn, 1965-69 MPI Ahrensburg, Leit. Außenstelle BFA f. Fischerei, s. 1975 apl. Prof. f. Aquakultur u. Nutzfischprod. Göttingen - BV: Aquakultur v. Warmwasser-Nutzfischen, 1973 - Liebh.: Jagd - Spr.: Engl.

MESSEMER, Hannes

Schauspieler - Zu erreichen üb. Agentur Doris Mattes, Pilotystr. 2, 8000 München 22 (T. 089 - 22 94 33) - Geb. 17. Mai 1924 Dillingen/D., verh. in 4. Ehe m. Monika Kreusch - Abitur - 1942-46 Wehrdst. u. Kriegsgefangensch., dann Engagements Städtebundtheater Tübingen, Landestheater Hannover, Schauspielhaus Bochum (Pariser Gastsp.: D. Teufel u. d. lb. Gott, D. Dreigroschenoper (Mackie Messer), Marquis v. Keith), Kammersp. München, Theater in d. Josefstadt Wien. Filme: Rose Bernd (August Keil; Bundesfilmpreis 1957), D. stählerne Turm, Madeleine u. d. Legionär, Nachts, wenn d. Teufel kam (Bundesfilmpreis 1958), D. Arzt v. Stalingrad, Taiga, Babette sa va-t-en Guerre, Il Generale delle Rovere (Golden Gate Award 1959 San Francisco, Grand Prix 1960 Acad. du Cinema Paris), Ihr Verbrechen war Liebe, D. Kunstseidene Mädchen, D. Tag, d. nie zu Ende geht, D. rote Hand, D. Brücke d. Schicksals, Auf Engel schießt man nicht, Transport, Mord am Canale Grande, Gesprengte Ketten u. a.; Fernsehen: u. a. D. Verschwörung, D. 21. Juli (Goerdeler), E. Fall f. Goron, Separatfrieden.

MESSER, Hans

Dr. rer. pol., Vorsitzer d. Geschäftsfg. Messer Griesheim GmbH, Frankfurt/M., gf. Gesellsch. Messer Industrie GmbH, Königstein, Chairman Messer Griesheim Industries Inc., Wilmington/USA, Distillers MG Ltd., u. Messer Griesheim Ltd., Großbritannien; VR-Mitgl. Schweißtechnik AG, Schweiz; Beiratsmitgl. Ruma-Plastik GmbH, Wiesbaden - Hardtberg, 6240 Königstein/Ts. (T. 39 42; Büro: Frankfurt/M. 4 01 91) - Geb. 1. Febr. 1925 Frankfurt/M. (Vater: Adolf M., Ing., Begr. Stammfa. †1954; Mutter: Thea, geb. Bicker), verh. s. 1948 m. Ria, geb. Kaiser, 3 Kd. (Thomas, Stefan, Andrea) - Stud. Chemie u. Betriebsw. Frankfurt u. Köln - S. 1945 väterl. Untern. (1953 Leitg.) - 1962 Ehrensenator TH, jetzt TU Braunschweig; Präs. IHK Frankfurt; 1982 BVK I. Kl. - Spr.: Engl., Franz., Span. - Rotarier. 1979 Norw. Konsul f. Hessen; 1985 Gr. BVK; 1985 Ehrensenator TH Darmstadt.

MESSER, Walter

Dr. rer. nat., Honorarprof. f. molekulare Biologie, Mikrobiol. u. Biochemie FU Berlin - Hammerstr. 45d, 1000 Berlin 37 - Univ. Stuttgart u. Tübingen (Biol., Biochemie; Promot. 1963) - 1963-65 Max-Planck-Inst. f. Virusforsch.; 1965-67 Univ. Calif., Berkeley; s. 1968 MPI f. molekul. Genetik, Berlin.

MESSERER, Friedrich

Dipl.-Volksw., Generalbevollm. Direktor Siemens AG. - Atzelsberger Steige 28, 8520 Erlangen - Geb. 17. Mai 1918 Hengersberg/Ndb.

MESSERER, Rainer

Oberstudienrat, MdL Bayern (s. 1978) - Fichtenstr. Nr. 30, 8832 Weißenburg/Mfr. - Geb. 11. März 1943 Treuchtlingen - Gymn. Weißenburg (Abit. 1962); Univ. Erlangen (Päd., Chem., Biol.). Staatsex. 1967 u. 69 - S. 1969 Werner-v.-Siemens-Gymn. Weißenburg. 1972 ff. MdK Weißenburg-Gunzenhausen (b. 1978 Fraktionsf.); 1978 ff. Mitgl. Stadtrat Weißenburg. SPD.

MESSERKNECHT, Walter

Dipl.-Kfm., Geschäftsführer u. Gesellsch. Diedrich Messerknecht GmbH & Co., Bremen - Gustav-Brandes-Weg 7B, 2800 Bremen 33 - Geb. 4. Sept. 1929, ev., verh. s. 1960 m. Erika, geb. Lassen, 2 Kd. (Stefan, Andrea) - Ausb.: Einzelhandelskaufm.; Betriebsw.-Stud., Diplomex. 1954 Univ. Hamburg - Geschäftsf. u. Gesellsch. Messerknecht Datensysteme GmbH, Meister Computerpartner GmbH & Co., Bremen; AR-Vors. BFL Ges. d. Bürofachhandels mbH & Co.; Vors. Fachverb. Bürowirtsch. Bremen; stv. Beiratsvors. Handelskammer Bremen Einzelhandels-Abt., Beirat Bundesverb. Bürowirtsch.; Vors. Bremer Hockey-Club u. Golf-Club Oberneuland; Vorst.-Mitgl. Rotary-Club Bremen-Roland, Einzelhandelsverb. Nordsee - Liebh.: Tennis, Jagd, Gesch. - Spr.: Engl. - Rotarier.

MESSERSCHMID, Ernst

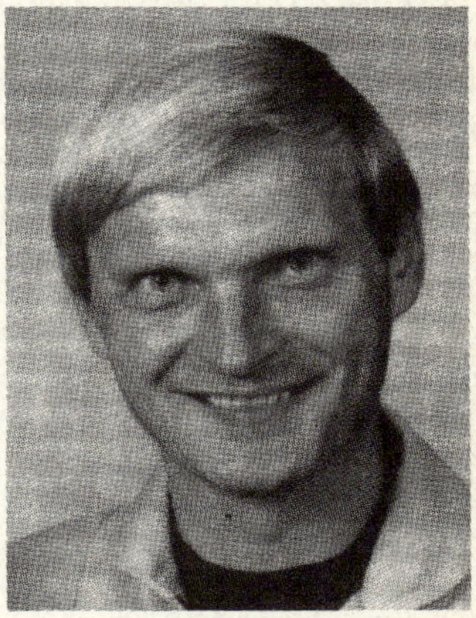

Dr. rer. nat., o. Prof., Physiker u. Wissenschafts-Astronaut - Der Schöne Weg 6, 7410 Reutlingen (T. 07121-4 32 43) - Geb. 21. Mai 1945 Reutlingen, ev., verh. s. 1977 m. Gudrun, geb. Hess - Hochschulreife (2. Bildungsweg) 1965; 1967-72 Stud. Physik Univ. Tübingen u. Bonn, 1970-73 Förder. durch Studienstiftg. d. dt. Volkes u. 1970-75 CERN-Fellowship; Dipl. 1972; Promot. 1976 Univ. Freiburg - 1975-76 Wiss. Assist. Univ. Freiburg; 1975/76 Mitarb. b. Entwurf u. Bau v. Teilchenbeschleunigern im Brookhaven National Laboratory u. 1977 DESY; 1978-82 wiss. Mitarb. DFVLR-Inst. f. Nachrichtentechnik, Oberpfaffenhofen. S. 1983 Wissensch.-Astronaut DFVLR, Köln-Porz; 30.10.-6.11.1985 Spacelab-Mission D1 m. Challenger. Wiss. Schwerp.: Experiment. u. theoret. Arb. an Protonenstrahlen in Kreisbeschleunigern, Mitarb. an d. Strahloptik d. PETRA Speicherrings b. DESY, Hamburg, Mitarb. b. d. Entw. v. satellitengestützten Seenotrufsyst.; wiss. u. operationelle Vorbereit. v. D-1 bzw. D-2 Spacelab-Experimenten; s. 1986 Dir. u. Prof. Inst. f. Raumfahrtsysteme d. Univ. Stuttgart. Rd. 40 Veröff., davon 13 in intern. Ztschr. u. Tagungsbd. - BV: D1-Unser Weg ins All, 1985 (m. a.) - 1976 Preis d. Wiss. Ges. Freiburg/Br.; 1985 BVK I. Kl. u. Verdienstmed. Land Baden-Württ.; 1985 Space Flight Medal d. NASA - Liebh.: Segel- u. Flugsport (Hochsee-Segelschein, Privatpiloten-Lizenz), Skifahren, Musik, Reisen - Spr.: Engl., Franz., Russ. (Grundkenntn.).

MESSERSCHMIDT, Edgar

Kaufmann, Vorstandsmitgl. Erste Allg. Versicherung AG, Wien - Brandstätte 7-9, A-1011 Wien 1 - Geb. 12. März 1925 Hamburg (Vater: Eberhard M., Kaufm.; Mutter: Erna, geb. Stephan), ev., verh. s. 1949 m. Dina, geb. v. Böckmann - Realsch. Madrid, Antwerpen, Johannesburg, Salem (Abit. Oberrealsch. Madrid) - 1943-46 Seeoffz., 1947-51 Kaufm. Spanien, b. 1960 Handelsattaché Mexico u. Kanada, b. 1975 Münchener Rück (Abt.-Dir.), 1976-79 INARe, Brüssel, s. 1979 s.o. - Liebh.: Segeln, Tennis, Astronomie - Spr.: Span., Engl., Franz., Ital., Portug.

MESSERSCHMIDT, Hans

Dr.-Ing., Bergass. a. D., Bergwerksdirektor - Leneckeweg 3, 4600 Dortmund-Kirchhörde (T. 73 68 34) - Geb. 30.

April 1926 Dortmund (Vater: Dr. Ludwig M., Prok. Harpener Bergbau AG.; Mutter: Erna, geb. Lindemann), ev., verh. s. 1956 m. Brigitte, geb. Haack, 3 Kd. (Jörg, Ina, Volker) - Bergakad. Clausthal. Dipl.-Ing. 1951; Promot. 1953; Bergass. 1955 - 1957-61 Rheinelbe Bergbau AG. (1959 Betriebsdir.); 1962-69 Hansa Bergbau AG. (1965 Vorstandsmitgl.), 1966 Spr. d. Vorst. Rheinelbe Bergbau AG, 1970 Ruhrkohle AG; Mitgl. d. Vorst. Bergbau AG, Gelsenkirchen, 1972 Spr. d. Vorst. Bergbau AG Gelsenkirchen; u. d. Bergbau AG Herne/Recklinghausen, 1977-84 Vorstandssprecher Bergbau AG Lippe; 1984 Vorstandssprecher Bergbau AG Niederrhein - Div. Mandate - Liebh.: Jagd, Golf, Musik - Rotarier.

MESSERSCHMIDT, Heino
Dr. sc. agr. h. c. (Göttingen), Intern. Agrarberater (Spez. f. Tierproduktion in Tropen u. Subtropen) - 2215 Gokels Krs. Rendsburg-Eckernförde (T. 04872 - 25 22) - Geb. 10. Dez. 1915 Braunschweig.

MESSERSCHMIDT, Lothar
Dr. iur., Prof., Bundesrichter Bundesverwaltungsgericht (s. 1970) - Hardenbergstr. 31, 1000 Berlin 12 - Geb. 1. Juli 1923 Rügenwalde (Vater: Fritz M., Oberst a. D.), verh. m. Barbara, geb. Höer, 2 Kd. (Christian, Dietrich M.) - Zul. OVG Hamburg.

MESSERSCHMIDT, Otfried
Dr. med., Prof. - Mortonstr. 13, 8000 München 45 (T. 31 66 11) - Geb. 29. Dez. 1920 Rügenwalde/Pom. (Vater: Friedrich M., Offz.; Mutter: Katharina, geb. Richter), ev., verh. s. 1982 m. Doris, geb. Funk, 8 Kd. (Christiane, Ulrike, Fritz, Otfried, Daniel, Franziska, Alexander, Theresa) - Med.-Stud.; Facharztausb. als Radiol. - 1945-56 Röntgenol. (Klinik); 1956-81 Bundeswehr (Ehem. Leit. Labor. f. exper. Radiol., München, Oberstarzt a. D.). 1974ff. Vors. Vereinig. Dt. Strahlenschutzärzte - BV: Auswirkungen atomarer Detonationen auf d. Menschen, 1960; Chirurgie d. Gegenwart. Kombinationsschäden als Folge nuklearer Explosionen, 1975. Medical Procedures in a Nuclear Disaster, Biol. Folgen v. Kernexplosionen, 1984. Herausg. Strahlenschutz in Forsch. u. Praxis, 1979 - Redakt. u. Herausg. Med. Fachb. - Spr.: Engl., Franz. - Bek. Vorf.: Daniel Gottlieb Messerschmidt (1685-1735), Arzt u. Forschungsreisender Sibirien.

MESSING, Theodor
Dr.-Ing., gf. Gesellsch. Industrie Consult Dr. Messing GmbH, Duisburg, Vorst.-Mitgl. Unternehmerverb. Ruhr-Niederrh., Mitgl. IHK Vollvers. Niederrh.-Wesel, Beiratsmitgl. Ges. f. Technologieförd. u. Technologieberatung Duisburg - Tannenstr. 41, 4330 Mülheim/Ruhr - Geb. 15. Nov. 1924.

MESSINGER, Bernd
Landtagsvizepräsident - Zu erreichen üb. Hess. Landtag, Schloßpl. 1, 6200 Wiesbaden - S. 1983 MdL Hessen (Grüne-Fraktion; 1985 wie oben).

MESSMER, Bruno-Josef
Dr. med., o. Prof. TH Aachen - II. Rote Haag Weg 17, 5100 Aachen - Geb. 8. Mai 1936 Rorschach/SG (Vater: Josef M., Schlosser; Mutter: Elisabeth, geb. Schmid), kath., verh. s. 1964 m. Ursula, geb. Boesch, 2 Kd. (Tatjana, Claudia) - Spez. Arbeitsgeb.: Thorax-, Herz- u. Gefäßchirurgie. Fachmitgl.sch. - Liebh.: Musik - Spr.: Engl., Franz., Ital.

MESSMER(ß), Kurt
Dr., Bundesrichter Bundesfinanzhof - Ismaninger Str. 109, 8000 München 27 - Geb. 14. April 1922.

MESSNER, Reinhold
Bergsteiger, Autor, Bergbauer, Vortragsredner - I-39020 Juval/Staben - Geb. 17. Sept. 1944 Brixen, T. Láyla (Mutter: Nena Holguin), T. Magdalena (Mutter:

Sabine Stehle) - Zahlr. Bergbücher (div. Übers.) u. Filme (Himalaja) - 2 mal Aufstieg Mount Everest (zul. im Alleingang); bestieg alle 14 Achttausender, Klettertouren in allen Kontinenten - 1982 Kgl. Orden Nepal; 1986 Sitara-i-Imtiaz Orden Pakistan; 2. ital. Orden: Cav. u. Comm.; Literaturpreise Primi Monti u. DAV; e. olympische Med. in Calgary abgelehnt; 1989 Ispo-Preis München.

MESSNER, Rudolf
Dr. phil., Prof. f. Erziehungswissenschaft Univ.-GH Kassel - Burgfeldstr. 8, 3500 Kassel (T. 31 10 27) - Geb. 26. Juli 1941 Schwaz (Österr.) (Vater: Jakob M., Postbeamter; Mutter: Leopoldine, geb. Feiler), kath., verh. s. 1972 m. Annelies, geb. Hackl - Lehrerex. 1960-62, Promot. 1967 Univ. Innsbruck - 1960-63 Lehrer an Grund- u. Sekundarsch.; 1967-72 Wiss. Assist. Univ. Konstanz u. Bern; s. 1972 Prof. f. Erzieh.wiss. Kassel; 1976-82 Vors. Ref. Schulprakt. Studien; 1984-87 Fachgutachter Erzieh.wiss. d. DFG; s. 1986 im Direktorium Wiss. Zentr. I d. GH Kassel - BV: Didakt. Impulse (m. H. Rumpf), 1971; Didaktik off. Curricula (m. A. Garlichs u. a.), 1974; Schuldeutsch? (m. H. Rumpf), 1976. Herausg.: Lesegesch. als Kulturaneignung (1984), Mithrsg.: Unterrichtet wird auch morgen noch (1982); Bildung u. Zukunft (1989); zahlr. Leseb. - Liebh.: Gesch., Lit. - Spr.: Engl. - Bek. Vorf.: Prof. Johannes M., Sozialethiker (Onkel); Prof. Joseph M., Domkapellmeister u. Komp. (Onkel).

MESSTHALER, August
Prof. f. Sologesang u. Methodik d. Gesangsunterrichts Staatl. Hochsch. f. Musik u. Darst. Kunst Stuttgart, Konzertsänger (Bass) - Gietmannstr. 54A, 7000 Stuttgart 80 - Geb. 3. Juli 1920 München, kath., verh. m. Brigitte, geb. Grigutsch, 2 S. (August, Horst Ulrich) - Abit. 1939; Stud. German. u. Päd. Univ. Wien u. München; Staatsex. 1947 u. 49; Gesangsstud. b. Prof. Albert Mayer, Konzertreifeprüf. 1949; weit. Stud. b. Prof. Lohmann u. Martienssen-Lohmann - S. 1950 Konz. u. Aufn. bei allen dt. u. e. Reihe ausl. Rundfunkanst.; umfangr. Konzerttätigk. im In- u. Ausl.; zahlr. UA, Mitwirk. b. intern. Musikfesten; s. 1966 Lehrtätigk. (s.o.). Schallpl. v. Monteverdi b. Avantgarde - 1950 Preisträger Intern. Rundf.-Wettb. Frankfurt.

MESTAN, Antonin
Dr. phil., Prof. f. Slawistik Univ. Freiburg - Kapplerstr. 49, 7800 Freiburg (T. 673 - 19) - Geb. 29. Aug. 1930 Prag, verh. s. 1959 m. Vera, geb. Horalek - Univ. Prag (Promot. 1953, Habil. 1959) - 1954-66 Akad. d. Wiss. Prag; s. 1966 Univ. Freiburg. 1974 Gastprof. Massachusetts - BV: Gesch. d. tschech. Lit. d. 19. u. 20. Jh., 1984; Tschech. Literatur 1785-1985, 1987; Wörterb. zu K. H. Macha, Maj (m. V. Mestanova), 1988; Dt. Muse tschech. Autoren (m. V. Mestanova), 1989 - Spr.: Slaw. Spr.

MESTERN, Hans A.
Dr. h. c., Staatsrat i. R. - Alte Landstr. 106, 2000 Hamburg 63 (T. 538 36 49) -

Geb. 8. Mai 1903 Hamburg, ev., verh. I) 1930 m. Hildegard, geb. Deecke †, 5 Kd., II) 1956 Elfriede, geb. Seehase - Univ. Freiburg/Br. u. Hamburg; 1927-28 Austauschstud. Yale Univ. (USA). Ass.ex. 1930 - 1933-45 Rechtsanw. Hamburg, 1946-68 Senatsdir. u. -synd. (1947) bzw. Staatsrat ebd., 1976 Ehrendoktor Univ. Hamburg (Fachber. Theol.); b. 1977 Präs. Synode d. Ev.-Luth. Kirche im Hbg. Staate u.a. - Spr.: Engl.

MESTMÄCKER, Ernst-Joachim
Dr. jur., Dr. rer. pol. h. c., Prof., Direktor Max-Planck-Inst. f. ausländ. u. intern. Privatrecht Hamburg, Vizepräs. Max-Planck-Ges. z. Förderung d. Wiss. München, Gesellschaftsr., Wirtschaftsr., Europarecht, Rechtsvergl. - Caprivistr. 13, 2000 Hamburg 55 (T. 86 26 63) - Geb. 25. Sept. 1926 (Vater: Ernst M., Kaufm.; Mutter: geb. Könnecker) - Univ. Frankfurt/M., Promot. u. Habil. Frankfurt; s. 1959 o. Prof. f. Bürgerl. Recht, Handels- u. Wirtschaftsrecht Univ. Saarbrücken, Münster (1963), Bielefeld (1969-78; erster Rektor), 1974-78 Vors. Monopolkommiss. - BV: Verw., Konzerngewalt u. Rechte d. Aktionäre, 1958; D. marktbeherrsch. Unternehmen i. Recht d. Wettbewerbsbeschränk., 1959; D. Vermittl. v. europ. u. nat. Recht i. Syst. unverfälscht. Wettbewerb, 1969; Ziele u. Meth. d. europ. Integration, 1972 (m. Hans v. d. Groeben); Europ. Wettbewerbsr., 1974; Normenzwecke u. Systemfunkt. i. Recht d. Wettbewerbsbeschr., 1974 (m. Hoppmann); Copyright in Community Law, 1976; Medienkonzentration u. Meinungsvielfalt, 1978; D. sichtbare Hand d. Rechts, 1978; Kommunikation ohne Monopole, 1980; Recht u. ökonom. Gesetz, 2. A. 1984; D. verwalt. Wettbewerb, 1984; Regelbildung u. Rechtsschutz in marktwirtschaftl. Ordnungen, 1985. Zahlr. Einzelarb., Mitherausg.: Ztschr. f. d. ges. Staatswissensch.; ORDO Jahrbuch f. d. Ordnung v. Wirtschaft u. Gesellsch.; Schriftenreihe Wirtschaftsrecht u. -politik; Schriftenreihe Wirtschaftsrecht d. intern. Telekommunikation (Law and Economics of Intern. Telecommunications); Rabels Ztschr. f. ausl. u. intern. Privatrecht - 1980 Ludwig-Erhard-Preis f. Wirtschaftspubliz.; 1980 Ehrendoktor (Volksw. Fak.); 1984 Ehrensenator Univ. Bielefeld.

METHFESSEL, Siegfried
Dr. rer. nat., Dipl.-Physiker, o. Prof. f. Experimentelle Physik Ruhr-Univ. Bochum (s. 1969) - Gerhart-Hauptmann-Straße 4, 5810 Witten-Herbede (T. 7 38 57) - Geb. 5. Juli 1922 Dessau (Vater: Friedrich M., Kaufm.; Mutter: Renate, geb. Busse), ev., verh. s 1951 m. Ingeborg, geb. Heide, 5 Kd. (Christoph, Johannes, Michael, Elisabeth, Friedrich) - Dipl.ex. 1950 Halle/S.; Promot. 1955 Clausthal - 1958-69 Forschungstätig. IBM, Zürich u. Yorktown, N.Y./USA. Fachmitgl.sch. - Spr.: Engl.

METHFESSEL, Wolfgang
Dr. jur., Univ.-Prof. f. Wirtschaftsrecht - Friedrichstr. 26, 4330 Mülheim/Ruhr (T. 0208 - 3 23 01) - Geb. 11. April 1925 Berlin, verh. s. 1963 m. Edith, geb. Kühn - Stud. u. Promot. (1951) Univ. Berlin - 1953 Rechtsanwalt in Berlin u. 1954-72 in Mülheim/Ruhr, 1961 zugl. Notar -BV: Vertragsrecht, Bd. 1: Allg. Grundl., 1977; Band 3: Verfüg.gesch., 1979. Div. Veröff. - Liebh.: Gründ. u.

Ordensmeister d. Mülheimer Wein-Konventes - Spr.: Engl., Franz.

METSCHER, Thomas Wilhelm
Dr. phil., Prof. f. allgem. Literaturwissensch., Literaturtheorie u. Ästhetik Univ. Bremen - Heidland 15, 2802 Ottersberg 2 (T. 04293 - 6 65) - Geb. 30. Juli 1934 Berlin (Vater: Wilhelm Hans M.; Mutter: Charlotte, geb. Sander), verh. s. 1966 m. Priscilla, geb. Neely - Stud. d. Angl., German., Phil. Univ. Berlin (Freie), München, Heidelberg, Bristol; Promot. 1966 - BV: Sean O'Caseys dramat. Stil, 1968; Faust u. d. Ökonomie, 1976; Kunst u. soz. Prozeß, 1977; Kunst, Kultur, Humanität, 1982; D. Friedensgedanke in d. europ. Lit., 1984 - Liebh.: Alpinismus - Spr.: Engl., Franz.

METT, Rudolf
Bürgermeister - M.-Luther-Str. 1, 8729 Königsberg - Geb. 1926 Memel - 1960 kommun. Wahlbeamter, s. 1963 MdK - BV: V. Königsberg nach Rom - d. Weg d. Regiomontanus, 1976; Herkunft u. Fam. d. Joh. Müller v. Königsberg, 1980; D. Königsberg im Haßgau, 1980; Kbg. Reformationsgesch., 1983 - 1978 Bayer. Denkmalschutzmed., 1980 Bayer. Med. f. kommun. Selbstverw. - S. 1978 Mitgl. Intern. Akad. f. Kosmologie.

METTERNICH, Josef
Prof., Kammersänger - Rat-Jung-Str. 21, 8133 Feldafing/Obb. (T. 5 29) - Geb. 2. Juni 1915 Hermülheim/Rhl., verh. s. 1954 m. Kammers. Lieselotte, geb. Losch, S. Hans-Christian - S. 1940 Opernsänger Berlin, Wien, München (1950 Mitgl. Bayer. Staatsoper), Hamburg, New York (Ital. Baritori); s. 1963 Doz. u. Prof. Musikhochsch. Köln. Alle Verdi-, Wagner- u. Strauss-Partien.

METTERNICH, Walter
Dipl.-Volksw., Geschäftsführer Verb. d. Aluminium verarbeitenden Ind., Frankfurt/M. - Paul-Löhe-Str. 3, 6050 Offenbach - Geb. 10. April 1929.

METTERNICH-WINNEBURG, Fürst von, Paul Alfons
Landwirt, Präs. Automobilclub v. Dtschl./AvD (s. 1960) u. Intern. Automobil-Verb./FIA (s. 1970, vorher Vizepräs.) - Schloß, 6225 Johannisberg/Rhg. (T. Rüdesheim 81 12) - Geb. 26. Mai 1917 Wien (Vater: Clemens Fürst v. M.-W.; Mutter: Isabel Silva y Carvasac), kath., verh. s. 1941 m. Tatjana Fürstin Wassiltschikoff - Abitur u. Handelsdiplom - Liebh.: Sport (insb. Automobilsport; zahlr. Erfolge, u.a. Carrera Panamericana, Mille Miglia, Tour de France Automobile), Weinbau - Spr.: Engl., Franz., Span., Ital. - Urenkel d. Staatskanzlers Fürst Metternich.

METTLER, Liselotte
Dr. med., Prof., Frauenärztin - Düsternbrooker Weg 45, 2300 Kiel 1 (T. 0431 - 56 46 87) - Geb. 6. Juni 1939

Wien (Vater: August M., Dipl.-Ing.; Mutter: Margarete M.), ev., verh. m. Prof. Dr. M. R. Parwaresch, 2 Kd. (Bijan, Firos) - Promot. 1965, Habil. 1976, Prof. 1981 - Stv. Dir. UFK Kiel, ständ. Schriftf. d. Dt.-Franz. Ges. f. Geburtshilfe u. Gynäkol., ständ. Schriftf. Dt. Ges. z. Stud. d. Fertilität u. Sterilität, Mitherausg. American Journal of Reproductive Immunology - Erf.: Immunol. Kontrazeptivum auf Sperm-Antigen-Basis - BV: Sperma-Antigenität als Ursache steriler Ehen - Fortschr. d. Fertilitätsforsch., 1976 - Ausz. auf versch. Kongr. - Liebh.: Musik, Segeln, Skifahren - Spr.: Engl., Franz., Span., Pers.

METTMANN, Walter

Dr. phil. (habil.), o. Prof. u. Direktor Roman. Seminar Univ. Münster (s. 1963) - Mevissenstr. 16, 5000 Köln 1 (T. 73 12 25) - Geb. 25. Sept. 1926 Köln (Vater: Johann M., Staatsbeamter; Mutter: Elisabeth, geb. Marx), kath., verh. s. 1953 m. Emmy, geb. Petrovics - 1946-51 Univ. Köln u. Paris. Promot. (1951) u. Habil. (1958) Köln - 1958-63 Privatdoz. u. apl. Prof. (1963) Univ. Köln - BV: Studien z. religiösen Theater Tirso de Molinas, 1954; La Historia de la Donzella Teodor, 1962; Alfonso X, Cantigas de Santa Maria, 4 Bde. 1959/72; Beroul/Thomas, D. Tristanroman, 2. A. 1968; Dichtungslehren d. Romania, 1972; D. volkssprachl. apologet. Lit. auf d. Iberischen Halbinsel im Mittelalter, 1987 - 1974 Korr. Mitgl. Akad. d. Wiss. zu Göttingen, 1982 o. Mitgl. Rheinisch-Westf. Akad. d. Wiss. Düsseldorf - Spr.: Franz., Span., Portugies., Engl., Ital.

METZ, Bernhard

Dr. phil. nat., Prof. f. Geographie - Albrecht-Dürer-Str. 12, 7835 Teningen 1 - Geb. 15. Dez. 1938 Frankfurt/M. - Abit. 1959; Stud. Frankfurt u. Innsbruck, Promot. 1966, Habil. 1973 Freiburg - 1971/72 Univ. of Manitoba Postd. Fellowship - Spr.: Engl.

METZ, Egon

Rechtsanwalt, Geschäftsf. Dt. Genossenschafts- und Raiffeisenverb. - Adenauerallee 127, 5300 Bonn 1.

METZ, Günter

Dr., stv. Vorstandsvorsitzender Hoechst AG - Postf. 800320, 6230 Frankfurt/M. 80.

METZ, Johann-Baptist

Dr. theol., Dr. phil., o. Prof. u. Dir. Seminar f. Fundamentaltheol. Univ. Münster (s. 1963) - Kapitelstr. 14, 4400 Münster/W. (T. 3 66 62) - Geb. 5. Aug. 1928 Welluck/Opf. (Vater: Karl M., Industriekfm.; Mutter: Sibylle, geb. Müller), kath. - Oberrealsch. Amberg; Phil.-Theol. Hochsch. Bamberg, Univ. Innsbruck u. München. Priesterweihe 1954 - 1958 b. 1961 Seelsorger, 1962/63 Stip. Dt. Forschungsgem. Mitgl. Gründungsaussch. Univ. Bielefeld; Vorst.-Mitgl. Intern. Paulus-Ges.; Konsultor Sekr. f. d. Ungläubigen (II. Vat. Konzil) - BV: Christl. Anthropozentrik, 1962 (in 5 Spr.); Armut im Geiste, 1962 (in 6 Spr.); D. Dialog, 1966 (in 6 Spr.); Z. Theol. d. Welt, 1968 (in 10 Spr.); Kirche im Prozeß d. Aufklärung, 1970 (in 5 Spr.); Theol. in d. interdiszipl. Forsch., 1971 (in 2 Spr.); Leidensgeschichte, 1974 (in 3 Spr.); Unsere Hoffnung, 1975 (in 8 Spr.); Zeit d. Orden?, 1977 (in 5 Spr.); Ermutigung z. Gebet (m. K. Rahner), 1977; Glaube in Gesch. u. Gesellsch., 1977 (in 6 Spr.); Gott n. Auschwitz (m. E. Kogon), 1979; Jenseits bürgerl. Religion, 1980 (in 6 Spr.); Unterbrechungen, 1981; Zukunftsfähigkeit. Suchbewegungen im Christentum (m. F.-X. Kaufmann), 1987. Herausg.: Weltverständnis im Glauben (1963); D. Theol. d. Befreiung: Hoffnung od. Gefahr f. d. Kirche ? (1986). Mithrsg.: Geist in Welt (1957); Hörer d. Wortes (1963); Gott in Welt (1964); Ztschr. Concilium; Lateinamerika u. Europa. Dialog d. Theologen (1988) - Spr.: Engl. - Lit.: M. Xhaufflaire, La Théol. politique de J. B. M. (1972; 2spr.); G. Bauer, D. polit. Theol. v. J. B. M. als theol. Begründ. ges. Verantwort. (1976); N. Ancic, D. polit. Theol., v. J. B. Metz als Antw. auf d. Herausforder. d. Marxismus (1981); G. Neuhaus, Transzendentale Erfahrung als Geschichtsverlust? (1982); E. Schillebeeckx (Hg.), Mystik u. Politik. Festschr. z. 60. Geb. v. J.-B. M. (1988).

METZ, Karl Heinz

Dr. phil., Dr. habil., Prof. Univ. Erlangen - Kochstr. 4, 8520 Erlangen (T. 09131 - 85 39 37) - Geb. 14. Juni 1946, kath., ledig - 1960-63 Schlosserlehre; 1969-74 Stud. Gesch., German., Politol., Phil.; M.A. 1974, Promot. 1976, Habil. 1983, alles München - BV: Grundformen historiographischen Denkens, 1979; Sozialpolitik u. Industrieges. in Großbritannien 1795-1911, 1987 - 1977-79 Res. Fellowship Oxford; 1982-84 Fellow ZiF, Bielefeld; 1984 Heisenberg-Stip. - Liebh.: Lyrik/Lit., Kampfsport/Waldlauf, Tanzen, Klass. Musik/Jazz - Spr.: Engl., Franz, Latein.

METZ, Paul

Fabrikant, Inh. Metz Apparatewerk, Fürth u. Metz Tonmöbelwerk, Zirndorf - Ohmstr. 55, 8502 Zirndorf; Ritterstr. 5, 8510 Fürth/Bay. - Geb. 24. Jan. 1911 Nürnberg, verh. (Ehefr.: Helene) - Stud. Elektrotechnik - S. 1938 selbst. (ob. Gründ.) - 1983 Gr. BVK - Liebh.: Spaziergänge, Schwimmen, Tennis, Skifahren - 1983 BVK.

METZ, Reinhard

Journalist, MdBB (1971-76, 1987ff. Vors. CDU-Fraktion), MdB (1976-87) - Nernststr. 151, 2800 Bremen 33 - Geb. 18. Aug. 1937 Hannover, ev., verh. m. Renate, geb. Bunger, 3 Kd. (Harald, Ulrike, Anna) - Gymn. Hannover (Abit.); 1959-65 Univ. Hamburg u. Bonn (Rechts- u. Wirtschaftswiss.) - Journalist. Tätigk. (u.a. Bonner Rundschau). 1967-74 Landesgeschäftsf. Jg. Union. CDU (s. 1974 stv. Landesvors.).

METZ, Roland

I. Bürgermeister Stadt Arnstein - Rathaus, 8725 Arnstein/Ufr. - Geb. 5. Mai 1936 Würzburg - Zul. Kaufm. Angest. CSU.

METZ, Wolfgang

Dr. phil., Prof., Ltd. Bibliotheksdirektor i.R. Pfälz. Landesbibiothek, Speyer, Honorarprof. Univ. Mainz - Albert-Schweitzer-Str. 14, 6720 Speyer/Rh. - Geb. 12. April 1919 Hildesheim - 1960-64 Lehrbeauftr. Univ. Göttingen; s. 1968 Lehrb. u. Honorarprof. (1971) Univ. Mainz u. Fribourg (1972). Zahlr. Geschichtsveröff.

METZ, Wolfgang

Dipl.-Kfm., Landesgeschäftsführer Politik SPD Bayern - Oberanger 38/II, 8000 München 2 (T. 089 - 23 17 11-51) - Geb. 28. Sept. 1942 Koblenz, kath., verh. 2 Töcht. - Dipl.-Kfm., Wirtschaftsjournalist - Tätigk. im Ind.- u. Bankwesen (Bankprok.); b. 1985 stv. Pressesprecher SPD-Fraktion Bayer. Landtag. Vors. Verein Kunst u. Ges.

METZ, Wulf

Dr. theol., Privatgelehrter - Trautenauer Weg 6, 8264 Waldkraiburg (T. 08638 - 8 35 45) - Geb. 25. Febr. 1943 Bamberg (Vater: Ernst M., Generalmaj. †; Mutter: Gerda, geb. Höhle), ev., verh. I) 1967 m. Dr. phil. Jutta, geb. Lindner, 2 Kd. (Stefanie, Daniel), II) s. 1986 m. Cornelia, geb. Halder - Oberrealsch. Bamberg u. Garmisch; Univ. Erlangen (Promot. 1968, Theol. Prüf. 1969) - 1966-69 Vikar u. Studieninsp. Theol. Stud.-heim Erlangen; 1970-72 Wiss. Assist. f. Syst. Theol. Univ. Erlangen-Nürnberg; 1972-75 Pfarrer in München-Moosach; 1975-85 Prof. f. Neues Test. Syst., Theol. u. Relig.wiss. FHS München; 1969-85 Mitgl. Redakt. Luth. Monatshefte - BV: Necessitas Satisfactionis? 1970; Kirche u. Relig. in d. Illustr., 1971; Lichtbildserie Buddhist. Frömmigk., 1980; Lichtbildserie Chin. Relig., 1981; Lichtbildserie Hinduist. Frömmigk., 1986. Herausg.: Aspekt Relig. (1978); Bekennen in der Zeit (1981); Glauben weitergeben (1982). Mithrsg.: Bekenntnis aktuell (1979); The World's Religions, A Lion Handbook (1982), auch holl., franz., ital., span., schwed.; Handbuch Weltreligionen (1983) - Zahlr. relig.wiss. Forsch.reisen n. Afrika u. Asien - Spr.: Engl., Franz., Ital.

METZE-MANGOLD, Verena

Dr. phil., Leiterin Öffentlichkeitsarbeit u. Presse Hessischer Rundfunk - Wiesenau 58, 6000 Frankfurt/M. 1 (T. 069 - 72 93 32) - Geb. 7. Okt. 1946 Kassel, verh. s. 1974 m. Dr. Klaus-Rüdiger Metze, S. Mark-Rüdiger - 1967-73 Stud. Soziol., Polit. Wiss., Wirtsch.- u. Sozialgesch. Univ. Marburg; Promot. 1974 Marburg - 1975 wiss. Lehrbeauftr. u. fr. Autorin; 1976-87 Leit. Christl. Presseakad. (cpa) Frankfurt; 1979/80 Lehrauftr.; 1981-85 Ringvorlesungen. S. 1982 Mitgl. Dt. Unesco-Kommiss. (Fachaussch. Kommunikation sow. Status d. Frau) u. Vollzugsaussch. d. Dt. Unesco-Kommiss. - BV: Informationstechnologien u. Intern. Beziehungen, 1984; Lust u. Unlust am Trivialen - Ermittlungen aus gegebenem Anlaß: Holocaust (Texte), 1989.

METZEN, Josef

Dipl.-Ing., Geschäftsführer IHK Dortmund, gf. Vorst. Ges. f. Technik u. Wirtsch., Gf. Ges. d. Freunde d. Univ. Dortmund, Vors. Landesverb. f. Weiterbild. NRW - Sauerbruchstr. 7a, 5810 Witten-Annen/Ruhr (T. 02302 - 6 23 35) - Geb. 4. Okt. 1931 Osterfeld/Oberhausen - Ass.ex. - BVK 1983 - Spr.: Engl., Franz.

METZENAUER, Dieter

Dipl.-Ing., gf. Gesellsch. Metzenauer Ferro-Electric GmbH, Wuppertal, Vorst.-Mitgl. Zentralverb. Elektrotechnik- u. Elektronikind., u. Ausstellungs- u. Messe-Aussch. d. dt. Wirtsch. (AUMA); Vors. Ausstellerbeirat Hannover-Messe; AR-Mitgl. Dt. Messe AG, Hannover, Elektro-Messehaus Hannover GmbH; Ehren-Vors. Fachverb. Schaltgeräte, Schaltanlagen im ZVEI. Vizepräs. IHK Wuppertal, Handelsrichter - Postf. 10 09 08, 5600 Wuppertal 1 (T. 7 28 97).

METZGER, Günter

Dr., Dipl.-Volksw., Hauptgeschäftsführer Dt.-Portugies. Industrie- u. Handelskammer/Camara de Comercio e Industria Luso-Alema - Av. Liberdade, 38-2, P-1200 Lisboa/Lissabon (Portugal) - Geb. 6. Mai 1941 Göttingen - 1969-80 Hauptgeschäftsf. Dt.-Peruanische Ind.- u. Handelskammer in Lima.

METZGER, Günther

Oberbürgermeister Darmstadt, Rechtsanwalt u. Notar, MdB (1969-76; Wahlkr. 145/Darmstadt), Oberbürgermeister - Fichtestr. 41, 6100 Darmstadt (T. 4 82 66) - Geb. 23. Jan. 1933 Heppenheim/Bergstr. (Vater: Staatsmin. a. D. Ludwig M. (s. dort); Mutter: Margarete, geb. Rückert), verh. m. Hilke, geb. Ennen, 6 Kd. (dar. 2 Pflegekd.) - Obersch.; Stud. Rechtswiss. Beide jurist. Staatsprüf. - S. 1962 RA, s. 1972 Notar Darmstadt, 1964 ff. MdK; s. 1973 stellv. Vors. SPD-Bundestagsfraktion. SPD s. 1956 - Liebh.: Sport, Lit., Musik - Spr.: Engl., Franz.

METZGER, Ludwig

Staatsminister a. D. - Fichtestr. 41, 6100 Darmstadt (T. 4 82 66) - Geb. 18. März 1902 Darmstadt (Vater: Ludwig M., Kutscher; Mutter: Margarete, geb. Schneider), ev., verh. s. 1931 m. Margarete, geb. Rückert, 3 Söhne (Günther, Eberhard, Ludwig) - Mittelsch. Darmstadt; n. Abit. (Abendkurse) Univ. Gießen, München, Wien (Rechtswiss. u. Volksw.). Ass.ex. - Ab 1916 Schreibgehilfe Kreisamt Darmstadt, Stud., Praktikant Hess. Hauptfürsorgest. Darmstadt u. Hess. Gesandtsch. Berlin, Ass. AG Gießen u. Darmstadt (auch Staatsanwaltschaft), Staatsanw.sch. Mainz u. b. 1933 (Entlass.) Kreisamt Heppenheim, Vors. Bund relig. Sozialisten in Hessen, s. 1934 Rechtsanw. Darmstadt (jetzt auch Notar), 1936 weg. illeg. Tätigk. f. d. SPD vorübergeh. Haft, 1945-51 Oberbürgerm. Darmstadt, MdL Hessen, 1947-48 Mitgl. Exekutivrat d. Vereinigten Wirtschaftsgebietes (d. ersten Monate Vors.), 1951-53 Hess. Kultusmin., 1953-69 MdB (zeitw. Mitgl. SPD-Fraktionsvorst.), Mitgl. Europ. Parlament (I. Vizepräs.). Bereits vor 1933 SPD, b. 1971 Mitgl. Parteivorst. - Liebh.: Bücher, Wandern, Skilaufen - Spr.: Franz., Engl. - Ehrensenator TH Darmstadt; 1976 Ehrenbürger Stadt Darmstadt.

METZGER, Martin

Dr. theol., Prof. f. Altes Testament u. Bibl. Archäol. Univ. Kiel (s. 1974) - Müllershörn 23, 2302 Flintbek (T. 04347 - 45 81) - Geb. 11. Jan. 1928 Wiedenest (Vater: Johannes M., Oberlehrer; Mutter: Barbara, geb. Buxmeyer), ev., verh. s. 1955 m. Lucie, geb. Sinnhoefer, 4 Kd. (Hiltrud, Friedegard, Tilman, Albrecht) - 1947-50 Stud. evang. Theol. Hamburg; 1950-53 Bonn; 1953-54 Hamburg; 1954-57 Bonn; Promot. 1957; Habil. 1969 - 1957-70 Doz. f. Altes Testament am Predigersem. Hamburg; 1969/70 Privatdoz. Univ. Hamburg; 1970/71 Univ.-Doz.; 1971-74 Wiss. Rat u. Prof. Univ. Hamburg - BV: D. Paradieserz., d. Gesch. ihrer Auslegung, 1959; Grundriß d. Gesch. Israels, 1. A. 1963; 7. A. 1988, (Übers. ins Portug., 2 A., Japan. u. Ital.); Königsthron u. Gottesthron... in Ägypt. u. im Vord. Orient im 3. u. 2. Jhtsd. v. Chr., 2 Bd., 1985.

METZGER, Peter

Ass. jur., Ständiger Vertreter d. Botschafters an d. Botschaft d. Bundesrep. Deutschl. in Prag - Zu erreichen üb. Postf. 15 00, 5300 Bonn 1 - Geb. 11. März 1937 Pforzheim, ev., verh. s. 1983 m. Gerti, geb. Aupor (Journ.), 3. Kd. (Philipp, Natalie, Marie-Louise) - Human. Gymn.; Baccalauréat frz. Lycée Baden-Baden; Jurist. u. neuspr. Stud. Freiburg, Kiel, Saarbrücken; beide jurist. Staatspr. - Gerichtsass. Koblenz; danach Ausw. Amt (Posten in Lissabon, Canberra, Djidda [Leit. Schutzmacht Vertret.], N'djaména/Tschad. [Botschafter]); stv. Sprecher Ausw. Amt; 1980-83 Referatsleit. im Protokoll; 1983-86 Sana'a, Aden, Dschibuti (Botschafter) - BVK - Liebh.: Gesch., Politik, Golf, Skifahren - Spr.: Franz., Engl., Ital., Span., Portug., Arab., Schwed.

METZGER, Walter Erich

Luftfahrt- u. Reisefachjournalist, Senator, Chefredakteur, PR-Berater, Inh. (Gründer) Intern. Luftverkehrs-Werbung, Stuttgart (s. 1948). Spez. Arbeitsgeb.: Luftfahrt, Flugtouristik, Tourismus - ILW-Haus, 6951 Neckarzimmern (T. 06261 - 29 58) u. Hotel Stuttgart International, Appart. 1019, 7000 Stuttgart 80 - Geb. 5. Juli 1924 Maulbronn (Vater: Friedrich Wilhelm M., Steinmetz- u. Bildhauerm.; Mutter: Luise, geb. Schempf), verh. s. 1968 m. Gisela, geb. Trumpp - Handelssch., Ausb. Ind- u. Werbekfm., Rust. Lehrinst., Stud.-Lehrg. Prof. Dr. Wartenweiler a. d. Herzberg/Aarau/Schweiz - 1952-64 Dtschl.-Chefredakt. Intern. Flug-Revue; s. 1956 Mitgl. LPC-Luftfahrt-Presse-Club, DJV, FIJET. Kurator Götz von Berlichingen-Kuratorium, Neckarzimmern, 1976ff. Zahlr. in- u. ausl. Fachmitgl.schaften, Luftw.-Hptm. d.R. (Presseoffizier) - BV: Zweimal Götz v. Berlichingen (d. Histor. u. Goethes Götz), 1980 - Mitwirk. ARD-TV Z. blauen Bock u. ZDF D. verflixte Monat - Ausz. u. a.: Al Merito della Rep. Ital., Cavaliere Uffic. u. Commendatore Grande Uff. Ritterord. v. Hl. Georg, Ehrenmitgl. u. Senator Accad. Romana, Gründungs-Senator Academia Cosmologica Nova - Intern. Freie Akad. f. neue Kosmologie - München/Wien/Luzern, Ehrenmitgl. Union d. Ecrivains et Journ. Hellenes du Tourisme, Athen - Ausgez. 1973 m. d. internat. Preisen „Ercole d'Oro", „Leader del Turismo" u. „Leader d'Opinione" durch d. ital. Ministerpräs. i. Capitol zu Rom - Liebh.:

Antiquitäten, Tierfreund, Fotografie, Filmen - Spr.: Engl., Ital.

METZING, Hellmut

Senator h. c., Alleininh. Metzing Steinind., Inh. Kaisersteinbruch GmbH, bde. Kirchheim, Konsul v. Guatemala - Lindemannstr. 18, 4000 Düsseldorf (T. 0211 - 66 74 94) - Geb. 25. Juni 1919 Berlin (Vater: türk. Konsul Dr.-Ing. E. h. Adalbert M., Industrieller; Mutter: Johanna, geb. Zeidler), ev., verh. s. 1945 m. Ursula, geb. Reukauff, 2 Kd. (Angelika, Hellmut) - Oberrealsch. Berlin; Steinmetzlehre; Techn. Inst. f. Hoch- u. Tiefbau - 1953-81 Alleininh. u. 1981-84 Mitinh. m. Ph. Holzmann AG an d. Fa. Zeidler & Wimmel, Steinbruch-, metzbetr., -ind. GmbH & Co (gegr. 1776, Berlin), Kirchheim - 1952-63 Vors. Industrieverb. Naturwerkstein, Mainfranken; Präs. Dt. Naturstein-Verb. (s. 1966); 1976-86 Präsidialmitgl. u. 1971-86 Vors. d. Außenwirtschaftsaussch. IHK Würzburg-Schweinfurt. Mitgl. Industrie-Club Düsseldorf; Vorst. Dt. Weltw. Ges. Berlin; Münchener Herrenclub. Mitschirmherr Symposium Europ. Bildhauer 1962 (auf eig. Werksgelände) - 1962 Konsul v. Guatemala; 1964 Ehrensenator u. Goldmed. Univ. Würzburg; 1971 Bayer. VO.; 1979 BVK I. Kl.; 1983 Commendatore d. ital. Verdienstordens - Ehrenbürger d. Gemeinde Kirchheim, u. d. Stadt Valpolicella San Ambrogio, Ital.

METZINGER, Friedrich

Dr. rer. pol., Dipl.-Volkswirt, Dipl.-Dolmetscher, Hauptgeschäftsf. Arbeitsgem. Dt. Filztuchfabriken, Geschäftsf. Filztuchverwaltungsges. mbH - Max-Reger-Straße 14, 6000 Frankfurt/M. 70 (T. 63 54 42) - BV: Auf schmalem Grat, D. dt. Filztuchind., On the Edge, D. Filztuchind. d. Bundesrep. Dtschl., Vierhundert J. am Webstuhl d. Zeit; Üb. d. Kubismus (Übertr. aus d. Franz.) - Gold. Sportabz. (20), BVK, Lehrschein DLRG, Dt. Rettungsschwimmabz. in Gold - Spr.: Engl., Franz.

METZLER, Arno

Rechtsanwalt, Hauptgeschäftsführer Dt. Schaustellerbund, Berlin - Hochkreuzallee 67, 5300 Bonn 2 - BV: Schausteller Handb. (Gesetze u. Vorschriftensamml.), 1. A. 1984, 2. A. 1985 - Spr.: Engl.

METZLER, Dieter

Dr., Prof. f. Alte Geschichte u. Didaktik d. Gesch. Univ. Münster - Kellermannstr. 3, 4400 Münster (T. 2 29 02) - Geb. 18. Mai 1939 Münster (Vater: Ernst M., Bauing.; Mutter: Mathilde, geb. Meyer), T. Irina - Promot. 1966, Habil. 1977 - S. 1977 Lehrst. f. Alte Gesch. u. Didaktik d. Gesch. Münster - BV: Porträt u. Ges., 1971; Königl. Innenpolitik im vorislam. Iran, 1977 u. 82; div. Aufs. z. Archäol. u. Alten Gesch. - Liebh.: Reisen - Spr.: Engl., Franz., Ital., Griech., Latein.

METZLER, Manfred

Dr. rer. nat., Dr. med. habil., Prof. Univ. Würzburg - Hessenstr. 100, 8700 Würzburg (T. 0931 - 28 23 40) - Geb. 14. Aug. 1942 Bamberg (Vater: Karl M., Beamter; Mutter: Margarete, geb. Baumgärtner), kath., verh. s. 1967 m. Doris, geb. Striebel, 2 S. (Robert, Richard) - 1961-67 Chemiestud. Univ. Erlangen u. München; Dipl. 1967 u. Promot. 1970 Univ. München, Habil. 1978 Univ. Würzburg - 1970-71 Texas A&M Univ./USA; 1971-73 Fa. Knoll, Ludwigshafen; 1973-81 wiss. Mitarb. Univ. Würzburg, ab 1981 Prof. ebd. - BV: Biotransformationen org. Fremdsubstanzen, (m. G. Bonse) 1978 (japan. Übers. 1980) - Spr.: Engl.

METZNER, Helmut

Dr. rer. nat., o. Prof. f. Pflanzenphysiologie - Sternbergstr. 11, 7400 Tübingen-Pfrondorf (T. 07071 -8 26 00) - Geb. 15. Sept. 1925 Osnabrück, ev., verh. s. 1951 m. Dr. Barbara, geb. Reinboldt - Ratsgymn. Osnabrück; n. Kriegsdst. (1943-45 Marine) Univ. Münster u. Göttingen (Promot. 1950) - 1955 Privatdoz. Univ. Göttingen (1956/57 Rockefeller Fellow Univ. Berkeley/USA); 1961 ao., 1964 o. Prof. Univ. Tübingen (Dir. Inst. f. Chem. Pflanzenphysiol.) - BV: Biochemie d. Pflanzen, 1973; Pflanzenphysiolog. Versuche, 1982. Herausg.: Progress in Photosynthesis Research I-III (1969), D. Zelle. Struktur u. Funktion (3. A. 1981); Photosynthetic Oxygen Evolution (1978). Zahlr. Fachveröff. - Mitgl. New York Acad. of Sciences, zahlr. wiss. Ges. u. a., Dr. h. c. Univ. Gent (1977).

METZNER, Karl Hans

Dr. med., Sanitätsrat, Internist, Vors. Kassenärztl. Vereinig. Rheinhessen u. Bezirksärztekammer (Ps. MOGON) - Weißliliengasse 31, 6500 Mainz 1 (T. 06131 - 23 27 58) - Geb. 12. Sept. 1921 Mainz (Vater: Heinrich M., Studienrat; Mutter: Änne, geb. Fluch), kath., verh. s. 1960 in 2. Ehe m. Sieghilde, geb. Lier, 5 Kd. (Josef, Anne, Christopher, Thomas, Matthias) - Gymn. (Abit.); Med.-Stud. (Staatsex., Promot.); Stud. Phil., Psych. u. Musikwiss. - S. 1959 Vors. Kassenärztl. Vereinig. u. Bezirksärztekammer Rheinhessen; Vorst. Landesärztekammer u. zahlr. a. fachspez. Ämter. AR-Mand. u. a. Vors. Neubrunnen Bad GmbH; gf. Gesellsch. Neubrunnen Inst. GmbH; Vorstandsmitgl. Kassenärztl. Bundesvereinig. - BV: Einf. in d. Praxisrationalis.; D. biol. Ansichten Ewald Herings; Bykothek - BVK I. Kl.; Sanitätsrat; Hartmann-Tieding-Plak.; Ernst-v.-Bergmann-Plak.; Peter Aspelt-Med.; Hans-Böckler-Med. - Spr.: Franz., Engl., Ital.

METZNER, Wolfgang

Dr. rer. pol., Verleger - Hanauer Landstr. 197, 6000 Frankfurt/M. (T. 069 - 405 89 40; Telefax 40 58 94 99); priv.: Schopenhauerstr. 7, 6380 Bad Homburg v.d.H. (T. 06172 - 8 51 80) - Geb. 5. Nov. 1909 Berlin (Vater: Alfred M., Verleger; Mutter: Gotho, geb. Sprockhoff, Buchhändlerin), verh. s. 1965 m. Klaudia, geb. Boje, 6 Kd. (Kenneth, Ralph, Robin, Günther, Otto, Anna) - Realgymn.; Buchhändlerl. Bonn; Stud. Volksw. Promot. 1935 Leipzig - S. 1928 Mit- u. Alleininh. (1960 b. 1974) Alfred Metzner Verlag; s. 1935 Geschäftsf. Verlag f. Standesamtswesen; 1958-74 Inh. Bernard & Graefe Vlg. f. Wehrwesen; 1960-73 Gf. Athenäum Vlg. GmbH. Zahlr. Ehrenämter, dar. Handelsrichter, Vorst.-Mitgl. Börsenverein d. Dt. Buchhandels u. Hess. Verleger- u. Buchhändlerverb. Div. Mitgliedsch. (u. a. Intern. Bibliophilen-Vereinig., Ges. d. Bibliophilen, Gutenberg-, Maximilian-Ges., Wirtschaftspolit. Ges. v. 1947) - 1970 BVK I. Kl. - Spr.: Engl., Franz. - Rotarier.

MEUDT, Hans

Bürgermeister Stadt Dreieich - Breitseeweg 53, 6072 Dreieich (T. 06103 - 6 39 55) - Geb. 9. Juni 1920 Frankfurt, kath., verh. m. Ilse, geb. Ramsauer, Sohn Manfred - Abit., Verw.-Fachhochsch. - AR-Vors. Stadtwerke Dreieich GmbH; Beigeordn. Umlandverb. Frankfurt; Vors. Regionale Planungsvers. RP Darmstadt; Vors. Zweckverb. Friedhofs- u. Bestattungswesen Dreieich u. Neu-Isenburg; Vors. Verb.-Vers. Sparkassenzweckverb. Offenbach-West; Vors. Verb.-Vers. Kommunales Gebietsrechenzentrum Frankfurt - 1985 BVK I. Kl. - Liebh.: Sport (bes. Tennis) - Spr.: Engl., Franz.

MEUFFELS, Heinrich

Realschullehrer, MdL Nordrh.-Westf. (s. 1966) - Am Kirchberg 34, 5130 Geilenkirchen (T. 26 60) - Geb. 18. April 1927 Birgden Kr. Geilenkirchen, kath., verh., 9 Kd. - Gymn. (Abit.); Schreinerausbild.; Stud. Theol., Sport, Geogr. - S. 1954 Realschuldst. 1961-63 Bürgerm. Amt Waldenrath; 1961 ff. MdK (1964 Vors. Schul- u. Kulturaussch.); 1965 ff. Stadtverordn. Geilenkirchen. CDU s. 1948 (1965 Kreisvors.).

MEUNIER, Wolfhart

Dirktor im Bundesgrenzschutz - Grenzschutzschule, Ratzeburger Landstr. 4, 2400 Lübeck 1 - Geb. 7. Aug. 1931.

MEURER, Anton

Schulleiter, Mitgl. Brem. Bürgerschaft (s. 1959) - Vorkampsweg 267, 2800 Bremen 33 (T. 23 66 23) - Geb. 2. April 1919 Lontzen Kr. Eupen, kath., verh., 5 Kd. - Obersch.; Univ. Bonn (Phil., Psych.) - 1940 b. 1945 Wehrdst.; s. 1947 brem. Schuldst. (1954 Leit. St.-Johannis-Sch.). CDU (Mitgl. Landesvorst.).

MEURER, Dieter

Dr. jur., Univ.-Prof. f. Strafrecht, Strafprozeßrecht, Rechtsphilosophie u. Richter OLG Frankfurt, gf. Dir. Inst. f. Kriminalwiss. - Savignyhaus, Universitätsstr. 6, 3550 Marburg 1 (T. 06421 - 28 31 20) - Geb. 11. Aug. 1943 Heimersheim/Ahr (Vater: Adolf M., Kaufm.; Mutter: Erika, geb. Bender), kath., verh. s. 1972 m. Dr. Dorothea, geb. Meichsner, 3 Kd. (Friederike, Arthur, Richard Sebastian) - Staatl. Apostelgymn. Köln (Abit. 1964); Jura-Stud. Univ. Köln, 1. jur. Staatsprüf. 1968, 2. jur. Staatsprüf. 1973, Promot. 1971, Habil. 1978 - 1969-73 Rechtsrefer., 1973-78 wiss. Assist., 1978 Privatdoz., 1979 o. Prof., 1982 Richter OLG, 1985 gf. Dir. - BV: Fiktion u. Strafurteil, 1973; D. Bekämpfung d. Ladendiebst., 1976, Festschr. f. R. Lange, 1976; (Mithrsg.), Grundl. z. Strafrecht, 1979 (3. A. 1982) 1980 (2. A. 1982) u. z. Strafprozeßrecht, 1981 (2. A. 1983); Z. Strafbark. d. Anschaff., Bereitstell. u. Ausleihe v. Schriften m. straftatbestandsmäßigem Inhalt insb. in Bibl., 1981; Einf. in d. Kriminalwiss., 1982; Bundespersonalvertretungsrecht, 1985; Kriminalwissenschaftl. Studien (Hrsg.), 1982ff. (7 Bde.) - Liebh.: Musik u. Graphik - Spr.: Engl., Franz.

MEURER, Kurt

Buchhändler, Handelsrichter - Hauptstr. 101, 1000 Berlin 62 (T. 78 40 01) - Geb. 19. April 1901 Berlin, kath., verh. s. 1931 m. Erna, geb. Blässing - Zeitw. stv. Vors. Börsenverein d. dt. Buchhandels - Gr. BVK; Perthes-Med. Börsenverein; Ehrenring Sortimenteraussch. d. Dt. Buchhandels, Ernst-Reuter-Plak. in Silb., Ehrenmitgl. Börsenverein Dt. Buchhandel.

MEURER, Siegfried

Dr.-Ing., Dr.-Ing. E. h., Prof., ehem. Vorstand MAN Maschinenfabrik Augsburg-Nürnberg, Augsburg (s. 1962), Honorarprof. TH Aachen (s. 1969; Verbrennungskraftmaschinen) - Am Riedlerberg 17, 8185 Kreuth (T. 3 12) - Geb. 9. Mai 1908 Dresden - S. 1938 MAN; dazw. 1945-50 franz. Luftfahrtmin. - 1958 Ehrendoktor TH, jetzt Univ. Karlsruhe; 1982 Honory Degree of Doctor of Technology Univ. of Technology Loughborough Great Britain - Spr.: Franz., Engl. - Rotarier.

MEURERS, Joseph

Dr. phil., o. Prof. (em.) f. Astronomie Univ. Wien - Schlechinger Str. 7, 8211 Schleching-Ettenhausen - Geb. 13. Febr. 1909 Köln (Vater: Joseph M., Versicherungsdir.; Mutter: Bertha, geb. Gross), kath., verh. s. 1943 m. Alice, geb. Jung, 3 Söhne (Bernhard, Georg, Bruno) - Univ. Freiburg/Br., Göttingen, Bonn (Physik, Astronomie, Math., Phil.). Promot. 1934; Staatsex. f. d. höh. Lehramt 1963; Habil. 1938 - S. 1949 Prof. Univ. Bonn (apl.), Wien (1962 Ord. u. Dir. Sternw.), Honorarprof. Univ. Salzburg. 1966-70 Dir. Intern. Inst. Görresgesellsch. für d. Begegnung v. Naturwiss. u. Theol; Mitgl. Intern. Astronom. Union u. Dt. Astronom. Ges. - BV: Wilhelm Diltheys Gedankenwelt u. d. Naturwiss., 1936; Um d. Einheit d. Wiss., 1947; D. gegenw. Verhältnis v. Natur- u. Geisteswiss. u. s. Bedeut. f. d. geist. Situation d. Zeit, 1951; D. Alter d. Universums, 1954; Astronom. Experimente, 1956; D. geist. Einwirk. d. Materialismus auf d. Wiss. d. Ostens, 1957; D. Weltbild im Umbruch d. Zeit, 1958; Wiss. im Kollektiv, 1959; D. Sehnsucht n. d. verlorenen Weltbild, 1962; Können wir v. Gott wissen?, 1964; Kl. Weltallkunde, 1967; Weltallforsch., 1971; Kl. Wissenschaftslehre, 1971; Allg. Astronomie, 1972; Metaphysik u. Naturwiss., 1976; Kosmologie Heute, 1984; Gott - bist Du?, 1984 - Präs. 80. Dt. Katholikentag 1964 Stuttgart, 1979 Diaconus permanens ecclesiae catholicae.

MEUSEL, Ernst-Joachim

Dr. jur., Rechtsanwalt, Geschäftsf. Mitgl. Dir. Max-Planck-Inst. f. Plasmaphysik, Garching (s. 1968) - Auweg 11, 8046 Garching/Obb. (T. München 329 15 82) - Geb. 4. Febr. 1932 Magdeburg (Vater: Dr. jur. Ernst M., Oberlandesgerichtsrat; Mutter: Gertrud, geb. Lehmann), ev., verh. s. 1957 m. Eva-Maria, geb. Schmidt, 3 Kd. (Burkhard, Michaela, Claudia) - Domgymn. Naumburg u. Heese-Gymn. Berlin; 1950-54 Univ. Berlin u. Bonn (Rechts- und Staatswiss.). Promot. 1958 Köln; Ass.ex. 1960 Düsseldorf - 1962-64 Justitiar DEA-Steinkohlenbergwerke Graf Bismarck, Gelsenkirchen; 1964-68 Geschäftsf. Ges. f. Kernverfahrenstechnik mbH, Jülich; 1969-70 Vors. Arbeitsgemeinschaft d. Großforschungseinrichtungen - BV: Grundprobleme d. Rechts d. außeruniversitären staatl. Forsch., 1982; s. 1977 Mithrsg. Zeitschrift u. Handb. Wissenschaftsrecht - Spr.: Engl. - Rotarier, Rechtsritter Johanniterorden.

MEUSEL, Werner

Geschäftsführer Zinser Textilmaschinen GmbH, Ebersbach/Fils (s. 1961) - Am Kugelrain 22, 7336 Uhingen 1 (T. 07163 - 81 70) - Geb. 27. Okt. 1926 Magdeburg (Vater: Wilhelm M., Fabrikant; Mutter: Emmy, geb. Behrens), ev., verh. s. 1955 m. Brunhild, geb. Strödecke, T. Uta - Univ. Halle/S. u. Leipzig (Rechtswiss.). Jurist. Staatsex. - Justitiar; Syndikus - AR Volksbank Ebersbach/Fils; Vorst. Verb. d. Metallindustriellen (VMI) Baden-Württ., Bezirksgr. Göppingen. Ehrenamtl. Richter LAG Baden-Württ. - Spr.: Engl.

MEUSERS, Helmut

Geschäftsführer Verb. d. Dt. Tuch- u. Kleiderstoffindustrie, Köln - Ahrstr. 16, 5023 Lövenich/Rhld. (T. Büro: Köln 42 58 91) - Geb. 2. Juli 1914 - Staatsdst. (zul. Reg.srat).

MEUTHEN, Erich

Dr. phil., o. Prof. f. Geschichte d. Mittelalters - Leipziger Str. 7, 5000 Köln 40 (T. 02234 - 7 39 00) - Geb. 31. Mai 1929 Mönchengladbach (Vater: Wilhelm M., Konrektor; Mutter: Maria, geb. Welty), kath., verh. s. 1963 m. Gertrud, geb. Schultes, 3 Kd. (Claus, Dominik, Pia Maria) - Univ. Köln, Archivsch. Marburg - Höh. Archivdst., 1961 Archivrat, 1966 Archivdir. Aachen, 1967 Priv.-Doz. Aachen, 1971 o. Prof. Bern, 1976 Köln - Entd.: Quellen d. 15. Jh. - BV: D. letzten Jahre d. Nikolaus v. Kues, 1958; Kirche u. Heilsgesch. b. Gerhoh v. Reichersberg, 1959; D. Trierer Schisma v. 1430, 1964; Nikolaus v. Kues, 1964, 6. A. 1985 (japan. 1973); Aachener Urkunden, 1972; Acta Cusana I/1-2, 1976-82; D. 15. Jh., 1980, 2. A. 1984; D. Basler Konzil, 1985; Kölner Univ.-Gesch. I. D. alte Univ., 1988 - 1977 korr. Mitgl. Heidelberger Akad., 1977 o. Mitgl. Hist. Kommiss. Bayer. Akad., 1982 o. Mitgl. Rhein.-Westf. Akad.

MEVEN, Peter

Opern- u. Konzertsänger, Kammersänger - Poststr. 7, 4000 Düsseldorf (T. 0211 - 32 89 50) - Geb. 1. Okt. 1929, verh. s. 1951 m. Erika, geb. Klöcker, 4 Töcht. (Petra, Claudia, Martina, Britta) - Bildhauer in Wien u. Köln; dann Gesangstudium b. Robert Blasius Köln - 1957 1. Engagem. Hagen, dann Mainz, Wiesbaden, Düsseldorf, Dt. Oper am Rhein (s. 1964) - Auftr. auf allen bedeut. Bühnen Europas, auch Bayreuth, Metropolitan/New York, Salzburger Festsp.;

Konz. in allen Musikzentren Europas - Liebh.: Malerei, Bildhauerei.

MEVERT, Friedrich

Hauptgeschäftsführer Landessportbund Nieders. (s. 1978), Geschäftsf. Sport in Nieders.-Medien GmbH, Vorstandsmitgl. Nieders. Inst. f. Sportgesch. - Maschstr. 20, 3000 Hannover (T. dstl. 0511 - 807 02 10; priv. 46 12 19) - Geb. 21. April 1936 Bückeburg, verh. s. 1959 m. Monika, geb. Reuter, 3 Kd. (Susanne, Sybille, Fritjof) - 1956-61 Stud. Sport u. Anglistik Köln u. Göttingen - 1963-78 Geschäftsf. Dt. Sportjugend im DSB - BV: Olympia, Nippon u. wir - Olympiafahrt d. dt. Jugend, 1964; Intern. u. europ. Sportorg., 1981; Olymp. Spiele d. Neuzeit - v. Athen b. Los Angeles, 1983; Jugendarbeit im Sport, 1985 - Gold. Sportabz. Div. Ausz. nationaler Sportverb.

MEVES, Christa,
geb. Mittelstaedt

Analyt. Kinder- u. Jugendlichenpsychotherapeutin, Schriftst. - Albertstr. 14, 3110 Uelzen - Geb. 4. März 1925 Neumünster (Vater: Carl M., Kunsterzieher, Maler), kath., verh. s. 1946 m. Dr. med. habil. Harald M., 2 Kd. - Gymn. Neumünster (Abit. 1943); Stud. d. Phil., German., Geogr., Psychol. Univ. Breslau, Kiel, Hamburg (Ex. 1948); Psychagogenausbild. Psychotherapeut. Inst. Hannover u. Göttingen - S. 1962 in Praxis Uelzen. Mithrsg.: Rhein. Merkur/ Christ u. Welt (1978ff.) - BV (auch engl., holl., span., franz., jugosl., japan., afrikaans): Schulnöte u. Kinder, Mut z. Erziehen, 1970; Erziehen lernen in tiefenpsychol. Sicht, 1971; Verhaltensstörungen b. Kindern, 1971; Manipulierte Maßlosigkeit, 1971; Wunschtraum u. Wirklichk., 1972; D. Bibel antwortet u. in Bildern, 1973; Ehealphabet, 1973; Ich will leben, 1974; Kinderschicksal in uns. Hand, 1974; Freiheit will gelernt sein, 1975; Ninive darf nicht untergehen, 1975; Uns. Leben muß anders werden, 1976; Lange Schatten - helles Licht, 1976; Werden wir e. Volk v. Neurotikern?, 1977; Seelische Gesundheit u. bibl. Heil, 1978; ANIMA, 1979; Kleines ABC f. Seelenhelfer, 1980; Unsere Kinder wachsen heran, 1981; Ich will mich ändern, 1981; d. Weg z. Sinnerf. Leben, 1981; Problemkinder brauchen Hilfe, 1982; Kraft aus d. du leben kannst, 1983; Wohin gehen wir, 1984; Aus Vorgeschichten lernen, 1985; Ermutigung z. Freude, 1987; Postitiv gesehen, 1987; D. alte Glaube u. d. neue Zeit, 1988; Im Schutzmantel geborgen, 1989; E. neues Vaterbild, 1989; u. a. - 1974 Bölsche-Med.; 1976 Prix AMADE; 1977 Goldmed. Herderbücherei; 1979 Nieders. VO.; 1979 Konrad-Adenauer-Preis; 1980 Medal of Merit; 1985 BVK.

MEVES, Hans

Dr. med., Prof. f. Physiologie Univ. Saarbrücken (Homburg) - An der Farrwiese 1, 6650 Homburg-Saar - Geb. 13. Sept. 1925 Berlin (Vater: Richard M., Min.-Dirig.; Mutter: Marie-Luise, geb. Back), ev., verh. s. 1955 m. Dorothea, geb. Altmeyer - Promot. 1951 Univ. Marburg, Habil. 1956 Univ. Kiel - 1967-70 o. Prof. in Kiel; 1970-80 Plymouth/Engl.; ab 1980 o. Prof. Homburg. Spez. Arbeitsgeb.: Untersuch. an Nervenfasern.

MEVISSEN, Annemarie,
geb. Schmidt

Stv. Bürgermeisterin u. Senatorin f. Soziales a.D. v. Bremen (1971-75) - Oberneulander Landstr. 164, 2800 Bremen-Oberneuland (T. 361 22 03) - Geb. 24. Okt. 1914 Bremen (Eltern: Wilhelm (Regierungsrat, Sozialdemokrat) u. Gesine, geb. Schmidt), verh. s. 1943 m. Werner M. (Bibliotheksdir.), 2 Kd. (T., S.) - Gymn. - 1934-44 Buchhändlerin; ab 1952 Senatorin f. Wohlfahrt u. Jugend u. Bürgerm. (1967) Bremen (1967 stv. Präs. Senat). 1947-52 Mitgl. Brem. Bürgerschaft. SPD.

MEWES, Dieter

Dr. Ing., Univ.-Prof. u. Vorst. Inst. f. Verfahrenstechnik Univ. Hannover (s. 1982) - Brennerhorst 1, 3012 Langenhagen - Geb. 18. Dez. 1940 Berlin, ev., verh. s. 1969 m. Hannelore, geb. Hasselmann, 3 Kd. (Marc-Oliver, Juliane, Gwendolyn) - 1959-66 Stud. Verfahrenstechn. TU Berlin; Dipl. 1966; Promot. b. Prof. Brauer 1970; Habil. f. Verfahrenstechnik TU Berlin 1972 - 1966-73 Wiss. Assist. (Prof. Brauer); 1973-82 Fa. Degussa AG; 1976 Prok.; 1978 Vice-Pres. Degussa Inc. USA; 1981 Abteilungsdir. Degussa AG - BV: Stoffaustausch, 1971; Siebbodenextraktionskolonnen, 1979 - 1965 Dt. Meistersch. im Rudern Doppelzweier - Spr.: Engl.

MEWS, Sibylle,
geb. Rörig

Kinderbuchautorin - Ainmillerstr. 33, 8000 München 40 (T. 089 - 39 18 25) - Geb. 17. Mai 1927 Clausthal/Zellerfeld, ev., verh. s. 1952 m. Hannes M. (Dipl-Ing.), 3 Kd. (Florian, Bernhard, Viktoria) - Sch. in Eberswalde b. Oberprima; Stud. Kunstpäd. Berlin-Schöneberg; Ex. - 1 J. Erzieherin b. schwererziehbaren Mädchen, Berlin - BV: Apfel im Mond, 1968; D. Haus m. d. vielen Fenstern, 1972; Kennst Du Dominikus Munk, 1975; Otto kommt m. allem klar, 1977; Zwitsch, 1981; Du bist zu dick, Isabella, 1982; D. sanfte Riese, 1986; Willis Sonntage, 1988. Div. Anthol. 11 Hörsp. - Liebh.: Malen, Natur, vor allem Blumen u. Bäume, Lesen, Reisen - Spr.: Engl., Franz., Ital.

MEWS, Siegfried

M.A., Ph.D., Prof. of German Univ. of North Carolina at Chapel Hill, USA - 442 Dey Hall O14A, UNC, Chapel Hill, N.C./USA - Geb. 28. Sept. 1933, gesch., S. Randolph - Staatsex. (Engl., Gesch.) 1961 Hamburg, M.A. (Engl.) 1963 Southern Illinois Univ., Ph.D. (Vergl. Lit.wiss) 1967 Univ. of Illinois, Urbana - BV: Carl Zuckmayer, 1981; Ulrich Plenzdorf, 1984. Herausg.: The Fishermann and His Wife: Günter Grass's The Flounder in Critical Perspective (1983); Bertolt Brecht in Critical Perspective (1989).

MEWS, Wolfgang

Baudirektor, Leit. Wasser- u. Schiffahrtsamt Regensburg - Erlanger Str. 1, 8400 Regensburg.

MEY, Frédéric (in Frankr.)
s. Mey, Reinhard

MEY, Reinhard (Friedrich)

Chansonsänger (dt./franz.), Texter, Komp. - , Sigismundkorso 63, 1000 Berlin 28 (Frohnau) - Geb. 21. Dez. 1942 Berlin, verh. (Ehefr.: Hella), 2 Söhne (Frederik, Maximilian) - Franz. Gymn. Berlin; kaufm. Lehre Industrie ebd. - Rege Gastspieltätig. Zahlr. Lieder, bes. bekannt: Üb. d. Wolken u. D. heiße Schlacht am kalten Buffet (div. Langspielpl.) - BV: Ich wollte wie Orpheus singen, Lyrik 1967ff. - 1983 BVK - Liebh.: Fliegen (2 Pilotenscheine) - Ist f. leise Lieder - Spr.: Franz.

MEY, Rudolf

Dr. med., Prof., Direktor Landesfrauenklinik u. Hebammenschule - Obere Str. 2, 7000 Stuttgart-Berg (T. 29 99 91) - Geb. 2. Sept. 1920 Hechingen/Hoh. - S. 1960 (Habil.) Lehrtätig. Univ. Freiburg (1967 apl. Prof. für Geburtshilfe u. Gynäk.). Facharb.

MEYDING, Dietrich

Dr. jur., Oberfinanzpräsident Oberfinanzdir. Karlsruhe - Moltkestr. 10, Postf. 4809, 7500 Karlsruhe (T. 0721-135-24 30). - Geb. 31. Dez. 1929 Stuttgart, verh., 3 Kd.

MEYENBORG, Ulrich

Realschullehrer, MdL Schlesw.-Holst. (Wahlkr. 38/Lübeck Nord) - Eggersstr. 13, 2400 Lübeck 14 - Geb. 22. Sept. 1940 Stockelsdorf, ev., verh. s. 1965, 2 Kd. (Birgit, Jörg) - SPD.

MEYENDORF, Rudolf Albert

Dr. med., M.D.C.M., Prof. f. Psychopathologie, Nervenarzt - Psychiatr. Klinik Univ. München, Nußbaumstr. 7, 8000 München 2 (T. 089 - 5160 3375/3325) - Geb. 10. März 1934 Wanne-Eickel (Vater: Rudolf Wilhelm M., Schlosser; Mutter: Luise, geb. Pothoff), ev.-frk., verh. s. 1962 m. Mona, geb. Ajram, 3 Kd. (Rudolf Samir, Rima, Rona) - 1953-58 Stud. Ev. Theol. Berlin, Hamburg u. Zürich, Abschl. (B.D.) am intern. Baptist Theol. Sem.; 1951-65 Med.-Stud. Tübingen, FU Berlin, Freiburg/Br. u. Montreal/Kanada (Abschl. M.D. u. C.M.); dt. Promot. 1968, Habil. 1975, bde. München - S. 1966 Nervenklinik Univ. München; s. 1968 Oberarzt, s. 1975 Hochschlehrer Psychiater. Klinik Univ. München. Ca. 50 Fachveröff. in intern. Ztschr. - Spr.: Engl., Franz., Ital., Russ.

MEYER, Adolf

Dr.-Ing., Prof., Direktor - Hainbuchenweg 8, 6906 Leimen-Lingental b. Heidelberg (T. 06224 - 7 14 55) - Geb. 3. März 1921 Wellendorf Kr. Uelzen (Vater: Hermann M., Kaufm.; Mutter: Frieda, geb. Koertke), verh. s. 1949 m. Hildegard, geb. Schulze - TH München u. Braunschweig. Dipl.-Ing. 1948, Promot. 1950, Habil. 1955 (alles Braunschweig) - 1948-54 Assist. u. Obering. TH Braunschweig (Inst. f. Baustoffkd. u. Materialprüf.); 1955-66 Dir. Labor. d. westl. Zementind. Beckum; s. 1966 Dir. Heidelberger Zement Aktiengesellschaft, Heidelberg, s. 1955 Lehrtätig. TH Braunschweig u. Darmstadt (1967 apl. Prof.). Fachgeb.: Bauphysik, Baustoffkunde u. Holzbau. Bücher u. Fachaufs. - Spr.: Engl. - Rotarier.

MEYER, Adolf-Ernst

Dr. med., Dr. rer. soc., Prof., Direktor Abt. Psychosomatik u. Psychotherapie Med. Univ.sklinik Hamburg - Körnerstr. 17, 2000 Hamburg 60 (T. 27 62 53) - Geb. 6. Dez. 1925 Zürich/Schweiz (Vater: Adolf M., Ing.; Mutter: Georgette, geb. v. Rotz), verh. m. Almuth, geb. Kittel - S. 1961 (Habil.) Lehrtätig. Hamburg (1973 o. Prof. f. Psychosomat. u. Psychotherapie). Fachveröff.

MEYER, Albert

Staatssekretär, MdL Bayern (s. 1966; 1972 ff. stv. Fraktionsvors.) - Postf. 43, 8728 Haßfurt/Ufr. - Geb. 31. März 1926 Schweinfurt/M. (Vater: prakt. Arzt) - Gymn. Schweinfurt; 1946-49 Univ. Erlangen (Volksw., Rechtswiss.). Gr. jurist. Staatsprüf. 1954 - 1943-45 Luftwaffen-, Arbeits- u. Kriegsdst. (zul. Uffz.); s. 1955 bayer. Finanzverw. (1963 Vorsteher Finanzamt Zeil, Regierungsdir., Staatssekretär Finanzmin.). 1961-66 Bezirksvors. Jg. Union Unterfranken. CSU (Mitgl. Bezirksvorst. Landesaussch. u. -vers.).

MEYER zum GOTTESBERGE, Alf

Dr. med. (habil.), em. o. Prof. f. Hals-, Nasen- u. Ohrenheilkunde - Heiligenstr. 38, 4000 Düsseldorf-Urdenbach (T. 71 35 22) - Geb. 5. April 1908 Herford, ev., verh. m. Maria, geb. Bücher - 1940 Privatdoz., 1948 apl. Prof. Univ. Köln, 1953-77 o. Prof. u. Klinikdir. Med. Akad., jetzt Univ. Düsseldorf. 1962 Vors. Dt. Ges. f. HNOärzte. Fachveröff. - 1953 Mitgl. Dt. Akad. d. Naturforscher (Leopoldina), Halle/S.; 1970 Vors. Ges. Dt. Naturforscher u. Ärzte - Spr.: Engl. - Rotarier.

MEYER, Bernd

Lehrer, Senator f. Inneres Bremen (b. 1989) - Bokelbergstr. 6, 2820 Bremen 70 - Geb. 18. Mai 1946 Bremen, ev., verh. - Gymn. (Abit.); 1965-66 Pol.beamter, 1967-69 Päd. Hochsch. Bremen, 1969-71 brem., 1971-79 nieders. Schuldst., 1971-79 Mitgl. Brem. Bürgerschaft, s. 1979 Senator. SPD.

MEYER, Bernhard

Unternehmer (Fa. Siebdruck + Werbung), Vors. Fachverb. Siebdruck i.R., Wiesbaden - Borsteler Chaussee 85-95, 2000 Hamburg 61 (T. 51 58 76).

MEYER, Brunk

Dr. sc. agr., o. Prof. u. Direktor Inst. f. Bodenkunde Univ. Göttingen/Landw. Fak. (s. 1967) - Eulenloch 15, 3400 Göttingen-Herberhausen (T. 27 42) - Geb. 26. Juni 1929 Berlin (Vater: Friedrich M.), verh. m. Ursula, geb. Tretrop - Stud. Landw. (Dipl.-Landw.) - Habil. 1967 Göttingen - Zahlr. Fachveröff.

MEYER, Curt

Dr. rer. nat., o. Prof. f. Mathematik - Am Wiedenhof 6, 5060 Bensberg-Herkenrath (T. 29 41) - Geb. 19. Nov. 1919 - S. 1955 (Habil.) Lehrtätig. Univ. Hamburg (1961 apl. Prof.); 1965 Wiss. Rat u. Prof.) u. Köln (1966 Ord.) - BV: D. Berechnung d. Klassenzahl Abelscher Körper üb. quadrat. Zahlenkörper, 1957. Div. Einzelarb.

MEYER, Detlev

Schriftsteller - Blankenbergstr. 1, 1000 Berlin 41 (T. 030 - 851 22 40) - Geb. 12. Febr. 1950 (Vater: Kurt M.; Mutter: Ursula, geb. Weighardt), verh. s. 1980 m. W. Hoffmann, geb. Sieg, 3 Kd. (Lucy, Harry, Tasso) - Stud. Bibliothekswiss.; Dipl.-Bibl. 1973 FU Berlin - 1973/74 Bibliothekar in Toronto; 1975/76 Entwicklungshelfer in Jamaica - BV: Heute nacht im Dschungel, 1981; Im Dampfboot greift nach mir e. Engel, 1985; David steigt aufs Riesenrad, 1987; E. letzter Dank d. Leichtathleten, 1989 - 1980, 1984 u. 1988 Berliner Autorenstip.; 1986 Alfred-Döblin-Stip. - Liebh.: Jugendarb., Pfadfinderei - Spr.: Engl., Franz., Lat.

MEYER, Dieter H.

Geschäftsführer Lloyd-Schuhfabrik Meyer & Co. GmbH., Sulingen - 2839 Stadt b. Sulingen Nr. 39 - Geb. 28. Juni 1937 Berlin.

MEYER, Eckart

Dr. phil., o. Prof. u. Direktor Inst. f. Pflanzenkrankheiten u. -schutz/Fak. f. Gartenbau u. Landeskultur TH bzw. TU Hannover (s. 1955) - Im Tiefenbruch 5, 3001 Berenbostel (T. Osterwald63 88) - Geb. 25. Sept. 1907 Kiel (Vater: Heinrich M.; Mutter: geb. Doose), verh. 1936 m. Agnes, geb. Mumm - 1935-45 Assist. u. Oberassist. Univ. Bonn (Inst. f. Pflanzenkrankh.); 1946-55 Leit. Labor. f. Schädlingbekämpf. Henkel & Cie. GmbH., Düsseldorf. 1942-55 Privatdoz. u. apl. Prof. (1951) Univ. Bonn (Lw. Fak.). 1939-41 Wehrdst. (schwerverwundet). Facharb.

MEYER, Ernst

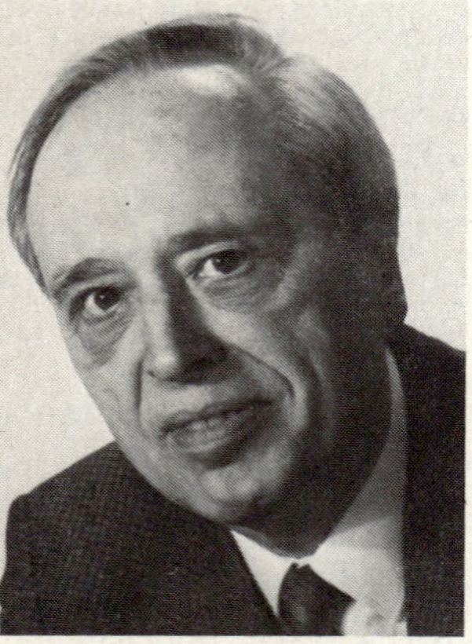

Dr. phil., Prof. f. Pädagogik - Schlittweg 34, 6905 Schriesheim (T. 06203 - 6 27 17) - Geb. 10. Juli 1920 Worms/Rh. (Vater: Ernst M., Monteur; Mutter: Margarete, geb. Lob), ev., verh. s. 1947 m. Trude, geb. Heintz, 3 Kd. (Gerhard, Ursula, Irmtraud) - Päd. Akad. Neuenahr; Univ. Frankfurt u. Mainz (Päd., Psych.) - 1946-57 Lehrer Volks- u. Versuchssch.; 1949-54 u. 1958-59 Doz. Päd. Hochsch. Worms; 1956-58 Leit. Lehrerfortbildungswerk Rheinhessen; s. 1960 Prof. PH Berlin u. Heidelberg (1961; Leitg. Schulpäd. Ausb., Forschungsst. Didaktik u. Hochschulinternes Fernsehen, Audiovisuelles Zentrum). Präs. Intern. Ges. f. Gruppenarb. in d. Erziehung, Stockholm; Präs. Weltbd. f. Erneuerung d. Erzieh. (Dt.spr. Sekt.) - BV: Gruppenunterricht - Grundleg. u. Beispiel, Lehrerhandb. 7. A. 1975; Offene Schultür - Zeitnahe Unterrichtsarbeit, Lehrerhandb. 1957; Unterrichtsvorb. in Beispielen, 16. A. 1973; Sozialerzieh. u. Gruppenunterr. - intern. gesehen, 1963; Schulpraktikum, 4. A. 1973; Fernsehen in d. Lehrerbild., 1966; Unterrichtsthema Angst, 1978; Europ. Pädagog. Symposion (5 Bde.) 1977/79; Trainingshilfen z. Gruppenunterr., 1981; Kinder u. Jugendl. in seel. Not, 1982; Spiel u. Medien in Familie, Kindergarten u. Schule, 1983; Frontalunterr., 1984. Herausg.: Gruppenpäd. - Gruppendynamik, Audiovisuelle Mittler in d. Unterrichtspraxis, Didaktische Studien, Unterrichtspraxis, Unterr.-Praxishilfen f. Lehrer, Vierteljahresschr. Erziehungswiss.-Erziehungspraxis - Lit.: Wöhler, Kh. (Hrsg.), Gruppenunterr. Festschr. z. 60. Geb. (1981); Weber, A. (Hrsg.), Kooperatives Lehren u. Lernen in d. Schule. E. M. z. 65. Geb. (1986).

MEYER, Ernst-August

Kaufmann (Inh. v. 5 Sparmärkten Ronnenberg u. Hannover), Präs. Einzelhandelsverb. Nieders., Hannover - 3003 Ronnenberg/Hann. - Geb. 25. Juni 1911.

MEYER, Eva

Dr. phil., Autorin, Dozentin - Goethestr. 61, 1000 Berlin 12 (T. 030 - 313 51 57) - Geb. 16. Juni 1950 Freiburg - Stud. Phil., German., Kunstgesch., Archäol., Roman. Univ. Freiburg u. Berlin; M.A. 1975; Promot. 1982; Ausb. z. Puppenspielerin Figurentheaterschule Bochum - Mitgründung Lilith-Frauenbuchladen u. Verlag in Berlin - BV: Zählen u. Erzählen. Für e. Semiotik d. Weiblichen, 1983; Versprechen - E. Versuch ins Unreine, 1984; Architexturen, 1986; D. Autobiographie d. Schrift, 1989.

MEYER, Franz Hermann

Dr. rer. nat., Prof. f. Botanik Univ. Hannover - Fasanenstr. 11, 3002 Wedemark 2 (T. 05130 - 81 47) - Geb. 22. Aug. 1928 Cuxhaven (Vater: Wilhelm M., Arch.; Mutter: Frieda, geb. Haack), ev., verh. s. 1958 m. Dr. Ursula, geb. Mevius, 3 Kd. (Klaus Dieter, Renate Ursula, Christian Wolfgang) - 1949-54 Stud. Botanik, Zool., Mikrobiol., Chemie u. Physik Univ. Hamburg (Dipl.-Biol. 1954, Promot. 1956, Habil. 1962) - 1970-76 Präs., s. 1988 Ehrenpräs. Dt. Dendrol. Ges. - BV: D. pflanzl. Symbiosen, 3. A. 1962 (übers. ins Poln.); Mycorrhiza and other Plant Symbioses. (in: Symbioses Vol. 1. Academic Press, 1966); Distribution of Ectomycorrhizae in Native and Man-Made Forests. (in: Ectomycorrhizae, Academic Press, 1973); Bäume in d. Stadt, 1978, 2. A. 1982, (übers. ins Ital.) - Liebh.: Gartengestalt.

MEYER, Friedrich A.

Vorstandsvorsitzender ADV/ORGA F. A. Meyer AG, Wilhelmshaven - Friedrich-Paffrath-Str. 116, 2940 Wilhelmshaven - Geb. 24. Juli 1936 - Honorarkonsul d. Rep. Finnland.

MEYER, Fritz

Dr. jur., Bundesrichter - Herrenstr. 45a, 7500 Karlsruhe - Geb. 7. Febr. 1927 Köln, kath., verh. - Univ. Bonn u. Köln (Promot. 1954). Jurist. Staatsprüf. 1950 u. 55 - 1955-56 u. 1960-63 Richter, 1956 b. 1959 Hilfsref. BJM, 1963-70 wiss. Ref. Sonderaussch. f. d. Strafrechtsreform Bundestag, s. 1969 Richter BGH. Div. Fachveröff., u. a. Entwicklung eines kriminolog. Prognoseverfahrens.

MEYER, Gerd

Dr. phil., Prof. f. Politikwissenschaft - Schellingstr. 4, 7410 Reutlingen (T. 07121 - 3 60 07) - Geb. 8. Juli 1942 Berlin - 1962-68 Stud. Politikwiss., Gesch., German., Staatsex. 1968, Promot. 1969, Habil. Univ. Tübingen 1976 - 1969-77 Wiss. Assist., s. 1977 Prof., 1972/73 u. 1979-81 Inst.-Dir. Univ. Tübingen - BV: Sowj. Dtschl.-Politik im J. 1952, 1970; Bürokrat. Sozialismus, 1977; Sozialist. Systeme, 1979. Polit. System d. DDR, 2 Bde. 1985, 1989 - Spr.: Engl., Franz.

MEYER, Gerd

Lehrer, MdL Saarland (s. 1975) - Überhofenerstr. 40, 6621 Püttlingen-Köllerbach - Geb. 24. Nov. 1944 Köllerbach - CDU (stv. Vors. Landtagsfrakt.), u. Landtagsaussch. f. Kultur, Bildung u. Sport.

MEYER, Gerhard

Dr.-Ing., Hüttendirektor i. R. - Hoher Weg 4, 3150 Peine - Geb. 10. Juli 1906 Peine (Vater: Gerhard M., Kommerzienrat; Mutter: geb. Overbeck), verh. s. 1938 m. Ursula, geb. Busch, verw. - TH München u. Berlin - Zul. Vorstandssprecher Ilseder Hütte, Peine (b. 1970) - Bruder: Otto G. M.

MEYER, Gerhard

Rechtsanwalt, Hauptgeschäftsführer d. Vereinig. d. Arbeitgeberverb. energie- u. versorungswirtschaftl. Unternehmungen - Kurt-Schumacher-Str. 24, 3000 Hannover 1 - Geb. 19. Jan. 1937 Deutsch-Eylau (Vater: Gerhard M., Ing.; Mutter: Gertrud, geb. Lucke), verh. s. 1981 m. Margrit Osterwold-Meyer, geb. Osterwold, 2 S. (Kay-Daniel, Jan Moritz) - 1967 Ass.ex. Hamburg; 1968-77 ltd. Tätigkeit Industrie (Mineralöl, NE-Metalle); 1974-77 MdHB, F.D.P.-Fraktionsvors.; 1975-79 Mitgl. Rundfunkrat NDR; 1977-78 Senator, Präses d. Justizbeh. Hamburg; 1978-81 Senator f. Justiz v. Berlin; 1978-82 Mitgl. Bundesvorst. F.D.P.; s. 1966 Ehrenpräs. Weltbund Liber. u. Radik. Jugend - Spr.: Engl.

MEYER, Gottfried

Prof., Maler - v.-Beck-Str. 1, 7500 Karlsruhe - Geb. 21. Febr. 1911 - Stud. Kunsthochsch. Berlin - Lehrtätigk. Köln, Freiburg/Br., Karlsruhe (Leit. Zeichen- u. Malkl. Kunstakad.).

MEYER, Hans Jürgen

Dr. med., Augenarzt, Prof., Chefarzt Marienhospital, Osnabrück (s. 1970) - Wilhelmstr. 83, 4500 Osnabrück (T. 32 64 07) - Geb. 2. Febr. 1932 Bremen (Vater: Dr. med. Helmut M.; Mutter: Elsbeth, geb. Lühmann), ev., verh. s. 1964 m. Borghilde, geb. Kusche, 3 Kd. (Carsten, Peter, Holger) - Stud. Univ. Göttingen, Innsbruck, Kiel, Freiburg/Br. Promot. 1956; Habil. 1967 - BV: Transplantations-Chir., Kapitel Hornhautübertragung - Liebh.: Segelsport - Spr.: Engl., Franz.

MEYER, Hans-Dieter

Dr. phil., o. Prof. f. Alte Geschichte - Weißenburger Str 3, 5100 Aachen (T. 50 18 17) - Geb. 17. Aug. 1929 Wuppertal (Vater: Emil M.; Mutter: Ottilie, geb. Hommel) - Promot. 1956; Habil. 1960 - S. 1960 Lehrtätigk. Univ. Köln u. TH Aachen (1965 Ord.) - BV: Cicero u. d. Reich; D. Außenpolitik d. Augustus u. d. Augusteische Dichtung.

MEYER, Hans-Gerd Merten

Dr.-Ing., Prof., Vizepräs. Inst. f. Bautechnik, Berlin - Lückhoffstr. 15, 1000 Berlin 38 (T. 030 - 803 38 15) - Geb. 21. Nov. 1932 Hinte/Ostfriesl. (Vater: Merten M., Rektor; Mutter: Marie-Luise, geb. Bietendüfel), ev., verh. s. 1959 m. Rommy, geb. Völler, 3 Kd. (Sonka, Jens Merten, Inka) - TH Hannover (Bauing.-wesen; Dipl.-Ing. 1958, Promot. 1967) - 1958-64 Assist. Lehrstuhl f. Baustoffkd. TH Hannover; 1964-69 Reg.-Rat Amtl. Materialprüf.anst. f. Bauwesen Hann.; 1969 ff. Inst. f. Bautechnik Berlin. Mitherausg. Ztschr. Bauphysik; zahlr. Fachveröff. u. Vorträge - 1974 Honorar-Prof. TU Hannover - Liebh.: Segeln - 1953 Dt. Hochschulmeister Rudern (Achter); 1954 dass. Vierer u. Achter - Spr.: Engl.

MEYER, Hans-Günther

Steuerberater - Bahnhofstr. 23, 2723 Scheeßel (T. 04263 - 13 45); priv. OT. Westervesede 133 - Präs. Dt. Motorsport-Verb., Kaiserstr. 73, 6000 Frankfurt/M. 1 (T. 0611 - 23 31 37) - Geb. 14. Juli 1927 Hemslingen, verh. m. Margried, geb. Lück.

MEYER, Hans-Hermann

Dr. med., em. Prof. u. ehem. Direktor Psychiatr. u. Neurol. Univ.sklinik d. Saarl. (s. 1958) - Kraepelinstr. 6, 6650 Homburg/Saar (T. 41 20) - Geb. 14. Juni 1909 Königsberg/Pr. (Vater: Prof. Dr. med. Ernst M., Ord. f. Psychiatrie u. Neurol. Univ. Königsberg; Mutter: Käte, geb. Schmieden), verh. s. 1939 m. Lieselotte, geb. Koenig - Univ. Königsberg, Marburg, München. Habil. Heidelberg - 1949-58 Privatdoz. u. apl. Prof. (1954) Univ. Heidelberg - BV: D. Liquor, 1949. Zahlr. Einzelarb. Mithrsg.: Zentralbl. f. Neurol. u. Psychiatrie - Bruder: Prof. Joachim-Ernst M.

MEYER, Hans-Jürgen

Dr. rer. nat., Dipl.-Chem., Prof. f. Mineralogie u. Kristallogr. Mineralog. Inst. Univ. Bonn - Poppelsdorfer Schloß, 5300 Bonn - Geb. 10. Nov. 1927 Hamburg - S. 1962 (Habil.) Lehrtätigk. Univ. Bonn (1966 apl. Prof.). Fachaufs.

MEYER, Heinrich

Dipl.-Volksw., Geschäftsführer Technotex GmbH, Eystrup - Bruchstr. 29, 2811 Bücken - Geb. 3. Jan. 1932.

MEYER, Heinz

Dipl.-Ing., Geschäftsführer Bosch-Siemens Hausgeräte GmbH., Stuttgart - Kardinal-Faulhaber-Str. 21, 8220 Traunstein/Obb. (T. 43 48) - Geb. 27. Nov. 1909 Berlin - Zugl. Gf. Siemens-Elektrogeräte GmbH., München/Berlin - Spr.: Engl., Franz. - Rotarier.

MEYER, Heinz

Stadtkämmerer v. Köln - Lippizanerstr. 1, 5000 Köln-Weidenpesch - Geb. 11. Mai 1911 - ARsmandate (Kölner Untern.).

MEYER, Heinz

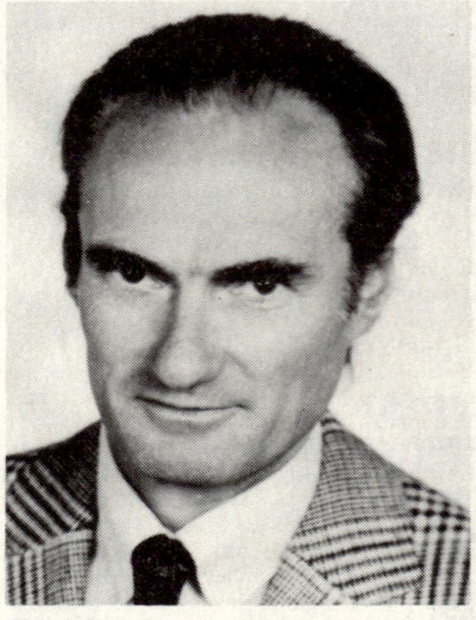

Dr. phil. habil., Prof. f. Soziologie - Am Wisselbach 22, 5102 Würselen - Geb. 5. Aug. 1936 Aachen, verh., 4 Kd. (Balthasar, Agnese, Mohammed, Jo) - Dipl. (Psych.) 1961, Promot. (Soziol.) 1969, Habil. (Soziol.) 1974 - 1963-65 wiss. Assist. f. Psychol. u. 1965-67 f. Europ. Gesch.; 1967-70 Chefredakt. d. hippolog. Fachztschr. St. Georg; 1970-72 wiss. Assist. f. Soziol.; 1970-85 hippolog. Fachberat. d. Ztschr. Reiter Revue. S. 1975 Prof. f. Soziol. - BV: Mensch u. Pferd, 1975; Mensch u. Tier, 1975; D. Frau-Sein: genet. Dispos. u. ges. Prägung, 1980; Psychol. u. Soziol. d. Reitens, 1982; Gesch. d. Reiterkrieger, 1982; Alienation, Entfremdung u. Selbstverwirklich., 1984; Welt, Gesellschaft u. Individuum, 1987; Religionskritik, Religionssoziol. u. Säkularisation, 1988; Reifen u. Ausbilden, 1988; Kunst, Wahrheit u. Sittlichkeit, 1989. Veröff. in hippol. Fachztschr. - Calgary White Hatter - Interessen: Grenzbereich zw. Soziol., Anthropol. u. Phil.

MEYER, Heinz

Dr. med., Chefarzt, Präs. Verb. Dt. Badeärzte (s. 1976) - Freiligrathstr. 32, 4902 Bad Salzuflen (T. 05222 - 1 03 73) - Geb. 4. Nov. 1917, ev., verh. s. 1945 m. Dr. rer. nat. Else, geb. Mertens, 2 S. (Geerd-Jürgen, Karl-Heinrich) - Abit.; Stud. Univ. Münster, Berlin, Göttingen; Staatsex. u. Promot. 1945 Univ. Münster - S. 1949 Badearzt; jetzt Chefarzt Kliniken am Burggraben Bad Salzuflen. 1970 stv. Vors. Verb. Dt. Badeärzte, s. 1976 Präs. Zahlr. Veröff. u. Vorträge - 1977 BVK; 1980 Ehrenmitgl. Verb. d. Österr. Kurärzte, 1985 Verb. Dt. Badeärzte - Liebh.: Jagdfotogr.

MEYER, Heinz-Horst

Bankprokurist, Präsident Dt. Bahnengolf-Verb. - Gärtnerstr. 44, 2083 Halstenbek - Geb. 7. Aug. 1946, verh. m. Marianne, geb. Ramcke, 2 Kd. (Bianca, Anders) - Ausb. z. Bankkaufm.; Dipl.-Bankbetriebswirt (ADG) - Generalsekr. Intern. Bahnengolf-Verb. - 1967 Dt. Mannschaftsmeister Bahnengolf.

MEYER, Heinz-Werner

1. Vorsitzender IG Bergbau u. Energie (s. 1985), MdB s. 1987 - Karl-Funke-Str. 77, 4600 Dortmund-Dorstfeld (T. 17 37 16) - Geb. 24. Aug. 1932 - SPD (1975-85 Mitgl. d. Landtages Nordrh.-Westf.).

MEYER, Helmut

Ing., Mühlenbaumeister, Vors. Zentralverb. d. Mühlen- u. Müllereimaschinenbauer, Nürnberg - 8563 Schnaittach-Hedersdorf Nr. 45 - Geb. 16. Sept. 1928.

MEYER, Helmut

Dr. med. vet., Dr. h.c., Dipl.-Landw., o. Prof. Inst. f. Tierernährung Tierärztl. Hochschule Hannover - Kaulbachstraße 11, 3000 Hannover (T. 53 77 92) - Geb. 2. Juli 1927 Gadderbaum/W. - S. 1962 (Habil.) Tiho Hannover (1968 Ord.) - BV: Vererbung u. Krankheit, 2. A. 1973 (m. Wegner); Pferdezucht u. Pferdefütterung, 1974 u. 79 (m. Löwe). Mitarb.: Tierzüchtungslehre, 2. A. 1972; Veterinärhygiene, 1972; Schweinezucht, 1978. Herausg.: Übersichten z. Tierernährung, 1973; Symposium Ernährung Hd u. Ktz, 1979 u. 87; Ernährung d. Hundes, 1984; Pferdefütterung, 1986.

MEYER, Herbert

Dr. phil., Prof., Museumsdirektor i. R. - Am Schelmenbuckel 46, 6800 Mannheim 51 (T. 79 28 68) - Geb. 23. Okt. 1908 Köln (Vater: Dr. med. vet. Ernst M., Tierarzt), ev., verh. s. 1952 m. Gertrud, geb. Freihen †1985 - Friedrich-Wilhelm-Gymn. Köln; Univ. ebd., Heidelberg, Berlin (German., Klass. Philol.). Promot. 1933; Staatsex. 1933, Bibliothekar. Fachprüf. 1936 - 1936-52 Bibl.ass. u. -rat (1939) Stuttgart, 1952-59 Buchhändler (Antiquariatsbuchh. Gunzert-Freihen), 1959-70 Bibl.dir., 1968-73 Museumsdir. Mannheim. 1966-68 Lehrbeauftr. WH bzw. Univ. Mannheim. Mitgl. Verein Dt. Bibliothekare, Schiller- u. Hölderlin-Ges. - BV: Eduard Mörike im Spiegel s. Dichtung, 1950; Mörikes Zeichnungen, 1952; Wilhelm Waiblingers Tageb., 1956; Schiller, Vermischte Schriften, 1958 (Nationalausg. Bd. XXII); Schillers Flucht nach Mannheim, 1959; Eduard Mörike, 1961, 3. A. 1969; Mörike, Maler Nolten, 1967/71; Das Nationaltheater Mannheim 1929-1979, 1979 - 1983 Schillerplak. Stadt Mannheim - Rotarier.

MEYER, Herbert

Verkehrsdirektor, Geschäftsf. Fremdenverkehrsverb. Ostbayern, Regensburg - Baumhackergasse Nr. 7, 8400 Regensburg - Geb. 3. Mai 1921.

MEYER, Horst

Verleger - Augustastr. 20 B, 1000 Berlin 45 - Geb. 27. März 1930 Stettin (Vater: Walter M., Kaufm.; Mutter: Anneliese, geb. Bartz), verh. s. 1954 m. Renate, geb. Hamer, 3 S. (Lutz, Klaus, Jens) - 1936-43 Volkssch. u. Stadtgymn. Stettin, 1946-49 Rheingau-Obersch. Berlin (Abit.) - S. 1949 Werbung (KERI), Nachrichtendst. (bnd), Buchhandel (KAWE), Verlagswesen (gegenw. arani-Verlag GmbH) - Spr.: Engl.

MEYER, Horst

Dr. rer. pol., Dipl.-Ing., gf. Gesellsch. Intei Industriebeteiligungsges. mbH, Hannover, u. Fa. INTEC Innovation-, Technol.-, Finanzier.- u. Untern.-Beratung GmbH, Hamburg, Olympiasieger im Rudern - Kollenrodtstr. 56, 3000 Hannover 1 (T. 52 50 52) - Geb. 20. Juni 1941 Hamburg (Vater: Otto M., Bäckerm.; Mutter: Erna, geb. Dening), ev., verh. s. 1973 m. Jutta Meyer-Siebert - Staatl. Ing.-Sch. Hamburg (Ing. grad. 1964); Univ. Hannover (Dipl. u. Promot. 1970) - 1975 gf. Gesellsch. FAC Fein- u. Agrochemie, Hannover; 1982 gf. Gesellsch. INTEI u. INTEC (s. o.). 1974 Geschäftsf. Stiftg. Dt. Sporthilfe; s. 1976 pers. Mitgl. NOK; s. 1977 Mitgl. Gutachteraussch. Stiftg. Dt. Sporthilfe; s. 1982 Präsid.-Mitgl. Dt. Olymp. Ges. - BV: Industriewirtsch. in Theorie u. Praxis, (m. a.) 1975; D. Produktivitätsermittl. ind. Betriebe, (Diss.) 1975; Handlungsmuster Leistungssport, (m. a.) 1977 - 1964 Silb. Lorbeer d. Bundesrep. Deutschl. - Liebh.: Gesch., Kunst, Musik - 1964 Olympia-Silbermed. im Rudern; 1962/66 Weltmeister im Achter; 1968 Olympiasieger im Rudern (Achter); 1963/64/65/67 Europameister u. mehrf. dt. Meister im Rudern - Spr.: Engl., Franz., Ital.

MEYER, Irene

Generalkonsulin, Leit. Generalkonsulat d. BRD in Cleveland (1968-74; zuständ. f. Ohio, Kentucky, West Virginia) - Grabenstr. 51, 5300 Bonn-Beuel - 1969 BVK I. Kl.

MEYER, Joachim-Ernst

Dr. med., Dr. med. h. c., o. Prof. f. Psychiatrie - Herzberger Landstr. 46, 3400 Göttingen (T. 4 13 98) - Geb. 2. Juli 1917 Königsberg/Pr., ev., verh. s. 1953 m. Ruth, geb. Thwaites, 2 Töcht. (Barbara, Marion) - Gymn.; Univ. Königsberg u. Berlin (Promot. 1940). Habil. 1952 Freiburg/Br. - Dt. Forschungsanst. f. Psychiatrie München, Univ. Freiburg (Abt. f. klin. Neurophysiol.), München (Oberassist. Nervenklinik; 1958 apl. Prof.), Göttingen (1963 Ord. u. Dir. Psychiatr. Klinik; 1968/69 Rektor d. Univ., emerit. 1985) - BV: D. Entfremdungserlebnisse - Über Herkunft u. Entstehungsweisen d. Depersonalisation, 1959; Anorexia nervosa - Symposium, 1965; Tod u. Neurose, 1973 (auch ital., jap., engl.); Todesangst u. d. Todesbewußtsein d. Gegenwart, 2. A. 1982 - 1966 korr. Mitgl. Royal College of Psychiatrists, London, Ehrendoktor Univ. Münster - Spr.: Engl. - Eltern s. Hans-Hermann M. (Bruder).

MEYER, Jörg-Udo

Dipl.-Kfm., Museumsdirektor, Leit. Landesmuseum Volk u. Wirtschaft - Ehrenhof 2, 4000 Düsseldorf 30 - Geb. 16. Okt. 1941.

MEYER, Josef

Betriebsleiter, Staatssekretär, Chef Staatskanzlei Nieders., MdL (s. 1978) - Planckstr. 2, 3000 Hannover (T. 19 01); priv.: Vechtaer Str. 24, 2832 Twistringen - Geb. 19. März 1936 Twistringen, verh., 4 Kd. - Volkssch.; Maschinenschlosserlehre - S. 1970 Techn. Leit. Chemie-Kosmetikfabrik Schmees KG., Twistringen. 1965 ff. Ratsmitgl. u. 1969-74 stv. Bürgerm. Twistringen; 1970 ff. MdK Grafsch. Hoya. CDU s. 1956.

MEYER, Josef

Vorstandsmitglied Hess. Landesbank (Girozentrale) - Junghofstr. 18-26, 6000 Frankfurt/M. 1 - Geb. 13. Juni 1928 Augsburg, verh., 3. Kd. - S. 1942 Stadtsparkasse Augsburg, Girozentrale Stuttgart (1958; Abteilungsdir.), Bankhaus Trinkaus, Düsseldorf (1961; Dir.), Dt. Bank AG., Frankfurt (1972), Dt. Sparkassen- u. Giroverb., Bonn (1974; Geschäftsf.), Hess. Landesbank/Girozentrale (1976; Vorstandsmitgl.). Div. Funkt. u. Mand., u.a. 1983 Präs. Arbeitsgem. f. wirtsch. Verw.; AR-Vors. Rechenzentrum d. Hess. Sparkassenorg. GmbH, Frankfurt; AR-Mitgl. GZS Ges. f. Zahlungssyst. mbH, Frankfurt.

MEYER, Joseph-Franz

Dipl.-Ing., Werftbesitzer u. Fabrikant (Fa. Jos. L. Meyer, Schiffswerft, Maschinenfabrik, Kesselschmiede, Papenburg) - Bahnhofstr. 5, 2990 Papenburg 1 (T. 04961 - 8 12 34) - Geb. 15. Jan. 1908 (Vater: Dipl.-Ing. Franz-Joseph M.; Mutter: Käthe, geb. Bueren), verh. s. 1941 m. Berna, geb. Beckmann - TH Berlin - S. 1936 selbst. - Spr.: Engl. - Rotarier.

MEYER, Jürgen

Vorstandsmitglied Stahlwerke Peine Salzgitter AG - Zu erreichen üb. Postf. 41 11 80, 3320 Salzgitter 41 - Geb. 28. April 1926 - S. 1947 Tätigk. im Stahlhandel; 1958 Geschäftsf. d. ehem. O.R. Krause, Ndrl. Hannover; 1962 nach Fusion m. Salzgitter Eisenhandel in Salzgitter Stahl GmbH Geschäftsf.-Tätigk. in Hannover u. Düsseldorf; s. 1973 Vorst.-Mitgl. Stahlwerke Peine-Salzgitter AG; AR-Mand.: Salzgitter-Stahl GmbH (Vors.), LGA Gastechnik GmbH (stv. Vors.), Saarberg Oel u. Handel GmbH, Bergbau AG Lippe; Chairman of the Board Feralloy Corp., Chicago, Ill., USA; Delta Steel Houston, Texas, USA; Vorst.-Mitgl. Wirtsch.vereinig., Walzstahlvereinig., Arbeitsgemeinsch. Handel m. d. DDR.

MEYER, Jürgen

Dr. jur. habil., Rechtsanwalt, Prof.,

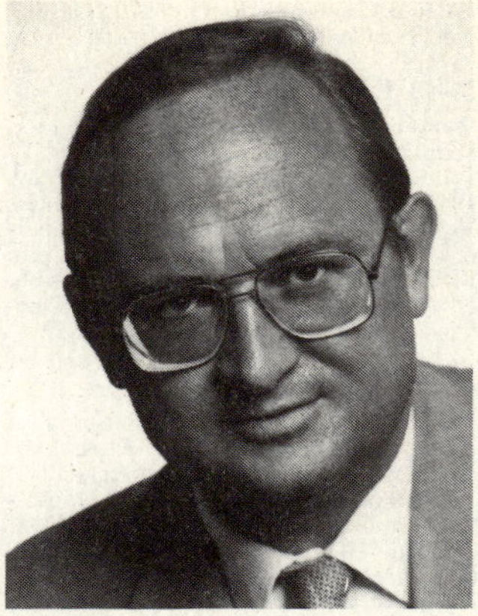

MdL Baden-Württ. (1976-80) - Am Bühl 2, 7815 Kirchzarten (T. 0766 - 44 45) - Geb. 26. März 1936 Düsseldorf (Vater: Heinz M., selbst. Kaufm.; Mutter: Elisabeth, geb. Struzyna), verh. s. 1972 m. Gisela, geb. Zimmermann, 3 Kd. (Ulrich, Brigitte, Stephan) - Abitur 1955 Düsseldorf; Stud. d. Rechtswiss.; 1. u. 2. jur. Staatsex. 1959 u. 64; Promot. 1963 Tübingen; Habil. 1975 Freiburg, 1981 apl. Prof. Univ. Freiburg - 1965/66 Stud.aufenth. USA (Princeton u. Ann Arbor); s. 1967 Max-Planck-Inst. f. ausl. u. intern. Strafrecht, Freiburg. SPD s. 1970: Kreisrat s. 1979, Gemeinderat s. 1980 - BV: Dialektik im Strafprozeß, 1965; D. Wiederaufnahme d. Strafverfahrens im dt. u. ausl. Recht, 1974; Wiederaufnahmereform, 1977; Öfftl. Vorverurteilg. u. faires Strafverf., 1986; Betäubungsmittelstrafrecht in Westeuropa, 1987. Zahlr. Fachveröff. - 1981 BVK - Liebh.: Fußball, Tennis, Leichtathletik, Schach, Ski (1986 15. Gold. Sportabz.) - Spr.: Engl., Franz.

MEYER, Jürgen

Dr.-Ing., Direktor u. Prof. Physikalisch-Techn. Bundesanst. Braunschweig, Prof. Staatl. Hochsch. f. Musik Detmold - Bergiusstr. 2a, 3300 Braunschweig (T. 0531 - 51 10 11) - Geb. 16. März 1933 Braunschweig (Vater: Fritz Jürgen M., Botaniker), ev., verh. s. 1962 m. Ingeborg, geb. Voigt, 4 Kd. (Klaus, Horst, Wolfgang, Elke) - Stud. Elektrotechnik u. Akustik; Promot. 1960 Braunschweig - 1958 wiss. Mitarb., 1971 Leit. Labor. f. Musik. Akustik Phys.-Techn. Bundesanst., s. 1985 Leit. Fachgr. Hörakustik ebd.; s. 1968 Doz. f. Akustik Staatl. Hochsch. f. Musik Detmold - BV: Akustik d. Holzblasinstrumente, 1966; Orgelakustik, 1966; Akustik u. musikalische Aufführungspraxis, 1972 (engl. Übers. Acoustics and the Performance of Music, 1978); Physikalische Aspekte d. Geigenspiels, 1978; Akustik d. Gitarre, 1985. Rd. 90 Fachveröff. zu Themen d. Musik- u. Raumakustik - Liebh.: Musik, Violinspiel bes. Kammermusik - Spr.: Engl., Franz., Latein - Bek. Vorf.: Fritz Meyer, Violinpäd. u. Schriftst. (Großv.).

MEYER, Jürgen A. E.

Dr. iur., Prof. f. Arbeits- u. Sozialrecht Univ. Bremen (s. 1974) - Uhlandstr. 16, 2800 Bremen 1 (T. 0421 - 34 16 34) - Geb. 20. Okt. 1937 Memel/Ostpr. (Vater: Ernst M., Kaufm.; Mutter: Hildegard, geb. Schiel) - Humanist. Gymn. Rendsburg (Abit. 1957); Stud. d. Rechtswiss. Univ. Kiel, Bonn; 1. u. 2. jur. Staatsex. 1962 u. 66; Promot. 1970 Kiel - 1966-70 Wiss. Assist. Univ. Kiel; 1970-73 Wiss. Assist. u. Doz. (1972) Univ. Gießen; 1982 Konrektor Univ. Bremen (b. 1984). Mitgl. Bund demokr. Wissenschl. u. ÖTV - BV: Engl. Parlamentsprivileg., Monogr. 1971; Handelsvertreterrecht, 1978; Sozialgerichtsprotokolle, 1981. Mithrsg. d. Reihen Abh. z. Handels-, Gesellschafts-, Wirtschafts- u. Arbeitsrecht, u. Recht d. Arbeit u. d. soz. Sicherheit - 1971 Preis d. Univ. Kiel f. d. akad. J. 1970/71 - Liebh.: Klass. Musik, mod. Lit. - Spr.: Engl., Franz., Span.

MEYER, Karl Otto

Dr., Ltd. Museumsdirektor, Leiter d. Staatl. Museums Oldenburg - Sodenstich 118, 2900 Oldenburg - Geb. 2. Aug. 1929 Braunschweig (Vater: Karl M., Steuerrat; Mutter: Ilse, geb. Leifold), ev., verh. s. 1957 m. Irene, geb. Schmücking, 2 T. (Carola, Ulrike) - Promot. 1954 - 1956 Altonaer Mus. Hamburg; 1962 Zool. Inst. Univ. Saarbrücken; 1964 Mus. f. Natur Stadt Dortmund; s. 1972 Staatl. Mus. Oldenburg. Lehrbeauftr. Univ. Oldenburg f. Zoologie u. Ausstell.-Didaktik. Wiss. Arbeiten in d. Ber. Zool., Paläontol. u. Museologie - Spr.: Engl.

MEYER, Karl-Otto

Chefredakteur, MdL Schlesw.-Holst. (s. 1971) - Buchauweg, 2391 Schafflund (T. 5 71; Büro: Flensburg 78 55) - Geb. 16. März 1928 Adelbylund b. Flensburg, ev. (Dän. Kirche), verh., 5 Kd. - N. dän. Privatsch. Lehrersem. Skaarup/Dänem. (Ex. 1949) - 1949-50 Lehrer dän. Privatsch. Husum; 1950-63 Schulleit. dän. Privatsch. Schafflund; seit 1963 Chefredakt. Flensborg Avis u. Südschlesw. Heimatztg. (1964). 1959 ff. Gemeinderatsmitgl. Schafflund u. MdK Flensburg-Land. SSW (1960 Vors.).

MEYER, Klaus

Dr. phil., Botschafter, Ständiger Vertreter d. Bundesrep. Deutschl. b. d. OECD, Paris (s. 1985) - Zu erreichen üb. 5, rue Léonard de Vinci, F-75116 Paris - Geb. 10. April 1928 Köln (Eltern: Hans (Gartenarch.) u. Elfriede M.), kath., verh. m. Ingeborg, geb. Buhrow, 4 Kd. (Bernhard, Ruth, Peter, Thomas) - Univ. Göttingen (Phil., German., Soziol.). Promot. 1952, Dipl.-Volksw. 1955, beide Göttingen - S. 1955 Ausw. Amt (u. a. Attaché Botschaft Paris); 1959-67 EWG (stv. Kabinettschef b. Kommissionspräs. Prof. Walter Hallstein); 1967-69 Bundeskanzleramt (Ministerialdirig.); 1969-77 stv. Generalsekretär Kommission EG; 1977-82 Generaldir. f. Entwickl.-Kommiss. EG; 1982 Sonderberat. Präs. Kommiss. EG; 1982-85 Dt. Botschafter Prag - Spr. Engl., Franz.

MEYER, Klaus

Dr. phil., Univ.-Prof. f. osteurop. Geschichte FU Berlin - Grunewaldstr. 43C, 1000 Berlin 41 (T. 030 - 793 18 27) - Geb. 23. Febr. 1928 Rendsburg, ev., verh. s. 1965 m. Helga, geb. Harder, 2 Kd. (Carsten, Ulrike) - Stud. Gesch. u. German.; Promot. 1956 Hamburg; Habil. 1971 Berlin - Univ.-Prof. f. osteurop. Gesch. Osteuropa-Inst. FU Berlin - BV: Th. Schliemann als politischer Publizist, 1956; D. wiss. Leben in d. UdSSR, 1959, 2. A. 1961; D. sowjet. Bildungspolitik s. 1917 (m. O. Anweiler), 1961, 2. A. 1979; D. sowjet. Bildungspolitik 1958-73 (m. O. Anweiler, F. Kuebart), 1976; Bibliogr. z. osteurop. Gesch. Verzeichnis d. zw. 1939 u. 1964 veröfftl. Lit. in westeurop. Sprachen z. osteurop. Gesch. b. 1945 (hg. v. W. Philipp), 1972; D. Statuten d. Wiss. Akad. d. UdSSR, 1982 - O. Mitgl. J.-G.-Herder-Forschungsrat u. Balt. Hist. Kommiss.

MEYER, Klaus H.

Vorsitzender Landesverb. Brem. Haus- u. Grundbesitzervereine - Am Dobben 3, 2800 Bremen.

MEYER, Kurt

Dr.-Ing., em. o. Prof. f. Statik d. Hochbaukonstruktionen TU München (s. 1966) - Koebkeweg 28, 8036 Herrsching/Ammersee (T. 08152 - 81 77) - Geb. 28. Juli 1914 Frankfurt/M., verh. s. 1943 m. Ilse, geb. Weiersmüller - Hum. Gymn. Nürnberg; TH München (Dipl.-Ing. 1939). Promot. 1953, em. 1982.

MEYER, Kurt

Dr. phil., Dr. Ing., Dipl.-Chem., Prof. i.R. - Peter-Böhler-Str. 22, 6000 Frankfurt - Geb. 5. Aug. 1911 Püttlingen/S. (Vater: Peter M., Lehrer; Mutter: Maria, geb. Schneider), kath., verh. s. 1939 m. Elisabeth, geb. Röttger, 4 Kd. (Peter, Michael, Stephan, Christine) - Univ.

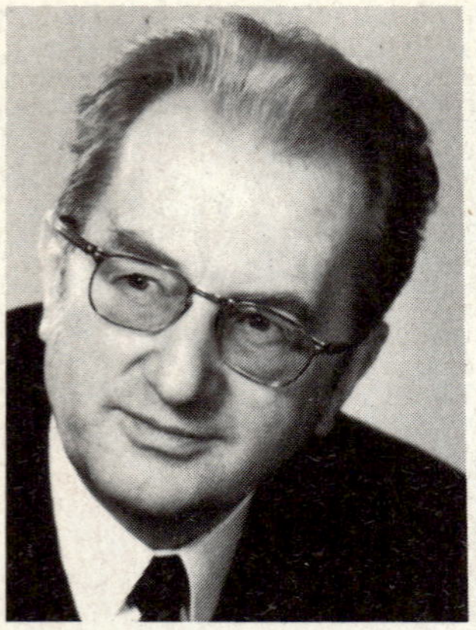

Berlin, Münster, Marburg; Dipl.-Chem. 1935, Promot. Dr. phil. 1937, Dr. Ing. 1968, Prof. 1976 - Zul. Mitgl. Hauptgeschäftsf. Lurgi Ges., jetzt Ruhestand - Ca. 40 Erfind. - BV: Pellettzing of Iron o Res (Engl.), 1980 - 1978 Georg Agricola Denkmünze d. Ges. Dt. Metallhütten u. Bergleute; 1983 Carl-Lueg-Denkmünze, Verein Dt. Eisenhüttenleute; 1988 BVK I. Kl. - Spr.: Engl., Franz.

MEYER, Leslie,
s. Rühmkorf, Peter

MEYER, Lothar
Dr. rer. pol., Dipl.-Kfm. - Wangenheimstr. 46, 1000 Berlin 33 (Grunew.) (T. 825 42 93) - Geb. 6. Juli 1921 Berlin (Vater: Dr. jur. Paul M., Syndikus; Mutter: Erna, geb. Bothe), ev., verh. s. 1958 m. Gisela, geb. Bock - Volkssch.; 1937-40 kaufm. Lehre Medizin-Technik; Sonder-Reife Abendkurse (Abitur); TU Berlin (Betriebsw.). Dipl.-Kfm. 1955; Promot. 1962 - B. 1957 Fachschriftst., 1965-73 Bezirksstadtrat f. Wirtsch. Bezirksamt Berlin-Wedding, 1973 Untern.-Beratung, Berlin. Präs. Intern. Technogeograph. Ges. Berlin - Liebh.: Naturwiss. Lit., Grenzgeb. d. Psych. - Spr.: Engl.

MEYER, Ludwig
Ingenieur, Landwirt, MdL Bayern (s. 1978) - Salzburg 1, 8301 Neufahrn/Ndb. - Geb. 11. Mai 1925 Haindlingberg, verh., 3 S. - Gymn. Pfarrkirchen; 1942-45 Arbeits- u. Kriegsdst. (Ostfront); Landw. Praktik.; Landw.ssch. Schweiklberg u. Weltenburg; 1949-50 Höh. Landw.ssch. Witzenhausen. Ing. (grad.) - B. 1954 landw. Verwalter, dann eig. Betrieb. Zeitw. Bürgerm. u. Landrat. CSU s. 1954.

MEYER, Ludwig
Geschäftsführer Deumu Dt. Erz- u. Metall-Union GmbH., Hannover - An d. Feldmark 8, 3000 Hannover-Bornum - Geb. 24. Aug. 1917.

MEYER, Manfred
Dr. rer. nat., Dipl.-Ing., Prof., Ordinarius f. Betriebswirtschaftslehre, insb. Operations Research, u. Vorst. Betriebsw. Inst. Univ. Erlangen-Nürnberg (s. 1970) - Ginsterweg 56, 8500 Nürnberg.

MEYER, Manfred
Dr.-Ing., Prof., Leiter Elektrotechnisches Institut Univ. Karlsruhe - Gartenstr. 70, 6749 Niederotterbach (T. 06340 - 82 34) - Geb. 9. April 1928 Berlin (Vater: Karl M., Mühlenbauing.; Mutter: Helene, geb. Füldner), ev., verh. s. 1954 m. Eleonore, geb. Kuschmider, 2 Kd. (Marion, Matthias) - TU Berlin (Dipl.-Ing. 1953, Promot. 1956) - 1953 Wiss. Assist.; 1956-79 versch. Tätigk. Siemens AG; s. 1979 Ord. Univ. Karlsruhe. Zahlr. Erf. auf d. Geb. Stromrichter u. elektr. Antriebe (17 erteilte Pat.) - BV: Thyristoren in d. techn. Anwend., Bd. 1: Stromrichter m. erzwungener Kommutier. (Siemens AG), 1967; Elektr. Antriebstechnik, Bd. 1 1985, Bd. 2 1987 - Liebh.: Lit., Gartenbau, Politik, Wandern - Spr.: Engl.

MEYER, Martin
Steuerberater, Vorst. Steuerberaterkammer Köln - Pommernstr. 4, Postf. 22 51, 5250 Engelskirchen - Geb. 9. Nov. 1944 Ründeroth - Vorst. Steuerberater-Verb. Köln; AR-Vors. Akad. f. Steuer- u. Wirtschaftsrecht d. Steuerber.-Verb. Köln GmbH; Mitgl. Steuerrechtsaussch. DStV; Geschäftsf. ATS Allgem. Treuhand- u. Steuerberatungsges. mbH.

MEYER, Michel
Dipl.-Volksw., Prof., Ltd. Ministerialrat Nieders. Ministerium f. Wirtschaft, Technol. u. Verkehr - Friedrichswall 1, 3000 Hannover 1 (T. 0511 - 120 64 64) - Geb. 5. Mai 1927 Hannover, verh. s. 1959 m. Hannelore, geb. Schwill, 3 T. (Karoline, Franziska, Ulrike) - Univ. Helsingör, Hamburg, Göttingen (Staatswiss.) - Wirtschaftsforsch., Kommunal- u. Staatsverw. Honorarprof. TU Braunschweig (Fremdenverkehrspol.). Bäderbeiratsvors. Norderney, Bad Pyrmont, Bad Nenndorf. AR-Mand., Beirat Dt. Wirtschaftswiss. Inst. f. Fremdenverkehr Univ. München u. Dt. Zentrale f. Tourismus, Frankfurt/M. Div. Facharb. Mithrsg.: Schriftenreihe Nordd. Inst. f. Fremdenverkehrs- u. Heilbäderforsch., Braunschweig (m. Prof. Herbert Wilhelm).

MEYER, Otto
Dr. phil. (habil.), o. Prof. f. Mittlere Geschichte, Landesgesch. u. Histor. Hilfswiss. - Neubaustr. Nr. 64a, 8700 Würzburg (T. 5 52 52) - Geb. 21. Sept. 1906 München - 1947 Privatdoz., 1949 apl. Prof. Univ. Würzburg. 1955 ao. Prof. Phil.-Theol. Hochsch. Bamberg, 1962 o. Prof. Univ. Würzburg. Facharb. - Rotarier.

MEYER, Otto
Rechtsanwalt, Hauptgf. Dt. Brauer-Bund (b. 1976) - Annaberger Str. 28, 5300 Bonn-Bad Godesberg (T. 7 68 56); priv. Jägerweg 15 - Geb. 8. Mai 1915.

MEYER, Otto
Staatssekretär Bayer. Staatsmin. f. Unterricht u. Kultus (s. 1988), MdL Bayern (s. 1966) - Landrichter-v.-Brück-Str. 13, 8872 Burgau/Schwaben (T 3 43) - Geb. 23. Juni 1926 Burgau, kath., verh., 2 Kd. - Gymn.; n. Arbeits- u. Wehrdst. Stud. Päd. - Läng. Studienaufenth. USA. CSU (Mitgl. Landesaussch. u. Kulturpol. Spr.).

MEYER, Otto
Staatsminister (b. 1985), MdL Rhld.-Pfalz (s. 1959; 1963-68 stv. Fraktionsvors.) - Ortsstr. 39, 5429 Herold/Unterlahnkr. (T. Katzenelnbogen 2 69) - Geb. 24. März 1921 Herold (Vater: Landwirt), ev., verh. s. 1945 m. Hedwig, geb. Gießelmann, 2 Kd. (Ingrid, Rolf) - Volks-, Landw.s- (2) u. Bauernhochsch. (1 Sem.) - 1941-45 Wehrdst. (zul. Ltn. u. Kompanieführer); s. 1945 Landw. (auf elterl. Hof selbst.); s. 1948 ehrenamtl. Bürgerm. Herold; s. 1968 Min. f. Landw., Weinbau u. Forsten bzw. f. Landw., Weinbau u. Umweltschutz sow. stv. Min.präs. (1971-75) Rhld.-Pf. CDU (1968ff. stv. Landesvors.) - 1981 Gr. BVK m. Stern u. Schulterbd.

MEYER, Paul Werner
Dr. oec., Dipl.-Kfm., Univ.-Prof. - Rankenweg 4, 8540 Schwabach - Geb. 17. Okt. 1924 Nürnberg, ev., verh. s. 1950 m. Ria, geb. Raab, 2 Kd. - Promot. 1949; Habil. 1964 - 1971ff. Vorst.-Vors. Förderges. Marketing Univ. Augsburg; Verw.Rat Ges. f. Konsum-, Markt- u. Absatzforsch., Nürnberg - BV u. a.: Marktforschung, 1957; D. Werbeerfolgskontrolle, 1963; D. machbare Wirtsch., 1973. Herausg.: Schriftenr. Schwerpunkt Marketing (1973 ff.) - Spr.: Engl. - Lions-Club.

MEYER, Philipp
Dr. iur. h.c., Regierungspräsident a. D. - Juliuspromenade 19, 8700 Würzburg (T. 5 80 80) - Geb. 2. Aug. 1919 Lichtenfels (Vater: Heinrich M., Stadtarchivar; Mutter: Barbara, geb. Braun), kath., verh. s. 1961 m. Franziska, geb. Dobermüller, S. Heinrich - Hum. Gymn.; Stud. d. Rechtswiss. - Regierungspräs. Würzb. - 1980 Bayer. VO; Outstanding Civilian Service Medal (USA); 1984 Gr. BVK; Komturkreuz d. päpstl. St. Gregoriusordens; Ehrenbürger Julius-Maximilians-Univ. Würzburg; Vors. Freunde Mainfränk. Kunst u. Gesch. - Spr.: Engl.

MEYER zu BENTRUP, Reinhard
Dr. agr., Landwirt, MdB (VIII. Wahlp./ Landesl. NRW) - Salzufler Str. 149, 4800 Bielefeld 17 - Geb. 22. Mai 1939 Gadderbaum, ev., verh., 3 Kd. - N. Abit. 1960 Landw. Lehre; 1962 USA; Stud. Landw. Berlin u. Bonn (Dipl. 1967, Promot. 1970) - 1969 Übern. elterl. Betrieb Heepen. Mitgl. Gemeinderat Brönninghausen (1969), Kreistag Bielefeld (1970) u. Rat Stadt Bielefeld (1973-79). CDU (div. Funkt.).

MEYER, Reinhard
Sparkassendirektor, gf. Vorstandsmitgl. Sparkasse d. Stadt Berlin West, Berlin 31 - Kerschensteiner Weg 7, 1000 Berlin 47 (T. 603 68 84) - Geb. 21. April 1921 - Bankausbild. - B. 1972 Vorstandsmitgl., dann gf. Vorstandsmitgl. SdSBW.

MEYER, Ricardo A.
Geschäftsführer Deutsch-Brasilianische Industrie- u. Handelskammer/Câmara de Comércio e Indústria Brasil-Alemanha - Rua Barão de Santo Ângelo, 33, C. Postal 2095, Porto Alegre (Telex 520067).

MEYER, Rolf
Dr., Geschäftsführer Bundesverb. Dt. Pflanzenzüchter - Kaufmannstr. 71, 5300 Bonn 1.

MEYER, Theo
Dr. phil. habil., Prof. f. Deutsche Literatur - Hessenstr. 72, 8700 Würzburg - Geb. 8. Nov. 1932 Solingen (Vater: Paul M., Angest.; Mutter: Katharina, geb. Heinz), kath., led. - Abit. 1953 Solingen; Stud. Lit., Phil. u. Gesch. Köln u. Freiburg, Staatsex. 1963 Köln, Promot. 1967, Habil. 1975 Mainz - 1963-75 wiss. Assist. u. Assist.prof., s. 1975 Prof. f. neuere dt. Lit.gesch. Univ. Würzburg - BV: Kunstprobl. u. Wortkombinat. b. Gottfried Benn, 1971; Theorie d. Naturalismus (Hrgb.), 1973; Arno Holz u. Johannes Schlaf: Papa Hamlet (Hrsg.), 1979; Arno Holz: Sozialaristokrat (Hrsg.), 1980; D. Gelähmte, romant. R. 1980; Nietzsche u. d. Kunst, 1986; Schattenlicht, Ged. 1986; Aufs. z. mod. Lit. - Liebh.: Musik, Kunstgesch., Malerei, Schach - Spr.: Engl., Franz., Lat.

MEYERSEN, Victor
Dr. phil. nat., Prof., Bakteriologe - Veilchenweg 6, 2406 Storkelsdorf/Holst. - Geb. 26. Jan. 1909 Lüneburg (Vater: Friedrich M.; Mutter: Emma, geb. Fick), ev., verh. s. 1937 m. Irmgard, geb. Becker, 2 Kd. (Günther, Inge) - Katharineum Lübeck; TH München, Univ. Freiburg u. Kiel (Naturwiss.) - 1934-40 u. 1946-49 Lebensmittelind. (Labor- bzw. Techn. Leit.), 1940-43 Wehrdst., 1943-45 Forschungsinst. f. Lebensmittelfrischhalt. Kriegsmarine (Marinechemierat), 1949-65 Inst. f. Meeresforsch. Bremerhaven (Abt.sleit.), s. 1965 Bundesforschungsanstalt f. Fischerei Hamburg (Dir. u. Prof. Inst. f. Biochemie u. Technol.). Mitarb.: G. Borgstrom: Fish as Food, New York 1965 (Kap.: Marinades); J. Schormüller, Handb. f. Lebensmittelchemie, III/2 1968 (Kap.: Biochem. u. mikrobiol. Fische u. Fischerzeugnisse, Mikrobiol. Methodik) - Mitgl. Ges. Dt. Chemiker, Dt. Ges. f. Hyg. u. Mikrobiol.

MEYER, Volkmar
Dr. med., Prof., Internist u. Kardiologe, Chefarzt im Auguste-Viktoria-Krankenhs. Berlin (s. 1975) - Zu erreichen üb. Auguste-Viktoria-Krankenhs., Rubensstr. 125; 1000 Berlin 41 - Geb. 11. Nov. 1933 Adorf/Vogtland - Stud. Leipzig u. Berlin; Staatsex. 1958; Promot. 1959; Ausb. in d. USA 1959-63; Habil. 1971 - 1963-75 Klin. u. wiss. Tätigk. u. s. 1965 Lehrtätigk. FU Berlin - Veröff. in Ztschr. u. Vortr. auf d. Geb. d. Kardiol., Monogr. üb. Antiarrhythmika.

MEYER, Werner
Autor, Regiss., Prod. - Homburger Str. 8, 1000 Berlin 33 (T. 030 - 821 54 66) u. 75 Mort St., Balmain, 2041, Australia (T. 02 - 818 10 34) - Geb. 28. Febr. 1948, verh. - 1968-71 Soziol. Frankfurt; 1974-78 Päd. Berlin; Staatsex. 1978 - Fr. Autor u. Regiss., 1984-85 Regiedoz. Film TV School Sydney - BV: Boris u. Lila, 1976; Bevor d. Eltern kamen, 1976. Insz.: D. Kd. aus No 67., Film 1980 (Mitverf. u. Mitregie) - 1980 Bundesfilmpreis f. d. beste Nachwuchsreg. u. D. Rose v. Lidice, Karlovy Vary; 1986 D. Darling River Kids - Spr.: Engl., Franz.

MEYER, Werner
Dr. rer. nat., Mathematiker, apl. Prof. Univ. Bonn - Josefstr. 20, 5300 Bonn - Geb. 22. Nov. 1929 Rheydt - Promot. 1971, Habil. 1979 - Wiss. Angest. Max-Planck-Inst. f. Math. Bonn - 1971 Felix-Hausdorff-Gedächtnispreis.

MEYER, Wilhelm
Dr. rer. nat., Prof. f. Geologie Univ. Bonn - Heerstr. 16, 5309 Meckenheim - Geb. 19. Dez. 1932 Berlin, ev., verh. s. 1964 m. Diedela, geb. Booß, 3 Kd. (Gerta, Anselm, Ulrike) - 1951-57 Stud. FU Berlin (Dipl.-Geol. 1956, Promot. 1957); Habil. TU Clausthal - 1957-59 Erzbergbau Siegerland AG; 1959-69 TU Clausthal; ab 1969 Univ. Bonn - BV: Geologie d. Eifel, 1986 - 1967 Credner-Preis Dt. Geol. Ges.; 1983 BVK.

MEYER, Wilhelm (Willi)
Dr. rer. pol., Prof. f. Volksw. Methoden u. Lehrmeinungen Univ. Marburg (s. 1972) - Rossgarten 1, 3550 Marburg/L. - Geb. 6. Febr. 1937 - Promot. 1966 Köln - BV: Wettbewerbsverzerrungen im intern. Handel, 1967. Einzelarb.

MEYER, Wladimir
Dr. med., Prof., Pathologe - Annabergstr. 4, 6500 Mainz - Geb. 24. Dez. 1912 Charkow - S. 1953 (Habil.) Lehrtätigk. Univ. Marburg (1959 apl. Prof.) u. Mainz (1966 Wiss. Rat u. Prof.; 1973 Abt.vorst. u. Prof.). Zahlr. Fachveröff.

MEYER, Wolfgang
Dr. Ing., Direktor, Vorstandsmitglied Kölner Verkehrs-Betriebe AG und der Köln-Bonner Eisenbahnen AG - Scheidtweilerstr. 38, 5000 Köln 41 (Braunsfeld) (T. 0221 - 547-34 00) - Geb. 22. Okt. 1938 Siegburg (Vater: Ernst M., Bauing.; Mutter: Else, geb. Becker), ev., verh. s. 1966 m. Ute, geb. Reschat, 2 Kd. (Andreas, Anja) - Gymn. Gummersbach u. Solingen; TH Aachen, Dipl.-Ing. (Bauing.) 1965, Promot. 1973 - Wiss. Assist. Verkehrswiss. Inst. TH Aachen, Mitarb. Arbeitsgr. Generalverkehrsplan Minist. f. Wirtschaft, Mittelst. u. Verkehr NRW, Mitarb. Rat v. Sachverst. f. Umweltfr. Bundesmin. d. Innern, Abt.-Leit. u. Prok. Städtebahnges. Rhein-Sieg mbH, s. 1977 Dir. u. Vorst.-Mitgl. Kölner Verkehrs-Betriebe AG, s. 1978 Vorst.-Mitgl. Köln-Bonner Eisenbahnen AG; s. 1985 Geschäftsf. d. Rail Consult Ges. f. Verkehrsberat. mbH, s. 1986 d. Häfen Köln GmbH - BV: Verfahren z. Ermittl. d. Leist.sfähigk. v. Verkehrswegen, 1971; Entwickl. v. Erzeugungsmod. d. Güternahverkehrs auf Straßen, 1974; u. a. Fachveröff. - 1974 Borchers-Plak. TH Aachen - Liebh.: Lit., Sport - Spr.: Engl., Franz.

MEYER, Wolfram
Oberstudiendirektor, MdL Baden-Württ. (Wahlkr. 28, Karlsruhe) - Wehrastr. 2, 7500 Karlsruhe 51 (T. 0721 - 133 33 32) - Geb. 27. Dez. 1931 Karlsruhe - CDU.

MEYER, Wulf-Uwe
Dr. phil., o. Prof. f. Psychologie Univ. Bielefeld - Dürerstr. 21, 4800 Bielefeld 1 (T. 0521 - 88 72 33) - Geb. 26. März 1940 Breslau (Vater: Friedrich M., Fürsorger; Mutter: Ella, geb. Rosentreter), ev., verh. s. 1968 m. Barbara, geb. Göckenjan, 3 Kd. (Jan, Grit, Hanno) - 1961-65 Stud. Univ. Münster; 1965-67 Univ. Bochum (Dipl. Psych. 1967, Promot. 1971) - 1967-70 wiss. Assist. Univ. Bochum; 1970-72 wiss. Angest. ebd.; 1972-75 Akad. Rat/Oberrat Bochum; 1975ff. Prof. Bielefeld - BV: Leistungsmotiv ..., 1973; Leistungsmotivat. u. Verhalten, 1976 (m.a.); D. Konzept v. d. eig. Begab., 1984; u.a. zahlr. Beitr. in wiss. Ztschr.

MEYER-ABICH, Hans-Jürgen
Dr. jur., Stadtdirektor - Zul. Weserstr. 6, 2940 Wilhelmshaven (T. 2 59 42) - Geb. 3. Nov. 1925 Emden (Vater: Dr. Friedrich M.-A., Staatssekr. a. D. (s. XVI. Ausg.); Mutter: Marie-Elisabeth, geb. Roschlaub), ev., verh. s. 1963 m. Margrit, geb. Teschen - Obersch. Hamburg (Auf d. Uhlenhorst); Univ. ebd. u. Münster (Rechtswiss.). Staatsprüf. 1949 (Hamm) u. 53 (Hannover); Promot. 1954 Bonn - B. 1956 Verw.spräsid. Oldenburg u. Nds. Wirtschafts- u. Verkehrsmin. (Reg.sass.), dann Justizdst. Hannover (Gerichtsass.) u. Oldenburg (1958-63 Staatsanw.), s. 1963 Stadtverw. W'haven (Stadtrat bzw. -dir.). SPD - Liebh.: Sport, Schiffahrt.

MEYER-ABICH, Klaus Michael
Dr. phil., Prof., Senator f. Wissenschaft u. Forschung Fr. u. Hansestadt Hamburg - Hamburger Str. 37, 2000 Hamburg 76 (T. 29 18 81) - Geb. 8. April 1936 (Vater: Prof. Dr. Adolf M.-A.; Mutter: Siever Johanna, geb. Berghaus), ev.-luth., verh. s. 1960 m. Ingrid, geb. Wluka, 2 Kd. (Susanne, Matthias) - Stud. Physik, Phil. u. Wiss.gesch. Univ. Hamburg, Göttingen, Bloomington u. Berkeley; Dipl.-Phys. 1961, Promot. 1964 - 1964-70 Ass. Univ. Hamburg, 1970-72 MPI z. Erforsch. d. Lebensbeding. d. wiss.-techn. Welt, Starnberg; 1972 o. Prof. f. Naturphil. Univ. Essen. 1976-81 Vors. Vereinig. Dt. Wissensch. (VDW); s. 1979 Mitgl. Enquête-Kommissionen: Zukünftige Kernenergiepolitik d. Dt. Bundestags - BV: Korresp., Individualität u. Komplementarität, 1965; Energiepolitik ohne Basis, 1978; Energieeinsparung als neue Energiequelle - wirtschaftspolit. Steuerungsmöglichk. u. altern. Technol., 1979; Was braucht d. Mensch, um glücklich zu sein - Bedürfnisforsch. u. Konsumkritik, 1979; Frieden mit d. Natur, 1979; Handlungsmöglichk. d. Energiepolitik (m. U. Steger), 1980; Wie möchten wir in Zukunft leben? - D. harte u. d. sanfte Weg (m. B. Schefold), 1981; Mikroelektronik u. Dezentralisier. (m. U. Steger), 1982; Physik, Phil. u. Politik, 1982; Wege z. Frieden m. d. Natur - Prakt. Naturphil. f. d. Umweltpolitik, 1984; AUSgebrütet - Argumente z. Brutreaktorpolitik (m. R. Ueberhorst), 1985; D. Grenzen d. Atomwirtsch. (m. B. Schefold), 1986 - 1964 Carl Christiansens-Preis; 1987 Theodor-Heuss-Preis - Spr.: Engl., Span., Griech.

MEYER-BERKHOUT, Ulrich
Dr. rer. nat., o. Prof. f. Experimentalphysik (Sektion Physik) Univ. München (s. 1965) - Bergstr. 41, 8035 Gauting/Obb. (T. München 850 23 26) - Geb. 14. März 1927 Ede (Niederl.), ev., verh., 5 Kd. - 1955-56 Rask Ørsted-Fellow, Kopenhagen; 1956-58 Wiss. Mitarb. Univ. Stanford; 1961-65 Privatdoz. Univ. Heidelberg; 1962-64 Wiss. Mitarb. CERN, 1964-65 Wiss. Mitarb. Dt. Elektronen-Synchroton DESY, Hamburg. 1965-68 Honorarprof. Univ. Hamburg. Facharb.

MEYER-BERTENRATH, Jürgen
Dr. med., Dr. rer. nat., Chefarzt Zentrallabor./Stadtkrkhs. Hanau, Honorarprof. f. Klin. Chemie Univ. Marburg (Bereich Humanmed.) - Am Seegarten 23, 6451 Erlensee.

MEYER-BLÜCHER, Joachim
Dr. jur., Vorst.-Mitgl. Bank f. Handel u. Industrie, Mitgl. d. Vorst. Bankenverb. Berlin - Uhlandstr. 9-11, 1000 Berlin 12 - Geb. 13. Jan. 1924 Everloh/Hann. - Div. Mitgliedsch.

MEYER-BRÖTZ, Günter
Dr.-Ing., Wiss. Mitarb. AEG-Telefunken, Ulm, Honorarprof. f. Datenerfassung u. autom. Zeichenerkennung TU Berlin (s. 1967) - Gerhart-Hauptmann-Weg 17, 7900 Ulm/D. (T. 5 35 75) - Geb. 21. April 1927 Berlin (Vater: Walther Meyer, Studienrat; Mutter: Elisabeth, geb. Brötz), kath., verh. s. 1951 m. Elsa, geb. Lorenz, 2 Töcht. (Angela, Doris) - TU Berlin - S. 1951 Telefunken bzw. AEG-Telefunken (Forschungsinst.). Mitgl. Nachrichtentechn. Ges. - BV: Analoge u. hybride Rechnersysteme, in: Taschenb. d. Nachrichtenverarb., 1967; Methoden d. automat. Zeichenerkennung, 1969 - 1957 Preis Nachrichtentechn. Ges. - Spr.: Engl.

MEYER-BURGDORFF, Gerhard
Dr. med., Prof., Chefarzt I. Chirurg. Abt. Allg. Krankenhaus St. Georg (s. 1967) - Lohmühlenstr. Nr. 5, 2000 Hamburg 1 (T. 24 82 91) - Geb. 19. Juni 1921 - S. 1959 (Habil.) Lehrtätigk. Univ. Kiel (1966 apl. Prof.) u. Hamburg (1967 apl. Prof.) - BV: D. Chir. d. chron. arteriellen Verschlußkrankh., 1963 (m. A. Wanke). Einzelarb. - 1960 Preis Vereinig. nordwestd. Chirurgen.

MEYER-CORDING, Ulrich
Dr. jur., Prof. Univ. Köln - Hinter Hoben 6, 5300 Bonn 1 (T. 0228 - 23 28 10) - Geb. 22. Mai 1911 Dresden, ev., verh. s. 1950 m. Dr. Gisela, geb. Cording, S. Claus - Stud. Rechtswiss.; Refer.; Ass.; Promot. Leipzig; Habil. 1956 Köln - 1950ff. Justizmin. Bonn (Min.-Rat); Atommin. (Min.-Dirig.); Wirtschaftsmin. (Min.-Dir.); Vizepräs. Europ. Investitionsbank Luxemburg; Vorst.-Vors. Rheinhyp.-Bank Köln - BV: D. Recht d. Banküberweisung, 1951; D. Vereinsstrafe, 1957; D. Rechtsnormen, 1971; Wertpapierrecht, 1980 - Gr. BVK m. Stern; Großoffz. Ordre du Merit Luxemburg - Liebh.: Schwimmen, Skilauf, Wandern, Theater - Spr.: Engl., Franz., Ital. - Bek. Vorf.: Prof. Lothar Meyer, Entd. d. Periodischen Systems d. Elemente (Großv.).

MEYER-DOHM, Peter
Dr. rer. pol., o. Prof., Bildungschef Volkswagenwerk AG., Wolfsburg (s. 1981) - Schattbachstr. 12, 4630 Bochum-Querenburg (T. 70 11 15) - Geb. 25. April 1930 Hamburg (Vater: Heinrich M., Kaufm.; Mutter: Anna, geb. Dohm), verh. s. 1965 m. Uta, geb. Hintze, 2 Kd. (Johannes, Sita) - Obersch. Hamburg; Verlagsbuchhändlerlehre; Univ. Hamburg u. Göttingen. Promot. (1956) u. Habil. (1964) Hamburg - 1964-65 Privatdoz. Univ. Hamburg; 1965-81 o. Prof. f. Wirtschaftslehre (insb. Absatzw. u. Konsumforsch.) Univ. Bochum (zweitw. Rektor) - BV: D. westd. Büchermarkt, 1957; Buchhandel - E. Bibliogr., 1963 (m. H. Kliemann); Sozialökonomische Aspekte d. Konsumfreiheit, 1965; Buchhandel als kulturw. Aufgabe, 1967.

MEYER-HEYE, Hans-Heinrich
Assessor, Hauptgeschäftsführer Handwerkskammer Bremen - Ansgaritorstr. 24, 2800 Bremen 1 (T. 0421 - 3 05 00) - Geb. 3. Okt. 1945.

MEYER-KÖNIG, Werner
Dr. rer. nat., o. Prof. f. Mathematik - Gotenstr. 4, 7022 Leinfelden-Echterdingen (T. Stuttgart 75 16 96) - Geb. 26. Mai 1912 Böblingen/Württ. (Vater: Dr. med. Ernst M.-K., prakt. Arzt; Mutter: Karoline, geb. Laggai), ev., verh. s. 1948 m. Annemarie, geb. Munz, 3 Töcht. (Martina, Andrea, Daniele) - 1930 b. 1945 Univ. Tübingen, Kiel, TH Stuttgart (Math., Physik) - S. 1947 Doz., apl. (1953), ao. (1958) u. o. Prof. (1960) TH bzw. Univ. Stuttgart. Visiting Prof. Univ. of Cincinnati (1956/57) u. Wisconsin (1967/68) - BV (Herausg.): Gerhard Grüss, Variationsrechnung, 2. A. 1955 - Mitgl. Dt. Mathematiker-Vereinig., Ges. f. angew. Math. u. Mechanik, American Math. Soc.

MEYER-KRENTLER, Eckhardt
Dr. phil., Prof. f. Neuere dt. Literaturgesch. Univ. Paderborn - Ritterholz 6, 4799 Borchen - Geb. 19. Febr. 1946 Gütersloh, verh. m. Ursula M.-K., 2 Kd. - Stud. Univ. Münster: 1965 rer. pol., 1967-73 phil.; Staatsex. Lehramt 1972; Promot. 1973 Münster; Habil. 1982 Paderborn - 1973 wiss. Assist. Univ. Münster; 1974-82 wiss. Assist. Univ. Paderborn; 1982 Priv.-Doz. Univ. Paderborn; 1982 Univ. München; 1983 Prof. f. Neuere dt. Lit.gesch. Univ. Paderborn; 1986/87 Univ. Münster; 1988 Univ. Paderborn - BV: D. andere Roman, 1974; D. Bürger als Freund. E. sozialeth. Programm u. s. Kritik in d. neueren dt. Erzähllit., 1984; Unterm Strich. Lit. Markt, Trivialität u. Erzählkunst b. Wilh. Raabe, 1986; Willkomm u. Abschied - Herzschlag u. Peitschenhieb. Goethe - Mörike - Heine, 1987; Aufs. u. a. zu Gellert, Goethe, Storm, Raabe, S. Kirsch, Lit.- u. Rechtsgesch. - Spr.: Engl., Franz., Latein.

MEYER-LANDRUT, Andreas
Dr. phil., Botschafter in Moskau - Adenauerallee 99-103, 5300 Bonn 1; priv.: Lucas-Cranach-Str. 3, 5300 Bonn 2 - Geb. 31. Mai 1929 Reval/Estl. (Vater: Dr. Bruno M.-L., Fabrikdir.; Mutter: Käthe, geb. Winter), ev., verh. s. 1960 m. Johanna, geb. Karatsony v. Hodos, 2 Kd. (Suzanne, Ladislas) - Gymn. Bielefeld (Abit. 1950); Stud. Slaw., Osteurop. Gesch., Soziol. Göttingen u. Zagreb. Promot. 1954 Göttingen - S. 1955 Ausw. Dienst (1980-83 Botsch. Moskau); 1983-87 Staatssekr. im Ausw. Amt - Spr.: Russ., Serbokroat., Engl., Franz., Schwed.

MEYER-LARSEN, Werner
Dr., Dipl.-Volksw., Wirtschaftsjournalist - 516 Fifth Avenue, New York NY 10036, USA (T. 001 212 221 7584) - Geb. 27. März 1931 Bremerhaven (Vater: Heinrich M., Ing.; Mutter: Engeline, geb. Larsen), ev.-luth., 5 Kd. (Armin, Gudrun, Ingolf, Ortrud, Reglind) - 1960-70 Ressortleit. Wirtsch. Sonntagsblatt; 1970-85 leit. Redakt. u. Kolumnist D. Spiegel; s. 1985 Leit. Spiegel-Büro New York - BV: Chemiefasern, 1970; D. Untergang d. Unternehmers, 1978; D. Ende d. Ölzeit, 1979; Auto-Großmacht Japan, 1980; Harvard Energie Report, Dt. T., 1980; D. Orwell-Staat, 1983; Ende d. Nachfrage?, 1984 - Spr.: Engl. - Rotarier.

MEYER-LAURIN, Harald
Dr. jur., Prof. f. Bürgerl. u. Röm. Recht Ukrain. Fr. Univ. München (s. 1976) - Hans-Thoma-Str. 1, 7800 Freiburg/Br. (T. 0761 - 7 36 47) - Geb. 30. Sept. 1934 Berlin (Vater: Hans Meyer, Fabr.; Mutter: Herta, geb. Laurin), verh. s. 1965 m. Gred, geb. Knesch, 2 Kd. (Vera, Christian) - 1953-57 Univ. Berlin (FU) u. Freiburg. Jurist. Staatsex. 1957 u. 64; Promot. 1963; Habil. 1973 - S. 1972 Rechtsanw. - BV: Gesetz u. Billigkeit im att. Prozeß, 1965 (Graezist. Abh., Bd. I). Div. Einzelarb. - 1971 korr. Mitgl. Real Acad. Hisp. Amer. de Ciencias, Artes y Letras Cadiz; 1987 Ehrennadel Land Baden-Württ.

MEYER-MARSILIUS, Hans-Joachim

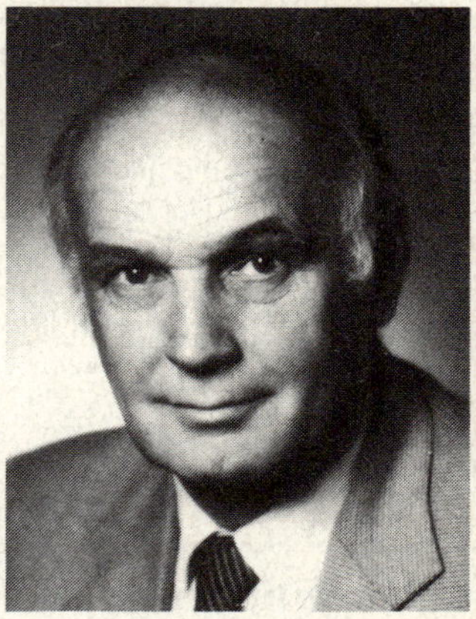

Dr. jur., Hauptgeschäftsführer a.D. Handelskammer Deutschland-Schweiz, 1984 i. R. - Geduldweg 18, CH-8810 Horgen (T. 01 - 725 57 77) - Geb. 9. Febr. 1918 Gießen - Univ. Frankfurt/M. (Rechtswiss.). Gr. jurist. Staatsprüf. - 1951 Rechtsanw.; 1952 Bundesst. f. d. Warenverkehr ebd.; 1954 HK Dtschl.-Schweiz - Ehem. Sprecher d. Arb.gemeinsch. d. Gf. d. Ausl.handelsk. - BV: Handb. d. Niederlassungsrechts, Niederlassungsrecht in d. EWG, D. Handelsvertreter in d. EWG (auch franz., ital., niederl.), Abkommen Schweiz-EWG, Doppelbesteuerungsabk. Dtschl.-Schweiz, D. Schweiz im Europa d. 90er Jahre, Beziehungen Schweiz-EG, u.a.m. - 1971 BVK I. Kl., 1978 Gr. BVK; 1984 Silb. Ehrenteller Stadt Frankfurt u. Ehrenmed. IHK Frankfurt; 1985 Verdienstmed. Land Bad.-Württ.; 1986 Bayer. Staatsmed.; 1985 Secretary of the Commission for Systematic of metamorphic Rocks - Spr.: Franz., Engl. - Lions - Petrographie.

MEYER-OERTEL, Friedrich
Regisseur, Operndir. Wuppertaler Bühnen - Von der Tann-Str. 19, 5600 Wuppertal 1 (T. 0202 - 30 54 33) - Geb. 3. April 1936 Leipzig, ev., verh. m. Helga Op Gen Orth, Schausp. - Stud. Musikakad. Wien (Theaterwiss., Phil.) u. Univ. Wien (Kompos., Oboe) - 1. Insz. Theater d. Jugend, Wien; Regie Wiener u. Stuttgarter Staatsoper; 1968-72 Oberspielleit. Mainz; 1974-79 Oberspielleit. Oper Mannheim; ab 1979 Oberndir. u. Chefregiss. Oper Wuppertal. Gastinsz. an versch. Theatern. Doz. f. dramat. Unterr. Hochsch. Mannheim, Heidelberg u. Düsseldorf, Akad. d. Künste, Berlin - BV: Reimanns Lear, 1984 - Liebh.: Kunst, Segeln, Italien - Spr.: Ital., Engl.

MEYER-PAPENBROCK, Walter
Rechtsanwalt, Geschäftsf. Verb. d. Dt. Nahrungsmittelgroßhandels - Adenauerallee 45, 5300 Bonn.

MEYER-PIENING, Alfred
Kaufmann, Vors. Verb. Dt. Korkeinfuhrhändler - Zu erreichen üb. Haus Schütting, Am Markt, 2800 Bremen 1.

MEYER-PLATH, Bruno
Dr.-Ing. (habil.), Prof., Architekt - Bevenser Weg 10, 3000 Hannover - Geb. 26. Sept. 1902 Krönnevitz/Pom. - S. 1951 Lehrtätigk. TH, jetzt TU Hannover (1961 apl. Prof. f. Baugesch. u. Formenlehre) - BV: u. a. D. Landmauer v. Konstantinopel (m. A. M. Schneider); D. Porta Nigra in Trier, 1969 (m. E. Gose).

MEYER-PRIES, Dierk
Dipl.-Volksw., Oberstadtdirektor Osnabrück (s. 1983) - Humperdinckstr. 20, 4500 Osnabrück (T. 0541-4 88 61) - Geb. 7. Mai 1938 Rastenburg/Ostpr., ev., verh. s. 1965 m. Ursula, geb. Pries, 2 S. (Lars, Nils) - Stud. Volksw. - 1972-

82 Stadtkämmerer Osnabrück - BV: Argumentationshilfen u. Leitfaden f. kommunale Privatisierungsansätze, 1984; Fondsfinanzierung zur Entlastung kommunaler Haushalte, 1985 - Liebh.: Schach, Lit. - Spr.: Engl., Franz.

MEYER-RUTZ, Bernhard

Direktor i. R. - Ebrardstr. 40, 8520 Erlangen - Geb. 13. Jan. 1903 Eschau/Ufr., ev., verh. s. 1933 m. Gertrud, geb. Rochussen, 4 Kd. - Gymn.; Univ. Göttingen u. München (Rechtswiss.). Ass.ex. 1930 - Üb. 30 J. Baumwollind. Erlangen-Bamberg AG. bzw. Erba AG. f. Textilind., Erlangen (b. 1968 Vorstandsmitgl.). Div. Ehrenstell., dar. zeitw. Vizepräs. Gesamtverb. d. Dt. Textilind. in d. BRD (Gesamttextil), Frankfurt/M., u. Vors. Verb. d. nordbayer. Textilind., Hof/S. - Ehrenmitgl. Akad. d. bild. Künste in Nürnberg; 1967 Gold. Ehrenring Stadt Erlangen; 1968 Gr. BVK - Liebh.: Musik, Kunst, Lit. - Spr.: Engl.

MEYER-SCHÜLKE, Ellen-Urs

Dipl.-Volksw., M. Com., Geschäftsführerin Fachverb. Elektromediz. Technik im Zentralverb. Elektrotechnik- u. Elektronikind. (ZVEI) - Stresemannallee 19, 6000 Frankfurt/Main 70 - Geb. 19. Juni 1943 Dortmund (Vater: Erik Sch., Hptgeschäftsf. a.D.; Mutter: Elfriede, geb. Stegmann), ev., verh. s. 1969 m. Bernd Meyer, 2 Kd. - Univ. Kiel, Tübingen, Saarbrücken, Freiburg, Kapstadt (Südafrika) - Liebh.: Lit., Theater - Spr.: Engl., Franz.

MEYER-SCHWICKERATH, Gerhard

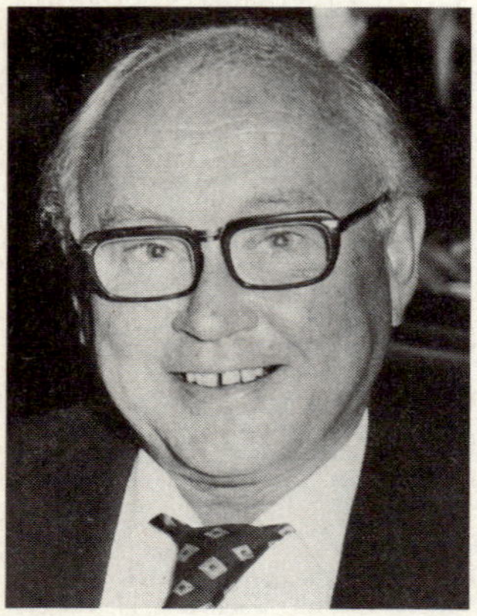

Dr. med., Drs. med. h.c., mult. Prof. f. Augenheilkunde, em. Direktor Univ.-Augenklinik Essen (b. 1986) - Voßbusch 28, 4300 Essen-Bredeney (T. 0201 - 41 29 50) - Geb. 10. Juli 1920 Elberfeld (Vater: Edmund M.-S., Jurist), kath., verh. s. 1945 m. Berta, geb. Steinbicker, 4 Kd. (Margret, Martin, Rolf, Klaus) - Univ. Münster/W., Bonn, Würzburg - Assist. Univ. Hamburg u. Bonn (Privatdoz., 1958 apl. Prof.); 1959-64 Chefarzt Städt. Augenklinik Essen, s. 1964 Ord. u. Dir. Univ.-Augenklinik Münster (Klinikum Essen). S. 1965 Präs. Intern. Ges. f. chorioretionale Chirurgie; 1974-76 Präs. Dt. Ophthalmolog. Ges. Entd. d. Lichtkoagulation - BV: Lichtkoagulation, 1959 (auch engl.; Mosby, St. Louis) - 1960 Graefe-, 1965 Kussmaul-Preis; 1961 McKenzie-, 1969 Gonin-Med.; Ehrenmitgl. Mexikan. (1964) u. Ir. (1967) Ophthalmol. Ges.; 1972 BVK I. Kl.; 1978 Orden Pour le mérite, Mitgl. Leopoldina, Mitgl. Rhein.-Westf. Akad. d. Wiss., Ehrenmitgl. v. 14 nationalen ophthalmol. Ges.; 1980 Warner Preis, 1981 Claude Bernard Med., 1981 Gr. BVK m. Stern, 1982 Galen-Med. f. Therapie e. Londoner Ges. (f. Meth. d. Laser-strahl-Operation); Donders-Med.; 1985 Ehrendoktor Univ. Lissabon, Cordoba (Argent.) u. Philadelphia (Jefferson); 1987 Graefe-Med. (10 Med. n. Herm. v. Helmholtz v. 100 J.); 1987 Ehrenbürger d. Stadt Rhodos f. d. Erf. d. Photokoagulation - Spr.: Engl., Franz., Span.

MEYER-SEEBECK, Hans-Heinrich

Dipl.-Kfm., Geschäftsführer Hans Schwarzkopf GmbH., Hamburg - Neuer Kamp 21, 2085 Quickborn - Geb. 15. März 1925.

MEYER-WILMES, Jürgen

Dr., Vorsitzender Diözesanrat d. Katholiken im Bistum Berlin - Kirschenallee 19, 1000 Berlin 19 - 1981 Komturkreuz m. Stern päpstl. Gregorius-Orden.

MEYER zu SELHAUSEN, Hermann

Dr. oec. publ., Dr. rer. pol. habil., o. Prof. f. Bankbetriebslehre Univ. München - Dresselstr. 19, 8000 München 82 (T. 089 - 430 13 09) - Geb. 17. Febr. 1940 Bielefeld - 1960-62 Lehre Bankkaufm. Bielefeld; 1962-67 Stud. Betriebsw., München; Dipl. 1967, Promot. 1970, Habil. 1975, alles München - 1967-75 wiss. Assist.; 1975-85 o. Prof. Univ. d. Bundeswehr, München; 1985ff. o. Prof. München - BV: Optimalplanung von Kapitalbeschaffung u. Kapitalverwaltung in d. Kreditbank m. d. Meth. d. Unternehmensforschung, 1970; Quantitative Marketing-Modelle in d. Kreditbank, 1976 - Spr.: Engl.

MEYER zur HEIDE, Günter

Elektromechaniker, MdL Nordrh.-Westf. (s. 1970) - Brunnenstr. 271, 4901 Hiddenhausen 1, (T. 05221 - 6 19 29) - Geb. 16. Dez. 1936 Lippinghausen, verh., 1 Kd. - Volkssch.; Elektromechanikerhandw. - 1966 b. 1969 Mitgl. Gemeinderat Lippinghausen. SPD s. 1961.

MEYERHOFF, Fritz

Dr. jur., Vorstandsmitglied Olympia Aktienges. (1981ff.) - Postf. 9 60, 2940 Wilhelmshaven - Geb. 29. Nov. 1927 Braunschweig - Stud. Univ. Braunschweig u. Hamburg (Volkswirtsch., Rechtswiss.); Promot. (Intern. Privatrecht) - 1958-66 Hauptgeschäftf. Allg. Arbeitgeberverb. Braunschweig. Danach Eintritt in Olympia AG (Schwerp.: Personalwesen).

MEYERHOFF, Günther

Dr. rer. nat., Prof. f. Physikal. Chemie - Händelstr. 11, 6500 Mainz-Gonsenheim (T. 4 19 95) - Geb. 4. Nov. 1919 Hagen/W. (Vater: Friedrich M., Kaufm.; Mutter: Elisabeth, geb. Fromm), ev., verh. s. 1951 m. Claire, geb. Krug, 3 Töcht. (Dr. Martina, Michaela, Dr. Marie-Claire) - 1939-41 u. 1945-47 Stud. Physik Rostock, Leipzig, Göttingen. Diplom 1947 Göttingen; Promot. (1951) u. Habil. (1954) Mainz - Prof. u. Abt.-Vorst. Inst. f. Physikal. Chemie Univ. Mainz. 1962 Gastprof. RTI Durham, N.C./USA. Über 160 Facharb. - Mitgl. Dt. Bunsen-Ges., Ges. Dt. Chemiker.

MEYERING, Horst B.

Schneidermeister, Präs. Landesinnungsverb. Nordrhein - Sternstr. 34, 4000 Düsseldorf 30 (T. 0211 - 49 11 87) - Geb. 17. April 1935 Düsseldorf (Vater: Johannes M., Schneider; Mutter: Paula, geb. Stratmann), kath., verh. s. 1960 m. Hildegard, geb. Sassen, T. Martina Maria - 1950-53 Lehre; Meisterprüf. 1958 u. 1980; Refaex. 1957 - S. 1964 selbst.; 1966 Lehrlingswart. 1968-72 Vors. jg. Maßschneider; 1972 Finanzrichter; 1981 Präs. L. i. V. Erf.: Tanzanzug einteil. - 1981 Ausstatt. Theater Theatral Louvain u. Oper Mastricht - Liebh.: Reiten, Tanzsport - 1958 Gold. Tanzsportabz. - Spr.: Engl., Fläm., Holländ.

MEYERS, Franz

Dr. jur., Ministerpräsident a. D. - Bergstr. 137, 4050 Mönchengladbach (T. 02161 - 1 62 54) - Geb. 31. Juli 1908 Mönchengladb. (Vater: Franz M., Polizeibeamter; Mutter: Emma, geb. Havenstein), kath., verh. s. 1985 m. Wilhelmine, geb. Esterhues - Univ. Freiburg/Br. u. Köln. Promot. 1933; Ass.ex. 1934 - S. 1935 Rechtsanw. Mönchengladbach, 1940-45 Wehrdst. (zul. Hptm. d. R.; EK II u. I), 1950 b. 1970 MdL Nordrh.-Westf., Febr.-Okt. 1952 Oberbürgerm. Mönchengladbach, 1952-56 Innenmin. NRW u. Mitgl. Bundesrat, ab 1956 gf. Vorstandsmitgl. CDU, 1957-58 MdB, 1958-66 Min.präs. NRW u. Mitgl. Bundesrat (1960/61 Präs.). Zahlr. Mitgliedsch. (auch Ehren-) - BV: NATO-Politik, Wirtschaft, Technik, Kultur, 1960 (Brosch.); Anmerkungen, 1961; gez. Dr. Meyers - Summe e. Lebens, 1982 - Großkreuz VO. BRD (1959) u. Ital. Rep. (1960), Orden El sol de Peru (1960), Krone v. Thailand (1960), Bayer. VO. (1963); 1963 Ehrenring Stadt Düsseldorf; 1960 Silb. DRK-Ehrenz.; 1970 Ehrenvors. CDU-Kreisverb. Mönchengladbach - Liebh.: Bücher (bes. Biogr.), Musik (Bratscher), Reiten - 1964 Gold. Sportabz.; 1978 Ehrenbürger Stadt Mönchengladbach - Spr.: Engl., Franz.

MEYERS, Hans

Dr. phil., Maler, Prof. f. Bild. Kunst - Troyes-Str. 42a, 6100 Darmstadt-Eberstadt (T. 5 14 50) - Geb. 10. Juli 1912 Düsseldorf (Vater: Johann M., Scherenmeister †1915; Mutter: Anna, geb. Pass †1956), ev., verh. s. 1942 m. Gisela, geb. Körber, 3 Kd. (Klaus, Gertrud, Irmgard) - Univ. Köln; Kunstakad. Düsseldorf. Promot. 1950 Mainz - 1937-39 Studienass. Köln; 1939-41 Doz. Hochsch. f. Lehrerbild. Koblenz; 1941-45 Studienrat Frankfurt/M.; 1948-60 Doz. Päd. Inst. Darmstadt; s. 1961 Prof. Hochsch. f. Erzieh. Univ. Frankfurt. Üb. 300 Landschaftsgemälde u. -zeichnungen im priv. u. öfftl. Besitz - BV: E. Bilderb. v. Kindern f. Kinder, 1942; Wir machen unseren Schulschmuck selbst, 2. A. 1956; Fröhl. Kinderkunst, 3. A. 1965; 150 bildner. Techniken, 15. A. 1978; 150 bildner. Themen, 6. A. 1975; D. Welt d. kindl. Bildnerei, 2. A. 1962; Stilkd. d. naiven Kunst, 2. A. 1962; Wir erleben Kunstwerke, 1962; Erzieh. z. Formkultur, 1966; Kind u. bildhaftes Gestalten, 1968; Laienkunst, 1972; Theorie d. Kunsterziehung, 1973; (Hrsg.): Fachdidaktisches Studium/Kunst, 1978; Praxis d. Kunsterzieh., 1980; Ged. d. Mädchen, 1981; D. landsch. u. figürl. Expressionismus v. Hans Meyers, 1982 (Hrgb. H. Leber) - Spr.: Engl., Franz.

MEYERWISCH, Karl

Vorstandsmitglied Krupp Stahl AG, Bochum - Rüdinghauser Berg 25, 5810 Witten/Rüdinghausen - Geb. 17. Okt. 1937 Suttorf.

MEYN, Erich

Dr. rer. pol., Dozent f. Wirtschaftslehre - Mertonstr. 30, 6000 Frankfurt/M. (T. 77 26 92) - Geb. 12. März 1913 Halberstadt/Harz, ev., verh. s. 1939 (Ehefr.: Dr. rer. pol. Hedwig), 4 Kd. (Matthias, Ulrike, Konrad, Marianne) - Realgymn. Hirschberg; HH u. Univ. Leipzig. Promot. 1938 - Vor u. n. d. Kriege wiss. Assist. Univ. Frankfurt, s. 1947 Doz. (1949 hauptamtl.) Akad. d. Arbeit ebd. (turnusmäß. wiederh. Leiter).

MEYN, Klaus

Dr. sc. agr., Geschäftsf. Arbeitsgem. Dt. Tierzüchter (ADT) u. Arbeitsgem. Dt. Rinderzüchter (ADR) - Adenauerallee 174, 5300 Bonn 1 (T. 0228 - 21 20 71/2; Telex 886807) - Geb. 30. Okt. 1937, ev.-luth. - 1961-64 Landwirtschaftsstud. Göttingen; Promot. 1967 - 1968-74 Regierungsberat. Kenya, 1974-80 Weltbank, s. 1981 Geschäftsf. ADT u. ADR.

MEYNE, Jens

Dr. rer. pol., Verleger, gf. Gesellsch. Korsch Verlag GmbH & Co, Gilching vor München, Michel Verlag, Gräfelfing, Gunkel GmbH, Gräfelfing, Happy Produkt Verlag GmbH, Gilching, Litei Verlag KG, Gilching - Maria-Eich-Str. 101, 8032 Gräfelfing (T. 089-85 51 91) - Geb. 19. Febr. 1923 Borstorf, ev., verh. s. 1955 m. Frauke, geb. Ippen, 3 Kd. (Christine, Niels, Andreas) - Univ. Hamburg (Dipl.-Volksw.), Promot.

MEYNEN, Emil

Dr. phil., Prof., Direktor a. D. - Langenbergweg 82, 5300 Bonn-Bad Godesberg (T. 34 29 82) - Geb. 22. Okt. 1902 Köln (Vater: Josef M., Kaufm.; Mutter: Anna, geb. Ebeler), kath., verh. 1936 m. Editha, geb. v. Hake, 6 Töchter - Gymn.; Univ. Köln (Promot. 1926), Leipzig, Innsbruck, Berlin. Habil. 1935 Köln - 1936 Privatdoz., 1942 apl. Prof. f. Geogr. Univ. Berlin, 1941 Leit. Abt. f. Landeskd. Reichsamt f. Landesaufnahme ebd., 1947 Dir. Amt f. Landeskd., Remagen, 1955 Honorarprof. f. Dt. Landeskd. u. Kartogr. Univ. Köln, 1969-79 Dir. Inst. f. Landeskd./Bundesforschungsanst. f. Landeskd. u. Raumordnung, Bonn-Bad Godesberg, 1964 Vors. ICA Commiss. Definition, Classification and Standardization of Technical Terms in Cartography; 1968 Vors. IGU Commiss. Intern. Geogr. Terminology. Hrsg.: Forsch. z. dt. Landeskd. (1939-72), Geogr. Taschenb. (1940ff.), Erdkdl. Wissen (1952ff.), Orbis Geographicus (1960-84), Kartensamml. u. -dokumentation (1966ff.), Multilingual Dictionary on Technical Terms in Cartography (1973), Intern. Geogr. Glossarium (1984) - 1967 Robert-Gradmann-, 1969 Alexander-v.-Humboldt-, 1978 Carl-Ritter-Med., bde. in Gold, 1969 Gr. Verdienstkreuz d. VO. d. Bundesrep. Deutschland - Lit.: Im Dienste d. Geographie u. Kartographie, Symposion, E. Meynen, 1973.

MEYSEL, Inge

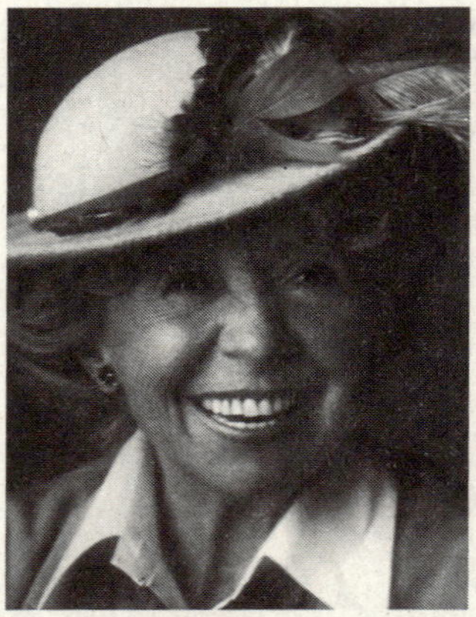

Schauspielerin (Mitgl. Thalia-Theater, Hamburg) - Südstrand 13, 2101 Bullenhausen üb. Hamburg 90 - Geb. 30. Mai 1910 Berlin (Vater: Julius M, Kaufm. †; Mutter: Margarete, geb. Hausen † 1980), ev., in 2. Ehe 1965 verw. (Ehem.: John Olden, Regiss.; s. XIV. Ausg.) - Margareten-Oberlyz. Berlin; Ausbild. Ilka Grüning u. Lucie Höflich - S. 1930 Schausp. (unt. Hitler Spielverbot). Zahlr. Bühnenrollen, dar. Urauff.: S. Adam u. Eva, Tätowierte Rose, Madame Sans Gêne, Picnic, Fenster z. Flur, D. Frau im Morgenrock, Schmetterlinge sind frei. Fernsehen (üb. 30 Rollen)/u.a.: Biberpelz, Der Rote Hahn, Ratten, Schau heimwärts, Engel - Jeweils mehrm. Gold. Otto, Gold. Kamera, Fernseh-Bambi, 1981 BVK I. Kl. (abgelehnt) - Liebh.: Antiquitäten, alte Uhren, Schwimmen - Spr.: Engl., Franz.

MEYSENBUG, Freiherr von, Carl-Max

Dr.-Ing., Prof. f. Werkstoffkunde TH Darmstadt - Fichtestr. 22, 6100 Darmstadt (T. 06151 - 4 75 00) - Geb. 23. Sept. 1913 Dresden (Vater: Max v. M., Offz.; Mutter: Erna, geb. Freiin v. Dieskau), verh. s. 1949 m. Elisabeth, geb. Ohler - TH Darmstadt (Ing.-Dipl. 1938), Promot. 1949) - S. 1969 Honorarprof. - BV: Kunststoffkd. f. Ing., Lehrb. f. Techn. Hochsch. u. Fachhochsch., 1963, 4. A. 1973 (Span. 1967) - Liebh.: Musikgesch., Klass. Musik - Spr.: Engl., Franz., Ital. - Bek. Vorf.: Malwida v. Meysenbug 1816-1903, Schriftst.

MEYTHALER, Friedrich-Hermann
Dr. med., Ltd. Oberarzt Augenklinik u. apl. Prof. f. Augenheilkd. Univ. Erlangen-Nürnberg (s. 1978) - Leipziger Str. 75, 8520 Erlangen - Geb. 25. Mai 1930 Würzburg (Vater: Dr. med. Friedrich M., Internist; Mutter: Hermine, geb. Baer), kath., verh. s. 1966 (Ehefr.: Barbara), T. Mareike - Gymn. Erlangen; Univ. Erlangen u. Freiburg (Med.). Promot. (1957) u. Habil. (1972), apl. Prof. 1978 Erlangen - S. 1966 Oberarzt. Üb. 100 Facharb. - Liebh.: Briefm., Fotogr., Tennis - Spr.: Engl., Span.

MEZGER, Peter
Journalist - Zu erreichen üb. Rundfunkpl. 1, Bayer. Rundfunk, 8000 München 2; priv.: Piazza Adriana, 20, Roma/Italia - 1982-85 ARD-Korresp. Ankara (Türkei), s. 1986 ARD-Korresp. Rom (Italien).

MIBRI
s. Briechle, Michael

MICHAEL, Berthold
Dr. phil., Prof. f. Schulpädagogik Univ. Göttingen, Fachber. Erziehungswissensch. - Heinrich-Sohnrey-Str. 59, 3402 Dransfeld (T. 3 50) - Spr.: Engl. - Rotarier.

MICHAEL, Gerhard
Dr. phil., Dr. rer. hort. h. c., o. Prof. (emerit.) f. Pflanzenernährungslehre u. Bodenbiologie - Fruwirthstr. 20, 7000 Stuttgart-Hohenheim - Geb. 25. März 1911 Magdeburg, ev., verh. (in 1. Ehe verw.), T. Irmgard - Gymn. Magdeburg; Univ. Halle u. Berlin (Chemie, Botanik) - Assist. Univ. Leipzig, Königsberg, Berlin, ab 1941 Privatdoz. (Berlin), s. 1947 Ord. u. Inst.sdir. Univ. Jena u. LH bzw. Univ. Hohenheim (1960). Herausg.: D. mineral. Ernährung d. Pflanze (Bd. IV Handb. d. Pflanzenphysiol.); Mithrsg.: Ztschr. Pflanzenernährung u. Bodenkd.; Ztschr. Acker- u. Pflanzenbau - 1961 Mitgl. Dt. Akad. d. Naturforscher (Leopoldina), Halle/S.

MICHAEL, Matthias
Assessor, Geschäftsf. Zentralverb. Werbetechnik - Klosterstr. 73-75, 4000 Düsseldorf 1 - Geb. 12. Aug. 1930.

MICHAELIS, Hans

Dr. rer. pol., Prof. Univ. Köln, Generaldirektor a.D. d. Europ. Gemeinschaften - Friedr.-Schmidt-Str. 68-70, 5000 Köln 41 (T. 0221 - 49 61 08) - Geb. 7. Aug. 1914 Duisburg (Vater: Oswald M., Oberstudiendir.; Mutter: Else, geb. Battenberg), verh. s. 1953 m. Liselotte, geb. Eicke - Univ. Freiburg/Br., Berlin, Bonn (Math., Naturwiss., Nationalök.). Promot. 1938 Bonn - 1938-41 Wirtschaftssachverst. Preisbildungsinst. Bremen, 1941-45 Abt.leit. Reichskommissar f. d. Preisbild. Berlin (zwischenzeitl. Fronteinsatz Osten, vor Moskau schwer verwundet), 1945-46 Berat. SHAEF Frankfurt/M., 1946-50 Leit. Preisbildungsst. Rhld.-Hess.-Nass. u. Generalsekr. Preisrat f. d. franz. Zone Baden-Baden (1946), 1950-53 Leit. Ref. Preispolitik Bundeswirtschaftsmin. Bonn. Mitgl. Verhandl.deleg. Schuman-Plan u. EVG; 1953-60 Leit. Abt. Kosten, Preise, Betriebsw. Hohe Behörde d. EG f. Kohle u. Stahl Luxemburg, 1960-67 Dir. u. Generaldir. (1966) Kommiss. d. Europ. Atomgemeinsch. Brüssel, 1967-71 Generaldir. f. Forsch. u. Technol. Kommiss. d. EG ebd., 1972-76 Berat. EG-Kommission f. Rohstoffpolitik; Mitgl. Enquête-Kommiss. Zukünftige Kernenergiepolitik Dt. Bundestag, u. Vorsorge z. Schutz gegen Klimaschäden Dt. Bundestag. S. 1969 Hon.-Prof. Univ. Köln WISO-Fak. Vorles. üb. Energiewirtsch. u. Kernenergie. Zahlr. Fachveröff. z. Europ. Integration, Energie- u. Rohstoffpolitik u. Kernenergieentwickl. - BV: insbes. Handb. d. Kernenergie, 1982 u. 1986; Preisbildung b. öfftl. Aufträgen u. Beschaffungswesen (Komm. b. Forkel), Loseblattsamml. (m. C. A. Rhösa), 1953 - Gr. BVK - Liebh.: Astronomie - Spr.: Engl., Franz.

MICHAELIS, Hans-Thorald

Dr. phil., Studiendirektor i. R., Direktor Archiv f. dt. u. Europ. Schützengesch. im Dt. Schützenbund (DSB) - Parkstr. 35, 6200 Wiesbaden 1 (T. 06121 - 30 23 31) - Geb. 23. April 1925 Hannover, ev., verh. s. 1953 m. Roselinde-Marie, geb. v. Görschen, 2 Kd. (Angelika, Hans-Christoph) - Stud.; Promot. 1963 Marburg (Gesch.) Aufbau u. Leitg. d. Archivs f. dt. u. europ. Schützengesch. - S. 1963 üb. 45 Buch- u. Ztschr.veröff. - 1986 Member of the General Soc. of Mayflower Descendants, Ill./USA - Spr.: Engl., Franz. - Bek. Vorf.: Hugo Erich v. Boehmer (Großv.), Wilhelm u. Heinrich Biltz, Prof. Drs. (Großonkel), Justus Henning Boehmer, (1674-1749) Rechtsgelehrter Halle.

MICHAELIS, Karl
Dr. jur., o. Prof. f. Dt. Rechtsgeschichte, Bürgerl. Recht u. Zivilprozeßrecht (emerit. 1969) - Grotefendstr. 28, 3400 Göttingen (T. 5 85 31) - Geb. 21. Dez. 1900 Bielefeld (Vater: Walter M., Pfarrer; Mutter: Anna, geb. Linde), verh. s. 1937 m. Signe, geb. v. Kameke, 4 Kd. - Univ. Münster, München, Göttingen (Rechtswiss.). Promot. (1925) u. Habil. (1931) Göttingen. Ass.ex. 1929 - 1931 Privatdoz. Univ. Göttingen, 1934 ao. Prof. Univ. Kiel, 1938 o. Prof. Univ. Leipzig, 1951 Univ. Münster, 1956 Univ. Göttingen. Monogr. u. Aufs. z. Bürgerl. Recht u. z. neueren Rechtsgesch. Mitgl. d. Akad. d. Wiss. Göttingen - Bek. Vorf.: Karl Linde, Begr. d. Technik d. tiefen Temperaturen (Großv. ms.).

MICHAELIS, Richard
Dr. med., Prof. Univ.-Kinderklinik Abt. Entwicklungsneurol. - Frondsbergstr. 23, 7400 Tübingen - Geb. 30. Mai 1931 Schwäbisch Hall (Vater: Friedrich M., Arzt; Mutter: Maria, geb. Noll), ev., verh. s. 1963 m. Inge, geb. Rooschüz, 3 Kd. (Katja, Ulla, Isabel) - Stud. Freiburg, Tübingen, München, Helsinki, Los Angeles - Ärztl. Dir. Abt. Entwicklungsneurol. Univ.-Kinderklinik. Arbeitsgeb.: Normale u. auffällige Entwicklung d. Kindes, Neurologie d. ersten Lebensjahre, Entw. ehem. sehr unreifer Frühgeborener, Zerebralparesen, neurologische Erkrankungen d. Kindes. Mitgl. Ges. f. Neuropädiatrie u. Dt. Ges. f. Kinderheilkde.

MICHAELIS, Rolf
Dr. phil., Redakteur (Theater- u. Lit.-Kritik) d. Zeit (s. 1973) - Isestr. 127, 2000 Hamburg 13 (T. 46 15 26) - Geb. 8. Aug. 1933 Schwäb. Hall (Vater: Friedrich M., Arzt; Mutter: Maria, geb. Noll), verh. s. 1958 m. Dorothea, geb. Brude, 3 Kd. (Nikolai, Stella, Angela) - Stud. German., engl. u. franz. Phil., Philol., Kunstgesch. - 1958 Stuttgarter Ztg., 1964 Leit. Lit.blatt Frankf. Allg. Ztg., 1968 Kulturkorr. Frankf. Allg. Ztg. Berlin, 1973-86 Leit. Lit.blatt Zeit. Jury Buch d. Monats (s. 1966), Jury Berliner Theatertreffen (1967-73, 1975-80, 1985-88) - BV: D. Struktur v. Hölderlins Oden, 1958; D. schwarze Zeus - G. Hauptmanns 2. Weg: D. späten Dramen, 1962; Heinrich v. Kleist, 1964; Federico Garca Lorca, 1967; Von d. Puhnenwelt z. Weltbühne - Siegfried Jacobsohn u. D. Schaubühne, 1980; Kleines Adreßb. f. Jerichow u. New York - Register z. U. Johnsons „Jahrestagen", 1983 - Theodor-Wolff-Preis 1960; 1987 Publiz.-Preis Dt. Bibliotheksverb.; Mitgl. PEN-Zentrum BRD - Spr.: Engl., Franz., Ital.

MICHAELIS, Udo
Geschäftsführer Bundesinnungsverb. f. d. Musikinstrumenten-Handwerk - Scheidemannpl. 2, 3500 Kassel.

MICHAELIS, Walfried
Dr. rer. nat. habil., Prof. f. Experimentalphysik - Elbring 14, 2105 Seevetal 2 - Geb. 8. März 1931 Medebach/Kr. Brilon (Vater: Johann M., Justizoberinsp.; Mutter: Auguste, geb. Cords), ev., verh. s. 1960 m. Dorothea, geb. Pallhorn †1988, T. Kirstin - Gymn. Siegen; Univ. Heidelberg, Göttingen (Dipl. 1958), Karlsruhe (Promot. 1962), Frankfurt, (Habil. 1974) - 1963 Abt.-Leit. u. stv. Inst.-Leit. Kernforschungszentrum Karlsruhe; 1973 Inst.-Leit. Inst. f. Physik GKSS Forsch.-Zentrum Geesthacht; 1979 Prof. Univ. Hamburg - Üb. 200 wiss. Veröff. (Kern- u. Neutronenphysik, Spaltstoffflusskontrolle, Elektronik, Laserphysik, Umweltforschung). Zahlr. Patente (Meerestech., Umweltschutz).

MICHAELS, Horst
Dipl.-Kfm., Geschäftsf. Gesellschafter Heinrich Kopp GmbH & Co. KG - Postf. 60, 8756 Kahl a. M. (T. 06188 - 40-1); Tulpenweg 13, 8755 Alzenau - Geb. 13. März 1931 Hamburg, ev., verh. s. 1970 m. Ute, geb. Wicher, 2 Kd. (Arno, Bianca) - Ausb. z. Industriekaufm.; Stud. Betriebswirtsch. Univ. Hamburg, Hamburg, Frankfurt; Dipl.-Kfm. 1956 Frankfurt - Präs. IHK Aschaffenburg; Mitgl. Finanz- u. Steuerausssch. DIHT, Bonn; s. 1970 ehrenamtl. Richter Finanzgericht Nürnberg; Vors. Kahler Bund f. Volksbildung.

MICHAELS, Jost
Prof., Klarinettist, Pianist, Dirigent - Alter Postweg 71, 4930 Detmold - Geb. 25. Febr. 1922 Hamburg, verh. s 1947 m. Hildegard, geb. Uhrhan, 4 Kd. (Kirsten, Dagmar, Axel, Kai) - Johanneum Hamburg; Musikausbild. (Klavier: Ilse Fromm-Michaels (Mutter), Klarinette: R.Gräfe, Violine: Eva Hauptmann) - 1942-50 I. bzw. Soloklarinettist Städt. Orch. Göttingen (ab 1945) u. Symphonie-Orch. NWDR Hamburg; s. 1949 Doz. u. Prof. (1956) Nordwestd. Musik-Akad. Detmold (Klarinette, Klavier, Bläser-Ensemble, Partiturkunde). Begr. Bläsersextett Detmold u. Detmolder Bläserkr., Ehrenmitgl. NDR-Sinfonieorch., Einzelmitgl. Dt. Musikrat, o. Mitgl. Bayer. Akad. d. Schönen Künste - Neuausg. klass. u. romant. Solo- u. Kammermusik-Lit.

MICHALETZ, Claus
Dipl.-Kaufmann., Mitinhaber u. Geschäftsf. Springer-Verlag, Berlin, Heidelberg, New York, London, Paris, Tokyo, Hong Kong, Board of Director Springer-Verlag New York Inc., New York; Board of Director Eastern Book Service, Tokyo, Springer-Verlag Tokyo Inc., AR.-Mitgl. Univ.druckerei H. Stürtz AG, Würzburg - Schweinfurthstr. 59, 1000 Berlin 33 (T. 030 - 831 39 37) - Geb. 11. Dez. 1933 Gleiwitz (Vater: Dr. jur. Alfons M.; Mutter: Käthe, geb. Czerwionka), kath., verh. s. 1959 m Margret, geb. Striegel, 2 Kd. (Tilmann, Juliane) - Abitur; Buchhändlerlehre; Stud. d. Betriebs- u. Volkswirtsch. Univ. Köln; Dipl.ex 1959 ebd. - Ehrenamtl. Verbandstätigk. (u. a. Börsenverein d. Dt. Buchhandels) - Spr.: Engl.

MICHALEWSKY, v., Nikolai

Freier Schriftsteller - Tüschendorfer Str. 23, 2801 Grasberg (T. 04283 - 18 76) - Geb. 17. Jan. 1931 Dahlewitz Krs. Teltow, verh. s. 1983 m. Reinhild, geb. Roschwig - 1954-76 Journ.; 1959 Forschungstaucher - BV: Korallenjäger, 1971; Aufstand d. Matrosen, 1972; Damals in Budapest, 1987; Grüner Auftrag f. Fortuna: 1. In gefährlichen Tiefen; 2. Küsten im Sturm, 1988. Romane, Jugendb., Erz., Hörsp. Zahlr. Dokumentarfilme, zumeist z. Thema Seefahrt u. Hochseefischerei (ARD) - Journ.preise: 1980 Entwicklungshilfe, 1981 Hochseefischerei, 1983 Denkmalschutz - Liebh.: Segeln, Tauchen - Spr.: Ital., Russ.

MICHALIK, Regina
Dipl.-Psych., Mitglied Bundesvorst. d. GRÜNEN - Colmantstr. 36, 5300 Bonn 1 (T. 0228 - 69 20 21) - Geb. 4. Febr. 1958, ledig - BV: Die quotierte Hälfte - Frauenpolitik in grün-alternat. Parteien, 1985 - Interessen: Feministin.

MICHALKE, Alfons
Dr.-Ing., Univ.-Prof. f. Strömungslehre HFI TU Berlin (s. 1972) - Eichenallee 57, 1000 Berlin 19 (T. 030 - 304 62 45) - Geb. 14. Nov. 1929 Berlin, kath., verh., 4 Kd. (Christian, Martin, Clemens, Petra) - 1951 Maschinenschlosser Berlin; Dipl.-Ing. (Maschinenbau) 1957, Dr.-Ing. 1961, Habil. 1971, alles Berlin - 1957-72 wiss. Mitarb. DFVLR-Inst. f. Turbulenzforsch. Berlin.

MICHALOPOULOU, Marina
Leiterin Ballettschule Marina Michalopoulou, Karlsruhe, Solotänzerin Bad. Staatstheater Karlsruhe (1977-85) - Schubertstr. 5, 7514 Eggenstein (T. 0721 - 78 67 96) - Geb. 28. Mai 1950 Athen - Ballettausb. Athen u. London - 1969-77 Primaballerina Opernhaus Athen. Lehrtätigk. in Athen u. Karlsruhe - Spr.: Engl., Franz., Griech.

MICHALZIK, Kurt
Dr. med., Prof., Ltd. Oberarzt Univ.s-Frauenklinik Erlangen-Nürnberg - Hindenburgstr. 32, 8520 Erlangen - Geb. 29. Febr. 1916 Lakellen/Ostpr. (Vater: Franz M., Kaufm.; Mutter: Martha, geb. Nadolny) - Univ. Königsberg u. Leipzig - S. 1957 (Habil.) Lehrtätigk. Univ. Erlangen

bzw. -Nürnberg (1963 apl. Prof. f. Geburtshilfe u. Frauenheilkd.) - BV: Portio-Karzinom, Frühdiagnose, Morphol., Genese, 1958.

MICHATSCH, Walter

Vorstandsmitglied Alfons Müller-Wipperfürth AG., Leichlingen - Schimmelweg 31, 5600 Wuppertal-Vohwinkel - Geb. 14. Sept. 1925 - Textiling.

MICHEL, Detlef

Dr. phil., Schriftsteller - Kantstr. 125, 1000 Berlin 12 (T. 030 - 312 14 31) - Geb. 26. Mai 1944 Türkheim/Elsaß (Vater: Erich M., Ing.; Mutter: Erna, geb. Müller) - N. Abit. 1964 (Braunschweig) Stud. German. u. Soziol. Tübingen, München, Berlin - 1973-76 Doz. FH f. Wirtschaft Berlin; 1976-79 Akad. Rat Univ. Osnabrück. Herausg.: Berliner Hefte (1976-82). Mitarb. Reichskabarett u. Grips Theater. Bühnenst.: Das hältste ja im Kopf nicht aus (1975), D. schönste Zeit im Leben (1978), E. lk. Geschichte (1980), Alles Plastik (1981), Ab heute heißt du Sara (1989, alle m. V. Ludwig); Drehb.: u.a. Ordnung ist das halbe Sterben (1983); Hart an d. Grenze (1984); Tod macht erfinderisch (1985); Fifty-Fifty (1988); Solo f. Georg (1989) - 1975 Brüder-Grimm-Preis DGB.

MICHEL, Diethelm

Dr. theol., o. Prof. f. Altes Testament - Leo-Baeck-Str. 51, 1000 Berlin 37 (T. 801 38 21) - Geb. 22. Febr. 1931 Mülheim/Ruhr (Vater: Wilhelm M., Maschinensetzer; Mutter: Christine, geb. Gulau), ev., verh. s. 1957 m. Ute, geb. Kellermann, 3 Töcht. (Anemone, Isabel, Margerite) - 1951-56 Stud. Theol. Promot. 1959; Habil. 1959 - 1956-59 Stiftsinsp. Bonn; 1959-65 Lektor Univ. Heidelberg (Hebräisch); s. 1965 Prof. Kirchl. Hochsch. Berlin (1972/73 Rektor) - BV: Tempora u. Satzstell. in d. Psalmen, 1957 - Spr.: Engl.

MICHEL, Dietrich (Dieter)

Dr. med. (habil.), ehem. Chefarzt Innere Abt. Stiftsklinik Augustinum, München, apl. Prof. f. Inn. Med. Univ. ebd. (s. 1961) - Fritz-Reuter-Str. 10a, 8000 München 60 (T. 88 50 38) - Med. Univ.-Klinik Leipzig u. München.

MICHEL, Gerhard

Dr. phil., Univ.-Prof. f. Erziehungswiss. Univ. Düsseldorf - Rheinstr. 1, 4053 Jüchen 7 - Geb. 13. Febr. 1938 Gelsenkirchen (Vater: Ferdinand M.; Mutter: Maria, geb. Wilmshöfer), kath., verh. s. 1964 m. Ulrike, geb. Exler, 3 S. (Ludger, Christian, Matthias) - 1. Lehrerex. 1963 Dortmund, 2. Lehrerex. 1966 Gelsenkirchen, Promot. 1971 Bochum - 1963-68 Volksschullehrer; 1968-71 Förderungsassist.; 1971-76 wiss. Assist.; 1976-80 o. Prof. PH Neuss; s. 1980 Prof. Düsseldorf - BV: Schulb. u. Curriculum, 1973; D. Welt als Schule, 1978.

MICHEL, Hanns-Günther

Hauptgeschäftsführer Diakon. Werk d. Ev. Landeskirche in Baden - Vorholzstr. 3, 7500 Karlsruhe 1.

MICHEL, Hans

Prof. - Blumenau 82, 2000 Hamburg 76 - Geb. 14. Aug. 1920 Weimar (Vater: Robert M., Architekt; Mutter: Ella, geb. Bergmann) - Ausbild. Offenbach - Maler; Gebrauchsgraph.

MICHEL, Hans

Bürgermeister Stadt Hemsbach/Bergstr. - Pumpwerkstr. 20, 6944 Hemsbach - Geb. 7. Nov. 1922 Hemsbach (Vater: Johann M., Spengler u. Installat.; Mutter: Katharina, geb. Döringer), kath., verh. s. 1947 m. Thea, geb. Wegmann, S. Hans-Joachim - 1937-41 Lehre (Spengler u. Install.) - 1941-46 Kriegsdst., Gefangensch. (schwer kriegsbeschädigt), s. 1949 mittl. kommunal. Verw.dst., 1946-57 Verw.Angest., s. 1955 gehob. Verw.dst., 1957-61 Ratsschreiber, 1955-67 Richter sozialger. Mannheim, 1953-71 Kreisrat, s. 1961 Bürgerm. Hemsbach - 1978 Gold. Sportabz.; 1981 BVK a. Bd.; 1981 Ehrenmed. Gemeindetag Bad.-Württ. - Liebh.: Sport, Garten, Wandern.

MICHEL, Hartmut

Dr., Direktor, Vorstandsvors. Rolu-Normenbau AG. - 7407 Rottenburg/Neckar - Geb. 6. Jan. 1924 Mülheim/Ruhr.

MICHEL, Heinz

Dr. jur., Rechtsanwalt, stv. Hauptgeschäftsf. i.R. IHK Rhein-Neckar - Königstuhlstr. 3, 6800 Mannheim-Lindenhof (T. 81 21 73) - Geb. 29. Aug. 1910 Berlin (Vater: Emil M., Generaldir. Dt. Telefon-Werke; Mutter: Martha, geb. de Roche), ev., verh. s. 1941 m. Gerda, geb. Schülke, 2 Töcht. (Verena, Dipl.-Bibliothekarin; Ursula) - Schulen Berlin, Zürich, Zuoz; Univ. Berlin u. Erlangen (Rechtswiss.) - 1939-41 Fachgruppe Schrott, Berlin, Wehrdst. u. Kriegsgefangensch. (Spätheimkehrer), 1951-53 Schmuckwarenindustrieverb., Pforzheim, seither IHK Mannheim bzw. Rhein-Neckar.

MICHEL, Heinz

Verlagsdirektor (Münstersche Zeitung) - Falgerstr. 16, 4400 Münster/W. (T. 4 01 77) - Geb. 14. März 1913 Münster/W.

MICHEL, Joseph

Dr. jur., Dipl.-Volksw., Präsident Verb. Sparda-Banken - Hamburger Allee 2-10, 6000 Frankfurt a. M. 90; priv.: Kantstr. 10, 6500 Mainz 1 - Geb. 1. Okt. 1926.

MICHEL, Konrad

Vorstandsmitglied Phoenix-Gummiwerke AG., Hamburg (s. 1967) - Schanzengrund 22, 2000 Hamburg 92 (T. 796 21 95) - Geb. 17. Juni 1912 Berlin (Vater: Emil-Ludwig M., Fabr.; Mutter: Luise, geb. Schicht), verh. m. Katja, geb. Pauly - Ab 1930 Berliner Handels-Ges., ab 1936 Siemens, s. 1952 Phoenix.

MICHEL, Lothar

Dr. phil., Dipl.-Psych., Prof. f. Psychologie - Langgassenweg 19, 6940 Weinheim/Bergstr. (T. 1 48 62) - Geb. 6. Okt. 1929 Hamburg, verh. s. 1959 m. Waltraut, geb. Neuendorff, 3 Kd. (Matthias, Bettina, Christian) - S. 1963 (Habil.) Lehrtätigk. Univ. Freiburg/Br. u. WH bzw. Univ. Mannheim (1966 Ord.). - BV: Hochschuleingangstest f. d. Studienfeld Med., Bonn 1977; Gerichtl. Schriftvergleichung, Berlin 1982; Mithrsg.: Psychol. Diagnostik (4 Bde.), Göttingen 1982. Hrsg. Mannheimer Hefte f. Schriftvergleichung, 1975ff. Üb. 70 Einzelaufsätze.

MICHEL, Markus

Schriftsteller - Chutzenstr. 27, CH-3007 Bern (T. 031 - 46 00 77) - Geb. 18. Sept. 1950 Bern, ledig, S. Sebastian - BV: Tanz d. Krähen, 1982; Hilde Brienz, 1984 - 1981 Prix Suisse Schweizer Radio Preis - Spr.: Franz., Engl.,Ital.

MICHEL, Otto

D., o. Prof. f. Neues Testament u. Wissenschaft d. nachbibl. Judentums (emerit.) - Hauffstr. 12, 7400 Tübingen (T. 07071 - 2 10 39) - Geb. 28. Aug. 1903 Elberfeld, ev., verh. m. Ilse, geb. Schubring, 4 Kd. - Gymn. Elberfeld; Univ. Tübingen u. Halle; Pred.sem. Wittenberg (Lutherstadt) - 1929 Privatdoz. Univ. Halle/S., 1940 Univ. Tübingen, 1946 o. Prof., 1957 Dir. Institutum Judaicum - BV: Paulus u. s. Bibel, 1929, 2. A. 1972; Prophet u. Märtyrer, 1932; Kommentar z. Hebräerbrief, 8. A. 1984; D. Zeugnis d. Neuen Testam. v. d. Gemeinde, 1941, 2. A. 1983; Medizin u. Theologie im Gespräch, 1947; Komm. z. Römerbrief, 5. A. 1978; Herausg.: Josephus, Jüd. Krieg (Übers. m. Komm.), 4 Bde. 1960/68; Aufsehen a. Jesus, 3. A. 1981; Gestaltwandel d. Bösen, 1975; Dienst am Wort (Ges. Aufs., hg. v. Klaus Haacker), 1986 - Mitgl. New Testament Soc. u. Jewish World Congress (Jerusalem); stv. Vors. Arbeitsgem. f. Aramäisches Schrifttum - Lit.: Abraham unser Vater - Juden u. Christen im Gespräch üb. d. Bibel (Festschr. z. 60. Geburtstag). Josephus Studien (Festschr. z. 70. Geburtstag), Festschr. Theol. Beitr., Heft 4-5, 1983 (80. Geb.); Bibelarbeiten D. Wort v. Kreuz (hg. E. Lubahn/O. Rodenberg, 1987).

MICHEL, Peter

Geschäftsführer Dt. Schützenbund, Bundesleistungszentr. Schießen - Schießsportschule, Lahnstr., 6200 Wiesbaden-Klarenthal (T. 06121 - 46 10 57).

MICHEL, Reiner M.

Dr. rer. pol., Dipl.-Kfm., Prof., gf. Gesellsch. 5M-Unternehmensberatung GmbH; Ref. Managementsem. Neue Betriebswirtsch. - Gottfried-Keller-Str. 42, 8012 Ottobrunn (T. 601 13 02) u. Anton-Gabele-Str. 13, 7790 Meßkirch (T. 07575 - 28 18) - Geb. 3. Juni 1939 Mülheim/Ruhr (Vater: Wilhelm M., Maschinensetzer; Mutter: Christel, geb. Gulau), ev., 3 Kd. (Frank, Eva, Tom) - Univ. Köln; Dipl.-Kfm. 1962; Promot. 1968 - 1963-68 Thyssen-Gas AG u. 1968-71 Marketing-Chef NGW, bde. Duisburg-Hamborn; 1971-83 Diamalt AG, München (ab 1973 Vorst.-Mitgl.); Beirat Langguth Erben KG, Traben-Trarbach; Conseil d'Administration Soc. Française des Colloides S.A., Paris (b. 1983); Dir. Diener Steinhaus, München; ab 1984 selbst. Unternehmensberater; Prof. f. Unternehmensplanung u. -führung - BV: Ökonomische u. außerökonom. Determinanten d. Arbeitsangebotes; Finance-Management; Optimale Investitionspolitik; Finance-Controlling; Know How d. Unternehmensplan.; Projektcontrolling; Finanzcontrolling u. -strategie m. PC. Rd. 20 wiss. Einzelveröff.- Liebh.: Tennis, Ski, Surfen, Gerätetauchen, Motorradfahren.

MICHEL, Rudolf (Rudi)

Sportjournalist - Herchenbachstr. 22, 7570 Baden-Baden (T. 2 34 42) - Geb. 2. Aug. 1921 Kaiserslautern (Vater: Julius M., Kaufm.; Mutter: Elisabeth, geb. Hoffmann), kath. - 2 Sem. Jurastud. - Wehrmacht (Offz.); 1945-48 Bankwesen; s. 1948 Südwestfunk (Leit. Hauptabt. Sport). Viele Fernsehübertrag., bes. Fußball - 1982 Gold. Mikrophon HÖRZU (WM-Berichte).

MICHEL, Wilhelm

Direktor i.R. Mauser-Werke, Bammental, Gesellsch. Lockweiler Plastic Werke, Lockweiler/Saar, Ehrenvors. Qualitätsverb. Kunststofferzeugn., Bonn, AR-Vors. Arbeitgeberverb. Südwestd. Kunststoffind., Mannheim; Kurat.-Vors. Gesamtverb. kunststoffverarb. Ind. - Im Enkler 5, 6906 Leimen - Geb. 14. Mai 1915 - 1983 BVK.

MICHELMANN, Gottfried

Rechtsanwalt u. Notar - Lerchesbergring 98, 6000 Frankfurt/M. 70 (T. 68 18 68) - Geb. 12. Sept. 1914 Berlin (Vater: Dr. med. Reinhold M., Frauenarzt; Mutter: Käthe, geb. Bolte), ev. - Franz. Gymn. Berlin; Lehre Reichskredit-Ges. AG; Univ. ebd. (Rechtswiss.) - 1940 Ref. Reichsgruppe Banken, 1941 Anwaltsass., Wehrdst. (zul. Ltn. d. R.), 1946 Rechtsanw., 1949 stv. Int. Hess. Rundfunk, 1954 Geschäftsf. Werbung im Rundfunk GmbH, 1956 Notar, 1957-80 Dir. Dt. Bank, Fil. Frankfurt. Div. AR-, VR- u. Beiratsmand. Vorst.-Vors. Frankfurter Museumsges., Vizepräs. Rechtsanwaltskammer Frankfurt/M. - 1982 Gr. BVK - Spr.: Franz., Engl. - Rotarier.

MICHELS, Gerhard

Dipl.-Kfm., I. Bürgermeister - Rathaus, 8056 Neufahrn/Obb.; priv.: Galgenbachweg 18h - Geb. 21. Jan. 1944 Tilsit/Ostpr. - CSU.

MICHELS, Joachim

Kaufmann, Präs. Bundesverb. d. dt. Güternahverkehrs, Frankfurt/M., u. a. - Am Sonneneck 3, 4791 Borchen - Geb. 24. Mai 1926 - Vors. Tarifkommiss. Güternahverk. (TKN); AR-Vors. Kravag Sachversich. d. dt. Kraftverk. VAG, Hamburg, u. Kravag Lebensversich. AG; Vorst.-Vors. Straßenverkehrsgenoss. Westf.-Lippe (SVG), MÜnster, u. Berufsgenoss. f. Fahrzeughaltungen (BG), Hamburg; stv. Vorst.-Vors. Bundeszentral-Genoss. Straßenverk. (BZG), Ffm; VR Bundesanst. Güterfernverk. (BAG), Köln, Handelsges. f. Kfz-Bedarf (HGK), Düsseldorf, u. Gerling-Konzern, Köln.

MICHELS, Meinolf

Landwirt, MdB (Wahlkr. 106/Höxter-Lippe II) - Großeneder Nr. 6, 3531 Borgentreich (T. 05644 - 253) - CDU.

MICHELS, Peter

Gewerkschaftsang. i.R., Mitgl. Forschungsges. f. Arbeitsphysiol. u. -schutz, Dortmund u. Landesarb.gemeinsch. Arbeit u. Leben (s. 1958), s. 1979 Ehrenvors. LAG Arbeit u. Leben u. Vorst.-Mitgl. d. Bundesarbeiterskr. Arbeit u. Leben - Georg-Reiter-Str. 37, 5000 Köln 30 (Ossendorf) (T. 59 11 61) - Geb. 14. Juni 1910 Siegburg (Vater: Willi M., Industriearb.; Mutter: Sibilla, geb. Müller), verh. s. 1938 (Babelsberg) m. Elise, geb. Marquardt - Volkssch. Siegburg; Lehre Chemielaborant Köln - SPD s. 1930 - 1971 Gr. BVK, 1975 Stern dazu.

MICHELS, Rudolf

Dipl.-Ing., Techn. Vorstand Kraftwerke Mainz-Wiesbaden AG, Geschäftsf. Heizkraftwerk GmbH, Mainz (s. 1977) - Pfälzer-Wald-Str. 8, 6500 Mainz-Hechtsheim (T. 06131-12-4022) - Geb. 3. Mai 1932 Bad Charlottenbrunn/Schles., kath., verh. s. 1958 m. Ursula, geb. Neubert, 3 Kd. (Markus, Mareile, Frank) - Abit. 1952; Dipl.-Ing. f. Elektrotechnik 1958 RWTH Aachen - 1958-59 Siemens; 1959-61 Klöckner-Moeller GmbH, Bonn; 1961-69 Stadtwerke Bonn (Obering. Stromverteil.); 1969-77 Stadtwerke Mainz AG (Techn. Vorst.) - Spr.: Engl.

MICHELS, Tilde

Jugendbuchautorin - Weizenfeldstr. 3, 8000 Müchen 40 (T. 089 - 361 25 36) - Geb. 3. Febr. 1920 Frankfurt/M., verh., S. Stephan - Abit.; Fremdsprachenstud.; Übers.-Ex. 1940 Hamburg - Fremdsprachen-Sekr. Frankf./M. u. Paris - BV: Kleiner König Kalle Wirsch, 1969 u. 88; Gustav Bär, 1980 u. 88; Es klopft b. Waja in d. Nacht, 1985; Halim v. d. fernen Insel, 1986; Freundschaft f. immer u. ewig, 1989 - 1987 Gustav Heinemann Friedenspreis - Spr.: Engl., Franz.

MICHELS, Willi

Arbeitsdirektor, Vorstandsmitgl. Thyssen Edelstahlwerke AG. (s. 1972) - Auestr. 4, 5810 Witten/Ruhr (T. 58 31); priv.: Am Wittenstein 4, 4324 Hattingen-Welper - Geb. 27. Sept. 1919 - 1960-72 Vorstandsmitgl. IG Metall.

MICHELSEN, Hans Günter

Schriftsteller (Dramatiker) - Zul. zu erreichen üb.: Suhrkamp-Verlag, Postfach 2446, 6000 Frankfurt/M. - Geb. 1920 Hamburg (Vater: Offz.) - 1939-49 Wehrdst. u. sowj. Gefangensch.; n. Rückkehr versch. Berufe (u. a. Schausp., Theaterdramat. u. -pressechef). Bühnenst.: Stienz, Feierabend 1 u. 2, Lappschiess, Drei Akte, Helm, Frau L, Plan-Spiel - 1963 Förderungspreis Fr. Volksbühne Berlin (f.: Stienz), 1965 Gerhart-Hauptmann-Preis FVB (Helm), Bremer Literaturpreis (Helm), 1967 Berliner Literaturpreis (Helm).

MICHELSEN, Peter

Dr. phil., M. A., o. Prof. f. Neuere dt. Literaturgeschichte - Erlbrunnenweg 11, 6901 Wilhelmsfeld Kr. Heidelberg - Geb. 17. Jan. 1923 Mölln (Vater: Hans-Ludwig M., Kaufm.; Mutter: Karoline, geb. Harting), ev., verh. s. 1953 (Ehefr.: geb. Walter), 2 Kd. (Christian, Martina) - Obersch. Lübeck (Z. Dom); Univ. Göttingen. Promot. (1951) u. Habil. (1960) Göttingen - 1952 Lektor Univ. Aberyswyth (Wales), 1954 Stip. Dt. Forschungsgem., 1956 Redakt. Dt. Univ.sztg., 1957 Prof. f. Deutsch Univ. Halifax (Kanada), 1960 Privatdoz. Univ. Göttingen, 1963 Ord. u. Seminardir. TH Braunschweig, 1967 Ord. Univ. Heidelberg - BV: Friedrich Hebbels Tageb., 1951 u. 66; Lawrence Sterne u. d. dt. Roman d. 18. Jh.s, 1962, 2. A. 1972; Zeit u. Bindung, 1976; Der Bruch m. d. Vaterwelt, 1979 - Spr.: Engl., Franz.

MICHELSEN, Robert

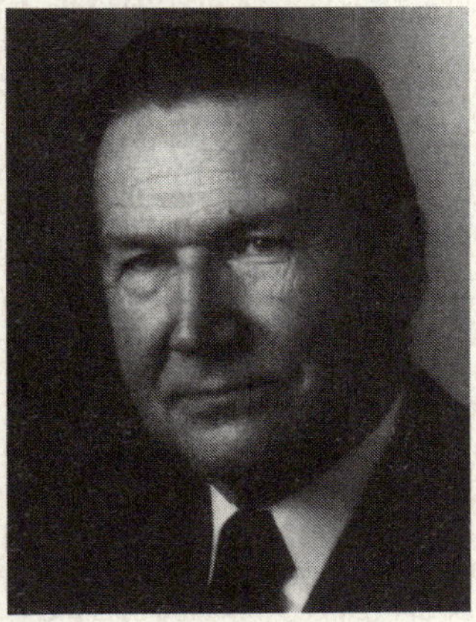

Dipl.-Ing., Vorstandsvorsitzender i. R. Hoffmanns Stärkefabriken AG, Bad Salzuflen, AR-Vors. i. R. INEFA Kunststoffe AG, Itzehoe - Langenbergstr. 47, 4902 Bad Salzuflen 1 u. Brunnenstr. 6, 2210 Itzehoe - Geb. 11. Mai 1920 Kiel (Vater: Robert M.; Mutter: Dorothea, geb. Engel), ev., verh. s. 1948 m. Käthe, geb. Gründel, 2 Kd. (Gabriele, Ingo) - Oberrealsch.; Stud. Maschinenbau (Feinwerktechnik) - U. a. Techn. Leit. u. Werksleit. Spez. Arbeitsgeb.: Unterwasserschall (Ortung, Fischsuchanlagen, Netzsonden). Zahlr. Erf. (üb. 40 Schutzrechte). Ehem. Vorst. VIK, Essen; Beirat Dt. Bank AG; Mitgl. Vollvers. IHK Lippe z. Detmold; Handelsrichter LG Detmold - Liebh.: Fotogr., techn./wiss. Videofilme - Spr.: Engl.

MICHL, Anton

Ass. jur., Generalbevollm. Direktor d. Siemens AG - Wittelsbacher Platz 2, 8000 München 2 - Geb. 3. März 1930 München - Vorst. Vereinig. d. Arbeitgeberverb. in Bayern e. V., Verein d. Bayer. Metallind. e. V.; AR Vacuumschmelze GmbH, Hanau.

MICHL, Berthold

Dr. med., Prof., Cardiologe, Geriatriker - Pariser Str. 13, 8000 München 80 (T. 48 97 04); priv.: Mondseestr. 27, 8000 München 82 - Geb. 22. Mai 1915 München - Zun. Hochsch. f. Musik, München, dann Stud. d. Med. Univ. ebd.; Approb. 1940; Promot. 1943 - 1945 ff. Ltd. Arzt Concordia-Hospital, Merano/Ital.; 1963 Tätigk. Univ. New Orleans/USA u. Mayo Clinic, Rochester/USA; 1977 Prof.; s. 1974 Mitgl. World Medical Assoc. New York/USA, Mitgl. Americ. Assoc. of University Professors Washington D.C. - 1943 Reiterabz. - Liebh.: Musik, Hi-Fi-Technik, Fliegen (1956 Privatpilotenschein m. Kunstflugberechtig. u. Flugfunksprechzeugn.) - Spr.: Engl., Franz.

MICHL, Ernst

Oberamtsrat, MdL Bayern (s. 1975) - Lagerstr. 73 i, 8031 Puchheim (T. 80 57 75) - Geb. 1935 - CSU.

MICHLER, Markwart

Dr. med., Facharzt f. Chirurgie u. Orthopädie, o. Prof. f. Gesch. d. Med. Univ. Gießen (1965-73), Oberfeldarzt d. R. d. BW a.D.; Badearzt Bad Brückenau - Ernst-Putz-Str. 36, 8788 Bad Brückenau - Geb. 30. April 1923 Breslau (Vater: Dr. phil. Waldemar M., StudR; Mutter: Leonie, geb. Olleck), ev., verh. m. Dr. med. Inge, geb. Stemmler (Fachärztin f. Orthopädie), 2 Söhne (Waldemar, Karl-Friedrich †) - Gymn. Breslau; Univ. ebd., Berlin, Bonn. Habil. 1965 Hamburg - BV: D. Klumpfußlehre d. Hippokratiker, 1963; D. hellenist. Chirurgie, T. I 1968; D. Spezialisierungsproblem u. d. antike Chirurgie, 1969; Einführung i. d. med. Fachsprache (m. J. Benedum u. I. Michler), 2. A. 1981; D. Siegel d. Med. Fak. Gießen (m. J. Benedum), 1982. Sammarb.: D. Geburt d. Ästhetik im alten Griechenland u. ihre Beziehung z. bild. Kunst, Gymnastik u. Med., 1985; Hermann Krukenberg u. s. Unterarmplastik, 1985-87; Z. Hallux valgus in d. Antike, 1986. Zahlr. Einzelarb. Auswahlübers.: G.B. Morgagni, Üb. Sitz u. Ursachen d. Krankheiten (1965) - Mitgl. Intern. Acad. of History of Med., The New York Acad. of Sciences, Soc. Intern. d'Histoire de la Méd., History of Science Soc., Intern. Ges. f. Gesch. d. Veterinärmed., Intern. Ges. f. Orthop. u. Traumatol. - Bek. Vorf.: Karl Wilhelm M., schles. Mundartdichter (Großonkel).

MICK, E. W.

Dr. phil., Direktor Dt. Tapeten-Museum - Brüder-Grimm-Pl. 5, 3500 Kassel - Geb. 10. Juni 1926, röm. kath., verh. s. 1981 m. Barbara, geb. Simon - 1977-79 Präs. d. Ges. d. Bibliophilen - BV: Hauptwerke d. Dt. Tapetenmuseums (2 Bde. Tokyo, 1981, in jap., engl. u. dtsch.); 2 Bibliphile Taschenbücher (Dortmund 1980/2), Altes Buntpapier, Goethes umränderte Blättchen - Jahresgabe d. Hess. Brandvers.-Anst. f. 1983; Johann Ev. Holzer (München 1984).

MICKEL, Wolfgang W.

Dr. phil. habil., o. Prof. f. Wiss. Politik Päd. Hochschule Karlsruhe - Heuchelheimer Str. 122, 6380 Bad Homburg v.d.H. (T. 06172 - 3 25 31) - Geb. 6. April 1929 Offenbach/M., kath., verh. s. 1952 m. Dipl.-Päd. Marianne, geb. Ströhler, 2 Kd. (Wolfgang, Astrid) - 1948-52 Univ. Frankfurt (Politik, Gesch., German., Angl., Amerikan., Phil., Theol.); Ex. f. höh. Lehramt 1952; Promot. 1957 Frankfurt; Habil. 1972 Köln - 1953-55 Stud.-Ref.; 1955-72 höh. Schuldst. Land Hessen; Studiendir. - BV: Politische Bildung an Gymn., 1967; Methodik d. polit. Unterr., 4. A. 1980; Lehrpläne u. polit. Bildung, 1971. Herausg.: Europ. Bildungspolitik (1978); Handbuch z. Politikwiss. (1986); Arbeitsbuch: Politik (1986); Gesch., Politik u. Ges. (1987); Handbuch z. polit. Bildung (1988) - 1978 Ordre du Mérite européen; 1979 BVK.

MICKSCH, Jürgen

Dr. phil., Studienleiter Ev. Akad. Tutzing - Schloßstr. 2, 8132 Tutzing - Geb. 20. Jan. 1941 Breslau, ev. - Theologe 1965 (Univ. München, Heidelberg, Berlin); Soziologe 1971 (Univ. Münster, Erlangen); Promot. 1971 Erlangen-Nürnberg - 1965 Vikar Regensburg; 1966 Stud.-Insp. Erlangen; 1971-73 wiss. Mitarb. u. 1974-84 Oberkirchenrat b. Kirchenamt d. EKD Frankfurt. Ab 1974 Vors. Oekumen. Vorbereitungsaussch. f. d. Woche d. ausl. Mitbürger, Frankfurt; ab 1980 Vors. Oekumen. Kommiss. f. d. Unterstützung orth. Priester (Körpersch. öfftl. Rechts), München; ab 1986 Vors. d. bundesweiten Arbeitsgem. f. Flüchtlinge, PRO ASYL, Frankfurt/M., u.a. - BV: u.a. Jugend u. Freizeit in d. DDR, 1972; Gastarbeiter werden Bürger, 1978; Christen u. Muslime im Dialog, 1982 (Übers. in engl., franz. u. schwed.); Mit Einwanderern leben. Positionen ev. Ausländerarbeit, 1984; Ev. Ausländergemeinden, 1986; Kulturelle Vielfalt statt nat. Einfalt. E. Strategie gegen Nationalismus u. Rassismus, 1989. Herausg.: u.a. Positiv od. negativ? AIDS als Schicksal u. Chance (1988) - Liebh.: Segeln - Spr.: Engl.

MIDDEL, Rudolf

Dipl.-Ing. d. Farbenchemie, Kaufmann, Geschäftsf. Middel + Bülling GmbH, Hagen, Middel + Brensing GmbH, Gummersbach - Zu erreichen üb. Geibelstr. 46, 4000 Düsseldorf-Grafenberg - Vors. Bundesverb. Großhandel Heim u. Farbe, Bodenbelag, Farben, Heimtextil, Tapeten; AR-Vors. Produkt- u. Marketing Zentrale e.G., Hagen.

MIDDELHAUVE, Bertha

Philologin, Ehrenpräs. Dt. Frauenring - Am Neuenhof 15, 5090 Leverkusen 1 (T. 0214 - 6 62 70) - Geb. 9. Juni 1893 Montabaur (Vater: Valentin, Postm.; Mutter: Magdalene, geb. Schott), kath., verh. s. 1928 m. Dr. Friedrich M. † 1966, 3 Kd. (Gertraud, Friedrich, Mechthild) - 1914-20 Stud. Univ. Frankfurt - B. 1928 Studienass.; 1949-59 Ratsmitgl. Leverkusen, 1948-64 Präs. Dt. Frauenrin (jetzt Ehrenpräs.) - BV: Sucht u. Suchtgefahren, 1964; D. neuen Eltern, 1968; Neue Schule - Neue Ges., 1970 - BVK I. Kl. u. Gr. BVK, Ehrenring Stadt Leverkusen - Liebh.: Päd., Staatsbürgerl. Erzieh. - Spr.: Engl., Franz.

MIDDELSCHULTE, Achim

Dipl.-Ing., Dipl.-Kfm., Bergassessor, Vorstandsmitgl. Ruhrgas AG u. Arbeitgeberverb. v. Gas-, Wasser- u. Elektrizitätsuntern., Hannover, Vorst.-Vors. Dt. Kinderschutzbund, Ortsverb. Essen, AR-Mitgl. Gas Union GmbH, Frankfurt, Südd. Erdgas Transport Ges. mbH, Haan, u. Elster AG, Mainz, Beiratsmitgl. Pipeline Engineering GmbH, Essen, u. Dt. Museum München - Huttropstr. 60, 4300 Essen 1 (T. 0201 - 18 41) - Geb. 31. Mai 1945 Unna/Westf. - TH Aachen (Bergbau), Univ. München (Betriebswirtsch.).

MIDDELSCHULTE, Eduard

Dr. agr., Hauptgeschäftsführer Bundesverb. landw. Pächter - Schwarzer Bär 4, 3000 Hannover 91.

MIDDENDORF, Helmut

Dr. rer. pol., Wirtschaftsprüfer, Vorstandsmitglied BDO Dt. Warentreuhand AG - Ferdinandstr. 59, 2000 Hamburg 1 - Geb. 16. Nov. 1928 Bersenbrück, verh. m. Renate, geb. Boettner, 3 Kd. (Thomas, Niklas, Barbara) - Spr.: Engl., Franz. - Rotarier.

MIDDENDORF, Ingeborg

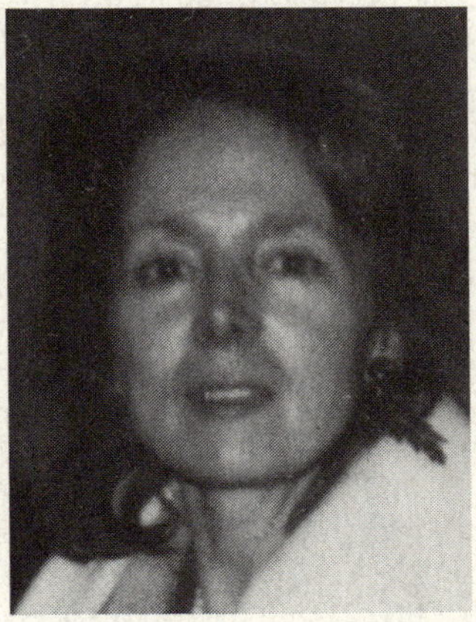

Schriftstellerin - Fuggerstr. 30, 1000 Berlin 30 (T. 030 - 213 31 59) - Geb. 19. Nov. Oldenburg in O., led., S. Julian Paul - Stud. Philol. u. Päd.; Lehrerausb. - BV: Gedichtbd., 1978; Etwas zw. ihm u. mir, Kurzgesch.bd. 1985. Rezensionen sow. Übers. v. Kurzgesch. in Engl., Finn., Niederl. Hörsp.: D. Besuch (1984) - 1978 Förderpreis Nordrh.-Westf.; 1982 u. 87 Schriftstellerstip. Senat f. Kultur Berlin; 1988 Arbeitsstip. Senat f. Kultur Berlin - Spr.: Engl., Franz., Ital.

MIDDENDORFF, Jürgen

Dipl.-Brau-Ing., Königl. Norw. Konsul, pers. haft. Gesellschafter Brauerei Herrenhausen KG - Herrenhäuser Straße 83/97, 3000 Hannover 21 (T. 0511 - 79 07-0) - Geb. 5. Febr. 1930 - Vorst.-Mitgl. Verb. Ausfuhrbrauereien, u. Arbeitgeberverb. Ernährungsind. Nieders.-Bremen; Beiratsmitgl. Versuchs- u. Lehranst. f. Brauerei in Berlin (VLB), Ind.-Club Hannover u. Dt. Bank Hannover - Ritterkreuz I. Kl. d. Kgl. Olav Ordens; Vizedoyen d. Konsular-Korps Nieders.; Ehrenbürger d. Tierärztl. Hochsch. Hannover - Spr.: Engl. - Rotarier.

MIDDENDORFF, Wolf

Dr. jur., Prof., Richter am AG a.D. - Lerchenstr. 15, 7800 Freiburg/Br. (T. 2 61 01) - Geb. 6. Juni 1916 Bielefeld (Vater: Theodor M., Juwelier; Mutter: Pauline, geb. Fuchs), ev., verh. s. 1945 m. Dorothee, geb. Aring - Gymn. Bielefeld u. Freiburg; Univ. Freiburg (Rechtswiss.) - S. 1950 Justizdst. (1954 AGrat (Verkehrsrichter) Freiburg). 1964 Berat. Nationalchines. Reg. Formosa (i. A. d. UNO); 1965 Gutachter Europarat; 1966 Research Prof. of Law New York Univ. Mitgl. in- u. ausl. kriminolog. Org.; Prof. Univ. u. Doz. Landespol.sch. Freiburg; Ref. Max-Planck-Inst. f. ausl. u. intern. Strafrecht, Freiburg - BV: Jugendkriminologie, 1956 (span. 1964); Soziologie d. Verbrechens, 1959 (span. 1961); New Forms of Juvenile Delinquency - Their Origin, Prevention and Treatment, 1960; 600 Alkoholtäter - E. Beitrag z. Kriminologie d. Verkehrsdelikte, 1961; Todesstrafe - ja oder nein?, 1963; D. Strafrichter, 1963; Kriminolog. Reisebilder, 1967 (span. 1971 u. 1980); D. kriminolog. Prognose in Theorie u. Praxis, 1967 (span. 1970 u. 1983); D. polit. Mord, 1968; The Effectiveness of Punishment, 1968; D. Gewaltkriminalität in USA, 1970; Beitr. z. histor. Kriminologie, 1972; Beitr. z. Verkehrskriminol., 1972 (span. 1976); Menschenraub, Flugzeugentf., Geiselnahme, Kidnapping, 1972 (span. 1976); D. Prozeß geg. Maria Stuart, 1972; Verkehrsdelikte in d. Schweiz, 1974; D. Gewaltkriminalität uns. Zeit, 1976 (span. 1978); D. Fall Chillingworth u. D. Briefe d. Edith Thompson, Kriminalfeatures (m. Dorothee Middendorff); Kriminologie in Fällen, 1980; Freiburger Kleiner Pitaval, 1984; Kriminologie d. Tötungsdelikte, 1984; D. Straftäter u. sein Schicksal, 1984; Badischer Pitaval, 1985; Staatsstreiche in Historischer u. Kriminologischer Sicht, 1988; V. Abraham Lincoln bis Melvin Belli, Amerik. Strafverteidiger u. ihre Prozesse, 1989 - Liebh.: Bibliophilie - Spr.: Engl. - Rotarier.

MIECK, Ilja

Dr., Prof. f. Neuere Geschichte - Schwalbachstr. 45a, 1000 Berlin 49 (T. 030 - 746 23 57) - Geb. 11. Juli 1932 Berlin - Abit. 1950; Stud. FU Berlin (Gesch., Geogr., Angl.), 1. Staatsex. u. Promot. 1957, 2. Staatsex. 1959, Habil. 1971 - 1959-65 Höh. Schuldst., s. 1965 Hochschullehrer - BV: Preuß. Gewerbepol. in Berlin 1806-44, 1965; Europ. Gesch. d. Frühen Neuzeit, 4. verb. A. 1989; D. Entsteh. d. mod. Frankreich 1450-1610, 1982 - 1973 Mitgl. Histor. Kommiss. Berlin (1987 Sektionsleit. f. d. Gesch. d. dt.-franz. Beziehungen). Weit. Arbeitsgeb.: Historische Umweltforschung.

MIEDERER, Siegfried-Ernst

Dr. med., apl. Prof., Chefarzt Med. Klinik Ev. Johannes-Krankenhaus Bielefeld - Buchholzstr. 25a, 5300 Bonn (T. 0228 - 28 44 40) - Geb. 28. März 1942 Berlin, ev., verh. s. 1972 m. Ute, geb. Wernicke, S. Kai - Stud. Univ. Erlangen; Promot. 1968 Erlangen; Habil. 1975 Bonn - 1979 apl. Prof. Bonn. Entd.: Pylorokardiale Expansion d. Gastritis, erste endoskopische Choledochocelenspaltung - BV: Histotopographie d. Magenschleimhaut, 1978; Proglumide, Gastrin Receptor Antagonist, 1978 u. 1980. Fachherausg.: Gastroenterologie u. Hepatologie in Therapiehandb. (1986) u. Internist. Differentialdiagnostik (1984). Üb. 200 wiss. Publ. (Physiol., Morphol.) - 1958 Dt. Vizemeister Modellhangflug; 1964 Ewald Kroth-Med. - Liebh.: Gesch., Malerei, Lyrik, Motor- u. Flugsport - Spr.: Engl., Latein.

MIEHE, Ulf
Schriftsteller - Nr. 5, 8024 Kreuzpullach - Geb. 11. Mai 1940 Wusterhausen/Dosse - Lektor - BV: In ds. lauten Lande, Ged. 1968; D. Zeit in W u. anderswo, Erz. 1968; Ich hab noch einen Toten in Berlin, R. 1973; Puma, R. 1976; Lilli Berlin, R. 1981. Herausg.; Übers.

MIEHLKE, Adolf
Dr. med., o. Prof. f. Hals-Nasen-Ohrenheilkunde - Hainholzweg 62, 3400 Göttingen (T. 4 64 32) - Geb. 16. Sept. 1917 Oberweinberge - S. 1954 (Habil.) Lehrtätigk. Univ. Saarbrücken (1959 apl. Prof.); 1963 Ord. u. Klinikdir. Univ. Göttingen - BV: D. Chir. d. Nervus facialis, 1960, engl. A. 1973; Arbeitsb. HNO (zus. m. Mitarb.), 1980; Speicheldrüsenkrankheiten (zus. m. Seifert, Haubrich, Chilla), 1984. Zahlr. Einzelveröff. - 1963 Ehrenmitgl. Jap. Ges. f. HNOÄrzte; 1967 Collegium Oto-Rhino-Laryngologicum Amicitiae sacrum, 1970, Ehrenmitgl. d. Südafrikan. u. Ungar. Ges. f. HNOärzte; 1964 Mitgl. Dt. Akad. d. Naturforscher Leopoldina; 1966 korr. Mitgl. Amerik. Ges. f. Plast. Chir. u. Wiederherstellungschir., 1970 Österr. u. Schweizer. Ges. d. HNOärzte; 1977 Irisiche Ges. d. HNO-Ärzte; 1978 Ägypt. Ges. d. HNO-Ärzte; s. 1985 Senator Leopoldina - Spr.: Engl., Franz.

MIEHLKE, Klaus
Dr. med., Prof. f. Innere Medizin Univ. Mainz, Chefarzt Rheumaklinik II - Leibnizstr. 23, 6200 Wiesbaden (T. 06121 - 57 51 11) - Generalsekr. Dt. Ges. f. innere Med.; Wiss. Beirat Dt. Ges. f. Rheumatol.; Generalsekr. IX. Europ. Rheumakongr. Wiesbaden u. Rd. 150 wiss. Publ., Filme, ausl. Vorträge - BVK I. Kl.; Ehrenmitgl.: American Rheumatism Assoc., Österr. Ges. f. Rheumatol., Österr. Ges. f. Erkrankungen d. Bewegungsapparates; Mitgl.: New York Academy of Science, Wiss. Beirat Bundesärztekammer u. Arzneimittel-Zulassungskommiss. d. Bundesreg. b. Bundesgesundheitsamt Berlin.

MIELAU, Günter
Landesbezirksvorsitzender u. Geschäftsf. Arbeiterwohlfahrt Nordwürtt. - Wilhelm-Röntgen-Str. 38, 7302 Ostfildern 1 (Ruit)/Kr. Esslingen - Geb. 24. März 1925 Berlin, verh. s. 1969 m. Ursula, geb. Sternberg - Verwaltungsakad. - Bürgerm. a.D.; Bezirksvors. AWo; 1. Vors. Landesfamilienrat Baden-Württ.; Mitgl. Bundesaussch. d. AWo Bonn - 1979 Gold. Verdienstmed. Baden-Württ.; 1985 BVK I. Kl. - Liebh.: Reisen, Wandern, Theater, Philat.

MIELE, Rudolf
Mitgesellschafter u. Gf. Miele & Cie. GmbH. & Co., Gütersloh, Mielewerke GmbH, Gütersloh - Thesingallee 8, 4830 Gütersloh 1 - Geb. 4. Nov. 1929 Gütersloh.

MIELERT, Heinz
Generaldirektor a. D. - Wiesenau 18, 6242 Kronberg/Ts. (T. 06173-45 29) - Geb. 16. Aug. 1908 Schwerin/Warthe - Stud. Rechtswiss. - Bankwesen (Justitiar; Abt.sleit.); 1949-69 Sarotti (Verkaufsleit., 1956 Vorstandsmitgl., 1958 -vors.). Zahlr. Ehrenstell. in- u. ausl. Facheinricht. - 1969 Gr. BVK, 1979 Stern dazu.

MIELKE, Friedrich
Dr.-Ing., Dipl.-Ing., Dipl.-Gewerbel., Prof. TU Berlin - Hünenring 14, 8839 Konstein - Geb. 20. Sept. 1921 Neuneck (Vater: Friedrich M., Baumeister; Mutter: Marie, geb. Kiecksee), verh. s. 1945 m. Ilse Juliane, geb. Österwind, 5 Kd. (Friedrich, Cornelia, Rainer, Martin, Pia) - Stud. TH u. Univ. Berlin, TH Linz, Promot. Dresden 1957; 1945-46 Archit., 1946-51 Gewerbel., 1951-58 Konservat. Bau- u. Kunstdenkm., 1959-80 Prof. f. Denkmalpfl. TU Berlin; 1973 Gründ. u. 1. Vors. Arbeitskr. d. Doz. in d. BRD (b. 1976). 1974-77 Obm. Bau-Arbeitsaussch. Treppen in Fachnormenausschuß. Bauwesen, 1980 pens.; s. 1979 Leit. Arbeitst. f. Treppenforsch. Kon-

stein - Begr. d. Scalalogie; 1985-88 Lehrer Kath. Univ. Eichstätt - BV: D. Holländische Viertel in Potsdam, 1960; Potsdam wie es war, 1963 (m. M. Baur); D. Bürgerhaus in Potsdam, 2 Bde. 1972; D. Zukunft d. Vergangenheit, 1975; D. Berliner Denkmal f. Friedrich II., 1976; Potsdamer Baukunst, 1981; Collectaneen in Scalalogia, 1985; Treppen in Eichstätt, 1989 - Mitgl. Koldewey-Ges.; Mitgl. Dt. Akad. f. Städtebau u. Landesplanung; korr. Mitgl. Comp. des Architectes en chef des Monuments Histor. en France; Gründ. d. Ges. f. Treppenforsch. (Scalalogie); 1943 Gold. Versehrten-Sportabz. - Spr.: Lat., Griech., Franz., Ital., Engl.

MIERAU, Hans-Dieter
Dr. med. dent., Prof. Leiter Sektion Parodontologie/Univ.s-Zahn-Mund-Kieferklinik Würzburg - Friedrich-Ebert-Ring 37, 8700 Würzburg (T. 7 49 27) - Geb. 11. Febr. 1930 Hildburghausen (Vater: Herbert M., Kaufm.; Mutter: Mally, geb. Florschütz), ev., verh. s. 1957 m. Dr. Hildegard, geb. Koehler, 4 Kd. (Gabriele, Christine, Peter, Johannes) - Stud. Zahnmed. Zahnärztl. Staatsex. 1955; Promot. 1958, Habil. 1979 - S. 1979 Doz. u. Prof. (1981) - Entwickl. e. oberflächenmorphol.-ätiol. ausgerichteten Konzepts f. d. Genese v. Karies, Zahnbetterkrank., Zahnstein u. Gingivarezessionen aufgrund eig. Ergebn. aus d. Grundl.forsch.; Entw. mikroelektron. Meth. z. quantitativen Bestimm. d. Plaqueflächen u. -dicken; d. Oberflächenrauhigkeit v. Hartsubstanzen in d. Mundhöhle u. d. Mikrozirkulation (Gewebspuls, Velozimetrie) am Menschen, Unters. an vor- u. frühgeschichtl. Zähnen - Etwa 70 Fachveröff. u. 220 Vortr. - 1983 Eugen-Fröhlich-Preis d. Dt. Ges. f. Parodontol. - Liebh.: Bild. Kunst, Klass. Musik.

MIES, Herbert

Dipl.-Volksw., Vorsitzender Dt. Kommunist. Partei (DKP) - Peter-Roos-Str. 22, 4000 Düsseldorf 11 (T. 0211 - 57 84 94) - Geb. 23. Febr. 1929 Mannheim (Vater: Heinrich M., Eisenbahner; Mutter: Wilhelmine, geb. Koch), verh. m. Gerda M., 3 Kd. (Helga, Doris, Frank) - 1943/44 Lehrerausbildungsanst., 1954-59 Moskauer Staatl. Wirtschaftsinst.; Dipl.-Volksw. - BV: Wir Kommunisten u. d. Grundgesetz, 1977; Weg u. Ziel d. DKP, 1979; Z. Politik d. DKP, 1979; Wende nach rechts, 1983 - Lenin-Orden (UdSSR); Karl-Marx-Orden (DDR); Orden d. Freundsch. (CSSR); Ehrennadel d. Gewerkschaft HBV - Liebh.: Fotogr., Schnitzen - Spr.: Russ.

MIESBACH, Hermann Albrecht
Dr. jur., Ministerialdirigent Bayerisches Staatsministerium f. Arbeit u. Sozialordnung - Richard-Pietzsch-Weg 3, 8000 München 71 (T. 089 - 79 80 39) - Geb. 19. Febr. 1931 Berlin-Zehlendorf (Vater: Dr. med. e.h., Senatspräs. M. †1970), kath., verh. s. 1960 m. Ingrid, geb. Eggendorfer, 3 Kd. (Michael Clemens, Christian Markus, Thomas Raphael) - 1941-49 Realgymn. Berchtesgaden; Abit.; Stud. Rechte u. Volksw. Univ. München; 1. jurist. Staatsprüf. 1953; Promot. 1957 München; Dr. jurist. Staatsprüf. 1958 München - 1959-52 Ref. Sozialpolit. Abt. Siemens AG; 1962-69 (zeitw. Vors.) Siemens-Juniorenkr. S. 1963 Bayer. Staatsmin. f. Arbeit u. Sozialordnung, s. 1971 Leit. Krkhs.-Abt. 1967-70 Mitgl. Hauptaussch. d. Bayer. Landesjugendringes, 1968-72 Selbstverw. d. Landesarbeitsamtes Südbayern, 1968-73 Prüf.-Aussch. (Prüfer) f. d. Gr. jurist. Staatsprüf.; 1970-77 Unparteiischer Vors. d. tarifl. Schlichtungsst. d. bayer. Metallind. - BV: D. Abänderung od. Ersetzung d. angefochtenen Verwaltungsaktes während d. sozialgerichtl. Verfahrens, 1962. Herausg.: Jugendgesetze (1968). Fachaufs. u. -vortr. - 1987 Ehrenz. d. dt. Ärzteschaft (Bundesärztekammer) - Liebh.: Biogr., Schwimmen (schwerbehindert 80%, geh- u. stehbehindert), Klass. Musik - Spr.: Engl. (85. Wilton-Park-Konfz.-Teilnehmer 1966) - Bek. Vorf.: Senatspräs. München (Großv.).

MIESKES, Johann (Hans)

Dr. phil., o. Prof. f. Erziehungswissenschaft - Zul. Stephanstr. 41, 6300 Gießen (T. 0641 - 4 15 64) - Geb. 17. Febr. 1915 Zeiden/Siebenbürgen (Vater: Johann M.), verh. m. Christiane, geb. Mentzel, 5 Kd. - Stud. Erziehungswiss., Theol., Psych., Med. Theol. Staatsex. 1941; Promot. 1941, Habil. 1946; Med. Staatsex. 1958 - Ab 1946 Prof. m. vollem Lehrauftr. Univ. Jena (Begr. Inst. f. wiss. Erziehungsberat. u. päd. Therapie); 1958-61 Dir. Studienbüro f. Jugendfragen Bonn; Ord. f. Erziehungswiss.; Begründ. u. 1961-81 Dir. Erziehungswiss. Sem. u. Inst. f. päd. Forsch. Univ. Gießen. Emerit. 1981 - BV (1948-74): Erziehungswiss. u. päd. Forsch., Schulwirklichkeit, Schulwirklichk. u. Menschwerd., D. Jugendliche in d. Situation d. Straffälligkeit, Peter Petersen - Wirken u. Werk, Jena-Plan u. Schulreform, Päd. d. Fortschritts, D. Päd. d. DDR in Theorie, Forsch. u. Praxis (2 Bde.), D. päd. Problem 1973, Spielmittel, recht verstanden, richtig gewählt u. gut ge- nutzt; Kriegsspielzeug u. martial. Geist, 1981; Dr. Heinz Brandsch, Biogr. 1983; D. Kindergartenidee im Siebenb., 1986; Prinzip Erzieh., 1987.

MIETENS, Carl

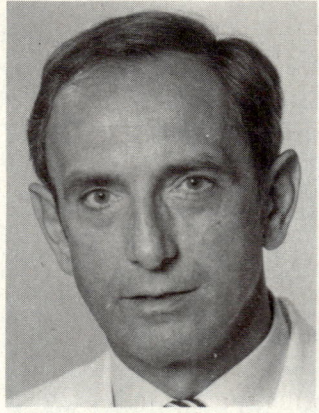

Dr. med., Prof., Direktor Univ.-Kinderklinik St. Josef-Hospital, Bochum (s. 1972) - Alexandrinenstr. 5, 4630 Bochum 1 (T. 50 96 12) - Geb. 10. Okt. 1933 Edenkoben/Pfalz, ev., verh. s. 1970 m. Dr. med. Gudrun, geb. Mutschler, 2 Töcht. (Ulrike, Annette) - 1959 Med. Staatsex. München, Auslandsaufenthalte, Children's Hospital of Philadelphia (Prof. Henle) - 1963-72 wiss. Assist., dann Oberarzt Univ.-Kinder-Klinik Würzburg, 1972-76 Beirat klin. Med. Ruhr Univ. Bochum, 1977 o. Prof. f. Kinderheilkunde - BV: Probleme in d. Verhütung von Viruserkrankungen (m. Ströder, Henle, Lange); Antigeneigenschaften von Poliomyelitisviren, 1974; D. Atemnotsyndrom d. Neugeborenen, 1977; Anamneseerhebung u. Krankenuntersuchung (m.a.), 1979; Eichenwald/Ströder: Practical Pediatric Therapy (m.a.), 1985; Sitzmann: Kinderheilkunde (m.a.), 1987; Current Pediatric Therapy (co-ed.), 1989 - Liebh.: Klass. Musik, Lit. - Spr.: Engl., Franz.

MIETH, Dietmar
Dr. theol., o. Prof. f. theol. Ethik Univ. Tübingen (s. 1981) - Blumenstr. 3, 7401 Neustetten 1 (T. 07472 - 2 39 60) - Geb. 23. Dez. 1940, kath., verh. s. 1968 m. Irene, geb. Lehnert, 2 Kd. (Corinna, Dominik) - Stud. Theol., Phil., German., Staatsex. 1967 Würzburg; Promot. 1968 Würzburg; Habil. (Theol. Ethik) 1974 Tübingen - 1974-81 Prof. f. Moraltheol. Univ. Freiburg/Schweiz; 1978 Dir. Sekt. Moraltheol. Concilium - BV: u.a. D. Einheit v. vita activa u. vita contemplativa, 1969; Dichtung, Glaube u. Moral, 1976; Epik u. Ethik, 1976; Moral u. Erfahrung, 1977; Gotteserfahrung - Weltverantwortung, 1982; D. neuen Tugenden, 1984; Arbeit u. Menschenwürde, 1985; D. Spannungseinheit v. Theorie u. Praxis, 1986 - Spr.: Engl., Franz. - Lit.: W. Nethöfel, Moraltheol. n. d. Konzil (1987).

MIETH, Walter Heribert
Dr.-Ing., Geschäftsführer Gebr. Eickhoff Maschinenfabrik u. Eisengießerei mbH, Bochum - Meininghausstr. 2, 4600 Dortmund 1 - Geb. 6. April 1932 Dortmund, ev., verh. s. 1961 m. Dipl.-Kfm. Annemarie, geb. Eberhardt, 2 Kd. (Jan, Susanne) - Stud. Allg. Maschinenbau TH Hannover u. Wirtsch.wiss. Univ. Köln; Promot. 1968 Aachen.

MIETH, Wolfram
Dr. rer. pol., o. Prof. f. Volksw.slehre Univ. Regensburg (s. 1967) - Dahlienweg 14, 8400 Regensburg - Geb. 19. Jan. 1925 Lengefeld/Erzgeb. - Habil. 1965 Göttingen - Facharb.

MIETHING, Christoph
Dr. phil., Prof. Roman. Seminar Univ. Münster - Rumphorstweg 27, 4400 Münster (T. 0251 - 2 25 77) - Geb. 4. Jan.

1944 Luckau (Vater: Gerhard M.; Mutter: Ursula, geb. Ziegler), ev., verh. s. 1969, 2 Kd. - Stud. Roman., German. u. Phil. Univ. Freiburg u. Konstanz; Promot. 1973, Habil. 1981 - S. 1982 Prof. in Münster - BV: Marivaux, 1975 u. 1979; Saint-Sartre, 1983.

MIETHKE, Jürgen

Dr., Präsident Sparkassen- u. Giroverband f. Schlesw.-Holst., Kiel - Catharinenberg 36, 2302 Molfsee/Holst. (T. 04347 - 20 40) - Spr.: Engl. - Rotarier.

MIETHKE, Jürgen

Dr. phil., o. Prof. f. Mittelalterliche u. Neuere Gesch., Univ. Heidelberg - Veltenhofer Str. 23, 6900 Heidelberg (T. 06221 - 83 35 35) - Geb. 15. Juli 1938 Berlin (Vater: Eckhard M., Pfarrer; Mutter: Gerda, geb. Knobloch), ev., verh. s. 1967 m. Stud.R. Veronika, geb. v. Ditfurth, 3 Kd. (Wolf Eckhard, Agnes, Berthold) - Abit. 1957, Promot. 1967, Habil. FU Berlin 1970, Prof. FU Berlin - BV: Ockhams Weg z. Sozialphil., 1969; Acta Universitatis Heidelbergensis, Bd. 1 1986.

MIETZ, Georg-Wilhelm

Polizeihauptwachtmeister a. D., MdL Nordrhein-Westf. (s. 1975) - In der Brachbach 17, 5931 Netphen-Deuz (T. 02737 - 33 61) - Geb. 28. Febr. 1932 - CDU.

MIETZEL, Gerd

Dr. rer. nat., Prof. Univ. Duisburg - Lotharstr. 65, 4100 Duisburg 1 (T. 305 25 42) - Geb. 19. Febr. 1936 Lübeck (Vater: Hermann M., Kaufm.; Mutter: Else, geb. Bremer), ev., verh. s. 1966 m. Hannelore, geb. Weber, 3 Söhne (Jan, Kai-Thomas, Thorsten) - Stud. Erziehungswiss. u. Psychol.; 1. Lehrerprüf. 1960 Hamburg, Dipl.-Psych. (1962) u. Promot. (1965) Univ. Kiel - 1964-68 Päd. Assist. PH Braunschweig; 1968-70 Doz. PH Ruhr, Abt. Duisburg; s. 1970 o. Prof. PH Ruhr, jetzt Univ. Duisburg; s. 1984 Senior Lecturer Boston University - BV: D. Einstell. v. Abiturienten z. Volksschullehrerberuf, 1968; Päd. Psych., 1973 u. 1975 (Span. 1976); Beanspruch. v. Schülern, 1977; Wege in d. Psych., 1979 (Holl. 1988); Interpret. v. Leist., 1982; Kombinierter Schultest, 1973; Psychologie in Unterricht u. Erziehung, 1986; Wege in d. Entwicklungspsychologie. Kindheit u. Jugend, 1989 - Spr.: Engl.

MIHALY, Jo

Schriftstellerin (eigentl. Elfriede Steckel) - Via Baraggie 11, CH-6612 Ascona (Schweiz) (T. 093-35 43 06) - Geb. 25. April 1902 Schneidemühl/Posen (Vater: Richard Kuhr, Arch.; Mutter: Margarete, geb. Golz), kath., verh. s. 1927 m. Leonard S. (Schausp. u. Regiss.), gesch., Tocht. Anja - Lyzeum Schneidemühl; 1920-25 Ballett- u. Tanzunterr. Berlin - Zirkus, Varieté, Cabaret, Theater, Solotanzabende m. eig. Programm, Konzertbühnen. Neugründerin 1945 Schutzverb. dt. Schriftst. in d. Schweiz (SDS) Zürich; 1943 Mitbegr. Kulturgem. d. Emigranten Zürich; 1945-49 Gründ. Fr. Dt. Kulturges. Frankfurt/M.; 1945-46 Mitgl. Stadtkommiss. Frankfurt/M.; 1946 Mitgl. Vorbereitender Landesaussch. Wiesbaden - BV: Ballade v. Elend, 1929; Kasperltheater, Gesch. f. Kd., 1929; Michael Arpad u. s. Kind, Jugendr. 1930; Hüter d. Bruders, R. 1939; Wir verstummen nicht!, Ged. 1945; D. Steine, Emigrationsr. 1946; D. Leben ist hart, Erz. 1954; D. weiße Zug, Erz. 1957; V. Tier u. Mensch, Anthol. 1961; Gib mir noch Zeit zu lieben, Weihnachtserz. 1970; Was d. alte Anna Petrowna erzählt, Erz. 1971; D. verzauberte Hase, Erz. 1973; Gesucht: Stephan Varesku, R. 1971 (niederl., schwed., dän., poln., tschech. Übers.); E. Handvoll Vertrauen, Sch. 1935; Stellt ihn in d. Ecke, Hörsp., 1970; E. Tageb. auf grobem Papier, Hörsp. 1968; Vierzig Soldaten, Hörsp. 1965; Bedenke, Mensch, Epos 1973; Fremder, kommst du nach Neufahrn, Erz. 1977; ... da gibt's e. Wiedersehn!, Kriegstageb. e. Mädchens 1914-18, 1982; Drei Weihnachtserz., 1984. Presseartikel; Vorträge; Werkauszüge in dt. u. schweiz. Schulleseb. u. Anthol. - 1948, 58, 60 Ehrenpreise a. d. Literaturkredit Zürich; Ehrengabe Lit.-kred. SDR; 1966 Story-Wettbewerb Paul List Verlag; 1980 Ehrengabe Ascona Culturale - Bek. Vorf.: Bruno Golz, Verf. Kulturhist. u. phil. Schr. (Onkel); Margarete Kuhr-Golz, Jugendb., Musikwiss. (Mutter).

MIHM, Arend

Dr. phil., o. Prof. f. Germanistik Univ. Duisburg - Walramsweg 6, 4100 Duisburg 1 - Geb. 18. Dez. 1936 Weimar (Vater: Wilhelm M.; Mutter: Käthe, geb. Sievers), ev., verh. s. 1963 m. Dipl.-Hdl. Margret, geb. Nierste, 3 Kd. (Asmus, Olaf, Dörte) - 1959-63 Univ. München, Köln u. Hamburg (Promot. 1964) - 1964-69 Univ. Hamburg; 1972/73 Indiana Univ./USA; s. 1970 Univ. Duisburg - BV: Aus d. Frühzeit d. weltl. Rede, 1965; Überlief. u. Verbreit. d. Märendicht., 1967; Linguist. Beschreib. d. Verfremdungseffektes, 1972; Sprachstatist. Kriterien z. Tauglichk. v. Leseb., 1973; Soz. sprachvarietäten am Niederrh., 1979; D. Chronik d. Johann Wassenberch, 1980; Z. Entst. neuer Sprachvarietäten, 1982; Linguist. Empirie u. kausale Interpretat., 1983; Dialekte in d. Industriezone, 1984.

MIHR, Karl-Heinz

Betriebsratsvorsitzender, Mitgl. Europ. Parlament (I. Wahlp.) - Schweriner Weg 4, 3505 Gudenberg/Hessen - SPD.

MIKAT, Paul

Dr. jur., Dr. h.c., mult. Prof., Minister a. D., MdB (1969-87), Senator h. c., Präs. Görres-Ges. z. Pflege d. Wiss. (s. 1967), o. Mitgl. d. Rhein. Westf. Akad. d. Wissenschaften u. d. österr. Akad. d. Wiss. - Erich-Hoepner-Str. 21, 4000 Düsseldorf - Geb. 10. Dez. 1924 Scherfede/W. (Vater: Leo M., Krupp-Angest.; Mutter: Maria, geb. Tölle), kath., verh. s. 1954 m. Edith, geb. Hintzen, 3 Töcht. (Marianne, Barbara, Annette) - Schulen Essen (Reifeprüf. n. Abendkursen); Lehr- u. Praktikantenzeit Krupp; n. 1945 Univ. Bonn (Theol., Kunstgesch., German., Gesch., Rechtswiss.). Beide Theologieex.; I. jurist. Staatsprüf. 1953; Promot. 1954; Habil. 1956, alles Bonn - 1942-45 Kriegsmarine (zul. Ltn.); 1951-54 Schuldst. Bonn; 1954-57 Justizvorbereitungsdst. OLG-Bezirk Köln; s. 1957 o. Prof. Univ. Würzburg u. Bochum (1965; Dt. Rechtsgesch., Kirchen-, Bürgerl. u. Handelsrecht); 1962-66 (Sturz Kabinett Meyers) Kultusmin. Nordrh.-Westf. 1963/64 Präs. Ständ. Konfz. d. Kultusmin. d. Länder d. BRD. 1966-69 MdL NRW. 1969-87 MdB. CDU s. 1945 (1966 Mitgl. Bundesvorst. u. s. 1969 Fraktionsvorst. CDU/CSU Bundestagsfrakt.), 1987 Vors. d. Kommiss. Montanregionen d. Landes NRW - BV: u. a. Kirchen u. Religionsgemeinsch., 1960; D. Verhältnis v. Kirche u. Staat in d. BRD, 1964; Aufgaben mod. Kulturpolitik, 1964; Scheidungsrechtsreform in e. pluralist. Ges., 1970; Z. rechtl. Bedeutung religiöser Interessen, 1973; Religionsrechtl. Schriften, 2 Bde. 1974; Dotierte Ehe - rechte Ehe, 1978; Kirche u. Staat in d. neueren Entwicklung, 1980; Rechtsprobleme d. Schlüsselgewalt, 1981; Geschichte, Recht, Religion, Politik, 2 Bde. 1984. Zahlr. Einzelveröff. - 1965 Narrenorden Wider d. tier. Ernst Aachener Karnevalsverein; 1969 Gr. BVK m. Stern u. Schulterbd.; mehrere ausländ. Gr. Kreuze - Spr.: Engl., Franz., Ital. - Rotarier.

MIKI, Mie

Dozentin f. klass. Akkordeon Folkwanghochsch. Essen, Abt. Duisburg - Zu erreichen üb. Konzertbüro Andreas Braun, Lindenthalgürtel 1 a, 5000 Köln 41 (T. 0221 - 43 13 37) - Geb. 15. Sept. 1956 Tokyo/Japan, verh. m. Georg Friedrich Schenck - Zahlr. Schallplattenaufn. (u.a. Mie Miki spielt Domenico Scarlatti) - Ehrendoz. Staatl. Musikkonservat. Tianjin/V.R. China - Spr.: Jap., Deutsch.

MIKULICZ, Hilde

Schauspielerin - 8131 Sibichhausen - (Vater: Prof. Dr. med. h. c. Felix von Mikulicz-Radecki, zul. Ord. f. Geburtshilfe u. Gynäkologie Freie Univ. Berlin †1966 (s. XIV. Ausg.); Mutter: Käthe, geb. Finzenhagen) - N. Abitur Reinhardt-Sem. Wien - Bühnen Wien (Burgtheater), Berlin (Schiller-Theater, Fr. Volksbühne), Düsseldorf, Zürich, Köln, Darmstadt, Stuttgart, München u. a. Festsp. Salzburg, Recklinghausen, Bad Hersfeld. Rundfunk u. Fernsehen - Spr.: Engl., Franz., Ital.

MIKURA, Gertrud

Prof., Schriftstellerin (Ps.: Vera Ferra-Mikura) - Geblergasse 44, A 1170 Wien - Geb. 14. Febr. 1923 Wien (Vater: Raimund U., Kaufm.; Mutter: Maria, geb. Fleischl), verh. s. 1948 m. Ludwig M. (b. Ruhest. Mitgl. Wiener Staatsopernballett), 2 Kd. (Elisabeth, Ludwig) - Laufmädel, Stenotypistin, Redaktionssekr., Verlagslektorin, fr. Schriftst. - BV: D. Sackgasse, R. 1948; Melodie am Morgen, Ged. 1948. Üb. 40 Kinderb. - 1951 Förd.spreis Stadt Wien f. Lit. u. Lyrikpreis Theater d. Jugend, 1956 Förd.preis Theodor-Körner-Stiftg. u. Jugendbuchpreis Stadt Wien, 1962, 63, 64, 71, 73 österr. Staatspreis f. Kleinkinderlit., 1962, 63, 64, 69, 70, 73 u. 83 Kinderbuchpreis Stadt Wien, 1964 staatl. Förd.spreis f. Hörsp.; 1983 Staatl. Würdigungspr. f. Jugendlit., Titel Prof.; 1984 staatl. Kinderb.Preis; Mitgl. Österr. PEN-Club - Liebh.: Musik.

MIKUS, Werner

Dr. rer. nat., Prof. Univ. Heidelberg - Adalbert-Stifter-Str. 10, 6903 Neckargemünd (T. 06223 - 68 44) - Geb. 19. Nov. 1937 Lorenzdorf (Vater: Johann M.; Mutter: Paula, geb. Winnefeld), kath., verh. s. 1967 m. Gerhild Claudia, geb. Wenzel, S. Roman - 1959-66 Stud. Univ. Marburg, Zürich u. Freiburg (Promot. 1966); Habil. 1972 Bochum - 1973 Prof. Univ. Heidelberg - BV: D. Auswirk. e. Eisenbahnknotenpunktes auf d. geogr. Struktur e. Siedl., 1966; D. Auswirk. d. Agrarplan. nach 1945 auf d. Agrar- u. Siedlungsstruktur d. Raumes Westf., 1967; Verkehrszellen. Beitr. z. verkehrsräuml. Glieder. am Beisp. d. Güterverkehrs d. Großind. ausgew. EG-Länder, 1974; Industriegeogr., 1978; Ind. Verbundsyst., 1979; Peru: Raumstrukturen u. Entwicklungen in e. Andenland, 1988. Herausg.: Struktur- u. Entwicklungsprobleme d. Industrie Perus (1985); D. Praxisbezug d. Entwicklungsländerforschung - Grundsätze u. Beispiele aus Asien, Afrika u. Lateinamerika (1988) - Spr.: Ital., Span., Engl., Franz.

MILBRADT, Georg

Dr. rer. pol., apl. Prof. f. Volkswirtschaftslehre, Stadtkämmerer - Hegerskamp 96, 4400 Münster (T. 0251 - 31 55 43) - Geb. 23. Febr. 1945 Eslohe, kath., verh. s. 1975 m. Angelika Meeth, 2 Kd. - Stud. Volksw. Univ. Münster (Dipl. 1968, Promot. 1973, Habil. 1980) - 1973-80 Wiss. Assist. Univ. Münster; 1981-83 Lehrstuhlvertr. Univ. Mainz. 1983ff. Stadtkämmerer Münster - BV: Ziele u. Strategien d. Debt Management, 1975; Probl. d. Indexierung volkswirtschaftl. wichtiger Größen, 1982.

MILCHERT, Petra

Schauspielerin, Sängerin - Stofferkamp 37b, 2000 Hamburg 65 - Geb. 24. Nov. 1957 Hamburg (Vater: Joachim M., Makler; Mutter: Irma, geb. Kaufmann), ev. - Gymn. Hamburg u. München; Staatsoper Hamburg (Ballettausbild.) - Schausp. Bühne, Film, Fernsehen (auch Derrick) - Liebh.: Reisen, Kochen, Segeln - Spr.: Engl., Franz.

MILDE, Gerald

Dr. rer. nat., habil., Dipl.-Geol., Prof. f. Hydrogeologie, Prof. u. Dir. im Bundesgesundheitsamt - Zu erreichen üb. Institut für Wasser-, Boden- u. Lufthygiene Bundesgesundheitsamt, Corrensplatz 1, 1000 Berlin 33 (T. 030 - 83 08 23 37) - Geb. 29. Dez. 1932 Breslau (Vater: Max M., Zollbeamter; Mutter: Charlotte, geb. Wilde), kath., verh. s. 1960 m. Dr. habil. Karin, geb. Darmer - Dipl.-Geol. 1956, Promot. 1960, Habil. 1966 Bergakad. Freiberg/Sa. - 1956-60 wiss. Aspirant Geol. Inst. Bergakad. Freiberg; 1960-62 wiss. Arbeitsleit. Dt. Akad. d. Wiss. (Prakt. Geophysik) Freiberg; 1962-66 wiss. Mitarb. Dt. Brennstoffinst. Freiberg; 1967-75 o. Prof. f. Hydrogeol. Bergakad. Freiberg; 1976-79 Chefgeol. Consultingber. Rhein. Braunkohlenw. AG, Köln; ab 1979 Abt.-Leit. Bodenhygiene, Hygiene d. Wassergewinn. Inst. f. Wasser-, Boden- u. Lufthygiene Bundesgesundheitsamt. Üb. 190 Facharb., 13 Monogr. z. Hydrogeol. - Honorarprof. Univ. Bonn.

MILDE, Gottfried

Rechtsanwalt, Hess. Minister d. Innern (s. 1987), MdL Hessen (s. 1966; 1974 Fraktionsvors.) - Beethovenstr. 34, 6103 Griesheim (T. 26 20) - Geb. 14. April 1934 Breslau - 1940-44 Volterssch. Breslau, 1946-53 Gymn. Schweinfurt; 1953-56 und 1958-59 Stud. Rechtswiss. Jurist. Staatsprüf. 1959 (Würzburg) u. 1963 (Darmstadt) - 1956-58 kaufm. Angest. (z. Finanzierung d. Reststud.); 1964-66 Staatsanw., s. 1973 Rechtsanwalt. CDU s. 1961 (stv. Landesvors.).

MILDE, Horst G. E.

Oberbürgermeister Stadt Oldenburg (s. 1986), Vors. d. Arbeitsgemeinsch. niederS. Oberbürgerm. im Nieders. Städtetag (s. 1987), Mitgl. d. Finanzausschusses d. Dt. Städtetages, Verwaltungspräs. a. D. Nieders. Verwaltungsbez. Oldenburg, MdL Nieders. - Wilhelm-Nieberg-Str. 9, 2900 Oldenburg - Geb. 6. April 1933 Breslau (Vater: Karl M.; Mutter: Marta, geb. Fuhrmann), ev., verh. m. Brigitte, geb. Ladewig, 3 Kd. (Stefanie, Mathias, Kristiane) - Gymn. Breslau u. Leer - 1951-67 städt. Beamter Leer, 1965-68 stv. Landrat Kr. Leer, 1968-73 Bürgerm. Leer. 1967-73 MdL Nieders. (1970-73 stv. Fraktionsvors.). SPD (stv. Vors. Bezirksvorst. Weser-Ems, Mitgl. d. geschäftsf. Bundesvorst. d. Sozialdemokr. Gemeinsch. f. Kommunalpolitik, Bonn).

MILDE, Wolfgang

Dr. phil., Prof., Leit. Handschriftensammlung Herzog August Bibl. Wolfenbüttel (s. 1968) - Zur Altenau 17, 3340 Wolfenbüttel - Geb. 3. Juli 1934 Allenstein, ev., verh., 1 Sohn - Stud. Univ. Jena Berlin, Frankfurt/M. (German., ev. Theol., Bibl.-wiss.); Promot. 1966 Berlin - 1986 Prof. FU Berlin - BV: D. Bibliothekskat. d. Klosters Murbach, 1968; Mittelalterl. Handschr. d. Herzog August Bibl., 1972; Gesamtverz. d. Lessing-Handschr., 1982ff. Herausg.: Stud. z. Bibliotheksgesch. (1973ff.); zahlr. Aufs. in Fachztschr. (Lessing Yearbook, Scriptorium, Wolfenbütteler Beitr., Codices Manuscripti, Braunschweig. Jahrb., Börsenbl. f. d. dt. Buchhandel, Gutenberg Jahrb., u. a.) - Liebh.: Wandern, Reisen - Spr.: Engl.

MILDENBERGER, Friedrich

Dr. theol., o. Prof. f. Syst. Theologie - Universität, 8520 Erlangen - Geb. 28. Febr. 1929 - Promot. 1962; Habil. 1964 - S. 1964 Lehrtätigk. Univ. Tübingen u. Erlangen (1970 Ord.). Bücher u. Aufs.

MILDENBERGER, Gerhard

Dr. phil., em. o. Prof. f. Ur- u. Frühgeschichte - Am Göpel 6, 4630 Bochum 1 (T. 47 04 92) - Geb. 26. April 1915 Naumburg/S., verh., 1 Kd. - Univ. Göttingen, Königsberg, Halle (Ur- u. Frühgesch., Gesch., Geogr., Völkerkd.). Promot. 1939 Halle; Habil. 1951 Leipzig - 1939-45 Kriegsdst.; s. 1951 Lehrtätigk. Univ. Leipzig (1954 Prof. m. Lehrauftr.), Marburg (1960 apl. Prof.), Bochum (1965 Ord.) - BV: Sozial- u. Kulturgesch. d. Germanen, 1972. Einzelarb. - 1966 o. Mitgl. Dt. Archäol. Inst. u. 1975 J.-G.-Herder-Forschungsrat.

MILDENBERGER, Wolfgang

Dr. phil., Schriftsteller - Wiesliacher 9, CH-8053 Zürich (T. 01 - 53 57 44) - Geb. 14. Jan. 1923 Freiburg/Br., kath., verh. s. 1958 m. Ingeborg, geb. Mieth, T. Angelika - Stud. German. u. Roman.; Promot. 1951 Freiburg/Br. - BV: Drei Fetzen blauer Himmel, 1970; Herrscher im härenen Hemd (Kaiser Heinrich IV.), 1974; Heute u. ehedem, 1987; Flucht z. reinen Wasser, 1989 - 1988 BVK I. Kl. - Liebh.: Reisen - Spr.: Engl., Franz., Ital., Span., Portug., Niederl.

MILDNER, Poldi

Pianistin - Zul. 6000 Frankfurt/M. - Geb. 1915 Wien, kath. - Ausbild. m. 9 J. begonnen; Stud. Leipziger Konservatorium u.a.m. R. Teichmüller, M. Rosenthal, A. Schnabel u. 2. u. 3. Konzert m. Rachmaninoff selbst (Abschl.) - Mit 12 Jahren Debut Wiener Symphoniker, Konzertkarriere als Solistin europ. u. übersee. bedeut. Orchester, u. a. Berliner Philharm., Leipz. Gewandhausorch., Amsterdam Concertgebow, New York Philharmonic - Repert.: Bach b. Moderne - Lit.: David Ewen, Living Musicians; Riemann, Musik-Lexicon; Meyers Handb. üb. d. Musik; u. a.

MILEWSKI, Peter

Dr. med., Prof., Chefarzt Inst. f. Anaesthesiol., operative Intensivmed. u. Schmerztherapie Klinik am Eichert, Göppingen, Akad. Lehrkrankenhaus Univ. Ulm - Robert-Mayer-Weg 13, 7320 Göppingen (T. 07161 - 6 82 02) - Geb. 15. April 1939.

MILFELD, Werner F. W.

Hotelkaufmann, Direktor Gulf Hotel, Doha, State of Qatar, Arabian Gulf (s. 1978) - Angermunder Str. Nr. 113, 4000 Düsseldorf 31 (T. 0203 - 7 48 50) - Geb. 20. Juli 1923 Duisburg (Vater: Fritz Milfeld (†), Polizei-Offz.; Mutter: Berta, geb. Kroll), ev., verh. in 2. Ehe s. 1969 m. Marie Therese, geb. Duschitz - Prinz-Georg-Gymn., Düsseldorf, Abitur 1942 - Kriegsdienst, Flieger-Offz., Hotellaufbahn - 1957 b. 1970 Inter-Continental Hotels Corp., New York, u. a. Hoteldir. Mexico-City, Bali, Djakarta, Lusaka, Livingstone; 1971-75 Hotel Consultant (Planung, Bau, Einrichtung, Leitung); 1975-76 Dir. Hotel Dusit Thani, Bangkok, Thailand; Mitgl. versch. nationaler u. intern. Organisationen u. Verbände, u. a. International Hotel Association, Paris - Liebh.: Reiten, Golf, Tennis, Geschichte, Geo-Politik, Militär-Wissensch. - Spr.: Engl., Franz., Span.

MILHOFFER, Petra

Dr. rer. pol., Prof. Univ. Bremen - An der Kämenade 23b, 2800 Bremen 44 - Geb. 9. Juni 1946 Bad Homburg (Vater: Hans M., Ing.; Mutter: Melitta, geb. Schaldt) - Stud. Soziol. Univ. Frankfurt u. Berlin; Dipl. 1971 (Soziol., Phil.) Univ. Frankfurt; Promot. 1973 Berlin (Soziol., Psych., Päd., Politik, Ökon.) - Lehraufträge PH Berlin, Univ. Bremen, s. 1974 Prof. f. Erz. u. Gesellsch.wiss. m. d. Schwerp. Sozialisation u. politische Bildung im Elementar- u. Primarbereich Univ. Bremen - BV: Familie u. Klasse, Monogr. (dän.) 1973; Familiensoziol. Einf. Aufsatzsamml. (Hg. m. D. Claessens), 5. A. 1973; E. Reader als Einf., 1973, 5. A. 1980; div. Aufs. z. Grundschulpäd., Sozialisation, Frauenrolle. Sex.erziehung zw. Elternh. u. Grundsch. (Hg.), 1988 - Interessen: Frauenbeweg., Geschlechtsrollen, Bibliothekspäd. in d. Grundschule, Schulmodelle, Sexualpäd., Mozart - Spr.: Engl., Franz.

MILICH, Günter

Dr. rer. pol., Direktor i. R. - Am Weissen Berg 7, 6242 Kronberg 3 (Ts.) (T. 67 0 39) - Geb. 29. März 1911 Berlin, ev., verh. s. 1941 m. Ingeborg, geb. Schulz - Univ. Marburg u. Berlin (Wirtschafts- u. Staatswiss., Phil., Gesch.), Dipl.-Volksw. 1934; Promot. 1936 - S. 1937 AEG (1957 Generalbevollm., 1974 Ruhest.) - 1969 Gr. BVK; Gold. Ehrenplakette Zentralverb. d. Elektrotechn. Ind. - Spr.: Engl. - Rotarier.

MILJAKOVIĆ, Olivera

Kammersängerin, Opernsängerin, Solistin Wiener Staatsoper - Neulinggasse 37, A-1030 Wien - Geb. 26. April 1939 Belgrad, orth., gesch., T. Claudia - Realgymn. Belgrad; 1960 Hochsch. f. Musik Belgrad; Stud. Kunst Gesch. (nicht abgeschl.); 1960 Opernhaus Belgrad; s. 1962 Solistin Wiener Staatsoper; Gastsp. in Europa, USA, Südamerika, Japan; Festspiele in Salzburg, Bayreuth, Dubrovnik - Rollen: u.a. Susanna, Zerlina, Despiena, Cherubisso, Blondchen, Ilie, Pamina, Papagena (Mozart) - 1984 Kammersängertitel - Liebh.: Kunstgesch., Philos., Sport - Spr.: Franz., Jugosl., Ital., Russ., Engl., Dt.

MILL, Edith

Schauspielerin - Zul. zu erreichen üb.: Agentur Elborg, Zentnerstr. 26, 8000 München 13 - Geb. 16. Aug. Wien, kath., verh. m. d. Filmproduzenten Richard König (†), 1 Kd. - Reinhardt-Sem. Wien - Burgtheat. Wien. Filme: u. a. 2 Menschen, Geliebtes Frl. Doktor, Heiße Ernte, Auferstehung.

MILLAU, Klaus

s. Haft, Fritjof

MILLER, Franz R.

Komponist, Schriftsteller, Chefredakteur - Gossenbrotstr. 6, 8900 Augsburg (T. 0821 - 52 99 81) - Geb. 7. Mai 1926 Augsburg, kath. - Staatsprüf. (Kompos./Dirigieren) Augsburg-München - 1956-76 Schulmusikerzieher; s. 1976 Chefredakt. Ztschr. Lied u. Chor, Ebbes d. Bez. Schwaben; Bundeschorleit. d. Dt. Sängerbundes; Vors. Musikkomm. d. Europ. Chorverb. u. d. Alpenländ. Chorverb. - BV: Einbruch in d. Pose, 1979; Begegnungen, 1980; Heilignacht-Gesch., 1981; D. Ottobeurer Schöpfung, 1982; D. Lech u. seine Abenteuer, 1986; Bewegtes Leben, 1987 - 1986 BVK I. Kl.; 1986 Gold. Verdienstmed. Med. Bayer. Rundf. - Spr. Engl., Franz., Ital. - Lit.: Joseph O. Zöller Wichtiger als Karajan; Hans-Elmar Bach, Chorgesang im Wandel.

MILLER, Frieder

Dipl.-Verwaltungswirt (FH), Oberregierungsrat PH Ludwigsburg, Ltd. Verw.-Beamter Ludwigsburg - Tulpenweg 7, 7403 Ammerbuch (T. 07073 - 74 25) - Geb. 11. Jan. 1936 Oberndorf/Neckar, ev., verh. s. 1961 m. Brigitte Obrig, 3 Kd. (Martin, Barbara, Matthias) - Ausb. f. d. geh. württ. Verwaltungsdst., Dipl.-Verw.-Wirt (FH) 1960 Stuttgart - 1961-72 Bürgerm. Pfäffingen Kreis Tübingen; 1980-84 Vorstandsmitgl. Volksbank Ammerbuch - Liebh.: Landeskunde, Familienforsch., Klass. Musik (Chorsänger) - Spr.: Franz.

MILLER, Fritz

Dr. med., o. Prof. f. Zellbiologie - Zul.8000 München 80 - Geb. 22. Okt. 1913 Innsbruck - S. 1950 (Habil.) Lehrtätigk. Univ. Innsbruck (1957 Prof.), New York/Rockefeller (1959-61), Univ. of California, San Francisco (1969 b. 1970), München (1961 ao., 1967 o. Prof.). Fachveröff.

MILLER, Hermann

Vorstandsmitglied Ford-Werke AG., Köln (s. 1967) - Rautenstrauchstr. 65, 5000 Köln 41 - Geb. 13. März 1913 Mannheim.

MILLER, Hubert

Dr. rer. nat., Dipl.-Geol., o. Prof. f. Geologie Univ. München (s. 1986) - Am Waldhang 3, 8031 Gilching - Geb. 3. April 1936 München (Vater: Dr. med. vet. Maximilian M., Reg.vet.dir.; Mutter: Sophie, geb. Specht), kath., verh. s. 1962 m. Gabriele, geb. Weigl, 5 Kd. (Adelheid, Raimund, Christoph, Wolfgang, Stephan) - Dipl.ex. 1960; Promot. 1962; Habil. 1968 - 1963-65 Prof. Univ. de Chile, Santiago, 1966-71 Wiss. Assist u. Doz. Univ. München, 1971-73 Prof. Univ. Austral, Valdivia/Chile, 1973-86 Prof. Univ. Münster. 90 Fachveröff. - Liebh.: Bergsteigen, Musik - Spr.: Span., Engl., Ital., Franz.

MILLER, Johannes

Dr. rer. pol., gf. Gesellschafter Milcell Arzneimittel Dr. Miller GmbH + Co. - Ballindamm 11, 2000 Hamburg (T. 328 11 20); priv.: Grote String 22, 2000 Hamburg 65 (T. 608 09 12) - Geb. 21. April 1927 Hamburg (Vater: Dr. Josef M., Tierarzt; Mutter: Helene, geb. Hoffmann), kath., verh. s. 1964 m. Renate, geb. Sander, 3 Kd. (Marie-Hélène, Christoph Markus, Oliver Stephan) - Stud. Univ. Hamburg, HH St. Gallen/Schweiz (Lic. oec.), Univ. Fribourg/Schw. (Promot.) - 1962-63 Marketingdir. Uhrenfabr. Laco; 1964-74 Geschäftsf. Vorst. Dt. Juwelen Inst. (GDE), Hamburg; 1974-75 Gf. Präs. Diamantbörse Frankfurt; s. 1976 gf. Gesellsch. Milcell Arzneimittel (s.o.); 1981 Stellv. Vors. Dt. Zelltherapietag e. V. - Liebh.: Musik, Skifahren, Eislauf, Schwimmen - Spr.: Engl., Franz.

MILLER, Josef

Dipl.-Ing. agr., Ministerialrat a. D., Mitglied d. Bayer. Landtages (s. 1986) - Albert-Einstein-Str. 10 1/2, 8940 Memmingen - Geb. 12. Juli 1947 Oberschönegg, Landkr. Augsburg, kath., verh. s. 1976 m. Elisabeth, geb. Rattinger, 2 Kd. (Ulrich, Monika) - Lehre als Landwirt; Abit. 1969 Bayernkolleg Augsburg; Dipl.-Ing. agr. 1972 TU München; Staatsex. f. d. höh. landwirtschaftl. Staatsdst. 1974.

MILLIES, Andreas

Journalist, Chefredakt. petra - Sierichstr. 56, 2000 Hamburg 60 (T. 040 - 270 52 02) - Geb. 25. Mai 1944, ev., verh. m. Beatrix M., S. Maximilian.

MILLING, Peter

Dr. rer. pol. habil., Steuerberater, Prof. Univ. Osnabrück - Postf. 4469, 4500 Osnabrück (T. 0541 - 608-6164-66) - Geb. 7. Okt. 1944 Cottbus (Vater: Heinz M., Kaufm.; Mutter: Gerda, geb. Hübner), ev., verh. s. 1968 m. Christa, geb. Fleischmann, S. Michael - Univ. Mannheim (Dipl. 1970, Promot. 1972, Habil. 1979) - S. 1980 Prof. - BV: D. Grenzen d. Wachstums (Mitverf.), 1972; D. techn. Fortschritt b. Produktionsprozeß, 1974; Systemtheoret. Grundl. z. Plan. d. Unternehmenspolitik, 1981 - 1974 Preis Karin-Islinger-Stift.

MILLOWITSCH, Willy

Schauspieler u. Theaterleiter - Vinzenzallee 11, 5000 Köln 40 (T. Köln 25 28 75) - Geb. 8. Jan. 1909 Köln (Vater: Peter M.; Mutter: Käthe, geb. Plank, Wien), kath., verh. s. 1946 m. Gerda, geb. Feldhoff, 4 Kd. (Katarina, Peter, Susanne, Mariele) - Film, Fernsehen - Eigenes Theater in Köln, Aachener Str. 5.

MILTNER, Karl

Dr. jur., Oberregierungsrat, Regierungspräsident Karlsruhe (s. 1988), MdB (1969-88; Wahlkr. 185/Tauberbischofsheim; s. 1983 stv. Vors. CDU/CSU-Bundestagsfraktion) - Erlenweg 2, 7517 Waldbronn (T. 6 58 65) - Geb. 16. Juli 1929 Engen (Eltern: Dr. Karl (Bürgerm.) u. Katharina M.), kath., verh. s. 1959 m. Olga, geb. Dransfeld, T. Kathrin - Univ. Heidelberg (Rechtswiss.; Promot. 1957) - Tätigk. Landratsamt Tauberbischofsheim. CDU.

MILZ, Klaus

Dr. rer. pol., Dipl.-Ing., Prof., Vors. d. Geschäftsführung AEG Westinghouse Transport-Systeme GmbH, Berlin - Nonnendammallee 15-21, 1000 Berlin 20 - Geb. 23. Aug. 1938 Kaiserslautern (Vater: Johann M., Ing.) - TH Aachen u. TU Berlin (Vordipl. 1959 Aachen, Hauptdipl. 1962, Elektrotechnik u. Promot. 1970 Berlin) - 1963 Entw.- u. Projektierungsing. AEG-Berlin; s. 1977 Leit. Geschäftsber. Bahntechnik AEG Aktiengesellschaft. S. 1976 Lehrauftr. Elektr. Bahnen TU Berlin, s. 1982 Honorarprof. ebd. - Spr.: Engl., Franz.

MILZ, Peter

Landrat a. D., Stukkateurmeister, MdB (s. 1972; Wahlkr. 57/Bergheim) - Kölner Str. 30, 5376 Marmagen/Eifel (T. 02486-13 36) - Geb. 7. Dez. 1934 Mechernich/Eifel (Vater: Hubert M., Waldfacharb.; Mutter: Margareta, geb. Schröder), kath., verh. s. 1961 m. Ria, geb. Thurmüller, 4 Töcht. (Johanna, Margrit, Ursula, Ria) - Volkssch.; Stukkateurhandw. Meisterprüf. 1959 - S. 1960 Teilh. Fa. J. L. Thurmüller & Milz oHG. (Bau-, Stuckgeschäft, Fliesen- u. Gerüstbau; gegr. 1850), Marmagen. 1969-71 (kommunale Neugliederung) Landrat Kr. Schleiden. 1964ff. Mitgl. Gemeinderat Marmagen bzw. Nettersheim; 1964-69 MdK Schleiden bzw. Euskirchen; 1972-84 stv. Landrat Kreis Euskirchen; 1976-80 Mitgl. d. Berat. Vers. d. Europarates. CDU s. 1958 (1972 Kreisvors. Euskirchen) - Liebh.: Jagd.

MIMKES, Jürgen

Dr., Dipl.-Phys., Prof. f. Festkörperphysik - Univ.-GH Paderborn, Warburgerstr. 100, 4790 Paderborn - Geb. 10. Juli 1939 Berlin (Vater: Carl M., Dipl.-Ing.; Mutter: Ingeborg, geb. Baatz), verh. s. 1964 m. Petra, geb. Kahle, 4 Kd. - Univ. Göttingen, FU Berlin, TU Berlin u. Missouri-Rolla/USA, Habil. TU Berlin 1975 - S. 1976 Lehrst.vertr. TU Clausthal.

MINDT, Dieter

Dr. phil., Prof. f. Didaktik d. engl. Sprache u. Literatur - Ilsensteinweg 54, 1000 Berlin 38 - Geb. 24. Mai 1939 Berlin - BV: Strukt. Gramm., generat. Transformationsgrammatik u. engl. Schulgrammatik, 1971; Mod. Linguistik, 1975; Unterr.planung Engl. f. d. Sekundarstufe I, 1979; Sprache - Grammatik - Unterr.grammatik, 1987.

MINDT, Heinz R.

Dipl.-Ing. u. Psychologe, Wissenschaftspublizist (Pseud.: Felix R. Paturi) - Auheimer Str. 16, 6458 Rodenbach (T. 06184 - 5 23 80) - Geb. 3. Nov. 1940 Breslau (Vater: Ernst M., Obering. u. Kunstmaler; Mutter: Herta, geb. Höhn), verh. m. Ana Paula, geb. Cardoso - Univ. Stuttgart u. TH Darmstadt, Dipl. (Elektro- u. Informationstechn.) u. Hochsch.prüf. in Psych. 1964 - 1964-66 Erstell. v. EDV-Programmen f. Kernreaktoren u. Erarbeit. weltweiter Energiew.prognosen, b. 1972 Herausg. elektrotechn. Fachlit. (Meß- u. Regeltechn.), s. 1972 fr. Schriftsteller; s. 1985 wiss. Pressebeirat b. AA - BV: D. Rolltreppeneffekt, Satire 1972; Geniale Ingenieure d. Natur, 1974; Baumeister unserer Zukunft, 1975; Zeugen d. Vorzeit - A. d. Spuren europ. Vergangenheit, 1976; Natur erleben in Europa, 1978; Mit d. Rad durch zwei Jahrhunderte, 1979; Chaos oder Paradies, 1981; Unbekannter Nachbar Orient, 1982; Von d. Erde z. d. Sternen, 1983; D. Alpen, 1984; D. Wald, 1985; E. Jahrhundert Automobil, 1986; D. Geschichte v. Glas, 1986; Chronik d. Technik, 1988; u. a. Übers. in 13 Spr. Zahlr. Veröff. in Ztschr.; Fernsehberichte aus Forsch. u. Technik - 1982 Verdiensturkunde f. zeitgenöss. Lit. d. Accademia Italiana; Mitgl. Inst. Canarium u. d. Nippon Ayatori Kyokai - Interessengeb.: Botanik, Speläologie, Prähistorie, Wandern - Spr.: Engl., Franz.

MINETTI, Bernhard

Schauspieler (Mitgl. Städt. Bühnen Berlin u. Köln) - Hüningerstr. 20, 1000 Berlin 33 (T. 832 42 61) - Geb. 26. Jan. 1905 Kiel (Vater: Henry M., Architekt; Mutter: geb. Schauz), verh., 2 Kd. - Realgymn. Kiel; Univ. München u. Berlin; 1925-27 Staatl. Schauspielsch. Berlin - S. 1927 Bühnen Gera, Darmstadt (1928), Berlin (Staatstheater; 1930-45), Kiel (1946), Hamburg (Dt. Schauspielhaus; 1947-49), Frankfurt/M. (Schauspielhaus; 1951-56), Düsseldorf (Schauspielhaus; 1956-58). 1949-51 Gastsp. Hannover, Bochum, Essen, Aachen, Bonn; ab 1959 Staatl. Bühnen Berlin. Gastsp. Bochum, Wien, Paris, Venedig. Üb. 300 Bühnenrollen: Faust, Hamlet, Macbeth, Wallenstein, Brutus, Franz Moor, Geßler, Sigismund, Robespierre, Revisor, Misanthrop, Kaiser v. Amerika, Ottokar, Antrobus, Prospero, Edgar, Krapp, Caribaldi, Weltverbesserer (Th. Bernhard), Faust (Goethe), Lear (Shakespeare), Andreas Doria (Fiesko), Er (Einfach Kompliziert), Gaunt (Richard II.) - 1964 Kulturpreis Stadt Kiel, 1970 DGB-Kulturpreis 1971, 1973 Berliner Kunstpreis; 1965 Berliner Staatsschausp.; 1970 Ehrenmitgl. Schiller- u. Schloßpark-Theater Berlin; 1974 Kritikerpreis; 1978 Gr. BVK; 1979 Mitgl. Berliner Akad. d. Künste; 1980 Ernst Reuter Plak. in Silber (Senat Berlin); 1985 Ehrenmitgl. Fr. Volksbühne Berlin; 1985 Prof. h. c. (Senat Berlin); 1985 Premio Curcio (Roma) - Liebh.: Bild. Kunst - V. Jugend auf fußballbegeistert.

MINETTI, Hans

Dipl.-Ing., Dr.-Ing., Ehrenvorsitzender Dt. Beton-Verein, Wiesbaden, Ehrenmitgl. Forschungsges. f. d. Straßenwesen, Köln, Fédération Intern. de la Précontrainte, Paris - Jungfrauenthal 24, 2000 Hamburg 13 - Geb. 19. Juli 1898 Hamburg - TH Braunschweig - Tätigk. Dyckerhoff & Widmann, Held & Francke, Lenz-Bau AG. (1946-54 Vorstandsmitgl.) - 1966 Ehrensenator TU Berlin; 1964 Gr. BVK, 1969 Stern dazu - Liebh.: Reisen, Baukunst, Archäologie.

MINGERS, Annemarie

Dr. med., Prof. f. Kinderheilkunde Univ. Würzburg - Univ.-Kinderklinik, Josef-Schneider-Str. 2, 8700 Würzburg - Geb. 18. Aug. 1930 Dülmen - Univ. Düsseldorf (med. Staatsex. u. Promot. 1962), Habil. 1975 Univ. Würzburg - 1969 Fachärztin; 1975 Privatdoz. Würzburg; 1978 Oberärztin Univ.-Kinderkl. Würzb.; 1980 (C 3) Prof. ebd. Wiss. Publ. u. Vorträge z. Hämostaseol. Probl., Kindesmißhandl.

MINKE, Gernot

Dr.-Ing., Dipl.-Ing., Prof., Architekt - Am Wasserturm 1, 3500 Kassel (T. 88 30 50) - Geb. 8. April 1937 Rostock (Vater: Fritz M., Dipl.-Landw.; Mutter: Brunhilde, geb. Lehmann), ev., 2 Söhne (Sebastian, Stephanus) - Tellkampfsch. Hannover (Abitur 1957); Arch.stud. Hannover, Berlin; 1963 Dipl.ex.; Promot. 1969 - 1964-67 u. 1969-73 wiss. Mitarb. bzw. Doz. Univ. Stuttgart. S. 1967 Gastprof. Engl., Niederl., Mexiko, USA, Venezuela, Guatemala, Paraguay. 1971/72 Dir. Inst. f. Umweltplanung, Ulm, s. 1974 Prof. f. Tragkonstruktionen u. Experimentelles Bauen Gesamthochsch. Kassel, Ltr. Forschungslabor f. Experim. Bauen, s. 1979 Entwicklungsbüro f. ökolog. Bauen. Pat. üb. Leichtbaukonstr. - BV: Z. Effizienz von Tragwerken, 1970; Alternatives Bauen, 1980; Low-Cost-Bauen, 1980; Häuser m. grünem Pelz, 1982 (m. G. Witter); Lehmbauforschung, 1984. Herausg.: Schriftenreihe Bauen m. Lehm; Climatic Zones and Rural Housing in India (1988, m. N. K. Bansal). Üb. 150 Fachveröff. in in- u. ausl. Ztschr. - Spr.: Engl. - Lit. z. Person in Zodiac Nr. 22, Mailand 1974, S. 100–125.

MINKE, Hans-Ulrich

Dr. theol., Landespfarrer f. Diakonie, Direktor Diakon. Werk Oldenburg - Gottorpstr. 23, 2900 Oldenburg (T. 0441-2 10 01-11/12) - Geb. 24. Juni 1936 Liegnitz/Schlesien, ev., verh. s. 1966 m. Ruth, geb. Eurich - Abit. 1956; Stud. Bethel, Heidelberg, Hamburg; Promot. 1966 Hamburg - 1966-82 Pfarrer in Wilhelmshaven - Liebh.: Gesch., Studienreisen.

MINNIGERODE, Bernhard

Dr. med., Prof., Facharzt f. Hals-, Nasen- u. Ohrenkranheiten - Am Stadtwald 7, 4300 Essen 18 (Kettwig) - Geb. 11. Sept. 1923 Berlin - S. 1960 (Habil.) Lehrtätigk. Göttingen (apl. Prof. f. HNOheilkd.). Fachveröff.

MINNIGERODE, von, Gunther

Dr. rer. nat., o. Prof. f. Exp. Physik, Dir. I. Phys. Inst. Univ. Göttingen (s. 1973) - Hermann-Föge-Weg 10, 3400 Göttingen (T. 5 88 28) - Geb. 6. Okt. 1929 Osterode/Harz (Vater: Werner v. M., Forstmeister; Mutter: Margarete, geb. v. Drachenfels), ev. - Stud. Physik. Promot. (1959) u. Habil. (1966) Göttingen - Zul. Univ. Köln (Lehrstuhl f. Angew. Phys.; 1967-73). Spez. Arbeitsgeb.: Tieftemperatur u. Festkörperphysik - S. 1979 Mitgl. Akad. d. Wiss. Göttingen - Spr.: Engl.

MINTZEL, Johann Albrecht (Alf)

Dr. phil. habil., Dipl.-Soziologe, Univ.-Prof., Ord. f. Soziologie Univ. Passau (Ps. Alf Mintzel) - Adalbert-Stifter-Str. 8, 8390 Passau (T. 0851 - 5 81 63) - Geb. 18. April 1935 Augsburg (Vater: Kurt M., Ltd. Reg.dir.; Mutter: Käthe, geb. Pöller), verh. s. 1964 m. Inge Lu, geb. Schaltenbrand, 3 Töcht. (Anne Katharina, Theresa Florentine, Caroline Isa-

bel) - 1955-57 Stud. Fr. Malerei u. Graphik; 1959-72 Stud. Jura, Soziol., Psych., Politik u. Gesch.; Dipl.-Soziol. 1967; Promot. 1974; Habil. 1978 FU Berlin - 1967-74 wiss. Assist.; 1974-81 Assist.-Prof.; s. 1981 o. Prof. - BV: Berlin - Hauptstadtanspruch u. Westintegration (m.a.), 1967; D. CSU. Anatomie e. konservativen Partei, 1975, 2. A. 1978; Gesch. d. CSU, 1977; D. Stadt Hof in d. Pressegesch. d. 16., 17. u. 18. Jh., 1979; D. Volkspartei, 1984; Es ist noch Zeit genug, Bilder u. Ged. (m. Inge Lu Mintzel), 1989 - Liebh.: Malerei, Zeichnen, Gesch. d. Pressewesens, Naturgesch. d. Menschen - Spr.: Engl.

MIRA, Brigitte

Schauspielerin - 1000 Berlin - Geb. 20. April 1916 Hamburg, verh. (in 5. Ehe) - Soubrette, Tänzerin, Chargendarst., Charakterschausp. b. Faßbinder. RIAS-Serie: D. Insulaner. Fernsehen (u. a. Berlin Alexanderpl., 1980); Film (1973 ff. Angst essen Seele auf, Mutter Küsters Fahrt z. Himmel, Jeder f. sich selbst u. Gott gegen alle) - 1974 Dt. Filmpreis (Putzfrau, in: Angst . . .).

MIROW, Jürgen

Dr. jur., Chefsyndikus i.R. Allianz Versicherungs AG - Luisenweg 13, 8011 Grasbrunn 1 - Geb. 10. April 1922 Kiel (Vater: Georg M.; Mutter: Frieda, geb. Bulling), verh. s. 1950 m. Gertrud, geb. Stahmer, 2 Kd. (Cornelia, Oliver).

MIROW, Thomas

Dr., selbst. Political Consultant (s. 1988) - Böttgerstr. 15, 2000 Hamburg 13 (T. 41 78 81) - Geb. 6. Jan. 1953 - Büroleit. Willy Brandt (1979-83); Pressechef Fr. u. Hansestadt Hamburg (1983-87); Mitgl. ZDF-Fernsehrat.

MIRWALD, Walter

Journalist, Pressesprecher Dt. Sportbund - Otto-Fleck-Schneise 12, 6000 Frankfurt 71 (T. 069 - 67 00-2 28) - Geb. 2. Juli 1949 Sulzbach.

MISCH, Dieter Wolfgang

Dr. rer. pol., Dipl.-Kfm., Dipl.-Volksw., Hauptgeschäftsführer BSI - Stresemannstr. 30, 5205 St. Augustin 3 (T. 02241 - 31 23 54) - Geb. 19. Aug. 1933 Breslau, ev., verh. s. 1961 m. Margot, geb. Suffrian, 3 Kd. (Klaus-Dieter, Susanne-Martina, Rolf-Peter) - Stud. Univ. Köln (1956 Dipl.-Kfm.), Univ. Bonn (1959 Dipl.-Volksw.), Univ. Köln (1964 Dr. rer. pol.) - 1959-65 Bundesstelle f. Außenhandelsinformation Köln, 1966-69 BDI Köln, s. 1969 Bundesverb. Dt. Spirituosen-Ind. (BSI) Bonn - BV: D. wirtschaftl. Neutralismus, 1964 - Liebh.: Auslandsreisen, Tanzmusik, Skisport - Spr.: Engl., Franz., Ital.

MISCH, Gerda,
geb. Lachmund

Realschulrektorin i. R., MdA Berlin (s. 1975) - Petunienweg 133, 1000 Berlin 47 - Geb. 3. Juni 1920 Berlin, verh., 1 Kd. - SPD.

MISCHEL, Werner

Dr. med., Chefarzt Frauenklinik Oldbg. Landeskrankenhaus, Sanderbusch (s. 1965) - 2945 Sanderbusch/O. (T. Sande 8 12 35) - Geb. 3. Juni 1919 Leipzig (Vater: Otto M., Kaufm.; Mutter: Margaretha, geb. Rennschuh), ev., verh. s. 1946 m. Dr. med. Annelies, geb. Pürsten, 3 Kd. (Matthias, Maja, Markus) - Nicolai-Gymn. u. Univ. Leipzig (1942 b. 1948). Promot. 1948 Leipzig; Habil. 1957 ebd., umhabil. 1958 Hamburg - S. 1957 Lehrtätigk. Univ. Leipzig (zul. Oberarzt Frauenklin.) u. Hamburg (1958; Privatdoz.); 1961-65 Oberarzt Frauenklin. Hamburg (Bülowstr.). Schriftf. Hbg. Geburtshilfl. Ges. (1961/62), Nordwestd. Ges. f. Gynäk. (1962/63), Ärztl. Verein Hamburg (1964). Buchbeitr.: Papierelektrophorese in d. Geburtshilfe u. Gynäk. (A. Dittmer, Papierelektrophorese, 1961; Jena), Physiol. u. Pathol. d. Laktation, Mastitis (A. Schwalm/D. Döderlein, Frauenheilkd. u. Geburtshilfe, 1964) - Liebh.: Sport, Musik - Spr.: Lat., Griech., Engl., Russ.

MISCHNICK, Wolfgang

Bundesminister a. D., MdB - Bundeshaus, Görresstr. 15, 5300 Bonn - Geb. 29. Sept. 1921 Dresden (Vater: Walter M., Verwaltungsangest.; Mutter: Marie, geb. Röllig), ev., verh. s. 1949 m. Christine, geb. Dietzsch, 3 Kd. (Gudrun, Lothar, Harald) - Gymn. (Abit.) - 1939-45 Wehrdst., 1945 Mitbegr. LDPD Dresden, Stadtverordn., 1947 stv. Vors. LDPD Sachsen, 1948 Flucht n. Frankfurt/M., MdL Hessen (III. Wahlp.), Mitgl. Bundesvorst. FDP (1954), 1953-57 Vizepräs. Vers. Landeswohlfahrtsverb. Hessen, 1954-57 Bundesvors. Dt. Jungdemokr., s. 1957 MdB (1959 Fraktionsgeschäftsf., 1963 stv., 1968 Fraktionsvors.), 1961-63 (Rücktr.) Bundesmin. f. Vertriebene, Flüchtlinge u. Kriegsgeschädigte (Kabinett Adenauer), 1964-88 stv. Parteivors., 1967-77 Landesvors. FDP Hessen (1968 Fraktionsvors.), Vors. Rundfunkrat d. DLF, Vorst.-Vors. Friedrich-Naumann-Stiftg. - 1973 Großkreuz VO. BRD; 1975 Wilhelm-Leuschner-Med.; Ehrenvors. FDP Hessen - Liebh.: Sport (bes. Fußball), Musik, Gesch., Skat.

MISSALLA, Heinrich

Dr. theol., Prof. f. Theologie Univ.-GH Essen - Querenburger Höhe 285, 4630 Bochum (T. 0234 - 70 40 39) - Geb. 26. Juni 1926 Wanne-Eickel (Vater: Felix M., Bergmann; Mutter: Agnes, geb. Lensker), kath., ledig - Stud. Phil., Theol. u. Päd. Univ. Paderborn, München u. Münster (Promot. 1969) - 1969 Doz. Koblenz; s. 1971 Prof. Univ.-GH Essen (1981 Konrektor) - BV: Gott mit uns, 1968; Weltbezogener Glaube, 1969; F. Volk u. Vaterland, 1978.

MISSFELDT, Jochen

Schriftsteller - Lauacker 10, 2262 Stadum (T. 04662 - 25 68) - Geb. 26. Jan. 1941 Satrup, ev., verh. s. 1967 m. Ruth, geb. Finckh, 3 T. (Fanny, Nina, Judy) - S. 1982 Stud. Musikwiss., Phil., Volkskd. - Oberstltn. d. Luftwaffe - BV: Gesammelte Ängste, Ged. 1975; Mein Vater war Schneevogt, Ged. 1979; Zw. Oben u. Unten, Erz. 1982; Capo Frasca u. and. Fliegergesch., Erz. 1984 - 1980 Förderpreis Friedr. Hebbel-Stiftg. - Spr.: Engl.

MISSMAHL, Hans-Peter

Dr. med., Prof., Chefarzt I. Med. Abt. Marien-Krankenhaus - Alfredstr. 9, 2000 Hamburg 76 (T. 25 70 71) - Geb. 16. Mai 1920 Riedlingen/D. - S. 1958 (Habil.) Privatdoz. u. apl. Prof. f. Inn. Med. (1965) Univ. Tübingen (zul. Oberarzt Med. Klinik) u. Hamburg (1970 ap. Prof.). Fachveröff.

MITCHELL, Terence Nigel

Ph.D., D.Sc., Prof. f. Chemie Univ. Dortmund - Brinksitzerweg 7, 4600 Dortmund 1 - Geb. 19. Nov. 1942 Cirencester/Engl. (Vater: Ernest M., Ing.; Mutter: Rosa, geb. Arnold), verh. s. 1969 m. Karin, geb. Thilemann, S. Christopher - Univ. College London (B.Sc. 1964, Ph.D. 1967) - S. 1980 Prof. Univ. Dortmund (1981-82 Dekan Abt. Chemie) - Liebh.: Wein, Gärtnern - Spr.: Deutsch, Franz.

MITGUTSCH, Ali

Kinderbuchautor u. Illustrator - Türkenstr. 54, 8000 München 40 - Geb. 21. Aug. 1935 München, kath., verh. s. 1960 m. Karin, geb. Ramm, 3 Kd. (Oliver, Florian, Katrin) - Lehre als Lithogr.; Graphikstud. graph. Akad. München - BV: Pepes Hut; Kraxenflori; Rund herum in meiner Stadt; Bei uns im Dorf; Komm m. ans Wasser; Rund ums Rad; Rund ums Schiff; Wir spielen Abenteuer; u.v.m. - 1968 Dt. Jugendbuchpreis, Hans Christian Anderson-Pr. - Liebh.: D. Restaurieren alter Bauernhäuser.

MITSCH, Alfred

Dr. jur., Ltd. Ministerialrat, Vors. Zulassungs- u. Prüfungsaussch. f. Wirtschaftsprüfer Land Hessen, Rheinl.-Pfalz u. Saarl. - Schloßbergstr. 50, 6530 Bingen - Geb. 2. Sept. 1920 Herbstein, verh. s. 1954 m. Vera, geb. Herter, 3 Kd. - Refer.-Ex. 1941, Promot. 1941, Ass.-Ex. 1946 - 1941 wiss. Assist. m. Lehrauftr.; 1942-45 Soldat (Uffz.); 1946-51 Richter u. Staatsanw.; ab 1951 Ministerialbeamter.

MITSCHERLICH, Eilhard

Dr. med. vet., Dr. med. vet. h. c., o. em. Prof. u. ehem. Direktor Tierärztl. Inst. Univ. Göttingen (s. 1955) - Goerdelerweg 8, 3400 Göttingen (T. 5 55 96) - Geb. 25. Juli 1913 Königsberg/Pr. (Vater: Prof. Dr. phil. Dr. agr. h. c. Eilhard M., Ord. f. Pflanzenbau Univ. Königsberg u. Berlin (s. XII. Ausg.); Mutter: Luise, geb. Clauß), ev. - 1948-55 Doz. u. apl. Prof. (1952) Tierärztl. Hochsch. Hannover. Facharb. - BV: Trop. Tierseuchen u. ihre Bekämpf., 1970 (m. K. Wagener) - 1969 Ehrendoktor Tierärztl. Hochsch. Hannover - Bek. Vorf./Onkel: Prof. Oskar Waldemar M., Ravensburg, Großonkel: Prof. Alexander M., Freiburg/Br., Urgroßv.: Prof. Eilhard M., Berlin; Bruder: Gerhard M.

MITSCHERLICH, Gerhard

Dr. d. Forstw., em. o. Prof. Univ. Freiburg (s. 1950; 1963/64 Rektor) - Sonnhalde 92, 7800 Freiburg/Br. (T. 55 21 27) - Geb. 21. April 1911 Königsberg/Pr., ev. - B. 1950 Forstm. Pr. Versuchsanst. f. Waldw. Eberswalde u. Forstamt Lutter/Bbg. (n. Kriegsende) - BV: D. Tannen-Fichten- (Buchen-) Plenterwald, 1952; Wald, Wachstum u. Umwelt, 1978; Wald, Zauber u. Wirklichkeit, 1982. Einzelarb. - Ehrendoktor Univ. München - Eltern u. Vorf. s. Eilhard M. (Bruder).

MITSCHERLICH-NIELSEN, Margarete

Dr. med., Ärztin u. Psychoanalytikerin - Freiherr vom Stein Str. 25, 6000 Frankfurt/M. - Geb. 17. Juli 1917 Graasten/Dän. (Vater: Nis Peter N., Mutter: Margarete, geb. Leopold), verh. s. 1955 m. Alexander Mitscherlich, Psychoanalyt. † 1982 (s. XXI. Ausg.), S. Mathias - Stud. Lit. u. Med. - Ärztin, Psychoanalyt., Beirat Hamburger Inst. f. Sozialforsch. u. Mitherausg. Ztschr. Psyche - BV: Unfähigkeit zu trauern (zus. m. A. Mitscherlich), 1967; Müssen wir hassen?, 1972; Ende d. Vorbilder, 1980; Männer (zus. m. H. Dierichs), 1980; D. friedfertige Frau, 1985; Erinnerungsarbeit, 1987; D. Zukunft ist weiblich, 1987 - 1982 Leuschner-Med., 1984 Flensburger Kulturpreis - Liebh.: Lit. - Spr.: Engl., Dän., Franz.

MITSCHKA, Arno

Dr. phil., em. o. Prof. f. Mathematik u. Didaktik d. Mathematik Univ. Münster - Melchersstr. 24, 4400 Münster/W. (T. 2 26 21) - Geb. 18. April 1911 Waldenburg/Schles. - Stud. Math., Phys., Chem., Musikwiss., Päd. - BV: Elemente d. Gruppentheorie, 1972; Axiomatik in d. Geometrie, 1977 (Studienbücher Mathematik); Didaktik d. Geometrie in d. Sekundarstufe I, 1982.

MITSCHKE, Manfred

Dr.-Ing., o. Prof. u. Direktor Inst. f. Fahrzeugtechnik TU Braunschweig (s. 1966) - Alter Rautheimer Weg 38, 3300 Braunschweig (T. 0531 - 69 55 72) - Geb. 5. Mai 1929 Waldenburg - Habil. 1961 TH Braunschweig - Zul. Robert Bosch GmbH, Stuttgart - BV: Dynamik d. Kraftfahrzeuge, 1972 (poln. u. chin. Übers.), 2. A. Bd. A 1982, Bd. B 1984. Hrsg.: Fahrzeugtechn. Schriftenr.; Zahlr. Fachveröff. - 1964 VDI-Ehrenring; 1987 SAE-Japan-Award; Wiss. Beirat b. Bundesmin. f. Verkehr, Gr. Technik; Mitgl. Braunschweig. Wiss. Ges.

MITSCHKE-COLLANDE, von, Volker

s. Collande, v., Volker

MITTAG, Rudolf

Dr. rer. nat., Geschäftsführer a. D. Wacker-Chemie GmbH, München - Hochackerstr. 32b, 8012 Riemerling (T. 089 - 609 01 28; Büro: München 089 - 21 09-1) - Geb. 1. Juli 1920 Tetschen/Elbe, verh. (Ehefr.: Theresa) - Stud. Chemie Prag u. Aachen (Dipl.-Chem.) - Ehrensenator TU München - Spr.: Engl. - Rotarier.

MITTAS, Wolfgang

Rechtsanwalt, Justitiar d. SFB - Am Hirschsprung 43, 1000 Berlin 33 (T. 832 30 94) - Geb. 23. Dez. 1931 Berlin (Vater: Wilhelm M., Kaufm.; Mutter: Agnes, geb. Dürre), ev., verh. s. 1965 m. Ines, geb. Wittkowski, 2 Töcht. (Tatjana, Julia) - Stud. Rechtswiss. Univ. Frankfurt/M. (1951), Berlin/Freie (1952-54), Chicago (1955). Staatsprüf. 1954 u. 59 - S. 1959 RA; Synd. Ind. - Liebh.: Geschichte, Malerei - Spr.: Engl., Franz.

MITTELACHER, Wolfram

Chefredakteur Nieders. Tageblatt, Lüneburg - Kolberger Str. 11, 2120 Lüneburg (T. 04131 - 3 31 17) - Geb. 8. Dez. 1920 Elsenroth (Vater: Walter M., Rektor; Mutter: Johanne Charlotte, geb. Schneider), ev., verh. s. 1954 m. Elsabe, geb. Storm (Urenkelin v. Theodor Storm), 2 Kd. (Alexander, Redakt.; Bettina, Stud.) - 1949-53 Stud. German. u. Phil. Univ. Bonn - Redakt. in Bonn; 1960-64 Chef v. Dienst Dimitag Bonn; s. 1964 Chefredakt. Nieders. Tageblatt Lüneburg (Leitartikler, Kommentator, verantw. f. Politik, Nachr., Wirtsch.) - Liebh.: Klass. Musik - Spr.: Engl., Franz.

MITTELMEIER, Heinz

Dr. med., Prof. u. Direktor Orthopäd. Klinik Univ. d. Saarl. (s. 1964) - Klinikum, 6650 Homburg/Saar (T. 1 61); priv.: Am Gedünner 25, 6650 Homburg/Saar - Geb. 9. Okt. 1927 Kothau/Bay. (Vater: Georg M.; Mutter: Berta, geb. Eberl), verh. m. Mia Moster-Mittelmeier - Univ. München u. Graz. Promot. 1954; Habil. 1961 - 1961-64 Privatdoz. FU Berlin. 1967-68 Vors. Südd. Orthopäden-Vereinig.; 1969-73 Vors. Arbeitsgem. wiss.-med. Fachges. 1964 Präs. Dt. Ges. Orthop. Traum, 1974; 1988 Präs. Dt. Ges. Plast. u. Wiederherst.Chir. Zahlr. Fachveröff. - Ehrenmitgl. versch. nat. u. intern. wiss. Ges.; 1982 Lexer-Preis; 1987 Saarl. VO.

MITTELSTAEDT, Horst

Dr. phil. nat., Prof., Direktor Max-Planck-Institut f. Verhaltensphysiologie - 8130 Seewiesen - Univ. Kiel, Heidelberg - 1968-77 Präs. Ges. f. Kybernetik, Hon.-Prof. TU München - Arbeiten üb. Reafferenzprinzip, 1950/71; Biologische Regelung, 1956; Schwereorientierung, 1973/78; Subjektive Vertikale, 1983ff.

MITTELSTAEDT, Peter

Dr. rer. nat. (habil.), o. Prof. f. Theoret. Physik Univ. Köln (s. 1965; 1970/71 Rektor) - v.-Bodelschwingh-Weg 10, 5042 Erfstadt-Lechenich - Zul. München.

MITTELSTEINER, Karl-Heinz

Steuerberater, AR Hamburger Bank von 1861 (s. 1979), Präs. Steuerberaterkammer Hamburg (s. 1961), stv. Vorst.-Vors. DATEVeG (s. 1966), 1. Vizepräs. Bundessteuerberaterkammer (s. 1975) - Große Bleichen 68, 2000 Hamburg 36 (T. 34 55 13) - Geb. 31. Jan. 1923 Hamburg (Vater: Max M., Techn.; Mutter: Alice, geb. Peuss), ev., verh. s. 1969 in 2. Ehe m. Ingeborg, geb. Kramer, 3 Kd. (Michael, Claus, Jutta) - Mittelsch.; Lehre Bankkaufm. Prüf. Bilanzbuchh. - BV: Handb. d. Steuerberat., 1963; Kommentar z. Finanzgerichtsordn., 1966; Kommentar z. Steuerberatungsgesetz, 2. A. 1975; Abgabenordnung, 1976; Illustr. Gesch. d. steuerberatenden Berufes, 1984 - 1973 BVK I. Kl., 1983 Gr. BVK.

MITTELSTEN SCHEID, Erich

Dr.-Ing., Fabrikant, Beiratsvors. Vorwerk & Co. KG., Wuppertal-E. (s. 1969) - Hohenstaufenstr. 22, 5600 Wuppertal-Barmen (T. 55 31 55) - Geb. 30. Juni 1907 Barmen (Vater: Geheimrat August M. S., Fabr. (s. XII. Ausg.); Mutter: Mathilde, geb. Vorwerk), ev., verh. s. 1936 m. Charlotte, geb. Ibach - TH München (Maschinenbau) - 1932-33 USA; s. 1934 Vorwerk & Co. KG. (1938 pers. haft. Gesellsch.). Zahlr. Ehrenstell. - 1965 Ehrenbürger TH Aachen; 1964 Wallace Clark Award; 1968 Gr. BVK - Liebh.: Musik, Skilaufen, Bergsteigen - Spr.: Engl., Franz. - Rotarier.

MITTELSTEN SCHEID, Jörg

Dr. jur., Rechtsanwalt, pers. haft. Gesellsch. Vorwerk & Co., Wuppertal-Barmen, Präs. IHK Wuppertal/Solingen/Remscheid (s. 1985) - Zu erreichen üb. Vorwerk, Mühlenweg 17-37, 5600 Wuppertal 2 - Geb. 7. Mai 1936 - AR-Mitgl. Gothaer Versicherungsbank Köln; Konzern-Beirat Commerzbank AG, Frankfurt; Beirat Johnson Chemie GmbH, Haan, Beecham GmbH, Mainz, Barmenia Versich. Wuppertal; Vizepräs. DIHT.

MITTELSTENSCHEID, Karl Otto

Dipl.-Volksw., Vorstandsmitglied i.R. Schering AG, Berlin/Bergkamen - Stuhmer Allee 1B, 1000 Berlin 19 (T. 304 43 82) - Geb. 19. Mai 1916 Berlin (Vater: Dr. phil. Erich M.; Mutter: Else, geb. Wurm), ev., verh. in 2. Ehe s. 1959 m. Felicitas, geb. Meyer, 3 Kd. (Thomas, Wieland, Katrin) - Stud. WH Berlin, Univ. Genf, Frankfurt, Heidelberg - Zahlr. AR-Mandate, dar. AMK Berlin (Vors.), etc. - 1977 Gr. BVK; 1981 Stern z. Gr. BVK - Rotarier.

MITTELSTRASS (ß), Jürgen

Dr. phil., Prof., Ord. f. Philosophie Univ. Konstanz (s. 1970) - Uhlandstr. 31, 7750 Konstanz (T. 5 54 10) - Geb. 11. Okt. 1936 Düsseldorf (Vater: Ernst M., Kaufm.; Mutter: Charlotte, geb. Gödecken), ev., verh. s. 1962 m. Renate, geb. Senger, 4 Töcht. (Bettina, Katharina, Julia, Johanna) - Promot. (1961) u. Habil. (1968) Erlangen - 1963-70 Wiss. Assist. u. Doz. (1968) Univ. Erlangen. 1970 Visit. Prof. Temple Univ. Philadelphia, s. 1984 Mitgl. Wiss.-Rat, s. 1987 Mitgl. Akad. d. Wiss. zu Berlin - BV: D. Rettung d. Phänomene, 1962; Neuzeit u. Aufklärung, 1970; D. Möglichkeit v. Wissenschaft, 1974; Wiss.theorie als -kritik, 1974 (m. P. Janich u. F. Kambartel); Wiss. als Lebensform, 1982; Fortschritt u. Eliten, 1984; D. Modernität d. Antike, 1986; Geist, Gehirn, Verhalten (m. M. Carrier), 1989; D. Flug d. Eule, 1989. Herausg.: Enzyklopädie Phil. u. Wiss.theorie (1980ff.) - Liebh.: Sport (Feldhockey, Tennis, Ski), Malerei - Spr.: Lat., Griech., Engl.

MITTENDORFF, Herbert

Dr. jur., Vorstandsmitglied Dt.-Südamerik. Bank AG., Hamburg (s. 1974) - Drosselweg 6a, 2070 Ahrensburg (T. Büro: 34 10 71) - Geb. 23. Mai 1927 Bremen (Vater: Oswald M., zul. Präs. Rechnungshof, Bremen; Mutter: Elisabeth, geb. Reisener), ev., verh. s. 1954 m. Hannelore, geb. Rösch, 3 Kd. (Rüdiger, Frank, Anke) - Univ. Hamburg, Frankfurt/M., Pisa (Rechts- und Staatswiss.); Jurist. Staatsprüf. 1950 u. 1953 - 1954-65 Kreditanst. f. Wiederaufbau, Frankfurt/M. (Abt.sdir.), 1965-74 Geschäftsf. Dt. Ges. f. wirtschaftl. Zusammenarbeit (Entwicklungsges.) mbH., Köln - Spr.: Engl., Ital., Span.

MITTER, Wolfgang

Dr. phil., Prof., Direktor Abt. Allg. u. Vergl. Erziehungswissenschaft Dt. Inst. f. Intern. Päd. Forsch. Frankfurt/M. - Im Rosengärtchen 43, 6370 Oberursel/Ts. - Geb. 14. Sept. 1927 Trautenau (Vater: Karl M., Studienrat), kath., verh. s. 1957 m. Sylvia, geb. Saenger, 2 T. (Doris, Sonja) - 1948-54 Stud. Univ. Mainz u. Berlin (1. u. 2. Staatsex. f. Lehramt an Gymn., Promot.) - 1978-81 u. s. 1987 Dir. Forschungskollegium Dt. Inst. f. Intern. Päd. Forsch. Frankfurt; 1981-85 Präs. Comparative Education Soc. in Europe - BV: D. sowj. Schulwesen, 1970; Secondary school graduation: univ. entrance qualifications in socialist countries, 1978; Hochschulzugang in Europa, 1979; Kann d. Schule erziehen?, 1983; Education for all, 1984; Schule zw. Reform u. Krise, 1987 - Liebh.: Musik (Klavier), Wandern - Spr.: Engl., Russ., Franz., etwas Poln. u. Ital.

MITTERER, Erika

Schriftstellerin - Rainerg. 3, Wien IV. (T. 505 51 97) - Geb. 30. März 1906 Wien, kath., verh. s. 1937 m. Dr. Fritz Petrowsky, 3 Kd. - Mittelsch.; Fürsorgeausbild. - W: Dank d. Lebens, Ged. 1930; Höhensonne, Erz. 1933; Gesang d. Wandernden, Ged. 1935; D. Fürst d. Welt, R. 1940 (norw. 1942); Begegnung im Süden, Erz. 1941; D. Seherin, Erz. 1942; Wir sind allein, R. 1945; D. nackte Wahrheit, R. 1951; Wasser d. Lebens, R. 1953; Kl. Damengröße, R. 1953; Briefwechsel in Gedichten (aus R. M. Rilkes Nachlaß), 1950; Ges. Gedichte, 1956; Tauschzentrale, R. 1958; Verdunkelung, Dr. 1958; D. Welt ist reich u. voll Gefahr, Auswahlbd. 1964; Klopfsignale, Ged. 1970; Entsühnung d. Kain, Ged. 1974; Alle unsere Spiele, R. 1977; D. verhüllte Kreuz, Ged. 1985; D. Fürst d. Welt (Neuausg.), R. 1988 - 1930 Julius-Reich-Preis, 1948 Preis f. Dichtkunst Stadt Wien, 1971 Handel-Mazzetti-Preis, 1975 Ehrenkreuz f. Wissensch. u. Kunst, 1985 Österr. Ehrenzeichen f. Wiss. u. Kunst, 1986 Gold. Ehrenmed. Stadt Wien.

MITTERMAIER, Rosi

Skifahrerin - Husarenweg 17, 8100 Garmisch-Partenkirchen - Geb. 5. Aug. 1950 (Vater: Heinrich M., Hotelier), verh. m. Christian Neureuther (Skibekleid.-Fabrikant, FS-Unterhalter u. Wintersportler), 2 Kd. (Amelie, Felix-Christian) - S. 1968 Olympiateilnehmerin (Abfahrtslauf, Slalom, alpine Komb.). 16 x Dt. Alpine Meisterin; 1976 (Olympiade Innsbruck) 2

Gold- u. 1 Silbermed.; 1976 Gewinnerin Alpiner Worldcup, 1976 Bambi - BV: Skizirkus, 1977.

MITTERMAYR, Hannes K.

Präsident St. Petersburg Travel Center Inc./USA, Honorarkonsul d. Bundesrep. Deutschl. in Florida/USA - 4400 Central Avenue, St. Petersburg, Fl 33711, USA - Geb. 4. Jan. 1929 Wels (Vater: Hans M., Kaufm.; Mutter: Leopoldine, geb. Sillinger-Burg), kath., verh. s. 1953 m. Dr. rer. oec. Ernestine, geb. Schilling, Sohn Markus Aurelius - Abit. 1948 Bundesrealgymn. Wels; Absolutorium Univ. Innsbruck 1952, staatl. Lehramtsprüf. f. Geogr. - S. 1960 Präs. St. Petersburg Travel Center Inc. S. 1976 Honorarkonsul - 1966 Kiwanis of the Year Award; 1972 Ehrenbürger St. Petersburg, Florida; 1975 Verdienstmed. Rep. Österr. in Gold f. Verd. um d. Fremdenverkehr; 1985 Mitgl. Presidential Task Force u. Verdienstmed. USA; 1986 BVK I. Kl. - Liebh.: Segeln, Golf, Schach - Spr.: Engl., Franz., Span. - Lit.: Who is Who in Österr.

MITTERMEIER, Jakob

Konrektor, MdL Bayern (s. 1978) - Lantpertstr. 4, 8058 Erding/Obb. - Geb. 6. Juni 1939 Aufhausen (Eltern: Jakob (Hilfsarb.) u. Anna M.), verh., 2 T. - 1950-59 Domgymn. Freising (Abit.); 1959-60 Bundeswehrdst. Koblenz; 1960-66 TH München (Math., Phys.). Prüf. f. d. Lehramt an Realsch. - S. 1966 Realschuldst. München, Erding (1966), Markt Schwaben (1973; I. Konrektor). 1972 ff. Mitgl. Gemeinderat Altenerding, Stadtrat Erding u. Kreistag Erding. CSU.

MITTERMÜLLER, Alois

Buchbinder, DGB-Kreisvors., MdL Bayern (b. 1978), Stadtrat München (s. 1978), Vorst.svors. AOK München, stv. ARsvors. GEWOG München - Nadistr. 20, 8000 München 40 (T. 351 86 94) - Geb. 1940 - SPD.

MITTERMÜLLER, Horst

Dr. rer. pol., Bankdirektor, Vorstandsmitgl. Dt. Centralbodenkredit-AG., Berlin/Köln - Kaiser-Wilhelm-Ring 27-29, 5000 Köln (T. 5 72 11); priv.: Odinweg 23, 5060 Bensberg - Geb. 8. Mai 1929 Saarbrücken (Vater: Dr. Hermann M.; Mutter: Inge, geb. Ellingen), verh. m. Ursula, geb. Berg, 4 Kd. (Thomas, Andreas, Julia, Jan) - Univ. Köln. Dipl.-Kfm.

MITTIG, Hans-Ernst

Dr. phil., Prof. f. Kunstgeschichte Hochsch. d. Künste Berlin - Dudenstr. 32, 1000 Berlin 61 - Geb. 10. Mai 1933 Hamburg (Vater: Heinrich M., Kaufm.; Mutter: Margarete, geb. Lunde) - Gr. Jurist. Staatsprüf. 1961, Promot. 1967 - Hochschulassist; s. 1974 PH, jetzt Hochsch. d. Künste Berlin (Prof.) - BV: Kloster Medingen, 1971; Denkmäler im 19. Jh., 1972 (Mithrg.); D. Dekoration d. Gewalt, 1979 (Mithrg.); Dürers Bauernsäule, 1984 - Liebh.: Schach, Gartenbau - Spr.: Engl., Franz., Ital., Lat.

MITTLER, Elmar

Dr., Prof., Ltd. Bibliotheksdirektor, Leit. Univ.bibl. Heidelberg, Hon.-Prof. d. Univ. Mainz - Plöck 107-9, 6900 Heidelberg 1 - Geb. 8. Mai 1940.

MITTMEYER, Hans-Joachim

Dr. med., Prof. f. Gerichtl. Medizin u. Verkehrsmedizin Univ. Tübingen - Kolberger Str. 9, 7406 Mössingen - Geb. 30. Nov. 1940 Magdeburg (Vater: Dr. Benno M., Arzt; Mutter: Magdalena, geb. Haller), ev., verh. s. 1971 m. Dorothea, geb. Diener, 2 T. (Claudia, Kornelia) - Promot. 1969, Habil. 1978 - 1978-81 Privatdoz., s. 1981 Prof. in Tübingen.

MITZKAT, Hans-Jürgen

Dr. med., Prof. f. Inn. Medizin Med. Hochsch. Hannover - Gropiusstr. 22, 3000 Hannover 71 - Geb. 11. Febr. 1931 Bremen (Vater: Richard M., Baurat u. Abt.-Leit.; Mutter: Margarethe, geb. Boeckmann), ev.-luth., verh. s. 1957 m. Brigitte, geb. Meyer, 2 S. (Martin, Markus) - 1950/51 u. 1956/57 Univ. Zürich u. Göttingen (12 Sem. Med., 2 Sem. Chemie; Stip. Studienstiftg. d. dt. Volkes; ärztl. Prüf. 1957, Promot. 1957, Approb. 1959) - 1960-63 Stip. Dt. Forschungsgemeinsch., Phys.-chem. Inst. Univ. Marburg; 1963-67 wiss. Assist. Med. Poliklinik Univ. Marburg; s. 1978 Prof. Hannover. 120 Veröff. üb. endokrine Regulation d. Leberstoffw., Leberstoffw. b. Diabetes mell., Insulin-Sekretion, C-Peptid-Sekretion, Hypoglykämie-Diagnostik, periphere Parameter v. Hormonwirk., Schwangersch. u. Diabetes, Fertilitätstör. u.a. - Spr.: Engl.

MITZLAFF, Stefan

Dr. rer. pol., Vertr. Prof. GH-Univ. Kassel, Sozialwesen (1987-90), Kunstmaler - Grasredder 43, 2050 Hamburg 80 (T. 040 - 721 25 46 u. 0561 - 80 41) - Geb. 11. Juni 1943 Berlin, verh. s. 1984 m. Elke, geb. Lehmann, T. Jo Marie - 1954-67 Stud. Grafik AGS Basel; Sozialwiss. Univ. Basel u. Mannheim, Dipl. Soz.; Soz.-Psychiatr., Soz.-Arbeit Univ. Konstanz, Lic. rer. Soc., 1978; Promot. 1986 Univ. Bremen - Kunstausst. Schweiz, Bundesrep. Dtschl., USA (s. 1967); 1972/73 Wiss. Angest. Univ. Konstanz, 1973-78 HWP Hamburg, 1980-84 Univ. Hamburg; Bildungs- u. Sozialpsychiatrieforsch., Lehre; 1978-80 Org.- u. therap. Mitarb. psychiatr. Klinik; 1980, 1984ff. Gastdoz. Univ. Hawaii. Fachübers. - BV: Autorengr. Häcklingen/Uelzen: Ausgrenzen ist leichter, 1980; Z. Psychiatriereform in sozialist. Ländern; Z. Machbark. psychosoz. Arbeit. Herausg.: Psychiatr. Praxis 1 (1988). Fabeln, Kindergesch., Holzschnitt, Aquarell, Buchdruck, Cartoons; priv. u. öffentl. Ank. Schweiz, BRD, USA 1967-88 - Spr.: Engl., Franz.

MITZSCHERLING, Peter

Dr. rer. pol., Dipl.-Kfm., Senator f. Wirtschaft Berlin (s. 1989) - Martin-Luther-Str. 105, 1000 Berlin 62 (T. 783 81 00) - Geb. 14. Dez. 1928 Löbau/Sa., verh. s. 1953 m. Gisela, geb. Richter, 2 Kd. (Ulrich, Ulrike) - Abit. Radeberg 1947, Stud. Volks- u. Betriebsw. Dipl. 1959 u. Promot. 1967 TU Berlin - 1948-60 Berliner Sozialversich., 1961-74 wiss. Mitarb. Dt. Inst. f. Wirtschaftsforsch., Berlin (s. 1967 Leit. Abt. DDR u. östl. Ind.länder), 1974-80 Senatsdir. (Staatssekr.) f. Arbeit in Berlin. MdB (1980-89, zul. Vors. Unteraussch. Außenwirtsch.- u. Handelspolitik d. Bundestages, stv. Vors. Arbeitskr. Wirtschaftspolitik SPD-Fraktion) - SPD - Zahlr. Veröff. z. Wirtschafts- u. Sozialpolitik.

MLEINEK, Mischa Joachim

Schriftsteller - Leopoldstr. 52, 8000 München 40 (T. 39 07 88) - Geb. 18. Nov. 1927 Berlin - N. Abitur journalist. Ausbild. - Redakt., Dramat., Übers. - BV/R.: Küß nicht in Italien, Heute Nacht in Foggy Hill, Keiner kommt an Ben vorbei, Mörder aus d. Märchenbuch, Mallorca-Story, Was haben Sie gegen Lilien?, Tatort Achterbahn, Ich finde Mörder reizend, Ich mache d. Rechnung, Schattenspiel, Steine schweigen, Es taut am Monte Rosa, Engel sterben nicht; Ged.: D. kl. Menagerie. 600 Lieder u. Chansons, 12 Drehb., Kabarettprogramme, Funk- (üb. 500) u. Fernsehsend. (700). Musicalübers.: Stop The World . . . , Espresso Bongo, Workhouse Donkey, Can-Can, Robert and Elizabeth, Towaritsch, Mikado, Your Own Thing, A Chorus Line - Liebh.: Filmen, Mineralogie - Spr.: Engl., Ital.

MLYNSKI, Dieter A.

Dr.-Ing., Dipl.-Phys., o. Prof. Theoret. Elektrotechnik Univ. Karlsruhe (s. 1973), Institutsleit. - Albert-Schweitzer-Str. 47, 7500 Karlsruhe (T. 68 66 63) - Geb. 30. Jan. 1932 Berlin (Vater: Alfons M., Ing.; Mutter: Elisabeth, geb. Wieczorek), kath., verh. s. 1963 m. Eleonore, geb. Ross, 2 Söhne (Alexander, Michael) - Stud. d. Phys. Univ. Jena; Dipl.ex. 1958 Jena; Promot. 1964 Aachen; Habil. 1968 ebd. - 1959-63 Ind.tätigk. Siemens AG, Karlsruhe; 1963-72 TH Aachen (wiss. Assist., Obering. u. 1969 Wiss. Rat u. Prof.); 1969, 71, 79, 83 u. 89 Gastprof. USA; s. 1985 Sprecher Dt.-Franz. Inst. f. Automation u. Robotik, Teilinst. Karlsruhe - Spr.: Engl.

MOAZAMI-GOUDARZI, Yadollah

Dr. med., Privatdoz., Arzt f. Kinderchir. u. Leiter Kindertraumatol. Rudolf-Virchow-Krankenhaus Berlin - Klistostr. 28, 1000 Berlin 37 (T. 030 - 815 43 87) - Geb. 30. April 1932 Broudjerd/Iran, verh. s. 1963 m. Sieglinde, geb. Goldkuhle, 2 Kd. (Modjgan, Mehran) - Med.-Stud. Univ. Frankfurt; Staatsex. 1960, Promot. 1964, Approb. 1979, Habil. 1983 - 1967 Facharzt f. Chir.; 1968-70 Oberarzt chir. Abt. Bezirkskrankenhs. Forbach/Baden; 1971-77 Chefarzt d. 1. chir. Klinik d. Iran. Luftwaffe; 1978 Dozent Dt.-Iran. Univ.; s. 1979 Oberarzt f. Kinderchir., Mitgl. Dt. Ges. f. Chir. u. Kinderchir. - Zahlr. Publ. üb. Chir. u. Kinderchir. BV: Prakt. Kinderchir. - Liebh.: Sport, Musik - Spr.: Persisch, Deutsch, Engl.

MOCKENHAUPT, Hubert

Dr. phil., Dipl.-Soziol., Ordinariatsrat am Bischöfl. Generalvikariat Trier, Doz. f. Kath. Soziallehre Sem. f. Gemeindepastoral Koblenz u. f. Soziol. Fachsch. f. Altenpflege Trier - Kleine Eulenpfütz 10, 5500 Trier (T. 0651 - 7 55 40) - Geb. 3. Febr. 1925, kath. Priester - 1945-57 Stud. Phil., 1947-51 Theol., 1964-67 Volksw., 1967-70 Soziol. u. Sozialgesch.; Promot. 1976 Saarbrücken - Leit. d. Abt. Sozial-Pastorale Dienste; Vors. Arbeitsgem. d. Soz. Sem. in d. Bundesrep. Dtschl.; Nationalleit. UNIO APOSTOLICA Dtschl. - BV: Kath. Sozialpolitik im 20. Jh., 1976; Weg u. Wirken d. geistl. Sozialpolitikers Heinrich Brauns, 1977 - 1969 Ehrenconventual-Kaplan d. Souveränen Malteserordens; 1970 BVK.

MOCKER, Karl

Dr. jur., Staatssekretär a.D. - Königsturmstr. 2, 7070 Schwäbisch Gmünd (T. 50 45) - Geb. 22. Nov. 1905 Horatitz/Sudetenland, kath., verh. m. Willa, geb. Lienert, Sohn Rüdiger - Realgymn. Saaz; Univ. Prag (Promot. 1929), HH Wien - Ab 1935 Anwaltspraxis Komotau/Sudetenl. (b. 1945) u. Schwäb. Gmünd (1947 ff.); 1972-76 Staatssekr. baden-württ. Landesreg. (m. Sitz u. Stimme im Kabinett). 1948-81 Vors. Landesverb. Baden-Württ. u. Mitgl. Präsidium Bundesverb. d. Vertriebenen; 1950-60 u. 1963-64 MdL Württ.-Baden bzw. Baden-Württ. (1953 ff. Fraktionsvors. GDP); 1953-57 MdB. GDP (1955 ff. Franktionsvors.). AR-, VR-Mand. CDU - Gr. BVK m. Stern, Verdienstmed. Baden-Württ., Verfassungsmed. in Gold Baden-Württ.

MOCKER, Klaus

Hauptgeschäftsführer Wirtschaftsverb. d. dt. Kautschukindustrie e. V. - Zeppelinallee 69, 6000 Frankfurt 90 (T. 069 - 7 93 60) - Geb. 23. Nov. 1938 Frankfurt - Spr.: Engl., Franz.

MODERHACK, Dietrich

Dr. rer. nat., Prof. f. Pharmazeutische Chemie TU Braunschweig - Adolfstr. 52, 3300 Braunschweig (T. 0531 - 7 13 17) - Geb. 14. April 1940 Berlin (Vater: Dr. Richard M., Archivdir.; Mutter: Charlotte, geb. Janetzky), ledig - 1962-65 Pharmazie-Stud. Braunschweig; Staatsex. 1965, Promot. 1968; 1974/75 DFG-Stip. Univ. of East Anglia (Engl.); Habil. 1978 - S. 1965 Apotheker; 1970 Akad. Rat, 1975 Oberrat, s. 1982 Prof., alles TU Braunschweig. Facharb. in versch. Ztschr. - Spr.: Engl., Ital.

MODICK, Klaus

Dr. phil., Schriftsteller - Tegelbuschweg 59, 2901 Wiefelstede (T. 04458 - 6 69) - Geb. 3. Mai 1951 Oldenburg, verh. s. 1984 m. Marjorie Jamison, geb. Gifford, 2 Töcht. (Marlene, Emily) - Abit. 1971; 1. Staatsex. Lehramt an Gymn. (Deutsch, Gesch.) 1977 Hamburg; Promot. (Lit.-Wiss.) 1980 ebd. - 1979-83 Werbetexter in Hamburg; s. 1983 fr. Schriftst., Krit. u. Übers. - BV: Lion Feuchtwanger im Kontext d. 20er J., 1981; Moos, 1984; Ins Blaue, 1985; D. Grau d. Karolinen, 1986; D. Stellen d. Schrift, 1988; Weg war weg, 1988; Privatvorstellung, 1989. Übers.: William Gaddis: D. Erlöser - 1986 Lit.-Förderpreis Hamburg; 1989 Nieders. Künstlerstip.; 1990/91 Stip. Villa Massimo - Spr.: Engl., Franz., Lat., Ital., Griech. - PEN-Mitgl. - Lit.: Harry Nutt: Tiefbohrungen ins Blaue. Üb. d. Schriftst. K. M.; Ulrich Baron: K. M. (KLG).

MODLMAYR, Hans-Jörg

M.A., Schriftsteller, Kulturkritiker - Graf Landsbergstr. 4, 4280 Borken-Gemen (T. 02861 - 21 73) - Geb. 6. März 1940 Füssen (Vater: Jörg M.), verh. s. 1965 m. Hildegard, geb. Heimath, 2 T. (Maria-Margaretha, Maria-Antonia) - 1960-69 Stud. Univ. Würzburg, Innsbruck, Southampton, Cambridge, Heidelberg; B.A. 1966; M.A. 1971 Cambridge - 1962-63 Assist. Teacher Gosport County Grammar School; 1969-73 Dt. Lektor Gonville & Caius College Univ. Cambridge. Mitgl. Verb. Dt. Schriftst. - BV: Blech-Konserven-Romantik, 1968; König Lear auf Patmos (m. Linolschnitten v. F. Möser), Teil I 1973; Teil II 1987 (m. engl. Übers.) - Spr.: Engl.

MÖBIUS, Werner

Geschäftsführer AEG-Elotherm GmbH., Remscheid - Hammesberger Str. 31, 5630 Remscheid - Geb. 6. April 1928.

MÖBUS, Claus

Dr. phil., Prof. f. Angewandte Informatik Univ. Oldenburg - Schloßgartenstr. 33, 6940 Weinheim - Geb. 15. Mai 1946 Wilhelmshaven (Vater: Horst M., Fernmeldetechn.; Mutter: Erika, geb. Haas), ev., verh. s. 1972 m. Elke, geb. Wilhelm - Univ. Heidelberg (Dipl.-Psych. 1970, Promot. 1974, Habil. 1978) - 1977 Prof. f. Psych. FU Berlin; s. 1978 Prof. f. Angew. Informatik Univ. in Oldenburg - BV: Fachveröff. z. angew. Informatik, Statistik u. kogn. Prozesse.

MOEBUS, Joachim Friedrich

Dr. phil., Prof. f. Soziologie u. Religionswiss. FU Berlin - Carmerstr. 2, 1000 Berlin 12 (T. 313 71 02) - Geb. 24. April 1928 Berlin (Vater: Friedrich Rudolf M., Kaufm.; Mutter: Margarete, geb. Sperling), ev., verh. s. 1963 m. Tana, geb. Herzberg, T. Saskia Annabell - Univ. u. FU Berlin (Promot. 1959, Habil. Religionswiss. 1972, Habil. Soziol. 1979) - S. 1972 Prof. Fachveröff.

MÖBUSZ, Rüdiger

Werbegrafiker, MdL Schlesw.-Holst. (Wahlkr. 37/Lübeck Mitte) - Vermehrenring 4A, 2400 Lübeck (T. 0451 - 6 66 11; 0431 - 596, 2209) - Geb. 26. Jan. 1940 Lübeck - SPD.

MOECK, Hermann

Dr. phil., Musikverleger, Inh. Fa. Moeck Verlag u. Musikinstrumentenwerk - Postf. 143, 3100 Celle (T. 8 85 30) - Geb. 16. Sept. 1922 Lüneburg, ev., verh., 4 Kd. - Stud. Phil., Musikwiss., Kunstgesch., Psychol., Völkerkd. Univ. Göttingen u. Münster - Vors. Forschungsgem. Musikinstr.; Vice-Präs. Soc. of Recorder Players; Vizepräs. IHK Lüneburg-Wolfsburg; Pastgovernor Rotary Intern. Zahlr. Art. üb. Musikinstr. Mithrsg.: Ztschr. TIBIA (f. Holzbläser) - Liebh.: Lesen, Schreiben, Sammeln, Boot- u. Radfahren, u. a.

MÖCK, Kurt

Dipl.-Volksw., Vorsitzer d. Geschäftsltg. Union Dt. Lebensmittelwerke GmbH., Hamburg (1981 Ruhest.) - Babenkoppel 7, 2070 Großhansdorf - Geb. 25. März 1919 - Stud. Volkswirtsch.; Trainee-Ausb. Unilever-Konzern - Verkaufs- u. Marketing-Dir. Indonesien, Gf. Margarine-Union. Versch. Ehrenämter, dar. 1972 ff. Vors. Dt. Markenverb.

MÖCKEL, Andreas
Dr. phil., o. Prof. f. Sonderpädagogik - Von-Luxburg-Str. 9, 8700 Würzburg (T. 0931 - 8 32 85) - Geb. 30. Jan. 1927 Großpold/Rumänien (Vater: Dr. Konrad M., Pfarrer; Mutter: Dr. Dora, geb. Schullerus), ev., verh. s. 1959 m. Anneliese, geb. Fröhlich, 3 T. (Katharina, Maria, Anna) - 1953-58 Stud. Tübingen, Berlin u. München (Päd., Phil., Gesch.), Dr. phil. 1961 Tübingen - 1962 Doz. PH Reutlingen, 1967 Prof. u. Leit. Inst. f. Sonderpäd. PH Reutlingen, 1976 Prof. Univ. Würzburg - BV: D. besondere Grund- u. Hauptschule, 1976; Geschichte d. Heilpäd., 1988. Aufs. in Fachztschr.

MÖCKEL, Ulrich
I. Bürgermeister Stadt Bad Wörishofen - Rathaus, 8939 Bad Wörishofen/Schw. - Geb. 15. Jan. 1942 Zwickau/Sa. - Zul. Oberregierungsrat. CSU.

MÖCKESCH, Erich
Gf. Gesellschafter Bier-Drive GmbH, Heilbronn - Weipertstr. 17, 7100 Heilbronn (T. 07131 - 7 60 25) - Geb. 31. Juli 1926, ev., gesch., 3 S. (Dr. Michael, Hans-Georg, Harro-Christian) - Vicepräs. Bierconvent Intern. München; Chairman of Board of Dir. Beer-Drive AG/CH-Chur; Member of Board of Dir. Beer-Drive Mexicana S.A./Monterrey, N.L. Mexico - Div. Patente.

MÖCKL, Karl
Dr., Prof. f. Neueste Geschichte Univ. Bamberg - Soden Str. 4, 8600 Bamberg - Stud. Gesch., Polit. Wiss. u. Soziol.; Promot. 1969 Univ. München - 1978 o. Prof. Univ. Bamberg. 1974 Mitgl. Intern. Comm. f. Representative and Parliamentary Inst.; 1980-84 Mitgl. Beirat f. Wiss.- u. Hochschulfragen d. Bayer. Staatsmin. f. Unterr. u. Kultus; Associazione degli Storici Europei - BV: D. Prinzregentenzeit. Ges. u. Politik während d. Ära d. Prinzregenten Luitpold in Bayern, 1972; D. mod. bayer. Staat. E. Verfassungsgesch. v. Aufgeklärten Absolutismus b. z. Ende d. Reformepoche, 1979; zahlr. weit. Veröff.

MÖHLE, Alfred
Dr.-Ing., o. Prof. f. Photogrammetrie (emerit.) - Lutfridstr. 16, 5300 Bonn (T. 62 44 49) - Geb. 23. Mai 1903 Minden/W. - S. 1944 ao. u. o. Prof. (1953) Univ. Bonn/Landw. Fak. (Inst.sdir.). Fachaufs.

MÖHLE, Dorothea
Dr., Prof. f. Romanistik GH Kassel - Konrad-Adenauer-Str. 8, 3500 Kassel (T. 0561 - 31 45 00) - Geb. 11. März 1930 Berlin (Vater: Carl M., Bürovorsteher; Mutter: Irma, geb. Helmhake), ev. - Stud. Roman. Univ. Göttingen u. Freiburg (Promot. 1967) - 1952-62 Schuldienst; 1967-75 Hochschuldoz. PH Göttingen; s. 1975 Prof. Kassel - BV: D. neufranz. Adjektiv, 1968; D. Wortschatzstruktur in Lehrwerken f. d. Franz.unterr., 1980; Planen in d. Fremdspr., 1982; Div. Aufs. in Fachztschr. u. in Sammelbde. - Spr.: Franz., Span., Engl.

MÖHLE, Karl-August
Dr.-Ing., Prof., Lehrgebiet Wasserversorgung Univ. Hannover - Zu erreichen üb. Univ. Hannover, Welfengarten 1, 3000 Hannover 1 - Geb. 17. Febr. 1933 - Fachveröff.

MÖHLENBRUCH, Hermann J.
Geschäftsführer, Dir. Klöckner Rohstoff-Handel, Bottrop - Lindenhof 30a, 4330 Mülheim/Ruhr (T. 48 68 84) - Geb. 23. Okt. 1926 Altenbögge (Vater: Hermann M.; Mutter: Anna, geb. Rohmann), kath., verh. s. 1952 m. Doris, geb. Brinker, S. Dirk.

MÖHLENKAMP, Walter
Ing., Großhandelskaufmann (Fa. Gebr. Meyer, Melle), Vors. Verb. d. Fachfirmen f. Molkerei- u. Käserei-Einricht. u. - Bedarf (s. 1960) u. a. - Bergstr. Nr. 10, 4520 Melle (T. 27 35) - Geb. 11. April 1915 Hamburg (Vater: Otto M., Betriebsleiter; Mutter: Else, geb. Albrecht), kath., verh. in 2. Ehe (1959) m. Hildegard, geb. Nolting, 2 Töcht. (Renate, Ruth) - Hindenburg-Oberrealsch. Hamburg (Obersekundareife); Maschinenbauerlehre; Ing.sch. Berlin (Maschinenbau) - 1939-45 Ing.-Offz. (aktiv); s. 1946 techn. Großhändler - Liebh.: Musik, Tennis (Mitgl. Tennis-Club Melle).

MÖHLER, Karl
Dr.-Ing., em. o. Prof. f. Ingenieurholzbau u. Baukonstruktionen - Gottfried-Keller-Str. 9, 7505 Ettlingen/Baden (T. 3 03 41) - Geb. 5. Juni 1912 Karlsruhe (Vater: Gabriel M., Postbeamter; Mutter: geb. Göpfrich), kath., verh. s. 1939 m. Maria, geb. Füger - Realgymn. u. TH Karlsruhe (Bauing.wesen; Dipl.-Ing. 1938). Promot. (1942) u. Habil. (1956) - S. 1958 ao. u. o. Prof. (1962) TH bzw. Univ. Karlsruhe. Spez. Arbeitsgeb.: Holzbau, Materialprüf., Baustoffkd. Mitgl. Dt. Ges. f. Holzforsch., Intern. Vereinig. f. Brücken- u. Hochbau, Forest Products Research Soc. - BV: Hölzerne Hausdächer, 8. A. 1968; Holzbautaschenb., 7. A. 1974 (bde. Mitverf.); Holzbau Atlas, 1978 (Mitverf.). Zahlr. Einzelarb. - 1978 DIN Ehrennadel, 1981 BVK; 1981 Dr.-Ing. E. h. d. RWTH Aachen - Spr.: Engl., Franz.

MÖHLIG, Wilhelm
Dr. phil., Prof. f. Afrikanistik, Bantuistik - Stumbshofstr. 38, 5030 Hürth-Alstädten (T. 02233-7 67 75) - Geb. 2. Sept. 1934 Essen (Vater: Wilhelm M., Ind.kfm.; Mutter: Hermine, geb. Straube), ev., verh. s. 1966 m. Adelheid, geb. Winter, 3 Kd. (Matthias, Nora, Ruth) - Abit. Staatl. Gymn. Oberhausen 1954, 1954-56 Lehre Großhdlkfm.; 1958-62 Jura-Stud. Köln u. Genf, 1962-67 Stud. Afrikanist. Köln; Promot. 1967, Habil. 1972. 1973-75 Gastprof. Univ. Nairobi - S. 1975 Prof. Univ. Köln - BV: D. Sprache d. Dciriku, 1967; D. Stellung d. Bergdialekte im Osten d. Mt.Kenya, 1974; Z. Sprachgesch. u. Ethnohistorie in Afrika (Hrsg.), 1977; Language and Dialect Atlas of Kenya, 1980 - Liebh.: Musik - Spr.: Engl., Franz., Niederl., Swahili.

MÖHLMEIER, Manfred
Dr. jur., Rechtsanwalt u. Notar, Vors. Haus-, Wohnungs- u. Grundeigentümerverb. Ruhr - Huyssenallee 50, 4300 Essen 1.

MÖHN, Dieter
Dr. phil., Prof. f. Deutsche Philologie (m. bes. Berücks. d. Niederdeutschen) Univ. Hamburg (s. 1969) - Teichweg 31, 2075 Ammersbek (T. Hamburg 605 13 33) - Geb. 1. Juli 1936 Stuttgart (Vater: Helmut M., Amtmann; Mutter: Johanna, geb. Henk), verh. s. 1963 m. Irmtraut, geb. Muth, 2 Kd. (Klaus Henning, Julia) - Progymn. Berleburg, Aufbaugymn. Laasphe; Univ. Marburg - 1961-69 Univ. Marburg (1964 Wiss. Rat, 1968 Akad. Oberrat); Vors. VDI-Aussch. Spr. u. Technik; Vors. Inst. f. nd. Sprache u. Verein f. nd. Sprachforsch. - BV: D. Struktur d. nieder- u. mitteld. Sprachgrenze zw. Siegerland u. Eichsfeld, 1962. Mithrsg.: Interdisziplinäres dt. Wb. in d. Diskussion (1979); Fachspr. Intern. Ztschr., 1979ff. Mitautor: Rückl. mhd. Wb. 1981; Handb. d. nd. Sprach- u. Lit.-Wiss., 1982; Fachsprachen. E. Einf., 1984; D. Sprache d. Windmühlen u. Windmühlenbauer, 1986. Zahlr. Einzelarb. - 1986 Ehrenprof. Tongji-Univ. Shanghai - Liebh.: Wandern, Naturwiss. - Spr.: Engl., Franz.

MÖHN, Edwin
Dr. phil. nat., Prof., Hauptkonservator Staatl. Museum f. Naturkunde Stuttgart/Zweigst. Ludwigsburg - Ziegelstr. 10, 7141 Steinheim/Murr (T. Marbach 73 68) - Geb. 24. Sept. 1928 Dauborn - S. 1962 (Habil.) Lehrtätigk. TH bzw. Univ. Stuttgart (1968 apl. Prof. f. Zool.). Fachveröff.

MÖHR, Jochen Robert
Dr. med., Prof. f. Medizinische Informatik - School of Health Information Science, Univ. of Victoria, P.O.Box 1700, Victoria, B.C., V8W 2Y2/Kanada - Geb. 27. Okt. 1939 Shanghai (Vater: Kurt M., Apotheker; Mutter: Irmgard, geb. Boettner), ev., verh. s. 1966 m. Ingeborg, geb. Hartges, 2 S. (Leif, Marcel) - Med.-Stud. Marburg u. Montpellier/Frankr., Staatsex. 1965, Promot. 1965, Habil. (Med. Informatik) 1976 - 1965-67 Forsch.saufenth. Univ. of Illinois, Chicago, 1967-70 Ärztl. Tätigk. Med. Hochsch. Hannover, 1970-77 Med. Informatik, Lehrtätigk. TU Braunschweig, 1977-86 Prof. f. Med. Informatik Univ. Heidelberg, ab 1986 Univ. Victoria, Kanada - BV: Verdenstudie, Strukturanalyse allgemeinmed. Praxen, 1977; Betriebsärztl. Informationssysteme, 1980; EDV Gesamtkonzept Klinikum d. Ruprecht-Karls-Univ. Heidelberg, 1986 - Liebh.: Sport, Jagd, Bild. Kunst, ostasiat. Kunst - Spr.: Engl., Franz. - Bek. Vorf.: Friedrich Nietzsche.

MÖHRES, Franz-Peter
Dr. phil., em. o. Prof. f. Zoologie u. Dir. Zoophysiol. Inst. Univ. Tübingen (s. 1954, em. 1980) - Gaußweg 6, 7400 Tübingen 3 (T. 07071 - 7 22 46) - Geb. 24. April 1912 Köln (Vater: Paul M., Kaufm.; Mutter: Gertrud, geb. Bosbach), kath., verh. s. 1944 m. Hildegard, geb. Krähmer, 6 Kd. - 1952-54 Privatdoz. Univ. München - BV: Käfer, 1964 (auch holl., schwed., engl.); Welt unter Wasser, 1965 (auch franz., engl., schwed., span., holl.). Fachaufs. - Liebh.: Lit., Phil. - Spr.: Engl., Franz.

MÖHRING, Helmuth

Bäcker, Geschäftsführer, MdB (1969-83 u. 1986/87) - Heinrich-Thiede-Str. 2, 2120 Lüneburg (T. 6 24 44) - Geb. 11. März 1922 Brockhöfe Kr. Uelzen, verh., 2 Söhne - Mittelsch. (Mittl. Reife); 1945-48 Bäckerlehre väterl. Betrieb - 1939-45 Arbeits- u. Wehrdst. (Berufsoffz.; Reserveoffz.anw.); 1948-55 Bäckerges.; 1955-69 Parteigf. Unterbez. Lüneburg-Harburg. Oberst d. Res. 1946-52 Ratsmitgl. u. Bürgerm. Gde. Brockhöfe, 1978-86 Vizepräs. Reservistenverb., 1986/87 Präs. VdRBw, 1987ff. Ehrenpräs.; 1988ff. Vizepräs. Dt. Atlantische Ges., Bonn. SPD s. 1946 - 1972 BVK I. Kl.; 1979 Kommandeurkreuz d. Ordens v. Finn. Löwen, 1981 Gr. BVK; Ehrenkreuz d. Bundeswehr in Gold.

MÖHRLE, Friedhelm
Oberbürgermeister Stadt Singen (s. 1969) - Rathaus, 7700 Singen/Hohentwiel - Geb. 1934 - Stud. Tübingen, Paris (Jurist). Zul. Oberreg.rat - Spr.: Franz., Ital., Engl.

MÖHRMANN, Dieter G.
Dr., Mitgl. Geschäftsleitg. Raab Karcher (UK) Ltd. u. Chairman John Hudson Ltd. - Sicilian House, Sicilian Ave. Southampton Row, London WIA 2QH (T. 01 - 4 04 51 61); priv.: 97 Hereford RD, London W.2 - Geb. 19. Jan. 1931, verh. m. Prof. Dr. Renate.

MÖHRMANN, Friedrich
Speditionskaufmann, Präs. Bundesverb. d. Dt. Güterfernverkehrs, Frankfurt/M., u. a. - Sebastian-Kneipp-Str. 8, 3180 Wolfsburg - Geb. 19. Jan. 1908.

MÖHRMANN, Renate,
geb. Hammond-Norden
Dr. phil., Prof. Univ. Köln - Vorgebirgsstr. 35, 5000 Köln 1 - Geb. 26. Aug. 1934 Hamburg (Vater: Wilhelm H.-N., Schriftst.; Mutter: Erna, geb. Michel), verh. m. Dr. Dieter M. (Dipl.-Kfm.), 2 Kd. (Malte, Ulrike) - Stud. German., Roman., Phil. u. Medienwiss. Hamburg, Lyon, New York, Promot. 1972, Habil. 1976 - 1957-58 Assist. Ecole normale d'Institutrices, Châlons sur Marne, 1958-67 Priv. Sprachensch. Hamburg, 1968-70 Assist. City Univ. New York, 1973-77 Akad. Rätin an der Univ. Duisburg, s. 1977 Prof. Univ. Köln Inst. f. Theater-, Film- u. Fernsehwiss. - BV: D. vereinsamte Mensch. Stud. z. Wandel d. Einsamkeitsmotivs im R. v. Raabe b. Musil, 1974; D. andere Frau. Emanzipationsansätze dt. Schriftst. im Vorfeld d. Achtundvierziger Revolution, 1977; Frauenemanzipation im dt. Vormärz. Texte u. Dokumente, 1978; D. Frau m. d. Kamera. Filmemacherinnen in d. BRD, 1980; Frauenliteraturgesch. Schreibende Frauen v. Mittelalter bis z. Gegenw., 1985; Berlin - Theater d. Jahrhundertwende, 1986. Herausg. d. Reihe Stud. z. Theater, Film u. FS, 1982.

MÖLBERT, Elisabeth R. G.
s. Freund-Mölbert, Elisabeth R. G.

MÖLK, Ulrich
Dr. phil., o. Prof. f. Roman. Philologie Univ. Göttingen (s. 1974) - Hainholzweg 44 A, 3400 Göttingen (T. 4 79 78) - Geb. 29. März 1937 Hamburg (Vater: Heinrich M., Postbeamter; Mutter: Berta, geb. Boehm), ev., verh. s. 1962 m. Renate, geb. Nass - 1955-59 Stud. Roman. u. Klass. Philol. Promot. 1959; Habil. 1966 - 1960-66 Assist.; 1966-67 Privatdoz.; 1967-74 o. Prof. Gießen - BV: Guiraut Riquier, Kanzonen, Krit. Text u. Kommentar, 1962; Trobar clus - trobar leu, Studien z. Dichtungstheorie d. Trobadors, 1968; Répertoire métrique de la poésie lyr. franç. dès origines à 1350, 1972; L. D. Trotzki, Literaturtheorie u. Literaturkritik, ausgew. Aufsätze, hrsg. u. eingeleitet, 1973; Trobadorlyrik, Eine Einführung, 1982; G. Flaubert, Une Nuit de Don Juan, Krit. Text m. Beigaben, 1984; Z. Vorgesch. d. Gregoriuslegende, 1987; Lohier et Malart. Fragment e. verschollenen franz. Heldenepos, 1988; Roman. Frauenlieder (hg., übers. u. kommentiert), 1989 - S. 1979 Mitgl. Göttinger Akad. d. Wiss. - Spr.: Franz., Ital., Engl., Span.

MÖLL, Richard
Hauptgeschäftsführer Landessportverb. Baden-Württ. - Im Zinsholz, 7302 Ostfildern 2.

MÖLLEMANN, Jürgen W.
Lehrer, Bundesminister f. Bildung u. Wissenschaft (s. 1987), MdB (s. 1972) - Coesfeldweg 59, 4400 Münster/W. (T. 86 38 38) - Geb. 15. Juli 1945 Augsburg (Vater: Wilhelm M., Polsterermstr. †; Mutter: Franziska, geb. Reisner †), kath., verh. s. 1975 m. Studienrätin Carola M.-Appelhoff, 2 Töcht. (Maike, Esther) - Gymn. Rheinberg (Abit. 1965); Bundeswehrdst. (Fallschirmj.); Päd. Hochsch. Münster (Staatsex. 1969). II. Staatsprüf. 1971 - Ab 1969 Lehrer. 1962-69 (Austr.) CDU; s. 1970 FDP (Vors. Bez.verb. Westf.-Nord); Mitgl. Landesvorst. NRW (1983 Vors.) u. Bundesvorst.; Mitgl. Ausw. u. Verteidig.-Aussch. Dt. Bundestag (b. 1982); 1982-87 Staatsmin. Ausw. Amt. S. 1981 Präs. Dt.-Arab. Ges. - Liebh.: Mod. Literatur - Spr.: Franz., Engl.

MÖLLENDORFF, von, Horst
Pressezeichner - Güntzelstr. 66, 1000 Berlin 31 (T. 854 17 83) - Geb. 26. April 1906 Frankfurt/O., ev., verh. m. Made-

leine, geb. Hesper (Schausp.) - BV: D. kl. Schmunzelbuch, 1939; Berlin ohne Worte, 1948. Üb. 6000 Karikaturen. Figuren: 1930 Smily, 1940 Fäustchen, 1953 Kessi - 1987 BVK am Bde. - Liebh.: Jazzmusik.

MÖLLENDORFF, von, Wolf

Dipl.-Ing., Architekt (BDA), Akademiedirektor - Lentzeallee 9, 1000 Berlin 33 - Geb. 25. Okt. 1908 Frankfurt/O. (Vater: Curt v. M., Offz.; Mutter: Gertrud, geb. Bothe), ev., verh. s. 1935 m. Gerda, geb. Braun, 3 Kd. (Michael, Ulrike (ZDF-Moderatorin), Gernot) - TH Berlin (Dipl.-Ing. 1935) - S. 1960 Dir. Akad. f. Werkkunst u. Mode, Berlin. Sakral-, Schul- u. Wohnbauten. Üb. 20 Wettbewerbspreise - BV: Lebend. Bauen, 1953; Im Gespräch m. d. Schöpfung, 1968 - Ritter Johanniter-Orden - Bek. Vorf.: Wichard v. M., Generalfeldmarschall (Anf. 18. Jh.).

MÖLLENSTEDT, Gottfried

Dr.-Ing., em. o. Prof. f. Physik - Wolfgang-Stock-Str. 29, 7400 Tübingen (T. 6 32 74) - Geb. 14. Sept. 1912 Versmold/W. (Vater: Heinrich M.; Mutter: geb. Schulte z. Surlage), ev., verh. s. 1940 m. Dorothea, geb. Tanner, 2 Söhne (Manfred, Ulrich) - TH Danzig (Physik; Dipl.-Ing. 1939, Dr.-Ing. 1940, Dr.-Ing. Habil. 1945) - 1938-44 Assist. TH Danzig, 1945-47 fr. Forscher Heidenheim/Brenz, 1947-53 Abt.-Leit. Südd. Labor., Mosbach/Baden, s. 1950 Doz., ao. (1953) u. o. Prof. (1960) Univ. Tübingen (Dir. Inst. f. Angew. Physik; 1966-68 Rektor, emerit. 1980). Hauptarbeitsgeb.: Elektronenphysik. Erf.: Elektronen-Biprisma-Interferenzen- u. Energie-Analysator - BV: Electron Emission Microscopy, in: Advances in Electronics, Bd. 18 1963 (m. F. Lenz); Neue Anwendungen d. freien Elektrons in Physik u. Technik, 1967. Zahlr. Fachaufs. - 1979 Mitgl. Dt. Akad. d. Naturforscher Leopoldina; Ehrenmitgl. Dt. Ges. f. Elektronenmikroskopie Membres D'Honneur de la S.F.M.E.; 1986 Hon. Fellow of the Japanese Soc. of Electron Microscopy; 1987 Preis d. Körber-Stiftg. Grüne Rosette f. d. Europ. Wiss. - Liebh.: Golf.

MÖLLER, Achim-Dietrich

Redakteur u. Regisseur NDR - Vietinghoffweg 7, 2000 Hamburg 61 (T. 040 - 551 16 96) - Geb. 25. Febr. 1930 Stolp/Pommern, verh. s. 1955 m. Dagmar, geb. Pflugradt, S. Johan Christian - 1953-55 Stud. Univ. Kiel, Hamburg (German., Gesch., Kunstgesch., Psychol.) - B. 1952 Regiss. Berliner Rundf.; 1955-68 fr. Rundfunkjourn.; 1968-73 ltd. Redakt. Jahreszeiten-Verlag Hamburg; s. 1973 Redakt. u. Regiss. Schulfunk NDR. S. 1955 Hörsp. u. Features f. d. NDR, SFB, BR. Dt.-spr. Sendungen f. d. ital., belg. Rundf., sowie f. skandin. Rundfunkanst. (Oslo, Stockholm, Helsinki). Insz. v. Hörsp. u. Features b. NDR (hauptsächl. Schulfunk) - Liebh.: Klass. Musik, Reisen - Spr.: Engl., Russ.kenntn.

MÖLLER, August

Dipl.-Volksw., Hauptgeschäftsführer Bundesverb. d. Dt. Textileinzelhandels, Bundesverb. d. Dt. Lederwareneinzelhandel u. Verb. Dt. Bettenfachgeschäfte - Sachsenring 69, 5000 Köln 1 (T. 0221 - 336 99 20) - Geb. 9. April 1931.

MOELLER, Bernd

Dr. theol., o. Prof. f. Kirchengeschichte - Herzberger Landstr. 26, 3400 Göttingen (T. 4 28 50) - Geb. 19. Mai 1931 Berlin (Vater: Dr.-Ing. Max M., Industrieller; Mutter: Carola, geb. Bielitz), ev., verh. s. 1957 m. Irene, geb. Müller, 3 Kd. - Stud. Ev. Theol. u. Gesch. Promot. 1956 Mainz; Habil. 1958 Heidelberg - 1958 Privatdoz. Univ. Heidelberg; 1964 Ord. Univ. Göttingen (1971/72 Rektor). 1976 Vors. Verein f. Reformationsgesch. - BV: Johannes Zwick u. d. Reformation in Konstanz, 1961; Reichsstadt u. Reformation, 1962, Neuausg. 1988 (franz. 1966; engl. 1972); Gesch. d. Christentums, 4. A. 1987; Spätmittelalter, 1966; Pfarrer als Bürger, 1972; Deutschl. i. Zeitalter d. Reformation, 3. A. 1988. Herausg.: Kirche in i. Gesch. (Handb. 1974ff.), Archiv f. Reformationsgesch. (1976-79). Mithrsg.: Ökumen. Kirchengesch. (4. A. 1983/88) - 1977 Mitgl. Göttinger Akad. d. Wiss.

MÖLLER, Carl

Dipl.-Ing., Geschäftsführer Landschaftsverb. Osnabrück, Stradalitklinkerwerke Carl Möller GmbH & Co. KG, Ibbenbüren - Natruper Straße 78, 4500 Osnabrück (T. 6 55 11) - Geb. 29. Okt. 1930 Osnabrück (Vater: Carl M.; Mutter: Maria, geb. Niessing), kath., verh. s. 1957 m. Hildegard, geb. Vonhöne, 4 Kd. (Annekatrin, Hendrik, Albrecht, Eckhard) - Maurerhandw.; TH Karlsruhe (Bauing.wesen; Diplom-Hauptprüf. 1956) - 1964-87 Ratsherr Osnabrück; 1981-85 Oberbürgermeister v. Osnabrück; 1965-67 MdL Nieders.; Mitgl. d. ständ. Konfz. d. Gemeinden u. Regionen d. Europarates; Vors. d. Dt.-Franz. Ges. Osnabrück; Mitgl. Hauptaussch. d. Dt. Sektion d. Rates d. Gemeinden u. Regionen Europas - BV: Osnabrück - Friedens- u. Kongreßstadt, 1974; 1200 Jahre Stadt Osnabrück; Benno v. Osnabrück als Architekt - Gold. Sportabz. (21 x); BVK.

MÖLLER, Christian

Dr. theol., o. Prof. f. Prakt. Theologie Univ. Heidelberg (s. 1988) - Zu erreichen üb. Seminar f. Prakt. Theologie, Karlstr. 16, 6900 Heidelberg - Promot. 1968 Marburg - B. 1972 Pfarrer Wolfhagen b. Kassel, 1972-88 Prof. f. Prakt. Theol. Kirchl. Hochsch. Wuppertal - BV: Von d. Predigt z. Text, 1970; Seelsorglich predigen, 1983; Lehre v. Gemeindeaufbau, Bd. I 1987; Gottesdienst als Gemeindeaufbau, 1988.

MÖLLER, Dietrich

Landwirtschaftsmeister, MdL Hessen, stv. Vors. CDU Landtagsfraktion - Germershäuser Str. 28, 3556 Weimar-Oberweimar (T. 06421 - 7 82 04) - Geb. 3. Nov. 1937 Dortmund, ev., verh., 2 Kd. - Ausbilder u. Prüfer f. Landwirtschaftsm. Vors. Arbeitskr. Landwirtsch. u. Forsten, stv. Vors. d. CDU-Landtagsfrakt., Vors. d. CDU Agraraussch. Hessen.

MÖLLER, Dietrich Ekkehard

Dr.-Ing., Prof., Direktor Institut f. Vermessungskd. TU Braunschweig - Technische Univ., Postfach, 3300 Braunschweig - Geb. 18. Dez. 1927 Greiz/Thür. (Vater: Karl M., Verwaltungsamtm.; Mutter: Else, geb. Keßler), ev., verh. s. 1953 m. Marga, geb. Halbritter, 2 Kd. (Wolfgang, Eva-Christine) - Aufbausch. Gotha, TH Berlin-Charlottenburg (Dipl. 1953), Referendarzeit (Gr. Staatsprüf. 1960), Promot. 1962 TH Karlsruhe - 1954-56 wiss. Assist. TH Karlsruhe, 1960-72 wiss. Assist. u. Wiss. Rat ebd., s. 1972 TU Braunschweig - 1972 Mitgl. Dt. Geodät. Kommiss. Bayer. Akad. d. Wiss.; 1976 Vors. Dt. Ges. f. Polarforsch.; 1981-84 Vors. Dt. Landesaussch. SCAR; 1981 Mitgl. Braunschweig. Wiss. Ges.; 1981-84 Alternate Delegate d. Bundesrep. Dtschl. im Scientific Committee on Arctic Research (SCAR); 1983 Mitgl. wiss. Beirat. d. Alfred-Wegener-Inst. f. Polarforsch. in Bremerhaven; 1983-87 Vizepräs. u. s. 1987 Präsid.-Mitgl. Alfred-Wegener-Stiftg.; 1984 Mitgl. Dt. Landesaussch. SCAR.

MÖLLER, Erwin

Dr., Dipl.-Wirtschaftsing., Vorstandsvorsitzender Preussag AG Berlin/Hannover, Hon.-Konsul Großherzogtum Luxemb. - Karl-Wiechert-Allee 4, 3000 Hannover 61 (T. 0511 - 5 66-14 13) - Geb. 23. Jan. 1939, verh. - Stud. TU Darmstadt - AR-Vors. Metaleurop S.A., Fontenay-sous-Bois, VTG Vereinigte Tanklager u. Transportmittel GmbH, Hamburg; Chairman of Board of Dir. Amalgamated Metal Corp. PLC, London; AR-Mitgl. Hannov. Lebensversich. AG, Hannover, kabelmetal electro GmbH, Hannover, Salzgitter Stahl GmbH, Düsseldorf; VR-Mitgl. DSL-Bank, Bonn.

MÖLLER, Franz

Dr., Rechtsanwalt, Ministerialdir. a. D., MdB (s. 1976), 1980-82 Obmann d. CDU/CSU-Bundestagsfrakt. im Aussch. f. Raumordn., Bauwesen u. Städtebau - Udetstr. 44, 5205 St. Augustin 2 (Hangelar) (T. 02241 - 2 21 58) - Geb. 2. Nov. 1930 Lingen (Vater: Bernhard M.; Mutter: Maria, geb. Jungehülsing), kath., verh. s. 1962 m. Ilse, geb. Domgörgen, 3 Kd. (Nicola, Andrea, Martin) - Stud. d. Rechts- u. Staatswiss. Univ. Münster, Freiburg; 1. u. 2. jur. Staatsex. 1955 u. 1960; Promot. 1958 - 1960-76 Verw. Dt. Bundestag (Mitarb. Wiss. Dst., pers. Ref. Bundestagspräs., Personal- u. -abt.sleit., zul. Leit. Abt. Dienste f. Abg.); s. 1974 Landrat Rhein-Sieg-Kr. CDU (1970 Mitgl. Kr.tag ebd.), s. 1982 Vors. BT-Aussch. f. Raumordn., Bauwesen u. Städtebau. Veröff. in wiss. Ztschr. - 1971 BVK a. Bde., 1982 BVK I. Kl., 1986 Gr. BVK - Lit.: Wolfgang Wiedemeyer, Gefragt: F. M.

MOELLER, Gert

Fabrikant, Vorstandsmitgl. H. Moeller AG., Geschäftsf. Klöckner-Moeller Elektrizitäts GmbH., bde. Bonn, Moeller Schaltgeräte GmbH., Bad Ems, u. Klöckner-Starkstrom GmbH., Köln - Hein-Moeller-Str. 7-11 u. Nidegger Str. 10, 5300 Bonn.

MÖLLER, Günther

Rechtsanwalt, Geschäftsf. Fachgem. Büro- u. Informationstechnik/VDMA - Lyoner Str. 18, 6000 Frankfurt/M. 71.

MÖLLER, Hans

Dr. rer. pol., em. Prof. f. Volkswirtschaftslehre (unter bes. Berücks. d. intern. Wirtschaftsbezieh.) - Klarweinstr. 26, 8000 München 60 (T. 811 43 34) - Geb. 12. Juni 1915 Berlin (Vater: Prof. Otto M., Maler (s. XIV. Ausg.); Mutter: Erna, geb. Senkbeil), verh. s. 1948 m. Leonore, geb. Mann, 4 Kd. (Stephan, Christoph, Juliane, Tobias) - Privatdoz. Berlin, Breslau, Frankfurt/M., s. 1953 Ord. Frankfurt u. München (1958) - BV: Kalkulation, Absatzpolitik u. Preisbild., 1941, 2. A. 1962; Intern. Wirtschaftsorg., 1960; Außenw.politik, 1961; Z. Vorgesch. d. Dt. Mark, 1961; D. Boden in d. Polit. Ökonomie, 1967; D. Ende e. Weltwährungsordnung?, 1972; D. Europ. Union als Währungsunion?, 1979 (m. W. Cezanne); Umweltökonomik, 1981 (m. R. Osterkamp u. W. Schneider) - Mitgl. Bay. Akad. d. Wiss. - Rotarier.

MÖLLER, Hans Herbert

Dr. phil., Leiter d. Inst. f. Denkmalpflege im Nds. Landesverw.Amt, Vors. d. Vereinigung d. Landesdenkmalpfleger in d. Bundesrep. Dtschl., 2. Vors. d. Dehio-Vereinig. - Scharnhorststr. 1, 3000 Hannover 1 (T. 0511 - 108 52 66) - Hon.-Prof. f. Kunstgesch. an d. Univ. Göttingen; Mitgl. d. Inschr. Kommiss. d. Akad. d. Wiss. zu Göttingen.

MÖLLER, Heiner

Mineralölkaufmann, MdB (1972-76) - Moislinger Allee 67a/b, 2400 Lübeck - Geb. 22. Nov. 1943 Lübeck, ev., verh., 1 Kd. - Gymn. (Obersekundareife); 1961-63 kaufm. Lehre; Akad. f. Absatzw. (Betriebsw.). 1964-65 Gast Univ. Wisconsin/USA (Marketing/Management) - U. a. Ref. Stabsabt. Ernst Boie KG., Lübeck. CDU s. 1967.

MÖLLER, Heinrich

Chefredakteur, Präs. Gesamtverb. Neuzeitl. Textilpflegebetriebe - Brüggenpoth 56, 4370 Marl 6 (T. 02365 - 76 74) - Geb. 5. Dez. 1913 Gelsenkirchen (Vater: Franz M., Schreinerm.; Mutter: Magdalena, geb. Gerharz), kath., verh. s. 1953 m. Elisabeth, geb. Annuß, 4 Kd. (Heinz-Rudi, Jürgen, Birgit, Joachim) - Ab 1955 Chefredakt; ab 1953 Präs. Gesamtverb. Neuzeitl. Textilpflege-Betriebe; ab 1956 Vors. Leistungs-Gemeinsch. Textilpflege - 1966 BVK.

MÖLLER, Heinz

Gesellschafter Heinrich Möller Söhne GmbH & Co. KG - Bahnhofstr. 12-16, 2370 Rendsburg - Gesellsch. Schlesw.-Holst. Zeitungsverlag GmbH, Flensburg; AR-Mitgl. Gothaer Versich.bank, Köln - BVK I. Kl., Gr. BVK.

MÖLLER, Helmut

Dr. phil., Prof., Volkskundler - Friesewег 2, 3400 Göttingen - B. 1969 Privatdoz., dann apl. Prof. Univ. Göttingen (Dt. Volkskd.).

MÖLLER, Helmut

Dr. phil., Prof. f. Erziehungswissenschaft - Nelkenweg 67, 6300 Gießen (T. 3 11 07) - Geb. 18. April 1918 Karwesee/Osthavelland (Vater: August M., Lehrer; Mutter: Marie, geb. Panzer), ev., verh. s. 1943 m. Gisela, geb. Werneburg, 2 Kd. (Bernd-Joachim, Gabriele) - Abit. 1937; 1945-51 Stud. (1. Staatsex. 1950, Promot. 1951, Erw.-Prüf. u. 2. Staatsex. [Ass.] 1957) - 1950-55 wiss. Assist. u. O.-Assist. päd. Fak. Jena; 1956-63 Stud.-Ass. u. Stud.-Rat Gymn. Essen; 1963-72 Stud.-Rat u. O.-Stud.-Rat im Hochsch.dst. Univ. Gießen; 1972-82 Prof. ebd. - BV: Peter Petersen 1884-1952, 1964 u. 66; Stiftg. Mitteldt. Kulturrat, 1978; Art. i. Mitteld. Vorträge; Gedenktage d. mitteld. Raumes; Aus Deutschlands Mitte; Histor. Landeskunden Mitteldeutschlands. Herausg.: Mitteldt. Kulturrat, Berichte, Mitteilungen, Beiträge (1987ff.) - 1972 Präsid. d. Mitteldt. Kulturrates - Liebh.: Kunstgesch., Innenarch. - Gold. Skiabz. - Spr.: Engl., Franz.

MÖLLER, Hermann

Dr.-Ing., geschäftsf. Gesellschafter der Firmen Johannes Möller Hamburg GmbH & Co KG u. Dr.-Ing. Hermann Möller GmbH - Schillerstr. 43, 2000 Hamburg 50 - Vorst.-Mitgl. Fachgemeinsch. Fördertechnik VDMA u. d. TÜV Norddeutschl.

MÖLLER, Horst

Dr. phil., Direktor u. Prof. d. Deutschen Historischen Instituts Paris - 9, rue Maspéro, 75 116 Paris (T. 00331 - 45 20 25 55) - Geb. 12. Jan. 1943 Breslau (Vater: Theodor M., Bauuntern.; Mutter: Elisabeth, geb. Neuwirth), kath., verh. m. Hildegard, geb. v. d. Bank, 2 Kd. - 1963-69 Stud. Gesch., Phil., German. Univ. Göttingen u. Berlin (Staatsex. 1969, Promot. 1972, Habil. 1978) - 1969-77 Wiss. Assist. FU Berlin; 1978 Mitarb. Bundespräsidialamt Bonn; 1979-82 stv. Dir. Inst. f. Zeitgesch. München; 1978-82 Privatdoz. FU Berlin u. Univ. München; 1982-89 o. Prof. f. Neuere Geschichte in Erlangen-Nürnberg - S. 1985 Vors. d. Arbeitsgem. außeruniversitärer histor. Forsch.einricht. in d. BRD; 1985-87 Mitgl. Gründungsdir. Haus d. Gesch. d. BRD; 1986 Gastprof. St. Antony's College Oxford/Engl., u. 1988 a. d. Sorbonne Paris; Mitgl. u. a. Kommiss. f. Gesch. d. Parlamentarismus u. d. Polit. Parteien sow. d. Hist. Kom z. Berlin - BV: Aufklär. in Preußen, 1974; Exodus d. Kultur. Schriftst., Wissensch. u. Künstler in d. Emigration nach 1933, 1984; Weimar. D. unvollendete Demokr., 1985; Parlamentarismus in Preußen 1919-1932, 1985; Vernunft u. Kritik. Dt. Aufklärung im 17. u. 18. Jh., 1986; Fürstenstaat od. Bürgernation. Dtschl. 1763-1815, 1989. Mithrsg.: Jb. d. Hist. Forsch. (s. 1982); D. Dritte Reich (1983); Deutschlands Weg in d. Diktatur (1983); Intern. Biographical Dictionary of Central European Emigres 1933-45, vol II, 1. u. 2. (1983); Hist. Bibliographie (s. 1987); Enzyklopädie dt. Gesch. (1988ff.); zahlr. wiss. Aufs. - BVK I. Kl. - Spr.: Franz., Engl.

MÖLLER, Hugo

Dr. phil., Prof. f. Realschulpädagogik - Rögenfeld 36, 2000 Hamburg 64 - Geb. 18. Febr. 1912 Neumünster/Holst. (Vater: Wilhelm M., Bäckerm.), ev., verh. s. 1946 m. Gertrud, geb. Kremeike, 2 Söhne (Jörn, Peter) - Päd. Akad. u. Univ. Kiel; Promot. (Phil., Kunst- u. Vorgesch.) 1939 - 1933-50 Lehrer, Rektor; 1939-45 Wehrm.; 1946-48 Antiquitäten-Werkstatt; 1950-55 Assist. Univ. Kiel (Inst. f. Päd. u. Psych.); s. 1955 Prof. Päd. Hochsch. Göttingen. Initiator Industrie-Praktikum f. Lehramtskand. u. Theol.; Mitgl. Komm. f. berufl. Bldg. Dt. Ind.- u. Handelstag u. wiss. Beirat W.-Raymond-Stiftg. - BV: Weltanschaul. Grundl. d. Erziehungslehre Pestalozzis (Im Lichte d. Gestaltphil.), 1940; D. Industrie-Praktikum, 1959 (m. Arlt); Was ist Didaktik?, 12. A. s. 1962; D. Hauptschule, Aufg. u. Probl., 1972; Z. Zt wiss. Arb. an d. Erkenntnistheorie d. Gestaltphil. (in Vorber.) - Liebh.: Malerei - Spr.: Engl., Franz.

MÖLLER, Joseph

Dr. theol., o. Prof. f. Philosophie - Universitätsstr. 2, 8900 Augsburg (Univ.), u. Seewiesstr. 23, 8133 Feldafing - Geb. 9. Juli 1916 Mainz (Vater: Adam M.; Mutter: geb. Becker), kath. - Univ. Fribourg, Rom, Freiburg/Br. (Phil. Theol.). Priesterweihe 1941; Habil. 1949 Mainz - S. 1953 Ord. Univ. Tübingen u. Augsburg (1972) - BV: D. Geist u. d. Absolute, 1951; Existenzphil. u. kath. Theol., 1952; Absurdes Sein?, 1959; V. Bewußtsein zu Sein, 1962; Z.Thema Menschsein, 1967; Glauben u. Denken im Widerspruch, 1969; Wahrheit als Problem, 1971; Virtus politica, 1974; D. Chance d. Menschen - Gott genannt, 1975; Menschsein - ein Prozeß, 1979; Tractatus ontologicus, 1981; Sein u. Schein d. Religion, 1983; Fundamentalethik u. d. Menschenrechte, 1984; D. Streit um d. Gott d. Philosophen, 1985; Spuren d. Erlösung, 1986; Auf d. Suche nach d. verborgenen Gott, 1987; Religionsphilosophie heute, 1988.

MOELLER, Julius

Dr. med., Prof., ehem. Chefarzt Innere Abt. Städt. Krankenanstalten Hildesheim - Westpreussenstr. 4, 3200 Hildesheim - Geb. 22. Aug. 1918 - S. 1951 (Habil.) Privatdoz. u. apl. Prof. (1957) Univ. Würzburg (zul. Oberarzt Med. Klinik). Spez. Arbeitsgeb.: Hochdruck, Nierenkrankh. Zahlr. Fachveröff.

MÖLLER, Karl

Landesminister a. D., MdL Nieders. (1955-78) - Im Burggarten 3, 4570 Quakenbrück - Geb. 25. März 1919 Quakenbrück, kath., verh. 1950 - Obersch.; Zimmererhandw.; 1937-338 u. n. Kriegsende Fachsch. Meisterprüf. 1948 - 1938-45 Soldat; 1950 Übern. d. s. 1813 besteh. Familienbetriebes; 1965 b. 1970 nds. Min. f. Wirtschaft u. Verkehr. Zeitw. Kreishandwerksm. u. -tagsabg. Präs. Gesamtverb. Handwerk Nieders. s. 1970. CDU - 1972 Gr. Nds. Verdienstkr.; 1976 Gr. BVK, 1984 Stern dazu; 1978 Nds. Landesmed., 1984 gr. BVK m. Stern.

MÖLLER, Klaus-Peter

Rechtsanwalt u. Notar, Präs. Hess. Landtag (s. 1988), MdL Hessen (s. 1977) - Goethestr. 29, 6300 Gießen - Geb. 8. Aug. 1937 Darmstadt - Gymn. Gießen; Univ. Bonn, München, Würzburg (Rechts- u. Staatswiss.). Jurist. Staatsprüf. 1960 u. 65 - S. 1965 RA u. Nt. (1977) Gießen. Stadtverordn.vorst. CDU (Kreisvorst. Gießen).

MÖLLER, Paul

Bürgermeister, MdL Schleswig-Holst. (s. 1968) - An d. Bäderstr. 34, 2444 Heringsdorf/Holst. (T. 3 78) - Geb. 26. Sept. 1916 Fargemiel/Holst., ev., verh., 1 Kd. - Volkssch.; landw. Lehre - B. 1937 landw. Tätigk., dann Wehr- (aktiv) u. Kriegsdst. (zul. Hauptwachtm.), anschl. Landw., s. 1955 Bürgerm. Gde. Heringsdorf. Zeitw. Vizepräs. LK SH. 1953-70 MdK Oldenburg. SPD s. 1946 (bereits 1932 Mitgl. Reichsbanner-Schwarz-Gold)- 1964 Frhr.-v.-Stein-Med.

MÖLLER, Peter

Rechtsanwalt, Hauptgeschäftsf. Verb. d. Dt. Blumen-Groß- u. Importhandels, Generalsekr. Union Fleurs, Intern. Verb. Blumengroßhandel - Rehweg 4, 4044 Kaarst - Geb. 18. Mai 1935.

MÖLLER, Peter

Dr. rer. nat., Prof. f. Geochemie, Privatdoz. f. Analyt. Chemie FU Berlin - Am Sandwerder 42, 1000 Berlin 39 (T. 803 32 13) - Geb. 17. Mai 1937 Elbing/Ostpr. (Vater: Karl M. Ing.; Mutter: Ilse, geb. Sauerland), verh. s. 1964 m. Sybille, geb. Beyer, 2 T. (Astrid, Kerstin) - 1957-64 Chemie-Stud. Berlin (Dipl. 1964, Promot. 1967, Habil. 1974) - 1964-71 Wiss. Assist.; s. 1971 Leit. Geochemie Hahn-Meitner-Inst. Berlin. Üb. 125 Publ., 7 Buchbeitr., 1 Buch, Forschungsber. - Spr.: Engl.

MÖLLER, Richard

Architekt, MdL Hessen (1970-75; u. 1976 ff.) - Gartenstr. 3, 6404 Neuhof (T. 06655 - 4 32) - Geb. 23. Nov. 1927 Neuhof - Volkssch.; 1942-46 Zimmererlehre; 1952-54 Fachsch. f. Bauhandw. (Bautechnikerprüf.) - S. 1964 fr. Arch. 1970 ff. Landesvors. Hessen u. stv. Bundesvors. Mittelstandsvereinig. CDU/CSU.

MÖLLER, Rolf

Staatssekr. a.D., Generalsekretär Volkswagen-Stiftung (s. 1983) Hannover - Postf. 81 05 09, 3000 Hannover 81 - Geb. 29. Aug. 1930 Bremervörde (Vater: Ernst M., Baubeamter; Mutter: Marie, geb. Wienberg), ev., verh. s. 1959 m. Bärbel, geb. Bienengräber, 2 Töcht. (Susanne, Sabine) - 1950-57 Stud. Rechts- u. Staatswiss. Univ. Freiburg, München, Ohio/USA, Bonn; Ass. 1962 Bonn - 1957-68 Geschäftsf. Dt. Studentenwerk, 1968-75 Bereichsleit. Dt. Forschungsgemeinsch., beide Bonn, 1975-79 Präs. Christ.-Albr.-Univ. Kiel, 1979-82 Staatssekr. Nieders. Min. f. Wiss. u. Kunst - Spr.: Engl., Franz.

MÖLLER, Vera,

geb. Mohr

Malerin, Bildhauerin, Schriftstellerin (Ps.: Vera Mohr-Möller) - Pepers Diek 14, 2000 Hamburg 55 (T. 86 05 19) - Geb. 25. April 1911 Kiel, ev., verh. s. 1932 m. Wilhelm M., 2 Kd. - Landeskunstsch. Hamburg - Werke: Porträts, fr. Plastiken, Bronzen, Thema: Ballett, Spielzeugmodelle (Steiff, Schildkröt); Glaskuppel D-24m aus transp. Glasmosaik (eig. Techn.) im Shoppingcenter Brent Cross in London (1962). Entd.: Kristallografik (1964) - BV (Kinderb.): Klein-Erna, 5 Bde. 1938/65 (GA. üb. 2 Mill.); Claudia hat Köpfchen, 1950; Phantast. Getier, 1953; Kl.-Erna, Auswahl m. Platte, 1967; Klein Erna aktuell, 1972; D. Roller-Rallye, 1968. Versch. Bilderb.; durchschaut, Gedichtband - Liebh.: Golf (Dt. Meisterin 1953) - Großv.: bek. Mathematiker (D. Mohrsche Satz).

MÖLLER, Werner

Geschäftsführer Arbeiter-Samariter-Bund/Landesverb. Saarl. - Finkenweg 52, 6604 Brebach-Fechingen.

MÖLLER, Wolf-Detlef

Versicherungskaufmann, Geschäftsf. Eutiner Sommersp. GmbH (s. 1981) - Wolfsberg 19, 2420 Eutin (T. 04521 - 7 11 99 u. 53 22) - Geb. 1. Aug. 1938 Swinemünde, ev., ledig - Wirtschafts-Abit.; Ausb. Versich.-Kaufm. - S. 1967 CDU-Ortsvorstand Eutin; s. 1975 1. Vors. TSV Fissau; s. 1981 selbst. Versich.-Kaufm., Hauptvertr. Colonia Versich., 1982-86 MdK Ostholst.; s. 1983 1. Vors. THW-Helfervereinig. Eutin; s. 1984 1. Vors. WMV; Geschäftsf. CDU-Kreistagsfrakt. Ostholstein u. CDU-Pressespr.; s. 1986 Stadtvertr. Eutin u. stv. Fraktionsvors. CDU-Stadtfrakt.; s. 1986 Vors. Paneuropa-Union, Ortsgr. Eutin; s. 1986 stv. Ortsvors. Pommersche Landsmannsch., Ortsgr. Eutin; s. 1986 Stadtvertr. u. Aussch.-Mitgl. Personalaussch., Wirtsch.förderungsaussch. u. Aussch. f. Jugend, Kultur u. Sport; s. 1986 Mitgl. Eutiner Schützengilde v. 1668; Mitgl. Fremdenverkehrsverein f. Eutin u. Umgebung - Liebh.: Kultur, Sport, Politik - Spr.: Engl., Franz., Span., Russ.

MÖLLERING, Karl Friedrich

Dr. rer. pol., Dr.-Ing., Dipl.-Ing., Patentanwalt - Elsässerstr. 31, 2400 Lübeck (T. 6 30 55, 62 19 10) - Geb. 29. Juli 1909 Dresden (Vater: Prof. Joh. Heinrich M.; Mutter: Lina, geb. Höfinghoff), ev., verh. m. Inge, geb. Mewes - Stud. TH Dresden u. Univ. Leipzig - Ehrenpräs. Christl. Jugenddorfw. Dtschl. - Gr. BVK - Spr.: Engl., Franz. - Rotarier.

MÖLLERS, Josef H.

Vorstandsmitglied i.R. Allg. Dt. Philips Ind. GmbH, Geschäftsführer i.R. Philips GmbH., bde. Hamburg - Sickerkoppel 15, 2000 Hamburg 68 (T. 601 97 37) - Geb. 7. Nov. 1917.

MÖLLMANN, Eberhard

Dipl.-Ing., Vorstandsmitglied Buderus'sche Eisenwerke (s. 1973) - Sophienstr. 52-56, 6330 Wetzlar/L. - 1983ff. Vors. Verein Dt. Gießereifachleute; 1984ff. Präs. Dt. Gießereiverb., Düsseldorf.

MÖLLMANN, Gunther

Regisseur - Wieningen 33, 4416 Everswinkel - Geb. 4. Jan. 1950 Heiden/Kr. Borken - Staatsex. German., Sozialwiss., Phil. - 1977-82 Regieassist. Staatstheater Stuttgart u. Schauspielhs. Bochum; 1980-83 Regiss. Schauspielhs. Bochum; s. 1983 fr. Regiss.

MÖLLRING, Hartmut

Ministerialrat, Pressesprecher b. Nieders. Justizmin. - Hohnsen 51, 3200 Hildesheim (T. 05121 - 8 40 07) - Geb. 31. Dez. 1951 Großilsede, ev., verh. s. 1980 m. Dr. Eva, geb. Simons, 3 Kd. (Nikolai, Gregor, Lara) - 1972-78 Stud. Jura Marburg u. Göttingen; 1. Staatsex. 1978, 2. Staatsex. 1980 - Spr.: Engl.

MÖNCH, Ernst

Dr.-Ing., em. o. Prof. f. Mechanik u. Spannungsoptik - Reinekestr. 25, 8000 München 90 (T. 64 96 43) - Geb. 2. Nov. 1909 Grünwald/Obb. (Vater: Ernst M., Ing.; Mutter: Rosa, geb. Fink), kath., verh. s. 1948 m. Isabella, geb. Ittlinger †1988, Sohn Ernst - TH München (Diplomprüf. 1933, Promot. 1940). Habil. 1943 München - 1935-37 Konstrukteur Ges. f. Linde's-Eismaschinen, Höllriegelskreuth/Obb.; s. 1937 Assist. (Prof. Dr. Ludwig Föppl), Privatdoz. (1946), apl. (1948) u. o. Prof. (1967) TH bzw. TU München (emerit. 1978), dazw. 1949-52 Kontraktprof. Univ. Tucumán (Argent.) - BV: Prakt. Spannungsoptik, 3. A. 1972 (m. L. Föppl); Einführungsvorl. Techn. Mechanik, 6. A. 1986 - Liebh.: Bergsteigen, Kammermusik.

MÖNCH, Ronald

Prof. u. Rektor Hochsch. Bremen - Holbeinstr. 20, 2800 Bremen 1 - Geb. 10. Aug. 1942 Neckargemünd (Vater: Walter M., Prof.; Mutter: Ursula, geb. Bott), verh. s. 1973 m. Yayla, geb. Bucak, 1 Kd. (Zozan) - 1. jurist. Staatsex. 1966 Heidelberg, 2. Ex. 1971 Stuttgart - 1972-73 Rechtsanw.; s. 1973 Doz. bzw. Prof. - BV: Komment. z. Brem. Personalvertretungsgesetz, 1979 (m. a.) - Spr.: Engl., Franz., Span., Neugriech., Türk.

MÖNCH, Walter

Dr. phil., o. Prof. f. Romanistik (emerit.) - Backnanger Str. 7, 7000 Stuttgart 50 - Geb. 18. Okt. 1905 Rathenow/Havel, ev., verh. m. Ursula, geb. Valborg, geb. Bott, 2 Kd. - Friedrich-Werdersches-Gymn. Berlin; Univ. Berlin u. Dijon. Promot. (1931) u. Habil. (1935) Berlin - 1935 Privatdoz. Univ. Berlin, 1939 o. Prof. f. Roman. Philol. Univ. Heidelberg, 1950 Leit. Dt. Abt. Dolmetscher-Inst. das., 1956 o. Prof. WH Mannheim (1963/64 Rektor), 1964 Univ. Tübingen - BV: Ch. Nodier u. d. dt. u. engl. Lit., 1931; Frankr.s Dichtung v. d. Renaissance b. z. Gegenw. im Spiegel geistesgeschichtl. Probleme, 1935; D. ital. Platon-Renaissance, 1936; Frankr.s Lit. im XVI. Jh., 1938; Voltaire u. Friedrich d. Gr. - D. Drama e. denkwürd. Freundsch., 1943; D. Gastmahl - Begegnungen abendl. Dichter u. Phil., 1947; D. Sonett - Gestalt u. Gesch., 1954; D. WH Mannheim, 1957; Dt. Kultur v. d. Aufklärung b. z. Gegenw., 1962; Franz. Theater im 20. Jh., 1965; Frankreichs Kultur. Tradit. u. Revolte, 1972; Werde, der du bist, Wagner a. d. Wege zu sich selbst, 1977; Hector Berlioz. E. Künstlerleben in d. europ. Welt d. Dicht. u. Musik, 1985. Übers.: Voltaire, Ortega y Gasset, Nodier - Liebh.: Musik - Spr.: Franz., Engl., Span., Ital. - Rotarier; Officier de l'Ordre des Palmes académiques.

MÖNCKMEIER, Friedrich

Fernsehjournalist, Leiter ZDF-Auslandsstudio Rom - Via Angelo Brofferio 3, 00195 Rom, Italien - Geb. 27. Nov. 1938 Berlin (Vater: Dr. Otto M., Wirtsch.prüf.; Mutter: Hilde, geb. Güttlich), verh. s. 1964 m. Silvia, geb. Schwarz - Abit. u. Wehrdst. (Reserveoffz. d. Bundeswehr); Stud. German., Gesch., Theatergesch. München - S. 1962 ZDF-Ausl.-Dokumentation, s. 1969 ZDF-Magazin, s. 1980 ZDF-Korresp. f. Israel, Griechenl., Zypern, Türkei, s. 1986 ZDF-Hauptredakt. Außenpolitik, s. 1988 ZDF-Korresp. f. Italien, Vatikan, Malta - 1966 Gold. Ähre f. Dokumentation üb. dän. Landwirtsch., Intern. Agrarfilmwettb. Berlin - Liebh.: Theater, Musik - Spr.: Engl., Franz., Ital., Span.

MÖNNICH, Horst

Schriftsteller - Wolfsberger Str. 25, 8211 Breitbrunn/Chiemsee (T. 3 09) - Geb. 8. Nov. 1918 Senftenberg/L., ev., verh. s. 1952 m. Modeste, geb. Dahlweid, 3 Kd. (Matthias, Andreas Nikolaus, Modeste) - Reform-Realgymn. Senftenberg; Univ. Berlin (German. u. Ztg.swiss.) - B. 1945 Wehrdst. (Obltn. d. Luftw.); 1948-50 Redakt. Sonntagsbl. - BV: u. a. D. Autostadt - Abenteuer e. techn. Idee, R. 1952 (üb. 120 Ts.; auch schwed. u. jap.); D. Kuckucksruf, Erz. 1951; D. Land o. Träume - Reise durch d. dt. Wirklichkeit, 1955; V. Menschen u. Städten, Reiseberichte 1955; Erst d. Toten haben ausgelernt, R. 1957; in 7 Städten, Dialoge 1959; Guten Morgen, alte Erde, Anthol. 1958; Reise durch Rußland - Ohne Plan im Land d. Pläne, 1961; D. vierte Platz - Chronik e. westpr. Familie, 1962 (auch holl.); Wiederbegegnung - Dtschl.s Mitte/Dtschl.s Osten, Anthol. 1965; Hiob im Moor, Hörsp., 1966; Einreisegenehmigung - E. Deutscher fährt n. Dtschl., 1967; Jahrg. 1918 in: Jahr u. Jahrg., 1968; Aufbruch ins Revier - Aufbruch n. Europa / Gesch. d. Ruhrgebiets, 1971 (üb. 160 Ts.); Quarantäne i. Niemandsld., Hörsp. 1972; E. Dortmunder Agent, Biogr. 1974; Labyrinthe d. Macht, 1975; Am Ende d. Regenbogens, Hörsp., 1980; Nur d. Liebe, Anthol., 1981; BMW, E. Jahrhundertgesch., 1. Bd. Vor d. Schallmauer (1916-1945), 2. Bd. D. Turm (1945-1972), 1983/1986; Jugenddorf, Reise in e. neue Welt, 1984; Hör- u. Fernsehsp. - 1950 Hörspielpreis NWDR, 1967 u. 70 Ernst-Reuter-Preis (f. d. Hörsp.: Einreisegenehmigung u. Quarantäne); Mitgl.

Gruppe 47 u. PEN-Zentrum BRD (1972).

MÖNNICHFELD, Marion
s. Reiners, Rita

MÖNNINGHOFF, Paul
Dr. jur., Stadtkämmerer a. D., Geschäftsf. Mönninghoff GmbH. (s. 1943) - Wiemelhauser Str. 228, 4630 Bochum; priv.: Monkenhof, 4630 Bochum-Stiepel - Geb. 24. Febr. 1903, verh. (Ehefr.: Gerda) - Banklehre; Stud. Rechtswiss. Gr. jurist. Staatsprüf. - Stadtkämmerer u. -rechtsrat Wanne-Eickel. Wehrdst. (zul. Ltn. d. R.) - Liebh.: Musik, Filmen, Segeln.

MÖRATH, Werner
Dr. rer. pol., Unternehmensberater, Vors. Verw.rat Schleicher & Schuell GmbH - Am Steinacker 10a, 4005 Meerbusch 1 (T. 02159 - 71 89) - Geb. 18. Juli 1924 - 1963-65 stv. Vorst.-Mitgl. Feldmühle AG, Düsseldorf; 1966-71 Vorst.-Mitgl. Companhia Siderurgica Mannesmann, Belo Horizonte.

MÖRBITZ, Eghard
Journalist, Hauptstadt-Korrespondent - Dorfstr. 37, 5307 Villiprott (T. 0228 - 32 49 35) - Geb. 29. Jan. 1926 Dresden (Vater: Dipl.-Ing. Siegfried M.; Mutter: Edith, geb. Reichler), verh. s. 1973 m. Gisela, geb. Broich, T. Petra - Humanist. Gymn. Dresden (Mitgl. Dresdner Kreuzchor; Abit.); Wehrdst. (Fähnr. z. See); Stud. d. Med., dann Buch- u. Ztschr.hdl., Redakt.svolont., 1947-49 Journ. Stuttgart (Rhein-Neckar-Ztg.), s. 1949 Korresp. (Frankf. Rundschau) Bonn. Mitgl. Bundespressekonfz., Dt. Presseclub.

MÖRIKE, Klaus D.
Dr. med., Prof. f. Anatomie u. Entwicklungsgesch. - Im Eulenrain 35, 7000 Stuttgart 1 (T. 24 26 98) - Geb. 21. Okt. 1916 Reutlingen, verh. 1943 m. Gretl, geb. Haßler - Promot. 1941 Göttingen; Habil. 1954 Tübingen - 1954 Privatdoz., apl. Prof. (1960) u. Wiss. Rat (1964; Anat. Inst.) Univ. Tübingen, i. R. 1980 - BV: Biologie d. Menschen, 1959, 11. A. 1981 (m. E. Betz u. W. Mergenthaler); Lehrb. u. Atlas d. makroskopischen Anatomie f. Zahnärzte, 1969 (m. F. Kiss u. J. Szentágothai); Röntgentomogr.-anatom. Atlas, 1970 (m. H. Schmidt) (japan. u. span. A., 1971); Atlas of MR Tomography (m. R. Bauer u. a.), 1987; Gesch. d. Tübinger Anatomie, 1988 - Liebh.: Ornithologie, Genealogie.

MÖRK, Bernd
Schornsteinfegermeister, staatl. anerk. Betriebswirt d.H., 1. Bundesvors. Zentralverb. Dt. Schornsteinfegergesellen - Lachentorstr. 23, 7250 Leonberg-Höfingen (T. 07152 - 2 74 73) - Geb. 9. April 1952 Stuttgart (Vater: Rolf M., Bez.-Schornsteinfegerm.; Mutter: Waltraud, geb. Jeutter), ev., verh. s. 1973 m. Inge, geb. Zeger, 2 Kd. (Sven, Britta) - Mittl. Reife 1968; Lehre (Gesellenprüf. 1970, Schornsteinfegermeister 1974) - S. 1975 Bundesvors. Zentralverb. s. o.; 1980 Geschäftsf. Dt. Schornsteinfegerverlag; s. 1980 Mitgl. Württ. Bau-Berufsgenoss. CDU (1980 Ortsvors.) - Spr.: Engl.

MÖRL, Manfred
Dr. med., Privatdoz. f. Innere Medizin, Chefarzt - Zu erreichen üb. Rot-Kreuz-Krankenhaus, Schiffdorfer Chaussee 29, 2650 Bremerhaven - Geb. 8. Mai 1941 Saaz/Eger (Vater: Prof. Dr. Franz M., Chir.; Mutter: Erika, geb. Payr), ev. - Abit. 1959 Halle/S.; Promot. 1965 ebd., Habil. 1979 Erlangen. 105 Publ., 2 Bücher, mehrere Handbuchbeitr.

MOERLER, Klaus
Geschäftsführer Westdeutsche Nahrungsmittel-Werke GmbH, Bad Laer - Schwarzdornweg 18, 2000 Hamburg 65 (T. 040 - 536 03 30) - Geb. 8. Sept. 1931 Köslin/Pommern, verh. s. 1959 m. Helga, geb. Tiefenbach, 2 S. (Jens, Kai) - Stud. Univ. Hamburg, Köln (Volkswirtschaftslehre, Rechtswiss.); Dipl. 1954 - Management Trainee Unilever; Werbekaufm.; Marketing-Geschäftsf. im In- u. Ausl. (1967-72 Buenos Aires, 1972-75 London). Stv. Sprecher Pommersche Landsmannschaft; Präsid.-Mitgl. Ostsee Club - Liebh.: Gesch., Sport - Spr.: Engl., Span., Latein.

MÖRS, Ingo
Autor u. Regiss., Texter - Schumannstr. 53, 2000 Hamburg 76 (T. 040 - 220 20 63) - Geb. 18. Juli 1936 Köln, gesch. - S. 1959 Stud. Psych., Lit. u. Theaterwiss. - Mitgl. Bundesverb. d. Fernseh- u. Filmregiss. in Dtschl., d. Dramatiker-Union, d. Hbg. Filmbüro, u. d. Arbeitsgemeinsch. d. Drehbuchautoren.

MOERSCH, Karl
Journalist, Staatsminister a. D. (Ausw. Amt) - Aalener Str. 10, 7140 Ludwigsburg/Oßweil/Württ. - Geb. 11. März 1926 Calw/Württ., ev., verh., 1 Kd. - N. Abit. 1944 Kriegsdst. (Werfertruppe) u. amerik. Gefangensch.; Volontär Schwaben-Echo (Oberndorf); Gasthörer Univ. Tübingen - Redakt. Rheinpfalz (Ludwigshafen), Dt. Forschungsdst. (Bad Godesberg), D. Gegenwart (Frankfurt); Leit. FDP-Presseabt. (Bonn); 1970-74 Parlam. Staatssekr., 1974-76 Staatsmin. AA Bonn. 1960ff. Stadtverordn. Oberursel. B. 1982 (Austr.) FDP (1971-74 Landesvors. Baden-Württ.); 1964-76 MdB; 1980-85 Mitgl. Exekutivref. UNESCO (Paris) - BV: Kursrevision; Europa f. Anfänger; Bei uns im Staate Beutelsbach; Sind wir denn e. Nation?; Ein Unterthan das ist ein Tropf (Hrsg.); Geschichte d. Pfalz - Spr.: Engl.

MÖRSDORF, Josef
Dr. theol., Dr. phil., em. o. Prof. f. Moraltheologie - Burglesau 33, 8604 Schesslitz (T. 09542 - 12 68) - Geb. 22. März 1906 Muhl b. Trier (Vater: Johann M., Gewerbeschuldir.; Mutter: Mathilde, geb. Steffen), kath. - 1930-42 Kaplan Berlin, Potsdam, Steglitz; 1942-51 Pfarrer Berlin (St. Hedwig); 1955 Privatdoz. Univ. München; s. 1956 ao. u. o. Prof. (1958) Phil.-Theol. Hochsch. Bamberg - BV: D. kl. Berufsschule, 1932; Gestaltwandel d. Frauenbildes u. -berufs in d. Neuzeit, 1958; D. Streik als gesellschaftl. Phänomen u. sittl. Problem, 1959; Kirchl. Leben im alten Berlin, 1962 - Bruder: Klaus M.

MÖRSDORF, Karl
Dr. med., Prof., Pharmakologe - Gudenauer Weg 52, 5300 Bonn-Ippendorf (T. 28 17 28) - Geb. 11. März 1927 Völklingen/S. - S. 1961 (Habil.) Lehrtätigk. Univ. Bonn (1967 apl. Prof.; 1969 Wiss. Rat u. Prof.). Üb. 50 Fachaufs. - Bruder v. Josef u. Klaus Mörsdorf (s. dort).

MÖRSDORF, Klaus
Dr. theol., Dr. jur., Dr. iur. can. h. c., o. Prof. f. Kirchenrecht - Junkersstr. 3, 8035 Gauting/Obb. (T. 850 10 25) - Geb. 3. April 1909 Muhl b. Trier, kath. - Stud. Phil., Theol. u. Rechtswiss. München, Berlin, Köln, Frankfurt/M., Fulda. Priesterweihe 1936 - Kaplan, Assist., 1939 Privatdoz. Univ. Münster (1943 Lehrstuhlvertr.), 1946 o. Prof. Univ. Münster, s. 1.5. München (1947 Vorst. Kanonist. Inst.), 1960 Mitgl. Päpstl. Kommiss. z. Vorbereit. d. 2. Vatikan. Konzils, 1963 Peritus conciliaris, 1964 Konsultor Päpstl. Kommiss. z. Reform d. Codex Iuris Canonici, Konsultor d. Hl. Kleruskongregation - BV: D. neue Besetzungsrecht d. bischöfl. Stühle, 1933; D. Rechtssprache d. Codex Iuris Canonici, 1937, NA. 1967; Rechtsprechung u. Verw. im kanon. Recht, 1941; Lehrb. d. Kirchenrechts, 3 Bde. 11. A. 1964/67. Herausg.: Kanonist. Abt. Münchener Theol. Studien (s. 1951), Archiv f. kath. Kirchenrecht (s. 1960) - 1953 o. Mitgl. Bayer. Akad. d. Wiss.; 1962 Päpstl. Hausprälat, 1976 Ehrendoktor (Löwen), 1978 Bayer. VO. - Eltern s. Josef M. (Bruder).

MOES, Eberhard
Dr. phil., Schriftsteller (Ps.: Eberhard Monorby), Herausg. u. Chefredakt. Pressedst. Die Auslands-Redaktion (1950-79) - Am Gautor 1, 6500 Mainz (T. 06131 - 22 86 10) - Geb. 21. Nov. 1903 Waldenburg/Schles., verh. - W.: Lockton d. Fremde, R. 1941; D. Dame Mercedes, R. 1942; Land an d. Biskaya, Ess. 1942; Hundert Gesichter hat d. Frau, Erz. 1943; Eramun, Sch. 1943; E. Tag sollst du reich sein, Erz. 1947.

MÖSCHEL, Wernhard
Dr. iur., o. Prof. f. Bürgerl., Handels- u. Wirtsch.recht Univ. Tübingen (s. 1973) - Falkenweg 40, 7400 Tübingen (T. 6 48 15 u. 29 25 56) - Geb. 16. Juni 1941 Regensburg (Vater: Georg, Arzt; Mutter: Cäcilie, geb. Theben), kath., verh. s. 1967 m. Birgitta, geb. Severin, T. Ulrike - Stud. Univ. Münster, München, Genf; Promot. 1967; Habil. 1972 Bielefeld - Mitgl. wiss. Beirat b. BuWiMi, d. Kronberger Kreises - BV: D. rechtl. Behandl. d. Paralleleinfuhr v. Markenware innerh. d. EWG, 1968; 70 Jahre dt. Kartellpolitik, 1972; D. Wirtsch.recht d. Banken, 1972; D. Oligopolmißbrauch im Recht d. Wettbewerbsbeschränkungen (USA, Großbrit., EWG, BRD), 1974; Rechtsordn. zw. Plan u. Markt, 1975; Pressekonzentration u. Wettbewerbsges., 1978; D. Trennsyst. in d. U.S.-amerik. Bankwirtsch., 1978; Monopolverb. u. Satzungskontrolle, 1978; Entflechtungen im Recht d. Wettbewerbsbeschränkungen, 1979; Z. Problemat. e. Kriminalisierung v. Submissionsabspr., 1980; D. Auflös. vollzogener Untern.-Zusammenschlüsse n. d. GWB, 1982; Lehrb. d. Rechts d. Wettbewerbsbeschränk., 1983 - Liebh.: Tennis, Sammeln v. Porträtstichen - Spr.: Engl., Franz.

MÖSENEDER, Karl
Dr. phil., Prof., Lehrstuhl f. Kunstgeschichte u. Christl. Archäologie, Univ. Passau - Linzerstr. 10a, 8390 Passau - Geb. 11. Jan. 1949 Völklabruck/Österr. (Vater: Karl M., Beamter; Mutter: Maria, geb. Stoitzner), kath. - 1969-74 Univ. Salzburg (Promot. 1974); Habil. 1980 Univ. Regensburg - 1975-77 Mitarb. Reallex. z. Dt. Kunstgesch., München; 1977-88 Inst. f. Kunstgesch. Regensburg - BV: Montorsoli - Die Brunnen, 1979; Philipp Otto Runge u. Jakob Böhme, 1981; Barocke Bildphil. u. Emblem, 1981; Zeremoniell u. Monumentale Poesie, 1983.

MÖSER, Georg Otto
Vorstandsmitglied Gerresheimer Glas AG. (1969 b. 1978, i.R.) - Postf. 330249, 4000 Düsseldorf 30; priv.: Kibbenheide 11, 4020 Mettmann (T. 02104 - 5 28 82) - Geb. 15. Aug. 1922 Sao Paulo (Vater: Wilhelm M., Bankdir.; Mutter: Emma, geb. Raeder), ev., verh. s. 1949 m. Edith, geb. Icken, 3 Kd. (Maja, Michael, Tessa) - Stud. Univ. Rio de Janeiro (Ing.wiss.) - Spr.: Portug., Engl.

MÖSL, Albert
Dr. jur., Bundesrichter BGH - Herrenstr. 45a, 7500 Karlsruhe - Geb. 20. April 1917.

MÖSLEIN, Siegfried
I. Vizepräsident d. Bayer. Landtags, MdL Bayern (s. 1970) - Schulstr. 19, 8621 Großheirath/Ofr. (T. 09565 - 3 01) - Geb. 1927 - CSU - 1980 Bayer. VO; 1986 BVK I. Kl.

MÖSLER, Gustava
Dr., Programmdirektorin Hörfunk/ Bayer. Rundf. - Rundfunkpl. 1, 8000 München 2.

MÖSSBAUER, Rudolf L.
Dr. rer. nat., o. Prof. f. Physik TU München u. Direktor Department Physik m. Reaktorstation (Garching) - Zu erreichen üb. James-Franck-Str., 8046 Garching b. München, priv.: Lohengrinstr. 46, 8000 München 81 - Geb. 31. Jan. 1929 München, 3 Kd. (Peter, Regine, Susanne) - Stud. TU München (Physik; Diplomprüf. 1955; Promot. 1958 b. Prof. Maier-Leibnitz) - B. 1960 Forschungstätigk. Max-Planck-Inst. f. med. Forsch., Heidelberg, dann California Inst. of Technology, Pasadena (1961 Prof.), 1964-72 o. Prof. u. Dir. Department Physik m. Reaktorstation (Garching) TH bzw. TU München, 1972-77 Dir. Inst. Max v. Laue - Paul Langevin - BV: Kernresonanz-Fluoreszenz v. Gammastrahlung in Iridium 191, 1958 (Diss.); Welt d. Atoms - Einf. f. jedermann, 1969 (m. Alexander v. Cube) - 1961 Nobel-Preis f. Physik (Mössbauer-Effekt); 1962 Bayer. VO., 1964 Gr. BVK m. Stern u. Schulterband; 1963 Dr. Sci. Hon. G.-Adolphus-Coll., Minnesota; 1971 Ausw. Mitgl. Americ. Acad. of Arts a. Sciences Boston; 1973 Dr. Sci. Univ. of Oxford/Engl.; 1973 Dr. Sci. Univ. Lille/Frankr.; 1974 Dr. h. c. Grenoble; 1975 Dr. Sci. Univ. of Leicester/ Engl.; 1975 Ausw. Mitgl. Acad. Naz. dei Roma, Mitg. Dt. Phys. Ges., Amerik. Phys. Ges., Europ. Phys. Ges.; Bayer. Akad. d. Wiss.; Ges. Dt. Naturforscher u. Ärzte; Dt. Ges. d. Naturforscher/ Leopoldina, Halle/S.; Päpstl. Akad. d. Wiss. u. Ind. Akad. d. Wiss., Neu Delhi; 1984 Bayer. Maximilians-Orden f. Wiss. u. Kunst, 1985 Gold. Lomonossow-Med. Sowjet. Akad. d. Wiss.; 1985 Dr. h. c. Univ. Saarbrücken; 1986 Einstein-Med. Albert-Einstein Ges. Bern; 1986 Dr. h. c. Ungar. Wiss. Akad. Budapest.

MOESTA, Carlheinz
Dr. phil., Journalist, MdL Rhld.-Pfalz (s. 1971) - Gartenstr. 14, 5488 Adenau/Eifel (T. 23 68) - Geb. 24. April 1928 Boppard, verh., 2 Kd. - Realgymn.; Stud. Philol., Vergl. Literaturwiss. - Freiberufl. Tätigk. als Journ.; 1965-74 stv. Bundesvors. Bundesvereinig. d. Fachjourn. f. Jugendarb.; 1969-78 Mitgl. Stadtrat Adenau; 1971-78 Vors. SPD-Kreisverb. Ahrweiler; Vors. SPD Ortsverein Adenau; Vorst.-Mitgl. SPD Unterbez. Ahrweiler; stv. Vors. Rundfunkrat Südwestfunk; Mitgl. Kurat. Univ. Mainz u. Stiftg. Bahnhof Rolandseck. SPD s. 1957 (Mitgl. Fraktionsvorst., s. 1985 stv. Vors. Landtagsfrakt.).

MOESTA, Hasso
Dr. rer. nat., Prof. f. Physikal. Chemie - Birkenstr. Nr. 25, 6601 Bübingen/Saar (T. 06805 - 3 63) - Geb. 30. Nov. 1925 Dresden (Vater: Dr. med. Kurt M., Arzt), ev., verh. s. 1948 m. Liselotte, geb. Melchior, 3 Kd. - Dipl.-Phys. 1950; Promot. 1954 (Physikal. Chemie); Habil. 1963 - B. 1959 Industrie- (Laborleit.), dann Hochschultätigk. (Univ. Bonn, 1968 apl. Prof.; Univ. Saarbrücken, 1970 Ord./Lehrst. II). Spez. Arbeitsgeb.: Physikal. Chemie d. Festkörper. Mitgl. Dt. Bunsen-Ges. u. Ges. Dt. Chem. - BV: Chemisosption in Metall-Metall-Systemen, 1968 - Spr.: Engl.

MÖWS, Heinz
Dr. rer. techn., Dipl.-Landw., Generalsekr. i. R. (Dt. Bauernverb.; 1966-76) - Florastr. 9, 5301 Ückersdorf (T. Bonn 3 87 66; Büro: Bad Godesberg 7 69 55) - Geb. 25. Febr. 1911 Jablonken/Ostpr. (Vater: Franz M., Landw.; Mutter: Emilie, geb. Krutz), ev., verh. s. 1940 m. Maria, geb. Buschmann, 3 Kd. (Uwe, Heidi, Christiane) - TH Danzig (Dipl.-Landw. 1936; Promot. 1937) - 1937-41 Bauernkammer Danzig, Landesbauernsch. Kurmark (1938), Landmaschinen-Ges. mbH., Lommatzsch (1940; Dir.); 1941-45 Kriegsmarine (zul. Oblt. (Ing.) d. R.); s. 1949 Dt. Bauernverb. (1964 stv. Generalsekr.) - Spr.: Franz., Engl. - Mehrf. Mehrkampfmeister TH Danzig (Leichtathletik).

MOGG, Walter
Wissenschaftl. Angestellter, MdL Baden-Württ. (Wahlkr. 61, Hechingen-Münsingen), stv. Vors. d. Aussch. f. Wissensch. u. Kunst - Lärchenstr. 9, 7432 Bad Urach-Sirchingen (T. 0711 - 459-26 30) - Geb. 20. Aug. 1937 Nagold - SPD.

MOGGE, Winfried
Dr. phil., Leiter Archiv d. dt. Jugend-

bewegung (s. 1976) - Burg Ludwigstein, 3430 Witzenhausen 1 (T. 05542 - 18 62) - Geb. 15. Aug. 1941 Iserlohn (Vater: Wilhelm M., Redakteur; Mutter: Anna, geb. Müller), verh. s. 1966 m. Wiltrud, geb. Wenning - 1961-68 u. 1973-75 Univ. Berlin u. Erlangen (Gesch., Germanistik; Promot. 1976) - 1968-73 Leiter Heim-VHS Burg Rothenfels, s. 1980 Lehrbeauftr. Gesamthochsch. Kassel - BV: u. a. Nürnberg u. d. Landsberger Bund, 1976; div. Herausg. u. Fachveröff. (Landesgeschichte; Jugendbewegung).

MOGWITZ, Hanns

Dr. jur. - Flemingstraße 25 a, 8000 München 81 (T.098 27 08) - Geb. 27. Febr. 1909 - Staatsdst. (zul. ORR), 1968-74 Vorst.-Mitgl. Münchener Rückvers.-Ges., vorher stv. - Offz.skreuz Orden d. Eichenkrone Großherzogtum Luxemburg. Gr. Silb. Ehrenz. Rep. Österr.

MOH, Günter Harald

Dr. Dr. habil., Prof. f. experimentelle Mineralogie u. Lagerstättenkunde - Schwabenheimer Weg 7c, 6900 Heidelberg (T. 06221 - 8 11 47); Mineralog.-Petrograph. Inst. d. Univ., Im Neuenheimer Feld 236, 6900 Heidelberg (T. 06221 - 56 28 10) - Geb. 2. Mai 1929 Liegnitz (Vater: Paul M., Bahnbeamter; Mutter: Olga, geb. Kastner), ev., verh. s. 1958 m. Ursula, geb. Müller, 2 Töcht. (Susanne, Annette) - Lehre Masch. u. Apparatebau, Stud. (Chem., Mineral.) Univ. Halle, FU Berlin u. Heidelberg; 3 J. Geophys. Laboratory, Carnegie Inst. of Washington/USA - S. 1964 wiss. Assist., s. 1967 (habil.) Priv.doz., s. 1972/73 Prof. Univ. Heidelberg - BV: Üb. 90 wiss. Publ. (dtsch. u. engl.) - Ehrenprof. d. Univ. Wuhan-Hubei, China; Mitgl. u. Ehrenmitgl. zahlr. nat. u. intern. wiss. Vereine - 18 × Gold. Sportabz.

MOHING, Walter

Dr. med., Prof., Orthopäde Fak. f. klin. Med. Univ. Ulm - Hessingstr. 17, 8900 Augsburg 22 - Geb. 16. März 1920 - S. 1963 (Habil.) Lehrtätigk. Univ. Erlangen-Nürnberg (1969 apl. Prof.). Fachveröff.

MOHL, Hans

Dr. med. h. c., Fernsehjournalist - Fontanestr. 49, 6500 Mainz 31 - Geb. 30. Nov. 1928 Kiel - S. 1963 Leit. d. ZDF-Redakt. Gesundheit u. Natur (Send. Gesundheitsmagazin Praxis, Aktion Sorgenkind) - BV: U. a. 7 Erfolgsprogr. f. d. Gesundh., 1975; Iß d. Richtige, 1977 - Intern. Japanpreis, Ehrenzeichen dt. Ärzteschaft; 1980 Ehrendoktor f. Medizin Univ. Erlangen - Liebh.: Karikaturen - Spr.: Engl.

MOHL, Max

Dr. rer. pol., Dipl.-Kfm., Inhaber Afrika-Museum Wiesenbach/Heidelberg - Hermann-Löns-Weg 13 - Geb. 1927 Besigheim/Neckar, verh. m. Irene Mohl, Doz. Univ. Heidelberg, T. Martina Maximiliane - Verf. v. Büchern üb. Afrika, Indien, Ceylon, Sowjetunion, Japan u. d. dt. Ind. 1986 Gründ. e. eig. Verlages; eig. Afrika-Mus. in Wiesenbach/Heidelberg. Ethnol. Arb. b. Stamm d. Wamakonde/Ostafrika - BV: Meisterwerke d. Makonde (deutsch u. engl.).

MOHLER, Armin

Dr. phil., Journalist u. Schriftst., Geschäftsf. Carl-Friedrich-v.-Siemens-Stiftg., München 19 (1964-85), Univ.-Doz. f. Wiss. v. d. Politik Univ. Innsbruck/Rechts- u. Staatswiss. Fak. (s. 1967) - Liebigstr. 3, 8000 München 22 (T. 22 28 83) - Geb. 12. April 1920 Basel/Schweiz (Vater: Ernst M., Beamter; Mutter: Frieda, geb. Weingartner), verh. s. 1949 m. Edith, geb. Weiland, 2 Söhne (Gert, Wulf) - Realgymn. u. Univ. Basel (Promot. 1949) - 1949-53 Sekr. v. Ernst Jünger, dann Pariser Korresp. D. Tat, Zürich (1953-61), D. Zeit, Hamburg (1955-60), D. Furche, Wien (1957-61), Christ u. Welt, Stuttgart (1960-61), s. 1961 fr. Schriftst. (München). 1965-85 Kolumnist D. Welt - BV: D. Konservative Revolution in Dtschl., 2. A. 1972; D. 5. Republik, 1963; Was d. Deutschen fürchten, 1965; Vergangenheitsbewältigung, 1996; Sex u. Politik, 1972; Von rechts gesehen, 1974; Tendenzwende f. Fortgeschrittene, 1978; Vergangenheitsbewältigung, Neue erw. Fassung 1981; Wider die All-Gemeinheiten, 1981 - 1967 Konrad-Adenauer-Preis Dtschl.-Stiftg. - Liebh.: Kunstgesch. - Spr.: Franz., Engl.

MOHLER, Hans

Oberlehrer, Schriftst., Sekr. Basler PEN-Club - Crestalunga, 7425 Masein/Schweiz - Geb. 25. Okt. 1919 Thusis, ev., verh. I) s. 1944 m. Helene Josephine, geb. Chardon, 2 Kd., verw., II) s. 1968 m. Charlotte, geb. Studer, 1 S. - Lehrersem. Chur; Univ. Zürich, Bern, Lausanne, Sekundarlehrerpatent 1946 Zürich - BV: Kl. Sternreise, Ged. 1943; Aus e. Hirtensommer, Erz. 1944; Am Rand d. Tages, R. 1944; Ritt durch d. Herbst, Erz. 1945; 2 Erzählungen, 1947; Offenbarung u. Untergang, Erz. 1950; D. kl. Dorftheater, Erz. 1955; Rezept f. Sieger, Erz. 1960; Direktor Midas, Erz. 1960; D. Kampf m. d. Drachen, R. 1961; Fasnacht, Sachb. 1963; D. Domlesch, Sb. 1965; Thusner Wanderb., 1966. Libretto f. e. Jenatsch-Oper (Raffaele d'Alessandro, 1952); Regimentsspiel, R. 1969, u. 5teil. Hörsp., 1972; Hirtensommer, Erz. 1979 - Liebh.: Wintersport, Reiten, Malen u. Modellieren.

MOHN, Reinhard

Verleger, Aufsichtsratsvors. Bertelsmann AG, Gütersloh - Carl-Bertelsmann-Str. 270, 4830 Gütersloh 100 (T. 80-0) - Geb. 29. Juni 1921 Gütersloh (Vater: Heinrich M., Verleger; Mutter: Agnes, geb. Seippel), ev. - Wehrdst. (Offz.) u. Kriegsgefangensch. (Nordafrika, USA); s. 1946 Bertelsmann-Verlag (1947 Leitg.).

MOHNEN, Heinrich (Heinz)

Dr. jur., Amtsgerichtspräsident a. D., Oberstadtdir. a. D., Honorarprof. f. Bürgerl. Recht, insb. Wohnungsrecht, Univ. Köln (s. 1964) - Lovis-Corinth-Str. 12, 5000 Köln 41 (T. 48 84 85) - Geb. 11. März 1914 Köln - B. 1965 Stadt-, dann Oberstadtdir. Köln. 1977 Rechtsanwalt. Veröff. rechtl. Natur - Spr.: Engl. - Rotarier.

MOHR, Albert-Richard

Dr. phil., Prof., Musik- u. Theaterwissenschaftler - Bockenheimer Anlage 6, 6000 Frankfurt/M. (T. 55 79 62) - Geb. 27. Dez. 1911 Frankfurt/M. - Oberrealsch. u. Univ. Frankfurt/M. (Musik- u. Kunstgesch., Germanistik), ebd., Assist. Musikwiss. Inst. u. Univ. Musik-Dir., zugl. wiss. Mitarb. am Städt. Manskopfschen Musik- u. Theaterhistor. Museum u. verantw. Leit. v. Ausstellungen u. Konzerten, Doz. Staatl. Hochsch. f. Musik u. Darstellende Kunst (Opernkl.) u. Hochsch. f. Theater (Musik- u. Theatergesch.), Ztg.kritk. u. Komment. Hess. Rundf., Begr. Arb.kreis f. neue Musik, I. Dramat. u. Regiss., gleichz. künstl. Betriebsdir. Opernhaus Ffm., Gastsp. u. a. in Bulg., Griechenl., Jugosl., Rum., Span.; daneb. Dir.-Mitgl. Dante-Alighieri-Ges. u. Beauftr. d. Ständ. Rats d. Komponisten in Europa als Leit. intern. Musikfeste u. Ausstellungen. Beauftr. Bundesanst. f. Arbeit (Musiktheater), gleichz. Prof. South. Illinois State-Univ. (USA) u. Gastvorles. div. Univ. - BV: u. a. Frankfurter Theaterleben im 18 Jh., 1940; V. d. Wandertruppe z. Komödienhaus, 1967; D. Römerberg-Festsp., 1968; D. Frankf. Mozart-Buch, 1968; Lebensbilder dt. Int., 1970; D. Singakad., 1972; D. Frankfurter Oper, 1972; D. Frankf. Schauspiel, 1974; Musikleben in Frankfurt a.M., 1976; D. Frankfurter Opernhaus 1880-1980, 1980; Christl. Kunst in Frankfurt am Main, 1983; 200 J. Bühnenbild d. Frankfurter Oper, 1986. Aufs. in Ztg. u. wiss. Ztschr. - Verdienstkr. bulgar. u. rumän. Krone, Ehrenmitgl. Wiener Mozart-Gem., Österr. Ehrenkr. f. Kunst u. Wiss. I. Kl., Salzburger Mozart-Med., BVK I. Kl., Dr. lit. hum. h. c. Rom, Ehren- u. Goethe-Plak. Stadt Frankfurt/M., Stoltze-Preis, Goethe-Med. d. Ld. Hessen, Weltkultur-Preis f. Lit., Kunst u. Wiss. d. Accad. Italia m. Siegesstatue als Persönlichkeit d. Jahres 1984; Ehrenmitgl. Alte Oper Frankfurt/M.; Stifter d. Frankf. Mozart-Med. - Liebh.: Samml. v. Musikautographen u. Bühnenbildentw. - Lit.: E. Wolff: Festschr. z. 65. Geb.Tag, D. Bühnenjahrb. 1971, 1973, 1978, 1983 u. 1988, D. Bühnengenossensch. 1973 u. 1983, Riemann: Musiklexikon, Frank-Altmann: Tonkünstler-Lexikon, Who is who in the arts, 100 J. Intern. Stiftung Mozarteum, Frankfurter Gesichter , Accademia Italia: Personaggi contemporanei, B. Hartmann: E. Leben f. d. Kunst, 1984, erw. A. 1987.

MOHR, Curt

Dipl.-Ing., techn. Direktor, DIN Dt. Institut f. Normung - Burggrafenstr. 4-10, 1000 Berlin 30; priv.: Krottnaurerstr. 70, 1000 Berlin 38 (T. 030 - 2 60 11) - Geb. 30. März 1930 Berlin (Vater: Curt M., Facharzt; Mutter: Elisabeth, geb. Heift), kath., verh. s. 1963 m. Barbara, geb. Schmidt, T. Anne Monika - Gymn., Abit. 1949; TU Berlin, Dipl. (Masch.-bau) 1957 - S. 1957 DNA (1961-74 Geschäftsf. Fachnormenaussch. Informationsverarb.; s. 1975 Mitgl. Geschäftsleit.). Spez. Arbeitsgeb.: Dt. u. intern. Normung.

MOHR, Dieter

Dr., Direktor Statist. Landesamt Schlesw.-Holst. - Fröbelstr. 15-17, 2300 Kiel 1 (T. 0431 - 68 95-269).

MOHR, Ernst

Dr. phil., o. Prof. f. Mathematik - Tristanstr. 1, 1000 Berlin 39 (T. 803 40 01) - Geb. 20. April 1910 Ebersbach/Fils, verh. - Oberrealsch. Göppingen; Univ. Tübingen, München, Göttingen - 1934-42 Assist. u. Privatdoz. TH u. Univ. Breslau, anschl. ao. Prof. Dt. Univ. Prag, 1944 Gestapohaft, nach Kriegsende Ref. Amt f. Volksbild. Berlin, s. 1946 Ord. TU ebd. (Dir. Math. Inst.). Veröff. aus d. Gebiet d. Strömungslehre u. Analysis.

MOHR, Ernst-Günther

Dr. jur., Botschafter a. D. - Kennedyallee 144, 5300 Bonn-Bad Godesberg - Geb. 9. Sept. 1904 Waldheim/Sa. (Vater: Dr. Adolf M.; Mutter: Margarete, geb. Seip), ev., verh. m. Margarete, geb. Basch - Staatsgymn. Chemnitz; Univ. München, Hamburg (Promot.), Paris, London - Gerichtsrefer. Hamburg, 1929-45 AA, n. diplomat.-konsular. Prüfung Schanghai (1932), Peking (1933), Nanking (1936), Ostasien-Abt. Berlin (1937), Memel (1937), Protokoll Berlin (1938), Den Haag (1939), Rio de Janeiro (1941), Tanger (1942), Spanien-Ref. Berlin (1944), 1947-49 stv. Abt.leit. Dt. Büro f. Friedensfragen, Stuttgart, dann Tätigk. Verbindungsst. z. Alliierten Hohen Kommiss. u. wied. AA, Vertr. BRD Europarat Straßburg, 1952-55 Gesandter Venezuela, 1955-58 Chef d. Protokolls Bonn (1957 Botschafter), 1958-69 Botschafter Schweiz u. Argentinien (1963) - BV: D. unterschlagenen Jahre. China vor Mao Tse-tung, 1986 - Gr. BVK (1954) m. Stern (1958) - Liebh.: Golf - Spr.: Engl., Franz., Span.

MOHR, Fritz

Oberregierungsrat a. D., MdL Rhld.-Pfalz (s. 1971) - Thilmanystr. 5, 5520 Bitburg (T. 41 41) - Geb. 14. Sept. 1924 Mausbach/Rhld., kath., verh., 1 Kd. - Gymn., 1942-45 Soldat (schwerkriegsbesch.); 1948-52 Stud. Rechts- u. Staatswiss. 1953 Studienaufenth. USA - 1954-61 fr. Wirtschaft; s. 1962 öfftl. Dienst. MdK. CDU s. 1947 (Vors. Kreisverb. Bitburg-Prüm).

MOHR, Gerhard

Regisseur, Schauspieler, pers. Ref. d. Int. am Ulmer Theater - Hafengasse 26, 7900 Ulm (T. 0731 - 6 96 67) - Geb. 2. März 1958 Würzburg - Stud. Theater- u. Musikwiss. Köln u. München, Schauspielausb. München - Engagements in Hannover, Bad Hersfeld (Festspiele), Berlin, Basel - Insz. Schausp. u. Oper, Bes. Werke v. Ö. v. Horváth, M. Fleißer, H. Müller, Cl. Debussy, G. Verdi, u.a.

MOHR, Hans

Dr. rer. nat., Drs. h. c., Prof. f. Biologie Univ. Freiburg (s. 1960), Projektleit. SFB 48/206 d. DFG (s. 1968) - Neuhäuser Str. 108, 7815 Kirchzarten (T. 6 75 91) - Geb. 11. Mai 1930 Altburg (Vater: Friedrich M., Werkmeister; Mutter: Rosine, geb. Strinz), verh. 1957 m. Dr. Elisabeth, geb. Kraut, 2 Söhne (Andreas, Leonhard) - Promot. 1956 u. Habil. 1959 Univ. Tübingen - BV: Wissenschaft u. menschl. Existenz, 2. A. 1970; Molekulare Grundlagen d. Entwicklung, 1971; Lectures on Photomorphogenesis, 1972; Structure and Significance of Science, 1977; Lehrb. d. Pflanzenphysiol., 3. A. 1978; Biol. Erkenntnis, 1981; Photomorphogenesis (Hrsg.), 1983; Homo investigans/H. politicus, 1985; Natur u. Moral - Ethik in d. Biologie, 1987. Zahlr. Fachaufs. - 1966 Mitgl. Dt. Akad. d. Naturforscher (Leopoldina); 1982 Fellow d. Wiss.-Kollegs Berlin; 1982 Mitgl. Heidelberger Akad. d. Wiss., 1982 Ehrendoktor Univ. Strasbourg u. 1983 Univ. Limburg.

MOHR, Heinrich

Dr., Prof. f. Literaturwissenschaft u. Sozialgeschichte d. Lit. Univ. Osnabrück - Natruper Str. 8, 4500 Osnabrück - Geb. 16. Juli 1938 Mannheim (Vater: Heinrich M., Monteur; Mutter: Bärbel, geb. Gerlach), ev., verh. s. 1966 m. Eva Maria, geb. Schlichthärle, 4 Kd. (Babette, Susanna, Henriette, Benjamin) - Stud. German., Gesch., Polit. Wiss. u. Phil. Univ. Freiburg, Berlin u. München (Promot. 1966) - Assist. Ruhr-Univ. Bochum; Lektor Univ. Besançon (Frankr.); s. 1974 Prof. Osnabrück - BV: Wilhelm Heinse. D. relig.-erot. Weltbild u. s. naturphil. Grundl., 1971; zahlr. Aufs. z. Lit. in d. DDR; Mitherausg. Jahrb. z. Lit. in d. DDR, Bd. 1 (1981).

MOHR, Heinz

Geschäftsf. Gesellschafter - Schreibersheide 36, 5060 Bergisch Gladbach 2 (T. 02202 - 3 21 82) - Geb. 27. Sept. 1918, kath., verh. s. 1974 m. Henriette, geb. Weyer, Tocht. Ursula - Kaufm. Lehre;

MOHR, Johannes
Dr. rer. pol., Bankdirektor - Taunusanlage 8, 6000 Frankfurt/M. (T. 25 57 -1); priv.: Pfarrer-Stockheimer-Str. 24, 6500 Mainz-Bretzenheim - Geb. 25. März 1926 Ütersen - B. 1970 stv., dann o. Vorstandsmitgl. Dt. Bau- u. Bodenbank AG.

MOHR, Konrad
Dr. phil., Prof., Pädagoge, Staatssekr. a. D., MdL Rhld.-Pfalz (s. 1967) - Im Wäldchen, 5471 Saffig - Geb. 16. Mai 1921 Blankenrath, kath., verh., 8 Kd. - Gymn. (Abit. 1940); n. Arbeits- u. Wehrdst. Päd. Akad. Bad Neuenahr u. Univ. Mainz (Promot.) - Zeitw. Volksschullehrer; s. 1958 Doz. u. Prof. (1963) PH Koblenz. S. 1956 MdK Koblenz-Land (1960 Fraktionsvors.); zul. Staatssekr. rhld.-pfälz. Kultusmin. CDU s. 1950 (Kreisvors.) - 1970 BVK.

MOHR, Lambert

Kaufmann, selbst. als Bimsbaustoffprod., MdL Rheinland-Pfalz (s. 1979), Vors. Haushalt- u. Finanzaussch. - Niederstr. 19, 5472 Plaidt - Geb. 15. Juni 1930 Plaidt (Vater: Cornelius M., Einzelhändler; Mutter: Gertrud, geb. Saftig), rk., verh. s. 1951 m. Maria, geb. Mürtz, T. Sylvia - S. 1956 Gemeinderat Plaidt u. Verb.-Gemeinderat Andernach-Land, s. 1960 Kreistagsmitgl., s. 1970 1. Kreisdeputierter Landkr. Mayen-Koblenz, stv. Vors. CDU-Bezirksverb. Koblenz-Montabaur, Landesparteiaussch., Vorst.-Sprecher Raiffeisenbank Pellenz eG Plaidt, s. 1970 Beiratsmitgl. Westdt. Genoss.-Zentralbank - BVK I. Kl.; Freiherr v. Stein-Plak.

MOHR, Paul
Lehrer, MdL Nordrh.-Westf. - Bei der Kirche 26, 3530 Warburg 1 (T. 05641-25 03) - Geb. 7. April 1936 Dössel/Kr. Höxter, kath., verh. s. 1963 m. Heide M., 3 Kd. (Daniela, Matthias, Hans-Peter) - 1951-60 Jungwerker u. Assist. d. Bundesbahn; 2. Bildungsweg, 1960 Stud. Päd. - 1963 Lehrer; 1967 Schulleit. 1969-75 Gemeinderat Dössel; s. 1975 Rat Stadt Warburg u. MdK Höxter; s. 1981 stv. Landrat Kr. Höxter; s. 1983 MdL - 1980 Bundesfördermed. Musik - Liebh.: Jugendarb., Sport, Musik (Jazz u. Volksmusik).

MOHR, Rudolf
Dipl.-Kfm., Unternehmensberater - Nietzschestr. Nr. 10, 6800 Mannheim 1 - Geb. 2. Febr. 1911.

MOHR, Walter
Dr. phil., Historiker - Blieskasteler Str. 1, 6600 Saarbrücken 3 (T. 6 16 37) - Geb. 21. Okt. 1910 Völklingen/Saar, kath., verh. s. 1947 m. Agnes, geb. Schwarz - S. 1948 Doz. u. ao. Prof. (1950) Univ. d. Saarl. (Gesch. d. Mittelalters) - BV: König Heinrich I. (919-367, 1950; Studien z. Charakteristik d. karoling. Königstums im 8. Jh., 1955; D. karoling. Reichsidee, 1962; Frank. Kirche u. Papsttum zw. Karlmann u. Pippin, 1966; Waldes v. s. Berufung b. z. s. Tode, 1971; Gesch. d. Herzogtums Lothringen, T. I: Gesch. d. Herzogt. Großlothr. (bb 1048), 1974; T. II Niederlothr. b. zu s. Aufgehen im Herzogt. Brabant, 1976; D. Entwickl. d. fläm. Eigenständigkeitsgefühls b. z. Beginn d. 13. Jh., 1977; Gesch. d. Herzogtums Lothr., T. III: D. Herzogt. d. Mosellaner, 1979; Gesch. d. Herzogtums Lothr., T. IV: D. Herzogtum Lothr. zw. Frankr. u. Dtschl., 1986 - 1965 Mitgl. Intern. Commiss. for the History of Representative and Parliamentary Institutions; 1974 Ehrenmitgl. Interuniversitair Centr. Standen en Landen, Brüssel; 1981 Mitgl. Acad. Européenne d'Histoire Brüssel; 1988 Commandeur d. belg. Kroonordens - Liebh.: Forsch. z. Gesch. d. abendl. Universalismus.

MOHR, Werner
Dipl.-Kfm., Wirtschaftsprüfer, Direktor Saarländ. Genossenschaftsverb. - Beethovenstr. 33, 6600 Saarbrücken (T. 3 09 61); priv.: Am Südhang 1, 6640 Merzig-Mondorf - Geb. 1. Nov. 1927.

MOHR, Werner
Dr. med., Prof., Facharzt f. Innere Med. u. Tropenkrankh., ehem. Chefarzt Klin. Abt. Bernhard-Nocht Inst. - Oderfelderstr. 6, 2000 Hamburg 13 (T. 47 03 34) - Geb. 21. Mai 1910 Koblenz (Vater: Prof. Dr. med. Fritz M., Inh. d. ersten dt. Lehrstuhls f. Psychotherapie; Mutter: Paula, geb. Besenbruch), ev., verh. s. 1937 m. Erika, geb. Roth (Tochter v. Prof. Dr. med. Otto R., Erfinder der Roth-Draegerschen Narkose-Apparates), 4 S. (Dr. rer. pol. Jens-Uwe, Prof. Dr. med. Wolf-Rüdiger, Dr. med. Jost-Werner, Dr. med. Bernd-Wolfgang) - Gymn. Koblenz; Univ. Würzburg, Kiel, München, Freiburg, Heidelberg (Promot. 1933). Habil. 1940 Hamburg - S. 1940 Lehrtätig. Univ. Hamburg (1948 apl. Prof. f. Inn. Med. u. Tropenmed.). 1967ff. Präs. Dt. Tropenmed. Ges. Spez. Arbeitsgeb.: Tropenkrankh., Malaria, Bilharziese, Anthropozoonosen, Brucellose, Milzbrand, Ornithose, Toxoplasmose. Mitgl. zahlr. Fachges. Mitarb.: Handb. d. Inneren Med. (Kapitel: Tollwut, Lepra, Rotz, Melioidosis, Maul- u. Klauenseuche, Psittakose, Milzbrand, Rotlauf, Mykosen, Toxoplasmose), Handb. d. prakt. Med., Lehrb. d. Tropenkrankh., Klinik d. Gegenw. (Kap.: Milzbrand, Rotlauf, Rotz, Maul- u. Klauenseuche, Protozoenkrankh. u. Mycosen), Therapie innerer Erkrank. (Kap.: Therapie trop. u. einheim. Wurmkrankh., Therapie d. Infektionseinschl. Tropenkrankh.). Herausg.: Handb. d. Infektionskrankh. (m. Gsell); Lehrb. d. Tropenkrankh., 1. A. (Hrsg. Mohr, Schumacher, Weyer); Lassafieber in Ergebn. d. Inn. Med. u. Kinderheilk., 1978; Klinische Virologie (Hrsg. Gsell, Krech, Mohr), 1986. Div. Fachaufsätze - Gold. Ehrennadel Univ. Lübeck; 1968 Ehrenmitgl. Soc. de Pathologie Exotique, Paris, s 1973 Ehrenmitgl. tropenmed. Sektion kanad. Ges. f. Mikrobiologie, s. 1977 österr. Ges. f. Tropenmed., s. 1978 dt. Ges. f. Tropenmed., s. 1971 d. Association of Westafrican Radiologists; 1981 Ehrenmitgl. Schweizer. Ges. f. Tropenmed. u. Parasitol.; 1982 Korr. Mitgl. Chilen. Ges. f. Parasitol.; 1982 Prof. h. c. Univ. Cayetano Heredia Lima (Peru); 1984 Gold. Ehrennadel d. Medizinischen Univ. Lübeck - Spr.: Engl., Franz., Span. - Bek. Vorf.: Ururgroßv. vs. Justinus Kerner, Arzt u. Dichter.

MOHR-MÖLLER, Vera
s. Möller, Vera

MOHREN, Joseph Heinrich
Betriebswirt (grad.), Bankkfm., Vorstandsmitgl. Sparkasse d. Stadt Berlin - Tannenbergallee 32a, 1000 Berlin 19 - Geb. 22. Aug. 1937 Aachen (Vater: Paul M., Kaufm.; Mutter: Maria, geb. Hellmanns), kath., verh. s 1962 m. Marlies, geb. Becker, 2 Kd. (Petra, Ulf).

MOHRHOF, Siegfried

Leiter d. Fernseh-Programmbereichs Fernsehspiel, Unterhaltung u. Familie im WDR (b. 1988) - Jakob-Katzfey-Str. 37, 5358 Münstereifel (T. 02253 - 51 11) - Geb. 24. Jan. 1925 Swinemünde (Vater: Friedrich M., Navigationslehrer; Mutter: Frieda, geb. Erdmann), ev., verh. s. 1947 m. Edith, geb. Nissen, 3 Kd. - 1948-50 Stud. Päd., 1950-55 Lehrer an Volks- u. Mittelschulen, 1956-62 Inst. f. Film u. Bild (FWU), 1962/63 Ltr. Landesbildst. S-H, 1963-88 WDR Köln.

MOHS, Martin H.
Dr. sc. nat., Apotheker u. Chemiker, Vors. d. Geschäftsfg. Glaxo GmbH, Bad Oldesloe (s. 1986), Geschäftsf. Glaxo, Hamburg (s. 1986) - Meistersingerweg 16, 2000 Hamburg 56 (T. 040 - 81 82 84) - Geb. 21. Sept. 1934 Hamburg (Vater: Paul M., Apotheker; Mutter: Milly, geb. Sulzbacher), verh. s. 1962 m. Anna Luise, geb. Schmidt, 2 S. (Marcus, Philipp) - Pharmaz. Staatsex. 1960 Freiburg/Br.; Promot. (Chemie) 1962 Zürich - 1960-64 W. H. Rorer, USA; 1964-84 Beiersdorf AG, Hamburg (1970 Vorst.); 1985/86 Nattermann, Köln - Liebh.: Golf, Fliegen (PPL) - Spr.: Engl.

MOKROS, Ralf J.
Dipl.-Ing. (FH), Gf. Gesellschafter TBG-Consulting GmbH - Büros: 8972 Sonthofen (T. 08321-90 45), 6000 Frankfurt (069-75 10 15) - Geb. 28. März 1933 Bad Elster.

MOKROSCH, Reinhold

Dr. phil., o. Prof. f. Prakt. Theol. u. Religionspäd. Univ. Osnabrück - Felix-Nußbaumstr. 20, 4500 Osnabrück (T. 0541 - 68 21 34) - Geb. 22. Febr. 1940 Hamburg, ev., verh. s. 1967 m. Viola, geb. Held, 2 Kd. (Verena, Pascal) - Stud. Ev. Theol. Tübingen, Zürich, Berlin, Hamburg; 1. theol. Ex. 1965 Hamburg; 2. theol. Ex. 1975 Darmstadt; Promot. 1972 Tübingen - 1967-72 wiss. Ltg. e. Lutherforsch.projektes Univ. Tübingen; 1972-74 wiss. Assist. Univ. Tübingen; 1974-76 Pfarrer; 1976-84 Akad. ORat Univ. Darmstadt; s. 1984 Prof. Univ. Osnabrück. 1983-86 Vors. Rel.päd.-Prof.verb. d. BRD; s. 1983 Vors. Bundesvereinig. ev. Erzieher - BV: Theol. Freiheitsphil.: Schelling u. Tillich, 1976; D. religiöse Gewissen, 1979; Friedenserziehung, 1980; Mittelalter, 1981; Ethik 9/10, Ethik 11, Ethik 7/8 1986; Christl. Werterziehung, 1987; Geisteswissenschaften öffentlich, 1988; Moralerziehung in d. Schule, 1989 - Liebh.: Griechenland u. griech. Spr.; Musik (Violine) - Spr.: Engl., Altgriech., Neugriech., Hebr., Latein.

MOLDAENKE, Günter
Lic. theol., Prof., Pfarrer - Goethestr. 48, 6903 Neckargemünd - Geb. 16. April 1909 Berlin (Vater: Prof. Lic. Theodor M.; Mutter: Frieda, geb. Hirsch), ev., verh. s 1937 m. Erika, geb. v. Harnier, 5 Kd. - Gymn. Berlin; Univ. Tübingen, Marburg, Berlin (ev. Theol.). Staatsex. (1934), Licentiat (1934) u. Habil. (1936) Berlin - S. 1934 Lehrtätig. Luther-Akad. Dorpat, Univ. Königsberg (1936) u. Heidelberg (1937); apl. Prof. f. Kirchengesch.). Spez. Arbeitsgeb.: Reformationsgesch. - BV: Schriftforsch. u. -ausleg. im Zeitalter d. Reformation, Bd. I (Matthias Flacius Illyricus) 1936; Zur Zuflucht - Gedanken z. Kirchbau heute, 1955.

MOLDENHAUER, Hans-Joachim
Kaufmann, Sprecher Bundesarbeitsgem. Dt. Verb. d. Frucht-Import- u. -Großhandels - Zu erreichen üb.: Fruchthof V, 2000 Hamburg 1.

MOLERUS, Otto
Dr.-Ing., o. Prof. f. Mech. Verfahrenstechnik Univ. Erlangen-Nürnberg (s. 1968) - Lärchenstr. 7, 8551 Hemhofen/Mfr. (T. 09195 - 73 52) - Geb. 18. Juni 1934 Zweibrücken (Vater: Oskar M.), verh. s. 1960 m. Christiana, geb. Kürten - Promot. (1963) u. Habil. (1966) Karlsruhe - Zul. Doz. TH bzw. Univ. Karlsruhe (Wiss. Rat Inst. f. Mech. Verfahrenstechnik). Fachveröff. - 1967 Arnold-Eucker-Preis.

MOLIÈRE, Kurt
Dr. rer. nat., Prof., Direktor am Fritz-Haber-Inst. d. Max-Planck-Ges., Berlin 33 (s. 1970, emerit. 1968) - Bogotastr. Nr. 19, 1000 Berlin 37 (T. 030 - 802 93 63) - Geb. 7. März 1912 Böhmenhöfen/Ostpr. (Vater: Kurt M.; Mutter: Gertrud, geb. Hoepfner), franz.-reform., verh. s. 1942 m. Edith, geb. Schaefer, 4 Kd. - Univ. Berlin - S. 1948 (Habil.) Lehrtätig. TU Berlin (1954 apl. Prof. f. Physikal. Chemie). Div. Fachveröff.

MOLINSKI, Hans
Dr. med., Prof., Leiter Psychosomat. Abt. Univ.-Frauenklinik Düsseldorf - Kurze Str. 1, 4156 Willich 1 (T. 02154-33 37) - Geb. 11. Aug. 1923 Berlin (Vater: Konrad M., Stud.rat; Mutter: Wanda, geb. Raabe), kath., verh. s. 1957 m. Annegret, geb. Heckhausen, 3 Kd. (Elizabeth, Stefanie, Georg) - 1964-52 Univ. Münster 1946-52, psychoanalyt. Ausb. USA u. Köln - S. 1964 Univ.-Frauenklinik D'dorf (s.o.), s. 1978 Präs. Ges. f. prakt. Sexualmed. - BV: D. unbew. Angst v. d. Kind, 1972; In blijde verwachting niet zonder last (Antwerpen/Amsterdam), 1977; D. Psychosomat. d. Frau, 1980, 2. A. 1981, 3. A. 1986 (jap.) - Spr.: Engl., Franz., Span., Russ.

MOLINSKI, Waldemar
Dr. phil., Dr. theol., Prof., Moraltheologe - Ohliger Str. 35, 5600 Wuppertal 11 (T. 73 08 48) - Geb. 4. Nov. 1926 Berlin (Vater: Dr. phil. Konrad M., Mutter: Wanda, geb. Raabe), kath. - Promot. Rheinland (1951) u. Löwen (1958); Priesterweihe 1955 Berlin - 1960-64 Studentenpfarrer Berlin; 1961-70 Lehrbeauftr. Freie Univ. (Kath. Theol.); 1962-71 ao. Prof. Päd. Hochsch.; 1968-71 Leit. Kath. Akad. ebd.; s. 1971 o. Prof. PH Rheinland; 1972 Bergische Univ.

Wuppertal - BV: Unehel. Kinder - rechtlose Kinder, 1967; Unwiderrufl. Verheißung d. religiösen Grundl. d. Staates Israel, 1968; Kath. Schule v. morgen, 2. A. 1969; Kindererziehung in d. Mischehe, 1969; D. vielen Wege z. Heil, 1969; Zölibat morgen, 1970; D. Diskussion um d. Taufe, 1971; Mischehe - Fakten, Fragen, Folgerungen, 1973; Ehe in d. Gesch. d. Theol., 1976; Versöhnen durch Strafen?, 1979. Mitherausg.: Proteste f. d. Frieden (1983). Zahlr. Einzelarb. - Spr.: Engl., Franz., Span.

MOLITOR, Bernhard

Dr. oec. publ., Ministerialdirektor Bundesministerium f. Wirtschaft - Waldburgstr. 60, 5480 Remagen (T. 02642 - 2 31 24) - Geb. 10. Aug. 1932 Greifswald (Vater: Prof. Dr. jur. Erich M., Senatspräs.; Mutter: Maria, geb. Peters), kath., verh. s. 1959 m. Yoshiko, geb. Sumida, 4 Kd. (Ruth, Michael †, Norbert, Stephan) - 1952-57 Stud. Wirtsch.- u. Rechtswiss. Univ. Köln, Göttingen, München, Lausanne, Nancy u. am Europa-Kolleg Brügge - 1957-58 Wiss. Assist. Inst. f. Betriebswirtsch. Univ. Würzburg; 1958-75 Kommiss. Europ. Gemeinsch. Brüssel (s. 1968 Dir. f. Volkswirtsch. d. Mitgliedstaaten u. Konjunktur); 1975ff. Bundesmin. f. Wirtsch. Bonn (Ministerialdirig. u. Leit. Unterabt. Grundsatzfragen d. Wirtschaftspolitik, Konjunktur- u. Wachstumspolitik, ab 1979 Ministerialdir. u. Leit. Abt. Gewerbl. Wirtschaft, Wirtschaftsförd. Berlin, ab 1982 Leit. Abt. Wirtschaftspolitik). 1967-68 Prof. Europa-Kolleg Brügge; 1968-69 Gastprof. Univ. Brüssel - BV: Textsamml. z. Wirtschafts- u. Währungsunion (m. Rainer Hellmann), 1973; Ökonom. Wandel u. Verwaltungsreform (m. Herbert König), 1988 - 1980 BVK; 1984 BVK I. Kl.; 1979 Gr. Gold. Ehrenz. Rep. Österr., 1984 Chevalier de la Légion d'Honneur; 1986 Commendatore Ordine Al Merito della Repubblica Italiana - Spr.: Franz., Engl., Ital.

MOLITOR, Bruno

Dr. rer. pol., o. Prof. f. Volkswirtschaftslehre u. Direktor Inst. f. Verteilungstheorie u. Sozialpolitik Univ. Würzburg - Sanderring 2, 8700 Würzburg - Geb. Linz/Rh. - Stud. Volksw. Dipl.-Volksw. 1950 Tübingen; Promot. 1952 ebd.; Habil. 1964 Hamburg - BV (Auswahl): Vermögensverteilung als wirtschaftspolit. Problem, 1965; Lohnt sich d. Systemüberwind.?, 1974; Verteilungspolitik in Perspektive, 1975; Sozialpolitik auf d. Prüfstand, 1976; Wiss. u. Politik im Widerstreit, 1977; Lohnpolitik u. Arbeitsmarkt, 1977; D. Moral d. Wirtschaftsordnung, 1980; Staatsversagen, 1981; Macht es d. Staat besser als d. Markt?, 1982; Wohlfahrtsstaat - D. realisierte Utopie, 1982; Marktw. u. Wohlfahrtsstaat, 1982; D. Sozialstaat auf d. Prüfstand, 1984; Umgang m. d. totalitären Macht, 1984; D. Europ. Gemeinschaft in d. Bewährung, 1985; Entwicklungspolitik am Scheideweg, 1985; Wirtschafts- u. Sozialpolitik in d. Demokratie, 1986; Soziale Sicherung, 1987; Lohn- u. Arbeitsmarktpolitik, 1988; Wirtschaftspolitik, 1988.

MOLITOR, Karl

Dr., Hauptgeschäftsführer u. Vorstandsmitgl. Bundesarbeitg.verb. Chemie - Abraham-Lincoln-Str. 24, 6200 Wiesbaden (T. 71 90 16) - Geb. 22. Mai 1928.

MOLKENBUR, Günter

Rechtsanwalt, Vorstandsmitglied Vereinigte Papierwerke AG - Hubertusstr. 2, 8500 Nürnberg 20 (T. 0911-59 35 68) - Geb. 11. Juli 1926 Münster (Vater: Heinrich M., Stadtoberrentmstr.; Mutter: Josefine, geb. Günter), kath., verh. s. 1957 m. Marlies, geb. Kellner, 2 T. (Heike, Susanne) - Abit. Münster 1947; 1947-51 Jura-Stud. Münster, 1. jur. Staatsprüf. Hamm, 2. jur. Staatspr. Düsseldorf 1954 - 1955-57 Ass. Münster, 1957-61 Leit. Pers.abt. u. stv. Leit. Rechtsabt. Bergwerksges. Walsum, 1961-69 Prok. Karmann GmbH Osnabrück, s. 1968 Dir., s. 1969 Vorst.-Mitgl. Papierw. Schickedanz, Mitgl. Sozialpol. Hauptaussch. d. Hauptverb. d. Papier, Pappe u. Kunststoffe verarb. Ind.; stv. Vors. Verb. Bayer. Papier, Pappe u. Kunststoff verarb. Ind. - Spr.: Engl.

MOLL, Albrecht

Dr. med., em. Prof., Chefarzt i. R. - Tennelbachstr. 43, 6200 Wiesbaden - Geb. 18. Juni 1913 - (Vater: San.Rat Dr. med. Karl M.; Mutter: Gertrud, geb. Glaser), ev., verh. s. 1945 m. Karla, geb. Barczewski, 4 Kd. (Thomas, Andreas, Verena, Stephan) - Univ. Göttingen, München, Berlin, Hamburg - S. 1952 (Habil.) Privatdoz. u. apl. Prof. (1958) Univ. Erlangen u. Mainz. 1956-78 Chefarzt Innere Abt. Stadtkrkhs. Rüsselsheim/M. - BV: D. Herzinfarkt im jüngeren Lebensalter, 1961 (m. Hamacher). Üb. 100 Einzelarb., vorwieg. Cardiologie - Liebh.: Photogr., Expeditionen - Spr.: Engl. - Mitgl. Lions-Club.

MOLL, Friedrich

Dr. rer. nat., Apotheker, Lebensmittelchem., o. Prof. f. Pharmazie Univ. Mainz (s. 1974) - Kirschblütenweg 14, 6500 Mainz 33 - Geb. 18. Mai 1930 Tübingen (Vater: Dr. Josef, Oberstudiendir.; Mutter: Mathilde, geb. Ott), kath., verh. s. 1965 m. Mr. pharm. Helga, geb. Dick, 3 Kd. (Beate, Monika, Peter) - Stud. Tübingen; Promot. 1960; Habil. 1966 - 1960-63 Wiss. Assist. TH Braunschweig, 1968 Oberassist. u. 1972 apl. Prof. Univ. Tübingen. Mitgl. Ges. Dt. Chemiker, Dt. Pharmaz. Ges. (Vors. Landesgr. Rhld.-Pf.) u. Ges. f. Arzneipflanzenforsch. - BV: Biochem. u. biopharmaz. Untersuchungsverfahren, 1974 - 1970 Carl-Mannich-Forschungsstip. - Spr.: Engl., Franz.

MOLL, Hans H.

Dr.-Ing., Vorstandsvorsitzender Maschinenfabrik Augsburg-Nürnberg AG (1974-79) - Aribostr. 24, 8032 Gräfelfing - Geb. 10. Mai 1913 Essen (Vater: Heinrich M.; Mutter: Christine Elise, geb. Backhuys), kath., verh. m. Irene Johanna, geb. Schumacher, 5 Kd. (Christiane, Anka, Monika, Hans, Patrick) - Kloster Ettal; TH Aachen. Promot. 1939 - 1939 Betriebsing. Junkers Flugzeug- u. Motorenwerke, Dessau, 1943 Leit. Arbeitsvorb. Daimler-Benz Flugmotorenwerke, Genshagen, 1945 Teilh. Wilhelm Schröder Landmaschinen, Hamburg, 1949 Techn. Leit. Maschinenfabrik Diedesheim u. Betriebsleit. Gebr. Boehringer Werkzeugmaschinenfabrik, Göppingen, 1953-60 Werkleit. Stammw. Untertürkheim u. stv. Vorst.-Mitgl. Daimler-Benz AG, Stuttgart (Gesamtleitg. Werke Untertürkheim, Gaggenau, Berlin), 1961-65 Mitgl. Direktorium Fried. Krupp, Essen, 1966-73 Vorst.-Mitgl. M.A.N.; AR-Vors. Claas oHG, Harsewinkel; Vors. d. Beirats Schwäb. Hüttenw. GmbH, Wasseralfingen; Beirat Hermann Pfauter GmbH & Co., Ludwigsburg; u.v.a. Ämter - Liebh.: Jagd, Segeln - 1971 Bayer. VO, 1973 Gr. BVK; 1977 Staatsmed. f. bes. Verd. um d. bayer. Wirtschaft.; 1979 Grashof-Denkmünze VDI; 1980 Gr. Gold. Ehrenz. Rep. Österreich - Rotarier.

MOLL, Helmut

Dr. med., Chefarzt Kinderklinik (s. 1964) u. ärztl. Direktor Marienhospital Papenburg - Moorstr. 53, 2990 Papenburg - Geb. 6. Juni 1927, verh. m. Dr. med. Hildegard, geb. Gehrt (Kinderärztin), 4 Kd. (Christoph, Stephan, Martin, Hildegard) - 1970-81Vorstandsmitgl. u. Schatzm. Dt. Ges. f. Kinderheilkde.; s. 1982 Vorst.-Mitgl. Ärztekammer Aurich - BV: Atlas d. normalen u. patholog. Handskelettentwickl., 1960 (m. F. Schmid); Pädiatr. Unfallfibel, 1971 (m. J. H. Ries); Pädiatr. Krankheitsbilder, Farbatlas f. Klin. u. Praxis, 1975 (ital. 1975; engl., span., jap. 1976), 2. A. 1983. Zahlr. Ztschr.veröff. - 1965 Vesalius-Gedenkmünze; 1982 Ehrenmitgl. Dt. Ges. f. Kinderheilkde.

MOLL, Kurt

Kammersänger, Mitgl. Hamburgische, Bayer. u. Wiener Staatsoper - Billwerder Billdeich 500, 2050 Hamburg 80 - Geb. 11. April 1938 Buir/Rhld., kath., verh. s. 1968 m. Ursula, geb. Pade, 3 Kd. (Christine, Thomas, Susanne) - 1958-61 Stud. Staatl. Hochsch. f. Musik Köln - Spr.: Engl., Franz., Ital.

MOLL, Rolf

Dipl.-Ing., Vorstandsvorsitzender DEKRA, Stuttgart - Zu erreichen üb. DEKRA, Schulze-Delitzsch-Str. 49, 7000 Stuttgart 81 (T. 0711-786 12 23) - Geb. 20. Dez. 1928, verh., 2 T. - Abit. 1948; 1948-50 Lehre als Kfz-Mech.; 1949-54 Motorrad-Sport-Aktivitäten; 1950-54 Stud. Ing.wiss. TH Stuttgart (Dipl.) - 1953-75 Vorstandsvors. Motor Sport Club Stuttgart (MCS); 1954-55 Nat. Automobil-Rallye-Aktivit. m. Walter Schock; 1954-57 Techn. Abt. ARAL AG, Stuttgart; 1955-60 Intern. Rallyes; s. 1957 DEKRA (1957 Prüfing.; 1961 Leit. techn. Abt.; 1965 stv. Vorstandsmitgl.; s. 1968 Vorst.-Vors.); s. 1949 Mitgl. ADAC u. AvD; s. 1973 Vorstandsmitgl. Dt. Verkehrssicherheitsrat (DVR); s. 1987 Sportpräs. d. AvD (Automobilclub v. Dtschl.) - S. 1975 Ehrenvors. MCS, 1985 BVK - Liebh.: Reiten - 1956 Rallye-Europameister m. Walter Schock - 2. Pl. im Gesamtklassement Rallye Monte Carlo; 1960 Gesamtsieg Rallye Monte Carlo, Rallye Europam.

MOLL, Silvius

Dipl.-Kfm., Wirtschaftsprüfer, Gesellsch. u. Generalbevollm. DWT Dt. Warentreuhand AG (1981-87) - Am Tyrol 29, 5860 Iserlohn - Geb. 24. Juli 1941 (Vater: Rudolf M.; Mutter: Hildegard, geb. Raffenberg), kath., verh. m. Ursula, geb. Dalberg, 2 Kd. (Charles, Michaela) - Abit.; Stud. Volks- u. Betriebsw. Univ. Köln u. Fribourg (Schweiz); Dipl. 1966 Köln - 1972 Prok. u. 1978 Gesellsch. Kontinentale Treuhand GmbH.

MOLLENHAUER, Klaus

Dr. phil., o. Prof. f. Päd. Univ. Göttingen - Baurat-Gerber-Str. 7, 3400 Göttingen - Geb. 31. Okt. 1928 Berlin (Vater: Dr. h. c. Wilhelm M., Erziehungsdir.; Mutter: Charlotte, geb. Schneider), ev., verh. s. 1960 m. Susanne, geb. Reitzenstein, 4 Kd. (Julie, Moritz, Sofie, Peter Paul) - Gr. Schule Wolfenbüttel (Abit.); Päd. Hochsch. u. Univ. Göttingen u. Hamburg (Psych., Päd., German., Soziol.). Promot. 1958 Göttingen - Wiss. Assist. Univ. Göttingen; Wiss. Rat FU Berlin; ao. Prof. PH Berlin; s. 1966 o. Prof. Kiel, Frankfurt (1969) u. Göttingen (1972); 1986/87 wiss. Mitgl. Wiss.-Kolleg zu Berlin - BV: D. Ursprünge der Sozialpädagogik in d. industriellen Gesellschaft, 1959; Einf. in d. Sozialpäd., 1964; Erziehung u. Emanzipation, 1968; Zwischen Gemeinde u. Ges., 1969; Theorien z. Erziehungsprozeß, 1972; D. Familienerziehung (m. a.), 1975; Methoden d. Erziehungswiss. (m. a.), 1977; Vergessenen Zusammenhänge, 1983; Umwege, 1986. Herausg.: Soziale Bedingungen familialer Kommunikation (1976).

MOLLENHAUER, Klaus

Dr.-Ing., Univ.-Prof. f. Verbrennungskraftmaschinen TU Berlin - Orber Str. 25, 1000 Berlin 33 (T. 825 20 73) - Geb. 16. April 1931 Berlin (Vater: Eduard M., Ing.; Mutter: Margarete, geb. Sange), verh. s. 1959 m. Renate, geb. Herrenkind, 2 Kd. (Jörg, Inken Katrin) - Dipl.-Ing. 1957, Promot. 1967, Habil. 1971 - S. 1971 Prof. TU Berlin - BV: D. Wärmeübergang in d. Verbrennungskraftmasch., 1977; Beitr. üb. Verbren-

nungsmotoren in: Dubbel, Taschb. f. d. Maschinenbau, 1987.

MOLLER-RACKE, Marcus

Vorstandsmitglied u. Gesellsch. Pott-Racke-Dujardin GmbH + Co KG, Präs. Buena Vista Winery Inc., Kalifornien - Zu erreichen üb. Buena Vista Winery, P.O.Box 182, Sonoma/Calif.; u. Stefan-George-Str. 20, 6530 Bingen/Rhein - Geb. 26. Mai 1956.

MOLLOWITZ, Günter

Dr. med., Prof., Chefarzt i. R. Chirurg. Abt. Krankenhaus Bethanien, Moers - Am Strand 2, 4100 Duisburg-Rheinhausen (T. Krkhs.: Moers 20 01) - Geb. 16. Jan. 1920 Königsberg/Pr., ev., verh. s. 1952 m. Almuth, geb. Garlichs, 2 Kd. (Wolfgang, Astrid) - Univ. Königsberg, Greifswald, Kiel - S. 1957 (Habil.) Privatdoz. u. apl. Prof. (1963) Univ. Kiel; Chefarzt Johanniter-Krkhs. Rheinhausen - BV: Methode z. fortlfd. Registrierung d. ges. Galleausscheid. b. Menschen, 1956; D. Unfallmann, 1964, 74 u. 86; Kl. Krebs-Fibel, 1964; D. ärztl. Gutachten im Versich.wesen, 1968. Zahlr. Fachaufs.

MOLLWO, Erich

Dr. phil., em. o. Prof. f. Angew. Physik - Rathsbergerstr. 63, 8520 Erlangen (T. 82 55 95) - Geb. 23. Juni 1909 Göttingen (Vater: Prof. Dr. Ludwig M. (s. X. Ausg.); Mutter: Erika, geb. Voigt), ev., verh. s. 1937 m. Lotte, geb. Kern, 2 Kd. - Kaiser-Wilhelm-Gymn. Hannover; Univ. Göttingen u. München. Promot. u. Habil. Göttingen - S. 1948 o. Prof. u. Inst.svorst. f. Angew. Physik Univ. Erlangen-Nürnberg. Spez. Arbeitsgeb.: Festkörperphysik - BV: Maser u. Laser, 1966. Beitr. in Sammelw. u. Fachztschr. - Mitgl. Bayer. Akad. d. Wiss., 1978, New York Academy of Sciences, 1982.

MOLNAR-WASSMANN, Eva-Maria

Prof. Musikhochsch. Heidelberg-Mannheim (s. 1980), Gesangspädagogin - Breslauer Str. 21, 6834 Ketsch (06202 - 6 23 87) - Geb. 10. Okt. 1929 Hejőcsaba/Ung. (Vater: Bertalan M., Geigenbauer u. Kunstmaler; Mutter: Emilia M), ev., verh. s. 1978 in 2. Ehe m. Walfried W., S. Robert - Stud. Liszt-Akad. Budapest/Ung.; staatl. Dipl. f. Konzertgesang u. Gesangspäd. Engagements Nürnberg, Mannheim; Gastsp. in bedeutendsten Opernhäusern Europas u. USA - Kammersängerin - Liebh.: Golf, Tierzucht, Teppichknüpfen, Stickerei.

MOLO, Ritter von, Friedrich

Oberstleutnant a. D. - Haigststaffel 7, 7000 Stuttgart 70 (Degerloch) - Geb. 18. Mai 1925 Schwäb. Gmünd (Vater: Alois Ritter v. M., Gen.ltn., † 1943; Mutter: Else, geb. Münchow, † 1969), ev., verh. s. 1976 m. Monika, geb. Freiin v. Rassler - Abit. 1942 Wien; Württ. Notariatsprüf. 1951 Stuttgart - 1942-45 Soldat (1945 schwer verw., zul. Ltn.); 1947-51 Württ. Justizdst., 1953-60 Notariatsfachm. Württ. Landsiedl. GmbH, Stuttgart;

1961-82 Bundeswehr (zul. Oberstlt. u. Kommand. e. Verteidigungskreiskdo.). S. 1973 Reg. Kommendator Bad.-Württ. Kommende d. Johanniter-O. - 1945 EK II; Verw.abz. schwarz; 1954 Ehrenritterkreuz Johanniterorden; 1960 Rechtsritterkreuz Joh.O.; 1973 Kommendatorenkr. Joh.O.; 1977 BVK a. Bde.; 1982 BVK I. Kl. - Liebh.: Gesch. - 1961 Dt. Sportabz. unt. Versehrtenbeding. in Silber; 1965-80 Dt. Sportabz. unter Versehrtenbed. in Gold (14x) - Spr.: Engl., Franz. - Bek. Vorf.: Walter v. M., Schriftst. (Großonkel).

MOLS, Manfred

Dr., o. Prof. d. Politikwiss. Univ. Mainz - Im Rheinblick 17, 6531 Weiler - Geb. 27. Febr. 1935 Bochum, kath., verh. s. 1965 m. Dr. Dietlinde, geb. Bittner, 3 Kd. (Georg-Rüdiger, Joachim, Anke Marie) - Stud. d. Politikwiss., Gesch., Phil., öfftl. Recht Univ. Freiburg, München, Glasgow - BV: Allg. Staatslehre o. polit. Theorie, 1969; Mexiko - D. institutionalisierte Revolution, 1976 (m. H. W. Tobler); Mexiko im 20. Jh. Polit. System, Regierungsprozeß u. polit. Partizipation, 2. A. 1983; El marco internacional de América Latina, 1985; Demokratie in Lateinamerika, 1985. Herausg.: Integration in Lateinamerika (1980, m. D. Benecke u. M. Domitra); Integration u. Kooperation in Lateinamerika (1981, auch in span.); Entwicklungsstrategien in Lateinamerika in Vergangenheit u. Gegenwart (1983, m. J. Brisson); D. Beziehungen zw. Lateinamerika u. d. Bundesrep. Deutschl./Europa (1984); La transformación democrática Argentina (m. E. Garzón-Valdés u. A. Spitta) - Spr.: Engl., Franz., Span., Portug.

MOLSBERGER, Josef

Dipl.-Volksw., Dr. rer. pol., o. Prof. f. Volkswirtschaftslehre Univ. Tübingen - Ammertalstr. 5, 7407 Rottenburg 5 (T. 07472 - 2 33 68) - Geb. 9. Mai 1934 Andernach (Vater: Johann Josef M., Prok.; Mutter: Therese, geb. Kalb), kath., verh. s. 1967 m. Gretel, geb. Müller, S. Philipp - Stud. Volksw. Bonn, Köln, Harvard, Dipl. 1958 Bonn, Promot. 1967 Bonn, Habil. 1974 Köln - 1958-63 wiss. Mitarb. Inst. f. Mittelstandsforsch. Bonn, 1963-73 wiss. Assist. Univ. Köln, 1973-74 Forschungsstip. DFG, 1974-75 wiss. Mitarb. Univ. Köln, 1975-77 Priv.-Doz. Univ. Köln, s. 1977 o. Prof. Univ. Tübingen, 1983 u. 88 Gastprof. Univ. of Washington, Seattle (USA), 1987 u. 88 Gastprof. Univ. Airlangga, Surabaya (Indonesien) - BV: Patentschutz u. Konzentration, 1960; Zwang z. Größe?, 1967; Vermögenspolitik u. Eigenkapitalversorg. mittelständischer Unternehmen, (m. U. Schillert), 1976; Zahlungsbilanzwirk. allg. Unternehmensgewinnsteuern, 1977 - Spr.: Franz., Engl., Ital.

MOLSNER, Michael

Schriftsteller - Jägersberg Hof 5, 8975 Fischen 2 (T. 08322 - 65 37) - Geb. 23. April 1939 Stuttgart, verh. - Redaktionsvolont. - Gerichsreporter; s. 1967 fr. Autor - 1987 Dt. Krimi-Preis f. D. ermordete Engel; 1988 Dt. Krimi-Preis f. Untern. Counter-Force; 1989 Dt. Krimi-Preis f. Urian's Spur (alle aus d. Roman-Serie D. Euro-Ermittler) u. f. D. Ehre e. Offiziersfrau - Spr.: Engl., Franz.

MOLT, Peter

Dr. phil., Referent f. Entwicklungshilfe Innenministerium Mainz - Kiefernweg 3, 5340 Bad Honnef/Rh. - Geb. 11. Sept. 1929 Stuttgart (Vater: Walter M., Rechtsanw.; Mutter: Elisabeth, geb. Kneer), kath., verh. s. 1957 m. Brigitte, geb. Kühnle - Eberhard-Ludwigs-Gymn. Stuttgart; 1949-56 Stud. Gesch., Soziol., Volksw., Polit. Wiss. Univ. Tübingen, Heidelberg, Los Angeles. Promot. 1956 Heidelberg - 1957-60 Forschungsstip. Univ. Heidelberg; 1960 b. 1965 Polit. Akad. Eichholz; 1962-66 Leit. Inst. f. Intern. Solidarität Konrad-Adenauer-Stiftg.; 1966-70 Gf. Dt. Entwicklungsdst. 1971-75 Leitd. Beamter Freiwilligendst. d. Vereinten Nationen, Genf, 1975-81 Resident Representative d. Vereinten Nationen in Togo u. Obervolta, gegenw. wie oben. CDU - BV: D. Reichstag vor d. improvisierten Revolution, 1963; Latein-Amerika - E. Analyse s. gegenw. Probleme, 1965. Mitverf.: Kandidaturen z. Bundestag (1961); Lateinamerika - e. polit. Länderkunde, 4. A. 1972 - 1965 Kommandanturkreuz ital. u. Offz. chilen. u. ruandischer VO. - Liebh.: Tennis, Skifahren, Bergsteigen, Musik - Spr.: Engl., Franz., Span. - Bek. Vorf.: (Großv.): C. G. Molt, Begr. Allg. Dt. Versicherungsverein, Stuttgart (maßgebl. an d. Einf. d. Haftpflichtversich. beteiligt).

MOLTMANN, Günter

Dr. phil., Prof. f. Mittlere u. Neuere Geschichte - Steenbargkoppel 27, 2000 Hamburg 65 (T. 607 03 06) - Geb. 18. Dez. 1926 Hamburg (Vater: Alexander M., Studienrat; Mutter: Maria, geb. Sailer), ev., verh. s. 1960 m. Joetta, geb. Laing, 3 Söhne (Nicolas, Christian, Peter) - Heinrich-Hertz-Gymn. Hamburg; 1946-52 Univ. Hamburg u. Marburg (Gesch., German.); 1953-55 Studiensem. Hamburg. Promot. 1956 - 1956-61 höh. Schuldst. Hamburg (1959 Studienrat); 1961-67 Lehrerbild. Bielefeld (1965 o. Prof. Päd. Hochsch.); s. 1967 Univ. Hamburg (Univ.-Prof.). N. wiederh. Studienaufenth. 1970/71 Gastprof. USA. Mitgl. Joachim Jungius-Ges. d. Wiss., Verb. d. Historiker Dtschl., American Historical Assoc., Org. of Am. Histor., 1975-78 Vors. Dt. Ges. f. Amerikastud. - BV: Amerikas Dtschl.politik im II. Weltkr., 1958; D. Entwickl. Dtschl.s v. 1949 b. zu d. Pariser Verträgen (1955), 1963; Atlantische Blockpolitik im 19. Jh., 1973. Herausg.: Dt. Amerikaauswanderer im 19. Jh. (1976); Aufbruch n. Amerika, Friedr. List u. d. Auswand. aus Baden u. Württ. 1816/17 (1979); Germans to America: 300 years of Immigration 1683-1983 (1982). Mithrsg.: Zeitgesch. im Film- u. Tondokument (1970); Stud. z. mod. Gesch. (1971ff.); Amerikastud. (1973ff.); Rußl. - Deutschl. - Amerika, Festschrf. Fritz T. Epstein (1978) - Spr.: Engl., Franz.

MOLTMANN, Jürgen

Dr. theol., DD., DD., DD., DD., DD., Dr. theol. h. c., Prof. f. Systemat. Theol. - Liebermeisterstr. 12, 7400 Tübingen - Geb. 8. April 1926 Hamburg, ev., verh. (Ehefr.: Theologin), 4 Töcht. - Schule Hamburg (1944 Notabitur); Wehrdst. u. engl. Kriegsgefangensch.; 1948-52 Univ. Göttingen (Theol.) - Vikar; Pfarrer; Studentenseelsorger (Bremen); s. 1957 (Habil.) Lehrtätigk. Univ. Göttingen (Privatdoz.), Kirchl. Hochsch. Wuppertal (1958 Prof.; zeitw. Rektor), Univ. Bonn (1963 Ord.), Tübingen (1967 Ord.). 1967/68 Gastprof. USA - BV: Chr. Petzel u. d. Calvinismus in Bremen, 1958; Prädestination u. Perseveranz, 1961; Anfänge dialekt. Theol., 1963; Theol. d. Hoffnung - Begründ. u. Konsequenzen christl. Eschatologie, 1964; Mensch, 1971; D. gekreuzigte Gott, 1972; D.Sprache d. Befreiung, 1972; D. Experiment Hoffnung, 1974; Kirche i. d. Kraft d. Geistes, 1975; Zukunft d. Schöpfung, 1977; Trinität u. Reich Gottes, 1980; Gott in d. Schöpfung, 1985 - 1971 Literaturpreis Insel Elba (f. Theol. d. Hoffnung).

MOLZAHN, Alexander

Prof., Cellist - Im Klingenfeld 61, 6000 Frankfurt/M. (T. 54 72 87) - Geb. 25. Aug. 1907 Frankfurt/M. - Gymn. u. Musikhochsch. Frankfurt; Lehrer: Georg Wille u. Adolf Steiner, beide Berlin - Ab 1939 Lenzewski-Quartett; langj. Lehrtätigk. Musikhochsch. Frankfurt (Prof.). Zahlr. Konzertreisen.

MOMBAUR, Martin

M.A., Dozent, MdL Nieders. (Fraktionsvors. D. Grünen) - Plater Weg 30, 3130 Lüchow (T. 05841 - 36 51) - Geb. 2. Aug. 1938 Köln (Vater: Ernst M., Laborant; Mutter: Hedwig, geb. Färber), ev., verh. s. 1965 m. Inge, geb. Ritterbusch, 3 Kd. (Ulrike, Stephan, Pascal) - Abit. 1968 Abendgymn. Saarbrücken; 1969-73 Stud. Phil., Soziol., Politol. u. Gesch. Univ. Göttingen (M.A.) - 1979-80 Bundesvors. Bundesverb. Bürgerinitiat. Umweltschutz; 1982 Frakt.vors. D. Grünen im Nieders. Landtag. Idee u. Org. d. Gorlebentrecks v. Gorleben nach Hannover (1979) - BV: Sozialismus in Osteuropa, 2 Bde. 1971/72; D. Grünen - Regierungspartner v. morgen? Spiegelb., 1982 - Liebh.: Bücher, Musik, Antiquitäten, sammelt Fossilien - Spr.: Engl.

MOMBAUR, Peter Michael

Dr. jur., GF. Präsidialmitglied Dt. Städte- u. Gemeindebund, Geschäftsf. Nordrh.-Westf. Städte- u. Gemeindebd., Generalsekr. Rat d. Gemeinden Europas/Dt. Sektion, stv. Verfassungsrichter d. Verfassungsgerichtshofs f. d. Land Nordrh.-Westf. - Kaiserswerther Str. 199-201, 4000 Düsseldorf 30.

MOMBERGER, Eckhard

Dr., Vorstandsvorsitzender Hessen-Nassauische Versich.-Anstalt, Wiesbaden - Kranichweg 23, 6272 Niederhausen/Ts.

MOMBURG, Rolf

Dr. jur., Oberkreisdirektor Minden - Sonneneck 7, 4950 Minden (T. 0571 - 807 - 28 95) - Geb. 9. Dez. 1928 Wesel, ev., verh. s. 1955 m. Ingrid, geb. Martens, 3 Kd. (Frank, Claus, Christiane) - 1. u. 2. jurist. Staatsex., Promot. - Oberkreisdir.; Vors. d. Dt. Ges. f. Mühlenkunde u. Mühlenerhaltung, AR-Vors. bzw. -Mitgl. in gemeinn. Wohnungsuntern. u. kommun. Ges. - Spr.: Engl., Span.

MOMM, Axel

Bankier, Teilh. Delbrück & Co. Privatbankiers Berlin/Köln/Hamburg/Aachen/Frankfurt - Hahnwaldweg 22, 5000 Köln 50 (T. 02236 - 6 46 59; Büro: Köln 1 62 41) - Geb. 11. Jan. 1932 Berlin - ARsmandate - Spr.: Engl., Franz. - Rotarier.

MOMM, Herbert W.

Konsul, Bankier - Germanicusstr. 3, 5000 Köln 51 - Geb. 29. Dez. 1900 St. Wendel - Pers. haft. Ges. von der Heydt & Co:, VR Delbrück & Co - Liebh.: Golf.

MOMM, Klaus Eberhard

Ing. (grad.), Kaufmann, Konsul, Generalbevollmächtigter Kühne & Nagel (AG & Co.), stv. Vors. Afrika Verein, Hbg., Vorst.-Mitgl. Australien-Neuseel.-Südpazifik-Verein, Hbg. - Wilhelm-Kaisen-Brücke 1, 2800 Bremen 1 - Geb. 14. Mai 1928 Haarlem/Niederl., ev., verh. s. 1958 m. Ulla, geb. Hartmann, T. Karina - Spr.: Engl., Franz.

MOMMERTZ, Karl Heinz

Dr.-Ing., Prof. f. Produktionstechnik - Forsthaus 37, 4030 Ratingen 6 - Geb. 28. Sept. 1929 Aachen (Vater: Wilhelm M.; Mutter: Therese, geb. Sieberichs), kath., 2 S. (Stefan, Eckard) - Realgymn. Aachen; Stud. Masch.bau TH Aachen, Dipl.-Ing. 1956, Promot. 1959 TU Clausthal - 1956-59 Assist. Inst. f. Masch.wes. u. Elektrotechn. TU Clausthal, 1959-64 Bochumer Verein f. Gußstahlfabrik. AG (ht. Krupp Stahl AG), 1964-66 Klöckner-Werke AG Hütte Bremen (Obering., Leit. techn. Betriebswirtsch.), 1966-68 Leit. Energie- u. Betriebswirtsch. Verein Dt. Eisenhüttenleute (VDEh), s. 1968 Dir. u. Geschäftsf. Betriebsforsch.inst. VDEh f. angew. Forsch. GmbH u. BFI-Betriebstechn. GmbH, 1979 Hon.prof. TH Aachen, 1981 Ehrenprof. TH f. Stahl u. Eisen, Peking - Spr.: Engl.

MOMMERTZ, Paul

Schriftsteller - Werner-Friedmann-Bogen 18, 8000 München 50 (T. 089 - 149 12 90) - Geb. 5. Febr. 1930 Aachen (Vater: Lambert M., Konditor; Mutter: Katharina, geb. Baumanns), kath., verh. s. 1960 m. Helene, geb. Groneschild, 2 Kd. (Susanne, Martin) - Univ. Würzburg, Wien, Bonn (German., Gesch., Kunstgesch.) - Verf.: Hörsp., Bühnenst., Drehb. (Aktion T 4, D. Wannseekonfz., Hamsun, u. a.) - Tukan-Preis d. Stadt München, Dramatikerpr. Münchener Kammersp.; DAG Fernsehpreis; Silberne Nymphe v. Locarno; Erster Preis f. besten Dokumentarspielfilm b. 85' World Television Festival Tokio.

MOMMSEN, Hans

Dr. phil., o. Prof. f. Neuere Geschichte Univ. Bochum (s. 1968) - Äskulapweg 16, 4630 Bochum-Querenburg (T. 70 24 45) - Geb. 5. Nov. 1930 Marburg/L. (Vater: Prof. Dr. phil. Wilhelm M., Historiker †1966 (s. XIV. Ausg.); Mutter: Marie-Therese, geb. Iken), ev., verh. s. 1966 m. Margaretha, geb. Reindl - 1951-56 Stud. Gesch., German., Phil. Promot. 1959 - Wiss. Assist. Univ. Tübingen (1960-61) u. Heidelberg (1963-68); Ref. Inst. f. Zeitgesch. München (1960-61); 1972/73 Fellow Inst. for advanced Study, Princeton; 1983/84 Fellow Wiss.kolleg Berlin. SPD s. 1960 - BV: D. Sozialdemokratie u. d. Nationalitätenfragen im Habsburg. Vielvölkerstaat, 1963 (Wien); Beamtentum im III. Reich, 1966; Zahlr. Einzelarb. Redaktion: Sowjetsystem u. Demokr. Ges. (Vergl. Enzyklopädie) - Bek. Vorf.: Prof. Dr. phil. Theodor M., Historiker, 1902 Nobel-Preis (Urgroßv.) - Bruder: Wolfgang J. M.

MOMMSEN, Wolfgang J.

Dr. phil., D. Litt. (h. c.), Prof. f. Neuere Geschichte Univ. Düsseldorf (s. 1968), 1977-85 Dir. Dt. Histor. Inst. London, Secretary General Comittee f. History of Historiography of the International Comm. of Historical Sciences, Vors. d. Verb. d. Historiker Dtschl. - Leuchtenberger Kirchweg 43, 4000 Düsseldorf-Kaiserswerth - Geb. 5. Nov. 1930 Marburg/Lahn, ev., verh. s. 1965 m. Sabine, geb. v. Schalburg, 4 Kd. (Hans, Kai, Kerstin, Johanne) - Realgymn. u. Univ. Marburg, Köln, Leeds - 1967/68 Privatdoz. Univ. Köln - BV: Max Weber u. d. dt. Politik 1890-1920, 2. A. 1974; Ägypten u. d. europ. Imperialismus, 1961; D. Zeitalter d. Imperialismus, 1968; D. Geschichtswiss. jenseits d. Historismus, 1971; Max Weber. Ges., Polit. u. Gesch., 1974. Herausg.: D. moderne Imperialismus (1971), Imperialismustheorien (1977), D. europ. Imperialismus, Aufs. u. Abhandlungen (1979), Max Weber and his Catemporaries (1987). Mithrsg. Max Weber-Gesamtausg. - Ehrenmitgl. Historical Assoc. - Eltern u. Vorf. s. Hans M. (Bruder).

MOMOS

s. Jens, Walter.

MOMPER, Walter

Diplom-Politologe, Regierender Bürgermeister v. Berlin (s. 1989), MdA Berlin (s. 1975) - Rathaus Schöneberg, John-F.-Kennedy-Pl., 1000 Berlin 62 (T. 78 31) - Geb. 21. Febr. 1945 Sulingen - SPD. Fraktionsvors. SPD Berlin.

MON, Franz

Dr. phil., Schriftsteller - Reinhardstr. 12, 6000 Frankfurt/M. - Geb. 6. Mai 1926 Frankfurt/M. - Lektorentätigk. - BV/Ged.: artikulationen, 1959; sehgesänge, 1964; einmal nur das alphabet gebrauchen, 1967; herzzero, 1968; Texte üb. Texte, Ess. 1970; Lesebuch, 1972; hören u. sehen vergehen, 1978; fallen stellen, 1981; Es liegt noch näher, 1984. Hörsp. - 1971 Karl Sczuka-Preis; 1982 Karl-Sczuka-Pr. SWF (f. d. Hörsp.: Wenn z. B. nur einer in e. Raum ist).

MOND, van den, Friedhelm

Dipl.-Ing., Oberbürgermeister Stadt Oberhausen - Speldorfer Str. 63, 4200 Oberhausen 1 - Geb. 12. März 1932 Oberhausen (Vater: Anton v. d. M., Bergmann; Mutter: Elli, geb. Andrezejewski), ev., verh. s. 1955 m. Marie-Luise, geb. König, 5 Kd. (Axel, Barbara, Volker, Hauke, Dirk) - Dipl.-Ing. f. Bergbau 1956, Ass. Lehramt 1977 - 1982 Ehrenring Stadt Oberhausen - Liebh.: Sport, Wandern, Garten.

MONDI, Bruno

Kameramann - Boelckestr. 22, 1000 Berlin 42 (T. 786 71 61) - Geb. 30. Sept. 1903 Schwetz (Vater: Max(imilian) M.;

Mutter: Franziska, geb. Derucki), verh. 1932 m. Margarethe, geb. Wensch - Zahlr. Filme, dar. D. Biberpelz, D. kalte Herz, D. Czardasfürstin, Maske in Blau, Scampolo, D. veruntreute Himmel, Wartezimmer z. Jenseits.

MONDON, Albert

Dr. rer. nat., Prof., Chemiker - Feldstr. 97, 2300 Kiel (T. 8 11 29) - Geb. 17. Jan. 1911 - S. 1953 (Habil.) Privatdoz., apl. Prof. (1960), Wiss. Rat u. Prof. (1963), o. Prof. 1974 Univ. Kiel (Organ. Chemie). Fachveröff.

MONHEIM, Bernd

Dr. oec. publ., Dipl.-Kfm., Direktor Jacobs Suchard GmbH, Bremen - Süsterfeldstr. 190, 5100 Aachen (T. 0241 - 89 55 05) - Geb. 15. Mai 1933 Berlin - Stud. Freiburg u. München - AR AM Lebensversich. AG, u. AM Versich. AG.

MONISSEN, Hans Georg

Dr. rer. pol., M. A., Dipl.-Volksw., o. Prof. Univ. Würzburg (s. 1984) - Sanderring 2/IV, 8700 Würzburg - Geb. 14. Mai 1937 Gustorf (Vater: Balthasar M., kaufm. Angest.; Mutter: Katharina, geb. Aretz), kath., verh. s. 1965 m. Bettina, geb. Baudisch, 2 Kd. (Stephan, Nicola) - Dipl.ex. 1962 Köln; M. A. 1965 USA; Promot. 1968 Hamburg; Habil. 1973 Konstanz - 1965-74 Wiss. Assist. u. Doz.; 1975-84 Prof. Univ. Münster u. Gießen.

MONK, Egon

Regisseur - Mittelweg 47, 2000 Hamburg 13 - Geb. 18. Mai 1927 Berlin (Vater: Otto M.; Mutter: Frieda, geb. Thiel), verh. s. 1950 m. Ulla, geb. Wollank, 2 Söhne (Sebastian, Bertolt) - Lessing-Gymn. Berlin; Schausp.schule; Assist. Bertolt Brecht, Erich Engel, Berthold Viertel - 1949-53 Berliner Ensemble, s. 1957 NDR, 1960-68 Leit. Hauptabt. Fernsehsp., 1968 kurzfr. Int. Dt. Schauspielhaus Hamburg - Zahlr. Bühnen- u. Fernsehinsz. (zul. 1983; D. Geschwister Oppermann) - 1965 Adolf-Grimme-Preis; 1966 Goldene Kamera, Fernsehpreis DAG u. Jakob-Kaiser-Preis; 1973 Fernsehpreis Akad. Darstellende Künste (a. 1966); 1983 Gold. Gong; Gold Award d. Intern. Film and TV Festival of New York; Adolf-Grimme-Pr. m. Gold; Mitgl. d. Akad. d. Künste Berlin; 1987 Ehrenprof. d. Freien u. Hansestadt Hamburg; 1988 Kritikerpreis - Lit.: Karl Günter Simon, D. Kronprinzen, 1969.

MONNARD, Jean-François

Generalmusikdirektor Osnabrück - Uhlandstr. 12, 4500 Osnabrück - Geb. 4. Nov. 1941 Lausanne, ev., verh. m. Lia Rottier - Jurastud. Univ. Lausanne (Licence jur.); Stud. Orchesterdirig. Folkwang Hochsch. Essen; Reifeprüf. Hauptfach Dirig. 1968 - 1968-70 Pfalztheater Kaiserslautern; 1970-72 Opernhaus Graz; 1972-77 Theater Stadt Trier; 1981-84 Stadttheater Aachen (1983-84 Kommiss. Generalmusikdir.); 1985-88 Opernhaus Wuppertal. Mitarb. Ztschr. u. Rundf. - Konz. m. d. wichtigsten Orch. d. Schweiz u. ausl. Orch. in Amsterdam, Stockholm, Wien u. a.; 1977-79 Gastsp. Opernhaus Zürich. Mitgl. Schweizer Tonkünstlerverein.

MONNERJAHN, Rudolf

Dr. jur., Rechtsanwalt u. Notar, Mitgl. Brem. Bürgerschaft (s. 1975) - Wilhelm-Böhmert-Str. 14, 2800 Bremen 33 - Geb. 23. Mai 1934 Bremen, verh., 2 Kd. - Gymn. Bremen; Univ. Hamburg u. Freiburg/Br. (Rechtswiss.). Jurist. Staatsex. 1958 u. 62 (Hamburg); Promot. 1963 (Freiburg) - S. 1963 RA u. Nt. (1971) Bremen. SPD.

MONORBY, Eberhard

s. Moes, Eberhard

MONREAL, Gerhard

Dr. med. vet., Prof., Tierarzt - Luchsweg 7c, 1000 Berlin 33 - Geb. 15. Febr. 1928 Leipzig (Vater: Josef M., Landwirt; Mutter: Maria, geb. Gerling), kath., verh. s. 1958 m. Dorothea, 2 T. (Frauke, Heike) - Gymn. Mayen (Eifel), Abit.; Stud. Univ. Mainz u. Gießen, Staatsex. u. Promot. 1953, Habil. Gießen 1967 - 1954-69 Landesvet.untersuchungsamt Koblenz, s. 1969 Lehrst. f. Geflügelkrankheiten; FU Berlin - Spr.: Engl.

MONSCHAW, von, Helmut

Dipl.-Ing., Geschäftsführer Fachgem. Werkzeugmaschinen u. Fertigungssysteme/VDMA, u. Verein Dt. Werkzeugmaschinenfabriken (VDW) - Corneliusstr. 4, 6000 Frankfurt/M. 1 - Geb. 8. März 1943.

MONTADA, Manfred

Verbandsdirektor, Präsid.-Mitgl. BDE Bundesverb. Dt. Eisenbahnen, Kraftverkehre u. Seilbahnen - Hülchrather Str. 17, 5000 Köln 1 (T. 0221 - 73 00 21) - Geb. 27. Okt. 1935 Trier - Ministerialrat a.D.

MONTANER, Antonio

Dr. rer. pol., Dipl.-Volksw., Dipl.-Kfm., o. Prof. f. Volkswirtschaftsl. u. Finanzwiss. - Lisztstr. 109, 6700 Ludwigshafen/Rh. (T. 56 24 59) - Geb. 14. Aug. 1919 Mainz (Vater: Antonio M., Fabrikant; Mutter: Anna Maria, geb. Geier) - Univ. Heidelberg u. Berlin - S. 1947 (Habil.) Lehrtätigk. Univ. Mainz (1953 apl., 1956 o. Prof.) - BV: D. Papier- u. Zellstoffw. Südamerikas, 1942; D. Institutionalismus als Epoche amerik. Geistesgesch., 1948; Sozialpolitik, 4. A. 1957; Außenhandelspolitik, 2. A. 1954. Herausg.: Gesch. d. Volksw.slehre (1967); Riv. internaz. di sc. econom. e commerc. (Mailand) - Spr.: Engl., Franz., Span., Ital., Portug. - Lit.: Festgabe z. 60. Geb. Probleme d. wirtschaftspolit. Praxis in histor. u. theoret. Sicht (hg. v. H. Winkel u. K. G. Zinn), 1979.

MONTANUS, Heinz

Geschäftsführer Salzgitter Stahl GmbH., Düsseldorf - Postfach 4820, 4000 Düsseldorf - Geb. 26. März 1930.

MONTFORT, Norbert

Botschafter d. Bundesrep. Dtschl. in Marokko (s. 1984) - 7, rue Zankat Madnine, Rabat/Marokko - Geb. 6. Mai 1925 - Jurist. Stud. - 1955 Eintritt Ausw. Dienst, Auslandsposten: Kairo, Alexandria, Beirut, Bagdad, Taiz, Kuwait, Nouakchott, Djiddah; 1976-79 Ref.leit. Nahost AA, 1979-84 Nahostbeauftragter AA.

MONTLEART, de, Alexander

Dramaturg, Autor, Int., Chefregiss. Medienzentrale SKA - Provinzialstr. 21, 5300 Bonn 1 (T. 25 30 61-267) - Geb. 9. Okt. 1937 Berlin - Stud. Theaterwiss., Roman. u. Publiz. Univ. München u. Paris - B. 1972 Dramat. Hess. Staatstheater Wiesbaden, dann Chefdramat. Nationaltheater Mannheim. Int. Stadttheater Lüneburg, Ltd. Govenor Civitan intern. - BVK - Spr.: Engl., Franz., Ital., Span.

MOOG, Friedrich

Unternehmer, Vors. Fachverb. f. imprägnierte u. beschichtete Papiere/HPV - Zu erreichen üb.: Stadthof 1, 6050 Offenbach/M. u. W. Bosch GmbH + Co. KG, Papier- u. Folienwerke, 5272 Wipperfürth.

MOOG, Hans-Jürgen

Dr. iur., Bürgermeister Stadt Frankfurt/M. - Rathaus-Römer, 6000 Frankfurt am Main 1 - Geb. 13. Juni 1932 Frankfurt/M. (Vater: Erich M., RA u. Notar; Mutter: Theodora, geb. Schwanz), ev., verh. s. 1969 m. Gisela, geb. Köster, T. Gabriele - Refer. 1957 Würzburg, Promot. 1960 ebd., Ass. 1961 Frankfurt/M. - Vorst.-Vors. DRK Bezirksverb. Frankfurt/M., AR-Vors. Frankfurter Fleischmarkt u. Verbundbetriebe Beteiligungsges. mbH, stv. AR-Vors. Dt. Städte-Reklame GmbH u. Main-Gaswerke AG, Frankfurt; AR Frankfurter Aufbau AG, Gas-Union GmbH, Main-Kraftwerke AG, Messe Frankfurt GmbH, Nassauische Heimstätte GmbH, alle Frankfurt, Oberhess. Gasversorg. GmbH, Friedberg (Hessen); Beirat: Preußische Elektrizitäts-AG, Hannover, General Accident Dir. f. Dtschl., Frankfurt a. M./Perth (Schottl.), Vorst. Dt. Kanal u. Schiffahrtsverein Rhein-Main-Donau, Nürnberg, Vers.leit. Ev. Regionalverb. Frankfurt/M., Kurat. Kinderhilfestiftg., stv. Beiratsvors. Dt. Zentrale f. Tourismus, Frankfurt/M.; Präsid. Dt.-Ibero-Amerik. Ges., Frankfurt/M., Schulverein Anna Schmidt, Frankfurt/M., Renn-Klub Frankfurt/M. - Synode d. Ev. Kirche in Hessen u. Nassau - Spr.: Engl.

MOOG, Helmut

Dr. phil., o. Prof. f. Heilpädagogische Musikerziehung - Bachemer Str. 244, 5000 Köln 41 - Geb. 9. Dez. 1927 Opladen - Dir. Sem. f. musische Erziehung in d. Heilpäd., 1970-72 Dekan - BV: Beginn u. erste Entw. d. Musikerlebens im Kindesalter, 1963, 2. A. 1967; D. Musikerleben d. vorschulpfl. Kindes, 1968 (engl. 1976); Singb. 1, 1972; Singb. 2, 1973; Lehrerhandb. z. d. Schülerbde. 1 u. 2, 1973; Blasinstr. b. Behinderten, 1978. Herausg.: Musik b. Behinderten (1988). 88 Art. z. Musik b. Behinderten u. z. Musikpsych. in in- u. ausl. Fachztschr. u. Handb. - Präs. Dt. Ges. f. Musik b. Behinderten; Mitgl. Soc. for Res. in the Psych. of Music and Music Education, Univ. of Keele (Engl.), Council for Res. in Musik Education, Univ. of Illinois, Intern. Adviser Music Education for the Handicapped Inc., Provo/USA, Commiss. on Musik Therapy and Music in Special Education d. Intern. Soc. for Music Education (ISME) - Spr.: Engl., Schwed.

MOORMANN, Günter

Dr. med., gf. Gesellschafter Uniferm GmbH & Co. Hefefabrik, Nordwestdt. Hefe-Union Hefe- u. Spiritusfabrik GmbH & Co. KG, R. Moormann, Gutshofbrennerei Moormann GmbH & Co. KG, alle Werne - Arenbergstr. 2, 4712 Werne - Geb. 26. Mai 1941 Klagenfurt (Vater: Dr. jur. Arnold M.; Mutter: Dr. jur. Hänny, geb. Ehling), kath., verh. s. 1972 m. Ulrike, geb. Tangerding, 3 Kd. (Jan, Sven, Maike) - Med.-Stud. Univ. Münster (Staatsex. 1966, Promot. 1968) - Gf. Gesellsch. s. o, Vorst.-Mitgl. Unternehmensverb. Westf. Nord-West, Hamm, AR-Mitgl. NWD-Hefe- u. Spritwerke AG, Hameln.

MOORTGAT-PICK, Waldemar

Dr.-Ing., Dipl.-Phys., Entwicklungsleit. u. Technischer Berater Gorenje Vertriebs GmbH, München, IGR, Düsseldorf (s. 1984) - Am alten Tor 11, 8224 Chieming (T. 08664 - 12 94) - Geb. 13. Nov. 1923 Braunschweig (Vater: Prof. Dr. phil. Anton M., siehe XVI. Ausg.; Mutter: Gertrud, geb. Salje), ev., verh. s. 1950 m. Elisabeth, geb. Beddig, 4 Kd. (Angela, Gabriele, Ulrike, Gudrid) - Lehre Rundf.mechaniker; Stud. d. Phys. u. Hochfrequenztechn. TH Braunschweig; Gesellenprüf. 1947; Dipl.ex. 1950; Promot. 1958 - 1950/51 Entw.sing. Merkur Apparatebau, Rastatt; 1951-54 Körting (Entw.sing. u. Gruppenleit.); 1954-56 AEG-Telefunken, Ulm (Entw.ing. Röhren-Halbleiter); 1956-83 wied. Körting (s. 1973 Geschf. Ber. Entw.); s. 1984 s.o. Mitgl. div. Fachverb., 75 Patentanmeld., ca. 70 Fachveröff. u. Vortr.

MOOS, von, Peter

Dr. phil., o. Prof. f. Mittellatein. Philologie - Salzstr. 53, 4400 Münster/W. - B. 1969 Wiss. Assist., dann Ord. Univ. Münster.

MOOSBERG, Kurt Alexander

Dr. phil., Dipl.-Kfm., Vors. u. Generaldir. Nechushtan-Gruppe, Tel-Aviv, Präs. Israel.-Dt. IHK u. Israel.-Japan. Freundschaftsges. u. Handelskammer - 3a Shalagstr., Tel Aviv/Israel (T. 22 17 60; Büro: 5 02 71) - Geb. 22. April 1903 Paderborn (Vater: Moritz M., Kaufm.; Mutter: Ella, geb. Blank), mos., verh. s. 1931 m. Rita, geb. Levis, 3 T. (Dr. Yael, vereh. Shechter; Raya, vereh. Grinberg; Yehudith, vereh. Bieler) - Stud. d. Phil. u. Wirtsch.swiss. Univ. Leipzig, Gießen, Berlin - 1969 BVK I. Kl. - Liebh.: Archäol., Jagd - Spr.: Hebräisch, Dt., Engl., Franz.

MOOSBRUGGER, Helfried L.

Dr. phil., Prof. f. Psychologie Univ. Frankfurt - Institut f. Psych. Univ., Mertonstr. 17, 6000 Frankfurt/M. (T. 069- 798/31 53) - Geb. 3. Jan. 1944 Graz/Österr. (Vater: Dr. Herbert M., Dipl.Ing., ltd. Reg.beamter; Mutter: Dr. Hedwig, geb. Intichar), verh. s. 1967 m. Dr. Gislinde, geb. Knižek, 3 Kd. (Brigitte, Barbara, Robert) - Stud. Univ. Graz/Österr., Marburg, Innsbruck/Österr. (Promot. 1969 Innsbruck) - 1969-71 Univ.-Assist. Innsbruck; 1971-77 ltd. Tätigk. Dt. Inst. f. Intern. Päd. Forsch. Frankfurt u. Lehrbeauftr. Univ. Trier, Mainz u. Frankfurt; s. 1977 Prof. Univ. Frankfurt (1978/79 u. 1987/88 Inst.-Dir., 1981/82 Dekan u. Senator). S. 1983 Lektor u. Gastprof. Univ. Graz/Österr. - BV: Multivariate statist. Analyseverf., 1978; Psych. Statistik I (m. H. Müller), 1981; Regressions- u. Varianzanalyse (m. N. Klutky), 1987; Psych. Statistik II (m. Chr. Zwingmann), 1989. Beitr. in wiss. Ztschr. u. Büchern - Spr.: Engl.

MOOSDORF, Johanna

Schriftstellerin - Kastanienallee 27, 1000 Berlin 19 (T. 302 29 31) - Geb. 12. Juli 1911 Leipzig (Vater: Hermann M., Buchdrucker u. Verlagsdir.; Mutter: Anna, geb. Eis), o. B., verh. s. 1932 m. Paul Bernstein (Ende 1944 KZ Auschwitz †), 2 Kd. (Barbara u. Thomas Bernstein) - Höh. Mädchensch. Leipzig - 1939-44 Büroangest., 1946-47 Redakt. Leipz. Volks-Ztg., 1947-49 Chefredakt. März/Lit. Ztschr. (Leipzig) - BV: Brennendes Leben, Ged. 1946; Zw. zwei Welten, N. 1947; Flucht n. Afrika, R. 1952 (auch engl., franz., amerik., schwed.); D. Nachtigallen schlagen im Schnee, R. 1954 (auch franz.); D. Himmel brennt, R. 1955; Schneesturm in Worotschau, N. 1957; Nebenan, R. 1961 (auch engl., amerik., schwed., poln., jugosl. Ausg.); D. lange Nacht, Erz. 1963; Fahrt nach MAtern, Dr. 1964; D. Andermanns, R. 1969; Die Freundinnen, R. 1977; Sieben Jahr sieben Tag, Ged. 1979; Neue Gedichte, 1983; Hörsp. (u. a. Blinder Spiegel) - 1963 Nelly-Sachs-Preis Stadt Dortmund (f. Neben-an) - Lit.: Fritz Hüser, Dichter u. Denker unserer Zeit (Folge 32: J. M., m. Bibliogr.); Regula Venske, Johanna Moosdorf. Schriftstellerin geg. d. Vergessen, in: Frauenlit. ohne Tradition, 1987; Regula Venske: Nachwort z. D. Freundinnen, 1988.

MORATH, Paul

I. Bürgermeister - Rathaus, 8501 Feucht/Mfr. - Geb. 6. Dez. 1922 Feucht - Zul. Verwaltungsoberamtsrat.

MORAVETZ, Bruno Stefan

Journalist (Ps. mora) ZDF-Sport (Ski, Fechten, Wildwasser) - Edelweißweg 37, 8964 Nesselwang (T. 08361-546) - Geb. 11. Sept. 1921 Kronstadt/Siebenb. (Vater: Stefan M., Kaufm.; Mutter: Else, geb. Silbernagel), ev., verh. s. 1945 m. Charlotte, 3 T. (Christiane, Bettina, Petra) - Human. Gymn. Kronstadt, Abit. - Redakt. Sport/Feuill. mehr. Tagesztg., Fachztschr. SKI (1958-63), Chefredakt. - BV: Spur Frei!, 1961; D. gr. Buch d. Berge (Hrsg.), 1978; D. gr. Buch v. Ski, 1981 - Div. Film-Dokument. (ZDF-Sport), ZDF-Matinee: 8000 m hoch, 1979 - 1980 Bambi; Gold. Gong, NOK-Fernsehpreis Silberkugel - Liebh.: Ski, Bergsteigen, Garten (Grasmähen m. Sense) - Spr.: Franz., Engl., Rumän., Ung.

MORAVITZ, Ingeborg-Liane

Akad. Malerin u. Graphikerin, Schriftstellerin, Restaurateurin - Wällischgasse 12/3/13, A-1030 Wien (T. 0222 - 739 00 23) - Geb. 7. Okt. 1937 Wien/

Österr., kath., verw., 5 Kd. (Jorid, Mirjam, Milan, Sibia M., M. Sigyn) - Kunstgewerbe-Meisterkl., Akad. d. Bild. Künste Meisterkl., Akad. Malerin - 1988 Leit. d. Lit. Beirates im VKSÖ Wien - BV: Lyrikbogen d. Kreis, D. Banner, Anstoß, Winfried, v. Mensch z. Mensch; 9 Jahrb.; vielf. Mitarb. in Grafik (1959-67); Div. Ztschr. Schriftstell. Arb. in Lyrik u. Prosa in 9 Bde. Anthol. - 3 Preise in Malerei u. Grafik; 1988 Ehrenmitgl. d. Verb. kath. Schriftsteller - Liebh.: Alternativmed. Hildeg. v. Bingen, Kräuter, Steine - Spr.: Engl., Franz. - Bek. Vorf.: Milanovich de Takovo, Nachkomme d. Obrenovich (Schwiegerv.); Hans Morawitz (Herausg. d. 1. Österr. Adressb.).

MORAW, Peter

Dr. phil., Prof. f. Mittelalterliche Geschichte, Dt. Landesgesch. u. Wirtsch.- u. Sozialgesch. - Hermann-Löns-Str. 49, 6300 Gießen (T. 0641 - 2 57 30) - Geb. 31. Aug. 1935 Mährisch Ostrau (Vater: Wilhelm M., Lehrer; Mutter: Karola, geb. Neuwirth), kath., verh. s. 1964 m. Dr. Ursula, geb. Scholz, 2 Töcht. (Susanne, Barbara) - Gymn. Heidelberg (Abit. 1955); Stud. Univ. Heidelberg, Staatsex. Höh. Lehramt 1960, Promot. 1961, Habil. 1971 - 1972 Univ.-Prof. Bielefeld, 1973ff. Gießen - BV: D. Stift St. Philipp z. Zell in d. Pfalz, 1964; König, Reich u. Territorium im späten Mittelalter (Habil.-Schr.) 1971; Kl. Gesch. d. Univ. Gießen, 2. A. 1989; V. offener Verfassung zu gestalteter Verdichtung (Propyläen Gesch. Deutschl. 3), 1985. Herausg. div. Bücher, e. Buchreihe u. d. Ztschr. f. histor. Forsch. 85 Aufs. in wiss. Ztschr. u. Sammelbd. - Mitgl. Hist. Kommiss. f. Hessen; Hess. Hist. Kommiss. Darmstadt; Hist. Kommiss. f. d. Sudetenländer; Collegium Carolinum; Kommiss. f. Kulturgesch. d. Spätmittelalters b. d. Göttinger Akad. d. Wiss.; Konstanzer Arbeitskr. f. mittelalterliche Gesch.; Arbeitskr. f. Mediävistik Herzog August Bibl. Wolfenbüttel; Hist. Kommiss. Bayer. Akad. d. Wiss.; Korr. Mitgl. Pfälz. Ges. d. Wiss.; Kommiss. f. gesch. Landeskunde in Baden-Württ.; o. Mitgl. Sudetendt. Akad. d. Wiss.; 1983 Geschichtspreis Univ. Gießen.

MORAWIETZ, Kurt

Schriftsteller - Leinstr. 17, 3000 Hannover 1 (T. 0511 - 168-25 63, Kulturamt) - Geb. 11. Mai 1930 Hannover (Vater: Robert M., Buchbinder; Mutter: Annemarie, geb. Liebner), kath., verh. s. 1957 m. Ursula, geb. Senger, 2 Söhne (Walther, Wieland) - Volks- u. Verw.sch. Hannover; Lehre Stadtverw. ebd. - Stadtangest. (Kulturamt Hannover: u. a. Verw. Künstlerhaus, Lyrik-Tel. 0511 - 168-26 66, Literanover, Autoren im Aegi). Sprecher Jg. Literaturkr.; Geschäftsf. Gerrit-Engelke-Gedächtnis-Stiftg. Herausg.: Lit.Ztschr. Die Horen (1955ff.). 1963 Auslandsstip. AA Bonn. S. 1959 Mitgl., 1969-81 Vorst.-Mitgl. VS Nieders., s. 1974 Fördererkr. dt. Schriftst. Nieders. u. Bremen, Beiratsmitgl. Heimatbd. Nieders., Hann. Künstlerverein, Dt.-Ital. Ges., Dt. Schillerges., 1969 Gründungsmitgl. Karl-

May-Ges., Mitgl. dt. u. internat. PEN, s. 1981 - BV: Nkajala, Afrika-R. 1949; Droben in d. Bergen, Kanada-N. 1952; Wegweisende Hände, Anthol. 1957; Die ihr noch atmet, Ged. 1958; Schlagzeug u. Flöte, Anthol. 1961; G. W. Leibniz, Ess. 1962; 300 J. Herrenhausen, kulturgesch. Samml. 1963; Dt. Teilung, Lyrik-Leseb. aus Ost u. West 1966; Matineen Dt. Teilung, Insz. G. Fleckenstein (s. d.), 1968-69; Aufs. aus 10 Jahrg. d. Horen, Ess. 1967; Ostwärts Westwärts, Ged. 1972; Jahrgang 30, Ged. 1975; Festl. Herrenhausen (Musik u. Theater 1666-1977), 1977; Nieders. liter. (65 Autorenporträts), 1978; Mich aber schone, Tod (Gerrit Engelke 1890-1918), Biogr. 1979; Glanzvolles Herrenhausen (Gesch. e. Welfenresidenz u. ihrer Gärten), 1980; Niedersachsen literarisch (100 Autorenporträts), 1981; Niedersachsen literarisch: Kl. Gesch. d. Lit. in Nieders. (600-1980), 1983; China im Umbruch, 1985; Jahrgang 30, Ged. (erw. bibl. Neuaufl.), 1987; Nieders. literarisch: Handb. f. Veranstalter, 1988; Bittere Erde - Terra Amara, Dialog in Ged. (zweispr.) (m. Giuseppe Scigliano), 1988; Nibelungenlied u. Dietrich v. Bern in neuer Sicht, 1988; Hermann d. Cherusker in neuer Sicht, 1989. Beitr. in 90 Anthol. In- u. Ausl. (Lyr./Prosa auch Schwed., Engl., Dän., Serbokroat., Poln., Ital.). Lyrik auf Schallplatten 1980; 81. Vertonung v. Ged.: Reinhard Stroetmann (1980), Jens Ehlers (1982) - 1971 Lyrik-Preis Junge Dicht./Nieders., 1980, 88 Alfred-Kerr-Preis f. d. Horen, 1982 Künstlerstip. f. Lit. d. Landes Nieders.; 1986 Lit. Marktpreis d. Literanover (3 Plastiken v. Hans-Jürgen Breuste) - Liebh.: Bücher (bes. Erstausg.; umfangr. Bibl., Samml. Triviallit., Abenteuerlit., umfangr. Samml. Karl May) - Lit.: Franz Lennartz, in: Dt. Schriftst. d. Gegenw. (1978); Hendrik Bicknaese: D. Horen - z. Charakteristik ihrer Anf. 1955-57, Magister-Arb. (1982); Prof. Dr. Hans-Otto Hügel: die horen - E. Ztschr. aus Hannover, Katalog z. Horen-Ausst. 1955-85; Antje Doutiné: 25 Jahre Horen (Fernseh-Film), 1980; Sieghard Hennig: 30 J. Horen, Fernseh-Film, 1985.

MORDEK, Hubert

Dr. phil., o. Prof. f. Geschichte d. Mittelalters - Werthmannplatz, 7800 Freiburg i. Br. (T. 0761 - 2 03-34 93) - Geb. 8. Mai 1939 - 1960-66 Univ. Kiel, Würzburg, Tübingen, 1966-74 Dt. Hist. Inst. Paris u. Rom - 1977/78 Prodekan Univ. Tübingen, 1980/82 Dekan u. Prodekan Univ. Freiburg, 1982 Gastprof. Univ. Basel, 1982/83 Akad.-Stip. Stiftg. Volkswagenwerk, 1986 Gastprof. Shandong-Univ. Jinan, VR China - BV: Kirchenrecht u. Reform im Frankenreich, 1975. Herausg. e. Buchreihe u. mehrerer Bücher. Zahlr. Aufs. in wiss. Ztschr. u. Sammelbd.

MORDHORST, Artur K.

Dr. rer. pol., Rechtsanwalt, Fachanw. f. Steuerrecht - Chilehaus B VI, 2000 Hamburg 1 (T. 32 66 56) - Geb. 11. Juli 1936 Hamburg - Stud. u. Ausb. in Hamburg, Lausanne, Paris, Straßburg, Luxemburg u. Santiago de Compostela; bde. jur. Staatsex. u. Promot. z. Dr. rer. pol. in Hamburg - Präs. Dt. Karate-Verb. - Liebh.: Musik u. Lit., Reiten, Tauchen u. Karate - Spr.: Engl., Franz., Span., Port., Ital. u. Schwed.

MORDHORST, Günter

Dr., jur., Rechtsanwalt, Vorstandsvors. Varta Batterie AG, Hannover, u. Varta AG, Bad Homburg - Am Leineufer 51, 3000 Hannover 21 (T. 0511 - 790 36 02); u. Seedammweg 55, 6380 Bad Homburg v.d.H.; priv.: Erlenweg 2, 3255 Lauenau - Geb. 14. Jan. 1927 Ratzeburg, verh. s. 1947 m. Gisela, geb. Stelter, Tocht. Elisabeth (Richterin) - Abit.; Stud. Rechtswiss.; Ass. - Landesbeirat Niedersachsen Commerzbank AG; Beirat Frankfurter Versich.-AG.

MORDMÜLLER, Gottlieb

Prof., Leit. Abt. Kunstpädagogik Staatl. Hochsch. f. Bild. Künste a. D., Braunschweig (1972-76 Rektor, gleichz. Ruhest.) - Husarenstr. 46, 3300 Braunschweig - Geb. 2. Okt. 1913 Braunschweig (Vater: Gottlieb M., Schuhmacherm.; Mutter: Emma, geb. Hagemann), ev., verh. s. 1940 m. Gerda, geb. Bartholomie, 2 Kd. (Rainer, Heidrun) - Stud. Kunstpäd. München, Danzig, Berlin. Staatsex. 1938 - 1946-63 Studien- u. Oberstudienrat (1954). Bilderausstell. Hannover u. Braunschweig - Liebh.: Lit. - 1964 Gold. Sportabz. - Spr.: Franz., Engl.

MORDSTEIN, Friedrich

Dr. phil., o. Prof. f. Philosophie - Rungestr. 43, 8000 München 71 (T. 791 35 00) - Geb. 22. Juni 1920 München (Vater: Friedrich M., Oberstudienrat), kath., verh. s. 1951 m. Dr. Irmgard, geb. Burgstedt - Ludwigs-Gymn. u. Univ. München (Phil., Psych., Gesch., Klass. Philol.; Promot. 1947). Habil. 1959 - 1950-54 höh. Schuldst.; 1954-58 wiss. Assist.; s. 1958 Lehrtätigk. Päd. Hochsch. Augsburg/Univ. München (1960 ao., 1966 o. Prof.) u. PH München/Univ. München (1970 o. Prof.) - BV: u. a. Menschenbild u. Gesellschaftsidee, 1966; Ist d. Marxismus e. Humanismus?, 1969.

MORFILL, Gregor

Dr., Physiker, Direktor am Max-Planck-Inst. f. Physik u. Astrophysik, Inst. f. extraterrestrische Physik - Karl-Schwarzschild-Str. 1, 8046 Garching (T. 089 - 329 95 67) - Geb. 23. Juli 1945 Oberhausen, verh. s. 1968 m. Valerie, geb. Gilbert, 2 Kd. (Julia, Gary) - Stud. Imperial Coll. of Science and Technology, London; BSC., ARCS., DIC, PhD. 1971 London, Habil. 1977 Heidelberg.

MORGAN, Pat

s. Müller, Petra.

MORGENROTH, Dieter

Ing. f. Landbau, MdL Bayern (s. 1975) - Berg-am-Laim-Str. 89, 8000 München 80; priv.: Zehntstr. 2, 8605 Hallstadt (T. 09503 - 3 71) - Geb. 1945 - CSU.

MORGENROTH, Friedrich

Journalist, Schriftst. - Schauenburgstr. 8, 3500 Kassel-W'höhe - Geb. 12. Febr. 1906 Ohligs/Solingen - Univ. Marburg, Köln, Kiel, Berlin (Rechts- u. Theaterwiss.) - 1931-71 Redakt. Kreuzztg., Berlin, Theaterverlag Langen-Müller ebd. (1934), Ztg.sschau, Detmold (1947), Constanze, Hamburg (1949) - BV: Tonkakeila-Tonkakill, Kinderb. 1950; Manegen-Zauber, Verse 1955; Belichtet u. bedichtet, Verse 1957; Sag es m. Versen, 1972; Hofgeschichten, Kdb. 1978; 2. Hofgesch., Kdb. 1979 - Liebh.: Versrätsel.

MORGENSCHWEIS, Fritz

Prälat, Generalvikar Bistum Regensburg - Niedermünstergasse 1, 8400 Regensburg 11 - Geb. 13. April 1920 Sulzbach-Rosenberg/Oberpf. - Gymn.; Stud. Theol., Priesterweihe Regensburg; 1985 Apostol. Protonotar - 1980 Bayer. VO.

MORGENSTERN, Dietrich

Dr. rer. nat., Ph. D., em. Prof. f. Math. Stochastik - Im Dorffeld 58, 3005 Hemmingen - Geb. 26. Sept. 1924 Ratzeburg/Schlesw. (Vater: Dr. Kurt M.; Mutter: Dora: geb. Garbe), ev., verh. s. 1959 m. Elisabeth, geb. Schlüter - Dipl.-Math., - Ing. (1950) u. Promot. (1952) Berlin (TU); Ph. D. (1955) Bloomington/USA - 1955-59 Doz. TU Berlin; 1959-62 ao. Prof. Univ. Münster; s. 1962 o. Prof. Univ. Freiburg/Br. u. s. 1971 TU Hannover, emerit. 1986 - BV: Neuere Entwickl. in d. klass. statist. Mechanik u. in d. kinet. Gastheorie, 1958 (m. C. Truesdell); Vorles. üb. theoret. Mechanik, 1961 (m. I. Szabó); Einf. in d. Wahrscheinlichkeitsrechnung u. math. Statistik, 2. A. 1968.

MORGENSTERN, Hans Dieter

Industrie-Kfm., MdL Nordrh.-Westf. (s. 1975) - Bramkampsieke, 4991 Lübbecke-Obermehnen (T. 05741 - 83 46) - Geb. 30. April 1935 - CDU.

MORGENSTERN, Wolfgang

Dipl.-Volksw., Journalist - Theo-Fischer-Weg 29, 6000 Frankfurt/M. (T. 76 38 97) - Geb. 30. Juni 1927 Köln, kath., verh. s. 1956 m. Hilde, geb. Fechner, 2 Töcht. (Christine, Cornelia) - B. 1957 Wiss. Assist., dann Redakt. UPI (b. 1961) u. Hess. Rundfunk (Leit. Abt. Sozialfunk). Mitgl. Club Frankf. Wirtschaftsjourn. - BV: Taschencomputer-Handb., 3. A. 1979; Prognose-Hdb., 1980 - Spr.: Engl.

MORICH, Horst

Vorsitzender Gewerkschaft Holz u. Kunststoff (1981ff.) - Sonnenstr. 14, 4000 Düsseldorf - Geb. 22. Febr. 1934 Bad Lauterberg, ev., verh. s. 1958 m. Renate, 3 Kd. (Michael, Christiane, Anja) - Volkssch., Tischlerlehre - Tätigk. als Bau- u. Möbeltischler, 1959 Gewerksch.-sekr., 1973 Bez.leit. Schlesw.-Holst./Hamburg, 1977 stv. Vors., 1981 Vors. GHK.

MORIO, Walter

Oberbürgermeister Stadt Landau, Präs. Dt. Dahlien- u. Gladiolenges. ebd. - Altes Stadthaus, 6740 Landau/Pfalz (T. 1 32 00) - Geb. 1. Nov. 1920 - CDU.

MORISSE, Karl August

Dr. jur., Stadtdirektor Pulheim - Postf. 1120, 5024 Pulheim (T. 02238 - 5 66 77) - Geb. 14. März 1942 Köln (Vater: August M., Steuerbevollm.; Mutter: Gertrud, geb. Lunkewitz), ev., verh. s. 1972 m. Angelika, geb. Kopp, 2 T. (Silke, Anke) - Ab 1961 Stud. Rechtswiss. Univ. Köln u. Bonn (Refer. 1966); 1967/68 Hochsch. f. Verw.wiss. Speyer (Promot. 1969, Ass. 1971) - 1971-72 Rechtsanw., Syndikus b. Wirtschaftsprüfer; 1972-75 Reg.- u. Oberreg.-Rat im Bundesmin. f. Ernährung, Landwirtsch. u. Forsten; ab 1975 Gemeindedir., dann Stadtdir. Pulheim - BV: D. Rechtsgrund f. d. Haftung d. Erwerbers e. Handelsgesch. unter Lebenden, 1969 - Liebh.: Cello, Tennis, Ski - Spr.: Engl., Franz.

MORITZ, Berta,

geb. Siebeck

Dr. phil. (habil.), em. o. Prof. f. Engl. Philologie - Silcherstr. 21, 8700 Würzburg (T. 7 28 33) - Geb. 12. Mai 1912 Heidelberg (Vater: Prof. Dr. med. D. Richard Siebeck, zul. Ord. f. Innere Medizin Univ. Heidelberg (s. XIV. Ausg.); Mutter: Agnes, geb. Müller), ev., verh. s. 1944 m. Prof. Andreas M., Silberschmied u. Bildhauer (s. dort) - Lehrerin Schule Birklehof Hinterzarten (1939 ff.); 1961-64 Privatdoz. Univ. München; s. 1965 Ord. u. Dir. Sem. f. Engl. Philol. Univ. Würzburg - BV: D. Bild Sir Philip Sidneys in d. engl. Renaissance (Schr. d. Dt. Shakespeare-Ges., Bd. III 1939); Unters. zu Miltons ‚Paradise Lost' (Quellen u. Forsch., Bd. XII 1963).

MORITZ, Cordula
s. Bölling-Moritz, Cordula

MORITZ, Horst-Hubert
Rechtsanwalt, Hauptgeschäftsf. Einzelhandelsverb. Frankfurt (s. 1969), Einzelhandelsverb. Wetterau Friedberg (s. 1971), gf. Vorstandsmitgl. Arbeitgeberverb. Hess. Brennstoffhändler Frankfurt (s. 1985), gf. Vors. Inkasso- u. Kreditschutz f. d. Einzelhandel (s. 1988) - Kapellenstr. 38, 6200 Wiesbaden - Geb. 1. Okt. 1931 Bingen, kath., verh. m. Maria Moritz, geb. Hohoff, 2 T. (Christina, Verena) - 1952-56 Stud. Rechts- u. Staatswiss., Volksw. Univ. Mainz, München, Frankfurt/M., Bonn u. Köln; 1. u. 2. jurist. Staatspr. - S. 1961 Einzelhandelsverb. Rheinhessen, Mainz u. Geschäftsf. Einzelhandelsverb. Pfalz, Kaiserslautern; s. 1962 Geschäftsf. Einzelhandelsverb. Oberhausen/Rhld.; s. 1983 stv. Vors. Schutzgem. gegen unrechtmäßige Ausschaltung d. Einzelhandels in Frankfurt/M. u. Umgeb.; 5 J. Stadtverordn. in Oberhausen u. 1976-81 u. 1982-85 Stadtverordn. Wiesbaden. 1982-87 Alternierender Vors. Vertreterversamml. AOK Frankfurt.

MORITZ, Klaus
Dr. jur., Prof. FB Einstuf. Juristenausb. Univ. Hamburg - Eilersweg 41, 2000 Hamburg 73 (T. 677 11 67) - Geb. 6. März 1944 Königsberg - Banklehre; Stud. Univ. Genf u. Frankfurt/M.; 1. u. 2. jurist. Staatsex., Promot. 1972 - 1974 Assist.-Prof. FU Berlin; 1977 Prof. Hamburg - BV: D. Argument v. d. Wirtschaftsverfass., (Diss.) 1974; NS-Verbrechen vor Gericht 1945-1955, 1978 (m. Noam); D. franz. Arbeitsgericht, 1987.

MORITZ, Vincenz
Vorstandsmitglied Rechtsrhein. Gas- u. Wasserversorg. AG, Köln - Beethovenstr. 15, 5000 Köln 40.

MORITZ, Walter
Dr. med., Prof., Chefarzt Städt. Hals-, Nasen- u. Ohrenklinik Hannover - Grünewaldstr. 6, 3000 Hannover (T. 69 15 81) - Geb. 11. März 1911 Passau (Vater: Dr. med. Eugen M., Augenarzt; Mutter: Ottilie, geb. Notter), ev., verh. s. 1939 m. Dr. med. Gisela, geb. Hoenig, 3 Kd. - Univ. Gießen, Berlin, München. Promot. 1939; Habil. 1942 - Tätigk. Univ. Gießen (Med. Klinik, HNOklinik), Nervenklinik Hamburg-Eppendorf, Univ. Mainz (HNOklinik; 1949 apl. Prof.), Städt. Krkhs. Neustadt (Chefarzt HNOabt.). Hauptarbeitsgeb.: Chir. Meth. in d. HNOheilkd., Hörverbesserung durch Tympanoplastik, Cervicales Syndrom. Fachveröff. - Spr.: Engl., Span. - Rotarier.

MORITZEN, Niels-Peter
Dr. theol., o. Prof. f. Missions- u. Religionswissenschaft Univ. Erlangen-Nürnberg (s. 1967) - Schwalbenweg 12, 8520 Erlangen (T. 4 37 38) - Geb. 2. Febr. 1928 Krusendorf (Vater: Johannes M., Pastor; Mutter: Luise, geb. Egidi), ev., verh. s. 1955 m. Ruth, geb. Becken, 5 Kd. (Katharina, Klaus, Hanna Luise, Dorothea, Christoph) - Schulen Kiel, Husum, Templin; Univ. Kiel u. Erlangen. Theol. Examen 1951 u. 1955; Promot. 1953 - 1955-62 Pastor Dt. Gemeinde Sonderburg (Dänemark); 1962-67 Ref. Dt. Ev. Missionsrat, Hamburg - BV: D. Vereinigungskirche d. S. M. Mun, 1980; Werkzeug Gottes in d. Welt: Leipziger Mission 1836-1936, 1986. Herausg.: Jahrb. Ev. Mission (1963-67); Lexikon zur Weltmission, 1975; Schriftleit. Ev. Missionsztschr. (1969-74) - Spr.: Dän., Engl.

MORKEL, Arnd
Dr. phil., Dr. h. c., o. Prof. f. Politikwissenschaft Univ. Trier (1975-87 Präs.) - Wilhelm-Leuschner-Str. 43, 5500 Trier/ Mosel.

MORLOK, Jürgen
Dr. rer. pol., Dipl.-Volksw., Geschäftsf. d. Landesentwickl.gesellsch. Baden-Württ. mbH, gf. Vorst. Stiftung Außenwirtschaft Baden-Württ. - Carl-Hofer-Str. 21, 7500 Karlsruhe 41 (T. 4 23 12) - Geb. 30. Sept. 1945 Karlsruhe, verh., 2 Kd. - Gymn. Karlsruhe, Ettlingen (Abit. 1966); Univ. Berlin/Freie, Karlsruhe (Politik, Wirtsch.wiss.; Dipl.ex. 1971, Promot. 1974) - Lehrbeauftr. 1971ff. Ratsmitgl. Karlsruhe; 1972-88 MdL Baden-Württ. FDP s. 1964 (1974 Landesvorst.-Mitgl., 1978-84 -vors. Baden-Württ., 1978 Mitgl. Bundesvorst., 1980 FDP-Bundespräsid., 1982-84 stv. Bundesvors.), 1976-84 Vors. FDP/DVP Fraktion - BV: Was wollen d. Jungen in d. FDP, 1973; Leitlinien f. eine verteilungspol. Gesamtkonzept. in einer offenen Ges., 1975; Liberale Profile, 1983 - 1984 BVK I. Kl.; 1988 Gr. BVK.

MORONI, Rolf
Dr.-Ing. h. c., Fabrikant - Marienstr. 4, 5303 Bornheim-Hersel - Geb. 19. April 1912 Köln, kath., verh. - Wirtsch.srat CDU, Kurator Inst. f. Ges.swiss. Walberberg, Handelsrichter - Inh. zahlr. in- u. ausl. Patente - BV: Kybernetische Automation morgen, 1969 (span. 1970); D. kybernetische Dritte Bilanz, 1970. Zahlr. Fachveröff. - 1966 Rudolf-Diesel-Med. in Gold, 1972 BVK I. Kl., 1978 Gr. BVK d. VO d. BRD - Spr.: Engl., Franz. - Bek. Vorf.: Battista Moroni, Maler, Bergamo (16. Jh.).

MORS, Karl
Dr., Prof. i. R. f. Didaktik der Mathematik - Haldenweg 36, 7980 Ravensburg (T. 2 38 26) - BV: Hechingen u. Zollerburgen in alten Ansichten, 1982; Hechingen u. Burg Hohenzollern, e. historischer Führer, 1989.

MORSBACH, Adolf
Dipl.-Ing., Assessor d. Bergfachs, Vorstandsvorsitzender Haftpflichtverb. d. Dt. Industrie (HDI) - Riethorst 2, 3000 Hannover 51 (T. 0511 - 645-40 01) - Geb. 12. Sept. 1933 Essen, verh. - Dipl.-Hauptprüf. 1960 TH Aachen, Staatsprüf. Ass. d. Bergfachs 1963 - AR-Vors. Hannover Allg. Versich.- AG, Hannover, Schadenschutzverb. GmbH Bochum, Hannover Intern. Insurance (Nederland) N.V. Rotterdam, Hannover Rückversich.-AG Hannover, Eisen u. Stahl Rückversich. AG Hannover; stv. AR-Vors. Hannoversche Lebensversich. AG; AR Hannover Intern. (France) Paris, Preußag AG Hannover; VR-Vors.: Hannover-Finanz GmbH Hannover, Hannover Intern. (Belique) S.A. Brüssel; Beiratsmitgl. Allg. Kreditversich. AG, Commerzbank AG (Landesbeirat Nieders.), Norddt. Landesbank Hannover.

MORSBACH, Emil-Wilhelm
Kaufmann, selbst. Handelsvertreter, Gesellsch. Willi Morsbach oHG - Herichhauser Str. 17, 5600 Wuppertal 12 (T. 0202 - 47 57 96) - Geb. 6. März 1915 Wuppertal-Cronenb. - BV: Wo d. Wälder noch rauschen, R. 1947 (5. Aufl. 1961); Wo d. Amboss erklingt, R. 1948; D. Antwort aus dem Sturm, R. 1979; D. eig. Gewissen, N. 1982.

MORSCH, Hans-Günter
Versicherungsvermittler f. Versicherungsgruppe Hannover (VGH) - Albrecht-Haushofer-Str. 6, 3200 Hildesheim - Geb. 28. Febr. 1929 - Mitgl. LIONS Intern. - Spr.: Engl.

MORSCH, Karl-Heinz
Textil-Kaufmann, Vizepräsident Verb. d. Saarländ. Einzelhandels, 1. Vors. d. Saarländ. Textileinzelhandels - Viktoriastr. 10, 6600 Saarbrücken (T. 0681 - 3 35 32) - Geb. 20. Okt. 1940 Saarbrücken, kath., verh., 2 Kd. (Michael, Christina) - Lehre b. d. Fa. Bredl Ravensburg - Präsid.-Mitgl. Bundesverb. dt. Textileinzelhandels Köln; Mitgl. Vollvers. IHK Saarland - Liebh.: Musik, Theater, Sport - Spr.: Engl., Franz., Span.

MORSEY, Rudolf
Dr. phil., o. Prof. f. Neuere Geschichte, insb. Verfassungs- u. Verwaltungsgesch. - Blumenstr. 5, 6730 Neustadt-Geinsheim (T. 06327 - 57 18) - Geb. 16. Okt. 1927 Recklinghausen, kath., verh. s. 1962, 4 Kd. - Gymn. (Paulinum) u. Univ. Münster - S. 1965 (Habil.) Lehrtätigk. Univ. Bonn (Privatdoz.), Univ. Würzburg (1966 Ord.), Hochsch. f. Verw.wiss. Speyer (1970 Ord.). S. 1968 Präs. Kommiss. f. Gesch. d. polit. Parteien; 1982-85 Vors. d. Arbeitsgem. außeruniversitärer hist. Forsch.einricht. in d. BRD; Vizepräs. d. Görres-Ges. - BV: D. oberste Reichsverw. unt. Bismarck, 1957; D. Interfraktionelle Ausschuß 1917/18 (m. E. Matthias), 2 Bde. 1959; D. Regierung d. Prinzen Max v. Baden (m. E. Matthias), 1961; Clemens August Kardinal v. Galen, 1966; D. Dt. Zentrumspartei 1917-33, 1966; D. Ermächtigungsgesetz v. 24. März 1933, 1968; D. Protokolle d. Reichstagsfraktion u. d. Fraktionsvorst. d. Dt. Zentrumspartei 1926-33, 1969; Brüning u. Adenauer, 1972; Z. Entstehung, Authentizität u. Kritik v. Brünings „Memoiren", 1975; D. Untergang d. polit. Katholizismus, 1977; D. Protokolle d. Reichstagsfraktion d. Dt. Zentrumspartei 1920-1925 (m. K. Ruppert), 1981; D. Bundesrepublik Deutschland, 1987; Katholizismus, Verfassungsstaat u. Demokratie, 1988. Herausg.: Zeitgesch. in Lebensbild. (6 Bde. 1973/84); W. Marx/H. Brüning, Reichstagsreden (1974); J. Schauff, D. Wahlverhalten d. dt. Katholiken (1975); J. Hofmann, Journalist in Demokratie, Diktatur u. Besatzungszeit (1977); Verwaltungsgesch. (1977). Mithrsg.: D. Ende d. Parteien 1933 (1960, Neuausg. 1979); H. Brüning, Reden u. Aufs. e. dt. Staatsmanns (1968); Christliche Demokratie in Europa (m. W. Becker); Veröffentl. d. Kommission f. Zeitgesch. (1965ff.); Adenauer-Stud. (1971ff.); Geschichtl. Stud. z. Politik u. Gesellsch. (1971ff.); Quellen z. Gesch. d. Parlamentarismus u. d. polit. Parteien (3. Reihe 1970ff., 4. Reihe, 1984ff.); Soziale Orientierung (1979ff.); Forsch. u. Quellen z. Zeitgesch. (1980ff.); Rhöndorfer Ausg. (Adenauer) (1983ff.); Zs. D. Verwaltung (1979ff.); Hist. Jb. (1979ff.); Gesch. im Westen (1986ff.); Katholizismusforsch. (1988ff.) - 1987 Gr. BVK; 1988 Staatspreis d. Landes Nordrh.-Westf.

MORSEY-PICARD, Freifrau von, Gabriele
Geschäftsführerin Verb. d. Dt. Lokomotivindustrie - Zu erreichen üb. Verb. d. Dt. Lokomotivind., Lyoner Str. 16, 6000 Frankfurt/M. 71 (T. 069 - 666 67 41).

MORSINK, Karl-Heinz
Dipl.-Volksw., Vorsitzender d. Geschäftsltg. Unternehmens-Gruppe Tengelmann - Dt. Filialbetriebe - (Tengelmann, Kaiser's Kaffee-Geschäft AG, Plus) - Wissollstr. 5-43, 4330 Mülheim/R. (T. 0208 - 580 63 19) - Geb. 15. März 1927 Castrop-Rauxel, verh. s. 1951 m. Ingeborg, geb. Schwartz, 3 Kd. (Ulrike, Petra, Thomas) - Abit. 1946; Dolmetscher 1948 IHK Dortmund, Certif. Exams Econ./Bus. Adm. 1950 Univ. Nottingham, Kfm.-Gehilfenprüf. 1951, Dipl.-Volksw. 1953 Univ. Hamburg - 1946-49 Engl.-Lehrer Berlitz School; 1951-53 Doz. f. Engl. Staatl. Fremdspr.-Sch. Hamburg; 1953-60 Leit. Hauptabt. Finanzwirtsch. u. Berichterst. A. Opel AG; 1960-64 Zentr. Controller Auslandsges. R. Bosch GmbH; 1964-66 Kaufm. Geschäftsf. Pfizer GmbH; 1967-73 Mitgl. d. Geschäftsltg. Eckes Unternehmensgr.; 1973-75 Vorst.-Vors. Co op Südbayern u. Mitgl. d. Zentr. Führungsrates Co op-Gr.; 1976-85 Mitgl. Geschäftsltg. Tengelmann; s. 1986 Vors. d. Geschäftsltg. Unternehmensgr. Tengelmann, Dt. Filialbetriebe; AR Dt. Hypothekenbank AG, Hannover/Berlin; Beirat Bayer. Hypotheken- u. Wechsel-Bank AG, München - BV: Budget-Erstell. u. Budget-Kontrolle - Spr.: Engl., Franz.

MOSBLECH, Berndt
Lehrer, Autor, Lektor - Beecker Str. 154, 4100 Duisburg 11 (T. 0203 - 55 71 07) - Geb. 1. Sept. 1950 Duisburg, kath., ledig - Stud. German., Phil. u. Theol. Univ. Duisburg u. Köln, Staatsex. f. d. Lehramt Sekundarstufe II u.a. - S. 1971 Gründer u. Leit. Lit. Werkstatt Duisburg (LWD); s. 1973 Lektorat für versch. Verlage, Edit. d. Ilex-Drucke; s. 1977 2. Vors. Europ. Autorenvereinig. Die Kogge, Minden; s. 1985 Vors. Vinzenzkonfz. Romero, Duisburg - S. 1970 üb. 80 Buchpubl., zul. Als wären 24 Std. e. Tag, Ged. 1984 (5. A. 1985) - Werke: Lyrik, lyr. Prosa, Erz., Ess., Kritik u. wiss. Veröff. - Versch. Literaturpreise - Spr.: Engl., Franz., Lat.

MOSCH, von, Heinrich
Regierungspräsident v. Mittelfranken - Promenade 27, 8800 Ansbach. - 1980 Bayer. VO.

MOSEBACH, Karl-Oskar
Dr. rer. nat., Prof., Wiss. Abteilungsvorsteher Physiol.-Chem. Univ. Bonn - Gudenauer Weg 103, 5300 Bonn-Venusberg (T. 28 16 23) - Geb. 26. Jan. 1919 - Stud. Chemie - Habil. 1960 Bonn - B. 1965 Privatdoz., dann apl. Prof. Bonn. Fachveröff.

MOSEBACH, Rudolf
Dr. phil. nat., em. o. Prof. f. Mineralogie, Petrologie u. Biomineralogie - Marburger Str. 267, 6300 Gießen - Geb. 8. Nov. 1910 Frankfurt/M. (Vater: Karl M., Kaufm.; Mutter: Anna, geb. Pressl), ev., verh. s. 1947 m. Dr. phil. Marga, geb. Bäder, 4 Kd. (Charlotte, Richard, Renate, Reinhard) - Abit. 1929 Frankfurt/M., Univ. ebd. (Mineral., Geol., Chem.), Promot. 1932, Dr. phil. nat. habil. 1936, Privatdoz. 1938, apl. Prof. 1945 Frankfurt/M., 1948 Univ. Tübingen, 1957 Univ. Münster (Abt.sleit. Petrol. u. Lagerstättenkd.), 1958 o. Prof. Univ. Gießen (Dir. Mineral. Inst.), 1961 Dekan Naturwiss.-Phil. Fak., 1962 Rektor, 1963-64 Prorektor d. Univ., 1971-75 Vizepräs., 1975-77 Präs. d. Group. internat. pour la Recherche scient. en Stomatologie et Odontologie (G.I.R.S.O.), Sitz Brüssel - Üb. 100 Fachveröff. Mineralogie, Hydrotherm. Mineralsynthese, Kristalloptik u. Polarisationsmikroskopie, Biomineralogie - 1967 Prix Annuel du G.I.R.S.O., Liège. Ehrenmitgl.: 1973 G.I.R.S.O., 1975 Circulo medico di Cordoba (Argent.), 1975 Benemerita Soc. medico-quirurgica del Guayas, Guayaquil (Ekuador); 1982 Dr.-Dipl. erneuert (50 Jahre); 1984 Auszeichn. in Gold m. Eichenkranz d. Dt. Verkehrswacht - Liebh.: Musik (Violine, Bratsche), Lit., Mineralien - Spr.: Franz., Engl.

MOSECKER, Karl
Kaufmann, gf. u. all. Gesellsch. Unternehmensgruppe Mosecker, Münster, Vizepräs. IHK Münster, Präs. Bundesverb. d. Sanitär-Fachhandels (1979-85), 2. Vors. ebd. - Erlenallee 12, 4400 Münster/W. (T. 31 44 90, Büro: 0251 - 76 09-0) - Geb. 2. Jan. 1932 Münster (Vater: Paul M., Kaufm.; Mutter: Marie-Luis, geb. Meyer), kath., verh. m. Elisabeth, geb. Schaefer, 4 T. (Anke, Uta, Dorit, Katrin) - Gymn.; Höh. Handelssch.; Ausbild. Großhandelskfm. - 1984 BVK - Liebh.: Segeln, Musik, Kunst - Spr.: Engl.

MOSEL, Ulrich
Dr. phil. nat., Prof. f. Theor. Physik Univ. Gießen (s. 1972) - Finkenweg 1, 6307 Linden (T. 06403 - 6 25 34) - Geb. 8. Febr. 1943 Hannover (Vater: Hermann M., Beamter; Mutter: Elfriede, geb. Börner), ev., verh. s. 1969 m. Sigrun, geb. Schneider, 3 Söhne (Christoph, Stephan, Michael) - Stud. Univ. Frankfurt/M. - 1970-72 Forsch.aufenth. USA (Oak Ridge National Lab.; Univ. of Washington, Seattle), 1973-1988 Vis. Prof. Argonne Nat. Lab. Univ. of Washington, State Univ. of New York, Michigan State Univ., Oak Ridge Natl. Lab., Lawrence Berkeley Lab. Theor. Kern- u. Hochenergie-Physik; insbes. Schwerionenphysik - Fellow d. American Physical Soc.; in- u. ausl. Fachmitgl.sch. - Spr.: Engl.

MOSER, Albert

Prof., Präsident Salzburger Festspiele, Vizepräsident Ges. d. Musikfreunde in Wien - Hofstallgasse 1, A-5010 Salzburg; Bösendorferstr. 12, A-1010 Wien - Geb. 16. Juli 1920 Graz, verh. s. 1957 m. Hanny Steffek-Moser, Kammersängerin - Mat.; Stud. Phil. u. German. Univ. Graz u. Wien - 1947 Generalsekr. Musikverein f. d. Steiermark; 1958 Dir. Wiener Staatsoper; 1961-63 Generalsekr. Wiener Staatsoper; 1963-73 Dir. Wiener Volksoper; 1972 Generalsekr. Ges. d. Musikfreunde, Wien; s. 1983 Präs. Salzburger Festsp. - 1970 Prof.-Titel u. Ehrenmitgl. MV f. Steiermark; 1974 Ehrenmitgl. Volksoper Wien; 1976 Gr. Silb. Ehrenzeichen f. Verd. um d. Land Wien; 1980 Gr. Ehrenzeichen f. Verd. um d. Rep. Österr.; 1981 Gr. Gold. Ehrenzeichen Land Steiermark; 1985 Clemens Krauss-Med.; 1985 Johannes Brahms-Med. d. Singvereins d. Ges. d. Musikfreunde in Wien; 1986 Orden d. Kaiserl. Jap. Reg. Heiliger Schatz am Halsband, Goldene Strahlen - Liebh.: Lit., Musik - Spr.: Engl., Franz., Ital.

MOSER, Alexander Friedrich

Oberregierungsrat, Kanzler Hochschule f. Musik München (s. 1975) - Adelheidstr. 25B, 8000 München 40 (T. 089 - 271 93 52) - Geb. 6. März 1941 München, kath., ledig - Abit. Wilhelmsgymn. München 1961; 1961-64 Musikstud. (Klavier b. Prof. M. Landes-Hindemith u. Dirig. b. Prof. M. Zallinger) München; 1964-68 Stud. Rechtswiss. Univ. München - 1968-71 Rechtsref.; 1971-75 Regierungsrat Bayer. Finanzverw.

MOSER, Dietz-Rüdiger

Dr. phil. habil., o. Prof., Ordinarius u. Vorst. d. Inst. f. Bayer. Literaturgeschichte Univ. München (s. 1984) - Karolinenplatz 3 (Amerikahaus), 8000 München 2 (T. 089 - 21 80-24 02); Abelestr. 2, 8050 Freising (T. 08161 - 6 76 25) - Geb. 22. März 1939 Berlin (Vater: Prof. Dr. Dr. Hans Joachim M.; Mutter: Hanna Walch-Moser, Studiendir.), ev., verh. s. 1966 m. Sigrid, geb. Schrader, 3 Kd. (Anke-Christiane, Heike-Angela, Lukas-Fabian) - Stud. FU Berlin, Univ. Kiel Saarbrücken, Göttingen (Studienstiftg. d. Dt. Volkes); Promot. 1967 Göttingen; Habil. (Volkskd.) 1978 Freiburg - 1968-72 Assist. Inst. f. ostd. Volkskd. Freiburg; 1970-78 Lehrbeauftr. Univ. Freiburg; 1978-84 Heisenberg-Stip.; Lehrtätigk. FU Berlin, Univ. Heidelberg u. Münster - BV: Musikgesch. d. Stadt Quedlinburg, 1968; Lazarus Strohmanus Jülich, 1975, 2. A. 1980; D. Tannhäuser-Legende, 1977; Verkündigung durch Volksgesang, 1981; Fastnacht, Fasching, Karneval. D. Fest d. Verkehrten Welt, 1986; Maskeraden auf Schlitten, 1988. Herausg.: Kulturgeschichtliche Forschungen (1983ff.); Begründ. d. Ztschr. Lit. in Bayern (1984ff.); Lit. aus Bayern u. Österr. (1989ff.) - 1970 Förderpreis Univ. Innsbruck.

MOSER, Eberhard Wolfgang

Dr.-Ing., Prof. Univ. Hohenheim - Vogelsangstr. Nr. 233, 7241 Starzach-Felldorf - Geb. 20. Okt. 1926 Wangen/Allg. (Vater: Josef M., Landw.; Mutter: Josefine, geb. Grau), kath., verh. s. 1958 m. Ingeborg, geb. Hertkorn, 3 Kd. (Andreas, Katrin, Simone) - BV: Bewegungen, Kräfte, Momente in Gelenkwellentrieben, 1966; D. Mechanisier. d. Obst-, Gemüse- u. Weinbaues in d. USA, 1969; Transport u. Zwischenlag. v. Steinobst, 1977; Applikationstechn. im chem. Pflanzenschutz (chin.), 1981; Lehrb. d. Agrartechn., Verfahrenstechn. Intensivkulturen, 1984.

MOSER, Edda

Kammersängerin - Getreideweg 7, 5000 Köln 41 (T. 0221-49 20 18) - Geb. 27. Okt. 1942 Berlin (Vater: Prof. Dr. phil. Hans-Joachim M., Musikwiss.ler †1967 (s. XV. Ausg.); Mutter: Dorothea, geb. Duffing), ev., verh. s. 1969 m. Péter Csobádi - Konservat. Berlin - S. 1970 Opernbühnen Wien, München, Hamburg, Köln, New York (Met). Zahlr. Sopranpartien (bes. Mozart). Film: Don Giovanni (Joseph Losey); eig. Show (FS) - BV: Mehr als Worte, Anthol. (Beitr.) - 1982 Kammers. Wien; div. Schallplattenpreise (3x Grand Prix du Disque) - Spr.: Engl., Ital., Franz. - Bek. Vorf.: Andreas M., Geiger, Freund Johannes Brahms (Großv.).

MOSER, Hans

Dr. jur., Versicherungsjurist, Direktor Colonia Krankenversicherung AG. - Welscher Heide 28, 5060 Bergisch-Gladbach - Geb. 1. Dez. 1934 Nürnberg (Vater: Dr. Eugen M., Dipl.-Volksw.; Mutter: Marianne, geb. Hoffmann), ev., verh. s. 1963 m. Jutta, geb. Keppner, 3 Kd. (Klaus, Martin, Ulrike) - Gymn.; Jura-Studium; Ass.; Promot. - 1962-66 Justitiar Hanseatische Krankenversich., 1966-73 Vorst.smitgl. Hanse-Merkur Krankenversich., 1974 ff. Colonia Krankenversich. AG. - Spr.: Engl., Franz.

MOSER, Herbert

Oberstudienrat, MdL Baden-Württ. (s. 1976), Vors. d. Arbeitskreises Schule, Jugend, Sport d. SPD-Landtagsfraktion - Rathausstr. 7, 7200 Tuttlingen (T. 07461 - 41 69) - Geb. 28. März 1947 Tuttlingen - Stud. d. Biol. u. Sportwiss. Univ. Tübingen; 1. u. 2. Staatsex. 1974 u. 75 - S. 1975 Lehrtätigk. Droste-Hülshoff-Gymn., Rottweil. SPD (s. 1971 Stadtrat, s. 1973 Kreisrat Tuttlingen). 1962-72 akt. Leichtathlet (Mitgl. dt. Nationalmannsch.; Dt. Meister) - Spr.: Engl., Franz.

MOSER, Heribert

Dr. rer. nat., Prof., Physiker - Baldurstr. 73, 8000 München 19 (T. 15 59 72) - Geb. 8. April 1922 München (Vater: Heribert M., Rektor; Mutter: Luise, geb. Messerer), kath., verh. s. 1950 m. Helga, geb. Probst, 2 Kd. (Brigitte, Wolfgang) - Gymn. (b. 1940) u. Univ. München (1946-49). Promot. (1949) u. Habil. (1954) München - 1940-45 Wehrdst.; s. 1949 Assist., Privatdoz. (1954), apl. Prof. (1963) Univ. München (Experimentalphysik); 1954-67 Gymnasiallehrer f. Physik u. Math. München (Oberstudienrat); 1967-87 Dir. Inst. f. Radiohydrometrie Ges. f. Strahlen- u. Umweltforsch. GmbH., Neuherberg. Mitgl. Dt. Physikal. Ges., Americ. Geophys. Union, Kommiss. f. Glaziologie d. Bay. Akad. d. Wiss. - BV: Einf. in d. Raman-Spektroskopie, 1962 (m. J. Brandmüller; auch russ. u. franz.); Isotopenmeth. in d. Grundwasserkd., 1972 (m. W. Drost, F. Neumeier, W. Rauert; auch engl. u. franz.); Isotopenmeth. in d. Hydrologie, 1980 (m. W. Rauert) - Liebh.: Kammermusik, Bergsteigen - Spr.: Engl.

MOSER, Hubertus

Vorsitzender d. Vorstandes Sparkasse Stadt Berlin West - Girozentrale in Berlin (ab 1983) - Bundesallee 171, 1000 Berlin 31 - Geb. 16. Okt. 1935 Zerbst, verh., 1 Kd. - Kreissparkasse Plön (1954), Städt. Sparkasse Stuttgart (1957), Sparkasse Berlin West (1961; 1970 Vorst.-Mitgl.), 1975-83 Hessische Landesbank, Frankfurt (Vorst.-Mitgl.).

MOSER, Jürg

Freier Publizist, Schriftst. - Frohburgstr. 85, CH-8006 Zürich (T. 0041 - 1 363 52 36) - Geb. 11. Juli 1952 Basel - Regelmäßiger Kolumnist b. versch. Ztg. u. Ztschr., Rundf.-Autor - BV: Hinter d. Vorhang, Ged. 1983; Aus zweiter Hand, Kurzgesch. 1984.

MOSER, Leo

Gewerkschaftler, 1960-75 MdL Saarl. - Lantertalweg 11, 6680 Neunkirchen/Saar-Haus Furpach (T. 3 11 74) - Geb. 1. Aug. 1920 Wellesweiler - Volkssch.; Handwerk - 1939-45 Wehrdst., dann Metallarb. (1950 Betriebsratsvors.) u. 2. Vors. Industrie-Verb. Metall Saar (1953), 1960-72 Landesbezirksvors. DGB Saar.

MOSER, Max

Fabrikant, Inh. Max Moser GmbH. & Co. KG., Obernzell, Geschäftsf. Charmor GmbH. & Co. KG., Griesbach - Passauer Str. 234, 8391 Obernzell/Ndb. - Geb. 28. April 1925 - Jahrel. nebenbei Kommunalpolitiker (u.a. L. Bürgerm. Obernzell) - Prägte den Begriff Freizeitbekleidung.

MOSER, Simon

Dr. phil., o. Prof. f. Philosophie (emerit.) - Zul. 7500 Karlsruhe - Geb. 15. März 1901 Jenbach/Tirol - S. 1955 (Habil.) Lehrtätigk. Univ. Innsbruck (1948 apl. Prof.) u. TH bzw. Univ. Karlsruhe (1952 ao., 1962 o. Prof.) - BV: Metaphysik einst u. jetzt, 1958; Phil. u. Gegenw., 1960. Zahlr. Einzelarb. - 1959 Gr. Ehrenz. Rep. Österr. - Lit.: D. Phil. u. d. Wiss. (Festschr. z. 65. Geburtstag).

MOSER, Willibald

Studienrat, MdL Bayern (s. 1970) - Gutenbergstr. 2, 8480 Weiden/Opf. (T. 2 54 00) - Geb. 1934 - SPD.

MOSER, Wolf

Dipl.-Kfm., Hauptgeschäftsführer Vereinig. d. Arbeitgeberverb. in Bayern, sowie Verein d. Bayer. Metallindustrie, München - Richard-Wagner-Str. 59, 8023 Pullach/Isartal (T. München 793 04 64; Büro: 22 82 11) - Geb. 11. Mai 1921 Füssen/Allg. (Vater: Bürgerm.), verh. (Ehefr.: Herta) - Ehrenämter u. Funktionen - Gr. BVK m. Stern; Bayer. VO; Staatsmed. f. soziale Verdienste.

MOSHAGE, Julius

Schriftsteller - Hubertusstr. 1, 4800 Bielefeld 14 (T. Bielefeld 44 58 62) - Geb. 25. Juni 1906 Augustdorf/Lippe, ev., verh. s. 1932 m. Hertha, geb. Wieneke - Schmiedelehre; Ing.sch. Lage/Lippe - Montageing., Betriebsleit., Prok., Dir. Maschinenind. - BV: Prakt. Rostschutz, 1934; M. Zirkel u. Hammer durch d. Welt, 1937 (üb. 75 Ts.); N. Indien verpflichtet, 1936; Montage im Urwald, 1938; V. Glaserjungen d. uns d. Sterne näher brachte, Fraunhofer-Biogr. 1940; Weiße Kohle am Tigerberg, 1941; Am Wasserfall d. Tji Pamuha, 1941; D. Chinesenmord v. Batavia, 1942; Schätze d. Südsee, 1949 (üb. 60 Ts.); Glücksvogel narrt d. Südsee, 1951; Kabel durch d. Rote Meer, 1951; Diebe im Werk!, 1952; Mensch, Türkentauben!, 1952; Der Zauberer v. Nias, 1952; D. Adler-Detektive, 1954; Lockende Tiefe, 1954; Schneller! Schneller! 1955; Blitzende Steine, 1958; Energie bewegt d. Welt, 1960; D. Feuerjungen v. Golden Hill, 1960; Adams Söhne, 1963; Unt. Perlenpiraten, 1966; Abenteuer in d. Südsee, 1966; Reis f. alle, 1967; Tempo - Tempo!, 1968; Pulu Batu, 1968; Diamanten-Story, 1971; Energie - Kraft ohne Grenzen, 1974; Erfinder wandeln d. Welt - Wegber. d. Fortschr., Zeitalter d. Ingenieure, 1975; Sie schreiben zw. Paderborn u. Münster, 1976; Erfinder u. Ing., 1977 - Liebh.: Fotogr.

MOSIS, Rudolf

Dr. theol., Prof. f. Altes Testament - Liebermannstr. 46, 6500 Mainz 31 (T. 06131 - 7 26 96) - Geb. 16. Jan. 1933 Mannheim (Vater: Otto M., Arbeiter; Mutter: Josefine, geb. Vogel), kath., ledig - Abit. 1952; Stud. Univ. Freiburg u. Rom (Liz. theol. 1959, Promot. 1962 Rom/Gregoriana), Habil. 1972 Univ. Freiburg - 1961 Kaplan; 1963-67 Repetitor f. Phil.; 1969-73 Wiss. Assist. Univ. Freiburg; 1973-86 o. Prof. Kath. Univ. Eichstätt (1978-83 Präs.); 1986 Prof. Univ. Mainz - BV: D. Mensch u. d. Dinge nach Johannes v. Kreuz, 1964; Stud. z. Theol. d. chronist. Gesch.werkes, 1973 - 1987 BVK am Bde. - Spr.: Franz., Ital., Engl., Span. (Latein, Griech., Hebr.).

MOSLÉ, Hüter-Georg

Dr.-Ing., Prof. f. Werkstofftechnik Univ.-GH Duisburg (Fachber. Maschinenbau) - Feldstr. 32, 4000 Düsseldorf 30 (T. 0211 - 49 31 30) - Geb. 1. März 1924 Frankfurt/M., verh. in 2. Ehe m. Dr. Helen, geb. v. Ssachno, 2 Kd. (Kai, Katja) - TU Berlin (Chemie); Dipl.-Ing. 1951, Promot. 1953, Habil. f. Maschinenbau 1962; Umhabil. 1969 TU München, 1974 apl. Prof. ebd. - 1954-75 Siemens AG (Werkstoffgeb.), Berlin u. München (zul. Prok.); s. 1975 o. Prof. in Duisburg. Emerit. 1989. Vors. Aussch. Schallemissionsanalyse in d. GDZfP, d. Arbeitskr. Kombinierte Beschichtungen d. DGO; Vors. Ortsverein Duisburg d. Ges. f. Dt.-Chin. Freundschaft, s. 1988 Mitgl. Bundesvorst. d. Ges. f. Dt.-chin. Freundschaft. Üb. 140 Veröff. z. Kunststofftechnik, Korrosion u. Korrosionsschutz, Ultraschallschwächung, Schallemissionsanalyse, Werkstoff-Analytik, Werkst. i. d. Med. - Liebh.: Malen, Ostasiatika, Kochen - Spr.: Engl., Latein.

MOSLENER, Gerhard

Dr. jur., Rechtsanwalt, Vorstandsvorsitzer i. R. F. Reichelt AG., Hamburg - Buchenhof 11, 2000 Hamburg 52 (T. 82 90 02) - Geb. 2. Juni 1911 Tsingtau/China (Vater: Friedrich M., Major; Mutter: geb. Zepernick), verh. 1936 m. Brigitte, geb. Peters - U. a. Hauptgeschäftsf. Mineralölw.sverb., Hamburg, u. Vorstandsmitgl. Eisenbahn-Verkehrsmittel AG., Düsseldorf (1962), Mitgl. Lions Intern. - Liebh.: Kunst.

MOSLER, Hermann

Dr. jur., Dr. jur. h. c., Richter am Intern. Gerichtshof Den Haag (1976-85), em. o. Prof. f. Öfftl. Recht, insb. Völkerrecht u. Ausl. öfftl. Recht Univ. Heidelberg, Direktor Max-Planck-Inst. f. Ausl. öfftl. Recht u. Völkerrecht ebd. (1954-76), Mitgl. Ständ. Haager Schiedshof (1954-85), Richter (1959-81) u. Vizepräs. (s. 1974) Europ. Gerichtshof f. Menschenrechte - Mühltalstr. 117a, 6900 Heidelberg (T. 4 82-1) - Geb. 26. Dez. 1912 Hennef/Rhld. (Vater: Karl M., Gerichtspräs.; Mutter: Marga, geb. Loenartz), kath., verh. s. 1939 m. Anne, geb. Pipberger, 5 Kd. - Promot. (1937) u. Habil. (1946) Bonn - 1937-45 Assist. u. Ref. Kaiser-Wilhelm-Inst. f. ausl. öfftl. Recht u. Völkerr., Berlin, 1946-49 Rechtsanw. u. Privatdoz. f. Staats-, Verw.- u. Völkerrecht Univ. Bonn, 1949-54 o. Prof. f. Öfftl. Recht Univ. Frankfurt/M., dazw. 1951-53 Leit. Rechtsabt. AA Bonn. Veröff. z. Völker-, Europa-

u. Öfftl. Recht - Dr. jur. h.c. Univ. Brüssel u. Univ. d. Saarlandes; o. Mitgl. Heidelberger Akad. d. Wiss. (Präs. 1982-86); Korr. Mitgl. Österr. Akad. d. Wiss.; Mitgl. Inst. de Droit intern. u. Kuratorium Hague Academy of International Law; wiss. Mitgl. Max-Planck-Ges. z. Förd. d. Wiss..

MOSLER, Peter

Schriftsteller - Wohnh. in 6484 Birstein-Wettges (T. 06668 - 13 67) - Geb. 1. Jan. 1944 München, ledig, S. David - Magisterex. 1970 Frankfurt - Kulturjourn. f. Ztg., Ztschr. u. Rundf. - BV: G. Büchners Leonce u. Lena, Langeweile als gesellschaftl. Bewußtseinsform, 1974; Was wir wollten, was wir wurden, Studentenrevolte - 10 J. danach, 1977; D. vielen Dinge machen arm, 1981; Hüte dich vor d. Zeichen d. Widder (Polit. Bilderbogen d. Jahres 1932), 1986. Herausg.: V. Schreiben n. Auschwitz (1989). Außerdem Beiträge (Lyrik, Prosa, Essay) in zahlr. Anthologien u. Sammelbd.

MOSONYI, Emil

Dr.-Ing., Dr. mult. h. c., em. Prof. f. Wasserbau u. -wirtschaft - Griess-Str. 10, 7701 Büsingen (T. 07734-16 06) - Geb. 10. Nov. 1910 Budapest (Vater: Emil M., Postverwaltungsoberrat; Mutter: Maria, geb. Riesz), kath., verh. in 2. Ehe (in 1. 1962 verw.) s. 1963 m. Hedvig, geb. Fülepp, 2 Kd. (Magdalena, Emil) aus 1. E. - Gymn. u. TU Budapest - Zahlr. Wasserbauprojektierungsarb. Ungarn (u. a. Leitg., Entwurf u. Ausführung Staustufe Tiszalök/Theiß (Wasserkraftwerk, Wehranlage, Schiffsschleuse)). S. 1950 (Habil.), Korr. Mitgl. u. Dr. d. ung. Akad d. Wiss., Lehrtätigk. TU Budapest (1953 Ord. f. Wasserbau II/Lehrstuhl) u. TH bzw. Univ. Karlsruhe (1965 Ord. u. Dir. Versuchsanstalt f. Wasserbau u. Kulturtechnik u. Theodor-Rehbock-Flußbaulabor.). Beratung u. Bearb. v. Wasserbauprojekten in d. BRD (RMD-Kanal, Schluchseewerk, Rheinausbau etc.), in mehr. europ. Ländern, Afrika, Asien, Mittel- u. Südamerika. Visiting Prof. Univ. of Wisconsin, Milwaukee (USA). Zeitw. Sachverst. FAO/UN u. Vizepräs. Intern. Commiss. on Irrigation and Drainage; z. Zt. Fakultätsmitgl. u. Lehrbeauftr. Intern. Inst. for Hydraulic & Environmental Engineering, Delft/ Holland, u. Lehrbeauftr. NORAD Courses, Trondheim/Norw. Üb. 150 Fachveröff., dar. ung. Hand- (Hydrolog. Dimensierung v. Großspeichern (1948), Niederdruckwasserkraftanlagen (1949), Konstruktiver Wasserbau (1950), Wasserkraftwerke I. u. II (1956/58), 2. A. 1966 (Düsseldorf) u. Lehrb. (Wasserkraftnutzung I u. II (1952/53) Hydraulik (m. G. Karádi; 1955)) - Korr. Mitgl. 1961 Österr. Wasserwirt.sverb., 1963 Sociedad Cientifica Argent., 1969 L'Acad. d. Sciences, Inscript. et B. Lettr. de Toulouse. 1973 Méd. de Vermeil de la Recherche et de l'Invention, Paris. 1970 Senior Foreign Scientist Fellowship, National Science Foundation, Washington/USA, f. Lehre u. Forsch. Univ. Wisconsin-Milwaukee. 1975 Dr. of Sc., Univ. of Wisconsin-Milwaukee, USA. 1975 Honorary Visit. Prof., Univ. of Eng. and Techn., Lahore, West Pakistan. 1976 Dr.-Ing. E. h., Techn. Univ. München. 1978 Ehrenmitgl. Dt. Verb. f. Wasserwirtsch. u. Kulturbau. 1979 Johann Joseph Ritter v. Prechtl-Med., TU Wien; 1980 Ehrendoktor Univ. Lüttich, Belgien, 1982 Ehrendoktor Northwestern Univ., Evanston USA - Liebh.: Fotogr., Kunstgesch., Musik - Spr.: Ung., Dt., Engl., Wort: Ital., Franz.

MOSSLER, Claus Peter

Dr., Sprecher d. Vorstandes Genossenschaftsverb. Rheinland - Severinstr. 214-218, 5000 Köln 1.

MOSTHAV, Franz

Intendant a.D., Regisseur u. Schauspieler - Kidlerstr. 11, 8000 München 70 - Geb. 13. Juni 1916 Oedheim/Württ. (Vater: Franz M., Steiger Salzbergw.; Mutter: Antonie, geb. Kauz), kath., gesch., 2 Kd. - Ausbild. Univ. u. Schauspielsch. München - Schausp. Staatstheater München u. Nationaltheat. Mannheim; Leit. bzw. Int. Bad. Landesbühne Bruchsal. Vornehml. Charakterrollen d. klass. u. mod. Theat. Film u. Ferns. Gastsp. - Sport: Reiten, Fechten, Schwimmen, Ski - Spr.: Engl., Ital.

MOSZKOWICZ, Imo

Regisseur, Intendant d. Kreuzgangspiele Feuchtwangen (ab 1989) - Uhlandstr. 40, 8012 Ottobrunn/Obb. (T. 089 - 601 85 71) - Geb. 27. Juli 1925 Ahlen/ W. (Vater: Benjamin M., Schuhmacher; M.: Sara Gelbart), jüd., verh. s. 1956 m. Renate, geb. Dadieu, 2 Kd. (Martin, Daniela) - Schauspielsch. Düsseldorf - Regieassist. v. Gustaf Gründgens u. Fritz Kortner. Gastprof. Mozarteum Salzburg, Max-Reinhardt-Sem. Wien u. Hochsch. f. Musik u. Darstell. Kunst, Graz. Rd. 200 Schauspielinsz.; Regie: Oper, Film, Fernsehen - Spr.: Engl., Span.

MOTEKAT, Helmut

Dr. phil., ao. Prof. f. Neuere dt. Literatur - Heinrich-Marschner-Str. 49a, 8011 Vaterstetten - Geb. 6. Okt. 1919 Gilgetal/Ostpr. (Vater: Friedrich M.; Mutter: Bertha, geb. Karschies), ev., verh. s. 1944 m. Dorothea, geb. Haenicke, 2 Kd. (Utta-Barbara, Thomas) - Realgymn. Tilsit; Univ. Königsberg u. Göttingen (Promot. 1946). Habil. 1950 München - 1946-48 Lecturer College of the Rhine Army Göttingen (Dt. Sprache u. Lit.); s. 1948 Assist., Privatdoz. (1950) u. Prof. (1957) Univ. München. Gastprof. USA, Kanada, Bras., Neuseeland - BV: Arno Holz - Wesen u. Werk, 1953; Experiment u. Tradition - V. Wesen d. Dichtung im 20. Jh., 1962; Stoffe - Formen - Strukturen/Studien z. dt. Lit.gesch., 1962; Ostpr. Lit.gesch., 1977; D. zeitgenöss. dt. Drama, 1977. Zahlr. Einzelarb. Verf. u. Herausg.: Brockhaus-Wörterb. Dt.-Engl.; Hrsg.: Louise v. François (Briefe) - 1960 Silb. Jean-Paul-Med., 1982 Ostpreuß. Kulturpr. f. Wissensch.; 1986 BVK - Lit.: Vergleichen u. Verändern, Festschr. z. 50. Geburtstag (1970); Romantik u. Moderne, Festschr. z. 65. Geb. (1986).

MOTHES, Hans

Dr. phil., Prof. f. Didaktik d. Physik u. Chemie (emerit.) - Friedländerweg 13, 3400 Göttingen (T.4 16 65) - Geb. 10. Dez. 1902 Göttingen (Eltern: Oskar (Klaviertechniker) u. Regina M.), reform., verh. s. 1927 m. Liselotte, geb. Teerkorn, 2 Töcht. (Rosemarie, Waldtraut, beide verehel.) - Oberrealsch.; Stud. Geophysik, Physik, Chemie, Geogr., Päd. - Volks- bzw. Hauptschullehrer, währ. d. Krieges Meteorologe, 1952-66 Dozent u. Prof. Päd. Hochsch. Göttingen. Stärkemess. v. Gletschern u. Inlandeis m. neuart. Apparaturen - BV: Methodik u. Didaktik d. Naturlehre, 7. A. 1968; Naturlehre in Unterrichtsbeispielen, 4. A. 1962. Herausg.: Mein wachsendes Physik-Chemie-Buch, Ztschr. f. Naturlehre u. -kd. - Liebh.: Farb-Stereo-Fotogr. - Spr.: Engl.

MOTSCHMANN, Jens

Pfarrer, Sprecher Bekennende Gemeinsch. - Waiblinger Weg 27, 2800 Bremen 1 (T. 0421 - 35 78 20) - Geb. 30. Juni 1942 Berlin, ev., verh. s. 1971 m. Elisabeth Charlotte, Baronesse v. Düsterlohe, 3 Kd. (Franziska, Johannes, Georg Christoph) - Stud. Ev. Theol. u. Politikwiss. Univ. Berlin, Hamburg, Bayreuth u. Kiel (1. theol. Ex. 1969, 2. theol. Ex. 1971) - Pfarrer Nordelb. Ev.-Luth. Kirche; 1985 Mitbegr. u. Sprecher Bekennende Gemeinsch.; s. 1986 Vorst. Gemeindetag unter dem Wort - BV: Kirche zw. d. Meeren, 1981. Mithrsg.: Rotbuch Kirche (1976); D. neue Rotbuch Kirche (1978) - Lit.: Art. in Ztschr.

MOTSCHMANN, Klaus

Dr. phil., Prof., Publizist - Ahrweilerstr. 12, 1000 Berlin 33 (T. 030 - 821 53 24) - Geb. 4. März 1934, ev., verh. s. 1962 m. Dagmar, geb. Sell, 3 Kd. (Markus, Ariane, Cornelius) - Stud. Ev. Theol., Politol. u. Neuere Gesch. in Ost- u. West-Berlin; Dipl.-Pol. 1960; Promot. 1969 FU Berlin - S. 1971 Prof. f. Politologie Hochsch. d. Künste Berlin. Vorst.-Mitgl. Ev. Notgem. in Deutschl., Ev. Sammlung Berlin; Wiss. Beirat Inst. f. Demokratieforsch. Würzburg; 1971-82 Schriftleit. Konservativ-heute; s. 1982 ständ. Mitarbeiter d. Ztschr. CRITICÓN; s. 1986 Schriftl. Erneuerung u. Abwehr - BV: Ev. Kirche u. pr. Staat 1918/1921, 1971; Sozialismus, d. Geschäft m. d. Lüge, 1977; Sozialismus u. Nation, 1979; Ev. Kirche zw. Widerstand u. Anpassung, 1979; Herrschaft d. Minderh., 1983; Angst als Waffe, 1985; Politik in d. Kirche, 1988.

de la MOTTE, Diether

Prof., Komponist, Lehrer f. Komposition u. Theorie Hochsch. f. Musik u. Theater Hannover - Löpentinstr. 1, 3000 Hannover 21 (T. 79 53 65) - Geb. 30. März 1928 Bonn, ev., verh. - Opern, Orchesterw., Chor- u. Kammermusik - BV: Musikal. Analyse, 1968; Harmonielehre, 1976; Form in d. Musik, 1979; Kontrapunkt, 1981.

MOTTÉ, Magdalena

Dr. phil., apl. Prof. u. Akad. Oberrätin Univ. Dortmund (s. 1987) - II. Rote-Haag-Weg 2, 5100 Aachen (T. 0241 - 6 13 69) - Geb. 30. Jan. 1936 Aachen, kath. - Abit.; 1. Stud. PH; Lehramtsprüf. 1959 u. 1962; 2. Stud. (Päd., Phil., Theol., German.); Promot. 1969; Habil. 1979 - 1959-65 Schuldst.; 1965-71 Assist. PH Rheinl. u. Ruhr; 1971-79 Akad. ORätin PH Rheinl., Abt. Aachen; 1979-87 Priv.-Doz. u. apl. Prof. TH Aachen; Lehrauftr. Univ. Wien f. Mod. Lit. u. christl. Glaube. Schwerp.: Dt. Lit. u. ihre Didaktik. Forschungsschwerp.: Kinder- u. Jugendlit.; Moderne Lit. u. christl. Glaube - BV: Religiöse Erfahrung in modernen Ged., 1972; Moderne Kinderlyrik, 1983. Mithrsg.: Lesebücher (1980f. u. 1986). Div. Beitr. in Ztschr. z. Thema: Religiöse Erfahrung in mod. Lit.

MOTTL, Felix

Dr. jur., Oberstaatsanwalt Bayer. Oberstes Landesgericht, Präsident Deutsche Verkehrswacht - Hildebrandstr. 11, 8000 München 19 - Geb. 24. Aug. 1925 München (Vater: Wolfgang M., Güterdir.; Mutter: Laura, geb. Lex), kath., verh. s. 1954 m. Friederike, geb. Diez - 1946-48 Jurastud. (2. Staatsprüf. u. Promot. 1951) - 1978 Bayer. VO; 1979 Gold. Diesring VdM; Gold. u. silb. Ehrenzeichen Dt. Verkehrswacht; Gold. Ehrenz. ADAC Gau Südbayern; 1983 BVK I. Kl.; 1987 Kommandeurkreuz d. Großherzoglich-Luxemb. VO. - Bek. Vorf.: GMD Felix Mottl (Großv.).

MOTZ, Wolfgang

Komponist, Prof. f. Gehörbildung an d. Musikhochsch. Freiburg - Obermatten 9, 7803 Gundelfingen - Geb. 10. Sept. 1952 Mannheim - 1975-80 Musikhochsch. Freiburg (Kompos., Musiktheorie, Klavier, Gehörbild.); 1981-82 Konservat. Venedig (Computermusik) - Freisch. Komp., Lehrbeauftr. Freiburg - Musikw.: ... verschwunden ... (1978); Los Dictadores (1980); Quintett (1981); Sotto pressione (1982); In d. Spuren e. neuen Erde (1983); Daß du Recht schaffest dem Waisen u. Armen (1983); ... als ob's aus dunklen Fernen rief (1984); Aufzubrechen ... ins Offene (1984); Konzert f. 12 Solisten u. e. Dirigenten (1985); ... per non sentirci soli ... (1985); ... non svanisce (1987) - 1979 Förderpr. Stadt Dresden; 1981 Kompos.pr. Stadt Mönchengladbach; 1983 Förderpr. Stadt Stuttgart - Spr.: Engl., Franz., Ital.

MOULINES, Carlos-Ulises

Dr. phil., Univ.-Prof. f. Theorie u. Geschichte d. Naturwiss. FU Berlin (s. 1988) - Ahornstr. 14, 1000 Berlin 41 - Geb. 26. Okt. 1946 Caracas/Venezuela, verh. s. 1981 m. Adriana, geb. Valadés - Stud. Univ. Barcelona (Physik, Phil.); Magister 1971 Barcelona; Promot. 1975 München - 1976-83 Lehrst. f. Wissenschaftstheorie UNAM (Mexico), 1984-88 Lehrst. f. Wiss.theorie Univ. Bielefeld - BV: La estructura del mundo sensible, 1973; Exploraciones metacientíficas, 1982 - 1983 Preis Nat. Akad. d. Wiss. Mexiko; 1987 An Architectonic for Science - Liebh.: Novellen - Spr.: Engl., Franz., Span., Katal. - Lit.: W. Stegmüller, Theorie u. Erfahrung, Bd. II.

MOULL, Geoffrey

1. Kapellmeister u. stv. Generalmusikdir. Theater Trier - Nikolausstr. 7, 5500 Trier (T. 0651 - 4 83 13) - Geb. 5. Sept. 1955 Toronto/Kanada, verh. s. 1977 m. Shelley Edith, geb. Wilson, T. Jessica - Dirigentenstud.: b. A. Brott, McGill University, Montreal, b. M. Stephani Nordwestd. Musikakad., Detmold, b. Kirill Kondrashin, Amsterdam; Meisterkurse b. F. Ferrara u. S. Celibidache - 1979-83 Kapellm. Städt. Bühnen Osnabrück; 1983-85 Kapellm. Theater Trier; Gastdirig. in Canada, Bundesrep., Niederl., Österr., Ital., Frankr., Luxemb., Belg. - 1976-79 Stip. Dt. Akad. Austauschdienst (DAAD) - Spr.: Engl., Franz., Ital.

MOUTY, Friedrich Peter

Dr. jur., Licencié en Droit, Landgerichtsrat a.D., Bürgermeister - Rathaus, 6633 Wadgassen/Saar - Geb. 2. Juli 1931 Dillingen/Saar, verh. m. Rosemarie, geb. Katgeli, T. Gabriele - 1972-74 kommiss. Amtsvorst., ab 1974 Bm. (gewählt b. 1994) - Mitgl. Landesdenkmalrat, Vors. Kultur- u. Sozialaussch. Saarl. Städte- u. Gemeindetag. Herausg. heimatgesch. Schr.; Mithrsg. Gesamtw. d. saarl. Schriftst. Johannes Kirschweng (11 Bde); Wadgasser Autorenles. u.v.a., Kulturaust. Wadgassen-Arques (franz. Partnerstadt) - Liebh.: D. dän. Philosoph u. Theol. Kierkegaard (auch Diss.-Thema) - Spr. Franz., Engl.

MOXTER, Adolf

Dr. rer. pol. (habil), o. Prof. f. Betriebswirtschaftslehre, insb. Treuhandwesen - Thomas-Mann-Str. Nr. 1, 6000 Frankfurt/M. - Geb. 3. Okt. 1929 Frankfurt/M. - S. 1961 Ord. Univ. Saarbrücken u. Frankfurt (1965) - BV: Method. Grundfragen d. Betriebsw.slehre, 1957; D. Einfluß v. Publizitätsvorschr. auf d. unternehmer. Verhalten, 1962.

MOXTER, Wilhelm
Vorstandsvorsitzender Frankfurter Sparkasse v. 1822 (1969-88), Vorstandsmitgl. Hess. Sparkassen- u. Giroverb. (b. 1988) - Anne-Frank-Str. 71, 6000 Frankfurt/M. (T. 52 35 90) - Geb. 25. Okt. 1924 - 2. Stellv. d. VR-Vors. d. neuen Frankf. Sparkasse.

MRASEK, Johannes
Stadtdirektor Erftstadt - Frenzenstr. 34, 5042 Erftstadt (T. 02235 - 52 84) - Geb. 16. Febr. 1936 Ruderswald/Kr. Ratibor (Vater: Josef M., Schlosser; Mutter: Amalie, geb. Musiol), kath., verh. s. 1961 m. Elisabeth, geb. Augustin, 4 Kd. (Rainer Andreas, Bernd Volker, Robert Christian, Esther Elisabeth) - Abit. 1955; Jurist. Staatsprüf. 1961 u. 1965 - 1966 Landesass. Landschaftsverb. Rheinl. 1969 Landesverw.rat ebd.; 1970 Beigeordn. Stadt Erftstadt; s. 1982 Stadtdir. Erftstadt - Liebh.: Mod. Kunst u. Lit., Astronomie, Sport, Gesellligkeit - Spr.: Engl.

MRASS, Walter
Dr. rer. hort., Dipl.-Ing., Prof., Direktor Bundesforschungsanst. f. Naturschutz u. Landschaftsökol., Leit. Inst. f. Landschaftspflege u. Landschaftsökol., Bonn - Am Buchebonne 2g, 5340 Bad Honnef (T. 02224 - 7 19 45) - Geb. 8. Febr. 1930 Breslau/Schles., verh. s. 1962 m. Sabine, geb. Korsch, 3 S. (Marcus, Sebastian, Gregor) - Stud. Gartengestalt. u. Landschaftspflege TU Berlin 1958 - Dipl.-Ing., Promot. - Lehrbeauftr. Friedr.-Wilhelm-Univ. Bonn - Versch. Fachveröff. - Korr. Mitgl. d. Akad. f. Raumforsch. u. Landespflege, Hannover; Mitgl. d. Gr. Rates d. Intern. Federation of Landscape Architects - Spr.: Engl.

MROSS, Marko Matthias
Dipl.-Kfm., Geschäftsführer Carl Poellath GmbH. u. Co. KG. - Romanstr. 62a, 8000 München 19 (T. 089-17 24 42) - Geb. 19. März 1938 Berlin (Vater: Hanns-Walther M., Oberst; Mutter: Margarete, geb. Lang) - Außenhdlslehre; USA-Aufenth., Militärdst. Stud. Betriebswirtsch. München; Dipl.-Kfm. 1972 - Spr.: Engl., Franz., Span., Ital.

MROSS, Michael
Journalist, Filmautor, Regiss. (u.a. WDR/ARD) - Hohenstaufenring 57a, 5000 Köln 1 (T. 0221 - 23 34 20) - Geb. 2. Nov. 1958 Köln - Dt. u. intern. Produktionen, u. Reportagen.

MROZEK, Hinrich
Dr. rer. nat., Prof. f. Mikrobiologie Univ. Münster - Haberstr. 1, 4000 Düsseldorf 13 - Geb. 31. Juli 1927 Kiel (Vater: Dr. Oskar M., Chemiker; Mutter: Dr. Tenge, geb. Dahl, Zool.), verh. s. 1950 m. Emilie, geb. Heidinger, 3 Kd. - Promot. 1957 Univ. Kiel - S. 1959 Henkel, Düsseldorf (1964 Leit. d. Mikrobiol., 1978-88 AR-Mitgl.). 1972 Lehrauftr. Lebensmittelmikrobiol., 1978 Honorarprof. Univ. Münster - Bek. Vorf.: Prof. Dr. Friedrich Dahl, Zoologe (Großv.).

MROZIEWSKI, Paul
Gastronom, Ehrenvors. Landesverb. Gaststätten- u. Hotelgewerbe d. Hansestadt Hamburg, Verw.rat Bürgerschaftsgem. Ind., Handel u. Verkehr, bd. Hamburg - Heimfelderstr. 119, 2100 Hamburg 90 - Geb. 1. April 1913 Borschimmen/Ostpr.

MUCHEYER, Heinz
Industriekaufmann, Geschäftsf. Hanomag Henschel GmbH, Hannover - Anna-Peters-Str. 55, 7000 Stuttgart-Sonnenberg (T. 0711-76 47 25) - Geb. 4. Dez. 1921 Magdeburg.

MUDERSBACH, Martin
Geschäftsführer AKF Kreditbank GmbH & Co. - Friedrich-Ebert-Str. 90, 5600 Wuppertal 1 (T. 3 99-0) - Geb. 30. Dez. 1951.

MUDRACK, Klaus
Dr. rer. nat., Prof. Inst. f. Siedlungswasserw. Univ. Hannover - Westermannweg 37a, 3000 Hannover-Herrenhausen - Geb. 20. Dez. 1924 Torgau/Elbe, ev., verh. s. 1956, 2 Töcht. (Anne, Katrin) - Univ. Berlin u. Münster (Biol., Chemie; Promot. 1955) - Spez. Arbeitsgeb.: Wasser- u. Abwasserbiol. - BV: Anleitungen f. einfache Untersuchungen auf Kläranlagen, 1965, 6. A. 1987 (m. Hans Rüffer); Lehr- u. Handb. d. Abwassertechnik Bd. II u. III, 2. A. 1975/76; Biologie d. Abwasserreinigung, 2. A. 1987 (m. Sabine Kunst).

MÜCHLER, Günter
Dr. phil., Chefredakteur Deutschlandfunk Köln - Brahmsstr. 35, 5309 Meckenheim 2 - Geb. 25. Juli 1946, kath., verh. m. Hiltrud, geb. Beyer, 3 Kd. (Henny, Eva, Benno).

MÜCKE, Gottfried
Dipl.-Ing., Generalkonsul Rep. Malediven, Geschäftsf. Maltour Tourismus- u. Handels GmbH - Zu erreichen üb. Frankfurter Airport Center, 6000 Frankfurt am M. 75 - Geb. 29. Mai 1932.

MÜCKE, Rufus
s. Mühlfenzl, Rudolf

MÜCKENHAUSEN, Eduard
Dr. phil., Dr rer. techn., Dr. rer. nat. h. c., o. Prof. f. Bodenkunde - Oderstr. 47, 5300 Bonn-Ippendorf - Geb. 17. Febr. 1907 Enzen/Rhld. (Vater: Jakob M., Lederfabr.; Mutter: Anna, geb. Esser), kath., verh. s. 1938 m. Else, geb. Ludwig, T. Gabriele - Stud. Geol. u. Landw. Univ. Bonn u. TH Danzig 1934-38 Pr. Geol. Landesanst. Berlin; 1938-39 Dt. Ammoniak-Verkaufsvereinig. ebd.; 1939-46 Wehrdst. u. Gefangensch.; 1946-55 Oberlandesgeologe Geol. Landesamt NRW; 1955-75 Ord. u. Inst.sdir. Univ. Bonn. 1969 ff. Präs. Dt. Bodenkundl. Ges. 5 Fachmitgliedsch. - BV: D. wichtigsten Böden d. Bundesrep. Dtschl., 2. A. 1959; Entstehung, Eigenschaften u. Systematik d. Böden d. BRD, 2. A. 1977; D. Bodenkunde u. ihre Grundlagen, 3. A. 1985. Zahlr. Einzelarb. - 1968 Mitgl. Kgl. Schwed. Akad. d. Wiss.; 1970 korr. Mitgl. Dt. Archäol. Inst., 1973 Rhein.-Westf. Akad. d. Wiss; 1977 Dr. rer. nat. h. c.; 1978 Mitgl. Finn. Akad. d. Wiss., 1979 Mitgl. Königl. Akad. d. Wiss., Lit. u. Schöne Künste v. Belgien - Spr.: Engl.

MÜCKL, Wolfgang Johann
Dr., o. Prof. f. Wirtschaftstheorie Univ. Passau - Am Wolfger 15, 8391 Salzweg b. Passau (T. 0851-4 99 88) - Geb. 12. Juli 1936 Traunstein (Vater: Hans M., Beamter; Mutter: Therese, geb. Ostler), kath., verh. s. 1967 m. Angelika, S. Stefan Matthias - Gymn. Garmisch-Partenkirchen, Stud. Volksw. Univ. München u. Tübingen, Dipl. 1960, Promot. 1972, Habil. 1974 - 1965-75 wiss. Referent, 1974-75 Priv.-Doz., 1975-78 Univ. Doz., 1978 Prof. - BV: Wirtschaftspolit. Zielkonflikte in d. BRD, 1969 (m. P. Baumgarten); Langfrist. Probleme d. Lohnpolitik u. Vermögensbild. in Arbeitnehmerhand, 1971; Gleichgewichtswachstum, Einkommens- u. Vermögensverteil., 1975; Wirtschaftstheorie u. Wirtschaftspolitik, Gedenkschr. f. Erich Preiser, 1981 (hrsg. m. A. E. Ott). Zahlr. Beitr. in wiss. Zeitschr. u. Sammelwerken - Liebh.: Kunstgesch., Botanik - Spr.: Engl., Franz.

MÜER, Ludger
Caritasdirektor, Geschäftsf. Caritasverb. f. d. Diözese Münster - Kardinal-von Galen-Ring 45, 4400 Münster/W.

MÜGGENBURG, Günter
Journalist, Geschäftsführer Westfilm Medien-GmbH, Generalbevollm. f. neue Medien WAZ-Gruppe (s. 1984) - Sachsenstr. 36, 4300 Essen 1 (T. 0201 - 206 46 02) - Geb. 3. März 1926 Essen (Vater: Steiger) - N. Abitur 1946 Studien USA - Kriegseins., Bergmann, Maurergehilfe, s. 1948 Journ. Westd. Allg. Ztg.

u. WDR (1960; b. 1969 Bonn-Korresp., dann Asien-Korresp. ARD m. Sitz Hongkong u. 1973ff. ARD-Korresp. Washington/USA), Chefredakt. ARD-Tagesschau, 1983 WDR (Leit. Studio Düsseldorf). Geschäftsf. Kabelcom, Beteiligungsges. f. Breitbandkabel-Kommunikation mbH, Essen; Vorst.-Mitgl. Bundesverb. Private Rundf. u. Telekommunikation, Bonn; VR-Mitgl. RTL plus, Köln; Vors. Programmbeirat RTL plus, Köln - 1970 BVK - Spr.: Engl., Franz.

MÜHE, Marlene
Leiterin Pressestelle Bundesmin. f. Umwelt, Naturschutz u. Reaktorsicherheit, Sprecherin d. Bundesumweltministers (s. 1987)- Winterstr. 15, 5300 Bonn 2 (T. dstl.: 305 20 10/15, priv.: 31 18 70) - Geb. 12. Aug. 1956 Offenbach/Queich, kath., ledig - Stud. Genuenistik, Politik 1976-81 Mainz; 1. Staatsex.; 1981-83 Volontariat SWF; 1983-85 Fr. Mitarb. im Rundf., SWF Landesstudio Rhld.-Pfalz, Ber. Politik; 1985-87 Pressesprecherin b. Umwelt- u. Gesundheitsmin. v. Rhld.-Pfalz - Liebh.: Sport (Ski, Tennis), Lit., Reisen - Spr.: Engl., Franz.

MÜHL, Johannes

Dr. rer. pol., Bankdirektor i. R. - Am Zollstock 3, 6380 Bad Homburg v.d.H. (T. 4 13 24) - Geb. 21. April 1912 Breslau (Vater: Franz M.; Mutter: Maria, geb. Radwansky), kath., verh. s. 1939 m. Dora, geb. Engler, T. Brigitte - König-Friedrich-Gymn. Breslau; Lehre Bankhaus Eichborn & Co. Univ. ebd. (Rechts- u. Staatswiss.; Dipl.-Volksw. 1938). Promot. 1949 - B. 1939 versch. Banken, dann TH Darmstadt (Assist. Fak. f. Kultur- u. Staatswiss.), 1951-64 Rhein. Girozentrale u. Provinzialbank, Düsseldorf (zul. Dir.), b. 1975 Dt. Girozentrale/Dt. Kommunalbank, Berlin/Frankfurt (b. 1972 Vorst.-Mitgl., dann vors.). AR- u. VR-Mand., dar. stv. - Vors. - Liebh.: Pferdesport - Spr.: Engl.

MÜHL, Karl Otto

Schriftsteller - Helmholtzstr. 23, 5600 Wuppertal 1 (T. 0202 - 44 26 47) - Geb.

16. Febr. 1923, verh. s. 1970 m. Dr. med. Dagmar, geb. Friebel, 3 Töcht. (Anna, Maren, Julia) - Abit.; Exportkaufm. - BV: Romane: Siebenschläfer, Trumpeners Irrtum; Stücke: Rheinpromenade, Rosenmontag, Kur in Bad Wiessee, Wanderlust, Hoffmanns Geschenke, Reise d. alten Männer, Kellermanns Prozeß, Am Abend kommt Crispin - Von-Der-Heydt-Preis Stadt Wuppertal.

MÜHL, Otto
Dr. jur., Bundesrichter a. D., o. Prof. f. Bürgerl. Recht, Handels- u. Wirtschaftsu. Prozeßrecht Univ. Mainz (s. 1966) - Heidesheimer Str. 59, 6500 Mainz-Gonsenheim - Geb. 10. Okt. 1911 - B. 1961 Oberlandesgericht Celle, dann Bundesverw.sgericht Berlin - BV: D. Lehre v. Gutachten u. Urteil, 1970.

MÜHLBACHER, Anton
Dr. jur., Rechtsanwalt, gf. Vorstandsmitgl. Industrievereinig. Landkr. Neu-Ulm e.V. - Von-Weber-Str. 12, 7910 Neu-Ulm/Offenhausen 0731 - 7 50 35) - Geb. 5. März 1921 (Vater: Josef M., Angest.; Mutter: Rosa, geb. Hollenberger), kath., verh. s 1950 m. Melanie, geb. Schneider, 2 S. (Michael, Joachim) - 1. u. 2. jurist. Staatsex. 1948 u. 1950; Promot. 1954 Univ. Erlangen - Rechtsanw., gf. Vorst.-Mitgl., Mitgl. versch. AR u. Beiräte - 1980 BVK, 1982 BVK I. Kl.; Kommun. Verdienstmed. Bayern.

MÜHLBACHER, Eberhard
Prälat, Generalvikar Diözese Rottenburg-Stuttgart - Eugen-Bolz-Platz 1, 7407 Rottenburg 1 (T. 07472 - 2 91) - Geb. 24. Mai 1927 Ludwigsburg (Vater: Carl M., Kalkulator; Mutter: Emma, geb. Zieger), kath., ledig - 1949-52 Stud. kath. Theol. Univ. Tübingen - B. 1957 Vikar; b. 1967 Bischöfl. Sekr.; s. 1972 Domkapitular; s. 1981 Generalvikar - 1966 Ehrendomherr v. Bobbio (Italien); 1986 Apostolischer Protonotar - Spr.: Engl., Ital., Span.

MÜHLBAUER, Adolf
Dr., Bankdirektor, Vorstandsvors. Stuttgarter Volksbank AG. - Kohlerstr. 20, 7000 Stuttgart 71 (T. Büro: 2 00 11) - Geb. 10. Nov. 1932 Rimbach - Spr.: Engl. - Rotarier.

MÜHLBAUER, Alfred
Dr.-Ing., Prof., Direktor Institut f. Elektrowärme Univ. Hannover - Westerfeldweg 44, 3002 Wedemark 2 - Geb. 9. Nov. 1932 Bad Wörishofen - BV: Floating-Zone Silicon, 1981 (m. W. Keller).

MÜHLBAUER, Johann
Dr.-Ing., Prof., Lehrbeauftr. f. Wasserwirtschaft in E-Ländern Univ. Bochum, Geschäftsf. Ges. f. Technol.transfer mbH, Wasser- u. Siedlungswasserwirtsch., Wasserbau, Umwelt- u. Kulturtechnik - Gröndelle 3, 5620 Velbert-Langenberg (T. 02052 - 24 66).

MÜHLBAUER, Karl
Direktor, Sprecher d. Geschäftsfg. Steinbock GmbH., Moosburg - Meriánstr. 7, 8052 Moosburg/Obb. (T. 80 -1) - Geb. 10. Dez. 1911.

MÜHLBAUER, Klaus Georg
Dipl.-Betriebsw., Gf. Gesellschafter Thermoval Deutschl. GmbH (s. 1979) u. Patent-Verwertungsges. mbH - Zülpicher Str. 70, 5164 Nörvenich (T. 02426 - 53 22) - Geb. 25. Aug. 1940 Heidelberg, kath., verh. s. 1967 m. Ulrike, geb. Koch, 4 Kd. (Viola, Daniel, Aline, Philipp) - Lehre Industriekaufm. Heidelberg; Stud. dt. Angest.-Akad. (Schwerp. Absatzwirtsch. u. Marketing; Großhansdorf/Hamburg; Betriebsw. grad., nachträgl. Dipl. - 1971-78 kaufm. Leit. u. Dir. VMH-Multibeton/Leverkusen - Mitinh. weltw. Pat. f. Fußbodenheizungen - Zahlr. Fachveröff. in d. Fach- u. Wirtschaftspresse üb. energiepolit. Aspekte u. wirtsch. Betrachtungen d. Wärmever-

teilsysteme (Fußbodenheizungen) - Liebh.: Frankr., franz. Weine, Tennis.

MÜHLBERG, Heinz

Dr. rer. nat., Direktor - Albertstr., 5430 Montabaur (T. 51 98) - Geb. 16. März 1921 Leipzig (Vater: Martin M., Kaufm.; Mutter: Erna, geb. Hänsel), ev., verh. s. 1947 m. Charlotte, geb. Seydaack, T. Beatrix - Gymn. Leipzig; Univ. Leipzig, Jena, Heidelberg (Dipl.-Chem. 1945). Promot. 1949 Heidelberg - S. 1949 Gewerkschaft d. Keramchemie GmbH, Siershahn (1964 Techn. Dir., 1968 Mitgl. Grubenvorst.). Spez. Arbeitsgeb.: Chem. Verfahrenstechnik auf d. Sektor Oberflächenbearb. v. Metallen - Gold. Sportabz. - Spr.: Engl., Franz.

MÜHLBEYER, Hermann

Staatssekretär Min. f. Arbeit, Gesundheit u. Sozialordnung (s. 1984) u. MdL Baden-Württ. (s. 1973) - Oststr. 36, 7107 Bad Friedrichshall/Württ. - Geb. 5. Mai 1939 Jagstfeld, kath., 3 Kd. - Volkssch.; Bergmannslehre; Kath. Sozialinst. Hohenaschau/Obb.; 1963-66 Höh. Fachsch. f. Sozialarb. Freiburg/Br. Staasex. f. Sozialarb. u. Wohlfahrtspfl. 1966 - B. 1962 Steinsalzbergwerk Bad Friedrichshall (unt. Tage); 1966-84 Kreisjugend- u. Sozialamt Heilbronn (Ref.leit.). CDU (div. Funkt.); Landesvors. d. Christl. Demokr. Arbeitnehmerschaft (CDA).

MÜHLEISEN, Hans-Otto

Dr. phil., Prof. f. Politikwissensch. Univ. Augsburg - Universitätsstr. 10, 8900 Augsburg (T. 0821 - 5 98-6 13) - Geb. 2. Dez. 1941 Freiburg/Br. - Promot. 1970 (Vergl. Parteienforsch.), Habil. 1978 (Frankfurter Schule) - Ab 1981 Ord. Augsburg - BV: Theoriebild. u. polit. Parteien (Diss.), 1970; Umweltschutz als polit. Prozeß, 1976 (m. W. Jäger); Individuum u. Befrei. (Habil.schr.), 1978; Bundestagswahl 1980 (m. Th. Stammen), 1980; Grenzen polit. Kunst, 1982; D. Geld d. Parteien, 1983; Inseln als Brennpunkte intern. Konflikte (m. J. Dülffer), 1986.

MUEHLEK, Karl

Dr. theol., Prof. Univ. Passau (s. 1978) - Hoellgasse 24, 8390 Passau (T. 0851 - 3 32 65) - Geb. 25. Juli 1930 Roettingen/Tauber, kath., ledig - Promot. 1972 Univ. Würzburg - 1975 ao. Prof. f. Päd. u. Katechetik Phil.-theol. Hochschule Passau; s. 1978 o. Prof. Kath.-theol. Fak. Univ. Passau; 1983-85 Dekan Kath.-theol. Fak. Univ. Passau; Diözesanvors. d. Dt. Katechetenvereins; 2. Vors. d. diözesanen Arbeitsgem. f. Erwachsenenbild. - BV: Religionsb. f. d. Hauptsch. u. Lehrerkomm. - 1984 Päpstl. Ehrenprälat - Spr.: Lat., Griech., Engl.

zur MÜHLEN, von, Alexander

Dr. med., Prof., Leiter Abt. f. Klinische Endokrinologie Med. Hochschule Hannover - Zu erreichen üb. Med. Hochsch., Konstanty-Gutschow-Str. 8, 3000 Hannover 61 - Geb. 13. Mai 1936, verh. s. 1977 m. Ulrike, geb. Warnecke, 5 Kd. (Insa, Friederike, Patrick, Constantin, Nicolas) - Med. Staatsex. 1963 Freiburg/Br.; Promot. 1964 ebd.; Habil. 1971 Göttingen - S. 1974 Med. Hochsch. Hannover (Prof. f. Inn. Med.). Wiss. Veröff. üb. Endokrinol. (spez. Schilddrüse, Hypophyse, Hypothalamus).

MÜHLEN, Heribert

Dr. theol., Dr. phil., o. Prof. f. Dogmatik u. Dogmengeschichte - Scherfederstr. 70, 4790 Paderborn/W. (T. 6 38 48) - Geb. 27. April 1927 Mönchengladbach, kath. - Priesterweihe 1955 - S. 1962 Doz. u. o. Prof. (1964) Theol. Fakult. Paderborn - BV: u. a. D. Heil. Geist als Person, 4. A. 1980 (auch ital., engl.); Una mystica Persona, D. Kirche, 3. A. 1968 (auch ital., franz., span.); Entsakralisierung, 2. A. 1971; Morgen wird Einheit sein, 1974; D. Erneuerung d. christl. Glaubens, 2. A. 1976 (auch span., franz.). Mithrsg.: Erfahrung u. Theol. d. Heil. Geistes (1974; m. C. Heitmann), Einübung in d. christl. Grunderfahrung (2 Bd.), 14. A. 1985 (auch engl., franz., span., portug., niederl., poln., ungar., kroat., korean.); Erfahrungen m. d. Heil. Geist, 3. A. 1981; Geistesgaben heute, 1982; Dokumente z. Erneuerung d. Kirchen, 1982; Grundentscheid., 1984; Jugend erfährt Gott, 1984; Gemeinde-Erneuerung aus d. Geist Gottes, 2 Bde. 1984; Befreiende Gemeinschaft im Geist, 1985.

MÜHLEN, zur, Karl-Heinz

Dr. theol., Prof. f. ev. Theologie Univ. Bonn (s. 1981) - Novalisweg 6, 5309 Meckenheim - Geb. 16. März 1935 - BV: Nos extra nos. Luthers Theol. zw. Mystik u. Scholastik, 1972; Reformator. Vernunftkritik u. neuzeitl. Denken, 1980; Freiheit u. Lebensgestaltung. Ausgew. Texte M. Luthers, 1983. Mithrsg. v. VF.

MÜHLENBERG, Michael

Dr., Prof. f. Zoologie u. Ökologie Univ. Würzburg - 8721 Michelau-Prüßberg (T. 09382 - 77 76) - Geb. 29. Febr. 1944 Siegen (Vater: Friedr.-Wilh. M., Bundesbahndir.; Mutter: Ursula, geb. Parlow), ev., verh. s. 1968 m. Mechthild, geb. Hoffmann, 2 T. (Roswitha, Eva) - Staatsex. Biol., Chemie u. Physik 1968, Promot. Zool., Botanik u. Physik 1972, Habil. Zool./Ökol. 1977 - 1972-77 wiss. Assist. u. Akad. Rat; ab 1977 Leit. Ökol. Station Steigerwald Univ. Würzburg - BV: Freilandökol., Taschenb. 1976; Parc National de la Comoé, wiss. Nationalparkführer 1982 - 1980 Prof. f. Tierökol. (spez. Synökol.) Würzburg - Interessen: Biol. Freilandarb., Reisen in d. Tropen, Freizeitpferde - Spr.: Engl., Franz.

MÜHLENDAHL, von, Karl Ernst

Dr. med., Prof. f. Kinderheilkunde Univ. Münster, Chefarzt Kinderhospital Osnabrück - Kinderhospital, Iburger Str. 187, 4500 Osnabrück - Geb. 14. Jan. 1939 Berlin (Vater: Ernst v. M., Dipl.-Chemiker; Mutter: Esther, geb. v. Rennenkampff), ev., verh. s. 1970 m. Maja, geb. v. Cube, 3 Kd. - Promot. 1964 Univ. München, Habil. 1976 Berlin, s. 1980 apl. Prof. in Münster.

MÜHLENHAUPT, Kurt

Maler, Bildhauer, Schriftst. - Sakrower Kirchweg 15, 1000 Berlin 22 - Geb. 19. Jan. 1921, verh. m. I) Frieda; II) Hannelore, 2 Kd. (Carol, Christine) - Hochsch. f. Bild. Künste Berlin - BV: Berliner Blau, 1980; Reiseerlebnisse, 1983; u.v.m.

MÜHLENSIEPEN, Max

Teilh. Firma Ernst Mühlensiepen, Vors. Dt. Zigarren-Inst., Bad Godesberg - Bonner Str. 177, 4000 Düsseldorf.

MÜHLENWEG, Gustav

Vorstandsmitglied i.R. Kraftwerk Altwürttemberg AG., Ludwigsburg - Stresemannstr. 40, 7140 Ludwigsburg - Geb. 7. Juni 1914 - S. 1933 KA.

MÜHLER, Erich

Direktor i. R., AR-Mitgl. Eterna Herrenwäschefabrik AG., Passau - Kainzenweg 20, 8390 Passau (T. 5 18 57) - Geb. 5. März 1905 Mühlau/Sa. - Bank- u. Industrietätigk. (zul. langj. Vorst. Eterna) - Spr.: Engl., Franz. - Rotarier.

MÜHLFELD, Claus

Dr. phil., Prof. f. Soziologie Univ. Bamberg - Langer Moos 15, 8602 Erlau - Geb. 10. Nov. 1940 Weinheim (Vater: Wilhelm M., Ind.-Kfm.; Mutter: Dorothea, geb. Kraus), kath., verh. s. 1972 m. Heide, geb. Steinberg - Stud. Phil., Soziol. u. Psych. (Promot. 1969, Habil. 1974) - 1966-69 wiss. Mitarb. Univ. Heidelberg; 1969-74 Doz. Univ. Augsburg; 1974-78 Prof. Univ. Münster; ab 1978 Univ. Bamberg - BV: Sprache u. Sozialisat., 1975; Familiensoziol., 1976; Ehe u. Fam., 1982. Basale Soziol. (m. H. Reimann u. a.) 1975, 3. A. 1981 (Übers. Ital. u. Isländ.); Familie-Arbeit-Beruf, 1979; Ethnosoziol., 1984; Qualifikation Lernbehinderter, 1984; Türkische Arbeitnehmerges., 1985; Konflikte u. Kooperation in Verb., 1985; Nationalsozialistische Familienpolitik, 1987 - Liebh.: Ethnol. Stud., Fotogr. - Spr.: Engl., Franz.

MÜHLFENZL, Isabel,

geb. Paintner

Dr. oec., Dipl.-Kfm., Wirtschaftsjournalistin Bayer. Rundf., Kolumnistin - Leitenhöhe 24, 8031 Seefeld-Hechendorf (T. 08152 - 7 87 98) - Geb. 12. Aug. 1927 Frontenhausen (Vater: Dr. Josef P., prakt. Arzt; Mutter: Isabella, geb. Heim), kath., verh. s. 1964 m. Rudolf Mühlfenzl, Präs. Bayer. Landeszentr. f. neue Medien (BLM), T. Isabelle Caroline - Realgymn. Kempten/Allg.; Dipl.-Kfm. 1954 München, Promot. 1959 Nürnberg - Fernsehredakt. BR, Wirtsch.- u. Wiss.journ., Kolumnistin, Fernseh-Moderat. (ABC d. Wirtsch. + Blickpunkt Wirtsch.). Mitgl.schaft: Ludwig-Erhard-Stiftung, Mont-Pelerin-Society - BV: D. Irrtum, Lehrb. Volksw.; Übers.: Milton Friedman (aus d. Engl.) - Fernsehserien Deutsch u. Engl. (Wirtschaftswiss.), FS-Dok., rd. 50 Filme - Publiz.-Preis BAG; 1988 Ferdinand v. Miller-Med. f. Publizistik - Liebh.: Reisen, Wirtschaftsgesch. - Spr.: Engl., Franz., Ital.

MÜHLFENZL, Rudolf

Präsident Bayer. Landeszentrale f. neue Medien (BLM) - 8031 Hechendorf/Pilsensee - Geb. 30. Nov. 1919 München (Vater: Organist u. Chordir. Wallfahrtskirche Maria-Thalkirchen), kath., verh. s. 1962 (Ehefr.: Isabel, Dr. d. Betriebsw. u. Dipl.-Kfm., Publizistin), T. Caroline - Gymn. München; 1939-45 Kriegsdst. (Offz.; 2 x schwerverw.); Univ. München (Neue Gesch., Volksw., Ztg.wiss.) - S. 1948 Radio München bzw. Bayer. Rundfunk (Leit. Wirtschaftsfunk, 1961 Gruppenredaktion Funk/Fernsehen, 1969 Chefredakt.). Mitgl. Bundesaussch. Öffentlichkeitsarb. DRK; Mitgl. Präsid. DRK - BV: Div. Bücher, dar. Interview m. d. Geld u. D. Irrtum - Weltwirtschaftsw. Angst u. Hoffnung (1975, m. d. Ehefr.); Geflohen u. Vertrieben, Dok. 1981 - 1970 Bayer. VO; 1975 Bayer. Staatsmed. f. Verdienste um d. bayer. Wirtschaft, 1978 Ludwig-Erhard-Preis f. Wirtschaftspublizistik; 1980 Gr. BVK; 1982 Sparlöwe Bund d. Steuerzahler - Liebh.: Sport (Leichtathletik, Skilaufen).

MÜHLFRIED, Erich

Dipl.-Ing., Techn. Direktor Wuppertaler Bühnen - Talstr. 17, 5600 Wuppertal 1 (T. 0202 - 71 27 84) - Geb. 1. Juli 1938 Hamburg, (Vater: Walter M. †; Mutter: Gertrud, geb. Höber), verh. s. 1982 m. Susanne, geb. Zöllner, 3 Kd. (Stefan, Annika, Nina) - Zimmererlehre; FHS f. Bauwesen Hamburg (Ing.-Ex. 1960); Prüf. Theatermeister 1970, Beleuchtungsm. 1971, Nachdipl. 1983 - 1977 Gründung Theatertechn. Seminar Hamburg. Fachveröff. in: Bühnentechn. Rundschau - Liebh.: Zeichnen, Hochsee-Segeln - Spr.: Engl.

MÜHLSCHLEGEL, Bernhard

Dr. rer. nat., o. Prof. u. Direktor Inst. f. Theoret. Physik Univ. Köln (s. 1962) - Franzstr. 1a, 5000 Köln 41 (T. 40 46 21) - Geb. 13. Sept. 1925 Berlin, ev. - Falk-Realgymn. u. Humboldt-Univ. Berlin (Physik, Math.). Promot. 1953 Berlin; Habil. 1960 München - 1957-58 Assist. Univ. Heidelberg; 1960-62 Privatdoz. Univ. München. Gast Univ. of Illinois (1960-62, 1977-78), Pennsylvania (1965-66) u. California (1970-71, 1977-78, 1982-83), Stanford Univ. (1988). Mitgl. American Physical Soc. Fachveröff. - Spr.: Engl., Franz. - Rotarier.

MÜHR, Egon

Oberkreisdirektor Hochsauerlandkreis - 5778 Meschede.

MÜHRINGER, Doris

Schriftstellerin - Goldeggasse 1, A-1040 Wien (T. 0222 - 65 30 405) - Geb. 18. Sept. 1920 Graz/Österr. - Universitätsstud. - BV: Ged. I, 1957; Ged. II, 1969; Staub öffnet d. Auge, Ged. III, 1976; Mein Tag-mein Jahr, 1983; Vögel d. ohne Schlaf sind, Ged. IV, 1984; Tanzen unt. d. Netz, Kurzprosa, 1985; D. hatten d. Ratten v. Schatten. E. Lachb., 1989. Herausg.: D. Lesebuch, Schulb. (1985) - 1954 Georg Trakl-Preis f. Lyrik; 1961 Literaturpr. Stadt Wien; 1973 Literaturpr. Steiermark; 1981 silb. Ehrenmed. Stadt Wien; 1985 Gr. Literaturpr. Steiermark - Lit.: Christian Loidl, Wege im Dunkel, Möglichk. z. Analyse v. Doris Mühringers poetischem Werk (Diss., 1983).

MÜLDER, Dietrich

Dr. forest., o. Prof. f. Forstl. Betriebswirtschaftslehre - Jacob-Henle-Str. 6, 3400 Göttingen (T. 4 66 38) - Geb. 25. Sept. 1906 Hildesheim, ev., verh. s. 1949 m. Elisabeth, geb. Harttung, 5 Kd. - Gymn. Emden u. Stade; Univ. Tübingen u. München, Forstl. Hochschule Hannov. Münden u. Eberswalde - S. 1950 (Habil.) Privatdoz., apl. (1958) u. o. Prof. (1966) Univ. Göttingen (Forstl. Fak. Hann. Münden), 1974 emerit.; b. 1971 Oberforstm. u. Leit. Klosterforstamt Göttingen. 1956ff. Lehrtätigk. Univ. of California, Berkeley (Lehrstuhl f. Waldbau). 1971ff. Mitgl. Dt. Forstw.rat - BV: 6 Bücher u. 120 Fachaufs. - Spr.: Engl. (9 J. USA) - Bek. Vorf.: Prof. Dietrich M. (Homer-Forscher), Onno Klopp (Historiker).

MUELDER, Dirk

Schriftsteller, Übers., Filmemacher, Dir. Zentrum f. Politische Studien - Salzbrunner Str. 38, 1000 Berlin 33 (T. 030 - 826 48 24) - Geb. 1. Okt. 1937 Hannover, T. Tina - Stud.: Spr. u. Lit. (Angl., Roman.) Berkeley, Paris u. München; Film in Berlin - Übers. (Engl., Franz.); Autor (Theaterst., Drehb., Kurzgesch., Romane, Ged.); Regie u. Prod. (Filme).

MÜLDER, Jürgen B.

Dr. rer. nat., Personalberater, Gf. Gesellschafter Mülder & Partner - Kleebergstr. 5, 6000 Frankfurt 1 (T. 069 - 69 35 41) - Geb. 14. Sept. 1937 Celle, verh. m. Annekatrin, geb. Merks, 3 Kd. (Philip, Annabel, Jochen) - TH Clausthal; Dipl.-Berging. 1964, Promot. 1968, M.B.A. 1968 Insead, Fontainebleau - Gf. Gesellsch. Mülder & Partner Unternehmensberatung GmbH, Berlin, Düsseldorf, Frankfurt, Hamburg, München. Member of the Board of Amrop Intern. - Spr.: Engl., Franz., Span. - Bek. Vorf.: Prof. Dietrich M., Homer-Forscher (Großv.).

MÜLHAUPT, Erwin

Dr. theol., Prof. f. Kirchengeschichte (entpfl.) - Dürrbachstr. 26, 7500 Karlsruhe 41 - Geb. 25. Mai 1905 Todtnau/Baden (Vater: Postinsp.), ev., verh. 1933 m. Hedwig, geb. Würth, 2 Kd. - Gymn. Konstanz; Univ. Tübingen, Berlin, Rostock, Göttingen (Promot. 1929) - 1929-49 Pfarrer Baden; 1949-1970 Doz. u. Prof. (1951) Kirchl. Hochsch. Wuppertal (1961 ff. Rektor) - BV: D. Predigt Calvins, ihre Geschichte, ihre Form u. ihre relig. Grundgedanken, 1931; Johannes Calvin, Diener am Wort Gottes, 1934; Geschichtsbilder aus d. Kirchspiel Haag, 1938; Martin Luthers Evangelienausleg., 4 Bde. 1938/53; D. Evangelium im Gefangenenlager Chartres, 1947; D. Psalmen v. Chartres, 1947; Reformatoren als Erzieher, 1956; Martin Luthers Psalmenausleg., 3 Bde. 1959/65; Rhein. Kirchengesch. v. d. Anfängen b. 1945, 1970; Luthers Testament, 1972; Luther üb. Müntzer, 1973; D. Kölner Dom i. Zwielicht d. Kirchen- u. Geistesgesch., 1965; Heimaterinn. u. Heimatbezieh. Phil. Melanchthons, 1978; D. Konstanzer Reformation 1520-1548, 1980; Supplementa Calviniana, Bd. 7: Calvins Psalmpredigten, Passions-, Oster- u. Pfingstpredigten, 1981; Luther im 20. Jh., 1982. Bek. Vorf.: John Jacob Astor, New York (1763-1848).

MÜLHAUPT, Ludwig

Dr. rer. pol., o. Prof. f. Betriebswirtschaftslehre - Klausenerstr. 36, 4400 Münster/W. (T. 7 43 34) - Geb. 14. Juli 1912 Schiltigheim/Els. (Vater: Ludwig M., Beamter; Mutter: Karoline, geb. Gärtner), ev., verh. 1942 m. Antje, geb. Arp, 2 Söhne (Bernd, Wolfdieter) - HH Mannheim, Univ. Freiburg/Br. u. Köln. Dipl.-Volksw. Freiburg; Promot. Köln; Habil. Kiel - 1943-60 Doz., wiss. Dezern. (Forschungsabt. Inst. f. Weltw.) u. Ord. (1956) Univ. Kiel - 1960-80 Dir. d. Inst. f. Wirtschafts- u. Sozialwiss., Inst. f. Kreditwesen u. Kommunalwiss. Inst. Univ. Münster; 1962-82 Studienleit. VWA Essen - BV: D. Wirtschaftsgrundsätze d. Dt. Gemeindeordnung u. ihre Auswirk. auf d. Rechnungswesen d. Gemeinden, 1939 (Diss.); Strukturwandl. u. Nachkriegsprobleme d. Wirtschaft Schwedens, 1952 (Kieler Studie); D. Bindungsgedanke in d. Finanzierungslehre unt. bes. Berücks. d. holländ. Finanzierungslit., 1966; Strukturwandl. im westdt. Bankwesen, 1971 (m. U. Fox); D. Bankw. in d. DDR; Einf. in d. Betriebswirtsch.slehre d. Banken; Struktur u. Grundprobleme d. Bankbetr. u. d. westd. Bankwesens, 3. A. 1980; Theorie u. Praxis d. öfftl. Rechnungsw. in d. Bundesrep. Dtschl., 1987 - 1983 BVK - Lit.: Bankbetriebl. Lesebuch (z. 65. Geburtstag), 1978 (Hrsg. H.-D. Deppe); Doppik u. Kameralistik (z. 75. Geburtstag), 1987 (Hrsg. P. Eichhorn).

MÜLHENS, Ferdinand

Fabrikant (Eau de Cologne- & Parfümerie-Fabrik Glockengasse No. 4711 gegenüber d. Pferdepost v. Ferd. Mülhens, Köln), Vorst.-Mitgl. Markenverb., Wiesbaden, Beiratsmitgl. Gothaer Versich.-Bank VVaG, Köln, u. Deutsche Bank - Venloer Str. 241-245, 5000 Köln 30 (T. 0221 - 47 11) - Geb. 14. Juli 1937 Köln (Vater: Ferdinand M.; Mutter: Amelie, geb. Haasen), verh. m. Gertrud, geb. v. Borcke.

MÜLLE, Karl

Bezirksstadtrat a. D. v. Wedding (1955-75; Vertr. d. Bürgerm.) - Marienpl. 5c, 1000 Berlin 45 (T. 73 42 56) - Geb. 7. April 1914 Berlin (Köpenick) - Verw.-Angest. Unt. Hitler KZ, Verf. VGH (Vorb. z. Hochverrat), n. 3j. Haft Militärdst.; 1948 gemaßregelt SED. SPD s. 1928.

MÜLLENBROCK, Heinz-Joachim

Dr. phil., o. Prof. f. Anglistik (neuere engl. Lit.) Georg-August-Univ. Göttingen - Thomas-Dehler-Weg 14, 3400 Göttingen (T. 0551 - 2 38 88) - Geb. 12. April 1938 Hamburg (Vater: Karl-Heinz M., Kaufm.; Mutter: Gretchen, geb. Reese), ev.-luth., verh. s. 1969 m. Elfi, geb. Müller, T. Maren - Abit. Gymn. Uhlenhorst-Barmbek, Hamburg, 1957; 1957-63 Stud. Angl. Univ. Hamburg - S. 1965 Wiss. Assist., s. 1973 o. Prof. S. 1985 Beirat Görres-Ges. z. Pflege d. Wiss. - BV: Lit. u. Zeitgesch. in Engl. zw. d. Ende d. 19. Jh. u. d. Ausbruch d. 1. Weltkrieges, 1967; Whigs kontra Tories: Studien z. Einfluß d. Politik auf d. engl. Lit. d. frühen 18. Jh., 1974; Popes Ges.lehre in An Essay on Man: E. Unters. d. 3. Epistel, 1977; Lit. d. 18. Jh., 1977; D. hist. Roman d. 19. Jh., 1980; Engl. Lit. u. Politik im 20. Jh., 1981; Neues Handb. d. Lit.-Wiss., Bd. 12: Europ. Aufklär. II, 1984; D. engl. Landschaftsgarten d. 18. Jh. u. s. lit. Kontext, 1986; Engl. Lit. in d. Göttinger Univ.-Bibliothek d. 18. Jh., 1988 - Liebh.: Sport.

MÜLLENHEIM-RECHBERG, Freiherr von, Burkard

Botschafter a. D. - Zu erreichen üb. Leitenhöhe 24, 8036 Herrsching a. A. - Geb. 25. Juni 1910 Berlin (Vater: Walter v. M.-R., zul. Major 5. Jägerbatl. (gefallen 1916 Argonnen); Mutter: Maria, geb. v. d. Brincken, †1965), ev., verh. s. 1954 m. Anne-Marie, geb. v. Jaduczynski - Reform-Realgymn.; 1929-33 Seeoffz.-ausbild.; 1945-49 Stud. Rechtswiss. I. ju-

rist. Staatsex. 1949 Frankfurt/M. - Ab 1933 Seeoffz., zul. Korvettenkapt. (1941-45 Kriegsgefangener (Untergang Schlachtschiff Bismarck) England u. Kanada); 1952-75 Ausw. Dienst (Gesandtschaftsrat Reykjavik, 1954 Oslo, 1955 Mitgl. Dt. Delegation NATO, Paris, 1956 Zentrale Bonn, 1958 Konsul Kingston, 1962 Botschafter ebd., 1965 Kinshasa/Kongo, 1968 Generalkonsul Ontario, zul. Botsch. Dar-es-Salaam) - BV: Schlachtschiff Bismarck 1940/41 - D. Bericht e. Überlebenden, 1980 (Übers. in 10 Spr.); Schlachtschiff Bismarck - E. Überlebender in seiner Zeit, 1987 - 1968 BVK I. Kl. - Liebh.: Geschichte, Afrikastudien, Musik, Segeln, Skilaufen - Spr.: Engl., Franz.

MÜLLER, A. M. Klaus

Dr. rer. nat., Prof. f. theoret. Physik TU Braunschweig - An der Wasserfurche 32, 3302 Cremlingen-Destedt - Geb. 20. Febr. 1931 Petersdorf/Schlesien (Vater: Dipl.-Ing. Max M.; Mutter: Dorothea, geb. Wagenknecht), verh. m. Adelheid, geb. Althaus, 3 Kd. - 1950-56 Stud. TH Braunschweig.

MÜLLER, Achim

Dr. rer. nat., Prof. f. Chemie Univ. Bielefeld - Im Bruch 16, 4806 Werther - Geb. 14. Febr. 1938 Detmold - Dipl.-Chem. 1962, Promot. 1965, Habil. 1967 - 1971 Prof. Univ. Dortmund; 1977 o. Prof. f. anorgan. Chemie Univ. Bielefeld. Mitgl. Editorial Board versch. intern. Fachzeitschr., Org. v. intern. Kongressen - Erf. auf d. Geb. d. Übergangsmetallchemie u. Spektroskopie - 5 Buchveröff. in engl. Spr., 1980-84 - Mitgl. Acad. Europ. (Paris), N.Y. Acad. Sci. - Liste d. 1000 meistzit. Autoren (Inst. Sci. Inform.).

MÜLLER, Adolf

Landrat Kr. Ostallgäu (s. 1972) - Landratsamt, 8952 Marktoberdorf/Schw. - Geb. 4. Sept. 1935 Oberrieden - Zul. Oberregierungsrat.

MÜLLER (gen. Müller-Remscheid), Adolf

Mitglied des Bundestages (1961-87) - Hasenberger Weg 42a, 5630 Remscheid-Lennep (T. 6 17 71) - Geb. 13. Mai 1916 Lennep (Vater: Adolf M., Schleiferm.; Mutter: Hedwig, geb. Drekopf), kath., verh. s. 1942 m. Elisabeth, geb. Spiegel, 2 Töcht. (Eva-Maria, Elisabeth) - Volkssch.; Schleiferlehre - 1937-45 Arbeits- u. Wehrdst.; s. 1947 DGB (Fachsekr. f. Arbeitsrecht u. Sozialpolitik, 1953 gf. Vors. Remscheid, 1958-78 stv. Landesbezirksvors. NRW). Vorsitzender Waisenhausstiftg. Remscheid; Mitgl. Kath. Arbeiter-Beweg. u. Kolpingfamilie. CDU s. 1945 (u. a. stv. Vors. Sozialaussch. Rhld., Vorst.-Mitgl. Sozialaussch. Bund u. Landesvorst. Rhld.) - BV: Arbeitsmarkt - Risiko u. Chance, 1968 - 1970 BVK I. Kl.; 1972 Komturkreuz Gregorius-Orden; 1979 Gr. BVK m. Stern; Ehrenmitgl. Vorst. d. CBA (Bund u. NRW) - Liebh.: Fotogr.

MÜLLER, von, Adriaan

Dr. phil., Prof., Prähistoriker - Bondickstr. 78, 1000 Berlin 28 (T. 414 22 11) - Geb. 30. März 1928 Berlin (Vater: Otto v. M., Kaufm.; Mutter: Therese, geb. van der Bijll), ev., verh. I) s. 1952 (Ehefr.: Dorothea), 3 Kd. (Bettina, Andreas, Corinna), gesch., II) s. 1974 m. Klara, geb. Muci, 2 Kd. (Marco, Tibor) - Promot. 1953 Bonn - S. 1955 Museum f. Vor- u. Frühgesch. Berlin (1967 Dir.) - Grabungen Irak (1956/57) u. Indien (1966/67); Vors. Berliner Ges. f. Anthropol. Ethnol. u. Urgesch. - BV: Formenkreise d. frühröm. Kaiserzeit i. Raum zw. Havelseenplatte u. Ostsee, 1957; Fohrde u. Hohenferchesar - Zwei german. Gräberfelder d. früh. röm. Kaiserzeit aus d. Mark Brandenburg, 1962; D. jungbronzezeitl. Siedlung v. Berlin-Lichterfelde, 1964; Berlins Urgesch., 1964; Gesch. unt. uns. Füßen, 1968; Berlin vor 800 Jahren, 1968; Gesicherte Spuren, 1972; Bürger, Bauer, Bettelmann - Berlin im Mittelalter, 1979; D. Ausgrab. auf d. Burgwall v. Berlin-Spandau, 1983 (m. K. Muci); D. Archäologie Berlins, 1986; Ausgrab. u. Funde v. Burgwall in Berlin-Spandau, T. 1 1986 - Spr.: Engl.

MÜLLER, Albrecht

Dipl.-Volksw., MdB (s. 1987) - Bundeshaus, 5300 Bonn - Geb. 16. Mai 1938 Heidelberg (Vater: Karl M., Kaufm.; Mutter: Gertrud, geb. Kirsch), ev., 4 Kd. (Moritz, Susanne, Hannes, Nele Lotte Marie) - N. Abit. kaufm. Lehre; Stud. Volksw. u. Soziol. München, Berlin, Nottingham. Dipl.-Volksw. 1963 München - 1963-68 Wiss. Assist. Univ. München; 1968-69 Ghostwriter Bundeswirtschaftsmin. Prof. Schiller; 1970-72 Leit. Abt. Öffentlichkeitsarb. SPD-Vorst. (zuständ. f. Bundeswahlkampf 1972); 1973-82 Leit. Abt. Planung Bundes-Kanzleramt - Spr.: Engl.

MÜLLER, Alfons

Verbandsgeschäftsführer, Bürgerm. Stadt Wesseling, MdB (s. 1980; Landesliste NRW) - Hessenweg 1, 5047 Wesseling (T. 02236 - 4 96 37) - Geb. 28. Mai 1931 Berzdorf Kr. Köln (Vater: Karl-Mathias M., Postoberschaffner; Mutter: Maria, geb. Dunkel), verh. s. 1957 m. Margarete, geb. Quantius, 3 Kd. (Hildegard, Wolfgang, Angelika) - Volkssch.; Lehre Huf- u. Wagenschmied, Schweißer u. Schlosser; 1955-56 Kath.-Soz. Inst. Bad Honnef (Abschlußdipl.) - 1956-60 Bez.-Sekr. Kath. Arbeitn.-Beweg. (KAB) Kr. Bergheim Erft, ab 1960 Verbandssekretär bzw. Geschäftsf. (1964) KAB, s. 1971 Bundesvors. KAB Dtschl. 1965-85 Rundfunkrat WDR. 1956-61 Ratsmitgl. Gde. Berzdorf; s. 1961 Ratsmitgl. Stadt Wesseling. 1965-75 MdK Köln; 1969-75 stv. Landrat; s. 1976 MdK Erftkreis; s. 1976 Bürgerm. Wesseling; s. 1980 MdB. CDU (s. 1955, s. 1982 Vors. Bezirksverb. CDA-Mittelrhein) - Liebh.: Fußball, Lit., Gesch.

MÜLLER, Alfons

Dipl.-Volksw., Inhaber Fachbüro f. kommunales Satzungswesen, Bürgermeister Güntersleben - Roßstr. 25, 8702 Güntersleben (T. 09365-92 10) - Geb. 16. Juli 1930 Güntersleben (Vater: Hermann M., Landw. u. Straßenwärter; Mutter: Elisabeth, geb. Öffner), kath., verh. s. 1956 m. Rita, geb. Issing, 3 T. (Birgit, Susanne, Angelika) - Abit., Stud. Phil., Finanzmath., Rechtswiss., Dipl. 1956 - 1956-58 wiss. Tätigk. Förderungsst. Bundeswirtschaftsmin., 1958-62 Betriebsberat., 1963 Verwalt.geschäftsleit. - Kommun. Praxis Wiesentheid, s. 1960 Fachbüro f. Kommun. Satzungswesen, Beitr.- u. Gebührengestalt. u. Kommun. Finanzwesen (Ermittl. v. Abwassergebühr, Finanzier. v. Abwasseranlagen in Bayern), s. 1966 Bürgerm. Güntersleben u. Kreisrat Landkr. Würzburg, 1974 Kreisvors. Bayer. Gemeindetag, s. 1977 Mitgl. Dt. Forstwirtschaftsrat - Fachveröff. - Gold. Ehrenmed. Güntersleben, Silb. Kreisplak. - Spr.: Engl., Latein.

MUELLER, Andreas

Journalist, Chefredakteur Goslarsche Zeitung, Goslar - Kneippstr. 51, 3380 Goslar (T. 05321 - 8 16 59) - Geb. 22. Nov. 1926 Riga.

MÜLLER, Andreas

Studienrat, Feuilleton-Journalist, Dramaturg Spott-Licht-sat. Unterhaltungstheater, Frankfurt/M. - Dreibrunnenstr. 1, 6100 Darmstadt (T. 06151 - 42 28 50) - Geb. 22. Okt. 1950 (Vater: Martin M., Architekt, 1945 Bürgerm. v. Erfurt), ledig - Stud. German., Politik, Gesch., Phil.; 1. u. 2. Staatsex. - BV: Demokratisierung d. Schule, 1972. Versch. Kabarettprogr. u. Theaterst., dort auch Rollen, Portraits v. Büchner-Preis-Trägern u. Opernsängern. Aktion Theaterfoyer Darmstadt. Vors. Jazzclub - Liebh.: Kreativität, Politik - Spr.: Engl.

MÜLLER, Auwi

Dr. jur., Rechtsanwalt, Bankkfm., Hauptgeschäftsf. Arbeitgeberverb. Oldenburg, Vors. Landesversicherungsanst. Oldenburg/Bremen, AOK Oldenburg u. a. - Tuchtweg 15, 2900 Oldenburg (T. 2 61 59) - Geb. 29. März 1916 Braunschweig (Vater: August M., Fleischerm.; Mutter: Helene, geb. Fischer), verh. s. 1966 m. Uschi, geb. Decker, 3 Kd. (Caroline, Ingrid, Sabine) - Abitur; Buchhändler- u. Bankkfm.lehre; Stud. d. Jurisprudenz Univ. Münster - 1957 Gold. Sportabz., 1976 BVK - Spr.: Engl., Franz.

MÜLLER, Benno

Geschäftsführer Radium Elektrizitäts-Ges. mbH., Wipperfürth (b. 1981, Ruhest.) - Leuchtenbirkener Weg 11, 5272 Wipperfürth (T. 02267 - 51 47) - Geb. 30. Mai 1913 - Vors.-Vorst. Eugen-Wolfrich-Kersting-Stiftg., Wipperfürth - Rotarier - BVK.

MÜLLER, Bernd

Redaktionsleiter mittwochs um 8 (Westdeutscher Rundfunk) - Appellhofpl. 1, 5000 Köln 1 (T. 0221 - 220 37 33) - Geb. 6. Juli 1940 Düsseldorf, kath., verh., 2 Kd. - Stud. German. u. Gesch., Phil.; Staatsex. - Journalist. Tätigk. b. Rhein. Post, Dt. Welle, WDR. S. 1985 Vors. Landespressekonfz. NRW.

MÜLLER, Berndt

Dr. phil. nat., Prof. f. Theoret. Physik Univ. Frankfurt (s. 1975) - Robert-Mayer-Str. 10, 6000 Frankfurt/M. (T. 069 - 798 26 31) - Geb. 8. Febr. 1950 - Stud. Frankfurt; Dipl. (Physik) 1972; Promot. 1973 - BV: D. Struktur d. Vakuums, 1985 - 1975 Röntgenpreis Giessen.

MÜLLER, Bert-Günter

Dr.-Ing., Dipl.-Ing., Univ.-Prof. f. Markscheidekunde RWTH Aachen (s. 1972) - Diemstr. 18, 5100 Aachen (T. 0241 - 6 72 78) - Geb. 10. Mai 1928 Köln, kath., verh. s. 1960 m. Helga, geb. Diericks, 2 Kd. (Elmar, Ingo) - Stud. Univ. Bonn u. Köln, TH Hannover; Dipl.ex. 1951 Bonn; Promot. 1962 Stuttgart; Habil. 1971 Aachen - 1955 Vermessungsass. Köln, b. 1963 wiss. Assist., Obering. u. Lehrbeauftr. TH Aachen, b. 1965 Stadtverw. Duisburg, b. 1972 Fachhochsch. Aachen, gleichz. tätig f. Kommunale Gemeinschaftsst. f. Verwaltungsvereinfach. (KGSt), Köln - BV: Elektron. Datenverarbeitung im Bau- u. Vermessungswesen, 1971. Herausg.: Beitr. z. rationellen Computer-Einsatz m. zahlr. eigenen Beitr. (s. 1983); Reihe Objekt-Vermessung u. -Dok. u.a. m. eigenen Beitr.; Systemtechn. u. method. Aspekte f. Objektvermessungen im Nahbereich - Liebh.: Tennis, Ski - Spr.: Engl.

MÜLLER, Bodo

Dr. phil., o. Prof. f. Roman. Philologie - Am Büchsenackerhang 57, 6900 Heidelberg-Zh. (T. Heidelberg 80 25 89) - Geb. 10. Okt. 1924 Sagan/Schles., verh. s. 1957 m. Dr. Ilse, geb. Strömsdörfer - S. 1961 (Habil.) Lehrtätigk. (Univ. Erlangen-Nürnberg u. Heidelberg (Ord.) -

BV: Góngoras Metaphorik - Versuch e. Typologie, 1963; D. Struktur d. Gegenwartsfranzösischen, 1975; La Gaule romaine et la structure linguistique de la France, 1979; Le français d'aujourd'hui, 1985; Diccionario del español medieval, 1988; zahlr. Ztschr.aufs.

MÜLLER, Bruno Heinrich
Dr.-Ing., Prof., Generalbevollm. Direktor Siemens AG - Max-Busch-Str. 21, 8520 Erlangen - Geb. 18. Nov. 1930 Bad König, ev., verh. s. 1956 - Dipl.-Ing. 1955 TH Darmstadt, Promot. TU Berlin - S. 1977 Lehrauftr. TU Hannover, s. 1983 Honorarprof. ebd. ZVEI, VDE/ETG., CIGRE - Spr.: Engl., Franz., Span.

MÜLLER, Burkhart
Generalsekretär d. Dt. Forschungsgemeinschaft - Kennedyallee 40, 5300 Bonn-Bad Godesberg - Geb. 17. Mai 1932 Hamburg (Vater: Prof. Horst M., Ord. d. Rechte; Mutter: Elfriede, geb. Beyer), ev., verh. s. 1967 m. Doris, geb. Peters, 2 Kd. (Katrin, Michael) - Stud. Rechts- u. Staatswiss. Freiburg u. Speyer. Gr. jurist. Staatsprüf. Stuttgart - Ehem. Kanzler TH Aachen u. Lehrbeauftr. f. Schul- u. Ausbildungsrecht (Phil. Fak.). Div. Fachveröff. - 1985 Ehrenplak. in Gold IHK Aachen; BVK - Liebh.: Malen u. Zeichnen - Spr.: Engl.

MÜLLER, C. Detlef
Dr., Univ.-Prof. (s. 1987) - Alte Str. 24, 5480 Remangen/Rh. (T. 02642 - 2 35 56) - Geb. 19. Juli 1927 Berlin (Vater: Dr. Gerhard M., Banklexikon, zahlr. Publ. zu Geogr. u. Wirtsch.), ev., S. Albrecht - Staatl. Franz. Gymn. Berlin; Stud. Friedrich-Wilhelm-Univ. Berlin, Univ. Heidelberg; Promot. 1953 Heidelberg; Habil. 1966 ebd., beide Theol. Fak. - 1959-66 Forschungsbeauftr. Akad. d. Wiss. Heidelberg (koptische Lit.); 1966 Priv.-Doz., 1972 apl. Prof., 1976 Univ.-Doz. f. d. Fach Kirchengesch., insbes. d. Christl. Orients Heidelberg; 1976 wiss. Rat u. Prof. f. Sprachen, Lit. u. Kirchengesch. d. Christl. Orients Orientalisches Sem. Univ. Bonn - BV: D. Engellehre d. koptische Kirche, 1959; Kirche u. Mission unter d. Arabern in vorislamischer Zeit, 1967; Grundzüge d. christl.-islam. Ägypten v. d. Ptolemäerzeit b. z. Gegenwart, 1969; D. orientalischen Nationalkirchen, 1981 (Sammelwerk D. Kirche in ihrer Gesch. u. selbst.) - Liebh.: Bibliogr., Reisen u. damit zusammenhängende Sammlungen, Seemannschaft - Spr.: Europ. Sprachen u. Sprachen d. Vorderen Orients - Bek. Vorf.: Pfarrer Gustav Th. Müller, Art. z. pr. Gesch. (Großv.), weitere Verwandtschaft bek. Preußen d. 16.-19. Jh.

MÜLLER, C. Wolfgang
Dr. phil., Prof. f. Erziehungswiss. TU Berlin - Bozener Str. 3, 1000 Berlin 62 (T. 853 75 78).

MÜLLER, Carl Werner
Dr. phil., Prof. f. Klass. Philologie Univ. d. Saarlandes - Goerdelerstr. 87, 6600 Saarbrücken - Geb. 28. Jan. 1931 Mödrath/Bergheim (Vater: Richard M., Lehrer; Mutter: Maria, geb. Offergeld), verh. s. 1962 m. Rita, geb. Kröber, 2 Kd. (Ricarda, Christoph) - Stud. Univ. Bonn, Tübingen, Athen (Promot. 1960 Bonn, Habil. 1970 Saarbrücken) - S. 1978 o. Prof. f. Gräzistik Univ. Saarbrücken - BV: Gleiches zu Gleichem. E. Prinzip frühgriech. Denkens, 1965; D. Kurzdialoge d. Appendix Platonica. Philol. Beitr. z. nachplaton. Sokratik, 1975; D. griech. Roman, 1981; Z. Datierung d. sophokleischen Ödipus, 1984; Erysichthon, 1987. Herausg.: Ztschr. Rheinisches Museum f. Philologie (s. 1985) - 1980 korr. Mitgl. Akad. d. Wiss. u. d. Lit. Mainz.

MÜLLER, Charles
Diplomat, ehem. Botschafter d. Schweiz in d. Bundesrep. Deutschl. - Les Rochettes, CH-1170 Aubonne - Geb. 4. Juli 1922 Zürich (Vater: Hans Martin M., Postbeamter; Mutter: Clara, geb.

Meyer), prot., verh. s. 1950 m. Marlise, geb. Brügger - 1934-41 Gymn. Zürich; 1941-42 Univ. Zürich, 1943-46 Inst. Univ. Hautes Etudes Intern. Genf (lic. ès sc. pol.) - 1946 Eidg. Polit. Departement (Außenmin.); ab 1950 zahlr. Auslposten: Botsch. Kairo, Moskau (1955), Europ. Freihandels-Assoz. Genf (EFTA, 1960), Botsch. Washington (1967), Botsch. in Indonesien, Kambodscha u. Südvietnam (1970), Generalsekr. EFTA (1976), Botsch. in BRD (1981-87) - Spr.: Franz., Engl.

MÜLLER, Claus
Dr. rer. nat., em. o. Prof. f. Mathematik - Horbacherstr. 33, 5100 Aachen (T. Aachen 1 26 61) - Geb. 20. Febr. 1920 Solingen (Vater: Michael M., Kaufm.; Mutter: Grete, geb. Porten), ev., verh. s. 1947 m. Irmgard, geb. Döring, 3 Kd. - Univ. Bonn u. München - S. 1947 (Habil.) Lehrtätigk. Univ. Bonn (1952 apl. Prof.) u. TH Aachen (1955 o. Prof. u. Dir. Inst. f. Reine u. Angew. Math.), emerit. 1985 - BV: Grundprobleme d. math. Theorie elektromagnet. Schwingungen, 1957. Zahlr. Fachaufs. - 1969 korr. Mitgl. Naturwiss. Akad. Zaragoza (Spanien), 1970 Mitgl. Rhein.-Westf. Akad. d. Wiss. - Spr.: Engl., Franz. - Rotarier.

MÜLLER, Detlef
Drehbuchautor - Berg 12, 8157 Dietramszell - Geb. 1. Mai 1929 Halberstadt (Vater: Gustav M., Amtsrat; Mutter: Charlotte, geb. Sotscheck), verh. s. 1977 m. Eleonore, geb. Broese, 2 Kd. (Henrike, Kristine) - DEFA-Nachwuchsstudio Berlin; FU Berlin (Theaterwiss., Publiz.) - Autor f. Kabarett, Hörsp., Fernsehsp. Drehb.: FS-Krimireihe Tatort, D. Alte, Fall f. zwei, Eurogang; FS-Spiele: Heinrich Zille, Schlagzeilen üb. e. Mord, Herr Soldan hat keine Vergangenh., Drei Tage bis Allerseelen, Diamantenparty, D. Tod aus d. Computer; div. FS-Spezials - Liebh.: Bild. Kunst, Lit., Bergwandern, Schach, Gartenarbeit - Spr.: Franz.

MÜLLER, Detlef Karl

Dr. phil., Prof. f. Pädagogik, Sozialge-

schichte des Bildungswesens, Bildungssoziologie - Ruhr-Universität Bochum, Inst. f. Pädagogik, Postf. 10 21 48, 4630 Bochum; priv.: Hustadtring 151 - Geb. 25. Aug. 1937 Essen (Vater: Walter M.; Mutter: Frieda, geb. Haager), verh. s. 1964 m. Ingrid, geb. Thiele, Buchhändlerin, Inh. u. Geschäftsf. d. Univ.-Buchhdlg. Schaten-Müller Bochum - Abit.; Stud. Phil., Soziol., Politol., German., Päd. Univ. Frankfurt - 1965-71 wiss. Assist. Univ. Frankfurt; s 1972 Prof. Univ. Bochum; 1978-86 Sprecher Sonderforsch.bereich 119 Wissen u. Ges. im 19. Jh.; 1983-87 Dekan Fak. f. Phil., Päd. u. Publiz. - BV: Sozialstruktur u. Schulsystem, 1977, TB 1981; The Qualifications Crisis and School Reform in Late Nineteenth-Century Germany, 1980; The Rise of the Modern Educational System. Structural change and social reproduction 1870-1920, 1987, TB 1989; Datenhandb. z. dt. Bildungsgesch., Bd. II: Höhere u. mittl. Schulen 1. Teil, 1987. Zahlr. Aufs. z. Bildungsgesch. - Aktiver Reiter - Spr.: Engl.

MÜLLER, Dieter
Dr. med. (habil.), Ltd. Arzt Medizin. Klinik/Stadtkrankenhaus Hof, apl. Prof. f. Inn. Med. Univ. Erlangen-Nürnberg (s. 1974) - Zu erreichen üb. Stadtkrankenhaus, Eppenreuther Str. 9, 8670 Hof/S.

MÜLLER, Dietrich
Dipl.-Kfm., Dipl.-Ing. (FH), Vorstandsmitglied (Sprecher) Rosenthal AG u. Verb. d. Keram. Industrie, Vizepräs. IHK Bayreuth - Rudolf-Harbig-Str. 16, 8672 Selb/Ofr. - Geb. 9. Mai 1931.

MÜLLER, Dietrich
Dr. rer. nat. - Handelsmannweg 1, 2000 Hamburg 52 (T. 880 48 48) - Geb. 4. Jan. 1924 Magdeburg - Stud. Chemie (Dipl.-Chem.) - Zul. Geschäftsf. Reemtsma Cigarettenfabriken GmbH Hamburg.

MÜLLER, Donat
Zimmermeister, Präs. Handwerkskammer f. Schwaben (1984ff.; vorh. Vizepräs.), Präs. Verb. d. Bayer. Zimmerer u. Holzbaugew., Mitgl. d. Bayer. Senats - Zu erreichen üb. Schmiedberg 4, 8900 Augsburg - 1984 Ehrenring d. Dt. Baugewerbes.

MÜLLER, Egon
Dr. med., Prof., Chefarzt Neurolog. Klin. - St.-Josef-Hospital, 4630 Bochum - Geb. 22. Sept. 1921 Altharzdorf (CSR) - S. 1962 (Habil.) Lehrtätigk. Univ. Hamburg, 1969 apl. Prof. Neurol., 1977 o. Prof. Neurol. Ruhr-Univ. Bochum, 1986 emerit.

MÜLLER, Erhardt
Oberkreisdirektor Landkr. Goslar (s. 1962) - Zeppelinstr. 37, 3380 Goslar - Geb. 28. Juli 1927 Schachtebich/Thür. (Vater: Peter M., Kaufm.; Mutter: Agnes, geb. Müller), kath., verh. s. 1958 m. Gisela, geb. Lassoff, 2 Söhne (Frank-Peter, Torsten) - B. 1944 Realsch. Heiligenstadt, dann Fulda, Abit. 1946; Stud. Rechtswiss. Jurist. Staatsex. 1951 (Würzburg) u. 55 (Hannover) - Zul. Reg.rat - Liebh.: Musik, Malerei, Sport - Spr.: Engl., Franz. - Rotarier.

MÜLLER, Erich
Generaldirektor, Geschäftsf. Columbia Filmges. mbH, Oceanic Filmproduktion GmbH - Ickstattstr. 1, 8000 München 5 - Geb. 14. Febr. 1921 - President General, Columbia S. A., France; Columbia Supervisor, Eastern Europe; Vorst.-Mitgl. versch. Fachverb.; Präs.-Mitgl. d. Film-

förderungsanst., Mitgl. d. Verwaltungsrat. d. Filmförderungsanst.

MÜLLER, Erich
Dr. rer. nat., Prof. f. Verfahrenstechnik TFH Berlin (s. 1971) - Ilsensteinweg 3c, 1000 Berlin 38 - Geb. 8. Mai 1927 Lemberg, ev. - Promot. 1953 Göttingen - 1962-66 Chefphysiker Hüttenwerk Salzgitter; b. 1971 Werksleit. Askania-Werke Berlin. 1970-82 Lehrbeauftr. FU Berlin; 1978-90 Dekan FB Verfahrens- u. Umwelttechnik - BV: Lehrb. Mechanische Trennverfahren I u. II, 1980/83.

MÜLLER, Erika
s. Merveldt, Gräfin v., Eka

MÜLLER, Ernst
Dr. med. (habil.), em. o. Prof. u. Direktor Univ.s-Hals-Nasen-Ohrenklinik Kiel (s. 1960) - Thüringerstr. 10, 7141 Oberstenfeld (T. 07062 - 33 09) - Geb. 12. Juni 1908 Tübingen - Lehrtätigk. Univ. Jena (1944 Doz.) u. Tübingen (1954 apl. Prof.). Facharb.

MÜLLER, Ernst Wilhelm
Dr. phil., Prof. i. R. f. Ethnologie - Joh.-Gutenb.-Univ., Postf. 3890, 6500 Mainz - Geb. 21. April 1925 Gelsenkirchen - B. 1967 Privatdoz. Univ. Heidelberg, 1969 Prof. Univ. Mainz, emerit. 1986. 1969-73 Vors. Dt. Ges. f. Völkerkd., Frankfurt/M. - BV: Le droit de propriété chez Mongo-Bokote, 1958; D. Begriff Verwandtschaft in d. modernen Ethnosoziol., 1981; Ethnologie als Sozialwiss., 1984 - 1977 Off. Palm. acad. sénég. - Lit.: Muszinski, Heinzarnold, 10 J. Inst. f. Ethnologie u. Afrika-Studien 1975-85. E. W. Müller z. 60. Geb. (1985).

MÜLLER, Ernst Wilhelm
Generaldirektor Siemens AG - Wittelsbacherpl. 2, 8000 München 2 - Geb. 31. Jan. 1935, verh. m. Gisela, geb. Kruppa, T. Insa - Siemens Stammhauslehre - Spr.: Engl.

MÜLLER, Ernst-August
Dr. rer. nat., Prof. f. Angew. Mechanik u. Strömungsphysik - Schlesierring 44, 3400 Göttingen (T. 7 31 72) - Geb. 11. Nov. 1925 Uengsterode (Vater: Peter M., Hauptlehrer; Mutter: Erika, geb. Schick), verh. s. 1951 m. Brunhild, geb. Stohlmann, 2 Töcht. (Dorothea, Johanna) - 1936-43 Wilhelmsch. Kassel; n. Abit. (1946) Univ. Göttingen (Physik, Math.; Dipl.-Phys. 1950). Promot. (1953) u. Habil. (1961) Göttingen - S. 1961 Privatdoz., apl. (1967) u. o. Prof. (1970) Univ. Göttingen; 1969 ff. Dir. Max-Planck-Inst. f. Strömungsforsch. ebd. - BV: Fluglärm, s. Messung u. Bewertung, s. Berücks. b. d. Siedlungsplanung - Maßnahmen zu s. Minderung, 1965 (m. W. Bürck, M. Grützmacher, K. Matschat, F.-J. Meister); Mechanics of Sound Generation in Flows, 1979; Vortex Motion, 1982 (m. H. G. Hornung); Fortschritte d. Akustik, FASE/DAGA 1982 (m. Koautoren) - 1981 BVK am Bde.

MÜLLER, Erwin
Bezirksstadtrat a. D. f. Gesundheitswesen (s. 1985) - Maximiliankorso 45, 1000 Berlin 28 (T. 401 69 23) - Geb. 27. Juli 1931 Differdingen/Luxemb. (Vater: Jakob M., Haumstr. i. R.; Mutter: Hildegard, geb. Schleder), kath., verh. s. 1968 m. Monika, geb. Linde, S. Frank - Pädagogium Alzey; Päd. Akad. Trier; 1. u. 2. Lehrerprüf. - 1954-71 Schuldst. Rhld.-Pfalz u. 1965 Berlin. SPD (s. 1951; 1970-82 Vors. Berlin-Reinickendorf; 1971-75 MdA u. Landesgeschäftsf. Berlin, 1975-85 Bezirksstadtrat f. Sozialw.). S. 1983 ehrenamtl. Geschäftsf. Karl-May-Ges. - 1976 Gold. Sportabz.

MÜLLER, Felix
Dr. phil., Chefdramaturg - Württ. Staatstheater, 7000 Stuttgart - B. 1973 Theater am Turm Frankfurt/M., dann Württ. Staatstheater Stuttgart.

MÜLLER, Franz
Dr.-Ing., Prof. f. metallurgische u. keramische Thermodynamik - Victor-Gollancz-Str. 47, 5170 Jülich (T. 02461 - 15 41) - Geb. 3. Sept. 1929 Roerdorf (Vater: Nikolaus M.; Mutter: Helene, geb. Kintzen), kath., verh. s. 1960 m. Josefine, geb. Strahl, 4 Kd. (Marlene, Gerhard, Dorothea, Hildegard) - Staatl. Gymn., Abit. Alsdorf 1951; 1953-58 Stud. Eisenhüttenkd. u. phys. Chemie TH Aachen, Dipl.-Ing. 1958, Promot. 1960, Habil. 1970, apl. Prof. TH Aachen 1973 - 1958-60 wiss. Assist. Inst. f. phys. Chemie Univ. Saarbrücken, 1960-62 Klöcknerw. Düsseldorf, 1962-64 wiss. Assist. Lehrst. f. theor. Hüttenkd. TH Aachen, 1964-68 Abt.leit. Inst. f. Chem. Technol. KFA Jülich, 1968-70 Habil.-Stip. Dt. Forsch.gem. b. National Physical Laboratory London, 1970 Doz. Inst. f. Gesteinshüttenkd. RWTH Aachen, 1973 apl. Prof., s. 1980 Prof. ebd. Zahlr. Veröff. in Fachztschr. - Liebh.: Architektur, Landwirtsch. - Spr.: Engl., Franz.

MÜLLER, Franz W.
Dr. phil. (habil.), o. Prof. f. Roman. Philologie - Universität, 6000 Frankfurt/M. - Geb. 12. Aug. 1912 Eimersdorf/Saar - Univ. Marburg, Berlin, Dijon - 1943 Doz., 1949 apl. Prof. Univ. Marburg, 1950 o. Prof. FU Berlin, 1963 Univ. Frankfurt/M. - BV: D. Grundbegriffe d. gesellschaftl. Welt in d. Werken d. Abbé-Prévost; Z. Gesch. d. Wortes u. Begriffes „Nation“ im franz. Schrifttum d. Mittelalters b. z. Mitte d. 15. Jh. (Habil.sschr.); D. Rosenroman u. d. lat. Averroismus d. 13. Jh.

MÜLLER, Frederick G.
Dipl.-Volksw., Generaldirektor i. R. - Am Ossenbrink 193, 4600 Dortmund-Schanze - Geb. 3. März 1903 - S. 1925 WTAG (1953 Gf. Fil. Emden). B. 1961 Präs. IHK Emden. 1961 b. Ruhest. Vorst.svors. Westf. Transport AG. u. Münsterische Schiffahrts- u. Lagerhaus AG., bde. Dortmund. ARsmand. - 1972 Gr. BVK - Liebh.: Kunstgegenst., Briefm.

MÜLLER, Friedrich
Dr. jur., Prof. Univ. Heidelberg - Friedrich-Ebert-Anlage 6-10, 6900 Heidelberg - Geb. 22. Jan. 1938 Eggenfelden - Promot. 1964 Univ. Freiburg - Priv.-Doz. 1968, 1969 Univ.-Doz. ebd., 1971 o. Prof. Heidelberg - BV: u. a. Korporat. u. Assoziat., 1965; Normstruktur u. Normativität, 1966; Schulgesetzgeb. u. Reichskonkordat, 1966; Normbereiche v. Einzelgrundrechten, 1968; D. Positivität d. Grundrechte, 1969; Freiheit d. Kunst als Probl. d. Grundrechtsdogmatik, 1969; Entfremd. Z. anthropol. Begründ. d. Staatstheorie b. Rousseau, Hegel, Marx, 1970 (Übers. Japan. 1974); Strafverfolgung u. Rundfunkfreiheit (m. and.), 1973; Religionsunterricht als ordentl. Lehrfach (m. and.), 1974; Fallanalysen z. Jurist. Methodik, 1974, 2. A. 1989; Recht - Sprache - Gewalt, 1975 (Übers. Chines. 1986); Polit. Freiheitsrechte d. Rundfunkmitarb. (m. and.), 1976; Jurist. Methodik, 2. A. 1976; Jurist. Methodik u. Polit. System, 1976; Rechtsstaatl. Form - Demokrat. Politik. Beitr. z. Öfftl. Recht, Methodik, Rechts- u. Staatstheorie, 1977; D. Einheit d. Verf., 1979; Leistungsrechte im Normber. e. Freiheitsgarantie, 1982 (m. a.); D. Recht d. Fr. Schule nach d. Grundgesetz, 2. A. 1982; Strukturier. Rechtslehre, 1984 (Übers. Brasil.); Entfremdung, 2. A. 1985; Richterrecht, 1986; Positivismus (Lexikon des Rechts), 1986; Einheit d. Rechtsordnung (ebd.); Untersuchungen z. Rechtslinguistik (Hrsg.), 1989; Grundl. d. Normtheorie u. Jurist. Methodik, 1989 (Übers. Span.); Arbeitsmethoden d. Verfassungsrechts, 1989 (Übers. Span.); Zukunftsperspektiven d. Fr. Schule (Hrsg.), 1988; Jurist. Methodik, 3. A. 1989; Essais z. Theorie v. Recht u. Verfassung, 1989 - Veröff. (literarisch): Lieder aus d. Thermidor, 1984; Ged. v. Engel d. Herrn, 1984; Lieder aus den Nanous Zeitrechnung, 1986; Ged. aus d. Papierkorb unsrer Junta, 1987; Ged. v. Boulevard d. Grimassen, 1988 - Lit.: V. Neumann, D. Werk v. F. M. (1980); Chr. Müller, Z. Radikalenfrage, zugl. Bemerk. z. Methodik F. M. (Festschr., 1981); I. Maus, Z. Probl. d. Rationalitäts- u. Rechtsstaatspostulats in d. gegenw. jurist. Meth. am Beisp. F. M. (1981); P. Bonavides, D. Theorie d. Verfassungsinterpr. nach d. Meth. v. F. M. (1984); Christensen-Kromer, Zurück z. Positivismus? (Krit. Justiz 1983); J. Richter, D. Freiheit d. privaten Schulen. Z. dogmat. Begründ. d. Privatschulfreiheit durch F. M. (1983); Lin, F. M., in: E. Zehn-Tage-Reise durch Europa. Eindrücke - Gedanken - Gespräche (1985); O. Passavant, Norm, Normativismus (Lex. d. Rechts, 1986); Christensen, Strukturierende Rechtslehre (Lex. d. Rechts, 1987); ders., D. Probl. d. Richterrechts aus d. Sicht d. Struktur. Rechtslehre (1987); T. Hattori, Jurist. Methodologie b. F.M. (1987, Japan.); Jeand'Heur, D. Position d. Struktur. Rechtslehre zu Sprach- u. Rechtswiss.-schaft (1988); Christensen, Was heißt Gesetzesbindung? (1989); Jean d'Heur, Sprachl. Referenzverhalten b. d. jurist. Entscheid.tätigk. (1989).

MÜLLER, Fritz
Dr. rer. pol., Geschäftsführer Cosima Conti Reederei-Gruppe - Münchner Str. 72, 8043 Unterföhring; priv.: Togostr. 35, 8000 München 82 - Geb. 27. Febr. 1937.

MÜLLER, Gebhard
Dr. jur., Dr. phil. h. c., Dr. theol. h.c., Ministerpräsident a. D., Präs. Bundesverfassungsgericht, Karlsruhe (1959-71) - Friedrich-Ebert-Str. 112, 7000 Stuttgart 1 - Geb. 17. April 1900 Füramoos/Württ. (Vater: Johannes M., Rektor), kath., verh. s. 1940 m. Marianne, geb. Lutz, 3 Söhne (Wolfgang, Peter, Thomas) - Gymn.; Univ. Tübingen u. Berlin (Theol., Gesch., Phil., Rechtswiss., Volksw.) - 1929-45 Amts- u. Landgerichtsrat Württ., 1946-48 Ministerialrat u. -dir. (1947) Württ.-Hoh. Justizmin., MdL (CDU), 1948-52 Staatspräs., Finanz- u. Justizmin. Württ.-Hoh., 1953-58 Min.präs. Baden-Württ. (1949-52 u. 1953-58 Mitgl. Bundesrat) - Ehrensenator Univ. Tübingen; 1953 Großkreuz VO. BRD; 1972 Großkreuz päpstl. Pius-Orden; 1965 Verfassungsmed. in Gold; Ehrenmitgl. Rotary Club Karlsruhe - Lit.: Theo Ritterspach/Willi Geiger, Festschr. f. G. M. z. 70. Geburtstag.

MÜLLER, Gerd
Fußballprofi, Geschäftsmann - Zul. Straßlach, jetzt USA - Geb. 3. Nov. 1945 Nördlingen, ev., verh. m. Ursula, geb. Ebenböck, T. Nicki - 1968-83 Fußballprofi FC Bayern u. Fort Lauderdale Strikers/USA (1979); 1968/72/73/74 Dt. Meister, 1967/74/1976 Europapokal (alle f. F. C. Bayern), 1974 Weltmeister (Dt. Nationalmannsch.); 1976 Weltpokalsieger; b. 1979 (Rücktr.) FC Bayern, 1968, 69, 70, 72, 73, 74, 79, Torschützenkönig Bundesliga (Rekord: 40 Treffer) - 1970 u. 72 Gold. Schuh; 1983 Ehrennadel in Gold m. Brill. FC Bayern u. DFB-Goldmed.

MÜLLER, Gerhard
Dr. rer. nat., Dipl.-Math., Ass. - Ortlindestr. 6/III, 8000 München 81 - Geb. 5. Sept. 1924 - Vorstandsmitgl. Bayer. Rückversicherung AG, München, Doz. Dt. Versicherungsakademie, Inst. f. Berufsbildung d. Münchener Versicherungswirtschaft e. V., München, Lehrauftr. Univ. München f. Versicherungsmathematik.

MÜLLER, Gerhard
Dr. theol., D.D., Prof. f. Histor. Theologie, Bischof Ev.-Luth. Landeskirche Braunschweig (s. 1982) - Zu erreichen üb. Ev.-Luth. Landeskirche, Neuer Weg 88-90, 3340 Wolfenbüttel (T. 05331 - 8 02-1 00) - Geb. 10. Mai 1929 Marburg/L. (Vater: Karl M., Prokurist; Mutter: Elisabeth, geb. Landau), ev., verh. s. 1957 m. Ursula, geb. Herboth, 2 Söhne (Martin, Stephan) - Univ. Marburg, Göttingen, Tübingen (Theol., Gesch.). Theol. Ex. 1954 u. 56; Promot. 1955 Marburg, Habil. 1960 - 1956/57 Pfarrer Hanau/M.; 1957-59 Stip. DFG Italien; 1960-1966 Assist. u. Doz. (1961) Univ. Marburg; 1967 o. Prof. Erlangen. Spez. Arbeitsgeb.: Neuere Kirchengesch., bes. d. 16. Jh. - BV: Franz Lambert v. Avignon u. d. Reformation in Hessen, 1958; Nuntiaturberichte a. Dtschl. 1530-31, 1963; D. röm. Kurie u. d. Reformation, 1523-34, 1969; D. Bedeutung August Vilmars f. Theol. u. Kirche, 1969; Nuntiaturber. a. Dtschl. 1532, 1969; Andreas Osiander d. Ä., Ges.ausg., Bd. I 1975, Bd. II 1977; D. Rechtfertigungslehre, 1977; A. Osiander d. Ä., Ges.ausg., Bd. III 1979, Bd. IV 1981, Bd. V 1983, Bd. VI 1985, Bd. VII 1988; Reformation u. Stadt, 1981; Zw. Reformation u. Gegenw., 1983; Zw. Reformation u. Gegenw. II, 1988 - Spr.: Engl., Ital.

MÜLLER, Gerhard
Dr. med., Prof., Anatom - Bebelstr. 68, 6500 Mainz-Bretzenheim - Geb. 30. Mai 1925 Großwaltersdorf (Vater: Arthur M., Justizbeamter; Mutter: Anna, geb. Martin), ev., verh. s. 1958 m. Charitas, geb. Sanden, 2 Söhne (Tobias, Jan) - Gymn. Freiberg/Sa. (Abit. 1943); 1946-51 Univ. Greifswald u. Jena (Med.). Promot. (1951) u. Habil. (1957) Jena - 1951 Assist., 1953 Oberassist. Univ. Jena (Anat. Inst.), 1957 Assist. Univ. Mainz (Anat. Inst.), 1958 Dir. Anat. Inst. Kabul (Afghanistan), 1960 beamt. Doz., 1964 apl. Prof. Univ. Mainz (Anat. Inst.). Spez. Arbeitsgeb.: Histochemie, Funkt. Anat.Mitgl. Anat. Ges. u. Ges. f. Histochemie - Fachaufs. Mithrsg.: Ztschr. Acta histochemica - Spr.: Engl., Franz.

MÜLLER, Gerhard
Dr. jur., Generalbevollm. Drägerwerk AG., Lübeck - Sonnenweg 42, 2407 Bad Schwartau - Geb. 2. Juni 1926 - Vors. Arbeitgeberverb. Metall Hamburg-Schlesw.-Holst. e. V., Vizepräs. Gesamtverb. metallindustr. Arbeitgeberverb. (Gesamtmetall), Köln, u. Präsid.-Mitgl. Bundesvereinig. d. Dt. Arbeitgeberverb.

MÜLLER, Gerhard Ludwig
Dipl. theol., Dr. theol. habil., Univ.-Prof. f. Dogmatik Univ. München (s. 1986) - Lindpaintnerstr. 29, 8000 München 60 (T. 089 - 834 04 44) - Geb. 31. Dez. 1947, kath. - Stud. Univ. Mainz, München, Freiburg (Phil. u. kath. Theol.); Dipl. (Theol.) 1972 Mainz; Promot. 1977 Freiburg; Habil. (Dogmatik u. ökum. Theol.) 1985 Freiburg - 1978-82 Kaplan in d. Diözese Mainz; 1985 Priv.-Doz. Freiburg - BV: Bonhoeffers Theologie d. Sakramente, 1979; Für andere da. Christus - Kirche - Gott in Bonhoeffers Sicht d. mündig gewordenen Welt, 1980; Bonhoeffer, Gemeinsames Leben. Krit. Ausg. in DBW 5, 1985; Gemeinschaft u. Verehrung d. Heiligen. Geschichtl.-systemat. Grundlegung d. Hagiologie, 1986; Heiligenverehrung - ihr Sitz im Leben d. Gemeinde u. ihre Bedeutung im Leben d. Gemeinde, 1986; Was heißt: Geboren v. d. Jungfrau Maria? E. theol. Deutung, 1989 - Spr.: Engl., Franz., Ital., Griech., Hebr., Latein.

MÜLLER, Gerhard Maria
Dr. jur., Prof., Präsident Bundesarbeitsgericht a. D. - Tannenkuppenstr. 17, 3500 Kassel (T. 3 50 36) - Geb. 10. Dez. 1912 Limburg/L. (Vater: Peter-Paul M.; Mutter: Mina, geb. Matter), verh. s. 1941 m. Anna-Maria, geb. Schnädter, S. Hans-Peter - Gymn. Limburg; Univ. Frankfurt/M. (Phil., Gesch., Rechtswiss.). Gr. jurist. Staatsex. 1939; Promot. 1942 - 1939 u. 1942-44 Wehrdst., 1939-41 Kreiskommunalverw. Limburg, n. Kriegsende Leit. Arbeitsamt ebd., 1946-54 Präs. LAG Hessen, Frankfurt, seith. Senats- u. Präs. (1963, i.R. 1981) BAG. S. 1967 Honorarprof. f. Arbeitsrecht Univ. Köln - BV: Arbeitsgerichtsverfahren, 1949; D. Mitbestimmungsrecht, 1949; Kommentar z. Mitbestimmungsgesetz Bergbau u. Eisen, 1952; Arbeitsfrieden u. -gerichte, 1953; Arbeitsrecht, 1953; Arbeitsgerichtsgesetz, 6. A. 1955; Kündigungsschutzgesetz, 1960 (m. a.). Hrsg.: Prakt. Arbeitsrecht (8 Bde. 1954/62), D. Arbeitsrecht d. Gegenw. (1964 ff.). Etwa 150 Einzelveröff. - BVK I. Kl., Gr. Silb. Ehrenz. a. Bd. Rep. Österr.; 1973 Komt. päpstl. Gregorius-Orden; 1974 Ehrenkr. Wiss. u. Kunst I. Kl. Rep. Österr.; Ehrenmitgl. Weltrichterbd.; Gr. BVK m. Schulterbd. u. Stern dazu.

MÜLLER, German
Dr. rer. nat., Ph. D. h. c., o. Prof. f. Mineralogie u. Petrographie - Silcherweg 4, 6919 Bammental üb. Heidelberg (T. 06223 - 52 89) - Geb. 9. Febr. 1930 Schramberg (Vater: German M.; Mutter: Helene, geb. Wagner), verh. s. 1951 m. Renate, geb. Hoffmann, 11 Kd. - Promot. Bonn, Habil. Tübingen - S. 1953 Petrograph Ankara, Leit. Petrogr. Labor. Mobil Oil AG. in Dtschl. (1954), Lagerstättengeologe Äthiopien (1958), Assist., Dozent, Wiss. Rat Univ. Tübingen (1959), ao. (1964) u. o. Prof. (1967) Univ. Heidelberg (Dir. Inst. f. Sedimentforsch.). Mehrere Fachmitgliedsch. - BV: Methoden d. Sediment-Unters., 1964 (engl. 1967); Recent Developments in Carbonate Sedimentology in Central Europe, 1968; Sedimente u. Sedimentgesteine (m. Füchtbauer), 1970; Sedimentology of Parts of Central Europe, 1971; Schwermetalle in Flüssen u. Seen als Ausdruck d. Umweltverschmutzung (m. Förstner), 1974 - 1974 Distinguished Lecturer Americ. Assoc. of Petroleum Geologists; 1986 Philip Morris Forschungspeis - Spr.: Engl., Franz. - Rotarier.

MÜLLER, Gert
Fabrikant, gf. Gesellsch. Carl Weber & Co. GmbH., Vors. Gesamtverb. d. Leinenind. - Detmolder Str. 6-10, 4811 Oerlinghausen/Lippe (T. 50 33).

MÜLLER, Gert Heinz
Dr. phil., Prof. f. Mathematik u. math. Logik - Trübnerstr. 42, 6900 Heidelberg (T. 4 31 48) - Geb. 29. Mai 1923 Troppau, ev. - Univ. Graz, ETH Zürich, Inst. Henri Poincaré Paris. Promot. 1947 Graz; Habil. 1962 Heidelberg - S. 1962 Lehrtätigk. Heidelberg (1963 Doz., 1965 apl. Prof., 1966 Wiss. Rat u. Prof., 1973 o. Prof.); Präs. Intern. Soc. Study of Time (b. 1979) und Deutsch. Ver. Math. Logik (b. 1981); Vicepres. of Div. Union of Logic, Methodology and Phil. of Science b. 1983; o. Mitgl. Acad. Intern. d. Phil. des Sci. Bruxelles - BV: D. phil. Werk Franz Króners, 1962 (Basel). Math. Facharb. Herausg.; Math. Fachztschr., Bibliography Math. Logic, 6 Bd. - Spr.: Engl., Franz.

MÜLLER, Gottfried
Dr. rer. pol., o. Prof. f. Raumforschung, -ordnung u. Landesplanung TH bzw. TU München (s. 1967; emerit.) - Horster

Allee 12, 4010 Hilden - Geb. 18. Dez. 1910.

MÜLLER, Gregor E., O. S. B.
Dr. theol. (habil.), em. o. Univ.-Prof. f. Pädagogik u. Phil. Univ. Bamberg - Schloß Jägersburg, Fürstenweg 1, 8557 Eggolsheim Ofr. (T. 09191 - 1 35 65) - Geb. 3. Jan. 1917 Freiburg/Br. (Vater: Ernst M.; Mutter: Katharina, geb. Matthis), kath. - Stud. Bahia/Brasil. (Phil.), Rio de Janeiro (Theol.), Freiburg (Moralpsych.) - 1944-49 Prof. f. Psych. u. Päd. Univ. Bahia; s. 1959 Doz. u. Prof. Phil.-Theol. Hochsch. Bamberg, s. 1979 Univ., emerit. 1985 - BV: Os Beneditinos na Bahia, 1947; D. Wahrhaftigkeitspflicht u. d. Problematik d. Lüge, 1962; Bildung u. Erziehung im Humanismus d. ital. Renaissance, 1969; Mensch u. Bildung im ital. Renaiss.-Humanismus: Vittorino da Feltre u. d. humanist. Erziehungsdenker, 1984 - Spr.: Portugies.

MÜLLER, Günter
Rechtsanwalt, Hauptgeschäftsf. Wirtschaftsvereinig. Ziehereien u. Kaltwalzwerke, Düsseldorf - Rostocker Str. 12, 4005 Meerbusch - Geb. 10. Nov. 1934.

MÜLLER, Günter
s. Müller-Schweinitz, Günter

MÜLLER, Günter
Schriftsteller - Davenstedter Holz 57, 3000 Hannover 91 (T. 0511 - 40 68 67) - Geb. 13. Juli 1944, verh. s. 1967 m. Bärbel, geb. Dießelmann - BV: Am schwarzen Brett, 1978; D. toten Fische sind d. Vorboten d. stummen Frühlings, 1979. Hörsp.: Nicht alle verlieren ihren Arbeitspl., 1977; V. d. Notwendigk. zu leben, 1981; D. Schwimmer, 1983; Alle in e. Boot, 1984; E. Affäre am Nachmittag, 1986; D. Umstellung od. IF 54 GOTO, 1989; u. a. - 1976 USA-Stip. d. AA u. d. State-Department; 1979 Fördergabe z. Georg-Mackensen-Pr. Nieders; 1980 Nachwuchsstip. f. Lit. - Spr.: Engl., Franz.

MÜLLER, Günther
Dr. phil., Historiker, MdB (s. 1965; CDU/CSU-Fraktion) - Vincenz-Schüpfer-Str. 43, 8000 München 71 (T. 75 76 39) - Geb. 27. Sept. 1934 Passau (Vater: Gustav M., Angest.; Mutter: Lina, geb. Oberbauer), ev., verh. s. 1958 m. Liane, geb. Pokorny - Gymn. Passau; Bayer. Sportakad. u. Univ. München (Gesch., German., Ztg.swiss.; Promot. 1963 m. Summa cum laude) - Tätigk. kommunale Kulturarb., Stadtbibl. u. VHS München; 3 Mon. Berat. Indien. Studienreisen Afrika, Asien, USA. 1955-72 (Austr.) SPD; s. 1972 CSU - BV: König Max II. u. d. soz. Frage, 1963; D. Bundestagswahl, 1965; D. Zukunft d. SPD, 1968; Rote Zelle Deutschland - oder Was wollen d. Jungsozialisten wirklich?, 1972 - Liebh.: Bergsteigen, Bayer. Gesch. u. Volkskunst, Schwimmen (u. a. bayer. Schwimmeister) - Spr.: Engl.

MÜLLER, Günther Heinrich
Dr. med., Prof., Frauenarzt - Paul-Klee-Weg 8, 4000 Düsseldorf 31 (T. 0211-40 24 20)- Geb. 15. Nov. 1921 Oelsa-Dresden (Vater: Alfred M., Fabrikant; Mutter: Hedwig, geb. Künstner), ev., verh. s. 1953 m. Dr. Müller, geb. Hellmann, 3 Kd. (Annette, Reinert, Bettina) - Gymn.; Univ.,- Staatsex. u. Promot. 1948, Priv. Doz. 1960, Prof. 1966 - 1953-67 Oberarzt, 1968-86 Chefarzt Frauenklinik d. Diakoniekrkhs. Düsseldorf. 100 wiss. Arb. m. Entd. im Bereich d. Gynäkol. u. Geburtshilfe - BV: D. Eiweißstoffwechsel d. weibl. Genitalorg., 1961; D. Zelleiweißstoffwechsel währ. d. Nidation, Plazentation u. Keimentwickl., 1964; D. operierte Kranke, 1969; D. behütete Geburt, 1982 - Liebh.: Germanistik, Malen, Modellieren, Kunstgesch., Musikgesch. u. Musizieren - 1981 Gold. Sportabz. - Spr.: Engl.

MÜLLER, Hanns Christian
Regisseur, Autor, Komp. - Amalienstr. 79, 8000 München 40 - Geb. 14. April 1949, verh. m. Gisela Schneeberger, Schausp., S. Philip - Stud. Psych., Phil., Gesch. Univ. München; Regie Otto Falckenbergschule - 1975 LTT, 1976-78 musikal. Leitg.; Schillertheater Berlin; s. 1978 ständ. Zusammenarb. m. Gerh. Polt u. Gisela Schneeberger - BV: Kehraus, Unser Kanal, Kriegerdenkmal, Faria Hoh, Fast wie im richtigen Leben, Bd. 1 u. 2, Da schau her, Exoten, Wirtshausgespräche, München leuchtet, Scheibenwischer, Militär, u.v.a. Fernsehfilme (Regie, Musik, Text). Prod. v. 15 LPs - 2x Adolf-Grimme-Preis; Bundesfilmpreis, u.v.a.

MÜLLER, Hans
Dr., Fabrikant, pers. haft. Gesellsch. Südd. Rohrmattenfabrik W. Müller - Roßwachtstr. 50, 8060 Dachau (T. 1 05 21) - Geb. 22. Nov. 1925 - Stud. Volksw. u. Rechtswiss. - Zeitw. Vors. Verb. d. Rohrgewebeind., München.

MÜLLER, Hans
Dipl.-Ing., Hüttendirektor i. R., Vorstandsmitgl. Edelstahlwerke Buderus AG f. Technik u. Verkauf (EG) - Am Rasselberg 20, 6330 Wetzlar (T. 06441 - 3 74-5 80) - Geb. 7. Jan. 1916.

MÜLLER, Hans
Dr. phil., Prof. f. Geschichte Univ. Dortmund - Turmalinweg 10, 4600 Dortmund (T. 48 20 90) - Geb. 20. März 1928 Dortmund (Vater: Georg M., Korresp.; Mutter: Klara, geb. Koska), verh. s. 1952 m. Katja, geb. Kaufhold, 4 Kd. (Susanne, Andreas, Annette, Kathrin) - 1948-50 Stud. Päd.; 1961-68 Gesch. (Promot. 1968, Habil. 1971) - 1950-64 Lehrer; ab 1974 Prof. - BV: Kath. Kirche u. Drittes Reich, 1961; Säkularisation u. Öffentlichk., 1971; Z. Effektivität d. Geschichtsunterr., 1972.

MÜLLER, Hans E.
Dr. rer. nat., Dr. med., Prof., Medizinaldirektor - Alter Rautheimer Weg 16, 3300 Braunschweig - Geb. 26. März 1930 Zweibrücken (Vater: Dr. Emil M., Oberstaatsanw.; Mutter: Erna, geb. Küßwetter), ev., verh. s. 1966 m. Ilse, geb. v. Voigt, 2 T. (Ulrike, Sibylle) - Human. Gymn.; Stud. Chem. u. Med. Univ. Mainz; Assist. Bochum, Göttingen, Bonn, Habil. 1970 (Mikrobiol.), apl. Prof. Bonn - S. 1975 Leit. Staatl. Med.-Untersuchungsamt Braunschweig. S. 1970 (Habil.) Privatdoz. u. apl. Prof. Univ. Bonn (Hyg. u. Mikrobiol.) - Entd.: Pathomechanismen b. Bakterien - Mehr als 170 Veröff. in in- u. ausl. wiss. Ztschr.

MÜLLER, Hans G.
Zeitungsverleger, Geschäftsf. Zeitungsverlag Westfalen - Bahnebredde 7, 4600 Dortmund-Löttringhausen - Geb. 16. Juni 1924 Weidenau (Vater: Hugo M.), verh. m. Dr. Sonja, geb. Eisold.

MÜLLER, Hans Günter
Dr.-Ing., Prof., Vorstandsvorsitzer Mannesmann Demag AG, Duisburg (s. 1979) - Wilhelm-Reuter-Platz, 4100 Duisburg 1 - Geb. 1. April 1926.

MÜLLER, Hans-Aurel
Dr. med., Prof. f. Geburtsh. u. Frauenheilkd./Medizinaldirektor a. D., Gynäkologe - Kockerellstr. 19, 5100 Aachen - Geb. 2. März 1910 Berlin - Zul. Chefarzt Frauenklin./Knappschaftskrkhs. Bardenberg. S. 1952 (Habil.) Lehrtätigk. Univ. Marburg (1958 apl. Prof.; 1971 Honorarprof.) - BV: Therapie d. Frauenkrankh., 8. A. 1956 (m. H. Kahr). Zahlr. Einzelarb.

MÜLLER, Hans-Erich
Dr. jur., Bundesrichter BGH (s. 1966) - Herrenstr. 45a, 7500 Karlsruhe - Geb. 17. Juni 1922 - Zul. OLGsrat.

MÜLLER, Hans-Joachim
Dipl.-Ing. (FH), Geschäftsführer Verb. Kommunaler Städtereinigungsbetriebe, Köln - Kölner Ring 142, 5042 Erftstadt (T. 02235 - 7 67 69) - Geb. 24. März 1930 Klötze/Kr. Gardelegen, kath., verh. s. 1956 m. Gisela, geb. Hoffmann, Sohn Wolf-Dieter - Gymn.; Maurerlehre (Gesellenprüf.); 1950-55 FH Land Rhld.-Pfalz, Koblenz (Tiefbau-Ing.) - 1959-62 Ltd. Konstrukteur Krupp/Koppers; 1962-69 Dir. Stadtreinig. Mönchengladbach; s. 1969 Ref. Dt. Städtetag, Köln (zugl. Geschäftsfg. Verb. Kommunaler Städtereinigungsbetriebe VKS, u. Arbeitsgemeinsch. f. Abfallwirtschaft AfA, bde. Köln); 1987 Vors. Normenaussch. Kommunale Technik b. DIN; 1989 Haupt-Reft. d. DST - Erf.: Müllverbrennungsofen, Patentanmeld. N 3816/W-AZ W 31 170 Ia/24d u. Müllverbrennungseinricht. AZ 30 232 Ia/24d (bde. 1961) - BV: Straßenreinigung, 1971; Praxis d. kommunalen Winterdienstes, 1983; Kommunaler Winterdienst, 3. A. 1989 - Liebh.: Reisen, Lit., Wandern, Psych. u. Naturheilkd. - Spr.: Engl.

MÜLLER, Hans-Jürgen
Dipl.-Volksw., Geschäftsführer Bundesverb. d. Dt. Exporthandels e. V., Verein Hamburger Exporteure e. V. - Gotenstr. 21, 2000 Hamburg 1 (T. 040 - 280 13 37; Telex: 02 162 388 wga d).

MÜLLER, Hans-Peter
Dr. theol., o. Prof. f. Altes Testament einschl. nordwestsemit. Lit. Univ. Münster (s. 1983) - Rockbusch 36, 4400 Münster - Geb. 21. Febr. 1934 Berlin (Vater: Karl M.; Mutter: Martha, geb. Kindler), ev., verh. s. 1959 m. Karin, geb. Engmann, S. Hans-Michael - Stud. Univ. Berlin, Basel (ev. Theol.), Promot. 1963 Heidelberg; Habil. 1967 Münster - 1959-64 Pfarrer Berlin-Friedenau, s. 1966 Univ.dst., 1971-78 Wiss. Rat u. Prof. Münster, 1978-83 o. Prof. f. Altes Testament Univ. Hamburg - BV: Ursprünge u. Strukturen atl. Eschatologie, 1969; Hiob u. s. Freunde, 1970; D. Hiobproblem, 1978; Jenseits d. Entmythologisierung, 1979; Vergleich u. Metapher im Hohenlied, 1984. Herausg.: Ztschr. f. Althebraistik (ab 1988) - Spr.: Engl., Franz.

MÜLLER, Hans-Peter
Rechtsanwalt, Vorstandsmitglied Treuarbeit Aktiengesellschaft Wirtschaftsprüfungsges. Steuerberatungsges. - Bockenheimer Anlage 15, 6000 Frankfurt/M. (T. 069-712 33 33) - Geb. 11. Mai 1925 Hamburg - 1946-50 Stud. Rechtswiss. Univ. Hamburg; Assessorex. 1954 Hamburg - Vors. Fachaussch. Recht b. Inst. d. Wirtschaftsprüfer - BV: WP-Handbuch, 1985 (Mitautor); Adler/Düring/Schmaltz, Rechnungsleg. u. Prüf. d. Unternehmen, 5. A. 1987 (Mitautor).

MÜLLER, Hans-Robert
Dr. phil., o. Prof. em. f. Mathematik - Am Schiefen Berg 49, 3340 Wolfenbüttel (T. 7 29 37) - Geb. 26. Okt. 1911 Graz/Steierm. (Vater: Prof. Dr. med. Paul M., Hygieniker u. Bakt.; Mutter: geb. Hocevar), ev., verh. s. 1946 m. Liselotte, geb. Becker, 3 Kd. (Ingeborg, Klaus, Frank) - Univ. (Promot. 1937) u. TH Graz. Habil. 1939 - 1936 Assist. Univ. Graz, 1940 Doz. (Math.), 1950 ao. Prof., 1952 zugl. Lehrauftr. TH ebd., 1954 Prof. Univ. Ankara (Inh. Lehrstuhl f. Math.), 1956 o. Prof. TU Berlin (Dir. Inst. f. Geometrie), 1963 TH Braunschweig (Dir. Inst. f. Math. D) - BV: Ebene Kinematik, 1956 (m. W. Blaschke); Lehrb. d. Kinematik, 1956 (Ankara); Sphär. Kinematik, 1962; Kinematik, 1963 (Samml. Göschen).

MÜLLER, Hans-Werner
Dipl.-Hdl., Maschinenbaumeister, MdB (s. 1976, Wahlkr. 246/Saarlouis) - Klosterstr. 37, 6618 Wadern-Nunkirchen - Geb. 3. Sept. 1942 Nunkirchen, kath., verh., 1 Kd. - Franz. Internatssch. (Mittl. Reife); Schule Lebach (Abit. 1962); Maschinenbauerhandw.; Univ. Saarbrücken (Rechts- u. Wirtschaftswiss.; Dipl. 1967) - Ab 1967 kaufm. Schuldst. Saarl. (1974 Oberstudienrat); 1975 Übern. Handwerksbetrieb. Mitgl. Kreistag Merzig-Wadern u. Gemeinderat Wadern. CDU s. 1967 (div. Funkt.).

MUELLER, Harald Waldemar

Schriftsteller - Borkumer Str. 18, 1000 Berlin 33 - Geb. 18. Mai 1934 Memel, verh. s. 1974 m. Ingrid, geb. Wegener, 3 Töcht. (Miriam, Anja, Maike) - Schauspielsch. R. v. Zerboni; 1957-60 Stud. Theaterwiss. u. German., München - 1952 Bergmann Dinslaken; 1953/54 Hotelboy Düsseldorf, Köln; 1955/56 Telefonist Todendorf; 1961 Fabrikarb. Kanada; 1962-64 Rezitator Kiel; 1965-67 Messevertr. Mainz; 1972-74 Dramat. Schillertheater Berlin - BV: Gr. Wolf, 1971; Halbdt., 1971; Vier Stücke, 1977. Hörsp.: u.a. E. seltsamer Kampf um d. Stadt Samarkand; Rosel; Strandgut; Stille Nacht; D. Zögling; Henkersnachtmahl; D. tolle Bomberg; Kohlhaas. Übers.: G. B. Shaw: Pygmalion, D. Häuser d. Herrn Sartorius; Ländl. Werbung; Androklus u. d. Löwe; E. Bond: D. See; u.v.m. Insz.: Gr. Wolf, UA. Münchner Kammersp. 1970; Halbdt., UA. Münchner Kammersp. 1970; Stille Nacht, UA. Staatl. Schauspielbühnen Berlins 1974; Strandgut, UA. Staatl. Schauspielbühnen Berlins 1974; Winterreise, UA. Staatstheater Braunschweig 1976; Henkersnachtmahl, UA. Bühnen d. Stadt Bielefeld 1979; Frankfurter Kreuz, UA. Württ. Landesbühne Esslingen 1979; D. Trasse, UA. Städt. Bühnen Dortmund 1980; D. tolle Bomberg, UA. Städt. Bühnen Dortmund 1982; Totenfloss, UA. Theater Oberhausen 1984; E. seltsamer Kampf um d. Stadt Samarkand, UA. Städt. Bühnen Münster 1986; Bolero, UA. Schauspiel Bonn 1987; u.v.m. - 1969 Gerhart-Hauptmann-Preis; Suhrkamp-Förderstip. - Liebh.: Psych., Hunde, Kochen - Spr.: Engl., Franz.

MÜLLER, Heinrich
Dr. med. vet., em. o. Prof. f. Veterinärchirurgie u. Augenheilkunde - Frankfurter Str. 94, 6300 Gießen (T. 702 47 46) - Geb. 2. März 1912 Bromskirchen/Hessen (Vater: Julius M., Landw.; Mutter: Katharina, geb. Geldbach), ev., led. - Gymn. Weilburg; Univ. Gießen (Promot. 1939) - Habil. 1954 - 1954 Doz. Univ. Gießen, 1955 Prof. m.

Lehrstuhl Humboldt-Univ. Berlin, 1958 apl., 1960 o. Prof. Univ. Gießen - BV: Lehrb. d. Spez. Chir. f. Tierärzte, 16. A. 1986; Allg. Chirurgie f. Tierärzte u. Studierende, 1975; Der Huf, Lehrb. d. Hufbeschlages, 4. A. 1988. Zahlr. Einzelarb. - Liebh.: Photogr.

MÜLLER, Heinrich A.
Dr. phil., Prof. f. Psychol. Univ. Osnabrück, Abt. Vechta (s. 1963) - Lange Wand 25, 2848 Vechta/O. (T. 26 13) - Geb. 27. Mai 1929 Oberselters/Ts., kath., verh. s. 1952 m. Gudrun, geb. Schröder, 3 Kd. (Michael, Bettina, Johannes) - 1948-51 PH Weilburg; 1952-59 Univ. Mainz (Psych.) - B. 1959 Volksschullehrer, dann Mitarb. Dt. Inst. f. Intern. Päd. Forsch. Frankfurt/M., 1961-63 Schulpsychologe u. Lehrbeauftr. PH Weilburg - BV: Methoden d. Erstleseunterr. u. ihre Ergebnisse - E. empir. Beitrag z. Vergleich d. ganzheitl. u. lautsynthet. Lehrverf., 1964; Walter Horney, Schule u. Disziplin, 1964.

MÜLLER, von, Heinrich-Wolfgang
Vizepräsident a. D. Oberverwaltungsgericht f. d. Land Nordrh.-Westf. - Dechaneischanze 9, 4400 Münster/W. (T. 3 46 70) - Geb. 21. Sept. 1913.

MÜLLER, Heinz
Ministerialdirigent, Leit. Fachbereich Bautechnik/Dt. Bundesbahn - Friedrich-Ebert-Anlage 43-45, 6000 Frankfurt/M.

MÜLLER, Heinz Alfred
Dr. phil., o. Prof. f. Psychol. Univ. Würzburg (s. 1969) i. R. - Am Roth 23, 8702 Waldbrunn (T. 09306 - 7 87) - Geb. 16. Sept. 1930 Cranzahl/Erzgeb. (Vater: Alfred, Textilarb.; Mutter: Irma, geb. Trommler), ev., verh. s. 1961 m. Anna, geb. Sammet - Stud. Univ. Leipzig, Göttingen, Basel (Psychol., Phil., Ethnol., German.). Promot. 1958 Basel; Habil. 1965 Erlangen-Nürnberg - S. 1961 Hochsch.dst. - BV: Spontaneität u. Gesetzlichk., 1967; Psychol. u. Anthropol. d. Denkens, 1971; Das Selbstbewußtsein d. Lehrers, 1981 - Spr.: Engl.

MÜLLER, Heinz-Wolfgang
Dipl.-Ing., Direktor Brown, Boveri & Cie AG. - Peter-Rosegger-Str. 30, 6800 Mannheim-Feudenheim - Geb. 10. März 1923 - Zul. Gf. Hochtemperatur-Reaktorbau GmbH., Mannheim.

MÜLLER, Helga
Steuerbeamtin, Mitgl. Abgeordnetenhaus v. Berlin (s. 1979) - Zu erreichen üb.: SPD-Fraktion, Rathaus, 1000 Berlin 62.

MÜLLER, Helmut
Dr., Verleger u. Kunsthändler - Mucherstr. 4, 5000 Köln 91 - Geb. 2. Jan. 1925 Köln (Vater: Wilhelm M., Werkmeister; Mutter: Regina, geb. Frank), kath., verh. s. 1954 m. Liselotte, geb. Frangenberg, 2 Kd. (Angelika, Heribert) - Abit.; Univ. Köln, Dipl., Promot. - Inh. Rheinau-Verlag; AR-Mand. Kölner Messe- u. Ausst.ges.; Ratsmitgl. Stadt Köln - BVK - Liebh.: Sammeln, Lesen - Spr.: Engl.

MÜLLER, Helmut
Chefreporter u. Bonner Korresp. Westf. Nachrichten, Münster - Schlesienstr. 60, 4400 Münster (T. 0251 - 61 41 04) - Geb. 29. Nov. 1921 Borken/W., kath., verh. s. 1956 m. Marianne, geb. Kittner, T. Eva Maria - Abit.; Stud. Volksw. Univ. Münster - S. 1965 Chefreporter Westf. Nachrichten; s. 1974 Bonner Korresp., Mitgl. Bundespressekonfz. - BV: 11 Buchveröff. (u.a. E. Tag wie tausend andere, 1967; So sah ich Rußland, 1960; Grüne Hölle Vietnam, 1967; Fünf vor Null (Kriegsende in Rußland), 1972 - 1984 BVK I. Kl., 1987 Gr. BVK; 1985 Emil-Dovifat-Journalistenpreis - Spr.: Franz., Engl., Russ.

MÜLLER, Helmuth
Dr. med., Prof. - Flüggenstr. 10, 8000 München 19 - Geb. 14. Mai 1909 - S. 1950 Privatdoz. u. apl. Prof. (1956) Univ. Münster (Kinderheilkd.). Spez. Arbeitsgeb.: Psychopathol. d. Kindes- u. Jugendalters, Sozialpädiatr. - BV: Pädiatr. Diagnostik u. Therapie (jetzt in 27. A.); Adoleszentenmed., 1988.

MÜLLER, Herbert
Mühlenbesitzer (Müller's Mühle), Vors. Verein Dt. Reismühlen, Bonn - Am Stadthafen 42-50, 4650 Gelsenkirchen.

MÜLLER, Herbert
Dr., Mitgl. d. Geschäftsführung (Sprecher) Rationalisierungs-Kurat. d. Dt. Wirtsch. (RKW) - Düsseldorfer Str. 40, 6236 Eschborn - Geb. 16. Aug. 1938 - Stud. Volksw.

MÜLLER, Herbert
M. A., Leiter Kulturamt Stadt Schwabach - Nibelungenstr. 34, 8430 Neumarkt (T. 09181 3 09 10) - Geb. 16. April 1948 Aschaffenburg (Vater: Dr. Hermann M., Oberstaatsanw.; Mutter: Annemarie, geb. Brodkorb, 2 Kd. - Univ. Erlangen (Magisterex. 1974) - Regieassist. Günther Büch, städt. Bühnen Nürnberg; 1983-86 Oberspielleit. Theater Hof - Insz.: Momo (nach Michael Ende) Städt. Bühnen Münster, UA 1982; E. kl. Zauberflöte (Kinderoper nach Mozart), Würzburger Festsp. 1984 - Künstl. Leit. Schloßspiele Neumarkt (s. 1981), Burghofspiele Falkenstein.

MÜLLER, Herbert W.
Dr.-Ing., em. o. Prof. Fachgebiet f. Maschinenelemente u. Getriebe TH Darmstadt (s. 1963) - Ostpreußenstr. 8, 6100 Darmstadt-Eberstadt (T. 5 23 35) - Geb. 22. Nov. 1914 Borstendorf, ev., verh. s. 1944 m. Ruth, geb. Kacholdt, T. Barbara - TH Dresden (Maschinenbau; Dipl.-Ing. 1940). Promot. 1961 Darmstadt - Entwickl. Flugtriebwerke (1944 Junkers, Dessau; 1946 SNECMA, Paris) u. Industriemotoren (1952 JIO/Rockwell, Pinneberg) - BV: D. Umlaufgetriebe, Berechnung, Anwendung, Auslegung, 1971 (Übers. USA: Epicyclic Drive Trains: Analysis, Synthesis and Applications, 1981); Kompendium Maschinenelemente, 1987.

MÜLLER, Hermann
Dr. jur., Minister a. D., Vorst.-Mitgl. Kreditanstalt f. Wiederaufbau i. R. (1970-79) - Palmengartenstr. 5-9, 6000 Frankfurt/M. (T. 74 31-0); Kreuzwiesenweg 25, 7170 Schwäb. Hall (T. 25 40) - Geb. 18. Juni 1913 Jagstfeld b. Heilbronn/N., verh., 4 Kd. (dar. 3 Söhne) - Realgymn. Heilbronn; 1932-37 Univ. Tübingen u. Freiburg/Br. (Rechts- u. Staatswiss.). Promot. 1938; 1949 Reg.sass.ex. - 1939-48 Wehrdst. u. Kriegsgefangensch.; 1949-60 Landrat Kr. Heilbronn; 1960-66 Finanzmin. Baden-Württ. 1956-72 MdL BW (1968 Vizepräs.) - FDP (1967-71 Vors. Landesverb. BW, 1968-72 stv. Bundesvors.) - 1969 BVK m. Stern, 1972 Schulterbd. dazu - Liebh.: Wandern.

MÜLLER, Hermann Josef
Dr. phil., M.A., Univ.-Prof. Berg. Univ.-GH Wuppertal (s. 1974) - Neuenweg 39, 5632 Wermelskirchen 3 (T. 02196 - 8 05 75) - Geb. 6. Okt. 1932 Linde üb. Lindlar (Vater: Hermann M.; Mutter: Maria, geb. Schwirten), kath., verh. s. 1965 m. Hildegard, geb. Rüller, 2 Söhne (Ulrich, Johannes) - Univ. Bonn u. Münster; M.A. 1964 Bonn, Promot. 1968 - 1966-71 Wiss. Ref. Dt. Inst. f. wiss. Päd. Münster, Wiss. Rat u. Prof. PH Dortmund. S. 1974 o. Prof. Berg. Univ.-GH Wuppertal, Fach Weiterbild.

Schwerp. Gesundheitsbild. - Liebh.: Kirchenmusik - Spr.: Engl., Franz.

MÜLLER, Horst
Dr. med., Prof., Chefarzt Augenklinik Bürgerhospital Frankfurt/M. (s. 1955) - Moselstr. 1, 6380 Bad Homburg v. d. H. (T. 4 43 30; Praxis: Frankfurt 59 06 08/09) - Geb. 26. Juli 1921 Frankfurt/M. (Vater: Dr. med. Max M., Augenarzt; Mutter: Liesel, geb. Scherer), verh. m. Christiane, geb. Appel - Promot. 1945; Habil. 1952 - S. 1952 Privatdoz. u. apl. Prof. (1958) Univ. Heidelberg (zul. Oberarzt Augenklinik); s. 1969 Honorarprof. Univ. Frankfurt - Fachveröff. - 1955 v. Graefe-Preis - Spr.: Engl., Franz. - Rotarier.

MÜLLER, Horst
Dr. rer. nat., Prof. f. Theoret. Informatik (IMMD) Univ. Erlangen-Nürnberg (s. 1972) - Würzburger Ring 39, 8520 Erlangen - Geb. 13. April 1942 Oschatz/Sa. - Promot. 1968; Habil. 1971 TU Hannover.

MÜLLER, Horst
Dr.-Ing. habil., Prof. a. D. - Wätjenstr. 29, 2800 Bremen 1 (T. 21 45 15) - Geb. 17. Aug. 1901 Görlitz (Vater: Alfred M., Tuchfabrikant; Mutter: Anna, geb. Schmidt), ev., verh. s. 1929 m. Suse, geb. Petrick, 3 Kd. (Barbara, Christine, Peter) - Realgymn. Görlitz; kaufm. Lehre; TH Berlin Maschinen- u. Flugzeugbau; Dipl.-Ing. (1926). Promot. (1929) u. Habil. (1931) Hannover - 1931-51 TH Hannover (1939 apl. Prof.); 1935-66 Staatl. ing.sch. Bremen (1962 Leit. Abt. Maschinenbau) - BV: Führer durch d. Techn. Mechanik, 1935; Mechanik d. Motor- u. Segelfluges, 1936 (m. Prof. Everling; Göschen); Festigkeits- u. Elastizitätslehre, 4. A. 1970. Mitarb.: Ringbuch d. Luftfahrt, Flugtechn. Handb., Netz, Formeln d. Technik.

MÜLLER, Horst
Dr. rer. nat., Prof. f. anorgan. Chemie u. Radiochemie Univ. Freiburg - Mauracher Str. 21, 7819 Denzlingen (T. 07666 - 33 69) - Geb. 7. Aug. 1929 Stade - Promot. 1958, Habil. 1964 - Spr.: Engl., Span.

MÜLLER, Horst
Selbst. Computer-Kaufm., Präs. Magischer Zirkel v. Deutschl. - Mühlenfeld 4, 3005 Hemmingen (T. 0511 - 42 00 21) - Geb. 30. Dez. 1925 Wilhelmshaven (Vater: Eugen M., Ing.; Mutter: Else, geb. Hector), ev., verh. s. 1966 m. Elke, geb. Rasch, 5 Kd. (Karin, Thomas, Matthias, Martin, Sebastian) - Mittl. Reife; Lehre Industriekaufm., Ausb. Computerfachm. - 1960 Gesellsch. u. Geschäftsf. Computer Müller GmbH. 1975 Präs. Mag. Zirkel u. Intern. Vereinig. d. Amateur- u. Berufszauberkünstler - BV: Eingeschlossen in Lorient Kriegstageb. e. Steuermannsgefreiten, 1978; Primus Inter Pares Hein Eis-Steine im Weg - 1977 Ehrenpräs. Israel Magic Club; Ehrenmitgl. All India Magic Club Bombay (1978) u. Acad. of Magical Arts Hollywood (1979); 1979 Titel: Prince of

Arts, Tel Aviv; 1983 Kalanagring - Liebh.: Zauberkunst - Spr.: Engl., Franz.

MÜLLER, Horst H. W.
Schriftsteller, Graphiker, Maler - Marschweg 46, 2358 Kaltenkirchen (T. Hbg. 45 57 68) - Geb. 4. Juli 1941 Berlin (Vater: Otto M., Tischlerm.; Mutter: Herta, geb. Lipski), ev. - Gymn. Bad Bramstedt; Wehrdst. (zul. Oblt. d. R.); Univ. Göttingen u. Hamburg (German., Geogr., Phil.) - Mitarb. sozialist. u. lib. Zeitungen. Literaturwiss. Fachveröff. SPD s. 1969, VS in d. IG Druck u. Papier s. 1974 - BV: Attackismen nebst Blutblasen oder Einfälle u. Auswüchse e. unbequemen Untergebenen, Aphorismen, Gedichte, Marschlieder, 1961; Die um d. Jugend bald d. Krallen wieder schließen, Ged. 1966; Kurt Hiller, Bio-Bibliogr. 1969; Verpackt in meinem Blick, Zeichn. u. Ged. 1977 - Realistische Gemälde, in priv. u. öffentl. Besitz, u. a. Paris (Univ.), London (Brit. Museum), Jerusalem (Nat. u. Univ. Library), München (Staatl. Graph. Samml.), Utrecht (Centraal Museum) - Liebh.: Musik, Rudern - Spr.: Engl., Franz.

MÜLLER, Hubert
Dr. iur. can., Dr. theol. habil., Prof. f. Kirchenrecht u. kirchl. Rechtsgeschichte, Dir. Kirchenrechtl. Sem. d. Univ. Bonn - Regina-Pacis-Weg 1a, 5300 Bonn 1 (T. 0228 - 73 72 67) - Geb. 15. Nov. 1936, kath. - Gymn. Carolinum Osnabrück (Abit. 1957); 1957-59 Hochsch. Sankt Georgen Frankfurt (Philosophicum); 1959-63 Univ. Münster, Hochsch. Sankt Georgen Frankfurt, Priestersem. Osnabrück (Theol.Ex.); 1965-69 Päpstl. Univ. Gregoriana Rom (Dr. iur. can.); 1972-75 Univ. Würzburg (Dr. theol. habil.) - 1976-77 Privatdoz. Univ. Würzburg; 1977-80 o. Prof. GH Eichstätt; s. 1980 o. Prof. Univ. Bonn; s. 1972 Lehrauftr. Päpstl. Univ. Gregoriana Rom - BV: Z. Verhältnis zw. Episkopat u. Presbyterat im 2. Vatikan. Konzil, 1971; D. Anteil d. Laien a. d. Bischofswahl, 1977; D. Gesetz in d. Kirche zw. amtl. Anspruch u. konkretem Vollzug, 1978. Herausg.: H. Flatten, Ges. Schr. z. kanon. Eherecht (1987). Mithrsg.: Grundriß d. nachkonziliaren Kirchenrechts (1980); Handb. d. kath. Kirchenrechts (1983); Forschungen z. Kirchenrechtswiss. (s. 1986); D. Bischofskonfz. Theol. u. jurid. Status (1989). Zahlr. Beitr. in Fachztschr. u. Sammelw. - Mitgl. Consociatio Internationalis Studio Iuris Canonici Promovendo; Mitgl. Ges. f. d. Recht d. Ostkirchen - Spr.: Lat., Ital., Engl.

MÜLLER, Irmgard
Dr. rer. nat., Prof. f. Geschichte d. Medizin u. Naturwiss. Univ. Bochum - Am Gebrannten 5, 4630 Bochum 1 (T. 0234 - 79 94 99) - Geb. 13. Mai 1938 Düsseldorf (Vater: Heinrich M., General i. BGS; Mutter: Trude, geb. Heischkeil), ev., led. - Altspr. Gymn. Düsseldorf. Stud. Pharmaz. Univ. Freiburg 1959-62; 1962 Pharmaz. Staatsex. (1963 Approb. Apoth.). Anschl. Stud. Gesch., Gesch. d. Pharm. u. d. Med. in Freiburg, Bonn

u. Düsseldorf (1969 Prom. Dr. rer. nat. Univ. Düsseldorf). 1969-76 wiss. Ass. Inst. f. Gesch. d. Med., Univ. Düsseldorf. Ab 1970 jährl. läng. Aufenth. Zoolog. Station Neapel m. Unterstütz. d. DFG z. Erforsch. d. Gesch. d. Meeresbiologie. 1976 Habil. Univ. Düsseldorf f. Gesch. d. Pharm. u. Naturwiss. - 1977 Ernenn. z. Prof. Univ. Marburg f. d. Fach Gesch. d. Med., 1985 Ruhr-Univ.-Bochum (Lehrst. Gesch. d. Med.) - BV: Publikationen z. Arzneimittelgesch., Gesch. d. Schiffsmed. u. -pharm., Gesch. d. Meeresbiologie u. d. Med., Botanik im Mittelalter.

MÜLLER, J. Heinz

Dr. rer. pol., em. Prof. f. Volkswirtschaftslehre - Ringstr. 13, 7815 Kirchzarten (T. 07661 - 53 15) - Geb. 5. Juni 1918 Siegburg, kath., verh. s. 1945 m. Marianne, geb. Kalker, 4 Kd. - Beethoven-Gymn. Bonn; Univ. Köln, Marburg, Bonn (Wirtschaftswiss.). Promot. (1946) u. Habil. (1949) Bonn - 1946 Assist., 1949 Doz. Univ. Bonn, 1955 o. Prof. Univ. Freiburg (Dir. Inst. f. Regionalpolitik u. Verkehrswiss., Mitdir. Volksw. Sem.) - BV: Grundl. e. allg. Theorie d. Wahlakte, in: Jahrb. f. Nationalök. u. Statistik, Bd. 164, 1952; Nivellier. u. Differenzier. d. Arbeitseinkommen i. Deutschland s. 1925, in: Volkswirtschaftl. Schriften Heft 13, Berlin 1954; Grenzen d. Raumordnungspolit. i. Rahmen e. Marktwirtsch. (m. B. Dietrichs u. J. Klaus), in: ORDO, Bd. XII, 1960/61; D. ökonom. Theorie zw. log. Formalismus u. empirischer Aussage, in: Systeme u. Methoden i. d. Wirtschafts- u. Sozialwissensch., Festschr. f. E. v. Beckerath, Tübingen 1964; D. Einkommenstruktur i. versch. dt. Ländern 1874-1913 unt. Berücksicht. regionaler Verschiedenheiten, Berlin 1972 (zus. m. S. Geisenberger); Regionale Strukturpolitik i. d. Bundesrepublik. Krit. Bestandsaufnahme, Göttingen 1973, Schriften d. Kommiss. f. wirtschaftl. u. soz. Wandel, Bd. 3; Überprüf. d. Eignung d. Arbeitsplatzes als Zielgröße regionaler Strukturpolit., einschl. d. Problems d. Erfassung d. Qualität d. Arbeitsplatzes, Berlin 1975 (m. R. Held u. a.); Artikel „Produktionstheorie", in: Kompendium d. Volkswirtschaftslehre (hrsg. von W. Ehrlicher u. a.), 5. A. Göttingen 1975; Methoden z. regional. Analyse u. Prognose, 2. A. Hannover 1976; Wandlungen i. Syst. d. soz. Sicherung, in: Fortentwickl. d. soz. Sicherung, Limburg 1978; Demograph., wirtschaftl. u. siedlungsstrukt. Grundl. d. künft. Stadtverkehrs, in Akt. Probl. d. Stadtverkehrs, Schriftenr. d. DVWG, Rh. B 45, Düsseldorf 1980; Fernstraßenbau als Mittel reg. Strukturpol.? in: Landeszentr. f. pol. Bild. Baden-Württemberg (Hrsg.): Verkehrspolitik, 1980; Einf. i. d. Volkswirtsch.lehre (m. H. Peters), 11. A. 1985; div. Fachartikel.

MÜLLER, Joachim (Jo)

Dr. rer. pol., Hochschulassistent, MdB - Hollerallee 91, 2800 Bremen 1 - Geb. 7. Jan. 1947 Hamburg, verh. s. 1985 (Ehefr. Christine), 1 Kd. - Stud. Betriebswirtsch., Volkswirtsch. u. Soziol. Univ. München; Dipl.-Kfm. 1975 München; Promot. 1981 Bremen - Assist. Univ. Oldenburg (beurl.). Beirat Inst. f. Ökol. Wirtschaftsforschung (IÖW) Berlin. Als MdB Mitgl. Haushaltsaussch. u. Enquetekommiss. Technikfolgenabschätzung. D. Grünen - BV: Computergesteuerte Maschinen, 1981; Krise d. Stahlind., 1983; Grüne Wirtschaftspolitik, (Mithrsg.) 1985.

MÜLLER, Johann Baptist

Dr. disc. pol., Dipl.-Sozialwirt, Prof. f. Politikwiss. Univ. Stuttgart - Bruno-Frank-Str. 41, 7000 Stuttgart 75 (T. 0711 - 44 46 77) - Geb. 31. Mai 1932 Bodnegg/Württ. - Dipl. 1962 Göttingen; Promot. 1972 Göttingen; Habil. 1976 Stuttgart - BV: Bedürfnis u. Ges., 1971; Liberalismus u. Demokratie, 1978; D. Deutschen u. Luther. Texte z. Gesch. u. Wirkung, 1983; Determinanten politischer Entscheidung, 1985; Herrschaftsintensität u. politische Ordnung, 1986; Konservatismus u. Außenpolitik, 1988.

MÜLLER, Johannes

Gewerkschaftler, MdB - Erfurter Str. 14, 1000 Berlin 62 (T. 854 48 54) - Geb. 5. Aug. 1905 Schaffhausen/Saar, kath., verh., 3 Kd. - Volkssch.; Elektrohandwerk, Meisterprüf. - Ab 1925 Elektrotechniker, Ankerwickler, Monteur u. Bauleit. (ab 1929 Berlin), ab 1946 Bezirksverordn. Weißensee, 1947-48 Ref. f. Gewerkschafts- u. Sozialpolitik Landesverb. Berlin CDU, s. 1948 Sekr. Gewerksch. d. Techniker u. Werkm. u. Dt. Angest.-Gewerksch. (1948-49 Vorst.s-mitgl. UGO), 1951-61 MdA; 1961-80 MdB (Vertr. Berlins) - 1973 Gr. BVK.

MÜLLER, Johannes

Dr. rer. nat., Prof., Leiter Sektion Mykologie Hygiene-Inst. Univ. Freiburg - Brandelweg 24, 7830 Emmendingen-Maleck - Geb. 18. Febr. 1927 Guben, verh. m. Helga, geb. Melchinger † 1983; in 2. Ehe m. Hildegard, geb. Bayer, 3 Kd. - Stud. Biol. Univ. München; Promot. 1956; Habil. (med. Mikrobiol.) 1978 Freiburg - Forsch. u. Entw. in Med. Mykologie; Schriftleit. Mykosen; 1982-85 Vizepräs. Int. Soc. for Human and Animal Mycology ISHAM - Üb. 100 wiss. Publ. in Mykosen, Sabouraudia, u. a.; Handb.-Beitr. üb. Med. Mykologie - Spr.: Engl., Franz.

MÜLLER, Karl

Präsident Landessozialgericht Baden-Württ. - Breitscheidstr. 18, 7000 Stuttgart 1.

MÜLLER, Karl

Dr., Prof. Univ. Göttingen - Diedershäuser Str. 13, 3400 Göttingen (T. 0551 - 6 11 93) - Geb. 10. Jan. 1926 Olsberg (Vater: Dr. Xaver M., Tierarzt; Mutter: Luzie, geb. Schmiehausen), kath., verh s. 1954 m. Gertrud, geb. Grube, 3 Kd. (Martin, Andreas, Anette) - Dipl. 1953, Promot. 1957, Habil. 1974 - 1958-68 Ind.; ab 1968 Redakt. Potato-Res. (Journal); 1977 Prof.; 1980-84 Gf. Dir. - BV: Üb. 100 Veröff., u. a. Veränder. wertgebender Inhaltsstoffe in d. Kartoffelknolle, 1974; Determination of sugars and other org. compounds - Liebh.: Garten, Briefmarken - Spr.: Engl.

MÜLLER, Karl G.

Dr.-Ing., o. Prof. u. Vorst. Inst. f. Fertigungstechnik A TU München/Abt. Maschinenwesen (s. 1967) - Lessingstr. 2, 8051 Eching/Obb. (T. München 319 26 15) - Geb. 25. Febr. 1911 Jena - 1956-59 Lehrtätigk. TH Darmstadt. Fachveröff.

MÜLLER, Karl Georg

Dipl.-Kfm., stv. Vorstandsvorsitzender Dt. Genoss.-Bank, Frankfurt - Zu erreichen üb. DG Bank, Wieshüttenstr. 10, 6000 Frankfurt/M. 1; priv.: Konrad-Adenauer-Str. 18, 6103 Griesheim - Geb. 28. Juli 1929 - Stv. Vors. AR Südwestbk. AG, Stuttgart; VL-Leasingges. d. Volksbanken mbH Unterföhring; AR BayWa AG, München; Centralgenoss. f. Viehverwert. eG Hannover; Landwirtsch. Fleischzentrale GmbH, Hannover; denka Dt. Kraftfutter GmbH, Düsseldorf; Dt. Bauernsiedl. Dt. Ges. f. Landentwickl. (DGL) GmbH Düsseldorf; Dt. Genoss. - Hypothekenbk. AG, Hamburg/Berlin; Dt. Raiffeisen-Warenzentrale GmbH, Frankfurt/M.; Dt. Milch-Kontor GmbH, Hamburg; DG Bank Finance Company BV, Amsterdam; Dugena Uhren u. Schmuck eG, Darmstadt; R + V Allg. Versich. AG, Wiesbaden; Vereinigte Kunstmühlen AG, Ergolding; Westfleisch Schlachtfinanz AG, Münster; div. weitere Mand.

MÜLLER, Karl Walter

Oberstudienrat, Volkshochschuldir., MdL Rhld.-Pfalz (s. 1971; 1975-83 Aussch.-Vors. Wirtsch. u. Verk.; s. 1983 Vors. Rechnungsprüfungs-Aussch.) - Kreuzweg 30, 6780 Pirmasens/Pf. (T. 4 57 30) - Geb. 1931 Pirmasens, ev., verh., 3 Kd. - Gymn. Pirmasens (Abit.); kaufm. Lehre (Ind.); 1954-57 Stud. Wirtschaftswiss. u. Päd. Mannheim u. Heidelberg. Dipl.-Hdl. 1957 - S. 1958 Tätigk. Fach- u. Berufssch. SPD s. 1966.

MÜLLER, Karl-Ernst

Dr. Prof., Hochschullehrer - Niendorfstr. 21, 8520 Erlangen - U. a. Prof. PH Nürnberg d. Univ. Erlangen-Nürnberg.

MÜLLER, Karl-Georg

Dr. jur., Dipl.-Berging., Bergwerksdirektor - Speckhorner Str. 223, 4350 Recklinghausen (T. 2 44 52) - Geb. 30. März 1913 Herne/W. (Vater: Karl M., Betriebsleiter; Mutter: Lina, geb. Uffelmann), ev., verh. s. 1940 m. Lucie, geb. Kindel, 2 Töcht. (Hannelore, Jutta) - TH Aachen u. Berlin; Univ. Berlin u. Jena. Dipl.-Ing. 1937 Berlin; Promot. 1939 Jena - 1939-40 stv. Geschäftsf. Fachgruppe Metallerz- u. Flußspatbergbau, 1940-42 wiss. Hilfsarb. Mansfeld-Salzdetfurth-Konzern, 1942-49 Leit. e. Bergwerksdir. u. Vorst. (1945) Mansfeldsche Kupferschieferbergbau AG., 1949-53 Mitgl. Generalsekr. Dt. Kohlenbergbaultg., 1953-57 Leit. Abt. Bergbau AG. f. Berg- u. Hüttenbetriebe (vorm. Reichswerke), 1957-61 Vorst. Saarbergwerke AG., 1962-70 Vorstandsmitgl. Ewald Kohle AG., 1970-1971 Leit. Abt. Bergbau Bundesbeauftr. f. d. Steinkohlenbergbau. Div. Mandate - Liebh.: Reitsport, Musik - Spr.: Franz., Engl.

MÜLLER, Karl-Heinz

Regierungsdirektor a. D., MdL Bayern (s. 1974) - Adalbert-Stoll-Str. 10, 8901 Aystetten (T. 0821 - 48 25 65) - Geb. 1936 - SPD - 1984 Bayer. Verfassungsmed. in Silber; 1985 Bayer. VO.; 1988 BVK.

MÜLLER, Karlheinz

Dr. med., Prof. f. Bluttransfusionskunde u. Angew. Gewinnungsphysiol. - Am Weidenbrunkel Nr. 24, 3551 Dagobertshausen - Geb. 8. Sept. 1929 Leipzig - S. 1967 Lehrtätigk. Univ. Marburg.

MÜLLER, Klaus

Dr. jur., Oberstadtdirektor - Rathaus, 5800 Hagen 1; priv.: Am Waldesrand 81 - Geb. 4. Dez. 1927 - Mitgl. Präsid. Dt. Städtetag; Mitgl. Verw.-Rat WestLB; AR-Mand.

MÜLLER, Klaus

Dr. phil., o. Prof. f. Neuere Gesch. Univ. Düsseldorf (s. 1971) - Drosselweg 10, 4052 Korschenbroich 2 (T. 02161 - 67 25 18) - Geb. 13. Mai 1936 Siegen, ev., verh. s. 1966 m. Elsbeth, geb. Groß, 2 Kd. (Antje, Silke) - Stud. Marburg, Hull, Bonn; Promot. 1962 u. Habil. 1970 Bonn - BV: D. kaiserl. Gesandtschaftswesen im Jahrh. nach d. Westf. Frieden, 1976; Quellenkd. z. dt. Gesch. d. Neuzeit, Bd. 3, 1982; Quellen z. Gesch. d. Wiener Kongresses, 1986 - Spr.: Engl., Franz.

MÜLLER, Klaus

Dr. jur., o. Prof. f. Bürgerl. Recht, Handels-, Ausl. u. Intern. Privatrecht sow. Rechtsvergleich Univ. Mainz (s. 1966), Oberlandesgerichtsrat (s. 1967; im Nebenamt), Honorarprof. Univ. Stuttgart (s. 1968) - Collinistr. 10, 6800 Mannheim (T. 2 33 39) - Geb. 14. Juni 1933 Mannheim - Univ. Heidelberg (Rechtswiss.). Promot. u. Habil. Heidelberg; Gr. jurist. Staatsprüf.

MÜLLER, Klaus

Redakteur, Schriftst. (Ps.: Stephan Gräffshagen) - Pflegerstr. 3, 8000 München 60 (T. 811 43 37) - Geb. 5. Dez. 1922 Glatz/Schles., kath., verh. m. Waltraut, geb. Kuczka, 3 Kd. - Realgymn.; Univ. Breslau u. München (7 Sem. Kunstgesch. Archäol., German.); Redaktionsvolontär Ztg. D. Allgäuer, Kempten - 1948-53 Hauptschriftl. Ztschr. D. Fährmann, Freiburg; 1954-60 Redakt. Ztschr. Gong, Nürnberg; s. 1961 Redakt. Bayer. Rundfunk/Fernsehen (Redaktionsleit.). 1960 ff. Beisitzer f. Bayern Filmbewertungsst. Wiesbaden - W: Traum u. Tat, Ged. 1948; Die Gralsucher, Ged. 1947; Der Falschspieler, N. 1947; D. Spiel v. d. Brudersuche, Laiensp. 1947; Requiem, Ged. 1948; D. innerste Klang, Ess. 1948; Am Rande geschehen, Jugendb. 1951; D. Schild d. Achilles, Jgd.b. 1952; M. klarem Blick, Jgd.b. 1953; D. Abenteuerbuch, Jgd.b. 1954; Hl. Abenteuer, Erz. 1958; Bis um Neun wird viel geschehen, Erz. 1966. Herausg.: Gespielt u. aufgenommen (Bildbd. d. Laiensp., 1953). Autor u. Regiss. versch. Fernsehfilme - 1944 Lyrikpreis Schles. Hochsch., 1946 Novellenpreis Ztschr. D. Zukunft, 1973 Preis Stadt u. Provinz Viterbo - Liebh.: Bücher, Schallpl.

MÜLLER, Klaus

Dr. phil., Univ.-Prof. f. mod. Japan, Univ. Düsseldorf - Paradiesstr. 19, 4600 Dortmund 41 (T. 0231 - 4 05 32) - Geb. 24. April 1936 Nürnberg, verh. s. 1965 m. Margit, geb. Rudolf, 2 Kd. - Stud. Tübingen, München; Promot. 1965 München, Habil. 1977 Bochum - Spr.: Engl., Japan.

MÜLLER, Klaus J.

Dr. rer. nat., em. o. Prof. f. Paläontologie - An den Eichen 8, 5300 Bonn 1 (Röttgen) (T. 25 23 62) - Geb. 6. Febr. 1923 Berlin (Vater: Arthur M., Kaufmann; Mutter: Traute, geb. Schwandt), ev., verh. s. 1952 m. Eva-Maria, geb. Globig - Gymn.; 1946-51 Stud. Geol. u. Paläontol. Berlin. Promot. (1951 FU) u. Habil. (1954 TU) Berlin - S. 1954 Lehrtätigk. TU Berlin (Privatdoz., 1957 Diätendoz., 1960 apl. Prof., 1963 Wiss. Rat) u. Univ. Bonn (1964 ao., 1967 o. Prof.; Dir. Inst. f. Paläontol.); emerit. 1988. Gastprof. Univ. Tokio (1962). Spezialabh. z. Paläontol. u. Geol. d. Paläozoikums. Zahlr. Facharb. (bes. üb. Fossilien m. erhaltenen Weichteilen u. üb. Conodonten) - 1986 Ausw. Mitgl. d. Kgl. Schwed. Akad. d. Wiss., Consulting editor Royal Society of Edinburgh; Keith Preis Royal Soc. of Scotland - Spr.: Engl.

MÜLLER, Klaus Norbert

Dr.-Ing., Vorstandsvorsitzender Schubert + Salzer Maschinenfabrik AG (s. 1984) - Friedrich-Ebert-Str. 84, 8070 Ingolstadt/Donau - Geb. 4. Okt. 1941.

MÜLLER, Klaus-Detlef

Dr. phil., o. Prof. Deutsches Seminar d. Univ. Tübingen (s. 1987) - Am Baylerberg 5, 7400 Tübingen-Unterjeringen - Geb. 16. Aug. 1938 Halle/S., ev., verh. s. 1966 m. Bärbel, geb. Mertz - Promot. 1966 Univ. Tübingen, Habil. 1975 - Fachgutachter DFG; 1975-87 Dir. Inst. f. Literaturwiss. Univ. Kiel - BV: D. Funktion d. Gesch. im Werk Bertolt Brechts, 1967; Autobiogr. u. Roman, 1976; Bürgerl. Realismus, 1981; Bertolt Brecht. Epoche-Werk-Wirkung, 1985; Goethe, Dichtung u. Wahrheit, 1986. Herausg.: Bertolt Brecht. Große kommentierte Frankfurter u. Berliner Ausg. (1988ff.)

MÜLLER, Klaus-Dietrich

Rechtsanwalt, Vorstand Partnergruppe Allg. Versicherung AG., Offenbach - Wiesbadener Str. 12, 6240 Königstein/Taunus - Geb. 29. Jan. 1919 Bergen/Rügen (Vater: Johannes M., Kaufm.; Mutter: Irmgard, geb. Baller), ev., verh. s. 1955 m. Anneliese, geb. Collatz - Jura-Stud., Ass.ex. - S. 1967 Vorst.smitgl. versch. Versicherungsges.

MÜLLER, Klaus-Jürgen

Dr. phil., Prof. f. Neuere Geschichte Univ. d. Bundeswehr u. Univ. Hamburg - Hanfstieg 25, 2000 Hamburg 53 - Geb. 27. Febr. 1930 Hamburg (Vater: Carl A. M.; Mutter: Eleonora, geb. Dohrendorff), kath., verh. s. 1959 m. Dr. Ingeborg, geb. Blessing, 2 Kd. (Thomas, Beatrix) - Promot. 1953, Staatsex. 1955, Habil. 1970, alles Hamburg - Wiss. Rat Militärgesch. Forschungsamt; 1970 o. Prof. PH Ludwigsburg; 1973 o. Prof. Univ. d. Bundeswehr, Hamburg; 1977 Prof. Univ. Hamburg, Gastprof. Univ.

Tel Aviv, Paris (Sorbonne), Univ. Montpellier - BV: D. Ende d. Entente Cordiale, 1956; Dünkirchen 1940, 1958 (m.a.); D. Heer u. Hitler, 1969; Militär, Politik u. Ges. in Deutschl., 1979 u. 82; General Ludwig Beck, 1980 ; D. dt. Widerstand 1933-45, 1986 - Spr.: Engl., Franz., Latein.

MÜLLER, Knut

Regierungspräsident Gießen - Landgraf-Philipp-Platz 1, 6300 Gießen (T. 0641/ 303 20 00) - Geb. 1929 Cottbus - Univ. Berlin u. Marburg (Rechtswiss.) - B. 1967 Bundesverfassungsgericht, dann hess. Innenmin. (zul. Reg.dir.), s. 1970 Frankfurt (Polizeipräs.), s. 1981 Gießen (Reg.-Präs.). SPD.

MÜLLER, Konstantin

Gewerkschaftler, Mitgl. Bayer. Senat - Stiftsbogen 19/2, 8000 München 70 - Geb. 15. Juli 1919 München, verh. - U. a. Leit. DAG-Landesverb. Bayern.

MÜLLER, Kurt

Dr. phil., Fabrikant, pers. haft. Gesellsch. Dr. Kurt Müller KG., Krefeld, Ges. Dt. Fibrit-Ges. Ebers & Dr. Müller mbH. ebd. - Kliedbruchstr. 69, 4150 Krefeld (T. Büro: 7 38 51) - Geb. 3. Aug. 1905.

MÜLLER, Kurt

Dr. phil., Botschafter a. D. - 5300 Bonn - Geb. 1921 Wuppertal-Elberfeld - N. Kriegsdst. u. Gefangensch. (1939-49) Stud. Gesch., Roman. u. Islamkunde. Promot. 1949 - S. 1950 Auswärt. Dienst; Gesandtschaft Damaskus; 1958-61 Botschaft Karatschi (Legationsrat I. Kl.); 1961-64 Büro d. Bundesmin. d. Auswärt.; Botschaft Kairo (als Botschaftsrat I. Kl. Geschäftsträger); s. 1965 Botsch. Addis Abeba; s. 1969 AA (Leit. Unterabt. d. Polit. Abt. s. 1970), 1974-77 Botschafter d. BRD in Djakarta; 1977-82 Leit. Abt. f. auswärt. Kulturpolitik im AA.

MÜLLER, Leonhard

Dr.-Ing., Prof. Univ. Erlangen, Vorstandsmitglied Berliner Kraft- u. Licht AG (Bewag) - Schopenhauerstr. 11, 1000 Berlin 38; u. üb. BEWAG, Stauffenbergstr. 26, 1000 Berlin 30 (T. 030 - 267 23 11) - Geb. 27. März 1929 Landeshut - Stud. Elektrotechnik, TU Braunschweig; Promot. 1957 - Prok. u. Leit. Abt. Berat. u. Öffentlichkeitsarb. Hastra, Hannover; 1969-71 Geschäftsf. Landesgr. Nieders./Bremen VDEW; 1972-84 Vorst.-Mitgl. BELG (1983 Energieversorg. Oberfranken), 1983/84 Überlandw. Unterfranken. AR Bergmann Kabelw. AG - BV: Wanderungsvorgänge v. kurzen Hoch-Strom-Lichtbögen im eigenerregten Magnetfeld zw. ruhenden Laufschienen u. zw. sich trennenden Kontaktstücken; Reihenkondensatoren in elektrischen Netzen; Selektivschutz elektr. Anlagen.

MÜLLER, Lothar

Präsident Landeszentralbank in Bayern (s. 1979), Mitgl. Zentralbankrat d. Dt. Bundesbank - Ludwigstr. 13, 8000 München 22 (T. 23700200) - Geb. 27. Jan. 1927 München, ev., verh. m. Dr. Irmgard, geb. Anschütz, 4 Kd. - Stud. Rechtswiss. 1954 Bayer. Finanzverw., 1975 Ministerialdir. u. 1977 Amtschef im Bayer. Staatsmin. d. Finanzen - BV: Veröff. auf d. Gebiet d. Staatsrechts u. d. Außenpolitik, d. Finanzwiss., d. Handels- u. Steuerrechts sowie d. Währungspolitik - 1977 Bayer. VO; 1983 BVK I. Kl.; 1987 Gr. BVK - Spr.: Engl.

MÜLLER, Lukas-Felix

Dr. med. vet. (habil.), o. Prof. f. Innere Tiermedizin u. Direktor Klinik u. Poliklinik f. kl. Haustiere Freie Univ. Berlin (s. 1956) - Bergstr. 14, 1000 Berlin 39 (T. 805 14 26) - Geb. 10. Okt. 1918 Klotzsche/Sa. - 1950-56 Doz., Prof. m. Lehrauftr. (1951) u. vollem L. (1953) Univ. Leipzig. Üb. 60 Fachveröff. - Spr.: Engl., Franz. - Rotarier.

MÜLLER, Manfred

Generalsekretär Dt. Ringer-Bund - Schweizerstr. 90, 6000 Frankfurt/M. 70 (T. 069-61 97 73) - Geb. 7. Nov. 1935 Frankfurt/M. - S. 1973 Generalsekr. d. Dt. Ringer-Bund; s. 1969 Präs. d. Hess. Ringer-Verb.; s. 1968 Präs. d. Athletik-Sport-Ver. Frankfurt-Süd.

MÜLLER, Manfred

Bischof v. Regensburg (s. 1982) - Niedermünstergasse 1, 8400 Regensburg (T. 0941-5 69 90) - Geb. 1926 Augsburg - Stud. Phil. und Theol. Dillingen u. München - 1955-72 Religionslehrer u. Studiendir. Augsburg; 1972-82 Weihbischof v. Augsburg u. Titularbischof v. Jubaltina - 1981 Bayer. VO.

MÜLLER, Manfred Wolfgang

Dr. rer. nat., o. Prof. f. Mathematik Univ. Dortmund - Beisterweg 9, 4600 Dortmund 50 (T. 0231 - 71 20 19) - Geb. 6. Juli 1936 Pisek (ČSSR) (Vater: Josef M., Oberstltn. a.D.; Mutter: Hilde, geb. Klietsch), kath., verh. s. 1973 m. Marianne, geb. Büser - 1956-61 Stud. Math., Physik, Phil. Univ. Stuttgart (Staatsex. 1961 u. 1963, Promot. 1967, Habil. 1970) - 1973 o. Prof. Univ. Dortmund (1975-76 Dekan Abt. Math., 1978-84 Prorektor) - BV: Approximationstheorie, 1978; 30 Publ. in intern. math. Fachztschr. - Liebh.: Musik, Schach - Spr.: Engl., Franz.

MÜLLER, Margarete

Übersetzerin, Autorin, zul. Fremdsprachensekr. (Ps. Müller-Henning) - Boessnerstr. 3d, 8400 Regensburg (T. 0941 - 2 32 87) - Geb. 8. Juli 1924 Kiew, ev., verw., S. Alexander (Arzt), 3 Stiefkd. (Christine, Karin, Gert) - Dolm.-Dipl. Engl. - B. 1983 Angest. im Fremdsprachendst. Univ. Regensburg. Mitgl. d. RSGI u. d. FDA - BV: Am Hang, 1974; Anfang d. Kreises, 1980; Siehst du d. Säntis, 1984; So viel Himmel, Lyr. u. Kurzprosa 1984; D. Jahr macht seinen Weg, e. Jahrb. f. Kinder in Versen 1985 - Liebh.: Spr., Lit., Reisen, Malerei - Spr.: Engl., Ital., Russ., Ukrainisch.

MÜLLER, von, Margarethe Maria

Dr. phil., Präsidentin a. D. Kath. Frauengemeinschaft Deutschlands - Dechaneischanze 9, 4400 Münster - Geb. 1. Nov. 1918 Kellen (Vater: Johann Leonhard; Mutter: Maria, geb. Hahnen), kath., verh. s. 1948 m. H.-W. v. M. - Promot. 1948 Münster - 1952-61 Leit. Intern. Bildungswerk Düsseldorf; 1972-81 Präs. kath. Frauengemeinschaft Dtschls; s. 1978 Vizepräs. Weltunion d. Familienorg., Paris. Versch. Ztschr.-Art. üb. Frauenfragen, Ostkirchensituation, Ausländerprobl. - Gold. Kreuz v. Jerusalem; BVK I. Kl.; Pro Ecclesia et Pontifice - Interessen: Frauenfragen, Kirchen d. Ostens, Dritte Welt, Reisen - Spr.: Engl., Franz.

MÜLLER, Max

Dr. phil., Dr. theol. h. c., Dr. theol. h. c., o. Prof. f. Philosophie (emerit.) - Kartäuserstr. 136, 7800 Freiburg/Br. - Geb. 6. Sept. 1906 Offenburg/Baden (Vater: Otto M., Landgerichtsrat; Mutter: geb. Zoeller), kath., verh. s. 1946 m. Gisela, geb. Letulé †1985 - Gymn. Freiburg; Univ. Berlin, München, Paris, Freiburg (Promot. 1930). Habil. 1937 (Dozentur 1938 aus polit.-weltanschaul. Gründen verweigert) - Ab 1939 Doz. Collegium Borromaeum, Wehrdst., 1942-43 Abt.leit. f. Berufsberatung u. Lehrstellenvermittlung größeres Arbeitsamt, 1943-45 Personalchef gr. Industriewerk, dann Privatdoz., Ord. (1946) u. Honorarprof. (1971) Univ. Freiburg, 1960-71 Ord. Univ. München. 1957 Gastprof. Loewen (Belg.) - BV: Üb. Grundbegriffe phil. Wertlehre, 1932; Sein u. Geist, 1940; D. christl. Menschenbild u. d. Weltanschauungen d. Neuzeit, 1945; D. Krise d. Geistes, 1946; Existenzphil. im geist. Leben d. Gegenw., 4. A. 1986; La crise de la métaphysique, 1953; Expérience et histoire, 1959; Symbolos, 1967; Erfahrung u. Geschichte - Grundzüge e. Phil. d. Freiheit als transzendentale Erfahrung, 1971; Philos. Anthropologie, 1974; Sinn-Deutungen d. Geschichte, 1976; D. Kompromiß od. V. Unsinn u. Sinn menschl. Lebens, 1980 - 1971 Bayer. VO., 1973 Gr. BVK, 1976 Stern dazu, 1983 Komtur d. päpstl. Gregoriusordens - Bek. Vorf.: Dr. Max Zoeller, Altphilologe, Verf.: Latium u. Rom, Griech. u. röm. Privataltertümer, Gesch. d. röm. Lit. u. Röm. Rechts- u. Staatsaltertümer (Großv. ms.).

MÜLLER, Michael

Bundestagsabgeordneter (s. 1983; Landesliste NRW) - Bundeshaus, 5300 Bonn 1. - SPD.

MÜLLER, Norbert

Geschäftsführer Service Bank f. Finanzdienstleistungen GmbH v. 1954, Köln - Ringelnatzstr. 25, 5000 Köln 50 (T. 0221 - 771 08 21) - Geb. 18. Jan. 1932 Bremen, verh. s. 1957 m. Ruth, geb. Göhlich.

MÜLLER, Norbert

Dr. phil., Prof. Univ. Mainz (s. 1975) - Lion-Feuchtwanger-Str. 47, 6500 Mainz 42 - Geb. 9. Dez. 1946 Speyer (Vater: Dr. med. dent. Emil M.; Mutter: Hildegard, geb. Osteroth), kath., verh. s. 1975 m. Eva, geb. Dieck, 3 Kd. (Teresa, Andreas, Susanna) - 1972 Protokollchef Olymp. Dorf, München, Vors. Kurat. Olymp. Akad. NOK Dtschl., Mitgl d. Intern. Olymp. Akad. Olympia/Griechenl., Vizepräs. Comité Intern. Pierre de Coubertin (Lausanne), Mitgl. Aussch. f. Wiss. u. Bild. d. Dt. Sportbundes, Präsid. Dt. Olympische Ges., u. IOC-Kommiss. f. d. IOA - BV: Verf. zahlr. sporthist. Abhandl., bes. z. olymp. Gesch.: V. Paris b. Baden-Baden. D. Gesch. d. Olymp. Kongresse, 1981; Sport History, 1985 - Edition des textes choisis de Pierre de Coubertin, 3 Bde, 1987 - 1964/65 Dt. Jugend- u. Juniorenm. - Liebh.: Archäol., Briefmarken - Spr.: Franz., Engl.

MÜLLER, Norbert

Dr. med., Prof., Chefarzt Neurolog.-psychiatr. Klinik d. Stadt Karlsruhe (s. 1968) - Städt. Klinikum, 7500 Karlsruhe - Geb. 2. Juni 1924 Merzig/S. - S. 1960 (Habil.) Lehrtätigk. Univ. Bonn (1966 apl. Prof.). Üb. 100 Fachaufs.

MÜLLER, Okko

Dr. jur., Vorsitzer d. Geschäftsfg. Union Dt. Lebensmittelwerke GmbH. (1981 ff.) - Dammtorwall 15, 2000 Hamburg 36 - Geb. 1936 Berlin - Stud. Rechtswiss. - S. 1963 Unilever-Konzern; 1977-80 Chef Lever-Brothers Malaysia.

MÜLLER, Oscar W.

Prokurist Hünersdorff + Bührer KG, Ludwigsburg, Geschäftsf. Hünersdorff GmbH, Ludwigsburg - Finkenweg 9, 7101 Massenbachhausen (T. 07138 - 75 86) - Geb. 12. Jan. 1936 Osterode/ Ostpr., verh. m. Sigrid Kaminski, 2 Kd. - Werbe- u. Verkaufsfachsch. Hannover - 1956-66 Günther Wagner Pelikan-Werke, Hannover; 1966-67 Vereinigte Papierwerke Schickedanz & Co., Nürnberg (Product Manager); 1967-74 Wolf-Geräte GmbH, Betzdorf (Marketing Manager); 1974-79 Sedus Christof Stoll GmbH & Co. KG, Waldshut (Marketing/Managing Dir.); 1979-82 Röder GmbH, Frankfurt (Managing Dir.); 1982 August Fröscher GmbH & Co. KG, Steinheim - Spr.: Engl., Franz.

MÜLLER, Otto

Dipl.-Ing., Techn. Direktor, Vorstandsmitgl. Busch-Jaeger Dürener Metallwerke AG., Lüdenscheid - Im Goseborn 7, 5880 Lüdenscheid - Geb. 13. Okt. 1924.

MÜLLER, Paul

Dr. rer. nat., Dipl.-Phys., Geschäftsführer Teldix GmbH., Heidelberg (Elektronik, Feinmechanik, Regeltechn.) - Am Büchsenackerhang 35, 6900 Heidelberg-Ziegelhausen - Geb. 12. März 1925 Tuttlingen, verh. m. Ute, geb. Fraas.

MÜLLER, Paul

Präsident Landessozialgericht Niedersachsen (s. 1976) - Osterloher Landstr. 4, 3100 Celle-Osterloh - Geb. 13. Jan. 1925, verh. s. 1948 m. Hildegard, geb. Blandfort, 2 Kd. (Manfred, Eva- Maria) - Univ. d. Saarl. (Dipl. de droit 1951, Dipl.-Kriminol. 1954 - 1952-66 Richter u. Staatsanwalt Saarbrücken, s. 1966 Bundesrichter; Major d. Res. - Mitherausg.: Gesamtkomment. RVO; Rechtsprechungsdienst d. Sozialgerichtsbarkeit. Herausg.: D. Entscheid. d. Bundessozialgerichts (Fundstellenverzeichnis).

MÜLLER, Paul

Dr. rer. nat., o. Prof. f. Biogeographie - Birkenstr. 22, 6601 Bübingen/Saar - Geb. 11. Okt. 1940 Gersweiler - Promot. 1967 - S. 1971 (Habil.) Lehrtätigk. Univ. Saarbrücken (ehem. Präs.). Div. Facharb.

MÜLLER, Paul-Gerhard

Dr. theol., Prof. f. Wiss. d. Neuen Testaments - Hinter dem Dom 6, Postf. 13 40, 5500 Trier (T. 0651 - 71 05-3 68) - Geb. 29. Juni 1940 Sulzbach/S., kath. - Promot. 1972, Habil. 1976 Univ. Regensburg - 1979 Dir. Kath. Bibelwerk in Deutschl., Stuttgart; Deleg. Kath. Weltbibelföderat. (WCFBA). AR Bibl. Reisen GmbH; AR Verlag KBW GmbH u. Dt. Bibelges.; Mitgl. Pastoralkonfz. Dt. Bischofskonfz. u. Zentralkomitee Dt. Katholiken; 1989 Ordinariatsrat im Bischöfl. Generalvikariat Trier, Leit. Diözesanst. f. Bibelarb. Trier; Lehrauftr. Univ. Saarbrücken; Mitgl. Studiorum Novi Testamenti Soc. u. AG dt.-spr. kath. Neutestamentler. Zahlr. Bücher u. Beitr. z. exeget. u. bibelwiss. Themen.

MÜLLER, Peter

Direktor i. R. - Wirmerstr. 12, 4000 Düsseldorf - Geb. 9. Juni 1916 Düsseldorf, kath., verh. - B. 1968 Geschäftsf. Vermögensverw.- u. Treuhand-Ges. d. DGB mbH, Düsseldorf; Ober- bzw. Bürgermeister (1964) Düsseldorf. 1968-81 Sprecher d. Geschäftsfg. Beamtenheimstättenwerk, Gemeinn. Bauspark. f. d. öffentl. Dienst, GmbH, Hameln - Commandeur Légion d'Honneur, Commander of the British Empire; Komturkreuz ital. VO. Gr. BVK; Ehrensenator Univ. D'dorf.

MÜLLER, Peter

Dr. med., Prof. f. Psychiatrie Univ. Göttingen - Hohe Linde 18, 3400 Göttingen - Geb. 28. Dez. 1940 Braunschweig, verh. m. Dr. Käthe, 3 Kd. - Stud. Univ. Göttingen, Kiel, Berlin (Med., Psychol., Soziol.); Promot. 1966; Habil. 1977 - 4 Bücher zu sozialpsychol. u. psychiatr. Therapie-Fragen - 1980 Hermann-Simon-Preis.

MÜLLER, Petra

Choreographin, Schausp., Showschule VICTORY - Georgenstr. 86, 8000

München 40 (T. 089 - 271 12 06 u. 470 47 46) - Geb. 29. Juni 1951 Hamburg (Vater: Max M., Textilkaufm.; Mutter: Elfi, geb. Schwinn), kath., gesch., 2 Kd. (Nicole-Andrea, Maria †) - Ausb. b. Nika Nilanowa/Erika Smetana (russ. Schule f. Tanz), Kölner Tanzakad., Folkwangsch. Essen, Dancer Fitzgerald, New York - Schausp., Tänzerin; Gründ. v. Deutschlands einz. Show-Schule u. Ballett Petra-Dancers, Sängerin d. Gr. Rockefeller. Auftr. in FS-Send., u.a. Plattenküche, b. Kanzlerfest, Modenschauen u.v.m. - 1980 silb. Löwe RTL (f. Musiktitel d. Gr. Rockefeller: Here comes the queen) - Liebh.: Malerei, Kochen, Schneidern - Spr.: Engl., Franz., Ital., Span.

MÜLLER, Reimund

Dr. rer. oec., Marketing-Berater - Ziesenisstr. 9, 2000 Hamburg 70 (T. 040 - 652 47 52) - Geb. 10. Aug. 1925 Freiberg/Sa. (Vater: Carl M., Musikdir.; Mutter: Charlotte, geb. Mothes), verh. s. 1949 m. Helga, geb. Lühmann, S. Ralph-Axel - Univ. Leipzig u. Hamburg - Ltd. Tätigk. (Marketing) Unilever, Reemtsma, Henkel; s. 1960 selbst. (Dr. Reimund Müller Marketing u. Marktforsch.). 1976-82 Vizepräs. Dt. Marketing-Vereinig. Mitautor: Marketing Enzyklopädie (1974) - Spr.: Engl., Franz.

MÜLLER, Reiner W.

Dr. med., Prof. - Herderstr. 6, 5000 Köln 41 (T. 41 55 58) - Geb. 19. Sept. 1910 Kiel - S. 1950 (Habil.) Privatdoz. u. apl. Prof. f. Kinderheilkd. unt. bes. Berücks. d. Tuberkulose (1956) Univ. Köln - BV: Nieren-Tbc im Kindesalter, 1948; Tbc-Ablauf im Körper, 1952. Zahlr. Fachaufs. Herausg.: D. Tuberkulosearzt (1955-63), Tuberkulose-Bücherei (1955 ff.), Praxis d. Pneumologie (1964 ff.).

MÜLLER, Richard

Oberamtsrat a. D., MdB (s. 1972; Wahlkr. 223/Bayreuth) - Nobelstr. 16, 8580 Bayreuth/Ofr. (T. 9 92 95) - Geb. 31. März 1920 Lichtenfels (Eltern: Anton (Kaufm.) u. Anna M.), verh. s. 1943, Sohn - Obersekundareife - S. 1938 Landratsamt Coburg u. Reg. v. Oberfranken ebd. (1949; 1965 Oberamtsrat). 1940-45 Wehrdst. 1960-62 Mitgl. Stadtrat Bayreuth; 1962-72 MdL Bayern. SPD s. 1977 (Unterbez.svors. Bayreuth) - 1971 Bayer. VO. - Liebh.: Fußball (Vizepräs. u. Bezirksvors. Oberfranken d. Bayer. Fußballverb.

MÜLLER, Richard

Dr. agr., em. o. Prof. f. Tierernährung - Merler Allee 24, 5300 Bonn-Röttgen (T. 25 15 90) - Geb. 11. Aug. 1912 Weiden/Rhld. (Vater: Lehrer), verh. s. 1941 m. Katharina, geb. Sibenhorn - S. 1942 (Habil.) Privatdoz., apl. (1947), ao. (1961) u. o. Prof. (1967) Univ. Bonn (Landw. Fak.). Fachveröff.

MÜLLER, Richard

Zolloberamtsrat, Bundesvorsitzender Bund d. Dt. Zollbeamten - Trierer Str. 8, 5513 Tawern - Geb. 7. April 1928 Tawern (Vater: Willy M., Beamter; Mutter: Anna, geb. Weber), kath., verh. s. 1950 m. Hildegard, geb. Bamberg, 2 S. (Nikolaus, Reinhold) - Abit. 1949; Zollinsp.-Prüf. 1955 - S. 1950 Ämter in d. Zollverw.; s. 1973 Bundesvors. - 1968 Gold. Sportabz.; 1978 BVK a. Bde.; 1988 BVK I. Kl. - Spr.: Franz., Engl.

MÜLLER, Richard G. E.

Dr. rer. nat., em. o. Prof. f. Psychologie - Kiebitzweg 8, 2056 Glinde - Geb. 9. Aug. 1910 Dortmund (Vater: Emil M., Böttcher; Mutter: Emilie, geb. Scharf), ev., verh. s. 1936 m. Käthe, geb. Rohkohl, 2 Kd. (Almut, Marbod) - Stud. Psych., Päd., Soziol., Heilpäd. Dipl.-Psych. 1951; Promot. 1947 - 1934-54 Lehrer u. Leit. Volkssch.; 1955-62 Leit. Sondersch.; s. 1963 o. Prof. Päd. Hochsch. Ruhr/Abt. Hagen u. Univ. Dortmund (emerit. 1978) - BV: D. erziehungsschwierige Schulkind, 1962; D. Schule f. erziehungsschw. Kinder u. Jugendl., 1964; Ursachen u. Behandl. v. Lese-Rechtschreibe-Schwächen, 1967; Verhaltensstörungen b. Schulkindern, 1970; Vorschulerziehung, 1972; Psych. f. Pädagogen, 1983. Üb. 80 Fachaufs. - Liebh.: Alte Musik.

MÜLLER, Rolf

Dr. phil., Staatssekretär, Sprecher Hess. Landesreg. - Ulmenstr. 9, 6460 Gelnhausen - Geb. 1. Dez. 1947 Gelnhausen - Univ. Frankfurt/M. (German., Politikwiss.). Beide Staatsex. - 1971ff. Schuldst.; 1970-78 Stadtverordn. Gelnhausen; s. 1974 MdK Main-Kinzig; s. 1978-88 MdL Hessen. CDU - 1969 Dt. Hochschulm. Schwimmen.

MÜLLER, Rolf

Dr. rer. pol., Dipl.-Kfm., Hüttendirektor, Vizepräs. IHK Bochum - Aprather Str. 2a, 4000 Düsseldorf-Gerresheim (T. 0211 - 28 32 22) - Geb. 11. Juli 1926 - 1956 Steuerberater; 1957 Wirtschaftsprüf.; 1967-70 Vorst.-Mitgl. Eisen- u. Hüttenwerke AG, Köln; 1971-73 Stahlwerke Bochum AG, Bochum; 1973-78 Neunkircher Eisenwerk AG, Neunkirchen; 1978ff. Stahlwerke Bochum AG, Bochum. Vorst.-Mitgl. Wirtschaftsvereinig. Eisen- u. Stahlind. - Spr.: Engl., Franz. - Rotarier.

MÜLLER, Rolf

Dr. phil., Prof. f. Germanistik Univ. GH Kassel - Berliner Str. 30, 3501 Ahnatal - Geb. 1. Febr. 1936, verh. s. 1984 m. Regine, geb. Eiser - Wiss. Tätigk. Univ. Marburg (Dt. Sprachatlas) u. Kiel, Inst. f. dt. Sprache Mannheim - Forschungsst. Freiburg, Doz. PH Freiburg u. s. 1973 Prof. Univ. GH Kassel m. Fachricht. Germanistik/Sprachwiss. - Spez. Forschungen: Gesprochene Sprache; Sprache u. Schrift, insbes. Legasthenie; Sprachgesch. d. Deutschen als Hoch- u. Schriftsprache; Probl. d. Verhältnisses v. Umgangssprache zu Fach- u. Sondersprachen.

MÜLLER, Rolf-Hans

Dirigent, Komponist, Regisseur - Obere Schußbach 12, 7570 Baden-Baden (T. 07221 - 6 23 77) - Geb. 10. April 1928 Dresden (Vater: Hans M.; Mutter: Martha, geb. Rentsch), ev., verh. s. 1957 m. Ritha, geb. Davar - Kreuz-Gymn., Musikhochsch. u. Konservat. Dresden u. Heidelberg - S. 1949 Südwestfunk (Hauspianist, Komp., 1958 Dirig. SWF-Tanzorch.) - Komp. z. FS-Filmen u. a.: D. Forellenhof, Powenzbande, Salto Mortale, Tatort, Goldene Zeiten - 1987 Dr. of Music h. c. d. Albert Einstein Intern. Akad. Foundation - Liebh.: Elektrotechnik - Spr.: Engl.

MÜLLER, Rudolf

Dipl.-Landw., Geschäftsführer, Vors. Bundesverb. d. kartoffelverarb. Industrie, Oberpleis-Frohnhard - Mozartstr. 59, 7118 Künzelsau/Württ. (T. 20 48) - Geb. 27. Nov. 1915 Eubigheim/Odenw., ev., verh., 3 Kd. - Gymn. Karlsruhe; LH Hohenheim - 2 J. landw. Praxis, Arbeits-, Militär-, 1939-45 Wehrdst. (Artl., zul. Hptm. d. R.), 1946-48 Stud., dann Württ. Landw. Zentralgenoss., Stuttgart, s. 1953 Geschäftsf. Flachswerk Künzelsau, Künzelsau-Nagelsberg, Mitgl. Gemeinderat Künzelsau; 1964-72 MdL Baden-Württ. DVP/FDP.

MÜLLER, Rudolf

Studiendirektor, MdB (s. 1972) - Tauberweg 4, 8720 Schweinfurt/Ufr. (T. 4 15 10) - Geb. 26. Nov. 1932 Thomigsdorf/Sudetenl. (Vater: Rudolf M., Landwirt; Mutter: Maria, geb. Kramer), kath., verh. s. 1959 m. Christl, geb. Fiedler, S. Arno - Dom-Gymn. Freising (Abit. 1953); 1953-57 Univ. München (Wirtschaftswiss., Geogr.). Staatsex. 1957 u. 59 - S. 1960 Wirtschaftswiss. Gymn. u. Mädchen-Realsch. Schweinfurt (s. 1969 stv. Dir., 1972 Schulleit.). 1968-72 Mitgl. Stadtrat Schweinfurt. SPD s. 1963 (1972 Kreisvors. Schweinfurt-Stadt) - Liebh.: Briefm., Gesch. - Spr.: Engl., Franz.

MÜLLER, Rudolf

Dipl.-Kfm., Fabrikant, Inh. Rudolf Müller, Schuhfabrik (Müllerschuh), Kirchheim, Vors. Verb. d. Baden-Württ. Schuhind., Stuttgart - Mozartstr. 12, 7312 Kirchheim/Teck (T. Büro: 36 61) - Geb. 28. Febr. 1922.

MÜLLER, Rudolf J. E.

Dipl.-Kfm., Steuerberater, MdA (s. 1971) - 1000 Berlin 28 - Geb. 23. Mai 1938 Stettin (Vater: Rudolf M., Fleischermeister; Mutter: Gerda, geb. Stüber), ev., verh. s. 1971 m. Rosa, geb. Paul, 2 S. (Alexander, Florian) - Humboldtsch. (Abit. 1957) u. FU Berlin (Dipl. 1964) - Div. Ämter. CDU.

MÜLLER, Stephan

Dr. rer. nat., M. Sc., o. Prof. f. Geophysik - Frohburgstr. 138, CH-8057 Zürich (T. 363 20 07) - Geb. 30. Juli 1930 Marktredwitz/Ofr. (Vater: Hermann M., Oberstlt. a. D., techn. Kaufm.; Mutter: Johanna, geb. Leuze), ev., verh. s. 1959 m. Doris, geb. Pfleiderer, 2 Söhne (Johannes, Tobias) - Obersch. Passau u. Stuttgart; Univ. Stuttgart (Physik; Dipl.-Phys. 1957); Stip. TU Berlin u. Columbia Univ. New York (M. Sc. 1959). Promot. 1962 Stuttgart - 1962-64 Wiss. Assist. TH Stuttgart, 1964-71 o. Prof. TH bzw. Univ. Karlsruhe. 1964/65 Gastprof. Southwest Center for Advanced Studies Dallas (USA); 1969/70 Gastprof. Univ. of Texas Dallas (USA); 1971ff. Ord. ETH Zürich u. Dir. Schweizer. Erdbebendienst; s. 1977 Ord. Univ. Zürich - Präs. Schweizer. Geophys. Kommiss. (s. 1972); Präs. European Seismological Commission (1972-76), Intern. Commiss. on Controlled Source Seismology (1975-83), Executive Council of the European Mediterranean Seismological Centre (1976-82), Governing Council of the Intern. Seismological Centre (1975-85), Schweizer. Landeskomitee f. d. Intern. Geodynamics Project (1977-80), Schweizer. Ges. f. Geophysik (1977-80), European Geophysical Soc. (1978-80); Vorst. Abt. f. Naturwiss. ETH Zürich (1978-80); s. 1987 Präs. Intern. Assoc. of Seismology and Physics of the Earth's Interior; Hauptherausg. Fachztschr. Annales Geophysicae (1982-87); Mithrsg. Fachztschr. Pure and Applied Geophysics (1971-83); Mitgl. Herausg.stab Journal of Geophysics - Ztschr. f. Geophysik (1969-87), Tectonophysics (1971-77 u. s. 1984), Bolletino di Geofisica Teorica ed Applicata (s. 1978), Journal of Geodynamics (s. 1983). BV: Synthese normal dispergierter Wellenzüge auf d. Grundl. d. Theorie linearer Syst., 1962 (m. M. Ewing) - Mitgl. Schweizer. Akad. d. Naturwiss. (Bern), Elected Member Soc. of the Sigma Xi, Intern. Chapter (New York), Associate Royal Astronomical Soc. (London), Fellow American Geophysical Union (Washington), Honorary member European Geophysical Soc., Honorary fellow Geological Soc. (London), Elected Member, Academia Europaea (London).

MÜLLER, Theodor

Dr. phil., Prof., Museumsdirektor a. D., Honorarprof. f. Mittlere u. neuere Kunstgesch. Univ. München (s. 1955) - Hermine-Bland-Str. 5, 8000 München 90 - Geb. 19. April 1905 Ingolstadt - Promot. 1928 München (Pinder) - 1928-68 Bayer. Nationalmuseum München (zul. Generaldir.) - BV: u. a. Mittelalterl. Plastik Tirols, 1935; Alte bayer. Bildhauer, 1950; Gesch. d. dt. Plastik, 1953 (m. Adolf Feulner); D. Bildw. in Holz, Ton u. Stein v. d. Mitte d. 15. bis gegen Mitte d. 16. Jh.s, 1959; Dt. Plastik d. Renaissance b. z. 30j. Krieg, 1963; Sculpture in the Netherlands, France and Spain 14-1500, 1965; Gotische Skulptur in Tirol, 1976. Zahlr. Einzelarb. Mitherausg.: Pantheon (1960-80); Georg Petel, 1973; Ingolstadt, 1974 - Mitgl. Bayer. Akad. d. Wiss. (1959) u. Bayer. Akad. d. Schönen Künste (1967); 1959 Bayer. VO; 1969 Gr. BVK; 1986 Bayer. Maximiliansorden.

MÜLLER, Thomas

Dipl.-Ing., Vorstandsmitgl. Conrad Scholtz AG., Hamburg (s. 1972) - Oelsnerring 163g, 2000 Hamburg 52 (T. 82 91 24) - Geb. 21. April 1932 Hamburg-Blankenese.

MÜLLER, Traute

Geschäftsführerin ZEBRA (Zentrum f. berufl. Reintegration v. Arbeitslosen) (s. 1987), Vors. SPD-Landesorganisation Hamburg (s. 1988) - Zu erreichen üb. Kurt-Schumacher-Allee 10, 2000 Hamburg 1 - Geb. 18. Mai 1950 Itzehoe, led. - Schulbesuch in Hamburg-Barmbek (Mittl. Reife); Buchhändler.ausb. in Hamburg; Fachabit. (2. Bildungsweg); Stud. Sozialpäd. FH, dan. Univ. Hamburg (Abschl. Dipl.-Päd.) - S. 1976 Tätigk. in d. Erwachsenenb., zun. VHS Hamburg, anschl. Ref. in d. Behörde f. Schule u. Berufsb. f. d. Weiterb. ausländ. Arbeitnehmer, dan. Abt.-Leit. f. Allgemeinbild. in d. Stiftg. Berufl. Bildung - Arbeitslosenbildungswerk. Mitgl. Gewerksch. ÖTV; Mitgl. Arbeiterwohlfahrt Hamburg. S. 1970 SPD-Mitgl.; 1973/74 Mitgl. Hamburger Jusolandesvorst.; 1976/77 stv. Bundesvors. Jungsozialisten in d. SPD; 1977-84 Vors. SPD-Distrikt Eimsbüttel-Süd; s. 1984 Kreisvors. SPD Eimsbüttel u. Mitgl. Hamburger SPD-Landesvorst.

MÜLLER, Ulrich

Senatsdirektor a. D., Präs. Rechnungshof v. Berlin (s. 1973) - Spanische Allee 95a, 1000 Berlin 38 (T. 883 80 11) - Geb. 29. Juli 1929 - Gymn. Berlin; Stud. Rechtswiss. ebd. Beide jurist. Staatsprüf. - 1950-73 Senatsverw. f. Finanzen u. f. Bundesangelegenh. (1951; 1967 Senatsrat) sow. Senatskanzlei v. Berlin (1969 Chef; Senatsdir.). SPD.

MÜLLER, Ulrich

Rechtsass., Parlamentsrat a.D., Hauptgeschäftsf. Ind.- u. Handelskammer Bodensee-Oberschwaben - Schlierer Str. 51, 7980 Ravensburg (T. 0751 - 3 28 66) - Geb. 11. Dez. 1944 Schwäbisch-Hall, ev., verh. s. 1978 m. Sylvie, geb. Leitner, 4 Kd. (Alexander, Caroline, Angela, Andreas) - 1967-72 Jurastud. Tübingen - Wirtschaftsrat Bonn; Staatsmin. Baden-Württ.; Landtag Baden-Württ.; s. 1985 Mitgl. Rundfunkrat SWF Baden-Baden - BV: u.a. Denken-Reden-Überzeugen, Lehrb. d. Diskussionstechn., 3. A. 1980 - Spr.: Engl. - Rotarier.

MÜLLER, Ulrich

Dr. rer. nat., Prof. f. Chemie Univ. Marburg - Burgwaldstr. 12, 3550 Marburg (T. 06421 - 4 18 89) - Geb. 6. Juli 1940 Bogotá, verh., 3 Kd. (Antje, Jan, Marcel) - Stud. TH Stuttgart, Studienstiftung d. Dt. Volkes; Dipl.-Chem. 1963; Promot. 1966; Habil. 1972 Marburg - 1967-70 wiss. Assist. Univ. Karlsruhe; 1970-72 wiss. Assist. Univ. Marburg; 1972 Univ.-Prof. Marburg. 1975-77 Gastprof. Univ. v. Costa Rica. Kurse an versch. Univ. Brasilien u. Chile - BV: Schwingungsspektroskopie, 1982; übers. Chemie (Lehrb.) - Spr.: Engl., Franz., Span.

MÜLLER, Viktor

Vorstandsmitglied Deutscher Ring Versicherungsges. (3) - Grasweg 46, 2000 Hamburg 60 - Geb. 6. Febr. 1928 Winterberg/Böhmen - Dipl. Betriebsw.

MÜLLER, Walter

Bratschen-Solist, Prof. f. Viola u. Kammermusik Nordwestd. Musik-Akad., Detmold (s. 1955) - Berliner Allee 46, 4930 Detmold/Lippe, (T. 55 82) - Geb. 2. Juli 1909 Hildesheim (Vater: Richard M., Kaufm.; Mutter: Luise, geb. Ehmann), ev., verh. I) 1939 m. Hertha, geb. Pels Leusden (gesch.), II) 1958 Carmen, geb. Brandt, 2 Kd. (Dorothea, Matthias) - Andreas-Realgymn. Hildesheim (Abit.); Musikhochsch. Berlin (Viola, Prof. H. Mahlke) - 1935-39 Bratscher Orch. Staatsoper Berlin; 1939-55 Solobratscher Berliner Philh. Orch. Mitgl. Dt. Alpenverein u. Wilhelm-Busch-Ges. - Liebh.: Schöne Lit.

MÜLLER, Walter E.

Dr. rer. nat., Prof., Fachautor, Leit. Abt. f. Psychopharmakol. Zentralinst. f. Seelische Gesundheit, Mannheim - Zu erreichen üb. Zentralinst. f. Seelische Gesundheit, 6800 Mannheim - Geb. 22. Okt. 1947, verh. s. 1972 m. Heidrun, geb. Becker, 3 Kd. (Helge, Ulf, Juliane) - Stud. Univ. Frankfurt u. Mainz; Promot. 1974, Habil. 1980 (Pharmakol. u. Toxikol.). 1986 Prof. Univ. Heidelberg - S. 1983 Leit. Psychopharmakol. Labor u. s. 1989 Leit. Abt. f. Psychopharmakol. Zentralinst. f. Seel. Gesundh., Mannheim - BV: The benzodiazepine receptor, 1987. Zahlr. Veröff. in wiss. Ztschr. - 1976 Fritz-Küls-Preis Dt. Pharmakol. Ges. - Spr.: Engl., Franz.

MÜLLER, Walter Jochen

Dr.-Ing., Hafendirektor, Vorstand Duisburg-Ruhrorter Häfen AG. - Alte Ruhrorter Str. 42-52, 4100 Duisburg 13 (T. 0203-80 32 10) - Geb. 19. Febr. 1935 Wurzen - Stud. TH Dresden u. Hannover - Assist. TH Darmstadt - Spr.: Engl.

MÜLLER, Walter W.

Dr. phil., Prof. f. Semitistik - Holderstrauch 7, 3550 Marburg/L. - Geb. 26. Sept. 1933 Weipert-Erzgeb. (Vater: Wilibald M., Schlosser; Mutter: Cäcilie, geb. Schmidl), kath., verh. s. 1958 m. Ingeborg, geb. Kopsch, 2 Söhne (Thomas, Stefan) - 1955-62 Stud. Orientalistik u. Theol. Mainz, Tübingen, Los Angeles. Promot. (1962) u. Habil. (1968) Tübingen - S. 1973 Prof. Univ. Tübingen (apl.) u. Marburg (1975 Ord.). Spez. Arbeitsgeb.: Sabäistik. Zahlr. Fachveröff. Mitverf.: Sabaic Dictionary, 1982. Herausg.: Lexikon d. Arab. Welt (1972); H. v. Wissmann, D. Gesch. v. Saba. II. (1982). Mithrsg.: Texte aus d. Umwelt d. Alten Testaments (s. 1982) - 1977 Mitgl. Marbg. Gelehrte Ges., 1978 korresp., 1983 o. Mitgl. Dt. Archäol. Inst. Berlin, 1982 Mitgl. Arab. Komm. d. Österr. Akad. d. Wiss.; 1987 o. Mitgl. Akad. d. Wiss. u. d. Lit., Mainz.

MÜLLER, Wendelin

I. Bürgermeister Stockstadt/Main - Rathaus, 8751 Stockstadt/Ufr. - Geb. 22. Okt. 1924 Heimbuchental - Dipl.-Ing., Architekt. CSU.

MÜLLER, Werner

Senatsdirektor i.R. - An d. Urania 4-10, 1000 Berlin 30 (T. 21 22 -1) - Geb. 1919 - B. 1963 Bezirksstadtrat f. Jugend u. Sport Wedding, dann Senatsdir. Senatsverw. f. Jugend u. Sport bzw. Familie, Jugend u. Sport, 1971-81 Senatsverw. f. Arbeit u. Soziales v. Berlin. SPD.

MÜLLER, Werner

Prokurist, MdL Bayern (1965-75) - Wettersteinstr. 14, 8031 Puchheim/Obb. (T. München 87 70 72) - Geb. 20. Okt. 1910 Langen/Hessen, ev., verh., 2 Kd. - Wittelsbacher Gymn. München- S. 1931 Münchner Elektrohandwerksgroßbetrieb. 1944-45 1/2 J. KZ. Mitbegr. CSU (u. a. Bezirksvors. München (jetzt Ehrenvors.) u. Landesschatzm.) - 1973 Bayer. VO.

MÜLLER, Werner E. G.

Dr. rer. nat., Prof. f. Physiolog. Chemie - Semmelweisstr. 12, 6200 Wiesbaden (T. 06121 - 6 71 61) - Geb. 19. Aug. 1942 Sprendlingen (Vater: Dr.-Ing. Jakob M., Stud.Dir.; Mutter: Marie, geb. Bopp), ev., verh. s. 1971 m. Isabel, geb. Zahn, T. Claudia - Abit. 1961; Promot. 1967; Prof. 1971 - 1977 Abt.-Leit. u. Prof. f. Angew. Molekularbiologie Inst. f. Physiol. Chemie Univ. Mainz - BV: Chemotherapie v. Tumoren, 1975; The DNA-Modifying Antibiotic Bleomycin, 1976; Aggregation in Sponges, 1978; Biochemistry of Antivirals, 1978; Biochemical and Morphol. Aspects of Ageing, 1981. Zahlr. Originalveröff. auf d. Geb. d. Molekularbiol., Zellbiol. u. Chemotherapie - 1972 Boehringer-Ingelheim-Preis; 1977 Zimmermann-Preis; 1980 Bürger-Preis; 1986 Kani Medal (Tokio); 1986 Ruder Bosković Medal in Gold (Zagreb); 1987 Ruder Bosković-Founders Plaque - Liebh.: Paläontologie, Unterwasser-Fotographie - Spr.: Engl., Franz. - Bek. Vorf.: Justus v. Liebig - Lit.: Who's Who in the World.

MÜLLER, Wilhelm

Bundesgeschäftsführer Arbeiter-Samariter-Bund Deutschland - Sülzburgstr. 140, 5000 Köln 41 - Geb. 24. März 1942.

MÜLLER, Wilhelm Johann

Dr.-Ing., Prof. TH Darmstadt - Wilhelminenstr. 18, 6100 Darmstadt (T. 2 20 88) - Geb. 14. Aug. 1901 Knapsack (Vater: Heinrich M.; Mutter: Auguste, geb. Gehrt), ev., verh. s. 1933 m. Ilse, geb. Kirsten, 3 Kd. (Gudrun, Harald, Norbert) - Dipl.-Ing. 1925 Berlin, Promot. 1932 Stuttgart - 1926/27 Ing. Ruhrverb. Essen; 1927-46 Stadtverw. Halle/S.; 1949-59 Sydney u. Perth/Austr.; s. 1959 Prof. TH Darmstadt - BV: Disposal of Sewage and Other Water-borne Wastes (m. and.), 1956, 2. A. 1971; Treatment of mixed domestic sewage and industrial waste waters in Germany (OECD), 1966; Re-use of waste waters in the Federal Republic of Germany (OECD), 1969; Bericht üb. Probl. d. Reinhalt. v. Gewässern, 1973; Nutzung u. Wiederverw. v. Abwässern, 1976; Water Reuse in the Fed. Rep. of Germany in Water Renovation and Reuse, 1977; D. Reinhalt. d. Gewässer im Lehr- u. Handb. d. Abwassertechn, Bd. I 1967, 2. A. 1973, 3. A. 1982 - Spr.: Engl.

MÜLLER, Willi

Landwirt, MdL Bayern (s. 1970) - 8591 Stemmas/Ofr. (T. 09233 - 82 02) - Geb. 1936 - CSU - 1981 Bayer. VO; 1987 BVK am Bde.

MÜLLER, Willy

Angestellter, MdB (s. 1965; Wahlkr. 86/ Mülheim-Ruhr) - Schumannstr. 28, 4330 Mülheim/Ruhr (T. 5 63 68) - Geb. 14. Juli 1925 Mülheim/Ruhr, kath., verh., 4 Kd. - Volkssch.; Lehre Anwaltsbüro - Anwaltsgehilfe, ab 1942 Arbeits- u. Wehrdst. (schwerbeschädigt; zul. Obergefr.), 1945-49 sowjet. Kriegsgefangensch., spät. Angest. AOK (beide Verw.prüf.). S. 1961 Ratsmitgl. Mülheim. B. 1967 (Rücktr.) Vizepräs. Dt.-Korean. Ges. SPD s. 1950 (1963 Vors. Unterbez. Mülheim).

MÜLLER, Wolfgang

Dr. med., Prof., Internist u. Rheumatologe, Chefarzt der Univ.-Rheuma-Klinik - Felix Platter-Spital, Basel (Schweiz); Im Rehwechsel 30, CH-4102 Binningen - Geb. 5. Juli 1925 Koblenz - S. 1961 (Habil.) Lehrtätigk. Univ. Freiburg/Br., Kiel, Basel (1967 ao. Prof.). Zahlr. Fachveröff.

MÜLLER, Wolfgang

Dr. rer. pol., o. Prof. f. Betriebswirtsch.lehre (insbes. Versicherungswirtsch.) Univ. Frankfurt/M. (s. 1975) - Mertonstr. 17, 6000 Frankfurt/M. (T. 798 31 69) - Geb. 10. Nov. 1936 Eisenach - Habil. 1973 Hamburg - BV: D. Simulation betriebswirtschaftl. Informationssysteme, 1969. Herausg.: Veröff. d. Sem. f. Versicherungslehre d. Univ. Frankfurt. Mithrsg.: Schr. z. Unternehmensführung. Übers.: H. A. Simon, Entscheidungsverhalten in Org., 1981 (aus d. Engl.). Zahlr. Fachaufs.

MÜLLER, Wolfgang

Ltd. Baudirektor i. R. - Warthestr. 8, 3070 Nienburg (T. 1 34 18) - Geb. 14. Mai 1910 Bad Gandersheim (Vater: Heinrich M., Amtsgerichtsrat; Mutter: Marie, geb. Böhlke), ev., verh. s. 1946 m. Erika, geb. Bunke, 3 Kd. (Gerhard-Hinrich, Ulrike, Christiane) - Gymn. Gandersheim; Maurerlehre; TH Stuttgart u. Braunschweig (Arch.; Dipl.-Ing. 1934). II. Staatsprüf. (Bauass.) 1938 Berlin - U. a. Wasserstr.-Neubauamt Braunschweig (Ass.); Kriegsdst.; 1946-48 fr. Arch.; 1948-61 Doz. Ing.sch. Holzminden (Baurat) - BV: Städtebau, 1974 - Spr.: Engl., Franz.

MÜLLER, Wolfgang

Dr., Vorstandsmitglied Allianz AG u. Allianz Versicherungs-AG., Berlin/ München - Königinstr. 28, 8000 München 44 (T. 38 00 -1); priv.: 80, Scheinerstr. 2 - Geb. 7. Febr. 1926 Dinslaken, verh. m. Renate, geb. Klüber - Stud. d. Rechtswiss. Univ. Köln; I. u. II. jur. Staatsprüf.

MÜLLER, Wolfgang

Dr. rer. nat., o. Prof. f. Mathematik Univ. Bayreuth - Waldsteinring 31, 8580 Bayreuth.

MÜLLER, Wolfgang J.

Dr. phil., Prof., Kunsthistoriker - Blücherstr. 8, 2300 Kiel (T. 8 63 45) - Geb. 20. Nov. 1913 Rostock (Vater: Ernst M., Kaufm.; Mutter: Marie, geb. Piehl), ev. - Gymn. Rostock; Univ. ebd. u. München (Promot. 1939) - S. 1950 (Habil.) Privatdoz. u. apl. Prof. (1957) Univ. Kiel (Mittlere u. Neuere Kunstgesch.) - BV: Georg Flegel u. d. Anfänge d. Stillebenmalerei. Ausst.-Kat.: D. Sprache d. Bilder, Braunschweig, 1978; Mitherausg.: Emkendorf u. Knoop (m. D. Lohmeier), 1986 - Spr.: Engl., Franz., Niederl.

MÜLLER-BARDORFF, Johannes

Dr. theol., em. o. Prof. f. Ev. Religionspädagogik, Univ. München (s. 1963) - Pembaurstr. 11, 8000 München 60 (T. 88 86 37) - Geb. 12. Juli 1912 Gautzsch b. Leipzig - Habil. 1953 Univ. Leipzig; Prof. f. NT Univ. Jena; 1963 Prof. f. Religionspäd. Univ. München, vorm. PH, emerit. 1980 - BV: Gesch. u. Kreuz b. Luther, 1938, Verstehen u. Unterweisen, 1967; Wort, Antwort u. Verantwortung, 1968, Paulus 1970.

MÜLLER-BARDORFF, Ulrich

Dipl.-Kfm., Steuerberater, Vorstandsmitglied Verbandsdir. Württ. Genossenschaftsverb. Raiffeisen/Schulze-Delitzsch, Geno-Haus, Stuttgart, Vorst.-Mitgl. Mittelständ. Kreditbank eG, Stuttgart, Vorst.-Vors. Arbeitgeberverb. genoss. Groß- u. Außenhdl. Baden-Württ., Stuttgart - Banaterstr. 15, 7032 Sindelfingen - Geb. 13. Juni 1935 (Vater: Dr. Konrad M.-B., Chemiker; Mutter: Maria, geb. Kretzschmar), verh. m. Christine, geb. Zons, Dipl. Volksw.

MÜLLER-BECK, Hansjürgen

Dr. phil. (habil.), Prof. u. Direktor Inst. f. Urgeschichte Univ. Tübingen (s. 1969), Dir. Urgeschichtl. Museum Blaubeuren, Präs. Comm. Palecology of Early Man/Inqua, Präs. Dt. Quartärvereinig., Präs. A. Wegener-Stiftung, Komm.-Mitgl. Vergl. u. Allg. Archäol., Dt. Archäol. Inst. - Hundskapfklinge 42 a, 7400 Tübingen - Geb. 13. Aug. 1927 Apolda/Thür. (Vater: Johannes M., Redakt.; Mutter: Hildegard, geb. Goebel), verh., 1 Sohn - Mommsen-Gymn., Berlin, Landgraf-Ludwig-Gymn., Gießen; Univ. Heidelberg, Bern, Fribourg/Schw., Tübingen. Promot. 1955 Tübingen; Habil. 1965 Freiburg - 1956-61 Abt.- u. Forsch.assist. Bernisches Histor. Museum; 1962-65 DFG-Stip., 1965-66 Gastdoz. Univ. of Wisconsin, Madison/USA; 1966-69 Doz. Freiburg. O. Mitgl. Dt. Archäol. Inst. Ausgrabungen Mitteleuropa, Kleinasien, Kanad. Arktis, Südamerika. Herausg.: Urgeschichte in Bad.-Württ., 1983. Zahlr. Veröff. stratigr., techn. u. archäol. Art.

MÜLLER-BERGHAUS, Gert

Dr. med., Prof., Abteilungsleiter f. Hämostaseologie am Zentrum f. Inn. Medizin Univ. Giessen (s. 1981) - Klinikstr. 36, 6300 Lahn (T. 0641 - 702 36 05) - Geb. 17. Okt. 1937 Völklingen (Vater: Joachim M., Dipl.-Ing.; Mutter: Liselene, geb. Wolff), verh. s. 1963 m. Rotraud, geb. Christ, 3 Kd. (Jan, Ben, Nina) - 1964-67 USA-Aufenth. (Detroit; Columbia Univ., New York); s. 1981 Lt. d. Klin. Forschungsgruppe f. Blutgerinnung u. Thrombose d. Max-Planck-Ges. Giessen. Fachmitgl.sch. Üb. 300 Fachveröff. - 1974 Frerichs-Preis Dt. Ges. f. Innere Med. - Liebh.: Malerei - Spr.: Engl.

MÜLLER-BLATTAU, Wendelin

Dr. phil., Prof. f. Musikwissenschaft Univ. d. Saarl. - Am Ludwigsplatz 5, 6600 Saarbrücken (T. 0681 - 58 54 49) - Geb. 16. Sept. 1922 Freiburg (Vater: Joseph M.-B., Prof.; Mutter: Emmi, geb. Eggers), ev., verh. s. 1945 m. Magda, geb. Martens, 2 Töcht. (Beate, Gabriele) - Stud. Musikwiss. Stuttgart, Univ. Heidelberg u. Saarbrücken - 1956 Univ.musikdir., s. 1968 Prof. Präs. Saar-Sängerbund; Vors. Landesmusikrat Saar - BV: Trouvères u. Minnesänger, 1957; Tonsatz u. Klanggestalt., 1972. FS-Film An hellen Tagen - 1973 Gold. Sportabz.; 1978 Louis-Spohr-Plak.; 1988 Verdienstmed. d. Stadt Solingen; 1989 BVK I. Kl. - Spr.: Franz., Engl., Ital.

MÜLLER-BOCHAT, Eberhard

Dr. phil., Univ.-Prof. Univ. Köln - Mörikestr. 2, 5000 Köln 51 - Geb. 16. Juli 1928 Düsseldorf, ev. - Abit. 1946 Leipzig; 1948-56 Stud. Univ. Bonn, München, Paris, Madrid, Genua, Köln; Promot. 1956 Köln; Habil. (Roman. Philol.) 1964 München - 1964 o. Prof. f. Roman. Philol. Univ. Bochum; 1969 o. Prof. Univ. Köln (Dir. Roman. Sem. Petrarca-Inst. u. Portug.-Brasil. Inst.); 1964/65 Gastprof. Univ. Bonn, 1967 Fortaleza/Brasilien, 1971 Rio de Janeiro, 1973-75 Dakar (Sénégal), 1981 Fortaleza/ Brasil. - Bücher, Beitr. zu wiss. Sammelwerken u. Aufs. in Fachztschr. (Ital. Humanismus, ital., span., franz., portug. u. brasil. Lit., afrikan. Lit. in franz. u. portug. Sprache).

MÜLLER-BÖHM, Ulrich

Rechtsanwalt, Geschäftsf. Fachverb. Industrie versch. Eisen- u. Stahlwaren - Otmarstr. 4, 4300 Essen - Geb. 22. Mai 1927.

MÜLLER-BÖLING, Detlef

Dr., Univ.-Prof. Univ. Dortmund - Zu erreichen üb. Univ. Dortmund, Postf. 50 05 00, 4600 Dortmund - Geb. 17. Juli 1948 Berlin, verh. - Stud. d. Betriebsw. Aachen u. Köln; Dipl.-Kfm. 1972, Promot. 1977 - 1981 Univ.-Prof. Univ. Dortmund; 1986/87 Dekan FB WiSo; Dir. Betriebsw. Inst. f. empir. Gründungs- u. Org.forsch. - BV: Arbeitszufriedenheit b. Automatisierter Datenverarb., 1978; Akzeptanzfaktoren d. Bürokommunikation, 1986; Gründungsatlas NRW, 1987 - 1986 SEL-Forschungspreis Techn. Kommunikation - Liebh.: Segeln.

MÜLLER-BOHN, Jost

Schriftsteller - Charlottenstr. 111, 7410 Reutlingen (T. 07121 - 4 26 08) - Geb. 23. Mai 1932, verh. - BV: J. S. Bach, Musiker im Dienste Gottes; D. Mensch M. Luther; L. Richter - d. geistl. Leben e. dt. Malers; Trilogie: Bleib du im ewgen Leben, Bd. 1, Mein guter Kamerad, Bd. 2, D. Flügel sind stark, Bd. 3; Liebenswerter L. Richter; Gemälde-Bildbd. Denn ihrer ist d. Himmelreich 4 Bd., 366 Holzschnitte v. L. Richter; Matthäus-Passion zu Jerusalem; D. aus d. Osten kamen; Entscheid. Jahrhundertwende; E. neues Herz - besiegter Tod; Adolf Hitler. Verführer d. Christenheit, Die Magie e. Antichristus; u.v.m. - Bek. Vorf.: Hermann Müller-Bohn, Schriftst. (Großvater).

MÜLLER-BRAUNSCHWEIG, Hans

Dr. phil., Prof., Dipl.-Psych., Psychoanalytiker, Zentrum f. psychosom. Medizin Univ. Gießen (1962-88), jetzt fr. Praxis - Volpertstriesch 4, 6301 Wettenberg 3 (T. 0641 - 8 56 96) - Geb. 6. Juli 1926 Berlin (Vater: Dr. phil. Carl M.-B., Psychoanalyt.; Mutter: Ada, geb. Schott,

Psychoanalyt.), ev., verh. s. 1957 m. Heide, geb. Wilhelm, Bewegungstherapeutin, 2 Töcht. (Kathrin, Ines) - 1946-55 Humboldt-Univ. u. FU Berlin, Hochsch. f. bild. Künste Bln; (Psych.-Dipl. 1954, Promot. 1974, Habil. 1976) - 1970-84 Leit. Gießener Psychoanalyt. Inst.; s. 1977 Prof. f. klin. Psychosomatik - BV: D. Wirkung d. frühen Erfahr. D. erste Lebensj. u. s. Bedeut. f. d. psych. Entw., 1975. Arb. üb. Gestaltungs- u. Körperbez. Psychotherapie - Beteilig. an drei Kunstausst.

MÜLLER-BROICH, Adolf

Dr. rer. nat., o. Prof. f. Biophysik - Universität, 8400 Regensburg - Geb. 1. Juli 1927 - Habil. 1964 Heidelberg. Fachveröff.

MÜLLER-BRÜHL, Helmut

Intendant, Musikdirektor - Bonnstr. 192, 5040 Brühl - Geb. 28. Juni 1933 Brühl (Vater: Theodor M., Kaufm.; Mutter: Margarethe, geb. Mehr), kath., verh. s. 1964 m. Monika, geb. Ross, 2 Kd. (Daniel, Christiane) - Abit. 1954; 1954-60 Stud. Phil., Theol., Musik- u. Kunstwiss. Univ. Bonn u. Köln - Intendant Brühler Schloßkonzerte, Kölner Kammerorch., Capella Clementina. Forschungsgeb.: Musiktheater d. Barock. Üb. 200 Schallpl. - Kulturpreis d. Erftkreises, 1985 BVK - Spr.: Engl., Latein, Griech.

MÜLLER-BÜTOW, Horst

Dr. Dr., Hals-Nasen-Ohren-Arzt - Berliner Promenade 16, 6600 Saarbrücken (T. 0681 - 3 46 18) - Geb. 2. April 1936 Gumbinnen-Ostpr., ev., gesch., 1 Kd. (Nagib) - Med.stud. Tübingen u. Hamburg; Staatsex. 1962, Promot. 1963; Stud. Phil. (Orientalistik) Hamburg u. Saarbrücken, Ex. 1980, Promot. Dr. phil. - HNO-Praxis in Saarbrücken; Präs. Hartdegen-Stiftg. (Hilfswerk f. Leprakranke in Thailand) - BV: Lepra, E. med.hist. Überblick unt. bes. Berücksichtig. d. mittelalterl. arab. Med. (Europ. Hochschulschr.) - Gratialritter d. Lazarusordens - Liebh.: Sprachwiss. - Spr.: Engl., Franz., Arab., Thai.

MÜLLER-BUSCHBAUM, Hanskarl

Dr. rer. nat., o. Prof. f. Anorgan. Chemie - Von-der-Goltz-Allee 37, 2300 Kiel 1 (T. 68 56 80) - Geb. 24. Mai 1931 Wallendorf, ev., verh. s. 1961 m. Brigitta, geb. Pleiner, 2 Söhne (Peter, Klaus) - Schulgemeinde Wickersdorf, Hermann-Lietz-Sch. Gebesee; 1952-56 Univ. Greifswald (Dipl.-Chem.). Promot. 1960 Greifswald; Habil. 1966 Gießen - S. 1966 Lehrtätigk. Univ. Gießen u. Kiel (1969 Ord. u. Inst.sdir.). Spez. Arbeitsgeb.: Festkörperchemie bei hohen Temperaturen unt. Berücks. hochfrequenter Gasplasmaentladungen u. CO2-Hochleistungsglaser. Fachveröff.

MÜLLER-BUSSE, Albrecht

Dr.-Ing., Geschäftsführer Aluminium- u. Metallwerke Sörensen & Köster GmbH., Neumünster, Werksleiter Vereinigte Leichtmetallwerke GmbH. ebd. - Ricarda-Huch-Str. 5, 2350 Neumünster - Geb. 28. Juni 1921 Hannover, ev., verh. s. 1949 m. Ingeborg, geb. Petersen, 2 Kd. - Realgymn. u. TH Hannover (Maschinenbau; Dipl.-Ing. 1944).

MÜLLER-DECHENT, Gustl

Journalist, Schriftst. - Ulmenweg 7, 6368 Bad Vilbel (T. 8 59 78) - Geb. 4. Juni 1915 München (Vater: Georg M., Werkmeister; Mutter: Katharina, geb. Dechent), ev., verh. s. 1946 m. Thea, geb. Haas, 2 Söhne (Stefan, Thomas) - Realgymn. München; Zeitungsvolontariat - Ressortleit. (Lokales, Kommunalpolitik) Main-Post (Würzburg), Main-Echo (Aschaffenburg), Frankfurter Rundschau - BV: Wenn d. Toaka ruft, Erz. 1947; D. Marktbärbl, Erz. 1948; Schmalfilmen - mein Hobby, 1950; Fotografieren Perfekt, 1974; Filmen Perfekt, 1975. Filmdrehbücher: D. blühende Wüste u. Lesotho - d. Dach Afrikas. Fernsehserie: Helden des Alltags - 1965 Dr.-Joseph-E.-Drexel-Preis.

MÜLLER-DIETZ, Heinz

Dr. jur., o. Prof. f. Straf-, -prozeßrecht, -vollzug u. Kriminol. Univ. Saarbrücken (s. 1969) - Neubergweg 21, 7811 Sulzburg (T. 0 76 34) - Geb. 2. Nov. 1931 - Habil. 1966 Freiburg/Br. - Zul. Privatdoz. Univ. Freiburg - BV: Grenzen d. Schuldgedankens im Strafr., 1967; Strafbegriff u. Strafrechtspflege, 1968; Strafvollzug u. Ges., 1970; Strafvollzugsgesetzgeb. u. -reform, 1970; Wege z. Strafvollzugsref., 1972; Strafzwecke u. Vollzugsziel, 1973; Strafe u. Staat, 1973; Probleme d. mod. Strafvollzuges, 1974; Empir. Forschung u. Strafvollzug, 1976; Strafvollzugsrecht, 2. A. 1978; Grundfragen d. strafrechtl. Sanktionensyst., 1979; Rechtsberat. u. Sozialarbeit, 1980. Einzelarb.

MÜLLER-ELMAU, Eberhard

Schauspieler, Spielleiter - Kleperweg 3, 3400 Göttingen (T. 5 65 86) - Geb. 9. Okt. 1905 Mainberg (Vater: Dr. phil. Dr. theol. h. c. Johannes Müller, Schriftst. (s. X. Ausg.); Mutter: Irene, geb. Sattler), verh. s. 1932 m. Gerda, geb. Kuntzsch, 4 Kd. (Raidar, Markwart, Folker, Birgit) - Univ. Rostock u. München (Med.); Max-Reinhard-Sch. Berlin - S. 1926 Stadttheater Osnabrück, Bayer. Landesbühne München (1927), Dt. Theater Prag (1930), Schauspielhaus Bremen (1931), Reuß. Theater Gera (1933), Landestheater Braunschweig (1935), Städt. Bühnen Dortmund (1938) u. Mainz (1946), Dt. Theater Göttingen (1953). Viele Insz. - Spr.: Engl., Franz. - Bek. Vorf.: D. Dr. Johannes Müller, Ernst Sattler.

MÜLLER-ELMAU, Markwart

Regisseur u. Schauspieler (s. 1964) - Wielandstr. 36/4, 7900 Ulm (T. 0731 - 2 74 59) - Geb. 1. Aug. 1937 München (Vater: Eberhard M.-E., Regiss. u. Schausp.; Mutter: Gerda, geb. Kuntzsch), verh. s. 1967 m. Rosali, geb. Wolf, T. Natalie Elena Zoe - Gymn. Göttingen, Abit. 1957; Univ. Göttingen German., Gesch., Kunstgesch., Hochsch. d. Künste, Berlin u. Max-Reinhard-Sem. Abschlußdipl. - 1959-64 Schausp.; 1964-78 Regiss. u. Schausp. - Theaterstück: Bodensee-Revue (UA. 1981) - Rollen: u.a. Dorfrichter Adam (Kleist), Krull/Maske (Sternheim), Argan/Orgon (Molière), Alceste (Enzensberger); Halm (Fliehendes Pferd/Walser), Scheu (Wachtel/Karasek); Insz. u.a. Schiller, Shakespeare, Brecht, B. Strauß, H. W. Müller (3 Urauff.), Cèchov, Horváth, Brecht: Kaukas. Kreidekreis (Singapur 1989). Film: Hirnbrennen. Üb. 100 Insz. - Spr.: Engl., Franz.

MÜLLER-EMMERT, Adolf

Dr. jur. utr., Rechtsanwalt, Oberstaatsanwalt a. D., MdB (s. 1961, SPD) - Otterberger Str. 75, 6750 Kaiserslautern 27 (T. 7 05 33) - Geb. 1. März 1922 Ludwigshafen/Rh., kath., verh. m. Emilie, geb. Stuppy, 4 Kd. - Realgymn.; Univ. Heidelberg (Promot. 1954). Staatsex. 1948 u. 51 - Kriegsteiln. (Kampfflieger); s. 1951 Justizdst. Rhld.-Pfalz (1952 Staatsanw. Kaiserslautern). Div. Parteifunktionen, u. a. Vors. Unterbezirk Kaiserslautern, - Gr. BVK, Gold. Sportabz. 1982 z. 19. ×.

MÜLLER-FAHRENHOLZ, Geiko

Dr., Pfarrer, Direktor Ev. Akademie Nordelbien - Marienstr. 31, 2360 Bad Segeberg

MÜLLER-FELSENBURG, Alfred

Lehrer i. R., Schriftsteller - Lahnstr. 10, 5800 Hagen (T. 02331 - 8 66 01) - Geb. 26. Dez. 1926 Bochum (Vater: Alfred M., Monteur †; Mutter: Maria, geb. Knoll †), kath., verh. s. 1951 m. Agnes, geb. Neumann, 3 Kd. (Michael, Ines-Maria, Angela-Maria) - 1941-43 Lehrerbildungsanst. Hofheim/Ts., 1943-44 Großkrotzenburg; 1949-51 Päd. Akad. Essen-Kupferdreh (2. Staatsprüf. 1954 Halver) - 1951-63 Lehrer in Halver; 1963-64 Lehrer in Ratingen, 1964-78 Lehrer in Hagen; s. 1978 fr. Schriftst. 2. Vors. u. Presseref. Autorenkr. Ruhr-Mark (b. 1981), s. 1966 Mitgl. Verb. Dt. Schriftst.; s. 1964 Arbeitskr. D. gute Jugendb., Essen; s. 1984 Inklingsges. f. Lit. u. Ästhetik, Aachen - BV: S. 1958 Romane, Kinder- u. Jugendb., wiss. Arb. (Päd. u. Relig.-Päd.), Essays, Glossen, Lyrik, Kurzgesch., Spielszenen, Biogr., Gebete, Kritiken, Science-fiction, Serien (insges. 43 Bücher; zul. Wie e. Sonnenstrahl/ Texte z. Freuen; Gott & Co./Gebete e. renitenten Laien; Wie erfährt unser Kind Gottes Welt heute?; Polonius Popokappewitscho/Lauter kl. Zwergengesch., alle 1986); Ich will, daß bunte Blumen blühen; Hinter d. Nichts ist e. Blümchenwiese (Blindenb.), alle 1987; Dir kann ich alles sagen, Geb. f. Kinder u. ihre Eltern, 1989; Jeder Tag e. neuer Anfang, 1989. Übers. fläm., ital., franz., span., indon. Blindenschrift - 1964 bestes relig. Jugendb. (BICE); 1979 Arbeitstip. d. Kultusmin. v. NRW; Hugo-Carl-Jüngst-Med. Hagen, mehrere 2. u. 3. Preise b. Lit.-Wettb. - Liebh.: Reisen, Schwimmen, Wandern, bild. Kunst, Lesen - Lit.: Kürschners Dt. Lit.-Kal.; Lex. d. Jugendschriftst. in dt. Sprache, u.v.a.

MÜLLER-FREIENFELS, Reinhart

Dr. phil., Dramaturg - Gerokstaffel 1, 7000 Stuttgart (T. 23 32 05) - Geb. 14. März 1925 Berlin (Vater: Prof. Dr. phil. Richard M.-F., Philosoph (s. X. u. XI. Ausg.); Mutter: Käte, geb. Icke), ev., verh. s. 1964 m. Irene, geb. Marhold - Univ. Marburg u. Frankfurt/M. (German., Phil., Gesch.). Promot. 1954 - 1955-56 Redakt. Hess. Rundfunk (Fernsehen); 1957-60 Dramat. u. Schausp. Kl. Theater am Zoo, Frankfurt; 1961-85 Leit. Hauptabt. Fernsehspiel Südd. Rundf., Stuttgart. Zahlr. Fernsehbearb. v. Romanen: Am grünen Strand d. Spree, Wer einmal aus d. Blechnapf frißt, Memento Mori u. a. Div. Veröff. üb. FS u. Fernsehspiele - Spr.: Engl., Franz. - Rotarier - Bruder: Wolfram M.-F.

MÜLLER-FREIENFELS, Wolfram

Dr. jur., Dr. rer. pol., Dres jur. h. c., em. Prof. f. Dt. u. Ausländisches Privatrecht - Reutestr. 18, 7800 Freiburg/Br. (T. 29 05 33) - Geb. 3. Juni 1916 Konstanz/B., ev., 3 Kd. - Grunewald-Gymn. Berlin u. Marienstift Stettin; 1934-37 Lehre Bankhaus Gebr. Arnhold - S. Bleichröder, Berlin; Univ. Berlin, Bonn, Exeter, München, Marburg, Königsberg/Pr. (Dipl.-Volksw.). Beide jurist. Staatsex. Berlin; Habil. 1943 Königsberg - 1945 ao. Prof. Univ. Gießen, Generalbevollm. Bankhs. Bethmann, Frankfurt/M., 1946 o. Prof. Univ. Marburg, 1951/2 Gastprof. London School of Economics, 1955 o. Prof. Univ. Frankfurt/M., 1963 Univ. Freiburg (Dir. Inst. f. ausl. u. intern. Privatrecht), 1985 emerit. - BV: D. Vertretung b. Rechtsgeschäft, 1955; Ehe u. Recht, 1962; Zur revolutionären Familiengesetzgebung d. VR China v. 1.5.1950, 1969; Familienrecht i. In- u. Ausland Bd. I, 1978, Bd. II 1986; Stellvertretungsregel. in Einheit u. Vielfalt, 1982; Sozialversich.-, Familien- u. Internationalprivatrecht u. d. Bundesverf.gericht, 1984. Zahlr. Einzelarb. - 1960 Ehrendoktor Univ. Stockholm, 1974 Univ. Basel, Mitgl. Académie Intern. de Droit Comparé, Paris; Mitgl. Österr. Akad. d. Wiss., Phil.-hist. Klasse K.M. Unidroit Rom - Spr.: Engl., Franz. - Rotarier - Lit.: Festschr. f. W. Müller-Freienfels (1986) - Eltern s. Reinhart M.-F. (Bruder).

MÜLLER-GAZUREK, Johann

Richter Sozialgericht Berlin, Mitgl. Bundesvorst. Die Grünen (s. 1987) - Kyllmannstr. 22, 1000 Berlin 45 (T. 030 - 833 14 50) - Geb. 23. Dez. 1947 Esslingen, verh. s. 1972, T. Tanja - 1969 Stud. FU Berlin (Jura u. Soziol.) - S. 1978 Verw.jurist, s. 1980 Richter. 1985-87 Vorst.-Mitgl. AL Berlin - BV: Ausländer-Sozialrecht, 1983 (m. Klaus Groth).

MÜLLER-GERBES, Geert

Chefkorrespondent RTL Hörfunk u. Fernsehen Bonn (s. 1984) - Saynstr. 11, 5300 Bonn 3 (T. 0228 - 48 23 00) - Geb. 18. Sept. 1937 Jena/Thür., verh. m. Margot, geb. Pohl, 4 S. (Stefan, Hartmut, Tilman, Philip) - Volontariat Heidenheimer Ztg.; FU Berlin (Gesch., Soziol., Rechtswiss.) - 1962 freiberufl. journ. Tätigk. f. Tagesspiegel, RIAS, SFB; 1965-66 Redakt. Tagesspiegel; 1967-69 IBM Deutschl.; 1969-74 Presseref. d. Bundespräs.; 1974/75 Presseref. Bundesmin. f. Jugend, Fam. u. Gesundh.; 1976-84 Deutschl. Korresp. Radio Luxemburg Bonn. 1978-84 Vorst.-Mitgl. Bundes-Pressekonfz.

MÜLLER-GOTTHARD, Edgar

Vorstand Victoria Feuer-Versich.-AG u. Victoria Rückversich.-AG, Berlin - Victoriapl. 1, 4000 Düsseldorf 1 - Zul. Nordstern-Versich.-Gruppe.

MÜLLER-GRAFF, Peter-Christian

Dr. jur. habil., o. Univ.-Prof. f. Bürgerl. Recht, Handels- u. Gesellschaftsrecht, Wirtschaftsrecht, Europarecht u. Rechtsvergl. Univ. Trier (s. 1986), Richter am OLG Köln - Universität Trier, Tarforster Höhe, Postf. 38 25, 5500 Trier (T. 0651 - 201 25 16) - Geb. 29. Sept. 1945 Freising/Oberbay. (Vater: Dr. Ing. Christian M.; Mutter: Marie-Luise, geb. Riedmaier) - Stud. Rechtswiss. Göttingen, Berlin, Tübingen (1. Staatsex. 1969), Cornell/USA (Studienstiftg. d. Dt. Volkes); 1972 Ref. EG Brüssel; Promot. 1973 Tübingen; 2. Staatsex. 1974; Habil. 1982 Tübingen - 1974-82 Wiss. Assist. Univ. Tübingen, Jurist. Fak.; 1982-86 Univ.-Prof. Univ. Köln Rechtswiss. Fak.; Vorst.-Mitgl. Wiss. Ges. f. Europarecht - BV: Rechtl. Auswirkungen e. laufenden Geschäfts-

verb. im amerikan. u. dt. Recht, 1974; D. Direktwahl d. europ. Parlaments, 1977 (2. A. 1979; griech 1979; engl 1979); L'intervention d. pouvoirs publics dans la vie économique – Allemagne (Hrsg. Savy) 1978; Unternehmensinvestit. u. Investitionssteuerung im Marktrecht, 1984; Staat u. Wirtsch. in d. EG, 1987; Langzeitverträge im Recht gegen Wettbewerbsbeschränkungen, 1988. Zahlr. Fachaufs. - Spr.: Engl., Franz., Span., Lat., Altgriech.

MÜLLER-GROELING, Hubertus
Dr. rer. pol., Dipl.-Volksw., Prof. u. Direktor am Inst. f. Weltwirtsch., Kiel - Roesoll 6, 2305 Heikendorf (T. 0431 - 24 15 68) - Geb. 9. Nov. 1929 Osterode/Ostpr. (Vater: Hubert M., Landw.; Mutter: Gabriele, geb. v. Groeling), ev., verh. s. 1961 m. Maria, geb. Freiwald, 2 Kd. (Axel, Karolin) - 1953-58 Univ. Heidelberg (Dipl. rer. pol.); Promot. 1964 Saarbrücken - 1959-68 Assist. Univ. d. Saarl.; 1969-70 Assist. Univ. Kiel; 1971-73 Forsch.gruppenleit. Inst. f. Weltwirtsch.; 1973ff. Abt.leit. ebd.; Schriftleit. Weltw. Archiv u. Kieler Studien; 1987ff. stv. Vorst.-Vors. Friedrich-Naumann-Stiftg. - BV: Maximier d. soz. Gesamtnutzens u. Einkommensgleichh., 1965; Reflections on a troubled world economy, 1983 (Mithrsg.) - Mitgl. Ges. f. Wirtschaftsw., American Economic Assoc., Royal Economic Soc.

MÜLLER-HABIG, Margot
Aufsichtsrat Westfalia-Separator - Werner-Habig-Str. 1a, 4140 Oelde/Westf. - Geb. 8. Aug. 1919 Oelde/Westf.

MÜLLER-HABIG, Maria
Aufsichtsrat Westfalia Separator, Oelde/Westf. - Schraberg 10, 5804 Herdecke/Ruhr - Geb. 13. Dez. 1939 Diestedde.

MÜLLER-HENNEBERG, Hans
Dr. jur., Rechtsanwalt, Geschäftsf. Verb. d. württ.-bad. Papierfabriken, Verein d. Papier-, Pappen-, Zell- u. Holzstoff-Fabriken in Südbaden, Vereinig. Feinpapier, Vg. Durchschlagpaier, Vg. Kunstdruck-, Chromo- u. Buntpapier, Vg. Echt Pergament, Vg. Holzfrei, alle Stuttgart - Im Taxiswald 7, 7022 Leinfelden-Oberchen/Württ. (T. Büro: Stuttgart 23 28 82) - Geb. 26. Aug. 1907 - S. 1956 Gf. v. Verb. Herausg.: Kommentar z. Kartellgesetz.

MÜLLER-HERMANN, Ernst
Dr. rer. pol., Volkswirt - Rilkeweg 40, 2800 Bremen-Oberneuland (T. 25 94 17) - Geb. 30. Sept. 1915 Königsberg/Pr. (Vater: Dr. med. Fritz M., Frauenarzt), ev., verh. s. 1945 m. Ruth, geb. Fien, 3 Kd. (Barbara, Sabine, Andreas) - Gymn.; 1932-34 Univ. Königsberg Jura u. Nationalök.; Stud. a. Verfolgungsgr. aufgegeben); kaufm. Lehre (Spedition/Schiffahrt). Promot. 1963 Bonn - Kaufm. Angest. Königsberg u. Bremen (Speditions- u. Schiffahrtsunternehmen), 1940-45 Wehrdst., 1946-48 Landesgeschäftsf. mitbegr. CDU Bremen, 1947-52 Mitgl. Brem. Bürgerschaft (1950 Fraktionsvors.), ab 1949 Redakt. Weser-Kurier, Bremen. Vors. Ges. z. Stud. strukturpolit. Fragen (1964ff.); MdB (1952-79); Mitgl. Europ. Parlam. (1977-84) u. Rundfunkrat Dt. Welle (1969ff.). CDU (1968-74 Vors. Landesverb. Bremen u. Arbeitskr. II. Wirtsch. u. Ernähr. CDU/CSU-Bundestagsfrakt. (1969ff.); 1971ff. Mitgl. Bundesvorst.), 1984-85 Berat. d. Bremer Senats in EG-Fragen - BV: Ordnung u. Wettbewerb - Grundl. d. Verkehrspolitik, 1955; D. Grundl. d. gemeins. Verkehrspolitik in d. EWG, 1963; Bonn zw. d. Weltmächten, 1971; DB-Sanierung – höchste Eisenb., 1976; Politik d. Bewährung im Wandel, 1985; Eines Menschen Weg u. Zeit, 1989 - Liebh.- Lit.: W. Bell, Kennen Sie eigentlich den? - M.-H., 1965.

MÜLLER-HEUSER, Franz
Dr. phil., Prof., Rektor Hochschule f. Musik Köln - Dagobertstr. 38, 5000 Köln 1.

MÜLLER-HILL, Benno
Dr. rer. nat., o. Prof. u. Mitdirektor Inst. f. Genetik Univ. Köln (s. 1968) - Händelstr. 53, 5000 Köln 1 (T. 25 25 33) - BV: D. Philosophen u. d. Lebendige, 1981; Tödliche Wissenschaft, 1984.

MÜLLER-HIRSCHMANN, Hans-Jürgen
Präsident Bund Dt. Jäger - Hausdorffstr. 99, 5300 Bonn 1 - Geb. 22. Jan. 1933 - Vers. Generalvertr. Blattschuß-Verleger.

MÜLLER-HOHENSTEIN, Klaus
Dr., o. Prof. f. Geographie Univ. Bayreuth - Albert-Preu-Str. 13, 8580 Bayreuth (T. 0921 - 5 62 82) - Geb. 15. Aug. 1936 Neusalz - 1. u. 2. Staatsex. 1963 u. 65 Univ. Heidelberg, Promot. 1968 Erlangen, Habil. 1976 ebd. - BV: D. Wälder d. Toskana, 1969; D. ostmarokkanische Hochplateaus, 1978; D. Landschaftsgürtel d. Erde, 2. A. 1981; An introduction to the vegetation of Yemen, 1984; Marokko, 1989.

MÜLLER-HORNBACH, Gerhard

Prof. Hochsch. f. Musik u. Darst. Kunst Frankfurt/M., Komponist - Taunusblick 3, 6368 Bad Vilbel 3 - Geb. 26. Febr. 1951 Hornbach (Vater: Helmut M.; Mutter: Gudrun, geb. Becker), ev., verh. s. 1977 m. Susanne, geb. Bangert, 2 Kd. (Maria, Johannes) - 1973-78 Stud. Schulmusik, Kompos., Musikwiss.ges.wiss. - S. 1981 Prof. Künstler. Leit. d. Mutare Ensemble Frankfurt - Musikw.: u.a. Gesänge d. Liebe - 1981 Rompreis (Villa Massimo).

MÜLLER-IBOLD, Klaus
Dr.-Ing., Prof., Oberbaudirektor i.R. c/o College of Environmental Design, King Fahd Univ. of Petroleum and Minerals, Dhahran 31261 (Saudi Arabien) - Geb. 6. April 1929 Shanghai/China (Vater: Dr. phil. Carl M., Chemiker; Mutter: Martha, geb. Stenzel), ev., verh. s. 1955 m. Eva, geb. Meyer-Ibold, 3 Kd. (Till, Karen, Sabine) - Kaiser-Wilhelm-Schule (1935-45) u. American School Shanghai (1947-48); St Johns Shanghai (1948-49) u. TH Hannover (1949-54; Arch. u. Städtebau; Dipl.-Ing. 1954). Promot. 1961 - 1955-62 Stadtverw. Hannover (Leit. Abt. Sonderauf./Stadtplanungsamt) u. 1963-68 Stadtbaurat in Kiel; 1968-72 Univ. Dortmund (Prof. f. Stadt- u. Regionalplanung); 1972-80 Oberbaudir. Freie u. Hansestadt Hamburg, s. 1985 Prof. u. Lehrstuhlinh. (Stadt u. Regionalplanung) an d. Univ. in Dahran, Saudi Arabien; Vors. Bauausssch. Städtetag u. a. - BV: Städte verändern ihr Gesicht (m. Hillebrecht); D. Stadtregion als Raum zentraler Orte - Prämie Stiftg. d. Dt. Gemeinden u. Gemeindeverb. z. Förd. d. Kommunalwiss. - Mitgl. Dt. Akad. f. Städtebau u. Landesplanung, Vorst. intern. Verb. f. Wohnungswesen, Städtebau u. Raumplan, intern. Vereinig. d. Stadt- u. Regionalplaner - Spr.: Engl.

MÜLLER-JAHNCKE, Wolf-Dieter
Dr. rer. nat., Prof., Apotheker, Kurator Dt. Apotheken-Museum - Friedrichstr. 3, 6900 Heidelberg (T. 06221 - 2 58 80) - Geb. 12. Febr. 1944 Kirche, ev. - Approb. z. Apoth. 1970; Promot. 1973; Habil. 1982 - 1986 Hon.-Prof. Univ. Marburg, 1988 Hon.-Prof. Univ. Heidelberg - BV: Münzen u. Medaillen d. gräfl. Häuser Sayn (m. F.E. Volz), 1975; Magisch-astrol. Theorie u. Praxis in d. Heilkunde d. frühen Neuzeit, 1985 - Spr.: Engl., Franz., Ital., Latein.

MÜLLER-JENSEN, Axel
Dr. med., Prof. f. Neurologie Univ. Hamburg, Chefarzt - Karlstr. 11, 2000 Hamburg 76 - Geb. 5. Dez. 1942 Hamburg (Vater: Wilhelm M.-J., Arzt; Mutter: Käthe, geb. Jensen), ev. - 1962-67 Stud. Univ. Hamburg (Promot. 1968, Habil. 1977) - 1979 Oberarzt Neurol. Univ.-Klinik Hbg.-Eppendorf; s. 1982 Prof.; s. 1986 Chefarzt Neurol. Abt. Allg. Krankenhaus Hbg.-Altona. Üb. 70 wiss. Publ. in nat. u. intern. Fachztschr. - Spr.: Engl.

MÜLLER-JENTSCH, Walther
Dr. rer. pol., Prof. f. Sozialwissenschaften Univ.-GH Paderborn (s. 1982) - Dörener Weg 29, 4790 Paderborn - Geb. 28. Nov. 1935 Düsseldorf - Univ. Frankfurt/M. u. London (Soziologie, Politikwiss., Industrial Relations); Dipl.-Soziol. 1969 Frankfurt; Promot. 1975 Bremen - 1969-81 Wiss. Mitarb. Inst. f. Sozialforsch. Frankfurt - BV: Gewerksch. in d. Bundesrep., 2 Bde. 1975/77 (m. J. Bergmann u. O. Jacobi); Anpass. an d. Krise - Gewerksch. in d. 70er Jahren, 1982 (m. G. Brandt u. O. Jacobi); Soziologie d. industriellen Beziehungen, 1986; Zukunft d. Gewerkschaften - E. intern. Vergleich, 1988; Basisdaten d. industriellen Beziehungen, 1989.

MÜLLER-KARPE, Hermann
Dr. phil. (habil.), Prof., Direktor (Kommiss. f. Allgem. u. Vergleich. Archäologie) Bonn (s. 1980). - Am Limperichsberg 20, 5330 Königswinter 41 Thomasberg - Geb. 1. Febr. 1925 Hanau/M. - Univ. Graz u. Marburg (Vorgesch., Klass. Archäol., Alte Gesch.). Promot. Marburg; Habil. München - U. a. Konservator Prähistor. Staatssamml. München; 1958-63 Privatdoz. Univ. ebd., 1963-79 o. Prof. u. Dir. Inst. f. Vorgesch. Univ. Frankfurt - BV: u. a. Niederhess. Urgesch., 1951; V. Anfang Roms, 1959; Z. Stadtwerdung Roms, 1962; Handb. d. Vorgesch., Bd. I 1966, II 1968, III 1975, IV 1980; Vorgesch. Europas, 1982; Geschichte d. Steinzeit, 1974; Einführung in d. Vorgeschichte, 1975. Zahlr. Einzelarb.

MÜLLER-KIRSTEN, Harald J. W.
Dr., Prof. f. Theor. Physik Univ. Kaiserslautern - Davenportplatz 16, 6750 Kaiserslautern - Geb. 19. Mai 1935 Halle/S. (Vater: Wilhelm M., o. Prof.; Mutter: Ilse, geb. Kirsten), ev., ledig - Univ. Sydney, Perth/Austr. (B.Sc. Honours 1958, Ph.D. 1960 [dt. Anerk. als Dr. phil. 1961], Habil. Univ. München 1971) - 1960-71 Wiss. Mitarb. u. Assist. Inst. f. Theor. Physik Univ. München; 1967 Assist.-Prof. American Univ. of Beirut/Libanon; ab 1971 Wiss. Rat u. Prof. in Kaiserslautern. 90 Veröff. in intern. Ztschr. f. Physik u. Math. - BV: Supersymmetry World Scientific (m. A. Wiedemann), 1987.

MÜLLER-KRUMBHAAR, Heiner
Dr., Prof., Physiker Kernforschungsanlage Jülich u. RWTH, Aachen - Kernforschungsanlage, 5170 Jülich (T. 02461-61-0) - Geb. 1944 Liegnitz/Schles. - 1979 Walter-Schottky-Preis (f.: Theorie d. Kristallbild.).

MÜLLER-KRUMWIEDE, Hans-Walter
s. Krumwiede, Hans-Walter

MÜLLER-LAESSIG, Lothar
Dr., Oberfinanzpräsident, Leit. OFD Frankfurt - Adickesallee 32, 6000 Frankfurt/M.

MÜLLER-LANCÉ, Karl-Heinz
Dr. phil., Prof. f. Musik Päd. Hochschule Freiburg - Mittelweg 4, 7801 Umkirch/Br. (T. 3 97).

MÜLLER-LAUTER, Wolfgang
Dr. phil., o. Prof. f. Philosophie - Klopstockstr. 27, 1000 Berlin 27 (T. 802 61 55) - Geb. 31. Aug. 1924 Weimar (Vater: Paul A. Müller, Klavierbauer; Mutter: Selma, geb. Weiß), ev., verh. s. 1955 m. Erika, geb. Geißler, 4 Kd. (Wolfgang, Torsten, Martina, Corinna) - FU Berlin (Phil., Soziol., German.) - S. 1961 Lehrtätigk., 1974-76 Rektor Kirchl. Hochsch. Berlin - BV: Möglichkeit u. Wirklichkeit bei Heidegger, 1960; Nietzsche, S. Philos. d. Gegensätze u. die Gegens. s. Philos., 1971; Dostojewskijs Ideendialektik, 1974. Hrsg.: Nietzsche-Stud. Intern. Jahrb. f. d. Nietzsche-Forsch., 1972ff., TRE (Theolog. Realenzyklopädie I-XII), 1977ff. - Liebh.: Schach (Thür. Meister 1941, Berliner Pokalm. 1953).

MÜLLER-LEIENDECKER, Klaus F.
Bankkfm., Konsul a.h. v. Panamá, Vorst. Ibero-Amerika Bank AG, Bremen - Domshof 14-15, 2800 Bremen (T. 0421 - 3 63 00-0) - Geb. 1941 Pereira/Kolumbien - VR-Vors. Banco Alemán-Panameno S.A., Panamá; VR-Mitgl. Crédit François Intern., Paris; Vorst.-Mitgl. Ibero-Amerika-Verein, Hamburg/Bremen, Carl-Schurz-Ges., Bremen; Beirat Weser Logistik-Services Gruppe, Bremen.

MÜLLER-LIMMROTH, Wolf
Dr. med., o. Prof. u. Direktor Inst. f. Arbeitsphysiologie TH bzw. TU München (s. 1965) - Rottenbucherstr. 5, 8032 Gräfelfing/Obb. (T. München 85 58 04) - Geb. 14. Okt. 1921 Obersdorf/W. (Vater: Ernst M.-L., Rektor; Mutter: Hedwig, geb. Knoop), ev., verh. s. 1952 m. Hildegard, geb. Limper, 2 Töcht. (Ulrike, Sabine) - Realgymn. Siegen u. Bismarck-Obersch. Dortmund (1935); 1940-48 Univ. Münster (Promot.) - 1948-65 Assist., Privatdoz. (1953), Doz. (1958), apl. Prof. (1959), Wiss. Rat (1962) Univ. Münster, Nachweis d. biretinalen Assoziation in d. Sehbahn - BV: Elöektro-

physiol. d. Gesichtssinns.1959; D. Gesichtssinn, in: Landois-Rosemann, Lehrb. d. Physiol., 1961; Sport in Therapie u. Rehabilitation, 1964; Handb. d. Verkehrsmed., 1968; Gesund u. fit am Steuer, 1971 (m. Hettinger); Sinnesorgane u. Nervensystem in Schmidtke: Ergonomie I, 1973; Arzneimittel u. Straßenverkehr, 1974 - Mitgl. Dt. Physiol. Ges. EEG-Ges. f. Arbeitswiss., Dt. Ges. f. Verkehrsmed., Ärztekoll. ADAC, 1974 Jahrespreis Verein f. Gerberei-Chemie u. -technik, 1977 Ehrenmedaille d. Dtsch. Ges. f. Badewesen; 1984 Gr. BVK- Liebh.: Schmalfilmen, Elektronik.

MÜLLER-LINK, Peter-Heinz

Senator a. D., Rechtsanwalt, Mitgl. Hbg. Bürgerschaft (1953-74) - Walter-Frahm-Stieg 20, 2000 Hamburg 70 (T. 656 30 45) - Geb. 2. Jan. 1921 Hamburg, ev., verh. m. Gabriele, geb. Kerner (†), 2 Kd., s. 1977 verh. m. Gudrun, geb. Hilbert - Realgymn. d. Johanneums Hamburg (Notabit.); 1945-48 Univ. ebd. (Rechtswiss.). Ass.ex. 1952 - 1939-45 Soldat (Hptm. a. D. Grenadier-Regt. 76); s. 1952 Rechtsanw. Hamburg; 1961-66 Senator ebd. (Baubehörde). FDP (1954-66 stv. Landesvors. Hamburg, 1983-85 Vors.). Vors. d. Verwaltungsrates Aug. Prien Bauuntern.; Ehrenvors. Landesverb. Hamburg d. FDP.

MÜLLER-LINOW, Bruno

Prof., Maler u. Graphiker - Ludwigshöhstr. 3, 6100 Darmstadt, u. 5551 Hochscheid/Hunsrück - Geb. 1. Juli 1909 Pasewalk/Pom. - S. 1936 Kunstlehrer an Kunstsch.; 1956 Dir. Trier, b. 1976 TH Darmstadt. Arbeitsgeb.: Bildnis, Glasfenster, Aquarell u. Radierung.

MÜLLER-LÖNNENDUNG, Ludwig

Dr. phil., Doz. Kath. Landvolkshochsch. Anton Heinen, Hardehausen - Am Alpenkamp 4, 3530 Warburg 2 (T. 05642 - 61 34) - Geb. 19. Aug. 1933 Heggen/Kr. Olpe, kath., verh. s. 1961 m. Helga, geb. Lönnendung, S. Bernd - Stud. Rechtswiss., Phil. Erziehungswiss. Köln, Münster, Bonn; Staatsex. 1959, Promot. 1982 - 1960-62 Rechts- u. Kreditabt. Dt. Bank AG; 1963-68 Dir.-Assist. Krombacher Brauerei Krombach; s. 1968 LVH Hardehausen. Vors. Veranst.Gem. Radio Höxter-Lokalfunk (s. 1987) - Spr.: Engl., Franz., Lat.

MÜLLER-LUCKMANN, Elisabeth, geb. Luckmann

Dr. rer. nat., Prof. a. D., Psychologin - Theaterwall 19, 3300 Braunschweig (T. 4 31 44) - Geb. 16. Okt. 1920 Braunschweig (Vater: Friedrich Luckmann, Prokurist; Mutter: Anna, geb. Pontzen), ev., verh. 1951-62 m. Dr. Rolf Müller (gesch.) - Dipl.-Psych. 1944; Promot. 1945, Habil. 1955 (alles Braunschweig) - 1962ff. Prof. TH bzw. TU Braunschweig; 1972ff. Kolumnistin Frauenztschr. Für Sie. Vors. Dt. Ges. f. Sexualforsch. (1970-75); Mitgl. Dt. Ges. f. Psychologie - BV: Die Glaubwürdigkeit kindl. u. jugendl. Zeuginnen b. Sittlichkeitsprozessen, 2. A. 1963; Gerichtl. Psych., 1962 (m. G. Blau); Wie man d. Alltag zu zweit besteht, 1979; Vivre à deux, 1982; Levens lessen, 1982; D. gr. Kränkung, 1985; Männer um 50, 1986; Mrs. Chivers Tod, 1988 - Spr.: Engl., Franz., Schwed.

MÜLLER-LUTZ, Heinz Leo

Dr. rer. pol., Honorarprof. f. Betriebswirtschaftslehre v. Versicherungsunternehmen Univ. München (s. 1963) - Pippinstr. 12, 8035 Gauting/Obb. (T. München 850 22 31) - Geb. 10. Aug. 1912 Darmstadt (Vater: Leo Müller, Offz.; Mutter: Louise, geb. Steinmüller), kath., verh. s. 1945 m. Elisabeth, geb. Herold, 3 Kd. (Marie-Louise, Hendrik, Andrea) - Univ. Frankfurt/M. (Dipl.-Volksw. u. Promot.) - Üb. 50 J. Allianz (zul. Vorst.) - BV: u. a. Grundbegriffe d. Versich.-lehre, 1959 (auch franz., engl., ital., span.); D. programmierte Büro, 1964; D. automatisierte Büro, 1965; Gedanken u. Erfahrungen, 1987. Herausg.: Ztschr. Versicherungsbetriebe - Ehrenvors. Verein f. Versich.wiss. u. -praxis in Hessen, Frankfurt/M. u. AWV Eschborn; Komturkreuz St.-Sylvester-Orden; 1971 Bayer. VO., 1976 Gr. BVK.

MÜLLER-MEININGEN, Ernst, jr.

Dr. jur., Rechtsanwalt u. Publizist, Ehrenvors. Bayer. Journalistenverb. (s. 1971; 1951-71 Vors.), Mitgl. Bay. Rundfunkrat (1950-78), Presserat (1955-70), Bayer. Senat (1966-79) - Mauerkircherstr. 29, 8000 München 80 (T. 98 67 68) - Geb. 8. Juni 1908 München (Vater: Dr. jur. Ernst M.-M., bayer. Justizminister u. stv. Ministerpräs. Reichstags- u. Landtagsabg. † 1944 (s. X. Ausg.); Mutter: Frida, geb. Steinhard), ev., verh. s. 1932 m. Hilde, geb. Sand †1987, 3 Kd. (Gertrud, Johanna, Max) - Univ. München (Rechtswiss.). Ass.ex. 1933 - Währ. d. III. Reiches Berufsverbot; s. 1946 Kommentator Südd. Ztg., München - BV: D. Parteigenossen, 1946; D. Verteidiger im dt. Strafrecht, 1960; D. Rache ist mein - Theorie u. Praxis d. Todesstrafe, 1962; Todesstrafe u. öfftl. Meinung, 1964; Ist d. Rundfunkfreiheit in Gefahr?, 1965; Justiz u. Presse in Deutschland, 1966. Herausg.: Kommentare v. gestern und heute, Anthol. 1967; D. Jahr Tausendundeins - e. dt. Wende?, 1987 - 1971 Ehrenmitgl. Dt. Journalistenverb.; 1970 Dt. Journalistenpreis; 1969 Ludwig-Thoma-Med.; 1965 Theodor-Wolff-Preis.

MÜLLER-MERBACH, Heiner

Dr. rer. pol., Dipl.-Wirtschaftsing., Prof. f. Betriebswirtschaftslehre Univ. Kaiserslautern, Chefredakt. Ztschr. technologie & management (s. 1985) - Am Löwentor 11, 6100 Darmstadt (T. 71 88 92) - Geb. 28. Juni 1936 Hamburg (Vater: Dr. Erich M., Bankprokurist; Mutter: Gertrud, geb. Müller), ev., verh. s. 1969 m. Uta, geb. Schade - 1955-61 TH Darmstadt (Dipl.-Wirtschaftsing.) - 1983-85 President IFORS (Intern. Federation of Operational Research Societies); 1985-87 Vors. Verb. dt. Wirtschaftsing. (VWI) - BV: Operations Research, 3. A. 1973; Optimale Reihenfolgen, 1970; Operations-Research-Fibel f. Manager, 2. A. 1971; Einf. i. d. Betriebswirtschaftslehre, 2. A. 1976; Mathematik f. Wirtschaftswissenschaftl., 1974; Quantitat. Ansätze i. d. Betriebswirtschaftslehre, 1978 - 1986 Ehrenprof. Tongji-Univ., Shanghai, China - Spr.: Engl.

MÜLLER-MICHAELS, Harro

Dr. phil., Prof. f. Literaturwiss. Univ. Bochum (s. 1975) - Unterfeldstr. 10, 4630 Bochum (T. 79 32 05) - Geb. 18. April 1936 Stettin (Vater: Martin M., Landw.; Mutter: Magda, geb. Michaels), ev., verh. s. 1966 m. Dr. med. Sigrid, geb. Fuchs, 2 Kd. (Olaf, Juliane) - Stud. d. German., Angl., Päd., Leibeserz. Univ. Marburg u. Münster; Promot. 1964 - 1967-71 Akad. Rat PH Oldenburg; 1971-75 o. Prof. Univ. Bayreuth. 1973-75 u. 1984-87 Dekan - BV: Dramat. Werke im Dt.unterricht, 2. A. 1975; Literatur im Alltag u. Unterricht, 1978; Positionen d. Deutschdidakt., 1980; Deutschkurse, 1987. Herausg.: Lit. Bildung u. Erziehung (1976); Arbeitsmittel u. Medien f. d. Dt.unterr. (1976); Jahrbuch d. Deutschdidaktik (1978ff.); Dt. Dramen (1981); Deutschunterr. als Aufklärung (1989) - Spr.: Engl.

MÜLLER-NORDEGG, von, Bernhard

Direktor i. R., stv. ARsvors. Alois Zettler Elektrotechn. Fabrik GmbH. u. Alois Zettler GmbH., beide München - Luisenstr. 27, 8000 München 2 (T. 59 27 35) - Geb. 1. März 1907 - Zul. kaufm. Geschäftsf. Zettler.

MÜLLER-PLANTENBERG, Clarita, geb. von Trott zu Solz

Dr. rer. pol., Prof. GH Kassel - Nora-Platiel-Str. 5, 3500 Kassel; Cosimaplatz 8, 1000 Berlin 41 (T. 030 - 851 43 91) - Geb. 9. Nov. 1943, ev., verh. s. 1966 m. Urs M.-P., 2 Kd. (Vera Elisabeth, Nikolas Adam) - Dipl. (Soziol.), Promot. 1971 Berlin - BV: Überlebenskampf u. Selbstbestimmung, Arbeiter- u. Volksbewegung in kolumbianischen Städten, 1983; Frau u. Familie im gesellschaftl. Befreiungsprozeß, 1983; 3 Analysen z. chilenischen Situation zw. 1964 u. 1982, 1983. Herausg.: Indianergebiete u. Großprojekte in Brasilien (1988) - Spr.: Engl., Franz., Span.

MÜLLER-POHLE, Hans

Dr. jur., Rechtsanwalt, Honorarprof. f. Handels-, Gesellschafts- u. Wirtschaftsrecht TH bzw. TU Braunschweig (s. 1964) - Vor d. Warte, 3501 Nieste üb. Kassel (T. 05605 - 22 76) - Geb. 8. Aug. 1906 Ellrich/Hohenstein.

MÜLLER-REHM, Klaus Hildebrand

Dipl.-Ing., Regierungsbaurat a. D., o. Prof. (emerit.) a. d. Hochsch. f. bild. Künste Berlin - Miquelstr. 92, 1000 Berlin 33 (T. 832 50 25) - Geb. 26. Juni 1907 Berlin (Vater: Dr. med. Franz Müller, Arzt; Mutter: Else, geb. Rehm), ev., verh. in 3. Ehe m. Gisela, geb. Bölsing, 2 Söhne (Kai, Ebbo) aus d. 1959 verw. 1. E. m. Minni, geb. Westermann - Kaiserin-Augusta-Gymn. u. TH Berlin (Entwurfsem. Prof. H. Poelzig). Reg.s-baum. 1935 - B. 1945 Staatsbeamter, Ausstellungs-, Krankenhaus-, Hotel- u. Wohnungsbauten Berlin (u. a. Mitwirk. Berliner Großsiedl. Lankwitz, Schillerhöhe u. Spring. Objekt I d. Interbau 1957, m. Dipl.-Ing. G. Siegmann, Gropius-Stadt u. Heerstr. Nord). Div. Wettbewerbserfolge, darunt. 1948 2 I. Preise Gartenstadt Tegel u. Rund um d. Zoo, 1953 I. Preis Schillerhöhe - BV: Haus u. Wohnung, 1954; Wohnbauten v. heute, 1955; Berlin u. s. Bauten (Mitwirk.), 1974.

MÜLLER-REINIG, Helmut

Journalist, Sprecher d. Landesreg. v. Nordrh.-Westf. (s. 1978) - Mannesmannufer 1a (Staatskanzlei), 4000 Düsseldorf 1 - Geb. 3. April 1927 Frankenberg/Eder (Vater: Müller †; Mutter: geb. Reinig), ev. - N. Abit. Journalistensch. München; redakt. Ausbild. Zeitung - Korresp. u. polit. Redakt. versch. Ztg.; 1958-73 Korresp. u. Chef v. Dienst dpa-Landesbüro Düsseldorf; 1973-78 Pressechef Landtag NRW - Spr.: Engl.

MÜLLER-RÖMER, Frank

Dipl.-Ing., Techn. Direktor Bayer. Rundfunk - Rundfunkpl. 1, 8000 München 2.

MÜLLER-RUCHHOLTZ, Wolfgang

Dr. med., Dr. med. dent., o. Prof., Direktor Abt. Immunologie Univ. Kiel - Brunswiker Str. 4, 2300 Kiel 1 (T. 0431 - 5 97-33 40) - Geb. 22. Sept. 1928 Mülheim/R., ev., verh. s. 1964 m. Dr. med. Ruth, geb. Nagel, 3 Kd. (Eva, Michael, Christoph) - Lehrstuhlinh. f. Immunol. Univ. Kiel.

MÜLLER-SALGET, Klaus

Dr. phil., apl. Prof. f. Neuere dt. Literaturwiss. Univ. Bonn - Seydlitzstr. 11, 5200 Siegburg (T. 02241 - 5 05 52) - Geb. 26. Febr. 1940 Siegburg (Vater: Karl M.-S.; Mutter: Grete, geb. Scholz), verh. m. Jutta, geb. Hempel, 3 Kd. (Paul, Lukas, Gesa) - Stud. Univ. Bonn; Promot. 1970; Habil. 1980 - 1970-74 wiss. Assist. u. Doz. Univ. Gießen u. 1974-83 Univ. Bonn; 1983-85 Prof. a.Z. Univ. Bonn; 1985/86 Lehrstuhlvertr. Univ. Bonn u. Univ. Passau; 1986-88 Doz. Univ. Erlangen-Nürnberg - BV: Alfred Döblin. Werk u. Entwicklung, 1972, 2. A. 1988; Erzählungen f. d. Volk. Evang. Pfarrer als Volksschriftsteller im

Deutschl. d. 19. Jh., 1984; Erl. u. Dok. z. Max Frisch: Homo faber, 1987; Abhandl. z. dt. Lit. d. 18.-20. Jh. - Liebh.: Musik, Fotogr. - Spr.: Engl., Franz., Latein.

MÜLLER-SALIS, Wolfram

Rechtsanwalt, Geschäftsf. i.R. - Dienstl.: Wilh.-Th.-Römheld-Str. 30, 6500 Mainz (T. 06131 - 80 46 40); priv.: Ulmenring 32, 6501 Ober-Olm - Geb. 5. Sept. 1924 Berlin, ev., verh. s. 1954 m. Gisela, geb. Schiersand, 2 Kd. (Bettina, Detlef) - Stud. Rechts- u. Staatswiss. Berlin u. Göttingen - 1942-49 Wehrdst. u. russ. Gefangensch. 1961-70 Dt. Schiffahrtsbank AG Bremen (zul. stv. Vorstandsmitgl.); 1971-84 Geschäftsf. Großanlagen-Leasing GmbH Mainz u. zahlr. Beteiligungsges. - Liebh.: Gesch. - Spr.: Engl.

MÜLLER-SCHWEFE, Gerhard

Dr. phil., o. em. Prof. Englisches Seminar Univ. Tübingen (s. 1956) - Rappenberghalde 19, 7400 Tübingen (T. 4 16 26) - Geb. 23. April 1914 Bochum (Vater: Johannes M.-S., Pastor; Mutter: Mathilde, geb. Landgrebe), verh. s. 1944 m. Martha, geb. Klein, 4 Kd. (Constanze, Gerhard, Elisabeth, Thomas) - Univ. Berlin u. Tübingen (Engl. u. Dt. Philol., Phil., Theol.). Promot. (1938) u. Habil. (1954) Tübingen - 1962/63 Gastprof. State Univ. of Iowa (USA) - BV: u. a. D. persönl. Menschenbild Matthew Arnolds in d. dichter. Gestaltung, 1955; Einf. in d. Stud. d. Engl. Philol., 2. A. 1968; Shakespeare - Seine Welt, Unsere Welt, 1964; Einf. in d. Gedichtsinterpretation, 1968; William Shakespeare, Welt - Werk - Wirkung, 1978; Corpus Hamleticum, 1987 - Mitgl. Modern Humanities Research Assoc., Modern Language Assoc. of America, Dt. Shakespeare-Ges., Dt. Ges. f. Amerikastudien, Royal Soc. of Arts, Renaissance Soc. of America - Bek. Vorf.: Prof. Dr. theol. Johannes Müller, Propst Magdeburg.

MÜLLER-SCHWEINITZ, Günter

Dr. rer. nat., o. Prof. f. MAth. u. ihre Didaktik TU Braunschweig - Gelsenkirchenstr. 3, 3300 Braunschweig-Querum - Geb. 14. Juni 1925 Berlin, verh. m. Gisela, geb. Schweinitz, S. Martin - BV: Reelle Zahlen, 1972.

MÜLLER-SEIDEL, Walter

Dr. phil., o. Prof. f. Neuere dt. Literaturgeschichte - Pienzenauer Str. 164, 8000 München 81 (T. 98 82 50) - Geb. 1. Juli 1918 Schöna/Sa. (Vater: Martin Müller, Postbeamter; Mutter: Rosa, geb. Seidel), verh. m. Dr. phil. Ilse, geb. Peters, 2 Kd. (Almuth, Wolfhard) - Stud. German., Gesch., Engl. Phil. 1949; Habil. 1958 - Assist. Univ. Heidelberg; 1958-60 Privatdoz. Univ. Köln; s. 1960 ao. u. o. Prof. (1965) Univ. München. 1968-72 Vors. Dt. Germanisten-Verb., 1974 Bay. Akad. d. Wiss. - BV: Versehen u. Erkennen - E. Studie üb. Heinrich v. Kleist, 1961; Probleme d. lit. Wertung - Üb. d. Wissenschaftlichkeit e. unwiss. Thernas, 1965; Theodor Fontane. Soz. R.kunst in Deutschl., 1975; Die Geschichtlichk. d. dt. Klassik, 1983; D. Deportation d. Menschen. Kafkas Erzählung In d. Strafkolonie im europ. Kontext, 1986.

MÜLLER-SOMMER, Maria, geb. Janicki

Dr. phil., Bühnenverlegerin (Ps. Maria Sommer), Vorstandsmitgl. u. Vors. Medienkommission Verb. Dt. Bühnenverleger - Schweinfurthstr. 60, 1000 Berlin 33 - Verh. m. Dr. med. Richard M. (†), verw. - Stud. German., Kunstgesch. u. Theaterwiss.; Promot. - VR-Vors. VG Wort u. Neue Zentralst. d. Bühnenautoren u. Bühnenverleger, Vizepräs. Zentrum Bundesrep. Deutschl. u. Deleg. Exekutiv Komitee Intern. Theater-Inst. - Mitgl. PEN-Club - Spr.: Engl., Franz., Ital.

MÜLLER-STAHL, Armin

Schauspieler - Geb. 17. Dez. 1930 Tilsit, ev., verh. s. 1970 m. Gabriele, geb. Scholz, Sohn Christian - Schauspielsch. Ostberlin - BV: Verordneter Sonntag, 1981 - Rollen: Höfel, Nackt unter Wölfen; von Bohm, Lola; Korb, Glut; Leon, Bittere Ernte, in rd. 70 Filmen. Rd. 60 Bühnenhauptrollen - Div. Preise in d. DDR; 1981 Bundesfilmpreis; 1986 Darstellerpr. in Toronto f. Bittere Ernte; u.a. - Liebh.: Musik, Malerei.

MUELLER-STAHL, Hagen

Regisseur, Schauspieldirektor Staatstheater Kassel (1976-78) - Bonner Str. 1, 1000 Berlin 33 - Geb. 1926 Tilsit - Humboldt-Univ. Berlin (Theaterwiss., German.) - Dramat. Theater am Schiffbauerdamm Berlin, Regiss. Volksbühne, Schaubühne Hallesches Ufer (1961) ebd. u. a., s. 1971 ltd. Oberspiell. Nationaltheater Mannheim. S. 1980 Lehrtätigk. an d. Hochsch. d. Künste in Berlin (HdK) als Gastprof. Zahlr. Insz., Fernsehsp. u. Dokumentarfilme - 1972 o. Mitgl. Dt. Akad. d. Darstell. Künste, Frankfurt/M.

MÜLLER-STEINECK, Eberhard

Dr. rer. pol., Staatssekretär b. Senator f. Gesundheit u. Soziales Land Berlin (b. 1989) - An d. Urania 4-10, 1000 Berlin 30 - Geb. 4. Okt. 1942 Erfurt, ev., verh. s. 1975 m. Gesina, geb. Kröner, 2 Kd. (Lily, Wilhelm) - Dipl.-Volksw. 1967 Univ. Köln, Promot. 1970 Köln - 1967-70 Unternehmensberat.; 1970-74 Planungsstab, 1974-78 Geschäftsf. CDU/CSU-Bundestagsfrakt.; 1978-82 Abteilungsdir. Bundesinst. f. Berufsbildung; 1982-85 Präs. Landesversorgungsamt; 1985/86 Präs. Landesamt f. Zentrale Soz. Aufg.; 1986-89 Staatssekr. Berlin - BV: D. einkommenssteuerl. Förderung d. Wohnungsbaus in sozialpolit. Sicht, 1971; Grundl. e. Umweltschutzpolitik, 1972.

MÜLLER-STÜLER, Michael Martin

Dr. iur., stv. Vorstandsmitgl. Thuringia Versicherungs-AG., München (s. 1976), Dir. London & Aachen Munich Marine Insurance Co. Ltd., London (s. 1976) u. London & East Riding Marine Ins. Co. Ltd. (s. 1976), Generalbevollm. Aachener u. Münchener Versicherung AG. (s. 1977) - Rosemerryn, Broom Close, Esher, Surrey/Great Brit. - Geb. 10. Okt. 1934 Düsseldorf (Vater: Dr. med. Martin M., Augenarzt; Mutter: Ingeborg, geb. Abegg), ev., verh. s. 1968 m. Wiebke, geb. Schmidt, 2 Kd. (Anna, Johannes) - Stud. d. Rechtswiss. Univ. Hamburg, Berlin (Freie), Freiburg; Ass. 1965; Promot. 1966 - BV: D. Direktanspruch gegen d. Haftpflichtversicherer, 1966; D. Recht d. öff.-rechtl. Sachversicherung, 2. A. 1968 (m. Schmidt-Sievers) - Liebh.: Schöne Künste, Klass. Kraftwagen - Spr.: Engl., Franz.

MÜLLER-SUUR, Hemmo

Dr. med., Prof., Univ. Göttingen - Heinz-Hilpert-Str. 4, 3400 Göttingen (T. 5 59 45) - Geb. 11. Nov. 1911 Königsberg/Pr. (Vater: Karl Müller, Ingenieur; Mutter: Helene, geb. Suur), ev., verh. s. 1939 m. Gisela, geb. Zelle, 4 Kd. (Niels, Almuth, Ingrid, Roland) - TH München u. Hannover, Univ. Gießen, Freiburg/Br., Rostock, Bonn, Göttingen - S. 1948 (Habil.) Privatdoz., apl. Prof. (1954), Wiss. Rat u. Prof. (1969) Univ. Göttingen (Psychopathol.); 1948-69 Oberarzt Landeskrkhs. ebd. - BV: D. psychisch Abnorme - Unters. z. Allg. Psychiatrie, 1950; D. Sinn-Problem in d. Psychose, 1980. Zahlr. Einzelarb. - 1971 Prinzhorn-Med. - Festschr. z. 60. Geburtst.: D. Wirklichkeit d. Unverständlichen.

MÜLLER-van ISSEM(ß), Gerd

Dr., Geschäftsführer Industrievereinig. Gartenbedarf (IVG), u. Fachverb. Fahrrad- u. Kraftradteile-Industrie - Kaiserswerther Str. 135, 4000 Düsseldorf 30 - Geb. 21. Nov. 1946.

MÜLLER-VOLBEHR, Jörg

Dr. jur., Prof. f. Öffentliches Recht u. Kirchenrecht - Waxensteinstr. 16, 8038 Gröbenzell b. München - Geb. 1. April 1936 Bremen (Vater: Dr. Otto M., Stud.rat; Mutter: Thea, geb. Volbehr), ev., verh. s. 1966 m. Hille, geb. Bakenhus, 2 Kd. (Gerd, Heike) - Altes Gymn. Bremen, 1955-59 Jurastud., Refer. 1960 - 1964-71 Landeskirchenrat, 1971-75 Oberkirchenrat, 1976-77 Univ.sdoz., s. 1978 Prof. - BV: Fonds- u. Investitionshilfekompetenz d. Bundes; Pfarrer in d. DKP? - Liebh.: Lit., Bergsport - Spr.: Lat., Griech., Engl.

MÜLLER-WARMUTH, Werner

Dr. phil. nat., Univ.-Prof. u. Direktor Inst. f. Physikal. Chemie Univ. Münster - Julius-Hart-Str. 6, 4400 Münster/W. (T. 2 21 04) - Geb. 1. Okt. 1929 Hamburg, ev., verh. s. 1955 m. Inge, geb. Schmidtke, 2 Söhne (Bernd, Niels) - Abit. 1949 Hamburg; Promot. 1955 Frankfurt/M.; 1961 Habil Mainz - 1955-65 MPI f. Chemie Mainz, 1965-73 Euratom Forsch.zentr. Ispra (Italien) S. 1961 Lehrtätigk. Univ. Mainz (1967 apl. Prof. f. Phys. Mainz, 1973 o. Prof. f. Phys. Chemie Münster). 1978-82 Rektor Westf. Wilhelms-Univ. Ca. 150 Fachveröff.

MÜLLER-WIENER, Wolfgang

Dr. Ing., Prof., Honorarprof. d. TH Darmstadt - Niederramstädter Str. 225a, 6100 Darmstadt - Geb. 17. Mai 1923 Friedrichswerth/Gotha (Vater: Dr. Heinz M.-W., Oberregierungsrat; Mutter: Elisabeth, geb. Wiener), ev., verh. s. 1951 m. Elfriede, geb. Kettner, 4 Kd. (Irene, Martina, Peter, Brigitte) - Gymn. Wernigerode, Halle, Stettin; Zimmermannu. Bautischlerlehre; TH Karlsruhe (Arch.; Dipl.-Ing. 1951). Promot. (1955) u. Habil. (1965) Karlsruhe - 1956-62 Wiss. Ref. Dt. Archäol. Inst. Istanbul; 1962-67 II. Dir. DAI Kairo; 1967-75 o. Prof. f. Baugesch. TH Darmstadt; 1976-88 1. Dir. Dt. Archäol. Inst. Istanbul - BV: Entwickl. d. Industriebaues im 19. Jh. in Baden, 1955 (Diss.); D. Theater v. Epidauros, 1960; Kreuzfahrer - Burgen im Hl. Land, 1966; Bildlexikon Konstantinopel-Istanbul, 1977; Griechisches Bauwesen in d. Antike, 1988; 19. asirda Istanbul Hayati, 1988 - 1966 o. Mitgl. Deutsches Archäol. Institut; 1969 korr. Mitgl. Inst. d'Egypt; 1973 korr. Mitgl. Österr. Archäol. Inst.

MÜLLER-WILLE, Michael

Dr., Prof. f. Vor- u. Frühgesch. Univ. Kiel - Holtenauerstr. 178, 2300 Kiel (T. 0431 - 8 30 27) - Geb. 1. März 1938 Münster/W. (Vater: Wilhelm M.-W., Prof.; Mutter: Josepha, geb. Graf), kath., verh. m. Margareta, geb. Göransson, 3 Kd. (Staffan, Anna, Klaus) - Univ. Münster, Uppsala, Montpellier - 1970 Priv.-Dozent Kiel, 1976 ao. Prof. ebd., 1976 o. Prof. Univ. Mainz, 1981 o. Prof. Univ. Kiel, 1989-92 Rektor Univ. Kiel - Spr.: Engl., Franz., Schwed.

MÜLLER-ZIMMERMANN, Klaus

Dr., Dipl.-Volksw., Generalbevollm. Direktor Siemens AG (Finanzierung) - Wittelsbacherpl. 2, 8000 München 2 (T. 25 20) - Geb. 4. Okt. 1927 Berlin, ev. verh. m. Inge, geb. Mantler - FU Berlin (Wirtschaftswiss.) - S. 1956 Siemens.

MÜLLICH, Hermann

Dr. phil., Prof f. Musik/Didaktik, Vorst. d. Inst. f. Musikpäd. Univ. Erlangen-Nürnberg - Rothenbühl 13, 8601 Gundelsheim/Bamberg (T. 0951 - 4 14 89) - Geb. 17. April 1943 Bamberg (Vater: Hans M., Amtsgerichtsdir.; Mutter: Maria, geb. Stöckhert), kath., verh. s. 1975 m. Birgit, geb. Treusch, Tocht. Anja - 1962-67 Musikstud. Musikhochsch. München; 1967-69 Refer. Gymn. (2. Staatsex.); Stud. Musikwiss., Päd., Psych. Univ. Erlangen-Nürnberg (Promot.) - 1969-82 Studiendir. Mus. Gymn. Bamberg; Doz. VHS u. Univ. Bamberg sowie Musikhochsch. Würzburg; s. 1983 Prof. Univ. Erlangen-Nürnberg. Musikpäd./wiss. Forschungsarb.; komp./dirigent. Tätigk.; Vortr. u. Leit. v. Lehrgängen. Doz. an ausl. Ausbildungsstätten u. b. intern. Kongressen - BV: Zahlr. musikwiss./-päd. Veröff., u. a. Bücher: D. A-cappella-Chorwerke Harald Genzmers, 3. A. 1984; Klang-System - Neue Meth. d. harmon. Analyse, 3. A. 1989 (teilübers. ins Engl., Ital., Jap., Chin.); Spiel, Spaß, Spannung, Lehrb. Arbeitsheft Musikcass., Videokass., 1988; Vom Rag zum Rock, I. Notenbd., II. Meth.-didakt. Band, Kass./Playbacks, 1989. Herausg.: Unterrichtsmodelle (1989) inkl. Medien. Festschr. Harald Genzmer, 1989 - Rd. 100 Kompos. in 17 Verlagen, Werke f. Chor, Orch., Orgel, Soloinstrumente; Kammermusik; Lieder; Kirchenmusik; Kantaten; Jugend- u. Schulmusik; Kompos.auftr.; Auff. im In- und Ausl., Rundf. u. Schallpl., Kassetteneinsp., Video- u. Fernsehaufn. - 1977 Valentin-Becker-Preis f. Kompos.; 1978/79 drei 1. Pr. b. Chorwettb. (als Dirig.); 1984 Weltpreis d. Kultur (Italien) f. komp., künstler., musikwiss. u. päd. Gesamtschaffen; 1987 Goldmed. (USA).

MÜLLMERSTADT, Helmut

Dipl.-Volksw., Magister d. Verwaltungswiss., Bürgermeister Laufenburg (Baden) - Wolfsgrubenweg 7, 7887 Laufenburg (T. 07763 - 78 92) - Geb. 15. Mai 1940 Bielefeld, verh. s. 1979 m. Ewa-Maria, geb. Szargut - Univ. Konstanz (Dipl.-Volksw.), Hochsch. f. Verw.-Wiss. Speyer (Magister u. 2. Staatsex.) - Liebh.: Lit., Kunstgesch., Wandern - Spr.: Engl.

MÜNCH, Ewald

I. Bürgermeister - Rathaus, 8555 Adelsdorf/Mfr. - Geb. 13. Okt. 1929 Bamberg - Zul. Personalleiter.

MÜNCH, Fritz

Dr. jur., Prof., Oberregierungsrat a. D. - Jaspersstr. 2/387, 6900 Heidelberg - Geb. 8. April 1906 Oberhomburg/Lothr., ev., verw., 5 Kd. - 1923-25 Bankausbild.; 1925-29 Stud. Rechtswiss. - Mitgl. Max-Planck-Inst. f. ausl. öfftl. Recht u. Völkerrecht Heidelberg; s. 1951 (Habil.) Privatdoz. u. apl. Prof. (1955) Univ. Bonn (Völker-, Staats- u. Verw.srecht) - Membre Inst. de Droit Intern. - BV: D. Bundesreg., 1954; D. Freie Stadt, D. Friedens-Warte, 1959; Effets d'une nationalisation à l'Etranger, Cours Acad. de Droit Intern., 1959; Z. dt. Frage, 1962; D. BRD u. d. Vereinten Nationen, 1966 (m. Heinz Dröge u. Elinor v. Puttkamer).

MÜNCH, Helmut

Dr. jur. utr., Notariatsdirektor u. Vorst. Notariat Mannheim - Schöpflinstr. 3, 6800 Mannheim 1 (T. 0621 - 41 14 82) - Geb. 3. Aug. 1933 Neuthard/Baden, kath., verh., 4 Kd. - 1954-57 Univ. Heidelberg (Rechtswiss.; Promot. 1961). Jurist. Staatsex. 1957 u. 1962 - Ab 1962 Justizdst. (1965 LG-Rat, 1970 -dir. Mannheim). SPD.

MÜNCH, von, Ingo

Dr. jur., o. Prof. f. Öfftl. Recht, 2. Bürgermeister Hansestadt Hamburg, Präses d. Behörde f. Wiss. u. Forschung, u. d. Kulturbeh., Mitgl. Bundesvorst. FDP - Hochrad 9, 2000 Hamburg 52 (T. 040 - 82 96 24) - Geb. 26. Dez. 1932 Berlin (Vater: Waldemar v. M., Oberst a. D.; Mutter: Marie, geb. Koch v. Hernhaussen), ev., verh. s. 1963 m. Dr. Eva-Marie, geb. Winterhager, 2 Söhne (Ferdinand, Maximilian) - 1951-54 Univ. Frankfurt/M. (Rechtswiss.). Promot. (1958) u. Habil. (1963) Frankfurt - 1963 Privatdoz. Univ. Frankfurt; 1965 Ord. Univ. Bochum; 1973 Univ. Hamburg - BV: D. völkerrechtl. Delikt in d. mod. Entwickl. d. Völkerrechtsgemeinschaft, 1963; Völkerrecht, 2. A. 1982; Grundbegriffe d. Staatsrechts, Bd. 1, 4. A. 1986, Bd. 2, 4. A. 1987. Herausg.: Dokumente d. geteilten Dtschl. (1968); Grundgesetz-Kommentar, 3. A. 1981-85; Besond. Verwaltungsrecht, 7. A. 1985. Mithrsg.: Völkerrecht u. Außenpolitik.

MÜNCH, Joachim

Dr. rer. pol., Dipl.-Ing., Dipl.-Kfm., Geschäftsführer bzw. stv. Gf. in allen Gesellsch. d. Kabelwerke Reinshagen GmbH, Wuppertal (b. 1982) - Hordenbachstr. 32, 5600 Wuppertal 21 - Geb. 15. Mai 1917 Kulmbach (Vater: Friedrich M., Fabrikdir.; Mutter: Aline, geb. Tamm), ev., verh. s. 1953 m. Hannelore, geb. Steinwender, S. Norbert - Dipl.-Ing. 1946; Dipl.-Kfm. 1947; Promot. 1949 (alle München) - Mitgl. d. Prüfungsaussch. f. Wirtschaftspr. in NRW u. mehrer. Aussch. d. IHK Wuppertal, ehrenamtl. Richter am Fin.-Ger. Düssel-

dorf - BVK I. Kl. - Liebh.: Wassersport, Skilauf, Reisen - Spr.: Engl., Franz.

MÜNCH, Karl Georg
Generalkonsul d. Bundesrep. Deutschl. in São Paulo/Brasil. (s. 1984) - Caixa Postal 20944, 01498 São Paulo/Brasilien (T. 0055-11-814-6614) - Geb. 24. Nov. 1925 Passau, ev., verh. s. 1964 m. Hildegard, geb. Grützmacher, 3 S. (Andreas, Christian, Stefan) - 1946-51 Stud. Angl. u. Roman. Erlangen; 1. u. 2. Staatsex. - 1952-54 Lektor in Engl. u. Frankr.; 1954-56 Studienass. in München; 1956-58 Attaché 2. Ausb. (Abschlußpr. höh. Ausw. Dienst, 1958) - S. 1956 Ausw. Dienst; Doz. f. Engl. Aus- u. Fortbildungsstätte AA; 1959-62 Legationsrat Botschaft Madrid; 1962-66 Konsul in Bombay; 1966-69 Ref. AA (Südostasien); 1969-74 Botschafter in Freetown, Sierra Leone; 1974-77 Botschaftsrat I. Kl. in Budapest; 1977-84 Leit. Aus- u. Fortbildungsstätte AA, Bonn - BVK - Liebh.: Lit., Sport (Tennis, Skilaufen, Fischen) - Spr.: Engl., Franz., Span., Portug., Neugriech.

MÜNCH, Richard Friedrich
Dr. phil., Prof. f. Soziol. Univ. Düsseldorf (s. 1976) - Universitätsstr. 1, 4000 Düsseldorf - Geb. 13. Mai 1945 Niefern, ev., verh. s. 1966 m. Sigrun, geb. Sterzenbach, S. Patrick - Promot. 1971 Heidelberg; Habil. 1972 Augsburg; 1974-76 Prof. f. Soziol. Univ. Köln - BV: Ges.schheorie u. Ideologiekritik, 1973; Theorie soz. Systeme, 1976; Legitimität u. polit. Macht, 1976 - Spr.: Engl., Franz.

MÜNCH, Werner

Dr., Prof., Mitglied d. Europa-Parlaments (s. 1984) - Lohner Büro, Brinkstr. 27, 2842 Lohne (T. 04442 - 68 78) - Geb. 25. Sept. 1940 - CDU.

MÜNCHHAUSEN, Freiherr von, Thankmar
Dr., polit. Korrespondent d. FAZ - 11, rue de Miromesnil, 75008 Paris (T. 42 65 49 87) - Geb. 12. Jan. 1932 Breslau, ev. - Stud. Heidelberg, Paris (Polit. Wiss., Gesch.) - S. 1962 Redakt. FAZ; 1970-76 Nahost-Korresp. (Beirut); s. 1977 Paris - BV: Kolonialismus u. Demokratie, 1977; Mameluken, Paschas u. Fellachen, 1981.

MÜNCHINGER, Karl

Prof., Dirigent - Haus am Rebenhang, 7000 Stuttgart-Rotenberg (T. 61 06 27) - Geb. 29. Mai 1915 Stuttgart, ev., verh. s. 1948 m. Olga, geb. Rockenhäuser - Musikhochsch. Stuttgart (nebenher Chorleit. u. Organist Martinskirche) u. Leipzig (Schüler v. Prof. H. Abendroth) - Kapellm. Nieders.-Orch., Hannover; 1945 Gründ. Stuttgarter Kammerorch. (seith. Reisen m. d. Orchester Europa, Süd-, Mittel-, Nordamerika, Naher u. Ferner Osten, Sowjetunion). Gastdirig. namh. Sinfonieorch. Mitwirk. Festsp. Edinburgh, Salzburg, Luzern, Lyon, Besancon u. Holl.-Festival. 1965 Gründ. Klass. Philharmonie Stuttgart - 1953 Prof.-Titel baden-württ. Landesreg.; 1955 Gr. BVK, 1970 Stern u. 1985 Schulterbd. dazu; 1972 franz. Orden Arts et Lettres; 1961 Offz. Franz. Orden f. Kunst u. Lit.; 1965 Ehrenbürger Menton (Südfrankr.); 2 × Schallplattenaufn.); 2 × Grand Prix Paris, 1969 Preis d. Gold. Schallpl., Gold. Verdienstmed. Baden-Württ., Bürgermed. Stuttgart, vom Belg. Königshs: Officier de la Couronne, Goldmed. Stadt Straßburg in Anerk. d. künstler. Verständig. zw. Frankr. u. Dtschl. s. 1945, 1976 Kommandeur Franz. Ord. f. Arts Et Lettres. 1978 Gründer u. künstl. Leiter d. Colmar-Festsp. 1985: 40 Jahre Stuttgarter Kammerorch.; 1986 Officier de Legion d'Honneur - Liebh.: Antiquitäten, Bergsteigen - Spr.: Franz., Engl. - Lit.: Gavoty, D. großen Interpreten.

MÜNCHMEYER, Alwin
Dr. jur. h. c., Kaufmann u. Bankier - Wittenbergenerweg 115, 2000 Hamburg 56 (T. Büro 36 30 46) - Geb. 19. März 1908 Hamburg (Vater: Hermann M., Kaufm. (s. X. Ausg.); Mutter: Elisabeth, geb. Waitz), ev., verh. s. 1934 m. Gertrud, geb. Nolte, 5 Kd. (Karen, Birgit [verh. Breuel, nieders. Finanzmin., s. dort], Hans-Hermann, Gabriele, Stefanie) - Wilhelm-Gymn. Hamburg (Abit.); Lehre. Auslandsaufenthalt - S. 1937 Mitinh. Fa. Münchmeyer. Zahlr. Funktionen, dar. Ehrenpräs. Ständ. Konfz. d. Handelskammern aus d. EWG-Ländern, Präs. Dt. Industrie- u. Handelstag (langj.), ehem. Präs. Bundesverb. Dt. Banken. AR-Mand. u. a. Publ.: Reden u. Aufs. 1958-62, 1963 (Schr.reihe DIHT, H. 82); Europa u. d. Welt, 1973 - AR-Ehrenvors.: Allgem. Kreditvers. AG, Mainz; Hamburg-Mannh. Sachvers. AG, Hamburg; Außenwirtsch.beirat b. Bundesmin. f. Wirtsch., Bonn - 1965 Ehrendoktor Univ. Hamburg, 1969 Ehrenmitgl. DIHT, 1968 Gr. BVK m. Stern u. Schulterbd., 1983 AR-Ehrenmitgl. Maizena.

MÜNCHOW, Heinz
Schriftsteller, Regiss., Funkmoderator, Schausp. u. Rundfunksprecher (Ps. Torsten Koesselin) - Waldpark 20, 7531 Eisingen (T. 07232 - 8 14 83) - Geb. 26. Mai 1929 Dramburg/Pom. (Vater: Hans M., Großkaufm.; Mutter: Selma, geb. Klisch, Großkauffr.), ev., verh. m. Christine, geb. Ehrentraut, 3 Kd. (Torsten, Christian, Birthe) - Abit.; päd. Ausb. Berlin; Schauspielsch. Maria Will; Abschlußex. - BV: 29 Jugendb.: u.a. Lausbubengesch. Mücke, Ricci-Rotfuchs, Pfifferling u. Schummelmayer, Stunde d. Zorns, Schenkte d. Orangenbaum; Romane: Galina, Schrei d. Kummer in d. Wind, Hypochonder Balduin, Thyminatage, u. a.; niederd. Hörsp.; 32 Folgen nationalsozialist. Komment. im WDR, Rias Berlin (Schulf.) u. NDR; Lebensbilder im Hörf.; Texte f. Schallpl. - Insz.: Unteres Neckartal (1979), Staufzeit in Wimpfen (1980), Tübinger Vorleseb., Spektakel um d. Vogelweideler, Gerichtstag z. Heuchlingen, D. lebenslängl. Kind, D. Lotse geht v. Bord, Hugo Kümmerling. Hauptrolle (FS): Musik aus d. Kaiserpfalz - 1974 Preis AA u. Reisestip.; 1979 Landesförderpreis - - Liebh.: Reisen, Arb. auf d. Bauernhof, Hausgestalt. - Spr.: Engl.

MÜNCHOW, Werner
Kurdirektor, Geschäftsf. Kurbetriebsges. Bad Zwischenahn mbH - Peterstr. 15, 2903 Bad Zwischenahn.

MÜNCHSCHWANDER, Peter
Dipl.-Ing., stv. Vorstandsmitglied Dt. Bundesbahn - Am Seeberg 3, 6380 Bad Homburg v.d.H. (T. 06172 - 41 700) - Geb. 3. Okt. 1937 Berlin, ev., verh. s. 1977, 1 T. - Stud. Allg. Maschinenbau; Dipl.-Ing. München.

MÜNCKS, Hans H.
Dr. iur. utr., Vizepräsident Bundesschuldenverwaltung - Bahnhofstr. 16, 6380 Bad Homburg; priv.: Güldensöllerweg 23 - Geb. 28. Dez. 1923 Wiesbaden, verh. m. Hannelore, geb. Wiesemann, 2 Kd. - Stud. Univ. Mainz, Frankfurt, Los Angeles, Hochsch. f. Verw.swiss. Speyer; 1954 Gr. jurist. Staatspr.; Prom. 1956 - 1953-59 Amt f. Wertpapierbereinigung, 1959-68 RegRat u. Dir. Bundesfinanzmin., s. 1968 Direktoriumsmitgl. Bundesschuldenverw. - BV: D. Bundesanleihen, 1972.

MÜNDEMANN, Günter
Geschäftsführer, Sprecher d. Geschäftsfg. Transfracht Dt. Transportges. mbH. - Gutleutstr. 160-164, 6000 Frankfurt/M. (T. 069 - 23 89 - 1 00) - Geb. 13. Nov. 1936 - Stv. VR-Vors. ROLAND Umschlagges. f. kombinierten Güterverkehr mbH & Co. KG, Bremen; Beiratsvors. DeCeTe Duisburger Container-Terminalges. mbH, Duisburg; CDM Container-Depot München W. Bermüller GmbH + Co. KG, München; AR-Mitgl. Umschlagges. Schiene-Straße (DUSS) mbH, Frankfurt/M.; Beiratsmitgl. Ztschr. D. Bundesbahn, Hauptverw. d. Dt. Bundesbahn, Frankfurt/M.; Mitgl. Verkehrswirtsch. Kr., Düsseldorf; Mitgl. Dt. Verkehrswiss. Ges. (DVWG) Bez.vereinig. Rhein-Main.

MÜNDER, Johannes
Dr. jur., o. Prof. Inst. f. Sozialpädagogik TU Berlin - Mozartstr. 12, 1000 Berlin 46 - Geb. 6. Dez. 1944 Töpen/Hof (Vater: Hans M., Pfarrer; Mutter: Emma, geb. Kern), ev., verh. s. 1969 m. Rosemarie, geb. Schüller, 2 Kd. - Stud. Univ. München, Berlin, Regensburg (Rechtswiss., Soziol.); 1. jurist. Staatsex. 1971; 2. jurist. Staatsex. 1974; Promot. 1974 - 1979 Zentrum f. Interdisziplinäre Forsch. Bielefeld; 1975 Bundesmin. f. Arbeit; 1976-79 FH Wiesbaden; 1979 PH Berlin; 1980 TU Berlin - BV: Frankfurter Kommentar z. JWG, A. 4. 1988; Familien- u. Jugendrecht, 2. A. 1985; Sozialhilfe u. Arbeitslosigkeit, 2. A. 1985; Lehr- u. Praxiskommentar z. BSHG, 2. A. 1989. Herausg.: Praxismaterialien, Jugendhilfe u. Sozialarbeit. Mithrsg.: Recht d. Jugend u. d. Bildungswesens.

MÜNDNICH, Karl
Dr. med., o. Prof. u. Direktor Univ.-sklinik f. Hals-, Nasen- u. Ohrenkrankheiten Münster (s. 1962) - v.-Esmarch-Str. 19, 4400 Münster/W. (T. 8 26 25) - Geb. 28. Jan. 1908 Dunkeltal - Dt. Univ. Prag u. Med. Akad. Düsseldorf. Promot. u. Habil. Prag - Lehrtätig. Dt. Univ. Prag (1939), Med. Akad. Düsseldorf (1940), Univ. München (1956 apl. Prof.); 1960-62 Chefarzt HNOklinik Städt. Krkhs. Ludwigshafen. 1970 ff. Präs. Dt. Ges. f. HNOheilkd., Kopf- u. Halschir. - BV: D. Schußverletzungen d. Ohres u. d. seitl. Schädelbasis, D. Röntgenschichtbild d. Ohres, Plast. Operationen an d. Ohrmuschel etc. Üb. 200 Einzelarb. - Div. Ehrenmitgliedsch., dar. südamerik. Fachges.; 1971 Ehrenmitgl. Dt. Ges. f. HNO-Heilkd. u. Kopf- u. Halschirurgie sowie d. Österr. Otolaryngolog. Ges. u. d. Soc. Francaise d'otolaryngologie et chir. univers. maxillofacial, Paris.

MÜNICH, William
Dr. med., Prof., Augenarzt - Trautenauerstr. 26, 8700 Würzburg (T. 5 17 73) - Geb. 12. Sept. 1923 Würzburg (Vater: Friedrich M., Kaufm.), kath., verw. s. 1973, T. Brigitte - Univ. Würzburg. Promot. (1951) u. Habil. (1962) Würzburg - S. 1956 Privatdoz. u. apl. Prof. (1962) Univ. Würzburg (1957-62 Oberarzt Augenklinik). Zahlr. Fachveröff.

MÜNKER, Dieter
Dr. oec. publ., Dipl.-Kfm., Hauptgeschäftsführer IHK f. Augsburg u. Schwaben - Stettenstr. 1 u. 3, 8900 Augsburg - Geb. 6. April 1938 Remscheid, ev., verh. m. Annegrete, geb. Schneider, 2 Kd. - Banklehre; Stud. Betriebswirtsch. (Schwerp. Finanzier., Rechnungsleg.) - 1964-67 wiss. Assist. Univ. München, 1967-69 IHK Augsburg; 1970-80 Kloeckner-Werke AG, Duisburg (in ltd. Positionen); ab 1980 Hauptgeschäftsf. IHK f. Augsburg u. Schwaben.

MÜNKER, Gerd
Dr. med., Prof., HNO-Arzt plast. Operationen, Allergol., Direktor HNO-Klinik Klinikum Ludwigshafen - Bremserstr. 79, 6700 Ludwigshafen/Rh. (T. 0621 - 503-392) - Geb. 6. Dez. 1936 Berg. Gladbach (Vater: Hans Hellmut M., OStud.rat; Mutter: Ilse Hanna, geb. Hammerstein), ev. - Gymn. Remscheid; Med.-Stud. Marburg/L., Wien, Freiburg, Promot. 1963, Habil. 1973, apl. Prof. 1979 - 1966-85 Univ.-HNO-Klinik Freiburg - 1981 Ludwig-Haymann-Preis.

MÜNKNER, Hans H.
Dr. jur., Prof. f. In- u. Ausl. Genossenschaftsrecht Univ. Marburg - Am Schlag 19, 3550 Marburg/L.

MÜNNICH, Frank E.
Dr. rer. pol., Prof. - Medizinisch Pharmazeutische Studiengesellschaft e. V., Dreizehnmorgenweg 44, 5300 Bonn 2 - Geb. 16. Mai 1937 Hettstedt/Kr. Mansfeld, verh. - Stud. Volkswirtsch.lehre 1956-60 Univ. Heidelberg; Promot. 1965 - 1967/68 Economics Dep. Massachusetts Inst. of Techn., Cambridge, Mass.; 1968/69 Center f. Planning a. Development Res. Univ. California, Berkley; 1968-72 o. Prof. f. Volkswirtschaftsl. u. Ökonometrie Abt. Raumplanung Univ. Dortmund; 1970-71 Dekan Abt. Raumplanung Univ. Dortmund; 1972-74 o. Prof. f. Volkswirtschaftsl. u. Ökonometrie Univ. Essen; 1974-78 o. Univ.-Prof. f. Wirtschaftsl. u. Ökonometrie Univ. Innsbruck; 1978-88 o. Prof. f. Volkswirtsch.lehre, insbes. Wirtsch.theorie Univ. München; 1985 Hauptgeschäftsf. Med. Pharmaz. Studienges. e. V. Paul-Martini-Stifg. - Zahlr. Veröff. insb. z. Gesundheitsökonomik - Harkness Fellow.

MÜNNICH, Werner
Ministerialrat a.D. - Auenstr. 16, 2000 Hamburg 76 (T. 200 59 08) - Geb. 1. Nov. 1914 Düsseldorf (Vater: Robert M.; Mutter: Luise, geb. Mann), verh. s. 1946 m. Elisabeth, geb. Schwarz, 2 Kd. (Rolf, Petra) - 1935-40 TH Berlin

(Schiffbau; Dipl.-Ing. 1940). II. Staatsex. 1942 - B. 1945 Marine (Baurat), spät. Wasser- u. Schiffahrtsdir. Hamburg (Dezern. f. Maschinenwesen), dann Bundesamt f. Schiffsvermessung ebd. (Leit.), Ref. Bundesmin. f. Verkehr, Abt. Seeverkehr, Hamburg, s. 1979 Ruhestand - BV: Wie gr. ist d. Schiff? Schiffsvermessung in Dtschl., 1975.

MÜNSTER, Arnold

Dr. rer. nat., o. Prof. f. Theoret.-Physikal. Chemie - Hynspergstr. 11, 6000 Frankfurt/M. - Geb. 5. Jan. 1912 Oberursel/Ts. (Vater: Dr. jur. Rudolf M., Landgerichtspräs.; Mutter: Auguste, geb. Schlüter), kath., verh. m. Dr. Lilly, geb. Curtius, 3 Söhne (Johannes, Thomas, Nikolaus) - Paulin. Gymn. Münster/W.; Univ. ebd., Jena, Berlin, Heidelberg (zuerst Rechtswiss., dann Chemie u. Physik; Promot. 1947) - 1947-48 Assist. Univ. Heidelberg u. Marburg; 1949-50 wiss. Mitarb. Zellstoffabrik Waldhof, Mannheim; s. 1949 Privatdoz., apl. (1953) u. o. Prof. (1962), em. 1977 Univ. Frankfurt; 1951-58 Labor.sleit. Metallges. AG., Frankfurt; 1959-61 Prof. Associé Univ. Paris (Sorbonne). Ehrenpräs. Dt.-Franz. Ges. in Frankfurt/M.; Mitgl. Ges. Dt. Chemiker, Dt. Bunsen-Ges., Dt. Physikal. Ges. - Entd.: Krit. Streuung v. Röntgenstrahlen - BV: Riesenmoleküle, 1952; Les liquides simples, 1964; Statistical Thermodynamics, 2 vols 1969 u. 74; Chem. Thermodynamik, 1969; Studien zu Beethovens Diabelli-Variationen, 1982; Zahlr. Einzelarb. - 1958 Med. Univ. Libre de Bruxelles, 1973 Chevalier Palmes Academiques, 1980 Chevalier Légion d'Honneur - Liebh.: Musik (Klavier) - Spr.: Engl., Franz. - Bek. Vorf.: Prof. Dr. Clemens Schlüter, Ord. f. Paläontol. Univ. Bonn (Großv. ms.); Bruder: Clemens M.

MÜNSTER, Clemens

Dr. phil., Prof., Fernsehdirektor a. D., Schriftst. - Salzstr. 1, 8229 Ainring - Geb. 15. Jan. 1906 Cochem/Mosel, verh. s. 1936 m. Mathilde, geb. Embden, 2 Töcht. (Monika, Maria) - Univ. Münster/W. u. München (Physik, Chemie, Math.) - B. 1929 Univ.assist., dann Angest. opt. Ind. (zul. Abt.-Leit. Carl Zeiss, Jena), 1945-49 Mithrsg. Frankfurter Hefte, 1949-71 Chefredakt. f. Kultur u. Erzieh., Fernsehbeauftr. u. -dir. (1954) Bayer. Rundfunk. 1969-74 Präs. Hochsch. f. Fernsehen u. Film - BV: Dasein u. Glauben, 1948; D. Reich d. Bilder, 1949; Mengen - Massen - Kollektive, 1952; D. Scherbengericht - D. Aufz. d. Georg C., R. 1964; Aufstand d. Physiker, Erz. 1968. 3 Fernsehsp. Hrsg.: D. Bundesrep. heute - E. Bestandsaufn. in Beisp. (1965). Mithrsg.: Ingeborg Bachmann, Werke (1978) - BVK I. Kl. - Spr.: Engl., Franz. - Eltern u. Vorf. s. Arnold M. (Bruder).

MÜNSTER, Hans P.

Dipl-Volksw., Geschäftsführer Verein dt. Metallhändler, Wirtschaftsverb. Großhandel Metallhalbzeug - Heilsbachstr. 25 u. Verein, 5300 Bonn 1 - Geb. 30. Juli 1941.

MÜNSTER, Graf zu, Hermann-Siegfried

Dr., M. A., Bankier, Verwaltungsrat Trinkaus & Burkhardt, Düsseldorf - Büro: Grünstr. 23, 400 Düsseldorf 1 (T. 0211 - 32 01 41/1 42; Telefax 32 01 66); priv.: Leo-Statz-Str. 5, 4000 Düsseldorf-Golzheim (T. 43 11 01) - Geb. 19. Okt. 1925 Königsfeld (Vater: Alexander Graf zu M.; Mutter: Sofie, geb. Freiin v. Richthofen), ev., verh. s. 1955 (Ehefr.: Susanne) - Stud. TH München, Univ. Minnesota - 1954/55 Intern. Arbeitsamt Genf, dann Generalbevollm. Commerzbank AG, Frankfurt, dann Mitinh. Bankhaus Trinkaus & Burkhardt, Düsseldorf. Zeitw. Lehrbeauftr. TH bzw. Univ. Stuttgart (Bankbetriebslehre). Spez. Arbeitsgeb.: Vermögensverw.

Kredit- u. Auslandsgeschäft - Spr.: Engl., Franz.

MÜNSTER, Rudolf

Hotelkaufmann, Geschf. Partner RWM Hotel Consult - Kurfürstendamm 28, 1000 Berlin 15 (T. 883 21 43) - Geb. 28. Mai 1934 Berlin (Vater: Walter M., Beamter; Mutter: Anna, geb. Kliemt), ev., Tocht. Anna-Manis - Hotel- u. Betriebsw.slehre, U. C. L. A. u. Cornell University (Bachelor of Science) - Hoteltätig. in Engl., Frankr., Spanien, Schweiz, USA, Venezuela, Salvador, Indonesien, 1963-66 Verkaufsdir. Frankf. Inter-Continental; 1967-68 Dir. Hannover Inter-Cont.; s. 1968 gf. Dir. Bristol Hotel Kempinski, Berlin; 1973-80 Vorst.mitgl. Kempinski AG; s. 1981 Geschäftsf. RWM Hotel Consult Berlin - Ehrenpräs. HSMA Dtschl.; Ehrenmitl. Clefs d'Or - Liebh.: Bergwandern, Golf, Reisen - Spr.: Engl., Franz., Span., Ital., Indones.

MÜNSTER, Winfried

Redakteur, Leiter Presseabteilung Daimler-Benz (s. 1987) - Abraham-Wolf-Str. 49 A, 7000 Stuttgart 70 (T. 0711 - 172 24 03) - Geb. 7. April 1942 Duisburg, verh. s. 1973 m. Petra, geb. Schelinski - Dipl.-Kaufm. 1968 Köln - 1970-86 Stuttgarter Ztg. (1970-73 Wirtschaftsredakt., 1973-81 Korresp. in Brüssel, 1982-86 Korresp. in Washington) - Liebh.: Reisen - Spr.: Engl., Franz.

MÜNSTERER, Ludwig

Dr., Präsident d. Bundesmonopolverwaltung f. Branntwein - Friedrichsring 35, 6050 Offenbach/Main (T. 069 - 830 23 00) - Geb. 3. Okt. 1924 Landshut/Bay. (Vater: Johann M., Metzgermeister; Mutter: Elisabeth, geb. Penker), kath., verh. s. 1952 m. Maria, geb. Elsner, T. Gabriele - 1946-48 Stud. Jura München, Dr. jur. 1950 München - 1951 Jurist, zul. Regierungsdir. Bundeszollverw.; ab 1969 Bundesmonopolverw. f. Branntwein.

MÜNSTERMANN, Hans-Jochem

Prof., Dekan Abt. Aachen d. Hochschule f. Musik Köln - Theaterstr. 2-4, 5100 Aachen.

MÜNTEFERING, Franz

Industriekaufmann, MdB (s. 1975/SPD) - Zu erreichen üb.: Bundeshaus, 5300 Bonn - Geb. 16. Jan. 1940 Neheim-Hüsten (Vater: Franz M., Arb.; Mutter: Anna, geb. Schlinkmann), verh. s. 1961 m. Renate, geb. Latusek, 2 Kd. (Beatrix, Mirjam) - B. 1975 Ind.kfm., s. 1969 Stadtrat.

MÜNTEFERING, Heinrich

Dipl.-Ing., Vorstandsmitgl. i. R. Felten & Guilleaume Carlswerk AG., Köln-Mülheim (1965-75) - Kardinal-Schulte-Str. 2, 5060 Bensberg - Geb. 9. Juli 1914 - Zeitw. Vizepräs. Vereinig. Dt. Marketing- u. Verkaufsleiter-Clubs, zeitw. Vors. Fachverb. Kabel u. isolierte Drähte/ZVEI, Köln.

MÜNTNER, Wolfdieter

Geschäftsführer Bundesverband Draht, Gf. Eisendraht-Vereinigung, beide Kaiserswerther Str. Nr. 137, 4000 Düsseldorf (T. 45 64-220); Gf. Stahldraht-Vereinigung - Grünstr. 34, 5800 Hagen/W. (T. 33 00 04) - Geb. 15. März 1928.

MÜNZ, Peter

Dr. rer. pol., Vors. Erweiterte Tarifkommiss. d. allg. Güternahverkehrs - Kopernikusstr. 7, 5300 Bonn 2 (T. 33 38 07) - Geb. 13. April 1917 Königsberg - Reg.-Dir. Bundesverkehrsmin., Vizepräs. Bundesanst. f. d. Güterfernverk. (1970-74), 1974-82 Präs. Bundesanst. f. d. Güterfernverkehr - BV: Wirtschaftsrecht d. Straßenverkehrs-Güterkraftverkehrsges. u. Personenbeförderungsges. m. Nebenvorschriften (m. Haselau), Erl. 1988.

MÜNZBERG, Gerhard

Jur. Ass., Komponist, Kanzler - Stürtzelstr. 12, 8710 Kitzingen (T. 09321 - 47 89) - Geb. 3. Dez. 1902 Kloda - 1930 Assist. Univ. Kiel u. Berlin - BV: Mundartlieder aus Schlesien u. Franken, 1971; Eichendorff-Lieder, 1972; Spiegelungen, 1972; Chorlieder, 1973; Schles. Balladen u. Lieder, 1974; Roter Mohn, 1980; Silesia cantat - Klavierlieder, 1982; Auf d. Weg durch d. Zeit, Klaviermusik, 1985. 5 Schallplatten: Spiegelungen 1, 1975; Lach'a bißla, flann a bißla, Alles hat seit Zeit, 1975; Spiegelungen 2, 1977; Mohnlieder, 1982; Im Dunkel liegt d. Land, 1982. Konz. u. Rundfunksendungen m. obigen Liedern, Kantaten u. Sinfonischen Dichtungen - 1977 1. Träger Kulturförderpreis d. Stadt Kitzingen; 1980 BVK

MÜNZBERG, Hans-Georg

Dr.-Ing., Prof. f. Flugantriebe - Kuglmüllerstr. Nr. 14, 8000 München 19 (T. 17 38 93) - Geb. 21. Aug. 1916 Tetschen/Böhmen (Vater: Rudolf M., Industrieller), kath., verh. m. Margot, geb. Lang (Berechnungsing., Abt.sleit.), Soc. Nationale d'Etude et de Construction de Moteurs d'Aviation, Paris (1946; Abt.-, Hauptabt.-, Entwicklungsleit.), TU Berlin (1957 Ord. u. Inst.dir.), TU München (1964 Ord. u. Inst.dir.) - BV: Flugantriebe, Grundl., Systematik u. Technik d. Luft- u. Raumfahrtantr., 1972; Optimierung u. Betriebsverhalten v. Gasturbinen, 1976 (m. J. Kurzke). Zahlr. Fachveröff. - 1965 Ehrenbürger v. Tennessee (USA); 1981 Mitgl. Sudetendt. Akad. d. Wiss. u. Künste München; 1986 Ehrennadel DGLR; 1987 Médaille de l'Aéronautique - Spr.: Engl., Franz. - Bek. Vorf.: Emilian Fibich, Senatspräs. Oberster Gerichtshof, Wien (Großm. ms.); Zdenek Fibich, Komponist (Großonk.) - Lit.: Rudolf Ohlbaum, Bayerns 4. Stamm - d. Sudetendt., 2. A. 1981; Otto David, Motortechn. Ztschr., 9/1981.

MÜNZBERG, Olav

Dr. phil., Schriftsteller u. Geisteswiss. - Wilmersdorfer Str. 106, 1000 Berlin 12 (T. 030 - 324 23 41) - Geb. 25. Okt. 1938 Gleiwitz/OS - 1967 Ass. Kammergericht Berlin; Promot. 1972 FU Berlin (Relig.- Phil.- Kunstwiss. u. German.). Mitgl. d. VS, Vors. Neue Ges. f. Lit. (NGL) Berlin - BV: D. Schwierigkeit Kunst zu machen, 1973; Rezeptivität u. Spontaneität, 1974; Eingänge u. Ausgänge - 1962 u. zehn Jahre danach, Ged. u. Kommentierungen, 1975; Aufmerksamkeit - Klaus Heinrich z. 50. Geb., 1979; José Clemente Orozco, 1981; Gewalt ist Armut, 1982; Ich schließe d. Tür u. fange zu leben an, 1983; Geburt d. mexikanischen Wandmalereibewegung in d. frühen zwanziger Jahren, 1984; Diego Rivera, 1987; Vom Alten Westen z. Kulturforum: D. Berliner Tiergartenviertel, 1988; u.v.m. - Lit.: Takis Antoniou, Zeitenwechsel-Notate z. zeitgen. Dichtung in Deutschl., Athen 1981, Berlin 1984.

MÜNZBERG, Wolfgang

Dr. jur., o. Prof. f. Bürgerliches- u. Zivilprozeßrecht - Burgholzweg 64, 7400 Tübingen (T. 2 37 26) - Geb. 21. Nov. 1928 Bad Homburg v. d. H. (Vater: Rudolf M., Kaufmann; Mutter: Margarete, geb. Kunz), verh. s. 1958 m. Gisela, geb. Preuße (Rechtsanw.) - Realgymn. Oberursel; Univ. Frankfurt/M. (Rechtswiss.). Ass.ex. 1958. Promot. (1959) u. Habil. (1965) Frankfurt - S. 1965 Ord. Univ. Kiel u. Tübingen - BV: D. Wirkungen d. Einspruchs im Versäumnisverfahren, 1959; Verhalten u. Erfolg als Grundl. d. Rechtswidrigkeit u. Haftung, 1966; Komm. d. Zwangsvollstreckung in Stein-Jonas, ZPO. (s. 1968) - Liebh.: Musik - Spr.: Engl.

MÜNZEL, Frank

Dr. phil., Honorarprofessor, Wiss. Referent Max-Planck-Inst. f. Ausländ. u. Intern. Privatrecht Hamburg - Sandstücken 10, 2000 Hamburg 72 - Geb. 15. April 1937 Berlin, verh. s. 1962 m. Dr. Ursula, geb. Unser, 3 Kd. (Stephan, Judith, Georg) - Stud. Jura u. Sinologie; 2. jurist. Staatsex. 1965 Frankfurt; Promot. 1967 Bochum - BV: D. Recht d. VR China, 1982; Chinas Recht, 1983; Unternehmens- u. Gesellschaftsrecht d. VR China, 1989 - 1989 Hon.-Prof. Univ. Göttingen - Spr.: 7 Spr., dar. Jap. u. Chin.

MÜNZEL, Manfred

Dr. med., Prof. f. Hals-Nasen-Ohrenheilkunde, Chefarzt - Forstweg 3, 2100 Hamburg 90 - Geb. 3. Okt. 1940 Schweinfurt (Vater: Adam M., Ing.; Mutter: Betty, geb. Beiergrößlein), kath., verh. s. 1980 m. Margret, geb. Oeltjebruns - 1959-65 Med.-Stud. Würzburg, Wien, Hamburg - 1971-75 Oberarzt Univ.-HNO-Klinik München, s. 1975 Chefarzt Allg. Krkhs. Hamburg - BV: Biochemie d. Speicheldrüsensekrete, 1976.

MÜNZENBERG, Karl Joachim

Dr. med., Prof. f. Orthopädie Univ. Bonn - Arnoldstr. 6a, 5300 Bonn 3 - Geb. 14. März 1931 Sangerhausen (Vater: Karl M., Pastor; Mutter: Maria, geb. Rauschning), ev., verh. s. 1970 in 2. Ehe m. Edith, geb. Brückmann, 3 Kd. (Thomas, Ulrike, Friederike) - Entd. Mineral Brushit im Knochen - BV: Orthopädie in d. Praxis, 1981; D. Natriumfluoridtherapie d. Osteoporose, 1982 (m. K. Karzel); D. orthopäd. Schuh, 1983; Schmerzen im Bein, 1986 (m. G. Thomalske) - Liebh.: Cembalo u. Orgel - Spr.: Latein, Griech., Engl.

MÜNZNER, Hans

Dr. phil., o. em. Prof. f. Statistik u. Versicherungsmathematik - Hundekehlestr. 16/17, 1000 Berlin 33 (T. 826 40 57) - Geb. 23. April 1906 München (Vater: Richard M., Fabrikdir.; Mutter: geb. Furtner), ev., verh. s 1934 m. Elfriede, geb. Rothenbach, 4 Kd. (Irmela, Hans-Friedrich, Gertrud, Richard) - Gymn. Aschaffenburg; Univ. Frankfurt/M. u. Göttingen (Promot.

1931) - 1931 Wiss. Assist. Univ. Göttingen, 1937 Privatdoz., 1939 Dir. Inst. f. Math. Statistik u. Wirtschaftsmath., 1944 apl. Prof. ebd., 1956 Ord. u. Dir. Sem. f. Statistik bzw. 1958 Inst. f. Statistik u. Wirtschaftsmath. FU Berlin, 1973 emerit. 70 Einzelarb. - 1960 Mitgl. Intern. Inst. f. Statistik.

MÜNZNER, Horst

Senator h. c., Industriekaufm., stv. Vors. d. Vorst. d. Volkswagen AG, Wolfsburg, Präs. Dt. Handelskammer in Österr., Präs. IHK Braunschweig - Planckstr. 27, 3180 Wolfsburg - Geb. 22. Jan. 1925 Niederwiesa, ev., verh. s. 1950 m. Jutta, geb. Berndt, 3 Kd. (Elke, Sabine, Jörg) - AR: ALU SINGEN GmbH, Singen, Hoesch AG, Dortmund, Howaldtswerke-Deutsche Werft AG, Kiel, Krupp Industrietechn. GmbH, Duisburg, Rütgerswerke AG, Frankfurt, Stolllack AG, Wien-Guntramsdorf, Österr. Ind.-Holding AG, Wien; Vors. d. Arbeitsgem. d. Eisen- u. Metallverarb. Ind. (AVI), Düsseldorf, Rohstoffaussch. d. Verb. d. Automobilind. (VDA), Frankfurt, Stiftg. Stahlanwendungsforsch., Essen.

MÜRAU, Hans-Joachim

Dr. jur., Rechtsanwalt, Hauptgeschäftsf. Verb. d. dt. Essigindustrie, Bundesverb. d. Dt. Feinkostindustrie, Verb. d. dt. Senfindustrie, Verb. d. Suppenindustrie - Reuterstr. 151, 5300 Bonn 1 (T. 0228 - 21 20 17) - Geb. 25. Juni 1937 Berlin, verh., 3 Kd. - Generalsekr. intern. Vereinig. Verb. d. Suppen- u. Soßenind.

MÜRB, Robert Josef

Dipl.-Ing., Prof., Gartenoberbaudirektor a.D., Freier Landschaftsarchitekt BDLA - Andersenstr. 7, 7500 Karlsruhe (T. 0721 - 88 47 28) - Geb. 13. Mai 1932 Baden-Baden (Vater: Robert M. †; Mutter: Theresia, geb. Neff †), kath., verh. s. 1958 m. Rosemarie, geb. Hillengaß, 4 Kd. (Sabine, Annette, Christof, Katharina) - Human. Gymn. (Abit. 1951); TU Hannover (Dipl. 1958) - 1958-62 Landschaftsarch. Tübingen; 1963-79 Gartenoberbaudir. Karlsruhe; s. 1979 o. Prof. TU Darmstadt - Ehrenpräs. Dt. Ges. f. Gartenkunst u. Landschaftspflege - Herausg. Fachztschr.: Garten u. Landschaft - 1967 Bundesgartenschau Karlsruhe (Schloß- u. Stadtgarten); 1976 Augustaplatz Baden-Baden; 1984 Dachgärten BAKOLA Mannheim; 1988 Erw. Kurpark Bad Liebenzell - Spr.: Engl., Franz.

MUERMANN, Hanns-Erwin

Dipl.-Kfm., gf. Vorstandsmitglied Verb. d. Dt. Essenzenindustrie u. Vereinig. Dt. Riechstoff-Hersteller - Meckenheimer Allee 87, 5300 Bonn 1.

MÜRTZ, Robert

Dr. med., Prof., Internist - Gräulinger Str. 120, 4000 Düsseldorf - Geb. 27. Mai 1925 - S. 1962 (Habil.) Lehrtätigk. D'dorf (1967 apl. Prof.; Chefarzt Med. Klinik u. Ärztl. Dir. Kliniken d. Landeshauptstadt). Zahlr. wiss. Veröffentlichungen - 1962 Hörlein-Preis.

MÜSELER, Karl

Rechtsanwalt, Chefjustitiar Preussag AG i. R. - Ostfeldstr. 42, 3000 Hannover-Kirchrode - Geb. 25. Febr. 1918 - AR-Vors. Willy F. P. Fehling GmbH, Hannover; Vorst.-Vors. Verein Antike u. Gegenwart, Hannover; Vorst.-Mitgl. Wilhelm-Busch-Ges.; Dir. Preussag-Münzkabinett, Hannover.

MÜSER, Helmut

Dr. rer. nat., Prof., Physiker - Am Dornbusch 18, 6239 Vockenhausen/Ts. - Geb. 18. Dez. 1915 Bochum (Vater: August M., Ingenieur; Mutter: Toni, geb. Thiel), ev., verh. s. 1945 m. Margret, geb. Hohmann - Bismarck-Realgymn. Dortmund u. Wöhler-Sch. Frankfurt; Univ. Frankfurt (Promot. 1942) - 1943-45 wiss. Mitarb. Univ. Prag; s. 1946 Assist., Oberassist. u. Wiss. Rat Univ. Frankfurt (1951 Privatdoz., 1957 apl. Prof.), dazw. 1953-54 Univ. Bristol - BV: Einf. in d. Halbleiterphysik, 1960 - Spr.: Engl.

MÜSER, Horst

Dr. rer. nat., o. Prof. d. Fachrichtung Technische Physik Univ. d. Saarlandes (s. 1965) - Bodelschwinghstr. 1, 6602 Dudweiler/Saar (T. 06897 - 7 20 35) - Geb. 6. Okt. 1925 Dortmund (Vater: August M.), ev., verh. s. 1954 m. Renate, geb. Krämer, 4 Kd. - Promot. (1955) u. Habil. (1959) Münster/W. - Div. Fachveröff. - Spr.: Engl. - Rotarier.

MÜSSIG, Hans-Joachim

Dipl.-Sozialw., Hauptgeschäftsführer Zentralverb. d. Dachdeckerhandwerks - Postf. 51 10 67, 5000 Köln 51 - Geb. 17. Aug. 1934 - Generalsekr. Intern. Föderation d. Dachdeckerhandwerks - BVK am Bde.

MÜTHEL, Lola

Kammerschauspielerin, Staatsschauspielerin Frankfurt/M. - Maria-Eich-Str. 43, 8032 Gräfelfing/Obb. (T. München 85 32 17) - Geb. 9. März 1919 Darmstadt (Vater: Lothar M., Regiss. (s. XIV. Ausg.); Mutter: Marga, geb. Reuter, Sängerin), ev., verh. s. 1958 m. Hans Caninenberg (Schausp.), 2 Kd. (T. aus 1. Ehe, Andreas aus 2. Ehe) - Staatl. Schauspielsch. Berlin - 1938-44 Staatstheater Berlin, danach Schweiz, s. 1950 wieder dt. Bühnen, 1982 Residenz Theater München. Bek. Rollen: Katharina, Eboli, Lysistrata, Eliza, Dolly Gallagher, Gräfin Terzky (Wallenstein, 1972 unt. Prof. Walter Felsenstein, München), Penthesilea (Kleist), Medea (Euripides), Die See (Edw. Bond). Film, Rundfunk, Fernsehen. Verf.: Tod d. bunten Laternen (1968 ARD-Ferns.) - Liebh.: Bücher, Tennis, Schwimmen, Musik - Spr.: Franz., Engl.

MÜTHERICH, Florentine

Dr. phil., Prof., Kunsthistorikerin - Bauerstr. 12, 8000 München 40 (T. 37 09 20) - Geb. 26. Jan. 1915 Bestwig - S. 1949 Mitarb. Zentralinst. f. Kunstgesch. München. B. 1969 Lehrbeauftr. (Abendländ. Buchmalerei), dann Honorarprof. (Mittelalterl. Kunstgesch.) Univ. München. Zahlr. Fachveröff.

MÜTING, Dieter

Dr. med., Prof., Chefarzt Spezialklinik f. Leberkrankheiten, Bad Kissingen - Königsberger Str. 1, 8730 Bad Kissingen - Geb. 11. Nov. 1921 Breslau (Vater: Dr. phil. Josef M., Stud.R.; Mutter: Luise, geb. Veith), verh. 1949 m. Elisabeth, geb. Reuter - B. 1954 Assist. Univ. Greifswald; ab 1959 (Habil.) Privatdoz. u. apl. Prof. (1964) Univ. Saarbrücken (zul. Ltd. Oberarzt I. Med. Klinik Homburg) - BV: D. Aminosäurenhaushalt d. Menschen, 1958; D. Eiweiß-Stoffwechsel bei Leberkrankh., 1963. Zahlr. Einzelarb. - 1966 Affiliate Royal Soc. of Med., London; 1968 New York Acad. Sci. - Liebh.: Zoologie.

MÜTTER, Bernd

Dr. phil., Prof. f. Geschichtsdidaktik Univ. Oldenburg - Bonhoefferstr. 23, 4791 Hövelhof - Geb. 28. Sept. 1938 Kleve (Vater: Johann M., Kaufm.; Mutter: Magda, geb. Küppers), kath., verh. s. 1967 m. Gertraud, geb. Heinrich, 2 Kd. (Ruth, Bernd) - Staatsex. Gesch. u. Deutsch 1963 Univ. Münster, Ass.ex. 1968 Bielefeld, Promot. 1973 Münster, Staatsex. Sozialwiss. 1976 Bielefeld - 1969-75 Schuldienst Paderborn; 1975-81 Oberstudienrat u. Studiendir. Univ. Bielefeld; 1979/80 Lehrstuhlvertr., 1981 Prof. Univ. Oldenburg - BV: D. Geschichtswiss. in Münster zw. Aufklär. u. Historismus, 1980; Wirtschaft u. Ges. im Zeitalter d. Industrialisier. Arbeitsb. f. d. Sekundarstufe II (m. J. Kocka), 1980; Historie, Didaktik, Kommunikation. Wiss.Gesch. u. aktuelle Herausforderungen (m. S. Quandt), 1988; D. Ideologie d. Nationalsozialismus. Unterr.Modell u. Arbeitsb. f. d. Sekundarst. II, 1988; zahlr. Aufs. z. Gesch.-didaktik u. Wiss.gesch.

MUGHRABI, Haël

Dr. rer. nat., Dipl.-Phys., o. Prof. Univ. Erlangen-Nürnberg - Zu erreichen üb. Lehrstuhl I, Inst. f. Werkstoffwiss., Martensstr. 5, 8520 Erlangen - Geb. 2. Juni 1937 Stuttgart, verh. s. 1969 m. Sybille, geb. Hamma - 1955-58 Mechanikerlehre Rob. Bosch GmbH; Stud. Physik Univ. Stuttgart (Dipl. 1965, Promot. 1970) - 1967-84 Wiss. Mitarbeiter Max-Planck-Inst. f. Metallforsch., Inst. f. Physik, Stuttgart; 1978/79 Gastprof. Cornell Univ., Ithaca, N.Y./USA.

MUHL, Horst

Verbandsgeschäftsführer - Poststr. 1, 7530 Pforzheim (T. 3 30 28) - Geb. 1938 - B. 1966 AEG (Paris), dann Uhrenindustrieverb. Pforzheim e. V. (1968 Gf.).

MUHR, Gerd

Gewerkschaftler, VRsvors. Intern. Arbeitsorg., Genf (1980 ff.) - Hans-Böckler-Str. 39, 4000 Düsseldorf (T. 4 30 11) - Geb. 11. April 1924 Bad Honnef/Rh. - B. 1969 IG Metall (Vorstandsmitgl.), dann DGB (stv. Vors.). 1969 ff. turnusmäßig Vors. Verb. Dt. Rentenversicherungsträger, Frankfurt/M. ARsmandate.

MUHR, Willi

Dipl.-Ing., Direktor, Vorst.-Mitgl. RGW Rechtsrhein. Gas- u. Wasserversorg. AG, Köln - Auf dem Loor 53, 5000 Köln 90 (T. 02203 - 8 43 01) - Geb. 3. Dez. 1929 - VR-Mitgl. Gaswärme-Inst. Essen.

MUHS, Gerhard

Dr. jur., Oberbürgermeister a. D., Vorstandsmitgl. Provinzial-Lebens- u. Prov.-Feuerversicherungsanstalt d. Rheinprov., Düsseldorf (s. 1967) - Moorenstr. 58, 4000 Düsseldorf (T. 34 29 50) - Geb. 6. April 1913 Jüterbog (Vater: Prof. Karl M.; Mutter: Hedwig, geb. Heyne), ev., verh. s. 1943 m. Eva-Maria, geb. Teske, T. Regine - Univ. Berlin u. Heidelberg (Rechts- u. Staatswiss.). Gr. jurist. Staatsprüf. - B. 1945 Staats-, b. 1967 Kommunaldst. (zul. Oberbürgerm. Bad Kreuznach). FDP - Spr.: Engl., Franz. - Rotarier.

MULERT, Max

Dr. jur., Justitiar a.D., Rechtsanwalt, Geschäftsführer T & B Treuhand- u. Beteiligungs-GmbH - Prof.-Mensing-Str. 13, 2390 Flensburg - Geb. 6. Okt. 1940.

MULJAČIĆ, Žarko

Dr. phil. habil., Prof. f. Romanistik, Balkanologie - Mörchinger Str. 29, 1000 Berlin 37 (T. 811 50 47) - Geb. 2. Okt. 1922 Split/Jugosl. (Vater: Ante M., Kaffeehausbes.; Mutter: Anka, geb. Tudorić), kath., verh. s. 1950 m. Ita, geb. Končina, S. Dr. med. Ante M. - Gymn. Split b. 1940; 1940-43 u. 1945-47 Stud. Roman. Phil. Zagreb, Dipl. 1947, Promot. 1955, Habil. 1960 (beide Zagreb) - 1947-49 Gymn.lehrer Pula, 1949/50 Split; 1950-63 Archivar Staatsarch. Dubrovnik; 1953-56 Wiss. Assist., 1956-61 Doz. f. Ital. Spr., 1961-65 apl. Prof., 1965-72 o. Prof., alles Univ. Zagreb; Stip. Alex.-v.-Humboldt-Stift. München u. Göttingen, s. 1973 Prof. f. Roman. Sprachwiss. FU Berlin. S. 1977 korresp. Mitgl. Jugosl. Akad. d. Wiss. u. schönen Künste Zagreb - BV: T. Basiljević-Bassegli, 1958; Fonologia generale e fonologia della lingua italiana, 1969, 2. A. 2 Bde. 1972-73; Introduzione allo studio della lingua italiana, 1971, 2. A. 1982; Fonologia General. Revisión critica de las nuevas corrientes fonológicas, 1974 - 1964 Jahrespreis Stadt Zadar; 1971 Preis Republik Kroatien; 1971 Commendatore dell'Ordine al Merito della Repubblica Italiana; 1983 Intern. Preis G. Galilei f. Italianistik - Spr.: Ital., Dtsch., Franz., Engl. - Lit.: P. Galić-D. Gracin, Ž. Muljačić, ordinario di lingua italiana nella Facoltà di lettere di Zara, Aevum, XLVII, 1973; W. Schweickard, Bibliogr. degli scritti di Žarko Muljačić, in: Romania et Slavia Adriatica. Festschr. f. Žarko Muljačić (hg. G. Holtus, J. Kramer), 1987.

MULTHAUPT, Herbert

Ehem. stv. Vorstandsvors. Bertelsmann AG (Leit. Untern.ber. Technik), ehem. Präs. Cartiere del Garda, Riva/Italien, u. Nuovo Istituto Italiano d'Arti Grafiche, Bergamo/Italien - Von-Schell-Str. 45, 4830 Gütersloh 1 (T. 05241 - 5 78 37) - Geb. 31. Aug. 1912 - 1946-76 Bertelsmann.

MULZER, Johann

Dr. rer. nat., Prof. f. Organ. Chemie FU Berlin - Friedrichsthaler Weg 20, 1000 Berlin 28 (T. 030 - 404 16 07) - Geb. 5. Aug. 1944 Prien/Chiemsee, kath., verh. s. 1974 m. Dr. Inge, geb. Konrad, Staatsanwältin, 3 Kd. (Johanna, Wolfgang, Michael) - Univ. München (Studienstiftg. Maximilianeum); Dipl. 1969; Promot. 1974 (R. Huisgen); Postdoc 1975 Harvard Univ. (E. J. Corey); Habil. 1980 München - 1976-82 wiss. Assist.; 1982-83 C3-Prof. Univ. Düsseldorf; s. 1984 C4-Prof. FU Berlin - Ca. 60 Fachveröff. - 1982 Dozentenstip. d. Fonds d. chem. Ind.; 1983 Förderpreis Jost-Herkel-Stiftg. - Liebh.: Gesch., Musik - Spr.: Engl., Latein.

MUMM von SCHWARZENSTEIN, Christine

Galeristin Galerie im Rahmhof, Frankfurt am Main - Saalgasse 30, 6000 Frankfurt 1 - Geb. 30. Dez. 1917 Thorn (Vater: Paul Lohmeyer, Präs. Reichspostdir.; Mutter: Margarethe), ev., verh. s. 1940 m. Georg Mumm v. S., 2 Kd. (Bettina, Corrina) - Lessing-Gymn. (Abit.) Frankfurt - Stadtverordnete, stv. Stadtverordn.vorst. gf. Vorstandsmitgl. Heussenstamm-Stift. - 1974 Römerplakette Stadt Frankf.; 1974 u. 1980 Ehrenbrief u. -nadel d. Landes Hessen, 1977 BVK, 1974, 1980 Römerplak. Stadt Frankfurt - Liebh.: Kommunalpolitik, Kunst - Spr.: Engl., Franz.

MUMMENDEY, Amelie

Dr. rer. nat., Prof. f. Psychologie - Goldstr. 15, 4400 Münster (T. 0251-4 53 43) - Geb. 19. Juni 1944 Bonn (Vater: Robert M., Graphiker; Mutter: Annemarie, geb. Werner), verh. s. 1968 m. Hans-Dieter, geb. Schmidt, S. Robert - Abit. Bonn 1963; Dipl. Psych. 1968, Promot. Mainz 1970, Habil. Münster 1974 - 1968-74 wiss. Assist. Mainz, 1974-79 Doz. Münster, s. 1979 Prof. Münster - BV: Bedingungen agressiven Verhaltens, 1972; Agressives Verh., 1976; Frauenfeindlichkeit (zus. m. Schmidt), 1973; Soziale Einstellungen (zus. m. Schmidt u.a.), 1975; Social Psychology of Aggression, 1984 - Spr.: Engl., Franz.

MUMMENDEY, Hans Dieter

Dr. phil., Dipl.-Psych., Prof. f. Psychol. u. Sozialpsychol. Univ. Bielefeld (s. 1974) - Universitätsstr. 25, 4800 Bielefeld 1 - Geb. 21. Juni 1940 - 1971-74 Univ.-Prof. Univ. Düsseldorf - BV: Einstellung u. Verhalten, 1979; Einführung in d. Sozialpsychologie, 1979; D. Fragebogen-Methode, 1987; Verhalten u. Einstellung, 1988.

MUMMENHOFF, Carl
Fabrikant, gf. Gesellsch. C. & F. Fraling GmbH & Co. (Weberei) - Bahnhofstr. 45, 4418 Nordwalde/W.

MUMMERT, Rochus M.
Dr. rer. pol., Dipl.-Kfm., Unternehmensberater (1972ff.) - Lindenstr. 12a, 8000 München 90 - Geb. 19. Juli 1930 Liegnitz (Vater: Hans M., Unternehmer; Mutter: Charlotte, geb. Kutz), ev. - FU Berlin (Betriebsw.). Dipl.-Kfm. 1953; Promot. 1956 - 1956-1957 Direktionsassist. Kochs-Adler-Nähmaschinenwerke AG., Bielefeld; 1957-60 General Manager Adler Industries, Inc., New York; 1960-65 Leit. Hauptabt. Vertrieb Kraftfahrzeuge Henschel-Werke AG., Kassel; 1965-67 Exportleit. Volkswagenwerk AG., Wolfsburg; 1967-71 Vorstandsmitgl. Klöckner-Humboldt-Deutz AG., Köln - Liebh.: Sport (Segeln/Bayer. Yacht-Club Starnberg, Tennis/Tennis-Club Großhesselohe) - Spr.: Engl.

MUNARI, Franco
Dr. litt., o. Prof. f. Klass. Philologie Freie Univ. Berlin (s. 1962) - Ehrenbergstr. 35, 1000 Berlin 33 (T. 838 22 11); priv.: Richard-Strauss-Str. 6, 1000 Berlin 33 (T. 826 55 79) - Geb. 9. Februar 1920 Pernumia/Italien (Vater: Dr. med. Marco M.; Mutter: Dora, geb. Cassinis) - Univ. Pisa, Florenz, Leipzig, Oxford, Uppsala (Klass. Philol.). Promot. 1939 Pisa - 1955-62 Dozent Univ. Florenz, Uppsala, Bonn (1957; 1961 apl. Prof.). 1964/65 Gastprof. Univ. of North Carolina, Chapel Hill - BV: u. a. Catalogue of the MSS of Ovid's Metamorphoses, 1957; Ovid im Mittelalter, 1960; Il codice Hamilton 471 di Ovidio, 1965; Ovids Amores, 5. A. 1970; Epigrammata Bobiensia, 1955; M. Valerii Bucolica, 2. A. 1970; Matthäus Vindocinensis I, 1977; II, 1982 u. III, 1988; Kleine Schriften, 1980 - Spr.: Ital., Engl., Schwed., Franz.

MUND, Uwe
Generalmusikdirektor Musiktheater im Revier Gelsenkirchen (s. 1977) - Overwegstr. 28, 4650 Gelsenkirchen (T. 0209 - 14 20 76) - Geb. 30. März 1941 Wien (Vater: Hans Werner M., Beamter; Mutter: Anna, geb. Mozuba), verh. s. 1971 m. Gunda, geb. Kunze, 2 T. (Birgit-Constanze, Vera-Christine - Univ. Wien; Akad. f. Musik (b. Prof. H. Swarowsky) - 1962 Dirig. Wiener Sängerknaben; 1964 Solorepet. unter Herbert v. Karajan Wiener Staatsoper. Dirig.: 1965-69 Opernh. Freiburg/Br., 1969-73 München (Gärtnerplatztheater), 1973-75 Kiel (Bühnen d. Landeshauptst.), 1975-77 Frankfurt (Städt. Bühnen); ab 1977 GMD Gelsenkirchen. Gastdirig. im In- u. Ausl., u.a. Wiener Staatsoper, Nationaltheater München, Hamburger Staatsoper, Salzburger Festspiele, Stuttgart, Frankfurt, Warschau, San Francisco, Berlin, Paris, Brüssel, Tokyo (NHK), Rom, Barcelona, Leipzig - W.: Komp. v. Schauspielmusiken, Liedbegleiter - Liebh.: Kunst, Sport, Natur, Tiere - Spr.: Engl., Franz., Latein., Ital.

MUND-HOYM, Stefan
Dr. med., Prof., Chefarzt f. Gynäkol. u. Geburtshilfe St. Joseph-Krkhs. Berlin - Bitterstr. 4, 1000 Berlin 33 - Geb. 7 Sept. 1940 - Medizinstud. Univ. Freiburg, Wien u. Kiel; Promot. 1966 Freiburg, Habil. 1979 Bonn, 1985 apl. Prof. Köln - Zahlr. Publ. in nat. u. intern. Ztschr. - Spr.: Engl., Franz., Span.

MUNDE, Wolfgang
Dr. rer. nat., Hauptgeschäftsführer u. Mitgl. d. Präsid. d. Verb. d. Chem. Industrie - Karlstr. 21, 6000 Frankfurt/M. (T. 25 56-415) - Geb. 29. Juli 1928 Landsberg - Stud. Chemie (Dipl.-Chem.).

MUNDHENKE, Reinhard
Dipl.-Kfm., Geschäftsführer Frankfurter Allgemeine Zeitung GmbH., Frankfurt/M. (s. 1972), Landesarbeitsrichter (s. 1973) u. a. - Kapellenstr. 14, 6238 Hofheim/Ts. (T. 74 09; Büro: Frankfurt 75 91 -0) - Geb. 18. Juni 1930 Berlin (Vater: Julius M., Verlagsdir.; Mutter: Elisabeth, geb. Blancke), ev., verh. s. 1954 m. Helene, geb. Bundschuh, T. Esther - 1953-57 Univ. München (Dipl. 1957) - Tätigk. Ztg.- u. Ztschr.wesen - BV: D. Verlagskaufmann, 1977 - Spr.: Franz., Engl. (USA-Aufenth.).

MUNDINGER, Fritz

Dr. med., Univ.-Prof., Ärztl. Direktor, Neurochirurg - Kaschnitzweg 6, 7800 Freiburg (T. 201 - 36 63) - Geb. 13. Juni 1924 Freiburg (Vater: Karl M., Hotelbesitzer; Mutter: Maria, geb. Isele), kath., verh. m. Monica, geb. Störring, 2 Söhne (Friedrich Alexander, Peter-Matthias) - Berthold-Gymn. Freiburg; 1943-49 Univ. Heidelberg u. Freiburg (Med.) - S. 1958 (Habil.) Lehrtätigk. Univ. Freiburg (1964 Prof.; gegenw. gf. ärztl. Dir. Neurochir. Klinik). Spez. Arbeitsgeb.: Stereotakt. Hirnoperationen b. Bewegungsstör., chron. Schmerzen, Epilepsie, Radioisotopenbehandl. nicht resezierbarer Hirntumoren, Hypophysenchir. - BV: Stereotakt. Operationen am Gehirn; Hypophysentumoren - Hypophysektomie, 1967 (m. T. Riechert); Stereotaktische Hirnoperationen, 1975; Stereotaxis in Parkinson Syndrome (m.a.), 1979 - Ehrenmitgl. Soc. Medica do Pontificia Universidade Católica, Rio de Janeiro (1964), Soc. Medica do Instituto dos Bancários, Rio de Janeiro (1964), Soc. Argentina de Neurologia, Psiquiatriá y Neurocirurgiá, Buenos Aires (1965), Assoc. Med. Argent., Soc. Argent. de Ciencias Neurológicas, Psiquiátrias y Neuroquirurgicas. Capitulo de Neurócirurgiá, Buenos Aires (1970); Med. Fakultät Santiago de Chile (1971); Slovak. Med. Ges. (1975); Tschechoslowak. Ges. Neurochirurgie (Purkinje), 1977; Vicepres. World Soc. f. functional and stereotactic Neurosurgery; Ehrenpräs. Europ. Ges. f. stereotakt. u. funktionelle Neurochirurgie; Auswärt. Mitgl. Soc. Neurochir. Fennica, Helsinki (1964); korr. Mitgl. Soc. Chilena de Neurol., Psiqu. y Neurocir. u. Soc. Chilena de Endocrinologia, beide Santiago de Chile (1964), Soc. Venezolana de Neurocir. (1970), Österr. Ges. f. Neurochirurgie, Sociedade Brasileira de Neurocirurgia, Sao Paulo; Ord. Mitgl. zahlr. internat. u. nationaler Fachges. - Liebh.: Musik - Spr.: Engl.

MUNDORF, Hans
Journalist, stv. Chefredakt. Handelsblatt (Wirtschafts- u. Finanzzeitung/Industriekurier) - Zu erreichen üb. Handelsblatt, Kreuzstr. 21, 4000 Düsseldorf - Geb. 13. Mai 1929 Troisdorf - Fachgeb.: Wirtsch.

MUNDORF, Heinz-Dieter
Dr. rer. pol., Hauptgeschäftsführer Bundesarbeitsgemeinschaft d. Mittel- u. Großbetriebe d. Einzelhandels (s. 1972) - Lindenallee 41, 5000 Köln 51 (T. 37 67 90).

MUNDORF, Karl-Heinz
Rechtsanwalt b. Oberlandesgericht - Ebertpl. 4, 5000 Köln 1 (T. 0221 - 12 40 11); priv.: Oldenburger Str. 1, 5000 Köln 60 - Geb. 21. März 1933 Köln, kath., verh. s. 1960 m. Ursula, geb. Görres, Rechtsanw., 3 Kd. (Ute, Antje, Till) - Stud. Rechtswiss.; 1. Staatsex. 1959 Köln, 2. Staatsex. 1962 Düsseldorf - Liebh.: Tessin, Fernreisen, Lit. - Spr.: Engl.

MUNDT, Barbara
Dr. phil., Prof. u. Direktorin Kunstgewerbemuseum Stiftg. Preuß. Kulturbesitz Berlin (s. 1987) - Zu erreichen üb. Kunstgewerbemuseum, Tiergartenstr. 6, 1000 Berlin 30 - Geb. 1936 Hildesheim - Stud. Kunstgesch., German. u. Roman. - S. 1970 Tätigk. im Kunstgewerbemus. Berlin. Zahlr. Veröff., dar. Bücher (Buch üb. Historismus, ersch. 1981, gilt als Standardwerk), Kataloge, längere Beitr. in Sammelw., Aufs. - Liebh.: Musik, Theater.

MUNDT, Gerhart
Dr. jur., Rechtsanwalt, Kaufm., Geschäftsf. Bayern-Chemie, Aschau b. Kraiburg/Inn, Vorst.-Mitgl. Ges. f. Flugtechnik GmbH, Ottobrunn - Titurelstr. 2, 8000 München 81 - Geb. 12. April 1934.

MUNDT, Hans-Josef
Dr. phil., Geschäftsführer Autorenversorgungswerk u. Sozialfonds VG WORT - Kolberger Str. 11, 8000 München 80 (T. 98 45 51; Büro 53 95 41) - Geb. 13. März 1914 Siegburg (Vater: Josef M., Apotheker; Mutter: Paula, geb. Engelblecks), kath., verh. s. 1943 m. Dr. Edith, geb. Heuser, S. Dr. med. Christoph - Gymn. Siegburg; Stud. Phil., Kunst-, Literaturgesch., Zeitungswiss. Univ. München, Freiburg, Bonn, Paris. Promot. 1948 - 1939-46 Wehrdst. u. Kriegsgefangensch.; s. 1948 Verlagslektor, -redakt., -leit. u. Gf. Verlag Kurt Desch. Versveröff. Herausg.: Theodor Fontanes Ges. Werke (1954); m. Robert Jungk; Modelle für eine Neue Welt (1964 ff.; D. Griff nach der Zukunft, Wege ins neue Jahrtausend, Deutschland ohne Konzeption?, Unsere Welt 1985, Das umstritt. Experiment - D. Mensch, Liebe u. Hunger, Vor uns d. Paradies?, Eskalation d. neuen Waffen, D. Weg ins Jahr 2000, Maschinen wie Menschen, Herausford. an d. Zukunft, Weil wir überleben wollen, Welt-Gesundheitsreport, Hat d. Familie noch e. Zukunft? u. a.) - Mitgl. Gruppe 47, PEN-Zentrum BRD u. Dt. UNESCO-Kommiss.

MUNK, Klaus
Dr. med., o. Prof. u. Direktor Inst. f. Virusforschung Univ. Heidelberg (Dt. Krebsforschungszentrum) - Am Gutleuthofhang 30, 6900 Heidelberg (T. 80 27 35) - Geb. 25. Nov. 1922 Berlin - Habil. 1961 München - S. 1962 Lehrtätigk. Heidelberg (1967 Ord.). Fachveröff.

MUNKEL, Helmut
Dipl.-Kfm., Direktor, Vorstandssprecher KRAVAG Lebensversicherungs-AG - Am Mühlenberg 21, 2114 Hollenstedt/Nordheide - Geb. 9. Juli 1929 Köln (Vater: Adolf M., Oberbrandmeister; Mutter: Hedwig, geb. Miesen), kath., verh. s. 1978, 2 Kd. (Helmut, Dagmar) - Abit.; Univ. Köln, Stud. Wirtsch.- u. Soz.wiss., Dipl.Kfm. Köln 1959 - 1949-58 Vers.-Angest., 1959-75 Dir., 1975 ff. Vorst.s-mitgl. - Spr.: Engl.

MUNKERT, Hubert
I. Bürgermeister Stadt Röthenbach/Pegnitz - Rathaus, 8505 Röthenbach/Mfr. - Geb. 2. Sept. 1926 Lauf/Pegn. - Elektroing. SPD.

MUNO, Heinz
Dr.-Ing., Geschäftsführer Fachgem. Antriebtechnik/Montage, Handhabung, Industrieroboter/Fluidtechnik (2)/VDMA - Lyoner Str. 18, 6000 Frankfurt/M. 71.

MUNRO, Nick
Komponist, Texter, Produzent - Barmbeker Str. 138, 2000 Hamburg 60 - Geb. 28. Juni 1927 Hamburg (Vater: Dr. med. Jan M., Arzt; Mutter: Elisabeth, geb. Boës), verh. s. 1966 m. Vera, geb. Bekker (Galeristin) - 1947-52 Musikhochsch. Hamburg - S. 1952 Theater, Hörfunk, Fernsehen, Schallpl. (1960). Zahlr. Welthits - 1972 Sieger Grand Prix Eurovision (Après toi); zahlr. Gold. u. Platin-Schallpl. - Spr.: Engl., Ital., Span.

MUNRO, Peter
Dr. phil., Prof., Direktor Kestner-Museum (1969-81), Prof. f. Ägyptologie FU Berlin (1981ff.) - Zu erreichen üb. FU Berlin, Rudeloffweg 9, 1000 Berlin 33 - Geb. 8. Jan. 1930 Hamburg (Vater: Dr. med. Jan. M.; Mutter: Elisabeth, geb. Boës), ev. - Stud. Ägyptologie, Klass. Archäol., Semitistik, Hamburg, Göttingen, Kairo. Promot. 1957; Habil. 1967 - 1957-60 Doz. Goethe-Inst. Kairo; 1960-63 Stip. Dt. Forschungsgem.; 1963-65 Lektor Dt. Akad. Austauschdst. Kairo. S. 1973 Grab. in Ägypten - BV: D. spätägypt. Totenstelen, 1969; D. Unas-Friedhof Saqqara, 1989. Div. Einzelarb. - O. Mitgl. Dt. Archäol. Inst. - Spr.: Engl., Franz. - Bek. Vorf.: Dr. Neil M., Arzt u. Anthropologe, Erforsch. d. Ainus Japan (Großv.).

MUNSKE, Horst Haider
Dr. phil., o. Prof. f. German. u. Dt. Sprachwiss. u. Mundartkd. Univ. Erlangen (s. 1975, Dekan 1984-86, Senator s. 1986) - Lange Zeile Nr. 129 A, 8520 Erlangen - Geb. 5. Mai 1935 Görlitz (Vater: Horst M., Studienrat; Mutter: Hildegard, geb. Nowotny), ev., verh. s. 1960 m. Barbara, geb. Wolff, 3 Kd. (Michael, Matthias, Tjark) - Stud. Univ. Bonn, Berlin (Freie), Marburg; Promot. (1962) u. Habil. (1970) ebd. - 1957-62 wiss. Mitarb. Dt. Sprachatlas; 1963-65 Lektor Uppsala/Schweden; 1971-75 Prof. f. German. u. Nord. Philol. Univ. Marburg (1971-73 Dekan) - Mitgl. Kommiss. f. bayer. Landesgesch. Bayer. Akad. d. Wiss., Fryske Akad. (Niederl.), Wissenschaftler Rat Inst. f. dt. Sprache Mannheim - BV: D. Suffix -inga/-unga in d. germ. Spr., 1964; D. german. Rechtswortschatz im Bereich d. Missetaten I, 1973. Herausg.: Dt. Wortschatz (m. L. E. Schmitt, 1988) - Spr.: Engl., Schwed.

MUNTER, Heinz
Dr. rer. pol., Dipl.-Ing., Direktor Philips Kommunikations Industrie AG - Unternehmenskontakte u. Kooperation, Hamburg - Innocentiastr. Nr. 13, 2000 Hamburg 13 - Geb. 9. Febr. 1924 Berlin (Vater: Dr. med. Hans M., Internist; Mutter: Charlotte, geb. Nitschke), ev., verh. s. 1950 m. Irmgard, geb. Hertter, 2 Kd. (Karl-Heinz, Marion) - Gymn. Berlin; kaufm. Lehre Frigidaire GmbH.; TU ebd. (Wirtschaftsing.wesen); Dipl.-Ing. 1950, Promot. 1953 - U. a. Geschäftsf. Philips Electrologica GmbH. u. Siemag Feinmechan. Werke GmbH., bde. Eiserfeld/Sieg, u. Philips Bürotechn. GmbH., Hamburg. Stv. Vorst.-Vors. Bundesverb. Vertriebsuntern. f. Büro-, Informations- u. Kommunikationstechn. (BVB), Beiratsmitgl. Fachverb. Datenverarb. im ZVEI, AWV - Ausschuß f. wirtschaftl. Verw. i. Wirtschaft u. öffentl. Hand e. V. - BV: Was kostet Ihr Betrieb?, 1954; Wie bucht u. fakturiert man elektronisch?, 1960; Buchungsmaschinen, 1961.

MUNZ, Gerhard
Ass., Bankdirektor Dt. Bank AG, Filiale Aalen (s. 1966) - Humboldtstr. 12, 7080 Aalen (T. 07361 - 3 21 56) - Geb. 4. Jan. 1929, ev., verh. m. Ingeborg, geb. Gödry - Ausb. Banklehre; Stud. Rechtswiss. Heidelberg; Staatsex. 1960 Stuttgart - Mitgl. Vollvers. IHK Ostwürtt.; Beiratsvors. Tiede GmbH + Co., Rissprüfanlagen, Essingen; Beiratsmitgl. Mohr Maschinen- u. Apparatebau-Ges. mbH, Gerabronn; Beiratsmitgl. Bartec Barlian-Technik Ges. f. Sicherheits-Componenten mbH, Bad Mergentheim; u.ä. - Liebh.: Kochen, Golf, Fliegen - Spr.: Engl.

MUNZ, Horst
Geschäftsführer Chem. Fabrik Grünau GmbH, Illertissen, Beiratsvors. Tricosal

GmbH, ebd. - Brühlstr. 40, 7904 Erbach/ Donau - Geb. 20. Juli 1927.

MUNZ, Rudi
Dipl.-Verwaltungswissensch., Geschäftsführer Südwestdt. Journalistenverb. - Taubenheimstr. 69, 7000 Stuttgart 50 (T. 0711 - 56 15 04) - Geb. 9. Jan. 1954 Plochingen/N. - Abit. Plochingen/N. 1973; 1973-79 Stud. Verw.wiss. Univ. Konstanz.

MUNZERT, Eberhard
Dr. jur., Präsident Landesrechnungshof - Graf-von-Galen-Str. 3d, 4800 Bielefeld 1 (T. 0521 - 10 95 00) - Geb. 23. März 1932 Hannover (Vater: Alfred M.; Mutter: Lydia, geb. Berthold), ev., verh. m. Ilsemarie, geb. Wenzel, 2 Kd. (Elisabeth, Eberhard) - Stud. d. Rechtswiss. Rechtsrat Bielefeld (1960-65); Beigeordn. f. Rechts- u. Sozialwesen Stadt Herford (1965-68); Beig. f. Recht, Sicherheit u. Ordnung Stadt Bielefeld (1968-73); Stadtkämmerer Bielefeld (1974-78); Oberstadtdir. Bielefeld (1978-83); Staatssekr. Innenm. NRW (1983-87); Präs. Landesrechnungshof NRW (s. 1987). Ständ. Vertr. d. Präs. Landesjustizprüf.amt NRW. Lehrbeauftr. Jurist. Fak. d. Univ. Bielefeld. SPD. - 1973-78 Präsid.-Mitgl. Dt. Leichtathletikverb. (s. 1985 Präs.); 1979 Gold. Sportabz.; BVK I. Kl. - Spr.: Engl.

MUNZINGER, Ludwig W.
Dr. jur., Herausgeber Munzinger-Archiv GmbH/Archiv f. publizist. Arbeit (s. 1957) - Hans-Züricher-Weg 7, 7980 Ravensburg (T. 0751 - 3 19 16 Btx, Telefax 17 261) - Geb. 24. Febr. 1921 Weingarten/Württ. (Vater: Dr. phil. Ludwig M., 1913 Archivgründ. (s. XII. Ausg.); Mutter: Cora, geb. Hartenstein), verh. m. Maria, geb. Rülke, 4 Kd. - Univ. Leipzig, München, Tübingen (Promot.; Diss.: Beitr. z. rechtl. Schutz d. Nachricht). Gr. jurist. Staatsprüf. - Spr.: Engl. - Rotarier.

MURAWSKI, Hans
Dr. rer. nat., em. Prof. (s. 1980) - Rhönstr. 100, 6457 Maintal 2 Kr. Hanau - Geb. 12. Febr. 1915 Wuppertal (Vater: Dr. phil. Walter M., Chemiker; Mutter: Maria, geb. Schneider), ev., verh. s. 1942 m. Felizitas, geb. Hoffmann, S. Alexander - Schulen Wuppertal u. Frankfurt/M.; Univ. Frankfurt u. Breslau. Promot. 1941 Breslau; Habil. 1951 Göttingen - 1939 Hilfsassist. Univ. Breslau; 1944-45 Angest. Reichsforschungsrat Breslau; 1949-54 Assist. u. Privatdoz. (1951) Univ. Göttingen; 1944-45 Diätendoz. TH Karlsruhe; 1955-68 Kustos, apl. Prof. (1958) u. Wiss. Rat (1961) Univ. Köln (Geol. Inst.), o. Prof. u. Dir. Geolog.-Paläontol. Inst. Univ. Frankfurt (1968 ff.). Leit. Dt. Tekton. Kommiss. Dt. Geol. Ges. u. a. Herausg.: Geol. Wörterb., Dt. Handwörterb. d. Tektonik. Mitherausg.: Int. Tectonic Lexicon; Plateau Uplift - The Renish Shield. Mitarb.: Int. Geograph. Glossary. Zahlr. Fachaufs. - Ehrenmitgl. Deutsch. Geolog. Ges. (1978).

MURAWSKI, Josef
Dipl.-Volksw., Vorstandsmitglied Mannesmann AG, Düsseldorf - Brühler Weg 46, 4005 Meerbusch 1 - Geb. 2. Febr. 1928 Gelsenkirchen - Vorstandsmitgl. Arbeitgeberverb.

MURKEN, Axel Hinrich
Dr. med., Prof. f. Geschichte d. Medizin, Arzt - Zu erreichen üb. Inst. f. Gesch. d. Med. u. d. Krankenhauswesens, RWTH, Wendlingweg, 5100 Aachen (T. 0241 - 808 80 95) - Geb. 2. Dez. 1937 Gütersloh (Vater: Dr. med., Diedrich M., Facharzt f. Frauenheilkd.; Mutter: Elisabeth, geb. Goebel), ev., verh. s. 1971 m. Christa, geb. Altrogge, 3 Kd. (Wenzel, Julian, Imme) - Med.-Staatsex. Münster 1965, Med. Promot. Münster 1965, Habil. Düsseldorf 1973 - 1965-68 Med.-Assist., 1968/69 Assist.-Arzt Krankenanst. Gilead Bethel/Bielefeld, 1969-75 Wiss.-Assist. Univ. Düsseldorf, 1975-81 Wiss. Rat u. Prof. Münster, s. 1981 o. Prof. (Vorst. Lehrst. f. Gesch. d. Med.) RWTH Aachen; s. 1978 Vors. Dt. Ges. f. Krankenhausgesch.; s. 1984 Vors. Dt. Krankenhausmuseum Oldenburg - BV: D. Bild d. dt. Krkhs. im 19. Jh., 1977, 2. A. 1978; Hier liegt mein Mann u. läßt schön grüßen - D. Krkhs. auf alten Postkarten, 1978; D. baul. Entw. d. dt. allg. Krkhs. im 19. Jh., 1979; Joseph Beuys u. d. Medizin, 1979; Kind, Krankheit u. Krkhs. im Bilderb. v. 1900 b. 1982, 2. A. 1983; Lehrb. d. Med. Terminol., 1984, 2. A. 1986; V. Expressionismus b. z. Soul u. Body Art. Malerei f. Einsteiger, 1985 (m. Christa Murken-Altrogge); V. Armenhospital zum Großklinikum - D. Geschichte d. Krkhs. v. 18. Jh. b. z. Gegenwart, 1988 - Spr.: Engl.

MURMANN, Heinz
Dr. phil., Journalist - Dahlmannstr. 26, 5300 Bonn (T. 0228 - 21 56 09) - Geb. 15. Nov. 1928 Hammelburg/Bay., kath., verh. s. 1961 m. Dr. Gertrud, geb. Eberhard - Promot. 1957 Tübingen - Vors. Dt. Presseclub, Bonn.

MURMANN, Klaus
Dr. iur., Vorsitzender d. Geschäftsfg. d. Sauer-Sundstrand GmbH, Neumünster, Präs. Bundesvereinigung d. Dt. Arbeitgeberverb., Köln - Bismarckallee 24, 2300 Kiel 1 - Geb. 3. Jan. 1932 Dortmund - Stud. Bonn, Harvard, Sorbonne, Kiel (Promot. 1957). Ass.-ex. - B. 1967 (10 J.) Ratsherr Kiel (CDU) - Liebh.: Lesen, Segeln, Tennis, Ski.

MURR, Stefan
s. Horstmann, Bernhard

MURRAY, William-Bruce
Kammersänger, Opernsänger (Bariton) Dt. Oper Berlin - Wilmersdorfer Str. 151, 1000 Berlin 10 - Geb. 13. März 1935 New York/USA, ev., verh. s. 1958 m. Nancy-Lee, geb. Adams, 3 Kd. (John, Christopher, Judith) - Adelphi Univ. (B.A. 1956); Sprach-Stud. Yale Univ., Univ. per Stranieri, Perugia, Goethe-Inst. Blaubeuren - S. 1960 Hauptrollen Scala/Mailand, Genf, Staatstheater München, Stuttgart, Frankfurt, New York, Dt. Oper Berlin, u.a.

MUSCHALLIK, Hans Wolf
Dr. med., Internist, Vors. Kassenärztl. Bundesvereinig. (1969-85) u. Kassenärztl. Vereinig. Nordrh. (1960-85) - Zu erreichen üb. Herbert-Lewin-Str. 3 (KBV), 5000 Köln 41 - Geb. 4. Juni 1911 - 1985 Gr. BVK m. Stern u. Schulterbd.; 1985 Ehrenvors. d. Kassenärztl. Bundesvereinig. u. d. Kassenärztl. Vereinig. Nordrhein.

MUSCHAWECK, Willy
I. Bürgermeister Stadt Beilngries - Rathaus, 8432 Beilngries/Oberbay. - Geb. 17. April 1940 Neumarkt/Opf. - Zul. Regierungsoberinsp. CSU.

MUSCHEID, Dieter
Richter, Mitgl. Landtag Rheinl.-Pfalz (s. 1979) - Hafenstr. 2-4, 5400 Koblenz - Geb. 15. März 1943 - SPD.

MUSCHG, Adolf
Dr. phil., Schriftsteller - Vorbühlstr. 7, CH-8802 Kilchberg (Schweiz) (T. 01 - 91 55 61) - Geb. 13. Mai 1934 Zürich (Schweiz) - Stud. German. u. Anglist. (Zürich); Promot. 1959 - Zun. höh. Lehramt, 1962-1964 Lektor Intern. Christ. Univ. Tokio, 1964-67 Assist. Univ. Göttingen, 1967-69 Lehrtätigk. Cornell Univ., Ithaca (N. Y.) u. 1970 ff. Eidgen. TH Zürich - BV: Im Sommer d. Hasen, R. 1965; Gegenzauber, R. 1967; Mitgespielt, R. 1970; Liebesgeschichten, Erz. 1972; Albissers Grund, R. 1974; Entfernte Bekannte, Erz. 1976; Gottfried Keller, Essay 1977; Why Arizona (1977); Goddy Haemels Abenteuerreise (1980). Hörsp.: Wüthrich im Studio (1962); D. Kerbelgericht (1969 ges. WDR u. Buchausg., 1971 Theaterfassg.) Noch e. Wunsch, Erz. 1979; Baiyun, R. 1980; Lit. als Therapie? Essay 1981; D. Licht u. die Schüssel, R. 1984. Bühnenw.: D. Aufgeregten von Goethe (UA. 1970 Zürich). Fernsehsp.: Rumpelstilz (1969; m. Paula Wessely); High Fidelity o. ein Silberblick (dt. u. schweiz. Ferns. 1973) - 1967 Georg-Mackensen-Literaturpreis; Ehrengaben Stadt u. Kanton Zürich, 1974 Hermann-Hesse-Preis; 1984 Literaturpreis Stadt Zürich u. a.

MUSCHLER, Werner
Dr. rer. nat., Prof. f. Physik Fachhochsch. Würzburg/Schweinfurt (s. 1971) - Lönsstr. 6, 8726 Gochsheim/Ufr. - Geb. 24. Dez. 1930 Lauf/Pegnitz - 1950-57 Univ. Würzburg (Physik; Dipl.). Promot. 1961 Würzburg - 1961-65 Assist. Univ. Würzburg; 1965-66 Doz. Polytechnikum Würzburg/Schweinfurt; 1966-71 Mitarb. MPI f. Aeronomie/Abt. Weltraumphysik, Lindau/Göttingen; s. 1986 Dekan FB Allgemeinwiss. FH Würzburg/Schweinfurt. 1978ff. Mitgl. Gemeinderat Gochsheim. Fachaufs. - Liebh.: Intern. Amateurfunk - Spr.: Engl.

MUSCHOLL, Erich
Dr. med., o. Prof., Neuropharmakologie - Obere Zahlbacher Str. 67, 6500 Mainz - Geb. 3. Juli 1926 Hindenburg/OS. (Vater: Dr. Erich M.; Mutter: Hanne, geb. Bartsch), verh. s. 1960 m. Hilde, geb. Osburg, 3 Kd. - Promot. 1952 u. Habil. 1959 Mainz; Brit. Council Scholar Edinburgh (1956-57) - Fachaufs. u. Herausg. Fachztschr. - Gf. Dir. Pharmakol. Univ.-Inst; 1984 Mitgl. Dt. Akad. d. Naturforscher/Leopoldina, Halle/S.

MUSSGNUG, Martin
Rechtsanwalt, Parteivors. - Bahnhofstr. 46, 7200 Tuttlingen/Württ. (T. 7 12 66) - Geb. 11. Febr. 1936 Heidelberg, ev., verh., 4 Kd. - Gymn. Schweinfurt; Univ. Heidelberg (Rechtswiss.). Gr. jurist. Staatsprüf. 1963 - S. 1963 RA Tuttlingen. 1968-72 MdL Baden-Württ. NPD s. 1964 (1967 ff. stv. u. Landes-, 1971 ff. Parteivors.).

MUSSGNUG (ß), Reinhard Alexander
Dr. iur., o. Prof. f. öfftl. Recht, Finanz- u. Steuerrecht, Univ. Heidelberg (s. 1978) - Keplerstr. 40, 6900 Heidelberg (T. 4 62 22) - Geb. 26. Okt. 1935 Mannheim (Vater: Dr. Ernst M., LG-Rat; Mutter: Erna, geb. Bell), verh. s. 1965 m. Dr. phil. Dorothee, geb. Stürmer, 2 Kd. (Friederike, Terese) - Stud. Heidelberg, Erlangen, München; Promot. 1964 Heidelberg; Habil. 1969 ebd. - 1971 bis 1975 o. Prof. FU Berlin, 1975-78 Univ. Mannheim; 1976ff., 1978-82 Vizepräs. Hochschulverb. - BV: D. Dispens v. gesetzl. Vorschriften, 1964; D. Recht auf d. gesetzl. Verw.-Beamten, 1970; D. Haushaltsplan als Gesetz, 1976; Wem gehört Nofretete? 1977; Mitbestimmungsrecht d. Personalräte an d. Univ., 1985 - Liebh.: Lit., Musik - Spr.: Engl.

MUSSHOFF, Karl A.
Dr. med., Prof., Direktor i. R. Abt. f. Strahlentherapie Univ. Freiburg - Eichenweg 33, 7573 Sinzheim-Vormberg (T. 07221 - 85 06) - Geb. 11. Juni 1910 Elberfeld (Vater: Gustav M., Beamter; Mutter: Amalie, geb. Kauls), ev., verh. s. 1951 m. Margarethe, geb. Herbst, 2 Kd. (Stephan, Renate) - Univ. Kiel, Freiburg, Bonn, Düsseldorf, München - S. 1960 (Habil.) Lehrtätigk. Freiburg (1966 apl. Prof. f. Inn. Med. u. Strahlenkd., 1973 Prof.). 1973 ff. Präs. Group of Eur. Radiotherapists (1970-72 Vizepräs.). Delegierter d. Dt. Krebsgesellsch. Gründungsmitgl. Arbeitsgem. (A.G.) Strahlentherapie in d. Dt. Röntgenges. u. in d. Dt. Krebsges. Mitgl. Kurat. dt. Krebshilfe - Mithrsg.: J. Cancer Res. Clin. Oncol. (b. 1984); Strahlentherap.; Int. J. Radiation Oncology Biol. Phys. (b. 1983); Pneumonologie-Pneumology (b. 1975) - BV: Herz, Kreislaufkrankh. u. Sport, 1960 (m. H. Reindell u. a.); Differentialdiagn. selt. Lungenerkrank. in Röntgenbild, 3. A. 1979 (m. J. Weinreich † u. H. Willmann); Volumenbestimmungen am Beisp. d. Herzens in (Ed. H. R. Schinz u. a.) Lehrb. d. Röntgendiagnostik, 6. A. 1965; Herzmasse (m. H. Reindell), Aortenmasse (m. J. Emmrich), das Sportherz (m. H. Reindell u. H. Roskamm) in Hdb. Medizin. Radiologie X/1, 1969; Röntgendiagn. d. Herzens (m. H. Reindell) in (Ed. H. Roskamm u. H. Reindell) Herzkrankh., 2. A. 1982; Strahlentherapie (m. U. Rühl) in (Ed. E. Buchborn u. a.) Therapie Inn. Krankh., 6. A. 1988; D. Behandl. d. Lymphogranulomatose (m. K.-H. Strickstrock u. L. Boutis) in (Ed. L. Heilmeyer u. Hittmair) Hdb. d. gesamten Haematologie V/3, 1969; Diagnosis and Therapy of Malignant Lymphoma, 1974; Maligne Systemerkrank. in (Ed. E. Scherer) Strahlentherapie - Radiologische Onkologie, 3. A. 1987; Non-Hodgkin-Lymphome (m. G. Brittinger, P. Meusers) in (Ed. R. Gross, C.G. Schmidt) Klin. Onkologie, 1985. Mitarb. b. H. Reindell, P. Bubenheimer, H.-H. Dickhut, L. Görnandt: Funktionsdiagnostik d. gesunden u. kranken Herzens, 1988 - Ehrenmitgl. Vereinig. Europ. Strahlentherapeuten (GER) u. Dt. Krebsges.; 1983 Remscheider Röntgen-Plak., 1985 Leopold Freund Med. d. Österr. Ges. f. Radioonkol., Radiobiol. u. med. Radiophysik, 1985 Honorary Fellow Americ. College of Radiology - Lit.: Handb. d. dt. Ges., 1970; Persönlichkeiten Europas, Deutschland I, 1976; Men of Achievement, 1977; Dictionary of International Biography, 1978; International Book of Honor 1. Ed., 1985; Who's Who in the World 5.-10. Ed. 1980-90; Veröff. in div. Nachschlagew.

MUSSIL, Edgar
Dr. jur., gf. Vorstandsmitglied Arbeitgeberverb. d. Versicherungsunternehmen in Dtschl. (vorh. Hauptgeschäftsf.) a. D., Verw.ratsmitgl. Bundesanst. f. Arb., ehrenamtl. Richter a. Bd.arb.gericht a. D. - Wangener Str. 13, 8000 München 71 (T. 75 42 18) - Geb. 8. April 1912 Marktredwitz (Vater: Emil M., Obering.; Mutter: geb. Michael), ev., verh. - Akt. Offz. (zul. Major i. G.); b. 1949 sowjet. Gefangensch.; Stud.; s. 1953 Verbandswesen - BV: Personelle Mitbestimmung, 1953; Kommentar z. Tarifvertr. f. d. priv. Versich.gewerbe, 1962 - 1980 Gr. BVK.

MUSSMANN(ß), Frank
Kanzler Hochschule f. Gestaltung Offenbach - Schloßstr. 31, 6050 Offenbach/M.

MUSSMANN, Heinrich
Dr. phil., Prof., Oberbaudirektor a. D. - Brockmüllerstr. 4, 5170 Jülich (T. 5 40 55) - Geb. 26. März 1911 Dessau (Vater: Heinrich M., Oberpostinsp.; Mutter: Anna, geb. Schramm), ev., verh. s. 1943 m. Lydia, geb. Groß, 3 Töcht. (Mechthild, Ulrike, Barbara) - Friedrichs-Gymn. Dessau; Univ. Göttingen (Physik) - 1935-36 Assist. Univ. Göttingen (Inst. f. Angew. Mechanik); 1936-46 Physiker Fried. Krupp, Essen (Forschungsanstalten); 1947-1964 Dozent Staatl. Ingenieursch. f. Maschinenwesen ebd.; 1964-71 Dir. Staatl. Ingenieursch. Jülich, 1971-76 Leit. Abt. Jülich Fachhochsch. Aachen - 1976 BVK; 1986 Ehrensenator FH Aachen - Spr.: Russ.

MUSSNER, Franz
Dr. theol., Lic. bibl., em. o. Prof. f. Bibl. Theologie - Universität, 8400 Regensburg - Geb. 31. Jan. 1916 Edlham/Obb. (Vater: Franz M., Schreiner), kath., led. - Stud. Passau, München, Rom - S. 1952 (Habil.) Lehrtätigk. Univ. München (Privatdoz.), Theol. Fak. Trier (1953; o. Prof.), Phil.-Theol. Hochsch. (1965) u. Univ. Regensburg (1967) - BV: D. Anschauung v. „Leben" im 4. Evangelium, 1952; Christus, D. All u. d. Kirche, 2. A. 1968; Was lehrt Jesus üb. d. Ende d. Welt, 1958; D. Botschaft d. Gleichnisse Jesu, 2. A. 1964; D. Jakobusbrief, Komm. 4. A. 1981; D. Brief an d. Kolosser, Komm. 1965; D. Johanneische Sehweise u. d. Frage n. d. histor. Jesus, 1965; Praesentia Salutis - Ges. Studien z. Neuen Testament, 1967; D. Wunder Jesu, 1967; D. Auferstehung Jesu, 1969; Geschichte d. Hermeneutik

von Schleiermacher b. z. Gegenwart, 2. A. 1976; D. Galaterbrief, Komm. 4. A. 1981; Traktat über d. Juden, 1979; Der Brief an d. Epheser, Komm. 1982 - 1985 Buber-Rosenzweig-Med.

MUTH, Hanswernfried
Dr. phil., Ltd. Museumsdirektor Mainfränk. Museum Würzburg - Lortzingstr. 38, 8700 Würzburg (T. 0931 - 7 58 14) - Geb. 8. Juni 1929 Würzburg, kath., verh. s. 1957 m. Felizitas, geb. Schiffer, 5 Kd. (Barbara, Michael, Matthias, Christoph, Kilian) - Univ. Würzburg u. München; Promot. 1954 Würzburg - 1954-69 Mainfränk. Mus. Würzburg; 1969-78 Städt. Galerie Würzburg; s. 1978 Mainfränk. Mus. Würzburg - BV: Aigentl. Abb. d. Statt Bamberg, 1967; D. Dom zu Würzburg, 1969; Liebenswertes Würzburg, 3. A. 1987; Tilman Riemenschneider u. s. Werke, 4. A. 1984; Katalog d. Riemenschneider-Werke im Mainfränk. Mus., 1982; Wolfgang Lenz, 1985; Katalog Slg. Eckert, 1987 - 1986 BVK am Bde. - Liebh.: Wandern, Reisen, Fotogr. - Spr.: Engl., Lat., Griech.

MUTH, Hermann
Dr. rer. nat., em. Prof. f. Biophysik u. Physikal. Grundlagen d. Medizin - Am Gedünner 5, 6650 Homburg/Saar (T. 26 85) - Geb. 3. Febr. 1915 Bad Vilbel/Hessen (Vater: Wilhelm M., Bauleit.; Mutter: Elise, geb. Kohl), verh. s. 1945 m. Margret, geb. Hack, 5 Töcht. (Barbara, Petra, Evelyn, Corinna, Tanja) - Oberrealsch. u. Univ. Frankfurt (Physik, Physikal. Chemie, Biol.; Promot. 1941) - 1942-59 wiss. Mitarb. Kaiser-Wilhelm- bzw. Max-Planck-Inst. f. Biophysik Frankfurt (1947 I. Assist.); 1952-1959 Privatdoz. u. apl. Prof. (1958) Univ. Frankfurt; s. 1959 Ord. u. Dir. Inst. f. Biophysik Univ. d. Saarl. Homburg, 1965 u. 66 Vors. Dt. Ges. f. Biophysik; 1974-81 Mitgl. Intern. Kommiss. f. Strahlenschutz; emerit. 1983. Zahlr. Veröff. Mitarb. v. 8 Fachb. - Spr.: Engl., Franz.

MUTH, Jakob
Dr. phil., o. Prof. f. Pädagogik - Eichenweg 3, 5628 Heiligenhaus/W. (T. 6 85 49) - Geb. 30. Juni 1927 Gimbsheim, ev., verh. s. 1953 m. Marianne, geb. Fölsing, 2 Kd. (Cornelia, Henning) - Päd. Akad. Bad Neuenahr u. Worms; Univ. Mainz (Päd., Phil.). Promot. 1958 - 1958-60 Doz. Päd. Akad. Worms; dann Prof. Päd. Hochsch. Kettwig (1965 o. Prof.; 1962-64 Rektor) u. Ruhr/Abt. Duisburg (s. 1970 o. Prof. Univ. Bochum. Mitgl. Dt. Bildungsrat; b. 1975 Vors. Richtlinienkommiss. f. d. Grundsch. - BV: D. Aufgabe d. Volkssch. in d. mod. Arbeitswelt, 3. A. 1968; 5 Fibeln aus 5 Jh.; 1961; Päd. Takt, 1962; D. Ende d. Volkssch., 1963; D. Schülersein als Beruf, 1966; V. acht b. eins, 2. A. 1968; Wirtsch.- u. Arbeitslehre, 1968; Akzente d. Grundschulreform, 1971; Integrative Schulversuche in d. Bundesrep., 1976; Schulpädagogik, 1978; Behinderte in allgem. Schulen, 1980; Integration v. Behinderten, 1986 - Spr.: Engl.

MUTH, Reinhard
Dr., Weingutbesitzer (Rappenhof), Präs. Dt. Weinbauverb. (s. 1980), Bürgerm. (1978ff.) - 6526 Alsheim/Rhh.

MUTHESIUS, Peter
Chefredakteur, Geschäftsführer - Am Wasserturm 8, 6000 Frankfurt 50 (T. 069 - 548 51 18) - Geb. 26. April 1930 Düsseldorf (Vater: Dr. Volkmar M., Publizist; Mutter: Helene, geb. Roßbach), ev., verh. s. 1955 m. Elke, geb. Mohr, 2 Kd. - Dipl-Kfm., Dipl.-Volksw. - Redakt. Ztschr. f. d. gesamte Kreditwesen, bank & markt + technik, Geschäftsf. Fritz Knapp Verlag, VR-Vors. Bund d. Steuerz. Hessen - BV: Bankbilanzen, Bankautomation; Mithrsg. kreditwirtsch. Sammelw.

MUTHMANN, Robert
Rechtsanwalt, Landrat a.D. - Ludwig-Weinzierl-Str. 9, 8391 Salzweg (T. 0851 -

4 18 15) - Geb. 10. Mai 1922 Barmen, ev., verh. s. 1949 m. Hermine, geb. Reisböck, Sohn Alexander - Jura-Stud. (bde. Ex.) - Journ.; Verwaltungsjurist; 1964-72 Landrat in Wegscheid (b. z. Gebietsreform); Rechtsanwalt Passau - BV: Blattwerk; Pusteblumen - 1972 BVK I. Kl.; Ehrenbürger Gemeinde Wegscheid.

MUTIUS, von, Dagmar

Schriftstellerin (Ps. Eleonore Haugwitz) - Klingenhüttenweg 10, 6900 Heidelberg 1 - Geb. 17. Okt. 1919 Oslo (Vater: Gerhard v. Mutius †, Diplomat u. Verf. phil. Bücher) - Dolmetschersch. f. Franz.; b. 1946 landwirtsch. Lehre u. Tätigk. - BV: Wetterleuchten, 1962; Grenzwege, 1964; Wandel d. Spiels, 1966; Versteck ohne Anschlag, 1975; Einlad. in e. altes Haus, 1980; Draußen in d. Nachtwind, 1985 - 1963 Eichendorff-Preis; 1965 Andreas Gryphius-Preis; 1987 BVK; 1988 Sonderpreis d. Kulturpreis Schlesien d. Landes Niedersachsens; u.a. - Spr.: Franz.

MUTKE, Hans-Guido

Dr. med., Facharzt f. Frauenkrankh., Leit. d. Fliegerärztl. Untersuchungsstelle München, Mitbegr. d. Dt. Ges. f. Luft- u. Raumfahrtmed. (Leit. d. Arbeitsgr.: Die Frau in d. Luft- u. Raumfahrt) - Drygalskiallee 117, 8000 München 71 - Geb. 25. März 1921 Neisse (Vater Max M., Beamter; Mutter: Rosa geb. Trautmann), 2 Kd. (Michael, Manuela) - Stud. Berlin, Greifswald, Danzig, Zürich, Bern, Buenos Aires, Göttingen, Hamburg, München - Arbeitsgeb.: Begründer d. terminierten Schwangerschaft, Weiterentwickl. z. Geburts-Timing, d Kind ist d. Zeitgeber f. d. Geburt, nicht d. Mutter; Behandl. d. kinderl. Ehe; Grundlegende Unters. u. Veröffentl. üb. Schwangerschafts-Timing-Störung - BV: Mutter u. Kind, gyn. Probl. in d. Luft- u. Raumfahrtmed.; Arbeiten u. Vortr. üb. Erste Hilfe, Operation u. Geburtsmöglichk. i. d. Schwerelosigk., Forschungsprogramm f. d. Space-Lab-Flüge. Üb. 70 Fachveröff. u. Vortr. in Budapest, Tokio, New York, Singapur, Bangkok, Madrid, Buenos Aires, Moskau, Lon-

don, Acapulco, Rom, Nizza, Las Vegas, Paris, Peking, Miami, New Orleans, San Franzisko, Kyoto, Montreal, Sydney, Lissabon, Brisbane, Rio de Janeiro. Erste Veröff. in d. Welt üb.: Fliegen m. Düsenflugzeugen (Jan. 1946) - Flog bei Kriegsend d. erste Düsenflugzeug d. Welt, Me 262; legte als Flugkapt. auf üb. 60 Flugzeugtypen üb. 1 Mill. km zurück; Inh. Berufsflugzeugführerschein I. Kl.; Ehrenmitgl. (neben W. v. Braun u. Prof. Oberth) d. Dt. Ges. f. Luft- u. Raumfahrtmed.

MUTSCHLER, Carlfried
Prof., Dipl.-Ing., Architekt - E 7, 7, 6800 Mannheim - Geb. 18. Febr. 1926 Mannheim (Vater: Wilhelm M.), verh. m. Isolde, geb. Autenrieth, TH Karlsruhe - S. 1953 fr. Arch. Kirchen, Schulen, Verwaltungsgeb., Institute u. a. - Mitgl. Dt. Akad. f. Städtebau u. Landesplanung; 1976 Lehrauftrag Städel Schule - Hochschule d. Bildend. Künste, Frankfurt/M.; 1984 Präs. Freie Akad. d. Künste, Mannheim - 1969, 70, 78, 88 Hugo-Häring-Preis; 1970 o. Mitgl. Akad. d. Künste Berlin, 1978 Gr. BDA-Preis.

MUTSCHLER, Ernst
Dr. rer. nat., Dr. med., Prof. f. Pharmakologie - Am Hechenberg 24, 6500 Mainz 42 (T. 06131 - 5 83 05) - Geb. 24. Mai 1931 Isny (Vater: Ernst M., Apotheker; Mutter: Luise, geb. Krauss), ev., verh. s. 1966 m. Heidi, geb. Krauss, 3 Kd. (Martin, Heike, Frauke) - Pharmazeut. Prüf. 1957, Med. Prüf. 1964, Promot. 1959 u. 1965 - 1968-74 Abt.-Vorst. Univ. Mainz; s. 1974 Dir. Pharmakol. Inst. Univ. Frankfurt/M. Ca. 500 wiss. Publ. - BV: Allg. Toxikol., (m. A. Ariens u. A. Simonis) 1978; Anatomie, Physiol. u. Pathophysiol. d. Menschen, (m. G. Thews u. P. Vaupel) 3. A. 1989; Arzneimittelwirk., 5. A. 1986; DAB 9 - Kommentar, 3 Bd. 1988 - 1971 Dr. Willmar-Schwabe-Preis; 1980 Preis d. Dt. Therapiewoche; 1981 Homburg-Preis; 1986 Boehringer-Ingelheim-Forschungspreis (f. Arb. auf d. Gebiet d. Reizübertragung im Nervensystem) - Liebh.: Klass. Musik - Spr.: Franz., Engl.

MUTTERS, Tom

Dr. h. c., Ehrenvorsitzender d. B.V. Lebenshilfe f. geistig Behinderte - Raiffeisenstr. 18, 3550 Marburg 7 - Geb. 23. Jan. 1917 Amsterdam (Vater: Jacobus M.; Mutter: Ziepje, geb. Hoppe), verh. s. 1951 m. Ursula, geb. Bruckhoff, 4 Söhne (Reinier, Roland, Frank, Dirk) - Stud. Päd. u. Psych. Univ. Amsterdam u. Marburg - Fabrikarbeiter; Lehrer; Dir. Unterrichtsfilminst. u. a.; Bundesgeschäftsf. Lebenshilfe. Zahlr. Publ. üb. Behindertenprobl.; insb. üb. geistig Behinderte - 1973 Gold. Ehrennadel Stadt Marburg; 1979 BVK I. Kl.; 1982 Offz.-Orden v. Oranien-Nassau; 1982 Ehrenplak. Landkr. Marburg/Biedenkopf; 1983 Med. Stadt Marburg; Ausz. v. Behindertenverb.; 1987 Gr. BVK - Liebh.: Skifahren, Berge, Musik - Spr.: Niederl., Engl., Franz.

MUTZ, Manfred
Lehrer, Oberbürgermeister d. Stadt

Gießen, MdL (1978-85) - Am Alten Friedhof 10, 6300 Gießen - Geb. 18. Jan. 1945 Werdorf - Mittelsch. Herborn; 1961-64 Maschinenschlosserlehre; Hessenkolleg Rüsselsheim (Abit.); Univ. Gießen (Math., Phys.). Beide Staatsex. f. d. Lehramt an Gymn. - 1975-78 Berufsschuldst. Gießen. SPD.

MYDRA, Thomas
s. Ueltzen, Klaus-Jochen

MYLENBUSCH, Helmut
Dr. rer. nat., Mitgl. Zentralgeschäftsfg. Kienbaum Unternehmensgruppe - Zu erreichen üb. Ahlefelder Str. 47, 5270 Gummersbach-Niederseßmar (T. Büro: 70 30) - Geb. 29. April 1933 - Stud. d. Chemie Univ. Bonn; Promot. 1960 ebd. - Bayer AG., 1963 Kienbaum. Fachveröff. - Lions-Club.

MYRAKIS, Sandro
s. Schlorke, Dieter

(MYSS-)LUBINGER, Eva
Schriftstellerin (Künstlern. Lubinger) - Lindenbühelweg 16, A-6020 Innsbruck (T. 05222 - 8 60 48) - Geb. 3. Febr. 1930 Steyr/Österr., kath., verh. s. 1952 m. Prof. Dr. Walter M., 2 Söhne (Michael, Wolfgang) - Stud. (6 Sem.) Kunstgesch. u. German. - Tätigk. f. ORF (Funkerz.) u. Ztg. Präsent (Glossen) - BV: Paradies m. kleinen Fehlern, R. 4. A.; Verlieb Dich nicht in Mark Aurel, R. 2. A.; D. Hund, d. Nonnen frißt, R.; Arche Noah exklusiv, R.; Flieg m. n. Samarkand, R.; Zeig mir Lamorna, R. 2. A.; Pflücke d. Wind, Ged. - 1967 u. 70 Lit.-Preis Stadt Innsbruck (Lyrik u. Drama) - Inter.: Botanik, Reisen, Hunde, Tierschutz.

N

NAARMANN, Berthold
Bankdirektor, Gf. Vorstandsmitgl. Darlehnskasse im Erzbistum Paderborn - Kamp 17, 4790 Paderborn (T. 05251 - 2 90 90) - Geb. 31. März 1930 Oelde, kath., verh. s. 1967 m. Dr. Margit, geb. Siebers, 2 Kd. (Julia-Margarita, Georg-Benedikt) - Bankausb. im In- u. Ausl. - Zahlr. Mand. u. Ämter, u.a. Gesellsch. Bonifatius GmbH Druck-Buch-Verlag, Paderborn; Vorst.-Mitgl. Malteser-Hilfsdienst, Erzbistum Paderborn (Finanzkurator), Förderverein d. Erzbischöfl. Akad. Bibl. Paderborn, Verein f. kath. Arbeiterkolonien (Nichtseßhafte) in Westf., Münster, u. Verein z. Pflege wiss. Forsch. auf d. Geb. d. Ökumenik, Paderborn; AR Aachener Grundvermögen Kapitalanlageges. mbH, Köln; VR Cura Beratungs- u. Beteiligungsges. f. soz. Einricht. mbH, Herne, Kurat. Landvolkshochsch. Anton Heinen, Hardehausen u. Heimvolkshochsch. St. Hedwigs-Haus, Oerlinghausen; stv. Vors. Kirchensteuerrat Erzdiözese Paderborn; Mitgl. Diözesanaussch. Caritasverb. f. d. Erzbistum Paderborn, Verein f. Caritasheime d. Erzbistums Paderborn, Bischöfl. Hilfsv. MISEREOR, Aachen; Beirat Bruderhilfe Kassel VVaG, Kassel; Vors. Prüfungsaussch. Banken IHK, Paderborn - 1982 Ritter d. Silvesterordens.

NABER, Kurt G.
Dr. med., Urologe, Honorarprof. Univ. Marburg (1975), Chefarzt, Urolog. Klinik, Elisabeth Krankenhaus - Schulgasse 20, 8440 Straubing/Ndb. (T. 09421 - 71 05 30) - Geb. 23. Mai 1941 Litzmannstadt (Vater: Dr. med. Viktor N., Arzt; Mutter: Berta, geb. Weilbach), ev.-freik., verh. s. 1966 m. Heide, geb. Genz, 3 Kd. (Christoph, Martin, Elisabeth) - Promot. 1966 München, Habil. 1973 u. Prof. a. e. 1974 Univ. Marburg/Lahn - Mitherausg. von Tagungsb. Über 200 Einzelarb. -

1972 Grayson-Caroll-Preis - Spr.: Engl. - Rotarier.

NACHTIGALL, Dieter
Dr. rer. nat., Prof. f. Physik u. ihre Didaktik Univ. Dortmund - Auf'm Hilmkamp 15, 5757 Wickede-Wiehagen (T. 02377 - 35 48) - Geb. 4. Febr. 1927 Berge/Havelland (Vater: Walter N., Postbeamter; Mutter: Emma, geb. Eisermann), verh. s. 1959 m. Else, geb. Herre †1987, 3 Kd. (Thomas, Christof, Susanne) - 1. u. 2. Lehrerex. 1946/47, Dipl. in Physik 1956, Promot. 1964 RWTH Aachen - 1959-65 Kernforschungsanl. Jülich; 1965-66 CERN-Labor Genf; 1966-71 EURATOM Geel/Belgien; s. 1971 Prof. f. Physik u. ihre Didaktik in Dortmund. Hon.-Prof. Highway-Inst. Xian/China - Herausg. u. Mitverf. d. Reihen: Didaktik u. Naturwiss.; Konzepte d. Physik - Advisory Prof. East China Normal Univ. Shanghai; Mitgl. Intern. Commiss. of Physics Education (ICPE) - Spr.: Engl.

NACHTIGALL, Horst
Dr. phil., Prof. u. Direktor Völkerkundl. Sem. Univ. Marburg (s. 1963) - Pommernweg 19, 3550 Marburg/L. (T. 4 16 66) - Geb. 4. Febr. 1924 Berge/Mark, verw., T. Birgit - Promot. (1950) u. Habil. (1957) Mainz - 1957-63 Doz. Univ. Mainz. 1952/53 Kolumbian. Erziehungsmin. Bogotá; 1961/62 Univ. Buenos Aires (Prof.). Forschungsreisen: Kolumbien, Argentinien, Peru, Tunesien, Marokko, Guatemala, Mexiko - BV: Tierradentro - Archäologie u. Ethnographie einer kolumbianischen Landschaft, 1955; D. amerik. Megalithkulturen, 1958; Alt-Kolumbien, 1961; Indianerkunst der Nord-Anden, 1961; Indian. Fischer, Feldbauern u. Viehzüchter - Beitr. z. peruan. Völkerkd., 1966; Völkerkd., 1972, 2. A. 1974; D. Ixil, Maya-Indianer i. Guatemala, 1978. Üb. 200 Fachaufs.

NACHTIGALL, Werner
Dr. rer. nat., o. Prof. f. Zoologie Univ. Saarbrücken (s. 1969) - Bayernstr. 12, 6600 Saarbrücken (T. 6 75 00) - Geb. 7. Juni 1934 Saaz/Sudetenl. (Vater: Emil N.; Mutter: Emilie, geb. Haßmann), verh. m. Dr. Martha, geb. John - Promot. u. Habil. München - S. 1966 Privatdoz. Univ. München. Etwa 200 Fachveröff. u. 20 Bücher - O. Mitgl. d. Akad. d. Wiss., d. Lit. Mainz u. d. Sudetendt. Akad. d. Wiss.; Mitgl. DGPh (Dt. Ges. f. Photographie) u. Ges. f. Physikalische Biol.; 1968 Fabricius-Med.; 1982 Karl-Ritter-v.-Frisch-Med. (Wiss.-Preis Dt. Zool. Ges.).

NACHTMANN, Josef
I. Bürgermeister Stadt Pappenheim - Rathaus, 8834 Pappenheim/Mfr. - Geb. 6. Jan. 1930 Komotau (Tschechosl.) - CSU.

NACHTSHEIM, Friedrich
Dr. oec., Dipl.-Volksw., Sprecher d. Vorstandes Fichtel & Sachs AG - Postf. 12 40, 8720 Schweinfurt/M. - Zul. Vorstandsmitgl. F & S. (s. 1970); Vors. bzw. Mitgl. versch. Aufsichtsräte u. Beiräte; Präsid.-Mitgl. IHK Würzburg-Schweinfurt.

NACHTWEY, Joachim
Rechtsanwalt u. Notar, Aufsichtsratsvorsitzender Lindener Volksbank e.G., Hannover - Minister-Stüve-Str. 22, 3000 Hannover (T. 44 40 44).

NACK, Herbert
Fabrikant (Fa. Löwen-Automaten, Bingen, u. a.), Vors. Verb. d. Dt. Automaten-Industrie, Köln - Volkerstr. 46, 6200 Wiesbaden.

NADLER, Helmut
Dipl.-Ing., Geschäftsführer Ross Industrie GmbH - Conzestr. 3, 2000 Hamburg 55 - Geb. 17. Aug. 1934 Wilhelmshaven, ev., verh. - Dipl.-Ing. 1961 TH Hannover - 1981-85 Vorst.-Mitgl. Howaldtswerke - Dt. Werft AG.

NADOLNY, Isabella,
geb. Peltzer
Schriftstellerin - Chiemseering 20, 8224 Chieming/Chiemsee (T. 2 65) - Geb. 26. Mai 1917 München (Vater: Alexander Peltzer, Maler), verh. 1941 m. Burkhard N., Schriftst. † 1968 (s. XV. Ausg.), S. Sten - BV: Liebenswertes an d. Männern, 1958; E. Baum wächst übers Dach, R. 1959; Seehamer Tageb., 1962; Vergangen wie e. Rauch - Familienchronik, R. 1964; Allerlei Leute - auch 2 Königinnen, 1967; D. schönste Tag, 1980; Providence u. zurück, R. 1988. Übers.: Alle Herrlichkeit auf Erden; Love Story u. a. - 1966 Tukan-Preis Stadt München, 1975 Ernst Hoferichter-Preis.

NÄBAUER, Pia
Sozialarbeiterin (grad.), Vors. Dt. Multiple Sklerose Ges./Bundesverb., München (1979ff.) - Schönbichlstr. 87, 8036 Herrsching/Ammersee (T. 80 47) - Geb. 29. April 1913 München (Vater: Fabrikant), kath., verh. 1952 m. Dr. Martin N., Physiker † - Div. Prüf. - Tätigk. Gesundheitsamt München u. Seuchenkrkhs. Pasing. 1972ff. Sozialwerksaufg. DMSG; 1983 Vorst.-Mitgl. Landesarb.gem. Hilfe f. Behinderte - 1980 Elisabeth-Norgall-Preis; 1982 Bayer. VO. u. Bayer. Staatsmed. f. bes. soz. Verd.; 1983 Gr. BVK u. gold. Med. d. Dt. Parität. Wohlfahrtsverb.; 1984 Silb. Med. Stadt München, München leuchtet; Gold. Ehrenzeichen DMSG, 1987 Ehrenpräs. DMSG; 1987 Präs. Zonta Intern. München 1 - Liebh.: Musik, Tanz, Garten.

NAEGELE, Hermann
Dr. rer. pol., Dipl.-Kfm., Fabrikant (versch. Firmen/Chemie-Möbel) - Neue Heidenheimer Str. 48, 7080 Aalen/Württ. (T. Büro: 60 05) - Geb. 8. März 1913 Augsburg (Vater: Hermann N., Fabr.; Mutter: Betty, geb. Göllner), verh. s. 1936 m. Ingeborg, geb. Weise - Univ. München u. Erlangen - Zeitw. Vors. Industrieverb. Putz- u. Pflegemittel - Liebh.: Tennis.

NÄRGER, Heribald
Dr. jur., Aufsichtsratsvorsitzender Siemens AG (s. 1988) - Wittelsbacherplatz 2, 8000 München 2 - Geb. 25. Nov. 1923 Liegnitz/Schlesien, ev., verh. s. 1952 m. Natascha, geb. Lohse, 3 Kd. (Ulrike, Nikolaus, Johannes) -Promot. 1949 - S. 1951 Bayer. Vereinsbank München (1960 Vorst.-Mitgl.) u. Siemens AG, Berlin/München (1963 stv., 1968 o. Vorst.-Mitgl.; 1988 AR-Vors.). AR-Mandate - Spr.: Engl. - Rotarier.

NÄTSCHER, Karl-Heinz
Dipl.-Kfm., Oberregierungsrat, MdL Bayern (s. 1978) - Am Bauholz 234, 8721 Poppenhausen-Kützberg/Ufr. - Geb. 20. Aug. 1936 Amberg/Opf., kath., verh. m. Ilse, geb. Mehl, 2 Kd. - Realgymn. Bad Neustadt (Mittl. Reife); 2j. Maschinenbaupraktik. Kugelfischer Schweinfurt; Balthasar-Neumann-Polytechnikum Würzburg; n. Abit. (1960) Univ. Würzburg (Rechts- u. Wirtschaftswiss.; Dipl.-Kfm. 1965) - S. 1966 Handwerkskammer f. Unterfr., Kugelfischer (1968), Diöz. Trier (1969), Reg. v. Niederbay. (1970) u. Unterfr. (ORR). CSU.

NÄVEKE, Rolf
Dr. rer. nat., Dipl.-Biol., Prof. f. Mikrobiologie TU Braunschweig - Albertstr. 26 b, 3300 Braunschweig (T. 0531 - 61 21 18) - Geb. 17. Febr. 1928 Dresden - 1947-54 Stud. Biol. Univ. Hamburg; Dipl. 1954, Promot. 1956; Habil. 1965 TU Braunschweig - S. 1971 o. Prof. TU Braunschweig.

NAGEL, Alexander
Regierungsdirektor, MdL Baden-Württ. (s. 1968) - Am Hassel 1, 6901 Dossenheim/Bergstr. (T. Heidelberg 8 54 05) - Geb. 10. Juli 1925 Pforzheim, ev., verh., 2 Kd. - Gymn. Heidelberg (Kriegsabit. 1943); 1943-46 Arbeits-, Wehrdst. (40 % kriegsbesch.), Gefangensch.; 1947-55 Stud. Arch., Rechts- u. Staatswiss. Heidelberg u. Karlsruhe (1955 Dipl.-Ing.) - S. 1957 Staatsdst. (1966 Oberreg.sbaurat). 1965 ff. Gemeinderat Dossenheim. FDP/DVP (1964 Kreisvors. Heidelberg-Land).

NAGEL, Alfred
Dipl.-Ing. (FH), Vorsitzender Bundesverb. d. Bediensteten d. Techn. Überwachung, d. Normenaussch. Sport- u. Freizeitgerät im DIN u. im CEN, Leit. Prüfst. f. Gerätesicherh. b. TÜV Product Service GmbH - Fernpaßstr. 32, 8000 München 70 (T. dstl.: 089 - 5 00 84-2 10; priv.: 089 - 769 19 77) - Geb. 1. Aug. 1938 Kempten/Allgäu, verh. s. 1961, 2 Kd. (Michaela, Stefan) - Stud. Maschinenbau - BV: Sicherheit auf Kinderspielplätzen, 1989. Wiss. Veröff. z. Thema Sicherheit b. Skilauf - DIN Ehrennadel - Liebh.: Sport, Politik - Spr.: Engl.

NAGEL, Bernhard
Dr. jur. M.C.L., Prof. - Amselstr. 10, 3500 Kassel - Geb. 25. Jan. 1942 Stuttgart, verh. s. 1977 m. Christine, geb. Schmeißer - Gymn. Stuttgart; Jura-Stud. Univ. Heidelberg u. München; Master of Comp. Law 1968 Univ. of Michigan/USA, Dr. jur. 1972 Univ. Frankfurt/M. - 1972-74 Hochschulref. b. GEW-Hauptvorst. - BV: Untern.mitbestimmung, 1980; Unternehmensverfassung, Recht u. Betriebswirtschaftsl. (zus. m. Kießler u. Kittner), 1983; Fristverträge an Hochsch. u. Forschungseinricht., Kommentar 1986 - Liebh.: Musik u. Kunst - Spr.: Engl., Franz.

NAGEL, Carl-Martin
Dipl.-Kfm. - Ferdinand-Porsche-Str. 10-14, 6000 Frankfurt/M. 61 (T. 069 - 81 64 08) - Geb. 13. März 1936 Frankfurt, verh. m. Hannelore, geb. Pletzsch, 2 T. (Anke, Silvia) - Vorsitzender Bundesverb. d. Dt. Rohstoffwirtschaft, Köln, Vors. Rohstoff-Verb. Hessen, Frankfurt - Liebh.: Musik, Klavierspiel, Sport.

NAGEL, Claus Dieter
Chefredakteur - v.-Wettstein-Str. 9, 1000 Berlin 33 - Geb. 2. Mai 1923 Leipzig, ev., verh. - Realgymn. (Abit.); Jurastud. Berlin u. Freiburg - 1947 Leit. Polit. Redaktion Die Welt (Berlin), 1949 Chef Berliner Redaktion Welt am Sonntag, 1970 Leit. Büro Axel Springer, 1986 Informationschef Axel Springer Verlag AG - 1970 u. 83 BVK - Spr.: Engl., Franz.

NAGEL, Clemens
Lehrer, MdL Rhld.-Pfalz (s. 1975) - Eichstr. 199, 6741 Minfeld - Geb. 6. März 1945 - SPD.

NAGEL, Dieter
Dr. rer. pol., Vorstandsvorsitzender Thüga Aktiengesellschaft - Mandlstr. 3, 8000 München 40 - Geb. 14. Sept. 1939 - AR-Mandate.

NAGEL, Frank Norbert
Dr. rer. nat., Prof. Inst. f. Geographie u. Wirtschaftsgeographie Univ. Hamburg - Harvestehuder Weg 96, 2000 Hamburg 13 (T. 040 - 45 77 72) - Geb. 16. Juni 1943 Danzig (Vater: Dr. Bernd A., Rechtsanwalt; Mutter: Ilse, geb. Sommer), verh. s. 1984, S. Richard A. - Stud. Architektur TH Braunschweig, Geogr., Geol., Roman., Phil., Päd. Univ. Hamburg u. Univ. de. Dijon; Dipl. d'Etudes Supérieures (III degré) 1968 Dijon; Staatsex. 1970; Promot. 1975; Habil. 1980 - S. 1975 Schriftleit. Mitt. d. Geogr. Ges. Hamburg; s. 1987 Leit. Fachber. Wegenetzforsch. u. Industriearchäol. an d. Lauenburg. Akad. f. Wiss. u. Kultur Mölln; s. 1987 wiss. Beirat im Arbeitskr. f. Kanada-Stud. Univ. Hamburg. - BV: Wirtschaftsregion Burgund/Bourgogne, 1976; Eisenbahnnetzentw. in Schlesw.-Holst. u. Hamburg, bes. stillgelegte Strecken, 1981; Mitarb. am Gr. Brockhaus s. 1984; Kunst- u. Reiseführer (m. Landeskd.) Burgund, 1988; zahlr. Veröff. bes. z. Strukturwandel in ländl. u. peripheren Räumen Dtschl., Frankr. u. Kanadas - Liebh.: Musik, Fotogr. - Spr.: Engl., Franz., Span.

NAGEL, Gottfried
Dipl.-Volksw., Vorstandsmitglied Kaufhof AG. Köln - Odinweg 33, 5060 Bensberg (T. 5 43 61) - Geb. 2. Sept. 1916 - U. a. Geschäftsf. Nordsee Dt. Hochseefischerei GmbH., Bremerhaven, u. Margarine-Union GmbH., Hamburg - Spr.: Engl.

NAGEL, Hans
Dr. med., Chirurg, em. Chefarzt Hospital z. Hl. Geist, Horb (s. 1947) - Südring 41, 7240 Horb/N. (T. 43 96) - Geb. 17. Febr. 1912 Weißenstein/Württ., kath., verh. s. 1938 m. Hedwig, geb. Halbe, 5 Kd. - Gymn. Ehingen/D.; Univ. Tübingen, Würzburg, Münster, München - Univ.skliniken München; DRK-Krkhs. Stuttgart. 1939-45 Wehrmacht - Ritter Orden v. Hl. Grabe zu Jerusalem, 1978 BVK.

NAGEL, Herbert
Fabrikant, pers. haft. Gesellsch. Herbert Nagel KG. (Fahrgeräte- u. Hebezeugbau) - 7120 Bietigheim - Geb. 1905 - S. 1945 selbst.

NAGEL, Herbert Christian
Schriftsteller, Journalist, Abteilungsleiter Presseamt Stadt Gelsenkirchen (Ps. H. C. Hollister) - Beckeradstr. 5, 4650 Gelsenkirchen-Buer - Geb. 3. Nov. 1924 Oberhausen - Abit. 1942; Stud. Rechtswiss. - BV: ca. 250 Romane, Erz. (Ges.-Aufl. ca. 50 Mill. weltweit) - Liebh.: Segeln.

NAGEL, Ivan
Prof. f. Ästhetik d. darstell. Künste, Hochschule d. Künste Berlin - Zu erreichen üb. HdK, Postf. 12 67 20, 1000 Berlin 12 - Geb. 28. Juni 1931 Budapest (Ungarn) - Stud. Phil. u. Literaturwiss. Univ. Paris, Heidelberg, Durham (Engl.), Frankfurt u. Harvard - 1961-68 Chefdramat. Münchener Kammersp.; 1969-71 Theaterkritiker Südd. Zeitung; 1971-79 Int. Dt. Schauspielhs. Hamburg; 1981-83 Kulturkorresp. FAZ (New York). Präs. Festspiele Theater d. Welt (1979, 1981, 1987); 1985-88 Int. d. Schauspiels Staatstheater Stuttgart. Zahlr. Veröff. (Ess., Theaterkritiken) - Autonomie u. Gnade - Üb. Mozarts Opern (1984); Gedankengänge als Lebensläufe (1987) - Spr.: Deutsch, Engl., Ungar. (Muttерspr.), Franz., Ital. - Lit.: Lebensbeschreibung (Interview) in: Theater heute, Jahresheft 1985.

NAGEL, Karl
Rektor a. D., MdK Nordrh.-Westf. (s. 1966) - Am Uhlenspiegel 14, 4282 Borken (T. 02861 - 36 45) - Geb. 26. Aug. 1928 Raesfeld Kr. Borken, kath., verh., 5 Kd. - Gymn. (durch Arbeits- u. Wehrdst. unterbr.; Reifeprüf.); Univ. Münster (Phil., Theol.); Päd. Akad. Oberhausen u. Münster (Päd.). Beide Lehrerprüf. - Schuldst. (1961 Rektor Velen). 1964 ff. MdK Borken (Fraktionsvors.). CDU s. 1946.

NAGEL, Reinhard

Dr. med. (habil.), o. Prof. f. Urologie Freie Univ. Berlin (s. 1969) - Oldenburgallee 62, 1000 Berlin 19 (T. 305 70 55) - Geb. 21. Febr. 1927 Berlin - Promot. u. Habil. Berlin - 1967 Prof. Univ. Köln (Vorsteher Urol. Abt./Chir. Klinik) - BV: D. Nierentransplantation, 1965; Praxis d. Prostatazytologie, 1984. Üb. 250 Einzelarb. Präs. Dtsch. Ges. f. Urologie 1979/80 - Rotarier.

NAGEL, Tilman

Dr. phil., o. Prof. f. Arabistik - Wilhelmspl. 1 (Universität), 3400 Göttingen - Geb. 19. April 1942 - Promot 1967 - S. 1971 Lehrtätigk. Univ. Bonn (1972 apl. Prof.) u. Göttingen (1981 o. Prof.) - BV: u.a. Alexander d. Gr. u. d. früh-islam. Volksliteratur, 1978; Staat u. Glaubensgemeinsch. im Islam, 2 Bde. 1981; D. Koran - Einf. Texte/Erläut., 1983; D. Festsetzung d. Glaubens - 1989 o. Mitgl. d. Akad. d. Wiss. Göttingen.

NAGEL, Werner

Feinmechaniker, MdB (s. 1972; Wahlkr. 179/Mannheim I) - Hofheimer Str. 17, 6800 Mannheim 31 (T. 0621 - 77 32 89) - Geb. 18. Febr. 1934 Mannheim, verh., Sohn - Volkssch.; Feinmechanikerhandw.; Ausbild. Werkzeugmaschinenbau - S. 1951 Motorenwerke Mannheim AG. (1963 Betriebsratsvors.). 1959-72 Stadtratsmitgl. Mannheim (1970 Fraktionsf.). SPD s. 1952.

NAGEL, Wolfgang

Senator f. Bau- u. Wohnungswesen (s. 1989), MdA Berlin - Wolburgsweg 37, 1000 Berlin 20 - Geb. 3. Aug. 1944 Lüdden (Vater: Hermann N., Postbeamter; Mutter: Maria, geb. Fischer), verh. m. Karin, geb. Markus, 4 Kd. (Jens, Gunther, Gunnar, Annekatrin) - Gymn. Bielefeld (Abit. 1965); Stud. Psych., German., Gesch., Päd. Univ. Münster u. FU Berlin - 1966-71 Erzieher; ab 1971 wiss. Mitarb. Dt. Inst. f. Urbanistik. Ab 1981 Mitgl. Abgeordnetenhaus Berlin; s. 1989 Senator - Spr.: Engl., Franz., Schwed., Latein.

NAGEL, Wolfram

Dr. phil., Prof. f. Vorderasiat. Altertumskunde Univ. Köln - Hansaring 76, 5000 Köln 1 (T. 0221 - 12 13 55) - Geb. 23. Okt. 1923 Berlin (Vater: Friedrich N., AG-Dir.; Mutter: Charlotte, geb. v. Winterfeld) - 1948-54 FU Berlin; Promot., Habil. 1966 - 1960-71 Kustos Staatl. Mus. Berlin; ab 1971 Prof. Köln - BV: Altoriental. Kunsthandwerk, 1963; Bauern- u. Stadtkulturen im vordynast. Vorderasien, 1964; Djamdat Nasr-Kulturen, 1964; D. mesopotam. Streitwagen, 1966; Neuassyr. Reliefstile, 1967; Frühe Plastik aus Sumer, 1968; Ninus u. Semiramis, 1982; Kalakent, 1984 - Spr.: Lat., Griech., Engl., Franz., Akkad.

NAGL, Erwin Ludwig

Dipl.-Kfm., Vorstandsvorsitzender Held & Francke Bau AG, München - Aschauer Str. 21, 8000 München 90 (T. 089 - 6 80 07-266) - Geb. 17. Juli 1928 München (Vater: Ludwig N. †; Mutter: Cäcilie, geb. Sieber), kath., verh. s. 1956 m. Hedi, geb. Hauber, 2 Töcht. (Karin, Ulrike) - Gymn. München; Univ. München, Dipl. 1952 - Präs. Bayer. Bauindustrieverb., Vorst. Hauptverb. Dt. Bauind., Beirat Mannheimer Versich. AG - Spr.: Engl.

NAGL, Manfred

Dr.-Ing., o. Prof. f. Informatik RWTH Aachen (s. 1986) - Ronheider Weg 4, 5100 Aachen (T. 0241 - 60 24 28) - Geb. 16. Mai 1944 Landskron (Vater: Leopold N.; Mutter: Aloisia, geb. Frenzl), kath., T. Steffi - Stud. Math./Physik Univ. Erlangen-Nürnberg, Examen 1969, Promot. (Dr.-Ing. Informatik) 1974, Habil. Informatik Techn. Fak. Univ. Erlangen 1978 - 1969-71 Forschungszentrum Siemens Erlangen; 1971-79 Wiss. Assist. IMMD Univ. Erlangen; 1979-81 Prof. EWH Koblenz; 1981-86 o. Prof. Angew. Informatik Univ. Osnabrück - BV: Graph-Grammatiken, 1979; Einf. in d. Programmiersprache Ada, 1982, 2. A. 1987; Mithrsg. v. 5 Tagungsb.; ca. 35 Fachveröff.

NAGL, Walter

Dr. phil., Prof. f. Biologie Univ. Kaiserslautern - Turnerstr. 112, 6750 Kaiserslautern (T. 0631 - 7 37 82; Univ. 0631 - 205 24 06) - Geb. 9. Juli 1940 Wien (Vater: Hubert N., Bahnbeamter; Mutter: Leopoldine, geb. Huber), kath., verh. s. 1967 m. Elisabeth, geb. Rössler, gesch. 1979, 2 Kd. (Alexander, Regina) - Promot. 1962 - 1962-71 Wiss. Assist. u. Doz. Univ. Wien u. Max-Planck-Inst. f. Pflanzengenetik; 1972/73 Gastprof. Harvard Univ.; s. 1974 o. Prof. in Kaiserslautern - BV: Chromosomen, 1972 u. 1980; Zellkern u. Zellzyklen, 1976; Endopolyploidy and Polyteny, 1978; Elektronenmikrosk. Laborpraxis, 1981; Gentechnologie u. Grenzen d. Biologie. Herausg. mehrerer Fachztschr. (1987). 180 wiss. Publ. - Mitgl. New York Acad. Science, Ges. Zellbiol., Ges. Genetik u. v. a.; div. Preise - Spr.: Engl.

NAGLSCHMID, Friedrich G. M.

Dr. rer. nat., Studiendirektor - Augustenstr. 50, 7000 Stuttgart 1 (T. 0711 - 61 11 67) - Geb. 29. Okt. 1944 Kelheim, kath., verh. s. 1984 m. Stephanie, geb. Braun, S. Matthias - Stud. Biol. u. Chemie Univ. Stuttgart; Staatsex. 1972; Promot. 1979 Stuttgart - Dir. Schulaufsicht (Biol., Umwelterziehung, Medien); 1973-77 Verl. u. Chefredakt. D. Taucher. 1976-86 Sachabt.-Leit. Verb. Dt. Sporttaucher Wiss. u. Forsch., s. 1986 Vizepräs. - BV: Paradiese unter Wasser, 1979; Gefährliche Meerestiere, 1981; Tauchreiseführer Menorca, 1982; Tauchreiseführer Italien, 1984; Gewässerbeobachtung-Gewässerschutz, 1985; Tauchreiseführer Türkei, 1985. Herausg.: Edition Freizeit u. Wissen; Schwerp. d. Tauchforsch.; Schulsport Tauchen; Schwerp. d. Umweltforsch.; Leistungssport Flossenschwimmen - Liebh.: Tauchen, Kunst, Fotogr., UW Archäol. - Spr.: Engl., Franz., Ital., Span.

NAGLSCHMID, Stephanie

Verlegerin Verlag Stephanie Naglschmid - Augustenstr. 50, 7000 Stuttgart 1 - Geb. 4. April 1961, verh. m. Dr. Friedrich N., S. Matthias.

NAGTEGAAL, Heinz

Dr. rer. pol., Gf. Gesellschafter Bissendorf-Peptide GmbH (Hormon-Genforschung, gegr. 1983) - Burgwedeler Str. 25, 3002 Wedemark 2 (T. 05130-61 49) - Geb. 6. Jan. 1937 - Dipl.-Volksw. 1963 Hamburg; Promot. 1965 - 1967-79 Europamanager f. multination. Untern.; 1979-83 Unternehmensber. - BV: Grundlagen d. Marketing, 1967; Verkaufspreise in d. Ind., 1969; Wie überlebt mein Unternehmen?, 1974 - Interessen: Restaurier. nieders. Fachwerkhäuser - Spr.: Engl., Holl., Franz.

NAGY, Janos B.

Opernsänger Dt. Oper am Rhein - Annastr. 45a, 4000 Düsseldorf 30 - Geb. 9. Juli 1940 Pocsaj (b. Debreczen)/Ungarn, reform., verh. s. 1966 m. Eva, geb. Pless, 2. S. (Janos, Attila) - Bela-Bartok-Konservat. Budapest; priv. Weiterbild. Budapest u. b. Tito Gobbi, Florenz - Solist: Staatsoper Budapest, Dt. Oper am Rhein; Gast: Staatsoper Wien, Dt. Oper Berlin, Hamburg. Staatsoper, Opernhaus Zürich, Houston Opera, Liège, u. a. - Ital. Tenorfach: Don Carlos, Riccardo, Cavaradossi, Des Grieux, Kalaf, Ernani, G. Adorno, Manrico, Turiddu, Canio, André Chenier, Pinkerton. Rundfunk-, TV- u. Schallplattenaufnahmen. Konzertauftritte Berliner Philharmonie etc. - 1985 Franz-Liszt-Preis, merited artist - Liebh.: Natur, Angeln, Kunstgesch. - Spr.: Ungar., wenig Ital.

NAHMER, von der, Wolfgang

Prof., Dirigent - Euskirchener Str. 52, 5000 Köln-Sülz (T. 43 44 18) - Geb. 14. April 1906 Remscheid (Vater: Adolf v. d. N., Generaldirektor; Mutter: Elenita, geb. Böker), ev., verh. s. 1934 m. Irmingard, geb. Scheidemantel - Dr. Hoch's Konservat. Frankfurt/M. - 1932 Assist. Fritz Busch Staatsoper Dresden, 1933 Kapellm. Staatstheat. Schwerin/M., 1937 I. Kapellm. Opernhs. Düsseldorf, 1944 Städt. Musikdir. Saarbrücken, 1946 I. Kapellm. Opernhs. Köln, 1955 Prof. Musikhochsch. ebd. (Leit. Dirigentenkl.). Auslandsgastsp. Viele Ur- u. Erstauff. Freund u. Förderer neuer Musik - Liebh.: Schallpl. - Spr.: Franz., Engl.

NAHODIL, Otakar

Dr. phil. habil., Dr. sc. hist., Dipl.-Ethn., Prof. f. Soziologie PH Freiburg u. Völkerkunde Univ. Freiburg - Zasiusstr. 124, 7800 Freiburg - Geb. 1. Dez. 1923 Prag, kath. - Univ. Prag, Sofia, Leningrad; Dr. phil. 1949 Prag; Dipl.-Ethn. 1950 Leningrad; Dr. sc. hist. 1962 Prag; Habil. 1957 Prag - 1950-62 Kanzel f. Ethnographie Karls-Univ. Prag; 1966/67 Gastprof. Univ. Mainz; b. 1984 Prof. f. Soziol. PH Lörrach u. PH Freiburg; 1970 Umhabil. Univ. Freiburg; 1972 apl. Prof. Univ. Freiburg. Schriftst., Essayist, Übersetzer - BV: Kultur d. primit. Ges., 1957; Mutterkulte, 1959-60; Kultur u. Humanität, 1970; Menschl. Kultur u. Tradition. Kulturanthropol. Orientierungen, 1971. Herausg.: Ceskoslovenska Ethnografie (1953-62); Bücherreihe Acta Culturologica (s. 1985) - S. 1955 Ehrenmitgl. Poln. Ethnol. Ges. - Spr.: Engl., Franz., Ital., Griech., Latein, Russ., Tschech., Slowak., Tungus., Usbek., u. a. - Lit.: Kultur u. Tradition. Festschr. f. Prof. O. Nahodil, hg. v. K. Mácha (1983).

NAHR, Helmar

Dr. rer. pol., Dr. phil., Dipl.-Math., Fabrikant - Nürnberger Str. 54, 8530 Neustadt/Aisch (T. 09161 - 26 03) - Geb. 22. Juni 1931 Eibenberg (Sudetenl.) (Vater: Anton N., Fabrikant; Mutter: Anna, geb. Leicht), verh. s. 1959 m. Anna Maria, geb. Flemmiger, 3 Kd. (Sylvia, Sibylle, Christoph) - Obersch. Graslitz, Abitur 1950 Neustadt/Aisch; 1950-59 Stud. Math. u. Volksw. Univ. Erlangen, Dipl.-Volksw. 1954, Promot. 1958, Math.-Dipl. 1959; 1973-76 Stud. Polit., Soziol. u. Statistik Univ. Frankfurt; Promot. 1976 - 1972-73 Lehrbeauftr. Univ. Frankfurt. - 1959 ff. selbst. Fabrikant (Kunstst.-verarb. Betrieb). 1982 Präs. Dt. Energie-Ges., München - Erf.: Verfahren z. Wärmedämmung v. Aluminiumprofilen f. Fenster, Türen, Fassaden (Dt. Patent, auch Auslandspat.) - BV: Mehrwert Heute, 1977; Immer Ärger m. d. Energie, Tb. 1981 - 1972 Silb. Erfindermed. Genf - Spr.: Engl.

NAHRGANG, Günther

Dr.-Ing., Prof. f. Hydrogeologie Univ. Köln - Stachelsweg 10, 5000 Köln 91 (T. 0221 - 86 17 19) - Geb. 5. Aug. 1916 Karlsruhe, verh. s. 1947 m. Dorothea, geb. Musiol, 2 S. (Christoph, Sten) - Abit. 1936 Karlsruhe; Stud. Bauingenieurwesen TH Karlsruhe (Dipl.-Ing. 1947, Promot. 1951) - Prof. f. Wasserbau u. Wasserversorgung FH Köln; Honorarprof. f. Hydrogeol. Univ. Köln - BV: Z. Theorie d. vollkommenen u. unvollkommenen Brunnens, 1954.

NAHRGANG, Siegfried

Dr.-Ing., o. Prof. f. Grundgebiete d. Elektro- u. Regelungstechnik (emerit.) - Rosenweg 3, 7500 Karlsruhe 51 (T. 3 26 30) - Geb. 21. März 1908 Karlsruhe (Vater: Carl N.; Mutter: geb. Strecker), verh. 1953 m. Carla, geb. Pilz - Schule u. TH Karlsruhe (Elektrotechnik). Promot. 1937 - Ab 1937 AEG Berlin (Kabelwerk Oberspree), 1941 v. OKM z. Torpedoversuchsanstalt Gotenhafen abkommandiert, 1946-50 Forschungstätigk. Office National d'Etudes et de Recherches Aéronautiques, Toulouse u. Paris, 1950-59 Brown, Boveri & Cie. AG., Mannheim, 1959-73 Ord. u. Inst.sdir. TH bzw. Univ. Karlsruhe. Facharb.

NAHRSTEDT, Wolfgang A.

Dr. phil., Prof. f. Erziehungswiss. Univ. Bielefeld (s. 1971) - Droste-Hülshoff-Str. 39, 4800 Bielefeld 1 - Geb. 2. Aug. 1932 Hamburg, 2 Kd. (Iris, Jan) - Schneiderlehre; Stud. Univ. Hamburg (Päd., Geschichtswiss., Literaturwiss.); Staatsex. 1964; Promot. 1968 - Vors. Kommiss. Freizeitpäd. Dt. Ges. f. Erziehungswiss.; Chairman Beratergr. Ausbildung Europ. Leisure u. Reerealism Ass.; Leit. Inst. f. Freizeitwiss. - BV: D. Entstehung d. Freizeit, 1972; Freizeitpäd., 1974; Freizeitberatung, 1975; Freizeitdienste in d. USA, 1978; D. Freizeitpäd., 1982; Strategien offener Kinderarbeit, 1986; Aktivspielplätze, 1987; Selbstorganisierte Freizeitkultur, 1987.

NAJORK, Peter

Direktor - In der Molzkaute 17, 5910 Kreuztal Kr. Siegen/W. - Geb. 7. Juli 1912 Amsterdam (Niederl.) - S. 1947 Adlerwerke vorm. Heinrich Kleyer AG., Frankfurt/M., Mayfarth AG. ebd. (Kaufm. Dir.), Blefa GmbH. bzw. AG., Kreuztal (1956 ff. Geschäftsf. bzw. Vorstandsmitgl.).

NAKHOSTEEN, John Alexander

Dr. med. habil., Privatdoz., Internist, Pnemol., Allergol., Chefarzt Augusta Krankenanstalt, Akad. Lehrkrankenhaus - Bergstr. 26, 4630 Bochum - Geb. 3. März 1937 Isfahan/Iran (Staatsangeh.: USA), angl., verh. s. 1968 m. Gabriele, geb. Krebs, 3 Kd. - 1959 Claremont College, California, Bachelor of Arts polit. Wiss.; 1970 med. Staatsex. Univ. Köln; 1975 Promot. ebd.; Habil. 1981 Essen - 1981 Doz. med. Fak. Univ. Essen; 1982 Gastprof. Univ. Calif. San Diego (Med. Fak.); 1983 Chefarzt, Abt. f. Pneumol. Augusta Krkhs. - Erf.: Scopin Übungsphantom f. Bronchoskopie - BV: Fiberbronchoskopie: E. Einf., 1978; Bronchology: Research, Diagnosis, Meth., Martinus Nithof, Den Haag, 1981; Atlas u. Lehrb. d. flexiblen Bronchoskopie, 1983; Current Pulmonology, 1986 - Üb. 50 Facharb.; 3 Filme - Liebh.: Musik, Langlauf (1984 London Marathon) - Spr.: Engl., Franz., Span.

NAKONZ, Christian
Botschafter d. Bundesrep. Deutschl. in Monrovia, Liberia (s. 1986) - Zu erreichen üb. Postf. 1500, 5300 Bonn 1 - Geb. 28. Dez. 1936 Berlin (Vater: Rudolf N., Meteorologe, vermißt 1941; Mutter: Edith, geb. Potratz † 1975), verh. 1963-81 m. Elisabeth, geb. Albrecht, 3 Kd. (Elisabeth, Karolin, Johannes), s. 1983 m. Dr. Regula, geb. Frey, S. Jonas - Friedrich-Engels-Sch. Berlin/Rdf. (dazw. 1953-54 USA-Aufenth.; Abit. 1956); 1956-60 Stud. Rechtswiss. Berlin (FU) u. Freiburg (I. Staatsex.). 1961/62 Stip. Thyssen-Stiftg. Freiburg (Inst. f. Kriminol. u. Strafvollzugskd.); 1962 Carl Duisberg-Ges. Stuttgart u. Köln; 1965/66 Dt. Inst. f. Entw.politik Berlin; s. 1966 AA (u. a. Kairo, Islamabad); 1974 Pers. Ref. StS Günter Gaus, StäV Berlin (Ost); 1978 Botsch. Cotonou; 1980 Bundeskanzleramt Bonn; 1982 Botsch. Freetown; 1986 Botsch. Monrovia.

NANNEN, Henri
Publizist, Gründer d. Stern, Begr. Stiftung Henri Nannen, Emden (Kunsthalle m. Werken d. 20. Jh.) - Hinter dem Rahmen 13, 2970 Emden - Geb. 25. Dez. 1913 Emden (Vater: Klaas N.; Mutter: Elise, geb. Buitenduif), verh. s. 1947 m. Martha, geb. Kimm, S. Christian - Univ. München (Kunstgesch. b. Pinder) - Ab 1937 Schriftl. Ztschr. Kunst (München), 1940-45 Wehrdst. (Luftw.), 1946-49 Herausg. u. Chefredakt. Hannoversche Neueste Nachr. (b. 1947) u. Abendpost (Hannover). Von 1948-83 Chefredakteur bzw. Herausg. (1981) d. Stern, b. 1969 eig. Verlag (Vg. Henri Nannen GmbH., Hamburg) - BV: Glanz v. Innen, 1943; Kl. Musikbrevier, 1943 - 1962 Ehrenbürger fränk. Gde. Volkach (f. Wiederbeschaff. Madonna im Rosenkranz); BVK I. Kl.; Komturkreuz Orden f. Verdienste um d. Rep. Italien; 1971 ZDF-Verdienstmed.; 1983 Gründ. Stiftg. Henri Nannen z. Bau d. Kunsthalle in Emden (Eröffnung Okt. 1986); 1989 Ehrenbürger d. Stadt Emden, Gr. BVK - Spr.: Engl., Holl., Ital.

NANZ, Claus Ernest
Dr. rer. oec., Dipl. rer. pol., Managementberater - Landhaus Valbrava, 8986 Mittelberg - Geb. 14. Juni 1934 Stuttgart - Stud. Wirtschaftswiss. Univ. Frankfurt, Promot. Univ. Mannheim - Geschäftsf. u. AR in dt. Großuntern.; s. 1976 Inh. Eurofound Intern. Management Consultants - BV: Fluktuation: D. Probl. u. betriebl. Maßn. s. Minderung - Preis d. Univ. Mannheim u. d. Rhein-Main-IHK f. d. beste wiss. Arb. d. Univ.-Jahres 1960 - Liebh.: Bergwandern, Ski- u. Wassersport, wiss. Reisen - Spr.: Engl., Franz., Ital., Span.

NAOUM, Jusuf
Freier Schriftsteller - Kreuzweg 2d, 6272 Niedernhausen - Geb. 25. Febr. 1941 (Vater: Amine N., Schriftst., Phil.), led. - Masseur; staatl. Prüf. z. med. Bademeister 1979 Berlin - 1982-87 Vorst.-Mitgl. VS Hessen - BV: Orient. Kaffeehausgesch., 1987; D. Scharfschütze, 1988; D. Rote Hahn, 1989; Kaktusfeigen, 1989. Karakus u. a. Märchen - Liebh.: Reisen, Sport - Spr.: Arab., Dt., Franz. - Bek. Vorf.: Kapitän Ibrahim Naoum, hohe Ausz. durch Napoleon III (Großv.).

NAPP, Johann-Heinrich
Dr. med., Prof., Chefarzt Frauenklinik Alfried Krupp Krankenhaus - Weg zur Platte 52, 4300 Essen (T. 42 03 05) - Geb. 24. Jan. 1920 Hamburg, verh. m. Gesa, geb. Blohm († 1973), 2 Kd. (Hendrik, Manfred), Wiederheirat 1975 m. Dr. med. Barbara, geb. Fließbach - S. 1955 (Habil.) Privatdoz. u. apl. Prof. (1961) Univ. Hamburg (u. a. Oberarzt Frauenklin.). üb. 40 Fachveröff. - 1955 Martini-Preis; 1963 Ehrenmitgl. Assoc. Venezolana para el avance de Ciencia, Caracas - Spr.: Engl. - Rotarier.

NAPP-ZINN, Klaus
Dr. rer. nat., Prof. f. Botanik, Univ. Köln - Gyrhofstr. 15, 5000 Köln 41 - Geb. 26. Juli 1927 Köln (Vater: Prof. Dr. rer. pol. Anton Felix N.-Z., Ord. f. Volksw.lehre Univ. Mainz u. Frankfurt/M. † 1965 (v. XIV. Ausg.); Mutter: Irmgard, geb. Eller), ev., 5 Kd. (Hans-Georg, Christoph, Winfried, Elisabeth, Hellmut) - Univ. Köln u. Mainz (Naturwiss., Geogr.). Promot. 1950 Mainz; Habil. 1956 Tübingen - S. 1957 Lehrtätigk. Univ. Köln (1963 Prof. Botan. Inst.). 1964-68 Gastprof. Univ. Grenoble. Spez. Arbeitsgeb.: Entwicklungsphysiol., Anat., Morphol., Systemat. u. Genetik v. Pflanzen - BV: Beitr. z. Anat. u. Morphol. d. Involucral- u. Spreublätter d. Compositen, 1956; Mißbild. im Pflanzenreich, 1959; Anat. d. Blattes, 5 Bde. 1966/88; Vergleichend-anatom. Unters. a. petaloiden Hochblättern I, II, 1978/79. Ca. 90 Beitr. in Fachztschr. u. Sammelwerken - Spr.: Engl., Franz., Span.

NARHOLZ, Gerhard
Komponist, Dirigent, Musikverleger und -prod. - Schleibinger Str. 10, 8000 München 80 - Geb. 9. Juni 1937 Vöcklabruck/Österr. (Vater: Leopold N., Keramikfabr.; Mutter: Maria, geb. Willingstorfer), kath., verh. s. 1965 m. Rotheide, geb. Pehofer, 3 Söhne (Christoph, Gregor, Robert) - Musikakad. (Kompos.) u. Univ. Wien (Päd., Musikwiss.) - Gründ. Musikverl. SONOTON (1965) u. SONOTON Recorded Music Library (größtes Dt. Musikarch. m. üb. 20.000 Musikw.). Mehr als 1000 Kompos. (Tanz-, Unterhaltungs-, Film-, Fernsehmusiken) - U.a. 1971 Three Star Award BBC London - Spr.: Engl.

NARR, Karl J.
Dr. phil., o. Prof. f. Ur- u. Frühgeschichte - Nerzweg 48, 4400 Münster/W. (T. 24 81 18) - Geb. 9. Juni 1921 Düsseldorf (Vater: Otto N., Kaufm.; Mutter: Gertrud, geb. Busch), kath., verh. s. 1952 m. Therese, geb. Pelzer, 2 Kd. (Angelika, Thomas) - Hohenzollern-Gymn. Düsseldorf; 1940 u. 1946-50 Univ. Bonn. Promot. 1950 Bonn; Habil. 1959 Göttingen - S. 1959 Lehrtätigk. Univ. Göttingen (zul. apl. Prof.) u. Münster (1965 Ord., 1965-86 Dir. Sem. f. Ur- u. Frühgesch. u. Inst. f. Frühmittelalterforsch.). Emerit. 1986. 1952 Stip. Dt. Forschungsgem. Spez. Arbeitsgeb.: Steinzeit u. Grenzbereiche der prähistorischen Archäologie - BV: Die vor- u. frühgeschichtl. Besiedl. d. Berg. Landes, 1954 (m. U. Marschall u. R. v. Uslar); D. Rhein. Jungpaläolithikum, 1955; Deutschland in ur- u. frühgesch. Zeit, 1957; Urgesch. d. Kultur, 1961 (auch franz. u. niederl.); Kultur, Umwelt u. Leiblichkeit d. Eiszeitmenschen, 1963; Studien z. Älteren u. Mittleren Steinzeit d. Niederen Lande, 1968; Zeitmaße in d. Urgesch., 1978. Herausg.: Handb. d. Urgesch. (1966/74), Münstersche Beitr. z. Ur- u. Frühgesch. (1967-83). Mithrsg.: Studien aus Alteuropa (1964), Münstersche Mittelalterschr. (1970ff.), Saeculum Jahrb. f. Universalgesch. (1972ff.) - 1966 o. Mitgl. Dt. Archäol. Inst. (vorh. (1954) korr.); 1960 Mitgl. Current Anthropol., 1969-89 Röm.-German. Kommiss. DAI, 1972 Inst. f. Interdisziplinäre Forschung Görres-Ges., 1973 Inst. f. Histor. Anthropol., 1976 o. Mitgl. Rhein.-Westf. Akad. d. Wiss., Mitgl. Altertumskomm. f. Westf., 1980-89 Komm. f. Allg. u. Vergleich. Archäol. DAI - Lit.: J. Filip, Enzyklopäd. Handb. z. Ur- u. Frühgesch. Europas II. 1969; Jahrb. 1976 Rhein.-Westf. Akad. d. Wiss. 1977 - Spr.: Franz., Engl.

NARTEN, Johanna
Dr. phil., Prof., Sprachwissenschaftlerin - Robert-Koch-Str. 9, 8525 Uttenreuth - Geb. 5. Okt. 1930 Hannover - Promot. 1961; Habil. 1971 - S. 1971 Lehrtätigk. Univ. Erlangen-Nürnberg (1973 Wiss. Rätin; 1978 ao. Prof. f. Vergl. Indogerman. Sprachwiss.) - BV: Sigmat. Aoriste im Veda, 1964; Ameša Spentas im Avesta, 1982; D. Yasna Haptanhāiti, 1986. Rd. 30 Fachaufs.

NARZI, Werner
Staatsrat Behörde f. Wirtschaft, Verkehr u. Landwirtschaft Fr. u. Hansestadt Hamburg - Alter Steinweg 4, 2000 Hamburg 11 (T. 34 91 21).

NARZISS (ß), Ludwig
Dr. agr., o. Prof. f. Chem. Technologie, Direktor Inst. f. Brauereitechnol. I u. Bayer. Versuchs- u. Lehrbrauerei Weihenstephan TH bzw. TU München/Fak. f. Brauwesen (s. 1964) - Weldenstr. 11, 8050 Freising/Obb. (T. 32 38) - Geb. 30. Sept. 1925 München (Vater: Ludwig N., stv. Brauereidir.; Mutter: Therese, geb. Forster), kath., verh. s. 1951 m. Dorothea, geb. Leistle, 2 Töcht. (Gisela, Eva-Maria) - Dürer-Oberrealsch. Nürnberg (Abit. 1943); Hochsch. f. Wirtschafts- u. Sozialwiss. ebd. (1948) u. TH München/Fak. f. Brauwesen (1948-51; Dipl.-Brauereiing.). Promot. 1956 - 1958-64 I. Braumeister Löwenbräu, München. Div. Mitgliedsch., dar. Brit. Inst. of Brewing, American Soc. of Brewing Chemists, Master Brewers Assoc. of America - Spr.: Engl.

NASEMANN, Theodor
Dr. med., o. Prof. f. Dermatologie - Martinistr. 52, 2000 Hamburg 20 - Geb. 30. Juni 1923 Hamburg (Vater: Theodor N., Kaufm.; Mutter: Luise, geb. Thiessen), ev., verh. s. 1954 m. Brigitte, geb. Wierig, 4 Kd. (Gabriele, Joachim, Susanne, Dorothee) - Obersch. u. Univ. Hamburg (Med.). Promot. 1950 Hamburg; Habil. 1956 München - S. 1956 Lehrtätigk. Univ. München (1962 apl. Prof.; zul. Ltd. Oberarzt Dermatol. Klinik), Frankfurt (1969 o. Prof. u. Dir. Hautklinik); 1978 o. Prof. u. Dir. Univ.-Hautklinik Hamburg - BV: D. Viruskrankh. d. Haut, 1961; D. Infektionen durch d. Herpes-simplex-Virus, 1965 (Jena); Lehrb. d. Hautkrankheiten u. vener. Infektionen f. Studierende u. Ärzte, 1973; Viruskrankheiten d. Haut, d. Schleimhäute u. d. Genitale, 1974; Histopathol. d. Hautkrankh., 1982. Zahlr. Einzelarb - 1983 Mitgl. Americ. Dermatol. Assoc., 1984 Mitgl. Dt. Akad. d. Naturforscher Leopoldina; korr. u. Ehrenmitgl. Finn., Ital., Schwed., Span., Hondur., Bulg., Poln., Franz., Österr., Israel., Japan., Korean., Griech. Dermatol. Ges. - Sammelt histor. Zinnfiguren - Spr.: Engl.

NASER, Siegfried
Dr., Landrat Kr. Kitzingen (s. 1984) - Landratsamt, 8710 Kitzingen - Geb. 17. Jan. 1951 Iphofen - Zul. Oberregierungsrat. CSU - BV: Jurist. Fachpubl., u.a. Z. Frage d. sog. Demokratisier. d. Bundeswehr - 1978 Preistr. unterfränk. Gedenkjahrstiftg. f. Wiss.

NASS, Rudolf
Dipl.-Ing., Geschäftsführer, Vorst. Rationalisierungskurat. d. dt. Wirtschaft (s. 1978) - Soltauer Str. 43, 3000 Hannover 61 (T. 0511 - 57 57 06) - Geb. 16. Nov. 1921 Hannover (Vater: Wilhelm N., Feinmech.meist.; Mutter: Meta, geb. Isermann), verh. s. 1950 m. Elfriede, geb. Bock, 2 Kd. (Gabriele, Thilo) - 1959-65 Univ. Hannover (Dipl.-Ing. Elektrotechnik) - 1964 Handelsrichter; 1972 Ratsherr; 1973 VR Hann. Hochschulgem. - 1983 BVK - Liebh.: Segeln, Skilaufen, Filmen - 1971 Gold. Sportabz. - Spr.: Engl., Franz.

NASSAUER, Hartmut
Richter a. D., MdL Hessen (s. 1974) - Akazienweg 6, 3549 Wolfhagen (T. 23 66) - Geb. 17. Okt. 1942 - CDU.

NASSENSTEIN, Heinrich
Dr. phil., Prof., Abt.-Direktor Bayer AG, Leverkusen i. R., Leit. Fachbereich Techn. Physik - Hegelstr. 6, 5090 Leverkusen-Steinbüchel (T. 9 26 74) - Geb. 14. Mai 1920 Opladen (Vater: Heinrich N., Reichsbahnbeamter; Mutter: Margarethe, geb. Huettemann), kath., verh. s. 1950 m. Lore, geb. Mersch - Aloysianum Opladen (Abit. 1938); Univ. Köln (Physik, Chemie, Math., Phil.). Promot. (1950) und Habil. (1958) Köln - S. 1951 Bayer. S. 1958 Lehrtätigk. Univ. Köln (1966 apl. Prof. f. Angew. Physik). Zahlr. Fachveröff. - 1956 VDI-Ehrenring - Liebh.: Literatur, Wandern - Spr.: Engl., Franz., Lat., Griech.

NAST, Klaus
Dipl.-Ing., Ltd. Bergdirektor, Leit. Landesbergamt Baden-Württ. - Urachstr. 23, 7800 Freiburg/Br.; priv.: Grunerner Str. 4, 7813 Staufen - Geb. 12. Juni 1934 - Öfftl. best. Sachverst. f. Bergbau u. Rohstoffgewinn.

NAST, Reinhard
Dr.-Ing., em. o. Prof. f. Anorgan. Chemie - Hamburger Str. 49/8, 2057 Reinbek (Tel. 43 21 31 01) - Geb. 19. Jan. 1912 Würzburg - 1949 Privatdoz. TH München, 1954 ao. Prof. Univ. Heidelberg, 1961 o. Prof. Univ. Hamburg (Dir. Chem. Staatsinst. u. Inst. f. Anorgan. u. Angew. Chemie). Fachveröff.

NASTAINCZYK, Wolfgang
Dr. theol., o. Prof. f. Prakt. Theologie (Religionspädagogik u. Katechetik) - Heckenweg 3c, 8400 Regensburg (T. 0941 - 3 12 74) - Geb. 1. Jan. 1932 Leobschütz/OS. (Vater: Dr. Josef N., Oberstudienrat; Mutter: Gertrud, geb. Tenzler); kath. - Phil.-Theol. Hochsch. Königstein, Univ. Freiburg u. Mainz. Promot. 1956 Freiburg; Habil. 1962 Mainz. Priesterweihe 1957. 1957-60 Kaplan; 1960-62 Präfekt; 1962 Privatdoz.; 1964 ao. Prof. PhThH Regensburg; s. 1968 o. Prof. Univ. ebd. - BV: 24 Bücher, zul.: Glauben weitergeben - Glauben entfalten, 1986; zahlr. Aufs. u. Bespr. in Fachztschr., bes. in KatBl - 1984 Päpstl. Ehrenprälat - Spr.: Lat., Griech., Engl., Franz., Russ.

NASTELSKI, Günter
Dr. jur., Vorstand Industrieverwaltungsges. AG, Bonn - Zanderstr. 5, 5300 Bonn 2 (T. 0228 - 84 42 37) - Geb. 15. Dez. 1937 Düsseldorf (Vater: Prof. Dr. Karl N., Senatspräs. b. Bundesgerichtshof; Mutter: Lilli, geb. Korff), ev., verh. s. 1974 m. Hedda, geb. Niemeyer, 2 Kd. (Daniela, Jörg) - Stud. Rechtswiss. Univ. Heidelberg u. Freiburg; Promot. u. 2. Staatsex. 1966 - 1967-72 Tätigk. im Bundesmin. f. Wirtsch.; 1973-77 im Bundesmin. d. Finanzen; s. 1977 Geschäftsführer u. Vorst. Industrieverwaltungsges., Vors. u. Mitgl. mehrerer AR.

NASTOLD, Hans-Joachim
Dr. rer. nat., o. Prof. f. Mathematik u. Direktor Math. Inst. Univ. Münster (s. 1966) - Am Schütthook 75, 4400 Münster (T. 61 53 33) - Geb. 13. Juli 1929, verh. s. 1956 m. Theophila, geb. Kostka, 3 Kd. (Annette, Ingrid, Ulrike).

NATERMANN, Jan
Prof., Konzertpianist - Am Rautenberg 18, 4930 Detmold 14 (T. 4 74 59) - Geb. 25. Nov. 1910 Castrop/W., kath., verh. s. 1942 m. Josefine, geb. Breuer - Gymn. Castrop (Abit.); n. staatl. Privatmusiklehrerprüf. Musik- u. Philologiestud. Köln u. Berlin - 1941-45 Wehrdst. - S. 1946 Doz. u. Prof. (1950) Nordwestd. Musik-Akad., Detmold. Konzertauftreten In- u. Ausl. Gründer Brahms-Klavierquartett u. Trio con flauto - 1974 BVK - Spr.: Franz., Engl.

NATKE, Hans Günther
Dr. rer. nat., Prof. f. Schwingungs- u. Meßkunde Univ. Hannover, Inst.-Dir. - Pyrmonter Str. 51, 3000 Hannover 91 (T. 0511 - 42 37 23) - Geb. 9. Mai 1933 Elbing (Vater: Walter N., Reg.-Amtmann; Mutter: Charlotte, geb. Süß), ev., verh. s. 1957 m. Brigitte, geb. Holk, 4 Kd. (Astrid, Charlotte, Bernd, Ulrich) - Dipl.-Math. 1958 TH Hannover; Promot. 1968 TH München; Habil. 1971 TU Berlin - 1958 Amt f. Bodenforsch. Hannover; 1959-76 Vereinigte Flugtechn. Werke, Bremen; 1976 Ord. Univ. Hannover (Dir. Curt-Risch-Inst. f. Dynamik, Akustik u. Meßtechnik) - BV: Identification of Vibrating Structures, 1982; Einf. in Theorie u. Praxis d. Zeitreihen- u. Modalanalyse, 1983; Structural safety evaluation based on system identification

approaches (m. J.T.P. Yao), 1988; Application of system identification in engineering, 1988; Veröff. in Fachztschr. - O. Mitgl. Braunschweigische Wiss. Ges., Klasse f. Bauwiss.

NATUS, Dietrich
Dr., Vorstandsvorsitzer Metallgesellschaft AG (s. 1984) - Reuterweg 14, 6000 Frankfurt/M. 1.

NAU, Heinz
Dr. phil., Prof. f. Embryo-Toxikologie, Pharmakologie - Hegauer Weg 43, 1000 Berlin 37 - Geb. 10. Mai 1943 Feldkirchen/Österr. (Vater: Walter N., Kaufm.; Mutter: Adele, geb. Dussik), verh. s. 1974 m. Nina, geb. Ness, S. Andreas - Stud. Univ. Innsbruck, Dr. phil. (Chem.) - Research Assoc. (USA), Prof. Inst. Toxikolog. FU Berlin - BV: Role of Pharmakokinetics in Prenatal and Perinatal Medicine, 1978; Pharmakokinetics and Drug Metabolism in Teratogenesis, 1987. Üb. 190 Veröff. in Fachztschr. - Spr.: Engl.

NAU, Philipp
Dr., Ministerialdirektor, Leit. Abt. Straßenverkehr Bundesverkehrsmin. - Godesberger Allee 185, 5300 Bonn; priv.: Philosophenring 94, 5300 Bonn 2 - Geb. 30. Nov. 1930.

NAU, Wilhelm
Altlandrat d. Kreises Garmisch-Partenkirchen - Kochelerstr. 30a, 8110 Murnau a. Staffelsee (T. 08841 - 46 16) - Geb. 14. Juli 1916 Augsburg (Vater: Wilhelm N., Oberingenieur; Mutter: Maria, geb. Schimpfle), kath., verh. s. 1942 m. Liselotte, geb. Witt, 3 Söhne (Gerhard, Wolfgang, Helmut) - Realgymn.; Univ. München u. Heidelberg (Rechtswiss., Volksw.). Gr. jurist. Staatsprüf. - 1951-84 Landratsämter Landsberg (Regierungsrat) u. Garmisch (1958; Oberregierungsrat, 1965 Landrat). Vors. SOS-Kinderdorf. Kreisbeauftr. d. Paneuropa-Union - Mitarb.: Verw.recht in Bayern (1950), Arbeits- u. Wehrdst. CSU - Bayer. VO; 1982 Staatsmed. f. Soz. Verdienste; 1983 BVK; 1984 Bayer. Verdienstmed. in Silber f. Kommunalpolitik - Liebh.: Archäol., Kunstgesch., Bergsteigen, Skifahren - Führte d. Lawinenwarndienst auf d. Zugspitze ein.

NAUBER, Adalbert
Violinvirtuose, Prof. Musikhochsch. Freiburg - Richard-Strauss-Str. 25, 7800 Freiburg/Br.

NAUCKE, Wolfgang
Dr. jur., Prof. Univ. Frankfurt/M. (s. 1971); Richter OLG ebd. - Lärchenweg 6, 6242 Kronberg (T. 06173 - 6 38 96) - Geb. 8. Juni 1933 Carlsfeld (Vater: Dr. med. Hans N.; Mutter: Meta, geb. Hartmann), ev., verh. s. 1964 m. Helga, geb. Saare, 2 Kd. (Jutta, Maria) - Stud. d. Rechtswiss. Univ. Kiel, Lausanne, Glasgow - 1964-71 Prof. Univ. Kiel u. Richter OLG ebd. - BV: Kant u. d. psychol. Zwangstheorie Feuerbachs, 1962; Z. Lehre v. strafb. Betrug, 1964; Üb. d. jurist. Relevanz d. Sozialwiss., 1972; Strafrecht. E. Einf., 1975, 5. A. 1987; Tendenzen d. Strafrechtsentw., 1975; Gutachten f. d. 51. DJT (Ladendiebstahl), 1976; Grundlinien e. rechtsstaatl.-prakt. allgem. Straftatlehre, 1979; Rechtsphil. Grundbegriffe, 1982, 2. A. 1986; D. Wechselwirkung zw. Strafziel u. Verbrechensbegriff, 1985; Versuch üb. d. aktuellen Stil d. Rechts, 1986.

NAUDASCHER, Eduard
Dr.-Ing., o. Prof. u. Direktor Inst. f. Hydromechanik Univ. Karlsruhe (s. 1968) - Haydnstr. 19, 7500 Karlsruhe (T. 0721 - 88 28 63) - Geb. 3. Aug. 1929 Sofia/Bulg. (Vater: Dipl.-Ing. Eduard N.; Mutter: Emma, geb. Pohl), kath., verh. in 2. Ehe s. 1981, 4 Kd. (Eva, Hanno, Angela, Regine) - 1939-44 Dt. Obersch. Sofia, 1946 b. 1948 Lessing-Realgymn. Mannheim; TH Karlsruhe (Bauing.wesen; Dipl.-Ing. 1954). Promot. 1959 - U. a. 1960-68 Assistant u. Associate Prof. Univ. of Iowa, Iowa City (USA). Div. Mitgliedsch. (auch USA). Üb. 120 Fachveröff., dar. Incompressible-Fluid Flow (Handbook of the Engineering Sciences, 1967), Flow-Induced Structural Vibrations, 1974; Practical Experiences with Flow-induced Vibrations, 1980; Hydraulik d. Gerinne u. Gerinnebawerke, 1987 - 1968 Walter L. Huber Civil Engineering Research Prize; 1975 Karl E. Hilgard Hydraulics Prize American Soc. of Civil Engineering; 1987 Hydraulic Structures Medal - Liebh.: Musik (Klavierspiel) - Spr.: Bulg., Engl., Franz.

NAUJOKAT, Dirk
Dipl.-Volksw., Geschäftsführer Verb. f. d. Güternahverkehrsgewerbe, Landesverb. f. d. Verkehrsgewerbe, Hamburg, Verein Hamburger Fuhrherren v. 1885, Verb. d. Hamburger Omnibusgewerbes u. Überwachungsgem. Bauabfalltransport, Hamburg - Himmelmoorchaussee 9, 2085 Quickborn (T. 04106 - 6 75 45) - Geb. 14. Okt. 1943, verh. s. 1973 m. Sybilla, geb. Lund, 2 Kd. (Arne, Susan) - 1965-70 Stud. Volksw. Univ. Hamburg.

NAUJOKS, Eberhard
Dr. phil., Prof., Historiker - Wildermuthstr. 32, 7400 Tübingen (T. 2 41 12) - Geb. 3. Juni 1915 Darmstadt (Vater: August N., Oberstudiendir.; Mutter: Irma, geb. Winkler), ev., verh. s. 1941 m. Margret, geb. Bünding, T. Susanne - 1933-38 Univ. Heidelberg, Berlin, Gießen. Promot. Gießen; Habil. Tübingen - B. 1940 Schuldst., dann Soldat u. 1945-48 sowjet. Kriegsgefangensch., spät. Univ.assist. u. Gymnasiallehrer, b. 1964 Privatdoz., seither apl. Prof. u. Wiss. Rat (1971) Univ. Tübingen (Neuere Gesch.) - BV: D. kath. Arbeiterbeweg. u. d. Sozialismus in d. ersten Jahren d. Bismarckschen Reiches, 1939; Obrigkeitsgedanke, Zunftverfass. u. Reformation - Studien z. Verfassungsgesch. Ulms, Eßlingen u. Schwäb. Gmünds, 1958; Bismarcks ausw. Pressepolitik u. d. Reichsgründ. (1865-71), 1968; D. Franz. Revolution u. Europa, 1969; D. parlamentar. Entstehung d. Reichspressegesetzes in d. Bismarckzeit, 1976; Kaiser Karl V. u. d. Zunftverfassung. Ausgew. Aktenstücke zu d. Verfassungsänderungen in d. oberdt. Reichsstädten (1547-56), 1985 - Spr. (Schrift): Franz., Engl.

NAUJOKS, Rudolf
Dr. med. dent., o. Prof. f. Zahnheilkunde - Maasweg 4a, 8700 Würzburg (T. 7 27 07) - Geb. 24. Juli 1919 - Promot. (1948) u. Habil. (1955) Hamburg - S. 1955 Lehrtätigk. Univ. Hamburg (1961 apl. Prof.) u. Würzburg (1963 Ord. u. Klinikdir.). 1962 Gastprof. Harvard School of Dental Medicine, Boston. Div. Mitgliedsch. Ca. 150 Fachveröff. Spezialgeb.: Kariol., Epidemiol. u. Orale Präventivmed.

NAUL, Roland
Dr. phil., Prof. f. Sportwiss. Essen (s. 1980) - Südostring 24, 4290 Havixbeck (T. priv.: 02507-79 44; dstl.: 0201-183-72 25) - Geb. 26. Nov. 1948 Bocholt, ev., verh. s. 1972 m. Maria, geb. Bruns - Abit. 1968; Stud. Erziehungswiss., Psych., Soziol., Sportwiss. Univ. Münster, Promot. 1978 - 1975-80 Mitarb. Univ. Münster - In- u. ausl. Fachmitgliedschaften - BV: Volleyball-Sekundarstufe II, 1986; Schulturnen u. Körperlichkeit im Kaiserreich, 1985; ca. 60 Fachveröff. - Spr.: Engl., Franz., Niederl.

NAUMANN, Alexander
Dr. phil., Dr. med. h. c., em. Prof. f. Strömungslehre (Gasdynamik, biotechn. Strömungen) - Eginhardstr. 10a, 5100 Aachen (T. 15 25 40) - Geb. 15. Juli 1905 Plauen/V. (Vater: Rudolf N., Kaufm.; Mutter: Frieda, geb. Martini), ev., verh. s. 1939 m. Marianne, geb. Bresgen, S. Dieter (Prof. Univ. Dortmund) - Univ. Leipzig (Promot. 1931), Habil. 1941 TH Aachen. 1942 Doz., 1949 apl. Prof., 1956 Wiss. Rat, 1963 o. Prof. TH Aachen, Dir. Aerodynam. Inst.; emerit. 1973; 1955-66 Dir. Inst. f. Angew. Gasdynamik Dt. Vers.-Anst. f. Luft- u. Raumfahrt; 1956-73 Mitgl. Advisory Group Aerospatial Res. u. Devel. NATO, 1972 Wiss. Beirat Helmholtz-Inst. f. Biomed. Technik; 1956-75 Board of Dir. Kármán-Inst. Fluid Dyn. Brüssel. Mitgl. mehr. Fachkommiss. u. wiss. Ges. - Ca. 120 fachwiss. Veröff. - 1974 Senator ehrenh. TH Aachen, 1970 Rhein.-Westf. Akad. d. Wiss., 1979 Ehrendoktor TH Aachen - Spr.: Engl., Franz. - Festschr. 1975: Sonderh. 22 d. Abhandl. Aerodyn. Inst. Aachen.

NAUMANN, Bernd
Dr. phil., Univ.-Prof. f. Sprachwissenschaft Univ. Erlangen (s. 1983) - Bergstr. 3a, 8523 Baiersdorf (T. 09133 - 34 26) - Geb. 27. Febr. 1938 Hirschfeld/Sa., verh. s. 1968 m. Dr. Ursula, geb. Petry, S. Jakob - Gymn. Weiden; Stud. Univ. Erlangen, Heidelberg, Bristol (German., Angl.); Promot. 1967; Habil. 1982 - 1964-69 wiss. Assist. Univ. Erlangen; 1969-75 Lecturer Univ. College Dublin; 1975-82 wiss. Angest. Univ. Erlangen, s. 1983 Prof. s. o. - BV: Grammatik d. dt. Sprache zwischen 1781 u. 1856. D. Kategorien d. dt. Grammatik in d. Tradition v. J.W. Meiner u. J.Chr. Adelung, 1986; Einf. in d. Wortbildungslehre d. Deutschen, 1986 - 1984 Habil.-Preis Univ. Erlangen/Nürnberg.

NAUMANN, Gottfried
Dr. med., o. Prof. f. Augenheilkunde, Vorstand d. Augenklinik m. Poliklinik Univ. Erlangen-Nürnberg (s. 1980), Direktor Univ.-Augenklinik Tübingen (1975-80) - Schwabach-Anlage 6, 8520 Erlangen (T. 09131 - 85 43 62) - Geb. 25. April 1935 Wiesbaden (Vater: Dr. med. Otto N.; Mutter: Gretel, geb. Füger), ev., verh. s. 1964 m. Dr. med. Liselotte, geb. Müller - 1961-74 Univ.-Augenklinik Hamburg (Prof. Sautter); 1965-66 Armed Forces Inst. of Pathol., Washington/D.C. (Prof. L. E. Zimmermann) - In- u. ausl. Fachmitgl.sch. Fachveröff.: (m. Ko.-Autoren) Pathologie d. Auges, 1980. Herausg.: (m. Gloor) Wundheilung d. Auges u. ihre Komplikationen (1980). Mithrsg.: Klin. Mbl. Augenheilk., Publ. üb. Mikrochirurgie d. Auges u. Ophthalmopathol. - 1970 Konietzny-Preis - Spr.: Engl.

NAUMANN, Hans-Günter
Dipl.-Volksw., Landtagsabgeordneter Bayern (s. 1970) - Säbenerstr. 246, 8000 München 90 (T. München 64 37 82) - Geb. 1935 - SPD (s. 1982 Parteivors. München).

NAUMANN, Hans-Heinz
Dr. med., em. o. Prof. f. Hals-, Nasen- u. Ohrenkrankheiten - Steinkirchnerstr. 12, 8032 Gräfelfing/Obb. (T. München 85 33 24) - Geb. 8. Jan. 1919 Berlin, ev., verh. s. 1946 m. Margrit, geb. Rosenwerth, 2 Kd. (Ulrike, Thomas) - 1939-43 Univ. Leipzig, Würzburg, Freiburg, Frankfurt. Promot. 1943 Frankfurt; Habil. 1951 Würzburg - 1951-61 Privatdoz. u. apl. Prof. (1957) Univ. Würzburg (Oberarzt Klinik f. HNOkranke); s. 1962 Ord. u. Klinikdir. FU Berlin (1968/69 Dekan Med. Fak.) u. Univ. München (1970), 1986 emerit., 1971/72 Präs. Dt. Ges. HNO-Heilkd., Kopf- u. Halschir.; 1972/73 Präs. Dt. Ges. f. Plast. u. Wiederherstellungschir. - BV: D. Mikrozirkulation in d. Nasenschleimhaut, 1961; Kopf- u. Halschir., 4 Bde. 1972/75; Hals-Nasen-Ohren-Heilkd. (m. Becker u. Pfaltz), Lehrb. 1982, auch engl., franz., span. u. ital. Ausg., 3. A. dt. 1986. Zahlr. Einzelveröff. Div. Filme - 1965 Mitgl. Dt. Akad. d. Naturforscher (Leopoldina); Korr. u. Ehrenmitgl. zahlr. ausl. Fachges.; Mitgl. Collegium ORLAS, Präs. 1986/87 - Spr.: Engl., Franz.

NAUMANN, Joachim
Dr., Städt. Museumsdirektor - Schulstr. 4, 4000 Düsseldorf 1 (T. 0211 - 89 42 01) - Geb. 25. Juni 1935 Berlin - Univ. München u. Marburg; Promot. 1972 (German./Europ. Kulturgesch.) - 3 J. wiss. Assist. Univ. Marburg; s. 1972 Museumsberater f. Nordhessen im Auftr. d. Hess. Museumsverb. u. Leit. Abt. Hess. Volkskd. b. d. Staatl. Kunstsamml. Kassel, u. komm. Leit. Abt. Plastik u. Kunsthandw.; s. 1978 stv. Dir. Staatl. Kunstsamml. Kassel u. Dir. Hess. Landesmuseum Kassel; s. 1979 Leit. Hetjens-Museum - Dt. Keramikmuseum Düsseldorf - BV: Meisterwerke hess. Töpferkunst. Wanfrieder Irdenware um 1600, 1974; Hess. Töpferei zw. Spessart, Rhön u. Vogelsberg, 1975; Haubenschachteln. Bemalte Spanschachteln aus Hessen, 1977; Alltag in Hessen - Hist. Belege, 1978; E. Teufelsbuch d. Werraware m. rhein. Ahnen, 1982 - Spr. Dän., Engl.

NAUMANN, Karl-Eduard
Dr.-Ing., Hafenbaudirektor i. R. - Struckholt 7, 2000 Hamburg 63 (T. 59 97 56) - Geb. 5. Sept. 1909 Potsdam (Vater: Prof. Dr. Ernst N., Geologe; Mutter: Gertrud, geb. Paetsch), ev., verh. s. 1939 m. Carmen, geb. Rusitska, T. Susanne Wurm, Fachärztin f. Neurologie - TH Berlin (Dipl.-Ing. 1934). Promot. 1948 Braunschweig. - B. 1945 Kriegsmarine (Marinebaurat); 1946-74 Hafenverwaltung Hamburg (1956 Leit. Hafen-, 1958 Strombauabt., 1961 I. Baudir., 1963 Hafenbaudir.). Ehrenvors. Hafenbautechn. Ges. Hamburg; Mitgl. Intern. Verb. f. Schiffahrtskongresse, Brüssel, Architekten- u. Ing.verein sow. Übersee-Club, beide Hamburg, Dt. Verkehrswiss. Ges. Zahlr. Fachaufs. - Mitgl. Dt. Akad. f. Städtebau u. Landesplanung - Spr.: Engl., Franz. - Bek. Vorf.: Prof. Dr. Ernst N., Univ.smusikdir. u. Komp., 1832-1910 (Großv.); Prof. Dr. Carl Friedrich N., Mineraloge u. Geologe, 1792-1873 (Urgroßv.); Johann Gottlieb N., Hofkapellm. u. Komp., 1741-1801 (Ururgroßv.).

NAUMANN, Michael
Dr. habil., Verlagsleiter Rowohlt-Verlage - Rowohlt Verlag, 2057 Reinbek - Geb. 8. Dez. 1941 Köthen (Vater: Eduard N., RA; Mutter: Ursula, geb. Schönfeld), ev., verh. s. 1969 m. Christa, geb. Wessel, 2 Kd. (Felix, Johanna-Marie) - Stud. Univ. München, Marburg - Assist. Univ. Bochum, 1976-78 Queens College, Oxford - BV: Abbau e. verkehrten Welt: Karl Kraus, 1969; Teheran: E. Revolution wird hingerichtet, 1980; Amerika liegt in Kalifornien, 1983; Strukturwandel d. Heroismus, 1984.

NAUMANN, Peter
Dr. med., o. Prof. f. med. Mikrobiologie u. Virologie - Pigageallee 3a, 4000 Düsseldorf-Benrath - Geb. 28. Juni 1922 Oschatz/Sa. - S. 1960 (Habil.) Lehrtätigk. Univ. Hamburg (1966 apl. Prof.) u. Düsseldorf (1969 o. Prof.). Fachaufs.

NAUMANN, Rudolf
Dr.-Ing., Prof., I. Direktor Dt. Archäol. Inst. i. R. - Siegelhäuserstr. 12, 7151 Affalterbach - Geb. 18. Juli 1910 Fichtenau b. Berlin (Vater: Arndt N., Oberingenieur; Mutter: Jenny, geb. Porzig), protest., verh. s. 1949 m. Elisabeth, geb. Stöffler - Oberrealsch. Waldenburg/Schles.; TH Berlin (Promot. 1935). Habil. 1948 Hannover - 1937-43 Wiss. Ref. DAI/Abt. Istanbul; 1949-54 Doz. u. apl. Prof. f. Allg. Baugesch. (1953) TH Hannover; 1954 b. 1960 II. Dir. DAI/Abt. Rom, 1961-75 I. Dir. DAI/Abt. Istanbul. Ausgrabungen: Syrien, Türkei, Italien, Persien - BV: D. Quellbezirk v. Nimes, in: Denkmäler antiker Arch., Bd. 4, 1937; Forsch. in Kommagene, Istanbul-Forsch., Bd. 10, 1939 (m. F. K. Dörner); Yazilikaya, Felsbilder/Arch./Kleinfunde, Wiss. Veröff. Dt. Orient-Ges., Bd. 61 (m. K. Bittel u. H. Otto); D. Hethiter, Kunstw. aus Berliner Samml., III, 18 1948; Bogazköy-Hattuscha, Wiss. Veröff. DOG, Bd. 63, 1952 (m. K. Bittel); Arch. Kleinasiens v. ihren Anfängen b. z. Ende d. hethit. Zeit, 2. A. 1971; Palinuro, Ergebnisse d. Ausgrab., 2 Bde. 1958/60; Takht-i-Suleiman, Teheran-Forsch., Bd. 1, 1960; D. Euphemia-Kirche am Hippodrom zu Istanbul u. ihre Fresken, Ist.-Forsch., Bd. 25, 1965 (m. H. Belting); D. Rundbau in Aezani m. d. Preisedikt d. Diokletian, Ist.-Mitt., Bd. 10, 1973; D.

NAUMANN, Walter
Dr. med., Prof., Röntgenologe - Martin-Luther-Anlage 8, 6450 Hanau/M. (T. 2 83 38) - Geb. 8. Nov. 1905 Geyer/Erzgeb. - Zul. Chefarzt Röntgenabt. Stadtkrkhs. Hanau (i. R.). S. 1946 (Habil.) Lehrtätig. Univ. Göttingen (1952 apl. Prof. f. Röntgenol. u. Inn. Med.) - BV: Funktionelle Dünndarmdiagnostik im Röntgenbild, 1948. Üb. 40 Einzelarb. - Rotarier.

NAUMANN, Walter
Dr. phil., o. Prof. f. Vergl. Literaturwissenschaft TH Darmstadt (s. 1962) - Schwambstr. 25, 6100 Darmstadt - Geb. 3. Nov. 1910 Aussig/Böhmen (Vater: Martin N., Ingenieur; Mutter: Luise, geb. Nowitzky), ev., verh. s. 1941 m. Hanna, geb. Jacobsohn, 3 Kd. (Ruth, Andreas, Naomi), gesch., wiederverh. s. 1975 m. Elfriede, geb. Neubuhr, 2 Kd. (Anne, Matthias) - Gymn. Hirschberg/Schles.; Stud. Roman. Philol., German., Angl. Univ. Marburg, München, Dijon, Bonn. Promot. 1935 Bonn - 1935-38 Dt. Lektor Toulouse u. Paris (1937); 1939-62 Dozent u. Prof. (zuerst f. Franz., dann f. Neuere dt. Lit.gesch.) USA (McPherson College, Kansas; 1943 Univ. of Michigan; 1945 Oberlin College; 1947 Univ. of Wisconsin; 1955 Ohio Univ.; 1957 Ohio State Univ.), 1951 u. 62 Guggenheim Fellow - BV: D. Sprachgebrauch Mallarmé's, 1936; Grillparzer - D. dichter. Werk, 1956; Traum u. Tradition in d. dt. Lyrik, 1966; Hofmannsthal - D. jüngste dt. Klassiker, 1967; D. Dramen Shakespeares, 1978 - Liebh.: Kunstgesch., Spr.: Engl., Franz. - Bek. Vorf.: Friedrich N. (Onkel).

NAUMANN, Wolf-Dietrich
Dr. agr., Prof. Inst. f. Obstbau u. Baumschule Univ. Hannover (s. 1966) - Haus Steinberg, 3203 Sarstedt (T. 05066-82 61 14); priv.: Bergfeldstr. 38, 3201 Diekholzen 2 (T. 05121 - 26 36 35) - Geb. 23. Aug. 1925.

NAUMANN, Wolfram
Dr. phil., o. Prof. f. Japanologie - Kaulbachstr. 51 a, 8000 München 22; priv.: Im Brühl 19, 7811 Sulzburg - Geb. 1931 - Oberrealsch. Mühldorf/Inn; Univ. München (Rechtswiss., Japanol.). I. Jurist. Staatsex. 1955, Promot. 1960, Habil. 1964 (alles München) - 1964-68 Doz. Univ. Münster; 1968-69 Wiss. Rat Univ. Freiburg; s. 1969 o. Prof. Univ. München. Fachveröff.

NAUMANN ZU KÖNIGSBRÜCK, Clas-Michael

Dr. rer. nat. habil., Prof., Hochschullehrer, Zoologe - Am Rehwinkel 15, 4800 Bielefeld 1 (T. 0521 - 10 44 20) - Geb. 26. Juni 1939 Dresden, ev., verh. s. 1974 m. Dr. Storai N.z.K.-Nawabi, 2 Kd. (Alexander, Roxana) - Stud. Biol., Chemie, Paläontol. Univ. Tübingen u. Bonn; Promot. 1970 Bonn; Habil. 1977 München - 1970-72 Doz. f. Zoologie Univ. Kabul/Afghanistan; 1973/74 Assist. Univ. Bonn, 1975-77 Assist. Univ. München; 1977 Univ.-Prof. Univ. Bielefeld (Fak. f. Biol.); 1988 Berufung an Univ. Bonn, zugl. Dir. Zoolog. Forsch.inst. u. Museum Alexander Koenig, Bonn. 1982 Gastprof. Univ. Moskau; 1987 visiting prof. Univ. Kyoto - BV: Untersuchungen z. Phylogenie u. Systematik d. holarktischen Sesiiden, 1971; D. Kirghisen d. afghanischen Pamir (m. R. Dor), 1978; Zygaena-purpuralis-Komplex, 1983; Verbreitungsatlas Gatg. Zygaena, 1984 - Liebh.: Ethnol., Ergologie, Zentralasien-Kunde, Gesch. - Spr.: Engl., Franz., Türkisch, Persisch - Bek. Vorf.: Bruno N.z.K., Gründer Fa. Seidel + Naumann, Dresden (Ur-Ur-Großv.).

NAUMER, Hans

Prof. Univ. Tübingen, Studiendirektor - Peter Cornelius-Str. 6/1, 7410 Reutlingen 1 (T. 07121 - 1 72 54) - Geb. 10. April 1926 Neustadt/Weinstr. (Vater: Georg N., Mutter: Luise, geb. Haubold), ev., verh. s. 1952 m. Sigrid, geb. Ehmann, T. Regina - Oberrealsch. Neustadt; 1946-51 Stud. Lehramt Univ. Mainz, 1. u. 2. Staatsex. - Fachlehrer f. Chemie; s. 1964 stv. Schulleit. Friedr. List-Gymn. Reutlingen; s. 1969 Lehrbeauftr. Univ. Tübingen. 1975-80 Moderator (Fach Chemie) Kultusmin. Baden-Württ.; Vors. bzw. Mitgl. versch. Prüfungskommiss. - BV: Naumer-Löhr, Chemie in Frage u. Antwort (m. Löhr, 2 Bde.), 1974; Untersuchungsverfahren in d. Chemie (m. Heller), 1986. Zahlr. Art. in Fachztschr. - 1981 Elected Member of the New York Acad. of Sciences; 1984 Hon.-Prof. (Did. u. Meth. d. Chemie) Univ. Tübingen - Liebh.: Lesen, Musik, Sport-Wandern - Spr.: Engl.

NAUNIN, Dietrich
Dr.-Ing., Prof. f. Elektronik TU Berlin - Inst. f. Elektronik, TU Berlin, Einsteinufer 17, 1000 Berlin 10 - Geb. 2. Nov. 1937 Münster (Vater: Dr. Helmut N., 1. Landesrat; Mutter: Dr. Gisela, geb. Güldner), ev., verh. s. 1968 m. Mirja, geb. Turtola, 2 Kd. (Martti, Marja) - Abit. 1957; Dipl.-Ing. 1963 Aachen, Promot. 1968 Berlin, Habil. 1971 - S. 1972 Prof. TU Berlin u. Mitarb. AEG; s. 1987 Präs. DGES (Dt. Ges. f. Elektr. Straßenfahrzeuge) - BV: Einf. in d. Netzwerktheorie, 1976; Elektr. Straßenfahrzeuge, 1989. Herausg. wiss. Buchreihe: Electrical Energy Systems and Engineering - Spr.: Engl., Franz.

NAURATH, Bruno
Dr.-Ing., Prof., Ltd. Regierungsvermessungsdirektor a. D. - Gottfried-Kinkel-Str. 11, 5350 Euskirchen/Rhld. - Geb. 20. Okt. 1911 Elberfeld, kath., verh. m. Rosemarie, geb. Lugan, 2 Kd. (Bruno, Rosemarie) - Realgymn. Elberfeld; 1930-33 Univ. Bonn. Ass.ex. 1937 1937-51 u. s. 1953 Amt f. Flurbereinigung Euskirchen; dazw. 1951-52 Bundeslandw.min. S. 1953 Lehrbeauftr. u. Honorarprof. (1966) Univ. Bonn (Flurbereinigung u. ländl. Siedlung - BV: Flurbereinigungsverfahren in d. Ländern d. BRD, 1954 (m. Rauhut); D. Aussiedlung im Flurbereinigungsverf., 1958.

NAVE-HERZ, Rosemarie,
geb. Herz
Dr., Dipl.-Hdl., o. Prof. f. Soziol. Univ. Oldenburg (s. 1975), wiss. Leit. Inst. Frau u. Ges. Hannover - Quellenweg 18, 2900 Oldenburg (T. 7 41 10) - Geb. 21. März 1935 Berlin (Eltern: Ehel. Armin, Bundesbahnrat, u. Margarete H.), ev., verh. s. 1957 m. Heino N., 2 Kd. (Klaus-Armin, Rosegret) - Stud. Univ. Köln, Promot. 1963 - 1965 b. 1967 wiss. Mitarb. Inst. f. Bildungsforsch. MPG, Berlin; 1967-71 Doz. PH Nieders.; 1971-75 o. Prof. PH Rhld., Abt. Köln; Mitgl. d. Wiss. Beirat f. Familienfragen d. BMJFFG. Fachmitgl.sch. - BV: Vorberufl. Unterr. in Europa u. Nordamerika, 1966; Modelle z. Arbeitslehre, 1971; D. Dilemma d. Frau in uns. Ges., 2. A. 1975; Beruf - Freizeit - Weiterbildung, 1976; D. Rolle d. Lehrers, 1977; Familie u. Freizeit, e. empirische Studie, 1978; D. Gesch. d. Frauenbeweg. in Deutschl., 1982; Kinderlose Ehen, 1988. Herausg.: Erwachsenensozialisation (1981); Wandel u. Kontinuität d. Familie in d. BRD (1988) - Spr.: Engl.

NAWRATH, Günter
Dipl.-Kfm., Kaufmann - Wandsbeker Str. 3-7, 2000 Hamburg 71 - Geb. 28. Mai 1924 Berlin - B. 1966 Finanzchef Rheinstahl Henschel, Kassel (6 J.), dann Vorst.- bzw. AR-Vors. (1981) Otto Versand, Hamburg. Div. AR-Mand.

NAWRATH, Karl
Dr. med. dent., o. Prof. f. Kieferorthopädie - Beuthener Str. 1, 6500 Mainz (T. 8 60 41) - Geb. 30. Jan. 1908 Beuthen/OS. - S. 1960 (Habil.) Lehrtätig. Univ. Mainz (1970 Ord.). Üb. 40 Fachaufs.

NAWROCKI, Joachim
Journalist - Pacelliallee 29a, 1000 Berlin 33 (T. 832 53 39) - Geb. 23. Mai 1934 Berlin (Vater: Paul N., Kaufm.; Mutter: Erna, geb. Rebling), ev., 2 Söhne (Jan, Jörg) - Askan. Obersch. u. Freie Univ. Berlin (Volksw., Publiz., Phil.) - S. 1959 Korresp. Tagesspiegel, Dt. Ztg. (1962), FAZ (1964), Die Zeit (1969) - BV: D. geplante Wunder - Leben u. Wirtschaften im anderen Deutschland, 1967; Brennpunkt Berlin - Polit. u. wirtschaftl. Realitäten, 1971; Komplott d. ehrbaren Konzerne - Marktmanipulationen, Wettbewerbsverzerrungen, Preisdiktate, 1974; Bewaffnete Organe in d. DDR, 1979; Merian-Reisef. Berlin, 1981; D. Beziehungen zw. d. beiden Staaten in Dtschl., 1986; Berlin - Stadtansichten, 1986 (Hrsg.); Besser reisen in Berlin, 1989 - 1966 Theodor-Wolff-Preis; 1974 BVK - Liebh.: Musik, mod. Kunst - Spr.: Engl.

NAYHAUSS-CORMONS (ß), Graf von, Mainhardt

Journalist - Rodderbergstr. 91, 5300 Bonn 1 (T. 0228 - 34 40 76) - Geb. 1. Juli 1926 Berlin (Vater: Stanislaus N.-C., Offz. [1933 in Gestapo-Haft umgekommen]; Mutter: Erika, geb. v. Mosengeil), verh. s. 1966 m. Sabine, geb. Beierlein, 2 Töcht. (Tatjana, Tamara) - Kriegsabit.; nach Wehrdienst 1947-48 Volont. Nachrichten f. Außenhandel - 1948-55 Presseattaché Schwed. Generalkonsulat Berlin (1951-52 gleichz. Redakt. Rias); Bonner Korresp.: 1956-58 D. Spiegel, 1958-60 Stern, 1963-66 Quick; 1967-72 Redakt. Jasmin; 1972-76 Chefredakt. z.b.V. u. Bonner Repräs. Verlag Gruner & Jahr; 1974-78 Bonner Korresp. Wirtschaftswoche; 1975-81 Kolumnist Welt u. Welt a. Sonntag; jetzt Kolumnist Bild-Ztg. u. Quick-Serien-Autor - BV: Endlich Frieden, 1985; Bonn vertraulich, 1986; Zu Gast bei, 1986; Helmut Schmidt - Mensch u. Macher, 1988 - BVK I. Kl. - Liebh.: Mod. Sprachen, Sport, Bücher - Spr.: Engl., Franz. - Bek. Vorf.: Julius N., Mitbegr. Zentrumspartei, Mitgl. d. Reichstages (Großv.).

NAZARETH, Daniel
Dirigent - Prentelweg 7, 8000 München 60 - Geb. 8. Juni 1948 Bombay (Vater: Edgar N., Rhetorikprof.; Mutter: Enid, geb. Pereira), kath., verh. s. 1988 m. Wiebke, geb. Küster - Ab 1964 Wirtsch.-Stud. Univ. Bombay (Bachelor's degree 1968) u. Musik-Stud. (Klavier u. Theorie; Licentiate 1969 Royal Schools of Music London); ab 1972 Stud. Kompos. u. Dirig. Hochsch. f. Musik u. Darst. Kunst Wien (Dipl. Dirig.) - Klavierkonz., Dirig. Bombay Chamber Orch.; ab 1975 Dirig.-Assist. Wiener Musikverein; 1976 Boston Symph.-Orch.; 1977 Opern-Debut Spoleto/Italien (neue Prod. v. Mozarts Cosi fan Tutte); Gastdirig. in Aufn.-Studios u. Konz.sälen gr. europ. Orch.; 1982-85 Chefdirig. Symph. Orch. Berlin; s. 1988 Chefdirig. Teatro San Carlo, Napoli/Italia - 1969 Sir Adrian Boult Cup; 1974 Preis Malko Intern. Dirig.-Wettb. Kopenhagen; 1976 Koussevitsky Music Foundation Conductors Award; 1978 1. Pl. Intern. Ernest Ansermet Dirig.-Wettb. Genf - Spr.: Engl., Deutsch, Hindi, Ital.

NEBE, Gerhard
Dr.-Ing., Dipl.-Ing., Geschäftsführer Pohlschröder GmbH. & Co. KG. - Nerzweg 8, 4600 Dortmund 30 (T. 48 10 72) - Geb. 20. Jan. 1932 Fischau/Westpr., ev., verh. s. 1962 m. Sigrid, geb. Hennings, 3 Kd. (Angela, Christina, Hartmut) - Werkzeugmacherl.; Meisterprüf.; Staatl. Ing.-Schule Hagen/Iserlohn, TH Aachen. S. 1952 Ind.tätig. (Betriebsing., Konstruktions- u. Techn. Leit., Techn. Geschäftsf.). - 1965 Borchers-Plak. TH Aachen, 1972 Gold. Sportabz. (11 mal) - Liebh.: Jazz, Hobby-Malerei - Spr.: Engl.

NEBEL, Gerd
Dipl.-Ing., Präsident Oberpostdirektion a. D. Hamburg (1969-75) - Reichskanzlerstr. 38, 2000 Hamburg 52 (T. 80 25 35) - Geb. 2. Nov. 1910 Warstade/Hemmoor, ev., verh. s. 1959 m. Rosl, geb. Reuther, 2 Kd. (Margit, Wolfram) - Realgymn. Nienburg/Weser; TH Hannover u. Danzig (Maschinenwesen, Elektrotechnik). Dipl.-Ing. 1935 - S. 1939 Postdst. (Reichspostdir. Oldenburg, Bundespostdir. Bremen, Köln, Saarbrücken, Hannover) - Kriegsausz.; 1970 BVK I. Kl. - Gold. Sportabz. - Spr.: Engl., Franz.

NEBEL, Hans
Staatssekretär a. D. Wirtschafts- u. Verkehrsmin. v. Schles.-Holst. (1971-83) - Hohrott 7, 2305 Heikenhof (T. Kiel 24 22 90) - Geb. 16. Juni 1918 Hannover, ev., verh. s. 1949 m. Ingeborg, geb. Herrmann, 3 Kd. (Hans-Joachim, Ingo, Andreas) - Univ. Göttingen (Rechts- u. Staatswiss.) - Zul. Staatssekr. Nieders. Wirtschafts- u. Verkehrsmin. - Spr.: Engl. - Rotarier.

NEBELUNG, Dietrich
Dr. jur. - Limastraße 12, 1000 Berlin 37 (T. 84 31 79) - Geb. 13. Jan. 1921 Preuß. Holland/Ostpr. - B. 1969 Dresdner Bank AG., Frankfurt/M. (Dir.), dann Berliner Bank AG (Vorstandsmitgl.). ARsmandate.

NEBELUNG, Günter

Dr. jur., Oberregierungsrat, a. D. - Römerfeld 5, 5067 Bergisch Gladbach (T. 02202-5 37 29) - Geb. 7. April 1906 Stettin (Vater: Max N.; Mutter: Erna, geb. Hellwich), verh. s. 1938 m. Käte, geb. Bäumler, 4 Kd. - 1946-50 Dir. Braunschweig. Landes-Brandversicherungsanstalt; 1951-71 gf. Präsidialmitgl. Gesamtverb. d. Versich.swirtsch. - 1973 BVK I. Kl.

NEBENTHAL, Lutz D.

Pressechef Dt. Leichtathl.-Verb. - E.-Pasque-Str. 15, 6146 Alsbach (T. 06257 - 34 82) - Geb. 25. Jan. 1939 Braunschweig, verh., 1 Kd. - Stud. German. - Pressechef intern. Sport-Großveranst. Zahlr. Sportb. (Autor u. Mitautor) - 1977 Preis f. beste Pressearb. Weltsport (AIPS) u. 1986 Europa (UEPS) - Spr.: Engl., Franz., Ital.

NEBENZAHL, Itzhak Ernst

Dr. jur., Dr. phil. h.c., Prof., Kanzler (1982-85 Präs.) Jerusalem College of Technology, Vors. öfftl. Kommiss. f. d. Bezüge d. Parlamentsmitgl. (1985/87) - 9 Bate Mahse Street, Jerusalem (T. 27 25 22) - Geb. 24. Okt. 1907 Frankfurt/M. (Vater: Dr. Leopold N., Fabrikant † 1957; Mutter: Betty, geb. Hirsch † 1968), jüd., verh. s. 1933 m. Hildegard, geb. Hollander, 4 Kd. (dar. 2 S.) - Univ. Frankfurt, Berlin, Freiburg (Rechtswiss., Phil., Volksw.) - 1930-32 Assist. Univ. Frankfurt (gegenw. emerit. o. Prof. d. Rechte); 1934-46 Rechtsberat. Jerusalemer Privatbank; ab 1937 Partner Hollander-Konzern (Stockholm, New York, London, Buenos Aires etc.); 1948-50 Dir. Jewish-Agency Abt. f. d. Entwickl. Jerusalem; 1954-61 Mitgl. u. Vors. (1957-61) Rat u. Aussch. Bank of Israel; 1956-61 Mitgl. Direktorium Bank Leumi Le-Israel; 1961-81 Staatskontrolleur u. 1971-81 Kommissar f. Beschw. d. Publikums/ Ombudsman d. Staates Israel; 1982/83 Vors. Reg.kommiss. f. Öl-Energievers.; 1965 in Jerusalem Veranst. u. Präs. d. intern. Kongresses d. obersten Rechnungskontrollbehörden; 1965-68 Vors., b. 1980 Mitgl., Präsidium INTOSAI (Intern. Org. d. Obersten Rechnungskontrollbehörden); 1977-80 Vizepräs. Intern. Ombudsman Steering Committee. Gastgeber d. 1980 in Jerusalem abgehalt. 2. Intern. Ombudsman-Konf.; 1973-75 Mitgl. staatlicher Unters.kommission f. d. Yom-Kipur Krieg - 1952 b. 1962 Königl.-Schwed. Generalkonsul in Israel; Ritter I. Kl. Kgl.-Schwed. Vasa-Orden; 1985 Dr. I. E. Nebenzahl Inst. u. Lehrstuhl f. Qualitätskontrolle u. -sicherung d. ind. Prod. am Jerusalem College of Technol. gegründet - Spr.: Hebr., Engl., Franz., Dt.

NECKER, Tyll

Dipl.-Volksw., Dr. h. c., Fabrikant, Geschäftsf. u. Gesellsch. Hako-Werke GmbH & Co. - AR: KfW, Dt.-Südamerik. Bank, Industriekreditbank; VR Gerling-Konzern; Beraterkreis Deutsche Bank; Präs. d. BDI.

NECKERMANN, Josef

Dr. med. vet. h. c., Vizepräsisent Dt. Reiterl. Vereinig. (FN), Präsidialmitgl. Dt. Olymp.-Komitee f. Reiterei, Versandkfm., Ehrenvors. Stiftung Dt. Sporthilfe - Geleitsstr. 25, 6000 Frankfurt 70 (T. 069 - 61 08 17) - Geb. 5. Juni 1912 Würzburg (Vater: Kohlengroßhdlr.), verh. s. 1934 m. Annemarie, geb. Brückner, 7 Kd. (dav. 4 angenommen) - Lehre Bayer. Hypotheken- u. Wechsel-Bank - Tätigk. In- u. Ausland; s. 1934 selbst.; 1950 Begr. Neckermann Versand KG, Frankfurt/M. (1963 in Neckermann Versand KG a. A. umgewandelt; Grundkap. 122,4 Mill. DM; 34 Waren- u. Kaufhäuser; 1977 fusioniert m. Karstadt AG) - Silb. Lorbeerbl. d. Bundespräs.; 1966 Gold. Band d. Sportpresse - Liebh.: Reitsport (zahlr. Preise b. Springkonkurrenzen; 1960 Bronzemed. d. Olymp. Reiterspiele Rom im Dressurreiten auf Asbach, 1964 Goldmed. Tokio Mannschaftswert. auf Antoinette, 1966 Weltmeister Einzel- u. Mannschaftsw. auf Mariano, 1968 Mexico-City Silbermed. Einzel- u. Goldmed. Mannschaftsw. auf Mariano, 1972 München Silbermed. Mannschafts- u. Bronzemed. Einzelw. auf Venetia), Stiche (Pferde) - 1970 Ehrendoktor Univ. Gießen; 1974 Gr. BVK, 1982 Stern dazu; 1987 Gr. BVK m. Stern u. Schulterbd.; 1987 Reiterkreuz in Gold; 1988 Olympischer Orden - Spr.: Engl. - Rotarier - Lit.: G. F. Moßdorf, J. N. - Olympiasieger u. Weltmeister (1969); Gr. dt. Reiter - Josef N.; FS/ARD: Matthias Walden, Einige Tage im Leben d. J. N. (1972); Zeugen d. Jahrhunderts, ZDF-Serie m. Alfons Spiegel (1985).

NECKERMANN, Peter

Kaufmann, Vizepräs. Nationwide Insurance Comp. Columbus/Ohio (USA) - 246 North High Straat, Columbus/Ohio 43216 - Geb. 26. Okt. 1935 Würzburg (Vater: Josef N., Kaufm. (s. dort); Mutter: Annemarie, geb. Brückner), kath., verh. s. 1960 m. Jutta, geb. Völk, 2 Kd. (Susanne, Christian) - Univ. Frankfurt (Betriebsw.; Dipl.-Kfm.) - S. 1962 gleichnam. Untern., s. 1977 USA (s.o.) - Liebh.: Reitsport (1967 hess. Meister im Springreiten) - 1976 span. Med. f. tourist. Verdienste u. Gold. Verdienstmed. mexikan. Staatsrat f. Tourism. - Spr.: Engl. - Rotarier - Lit.: Karl Günter Simon, D. Kronprinzen (1969).

NEDBAL, Urs W.

Dipl.-Ing., Geschäftsführer Dt. Gelatine-Fabriken Stoess & Co. GmbH, Eberbach, Vorst.-Mitgl. Scheidemandel AG, Wiesbaden - An der Itterbrücke 1, 6930 Eberbach/N. (T. 06271-8 43 15) - Geb. 19. Aug. 1938 Löhnhorst, verh. s. 1964 m. Ingeborg, geb. Janda, 4 Kd. (Ulrike, Wolfgang, Dagmar, Astrid).

NEDDEN, Otto C. A., zur

Dr. phil., Prof., Theaterwissenschaftler, Schriftst. - Gyrhofstr. 4, 5000 Köln 41 (T. 41 89 36) - Geb. 18. April 1902 Trier (Vater: Eduard z. N., Regierungspräs.; Mutter: Auguste, geb. Deetjen), ev., verh. s. 1936 m. Irma, geb. Bentner, 2 Kd. - Gymn. Koblenz u. Düsseldorf; Univ. Tübingen, München, Marburg (Promot. 1925), Freiburg/Br. Habil. 1933 Tübingen - 1930-33 Assist. Univ. Tübingen, 1934-44 Chefdramat. f. Oper u. Schausp. Dt. Nationaltheater Weimar, ab 1936 Privatdoz. f. Theater- u. Musikwiss. (1938 Seminardir.) u. ao. Prof. (1944) Univ. Jena, Wehrdst., 1946-48 Generalsekr. Dt. Shakespeare-Ges. in den Westzonen, s. 1957 Lehrbeauftr. f. Regiekunde u. apl. Prof. f. Theaterwiss. (1961) Univ. Köln - BV: D. Opern u. Orat. Felix Draesekes u. ihre geschichtl. Stellung, 1925 (Diss.); Quellen u. Stud. z. oberrhein. Musikgesch. im 15. u. 16. Jh., 1931; D. konzertierende Stil, 1933 (Habil.sschr.); Drama u. Dramaturgie im 20. Jh., 3. A. 1944; Reclam's Schauspielf., 1953, 14. A. 1978; Europ. Akzente, 1968; Eleusis - D. Unsterblichkeitsgedanke b. d. Griechen, 1970; D. Abenteuer d. Herakles, 1974. Bühnenw.: u. a. Vanina Vanini, Sch. 1934; Ephialtes, Dr. 1934; D. Stier geht los, Kom. 1938 (verfilmt 1941 unt. d. Titel: Hochzeitsnacht); Das Strohkehren, Lsp. 1941; Stärker als d. Tod, Kammersp. 1942; Manuel u. Mario, Ksp. 1943; D. Testament d. Friedens, Nobel-Sch. 1951; D. andere Urteil, Sch. 1951; D. Stunde d. Entscheid., weltgeschichtl. Sch. 1953; T. E. Lawrence, Leg. 1954; D. letzte Ferientag, Lsp. 1956; Eros u. Thanatos, Ksp. 1962; D. Engel d. Abgrunds, apokalypt. Phantasie 1964; Island-Reise, Sch. 1969; D. Hohenstaufen, Dr. 1975 - Liebh.: Tennis, Kammermusik - Bek. Vorf. (ms.): August v. Kotzebue (Lustspieldichter) u. Otto Gildemeier (Dante- u. Shakespeare-Übers.) - Lit.: O. C. A. z. N. - Festgabe z. 68. Geb., 1970; Dokumentat. d. Bühnentexte z. 75. Geb. 1977.

NEDELMANN, Carl

Dr. med., Direktor Inst. f. Psychoanalyse u. Psychotherapie Michael-Balint-Inst. Hamburg (s. 1983) - Averhoffstr. 7, 2000 Hamburg 76 (T. 040 - 291 88 38 34) - Geb. 14. Juni 1936 Essen (Vater: Dr.-Ing. Heinz N., Kohlechem.; Mutter: Margarete, geb. Koppe), verh. s. 1965 m. Helga, geb. Bayne, 3 Söhne (Heinz, Max, Philipp) - Gymn. Goethesch. Essen; Stud. Univ. Zürich, Bonn, Marburg, Kiel, Tübingen; Med. Staatsex. 1965; Promot. 1966 - 1972 Arzt f. Psychiatrie; 1973 Psychoanalytiker; 1973-83 Oberarzt Abt. f. Psychoanalyse Univ. Tübingen. 1983-85 Vors. Dt. Ges. f. Psychotherapie, Psychosomatik u. Tiefenpsychol. Mitgl. Dt. u. Intern. Psychoanalyt. Vereinig. - BV: u. a. D. CDU-Staat (m. Gert Schäfer), 1967; Z. Psychoanalyse d. Objektbeziehungen (m. G. Jappe), 1980; Psychoanalyse u. Politik (m. Hellm. Becker), 1983; Z. Psychoanalyse d. nuklearen Drohung, 1985; D. Methode d. Balint-Gruppe (m. H. Ferstl), 1989; weitere Veröff. in Fachztschr. - Spr.: Engl., Franz.

NEEB, Rolf

Dr. rer. nat., Prof. f. Anorgan. u. Analyt. Chemie - Carl-Orff-Str. 22, 6500 Mainz 33 (T. 47 69 83) - Geb. 7. Jan. 1929 Mainz (Vater: Arthur N., Kaufm.; Mutter: Anna, geb. Lerch), verh. s. 1958 m. Brigitte, geb. Steinheimer - Promot. u. Habil. Mainz - S. 1959 Lehrtätigk. Univ. Mainz (Abt.vorst. u. Prof.) - BV: Inverse Voltammetrie, 1969; Elektrochemische Analytik (m. G. Henze), 1986. Zahlr. Fachaufs. - Bek. Vorf.: Prof. Johannes N., Philosoph, Bonn, 1767-1843 (Urgroßv.).

NEEF, Paul

Verbandsdirektor i. R. - Strählerweg 59, 7500 Karlsruhe 41 (T. 0721 - 40 34 48) - Geb. 27. Mai 1913 - Wirtschaftprüfer.

NEES, Georg

Dr. phil, Honorarprof. f. Angew. Informatik Univ. Erlangen-Nürnberg (s. 1977) - Im Heuschlag 13, 8520 Erlangen - Mitgl. Dt. Werkbund (DWB), Ges. f. elektron. Kunst (GEK), Assoc. f. Computing Machinery (ACM), Intern. Soc. f. the Arts Science and Technol. (ISAST).

NEESE, Paul

Maschinenschlosser, MdL Nieders. (s. 1978) - Auf den Äckern 11, 2170 Hemmoor - Geb. 10. April 1939 Westersode, verh., 3 Kd. - Volkssch.; Maschinenschlosserlehre - S. Lehrzeit Hemmoor Zement AG. (1967 Betriebsratsvors.; gegenw. ARsmitgl.). Ratsherr Westersode (1964-68) u. Hemmoor (1968 ff.); MdK Hadeln (1972-77) u. Cuxhaven (1977 ff.). SPD s. 1959.

NEFF, Reinhold

Bankdirektor - Rehbachstr. 19, 6707 Schifferstadt (T. 06235 - 28 72) - Geb. 29. Jan. 1929 Schifferstadt (Vater: Michael N. †; Mutter: Eva, geb. May †), kath., verh. s. 1950 m. Hilde, geb. Glaser, 2 Töcht. (Michaela, Charlotte) - Abit.; Kaufm. Fachsch. (Bankkfm.) - Liebh.: Theater, Sport - Spr.: Engl., Franz.

NEFF, Wolfgang

Dr., Leiter Büro Führungskräfte d. Wirtschaft (s. 1987) - Feuerbachstr. 42-46, 6000 Frankfurt; priv.: Claudiusweg 25, 6100 Darmstadt (T. 06151 - 4 67 17) - Geb. 12. April 1945, verh. s. 1978 m. Helga, geb. Kauder, Apothekerin, 1 T. - 1974 Ass. Landgericht Darmstadt; 1974-81 Dir. VDO Adolf Schindling AG Frankfurt u. Geschäftsf. e. Tochterges.; 1982-86 Geschäftsf. u. stv. Hauptgeschäftsf. Bundesverb. d. Pharmazeut. Ind. - Mehrf. Hessenmeister; Teilnehmer an dt. Endkämpfen (Leichtathletik) - Lieb.: Sport (Tennis, Skilaufen).

NEGEL, Hans

Dr. oec., Dipl.-Kfm., Vorstandsmitgl. i.R. Rhenus AG., Dortmund - Sophienstr. 3-5, 6800 Mannheim 1 (T. 0621 - 41 49 97) - Geb. 5. April 1912 Klausberg (Vater: Alois N., Kaufm.; Mutter: Hedwig, geb. Richtarsky), verh. s. 1953 m. Gisela, geb. Jung - Univ. Frankfurt, Erlangen, Nürnberg. Dipl.-Kfm. 1937; Promot. 1938.

NEGGES, Werner

Geschäftsführer Estée Lauder Cosmetics GmbH. - Brabanter Str. 53, 5000 Köln 1 - Geb. 14. Febr. 1938 Nürnberg (Vater: Paul N., Pädagoge †; Mutter: Margarete, geb. Knopp), kath., verh. s. 1966 m. Gabriele, geb. Wagner, 2 S. (Philipp, Valerie) - U. a. Verkaufsdir. - Liebh.: Reitsport, Antiquitäten, Reisen.

NEGLEIN, Hans-Gerd

Industriekfm., Leiter Bereich Regionen, Vorst.-Mitgl. Siemens AG - Zu erreichen üb. Siemens AG, z.Hd. Fr. Rottmann, Wittelsbacherpl. 2, 8000 München 2 (T. 089 - 234 23 00) - Geb. 17. Juni 1927 Letmathe/Westf. - AR-Mitgl. Albingia Versich. AG, Aluminium-Walzwerke Singen GmbH; Vors. d. Ausst.- u. Messeaussch. (AUMA) d. Dt. Wirtsch., u. d. BDI-Arbeitskr. Messen u. Ausst.; Vorst. Carl-Duisberg-Ges., Köln; Kurat.-Mitgl. Ibero-Amerika-Stiftg., Hamburg, Senior Experten Service, Bonn; Mitgl. Außenwirtschaftsbeirat b. Bundesmin. f. Wirtsch., u. d. Präsid. d. Wirtsch.beirats d. CSU - Generalkommissar d. Bundesrep. Dtschl. f. d. Weltausst. '92 in Sevilla.

NEGWER, Georg

Dr., Botschafter in d. Türkei - Atatürk Bulvari 114, Ankara/Türkei - 1979-82 Botsch. Warschau; 1983-84 Chefinspekteur d. Ausw. Dienstes, Bonn.

NEHER, Erwin

Dr. rer. nat., Prof., Physiker, Dir. Max-Planck-Inst. f. biophysikal. Chemie, Göttingen (s. 1983) - Hirtenweg 3, 3406 Eddigehausen (T. 05594-18 20) - Geb. 20. März 1944 Landsberg/Lech, kath., verh. s. 1978 m. Dr. Eva-Maria, geb. Ruhr, 5 Kd. (Richard, Benjamin, Carola, Sigmund, Margret) - Stud. Physik TU München u. Univ. of Wisconsin, Madison/Wisc., USA; Master of Science 1967, Promot. 1970, München - S. 1970 Wissensch. Max-Planck-Inst. München u. Göttingen; 1975-76 Res. Assoc. Yale Univ., New Haven/Conn., USA - Erf.: Meth. z hochauflösenden Stromregistrierung in biol. Membranen; patch clamp Tech.; Arb. üb. Ionenkanäle in biol. Membranen u. d. Sekret. v. Neurotransmittern u. Hormonen - BV: Elektron. Meßtechn. in d. Physiol., 1974; Single Channel Recording, 1983. Mitherausg. Journal of Physiology (London) - Versch. wiss. Preise.

NEHM, Albert

Stellmacher, MdB (Wahlkr. 126/Werra-Meißner) - Am Graben 3, 3507 Baunatal 3 (T. 0561 - 9 33 39) - SPD.

NEHMANN, Euchar R.

Verleger, gf. Gesellsch. Franckh'sche Verlagshandlung W. Keller & Co. - Pfizerstr. 5-7, 7000 Stuttgart.

NEHMER, Jürgen

Dr. rer. nat., Prof. f. Informatik Univ. Kaiserslautern - 6750 Kaiserslautern - Geb. 13. Febr. 1942 Berlin, verh. s.

1967, 2 Kd. - Dipl. Elektrotechnik 1966 TH Karlsruhe; Promot. 1973 ebd. - 1966 Siemens (Elektronikentw.); 1967-79 Kernforschungszentrum Karlsruhe, Inst. f. Datenverarb. in d. Technik, 1979ff. o. Prof. f. Informatik. 1 Erf., rd. 35 wiss. Veröff. - Spr.: Engl.

NEHRING, Alfred

Dr. jur., Managing Director d. Heath-DMP (Financial Consulting) Ltd., London-Luxemburg (C. E. Heath Group, London) (s. 1984) - 11 Boulevard Pierre Dupong, L-1430 Luxembourg (T. 00352 - 45 94 20; Telefax 00352-459421) - Geb. 27. Juni 1933 Insterburg, ev., verh. s. 1975 m. Karin, geb. Struckmann, S. Claus - Banklehre; Jura-Stud.; Promot. 1960 Göttingen, Ass.-Ex. 1962 - BV: D. Assoziierung überseeischer Länder u. Gebiete m. d. Gemeinsamen Markt, 1960; Schriftenr. d. Inst. f. Völkerrecht Univ. Göttingen - Spr.: Engl., Franz.

NEHRLING, Heinz

Dr. rer. pol., Dipl.-Kfm., Staatssekretär Min. f. Stadtentwickl., Wohnen u. Verkehr Nordrh.-Westf. - Breite Str. 31, 4000 Düsseldorf (T. 837 43 30); priv.: Beginenstr. 8a, 4223 Voerde - Geb. 31. März 1928 Weimar/Thür., verh., 2 Kd. - Gymn.; Stud. Volks- u. Betriebsw. Dipl.-Kfm. 1948; Promot. 1950 - Revisionsleiter; Verkaufsdir.; Betriebsberater. AR-Vors. Flughafen Düsseldorf GmbH, Duisburg-Ruhrorter-Häfen AG, Landesentw.ges. NRW GmbH, Intern. Bauausstellung Emscherpark GmbH. Fraktionsgeschäftsf. 1962-73 (Mandatsniederleg.) MdL NRW (SPD); 1964-74 Ratsmitgl. Oberhausen; 1973-74 Staatssekr. Min. f. Bundesangelegenh. Nordrh.-Westf.; 1974-85 Staatssekr. Min. f. Wirtsch., Mittelstand u. Verkehr Nordrh.-Westf.

NEIDEL, Heinz

Institutsdirektor - Dieckmannstr. 12, 8500 Nürnberg (T. 61 71 31) - Geb. 6. Juli 1935 Nürnberg (Vater: Simon N., Ingenieur), ev., led. - Abitur; Staatsex. (Verw.recht) - 1962 Redakt., 1964 Chef v. Dienst Jg. Stimme, Stuttgart; 1968 Lektor, 1971 Geschäftsf., 1974 Dir. Inst. f. Mod. Kunst, Nürnberg. Hrsg.: Werkverz. Werner Knaupp (1974); Mitherausg.: Prinzip Collage (m. Franz Mon, 1968) - Liebh.: Lit., Theater, Musik, bild. Kunst, Arch., Fotogr., Kochen - Spr.: Engl.

NEIDEL, Werner

Direktor, Mitglied Geschäftsfg. H. F. & Ph. F. Reemtsma und Reemtsma Cigarettenfabriken GmbH., Hamburg - Elbchaussee 545, 2000 Hamburg 55 - Geb. 15. Jan. 1912 Erfurt/Thür., ev.

NEIDHARD, Hans

Dr. jur., Landgerichtspräsident a. D., Honorarprof. f. Rechtswiss. TH bzw. Univ. Stuttgart (s. 1960) - Eduard-Pfeiffer-Str. 115, 7000 Stuttgart (T. 25 17 27) - Geb. 17. April 1899 Hagenau/Els., kath., verh. m. Gertrud, geb. Baumbach, 4 Kd. - Gymn. Straßburg/Els.; Univ. Tübingen (Promot. 1923) - 1925-64 (Ruhest.) Justizdst. Stuttgart (1928 Amts-, 1940 Landgerichts-, 1945 Oberlandesgerichtsrat, 1948 Reg.sdir. Justizmin., 1949 Senatspräs. OLG, 1952 Landgerichtspräs. 1958 Präs. Staatsgerichtshof Baden-Württ.). Üb. 50 Fachveröff. - 1964 Gr. BVK m. Stern.

NEIDHARDT, Friedhelm

Dr. sc. pol., Prof. Wiss.zentrum f. Sozialforschung Berlin - Fliederweg 42, 5000 Köln 40 - Geb. 3. Jan. 1934 Gadderbaum - Stud. Univ. Hamburg, Kiel, Indiana/USA, Buenos Aires/Arg., Dipl. sc. pol.; Promot.; Habil. München 1969 - 1969 Prof.; 1980 Mitgl. Dt. Wissenschaftsrat; 1974 Mitgl. zahlr. wiss. Beiräte; 1977 Herausg. Fachztschr.; 1987 Vors. Kuratorium Ges. f. Infrastruktureinrichtungen d. Sozialwiss. (GESIS) - BV: Soz. Schichtung, 1966; Familie in Deutschl., 1966; D. Junggeneration, 1967; Frühkindl. Sozialisat., 1975; Analysen z. Terrorismus, 1982; Gruppensoziol., 1984; Kultursoziol., 1986 - Spr.: Engl., Span.

NEIDHARDT, Malte Karl

Dr. med., Prof., Ltd. Arzt I. Kinderklinik Krankenhauszweckverb. Augsburg (s. 1972) - Stenglinstr., 8900 Augsburg (T. 400 34 05) - Geb. 18. Mai 1932 Halle/S. (Vater: Dr. med. Karl N.; Mutter: Vilma, geb. Köhler), verh. in 2. Ehe (s. 1980) m. Margrit, geb. Pfeiffer, 3 Kd. (Nicolas, Frank, Christoph) - Stud. Tübingen, Hamburg, Paris, München; Promot. 1958 - Nach Habil. (1968) Doz. u. Prof. (1972) Mainz - BV: Cancer in Children, 1975 (m. Bloom, Lemerle, Voûte) - Spr.: Engl., Franz.

NEIDHÖFER, Gerhard

Dr. ès sciences, Dipl.-Ing., Prof. - Lilienstr. 4, CH-5212 Hausen b. Brugg (T. 056 - 41 54 18) - Geb. 12. Sept. 1931 Merl/Mosel, verh. s. 1962 m. Heidi Eugster, 2 Kd. (Christoph, Nicole) - Stud. TH Darmstadt (Elektrotechnik); Dipl. 1957; Promot. (Angew. Math.) 1958 Univ. de Grenoble - Leit. e. Entw.-Abt. Asea Brown Boveri & AG, Baden/Schweiz - BV: Herstellung d. Wicklungen elektr. Maschinen (Mitautor), 1973; Handb.reihe Energie, Bd. 4 Elektr. Energietechnik (Mitautor), 1987 - Hon.-Prof. TH Darmstadt - Liebh.: Klavier, Orgel, klass. Musik - Spr.: Engl., Franz.

NEIDLEIN, Richard

Dr. rer. nat., o. Prof. f. Pharmaz. Chemie u. Direktor Pharmaz.-Chem. Inst. Univ. Heidelberg (s. 1973) - Mümmelmannweg 3, 6900 Heidelberg-Schlierbach (T. 80 26 79) - Geb. 25. Okt. 1930 Schwäb. Hall (Vater: Konrad N., Kaufm.; Mutter: Emmy, geb. Frenz), ev., verh. s. 1962 m. Edda, geb. Kuhlmann, 2 Söhne (Axel, Ulf-Götz) - Univ. Tübingen (Pharmazie; Promot. 1958 b. Walter Hückel) u. Marburg (Chemie; Dipl.-Chem. 1961). Habil. 1964 Marburg - 1964-67 Doz. Univ. Marburg; 1965 Carl-Mannich-Stip.; 1967-74 Prof. u. Dir. Pharmazeut.-chem. Inst. Univ. Karlsruhe; s. 1974 o. Prof. u. Dir. Pharmaz.-Chem. Inst. Univ. Heidelberg. Spez. Arbeitsgeb.: Nichtbenzoide, quasiaromatische Verbindungen, überbrückte carbocycl. u. heterocycl. Annulene, Heterocyclenchemie, Synthesen u. Methoden, Reaktionen gespannter Benzocyclopropene Systeme mit Metallkomplexen, pusch-pull-Systeme, Organ. Schwefelverbind., organ. Phosphorverbind., Phosphonate, Phosphonowirkstoffe, elektr. Leiter, Heterokumulene Cycloadditionen, organ.-chem. Kationen, Anionen Isolierung v. Pflanzeninhaltsstoffen, Arzneimittel-Synthese, -Analytik, -Metabolismus enzymatische Synthesen. 390 Fachveröff. - Mitgl. wiss. Ges. Dt. Chemiker (GDCH), Schweiz. Chem. Ges., Schweiz. Chemikerverb., Ges. f. Heterocycl. Chemie (Society of Heterocycl. Chemistry), Dt. Pharmazeut. Ges. (DPhG), s. 1978 Auswahlaussch. d. Alexander-von-Humboldt-Stiftg., s. 1982 Advisory-Committee of the Society of Heterocyclic Chem., s. 1985 Vicepräs. Intern. Society of Heterocyclic Chemistry - Liebh.: Musik, Tennis - Spr.: Engl. - Lions-Club.

NEIDLINGER, Gustav

Kammersänger - Lahnstr. 57, 5427 Bad-Ems (T. 02603 - 21 20) - Geb. 21. März 1910 Mainz (Vater: Gustav N.; Mutter: Margarete, geb. Wagner), kath., verh. s. 1936 m. Elisabeth (Lisl), geb. Hartmann, 2 Kd. - Gymn. Mainz; kaufm. Ausbild.; Musiksch. Frankfurt/M. - Stadttheater Mainz u. Plauen, Staatsoper Hamburg u. Stuttgart (Bariton). Bayreuther u. Salzburger Festsp. Zahlr. ausl. Opernbühnen (u. a. Mailand, Paris, Wien, Lissabon, Rom, Met. New York, Covent Garden London); Rundfunk. Schallpl.: Dt. Grammophon, Electrola. Alle Wagnersowie dt. u. ital. Charakterpartien - 1953 Württ. Kammersänger; 1974 Gr. BVK; 1985 Gutenberg-Plak. Stadt Mainz; s. 1977 Ehrenmitgl. Staatsoper Stuttgart.

NEIDLINGER, Toni

I. Bürgermeister Markt Garmisch-Partenkirchen (s. 1978; vorher II. Bgm.) - Rießerkopfstr. 5, 8100 Garmisch/Öbb. - Geb. 14 April 1940 München - Rechtsanw. CSU.

NEIMKE, Ekkehard M. E.

Dipl.-Kfm., Geschäftsführer Pleuger Worthington GmbH - Jagersredder 4, 2000 Hamburg 65 (T. 605 53 84).

NEINHAUS, Bruno

Direktor, i. R. - Kruppstr. 5, 4300 Essen - Geb. 13. Juni 1911 - B. 1972 stv., dann o. Vorstandsmitgl. Rhein.-Westf. Elektrizitätswerk AG., Essen (1977 i. Ruhest.). ARsmandate.

NEINHAUS, Tillmann

Dipl.-Kfm., Ltd. Geschäftsführer Vestische Gruppe u. stv. Hauptgeschäftsf. IHK Münster (s. 1979), Vorst.-Mitgl. Technologieberatungsstelle Ruhr - Düwelssiepen 4, 4600 Dortmund 50 (T. 0231 - 73 68 78) - Geb. 24. Okt. 1943 Berlin (Vater: Robert N., Synd.; Mutter: Hella Schulte), kath., verh. s. 1966 m. Ursula Goedde-Menke, 2 Kd. (Antje, Holger) - Jesuitenkolleg Büren; Univ. Münster (Betriebsw.) - 1966 Direktionsassist. kunstverarb. Ind.; 1967-68 Referatsleit. CDU-Wirtschaftsrat Bonn; 1969-78 Geschäftsf. IHK Dortmund - BV/Mitautor: Wirtschafts- u. Finanzpolitik im Zeichen d. Soz. Marktw., 1967; D. Programm d. Wirtsch.-Marktw. als polit. Chance, 1970 - Spr.: Engl., Ital.

NEISE, Karl

Dr. rer. nat., o. Prof. f. Psychologie - Am Wildwechsel 24, 5000 Köln 91 (T. 0221-84 35 05) - Geb. 23. Jan. 1928 Freienohl (Vater: Hugo N., Beamter; Mutter: Juliana, geb. Köster), kath., verh. s. 1960 m. Monique, geb. Ricouard, 3 Kd. (Anno, Patrick, Catherine) - Gymn.; Lehrerakad., Univ. Köln, Dipl.-Psych. 1965, Promot. 1969 Köln - 1951-61 Lehrer, 1961-69 wiss. Hilfskraft u. Assist., 1969-74 Akad. Rat, s. 1974 o. Prof. Univ. Köln. 1. Vors. Montessori-Vereinig. - FS-Filme: Vom falschen Lernen - Liebh.: Genealogie - Spr.: Franz., Engl.

NEITZEL, Gerhard

Industriekaufmann, Unternehmensberater - Schneebergstr. 82, 1000 Berlin 46 (T. 774 51 82) - Geb. 20. Aug. 1929 Berlin, verh. s. 1958 m. Ilse, geb. Henning, 2 Kd. (Carlo, Carola) - Gymn.; Abit. 1948, Lehre Ind.-Kfm. - 1963 Bilanzbuchh. - 1952-70 Einkaufsleit., 1971-87 Geschäftsf. Schindler Aufzügefabrik GmbH - Spr.: Engl.

NEITZEL, Heinz A.

Dr. phil., Prof. f. Klass. Philologie (Grästistik) - Schmittstr. 46, 5357 Swisttal-Buschhoven (T. 02226 - 58 58) - Geb. 6. Nov. 1938 Bublitz/Pom., verh. s. 1969 m. Dr. Susanne, geb. Spies, 2 Kd. (Christian, Lydia) - 1958-64 Stud. Klass. Philol.; Staatsex. 1965, Promot. 1967 Hamburg; Habil. 1975 Bonn - 1973 Privatdoz. Univ. Bonn; s. 1977 Prof. ebd. (s. 1980 Prof. C 3) - BV: Dramat. Funktion d. Chorlieder b. Euripides (Diss.), 1967; Homer-Rezeption b. Hesiod (Habil.-Schr.), 1975 - Liebh.: Lektüre, Klavierspiel - Spr.: Engl., Franz., Ital., Latein, Griech., Hebr.

NEITZEL, Neithart

Ministerialrat, MdL Schlesw.-Holst. (1975-83 u. 1987/88) - Zeppelinring 68, 2300 Kiel - Geb. 16. Jan. 1943 Berlin, verh., 2 Kd. - Gymn. Bochum u. St. Peter-Ording (Abit. 1962); 1962-70 FU Berlin u. Univ. Kiel (Politik- u. Rechtswiss.). Jurist. Staatsprüf. 1971 u. 74 - S. 1974 Grenzschutzverw., s. 1986 Sozialmin. FDP s. 1966 (b. 1983 Vors. FDP-Frakt. im Landtag).

NEITZKE, Alfred

Dr. agr., Prof. u. Direktor i. R. - Caprivistr. 6, 2300 Kiel (T. 8 11 21) - Geb. 3. Aug. 1922 Ebeleben/Thür., verh. m. Ruth, geb. Longuet - S. 1966 Honorarprof. Univ. Kiel (Milchw.).

NEITZKE, Klaus

Vorstandsmitglied Howaldtswerke-Dt. Werft AG., Kiel (s. 1972) - Baumannskamp 6, 2312 Mönkeberg - Geb. 12. Sept. 1930 Stettin, verh. m. Ingrid, geb. Nawroth, 3 Kd. (Lars, Cord, Niels).

NELKE, Gerd

Konsul, Unternehmer - Dannkampsweg 2, 3006 Hannover-Burgwedel - Geb. 11. Juli 1937 Hannover (Vater: Karl N., Sped.-Kaufm.; Mutter: Luise, geb. Thoms), ev., verh. s. 1966 m. Hiltrud, geb. Bertallot, 2 Kd. (Matthias, Dinah) - Abit.; Bank-Volont. in London; Stud. Betriebs- u. Volksw. Univ. Göttingen u. London - Geschäftsinh., Teilh. in mehr. Firmen in Dtschl., Frankreich, Togo, Benin, Elfenbeinküste, Indien - Spr.: Engl., Franz.

NELKEN, Dinah

Schriftstellerin - Berliner Str. 19, 1000 Berlin 31 (T. 87 97 12) - Geb. 16. Mai 1900 Berlin, verw., S. Peter † 1966 (s. XIV. Ausg., Bd. II/Ost) - Lyz. - BV: 1 1/2-Zimmer-Neubauwohnung, R. 1932; ich an dich, R. 1938 (etwa 500 Ts.); ich an mich, Tageb. 1951; Spring üb. deinen Schatten - spring!, R. 1954, 5. A. 1963 (unt. d. Titel: Geständnis e. Leidenschaft); addio amore, R. 1958; V. ganzem Herzen, R. 1965; Fleur Lafontaine, Schnedderich: D. Mördergrube, R. 1968; D. angstvolle Heldenleben e. gewissen Fleur Lafontaine, R. 1971. Zahlr. Filmstoffe u. Drehb., zul. Tageb. e. Verliebten (nach: ich an mich), Liebe ohne Illusionen; Fernsehfilm: Engel küssen keine fremden Herren - Mitgl. Dt. PEN-Zentrum Ost u. West bzw. PEN-Zentrum DDR - Spr.: Ital.

NELKOWSKI, Horst Hans

Dr.-Ing., Prof. Inst. f. Festkörperphysik TU Berlin (s. 1974) - Weissenstadter Ring 39K, 1000 Berlin 20 (T. 366 35 49) - Geb. 6. Jan. 1921 Berlin (Vater: Felix N., Kaufm.; Mutter: Elisabeth, geb. Wiszniewski), ev., verh. s. 1955 m. Karin, geb. Jarmuske, 2 Kd. (Andrea, Martin) - Stud. TU Berlin; Dipl.ex. 1953; Promot. 1956; Habil. 1970 - 1970/1971 Prodekan, 1972-74 gf. Dir. II. Physikal. Inst.; 1974-82 gf. Dir. Inst. f. Festkörperphysik; 1979-82 Vors. Physik. Ges. Berlin, 1982-84 stv. Vors., sd. Schatzmeister ebd. Mitautor: Bergmann-Schaefer, Lehrb. d. Experimentalphysik Bd. IV - Liebh.: Musik, Bergwandern - Spr.: Engl., Franz.

NELL-BREUNING, von, Oswald S.J.

Dr. theol., Dr. jur. h. c., em. Prof., Priester - Zul. Offenbacher Landstr. 224, 6000 Frankfurt/M. 70 - Geb. 8. März 1890 Trier - S. 1921 Priester - BV: Unsere Verantwortung, 1987 u.a. - Div. Ehrungen, u.a. 1981 Ehrenbürger Trier, 1983 Frankfurt/M.; 1983 Cornelius-Gurlitt-Denkmünze; 1984 Bayer. Maximilians-Orden f. Wiss. u. Kunst. (S. auch XVIII. Ausg.).

NELLE, Engelbert
Dipl.-Handelslehrer, MdB (Wahlkr. 40/ Gifhorn-Peine) - Klingenbergstr. 100, 3200 Hildesheim (T. 05121 - 2 49 89) - CDU.

NELLES, Dieter
Dr.-Ing., Elektroing., Prof. f. Energieversorgung Univ. Kaiserslautern - Friedrichstr. 86, 6242 Kronberg/Ts. 3 (T. 06173 - 16 84) - Geb. 13. März 1939 Frankfurt (Vater: Wilhelm N., Elektromeister; Mutter: Helene, geb. Bräuning), ev., verh. s. 1967 m. Ute, geb. Derzbach, 2 S. (Oliver, Matthias) - Facharbeiterprüf. Starkstromelektr. 1957 Siemens Frankfurt; Fachschulreife 1959 Frankfurt; Ing. grad. Starkstromtechnik 1962 ebd.; Dipl.-Ing. Allg. Elektrotechnik 1966 Darmstadt; Promot. 1972 Berlin - 1957-58 Monteur Siemens Frankf.; 1958-59 Bundespost; s. 1962 Ing. AEG Frankfurt (1972-82 Abt.leit. f. Techn.-Wiss. Berechn. AEG-Telefunken); ab 1982 Lehrst. f. Energieversorg., Kraftwerkstechnik u. Energieübertragungstechnik Univ. Kaiserslautern - Spr.: Engl.

NELLES, Paul Arnold
Staatssekretär Ministerium f. Arbeit, Gesundheit u. Soziales v. Nordrh.-Westf. - Horionpl. 1, 4000 Düsseldorf.

NELLMANN, Eberhard
Dr. phil., Prof. f. Ältere Germanistik Univ. Bochum - Goldammerweg 11, 5810 Witten - Geb. 16. Juni 1930 Tübingen - Stud. Univ. Tübingen, München, Freiburg; Phil. Staatsex. u. Promot. 1958 Freiburg; Habil. 1971 Bonn - 1972 apl. Prof. Bonn; s. 1979 Prof. Bochum - BV: D. Reichsidee in dt. Dichtung d. Salier- u. frühen Stauferzeit, 1963; Wolframs Erzähltechnik, 1973; D. Annolied, 1975, 3. A. 1986.

NEMBACH, Ulrich
Dr. theol. habil., Dr. jur., Prof. f. Prakt. Theologie - Platz der Göttinger Sieben, 3400 Göttingen (T. 0551-39 71 39) - Geb. 11. Dez. 1935 Breslau, ev., verh. s. 1966 m. Gertrudis, geb. Legge, 2 Kd. (Eberhard, Inke) - Stud. Theol. u. Jura - BV: u. a. D. Stellung d. ev. Kirche u. ihrer Presse z. 1. vatikan. Konzil, 1962; Predigt d. Evang., Luther als Prediger, Pädagoge, Rhetor, 1972; Diakonie in Kirchenverfass. u. Gemeindeordn., 1982; 10 m, Student 1982, 1986. Herausg.: Rechtsanspruch: Religionsunterr. (1975); Begründ. d. Rechts (1979); Jugend u. Religion in Europa (1987) - Spr.: Engl.

NEMECZEK, Mechthild
Malerin - Roßstr. 5, 5000 Köln 30 - Geb. 1943 Karlsbad - Vornehml. plast.-farb. Form - 1982 Bremer Kunstpreis (Böttcherstr.).

NEMETH, Carl
Dr. phil., Prof., Intendant Vereinigte Bühnen Stadt Graz-Land Steiermark - Kaiser-Josef-Pl. 10, A-8010 Graz; Freßnitz 27, A-8101 Gratkorn (T. 03127 - 23 81) - Geb. 11. Jan. 1926 Wien, kath., verh. s. 1972 m. Christine Maurer-Kronegg, S. Michael-Alexander - Human. Gymn. Wien; Promot. 1949 Univ. Wien - 1950 Mitarb. Haydn-Soc. Inc.; 1953 wiss. Hilfskraft Univ. Wien; 1955 Wiss. Sekr. Franz-Schmidt-Gde. Wien - Angest. Österr. Phonotek (1961 Leit.); 1964 Leit. Künstler. Betriebsbüro Volksoper Wien; s. 1972 Int. s. o.; 1974-78 Direktionsmitgl. Steir. Herbst; 1976 Geschäftsf. Philharm. Orch., Graz - BV: Franz Schmidt - e. Meister nach Brahms u. Bruckner; rd. 100 Fachart. - 1957 Theodor-Körner-Preis; 1976 Ehrenbürger Stadt Dallas, Texas; 1979 Int.prämie d. Bundesmin. f. Unterr. f. Urauff. Orpheus Ex Machina v. Peter Daniel Wolfkind u. Ivan Eröd, 1981 f. d. UA. Wölfli-Szenen v. Gösta Neuwirth, Wolfg. Rihm, Georg Haas u. Anton Prestele; 1982 f. ÖE v. Barnstable od. Jemand auf d. Dachboden v. Francis Burt u. f. d. UA D. Propheten v. Michael Rot; 1983 Hon.-Prof. Univ. Graz u. Orden Cavaliere ufficiale al merito Rep. Italien; 1985 Ehrenkreuz I. Kl. f. Kunst- u. Wiss.; Gold. Ehrenz. d. Landeshauptstadt Graz; 1986 Gr. Gold. Ehrenz. d. Landes Steiermark - Spr.: Engl., Ital.

NEMITZ, Kurt

Dr. rer. pol., Honorarprof. Hochsch. Bremen, Senatsdirektor a. D., Präsident Landeszentralbank Bremen (s. 1976), Mitgl. Zentralbankrat Dt. Bundesbank - Zu erreichen üb. Landeszentralbank, Kohlhökerstr. 29, 2800 Bremen (T. 0421 - 32 91-211 - Geb. 10. Juli 1925 Berlin - Univ. Berlin, Harvard Univ. (USA), Univ. Bonn - 1953-56 Redakt. PPP; 1956-58 stv. u. Pressechef (1957) Landesreg. NRW; 1961-64 DGB-Bundesvorst.; 1965-76 Senatsdir. u. Vertr. Senator f. Wirtschaft u. Außenhdl. Bremen. Mitgl. Kurat. RKW u. a. - BV: Sozialist. Marktw., 1960; Gewerkschaft - Wirtschaft - Gesellschaft, 1963; Mitbestimmung u. Wirtschaftspolitik, 1967 - Gr. BVK.

NEMITZ, Manfred
Industrieberater - Hohbeck 12, 4030 Ratingen 1 - Geb. 16. April 1926 Danzig, ev., verh. s. 1962 m. Joana, geb. Hartung, T. Isabel - Realgymn. Berlin - Publizist, Akademieref., s. 1982 Holding Manfred Nemitz Ind.verw. m. Tochter- u. Beteilig.ges., Progress Consult GmbH, Conti Systembau GmbH, Eichener Maschinenfabrik Kurt an Haak, Kreuztal-Eichen, Kohlegas Nordrh. GmbH, Ratingen, Baumgarten GmbH, Porta-Westfalica, Carbon Gas Technol. GmbH, Ratingen, DEOX Ges. f. Legierungstechnik GmbH, ebd., Kohlegaswerk Riedelland GmbH, Ratingen - BV: Notstandsrecht u. Demokr., 1962; Schleichende Inflation, 1964; Machtwechsel in Bonn, 1969, D. schwachen Säulen d. Himmels, R., 1956 - 1979 BVK a. Bde. - Liebh.: Landwirtsch., Jagd.

NEMNICH, Hans Friedrich
Buchhändler i.R., 1. Vors. Bundesverb. d. Kehlkopflosen (s. 1980), Präs. CEL (Conféderation Europ. Laryngektomierten) (s. 1986) - Luisenstr. 20, 6440 Bebra 1 (T. 06622-29 45) - Geb. 19. Jan. 1916 Aachen, ev., verh. s. 1943 m. Gerda, geb. Wolff, 4 Kd. (Friedrich, Rainer, Christiane, Bettina) - Gymn. Höh. Handelssch., Buchhändler - 1956-68 div. Ämter in kommunalen Parlamenten; s. 1953 1. Vors. Kreisverkehrswacht Hersfeld-Rotenburg; s. 1977 1. Vors. Bezirksverein Würzburg d. Kehlkopflosen - 1966 Silb. Ehrenz. u. 1978 Gold. Ehrenz. Dt. Verkehrswacht; 1986 Gold. Ehrenplak. Dt. Parität. Wohlfahrtsverb. - Interessen: Motorsport, Verkehrssicherheitsfragen, Betreuung v. Kehlkopflosen als Selbstbetroffenen - Spr.: Engl., Franz.

NEMO
Pantomime, Regisseur, Autor - Haroldstr. 28, 4000 Düsseldorf 1 (T. 0211 - 32 99 66) - Geb. 7. April 1949 Düsseldorf - Tätig. f. Lit., Theater, Film u. Fernsehen; Tourneen durch Europa, Afrika, Südamerika u. d. Nahen Osten - BV: Bilder aus d. Niemandsland, 1977; Zertretene Masken, 1979 (alles Lyrik);

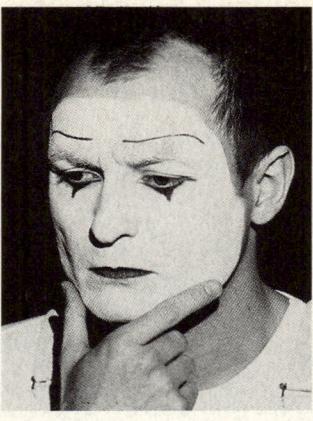

D. Augen müssen geschützt werden, 1981; Tod d. Gefühle, Lyrik, 1984; Spaß an Pantomime, Sach- u. Bildb., 1985 - Div. Insz., Videotapes, Performances - 1979 Förderpreis Land NRW; 1980 TZ-Rose München.

NENNIGER, Peter
Dr. phil., Dipl.-Psych., Univ.-Prof. f. Pädagogik Univ. Kiel u. Basel, gf. Direktor Inst. f. Päd. Univ. Kiel - Klausbrooker Weg 106, 2300 Kiel 1 - Geb. 29. Mai 1944 Biel/Schweiz, kath., verh. s. 1973 m. Margot, geb. Bader, S. Markus - Matura 1964; Stud. Psychol. Univ. Freiburg u. Mannheim; Dipl. 1970 Mannheim; postgrad. stud. 1971 Aix-en-Provence; 1971-76 Ergänzungsstud. Erziehungswiss.; Ausb. als Systemanalytiker in Mannheim u. Frankfurt; Promot. 1977 Mannheim; Habil. 1984 Freiburg - Mitgl. d. Sachverst.rates d. Inst. f. d. Päd. d. Naturwiss., u. d. Sachverständigenkommiss. d. Landesreg. f. Fragen d. Weiterbildung - BV: Verarbeitsmuster v. Misserfolg, 1978; D. päd. Verhältnis in d. Lehr-Lern-Forsch., 1988; zahlr. dt.- u. fremdspr. Veröff. in Fachztschr. - 1978 IFAK-Preis Wiesbaden - Spr.: Engl., Franz., Ital., Span.

NENTWIG, Armin

MdL Bayern (s. 1986) - Bayreuther Str. 33, 8450 Amberg (T. 09621 - 6 36 66 u. 1 50 00) - Geb. 15. Mai 1943 Hirschberg, ev., verh. m. Karin, geb. Dilger, 4 Kd. (Domenika, Joachim, Wolfgang, Frederik) - Fernmeldehandw.-Lehre; Fortbild. mittl. Fernmeldetechn. Dst. - S. 1978 Stadtrat Stadt Amberg; stv. Vors. SPD-Unterbez.; Gründ. u. Vors. e. Selbsthilfegr. Rollstuhlfahrer u. Behinderte; vielfältige Mitarb. in Vereinen u. Inst.

NENZEL, Walter
Schriftsteller - Höfener Str. 103, 7815 Kirchzarten (T. 07661 - 44 51) - Geb. 26. Sept. 1907 (Vater: Wilhelm N.; Mutter: Berta, geb. Braun), ev., verh. s. 1940 m. Johanna, geb. Wagner, 2 S. (Rüdiger, Burghard) - Abit. 1929; 1929-35 Stud. Univ. Bonn, Heidelberg, Berlin, Köln (German., Gesch., Phil.; Staatsex. 1935 Köln) - BV: Hat Lyrik noch Lebensberechtig.? Ess. 1971; Ehe d. Nacht sich neigt, Ged. 1972; Liederb. e. armseligen Christen, 1978; M. Gott ins neue Lebensj., 1980; Als ich ein Kind war, 1981; Glück u. Zufriedenheit, 1985; D. größere Liebe, Erz. 1988; Kerngedanken, Aph. 1988; u. einige unveröff. Werke - 1947 Lyrikpreis Südverlag.

NERGERT, Rudolf
Bundesrichter Bundesfinanzhof, München 27 - Tarnowitzer Str. 16a, 8000 München 81 (T. 93 24 25) - Geb. 29. April 1908 - Zul. Finanzgerichtsdir. Kiel.

NERLICH, Günter
Staatsbankdirektor i. R., Konsul d. Republik Indonesien - Hordorfer Str. 111, 3300 Braunschweig (T. Braunschw. 3 69 95) - Geb. 4. Febr. 1925 Braunschweig (Vater: Karl N.), verh. m. Hedwig, geb. Sularz - B. 1984 Vorst.-Mitgl. Norddt. Landesbank/Girozentrale, Hannover/Braunschweig - Spr.: Franz., Engl. - Rotarier.

NERLICH, Michael
Dr. phil., o. Prof. f. Literaturwissenschaft - Innsbrucker Str. 5, 1000 Berlin 62 (T. 854 69 35) - Geb. 11. März 1939 Brandenburg/H. (Vater: Walter N., Direktor; Mutter: Hildegard, geb. Bache), verh. s. 1969 m. Evelyne, geb. Sinnassamy, T. France, geb. 1977 - Univ. Köln (Roman., Kunstgesch., Phil.). Promot. (1964) u. Habil. (1966) Köln - S. 1967 Lehrtätigk. Univ. Bonn, Univ. Köln, Univ. Göttingen, Univ. Minnesota, TU Berlin (1969 Ord.) - Dir. Museum Charroux d'Allier, Frankr. - BV: Span. Epentheorie, 1964; Fray Luis de Leon, 1966; Kunst, Politik u. Schelmerei, 1969; Kritik d. Abenteuer-Ideologie, 1977; La Mirada Extranjera, 1986; Ideology of Adventure, 1987; Apollon et Dionysos. Montaigne, Stendhal, Robbe-Grillet, 1989. Herausg.: Ztschr. Lendemains (1975ff.); Eutopías; Hispanic Issues - Liebh.: Photograph (u. a. ZOOM) - Spr.: Ital., Span., Portugies., Franz., Engl.

NERMUTH, Manfred
Dr. phil., Univ.-Prof. Fak. f. Wirtschaftswiss. Univ. Bielefeld (s. 1985) - Zu erreichen üb. Univ. Bielefeld, Postf. 86 40, 4800 Bielefeld 1 (T. 0521 - 106-56 35) - Geb. 5. März 1948 Wien - 1966-72 Univ. Wien (Math. u. Physik); Promot. 1973; 1972-74 Inst. f. Höh. Stud. Wien (Ökon. u. Soziol.), 1975 Univ. Cambridge, Engl. (Economics); Habil. 1981 Wien - 1976 Assist. Inst. f. G. & W. Univ. Bonn; 1977 Assist. C.O.R.E., Kath. Univ. Löwen; 1977-85 Assist. Inst. f. Wirtschaftswiss. Univ. Wien. Gastprof. Cornell Univ., Ithaca, N.Y., Univ. of Southern California, Los Angeles, New York Univ. - BV: Information Structures in Economics, 1982. Ca. 30 Fachveröff., u. a. zu Fragen d. ökonom. Theorie - Spr.: Engl., Franz., Ital., Span., Griech., Chin., Latein.

NERNHEIM, Willi Ernst
Oberkreisdirektor a. D., Geschäftsf. Wittlager Kreisbahn GmbH. - 4508 Bohmte, Landkr. Osnabrück.

NERTH, Hans
(Ps. f. Ottokar Fritze) Schriftsteller, Regiss. - Sächsische Str. 63a, 1000 Berlin 31 u. Promenade Reine Astrid, Menton/Südfrankreich - Geb. 18. Febr. 1931 Lübben/Spreew. (Vater: Otto Fritze, Justizinsp.; Mutter: Gertrud, geb. Fröhlich), ev. - Paul-Gerhardt-Sch. Lübben; TU Berlin (Architektur; Dipl.-Ing.) - S. 1958 fr. Schriftst. - BV: Hurra General, R. 1963; Polfahrt, R. 1965. Ständiger Mitarb. überregionaler Ztschr.; FS-Dok. Die Rückkehrer u. a.; 100 Hörsp. (auch Kunstkopfrealisationen) u. Features (außereurop. Themenkr.; Co-produktion mehrerer dt. Sender: u. a. Kann man hier leben?, 1975; Ich suche Amerika, 1976) - 1962 Feature-Preis Radio Bremen, 1978 Ernst-Schneider-Pr. - Spr.: Engl., Franz.

NES ZIEGLER, van, John

Rechtsanwalt, Landtagspräsident a.D., Komplementär Grundbesitzanlageges. Dr. Schweyer KG, Köln - Am Petershof 7, 5000 Köln 41 (T. 0211 - 88 42 00) - Geb. 20. Mai 1921 Köln, verh. s. 1946 m. Gerda, geb. Grüner - Reform-Realgymn. Köln; 1939-40 u. 1945-47 Univ. Berlin u. Köln (Rechts- u. Staatswiss.) - 1948-51 Bundesvors. Sozialist. Dt. Studentenbd.; 1950 Präs. Sozialist. Stud.-Internationale; s. 1956 Mitgl. Rat d. Stadt Köln (1956-73 Fraktionsvors. SPD); 1953-54 u. 1958-85 MdL NRW (1966-70 Präs., 1970-80 Vizepräs., 1980-85 Präs.); 1973-80 Oberbürgerm. Stadt Köln. Vors. Dt.-Tschech. Ges., Vors. Dt.-Span. Ges. SPD s. 1946 (ab 1950 UB-Vorst. Köln, Bez.vorst. u. Landesvorst., 1970-75 stv. Vors.) - 1969 Gr. BVK, 1973 Gr. BVK m. Stern, 1981 Gr. BVK m. Stern u. Schulterbd., 1974 Danebrog Command. I, 1977 Großoffz. Orden Leopold II König v. Belgien, 1978 Kommand. d. Ordens d. tunes. Rep., 1980 Großoffz.kreuz VO d. ital. Rep. u. Ehrensenator Univ. Köln, 1981 Großoffz.kr VO d. Großherzogt. Luxemburg, 1982 Gold. Med. Handwerkskammer D'dorf, 1983 Friedensmed. Univ. Prag, 1984 Großkreuz d. VO d. Bundesrepublik Dtschl., 1984 Großkr. d. VO Spaniers, 1987 Gold. Med. f. intern. Zus.arb. d. CSSR - Liebh.: Lit. - Spr.: Engl., Franz., Span.

NESEKER, Herbert

Direktor Landschaftsverband Westfalen-Lippe (s. 1979) - Frhr.-v.-Stein-Platz 1, 4400 Münster/W. - Geb. 12. März 1929 Münster, verh. s. 1954 m. Irmgard, geb. Hakenes - Stud. Rechtswiss. Münster, Hamburg, Köln - S. 1958 Tätigk. im höh. Dienst Landschaftsverb. Westf.-Lippe; s. 1966 Beigeordneter (Landesrat) Abt. Sozialhilfe u. Sondersch.; s. 1971 Ministerialdirigent Min. f. Arbeit, Gesundh. u. Soziales Nordrh.-Westf., s. 1974 Landesrat (Leit. d. Haupt- u. Personalabt.) Landschaftsverb. Westf.-Lippe.

NESSEL, Eckhard

Dr. med., Prof. Univ.-Hals-, Nasen- u. Ohrenklinik Münster (s. 1967) - Hittorfstr. 57, 4400 Münster/W. (T. 8 12 95) - Geb. 5. Juni 1924 Striegau (Vater: Benno N., Oberpostinsp.; Mutter: Elfriede, geb. Rother), ev., verh. s. 1956 m. Lieselotte, geb. Thielmann (†) - Obersch.; Univ. Erlangen u. Münster. Promot. u. Habil. Münster - S. 1952 Univ. Münster (1960 Oberarzt, 1967 Wiss. Rat u. Prof. HNOklinik; 1960 Privatdoz., 1967 apl. Prof.). 1966 Fortbild. USA. Zahlr. Facharb., dar. Üb. d. Tonfrequenzspektrum d. patholog. veränderten Stimme (Habil.sschr., 1960) u. D. Berufsschäden d. Kehlkopfes (Archiv f. klin. u. exper. Ohren.-, Nasen- u. Kehlkopfheilkd. (Kongreßband) 185, 1965) - Spr.: Engl., Franz.

NESSEL, Rolf Joachim

Dr. rer. nat., Mathematiker, Prof. RWTH Aachen (spez. f. Approximationstheorie) - Heimstr. 10, 5102 Würselen (T. priv.: 02405 - 7 39 58; dstl.: 0241 - 80 45 26) - Geb. 29. Aug. 1936 Mönchengladbach (Vater: Johann N., Polizeibeamter; Mutter: Agnes, geb. Höffges), kath., verh. s. 1968 m. Heidrun, geb. von Dühren, 4 Kd. (Arndt, Bernd, Carola, Dagmar) - Gymn. Mönchengladbach (Abit.); 1956-62 Stud. Math. u. Physik f. d. Höh. Lehramt; 1962 Wiss. Prüf.; Promot. 1965 (Math.), Habil. 1970 (Math.), alle RWTH Aachen - Facharb. - Borchers-Plakette RWTH Aachen (1965) - Liebh.: Fußball - Spr.: Engl.

NESSELHAUF, Herbert

Dr. phil. (habil.), o. Prof. f. Alte Geschichte - Erwinstr. 58, 7800 Freiburg/Br. (T. 7 29 43) - Geb. 26. Mai 1909 Karlsruhe (Vater: Rudolf N., höh. Regierungsbeamter; Mutter: Paula, geb. Thomas), verh. 1936 m. Mathildis, geb. Coerrens, 4 Kd. - 1932-45 Wiss. Hilfsarb. u. Beamter (1939, Prof.) Pr. Akad. d. Wiss. Berlin; 1940-45 Wehrdst.; s. 1946 Ord. Univ. Kiel, Freiburg (1948), Konstanz (1966, em. 1975). 1964 Mitgl. Wiss.rat; 1968-74 Vizepräs. DFG.

Mithrsg.: Hermes (1952ff.) - Mitgl. Heidelberger Akad. d. Wiss.

NESSLER (ß), Roland

Vorsitzender Dt. Beamtenbund/Landesbd. Nieders. - Gr. Packhofstr. 28, 3000 Hannover 1.

NESTLE, Dieter

Dr. theol., Prof. f. Ev. Theologie/Religionspäd. - Hauptstr. 7, 7861 Hasel (T. 07762 - 93 75) - Geb. 17. Aug. 1931 Stuttgart, verh. s. 1962 m. Inge, geb. Angermann, 3 Kd. - Stud. Ev. Theol.; 1. u. 2. Dienstprüf.; Promot. 1965 Marburg - 1962-73 Pfarrer Elisabethkirche Marburg/L.; 1973-82 PH Lörrach; 1982ff. PH Karlsruhe; Gründungsmitgl. Partei Die Grünen Baden-Württ.; 1977-82 Versch. Parteiämter - BV: Eleutheria - Stud. z. Wesen d. Freiheit b. d. Griechen u. im Neuen Testament, I, 1967; Neues Testament - elementar, 1980; Wenn du im Garten wandelst, lerne d. Glauben - Schöpfung im Lichte d. ersten Evangeliums, 1985 - Bek. Vorf.: Johann Albrecht Bengel (5-facher Urgroßv.).

NESTLE, Horst W.

Dipl.-Kfm., gf. Gesellsch. BAUMA GmbH + Co., Nestle Baumaschinen GmbH + Co., Nestle Mietgeräte GmbH + Co., Nestle Beteiligungs GmbH, alle Stuttgart - Cäsar-Flaischlen-Str. 23, 7000 Stuttgart 1 (T. 22 10 87) - Geb. 5. Juli 1946 Stuttgart (Vater: Max Alfred N., † 1970; Mutter: Margot, geb. Simon), ev., ledig - Dillmann-Realgymn. Stuttgart, Internat Schloß Ising/Chiemsee (Abit.); Bankpraktikum; Univ. Mannheim, Heidelberg (Wirtsch.wiss.) - Liebh.: Jagd, Golf, Segeln - Spr.: Engl., Franz.

NESTLER, Paolo

Dipl.-Ing., em. Prof., Architekt (BDA, DWB), Inh. Lehrstuhl f. Innenarchitektur Akad. d. bild. Künste München (1966-69 (Rücktr.) Präs.) - Etztalbreite 3, 8137 Berg/Starnberger See (T. 08151 - 58 47) - Geb. 4. Juli 1920 Bergamo/Ital., verh. - Gymn. Bergamo; Stud. Mailand u. München (Dipl. 1948 TH). Emerit. 1985 - BV: Neues Bauen in Italien, 1954; (m. P. M. Bode) Dt. Kunst s. 1960 - Architektur, 1976 - 1964 Grand Prix Triennale Mailand; 1968 o. Mitgl. Akad. d. Künste Berlin - Spr.: Ital., Franz. - Rotarier.

NESTLER, Peter

Publizist, Beigeordneter, Kulturdezernent d. Stadt Köln (s. 1979) - Godesberger Str. 11, 5000 Köln 51 (T. 0221 - 221-41 10) - Geb. 13. April 1929 Leipzig, verh. m. Dr. med. Veronica M., geb. Schorsch, Fachärztin f. Kinder- u. Jugendpsychiatrie, S. Piers R. - Humanist. Gymn.; Stud. FU Berlin (Publizistik, Germanistik, Theaterwiss.) - 1955-60 Journalist, 1960-63 f. d. Auswärt. Amt tätig; 1963 Gründung des Artists in Residence-Programms mit d. Ford Foundation; 1964-71 Dir. Dt. Akad. Austauschdst. Berlin u. Ltr. Berliner Künstlerprogramm; 1972 Ltd. Senatsrat, Ltr. Kulturabt. Senator f. Wissensch. u. Kunst Berlin; 1977-79 Ständ. Vertr. d. Senators f. Kulturelle Angelegenh. Berlin; o. Mitgl. Goethe-Inst. München, Kurat. d. Stftg. Kunstsamml. Nordrh.-Westf., Kulturaussch. Dt. Städtetag, Vorst.: Germania Judaica, Kurat. Bibliothekar-Lehrinst. Land NRW, Kurat. British Council, Bach-Verein, Kurat. Joseph Haydn-Inst., Dt. Unesco-Kommission, Kölner Kunstverein, Beirat Inst. Français, Ital. Kulturinst. u. Belg. Haus Köln, Vorst. Ges. f. Rhein. Geschichtskunde, Freunde d. Wallraf-Richartz-Museums, VR Dt. Bühnenverein, Jury Gr. Lit.preis Köln, Kurat. Melanchthon-Akad. Köln, Vors. Intern. Progr. d. Inst. for Art and Urban Resources (New York) u. a. - Zahlr. Veröff. üb. Kulturpolitik u. kulturelle Stadtentwicklungsplanung - Interessen: Bild. Kunst, Musik, Stadtentwicklungsplanung - Spr.: Engl.

NESTROY, Harald

Botschafter d. Bundesrep. Deutschl. in Costa Rica (1985ff.) - Zu erreichen üb. Embajada de la Republica Federal de Alemania, Apartado 4017, San José/Costa Rica - Geb. 1. Febr. 1938, verw., 1 T. - 1979-82 Botsch. Volksrep. Kongo; 1982-85 Generalkonsul in Atlanta/USA.

NETHER, Bernhard

Dr., Geschäftsführer DRK-Landesverb. Nordrhein - Auf'm Hennekamp 71, 4000 Düsseldorf (T. 31 04-0).

NETTA, Heinz

Chemieingenieur, MdL Nordrh.-Westf. (s. 1966) - Holunderweg 7, 4353 Oer-Erkenschwick (T. 13 33) - Geb. 24. Febr. 1928 Oer-Erkenschwick, ev., verh., 2 Kd. - Volks- u. Fachsch. - Maschinensteiger; Labortechniker; Bergbauangest. S. 1956 Stadtverordn. Oer-Erkenschwick (Bürgerm.); s. 1964 MdK Recklingen. SPD (1960 Stadtverbandsvors.) - 1970 BVK.

NETTE, Herbert

Dr. jur., Schriftsteller - Park Rosenhöhe 8, 6100 Darmstadt (T. 7 44 65) - Geb. 14. März 1902 Oberhausen/Rhld. (Vater: Ludwig N., Ingenieur; Mutter: Sofie, geb. Kerber), ev., verh. s. 1927 m. Waltraut, geb. Lettenbaur, 1 Kd. - Realgymn.; Ausbild. Buchhandel; Univ. Rostock u. Jena (Promot. 1925) - 1927-43 Feuilletonredakt. Darmstädter Tagbl. u. Köln. Ztg. (1941), Wehrdst., 1946-49 lit. Leit. Claasen & Roether Verlag, Darmstadt, 1950 b. 1953 Feuilletonredakt. Frankfurter Allg. Ztg., 1954-73 Cheflektor Eugen Diederichs Verlag, Düsseldorf - BV: Grundstock e. Bibl., 1928; D. gr. Deutschen in Italien, 1938; Wort u. Sinn - V. d. Elementen d. Sprache, 1946; Adieu les Belles Choses - E. Sammlung letzter Worte, 1971; Friedrich II. v. Hohenstaufen, 1975; Jeanne d'Arc, 1977; Karl V., 1979; Elisabeth I., 1982. Herausg.: Goethes Reden (1947), Goethe im Gespräch (1947), Wilhelm v. Humboldt; Üb. d. Verschiedenheit d. menschl. Sprachbaues (1949), Wilhelm u. Caroline v. Humboldt - E. Leben in Briefen (1956), Goethes Tageb. (1957), G. Ch. Lichtenberg: Aphorismen, Briefe, Satiren (1962) - 1956-77 (Austr.) Mitgl. PEN-Zentrum BRD (ausgetr. 1977).

NETTE, Wolfgang

Journalist, Korresp. d. WDR im Bonner Studio - Dahlmannstr. 14, 5300 Bonn - Geb. 15. Jan. 1934 Darmstadt (Vater: Herbert N., Schriftst.; Mutter: Waltraut, geb. Lettenbaur), ev., verh. s. 1961 m. Christa, geb. Keim, 2 Kd. (Oliver, Anuschka) - Abit. 1954; Volont. Darmstadter Echo, 1958-62 Redakt. FAZ; s. 1963 WDR-Korresp Washington, DDR-Berlin, Moskau - BV: DDR-Report, 1969 - Spr.: Engl., Russ.

NETTER, K. J.

Dr. med., o. Prof. f. Pharmakologie Univ. Marburg (s. 1976) - Lahnberge, Pharmakolog. Inst., 3550 Marburg (T. 06421 - 28 50 00) - Geb. 8. Febr. 1929 Kiel (Vater: Dr. Hans N., em. o. Prof. f. Physiol. Chemie, s. XVII. Ausg. †), verh. m. Dr. med. et phil. Petra, geb. Munkelt - Stud. d. Med. Univ. Kiel; Habil. 1963 Hamburg - 1954-57 Max-Planck-Inst. f. Zellchemie München; 1957-66 Pharmakol. Inst. Univ. Hamburg; 1967-76 Prof. u. Vorst. Abt. Toxikol. Pharmak. Inst. Univ. Mainz. Fachveröff.

NETTER, Petra,

geb. Munkelt

Dr. phil., Dr. med., Prof. f. Psychologie - Priv.: An den Brunnenröhren 14, 3550 Marburg (T. 06421-6 46 11); dstl.: Fachbereich Psychologie Univ. Gießen, Otto-Behaghel-Str. 10, 6300 Gießen - Geb. 1. April 1937 Hamburg (Vater: Dr. Werner M., Rektor; Mutter: Greta, geb. Hellmann †), verh. s. 1965 m. Prof. Dr. K. J. Netter - Dipl.-Psych. Univ. Hamburg 1960, Med. Staatsex. 1966, Promot. 1963 Hamburg, Habil. 1975 Mainz - 1968-75 wiss. Angest. Inst. f. Med. Statist. Mainz, 1975-77 Prof. f. Psych. Univ. Düsseldorf, 1977-79 Prof. f. Med. Psych. Univ. Mainz, s. 1979 Prof. f. Different. Psych. Univ. Gießen.

NETTESHEIM, Martin

Dr., kaufm. Geschäftsführer Hahn-Meitner-Inst. Berlin GmbH - Glienicker Str. 100, 1000 Berlin 39 - Geb. 23. Juni 1936, verh., 5 Kd. - 1. jurist. Staatsex. 1960; Stip. d. Franz. Reg. (Stud. Paris) 1960/61, Stud. Oxford u. London 1963, Promot. (Vertr.schließ.kompetenz d. Europ. Atomgem.) 1963, 2. jurist. Staatsex. 1965 - 1966 Bundesmin. f. wiss. Forsch., 1969 Dt. Vertret. b. d. EG (im Ref. Forsch. Euratom), 1971 Ref.leit. (Bilaterale Bezieh. West), 1973 Dt. Vertret. b. d. EG (Ref.leit. Forsch. Euratom), ab 1979 kaufm. Geschäftsf. Hahn-Meitner-Inst. Berlin GmbH.

NETZER, Günter

Manager CWL-Werbung, Fußball-Bundesliga-Moderator RTL-Plus (s. 1988) - Konstanzer Str. 6, CH-8280 Kreuzlingen - Geb. 1944 Gladbach - 1962-77 akt. Borussia Mönchengladbach, Real Madrid (1973), Grasshoppers Zürich (1976) - 1970 Dt. Meist., 1972 Europameist., 1973 Dt. Pokalsieger, 1974 Weltmeist., 1974 u. 75 Span. Pokalsieger (m. Real), 1975 u. 76 Span. Meist. (m. Real). 1972 Dt. Fußballer d. J. Insges. 37 Ländersp., 1978-86 Fußball-Manager Hamburger Sportverein.

NETZER, Hans

Oberbürgermeister d. Mittelstadt Völklingen - Kiefernstr. 5, 6620 Völklingen - Geb. 28. Sept. 1935 Völklingen - Prakt. Sozialwirt. Präs. Turnverein 1878 Völklingen, u. Saarl. Behindertensportverb. SPD.

NETZER, Manfred

Assessor jur., Hauptgeschäftsführer Verb. d. nordbayer. Textilindustrie, Geschäftsf. Ind.- u. Handelsgremium Hof - Blücherstr. 4, 8670 Hof/S.; priv.: Theodor-Fontane-Str. 24 - Geb. 14. Aug. 1929 Berlin (Vater: Dr. med. Bernhard N. †; Mutter: Hildegard, geb. Schwieder), verh. m. Ilse, geb. Schwerdtfeger, T. Ira-Beate.

NETZER, Remigius

Redakteur, Maler u. Schriftst. - Adalbertstr. 57, 8000 München 40 - Geb. 23. März 1916 Düsseldorf (Eltern: Hubert (Bildh.) u. Anna N.), verh. 1944 (Ehefr.: Anna-Ellen N.) - Viele J. Bayer. Rundfunk. Präs. Künstler-Vereinig. München (Neue Gruppe) - BV: Kokoschka, Lovis Corinth, Auf d. Weg z. Moderne. Herausg.: Kokoschka Memoiren - Bayer. VO.

NEU, Erich

Dr. phil., Univ.-Prof. f. Vergleichende Sprachwissenschaft u. Hethitologie - Hustadtring 151, 4630 Bochum 1 - Geb. 26. Nov. 1936 Wetzlar/L., led. - Promot. Univ. Marburg 1966, Habil. Univ. Göttingen 1972, apl. Prof. Univ. Göttingen 1974, o. Prof. Univ. Bochum 1976 - 1974/75 Vors. Fachber. Sprachwiss. Univ. Göttingen, 1978/79 Dekan Abt. f. Philol.

Univ. Bochum; 1983 Korresp. Mitgl. d. Akad. d. Wiss. u. d. Literatur, Mainz - BV: Interpret. d. hethit. mediopassiven Verbalformen, 1968; D. hethit. Mediopassiv u. s. indogerman. Grundl., 1968; E. althethit. Gewitterritual, 1970; D. Anitta-Text, 1974; (m. Chr. Rüster): Hethit. Keilschr.-Paläographie II, 1975; Althethit. Ritualtexte in Umschr., 1980; Stud. z. endungsl. Lokativ d. Hethit., 1980; Glossar zu d. althethit. Ritualtexten, 1983; Registerband zu H. Kronasser, Etymologie d. hethit. Spr., 1987; D. Hurritische: E. altorientalische Spr. in neuem Licht, 1988. Herausg.: (m. Chr. Rüster): Festschrift H. Otten (1973 u. 88); (m. W. Meid): Hethit. u. Indogerm. (1979); Gedenkschr. H. Kronasser (1982) - 1968 Preis Phil. Fak. Univ. Marburg.

NEU, Otto

Dr. med., Prof., Internist, Neurol., Chefarzt Innere Klin. Marienhospital, Arnsberg (s. 1974) - Nordring 37-41, 5760 Arnsberg 2 (T. 02931-87 02 40) - Geb. 12. Febr. 1926 (Vater: Dr. Otto N., Chir. u. Chefarzt; Mutter: Carola, geb. Thiel), ev., verh. s. 1951 m. Dr. Elisabeth, geb. Berger, 3 Kd. (Dr. jur. Christian Otto, Dipl.-Ing. Stefan Albrecht, Dr. phil. Elisabeth) - Obersch. Kyritz/Prign.; Stud. Univ. Rostock, Berlin, Würzburg; Promot. 1951 - Zun. Assist.-, dann Oberarzt Med. Univ.s- (Röntgenabt.) u. Univ.snervenklinik Frankfurt u. Med. Klinik Ludwigshafen. Mitgl. Dt. Ges. f. inn. Med., Frankfurter Ges. f. Med. u. Frankfurter Ges. f. Handel, Ind. u. Wiss. - Liebh.: Gesch. (17. u. 18. Jahrh.), europ. Baukunst u. Grafik - Spr.: Engl.

NEU, Tilmann

Dr. phil., Prof. f. Kunstpädagogik Univ. Frankfurt (s. 1984, Ps. Till) - Alt-Seckbach 1, 6000 Frankfurt/M. 60 (T. 069 - 47 99 39) - Geb. 13. Sept. 1943, ledig - Werkkunstsch. Saarbrücken, Univ. Saarbrücken, Hochsch. f. Bild. Künste Kassel, Univ. München; 1. u. 2. Staatsex. f. Kunsterziehung, Promot. 1977 (Kunstgesch.) Univ. Saarbrücken - Kunsterzieher; Prof. f. Kunstpäd. S. 1969 Ausst. als Künstler - BV: V. d. Gestaltungslehre z. d. Grundl. d. Gestaltung, 1978; Nowheremanhattan, 1981; Türen, 1982; Sonnenbilder, 1985; Kl. Morphol. d. Insel Sifnos, 1978 - Liebh.: Kunst, Sport (Leichtathl.) - Spr.: Franz.

NEUBAUER, Dieter

Dr. rer. nat., Chemiker, Geschäftsführer Rheinische Olefinwerke GmbH - 5047 Wesseling - Geb. 28. April 1934 Ludwigshafen/Rh. (Vater: Erwin N., Kaufm.; Mutter: Mina, geb. Veith), ev., verh. s. 1960 m. Margot, geb. Helbig, 2 Töcht. (Antje, Katja) - 1953-59 Univ. Heidelberg (Chemie; Dipl.). Promot. 1959 Heidelberg - 1960-71 BASF; 1972-79 Dir. BASF Española; 1979-84 Grubenvorst. Gewerksch. Victor/Chem. Werke; 1984-88 Produktionsleit. Düngemittel BASF - BV: Costa Brava kennen u. lieben, 1981; Madrid kennen u. lieben, 1982; Costa del Sol Andalusien kennen u. lieben, 1988 - Liebh.: Mineral. - Spr.: Engl., Franz., Span.

NEUBAUER, Franz

Minister a. D., Präs. Bayer. Sparkassen- u. Giroverb. (s. 1986) - Haidenholzstr. 60, 8201 Stephanskirchen (T. 08031 - 5 72) - Geb. 1930 Marienbad/Egerl., verh., 3 Kd. - Stud. Rechtswiss. - Bayer Finanzverw.; 1977-84 Staatssekr. Bayer Justiz- bzw. Innenmin.; 1984-86 Min. f. Arbeits- u. Sozialordn. Bayern; MdL Bayern 1970-86. 1982ff. Sprecher Sudetend. Landsmannsch. CSU - 1984 Bayer. Verfassungsmed. in Silber; 1986 Ehrenz. Dt. Ärzteschaft (höchste Ausz. d. Bundesärztekammer f. Nichtmediziner).

NEUBAUER, Günter

Ing., Vorstand i. R. Hübner Elektromaschinen AG (b. 1983) - Am Hirschsprung 57B, 1000 Berlin 33 - Geb. 8. Aug. 1923 Berlin (Vater: Erich N.; Mutter: Olga), ev., verh. s. 1958 m. Rosemarie, geb. Gerath, 2 S. (Lutz, Rainer) - Präs. Landesjagdverb. Berlin, Vorst.-Mitgl. Dt. Jagdschutzverb. - Kriegsausz., DJV Verd.-Abz. Gold, BVK.

NEUBAUER, Hellmut

Dr. med., em. o. Prof. f. Augenheilkunde - Gyrhofstr. 23, 5000 Köln 41 (T. 44 27 23) - Geb. 5. März 1921 Frankfurt/M., ev., verh. - S. 1956 (Habil.) Lehrtätigk. Univ. Marburg (1962 apl. Prof.) u. Köln (1966 Ord. u. Klinikdir.). 250 Fachveröff.

NEUBAUER, Helmut

Dr. phil., o. Prof. f. Osteurop. Geschichte - Quinckestr. 46, 6900 Heidelberg (T. 4 35 53) - Geb. 12. März 1925 Rodheim/Hessen, ev., verh. s. 1955 m. Dr. Traute, geb. v. Köppen, 3 Kd. - Gymn. Frankfurt/M. (b. 1943); 1950-55 Univ. ebd. u. München (Gesch., Slaw.). Promot. (1955) u. Habil. (1962) München - 1955 Assist. Osteuropa-Inst. München; 1962 Privatdoz. Univ. München; 1964 ao., 1966 o. Prof. Univ. Heidelberg - BV: München u. Moskau 1918 - Z. Gesch. d. Rätebeweg. in Bayern, 1958; Car u. Selbstherrscher - Beitr. z. Gesch. d. Autokratie in Rußland, 1964. Herausg.: Deutschland u. d. russ. Revolution (1968).

NEUBAUER, Karl Wilhelm

Dr., Leitender Bibliotheksdirektor Univ. Bielefeld (s. 1985) - Universitätsstr. 25, 4800 Bielefeld 1 - Geb. 6. Nov. 1939 Theben/CSSR - Stud. Univ. Tübingen, Berlin, Göttingen; Promot. 1964 Berlin - 1964-65 wiss. Assist. Kirchl. Hochsch. Berlin; 1965-68 Staatsbibl. Preuß. Kulturbesitz Berlin; 1968-72 Arbeitsst. f. Bibl.-Technik Berlin; 1972-85 ltd. Bibl.-Dir. Staatsbibl. P. K. Berlin; 1985 Dir. Univ. Bielefeld. Vors. Normenaussch. Bibl. u. Dokumentationswesen (NABD) im DIN; Mitarb. u. z. Teil Vors. in versch. intern. Fachgremien - BV: Z. Theorie u. Praxis d. modernen Bibliothekswesens, 3 Bde. (Hrsg.). Zahlr. Veröff. in d. Fachpresse - Spr.: Engl., Franz.

NEUBAUER, Uwe

Dr., Botschaftsrat Beirut - P. O. Box 2820, Beirut - Zul. Leit. Wirtschaftsdienst GK New York.

NEUBAUER, Walter Friedrich

Dr. rer. pol., Dipl.-Psych., Prof. Univ. Bonn - Auf dem Stephansberg 42, 5309 Meckenheim (T. 02225 - 63 71) - Geb. 6. Febr. 1938 Hartmannshof, ev., verh. s. 1966 m. Erika, geb. Hahn - Promot. 1967 Univ. Erlangen-Nürnberg, Habil. 1972 Linz/Donau - S. 1973 Wiss. Rat u. Prof. PH Rhld., Abt. Bonn (1974 o. Prof.), s. 1980 Univ. Bonn - BV: Sozialpsych. junger Angest., 1972; Selbstkonzept u. Identität im Kindes- u. Jugendalter, 1976; Konflikte in d. Schule (m.a.) 1981; zahlr. Aufs. in Fachztschr.

NEUBAUER, Wolfgang

Dr. phil, Prof. f. Allg. Pädagogik u. Medienpädagogik Univ. Bonn - Windheckenweg 30-32, 5358 Bad Münstereifel (T. 02253 - 87 91) - Geb. 2. April 1938 Kiel (Vater: Erich N.; Mutter: Lucia, geb. Strelczyk), kath., verh. s. 1964 m. Dr. Christianne Neubauer-Bruck, 2 Kd. (Stephan, Pascal) - Ab 1960 Lehramtsstud.; Promot. 1972 Braunschweig - 1963-73 Schuldst.; s. 1973 Hochschultätigk. Aachen u. Siegen; s. 1978 Prof. Bonn - BV: Einf. in d. Medienkd., 1980; Einf. in d. Medienerzieh., 1982; Medienerzieh. in d. Grundsch., 1980; Medienpäd., 1979; weit. Buchveröff. u. div. Aufs. - Musikw.: Lied- u. Kirchenmusikkompos. - 1976 Prix Quetelet Lüttich - Liebh.: Musik.

NEUBECKER, Ottfried

Dr. phil., Direktor Abt. Wappenrolle Wappen-Herold/Dt. Herald. Ges., Vorst.-Mitgl. Acad. Intern. d'Héraldique - Carl-von-Ossietzky-Str. 9, 6200 Wiesbaden (T. 06121 - 46 38 79) - Geb. 22. März 1908 Berlin (Vater: Prof.: Karl N.; Mutter: Renée, geb. v. Meyenburg), ev., verh. in 2. Ehe (1956) m. Irmgard, geb. v. Lippe, 4 Kd. (Klaus, Gerhard, Irene, Désirée) - Univ. Genf, Heidelberg, Berlin (Jura, Gesch., Kunstgesch.) - Zahlr. Publ., zul.: Kl. Wappenfibel - Einf. in d. Heraldik, 1969; Wappenbilderlexikon, 1974; Heraldik - Wappen, ihr Ursprung, Sinn u. Wert, 1977; Gr. Wappen-Bilder-Lexikon d. bürgerl. Geschlechter Dtschlds, Österreichs u. d. Schweiz, 1985 - 1956 Komtur m. Stern span. Orden St. Raimundo de Penafort; 1973 BVK; Ehrenmitgl. bzw. korr. Mitgl. in- u. ausl. Fachges.; Ehrenpräs. Dr. O. Neubecker - Spr.: Engl., Franz.

NEUBELT, Wolfgang

Direktor, Geschäftsf. Dt. Parität. Wohlfahrtsverb./Landesverb. Nieders., AR-Vors. Gemeinsch. Dt. Altenhilfe GmbH - Gandhistr. 11, 3000 Hannover 71 - Geb. 13. Sept. 1927.

NEUBER, Friedel

Vorstandsvorsitzer Westd. Landesbank/Girozentrale, Düsseldorf (s. 1981) - Friedrichstr. 56, 4000 Düsseldorf - Geb. 10. Juli 1935 Rheinhausen - Ausb. Ind.kfm. - 1953-61 Finanz- u. Rechnungsw. sowie Revisionsabt. Fried. Krupp Hüttenwerke AG; 1961-69 Geschäftsf. Bertha-Krankenhaus GmbH, Duisburg; 1962-75 MdL Nordrh.-Westf.; 1969-81 Präs. Rhein. Sparkassen- u. Giroverb.

NEUBER, Heinz

Dr.-Ing., Dr. rer. nat., h. c., o. Prof. f. Mechanik - Schlingener Str. 4, 8939 Bad Wörrishofen (T. 08247 - 75 07) - Geb. 22. Nov. 1906 Stettin (Vater: Hermann N., Oberlandmesser; Mutter: Sophie, geb. Müller), ev., verh. m. Elisabeth, geb. Leuschner - TH München. Promot. (1932) u. Habil. (1935) München - 1929 Assist., 1935 Privatdoz. TH München, 1936 Versuchsleit. Ind., 1937 Abt.-Leit. Forschungsanst. Braunschweig, n. Kriegsende Wiss.ler Royal Air Force ebd., 1946 o. Prof. TH Dresden (Dir. Inst. f. Mechanik), 1955 o. Prof. f. Mechanik TU München (Dir. Mech.-techn. Labor. u. Staatl. Materialprüfungsamt f. d. Maschinenbau, s. 1975 emer. - BV: Festigkeitslehre mittels Spannungsoptik, 1935 (m. L. Föppl.); Kerbspannungslehre, Grundl. f. genaue Spannungsrechnung, 1937, 2. erweit. A. 1958; Techn. Mechanik - Method. Einf., T. 1: Statik, 1964/71, T. 2: Elastostatik u. Festigkeitslehre, 1971, T. 3: Kinetik, 1974. Zahlr. Fachaufs. - 1962 Ehrendoktor Bergakad. Freiberg; 1955 o. Mitgl. Deutsche Akad. d. Wiss., Berlin; 1969 o. Mitgl. Bayer. Akad. d. Wiss., München.

NEUBER, Karl

Geschäftsführer i.R. Dt. Fernkabel-Ges. mbH., Berlin/Rastatt - Richard-Strauss-Str. 9, 7550 Rastatt/Baden - Geb. 29. März 1922 - Kaufm. Werdegang.

NEUBER, Peter Hartmann

Ministerialrat a. D., Oberbürgerm. Neunkirchen - Rathaus, 6680 Neunkirchen (T. 06821 - 20 22 00) - Geb. 13. März 1937 Berlin - Stud. d. Rechte in Göttingen u. Heidelberg; Ass. - Zun. Landesdienst Nieders. u. Bundesmin. Bonn.

NEUBERGER, Hermann

Präsident DFB u. Landessportverb. f. d. Saarland, Vizepräs. FIFA, Ehrenpräs. INTERTOTO, Ehrenvors. Saarl. Fußball-Verb., Mitgl. Präsid. NOK - Landessportschule, Im Stadtwald, 6600 Saarbrücken (T. 3 10 42); priv.: Geisberg 27a, 6601 Bischmisheim - Geb. 12. Dez. 1919, kath., verh. m. Irmgard, geb. Rössler, 4 T. (Martina, Gabi, Ulrike, Hiltrud) - Journ., Geschäftsf. Saarland-Sporttoto GmbH u. Saarland Spielbank GmbH - Sport- u. Reitsportabz., Gr. BVK m. Stern, Saarl. VO.

NEUBERT, Diether

Dr. med., o. Prof. f. Pharmakologie u. Toxikologie - Musäusstr. 7, 1000 Berlin 33 (T. 76 62 87) - Geb. 5. Sept. 1929 Berlin, verh. m. Eveline, geb. Thamm, 3 Kd. - Habil. Berlin - S. 1968 apl. u. o. Prof. FU Berlin. Facharb.

NEUBERT, Kurt

Leitender Verwaltungsdirektor, Vors. Arbeitsgem. Dt. Hauptfürsorgestellen - Ulmenweg 1, 3502 Vellmar 2 (T. 0561 - 82 26 22) - Geb. 7. Mai 1924, verh. s. 1947 m. Elfriede, geb. Höft, Sohn Jürgen - 2. Verwaltungsprüf. 1947 Verwaltungssch. Bremen; Dezern. d. Hauptfürsorgestelle b. Landeswohlfahrtsverb. Hessen in Kassel; Vors. Bundesaussch. d. Kriegsbeschädigten- u. Kriegshinterbliebenenfürs. b. Bundesmin. f. Arb. u. Sozialordn.; Stv. Vors. d. DRK-Heime u. Anstalten - Bezirk Kassel; Lehrbeauftr. Verw.-FH, Verwaltungssem. Kassel - BV: Schwerbehindertengesetz - Handkommentar f. d. Praxis, 1974 u. 1986 - Höchste Ausz. d. Verb. d. Kriegsopfer u. Behinderten - Liebh.: Lit., Päd., Sport - Spr.: Engl.

NEUBERT, Oskar-Maria

Botschafter a.D. - Auf dem Niederberg 1, 5205 St. Augustin 2 - Geb. 14. Okt. 1914 Elberfeld, verh. s. 1951, 2 Söhne - 1949 Dipl. rer. pol. Univ. Hamburg - 1963 b. 1969 Botsch. Niger u. 1970-74 Liberia; 1974-77 Generalkonsul Amsterdam/Niederlande; 1977-79 Botschafter in Lybien - 1956 Komturkreuz Star of Africa (Liberia), 1968 Großkr. Nigr. VO, 1969 BVK I. Kl., Großoffz. nigr. Nationalorden, 1974 Großkr. Orden d. Afrikan. Erlösung (Liberia).

NEUBÜSER, Uwe

Rechtsanwalt, Abg. Hbg. Bürgerschaft (s. 1970; CDU) - Ole Hoop 17, 2000 Hamburg 55 - Geb. 28. Nov. 1945 - Wirtschaftstätigk. (Leit. Arbeits- u. Unternehmensrecht).

NEUBURGER, Ambros

Polizeibeamter, MdL Bayern (s. 1975) - Pfarrwiese Nr. 3, 8752 Sailauf (T. 06093 - 81 60) - Geb. 1925 - SPD.

NEUBURGER, August

Ministerialrat a. D., Rechtsanwalt - Scheffelstr. 11, 6900 Heidelberg (T. 2 53 85; Büro: Mannheim 2 12 12) - Geb. 22. Dez. 1902 Baiertal/Baden (Vater: Georg N., Landw.; Mutter: Luise, geb. Grimm), kath., verh. s. 1933 m. Hilde, geb. Merz - Realsch., Gymn., Lehrersem. u. Univ. Heidelberg (Rechts- u. Staatswiss.) - B. 1924 Lehrer, dann Studium (Werkstudent), s. 1931 RA Rastatt u. Mannheim (1932), s. 1938 auch Fachanw. f. Steuerrecht, 1939 b. 1943 Wehrdst., anschl. Vertragsanw. Industrie, 1946-47 Min.rat Reg. Württ.-Baden. 1949-61 MdB (zeitw. Vors. Finanzaussch.). Zahlr. ARsmandate; zeitw. VRsvors. Dt. Bundespost. CDU - 1968 Gr. BVK m. Stern u. Schulterbd.

NEUBURGER, Edgar

Dr. rer. nat., Prof. f. Mathematik Univ. d. Bundeswehr München - Schneeglöckchenstr. 103, 8000 München 50 (T. 150 10 52) - Geb. 4. April 1935 Ludwigshafen/Rh. (Vater: August N., Rechtsanw.; Mutter: Hilde, geb. Merz †), kath., verh. s. 1963 m. Elke, geb. Risse, 3 Kd. (Rahild, Aristid, Benedikt) - Abit. Rastatt; Stud. Math. u. Physik Univ. Heidelberg, Freiburg (Schweiz) u. München (Dipl. 1960, Promot. 1965, Habil. 1968) - 1969 Wiss. Rat TU München; 1973 Lehrst. f. Math. Univ. d. Bundeswehr München. S. 1965 vereid. Sachverst. f. Altersversorg., 1979 Gründ. Prof. Dr. E. Neuburger-Inst. f. Wirtschaftsmath. u. betriebl. Altersversorg. GmbH München. Vorst. dt. Ges. f. Versich.math.; Vorst. IVS-Inst. versich.-math. Sachverst. f. Altersversorg., u. a. Mand. Schriftleit. Blätter d. Dt. Ges. f. Versich.math. - BV: Kommunikat. d. Gruppe, 1970; Einf. in d. Theorie d. linearen Optimalfilters, 1972; zahlr. Fachveröff. - Liebh.: Wandern, Skifahren, Segeln, Wein - Spr.: Engl., Franz.

NEUBURGER, Kurt

Schriftsteller, Dramaturg, Regiss., Schausp., Sprecher, Doz. - Solmsstr. 40,

1000 Berlin 61 (T. 030 - 693 63 29) - Geb. 1. Nov. 1902 Berlin, ev., led. - Ausb. Rostocker Stadttheater (Schausp., Dramat., Regie) - Schausp. u.a. in Lübeck, Breslau u. Berlin. Während NS-Zeit keine Tätigk. im erlernten Beruf, Verlust d. meisten Manuskripte. Ab 1945 Mitarb. am kulturellen Neuaufbau Berlins (u.a. Schloßpark-Theater, Kunstamt Kreuzberg); Gründ. u. Leit. d. Lit. Werkstatt Kreuzberg, Tätigk. als fr. Schriftst. in Berlin (West) - Entw.: D. Ritning, eig. lit. Gattung (u.a. Neue Dt. Hefte Nr. 110/1966, Akzente 6/1982, BV 1987) - BV: D. Wasserbüffel ließ sich nicht d. Leitstrick durch d. Nase ziehn, Ostasiat. Tageb.blätter 1983; Gespräche vorm Ertrinken, Ged. 1983; Nachtigall im Aus, Ritninge 1987; Knaben nicht minder, Ged. 1988 - 1964 Wieland-Preis; 1965 Arbeitsstip. d. Senators f. Kunst u. Wiss. Berlin; 1987 Kreuzberger Kunstpreis - Lit.: Nur nicht alt werden (FS 1979); Ingeborg Drewitz, in: Zeit-Verdichtung, Ess., Krit., Portraits (1980); Berliner Autorenstadtb. d. Akad. d. Künste Berlin (1985); Ernest Wichner, in: L80 Nr.44 (1987).

NEUDECK, Rupert

Dr. phil., Journalist, Schriftsteller - Kupferstr. 7, 5210 Troisdorf (T. 02241 - 4 60 20) - Geb. 14. Mai 1939 Danzig (Vater: Edmund N., Studienrat; Mutter: Gertrud, geb. Bielang), kath., verh. s. 1970 m. Christel, geb. Schänzer, 3 Kd. (Yvonne, Marcel, Milena) - Stud. Univ. Bonn, Paderborn, Münster, Berlin u. Salzburg (Kath.Theol., German., Slawist., Phil.; Promot. 1972) - S. 1970 Redakt. Kath. Inst. f. Medieninformat.; ab 1977 Redakt. Deutschlandfunk Köln. Vors. Verein Dt. Notärzte-Komitee Cap Anamur - BV: Polit. Ethik b. Jean-Paul Sartre u. Albert Camus, 1974; D. Dschungel ins Wohnzimmer - Auslandsberichterst. im Fernsehen, 1976; Wie helfen wir Asien? E. Schiff f. Vietnam, 1980; D. letzte Fahrt d. Cap Anamur I, 1983; Afrika - Kontinent ohne Hoffnung, 1985; Radikale Humanität, 1986; Afghanistan. Polit. Reportagen, 1988; Humanitäre Radikalität. Cap Anamur/Not-Ärzte, 1988 - Insz.: Als d. Fernsehen noch nicht d. Fernsehen war, (WDR) 1978 - Cavaliere-Orden Rep. Somalia; 1985 Theodor-Heuss-Med. (f. Gründ. Dt. Notärzte-Komitee) - Spr.: Engl., Franz., Poln.

NEUDECKER, Gustav

Prof., Hornist - Corniceliusstr. 56, 6450 Hanau/M. - Geb. 19. Okt. 1921 Kleinauheim/M., verh. s. 1946 m. Ilse, geb. Herbert, 2 Söhne (Rainer, Thomas) - Staatl. Hochsch. f. Musik Frankfurt/M. - S. 1946 I. Solo-Hornist Hess. Rundfunk; Dozent Nordwestd. Musikakad. Detmold (1953-66) u. Musikhochsch. Frankfurt (s. 1965) - 1948 Preisträger Intern. Musikwettbew. f. Horn, Genf.

NEUDECKER, Wilhelm

Dr. h. c. phil., Ehrensenator, Unternehmer, Ehrenpräs. FC Bayern, München - Zu erreichen üb. Dt. Fußballbund, Otto-Fleck-Schneise 6, 6000 Frankfurt - Geb. 24. Okt. 1913 Straubing, verh., 1 Sohn - Volks- u. Berufssch., Lehre, Meisterprüf. - 1933-45 Bayer. Landespolizei, Luftwaffe (zul. Hauptfeldw., Offz.anw.); 1945-67 Bauleit. Wiederaufbau Münchn. Frauenkirche u.a. Kulturbaudenkm., selbst. Bauuntern. 1962-79 Präs. FC Bayern München; s. 1975 Vors. Ligaaussch. u. Präsid.-Mitgl. DFB; s. 1976 Mitgl. mehrerer Kommiss. UEFA - Kriegs-VK I. u. II. Kl. m. Schwertern; Reichssportabz.: gr. BVK; Bayer. VO; Med. München leuchtet in Gold; Gold. Ehrenring Stadt München.

NEUENKIRCH, Gerhard

Senator a. D., Bankdirektor i. R. - Waldstr. 30a, 6232 Bad Soden/Ts. - Geb. 9. Juli 1906 Berlin/Rixdorf (Vater: Gustav N.), konfessionsl., verh. s. 1936 m. Gertrud, geb. Steinhagen, T. Ilse, verehel. Ghysbrecht - Mittelsch. Berlin (Mittlere Reife); Banklehre; Verw.ssem. Berlin - B. 1933 (Entlass.) Kommunalbeamt. Bezirksamt Berlin-Neukölln, 1934-49 Angest. Dt. Shell AG., Berlin bzw. Hamburg (zul. Personalchef), 1950-53 Senator f. Arbeit u. Sozialwesen Hamburg, 1954-72 Vorstandsmitgl. Bank f. Arbeit u. Wirtschaft AG., Stuttgart, bzw. Bank f. Gemeinwirtschaft AG., Frankfurt/M. (1958; 1966-72 stv. Vorstandsvors.). 1946-54 Mitgl. Hbg. Bürgerschaft. ARsmandate u. a. SPD - Liebh.: Wandern, Briefm. - Spr.: Engl.

NEUENZEIT, Paul

Dr. theol., o. Prof., f. Kath. Religionslehre u. -päd. Univ. Würzburg (s. 1965) - Schneewittchenweg 9, 8700 Würzburg-Heidingsfeld (T. 70 35 20) - Geb. 1. Juli 1931 Werl/W. (Vater: Dr. med. Fritz N., prakt. Arzt; Mutter: Dr. med. Elisabeth, geb. Kaiser), kath., verh. s. 1966 m. Claudia, geb. Wuttig - Gymn. Werl; Univ. München (Theol., Phil., Psych., Päd.) - 1958-65 Lektor f. Theol. Kösel-Verlag, München - BV: D. Herrenmahl - Studien z. paulin. Eucharistieauffass., 1960 (auch franz., ital., span.); Kl. Bibelkunde z. Neuen Testament, 1966 (auch engl., span., franz.); Bilder d. Hoffnung, 2 Bde., 1980. Herausg.: Schriften z. Katechetik, D. Funktion d. Theol. in Kirche u. Ges. (Sammelbd.; 1969); Mithrsg.: Studien z. Alten u. Neuen Testament - Mitgl. Studiorum Novi Testamenti Societas; AKK; DGfP; etc. - Spr.: Lat., Engl., Franz.

NEUERBURG, Gottfried

Kaufmann, gf. Gesellsch. Gottfried Neuerburg GmbH. & Co. KG. Techn. Ausrüstungen Bosch-Vertragsgroßhändler, Köln, Gesellsch. Bankhaus Aufhäuser, München - Lindenallee 55a, 5000 Köln 51 (T. 38 47 62) - Geb. 13. Sept. 1921.

NEUFANG, Gerhard

Dr. rer. pol., Vorst. Neufang Brauerei AG Saarbrücken, Geschäftsführer Schloss-Neufang Saarl. Brauerei-Vertriebsges. mbH, Saarbrücken - Dudweiler Landstr. 3, 6600 Saarbrücken (T. 3 06 11) - Geb. 9. Juli 1922 Saarbrücken (Vater: Oskar Friedrich N., Vorst. ob. Brauerei † 1964; Mutter: Irmgard, geb. Majert †), ev., verh. s. 1952 m. Barbara, geb. Baentsch, 2 Kd. - Stud. Volksw. - Finanz- u. Handelsrichter - Spr.: Franz.

NEUFANG, Günter

Dr. rer. pol., Kaufmann, Teilh. Buersche Druckerei Dr. Neufang KG., Gelsenkirchen-Buer - Oemkenstr. 140, 4660 Gelsenkirchen-Buer (T. 7 55 77) - Geb. 25. Febr. 1926 Zeitz (Vater: Philipp N.), verh. m. Ellen, geb. Kaschewitz - Stud. Volksw. - S. 1955 Druckereigewerbe, 1969-74 Präs. Bundesverb. Druck; 1981 ff. Vor. Verb. d. Druckind. Westf.-Lippe - Spr.: Engl. - Rotarier.

NEUFELD, Karl Heinz

Dr. phil., Dr. theol., o. Univ.-Prof., Jesuit, Pont. Univ. Gregoriana Rom - Zuccalistr., 8000 München - Geb. 16. Febr. 1939 Warendorf/Westf., kath., ledig - Stud. Univ. Pullach, Frankfurt, Lyon, Paris (Phil. u. Theol.); Lic. phil. 1965, Lic. theol. 1970, Dr. theol. 1975, Dr. theol. habil. 1979, Dr. phil. 1983 Innsbruck - Hochschulsekr.; Assist. b. K. Rahner; Mitarb. Stimmen d. Zeit; s. 1978 Prof. f. systemat. Theol. Pontificia Università Gregoriana Rom - BV: Arbeiten z. H. d. Lubac, K. Rahner, Ad. v. Harnack; Forschungen z. Theol. d. 19. u. 20 Jh. - Spr.: Engl., Franz., Ital., Span., Griech., Latein.

NEUFERT, Kurt

Bühnen- u. Musikverleger - Albert-Fritz-Str. 7, 6900 Heidelberg (T. 06221 - 78 11 11) - Geb. 16. Febr. 1920 Niederschlettenbach/Pfalz, kath., verh. s. 1960 m. Edith, geb. Haug - Univ. Heidelberg (6 Sem. Phil.) - B. 1950 Schausp. u. Regiss. (u. a. Heidelberg, Mannheim, Düsseldorf), dann Schriftst., Journ. u. Verleger (Bühnen- u. Musikverlag). Mitgl. Dt. Journ.-Verb., Verb. Dt. Sportpresse, Dramatiker-Union - BV: Rudi Rosenthal - E. Musikant zieht durch d. Welt. Funkfeuilletons. Bühnenst.: Frauen ohne Chancen (Musikal. Lsp.), Pfälzer Musikanten (Operette), Old Germany (Musical), Der Wettermacher (Ballett), Sabine, sei sittsam! (Musical), D. Wette (Kurzoper), Eva macht Geschichte/n (Musical), Zwecks Heirat (Kurzoper), Ladies and Gentlemen (Musical), Hamlet (dt. Neufass. u. Neuübers. d. Oper v. Ambroise Thomas), Ankou, d. Gerechte (Neuerschein. Oper). Drehb. zu Kurz- u. Kulturfilmen. Buch- u. Ztschr.veröff. - Spr.: Franz., Ital.

NEUGEBAUER, Günter

Steuerbeamter, MdL Schleswig-Holstein - Fr.-v.-Flotow-Str. 3, 2370 Rendsburg (T. 04331 - 2 42 26) - Geb. 13. Juni 1948 Rendsburg (Vater: Richard N.; Mutter: Gerda, geb. Preisner), verh. s. 1975 m. Jutta N. - Realschulreife - 1974-82 Senator, 1974-88 Mitgl. Rat d. Stadt Rendsburg, s. 1979 Landtag, 1973-82 SPD-Ortsvereinsvors., s. 1982 SPD-Kreisvors., s. 1988 Parlamentar. Vertr. d. Min. f. Wirtsch., Technik u. Verkehr d. Landes Schleswig-Holst. - Liebh.: Dt. Gesch. - Spr.: Engl., Franz.

NEUGEBAUER, Günther R.

Rechtsanwalt, Geschäftsf. Interessengemeinschaft Silberwaren/Bundesfachverb. Edelmetallerzeugn. - Franziskanergasse 6, 7070 Schwäbisch Gmünd.

NEUGEBAUER, Rudolf

Dr.-Ing., o. Prof. f. Fördertechnik u. Lasthebemaschinen TH Darmstadt (s. 1966) - Stefan-George-Weg 36, 6100 Darmstadt (T. 6 45 92) - Geb. 5. April 1924 Breslau - Facharb.

NEUGEBAUER, Walter

Dr., Forstassessor a. D., pers. haft. Gesellsch. Pein & Pein/Forstbaumschulen, Halstenbek, Vors. Bundesverb. Forstsamen - Forstpflanzen, Bonn - Heidkampsweg 67, 2084 Rellingen/Holst. - Geb. 14. März 1922 Langenbielau/Schles.

NEUGEBAUER, Wilbert

Dr. rer. nat., Prof., Direktor staatl. Anlagen u. Gärten, Zool.-botan. Garten Wilhelma, Stuttgart - Zu erreichen üb. Wilhelma, Postf. 50 12 27, 7000 Stuttgart 50 - Geb. 25. Sept. 1924 Reichenberg, verh. s. 1954 m. Irene, geb. Hafner, 2 Kd. (Ute, Birgit) - Stud. Zool., Botanik, Chemie, Geogr.; Staatsex. 1954; Promot. 1961 - S. 1971 Intern. Union v. Dir. Zool. Gärten; 1976 Hon.-Prof. - BVK I. Kl.

NEUHÄUSER, Gerhard

Dr. med., Prof. f. Neuropädiatrie, Kinderarzt - Feulgenstr. 12, 6300 Gießen (T. 0641 - 702 44 60) - Geb. 26. Jan. 1936 Neustadt/Cob. (Vater: Dr. Armin N., Arzt; Mutter: Gertrud, geb. Leutheusser), ev., verh. s. 1965 m. Dorothea N., 2 Kd. (Ulrike, Christoph) - Gymn. Casimirianum Coburg; Univ. München u. Freiburg - 1960 wiss. Assist., 1971 Priv.-Doz., s. 1978 Prof. Univ. Gießen - BV: Folgen encephalitischer Erkrankungen b. Kindern, 1972; Genetische Aspekte d. Behinderung, 1982; Entwicklungsstörungen d. Zentralnervensystems, 1986; Geistige Behinderung, 1989; ca. 300 Art. in versch. Ztschr. u. Büchern - Liebh.: Wandern, Fotogr. - Spr.: Engl.

NEUHAUS, Alfred Hubertus

Industriekaufmann, Geschäftsf. Gesellschafter Gebrüder Neuhaus GmbH, Schwetzingen, Ehrenmitgl. Vollvers. IHK Rhein-Neckar, Mannheim (s. 1971), MdB (1976-83) - Postf. 16 60, 6830 Schwetzingen (T. 06202 - 30 64 u. 2 55 62) - Geb. 16. Dez. 1930 Heidelberg, kath., verh. s. 1958 m. Hildegard, geb. Schwarz, 2 Kd. (Patricia, Philipp) - Stud. d. Soziol., Rechtswiss., Gesch.; prakt. Ausbild. Niederl., Brasilien, USA - AR-, VR- u. Beiratsmand., u. a. Großkraftwerk Mannheim AG, Landeskreditbank Bad.-Württ., Karlsruhe, Deutsche Bank AG, Mannheim. 1961-76 Handelsrichter LG Mannheim. CDU. 1971-80 Vizepräs. Dt. Jagdschutz-Verb. Landesjägermeister LJV Baden-Württ. - Liebh.: Jagd, alte Kunst, Theater, Alpinismus.

NEUHAUS, Dieter E.

Regisseur, Dramaturg, Schausp., Autor - Neugartstr. 2, 7800 Freiburg/Br. (T. 0761 - 6 53 19) - Geb. 24. Nov. 1944 - Stud. German., Phil. u. Theaterwiss. Univ. Köln, Berlin u. Bochum - Regiss., Dramat. u. Schausp. Nordmark Landestheater Schleswig (1971/72), Stadttheater Luzern (1972-75), Theater Stadt Bonn (1975-78), Städt. Bühnen Freiburg (s. 1978) - BV: Theater spielen, 1985.

NEUHAUS, H. Joachim

Dr. phil., Prof. f. Sprachwissenschaft - Westf. Wilhelms-Univ., Johannisstr. 12-20, 4400 Münster - Geb. 17. Aug. 1945 Saarbrücken (Vater: Dr.-Ing. Heinz N.; Mutter: Marianne, geb. Helfen), kath., verh. s. 1983 - Fulbright Stud. Californien, M.A. 1969, Promot. 1971, Prof. 1973 - 1973-77 Wiss. Rat u. Prof. Univ. Münster, s. 1977 o. Prof. Münster, 1976 Gastprof. in Helsinki u. 1978/79 Stanford, 1983 u. 88 Univ. of Calif. - BV: Publ. z. engl. Sprachwiss. u. ling. Datenverarbeitung.

NEUHAUS, Helmut

Dr. phil., o. Univ.-Prof. u. Institutsvorst. Inst. f. Gesch. Univ. Erlangen (s. 1989) - Kochstr. 4, 8520 Erlangen (T. 09131 - 85 23 57) - Geb. 29. Aug. 1944 Iserlohn, ev., verh. m. Dorothea, geb. Harr, T. Katharina - Stud. Gesch., German., Phil. u. Jura Univ. Tübingen u. Marburg; Staatsex. (Gesch., German., Phil.) 1971 Marburg; Promot. (Mittelalterl. u. Neuere Gesch.) 1975 Marburg; Habil. (Neuere Gesch.) 1986 Köln - 1971-77 Univ. Marburg; 1977-88 Univ. Köln; 1986-89 Priv.-Doz. Univ. Köln; 1987/88 Prof. Kath. Univ. Eichstätt - BV: Reichstag u. Supplikationsaussch., 1977; D. Konstitutionen d. Corps Teutonia zu Marburg, 1979; Reichsständische Repräsentationsformen im 16. Jh., 1982.

NEUHAUS, Hermann-Josef

Verwaltungsoberinspektor, Präsident Deutscher Familienverb. (s. 1969) - Redigerstr. 62, 4400 Münster/W. (T. 8 40 74) - Geb. 7. April 1920 Münster/W. (Vater: Fritz N., Kaufm.; Mutter: Maria, geb. Böcker), kath., verh. s. 1945 m. Elisabeth, geb. Hofmann, 8 Kd. (Marie-Luise, Christoph, Peter, Paul, Matthias, Gregor, Benedikt, Theresia) - Realgymn.; Lehre Sachversich. - Wehrdst. u. Gefangensch.; Landesversich.sanstalt Westfalen (1954-58 Personalratsvors.). 1948-64 Ratsmitgl. Münster. 1958-75 MdL Nordrh.-Westf. CDU s. 1945 (mitbegr.) - Liebh.: Mod. Graphik.

NEUHAUS, Ludwig

Dr. med., Prof., Chefarzt Geburtshilfl.-Gynäk. Abt. Kreiskrankenhaus Memmingen - Leebstr. 1, 8940 Memmingen/Allgäu - Geb. 21. Okt. 1919 Uivar/Rumän. (Vater: Ludwig N.; Mutter: Anna, geb. Kamp), kath. - Dt. Realgymn. Temesvar/Banat; Univ. München. Promot. 1943 München; Habil. 1953 Würzburg - S. 1944 Univ.s-Frauenklinik Würzburg (1954 Oberarzt; 1953 Privatdoz., 1959 apl. Prof.). Mitgl. Fachges. - Publ.: D. biol. Voraussetz. e. Superfetation d. Frau, Beilageheft z. Ztschr. f. Geburtshilfe, Bd. 141 1954. Üb. 40 Einzelarb.

NEUHAUS, Walter

Landwirt, MdL Nordrh.-Westf. (s. 1975) - Amphop Nr. 1, 5885 Schalksmühle (T. 02351 - 5 07 71) - Geb. 19. April 1932 - CDU.

NEUHAUS, Walter

Dr. phil., o. Prof. f. Zoologie (em.) - Rednitzstr. 70, 8500 Nürnberg (T. 8 56 07) - Geb. 29. Aug. 1908 Linden/Ruhr, ev., verh. m. Maria, geb. Thomas, 2 Kd. - Gymn. Steele; Univ. Berlin, Bonn, Marburg. Promot. 1935; Habil. 1940 - 1935 Assist. Univ. Marburg, 1938 Univ. Erlangen, 1940 Doz. (1941-45 Kriegsdst.), 1950 apl. Prof. ebd., 1965 o. Prof. Univ. Hamburg. Arbeiten üb. Biologie u. Entwickl. d. Trematoden. Sinnesphysiol., insb. Chemoperception.

NEUHAUS, Wilhelm

Prof. Musikhochschule Köln, Konzertpianist - Lebensbaumweg 39, 5000 Köln 71 (T. 0221 - 79 15 89) - Geb. 4. März 1927 Köln, kath., verh. s. 1956 m. Hannelore, geb. Bertz, 3 Kd. - Abit. 1946; Staatl. Hochsch. f. Musik Köln; Klavierstud. b. Prof. Hans Anwander; Staatl. Musiklehrerprüf. 1948, Reifeprüf. f. Klavier 1951; Privatstud. b. Prof. Paul Baumgartner - Konzert- u. Rundfunktätigk. im In- u. Ausl. Schallpl.-Aufn.

NEUHAUS-SIEMON, Elisabeth

Dr., Univ.-Prof., Mitvorstand Inst. f. Pädagogik II Univ. Würzburg - Sonnenrain 17, 8701 Reichenberg b. Würzburg (T. 0931 - 6 82 71) - Geb. 9. Okt. 1928, verh. - 1. u. 2. Prüf. f. d. Lehramt an Volksch.; Prüf. f. d. Lehramt an Realsch.; Promot. 1961 Münster - Doz. Paderborn; Prof. Ludwigsburg; 1974 Prof. Univ. Würzburg - BV: Reform d. Primarbereichs, 4. A. 1983. Herausg.: Schreibenlernen im Anfangsunterr. d. Grundsch. (2. A. 1984); ca. 30 Veröff. in Fachztschr., -lexika u. Handb.

NEUHAUSEN, Friedrich

Geschäftsführer, MdB (Landesliste Nieders.) - Poststr. 4, 3036 Bomlitz-Bennefeld (T. 05161 - 4 93 08) - FDP.

NEUHAUSER, Gertrud

Dr. rer. oec. (habil.), Dipl.-Volksw., o. Prof. f. Volkswirtschaftslehre - Inst. f. Wirtschaftswiss., Ferd.-Porsche-Str. 8, Salzburg (Österr.) - Geb. 11. Jan. 1923 Innsbruck, verh. m. Univ.-Prof. Dr. Theodor Pütz (Wien) - Promot. u. Habil. Innsbruck - 1966-70 o. Prof. Univ. Gießen, dann Univ. Salzburg. Fachveröff.

NEUHAUSER, Peter

Monsignore, Diözesan-Caritasdirektor im Kath. Caritasverb. München-Freising - Hirtenstr. 4, 8000 München 2 - Geb. 25. März 1940 Kirchensur, ledig - Stud. Theol. u. Phil. - BV: Fünf nach Fünf, Kirche in d. Großstadt. Redaktion Praedica Verbum - Spr.: Engl.

NEUHOFF, Franz-Josef

Dr. jur., Präsident Oberpostdirektion Köln - Eupener Str. 80, 5000 Köln 41 (T. 0221 - 4 99 - 31 00) - Geb. 24. Aug. 1927.

NEUHOFF, Kurtwalter

Dipl.-Ing., Generalbevollmächtigter Mannesmann AG i. R. - Mannesmannufer 2, 4000 Düsseldorf (T. 820-24 43); priv.: Semmelweisstr. Nr. 40, 4330 Mülheim/Ruhr - Geb. 16. Juli 1921 Bous - Bergakad. Clausthal; TH Aachen - 1968-69 stv. Vorst.-Mitgl. Thyssen-Röhrenwerke AG.; 1970-74 Vorst.-Mitgl. Mannesmannröhren-Werke AG.; 1975-86 Vorst.-Mitgl. Techn. Überwachungs-Verein Rhld., Köln; Handelsrichter Landgericht Duisburg; Kurat.-Mitgl. Stiftg. Ev. Kranken- u. Versorgungshaus zu Mülheim/Ruhr.

NEUKE-WIDMANN, Angela

Prof., Fotojournalistin (Ps. Angela Neuke) - Oberstr. 45, 4300 Essen 1 (T. 0201 - 44 09 16) - Geb. 10. Okt. 1943 Berlin - 1963-66 Fotogr.-Stud. Folkwangsch. Essen (Prof. Dr. Otto Steinert) - Freiberufl. Fotojourn.; 1980 Prof. f. Fotojourn. Univ. Essen, FB 4 (ehem. Folkwang) - Div. Ausst. u. Veröff.

NEUKIRCH, Helmut

Bundesjugendsekretär - Brehmstr. 84, 4000 Düsseldorf (T. 62 47 47) - Geb. 21. Sept. 1926 Dortmund (Vater: Matthias N.; Mutter: Maria, geb. Berg), kath., verh. s. 1951 m. Ilse, geb. Steinbock, S. Harald - Gymn. (Mittl. Reife); Betriebselektrikerlehre; Sozialakad. Dortmund - 1945-55 Betriebselektr. u. Techn. Angest. Industrie (1947-55 Betriebsratsmitgl.); 1955-64 Jugendsachbearb. IG Metall (Vorst.); s. 1964 Bundesjugendsekr. DGB. 1965 ff. Vors. Dt. Bundesjugendring. SPD s. 1948 - Liebh.: Jazz, Polit. Kabarett, Mag. Kunst - Spr.: Engl.

NEUKIRCHEN, Johannes

Ministerialdirigent, Ständ. Vertr. d. Ministers f. Bundesangelegenh. d. Landes Rhld.-Pfalz b. Bund (Bonn) - Schedestr. 1-3, 5300 Bonn 1 (T. 0228-26 905-31) - Geb. 27. Nov. 1940 Koblenz, kath., verh. m. Henriette N., 1 Kd. - Stud. Klass. Philol., Phil., Gesch. Univ. Mainz u. München; 1. u. 2. Staatsex. f. d. Lehramt an Gymn. (1966, 1967) - BV: Publ. zu Bildungspolitik u. Föderalismus - Interessen: kultur- u. gesellschaftspolit. Entw., Vgl. Kulturgesch., Sprachen (insbes. Mittelmeerkulturen) - Spr.: Engl., Franz., Roman. Spr. - Bek. Vorf.: Carl Schurz.

NEUKIRCHEN, Kajo

Dr., stv. Vorstandsvorsitzender Klöckner-Humboldt-Deutz AG, Köln-Deutz - Mülheimer Str. 111, 5000 Köln 80 - S. 1981 Geschäftsf. Ressort Diversifikation, 1983 Ressort Produktion u. stv. Vors. d. Geschäftsfg., 1985 Vors. d. Geschäftsfg. SKF GmbH Schweinfurt.

NEUKUM, Otto

Landrat (s. 1966), Mitgl. Bayer. Senat - Landratsamt, 8600 Bamberg/Ofr. - Vors. Landkreisverb. Bayern. CSU - 1984 BVK I. Kl.

NEULING, Christian

Dr., Dipl.-Ing., Mitgl. Abgeordnetenhaus v. Berlin (s. 1979) - Zu erreichen üb.: CDU-Fraktion, Rathaus, 1000 Berlin 62.

NEULING, Willy

Dr. rer. pol. (habil.), Prof., Ministerialrat a. D. - Luisenstr. 115, 5300 Bonn - Geb. 13. März 1901 Hamburg (Vater: Wilhelm N., Ewerführereibesitzer; Mutter: Frieda, geb. Schlichting), ev., verh. s. 1929 m. Dr. Olga, geb. Meyer, 2 Kd. (Jan Peter, Ruth Susanne) - Oberrealsch. Hamburg; Univ. ebd., München u. London (Wirtschaftswiss.). Dipl.-Volksw. - 1932-42 Privatdoz. u. apl. Prof. (1940) Univ. Hamburg, dann Lehrstuhlvertr. Univ. Göttingen u. ao. Prof. TH Dresden, n. 1945 Doz. Sozialhyg. Akad. Hamburg u. Verwaltungs- u. Wirtschaftsakad. Lüneburg, 1948-66 Stellv. d. Bevollm. d. Landesreg. Schlesw.-Holst. b. Bund. Mitgl. Verein f. Socialpolitik - BV: D. Stellung d. 3 gr. Dominien im Brit. Königreich n. d. Kriege, 1927; Dtschl.s Wirtschaftserfolg 1924-29, 1931; Möglichkeiten u. Grenzen d. Wirtschaftslenkung, 1941; Neue dt. Agrarpolitik, 1950; D. Wirtschaftsführung e. mittelbürgerl. Familie 1949-65, 1968 - Spr.: Engl., Franz.

NEUMAIER, Ferdinand

Dr. phil., Prof., Geologe - Friedrich-Herschel-Str. 11, 8000 München 80 (T. 48 16 28) - Geb. 22. Dez. 1905 Passau, kath., 2 Kd. - Zul. Dir. Naturwiss. Sammlungen, München. S. 1934 (Habil.) Privatdoz. u. apl. Prof. (1941) Univ. München (Geol.). Arbeiten üb. Sedimentpetrographie, niederbayer. Tertiär, Radioaktivität d. Wassers, Anwend. radioakt. Isotope in d. Hydrol. u. im Wasserbau.

NEUMAN, Friedrich A.

Dr. rer. pol., Fabrikant, Geschäftsf. Gesellsch. Fa. F. A. Neuman GmbH & Co. KG, Eschweiler; Vizepräs. IHK zu Aachen - Am Burgfeld 18, 5180 Eschweiler (T. 7 91 90) - Geb. 8. Juni 1909 Eschweiler (Vater: Josef N., Fabr.; Mutter: Johanna, geb. Thyssen), kath., verh. 1937 m. Margret, geb. Spelberg - Univ. Tübingen u. Köln (Volksw.) - 1970-80 Präs. Verb. NRW-Metallind.; 1970-82 Präs. Landesvereinig. in d. Arbeitgeberverb. NRW, Düsseldorf - 1982 Gr. BVK m. Stern - Spr.: Engl., Franz. - Rotarier.

NEUMANN, Dietrich

Dr. rer. nat., o. Prof. f. Zoologie, insb. Physiol. Ökologie, Univ. Köln (s. 1967) - Kurt-Schumacher-Str. 164, 5042 Erftstadt-Lechenich - Geb. 12. Nov. 1931 Göttingen (Vater: Prof. Dr. phil. Friedrich N., Deutschphilologe (s. XX. Ausg.); Mutter: Ilse, geb. Graul), ev., verh. s. 1961 m. Josefina, geb. Ogando-Rubio, 2 Kd. - Univ. Göttingen. Promot. (1958) u. Habil. (1964) Würzburg - 1964-67 Doz. Univ. Würzburg, 1981 Mitgl. Rhein.-Westf. Akad. d. Wiss. Zahlr. Fachaufs. u. Buchbeitr.

NEUMANN, Dirk

Dr. jur., Vizepräsident Bundesarbeitsgericht (s. 1986), Präsident Dt. Arbeitsgerichtsverband (s. 1981) - Graf-Bernadotte-Pl. 3, 3500 Kassel - Geb. 26. April 1923 - Zul. Vors. Richter BAG.

NEUMANN, Ellen

Prof., Malerin - Düsselstr. 3, 4000 Düsseldorf - Studienrätin; Doz. u. Prof. (1965) Kunstakad. Düsseldorf.

NEUMANN, Erich

Verwaltungsdirektor Wuppertaler Bühnen/Oper-Operette-Tanztheater-Schauspiel - Spinnstr. 4, 5600 Wuppertal 2.

NEUMANN, Franz

Dr.-Ing., Prof. f. Metallurgie RWTH Aachen - Bergweg 5, 4750 Unna-Billmerich (T. 02303 - 8 21 07) - Geb. 17. Mai 1927 Eschweiler (Vater: Anton N., Techn. Kaufm.; Mutter: Katharina, geb. Schleip), verh. s. 1956 in 2. Ehe m. Ursula, geb. Böhmer, 4 Kd. (Sabine, Susanne, Franz-Philipp, Antonia) - Stud. Eisenhüttenkd. (Dipl.-Ing. 1954), Promot. 1957, Habil. 1964 TH Aachen - 1957-63 Obering. TH Aachen; 1963-67 Chefmetallurge Fa. Striko; 1967-84 Chefmetallurge Fa. Brown Boveri; zugl. Doz. RWTH Aachen, Ltg. v. Ind.-Seminaren u. Ind.berat. Zahlr. Pat. auf d. Geb. d. Metallurgie; b. 1984 AWT-Vorstand; wiss. Beirat des IHT-Bremen; Ltg. (bzw. Mitgl.) versch. Fachausschüsse d. AWT, VDG, VDEh. - BV: Div. Veröff. insbes.: Technol. d. Schmelzens v. Gußeisen u. Stahlguß, 1983; Metallurg. Schmelzführ., 1972 (auch franz., engl., jap., russ., jugoslav.) - 1959 Eugen Piwowarski-Preis - Liebh.: Musik - Spr.: Engl.

NEUMANN, Franz

Dr. phil., Prof., Hochschullehrer - Zu erreichen üb.: Mönchebergstr. 19, 3500 Kassel 1 - Prof. u. Präs. GH Kassel.

NEUMANN, Friedrich-Karl

Dr.-Ing., Prof., Oberbaudirektor a. D. - Auf dem Kämpchen 2, 5800 Hagen (T. 5 36 86) - Geb. 18. Juni 1905 Oppeln/OS. (Vater: Friedrich N., Beamter; Mutter: Anna-Luise, geb. Bix), ev., verh. s. 1935 m. Maria, geb. Bialek, 3 Kd. (Peter, Karola, Nikolaus) - Maurerlehre; 1922-25 Staatl. Baugewerksch. Breslau; 1925-26 Staatl. Kunstakad. ebd.; 1926-27 Akad. d. bild. Künste Wien; 1927-29 TH Aachen (Dipl.-Ing.). Promot. 1932 - 1929-31 Stadtbauamt Beuthen/OS. (Arch.), 1931-35 Oberschles. Landges. Oppeln Abt.sleit.), 1935-51 Staatsbausch. Berlin u. Eckernförde (1945; bei beiden Doz.), 1951-70 Staatl. Ing.sch. f. Bauwesen Hagen (Dir.). Fachmitgliedsch. - BV: Baukonstruktionslehre, Lehrb. 2 Bde. (m. Frick u. Knöll; 1951 ff. all. Autor, div. Aufl., auch span.) - 1971 BVK I. Kl. - Rotarier.

NEUMANN, Gerd-Heinrich

Dr. rer. nat., Prof. f. Biologie Univ. Münster - Merianstr. 34, 4712 Werne (T. 02389 - 25 08) - Geb. 28. Febr. 1928 Lübeck (Vater: Arthur N., Chemiker; Mutter: Lydia, geb. Schlüter), kath., verh. s. 1959, 3 Kd. (Karl-Thomas, Andreas, Ruth) - Stud. Biol. Univ. Münster; Promot. 1958, Habil. 1971 - S. 1978 Prof. in Münster - BV: Moral u. Verhaltensforsch., 1974; Einf. in d. Humanethologie, 1979, 2. A. 1983. Zahlr. weit. Fachveröff. üb. Verhaltensbiol. - spez. Aggressions- u. Vorurteilsforsch. Leit. d. Seevogelrettungs- u. Forschungsstation d. Dt. Tierschutzbundes auf Sylt.

NEUMANN, Gerhard

Dr., Prof. f. klass. Archäologie Univ. Tübingen - Robert-Wörner-Str. 51, 7401 Dußlingen - Geb. 22. Okt. 1931 Liessau, ev. - Promot. 1960 - S. 1972 Doz., s. 1977 Prof. - BV: Gesten u. Gebärden in d. griech. Kunst, 1965; Probleme d. griech. Weihreliefs, 1979.

NEUMANN, Gerhard

Dr. phil., o. Prof. f. Neuere dt. Literaturgeschichte - Hindenburgstr. 16, 7808 Waldkirch - Geb. 22. Juni 1934 Brünn/Mähren (Vater: Dipl.-Ing. Rudolf N., Dir. Staatsgewerbesch. Pilsen; Mutter: Edith, geb. Daniczek), kath., verh. s. 1963 m. Brigitte, geb. Bülle, 2 Söhne (Patrick, Holger) - Stud. Freiburg/Br., Wien, Paris. Promot. 1963; Habil. 1972 - Sprachlehrer Goethe-Inst. Paris; s. 1964 Hochschullehrer (Wiss. Rat u. Prof. Univ. Bonn, 1975 o. Prof. Univ. Erlangen-Nürnberg, 1979 Univ. Freiburg, 1986 Prof. Univ. München) - BV: u. a. Dt. Epigramme, 1969; Ideenparadiese - Unters. z. Aphoristik v. Lichtenberg, Novalis, Schlegel u. Goethe, 1976. Herausg.: D. Aphorismus (1976); Franz Kafka: D. Urteil (1981). Mithrsg. Krit. Kafka Ausgabe, Goethe Ausgabe DKV; Reihe Rombach Wiss., Litterae.

NEUMANN, Gerhard

Dipl.-Hdl., Hauptgeschäftsführer IHK Wetzlar - Friedenstr. 2, 6330 Wetzlar/Lahn.

NEUMANN, Günter

Dr. phil., o. Prof. f. Vergl. Sprachwissenschaft Univ. Würzburg (s. 1972) - Thüringer Str. 20, 8700 Würzburg (T. 2 63 55) - Geb. 31. Mai 1920 Freiberg/Sa. (Vater: Fritz N., Rektor; Mutter: Charlotte, geb. Vogler), ev., verh. s. 1953 m. Jutta, geb. Hein, 2 Kd. (Elisabeth-Charlotte, Christian-Dietrich) - Human. Gymn.; Stud. Klass. Philol., German., Vergl. Sprachwiss. Univ. Göttingen. Promot. 1953, Habil. 1958 Göttingen - 1951-61 Schuldst., 1963-69 o. Prof. Gießen u. 1969-72 Bonn - BV: Untersuchungen z. Weiterleben hethitischen u. luwischen Sprachgutes, 1963; Neufunde lykischer Inschriften, 1979; Phrygisch u. Griechisch, Österr. Akad. Wiss., Phil.-hist. Kl., Sitz.-Ber. 499. Bd. 1988 - O. Mitgl. Akad. d. Wiss. Göttingen; korr. Mitgl. Österr. Akad., korr. Mitgl. Braunschweigische Wiss. Ges. - Spr.: Engl.

NEUMANN, Hans

Dr.-Ing., Geschäftsführer Erdöl-Raffinerie Mannheim GmbH., Mannheim - Fliederstr. 13, 6940 Weinheim/Bergstr. - Geb. 7. Juni 1910.

NEUMANN, Hans

Dipl.-Volksw., Geschäftsführer Verb. Dt. Sektkellereien u. Verb. d. Weinbrennereien, beide Wiesbaden (s. 1950) - Zugspitzstr. 8, 6200 Wiesbaden-Dotzheim (T. Büro: 37 20 93) - Geb. 25. März 1909 Greschin/Posen (Vater: Gustav N., Techn. Direktor Textilind.; Mutter: Ida, geb. Scheerschmidt), verh. m. Erika, geb. Pfennig - Dt. Gymn. Lodz; TH Danzig, Univ. Berlin, Leipzig, Tübingen (Dipl.-Volksw. 1933) - 1933-36 Landw. Bank, Danzig, 1936-39 Landbd. Weichselgau, Dirschau/Graudenz, 1939-40 Landesbauernschaft, Danzig, 1940 b. 1943 Landw. Zentralst. Krakau u. Zentral-Handelsges. Ost, 1943-45 Wehrm. 1946-49 Verw. f. Ernährung, Landw. u. Forsten, Frankfurt/M. - BV (unt. Ps.): Polen u. d. Danziger Hafen, 1935 - 1974 BVK I. Kl.

NEUMANN, Hans

Dr. phil. (habil.), o. Prof. f. Dt. Philologie (emerit.) - Charlottenburger Str. 5, 3400 Göttingen-Geismar (T. 79 56 36) - Geb. 10. April 1903 Bielefeld, ev., verh. s. 1947 (Ehefr.: Dr. Gerda) - Univ. Tübingen, Münster/W., Berlin - 1947-70 Privatdoz. u. Ord. (1948) Univ. Göttingen - BV: D. Lob d. Keuschheit, e. Lehrged. v. Johann Rothe, 1934; Beitr. z. Textgesch. d. Fließ. Lichts d. Gottheit u. z. Lebensgesch. Mechthilds v. Magdeburg, 1954; D. Schiffsallegorie im Ezzoliede, 1960; Neue Fragmente aus d. verschollenen Anfang d. westfläm. Spiegel d. Sonden, 1962. Div. Einzelarb. - 1950 o. Mitgl. Akad. d. Wiss. Göttingen (1961-70 Präs. bzw. Vizepräs.). 1970-71 Gastprof. in USA.

NEUMANN, Hans-Hendrik

Hauptgeschäftsführer i. R. - Droysenstr. 34, 2000 Hamburg 52 - Geb. 4. Aug. 1910 Elberfeld, verh., 3 Kd. - Stud. Elektrotechnik - Berufssoldat (bei Kriegsende Oberstlt. u. Reg.skdr.); mehrj. Gefangensch.; 1949-76 Dir. - Geschäftsführer Philips GmbH, Hamburg, 1976-84 AR Philips GmbH.

NEUMANN, Hans-Joachim

Dr. rer. nat., Dr. habil., Prof., Dipl.-Chemiker, stv. Direktor Inst. f. Erdölforschung - Einersberger Blick 3, 3392 Clausthal-Zellerfeld (T. 05323 - 711-101) - Geb. 25. Okt. 1930 Forst (Lausitz), ev., verh. s. 1959 m. Waldtraut, geb. Brandes, 5 Kd. (Klaus-Dietrich, Ute, Jürgen, Eckhard, Silke) - 1950-56 Stud. Chemie; Dipl. 1956; Promot. 1959 (alle TH Braunschweig); Habil. 1969 TU Braunschweig; Habil. 1983 TU Clausthal; 1959-69 Wiss. Assist. Inst. f. Chem. Technol. TU Braunschweig; s. 1969 s.o.; 1976-82 apl. Prof. TU Braunschweig - Arbeiten auf d. Geb. d. Chemie u. Technol. d. Erdöls - BV: Composition and Properties of Petroleum, 1981; Petroleum Refining, 1984; Bitumen u. seine Anwendung, 1981 - 1956 1. Preis d. TH Braunschweig; 1976 Honorarprof. TU Clausthal; 1986 Plak. d. Technol.-Metallurg. Fak. Univ. Belgrad; 1988/89 Präs. Lions Club Oberharz - Liebh.: Malen - Spr.: Engl. - Vorf.: Max Neumann, Kanusportler in d. 20er J. (Vater) - Lit.: Kürschners Dt. Gelehrten-Kalender, zahlr. Nachschlagew.

NEUMANN, Heinrich Eberhard

Dr. jur., Stadtdirektor a. D., Rechtsanwalt - Stauseebogen 113, 4300 Essen 15 (T. 0201 - 46 29 47) - Geb. 8. Jan. 1920 Thorn (Vater: Dr. jur. Hellmut N., Oberbürgerm. a. D.; Mutter: Helene, geb. Thiel), ev., verh. s. 1948 m. Brigitte, geb. Maenz, T. Barbara - Gymn. Erfurt; Univ. Jena u. Köln (Rechtswiss.). Jurist. Staatsex. 1940 u. 49 - S. 1951 RA, 1961ff. Ratsherr, 1970 Beigeordn. Stadt Essen, 1983-85 auch Stadtdirektor, dann Ruhestand; Vors. VdK, Kreisverb. Essen. CDU s. 1953. Mitherausg.: Taschenlexikon sozialversicherungsrechtl. Entscheidungen (Unfallversich.; 1959) - Liebh.: Geschichte, Klass. Musik, Bergsteigen - Spr.: Engl., Franz. - Rotarier.

NEUMANN, Heinz-Peter

I. Direktor, Vors. d. Gfg. Landesversicherungsanstalt Berlin - Messedamm 1-3, 1000 Berlin 19.

NEUMANN, Horst

Dr. rer. nat., Prof. TU Braunschweig, Präsident Nieders. Landesamt f. Wasserwirtschaft - Ringstr. 6, 3201 Diekholzen (T. Hildesheim 26 33 01) - Geb. 29. Sept. 1929 Berlin-Charlottenburg, ev., verh. s. 1960 m. Lore, geb. Lehsten - Univ. u. FU Berlin; Promot. 1958 - 1958-60 Inst. f. Wasser-, Boden- u. Lufthygiene; ab 1961 Nieders. Wasseruntersuchungsamt - BV: Kartoffelveredelungsind., Schlacht- u. Fleischverarbeitungsbetr., Darmverarbeitungsbetr., Tierkörperbeseitigungsanst., in: Lehr- u. Handb. d. Abwassertechnik, Bd. V u. VI, 1985 u. 86.

NEUMANN, Horst

Kanzler d. Universität Kiel - Olshausenstr. 40, 2300 Kiel.

NEUMANN, Johannes

Lehrer i. R., Mitgl. Hbg. Bürgerschaft (1978-82) - Ernst-Horn-Str. 16d, 2000 Hamburg 54 (T. 040 - 540 79 56) - Geb. 27. Febr. 1918 Czarnikau/Netze (aufgew. Stettin), verh. s. 1953, Sohn (†) - Marienstift-Gymn. Stettin (Abit. 1937); Arbeitsdst., Wehrm., engl. Gefangensch.; Univ. Hamburg (Chemie, Phys., Math., Phil.). Staatsex. 1951 u. 56 - Schuldst (zul. Pestalozzi-Sch.). 1962ff. Mitgl. Bundesvorst. Pommersche Landsmannsch. SPD s. 1959 (div. Funkt.). Vors. Ruhestandler in d. GEW-Hamburg u. Kurat.-Vors. Unteilb. Dtschl., Hamburg.

NEUMANN, Johannes

Dr. iur. can., Dipl.-Theol., o. Prof. f. Rechts- u. Religionssoziologie Univ. Tübingen (s. 1966; 1970/1971 Prorektor, 1971/72 Rektor), Hon.-Prof. Univ. Mannheim - Trottbergstr. 13, 7602 Oberkirch (T. 07802-76 90) - Geb. 23. Nov. 1929 Königsberg/Pr. (Vater: August N., Obering.; Mutter: Margarete, geb. Novitzki), verh. s. 1978 m. Dipl. theol., Dipl.-Psych. Ursula, geb. Streif, 2 Kd. - 1949-55 Stud. Phil., Gesch., Theol., 1956-61 Rechtswiss. - Lehrer (1955-58), Wiss. Assist. (1958-65) - BV: D. Spender d. Firmung in d. Kirche d. Abendl., 1963; Mischehe u. Kirchenrecht, 1967; D. Kirche u. d. kirchl. Gewalt in d. dt. Kirchenrechtswiss. v. Ende d. Aufklärung b. z. I. Vatikan. Konzil, 1970; D. Kirchenrecht - Chance u. Versuchung, 1972; Synodales Prinzip, 1973; Menschenrechte - auch in d. Kirche?, 1976; Grundriß d. Kathol. Kirchenrechts, 1981/84. Herausg.: Auf Hoffnung hin (1964); Mithrsg.: Theol. im Wandel (1967); Geistige Behinderung u. soziales Leben (1985, m. Elisabeth Wacker); Toleranz u. Repression. Z. Lage religiöser Minderheiten in modern. Ges. (1987, m. M. W. Fischer); Arbeit im Behindertenheim (1987). Zahlr. Aufs. - 1973 Univ.medaille.

NEUMANN, Karl

Dr. phil., Prof. f. allg. Pädagogik Univ. Göttingen (s. 1980) - Von-Bar-Str. 15, 3400 Göttingen - Geb. 17. Okt. 1939 Holzminden, ev. - 1960-65 Stud. Phil., Päd., German. u. Gesch. Berlin, Wien u. Göttingen; Promot. - 1965-80 Lehrtätigk. als wiss. Assist., Akad. Rat u. Hochschuldoz. - BV: Gegenständlichk. u. Existenzbedeut. d. Schönen. Untersuchungen z. Kants Kritik d. ästhetischen Urteilskraft, 1973; Kindsein. Z. Lebenssituat. v. Kindern in mod. Ges., 1981; Taschenb. d. Deutschunterr. (m. G. Lange, W. Ziesenis), 1986; Gesch. d. Kindergartens (m. G. Erning u. J. Reyer), 1987; Bildung, Gesch. u. Zukunft. Erich Weniger als polit. Pädagoge, 1988. Zahlr. Aufs. z. Anthropol. u. Lehrerausbild.

NEUMANN, Karl J.

s. Newman, Karl J.

NEUMANN, Klaus

Dr., Dipl.-Math., o. Prof. f. Operations Research Univ. Karlsruhe (s. 1970) - Strütweg 17, 7541 Straubenhardt 5 (T. 07082 - 86 57) - Geb. 8. Dez. 1937 Liegnitz (Vater: Helmut N. †; Mutter: Gertrud, geb. Büttner †), ev., verh. s. 1966 m. Gisela, geb. Kaiser, 3 Kd. (Jörg Michael, Marc Andreas, Jan Peter) - Stud. d. Math. Dresden u. München; Dipl.ex. 1961; Promot. 1964, Habil. 1968 - 1968-70 Leit. Rechenzentrum Univ. Karlsruhe - BV: Operations Research Verfahren, Bd. I-III 1975-77; Gert Networks, 1979 - Liebh.: Bergwandern, Baukunst, Musik - Spr.: Engl.

NEUMANN, Klaus-Günter

Komponist, Textdichter, Kabarettist, Schauspieler - Pannierstr. 20, 1000 Berlin 44 - Geb. 20. Juni 1920 Berlin (Vater: Emil N., Steuerbeamter; Mutter: Minna, geb. Bruns), ev., gesch. v. Ilse Kiewiet (Schausp.) - Schauspielsch. Dt. Theater Berlin; priv. Musikstud. - 1939-45 Soldat - Kabarettrevuen (Greifi-Cabaret, Berlin): D. Luftbrücke, Totoritis, Nackt muß es sein!, Bundesdorf Berlin, Illusionen, Festgespielt, Wir wollen uns wieder vertragen, D. Nacht d. offenen Tür, Tapetenwechsel u. a. Rundfunksendung: D. Woche im Bundesdorf Berlin (Klavierender Bürgerm. v. Berlin); zahlr. Fernsehsend. (1962 ff. Prof. ZDF). Weltschlager: Tulpen aus Amsterdam; USA-Schlager: Wonderland by Night (Hit Nr. 1, 1960; Gold. Schallpl. u. Gold. Special Citation of Achievement f. üb. 1 Mill. Broadcast performances). Übers.: Pajama Game (amerik. Musical) u. franz. Stücke. Wiederh. USA-Gastsp. S. 1978 Klaus-Günter-Neumann-Kabarett i. Kranzler-Pavillon - Liebh.: Reisen, Lesen, Kladiersp. - Spr.: Lat., Griech., Engl., Franz.

NEUMANN, Kurt

Dr.-Ing., o. Prof. f. Physikal. Chemie (emerit.) - Schöne Aussicht 39, 6338 Hüttenberg-Volpertshausen (T. 06441 - 7 38 00) - Geb. 2. Juli 1905 Norrköping/Schweden (Vater: Carl N., Textiling.; Mutter: Sigrid, geb. Gemmel), ev., verh. s. 1940 m. Erna, geb. Knape †, S. Jan - Oberrealsch. Cottbus; TH Berlin. Promot. (1930) u. Habil. (1935) Berlin - 1935 Privatdoz. TH Berlin, 1940 Univ. Rostock, 1942 Ord. Univ. Gießen. Fachaufs. - Spr.: Schwed.

NEUMANN, Kurt

Geschäftsführer Fels-Werke Peine-Salzgitter GmbH. (s. 1972) - 3380 Goslar/Harz.

NEUMANN, Kurt

Oberamtsrat a. D., MdL Rhld.-Pfalz - Pfalzgrafenstr. 16, 6508 Alzey - Geb. 5. März 1927 - SPD.

NEUMANN, Manfred

Dr. rer. pol., Prof., Ordinarius f. Volkswirtschaftslehre unt. bes. Berücks. d. Genoss.wesens u. d. Versich.wiss. u. Vorst. Volksw. Inst. Univ. Erlangen-Nürnberg (s. 1969) - Robert-Koch-Str. 16, 8560 Lauf/Pegnitz.

NEUMANN, Paul

Gemeindedirektor a. D., MdB (s. 1965) - Bardenweg 8, 2093 Stelle-Buchwedel (T. 24 59) - Geb. 6. Dez. 1929 Ziegenhals/Schles., verh., 2 Kd. - Obersch. Schlesien; Staatl. Handelssch. Hamburg; kaufm. Lehre ebd. (Im- u. Export); 1954-56 Braunschweig-Kolleg; Univ. Hamburg (Volksw.) - Kaufm. Angest.; Tätigk. DGB; 1962-65 Gemeindedir. Stelle. 1958-71 MdK Harburg (1964-69 Fraktionsvors.); 1959-62 Ratsherr, 1968-71 Bürgerm. Stelle. SPD s. 1948 (Mitgl. Unterbezirksvorst. Lüneburg-Harburg).

NEUMANN, Peter

Geschäftsführer Saarbrücker Druckerei u. Verlag GmbH - Glogauer Str. 13, 6600 Saarbrücken (T. 0681 - 81 29 53) - Geb. 20. Sept. 1926 Leipzig (Vater: Prof. Dr. phil. Friedrich N.; Mutter: Ilse, geb. Graul), ev.-ref., verh. s. 1956 m. Erika, geb. Anschütz, 2 Kd. (Almut, Volkmar) - 1953-67 Herst.leit. versch. Verlage in Düsseldorf, Frankfurt, Hamburg, 1968-71 Techn. Leiter Rundschau Itzehoe, 1971-74 kfm. Dir. Druckerei Schwann Düsseldorf, s. 1974 Geschäftsf. Saarbrücker Druckerei u. Verlag - Mitgl. Verleger-Aussch. Börsenverein d. dt. Buchhandels, u.a. meist fachgeb. Ämter, 1980-86 Vors. Hist. Verein Saar, Redaktion Wandelhalle d. Bücherfreunde (Ges. d. Bibliophilen) u. Mitteil. d. Bundes Münchener Meisterschüler - Liebh.: Bibliophilie - Bek. Vorf.: Prof. Dr. Richard Graul, Kunsthist., (Großvater), Prof. Dr. Hermann Tillmanns, Chirurg (Urgroßvater).

NEUMANN, Peter Dietmar

Dr. rer. nat., Prof. f. Physik Univ. Düsseldorf - 4020 Mettmann - Geb. 21. Mai 1939 Ratibor (Vater: Ottmar N., Stadtoberinsp.; Mutter: Helene, geb. Galecki), verh. s. 1969 m. Dr. med. Heide, geb. Commichau, 2 T. (Gabriele, Silvia) - Physik-Stud., Dipl. 1963 Göttingen, Promot. 1967, 1970-72 Visiting Scientist am Argonne Nat. Lab., USA - 1978 Wiss. Mitgl. MPI f. Eisenforsch., s. 1979 apl. Prof. Univ. Göttingen, 1980 Dir. MPI f. Eisenforsch., 1984 apl. Prof. Univ. Düsseldorf - Beitr. z. Aufklär. d. Mechanismen d. Ermüdung v. metall. Werkst. - 1969 Masing-Gedächtnis-Preis Dt. Ges. f. Metallkd. - Spr.: Engl.

NEUMANN, Peter Horst

Dr. phil., o. Prof. Univ. Erlangen - Erlenstegenstr. 28, 8500 Nürnberg - Geb. 23. April 1936 Neiße/Oberschles., kath., verh. s. 1960 m. Astrid, geb. Steinkopf, 2 ind. Adoptivkd. - Abit. 1955 Aue (Sachsen); 1955-58 Stud. d. Musik u. Musikwiss. Univ. Leipzig; 1958-65 German., Kunstgesch., Musikwiss., Phil. Univ. Berlin u. Göttingen (Promot. 1965) - 1965-68 wiss. Assist. Univ. Erlangen; 1968-80 o. Prof. Univ. Fribourg (Schweiz); 1980-83 o. Prof. Univ. Gießen. Gastprof. Genf, Bern u. Neuchâtel. Zahlr. Gastvortr., lit. u. krit. Beitr. f. Radio, Ztg. u. Ztschr. - S. 1984 Präs. d. Eichendorff-Ges. - BV: Jean Pauls Flegeljahre, 1966; Z. Lyrik Paul Celans, 1968; Konkordanz z. Lyrik Paul Celan, 1969; D. Weise u. d. Elefant. Brecht-Stud., 1970; D. Preis d. Mündigkeit, 1977; D. Rettung d. Poesie im Unsinn, 1981. Mithrsg. d. kulturwiss. Jahrb. Aurora.

NEUMANN, Rainer
Dr. rer. pol., Geschäftsführer Wirtschaftsjunioren Deutschland (s. 1984) - Adenauerallee 148, 5300 Bonn 1 (T. 0228 - 10 45 14) - Geb. 28. März 1949 Göttingen (Vater: Dr. rer. nat. Fritz N., Chemiker; Mutter: Erika, geb. Nikisch), verh. s. 1979 m. Christine, geb. Fett - Dipl.-Volksw. 1974 u. Promot. 1979 (beide Bonn) - Univ.tätigk. Bonn, 1978-80 Geschäftsf. Ges. f. wirtschafts- u. verkehrswiss. Forsch. (1981ff. Vorst.); 1981-84 Ref. Dt. Industrie- u. Handelstag ebd. - BV: D. qualitative u. quantitative Beeinträchtig. d. Umwelt durch den Kraftfahrzeugverkehr . . ., 1973; Ökologie u. Verkehr . . ., 1980; Verkehrssysteme im Wandel . . ., 1980; (Hrsg. m. M. Zachcial).

NEUMANN, Volker
Rechtsanwalt u. Notar, MdB (s. 1983, Landesliste Nieders.) - Zu erreichen üb.: Bundeshaus, 5300 Bonn 1; priv.: Große Str. 56, 4500 Bramsche - Geb. 10. Sept. 1942 Forst/Lausitz, 1 Kd. - Gymn. Osnabrück, Abit. 1962; Univ. Bonn u. Münster (Rechts- u. Staatswiss., Volkswirtsch.) - S. 1979 RA, s. 1974 Notar - 1968 Ratsherr, 1972-78 u. 1980-83 SPD-Fraktionsvors. Kreistag Osnabrück. SPD s. 1967 (UB-Vors. Osnabrück-Land).

NEUMANN, Walter
Assessor, Generalsekr., Zentralarbeitsgemeinschaft d. Straßen-Verkehrsgewerbes (s. 1970) - Breitenbachstraße 1, 6000 Frankfurt/M. 93 (T. 77 57 19).

NEUMANN, Walter
Dipl.-Bibl., fr. Schriftsteller (s. 1989) - Dangenstorf 30, 3131 Lübbow (T. 05883 - 2 59) - Geb. 23. Juni 1926 Riga/Lettland, ev., 4 Kd. (Marina, Frank, Harald, Ingo) - Bibl.-Dipl. 1969 Köln - 1951-62 Arb. als Techniker; 1962-89 Bibl.-Lektor. S. 1964 Mitgl. Verb. dt. Schriftst. - BV: Biogr. in Bilderschrift, Lyr. 1969; Grenzen, Lyr. 1972; Mots-Clés (Schlüssel-Worte), Lyr. 1973; Stadtplan, Erz. 1974; Jenseits d. Worte, Lyr. 1976; Lehrged. z. Gesch., 1977; Mitten im Frieden, Lyr. 1984 - 1981 Andreas-Gryphius-Preis; 1989 Eichendorff-Preis - Spr.: Engl., Lett. - Lit.: Jürgen P. Wallmann: In d. Gedächtnisfächern. Z. Lyrik W.N.'s.

NEUMANN, Wilhelm P.
Dr. rer. nat., o. Prof. f. Organ. Chemie - Tiroler Str. 18, 4600 Dortmund 50 (T. 73 10 66) - Geb. 29. Okt. 1926 Würzburg (Vater: Prof. Dr. med. Dr. phil. Wilhelm N., Pharmakologe u. Toxikologe † 1965 (s. XIV. Ausg.); Mutter: Margarete, geb. Bertram), verh. m. Gerda, geb. Deutskens, 3 Kd. - Univ. Würzburg (Chemie; Dipl.-Chem. 1950). Promot. 1952 Würzburg; Habil. 1959 Gießen - 1955-59 Max-Planck-Inst. f. Kohlenforsch. Mülheim; s. 1959 Lehrtätigk. Univ. Gießen (1965 apl. Prof.; Abt.leit. u. Prof. Inst. f. Org. Chemie) u. Dortmund (1968 o. Prof. f. Organ. Chemie) - BV: D. organ. Chemie d. Zinns, 1967 (engl. 1970). Z. Zt. 250 Einzelarb., dar. Handbuchbeitr. üb. Metallorgan. Chemie u. radikalische Reaktionen - Fellow of the Japan Soc. for the Promotion of Science; Ehrenmitgl. Argentinische Chem. Ges. (SAIQO) - Liebh.: Barockmusik, Reisen, Skilaufen, Segelfliegen - Spr.: Engl., Franz.

NEUMANN, Wilhelm Werner
Direktor, Mitglied d. Geschäftsltg. Berliner Werbefunk GmbH, Präs. a. D. Dt. Werbefachverb. - Nassauische Str. 59, 1000 Berlin 19 - Geb. 25. Dez. 1919 Sprottau/Niederschles. (Vater: Wilhelm N.; Reichsbahnbeamter; Mutter: Ida, geb. Köhler), ev., verh. s. 1976 in 3. Ehe m. Ingrid, geb. Holtz, 6 Kd. (Hans-Werner, Axel, Folke, Sabine, Stefan, Sebastian) - 1945-48 Stud. Staats- u. Rechtswiss.; 1956-60 Gerichtsrefer. Berlin - 1948-50 Bürgerm. Kreisabschn. Camburg/S.; 1951-55 Justitiar Textil- u. Strumpfgroßh. Mentzel KG; 1961-62 stv. Leit. Grundbesitzverw. Schering AG; s. 1962 Prok. u. Mitgl. Geschäftsltg. Berliner Werbefunk GmbH. S. 1977 Lehrbeauftr. Hochsch. d. Künste Berlin; b. 1980 Präs. Dt. Werbefachverb. e.V.; 1977-81 Vors. Werbefachverb. Berlin e.V., 1979-81 Vors. BDW-Landesgr. Berlin; s. 1978 Leit. u. Initiator Intern. TV-Spot- u. Werbefilmwettb. Berlin - Liebh.: Klass. Musik, Gesch. - Spr.: Engl., Franz.

NEUMANN-DUESBERG, Horst
Dr. jur. (habil.), Landgerichtsrat a. D., o. Prof. f. Arbeits- u. Sozialrecht, Bürgerl. Recht, Handels-, Wirtschafts-, Zivilprozeß-, Urheber- u. Presserecht - Kiefernweg 2, 3406 Bovenden (T. Göttingen 3 15 73) - Geb. 12. Mai 1907 Graudenz/Westpr. - 1944 Doz. Dt. Univ. Prag, 1949 apl. Prof. Univ. Münster, 1955 o. Prof. Hochsch. f. Sozialwiss., Wilhelmshaven, 1962 Univ. Göttingen - BV: Presseberichterstattung, -urheberrecht u. Nachrichtenschutz, 1949; Sprache im Recht, 1949; D. gesprochene Wort im Urheber- u. Persönlichkeitsrecht, 1949; D. Mitbestimmungsrecht, 1958; Betriebsverfassungsrecht (Lehrb.), 1960. Zahlr. Einzelarb.

NEUMANN-MAHLKAU, Peter
Dr.-Ing., Präsident Geol. Landesamt NRW - De-Greiff-Str. 195, 4150 Krefeld 1 - Geb. 27. Aug. 1934 Grudziadz (Vater: Gerhard N.-M., Landwirt), ev., verh. m. Dagmar Malone, geb. Ebsen, Ph.D, 2 Kd. (Henning, Annemete) - Dipl.-Ing. 1961; Promot. 1966; Habil. - 1972-89 Prof. f. Geologie Univ.-GH Essen (1970-78 Dekan, 1979-83 Rektor). 1984 Adjunct Prof. Cal. State Univ. Long Beach - Spr.: Engl., Franz.

NEUMAR, Rudolf
Dr., Präsident Bundespatentamt, München (s. 1971) - Schwanseestr. 64, 8000 München 90 (T. 63 34 20) - Geb. 29. April 1919, verh. - Zul. Senatspräs. BPA.

NEUMAYER, Peter Alexander
s. Alexander, Peter

NEUMEIER, John
Choreograph u. Ballettdirektor Hamburgische Staatsoper (s. 1973) - Zu erreichen üb. Ballett-Zentrum Hamburg, Caspar-Voght-Str. 54, 2000 Hamburg 26 - Geb. 24. Febr. 1942 Milwaukee (Wisc., USA) - Ausbild. b. Sheila Reilly, Milwaukee, B. Stone u. W. Camryn, Chicago, V. Volkova u. Royal Ballet School - 1963-69 Engagem. Stuttgart, 1969-73 Frankfurt (Ballettdir. u. Chefchoreogr.: u. a. Feuervogel (Strawinsky), Romeo u. Julia (Prokofieff), Nußknacker (Tschaikowsky), Kuß d. Fee (Strawinsky), Daphnis u. Chloe (Ravel), s. 1973 Hamburg (Ballett-UA: 1., 3., 4., 6. u. 10. Sinf. v. Gustav Mahler, E. Sommernachtstraum, D. Kameliendame, Illusionen- wie Schwanensee, Matthäus-Passion, Artus-Sage, Othello, Endstation Sehnsucht Dornröschen - 1983 Dance Magazine Award USA; 1987 Dr. h.c. Marquette Univ., Milwaukee, USA, u. Prof.-titel durch d. Hamburger Senat; 1988 Dt. Tanzpreis, u. Prix Daghilve Paris.

NEUMEIER, Walter
1. Direktor, Geschäftsführer Landesversicherungsanstalt Unterfranken - Friedenstr. 14, 8700 Würzburg 2.

NEUMEISTER, Hanna,
geb. Meyer
Dr. med. dent., Zahnärztin - Sedanstr. 14, 3200 Hildesheim (T. 05121 - 13 19 19) - Geb. 6. Juli 1920 Bad Harzburg (Vater: Ernst M., Oberstudiendir.; Mutter: Elisabeth, geb. Brüblig), ev., gesch., 2 Söhne (Axel, Thomas) - Obersch. Nienburg/W. (Abit.); n. Kriegseins./DRK (KVK m. Schwertern) Univ. Hamburg, Göttingen, Kiel (Zahnmed.; Staatsex. 1949, Promot. 1950) - 1950-56 Assist. Kiel (Kieferklinik) u. Kreiensen (1951) sow. Schulzahnärztin Gandersheim (1953); s. 1956 eig. Praxis Greene. Mitgl. Gemeinderat Kreiensen u. Kreistag (1969 Fraktionsf.), 1972-87 Mitgl. Dt. Bundestag, 1978-88 Präs. Bundesvereinig. f. Gesundheitserz., 1980-88 Präs. d. Dt. Rheuma-Liga. CDU s. 1967 - 1967 Gold. Sportabz., 1979 BVK I. Kl.; 1986 Gr. BVK.

NEUMETZGER, Curt-Albert
Kaufmann, pers. haft. Gesellsch. Fa. Jean Wunderlich (Brillanten/Perlen/Farbsteine/Diamantschleiferei; gegr. 1856), Hanau, Vors. Dt. Diamant-Komitee ebd. u. Bundesverb. d. Im- u. Exporteure v. Edelsteinen u. Perlen, Frankfurt/M. - Auf der Aue 1, 6450 Hanau (T. 2 02 05) - Geb. 3. Dez. 1928 Hanau (Vater: Hans N., Kaufm.; Mutter: Hildegard, geb. Heymann, verh. m. Dr. Annette N.-Schosland, 4 Kd. (Caroline, Verena, Cordelia, Viola) - Spr.: Engl., Franz. - Mitgl. Lions-Club.

NEUMEYER, Dieter
Dr. oec. publ., Dipl.-Kfm., Geschäftsführer - Kopernikusstr. 11, 8000 München 80 (T. 089-47 41 52) - Geb. 26. Juli 1931 - Univ. München; Promot. 1958 - B. 1960 Siemens, dann Zündapp-Werke, München - Liebh.: Segeln, Skilaufen - Spr.: Engl. - Rotarier.

NEUMEYER, Max
Dr., Oberbürgermeister - Rathaus, 8230 Bad Reichenhall/Obb. - Geb. 4. Sept. 1920 - Mitgl. Präsid. u. Hauptaussch. im Dt. Städtetag; Vors. Arbeitskr. Fremdenverkehrs- u. Bädergemeinden; Mitgl. Arbeitskr. Staatsbäderstädte im Dt. Städte- u. Gemeindebund. CSU - BVK am Bde., BVK I. Kl.; Silb. Med. Freistaat Bayern f. Verd. um d. kommunale Selbstverw.

NEUNAST, Armin
Dipl.-Ing., Geschäftsführer Verb. Rhein. Bims- u. Leichtbetonwerke - Sandkaulerweg 1, 5450 Neuwied/Rh.; priv.: In der Felster 68, 5470 Andernach - Geb. 17. Jan. 1938.

NEUNDÖRFER, Konrad
Dr., Hauptgeschäftsführer Gesamtverb. d. Textilindustrie in d. BRD - Schaumainkai 87, 6000 Frankfurt/M. 70 - Geb. 8. Aug. 1934.

NEUNEIER, Peter
Schriftsteller - Leppestr. 81, 5277 Marienheide (T. 02264 - 86 82) - Geb. 30. Juli 1926 Köln, verw., T. Nadine - Gymn. Fachsch. (Köln) - Redakt. (Kulturzeitschr. Spuren); Veranst. Oberbergischer Künstlersommer; VR Kölner Studentenwerk - BV: R.: Akkord ist Mord; Lackfresser; Schlagt zurück; Zw. Harlem u. Eastvillage. Kurzgesch., Fernsehfilm u. Hörsp. - 1974 Literaturstip. Kultusmin. v. NRW - Interessen: Eisexped. (Erstüberquerung d. gr. Gletschers d. Welt 1971, Vatnajökull, Island; Expeditionsleit. b. 3 Grönland-Inlandeis-Exp.) - Spr.: Engl. - Lit.: M. Walser, Was ist Lit.?, u.a.

NEUNER, Peter
Dr. theol., Prof. f. Dogmatik Univ. München - Grünwalder Str. 103a, 8000 München 90 (T. 089 - 64 01 00) - Geb. 23. März 1941 München (Vater: Andreas N., Studiendir.; Mutter: Mathilde, geb. Schmid), kath., ledig - Univ. München (Dipl.-theol. 1965; Promot. 1976; Habil. 1978) - 1966-68 Kaplan Traunstein; 1972-80 wiss. Assist. Univ. München; 1980-85 Prof. f. Fundamentaltheol. Univ. Passau - BV: Relig. zw. Kirche u. Mystik, 1977; Relig. Erfahr. u. gesch. Offenbar., 1977; Döllinger als Theol. d. Ökumene, 1979; Kleines Handb. d. Ökumene, 2. A. 1987; D. Laie u. d. Gottesvolk, 1988. Herausg.: E. Troeltsch, Briefe an Friedrich v. Hügel 1901-1923 (1974); Auf Wegen d. Versöhn. (Festschrift, H. Fries; 1982).

NEUNHOEFFER, Hans
Dr. rer. nat., Dipl.-Chem., Prof. f. Chemie TH Darmstadt - Auf dem Sand 1, 6109 Mühltal (T. 06151 - 14 72 66; dstl.: 06151 - 16 29 66) - Geb. 7. Mai 1936 Breslau (Vater: Otto N., Prof.; Mutter: Käthe, geb. Reinke), ev., verh. s. 1965 m. Margaret, geb. Kirnberger, 2 Kd. (Ellen-Ulrike, Torsten-Henrik) - Dipl. Chemie 1959 Univ. Berlin; Promot. 1962 TH Darmstadt; Habil. 1970 ebd. - S. 1971 Prof. TH Darmstadt (1979-81 Dekan FB 9) - BV: The Chemistry of Heterocyclic Compounds, 1978 - Liebh.: Politik, Musik, Sport - Spr.: Engl., (Russ.).

NEUNZIG, Hans A.
Lektor, Übers., Schriftst. - Landsberger Str. 9, 8919 Utting - Geb. 18. März 1932 Meißen, ev., verh. s. 1958 m. Ilse, geb. Osten - 1974-82 Leit. Nymphenburger Verlagshandlung, München - BV: Johannes Brahms, Monogr. 1973; Lebensläufe d. Dt. Romantik, 2 Bd. 1984 u. 1986; Leseb. d. Gruppe 47 (Hrsg.), 1983; E. neue europ. Musik, 1985.

NEUPERT, Herbert
Dr., Ministerialdirektor a. D. - Peter-Schwingen-Str. 21, 5300 Bonn-Bad Godesberg (T. 32 27 66) - Geb. 4. Febr. 1911 - Langj. Tätigk. Bundesverkehrsmin. (u. a. 14 J. Ref. Abt. Seeverkehr (Hamburg), anschl. Ref. Bonn, 1969-73 Leit. Abt. Allg. Verkehrspolitik), 1973-78 Vorst.vors. Studienges. f. d. kombinierten Verkehr, Frankfurt/M.; b. 1978 Geschäftsf. HSB-Studienges., München; Vors. Verb. f. Studentenwohnheime, Bonn - 1974 Gr. BVK.

NEURATH, Friedrich
Dr. med., Prof. f. Orthopädie Univ. Marburg - Wehrdaer Weg 45, 3550 Marburg/L.

NEURATH, Hans
Dr., Drs. h. c., em. Prof. of Biochemistry Univ. Washington, Seattle, WA (USA), Hon.-Prof. Univ. Heidelberg, Redakt. v. Biochemistry - 5752-60th N.E. Seattle, WA 98105 (USA) - Geb. Österr. - Redakt. Publ.serie The Proteins (3 Aufl.); Ausw. Wiss. Mitgl. Max-Planck-Ges., Mitgl. National Acad. of Sciences (USA) u. American Acad. of Arts a. Sciences; Ehrenmitgl. Japanese Biochemical Soc. - Ca. 370 Publ. auf d. Geb. d. Biochemie.

NEUREUTHER, Erich
Regisseur u. Autor - Straßbergerstr. 2, 8000 München 40 - Geb. 1. Mai 1932 München (Vater: Emil N.; Mutter: Olga, geb. Renz), ev., verh. s. 1980 in 2. Ehe m. Katja N. - Obersch. Otto Falckenberg-Sch. - Schausp. (Marburg, Lübeck, München); Regieassist. Bayer. Staatsschausp., Film u. Fernsehen; s. 1963 Regiss. (freiberufl.) f. Theater u. FS - Theater-Insz. u.a. in Köln, Stuttgart, Berlin, München, rd. 300 Fernsehprod.: FS-Spiel, Serie, Musical, Unterhalt., Dok., Kabarett - Liebh.: Kunst- u. Kulturgesch., Reisen - Spr.: Engl., Span.

NEUSCHÄFER, Hans-Jörg
Dr. phil., o. Prof. f. Roman. Philologie u. Literaturwiss. Univ. Saarbrücken (s. 1966), Präs. d. Dt. Romanistenverb. (s. 1979) - Fasanenweg 6, 6601 Scheidt/Saar (T. Saarbrücken 81 85 81) - Geb. 29. Dez. 1933 Worms/Rh. - Habil. 1967 Gießen - Facharb.

NEUSEL, Hans
Bürgermeister a. D., MdL Hessen (s. 1970; 1974 Vizepräs.) - Rote-Breite-Str. 14, 3501 Obervellmar (T. Kassel 82 22 70) - Geb. 18. Dez. 1914 Hohenkirchen Kr. Hofgeismar - N. Mittl. Reife Handwerkslehre - Durch Kriegsbeschäd. Verwaltungsdst. (zul. Oberinsp. Kreisverw. Kassel); 1962-70 Bürgerm. Gde. Obervellmar. MdK Kassel-Land (1956 Fraktionsf.). SPD (1954 Unterbezirksvors.).

NEUSEL, Hans Heinrich

Staatssekretär Bundesinnenmin. Bonn (s. 1985) - Am Kottenforst 50, 5300 Bonn 1 (T. 25 22 88) - Geb. 10. Sept. 1927 Dortmund (Vater: Hans N., Malermstr.; Mutter: Alma, geb. Adams), verh. s. 1959 m. Karin, geb. Rose, T. Susanne - Stud. Rechts- u. Staatswiss., Volkswirtsch. - 1959 Bundeswirtschaftsmin., 1963 Bundeskanzleramt, 1977 Bundestagsverw., 1979-84 Chef d. Bundespräsidialamts, 1984-85 Beauftr. d. Bundeskanzlers im ad-hoc-Aussch. Europa der Bürger.

NEUSER, Ernst-Jürgen

Dr., Dipl.-Holzw., Hauptgeschäftsführer Dt. Holzwirtschaftsrat - Mainzer Str. 64, 6200 Wiesbaden; priv.: Alban-Köhler-Str. 10 - Geb. 24. Mai 1929.

NEUSER, Wilhelm

Dr. theol., Prof., Kirchenhistoriker - Lehmbrock 17, 4401 Ostbevern (T. 025032 - 75 14) - Geb. 13. Juni 1926 Siegen/W., ev. - S. 1960 (Habil.) Lehrtätigk. Univ. Münster (1967 apl. Prof. f. Kirchengeschichte u. Konfessionskd.; 1971 Wiss. Rat u. Prof.). Fachveröff.

NEUSS (ß), Franz-Josef

Dr. phil., Chefredakteur HF - Vorgebirgstr. 1a, 5000 Köln 1 (T. dstl.: 389 42 01) - Geb. 5. Sept. 1929 Aachen, kath., verh. s. 1962, 4 Kd. (Raimund, Ursula, Christa, Michael) - Univ. Würzburg u. München (German., Gesch., Phil.). Promot. 1955 München - 1955-58 Volont. u. Redakt. Aachener Volksztg.; 1958-61 polit. Redakt. Dt. Ztg. u. Wirtschaftsztg., Köln; 1961-66 dass. Westd. Rundf. ebd.; s. 1966 Ressortleit. Dt. Welle, Köln, s. 1987 Chefredakt.

NEUSSER, Hans Jürgen

Dr. rer. nat., habil., Prof. f. Physikal. Chemie - Kleiberstr. 25, 8011 Vaterstetten - Geb. 20. Nov. 1943 Troppau (Vater: Johann N., Prok.; Mutter: Aurelia, geb. Korschofsky), kath., verh. s. 1973 m. Irmgard, geb. Rollmann, 2 S. (Matthias, Sebastian) - 1963-68 Physik-Stud., Promot. 1971, Habil. 1977 TU München - S. 1977 Lehrtätigk., 1978-79 Priv.doz., s. 1979 Prof. TU München - BV (Mitautor): Multiphoton Spectroscopy of Molecules. Zahlr. Fachveröff. - 1983 Chemiepreis Akad. d. Wiss. zu Göttingen.

NEUSSER, Martin

Verleger u. Herausgeber d. General-Anzeiger Bonn - Justus-von-Liebig-Str. 15, 5300 Bonn 1 - Geb. 4. Nov. 1953, kath., verh. s. 1986 m. Ute, geb. Tachmusch - Bank- u. Verlagskaufm. - S. 1983 Geschäftsführer Bonner Zeitungsdruckerei u. Verlagsanstalt H. Neusser GmbH & Co KG - S. 1981 Senator Benjamin Franklin Inst. New York - Liebh.: neue Medien - Spr.: Engl., Franz. - Bek. Vorf.: John Crome, engl. Landschaftsmaler (Ur-Ur-Großv.), Hermann Neusser, Mitbegr. der alt-kath. Kirche in Dtschl. (Ur-Großv.).

NEUTHALER

s. Wallnöfer, Heinrich

NEUTSCH, Bernhard

Dr. phil., em. o. Prof. f. Klass. Archäologie - Unt. Fauler Pelz 2, 6900 Heidelberg u. Mariahilfpark 3/404, A-6020 Innsbruck/Tirol (Österr.) - Geb. 5. März 1913 Weimar/Thür., ev., verh. s. 1951 m. Margarete, geb. Cramer, 4 Kd. (Wolfgang, Michael, Raphael, Bernhard) - Univ. Jena (Archäol., Klass. Philol.). Promot. 1939 Jena; Habil. 1949 Heidelberg - Assistenzen Jena, Marburg, Heidelberg, Rom (1952-56 I. Assist. Dt. Archäol. Inst.); s. 1949 Privatdoz., apl. Prof. (1956) u. Honorarprof. (1968) Univ. Heidelberg (b. 1968 Wiss. Rat Archäol. Inst.); 1968-72 Wiss. Rat u. Prof. Univ. Mannheim (Leit. Archäol. Inst.); s. 1972 o. Prof. u. Inst.-Dir. Univ. Innsbruck, em. 1983. 1976 Honorarprof. Univ. Karlsruhe. Ausgrabungen Unteritalien (u. a. Missionsleit. Siris-Herakleia u. Elea) - BV: D. Maler Nikias v. Athen - E. Beitrag z. griech. Künstlergesch. u. z. pompej. Wandmalerei, 1940; D. Sport im Bilde griech. Kunst, 1949 (auch jap.); Studien z. vortanagr.-att. Koroplastik, 1952; Z. unterird. Heiligtum v. Paestum, 1957. Arb. z. Magna-Graecia-Forsch. Herausg.: Archäol. Forsch. in Lukanien; Festschr. Forschungen u. Funde (1980) - 1967 Ehrenbürger Policoro/Süditał. (früher Herakleia); 1974 Offizierskreuz VO. d. Ital. Rep.; 1983 Gross. Silb. Ehrenzeichen f. Verd. um d. Rep. Österr.; 1987 Premio della Siritide Policoro/Süditał.

NEUVIANS, Günter

Dr., Vorstandsmitglied O & K Orenstein & Koppel AG, Dortmund - Karl-Funke-Str. 30, 4600 Dortmund 1, priv.: In d. Heide 36, 4600 Dortmund 30 - Geb. 16. Febr. 1939 - B. 1982 Mitgl. d. Gesch.-Ltg. Mannesmann-Demag AG (Ber. Verdichter- u. Druckluftechn.).

NEVELING, Wilhelm

Architekt - Waitzstr. 9, 2300 Kiel (T. 5 31 68) - Geb. 15. März 1908 Berlin - Stud. u. zeitw. Tätigk. Berlin - 1965 Kulturpreis Stadt Kiel.

NEVEN, Hasso Ernst

Ind. agr., Landwirt, MdL Nieders. (s. 1974) - Im Dorfe 2, 2111 Egestorf üb. Nordhude (T. 04175 - 4 74) - Geb. 8. Aug. 1937 Hamburg-Harburg (Vater: Ernst N., Maurerm.; Mutter: Elisabeth, geb. Sellhorn), ev., verh. s. 1963 m. Liselotte, geb. Schülert, 3 Kd. (Dorothea, Hasso, Olaf) - Mittl. Reife; Ing.akad. f. Landbau Celle - 1970-72 Bürgermeister. FDP (1968-74 Kreistagsabg., Vors. Bez.-verb. Lüneburg) - Spr.: Engl.

NEVEN-DU MONT, Dietlind,

geb. v. Xylander

Schriftstellerin, Illustratorin - 8157 Erlach 9 - Geb. 1. Mai 1926 München, verh., 3 Kd. (Christian, Fabian, Severin) - BV: Ich bin Tiger, 1957; Gr. Preis f. Tiger, 1958, 2. A. 1968); D. kl. Harlekin, 1957; Max Pim, 1960; D. Getüm, 1968; E. Getüm kommt selten allein, 1974; M. Susi fing es an, 1976; Wenn d. Eulen schaurig heulen, 1982; Vatergesch., 1981; D. doppelte Gemoppel, 1982; Klaus Bär u. d. Umleitung, 1985; Paul u. Philipp, 1986. Übers. v. Bilderb.

NEVEN DU MONT, Reinhold

Dr. phil., Verleger, Geschäftsf. Verlag Kiepenheuer & Witsch, Köln (s. 1967) - Hedwigshöhe 16, 5064 Rösrath - Geb. 12. Nov. 1936 Köln (Vater: Dr. Kurt N. D. M.), verh. m. Gisela, geb. Heinz - S. 1963 K & W.

NEVEN DUMONT, Alfred

Verleger (Herausg.: Kölner Stadtanzeiger, Express, Münchner Abendztg.), Präs. Bundesverb. Dt. Zeitungsverleger (1980 ff., ab 1972 Vizepräs.) - Breite Str. 70, 5000 Köln - Geb. 29. März 1927 Köln - Mitinh. u. Gf. M. Du Mont Schauberg-Verlag/Großdruckerei, Köln - 1980 Gr. BVK; 1984 Ehrenmitgl. BDZV.

NEVERMANN, Knut

Dr. iur., Priv.-Doz., Staatsrat Kulturbehörde Fr. u. Hansestadt Hamburg (s. 1988) - Hamburger Str. 45, 2000 Hamburg 76 - Geb. 6. Jan. 1944 Hamburg (Vater: Dr. Paul N., Hbg. Bürgerm.), verh. - Jura-Stud. 1963-70 Hamburg, München, Berlin; jurist. Staatsex. 1970 u. 1974, Promot. 1980 Hamburg, Habil. 1986 FU Berlin (FB Polit. Wiss.) - 1970-73 Wiss. Mitarb. b. Dt. Bildungsrat; 1974-85 Max-Planck-Inst. f. Bildungsforsch.; zul. Dir. Landesinst. f. Schule u. Weiterbild. Soest - BV: D. Schulleiter, 1982; Schulaufsicht u. Schule, 1980; Wie kamen d. Nationalsozialisten an d. Macht?, 1985 - Spr.: Engl.

NEWESELY, Heinrich

Dr. phil., Prof. f. Med. Chemie u. Werkstoffkundl. Theorie (s. 1972) u. Direktor Inst. f. Klin.-Theoret. Zahn-, Mund- u. Kieferheilkd. FU Berlin - Leichhardtstr. 19, 1000 Berlin 33 (T. 832 42 32) - Geb. 11. Jan. 1933 Innsbruck (Österr.), verh. m. Elisabeth, geb. Weingartner, 3 Kd. (Brigitte, Georg, Barbara) - 1965 Privatdoz. u. apl. Prof. (1969) f. Kristallchemie u. Mikromorphol. TU Berlin, insb. Archäometrie (M. Group PACT, Conseil de l'Europe) - BV: Mechanisms and Action of Trace Elements in the Mineralization of Hard Tissues, 1972; Physikal.-chem. Aspekte d. Zementbindung, 1972. Mithrsg.: Calcified Tissue Res.-Mitgl. Kommiss. Biokristallitforsch. Mainzer Akad. d. Wiss.; Leit. Arb.sgruppen f. Implantatwerkst. Fédération Dentaire Intern. u. Intern. Standardisation Org. ISO sow. Dt. Inst. f. Normung DIN. Präs. Intern. Document. Center for Preventive Dentistry.

NEWIGER, Hans-Joachim

Dr. phil., o. Prof. f. Klass. Philologie Univ. Konstanz - Sonnenbühlstr. 15, 7750 Konstanz (T. 6 46 53) - Geb. 1. April 1925 Königsberg/Pr. (Vater: Hermann N., Landwirt; Mutter: Charlotte, geb. Dunkel), ev., verh. s. 1955 m. Hanna Marie, geb. Stüßel, 2 Kd. (Corinna, Nicolaus) - Promot. Univ. Kiel 1953; Stip. Dt. Archäolog. Inst. in Griechenl. u. Ital., 1956; Lehrtätigk. Univ. Kiel, 1954, Univ. Hamburg, 1955; Lektor Univ. Kiel, 1957; Habil. 1968; Lehrstuhlvertr. Univ. Göttingen 1968; o. Prof. TU Berlin 1969, Univ. Konstanz 1971 - BV: Volbehr-Weyl-Bülck-Newiger, Professoren u. Dozenten d. Christian-Albrechts-Univ. zu Kiel, 1956; Metapher u. Allegorie - Stud. zu Aristophanes, 1957; Unters. zu Gorgias' Schrift Über das Nichtseiende, 1973. Zahlr. Beitr. zu Fachztschr.- u. Sammelwerken 1956-89. Herausg.: Antike Komödien: Aristophanes (1968, 2. A. 1976); Diller, Kleine Schr. z. antiken Lit. (m. H. Seyffert, 1971); Aristophanes u. d. Alte Komödie. Wege d. Forschung (1975); Aristophanes, Sämtl. Komödien (1976, 2. A. 1980) - 1970 Korr. Mitgl. Dt. Archäolog. Inst. u. 1973 Griech. Humanist. Ges. Athen; Ehrenritter d. Johanniter-Ord. - Liebh.: Musik, Theater, Marinegesch. - Spr.: Engl., Griech.

NEWMAN, Karl J.

Dr. jur., Dr. phil., Dr. phil. h. c., Prof. - Landsberger Str. 73, 5300 Bonn-Tannenbusch (T. 70 73 60, 66 25 92) - Geb. 9. Juli 1913 Hohenelbe/Böhmen, kath., verh. I) 1951 m. Betty, geb. Alexander († 1968), 2 Kd. (Hans Anton, Elisabeth) - Gymn. Olmütz; Deutsche Univ. Prag, Balliol College, Oxford - s. 1945 Lehrtätigk. Univ. Oxford, London (1946), Natal (1949), Dacca (1950; 1951 Ord. f. Polit. Wiss.), Köln (1962; 1964 Wiss. Rat u. Prof. f. Polit. Wiss.). Gastprof. f. Intern. Beziehungen Univ. Eslamabad/Pakistan 1977-80, Gastvorles. amerik. Univ. (Columbia, Harvard u. a.). 1969 Vizepräs. Bundesanst. f. gesamtdt. Aufgaben, Bonn - BV: Essays from Pakistan, 1953; Essays on the Constitution of Pakistan, 1956; Entwicklungsdiktatur u. Verfassungsstaat, 1963; Zerstörung u. Selbstzerstörung d. Demokratie, 1965; European Democracy between the Wars, 1971; Wer treibt die Bundesrepublik wohin, 1968; Polit.-Soziolog. Problematik d. APO, 1974 - 1958 Mitgl. Amerik. Akad. d. Polit. Wiss. - Liebh.: Musik, Lit., Bergsteigen - Spr.: Tschech., Engl., Ital., Urdu - Mitarb. an d. pakistan. Verfassung (1953 u. 1956).

NEY, Norbert

Autor, Übers. - Bachstr. 127, 2000 Hamburg 76 (T. 040-299 72 42) - Geb. 30. Juni 1951 Eutin/Holst. - B. 1971 Lehre Industriekaufm.; Übersetzerprüf. 1974; Autodidakt - 1976-78 1. Vors. AGAV (Arbeitsgem. Alternativer Autoren & Verleger); s. 1984 1. Vors. Verb. dt. Schriftst. (VS) Landesverb. Hamburg; 1984-87 Literaturtelefon-Jury Hbg. - BV: Tendenzwendged., 1976; Danke, man lebt!, 1978; Laßt mich bloß in Frieden, 1981; Ich bin sterilisiert, 1981; Nichtdestotrotz, 1981; Liebe, Laster, Leid & Lust, 1984; Nicht m. Dir u. nicht ohne Dich, 1984, 1987 u. 88; Sie haben mich zu e. Ausländer gemacht ..., 1985, Blindenschr.ausg. 1986; D. and. Junggesellenkochb., 1985; Traumberufe - Berufsträume, 1985; Tumult & Träume, 1985; Ratgeber Sterilisat./Handb. f. Frauen u. Männer, 1985; D. Buch v. großen Durst, 1987; Leseb. Eifersucht, 1987; Ratgeber Sterilisation, 1988; Was sind d. f. Zeiten? D. besten Satiren aus d. gewendeten 80er J., 1988; Abenteuer-Schiff Hamburg. Reisef. f. Kd. durch d. Stadt, 1988. Übers.: Yilmaz Güney-Sürü/D. Herde (1981); Nâzim Hikmet: Menschenlandschaften, 5 Bde. (1978-81, zus. m. Ümit Güney); u.v.a. - 1978 Förderstip. Baden-Württ.; 1988 Preis Jugendtaschenb. d. Monats (f.: Sie haben mich zu einem Ausländer gemacht) u. Stadtschreiber Glückstadt/Elbe - Liebh.: Eig. Katze, Kochen, Collagieren - Spr.: Engl., Franz., Türk. - Lit.: Dr. Jürgen Lodemann, Zehn Karlsruher Autoren.

NIBEL, Theo A.

Kaufmann, Ehrenvors. Wirtschaftsverb. d. Handelsvertreter u. -makler Baden-Württ., Stuttgart, Handelsrichter LG ebd. u. a. - Weinbergweg 84, 7000 Stuttgart 80 (T. 68 16 85) - Geb. 2. Mai 1919 Fürth/Bay. - Mitgl. Einigungsst. f. Wettbewerbsstreitigkeiten IHK Mittl. Neckar, Stuttgart - BVK I. Kl.

NICK, Dagmar

Schriftstellerin - Kuglmüllerstr. 22, 8000 München 19 (T. 17 34 32) - Geb. 30. Mai 1926 Breslau (Vater: Prof. Dr. jur. Edmund N., Komponist † 1974; Mutter: Kaete, geb. Jaenicke † 1967), ev., verh. in 3. Ehe m. Dr. med. Kurt Braun - Lyz.; Stud. Graphologie München - BV: Märtyrer, Ged. 1947; D. Buch Holofernes, Ged. 1955; In d. Ellipsen d. Mondes, Ged. 1959; Einladung n. Israel, Prosa u. Ged. 1963; Einlad. nach Rhodos, Prosa, 1967; Zeugnis u. Zeichen, Ged. 1969; Rhodos, Prosa 1975; Sizilien, Prosa 1976; Fluchtlinien, Ged. 1978; Götterinseln d. Ägäis, Prosa 1981; Gezählte Tage, Ged. 1986; Medea, e. Monolog, Prosa 1988. Ged. in Anthol. u. a. Übers. aus d. Engl.: Robert Frost, Gedichte, 1951; Israel - gestern u. heute, Dokumentation 1968; Götterinseln d. Ägäis, Reiseb. 1982. Hörsp.: D. Flucht, D. Verhör, Requiem - 1948 Liliencron-Preis Stadt Hamburg; 1951 Ehrengabe Stift. z. Förder. d. Schrifttums; 1963 Literaturpreis Landsmannsch. Schlesien; 1966 Eichendorff-Lit.preis; 1970 Ehrengabe z. Andreas-Gryphius-Preis; 1977 Roswitha-Gedenkmed.; 1981 Tukan-Preis d. Stadt München; 1986 Kulturpreis Schlesien Land Nieders; 1987 Schwabinger Kunstpreis f. Lit. d. Stadt München - 1965 Mitgl. PEN-Zentrum BRD - Spr.: Engl.

NICKAU, Klaus

Dr. phil., o. Prof. f. Klass. Philologie Univ. Göttingen - Wagnerstr. 9, 3400 Göttingen - Geb. 4. Dez. 1934 - Stud. Univ. Hamburg, Tübingen, Athen; Promot. 1960 Hamburg, Habil. 1969 Bonn - S. 1969 Privatdoz. Bonn; s. 1970 o. Prof. Göttingen - BV: Ammonii qui dicitur liber de adfinium vocabulorum differentia, 1966; Unters. z. textkrit. Meth. d. Zenodotos v. Ephesos, 1977.

Mithrsg.: Beitr. z. Altertumswiss.; Glotta - Ztschr. f. griech. u. lat. Spr.

NICKEL, Egbert

Dr. jur., Prof. f. Zivil-, Arbeits- u. Wirtschaftsrecht TH Darmstadt, Richter Hess. Landessozialgericht - Geb. 7. Juni 1936 Tilsit/Ostpr. (Vater: Gustav N., Kaufm.; Mutter: Edith, geb. Grunwald), ev., verh. s. 1964 m. Christa, geb. Frühsorger, 2 Töcht. (Stefanie, Veronika) - 1955-60 Stud. Rechtswiss. Univ. Heidelberg, Hamburg u. München; 1. jurist. Staatsex. 1960, 2. Prüf. 1965 - 1965-72 Wiss. Assist. TH Darmstadt; 1975-77 Lehrauftrag Verw.-Hochsch. Speyer; s. 1972 Prof. f. Zivil-, Arbeits- u. Wirtschaftsrecht TH Darmstadt; 1972 Ev. Akad. Arnoldshain; 1981 Richter Hess. Landessozialgericht (2. Hauptamt) - BV: D. Problematik d. unechten Unterlass.-delikte im Hinblick auf Grundsatz: nullum crimen sine lege (Art. 103 Abs. 2 GG; Diss.), 1972; Komment. §§ 1-58 HGB im Gemeinschaftskomment. z. Handelsgesetzb., 1980, 4. A. 1989 - Liebh.: Musik, Gesch., Theol. - Spr.: Engl.

NICKEL, Gerhard

Dr. phil., M. A., o. Prof. f. Linguistik u. Anglistik - Keplerstr. 17, 7000 Stuttgart 1 - Geb. 15. Aug. 1928 Kostellitz/OS. - s. 1962 (Habil.) Lehrtätigk. Univ. Erlangen-Nürnberg, Kiel (1963 o. Prof.), Stuttgart (1969 o. Prof., 1975 Dir. Sprachenzentr.). 1966 Gastprof. USA, 1971/72 Gastprof. FU Berlin. 1968-76 1. Vors., 1977 ff. Ehrenpräs. Ges. f. Angew. Linguistik (GAL); 1969 Vizepräs., 1972-78 Generalsekr., 1978-81 Vizepräs. Assoc. Intern. de Linguistique Appliquée (AILA); Dir. Europ. Inst. of Applied Linguistics (EIAL). Organisator IV. Weltkongreß f. Angew. Linguistik Stuttgart 1975; 1979 Gastprof. Alexandria/Ägypt., 1980 Bingham Prof. Univ. Louisville/USA; 1981 Ehren-Vizepräs. AILA; 1984 Gastprof. Eastern Michigan Univ.; 1987 Fellowship Intern. Christ. Univ. Tokyo. Fachveröff. - Honorary Fellow u. Diamond Jubilee Med. Inst. of Linguists; 1986 Verdienstmed. Univ. Posen - Lit.: Festschr. z. 60. Geb. (1988).

NICKEL, Horst

Dr. phil., Prof. f. Entwicklungs- u. Erziehungspsych. Univ. Düsseldorf - Universitätsstr. 1, 4000 Düsseldorf - Geb. 30. Sept. 1929 Spangenberg (Vater: Konrad N.; Mutter: Marie, geb. Stückrath), ev., verh. s. 1959, 2 Kd. (Wolfram, Cordula) - Schule (Abit.); 1950-53 Lehrerstud.; 1957-61 Stud. Psych., Päd., Psychopathol., Polit. Wiss. Dipl.-Psych. 1961 Marburg; Promot. 1965 Erlangen - 1953-57 Lehrer an Volks- u. Mittelsch.; 1962-65 Wiss. Ass. PH Bayreuth; 1965-67 Wiss. Rat Univ. Hamburg; 1967-69 Prof. PH Flensburg; 1969-72 o. Prof. u. Dir. Sem. f. Psych. PH Rhld./Abt. Bonn; s. 1972 Univ.-Prof. Heinrich-Heine-Univ. Düsseldorf, Leit. Inst. f. Entwickl.- u. Sozialpsych. - BV: D. visuelle Wahrnehmung im Kindergarten- u. Einschulungsalter, 1967; Entwicklungspsych. d. Kindes- u. Jugendalters, I 1972, 4. A. 1982, II 1975, 3. A. 1979; Brennpunkte d. Päd. Psych. 1973 (m. Erich Langhorst); Psych. d. Lehrerverhaltens, 1974, 2. A. 1978; Vorschulkind u. Schulanfänger, 1975 (m. U. Schmidt); Psych. in d. Erziehungswiss. I u. II, 1976, 3. A. 1980, III u. IV, 1978 (m. K. Heller); V. Kleinkind z. Schulkind, 1978, 3. A. 1988 (m. U. Schmidt-Denter); Erzieher- u. Elternverh. im Vorschulber., 1980 (m. M. Schenk u. B. Ungelenk); Sozialverh. v. Vorschulkindern, 1980 (m. U. Schmidt-Denter); Modelle u. Fallstudien z. Erziehungs- u. Schulberat., 1982 (m. K. Heller); Begriffsbildung im Kindesalter, 1984; Sozialisation im Vorschulalter, 1985; Ökopsychologie d. Entwicklung im frühen Kindesalter (m. S. Schindler), 1987. Herausg. d. Ztschr. Psychol. in Erz. u. Unterr. (s. 1972); Monografien zur päd. Psychol. (s. 1978); Kultur u. Erkenntnis (s. 1984); Ergebnisse d. Pädag. Psychol. (wiss. Beirat s. 1983). Ca. 130 Beitr. in Sammelbd. u. wiss. Ztschr.

NICKEL, Hubertus

Dr. rer. nat., o. Prof. f. Reaktorwerkstoffe und Brennelemente TH Aachen (s. 1972) - Am Waldeck 5, 5170 Jülich-Koslar (T. 5 34 24) - Geb. 6. März 1930 Breslau (Vater: Josef H., Landwirt; Mutter: Anna, geb. Stiller), kath., verh. s. 1958 m. Irmgard, geb. Haase, T. Gabriele - Stud. d. Chemie u. Werkstoffkd.; Promot. 1959; Habil. 1967 - 1960 Wiss. Mitarbeiter Kernforschungsanlage Jülich (KFA); 1967 Privatdoz., 1971 Dir. Inst. f. Reaktorwerkst. KFA Jülich - Mitgl. versch. in- u. ausl. Beratungsgremien, u. a.; 1972 Mitgl. Reaktor-Sicherheitskommiss.; 1978 Kurat.mitgl. Physikal. Techn. Bundesanst. Braunschweig; 1981 Fraunhofer Ges. Inst. f. zerstörungsfr. Prüfverf., Saarbrücken - BV: Grafitische Werkstoffe f. Kernreaktoren (m. W. Delle, K. Koizlik). Üb. 400 Einzelarb. - Spr.: Engl.

NICKEL, Karl

Dr. rer. nat., em. o. Prof. f. Angew. Mathematik - Schlierbergstr. 88, 7800 Freiburg i. Br. (T. 40 31 59) - Geb. 9. Febr. 1924 Tübingen (Vater: Carl, Schlachthausverw.; Mutter: Hedwig, geb. Dewald), ev., verh. s. 1948 m. Gunilde, geb. Horten, 3 Kd. - 1943-48 Univ. Göttingen, Tübingen; 1948 Dipl.-Math.; 1949 Dr. Univ. Tübingen, 1958 Habil. TH Karlsruhe, 1948-50 Assist. Univ. Tübingen; 1950/51 Assist. TH Stuttgart; 1951-55 Inst. Aerotecnico Córdoba, Argentinien; 1955 TH Braunschweig; 1956-76 TH Karlsruhe; 1961-62 ap. Prof., 1962-76 o. Prof. TH Karlsruhe; 1964-65 Univ. of Notre Dame USA; 1966-67 IBM-Lab. Rüschlikon/Schweiz u. Yorktown Heights USA; 1970-71 Univ. of Wisconsin Madison, USA; 1975 Banach Zentrum Warszawa, Polen; 1976-89 Univ. Freiburg (Inst. f. Angew. Mathematik) - BV: ALGOL-Praktikum, E. Einf. i. d. Programmieren, 1964, 2. A. 1979; KLEN, Palmström als Programmierer, 1977; KLEN, Schüttelreime selbst gemacht, 1987. Herausg.: Interval Mathematics (1975); Interval Mathematics 1980 (1981); Interval Mathematics 1985 (1986) - 1970 Mitgl. Dt. Akad. d. Naturforscher Leopoldina; 1981 Hon. Prof. Liaoning-Univ. in Shenjang/China.

NICKLIS, Werner

Dr. phil., em. o. Prof. Univ. Bayreuth - Kopernikusring 52, 8580 Bayreuth - Geb. 7. Dez. 1920 - 1952-60 Stud. (Päd., Psych., Soziol., Gesch., Phil.) Univ. Heidelberg; Promot. 1960 - 1963-75 Doz. u. Prof. Päd. Hochsch. Braunschweig, s. 1975 Prof. Univ. Bayreuth (1979/80 Dekan). Emerit. 1989 - BV: Kybernetik u. Erziehungswiss., 1967; Handwörterb. d. Schulpäd., 1971; Erziehungswiss. Forschungsmeth., 1976; Versuch e. Theorie d. Lehrerbildung u. d. Gestaltwandel d. Univ., 1988 - Liebh.: Musik (Violine).

NICKLITZ, Walter

Oberregierungsbaurat, Bezirksstadtrat a. D., Architekt - Fritz-Reuter-Allee 50, 1000 Berlin 47 (T. 606 31 60) - Geb. 28. Nov. 1911 Berlin , verh. s. 1939 m. Charlotte, geb. Puschnus, 2 Kd. (Klaus u. Annette) - Mittelsch. (Mittl. Reife); Maurerlehre; HTL (Ing.prüf. 1938) - Mitarb. Architektenbüro Schlüter u. Amstein, Leit. Entwurfsabt. Treuhandst. Berliner u. schles. Wohnungsuntern. u. Bauabt. Alkett, Berlin, n. 1945 Ref. Entwurfsabt. Hauptamt f. Hochbau Magistrat Groß-Berlin, 1949-51 Stadtrat u. Leit. Abt. Bau- u. Wohnungswesen Berlin, 1952-71 Bezirksstadtrat u. Leit. Abt. Bau- u. Wohnungswesen Bezirksamt Wedding. 1959-65 Stv. Bürgerm. Zeitw. MdA Berlin. SPD s. 1932 - 1974 Ernst-Reuter-Plak. in Silber; 1982 Stadtältester v. Berlin.

NICLAUSS, Karlheinz

Dr. phil., Prof. f. Politikwissenschaft u. Zeitgeschichte Univ. Bonn - Eifelweg 34, 5480 Remagen 2 - Geb. 19. Jan. 1937 Bad Godesberg (Vater: Wilhelm N., Polizeibeamter; Mutter: Berta, geb. Kröller), ev., verh. s. 1965 m. Heidrun, geb. Spindler, 2 S. (Norbert, Stefan) - Abit. Bad Godesberg 1958; Promot. Univ. Bonn 1965, post graduate Genf 1965/66, Habil. Univ. Bonn 1972 - 1966-70 Assist. Univ. Bonn, 1970-72 DFG-Stip., 1973/74 Gesamtdt. Inst., 1974-77 Gastprof. Saarbrücken, Hamburg, Berlin, Trier, Bochum, s. 1974 Prof. phil. Fak. Univ. Bonn - BV: D. Sowjetunion u. Hitlers Machtergreifung, 1966; Demokratiegr. in Westdtschl., 1974; Kontroverse Dtschl.-pol., 1977; Restauration od. Renaissance d. Demokratie?, 1982; Kanzlerdemokratie - Bonner Regierungspraxis v. Konrad Adenauer b. Helmut Kohl, 1988 - Liebh.: Lit., Sport - Spr.: Engl.

NICOL, Klaus

Dr. phil. nat., Prof., Dipl. Physiker - Adelheidstr. 13, 6000 Frankfurt 50 (T. 069 - 52 20 71) - Geb. 27. Mai 1939 Mindelheim (Vater: Ernst N., Architekt; Mutter: Carola, geb. Bannick), ev., verh. s. 1961 m. Waltraud, geb. Uth, 3 Kd. - Stud. Physik u. Promot. Univ. Frankfurt - S. 1979 Prof. f. Biomech./Beweg.-Lehre d. Sports Univ. Münster - Erf.: Kapazitive Meßgeräte f. Kraft u. Kraftverteil.; Geschwindigkeitsmeßgerät auf Ultraschall-Basis - Mitbegr. u. Vorst.-Mitgl. gemeinnütz. Verein Berufl. u. Soz. Rehabilitation, Frankfurt.

NICOLA, Karl

Bürgermeister, MdL Baden-Württ. (s. 1972) - Hinterdorfstr. 6, 7831 Weisweil/Br. (T. 2 02) - Geb. 3. Dez. 1939 Freiburg/Br., ev., verh., 2 Kd. - Progymn. Kenzingen; Handelssch.; kaufm. Lehre - Ind.kfm. Leit. Betriebsrechnung; gegenw. Bürgerm. Weisweil. Mitgl. Kreistag Emmendingen. SPD (div. Funktionen). Vors. Aussch. Ländl. Raum d. Landtages Baden-Württ.

NICOLAI, Bernhard

Konsul, Bankier - Am Schiffgraben 11, 3000 Hannover - Geb. 7. Aug. 1900 Eisenach/Thür. - S. Lehre Bankwesen (1921-45 Reichsbank, Magdeburg, zul. Dir. Hauptst.); 1952 ff. pers. haft. Gesellsch. Bankhaus Nicolai & Co., Hannover. B. 1969 stv., dann Präs. Nieders. Börse zu Hannover. ARsmandate - 1960 Österr. Konsul f. Hannover - 1967 Gr. Verdienstkreuz Nds. VO. - Liebh.: Münzkunde.

NICOLAI, Heinz

Dr. phil., em. Prof. f. Literaturwissenschaft - Parkallee 11, 2070 Ahrensburg (T. 5 30 71) - Geb. 11. Nov. 1908 - S. 1957 (Habil.) Lehrtätigk. Univ. Hamburg (1963 apl., 1969 o. Prof.). Facharb. - S. 1966 Gastprof. in Canada (Waterloo), Südafrika (Johannesburg), USA (Ann Arbor) - Zahlr. Publ. üb. Goethe u. s. Zeit.

NICOLAI, Jürgen

Dr., Prof., Ltd. wiss. Direktor Inst. f. Vogelforschung „Vogelwarte Helgoland", Wilhelmshaven - Ackerstr. 4, 2948 Schortens 4 (T. 04423 - 69 53) - Geb. 24. Okt. 1925 Neidenburg/Ostpr., ev., verh. s. 1955 m. Annemarie, geb. Feix, 2 T. (Marion, Gabriele) - Stud. Zool., Anthropol., Botanik; Promot. 1954 Univ. Mainz; Habil. 1973 Univ. München - Apl. Prof. f. Zool. Univ. Hamburg - BV: Elternbeziehung u. Partnerwahl im Leben d. Vögel, 1970; Vogelleben, 1973 (Übers. Engl., Franz.); Fotoatlas d. Vögel, 1982 (Übers. Ital.) - Spr.: Engl., Franz.

NICOLAI, Sibylle

Schauspielerin u. Moderatorin (ZDF, HR) - Elisabethpl. 1a, 8000 München 40 (T. 089-272 15 66) - Geb. 12. Sept. 1951 Frankfurt/M. - Staatl. Hochsch. f. Musik u. Darst. Kunst Frankfurt - Theaterengagem. u.a. in Bremen, Nürnberg, Bochum, Stuttgart, Frankfurt. 3 Schallpl., Moderat. b. HR (s. 1977) u. ZDF (s. 1979); 1983 u. 1984 Mitgl. Münchner Lach- u. Schießges. - Liebh.: Schreiben v. Liedertexten, Lesen, Sport - Spr.: Engl., Franz., etwas Russ.

NICOLAI, Ulrich

Dirigent, Kapellm. Staatstheater am Gärtnerplatz, München - Lorenzonistr. 66, 8000 München 90 (T. 089 - 64 83 80) - Geb. 8. Aug. 1949 Gießen/L., ev., verh. s. 1983 m. Edith, geb. Johne, 3 Kd. (Beryl, Carla, Moritz) - 1968-71 Math.- u. Physikstud. Gießen u. Marburg; 1971-77 Musikstud. Frankfurt (Dirig. u. Klavier); Staatsex. 1975; Klavier-Dipl. u. Dirig.-Dipl. 1977; 1974 Dirigentenkurs Salzburger Mozarteum (b. C. Melles u. H. v. Karajan) - 1977 musikal. Leit. franz.-dt. Jugendorch. Kassel; 1977-78 Lehrauftr. f. Klavier Musikhochsch. Frankfurt; 1979 u. 1980 Gastspielreisen Südamerika - 1984 Einstud. Münchner Erstauff. Through Roses (Komp. v. M. Neikrug); 1987 Münchner Erstauff. Fräulein Julie (Komp. v. Antonio Bibalo) - Liebh.: Lit., Naturwiss., Schach - Spr.: Engl., Franz., Lat., Ital., Altgriech.

NICOLAI, Walter

Dr. phil., Altphilol., Prof. Univ. Mainz - Wallaustr. 53, 6500 Mainz (T. 63 26 20) - Geb. 25. März 1933 Frankfurt/O. (Vater: Rudolf N.; Mutter: Martha, geb. Walter), ev., verh. s. 1964 m. Dr. Rosemarie, geb. Haas, 2 Kd. - BV: Hesiods Erga, 1964; Kl. u. gr. Darstellungseinheiten in d. Ilias, 1973; Versuch üb. Herodots Geschichtsphil., 1986; Z. doppelten Wirkungsziel d. aischyleischen Orestie, 1988.

NICOLAISEN, Heinrich

Bankdirektor, Geschäftsführungs-Ges. f. Berlin-Anlagen Bassmann & Partner mbH, Berlin - Bundesallee 160, 1000 Berlin 31 - Geb. 29. März 1930 Halle/S. (Vater: Wilhelm N., Univ.-Prof.; Mutter: Paula, geb. Kähler), verh. s. 1955 m. Ingrid, geb. Schroeder, 3 Kd. (Michael, Karin, Ute) - Abit.; Banklehre - Spr.: Engl. - Lions Intern.

NICOLAISEN, Peter

Dr. phil., Prof., Hochschullehrer - Zu erreichen üb.: Mürwiker Str. 77, 2390 Flensburg - Prof. PH Flensburg.

NICOLAS, T. A.

s. Adolph, Thomas Viktor

NICOLAUS, Fritz

Dr.-Ing., Geschäftsführer Hch. Nicolaus GmbH (Pergamentpapierfabrik), Ronsberg (s. 1968) - Nicolausstr. 12, 8956 Günzbach/Allgäu - Geb. 21. Juni 1933 Obergünzburg, verh. m. Monika, geb. Niethammer.

NICOLAUS, Norbert

Dipl.-Ing., Vorstandsvorsitzender Eduard Ahlborn AG., Hildesheim, gf. Gesellsch. Vosswerke GmbH., Sarstedt - Am Hanlah 48, 3210 Elze (T. 05124 - 23 13) - Geb. 3. April 1929 Elze (Vater: Karl N., Obering.; Mutter: Hedwig, geb. Kasten), verh. s. 1954 m. Annelie, geb. Tangermann, 4 Kd. (Ingo, Torsten, Inga-Britta, Till) - Maschinenbau TU Braunschweig - Zahlr. Erfind. - Spr.: Engl., Franz.

NICOLAYSEN, Gert

Dr. jur., Prof. f. Öfftl. Recht, Europarecht, Öfftl. Wirtschaftsrecht - Bockhorst

68a, 2000 Hamburg 55 (T. 870 17 47) - Geb. 7. Febr. 1931 Hamburg (Vater: Nicolay N., Schulleit.; Mutter: Gertrud, geb. Koch), ev.-luth., verh. s. 1963 m. Ursula, geb. Führhaack, T. Nele - Univ. Hamburg (Jura), 1. u. 2. Staatsex., Promot. 1958, Habil. 1973 - 1960 wiss. Ref., 1970 wiss. Rat u. Prof., 1979 Prof. Hamburg - BV: Europ. Gemeinsch.-recht, 1979; Bewilligung u. Förderabgabe nach d. BBergG, 1982; zahlr. Beitr. in Ztschr. u. Sammelw. Herausg.: Europarecht.

NICOLET, Auréle

Flötist, Prof. Musikhochsch. Freiburg - Zu erreichen üb. Staatl. Hochsch. f. Musik, Schwarzwaldstr. 141, 7800 Freiburg - Geb. 1926 Neuchâtel - Univ. Zürich; Konservat. Paris - Solo-Flötist Stadtorch. Winterthur u. Berliner Philharmoniker (9 J.); Prof. Musikhochsch. Berlin u. gegenw. Freiburg/Br. Konzerte; Schallpl. - Div. Preise, dar. 1964 Musikpreis Verb. d. dt. Kritiker.

NICOLETTI, Susi

Prof., Kammerschauspielerin - Goethegasse 1, Wien 1 (T. 52 52 56) - Geb. 3. Sept. München, verh. m. Prof. Dr. phil. Ernst Haeussermann †1984 (s. XXII. Ausg.), Kd. - Lyz.; Tanzausbild. - Solotänzerin Münchner Opernbühne, danach Schausp. Bayer. Landesbühne München, Städt. Theater Nürnberg u. Burgtheater Wien (1940). N. 1945 wiederh. Salzbg. Festsp. - Bühne: Katharina, Viola, Rosalinde, Käthchen, Marianne, Regine, Melitta, Ännchen, Claudia u. v. a. Zahlr. Filme; Fernsehen. S. 1954 o. Prof. Reinhardt-Sem. Wien - Mutter: Schausp.

NICOLIN, Friedhelm

Dr. phil., o. Prof. f. Allg. Pädagogik u. Philosophie Päd. Hochschule Rheinland/Abt. Neuss - Forststr. Nr. 11, 5300 Bonn-Röttgen (T. 25 11 07) - Geb. 10. Febr. 1926 Aachen (Vater: Christian N.; Mutter: Tinny, geb. Frings), kath., verh. s. 1954 m. Milly, geb. Mühlenberg, Schriftstellerin (s. dort), 3 Kd. (Mechthild, Bernadette, Felicitas) - Univ. Köln, Bonn, München (Phil., Päd., Germ., Gesch.). Promot. 1954 Bonn - 1957-67 Leit. Hegel-Archiv; 1961 Lehrbeauftr. Univ. Bonn; s. 1962 Prof. PH Rhld./Abt. Neuss; gleichz. s. 1975 Lehrbeauftr. Univ. Düsseldorf - BV: Hegels Bildungstheorie 1955; Päd. als Wiss., 1969; Hegel 1770-1970 - Leben, Werk, Wirkung, 1970; D. jg. Hegel in Stuttgart, 1970; Stichwort Bildung, 1974; Briefe v. u. an Hegel, 2 Bde. 1975; K. Rosenkranz als Herausg. u. Biogr. Hegels, 1976. Mithrsg.: Hegel-Studien (s. 1961).

NICOLIN, Milly,
geb. Mühlenberg

Schriftstellerin, Redakteurin - Forststr. 11, 5300 Bonn-Röttgen (T. 25 11 07) - Geb. 20. April 1924 Würselen b. Aachen (Vater: Franz Mühlenberg, MdB 1949-61; Mutter: Emilie Frantzen), kath., verh. s. 1954 m. Friedhelm Nicolin (s. dort), 3 Kd. - 1947-52 Diözesanjugendführerin Bistum Aachen; 1952-57 Redakt. Ztschr. D. Jungführerin, s. 1969 Redakt. Kinderztschr. Spatz - BV: u. a. Frohscharfibel, 1955; 100 Spiele f. d. Mädchengruppe, 1956; Kurzgeschichten f. Mädchen, 1958; Mädchen heute, 1960; D. Liebe ist kein Traum, 1963; Wir spielen u. basteln, 1971; Geschichten, Bilder, Puzzle-Spiele, 1973.

NIEBEL, Fritz

Ministerialdirektor a. D. - Drachenfelsstr. 11, 5307 Wachtberg-Niederbachem (T. Bonn 34 44 78) - Geb. 20. Okt. 1913 Düsseldorf, verh., 2 Kd. - Univ. Freiburg/Br., München, Bonn (Rechts- u. Staatswiss.). Gr. jurist. Staatsprüf. 1939.

NIEBELING, Hugo

Autor, Regisseur, Filmproduzent - Druckerweg 10, 4010 Hilden/Rhld. (T. 85 15) - Geb. 2. Febr. 1931 Düsseldorf, kath., 2 Töcht. (Ute, Karen) - Humboldt-Gymn. Düsseldorf; kaufm. Lehre (Mannesmann); Schauspielausb. ebd. - Dokumentarfilme: Stählerne Adern (Bundesfilmpreis 1957/Filmband in Gold), Druckgefäß Kahl, Stahl-Thema m. Variationen (Grand Prix 1960 Rouen, 1961 Bundesfilmpr./Filmbd. in Gold u. a.), Alvorada (1963 Bundesfilmpr./Filmbd. in Gold, Preise Edinburgh u. Cork, Oscar-Nomination; Cannes-Beitrag), Petrol (1965 Preise Edinburgh, Cork, Chicago, Kulturfilmprämie Intern. Rang; Cannes-Beitrag), Mit Licht schreiben (1967 Kulturfilmprämie Intern. Rang, 1968 Dt. Ind.filmpreis u. a.), Pastorale, Eroica (beide Berliner Philharmoniker unter Herbert v. Karajan), Allegro (Prädikat: Besonders wertvoll; 1971 Kurzfilmpreis Buenos Aires), 9 Ballettfilme, darunter Giselle (Besonders wertvoll; 1971 Grand Prix Menton), Percussion for Six (1971 Regiepreis Menton), Violin concerto (m. d. New York City Ballet; Besonders wertvoll; 1974 Bundesfilmpreis/Filmbd. in Gold, Grand Prix Besancon), Duo concertant (1975 Gr. Prix Besancon), Serenade (1975 Preis d. Publik. Besancon), Lustwandel in Hohelohe (3 Filme 1975/76). Himml. Cantorey (3 Weihnachtsf. 1975/76, m. d. Berliner Philh.); Serenade, e. spätromant. Erinnerung (üb. Fr. W. II v. Preußen, 1978); D. Auftrag, d. uns bleibt (ges.polit. Film f. d. Bayer AG 1982/83; Prädikat: Besonders wertvoll, Wirtschaftsfilmpreis 1984); So schließt sich d. Kreis, 100 J. Berufsgenoss. (sozialpolit. Film f. d. BG Chemie, 1986) - 1964 Förderpr. Gr. Kunstpr. Nordrh.-Westf. - Liebh.: Musik, Kunstgesch.

NIEBERGALL,
Heinz Rudolf

Dr. rer. nat., Prof., Univ. Karlsruhe, Leiter d. Inst. f. Lebensmittelchemie (s. 1982) - Bismarckstr. 11, 7500 Karlsruhe (T. 0721-2 75 02) - Geb. 25. April 1927 Neustadt/Weinstr. (Vater: Albert N., Heilprakt.; Mutter: Rosa, geb. Kronenberger), ev., verh. s. 1953 m. Walpurgis, geb. Jurascheck - Stud. in Karlsruhe; Dipl.ex. 1952; Promot. 1956; Staatsex. (Lebensm.chem.) 1974; Habil. 1970 (alle Karlsruhe) - 1957-62 wiss. Mitarb. Battelle-Inst. Frankfurt/M., 1963-76 Akad. Oberrat, Wiss. Rat u. Prof., apl. Prof. (1973) Univ. Karlsruhe, Wiss. Rat u. Prof. Univ. Würzburg (1976-78), 1978-81 Prof. Univ. Frankfurt/M., gf. Dir. Inst. f. Lebensm.Chem. u. Lehrstuhlinh., 1980-81 Dekan Fachber. Biochemie, Pharmazie u. Lebensmittelchemie d. J.W.G.-Univ. Frankfurt/M. Patentinh. (31 Erf.). Zahlr. Fachveröff. - S. 1980 o. Mitgl. Arbeitsgr. Bedarfsgegenstände d. GDCh.; s. 1980 Fachgutachter d. DFG - Liebh.: Verhaltenspsychol., Evolutionswiss., Musik - Spr.: Engl.

NIEBLER, Engelbert

Prof., Dr. jur., Dr. h. c., Bundesverfassungsrichter (II. Senat) - Schloßbezirk 3, 7500 Karlsruhe 1.

NIEBUHR, Ratje

Landwirt, Landrat Kr. Verden - 3091 Neddernhude b. Verden/Aller - 1970 BVK I. Kl.

NIEDDERER, Hans

Dr. rer. nat., Prof. f. Theorie u. Praxis d. Physikunterrichts Univ. Bremen - Schumannstr. 71 b, 2822 Schwanewede (T. 04209 - 10 08) - Geb. 23. Dez. 1938 Santiago/Chile (Vater: Fritz N., Export-Kaufm.; Mutter: Inga, geb. Olsson), ev., verh. s. 1979 in 2. Ehe m. Almuth, geb. Bursian, gesch., 4 Kd. (Sven-Erik, Gösta, Falk, Heiko) - Staatsex. 1965 in Physik u. Math. Univ. Tübingen, Promot. 1972 Univ. Kiel - 1965 Wiss. Mitarb. IPN Kiel, Projektleit.; 1974 Prof. Univ. Bremen - BV: IPN-Curriculum Physik: D. elektr. Stromkreis, 1975; Schwingungen, Schall, Lärm, 1981; Elektronik, 1975; Wissenschaftstheorie u. Physikunterr., 1982 - Liebh.: Musik (Geige) - Spr.: Engl.

NIEDERALT, Alois

Bundesminister a. D. - Wiener Str. 3a, 8023 Pullach/Isartal - Geb. 10. April 1911 Niedermurach (Vater: Georg N., Landw.; Mutter: geb. Paumer), kath., verh. s. 1940 m. Carola, geb. Rittner, 3 Kd. - Gymn. Straubing; Univ. München (Rechts- u. Staatswiss.) - Ab 1935 Gerichtsrefer., 1938-49 Reg.sass. u. -rat bayer. innere Verw. (Wolfratshausen, Bad Reichenhall, Laufen (n. Kriegsende) u. Traunstein; dazw. Wehrdst. (zul. Ltn. d. R.) u. Kriegsgefangensch.) u. Staatskanzlei (1949), dann Oberreg.srat u. Reg.sdir. Bevollm. Bayerns b. Bund (stv. Bevollm.), 1953-69 MdB (CSU/CDU, 1962-66 Bundesmin. f. Angelegenh. d. Bundesrates u. d. Länder - 1967 Großkreuz VO. BRD.

NIEDERDELLMANN,
Herbert

Dr., Dr. med., o. Univ.-Prof., Arzt f. Mund-, Kiefer- u. plast. Gesichtschirurgie - Zu erreichen üb. Universitätsstr. 31, 8400 Regensburg - Geb. 16. April 1939 Braunschweig - Ärztl. Dir. d. Univ.-Klinik u. Poliklinik f. Mund-, Kiefer- u. Gesichtschirurgie - Erf.: Neue Osteosynthesesysteme - BV: Verletzung d. Gesichtsschädels (m. Schilli), 1980; Buch- u. Zeitschriftenbeiträge - Spr.: Engl., Franz.

NIEDEREHE, Hans

Dr. phil., Prof. f. Romanistische Sprachwiss. Univ. Trier - Hauptstr. 135, 5501 Mertesdorf (T. 0651 - 5 73 62) - Geb. 28. Mai 1937 Köln - Staatsex. 1965 in Franz. u. Deutsch; Promot. 1966 Univ. Köln, Habil. 1973 Univ. Hamburg - 1964-73 Wiss. Assist. u. Wiss. Oberrat, 1973 ff. o. Prof. - BV: Straße u. Weg in d. galloroman. Toponomastik (Diss.), 1967; D. Sprachauff. Alfons d. Weisen. Stud. z. Sprach- u. Wissenschaftsgesch. (Habil.-Schr.), 1975; Alfonso x el Sabio y la Lingüística de su Tiempo, 1987.

NIEDERLÄNDER, Hubert

Dr. jur., o. Prof. f. Bürgerl. u. Röm. Recht sow. Rechtsvergl. - Bächenbuckel 8, 6900 Heidelberg-Ziegelhausen - Geb. 10. Febr. 1921 Ormesheim/Saar (Vater: Andreas N.; Mutter: Katharina, geb. Ruppert), verh. 1959 m. Elke, geb. Ostermann - Univ. München u. Heidelberg (Nationalök. u. Rechtswiss.). Promot. (1948) u. Habil. (1951) Heidelberg - 1951 Privatdoz. Heidelberg, 1952 ao. Prof. Graz, 1956 o. Prof. Heidelberg (1972-79 Rektor) - BV: D. Bereicherungshaftung im klass. Röm. Recht, 1953. Fachabh. u. -aufs.

NIEDERLEITHINGER,
Ernst

Dr. jur., Verwaltungsbeamter im Bundeskartellamt (Vizepräs.) - Mehringdamm Nr. 129, 1000 Berlin 61 - Geb. 22. März 1934 Coburg, verh., 3 Kd. - Stud. Rechts- u. Wirtsch.wiss. München. Refer.Ex. 1957; Ass.ex. 1961 München - S. 1962 Bundeskartellamt - BV: D. Stellung d. Versorgungsw. im Gesetz gegen Wettbewerbsbeschränkungen, 1968; Kommentar z. Kartellgesetz, 1977-82 (m. L. Ritter u. U. Schmidt) - Spr.: Engl.

NIEDERMAYER, Josef

I. Bürgermeister Stadt Viechtach - Rathaus, 8374 Viechtach/Ndb. - Geb. 1. Juni 1926 Viechtach - Kaufm. CSU.

NIEDERMAYER, Josef

Dr. phil., Direktor a. D. Geolog. Landesamt Hamburg (s. 1954) - Durchdeich 8, 2050 Hamburg 80 (T. 737 27 90) - Geb. 23. Juli 1911 Karlsruhe (Vater: Michael N., Obering.; Mutter: Maria, geb. Föhrenbach), kath., verh. s. 1940 m. Margrit, geb. Isert, 3 Kd. (Ingrid, Karin, Klaus) - Realgymn. Köln-Deutz; Univ. Bonn (Geol., Mineral., Geogr., Chemie; Promot. 1934). Geol. Staatsex. Berlin (1935, 1939) - 1934-36 Univ. Bonn (Assist.); ab 1937 Pr. Geol. Landesanstalt bzw. Reichsamt f. Bodenforsch. (1938), Berlin; 1941-48 Kriegsdst. u. -gefangensch.; 1948-54 Amt f. Bodenforsch., Hannover (Bezirksgeologe). S. 1958 Lehrbeauftr. Univ. Hamburg. 6 Fachmitgliedsch. Lions Club - Zahlr. Veröff. (Angew. Geol., Hydro- u. Quartärgeol.) - Liebh.: Reisen - Spr.: Engl., Franz.

NIEDERMEIER, Georg

Dr. oec., Dipl.-Kfm., Vorstandsmitglied WTB-Walter-Thosti-Boswau Bau AG - Herzogstandstr. 16, 8900 Augsburg (T. 0821-6 42 10) - Geb. 8. Febr. 1932 Reichenrott/Kr. Mühldorf, kath., verh. s. 1964 m. Inge, geb. Kirsch, 3 Kd. (Cornelia, Florian, Barbara) - Abit. 1950 Mühldorf/Inn; 1950-54 Stud. Univ. München (Betriebsw., Dipl.-Kfm.); Promot. 1957 Univ. Erlangen-Nürnberg - AR Kathreiner AG, Poing; Beirat Suspa GmbH, Langenfeld - Spr.: Engl., Franz.

NIEDERMEIER,
Hermann Josef

MdL Bayern (s. 1978) - Hochsteinstr. 15, 8360 Deggendorf/Ndb. - Geb. 26. Mai 1936 Euschertsfurth, verh., 1 Kd. - Volkssch.; Wasserbauwerkerlehre (Abschl. Verden/Aller) - 1953 b. 1962 Wasser- u. Schiffahrtsamt Regensburg (zul. Wasserbauvorw.); 1963-78 Geschäftsf. SPD Deggendorf, s. 1972 SPD-Stadtrat u. s. 1978 Kreisrat.

NIEDERREITHER, Ernst

Kulturfilmregisseur, Autor u. Kameramann - Richard-Strauss-Str. 33, 8000 München 80 (T. 47 37 43) - Geb. 25. Aug. 1915 München (Eltern: Johann (Kaufm.) u. Helene N.), kath., verh. s. 1950 m. Hildegard, geb. Amon - Gymn., Univ. (Kunstgesch.) u. Staatl. Lehranst. f. Lichtbildwesen München; prakt. Ausbild. Bavaria-Film ebd. - Zahlr. Kultur- u. Dokumentarfilme, darunt. preisgekrönt: Glückl. Menschen, Wir u. d. anderen, D. Sitzung ist eröffnet, D. Filmschnitt, Thailand - Mai pen rai. Hörsp. Mitarb. elektron. Unterrichts-Dokumentation; Erz. Bayer. Rundfunk/Kinderfunk (auf Weltreise) - EK I; Silb. Bär Berliner Filmfestsp. u. a. - Liebh.: Segeln, Skilaufen, asiat. Literatur - Spr.: Engl., Span., Siames.

NIEDERSTE-
HOLLENBERG, Heinz

Dipl.-Ing., Geschäftsführer Bopp u. Reuther GmbH, Mannheim - Carl-Reuther-Str. 1, 6800 Mannheim-Waldhof (T. 0621-750 32 04) - Geb. 11. Mai 1931 Osnabrück (Vater: Wilhelm N.-H., Bauer; Mutter: Alwine, geb. Altmann-Brewe), verh. s. 1961 m. Edda-Inga, geb. Ebel v. Sosden, 2 Kd. (Sassia-Regina, Sascha-Peer) - Obersch. Tecklenburg (Abit. 1951); Praktikum; TH Hannover (Maschinenbau; Dipl.-Ing. 1957) - Zul. Geschäftsf. C. Hurth GmbH, München - Liebh.: Geschichte, Politik, Sport (Tennis, Fußball, Schwimmen) - Spr.: Engl., Span.

NIEDHART, Gottfried

Dr. phil., Prof. f. Neuere Geschichte Univ. Mannheim - Wilhelmstr. 49, 6800 Mannheim 51 (T. 0621 - 79 30 33) - Geb. 22. Aug. 1940 Görlitz (Vater: Paul N., Postamtsrat; Mutter: Eva, geb. Knobloch), kath., verh. s. 1976 in 2. Ehe m. Eva, geb. Hüttenrauch - Stud. Gesch., German., polit. Wiss. Univ. Frankfurt, Hamburg u. Marburg; Staatsex. 1965; Promot. 1969 Mannheim, Habil. 1976 ebd. - 1970 Akad. Rat, 1980 Prof. Univ. Mannheim - BV: Großbritannien u. d. Sowjetunion, 1972; Kriegsbeginn 1939, 1976; Handel u. Krieg in d. brit. Weltpolitik 1738-63, 1979; Einführ. in d. engl. Gesch., 1982; D. Westen u. d. Sowjetunion, 1983; Gesch. Englands im 19. u. 20. Jh., 1987.

NIEDIECK, Lothar

Dipl.-Kfm., Dipl.-Hdl., Prokurist, stv. Vors. Bundesverb. Pharmazeut. Ind., Frankfurt (1974ff.) - Bergiusstr. 67, 2800 Bremen 33 (T. 27 13 47) - Geb. 5. Nov. 1925 Magdeburg (Vater: Bernhard N., Hdl.; Mutter: Charlotte, geb. Lederer), verh., 3 Kd. (Heike, Renate, Susanne) - 1949-52 Stud. Univ. München. Dipl.-Kfm. 1952; Dipl.-Hdl. 1952 - BV: D. Verkehr m. freiverkäufl. Arzneimitteln, 1971; Drogisten u. Paragraphen, 1971

(m. A. Frey) u. zahlr. Aufs. in d. Fachpresse - 1983 BVK I. Kl. - Spr.: Engl., Ital.

NIEDING, von, Norbert

Jurist, Direktor Bundesamt f. d. Anerkennung ausl. Flüchtlinge - Zu erreichen üb. Rothenburger Str. 29, 8502 Zirndorf (T. 0911 - 655 32 37) - Geb. 23. Febr. 1934 Marienburg (Vater: Norbert N., Päd.; Mutter: Karin, geb. Erben), kath., 2 Kd. (Bernd, Bettina) - 1954-58 Stud. Rechtswiss. Frankfurt u. Mainz; 1959-63 Rechtsref., 1. u. 2. jurist. Staatsprüf. - 1973-82 Abt.-Präs. Umweltbundesamt; s. 1982 Dir. Bundesamt s.o. - BV: Berufschancen f. Juristen, Fachb. 3. A. 1986 - 1968 Helferzeichen in Gold Techn. Hilfswerk; s. 1986 Mitgl. Gutachterkommiss. f. d. Verwalt. d. Ges. f. Strahlen- u. Umweltforsch., München - Liebh.: Berufsfeldforsch., neuere Gesch. - Spr.: Engl.

NIEDRIG, Heinz

Dr.-Ing., Dipl.-Ing., Prof. f. Experimentalphysik (s. 1970) u. gf. Direktor Optisches Inst. TU Berlin (s. 1974) - Str. d. 17. Juni 135, 1000 Berlin 12 (T. 314 27 35) - Geb. 11. Febr. 1935 Berlin (Vater: Erich N., Kaufm. †; Mutter: Helene, geb. Bräunig), ev., verh. s. 1962 m. Gerlinde, geb. Herziger, 3 Kd. (Regina, Roman, Christiane) - Stud. Physik TU Berlin; Promot. 1965 u. Habil. 1970 ebd. - 1981 Gastwissenschaftler b. IBM/Yorktown Heights/USA - Fachmitgl.sch. (1971-73 Vors. Physikal. Ges. Berlin) - BV: Wellencharakter d. Materie in Bergmann/Schaefer, Lehrb. d. Experimentalphysik Bd. III, 1987. Herausg.: Electron Interactions with solids (1982). Üb. 80 Fachveröff. - Spr.: Engl.

NIEFER, Werner

Dr.-Ing. E. h., Dr. h. c., Prof., stv. Vorstandsvorsitzender u. Vorstand Geschäftsber. Pkw Daimler-Benz AG, Stuttgart - Geb. 26. Aug. 1928 Plochingen/N. - Stud. Maschinenbau FHS Eßlingen - 1952-62 Daimler Benz AG., 1962-76 Motoren- u. Turbinen Union Friedrichshafen GmbH (1968 Geschäftsf.) - 1976 stv. Vorst.-Mitgl., 1978 o. Vorst.-Mitgl., 1987 stv. Vorst.-Vors. Daimler-Benz AG.

NIEGEL, Lorenz

Dipl.-Ing. (FH), Journalist, MdB (s. 1969), CDU/CSU-Fraktion; Wahlkr. 226/Kulmbach) - Saarstr. Nr. 26, 8620 Lichtenfels/Ofr. - Geb. 20. Juni 1933 Lichtenfels (Vater: Andreas N., Steuerrat), kath., 3 Kd. (Bernhard, Ursula, Annette) - Gymn. Bamberg; Höh. Ackerbausch. Triesdorf/Mfr. (Fachhochsch.) - 1955-62 Kreisgeschäftsf. Bayer. Bauernverb.; 1962-69 Presseref. Landesebene. Ltd. Funktionen Jg. Union Bayern (u. a. 1959-63 Bezirksvors. Oberfranken). CSU s. 1955; Vors. d. Bundestagsunteraussch. ERP; Mitgl. d. parlam. Vers. d. Europarats u. WEU; Vizepräs. Landwirtschaftsaussch. d. Europarates - 1978 BVK; 1981 Bayer. VO; 1982 Gr. gold. Ehrenz. Rep. Österr., 1987 BVK I. Kl.

NIEHAUS, Gerd

Dipl.-Ing., Kommunikationsberatung - Hohrott 5, 2305 Heikendorf - Geb. 1924 Waldenburg, verh. m. Christa, geb. Schulz.

NIEHAUS, Ruth

Schauspielerin - Zu erreichen üb.: Oberstr. 18c, 2000 Hamburg 13 - Geb. 11. Juli 1928 Krefeld (Vater: Friedrich N., Ingenieur; Mutter: Elisabeth, geb. Nettesheim), kath., verh. 1950 m. Dr. jur. Ivar Lissner, Schriftst. † 1967 (s. XV. Ausg.), T. Imogen - Luisen- (Abit.) u. Schauspielsch. Düsseldorf - Bühne: Rebecca, Ophelia, Luise, Hl. Johanna (Shaw), Solveig, Pippa, Zoe, Cressida, Belisa, Elektra, Desdemona, Kameliendame, Anne Frank, Johanna, Gretchen, Natalie; Schneider Wibbel, Netter Herr, Blanche, Iphigenie, Zeugin d. Anklage u. a.; Film: u. a. D. Haus in Montevideo, Weg ohne Umkehr, Am Anfang war es Sünde, Rosenmontag, Studentin Helen Willtuer, Auferstehung; FS: Reichshauptstadt privat, Adrienne Mesurat, Teresa; Regie: Eurydice, Jüngster Tag, Rebecca - BV: Turm d. Lüste. Drehb., Videofilme - Liebh.: Bildhauerei - Spr.: Engl.

NIEHOFF, Karena

Journalistin, Schriftst. - Zähringerstr. 13, 1000 Berlin 31 (T. 883 55 89) - Geb. 21. Dez. 1927 Berlin, ev., gesch., Tochter Ariane - Gymn. - S. 1946 Journ. (Feuill., Theater, Lit., Film, Reisebeschreib., Reportage). 1956 ff. Deleg. Berlins Filmbewertungsstelle d. Länder u. Kurat. Jg. dt. Film - BV: Dr. Goebbels, 1949; Berlin - Buch d. Berliner Senats, 1957; Stimmt es - Stimmt es nicht? / Porträts/Kritiken/Ess. 1946-62, 1962 - 1981 Bundesfilmband in Gold; 1972 Mitgl. PEN-Zentrum BRD - Liebh.: Politik, Reisen.

NIEHUIS, Edith,

geb. Janßen

Dr. phil., Diplompädagogin, MdB - Sperberring 28, 3412 Nörten-Hardenberg (T. 05503 - 82 34) - Geb. 2. Aug. 1950 Gölriehenfeld, ev., verh. m. Gerhard N., 2 Kd. - 1. Staatsex. (Lehramt an Grund- u. Hauptsch.) 1972 Oldenburg; Dipl.-Päd. 1977 Göttingen; Promot. 1983 Göttingen - 1973 päd. Mitarb. in ländl. Erwachsenenb.; 1973-76 wiss. Mitarb. b. Paritätischen Bildungswerk; 1976-79 päd. Mitarb. Heim-VHS Jägerei Hustedt u. 1980-87 Mariaspring - BV: Analyse d. Erwachsenenb. in d. BRD u. DDR, 1973; Dezentraler Kindergarten, Elternmitwirkung u. Elternb., 1976; Polit. Erwachsenenb. in Landgemeinden, 1976; D. Landjahr, 1984; Orientierungskurs f. Frauen in d. Lebensmitte, 1986.

NIEHUSS, Achim

Rechtsanwalt u. Notar, Bürgermeister a. D. - Dollenberg 1, 6348 Herborn (T. 02772 - 4 11 18) - Geb. 8. Nov. 1930 Arnsberg (Vater: Prof. Dr. jur. Paul N., Min.-Dir. a. D.; Mutter: Elsa, geb. Schildt), ev., verh. m. Anni, geb. Horst, 3 Kd. (Helge, Heike, Hilke) - Univ. Frankfurt/M., Bonn, Köln. Gr. jur. Staatsprüf. 1960, 1960-62 Rechtsanw., 1961-65 Bundesmin. f. Wirtsch. (1964 Reg.rat), 1965-72 Stadtdir. Heessen, 1972-77 Bürgerm. Herborn. 1961-65 MdK Bonn (Frakt.-Geschäftsf.). CDU (s. 1981 Stadtverordn. Herborn) - Liebh.: Malen - Spr.: Engl., Span.

NIEKISCH, Ernst A.

Dr. rer. nat., Prof., Physiker - Haubourdinstr. 6, 5170 Jülich/Rhld. (T. 37 60) - Geb. 16. Sept. Puchheim (Vater: Prof. Ernst N., Publizist † 1967 (s. XIII. Ausg.); Mutter: Anna, geb. Kienzle), led. - Gymn.; Stud. Physik (Dipl.-Phys.). Promot. 1955; Habil. 1961 - 1949-61 Humboldt-Univ. Berlin (Assist. II. Physikal. Inst.); s. 1962 Kernforschungsanlage Jülich (Aufbau Inst. f. Techn. Physik). S. 1963 Lehrtätigk. Univ. Köln (1968 apl. Prof.). Spez. Arbeitsgeb.: Halbleitersolarzellen. Div. Facharb., dar. Energieumwandlung m. MHD-Generatoren (m. TH Bohn), in: K. J. Euler, Energie-Direktumwandlung (1967).

NIELAND, Helmut

Dr. jur., Sprecher d. Geschäftsleitung Bankhaus Hermann Lampe KG., Bielefeld/Düsseldorf, AR- u. Beiratsmitgl., Honorarkonsul Großherzogtum Luxemburg - Jägerhofstr. 8-10, 4000 Düsseldorf - Geb. 28. Mai 1926 Volmarstein, verh. s. 1957 m. Wiltrud, geb. Krebs - Abit.; Refer.- u. Ass.ex.; Rechtsanw.; Promot.

NIEMANN, Günter

Regierungspräsident d. nieders. Bezirksregierung Braunschweig (s. 1983) - Bohlweg 38, 3300 Braunschweig (T. 0531-484-32 41) - Geb. 1936 - Agraring.; Jurist; 1968 Bezirksreg., 1973 Min.; 1976 Ministerialrat; 1982 Regierungsvizepräs.

NIEMANN, Hans-Werner

Dr. phil., Prof. f. Neuere Geschichte Univ. Hannover - Blumenstr. 33, 2900 Oldenburg - Geb. 19. Juli 1950 Veltheim/Krs. Minden (Vater: Heinrich N., Oberamtm.; Mutter: Erika, geb. Hohmeier), ev.-luth., verh. s. 1974 m. Dagmar, geb. Witter, 2 Kd. (Jan-Malte, Elga) - Staatl. Besselgymn. Minden; Stud. Gesch. u. Angl. TU Hannover; Staatsex. f. d. höh. Lehramt 1973; Promot. 1975; Habil. 1977 - 1974-81 Wiss. Assist. Hist. Sem. Univ. Hannover; s. 1981 Prof. f. Neuere Gesch. m. Einschl. d. Wirtsch.- u. Sozialgesch. - BV: u.a. D. Bild d. ind. Untern. in dt. Romanen d. Jahre 1890-1945, 1982; Technik u. Gesch., 1984; zahlr. Aufs. in hist. Fachztschr. - 1980 Mitgl. Hist. Kommiss. f. Nieders. u. Bremen - Liebh.: Malen, Klavier, Fossilien - Spr.: Engl., Franz., Lat.

NIEMANN, Harry

Generalintendant Oldbg. Staatstheater - Milanweg 7, 2900 Oldenburg/O. (T. 2 71 47) - B. 1967 Int. Stadttheater Pforzheim, dann Generalint. Staatstheater Oldenburg.

NIEMANN, Heinrich

Dr.-Ing., Prof., Inhaber Lehrstuhl f. Informatik 5 (Mustererkennung) u. Vorst. Inst. f. Math. Maschinen u. Datenverarb. Univ. Erlangen-Nürnberg (s. 1975) - Martensstr. 3, 8520 Erlangen.

NIEMANN, Rüdiger

Rechtsanwalt, Geschäftsf. Verlag M. DuMont Schauberg - Breite Str. 70, 5000 Köln 1 (T. 224-24 02) - Geb. 6. Juni 1936 - 1973-85 Hauptgeschäftsf. Bundesverb. Dt. Zeitungsverleger; Mitgl. ZDF-Fernsehrat - BVK.

NIEMAX, Kay

Dr. rer. nat., Prof., Arbeitsgruppenleiter Inst. f. Spektrochemie u. Angew. Spektr. Dortmund (s. 1985) - Am Wiesenberge 2, 5840 Schwerte-Geisecke (T. 02304 - 4 20 50) - Geb. 2. Jan. 1945 Sielbeck, verh. s. 1970 m. Karin, geb. Teerkorn, 2 Kd. (Katrin, Jens) - Stud. Univ. Kiel; Promot. 1972; Habil. 1979 Kiel - 1970-85 wiss. Ang., wiss. Assist. u. wiss. Oberrat Univ. Kiel; 1979/80 Joint Inst. f. Labor. Astrophysics Boulder, Colorado, USA; 1984 apl. Prof.; s. 1987 Lehrbefugn. Univ. Dortmund - Üb. 80 Fachpubl. in Büchern u. intern. Ztschr. - Spr.: Engl., Franz.

NIEMCZIK, Heinz

Filmproduktionsleiter Hess. Rundfunk/Fernsehen (s. 1959) - Thomaestr. 13, 6200 Wiesbaden (T. 52 11 57) - Geb. 14. Febr. 1928 Bielitz (Vater: Heinrich N., Kaufm.; Mutter: Helene, geb. Nickel), kath., verh. s. 1955 m. Marianne, geb. Olfermann - Realgymn. Bielitz (b. 1944); Univ. Wien u. Mainz (8 Sem. Chemie); Schauspielsch. Hertha Genzmer, Wiesbaden - 1953-59 fr. Aufnahmeleit. - Liebh.: Sport, Musik - Spr.: Engl.

NIEMEIER, Gottfried

Dr. phil., Dr. theol., Vizepräsident - Zul. 3000 Hannover - Geb. 18. Juni 1906 Wetter/Ruhr (Vater: Gustav N., Superint.; Mutter: Helene, geb. Hempelmann), ev., verh. s. 1948 m. Brigitte, geb. Thielebein, 2 Kd. (Susanne, geb. 1953; Joachim, 1961) - Realgymn. Altena; Univ. Göttingen, Tübingen (Dr. phil. 1928), Münster (Dr. theol. 1930), Berlin; Religionspäd. Sem. Gütersloh; Domkandidatenstift Berlin - Hilfspred. Rom; 1933-53 I. Pfarrer Arnsberg (1946-53 zugl. Doz. Katechet. Sem. Ev. Kirche in Westf.); 1939-46 Wehrdst. (Offz.) u. Gefangensch.; s. 1953 Theol. Ref. (OKR) u. Vizepräs. (1965) Kirchenkanzlei Ev. Kirche in Dtschl. - BV: Meth. u. Grundauffass. d. Religionsphil. in d. Gegenw., 1930; Wirklichkeit u. Wahrheit - Grundzüge u. Gestalt d. Theologie Martin Kählers, 1935; Kirche u. Schule, 1955 (2 Vortr.); Lehrgespräch üb. d. Abendmahl, 1960; Streitfragen d. Bildungspolitik, 1966. Verf.: EKD-Chronik/Kirchl. Jahrb. (1957 ff.). Zahlreiche Ztschr.aufs. - Liebh.: Mod. Kunst, Lit., Pferde- u. Autosport - Spr.: Lat., Griech., Hebr., Ital., Engl., Franz.

NIEMEYER, Adolf D.

Stv. Vorstandsvorsitzender a.D. Continental Gummi-Werke AG. - Ostfeldstr. 30, 3000 Hannover-Kirchrode - Geb. 10. April 1915 Nechtelsen b. Bremen - Oberreal- u. Wirtschaftsobersch. (Reifezeugnis); kaufm. Lehre Im- u. Export - Div. Ehrenstell., dar. Vors. Wirtschaftsverb. der dt. Kautschukind. (1965-69 u. 1972-75), dann Ehrenmitgl. Beiratsmandate u. a.

NIEMEYER, Carl Wilhelm

Herausgeber d. Schaumburger Zeitung - Klosterstr. 32-33, 3260 Rinteln/Weser (T. 05751 - 45 11) - Geb. 1. Okt. 1917 Hameln - Abit. 1936.

NIEMEYER, Gerhard

Dr. rer. pol., Dipl.-Ing., o. Prof. f. Wirtschaftsinformatik Univ. Regensburg (s. 1972) - Nestroystr. 11, 8400 Regensburg - Geb. 4. Nov. 1935 Baruth b. Berlin - Stud. TU Berlin.

NIEMEYER, Gisela

Dr. jur., Richterin Bundesverfassungsgericht (Erster Senat) - Zu erreichen üb. Bundesverfassungsgericht, 7500 Karlsruhe - Geb. 25. Sept. 1923 (Vater: Lehrer; Mutter: Parlamentsstenografin), verh. 2 Kd. - Jura-Stud. Univ. Kiel - 1972-75 Richterin Bundesfinanzhof München; 1975-77 Präs. Finanzgericht Düsseldorf (erste Frau); s. 1977 Bundesverfassungsrichterin. SPD - BV: Gegenstand d. Verfahrens b. Anfechtung v. Steuerbescheiden (Diss.).

NIEMEYER, Hans Georg

Dr. phil., Prof. Univ. Hamburg (s. 1980), Archäologe - Willistr. 22, 2000 Hamburg 60 - Geb. 30. Nov. 1933, verh. s. 1959 m. Dr. Doris, geb. Brandes, 4 Kd. - Human. Gymn.; Stud. Marburg u. Hamburg, Promot. 1959, Habil. 1966 Univ. Köln - 1974-78 Vors. Dt. Archäol.-Verb. - BV: Einf. in d. Archäol., 1968; Stud. z. statuarischen Darst. d. röm. Kaiser, 1968; Phönizier im Westen (Hg.), 1982 - 1970 Korr. Mitgl. Real Academia de la Historia, Madrid, 1979 Hispanic

Society of America, s. 1982 o. Mitgl. Dt. Archäol. Inst., s. 1988 o. Mitgl. Jungius Ges., Hamburg.

NIEMEYER, Horst
Dr. rer. nat., o. Prof. f. Mathematik TH Aachen (s. 1973) - Meischenfeld 36, 5100 Aachen-Kornelimünster (T. 33 58) - Geb. 30. Juni 1931 Düsseldorf (Vater: Tierarzt), verh. m. Mary, geb. Reinsel - Habil. - 1967-73 o. Prof. f. Instrumentelle u. Angew. Math. u. Leit. Zentrale Rechenanlage Univ. Marburg; s. 1973 o. Prof. f. Math. TH Aachen. Facharb.

NIEMEYER, Horst
Dr. jur., Generalsekretär Stifterverb. f. d. Dt. Wissenschaft (s. 1979) - Brucker Holt 56-60, 4300 Essen 1 - Geb. 1928 - Werdegang: DFG (Ref.), Dt. Forschungs- u. Versuchsanst. f. Luft- u. Raumfahrt (gf. Vorst.), Kommiss. d. Europ. Gemeinsch./Forschungszentrum Ispra (Dir.).

NIEMEYER, Johannes
Dr. jur., Dr. h. c., Regierungsdirektor a.D., stv. Leit. Kommissariat d. dt. Bischöfe Bonn - Ahrstr. 1, 5205 St. Augustin 2 (Hangelar) - Geb. 21. März 1927 Ramsdorf, kath., verh. s. 1954 m. Roswitha, geb. Schmidt, 6 Kd. (Matthias, Christian, Bettina, Markus, Laurenz, Konstanze) - Abit. 1945; Stud. Rechts- u. Staatswiss. Univ. Münster; Refer. 1949, Ass. 1953, Promot. 1961 Univ. Würzburg - 1953/54 Staatsanw.; 1955 Richter; 1955-59 Bundesjustizmin. (Völkerrecht); ab 1959 s.o. S. 1961 Vorst-Mitgl. Zentralst. f. Entwicklungshilfe Aachen; ab 1968 Mitgl. ZDF-Fernsehrat (1982 Vors. Aussch. f. Politik u. Zeitgesch.); ab 1969 Mitgl., ab 1976 Vors. Kath. Inst. f. Medieninformation Köln; 1971 Berater, ab 1973 Mitgl. Gemeinsame Synode Dt. Bistümer, s. 1980 Mitgl. Beirat Hilfswerk MISEREOR, ab 1985 VR-Vors. Dt. Entwicklungsdst. - 1966 Komturkreuz m. Stern päpstl. Gregoriusorden; 1966 Gr. Nieders. Verdienstkreuz; 1983 BVK I. Kl.; 1979 Ehrendoktor Adamson Univ. Manila.

NIEMEYER, Werner
Ministerialdirektor Bundesmin. f. Arbeit u. Sozialordnung - Bendenweg 4, 5305 Alfter (T. 0228 - 64 46 80) - Geb. 24. Mai 1936 - Stud. Rechtswiss. Univ. Freiburg/Br., Würzburg u. Bonn; 1. u. 2. jurist. Staatsex. - 1964-67 richterl. Tätigk. an mehreren Gerichten im Bereich d. OLG Hamm; s. 1967 im Bundesmin. f. Arbeit u. Sozialordnung; s. 1975 Leit. Ref. f. Grundsatzfragen d. gesetzl. Rentenversich.; s. 1985 Leit. d. Abt. Sozialversich., Sozialgesetzb.

NIEMEYER, Wolfhart
Dr. med., Prof. i. R. f. Hals-, Nasen- u. Ohrenheilkunde unter bes. Berücksicht. d. Audiologie a. d. Univ. Marburg -Süderstr. 26, 2251 Wester-Ohrstedt - Geb. 26. Juli 1923 Lüneburg - Med.stud., Facharzt f. HNO 1958, 1965 Habil., Lehrtätigk. Univ. Marburg. 1969 apl. Prof., 1971 Prof. an einer Univ., Gastvorles. CSSR, Schweiz, Schweden, Japan, USA, Italien. Div. Buchveröff. üb. Audiologie u. zahlr. Einzelarb. - 1980-85 Präs. d. Intern. Association of Physicians in Audiology, 1982 Vizepräs., 1988 Präs. Intern. Ges. f. Audiol. - 1975 Preis Berufsverb. d. Dt. HNO-Ärzte, 1980 Ernst-v.-Bergmann-Plak.; 1983 Ehrenplak. Landesärztekammer Hessen.

NIEMITZ, Carsten
Dr. rer. nat., Prof. f. Biologie u. Anthropol. FU Berlin - Zu erreichen üb. FU, Fabeckstr. 15, 1000 Berlin 33 (F. 030 - 8 38-29 00) - Geb. 29. Sept. 1945 Dessau (Anh.) (Vater: Johannes N., Verleger u. Buchdruckerm.; Mutter: Ruth, geb. Voigt), ev. - Stud. Biol. u. Anthrop., Math. u. Med. Univ. Giessen, Freiburg, Göttingen u. Berlin; 1968-71 Max-Planck-Inst. f. Hirnforsch.; Dipl.-Biol. 1971; Promot 1974, Habil. 1981 - 1975-78 Wiss. Assist. Anatom. Inst. Göttingen; s. 1978 Prof. u. Leit. Abt. Humanbiol. FU. Bes. Engagement in Umweltfragen u. non-verb. Kommunikation d. Menschen. Expedit. nach Sulawesi u. Malysia - BV: Biometrie d. Gatt. Tarsius, 1977; Biol. of Tarsiers, 1984; Erbe u. Umwelt, 1987. Mitverf. weit. Bücher. Autor einig. naturwiss. Filme - Liebh.: Malerei, Lyrik - Spr.: Engl., Franz.

NIEMITZ, Walter
Dr. rer. nat., Chemiker - Tapiauer Allee 5, 1000 Berlin 19 (T. 304 94 62) - Geb. 20. Dez. 1916 Hamburg (Vater: Hermann N., Fabrikant; Mutter: Gertrud, geb. Weule), ev., verh. in 2. Ehe (1952) m. Erika, geb. Kienast, 5 Söhne (Hanno, Folke, Klausjürgen, Matthias, Christian) - Johanneum Hamburg; Univ. Hamburg u. München (Chemie). Dipl.-Chem. 1944; Promot. 1948 - S. 1949 Hyg. Inst. Hamburg (Wiss. Angest.), Untersuchungsanstalt f. Städtehyg. (1957; Leit. Abt. Fluß- u. Abwasser, Abt.svorsteher, stv. Anstaltsleit.), Bundesgesundheitsamt (1964; Ltd. Dir. u. Prof.; Leit. Abt. Abwasser- u. Umwelthygiene b. Gewässerschutz; stv. Vors. Fachgruppe Wasserchemie d. Ges. Dt. Chem.; Mitgl. Abwassertechn. Vereinig. u. Water Pollution Control Federation, DVGW, DGMK, JAWPR - Spr.: Engl., Franz.

NIEMÖLLER, Klaus Wolfgang
Dr. phil., Univ.-Prof., Musikwissenschaftler - Geranienweg 5, 5000 Köln 71 (T. 70 11 60) - Geb. 21. Juli 1929 Gelsenkirchen (Vater: Dr. Karl Wilhelm N., Presseamtleiter; Mutter: Margarete, geb. Helmich), ev., verh. s. 1956 m. Dr. Ursula, geb. Stoltenberg, 4 Kd. (Axel, Claudia, Oliver, Konstanze) - Human. Gymn.; Stud. d. Musik- u. Theaterwiss., Kunstgesch Univ. Köln, 1956-58 Stip. DFG - S. 1958 Hochschuldst. Univ. Köln (1964 Privatdoz., 1969 apl. Prof., 1970 Wiss. Rat u. Prof.), 1975ff. o. Prof. Univ. Münster, 1983 o. Prof. Univ. Köln. 1977 I. Vors. Joseph-Haydn-Inst., Köln; 1986 Geschäftsf. Vorst.-Mitgl. Robert-Schumann-Forsch.-St., Düsseldorf - BV: Kirchenmusik u. reichsstädt. Musikpflege im Köln d. 18. Jahrh., 1960; Untersuchungen z. Musikpflege u. Musikunterr. an d. dt. Lateinsch. v. ausgehenden Mittelalter b. um 1600, 1969; D. sprachhafte Charakter d. Musik, 1980; Ber. üb. d. Intern. Schostakowitsch-Symposion Köln 1985, 1986 - 1971 Dent-Medal Royal Music Assoc., London; 1976 o. Mitgl. Rhein-Westf. Akad. d. Wiss. - Liebh.: Kammermusik, Dressurreiten - Spr.: Engl.

NIENABER, Gerhard
Dr. rer. pol., Dipl.-Kfm., Vorstandsvors. Lindener Gilde Bräu AG., Hannover - Fichtenweg 4, 3003 Ronnenberg/Benthe (T. 05108 - 36 84) - Geb. 6. Okt. 1926 Gadderbaum, verh. s. 1963 m. Dr. Ruth, geb. Götze - Univ. Hamburg - 1952-64 Treuhand- u. Wirtschaftsprüfungsges. (1957 bestellter Wirtschaftsprüfer). Vors. Verb. d. Brauereien v. Nieders. (1973ff.).

NIENDORF, Horst
Schauspieler u. Regiss., Dir. Hansa-Theater Berlin - Alt Moabit 48, 1000 Berlin 21 (T. 392 73 77) - Geb. 31. Aug. 1926 Piesteritz/Wittenberg, ev., T. Andrea - Dt. Schauspielsch. Berlin - Theater, Film, Fernsehen, Funk u. Synchron.

NIENHAUS, Antonius
Dr., Hauptgeschäftsführer Milchindustrie-Verb. - Schedestr. 11, 5300 Bonn (T. 21 70 05); Röttgen, Zedernweg 13 - Geb. 10. Mai 1932.

NIENHAUS, Christian
Dipl.-Ökonom, Geschäftsführer Morgenpost Verlag GmbH, Hamburg - Griegstr. 75, 2000 Hamburg 50 (T. 040 - 883 03-2 00) - Geb. 5. Febr. 1960 Hamm, verh. m. Brigitte, geb. Liebelt, S. Leopold - 1978-82 Stud. Wirtsch.-Wiss. Univ. Bochum - Vorst.-Beis. Ztg.-Verlegerverb. Hamburg - BV: D. Rentenreform, 1983.

NIENHAUS, Franz
Dr. rer. nat., Prof. f. Pflanzenkrankheiten, insb. Virologie - Rosenweg 30, 5357 Swisttal-Buschhoven (T. Rheinbach 33 12) - Geb. 2. Mai 1929 Wissen (Schloß), kath., verh. s. 1957 m. Hildegard, geb. Ruhland, 3 Kd. (Uta, Thomas, Barbara) - Gymn. Siegburg; Univ. Bonn (Naturwiss.). Promot. (1956) u. Habil. (1962) Bonn - S. 1957 Univ. Bonn (1962 Privatdoz., 1964 Doz., 1968 apl. Prof., 1969 Wiss. Rat u. Prof.). 1965-68 u. 75 Gast American Univ. of Beirut, 1962/63 u. 71 Univ. of California - BV: Phytopatholog. Praktikum - Methoden u. Übungsb., 1969; Lehrb. d. Phytomed. (m.a.), 1975, 2. A. 1985; Virus and Similar Diseases in Tropical and Subtropical Areas, 1981; Viren, Mykoplasmen u. Rickettsien, 1985; Farbatlas Waldschäden (m.a.), 1988. Div. Einzelarb. - Liebh.: Archäologie, Malerei, Orchideenkultur - Spr.: Engl.

NIENHAUS, Volker
Dr. rer. oec., Prof. f. Volkswirtschaftsl. Univ. Bochum - Herskamp 16, 4300 Essen 11 - Geb. 19. Juli 1951 Essen, verh. s. 1976 m. Hannelore, geb. Hemmer, 2 Kd. (Robert, Luisa) - Stud. Univ. Bochum (Wirtschaftswiss.); Dipl. 1974; Promot. 1979; Habil. 1985 - BV: Strukturpolitik a. gewerksch. Sicht, 1980; Kontroversen um Markt u. Plan, 1982; Islam u. mod. Wirtschaft, 1982; Economic Cooperation a. Intergration among Islamic Countries, 1987; u. 5 weit. Bücher.

NIENHEYSEN, Franz-Josef
Dr. rer. pol., Dipl.-Kfm., Sprecher d. Vorstands Renk AG, Augsburg (s. 1978) - Am Schmutterhang 43, 8902 Neusäß - Geb. 16. April 1927 Essen, kath., 4 Kd. (Jens, Katrin, Kay, Jan) - 1947-49 Banklehre; 1949-52 Stud. Betriebsw. Univ. Köln - 1952-62 Prüfungsleit. Westd. Ind.-Treuhand-Ges., Mülheim; 1962-70 Dir. Gutehoffnungshütte Aktienverein, Oberhausen; Leit. d. Revision u. Betriebsw.; s. 1971 Vorst.-Mitgl. Renk AG, Augsburg - Spr.: Engl.

NIENHOFF, Hermann-Josef
Dr., Dipl.-agr. oec., Geschäftsführer Vereinigung Dt. Landesschafzuchtverbände, Bonn - Godesberger Allee 142, 5300 Bonn (T. 37 53 51) - Geb. 24. Juli 1955.

NIENS, Walter
Dr. rer. techn., Direktor i. R., Honorarprof. f. Arbeitswiss. TU Berlin (s. 1958) - Hainbuchenstr. Nr. 10b, 1000 Berlin 28 (T. 406 10 11) - Geb. 14. Juli 1905 Dortmund (Vater: Emil N., Eisenbahninsp.; Mutter: Amalie, geb. Kreitz), ev., verh. s. 1937 m. Dr. phil. Liselotte, geb. Wülfing, v. Ditten, S. Hans-Joachim - Univ. Marburg, Frankfurt/M., Kiel (Naturwiss.). Promot. 1935 TH Danzig - 1932-36 Assist. TH Danzig, 1936-38 Assist. Telefunken, 1938-70 Mitarb., Betriebs- (1940; Forschungsinst.) u. Techn. Dir. AEG bzw. AEG-Telefunken (1949; Abt. Zentrales Ausbildungswesen). Div. Ehrenämter, dar. VR-Mitgl. Ges. v. Freunden d. TU Berlin. Ehren-Vorst.-Vors. Inst. f. techn. Weiterbildung - BV: Elektrotechnik, 4. A. 1976; 44 Wege z. staatl. gepr. Ing., 2. A. 1966 (m. A. Leber); Handb. f. d. Ing.schulwesen, 1965 (m. H. Friebe u. O. Monsheimer) - Ehrenmitgl. Berliner Math. Ges. (1965), Inst. f. Techn. Weiterbild. Berlin (1970) u. TU Berlin (1979); 1965 BVK I. Kl.; 1972 Gold. Ehrenplak. Zentralverb. d. Elektrotechn. Ind. - Liebh.: Klass. Musik, etrusk. Kunst - Spr.: Engl.

NIENSTEDT, Gerd
Regisseur, Opernsänger, Schauspieler - Auf dem Emmerberge 17, 3000 Hannover - Geb. 10. Juli 1932 Hannover (Vater: Reinhold N., Kaufm.; Mutter: Helene, geb. Schlüter), 2 Söhne (Volker, Uwe) - Kfm. Lehre; 1951-54 Musikhochsch. Hannover - S. 1954 Opernsänger (u. a. Festspiele Bayreuth u. Salzburg; div. Schallpl.); 1972-88 auch Chef-

disponent u. Intendant Bielefeld, Wiesbaden, Hof, Detmold, Eutiner Sommerspiele - Spr.: Engl., Franz.

NIEPAGE, Helmut
Dr. med. vet., Prof. f. Veterinärmedizin - Dernburgstr. 7, 1000 Berlin 19 (T. 321 96 35) - Geb. 26. April 1918 Malchin/Meckl. (Vater: Dr. Martin N., Oberstudienrat; Mutter: Gerta, geb. Düber), ev., verh. s. 1945 m. Ingeborg, geb. Böhme, 5 Kd. (Maria, Konrad, Johanne, Renate, Rudolf) - Heinrich-Hertz-Realgymn. Hamburg; 1937-41 Friedrich-Wilhelm-Univ. Berlin (Veterinärmed.). Promot. 1949 Humboldt-Univ. Berlin; Habil. 1958 Humboldt-, 1960 Freie Univ. Berlin - 1942-45 Wehrdst.; 1945-54 tierärztl. Praxis; 1954-58 Oberassist. Humboldt-U. Berlin; s. 1960 Doz. u. Prof. (1965) FU Berlin. Spez. Arbeitsgeb.: Veterinärmed. Hämatologie - BV: Methoden d. prakt. Hämatol. f. Tierärzte, 2. A. 1989; Naumann (1754-1836) Spec. Pathol. u. Therapie, 1988. Fachveröff.

NIEPMANN, Fritz
Dipl.-Ing., Fabrikant, Gesellsch. Maschinenfabrik Fr. Niepmann GmbH & Co., Gevelsberg - Hagener Str. 122, 5820 Gevelsberg (T. 6 04 36) - Geb. 16. Juli 1926 Haßlinghausen (Vater: Otto N., Fabr.; Mutter: Martha, geb. Weber), ev., verh. s. 1956 m. Jutta, geb. Kaufmann, 2 Kd. (Hella, Frank) - Maschinenbausch. - Spr.: Engl.

NIERHAUS, Herbert
Dr. phil., Mitglied d. Bundesvorstandes d. DAG - Grasweg 46, 2000 Hamburg 60 (T. 040 - 48 74 41) - Geb. 26. Jan. 1929, verh. s. 1961 m. Baerbel, geb. Büchy, 2 Söhne (Andreas, Christopher) - Abit. 1949, Stud. Univ. Münster, London, Amsterdam, Köln; Promot. 1957 Köln - Vorst. RKW; Wirtschafts- u. Sozialaussch. d. EG; Vorst. FIET Genf; AR Württ. Feuer, AR Studio Hamburg GmbH; AR-Vors. Bildung u. Reisen GmbH; Mitgl. Wirtsch.- u. Sozialaussch. d. EG; b. 1979 Rundfunkrat NDR - BV: Bildungsurlaub, 1972; Arbeitswelt auf d. Bühne, 1975; Fernsehspiele, 1985 - 1983 BVK I. Kl., 1989 Gr. BVK - Spr.: Engl., Franz.

NIERHAUS, Rolf
Dr. phil., Prof. i. R., Archäologe - Wohnst. Augustinum, Weierweg 10, Apt. 4208, 7800 Freiburg/Br. (T. 478 54 38) - Geb. 15. Juni 1911 Frankfurt/M., ev., led. - Univ. Freiburg, München, Frankfurt, Leipzig (Klass. Altertumswiss.). Promot. 1936 Leipzig; Habil. 1960 Tübingen - 1937-55 (m. Unterbr.) Denkmalpflege Baden; s. 1957 Univ. Tübingen (Assist., 1960 Privatdoz., 1966 apl. Prof.) u. Freiburg (gegenw. Wiss. Rat u. Prof. i. R.); 1961ff. Dt. Archäol. Inst./Abt. Madrid (II. Dir.). Spez. Arbeitsgeb.: Provinzialrömische Archäologie - BV: Strophe und Inhalt im pindar. Epinikion, 1936; D. röm. Brand- u. Körpergräberfeld Auf der Steig in Stuttgart-Bad Cannstatt, 1959; D. sweb. Gräberfeld v. Diersheim - Studien z. Gesch. d. Germanen am

Oberrhein v. Gall. Krieg b. z. alemann. Landnahme, 1966; Studien z. Römerzeit in Gallien, Germanien u. Hispanien, 1977 - 1965 o. Mitgl. DAI; 1975 wirkl. Mitgl. Österr. Arch. Inst. (Wien) im Ausl. - Spr.: Engl., Franz., Ital., Span.

NIERMANN, Ernst

Dr. theol., Prälat, Generalvikar d. Kath. Militärbischofs f. d. Dt. Bundeswehr, Leit. Kath. Militärbischofsamt - Adenauerallee 115, Postf. 190199, 5300 Bonn 1 (T. 0228 - 22 10 15) - Geb. 23. Juni 1930 Bonn (Vater: Dr. Otto N., Amtsarzt; Mutter: Martha, geb. Schabel), kath. - Abit. 1950 Gymn. Aachen; Stud. Phil. u. Theol. Univ. Bonn, Innsbruck u. Madrid; Priesterweihe 1958 Aachen, Promot. 1963 Univ. Innsbruck - 1963-66 Seelsorger Bistum Aachen, danach versch. Tätigk. Kath. Militärseelsorge; s. 1981 Militärgeneralvikar - 1985 BVK I. Kl. - Spr.: Span., Franz., Engl.

NIERMANN, Erwin

Stadtdirektor Minden - Kleiner Domhof, 4950 Minden (T. 0571 - 89-273) - Geb. 23. Juni 1929 Hagen/Westf. (Vater: Karl N., Kaufm.; Mutter: Herta, geb. Peddinghaus), ev., verh. s. 1962 m. Irmgard N., 2 Kd. (Ralf, Ulrike) - Stud. Rechtswiss.; Ass. 1959, Promot. 1960 Münster - 1959-61 Reg. Münster; 1964-71 Stadtdir. Gronau; 1971ff. Stadtdir. Minden - Liebh.: Lit., Sport - Spr.: Engl., Franz.

NIERMANN, Johannes

Dr. phil. (habil.), Dr. paed., Dipl.-Verw., Dipl.-Paed., Univ.-Prof. - Kapellenweg 4, 2992 Kluse 1 - Geb. 12. März 1940 Dörpen, verh. s. 1968 m. Priv.-Doz. M. Monika, geb. Ternes, 3 Töcht. (Anabel, Eva-Johanna, Elena-Katharina) - Landw.-Lehre, Stud. Phil., Psych., Gesch., Erzieh.-, Soz.- u. Verw.wiss. - 1954 Landw.-Lehrling; 1958 Jugendleit. Bistum Osnabrück, 1961 Jugendref. Generalvikariat Bistum Osnabrück; 1962 Verw.-Insp.-Anwärter; 1971 Wiss. Mitarb. Phil. Fak. RWTH Aachen, 1972 Wiss. Assist. Päd. Fak. Univ. Bonn, 1976 Doz. PH Kiel, 1980 Priv.-Doz. TU Berlin u. Prof. PH Kiel, 1984 Prof. Phil. Fak. Univ. Köln - BV: Soz. Päd. in d. DDR, 1972; Lehrer in d. DDR, 1973; Wörterb. d. DDR-Pädagogik, 1974; D. Probl. d. Entfremd. b. Karl Marx - Vers. e. päd. Lösung, 1974; D. Kinderspielpl., 1976; Lebenszeitl. Sozialisation, 1981; Meth. d. Unterr.differenzier., 1981; Schallpl. u. Toncass. im Deutschunterr., 1981; Kulturanthropol. Aspekte interkultureller Erzieh. im Kindesalter, 1981; Spannung u. Spaß d. sinnvoll. Spielen, 1983; Kinder in d. Türkei, 1984. Mitarb.: Päd. d. Gegenw., 1977; Handb. Schule u. Unterr., Bd. 3, 1981. Zahlr. Beitr. in Sammelbde. u. Ztschr. (s. 1969) - Liebh.: Musik, Theater, Lit.

NIES, Friedrich (Fritz)

Dr. phil., o. Prof. Univ. Düsseldorf - Mörikestr. 28, 4044 Kaarst (T. 60 13 32) - Geb. 13. Febr. 1934 Ludwigshafen (Vater: Fritz N., Prokurist; Mutter: Lilli, geb. Gutmann), kath., verh. s. 1959 m. Hildegard, geb. Hansen, 3 Kd. (Axel, Barbara, Charlotte) - Stud. Roman. u. German. Univ. Heidelberg, Dijon, Paris (Sorbonne); Promot. 1961; Habil. 1970; s. 1970 Lehrst. f. Romanistik, Düsseldorf - S. 1974 Leit. Akad. Auslandsamt Univ. D'dorf; s. 1987 Fachgutacher Roman. DFG; 1980-84 Fachausschußvors. DFG; s. 1985 Mitgl. Bibliotheksaussch. DFG; 1983-87 Vors. Dt. Romanistenverb.; Vors. Jury DVA-Übersetzerpr.; Mitgl. Jury Paul-Celan-Preis - BV: D. Histörchen (Tallemant des Reaux), 1963; Poesie in prosaischer Welt, 1964; Gattungspoetik u. Publikumsstruktur, 1973; Genres Mineurs. Texte z. Theorie u. Gesch. nichtkanonischer Lit., 1978 - 1973 Prix Strasbourg; 1985 Officier de l'Ordre des Palmes académiques.

NIES, Werner

Dr. rer. pol., Dipl.-Kfm., pers. haft. Ges. Nies KG.; Geschäftsf. Privat-Brauereien Nies GmbH, Lippstadt, Vorstandsmitgl. Isenbeck Privat-Brauerei Nies AG, Hamm, Vors. Norddeutsche Brauerei-Vereinigung, Bielefeld, Delegierter b. Dt. Brauerbund - Postfach 2253, 4780 Lippstadt - Geb. 10. Nov. 1928 Dortmund.

NIESCHLAG, Eberhard

Dr. med., Prof. f. Inn. Medizin Univ. Münster - Domagkstr. 11A, 4400 Münster (T. 0251 - 83 60 97) - Geb. 1941 Bad Godesberg (Vater: Heinrich N.; Mutter: Marianne, geb. Koch), kath., verh. s. 1973 m. Susan, geb. Kritz, 2 T. (Alexa, Luise) - Med. Staatsex. 1967, Promot. 1967, Habil. 1975 f. Inn. Med. - 1976-86 Leit. Abt. Experim. Endokrinol. Univ.-Frauenklinik Münster; 1980-88 Leit. Forschungsgr. Reproduktionsmed. Max-Planck-Ges. Münster; s. 1986 Dir. Inst. f. Reproduktionsmed. Univ. Münster. 1981-85 Präs. Intern. Ges. f. Androl.; s. 1985 Vors. WHO Task Force for the Regulation of Male Fertility - 110 Beitr. in Büchern; 270 Publ. in Ztschr. - Spr.: Engl.

NIESCHLAG, Robert

Dr. rer. pol., Dr. h.c., Dipl.-Kfm., em. o. Prof. f. Betriebswirtschaftslehre - Tassilostr. 14, 8035 Gauting/Obb. (T. 850 22 09) - Geb. 25. März 1905 Schweidnitz/Schles. (Vater: Georg N.; Mutter: geb. Lange), ev., verh. s. 1934 m. Marga, geb. Haake - 1931-51 Abt.leit. Inst. f. Konjunkturforsch., Berlin (b. 1948), u. Bank dt. Länder, Frankfurt/M. (ab 1949), 1951-57 stv. Leit. Rhein.-Westf. Inst. f. Wirtschaftsforsch., Essen, 1953-57 Privatdoz. Univ. Köln, s. 1957 Ord. Univ. München - BV: (Auswahl): D. Versandgeschäfte in Dtschl., 1937, Neuaufl. 1949; D. Warenkredit an letzte Verbraucher in Dtschl., 1951; D. Gewerbefreiheit im Handel, 1953; D. Dynamik d. Betriebsformen im Handel, 1954; Strukturwandlungen im Großhandel, 1956; Binnenhandel u. -spolitik, 1959, 3. A. 1980 (m. G. Kuhn); Einf. in d. Lehre v. d. Absatzw., 1968 (m. E. Dichtl u. H. Hörschgen), s. 4. A. unter d. Titel Marketing (15. A. 1988), neubearb.; D. Klein- u. Mittelbetrieb i. Handel, Schicksal u. Chancen, 1976; D. Stellung d. Direktvertr. im mod. Marketing, 1980.

NIESE, Rolf

Dr. rer. nat., Pädagoge, MdB (s. 1987) - Rothenhauschaussee 59, 2050 Hamburg 80 - Geb. 21. Aug. 1943 Wentorf - Stud. Math., Phys., Päd., Phil. Hamburg. Promot. 1973 - 1974-87 Schuldst. Hamburg (Gymn. Bornbrock). 1978-86 Mitgl. Hbg. Bürgerschaft. SPD s. 1962.

NIESERT, Karl

Bundesrichter a. D. - Hüninger Str. 4, 1000 Berlin 33 (T. 832 73 96) - Geb. 24. Okt. 1907 - Zul. Bundesverw.sgericht.

NIESSEN, Carl

s. Niessen, Charly

NIESSEN, Charly

Komponist u. Schriftst. - Am Herrnberg 22, 8210 Prien/Chiemsee (T. 08051 - 15 29) - Geb. 22. Aug. 1925 Wien (Va-

ter: Carl N., Kriminalrat; Mutter: Josephina, geb. Brüssel), verh. in 4. Ehe m. Claudia Wedekind (Schausp.) - Musicals: Wonderful Chicago, Kiek mol wedder in, Scampolo, Poker m. Dame, Unser gemeinsamer Mann, Trio zu Viert - Etwa 40 Filmmusiken u. 1000 Schlager, dar. üb. 50 Chansons f. Hildegard Knef; 3 Gold. Schallpl. 1. Komödie ohne Musik: D. Wetterfrosch - Humorist. Taschenbücher: (Lübbe) Alle meine Perlen, D. seltsame Karriere d. Moritz Pablo Senkfuss, Mach doch mal was falsch, Mama oder Wie verhindert man eine Ehe, 1985; Große Zeiten, heiterer R. 1987 - Liebh.: Antike Möbel - Spr.: Franz., Engl.

NIESSEN (ß), Ferdinand

Prof. Dr. jur., Präsident a. D., Honorarprof. f. Eisenbahnwesen Univ. Köln (s. 1958) u. Münster (s. 1967) - Konrad-Adenauer-Ufer 55, 5000 Köln 1 (St.Vincenzhaus) (T. 0221-16 39-447) - Geb. 15. April 1906 - B. 1963 Abt.-Präs. Bundesbahndir. Köln (Verkehrsabt.), dann Präs. Bundesbahndir. Münster - 1971 Gr. BVK.

NIESSEN, Heinz-Dieter

Dr. rer. nat., Prof. f. Mathematik - An der Broelhecke 1, 5010 Bergheim - Geb. 9. Aug. 1940 Köln (Vater: Franz N.; Mutter: Anna, geb. Königsfeld), kath., verh. s. 1965 m. Antonie, geb. Kirschbaum, 2 Kd. (Anke, Gero) - 1960-64 Univ. Köln u. Montpellier (Math.), Dipl. u. Promot. - 1964-70 Assist. Univ. Köln u. Konstanz, 1970 Doz. Konstanz, 1970-72 Wiss. Rat u. Prof. Köln, s. 1972 o. Prof. Univ. Essen.

NIESSEN, Josef

Komponist - Luckenkopfstr. 1, 8182 Bad Wiessee/Obb. (T. 86 14) - Geb. 24. Nov. 1922 Escherbrück/Rhld. (Vater: Peter N., Offz.; Mutter: Gertrud, geb. Breuer, Konzertpianistin), kath., verh. in 2. Ehe 1954-67 m. Ilse, geb. Werner (Schausp.) - Gymn. (Abit.); 1938-44 m. Kriegsunterbr. Musikhochsch. Köln u. Berlin (Kompos.lehre, Kirchenmusik). Pianistenex. - S. 1945 Dirig. Bayer. Rundf. Orch.suiten, Klavierkonzerte, Film- u. Ballettmusiken (u. a. Ganovenballett), Musical Duell um Aimée - Liebh.: Tennis, Segeln, Skilaufen, Antiquitäten-Rotarier - Spr.: Engl., Franz.

NIESSEN, von, Wolfgang

Dr. rer. nat., Prof. TU Braunschweig - Wolfenbüttelerstr. 68, 3300 Braunschweig (T. 0531 - 391 53 44) - Geb. 23. Jan. 1941 Wuppertal (Vater: Alfred v. N., Dipl.-Ing.; Mutter: Helma, geb. Berg), ev., verh. s. 1969 m. Karin, geb. Thelen, 2 Kd. (Yorck, Cornelia) - Master of Science 1966 Cornell Univ./USA; Promot. 1970, Habil. 1976 TU München - 1970-77 wiss. Mitarb. u. Assist.; 1977 ff. Prof. f. Theoret. Chemie TU Braunschweig. Üb. 100 wiss. Veröff. - Liebh.: Kunst, Musik - Spr.: Engl., Franz. - Bek. Vorf.: Carl Berg, Untern., Erbauer d. Luftschiffe (Großv.).

NIESSLEIN, Erwin

Dr. agr., Dipl.-Ing., Prof. f. Forstpolitik u. Raumplanung - Eichbergstr. 2, 7800 Freiburg/Br. - Geb. 10. Aug. 1925 Neustadt - Promot. 1954; Habil. 1964 - S. 1974 Prof. Univ. Freiburg - BV: u. a. Humane Marktwirtschaft - Ökonom. Aspekte d. Umweltspolitik, 1981; Forstpolitik, 1985; Was wir üb. d. Waldsterben wissen, 1985. Zahlr. Einzelarb.

NIESSNER, Wolfgang

Komponist, Kapellmeister, Lehrbeauftr. Hochsch. Mozarteum, Salzburg (s. 1984) - Alpenstr. 93, A-5020 Salzburg (T. 0662 - 2 90 78) - Geb. 13. Jan. 1953 Salzburg, verh. s. 1979 m. Andrea, geb. Teufl, 2 Kd. (Stephan, Sophie) - Stud. Kompos., Dirig., Chorleit. Hochsch. Salzburg u. Wien; Stud. Musikwiss. u. Kunstgesch. Univ. Salzburg - S. 1979 Theaterengagem. Graz u. s. 1984 Steir. Herbst, Salzburg, Salzburger Festsp.; fr. Mitarb. Universal-Edition Wien, Komp.; s. 1983 Beschäftig. m. Computermusik - Veröff.: Vorfrühling, Liederzyklus n. August Stramm (1979 u. 83); Variationen f. Orch. (1974); 2 Streichquartette, Canto f. Fagott solo (1976); Intèrieur f. 7 Instr. (1983); Nachtlinien f. gemischt. Chor n. Georg Trakl (1983); Pastorale f. Kammerensemble (1984); Le tombeau de Trakl, f. Chor u. Orch. (1984); Schauspielmusiken f. d. Landestheater Salzburg - Liebh.: Reisen - Spr.: Engl., Ital.

NIETH, Hellmut

Dr. med., Prof., Chefarzt Innere u. Infektions-Abt. Med. Klinik I Städt. Kliniken Fulda - Sachsenstr. Nr. 26, 6411 Kürzell 1 (T. Fulda 6 12 44; dstl. 8 44 60) - Geb. 25. Juni 1922 Lörrach/Baden, ev., verh. - S. 1958 (Habil.) Lehrtätigk. Univ. Marburg (1970 apl. Prof.) u. Tübingen (1963; 1965 apl. Prof. f. Innere Med.) - BV: Diagnost. Methoden b. Nierenerkrank., 1960 (mehrere Übers.). Üb. 100 Fachaufs. - Spr.: Engl., Franz. - Rotarier.

NIETHAMMER, Arnolf

Dr. phil., o. Prof. f. Allg. Pädagogik Univ. Münster - Zu erreichen üb. Univ., FB 21 (Päd.), Scharnhorststr. 121, 4400 Münster.

NIETHAMMER, Dietrich

Dr. med., Prof., Kinderarzt, Ärztl. Dir. Abt. f. Hämatol. u. Onkologie Univ.-Kinderklinik Tübingen - Zu erreichen üb. Kinderklinik, Rümelinstr. 23, 7400 Tübingen (T. 07071 - 29 47 44) - Geb. 24. Okt. 1939 Leipzig (Vater: Dr. Gerhard N., Fabrikbes.; Mutter: Irmgard, geb. Voigt), ev., verh. s. 1966 m. Dietlinde v. Criegern, 3 Söhne (Martin, Andreas, Christian) - Med.-Stud. Univ. Tübingen, Wien, München (Staatsex. 1966 Tübingen, Promot. 1967, Habil. 1977 Ulm), 1969-71 Dept. Biochemistry, Scripps (Clinic and Research Foundation, La Jolla, Calif., USA), s. 1972 Facharztausb. Univ.-Kinderklinik Ulm - S. 1978 C3-Prof. Tübingen; s. 1986 o. Prof. f. Kinderheilkd. 1985-89 Vors. Ges. f. Pädiatr. Onkol., u. s. 1985 Dir. Leibnizkolleg, Tübingen - BV: Hämatologie (m. E. Kleihauer u. E. Kohne), 1978 - Spr.: Engl.

NIETHAMMER, Frank

Dr. jur., Vorstandsvorsitzender AG. f. Industrie u. Verkehrswesen, Frankfurt/M. (s. 1966) - Altkönigstr. 34, 6240 Königstein/Ts. - Geb. 7. April 1931 Leipzig (Vater: Dr. Gerhard N., Fabrikbes.; Mutter: Irmgard, geb. Voigt), ev., verh. m. Ingrid, geb. Massengeil, 3 Kd. (Kerstin, Jens, Antje) - Realgymn.; Univ. Tübingen u. Marburg. Promot. 1958 - S. 1955 Assist. Univ. Marburg, Syndikus Treuhand-Vereinig. AG. (1958), Erdölwerke Frisia (1960), Geschäftsleit. Wayss & Freytag KG. (1963). AR-Mandate, meist Vors. Mitgl. Zulassungsstelle Frankfurter Wertpapierbörse - Honorarkonsul Rep. Kamerun (1975).

NIETHAMMER, Horst

Dr.-Ing., Direktor - Heubergweg 9, 8201 Raubling/Obb. (T. 27 77) - Geb. 27. Juli 1904 Waldheim/Sa. (Vater: Kommerzienrat Dr. Konrad N., Fabrikant; Mutter: Käthe, geb. Böhmer), verh. m. Jutta, 6 Pfl. Filtzer, 7 Kd. - Stud. Tübingen, München, Dresden - U. a. Leit. Fachgr. Zellstofferzeugn., n. 1945 Berat. Zellstoff- u. Papierind., 1949-51 Gruppenleit. Heinrich Nicolaus, Kempten, 1951-63 Vorstandsmitglied Aschaffenburger Zellstoffwerke AG., Redenfelden, dann Geschäftsf. Niethammer KG., Uhingen, u. Betriebsw.-Techn. Inst. Papier GmbH., Bonn. ARsmandate - Brüder: Günther u. Wilhelm († 1972, s. XVI. Ausg.) N.

NIETHAMMER, Lutz
Dr. phil., Prof. f. neuere Geschichte Fernuniv. Hagen - Postf. 940, 5800 Hagen 1 (T. 02331 - 804 21 10) - Geb. 26. Dez. 1939 Stuttgart (Vater: Robert N., Grafiker; Mutter: Annlis, geb. Mostert, Malerin u. Grafikerin), T. Rebecca - Stud. Gesch., Theol., Sozialwiss. Univ. Heidelberg, Bonn, Köln u. München; Promot. Heidelberg 1971 - 1968-72 wiss. Assist. Ruhr-Univ. Bochum; 1972/73 Res. Fellow St. Anthony's College Oxford; 1973-82 o. Prof. Univ. Essen; 1978/79 Gastprof. Maison des sciences de l'homme Paris; 1987-88 Fellow Wiss.-kolleg Berlin - BV: Angepaßter Faschismus, 1969; Entnazifizierung in Bayern, 1972; Communalbaumeister, 1979; Mitläuferfabrik, 1982. Herausg.: Arbeiterinitiative 1945 (1976); Wohnen im Wandel (1979); Lebenserfahr. u. Gedächtnis (1980); Lebensgesch. u. Sozialkultur im Ruhrgeb. 1930-60, 3 Bde., (1983-85); D. Menschen machen ihre Gesch. ... (1984); Marschallplan u. europ. Linke (1986) - Spr.: Engl., Franz.

NIEWERTH, Heinrich
Dr. jur., Rechtsanwalt, Notar, Oberbürgerm. Oldenburg, MdL Nieders. (s. 1967) - Otterweg 39, 2900 Oldenburg/O. (T. 3 13 05; Büro: 2 62 94) - Geb. 13. Juni 1937 Hildesheim, ev., verh., 4 Kd. - Schule Oldenburg; Stud. Rechtswiss. Jurist. Staatsprüf. 1962 u. 66 - S. 1967 RA Oldenburg. Ratsherr Oldenburg.

NIEZOLDI, Gerhard
Hörspieldramaturg u. Autor - Kaiserdamm 29, 1000 Berlin 19 (T. 302 77 96) - Geb. 23. Juli 1920 Plauen/Vogtl. (Vater: Otto N., Offz.; Mutter: Mathilde, geb. Schramm), ev., verh. in 2. Ehe (1953) m. Waltraud, geb. Karjus, 2 Kd. (Peter Christoph, Eva-Elisabeth) - 1946-51 Univ. Greifswald u. Tübingen (German., Phil.) - S. 1952 Südd. Rundfunk u. RIAS Berlin (1959; Hörspieldramat., stv. u. 1969 Leit. Hörspielabt., 1985 pens.). Hörsp.: D. Tod erlebt e. Spaß (SDR, 1952), Prinzessin sein in Seramund (SDR u. RAI, 1955), D. Tageb. d. Benjamin Gniebel (SR, 1963), D. Andere (SR, 1964), Mackenzies Messer (HR u. ORTF Paris, Bern), Unbescholten (WDR, 1968); Funkerz.: Begegnung zwischen bunten Kreiseln (RIAS), Lachs-Gericht (RB), Aus d. Sprachschatz d. Herrn Kopper (RB) u. a. - 1952 Hörspielpreis SDR.

NIGGEMANN, Hermann
Beiratsvorsitzender Eisenwerke Fried. Wilh. Düker GmbH & Co., Karlstadt, Vors. Wirtschaftsver. Gießerei-Industrie/Landesverb. Bayern, München - Hauptstr. 35, 8752 Laufach/Ufr. (T. Karlstadt 79 11) - Geb. 4. Febr. 1926.

NIGGEMANN, Karl August
Unternehmensberater, Gesellsch. u. Geschäftsf. Inst. f. Wirtschaftsberatung Karl A. Niggemann GmbH, Meinerzhagen - An der Linde 12, 5882 Meinerzhagen 1 (T. 02354 - 1 30 66) - Geb. 27. Mai 1941 Meinerzhagen, ev., verh. s. 1964 m. Heidemarie, geb. Grüber, 2 Kd. (Britt, Mark) - Lehre Bankkaufm.; Dipl. 1961 Bankakad. - AR-Vors. Medinorm AG, medizintechn. Produkte, Quierschied, AR-Mitgl. BIAG, Meschede, u. BHB Biegert Handelsbeteiligungen AG, Meschede; wirtschaftl. Beirat b. div. Handels- u. Produktionsuntern. - BV: Langfrist. Liquiditätssicher. - prakt. Maßn. z. Vermeid. finanzieller Engpässe, 1980; Prüf. d. Finanzier. u. Sanier., 1981; Beleihungsgrundsätze d. Banken u.

Spark. heute, 1981; Unternehmenswachstum durch Steuern finanziert, 1982 - Spr.: Engl.

NIGGEMANN, Walter
Dr., Mitglied d. Unternehmensleitung Vorwerk & Co. - Mühlenweg 17-37, 5600 Wuppertal (T. 0202 - 56 40) - Geb. 2. Juni 1943.

NIGGEMEIER, Horst

Journalist, MdB (s. 1987) - Höttingstr. 50, 4354 Datteln (T. priv.: 02363 - 20 84; dienstl.: 0228 - 16 33 20 u. 02363 - 10 72 59) - Geb. 10. Mai 1929 Datteln (Vater: Walter N., Bergmann; Mutter: Anna, geb. Linn), ev., verh. s. 1957 m. Renate, geb. Börste, 2 Söhne (Horst, Frank) - Mittl. Reife - 1967 Bürgerm.; 1968-87 Vors. SPD-Unterbez. Recklingh.; 1974 SPD-Fraktionsvors. Kreistag Recklinghausen; 1982 AR Braunschw. Kohle Berg. - BV: Wohin treibt die SPD? 1984 (m.a.) - Major d. Reserve; 1985 Ehrenkreuz d. Bundeswehr in Gold; 1987 BVK I. Kl. - Spr.: Engl., Franz.

NIGGEMEYER, Heinz
Dr. med., Prof. Universitäts-Kinderklinik Würzburg (b. 1982) - Josef-Schneider-Str. 2, 8700 Würzburg - Geb. 10. Febr. 1920 Haan - S. 1955 (Habil.) Lehrtätigk. Würzburg (1962 apl. Prof., 1978 ao. Prof., 1982 i. R.). Handbuch- u. Ztschr.beitr.

NIGGEMEYER, Hermann
Dr. phil., Museumsdirektor i. R., Honorarprof. f. Völkerkunde Südasiens u. Museumskd. Univ. Frankfurt (s. 1966) - Siefenfeldchen 39, 5303 Bornheim (T. 7 32 18) - Geb. 7. Mai 1908 - S. 1938 Kustos u. Dir. Museum f. Völkerkd. Frankfurt - Expeditionen: Molukken, Neuguinea, Indien - BV Kuttia Kond - Dschungelbauern in Orissa, 1964.

NIGGL, Günter
Dr. phil., Prof. f. Neuere dt. Literaturgesch. Kath. Univ. Eichstätt - Dstl.: Ostenstr. 26-28, 8078 Eichstätt; priv.: Kilian-Leib-Str. 129 (T. 08421 - 31 19) - Geb. 12. Juli 1934 Augsburg (Vater: Hans N., Oberstudiendir.; Mutter: Erna, geb. Kirstahler), kath., verh. s. 1962 m. Irmgard, geb. Hilgers, S. Bernhard - Staatsex. 1959, Promot. 1965, Habil. 1973 - 1973 Privatdoz.; s. 1977 o. Prof. - BV: Fromm b. Goethe. E. Wortmonogr., 1967; Joseph v. Eichendorff im Urteil s. Zeit, 3 Bde. 1975-86; Gesch. d. dt. Autobiogr. im 18. Jh., 1977; D. Autobiographie. Zu Form u. Gesch. e. lit. Gattung, 1989.

NIKLAS, Hans
Dr. phil., Direktor Varta Batterie AG. - Am Leineufer 51, 3000 Hannover; priv.: Am Heinzberg 3, 6239 Eppstein/Ts. - Geb. 9. Aug. 1923 - Stud. Chemie (Dipl.-Chem.).

NIKLAS, Jan
Schauspieler - Zu erreichen üb. Agentur Baumbauer, Keplerstr. 2, 8000 München 80 - Geb. u. aufgew. in München -

Schulzeit in München u. London - Schausp.-Unterr. in London, dan. abgeschl. Schausp.-Ausbild. Max Reinhardt-Schule Berlin - Theaterengagements: 1968/69 Stadttheater Regensburg, 1970-72 Hess. Staatstheater Wiesbaden, 1973-75 Thalia Theater Hamburg, 1981/82 Theater an d. Josefstadt Wien. S. 1975 freiberufl. Tätigk. - Zahlr. Bühnenrollen: Acaste (Menschenfeind), Robert (Halb auf d. Baum), Schüler/Valentin (Faust), Güldenstern/Laertes (Hamlet), Collin (The Kneck), Harry (Zicke Zacke), Karl V. (Martin Luther u. Thomas Münzer), Martinon (D. Mondvögel), Ferdinand (Kabale u. Liebe), Aimwell (Strategen d. Liebe), Harry (E. besserer Herr), Dreyfus (Dreyfus), Masham (D. Glas Wasser), Aumerle (Richard d. Zweite), Mortimer (Maria Stuart), Archenholz (Gespensterstone), Fritz Lobheimer (Liebelei). Zahlr. TV-Rollen u.a. in: Theodor Schindler (WDR 1978/79), Regie: H. W. Geissendörfer; Kabale u. Liebe (BR 1980), Regie: H. Schirk; D. Gerechten (ZDF 1982), Regie: F. Guthke; Peter the Great (USA 1984/85), Regie: L. Schiller u. M. Chomsky; Anastasia (USA 1986), Regie: M. Chomsky. Filmrollen u.a. in: Ansichten e. Clowns (BRD 1977), Regie: V. Jasny; Loose Connexions (Engl. 1983), Regie: R. Eyre; Oberst Redl (Ung. 1984), Regie: I. Szabo - Golden Globe Hollywood.

NIKLAUS, Dietlef
Dr. phil., Prof. f. Pädagogik Univ. Göttingen - Grasweg 5, 3354 Dassel (T. 05562 - 4 13) - Geb. 8. März 1929, verh. m. Liselotte Paschkowski-Niklaus, 4 Kd. (Katharina, Christoph, Alexander, Tatjana) - Ab 1951 Lehrerstud.; Staatsex. Göttingen; ab 1958 Stud. German. u. Gesch.; ab 1970 Stud. Erziehungswiss., Phil. u. Politikwiss. Univ. Göttingen; Promot. 1976 - Lehrer an allen Schularten; s. 1976 Hochschuldoz.; s. 1980 Prof. f. Schulpäd. - BV: Autorität u. Führungsverh., 1976. Wiss. Forsch. im Bereich Schule u. Erwachsenenbild., päd. Filme - S. 1985 Ehrenmitgl. New York State Foundations of Education Assoc. - Spr.: Engl., Latein.

NIKOLAI, Lutz
s. Dröscher, Vitus B.

NIKOLAOU, Theodor
Dr. phil., Dr. theol., o. Prof. f. Orthodoxe Theologie, Vorstand Inst. f. Orthodoxe Theol. Univ. München (s. 1984) - Dienstanschr.: Geschw.-Scholl-Pl. 1, 8000 München 22 (T. 21 80-21 74) - Geb. 24. März 1942 Anawra/Magnesia (Griechenl.), orth., verh. s. 1971 m. Helene, geb. Thiel, 2 Kd. (Tanja, Konstantin) - Stud. Theol., Klass. Philol., Phil. in Konstantinopel, Thessaloniki u. Bonn; Promot. (Dr. phil) 1968 Bonn u. (Dr. theol.) 1981 Thessaloniki; Habil. 1975 Bern, Umhabil. 1976 Bonn (f. Griech. Patristik u. byzantin. Geistesgesch.) - Ab 1972 Lehrauftr., ab 1976 Privatdoz., 1978-84 apl. Prof. f. Orth. Theol. Univ. Bonn - BV: D. Neid b. Johannes Chrysostomus, 1969; D. Ansichten üb. Staat u. Recht b. G. Plethon Gemistos, 1974; D. Willensfreiheit u. D. Affekte d. Seele

n. Klemens v. Alexandrien, 1981. Herausg. Ztschr. Orthodoxes Forum. Einzelarb. aus d. Bereich d. patr. u. byzant. Theologiegesch. u. d. ökumen. Theol. - 1972 Ehrenpreis Akad. d. Wiss. Athen.

NIKOLOWSKI, Wolfgang
Dr. med., Prof., Ärztl. Direktor i. R. Hautklinik Krkhs. Zweckverb. Augsburg (s. 1961) - Mozartstr. 3, 8902 Neusäß 1 (T. 48 36 02) - Geb. 6. März 1918 Gittersee/Sa. (Vater: Heinrich N., Volkssch.lehrer; Mutter: Käthe, geb. Johst), ev., verh. s. 1944 m. Liselotte, geb. Schüz, 2 Kd. (Jutta, Rainer) - Gymn. Dresden; Studium Berlin, Tübingen, Danzig, München. Promot. 1943 Danzig (Medizinische Akad.); Habil. 1953 Tübingen - S. 1953 Privatdoz. u. apl. Prof. (1958) Univ. Tübingen (1946-61 Assistenz- u. Oberarzt (1952) Hautklinik). 1960/61 Geschäftsf. Dt. Zentralaussch. f. Krebsbekämpf. Etwa 200 Facharb. - 1963 korr. Mitgl. Österr. Dermatol. Ges. - Liebh.: Musik (Klavier) - Spr.: Engl., Franz., Span.

NIKURADSE, Alexander
Dr.-Ing., Physiker, Prof. TU Berlin (Elementarteilchen d. Materie), Lehrbeauftr. TU München (Physikal. Vorgänge in Isolierstoffen) - Großhesseloher Str. 21, 8000 München 71 (T. 79 64 97) - Geb. 10. Nov. 1900 Samtredi (Georgien) - Habil. 1929 München - U. a. Dir. Inst. f. Elektronen- u. Ionenforsch., München. Fachveröff. - BVK - Bruder: Johann N.

NILL, Elisabeth
Oberstudienrätin, MdL Baden-Württ. (s. 1972) - Stöckenbergweg 37, 7300 Esslingen (T. 37 88 34) - Geb. 26. Febr. 1932 Stuttgart, r.k., led. - Mädchen-Gymn. Stuttgart-Bad Cannstatt (Abit.), Univ. München u. Tübingen (Gesch., Engl., Dt.). Staatsex. 1957 (Wiss.) u. 59 (Päd.) Tübingen. S. 1959 Höherer Schuldst. Freudenstadt u. (1976) Esslingen. 1968 b. 1976 Stadträtin Freudenstadt, 1973-76 Kr.verordnete. SPD s. 1965 (1973-75 Mitgl. Landesvorst. BW; s. 1979 Kreisrätin Esslingen) - Spr.: Engl. (Stud. u. Engl.-Aufenth.).

NIMMERGUT, Jörg

Historiker, Fachjournalist, Konservator Dt. Ordensmuseum - Eversbuschstr. 108, 8000 München 50 (T. 089 - 812 29 63) - Geb. 27. Aug. 1939 Berlin, verh. s. 1965 m. Ulla Höfler, T. Anja - Abit.; Stud. Päd. Berlin, German. u. Roman. München; Werbefachl. Akad. München, Dipl. - S. 1964 eig. Werbeagentur J. N. München. Präs. Förderkr. Dt. Ordensmuseum (FDOM). 1989ff. Chefredakt. Orden & Militaria-Magazin - Mehr als 40 BV: u.a. Werben m. Sex, 1966, 1981; Im Bannkr. d. Tabletten, 1968; Kreativitätstraining, 1972; Dtschl. in Zahlen, 1972, 73, 74; Schule d. erfolgreichen Bewerbung, 1972, 1981; Korrespondenztraining, 1973; Kontakttraining, 1974; Regeln u. Training d. Ideenfindung, 1975; 12.000 Marketing- u. Managementbegriffe, 1977; Westwind weht d. China, 1978; Leitf. d. Org.entw.,

1978. 1977-80 Editor u. Lektor d. Reihe Kompaktwissen; 1975-78 Chefredakt. Orden & Militaria-Journ.; 1980-87 Chefredakt. Info-Aktuelles Magazin f. Orden, Militaria, Zeitgesch.; Dtschl.-Katalog Orden u. Ehrenz., s. 1977; Antiquitäten-Dt. Orden, 1979; Antiquitäten - Dt. Militaria 1808-1945, 1980; Orden Europas, 1981; Miniaturen u. Dosen, 1982. Herausg. d. Edit. Dt. Ordensmuseum (s. 1988) - Zahlr. Ausz. u. Preise, u.a.: 1964 IAA Youth-Award Welt-Kongr. d. Werbung (USA); 1985 Gold. Ehrenmed. f. Publiz. (Dtschl.); 1985 Ritterkr. Etoile Civic (Frankr.); 1986 Ehrenkr. d. Albert-Schweitzer-Ges. (Österr.); 1988 Kdr. I. Kl. Militaire de la Milice v. Hl. Grab (Austral.) u. Rubens-Med. f. Kunst u. Kultur, Belgo-Hispanica. Zahlr. Ehrenmitgl. - Lit.: Wickert, Wer ist wer in Werbung u. Werbeforsch. in Westeuropa? (1974); Kindlers Lexikon d. Lit. (1980); Üb. d. Publ. J. N., Drobria Plastika, Prag (1981). - Lit.:

NIMZ, Horst

Dr. rer. nat., Prof., Chemiker, Leiter Inst. f. Holzchemie u. chem. Technol. d. Holzes, Bundesforschungsanst. f. Forst- u. Holzwirtsch. - Zu erreichen üb. Institut f. Holzchemie, Leuschnerstr. 91, 2050 Hamburg 80 - Geb. 21. April 1930 (Vater: Bruno N., Kaufm.; Mutter: Marta, geb. Penke), ev., verh. m. Christa, geb. Lorenz, 2 T. (Birgit, Sabine) - 1950-58 Stud. Chemie Univ. Rostock; Promot. 1958, Habil. 1968 Univ. Heidelberg - 1969-82 Doz. u. Prof. in Karlsruhe; ab 1982 Inst.-Leit. in Hamburg (s. o.). Üb. 80 Publ. in Ztschr., vier Patente - Spr.: Engl.

NINNEMANN, Helga

Dr. rer. nat., Prof. f. Photobiologie - Corrensstr. 41, 7400 Tübingen - Geb. 7. Mai 1938 Königsberg (Vater: Helmut N., Dipl.-Ing.; Mutter: Toni, geb. Neumann) - Univ. Frankfurt, Tübingen, Caltech. Pasadena, Univ. California San Diego - La Jolla, Promot. 1966 - BV: Zellteilung, 1971 u. 1981; Photoreceptors for Circadian Rhythms, 1979.

NIPKOW, Karl Ernst

Dr. phil., o. Prof. f. Religionspädagogik u. Pädagogik - Weiherstr. 49, 7400 Tübingen 9 (T. 8 18 26) - Geb. 19. Dez. 1928 Bielefeld (Vater: Ernst N., Amtmann; Mutter: Margarete, geb. Spiekerkötter), ev., verh. s. 1954 m. Rosemarie, geb. Kowalzyk, 2 Kd. (Renate, Markus) - Univ. Heidelberg u. Marburg (Päd., Ev. Theol., German., Angl.) - 1954-61 höh. Schuldst.; 1961-65 Stud.rat im Hochschuldienst u. Lehrbeauftr. Univ. Marburg (Gymnasialpäd.); 1965-1968 Prof. Päd. Hochsch. Hannover (Päd.); s. 1968 o. Prof. Univ. Tübingen (Religionspäd.). Vorstandsvors. Comenius-Inst. Münster; Mitgl. Synode ev. Kirche in Deutschl. u. Mitgl. d. Kammer d. EKD f. Bildung u. Erziehung - BV: D. Individualität als päd. Problem b. Pestalozzi, Humboldt u. Schleiermacher, 1960; Ev. Unterweis. oder ev. Religionsunterr.?, 3. A. 1967; Grundfragen d. Religionsunterr. in d. Gegenw., 2 A. 1969; Christl. Bildungstheorie u. Schulpolitik, 1969; Schule u. Religionsunterr. im Wandel, 1971; Grundfragen d. Religionspäd., 3 Bde. 1975-82; Medien im Religionsunterr. (zus. m. Mattl/Mutschler), 1978; Religionsunterr. i. d. Leistungsschule, 1979; Moralerziehung, 1981; Christl. Erz. u. Glaube (koreanisch), 1983; Erwachsenwerden ohne Gott? - Gotteserfahrung im Lebenslauf, 2. A. 1988. Mithrsg.: D. Lehrer in Schule u. Ges. (4. A. 1976); Funkkolleg Religion (1985); Glaubensentwicklung u. Erziehung (1988) - Bek. Vorf.: Dr. h. c. Paul N., Erfinder d. Fernsehens.

NIPPERDEY, Thomas

Dr. phil., o. Prof. f. Geschichte - Fuchsbichl 9a, 8021 Icking - Geb. 27. Okt. 1927 Köln (Vater: Prof. Dr. jur. Drs. h. c. Hans C. N., u. a. Präs. Bundesarbeitsgericht † 1968 (s. XV. Ausg.); Mutter: Hildegard, geb. Eißer), ev., verh. s. 1969 m. Vigdis, geb. Henze, 4 Kd. (Harald, Kezia, Justus, Elisabeth) - Gymn.; Stud. 1946 b. 53 Univ. Köln, Göttingen, Cambridge; Promot. 1953; Habil. 1961 - 1957-63 Max-Planck-Inst. f. Gesch. Göttingen; 1961-63 Privatdoz. Univ. Göttingen; s. 1963 Ord. TH Karlsruhe, FU Berlin (1967), Univ. München (1971) - BV: D. Org. d. dt. Parteien vor 1918, 1961; Reformation - Revolution - Utopie, 1975; Ges. - Kultur - Theorie, 1976; Dt. Gesch. 1800-1866, 1983; Nachdenken üb. d. dt. Gesch., 1986. Zahlr. Einzelarb. - 1984 Münsteraner Historikerpreis; 1985 Mitgl. American Acad. of Arts and Sciences.

NIPPERT, Oswald

Kaufmann, Präs. Bundesverb. d. Selbständigen/Dt. Gewerbeverb., Bonn - Am Katzenberg, 8700 Würzburg - Geb. 3. Nov. 1918.

NIRK, Rudolf A.

Dr. jur., Prof., Rechtsanwalt Bundesgerichtshof Karlsruhe (s. 1963) - Lammstr. 11, 7500 Karlsruhe (T. 2 56 11) - Geb. 11. Okt. 1922 Ravensburg (Vater: Karl N.; Mutter: Rosa, geb. Dorn), verh. s. 1945 m. Gerda, geb. Teuchert, 2 Kd. (Reinhard, Thomas) - Stud. Univ. Tübingen u. Los Angeles/USA - 1953-62 RA Balingen; Vorstandsmitgl. Dt. Anwaltverein (Vizepräs.); Vors. Gesetzgeb.aussch. f. ZPO/GVG d. DAV; RA-kammer Bundesgerichtshof (Vizepräs.); Dt. Inst. f. Schiedsgerichtswesen; AR-Mitgl. Bayer. Motorenwerke AG (BMW); Beirat Günter-Graf-Hardenberg-Stiftg. - BV: Wettbewerbsstreitigk. (NJW-Schriftenr.) Nr. 34, 1980; Studienbuch üb. d. ges. Gewerbl. Rechtsschutz, 1981; Gewerbl. Rechtsschutz (Schaeffer Bd. 15), 1971 (m. Bruchhausen); Patentkomment., 1971 (m. Möhring). Mitherausg.: Lindenmaier-Möhring, Nachschlagewerk d. BGH (federf.), Neue Jurist. Wochenschrift, Handb. d. Aktienges. - 1972 VO d. BRD; 1980 Gr. Silb. Med. d. Kurat. f. Sicherheit im Skisport; 1982 Gr. BVK - Liebh.: Golf (Präs. Golf-Club Baden-Baden), Ski (Jurist. Beirat Dt. Skiverband).

NISIUS, Ernst Heinrich

Ministerialdirigent Abt.-Leit. Verfassungsschutz Ministerium d. Innern u. f. Sport Rhld.-Pfalz, Mainz - Schillerplatz 3-5, 6500 Mainz (T. 06131 - 16 32 37) - Geb. 13. Dez. 1929 Mayen, kath., verh. s. 1953 m. Margot, geb. Boos, 2 Kd. (Peter, Jutta) - Verwaltungslehre; 1. u. 2. Verw.prüf.; Verw.-Dipl. 1958 Verw.- u. Wirtschaftsakad.; 1963 Ex. f. d. höh. Polizeidienst Polizeiführungsakad. Hiltrup.

NISSEL, Siegmund

Dr. h. c., Prof. Hochsch. f. Musik Köln, Musiker - 29, The Park, Londen NW 11/ England (T. 458 - 20 85) - Geb. 3. Jan. 1922 München (Vater: Isidor N., Betriebsleit.; Mutter: Malvine, geb. Mandll), israelit., verh. s. 1957 m. Muriel, geb. Griffiths, 2 Kd. (Claire, Daniel) - Privatunterr. b. Prof. Max Rostal - S. 1948 Gründungsmitgl. Amadeus-Quartett - Ehrendoktor Univ. York u. London; Offz. of British Empire; BVK - Spr.: Engl., Ital.

NISSEN, Christian

Dr., Geschäftsführer Zentrale Markt- u. Preisberichtstelle f. Erzeugnisse d. Land-, Forst- u. Ernährungswirtschaft GmbH. - Godesberger Allee 142-148, 5300 Bonn 2.

NISSEN, Gerhardt

Dr. med., Univ.-Prof. f. Kinder- u. Jugendpsychiatrie, Prof. h. c. (Madrid), Ordinarius u. Dir. Klinik f. Kinder- u. Jugendpsychiatrie Univ. Würzburg, Füchsleinstraße 15 - A.-Frank-Str. 9, 8700 Würzburg - Geb. 21. Sept. 1923 Tondern/Dänem. (Vater: Peter N.; Mutter: Frieda, geb. Ingwersen), ev., verh. s. 1957 m. Gerda, geb. Thomas, 2 Kd. (Susanne, Thomas) - Obersch. Flensburg; Univ. Wien u. Kiel (Med., Phil.). Promot. 1950 - 1950-54 Flensburg, Husum u. Univ. Kiel; 1954-63 Städt. Nervenklinik Bremen, 1963-78 Dir. Klinik f. Kinder- u. Jugendpsychiatrie, s.

1975 Dir. Humboldt-Krankenh. in Berlin-West. Präs. Deutsche (1971-73) u. Vizepräs. Europ. Ges. f. Kinder- u. Jugendpsychiatrie; Präs. Gesamtverb. Dt. Nervenärzte (s. 1987) - BV: Depressive Syndrome im Kindes- u. Jugendalter, 1971; Spez. Lehrb. d. Kinder- u. Jugendpsychiatrie, 5. A. 1989; Psychopathologie d. Kindesalters, 1977; Intelligenz, Lernen u. Lernstörungen, 1977; Biol. u. soz. Aspekte d. Entw. u. Erzieh. d. Kindes, 1980; Psychiatrie d. Säugl. u. frühen Kleinkindalters, 1982; Psychiatrie d. Klein- u. Vorschulalters, 1983; Psychiatrie d. Schulalters, 1984; Kinder- u. jugendpsychiatr. Pharmakother. in Klinik u. Praxis, 1984; Psychiatrie d. Pubertät, 1984; Psychiatrie d. Jugendalters, 1985; Prognose psych. Erkrankungen im Kindes- u. Jugendalter, 1986; Psych. Störungen im Kinder- u. Jugendalter, 1986; Allg. Therapie psych. Erkrankungen im Kindes- u. Jugendalter, 1987; Psychogene Erkrankungen u. ihre Therapie im Kindes- u. Jugendalter, 1988. Ca. 350 Einzelarb. üb. Neurol. Psychiatrie, Psychotherapie. Mithrsg.: Münch. Med. Wschr.; Ztschr. f. Kd.- u. Jgd.-Psychiatr.; Ztschr. f. Sozialanthropol. Psicopatologia; Frühförderung interdisziplinär. Psychiatrie Journal (Ottawa) u.a. - E. v. Bergmann-Plak. d. Dt. Ärzteschaft.

NISSEN, Godber

Dipl.-Ing., Prof., Architekt (BDA) - Georg-Bonne-Str. 10, 2000 Hamburg 52 (T. 82 40 42) - Geb. 24. Juni 1906 (Vater: Julius N., Kaufm.; Mutter: Hedwig, geb. Nothmann), verh. m. Annemarie, geb. Münch, 3 Kd. - TH Dresden u. Berlin - Bis 1945 Architekt Berlin, dann Hamburg (b. 1971 Prof. u. Leit. Architekturabt. Kunsthochsch.). Zahlr. Bauten, dar. Theater Bielefeld, Kliniken Tübingen, Düsseldorf, Saarbrücken, Hamburg u. Hannover, Börse u. IHK Düsseldorf, Verw.sgebäude Reemtsma u. Commerzbank Hamburg, Biozentrum Univ. Hambg. - Mitgl. Dt. Werkbund, Tessenow-Ges. u. -Stiftg., Fr. Akad. d. Künste, Hamburg - 1977 Heinrich-Tessenow-Med. i. Gold, 1982 Plak. fr. Akad. d. Künste, Hbg.

NISSEN, Hans J.

Dr. phil., Prof. f. Vorderasiat. Archäologie FU Berlin - Milinowskistr. 17, 1000 Berlin 37 - Geb. 22. Juni 1935 Heidelberg (Vater: Stig N., Dipl.Ing.; Mutter: Huberta, geb. Radloff), ev., verh. s. 1962 m. Margarete, geb. Speer, 4 Kd. (Annegret, Berta, Karen, Nils F.) - Promot. 1963 Univ. Heidelberg - 1964-67 Dt. Archäol. Inst. Baghdad; 1968-71 Orient. Inst. Univ. of Chicago; 1971ff. Prof. FU Berlin, 1977-81 Vizepräs. ebd. - BV: The Uruk Countryside, 1972 (m.a.); Grundz. e. Gesch. d. Frühzeit d. Vord. Orients, 1983; The Early History of the Ancient Near East, 1988; Grabungsber. (Iraq, Iran, Pakistan, Jordanien) u. zahlr. Fachart.

NISSEN, Karl-Heinz

Vizepräsident Bundesfinanzhof a. D. (1981-86) - Postf. 86 02 40, 8000 München 86 - Geb. 3. Nov. 1918 Wunstorf.

NISSEN, Oskar

Dipl.-Ing., Industrieberater (Union Carbide Europe S.A., Genf/Schweiz) - Parkstr. 16, 6240 Königstein/Ts. (T. 2 10 82) - Geb. 4. Juli 1909 Libau - Zul. Vorstandsmitgl. Knapsack-Griesheim AG., Knapsack (Werksleit. Griesheim-Autogen, Frankfurt/M.) - Spr.: Engl., Franz. - Rotarier.

NISSEN, Walter

Dr. phil., Archivdirektor i. R. - Herzberger Landstr. 89a, 3400 Göttingen (T. 5 53 12) - Geb. 3. Sept. 1908 Hamburg (Vater: Hans N., Kaufm.; Mutter: Gertrud, geb. Soltau), ev., verh. s. 1941 m. Helga, geb. Kleinecke, S. Peter - Univ. Hamburg u. Halle/S. (Gesch., Lat., German.; Promot. 1938) - 1950-58 Dir. Dt. Zentralarchiv, Abt. Merseburg; s. 1959 Dir. Stadtarchiv Göttingen - BV: Archival. Forsch. z. Gesch. d. dt. Arbeiterbeweg., 1954/56; V. Wesen u. Wert geschichtl. Quellen, 1960 (Dortmunder Vorträge, 44); Göttinger Gedenktafeln, 1962; Göttinger Bürgerb., 1964; D. Göttinger Stadtarchiv, 1969; Göttingen gestern u. heute, 1972.

NISSLE, Johannes H.

Kaufmann, Gesellsch. Teekanne GmbH, Westd. Teehandelsges. mbH & Co. KG, Pompadour-Teehandelsges. mbH, Teepack Spezialmaschinen GmbH & Co. KG, alle Düsseldorf-Heerdt, R. Seelig & Hille KG, Düsseldorf - Grabenstr. 9, 4005 Meerbusch 1 - Geb. 5. Okt. 1905, verw., 1 Kd. - S. 1930 Mitinh. Teekanne.

NITSCH, Manfred

Dr. oec. publ., Prof. f. Polit. Ökonomie Lateinamerikas - Am Sandwerder 8c, 1000 Berlin 39 (T. 803 75 51) - Geb. 11. Febr. 1940 Gernrode (Vater: Dr. Arthur N., Privatschulinh.; Mutter: Gertrud, geb. Paschen), verh. s. 1966 m. Ingeborg, geb. Heeren - Gymn. Bad Harzburg; Stud. Göttingen, Genf, Middlebury (USA), München (Wirtsch.wiss., Päd., Spr.), Dipl.-Hdl. 1965, Promot. 1968 - 1967-70 Wiss. Mitarb. Univ. München, 1970/71 Max-Planck-Inst. f. Patentrecht, 1972-77 Stiftg. Wiss. u. Polit. Ebenhausen, s. 1977 Prof. FU Berlin, Lateinamerika-Inst. - BV: Entwickl.finanz. in Lateinamerika - dargest. am Beisp. Columbiens, 1970; (m. Wolf Grabendorff): Brasilien - Entwickl.mod. u. Außenpolitik, 1977; Proalcool - Analyse u. Evaluierung d. brasil. Biotreibstoffprogramms (m. Uta Borges, Heiko Freitag, Thomas Hurtienne), 1984 - Spr.: Engl., Span., Franz., Portug.

NITSCHE, Hellmuth

Dr. phil., Prof. Inst. f. Soziol. Univ. Würzburg - Auf der Röthe 17, 8700 Würzburg (T. 0931-27 34 12) - Geb. 10. Aug. 1925 Granesau (Vater: Maximilian N., kfm. Angest.; Mutter: Sophie, geb. Weihrich), kath., verh. s. 1964 m. Ursula, geb. Schröppel, 2 Kd. (Kathrin, Peter) - 1946-51 Stud. German. u. Kultursoziol. Univ. Jena; Promot. 1959 Leipzig - Prof. f. Neuere dt. Lit. Univ. Berlin (Ost); 6 J. f. DDR in China, Ägypten u. Ungarn, danach Entlass. wegen Regime-Kritik (Verhaft. m. Ehefrau), 1977 Wechsel in d. BRD. 1978-81 Bundesvors. Ges. f. Menschenrechte Frankfurt; Vorst.-Mitgl. Inst. f. Demokratieforsch. Würzburg; Mitgl. Kurat. Intern. Ges. f. Menschenrechte; Ehrenmitgl. kath. Studentenverbind. Rheno-Frankonia; Teiln. an intern. Menschenrechtskonf. in: Rom, Madrid, London, Bonn, Stockholm u. Washington - BV: Zw. Kreuz u. Sowjetstern, 1983; Antwort an Bahro u. Genossen, 1984 - Liebh.: Lit., Filmkunst, Staats- u. Ges.Lehre, Wassersport - Spr.: Engl., Tschech.

NITSCHE, Joachim

Dr. rer. nat., o. Prof. f. Mathematik - Im Hau 10, 7802 Merzhausen/Br. (T. Freiburg/Br. 40 43 27) - Geb. 2. Sept. 1926 Nossen - S. 1953 (Habil.) Lehrtätigk. FU Berlin u. Univ. Freiburg (1959 apl., 1962 o. Prof.; Dr. Inst. f. Angew. Math.).

NITSCHE, Peter
Dr., Prof. f. Geschichte Osteuropas - Albert-Einstein-Str. 21, 2308 Preetz - Geb. 23. Mai 1933 Breslau - Abit. 1952 Merseburg; Univ. Köln (Promot. 1961, Habil. 1971) - 1977-79 Dekan Phil. Fak. Univ. Kiel - BV: D. Aufstieg Moskaus, 2 Bde. 1966/67; Großfürst u. Thronfolger. D. Nachfolgepolitik d. Moskauer Herrscher, 1972; D. Mongolenzeit u. d. Aufstieg Moskaus (1240-1538). In: Handb. d. Gesch. Rußl. I., 1981 - Spr.: Russ., Poln., Serbokroat.

NITSCHE, Rudolf
Dr. rer. nat., o. Prof. f. Kristallographie (s. 1969) - Schloßhofstr. 14, 7801 Buchenbach (T. 7 15 69) - Geb. 1922 Bad Godesberg - 1945-51 Univ. Heidelberg (Chemie). Promot. 1951 Heidelberg; Habil. 1966 Zürich (ETH) - 1951-54 DuPont USA; 1954-57 Siemens-Reinigerwerke Erlangen; 1957-68 RCA-Forschungslabor Zürich (Leit. Abt. Kristallsynthese). Fachveröff.

NITSCHKE, August
Dr. phil., Prof. - Tannenbergstr. 22, 7000 Stuttgart 50 - Geb. 18. Sept. 1926 Hamburg, ev., verh., 6 Kd. - Promot. 1950 Göttingen; Habil. Münster - BV: Naturerkenntnis u. politisches Handeln im Mittelalter, 1967; Kunst u. Verhalten, 1975; Hist. Verhaltensforschung, 1981; Junge Rebellen, 1985; Körper in Bewegung, 1989.

NITSCHKE, Eberhard
Dr. phil., Journalist - Birlinghovenerstr. 13 b, 5300 Bonn 3 (T. 48 13 32) - Geb. 26. Sept. 1924 Berlin (Vater: Alfred N., Kaufm.; Mutter: Gertrud, geb. Sembach), verh. m. Vera, geb. Kemmerling, S. Oliver - Stud. d. Rechtswiss., German., Angl., Gesch. Univ. Bonn u. Freiburg/Br.; Promot. 1953 Bonn - S. 1953 Journ. (1959-64 Südd. Ztg.; 1964 Die Welt) - Spr.: Engl., Franz.

NITSCHKE, Horst
Dr. theol., Schriftsteller - Wehneltsteig 7, 1000 Berlin 13 - Geb. 25. Okt. 1923 Breslau, ev., verh. s. 1949 m. Marianne, geb. Hein, 5 Kd. (Bettina, Justus, Gundula, Patricia, Asmus) - Stud. ev. Theol. Halle (Staatsex. 1948, 2. theol. Ex. 1951, Promot. 1951) - 1951 Doz. Ev. Kirchenmusiksch. Halle; 1953 Pfarrer Sietzsch; 1956 Studienleit. Ev. Akad. Magdeburg; 1961 Verlagslektor Gütersloh; ab 1983 Schriftst. - BV: u. a. Da pries ich d. Freude (Text-Bild-Band), 1965; Wörterb. d. gottesdienstl. Lebens, 1966; Jesus: Ihr seid meine Freunde (Text-Bild-Band), 1977; Jesus: Ihr sollt einander lieben (Text-Bild-Band), 1977. Features, Buch- u. Filmkritiken in DLF, SFB, RIAS. Herausg.: Ztschr. f. Gottesdienst u. Predigt.

NITSCHKE, Lothar
Sänger, Mitgl. Medium-Terzett - Birkenhof, 4520 Melle 5-Buer (T. 05427 - 14 44) - Geb. 26. Mai 1932 Breslau, verh. s. 1957 m. Karin N., 2 T. (Sabine, Katharina) - Gymn.; Konservat. Osnabrück (Gesang) - Üb. 200 Fernsehsend., zahlr. Bühnenauftr., 28 Langspielpl., 75 Single-Pl. - Div. Kompos. (leichte Muse) - Löwen v. Radio Luxemburg, Löns-Med. f. Verdienste um dt. Liedgut.

NITTINGER, Johannes
Dr.-Ing. (habil.), Dr. h. c., Prof., Ltd. Ministerialrat a. D. - Schopenhauerstr. 1, 3000 Hannover 61 (T. 55 52 77) - Geb. 7. Okt. 1906 Linz/Rh. - B. 1971 Nieders. Innenmin. S. 1950 Lehrbeauftr. u. Honorarprof. (1955) TH bzw. TU Hannover, Geschäftsf. Wirtsch.sverb. Geodäsie/Kartogr.; Sekr. Beratungsgr. f. Entwickl.shilfe im Vermessungsw. - Ehrendoktor Univ. Bonn; 1971 Gr. BVK.

NITTNER, Ernst
Dr. phil., Prof. f. Zeitgeschichte - Spitzsteinstr. 28, 8201 Flintsbach/Inn - Geb. 10. März 1915 Kaaden/Eger (Vater: Ernst N., österr. (k.u.k.) Offz.; Mutter: Emilie Mischka), kath., verh. s. 1940 m. Ilse Schindler, T. Gerburg - 1933-38 Dt.

Univ. Prag (Gesch., Slaw.). Promot. 1938 - 1939-45 Militär- bzw. Kriegsdst. (Oblt.d.R.) u. Gefangensch.; 1946-60 höh. Schuldst. Bayern; 1960-73 Doz. u. Wiss. Leit. in d. Offiz. Ausb. d. Bundeswehr u.a.: Zentr. Inn. Führung, Stabsakad. Wehrakad.; ab 1973 Prof. Hochsch. d. Bundesw. München. Polit. Funkt., dar. Stadt-Kreisrat, Bundesvers. Berlin (1954) - BV: u.a. Weg z. Heute - Gesch. uns. Zeit, 1964 (4 A.); Dokumente z. sudetend. Frage, 1967; Kontinuität u. Wandel - Vortr. z. Erzieh. u. Bildung in d. Bundesw., 1980; Bünd. Jugend u. kath. Erneuer. b. d. Sudetendt. 1930-38, 1983; D. Sozialethiker B. Bolzano, 1983; Hitlers Machtergreifung u. d. sudetendt. Einigungsbeweg., 1984; Die dt.-slaw. Nachbarschaft in europ. Sicht, 1984; D. Ausweisung d. Sudetendt. als tschech. Probl., 1985; D. gesamtstaatl. Katholikentag Prag 1935, 1985; D. Prager Univ. im Spiegel d. dt.-tschech. Nachbarschaft, 1986; Z. Ideologiebegriff Eug. Lembergs, 1986; Jordan Simon, OSAEr. E. Leben im Spannungsfeld d. Kath. Aufklärung, 1987; Adalbert, d. 2. Bischof v. Prag, Brücken-Bauer zw. Ost u. West, 1987; D. Prager Univ. u. d. Frühgesch. d. Heidelberger Ruperto-Carola, 1987; Tausend Jahre deutsch-tschech. Nachbarschaft, 1988; A. Naegle, Rektor d. Prager Dt. Univ., 1988. Herausg.: 1000 J. Bistum Prag (1973) - 1969 BVK; 1978 Sudetend. Kulturpreis f. Wiss.; 1979 Ritterkreuz päpstl. Sylvester-Orden; 1986 Bayer. VO; Mitgl. Collegium Carol., Sudetend. Akad. d. Wiss., Histor. Kommiss. d. böhm. Länder; 1. Vors. Inst. Bohemicum - Liebh.: Wandern, Gespräche (zw. d. Generationen) - Bek. Vorf.: Eduard N., Pionier d. österr. Fliegerei †1913 (Großonkel) - Lit.: Gräben u. Brücken - Festschr. z. 65. Geb.; Volksbote v. 8.3.85; Egerländer biogr. Lex. 1987 Bd. 2.

NITTNER, Konrad

Dr. med., Prof., Arzt - Clarenbachstr. 156, 5000 Köln 41 (T. 0221 - 40 38 09) - Geb. 23. Aug. 1921 Neupaka/Böhmen, kath., verh. s. 1948 m. Dr. med. Ursula, geb. Wende, 3 Söhne (Günther-Arnulf, Stefan-Frank, Jens-Thomas) - Med.-Stud.; Staatsex. 1947 Marburg; Promot. 1948 ebd.; Habil. 1963 - - 1955 Facharzt f. Neurol. u. Psych.; 1964 Facharzt f. Neurochir.; 1969 apl. Prof.; 1970 Abt.-Vorst. u. Prof.; o. Prof. Univ. Köln. Ehrenamtl. im Ärztl. Beirat dt. Parkinsonvereinig.; ehem. im Exekutivkomit. Europ. Ges. f. Stereotaxie u. funktionelle Neurochir. - BV: Handb. u. Lehrb.beitr. f. Stereotaxie u. funktionelle Neurochir. sowie üb. Rückenmarkstumoren; üb. 200 Veröff. im dt. u. intern. Schrifttum - Liebh.: Musik, Sport.

NITZ, Hans-Jürgen
Dr. phil., o. Prof. f. Geographie - Kramberg 21, 3406 Bovenden 1 (Denglern) (T. 05593 - 6 43) - Geb. 20. Aug. 1929 Westerstede/Oldenburg (Vater: Paul N., Lehrer; Mutter: Paula, geb. Hausmann), ev., verh. s. 1958 m. Renate, geb. Jäger, 4 Kd. (Ulrike, Frauke, Ulf-Christoph, Mareike) - Päd. Hochsch. Oldenburg; Univ. Hamburg u. Heidelberg (Geogr., Geol., Bot., Frühgesch.). Promot. (1958) und Habil. (1967) Heidelberg - 1951-54 Lehrer; 1959-61 Assist. PH Lüneburg; 1961-67 Wiss. Assist. Univ. Heidelberg (Geogr. Inst.); 1967-68 Privatdoz. Univ. Heidelberg; s. 1969 o. Prof. u. Inst.dir. Univ. Göttingen. Forschungsreisen: Indien (1963/64, 1971/72 u. 1986) - BV: Formen d. Landw. u. ihre räuml. Ordnung in d. oberen Gangesebene, 1971. Herausg.: Histor.-genetische Siedlungsforschung (1974); The Medieval and early-modern rural Landscape of Europe under the impact of the commercial economy (1987).

NITZ, Rolf-Eberhard
Dr. med., Pharmakologe, Geschäftsf. Cassella-Riedel Pharma GmbH u. Dir. Cassella AG, bd. Frankfurt/M. - Heinrich-Bingemer-Weg 64, 6000 Frankfurt 60 (T. 06109 - 3 55 75) - Geb. 12. Jan. 1925 Kurow/Pommern, ev., verh. s. 1952 m. Germa, geb. Sigmund, 2 Kd. (Wolfgang, Christiane) - Med. Akad. Danzig, Univ. Kiel; Assist. Med. Inst. d. Max-Planck-Ges. Göttingen - 1952-59 Leit. Pharmak., 1959-67 Leit. Med. Forsch., s. 1967 Dir. Pharmasparte Cassella AG u. Geschäftsf. d. Cassella-Riedel Pharma GmbH - Entd.: Intensain, Corvaton u. a. Pharmazeutika - Liebh.: Fotografieren, Filmen - Spr.: Engl., Franz., Russ.

NITZ-BAUER, Karl-Heinz
Dr., Dipl.-Kfm., Geschäftsführer Peter Bauer Fahrzeugwerke Köln - Stadtwaldgürtel 15, 5000 Köln 41 - Geb. 10. März 1919.

NITZLING, Erich S.
Kaufmann, Beratender Betriebswirt, Geschäftsf. Gesellsch. GEVAB-Gruppe - Bau + Betrieb v. Krankenanst. - Falkensteiner Str. 5, 6000 Frankfurt/M. (T. 59 30 53) - Geb. 24. Dez. 1934 Lorch/Rh., verh. m. Christiane, geb. Freifr. v. d. Borch-Nitzling, 3 Kd. (Peter, Bodo, Alexander) - Gymn. Aufbauschule, Ausb. i. Leverkusen u. Wuppertal (b. 1954); 1964-70 Stadtverordn. Frankfurt/M., s. 1970 Mitgl. Hess. Landtag (Stellv. Vors. Innenpolit. Aussch., Fachspr. f. Innenpolitik s. SPD Frankf.) - 1964 Ehrenbürger New Orleans, 1978 BVK a. Bd.

NITZSCHE, Werner
Dr. agr., Dipl.-Landw., Prof. TU Berlin - Rheinbabenallee 25, 1000 Berlin 33 (Z. 030 - 823 97 46) - Geb. 24. Okt., ev., verh. s. 1959 m. Ursula, geb. Scheffler, 2 S. (Frank, Gunther) - Dipl. 1955 Humboldt-Univ. Berlin; Promot. 1959 Univ. Gießen; Habil. 1972 Univ. Bonn - 1960-83 Wissenschaftler MPI Köln-Vogelsang; gf. Gesellsch. f. Pflanzenbauwiss. - BV: Haploids in Plant Breeding, 1977 - Vorf.: Johann Gregor Mendel (verschwäg.).

NITZSCHKE, Volker
Dr. phil., Prof. f. Didaktik d. Sozialwiss. - Südring 93, 6500 Mainz-Bretzenheim (T. 06131 - 33 19 37) - Geb. 24. April 1928 Berlin - Stud. PH Berlin, Dt. Hochsch. f. Politik Berlin u. FU Berlin, 2 Lehrerprüf., Dipl.-Politol., Promot. - 1950-61 Lehrer in Berlin; 1961-69 wiss. Mitarb. Univ. Frankfurt; 1969-73 Hochschulref. im Hess. Kulturmin.; s. 1973 Prof. Johann Wolfgang-Goethe-Univ. Frankfurt. Mitgl./Gastprof.: Dt. Inst. f. Fernstudien, Univ. Southampton, Univ. Adelaide/Südaustralien - BV: D. Auseinandersetzung um d. Bekenntnissch. in d. Weimarer Rep. in Zusammenhang m. d. Bayer. Konkordat, Diss. 1965; Z. Wirksamkeit politischer Bildung, Schulbuchanalyse, in: Max Traeger-Stiftg., Forschungsber. 1966; Materialien f. d. Sachunterr., 1975ff.; Neue Ansätze z. Methodik d. politischen Unterr. (m. F. Sandmann), 1982; Multikulturelle Ges. - multikulturelle Erziehung?, 1982; Metzler Handb. f. d. polit. Unterr. (m. F. Sandmann), 1987. Mithrsg.: Politische Didaktik, Vierteljahresschr. f. Theorie u. Praxis d. Unterr.

NIVELLE, Armand
Dr. phil., o. Prof. f. Vergl. Literaturwissenschaft - Bayernstr. 14, 6600 Saarbrücken (T. 6 62 42) - Geb. 20. Jan. 1922 Awans (Belg.) - Ord. Univ. Lüttich (1960-68) u. Saarbrücken (s. 1968). Fachveröff.

NIXDORFF, Peter
Dr., Prof., Vizepräsident TH Darmstadt - Heinrich-Fuhr-Str. 13a, 6100 Darmstadt (T. 06151 - 42 32 78) - Geb. 7. Okt. 1939 Frankfurt/Od., verh. s. 1969 m. Prof. Dr. Kathryn, geb. Kenny - B.A. 1961; Dipl.-Pol. 1963 FU Berlin; Ph. D. 1970 Univ. of. Florida - 1968-71 Assist. Prof. Univ. of Kentucky; 1971-73 Lehrstuhlvertr. Univ. Konstanz; s. 1973 Univ.-Prof. TH Darmstadt - Spr.: Engl.

NOACK, Barbara
Schriftstellerin - Almeidaweg 19, 8130 Starnberg - Geb. 28. Sept. 1924 Berlin, ev. - Univ. (1 Sem. Anglistik, 1944) u. Kunsthochsch. Berlin (2 Sem.) - Illustratorin; Journalistin - BV/heit. R.: D. Zürcher Verlobung, 1955 (verfilmt); Valentine heißt man nicht, 1956; Italienreise - Liebe inbegriffen, 1957 (verfilmt); E. gewisser Herr Ypsilon, 1961; Geliebtes Scheusal, 1963; Danziger Liebesgesch., 1964; Was halten Sie v. Mondschein?, 1966; ... und flogen achtkantig aus d. Paradies, 1969; E. Knaben Phantasie hat meistens schwarze Knie, 1971; D. Bastian, 1974; Ferien sind schöner, 1974; D. kommt davon, wenn man verreist, 1977; Auf einmal sind sie keine Kinder mehr, 1978; Flöhe hüten ist leichter, 1980; Eine Handvoll Glück, 1982; So muß es wohl im Paradies gewesen sein, Erz. 1984; E. Stück v. Leben, R. 1984; E. Platz an d. Sonne, Kdb. 1985. TV-Serien: D. Bastian, 3 sind einer zuviel. TV-Sendung: Kann ich noch ein bißchen bleiben; Mal raus aus dem Alltag. 1985 Benefizband: E. Platz an d. Sonne.

NOACK, Cornelius Christoph
Dr. rer. nat., Dipl.-Phys., o. Prof. f. Physik Univ. Bremen (s. 1972) - Händelstr. 7, 2800 Bremen (T. 218 29 65) - Geb. 20. Aug. 1935 Heidelberg, verh. s. 1963 m. Barbara, geb. Jacob, 3 Kd. (Ruth, Natascha, Susanna) - Stud. d. Phys. Heidelberg u. Paris; Promot. (1964) u. Habil. (1967) Heidelberg - 1967-71 Privatdoz. Univ. Heidelberg (1970-71 Prorektor). S. 1987 stv. Vors. Bremer Energiebeirat. Forsch.aufenthalte Israel (1962/63), Dänemark (1976), Holland (1986), USA (1967/68, 1979/80, 1987) - BV: Scheitert d. Hochschulreform?, TB 1973; Kritischer Studienführer, TB 1976; Physik - e. Querschnitt d. Forsch., 1976. Fachveröff. - Spr.: Engl., Franz.

NOACK, Detlef
Dr., Dipl.-Holzw., o. Prof., Institutsdirektor, Holztechnologie - Bergedorfer Weg 3, 2057 Wentorf (T. Büro: Hamburg 73 96 21) - Geb. 9. Mai 1931 Reinbek (Vater: Dr. Erich N., Oberstud.dir. i. R.; Mutter: Charlotte, geb. Normann), ev., verh. s. 1961 m. Helga, geb. Hübbe - Wilhelms-Gymn. Ebers-

walde, Sachsenwald-Obersch. Reinbek; Univ. Hamburg (Holzw.; Promot. 1958) - S. 1957 Bundesforschungsanstalt f. Forst- u. Holzw., Hamburg-Reinbek (1963 Leit. Inst. f. Holzphysik u. mech. Technol. d. Holzes; 1969 Ltd. Dir. u. Prof. S. 1976 Univ. Hamburg, o. Prof. f. Holztechnol. u. gleichz. Inst.-Ltr. Bundesforschungsanst. - Spr.: Engl., Schwed.

NOACK, Detlef M.
Dr. phil., o. Prof. f. Kunst- u. Kulturgeschichte, Hochsch. d. Künste Berlin (s. 1975) - Hardenbergstr. 33, 1000 Berlin 12 - Geb. 15. Nov. 1925 Berlin (Vater: Karl N., Flugkapt. Dt. Lufthansa; Mutter Friedel, geb. Gürmann), verh. s. 1957 m. Renate, geb. Zech, T. Dunja - Franz. Gymn. Berlin; Freie Univ. Berlin, Sorbonne Paris, Hochsch. f. bild. Künste Berlin (Kunstgesch., Archäol., Soziol., Malerei) - 1959-62 Dt. Archäol. Inst. Madrid (Photoarchiv); 1964-67 Leit. Goethe-Inst. São Paulo (Brasil.); s. 1967 o. Prof. Hochsch. f. bild. Künste Kassel (1969-71 Rektor). 1974 Gastprof. Univ. Salvador (Bahia) - 1975-77 Präs. f. H.d.K. Berlin - BV: Farbfenster franz. Kathedralen, 1959; Griech. Vasen im Museo Arqueologic Nacional Madrid, 1962; Tut ench amun, 1964. Bildbde.: Griechenland (1957), auch engl.; Spanien (1961), versch. wiss. Publik. u. Aufs. - Liebh.: Fotogr., Film - Spr.: Span., Franz., Portug.

NOACK, Dietrich
Dipl.-Ing., Prof. f. Entwurf, Bauplanung u. Baukonstruktion Hochsch. d. Künste Berlin (FB Arch.) - Kranzallee 1, 1000 Berlin 19 (T. 030 - 304 64 93) - Geb. 14. Juli 1927 Lieberose, ev., verh. m. Dipl.-Ing. Roswita, geb. Gruner, Arch., 2 Kd. (Christoph, Sophie) - 1948-53 Stud. Arch. Hochsch. f. bild. Künste Berlin - 1954-59 angest. Arch.; s. 1960 fr. Arch.; s. 1971 Prof. - Bauwerke: Wohnhäuser, kirchl. Bauten, Hochschuleinricht. (u.a. Hörsäle) - BV: Pflanzen u. Fenster (m. W. U. von Hentig), 1964; Berliner Ziegelbauten 1830-1980, 1984; Bauten f. d. Rundfunk, in: Berlin u. s. Bauten, 1987.

NOACK, Hans-Georg

Schriftsteller, Übersetzer, Leiter Arena Verlag, Würzburg - Am Gemeindeweg 18, 8702 Eisingen (T. 09301 - 5 06 88 u. 09306 - 5 06) - Geb. 12. Febr. 1926 Burg - Gemeinderat; s. 1982 Ehrenvors. Leonhard-Frank-Ges. - BV: (z. T. schwed., dän., franz., engl., tschech., span., russ.) u. a.: D. gewaltlose Aufstand, R. 1965; Rolltreppe abwärts, R. 1971; Benvenuto heißt willkommen, R. 1973. Herausg.: Wir sprechen noch darüber (1972, m. Dieter Lattmann), Rechtslexikon f. Schüler, Lehrer, Eltern (1974) - 1970 Ehrenliste österr. Staatspreis f. Jugendlit. (D. Milchbar z. bunten Kuh), 1970 u. 73 Dt. Jugendbuchpreis (f. Übers. aus d. Engl.), 1972 u. 74 Auswahlliste dt. Jugendbuchpreis (Rolltreppe abwärts, Benvenuto heißt willkommen), 1976 Ehrenliste Hans-Christian-Andersen-Preis; 1979 Gr. Pr. dt. Akad. f. Kinder- u. Jugendlit. - Spr.: Engl., Franz. - S. 1978 PEN-Mitgl. - Lit.: Lesungen m. ausführl. Nachwort v. Prof.

Dr. Malte Dahrendorf (z. 50. Geb.); H.-G. N. in d. Schule (z. 60. Geb.).

NOACK, Hans-Joachim
Journalist, Reporter - Zul. Mechtildstr. 9, 6000 Frankfurt - Geb. 22. April 1940 Berlin (Vater: Kurt N., Techn. Zeichner; Mutter: Dorothea), ev., gesch. - U.a.: FS-Film: Ruhestörung, Drehbücher u. a. - 1969 Dt. Journ.-Preis (dju) 1971 Theod.-Wolff-Preis, 1973 Preis d. dt. Wohlfahrtspflege, 1979 Egon-Erwin-Kisch-Preis, 1981 Theod.-Wolff-Preis - Liebh.: Schach, Lit.

NOACK, Herbert
Bundesrichter - Hardenbergstr. 31, 1000 Berlin 12 - Geb. 2. Febr. 1925 - B. 1971 Hess. Verwaltungsgerichtshof, dann Bundesverw.sgericht.

NOACK, Hugdieter

Dr. med., apl. Prof. f. Frauenheilkd. Univ. Münster (s. 1960), Chefarzt i. R. - Drögestr. 29, 4800 Bielefeld 1 (T. 88 57 11) - Geb. 23. Okt. 1919 Gera (Vater: Bruno N., Superint.; Mutter: Katharina, geb. Fischer), ev., verh. s. 1943 m. Dr. med. Sigrid, geb. Dembowski, 3 Kd. (Ragna, Ernst-Joachim, Sigrid-Kirsti) - Gymn. Gera; Univ. Freiburg u. Leipzig. Promot. (1945) u. Habil. (1953) Leipzig - 1953-59 Lehrtätigk. Univ. Leipzig (Oberarzt Frauenklinik; 1958 Prof. m. Lehrauftr.) u. Med. Akad. Magdeburg (1958 Prof. m. Lehrstuhl u. Dir. Frauenklinik); 1959-84 Chefarzt Frauenklinik Ev. Johannes-Krankenhs. Bielefeld. Spez. Arbeitsgeb.: Hormonelle Einflüsse auf d. Leistungsfähigkeit d. Frau; geburtshilfl. Einflüsse auf d. perinatale Kindersterblichkeit. Fachmitgliedsch. - BV: Hormonelle Regulationen in d. Frühschwanderschaft; E. kl. Frauengymnastik (m. Sommer, 6 A.); Frau u. Sport (1960; m. Klaus); Lehrb. d. Therapie (5. A. 1975; Hrsg.: Braun); Frau u. Arbeit (1976) - Liebh.: Bücher.

NOACK, Paul
Dr. phil., em. o. Prof. f. Polit. Wissenschaft Fakultät f. Sozialwissenschaften Univ. München (b. 1986) - Alb.-Schweitzer-Str. 13, 8034 Unterpfaffenhofen/Obb. (T. München 84 28 69) - Geb. 28. Sept. 1925 Hagen/W. (Vater: Paul N., Direktor; Mutter: Paula, geb. Hartmann), verh. s. 1954 m. Hella, geb. Deuringer, 2 Kd. (Matthias, Eva) - Gymn. Oberursel; Stud. Freiburg/Br., Genf, Paris. Promot. 1953 Freiburg 1953-58 Polit. Redakt. FAZ; 1958-68 Redakt. u. stv. Chefredakt. Münchner Merkur - BV: u. a. D. Intellektuellen, 1960; D. dt. Nachkriegszeit, 1966; Friedensforschung - e. Signal d. Hoffnung?, 1970; Intern. Politik - E. Einf., 1970; Dt. Außenpolitik s. 1945, 1971; Was ist Politik?, 1973; D. Scheitern d. Europ. Verteidigungsgemeinsch., 1977; D. manipul. Revolution, 1978; Ist d. Demokratie noch regierbar?, 1980; Korruption - d. andere Seite d. Macht, 1985; D. dritte Kraft vierte Schicht. f. e. zeitnahen Liberalismus, 1986 - Ehrenpräs. dt.-franz. Ges. f. München u. Oberbayern; stv. Vors. Theodor-Heuss-Preis; Leiter d. Politi-

schen Clubs d. Ev. Akad. Tutzing; 1986 BVK am Bde. - Spr.: Franz., Engl.

NOBILING, Dietmar
Dipl.-Ing., Betriebsrat Borsig, Berlin - Laubenheimer Str. Nr. 20, 1000 Berlin 33 (T. 821 55 77) - Geb. 12. Februar 1944 Mühlberg/Elbe (Vater: Walter N., Kunstgewerbl.; Mutter: Irmgard, geb. Görlich), ev. - B. 1960 Oberschule; Lehre Kesselbauer; 1963-66 Staatl. Ingenieursch. Beuth; Ing.ex. - CDU (1971-75 Landesvors. CDU-Soz.aussch. Berlin, 1971 ff. Bez.sverordn. Wilmersdorf, 1975 Fraktionsvors.), ab 1977 stv. Vors. CDU Sozialaussch. Berlin - 1984 BVK - Liebh.: Röm. Kunst u. Gesch.

NOBIS, Günter

Dr., Prof., Direktor Zool. Forschungsinst. u. Museum Alexander Koenig, Bonn (s. 1979) - Herrenacker 4, 5300 Bonn 3 (T. 0228-48 51 57) - Geb. 1. Juni 1921 Güsten/Anhalt, ev., verh. s. 1956 m. Dr. Asta, geb. Brunsch, 2 Töcht. (Astrid, Senta) - 1940-41 Stud. d. Naturwiss. (Zool.) Halle/S. u. 1945-48 Kiel; Promot. 1948 Univ. Kiel; Staatsex. 1954 Univ. Kiel; Habil. Univ. Köln 1968 - 1972 apl. Prof.; 1949-54 wiss. Assist. Inst. f. Haustierkd. Univ. Kiel; 1955-76 Höh. Schuldst. (Stud.dir.); 1977 Hauptkustos Abt. Theriol. Mus. Koenig, Bonn; Museumsdir. - BV: V. Wildpferd z. Hauspferd, 1971; D. Beginn d. Haustierhaltung in d. Alten Welt, 1984 - 1982 Korr. Mitgl. Dt. Archäol. Inst. - Liebh.: Kunst, Sport (Schwimmen) - Spr.: Engl., Franz. - Lit.: E. Stather, Prof. Dr. Günter Nobis, in: Mainz, Vierth. f. Kultur, Polit., Wirtsch., Gesch., 5. Jg., H. 2, 1985.

NOBLÉ, Karlheinz
Intendant, Leiter Saarl. Landestheater - Scharnhorststr. 10, 6600 Saarbrücken 6.

NOCKE, Franz-Josef
Dr. theol., Prof. f. Kath. Theol. (Dogmatik) Univ. Duisburg - Mainstr. 13, 4100 Duisburg 1 (T. 0203 - 33 66 29) - Geb. 27. Nov. 1932 Bochum, kath. - Stud. Phil., Kath. Theol. u. German. (1953-54 Paderborn, 1954-55 Innsbruck, 1955-62 München, 1959/60 Paris); Promot. (Kath. Theol.) 1962 München - 1965-70 Kaplan Essen; 1968-70 Studentenseelsorger Gelsenkirchen; 1970ff. Prof. Duisburg - BV: Sakrament u. personaler Vollzug b. Albertus Magnus, (Diss.) 1967; Liebe, Tod u. Aufersteh., 1978; Eschatol., 1982 (übers. ins Ital. u. Span. 1984); Einüb. in d. Systemat. Theol., 1984; Wort u. Geste. Z. Verständnis d. Sakramente, 1985 (übers. ins Ital. 1988).

NOCKE, Heinz Peter
Handelsvertreter, Wettkampfschwimmer, Weltrekordler - Karl Theodor Str. 53, 5600 Wuppertal 1 (T. 0202-43 77 00) - Geb. 25. Okt. 1955 Langenberg/Rhld. (Vater: Günter N., Untern.; Mutter: Christel, geb. Herder), ev., verh. s. 1981 m. Cornelia, geb. Krielke - Silb. Lorbeerblatt (zweimal); Wahl Sportler d. J.: 1974 2. Pl., 1977 3. Pl. - 1971-84 insges.

23 Dt. Meistertitel; 1974-77 9mal Europam., einmal Silber, einmal Weltm., zweimal Vizeweltm.; zweimal Bronze Olymp. Sp. (Montreal 1976). 36 Dt. Rekorde; 12 Europarekorde; 4 Weltbestzeiten - Spr.: Engl.

NOE, Hermann
Geschäftsführer Dock- u. Schiffahrtsges. Kaiserhafen Noe & Co., Bremerhaven - An d. Allee 12, 2850 Bremerhaven 3 (T. 59 86 11) - Geb. 11. April 1921 Chemnitz/Sa. (Vater: Hermann N., Generaldir. Schichau GmbH.; Mutter: Lilly, geb. Elsäßer), verh. s. 1954 m. Gabriele, geb. Merkel, S. Winfried - Stud. Volksw. London und Cambridge, Wirtschaftsw. Berlin - Vorst.- Vors. Schichau Unterweser AG., Bremerhaven (b. 1982). Vizepräs. IHK Bremerhaven, Vorst. Wirtschaftskammer Bremen - Spr.: Engl. - Rotarier.

NOE, Ludwig
Bürgermeister d. Stadt Naumburg - Birkenweg 15, 3501 Naumburg - Geb. 1930 - Dipl.-Verw.-Wirt (FH) 1954 - Stv. Kreistagsvors. Landkr. Kassel; Vors. Finanzaussch. Hess. Städte- u. Gemeindebund, Mühlheim; AR-Mitgl. Kassel-Naumburger Eisenbahn AG - 1985 BVK.

NÖBEL, Wilhelm
Dr. phil., Ministerialrat, MdB (s. 1976) - Bundeshaus, 1115 HT, 5300 Bonn 1 - Geb. 5. Nov. 1936 Bonn (Vater: Peter N. †; Mutter: Anna Maria †), kath., verh. s. 1962 m. Ute, geb. Börsch, 2 Kd. (Ralf, Anne) - Staatl. Gymn. Siegburg (Abit. 1957); Stud. d. Gesch., Altphilol., Phil. Univ. Bonn - S. 1964 wiss. Mitarb. u. Presseref.; 1970-76 Leit. Ref. Öffentlichkeitsarb. Bundestagsverw. - Fachveröff. SPD (s. 1966) - Liebh.: Sport, Kunst - Spr.: Engl.

NÖCKEL, Heinz
Ing., Techn. Direktor, Vorstandsmitgl. Rhein-Ruhr-Bau AG., Düsseldorf - Am Karrenberg 43, 5605 Tönisheide - Geb. 12. Okt. 1914.

NÖCKER, Josef
Dr. med., Prof., Internist - Nauener Str. 23, 5090 Leverkusen-Mathildendorf (T. 9 12 24) - Geb. 18. Okt. 1919 Düsseldorf (Vater: Josef N.), kath., verh. s. 1945 m. Margot, geb. Knepper, T. Birgit - Univ. Leipzig (Promot. 1945), Rostock, Freiburg/Br., Jena, Wien - Assist., Oberarzt (1952) u. komm. Dir. Med. Univ.sklinik Leipzig (1950 Habil.); 1955 Prof. m. Lehrauftr.); s. 1959 Chefarzt Med. Klinik Städt. Krkhs. Leverkusen. 1956 Betreuer Dt. Olympia-Mannsch. Melbourne, 1964 Olympiaarzt Tokio, 1968 Chef de Mission Dt. Olympia-Mannsch. Mexico-City, 1972 München. S. 1965 Leit. neugegr. Bundesaussch. z. Förd. d. Leistungssports - BV: Lehrb. d. Sportmed. (7 A.), Ernährung im Alter, Biol. Grundl. d. Leistungssteigerung, Physiol. d. Leibesüb., Ernährung d. Sportlers. Üb. 150 Einzelarb. - 1959 Carl-Diem-Preis; 1973 BVK I. Kl. - Liebh.: Sport (1948-50 3facher Meister SBZ bzw. DDR: Dreisprung, 4 × 100m-Staffel, 400 m. Hürden).

NÖDL, Fritz
Dr. med. (habil.), em. Prof. f. Dermatologie u. Venerologie - Universitätskliniken, 6650 Homburg/Saar - Geb. 20. Jan. 1912 - 1950-60 Privatdoz. u. apl. Prof. Univ. Göttingen (zul. Oberarzt Hautklin.); s. 1960 Ord. Univ. d. Saarl. (Hautklin. Homburg). Zahlr. Facharb.

NÖFER, Günter
Dr. jur., Rechtsanwalt, MdL Nordrh.-Westf. (1970 b. 1975) - Römerstr. 44, 5210 Troisdorf/Rhld. (T. 7 58 06) - Geb. 10. Juni 1928 Altenrath/Rhein-Sieg-Kr., verh., 3 Kd. - Gymn.; Univ. Köln (Rechts- u. Staatswiss., spät. Betriebsw.). Jurist. Staatsprüf. 1958 u. 62 - 3 1/2j. Tätigk. Kölner Wirtschaftsprüfungsges.; s. 1962 RA OLG Köln. 1956 ff. Ratsherr Stadt Troisdorf (1958-68 Fraktionsf.); 1961 ff. MdK Rhein-Sieg-

Kr. (1963-70 Fraktionsvors.). CDU s. 1946 (u. a. 1968-70 Kreisvors. Siegkr.).

NÖHBAUER, Hans F.

Dr. phil., Journalist, Schriftst. - Schleißheimer Str. 110, 8000 München 40 (T. 18 30 24) - Geb. 28. Okt. 1929 Dietersburg/Ndb. (Vater: Hans N.; Mutter: Therese, geb. Hirler), kath. - Stud. d. Lit., Phil., Ztg.wiss. Univ. München - 1958-59 Bay. Fernsehen, 1959-70 Abendztg. München (Feuillet.), 1970 b. 1972 Cheflektor Droemer Verlag - BV: Von A - Z im Kinderland, 1970; D. Bajuwaren, 1976; D. gr. Bayer. Geschichtenbuch, 1979 (Hrsg.); D. Wittelsbacher, 1979; Wittelsb. u. Bayern, 1980; Adalbert Prinz v. Bayern: D. Wittelsb., 1980 (Hrsg.); München - eine Gesch. d. Stadt u. ihrer Bürger, 1982; Bayerns Parks u. Gärten, 1983; Kl. bairische Lit.gesch., 1984; D. Chronik Bayerns, 1987. Herausg.: Bayer. Bauerngesch. (1984); Gesch. z. bayer. Gesch. (1985), u. a. - 1980 Ehrenmed. München leuchtet; 1985 Tukan-Lit.preis d. Stadt München - Spr.: Engl., Franz.

NÖLDNER, Klaus

Dipl.-Volksw., Hauptgeschäftsführer Hartmannbund-Verb. d. Ärzte Dtschl., Geschäftsf. Vorst.-Mitgl. Friedrich-Thieding-Stiftg. d. Hartmannbundes, Dt. Ges. f. Präventivmed. u. Arbeitsgemeinschaft Gesundheit - Godesberger Allee 54, 5300 Bonn 2 - Geb. 4. April 1935 Putbus, Rügen - Christianeum Hamburg, Stud. Univ. Hamburg, Berlin, mehrj. Auslandsaufenthalte Lateinamerika, Asien, Afrika (im Rahmen d. Entwicklungspolitik) - Vors. CARE Dtschl. Bonn u. Vizepräs. CARE Intern. - Liebh.: Segeln - Spr.: Engl., Franz., Span.

NÖLKE, Ernst-Ludwig

Dr. med., Chefarzt geburtshilfl.-gynäkol. Abt. Marien-Krankenhaus, Bergisch-Gladbach - Dr. Robert-Koch-Str. 18, 5060 Bergisch-Gladbach 2 (T. 02202 - 12 91) - Geb. 25. Sept. 1927 Köln (Vater: Dr. med. Wilh. N.; Mutter: Helene, geb. Böttrich), kath., verh. s. 1952 m. Margrit, geb. Dumas, 5 Kd. (Barbara, Friederike, Christian, Angela, Stefan) - Stud. Univ. Göttingen, Tübingen, Freiburg; Ex. u. Promot. 1953 Freiburg.

NOELL, Kurt

Dr. jur. h. c., Hauptgeschäftsführer Bundesverb. d. landw. Berufsgenoss., Geschäftsf. Gesamtverb. d. landw. Alterskassen, Bundesverb. landw. Krankenkassen, Zusatzversorgungskasse f. Arbeitnehmer in d. Land- u. Forstw. a. D. - Herrenwiesen 12, 3500 Kassel (T. 308 12 70/3 62 32) - Geb. 22. Dez. 1919, verw., 3 Kd. - Kriegsdst. (6 × verw., Hptm. a. D.); Stud. d. Rechts- u. Staatswiss. Univ. Göttingen, Marburg; Gr. Jur. Staatsex. - Vors. u. Mitgl. in- u. ausl. Fachverb. 5 Bücher u. zahlr. Veröff. üb. Sozialrecht u. Agrarsozialrecht - Dozent Verwaltungsseminar LSV Kassel - 1969 BVK I. Kl, 1976 Gr. BVK, Gold. Sportabz. (17 ×), Kriegsausz. - Spr.: Engl.

NOELLE, Horst Carl

Dr. med., Prof., ehem. Chefarzt Medizin. Klinik Zentralkrankenhs. Reinkenheide, Bremerhaven - von-Glahn-Str. 24, 2850 Bremerhaven-Sp. (T. 8 34 55) - Geb. 2. Febr. 1924 Wilhelmshaven (Vater: Dipl.-Ing. Heinrich N., Marine-Ob.Baurat; Mutter: Anni, geb. Neubert), ev., verh. s. 1955 m. Erika, geb. Stucken, 3 Kd. (Roswitha, Brigitte, Henning) - Stud. d. Med., Berlin, Würzburg, Hamburg; Staatsex. u. Promot. 1949 - 1949-68 Med. Univ.klinik Hamburg, Kiel, Gießen, Neurol. Univ.-klinik u. Inst. f. Ernährungswiss. ebd.; Leit. Sektion Bremen d. Dt. Ges. f. Ernährung e. V., Präs. d. Ernährungswiss. Beirats d. Dt. Fischwirtsch. 1966 Privatdoz., 1968 Wiss. Rat u. Prof.; 1975 Honorarprof. Üb. 150 Fachveröff. - Liebh.: Klass. Musik, Jagd - Spr.: Engl., Franz., Span.

NÖLLE, Peter

Dr. rer. nat., Abteilungsleit. Planung Senat f. Schulwesen, Jugend u. Sport Berlin, gf. Vorst. Otto Benecke Stiftg. - Onkel-Tom-Str. 15, 1000 Berlin 37 (T. 030 - 802 71 97) - Geb. 17. März 1939 Dortmund (Vater: Albert N., Arzt; Mutter: Martha, geb. Hoffmann), ev., verh. m. Carola, geb. Reitze, 3 Kd. (Peter, Kristina, Fabian) - Abit. 1958; Stud. Physik TH Aachen, FU Berlin u. Univ. Bonn - 1973 Wiss. Assist. Univ. Bonn; 1977/78 Univ. Nagoya u. Tokio. S. 1965 Vorst. Otto Benecke-Stiftg. - 1984 BVK - Spr.: Engl., Lat., Franz., Jap.

NÖLLE, Ulrich

Vorstandsmitglied D. Sparkasse in Bremen (s. 1981) - Am Brill 1-3, 2800 Bremen 1 - Geb. 8. Aug. 1940 Dortmund (Vater: Albert N., Arzt; Mutter: Martha, geb. Hoffmann), verh. m. Ingeborg, geb. Wehr, 4 Kd. - S. 1961 Stadtspark. Dortmund (zul. stv. Vorst.-Mitgl.); s. 1977 Vorst.-Mitgl. Stadtspark. Hannover.

NÖLLE, Wilfried

Dr. phil., Botschafter - Strässchensweg 22, 5300 Bonn 1 - Geb. 6. Juli 1925 (Vater: Aloys N., Oberst; Mutter: Else, geb. Köppen), kath., verh. m. Anna-Marie, geb. Bannwarth - 1943-45 Soldat; Stud. Orientalistik; Promot. 1950 Tübingen - S. 1960 Ausw. Dienst (New Delhi, La Paz, Kuala Lumpur, Ankara; 1980-85 Gesandter in Peking; 1985-88 Botsch. Maputo) - Em. o. Honorarprof. Univ. La Paz u. Ankara; korr. Mitgl. kgl. span. Akad. d. Gesch. - Kriegsausz.; 1983 BVK; ausl. Orden.

NOELLE-NEUMANN, Elisabeth, geb. Noelle

Dr. phil., Dr. oec. h. c., em. o. Prof. u. Direktor Inst. f. Publizistik Univ. Mainz (b. 1983), Leit. selbstbegr. Inst. f. Demoskopie Allensbach (s. 1946) - 7753 Allenbach/Bodensee - Geb. 19. Dez. 1916 Berlin (Vater: Dr. jur. Ernst Noelle, Fabrikbes.; Mutter: Eva, geb. Schaper), ev., verh. I) s. 1946 m. Erich-Peter Neumann † 1973 (s. XVI. Ausg.), II) s. 1980 m. Prof. Dr. Heinz Maier-Leibnitz (s. dort) - Univ. Berlin (Promot. 1940), Königsberg/Pr., München (Gesch., Phil., Ztg.wiss., Amerikakd.), Columbia, Mo./USA; prakt. Ausbild. DAZ, Berlin - 1940-43 Redakt. (Dt. Allg. Ztg., D. Reich, Frankf. Ztg.), ab 1943 anonyme journalist. Tätigk.; Lehrtätigk. FU Berlin (Doz.) u. Univ. Mainz (1965 ao., 1968 o. Prof., em. 1983). S. 1978 Gastprof. Univ. Chicago, 1978 Ehrendoktor Hochsch. St. Gallen, Mitgl. d. Vorst. d. Konrad-Adenauer-Stiftung, Mitgl. Ludwig-Erhard-Stiftung, Kuratorium d. Studienstiftung d. Dt. Volkes, Council-Mitgl. Wapor (s. 1972). 1978-80 Präs. World Assoc. for Public Opinion Research - BV: Meinungs- u. Massenforsch. in USA - Umfr. üb. Polit. u. Presse, 1940; Umfrageforsch. in d. Rechtspraxis, 1961; Umfragen in d. Massenges. - Einf. in d. Meth. d. Demoskopie, 1963, 7. A. 1976 (auch franz., holl., tschech., span., russ.); Öffentlichkeit als Bedrohung, 1977; D. Schweigespirale. Öffentl. Meinung - unsere soziale Haut, 1980, TB 1982 (engl. Übers. Univ. Chicago, 1984; japan. Übers. 1988); D. verletzte Nation. Üb. d. Versuch d. Deutschen, ihren Charakter zu ändern, 1987; Arbeitslos. Report aus e. Tabuzone, 1987. Mithrsg.: The Germans (1947-80), Jahrb. d. öfftl. Meinung (1947ff.), Fischer Lex. f. Publizistik (1971/89); Macht Arbeit krank? Macht Arbeit glückl.? - E. aktuelle Kontroverse (1984, m. Burkhard Strümpel); D. Antwort d. Zeitung auf d. Fernsehen. Gesch. e. Herausforderung (1986) - 1976 Gr. BVK; 1978 Alexander von Rüstow-Med.; Ehrenbürgerin v. Allensbach; 1985 Nürnb. Trichter; 1985 Georges Lurcy Gastprof. Univ. v. Chicago; 1987 Viktor Mataja-Med. - Bek. Vorf.: Fritz Schaper, Bildhauer (u. a. Denkmäler Goethe (Berlin), Lessing (Hamburg), Luther (Erfurt), Krupp (Essen)), Berlin 1841-1919 (Großv. ms.).

NÖLLING, Wilhelm

Dr. rer. pol., M. A., Senator a. D., Präsident d. Landeszentralbank, Hamburg (s. 1982), Mitgl. Zentralbankrat Dt. Bundesbank - Ost-West-Str. 73, 2000 Hamburg 11 - Geb. 17. Nov. 1933 Wemlighausen (Vater: Karl N., Waldarbeiter; Mutter: Helene, geb. Schmidt), ev., verh. s. 1958 m. Maria, geb. Straube, 3 Kd. (Katherine, Philip, Anna) - 1948-50 Handelssch.; 1954-56 Akad. f. Gemeinwirtsch. Hamburg; 1956-59 Univ. Hamburg (Dipl.-Volksw.), 1961-64 Univ. of California, Berkeley (Master of Arts in Economics) - 1950-54 Verw.angest.; 1966-69 Doz. Akad. f. Wirtsch. u. Politik, Hamburg. 1966ff. Bezirksabg. Eimsbüttel. 1969-1974 MdB, 1974-76 Gesundheits-Senator in Hamburg, 1976-78 Senator f. Wirtsch., Verkehr u. Landwirtsch. in Hamburg, 1978ff. Senator d. Finanzen in Hamburg. SPD s. 1964 - BV: Arbeitslosigkeit u. Berufsnot d. Jugend in d. USA, 1968. Herausg. u. Übers.: Walter W. Heller, D. Zeitalter d. Ökonomen - Neue Dimensionen d. Wirtschaftspolitik (1968). Zahlr. Veröff. in Tageszt., Ztschr. u. Büchern. Herausg.: Hamburger Beitr. z. Wirtsch.- u. Währungspolitik in Europa - Spr.: Engl.

NOELTE, Rudolf

Regisseur - 8137 Allmannshausen - Geb. 20. März 1921 Berlin, verh. m. Cordula, geb. Trantow (Schausp.), 2 Söhne (Jens, Jan) - Univ. Berlin (German., Kunstgesch.) - 1959-60 künstler. Leit. Theater d. Freien Volksbühne Berlin. Insz. u. a.: Draußen v. d. Tür, D. Schloß, D. Wildente, Ödipus, Maria Stuart, Drei Schwestern, D. Kirschgarten, D. Kassette, D. Snob, Todestanz, Misanthrope, D. Ratten, Tartuffe, Dantons Tod, Hamlet, Egmont; Opern: Lulu, Don Giovanni, Eugen Onegin, Pique Dame, D. verkaufte Braut, D. Freischütz, Manon, Otello; Film: D. Schloß; Ferns.: Woyzek, Irrungen Wirrungen - 1953 Preis Verb. dt. Kritiker; 1960 Kunstpreis Berlin; 1975 BVK I. Kl.; 1986 Bayer. Maximiliansorden; 1972 o. Mitgl. Akad. d. Künste Berlin (1976 Dir. Abt. Darst. Kunst).

NÖRING, Friedrich

Dr. rer. nat., Prof., Geologe - Georg-Krücke-Str. 6, 6200 Wiesbaden (T. 06121 - 40 95 60) - Geb. 6. Aug. 1912 Niederrodenbach/Kr. Hanau, verh. s. 1979 m. Dr. Renate, geb. Motzka, T. Beate - Stud. Univ. Frankfurt/M. u. Berlin; Dipl.-Geol. 1938, Promot. 1937 u. 39 Univ. Berlin, 2. Staatsprüf. 1940 - Reichsstelle (Reichsamt) f. Bodenforschung Berlin; Geologe in Hamburg, Berlin, Wiesbaden, Hungen; 1965-76 Leit. Hess. Landesamt f. Bodenforsch.; 1976-82 Leit. Geol. Forschungsstelle OVAG - BV: Erschließung d. Trink- u. Betriebswassers, 1969 - 1960 DVGW-Ehrenring; 1978 Bunsen-Pettenkofer-Ehrentafel - Liebh.: Gesch. - Spr.: Engl., Franz. - Lit.: Biogr. dt. Wasserwissenschaftler u. -wirtschaftler (1955); D. Porträt (Wasser, Luft u. Betrieb, 1959); Persönliches (Gas- u. Wasserfach, 1977).

NÖRR, Dieter

Dr. jur., Prof. f. Röm. u. Bürgerl. Recht - Prof. Huber-Pl. 2, 8000 München 22 (T. 28 55 07) - Geb. 20. Febr. 1931 München - Univ. München (Rechtswiss., Gesch.). Jurist. Staatsprüf. 1953 u. 58 München; Promot. 1955, Habil. 1959 ebd. - S. 1960 Ord. Univ. Münster (Dir. Rechtswiss. Sem. u. Inst. f. Röm. Recht) u. München (1970; Vorst. Leopold-Wenger-Inst. f. Rechtsgesch.). Facharb. - 1972 o. Mitgl. Bayer. Akad. d. Wiss., München; 1967/70 korr. Mitgl. Rhein.-Westf. Akad. d. Wiss.; 1979 korr. Mitgl. Heidelberger Akad. d. Wiss.; 1985 korr. Mitgl. Österr. Akad. d. Wiss.

NÖRR, Knut Wolfgang

Dr. jur., o. Prof. f. Röm. Recht, Neuere Privatrechtsgesch., Kirchen- u. Bürgerl. Recht - Forschungsst. f. intern. Privatrechtsgesch., Neue Aula, Wilhelmstr. 7, 7400 Tübingen - Geb. 15. Jan. 1935 München, verh. s. 1966 m. Elisabeth, geb. Kergl, 2 Kd. - Ind.kfm.; Univ. Heidelberg u. München. I. u. II. jur. Staatsex. 1957 u. 63; Promot. 1960; Habil. 1966, sämtl. München - S. 1966 Ord. Univ. Bonn u. Tübingen (1971) - Facharb. Mithrsg.: Ztschr. d. Savigny-Stiftg. f. Rechtsgesch., Wien - Ausw. wiss. Mitgl. Max-Planck-Inst. f. europ. Rechtsgesch., Frankfurt/M.; Mitgl. Board of Directors Inst. of Medieval Canon Law, Berkeley; Vorst.-Mitgl. Deutsch-Ostasiatisches Wissenschaftsforum, Tübingen; 1988 Max Rheinstein Visiting Prof. Univ. of Chicago; 1989 Member Inst. for Advanced Study Princeton.

NOESKE, Klaus

Dr. med., Pathologe, Prof. - Schleswiger Weg 31, 4790 Paderborn (T. 3 31 52) - Geb. 8. April 1934 Wriezen/Oder (Vater: Berthold N., Kaufm.; Mutter: Klara, geb. Reich), ev., gesch., 2 Kd. (Marianne, Heinrich) - Stud. FU Berlin; Fachausb. Kassel, Gießen - S. 1972 Aufbau u. Leit. Path. Inst. - Liebh.: Klavierspiel - Spr.: Engl., Franz., Russ.

NÖSTLINGER, Christine

Schriftstellerin - Ottakringer Str. 167/3/4, A-1160 Wien - Geb. 1936 Wien - Zahlr.

Jugend- u. Kinderb. - 1972 Friedrich-Bödecker-Preis, 1973 Dt. Jugendb.-Preis, 1984 Hans-Christian-Andersen-Preis.

NÖTH, Heinrich

Dr. rer. nat., o. Prof. f. Anorgan. Chemie - Eichleite Nr. 25a, 8022 Grünwald/Obb. (T. München 641 34 61) - Geb. 20. Juni 1928 München - Dipl.-Chem. (1952). Promot. (1954) u. Habil. (1962) München - S. 1962 Lehrtätigk. Univ. München (1965 Ord.), Marburg (1966), München (1969), 1955-56 Research Officer ICI Billingham (Engl.); 1972-74 Vors. Arbeitsgem. Lehrstuhlinh. Unter-r.inst. f. Chem. (ADUC); 1970-76 Mitgl. Engeres Kurat. Fonds d. Chem. Ind.; 1975-83 Vorst.-Mitgl. Ges. dt. Chem.; 1988 Präs. Ges. dt. Chem. Mithrsg.: Ztschr. f. Naturforsch. Reihe B (s. 1972), Journal Organomet. Chemistry u. Chem. Berichte. Zahlr. Fachaufs. - 1974 o. Mitgl. Bayer. Akad. d. Wiss.; 1976 Alfred-Stock-Gedächtnispreis; 1979 Centenary Lectureship Chemical Society, 1980 korr. Mitgl. Akad. Wiss. Göttingen, 1981 Ehrenmitgl. d. Royal Society of Chemistry; 1985 Mitgl. Akad. d. Naturforscher Leopoldina.

NÖTH, Winfried Maximilian

Dr. phil., Prof. f. Anglistik u. Linguistik Univ.-GH Kassel - Auf der Bünte 1, 3500 Kassel (T. 0561 - 6 83 83) - Geb. 12. Sept. 1944 Gerolzhofen (Vater: Dr. phil. Ernst N., Oberstud.dir.; Mutter: Frida, geb. Feldt), ev., verh. s. 1969 m. Ursula, geb. Hartlich, 3 Kd. (Dorothea, Annette, Frithjof) - Abit. 1963 Braunschweig; 1965-69 Stud. Angl., Roman. Univ. Münster, Genf, Lissabon u. Bochum (Promot. 1971, Habil. 1976) - 1969-76 Wiss. Assist. Bochum; 1976-78 Doz. Bochum u. TH Aachen (Lehrstuhlvertr.); 1978 ff. Prof. in Kassel (1981/82 Dekan FB Angl./Roman.; 1985/86 Gastprof. Univ. of Wisconsin, USA) - BV: Strukturen d. Happenings, 1972; Semiotik, 1975; Dynamik semiot. Systeme, 1978; Lit.semiot. Analysen, 1980; Handbuch der Semiotik, 1985.

NOETZEL, Joachim David

Germanist, Schriftst. - Marburger Str. 5, 1000 Berlin 30 (T. 030 - 213 57 36) - Geb. 13. Aug. 1944, jüd., ledig - Obersch.; Stud. German., Gesch., Phil. (Univ. DDR) - Fr. Lektor; Herausg.; leit. Tätigk. im Buchhandel u. im Verlagswesen, fr. Schriftst.; 1973-76 Mitgl. Fr. Dt. Autorenverb.; 1976-88 Bundesverb. Dt. Autoren; 1976 Berliner Autorenvereinigung - BV: D. Gesch. v. Schneemann Naserot u. d. Dackel Naseweiß, 1967; Verpflichtung d. Gewissens, 1980; Spuren u. Strukt., 1982; div. Anthol. s. 1982; List als Mittel z. Widerstand - D. Jude Andreas Biss u. d. Rettung v. 1700 Juden in Dtschl. finsterster Nacht, 1987; ab 1986 Rundfunkportraits üb. Maler (Alice Brasse, Helena Buchholz-Starck) u. d. Komponistin Prof. Grete v. Zieritz; AIDS - E. Krankheit fordert uns (Feature), 1987; Wir brauchen Euch - AIDS u. s. soz. Folgen (3 Teile m. Michael Horst, Ralf v. Bergmann, Egon Scholtyssek), 1987; D. Haus gegenüber - Wir haben AIDS (Feature m. Andre' Schaal, Rainer Rosenstein, Bernd Röhrig, Ferdinand Pütz), 1988; Liebe, ach Liebe - Wir fürchten d. Ächtung u. nicht d. Tod od. D. Grenzenlosigkeit e. tödl. Krankh. (Feature üb. d. Varianten d. Todes b. AIDS m. Alexander Hanid Schoberg) - 1973 u. 1985 Ehrengabe d. Hermann-Sudermann-Stiftg. Berlin - Liebh.: Bücher, Graphiken d. 20. Jh., Lyrik, Theol., Phil., Musik - Spr.: Russ.

NÖTZEL, Klaus

Bankdirektor, Jurist, Vorstandsmitgl. Deutsche Ausgleichsbank, Bonn (s. 1974) - Zanderstr. 39, 5300 Bonn 2 (T. 33 02 58) - Geb. 14. Jan. 1930 Leipzig (Vater: Dipl.-Kfm. Hans N., Fabrikant; Mutter: Grethe, geb. Breiing), ev., verh. s. 1958 m. Marianne, geb. Krapp, 3 Kd. (Christoph, Martin, Carola) - Nicolaisch. Leipzig; 1949-53 Stud. Volksw. u. Rechtswiss. Univ. Bonn. 1. u. 2. jurist. Staatsprüf. - Vorstandsmitgl. Stift. Hilfswerk f. behind. Kinder (s. 1972) - Spr.: Engl.

NOETZLIN, Günther

Dr.-Ing., Direktor - Langehegge 295, 4370 Marl/W. - Geb. 17. März 1918 Wuppertal - S. 1946 Chem. Werke Hüls AG., Marl (b. 1968 stv., dann o. Vorstandsmitgl.). Vorstandsmitgl. Vereinig. Industrielle Kraftwirtschaft u. Rhein.-Westf. Techn. Überwachungsverein. ARsmandate.

NÖTZOLDT, Elsbeth,

geb. Janda

Schauspielerin - Hausackerweg 35, 6900 Heidelberg 1 (T. 06221-2 22 10) - Geb. 27. Dez. 1923 Mannheim, verh. s. 1948 m. Fritz N. - Stud. Musikwiss., Kunstgesch., Phil.; Musikstud. Privatlehrerex. - Fr. Mitarb. b. SDR; Rezitatorin in Solo-Progr., auch in Kurpfälzer Mundart; Sängerin (Chansons) - Herausg. (m. F. Nötzoldt): D. Moritat v. Bänkelsang (M. Majer, Sprecher); Lieder aus d. Ghetto (auch in Holl.); D. lachende Pfälzer; Liselotte v. d. Pfalz, ihr Leben u. ihre Briefe; Lit. d. Pfalz aus 10 Jh. - 1969 BVK - Liebh.: Gesch., Musik, Antiquitäten, Reisen - Spr.: Engl., Franz.

NOGGE, Gunther

Dr. rer. nat., Prof., Direktor d. Kölner Zoos (s. 1981) - Riehler Str. 173, 5000 Köln 60 (T. 0221-76 30 66) - Geb. 10. Jan. 1942, verh. s. 1969 m. Karin, geb. Hempel, Sohn Oliver - Stud. Biol. Univ. Bonn (Dipl.-Biol. 1967, Promot. 1969, Habil. 1978) - 1969-73 Doz. f. Zool. Univ. Kabul/Afghanistan; 1973-81 Wiss. Assist. Univ. Bonn - BV: D. Kölner Zoo, 1985 (m.a.) - 1978 Insect Physiology Prize.

NOHE, Eduard

Dr. agr., Prof. - Am Galgenberg 3, 7440 Nürtingen (T. 07022 - 5 10 38) - Geb. 13. Okt. 1911 Dietlingen (Vater: Gottfried N., Ratschreiber u. Bürgerm.; Mutter: Therese, geb. Dörr), kath., verh. s. 1938 m. Hildegard, geb. Köker, 4 Kd. (Eduard, Sigrid, Heidolf, Bärbl) - LH Hohenheim u. Univ. Berlin. Dipl.-Landw. 1937; Promot. 1940 - 1937-47 Assist. LH Hohenheim, dazw. 1939-44 Wehrdst., 1948-56 Saatzuchtleit. Fa. Dr. h. c. Hans Hege, Hohebuch, s. 1957 Doz. Staatl. Ingenieursch. f. Landbau, jetzt Fachhochsch. Nürtingen (1967-73 Dir. u. Rektor). SPD (s. 1965 Mitgl. Kr.tag Nürtingen u. Esslingen, 1968-80 Stadtrat Nürtingen, s. 1973 Mitgl. Regionalverb. - Vers. Mittl. Neckar) - BV: Getreidevermehrung, 1948; Pflanzl. Produktion, 1971 (m. a.); Feldfutterbau, 1981 (m. a.). Viele Aufs. - Liebh.: Obstbau - Spr.: Franz.

NOHLEN, Heinz

Dr. rer. pol., Geschäftsführer i. R. Niederrh. IHK Duisburg-Wesel-Kleve zu Duisburg (Dezernat: Öfftl. Finanzen, Steuern, Recht), Getreide- u. Warenbörse Rhein-Ruhr, Duisburg-Essen zu Duisburg u. Volks- u. Betriebsw. Vereinig. im rhein.-westf. Ind.gebiet, ebd., ehem. Mitgl. Zulassungsaussch. z. Wirtsch.prüferex. b. Min. f. Wirtsch., Mittelst. u. Verkehr - Trosperdelle 30, 4100 Duisburg 29 (T. 76 36 74) - Geb. 4. Aug. 1914 Dortmund (Vater: Hermann N., Ingenieur; Mutter: Käthe, geb. Römer), ev., verh. s. 1942 m. Annemarie, geb. Haefner, 4 Kd. (Birgit, Manfred, Detlev, Dierk) - Bismarck-Realgymn. Dortmund; Univ. Königsberg/Pr. u. Bonn (Wirtschaftswiss.) - 1965-74 Mitgl. Prüfungsaussch. f. Steuerberater b. Finanzmin. NRW. Oberstlt. d. R. a. D. - Liebh.: Genealogie.

NOHR, Günther

Chefredakteur Meine Geschichte u. Mein Erlebnis - Bismarckstr. 67, 1000 Berlin 12 (T. 030 - 342 40 00) - Geb. 22. Febr. 1942 Hamburg.

NOHSE, Lutz

Dipl.-Ing., gf. Gesellschafter Maschinenbau Gabler GmbH (s. 1962) u. Prof. Gabler Nachf. (s. 1979), beide Lübeck - Hasselbruchweg 16, 2400 Lübeck (T. 0451 - 39 45 41) - Geb. 2. März 1928 Hameln/Weser (Vater: Dr.-Ing. Fritz N.; Mutter: Hertha, geb. Rehbeck), ev., verh. m. Hertha, geb. Müller - 1950-56 TH Hannover (Schiffsmaschinenbau) - BV: Mod. Küsten-Uboote, 1972.

NOLD, Günter

Dr. phil., Prof. f. Didaktik d. engl. Sprache Univ. Göttingen u. PH Ludwigburg - Steinkleestr. 2, 6000 Frankfurt/M. 50 (T. 0611 - 548 17 42) - Geb. 15. März 1942 Mannheim (Vater: Anton N., Oberamtsrat; Mutter: Emilie N.), kath., verh. s. 1970 m. Dr. Friederike Nold-Hauser, 3 Kd. (Marcel, Nadja, Michel) - Abit. 1962 Human. Gymn.; ab 1962 Stud. Phil.-Theol. Hochschule St. Georgen Frankfurt, ab WS 1962/63 Univ. Frankfurt u. Univ. Bristol/Engl. (Theol., Phil., Angl., Politikwiss., Geogr.); 1. Staatsex. 1969, 2. Ex. 1970, Promot. 1973 - 1970-73 Stud.rat; 1973-77 Doz. PH Ludwigsburg; ab 1977 Prof. ebd.; ab 1980 Vertr. e. C4-Prof. f. Didaktik d. engl. Spr. Univ. Göttingen, ab 1981 gleichz. Prof. PH Ludwigsburg. Schulbuchautor - BV: Lehrerhandb., 1982; Wiss. Publik. in Deutschl., Österr., Belgien, Engl., USA - Liebh.: Reisen, Sprachen, handwerkl. Tätigk., Musik, Theol. - Spr.: Latein, Griech., Hebr., Engl., Franz., Ital.

NOLDEN, Wilhelm

Dr. jur., Rechtsanwalt, Aufsichtsratsvors. 3 M Deutschland GmbH., Neuss (s. 1974) u. Special Counsel European Legal Affairs 3 M Europe S. A., Brüssel, Geschäftsf. Kettelhack Riker Pharma GmbH., Borken - Carl-Schurz-Str. 1, 4040 Neuss/Rh.; priv.: Lessingstr. 15 - Geb. 21. Dez. 1913 - Gr. jurist. Staatsprüf. - Geschäftsf. Minnesota Mining & Manufacturing Comp. GmbH., Düsseldorf; 1970-74 Generaldir. 3 M Dtschl., ebd.

NOLL, Josef B.

Dipl.-Kfm., Direktor, stv. Vorstandsvorsitzer Nürnberger Bund Großeinkauf eG., Essen - Küppersheide 21, 4300 Essen 1 - Geb. 29. Jan. 1915.

NOLL, Lothar

Dipl.-Kfm., gf. Vorstandsmitglied Verband TEGEWA/Verb. d. Textilhilfsmittel-, Gerbstoff- u. Waschrohstoff-Ind. - Karlstr. 21, 6000 Frankfurt/M. (T. 255 63 40); priv.: Waldblickstr. 13, 6200 Wiesbaden (Medenbach) - Geb. 23. April 1936 Wiesbaden.

NOLL, Werner

Dr. rer. pol., o. Prof. Univ. Würzburg - Anne-Frank-Str. 11, 8700 Würzburg (T. 0931 - 7 23 74) - Geb. 4. Aug. 1931 Gieselwerder/Oberweser, verh. s. 1955 m. Anneliese, geb. Bütefür, 2 Kd. (Barbara, Ulrich) - Dipl.-Volksw. 1954, Promot. 1958, Habil. 1966, alles Göttingen - Lehrtätigk. Göttingen, Kiel, Heidelberg, Würzburg. Mitgl. wiss. Beirat Ges. f. öfftl. Wirtsch. u. Gemeinwirtsch. Stadtrat - BV: Volkswirtschaftl. Auswirk. e. kostensparenden techn. Fortschritts, 1967; Finanzwiss., 1979.

NOLL-WIEMANN, Renate

Dr. phil., Prof. f. Engl. Philologie Univ. Göttingen - Siburgstr. 25, 3110 Uelzen (T. 0581 - 7 38 06) - Geb. 23. Jan. 1939 Berlin (Vater: Siegfried W., Oberstudienrat; Mutter: Käthe, geb. Wellmer), ev., verh. s. 1971 m. Hermann N., Studiendir., T. Susanne - 1959-65 Stud. Angl., German. Univ. Hamburg, Innsbruck u. Marburg; Staatsex. 1965 Marburg, Promot 1969, Habil. 1974 ebd. - 1965-72 wiss. Angest. Dt. Sprachatlas Marburg; 1976-83 wiss. Assist. Univ. Wuppertal; ab 1983 Prof. Göttingen - BV: D. Erzählstruktur im Volksb. Fortunatus, 1970; D. Künstler im engl. Roman d. 19. Jh., 1977. Herausg.: Reihe Dt. Volksb. in Faksimiledrucken (1970ff.; bisher 13 Bde.).

NOLLAU, Günter

Dr. rer. nat., Geologe, apl. Prof. Univ. Erlangen-Nürnberg (s. 1977) - Platenstr. 7, 8520 Erlangen.

NOLLAU, Günther

Dr. jur. utr., Präsident Bundesamt f. Verfassungsschutz (1972-75) - 8172 Lenggries/Oberbayern - Geb. 4. Juni 1911 Leipzig (Vater: Arthur/Max N.; Mutter: Gertrud, geb. Puff), ev., verh. s. 1942 m. Irmgard, geb. Zimmermann, 3 Töcht. (Sabine, Franziska, Sibylle) - Realgymn. Dresden-Blasewitz; Univ. Innsbruck, München, Leipzig, Wien. Bde. jurist. Staatsex. - 1941-50 Rechtsanwalt Dresden u. Krakau; s. 1950 Bundesamt f. Verfassungsschutz (zul. Präs.) u. Bundesinnenmin. (zul. Min.-Dir. u. Leit. Abt. Öfftl. Sicherheit) - BV: D. Internationale, 2. A. 1961 (engl. u. amerik. 1963, span. 1964, korean. 1965); Rote Spuren im Orient, 1963 (engl. u. amerik. (Russia's South Flank) 1964); Zerfall d. Weltkommunismus, 1963; Wie sicher ist d. Bundesrep.?, 1976; D. Amt, 1978; Gestapo ruft Moskau, 1979. Mitarb.: Fernsehsp. WDR: Zwietracht unt. Roten Fahnen, D. sog. DDR - Liebh.: Bergsteigen, Skilaufen - Spr.: Engl., Franz.

NOLLER, Gerhard

Dr. theol., Studienprof. i. R., Pfarrer - Nördlinger Str. 27, 7410 Reutlingen (T. 16 12 39) - Geb. 18. Juni 1922 Langenburg, ev., verh., 3 Kd. - Gymn. Stuttgart, Ev.-theol. Sem. Maulbronn u. Blaubeuren (Abit. 1940); 1940-48 Kriegsdst. u. Gefangensch. (1945); Stud. Theol. Ev.-theol. Schule f. dt. Kriegsgef. Camp Norton/Engl. (1946-48) u. Univ. Tübingen (1948-51). Promot. 1960 Tübingen - 1951-54 Vikar u. Pfarrverweser Ebersbach/Fils u. Schwäb. Hall; s. 1954 Religionslehrer Theodor-Heuss-Sch. Reutlingen; s. 1967 Studienprof. u. Fachberater Ev. Religionslehre; 1962-80 Stadtratsmitgl. Reutlingen; 1965ff. MdK ebd.; 1968-80 MdL Baden-Württ. 1970-82 Mitgl. Rundfunkrat SWF (stellv. Vors.) - BV: Sein u. Existenz, 1963; D. Veränd. d. SPD (1977). Hrsg.: Heidegger u. d. Theol. (1967) - 1974 BVK a. Bd., 1978 BVK I. Kl.

NOLTE, Angela

Dr. rer. nat., Prof., Zoologin - Einsteinstr. 8, 4400 Münster/W. (T. 2 22 49) - Geb. 6. März 1922 Wambeln - S. 1953 (Habil.) Privatdoz. u. apl. Prof. (1959) Univ. Münster (1962 Wiss. Rätin u. Prof., 1967 Wiss. Abt.svorsteherin u. Prof. Zool. Inst., Prof. C 4: 1980). Fachveröff.

NOLTE, Eberhard

Dr. rer. pol., Dipl.-Kfm., Kaufmann, 1. Vors. Verb. Dt. Buch-, Zeitungs- u. - Zeitschriften-Grossisten - Zu erreichen üb. Classen-Kappelmann-Str. 24, 5000 Köln 41.

NOLTE, Eckhard

Dr. phil., o. Prof. f. Musikpädagogik Univ. München - Allinger Str. 81, 8039 Puchheim (T. 089 - 80 45 77) - Geb. 9. Sept. 1943, verh. m. Dagmar, geb. v. Storp, Apothekerin, 2 Kd. (Alexander,

NOLTE, Ernst
Dr. phil., o. Prof. f. Neuere Geschichte - Zu erreichen üb. Friedrich-Meinecke-Inst., Habelschwerdter Allee 45, 1000 Berlin 33 - Geb. 11. Jan. 1923 Witten/Ruhr (Vater: Heinrich N., Rektor; Mutter: Anna, geb. Bruns), kath., verh. s. 1956 m. Annedore, geb. Mortier, 2 Kd. (Georg, Dorothee) - Univ. Münster, Berlin, Freiburg (Phil., Philol.). Promot. 1952 Freiburg; Habil. 1964 Köln - 1953-64 Höh. Schuldst.; s. 1965 Ord. Univ. Marburg u. Berlin/Freie (1973). 1985 Hanns Martin Schleyer-Preis. - Spez. Arbeitsgeb.: Dt. Parteien, ital. Gesch. s. 1870, intern. Faschismus - BV: D. Faschismus in s. Epoche, 1963 (auch amerik., engl., ital., span., franz. Ausg.); D. faschist. Bewegungen, 1966 (dtv-Taschenb.; auch schwed., franz., ital., japan. Ausg.), NA. (Leinen) 1968 (unt. d. Titel: D. Krise d. liberalen Systems u. d. faschist. Bewegungen); Sinn u. Widersinn d. Demokratisierung in d. Univ., 1968; Dtschld. u. d. Kalte Krieg, 1974; Marxismus - Faschismus - Kalter Krieg, 1974 (2. A. 1985); Was ist bürgerlich?, 1979; Marxismus u. Industr. Revolution, 1983; D. Europäische Bürgerkrieg 1917-45. Nationalsozialismus u. Bolschewismus, 1987; D. Vergehen d. Vergangenheit. Antwort auf meine Kritiker im sogenannten Historikerstreit, 1987, 2. erw. A. 1988 - 1973-77 (Austr.) PEN-Zentrum BRD - Spr.: Engl., Franz., Ital., Span.

NOLTE, Hans
Textilingenieur, MdL Hessen (s. 1970) - Nr 77, 6405 Eichenzell 9 - Geb. 16. Aug. 1929 Breitenbach Kr. Worbus, kath., verh., 2 Kd. - Schulen Kerzell u. Fulda; Volontär; Ing.ch. Krefeld (Ex. 1954) - MdK Fulda (Fraktionsf.) CDU (Kreisvors. Fulda-Land).

NOLTE, Hans-Heinrich
Dr., Prof. f. Geschichte Univ. Hannover - Hist. Seminar, Schneiderberg 50, 3000 Hannover - Geb. 24. Mai 1938 Ulm (Vater: Heinrich N., Oberst; Mutter: Margret, geb. v. Schilgen, Lehrerin), verh. s. 1985 m. Dr. Christiane, geb. Kaiser, 4 Kd. (Insa, Christian, Heinrich, Jakob) - Staatsex. 1964, Promot. 1968, Habil. 1974 - 1960/61 Bundesvors. Liberaler Studentenbd.; 1980 Ltg. Sekt. Hannover Dt. Ges. f. Osteuropakd. - BV: Relig. Toleranz in Rußl., 1969; Dt. Gesch. im sowj. Schulb., 1972; Drang nach Osten, 1976; Gruppeninteressen u. Außenpolitik. D. Sowjetunion, 1979; D. e. Welt. Abriß d. Gesch. d. intern. Systems, 1982 (Teilübers. engl.); zus. m. Bruder Wilhelm Nolte: Ziviler Widerstand u. Autonome Abwehr, 1984; Patronage u. Klientel, 1989. Herausg. d. Reihe: Z. Kritik d. Geschichtsschreibung Bd. 1ff. 1981ff. - Spr.: Latein, Griech., Mittelhochdeutsch, Engl., Russ. - Liebh.: Garten, Wandern.

NOLTE, Jost
Journalist, Literaturkritiker - Reinbeker Weg 75 A, 2050 Hamburg 80 - Geb. 29. Aug. 1927 Kiel (Vater: Wilhelm N., Gymnasiallehrer; Mutter: Erika, geb. Wätjen), verh. m. Irmgard, geb. Riege - Ab 1947 Regieassist. u. Dramat. Thalia-Theater Hamburg, 1953-57 Mitarb. Bergedörfer Ztg., 1957-71 Redakt. Die Welt d. Lit. u. 1972/73 Die Zeit, dann freiberufl., 1981 Redakt. b. NDR in Hamburg - BV: Grenzgänge - Berichte üb. Lit., 1972; Eva Krohn, 1976; Schädliche Neigungen, 1978; Es ist D. Zeichen, Anna - Briefe, 1982; Kollaps d. Moderne - Traktat üb. d. letzten Bilder, 1989 -

1968 Theodor-Wolff-Preis (f. Theater in d. Stunde d. Protests, Die Welt v. 31. Mai 1968); Mitgl. PEN-Zentrum BRD.

NOLTE, Margarethe

Schriftstellerin - Mühlenbergstr. 47, 5760 Arnsberg 1 (T. 02932 - 3 43 57) - Geb. 27. Juli 1934 Arnsberg, ledig - 1980-83 Gaststud. f. Erziehungs- u. Sozialwiss. Fernuniv. Hagen, Dipl. f. Lit. 1982 Univ. Salsomaggiore, Ital. - 1955-60 kaufm. Angest. Hagen; 1969-74 Chemielaborantin Hamburg; 1977-78 Altenpflegerin Dortmund; 1978-85 Nachtschwester Arnsberg; 1986-88 Erzieherin Arnsberg; 1986-90 Erzieherin Arnsberg - BV: D. Sohn d. Mörders meines Vaters, 1967; Alltagstheorien, 1984; Atlanta, d. letzte Königin v. Atlantis, 1987 - Liebh.: Schreiben, Lesen, Reisen, Autofahren - Spr.: Engl., Franz., Span., Lat., Ital., Griech., Portug., Afrikan., Niederl., Schwed., Russ.

NOLTE, Wolfgang
Dr., Prof. f. Math. TU Darmstadt - Am Geiersberg Nr. 6c, 6114 Groß Umstadt (T. 06078 - 35 41) - Geb. 4. Dez. 1934 Barsinghausen (Vater: Wilhelm N., kaufm. Angest.; Mutter: Irmgard, geb. Blume), ev., verh. s. 1968 m. Christiane, geb. Hergt, 3 Kd. (Gabriele, Kerstin, Martin) - Stud. TH Hannover.

NOLTEIN, von, Erich

Dr. jur., Rechtsanwalt - Bauerstr. 10/1, 8000 München 40 (T. 089 - 271 30 62) - Geb. 24. Juli 1924 Libau/Lettl., ev., verh. s. 1955 m. Ingeborg, geb. Konrad, T. Andrea - Jura-Stud. Univ. Posen u. München; 1. u. 2. jur. Staatsex. 1948 u. 52, Promot. 1959; Staatsprüf. Dolmetscher u. Übers. f. d. russ. Spr., Fachricht. Wirtsch., 1955, alles München - S. 1958 Rechtsanw. - Liebh.: Gesch. d. balt. Länder - Spr.: Russ., Lett. - Bek. Vorf.: Georg v. Noltein, Prof. f. Ingenieurwiss., Hochschulpäd. in Moskau u. Riga, Innovator d. russ. Eisenbahnwesens, Dr. h.c. Univ. Riga 1924 (Großv.).

NOLTEMEIER, Hartmut
Dr. rer. nat., o. Prof. f. Informatik -

Schlesierstr. 34, 8700 Würzburg - Abit. 1959; Stud. Math., Phys. u. Phil. Univ. Göttingen u. München; Promot. (Math.) u. Habil. (Informat., Operat. Res.) TH Karlsruhe - Ind.tätigk. s. 1971 o. Prof. Univ. Göttingen, Leit. e. Rechenzentr., s. 1978 o. Prof. TH Aachen, Rufe Univ. Berlin (TU) u. Frankfurt, Lehrst.vertr. TH Karlsruhe, Gastprof. Univ. Würzburg, s. 1982 o. Prof. Univ. Würzburg. Autor zahlr. Bücher u. Mithrsg. wiss. Ztschr.

NOLTENIUS, Rainer

Dr., Privatdozent, Leiter d. Fritz Hüser-Instituts f. dt. u. ausl. Arbeiterliteratur Dortmund (s. 1979) - Zu erreichen üb. Fritz Hüser-Inst. f. Arbeiterliteratur, Ostenhellweg 56-58, 4600 Dortmund 1 (T. 0231 - 542 - 2 32 27) - Geb. 16. Dez. 1938 Erfurt (Vater: Jan N., Dipl.-Ing., Architekt; Mutter: Hella, geb. Bruns) - Stud. Deutsch, Gesch., Kunstgesch. Univ. Göttingen, München, Zürich u. Mainz. Staatsex. 1966, Promot. 1968 Mainz, Habil. 1980 Freiburg - 1969-84 Hochschull. f. neuere dt. Lit.-Gesch. Freiburg/Br.; s. 1984 Privatdoz. Univ. Dortmund - BV: Hofmannsthal-Schröder-Schnitzler. Möglichk. u. Grenzen d. mod. Aphorismus, 1969; Projektstud. - Projektunterr. German. u. Dtschunterr. als Handlungsforsch., 1977; Dichterfeiern in Dtschl. - Rezeptionsgesch. als Sozialgesch., 1984; Alltag, Traum u. Utopie. Lesegesch. - Lebensgesch., 1988. Forsch. u. Veröff. z. Lit.soziol. u. Sozialpsych. d. Rezeption v. Lit. u. Medien, Arbeiterkultur u. -Lit. d. 19. u. 20. Jh. Herausg. d. Schriftenr.: Forschungen z. Arbeiterlit. - 1970 Joh.-Gutenberg-Preis.

NOLTING, Rolf
Architekt, Oberbürgermeister Stadt Wolfsburg, Vors. nieders. Städteverb. - Luisenstr. 13, 3180 Wolfsburg 11 (T. 7 32 33) - Geb. 10. Dez. 1926 Bochum (Vater: Heinrich N., Wiegemeister; Mutter: Margarete, geb. Ernesti), verh. s. 1950 m. Anneliese, geb. Ehlers, 3 Kd. (dar. 2 S.) - 1937-43 Mittelsch. Vorsfeld (Mittl. Reife); 1948-50 Staatsbausch. Holzminden (Ing. f. Hochbau) - Arbeits- u. Kriegsdst. (1944 schwerverwundet; r. Oberschenkel amputiert); s. 1950 fr. Arch. 1960ff. Ratsherr Vorsfelde bzw. Wolfsburg; 1964ff. MdK Helmstedt (1968-72 Landrat); 1967-74 MdL Nieders. Vors. Nds. Städteverb., Hannover. CDU s. 1960, s. 1976 Oberbgm. Stadt Wolfsburg.

NOLTING-HAUFF, Ilse
Dr. phil., o. Prof. f. Roman. Philologie - Buchauer Str. 13, 8000 München 71 - Geb. 28. April 1933 Bremen - Habil. Bonn - 1965 Privatdoz. Univ. Bonn; 1966 Ord. Univ. Bochum, 1975 Ord. Univ. München. Fachbr.

NOLZEN, Karl-Heinz
Geschäftsführer, MdL Nordrh.-Westf. (s. 1970) - An d. Hütte 40, 5800 Hagen-Haspe (T. 4 91 53) - Geb. 3. Sept. 1926 Haspe, verh., 1 Kd. - Volksch.; kaufm. Lehre - Industriekfm. Ratsherr Hagen (1964 Fraktionsgeschäftsf., 1969 -vors.). SPD s. 1949.

NONHOFF, Dieter
Dipl.-Kfm., Vorstandsmitglied Münchener Rückversich.-Ges. - Königinstr. 107, 8000 München 40 - Geb. 20. März 1934 - AR-Mitgl. Münchener Lebensversich. AG, München, Beiratsmitgl. CONCORDIA Lebensversich. AG, Hannover, u. Mecklenburg. Lebenversich. AG, Hannover.

NONNEMANN, Heimfrid
Dr. med., Prof., Chirurg (Chefarzt) FU Berlin (Chir.) - Im Dol 50, 1000 Berlin 33 - Geb. 24. Nov. 1933 Stettin (Vater: Heimfried N., Jurist, im II. Weltkr. gef.; Mutter: Hannemarthe, geb. Freise) - Univ. Marburg, Wien, Berlin, Paris, Heidelberg (Med. Staatsex. 1958). Promot. 1958 Heidelberg (Diss. üb. angeb. Speiseröhrenmißbild.) - S. 1965 Chirurg (1965-66 Äthiopien, 1966-67 Vietnam (I. Chefarzt Hospitalschiff Helgoland)) - BV: Wir fragten nicht, woher sie kamen - Arzt in Vietnam, 1968 (franz. Ausg. 1969). Fachaufs. (Unfallchir., Med. Entwicklungshilfe) - 1966 VO. I. Kl. Rep. Vietnam, 1967 Ehrenorden I. Kl. Vietnam; 1967 DRK-Ehrenz. - Spr.: Franz., Engl. - Bek. Vorf.: Prof. Friedrich N., Altphilologe (1857-1934).

NOPPEN, Rudi
Dr.-Ing., Prof., Vorstandsmitglied Dr. Ing. h.c. F. Porsche AG. (1983 ff.) - Porschestr. 42, 7000 Stuttgart 40 - Geb. 1943.

NORDEMANN, Wilhelm
Dr. jur., Prof., Rechtsanwalt u. Notar - Uhlandstr. 173/74, 1000 Berlin 15 - Geb. 8. Jan. 1934 Halle/S. (Vater: Wilhelm N., Oberregierungsrat; Mutter: Marianne, geb. Karsch), ev., verh. s. 1962 m. Helga, geb. Eckhorn, 5 Kd. (Axel, Jan-Bernd, Anke, Wiebke, Hans-Joachim) - Artland-Gymn. Quakenbrück (Abit. 1954); Univ. Göttingen u. Tübingen. Jurist. Staatsex. 1958 (Celle) u. 73 (Berlin); Promot. 1960 (Göttingen) - Justitiar Dramatiker-Union, Komponisten-Verb., VG. Bild-Kunst. 1972 Hon.-Prof. FU Berlin (Gewerbl. Rechtsschutz u. Urheberrecht) - BV: D. Reichweite d. Grundrechtsgarantien, 1960; Kommentar Urheberrecht, 1966; Lehrb. Wettbewerbsrecht, 1971; Komm. Intern. Urheberrecht, 1977 (franz. Ausg. 1982, engl. Ausg. 1989) - Liebh.: Musik, Briefm. - Rettungsschwimmer - Spr.: Engl., Franz.

NORDEN, van, Günther
Dr. phil., o. Prof. f. Neuere Geschichte - Mühle 122, 5600 Wuppertal-Ronsdorf - Geb. 24. Okt. 1928 Köln (Vater: Dr. Heinz van N., Kaufm.; Mutter: Elisabeth, geb. Kramer), ev., verh. s. 1956 m. Marianne, geb. Ossig, 3 Söhne (Jörg, Jens, Jochen) - Stud. Gesch. u. German. Univ. Köln (Staatsex. 1955, Promot. 1956) - 1960 Studienrat; s. 1961 Doz. u. Prof. (1965) PH Wuppertal bzw. Bergische Univ.-Gesamthochsch. Wuppertal. Vors. Aussch. f. Kirchl. Zeitgesch. d. Ev. Kirche im Rheinl. - BV: Kirche in d. Krise, 1963; D. deutsche Protestantismus i. Jahr d. nationalsoz. Machtergreif., 1979; Ev. Frauen im Dritten Reich, 1979; Dokumente u. Berichte aus d. III. Reich, 6. A. 1980; D. III. Reich im Unterricht, 4. A. 1981; Kirchenkampf im Rheinland, 1984. Herausg.: Zwischen Bekenntnis u. Anpassung. Aufs. z. Kirchenkampf (1985). Mithrsg.: Wir verwerfen d. falsche Lehre (1984); Tut um Gottes willen etwas Tapferes! Karl Immer in Kirchenkampf (1989).

NORDENSKJÖLD, von, Fritjof
Gesandter an der Botschaft d. Bundesrep. Deutschl. in Paris - Zu erreichen üb. Dt. Botschaft Paris, Postf. 15 00, 5300 Bonn 1 - Geb. 23. Dez. 1938.

NORDHEIM, von, Eckhard
Dr. theol., Prof., Oberkirchenrat - Justus-Liebig-Str. 3, 6115 Münster b. Dieburg (T. 06071-3 60 80) - Geb. 20. Mai

1942 Wittenberg (Vater: Erich N., Steuerrat; Mutter: Hiltrud, geb. Zänglein), ev., verh. s. 1967 m. Ingrid, geb. Groneberg, 2 Kd. (Micha, Miriam) - Human. Gymn.; Stud. ev. Theol., Promot. 1973 München - 1974-80 Doz. u. Prof. auf Zeit f. Altes Testament Univ. Gießen, s. 1981 Oberkirchenrat, 1983 Hon.-Prof., s. 1984 ev. Vors. Dt. Koordinierungsrat d. Ges. f. Christl.-Jüd. Zusammenarb. in d. BRD u. Berlin/W. - BV: (Zus. m. H May) Jesus v. Nazareth, 1974 (Lehrbuch); D. Lehre d. Alten, I: D. Testament als Lit.gatt. im Judent. d. hellenist.-röm. Zeit, 1980; D. Lehre d. Alten, II: D. Testament als Lit.gatt. im Alten Testament u. im Alten Vorderen Orient, 1985 - 1988 Hedwig-Burgheim-Med. d. Stadt Gießen - Liebh.: Archäol. d. Vord. Orients, Judentum - Spr.: Engl., Franz. - Bek. Vorf.: Friedr. August v. N., Bildhauer (Urgroßvater).

NORDHUES, Paul
Dr. theol., Weihbischof - Dompl. 12, 4790 Paderborn/W. (T. 20 72 41) - Geb. 8. Febr. 1915 Dortmund (Vater: Franz N., Rechtsbeistand; Mutter: Maria, geb. Feuerstein), kath. - Hum. Gymn. Bismarck-Realgymn. Dortmund; Stud. Phil. u. Theol. Paderborn u. Würzburg. Promot. 1956 - 1945-52 Vikar, 1952-57 Subregens Paderborn, 1957-61 Regens Huysburg b. Halberstadt, s. 1961 Weihbischof Paderborn - BV: D. Kirchenbegriff d. L. de Thomassin, 1958.

NORDMEYER, Kurt

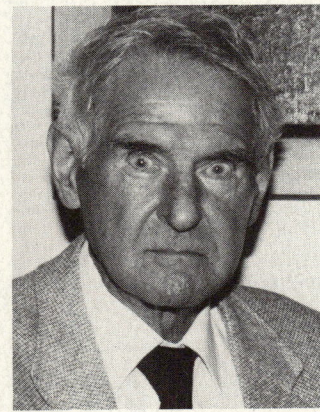

Dr. med. (habil.), Prof., Gynäkologe - Am Ruhrstein 51, 4300 Essen-Bredeney - Geb. 23. Mai 1907 Benrath (Vater: Pfarrer), ev., verh. s. 1936 m. Gerda, geb. Borgmann, 3 Kd. (Inge, Andreas, Ute) - 1932-50 Assistenz- u. Oberarzt (1944) Univ.-Frauenklinik Freiburg/Br. u. Göttingen (1934; 1938 Privatdoz., 1944 apl. Prof.), 1950-63 Chefarzt Frauenklinik Rudolf-Virchow-Krkhs. Berlin (zugl. apl. Prof. FU) u. Städt. Krankenanstalten Essen (1954), ab 1963 Ord. u. Klinikdir. Univ. Münster u. Bochum, 1963-73 Klinikdir. Klinikum Essen. 1961ff. Vors. Studienges. f. prakt. Psych., Köln - BV: Lehrb. d. Geburtshilfe (m. H. Martius u. W. Bickenbach), 1946; Frauenkd., 1949. Zahlr. Fachaufs. - Liebh.: Bild. Kunst.

NORIS, Günter
Pianist, Komponist, Bandleader - Theresia-von-Wüllenweber-Str. 16, 5014 Kerpen-Horrem (T. 02273 - 48 81) - Geb. 5. Juni 1935 Bad Kissingen, kath. - 1954-58 Bayer. Staatskonserv. f. Musik Würzburg (Klavier u. Kompos.-Lehre) - 1958-60 Jazzpianist Helmut Brandt-Combo, s. 1961 Arrangeur u. Dirig. b. RIAS Berlin, s. 1961 Schallpl. (Noris-Sound), s. 1966 weltweit Tourneen (u.a. m. Hildegard Knef), s. 1971 Gründ. Big Band d. Bundeswehr (1972 Olymp. Spiele München, 1974 Fußball-Weltmeistersch. offiz. Orch.), 1983 Gründ. e. eig. Big Band (Günter Noris Big Band), zahlr. Auftritte im Fernsehen, b. Sommerfest d. Bundeskanzlers in Bonn usw. - 1976 Gold. Schallpl. Japan, gold. Mikrophon; 1978 Premio Maritim Spanien; 1979 Dt. Schallpl.-Preis f. Tanzpl. d. Jahres, gold. Ehrenmed. d. Dt. Krebshilfe f. zahlr. Wohltätig.-Konz.; 1980 gold. Taktstock - Gold. Ehrennadel d. ADTV, 1984 BVK; 1987 Gold. Schallpl. Dtschl.; 1988 Musik-Star d. ADTV - Liebh.: Antiquitäten, japan. Küche - Spr.: Engl., Franz.

NORIS, Heinz
Dipl.-Ing., Dr.-Ing. E. h., Architekt - Harthauser Str. 64, 8000 München 90 (T. 64 52 46) - Geb. 15. Dez. 1909 München - Gymn. Augsburg; TH München (Arch.; Dipl.-Ing. 1936) - S. 1939 Held & Francke Bau-AG., München (b. 1972 Vorstandsmitgl., dann ARsvors.). 1974 ARsvors. Bayer. Hypothekenu. Wechsel-Bank. Div. Ehrenstell., u. a. Präs. IHK München (1963-71), Bayer. Bauind.-Verb. (1959 ff.), Vizepräs. DIHT Bonn (1968-72). Versch. Mandate - 1975 Ehrendoktor TU München.

NORMANN, F. E.
s. Eckhardt, Fritz

NORTH, Gottfried
Postdirektor a. D., zuletzt Leiter Bundespostmuseum - Ebelstr. 17, 6300 Gießen - Geb. 18. Jan. 1920 Gießen - BV: D. Post - ihre Gesch. in Wort u. Bild, 1988. Zahlr. Veröff. z. Gesch. d. Post- u. Fernmeldewesens.

NORTHEMANN, Wolfgang
o. Univ.-Prof. f. Fachdidaktik Sozialkd. TU Berlin (s. 1980) - Joachim-Friedrich-Str. 4, 1000 Berlin 31 (T. 030 - 892 81 54) - Geb. 24. Nov. 1927 Berlin, ev., verh. s. 1965 m. Bianka, geb. von Raschkauw - 1949-54 FU Berlin; 1. u. 2. Staatsprüf. - 1963/64 wiss. Assist. u. 1964 Hochschuldoz., 1971 Prof., 1973 o. Prof. alles PH Berlin - BV: Geplante Information (m. Gunter Otto), 1969; Politischgesellschaftl. Unterr. i. d. Bundesrep., 1978.

NORTMANN, Joachim
Prof., Bankier, Präs. Institut f. Betriebsund Finanzwirtsch. (s. 1964), gf. Gesellsch. Wirtsch.förderungsinst. Wiesbaden (s. 1978) - Hans-Bredow-Str. 38, 6200 Wiesbaden (T. 06121 - 70 22 16) - Geb. 19. Sept. 1919 Berlin (Vater: Robert N., Generaldir.; Mutter: Charlotte, geb. Hirschmann), ev. - Gymn.; Gf. Ges. Nortmann'sche Vermögensverw. u. Garantieges.; 1953 bis 1960 Privatbankier; 1960-64 Vorst.-Vors. e. Aktienbank. Vorst.-Mitgl. Aktionsgemeinsch. Wirtschaftl. Mittelstand. Aussch.-Vors. Finanzstruktur Mittelständ. Unternehmer, 1971-73 Präs. Dt. Seglerbund. S. 1976 Vorst.-Mitgl. Vereinig. mittelständ. Unternehmer e. V., s 1982 stv. Vors. Mittelstand in d. Medien e.V. - BV: Klein- u. Mittelbetriebe gleich Bruchbetriebe?, 1975; Klein- u. Mittelbetriebe - Kellerkinder d. Wirtsch., 1976; D. geschröpfte Mittelstand, 1978. Zahlr. Fachveröff. in Tagesztg. u. Fachztschr. in 38 Ländern - Liebh.: Segeln.

NOSBÜSCH, Johannes
Dr. phil., Prof. f. Philosophie Erziehungswiss. Hochsch. Rhld.-Pf., Abt. Landau - Scharfeneckstr. 5, 6740 Landau/Pf. 14 (T. 6 07 94).

NOSS, Willi
Licencié en Droit, Ltd. Oberstaatsanwalt, Chef d. Staatsanwaltschaft Saarbrücken (s. 1985) - Charlottenstr. 8, 6600 Saarbrücken (T. 0681 - 58 11 66) - Geb. 15. Dez. 1924 St. Wendel/Saar, kath. - verh. s. 1954 m. Ruth, geb. Kliebenstein (Buchhändlerin), S. Christian - Stud. Univ. Saarbrücken (Jurisprudenz u. Kriminol.); Licence en Droit 1953, Diplôme des Etudes supérieures 1954, Dipl. d. Kriminol. 1956, 1. u. 2. jur. Staatsex. 1957 u. 1961 - 1953-61 Assist. Kriminol. Inst. Univ. d. Saarlandes; nebenamtl. Doz. f. Recht bzw. Strafrecht d. Staatl. anerk. Wirtschaftsakad. Blieskastel/Saar u. FH f. Verw. Saarbrücken. S. 1975 Vors. Landesarbeitskr. Christl.-Demokrat. Juristen.

NOSSEK, Robert
Dr. rer. nat., Prof. f. Physik i. R. (Didaktik u. Methodik d. Physikunterr.) Päd. Hochschule Karlsruhe - Wilhelm-Kolb-Str. 3d, 7500 Karlsruhe (T. 7 16 30) - Geb. 17. Febr. 1915 Gurahumora (Rumän.) - S. 1959 (Habil.) Privatdoz. Bergakad. Clausthal u. TH bzw. Univ. Karlsruhe (1965; 1968 apl. Prof. f. Physik). Fachaufs.

NOSTITZ, von, Siegfried
Dr. rer. nat., Generalkonsul a. D. - 8036 Widdersberg, Post Herrsching/Ammersee - Geb. 6. Nov. 1905 Hannover (Vater: Egon v. N., Offz.; Mutter: Henriette, geb. v. Mertens), verh. 1934 m. Gisela, geb. v. Dörnberg, 2 Kd. (Dagmar, Wolfgang) - Gymn.; 1923-27 Stud. Rechtswiss., 1945-49 Naturwiss. U. jurist. Staatsprüf. 1934-70 AA Berlin (Auslandsposten: 1935 Attache New York, 1939 Legationsrat) bzw. Bonn (1954 Botschaftsrat Ankara, 1960 Generalkonsul Algier, 1963 San Franzisko) - BV: D. Vernichtung d. Roten Mannes - Dokumentarbericht, 1970; Alger. Tageb. 1960-62, 1971; Rina Levinson: Ged. aus d. Russ. übertragen, 1986 - 1969 Gr. BVK.

NOSTITZ-RIENECK, Graf von, Leopold
Dipl.-Ing., stv. Geschäftsführer Normenausschuß Heiz- u. Raumlufttechnik im DIN - Burggrafenstr. 6, 1000 Berlin 30 (T. 030 - 26 01-3 51) - Techn. Sekr. AFECOR, Europ. Verb. d. Reglerind.

NOSTITZ-WALLWITZ, von, Oswalt
Schriftsteller - Hirtenstr. 5, 8139 Bernried/Obb. (T. Tutzing 81 84) - Geb. 4. April 1908 Dresden (Vater: Alfred v. N.-W., kgl. sächs. Staatsmin.; Mutter: Helene, geb. v. Beneckendorff u. v. Hindenburg), kath., verh. in 2. Ehe (1944) m. Maria, geb. Freiin v. d. Bottlenberg, 7 Kd. (Christiane, Veronika, Manfred, Felicitas, Manuela, Sophie-Renata, Anima) - Gymn. Schloß Salem; Stud. Rechtswiss. Beide Staatsprüf. 1931 u. 36 Berlin - 1937-45 Ausw. Dienst (Legationssekr.); 1958-73 Euratom u. EG-Kommiss. (Übers.). 1978-83 Vors. Bundesverb. Dt. Autoren - BV: Georges Bernanos - Leben u. Werk, 1951; Präsenzen - Krit. Beitr. z. europ. Geistesgesch., 1967; E. Preuße im Umbruch d. Zeit - Hans Schwarz, 1980. Mitverf., Herausg. u. Übers. - Mitgl. Ehrenrat Hugo-v.-Hofmannsthal-Ges. (1968) u. Willibald-Pirkheimer-Kurat. (1970) - Spr.: Franz., Engl., Ital. - Bek. Vorf.: Alexander Suworow (Urururgroßv.); Fürst Georg Herbert zu Münster (Urgroßv.); Paul v. Hindenburg, Reichspräs. (Großonkel).

NOTH, Johann-Peter
Rechtsanwalt, Geschäftsf. Ges. z. Förderung d. Heizungs- u. Klimatechnik mbH - Verbindungsstr. 15-19, 4010 Hilden - Geb. 5. Aug. 1934 - Geschäftsf. Güteschutzgemeinschaft Verkehrszeichen, Verb. Hersteller v. gewerbl. Geschirrspülmasch., Fachabt. Gas-Wasserheizer, Gas-Spezialheizkessel, Fachabt. Fleischerei-, Koch- u. Räucheranl. im Fachverb. HKI, Industrieverb. Verkehrszeichen, Vereinig. Dt. Sanitärwirtsch.

NOTHHARDT, Baldur
Dr., Landrat - Stadtring 94, 6120 Michelstadt (T. 06062 - 70-2 02) - Geb. 8. Mai 1934 Mannheim, ev., verh. s. 1978 m. Theodora, geb. Kourela.

NOTHHELFER, Norbert
Dr. jur., Landrat, Regierungspräs. Südbaden (s. 1979), MdB s. 1976; Wahlkr. 188) - Klemmeberg 34, 7822 Häusern (T. 07672 - 26 86) - Geb. 13. Juli 1937 Säckingen (Vater: Hans N., Justizrat; Mutter: Gertrud, geb. Wahl), kath., verh. s. 1969 m. Dorothee, geb. Schmid, 3 Kd. (Robert, Markus, Wolfgang) - Hum. Gymn. u. Kolleg St. Blasien; Stud. Rechtswiss. u. Volksw. Univ. Freiburg/Br., Tübingen, Hamburg, München; 1. u. 2. jur. Staatsex. 1961 u. 1965; Promot. 1964 München (Prof. Ulmer) - 1967 Ass. Landratsamt Emmendingen; 1968-69 zun. Landratsamt Wangen, dann Sonderprogramm Bundesinnenmin. (Tätigk. in Hamburg, Berlin, Paris, Wien); 1971-76 Waldshut (Stellv. d. Landrats; 1971 Amtsverweser alle u. 1972 neuer Ldkr.; 1973 Landrat) - Liebh.: Sport, Lit. - Spr.: Franz., Engl., Ital. - Rotarier.

NOTHOFER, Bernd
Dr., Prof. Univ. Frankfurt - Am Buchstein 33, 6390 Usingen 2 (T. 06081 - 1 52 72) - Geb. 18. Dez. 1941 Krefeld, kath., verh. s. 1976 m. Karin, geb. Leven, 2 T. (Christiane, Silvia) - Licence es Lettres 1966 Besançon; Ph.D. 1973 Yale Univ. - Gastprof. in Indonesien u. Brunei Darussalam - BV: The Reconstruction of Proto-Malayo-Javanic, 1975; Dialektgeogr. Unters. in West-Java u. im westl. Zentral-Java, 1980; Dialektatlas v. Zentral-Java, 1981; Bahasa Indonesia: Indonesisch f. Deutsche, 1985 - Spr.: Engl., Franz., Malaiisch.

NOTTBERG, Hermann
Bauer, MdL Nieders. (1967-74) - Alt-Hesepertwist Nr. 14, 4471 Twist (T. 3 16) - Geb. 18. Juli 1911 Hesepertwist - Volks- u. Landw.ssch. - Selbst. Landw. (auf elterl. Hof). 1939-45 Wehrdst. 1940 ff. MdK Meppen. 1948 ff. Bürgerm. Gde. Hesepertwist (jetzt Twist); 1950 ff. stv. Landrat Kr. Meppen. CDU - 1972 BVK I. Kl.

NOTTBOHM, Lothar
Dr. med., Prof., Ltd. Werkarzt Robert Bosch GmbH - Am Propstiehof 15, 3200 Hildesheim (T. 05121 - 49 34 16) - Geb. 7. Jan. 1924 Hildesheim, ev., verh. m. Ingeborg, geb. Rodewald, Sohn Gerd - Med.-Stud. Univ. Göttingen; Approb. u. Promot. 1950 - 1957 Arzt f. Inn. Krankh.; 1967 Arzt f. Arbeitsmed. 1970 Gastdoz. Akad. f. Arbeitsmed. Berlin; 1971 Lehrauftr. f. Arbeitsmed. Univ. Göttingen; 1977 Honorarprof. ebd. - BV: Berufl. Bleiexposition u. Bleiaufnahme, 1980; Ergonom. Arbeitsplatzgestaltung, 1976 u. 83; Zukünftige Schwerp. betriebsärztl. Arb., 1986.

NOTTEBOHM, Rudolf
Dipl.-Volksw., Autor - Am Glockenbach 5, 8000 München 5 (T. 089 - 260 49 32) - Geb. 25. Aug. 1939 Düsseldorf, verh. in 2. Ehe (1977) m. Herta, geb. Bloch, 2 Töcht. (Johanna, Antonia) - Univ. Hamburg (Dipl.-Volksw. 1965); 1967-70 Hochsch. f. Fernsehen u. Film München - S. 1971 fr. Autor (Krimis, Drehb. f. Film u. Ferns.) - BV: Per Anruf ins Nirvana, Thriller 1982; Dein Blut fließt auch nicht anders, Thr. 1984; Fast e. Jh. - Luis Trenker, 1987. Kommentartext m. ZDF-Serie: Kreta-Ursprung Europas (1984).

NOTTMEYER, Barbara Dorothee, geb. Bobrik

Schriftstellerin, Übersetzerin - Rheinhöhenweg 107, 5486 Oberwinter/Rh. (T. 02228 - 71 73) - Geb. 9. Nov. 1904 Berlin (Vater: Rudolf Bobrik, Kaiserl. Leg.rat; Mutter: Lisa, geb. Martiny), ev., verh. s. 1925 m. Dr.-Ing. Otto N., Dipl.-Berging., verw., 4 Kd. (Barbara, Wolfgang, Beatrix, Hartmann) - Univ. u. Kunstsch. d. Westens Berlin - S. 1953 freiberufl. Verlagsarb. Stuttgart, Übers.büro, Übers. im Bundesverteidigungsmin. S. 1963 Präsid. Ibero-Club, Bonn - BV: u.a. Anthol.: Goethe, Hölderlin, Heine, E.T.A. Hoffmann, 1948-51 - Zahlr. Ausz. u.a. BVK (a. Bd. 1969, I. Kl. 1978 u. Gr. 1984); Orden aus Kolumbien, Portugal, Venezuela, Spanien, Chile, Perú. Ehrenpräs. d. Ibero-Club Bonn - Liebh.: Kunst u. Lit. Lateinamerikas - Spr.: Span., Engl., Franz. - Bek. Vorf.: Sir Robert Blake (1599-1657).

NOTTMEYER, Dieter

Dr. rer. nat., Direktor (b. 1987), Leit. Verbindungsbüro Bonn C. Deilmann AG, Präs. Dt.-Somal. Ges. (1969ff.), gf. Präsidialmitgl. Dt. Atomforum (1981-88), Vorst.-Mitgl. Kerntechn. Ges. (1981-88) - Zu erreichen üb. Dt. Atomforum, Heussallee 10, 5300 Bonn 1 - Geb. 22. Aug. 1921 Berlin (Vater: Friedrich N., Oberstaatsanw.; Mutter: Hildegard, geb. Klußmann), ev., verh. s. 1948 m. Friederike, geb. Stein, 4 Kd. (Ulrike, Anke, Karin, Klaus) - Promot. 1954 Heidelberg - B. 1980 Geschäftsf. Uranerzbergbau GmbH. - 1976 BVK; 1982 Großoffz. d. Sterns v. Somalia - Spr.: Engl., Franz.

NOVAK, Helga M.

Schriftstellerin, 1979/80 Stadtschreiberin Bergen - Feldbergstr. 28, 6000 Frankfurt/M. - Geb. 8. Sept. 1935 Berlin, gesch., 2 Kd. (Ragnar Alexander; Nina) - Karl-Marx-Univ. Leipzig (Philosophie, Journalistik) - U. a. Teppichweberin, Monteurin, Laborantin, Buchhändlerin - BV: Ballade v. d. reisenden Anna, Ged. 1965; Colloquium m. vier Häuten, Ged. 1967; Geselliges Beisammensein, Prosa 1968; Wohnhaft in Westend - Dokumente/Berichte/Konversation, 1970 (m. Horst Karasek); Aufenthalt in einem irren Haus, Erz. 1971; Leseb. 3 - Eines Tages hat sich d. Sprechpuppe nicht mehr anziehen lassen / Texte z. Emanzipation d. Mündigkeit, 1972 (m. H. Karassek); Seltsamer Bericht a. e. alten Stadt, Kinderb. 1973; Balladen vom kurzen Prozeß, Ged. 1975; D. Landnahme von Torre Bela, Pr. 1976; D. Eisheiligen, R. 1980; Vogel Peter, R. 1982; Grünheide Grünheide, Ged. 1955-80, 1984 - 1968 Bremer Literaturpreis; 1980 Preis Neue Lit.Ges. Hamburg; 1971 Mitgl. PEN-Zentrum BRD - Spr.: Isländisch - Isl. Staatsangehörige.

NOVER, Arno-Hermann

Dr. med., o. Prof., u. Direktor Univ.-Augenklinik Mainz (s. 1965) - Langenbeckstr. 1, 6500 Mainz (T. 17 72 86) - Geb. 24. Juli 1922 Mainz (Vater: Dr. med. Hermann N., Arzt; Mutter: Dora, geb. Michel), ev., verh., T. Ulrike - Gymn. Berlin; Univ. ebd., Göttingen, Heidelberg (Med.). Promot. 1948 Heidelberg; Habil. 1954 Köln - 1954-65 Privatdoz. u. apl. Prof. (1960) Univ. Köln (Oberarzt Augenklinik) - BV: D. Augenhintergrund - Untersuchungstechnik. Zahlr. Einzelarb. - Ehrenmitgl. Österr. Ophthalmolog. Ges.

NOVOTNY, Fritz

Dipl.-Ing., Prof., Architekt - Berliner Str. 77, 6050 Offenbach (T. 069 - 8 20 30) - Geb. 14. Mai 1929 Leitmeritz - Ing. (Hochbau) 1948 Staatsbausch. Darmstadt; Dipl.-Ing. 1954 TH Darmstadt - 1958-62 Lehrer f. Arch. u. Raumgestalt. Werkkunstsch. Offenbach; 1971 GH Kassel (1973 Hon.prof.); 1968-75 Präsident Architektenkammer Hessen; 1973-79 Präs. Bundesarch.kammer. Zahlr. Veröff. in Fachztschr. In- und Ausl. - Bauwerke: Schulen, Krankenhäuser, Wohnbauten, Industriebau, städtebaul. Plan. Zahlr. Wettbewerbserfolge, mehrfach vorbildl. Bauten in Hessen - Liebh.: Samml. Naiver Malerei, Untersuch. üb. Entsteh. früh. Städte in Nordböhmen - Spr.: Tschech., Engl.

NOVY, Klaus

Dr. rer. pol., Prof. f. Planungs- u. Bauökonomie TU Berlin (s. 1983) - Heisterbachstr. 12, 5000 Köln 41 (T. 0221 - 41 23 40) - Geb. 10. Sept. 1944, verh. s. 1977 m. Beatrix, geb. Füsser, 2 S. (Johannes, Leonard) - Stud. ETH u. Univ. Zürich, Univ. Köln; Dipl.-Volksw., Promot. 1977 Aachen - S. 1984 gf. Dir. Inst. f. Wohnungsbau u. Stadtteilplanung TU Berlin; Gründer u. Vorst.-Vors. Wohnbund, Darmstadt - BV: Strategien d. Sozialisierung, 1978; Genossenschafts-Bewegung, 1983; Anders Leben, 1985; Illustr. Gesch. d. Gemeinwirtsch., 1985; Lexikon d. Sozialismus, 1986; Einf. Bauen. Wiener Siedlerbewegung, 1985; Wohnreform in Köln, 1986.

NOWACK, Hans-Michael

Geschäftsführer Frankfurter Getreide- u. Produktenbörse u. Immobilienbörse (IHK) - Börsenpl. 6, 6000 Frankfurt/M.

NOWACK, Kurt

Gewerkschaftssekretär a. D., MdL Nordrh.-Westf. (1970-85) - Stankeitstr. 43, 4300 Essen-Altenessen (T. 35 31 33) - Geb. 18. Juli 1922 Essen, verh. s. 1947 m. Erni, geb. Baum, S. Willi - Volksschule; Lehre Maschinenschlosser u. Autogenschweißer; 1957-58 Akad. d. Arbeit - Metallhandw., 1941-45 Kriegsdst., danach Bergmann, 1946-54 Metallarb., 1954-58 Heimleit. (1958-60 Betriebsratsmitgl. freigest.), 1960-82 Rechtsschutzsekr. IG Bergbau u. Energie. 1964-70 Ratsmitgl. Stadt Essen. SPD s. 1947 (1959-82 Ortsvereinsvors., 1972-80 stv. Vors. Essen) - 1965 Gold. Sportabzeichen; 1985 BVK I. Kl.

NOWAK, Herwig

Assessor, Geschäftsführer IHK Köln - Unter Sachsenhausen 10-26, 5000 Köln (T. 164 02 30).

NOWAK, Rudi (Rudolf)

Amtmann, MdL Hessen (1970-74) - Friedrich-Ebert-Str. 44, 6111 Kleestadt (T. 06078 - 21 69) - Geb. 13. Mai 1921 Aussig/Elbe, verh. - Bürgersch.; kaufm. Lehre; Verwaltungsausbild. Prüf. 1951 u. 1959 - Metallind. Aussig, 1941-45 Kriegsdst., 1947 b. 1948 Ind. Ober-Ramstadt, anschl. AOK Dieburg, s. 1964 Kreisgesundheitsamt ebd. Mitgl. Gemeindevertr. u. Kreistag. Ab 1937 Dt. Sozialdemokr. Partei CSSR, n. 1945 SPD (Ortsvors.).

NOWAK, Winfried

Dr. rer. pol., Dipl.-Volksw., Hauptgeschäftsführer IHK Karlsruhe - Lammstr. 15-17, 7500 Karlsruhe - Geb. 19. April 1931 - Assessorex.

NOWAKOWSKI, Henryk

Dr. med., Prof. f. Innere Medizin - Parkberg 2, 2000 Hamburg 65 (T. 607 11 81) - Geb. 31. Dez. 1913 Berlin, kath., verh. s. 1961 m. Magdalena, geb. Schönauer, 3 Kd. (Sylvia, Markus, Elisabeth) - Univ. Berlin (Promot. 1939), Assist. Oskar-Ziethen-Krkhs. Berlin, Med. Univ. Klinik Jena, Max-Planck Inst. f. Hirnforsch. Gießen u. Göttingen, Fellowship d. US Public-Health-Service, Assist. u. Oberarzt 2. Med. Univ. Klinik Hamburg-Eppendorf, Habil. u. Privatdoz. 1953, apl. Prof. 1959, 1968-79 Abt.-Dir. 2. Med. Univ. Klinik Hamburg-Eppendorf (spez.: Endokrinol., Onkol.) - BV: Prakt. Endokrinologie, 1960, 4. A. 1976 (m. A. Jores; auch griech., span., ital.). Viele Einzelarb. - 1959 Martinipreis, 1974 Ludolf Brauer Med., 1979 Wilhelm Warner Pr. f. Krebsforsch. - Mitgl. Royal Soc. of Medicine London (1965), Sonderforsch.ber. 34 Endokrinol. d. DFG (1968-79), Tumorzentr. Hamburg (1976), Landesverb. f. Krebsbekämpf. u. Krebsforsch. Hamburg (Vors. 1981). Ehrenmitgl. Soc. de Endocrinologia y Metabologia Mexico, Nordwestdt. Ges. f. Inn. Med., Dt. Ges. f. Endokrinologie.

NOWOTTNICK-GENSCHOW, Rita-Maria

s. Genschow, Rita

NOWOTTNY, Friedrich

Intendant Westdeutscher Rundfunk, Köln (s. 1985), Journalist - Karl-Kaufmann-Weg 54, 5357 Swisttal-Buschhoven - Geb. 16. Mai 1929 Hindenburg/OS., verh. m. Gisela, geb. Gück, 2 Kd. - S. 1948 Journ., u. a. Freie Presse Bielefeld, Saarl. u. Westd. Rundfunk (1967; b. 1973 stv., dann ARD-Chefkorresp. u. Leit. WDR-Fernsehstudio Bonn). 1963 Mitbegr. Fernsehreihe: D. Markt - Wirtschaft f. jedermann, 1973-85 Bericht aus Bonn - 1973 u. 82 Gold. Kamera HÖRZU, 1976 Gold. Fernsehbambi, 1980 u. 1985 Gold. Gong, 1984 Ritter wider d. tier. Ernst Aachener Karnevalsverein, 1986 Gr. BVK.

NOWY, Arthur

Präsident a. D. - Parkwohnstift, 7506 Bad Herrenalb - Geb. 6. Aug. 1904 Berlin (Eltern: Ernst u. Emma N.), verh. s. 1930 m. Cornelia, geb. Heydenreich - Hohe Schule - Bank- u. Industrietätigk.; 1950-71 Sparkassenwesen 1(1962ff. Vorst.-Vors. Württ. Landessparkasse, Stuttgart). Versch. Ehrenstellungen. AR- u. Beiratsmandate - BV: Zauber d. Laute unserer Sprache, Feststell. u. Anreg. z. Umgang m. d. Spr., Bd. I u. II. Div. Fachveröff. - BVK I. Kl.; DRK-Ehrenz., 1974 Gr. BVK, 1977 Dr. Joh.-Christian-Eberle-Med., 1973 Gold. Ehrennadel d. Verb. dtsch. Freier Öffentl. Spark. - Bes. Interesse: Dt. Sprache.

NOWY, Herbert

Dr. med., Prof., Internist - Kornblumenweg 16, 8000 München 90 (T. 64 68 20) - Geb. 27. April 1916 Znaim (Vater: Franz N.; Mutter: Rosa, geb. Lang), kath., verh. s. 1941 m. Dr. phil. Elisabeth, geb. Ritt, T. Sibylle - Realgymn. Znaim; Dt. Univ. Prag. Promot. 1941 Prag; Habil. 1954 München - 1941-43 Wiss. Assist. Univ. Prag; s. 1954 Privatdoz. u. Prof. (1961) Univ. München (Oberarzt Med. Poliklinik). 1954-55 Gast Univ. New York. Veröff. z. klin. u. exper. Kardiol. Mitgl. Dt. Ges. f. Kreislaufforsch. u. Dt. Ges. f. Innere Med. - Spr.: Engl., Franz.

NOYER-WEIDNER, Alfred

Dr. phil., Prof. f. Roman. Philologie - Am Gassl 3, 8031 Hechendorf (T. 08152-72 46) - Geb. 31. Aug. 1921 Schönwald/Ofr. - Habil. 1955 München - S. 1959 Ord. Univ. Saarbrücken, Wien (1962) München (1964) - BV: D. Aufklärung in Oberitalien, 1957; Symmetrie u. Steigerung als stilist. Gesetz d. Divina Commedia, 1961; Z. Frage d. Poetik d. Wortes in Ungarettis L'Allegria, 1980. Einzelarb. Herausg.: Dt. Dante-Jahrb. (1964-67); Ztschr. f. franz. Spr. u. Lit. (1971 ff.), Baudelaire (1975). Mithrsg.: Apollinaire (1980) - 1957 Ludwig-Gebhard-Preis; 1970 Officier d. Palmes académiques; 1970 o. Mitgl. Bayer. Akad. d. Wiss.; 1985 Korr. Mitgl. Accademia Patavina di Scienze, Lettere ed Arti - Lit.: Festschr. z. 60. Geb., Interpretation. D. Paradigma d. europ. Renaissancelit., 1982.

NOZAR, Manfred

Dr., 1. Bürgermeister - Rathaus, 8902 Neusäß/Schwaben - Geb. 13. Sept. 1943 Augsburg - Zul. Verwaltungsbeamter.

NUBER, Hans Ulrich

Dr. phil., Prof. f. Prov.-röm. Archäologie Univ. Freiburg - Zu erreichen üb. Albert-Ludwigs-Univ., Glacisweg 7, 7800 Freiburg - Geb. 13. Nov. 1940 Schwerin - Stud. Univ. Frankfurt u. München; Promot. 1968 Frankfurt - 1972 Prof. Frankfurt; ab 1978 Univ. Freiburg. Archäol. Ausgrab. in Dtschl. - BV: Kanne u. Griffschale, 1972; zahlr. Fachpubl. im In- u. Ausl. - Korr. Mitgl. Dt. Archäol. Inst.; Mitgl. Komm. Gesch. Landeskde. Baden-Württ. u. Prov.-röm. Forsch. Schweiz; Temp. Member of the Inst. for Advanced Study Princeton, USA.

NUCK, Kurt

Dr. med., Oberregierungs- u. -gewerbemedizinalrat i. R., Honorarprof. f. Gewerbehyg. TH bzw. TU Hannover (s. 1954) - Stresemannallee 33c, 3000 Hannover (T. 88 76 33).

NÜCHEL, Heinz-Josef

Bildungsreferent, MdL Nordrh.-Westf. (s. 1975) - Probacherstr. 1, 5208 Eitorf (T. 02243 - 63 85) - Geb. 13. Nov. 1932, kath., verh. s. 1959 m. Therese, geb. Grimnitz, 2 Töcht. (Bernadette, Barbara) - Volkssch., Human. Gymn. - 1953-59 Finanzbeamter, 1960-64 Diözesanjugendführer Erzbistum Köln, 1964-67 Bundesleit. Kath. Jungmänner-Gemeinsch. Dtschl., 1967-74 Dir. Intern. Jugendaustausch- u. Besucherdst. d. BRD, s. 1975 Bild.ref. Erzdiözese Köln, s. 1987 Präs. Gemeinsch. Kath. Männer Dtschl. (GKMD) - CDU - 1979 BVK; 1985 BVK I. Kl.

NÜCHTERLEIN, Max(imilian)

Dr. jur., Präsident - Fürther Str. 110, 8500 Nürnberg (T. 3 13 01) - Geb. 17. Juni 1913 - S. 1940 Justizdst. (Vizepräs. bzw. Präs. OLG Nürnberg) - 1973 Bayer. VO.

NÜRNBERG, Eberhard

Dr. phil., Apotheker, Dipl.-Chemiker, o. Prof. u. Vorst. Inst. f. Pharmazie u. Lebensmittelchemie Univ. Erlangen-Nürnberg (s. 1975) - Ruhsteinweg 18, 8525 Weiher/Uttenreuth (T. 09134 - 6 69) - Geb. 5. April 1928 Berlin-Dahlem (Vater: Dipl.-Ing. Kurt N.; Mutter: Meta, geb. Waechter), ev., verh. s. 1956 m. Käte, geb. Kalkofen, 2 Kd. (Bernd, Wolf) - Stud. d. Pharmazie u. Chemie Univ. Marburg (Lehrer: Prof. Dr. Dr. h. c. H. Böhme); Staats- u. Dipl.ex. 1953 u. 1954; Promot. 1956; Habil. 1970 - 1956-75 E. Merck, Darmstadt, 1972 Honorarprof. Ca. 20 Patentanmeld. u. ca. 200 Publ. Mitgl. Dt. Pharmaz. Ges. u. Arbeitsgem. f. Pharmaz. Verfahrenstechn. Mitarb. an: P. H. List, Arzneiformenlehre, 1976 u. Externe Therapie v. Hautkrankh.

NUERNBERG, Klaus J.

Dr.-Ing., Vorstandsmitglied u. techn. Sprecher d. Vorst. Blohm + Voss (s. 1982) - Hermann-Blohm-Str. 3, 2000 Hamburg 11 (T. 040 - 3 11 90) - 1973 ff. II. stv. Vors. Verein Dt. Eisenhüttenleute; Vorst.-Mitgl. Verein Dt. Zementwerke; 1972-82 Vorst. Thyssen Henrichshütte AG, Oberhausen.

NÜRNBERG, Werner

Dr.-Ing., o. Prof. u. Direktor Inst. f. Elektr. Maschinen TU Berlin (s. 1949) - Schwendenerstr. 12a, 1000 Berlin 33 (T. 832 72 72) - Geb. 17. März 1909 Essen - Habil. 1946 - BV: Prüfung elektr. Maschinen, 5. A. 1965 (auch serb.); D. Asynchronmaschine, 2. A. 1962.

Mithrsg.: Archiv f. Elektrotechnik (1948 ff.). Fachaufs.

NÜRNBERGER, Ralf

Regisseur - Berliner Platz, 7100 Heilbronn - Geb. 23. März 1952 Berlin, ledig - 1978-81 Regieassist. Bremer Theater; Insz. in Wuppertal, Kiel, Heidelberg, Berlin, Ulm - Liebh.: Reisen, Archaische Kunst - Spr.: Engl., Franz., Span.

NÜRNBERGER, Richard

Dr. phil. (habil.), o. Prof. f. Mittlere u. Neuere Geschichte - Tuckermannweg 17, 3400 Göttingen (T. 5 75 90) - Geb. 9. Juni 1912 Eisleben - 1945 Privatdoz. Univ. Freiburg/Br., 1949 ao. Prof. Univ. Bonn, 1955 o. Prof. u. Seminardir. Univ. Göttingen - BV: D. Politisierung d. franz. Protestantismus, 1948; Machteroberung u. -behauptung in d. kommunist. Revolutionen, 1958. Zahlr. Einzelarb. - 1963 Akad. d. Wissensch. i. Göttingen.

NÜRNBERGER, Siegfried

Schauspieler u. Regiss., Mitgl. Hauptaussch. Freiw. Film-Selbstkontrolle, Landesarbeitsrichter - Taunusstr. 45, 6500 Mainz (T. 2 22 28) - Geb. 9. Febr. 1901 Frankfurt/M. (Vater: Arthur N., Stadtbaumeister; Mutter: Henriette, geb. Scheidemantel), ev., verh. s. 1931 m. Christel, geb. Ebling (Ballettm.), S. Hannes - Königstädt. Realgymn., Stern'sches Konservat. u. Schauspielsch. Dt. Theater Berlin - U. a. Dt. Theater Berlin, Landestheater Darmstadt u. Karlsruhe, Neues Theater Frankfurt/M., Neues Schauspielhaus Königsberg/Pr., Schauspielhaus Bremen, Städt. Bühnen Dortmund u. Frankfurt/M., Städt. Theater Mainz (1955 b. 1961 Int.). 1947-51 Vizepräs. GDBA. Insz.: Alle meine Söhne, Hamlet, Tartuffe, Donna Diana, E. Traumspiel, D. Gärtner v. Toulouse, Peer Gynt, D. Bürger v. Calais, Soldat Tanaka, E. Sommernachtstraum, D. Fledermaus, Wiener Blut, D. Kluge, D. Freischütz, E. Maskenball, Fedora, Mutter Courage u. ihre Kinder, Carabiniere, Turandot, D. Irre v. Chaillot, D. Graf v. Luxemburg, Maria Magdalena u. a. - Spr.: Franz., Engl.

NÜSE, Ernst, August

Oberstudiendirektor, Bürgermeister Stadt Meerbusch (s. 1979) - Grenzstr. 9, 4005 Meerbusch 2 (T. 02159-41 69) - Geb. 17. Dez. 1927 Coesfeld, kath., verh. s. 1955 m. Hildegard, geb. Wältken, 4 Kd. (Heidrun, Stephanie, Matthias, Markus) - Stud., Dipl.-Hdl. 1955 Nürnberg - 1955-1958 Hdl. Gelsenkirchen, 1958-67 Düsseldorf, s. 1967 Schulleit.

NÜSSEL, Hans A.

Dipl.-Kfm., Prof. f. Betriebswirtschaftslehre (Marketing) Univ. Essen, Fachl. Leit. Werbefachl. Zentrum Ruhr, Essen - Niersstr, 8, 4300 Essen 1 - Geb. 30. Mai 1929 Weilheim/Obb., ev., verh., 2 Kd. - Abit. 1949; kaufm. Lehre (Gehilfenprüf. 1951), Dipl.-Prüf. f. Kaufleute 1954 - 1955-70 prakt. Tätigk. Markenartikeluntern. u. Werbeagent.; s. 1971 Univ. Essen.

NÜSSEL, Simon

Staatsminister f. Ernährung, Landw. u. Forsten (s. 1987), MdL - Ludwigstr. 2, 8000 München 22 (T. 2 18 21) - Geb. 20. Jan. 1924 Hohenknoden, verh. - Volkssch. Bad Berneck; Landw.sch. Bayreuth u. Kulmbach; Höh. Landbausch. Jena-Zwätzen - Landw.; s. 1970 Staatssekr. u. s. 1987 Staatsmin. im bayer. Min. f. Ernährung, Landw. u. Forsten. Wehrdst. (Flugzeugf.); s. 1947 eig. Landw. 1954-58 u. s. 1959 MdL Bayern (1966 -70 Vizepräs. u. stv. CSU-Fraktionsvors.). Mitgl. Landessynode d. ev. Kirche - 1965 Bayer. VO; 1973 Georg-Bachmann-Med. Bayer. Bauernverb.; Ehrensenator Univ. Bayreuth; 1984 Gold. Verfassungsmed. d. Bayer. Landtags; 1986 Gr. BVK m. Stern u. Schulterbd.; 1988 Gold. Bayer. Landtags-Med.; 1989 Gold. Ehrenmed. d. Bayer. Bauernverb.; 1989 Gold. Prof.-Nicklas-Med. d. Bundeslandwirtsch.min.

NÜSSGENS (ß), Karl

Dr. jur., Prof., Vors. Richter BGH (III. Zivilsenat) a. D. - Zu erreichen üb. Herrenstr. 45a, 7500 Karlsruhe - Geb. 13. Nov. 1914 Aachen (Vater: Johann N., Schulrat; Mutter: Margarete, geb. Steinhauer), verh. m. Anne, geb. Düren, S. Karl-Heinz - Stud. 1933-37 Rechtswiss. Univ. Bonn u. Freiburg; Promot. 1938 Univ. Bonn (Hans Dölle); anschl. wiss. Assist.; ab 1949 Lehrauftr. Univ. Bonn, Honorarprof. ebd. (Bürgerl. Recht u. Zivilprozeßrecht); 1964 Bundesrichter (Bundesgerichtshof); 1976 Senatspräs. (Vors. Richter) am BGH; 1976-82 Vors. Karlsruher Jurist. Studienges.; Mitgl. Dt. Juristentag (1949), Zivilrechtslehrervereinig. u.a. - BV: D. Rückerwerb d. Nichtberechtigten, 1939; Probleme d. fachärztl. Aufklärungspflicht (Laryng. Rhinol), 1974; Entwicklungslinien d. Rechtsprechung d. VI. Zivilsenats (25 J. BGH), 1975; Zwei Fragen z. zivilrechtl. Haftung d. Arztes (Fritz Hauß), 1978; Medico-legale Fragen in d. Radiologie (RöFö), 1979; RGRK zu § 840 BGB, 1982; Z. ärztl. Dokumentationspflicht u. z. Einsichtsrecht d. Patienten in d. Krankenunterlagen (25 J. Karlsruher Forum), 1983; Z. Verhältnis zw. § 138 Abs. 1 BGB u. d. Regelungen d. AGBG (Winfried Werner), 1984; Schadensersatz b. ungerechtfertigten Anordnung d. Veröff. e. Gegendarstellung (Hans Joachim Faller), 1984; Rückwirkung d. höchstrichterl. Rechtsprechung z. d. Ratenkreditverträgen (Walter Stimpel), 1985; Eigentum, Sozialbindung, Enteignung (zus. m. Boujong), 1987; RGRK 12. A. zu § 823 BGB, Anhang 2, Arzthaftungsrecht, 1989; Einzelarb. - 1982 Gr. BVK.

NÜSSLEIN (ß), Franz

Dr. jur., Generalkonsul a. D. - Schedestr. 8, 5300 Bonn 1 (T. 21 31 15) - Geb. 12. Okt. 1909 Kassel, kath., led. - Zul. Generalkonsul d. BRD in Barcelona.

NÜTZEL, Klaus

Stv. Vorsitzender Landesverb. Fr. Wohnungsuntern. in Bayern - Theresienplatz 8, 8500 Nürnberg 1.

NUHN, Hans-Eberhard

Dr. phil., Prof. f. Erziehungswiss. GH Kassel - Helleböhnweg 40, 3500 Kassel (T. 0561 - 3 23 97) - Geb. 30. Mai 1934 Kassel (Vater: August N., Kfz.meister.; Mutter: Amanda, geb. Heyde), ev., verh. s. 1964 m. Brigitte, geb. Paesler, 3 Kd. (Sabine, Susanne, Eckehard) - 1955-60 Stud. Univ. Marburg u. Bristol/Engl.; 2. Lehrerprüf. 1962 Kassel, Promot 1978 Erlangen - 1964-71 Lehrerausb. Kassel; 1972/73 Fulbright-Austausch u. Assist.-Prof. Pueblo/USA; s. 1974 Prof. Kassel - BV: Darstell. v. Formen der Unterrichtsorg., 1979; Lehrerberuf u. Binnendifferenz., 1983; Studenten heute, 1985; Umweltbewußtsein, 1989 - Liebh.: Garten, Amateurfunk - 1974 Gold. Sportabz. - Spr. Engl.

NUISSL, Ekkehard

Dr. phil., Gf. Vorstand d. Arbeitsgruppe f. empir. Bildungsforschung - von-der-Tann-Str. 24, 6900 Heidelberg - Geb. 15. Juni 1946 Kiel - Privatdoz. f. Erwachsenenbild. Univ. Hannover/Heidelberg - BV: Hochschulreform, 1973; Massenmedien, 1975; BUVEP (8 Bde.), 1979-81; Taschenb. d. Erwachsenenbild., 1982; Bildung im Museum, 1988.

NULTSCH, Wilhelm

Dr. rer. nat., Prof. u. Direktor Botan. Inst. u. Botan. Garten Univ. Marburg (s. 1966) - Höhenweg 49, 3550 Marburg 1 (T. Marburg 3 27 27) - Geb. 20. März 1927 Magdeburg (Vater: Wilhelm N., Lehrer; Mutter: Elfriede, geb. Lehmann), ev., verh. s. 1950 m. Dorothea, geb. Simon, 2 Kd. (Wolf-Rüdiger, Sibylle) - 1936-44 Gymn. Quedlinburg (Abit.); 1946-53 Univ. Halle/S. (Biol., Chemie; Staatsex. 1951). Promot. 1953 Halle; Habil. 1959 Tübingen - 1960-66 Doz. Univ. Tübingen. Spez. Arbeitsgeb.: Pflanzenphysiol., Photobiol. - BV: Allg. Botanik - E. kurzes Lehrb. f. Mediziner u. Naturwiss.ler, 1964, 8. A. 1986 (auch engl., franz., holl., poln., span.); Mikroskop.-botan. Praktikum (m. Annelise Grahle), 1968, 8. A. 1988 - S. 1975 korr. Mitgl. d. Wiss. Ges. an d. Joh. Wolfg. Goethe Univ. Frankfurt; s. 1985 Präs. d. Dt. Bot. Ges. - Spr.: Engl.

NUNGESSER, Rudolf

Arbeitsdirektor, Vorstandsmitgl. Hoesch Siegerlandwerke AG., Siegen - Am Kulmberg 18, 5900 Siegen/W. - Geb. 17. Aug. 1919 - Zul. Vorstandsmitgl. Hüttenwerke Siegerland AG. ARsmandate.

NUSCHELER, Franz

Dr. phil., Prof. f. Polit. Wissenschaft Univ. Duisburg - Angerstr. 5, 4100 Duisburg (T. 0203 - 33 17 33) - Geb. 11. April 1938 Bad Wörishofen (Vater: Konrad N., Mechaniker; Mutter: Maria, geb. Hierl), verh. s. 1967 m. Karin N., 2 Kd. (Max, Ulrike) - 1960-67 Univ. Heidelberg; Promot. 1967 - 1969-74 Wiss. Assist./Oberrat Univ. Hamburg; s. 1974 Lehrst. f. Intern. Politik Duisburg - BV: Handb. d. Dritten Welt, 8 Bde. (m. Dieter Nohlen), 1982ff.; Polit. Org. u. Repräsentat., 2 Bde. (m. Klaus Ziemer), 1978; Lern- u. Arbeitsb. Entwicklungspol., 1985; Dritte Welt-Forschung, 1985 - Gustav-Heinemann-Friedenspreis - Liebh.: Reisen, Musik - Spr.: Engl., Span.

NUSSBAUM, Karl Otto

Domkapitular, Prälat, Dr. theol., em. o. Prof. f. Liturgiewissenschaft Univ. Bonn - Am Fronhof 13, 5300 Bonn-Bad Godesberg (T. 35 12 03) - Geb. 1. Juli 1923 Köln (Vater: Wilhelm N., Kaufmann; Mutter: Maria, geb. Mohr), kath. - 1944-48 Univ. Bonn; 1948-50 Priestersem. Köln (1957 prom. theol.) - 1950-57 Seelsorge Essen u. Walberberg; 1957-59 Priesterkolleg Campo Santo Teutonico Rom; 1960-65 Prof. Priestersem. Köln (1963 Habil.) - BV: Kloster, Priestermönch u. Privatmesse, 1961; D. Brustkreuz d. Bischofs, 1964; D. Standort d. Liturgen am christl. Altar vor d. J. 1000, 2 Bde. 1965; Liturgiereform u. Konzelebration, 1966; D. Handkommunion, 1969; D. eucharist. Hochgebete II-IV, 1971; Lektorat u. Akolythat, 1974; Z. Theol. d. Kindertaufordo., 1979; D. Aufbewahrung d. Eucharistie, 1979; Sonntägl. Gemeindegottesdienst ohne Priester, 1985. Zahlr. Aufs.

NUSSER, Franz

Dr. rer. nat., Geograph, Honorarprof. Univ. Hamburg (s. 1962) - Schenefelder Landstr. 14c, 2000 Hamburg 55 (T. 86 82 15) - Geb. 12. Sept. 1902 Wien - Ltd. Reg.-Direktor a. D. Dt. Hydrogr. Inst. - BV: D. Eiszeitverhältnisse an d. dt. Küsten zwischen Ems u. Trave, Atlas d. Eiszeitverhältn. d. Dt. Bucht u. d. westl. Ostsee, Hydrographie u. Glaziologie. Fachaufs. Übers.: Bertil Rodhe, Ostseeschlüssel f. Eismeldungen (1961).

NUSSER, Peter

Dr. phil., Prof. FU Berlin - Auguste-Viktoria-Str. 24a, 1000 Berlin 33 (T. 825 91 30) - Geb. 22. Okt. 1936 Berlin, ev. - Stud. German., Gesch., Päd., Phil. Univ. Berlin, Basel u. Göttingen (bd. Staatsex., Promot. 1963 Göttingen) - 1963-65 Assist. Prof. Ohio/USA; 1967-69 Wiss. Assist. FU Berlin; 1969-80 Prof. PH Berlin; s. 1980 Prof. FU Berlin - BV: Musils Romantheorie, 1967; Romane f. d. Unterschicht. Groschenhefte u. ihre Leser, 1973 u. 1981; Massenpresse, Anzeigenwerb., Heftromane, 2 Bde., 1976; D. Kriminalroman, 1980; Schwarzer Humor, 1987.

NUSSGRUBER, Rudolf H.

Regisseur - Hutweidengasse 35/9, A-1190 Wien - Geb. 7. April 1918 Wien (Vater: Gottfried N., Industriekfm.; Mutter: Leopoldina, geb. Zineder), verh. s. 1964 m. Anita, geb. Gutwell - Max-Reinhardt-Sem., Akad. d. Musik u. Darst. Kunst u. Graph. Lehranst., alles Wien - U.a. Spielfilmregiss.; s. 1962 üb. 50 Fernsehsp. ZDF (zul. Ringstraßenpalais, August d. Starke, E. Mann namens Parvus).

NUTZINGER, Hans G.

Dr. rer. pol., Prof. f. Theorie öfftl. u. privater Unternehmen GH Kassel - Nora-Platiel-Str. 4, 3500 Kassel (T. 0561 - 804 30 64) - Geb. 25 Mai 1945 Hauingen (Vater: Richard N.; Mutter: Luise, geb. Keller), ev., verh. s. 1970 m. Christel, geb. Bretzer, 2 T. (Verena, Heidi) - Abit. 1964 Lörrach; Univ. Heidelberg; Dipl. 1968, Promot. 1973, Habil. 1976 - S. 1978 Prof. in Kassel - BV: D. Stell. d. Betrieben in d. sozialist. Wirtsch., 1974; D. Marxsche Theorie u. ihre Kritik, (m. E. Wolfstetter) 1974; Mitbestimm. u. Arbeiterselbstverw., 1982; Arbeit ohne Umweltzerstörung, (m. H. C. Binswanger u. a.), 1983, überarb. Neuaufl. 1988; Mitbestimmung: Norm u. Wirklichkeit (m. H. Diefenbacher u. a.), 1984; Mitbest. in d. Krise (m. U. Schasse u. N. Teichert), 1987; Codetermination: A Discussion of Diff. Approaches (m. J. Backhaus), 1989 - Spr.: Engl., Franz., Lat., Griech.

NUYKEN, Gerd

Dipl.-Kfm., Generalbevollmächtigter Fa. Wilh. Geldbach, Gelsenkirchen - Am Chursbusch 40, 4630 Bochum 5 - Geb. 17. Jan. 1932 - Vors. Vereinig. dt. Flanschenfabriken u. Fachverb. Rohrformstücke.

NYSSEN, Joseph

Verlagsleiter Econ Verlag, Düsseldorf - Grupellostr. 28, 4000 Düsseldorf 1; Stubertal 58, 4300 Essen.

O

OAKES, Kevin

Regisseur, Choreograph, Bühnenautor, Schausp. - Gartenstr. 33, 6000 Frankfurt/M. - Geb. 14. Febr. 1949 Johannesburg/Südafrika, ev., ledig - Ausb. Schausp., Tanz, Gesang Hochsch. f. Darst. Kunst Frankfurt/M. u. Dance Centre London, b. Kammersängerin Erika Schmidt - 1979-80 künstler. Leit. Cafe Theatre, Frankfurt u. 1981-86 Fragile Theatre, London - BV: E. Heiltheater, Meth. durch Fragiles Theater; D. Schrei im Theater - Insz.: Hamlet, Katze auf d. heißen Blechdach, Becket od. d. Ehre Gottes, Hallo u. Adieu, u. a. Hauptrollen: Jason, Hamlet, Orest, Barnaby (Hello Dolly), Gogo (Warten auf Godot), Oscar Wilde. Tänzer in: Rhapsody in Blue, L'Apres Midi D'un Faun, Odds + Ends, u. a. Bühnenw.: Orest, Odds and Ends, Ut-Chinkaa, Rawknees, The Importance of Being Oscar - Liebh.: Menschen, Reisen, Kunst, Theater, Film - Spr.: Engl., Ital., Deutsch.

OBENDIEK, Edzard

Dr. phil., o. Prof. f. Didaktik d. Engl. Sprache Univ. Dortmund - Redtenbacherstr. 17, 4600 Dortmund 1 (T. 10 06 77).

OBER, Karl-Günther

Dr. med. (habil.), em. Prof. u. Vorst. Univ.-Frauenklinik Erlangen-Nürnberg (1962-83) - Am Meilwald 26, 8520 Erlangen - Geb. 24. Aug. 1915 Berlin, verh. s. 1948 m. Eva-Maria, geb. Rasch - 1948-62 Univ. Marburg u. Köln (1954) - BV: Gynäk. Endokrinologie, Gynäk. Krebsdiagnostik u. Therapie, Gynäk. Chir. Zahlr. Einzelarb. Mithrsg.: Gynäk. u. Geburtshilfe (3 Bde.) - 1981 Bayer. VO.

OBERBECK, Gerhard

Dr. rer. nat. (habil.), o. Prof. u. Direktor Inst. f. Geographie und Wirtschaftsgeogr., Dir. Gesamtgeogr. Abt., Univ. Hamburg (Siedlungsgeogr., Wüstungs-

OBERBECKMANN, Hans-Ludwig
Dr. jur., Geschäftsführer Dt. Sparkassen- u. Giroverband - Simrockstr. 4, 5300 Bonn 1; priv.: Pützstückerstr. 23, 5330 Königswinter 21 - Geb. 5. Nov. 1934 Schwelm (Vater: Dr., Senator; Mutter: Gertrud, geb. Dicke), ev., verh. s. 1962 m. Gisela, geb. Bohlmann, 2 Kd. (Michael, Kathrin) - Abit. 1955; Stud. Rechtswiss. Bonn u. Münster; 1 jurist. Staatsex. 1959, 2. jurist. Staatsex. 1964 - 1968-72 Oberkreisdir. Melle u. 1972-75 Bergheim; 1975-85 Geschf. Dt. Sparkassen- u. Giroverb.; s. 1986 RA Bonn.

OBERBERG, Igor
Kameramann - Oberhaardter Weg 33, 1000 Berlin 33 (T. 826 12 47) - Geb. 20. Febr. 1907 Ekaterinburg (Rußl.), griech.-orthodox, verh. s. 1953 (Ehefr.: Natalie), T. Ariadne - Amerik. Schule ASB Samokow (Bulg.). U. St.-Georgs-Gymn. Berlin. S. 1927 Film. U. a. Unter d. Brücken, In jenen Tagen, Film ohne Titel, D. Apfel ist ab, Es kommt ein Tag, D. Stärkere, Rittm. Wronski, Solange d. Herz schlägt, D. Rest ist Schweigen (1960 Preis d. Dt. Filmkritik f. d. beste Fotogr.), Melodie d. Nacht - 1972 Dt. Filmpreis/Filmband i. Gold (f. langjähr. hervorragend. Wirken i. dt. Film) - Liebh.: Tennis - Spr.: Russ., Engl., Franz.

OBERBERGER, Josef
Prof., Maler u. Graphiker - Franz-Joseph-Str. 23, 8000 München 23 (T. 34 62 84) - Geb. 21. Dez. 1905 Etzenricht/Opf. - Gymn. Regensburg; Kunstakad. München (Meisterschüler Olaf Gülbranssons) - 1939-73 (Ruhestand) ordentlicher Professor Kunstakad. München (Kl. f. Malerei, Graphik, Illustration, Glasm., Mosaik). U. a. Glasfenster f. d. Dome Luxemburg, Augsburg, Regensburg, Mosaik Vatikan Rom, Gobelin f. d. Weltausstell. 1958 Brüssel - 1976 Ehrenmitgl. Akad. d. Bildenden Künste, Kulturpreis Stadt Regensburg, 1980 Schwabinger Kunstpreis, 1981 Bayer. VO; 1986 Bayer. Maximiliansorden - Liebh.: Karikatur - Lit.: Olaf Gulbransson, Und so weiter; Dagny Gulbransson-Björnson, Olaf Gulbransson - S. Leben.

OBERDISSE, Karl
Dr. med., o. Prof. f. Innere Medizin (emerit.) - Schloßmannstr. 32, 4000 Düsseldorf 1 (T. 33 19 50) - Geb. 18. März 1903 Bochum, ev., verh., 3 Kd. - 1936 Privatdoz. Univ. Würzburg, 1942 apl. Prof., 1947 Chefarzt Knappschaftskrkhs. Bochum-Langendreer, 1951 apl. Prof. Med. Akad. Düsseldorf, 1954 Chefarzt Med. Klinik Wuppertal-E., 1956 Ord. Med. Akad., der späteren Univ. D'dorf (Dir. II. Med. Klinik u. Poliklin.). Zeitw. Vors. Dt. Diabetes-Ges., Dt. Ges. f. Endokrinologie, Dt. Ges. Innere Med. u. Präs. d. 3. Kongr. d. Intern. Diabetes-Federation, 1965/66 Rektor Univ. Düsseldorf, 1965-72 Hauptschriftl. Ztschr. Diabetologia, 1966 b. 1973 Mitgl. Bundesgesundheitsrat, s. 1966 Mitgl. Dt. Akademie d. Naturforscher Leopoldina/Halle - BV: D. medikamentöse Behandlung d. Schilddrüsenerkrankungen (m. W. Grab); D. Krankh. d. Schilddrüse (m. E. Klein u. D. Reinwein, 2. A. 1980). Herausg.: Handb. d. Inneren Med. Kapitel Diabetes m. (1975/76) - 1975 Langerhans-Plak. Dt. Diabetes-Ges., 1978 Gr. BVK.

OBERDORF, Anton
Dr. med., Prof., Facharzt f. Pharmakologie - Woogstr. 59, 6703 Limburgerhof (T. 06236 - 80 22) - Geb. 28. März 1924 Düsseldorf - Univ. Düsseldorf (Pharmakol. u. Toxikol.); Habil. 1960; apl. Prof. 1969; Prof. Univ. d. Saarlandes 1972 - Fachveröff.

OBERDORFER, Erich
Dr. phil. nat., Museumsdirektor i. R., Honorarprof. f. Pflanzensoziol. Univ. Freiburg/Br. (s. 1964) - Brunnstubenstr. 31, 7800 Freiburg/Br. (T. 49 19 58) - Geb. 26. März 1905 Freiburg/Br. (Vater: Otto O., Kaufm.; Mutter: Lydia, geb. Sigmund), ev., verh. s. 1931 m. Kläre, geb. Barth, 5 Kd. - Univ. Freiburg/Br. (Promot. 1928) u. Tübingen - B. 1936 höh. Schuldst. Karlsruhe, dann Assist. Landessammlungen f. Naturkd., 1939-49 Konservator Landesst. f. Naturschutz, 1949-70 Dir. Landessamml. f. Naturkd. Mitgl. bzw. Ehrenmitgl. div. naturwiss. Vereine. Zeitw. Vizepräs. Dt. Botan. Ges. - BV: Pflanzensoziol. Exkursionsflora, 1949, 5. A. 1983; Südd. Pflanzengesell, 1957, 2. A. 1977/83; Pflanzensoziol. Studien in Chile, 1960. Etwa 120 Einzelarb. - 1977 Dr. h. c. TU München; 1989 Reinh.-Tüxen-Preis d. Stadt Rinteln.

OBERDORFER, Hans
Dipl.-Ing., Fabrikant, Vors. Treuhandstelle d. Metallindustrie, Stuttgart - Danziger Str. 9, 7920 Heidenheim/Brenz.

OBERDORFER-BÖGEL, Rainer
Gf. Gesellschafter d. WAP Reinigungssysteme GmbH & Co., Bellenberg, Vors. Arbeitsgem. Hochdruckreiniger im VDMA, Frankfurt - Guido-Oberdorfer-Str. 2-8, 7919 Bellenberg.

OBERENDER, Peter
Dr. rer. pol., Dipl.-Volksw., Prof. Univ. Bayreuth - Bodenseering 73, 8580 Bayreuth - Geb. 14. Juni 1941 Nürnberg (Vater: Ludwig O., Kaufm.; Mutter: Ella, geb. Morath), verh. m. Ute, geb. Englmann, 2 Kd. - Dipl.-Volksw. 1966; Promot. 1972, Habil. 1980 - S. 1980 o. Prof. Univ. Bayreuth - BV: Industrielle Forsch. u. Entw.; 1973; Grundl. d. Mikroökoomie (m. a.) 1976; Marktdynamik u. intern. Handel, 1980 - Spr.: Engl., Franz.

OBERFELD, Charlotte
Dr. phil., Prof., Europ. Ethnologie Univ. Marburg - Georg-Voigt-Str. 76, 3550 Marburg/L. - BV: Volksmärchen aus Hessen, 1962; Märchen d. Waldecker Landes, 1970 (jap. i. V.); D. Jugendb. als Medium lit. Kommunikation, 1974 (m. K. C. Lingelbach). Mithrsg.: D. Menschen sind arm, weil sie arm sind - D. 3. Welt im Spiegel v. Kinder- u. Jugendb. (1977) u. Zw. Utopie u. heiler Welt - Z. Realismusdebatte in Kinder- u. Jugendmedien (1978); Kinder-Schul- u. Jugendtheater. Aspekte zu Theorie u. Praxis (1982). Hessen - Märchenland d. Brüder Grimm (1984); Wilhelm Grimm: Irische Land- u. Seemärchen (1986); Märchen in d. Dritten Welt (1987). Mithrsg.: Brüder Grimm, Volkslieder (1985); D. selbstverständliche Wunder. Beitr. germanist. Märchenforsch. (1986), Kommentarband (1989) - Liebh.: Bücher, Reisen, Musik - Lit.: Kürschners Gelehrtenkalender, Lexikon d. Kinder- u. Jugendlit., Bd. II, Andere Aspekte d. Kultur, Freundesgabe f. Ch. O., 1980.

OBERGFELL, Herbert
Fabrikant, Komplementär Kieninger & Obergfell, Fabrik f. Feinwerktechnik, Uhren, Elektronik, St. Georgen, Präs. Verb. Dt. Uhrenindustrie, Schwenningen (b. 1986) - Bahnhofstr. 14, 7742 St. Georgen - Geb. 12. Aug. 1922 - Fachmitgl.sch., u. a. Beirat Arbeitgeberverb. Bad. Eisen- u. Metallind., Wirtsch.verb. Industrieller Unternehm. Baden, bde. Freiburg, u. IHK Villingen.

OBERHAMMER, Heinz
Dr. phil., Prof. f. Physik. Chemie - Wilder-muthstr. 4A, 7400 Tübingen (T. 07071-2 34 37) - Geb. 4. Juni 1939 Innsbruck (Vater: Karl O., Facharzt; Mutter: Paula, geb. Wild), verh. s. 1972 m. Ute, geb. Wilhelm, 2 Kd. (Clemens, Verena) - 1957-64 Univ. Innsbruck - 1965-67 Cornell Univ. USA, 1967-72 Univ. Ulm, s. 1972 Univ. Tübingen - Spr.: Engl., Ital.

OBERHAUSEN, Erich
Dr. rer. nat., Dr. med., Prof., Vorsteher Abt. f. Nuklearmedizin u. Med. Physik Radiologische Klinik Univ. d. Saarlandes. Arbeitsgebiete: Nuklearmedizin u. Strahlenbiophysik - Fichtenweg 2, 6656 Kirkel-Limbach (T. 06849-8 96 22).

OBERHAUSER, Alois
Dr. rer. pol., o. Prof. f. Volkswirtschaftslehre u. Finanzwiss. - Waldackerweg 14, 7803 Gundelfingen (T. 0761 - 5 71 61) - Geb. 20. Jan. 1930 St. Ingbert - S. 1962 (Habil.) Lehrtätigk. Univ. Freiburg (1963 ao., 1965 o. Prof.) - BV: u. a. Finanzpolitik u. priv. Vermögensbild., 1963; Stabilitätspolitik b. steig. Staatsquote, 1975; Unternehmenskonzentrat. u. Wirksamkeit d. Stabilitätspolitik, 1979; Bildungsdarlehen, Stud. Bildung u. Wiss. 53 (Hrsg. Bundesmin. f. Bildung u. Wiss.), 1987; Familie u. Haushalt als Transferempfänger, Stiftg. D. Private Haushalt, 1989. Zahlr. Einzelarb.

OBERHEIDE, Karl
Vorstandsmitglied Südd. Zucker AG., Mannheim (1963-81) - 6800 Mannheim 1 (T. 46 11); priv.: Muldenweg 10, 6945 Hirschberg/Bergstr. - Geb. 18. Febr. 1919 - Vors. Verein d. Zuckerind., Bonn.

OBERHEUSER, Wilhelm
Geschäftsführer Wirtschaftsverb. Industrieleder-Erzeugnisse u. Wirtsch.verb. Industrieller Körperschutz, u. Bund Dt. Fliesengeschäfte, Mülheim/Ruhr - Mergelstr. 53, 4330 Mülheim (T. 5 20 66/7) - Geb. 12. Nov. 1918 Mülheim, verh. s. 1947 m. Hermine, geb. Hein, T. Brigitte.

OBERHOLZ, Werner
Kaufmann, geschäftsf. Gesellsch. Paul Oberholz & Söhne Schloß- u. Beschlagfabrik - Zu erreichen üb. Paul Oberholz & Söhne, Schloß- u. Beschlagfabrik GmbH, Dürerstr. 16, 5620 Velbert 1.

OBERKÖNIG, August Christian
Dipl.-Volksw., gf. Gesellschafter Beckumer Leder-Bekleidungswerke GmbH - 4720 Beckum - Geb. 13. Aug. 1913.

OBERLACK, Hans Werner
Dr. rer. pol., Kaufmann - Frettchenweg 15, 2000 Hamburg 65 (T. 601 99 24) - Geb. 22. Nov. 1925 Wuppertal (Vater: Adolf O., Kaufm.; Mutter: Herta, geb. vom Hagen), ev., verh. s. 1955 m. Marianne, geb. Hurtzig, 3 Söhne (Hans Günther, Helmut, Gerhard) - Univ. Köln (Wirtschaftswiss.). Promotion 1955 - 1951-55 Vereinig. Dt. Elektrizitätswerke, Frankfurt/M.; 1955-60 Europ. Wirtschaftsrat/OEEC, Paris (Sachverst. f. energiew. Fragen); 1960-84 Hbg. Electricitäts-Werke AG. (HEW), Hamburg (1967 Vorst.-Mitgl.); gf. Gesellsch. d. Otto A. Müller GmbH, Hamburg; Berat. f. Energie- u. Finanzwirtsch. - BV: Energiepreisentwickl. u. allg. Preisbeweg. (Diss.) - 1972-81 Gold. Sportabz. - Liebh.: Histor. u. maritime Literatur, Rudern - Spr.: Franz., Engl. - Rotarier.

OBERLACK, Heinz
Dr. jur., Vorsitzer d. Geschäftsfg. d. Stadtwerke Mönchengladbach GmbH - Rembrandtstr. 15, 4050 Mönchengladbach 1 (T. 02161 - 8 54 75) - Geb. 11. Dez. 1929 Butzheim (Vater: Gerhard O., Bahnbeamt.; Mutter: Katharina, geb. Kramer), kath., verh. s. 1959 m. Edith, geb. Arndt, 4 Kd. (Thomas, Birgit, Markus, Judith) - 1950-54 Univ. Köln (Rechtswiss.). Jurist. Staatsex. 1954 u. 58; Promot. 1957 - Ab 1958 Dezern. Reg. Düsseldorf, anschl. Ref. Finanzmin. NRW, 1964-87 Stadtkämmerer M'gladbach. AR-Mand. u. a. - Liebh.: Mod. Kunst, Jogging - Spr.: Engl.

OBERLÄNDER, Erwin
Dr. phil., Prof. f. Osteurop. Geschichte Univ. Mainz (s. 1985), 1. Vors. Verb. d. Osteuropahistoriker (s. 1987) - Kirschallee 48, 5300 Bonn 1 - Geb. 19. März 1937 Königsberg/Pr. - Stud. Gesch. Osteuropas, Mittl. u. Neuere Gesch., Slav. Phil. Promot. (1963) u. Habil. (1972) Köln - 1963-75 Wiss. Ref. Bundesinst. f. ostwiss. u. intern. Studien, Köln; 1975-85 Prof. Univ. Münster - BV: Tolstoj u. d. revolutionäre Bewegung, 1965; Sowjetpatriotismus u. Gesch., Dokument. 1967; Arbeiterdemokr. o. Parteidiktatur? - Dokum. d. Weltrevolution, Bd. II 1967 (m. F. Kool; span. 1971); D. Anarchismus - Dokum. d. Weltrevolution, Bd. IV 1972. Herausg.: Rußlands Aufbruch ins 20. Jh. (1970; engl. 1971) - Spr.: Engl., Russ.

OBERLÄNDER, Theodor Erich
Dr. agr., Dr. rer. pol., Prof., Bundesminister a. D., Industrieberater - Luisenstr. 6, 5300 Bonn - Geb. 1. Mai 1905 Meiningen/Thür. (Vater: Oskar O., Geh. Regierungsrat; Mutter: Klara, geb. Müller), ev., verh. m. Erika, geb. Buchholz, 3 Kd. - 1958 Großkreuz VO. BRD.

OBERLÄNDER, Wilfried
Optikermeister, Vors. Zentralverb. d. Augenoptiker, Düsseldorf, Vizepräs. Handwerkskammer Köln - Hohenzollernring 22-24, 5000 Köln 1.

OBERLE, Claus
Städt. Musikdirektor u. Fachlehrer f. Musik (s. 1984) - Mühlenstr. 34, 7733 Mönchweiler (T. 07721-7 16 33) - Geb. 27. April 1924 Villingen, kath., verw., 2 S. (Claus-Martin, Wolfgang-Erik) - Gymn.; Stud. Univ. Freiburg (Naturwiss.); Musikhochsch. d. Ortenau (Klavier u. Chor-/Orch.-Leit. b. P. Seeger, m. Abschl.-Ex.); Musikhochsch. Trossingen (Chor- u. Orch.-Leit. b. Lothar v. Knorr) - Pianist (Solo-Begl.); Chorleit.; Lehrtätig. an versch. Gymn.; später auch an Jugendmusiksch. Villingen-Schwenningen; Aufb. Villinger Kammerorch., Erweiterung z. Sinfonie-Orch. Villingen-Schwenningen - Spr.: Franz., Lat.

OBERLIESEN, Rolf
Dr., Univ.-Prof. Univ. Hamburg - Im Quinhagen 5, 4790 Paderborn - Geb. 20. Febr. 1940 Paderborn, kath., verh. s. 1966 m. Ulrike, geb. Lippmann, 2 Töcht. (Claudia, Verena) - Fachrb. Fernmeldetechnik; Stud. PH Paderborn u. Univ. Münster; 1. u. 2. Staatsex. f. d. Lehramt; Promot 1977 Münster - Hochschullehrer f. Erziehungswiss.; Mitgl. Dt. Ges. f. Erziehungswiss.; stv. Vors. Arbeit, Technik, Wirtschaft im Unterr. - BV: Technikdidaktik u. Kybernetische Wiss., 1979; Information, Daten u. Signale - Gesch. techn. Informationsver-

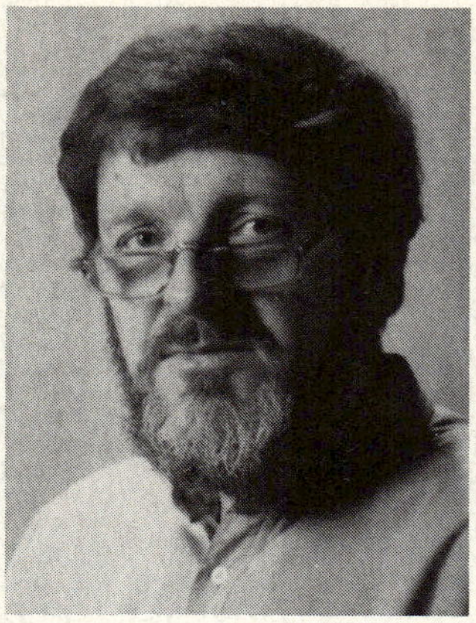

arbeitung, 1982, 2. A. 1987. Mithrsg.: Ztschr. arbeiten u. lernen.

OBERLINNER, Lorenz

Dr. theol., Prof. f. neutestamentl. Lit. Univ. Freiburg i. Br. (s. 1984) - Kappenhofstr. 5, 7801 Buchenbach - Geb. 4. Juli 1942 Riepertsham/Bay., kath., verh. - Stud. Univ. Freising u. Freiburg; Promot. 1974; Habil. 1979 - 1981-84 Prof. FU Berlin u. Univ. Bonn - BV: Hist. Überlieferung u. christol. Aussage. Z. Frage d. Brüder Jesu in d. Synopse, 1975; Todeserwartung u. Todesgewißheit Jesu, 1980; Festschr. f. A. Vögtle, 1986.

OBERMAIER, Hannes

Filmkolumnist (Ps.: Hunter) - Osserstr. 34, 8000 München 80 - Geb. 12. Juni 1923 Mühldorf (Vater: Johann O., Beamter; Mutter: Hedwig, geb. Gantenhammer), kath., verh. s. 1954 m. Haide, geb. Wenger, 2 Kd. (Thomas, Daniela) - Gymn. Rosenheim; Univ. München (8 Sem. Jura) - 1940-46 Wehrdst. u. Kriegsgefangensch.; s. 1949 Journ. (20 J. Münchner Abendzeitung, 4 J. Kolumnist Bildztg., dann Burda; Repräsentant f. Film) - Liebh.: Katzen (Siam), Kakteen - Spr.: Engl.

OBERMAIER, Josef Richard

Kaufmann, Bildhauer, Steinmetzmeister - Dr.-Max-Str. 11 A, 8022 Grünwald - Geb. 20. Mai 1922 Landshut (Vater: Josef O., Steinmetzm.; Mutter: Emilie, geb. Blume), kath., verh. s. 1961 m. Hildegard, geb. Huber, 2 S. (Josef, Fritz) - 1948 übern. d. elterl. Steinmetz-Betr. (s. 1895) u. Gründ. eig. Fa. Marmor-Obermaier; 1968, 71 u. 81 Gründ. drei weit. Firmen in München, Stuttgart u. Zürich (Bäder).

OBERMAN, Heiko A.

Dr. theol., D. D., o. Prof. f. Kirchengeschichte u. Direktor Inst. f. Spätmittelalter u. Reformation Univ. Tübingen (1966-84) - 4735 N. Camino Antonio, Tucson, AZ 85718 (USA) - Geb. 15. Okt. 1930 Utrecht (Holl.), verh. s. 1955 m. Geertruida, geb. Reesink, 4 Kd. (Gerrit-Willem, Ida, Hester, Raoul) - Stedelijk-Gymn. Utrecht; Univ. Utrecht (1949, 1951-54, 1955-56), Sekolah Tingghi/Indonesien (1950), Oxford/Engl. (1954/55). Promot. 1957 - Lehrtätigk. vornehmlich USA. Div. Fachmitgliedsch. Zahlr. wiss. Veröff. - 1963 Mitgl. Amerik. u. Niederl. Akad. d. Künste u. Wiss. (korr.); 1988 corr. Fellow of the British Acad.

OBERMANN, Emil

Dr. phil., Chefredakteur Fernsehen SDR (b. 1984) - Neckarstr. 230, 7000 Stuttgart (T. 288-27 20); priv.: 61, Mirabellenstr. 46 (T. 32 39 00) - Geb. 27. Dez. 1921 Stuttgart - Stud. Nationalök., Soziol., Staatsrecht, Gesch. Promot. 1951 - S. 1952 Südd. Rundf. (Bonner Korresp., Wehrexp., Chefredakt., ARD-Kommentator). 1968 ff. Leit. FS-Disk.: Pro u. Contra - BV: u. a. Soldaten - Bürger - Militaristen, 1958; Gesellschaft u. Verteidigung (Handb.), 1971 - 1971 Gold. Kamera; 1972 Ernst-Schneider-Preis f. Wirtschaftssend.; 1977 Goldener Bambi; 1982 BVK - Liebh.: Wandern, Musik.

OBERMANN, Holger

Fernseh-Journalist - Siboldgasse 2A, 6000 Frankfurt/M. 60 - Geb. 31. Aug. 1936, verh., 2 Kd. - Wirtschafts-Stud. Univ. Hamburg - Volontär Zeit, Hamburger Morgenpost; Redakt. Hamb. Morgenpost; 5 Jahre Auslandskorresp. USA; Hess. Rundf.-Ferns. (Chef v. Dienst); ARD-Sportkommentator. Fußball-Vertragsspieler u. Trainer, u. a. in USA, Gambia, Taiwan sow. Kickers Offenbach u. Eintracht Frankfurt - Fußball-Fachb.; Kinderb.; Jogging-Buch (m. a.). Medienpolit. Veröff. - BVK - Liebh.: Sportmed., Päd. - Spr.: Engl.

OBERMEIER, Frank

Dr. rer. nat., Prof., Physiker Max-Planck-Inst. f. Strömungsforschung Göttingen - Hambergstr. 16a, 3405 Rosdorf - Geb. 3. Juli 1939 Aachen, verh. s. 1965 m. Rotraut, geb. Kollert, 3 S. (Rüdiger, Volker, Bernd) - 1959-65 Univ. Göttingen; Promot. 1968; Habil. 1977 Göttingen - Gastwiss. MIT, Cambridge, Mass., USA; Caltech, Pasadena, Cal., USA; Lehrtätigk. Univ. Göttingen - Fachpubl.

OBERMEIER, Hans

Dipl.-Landwirt, Präsident Heimatverdrängtes Landvolk e. V. - Am Graswege 17, 3000 Hannover.

OBERMEIER, Siegfried

Schriftsteller - Hirschplanallee 7, 8042 Oberschleißheim/Obb. - Geb. 21. Jan. 1936, verh. s. 1963 m. Traudl Schott (Malerin) - BV/R.: Kreuz u. Adler, 1978; Starb Jesus in Kaschmir?, 1983; D. roten Handschuhe, 1984; München leuchtet übers Jahr, R. 1985; Mein Kaiser, mein Herr, R. 1986. Herausg.: D. geheime Tagebuch König Ludwig II. v. Bayern (1986). Biogr.: Walther v. d. Vogelweide, 1980; Richard Löwenherz, 1982; Mein Kaiser, mein Herr, R. 1986; D. Muse v. Rom - Leben u. Werk d. Angelika Kauffmann, 1987; Und baute ihr einen Tempel, R. 1987; Im Schatten d. Feuerbergs, R. 1989; Kaiser Ludwig d. Bayer, Biogr. 1989 - 1985 Litterra Med., 1986 Schleißheimer Kulturpr.

OBERMEIT, Werner

Dr. phil., Dipl.-Psych., Verwaltungsdirektor Freie Volksbühne Berlin - Bozener Str. 17, 1000 Berlin 62 (T. 853 53 57) - Geb. 3. Febr. 1947 Dortmund (Vater: Dr. Werner O., Vorst.-Vors.; Mutter: Lili, geb. Stein), ledig - 1966-74 Univ. Köln, Wien, London u. Berlin (Dipl. 1974, Promot. 1978) - 1974 wiss. Assist. Univ. Bielefeld; 1975-80 Psychotherapeut; s. 1980 Verw.-Dir. - BV: D. unsichtbare Ding, d. Seele heißt. D. Entd. d. Psyche im Bürgerl. Zeitalter, 1980 - Insz.: Duett f. e. Stimme, (Theater Fr. Volksbühne Berlin) 1982 - Spr.: Engl., Franz., Ital.

OBERNDÖRFER, Dieter

Dr. phil. (habil.), o. Prof. f. Wissenschaftl. Politik u. Soziologie Univ. Freiburg (s. 1963) - Sundgauallee Nr. 44, 7800 Freiburg/Br. (T. 8 22 54) - BV: V. d. Einsamkeit d. Menschen in d. mod. amerik. Gesellschaft, 2. A. 1961; Begegnungen m. Kurt Georg Kiesinger, 1984.

OBERREUTER, Heinrich

Dr. phil., M. A., Prof. f. Politikwissenschaft Univ. Passau - Eppaner Str. 12, 8390 Passau (T. 0851 - 5 86 06) - Geb. 21. Sept. 1942 Breslau (Vater: Dr. Wilhelm O., Facharzt; Mutter: Margot, geb. Edle v. Kienle), kath., verh. s. 1966 m. Monika, geb. Dietze, 2 Kd. (Heike, Johannes) - Stud. Politikwiss., Kommunikationswiss., Gesch., Soziol. Univ. München (M. A. 1972, Promot. 1976) - 1968-72 Wiss. Mitarb. Univ. München u. (1970) Bundestag Bonn; 1972-78 Wiss. Assist. Geschw.-Scholl-Inst. Univ. München; 1978-80 Prof. Otto-Suhr-Inst. FU Berlin; s. 1980 Lehrst. f. Politikwiss. Passau. 1972ff. Vorst.-Mitgl. Dt. Vereinig. f. Parlamentsfragen; 1980ff. Mitgl. Wiss. Beirat Bundeszentrale f. polit. Bild.; 1981-83 Mitgl. Beirat Dt. Vereinig. f. Polit. Wiss. - BV: Parlamentar. Opposition im intern. Vergleich, 1975; Kann d. Parlamentarismus überleben? 1977; Notstand u. Demokr., 1978; Pluralismus, 1980; Freiheitl. Verfassungsdenken u. polit. Bild., 1980; Parlamentsreform in westl. Demokratien, 1981; Übermacht d. Medien, 1982; Machtverfall u. Machtergreif., 1983; Parteien, 1983. Mitherausg.: Portraits d. Widerstands, (1984) - 1974 Preis d. Bayer. Landtages - Spr.: Engl., Franz.

OBERRITTER, Helmut

Dr., Dipl.-Ernährungswissenschaftler Deutsche Ges. f. Ernährung, Frankfurt - Zu erreichen üb. DEG, Feldbergstr. 28, 6000 Frankfurt 1 (T. 069 - 72 01 46) - Geb. 26. Febr. 1953 Wernau am Neckar, verh. s. 1986 m. Thekla, geb. Hark - Stud. Univ. Hohenheim; Dipl. 1981; Promot. 1984 Tübingen - 1980-85 Forschungstätigk. Univ. Tübingen; s. 1985 Leit. Ref. Ernährungsberatung Dt. Ges. f. Ernährung - 1986 Hermes-Vitamin-Preis - Liebh.: Photogr. - Spr.: Engl., Latein.

OBERSCHELP, Arnold

Dr. rer. nat., o. Prof. f. Logik u. Wissenschaftslehre - Am Reff 4, 2305 Heikendorf/Holst. (T. Kiel 24 20 75) - Geb. 5. Febr. 1932 Recklinghausen, verh. s. 1964 m. Dr. Anneliese, geb. Eisenbach - Promot. (1957 Univ. Münster), Habil. (1961 TH Hannover), s. 1968 o. Prof. Univ. Kiel - BV: Aufbau d. Zahlensystems, 1968, 1972, 1976; Set theory over classes, 1973; Element. Logik u. Mengenlehre I, 1974, II, 1978; Klassenlogik, 1983. Fachaufs.

OBERSTE-LEHN, Harald

Dr. med., Prof., Direktor Hautklinik Städt. Ferdinand-Sauerbruch-Anstalten - Arrenberger Str. 20-54, 5600 Wuppertal-E. (T. 39 44 00) - Geb. 10. Mai 1921 Essen (Vater: Emil O.-L., Kaufm.; Mutter: Hedwig, geb. Leusmann), ev. - Stud. Marburg, Bonn, München, Düsseldorf. Promot. 1944 D'dorf; Habil. 1953 Kiel - S. 1953 Lehrtätigk. Univ. Kiel (1959 apl. Prof. f. Dermatol.) - BV: D. morphol. Abgrenz. d. Lichen planus, 1953 (Habil.schr.); D. Anwend. d. Antibiotica in d. Dermatol., in: Antibiotica et Chemotherapia, 1956; Papulöse Hautkrankh., in: Dermatol. u. Venerol., 1957; D. Haaranordn. b. Mensch u. Säugetier, 1959; Üb. d. Diagnose u. Therapie d. Dermatomykosen, 1975. 90 Einzelarb. - 1955 korr. Mitgl. Ital. Dermatol. Ges., Member American Academy of Dermatology.

OBERT, Günter

Dr. jur., Staatssekretär im Bundesmin. d. Finanzen (b. 1989) - Geb. 25. Aug. 1926 Sommerau/Ostpr., ev., verh. s. 1948 m. Hildburg, geb. v. Rabenau, 2 Kd. (Angelika, Cornelius) - Stud. Rechtswiss. Univ. Berlin; Promot. FU Berlin - AR-Mitgl. Dt. Lufthansa AG u. Bayernwerk AG.

OBERTH, Hermann

Dr. h. c., Prof., Physiker - Untere Kellerstr. 13, 8501 Feucht b. Nürnberg (T. 09128 - 35 02) - Geb. 25. Juni 1894 Hermannstadt/Siebenbürgen (Vater: Dr. med. Julius O., Chirurg; Mutter: Valerie, geb. Krasser), ev., verh. 1918-81 m. Mathilde, geb. Hummel †, 4 Kd. (Julius [vermißt b. Stalingrad], Dr. Erna, Ilse †, Dr. Adolf) - Stud. München (Med.), Klausenburg (Phys.), Göttingen (Phys. u. Math.), Heidelberg (Phys. u. Math.) - Lehr- u. Forschungstätigk. (1941ff. Mitarb. Peenemünder Raketenteam; 1955 Mitwirk. amerik. Raumfahrtprogr. Huntsville). Zahlr. Erf. (Raketentechnik) - BV: u.a. D. Rakete zu den Planetenräumen, 1923; Wege zur Raumschiffahrt, 1929 (auch engl., russ., jap.); Menschen im Weltraum, 1954 (auch engl.); Stoff u. Leben, 1959; D. Mondauto, 1959; Drachenkraftwerk, 1978; D. Weltraumspiegel, 1978; Wählerfibel f. e. Weltparlament, 1984 - 5facher Ehrendoktor (1961 Wesleyan College Iowa,

1963 TU Berlin, 1972 Univ. Klausenburg, 1969 Inst. Politehnico Superior Barcelona, 1984 TH Graz); 1929 REP-Hirsch-Preis Paris; 1954 Gold. Diesel-Med.; div. Orden, dar. 1961 Gr. BVK, 1985 m. Stern, s. 1963 Mitgl. Hermann-Oberth-Ges., 1970 Hermann-Oberth-Preis, 1970 Hermann-Oberth-Med. in Gold, 1971 Gold. Hermann-Oberth-Ehrenring, Mitgl. Stiftg. Intern. Förderkreis Hermann Oberth/Wernher v. Braun, 1974 rumän. VO I. Kl.; 1984 Bayer. VO. Ehrenmitgl. zahlr. Raketenvereinig. Inu. Ausl. - Spr.: Ung., Engl. - Bek. Vorf. ms.: Dr. Friedrich Krasser (Großv.) - Lit.: Hans Hartl, H. O. - Vorkämpfer d. Weltraumfahrt, 1958; Helen B. Walters, H. O. - Father of Space Travel, 1962; Hans Barth, H. O. - Titan d. Weltraumfahrt, 1974; Hans Barth, H. O.-Briefwechsel (2 Bde. 1979/84); Hans Barth, H. O. - Leben, Werk, Wirkung, 1985.

OBERWINKLER, Franz Christoph

Dr. rer. nat., o. Prof., Direktor Botan. Garten Univ. Tübingen (s. 1974) - Auf der Morgenstelle 1, 7400 Tübingen - Geb. 22. Mai 1939 Bad Reichenhall (Vater: Christoph O., Oberwerkmeister; Mutter: Genoveva, geb. Brauneis), kath., verh. s. 1968 m. Dr. Barbara, geb. Mayr, 4 Kd. (Johannes, Clemens, Michaela, Claudia) - Stud. Biol., Chemie. Promot. 1965; Habil. 1972 - 1965-73 Wiss. Assist. Univ. Tübingen u. München; 1968-69 Assoc. Exped. FAO, Venezuela; 1974 Abt.vorst. Univ. München - Spez. Arbeitsgeb.: Mykologie, Basidiomycetes.

OBIDITSCH, Fritz

Dr. phil., Prof. - Bauernjörgstr. 37, 7987 Weingarten (T. 4 51 56) - Geb. 17. Juni 1926 Rosenthal/Sudentenl. (Vater: Karl O., Kaufm.; Mutter: Juliane, geb. Longin), kath., verh. m. Elisabeth, geb. Eberle, T. Gudrun - Promot. 1956 Tübingen - S. 1962 Doz., s. 1965 Prof. PH Weingarten (1971-74 Rektor) - BV: Einf. i. d. Soziol. d. Erz., 2. A. 1976; Akad. Lehrprogr. Soziol., 2. A. 1979; Sozialstruktur d. Bundesrep. Dtschl., 1976.

OBLADEN, Wolfgang

Oberbürgermeister Stadt Leverkusen (s. 1979) - Hemmelrather Weg 229, 5090 Leverkusen 1 (T. 0214-7 44 55) - Geb. 2. Juni 1923 Düsseldorf (Vater: Bernhard O.; Mutter: Maria, geb. Müller), kath., verh. s. 1953 m. Else, geb. Traut, 4 Kd. (Christoph, Martin, Norbert, Margret) - Gymn., PH, 1. u. 2. Staatsprüf. f. d. Lehramt an Grund- u. Hauptsch. - 1948 Lehrer, 1958 Konrektor, 1960 Rektor, 1969 Leit. Bezirkssem. f. d. Lehramt Grund- u. Hauptsch., 1970 Schulrat, 1973 Dezern. Schulabt. Reg.-Präs. D'dorf, 1961 Rat Stadt Leverkusen. 1969 Fraktionsf. CDU - Spr.: Engl.

OBLÄNDER, Manfred H.

Sprecher d. Bundesmin. f. wirtschaftl. Zusammenarbeit - Karl-Marx-Str. 4-6, 5300 Bonn 1 (T. 0228 - 5 35-4 51) - Geb. 25. April 1940 Eschelbronn, ev., verh. s. 1962 m. Frauke O.-Garlichs, 2 Kd.

(Carsten, Heike) - 1954-57 Lehre als Ind.kfm.; 1959-62 Gasthörer Univ. Bonn (Polit. Wiss.) - S. 1962 Sachbearb., Ref. u. Ref.leiter Bundesmin. f. wirtschaftl. Zus.arbeit Bonn. S. 1967 Mitgl. Präsid. Dt.-Somal. Ges.; s. 1987 stv. Vors. Verein Patenschaft Kinder Lateinamerikas - BV: Somaliade, 1971 u. 1980; Somalia - Nomadenland im Aufbruch, 1980; Zeit d. Dürre, Zeit d. Regens, 1983 - 1982 Großoffz. d. Ordens Stern v. Somalia; sow. weit. hohe Orden v. Argentinien, Côte D'Ivoire, Indones., Mali, Niger u. Thailand; 1984 BVK - Liebh.: Archäol., afrik. Kunst, Gartenarbeit - Spr.: Engl.

OBLINGER, Hermann

Dr. phil., em. o. Prof. f. Schulpädagogik - Adalbert-Stifter-Str. 12, 8902 Neusäß-Westheim/Schw. - Geb. 22. Dez. 1921 Sagan/Schles. - Promot. 1956 - S. 1956 Lehrtätigk. PH u. Univ. Augsburg (1971 Ord.) - BV: Schweigen u. Stille in d. Erziehung, 1968; Theorie d. Schule, 1975 u. 1980; D. Schule in d. Ges., 1981; Grundlegende Unterrichts-Konzeptionen, 1985. Zahlr. Einzelarb. z. Päd. u. Geobotanik. Hrsg. wiss. Berichte d. Naturwiss. Vereins f. Schwaben.

OBOTH, Heinrich

Dr. rer. pol., Vorstand GOLD-PFEIL Ludwig Krumm AG., Offenbach/Main - Am Haag 23, 6232 Neuenhain - Geb. 13. Mai 1924 - Dipl.-Kfm.

O'BRIEN-DOCKER, John

Komponist, Arrangeur, Texter, Verleger - Ohlwöhren 4, 2000 Hamburg 55 - Geb. 25. Dez. 1938 London (Vater: Robert O., Uhrm.; Mutter: Ada Coules), verh. s. 1969 m. Robin Luthe, 3 Kd. (Joanna, Ian, July) - Zahlr. Musiken (Schallpl., Hörsp.) - Liebh.: Lesen, Reisen - Spr.: Engl., Franz., Span., Ital., Deutsch.

OBRIG, Hans Wilhelm

Dr.-Ing., Geschäftsführer Wilhelm Hegenscheidt Ges. mbH Erkelenz; Pres. Hegenscheidt Corporation, Troy, Mich., USA; Director Hegenscheidt Australia, Melbourne, Australien - Gillhausenstr. 5, 4300 Essen-Bredeney (Tel. 41 29 77) - Geb. 10. Mai 1931 Wuppertal-Elberfeld (Vater: Hellmuth O., Kaufm.; Mutter: Marielis, geb. Vogt), ev., verh. s. 1962 m. Maria, geb. Jungmann, 2 Kd. (Eva, Hellmuth) - TH Aachen (Dipl.-Ing. 1954; Promot. 1961) - Spr.: Engl.

OCHEL, Willy

Dr.-Ing. E. h., Generaldirektor i. R. - Karl-Prämer-Str. 12, 4600 Dortmund (T. 4 25 34) - Geb. 27. Jan. 1903 Wiedenest/Oberberg. Kr. (Vater: August O., Werkmeister; Mutter: Johanna, geb. Heinrichs), ev., verh. s. 1934 m. Ilse, geb. Kiehne, 5 Kd. (dar. 2 S.) - TH Hannover (Dipl.-Ing.) - 1929-70 Borsig AG., Berlin (zul. Obering.) Maschinenfabrik Erhardt & Sehmer, Saarbrücken (1936 Dir.), Orenstein & Koppel AG., Berlin (1941 Vorstandsmitgl.), Hoesch AG., Dortmund (1952 Vorstandsmitgl., 1960 -vors., 1968 ARsvors.). 1955-63 Präs. IHK Dortmund. 1968 ff. Ehrenpräs. IHK Dortmund (langj. Präs.). Div. Mandate - 1955 Ehrendoktor TH Hannover; 1963 Ehrenring IHK Dortmund (erster Träger); 1969 Gr. BVK m. Stern - Liebh.: Wandern, Farbfotogr. (bes. seltene Blumen u. Kleintiere) - Lit.: Ferdinand Simoneit, D. Neuen Bosse, 1966.

OCHSENFARTH, Christoph

Dr. rer. nat., Dipl.-Chem., Geschäftsführer Verb. d. chem. Industrie, Landesverb. NRW, BDI Landesvertretung NRW u. a. - Hobirkheide 32, 4300 Essen - Geb. 12. Juli 1914, verh. m. Renate, geb. Höltje, 3 Kd. - Gymn.; Stud. Chemie, Physik, Math., Mineral., Phil. - B. 1952 Ref. Wirtschaftsmin. NRW, dann ltd. Tätigk. Chem. Ind., s. 1958 wie oben - Liebh.: Musik.

OCHTRUP, Wolfgang

Geschäftsführer Siegener Verzinkerei GmbH, Verzinkerei Bochum GmbH, Verzinkerei Rhein-Main GmbH, Verzinkerei Würzburg GmbH - Hölkeskampring 179, 4690 Herne 1 - Geb. 17. Nov. 1934 Bochum - Spr.: Engl., Franz.

OCHWADT, Curd

Autor u. Wissenschaftler - Wohnhaft in 3000 Hannover - Geb. 27. März 1923, ledig - Stud. b. H. Ochsner u. an d. Univ. Freiburg/Br. - Verf. v. Schriften, Herausg. wiss. Quellenwerke, Übers. - Entd. d. einzigen bedeutenden dt. Militärrevolutionärs - BV: D. Steinhuder Meer, 1967, 2. A. 1975; Voltaire u. d. Grafen zu Schaumburg-Lippe, 1977; Wilhelmstein u. Wilhelmsteiner Feld, o.J.; Wilhelm Graf zu Schaumburg-Lippe, Schriften u. Briefe, I 1976, II 1977, III 1983; M. Erwin Tecklenborg: D. Maß d. Verborgenen, Heinrich Ochsner z. Gedächtnis, 1981; Martin Heidegger, Hölderlins Hymne Andenken, 1982; M. Heidegger, Seminare, 1986; D. Kristallnacht in Hannover, 1988; Ernst Barlach, Hugo Körtzinger u. Hermann Reemtsma, 1988. Arthur Rimbaud, Briefe u. Dok., 1961 (Übers.); Isabelle Rimbaud, Rimbauds letzte Reise (Übers.); Martin Heidegger, Vier Seminare, 1977 (Übers.).

OCKENFELS, Rudolf

Dachdecker- u. Klempnermeister, Präsident Zentralverb. Dt. Dachdeckerhandwerk, Fachverb. Dach-, Wand- u. Abdichtungstechnik - Priv.: Kölnstr. 52, 5040 Brühl (T. 02232 - 4 90 55); dstl.: Postf. 511067, Fritz-Reuter-Str. 1, 5000 Köln 51 - Geb. 23. Aug. 1928 Brühl (Vater: Anton O. †; Mutter: Maria, geb. Ströbelt), kath., verh. s. 1952 m. Ingeborg, geb. Wichterich, 2 Kd. (Anton, Ellen) - 1945-49 Ausb. z. Dachdeckermstr. - 1945 Übern. d. elterl. Handwerksbetriebes (tödl. Unfall d. Vaters), 1966-72 Landesinnungsmstr. Dachd.verb. Nordrhein, 1972-78 gf Vorst.-Mitgl. Zentralverb. Dt. Dachd.handw., s. 1978 Präs.; 1981-83 Präs. Intern. Föderat d. Dachd.handw. (IFD) - 1981 BVK, 1986 BVK I. Kl.

OCKENFELS, Wolfgang

Dr. phil., Dr. theol. habil., Prof. Theol. Fak. Trier - Weberbach 17, 5500 Trier (T. 0651 - 4 87 57) - Geb. 25. Jan. 1947 Bad Honnef, kath., ledig - 1968-74 Stud. Theol. u. Phil. Walberberg/Bonn, 1974-78 Sozialphil. u. Volkswirtsch. Fribourg; Promot. - 1979 Redakt. Rheinischer Merkur; 1982-85 Akad. Rat Univ. Augsburg; Vorst.-Mitgl. Inst. f. Gesellschaftswiss. Walberberg - BV: Gewerkschaften u. Staat, 1979; Wahlkampf-Brevier, 1980; Technik u. Gewissen, 1985; Diskussion um d. Frieden, 1974; Politisierter Glaube, 1987 - Spr.: Engl., Franz.

OCKER, Claus

Konzertsänger (Bariton), ehem. Prof. Musikhochschule Hamburg - Parkallee 109, 2800 Bremen 1 (T. 0421 - 34 69 02) - Geb. 20. Dez. 1923 Verden (Vater: Georg O., Kaufm.; Mutter: Carola, geb. Gibon), 2 Kd. (Michael, Corinna) - B. 1942 Neues Gymn. Bremen (Abit.); 1946-51 Musikhochsch. Hamburg (Meisterkl. Prof. O. Rees) - Liederabende u. Konzerte In- u. Ausl. (1968 Indien, Japan, Kanada u. a., 1983/84 Asien, 1984/85 Polen, 1989 China-Japan/UdSSR). Schallpl. - 1952 Concours intern. Genf (Silbermed.); 1987 Gastprof. USA, Masterclasses in Australien, Japan u. PR China - Liebh.: Bienen - Spr.: Engl.

ODENBREIT, Günter

Stadtdirektor - Grenzweg 23, 3180 Wolfsburg 13 - Geb. 26. Jan. 1940 Bonn, kath., verh. s. 1970 m. Ingrid, geb. Schmelzeisen, 2 Söhne (Andreas, Florian) - Stud. Rechtswiss.; Ass.Ex. 1970 Düsseldorf.

ODENDAHL, Doris Frieda

Bundestagsabgeordnete (s. 1983; Landesliste Baden-Württ.) - Bundeshaus, 5300 Bonn 1 - SPD.

ODENTHAL, Hans

Dr. med., Prof., Internist (Chefarzt) - Marienhospital, 4650 Gelsenkirchen; priv.: -Buer, Obererle 54 - Geb. 7. Juni 1918 (Vater: Jakob O., Landrat Kreis Kempen-Krefeld; Mutter: Klara, geb. Bartz), verh. m. Dr. Hella, geb. Peters, 4 Kd. (Hansjakob, Barbara, Susanne, Ludger) - Univ. München, Köln, Bonn, Tübingen, Straßburg - S. 1956 (Habil.) Lehrtätigk. Med. Akad. bzw. Univ. Düsseldorf (1962 apl. Prof. f. Inn. Med.); s. 1961 Chefarzt Gelsenkirchen - BV: Entzündungen d. Bluteiweißkörper. Üb. 60 Einzelveröff.

ODERMANN, Jochen

Gf. Gesellschafter Hager Dental GmbH, Duisburg - Denkmalstr. 7, 4100 Duisburg 1 (T. 0203-34 18 28) - Geb. 25. April 1938, verh. - Gymn., kaufm. Lehre; einj. Ausb. in England - Vors. Prüfungsaussch. IHK Duisburg, Abt. Dental; Vors. Arbeitsaussch. Dental-Union, Heusenstamm (Labor) - Silb. Ehrennadel IHK - Liebh.: Sportfischen, Tennis - Spr.: Engl.

ODERSKY, Walter

Dr. jur., Prof., Präsident Bundesgerichtshof (BGH) - Zu erreichen üb. Herrenstr. 45a, 7500 Karlsruhe 1 (T. 15 90) - Geb. 17. Juli 1931 Neustadt/OSchles. (Vater: Dr. Felix O., Landgerichtsvizepräs.; Mutter: Gisela, geb. Michael), kath., verh. s. 1957 m. Renate, geb. Pustet, 5 Kd. (Martin, Elisabeth, Gisela, Friederike, Felix) - Univ. München u. Pisa (Italien) - S. 1957 Richter, Staatsanw. u. Beamter im Bayer. Staatsmin. d. Justiz; 1974 Honorarprof. Univ. München. 1978 Vors. Kurat. Stiftg. Maximilianeum; 1983 Präs. Bayer. Oberstes Landesgericht - 1982 BVK I. Kl. - Spr.: Engl., Franz., Ital.

ODEWALD, Jens

Dr., Finanzdirektor, 1985ff. Vorstandsvors. Kaufhof AG. - Leonhard-Tietz-Str. 1, 5000 Köln 1 - Geb. 1940.

ODIN, Karl-Alfred

D., Journalist - Zu erreichen üb. Frankfurter Allg. Zeitung, Postf. 2901, 6000 Frankfurt/M. 1 - Geb. 4. Juni 1922 Leipzig - S. 1961 FAZ (u.a. Kirchenfragen) - 1983 Theol. Ehrendoktor Univ. Kiel.

ODLER, Ivan

Dr.-Ing., Prof. f. Bindemittel u. Baustoffe TU Clausthal, Direktor Amtliche Materialprüfanstalt f. Steine u. Erden TU Clausthal - Geb. 16. April 1930 Bratislava (Vater: Stephan O., Bankdir.), kath., verh. s. 1963 m. Dr. med. Maria, geb. Cvopa, T. Marika - 1953-58 wiss. Assist. Univ. Preßburg/CSSR; 1958-68 Laborleit. u. Leit. Ber. Forsch./Technik Inst. f. Bautechnik Preßburg; 1969-76 USA (wiss. Mitarb., Abt.leit. in d. Forsch.); s. 1976 o. Prof. TU Clausthal; s. 1985 Hon.-Prof. Tongji-Univ. Shanghai (China) - Spr.: Engl., Russ., Franz., Slowak.

ODRICH, Peter

Wirtschaftskorrespondent d. FAZ f. Japan, Südkorea, Taiwan u. Hongkong m. Sitz in Tokio - 7-15, Seijyo 4-Chome Setagaya-Ku, Tokyo 157/Japan.

OECHSNER, Hans

Dr. rer. nat., Dipl.-Phys., Prof. Univ. Kaiserslautern (s. 1981) - Vogelweher Str. 7b, 6750 Kaiserslautern 32 (T. 0631-5 98 35) - Geb. 21. Febr. 1934 Nürnberg (Vater: Heinrich O., Beamter; Mutter: Emmi, geb. Giehl), ev., verh. s. 1960 m. Gertrud, geb. Albert, 3 Kd. (Martin, Susanne, Sibylle) - Stud. d. Physik Univ. Würzburg; Dipl.ex. 1960; Promot. 1963; Habil. 1972 - Forschungsaufenth. ETH Zürich 1968; ab 1965 Lehrbeauftr. u. 1972 Privatdoz. Univ. Würzburg; 1972-81 Prof. TU Clausthal - Spr.: Engl. - Rotarier.

OECKL, Albert

Dr. rer. pol., Prof. - Jaspersstr. 2, 6900 Heidelberg-Emmertsgrund (T. 06221 - 3 88-5 95) - Geb. 27. Dez. 1909 Nürnberg, kath., verh. s. 1936 m. Auguste, geb. Kühl - Stud. Rechtswiss. u. Volkswirtsch. Promot. 1934 - 1936-39 IG Farben, 1939-45 Kriegsteiln. (zul. Feldwebel), 1945-50 Wirtschaftsberater, 1951-59 Geschäftsf. Dt. Industrie- u. Handelstag, Bonn, 1959-74 Dir. BASF AG, Ludwigshafen, s. 1975 Public Relations- u. Kommunikations-Berater, 1961-67 Vors. Dt. Publ.-Rel.-Ges., Präs. Intern. Public Relations Assoc. (1967-69). 1960-78 Lehrtätigk. Univ. Heidelberg, Augsburg u. Intern. Univ. Rom - BV: Handb. d. Public Relations-Theorie u. Praxis d. Öffentlichkeitsarb. in Dtschl. u. d. Welt, 1964 u. 1976; D. Gesicht d. dt. Industrie, 1968 (m. O. Steinert). Herausg.: Taschenbuch d. Öfftl. Lebens (1950 bis heute). Üb. 250 Vortr., Art., Broschüren etc. - Vors. Jury Gold. Brücke d. DPRG, Vors. Jury Dt. Apotheker-Pr., Albert Oeckl-Preis d. DPRG z. Förd. d. PR-Nachwuchses; 1967 Ehrenpräs. u. Ehrennadel in Gold Dt. Public-Relations-Ges., Ehrenmitgl. Dt. Inst. f. PR; 1977 Ehrenmitgl. Centre Européen des Relations Publiques; 1979 Ehrenmitgl. Intern. PR-Assoc.; 1975 Gr. BVK; Gold. Lorbeerblatt Bundesverkehrswacht f. 50 J. unfallfr. Fahren - Liebh.: Reisen, Kochen, Fotogr. - Spr.: Engl., Franz.

OEDEKOVEN, Dietrich

Stadtkämmerer - Rathaus, 6200 Wiesbaden (T. 06121 - 31-29 22) - Geb. 27. März 1928 Aachen (Vater: Albert O., Landw.; Mutter: Katharina, geb. Manstetten), kath., verh. s. 1952 m. Doris, geb. Neber, 3 Kd. (Albrecht, Claudia, Beate) - 1948-52 Univ. Köln u. Tübingen. Jurist. Staatsprüf. 1952 (Köln) u. 56 (Düsseldorf) - 1956-63 Dt. Städtetag; 1963-68 Stadtverw. Ludwigshafen/Rh. (Bürgerm.); seit 1968 Stadtverw. Wiesbaden (Stadtkämmerer); Beiratsmitgl. Hessen d. Dresdner Bank AG; AR-Mitgl. Kraftwerke Mainz-Wiesbaden AG. Vors. Finanzaussch. d. Dt. Städtetages u. Finanzaussch. d. Dt. u. d. Hess. Städtetages; VR-Vors. d. Nassauischen Brandversich.anst.; AR-Mitgl. Stadtwerke Wiesbaden AG. SPD - BV: Kommentar z. Schulfinanz- u. -verw.sgesetz Nordrh.-Westf., 1960; Komm. z. Bundesbauges., 1961 - Liebh.: Musik, Wassersport - Spr.: Engl.

OEDEMANN, Georg A.

Schriftsteller (Ps.: Georg Artur) - Albstr. 107, 7410 Reutlingen - Geb. 24. Febr. 1901 Hohenstein-Ernstthal, ev., verh. m. Gertrud, geb. Rüprich - Zul. städt. Angest. - BV: u. a. Wir schmelzen d. Eisen, 1938; Glückauf, Kumpel, 1938; Eldorado, 1954; D. Spielzeugschnitzer, 1954; Wolf d. Meere, 1957; Unternehmen Atlantic, 1958; D. Goldstr., 1959; D. Kinder d. silb. Berge, 1960; Sie sind d. Herz Berlins, R. 1962. Herausg.: Dt. Arbeiterdichter, 1951 - 1937 Dichterpreis Schneeberg - Urgroßv.: Seyfert, Arbeiterastronom Hohenstein (Verf.: Copernikus u. d. tellurian. Weltsystem).

OEDIGER, Friedrich-Wilhelm

Dr. phil., Prof., Ltd. Staatsarchivdirektor a. D. - Kanzlei 49, 4005 Meerbusch 1 (T. 28 17) - Geb. 9. Mai 1907 Hüls (Vater: Wilhelm O., Apotheker; Mutter: Josefine, geb. Kehren), kath., verh. s. 1935 m. Agnes, geb. Heringer († 1985) - Univ. Freiburg, Münster, Tübingen, Berlin (auch Inst. f. Archivwiss.). Promot. 1929 Tübingen - 1934-72 Staatsarchiv Düsseldorf (1938 Staatsarchiv-, 1952 Oberstaatsarchivrat, 1953 Staatsarchivdir.) - BV: Schriften d. Arnold Heymerick, 1939; Üb. d. Bildung d. Geistl. im späteren Mittelalter, 1953; D. Regesten d. Erzbischofs v. Köln, I 1954/58; D. Staatsarchiv D'dorf u. s. Bestände, I-II, IV-V, VIII 1957-74; D. älteste Totenb. d. Stiftes Xanten, 1958; D. älteste Ordinarius ebd., 1963; Zwei Briefbücher 1469-84, 1506-12 ebd., 1979; D. Gesch. d. Erzbistums Köln, 1964, 2. A. 1971; D. Erzdiözese Köln um 1300, 2 Bde. 1967/69; V. Leben a. Niederrhein, Aufsätze ..., 1973; Der Liber quondam notarii (W. Ysbrandi de Clivis, 1362-1446), 1978; D. Einkünfteverzeich. d. Grafen Dietr. v. Kleve 1319, I u. II, 1982 - 1964 Prof.-Titel; 1973 BVK I. Kl.

OEFF, Karl

Dr. med., Prof., Wiss. Rat Nuklearmed. Abt. Med. Univ.skliniken Berlin (Freie Univ.) - Karwendelstr. 42, 1000 Berlin 45 (T. 832 46 15) - Geb. 13. Jan. 1921 Hamberge/Meckl. - S. 1959 (Habil.) Lehrtätigk. FU Berlin (1965 apl. Prof.). Veröff. z. Nuklearmed.

OEFTERING, Heinz-Maria

Dr. jur., Dr.-Ing., E. h., Prof., Bundesbahnpräsident a. D., VRspräs. Dt. Bundesbahn a. D., ARsvors. Dt. Verkehrs-Kredit-Bank AG., Berlin/Frankfurt, a. D., u. a. - Bernusstr. 22, 6000 Frankfurt/M. (T. Büro 26 51) - Geb. 31. Aug. 1903 München (Vater: Prof. Michael O.; Mutter: Ida, geb. Rattenhuber), verh. s. 1930 m. Irmy, geb. Hugel - Gymn. München; Univ. ebd. u. Heidelberg - 1932-34 Regierungsass. u. -rat Reichsfinanzhof, München, 1935-45 Reg.s- u. Oberreg.srat Reichsfinanzmin., Berlin, 1945-50 Präs. Rechnungshof Rhld.-Pfalz, Speyer (b. 1949 Vors. Berat. Finanzaussch. Militärreg. f. d. franz. Besatzungszone), 1950-57 Ministerialdir. (ständ. Vertr. d. Staatssekr.) Bundesfinanzmin., Bonn (Leit. Abt. II), 1957-72 I. Präs. Dt. Bundesbahn. 1948 ff. Honorarprof. Hochsch. f. Verw.swiss. Speyer u. Univ. Mainz (Steuerrecht). 1958-60 Präs. Intern. Eisenbahnverb. (UIC), Paris (erster Deutscher) - BV: D. kl. Stadt u. ihr Bahnhof, 1965. Zahlr. Veröff. üb. Steuern u. Finanzen; Kommentare z. Lohn- u. Gewerbesteuer - 1965 Ehrendoktor TU Berlin; 1964 Offz.smed., 1971 Kdr. Franz. Ehrenlegion; 1966 Großoffz.skreuz belg. Orden Leopold II.; 1963 Gr. BVK m. Stern u. Schulterb., 1971 Gr. Silb. Ehrenz. Rep. Österr.; 1968 Gold. Bürgermed. München u. a. hohe Orden - Liebh.: Musik, Modelleisenbahn, Publizistik.

OEHL, Wilhelm

Dr. phil., Prof., Hochschullehrer (entpfl.) - Olpketalstr. 23, 4600 Dortmund-Kirchhörde (T. 73 41 43) - Geb. 4. März 1904 Altweidelbach/Hunsrück - Schuldst. u. -verw.; Lehrerbild. (1959 o. Prof. PH Dortmund bzw. Ruhr/Abt. Dortmund; Mathematik u. Didaktik d. Rechenunterr.) - BV: V. d. Arbeit m. Dingmengen z. Zahlenrechnen, 5. A. 1968; D. Rechenunterr. in d. Grundschule, 10. A. 1976; D. Rechenunterr. in d. Hauptschule, 6. A. 1976. Herausg. Unterrichtswerk Die Welt der Zahl (s. 1952).

OEHLER, Christoph

Dr. phil., Prof. f. Soziologie u. empirische Bildungsforschung GH-Univ. Kassel, Honorarprof. Univ. Frankfurt - Magazinstr. 2, 3500 Kassel (T. 0561 - 87 55 57) - Geb. 7. Mai 1928, S. Nils Thomas - Stud. Phil. u. Soziol. Univ. Frankfurt; Promot. 1956 - Assist. Inst. f. Sozialforschung, Frankfurt; Ref. u. Abteilungsleit. Kultusverw. - BV: Student u. Polit. (m. a.), 1961; Hochschulentwicklungsplanung, 1975; Studienplanung u. Studienreform, 1978; D. Entw. d. dt. Hochschulwesens s. 1945, 1985; Forschungstransfer u. Ges., 1987 - Spr.: Griech., Lat., Engl. - Bek. Vorf.: Friedrich Nietzsche (Urgroßonkel vs.).

OEHLER, Dietrich

Dr. jur., em. o. Prof. f. Strafrecht, -prozeßrecht, Intern. u. Ausl. Strafrecht, Ev. Kirchenrecht - Franz-Seiwert-Str. 25, 5000 Köln 41 (T. 48 69 96) - Geb. 4. Okt. 1915 Görlitz/Schles. (Vater: Prof. Dr. phil. Hans O.; Mutter: geb. Miser), ev., verh. s. 1948 m. Margot, geb. Mezger (†), wiederverh. s. 1976 m. Dr. rer. pol. Emmy-Margarete, geb. Dehne, 3 Kd. (Bodo, Verena, Gesine) - Promot. 1939; Habil. 1949 - 1949 Privatdoz. Univ. Münster, 1951 ao., 1954 o. Prof. FU Berlin (1957/58 Dekan Jurist. Fak.), 1961 Univ. Köln (Dir. Kriminalwiss. u. Rundfunkrechtl. Inst.; 1966-68 Dekan) - BV: D. Irrtum üb. d. Grundl. d. Vertrages im dt. u. schweiz. Recht in rechtsvergl. Darstell., 1939; Wurzel, Wandel u. Wert d. strafrechtl. Legalordnung, 1950; D. objektive Zweckmoment in d. rechtswidr. Handlung, 1959; Gutachten z. Juristenausbild., 1970 (48. Dt. Juristentag); Intern. Strafrecht, 2. A. 1982; D. Entwickl. d. strafrechtl. Bestimmungen d. intern. Verträge, in: Festschr. f. Karl Carstens, 1984; D. Entstehung d. strafrechtl. Inquisitionsprozesses, Gedächtnisschr. f. Hilde Kaufmann, 1986; Kronzeugen etc., Ztschr. f. Rechtspolitik 1987. Div. Festschriftbeiträge u. Fachzeitschriftaufsätze. Mithrsg.: Schriftenreihe Rundfunkrecht. Inst. Köln; Japan. Recht; Kölner Stud. z. Rechtsvereinheitlichung - Ehrenmitgl. Jap. Strafrechtl. Ges.; ao. Mitgl. jap. Rechtsvergl. Ges.; Corr. member Canadian Inter-Americ. Research Inst. Montreal, Quebec; Rapporteur Intern. Criminal Law Comm. d. Intern. Law Assoc.; Rappresent. Pres. della Commiss. scientifica d. Centro Intern. di Ricerche e Studi Sociolog., Penali e Penitenziari, Messina - Lit.: Festschr. f. D. Oehler, 1985 (hg. v. R. D. Herzberg) Bek. Vorf.: Großv. vs. war Bruder d. Mutter Friedrich Nietzsches.

OEHLER, Dolf

Dr. phil., Hochschullehrer, Literaturkritiker - Stud. Roman., German. u. Phil. Univ. Frankfurt u. Tübingen; Promot. 1973, Habil 1987 Frankfurt - 1977-83 Doz. u. Prof. Univ. Frankfurt; 1985-88 Prof. Associé Univ. Orléans; 1988/89 Gastprof. Univ. Paris VIII u. Trier - BV: Pariser Bilder 1 (1830-1848). Antibourgeoise Ästhetik b. Baudelaire, Daumier u. Heine, 1979; E. Höllensturz d. alten Welt. Z. Selbsterforsch. d. lit. Moderne, 1988.

OEHLER, Gerhard

Dr.-Ing. (habil.), Prof., Wiss. Mitarb. Forschungsges. Blechverarbeitung, Düsseldorf - Seebacher Str. 48, 6702 Bad Dürkheim (T. 34 04) - Geb. 30. Mai 1900 Dresden (Vater: Willibald O., Anwalt; Mutter: Gertrud, geb. v. Petrikowska), konfessionsl., verh. 1959 m. Anna-Maria, geb. Dziemba - TH Karlsruhe u. Dresden (Maschinenbau). Promot. (1925) u. Habil. (1936) Dresden - Industrietätigk.; S. 1952 apl. Prof. TH Hannover (Blechverarb.) - BV: Gestaltung gezogener Blechteile, 2. A. 1966; Blech u. s. Prüfung, 1953; Plechy a jejich zkouseni, 1958 (Prag); Blech- u. Kunststoffkonstruktionen, 1972; Schnitt-, Stanz- u. Ziehwerkzeuge, 6. A. 1973; Hydraul. Pressen, 1961 - Bek. Vorf.: David Friedrich Oe., Begr. sächs. Textilind. (Urgroßv.).

OEHLER, Hans Albrecht

Philologe - Steige 3, 7141 Erdmannhausen - Geb. 5. Dez. 1926 Basel (Schweiz) - 1945-50 Univ. Tübingen (German., Angl., Gesch.) - 1953-56 Repet. Ev. theol. Sem. Schöntal; 1956-59 Ref. Zentralverw. Goethe-Inst. München; s. 1959 Inst.-Leit. Tokyo, Marseille, Athen, Lissabon - Spr.: Engl., Franz., Portug., Neugriech., Jap.

OEHLER, Klaus

Dr. phil., o. Prof. f. Philosophie - Büngerweg 5, 2000 Hamburg 52 (T. 82 95 65) - Geb. 31. Aug. 1928 Solingen (Vater: Herbert Oe., Zahnarzt; Mutter: Else, geb. Klostermann), ev., verh. s. 1961 m. Christine, geb. Linnemann, 3 Kd. (Livia, Elisabeth, Christian) - Stud. Philos. u. Klass. Philol. Promot. 1953 Tübingen; 1954 Lehrauftr. Univ. Marburg; Habil. 1960 Hamburg; 1961-63 Harvard Univ.; 1968 o. Prof. Univ. Hamburg (Dir. Phil. Sem.); 1968 Ruf Univ. Mainz (abgelehnt). 1973/74 Member Inst. for Advanced Study in Princeton, N. J.; Member Inst. for Studies in Pragmatism an der Texas Tech. Univ. Korr. Mitgl. Athener Akad. Member Advisory Board Peirce Edition Project, Indiana University, Indianapolis; Mitgl. Joachim Jungius-Ges. d. Wiss., Hamburg - BV: D. Lehre v. Noet. u. Dianoet. Denken b. Platon u. Aristoteles, 1962, 2. A. 1985; Antike Philos., 1969. Kommentar: Peirce, Üb. d. Klarheit uns. Gedanken (1968, 3. A. 1985); James, D. Pragmatismus (1977); D. Unbewegte Beweger d. Aristoteles, 1984; Komment. z. Kategorienschr. d. Aristoteles, 1984, 2. A. 1986. Herausg.: Zeichen u. Realität, 3 Bde., 1984. Mithrsg.: Festschr. f. Gerhard Krüger (1962); Semiosis (1976); Zeitschr. f. Semiotik (1979). Mitgl. Dt. Ges. f. Semiotik (Präs. 1981); The Peirce Society (Präs. 1982); Mommsen-Ges.; Semiotic Soc. of America; Americ. Philos. Assoc. - Lit.: Gedankenzeichen. Festschr. f. K. Oe. z. 60. Geb. (hg. v. Regina Claussen, Roland Daube-Schackat, 1988) - Spr.: Engl., Franz., Griech.

OEHLER, Reinhardt

Dipl.-Volksw., Hauptgeschäftsführer Handwerkskammer Hildesheim (s. 1982) - Braunschweiger Str. 53, 3200 Hildesheim (T. 05121 - 16 21 12) - Geb. 26. Dez. 1945 Oslo (Vater: Dr. rer. pol. Werner O.; Mutter: Edeltraud, geb. Kahl), ev., verh. s. 1974 m. Ulrike, geb. Stöcker, 2 Kd. - Dipl.-Volksw. 1972 Univ. Göttingen.

OEHLERT, Günther

Dr. med., Prof., Chefarzt Frauenklinik - Stadtkrankenhaus, 6450 Hanau/M. (T. 29 69) - Geb. 4. April 1923 Königsberg/Pr. - S. 1957 (Habil.) Privatdoz. u. apl. Prof. (1962) Univ. Gießen (Geburtshilfe u. Gynäk.); 1982-84 Präs. Dt. Ges. f. Gynäk. u. Geburtshilfe - BV (m. Richard Kepp): Blutbildung u. -umsatz b. Feten u. Neugeborenen, 1962; Aktuelle Probleme d. Morbus haemolyticus neonatorum, 1963. Viele Einzelarb. u. Vortr.

OEHLERT, Wolfgang

Dr. med., Prof. Inst. f. Pathologie, Freiburg - Höllentalstr. 1, 7815 Kirchzarten/Br. (T. 54 13) - Geb. 9. April 1922 Leipzig - S. 1960 (Habil.) Lehrtätigk. Univ. Freiburg (1966 apl. Prof. f. Allg. Pathol. u. pathol. Anat.). Üb. 200 Fachveröff., Mitarbeit an Lehr- u. Fachb. - Klin. Pathol. d. Magen-Darmtraktes. Schattauer-Verlag 1978.

OEHLSCHLÄGEL, Hans Ulrich

Rechtsanwalt, Oberbürgermeister a. D. - Am Pfalzmäuerchen 11, 6507 Ingelheim (T. 74 22) - Geb. 11. Mai 1930 Meißen (Vater: Hans Oe.; Mutter: Ulrike, geb. Vesper), ev., verw. s. 1975, 3 Kd. (Anselm, Ulrike, Caspar) - Gymn. (b. 1945; Sonderhochsch.reife f. Landw.); Stud. 1954-55 Gießen (Landw., Volksw.); Nicht-Schüler-Hochsch.reife (1955) Darmstadt; Stud. 1955-58 Frankfurt, Freiburg/Br., Mainz (Rechtswiss.). Staatsex. 1958 u. 62 Mainz - 1963-66 Stadtrechtsrat Zweibrücken, b. 1976 Oberbürgerm. Ingelheim - Ehrenbürger Stadt Autun/Burgund - Liebh.: Polit., Reisen - Spr.: Engl.

OEHME, Johannes

Dr. med., Prof., Chefarzt Städt. Kinderklinik Braunschweig (1964-81) - Am Schiefen Berg 28, 3340 Wolfenbüttel (T. 7 33 06) - Geb. 3. Sept. 1915 Leipzig, ev., verh. (Ehefr.: geb. Klinkhardt) - Promot. 1945; Habil. 1954. S. 1954 Lehrtätigk. Univ. Leipzig u. Marburg (1956); 1961 apl. Prof. - BV: Lues connata, 2. A. 1957 (Leipzig); Pathologie u. Klinik d. Cytomegalie, m. G. Seifert 1957 (Leipzig); Krebs bei Kd. u. Jugendl. (m. P. Gutjahr), 1981 (Köln); Pädiatrie im 18. Jh. Doc. Paed. 12, 1985; Med. in d. Zeit d. Aufklärung Doc. Paed. 13, 1986; D. Kind im 18. Jh. Doc. Paed. 16, 1988. Üb. 200 Einzelveröff. - 1972 korr. Mitgl. Schweizer. u. Österr. Ges. f. Pädiatrie; 1977 Ehrenmitgl. Dtsch. u. NWD Ges. Kinderheilkd.; Bergmann-Plak.

OEHME, Peter

Schauspieler - Wohnh. in Thalwil am Zürichsee; zu erreichen üb. Komödie Düsseldorf - Geb. 11. Jan. 1920 Dresden, T. Franziska - Human. Abit.; 2 J. Schauspielsch. - 1943-49 Städt. Bühnen Leipzig; 1956-68 Schauspielhaus Zürich; danach freisch. Klass. u. mod. Rollen am Theater, b. Funk u. Fernsehen. Führt auch oft Regie.

OEHME, Wolfgang

Dipl.-Volksw., Senator E. h., Aufsichtsratsvorsitzender Esso AG, Hamburg - Kapstadtring 2, 2000 Hamburg 60 - Geb. 21. April 1923 Dresden - AR Dt. Unilever Hamburg, Mannesmann AG Düsseldorf; Albingia Versicherungs-AG, Hamburg; Beirat Hapag Lloyd AG u. Hermes Kreditversich. AG, bde. Hamburg; Kuratorium Übersee-Club, Hamburg; Senatsmitgl. Max-Planck-Ges. z. Förderung d. Wiss., München; Kurat Mitgl. Dt. Museum München, Ges. z. Förderung d. Unternehmernachwuchses Köln, Max-Planck-Inst. f. Plasmaphysik Garching; VR Dresdner Bank AG Frankfurt; Vors. DIHT-Informationsaussch. Köln.

OEHMEN, Hans-Heinz

Dr.-Ing., em. Prof. Inst. f. Fördertechnik u. Bergwerksmaschinen Univ. Hannover (s. 1969) - Quantelholz 8, 3000 Hannover 21 (Marienwerder) (T. 0511 - 79 11 94).

OEHMICHEN, Manfred

Dr. med., Prof. f. Rechtsmedizin Univ. Köln, Arzt - Zu erreichen üb. Inst. f. Rechtsmedizin, Univ. Köln, Melatengürtel 60-62, 5000 Köln 30 - Geb. 18. Mai

1939 Görlitz (Vater: Heinz O., Dipl.-Landw.; Mutter: Marga, geb. Jahns), ev., verh. s. 1968 - 1959-66 Med.-Stud. Univ. Göttingen u. Homburg (Staatsex. 1966, Promot. 1967), Habil. 1977 Univ. Tübingen - 1969-77 Inst. f. Hirnforsch. Univ. Tübingen; 1977-81 Inst. f. Gerichtl. Med. ebd.; s. 1981 Inst. f. Rechtsmed. Univ. Köln - BV: Cerebrospinal Fluid Cytology, 1976; Mononuclear Phagocytes in the Central Nervous System, 1978.

OEHMIG, Heinz

Dr. med. (habil.), Prof. f. Anaesthesie - Schützenstr. 9, 7570 Baden-Baden (T. 07221-27 10 01) - Geb. 30. Okt. 1919 Baden-Baden (Vater: Rudolf O., Kaufm.; Mutter: Olga, geb. Jaeger), ev., verh. m. Dr. med. Rose, geb. Strominger - Oberrealsch. Baden-Baden; Univ. Freiburg, München, Heidelberg (Med. Staatsex. u. Promot.). Habil. Marburg - S. 1965 ao. (1967 pers. Ord.) u. o. Prof. (1969) Univ. Marburg (Dir. Anaesthesie-Zentrum), 1977 Chefarzt Inst. f. Anästhesiol. u. Intensivmed. Stadtklinik Baden-Baden. Facharb. - Liebh.: Musik, Astronomie, Modelleisenbahn, Fotogr. - Spr.: Engl.

OEHMKE, Dieter

Dr. jur., Geschäftsführer Rhinex Export-Import GmbH, u. Metal Carbides Europe GmbH, bde. Krefeld - Heimweg 12, 4150 Krefeld - Geb. 1. Aug. 1922.

OEHMKE, Hans-Joachim

Dr. med., Prof. f. Anatomie Univ. Gießen (s. 1973; 1974-88 Prodekan Med. Fak.) - Frankfurter Str. 57, 6300 Giessen (T. 7 76 25) - Geb. 13. Sept. 1934 Angermünde (Vater: Erich O., Schlosserm.; Mutter: Helene, geb. Berndt), ev., verh. s. 1959 (Ehefr.: Gabriele), 3 Kd. (Matthias, Stephan, Frank) - Stud. Humboldt-Univ. Berlin; Staatsex. 1958; Promot. 1959; Habil. 1972 Gießen - 1959-60 Wiss. Assist. Anatom. Inst. Humboldt-Univ. 1962-66 Anat. Inst. u. Univ.-Frauenkl. Marburg/L.; s. 1967 Anat. Inst., s. 1979 Abt.Leit. f. Exper. Zahnheilkd. u. Oralbiol. Zentrum f. Zahn-, Mund- u. Kieferheilkd. Univ. Gießen. Mitgl. in- u. ausl. Fachges.

OEHMS, Wolfgang

Domorganist - Lindenstr. 34, 5500 Trier - Geb. 24. Okt. 1932 Saffig/Eifel (Vater: Kaspar O., Organist u. Musiklehrer; Mutter: Maria, geb. Stölben), kath., verh. s. 1958 m. Anita, geb. Gehlen, 4 Kd. (Marianne, Barbara, Susanne, Gregor) - Musikhochsch. Köln (Kath. Kirchenmusik); Prof. Josef Zimmermann ebd. (Orgel) - 1953-59 Kantor Stiftskirche Bonn; s. 1959 Organist Dom Trier, Orgellehrer Bischöfl. Kirchenmusiksch. Rundfunk- u. Schallplatten-Aufn., Konzerte in europ. u. asiat. Ländern - BV: Mit Händen u. Füßen - Memorabilien e. Organisten, 1988.

OEHMS, Wolfgang

Geschäftsführer im Verb. Dt. Sporttaucher (s. 1975) - Islandstr. 30, 2000 Hamburg 73 (T. 040 - 678 49 92) - Geb. 7. Nov. 1946 Hamburg, verh. s. 1976 m. Renate, geb. Oetzmann - Spr.: Engl.

OEHRLEIN, Werner

Gf. Gesellschafter Dr. Grupe Außenwerbung GmbH & Co. u. Roto-Film GmbH, beide Hamburg, Vorst.-Mitgl. FAW/Fachverb. Außenwerb., Frankfurt/M., Deleg. FEPE/Federation European Outdoor Advertising, Paris - Leuchtfeuerstieg 14, 2000 Hamburg 56 (040 - 81 77 24) - Geb. 26. Mai 1919 Hamburg (Vater: Luis O., Innenarch.; Mutter: Anna, geb. Laudon), ev., verh. in 3. Ehe (1964) m. Karin, geb. Schwabach, 2 Kd. (Oliver, Sascha) - Spr.: Engl., Franz. - Bek. Vorf. ms.: Gideon Frhr. v. Laudon, österr. Feldmarschall (1717-90).

OEL, Heribert J.

Dr. rer. nat., o. Prof. u. Vorst. Inst. f. Werkstoffwissenschaften III (Keramik/Glas) Univ. Erlangen-Nürnberg/Techn. Fakultät (s. 1968) - Lange Zeile Nr. 112, 8520 Erlangen (T. 5 22 12) - Geb. 14. Mai 1925 Drewer/W. (Vater: Josef O., Lehrer), verh. s. 1954 m. Lieselotte, geb. Kohlhauer, Tochter - Habil. 1964 Würzburg - 1964ff. Abt.leit. Max-Planck-Inst. f. Silikatforsch. AR-Mitgl. Hoechst CeramTec AG. Üb. 100 Fachaufs. - D. Sc. h.c. (Alfred University).

OELKE, Hans

Dr. rer. nat., Prof., Arbeitsgr. Ornitho-Ökologie, Naturschutz - 1. Zool. Inst., Univ. Göttingen, Berliner Str. 28, 3400 Göttingen - Geb. 9. Nov. 1936 Peine, verh. s. 1965 m. Heidi, geb. Auringer, 2 S. (Christoph, Matthias) - 1957-63 Stud. Univ. Göttingen, Innsbruck (Zoologie, Botanik, Chemie, Geogr.), Promot. (Zoologie) 1963 Göttingen; Habil. 1971 Göttingen - 1966-67 post-doc fellowship Dept. Zoology, Duke Univ., Durham N.C., USA; 1970-71 Utah State Univ. (Antarctic Res. Progr.); 1971-73 Kustos Nieders. Landesmuseum Abt. Naturkunde; 1971 apl. Prof. Göttingen - Herausg.: Beitr. z. Naturkd. Nieders. (1973ff.). Mithrsg.: Ztschr. Die Vogelwelt; Co-Autor: Grundriß d. Vogelzugskd., Prakt. Vogelkd., Markierungsmeth. f. Vögel, Federbestimmungsb. - 1958 Hörlein-Preis Dt. Biologen-Verb.

OELKERS, Jürgen

Dr. phil., o. Prof. f. Allg. Pädagogik Univ. Bern (s. 1987) - Schmitteplatz 4, CH-3076 Worb - Geb. 21. März 1947 Buxtehude/Landkr. Stade, ev., verh. s. 1983 m. Lavinia, geb. Cyrol, 2 Söhne (Jakob, Jan) - 1968-75 Stud. German., Gesch. u. Erziehungswiss. Univ. Hamburg; 1. Staatsprüf. f. d. Lehramt an Haupt- u. Realsch. 1973; Promot. 1975 - 1976-79 Wiss. Assist. ehem. PH Rheinl./Abt. Köln; 1979-87 Prof. f. Allg. Pädagogik Hochsch. Lüneburg (1983-85 Rektor ebd.). S. 1985 Mitherausg. d. Ztschr. f. Päd. S. 1986 Vors. Kommiss. Bildungs- u. Erzieh.phil. DGfE - BV: D. Vermittlung zw. Theorie u. Praxis in d. Päd., 1976; Antipäd. - Herausforderung u. Kritik, 1983 (m. Th. Lehmann); Erziehen u. Unterr. - Grundbegr. d. Päd. in analyt. Sicht, 1985; Reformpädagogin - e. krit. Dogmengesch., 1989 - Liebh.: Barockmusik, Sammlung antiquar. Bücher - Spr.: Engl., Franz.

OELLER, Helmut

Dr. phil., Prof. u. Präsident Hochsch. f. Fernsehen u. Film, München (1984ff.) - 8193 Ammerland-Wimpasing/Obb. (T. 089 - 68 00 04-91) - Geb. 19. Okt. 1922 Würzburg - Stud. German., Gesch., Phil. B. 1971 Dir. Studienprogramm, dann Fernsehdir. Bayer. Rundfunk - 1971 Bayer. VO; 1984 u. 1985 Bayer. Verfassungsmed. in Silber; 1988 Gr. BVK - Spr.: Engl., Franz. - Rotarier.

OELLERS, Norbert

Dr., Prof. f. Literaturwissenschaft - Rüdigerstr. 14, 5300 Bonn 2 (T. 0228 - 34 57 74) - Geb. 8. Okt. 1936 Ratingen (Vater: Werner O., Schriftst.; Mutter: Susanne, geb. Beck), kath., verh. s. 1964 m. Marlies, geb. Rengier, 2 S. (Christoph, Michael) - Gymn. Ratingen, Univ. Köln, München, Bonn (German., Gesch., Phil.), Promot. 1965 Bonn, Habil. 1973 Bonn - S. 1975 Prof. f. Neuere dt. Lit.gesch. Bonn, s. 1978 Hrsgb. Schiller-Nationalausg., 1984-87 1. Vors. d. Dt. Germanistenverb.- BV: Schiller - Gesch. s. Wirkung b. z. Goethes Tod, 1967; Schiller - Zeitgen. aller Epochen, 2 Bde., 1970-76; 6 Bde. d. Schiller-Nationalausg., 1969-88; Einf. in d. neuere dt. Lit.wiss., 1976 (zus. m. D. Gutzen u. Jürgen H. Petersen); Abhandl. z. dt. Lit. d. 18.-20. Jh. - Liebh.: Beschäftig. m. Kunst (Lit., Theater, Musik) - Spr.: Engl., Franz., Lat.

OELMANN, Hermann-Josef

Dr. rer. pol., Mitglied d. Geschäftsf. Waggon Union GmbH. a. D., Berlin u. Siegen (s. 1972) - Caspar-Theyß-Str. 14a, 1000 Berlin 33 - Geb. 28. Febr. 1915 Westerholt i. Westf., kath., verh. s. 1950 m. Marga, geb. Queck, 3 Kd. (Klaus, Ursula, Hans-Georg) - Univ. Bonn (Promot. 1949) - 2 J. Wirtschaftsprüfer; 5 J. elektrotechn. Ind., 10 J. Vorst. e. AG., Geschäftsf. e. GmbH.

OELMANN, Hubertus

Dipl.-Ing., Beigeordneter d. Stadt Köln, Tiefbau-Dezernent - Sinziger Str. 43, 5000 Köln 51 (T. 0221 - 34 17 97) - Geb. 16. März 1941 Haltern/W., verh. s. 1967 m. Ursula, geb. Czichy, 2 Kd. (Mark, Franka) - Dipl. 1969 RWTH Aachen, 2. Staatsex. 1972 Frankfurt - 1969-75 Straßenverw. Rhld.-Pfalz; 1976-79 Baudezern. Kr. Ahrweiler; 1979-85 Dezern. f. Bau u. Umwelt Erftkreis - Spr.: Engl., Franz.

OELMÜLLER, Willi

Dr. phil., Prof. f. Philosophie - Dechaneistr. 4, 4400 Münster/W. (T. 3 42 20) - Geb. 16. Febr. 1930 Dorsten/W. , kath., verh. m. Ruth, geb. Dölle, 3 Kd. (Ralf, Judith, Anja) - Univ. Münster (Phil., German., Gesch., Päd.). Promot. (1956) u. Habil. (1967) Münster - 1957-62 höh. Schuldst.; 1962-65 Studienrat Hochschuldst.; 1965-80 o. Prof. Univ.-Gesamthochsch. Paderborn (Phil.); s. 1980 Ruhr-Univ. Bochum, 1967-81 Lehrbeauftr. Univ. Münster - BV: Friedrich Theodor v. Vischer u. d. Problem d. nachhegelschen Ästhetik, 1959; D. unbefriedigte Aufklärung, 1969; Was ist heute Aufklärung;, 1972; Prakt. Phil. im Prozeß d. Aufkl., 1972; Wozu noch Gesch.?, 1976; Weiterentw. d. Marxismus, 1977; Phil. Arbeitsbücher Bd. 1-10, 1977ff. (ersch. Bd. 1-7, 1977-85); Materialien z. Normendiskussion Bd. 1-3, 1978-79; Kunst u. Phil. Bd. 1-3 (ersch.: Ästhet. Erfahrung, 1981; Ästhet. Schein, 1982; Kunstwerk, 1983; Relig. u. Phil., Bd. 1-3 (ersch. Wiederkehr v. Relig.?, 1984; Wahrheitsansprüche d. Religionen heute, 1986; Leiden, 1986); Metaphysik heute?, 1987; Phil. u. Wiss., 1988; Phil. u. Weisheit, 1989. Mithrsg.: Histor. Wörterb. d. Phil., u. a.

OELSCHLÄGEL, Dieter

Univ.-Prof. - Elisenstr. 1, 4220 Dinslaken (T. 02134 - 3 69 90) - Geb. 13. Jan. 1939 Chemnitz/Sachsen, ev., verh. - Stud. Med. (1957-59) u. Päd. (1964-70); Dipl.-Päd. - 1974-80 u. s. 1988 Vors. Verb. f. sozial-kulturelle Arb. in Dtschl. - BV: Jahrb. 1-3 zur Gemeinwesenarbeit - Liebh.: Sozialgesch., Sonderspr., Blues.

OELSCHLÄGER, Herbert A. H.

Dr. rer. nat., o. Prof. f. Pharmazeut. Chemie - Wilhelm-Hauff-Str. 6, 6000 Frankfurt/M.; Billstedter Hauptstr. 82, 2000 Hamburg 74 (T. 732 73 35) - Geb. 18. Mai 1921 Bremen, ev., verh. s. 1951 m. Inge, geb. Lapp, 4 Kd. - Gymn. Bremen (Olbers); Univ. Hamburg. Promot. (1952) u. Habil. (1957) Hamburg - 1957 Privatdoz. Univ. Hamburg, 1963 ao. (Pharmazie), 1965 o. Prof. Univ. Frankfurt (Dir. Inst. f. Pharm. Chemie). Mitgl. Kurat. Dt. Arzneiprüfungs-Inst. München (1967), DAC-Kommission (Dt. Arzneimittel-Codex) 1968; Wiss. Beirat Bundesapothekerkammer (1971-86); Sachverst. f. Arzneim.-Synthese, -Analytik und Pharmakokinetik IHK Frankfurt/M. (1974); Mitgl. Wehrmed. Beirat b. Bundesverteidigungsmin. (1976); Vors. d. Akad. f. Pharmazeut. Fortbildung Hessen (1976); Präs. d. Dt. Pharmazeut. Ges. (1982-85); Sachverst. beim Bundesgesundheitsamt (Kommiss. B3) - Oberstapotheker d. Res. Mithrsg. d. Archiv d. Pharmazie, Intern. Editorial Board Reviews of Drug Metabolism and Drug Interactions, Arzneimittel-Forsch./Drug Research. Üb. 200 Fachveröff. - 1969 korr. Mitgl. Tschechosl. Med. Ges. J. E. Purkyně; Bronzemed. Univ. Helsinki; 1981 Ehrennadel d. Dt. Apotheker; 1981 BVK I. Kl.; 1986 Ehrenmitgl. d. Tschechosl. Pharmaz. Ges.; 1986 Lesmüller-Med. d. Bundesvereinig. Dt. Apoth.vereinig. - ABDA u. d. Bundesapothekerkammer Dtschl.; 1986 korr. Mitgl. Akad. d. Wiss. u. d. Lit. Mainz; 1988 Ehrenmitgl. Ägypt. Pharmaz. Ges.; 1988 Ehrenmitgl. d. Ung. Pharmaz. Ges.; 1988 Jaroslav Heyrovský-Med. in Gold d. Tschechosl. Akad. d. Wiss. - Spr.: Engl. - Rotarier.

OELSCHLEGEL, Karl

Dr. rer. pol., Vorstand Donau-Kraftwerk Jochenstein AG., Passau - Hermann-Hahn-Platz Nr. 3, 8000 München 71 - Geb. 2. April 1916 Erling/b. Andechs (Vater: Karl O. †; Mutter: Mathilde, geb. Krantz), ev., verh. s. 1947 m. Edeltraud, geb. Zuber, S. Karl-Johann - Oberrealsch.; Stud. Volkswirtsch., Staatsprüf. 1944 Univ. München, Promot. 1948 ebd. - 1949-79 RMD-AG (s. 1954 Prok.), 1978 Vorst.smitgl. DKJ-AG - 1976 VK a. Bde. d. VO d. BRD - Spr.: Engl., Franz., Ital.

OELZE, Fritz

Dr. med., Chefarzt a. D., Mitgl. Hbg. Bürgerschaft (1968-74) - Kakenhaner Grund 21, 2000 Hamburg 65 (T. 607 04 02) - Geb. 9. Mai 1923 Dahme/Mark, verh., 5 Kd. - Schule Jüterbog (Abit. 1941); 1946-50 Univ. München (Med. Staatsex. u. Promot. 1950; Diss.: Kontaktstörung u. Krankheit) - 1941-45 Wehrdst. (1945 Lt. d. R.); s. 1953 Allg. Krkhs. Ochsenzoll (1958-88 Chefarzt Abt. f. Naturheilverf.). Spez. Arb.geb.: Herz-Kreislauf, Stoffwechsel, Rehabilitation, Physikal. Med.; Freier Medizinjourn. Vorst.-Mitgl. Zentralverb. d. Ärzte f. Naturheilverfahren - BV: Herz-Kreislauferkrankungen natürlich behandeln, 1984, 2. A. 1985. Mitautor: Lehrbuch d. Naturheilverf., Bd. 1 (1986) - Mitgl. d. dt., Ehrenmitgl. d. belg. u. franz. Ärzte-Ges. f. Physikal. Med. u. Rehabilitation sowie d. gleichnamigen Europ. Akad.

ÖNNERFORS, Alf

Dr. phil., o. Prof. f. Mittellat. Philologie - Trebetastr. 3, 5500 Trier - Geb. 30. Nov. 1925 Hovmantorp/Schweden (Vater: Carl Ö., Werkmeister; Mutter: Karin, geb. Widerström), o. B., verh. I) 1949 m. Ingrid, geb. Ahlen, S. Stellan, II) 1964 Ute, geb. Michaelis, S. Olaf, Michael, Andreas - Promot. u. Habil. Uppsala - 1956-63 Lehrtätigk. Univ. Uppsala u. Lund (1962); s. 1963 o. Prof. Univ. Berlin/Freie u. Köln (1970). Wiss. Abh., Textherausg. (lat.) u. Übers. - 1963 Mitgl. Wissenschafts-Sozietät Lund u. 1975 Rhein.-Westf. Akad. d. Wiss. - Spr.: Dt., Engl., Franz.

OEPEN, Heinrich

Dr. med., Prof. f. Humangenetik u. Gerontol. Univ. Marburg (Bereich Humanmed.) - Frhr.-v.-Stein-Str. 13, 3551 Wehrda.

OEPEN, Heinz

Dr. phil., Leiter Redaktion Musik I ZDF (s. 1971) - Essenheimer Landstr., 6500 Mainz-Lerchenberg (T. 7 01) - Geb. 28. Sept. 1925 Rommerskirchen, kath., verh. m. Gisela, geb. Brendel, 2 Söhne (Wolfgang, Rolf) - Realgymn. Musikhochsch. u. Univ. Köln - 1962 ff. fr. Mitarb. u. Redakt. (1961) WDR - BV: D. Kölner Musikleben 1760-1840, 1952 (Diss.).

OEPEN, Irmgard

Dr. med., Prof. am Institut f. Rechtsmedizin Univ. Marburg - Wehrdaer Weg 3, 3550 Marburg - Geb. 25. Febr. 1929 - Präs. Ges. z. wiss. Unters. v. Parawiss. - BV: Leitfaden d. gerichtl.-med. Blutspuren-Untersuchung (m. F. Schleyer), 1977; An d. Grenzen d. Schulmed., 1985; Außenseitermeth. in d. Medizin (m. O. Prokop), 1986.

OERTEL, Burkhart

Dr. rer. nat., Dipl.-Phys., Prof. Univ. d. Bundeswehr München - Brunhildenstr. 4B, 8014 Neubiberg (T. 089 - 601 53 16) - Geb. 27. Dez. 1940 Stuhm/Westpr. (Vater: Egon O., Geneal.; Mutter: Margarete, geb. Wittek), ev., verh. s. 1966 m. Heide-Marie, geb. Hoeptner, 3 Töcht. (Daniela, Cordula, Amalinda) - 1961-67 Univ. Kiel, Tübingen u. Hamburg; Dipl. Phys. 1967 Kiel, Promot. 1970 ebd. - 1971 Wiss. Oberrat; 1979 Prof. Wiss. Beirat in versch. Org. - BV: Physik f. Bauing., 1976; Reihe Dt. Ortssippenbücher: Altensteigdorf 1620-1808, 1979, Nebringen 1558-1980, 1980, Gaildorf 1610-1870, 1981, Tailfingen 1558-1982, 1982, Bondorf 1562-1983, 1983, Berneck & Überberg 1662-1983, 1983, Mötzingen 1560-1984, 1984, Münster/Unterrot 1610-1920, 1986, Assamstadt 1669-1945, 1986, Altensteig Stadt 1660-1910, 1987, Walddorf 1616-1933, 1988 - 1984 Med. Pro Merito Genealogiae - Liebh.: Geneal., Forsch. f. öfftl. u. priv. Interessenten - Spr.: Engl., Lat.

OERTEL, Ferdinand

Dr. phil., Chefredakteur u. Autor - Sperberweg 30, 5100 Aachen (T. 02408 - 88 25) - Geb. 24. Okt. 1927, kath., verh. s. 1956, 3 Kd. - Stud. Amerikanistik, Anglistik, German. u. Kunstgesch. in Köln u. St. Louis (USA) - 1970-79 Vors. Arbeitsgem. Kath. Presse, 1974-80 Präs., s. 1984 Vize-Präs. Intern. Föderation d. Kirchenpresse in d. Weltunion d. Kath. Presse - BV: Romane: Jugend im Feuerofen; Weit war d. Weg (auch franz.); Kurzgesch.: Dabeisein ist alles; Mißerfolge (auch ital.); Herr im Haus sind unsere Kinder; Kleiner Mann wächst heran; Ach du liebe Familie; Der Familienratgeber (auch ital.); So ist doch kein Alter - Ritter d. Päpst. Gregoriusordens; BVK; Catholic Press Award; 1986 Ehrenplak. israel. Min. f. Tourismus.

OERTEL, Richard

Kaufmann, Vors. d. Geschäftsfg. Alfred C. Toepfer Verwaltungs-Ges. mbH. (1981 ff.) - Ballindamm 2, 2000 Hamburg 1 - Geb. 1918 (?) - S. 1951 Toepfer.

OERTER, Georg W.

Dipl.-Kfm., Vorstandsmitglied Cyklop International AG - Auf dem Stumpelrott 12, 5000 Köln 50 (T. 0221 - 35 31 44) - Geb. 2. Febr. 1927 Petricken/Ostpr. - VR CYKLOP AB, S-Stockholm, OY CYKLOP AB, SF-Helsinki, CYKLOP Transportverpakkingen B.V., NL-Zwolle, Burseryds BRUK AB, S-Burseryd, CYKLOP-Emballering A/S, DK-Kopenhagen, CYKLOP SERPAC S.A., B-Brüssel, CYKLOP S.p.A., I-Milano, STRAPESA S.A., E-Barcelona, CYKLOP S.A., E-Madrid, Gérant: PAC-CYKLOP S.A.R.L., F-Neuilly-sur-Marne, Member of the Board CYKLOP STRAPPING CORP., Downingtown PA/USA, Chairman of the Board ZUCCHELLI UMET S.r.l., Bologna/Ital.

OERTER, Rolf

Dr. phil., Prof. f. Psych. Univ. München (s. 1981) - Rehkemperstr. 2, 8000 München 60 (T. 089 - 811 23 90) - Geb. 27. Juni 1931 Würzburg, verh., 2 Kd. - 1. u. 2. Lehramtsprüf., Dipl.-Psych. (1960), Promotion (1963), Habil. (1969 Würzburg). 1963-68 Wiss. Assist. Päd. Hochsch. München, 1969-73 o. Prof. Psych. Päd. Hochsch., 1973-81 Univ. Augsburg, s. 1981 Univ. München - BV: Mod. Entwicklungspsychol., 1967, 20. A. 1984 (ital. 1974; span. 1975); Struktur u. Wandlung v. Werthalt., 1970; Psychol. d. Denkens, 1971, 6. A. 1980 (m. E. u. M. Dreher); Kognitive Sozialisation u. subjektive Struktur, 1977 (m. E. Weber). Mithrsg.: D. Aspekt d. Emotionalen in Unterr. u. Erz.; Ökologie u. Entwicklung (m. H. Walter), 1979. Hrsg.: Entwicklung als lebenslanger Prozeß, 1978; Entwicklungspsychol. (m. L. Moutada), 1982. Herausg.: Lebensbewältigung im Jugendalter (1985); Musikpsychol. (m. H. Bruhn u. H. Rösing).

OERTZEN, von, Joachim

Stv. Beiratsvorsitzender Brauerei Beck & Co., Bremen, VR-Vors. Rummelsberger Anstalten d. Inneren Mission - Rankekopfstr. 27, 8000 München 90 (T. 64 46 15) - Geb. 29. Juni 1915 Liessow/Meckl., ev. - Spr.: Engl. - Rotarier.

OERTZEN, von, Peter

Dr. phil., Prof., Landesminister a. D. - Odeonstr. 15/6, 3000 Hannover (T. 167 42 12) - Geb. 2. Sept. 1924 Frankfurt/M. (Vater: Friedrich-Wilhelm v. O., u. a. außenpolit. Redakt. Voss. Ztg., Berlin), verh. m. Ursula, geb. Siebrecht, 2 Töcht. (Eleonore, Susanna) - Univ. Göttingen (Phil., Gesch., Soziol.). Promot. (1953) u. Habil. (1962) Göttingen - S. 1963 o. Prof. u. Dir. Sem. f. Wiss. v. d. Politik TH bzw. TU Hannover; 1970-74 niedersächs. Kultusmin., 1974-82 wieder o. Prof. Univ. Hannover. 1972-77 Vors. Kurat. Stiftg. Volkswagenwerk. 1955-59 u. 1967-82 MdL Nieders. SPD s. 1946 (1970-83 Vors. Bez. Hannover, 1973 Mitgl. Parteivorstand) - BV: Betriebsräte in d. November-Revolution, 1964, 2. erw. A. 1976.

OERTZEN, von, Rudolf

Prof., Leiter Abt. f. Ev. Kirchenmusik u. Dozent f. Komposition Staatl. Hochsch. f. Musik Hamburg - Seebarg 16, 2000 Hamburg 65 (T. 608 03 06) - Geb. 16. Febr. 1910 Neuhaus (Vater: Friedrich v. O.; Mutter: Magdalene, geb. v. Bonin), verh. m. Margot, geb. Schaefer-Kehnert - Stud. Univ. Rostock, Leipzig u. Berlin (Musik u. Phil.). Umfangr. kompositor. Schaffen (Edition Simrock, Hamburg/London).

OERTZEN, von, Wolfram

Dr., Physiker, o. Prof. Freie Univ. Berlin, Ltd. Wiss. Hahn-Meitner-Inst. GmbH Berlin (s. 1974), Leit. Fachaussch. Kernphysik d. Dt. Physik. Ges. (1986-90) - Schopenhauer Str. 9, 1000 Berlin 38 - Geb. 24. Juli 1939 Mannheim - Promot. 1967 Heidelberg - 1967-74 Max-Planck-Inst. f. Kernphysik Heidelberg, Inst. d. Physique Nucléaire, Orsay (Frankr.) u. Lawrence Berkeley Labor., Berkeley/USA.

OESER, Heinz

Dr. med., em. o. Prof. f. Röntgenologie - Edelweißstr. 8, 8183 Rottach-Egern - Geb. 16. Juni 1910 Dresden (Vater: Bruno O., Architekt (Beamter); Mutter: Marie, geb. Rohleder), verh. s. 1955 m. Helga, geb. Strunk, 3 Kd. (Michael, Yvonne, Suzanne) - Univ. München, Freiburg, Wien, Berlin. Med. Staatsex. 1934, Promot. 1936, Approb. 1936, Facharztanerk. 1940. Habil. 1944 - 1936-46 Charité Berlin (1939 ltd. Strahlentherapeut Geschwulstklinik), dann eig. Praxis, s. 1949 ao. u. o. Prof. (1966) FU Berlin (Dir. Univ.s-Strahleninst. u. -klinik/Städt. Krkhs. Westend), 1970; 1970-78 Klinikum Steglitz - BV: Lymphbahn-Tafel d. Menschen, 1948; D. Strahlenbehandl. d. Geschwülste, 1954; Atlas d. Szintigraphie, 1968; Krebsbekämpfung: Hoffnung u. Realität, 1974; Krebs: Schicksal od. Verschulden, 1979 - 1976 Johann-Georg-Zimmermann-Preis; Albers-Schönberg-Med.; Ehrenmitgl. Dt. Rö. Ges. - Liebh.: Musik - Spr.: Engl.

OESER, Kurt

Dr.-Ing. E. h., Prof., Umweltbeauftragter d. Rates d. EKD - Westendstr. 26, 6082 Mörfelden-Walldorf 1 - 1979 Ehrendoktor TU Berlin.

OESTERGAARD, Heinz

Prof., Modeschöpfer - Zu erreichen üb. Großversandhaus Quelle, Nürnberger Str. 91-94, 8510 Fürth/Bayern (T. 0911 - 7 42-1); priv.: Luitpoldstr. 9, 8230 Bad Reichenhall - Geb. 15. Aug. 1916 Berlin, kath., led. - Gymn.; kaufm. u. Textilausbild.; Kunstsch. Prof. Breuhaus, Berlin, Abschlußzeugnis d. Zuschneide-Akad. - 1938-40 modeschöpfer. Tätigk. Modehaus Erich Vogel, Berlin; s. 1946 eig. Fa. ebd. bzw. München (1967). Modeberat. v. Textiluntern. u. Stoffirmen sowie mod. beeinfl. Industriekr. (Bayer, Hoechst, Enka, Quelle, Girmes, Triumph u. a.). Einf. neuer Fasern durch Modeschauen (Cupresa, Cuprama). Entwurf Dt. Polizei-Uniformen. 1978-85 Prof. f. Mode u. Design Fachhochsch. f. Gestaltung Pforzheim - 1956 Ehrenbürger Univ. Innsbruck - Liebh.: Skilaufen, Tennis, Schwimmen - Spr.: Ital., Engl., Franz.

OESTERHELD, Nikolaus Adolf

Lic. rer. pol., gf. Gesellschafter Fulgurit-Gruppe - Postf. 1208, 3050 Wunstorf 1 - Geb. 27. Nov. 1940 Hannover (Vater: Consul K. A. Oesterheld; Mutter: Ruth, geb. Lux), ev., verh. m. Rotraut, geb. Baier, 2 Kd. - Gymn. Inst. Rosenberg, Stud. Rechts- u. Wirtschaftswiss., Hochsch. St. Gallen, Univ. London, Cambridge, Bern. Diplom 1968.

OESTERHELT, Dieter

Dr., Prof., Direktor Max-Planck-Inst. f. Biochemie - Zu erreichen üb. Max-Planck-Inst. f. Biochemie, Am Klopferspitz 18a, 8033 Martinsried b. München (T. 089 - 85 78-23 87) - Geb. 10. Nov. 1940 München, verh. s. 1964 m. Monika, geb. Streicher, 3 Kd. (Patrick, Filipp, Verena) - Chemiestud. Univ. München; Dipl. 1965; Promot. 1967; Habil. 1973 - Prof. (Biochemie) Univ. Würzburg; Hon.-Prof. Univ. München. Entd.: Retinalabhängige Photosynthese - 1974 FEBS Anniversary Prize; 1982 Feldberg-Preis; 1983 Liebig-Denkmünze; korr. Mitgl. Akad. d. Wiss. Mainz; Präs. Ges. f. Biol. Chemie.

OESTERLE, Carl Otto

Honorarkonsul, geschäftsf. Gesellsch. Fa. Joh. Oesterle, Ulm, Direktor Amazonas Timber SA. Manaus, Amazonas Brasilien - Auf dem Berg 1, 7910 Neu-Ulm-Reutti - Geb. 17. Sept. 1938, ev., verh. s. 1972 m. Christina, geb. Fels, S. Christian Oliver - Hon.-Konsul d. Bundesrep. Deutschl. f. d. Staaten Amazonas, Acre, Rondonia u. Roraima - Spr.: Engl., Franz., Portug.

OESTERLE, Günter

Dr. phil., Prof. f. Neuere Dt. Literaturwiss. Univ. Gießen - Nahrungsberg 49, 6300 Lahn (T. 3 24 02) - Geb. 13. Aug. 1941 Stuttgart (Eltern: Pfarrer Siegfried u. Liselotte O.), ev., verh. s. 1967 m. Ingrid, geb. Spornhauer - Stud. d. German. Gesch., Phil., Politik Univ. Tübingen, Freiburg, Gießen - BV: Integration u. Konflikt, 1972 - Spr.: Engl., Franz.

OESTERLE-SCHWERIN, Jutta

Innenarchitektin, Fraktionssprecherin d. Grünen, MdB - Geb. 25. Febr. 1941 Jerusalem (Vater: Heinz Schwerin; Mutter: Ricarda), 2 Kd. (Peter, Claudia) - 1962-69 Kunstakad. Stuttgart - 1975-80 u. 1984-86 Stadträtin Ulmer Gemeinderat; Mitgl. Lesbenring - BV: M. Kindern wohnen, 1976 - D. Grünen.

OESTERLEIN, Willi

Feinmechanikermeister, Stadtältester v. Berlin - Akazienallee 48, 1000 Berlin 19 - Geb. 15. Sept. 1909 Stuttgart, verh., 1 Kd. - Volkssch.; Feinmechanikerhandw. Meisterprüf. 1937 - S. 1933 selbst. (Leipzig bzw. Berlin). 1963-71 Bezirksverordn. Charlottenburg. 1961-63 u. 1971-81 MdA Berlin. S. 1945 CDU Ost u. West.

OESTERLEN, Dieter

Dipl.-Ing., Regierungsbaumeister a. D., o. Prof. f. Gebäudelehre u. Entwerfen v. Hochbauten (Lehrstuhl B) TH bzw. TU Braunschweig (s. 1953) - Baumstr. 11, 3000 Hannover (T. 81 40 71); Wohnung: Hauptstr. 58, 3004 Isernhagen 2 - Geb. 5. April 1911 Heidenheim/Brenz (Vater: Prof. Dr.-Ing. Fritz O., Ord. f. Wasserturbinen TH Hannover † 1953 (s. X. Ausg.); Mutter: Elisabeth, geb. Rupp), ev., verh. s. 1958 m. Eva-Maria, geb. Strödel, 3 Kd. - Goethe-Gymn. Hannover; TH Stuttgart (Schmitthenner) u. Berlin (Tessenow, Poelzig) - S. 1939 fr. Arch. Berlin u. Hannover (1945). 1962 ff. Mitgl. Arbeitsaussch. Ev. Kirchenbautag. Bauten: u. a. Funkhaus Hannover (m. a.), TH-Hochhaus Braunschweig u. Inst. f. Werkstoffkunde, Christus-Kirche Bochum, Wilhelm-Busch-Sch. Hannover, Leineschloß (Nieders. Landtagsgeb.) ebd., Kongreßhalle Saarbrücken, Dt. Soldatenfriedhof Futapass b. Florenz, Zwölf-Apostel-Kirche Hildesheim, Histor. Museum Hannover, IHK Bielefeld, Verw.sgeb. VW-Stiftg., IBM Hannover, Concordia Feuer Vers. Ges., Rathaus Greven, Kunsth. Herford, Altenzentr. Oldenburg, Gemeindezentr. Arche Laatzen, Gemeindezentr. ELIA Langenhagen, Rathaus Langenhagen, Casino am Maschsee (m.a.), Intern. Begegnungszentr. d. Univ. Göttingen, OPD Bremen, Dt. Botsch. Buenos Aires, Arbeitsamt Goslar, Zuschauerraum d. Oper Hannover, Stadthalle Rastatt. Restaurierungen: Marktkirche u. Leineschloß Hannover, Kirche Unser lieben Frauen Bremen, Lambertikirche Oldenburg - BV: Bauten u. Planungen, 1945-63; 1964 (m. Alexander Koch) - 1938 Schinkel-Plak., 1952 3 Laves-Preise Hannover, 1960 Krahe-Preis Braunschweig, 1965 Ausz. Stadt Bochum; 1966 o. Mitgl. Akad. d. Künste Berlin, 1974 BDA-Preis Bremen. 1975 Cembureau-Preis (f. Histor. Museum Hannover), 1976 BDA-Preise Niedersachsen, 1977 Architekturpr. Beton (f. Kunsth. Herford), 1979 Fritz-Schumacher-Preis, 1981 Kulturpr. Nieders.

OESTERMANN, Bernhard

Dr., Dipl.-Kfm., Administrateur

Délégué Wasag-Chemie Holding S.A., Luxembourg, Gf. Schildkröt-Spielwaren GmbH., Mannheim - Kiefernhalde 22, 4300 Essen (T. 41 04 28) - Geb. 10. Febr. 1918, kath., verh. (Ehefr.: Dr. Christa), T. Ursula.

OESTERN, Hans-Friedrich

Dr. med., Prof., Chirurg - Mozartstr. 14, 3200 Hildesheim (T. 8 58 59) - Geb. 23. Mai 1912 Hildesheim (Vater: Prof. Friedrich O.; Mutter: Elisabeth, geb. Casselmann), ev., verh. s. 1944 m. Gerda, geb. Lubinus, S. Hans-Jörg - Promot. 1937 Göttingen - 1937-38 Assist. Pathol. Inst. Univ. Göttingen, 1938 b. 1958 Assist. u. Oberarzt Chir. Univ.sklinik Bonn (Habil. 1952; 1958 apl. Prof.), dazw. 1949-50 Oberarzt Bethesda-Krkhs. Duisburg u. 1950 Orthop. u. Unfallchir. Klinik Bern, v. 1958-77 Ärztl. Dir. u. Chefarzt Chirurg. Klin. Städt. Krkhs. Hildesheim. Zahlr. Fachveröff. - 1975 BVK - Spr.: Engl. - Rotarier.

OESTERREICH, von, Axel Eugen

s. Ambesser, von, Axel

OESTERREICH, Erich

Dr. jur., Ltd. Senatsrat, Vors. Arbeitsgem. sozialdemokr. Juristen Berlin (1961-71) - Imbrosweg 40, 1000 Berlin 42 (T. 703 72 72) - Geb. 26. Sept. 1914 Döhlen/Sa. (Eltern: Paul u. Frieda O.), ev., verh. s. 1942 m. Ilse, geb. Mank, T. Ingetraud - 1934-38 Univ. Leipzig, Berlin, Genf (Rechts- u. Staatswiss.) - B. 1955 Rechtsanw., dann Verw.tätigk. (zul. Leit. Rechtsamt Bezirk Wedding), 1960-78 Abt.leit. Senatsverw. f. Wiss. u. Kunst Berlin, 1961-71 1. Vors. ASJ Berlin. SPD (1957-73 stv. Kreisvors. Tempelhof) - BV: Kommentar z. Ing.gesetz u. z. KMK-Vereinbarung üb. d. Graduierung d. Ing.schulabsolventen, 1965 - Spr.: Franz.

OESTMANN, Karl-Dieter

Landwirt u. Unternehmer, MdL Nieders. (s. 1970) - Rodewalder Str. 233, 3091 Rethem/Aller (T. 5 14) - CDU.

OESTREICH, Carl

Dr. med., Dr. med. dent., Internist - Terrasse 11, 3500 Kassel (T. 1 44 25) - Geb. 28. Sept. 1900 Bad Wildungen (Vater: Oswald O.; Mutter: Karoline, geb. Tappe), ev., verh. s. 1928 m. Dr. Leonie, geb. Sieglar, 4 Kd. (Hella, Else, Gisela, Richard) - Oberrealsch. Kassel; Univ. Marburg, München (Dr. med. dent. 1922), Göttingen (Dr. med. 1926) - B. 1933 Oberarzt Städt. Krankenanst. Frankfurt/M., dann Chefarzt Elisabeth-Krkhs. Kassel, dazw. 1939-45 Wehrdst. Veröff. üb. Blutkrankh., Diabetes, Tuberkulose - Liebh.: Musik, Sport (Rudercluh Kurhessen).

OESTREICH, Joachim

Bankdirektor, Mitleit. Fil. Braunschweig Dresdner Bank, Vizepräs. IHK Braunschweig - Messeweg 4c, 3300 Braunschweig - Geb. 24. März 1911 Breslau - Rechtsanw.

OESTREICH, Jürgen

Legationsrat I. Kl., Wirtschaftsref. Botschaft d. BRD in Lissabon - CP 1046, Lissabon 1 (Portugal).

ÖSTREICHER, Karl

Landwirtschaftsmeister, MdL Baden-Württ. (Wahlkr. 21, Hohenlohe) - Haus Nr. 8, 7186 Blaufelden-Ehringshausen (T. 07958 - 635) - Geb. 23. März 1931 Rot am See-Kühnhardt - CDU.

OETINGER, Friedrich

s. Wilhelm, Theodor

OETINGER, Friedrich

Verleger - Poppelsbüteler Chaussee 55, 2000 Hamburg 66 (T. 607 00 55) - Geb. 21. Juli 1907 - Anspruchsvolle Kinder- u. Jugendliteratur (u. a. Astrid Lindgren (Pippi Langstrumpf m. d. dt. Aufl. v. 4 Mill.) u. James Krüss).

OETJEN, Georg Wilhelm

Dr. rer. nat., Aufsichtsratsmitglied Drägerwerk AG, Lübeck - Tondernstr. 7, 2400 Lübeck - Geb. 22. Okt. 1920 - Stud. Physik - Ehrenmitgl. d. Vorst. Verb. d. Dt. Feinmechanischen u. Opt. Ind., Köln; Mitgl. Dt. Physik. Ges. u. Verfahrenstechn. Ges. im VDI.

OETJENS, Johann Detlef

Direktor, Vorstand Neue Lebensversicherung v. 1964 AG, Hamburg, u. Neue Unfallversich. von 1989 AG i.G. - Lakweg 31, 2358 Kaltenkirchen (T. 04191 - 32 09) - Geb. 6. Nov. 1935 Desmerciereskoog (Vater: Claus Ewald O., †; Mutter: Ina, geb. Petersen), ev., verh. s. 1966 m. Renate, geb. Krömker, 3 Kd. (Silke, Klaus, Heike) - Obersch.; Stud., Dipl.Versich.Math. 1965 Univ. Hamburg - 1958-66 Revisor b. Wirtschaftsprüf., 1966 Versich.sangest., 1968 Prok., 1970 Abt.-Dir. u. Chefmathematiker, 1972 Vorst.smitgl. - Liebh.: Handwerk am Eigenheim - Spr.: Engl.

OETKER, Arend

Dr. rer. pol., Dipl.-Kfm., Vorstandsvorsitzender Otto Wolff AG - Zeughausstr. 2, 5000 Köln 1 - Geb. 30. März 1939 Bielefeld - Beiratsvors. Schwartauer-Werke GmbH & Co. KG, Bad Schwartau; AR-Vors. Stahlwerke Bochum AG, Bochum, Rasselstein AG, Neuwied; VR-Vors. Richard Hengstenberg GmbH & Co., Esslingen; AR/Beiräte etc.: Aachener- u. Münchener Beteilig.-AG, Aachen, VIAG AG, Bonn, Condor Versich.-AG, Hamburg, Bankhaus Hermann Lampe KG, Bielefeld, Trampschiffahrts-Ges. mbH u. Co, Hamburg; stv. Vorst.-Vors. Stifterverb. f. d. Dt. Wiss., Essen, Atlantik-Brücke, Bonn; Präsid.-Mitgl. Bundesverb. d. Dt. Ind., Köln, Bundesvereinigung d. Dt. Arbeitgeberverb., ebd. - BV: Wachstumssicherung v. Familienuntern.; D. 198. Jahrzehnt (Mithrsg.) - Spr.: Engl.

OETKER, August

Pers. haft. Gesellschafter Dr. August Oetker, Vors. Geschäftsfg. Dr. August Oetker Nahrungsmittel - Lutterstr. 14, 4800 Bielefeld 1 - Geb. 17. März 1944 Bielefeld (Vater: Rudolf-August O.; Mutter: Susanne, geb. Jantsch), ev., verh. s. 1971 m. Georgia, geb. Dill, 6 Kd. (Philip, Alexander, Antonia, Nikolas, Teresa, Konstantin) - 1964-65 Ausb. z. Reederei-Kaufm. Knoehr & Burchardt, Hamburg; 1968-72 Stud. Betriebsw. Univ. Hamburg u. Münster (Dipl.-Kfm.) - 1979-81 gf. Gesellsch. Dibona Markenvertrieb KG, Ettlingen; s. 1981 pers. haft. Gesellsch. Fa. Dr. August Oetker; s. 1983 Vors. d. Geschäftsf. Fa. Dr. August Oetker; gf. Gesellsch. Fa. Dr. Oetker Tiefkühlkost GmbH; s. 1984 Vors. d. Geschäftsfg. Dr. August Oetker Nahrungsmittel; Gesellsch. weit. Untern. d. Oetker-Gruppe; AR- u. Beiratsmand. - Spr.: Engl. - Bek. Vorf.: Dr. August Oetker.

OETKER, Rudolf-August

Fabrikant, Reeder - Lutterstr. 14, 4800 Bielefeld (T. 1 55 -0) - Geb. 20. Sept. 1916 Bielefeld (Vater: Rudolf O., gef. 1916 Verdun), ev., verh. in 3. Ehe (1963) m. Studienass. Maja, geb. v. Malaisé, 8 Kd. - Gymn.; Banklehre (Vereinsbk. Hamburg); s. 1944 Inh. (lange Zeit auch Leit.) Dr. August Oetker Nährmittelfabr., Bielefeld; s. 1951 Inh. Hbg.-Südamerik. Dampfschiffahrts-Ges. Eggert & Amsinck, Hamburg, u. a. Reedereien. ARsmand. - Liebh.: Kunst, Tennis - Bek. Vorf.: Dr. August O. (Apotheker), Firmengründer (Großv.).

OETKER-KAST, Dieter

Geschäftsführender Gesellschafter, Sprecher. d. Geschäftsfg. Casimir Kast - Igelbachstr. 13, 7562 Gernsbach (T. 07224 - 24 10) - Geb. 8. April 1934 Jena, ev., verh. s. 1962 m. Renate, geb. Bausch, 3 Söhne (Thomas, Andreas, Christian) - Papiering. (FH) - AR Verseidag AG, Krefeld; 1. Vizepräs. IHK Karlsruhe.

OETTING, Hermann

Dr.-Ing., Angestellter, MdB (1971-76; Wahlkr. 45/Braunschweig) - Schloßstr. 8, 3300 Braunschweig (T. 4 22 12) - Geb. 27. März 1937 Gladbeck/W. (Vater: Hermann O., Pastor; Mutter: Klara, geb. v. Hantelmann), ev., verh. s. 1970 m. Elke, geb. Baring, S. Martin - Gymn. Dorsten (Abit.); Praktika Bad Oeynhausen u. Athen; 1956-63 TH Braunschweig (Maschinenbau; Dipl.-Ing. 1963). Promot. 1968 Braunschweig (TU) - S. 1969 Volkswagenwerk AG., Wolfsburg (Entwickl. u. Forsch.). 1968 b. 1971 Ratsmitgl. Braunschweig. SPD s. 1960 (1970 Stadtkreisvors. Braunschweig) - Liebh.: Lesen, Spazierengehen, Reisen, Basteln - Spr.: Engl.

OETTINGER, Günther

Rechtsanwalt, MdL Baden-Württ. (Wahlkr. 13, Vaihingen) - Aspergstr. 5, 7257 Ditzingen (T. 07156 - 60 04) - Geb. 15. Okt. 1953 Stuttgart - CDU.

OETTINGER, Karl-Heinz

Geschäftsführer SPIWA Spielwaren-Handelsges. mbH. & Co. KG. u. INTERCONTOR Handelsges. f. intern. Spielwaren mbH., Vors. Vereinig. d. Spielwaren-Fachgeschäfte, alle Nünberg - Zu erreichen üb. Spiwa Spielwaren-Handelsges. mbH & Co. KG, Sigmundstr. 220, 8500 Nürnberg 1.

OETTLE, Karl

Dr. rer. pol., Prof. f. Betriebswirtschaftslehre - Sandstr. 11, 8034 Unterpfaffenhofen/Obb. (T. München 84 34 24) - Geb. 11. März 1926 Artern/U., ev., verh. m. Margrit, geb. Scheufele - Stud. Wirtsch.swiss. Univ. Tübingen 1948-51, Dipl.-Volksw.; Kfm. Göppingen/Württ., 1947-55 - S. 1962 (Habil.) Lehrtätigk. Univ. Tübingen; WH bzw. Univ. Mannheim (1964 Ord.), Univ. München (1968 Ord., Vorst. Inst. f. Verkehrsw. u. Öfftl. Wirtsch.) - BV: Unternehmerische Finanzpolitik, 1966; Verkehrspolitik, 1967; D. Gemeinden als wirtschaftspolit. Instanzen, 1968 (m. Heinz Lampert); Grundfragen öfftl. Betriebe, 1976; Raumwirtschaftl. Aspekte einer Betriebswirtschaftslehre d. Verkehrs, 1978; Ökonom. Probleme d. öfftl. Verkehrs, 1981 - 1970 korr., 1971 o. Mitgl., 1975-78 Vizepräs. Akad. f. Raumforschung u. Landesplanung, Hannover; 1975 Staatsmed. f. bes. Verdienste um d. bayer. Wirtsch.

OEYNHAUSEN, Freiherr von, Rab-Arnd

Dr. med., Chefarzt Städt. Krkhs. Verden/Aller u. Privatdoz. f. Chir. Univ. Göttingen (beides s. 1949) - Andreaswall 3, 2810 Verden/Aller (T. 25 91) - Geb. 17. Juli 1910 Bad Driburg/W. (Vater: Dr. med. Hans v. O., Arzt; Mutter: Franziska, geb. Muhlert), ev., verh. s. 1935 m. Perla, geb. Ruhstrat, 4 Kd. - Promot. (1934) u. Habil. (1949) Göttingen - 1935-49 Assist. Univ. Göttingen (Pathol. Inst., 1936 Chir. Klin.). Arbeiten z. Röntgenol. u. Antibiotika - Rotarier.

OFF, Werner

Pers. haft. Gesellsch. Georg Off KG u. Ehlers u. Off KG. - Colonnaden 70, Elbehaus, 2000 Hamburg 36 (T. 34 24 37; priv. 89 32 92) - Geb. 12. Febr. 1905 Heide (Vater: Georg O., Fabr.; Mutter: Frida, geb. Themel), ev., verh. s. 1942 m. Helga, geb. Kruse, 3 Kd. (Dagmar-Marina, Octavia, Manuel) - Univ. Hamburg (Rechtswiss.) - Div. Ehrenstell., dar. zeitw. Bundesvors. Ges. f. pers. Arbeitsmethodik. Zahlr. Mitgliedsch., dar. Ehrenmitgl. Golfclub Berchtesgaden e. V. u. Ausl.srepräs. Donaueuropäisch. Inst., Wien - Sammelt flämische Malerei (20. Jh.), Autographen, dekorative Graphik - Sport-Seeschiffer-Prüfung - Liebh.: Golf, Segeln - Spr.: Engl., Franz.

OFFELE, Wolfgang

Dr. theol., Dr. phil., Prof. f. Katholische Theologie u. Didaktik d. Glaubenslehre Univ. Frankfurt (s. 1965) - Bottenhorner Weg 37, 6000 Frankfurt (T. 78 71 97) - Geb. 26. Dez. 1928 Wanne-Eickel (Vater: Hans O., Musik- u. Mittelschullehrer † 1942; Mutter: Paula, geb. Dücker), kath. - Gymn. Wanne-Eickel, Phil.-Theol. Hochsch. Paderborn; Univ. München (Dr. phil.) u. Münster (Dr. theol.). Habil. Münster - 1955-62 Vikar u. Religionslehrer höh. Schuldst.; 1963-65 Assist. u. Privatdoz. Univ. Münster - BV: Geschichte u. Grundanliegen d. sog. Münchener katechet. Methode, 1961; D. Katechismus im Dienste d. Glaubenseinheit - Julius Pflugs ‚Institutio Christiani Hominis' als katechet. Beitrag z. interkonfessionellen Begegnung, 1965; D. Verständnis d. Seelsorge in d. pastoraltheol. Lit. d. Gegenw., 1966.

OFFERGELD, Rainer

Prof., Rechtsanwalt u. Fachanwalt f. Steuerrecht, Bundesminister a.D., Oberbürgerm. Stadt Lörrach (1984ff.) - Rathaus, 7850 Lörrach - Geb. 26. Dez. 1937 Genua/Italien (Vater: Carlo O., Industriekaufm.; Mutter: Erna, geb. Buchter), kath., verh. s. 1967 m. Christel, geb. Hiller, 3 T. (Sandra-Judith, Sybill, Sonja) - Gymn. (Abit. 1957); Stud. Rechtswiss. u. Volksw., Jurist. Staatsex. 1961 u. 65 - B. 1969 Steuerverw., dann Anwaltspraxis. MdB (1969-84; 1973/74 stv. Vors. Finanzaussch.), 1972 u. 1975-78 Parlam. Staatssekr. Bundesmin. d. Finanzen, 1978-82 Bundesmin. f. wirtsch. Zusammenarb. Versch. AR- u. VR-Mand. SPD s. 1963 (1969 Kreisvors. Waldshut) - BV: Entwicklungshilfe - Abenteuer oder Politik?, 1980 - Liebh.: Skilaufen, Musik - Spr.: Engl., Franz., Ital.

OFFERHAUS, Klaus Dieter

Dr. jur., Vorsitzender Richter am Bundesfinanzhof - Ismaninger Str. 109, 8000 München 80; priv.: -Solln, Bertelestr. 64 - Geb. 12. Okt. 1934 Mannheim (Vater: Albert O., Obering.; Mutter: Helene, geb. Schuler), verh. s. 1961 m. Dr. Lotte, geb. Bollmann, 3 Kd. (Jan, Tom, Peter) - Stud. Rechtswiss. Göttingen, Tübingen, Heidelberg, Mainz - Höh. Finanz- u. Justizdst. (Oberfinanzdir. Karlsruhe, Bundesjustizmin.). Zahlr. Fachveröff.

OFFERMANN, Dirk

Dr., Prof., Physiker - Goebenstr. 24, 5600 Wuppertal 1 - Geb. 19. März 1937 Wuppertal - Univ. Bonn; Promot. 1967, Habil. 1974 - S. 1976 Univ.-GH Wuppertal - 1974 Physik-Preis DPG (zus. m. A. Steyerl, München).

OFFERMANN, Helmut

Dipl.-Kfm., Unternehmensberater - Ringstr. 1, 2852 Bederkesa - Geb. 10. Jan. 1926 Schwerte/Ruhr.

OFFERMANNS, Ernst Ludwig

Dr. phil., Prof. f. Neuere deutsche Literatur - Andréezeile 27d, 1000 Berlin 37 - Geb. 28. Juni 1931 Duisburg - Stud. German., Gesch. u. Phil. Bonn, Heidelberg, Köln; Promot. 1958 Köln, Habil. 1974 FU Berlin - S. 1971 Prof. FU Berlin, 1979 Gastprof. McGill Univ. Montréal, 1985/86 Peking-Univ. - BV: A. Schnitzler. D. Komödienwerk als Kritik d. Impressionismus, 1973.

OFFNER, Klaus Peter

Regisseur u. Schausp. - Brunngasse 14, A-3100 St. Pölten (T. 02742 - 377 85) - Geb. 4. Juni 1944 Wien, kath., verh. m. Adelheid, geb. Krammer, S. Alexander - Schauspielstud. - 1970-74 Direkt.-Assist. St. Pölten; 1976 Regiss. u. Schausp. Tourneen in Deutschl., Holland, Schweiz. 1985 Betriebsratsobmann - BV: Bearbeit. v. Märchen (u.a. Hänsel u. Gretel, Rumpelstilzchen, D. Schatzinsel) - Spr.: Engl.

OFFTERDINGER, Helmut

Bundesrichter BGH - Herrenstr. 45a, 7500 Karlsruhe - Geb. 25. Juli 1913.

OGAWA, Takashi

Flötist, Lehrbeauftr. Staatl. Musikhochsch. Heidelberg-Mannheim - Augustaanlage 17, 6800 Mannheim 1 (T. 0621 - 41 23 52) - Geb. 18. Juli 1952 Odawara/Japan (Vater: Yasuo O.; Mutter: Atsuko O.) - Stud. staatl. Hochsch. f. Musik u. darst. Kunst Hamburg (Prof. Karlheinz Zöller) - S. 1977 Solo-Piccoloflötist Natinaltheater-Orch. Mannheim; s. 1979 Lehrbeauftr. f. Flöte Staatl. Musikhochsch. Heidelberg-Mannheim. Konzerttätigk. f. Mod. u. Alte Musik m. hist. Instrumenten - 1981 Preis intern. Wettb. Concours Musica Antiqua in Brügge (Belgien) - Liebh.: Forsch. üb. d. Flötenmusik d. Mannheimer Sch. - Spr.: Jap., Deutsch., Engl., Ital.

OGIERMANN, Helmut

Dr. phil., em. o. Prof. f. Philosophie - Offenbacher Landstr. 224, 6000 Frankfurt/M. 70 - Geb. 29. März 1910 Hindenburg/OS. - S. 1952 Doz. u. Prof. (1959) Phil.-Theol. Hochsch. St. Georgen (emerit. 1978) - BV: Hegels Gottesbeweise, 1948; Materialist. Dialektik, 1958; Sein-zu-Gott, 1974; Es ist ein Gott, 1981.

OGRIS, Werner

Dr. jur., Prof. f. Dt. Recht - Mariahilferstr. 71, A-1060 Wien (T. 56 41 57) - Geb. 9. Juli 1935 Wien (Vater: Alfred O., Angest.; Mutter: Maria, geb. Erber), kath., verh. s. 1963 m. Dr. jur. Eva, geb. Scolik, 2 Kd. (Martin, Michael) - Realgymn. Wels; Univ. Wien. Promot. (1958) u. Habil. (1962) Wien - 1958-62 Assist. Univ. Wien; s. 1962 Ord. Univ. Berlin/Freie (Dt. Rechtsgesch., einschl. Verfassungsgesch., u. Dt. Privatrecht) u. Wien (1966; Dt. Recht u. Österr. Verfassungs- u. Verwaltungsgeschichte; 1972-73 Dekan jur. Fakultät), s. 1972 korr., s. 1975 wirkl. Mitgl. d. Österr. Akad. d. Wiss., s. 1985 Ausw. Mitgl. d. Sächsischen Akad. d. Wiss. in Leipzig, s. 1988 Ausl. Mitgl. d. Kgl. Niederl. Akad. d. Wiss. in Amsterdam - BV: D. mittelalterl. Leibrentenvertrag, 1961 (Wiener rechtsgesch. Arbeiten Bd. VI), D. Entwickl.gang d. österr. Privatrechtswiss. im 19. Jh., 1968 (Schriftenr. d. Jur. Ges., Berlin, Bd. 32); D. Rechtsentwickl. in Österr. 1848-1918, 1975; Personenstandsrecht, 1977; Recht u. Macht b. Maria Theresia, 1980 (Tätigkeitsber. d. Österr. Akad. d. Wiss. 1980/81, Sonderdruck Nr. 1); Goethe - amtlich u. politisch, 1982 (Schriftenreihe Niederösterr. Jurist. Ges. 29/30, 1982); Jacob Grimm. E. polit. Gelehrtenleben, 1986; 175 J. ABGB, 1986/87; Friedrich d. Große u. d. Recht, 1987 (Neue Forsch. z. brandenburg-preuß. Gesch., Bd. 8); Z. Entwicklung d. Versich.aufsichtsrechts u. d. Versich.vertragsrechts in Österr. v. d. Mitte d. 19. Jh b. z. Ende d. Monarchie, 1988 (Versich.gesch. Österr. Bd. 2). Zahlr. Fachaufs. - 1961 Preis Theodor-Körner-Stiftungsfonds z. Förd. v. Wiss. u. Kunst - Spr.: Engl.

OHE, von der, Hans Joachim

Dr. phil., Prof., Hochschullehrer f. Geschichte u. Didaktik d. Geschichtsunterr. PH Flensburg - Heinrich-Hertz-Str. 21, 2390 Flensburg - Spr.: Franz., Dän., Ung.

OHFF, Heinz

Redakteur i. R. - Riehmers Hofgarten, Großbeerenstr. 57a, 1000 Berlin 61 (T. 786 64 65); 9, Pednolver Tce., St. Ives, Cornwall, TR 26 2EL (T. Penzance 79 53 88) - Geb. 12. Mai 1922 Eutin (Vater: Ernst O., Lehrer; Mutter: Ida, geb. Tews), ev., verh. s. 1957 m. Christiane, geb. Hartmann - BV: Pop u. d. Folgen, 1968; Hannah Hoech, 1969; Galerie d. neuen Künste, 1971; Anti-Kunst, 1973; Auch s. waren Preußen, 1979; Schinkel, 1981; Fürst Pückler, 1981; V. Krokodilen u. Künstlern, 1982; Eichendorff, 1983; 2mal Berlin, 1985; Gebrauchsanweisung f. Engl., 1988; Lenné, 1988; Königin Luise, 1989 - Liebh.: Reisefeuill. (Ps. N. Wendevogel) - Spr.: Engl. - Lit.: Eberhard Roters, Laudatio z. 60. Ars Viva Edition, 1982.

OHL, Herbert

Drogist, I. Bürgermeister - Herrenweg 17, 8222 Ruhpolding/Obb. - Geb. 23. Okt. 1932 Ruhpolding - CSU.

OHL, Karl

Vorstandsmitgl. Bundesverb. Dt. Investment-Ges., Frankfurt/M. - Eschenheimer Anlage 28, 6000 Frankfurt/M. 1 - B. 1982 Geschäftsf. Dt. Ges. f. Immobilienfonds mbH., Frankfurt.

OHLE, Waldemar

Dr. phil., Prof., Limnologe, c/o Max-Planck-Inst. f. Limnologie - Friedrichstr. 12, 2320 Plön/Holst. (T. 25 90) - Geb. 10. Febr. 1908 Hamburg - S. 1952 (Habil.) Doz. u. apl. Prof. (1960) Univ. Kiel. Zahlr. Veröff. üb. Wasser- u. Sedimentchemie, Produktionsbiol., Stoffhaushalt d. Seen, Angewandte Limnologie, Seentherapie - Spr.: Engl., Franz., Russ. - Rotarier.

OHLENDORF, Jürgen

Elektroingenieur, Mitinh. Behrend + Ohlendorf, Ing.gesellschaft, Präsident Handwerkskammer Hannover, AR-Vors. Lindener Gilde-Bräu AG - Priv.: Lothringer Str. 37, 3000 Hannover 71 (T. 52 70 86); gesch.: Weidendamm 19, 3000 Hannover 1 (T. 71 69 84) - Geb. 13. März 1929 (Vater: Otto O., Landesbaurat; Mutter: Cläre, geb. v. Wolf), ev., verh. s. 1959 m. Christa, 2 Kd. (Axel, Sabine) - Obersch. Celle b. 1949; Starkstromelektr. Siemens AG, Hann., FHS Schiffbau u. Elektrotechn. Kiel Dipl. 1955 - S. 1959 gf. Gesellsch. EBO Elektro-Ing.bau Behrend u. Ohlendorf GmbH & Co. KG, Hann., s. 1961 B. + O. Ing.gemeinsch. Stv. AR-Vors. Brauergilde, stv. AR-Vors. Malzfabrik Langkopf Peine, VR Stadtspark., Präs. Handw.kammer, stv. Vorst.-Vors. Haus-, Wohnungs- u. Grundeigent.-Verein, alle Hannover; Beirat Landeszentralbank Niedersachsen - 1980 BVK; 1985 BVK I. Kl.

OHLIG, Karl-Heinz

Dr. theol., Prof. f. kath. Theologie (Relig.-wiss. u. Gesch. d. Christentums) - priv.: Vorstadtstr. 13, 6600 Saarbrücken 1 (T. 0681 - 5 78 20); dstl.: Univ. d. Saarlandes, 6600 Saarbrücken (T. 0681 - 302 35 70) - Geb. 15. Sept. 1938 Koblenz-Kesselheim (Vater: Josef O., Bankangest.; Mutter: Gertrud, geb. Hammes), kath., verh. s. 1973 m. Brigitte, geb. Blasius, T. Nadja, S. Kolja - 1957-59 u. 1960-63 Stud. kath. Theol., Phil., Gesch. Trier, 1959/60 Innsbruck, 1967/68 München, 1968/69 Münster, 1969/70 Saarbrücken - 1963-66 Kaplan Neunkirchen/S., 1966-70 Wiss. Assist. Saarbrücken, 1970-78 Prof. PH Saarbr., s. 1978 Prof. Univ. Saarbr. - BV: Woher nimmt d. Bibel ihre Autorität, 1970; D. theol. Begründ. d. neutestam. Kanons, 1972; Gott - e. Hoffnung, 1972; Braucht d. Kirche e. Papst?, 1973 (amerik. Übers. 1974); Jesus-Entwurf z. Menschsein, 1974; Schöpfung, 1984; Fundamentalchristologie, 1986; Texte z. Christologie, 2 Bde. 1989.

OHLIGER, Hans W.

Direktor i. R. - Altkönigstr. 21, 6240 Königstein/Ts. (T. 37 07) - Geb. 21. Juli 1904 Solingen - Kaufm. Lehre; Stud. Volksw. - Ab 1928 IG Farbenindustrie AG.; n. 1945 Chemikaliengroßhdlg. (eig. Gründ.); 1954-69 Farbwerke Hoechst AG. (Aufbau Verkaufsorg. f. synthet. Fasern; 1963 Vorstandsmitgl.). 1969 ff. Vors. Industrievereinig. Chemiefaser. Zeitw. Vors. Perlon-Warenzeichenverb. ARsmandate - Spr.: Engl., Franz. - Rotarier.

OHLMEIER, Dieter

Dr. med., Prof. f. Psychoanalyse, Direktor Sigmund Freud-Inst. Frankfurt u. Lehrstuhl f. Psychotherapie GH-Univ. Kassel - Myliusstr. 20,6000 Frankfurt/M. (T. 069-72 92 45) - Geb. 19. Mai 1936 Hamburg, verh. s. 1963 m. Dr. med. Rose-Marie, geb. Weckee, 3 Kd. - Human. Gymn. Christianeum Hamburg; Univ. Hamburg, Berlin, Freiburg, London, (Dipl.-Psych. 1962, Promot.(med.) Freiburg 1963). 1964-70 Psychiat.-neurol. Tätigk. Univ. Freiburg u. Ulm, 1970-76 Leit. Sekt. Gruppenpsychotherapie Univ. Ulm, s. 1976 Lehrstuhl f. Psychotherapie GH Kassel, 1980-85 Dir. Wiss. Zentrum f. Psychoanalyse u. Psychotherapie GH-Univ. Kassel. S. 1985 Leit. Sigmund Freud-Inst. (Ausb.u. Forschungsinst. f. Psychoanalyse) Frankfurt. 1976-82 Vors. Dt. Arbeitskr. Gruppenpsychoth. u. Gruppendynamik, 1982-86 Präs. Dt. Psychoanalyt. Vereinig. - BV: Psychoanalytische Entw.psych., 1973; Psychiatrieplenum (Hrg. m. R. Koechel), 1987; ca. 70 wiss. Veröff. in Fachztschr. - Liebh.: Bergsteigen - Spr.: Engl.

OHLMEYER, Wilhelm

Geschäftsführer Gießerei Sande GmbH., Vors. Landesverb. Weser-Ems/Wirtschaftsverb. Gießerei-Industrie - Bordumstr. 7, 2945 Sande/Oldbg. - Geb. 7. Febr. 1911 Nienburg/Weser.

OHLMS, Winfried

Dr. jur., Hauptgeschäftsführer IHK Osnabrück-Emsland - Zu erreichen üb. IHK Osnabrück-Emsland, Neuer Graben 38, 4500 Osnabrück (T. 0541-35 31 00) - Geb. 8. Mai 1926 Osnabrück, kath., verh. s. 1958 m. Christa, geb. Förster, 2 Kd. (Michael, Mareike) - Gymn. Frankfurt/Wiesbaden; Stud. Rechts- u. Staatswiss.; jurist. Staatsex. 1949 u. 53, Münster/Oldenburg/Osnabrück; Promot. 1967 Univ. Münster - 1954-66 Nieders. Finanzverw. (Oberregierungsrat); 1966/67 Nieders. Finanzgericht (Finanzgerichtsrat); s. 1967 IHK Osnabrück-Emsland (Geschäftsf., s. 1983 Hauptgeschäftsf.). 1972-86 Rat Stadt Osnabrück - Spr.: Engl., Franz.

OHLY, Friedrich

Dr. phil., Dr. h. c., em. Prof. f. Dt. Philologie - Goerdelerstr. 54, 4400 Münster/W. (T. 7 35 52) - Geb. 10. Jan. 1914 Breidenbach/Hessen, ev. - Habil. 1944 Berlin - 1954 apl. Prof. Univ. Frankfurt/M.; 1956 Gastprof. Univ. Chicago; 1957 ao. Prof. Univ. Mainz; 1958 o. Prof. Univ. Kiel (Dir. German. Sem.); 1964 o. Prof. Univ. Münster (Dir. German. Inst.); 1970 o. Mitgl. Rhein.-Westf. Akad. d. Wiss. Spez. Arbeitsgeb.: Mediävistik, Goethe- u. Bedeutungsforsch. - BV: Sage u. Legende in d. Kaiserchronik, 1940; Hoheliied-Studien - Grundzüge e. Gesch. d. Hoheliedausleg. d. Abendl. b. um 1200, 1958; Vom geist. Sinn d. Wortes im Mittelalter, 1966; D. Verfluchte u. d. Erwählte. Vom Leben m. d. Schuld, 1976; Diamant u. Bocksblut, 1976; Schr. z. mittelalterl. Bedeutungsforsch., 1977; Gesetz u. Evangelium, 1985; Geometria e memoria, 1985; Süße Nägel d. Passion, 1989 - 1967 Brüder-Grimm-Preis; 1968 korr. Mitgl. Österr. Akad. d. Wiss.; 1973 Honorary Mb. Mod. Language Assoc. of America; 1979 Korr. Mitgl. Mediaeval Acad. of America; 1979 Accad. Senese degli Intronati; 1983 Accad. Peloritana (Messina) - Lit.: Verbum et Signum, Festschr. f. F. O. 1975.

OHM, August

Maler u. Zeichner - Röntgenstr. 57, 2000 Hamburg 63 (T. 040 - 59 87 46) - Geb. 1. Aug. 1943 Berlin (Vater: Prof. Dr. Wilhelm O., Maler u. Arch.; Mutter: Erika, geb. Perwitz), ev., ledig - Abit. 1962; Dipl.-Designer 1963 Hamburger Werkkunstsch.; Stud. Univ. Hamburg u. FU Berlin - 1970-77 Lehrtätigk. Fachhochsch. Hamburg; 1978 FB-Leitg. Volkshochsch. Hamburg - Veröff.: Illustrationsfolge z. Apokalypse, 1976; Illustrationsfolge z. Salome, 1979 - 1977 Denkmal f. Caspar David Friedrich; Bilder im Stil e. struktur. Pointillismus - Liebh.: Kostümgeschichtl. Privatsamml. - Spr.: Engl., Franz. - Lit.: Birgit Götting, Werkkatalog Hans Werner Grohn, Ohms Apokalypse; Alexander Perrig, Ohms Salome; Eric Haskell, Ohms Herodias; Eric Haskell, Illustrationen z. d. Fleurs du Mal; Hans Joachim Haecker, Renaissance-Fantasien; Heike Doutiné, im Licht Venedigs; Eric Haskell, Illustrationen z. Arthur Rimbaud; Hanns Theodor Flemming, Ohms imaginäres Museum.

OHM, Dietrich

Dr. rer. nat. habil., Prof. f. Zoologie (spez. Verhaltensforsch.) Inst. f. Psychol. TU Berlin - Holbeinstr. 5, 1000 Berlin 45 (T. 833 30 23) - Geb. 3. Juni 1924 - Promot. 1948; Habil. 1957 - Lehrtätigk. Humboldt-Univ. u. TU Berlin (1962; 1964 apl. Prof., 1971 Prof.). Publ. üb. Verhaltensbiol.

OHM, Ehm

s. z. Megede, Ekkehard

OHMANN, Friedrich

Dipl.-Ing., Dr.-Ing. E.h., Generalbevollm. Direktor Siemens AG., München - Parkstr. 16a, 8023 Pullach - Geb. 16. Juni 1925.

OHNEIS, Gerhard

Rechtsanwalt, Geschäftsf. Verb. Bayer. Ausfuhrbrauereien, Verein Münchener Brauereien u. Wirtschaftsvereinig. Münchener Brauereien GmbH - Oskar-v.-Miller-Ring 1, 8000 München 2 (T. 28 29 85).

OHNESORG, Franz Xaver

Direktor Kölner Philharmonie - Bischofsgartenstr. 1, 5000 Köln 1 (T. 0221 - 20 40 80) - Geb. 9. März 1948 Weilheim/Obb., kath., ledig - Stud. Betriebswirtschaftslehre, Kunstgesch., Theater- u. Musikwiss. Univ. München; Dipl.-Kfm. 1973 - 1979-83 Orchesterdir. Münchner Philharmoniker; Leiter Betriebsabt. Gasteig; Medienbeauftr. b. Münchner Kabelpilotprojekt; s. 1984 Dir. Kölner Philharmonie u. Geschäftsf. KölnMusik GmbH - 1968 1. Preis Intern. Kammermusikwettbew. Colmar; 1986 Kölsch Preis d. Kölner Kaufleute - Liebh.: Architektur, Archäologie - Spr.: Engl., Franz.

OHNESORGE, Bernhart

Dr., Prof. f. Angewandte Entomologie Univ. Hohenheim i. R. (1968-89) - Salzäckerstr. 52, 7000 Stuttgart 80 (T. 728 52 77) - Geb. 28. Okt. 1923 Berlin (Vater: Kurt O., LGsdir.; Mutter: Dr. Irmgart, geb. Humperdinck), ev., verh.

s. 1954 m. Dr. Erika, geb.Gallasch, 3 Söhne (Wolfgang, Reinhard, Rüdiger) - Stud. d. Forstwirtsch. Univ. Göttingen u. Freiburg; Promot. 1953 ebd.; Habil. 1966 Berlin (FU) - 1954-61 wiss. Mitarb. Nieders. Forstl. Versuchsanst., 1962 b. 1967 wiss. Angest. Biolog. Bundesanst. Berlin - BV: Tiere als Pflanzenschädlinge, 1976 - Spr.: Engl. - Bek. Vorf.: Engelbert Humperdinck, Komponist (Großv.).

OHNESORGE, Dieter

Oberbürgermeister Stadt Neustadt a. d. Weinstr. - Klausenbergweg , 6730 Neustadt a. d. Weinstr. (T. 85 51) - Geb. 19. Aug. 1937 Allenstein/Ostpr., ev., verh. s. 1966 m. Ortrud, geb. Gieseler, 3 Kd. (Bernhard, Rudolf, Karin) - Abit. 1957 Bad Gandersheim; Stud. Rechtswiss. Univ. München u. Göttingen (1. jurist. Staatsprüf. 1963, gr. jurist. Staatsprüf. 1967) - 1967-69 Justizdienst LG Hannover; 1969-74 Justitiar u. Vertr. e. Dezern. Landeshauptstadt Hannover; 1974-82 Stadtdir. Buchholz in d. Nordheide; s. 1982 Oberbürgerm. Stadt Neustadt a. d. Weinstr.

OHNESORGE, Friedrich-Karl

Dr. med., o. Prof., Direktor Inst. f. Toxikologie Univ. Düsseldorf - G.-Hauptmann-Weg 5, 4021 Mettmann II (T. 02104 - 5 26 15) - Geb. 20. Nov. 1925 - S. 1960 (Habil.) Lehrtätigk. Kiel (1967 Wiss. Rat u. Prof.), o. Prof. 1974. Fachaufs.

OHNESORGE, Gebhard

Rechtsanwalt, Hauptgeschäftsf. Verb. Hess. Zeitungsverleger - Steinweg 6, 6000 Frankfurt/M.

OHNEWALD, Helmut

Dr., Ltd. Regierungsdirektor, MdL Baden-Württ. (Wahlkr. 25, Schwäbisch Gmünd) - Gemeindehausstr. 5, 7070 Schwäbisch Gmünd (T. 07171 - 60 22 01) - Geb. 10. Okt. 1936 Schwäbisch Gmünd - CDU.

OHNSORGE, Jochen

Dr. med., Prof. f. Orthopädie Med. Fak. RWTH Aachen (s. 1968) - Priv.: Kaiser-Friedrich-Allee, 5100 Aachen (T. 0241-7 77 55); dienstl.: Pauwelsstr. 1, 5100 Aachen (T. 0241-80 89 410) - Geb. 6. Jan. 1937 - Univ. München, London, Paris, Köln - Spr.: Engl., Franz.

OHOVEN, Mario

Bankkaufmann, gf. Gesellschafter - Heinrichstr. 85, 4000 Düsseldorf 1 (T. 0211 - 61 10 05) - Geb. 18. Mai 1946 Neuss, kath., verh. s. 1980 m. Ute Henriette, geb. Ulmer, T. Chiara Henriette - Gymn.; Banklehre; Bankakad. - S. ca. 20 J. im Ber. Vermögensanlagen tätig; beeinflußte innerh. d. Tätigk. d. Entwickl. steuerbegünstigter Investitionen entscheidend; Inh. Investor Treuhand (üb. 1,3 Mrd. DM Gesamtumsatz) - Liebh.: Jagd, Oper, Golf, Fußball - Spr.: Engl., Franz.

OHRDORF, Hubertus

Dipl.-Kfm., Vorstandsmitglied Securitas Bremer Allg. Versich. AG u. Securitas-Gilde Lebensversich. AG - Osterholzer Dorfstr. 47 B, 2800 Bremen 44 (T. 0421 - 41 16 16) - Geb. 31. Dez. 1945 Parby/Elbe, ev., verh. s. 1969 m. Antje, geb. Prott, 4 Kd. (Anja-Ruth, Patrick, Sarah, Philipp) - Stud. Betriebsw. Univ. Hamburg; Ex. 1971.

OKER, Eugen

(Eigtl. Gebhardt, Friedrich, Johann) Schriftsteller - Haldenbergerstr. 21, 8000 München 50 - Geb. 24. Juni 1919, verh. s. 1960 m. Maria, geb. Augustin, 2 Kd. (Maximilian Friedrich, Barbara Johanna) - Oberrealsch. Amberg; Ausbild. z. Topograph u. Photogrammeter, Hafnermeister. 1988 Gründung d. Verlags Kuckuck & Straps - BV: Babba, sagt der Maxl, 1973; So was schüins, 1978; Lebensfäden, 1979; Bayern wo's kaum einer kennt, 4 Bde. 1982, 1983, 1985, 1986; Lebenspullover, 1986 u. a. m. - 1973 Astrid Lindgren-Preis (f.: Babba, sagt d. Maxl) - Liebh.: Stereofotographie, Golf.

OKOPENKO, Andreas

Schriftsteller - Autokaderstr. 3/3/7, A-1210 Wien (Österr.) - Geb. 15. März 1930 Košice/ČSR (Vater: Andrij O., Psychiater u. Diplomat; Mutter: Vilma, geb. Sobotik), griech.-kath. - Gymn.; Univ. Wien (7 Sem. Chemie) - 1951-53 Exportkorresp.; 1954-67 Betriebsabrechner; s. 1968 fr. Schriftst. 1950-51 Mitgl. Gestaltungskr. Neue Wege, Wien, 1973-85 Mitgl. Grazer Autorenversammlung; s. 1987 AR-Mitgl. LVG - BV: Grüner November, Ged. 1957; Seltsame Tage, Ged. 1963; D. Belege d. Michael Cetus, Erz. 1967; Warum sind d. Latrinen so traurig? - Spleengesänge, 1969; Lexikon e. sentimentalen Reise z. Exporteurtreffen in Druden, R. 1970; Orte wechselnd. Unbehagens, Ged. 1971; D. Akazienfresser, Parod. 1973; Warnung v. Ypsilon, Thrillgeschichten, 1974; Meteoriten, R. 1976; Vier Aufs., Ortsbestimmung e. Einsamkeit, 1979; Graben Sie nicht eigenmächtig!; Drei Hörsp., 1980; Ges. Lyrik, 1980; Johanna, Hörsp., 1982; Lockerged., 1983; Kindernazi, R. 1984. Herausg.: publikationen einer wiener gruppe jg. autoren (1951-53; erstes Avantgarde-Blättchen Österr.s n. 1945); Mithrsg.: Hertha Kräftner, Warum hier? Warum heute?, Nachlaß 1963 (m. Otto Breicha, Neuausg. unt. d. Titel D. Werk, 1977) - 1966 Anton-Wildgans-Preis, 1977 österr. Staatspr. für Lit. (Würdigungspr.), versch. Förderungspreise f. Lyrik u. Prosa, DAAD-Berlin-Stipendium 1973 - Bek. Vorf.: Hryhorij F. Kwitka-Osnowjanenko, Begr. ukrain. Prosa (vs.).

OKRUSCH, Martin

Dr. rer. nat., Prof., Vorst.-Mitgl. Inst. f. Mineral. u. Krist.-Strukturlehre Univ. Würzburg (s. 1982) - Am Hubland, 8700 Würzburg (T. 88 84 20) - Geb. 3. Dez. 1934 Guben (Vater: Friedrich O., Gewerbeoberlehrer; Mutter: Martha, geb. Siegmund), ev., verh. s. 1959 m. Irene, geb. v. Behr, 2 Kd. (Friederike, Georg) - Stud. Univ. Berlin (Freie) u. Würzburg; Promot. 1961; Habil. 1968 - 1961-70 Wiss. Assist. Würzburg; 1968/69 Gastprof. Univ. of Calif., Berkeley; 1970-72 Wiss. Rat u. Prof. Univ. Köln; 1972-82 o. Prof. u. Dir. Mineralog.-Petrogr. Inst. TU Braunschweig - BV: Spessart - Sammlg. Geol. Führer Bd. 44, 1965 (m. S. Matthes) - Liebh.: Kunst - Spr.: Engl.

OKSAAR, Els,

geb. Järv

Dr. phil., Dr. h. c., Dr. h. c., o. Prof. u. Direktorin Seminar f. Allg. u. Vergl. Sprachwissenschaft Univ. Hamburg (s. 1967) - Parkberg 20, 2000 Hamburg 65 (T. 607 08 03) - Geb. 1. Okt. 1926 Pernau/Estl. (Vater: Juhan J., Rechtsanwalt; Mutter: Luise, geb. Anderson), ev., verh. s. 1947 m. Dr. Arved O., S. Sven - Habil. 1958, s. 1958 Lehrtätigk. Univ. Stockholm u. Hamburg (1965) - 1967 Gastprof. Australian National Univ. Canberra, 1979 Fellow Japan Soc. f. Promotion of Science, 1987/88 Fellow Wiss. Kolleg Berlin. Gastvortr. USA, Asien, Australien. Präs. Intern. Assoc. f. the Study of Child Language, Mitgl. d. Wiss.rats - BV: Semantische Studien im Sinnber. d. Schnelligkeit, 1958; Mittelhochdeutsch, 1965; Berufsbezeichnungen im heutigen Deutsch, soziosemant. Unters. 1976; Spracherwerb im Vorschulalter, 1977, 2. A. 1988 (jap. 1980, engl. 1982); Fachsprachliche Dimensionen, 1988; Kulturemtheorie. E. Beitrag z. Sprachverwendungsforsch., 1988. Herausg.: Spracherwerb - Sprachkontakt - Sprachkonflikt, (1984); Soziokulturelle Perspektiven v. Mehrsprachigkeit u. Spracherwerb/Sociocultural Perspectives of Multilingualism and Language Acquisition (1987). Mithrsg.: Zeitschr. f. germ. Linguistik u. a. Div. Einzelarb. - s. 1967 Mitgl. Wiss. Rat Inst. f. dt. Spr.; s. 1979 Mitgl. Finn. Akad. d. Wiss.; s. 1982 Vice Präs. Intern. Society of Applied Sociolinguistics; s. 1984 Mitgl. Joachim Jungius Ges. d. Wiss. - 1986 Ehrendoktor Univ. Helsinki, Finnland, 1987 Ehrendoktor Univ. Linköping/Schweden; 1986 Forscherpreis Immigrant Inst., Schweden - Liebh.: Musik - Spr.: Engl., Franz., Estn., Dän., Finn., Norw., Russ., Schwed.

OKSCHE, Andreas

Dr. med., Dr. med. vet. h.c., Dr. phil. h. c. (Lund), Prof. f. Anatomie - Aulweg 54, 6300 Gießen (T. 7 73 28) - Geb. 27. Juli 1926 Riga - S. 1960 (Habil.) Lehrtätigk. Univ. Marburg, Kiel (1961), Gießen (1964 ao., 1966 o. Prof.; Dir. Anat. Inst., Gf. Dir. Inst. f. Anat. Zytobiol.; 1968/69 Dekan Med. Fak.). Mitgl. in- u. ausl. Fachges., dar. Präs. European Soc. for Comparative Endocrinology (1973-77), Vors. Anat. Ges. (1978/79), Mitgl. Wiss. Aussch. Ges. Dt. Naturf. u. Ärzte (1978-84), Mitgl. d. Vorst.rates ebd. (1984ff), Präs. European Pineal Study Group (1981-87). Hon. Memb. Amer. Assoc. Anat. (1979), Vors Kurat. W. G. Kerckhoff-Stiftg. u. Max-Planck-Inst. f. physiol. u. klin. Forsch., W. G. Kerckhoff-Inst. (1979ff). Mitgl d. Wissenschaftsrates (1980-82). Verantw. Herausg.: Cell Tissue Res. (1978ff; Mithrsg. 1967-78). Herausg.: Hdb. Mikr. Anat. d. Menschen (1978ff.); Adv. Edit. Intern. Rev. of Cytol. (1970ff.); Gen. Comp. Endocrin. (1976ff.); Naturwissenschaften (1984ff.). Mithrsg.: Neuroglia (1980); The Pineal Organ (1981). Üb. 200 Veröff. z. Neuroanat., -histol. u. -endokrinol. - 1973 Dt. Akad. d. Naturforscher (Leopoldina), Senator (1984ff.); 1982 Distinguished Visiting Scholar Univ. of Adelaide; 1984 Royal Physiographical Soc. (Lund); 1986 Visiting Prof. Univ. of Hong Kong; 1988 New York Acad. of Sciences; 1989 Berthold-Med. d. Dt. Ges. f. Endokrinol. - Spr.: Engl., Lett.

OLBING, Hermann

Dr. med., o. Prof. f. Kinderheilkunde Univ. GH Essen - Bernhardstr. 21, 4300 Essen 16 (T. 0201-40 64 67) - Geb. 7. Dez. 1930 Rhede (Vater: Bernhard O., Bankdir.; Mutter: Maria, geb. Veelken), kath., verh. s. 1959 m. Marianne, geb. Spiekermann, 3 Kd. (Bernd, Klaus, Kathrin) - Med.-Stud. Univ. Münster, Innsbruck, Freiburg - 1980-83 Präs. Dt. Ges. f. Kinderheilkd. - BV: Fortbildung in d. Kinderheilkunde. Nephrologie u. Urologie, 1981; Ethische Probl. in d. Pädiatrie u. ihren Grenzgebieten, 1982; Kinderkrankenhäuser f. d. Zukunft, 1982; Harnwegsinfekt. b. Kindern u. Jugendl., 3. A. 1987 - Spr.: Engl., Franz.

OLBRICH, Erhard

Dr. phil., Prof. f. Psychologie - Erlanger Str. 35, 8521 Weisendorf (T. 09131 - 85 47 44) - Geb. 22. April 1941 Mittelsteine (Vater: Reinhold O., DB-Sekretär; Mutter: Anna, geb. Herden), kath., verh. s. 1966 m. Marianne, geb. Meuser, S. Thomas - Stud. Psych., Phil. u. Theol., Dipl. u. Promot. Bonn; Psychophysiol. Berkeley/USA, 1979-84 Prof. Univ. Gießen, s. 1984 Prof. Univ. Erlangen-Nürnberg - S. 1977 Mitherausg. Intern. Journal of Behavioral Development - Mitverf. v. 3 psych. Büchern. Probleme d. Jugendalters, 1984 - Preis d. Rektors Univ. Bonn (f. d. Promot.); 1982/83 Armand-Hammer-Fellow d. Andrew Norman Institute for Advanced Study, Los Angeles - Spr.: Engl.

OLBRICH, Josef

Dr. phil., Prof. Institut f. Sozialpädagogik u. Erwachsenenbildung FU Berlin (s. 1976) - Lutherstr. 15b, 1000 Berlin 41 (T. 792 71 80) - Geb. 4. Mai 1935 Grüben (Vater: Josef O., Landwirt; Mutter: Maria, geb. Hoffmann), kath., T. Juliane - Gymn. Carolinum Osnabrück; Stud. Univ. Münster, Würzburg, Berlin (Freie); 1. u. 2. Staatsex. 1962 u. 64; Promot. 1969; Habil. 1974 - 1974-76 o. Prof. Hochsch. d. Bundeswehr Hamburg (zugl. Sprecher Fachber. Päd.); 1982/83 Gastprof. Univ. Wien. S. 1987 Mitgl. d. Rundfunkrates d. SFB - BV: Konzeption u. Methodik d. Erwachsenenbildung, 1972 (m. Helmut Keim u. Horst Siebert); Strukturprobleme d. Weiterbildung, 1973; Arbeiterbild. in d. Weimarer Rep., 1979; Legitimationsprobleme d. Erwachsenenbildung, 1979; Arbeiterbild. n. d. Fall d. Sozialistengesetzes (1890-1914) Konzeption u. Praxis, 1982 - Spr.: Engl., Franz.

OLBRICH, Max

Generaldirektor - Arnheimer Str. 101, 4000 Düsseldorf-Kaiserswerth - Geb. 24. März 1904 Lenschütz/OS. - S. 1949 Jagenberg-Werke AG., Düsseldorf (1954 Vorstandsmitgl., 1970 -sprecher, 1971 - vors.). Zeitw. Vors. Fachverb. Papierveredlung u. Vizepräs. Fédération Intern. des Fabricants de Papiers Gommés.

OLBRICH, Wilfried

Dr.-Ing., Geschäftsführer GROHE Thermostat GmbH - Carl-Benz-Str. 10, 7630 Lahr - Geb. 24. Sept. 1937.

OLBRICHT, Peter

Dr. phil., em. o. Prof. f. Sinologie - Lotharstr. 111, 5300 Bonn (T. 21 49 82) - Geb. 11. Nov. 1909 Weimar - S. 1946 Lehrtätigk. Univ. Göttingen (Lehrbeauftr., 1950 Privatdoz.) u. Bonn (1956 apl. Prof., 1963 o. Prof. u. Dir. Sinol. Sem.; 1975 em.). Div. Fachveröff. u. Übers. z. Gesch. u. Lit. d. chines. Mittelalters.

OLD, Broderick

s. Unger, Gert F.

OLDEKOP, Werner

Dr. rer. nat., o. Prof. f. Raumflug- u. Reaktortechnik TU Braunschweig (s. 1966) - Bergiusstr. 2, 3300 Braunschweig (T. 5 19 77) - Geb. 1. Jan. 1927 Tallinn (Vater: Dr. med. Arnold O.; Mutter: Apollonia, geb. Badendieck), verh. s. 1954 m. Hannelise, geb. Heinrich, 2 Kd. (Gerhard, Vera) - 1946-51 Univ. Göttingen (Physik; Dipl.-Phys. 1951). Promot. 1952 Göttingen - 1952-53 Univ. Köln (Assist.); 1953-66 Siemens-Schuckertwerke AG., Erlangen.

OLDENBURG, Dietrich

Präsident Landesarbeitsamt Hessen (s. 1986) - Zu erreichen üb. Landesarbeitsamt, Saonestr. 2-4, 6000 Frankfurt/M. - Geb. 19. Jan. 1933 Berlin (Vater: Dr. Ulrich O., Steuerberater †; Mutter: Charlotte, geb. Stanke), ev., verh. s. 1964 m. Monika, geb. Bauck, 2 Kd. (Maike, Volker) - Abit.; 1952-56 Stud. Rechtswiss. Univ. Marburg u. Tübingen (bd. jurist. Staatsex.) - Dir. Arbeitsämter Braunschweig (1970-75) u. Hamburg (1975-86). S. 1978 Vors. Kurat. d. Stiftg. Grone-Schule, Hamburg; 1978-86 Beirat Facharb.-Ausb. GmbH; s. 1986 Vorst.-Vors. Berufsförderungswerk Frankfurt; s. 1986 Beiratsvors. Berufsbildungswerk Nordhessen, Arolsen; s. 1987 Vorst.-Mitgl. Bundesarbeitsgem. dt. Berufsförderungswerke; Vertr. d. Präs. d. Bundesanst. f. Arbeit in d. Bundesarbeitsgem. f. Rehabilitat.; s. 1988 VR-Vors. d. Berufsbildungswerkes Südhessen, Karben - Interessen: Preuss. Gesch., Vogelkd. - Spr.: Engl., Dän.

OLDENBURG, Julika

geb. Fischer

Journalistin u. Schriftst. - Hugo-Preuß-Str. 47, 3500 Kassel-Wilhelmshöhe (T. 0561 -31 13 69) - Geb. 15. Mai 1940 Bütow/Ostpommern (Vater: Julius F., Oberst a. D.; Mutter: Gisela, geb. Claus), ev., gesch., 2 Kd. (Carina, Katja) - Hochsch. f. Politik Berlin. Sprech- u. Schauspielausb. - Fr. Mitarb. überregion. Fach- u. Tagesztg.; Mitgl. Med. Fach- u. Standespresse. Filmsynchronisat. - BV: ... über alles in d. Welt, autobiogr. R., auch TB - Spr.: Engl.

OLDENBURG, Troels

Königlich Dänischer Botschafter a. D. - Fabritius Allee 19, DK-2930 Klampenborg (Dänemark) - Geb. 16. Okt. 1915 Kopenhagen (Vater: Erik O., Richter am OLG; Mutter: Ursula, geb. Müller), ev., verh. s. 1942 m. Marie, geb. Gasmann, 3 Kd. (Christian, Merete, Claus) - Jurist Staatsex. 1939 Univ. Kopenhagen - s. 1941 im Ausw. Dienst, 1950 Konsul in

Flensburg, 1959 stv. Leit. d. Dän. NATO-Deleg. in Paris, 1962 Min.dirig. polit.-jurist. Abt. Außenmin., 1965 Botsch. in Peking, 1968 Min.dir. im Außenmin., Chef d. polit. Abt., 1973 Vors. Aussch. d. polit. Dir. in d. europ. polit. Zusammenarb. (EPZ), Botschafter in d. BRD 1974-80, in Norwegen (Oslo) 1980-85; s. 1985 i.R. - Großkreuz d. VO. d. BRD u. a. Auszeichn. - Liebh.: Gesch., Lit. - Spr.: Deutsch, Engl., Franz.

OLDENDORFF, Klaus E.

Reeder, Gf. Gesellschafter Reederei Nord Klaus E. Oldendorff Ltd., Limassol, Klaus E. Oldendorff Holdings Ltd., Limassol - Sandy Beach AP. 021, Amathus Ave., Limassol/Zypern (T. 051-2 39 40) - Geb. 14. April 1933 Lübeck, verh. s. 1979 m. Christiane, geb. Tilemann, 2 S. (Christian, Nikolaus) - AR: Contrans Ges. f. Containerverkehr mbH; Beirat Schiffshypothekenbank zu Lübeck AG - Liebh.: Segeln, Skilaufen - Spr.: Engl., Franz.

OLDENHAGE, Klaus

Dr. phil., Ltd. Archivdirektor Bundesarchiv - Auf dem Gockelsberg 20, 5400 Koblenz (T. 0261 - 50 53 00) - Geb. 16. Febr. 1941 Göttingen, ev., ledig - Stud. Univ. Bonn (Gesch., Politische Wiss., Lat. Philol.); Promot. 1967 Bonn; Staatsprüf. f. d. höh. Archivdst. 1970 Marburg - 1970-85 Referatsleit. Bundesarchiv, s. 1985 Abt.leit. u. Leit. d. Filmarchivs im Bundesarchiv; s. 1984 Schatzm. Intern. Archivrat - BV: Kurfürst Erzherzog Maximilian Franz als Hoch- u. Deutschmeister 1780-1801, 1969; D. Bundesarchiv u. s. Bestände, 1977 - Spr.: Engl., Lat.

OLDENKOTT, Bernd

Botschafter d. Bundesrep. Deutschl. in Bangkok - 9, South Sathorn Road, P.O. Box 2595, Bangkok 10120, Thailand (T. 213-23 31/6) - Geb. 22. Sept. 1925 Dortmund, verh. s. 1957, 3 Kd. - Stud. Rechtswiss.; jurist. Prüf. 1951 u. 1954, diplomat.-konsular. Staatsprüf. 1957 - 1957-59 Konsulat Houston; 1962-67 Botsch. Neu-Delhi; 1971-74 Botsch. Jakarta; dazw. Ausw. Amt Bonn; 1974-79 Bundeskanzleramt; 1979-84 Botsch. in Lagos; 1984-88 Botsch. in Addis Abeba; s. 1988 Botschafter in Bangkok - Liebh.: Tennis, Ski, Bergwandern.

OLDENSTÄDT, Martin

Dr.-Ing., Vermessungsingenieur, Geschäftsf. Bund d. öfftl. bestellten Vermessungsing. (s. 1987), MdB (1972-76 u. 1979-87) - Auf dem Wiehern 9, 2722 Visselhövede-Wittorf (T. 04260 - 4 31) - Geb. 27. Nov. 1924 Barnstorf (Vater: Heinrich O. †; Mutter: Dora, geb. Wiechers †), ev., verh. s. 1960 m. Ingrid, geb. Weyland, 2 Kd. (Wiebke, Jan) - Obersch. Nienburg/Weser (Reifevermerk; nach Kriegsdst. u. engl. Gefangensch. Abit.); 1948-53 TH Hannover (Geodäsie; Dipl.-Ing.). Promot. 1960 Hannover - S. 1959 öfftl. best. Vermessungsing. Wittorf. CDU s. 1971 - Spr.: Engl. - Mitgl. Lions Club.

OLDEROG, Rolf

Dr. jur., Regierungsrat a. D., MdB (Mitgl. Innenaussch. u. d. Fraktionsvorst. s. 1980, Mitgl. Parlament. Kontrollkommiss. f. d. geheimen Nachrichtendst., Vors. schlesw. holst. Landesgr. s. 1983) - Lindenallee 60, 2440 Oldenburg/Holst. (T. 25 56) - Geb. 29. Dez. 1937 Hamburg, ev., verh., 2 Kd. - Mittelu. Obersch. Oldenburg (Abit. 1957); Univ. Kiel u. Freiburg/Br. (Rechts-, Staatswiss., Volksw.). Gr. jurist. Staatsprüf. - U. a. Pers. Ref. schlesw.-holst. Min. f. Wirtschaft u. Verkehr. CDU (Kreisvors. Ostholst. u. Mitgl. Landesvorst. SH). Vors. Innenaussch. schlesw.-holst. Landtag (s. 1974), Grundsatzkommiss. schlesw.-holst. CDU u. schlesw.-holst. CDU-Landesgr. im Bundestag; 1975-80 stv. Vors. CDU-Fraktion u. Parlamentar. Vertr. Innenmin. v. Schlesw.-Holst. 1970-80 MdL Schlesw.-Holst.; s. 1989 Vors. Fremdenverkehrsaussch. d. Dt. Bundestages - BVK I. Kl.

OLDERSHAUSEN, Freiherr von, Hans-Felch

Dr. med., Dipl.-Chem., Prof., Oberarzt Med. Univ.sklinik Tübingen - Haydnweg 3, 7400 Tübingen (T. 6 12 85) - Geb. 26. Jan. 1920 Berlin - Promot. u. Habil. Berlin - Zul. FU Berlin. Üb. 100 Fachaufs. - 1972 Curt-Adam-Preis; Mitgl. Royal Soc. of Med. u. a.

OLDIGES, Franz Josef

Dr., Hauptgeschäftsführer AOK-Bundesverband - Kortrijker Str. 1, 5300 Bonn 2.

OLDIGES, Martin

Dr. iur., Prof. f. Öffentl. Recht Bielefeld (s. 1979) - Am Voßberge 6, 4800 Bielefeld 1 (T. 0521 - 12 18 32) - Geb. 30. Nov. 1940 Tilsit (Vater: Dr. Hermann O., Studienrat; Mutter: Dr. Ruth, geb. Gawehn), ev., verh. s. 1970 m. Margarethe, geb. Bagh, 3 S. (Thilo, Niklas, Viktor) - 1960-65 Stud. Marburg, Berlin; Promot. 1969, Habil. 1978, bde. Köln; 1. rechtswiss. Staatsex. Marburg 1965; 2. rechtswiss. Staatsex. Köln 1971 - 1971-78 wiss. Assist. Univ. Köln - BV: Grundlagen e. Plangewährleistungsrechts, 1970; D. Bundesregierung als Kollegium, 1984; u. a.

OLEARIUS, Christian

Dr. jur., Bankier - Zu erreichen üb. M. M. Warburg-Brinckmann, Wirtz & Co., Ferdinandstr. 75, 2000 Hamburg 1 (T. 040 - 32 82-2 05) - Geb. 4. Mai 1942 Oberglogau, ev., verh. s. 1968 m. Barbara, geb. Meyer, 2 Kd. (Katharina, Joachim) - Stud. Univ. Heidelberg, Berlin u. Göttingen; Promot. 1969 Göttingen - Liebh.: Golf, Gesch. - Spr.: Engl., Franz.

OLESCH, Günter

Dr. jur., Hauptgeschäftsführer u. gf. Präsidialmitgl. Bundesvereinigung Dt. Einkaufs- u. Verbundgruppen d. Handels (BEV), Generalsekr. Intern. Vereinig. v. Einkaufsverb. - Lindenstr. 20, 5000 Köln 1 (T. 0221-21 94 56) - Geb. 28. Jan. 1941 Pforzheim - Zul. Hauptgemeinsch. d. Dt. Einzelhandels (Öffentlichkeitsarb.) u. 1972-76 Gesamtverb. d. Dt. Textilgroßhandels.

OLESCH, Reinhold

Dr. phil. (habil.), o. Prof. f. Slav. Philologie - Buchenweg 9, 5040 Brühl-Badorf/Rhld. - Geb. 24. Sept. 1910 Zalenze/OS., kath., verh. s. 1939 (Ehefr.: geb. Frank) - S. 1947 Ord. Univ. Greifswald, Leipzig (1949), Köln (1953) - BV: Beitr. z. oberschles. Dialektforsch., 1937; D. slaw. Dialekte Oberschlesiens, 1937; Serbokroatisch aus d. Herzegowina, 1938; Drei poln. Mundarten, 1951; Russ. Volksmärchen, 1955; Dialektwörterb., 1958; Nachdrucke d. ältesten kaschub.-poln. Sprachdenkmäler (Krofey, Pontanus), 1958; Vocabularium Venedicum, 1959; Juglers lünebg.-wend. Wörterb., 1962; Fontes linguage dravaenopolabicae minores, 1966; Fontes Linguae Dravaenopolabicae Minores et Chronica Venedica J. P. Scholtzii, 1967. Fachaufs.

OLIAS, Lotar

Komponist - CH-6612 Ascona (Tessin/Schweiz) - Geb. 23. Dez. Königsberg/Pr. (Vater: Hans O., Architekt u. Doz.; Mutter: Agnes, geb. Beutler), ev., S. Lotar Leonard - Gymn., Musikstudium bei Klindworth-Scharwenka-Konservat., Berlin - Musikwerke: 40 Musikfilme, 7 Musicals (u. a. Prairie-Saloon, Heimweh nach St. Pauli, Millionen f. Penny, Gib acht auf Amélie, Charley's Tante m. Musik, Sokrates). Unterhaltungsmusiken, üb. 2000 Schlager und Chansons; Welterfolge: You You You (No. 1 US-Hitparade 1953), Blue Mirage, Tango in the Rain, Tango of the Drums, Tipsy Piano. Lotar's Theme, Das gibt's nur auf d. Reeperbahn bei Nacht, Kisses in the Night, Auch Matrosen haben eine Heimat, Mr. Moneymaker, Pst pst hinter Ihnen steht einer, Dong Dingeldang, Honky-Tonk Tango, Melodie der Nacht, Candles glowing, Du bist d. Liebe, La

Guitarra Brasiliana, Manege frei (Artistenmarsch), Du mußt alles vergessen, Csárdás von Olias, D. Welt ist doch für alle da etc.; 12 Goldene Schallpl. u. Auszeichn. f. Lieder: Junge, komm bald wieder, Heimatlos, D. Gitarre u. d. Meer, Unter fremden Sternen, So ein Tag, so wunderschön wie heute; 1979 ausgez. m. Citation of Achievement aus USA for You You You; 1980 Gold. Europa f. Junge, komm bald wieder vom ZDF; 1987 Paul-Lincke-Ring - Liebh.: Lit. Cabaret.

OLIVARI, Neven

Dr. med., Prof., Chefarzt Abt. f. Plastische Chirurgie Krankenhaus Wesseling (s. 1982) - Zu erreichen üb. Dreifaltigkeits-Krkhs., Bonner Str. 84, 5047 Wesseling (T. 02236 - 7 73 87) - Geb. 28. Okt. 1932 Gradac, kath., verh. s. 1965 m. Brigitte, geb. Kock, 2 Söhne (Alexander, Nicolas) - Abit. 1951 Osjek; 1952-58 Med.-Stud. Zagreb; Promot. 1958 Zagreb; Habil. 1977 Köln - 1960-64 Chir. Abt. Dreifaltigkeits-Krkhs. Lippstadt; 1964-70 II. Chir. Lehrst. Köln-Merheim (Prof. Schink); 1970-82 Plast. Chir. Univ.-Klinik Köln (Prof. Schrudde); 1982 apl. Prof. Univ. Köln. Vorst.-Mitgl. Vereinig. d. Dt. Plast. Chir. - Entd. e. neuen Meth. z. Deckung v. Thoraxdefekten sow. Brustrekonstruktion n. Amputation (Latissimuslappen); 1988 Entw. neuer operativer Meth. f. Exophthalmus b. Morbus Basedow - 1980 Goldene Plak. Fondazione G. Sanvenero Rosselli per la chir. plastica Milano; 1986 Präs. 16. Jahrestagung d. Vereinig. d. Dt. Plast. Chir. Bonn; Mitgl. Brit. Assoc. of Plastic Surgeons, Soc. belge de Chir., Jugosl. Ges. f. Plast. Chir., Österr. Ges. f. Senologie; 1988 Ehrenpreis d. Vereinig. d. Dt. Plastischen-Chirurgie f. Entw. d. Latissimuslappens - Liebh.: Tennis, Malerei - Spr.: Engl., Jugosl.

OLLENBURG, Günter Ernst

Dr. rer. pol., Prof. f. Wirtschaftstheorie u. -politik FU Berlin - Teltower Damm 210, 1000 Berlin 37 (T. 030-815 42 43) - Geb. 29. Aug. 1928 Berlin (Vater: Wilhelm O., Kaufm.; Mutter: Wally, geb. Copernus), ev., verh. s. 1958 m. Ingrid, geb. Hackel, 4 T. (Heidrun, Kerstin, Karin, Stefanie) - Abit. 1945/47, Kaufm.-Gehilfe 1947; Stud. Univ. London School of Eccs., FU Berlin, (Dipl.-Volksw. 1952, Promot. 1960, Habil. 1968) - 1961-63 Theor. Ref. Konzentrations-Enquête, 1964-66 Schriftf. Verein f. Sozialpol., s. 1960 Mitgl. Royal Ec. Soc., s. 1961 List-Ges., s. 1958 Verein f. Socialpol. - BV: Wirtsch.-Wachstum, Gleichgewicht u. Dynamik, 1960; (Mithrsg.): Gleichgewicht, Entw. u. soz. Beding. d. Wirtsch., 1979 - Liebh.: Phil., Philatelie, Psych. - Spr.: Engl. - Bek. Vorf.: Wilhelm Copernus, Pädagoge (Urgroßvater).

OLLIGS, Heinrich

Dr. jur., Tapetenfabrikant - Höninger Weg 106, 5000 Köln-Zollstock - Geb. 25. Aug. 1900 Bonn - S. 1932 gf. Gesellsch. Tapetenfabrik Flammersheim & Steinmann, Köln. Herausg.: Tapeten - Ihre Geschichte b. z. Gegenw., 3 Bde. 1971.

OLSCHOWY, Gerhard

Dr. rer. hort., Prof., Ltd. Direktor i. R. Bundesforsch.-Anstalt f. Naturschutz u. Landschaftsökologie, Bonn (1964-78), Gf. Mitgl. Dt. Rat f. Landespflege, Vicepräs. Dt. Gartenbau-Ges., Korr. Mitgl. Akad. f. Raumforsch. u. Landespl., Hannover, National-Komitee f. d. MAB-Programm d. UNESCO, Environmental Planning-Commiss. d. JUCN. u. a. - Eschelbachstr. 11, 5300 Bonn (T. 23 17 95) - Geb. 14. Febr. 1915 Geseß/Schles. (Vater: Vinzenz O., Betriebsing.; Mutter: Selma, geb. Neumann), kath., verh. s. 1944 m. Felicitas, geb. Pahlen, 3 Söhne (Roland, Folkhart, Wolfram) - Eichendorff-Oberrealsch. Breslau; Univ. Berlin, TH München u. Hannover (Promot. 1955) - 1949-52 Assist. Inst. f. Angew. Pflanzensoziol. Weihenstephan; 1952-53 Ref. f. Landschaftspflege u. Grünplanung Zentralverb. d. Dt. Gartenbaus; 1953-64 Ref. f. Maßnahmen d. Landschaftspflege Bundesmin. f. Ernährung, Landw. u. Forsten. Landschaftsplanung (Staustufen Untere Isar, Rekultivierung Rhein. Braunkohlengeb., Parksiedl. München-Ramersdorf, Kernkraftwerk Biblis). S. 1958 Lehrbeauftr. u. Honorarprof. (1971) Univ. Bonn (Landschaftspflege) - BV: Landschaft u. Technik, 1970; Belastete Landschaft - Gefährdete Umwelt, 1971; Natur- u. Umweltschutz in fünf Kontinenten, Bd. I 1976 u. Bd. II 1985; Natur- u. Umweltschutz in d. Bundesrep. Deutschl., 1978 - 1965 Prof.-Titel; 1978 BVK I. Kl.; 1984 Gr. BVK.

OLSEN, Ferry

Regisseur (Ps.: Jill Hommers, Dieter Barnos) - Hauptstr. 48a, 8082 Grafrath (T. 08144 - 4 13) - Geb. 2. Juni 1925 Breslau (Vater: Hermann Scholz, Verw.-Angest.; Mutter: Helene Sch., Kammersängerin), ev., verh. s. 1955 m. Karen Sophia O., 3 Kd. (Karen, Janine, Mathias) - Ausb. z. Opernsänger - Staatsoper Berlin (Sänger); Komische Oper Berlin (Regievolont.); Regisseur (freiberufl.); Unterhaltung IV ZDF. Ca. 600 Insz., 120 Rollen, 70 Kompos. Autor d. Musicals: Wonderful Olly, Onkel Andreas, Dutsch u. Nelly, Feuervogelafrika, Les Clochards, Wenn ich einmal groß bin - Nationalpreis DDR, Ehrenkreuz I. u. II. Kl., Dt. Kreuz in Gold; Ehrenmitgl. Brigham Young Univ. - Liebh.: Bild. Künste - Spr.: Engl.

OLSEN, Karl-Heinrich

Dr. rer. techn. habil., em. Prof., Ltd. Direktor i. R. - Saarstr. 3, 3300 Braunschweig (T. 5 23 03) - Geb. 20. Dez. 1908 Graudenz/Westpr. - Promot. 1939; Habil. 1940 München 1940 ff. Doz. TH München, 1954-58 Doz. u. Prof. TH bzw. TU Braunschweig (Agrarpolitik, Landw. Betriebslehre u. Wirtschaftsgeogr.). 1959-65 Präs. Akad. f. Raumforsch. u. Landesplanung, Hannover, 1962-71 Generalsekr. Forsch.anst. f. Landw. Br.-Völkenrode, 1981-86 Präs. Braunschweig. Wiss. Ges. - BV: Oberflächengestalt., landw. Betrieb u. Agrarlandschaft, 1951; Grundl. d. westd. Agrarstruktur, 1955. Fachaufs. - 1965 Gr. BVK.

OLSHAUSEN, Hans-Gustav

Dr.-Ing., Prof., Ordinarius f. Baubetrieb u. Baubetriebswirtsch. Univ. Hannover - Am Kiefernforst 2, 4000 Düsseldorf 22 (T. 0211 - 20 18 18) - Geb. 23. Juni 1929 Hof Kogel/Mecklenburg (Vater: Konrad O.; Mutter: Alma, geb. Heinrich), kath., verh. s. 1957 m. Ingrid, geb. Pohl, 2 Kd. (Andreas, Ursula) - Dipl.-Ing. 1952 TH Karlsruhe, Dr.-Ing. 1977 TU Braunschweig. 1952-78 Beton- u. Monierbau AG (s. 1971 Vorstandsmitgl.). S. 1978 Hochschullehrer Univ. Hannover - Spr.: Engl.

OLSHAUSEN, von, Henning

Dr. jur., Prof. f. Öfftl. Recht u. Allg. Rechtslehre Univ. Mannheim - Johann-Fesser-Str. 10, 6710 Frankenthal - Geb. 4. März 1941 Naumburg/S. (Vater: Dietrich O., Oberpostdir.; Mutter: Luise, geb. Brendel), ev., verh. s. 1981 m. Ilse, geb. Stübinger, S. Philipp - Promot. 1969, 2. jurist. Staatsprüf. 1970, Habil. 1977 - 1977 Prof. Univ. Mainz; 1981 Prof. Bamberg; s. 1982 Prof. Univ. Mannheim - BV: Z. Anwendbarkeit v. Grundrechten auf jurist. Personen d. öfftl. Rechts, 1969; Landesverfassungsbeschwerde u. Bundesrecht, 1980.

OLSSON, Jens D.

Graphic Designer, Verleger - Fortunastr. 11, 4000 Düsseldorf 1 (T. 0211 - 66 05 90) - Geb. 14. Aug. 1944 Büsum/Nordsee - Kunststud. Hamburg; Dipl. (Graphic Designer) 1965 Hamburg - 1965-77 art director in intern. Werbeagenturen Düsseldorf u. Hamburg, zul. bei Lintas, Hamburg; 1977-82 selbst. art director u. Packungs-Designer in Hamburg; s. 1983 Mitinh. u. Geschäftsf. Verlag Eremiten-Presse, Düsseldorf. Herausg. v. Anthol. - Liebh.: Klass. Musik - Spr.: Engl., Ital., Lat.

OLSZEWSKI, Horst

Direktor Bereitschaftspolizei NRW (s. 1987) - Im Sundern, 4714 Selm 2 - Geb. 28. Juli 1932 Minden, ev., verh. in 2. Ehe m. Edeltraud, geb. Glosemeyer, Lehrerin, S. Nicolas - 1952 Polizeidst. NRW, 1962 Kommissar, 1971 Polizeirat; 1974-84 Leit. Werbe- u. Auswahldst. NRW; 1984-87 Leit. Höh. Landespolizeisch. Carl Severing Münster. Berufl. Spezialgeb.: Eignungsdiagnostik (Ausleseverf.). Mitbegründer Verhaltenstraining z. Konfliktbewältigung u. Kommunikationstraining f. d. Polizei NRW; Führungsforsch. u. -fortbild.; verhaltensorientierte Aus- u. Fortbild. v. Polizeibeamten - BV: Streß abbauen u. Konflikte bewältigen (Verhaltenstraining), 1988; Verhaltensmanagement in Org. (Streßreaktionen u. -bewältigung v. Individuen u. Org.) (m. J. C. Brengelmann, L. Rosenstiel); Verhaltenseffektivität u. Streß (m. J. C. Brengelmann u.a.), 1988 - 1988 BVK - Liebh.: sportpolit. Tätigk.

OLTERSDORF, Ulrich

Dr. med., Prof., Facharzt f. Hals-Nasen-Ohrenkrankheiten u. pathol. Anatomie - Auf d. hohen Feld Nr. 17, 7260 Calw (T. 3 08 18) - Geb. 13. Juni 1913 Berlin (Vater: Robert O., Stadtamtmann), ev., verh. s. 1943 m. Ursula, geb. Haase, 2 Söhne (Joachim, Peter) - Rheingau-Realgymn. (Friedenau) u. Univ. Berlin. Approb. 1939; Promot. 1942 - 1939-40 Assist. Pathol. u. Bakt. Inst. Oskar-Ziethen-Krkhs. Berlin (Lichtenberg); 1940-45 Hilfsarzt b. Berat. Pathologen e. Armee u. e. Wehrkr.; 1945-57 Assist. Univ. Tübingen (1953 Doz., 1959 apl. Prof. f. HNOheilkd.); s. 1958 fachärztl. Praxis Krkhs. Calw - BV: D. Wachstumskräfte u. d. formalen Vorgänge d. normalen u. pathol. Pneumatisation d. Gesichtsschädels, 1953 - 1953 Hermann-Marx-Preis Dt. Ges. f. HNOheilkd. - Liebh.: Segeln, Tennis.

OLTMANNS, Horst-Peter

Dr.-Ing., Prof. RWTH Aachen, Architekt, Ministerialdir. u. Beigeordn. Generalsekr. Vereinte Nationen - Hardtstr. 12, 5300 Bonn 2 (T. 0228 - 37 33 46) - Geb. 5. Sept. 1922 Dresden (Vater: Friedrich O., Verlagsbuchhdl.; Mutter: Charlotte, geb. Schweissinger), ev., verh. s. 1964 m. Ute, geb. Losehand, 2 S. (Patrick, Martin) - 1948-54 Stud. Arch.-Städtebau Royal Inst. ob British Architects London; Promot. 1958 TH Aachen, Kurse in Oxfort, Harvard u. Tokio - 1960-65 Leit. Auslandsabt. Bundesbaudir.; 1965-70 Arch.-Ing. Weltbank Washington; 1970-77 Oberster Baubeamter d. Bundes, Bonn; 1977-81 Leit. Umweltschutzfond UN, Sonderberat. Ausw. Amt (Bauwesen/Umwelt). 1971-79 1. Vors. Dt. Arch.-Ing.-Verb. DAI, Vors. Bundesarbeitsgemeinsch. d. Senior-Experten - BV: D. engl. Neustädte, 1958; Neuaufl. Verdingungsordn. f. Bauwesen, 1973; zahlr. weit. Fachveröff. - Bauwerke: 1954-58 Entw. u. Baultg. Neue Dt. Botsch. London, 1959-60 Neue Dt. Botsch. Tokio - 1954 Mitgl. Royal Inst. British Architects London; 1976 Hon. Fellow American Inst. Architects Washington; 1979 Ehrenmitgl. u. Vors. Beirat DAI; 1979 Honorarprof. RWTH Aachen; Vors. Sprecherrat Dt. Kulturrat.

OLZINGER, Franz J.

Dipl.-Kfm., Vorsitzender d. Geschäftsfg. JI CASE GmbH - Industriestr. 39, 4040 Neuss 1; priv.: Am Rheinblick 11, 6532 Oberwesen-Urbar (T. 06741 - 15 89) - Geb. 23. Dez. 1937 Böhm.-Röhren (Vater: Franz O., Polizeibeamter; Mutter: Maria, geb. Stuchl), kath., verh. s. 1963 m. Marianne, geb. Reithmeier, 2 Töcht. (Verena, Tanja) - Stud. Betriebsw. Dipl.-Kfm. 1967 Univ. München - Liebh.: Lit., Skilaufen - Spr.: Engl.

OLZOG, Günter

Dr. jur., Verleger - Elektrastr. 28, 8000 München 81 (T. 91 85 42) - Geb. 15. Febr. 1919 Dortmund - Univ. München (Promot. 1949). Ass.ex. 1950 - 1945-47 Bayer. Staatsministerium f. Unterr. u. Kultus, 1948-49 Wiss. Assist. Inst. f. Völkerrecht München, seith. Verleger (Isar-, 1960-86 Günter Olzog Verlag). 1966-70 Vors. Bayer. Verleger- u. Buchhändler-Verb.; 1968-83 Prorektor Hochsch. f. Politik München; Beiratsmitgl. Akad. f. Polit. Bild., Tutzing - BV: u. a. D. polit. Parteien in d. BRD. Mithrsg.: Dokumentation deutschspr. Verlage; D. dt. Landkreise - 1969 Bayer. VO; 1987 BVK I. Kl.

OMANKOWSKY, Manfred

Dipl.-Polit., Bezirksstadtrat a.D., Vors. Dt. Familien-Verb./Landesverb. Berlin (1981ff.) - Im Amseltal 62, 1000 Berlin 28 - Geb. 27. Jan. 1927 Berlin - N. Begabtenabit. Otto-Suhr-Inst. Berlin - S. 1947 öfftl. Dienst (Presseref. Bezirksamt Reinickendorf, 1959 pers. Ref. Senator f. Arbeit, 1965 Leit. Abt. Jugend u. Sport BA Tiergarten). SPD s. 1947.

ONCKEN, Dirk

Dr. phil., Diplomat - Zu erreichen üb. Auswärtiges Amt, 5300 Bonn 1 - Geb. 2. Juni 1919 Heidelberg - S. 1952 Ausw. Dienst (u. a. Leit. Deutschl.- u. Wiedervereinigungsref., 1966ff. Gesandter NATO-Vertr., 1968ff. Gesandter Washington, 1970ff. Leit. d. Planungsstabes, 1972ff. Botsch. i. Griechenl., 1977ff. Botsch. in Indien, 1979-84 Botsch. Türkei) - 1984 Gr. BVK m. Stern - Vater: Prof. Dr. phil. Hermann O., bek. Historiker, 1869-1945 (s. X. Ausg.).

ONDRACEK, Gerhard

Dr. rer. nat., Prof. - Mauerstr. 5, 5100 Aachen (T. 0241 - 80 49 66) - Geb. 23. Sept. 1934 Jena (Vater: Kurt O., Kfz.-Meister; Mutter: Charlotte, geb. Beine), verh. s. 1960 m. Dora, geb. Schmidt, 2 Kd. (Claudia, Christian) - Dipl.-Ing. 1959 TH Magdeburg, Promot. 1965 TH Stuttgart, Habil. 1977 Univ. Karlsruhe - 1965 Abt.-Leit. Kernforsch.zentr. Karlsruhe; 1981-87 Prof. Univ. Karlsruhe; s. 1987 Prof. u. Inst.-Dir., Lehrst. Glas, Bio- u. Verbundwerkstoffe, RWTH Aachen - BV: Werkstoffkd., Lehrb. 1979, 2. A. 1986 (auch span.); Verbundwerkst. u. Stoffverbunde, 1985 - 1982 Gastprof. Inst. Balseiro Bariloche (Argent.); 1982 Mitgl. New York Akad. of Sciences; 1986 Gastprof. Univ. de Cuyo, Rio Negro, Argentinien - Spr.: Engl., Span.

ONKEN, Ulfert

Dr. rer. nat., Dipl.-Chem., Prof. f. Technische Chemie Univ. Dortmund - Gottlieb-Levermann-Str. 3, 4600 Dortmund 50 - Geb. 14. Mai 1925 Darmstadt (Vater: Wilhelm O., Gärtnermeister; Mutter: Katharina, geb. Galle), ev., verh. s. 1958 m. Dorothea, geb. Neckel, 2 Kd. (Ulrich, Annette) - 1948-54 TH Darmstadt (Chemie), Dipl.-Chem. 1954; 1954-58 Univ. Göttingen (Promot. 1958) - 1954-58 Wiss. Assist. Univ. Göttingen; 1958-71 Hoechst AG, Frankfurt, (ab 1966 stv. Leit. Verfahrenstechnik); ab 1971 Univ. Dortmund. 1980-84 Ständiger Aussch. d. Dt. Bunsen-Ges. f. Physikal. Chemie; 1985 Gastprof. Univ. Kyoto/Japan. Patente - BV: Therm. Verfahrenstechnik, Monogr. 1975; Vapor-Liquid Equilibrium Data Collection (m. J. Gmehling), ab 1977 (15 Bde.); Grundzüge d. Verfahrenstechnik u. Reaktionstechnik, 1986 - Liebh.: Musik - Spr.: Engl., Franz., Ital.

OOMEN, Ursula

Verehel. Mantell, Dr., Prof. f. Englische Sprachwissenschaft u. Medienwissenschaft - Zu erreichen üb. Univ. Trier, FB II, 5500 Trier - Geb. in Dortmund, verh. - Promot. 1964 Univ. Freiburg - Assist. u. Assoc. Prof. Georgetown Univ., Washington, D.C./USA; Prof. Univ. Trier, 1985 Dekan FB f. Sprach - u. Literaturwiss. - BV: Automatische syntaktische Analyse, 1968; Sprachl. Konstituenten mod. Poesie, 1970 (m. R. Kloepfer); Linguist. Grundlagen poet. Texte, 1973; D. engl. Sprache in d. USA, 1981 - Spr.: Engl., Franz., Lat.

OOSTERGETELO, Jan

Landwirt, MdB (VIII. Wahlp./Landesl. Nieders.) - Höcklenkamp 12, 4459 Uelsen - Geb. 9. Febr. 1934 Höcklenkamp (Vater: Landw.), ev.-ref., verh., 3 Kd. - Volkssch.; landw. Ausbild. - S. 1959 selbst. Mitgl. Kreistag u. Gemeinderat. SPD s. 1969 (Ortsvors. u. Mitgl. Unterbezirksvorst.).

OOYEN, van, Hansgeorg

Schriftsteller - In den Kämpen 5, 4370 Marl (T. 02365 - 3 25 07) - Geb. 23. Febr. 1954 Duisburg, verh. m. Monika, geb. Eschenröder, 2 Söhne (Sascha Oliver, Dario Alessandro) - 1976-82 Stud. German. u. Phil. Univ. Bochum - Mitgl. Verb. dt. Schriftst. (VS) - BV: D. Schrift an d. Wand, Kurzgesch. u. Sat., 1981; Ende d. Bescheidenheit, Ged., 1984; Auch d. Worte verfärben sich, wenn sie einander berühren, Ged. 1987; Leben vorm Pütt, Texte u. Bilder aus e. Arbeitersiedlung, 1988; u.v.m. Hörsp. zu Gegenwartsfragen, prod. in CSSR, DDR, BRD, Frankr., Ital. in den jeweil. Landesspr. Herausg. Besetz deinen Platz auf d. Erde (1984); Üb. d. Haß hinaus ... (m. Bernt Engelmann, 1985); 8 Minuten noch zu leben? (1987) - 1980 1. Preis d. Bulg. Rundf.; 1981 Stip. Kultusmin. NRW; 1984 Verdienstmed. Rundf. d. CSSR (f. Leist. auf d. Geb. d. Hörsp.); 1986 Alfred-Kitzig-Preis (Ahlen); 1987 Lit.preis d. Stadt Aachen; 1987 Dt. Kurzgesch.preis; u. a. - Spr.: Engl., Franz.

OPASCHOWSKI, Horst

Dr. phil., Prof., Wiss. Leiter B.A.T Freizeit-Forschungsinst., Hamburg - Hellholzkamp 1, 2050 Börnsen - Geb. 3. Jan. 1941 Beuthen/Oberschl. (Vater: Ernst O., Kaufm.; Mutter: Johanna, geb. Sauerland, Konzertpianistin), kath., verh. s. 1967 m. Elke, geb. Schewe, 2 Kd. (Alexander, Irina) - Abgeschloss. künstl. Schauspiel-Ausb.; Tätigk. als Reiseleiter, Reserve (Olt. d. R.), Lehrer u. wiss. Ass. - Univ. Bonn u. Köln (Promot. 1968) - S. 1975 Prof. f. Erziehungswiss. Univ. Hamburg Inst. IV-Abt. Freizeitpäd. u. Freizeitwiss.; Vorst.-Mitgl. Kommiss. Freizeitpäd. d. Dt. Ges. f. Erziehungswiss. - Autor (Exposé u. Drehb.) d. Films One, two, three - Germany: funtastic kaleidoscreen (Amtl. Beitr. d. Bundesrep. Deutschl. auf d. Expo '88 in Brisbane/Austral. 30 Buchveröff. 1970-89, u. a. Probleme im Umgang m. d. Freizeit, 1980; Allein in d. Freizeit, 1981; Freizeitzentren f. alle, 1981; Methoden d. Animation - Praxisbeisp., 1981; Handbuch Freizeit-Daten, 1982; Freizeit im Wertewandel (m. G. Raddatz), 1982; Arbeit, Freizeit, Lebenssinn?, 1983; Freizeit im Ruhest. (m. U. Neubauer), 1984; Freizeit u. Umwelt, 1985; Urlaub 85/86 - zu Hause u. auf Reisen, 1986; Urlaub 86/87. Was Reiseziele bieten müssen, 1987; Konsum in d. Freizeit, 1987; Sport in d. Freizeit, 1987; Päd. u. Didaktik d. Freizeit, 1987; Wie leben wir n. d. Jahr 2000? Szenarien üb. d. Zukunft v. Arbeit u. Freizeit, 1988; Psychol. u. Soziol. d. Freizeit, 1988; Tourismusforsch., 1989; Urlaub 87/88; Urlaub 88/89. Wohin d. Deutschen reisen u. wie zufrieden sie damit sind, 1989; Freizeitalltag v. Frauen: Zw. Klischee u. Wirklichkeit, 1989 - Traumziele u. Urlaubsträume, 1988 - Führender Freizeit- u. Tourismusforscher in d. BRD (dpa); Ferienvordenker (Welt am Sonntag); D. weithin bekannte Meinungsmacher d. Freizeitszene (D.Zeit); D. populärste Freizeitforscher d. Bundesrep. (FAZ) - Freizeitpapst (Wirtschaftswoche).

OPBERGEN, van, Gert

Dipl.-Ing., Gf. Gesellschafter Josef van Opbergen Apparatebau, Neuss - Dürerstr. 12, 4040 Neuss (T. 02101-46 46 16) - Geb. 13. Juli 1928 Neuss, ev., verh. s. 1953 m. Regina Hodißen, 6 Kd. (Piet, Regina, Cornel, Josef, Andreas, Sebastian) - Staatl. Ing.schule Essen (Dipl.-Ing.) - Vorstandsmitgl. FG Apparatebau im VDMA; IHK-Vizepräs.; Vors. Unternehmersch. Neuss u. Umgegend - BVK - Spr.: Engl.

OPDERBECKE, Hans Wolfgang

Dr. med. (habil.), Prof. f. Anästhesiologie Univ. Erlangen-Nürnberg, Generalsekr. d. Dt. Ges. f. Anästhesiologie u. Intensivmed. - Obere Schmiedgasse 11, 8500 Nürnberg 1.

OPEL, Adolf
Schriftsteller, Filmregiss. - Seidengasse 43, A-1070 Wien - Geb. 12. Juni 1935 Wien - Stud. Univ. Wien, State Univ. of Iowa USA (Lit., Psych., Film); Absolutorium 1959 - Kulturpubliz. Filmkritiker b. Vernissage; Herausg. d. Werke v. Adolf Loos; Filmregiss.; Gestalter v. Ausst. - BV: Durst vor d. Kampf, 1955; Heuchler u. Heilige, 1957; Wilhelm Voigt, gen. Hauptmann v. Köpenick, 1974; Roaring Twenties, 1980; Anthology of Modern Austrian Lit., Intern. PEN Books, 1981; Werke v. Adolf Loos (Hg.), 4 Bde. 1981-85. Filme: Todesfuge, 1978; Auferstehung d. Worte, 1978; Arielse, 1980; Ewig jung bleibt nur d. Phantasie, 1982; D. Macht d. Geistes üb. d. Stoff, 1983 - 1978 Grand Prix Intern. Filmfestival Thessaloniki; 1979 1. Preis Rassegna Intern. del film didattico, rom u. Filmpr. Wiener Kunstfonds; 1981 Theodor Körner-Pr. - Liebh.: Reisen - Spr.: Engl., Span., Franz. - Lit.: Zahlr. Zeitungsart. u. Kritiken u.a. v. Franz Theodor Csokor, Thornton Wilder, Hans Weigel.

OPEL, Paul
Dipl.-Phys., Vorstandsmitgl. Mannesmann Kronprinz AG - Weyerstr. 112-114, 5650 Solingen 11 - Stud. d. Phys. Univ. Bonn.

OPFERKUCH, Hermann
Kaufmann, MdL Baden-Württ. (1972-84) - Sperrhofstr. 25, 7181 Stimpfach-Randenweiler (T. 07967 - 1 53-100) - Geb. 18. Juli 1920 Randenweiler, kath., verh., 2 Kd. - Volks- u. Handelssch.; Lehre Industrie u. Bank - Ind.- u. Banktätigk., 1940-45 Arbeits- u. Wehrdst., s. 1946 selbst. (Aufbau eig. Untern.). CDU (1962-85 Vors. Kreisvw. Schwäb. Hall).

OPGENOORTH, Ernst Rudolf
Dr. phil., Prof. f. Mittlere u. Neuere Geschichte Univ. Bonn - Bootsweg 34, 5205 St. Augustin 1-Müllsdorf - Geb. 12. Febr. 1936 Kleve (Vater: Heinrich O., Finanzbeamter; Mutter: Eva, geb. Bongartz), kath., verw., 2 Söhne (Norbert, Hein) - Gymn.; Stud. Gesch., German., Phil. u. Publiz. Bonn u. FU Berlin, Promot. u. 1. Staatsex. f. d. Lehramt Bonn 1962, Habil. Bonn 1971 - Journ. Tätigk.; 1963-70 Wiss. Kommiss. d. BRD f. XIII. europ. Kunstausst. Valletta 1970, 1973 Vorst. u. 1979 Schriftf. Arb.gemein. z. preuß. Gesch. e.V.; Kurat.-Mitgl. Friedr.-Naumann-Stift - BV: Einf. in Stud. d. neueren Gesch.; 3. A. 1989; Friedr.-Wilhelm. D. Gr. Kurfürst v. Brandenburg, 2 Bde., 1972 u. 1987; Volksdemokratie im Kino 1984 - Liebh.: Politik, Basteln, Musik - Spr.: Engl., Franz.

OPHOVEN, Hermann
(Ps. Armin von der Ach) Kantor, Musikdirektor FDB, Chordirektor ADC, Komponist - Kirchbergstr. 3, 8114 Uffing am Staffelsee/Obb. - Geb. 4. März 1914 Düsseldorf (Vater: Peter O., Organist u. Chorleit.; Mutter: Maria, geb. Issel), kath., verh. s. 1937 m. Else, geb. Kaiser, 2 Kd. (Wolfgang, Margret) - Human. Gymn.; Hochsch. f. Musik, Köln (Staatsex.) - 1933 Organist u. Chorleit. Ratingen, Köln, 1946 Düsseldorf - W.-Männer-, Gemischte-, Frauen- u. Kinderchöre, Volksliedsätze, Kirchenmusik Aufführ. Sängerbundesfeste: Salzburg 1953, Am Niederrh. 1955, Wien 1958, Dortmund 1959, Gelsenkirchen 1960, Essen 1962, Olympiade 1972 München (Urauff. Kantate ‚Für d. Frieden in d. Welt') - 1957 Valentin-Becker-Komp.s-preis; 1972 Ernenn. Chor-ADC u. Musikdir. FDB.

OPITZ, Günter
Dr. rer. nat., o. Prof., Org. Chem. Inst. Univ. Heidelberg - Rappenbuckelweg 1, 6905 Schriesheim - Geb. 17. März 1926 Berlin (Vater: Dr. Emil O., Studienrat; Mutter: Marie, geb. Karmrodt), verh. m. Gabriele, geb. Scheytt - Univ. Tübingen. Promot. (1956) u. Habil. (1960), apl. Prof. u. Wiss. Rat (1966), o. Prof. Univ. Heidelberg (1972) - BV: Alpha-Aminoalkylierung, Monogr. 1960 (m. H. Hellmann). Facharb.

OPITZ, Klaus
Dr. med., Prof. Inst. f. Pharmakologie u. Toxikologie Univ. Münster - Görlitzer Str. 102, 4400 Münster (T. 24 82 11) - Geb. 7. Jan. 1927 - S. 1961 (Habil.) Lehrtätigk. Münster (1967 apl. Prof. f. Pharmak. u. Toxikol.). Üb. 90 Fachveröff.

OPITZ, Otto
Dr. rer. nat., o. Prof. f. Math. Methoden der Wirtschaftswiss. Univ. Augsburg 6s. 1971) - Landgrabenstr. 5, 7500 Karlsruhe.

OPITZ, Paul Heinrich
Dr.-Ing., Vorst. Maschinenfabrik Carl Zangs AG., Krefeld (s. 1970) - Greiffenbergsacker 16, 4050 Mönchengladbach 4 (T. 02166 - 5 93 70) - Geb. 26. Jan. 1923 Wuppertal-Elberfeld (Vater: Erich O., Prokurist; Mutter: Maria, geb. Niemöller), ev., verw., 2 Kd. (Jutta, Jochen) - Abit. 1940; Kriegsdst. (Marine); Mechanikerlehre; Stud. TH Aachen; Promot. 1958 - 1948-50 Mechaniker; 1960-64 Obering.; s. 1964 Vorst.smitgl. bzw. Gf. Vorst.smitgl. RKW Landesgr. NRW, s. 1977 Vors. Unternehmersch. Metall Krefeld - Liebh.: Jagd - Spr.: Engl.

OPITZ, Peter
Dr. jur., Geschäftsinhaber Berliner Handels- u. Frankfurter Bank - Bockenheimer Landstr. 10, 6000 Frankfurt/M. (T. 069 - 718-35 39) - Geb. 7. Juli 1940, ev., verh. - Vorst.-Vors. Bankenverb. Hessen; AR-Mitgl. Frankf. Kreditbank GmbH; Beiratsmitgl. Herausgebergem. Wertpapier-Mitteil., Frankfurt - Liebh.: Zeitgenöss. bild. Kunst, Lit. - Spr.: Engl., Franz., Ital.

OPITZ von BOBERFELD, Wilhelm
Dr. agr., Prof. Univ. Gießen - Ludwigstr. 23, 6300 Gießen (T. 0641 - 702 60 00) - Geb. 7. März 1941 Posen, ev., verh. m. Dr. med. Ursula, geb. Buchta, 1 Kd. - Dipl.-Landw. 1968; Promot. 1971; Habil. 1978 (Acker- u. Pflanzenbau), alles Bonn 1983 apl. Prof. Univ. Bonn; 1984 Prof. Univ. Göttingen (Abt. Futterbau u. Graslandwirtsch.); 1985 Univ. Gießen (Lehrst. Grünlandwirtsch. u. Futterbau) - BV: Grundfutterproduktion, 1986; Grünlandwirtschaft u. Futterbau, 1987; Gräserbestimmungsschlüssel, 1987; 8sh. 90 Publ. auf d. Gebiet Acker- u. Pflanzenbau - Spr.: Engl. - Lit.: Bonner Literaturkalender (1980).

OPP, Karl-Dieter
Dr. rer. pol., Prof. f. Soziologie Univ. Hamburg - Sulkyweg Nr. 22, 2000 Hamburg 72 - Geb. 26. Mai 1937 Köln (Vater: Karl O., Bankprok.; Mutter: Melanie, geb. Steinböck), verh. s. 1966 m. Elisabeth, geb. Capellman, 2 S. (Boris, Manuel) - Abit.; Lehre als Ind.-Kaufm.,Wiss. Assist., o. Prof. - BV: U.a. Methodolog. d. Sozialwiss., 2. A. 1976; Verh.theor. Soziol., 1972; Soziol. im Recht, 1973; Abweichend. Verh. u. Ges.strukt., 1974; Individ. Sozialwiss., 1979; D. Entstehung sozialer Normen, 1983 - Spr.: Engl.

OPP, Walter
Prof. u. Univ.-Musikdirektor Univ. Erlangen - Gebbertstr. 46, 8520 Erlangen (T. 09131 - 2 29 31) - Geb. 30. Juli 1931 Marktredwitz (Vater: Hermann O., Pfarrer; Mutter: Margarete, geb. Schumacher), ev., verh. s. 1959 m. Rosemarie, geb. Kipfmüller, 4 Kd. (Agnes, Andreas, Christine, Mechthild) - Human. Abit. 1950 Regensburg; Stud. Kirchenmusik, Kompos., Theol. (Staatsex. Kirchenmusik 1955 Berlin) - 1957-67 Kirchenmusiker in Kitzingen, 1967-73 in Regensburg; 1973-81 Landeskirchenmusikdir. in Schlüchtern; s. 1981 Univ.-Musikdir. u. Prof. Erlangen - BV: Handb. f. d. kirchenmusikal. Dienst im Nebenamt, 1966/77; Verzeichniss d. Choralvorsp. z. EKG, 1974; Ausgew. Choralvorsp., 1987 - 1969 Kulturförderpreis Regensburg.

OPPEK, Ernst
Prof., Dipl.-Gewerbelehrer, REFA-Ing., Dir. Landesinst. f. Erziehung u. Unterr., Stuttgart - Heckenweg 8, 7141 Schwieberdingen (T. 07150 - 3 44 04) - Geb. 22. Sept. 1931, verh. s. 1958 m. Elke, geb. Mußfeldt - 1949 Lehre als Maschinenschlosser; Abit. 1954 Stuttgart; 1958 Diplomgewerbelehrer Fachricht. Maschinenbau; Assessorex. 1962 (bde. Stuttgart); 1958-74 Schuldienst. Lehrbeauftr. Berufspäd. Hochsch. Stuttgart f. Betriebswirtschaftslehre; 1975 Prof. Inst. f. Studieninf. u. Bildungsplanung Stuttgart; Landesstelle f. Erziehung u. Unterr.; s. 1979 Dir.; Erwerb versch. Lehrberechtigungen f. REFA-Verb. f. Arbeitsstud. u. Betriebsorganis. u. Lehrtätigkeit - Fachveröff. auf d. Geb. Bildungsforsch., Päd., Arbeitswiss. s. 1980 stv. Bundesvors. REFA-Verb. f. Arbeitsstudien u. Betriebsorganis. Darmstadt; s 1974 stv. Landesvors. REFA-Landesverb. Baden-Württ.; Schwerpunktarbeit in diesen Verbänden: Ausbildung und Entwicklung - Liebh.: Sport (Tennis), Theater, Lit. - Spr.: Engl.

OPPEL, Falk

Dr. med., Prof. f. Neurochirurgie, Chefarzt Neurochir. Klinik Krankenanst. Gilead, Bielefeld (s. 1986) - Wittekindstr. 8a, 4800 Bielefeld 1 - Geb. 23. Jan. 1944 Darmstadt (Vater: Fritz O., Doz. f. Ing.-Bau; Mutter: Imma, geb. Scholl), ev., verh. s. 1982 in 2. Ehe m. Irene, geb. Lutz, 2 Söhne (Max, Felix) - Stud. Med. Univ. Berlin u. Heidelberg; Staatsex. 1972 Berlin, Promot. 1973 FU Berlin, Habil 1981 ebd. - 1978-86 Oberarzt Neurochir. Klinik Univ.-Klinikum Steglitz FU Berlin, Berufung z. Prof. Zahlr. Fachveröff. u. Buchbeitr. Liebh.: Bildhauerei, Malerei.

OPPEL, Ottomar
Dr. med., Prof., Chefarzt Augenklinik Städt. Krankenanstalten Wuppertal (s. 1968) - Heusnerstr. 40, 5600 Wuppertal-B. (T. 56 62 30) - Geb. 25. Okt. 1920 Harras/Thür. (Vater: Albert O., Landwirt; Mutter: Elise, geb. Gleichmann), ev., verh. s 1952 m. Gritta, geb. Höhlein, 2 Kd. (Solveig, Uwe) - Obersch. (Internat) Univ. Jena, Rostock, Jena. Promot. 1951 Jena; Habil. 1958 Mainz 1955-68 Oberarzt Univ.s-Augenklin. Jena u. Mainz (1964-65 komm. Dir.) 1958 ff. Privatdoz. bzw. apl. Prof.) Fachveröff.

OPPELT, Winfried
Dr.-Ing., Dr.-Ing. E. h., em. o. Prof., Direktor Inst. f. Regelungstechnik TH Darmstadt (1957-77) - Meißnerweg 67, 6100 Darmstadt-Neu-Kranichstein (T. 71 84 94) - Geb. 5. Juni 1912 Hanau/M. (Vater: Richard O., Insp.; Mutter: geb. Weber), verw., 2 Kd. a. 1. Ehe (Arnulf, Ulrich) - TH Darmstadt - U. a. Laborleit. Hartmann & Braun AG., Frankfurt/

M. - BV: Grundgesetze d. Regelung, 1947; Stet. Regelvorgänge, 1949; Kl. Handb. techn. Regelvorgänge, 1953, 5. A. 1972 (auch franz., poln., rumän., russ., tschech., ungar.), üb. d. Menschenbild d. Ingenieurs, 1984. Zahlr. Einzelarb. u.a. z. biolog. Kybernetik (Modelle d. Trancezustände) - 1965 Ehrendoktor TH München; 1967 Fellow Inst. of Electrical and Electronic Engineers (USA); 1971 Grashof-Denkmünze d. VDI; 1979 Wilh.-Exner-Med. (Wien); 1980 VDE-Ehrenring; 1981 Gairn-EEC-Med. (London); 1982 Aachener u. Münchener Preis f. Techn. u. Angew. Naturwiss.

OPPEN, von, Dietrich
Dr. phil., o. Prof. u. Direktor Sem. f. Sozialethik Univ. Marburg (1960ff.; emerit.) - Am Kornacker 8, 3550 Marburg (T. Marburg 8 13 60) - Geb. 22. Nov. 1912 Berlin (Vater: Konrad v. O., Major; Mutter: geb. v. Ruville), verh. 1951 m. Rosemarie, geb. Schoenborn - Zul. Päd. Akad. Kettwig - BV: Verbraucher u. Genossenschaft, 1959; D. personale Zeitalter, 1960; Als Christ leben, 1967; D. sachliche Mensch, 1968; Moral, 1973; Marburger Aufzeichnungen - Z. Krise d. modernen Welt, 1983. Div. Einzelarb. Mithrsg.: Mitarbeit/Ztschr. z. Gesellschafts- u. Kulturpolitik (1961ff.) - Spr.: Engl., Franz. - Rotarier.

OPPEN, von, Kaspar
Dr., Dipl.-Ing., Direktor d. Gutehoffnungshütte AV AG. u. Ferrostaal AG. Zitelmannstr. 10, 5300 Bonn 1 - Geb. 25. Febr. 1934 Weimar.

OPPENBERG, Dietrich

Verleger, Herausg. NRZ Neue Ruhr Zeitung/Neue Rhein. Ztg., Verleger Verlagsgruppe ECON, Geschäftsf. Econ Data-Beteiligungsges. mbH, Essen, Ehrenvors. Arbeitsgem. Regionalpresse, VR-Vors. Versorgungswerk Dt. Presse, Vorst.-Vors. u. VR-Vors. Folkwang-Museums-Verein Essen - Sachsenstr. 30, 4300 Essen - Geb. 29. Juli 1917 Essen (Vater: Arnold O.; Mutter: Elise, geb. Rothenberg), ev., verh. s. 1945 m. Marianne, geb. Stiel, 2 Kd. - Realsch.;

Verw.akad. - Anwaltsgehilfe, 1936 in e. Hochverratsprozeß zu 2 3/4 J. Zuchths. verurt., Verlagssekr. u. eig. Ztg.agentur, n. Kriegsende Verlagsleit. Ruhr Ztg., Essen, u. Lizenzträger Rhein. Echo, D'dorf, Ehrenvors. Rhein.-Westf. Ztg.-verleger - BV: D. öfftl. Aufgabe d. Presse; Publiz. im Wandel.

OPPENBERG, Hans

Buchbindermeister, Vors. Bund Dt. Buchbinder-Innungen, München - Akazienhof 6, 4100 Duisburg - Geb. 8. Jan. 1912 - Ober-, Landes- u. Bundesinnungsm. - BDBI-Ehrenz. in Gold m. Brillanten; BVK am Bde. u. BVK I. Kl; Ehrenbundesinnungsm.; Handwerkszeichen in Gold; Augustinusorden.

OPPENHEIM, Freiherr von, Alfred

Bankier, pers. haft. Gesellsch. Bankhaus Sal. Oppenheim jr. & Cie. - Unter Sachsenhausen 4, 5000 Köln - Geb. 5. Mai 1934 (Vater: Friedrich Carl Frhr. v. O., s. dort) - Präs. Rh.-Westf. Börse, Düsseldorf, Vorst.-Mitgl. Verein von Banken u. Bankiers in Rhld. u. Westfl., Köln. Div. AR-Mand., dar. -Vors. Oppenheim Kapitalanlageges. m.b.H., Köln, u. stv. AG. Eiserfelder Steinwerke, Eiserfeld/S.

OPPENHEIMER, Johannes

Vizepräsident Bundesverwaltungsgericht (1980 ff.) - Carmerstr. 18, 1000 Berlin 12 - Geb. 10. Juli 1918 - 1963-71 Bundesrichter BVG, 1971-80 Senatspräs. BVG.

OPPENHOFF, Walter

Dr. jur., Rechtsanwalt - Kastanienallee 29, 5000 Köln 51 (T. 38 28 06) - Geb. 26. Mai 1905 Aachen (Vater: Fritz O., Richter; Mutter: Johanna, geb. Brüggemann), verh. 1936 m. Rosl, geb. Seiferth - S. 1930 RA. Aufsichts- u. Beiratsmand., dar. -vors. DUEWAG AG, Beirat Waggonfabrik Talbot Aachen - 1970 Gr. BVK (abgel.); Ehrenvors. Kölner Anwaltsverein; Ehrenmitgl. d. Dt. Vereinigung f. gewerbl. Rechtsschutz u. Urheberrecht, d. AIPPI, d. Council d. IBA Section Buisness Law - Spr.: Engl., Franz. - Rotarier.

OPPENLÄNDER, Karl Heinrich

Dr., Prof., Präsident Ifo-Institut f. Wirtschaftsforschung, München - Zu erreichen üb. Ifo-Institut, Poschinger Str. 5, 8000 München 80 - Geb. 17. Jan. 1932 Dörzbach, verh. s. 1958 m. Cäcilie O., 2 Kd. (Christine, Thomas) - Stud. Wirtsch.- u. Sozialwiss. Univ. München; Promot. 1963, Habil. 1975 - 1952-54 kaufm. Angest.; s. 1958 wiss. Mitarb. IFO, s. 1972 Vorst.-Mitgl., s. 1976 Vorst.-Vors. 1976 Privatdoz., 1983 apl. Prof.

OPPERMANN, Hans-D.

Dipl.-Volkw., Geschäftsführer Aluminium Walzwerke Singen, Präs. Verb. d. Aluminiumverarb. Ind., Frankfurt - Hohenstoffelnstr. 5, 7700 Singen (T. 07731-4 42 42) - Geb. 23. Juli 1931 Gelsenkirchen, ev., verh. s. 1958 m. Ute, geb. Heinrichs, S. Volker - Stud. Betriebsw. Univ. Göttingen u. Köln; Staatsex. 1957 Köln - Geschäftsf. Alusingen; Vors. Fachverb. Aluminiumfolien, Frankfurt; Vorst. Gesamtverb. dt. Aluminiumind.; AR-Mitgl. Alusuisse Svenske, Göteborg - Spr.: Engl., Franz.

OPPERMANN, Thomas

Dr. jur., Dr. h. c., o. Prof. f. Öfftl. Recht u. Ausw. Politik Univ. Tübingen (s. 1967), Mitgl. Staatsgerichtshof Baden-Württ. - Burgholzweg 122, 7400 Tübingen (T. 4 95 33) - Geb. 15. Febr. 1931 Heidelberg (Vater: Prof. Dr. phil. Hans O., emerit. Ord. f. Klass. Philol. †; Mutter: Ella, geb. Borchers †), ev., verh. s. 1963 m. Ingrid, geb. Cording, 3 Söhne (Patrick, Roland, Arnold), T. Julia - Univ. Frankfurt, Freiburg, Lyon, Oxford/Engl. (Rechtswiss.). Jurist. Staatsprüf. 1955 u. 59; Promot. 1959, Habil. 1967 - 1960-67 Bundeswirtschaftsmin., Bonn (zul. Regierungsdir.) - BV: D. alger. Frage, 1959 (franz 1961); Brit. Unterhauswahlrecht u. Zweiparteiensystem, 1961; Dt. Veranlassung im Sinne v. § 43 Bundesentschädigungsgesetz, 2. A. 1962; D. Staatsangehörigkeitsrecht d. arab. Staaten, 1964 (m. Yousry); Kulturverwaltungsrecht, 1969; Z. Finanzkontrolle d. Stiftg. Volkswagenwerk, 1972; In welches Europa führen die Direktwahlen? 1978; Bildung, 8. A. 1988; Amtshaltung d. Dt. Bundesbank, 1983; Wissenstransfer zw. Wirtsch. u. Univ. (m. Theis/Graumann), 1986; Europarecht, 1989; u. a. - Spr.: Engl., Franz.

OPPERS, Heinz

Dipl.-Ing., Stadtdirektor - Schwalbenstr. 9, 4130 Moers 1 (T. 2 37 26) - Geb. 6. Dez. 1920 Moers (Vater: Heinrich O., Kaufmann; Mutter: Gertrud, geb. Mootz), ev., verh. s. 1969 m. Johanna, geb. Krumm, 2 Kd. (Angelika, Rüdiger) - Stud. TH Aachen, Fachricht. Hochbau, Städtebau u. Landesplanung, Dipl.-Ing. 1950 TH Aachen. S. 1975 Stadtdir. Stadt Moers, Wissenschaftl. Beir. Inst. f. Landesentwicklungsforsch. Land NRW. AR Landesentw.-ges. NW, Fernwärmeversorg. Niederrh., Dinslaken; Stadtw. Moers; Verb.vorst. Zweckverb. Gemeinschafts-Müllverbrennungsanl., Oberhausen; Mitgl. Vollversammlung Städte- u. Gemeindebund NRW, u. v. a. Zahlr. Schulen, Krankenhaus Homberg u. and. öffentl. Bauwerke - Liebh.: Malerei, Kunstgesch., Lyrik, Lit.gesch. - Spr.: Franz., Engl., Span., Ital.

OPPOLZER, Alfred Anton

Dr. phil., M. A., Prof. Hochschule f. Wirtschaft u. Politik Hamburg - Ebertallee 27, 2000 Hamburg 52 (T. 040 - 89 42 65) - Geb. 5. Okt. 1946 Alsfeld (Vater: Anton O., Schlosser; Mutter: Anna, geb. Gruber), verh. s. 1974 m. Karin, geb. Möller, S. Sebastian - 1966-71 Stud. Soziol., Politik, Psych., Erziehungswiss. Univ. Marburg; Magisterex. 1971 (M. A.), Promot. 1973 - 1973-75 Wiss. Mitarb. Univ. Marburg; 1975-82 Prof. Univ. Kassel; s. 1982 Univ. HWP Hamburg - BV: Entfremd. u. Industriearbeit, 1974; Hauptprobl. d. Ind.- u. Betriebssoziol., 1976; Humanisier. d. Lohnarbeit, 1977; Wenn Du arm bist, mußt Du früher sterben, 1986; Flexibilisierung - Deregulierung, 1986; Neue Technologien u. Arbeitnehmerinteressen im Groß- u. Versandhandel, 1987; Arbeitsgestaltung, Handb. 1989; Effekte d. Arbeitszeitverkürzung in d. Metallind., 1989. Herausg.: Gesch. d. Arbeit (1980). Mitverf.: Ind. Arbeitn. im Schwalm-Eder-Kreis, 1980 - Liebh.: Fotografie - Lit.: Div. Nachschlagew.

OPPOLZER, Siegfried

Dr. phil., o. Prof. f. Pädagogik (s. 1970), Präsident Univ. Bamberg (s. 1976) - Höcherbühl 12, 8600 Bamberg (T. 0951-5 42 97) - Geb. 5. Febr. 1929 Repelen/Rhld. (Vater: Wenzel O., Arch.; Mutter: Elisabeth, geb. Kralemann), verh. s. 1957 m. Ursula, geb. Diepenbrock, 2 Kd. (Barbara, Martina) - 9 J. Gymn. Dortmund, 2 J. Päd. Akad. ebd.; 6 J. Univ. Münster - 4 J. Volksschullehrer, 2 J. Wiss. Assist., s. 1960 Doz. u. Prof. (1962) Päd. Hochschule Osnabrück. 1962-73 Lehrbeauftr. Univ. Münster; 1970-73 o. Prof. f. Erziehungswiss. PH Westf.-Lippe, Abt. Bielefeld; 1973-76 o. Prof. f. Schulpäd. GH Bamberg - BV: Anthropologie u. Päd. b. Rudolf Steiner, 1959; Z. Wissenschaftlichkeit d. Lehrerbild., 1965; Denkformen u. Forschungsmeth. d. Erziehungswiss., Bd. I 3. A. 1972; Denkformen u. Forsch.methoden d. Erzieh.wiss., Bd. II 2. A. 1971; Schulf. Handb. f. Erz. u. Unterr., 1968; Erziehungswiss. zw. Herkunft u. Zukunft d. Ges., 1971; Didaktik, Schr.-Reihe 1968ff. (ersch. 18 Bde.) - BVK.

ORB, Kurt H.

Journalist - Württembergallee 24, 1000 Berlin 19 (T. 304 05 52) - Geb. 5. Jan. 1922 - Stv. Vors. VR Versorgungswerk d. Presse. VK.

ORDEMANN, Herbert

Verleger, Vorstandsvors. Bremer Tageszeitungen AG (1981ff.) - Martinistr. 43, 2800 Bremen 1.

ORFANOS, Constantin E.

Dr. med., Prof. f. Dermatol. u. Venerol., Direktor Univ.-Hautklinik FU Berlin (Steglitz) - Thunerstr. 10, 1000 Berlin 45 (T. 817 79 79) - Geb. 28. Juni 1936 Neapolis/Kreta (Griechenl.) (Vater: Emmanuel O., Berufsoffz.; Mutter: Helena, geb. Nicolaides), griech.-orth., verh. in 2. Ehe m. Dr. med. Vera Marina, geb. Thommeck, 2 T. (Elena, Xenia-Alexandra) - Med.-Ex. 1960 Univ. Düsseldorf, Promot. 1961, Habil. 1969 Univ. Köln - 1972 Prof. Köln; 1978 Dir. Univ.-Hautklinik u. Poliklinik Steglitz FU Berlin. Rd. 300 wiss. Publ. in nat. u. intern. Fachztschr. - BV: Haar u. Haarkrankh., 1979; Retinoids, 1981; Hair Research, 1982; Adv. in Clinical Research, 1984 - 1971 Hans Schwarzkopff-Forschungspreis; 1977 Oscar Gans-Preis Dt. Dermatol. Ges.; 1975-84 Ehrenmitgl. zahlr. ausl. Fachges.; 1982-87 Generalsekr. 17. Dermatol. Weltkongr. - Spr.: Engl., Griech.

ORGASS (ß), Gerhard

Volkswirt (AWP), Generalsekretär Dt. Verband f. Wohnungswesen, Städtebau u. Raumplanung e. V., Bonn (s. 1977), MdB (1965-76), stv. Bundesvors. Sozialaussch. d. christl.-demokr. Arbeitnehmerschaft - Letersweg 6, 2000 Hamburg 63 (T. 538 28 51) - Geb. 23. Okt. 1927 Hamburg (Vater: August O., Schneidermstr.), kath., verh. s. 1952 m. Christel, geb. Wenger, 3 Söhne (Bernhard, Martin, Winfried) - Volks- u. Mittelsch.; Betonbauer- (1944) u. Maurerlehre (1947); Stud. Akad. f. Wirtschaft u. Politik (1962; alles Hamburg) - 1944-45 Wehrdst. u. Gefangensch., 1953-65 Mitgl. Hbg. Bürgerschaft. CDU s. 1950.

ORLIK, Peter

Dr. phil., o. Prof. f. Psychologie - Mecklenburgring 31, 6600 Saarbrücken (T. 81 47 15) - Geb. 14. Mai 1934 Magdeburg (Vater: Eduard O.; Mutter: Gerda, geb. Schneider), verh. (Ehefr.: geb. Kommerell) - Univ. Tübingen, München, Münster, Düsseldorf. Promot. 1963; Habil. 1966 - S. 1968 Prof. Univ. Düsseldorf (Wiss. Abt.svorsteher Psych. Inst.) u. Saarbrücken (1970 Ord. u. Inst.sdir.) - BV: Krit. Unters. z. Begabtenförderung, 1967. Fachaufs.

ORLT, Rudolf

Chefredakteur, Ev. Pressedienst West (s. 1982) - Konrad-Adenauer-Platz 18, 4030 Ratingen 4 (T. 02102-3 37 02) - Geb. 18. März 1928 Berlin (Vater: Walter O., OStudDir.; Mutter: Helene, geb. Bucek), ev., verh. s. 1975 m. Gudrun, geb. Daub - Stud. d. Gesch., Kunstgesch., Phil. Univ. Bonn - S. 1956 Redakt. Wuppertal, Bielefeld, Hamburg (Die Welt), Bonn (epd) - BV: Pflicht zum Frieden, 1973; Militärseelsorge im Dialog, 1975; Evang. Soziallexikon (Red., 1980) - Liebh.: Mod. Kunst, Reisen - Spr.: Engl.

ORTEGA Y CARMONA, Alfonso

Dr. phil., Prof. f. Klass. Philologie Univ. Freiburg - Conde Don Ramón, 6 Atico D, Salamanca (Spanien) (T. 23 63 25); u. Alb.-Ludwigs-Univ., Werthmannplatz, 7800 Freiburg/Br. - Geb. 29. Sept. 1929 Aguilas/Sp. (Vater: Juan O. y C., Ing.; Mutter: Maria, geb. Luz), kath., ledig - 1971-76 Dekan Phil. Fak., 1976 Pro-Rektor Univ. Salamanca (Sp.); s. 1970 Hon.-Prof. Univ. Freiburg - BV: In span. Spr.: D. Erwachen d. Lyrik in Europa, 1974; Plato: Erster Kommunismus d. Abendlandes, 1979; Prudentius (Lat.-Span.), 1981; Pindar (Übers. ins Span. m. Einleit. u. Komment.), 1981; zahlr. Fachveröff. - 1965 span. Nationalpreis Journalismus - Liebh.: Musik, Lat. Dichtung (Verf.) - Spr.: Franz., Ital., Engl., Portug., Deutsch, Neugriech. - Bek. Vorf.: Ortega y Gasset (Großonkel).

ORTH, Alfred

Kaufmann, Generalbevollm. Direktor Siemens AG, München - Zu erreichen üb. Siemens AG, Hofmannstr. 51, 8000 München 70 - Geb. 20. Sept. 1928 Bellheim (Vater: Hugo O.; Mutter: Auguste, geb. Deutsch), verh. m. Brigitta, geb. Lemcke.

ORTH, Elisabeth

Schauspielerin - Hansi-Niese-Weg 25, A-1130 Wien - Geb. 8. Febr. 1936 Wien (Vater: Prof. Attila Hörbiger; Mutter: Paula Wessely, beide Schausp.), kath., verh. I) 1964 m. Friedhelm Ptok (Schausp.), II) 1969 Hanns Obonya (Schausp.), S. Cornelius - Realgymn. Wien; Film-Cutter-Ausbild. (6 Mon.); Max-Reinhardt-Sem. ebd. (2 1/2 J.; Abgangspreis als Jahrgangsbeste) - S. 1960 Bayer. Staatstheater u. Burgtheater Wien (1965). Bühne: Jungfrau v. Orleans, Hero (Des Meeres u. d. Liebe Wellen), Luise (Kabale u. Liebe), Emilia Galotti, Marie (Woyzeck); Fernsehen: Actis (Durell), Yerma (Lorca), Phadra (Jeffers), Libussa (Grillparzer) - BV: Märchen ihren Lebens, m. Eltern Paula Wessely u. Attila Hörbiger, 1975 - 1964 Kritikerpreis Bad Hersfeld (f.: Jungfrau v. Orleans); 1965 Bayer. Staatsschausp. - Liebh.: Musik, Antiquitäten - Spr.: Engl. - Bek. Vorf./Großv.: Prof. Hans Hörbiger (Welteislehre; H.-Ventil).

ORTH, Hans Joachim

Publizist - Kamper Weg 333, 4000 Düsseldorf-Gerresheim (T. 27 62 65) - Geb. 30. Dez. 1922 Düsseldorf (Vater: Karl O., Prokurist; Mutter: Louise, geb. Thomas), verh. in 2. Ehe (1969) m. Christina, geb. Nusselein - Handelsabit.; kfm. Ausbild.; Selbststud. - U. a. Presse- u. Werbechef; s. 1955 freischaff.; 1961-74 Bez.vors. Dt. Journalisten-Union (davon 6 J. Bundesvorst.) u. Vorstandsmitgl. IG Druck u. Papier; 1961-65 stv. Vors. Dt. Ges. f. Kultur- u. Wirtschaftsaustausch m. Polen - BV: Dies- u. jenseits d. Weichsel - D. Schlüssel z. heut. Polen; Polen - Partner v. morgen; Polen ohne Tabus; Düsseldorf creativ, 1980; Naive Kunst aus Polen, 1980. Üb. 500 Vorträge üb. Polen; ca. 350 Ausstell. m. poln. Thematika, dar. Fotoschau: Polens Jugend heute (eig. Aufn.) - med. Amicus Poloniae; Orden: Verdienst um d. Kultur (Polen); Ehrenurkunde Dt.-poln. Ges. - Liebh.: Poln. Naive, Ikone; Hinterglasmalerei - Spr.: Engl., Franz.

ORTH, Ludwig

Dr. rer. pol., Dipl.-Kfm., Vorsitzender d. Geschäftsführung ZF Getriebe GmbH - Zu erreichen üb. ZF Getriebe GmbH, Postfach 3 15, 6600 Saarbrücken - Geb. 1933 Darmstadt - Univ. Frankfurt/M - 1973 Vorst.-Vors. Olympia, dann Group General Manager u. Vizepräs. ITT Europe, 1982 Vorst.-Mitgl. Standard Elektrik Lorenz AG (SEL), Stuttgart.

ORTHEN, Hubert

Dr. phil., Prof., Ministerialrat a. D. - Bleichstr. 7, 5650 Solingen 1 (T. 0212 - 20 32 23) - Geb. 5. Dez. 1919 Solingen, kath., verh. s. 1949 m. Elisabeth, geb.

Richartz, 2 Söhne (Peter, Markus) - Stud. German., Gesch., Päd., lat. Philol. Univ. Köln, Bonn u. Strassburg; Promot. 1944 Köln - 1945-47 Tätigk. im Verlagswesen; 1947-84 Ref. u. Min.-Rat im Kultusmin. Nordrh.-Westf. S. 1971 Lehrtätigk. Päd. Hochsch. Rheinl. u. s. 1980 Päd. Fak. Rhein.-Westf. TH Aachen. Veröff. in Ber. Päd., Kultur- u. Geisteswiss. - Spr.: Engl., Franz., Lat.

ORTHNER, Hans
Dr. med., Prof., Neuropathologe Univ. Göttingen (s. 1946) - R.-Koch-Str. 40, 3400 Göttingen (T. 39 66 17) - Geb. 7. Aug. 1914 Ried/Österr. (Vater: Dr. med. Franz O.; Mutter: Maria, geb. Gober), kath., verh. in 3. Ehe s. 1963 m. Ehefr. Annette, 8 Kd. (Sigrid, Franz-Helmuth, Hans-Jörg, Gerda, Christoph, Maria, Hans-Reinhard, Stephanie) - Human. Gymn., Stud. Univ. Innsbruck, Wien, München - 1975 Philipp-Stöhr-Medaille.

ORTLIEB, Harald

Produzent - Bellevue 25, 2000 Hamburg 60 - Geb. 3. Dez. 1943 Bevensen - Abit.; Stud. Hochsch. f. Bild. Künste, Hamburg - Autor, Regiss., Prod.; s. 1972 freiberufl.; s. 1980 Lehrauftr. FH Hamburg; s. 1985 Inh. ORTLIEB TV Produktion KG. Prod.: Videogalerie u. Weltkulturen (Videocassetten Edition); Stundenbuch (Fernsehserie).

ORTMANN, Edwin
Schriftsteller, Übers. - Zu erreichen üb. Verlag Klett-Cotta, Rotebühlstr. 77, 7000 Stuttgart 1; wohnh. z. Z. in München - Geb. 1941 München - Frühe Auslandsaufenthalte: Sprachstud. in Engl., Frankr., Span.; Tätigk. als Bauarbeiter, Taxifahrer, u.a. Danach Übersetzer an d. Sorbonne; s. 1965 fr. Übers. u. Autor; 1982 Jahresstip. Dt. Literaturfond. - BV: Phönix (Erz.), 1981; D. Wunde kehrt ins Messer zurück, 1984. Hörsp.: D. rundeste Gesch. v. d. Welt, 1984; Alaska: Land unter d. Haut, 1985; Klaus Störtebeker od. Nur d. Lügner gelangt in d. Besitz d. Wahrheit, 1986; E. Wahnwitz v. Liebe - R. in fünf Stimmen, 1988. Veröff. u.a. auch Lyrik u. Ess.

ORTMANN, Karl
Unternehmer, Vors. Zentralverb. Werbetechnik - Zu erreichen üb.: Klosterstr. 73-75, 4000 Düsseldorf.

ORTMANN, Rolf
Dr. med. (habil.), o. Prof. f. Anatomie - Tilsiter Weg 4, 5023 Weiden/Rhld. (T. Frechen 7 81 63) - Geb. 28. April 1913 - 1943 Doz. Univ. Würzburg, 1949 apl. Prof. Univ. Kiel, 1950 ao. Prof. Univ. Frankfurt (Prosektor Anat. Inst.), 1961 o. Prof. Univ. Köln (Dir. Anat. Inst.). Fachveröff.

ORTMEIER, Ludwig
Geschäftsführer u. Gesellsch. Ludwig Ortmeier GmbH, Vors. Bundesverb. Kunststoffkonfektion - Eggendobl 26, 8390 Passau (T. 0851 - 5 21 00) - Geb. 2. Mai 1927 Passau, kath., verh., 3 Kd. - Meisterprüf. Wirtsch. u. Handwerk - CSU (1. Vors. Kreisverb. Mittelstand,

Beirat Bonn) - Liebh.: Lit., Musik, Theater, alte Baukunst - Spr.: Engl.

ORTNER, Gerhard E.
Dr. rer. comm., Dr. rer. soc. oec., Prof. FU Berlin u. Fernuniv. Hagen, Schriftsteller - Busdorfmauer 36, 4790 Paderborn - Geb. 18. Sept. 1940 Graz, verh. s. 1979 m. Renate, geb. Mügge - Stud. Wirtsch.-, Rechts- u. Erziehungswiss. Univ. u. Wirtschaftsuniv. Wien sowie Univ.-GH Paderborn (Promot. 1971 u. 72, Habil. 1973 Paderborn) - 1974-83 Institutsdir. Forschungszentrum FEoll; s. 1983 Wissensch. ZIFF Fernuniv. Hagen - BV: Die dt. Hochschule zw. Numerus Clausus u. Akademikerarbeitslosigkeit, (m. U. Lohmar) 1975; Bildschirm-Bildung, 1984; Schulcomputer, 1986; Positive Pädagogik, 1987 - Liebh.: Bild. Kunst, Musik, Sport - Spr.: Engl., Franz.

ORTNER, Hans Reinhold
Dr. phil., Prof. f. Grundschulpädagogik Univ. Bamberg - Birkenstr. 5, 8608 Memmelsdorf (T. 0951 - 3 04 44) - Geb. 26. Nov. 1930 Neukirchen (Vater: Josef O., Lehrer; Mutter: Barbara, geb. Stiefler), kath., verh. s. 1958 m. Arngard, geb. Glier, 5 Kd. (Ulrich, Cordula, Alexandra, Michaela, Carolina) - Dipl.-Psych. 1959, Promot. 1954-64 Grundschullehrer; 1964-66 Wiss. Assist.; 1966-72 Doz.; ab 1972 o. Prof. in Bamberg - BV: D. Sprachlabor im Lesenunterr., 1971; Audiovisuelle Medien, 1972; In d. Tiefen d. Seele, 1976, Lernstör. b. Grundschulkindern, 1977; Kind-Schule-Gesundheit, 1979; Erzieh. aus christl. Verantwort., 1980; Du u. dein Leben, 1984; Wenn du größer wirst, 1984; Religiös erziehen - wie?, 1985; D. Berge werden erbeben, 2. A. 1985; Was weißt du von dir?, 1986; Kinder in psychischen Nöten, 1989.

ORZYKOWSKI, Bruno
Maschinenschlosser, MdL Nieders. (s. 1970) - Leuschnerstr. 18, 3000 Hannover (T. 46 23 04) - SPD.

OSBERGHAUS, Otto
Dr. rer. nat., em. o. Prof. f. Physik Univ. Freiburg (s. 1960) - Zum Baumgarten 3, 7802 Merzhausen (T. 40 35 88) - Geb. 2. Sept. 1919.

OSBORN, Johannes F.
Dr. med., Prof., Kiefer-Gesichtschirurg, Plast. Operationen Univ. Bonn (s. 1984) - Poppelsdorfer Allee 56, 5300 Bonn 1 - Geb. 1. Juli 1946, ledig - Stud. Med., Zahnmed., Phil. Univ. Hamburg; Promot. 1974 Hamburg; Habil. 1984 ebd. Mitgl. Dt. u. Europ. Forschungsgremien - Entd. v. bioaktiven Knochenersatzwerkstoffen u. Implantatbeschichtungen - BV: Implantwerkstoff Hydroxylapatitkeramik - Grundl. u. klinische An-

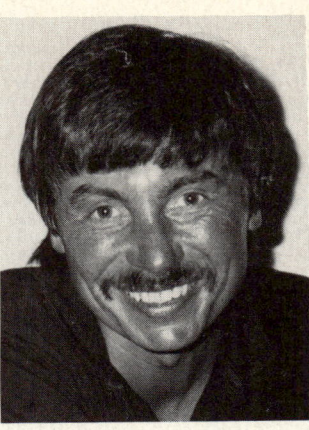

wendung, 1985. Ca. 60 dt. u. intern. Fachveröff.

OSCHATZ, Georg-Berndt
Direktor d. Bundesrates Bonn (s. 1987) - Bundeshaus, Görresstr. 15, 5300 Bonn 1 - Geb. 5. April 1937 Zwickau/Sachsen (Vater: Rolf O., Kaufm.; Mutter: Annemarie, geb. Brehm), ev., verh. s. 1961 m. Christa, geb. Möwert, 3 Kd. (Georg-Ferdinand, Anne-Kathrin, Martin-Ulrich) - Christian-Sch. (Abit.) Hermannsburg; jurist. Stud. Hamburg (1966 Ass.ex.), 1967 Reg.-Ass. in Nieders.; 1968 Pers. Ref. CDU-Kultusmin. Langeheine; 1970-76 Ltr. Wissenschaftl. Dienst d. CDU-Frakt. i. Nds. Landtag; 1974 Vorst.-Mitgl. CDU Nieders., Mitgl. Nds. Landtag (1974-76); s. 1976 Oberstadtdir. Hildesheim; 1980-82 OB Wiesbaden; 1.-21.9.1982 Staatssekr. Nieders. Innenmin.; 1982-87 Nieders. Kultusmin.; 1984 Präs. Ständige Konferenz d. Kultusmin. - Spr.: Engl., Franz.

OSCHE, Günther
Dr. phil. nat., o. Prof. f. Biologie, Lehrstuhl Zoologie, Zoolog. Inst. Univ. Freiburg (s. 1967) - Jacobistr. 54, 7800 Freiburg/Br. (T. 2 22 14) - Geb. 7. Aug. 1926 Neustadt/Weinstr. (Vater: Hans O., Bankbeamter; Mutter: Marianne, geb. Baum), ev., verh. s. 1951 m. Elisabeth, geb. Riedel, 3 Kd. (Sylvia, Marion, Stefan) - Stud. Biol. Promot. (1951) u. Habil. (1963) Erlangen - 1951-67 Assist. u. Doz. (1963) Univ. Erlangen bzw. Nürnberg - BV: Grundzüge d. Allg. Phylogenetik, Handb. d. Biol. Bd. III 1966; D. Welt d. Parasiten, 1966; Evolution, 1972; Ökologie, 1973; Biologie, 1976 (m. a.) - Mithrsg.: Zool. Jahrb. (Syst + Tiergeographie), Z. f. Systematik u. Evol. Forstung - S. 1969 korr. Mitgl. Akad. d. Wiss. u. d. Lit. Mainz, s. 1979 Mitgl. Dt. Akad. d. Naturforscher Leopoldina (Halle) - Liebh.: Malerei (Franz. Impressionisten) - Spr.: Engl., Franz.

OSKAR
s. Bierbrauer, Hans

OSLAGE, Hans Joachim
Dr. agr., Prof. f. Ernährungsphysiologie, Institutsdirektor - Bundesallee 50, 3300 Braunschweig (T. 51 21 81) - Geb. 4. Mai 1923 Oldenburg (Vater: Wilhelm O., Beamter; Mutter: Juliane, geb. Nesslage), ev.-luth., verh. s. 1952 m. Waltraut, geb. Erdmann, 3 Töcht. (Sabine, Christine, Ulrike) - Human. Gymn. Oldenburg; Univ. Göttingen, Davis/Calif. (Naturwiss. u. Landw.), Dipl., Promot., Habil. - 1966 Ltd. Dir. Inst. f. Tierernähr. FAL, 1968 Vizepräs. Forsch. f. Landw., 1972 Präs. Forsch. f. Landw., 1976 Berat. Kommiss. d. Weltbankgruppe Intern. Agrarforsch., 1982 Präs. Germ. Counc. f. Tropical Agric. Research - Üb. 200 wiss. Publ.; Mithrsg. v. 5 wiss. Ztschr. - Gustav Fengerling Preis (f. wiss. Arb. üb. Tierernähr. u. -physiolog.) - Liebh.: Gesch., Jagd - Spr.: Engl.

OSMERS, Diedrich
Landwirt, MdL Nieders. (1970-78) - Grüne Linde 6, 2903 Bad Zwischenahn/ Helle (T. 04403 - 83 24) - CDU.

OSRIC
s. Bütow, Hans

OSSIG, Hermann
Dr. jur., Direktor a. D. - Geb. 7. Juli 1925 Neustadt/OS - 1975-86 Vorstandsmitgl. Klöckner-Humboldt-Deutz AG, Köln (auf eig. Wunsch ausgesch.) - 1984 BVK; 1987 Ehrenmitgl. Vorst. Dt. Ges. f. Personalführung, Düsseldorf.

OSSOWSKI, Leonie
Schriftstellerin - Hubertusallee 46, 1000 Berlin 33 - Geb. 15. Aug. 1925 Röhrsdorf/Schles. (Vater: Gutsbesitzer) - Verkäuferin, Sprechstundenhilfe, Fotolaborantin - BV: Stern ohne Himmel, R. 1956 (auch Theaterst.); Wer fürchtet sich vorm schwarzen Mann, R. 1967; Weichselkirschen, R. 1976; Die große Flatter, R. 1977; Blumen f. Magritte, Erz. 1978; Liebe ist kein Argument, R. 1981; Wilhelm Meisters Abschied, R. 1982; Neben d. Zärtlichkeit, R. 1984; Wolfsbeeren, R. 1987; D. Zinnparadies, Erz. 1988. Erz.; Drehb.; Theaterst.: Voll auf d. Rolle (1984); Ewig u. 3 Tage (1987) - 1978 Mitgl. PEN; 1980 Adolf Grimme Preis in Silb. f. d. Drehb. v. Die große Flatter; 1981 Kulturpreis Schlesien Nieders. Landesreg. (f. d. lit. Gesamtw.); 1983 Schillerpreis Stadt Mannheim; 1985 Brüder Grimm Preis d. Landes Berlin (f. d. Theaterst. Voll auf d. Rolle).

OSSWALD, Albert
Ministerpräsident a. D. - Inselweg 131, 6300 Gießen - Geb. 16. Mai 1919 Wieseck b. Gießen, verh. (Ehefr.: Margarete) - Volks- u. Handelsschule, kaufm. lehre - 1949-63 Stadtverordneter (1952 Vorst.), Bürgerm. (1954), Stadtkämmerer u. Oberbürgerm. (1957) Gießen, s. 1963 hess. Min. (b. 1964 f. Wirtsch. u. Verkehr, dann f. Finanzen) u. Ministerpräs. (1969-76; Rücktritt). SPD s. 1945 (1967 Vors. Bez. Hessen-S, 1969 Landesvors.; 1968 Mitgl. Parteivorst.) - 1963 Ehrenbürger Stadt Gießen u. -senator Univ. Gießen; 1970 Ehrenschild Reichsbund d. Kriegsbeschädigten; 1975 Gr. BVK m. Stern u. Schulterbd. - Liebh.: Wandern, Angeln, Schwimmen, Skatspielen.

OSSWALD, Hans
Dr. med., Prof., Abt.-Leiter Inst. f. Toxikologie u. Chemotherapie, Dt. Krebsforschungszentrum/Stiftg. d. Öffl. Rechts - Kirschnerstr. 6, 6900 Heidelberg - Geb. 29. Okt. 1925 Hindenburg/OS. - S. 1961 (Habil.) Lehrtätig. Univ. Bonn u. Heidelberg (1969 apl. Prof. f. Pharmak. u. Toxikol.). Zahlr. Fachaufs., insbes. Chemotherapie - 1971 Hufeland-Preis, 1973 Preis Freunde d. MH Hannover f. Förd. d. Krebsforsch.; 1985 Farmitalia Carlo Erba Preis.

OST, Friedhelm
Dipl.-Volksw., Regierungssprecher, Staatssekretär, Chef Presse- u. Informationsamt d. Bundesreg. (1985-89) - Girardetallee 5, 5340 Bad Honnef 1 - Geb. 15. Juni 1942 Castrop-Rauxel (Vater: Franz O., Kriminalbeamter; Mutter: Barbara, geb. Knauf), kath., verh. s. 1968 m. Erika, geb. Herrmann, 5 Kd. (Tilman, Dorit, Philip Eugen, Fabian, Mareike) - Univ. Freiburg/Br. u. Köln 1966-69 Commerzbank; 1969-72 Bundesverb. dt. Banken; 1973-85 ZDF: Bilanz, heute u. heute journal: Redakt., Moderator u. Kommentator, 1982 Leit. v. Bilanz, 1984 Leit. d. Sendereihe Wiso - Publ. zu wirtschafts-, währungs- u. bankpolit. Themen - Liebh.: Tennis, Fußball - Spr.: Engl., Franz.

OSTAPOWICZ, Georg
Dr. med., Prof., Chirurg - Koenigsallee 11a, 1000 Berlin 33 (T. 885 84 77) - Geb. 29. Juni 1919 Nepolocauti (Rumänien), verh. s. 1943 m. Dr. med. Hildegard, geb. Budnick (prakt. Ärztin), 3 Kd. (Boris, Barbara, Bianca) - Univ.

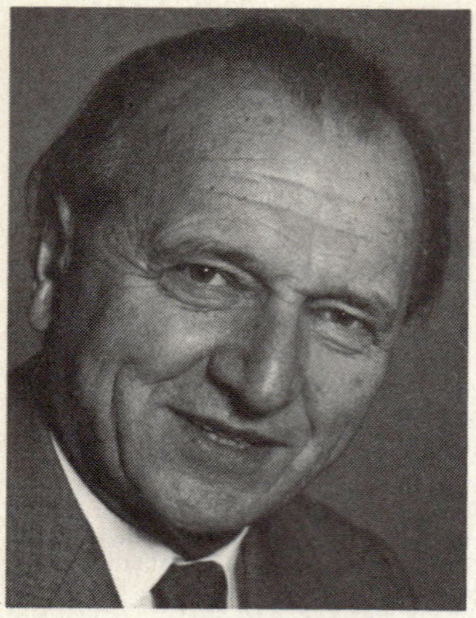

Posen, Jena, Brealau, Promot. 1944 Breslau; Habil. 1952 Berlin (1959 Prof. m. Lehrauftr. Humboldt-Univ.). 1964 Cornell-Univ. New York Traumatol. Klinik. Umhabil. 1979 Hannover z. Apl. Prof. f. Chirurgie d. MHH. Chirurg u. Unfallchirurg - 1945-61 Charité Berlin (1953 Leit. Unfallabt. Ziegelstr.); 1962-65 Chir. Univ.klinik Mainz; 1965-84 Städt. Krkhs. Salzgitter-Lebenstedt (Chefarzt Chir. Abt.). S. 1972 ständiges Kurat.-Mitgl. Johann-Georg-Zimmermann-Fond f. Krebsforsch. an d. MHH. Üb. 60 Fachveröff. (spez. Unfallchir.) - Spr.: Poln., Engl.

OSTEN-SACKEN und von RHEIN, Freiherr von der, Joachim

Dr.-Ing., selbst. Unternehmerberater, Vorst. Rationalisierungs-Kurat. d. Wirtschaft (RKW), Vors. Beirat RKW - Im Hain 11, 6233 Kelkheim (T. 7 49 55) - Geb. 24. Okt. 1927 Pawiedlaugken/Ostpr. (Vater: Hans Frhr. v. d. O.-S. u. v. R., Pastor; Mutter: Ella, geb. Heß), verh. s. 1964 in 2. Ehe m. Hannelore, geb. v. Bardeleben, 2 Kd. (Dinnies, Arndt-Wedig) - Abit.; Facharbeiterbrief; Stud. TH Aachen, Univ. Köln. Dipl.-Ing. 1954 - 1954-58 Assist. TH Aachen; 1959-79 AEG-Telefunken (1959-66 div. Pos.; 1967-73 Fachbereichsleit. Ind-Antriebe; 1974-76 stv. Vorst.-Mitgl.; 1976-79 Vorst.-Mitgl. AEG-Telefunken Konsumgüter AG.); 1979-82 Vors. Geschäftsfg. Preh-Werke Bad Neustadt/S.; div. Beiratsmand. in d. Ind. - Liebh.: Segeln, Jagd, Gesch. - Spr.: Engl.

OSTEN-SACKEN und von RHEIN, Freiherr von der, Peter

Dr. theol., Prof. f. Neues Testament Kirchl. Hochsch. Berlin - Kiesstr. 5, 1000 Berlin 45 (T. 030 - 773 51 15) - Geb. 3. März 1940 Gnojau/Westpr. (Vater: Hans O.-S., Pfarrer; Mutter: Irmgard, geb. Hantel), ev., verh. s. 1967, 3 Kd. - Gymn. Ernestinum Celle (Abit. 1959); Theol.stud. Göttingen, Kiel, Heidelberg, 1. kirchl. Ex. 1964, Promot. Göttingen 1967, Habil. 1973 - S. 1973 Prof. f. Neues Testament Kirchl. Hochsch. Berlin, s. 1974 Leit. Inst. Kirche u. Judentum ebd., 1980-82 Rektor Kirchl. Hochsch. Berlin - BV: Gott u. Belial, 1969; D. Apokalyptik in ihrem Verhältnis z. Prophetie u. Weisheit, 1969; Römer 8 als Beisp. paulinischer Soteriologie, 1975; Anstöße aus d. Schr., 1981; Grundzüge e. Theol. im christl.-jüd. Gespr., 1982 (engl. 1986); Katechismus u. Siddur, 1984; Evangelium u. Tora. Aufs. z. Paulus, 1987; Rabbi Akiva (m. P. Lenhardt), 1987; D. Heiligkeit d. Tora. Stud. z. Gesetz bei Paulus, 1989; Kinderb. (pseudonym). Herausg.: Veröff. Inst. Kirche u. Judentum (s. 1976); Studien z. jüd. Volk u. christl. Gemeinde (s. 1980), Stud. z. Kirche u. Israel (s. 1987); D. Judentum. Abhandl. u. Entwürfe f. Stud. u. Unterr. (s. 1981); Arb. z. neutestamentl. Theol. u. Zeitgesch. (s. 1987) - Spr.: Engl., Franz., Neuhebräisch.

OSTENDORF, Berndt

Dr., Prof. f. Nordamerik. Kulturgesch. Univ. München - Wittelsbacher Str. 3, 8000 München 5 - Geb. 8. April 1940 Langförden (Vater: Franz O., Lehrer; Mutter: Maria, geb. Arlinghaus), kath., verh. m. Jutta, geb. Busch, 2 S. (Kai, Tim) - Stud. Univ. Freiburg, Glasgow, Philadelphia, Harvard (Promot. 1969 Univ. Freiburg) - 1969-75 Akad. Rat Univ. Freiburg; 1976-81 Prof.Prof. Univ. Frankfurt; 1981ff. Prof. Univ. München. 1970/71 Gastprof. Univ. Mass./USA, 1975/76 Gastprof. Harvard, 1989 Gastprof. Univ. of New Orleans. 1986 Senior Fellow DuBois Inst., Harvard - BV: D. Mythos in d. Neuen Welt, 1971; Black Lit. in White America, 1982; Amerik. Gettolit., 1983.

OSTENDORF, Edith

Prof., Opern- u. Konzertsängerin - Ziegeleiweg 18, 5000 Köln 90 (Porz) (T. 02203-1 53 36) - Geb. 6. Juli 1927 Oldenburg/O. (Vater: Hinrich O.; Mutter: Adele, geb. Freels), ev., ledig - Abit. 1947; 1948-52 Stud. Münster, Abschlußprüf. Gesanglehrerin, Opern- u. Konzertsängerin; 2. Stud. Hochsch. Detmold (Philol., Engl. u. Schulmusik), Staatsex. 1964 - 1955-60 Opernsängerin (Solistin) u. Konzerttätigk.; 1964-65 Schuldst.; 1965-67 Lehrauftr. Hochsch. Detmold (Gesang); s. 1967 Hochsch. Köln - Spr.: Engl., Franz.

OSTENDORF, Edwin

Oberstudiendirektor - Friedrich-Ebert-Pl. 1/Rathaus, 4690 Herne/W. (T. 59 51); priv.: Eichenweg 7 (T. 5 37 85) - Geb. 26. Febr. 1909 - Spr.: Franz. - Rotarier.

OSTENDORF, Hans

Prof., Maler u. Kunsterzieher - Salzstr. 49, 4040 Neuss/Rh. (T. 2 57 60) - Geb. 8. Nov. 1924 Sevelten/O. (Vater: Franz O., Lehrer; Mutter: Maria, geb. Arlinghaus), kath., verh. s. 1949 m. Dorle, geb. Seidel, 4 Kd. (Claus, Jan, Til, Eva) - 1947-55 Kunstakad. Düsseldorf (1953 Meisteratelier Prof. Kamps). Staatsex. f. d. Lehramt an höh. Schulen (Fach Kunsterzieh.) - 1957-61 Studienass. u. -rat Dreikönigs-Gymn. Köln; s. 1962 Prof. Päd. Hochsch. Neuß bzw. Rhld./Abt. Neuss (Dir. Sem. f. Kunst- u. Werkerzieh.). Radierungen, Serigrafien, Ölbilder, keram. Bilder u. a. Ausstell. Bundesrep., Schweiz, USA (Emerson Art Gallery).

OSTENDORF, Heribert

Dr. jur., Univ.-Prof., Generalstaatsanwalt in Schlesw.-Holst. (s. 1988) - Dorfstr. 35, 2301 Felde - Geb. 7. Dez. 1945 Vestrup, kath., verh. s. 1972 m. Christel, 2 Söhne (Boris, Niklas) - Abit. 1965; Stud. Rechtswiss.; 2. Staatsex. 1974; Promot. 1972; Habil. 1982 - 1974-79 Richter; 1979-81 Assist. u. Richter im Hochschuldst.; 1982 Prof. - BV: D. Recht z. Hungerstreit, 1983; D. Nürnberger Juristenurteil, 1985; Alternativkomment. z. Jugendgerichtsgesetz, 1987; D. Kriminalisierung d. Streikrechts, 1987.

OSTENDORF, Reinhold

Sprecher d. Senats d. Freien Hansestadt Bremen - Rathaus, 2800 Bremen (T. 0421 -361 23 96).

OSTENDORF, Wilhelm

Dr.-Ing., Vorstandsmitgl. i. R. Brown, Boveri & Cie. AG., Mannheim-Käfertal (1958-73) - Lauffener Str. 24, 6800 Mannheim-Feudenheim (T. 79 17 82) - Geb. 14. Juli 1909 Burbach/W. (Vater: Hermann O.; Mutter: Marie, geb. Potthoff), verh. s. 1941 m. Magda, geb. Haag - Stud. Hannover u. Hoboken (USA) - S. 1939 BBC. Vorstandsmitgl. VDI (1963 ff.) u. a.

OSTENDORFF, Georg

Dr. jur., Oberlandesgerichtspräsident a. D. - Schillerstr. 16, 2300 Kiel (T. 5 71 97) - Geb. 1909 - S. 1962 Präs. LG Kiel u. s. 1972 OLG Schlesw.-Holst. - Spr.: Engl., Russ. - Rotarier.

OSTENDORFF, Walter

Direktor, Mitgl. Brem. Bürgerschaft (s. 1960) - Colmarer Str. 8, 2800 Bremen (T. 0421 - 34 69 46; Büro: 45 40 31) - Geb. 9. Dez. 1918 Königsberg/Pr., ev., verh., 3 Kd. - Gymn. (Reifeprüf.) - 1937-45 Arbeits- u. Wehrdst. (zul. Major); 1947 Übersiedl. Bremen; kaufm. Angest.; 1951-56 Leit. Lehrwerkstätten f. körperbehinderte Jugendliche (Innere Mission); s. 1956 Geschäftsf. VIW Verbund. Industrie-Werke GmbH. (früh. Stephan Ketels GmbH.) u. Ketels Tuben Vertriebs-GmbH. BDV bzw. FDP s. 1947.

OSTER, Herbert

Dipl.-Kfm., Hauptgeschäftsführer u. Vorstandsmitgl. Bundesverb. d. Dt. Gas- u. Wasserwirtschaft - Josef-Wirmer-Str. 1-3, 5300 Bonn 1 (T. 52 08-0).

OSTERBRAUCK, Willi-Dieter

Dr. rer. pol., Dipl.-Volksw., Bankdirektor i. R. - Richard-Wagner-Str. 13, 5000 Köln 50 (Rodenkirchen) (T. 35 38 48) - Geb. 4. April 1921 Hamm (Vater: Wilhelm O., Bundesbahnbeamter; Mutter: Friederike, geb. Stehling), kath., verh. s. 1951 m. Hannelore, geb. Küppers, T. Cornelia - Oberrealsch.; Univ. Münster, Oxford. Dipl.ex. 1949, Promot. 1951, beide Münster - S. 1952 Bausparkasse Heimbau AG., Köln (1960 Vorst.-Mitgl., 1978-82 Vorst.-Vors.); 1971ff. geschäftsf. Vorst.-Mitgl. Europ. Bausparkassenvereinig., Köln/Brüssel, 1967ff. Beiratsmitgl. Intern. Vereinig. d. Arbeitsstellen f. Eigentumsbild., Brüssel; 1973ff. Vors. Aussch. f. Bau- u. Bodenwirtsch. IHK Köln/Bonn; Vors. VR Intern. Assoz. Deutschspr. Medien, Köln - 1971 Familiar im Dt. Orden; 1973 Fellow Chartered Building Soc. Inst., Ware/Engl., 1978 BVK; 1979 Offizierord. Rep. Tunesien; 1980 Ritter Päpstl. Orden St. Sylvester; 1981 BVK I. Kl.; 1980-83 Vizepräs., s. 1983 Präs. Intern. Bausparkassenverb. Chicago/USA; 1986 Gr. BVK - Liebh.: Kunst- u. Kulturgesch., Fahnenkunde, Brauchtum - Spr.: Engl., Franz.

OSTERHELD, Horst

Dr., Ministerialdirektor i.R. - Bergstr. 175, 5300 Bonn - Geb. 9. April 1919 Ludwigshafen/Rh. (Vater: Dr. Wilhelm O., Stadtrat, Ehrenb. Univ. Frankf./M.; Mutter: Emma, geb. Trunk), kath., verh. s. 1952 m. Ingrid, geb. Francke, 4 S. (Wolf, Rüdiger, Hartwig, Bernhard) - Abit. Wiesb. 1937; Kriegsteilnh. (Hauptm. d.R.), Kriegsgefangensch. Stud. Rechtswiss. 1951 Ausw. Dienst (Paris, Washington); 1960-69 Bundeskanzleramt (s. 1966 Min.direktor), Botschafter d. Bundesrep. Dtschl. in Chile, einstw. Ruhestand (aus polit. Gründen), 1974-79 Leiter Zentralstelle Weltkirche d. Dt. Bischofskonferenz, 1980-84 Abteilungsleit. im Bundespräsidialamt - BV: Konrad Adenauer, Ein Charakterbild, 1973 u. 1987; Konrad Adenauer, Leben u. Politik, 1975; Franz Schubert, Schicksal u. Persönlichkeit, 1978; Ich gehe nicht leichten Herzens... Adenauers letzte Kanzlerjahre, 1986; weit. Buchbeitr. - Hohe Ausz. aus Krieg u. Frieden.

OSTERHOF, Klaus

Dr., Maschinenfabrikant, Präs. Zentralvereinig. Berliner Arbeitgeberverb., Berlin 12 - Wandalenallee 2, 1000 Berlin 19 - Geb. 30. Juli 1928.

OSTERHOLT, Horst

Dr. jur., Hauptgeschäftsführer i. R. IHK f. d. südöstl. Westf. zu Arnsberg (1958-73) - Promenade 12, 5770 Arnsberg - Geb. 1. Nov. 1911 Dortmund (Vater: Dr. Clemens O., Apotheker) - Ass.ex.

OSTERLAND, Martin

Dr. phil., Prof. f. Soziologie Univ. Bremen - Fritz-Haber-Str. 35, 2800 Bremen - Geb. 22. Febr. 1937 Köthen/Anhalt - 1962-69 Stud. Univ. Göttingen (Promot. 1969) - 1969-71 wiss. Assist. Soziol. Sem. Univ. Göttingen; 1971-77 Dir. Soziol. Forsch.inst. Göttingen (SOFI), seitd. Prof. Univ. Bremen - BV: Gesellschaftsbilder in Filmen, 1970; Materialien z. Lebens- u. Arbeitssituat. d. Ind.arbeiter, 1973; Arbeitsbeding. im Wandel, 1975; Arbeitssituation, Lebenslage u. Konfliktpotential, 1976.

OSTERMEIER, Elisabeth, geb. Gottschalk

Gewerkschaftssekretärin, Mitgl Hbg. Bürgerschaft (s. 1946) - Handweg 48d, 2000 Hamburg 90 (T. 760 34 41) - Geb. 9. Mai 1913 Kanzlershof Kr. Harburg - Volkssch. - N. Lehre 3 J. Verkäuferin; 1 1/2 J. Kraftfahrerin; unter Hitler 1/2 J. Schutzhaft; s. 1951 Sachbearb. u. Mitgl. gf. Vorst. (1954) Gewerksch. Nahrung - Genuß - Gaststätten. SPD s. 1931.

OSTEROTH, Dieter

Dr. rer. nat., Dipl.-Chemiker, Direktor i. R., ehem. Leit. Werk Witten d. Dynamit Nobel AG - Uhlandstr. 23, 4800 Bielefeld 1 (T. 0521 - 15 29 22) - Geb. 21. Sept. 1924 Halle/S. (Vater: Obering. Friedrich O. †; Mutter: Gertrud, geb. Janowski †), ev. - Stadtgymn. Halle/S. u. Kant-Sch. Karlsruhe (Abit. 1949); Stud. TH Karlsruhe u. Univ. Köln; Promot. 1960 Aachen - 1957-60 Inst. f. Kohleforsch. MPG Mülheim/R.; 1960-61 Forschungslabor. Chem. Fabrik Kalk, Köln; 1962-64 Betriebschemiker Dreiturm Seifenind. GmbH., Steinau; s. 1964 Dynamit Nobel AG Werk Witten. S. 1971 Lehrauftr. f. mod. Technol. d. Öle u. Fette Univ. Karlsruhe, s. 1986 Lehrauftr. f. Tensidchemie FHS Lippe in Lemgo, s. 1988 Lehrauftr. Markt u. Umwelt FH Bielefeld. Mitgl. Ges. Dt. Chem., Mitgl. Museumsrat Dt. Museum München - BV: Aliphatische fluororgan. Verbindungen, 1964; Natürl. Fettsäuren als Rohstoffe f. d. chem. Ind., 1966; Kosmetikum Feinseife, 1972; Soda, Teer u. Schwefelsäure - d. Weg in d. Großchemie, 1985; Production of Toilet Soap, 1986; Von d. Kohle zu Biomassen, 1989. Herausg.: Chem.-techn. Lexikon (1979). Mithrsg.: Ztschr. Chemie f. Labor u. Betrieb.

OSTERWALD, Gustav

Dr. med., Arzt, Präs. Ärztekammer Nieders. - Zu erreichen üb.: Berliner Allee 20, 3000 Hannover 1.

OSTERWALD, Karl-Hans

Dr. med., Prof., Internist - Eichkamp 19, 2330 Eckernförde - Geb. 25. Aug. 1911 Hannover - S. 1946 (Habil.) Lehrtätigk. Univ. Kiel (1956 apl. Prof. f. Innere Med.). Fachveröff. (Experiment. Unters. üb. Coronar- u. Hirngefäßdurchblutungen, üb. d. Kreislaufwirk. d. Mineralokortikoide; Klinische Beobacht. z. Libman-Sacks-Syndr.).

OSTERWALDER, Jörg

Dipl.-Ing., em. o. Prof., ehem. Direktor Inst. f. Hydraul. Maschinen u. Anl. Technische Hochschule Darmstadt - Im Eichenböhl 4, 6143 Bensheim-Auerbach/Bergstr. (T. 06251 - 7 19 34) - Geb. 13. Aug. 1918 St. Gallen (Schweiz) (Vater: Karl O.), verh. m. Ingrid, geb. Mann - 1944-67 Escher Wyss AG, Zürich (20 J. Leit. Hydraul. Forschungsabt.); Leit. IAHR-Arbeitsgruppe WG 5 (Darmstädt. Kreis) s. 1971; Dekan Fachbereich Maschinenbau THD 1974-75 - Zahlr. Fachveröff.

OSTHEEREN, Klaus Hermann

Dr. phil., Prof. f. Englische Philologie - Linzer Str. 33, 5000 Köln 41 (T. 41 13 22) - Geb. 17. Juli 1933 Berlin (Vater: Johannes O., Verw.sbeamter; Mutter: Hildegard, geb. Goetsch), verh. s. 1975 m. Ingrid, geb. Hantsch, T. Anja Stephanie - Stud. Angl., German., Roman., Phil. Berlin u. Cambridge, Promot. 1959 Berlin, Habil. 1973 München - 1960-71 wiss. Assist. Berlin, Heidelberg, München, 1971-73 Akad. Rat München, 1973-81 o. Prof. Köln, s. 1981 Münster - BV: Stud. z. Begriff d. Freude u. s. Ausdrucksmitteln in altengl. Texten (Diss.), 1959 - Liebh.: Kesselpauken.

OSTHERR, Karl-Heinz
Dr. jur., Vorstandsmitglied (i. R. s. 1979) Feuersozietät Berlin u. Lebensversicherungsanstalt Berlin, Berlin 30 - Flemmingstr. 11, 1000 Berlin 41 (T. 821 61 32) - Geb. 2. April 1914 Berlin.

OSTHOFF, Hans-Werner
Dr. jur., Prof., Geschäftsführer i. R. Röchling'sche Eisen- u. Stahlwerke GmbH., Völklingen, u. Industrieverw. Röchling GmbH., Saarbrücken (1974 i. Ruhest.) - Buchenweg 25, 8135 Starnberg-Söcking - Geb. 11. Febr. 1911 Berlin - S. 1970 Honorarprof. Univ. Saarbrücken (vorher Lehrbeauftr.; Wirtschaftsrecht u. Industriepolitik d. Europ. Gemeinschaften); Lehrbeauftr. Univ. München. 1970ff. Mitgl. Wiss.rat. Aufsichts-, Bei- u. Verwaltungsratsmandate - 1971 Gr. BVK, Offc. de l'ordre du mérite du Gr. Duché de Luxembourg; Chevalier de la Légion d'Honneur, Frankr.

OSTHOFF, Wolfgang
Dr. phil., o. Prof. u. Direktor Institut f. Musikwiss. Univ. Würzburg (s. 1968) - Edelstr. 4b, 8700 Würzburg (T. dstl.: 3 18 28) - Geb. 17. März 1927 Halle/S. (Vater: Prof. Dr. phil. Helmuth O., Musikwiss.ler (s. dort); Mutter: Heidi, geb. Heidsieck), ev., verh. s. 1955 m. Renate, geb. Götz, 3 Söhne (Daniel, Jonathan, Tobias) - Gymn. Frankfurt/M.; Konservat. ebd.; Univ. Frankfurt u. Heidelberg (Musikwiss., Phil., Mittellat.). Promot. Heidelberg; Habil. München - 1955-57 Stip. Dt. Forschungsgem.; 1957-68 Assist. (b. 1963), Lehrbeauftr. (1959), Privatdoz. (1965), Doz. (1966) Univ. München. Spez. Arbeitsgeb.: Ital. Musik 15.-19. Jh., Beethoven- Pfitzner - BV: D. dramat. Spätwerk Claudio Monteverdis, 1960; Beethoven - Klavierkonzert c-Moll, 1965; Theatergesang u. darstell. Musik in d. ital. Renaissance - 15. u. 16. Jh., 1969; Heinrich Schütz, 1974; Stefan George u. les deux musiques - Tönende u. vertonte Dichtung in Einklang u. Widerstreit, 1989.

OSTHUES, Heinz
Dr. rer. pol., Bankdirektor i. R. - Wemhoffstr. 7, 4400 Münster/W. (T. 5 41 68; Büro: 4 09 11) - Geb. 8. Juli 1919 Münster/W. - Sparkassenlehre Münster (1935-38); Univ. Münster u. Kiel (Wirtschaftswiss.). Promot. Münster - 1950-60 Prüfer Rhein. Sparkassen- u. Giroverb., Düsseldorf; 1961-68 Vorstandsmitgl. bzw. -vors. (1964) Stadtsparkasse Wuppertal; 1968-84 stv. u. o. Vorst.-Mitgl. Landesbank f. Westf. bzw. Westd. Landesbank/Girozentrale, Münster - Spr.: Engl. - Rotarier.

OSTLER, Fritz
Dr. jur., Rechtsanwalt, ehem. Vizepräs. Dt. Anwaltverein (1959-79) u. Gründungspräs. Bayer. Anwaltverb. (1951-79), Vors. Münchener Anwaltverein v. 1950-72, Mitgl. Bayer. Landesjustizprüfungsamt v. 1947-70, Vorst.-Mitgl. Münchener Jurist. Ges. v. 1966-81, seither Ehrenmitgl. - Ottostr. 10, 8000 München 2 (T. 59 19 24) - Geb. 14. Mai 1907 Freilassing/Obb. (Vater: Franz-Josef O., Zollfinanzrat; Mutter: Antonie, geb. Primisser), kath., verh. s. 1937 m. Margarete, geb. Loecherer, 3 Kd. (Erika, Christoph, Angela) - Gymn.; Univ. München (Promot.) - BV: Klageerzwingungsverfahren, 1931; Bayer. Justizgesetze, 4. A. 1986; Ostler-Weidner, Abzahlungsgesetz, 6. A. 1971; D. Rechtsanw. im Rechtsstaat, in: D. RA im Ostblock, 1959; D. dt. Rechtsanw., 1963. Mitarb.: Staudinger, Kommentar z. BGB, 10. u. 11. A. 1955 (Kauf, Tausch u. Schenkung); D. dt. Rechtsanw. 1871-1971, 2. A. 1982 - 1961 Bayer. VO.; 1972 Gr. BVK; 1981 Hans-Dahs-Plak. d. dt. Anwaltsch.; 1987 Ehrenmitgl. Dt. Anwaltverein.

OSTMAN v. d. LEYE, Wilderich, Freiherr
Verleger, MdB (1969-76) - Thielstr. 5, 5300 Bonn (T. 22 49 20) - Geb. 4. Juni 1923 Bonn (Eltern: Hubert u. Lore O. v. d. L.), kath., led. - Münster-Sch. Bonn, Aloysius-Kolleg u. Canisius-Kolleg u. Kaiserin-Augusta-Gymn. Berlin (Abit. 1941); 1941-45 Marine; 1946-53 Stud. Rechtswiss. u. Med. (einige Sem.) - Redakt.; Lektor, Verleger (Kommanditist Boldt-Verlag, Boppard/Bonn). 1964-73 Stadtverordn. Bonn. SPD s. 1957.

OSTMEYER, Fritz
Landwirt - 4801 Westbarthausen/W. - Geb. 21. Okt. 1915 Westbarthausen, verh., 2 Kd. - Mittl. Reife - Reserveoffz. 1958 ff. Landrat Kr. Halle, 1968-70 MdL NRW. CDU (1958 ff. Kreisvors.) - 1972 BVK I. Kl.

OSTROP, Heinrich
Bildungsreferent, MdL Nordrh.-Westf. (s. 1966) - Am Pastorenbusch 4, 4401 Nienberge/W. (T. 13 37) - Geb. 22. Jan. 1925 Olfen/W., kath., verh., 4 Kd. - Volkssch.; landw. Ausbild. - Kriegsdst.; Ltg. elterl. Landw.; s. 1955 Ref. Bistum München (gegenw. Referatsleit. f. ländl. Jugend- u. Erwachsenenbild.). Gemeindevertr. Olfen-Kirchspiel (1952-59) u. Nienberge (1964 ff.). CDU s. 1952.

OSTWALD, Thomas
Kaufmann, Schriftsteller - Am Uhlenbusch 17, 3300 Braunschweig (T. 0531 - 35 01 89) - Geb. 26. Jan. 1949 Braunschweig, ev., verh. s. 1972 m. Dagmar, geb. Petersen, 2 Kd. (Niels Florian, Tessa Daniela) - Handelssch. - S. 1984 selbst. Buchhdl. Verlagsinh. v. Edition Corsar (m. Dagmar Ostwald). 1. Vors. Gerstäcker-Ges. - BV: Karl May, Leben u. Werk, 4. A. 1977; Jules Verne - Leben u. Werk, 3. A. 1983; Sherlock Holmes. Aus d. Geheimakten d. weltberühmten Detektivs, 6 Bde. 1985; Till Eulenspiegels lustige Streiche, 5. A. 1985; D. gr. Trapperhandb., 3. A. 1988; Friedrich Gerstäcker - Leben u. Werk, 3. A. 1989; D. gr. Indianerhandb., 7. A. 1989. Herausg.: Texte z. Heftromangesch. (1978ff.); Gerstäcker-Nachdrucke (1980ff.); Charles Sealsfield - Leben u. Werk. Herausg. u. Bearb.: Gerstäcker-Neuausg. im Union-Verlag (m. Dr. Wolfgang Bittner). Herausg. versch. Ztschr. (Magazin f. Abenteuer-, Reise- u. Unterhaltungslit. Gerstäcker-Mitteilungen) - 1984 Volkacher Taler f. Verd. um Jugendlit. - Liebh.: Klass. Abenteuer- u. Reiseroman d. 19. Jh., Kinder- u. Jugendb. d. 19. Jh.

OSWALD, Eduard
MdB (s. 1987) - Waldweg 18, 8901 Dinkelscherben - Geb. 6. Sept. 1947 Augsburg - Dipl.-Betriebswirt (FH); Lehrer a. D.; 1978-86 MdL in Bayern; s. 1973 CSU-Kreisvors.

OSWALD, Paul

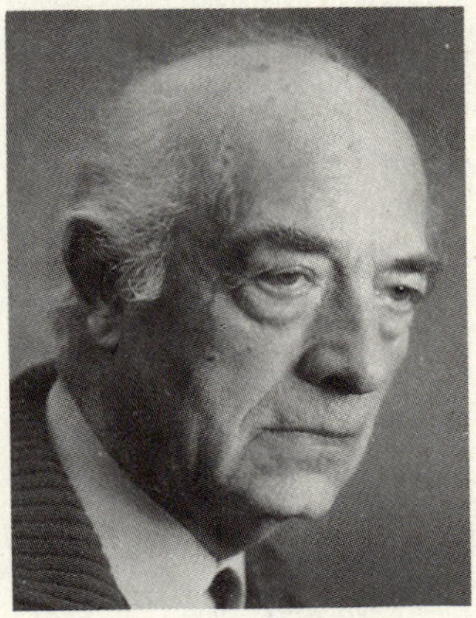

Dr. phil., em. o. Prof. f. Allg. Pädagogik (Schwerpunkt: Vorschulerziehung) - Sentruper Höhe 51, 4400 Münster/Westf. (T. 8 16 64) - Geb. 6. Aug. 1914 Duisburg (Vater: Johannes O., Schreinermeister; Mutter: Elisabeth, geb. Feldbusch), kath., verh. s. 1943 m. Ottilie, geb. Richter, 5 Söhne (Andreas, Thomas, Peter, Johannes, Stephan) - Gymn.; Univ. Bonn, Freiburg, Köln u. Münster, Päd. Akad. Essen (Phil., Theol., Päd.); Theol. Abschlußex. 1939; Prüf. f. d. Lehramt an Volksschulen 1946 u. 49; Promot. 1954 (Bonn) - 1946-54 Volksschullehrer, 1954-56 Dozent Päd. Hochsch. Vechta, 1956-58 Volksschulkon- u. -rektor, seith. Doz. u. Prof. (1963) PH Münster, PH Hamm, Abt. Dortmund d. PH Ruhr, s. 1972 Abt. Münster PH Westf.-Lippe, s. 1980 Univ. Münster. 1965-67 Prorektor PH Ruhr. 1966 Vors. Hochsch.rat PH Ruhr - 1974-83 Vors. Montessori-Vereinig. - BV: D. Kind im Werke Maria Montessoris, 1958 (jap. 1964); Bildungsprinzipien im Unterricht, 1964; D. Anthropol. M. Montessoris, 1970; Erziehungsmittel, 1973; Erziehen? - Heute?, 1980; m. G. Schulz: Grundgedanken d. Montessori-Päd., 1967 (jap. 1974); Montessori f. Eltern, 1974. Herausg.: Maria Montessori, V. d. Kindheit z. Jugend, 1966; m. G. Schulz: Maria Montessori, Üb. d. Bildung d. Menschen, 1966 (jap. 1971); D. Entdeckung d. Kindes, 1969; D. kreative Kind, 1972; Frieden u. Erz., 1973; Schule d. Kindes, 1976; R. C. Orem Montessori heute, 1975; Montessori, Kosmische Erziehung, 1988.

OSWALD, Rolf
Geschäftsführer Arbeiterwohlfahr Bezirksverb. Baden e. V. - Redtenbacherstr. 9, Postf. 11 69, 7500 Karlsruhe 1.

OTHMER, Friedrich Ernst
Dr. rer. nat., Prof., Direktor Philips Kommunikations Industrie AG - Klopstockstr. 12, 8500 Nürnberg 20 - Geb. 14. April 1930 Gehrden (Han), verh. m. Waltraud, geb. Wunder - Stud. Math. TH Hannover u. Univ. Göttingen; Promot. 1959 Göttingen - S. 1976 Lehrauftr. Univ. Erlangen-Nürnberg. 1989/90 Vorst.-Mitgl. Informationstechn. Ges. (ITG) im VDE - 1983 Hon.-Prof. f. Nachrichtentechnik Univ. Erlangen-Nürnberg.

OTREMBA, Heinz
(Ps. Peter Busch) Geschäftsführer Volksblatt Verlagsges. mbH, Würzburg, Echter Würzburg, Fränk. Gesellschaftsdruckerei u. Verlag GmbH, RTU Radio-Television Unterfranken Progammges. mbH Würzburg - Oberes Hessental 3, 8706 Höchberg (T. 0931 - 40 02 83) - Geb. 28. Nov. 1931 Baumgarten (Vater: Karl O.; Mutter: Erna, geb. Strahler), kath., verh. s. 1955 m. Hanni, geb. Wurzel, 4 Kd. (Ulrike, Birgit, Sabine, Wolfgang) - Meisterprüf. graph. Gewerbe - Bruderschaftsmeister Weinbruchersch. Franken - BV: Dok. Wilhelm Conrad Röntgen, 1965; Werner Heisenberg, 1976; 15 Jh. Würzburg, (hrsg.) 1979; Würzburger Porträts, Lebensbilder berühmter Würzburger, 1982; Albert v. Koelliker, 1986 - 1979 BVK, 1982 Gold. Verkehrswachtz., 1985 Silb. Caritas-Kreuz - Liebh.: Philatelie, Fotogr., Wein - Spr.: Engl.

OTT, Alfred E.
Dr. rer. pol., o. Prof. f. Volkswirtschaftslehre - Lindenstr. 45, 7407 Rottenburg 5 (Wurmlingen) (T. 2 15 72) - Geb. 29. Okt. 1929 Kassel (Vater: Alfred M. O., Redakteur; Mutter: geb. Schäfer), kath., verh. s. 1957 m. Ilsemarie, geb. Münnich, 2 Kd. - Univ. Heidelberg u. München. Promot. Heidelberg; Habil. München - S. 1958 Lehrtätigk. Univ. München, Saarbrücken (1960 Ord.), Tübingen (1963; Dir. Inst. f. Angew. Wirtschaftsforsch.) - BV: Marktform u. Verhaltensweise, 1959; Einf. in d. dynam. Wirtschaftstheorie, 1963; Grundzüge d. Preistheorie, 1967. Zahlr. Fachaufs. Herausg.: Preistheorie (1965).

OTT, Claus
Dr. jur., o. Prof. f. Bürgerl. Recht Univ. Hamburg - Renettenweg 15, 2000 Hamburg 65 - Geb. 27. Juli 1937 Tübingen (Vater: Dipl.-Ing. Walter O.; Mutter: Hella, geb. Kastner), ev. - Stud. Rechtswiss. Tübingen, Hamburg, St. Andrews; Vizepräs. Univ. Hamburg (1977-80). Richter Hanseat. Oberlandesger. Veröff. u. a.: Recht u. Realität d. Unternehmenskorporat., 1977; Alternativkomment. z. Bürgerl. Gesetzb., 1979ff. (m. a.); Lehrb. d. ökonom. Analyse d. Zivilrechts, 1986 (m. H. B. Schäfer).

OTT, Gabriel
Dr. phil., Prof. f. Rechts- u. Staatsphilosophie Univ. Bamberg - Karlstr. 9, 8605 Hallstadt b. Bamberg - Geb. 18. März 1927 Landsberg (Vater: Alois O., Oberlehrer; Mutter: Maria, geb. Schmid), kath. - 1945-49 Stud. Philol., Gesch., Phil. u. a. Univ. München; Promot. 1960, Habil. 1971 - 1949-63 Gymn.-Lehrer; 1972 Dekan Päd. Fak. Univ. Bamberg; 1977 Begründ. Studieng. Politikwiss. Univ. Bamberg. Vertrauensdoz. Konrad-Adenauer-Stiftg.; Mitgl. Hochsch. f. Politik München - BV: D. Bürgertum d. geistl. Residenzstadt Passau in d. Zeit d. Barock u. d. Aufkl., 1961; Zeitlichk. u. Sozialität z. Didaktik d. Gesch. u. d. Politik, 1969; Frühe polit. Ordnungsmod., 1971; Menschen - Völker - Reiche, Arbeitsb. 1975; Wurzeln unserer Gegenw. (Mitverf.) 1978; zahlr. Aufs. z. Theorie d. Politik, z. aktuellen Probl. u. Tagungsber. üb. Auslandssem. in Jugoslawien, Griechenl., Italien u. Frankr.; div. Buchbespr. - Liebh.: Essays, Ged., Malen, Schnitzen, Bergsteigen - Spr.: Engl., Franz., Ital., Latein u. Griech.

OTT, Gerhard
Dr. jur., Hauptgeschäftsführer Gesamtverb. d. Dt. Steinkohlenbergbaus u. Unternehmensverb. Ruhrbergbau - Friedrichstr. 1, 4300 Essen 1 - Geb. 5. Aug. 1932 - 1983 BVK; Chairman Intern. Executive Council World Energy Conference, London.

OTT, Gerhard Heinrich
Dr. med., Chefarzt Chir. Abt. Waldkrankenhaus Bad Godesberg, Prof. Univ. Bonn - Elliger Höhe 33, 5300 Bonn-Bad Godesberg (T. 32 20 09) - Geb. 11. Dez. 1929 Neu-Württ./Brasil. (Vater: Heinrich O.; Mutter: Pauline Kath., geb. Mayer), ev., gesch., 2 Kd. (Katharina, Jakob Johann) - Zeppelin-Gymn. Stuttgart; Univ. Tübingen, Hamburg, Freiburg, Heidelberg. Habil. 1968 Heidelberg - 1962-70 Landesarzt Johanniter Unfallhilfe Baden-Württ. Herausg.: Zentralorgan Chir. u. Orthopäd. (1961-70). Spez. Arbeitsgeb.: Klin. Onkologie, Unfallrett. Entw. e. Hautprothese f. d. Menschen - BV: Fremdkörpersarkome, Monogr. 1970; Diagnostische u. therapeut. Fortschritte in d. Krebschir., 1971 (m. F. Linder u. H. Rudolph); Standardisierte Krebsbehandl., 1974 (m. H. Kuttig u. P. Drings), 2. A. 1982; Krebsregister, Handb. d. med. Dokumentation, 1975 (m. G. Wagner); D. andere Blick - Heilungswirkung d. Kunst heute, 1986 - Liebh.: Kunst, Med.gesch., Hobby-Koch - Spr.: Engl.

OTT, Karl-August
Dr. phil., o. Prof. f. Roman. Philologie - Konsul-Lieder-Allee 27, 2300 Kiel-Kitzeberg (T. 23 14 27) - Geb. 18. April 1921 Helsa - S. 1960 (Habil.) Lehrtätigk. Univ. Heidelberg, Münster (1961 ao., 1964 o. Prof.), Kiel (1966 o. Prof.). 1958-70 Vizepräs. Ges. f. Wiss.sgesch. - BV: Abendländ. Bildungsideal, 1948; Pirandello u. d. mod. Lit., 1964.

OTT, Ulrich
Dr. phil., Direktor Schiller-Nationalmuseum u. Dt. Literaturarchiv, Marbach (ab 1985), Geschäftsf. Dt. Schiller-Ges., Marbach - Postf. 11 62, 7142 Marbach/N. (T. dstl.: 60 61) - Geb. 8. Okt. 1939 Essingen (Vater: Friedrich O., Pfarrer; Mutter: Gertrud, geb. Paulus), ev., verh. s. 1967 m. Angelika, geb. Radermacher, 5 Kd. (Georg, Albrecht, Martin, Corinna, Franziska) - Ev. Theol.-Sem. Schönthal-Urach; Univ. Tübingen, Wien, Berlin FU (Griech., Lat., German.). Promot. 1965; Staatsex. 1965 - 1965-70 Wiss. Mitarb. u. Wiss. Assist. Philolog. Sem. Univ. Tübingen, 1970-72 Bibl. Ref. (2. Staatsex. 1972); 1972-76 Bibl. Rat TU

Hannover; 1976-80 stellv. Bibl.Dir. Univ. Konstanz; 1980-85 Ltd. Bibl.Dir. Univ. Trier - 1983-86 Vors. Rudolf Borchardt Ges. - BV: D. Kunst d. Gegensatzes in Theokrits Hirtenged., 1969. Aufs. z. Bibliotheksw., z. klass. Philol. u. German. - Herausg.: Rudolf Borchardt: Gesammelte Werke in Einzelbdn. (1967ff.).

OTT, Werner

Dipl.-Kfm., Vorstandsmitglied GfK-Nürnberg - An der Schwedenschanze 65, 8500 Nürnberg-Weiherhaus (T. 0911 - 88 38 75) - Geb. 2. Okt. 1924 Nürnberg (Vater: Georg O., Ing.; Mutter: Betty, geb. Quehl), verh. s. 1952 m. Hella, geb. Loos, 2 Töcht. (Angelika, Ursula) - Gymn. (Abit.); Hochsch. (Dipl.) - Vors. Akad. f. Absatzwirtschaft, Nürnberg - Herausg.: Handb. d. prakt. Marktforsch. (1973) - Liebh.: Do-it-yourself, Fotografieren - Spr.: Engl., Franz.

OTTE, Hans

Komponist, Pianist, Hauptabteilungsleiter Radio Bremen (1959-84) - Eislebener Str. 46, 2800 Bremen - Geb. 3. Dez. 1926 Plauen (Vater: Johannes O., Apotheker; Mutter: Gertrud O.), verh. s. 1956 m. Uta, geb. Thuma, 2 Kd. (Raffael, Silvia) - Stud. in Dtschl., Italien u. USA - 1959-84 Musikchef Radio Bremen - Kompos. f. alle Kategorien, auch Musiktheater u. Klangenvironments - Kompos.-Preise u. Stip. (u. a. Rom Villa Massimo) - Spr.: Engl.

OTTE, Hans-Heinrich

Dipl.-Volksw., Wirtschaftsprüfer, Steuerberater, Vors. d. Vorst. BDO Dt. Warentreuhand AG, Hamburg - Goedelerstr. 23, 2400 Lübeck - Geb. 23. Jan. 1926 - Präs. Sankt Marien-Bauverein, Lübeck - Mitgl. d. Intern. Beirates d. Verw. u. Privat-Bank AG Vaduz, Liechtenstein; Vors. d. Vorst. d. Ges. f. Betriebswirtschaftslehre zu Kiel e.V.; Lehrbeauftr. Wirtschaftsprüf. d. Christian-Albrechts-Univ. Kiel - Spr.: Engl.

OTTEN, Ernst-Wilhelm

Dr. rer. nat., Prof. f. Experimentalphysik Univ. Mainz, Mitgl. Akad. d. Wiss. u. Lit. Mainz - Carl-Orff-Str. 47, 6500 Mainz (T. 06131 - 7 16 57) - Geb. 30. Aug. 1934 Köln (Vater: Wilhelm O., Dipl.-Ing.; Mutter: Maria, geb. Musmacher), kath., verh. s. 1963 m. Eleonora, geb. Stojiljković, 2 T. (Felicitas, Sofie) - Univ. Heidelberg (Dipl. 1959, Promot. 1962, Habil. 1966) - S. 1963 C4-Prof. Univ. Mainz - Div. ehrenamtl. Tätigk. in d. dt. u. intern. Forschungsorg. Rd. 100 Veröff. üb. Atom- u. Kernphysik in Fachztschr. - 1986 Mitgl. Akad. d. Wiss. u. d. Lit. Mainz; 1987 Gentner-Kastler Preis d. dt. u. d. franz. physikal. Ges. - Spr.: Engl., (Franz.).

OTTEN, Fred

Dr. phil., o. Prof. f. Slav. Philologie FU Berlin u. Direktor Slav. Sem. - Zehntwerderweg 168, 1000 Berlin 28 (T. 030 - 402 87 78) - Geb. 23. Juli 1942 Berlin (Vater: Prof. Dr. Heinrich O.; Mutter: Hertha, geb. Tilscher), verh. s. 1968 m. Elke, geb. Gaßmann, 2 Kd. (Kathrin, Jan) - Stud. Univ. Marburg, Kiel, Berlin; Promot. 1973 FU Berlin; Habil. 1983 Univ. Köln - 1983-85 Priv.-Doz. Univ. Köln; s. 1985 o. Prof. FU Berlin - BV: Unters. zu d. Fremd- u. Lehnwörtern b. Peter d. Gr., 1985; D. Reiseber. e. anonymen Russen üb. s. Reise n. Westeuropa im Zeitraum 1697/1699, 1985. Mithrsg.: Veröfftl. Abt. f. slav. Sprachen u. Lit. Osteuropa-Inst. (Slav. Sem.) FU Berlin.

OTTEN, Heinrich

Dr. phil., em. o. Prof. - Carl-Benz-Str. 1A, 6500 Mainz (T. 5 21 66) - Geb. 27. Dez. 1913 Freiburg/Br. (Vater: Heinrich O., Kaufmann; Mutter: Maria, geb. Viehöfer), verh. s. 1941 (Ehefrau: Hertha, geb. Tilscher), 2 Kd. (Fred, Joachim) - Univ. Berlin (Promot. 1940, Habil. 1950), 1947-58 Wiss. Mitarb. Dt. Akad. d. Wiss., Berlin (Doz. u. Prof.); 1959-79 o. Prof. Philipps-Univ., Marburg. Spez. Arbeitsgeb.: Hethitologie - BV: D. Überlieferungen d. Telipinu-Mythus, 1942; Mythen v. Gotte Kumarbi, 1950; Z. grammat. u. lexikal. Bestimmung d. Luvischen, 1953; Hethit. Totenrituale, 1958; Das Hethiterreich in Schmökel, H. Kulturgesch. d. Alten Orient, 1961; Fischer Weltgesch. 3: Hethiter, Hurriter u. Mitanni, 1966; E. althethit. Erz. um d. Stadt Zalpa, 1973; D. Bronzetafel aus Boğazköy - Ein Staatsvertrag Tuthalijas IV., 1988. Hrsg.: Keilschrifttexte aus Boghazköi (1954ff.). Mithrsg.: Orientalist. Literaturztg. (1953-68), Ztschr. f. Assyriologie (1972ff.), Reallexikon d. Assyriologie (1960-80) - Mitgl. Akad. d. Wiss. u. d. Lit. Mainz u. Dt. Archäol. Inst. Berlin (1959), Korr. Mitgl. Österr. Akad. d. Wiss., Wien (1972).

OTTEN, Kurt

Dr. phil., Universitätsprof. Univ. Heidelberg (s. 1975) - Neue Stücker 3, 6900 Heidelberg-Ziegelhausen (T. 80 28 99) - Geb. 2. März 1926 Trier (Vater: Jakob O., Prokurist; Mutter: Katharina, geb. Weckbecker), kath., verh. s. 1955 m. Dr. Lieselotte, geb. Poetzsch, 2 Söhne (Martin, Stefan) - Gymn. Trier; 1948-54 Univ. Tübingen. Promot. (1954) u. Habil. (1962) Tübingen - 1955-64 Univ. Tübingen (Assist.; 1962 Doz.), 1964-75 Univ. Marburg, o. Prof. Spez. Arbeitsgeb.: Engl. Roman, Altengl., Prosastil - Liebh.: Musik - Spr.: Engl., Franz. - BV: König Alfreds Boethius - Stud. z. engl. Philol., 1964; D. engl. Roman v. 16. z. 19. Jh., 1971; D. engl. Roman v. Naturalismus b. z. Bewusstseinskunst, 1986.

OTTEN, Uschi

Dramaturgin Bühnen Stadt Bielefeld - Melanchthonstr. 46, 4800 Bielefeld 1 (T. 0521 - 13 21 10) - Geb. 3. Okt. 1953 Bendingbostel/Kr. Verden - Stud. Dt. Philol., Politik, Soziol., Päd. u. Phil. Univ. Göttingen; Staatsex. 1979 - 1980-85 Dramat. Junges Theater Göttingen - Spr.: Engl., Franz., Dän.

OTTENJANN, Helmut

Dr. phil., Prof., Ltd. Direktor Museumsdorf Cloppenburg, Niedersächs. Freilichtmuseum - Museumstr. 13, 4590 Cloppenburg (T. 25 04) - Geb. 15. Mai 1931 Cloppenburg (Vater: Dr. Heinrich O., Museumsdir.; Mutter: Maria, geb. Hiltemann), kath., verh. s. 1965 m. Mechtild, geb. Busch, 3 Kd. (Henrike, Werner, Mareike) - Promot. 1957 - Assist. Schlesw.-Holst. Landesmuseum, Schleswig, German. Nationalmuseum, Nürnberg, Nord. Museum, Stockholm - BV: D. nord. Vollgriffsschwerter d. älteren u. mittleren Bronzezeit, 1969; Alte Bauernmöbel a. d. nordwestl. Nieders., 2. A. 1978; Volkstümliche Möbel aus d. Ammerland (m. Jaspers), 1983; Alte Bauernhäuser zw. Weser u. Ems, 2. A. 1982; Lebensbilder aus d. ländl. Biedermeier, 1984; Alte Tagebücher u. Anschreibebücher (m. Wiegelmann), 1982 - Spr.: Engl. - Mitgl. Lions Club.

OTTENJANN, Rudolf

Dr. med. (habil.), Chefarzt I. Med. Abt./Städt. Krankenhaus München-Neuperlach, apl. Prof. f. Inn. Med. Univ. Erlangen-Nürnberg (s. 1973) - Oskar-Maria-Graf-Ring 51, 8000 München 23 - Geb. 19. April 1926 Cloppenburg/Oldbg.

OTTENTHAL, Elmar

Regisseur - Ferrogasse 42, A-1180 Wien - Geb. 6. Sept. 1951 Innsbruck/Tirol, kath., verh. s. 1974 m. Gertrud, geb. Meins - Matura Akad. Gymn. Innsbruck; Stud. Musikwiss. u. Kunstgesch. Univ. Hamburg; Fotographenausb. - 1974-77 Regieassist. Hansestadt Lübeck; 1977-82 Abendspielleit. Staatsoper Hamburg; 1982-86 stv. Oberspielleit. u. Assist. d. Dir (L. Maazel) Staatsoper Wien; 1986 freisch. Regiss. - Wagner- u. Verdi-Operninsz.: u.a. Götterdämmerung, Parsifal, Tannhäuser (Teatro alla Scala, Gran Teatro del Liceu, Opera Royal de Wallonie, Teatro Communale di Genova), Don Carlo, La Forza del destina (Vereinigte Bühnen Graz); weit. Insz. in Berlin, Hamburg, Wien, etc. - Liebh.: Ski, Radfahren, Computer, Fotogr. - Spr.: Engl., Ital.

OTTENTHAL, Johannes

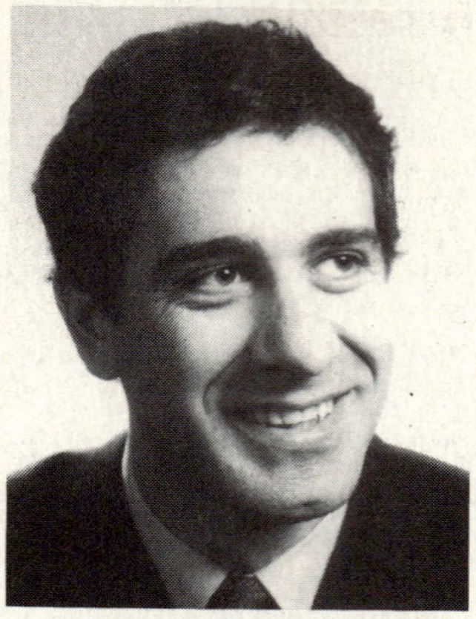

Dipl.-Betriebsw., Dipl.-Soziol., Maler u. Buchautor - Sandfeld 18, 8901 Horgau - Geb. 3. Aug. 1945 Csátalja/Ungarn, kath., ledig - Stud. Malerei, Kunstgesch., Soziol., Psychol., Päd. u. Betriebsw. München - BV: D. Industriearb. v. 1945 - E. Analyse v. Dok. d. dt. Ind. u. Betriebssoziol., 1980; Männergruppendynamik - Darst. u. Analyse e. Spontaneitätsgruppe, 1981. Expressive abstrakte Komp., surreale u. sozialkrit. Arb. - Spr.: Engl. - Lit.: Zeitschr. München Mosaik 7/8, 1982; Axel-Alexander Ziese, Meister bild. Künste, Bd. 1 (1983); Axel-Alexander Ziese, Künstlerkompendium, Bd. 1 (1984) - Lit.: Zeitschr. München Mosaik 7/8 (1982), u. 3/4 (1987); Axel Alexander Ziese, Meister bild. Künste, Bd. 1 (1983); Axel Alexander Ziese, Künstlerkompendium, Bd. 1 (1984); Wenzel Nemec, Auswahl zeitgenössischer dt. Malerei u. Graphik, T. I (1986).

OTTERSTEDDE, Reiner Lothar

Dipl.-Volksw., Geschäftsführer Brötje Beteiligungs GmbH, Ges. f. Ind. u. Handel - August Brötje Str. 17, 2902 Rastede 1 (T. 04402 - 80-5 44); priv.: Pleistermühlenweg 95, 4400 Münster - Univ. Hamburg u. Münster (Dipl.).

OTTINGER, Ulrike

Regisseurin, Autorin, Produz. - Fichtestr. 24, 1000 Berlin 61 (T. 030 - 692 93 94) - Filme (Buch, Regie, Kamera, Ausstatt.): 1972 Laokoon & Söhne, 1973 Happening Dok. Wolf Vostellt Berlinfieber, 1975 D. Betörung d. blauen Matrosen, 1977 Madame X - E. absolute Herrscherin, 1979 Bildnis e. Trinkerin, 1981 Freak Orlando, 1984 Dorian Gray im Spiegel d. Boulevardpresse, 1985 China. D. Künste - D. Alltag, 1986 Superbia - D. Stolz, 1987 Usinimage, 1989 Johanna d'arc of Mongolia. Retrospektiven, Ausst., Installationen. Theaterarb. BV. 1987 Europa u. d. Stier, Pyramide, Wanderobjekt.

OTTNAD, Bernd

Dr. phil., Direktor Staatsarchiv Freiburg (1973-88) - Auwaldstr. 113, 7800 Freiburg im Br. (T. 1 65 59) - Geb. 9. Sept. 1924 Karlsruhe, kath., verh. s. 1953 m. Margarete, geb. Rösch, 2 Töcht. (Adrian, Judith) - Stud. Gesch., German., Franz. Univ. Freiburg; Promot. 1952 - 1974-84 geschäftsf. Präs. Südwestdt. Archivtag - Herausg: Bad. Biogr. Neue Folge (I 1982, II 1987; s. 1977), Baden-Württemb. Biogr. (s. 1987). Zahlr. Facharb. z. Archistik u. Landesgesch. - Spr.: Engl., Franz., Ital., Latein.

OTTO, Dora

s. Drott, Karl

OTTO, Eckart

Dr. theol., Prof. f. Altes Testament u. Palästinische Archäologie - Hohenne 25, 2155 Jork-Borstel (T. 04142 - 29 37) - Geb. 19. Aug. 1944 Hamburg-Blankenese (Vater: Gustav O., Oberstud.Rat; Mutter: Gertrud, geb. Vogt), ev. luth., verh. s. 1973 m. Gesa, geb. Kröger - Promot. 1973, Habil. (AT) 1975 - 1975-78 Privatdoz., 1978-79 stv. Leit. d. Dt. Ev. Inst. f. Altert.wiss. d. Heiligen Landes in Jerusalem, 1979-86 Prof. Hamburg, 1983 Ordination z. Geistl. Amt, 1983-86 Mitgl. d. Synode d. Nordelb. Ev.-Luth. Kirche, s. 1986 o. Prof. Leit. d. Forschungsst. f. Hist. Palästinakde. Univ. Osnabrück - BV: D. Mazzotfest in Gilgal, 1975; Fest u. Freude, 1977 (engl. 1981, span. 1983); Jakob in Sichem, 1979; Jerusalem - d. Gesch. d. Heiligen Stadt, 1980. Mitherausg.: Reclams Bibellexikon, 4. A. 1986.

OTTO, Frei

Dr.-Ing., Drs. h.c., Prof., Architekt - Berghalde 19, 7250 Leonberg 7 - Geb. 31. Mai 1925 Siegmar/Sachs., verh. m. Ingrid, geb. Smolla, 5 Kd. (Angela, Bettina, Christine, Dietmar, Erdmute) - Schulabschl. 1943, s. 1948 Architektur-Stud. TU Berlin, 1950/51 Stud. b. Wright, Mendelsohn, Saarinen, Mies van d. Rohe, Neutra, Eames u.a., Promot. 1953 TU Berlin - 1943-45 Wehrdst., danach b. 1947 Gefangensch., 1952-72 fr. Architekt, danach Berater (1958 Gründ. Entw.stätte f. d. Leichtbau Berlin), 1958-70 Gastprof. Washington Univ. St. Louis, Yale Univ. New Haven, Univ. of California Berkeley, Mass. Inst. of Techn. Cambridge, Harvard Univ. Cambridge, Univ. de Zulia Maracaibo (Venezuela), National Inst. of Design, Ahmedabad (Indien), Hochsch. f. Gestaltung Ulm, Sommerakad. Salzburg, 1964 Leit. Inst. f. leichte Flächentragwerke Univ. Stuttgart, Honorarprof., s. 1978 Ord. - BV: D. hängende Dach, (auch span., poln., russ.), 1954; Zugbeanspruchte Konstruktionen, Bd. 1 1962, Bd. 2 1965 (m. Trostel u. Schleyer, auch engl., span., ital., russ., ungar.); Mit-Autor Schriftenreihe IL (Mitteil. Inst. f. leichte Flächentragwerke), Bd. 1-21, s. 1969 (auch engl., teilw. japan., span.); div. Aufs. - Arbeiten in Kooperation m. a. Archit. u. Ing. wie Gutbrod, Tange, Omrania, Gribl, Bubner, Behnisch: 1953-56 Soz. Wohnungsbau, s. 1955 Zeltpavillons u. Hallen auf Bundes- u. intern. Gartenschauen (Kassel, Saarbrücken, Berlin, Köln, Hamburg, Mannheim, Lausanne), 1965 Wandelbare Dächer Cannes, Paris, 1965-67 Dt. Pavillon Weltausst. Montreal, 1967 Dach Luisenburg Wunsiedel 1968-70 Olympiadach München, 1968 Kuwait Sports City, 1968-72 Konferenzzentr. Mekka, 1970/71 City in the Arctic, 1972 Schatten in d. Wüste, 1973 Sarabhai-Zelt, 1975 Ceremony Tent f. Königin Elisabeth II, 1977 Bühnendach Pink Floyd, 1977/79 Sporthalle Jeddah, s. 1978 Government Center Riyadh, 1979 Flexible Bühnen im Rhein, 1980 Voliere 200 Hellabrunn u.v.a. (alle m. a.) - 1967 Prix Perret Prag; 1967 Kunstpreis Berlin; 1968 Ehrenmitgl. American Inst. of Architects; 1969 Knight of Marc Twain, Kansas City; 1970 Mitgl. Akdad. d. Künste, Berlin; 1971 Gr. Ausst. Mus. of Mod. Art, New York, erneuert 1975 u. 1977; 1971 Paul Bonatz Preis Stuttgart; 1973 Ehrendoktor Wash. Univ. St. Louis/USA; 1974 Thomas Jefferson-Preis Charlottsville/USA; 1977 Ehrenprof. Univ. Federico Villareal Lima/Peru; 1978 Hugo Häring-Preis BDA Bad.-Württ.; 1980 Ehrendoktor Univ. Claverton Down Bath/Engl.; 1981 Gr. Preis d. BDA Biberach; Med. de Recherche, Akad. d'Architecture Paris; Ehrenmitgl. Royal Inst. of british Architects - Lit.: C. Roland: Frei Otto - Spannweiten (auch engl., span., ungar.), 1965; Current Biographie New York, 1968; Ludwig Glaeser: The Work of Frei Otto, 1971; Philipp Drew: Frei Otto - Structures (engl., deutsch), 1976; Heinrich Klotz: Architektur in d. Bundesrep., 1977.

OTTO, Gert

Dr. theol., Prof. f. Prakt. Theologie - Weißliliengasse 5, 6500 Mainz 1 - Geb. 10. Jan. 1927 Berlin, ev. - Humboldt-Univ. Berlin (Theol.). Theol.ex. Berlin (1951) u. Hamburg (1962); Promot. Berlin (1952), Habil. Hamburg (1962) - Lehrer, Erzieher, Ref. (Katechet. Amt), Doz. (Päd. Inst.), s. 1963 Ord. Univ. Mainz - BV: (Auswahl): Verkündigung u. Erziehung, 1957; Schule - Religionsunterricht - Kirche, 3. A. 1968; Handb. d. Religionsunterr., 3. A. 1967; Denken - um zu glauben/Predigtversuche f. heute, 1970; Vernunft, 1970; Kirche und Theologie, 1971; Schule u. Religion, 1972; Neues Handbuch d. Religionsunterr., 1972 (gem. m. H. J. Dörger u. J. Lott); Einf. in d. Prakt. Theol., 1976; Predigt als Rede, 1976; Einf. in d. Religionspädagogik, 1977 (m. H. J. Dörger u. J. Lott); V. geistl. Rede, 1979; Rhetor. predigen, 1981; Religion 5 b. 10, 1981 (m. H. J. Dörger u. J. Lott); Wie entsteht eine Predigt?, 1982; Vater unser, 1986; Religion contra Ethik?, 1986 (m. U. Baltz); Grundlegung d. Prakt. Theol., 1986 (= Prakt. Theol. Bd. 1); Predigt als rhetor. Aufgabe, 1987; Handlungsfelder d. Prakt. Theologie, 1988 (= Prakt. Theol., Bd. 2). Herausg.: Bibel d. Kinder (1965 u. 1980); Glauben heute (2 Bde. 1965/68); Grundwissen z. Theologie (2. A. 1969); Theologia Practica (1966ff.); Sachkunde Religion (7. A. 1984); Prakt.-theol. Handb. (2. A. 1975).

OTTO, Gunter

Dr. phil. h. c., Prof., Ord. f. Erziehungswissenschaft (Didaktik d. ästhet. Erziehung) - Hochallee 27, 2000 Hamburg 13 - Geb. 10. Jan. 1927 Berlin (Vater: Walter O., Hdls.Vertr.; Mutter: Charlotte, geb. Stein), ev., verh., - Realgymn. u. Kunsthochsch. Berlin (Kunstpäd.). Beide Staatsex. - 1946-56 Berliner Schulen (Studienrat); s. 1956 Päd. Hochsch. Berlin (1964 ao. Prof.) u. Univ. Hamburg (1969 o. Prof.). 1967-69 Honorarprof. Kunsthochsch. Berlin - BV: Kunst als Prozeß im Unterricht, 1964; Unterricht - Analyse u. Planung, 1965 (m. P. Heimann u. W. Schulz); Kunstunterr., 1970 (m. a.); Didaktik d. Ästhet. Erzieh., 1974; Texte z. Ästhet. Erzieh., 1975; Lehrer u. Schüler machen Unterricht, 1976 (m. a.); Didaktik u. Praxis, 1977 (m. a.); Didaktische Trends (m. Born), 1978; Auslegen (m. M. Otto), 1987. Herausg.: Handb. Kunst u. Werkerzieh., 1966-1970; Praxis u. Theorie d. Unterrichtens (m. W. Schulz), 1980-83. S. 1969 Mithrsg.: Kunst + Unterricht. Üb. 200 Einzelarb. - 1986 Dr. phil. h. c. Univ. Marburg.

OTTO, Hans

Prof., f. Musikerziehung Päd. Hochschule/C.-H.-Becker-Hochsch. Hannover - Byneburger Str. 4, 3440 Eschwege (T. 32 43).

OTTO, Hans-Hartwig

Dr. rer. nat., Dipl.-Chem., Apotheker, Prof. f. Pharmaz. Chemie Univ. Freiburg (s. 1978) - Etzmattenstr. 21, 7800 Freiburg (T. 07664 - 38 55) - Geb. 22. Mai 1939 Münster/W., ev., verh. s. 1963 m. Mechthilde, geb. Baucks, 3 Töcht. (Christiane, Annegret, Susanne) - FU Berlin u. Univ. Marburg; Promot. 1966 Marburg, Habil. 1972 ebd. - 1973-78 Prof. f. Pharmaz. Chemie Marburg; 1981-82 Visiting Fellow Princeton/USA - BV: Helwig, Med. Arzneimittel, 1988.

OTTO, Hans-Joachim

Rechtsanwalt, MdL Hessen (1983-87) - Holzhausenstr. 13, 6000 Frankfurt 1 (T. 069 - 55 10 56) - Geb. 30. Okt. 1952 Heidelberg (Vater: Dr. Heinz O., Rechtsanw.; Mutter: Dr. med. Katja, geb. Bernheim), verh. s. 1982 m. Sibylle, geb. Birkenfeld, 1 T. (Adriana Theresa) - Human. Gymn. Heidelberg; 1971-77 Stud. Rechtswiss. Univ. München, Heidelberg u. Frankfurt; 1977 u. 79 Staatsex. Frankfurt - 1980-83 wiss. Assist. Univ. Frankfurt; s. 1984 Rechtsanw. - FDP - 1980-83 Bundesvors. d. Jungen Liberalen, 1982-88 Mitgl. Bundesvorst., s. 1985 Mitgl. FDP-Bundesmedienkommiss. u. Bundesfachaussch. Innen- u. Rechtspoli-

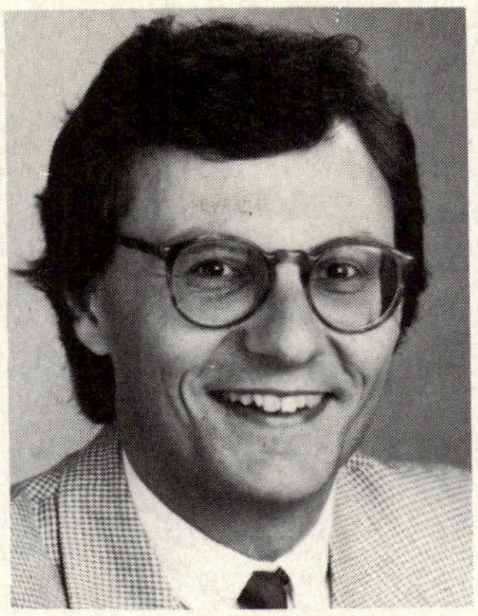

tik; s. 1985 Vors. d. Frankfurter FDP, s. 1987 Mitgl. Landesvorst. Hessen.

OTTO, Hansjörg

Dr. jur., Prof. f. Bürgerliches Recht, Arbeitsrecht, Zivilprozeßrecht - Max-Born-Ring 15, 3400 Göttingen (T. 0551-3 31 36) - Geb. 23. Mai 1938 Oldenburg (Vater: Reinhold O., Syndikus; Mutter: Margot, geb. Artelt), ev., verh. s. 1964 m. Karin, 2 S. (Stefan, Marcus) - Abit. 1958 Aurich; 1. Staatsex. 1962, 2. Staatsex. 1967, Promot. 1970, Habil. 1977, alles Hamburg - 1977/78 wiss. Rat u. Prof. Bonn; s. 1978 o. Prof., Inst. f. Arbeitsrecht Göttingen - BV: D. Präklusion. E. Beitr. z. Prozeßrecht, 1970; D. Recht d. Angest. u. Arb. im öff. Dienst, 1973; Personale Freiheit u. soz. Bindung, 1978; Komment. d. §§ 320-327 BGB in J. v. Staudingers Komment. z. BGB, 12. A. 1979; Verfassungsrechtl. Gewährleistg. d. koalitionsspezifischen Betätigung, 1982; Ist es erforderlich, die Verteilung d. Schadensrisikos b. unselbst. Arbeit neu zu ordnen? in: Gutachten z. 56. Dt. Juristentag 1986.

OTTO, Harro

Dr. jur., Dr. iur. et rer. pol. h.c., Prof. f. Straf-, -prozeßrecht u. Rechtsphil. - Weserstr. 5, 8580 Bayreuth - Geb. 1. April 1937 Sobbowitz/Danzig (Vater: Bruno O., Kaufm.; Mutter: Frida, geb. Tischkowski), ev., verh. s. 1966 m. Ute-Heide, geb. Franz, 2 Kd. (Tania, Malte) - Obersch. (Alstertal) u. Univ. Hamburg (Rechtswiss.). Jurist. Staatsprüf. 1960 u. 65 Hamburg. Promot. 1964 Hamburg; Habil. 1969 Gießen - S. 1971 Ord. Univ. Marburg u. Bayreuth (1977) - BV: Pflichtenkollision u. Rechtswidrigkeitsurteil, 3. A. 1978; D. Struktur d. strafrechtl. Vermögensschutzes, 1970; Übungen im Strafrecht, 2. A. 1984; Grundkurs Strafrecht - Allg. Strafrechtslehre, 3. A. 1988; ... - D. einzelnen Delikte, 2. A. 1984; Bargeldloser Zahlungsverkehr u. Strafrecht, 1978; D. Niedergang d. Rechtsidee im utilitaristischen Zeitgeist, 1981; Bankentätigk. u. Strafrecht, 1983; Recht auf d. eigenen Tod? Strafrecht im Spannungsverhältnis zw. Lebenserhaltungspflicht u. Selbstbestimmung (Gutachten f. d. 56. Dt. Juristentag), 1986.

OTTO, Hartmut

Textiling. - Auf d. Berg 1, 7317 Wendlingen/N. - Mitgl. Geschäftsltg. Otto-Textilwerke GmbH u. Co., Wendlingen.

OTTO, Hellmut

Dr. med., Prof., Direktor Klinikum f. Inn. Med. Zentralkrankenhaus Bremen-Nord - Hammersbecker Str. 228, 2820 Bremen-Vegesack (T. 6 60 61) - Geb. 31. Jan. 1925 Hamburg - S. 1964 (Habil.) Lehrtätigk. Univ. Münster/W. (1969 apl. Prof. f. Inn. Med.) - Üb. 100 Facharb. z. Diabetes. Hrsg.: F. Bertram, D. Zuckerkrankheit (5. A. 1963, auch span.), abc f. Zuckerkranke (14. A. 1970), Diätetik b. Diabetes mel., 1973.

OTTO, Herbert

Dr. med., Prof., Pathologe in eigenem Institut tätig (s. 1987) - Amalienstr. 28a, 4600 Dortmund 1; priv: Gerhart-Hauptmann-Str. 21 - Geb. 31. Juli 1922 Bremen (Vater: Johannes O., Direktor; Mutter: Meta, geb. Buman), verh. 1957 m. Gerda, geb. Horand, 2 Kd. - Promot. 1952; Habil. 1957 - S. 1957 Lehrtätigk. Univ. Erlangen bzw. -Nürnberg (1963 apl. Prof., 1966 Wiss. Rat u. Prof., 1969 Abt.vorsteher u. Prof.) - 1971-87 Dir. Patholog. Inst./Städt. Kliniken Dortmund - BV: Morphol. u. pathol.-anat. Begutacht. d. Silikose, 1963. Üb. 200 Fachaufs.

OTTO, Hermann

Dr. rer. pol., Dipl.Volksw., Vorstandsvorsitzender Stadtsparkasse Dortmund - Freistuhl Nr. 2, 4600 Dortmund 1 (Sparkasse) - Geb. 29. April 1920.

OTTO, Joachim

Dr. rer. nat., Dr. med. habil., Prof. f. Physiol. Chemie - Spitzlbergerstr. 5a, 8032 Gräfelfing (T. 089 85 23 38) - Geb. 3. Febr. 1938 Magdeburg (Vater: Hanns O., Dipl.-Kfm., Steuerber. u. Wirtsch.sprüf.; Mutter: Ingeborg, geb. Nieder), ev., verh. s. 1966 m. Eva-Marie, geb. Mahner, 2 S. (Carsten, Kai Martin) - Abit. 1958 Homberg/Bez. Kassel; Chemiestud. Univ. Marburg (1964 Dipl.); Promot. 1970, Habil. 1978, bde. Univ. München (Med.).

OTTO, Johannes

Chefredakteur Berliner Morgenpost (1981 ff.) - Kochstr. 50, 1000 Berlin 61 - U. a. Lokalredakt. u. ASD-Chef.

OTTO, Karl A.

Dr. phil., Prof. f. Soziologie Univ. Bielefeld - Am Gottesberg 49, 4800 Bielefeld 1 (T. 0521 - 10 40 23) - Geb. 29. April 1934 Bielefeld, verh. s. 1954 m. Vera, geb. Dieckmann, 2 Kd. (Ralf, Kerstin) - 1969-73 Stud. Päd., Gesch., Polit. u. Soziol. Univ. Bielefeld; 1. u. 2. Staatsprüf. f. d. Lehramt 1972/74, Dipl.-Päd. 1973, Promot. 1975, Habil. 1980 Osnabrück - 1953-69 Journ./Redakt.; 1974-80 wiss. Assist., 1980 Doz. u. s. 1982 Prof. Bielefeld - BV: V. Ostermarsch z. APO, 3. A. 1977-82; D. Revolution in Deutschl. 1918/19, 1979; D. außerparlam. Opposition in Quellen u. Dokumenten (1960-70), 1989.

OTTO, Karl-Peter

Dr. rer. pol., Dipl.-Kfm., zul. Sprecher d. Geschäftsfg. IKB Leasing GmbH, Hamburg - Geb. 27. Dez. 1938 (Vater: Max O., Arch.; Mutter: Margarete, geb. Werner), ev., verh. s. 1963 m. Elisabeth, geb. Liebelt, 2 S. (Frank, Jan) - Abit. (1958) Hamburg; Stud. 1959-60 Freiburg, 1960-62 Hamburg (Wirtschaftswiss.), Dipl.-Kfm. 1962 Hamburg; Promot. 1965 Hamburg, 1964-65 Wiss. Assist. Univ. Hamburg, 1965-66 Univ. Bonn; 1966-67 Assist. Geschäftsltg., 1968-69 Verkaufsleit., 1960-70 Bankprok. - BV: D. Preisbild in d. Binnenschiffahrt, 1966; Leasing, E. neuer Finanzierungsweg, Festschr. 1970; Leasing, Betriebswirtschaftl., jurist. u. steuerl. Grundl., Einsatzmöglichk. u. Entscheidungshilfen f. d. Leasinganwender, Bonn 1984. Zahlr. Fachaufs. - Liebh.: Publiz. Arbeit, Sport (Tennis) - Spr.: Engl., Span.

OTTO, Klaus

Dr. rer. nat., Prof. f. Physiol. Chemie - Argelanderstr. 132, 5300 Bonn (T. 21 04 71) - Geb. 28. Mai 1926 Bonn - 1963 (Habil.) Privatdoz., Doz. (1967), apl. Prof. (1969), Abt.svorsteher u. Prof. (1970) Univ. Bonn (Leit. Abt. f. Enzymologie). Fachveröff.

OTTO, Klaus K.

Dipl.-Volksw., Geschäftsführer Einzelhandelsverb. Leverkusen-Solingen (s. 1978) - Kölner Str. 8, Postf. 10 10 64, 5650 Solingen 1 (T. 0212 - 20 30 28, Telefax 0212 - 20 51 09) - Geb. 3. März 1939 - Zul. Geschäftsf. Arbeitsgem. Zentralverb. d. Dt. Mechaniker, Handw.- u. Bundesverb. Bürotechnik, Düsseldorf.

OTTO, Michael

Dr., Versandkaufmann - Wandsbeker Str. 3-7, 2000 Hamburg 71 - Geb. 12. April 1943 - S. 1971 Vorst. Otto Versand, s. 1981 Vorst.-Vors. Otto Versand, Hamburg - S. 1982 Chairman of the Board Spiegel Inc., Chicago, USA; 1986 Manager d. Jahres (Ztschr. Industriemagazin).

OTTO, Rudolf

Vorstandsmitglied Gissler & Pass AG., Jülich - Adolf-Fischer-STr. 3, 5170 Jülich/Rhld. - Geb. 3. Juni 1912.

OTTO, Siegfried

Konsul, Vors. Geschäftsf. Firmengruppe Giesecke & Devrient GmbH., München (m. Papierfabr. Louisenthal), Präs. Giesecke y Devrient de México S.A., Mexico-City - Vogelweideplatz 3, 8000 München 80 (T. 41 19-1) - Geb. 25. Dez. 1914 Halle/S. - Honorarkonsul v. Mexico; Bayer. VO.; Orden Mexicana del Aquila Azteca; BVK am Bde.

OTTO, Stephan

Dr. theol., o. Prof. u. Vorst. Inst. f. Geistesgeschichte u. Phil. d. Renaissance Univ. München (s. 1973; 1975 Dekan Fachber. Phil.) - Muxelstr. 2, 8000 München 71 - Geb. 22. Dez. 1931 Berlin (Vater: Hugo O., Bankrat; Mutter: Gertrud, geb. Foerster), verh. s. 1980 m. Dr. iur. Lieselotte, geb. Schneider - Stud. d. Phil. u. Theol. Univ. München; Promot. 1959 ebd. - BV: D. Funktion d. Bildbegriffs in d. Theol. d. 12. Jh., 1963; Gottes Ebenbild in Geschichtlichkeit, 1964; Person u. Subsistenz, 1968; Materialien z. Theorie d. Geistesgeschichte, 1979; Rekonstruktion d. Gesch., 1982; Renaissance u. frühe Neuzeit, 1984; Giambattista Vico, 1989.

OTTO, Walter

Kaufm. Direktor, Vorstandsmitgl. Maschinenfabrik Deutschland AG., Dortmund, Handelsrichter LG Dortmund - Pastoratsweg 9, 4600 Dortmund-Kirchhörde - Geb. 12. Jan. 1906, verh. - Hindenburg-Realgymn. Dortmund.

OTTO, Werner

Dr. h.c., Kaufmann - Wandsbeker Str. 3-7, 2000 Hamburg 71 (T. 6 46 10) - Geb. 13. Aug. 1909 Seelow/Mark, verh., 5 Kd. - AR-Ehrenvors. u. VR-Ehrenvors. Verwaltungsges. Otto-Versand mbH, Hamburg; Otto AG f. Beteiligungen, Hbg.; Dt. Einkaufs-Center-Ges., Hbg.; Sagitta Group, Toronto/Canada, Paramount Group, New York/USA; versch. med. Stiftg. Herausg.: D. OTTO-Gruppe - M. 12 Unternehmerprinzipien z. Erfolg, 1982 - Ehrendoktor; div. Ausz. u. Orden; 1984 Gr. BVK m. Stern u. Schulterbd.; 1988 Ehrensenator Univ. Hamburg.

OTTOW, Johannes C. G.

Dr. sc. agr., Dipl.-Ing. agr., M. Sc. bact., o. Prof. f. Bodenmikrobiologie Inst. f. Mikrobiologie Justus Liebig Univ. Giessen (s. 1986) - Fuldaer Str. 8, 6301 Reiskirchen (T. 06408 - 6 21 80) - Geb. 4. Sept. 1935 Madioen/Indonesien (Vater: Dipl.-Ing. A. O.; Mutter: Elisabeth, geb. Kaiser), verh. s. 1968 m. Helga, geb. Wohlgemuth, 2 Kd. (Els Joke, Eric Aart) - Stud. Univ. Gießen u. Kansas/USA; Promot. 1969 Gießen - 1970-74 wiss. Assist. u. Doz. Inst. f. Mikrobiol. TH Darmstadt, 1974-86 Prof. Bodenbiochemie Univ. Hohenheim, Stuttgart-Hohenheim, 1985-86 Dekan, Fak. f. Agrarwiss., Präsid. Kommiss. Bodenbiol. in Intern. Soc. Soil Sci (s. 1986) - Editor in Chief Biology & Fertility of Soils (Springer GmbH Intern.), 1969 Preis f. d. beste Diss. Univ. Gießen - Liebh.: Segeln, Briefmarken, Wandern, Modelleisenbahn - Spr.: Engl., Franz., Niederl. - Bek. Vorf.: Carl Wilhelm Ottow, 1. Missionar Neu-Guinea (1854), Urgroßvater.

OTTWEILER, Ottwilm

Dr., Dipl.-Päd., Direktor Päd. Zentrum Land Rhld.-Pfalz (s. 1986) - Europaplatz 7-9, 6550 Kreuznach (T. 0671 - 2 54 04)

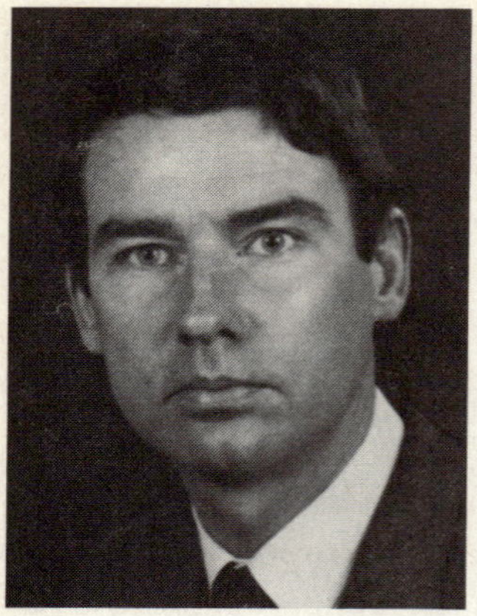

- Geb. 5. Febr. 1945 Bad Eilsen, ev., verh. s. 1975 m. Irmhild, geb. Bleyer - Stud. Päd., Gesch., Soziol. Univ. Bonn, Neuwied, Koblenz, Aachen; 1. u. 2. Staatsex. 1969 u. 76; Dipl.-Ex. 1973; Promot. 1979 - 1969-76 Schuldst.; 1976-78 wiss. Assist. PH Aachen, 1978-86 Ref. Kultusmin. Rhld.-Pfalz. S. 1979 Lehrbeauftr. Erziehungswiss. Hochsch. Koblenz; s. 1975 Kanzler Johann-Michael-Sailer-Ges.; s. 1986 Vorst.-Mitgl. Ges. z. Förd. Päd. Forsch. - BV: D. Volkssch. im Nationalsozialismus, 1979. Fachveröff.

OTZEN, Peter Heinrich

Dr. agr., Dipl.-Landwirt, Direktor Landwirtschaftskammer Schlesw.-Holst. - 2305 Heikendorf - Geb. 18. Nov. 1941 Gottesgabe/Kr. Plön, verh., 3 Kd. - Stud. Landw. Univ. Kiel; Dipl. 1966; Promot. 1969.

OTZEN, Uwe

Hauptgeschäftsführer Industrie- u. Handelskammer zu Flensburg - Heinrichstr. 34, 2390 Flensburg (T. 0461 - 80 60; Telefax 0461 - 8 06 71).

OVERATH, Johannes

Dr. phil., Prof., Apostolischer Protonotar, Direktor Päpstl. Inst. f. Kirchenmusik (s. 1982), Präs. Intern. Vereinig. f. Kirchenmusik (Consociato internationalis musicae sacre), (s. 1964) bde. Rom - Via della Sagrestia 17, Vatikanstadt - Geb. 15. April 1913 Sieglar, kath. - Univ. Bonn, Tübingen, Köln (Phil., Theol., Musikwiss.). Promot. 1958 Köln - 1938-46 Seelsorge Erzbistümer Köln u. Paderborn; 1946-48 Assist. Priestersem. Köln-Bensberg; 1948ff. Prof. f. Homiletik u. Kirchenmusik ebd.; 1954-64 Generalpräses Allg. Cäcilien-Verb.; s. 1955 Mitgl. Rundfunkrat WDR. 1962 Peritus II. Vatikan. Konzil. Mitbegr. Intern. Ges. f. Urheberrecht u. Intern. Inst. f. hymnolog. u. musikethnolog. Studien, Maria Laach (s. 1977 Vors.) - BV: Kirchenmusik u. Seelsorge, D. dt. Kirchenlied (in: Handb. d. Kirchenmusik, 1949); Unters. üb d. Melodien d. Liedpsalters v. K. Ulenberg (1958/60). Abh. üb. Kirchenmusik, Urheberrecht, Org.fragen; Musica Sacra als Lebensinhalt, 1971; Symposion d. CIMS, INTERGU Schriftenr. 47, 1971; Magna Gloria Domini, 1972; Conservare et Promovere (Mémoire du Congrès Salzburg), 1974; Musica Indigena, 1975; Confitemini Domino, 1977; Liber Cantualis, 1978; Missionariis Auxilium, 1978. Herausg.: D. Psalmen Davids (Bd. III: Denkmäler d. rhein. Musikgesch., 1953), Schriftenreihe ACV (b. 1964 5 Bde.) - 1960 Päpstl. Hausprälat; 1959 Ehrendomherr Palestrina; 1953 Richard-Strauss-Med. f. Verd. um d. Urheberrecht; 1980 Ehrendomherr Köln; 1981 Apostol. Protonotar; 1982 Preside d. Pontificio Inst. di Musica sacra Rom; 1986 Gr. BVK. - Lit.: In Caritate et Veritate, Festschr. 1973.

OVERBECK, Egon

Dr. rer. pol., Dipl.-Kfm., Generaldirektor i. R. - Mannesmannufer 4, 4000 Düsseldorf (T. 0211 - 82 01) - Geb. 11. Jan. 1918 Heide/Holst. (Vater: Georg O.), verh. m. Hannegret, geb. Wiechell, 4 Kd. - Univ. Frankfurt/M. (Betriebsw.) - B. 1945 Wehrmacht (zul. Major i. G.); 1956-61 Vereinigte Dt. Metallwerke AG., Frankfurt (stv., 1959 Vorst.-Mitgl.); 1962-83 Mannesmann Düsseldorf (Vorst.-Vors.); 1969-73 Vors. Wirtschaftsvereinig. Eisen- u. Stahlind.; 1969ff. Mitgl. Berat. Aussch. Europ. Gemeinsch. f. Kohle u. Stahl; 1976ff. Präs. Intern. Handelskammer (Dt. Gruppe). Div. Mandate - 1972 Ehrenmitgl. Amerik. Eisen- u. Stahl-Ind.; 1978 Gr. BVK; 1987 VO NRW - Spr.: Engl. - Rotarier - Liebh.: Jagd, Golf - Lit.: Ferdinand Simoneit, D. Neuen Bosse, 1966.

OVERBECK, Ludwig

Dr. med., Prof., Chefarzt Frauenklinik Städt. Krankenhaus Singen (s. 1970) - Buckengarten 9, 7700 Singen/Hohentwiel (T. 4 58 41) - Geb. 20. Mai 1926 Frankenthal/Pfalz (Vater: Ludwig O., Ing.; Mutter: Katharina, geb. Baumann), kath., verh. s. 1962 m. Dr. med. Felicitas, geb. Küstner, 2 Kd. (Peter, Nina) - Realgymn.; Univ. Mainz u. Heidelberg (Med. Staatsex. 1951). Promot. 1951 Heidelberg; Habil. 1961 Marburg - S. 1961 Lehrtätigk. Univ. Marburg u. Kiel (1967 apl. Prof. f. Geburtsh. u. Gynäk.; zul. Oberarzt Klinik f. Geburtsh. u. Frauenkrankh.). Spez. Arbeitsgeb.: Gynäk. Histopathol. u. Onkol. Etwa 80 Fachveröff. - Liebh.: Jagd, Tennis.

OVERBECK, Werner

Dr. med., Prof., Chefarzt Chirurg. Klinik Städt. Krankenhaus Kaiserslautern - St. Quentin Ring 77, 6750 Kaiserslautern/Pf. (T. 20 32 93) - Geb. 10. Aug. 1927 Berlin - S. 1962 (Habil.) Lehrtätigk. Freiburg (1968 apl. Prof. f. Chir.), Homburg, Mainz. Fachveröff. - 1962 VO Franz. Rep.; Verdienstkreuz d. Bundeswehr in Gold; Ehrenmitgl. Poln. Ges. f. Chirurgie.

OVERDIEK, Heinz-Friedrich

Dr. med., Dr. med. dent., o. Prof. f. Mund-, Zahn- u. Kieferheilkunde - Im Neuenheimer Feld 400, 6900 Heidelberg (T. 56 57 50) - Geb. 16. Mai 1920 Finsterwalde, Regierungsbez. Frankfurt/O. - S. 1959 (Habil.) Lehrtätigk. Univ. Bonn (1965 apl. Prof.) u. Heidelberg (1965 Ord.). Emerit. 1988 - Etwa 110 Facharb.

OVERESCH, Manfred

Dr. phil., Prof., Direktor Sem. f. Geschichte Univ. Hildesheim - Geb. 17. Nov. 1939 Burgsteinfurt, ev., verh. m. Sigrun, geb. Künne, 3 Kd. (Sonja, Cordula, Andor) - Stud. Univ. Münster, Tübingen, Wien (Altphilol., Gesch.); 1. u. 2. Statsex.; Promot. 1973 Tübingen; Habil. 1978 Münster - 1987 Gastprof. Pariser Sorbonne - BV: Chronik dt. Zeitgesch. Politik, Wirtsch., Kultur 1919-1949, 5 Bde., 1982-86; D. Deutschen u. d. dt. Frage, 1986 - Spr.: Engl., Franz.

OVERZIER, Claus

Dr. med., Prof., Chefarzt Innere Klinik Städt. Krankenanstalten Köln-Holweide (s. 1972) - Baldurstr. 16, 5000 Köln 91 (Rath) - Geb. 19. Juli 1918 Köln (Vater: Carl O., Rechtsanwalt; Mutter: Christine, geb. Goettert), kath., verh. s. 1945 m. Dr. med. Kriemhild, geb. Stieve (Tochter v. Prof. Dr. med. U. Berlin; s. XI. Ausg.), T. Brigitte - Gymn. Köln (Schiller); Univ. Freiburg, Bonn, Jena, Wien, Köln - S. 1950 (Habil.) Lehrtätigk. Univ. Berlin (Humboldt) u. Mainz (1952; 1956 apl. Prof.; 1954 Oberarzt, 1963 komm. Klinikleit., 1966 Vorsteher Abt. Klin. Endokrinol./Med. Klinik). Mitgl. wiss. Ges., Royal Soc. of Med. (Engl.) u. The Endocrine Soc. (USA) - BV: D. Intersexualität, 1961 (Übers.: London/New York u. Barcelona/Rio de Janeiro); Systematik d. Inneren Med., 7. A. 1983, (auch span., ital., holl.); Dt. Silber, Formen u. Typen 1550-1850, 1987. Zahlr. Einzelarb. - Spr.: Engl., Franz.

OXFORT, Hermann

Rechtsanwalt u. Notar, MdA Berlin (1963-81; 1985-89); 1963-75 u. s. 1989 Vors. FDP-Fraktion) - Breite Str. 21, 1000 Berlin 20 (T. 333 24 08); priv.: Bocksfeldstr. 3c, 1000 Berlin 20 - Geb. 27. Okt. 1928 Erfurt, verh. in 2. Ehe (1969) m. Ruth, geb. Lenz, 3 Kd. (Angelika, Wolfgang, Ursula) aus 1. E., 1 T. (Livia) aus 2. E. - Gymn. Erfurt; 1949-52 FU Berlin (Rechtswiss.). Jurist. Staatsprüf. 1952 u. 57 - S. 1957 Rechtsanw. u. Notar (1968). 1975/76 Bürgerm. u. Senator f. Justiz Berlin, 1983-85 Senator f. Justiz. S. 1948 L- bzw. FDP (1971 Vors. Landesverb. Berlin; 1968ff. Mitgl. Bundesvorst.); s. 1968 VR-Mitgl. d. Sparkasse d. Stadt Berlin West - BV: Plädoyer f. Berlin. Reden e. Liberalen 1963-70, 1971 - 1969 BVK, 1979 Gr. BVK.

OZIM, Igor

Prof., Geiger - Breibergstr. 6, 5000 Köln-Klettenberg (T. 41 47 07) - Geb. 9. Mai 1931 Ljubljana/Jugosl. (Vater: Rudolf O., Journalist; Mutter: Marija, geb. Kodritsch), kath., verh. s. 1963 m. Breda, geb. Volovsek, 2 Kd. (Peter, Tanja) - S. 1960 Prof. Musikhochsch. Ljubljana u. Köln (1963; Leit. Kl. f. Geige); s. 1985 Leit. e. Meisterkl. f. Violine am Konservatorium Bern. Konzertreisen in aller Welt. Schallpl. - 1951 Carl-Flesch-Med. London; 1953 I. Preis ntern. Wettbew. München - Liebh.: Fotogr. Spr.: Slowen., Serb., Dt., Engl., Franz.; Schr.: Ital., Russ.

P

PAAL, Gerhard

Dr. med., Prof., Psychiater u. Neurologe - Gartenweg 4, 8022 Grünwald - Geb. 21. Mai 1931 Heidelberg (Vater: Prof. Dr. med. Hermann P., Internist † 1965 (s. XIV. Ausg.); Mutter: Dr. med. Katharina, geb. Koch), kath., verh. s. 1958 m. Margarete, geb. Kirstein, 4 Kd. - Univ. Freiburg (Med., Phil., Psych.). Promot. Freiburg; Habil. Münster - S. 1964 Lehrtätigk. Univ. Münster (Privatdoz., 1969 apl. Prof.; 1966 Oberarzt Nervenklinik) u. Heidelberg (Neurol. Univ.Klinik 1969-74). 1975 Chefarzt Neurolog. Abt. Krankenhaus München-Harlaching - BV: Psychogen-somatogen - Diagnost. Möglichkeiten in d. tägl. Praxis, 1966; Therapie d. Hirndurchblutungsstör., 1984 - 1964 Curt-Adam-Preis.

PAASCH, Hans-Jürgen

Versicherungsdirektor - Friedensallee 254, 2000 Hamburg 50 (T. 88 70); priv.: 26, Caspar-Voght-Str. 22 - Geb. 30. Juni 1931 - Vorstandsmitgl. Hermes Kreditversicherungs-AG. (Bereich: Kautionsversich., Investitionsgüterkreditversich., Vertrauensschadenversich.).

PAASCH, Robert

Landesrat - Grimmstr. 8, 4400 Münster/W. (T. 2 35 17) - Geb. 28. Febr. 1909 Hamm/W. (Vater: Prof. Dr. Hermann P., Studienrat; Mutter: Sybilla, geb. Bideau), kath., verh. s. 1939 m. Irmgard, geb. Böllhoff, 2 Kd. (Renate, Joachim) - Univ. Münster u. Berlin (Rechts- u. Staatswiss.) - S. 1937 Provinzialverb. Westf. bzw. Landschaftsverb. Westf.-Lippe (1939 Landesverw.s-, 1950 -oberverw.s-, 1952 -rat; b. 1974 Kulturdezern., Leit. Abt. Westf.-Lipp. Versorgungs- u. Zusatzversorgungskasse) - 1962 Offz.-sehrenz. belg. Orden Leopold II. - Liebh.: Musik - Spr.: Engl.

PAASCHE, Ulrich

Dr. phil., Dipl.-Ing., Pressechef Bayer. Rundf. - Rundfunkpl. 1, 8000 München 2 (T. 089 - 59 00-21 76) - Geb. 17. Nov. 1943 Wernigerode/Harz, verh., 3 Kd. - Abit. 1963 Erlangen; Dipl.-Ing. 1969 TU München; Promot. 1977 TU München - S. 1967 Mitarb. BR in versch. Funkt. (Hörfunk- u. Fernsehmoderator), 1981-86 Leit. techn. Inform. d. BR, s. 1987 Pressechef u. Pressespr. BR.

PAASCHE, Wilhelm

Oberkreisdirektor i. R. - Mühlenberg 14, 3130 Lüchow-Kolborn (T. 05841 - 20 54) - Geb. 18. Febr. 1913 Stallupönen (Vater: Wilhelm P., Landw.; Mutter: Margarete, geb. Schulz), ev., verh. s. 1944 m. Dora, geb. Kehler, 3 S. (Klaus, Wilhelm, Wolfgang) - Obersch. Stallupönen u. Vacha/Werra; Univ. München (Rechts- u. Wirtschaftswiss.) - 1939-45 Reserveoffz. (Artl.); 1945-46 Landrat Kr. Stormarn; 1946-52 Steuerberat. Ahrensburg/Holst.; 1953-56 Dezern. Bezirksreg. Braunschweig u. Lüneburg; 1956-62 Ref. Nieders. Min. f. Ernährung, Landw. u. Forsten; s. 1962 Oberkreisdir. Landkr. Lüchow-Dannenberg - BV: D. Hannoversche Wendland, 1971 - Liebh.: Sportflieger, Afrikareisen - Spr.: Engl., Franz. - Rotarier.

PAATSCH, Wolfgang

Dr.-Ing., Privatdoz., Physiker, Vorstand Physik. Gesellschaft Berlin - Imbrosweg 16, 1000 Berlin 42 (T. 030 - 703 33 59) - Geb. 9. Juli 1941 Berlin (Vater: Dr. Dr. Rudolf P., Rechtsanw.; Mutter: Vera, geb. Erbs), kath., verh. s. 1972 m. Ilse, geb. Kuck - Dipl. 1967, Promot. 1970 - 1968 Laborleit. Bundesanst. f. Materialprüf. Berlin; 1975 Priv.doz. TU Berlin (FB Physik); s. 1978 Vorst. Phys. Ges. Berlin. 40 Fachveröff. - Liebh.: Sport, Musik - Spr.: Engl., Franz.

PABSCH, Ekkehard

Dr. agr., Prof., Bankdirektor i. R. - Geb. 26. Nov. 1929 Glatz, verh. m. Elisabeth, geb. Jacobs - Univ. Bonn - Beide jurist. Staatsprüf. - U. a. Regierungsdir. Bundesmin. f. Ernährung, Landw. u. Forsten (Landw. Ref. Dt. Vertr. EWG); 1969-85 o. Vorstandsmitgl. Landw. Rentenbank; Vors. Dt. Ges. f. Agrarrecht - Spr.: Engl., Franz., Ital., Span.

PABST, Hans W.

Dr. med., o. Prof. f. Nuklearmedizin - Ismaninger Str. 22, 8000 München - Geb. 17. März 1923 Oesede bei Osnabrück - S. 1957 (Habil.) Lehrtätigk. Univ. (1963 apl. Prof.; Ltd. Oberarzt Inst. u. Poliklinik f. Physikal. Therapie u. Röntgenol.) u. TH bzw. TU München/Fak. f. Med. (1969 o. Prof.) - BV: Methoden u. Ergebnisse d. Studiums d. peripheren Zirkulation m. radioaktiven Isotopen, 1956. Zahlr. Buchbeitr. u. Fachaufs.

PABST, Hermann Ulrich

Dr., Rechtsanwalt, Geschäftsf. Bundesverb. d. dt. Binnenschiffahrt u. Verein f. Binnenschiffahrt u. Wasserstr. - Dammstr. 15-17, 4100 Duisburg-Ruhrort.

PABST, Rudolf

Dr. med., Kinderarzt - Niederzeller Weg 21, 6490 Schlüchtern 1 (T. 06661 - 24 39) - Geb. 22. Juni 1920 Leipzig (Vater: Otto P., Lehrer; Mutter: Elisabeth, geb. Lehmann), ev., verh. s. 1949 m. Gunhild, geb. Möller, 7 Kd. (Hermann, Albrecht, Michael, Heinrich, Reinhard, Christian, Ragnhild) - Abit. 1938 Schleiz; 1940-45 Med.-Stud. Marburg, Freiburg u. Prag (Med. Staatsex. u. Promot. 1945) - 1946-48 Assist. Krkhs. Arnstadt u. Ilmenau; 1948-52 Assist. Univ.-Kinderklinik Jena; 1952-60 ltd. Arzt Kinderabt. Bad Freienwalde/O., Eberswalde u. Saalfeld/S.; 1960-61 Mitarb. Verlag Urban u. S., München; ab 1962 niedergel. Kinderarzt Schlüchtern - 1979 BVK - Interessen: Kinderheilkd., Päd., Verhaltensforsch., Psych., Relig., Kunst, Gesch., Behindertenhilfe.

PABST, Walter

Dr. phil., o. Prof. d. Roman. Philologie - Gebweilerstr. 1, 1000 Berlin 33 (T. 832 53 09) - Geb. 9. März 1907 Darmstadt, verh. s. 1934 m. Margot, geb. Klein - 1955-58 ao. u. o. Prof. (1956) Univ. Bonn; s. 1958 o. Prof. FU Berlin, s. 1972 emerit. - BV: Gongoras Schöpf. in seinen Gedichten Polifemo u. Soledades, 1930 (span. 1966); Novellentheorie u. -dicht. - Z. Gesch. ihrer Antinomie in d. roman. Literaturen, 1953, 2. A. 1967, (span. 1972); Interpretation u. Vergleich; Themen u. Texte. Ges. Stud.

zur romanist. u. z. vgl. Literaturwissensch. M. e. Geleitw. v. H. Hatzfeld, hgg. v. E. Leube u. L. Schrader (1977), Franz. Lyrik d. 20. Jh. - Theorie u. Dicht. d. Avantgarden (1983). Zahlr. Beitr. zu Sammelwerk. u. Fachzeitschr.; Herausg. v. Sammelw. z. mod. frz. Lit (1968-76). Mitherausg. d. Romanist. Jahrbuch (s. 1953) - 1985 Mitgl. Mittelmeer-Akad. d. Wiss. zu Catania - Lit.: Festschr. f. W.P., hrsg. v. E. Leube u. L. Schrader (1972); Hommage à Walter Pabst, hrsg. v. G. Goebel u. M. Nerlich, lendemains, 45. (1987).

PABST von OHAIN, Hans Joachim

Dr. phil., Adjunct Prof., Erfinder v. Turbinen-Triebwerken f. Flugzeuge (Ps. Hans v. Ohain) - 5598 Folkestone Dr., Dayton, Ohio/USA 45459 (T. 513 - 434 1120) - Geb. 14. Dez. 1911 Dessau (Vater: Wolf P. v. O.; Mutter: Katherine Luise, geb. Nagel), prot., verh. s. 1949 m. Hanny, geb. Lemke, 4 Kd. (Stephen, Christopher, Cathy u. Stephanie) - 1930-35 Physik-Stud. Univ. Göttingen (Promot. b. Prof. Pohl). 1936-45 Leit. Strahltriebwerks-Entw. Heinkel (hier Erf. d. Turbinentriebw. f. Flugz.); 1947-63 Gruppen-Leit. Aero-Space Forsch.-Lab. US Air Force, 1963-65 Chefwiss. Aero-Space Forsch.-Lab. ebd.; 1975-79 dass. Aero-Propulsion-Lab. S. 1980 Adjunct Prof. Univ. Dayton u. Florida/USA - BV: The Jet Age; Nat. Air & Space Mus., Smithsonian Institut.; Kap. 2: The Evolution and Future of Aeropropulsion Systems.

PACHALY, Peter

Dr., Prof. - f. Pharmazeut. Chemie - Robert-Koch-Str. 54, 5300 Bonn 1 - Geb. 29. Okt. 1934 Kiel (Vater: Dr. med. dent. Paul P., Zahnarzt; Mutter: Elfriede, geb. Ritter), ev., verh. s. 1963 m. Marie-Luise, geb. Eichholz, 2 T. (Susanne, Luise) - Abit. 1955 (Kieler Gelehrtensch.); 1957-60 Pharmaz.-Stud. Kiel, Pharmaz. Staatsex. 1960 Kiel, Promot. 1965, Habil. 1970, apl. Prof. 1971 - 1960 cand.pharm., s. 1961 Verw. v. Wiss. Assist. Hamburg, s. 1963 in Bonn, 1965-71 Wiss. Assist., s. 1971 Wiss. Rat u. Prof., s. 1980 Prof., s. 1987 Univ.-Prof. Univ. Bonn - BV: Dünnschichtchromatographie in d. Apotheke, Stuttgart 1982, 2. A. 1983; Beitr. in Houben-Weyl, Method. d. Organ. Chemie, 4. A., Bd. IVc, 1980: Katalyt. Hydrierung v. O- u. S-Heteroaromaten - Liebh.: Musik - Spr.: Engl.

PACHE, Hans-Dietrich

Dr. med., Prof. - Ludwig-Ganghoferstr. 40, 8022 Grünwald/Obb. (T. München 641 23 39) - Geb. 30. März 1911 Glogau/Schles. (Vater: Paul P., Oberschullehrer), ev., verh. I) m. Gertraud, geb. Espermüller († 1955), II) 1959 Luise, geb. Rentsch, 4 Kd. (Walter, Hans †, Jörg †, Barbara) - Univ. Freiburg/Br., Berlin, Königsberg/Pr., München - S. 1952 (Habil.), Privatdoz. u. apl. Prof. (1958) Univ. München (1953 Oberarzt Kinderklinik); 1966-76 Chefarzt Städt. Kinderklinik München-Harlaching. Zahlr. Fachveröff., bes. Neuropädiatrie.

PACHELBEL, von Rüdiger

M.A., LL. M., Botschafter d. Bundesrep. Deutschl. in Dänemark (s. 1988) - Stockholmsgade 57, DK-2100 Kopenhagen Ö - Geb. 29. April 1926 Berlin (Vater: Dr. jur. Karl-Wolfgang Frhr. v. P.; Mutter: Frfr. Marieluise, geb. v. Bartsch) - Joachimsthalsches Gymn., Templin. Kriegsdst. (1944/45). 1946ff. Stud. d. Rechtswiss. Univ. Hamburg, d. Völkerr. Univ. London, d. Politik, Phil. u. Nationalök. Univ. Oxford, B. A. u. M. A. (Oxon), u. intern. Wirtsch.recht Univ. Harvard (LL. M./Harvard) - S. 1953 Bundespresseamt (verantw. Redakt. engl.spr. Reg.bulletin); Ausw. Amt bzw. Ausw. Dienst, 1957 Presseabt. Botsch. London, 1963 -leit. Botsch. Kairo, 1965 Botsch.rat Lagos u. 1968 Rom), 1972-75 Sprecher AA Bonn, 1975 Botschafter im Libanon, 1979 Äthiopien, 1984 Griechenland, s. 1988 Dänemark - Gr. BVK - Liebh.: Kunst (Malerei, Bildhauerei), Gesch., Religionswiss. - Spr.: Engl., Franz., Ital., Arab.

PACHL, Peter P.

Dr. phil., Regisseur, Dramaturg, Leit. PPP-Musiktheater-Ensemble München (gegr. 1980), Gründungsmitgl. Intern. Siegfried Wagner Ges. e.V. - Schellingstr. 123, 8000 München 40 (T. 52 95 48) - Geb. 24. April 1953 Bayreuth (Vater: Dr. med. Erwin P.; Mutter: Marie-Luise, geb. Büscher) - Musikgymn. Regensburger Domspatzen (hier schon eig. Schauspiel- u. Opernensemble); Stud. Musik-, Theater- u. Sprachwiss. Univ. München (daneben Assist. b. ZDF u. an Opernhäusern im In- u. Ausl.; Schüler v. Günther Rennert, Götz Friedrich, Hans Neuenfels, Herbert Junkers, Ulrich Brecht, Hansgünther Heyme, Hans-Peter Lehmann); Promot. 1977 - 1974/75 Regiss. u. Dramaturgiemitarb. Opernhaus Nürnberg; 1977-79 Spielleit. Musiktheater Wiesbaden; eig. Insz. in Ulm, Regensburg, Wiesbaden, Wuppertal, Kassel, Bonn, Münster, Nürnberg u. München - BV: Siegfried Wagners musikdramat. Schaffen (Diss.), 1977. Beitr. z. Musikztschr. Herausg.: ISWG-Mitteil.-Blätter, Erinner. Kurt Söhnlein.

PACHMANN, Ludek

Schriftsteller, Journ., intern. Schachgroßmeister - Ahornweg 26, 7275 Simmersfeld (T. 07484 - 6 70) - Geb. 11. Mai 1924 Bela pod Bezdezem/CSR, kath., verh. s. 1946 m. Eugenie, geb. Petrasek - 1939-44 FH f. Flugzeugbau - 1948-52 Abt.-Leit. Zentraler Gewerkschaftsrat; 1956-61 ao. Prof. Fak. Körperkultur Karlsuniv. Prag; 1968 ao. Prof. Univ. San Juan (Portoriko). Tätig im Christl. Jugenddorfwerk Deutschl. - BV: 34 Schachb. in 6 Spr., u.a.: Mod. Schachtheorie I-V; Mod. Schachstrategie I-III; 14 Bücher m. politisch-belletristischen Inhalt - 8 x Landesm. d. CSSR, 1 x Dt. Meister im Schach, Siege an 18 intern. Turnieren, 1948 intern. Meister u. 1954ff. intern. Großm. - 1954 Verdienter Meister d. Sportes (aus polit. Gründen 1970 aberk.). - Liebh.: Phil., Theol., Zeitgesch. - Spr.: Engl., Russ., Span., Tschech., Serbo-kroat.

PACHMAYR, Friedrich

Dr. rer. nat., Lebensmittelchemiker - Camerloherstr. 131, 8000 München 21 (T. 14 60 54) - Geb. 8. Aug. 1931 München (Vater: Otto P., Kaufm.; Mutter: Elisabeth, geb. Fedoroff), ev., verh. s. 1957 m. Ursula, geb. Ackermann, 3 Kd. (Susanne, Otto, Johannes) - Oberrealsch. (Abit.) München; Stud. Lebensmittelchemie Univ. München; Staatsex. 1956 u. Promot. 1960 München - Gesellsch. O. Pachmayr Mineralwasser KG. (1961 Prokurist, 1967ff. Geschäftsf.), 1967ff. Geschäftsf. Straßburger Keller GmbH.; 1962 Vors. Verb. Dt. Heilbrunnengroßhändler, 1967 Vors. Verb. Bay. Erfrischungsgetränke-Ind., 1968 Präs.-Mitgl., 1981 Vize-Präs. u. 1985 Präs. Verb. Dt. Erfrischungsgetränke-Ind., stv. Vors. Abt. d. Dt. Bäderverb. u. 1985 Vors. Arbeitgeberverb. Bayer. Ernährungsw., 1985 Vorstandsmitgl. Bundesvereinig. Dt. Ernährungsind., Arbeitgebervereinig. Nahrung u. Genuß, u. Vereinigung d. Arbeitgeberverb. in Bayern. Ehrenamtl. Richter Bayer. LSG.

PACHNER, Rainer W.

Sänger, Musik- u. Gesangspädagoge - Krautgärten 1b, 7800 Freiburg 34 (T. 07664 - 28 52) - Geb. 13. Nov. 1947 Elmstein (Vater: Gustav P.; Mutter: Johanna, geb. Mulansky), verh. s. 1981 m. Ursula, geb. Schwörer, Sohn Nicolas Nando - Human. Gymn. Landau; 1966-71 Staatl. Hochsch. f. Musik Karlsruhe; 1971-77 Staatl. Hochsch. f. Musik u. Univ. Freiburg - S. 1975 Musikpäd.; s. 1976 Lehrbeauftr. Musikhochsch. Freiburg; Konzert- u. Oratoriensänger (Bass-Bariton) - Spr.: Engl., Franz., Ital.

PACHOWIAK, Heinrich

Weihbischof d. Diözese Hildesheim (s. 1958), Mitgl. d. Liturgie-Kommiss. u. d. Ökumene-Kommiss. in d. Dt. Bischofskonfz. - Domhof 23, 3200 Hildesheim - Geb. 25. März 1916 Hamburg, kath. - Gymn. Hamburg (Abit. 1935); Phil.-Theol. Hochsch. St. Georgen, Frankfurt/M. (Introitus-Ex. 1939); Priestersem. Hildesheim (Theol. Ex. 1940) - 1983 Gr. BVK.

PACK, Doris

Lehrerin, MdB (VII. u. VIII. Wahlp./Landesl. Saarl.) - An d. weißen Eiche, 6601 Saarbrücken-Bübingen - Geb. 18. März 1942 Schiffweiler, kath., verh., 2 Kd. - N. Abit. (1962) PH Saarbrücken. Lehrerinnenprüf. 1965 u. 67 - Schuldst. Ottweiler u. Bübingen. Mitgl. Gemeinderat Bübingen (1969-74) u. Stadtrat Saarbrücken (1976 ff.). CDU s. 1962.

PACK, Ludwig

Dr. rer. oec., Dipl.-Kfm., MBA, o. Prof. f. Betriebswirtschaftslehre, Unternehmensforschung, Business Administration - Langhaldenstr. 17, CH-8280 Kreuzlingen (T. 0041 - 72 - 75 45 05) - Geb. 3. Jan. 1929 Saarwellingen (Vater: Jakob P., pens. Bergmann; Mutter: Rosa, geb. Weisgerber), röm. kath., verh. s. 1957 m. Ingrid, geb. Kirchner, 2 Kd. (Karl Ludwig, Karin Elisabeth) - Stud. Betriebswirtsch., 1953 Dipl.-Kfm., 1956 Dr. rer. oec. Univ. Saarbrücken. S. 1961 (Habil.) Lehrtätigk. Univ. München (Privatdoz.). 1955-57 Assist. Univ. Saarbrücken, 1957-1961 Assist. Univ. München, 1961-67 o. Prof. Univ. Münster i. W., 1967-79 o. Prof. Univ. Mannheim, 1979 o. Prof. Univ. Konstanz, 1989 Hon.-Prof. Jiao Tong Univ. Shanghai. Begründ. Unternehmer-Sem. a. d. Univ. Münster (1966), Mannheim (1967) - BV: D. Elastizität d. Kosten, 1966; Planspiele, 1968; Aus- u. Weiterbild. v. Führungskräften, 1969; Arbeitszeit u. Arbeitstempo d. Hochschullehrer, 1977 - Liebh.: Musik, Photogr., Sport - Spr.: Engl., Franz.

PACZENSKY, von, Susanne

Dr. phil., Fr. Autorin - Wohlersallee 52, 2000 Hamburg 50 (T. 040 - 439 49 96) - Geb. 22. Jan. 1923, geb. Czapski, gesch., 2 Kd. (Alexander, Carola) - 1945/46 Ausb. als Nachrichtenredakt. b. d. DENA, Bad Nauheim; 1971-78 Stud. Soziol. Hamburg; Promot. 1981 Bremen - BV: D. Testknacker, 1974; Verschwiegene Liebe, 1981; D. neuen Moralisten, 1984; Gemischte Gefühle, 1987. Herausg. d. Reihe Frauen aktuell (1978-85) - Interesse: Feministin - Spr.: Engl., Franz.

PACZENSKY u. TENCZIN, von, Gert

Journalist u. Schriftsteller - Mühlengasse 5, 5000 Köln 1 - Geb. 21. Aug. 1925 Hausneindorf, verh. s. 1975 m. Anna, geb. Dünnebier (s. dort), 2 Kd. aus 1. Ehe (Alexander, Carola) - BV: D. Weißen kommen, 1970; Unser Volk am Jordan? - Beitrag z. Geschichte d. Israel-Konflikts, 1971; Wieviel Geld f. d. Dritte Welt?, 1972; Feinschmeckers Beschwerdebuch, 1976; Faustrecht am Jordan?, 1978; Weiße Herrschaft, 1979; über Fernsehen 1980; D. Ölkomplott, 1982; Nofretete will n. Hause (m. H. Ganslmayr), 1984; Cognac, 1984; Champagner, 1987. Mitgl. d. P.E.N., Ehrenbürger Stadt Cognac - Spr.: Engl., Franz. - Vorf. s. Gotha.

PADBERG, Alfred

Kaufmann - Böttenbergstr. 1, 5779 Eslohe (T. 02973-726) - Geb. 1. Sept. 1921 Eslohe (Vater: Josef P., Kaufm.; Mutter: Maria, geb. Hesse), kath., verh. s. 1947 m. Liesel, geb. Heinrichs †, 2 Töcht. (Elisabeth, Angela) - Gymn. Attendorn b. 1937, Kfm. Lehre b. 1939 - Geschäftsf. F. u. J. Padberg KG u. Padberg Baustoffe GmbH, Beir. Baustoffhandel Biggetal, Attendorn, Beiratsvors. Transportbeton-Vertr. Sauerl., Arnsberg, 1. Vors. Bund Dt. Fliesengesch., Landesverb. Rh.-Westf. Mülheim/R., 1. Vors. Bund Dt. Fliesenfachgesch. Wiesbaden - 1986 Gr. BVK - Liebh.: Kunst, Gesch. - Spr.: Engl.

PADBERG, Friedhelm

Dr. rer. nat., Prof. f. Mathematik Univ. Bielefeld - Schultenstr. 2, 4802 Halle - Geb. 19. Jan. 1940 - Univ. Münster; Promot. 1970, Habil. 1973 - S. 1973 Prof. Bielefeld - BV: Elementare Zahlentheorie, 1972; Algebr. Strukturen, 1973; Lineare Algebra, 1976; Didaktik d. Bruchrechnung, 1978; Didaktik d. elementaren Zahlentheorie, 1981; Didaktik d. Arithmetik, 1986; Elementare Zahlentheorie, 1988; Didaktik d. Bruchrechnung - Gemeine Brüche/Dezimalbrüche, 1989.

PADBERG, Rudolf

Dr. theol., Univ.-Prof. - Ansgarstr. 13, 4790 Paderborn - Geb. 3. Febr. 1910 Hagen/W., ledig - Stud. Theol., Phil., Päd.; Promot. 1950 Tübingen; Habil. 1954 ebd. - Seelsorgl. Dienst; Univ.-Lehrauftr. München; Doz. Tübingen; 1956 Prof. Theol. Hochsch. Paderborn; 1965 Univ.-Prof. Ruhr-Univ. Bochum - BV: Erasmus als Ketechet, 1956; Glaube u. Erziehung, 1959; Personaler Humanismus, 1964; Entkonfessionalisierung d. Relig.unterr., 1973; Erasmus v. Rotterdam, 1979; Kirche u. Nationalsozialismus, 1984 - 1979 Päpstl. Ehrenprälat.

PAECH, Eberhard

Fabrikant, gf. Gesellsch. Paech-Brot GmbH., Berlin 21 - Gelfertstr. 37, 1000 Berlin 33 (T. 832 51 98, Büro: 39 50 21) - Geb. 23. Jan. 1910 (Vater: Waldemar Paech, Brotfabr.; Mutter: Luise, geb. Riegel), verw. - Stifter: 1971 E.-P.-Preis (wird alle drei Jahre f. bes. Leistung auf d. Gebiet d. Brotes verg.) - Rotarier.

PAEFGEN, Günter Max

Direktor, pers. haft. Gesellschafter Friedrich Flick KG., Düsseldorf - Mörikestr. 16, 4000 Düsseldorf - Geb. 10. Jan. 1927 Düsseldorf, verh. m. Marita, geb. Keuter - Arbeits- u. Wehrdst. (1944/1945). Kaufm. Ausbild. Vereinigte Stahlwerke AG., Düsseldorf - S. 1951 Friedrich Flick KG. (1965 Geschäftsf. Verwaltungsges. f. industr. Unternehmungen Friedr. Flick GmbH.), s. 1968 Generalbevollmächtigte Friedrich Flick KG. (u. a. ARsmand. Buderus'sche Eisenwerke, Dynamit-Nobel AG., Feldmühle AG., Commerzbank AG., Soc. Métallurgique Hainot-Sambre S. A./Belg., Magal S/A Industria e Comércio/Brasil., Dunswart Iron and Steel Works Ltd./Südafrika) - Liebh.: Musik, Jagd.

PÄHLER, Karl-Heinrich

Dr. phil., Prof., Soziologe - 3201 Itzum üb. Hildesheim (T. 05064 - 4 47) - U. a. Prof. Päd. Hochsch. Alfeld.

PÄLLMANN, Wilhelm

Vorstandsmitglied Dt. Bundesbahn - Zu erreichen üb.: Dt. Bundesbahn, Friedr.-Ebert-Anl. 43-45, 6000 Frankfurt/M. 11 - Geb. 1934 - Zul. Vorst.-Vors. Hannov. Verkehrsbetr. (Üstra) AG, Hannover.

PÄNTZER, Rudi

Generaldirektor, Vorstandsvors. C. Grossmann Eisen- u. Stahlwerk AG., AR-Vors. Gewerksch. Eisenhütte Westfalia, Lünen - Böcklinstr. 25, 5650 Solingen-Wald - Geb. 31. Okt. 1918. - Mitgl. Präs. Dt. Gießereiverb., Düsseldorf.

PAEPCKE, Fritz

Dr. phil., Univ.-Prof. a. d. Neuphil. Fak. Heidelberg, Directeur de Recherches à l'Université de la Sorbonne Nouvelle (Paris III), Mitarb. Ung. Akad. d. Wiss., Budapest, Assist. b. Romano Guardini (1948-51), Lehrauftr. Phil.-Theol. Hochsch. Regensburg (Roman.Phil. 1947-52), Univ. Mannheim (WH) (1968-82), Gastprof. Univ. Göttingen (1985) u. s. 1985 ELTE Eötvös Kollégium-Budapest - Hauptstr. 161, 6900 Heidelberg (T. 2 34 69) - Geb. 6. Juni 1916 Berlin, kath. - Fachgeb.: Franz. Sprache u.

Kultur d. Gegenwart, Übers.theorie, Sprachvergl. u. hermeneut. Sprachphil. - Veröff.: Kategorien d. geglückten Übers., 1981; Ouvertures sur la traduction, 1981; Pratiques de la traduction (m. Phil. Forget), 1982; René Char, 1985; Im Übers. leben - Übers. u. Textvergl., 1986; A Müfordítás távlatai. Helikon 1986/1-2 (MTA Budapest). Übers.: A Maurois (1955), B. Pascal (1959), R. Aron (1960), P. Valery (1966). Herausg.: MDÜ (1980-85); Helikon (Budapest-MTA 1986); Neoterm (Warszawa 1984ff.). Mitarb. Fédération Intern. des Traducteurs (FIT). Beitr. in Festschr.: W. Mönch (1971); M. Wandruszka (1971); H. Vernay (1978); R. Rohr (1979); J. Hubschmid (1982), K. Dedecius (1986) - Chevalier dans l'Ordre des Palmes Académiques; Med. d. Eötvös Loránd Univ. Budapest; Chevalier de la Confrérie du Tastevin; Gr. Plak. Kunst u. Wiss. Budapest - Liebh.: Musik (Klavier), Poln. u. Ungar. Lyrik, Bewegungssport - Spr.: Franz., Rumän., Ital., Span., Ung. - Lit.: Imago Linguae, Beitr. z. Spr., Deutung u. Übers., Festschr. z. 60. Geb. v. F. Pl. (1977); Festschr. F. P., Park, 1986/27-28.

PÄRLI, Hans
Dr. rer. pol., Prof., Lehrbeauftr. Univ. Dortmund - Trapphofstr. 100, 4600 Dortmund 41 - Geb. 10. Dez. 1924 - Vorstandsmitgl. Trägerverein Zenit; AR-Mitgl. Zenit GmbH, Zentrale in NRW (1/3 Land NRW, 1/3 West-LB, 1/3 Trägerverein Zenit); Vereidigter Sachverst. f. Informationsverarbeitung im kaufm.-administrat. Ber.; Unternehmensberat. f. Datenverarbeitungsmanagement u. Org. - Mitgl. d. Ehrenrats d. BDU (Bundesverb. Dt. Unternehmensberater, Bonn).

PAESCHKE, Hans
Publizist - Hohenstaufenstr. 6, 8000 München 40 (T. 39 54 03) - Geb. 30. Sept. 1911 Berlin, ev. - Univ. Berlin, Genf, Paris (Rechtswiss., Phil.) - Ab 1932 Sekr. D.-Franz. Ges., 1939-44 Hauptschriftl. Ztschr. Neue Rundschau, 1946-47 Schriftl. Ztschr. Lancelot, dann Gründung u. Herausg. Ztschr. Merkur (b. 1978) - BV: Rudolf Kassner, 1964. Literatur- u. kulturphil. Ess., Lit.-, Theat.- u. Filmkrit. - 1970 Kunstpreis Bayer. Akad. der Schönen Künste; Mitgl. PEN-Zentrum BRD; 1973 BVK I. Kl.; 1979 Theodor-Heuss-Medaille; 1976 Mitgl. Dt. Akad. f. Sprache u. Dicht. - Bek. Vorf.: Tilman Riemenschneider, Holzschnitzer (ms.).

PAETOW, Karl
Dr. phil., Museumsdirektor, Schriftst. - Im Flachssiek 64, 4970 Bad Oeynhausen (T. 9 32 24) - Geb. 19. März 1903 Fürstenwalde/Spree (Vater: Carl P., Uhrmacherm.; Mutter: Lina, geb. Strate), ev., verh. I) m. Charlotte, geb. Pasche († 1962), S. Eckhard, II) Eva, geb. Müller - Oberrealsch. Kassel; Univ. Göttingen, Frankfurt/M., München, Köln, Berlin, Leipzig (Promot. 1928) - Assist. Museum am Augustuspl. Leipzig, 1930 Museumsleit. Stolp/Pom., 1935 wiss. Angest. Stadtverw. Kassel (b. 1945), 1951 Leit. Heimat- u. Tabakmuseum Bünde. S. 1973 Dir.: Dt. Märchen- u. Sagenmuseum, Am Kurpark 3 - BV: Klassizismus u. Romantik auf Wilhelmshöhe, 1928; Walter Schliephacke, e. dt. Maler, 1938; Bildchronik d. Stadt Kassel, 1938; Weihnachtsmann, sieh mich an, Bilderb. 1949; Frau Holle, M. u. Sagen 1952; Bünde im Widukindsland, 1953; Frau Holles Weg in Deine Seele, M., Sagen, Begebnisse 1955; D. Wittekindsage, 1960; D. schönsten Wesersagen, 1961; D. gr. Buch v. Rübezahl, 1965; Weihnachtsgesch. aus üb. 1000 Jahren, 1967; D. Goldene Auto, Liederreise ins Weserland, 1979; Bünde - Meine kleine Stadt erzählt, 1982 - Mitgl. u. Sonderpreis 1967 D. Kogge - 1965 für D. Jugendbuchpreis vorgeschlagen; 1980 BVK.

PAETZ, Heinz-Hermann
Einzelhändler, Steuerbevollm., Rechtsbeistand, Mitgl. Hbg. Bürgerschaft (s. 1978) - Heschredder 8, 2000 Hamburg 63 - Geb. 4. Okt. 1943 Hamburg, ev., verh. m. Hella, geb. Schwarz, 1 Kd. - Gymn. Hamburg (Abit. 1964); 2 J. Bundeswehr (Fähnrich d. R.); 1966-74 Univ. Hamburg (Rechtswiss., Betriebswirtsch.) - Mitarb. Steuerberat.; s. 1978 Selbst. Steuerber./Rechtsbeistand. SPD - Spr.: Engl., Franz.

PAETZKE, Ingo
Dr. rer. nat., Dipl.-Chem., Vorstandsmitglied BASF AG (s. 1983) - Zu erreichen üb. BASF AG, Postf., 6700 Ludwigshafen - Geb. 3. Nov. 1931.

PAETZMANN, Walter
Geschäftsführer Organisation SPD-Landesverb. Bayern - Oberanger 38/II, 8000 München 2 (T. 089 - 23 17 11-21) - Geb. 22. April 1943 München, kath., verh., 2 Kd. - Schlosserlehre; Telekoleg; Stud. FH München (Dipl.-Sozialpäd. FH) - 1970-80 Leit. versch. Volkshochsch.; s. 1980 Landesgeschäftsf. Bayer. SPD, s. 1986 Ltd. Landesgeschäftsf. Org. S. 1972 Gemeinderat Unterhaching.

PÄTZOLD, Erich
Senator f. d. Senatsverwaltung f. Inneres (s. 1989) - Am Pichelssee 31H, 1000 Berlin 20 - Geb. 8. Juni 1930 Sömmerda/Thür., ev., verh. s. 1962 m. Helga, geb. Plötz, 2 Kd. (Monika, Rainer) - Schule (Abit. 1948), Verw.sch. u. -Akad. Berlin (Dipl.-Kameralist 1957, Verw.sass. 1958) - U. a. Ref. Berliner Finanzverw. (1962 Oberregierungsrat); 1964-70 Bezirksstadtrat f. Finanzen Wedding; 1970-73 Senatsdir. Senatsverw. f. Finanzen; 1973-81 Senator f. Gesundheit u. Umweltschutz v. Berlin; 1975-89 Mitgl. d. Abgeordnetenhs. v. Berlin. 1963-64 Bezirksverordn. Wedding (Fraktionsvors.). SPD s. 1950 (1967-71 stv., 1971-86 Kreisvors. Wedding; 1967-84 Landesvorst. Berlin).

PAETZOLD, Frank
Dr. jur., pers. haft. Gesellschafter u. Vorsitzender d. Geschäftsleitung Fa. W. Schlafhorst & Co. - Blumenbergerstr. 143-145, 4050 Mönchengladbach 1 (T. 02161 - 35 10) - Geb. 17. Sept. 1932 Berlin - Präs. VDMA; Vizepräs. BDI, u. IHK Krefeld/Mönchengl./Neuss.

PAETZOLD, Hans-Karl
Dr. rer. nat., o. em. Prof. f. Geophysik u. Meteorol. - Volksgartenstr. 10, 5000 Köln (T. 31 73 23) - Geb. 2. Jan. 1916 Guhrau/Schles. - Univ. Breslau u. Göttingen. Promot. 1939 Göttingen; Habil. 1955 München - S. 1955 Lehrtätig. TH München (Privatdoz.) u. Univ. Köln (1961 Ord. u. Inst.sdir.). Konstruktion: Paetzold-Sonde (Meßapparatur z. Feststell. d. Ozongehaltes d. Ozonosphäre). Spez. Arbeitsgeb.: Satellitenforsch. u. höchste Erdatmosphäre. Üb. 100 Fachaufs. - Liebh.: Kultur- u. Geisteswiss. - Spr.: Engl., Franz.

PAETZOLD, Peter
Dr. rer. nat. (habil.), o. Prof. f. Anorgan. Chemie u. Elektrochemie TH Aachen (s. 1968) - Ronheider Weg 4, 5100 Aachen - Zul. Doz. Univ. München - BV: Einführung in d. Allgem. Chemie, Lehrb. 1974, Facharb.

PÄTZOLD, Ulrich
Dr. phil., Univ.-Prof., Journalist - Geschwister-Scholl-Str. 14, 4600 Dortmund 1 - Geb. 20. Aug. 1943 Bielefeld, ev., verh. s. 1976 m. Ute, geb. Bernhardt, 3 Töcht. (Esther, Anna-Lisa, Katharina) - 1963-69 Stud. FU Berlin (Publiz.); Promot. Berlin - B. 1975 Redakt. im Rundf. u. an Ztg.: dann Hochschullehrer; Mitarb. in div. Kommiss. Neue Medien - BV: Medienatlas NRW, 1983; Offener Kanal - Porträt e. and. Rundf., 1987; Fernsehen in Dortmund, 1988 - Liebh.: Musik - Spr.: Engl.

PAFFEN, Karlheinz
Dr. rer. nat., em. Prof. f. Geographie - Zum Baumgarten 5a, 7802 Merzhausen (T. 0761-40 72 16) - Geb. 18. Juli 1914 Moers/Rhld. - S. 1951 (Habil.) Lehrtätigk. Univ. Bonn (1958 apl. Prof.; Leit. Abt. Geogr. Landeskd. d. Rheinlande/ Geogr. Inst.) u. Kiel (1967 o. Prof. u. Inst.sdir.). Fachveröff.

PAFFRATH, Hans-Georg
Kgl. Schwed. Generalkonsul f. Nordrh.-Westf., Kaufmann, Kompl. Galerie G. Paffrath KG, Vorstandsmitgl. Rhein. Kunsthändler-Verb., Köln - Königsallee 46, 4000 Düsseldorf 1 (T. 0211 - 32 64 05) - Geb. 12. April 1922 Düsseldorf (Vater: Hans P., Kaufm.; Mutter: Eleonore Theegarten), kath., verh. s. 1958 m. Anna, geb. Akerhielm, 5 Kd. (Hans, Georg, Caroline, Eleonore, Christina) - Realgymn.; Kavallerie-Sch. - Komtur Nordstern-Orden - Liebh.: Reitsport.

PAGEL, Carsten
Jurist (derz. Refer.), stv. Landesvorsitzender D. Republikaner, MdA Berlin (s. 1989) - John-F.-Kennedy-Platz, 1000 Berlin 62 (T. 030 - 783 89 48) - Geb. 1. Sept. 1962, ev., led. - Abit. 1980; 1. jurist. Staatsex. 1987 - 1985-89 Bez.-Verordn. Berlin-Tiergarten.

PAGELS, Michael
Gewerkschaftler, Vors. DGB-Landesbez. Berlin (1982 ff.) - Keithstr. 1-3, 1000 Berlin 30 - Geb. 1934 Berlin - Gymn. Berlin; Hochsch. f. Wirtschaft u. Politik Hamburg - S. 1973 DGB Berlin.

PAGENSTECHER, Ulrich
Dr. rer. pol., o. Prof. f. Volkswirtschaftslehre u. Wirtschaftsstatistik - Ziegenstr. 3, 8500 Nürnberg (T. 57 37 90) - Geb. 2. Juli 1924 Berlin (Vater: Dipl.-Ing. Albrecht P.), verh. s. 1952 m. Gisela, geb. Unshelm, 4 Kd. - S. 1963 (Habil.) Lehrtätig. Univ. Köln u. Erlangen-Nürnberg (1966 ao., 1968 o. Prof.). Mitgl. Verein f. Socialpolitik u. American Economical Assoc. Facharb.

PAGENSTERT, Gottfried

Dr. rer. nat., Botschafter d. Bundesrep. Deutschl. in d. Rep. Malta - Zu erreichen üb. Büro: Il Piazzetta Building, Tower Road, Sliema/Malta, P.O.Box 48, Valletta (T. 33 65 31) - Geb. 4. Sept. 1928 Crossen/Oder (Vater: Josef P., Oberforstrat; Mutter: Arnolde, geb. Mehrmann), kath., verh. s. 1966 m. Elena, geb. Salvato, 3 Söhne (Konrad, Werner, Albrecht) - Forstw. Univ. Freiburg, München, Göttingen, Paris, Nancy. Diss.: Forstl. Wechselwirk. zw. Dtschl. u. Frankr. 18. u. 19. Jh. - Forstassessor - 1959 Auswärt. Dienst, Attaché London, 1962-65 Legationsrat Madrid, 1965-68 Vertreter d. Botschafters Daressalaam/Tansania, 1968-71 Assist. CDU/CSU-Fraktion Bundestag, 1972-75 Botschafter Tegucigalpa/Honduras, 1975 Generalkonsul Lourenço Marques/Mosambik, 1976-79 Botschafter Nikosia/Zypern; 1980-86 Generalkonsul f. New South Wales u. Queensland, Sydney/ Australien - BVK; Merito Civil, Spanien; Morazan, Honduras; Merito Melitense d. Souveränen Malteser-Ordens - Liebh.: Gegenständl. Kunst, Wandern - Spr.: Engl., Franz., Ital., Span.

PAGGEN, Rudolf
Geschäftsführer Dt. Kraftwagen-Spedition GmbH, Düsseldorf - Zu erreichen üb. Dt. Kraftwagen-Spedition, Uerdinger Str. 64, 4000 Düsseldorf 30 - Geb. 30. Dez. 1929 Duisburg, verh. s. 1952 m. Hilde, geb. Bierfeld, 2 Kd. (Joachim, Birgit) - Lehre Speditionskaufm.

PAGNIA, Herbert
Dr. rer. nat., Prof. f. Physik TH Darmstadt - Außerhalb 7, 6101 Messel-Grube - Geb. 15. März 1929 Darmstadt (Vater: Alfons P., Lokführer; Mutter: Emma, geb. Rost), verh. s. 1963 m. Hiltrud, geb. Linke, 2 Kd. (Kristin, Frank) - Abit. 1947; Maurer (Facharb.prüf. 1950); Physikstud. Mainz u. Darmstadt (Dipl. 1955, Promot. 1961, Habil. 1969) - 1956-69 Wiss. Assist.; 1969-71 Doz.; s. 1971 Prof. - BV: Festkörperphysik, 1981; üb. 50 Facharb. - Spr.: Engl.

PAHL, Gerhard
Dr.-Ing., o. Prof. f. Maschinenelemente u. Konstruktionslehre TH Darmstadt (1964-75) - Mecklenburger Str. 79, 6100 Darmstadt-Eberstadt (T. 5 17 18) - Geb. 25. Juni 1925 Berlin - Langj. Tätigk. BBC Mannheim (1955ff. Abt.leit.). Dekan 1967-1969, Vizepräs. d. DFG 1978-84 - BV: Konstruktionslehre, 1977 - Gold. Ehrenmünze d. VDI; 1982 Dechema-Med.; 1985 BVK I. Kl; 1986 Ehrenz. d. VDI; Dr. h. c. d. Univ. Veszprem/Ungarn.

PAHL, Karl-Heinz
Dr.-Ing., Geschäftsführer d. Gesellsch. Paguag GmbH & Co u. Europlastic Pahl & Pahl GmbH & Co (s. 1970), Vors. d. Geschäftsf. PAG-O-FLEX GmbH (s. 1984), bde. Düsseldorf - Leuchtenberger Kirchweg 101, 4000 Düsseldorf 30 - Geb. 4. Nov. 1935, verh. s. 1970 m. Renate, geb. Adenauer, 2 Kd. (Felix, Anna) - Stud. Volks- u. Betriebswirtsch., Mschinenbau Univ. München, Aachen, USA; Dipl. 1965, Promot. 1969 - Liebh.: Segeln - Spr.: Engl., Franz.

PAHL, Manfred H.
Dr.-Ing., Prof. f. Mechanische Verfahrenstechnik Univ.-GH Paderborn (s. 1980) - Wewelsburger Weg 8, 4790 Paderborn - Geb. 9. Dez. 1940 Schön-Ellguth b. Breslau, ev., verh. s. 1963 m. Inge, geb. Meier, 2 Kd. (Marc-Oliver, Ilca-Ricarda) - 1965-70 Stud. Univ. Karlsruhe (Verfahrenstechnik); Promot. 1975 Karlsruhe - 1970-75 wiss. Mitarb. Inst. f. Mech. Verfahrenstechn. Univ. Karlsruhe; 1975-80 Leit. Mitarb. Fa. Bayer, Dormagen; 1985-87 Dekan FB Maschinentechnik - BV: Porenströmung, 1975; Prakt. Rheologie, 1983; Mischen b. Herstellen u. Verarbeiten v. Kunststoffen, 1986; 40 Fach-Veröff. z. Thema Porenströmung, Mischen, Rheologie, Zerkleinern - Liebh.: Gesch., Kunst.

PAHL, Max(imilian)

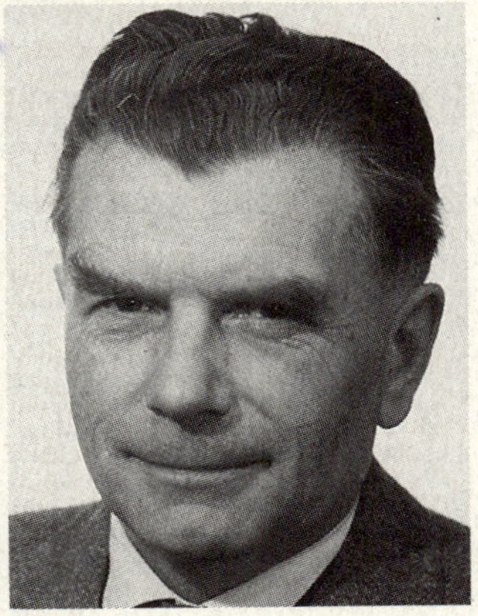

Dr. phil. nat. habil., em. Prof. f. Atomphysik - Eisbergweg 5, A-6111 Volders - Geb. 20. Mai 1908 Waldshut/Bad. (Vater: Max P., Baurat; Mutter: Karoline, geb. Roth), verh. s. 1961 m. Dr. Gerda, geb. Rolfes, 3 Töcht. (Caroline, Henrietta, Verena) - Gymn., Univ. Freiburg/Br. (Physik, Physikal. Chemie, Math.). Promot. (1934) u. Habil. (1939) Freiburg - 1934-45 Univ. Freiburg (Physikal. Inst.); 1945-63 Max-Planck-Inst. f. Spektroskopie; 1963 b. 66 Univ. Kabul (Leit. Bonner Partnerschafts team); 1966-78 Univ. Innsbruck (Ord. u. Vorst. Inst. f. Atomphysik). Emerit. 1978. 1939-66 Lehrtätigk. Univ. Freiburg (1955 apl. Prof.) u. Bonn. Spez. Arbeitsgeb.: Atomare Stöße, Massenspektrometrie, Gasentlad. Mitgl. Dt. u. Österr. Physikal. Ges. - BV: Kinetik d. Gasreaktionen, 1961 (m. E. Cremer). Zahlr. Einzelarb. - 1979 österr. Ehrenkreuz f. Wiss. u. Kunst I. Kl. - Liebh.: Bergsteigen, Skilaufen (1931 Akad. Weltmeister Abfahrtslauf) - Spr.: Engl., Franz.

PAHL, Otto
Aufsichtsrat REMAG AG., Mannheim - Werderstr. 40, 6800 Mannheim - Geb. 3. Sept. 1910 Tauberbischofsheim - Stud. Rechtswiss. Ass.ex. - Wirtschaftsjurist.

·PAHL, Peter J.
Prof., Ord. f. Theoret. Methoden d. Bau- u. Verkehrstechnik TU Berlin (s. 1969) - Schopenhauerstr. 63, 1000 Berlin 38 (T. 803 89 15) - Geb. 1937 - Zul. Massachusetts Inst. of Technology (USA).

PAHL, Walter
Betriebswirt (VWA), Direktor, Vorst. Gesamtverb. Gemeinnütziger Wohnungsuntern., Köln, Gartenstadt-Genossenschaft Mannheim - Stiller Weg 50, 6800 Mannheim 31 (T. 0621 - 75 60 36)- Geb. 16. Febr. 1923 Mannheim (Vater: Ludwig P., Tapeziermeister; Mutter: Klara, geb. Huser), kath., verh. s. 1945 m. Luise, geb. Bixner, 3 Kd. (Wolfgang, Ursula, Rainer) - 1956-59 Verw.- u. Wirtschaftsakad. Rhein-Neckar - S. 1965 Stadtrat; AR Mannh. Versorg.- u. Verkehrsges. mbH (s. 1970) u. Großkraftwerk Mannheim AG (s. 1972) - 1978 BVK; 1982 BVK I. Kl.; 1983 Ehrenmed. d. Gemeinn. Wohnungswirtsch. in Gold; 1985 Viktor-Aimé-Huber Plak.; 1987 Verdienstmed. Baden-Württ.; 1988 Gr. BVK.

PAHLEN, Baron von der, Klaus
Dr. jur., Mitgl. d. Geschäftsleitung W. Schlafhorst & Co., Mönchengladbach - Eickener Höhe 103, 4050 Mönchengladbach - Geb. 23. Febr. 1938 Eisenach/Thüringen (Vater: Hans E. v. d. P., Kaufm.; Mutter: Ingeborg, geb. Ditfurth), verh. m. Rosemarie, geb. Booth - Gr. jurist. Staatsprüf. 1966.

PAHLEN, Kurt
Dr. phil., Prof., Dirigent, Operndirektor, Musikschriftsteller - CH-8708 Männedorf/Zürich (T. 01 - 920 32 74) - Geb. 26. Mai 1907 Wien (Vater: Richard P., Pianist; Mutter: Rosine, geb. Kuhn), kath., 2 Kd. (Ricardo, Ivonne) - Mittelsch.; Univ. Wien (Promot. Musikwiss. [Phil.] 1929); Kapellmeistersch. Wiener Konserv. (Abschluß 1929) - 1929 Doz. Wiener VHS; Dirig. Wiener Volksoper; Gastdir. in zahlr. Städten (Oper u. Konzert); Beruf. nach Argent. (1939 Chefdirig. Philharm.); 1949 Prof. f. Musikwiss. Univ. Montevideo (Uruguay); Gastprof. zahlr. Univ. in Amerika u. Europa; 1957 Dir. Teatro Colon Buenos Aires; Gastdirig. in Europa. Zahlr. Vorträge im In- u. Ausl. (Opereinf. Salzburger Festsp., Osterfestsp., Bregenzer Festsp., Arena Verona, Opernfestival Savonlinna, Finnland); Fernseh- u. Rundfunkzyklen in Europa; Leit. Feierabend-Konz. in 13 Schweizer Städten; Leit. Forum f. Musik u. Beweg.; Sommerakad. (Meisterkurse) in Lenk/Schw.; Prof. u. Leit. Meisterkurs f. Operngesch. Intern. Opernstudio am Opernhaus Zürich - BV: S. 1943 insges. 56 Bücher, teilw. bis in 16 Spr. übers., u. a. Musikgesch. der Welt; Oper d. Welt, Sinf. d. Welt, Musik hören, Musik verstehen, Biogr. Mozart, J. Strauss, Tschaikowsky - Zahlr. Lieder, 3 Kinder-Musicals (D. Prinzessin, Pinocchio, D. Zirkus) - Gr. Ehrenz. Rep. Österr.; Ehrenkreuz 1. Kl. f. Wiss. u. Kunst Rep. Österr.; Gr. BVK; Gold. Ehrenzeichen Wien, Salzburg, u.a. - Spr.: Engl., Franz., Ital., Span., Portugies.

PAHLITZSCH, Gotthold
Dr.-Ing., Dr.-Ing. E. h., o. Prof. f. Werkzeugmaschinen u. Fertigungstechnik (emerit.) - Hermann-Riegel-Str. 15, 3300 Braunschweig (T. 33 16 71) - Geb. 19. April 1903 Dresden (Vater: Adolf P., Lehrer), ev., verh. m. Erika, geb. Kater, 2 Söhne (Andreas, Roland) - TH Dresden (Promot. 1932) - 1927-28 Betriebsleit. Wülfing AG., Wuppertal-V., 1929-34 Assist. u. Versuchsfeldleit. Lehrstuhl f. Werkzeugmaschinen TH Dresden, 1934-36 Hauptabt.leit. Junkers Motorenbau GmbH., Dessau, 1936-37 Betriebsdir. Dt. Werkstätten AG., Dresden-H., dann ao. Prof. TH Braunschweig, 1945-48 Vorstandsmitgl. Voigtländer AG., Braunschweig, 1950-71 o. Prof. u. Dir. Inst. f. Werkzeugmaschinen u. Fertigungstechnik TH bzw. TU - 410 Fachveröff. Mitarb.: Hütte u. Betriebs-Hütte (Abschn.: Holzbearb. u. -maschinen) - 1961 Ehrendoktor TU Dresden; Mitgl. Braunschweig. Wiss. Ges., Collége Intern. pour l' Etude Scientifique des Techniques de Production Mécanique (Pres. 1969/1970, Membre d'honneur 1973), Intern. Acad. of Wood Science, Intern. Union of Forestry Research Organisations; 1974 BVK; 1983 Georg-Schlesinger-Preis.

PAHLKE, Jürgen
Dr. rer. pol., o. Prof. f. Wirtschaftslehre, insb. Finanzwiss., Univ. Bochum (s. 1968) - Ifteweg 3, 5810 Witten-Schnee/Ruhr (T. 8 08 81) - Geb. 9. Juni 1928 Berlin (Vater: Karl P.; Mutter: Käthe, geb. Kadatz), verh. s. 1959 m. Dr. Traudl, geb. Härtle, 3 Kd. - Stud. Wirtschaftswiss. Dipl.-Volksw. 1952 Berlin (FU); Promot. 1958, Habil. 1968, beides Tübingen - BV: Welfare Economics, 1960; Steuerbedarf u. Geldpolitik in d. wachsenden Wirtschaft, 1970.

PAHLKE, Peter
Bankdirektor - Zu erreichen üb.: Landesbank Schlesw.-Holst., Martensdamm 6, 2300 Kiel - Geb. 4. Mai 1939 - Vorst. Landesbank Schlesw.-Holst./Girozentrale, Kiel.

PAINTNER, Hans
Landwirt, Angestellter, MdB (VIII. Wahlp./Landesl. Bay.) - Appersdorf 24, 8311 Tiefenbach/Bay. - Geb. 11. Nov. 1926 Altusried/Allg., kath., verh., 5 Kd. - Volkssch.; landw. Lehre; Landw.sch. - N. Kriegsdst. u. Gefangensch. eig. Landw. u. Prüf. Einfuhr- u. Vorratsst. Langj. Gemeinde- u. Kreisrat. FDP s. 1966.

PAJUNK, Gerd
Dipl.-Physiker, Generalbev. Direktor (Lt. Bereich Privat- u. Sonder-Kommunikationsnetze) Siemens Aktiengesellschaft - Hofmannstr. 51, 8000 München 70 (T. 722 448 78) - Geb. 27. Juli 1922 Hamburg (Vater: Fritz P.; Mutter: Friedel, geb. Weise), verh. m. Elisabeth, geb. Breu, 2 T. (Sabine u. Ulrike) Stud. d. Physik u. Mathematik Univ. Hamburg.

PALERU, Virgil
Solotänzer - Bruchsaler Str. 94, 6800 Mannheim-Rheinau (T. 0621-89 52 33) - Geb. 17. Nov. 1954 Sinaia/Rumän., orth., ledig - Staatl. Ballett- u. Choreogr. Gymn. Bukarest/Rumän. - Hauptrollen: Schwanensee (Siegfried); Giselle (Albrecht); Othello (Jago); Spartakus (Germanikus); Coppelia (Franz); Prometheus (Toter Engel); Romeo u. Julia (Mercutio); Nußknacker (Prinz); Glazunow (Sommer); Beethoven-Zamphir (Romanze); u.v.m. - Liebh.: Choreogr., Musik, Sport, Malen - Spr.: Rumän., Engl., Franz.

PALITZSCH, Peter
Regisseur - Waldpromenade 28, 8035 Gauting (T. 089 - 850 36 34) - Geb. 11. Sept. 1918 Deutmannsdorf (Vater: Alwin P., Kaufm.; Mutter: Johanna, geb. Strauß), verh. s. 1974 m. Tanja, geb. von Oertzen - 1948-61 Berliner Ensemble; 1967-72 Württ. Staatstheater (Schauspieldir.), 1972-80 Schauspiel Frankfurt (Mitgl. d. Direktoriums). Zahlr. Bühneninsz., dar. Shakespeare, Büchner, O'Casey, Horvath, Brecht, Walser, Weiß, Dorst, Pinter. Film: Mutter Courage u. ihre Kinder; Fernsehen: D. Prozeß d. Jeanne d'Arc zu Rouen 1431, Sand - Plädiert f. Polit. Theater.

PALLASCHKE, Diethard

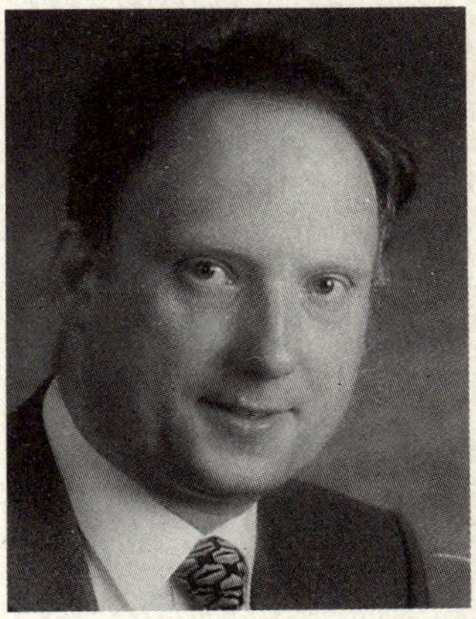

Dr. rer. nat., Prof. f. Math. Univ. Karlsruhe - Universität, Kaiserstr. 12, 7500 Karlsruhe 1 - Geb. 30. Juni 1940 Friedland (Vater: Ernst P., Tischler; Mutter: Else, geb. Heinrich), verh. s. 1967 m. Ingrid, geb. Marx, T. Melanie - 1960-65 Univ. Göttingen u. Bonn (Math., Physik; Dipl. 1965, Promot. 1967, Habil. 1969) - S. 1970 Prof. Univ. Bonn, Darmstadt, Münster, wieder Bonn u. s. 1981 Karlsruhe - BV: Game Theory and Related Topics, (m. a.) 1979; Special Topics of Applied Mathematics, (m. a.) 1980. Buchübers. S. Rolewicz; Selected Topics in Operations Research and Mathematical Economics, 1983; Nondifferentiable Optimization: Motivations and Applications, (m. V. Demyanov) 1984. Buchübers. J. Lawrynowicz (1985) - Spr.: Engl., Franz., Poln.

PALLAUF, Josef
Dr. agr., Prof. f. Tierernährung - Priv.: Waldbrunnenweg 24, 6300 Gießen; dstl.: Inst. f. Tierernährung Univ., Senckenbergstr. 5, 6300 Gießen - Geb. 28. Nov. 1939 Neubeuern/Inn (Vater: Anton P., Landwirt; Mutter: Katharina, geb. Schneebichler), kath., verh. s. 1978 m. Carol, geb. Mac Dougall, 4 Kd. (Katrin, Anna, Antonia, Johannes) - Stud. Agrarwiss. TU München-Weihenstephan, Dipl.-Ing. agr. 1964, Landw.-Ass. 1966, staatl. Tierzuchtleit.prüf. 1967, Promot. TU München 1971, Habil. TU München 1973 - 1964-66 Refer., 1966-72 wiss. Assist., 1972 Forsch.aufenth. USA, 1973-75 Akad. Oberrat u. Priv.-Doz. TU München, s. 1975 Prof. Univ. Gießen. Autor u. Mitautor v. rd. 80 Publ. üb. Ergebn. d. Tierernährungsforsch. in wiss. Ztschr. - 1979 Henneberg-Lehmann-Fördererpreis Univ. Göttingen - Spr.: Engl.

PALM, Dieter
Dr. rer. nat., Prof. f. Biochemie - Am Happach 69, 8708 Gerbrunn (T. 0931-70 69 77) - Geb. 10. Dez. 1934 Ludwigshafen (Vater: Albert P., Chemiker; Mutter: Adelheid, geb. Vortisch), ev., verh. s. 1960 m. Sigrid, geb. Schild, 3 Kd. - TU Karlsruhe, Berlin, München; Promot. 1960 München, UC Berkeley/USA - 1967 Priv.-Doz., 1971 Prof. Univ. Würzburg.

PALM, Guntram
Dr. jur., Finanzminister Baden-Württ. - Vordere Str. 20, 7054 Korb-Kleinheppach - Geb. 21. Juni 1931 Berlin, ev., verh. m. Ute, geb. Dollmann, 3 Kd. -

Univ. Tübingen (Promot. 1959) u. Heidelberg (Volksw., Rechtswiss.). Gr. jurist. Staatsprüf. - RA; 1966-76 Oberbürgerm. Fellbach, 1964-72 MdL Baden-Württ. (zeitw. Vors. Aussch. f. Verwaltung u. Wohnungswesen); 1976 Staatssekretär Innenministerium, 1977-78 Justizminister, 1978 Innenminister, 1980 Finanzmin.

PALM, Hilde

s. Domin, Hilde

PALM, Joachim

Ing grad., Konstrukteur (spez. Hochspannungsschaltgeräte), Mitgl. Berliner Abgeordnetenhaus (s. 1975) - Am Horstenstein 24d, 1000 Berlin 48 (T. 721 41 22) - Geb. 28. Aug. 1935 Berlin (Vater: Paul P., Werbeleit.; Mutter: Gertrud, geb. Köhler), kath., verh. s. 1959 m. Ursula, geb. Sperr, 3 Kd. (Stephan, Regina, Agnes) - Gymn. (Mittl. Reife 1953); Ing.-Sch. Gauss. Ing. grad. 1958 Berlin - 1963-75 Bezirksverordn. Berlin-Tempelhof.

PALM, Jürgen

Dipl.-Sportlehrer, Geschäftsführer Deutscher Sportbund - Hubertusanlage 32, 6051 Rembrücken (T. 06106 - 44 21) - Geb. 25. Juni 1935 Solingen (Vater: Fritz P., Gießereimeister; Mutter: Margarete, geb. Kuntze), ev., verh. s. 1972 in 2. Ehe m. Katalin, geb. Tóth, 4 Kd. (Islin, Barblin, Nicolai, Aline) - Dt. Sporthochsch. Köln, Stip. USA - Dt. Turner Bund (Bundesjugensekr., Kulturdezern.), Dt. Sportbund (Abt.leit., Geschäftsf.), Komit. Trimm u. Fitness intern., Clearing House Europarat, Director World Recreation Assoc. Spez. Arb.geb.: Freizeitsp., Entwickl. d. Aktion Trimm dich u. Lufthansa Fitness-Progr. (1976) - BV: Stadion d. Heiterk., 1960; D. Spiel beginnt, 1962; Unsere Kinder wollen turnen, 1966; Trimm Diät, 1974 - Ehrenbürger Winnipeg - Liebh.: Lyrik, Schauspiel, bäuerl. Gebrauchsgegenstände - Spr.: Engl., Franz., Ung., Span.

PALM, Klaus

Prof. Hochsch. d. Künste Berlin, Fachschriftsteller u. Maler - Bozener Str. 11-12, 1000 Berlin 62 (T. 030 - 854 63 61) - Geb. 27. Jan. 1932 Berlin (Vater: Walter P., Schriftst.; Mutter: Ruth, geb. Schwarze), ev., verh. s. 1975 m. Ingrid, geb. Röder, T. Meike-Alexandra - Stud. Malerei u. Technol. d. Malerei - Hochschullehrer, Redakt., Fachschriftst. Präs. Dt. Farbenzentrum - Veröff.: Farbwarenkd.; zahlr. Fachztschr.-Beitr. üb. Farbdesign u. Farbtechnol.

PALM, Siegfried

Prof., Cellist, Generalintendant Dt. Oper Berlin (1976-81) - Rebenhang 9, 5020 Frechen-Buschbell - Geb. 25. April 1927 Barmen (Vater: Siegfried P., Cellist † 1955; Mutter: Martha, geb. Platz † 1975), ev., verh., 3 Kd. (Stefan, Detlef, Corinna) - Realgymn. Wuppertal; Ausbild. Vater u. Enrico Mainardi (Meisterschüler) - 1947-62 I. Solocellist Sinfonieorchester Nordwestdeutscher Rundfunk; 1951-62 Mitgl. Hamann-Quartett; 1962-77 Prof. Musikhochsch. Köln (Leit. Meisterkl. f. Violoncello; 1972-76 Dir.); 1970-80 Mitgl. Programmbeirat Intern. Ferienkurse f. Neue Musik in Darmstadt (Kranichstein), 1972-77 Präs. d. Sektion Bundesrep. Dtschl. in d. ESTA (European String Teacher's Association), 1973-79 Mitgl. Hauptaussch. Musikwettbewerb d. ARD (Rundfunkanst. d. BRD Dtschl.) in München, 1976-81 Generalint. Dt. Oper Berlin; s. 1976 Präsid.-Mitgl. Dt. Musikrat, s. 1978 Präs. Verband Dt. Musikerzieher u. Konzertier. Künstler (VDMK) u. s. 1982 Präs. Intern. Ges. f. Neue Musik (IGNM, ISCM, SIMC). Konzertauftr. Europa, Afrika, Asien, USA. Eig. Schallpl. b. Wergo (Reihe: Gr. Interpreten d. Neuen Musik) - 1969 u. 76 Dt. Schallplattenpreis; 1972 u. 75 Grand Prix Intern. de Disque (f. beispielh. Interpretation d. Cello-Konzerts v. Bernd Alois Zimmermann); 1979 BVK I. Kl., 1980 Chevalier de L'Ordre National du Mérite de la Rép. Francaise, - Liebh.: Röm. Geschichte - Spr.: Engl., Ital. - Ab 1976 Generalint. Dt. Oper Berlin.

PALM, Ulrich

Bundesbankdirektor, I. Dir. Landeszentralbank Krefeld - Zu erreichen üb. Landeszentralbank, Postf. 3 70, 4050 Mönchengladbach - Geb. 14. Nov. 1921 Wuppertal (Vater: Rudolf P., Reichsbankrat; Mutter Else, geb. Habedank), ev., verh. s. 1949 m. Else, geb. Licas, S. Volker.

PALM, Ulrich

Dr. rer pol., Aufsichtsrat Wieland-Werke AG, Ulm - Alpenstr. 57, 7900 Ulm/D. - Geb. 26. Juli 1920 Unterkochen/Württ. (Vater: Hermann P.), verh. m. Elke, geb. Lassen - Div. Ämter.

PALM, Wilfried

Dr., Fabrikant, Mitinh. Papierfabrik Palm KG, Neukochen - 7080 Aalen 1-Neukochen (T. 07361 - 577-0) - Geb. 25. Okt. 1920 Stuttgart - Rotarier.

PALMA, Bernd

Regisseur - Bismarckplatz 7, 8400 Regensburg - Geb. 25. Juli 1945 Parndorf, ledig - Maschinenbau-Stud.; Sprech- u. Schauspielunterr. b. Prof. Zdenko Kestranek - Bühneninsz.: Amerika (F. Kafka), Volkstheater Wien 1978/79; Operette (W. Gombrowicz) Volkstheater Wien 1978/79; Heut' abend tanzt Lysistrate, Theater d. Courage Wien 1979/80; D. Bündel (E. Bond), Volkstheater Wien 1979/80; D. Mann v. La Mancha (D. Wassermann), Musiktheater im Revier 1981/82; Amadeus (P. Shaffer), Städt. Bühnen Augsburg 1981/82; Anatevka (Bock), Musiktheater im Revier, Monsieur Prudhomme (H. Monnier), Städt. Bühnen Augsburg, D. Leuchtturm (P.M. Davies) Kammeroper Wien, D. verkaufte Braut (F. Smetana), Kammeroper Wien, alle 1983/84; D. Banditen (J. Offenbach), Nieders. Staatstheater Hannover, D. dieb. Elster (G. Rossini), Kammeroper Wien, D. Wildschütz (Lortzing), Bühnen Stadt Essen, D. Martyrium d. hl. Magnus (P.M. Davies), Kammeroper Wien, alle 1984/85. FS: Mutter Courage - Stella Kadmon, e. Portrait, ORF 1981/82; D. Weg nach Emmaus (Oper v. Th. Ch. David), ORF/BR 1982/83 - 1979 Skraup-Preis Volkstheater Wien (f. d. beste Regie) u. Förderpreis Stadt Wien z. Kainzmed. (f. d. beste Regie) - Spr.: Engl., Ital.

PALME, Otto

Dr., Fabrikant (Strumpfgruppe Bellinda) - 8920 Schongau/Obb. - Div. Ehrenposten, dar. stv. Vors. Verein d. südbayer. Textilind. u. Präs. Comitextil.

PAMPEL, Fritz

Dr.-Ing., Dr.-Ing. E. h., Beratender Ingenieur f. Verkehrswesen - Am Husarendenkmal 21, 2000 Hamburg 70 - 1981 Ehrendoktor TU Hannover (f. hervorrag. Verdienste auf d. Gebiet d. Verkehrswiss.); 1984 Dr.-Friedrich-Lehner-Med.; 1986 VÖV-Ehrenring.

PANAGIOTOPOULOS, Panagiotis D.

Dr.-Ing., o. Prof. Aristoteles Univ. Thessaloniki, Hon.-Prof. RWTH Aachen - Roermonder Str. 90-92, 5100 Aachen - Geb. 1. Jan. 1950 Thessaloniki/Griechenl., christl.-orth. - Dipl.-Ing. 1972 Univ. Thessaloniki; Dr.-Ing. 1974 ebd.; Priv.-Doz.; Habil. 1977 Aachen - BV: Inequality Problems in Mechanics a. Applications, 1985; Topics in Nonsmooth Mechanics, 1987 - Alexander-v.-Humboldt-Senior Fellow; 1988 korr. Mitgl. d. Akad. v. Athen.

PANCHYRZ, Victor

Dr. jur., Stadtkämmerer v. Recklinghausen (v. 1962) - Reiffstr. 66, 4350 Recklinghausen (T. 2 61 35) - Geb. 16. Okt. 1920 Andreashütte/OS. (Vater: Roman P., Betriebsassist.; Mutter: Martha, geb. Mrochen), kath., verh. s. 1950 m. Martha, geb. Schulze-Hessing, 3 Söhne (Claus, Reinhard, Joachim) - Burg-Gymn. Oppeln; Univ. Erlangen. Promot. 1950; Ass.ex. 1952 - Justizdst.; Finanzverw. (Reg.srat).

PANCK, Hildegard

Geschäftsführerin Verb. Damenoberbekleidungsind. - Mevissenstr. 15, 5000 Köln 1 - Geb. 6. Jan. 1923 Bremen, verh., 2 Kd. (S. u. T.) - Lyz.; Wirtschaftsfachsch.; Lehre Weserflugw. (alles Bremen) - U.a. Prok. Metallbaufa. - 1984 BVK.

PANCKE, Helmut

Kaufmann - Kaulbachstr. 1, 3000 Hannover - Geb. 1. Dez. 1903 Berlin, verh. m. Margarete, geb. Kreutzer - S. 1936 Gesellsch. Mufag Großhandelsges. Pancke & Co., Hannover. Zahlr. Ehrenämter, dar. Ehrenpräs. Verb. Dt. Rundfunk- u. Fernseh-Fachgroßhändler Köln, Vors. Großhandelsbd. Nieders. e. V. Hannover, Vizepräs. IHK Hannover-Hildesheim - 1968 BVK I. Kl. - Liebh.: Sport (u. a. Tennis), Jagd.

PAND, Michael

(eigentl. Gspandl, Michael) Schauspieler u. Regisseur - Zu erreichen üb. Österr. Botschaft, GPO Box 27, Bangkok 10501, Thailand - Geb. 27. Juli 1955 Hainburg/D. (Vater: Karl, Bäckerm.; Mutter: Friederike), kath. - 3 J. Max-Reinhardt-Sem. Wien; weitergeh. Ausbild. New York (Lee Strasberg/Theatre Inst.); z. Zt. Bangkok (Stud. Klass. Thai-Tanz am Nationaltheater) - Bühnenengagements Hamburg, München, Wien. Filme; Fernsehsp. Regie: D. Tier - D. Fall v. Jürgen Bartsch (1983) - Spr.: Engl., Thailänd.

PAND, Michael

s. Gspandl, Michael

PANDULA, Dušan

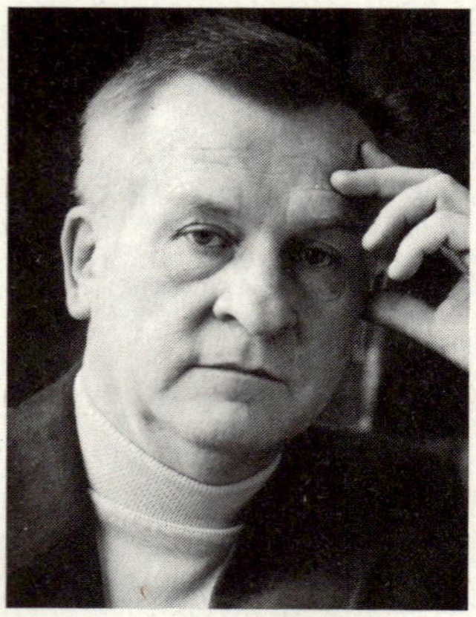

Dr. h. c., Prof., Violinist, Dirigent, Komp., Publizist, Pädagoge - Hohemarkstr. 138, 6370 Oberursel 1 (T. 06171 - 2 32 98) - Geb. 19. Juli 1923 Košice/CSSR, verh. s. 1954 m. Renata, geb. Hlaváčková (Schriftst. 1930-87), S. Peter - 1940-46 Stud. Musikhochsch. Brünn u. Prag (Violine b. Prof. J. Burget, V. Nopp, W. Schweyda, M. Šlik u. J. Kocian; Trompete u. Paukensp. b. Prof. J. Lukáš u. V. Pařík; Dirig. b. Prof. Q. Arnoldi, V. Talich; Komp. b. Prof. A. Hába) - 1943-45 Violinist Brünner Oper; 1945-48 Violinist Gr. Oper Prag; 1948-68 Oper d. Nationaltheaters Prag (s. 1953 Konzertm.); 1945 Gründg. d. Hába/Novák-Quartetts Prag, 1.600 Konz. in aller Welt; 1969 Gründg. d. Pandula-Quartetts Stuttgart, 1.200 Konz.; 1980 Gründg. d. Hába-Quartetts Frankfurt/M.; s. 1978 Prof. Musikhochsch. Frankfurt/Leit. Kammermusikkl.); Chefdirigent Orch. Virtuosi di Praga (1968 aufgelöst), ehem. Mitgl. Komponistenverb. CSSR; Mitgl. FDA (Fr. Dt. Autorenverb.) Hessen. 1981 Leit. d. Königsteiner Meisterkonz. im Schloß. 1988 Präs. HABA-Ges., Königstein/Ts. - BV: Gesch. d. tschech. Kammermusik; Gesch. d. Violinsp. in böhmischen, russ. u. sowj. Ländern; Hába-Monographie; Violin-Päd.; u.v.m. Herausg. v. Werken tschech. Komp. Komp.: Hommage à Rudolf Steiner (Streichquartett), 1967; Rubikon, 1967; Erbsen an d. Wand werfen (Streichquartett u. Tonbd.), 1969; u.a. - 1979 gold. Med. u. Mitgl. d. Ital. Akad. d. Künste; 1982 Diploma di merito Univ. Parma; 1988 Ritter-Kreuz d. hl. Wenzeslaus - Lit.: u.a. Riemann Musiklex. (1961 u. 1975), auch Brockhaus-Riemann; Český hud. slovník, 1963; Čsl. konc. umělci a kom. soubory, 1964; Personaggi Contemporanei, Accademica Italia (1983); Profili di Artisti Contemporanei, Accad. Italia (1984); Versch. Aufs. in Ztschr. u. Ztg.

PANDULA, Petr

Künstler, Interpret, Manager, Produzent - Grüner Weg 28, 6240 Königstein (T. 06174 - 2 12 97) - Geb. 22. Sept. 1956 Prag/Tschechosl. (Vater: Dušan P., Violinist; Mutter: Renata, geb. Hlaváčková, Dichterin) - Stud. Maltechniken b. Prof. Schlegel, Stuttgart; 1976-80 Stip. Willie Clancy School Irland, Meisterkl. f. Uillean Pipes; 1979 Stud. Univ. Tübingen (Politikwiss., Phil., Kunstgesch.) - S. 1977 mehr. Ausst.; auch Mitarb. v. Manfred Kage. Maßgebl. an d. Renaissance d. Duselsacks in d. BRD beteiligt durch zahlr. Konzerte u. Funkaufn. 1982 Gründung d. Gr. Aufwind; 1987 Gründung Verlag Magnetic Music. Organisator v. Tourneen irischer u. schottischer Spitzenmusiker in Europa - BV: Erstes deutschspr. Lehr- u. Spielbuch f. Tin Whistle, 1980. Erfolgr. Solo LP Inisheer.

PANITZ, Manfred

Rechtsanwalt, Hauptgeschäftsf. Bundesverb. d. Energie-Abnehmer (VEA) u. Geschäftsf. Inst. f. Energieeinsparung Beratungs-GmbH (IfE), Hannover - Wilhelm-Busch-Str. 20, 3167 Burgdorf (T. 05136 - 55 97) - Geb. 17. Juli 1946 Winsen/Luhe, verh. s. 1973 m. Renate, geb. Beutler, 2 Söhne (Philipp-Vincent, Arne-Alexander) - 1968-72 Stud. Rechtswiss. Univ. Göttingen.

PANITZKI, Werner

Generalleutnant a. D. - Gotenstr. 88a, 5300 Bonn 2 (T. 0228 - 37 36 00) - Geb. 27. Mai 1911 Kiel, verh., 3 Kd. - Oberrealsch. (Abit. 1930) - 1930-35 Preuß. Landespolizei (1933 Ltn.), dann Luftwaffe (Oblt., 1939-45 Hptm. Staffelkapt., Ia Luftflotte 3 u. Luftwaffen-Führungsstab, zul. Oberstlt. i. G.), 1945-47 Kriegsgefangensch., spät. kaufm. Tätigk., 1952-66 (Rücktr.) Bundeswehr (1955 Oberst, 1956 Brigadegeneral, 1957 Chef d. Stabes Fü-B, 1959 Generalmajor, 1960 Kommandeur Kommando d. Schulen d. Luftw., 1962 Kdr. General Luftwaffengruppe Nord u. Inspekteur d. Luftwaffe) - U. a. Kommandeurskreuz d. amerik. Verdienstmed. (1964) u. Gr. BVK m. Stern (1967).

PANKNIN, Walter

Dr.-Ing., Prof., Geschäftsführer i.R., Vorstand Dt. Forschungsges. Blechverarb., Hannover (s. 1982) - Einsteinweg 30, 7320 Göppingen/Württ. - Geb. 28. März 1925 Stretzin/Westpr. (Vater: Theodor P., Landwirt; Mutter: Anna, geb. Schulz), ev., verh. m. Klara, geb. Strecker, 2 Kd. - Gymn. Preuß. Friedland; TH Stuttgart (Maschinenbau) - Staatl. Materialprüfungsanstalt Stuttgart, L. Schuler, Göppingen (1970 Geschäftsf.), Max-Planck-Inst. f. Metallforsch., Stuttgart, TU Berlin (1961-70 o. Prof. f. Verformungskunde) - AR-Mitgl.: Sieber-Gruppe Holding GmbH, Sieber GmbH & Co. KG, Stech GmbH & Co. KG - 1964 VDI-Ehrenring; 1978 Siebel-Gedenkmünze; 1985 Ehrenzeichen VDI.

PANKUWEIT, Klaus-Rolf

Bürgermeister a. D. - Westerstr. 8, 2253 Tönning/Eider - Geb. 17. Juli 1920 Königsberg/Pr. - Abit. 1939 - 1939-45 Soldat u. Berufsoffz.; 1946-60 u. 1979 Journ.; 1960-78 Bürgerm. Stadt Tönning.

PANNENBERG, Wolfhart
Dr. theol., D. D., o. Prof. f. Systemat. Theologie u. Vorst. Inst. Oekumene u. Fundamentaltheol. Univ. München (s. 1967) - Sudetenstr. 8, 8032 Gräfelfing (T. München 85 59 15) - Geb. 2. Okt. 1928 Stettin (Vater: Kurt P., Zollrat; Mutter: Irmgard, geb. Kersten), ev., verh. s. 1954 m. Hilke, geb. Schütte - Univ. Berlin, Göttingen, Basel, Heidelberg (Theol., Phil.). Promot. (1953) u. Habil. (1955) Heidelberg - 1955-58 Privatdoz. Univ. Heidelberg; 1958-61 Prof. Kirchl. Hochsch. Wuppertal; 1961-67 Ord. u. Sem.dir. Univ. Mainz - BV: D. Prädestinationslehre d. Duns Skotus, 1954; Was ist d. Mensch?, 7. A. 1985; Grundzüge d. Christologie, 5. A. 1976; Grundfragen syst. Theol., 3. A. 1979; D. Glaubensbekenntnis, 3. A. 1980; Wiss.-theorie u. Theol., 1973; Ethik u. Ekklesiologie, 1977; Die Bestimmung d. Menschen, 1978; Anthopologie in theol. Perspektive, 1983; Christl. Spiritualität, 1986; Metaphysik u. Gottesgedanke, 1988; Systematische Theol., Bd. I 1988. Herausg.: Offenbar. als Gesch. (5. A. 1982) - Spr.: Engl. - 1972 Theol. Ehrendoktor Univ. Glasgow, 1977 Univ. Manchester, 1979 Univ. Dublin - Lit.: Robinson/Cobb, Theol. als Gesch., 1967 (Neuland in d. Theol., Bd. III); Ign. Berten: Gesch., Offenbarung, Glaube - Einf. i. d. Theol. W. P.s, 1970; F. Tupper: The Theol. of W. P., 1973 - 1977 o. Mitgl. Bayer. Akad. d. Wiss.

PANNKOKE, Eberhard
Dr. rer. nat., Leiter Dt. Tabak- u. Zigarrenmuseum - Fünfhausenstr. 12, 4980 Bünde/W.

PANNWITZ, von, Hans-Curt
Dr. jur., Vorstandsmitglied Vereins- u. Westbank AG (s. 1972) - Alter Wall 20, 2000 Hamburg 11 (T. 36 92 -1); priv.: Im Horn 3, 2105 Seevetal 11 - Spr.: Engl., Russ. - Rotarier.

PANTEL, Ernst-Georg
Dipl.-Volksw., Geschäftsführer Messerschmidt-Bölkow-Blohm GmbH, Mitgl. d. Präsidiums Bundesverb. d. Dt. Luftfahrt-, Raumfahrt- u. Ausrüstungsind., Bonn - Hochackerstr. 30a, 8012 Riemerling - Geb. 23. Juni 1922 Stettin (Vater: Georg P.; Mutter: Charlotte, geb. Klitscher), ev., verh. s. 1958 m. Christel, geb. Holtz, T. Imogen - 1949-52 Stud. Volksw. Univ. Hamburg. Dipl.-Volksw. 1952 - 1969 Leit. Unternehmensbereich Flugzeuge; 1973 Beiratsmitgl. BDLI; 1974 stv. u. o. Geschäftsf. Messerschmidt-Bölkow-Blohm GmbH; 1975 AR-Mitgl. Dt. Airbus GmbH u. s. 1979 Airbus Industrie, 1981 Präs. BDLI - Spr.: Engl., Franz.

PANTKE, Horst
Dr. med. dent., o. Prof. f. Zahn-, Mund- u. Kieferheilkunde - Am Schlanzahl 14, 6300 Gießen (T. 702 32 02); priv.: Am Wettenberg 10, 6301 Launsbach (T. 0641 - 8 29 81) - Geb. 19. Juni 1925 Bramsche - S. 1959 (Habil.) Lehrtätig. Marburg (1965 apl. Prof.) u. Gießen (1970 Ord. u. Klinikdir.). Üb. 60 Fachaufs.

PANTKE-BEYERLING, Magdalena
Dr., gf. Vorstandsmitglied Verb. d. Dt. Essenzindustrie, Köln (s. 1946), Geschäftsführerin Verb. Dt. Riechstoff-Fabriken, Holzminden/Köln - Schenkendorfstr. 23, 5000 Köln-Nippes (T. Büro: 73 01 29) - Geb. 5. Juni 1907 Köln, verw. (Ehem.: Helmuth Pantke, Ministerialrat) - Univ. Köln.

PANZER, Baldur
Dr. phil., o. Prof. f. Slav. Philologie - Slavisches Institut, Schulgasse 6, 6900 Heidelberg 1 (T. 06221 - 54 26 35/29) - Geb. 29. April 1934 Pestlin (Vater: Friedrich P., Landwirt; Mutter: Erika, geb. Lorenz), 3 Kd. (Regina, Astrid, Wolfgang) - Gymn. (Abit. 1954); 1954-61 Univ. Kiel, München, Hamburg, Staatsex. (Griech., Latein) 1959 Hamburg, Promot. (Slav., Indogerman., Griech.) 1961 München, Habil. (Slav. Phil.) 1966 München - 1966-72 Univ.-Doz., 1972-74 apl. Prof. München, ab 1974 o. Prof. Heidelberg, 1977-79 Dekan Neuphil. Fak. Heidelb. - BV: Praes. hist. d. Russ., 1963; D. Slav. Konditional, 1967; Einteil. d. niederdt. Mundarten, 1971; Strukturen d. Russ., 1975; D. genet. Aufbau d. Russ., 1978; Sellius' Vocabularium, 1989; Handb. d. sbrk. Verbs I, 1989 - Spr.: Engl., Franz., Ital., Russ. - Lit.: Kürschners Gelehrtenkalender.

PANZER, Gisela
Dr., Geschäftsführerin: Zentralverb. d. Dt. Darm-Importeure, Verb. d. Tee-Einfuhr- u. Fachgroßh., Wirtschaftsvereinig. Groß- u. Außenh., Dt. Eiproduktenverb., Fachhandelsverb. Fasern u. Haare, Verb. d. Dt. Dauermilch-Groß- u. Außenhandels, Pronatura Marketing & Werbung GmbH, alle Hamburg - Gotenstr. 21, 2000 Hamburg 1 (T. 23 60 16 21).

PAPALEKAS, Johannes Chr.
Dr. rer. pol. (habil.), o. Prof. f. Soziologie - Erlenstr. 17, 4630 Bochum (T. 30 12 11) - Geb. 2. Jan. 1924 Athen - S. 1953 Lehrtätigk. Univ. Innsbruck, Münster (1958 apl. Prof., 1962 Wiss. Rat; Abt.sleit. Sozialforschungsst. Dortmund), Bochum (1963 Ord. u. Inst.sdir.) - BV: Industriegesellschaft - Strukturen u. Tendenzen, 1969. Div. Einzelarb. - 1959 Gold. Kreuz Kgl. griech. Orden Georg I., 1966 Taxiarch Kgl. griech. Phoenix-Orden.

PAPE, Hans
Dr. Ing., Prof., beratender Ing. f. Bauphys. - Bernhard-Stade-Weg 9, 4600 Dortmund 50 (T. 73 09 06) - Geb. 20. März 1916 Hannover (Vater: Otto P., Arch.; Mutter: Martha, geb. Müller), ev., verh. s. 1974 m. Ingrid, geb. John - Patentinh. a. d. Gebiet d. Ölaufsaugung u. Dämmstoffe - Spr.: Engl., Franz.

PAPE, Inge,
geb. Grundmann
Malerin u. Graphikerin - Am Dachsbau 32, 1000 Berlin 27 - Geb. 30. Juni 1937 Berin (Vater: Erwin Grundmann, Landw.; Mutter: Erna, geb. Ströhmann), ev., verh. s. 1981 m. Prof. Rainer König, T. Gundula - 1952-58 Stud. Malerei Hochsch. f. bild. Künste Berlin; 1969-73 Stud. Graphik, ebd. - 1959-69 Glasmalerin, s. 1973 Grapikerin u. Malerin - Werke: 20 Glasfenster f. versch. Kirchen; Poster f. d. Öfftl.arb. d. Ev. Kirche, Kirchentagsplakat; Bucheinb., Schallplattenhüllen, Postkarten - Ausz. b. versch. Plakatwettb.

PAPE, Uwe
Dr. rer. nat., o. Prof. f. Elektron. Datenverarbeitung TU Berlin (s. 1971) - Prinz-Handjery-Str. 26a, 1000 Berlin 37 - Geb. 5. Mai 1936 Bremen, verh., 2 Kd. - Gymn. Bremen; 1955-1959 Univ. Göttingen (Math., Phys., Päd.; Dipl.-Math., Staatsexamen). Promot. 1965; 1959-71 Assist. TH bzw. TU Braunschweig (b. 1963 Inst. f. Angew. Math., dann f. Rechentechnik); 1974 u. 1984 Gastprof. MIT Cambridge, USA; s. 1986 Leit. d. Arbeitsgr. Logistik d. DGOR; s. 1986 Herausg. d. Ztschr. f. Logistik - BV: Programmieren in ALGOL 60, 1973; The Tracker Organ Revival in America, 1978. Herausg.: Graphen-Sprachen u. Algorithmen auf Graphen (1976); Discrete Structures and Algorithms (1980); Graphtheoretic Concepts in Computer Science (1984); Systeme d. Seehafen-Informatik (1987); Desktop Publishing (1988) - Liebh.: Musik - Spr.: Engl., Franz., Span.

PAPENFUSS (ß), Rainer
Ass., Rechtsanwalt, Parlamentar. Geschäftsführer SPD-Frakt. - Konstanzer Str. 9, 1000 Berlin 31 (T. 883 81 54) - Geb. 7. Febr. 1941 Berlin-Pankow (Vater: Alfred P., Ing.; Mutter: Else, geb. Hackradt), ev., led. - Abit. 1960, Stud. Rechtswiss. u. Volkswirtsch. FU Berlin, 1. Staatsex. 1965, 2. Staatsex. i. Berlin 1969. S. 1970 RA selbst. - 1965-66 Bundesvorst. d. Gerichtsreferendarverb.; 1967-71 Kirchenältester Berlin-Frohnau; 1971-72 Bezirksverordneter, stv. Vors. SPD-Fraktion, s. 1972 Mitgl. Abgeordnetenhaus Berlin; Mitgl. d. Fraktionsvorst., Sprecher d. SPD f. d. Bereiche Wiss. u. Kunst, stv. Vors., Sprecher f. Haushalts- u. Finanzfragen, s. 1981 Chef Senatskanzl. Berlin, ab Juli 1981 selbst. RA u. 1982 Notar. S. 1975 Mitgl. Rundfunkrat SFB; VR-Mitgl. WBK u. Pfandbriefbank Berlin - Liebh.: Zigeunerforschung, Bild. Kunst, Holzschnittsammlg., Japanologie - Spr.: Engl., Franz.

PAPENHEIM, Felix
Dr. rer. pol., Dipl.-Ing., Regierungsbaurat a. D. - Markstr. 17, 7102 Neckarsulm - Geb. 19. Dez. 1916 Essen - B. 1966 stv., 1972 o. Vorstandsmitgl. Dt. Fiat AG., Heilbronn.

PAPPENHEIM, Graf zu, Georg
Botschafter a. D. - Giselherstr. 16, 8000 München 40 (T. 30 65 15) - Geb. 28. Juli 1909 Parád/Ung. (Vater: Siegfried Graf zu P.; Mutter: Elisabeth, geb. Gräfin Károlyi de Nagykároly), kath., verh. m. Elisabeth, geb. Blankenburg, S. Reg.srat Alexander - Univ. München - Ausw. Dienst (u. a. Sofia, Madrid, Tanger, San Salvador, 1957 ff. Botsch. Panama, 1964 ff. Quito, zul. Bolivien) - 1969 BVK I. Kl.

PAPPERITZ, Doris

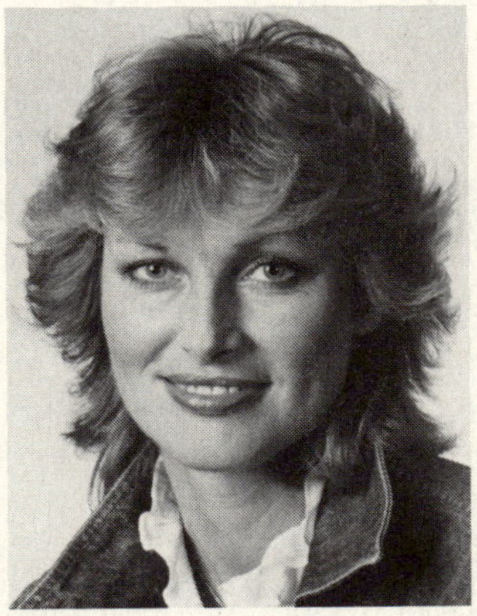

Journalistin, Moderatorin Aktuelles Sportstudio ZDF - Zu erreichen üb. ZDF, Hauptredakt. Sport, Postf. 4040, 6500 Mainz 31 - Geb. 16. Juni 1948 Delmenhorst, verh. s. 1969 (Ehemann: Wolfgang, Dipl.-Kfm.) - Stud. German. - S. 1976 Redakt. u. Reporterin WDR u. Radio Bremen; s. 1984 Sport-Moderatorin ZDF - 1986 Gold. Kamera - Liebh.: Segeln.

PAPPERMANN, Ernst
Dr. jur., Prof., Hauptgeschäftsführer d. Dt. Städtetages - Lindenallee 13-17, 5000 Köln 51 (Marienburg) (T. 0221-377 12 29) - Geb. 26. Nov. 1942 Bigge (Vater: Dr. med. Ernst P., Reg.Med.dir. i.R.; Mutter: Therese, geb. Joch), kath., led. - Abit.; Stud. Rechts- u. Verw.wiss.; Promot. 1967 Köln, Dipl. Hochsch. f. Verw.wiss. Speyer 1968, 1. jur. Staatspr. 1966, Ass. 1969 - 1970 Wiss. Assist. Univ. Bochum, Städt. Rechtsrat Dortmund, 1971 Beigeordn. Landkreistag NRW, Düsseldorf; 1976 Gründ.dir. FHS f. öfftl. Verw. NRW, Gelsenkirchen; 1980 stv. Hauptgf., 1986 Hauptgf. Dt. Städtetag Köln. 15 Bücher, e. Gesetzessamml., üb. 150 Aufs. z. rechts- u. verw.wiss. Themen (s. 1967), Hauptschriftl. Ztschr. Verwaltungsrundschau, Hon.-Prof. Hochsch. Speyer - Präs. Dt. Bibliotheksverb. - Liebh.: Lit., Numismatik, Sport - Spr.: Engl., Franz.

PAPS Wolfgang
Dr. med., Prof., Chefarzt Augenabt. Allg. Krankenhaus Barmbek, Hamburg 33 - Lockhoppel 21, 2000 Hamburg 64 (T. 638 43 92) - Geb. 4. Okt. 1924 Köln (Vater: Bankdirektor), verh. 1950 m. Ruth, geb. Meesmann - 1944-50 Stud. (Med. Staatsex. 1950). Promot. 1952; Habil. 1959 - S. 1959 Lehrtätigk. Univ. Hamburg (1965 apl. Prof. f. Augenheilkd.). Üb. 70 Facharb. Monographie: Analyse d. Motilitätsstörungen d. Augen, 1961 - 1960 Martini-Preis Univ. Hamburg, 1964 Wiss. Preis Verein d. Rhein.-Westf. Augenärzte, 1965 Carl-Liebrecht-Preis Dt. Ophthalmolog.

PAQUET, Karl-Joseph

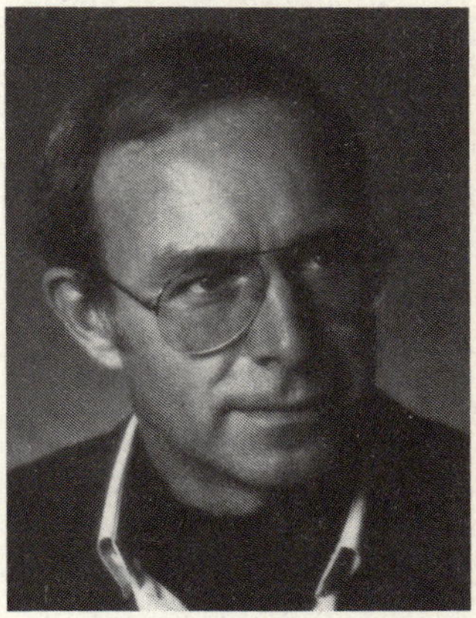

Dr. med., Prof., Arzt f. Chirurgie, Gefäß- u. Unfallchirurgie, Chefarzt Department f. Chirurgie u. Gefäßchir. d. Heinz Kalk-Krankenhaus - Postfach 21 80, 8730 Bad Kissingen (T. 0971 - 8 02 30) - Geb. 25. Aug. 1937 Aachen (Vater: Karl P., Prok.; Mutter: Katharina, geb. Offermanns), kath., verh. s. 1975 in 2. Ehe m. Dietlinde, 4 Kd. (Christina, Nicolas, Simon Benedict, Dominik) - Gymn. Aachen; Univ. Köln, Berlin u. Bonn - 1966-67 Wiss. Assist. Univ. Heidelberg, 1967-74 Wiss. Assist. Chir. Univ.klinik Bonn, s. 1974 Oberarzt; s. 1981 Chefarzt Department f. Chir. u. Gefäßchir. d. Heinz Kalk-Krkhs. Bad Kissingen - Entd.: Meth. z. Stillung v. Blutungen a. Speiseröhrenkrampfadern auf endoskop. Wege d. Injekt. - BV: Schrittmacher-EKG, 1968/1970; Allg. Klin. Unters.meth., 1978 (Span. 1980); Allg. Chir. f. Zahnmed., 1978; Sept. Chir., 1980; Portale Hypertension-Med. u. Chir. Probleme, 1982; D. Ösophagusvarizenblut.-Diagnose u. Therapie, 1984. Üb. 300 Publ. in Ztschr. in Dtschl., Engl., Span., Ital., Franz.; 300 Vortr. - 1988 Ehrenpreis d. Dt. Druidenordens (f. 1987 f. bes. wiss. Leistungen) - Liebh.: Antiquitäten, Golf - Gold. Sportabz. - Spr.: Engl., Franz., Ital. - Bek. Vorf.: Alfons Paquet, Schriftst. (Großonkel).

PARADIES, Hasko Henrich
Dr. rer. nat., Dr. med., Dipl.-Chem., Univ.-Prof., Ph. D. h. c. (Biochemie), Royal Crown of Spain, Biotechnologie m. Phys. Chemie, Märk. FHS Iserlohn - Frauenstuhlweg 3, 5760 Iserlohn (T. 02371 - 31 21 31) - Geb. 18. Febr. 1940 Bremen (Vater: Henry P., Jurist; Mutter: Erna, geb. Poppinga), ev., verh. s. 1973 m. Gudrun, geb. Patzelt, 3 Kd. (Gesa, Jan-Henry, Felix-Benjamin) - Univ. Münster, Uppsala, London, Cambridge u. Boston - 1974-83 Prof. FU Berlin (Biochemie d. Pflanzen); 1977-79 Prof. f. Chemie, Cornell U., Ithaca, N.Y.; 1984-86 Leit. Forsch. u. Entw., Medice; 1985 Lehrbeauftr. f. Biotech-nol./Chem. Technol. FH Iserlohn u. Univ. Hagen. Div. Veröff. z. Thema Chemie u. Physikal. Chemie; Patente (Chem.) weltweit - 1981 Member of the New York Acad. of Arts and Sciences; 1986 Albert Einstein Academy Bronce Medal Award, Missouri, USA, u. Ph. D. h. c. (Biochemie); Member of the Amer. Biograph. Res. Inst., N. C. - Liebh.: Tennis, Bücher - Spr.: Engl., Schwed. - Lit.: Küster; Who's Who i. the World. Veröff. in div. Nachschlagewerk.

PARAVICINI, Werner
Dr. phil., Prof. f. Mittl. u. Neuere Geschichte Univ. Kiel - Kronskamp 6, 2300 Kronshagen b. Kiel - Geb. 25. Okt. 1942 Berlin (Vater: Dipl.-Ing. Erich P.; Mutter: Irmgard, geb. Heppe), ev., verh. s. 1969 m. Anke, geb. Ebel, 3 Söhne (Heinrich, Friedrich, Walther) - Promot. 1970, Habil. 1982 - 1970-84 Mitarb. Dt. Hist. Inst. Paris, 1982 Privatdoz. Univ. Mannheim, 1984 Prof. Univ. Kiel - BV: Guy de Brimeu, 1975; Karl d. Kühne, 1976; D. Nationalarchiv in Paris; 1980; D. Nationalbibl. in Paris, 1981; D. Preußenreisen d. europ. Adels, Bd. 1 1989 - Liebh.: Musizieren (Streichquartett).

PARCHWITZ, Rolf P.
Dr. phil., Intendant Badische Landesbühne Bruchsal - Brucker Str. 10, 8081 Schöngeising - Geb. 20. Sept. 1943 - Stud. Univ. München - Theaterwissenschaftler, Regiss., Schausp., Sänger, Komp., Musikkritiker.

PAREIGIS, Bodo
Dr. rer. nat., Prof. (Ord.) f. Math. Univ. München (s. 1973) - Lessingstr. 4, 8080 Fürstenfeldbruck (T. 2 30 20) - Geb. 9. Mai 1937 Hannover (Vater: Walter P., Kaufm.; Mutter: Charlotte, geb. Hillmann), ev., verh. s. 1965 m. Karin, geb. Nitsche, 2 Kd. (Stephan, Marko) - Stud. Univ. Göttingen, Heidelberg, Cornell-Univ./USA; Promot. 1963 Heidelberg; Habil. 1967 München - 1967-73 Privatdoz.; 1968, 71, 79 u. 85 Gastprof. USA. Fachmitgl.sch. - BV: Kategorien u. Funktoren, 1969 (engl. 1970); Grundbegriffe d. Math., 1974 (m. F. Kasch) - Spr.: Engl., Franz.

PARETTI, Sandra
(eigentl. Irmgard Schneeberger) Dr. phil., Schriftstellerin - Bölstr. 4, CH-8704 Herrliberg - Geb. 5. Febr. 1935 Regensburg - Stud. German. u. Musik München u. Ausl. Promot. 1960 - Journalistin München (auch Kunstkritiken u. Prominentenporträts) - BV/R. (Millionenaufl. in üb. 24 Spr.): Rose u. Schwert, 1967; Lerche u. Löwe, 1969; Purpur u. Diamant, 1971; D. Wunschbaum, 1975; D. Zauberschiff, 1977; Maria Canossa, 1979; D. Echo Deiner Stimme, Gesch. 1983; D. Paradiesmann, 1983. Buch u. Fernsehen: D. Winter, d. e. Sommer war.

PARIS, Manfred
Leitender Magistratsdirektor, Mitgl. Abgeordnetenhaus v. Berlin (s. 1979) - Zu erreichen üb.: CDU-Fraktion, Rathaus, 1000 Berlin 62 - Geb. 1. Okt. 1941.

PARISEK, Dusan-Robert
Schauspieler, Pantomime, Theaterleit., Regiss. - Schloß, 7090 Ellwangen - Geb. 13. Aug. 1941 Brünn/CSSR - Ausb. Akad. d. Musischen Künste Brünn/CSSR - 1967-71 künstler. Leit. d. Pantomimen-Ensemble am Staatstheater Brünn; s. 1977 Dir. Pantomimen-Theater Aalen/Ellwangen - BV: Alphabet d. Körperausdrucks, pan-Arbeitsb., 1983 - Rollen: Ist Ungleichheit Schicksal?, österr. Fernsehfilm f. UNO-Konfz. HABITAT Vancouver/Kan. (ORF, 1976); D. kl. Show (ORF, 1977); D. Schau d. Tages (WDR, 1978) - 1968 Ehrenpreis d. Tschech. Lit-Verb. f. schöpferische Tätigk. am Staatstheater Brünn als Theaterautor; 1976 Pr. d. UNO Konfz.

PARISEK-TUSA, Dobra
Dipl.-Ing., Theaterleiterin, Autorin - Schloß, 7090 Ellwangen - Geb. 1. Nov. 1943 Ung. Hradisch/CSSR - Ausb. TH Brünn/CSSR - S. 1977 Theaterleit. (Pantomimen-Theater) Aalen-Ellwangen.

PARISER, Theodora
Mag., Geschäftsführerin Israel.-Dt. Industrie- u. Handelskammer - Ibn Gwirol Str. 76, 64162 Tel Aviv - Geb. 30. Juli 1948.

PARK, Sung-Jo
Dr., Prof. FU Berlin - Bergengruenstr. 4, 1000 Berlin 38 - Geb. 30. Sept. 1935 Südkorea, verh. s. 1966 m. Mechthild, geb. Kolb, 2 Kd. (Susann, Mona) - Stud. Politikwiss., Ökon. (B.A. 1959; Promot. 1963; Habil. 1973) - BV: Entwicklungsplan. u. polit. Entw. in d. Dritten Welt, 1979; Entwick.politik d. EG, 1980 (m. and.); Mitbestimm. in Japan, 1982 - Spr.: Engl.

PARLASCA, Klaus
Dr. phil., o. Prof. f. Klass. Archäologie - Kochstr. 4, 8520 Erlangen (T. 85 23 91) - Geb. 23. Sept. 1925 (Vater: Curt P., Kaufm.; Mutter: Liselotte, geb. Hoeft), ev., verh. s. 1956 m. Ingemarie, geb. Urbanek, 3 Kd. (Peter, Christoph, Susanne) - S. 1960 Univ. Frankfurt (1966 apl. Prof.) u. Erlangen-Nürnberg (1971 o. Prof. u. Vorst. Archäol. Inst.). FDP - BV: Röm. Wandmalereien in Augsburg, 1956; D. röm. Mosaiken in Dtschl. 1959; Mumienporträts u. verw. Denkmäler, 1966; Rep. d'Arte dell'Egitto, Bd. 1-3 1969-79; zus. m. J. B. Hartmann, Ant. Motive bei Thorvaldsen, 1979; Syr. Grabreliefs hellenist. u. röm. Zeit, 1982. Div. Einzelarb. - Mitgl. Dt. u. Österr. Archäol. Inst.

PARLIN, Robert Willis
Dipl.-Math., Prof., Vorstandsmitgl. Neckura Neckermann Versicherungs-AG., Oberursel/Ts. u. Neckura Lebensversicherungs-AG., ebd. - Zu erreichen üb. Neckura-Versich., Adalbertstr. 25, 6000 Frankfurt 90 - Geb. 15. Jan. 1927 Yunchun, Fukien/China (Vater: Elwyn, Missionar; Mutter: Madeleine, geb. Slée), verh. s. 1972 m. Marianne, geb. Gunzinger - Stud. Univ. Minnesota/USA - 1963-68 ao. Prof. Univ. Minnesota, 1968-71 Versicherungsmath. Nationwide Ins. Comp., Columbus/Ohio (USA), s. 1971 s. o. - Mitgl. Casualty Actuar. Soc., Americ. Acad. of Actuaries., Com. Permanent des Congrès Intern. d'Actuaires, Intern. Soc. of Cardiol, Am. Statistical Assn, Council on Epicemiology of Am. Heart Assn. - Spr.: Engl.

PARM
s. Meier, Heinrich-Christian

PARMAR, Daljit Singh
Dr.-Ing., B.Tech., M.Sc., VDI, Gesamtprokurist, Produktbereichsleiter Kroschu-Kabelwerke Kromberg u. Schubert GmbH u. Co - Viereichenhöhe 10, 4300 Essen 1 (T. 0201 - 47 29 03) - Geb. 20. Juni 1945 Patna (Indien), verh. s. 1977 m. Helga, geb. Wagner - Madras-Univ. Indien (B. Tech. 1968), Bradford-Univ. England (M. Sc. 1970), Kennedy Western Univ. California/USA (Promot. Ph. D. 1986) - S. 1981 Vorst.-Mitgl. Indo German Cultural Assoc. Ruhr; s. 1988 Bereichsleit. Produkt- u. Verfahrenstechnik Kroschu-Kabelwerke Kromberg u. Schubert GmbH u. Co Wuppertal - Zahlr. Pat. u. Erf. in d. Kabeltechnol., insb. f. d. Lichtwellenleiter-Technol. Miterf. MEGOLON-flammwidrige, halogenfreie Isoliermaterialien, bes. f. d. Kabelind. - BV: Transfer of Pilot Plant Technol. to normal Prod. in Cable Manufacture, 1986 - Liebh.: Fotogr., Reisen, Sport (Hockey, Fußball, Golf) - Spr.: Engl., Hindi, Pundschabi, Sanskrit.

PARNASS, Peggy
Autorin, Schauspielerin (Ps. Peggy Panther Parnass) - Lange Reihe 84, Haus 5, 2000 Hamburg 1 - Geb. 11. Okt. Hamburg (Vater: Simon P.; Mutter: Hertha, geb. Emanuel), jüd. - Schule Stockholm; Stud. Univ. Stockholm, London, Hamburg, Paris; Schauspiel-, Gesangs- u. Tanzunterr., 1974 Stud. Russ. u. Jura, 1975 Psych., Gestaltther. - S. 1965 div. Rollen als Schausp. b. Film (Zwei, Mauerblume), FS (u.a. D. Fernsehgertagt), Hörfunk, Kabarett; Sprachlehrerin, Dolmetscherin, Lektorin, Gerichtsreporterin, Kolumnistin (u. a. stern, Konkret), Autorin, Textdichterin Chanson, Moderatorin, Synchronisat. Dok.-film - Mitgl. Schriftst.verb. u. DJU - BV: Prozesse 1970-78, 1978; Unter d. Haut, 1983; Kleine radikale Minderh., 1986; div. Reportagen, Kolumnen, Aufs., Beitr. in Anthol. u. f. FS, 7 Hörsp. f. NDR (u. a. Wege in d. Schuld), Chansontexte; Film (V. Richtern u. a. Sympathisanten, 1982) - 1979 Joseph Drexel-Preis (f. hervorr. journ. Leist.), 1980 Fritz Bauer-Preis (f. Buch: Prozesse); 1982 Bundesfilmpreis - Liebh.: Menschen, Tanzen, Musik, FKK, Sonne, Segeln, Pflanzen, Essen, Kochen, Kino, Theater, Skat, Scrabble, Flippern, Kurzgesch., Lachen - Spr.: Schwed., Engl., Franz., Dialekte - Lit.: Zeutzschel: D. Fernsehspiel-Archiv SFB-Porträt Peggy Parnass, 1983 u. Biogr., div. Kritiken u. Interviews in Presse, Funk, FS im In- u. Ausl.

PARR, Franz
Dr. med., Prof. i. R., - Rückertweg 1, 8730 Bad Kissingen - Geb. 7. März 1916 Würzburg (Vater: Georg P., Beamter; Mutter: Magdalena, geb. Bayer), verh. s. 1960 m. Gisela, geb. Weber - Promot. u. Habil. Würzburg - Etwa 50 Facharb.

PARTENSCKY, Johannes-Werner

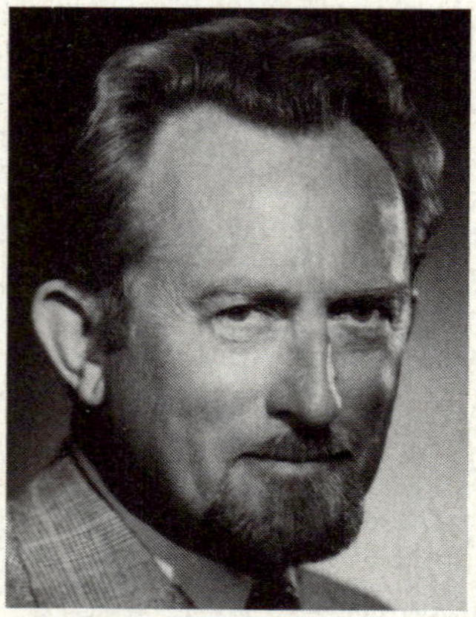

Dr.-Ing., Dr. phys., Prof. h. c., o. Prof. f. Verkehrswasserbau u. Küsteningenieurwesen Univ. Hannover - Wiehbergstr. 20, 3000 Hannover (T. 0511 - 84 19 89) - Geb. 3. April 1926 Stettin (Vater: Dr. jur. Werner P., Rechtsanw. u. Notar; Mutter: Ilse, geb. Schröder), ev., verh. in 2. Ehe m. Susanne, geb. Arndt, 2 Töcht. (Karin, Birgit) - 1948-53 Stud. Bauing.wesen TH Karlsruhe; Promot. 1957 u. 1964 Karlsruhe u. Toulouse (Frankr.); 1958-59 Res. Assoc., M.I.T., Cambridge/USA; 1963-64 Stud. Univ. Toulouse - 1959-61 Obering. Flußbaulabor. TH Karlsruhe; 1961-65 Assoc. Prof. Univ. Laval, Quebec/Kanada; 1965-71 Prof. Univ. Montreal/Kanada; s. 1971 Ord. Univ. Hannover, Dir. Franzius-Inst. - 1986 Verleihung e. Stiftg.-Professur durch d. Stifterverb. f. d. Dt. Wiss. - BV: Schiffshebewerke, 1984; Schleusenanlagen, 1986, Binnenwasserstraßen u. Binnenhäfen (in Vorb.); üb. 120 wiss. Veröff. u. 170 techn. Berichte - 1964 Preis Univ. Mons, Belgien; 1966 Med. f. Forsch. u. Erfind. Paris Acad. of Sciences; 1967 Mitgl. New York Acad. of Sciences; 1985 Prof. h.c. Techn. Univ. Nanjing, VR China; 1988 Ehrenmitgl. Hafenbautechn. Ges. - Liebh.: Malerei, Musik, Jagd - Spr.: Engl., Franz.

PARTSCH, Karl Josef
Dr. jur., em. o. Prof. f. Öfftl. Recht - Frankenstr. 10, 6507 Ingelheim/Rh. (T. 22 64) - Geb. 24. Juni 1914 Freiburg/Br. (Vater: Prof. Josef P., Rechtshistoriker; Mutter: Ilse, geb. Rösler), verh. s. 1949 m. Juliane, geb. Bernhardt, T. Susanna - Gymn. Berlin; Univ. München, Freiburg (Promot. 1937), Frankfurt/M. Habil. 1953 Bonn - Ab 1938 kaufm.-jurist. Tätigk. (Wirtsch.), 1941-45 Wehrdst. u. Gefangensch., 1948 Ass.ex., 1948-1950 Ref. Dt. Städtetag, 1950-54 Assist. AA (Prof. Kaufmann), 1955-57 Konsul Neapel, s. 1957 Ord. Univ. Kiel, Mainz (1960), Bonn (1966; 1968/69 Rektor), s. 1970 Mitgl. UN-Aussch. z. Beseitigung d. Rassendiskriminierung, s. 1981 Mitgl. UNESCO-Menschenrechtsaussch. - BV: D. Anwendung d. Völkerrechts im innerstaatl. Recht, 1964; Parlamentar. Untersuchungsausschüsse (Gutachten Dt. Juristentag), 1964; Rechte u. Freiheiten d. Europ. Menschenrechtskonvention, 1966; Von d. Würde d. Staates, 1967; Rassendiskriminierung - D. UN-Konvention u. i. Wirkungsweise, 1971; D. Zoolog. Station in Neapel - Modell intern. Wissenschaftszusammenarb., 1980; New Rules for victims of armed conflict, 1982 (m. M. Bothe u. W. A. Solf). Zahlr. Abh. in dt., amerik., franz., israel. u. ital. Ztschr. - Gr. BVK, UN-Friedensmed. - Liebh.: Ital. Kultur- u. Geistesgeschichte - Spr.: Engl., Franz., Ital.

PARTZSCH, Kurt
Landesminister a. D., Präs. Arbeiter-Samariterbund (s. 1962), Bundesverb. d. Arbeiterwohlfahrt (1971-83, vorher Vizepräs.), Bundesarbeitsgem. d. Fr. Wohlfahrtspflege - Davenstedter Holz 8, 3000 Hannover (T. 48 00 70, Amt: 19 01) - Geb. 26. Juli 1910 Dresden - Oberrealsch. Hannover; Techn. Staatslehranst. Hildesheim - Bauing.; 1961-74 Nieders. Sozialmin. u. stv. Min.präs. (1970). S. 1967 Mitgl. Bundesrat. 1951-74 MdL (b. 1961 Vors. Aussch. f. Haushalt u. Finanzen). SPD s. 1925 - 1967 Ehrenz. Dt. Ärzteschaft, 1985ff. Ehrenpräs. ASB.

PARUSEL, Jürgen
Freisch. Maler - Enzianstr. 2, 1000 Berlin 45 - Geb. 18. Juni 1940 Prittisch b. Landsberg/Warthe (Vater: Alfred P., Zollkommissar; Mutter: Magda P., geb. Keller) - Abit. Duisburg-Meiderich; 1966-72 Stud. Hochsch. f. bild. Künste (b. Arnold Bode u. Karl-Oskar Blase); 2. Staatsprüf. (Kunstpäd.) - Entsch. Kolorist. d. Malerei u. Druckgrafik.

PASCHEN, Heinrich
Dr.-Ing., o. Prof. f. Baukonstruktionslehre u. Vorfertigung TH bzw. TU Braunschweig (s. 1964) - Greifswaldstr. 44, 3300 Braunschweig (T. 6 48 27) - Geb. 6. Dez. 1918 Karlsruhe.

PASCHEN, Konrad
Prof. f. Theorie d. Sports u. d. Leibeserzieh. (pens.) - Großflottbeker Str. 11, 2000 Hamburg 52 (T. 89 51 37) - Geb. 16. Mai 1909 Hamburg, ev., verh. - S. 1953 Lehrtätigk. Univ. Hamburg (1967 Dir. Inst. f. Leibesüb.) - BV: Bewegungserziehung, 2. A. 1962; Stundenbilder d. Bewegungserzieh., Bd. I 4. A. 1966, II 3. A. 1967; Didaktik d. Leibeserzieh., 2. A. 1966; D. Schulsport-Misere, 1969. D. Curriculum-Revision in d. USA, in Schwed. u. Engl. u. i. Einfl. a. d. Leibeserz., 1972; Schulsport kontrovers, 1975; Berufssport a. Beisp. d. Fußballs, 1976; Tägl. Bewegungszeit i. d. Grundschule, 1972; Lifetime-Sport, 1977; Mein Weg zur Sportwissenschaft, 1979 - 1969 Intern. Award Ichper/USA, 1973 Ehrenurkunde d. KMK - Spr.: Engl., Franz., Schwed.

PASCHEN, Siegfried
Direktor, Vertriebschef Industriebetriebe Meyer Breloh GmbH & Co. KG, Geschäftsf. Interessengem. Kieselgur - 3042 Munster Krs. Soltau.

PASCHKE, Karl-Theodor
Gesandter, stv. Leit. Botschaft d. Bundesrep. Deutschland in Washington - Zu erreichen üb. Dt. Botschaft, 20007, 4645 Reservoir Road N.W., Washington D.C./USA - Geb. 12. Nov. 1935 Berlin, ev., verh. m. Pia-Irene, geb. Schwerber, 2 Kd. (Stefanie, Christoph) - Abit. 1955; jurist. Stud. Bonn u. München; 1. jurist. Staatsprüf. 1959; gr. Staatspr. 1963 - 1964-68 Konsul New Orleans (USA); 1968-71 Botschaftsrat Kinshasa (Zaire); 1972-77 Ausbildungsleit. f. d. höh. Ausw. Dienst (Bonn); 1977-80 Presseref. Botsch. Washington; 1980-84 Sprecher

AA (Bonn); 1984-86 Stånd. Vertr. d. Bundesrep. Deutschl. b. d. Intern. Org., Wien - BV: Reform d. Attaché-Ausb., 1975 - Liebh.: Musik, insb. Jazz - Spr.: Engl., Franz.

PASCHOS, Emmanuel A.
Prof., Physiker - Heiduferweg 51, 4600 Dortmund 50 (T. 0231 - 73 50 44) - Geb. 13. Juli 1940 Veroia, Griechenl. (Eltern: Anthony u. Maria P.), griech.-orth., verh. s. 1967 m. Sharon P., 3 Kd. (Anthony, Christina-Maria, John) - 1967 Ph.D. Cornell Univ. (USA) - Entd.: Parton Model, Eigensch. v. Quarks u. schwache Ströme - 85 wiss. Veröff. - American Physical Soc. Fellow - Spr.: Engl., Griech.

PASDELOUP, Jean-Marie
s. Durben, Wolfgang

PASDZIERNY, Rolf
Chefdramaturg Stadttheater Hildesheim (s. 1976) - Am Kruge 7, 3201 Barienrode (T. 05121 - 26 53 66) - Geb. 14. Okt. 1944, verh., 3 Kd. - Stud. Ev. Theol.; Fak.-Ex. - 1971-76 Dramaturg Junges Theater Göttingen. Lehrauftr. Wiss. Hochsch. u. FH Sozialpäd. Hildesheim.

PASEL, Johannes
Westerwaldstr. 9, 4300 Essen 1 - ehem. Vorstandsmitgl. Ferrostaal AG - BVK I. Kl.

PASETTI, Peter
Schauspieler - Feilitzschstr. 34, 8000 München 40 (T. 34 62 81 u. 08807 - 55 05) - Geb. 8. Juli 1916 München (Vater: Prof. Leo P., Bühnenbildner, Ausstattungsdir. d. Bayer. Staatstheater; Mutter: Inge, geb. Hartmann), verh. in 3. Ehe m. Marianne, geb. Swoboda (Lektorin u. Autorin) - Musik- u. Schauspielausbild. München - Vorwieg. Kammersp. München (u. a. Jupiter (Amphytrion), Ludwig II. (Gewitter am See), Herakles (Alkestiade), Hassenreuther (D. Ratten, 1972). Zahlr. Filme. Hörfunk u. Fernsehen (Antonius u. Cleopatra, Cyprienne, D. Fall Winslow, Zeit d. Schuldlosen, Am grünen Strand d. Spree, Bedenkzeit, Geliebtes Scheusal, D. Herr Ornifle u. v. a.) - 1973 BVK; 1976 Schwabinger Kunstpreis; 1986 Filmband in Gold.

PASSAVANT, Udo
Dipl.-Ing., stv. Aufsichtsratsvorsitzender Passavant-Werke AG, Geschäftsf. Glaswolle Wiesbaden GmbH - Haus am Hüttenwald, 6209 Aarbergen 2 (Michelbach) - Geb. 24. Febr. 1921 Michelbacher Hütte.

PASSIN, Günther
Prof. Hochsch. f. Musik München, Solo-Oboist - An der Rehwiese 31, 1000 Berlin 38 - Geb. 20. Mai 1937 Leipzig (Vater: Walter P., Fleischer; Mutter: Helene P.), verh. s. 1977 m. Erntraud P., 2 T. (Veronika, Constanze) - Hochsch. f. Musik Leipzig; Nordwestd. Musikakad. Detmold - Solo-Oboist Radio-Symph.-Orch. Berlin; o. Prof. München - Ausz. als Berliner Kammervirtuose - Liebh.: Sport.

PASSLACK, Günter
Dr.-Ing., Prof., Fachgeb. Binnen- u. Tideflüsse am (ehem.) Lehrstuhl f. Verkehrswasserbau und Küsteningenieurwesen u. Franzius-Inst. Univ. Hannover - Nienburger Str. 4, 3000 Hannover 1 (T. 0511 - 762 25 73) - Geb. 25. Aug. 1921 Magdeburg (Vater: Richard P., Postang.; Mutter: Elsa, geb. Buchmann), ev., verh. s. 1947 m. Elfriede, geb. Loges, 2 Kd. (Sigrid, Detlef) - 1931-39 Bismarck-Sch. Magdeburg; 1946-51 TH Hannover (Bauing.wesen; Dipl.-Ing. 1951). Promot. 1958 Hannover - S. 1951 TH bzw. Univ. Hannover (1965 Wiss. Rat u. Prof.). Facharb. - Liebh.: Medizin - Spr.: Engl.

PASSON, Ingo
Betriebswirt, Geschäftsführer Rhein-Neckar Fernseh GmbH (s. 1985) - Rote

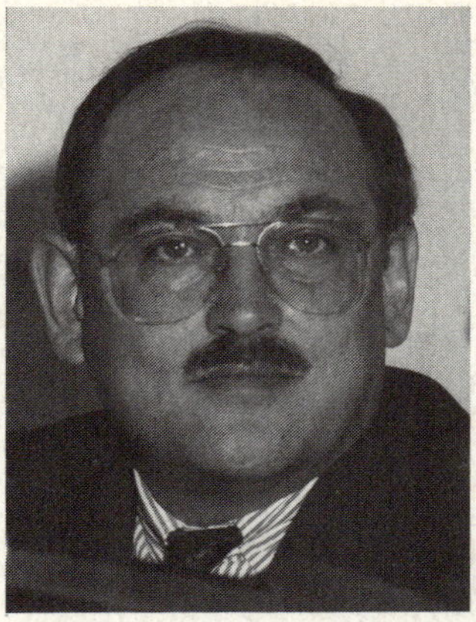

Turmstr. 16, 6940 Weinheim (T. 06201 - 1 38 38) - Geb. 7. Sept. 1943 Berlin, ev., verh. s. 1987 m. Christiane, geb. Köth - Kaufm. (Groß- u. Außenhdl.); Stud. Betr.- u. Volkswirtsch.; Weiterb. z. Management-Trainer, Medien- u. Kommunik.-Berater - 1965-84 Klöckner & Co., Duisburg (zul. Leit. Audiovisuelles Zentrum). Zahlr. Publ. in Fachlit. z. Themenkreis Video in d. Unternehmenskommunik. - Zahlr. Preise u. Ausz. f. Buch u. Regie im Industriefilmber. - Liebh.: Musik, Reisen - Spr.: Engl.

PASSOW, Hermann
Dr. rer. nat., Prof., Direktor Max-Planck-Inst. f. Biophysik - Kennedy-Allee 70, 6000 Frankfurt/M. 70 (T. 6 30 31) - Geb. 18. Dez. 1925 Tübingen (Vater: Dr. Hermann P., Chemiker; Mutter: Else, geb. Wehber), verh. s. 1957 m. Inge, geb. Jentschura - Univ. Göttingen u. Hamburg - S. 1957 (Habil.) Lehrtätigk. Univ. Hamburg u. Saarbrücken (1962 o. Prof. u. Dir. II. Physiol. Inst., gegenw. Honorarprof.). Fachveröff.

PASSREITER (ß), Alois
I. Bürgermeister - Rathaus, 8305 Ergoldsbach/Ndb. - Geb. 13. Sept. 1928 Ergoldsbach - Zul. Kaufm. Angest. CSU.

PASTIOR, Oskar
Schriftsteller - Schlüterstr. 53, 1000 Berlin 12 (T. 030 - 883 17 29) - Geb. 20. Okt. 1927 Hermannstadt/Siebenbürgen (Vater: Oskar P., Zeichenlehrer; Mutter: Hilda, geb. Wolf) - 1938-44 Gymn. Hermannstadt (Abit. 1953); 1955-60 German.-Stud. Univ. Bukarest (Staatsex.) - 1945-49 Arbeitslager in d. UdSSR; 1950-55 Kistennagler u. Bautechniker Hermannstadt; 1960-68 Rundfunkredakt. Bukarest (Inlandsend. in dt. Spr.); 1968 Wechsel in d. Bundesrep. Deutschl.; s. 1969 fr. Schriftst. in Westberlin. Mitgl. Bielefelder Colloq. Neue Poesie u. Akad. d. Künste West-Berlin - BV: Offene Worte, 1964; Ged., 1966; V. Sichersten ins Tausendste, 1969; Ged., 1973; Höricht, 1975; Fleischeslust, 1976; An d. Neue Aubergine, 1976; E. Tangopoem u. a. Texte, 1978; D. krimgotische Fächer, 1978; Wechselbalg, 1980; 33 Ged. (m. Francesco Petrarca), 1983; Sonetburger, 1983; Lesungen m. Tinnitus, 1986; Jalousien aufgemacht, Leseb. 1987, alles Ged.bde - 1969 Andreas-Gryphius-Förderpreis; 1976 Berliner Kunstpreis (Stip.); 1978 Förderpreis d. Kulturkr. im Bundesverb. d. dt. Ind.; 1981 Villa Massimo Rom (Ehrengast-Stip., anzutr. 1984); 1983 Preis Lit.magazin SWF; 1986 Ernst-Meister-Preis f. Lit. Stadt Hagen; 1988 Ehrengabe d. Kulturkr. im Bundesverb. d. dt. Ind. - Spr.: Rumän. - Lit.: Krit. Lex. z. dtschspr. Gegenwartslit. (1984); Lex. d. dtschspr. Gegenwartslit. (1987); versch. Ztg.- u. Ztschr.-Art. (u. a. D. ZEIT, MERKUR, Schreibheft).

PASTOR, Hanns
Dr. rer. pol., Dipl.-Kfm., Direktor i. R., Unternehmensberater - Uhlandstr. 34, 8012 Ottobrunn - Geb. 8. Juli 1912.

PASTUSZEK, Horst
Dr. rer. pol., Dipl.-Kfm., Vorstandsmitglied Tchibo Frisch-Röst-Kaffee AG - Josthöhe 59, 2000 Hamburg 63 - Geb. 4. Nov. 1927 Rathenow, ev., verh. s. 1953 m. Edith, geb. Havemann - 14 Semester Humboldt- u. Freie Univ. Berlin (Betriebsw.slehre u. verw. Wissensgeb.). Dipl.-Kfm. 1952; Promot. 1956 (summa cum laude) - 1952-55 wiss. Assist. Forschungsinst. f. Kreditwirtschaft u. Finanzierungen, Berlin, 1961-68 Vorstandsmitgl. Kaiser's Kaffee-Geschäft AG, Viersen. AR-Mitgl. Reemtsma Cigarettenfabriken GmbH, Beiersdorf AG; Beiratsmitgl. Peek + Cloppenburg, Hamburg. - BV: Wirtschaftsordnung u. - publizistik, insb. Bankenpubliz., 1959.

PATER, Siegfried

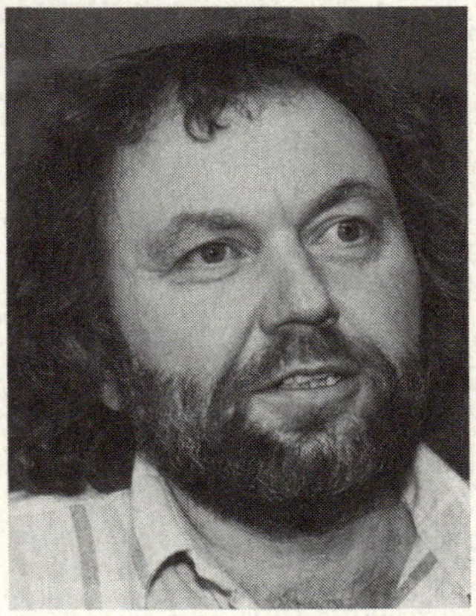

Dipl.-Ing., Schriftsteller, Filmemacher, gf. Vorst.-Mitgl. Heinrich-Böll-Stiftg. - Zu erreichen üb. Heinrich-Böll-Stiftg., Colmantstr. 18, 5300 Bonn 1 (T. 0228 - 69 38 40) - Geb. 26. Febr. 1945 Thum/Erzgeb., ev. - 1967-69 Entwicklungshelfer in Brasil.; 1980-82 VR-Mitgl. Dt. Entwickl.-Dienst (DED) - BV: u.a. Entwicklung muß v. unten kommen, 1980; D. Brot d. Siegers, 1985; D. grüne Gewissen Brasiliens, 1989. Filme: u.a. D. Soja-Komplex (Buch u. Regie) WDR 1989 - Zahlr. Buch-Preise: 1986 Eule d. Monats (Ztschr. Jugend u. Lit.); 1988 Buch d. Monats (Ztschr. Publikforum); u.a.

PATERMANN, Christian
Dr. jur., Ministerialrat - Heidebergenstr. 53, 5300 Bonn 3 (T. 0228 - 48 46 71) - Geb. 16. Aug. 1942 Gleiwitz/OS. (Vater: Josef P., Beamt.; Mutter: Lucie, geb. Schimke), kath., verh. s. 1969 m. Birgit, geb. Stolte, 3 Töcht. (Astrid, Britta, Christiane) - Stud. Rechtswiss. (1962-67) Freiburg, Lausanne, Genf, München, Bonn; Sprachstud. (1964/65) Santander. Promot. 1969; Ass.ex. 1971 - S. 1971 Bundesmin. f. Bildung u. Wiss., f. Forsch. u. Technol., u. 1988 Pressesprecher ebd. (Leit. Öffentlichkeitsarb., 1983 Ref. Multilaterale Zusammenarb.; dazw. 1974-79 Wiss.ref. Botsch. Washington; 1983-86 Vizepräs. d. Rates d. Europa-Labor. f. Molekularbiol., EMBL, Heidelberg). Mitautor: Entsorg. v. Kernkraftwerken (1981), Kernenergie ohne Atomwaffen (1982); Weltraum u. intern. Politik (1987). Zahlr. Einzelarb. - Ehrenmitgl. LAMAR Soc. of Intern. Law, Oxford/USA (Univ. of Mississipi) - Liebh.: Jazzmusik (ausüb.), Stiche u. Lithos (Samml.) - Spr.: Engl., Franz., Span., Russ.

PATERNA, Peter
Realschullehrer, MdB (s. 1976; Wahlkr. 14) - Vielohweg 179b, 2000 Hamburg 61 (T. 551 31 14) - Geb. 22. Dez. 1937 Cuxhaven (Vater: Dr. Wilhelm P., OStudDir.; Mutter: Dr. Erika, geb. Seipp), ev., verh. s. 1964 m. Iris, geb. Moos, 3 Kd. (Mischa, Tanja, Natascha) - S. 1963 Volks- u. Realschullehrer Hamburg (1973 stv. Schulleit.). SPD (1970-76 Abg. Bez.versamml. Eimsbüttel; 1973 Fraktionsvors. u. Vors. Stadtplanungsaussch.). Vors. Bundestagsaussch. f. d. Post- u. Fernmeldewesen; Mitgl. Postverwaltungsrat, Innenaussch., u. d. Enquetekommiss. Technologiefolgenabschätzungen - Liebh.: Klass. Musik (Cellist), Tennis - Spr.: Engl.

PATT, Albert H.
Ass., Vorsitzender d. Geschäftsltg. Contraves GmbH., Stockach/Baden (s. 1975) - Am Möllerborn 18, 6451 Neuberg 2 (T. 06185-73 35) - Geb. 25. Mai 1932, kath., verh. s. 1959 m. RA Eva-Maria, geb. Erdsiek, 2 Kd. - Gymn. Attendorn (Abit. 1952); Univ. Tübingen (Rechtswiss.); Ass.-ex. Düsseldorf; 1962 Legal Expert NASMO - 1967-70 Geschäftsf. Eltro GmbH., Heidelberg u. 1970-75 Nord-Micro GmbH., Bergen-Enkheim, Mitgl. Bezirksbeirat München d. Deutschen Bank AG, Beirat BDLI - Spr.: Engl., Franz., Span.

PATT, Hans-Josef
Dr. rer. nat., Dipl.-Phys., Prof. f. Experimentalphysik u. Didaktik der Physik - Eduard-Mörike-Weg 8, 6601 Saarbrükken-Scheidt (T. 0681-81 89 72) - Geb. 20. April 1937 Troisdorf (Vater: Wilhelm P., Postbeamter; Mutter: Magdalena), kath., verh. s. 1962 m. Marlies, geb. Packbier, 3 Kd. (Thomas, Stefan, Annabella) - TH Aachen, Dipl.-Phys. 1962, Promot. 1964, Doz. 1966, Prof. 1968 - S. 1978 Prof. Univ. d. Saarl., Saarbrücken. 9 Bücher, 13 Forschungsber., 30 Beitr. z. wiss. Sammelw., 44 Aufs. in wiss. Fachztschr., 5 Videofilme z. Plasmaphysik u. Didaktik d. Physik - 1962 Springorum-Denkmünze TH Aachen.

PATT, Hans-Peter
Ltd. Senatsrat b. Sen. f. Bau- u. Wohnungswesen Berlin, MdA Berlin (1981-87) - Leibnizstr. 42, 1000 Berlin 12 (T. 030 - 324 18 41) - Geb. 9. Nov. 1940 Berlin (Vater: Friedrich P., Schneiderm.; Mutter: Madeleine, geb. v. Maltzan), kath., gesch., 1 Kd. - Canisius-Kolleg Berlin; 1959-62 Banklehre Berlin; 1962-68 Stud. FU Berlin (Rechtswiss., 1. jurist. Staatsex. 1968, 2. Ex. 1971) - 1972-74 Rechtsanw.; 1975-81 Steuerverw. Berlin; 1981-87 Bez.amt Wilmersdorf.

PATURI, Felix R.
s. Mindt, Heinz R.

PATZE, Hans
Dr. phil., em. Prof. f. Nieders. Landesgeschichte, Mittlere u. Neuere Geschichte - Resedaweg 5, 3400 Göttingen-Nikolausberg (T. 27 36) - Geb. 20. Okt. 1919 Pegau (Vater: Bernhard P.), verh. m. Carmen, geb. de Ondarza - S. 1958 (Habil.) Lehrtätigk. Univ. Marburg, Gießen (1963 o. Prof. f. Mittelalterl. Geschichte u. dt. Landesgesch.), Göttingen (1970), Vors. Histor. Kommiss. f. Nieders. (1971-86), Mitgl. d. Gött. Akad. d. Wiss. (s. 1975), Mitgl. Residenzenkommiss. d. Akad. (s. 1986) - BV (1955-77): Recht u. Verfass. thür. Städte, Altenburger Urkundenb., D. Entsteh. d. Landesherrschaft in Thüringen, Bibliogr. z. thür. Gesch., Quellen z. Entsteh. d. Landesherrschaft. Hrsg.: BllDtLdG (b. 1986), Gesch. Thüringens (m. W. Schlesinger), Gesch. Niedersachsens, D. dt. Territorialstaat im 14. Jh., D. Burgen im dt. Sprachraum, Grundherrsch. i. spät. Mittelalter (2 Bde.), Geschichtsschreibung im spät. MA, Vorträge u. Forsch.

PATZELT, Paul
Dr. rer. nat., Prof. f. Kernchemie - Gabelsbergerstr. 17, 3550 Marburg/L. 1 - Geb. 18. Juli 1932 Neu-Mohrau/Schles. (Vater: Josef P., Landw.; Mutter: Gertrud, geb. Lowack), kath., verh. s. 1963 m. Brigitte, geb. Krautwurst, 3 S. (Michael, Marc-Christopher, Luc-Stephen) - Aufbaugymn. Iburg; 1954-60 Univ. Mainz (Chemie; Dipl. 1960). Promot. 1965 Mainz; Habil. 1971 Marburg - S. 1962 Univ. Mainz u. Marburg (1970 Akad. Rat; 1972 Prof.); dazw. 1967-70 Europ. Kernforschungszentrum CERN Genf (Research Associate bzw. Visiting Scientist); 1975-76 u. 1983-84 Dekan Fachber. Physikal. Chemie. Zahlr. Facharb. - Spr.: Engl., Franz.

PATZELT-HENNIG, Hannelore

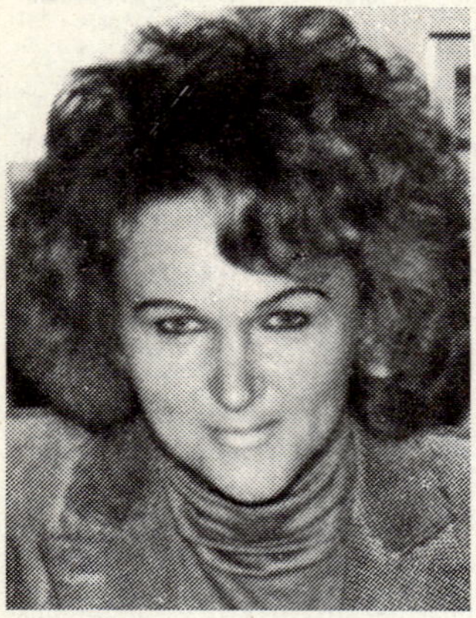

Schriftstellerin - An der Windmühle 7, 2807 Achim - Geb. 20. März 1937 Tilsit/ Ostpr., verh. s. 1959 m. Friedrich P., 2 Töcht. (Britta, Kerstin) - BV: Ländl. Gesch. aus Ostpr., 1975; In d. Stuben überall, 1978; Ehekrise, 1979; Melodien d. Lebens, 1979; E. anonymer Veilchenstrauß, 1980; Durch alle Zeit, 1982; D. Haus voll Gäste, 1983, 2. A. 1984; Damals in Ostpr., 1984; ... u. immer wieder Grenzen, 1985; Im Garten d. Lebens, 1986; Amanda im Schmalztopf, 1987; Wenn leis d. Ähren rauschen, 1988. Mitarb. in 12 Anthol. u. 121 Kalenderjahrb.; div. nat. u. intern. Ztg. u. Ztschr. s. 1961 - 1980 Verdst.urkunde d. Landsmannsch. Ostpr.; 1986 AWMM Buchpreis.

PATZER, Harald

Dr. phil., em. Prof. f. Klass. Philologie - Frauenlobstr. 18a, 6000 Frankfurt a. M. (T. 77 56 40) - Geb. 2. Juli 1910 Berlin (Vater: Johannes P., Geschäftsm.; Mutter: Gefion, geb. Schadewaldt), ev., verh. s. 1940 m. Annemarie, geb. Becker, 1 Kd. - Realgymn. Potsdam; Univ. Berlin (Promot. 1936) - 1937 Assist., 1940 Doz., 1948 apl. Prof. Univ. Marburg, 1952 Ord. Univ. Frankfurt - BV: D. Problem d. Geschichtsschreib. d. Thukydides u. d. thukydideische Frage, 1936 (Neue Dt. Forsch.); D. Anfänge d. griech. Tragödie, 1962; D. dramat. Handlung d. Sieben gg. Theben, 1972; Dichter. Kunst u. poetisches Handwerk i. homer. Epos, 1972; Hauptperson u. tragischer Held i. Sophokles' Antigone, 1978; D. griech. Knabenliebe, 1982; Ges. Schriften, 1985.

PATZIG, Günther

Dr. phil., o. Prof. f. Philosophie - Calsowstr. 24, 3400 Göttingen (T. 4 29 29) - Geb. 28. Sept. 1926 Kiel (Vater: Conrad P., Admiral; Mutter: Gertrud, geb. Thomsen), verh. s. 1948 m. Christiane, geb. Köhn, 2 Kd. - Univ. Göttingen u. Hamburg (Klass. Philol., Phil.). Promot. (1951) u. Habil. (1958) Göttingen - 1958 Privatdoz. Univ. Göttingen, 1960 ao., 1962 o. Prof. Univ. Hamburg, 1963 o. Prof. Univ. Göttingen (Dir. Phil. Sem.) - BV: D. aristotel. Syllogistik, 3. A. 1969 (engl. 1968, rumän. 1971); Sprache u. Logik, 2. A. 1981 (ital. 1973); Ethik ohne Metaphysik, 2. A. 1983 (span. 1976); Tatsachen, Normen, Sätze, 1980 (span. 1986); Aristoteles, Metaphysik Z, gr. Text, dt. Übers. u. Kommentar (m. M. Frede), 1988. Zahlr. Ztschr. u. Buchbeitr. - 1971 o. Mitgl. Akad. d. Wiss. Göttingen; 1979-85 Mitgl. Senat DFG; 1984-85 Mitgl. Wiss.-Kolleg Berlin; 1988 Präs. Akad. d. Wiss. Göttingen; 1989 korr. Mitgl. J. Jungius-Ges. d. Wiss. Hamburg; 1983 Niedersachsenpreis f. Wiss.

PATZSCHKE, Jochen

Hauptlehrer, a. D., MdL Nieders. (s. 1970) - Freiherr-vom-Stein-Str. 12, 3202 Bad Salzdetfurth (T. Groß Düngen 05064 - 13 22) - Geb. 29. Aug. 1932 Roßla, Krs. Sangerhausen - Vors. d. SPD Unterbez. u. Kreisverb. Hildesheim s. 1974 - 1978 BVK.

PAU, Hans

Dr. med., Dr. h. c., em. o. Prof. f. Augenheilkunde - Himmelgeister Landstr. 87, 4000 Düsseldorf (T. 311 - 73 20) - Geb. 11. April 1918 Duisburg - S. 1951 (Habil.) Lehrtätigk. Med. Akad. Düsseldorf, Univ. Münster (1957 apl. Prof.), Kiel (1959 Ord. u. Klinikdir.), Düsseldorf (1967 Ord. u. Klinikdir.). Emerit. s. 1986 - BV: D. Permeabilitätskatarakt, 1954; Reaktive Zellveränderungen in Horn- u. Netzhaut, 1957; Differentialdiagnose d. Augenkrankh., 1974, 1986; Lehrb. d. Augenheilkunde, (Axenfeld/ Pau) 1973; Therapie i. d. Augenheilkd., 1977; Augenheilkd. i. Kindesalter, 1978; Differential Diagnosis of Eye Diseasis, 1978, 1987; Diagnosi Differentiale in Oftalmologia, 1989 - 1971-72 Präs. Dt. Ophthalmol. Ges.; 1982 Dr. h. c.; 1986 Johannes Weyer-Med. d. Nordrh. Ärzteschaft; 1987 BVK I. Kl.; 1988 Ehrenmitgl. Dt. Ophthalmol. Ges. u. Vereinig. Rhein.-Westf. Augenärzte.

PAUDTKE, Helmut

Dipl.-Kfm., Geschäftsführer Fachvereinig. Chem. Bürobedarf im Verb. d. Chem. Ind. - Karlstr. 21, 6000 Frankfurt/ M. 1.

PAUELS, Heinrich

Dr. jur., em. o. Prof. f. Gesch., Didaktik d. Gesch. u. Polit. Bild. Univ. Köln - Rheinallee 13, 5300 Bonn-Bad Godesberg (T. 35 19 18) - Geb. 31. Juli 1914 in Weeze/Niederrh., kath., verh. s. 1942 m. Franziska, geb. Diederichs. - Abit. 1933; Univ. Köln u. Bonn (Gesch., Phil. u. Rechtswiss.); 1953-61 Ref. u. Gruppenleit. Bundeszentrale f. polit. Bild., Bonn, s. 1961 o. Prof. Mitbegr. Dt. Kommiss. f. d. Europ. Schultag, Mitbegr. Forschungsinst. Medienwirk. b. Jugendl., Köln. Herausg. versch. Lehrmittel z. Gesch.

PAUELS, Heinz

Komponist - Zu erreichen üb.: Städtische Bühnen, 5000 Köln - Geb. 1. März 1908 - Akad. d. Tonkunst München, Musikhochsch. Köln (Walter Braunsfels) - S. 1932 Kölner Bühnen (1948 ff. Leit. Schauspielmusik). Üb. 200 Schauspielmusiken, d. Opern: Moll Flanders u. O Hyazinthia, Ballette: Mardi gras u. Bereshit.

PAUER, Max

Dr. phil., Ltd. Bibliotheksdirektor Univ. Regensburg i. R. - Macheinerweg 14, 8400 Regensburg (T. 0941 - 9 21 00) - Geb. 10. Jan. 1924 München (Vater: Dr. phil. Franz P., Lehrer), kath., verh. s. 1954 m. Agnes, geb. Rauscher - 1955-59 Leit. Bibl.schule d. Bayer. Staatsbibl. München, dann Oberreg.bibl.rat u. Dir. Univ.bibl. Würzburg, 1964-89 Dir. Univ.bibl. Regensburg (Neugründ.); 1971-73 Vors. Verein Dt. Bibliothekare; s. 1978 Stadtrat - BV: D. wiss. Bibl.en Münchens, 1958. Herausg.: Beitr. z. Buch- u. Bibl.wesen (s. 1979); Wiss. Bibl.en in Regensburg (1981).

PAUL, Bodo

Dr. rer. oec., Dipl.-Kfm., Vorstandsmitgl. Orenstein & Koppel AG., Dortmund (b. 1981), Gen.Bevollm. d. Unternehmensgruppe Brügmann, Dortmund - Seibertzweg 4, 4600 Dortmund - Geb. 11. März 1924 Saarbrücken.

PAUL, Egbert

Dr. jur., Bundesrichter - Hardenbergstr. 31, 1000 Berlin 12; priv.: 38, Reifträgerweg 34 - Geb. 26. Mai 1918 - Gegenw. Bundesverw.sgericht.

PAUL, Eugen

Dr. theol., o. Prof. f. Religionspädagogik Univ. Augsburg/Kath.-Theol. Bereich (s. 1974) - Kirchenweg 11, 8901 Diedorf - Geb. 3. Mai 1932 Heilbronn/N. - Promot. 1969 - 1969 Doz. PH Weingarten; 1972 ao. Prof. Phil.-Theol. Hochsch. Passau. Bücher u. Aufs.

PAUL, Fred

Prof., Dr. med., M.D., Facharzt f. Inn. Med. u. Gastroenterologie, Chefarzt Med. Klinik II, Klinikum Ingolstadt - Krumenauerstr. 25, 8070 Ingolstadt (T. 0841 - 880-21 50) - Geb. 3. Mai 1938 Münster/W. (Vater: Hans, Offz.; Mutter: Berta, geb. Starbati), verh. s. 1965 m. Ingrid, geb. Scheu, 3 Kd. (Sabine, Susanne, Sebastian) - Stud. d. Med. u. Physiol. Univ. Berlin (Freie), Wien, Paris, Heidelberg; Habil. 1972 Hannover - Fachmitgliedsch.; zahlr. wissensch. Veröff. a. d. Gebieten gastrointestinale Hormone, gastrointestinale Motilität, operative Endoskopie; Fachbuchbeitr. - Liebh.: Musik d. Barock, Gesch., Schach, Ski, Tennis - Spr.: Engl., Franz.

PAUL, Fritz

Dr. phil., o. Prof. f. Germanische, insbes. Nordische Philol. - Klosterweg 6a, 3400 Göttingen (T. 38 01 61) - Geb. 4. April 1942 Nesselwang (Vater: Friedrich P., Dipl.-Ing.; Mutter: Gertrud, geb. Weißenhorn), kath., verh. s. 1968 m. Brigitta, geb. Breitschädel, T. Sonja - Gymn. Kempten (Abit, 1962); 1964-68 Stud. München u. Oslo, Promot. 1968, Habil. 1972 - 1972 Prof. Bochum, 1979 o. Prof. u. Dir. Skandin. Sem. Univ. Göttingen, 1983-84 Dekan Philos. Fak., s. 1985 stv. Vors. Philos. Fakultätentag, s. 1985 Mitgl. intern. Aussch. u. Finanzkommiss. d. Intern. Vereinig. d. Germanisten (IVG), s. 1987 Wiss. Beirat Brüder Grimm-Ges., s. 1988 o. ausl. Mitgl. Kgl. Schwed. Akad. f. Lit., Gesch. u. Altertumsforsch. Stockholm - BV: Symbol u. Mythos, Stud. z. Spätwerk H. Ibsens, 1969; Henrich Steffens, 1973; August Strindberg, 1979; Grundzüge d. neueren skandin. Literaturen, 1982; Schwedische Lit. in dt. Übersetzung 1830-1980 (7 Bde.), 1987/88 - Spr.: Engl., Skandinav. Sprachen.

PAUL, Günter

Dipl.-Ing., Prof. TH Darmstadt - Im alten Garten 1, 6126 Brombachtal (T. 06063 - 31 13) - Geb. 17. März 1921 Hirschberg/Schles. (Vater: Max P., Beamter; Mutter: Philomena, geb. Haney), kath., verh. s. 1945 m. Charlotte, geb. Herrmann, 2 Kd. (Gabriele, Matthias) - 1939-43 TH Berlin u. Univ. Bonn (Dipl.-Ing.); 1949-51 Refer. u. Ass. - 1945-49 Bauleit. Ing.-Büro; 1951-54 Stadt Essen (Abt.-Leit. Bodenordn. Innenstadterneuer.); 1955-76 Leit. Stadtverm.ess.amt Offenbach. Ab 1977 Prof. (aufgr. wiss. Leist.) TH Darmstadt - BV: Stadtkernerneuer., 1970 - Spr.: Engl.

PAUL, Hans-Ludwig

Dr. rer. nat., Dipl.-Biol., Prof. f. Virologie, Direktor Inst. f. Viruskrankh. d. Pflanzen Biol. Bundesanst. f. Land- u. Forstwirtsch. - Messeweg 11/12, 3300 Braunschweig (T. 0531 - 39 92 50) - Geb. 29. März 1926 Gleiwitz - Dipl. 1949, Promot. 1950 - S. 1953 Virologe. Hon.-Prof. Univ. Göttingen.

PAUL, Heinz Otto

Dr. phil., Prof. f. Musik, Hochschullehrer - Saargemünder Str. 183, 6600 Saarbrücken 6 (T. 85 33 31) - Geb. 14. Febr. 1926 Riegelsberg (Vater: Heinrich Max P., Amtsrentmeister; Mutter: Margarete, geb. Schneider), ev., verh. s. 1958 m. Ingeborg, geb. Weiss, 2 Kd. (Monika, Harald) - Lehrerausbildung, Stud. d. Schulmusik u. Phil. - BV: Musiksch. I/II, 1970/72; Musikerziehung u. Musikunterr. i. Gesch. u. Gegenwart, 1973 (Kompos.).

PAUL, Johannes

Dr. phil., D. h.c., Prof. f. Geschichte - Hallerstr. 5E, 2000 Hamburg 13 - Geb. 12. Mai 1891 (Vater: Karl P., Reichsgerichtsrat; Mutter: Margarethe, geb. Dederen), verh. s. 1921 m. Astrid, geb. Burström, verw. s. 1979, 3 Kd. (Siglinde, Sigurd; u. 1 angen. T. Felicitas) - Stud. München, Leipzig, Uppsala - 1921 Priv.-Doz. Greifswald, 1927 a.o. Prof. Greifswald, 1930-32 o. Prof. Riga u. Greifswald, 1955 Hamburg - BV: Lübeck u. d. Wasa, 1920; Engelbrekt Engelbrektsson, 1921; Nordische Gesch., 1921; Reformation u. Gegenreformation, 1923; Gustav Adolf, 1927-32; Europa im Ostseeraum, 1961; Hrsg.: Mare Balticum, s. 1965; Nord. Stud. 1921-39; Reihe, Persönlichk. u. Gesch.: Gustav Adolf - Christ u. Held, 1964; Ernst Moritz Arndt (D. ganze Teutschland soll es sein), 1971 u.v.a. - 1932 Ehrendoktor, 1973 Pom. Kulturpreis, 1978 E.M. Arndt-Med. - Liebh.: Eislauf - Spr.: Schwed., Engl., Franz., Russ - Lit.: Siegfried Droese, Johannes Paul: D. Mensch u. s. Werk, 1971.

PAUL, Jürgen

Dr. phil., Prof. f. Kunstgeschichte - Neckarhalde 37, 7400 Tübingen 1 (T. 07071 - 4 15 63) - Geb. 15. Nov. 1935 Dresden (Vater: Eberhard P.; Mutter: Ruth, geb. Währer), led. - Stud. Univ. Freiburg, München, FU Berlin, Florenz; Promot. 1963, 1963-69 Univ. Köln, New York, Toronto; Habil. 1973 Tübingen - 1973-78 Prof. f. Archit. u. Stadtbaugesch., TU Braunschweig, s. 1978 Prof. f. Kunstgesch., Univ. Tübingen - BV: D. mittelalterl. Kommunalpaläste in Italien, 1965; D. Palazzo Vecchio in Florenz, 1969; Archit. in Dtschl. (m. H. u. M. Bofinger u. H. Klotz), 1979; D. dt. Rathaus im 19. Jh. (m. E. Mai u. St. Waetzoldt), 1982.

PAUL, Theodor

Dr. jur., Rechtsanwalt, Präs. Zentralverb. d. Dt. Haus-, Wohnungs- u. Grundeigentümer (s. 1971) - Cecilienallee 45, 4000 Düsseldorf (T. 43 45 55) - Geb. 31. Juli 1925 Hagen - Zul. gf. Präsidialmitgl. ZdDHWuG.

PAUL, Wolfgang

Dr. rer. pol., Hauptgeschäftsführer i. R. IHK f. d. Regierungsbezirk Lüneburg - Spechtsweg 8, 2120 Lüneburg (T. 4 42 10) - Geb. 15. Febr. 1910 Erfurt/ Thür. (Vater: Ferdinand P., Oberlehrer; Mutter: Charlotte, geb. Brandt), ev., verh. s. 1940 m. Charlotte, geb. Schütz, 2 Söhne (Wolfgang, Dietrich) - Lehre Dt. Bank, D'dorf; 1933-36 Univ. Köln, Marburg, Berlin - 1935-36 Wiss. Assist. Berlin, 1937-39 Ref. Wirtschaftsgruppe Groß- u. Außenhandel ebd., 1939-41 Wehrdst., 1942-45 Ref. Reichsmin. f. Rüstung u. Kriegsprod., Berlin (Generalreferat Wirtschaft u. Finanzen), 1945 dt. Wirtschaftssachverst. Amerik. Gruppe Kontrollrat ebd., s. 1946 Geschäfts-, stv. (1959) u. Hauptgf. (1961) IHK Lüneburg - BV (Mitverf.): D. Preisbild. im Groß-, Ein- u. Ausfuhrhandel, 1938; Heimatchronik d. Stadt u. d. Landkr. Celle, 1956 - Spr.: Engl. - Rotarier.

PAUL, Wolfgang

Dr.-Ing. (habil.), Prof. f. Experimentalphysik u. Direktor Physikal. Inst. Univ. Bonn (s. 1952), Mitleit. Abt. Nuklearphysik CERN (Europ. Kernforschungszentrum), Genf (s. 1965) - Stationsweg 13, 5300 Bonn (T. 3 46 32) - Geb. 10. Aug. 1913 Lorenzkirch (Vater: Prof. Dr. Theodor P., Pharmazeut; Mutter: Elisabeth, geb. Ruppel), verh. m. Liselotte, geb. Hirsche - TH München u. Berlin - 1944-52 Doz. u. apl. Prof. (1950) Univ. Göttingen. Fachveröff. - 1977 Ehrendoktorwürde Univ. Uppsala/ Schwed.; 1979 Präs. Alexander-v.-Humboldt-Stiftg.; Mitgl. Akad. d. Wiss. NRW; 1980 Mitgl. Orden Pour le Mérite; 1981 Gr. BVK m. Stern.

PAUL, Wolfgang

Schriftsteller, Vors. Gerhart-Hauptmann-Gesellschaft, Kurat.-Mitgl. Hermann-Sudermann-Stiftg. (s. 1969) - Bismarckallee 14, 1000 Berlin 33 (T. 892 83 02) - Geb. 8. Dez. 1918 Berlin (Vater: William P., Offizier, Beamter; Mutter: Margarete, geb. Hempel), ev., verh. s. 1948 m. Hanna, geb. Möller, 2 Kd. (Christiane, Siegfried) - Realgymn. u. Univ. Berlin (2 Sem. German., Kunstgesch., Ztg.wiss.) - S. 1946 Theater- u. Literaturkritiker Dresden u. Berlin (1949); s. 1958 auch Fernsehkrit. (u. a. D. Tagesspiegel) - BV: Dresden 1953, R. 1953; Rund ums Buch, Feuill. 1958; Televisionen, Feuill. 1958; Mauer d.

Schande, Bericht 1961; Phantast. Augenblicke, Erz. 1962; Kampf um Berlin, Sachb. 1962 (30 Ts.); ... z. B. Dresden, Sachb. 2. A. 1965; Einladung ins andere Dtschl., Sachb. 1967; D. letzte Nacht, R. 1968; Entscheidung i. September - Das Wunder an der Marne 1914, Sachb. 1974; Erfrorener Sieg, 1975; D. Endkampf um Dtschl. 1945, 1975; D. Feldlager, 1978; Erspieltes Glück, 500 J. Lotterie u. Lotto, 1977; Brennpunkte, 1977. D. Heimatkrieg 1939-45, 1980; Gesch. d. 18. Panzerdivision, 1975; Wer war Hermann Göring, Biogr. 1983; D. Potsdamer Inf.-Regiment 9, 1983; dazu Dokumentenbd. 1984; Realgymn. Blasewitz - Gesch. e. sächs. Schule, 1984; Dresden - Gegenwart u. Erinnerung, R. 1986; Nehring-General d. Panzer, Biogr. 1986; Mein Vaterland, R. 1988. Neufassung: Baron v. Pöllnitz, D. verschwenderische Liebhaber (La Saxe galante, 1964). Mitarb. zahlr. Anthologien. Herausg.: Bild bde.: Dtschl. in d. 60er Jahren (1963), Anmut d. Leibes (1965), Glück auf Sylt (1966). Hörspiele; Fernsehfilme (u. a. Lyrik d. Welt, 13 Farbf. 1968/69) - 1965 Premio giornalistico internazionale Citta di Roma; 1971 Mitgl. PEN-Zentrum BRD; 1985 BVK I. Kl. - Liebh.: Reisen - Spr.: Engl., Franz.

PAULEIKHOFF, Bernhard

Dr. med. (habil.), Dr. phil., Prof., Wiss. Rat, Leiter Abt. f. Klin. Psychopathologie u. Med. Psych./Psychiatr. u. Univ.s-Nervenklinik Münster (s. 1967) - Besselweg 11, 4400 Münster/W. (T. 5 54 86) - Geb. 23. Okt. 1920 Varensell - S. 1956 Privatdoz. u. apl. Prof. (1962) Münster (Psychiatrie u. Neurol.). Etwa 80 Fachveröff.

PAULI, Günter

Beigeordneter Stadt Koblenz, MdB (Landesliste Rhld.-Pfalz) - Kierweg 1, 5400 Koblenz 1 (T. 0261 - 2 39 19) - SPD.

PAULI, Hans

Dr., Verbandsdirektor Westfälischer Genossenschaftsverb. (Schulze-Delitzsch) (s. 1969) - v.-Steuben-Str. 4-6, 4400 Münster/W. (T. 4 09 31) - Geb. 4. April 1923 - Wirtschaftsprüfer - 1983 BVK.

PAULI, Hans Adolf

Dr. jur., Ltd. Oberstaatsanwalt Münster - Zu erreichen üb. Staatsanwaltschaft Münster, Gerichtsstr. 6, 4400 Münster - Geb. 26. Mai 1929, kath., verh. s. 1958 m. Marlies, geb. Keßler, 2 T. (Eva Maria, Barbara) - 1949-53 Stud. Rechtswiss. Univ. Mainz u. Münster; Promot. 1957 Münster, 2. jurist. Staatsex. Düsseldorf - 1957-66 Dezern. Staatsanwaltsch. Duisburg u. Generalstaatsanwaltsch. Düsseldorf; 1966-73 Ref. Justizmin. NRW; s. 1973 Leit. Staatsanwaltsch. Münster.

PAULI, Herbert Karl

Dr. med., Chefarzt Geburtshilfl.-gynäkol. Abt. Kreiskrkhs. Elim, Privatdoz. Univ. Erlangen-Nürnberg (s. 1970) - Hohe Weide 17, 2000 Hamburg 19.

PAULI, Ludwig

Dr. phil., Archäologe - Alramstr. 9, 8000 München 70 - Geb. 18. März 1944 Hof/S. - Gymn. Fridericianum Erlangen, Stud. München, Kiel, Freiburg, Rom; Promot. 1969 München - 1970 Forschungsauftr.; 1976 wiss. Mitarb. d. Bayer. Akad. d. Wiss. - BV: Stud. z. Golasecca-Kultur, 1971; D. Dürrnberg b. Hallein I-III, 1972/74/78; Kelt. Volksglaube, 1975; D. Alpen in Frühzeit u. Mittelalter, 1980 (ital. 1983, engl. 1984) - 1975 korr. Mitgl. Dt. Arch. Inst.; 1980 Silb. Ehrenz. Land Salzburg; 1982 Buchpreis Dt. Alpenverein; 1986 Fritz-Winter-Preis.

PAULIG, Oswald

Dipl.-Volksw., Direktor, Mitgl. Hbg. Bürgerschaft (s. 1953; 1965 Vors. SPD-Fraktion) - Heinrich-Heine-Weg 4, 2050 Hamburg 80 (T. 721 74 33) - Geb. 8. Mai 1922 Hamburg, verh. - Oberrealsch.; 1945-49 Stud. Wirtschaftswiss. (Werkstud.) - Wehrdst. (b. 1945 Flugzeugf.); GEG, Wohnungsbaukasse, Co op Zentrale AG. (1972-74 Vorstandsvors., dann ARsmitgl.), Co op Grundstücksges. KG. (1975 pers. haft. Gesellsch.), alle Hamburg. Präs. Bund dt. Konsumgenoss. S. 1970 Vors. SPD-Landesverb. Hamburg (1972-80).

PAULIG, Ruth,

geb. Köhl

Biologin, Kunsterzieherin, MdL Bayern (s. 1986) - Neubruch 16, 8036 Breitbrunn - Geb. 7. Juli 1949, kath., verh. s. 1973 m. Hubert P., 3 Kd. (Vinzenz, Xaver, Wenzel) - Dipl. (Biol.) 1973 München; 1. u. 2. Staatsex. (Kunsterziehung) 1978/80 Akad. d. Bild. Künste München - Gründungsmitgl. Partei D. Grünen; 1978-80 Kreisvors. Landkr. Starnberg; 1984-86 Kreisrätin Landkr. Starnberg - Fachveröff. in Med. Virologie - Bek. Vorf.: Hermann Köhl, Ozeanflieger 1928 (Großonkel).

PAULINA-MÜRL, Lianne-Maren

Dipl.-Volksw., Landtagspräsidentin Schlesw.-Holst. (s. 1987) - Henry-Dunant-Allee 25, 2300 Kronshagen - Geb. 18. Sept. 1944 Bühlau - SPD.

PAULING, Linus Carl

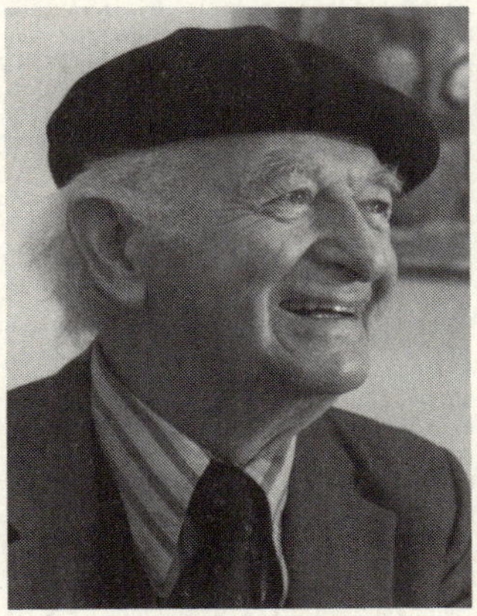

Dr. phil., Dr. h.c., Prof., Linus Pauling-Inst. of Science and Medicine, USA - 440 Page Mill Road, Palo Alto, California/ USA - Geb. 28. Febr. 1901 Portland, verh. 1923-81 m. Ava Helen, geb. Miller †, 4 Kd. - Stud. Chemie, Physik, Math. u. Ing.wiss.; Promot. 1925 - 1926-27 Mitarb. Guggenheim-Inst., München; b. 1974 Prof. f. Chemie u.a. in Oxford, San Diego u. Stanford. Kurat.-Mitgl. Albert-Schweitzer-Friedens-Zentrum, Inst. z. Förderung gewaltfreier Politik, Saarbrücken - BV: The Nature of the Chemical Bond, 1939; No More War!, 1958; Vitamin C and the Common Cold, 1970; How to Live Longer and Feel Better, ersch. 1986 - 1954 Nobelpreis f. Chemie; 1962 Friedensnobelpreis; Ehrendoktor.

PAULITSCH, Peter

Dr. rer. nat., o. Prof. f. Mineralogie u. Petrographie u. Direktor Mineral. Inst. TH Darmstadt (s. 1960) - Landskronstr. 79, 6100 Darmstadt (T. 6 58 23) - Geb. 3. Mai 1922 Gradenberg - Habil. 1952 Graz - 1956-60 Lehrtätigk. TU Berlin (1959 apl. Prof.). Zahlr. Fachveröff.

PAULMANN, Gerhard

Dr.-Ing., Prof. TH Darmstadt - Berliner Str. 29, 6108 Weiterstadt 1 (T. 06150 - 21 70) - Geb. 2. Mai 1926 Frankfurt/M. (Vater: Heinrich P., Kaufm; Mutter: Adele, geb. Kamm), ev., verh. s. 1959 m. Marianne, geb. Friedrich, 2 Kd. (Johannes, Elisabeth) - Dipl.-Ing. 1955, Promot. 1969 - Ab 1964 Präs. Techn. Komitt. Intern. Tar Konfz. Üb. 80 Veröff. in wiss. Ztschr. - 1967 Lüer-Preis - Spr.: Engl., Franz.

PAULS, Rolf Friedemann

Dr. jur., Botschafter, i. R. - Kohlbergstr. 11, 5300 Bonn 3 - Geb. 26. Aug. 1915 Eckartsberga/Sa. (Vater: Superint. Bodo P., Oberpfarrer; Mutter: Alma, geb. Wilkens), ev., verh. s. 1951 m. Liselotte, geb. Serlo, 2 Söhne (Christian, Andreas) - Dom-Gymn. Naumburg (Abit. 1934); 1946-49 Univ. Hamburg (Promot. 1949) - Akt. Offz. (Inf., zul. Major i. G., Verl. d. l. Armes); s. 1949 Bundeskanzleramt u. AA Bonn (Ausl.-posten: Luxemburg, Washington, Athen, Brüssel. 1965 Botschafter Tel Aviv, 1969 Washington, 1973 Peking, 1976 Nato, Brüssel) - BV: Rettet uns d. Rüstungspolitik, 1982; Deutschlands Standort in d. Welt, 1984 - U. a. Ritterkreuz, Gr. BVK m. Stern.

PAULS, Wolfgang

Dipl.-Psych., freier Autor (einige Titel unt. Frank Asberg) - Beuneberg 23, Postf. 11 53, 6101 Brensbach/Odw. (T. 06161 - 16 70) - Geb. 12. Dez. 1948 Lübeck, ev., verh. s. 1979 m. Irene, geb. Walter, 3 Kd. (Susanne, Oliver, Vera) - 1965-68 Verwaltungslehre, Lübeck; 1969-72 Abendgymn., ebd.; Stud. Psych. u. Phil. 1972-79 Heidelberg - 1979-80 fr. Mitarb. e. Psych.-Praxis sow. Übers. psych. Fachb., wiss. u. populärwiss. Veröff.; 1980-83 Einzel- u. Gruppentherapeut Fachklinik f. suchtkranke Frauen in Altenkirchen/Ww. zugl. psychotherap. Weiterbild.; 1983-85 Begleitforsch. f. e. Modellversuch am Berufsförderungswerk (BFW) Hamburg; s. 1986 fr. Schriftst. u. VS-Mitgl. - Üb. 30 Kassetten-Hörspiele f. Kinder; Drehb. f. FS-Filme: ZDF-Reihe Hals üb. Kopf u. ZDF-Serie Forsthaus Falkenau; Hörfunkmanuskripte; 11 Kinder- u. Jungendb., dar.: E. Versteck f. d. Fischotter, Jule u. Steffen b. Greenpeace, Das kann Opa doch nicht machen, sow. d. Bde. d. Ravensburger Krimi-Reihe: Scotland Yard - Liebh.: Familie, Kinder, fotografieren/ filmen, Goldfischglas - Spr.: Engl., Franz. (Teilkenntnisse).

PAULS-HARDING, John

Regisseur u. Autor - Buschingstr. 45, 8000 München 80 (T. 089 - 91 35 12) - Geb. 19. Okt. 1922 Berlin (Vater: Willy, Fabr.; Mutter: Lucy, geb. Schließer), Menn. - Schauspiel- u. Regieausb. Berlin (Bergmann; Abschl.) - Vornehml. Film u. Fernsehen, Bühnenrollen München. Dialogregie f. James Bond, Woody Allen, Barbara Streisand - Spr.: Engl.

PAULSEN, Carsten

BaLandwirt, MdL Schlesw.-Holst. (Wahlkr. 6/Husum Eiderstedt) - Mühlenhof, 2254 Koldenbüttel - Geb. 20. Mai 1932 Koldenbüttel - CDU.

PAULSEN, Hans

Dr. rer. nat., o. Prof., Lehrstuhl f. Naturstoffchemie, Inst. f. Organ. Chemie Univ. Hamburg (s. 1972) - Hinsbeker Berg 11, 2000 Hamburg 65 - Geb. 20. Mai 1922 Hamburg - Promot. u. Habil. Hamburg - S. 1962 Lehrtätigk. Hamburg (1968 apl. Prof.). Etwa 350 Fachveröff. - 1980 Emil-Fischer-Med; 1983 Haworth-Memorial-Med.; 1985 C.S. Hudson-Award.

PAULSEN, Peter

Dr.-Ing., Geschäftsführer Dr. Rudolf Kellermann GmbH., Rudolf Kellermann Fabrik f. Gewindeteile KG, bde. Osterode, Fabr. f. Konstruktionsteile Rudolf Kellermann GmbH., Homberg - Burghain 14, 6313 Homberg - Geb. 25. Mai 1925.

PAULSEN, Sönke

Landwirt, Verbandspräsident Norddt. Genossenschaftsverb. Schleswig-Holst. u. Hamburg (Raiffeisen-Schulze-Delitzsch) (s. 1982) - Raiffeisenstr. 1, 2300 Kiel (T. 0431 - 6 69 20).

PAULSEN, Uwe

Dr. sc. pol. - Blöckhorn 2, 2000 Hamburg 65 (T. 601 45 90) - Geb. 7. Sept. 1932 Ahrensbök (Vater: Hellmuth P., Bankprokurist i. R.; Mutter: Maria, geb. Schröder), verh. s. 1960 m. Marianne, geb. Dummer, Tocht. Sabine - Stud. Hamburg, Kiel (Wirtschaftswiss.). Dipl.-Volksw.; Promot. - 1959-1968 Verbandsgeschäftsf.; 1968-75 Vetriebs-, Verw.-, zul Alleinvorst. Bill-Brauerei AG; 1975-88 Vorst.-Vors. Bavaria St. Pauli-Brauerei AG; stv. Vors. Arbeitgebervereinig. Nahrung u. Genuß, Bonn; Vors. Arbeitgeberverb. d. Ernährungsind. Hamburg/Schlew.-Holst., Hamburg, u. Verb. Brauereien v. Hamburg/ Schlew.-Holst. - BV: Wettbewerbsprobleme d. dt. Brauwirtschaft im Gemeins. Markt (Agrarpolit. u. Marktw. H. 1), 1963 (Hrsg. v. W. Albers u. H. H. Herlemann); D. Hopfenmarkt d. EWG u. anderer wicht. Länder, 1965 (m. R. Muck).

PAULUS, Dieter

Dr. jur., Rechtsanwalt - Brunnenwiese 35c, 7000 Stuttgart 75 - Geb. 22. März 1932 Stuttgart - Vorst.-Vors.: Allg. Rentenanstalt AG; Vorst.: Württ. Feuerversicherung AG, bde. Stuttgart; AR: Leonberger Bausparkasse AG, Leonberg, Baden-Württ. Bank AG, Württ. Hypothekenbank AG, bde. Stuttgart.

PAULUS, Hans

Landwirt, I. Bürgermeister Gde. Bubenreuth, Mitgl. Bayer. Senat, München - Hauptstr. 3, 8521 Bubenreuth/Mfr. - Geb. 3. Juni 1919 Bubenreuth. - 1980 Bayer. VO; 1984 Bayer. Verfassungsmed. in Silber.

PAULUS, Herbert

Dr. theol., Dr. phil., Theologe u. Kunsthistoriker - Haagstr. 7, 8520 Erlangen - Geb. 23. April 1913 Starnberg/ Obb. (Vater: Dr. phil. Richard P., Galeriedir.; Mutter: Sophie, geb. Reichsgräfin v. Bothmer), ev., verh. s. 1942 m. Helga, geb. Polster, 5 Kd. (Helge, Frieder, Helmut, Kurt, Helma) - Promot. Erlangen (phil. 1944 u. theol. 1948) - Ab 1942 Vikar Württ., Generalvikar Ev. Kongregation Königsfeld, 1948-50 Pfarrverweser Württ., dann Leitg. Dt. Inst. f. Merowing.-Karoling. Kunstforsch., Erlangen, u. Dir. VHS ebd. (1956-78). 1956-72 Stadtratsmitgl., 1980 Vizepräs. Ordinex (Intern. Expertenorg.) Genf. Entd.: Goya's Skizzenb. v. 1770/71 (d. einz. erhaltene) - BV (Ps. Hermann Ludwig): E. Stern in d. Nacht od. D. Seelen Zwiegespräch, Epos 1940; Jubelnder Morgen, Ged. 1942; Gesch. d. Kunst am bayer. Hofe b. z. Ende d. 18. Jh., 1943; D. Gesinnungscharakter d. merowing.-westfränk. Basilikenbaues, 1944; D. Starnberger Fragmente, 1945; D. Wachsen unseres christl. Zweckbaues, 1947; Dogmatik-Merkstoff, 1949 u. 1971; Z. Ikonographie d. Gekreuzigten im Mittelalter, 1948; D. ikonogr. Besonderheiten in d. spätmittelalterl. Passionsdarstell. Frankens, 1952; D. Erlanger Landschaft, 1956; Goya, Ital. Skizzenb., 1958; Beitr. z. Erwachsenenbild., 1968; Fritz Heidingsfeld, 1968; Samml. Fam. Prof. Dr. Klein, Düsseldorf 1974, 2. erw. Aufl. 1985; Erlangen-Stadtführer 1979. Mithrsg.: Beitr. z. Erwachsenenbild. an d. VHS Erlangen (1960); -verf.: Erlangen (Bildbd. v. Will v. Poswik; 1963); Schriftl.: Nachr. DIfMKK (s. 1951) u. Volk u. Schule (s. 1958) - 1967 Ital. VO. f. Kunst u. Wiss.; 1980 Goldmed. d. C.E.C.I.F. Brüssel; 1977 Ehrenmitgl. Acad. Gen. P.P. Roma; 1980 Acad. Int. de Lutèce-Paris; 1983 Acad. d'Italia con Med. Oro; 1984 Weltpreis d. Kultur (Vittoria) d. Centro Studi e Ricerche delle Nazioni-Calvatone/Italy - Liebh.: Angeln - Bek. Vorf.: Hofrat Adolf P., Begr. Münchner Sezession (Großv.); Ahnherr: Prof. Dr. Heinrich E. G. P., Orientalist, Jena, u. Rationalist, Heidelberg; ms.: Herzog Widukind v. Sachsen.

PAULUS, Rolf Manfred

Dr. phil., Literaturwissenschaftler, Fachjournalist - Wittelsbachstr. 65, 6700 Ludwigshafen/Rh. - Geb. 10. Juni 1942 St. Germanshof/Kr. Bergzabern (Vater: Karl P., Architekt; Mutter: Else, geb. Mathias), ev., verh. s. 1973 m. Monika, geb. Groß - Gymn.; Stud. German. u. Kunstgesch. Heidelberg, Berlin u. Mannheim (Promot. 1980) - Fr. Lit.wissensch.; Lehrauftr. Univ. Mannheim (s.

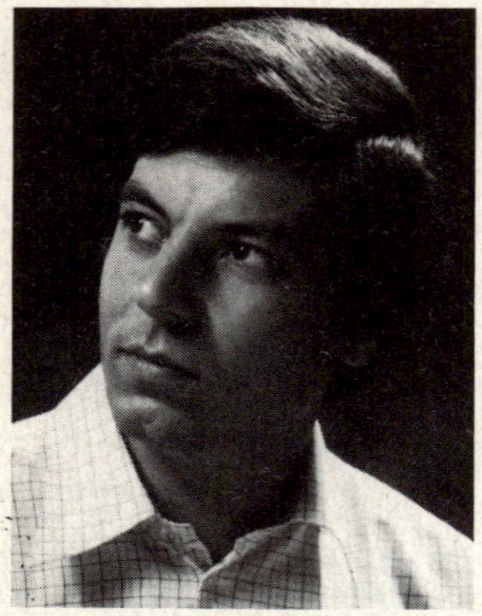

1974); Redakt. Maler-Müller-Briefwechsel (Univ. Saarbrücken). Wiss. u. journ. Veröff., s. 1979 Mithrsg. d. Krit. Maler-Müller-Ausgabe - BV: Karl-Krolow-Bibliogr., 1972; Bibliogr. z. dt. Lyrik nach 1945 (m. Ursula Steuler), 1974, 2. A. 1977 (erweit.); Praxis. d. Informationsermittlung: Dt. Lit. (m. and.), 1978; Lyrik u. Poetik Karl Krolows 1940-1970, 1980. Herausg.: Maler-Müller-Almanach 1980, 1983, 1987 u. 1988; D. Lyriker Karl Krolow (1983, m. Gerhard Kolter); Karl Krolow (Text u. Kritik, 77. Hrsg., 1983); Karl Krolow: Ged. u. poetolog. Texte (1985); Hermann Sinsheimer. Schriftst. u. Theaterkritiker zw. Heimat u. Exil (1986, m. Gert Weber); August-Becker-Lesebuch (1986); Anna Croissant-Rust: Gesch. (1987, m. Bruno Hain); Mahler Müller: Poesie u. Mahlerey (1988). Buchr./Mithrsg.: Pfalz-Bibliothek (s. 1985) - S. 1983 korr. Mitgl. Pfälz. Ges. z. Förd. d. Wiss., s. 1986 Jury-Mitgl. Hermann-Sinsheimer-Preis (Freinsheim).

PAULY, Ferdinand

Dr. phil., Dr. theol., o. Prof. f. Bistums- u. Landesgeschichte Theol. Fak. Trier - Zu erreichen üb. Univ., Theol. Fak., Postf., 5500 Trier - Geb. 3. Jan. 1917 Senheim/Mosel, kath. - S. 1961 Doz., ao. (1965) u. o. Prof. (1968) TF Trier. Bücher, Buchbeitr. u. Ztschr.aufs.

PAULY, Hans

Dr. rer. nat., apl. Prof., Wiss. Direktor Max-Planck-Inst. f. Strömungsforschung Göttingen (s. 1969) - Berliner Str. 7, 3406 Bovenden - Geb. 12. Nov. 1928 Bonn, kath., verh. s. 1960 m. Christa, geb. Nitz, 2 Kd. (Markus, Ursula) - Promot. 1958 Bonn - 1965 Privatdoz. Bonn, 1966 Doz., 1969 Wiss. Mitgl. u. Dir. Göttingen. 95 Publ. u. Buchbeitr. auf d. Geb. d. atom. u. molekul. Stoßproz.

PAULY, Walter

Dr., Dt. Generalkonsul in Marseille (Frankreich) - 388 Av. du Prado, F-13008 Marseille - Geb. 23. Juni 1918 Tübingen (Vater: Kommerzienrat Julius P.; Mutter: Anna, geb. Gold), kath., verh. s. 1968 m. Marianne, geb. Dietrich - Stud. d. Rechtswiss. Univ. München, Genf u. Columbia/USA - 1951 Vizekonsul Paris; 1952 b. 54 Gesandtsch.srat Lissabon; 1959-61 Konsul Genf; 1963-73 Dir. EG Brüssel; s. 1974 Marseille - 1955 Christorden (Portug.); 1974 Ehrendir. Europ. Kommiss. - Spr.: Franz., Engl., Ital., Span., Portug., Niederl.

PAUMEN, Hans

Oberamtsrat, MdL Nordrh.-Westf. (s. 1970) - Fasanenweg 26, 4000 Düsseldorf (T. 42 30 25) - Geb. 24. Juni 1929 Düsseldorf, verh., 3 Kd. - Verwaltungs- u. Wirtschaftsakad. Düsseldorf (Dipl.) - Führ. Funktionen Jg. Union. CDU.

PAUMGARTNER, Gustav

Dr. med., Prof., Direktor Med. Klinik II Univ. München - Tassilostr. 13, 8032 Gräfelfing (T. 089 - 854 11 10) - Geb. 23. Nov. 1933 Neumarkt/Steiermark (Österr.), kath., verh. s. 1963 m. Dr. med. Dagmar, geb. List †1988 - Matura 1952 Graz; 1952-53 Univ. Princeton; 1954-60 Med.-Stud. Graz u. Wien; Promot. 1960 Wien - Facharzt f. Inn. Med.; 1978 Extraord. Univ. Bern; 1979 Prof. f. Inn. Med. (Lehrst.) Univ. München, ab 1979 Vorst. Med. Klinik II, Klinikum Großhadern ebd.

PAUSCH, Alfons

Dr., Steuerhistoriker, Leiter Dt. Steuer-Museum, Siegburg - Ölbergringweg 8, 5330 Königswinter - Geb. 1. Jan. 1922 Passau - BV: u. a. Schiller u. d. Steuern, 1959; Goethe u. d. Steuern, 1961; Steuerkuriosa s. Menschengedenken, 1962; Steuerseufzer m. Dekor, 1963; Steuervariationen aus aller Welt, 1964; Grillparzer im Finanzdienst, 1975; Friedrich d. Großen Cassen- u. Rechnungswesen, 1977; Steuerromantik, 1978; August d. Starke General-Steuer-Ordn., 1978; Karl VI. Mauth-Steuer-Ordn., 1979; Maria Theresia, Zollordn., 1980; Herzog Eberhard, Zehntabgaben-Ordn., 1981; Kaiser Napoleon, Dt.-franz. Zollordn., 1982; V. Beutesymbol z. Steuerbilanz, Kl. Kulturgesch. d. Rechnungswesens, 1982; Kaiser Maximilian I., Ordnung d. Gemeinen Pfennigs, 1983; Luther u. d. Steuern, 1983; Illustr. Geschichte d. steuerberat. Berufes (Mitautor), 1984; D. Zöllner-Apostel Matthäus, 1985; Beethovens Steuererklärung, 1985; Türkensteuer, 1986; Steuern in d. Bibel, 1986; D. Finanzpersonal im Spiegel d. Gesch., 1987; Heiratssteuer, 1987; Steuerzahler u. Steuerrebellen, 1988; Friedrich List als Steuerfachmann u. Zollpolitiker, 1989; Kleine Weltgesch. d. Steuern, 1989.

PAUSCH-GRUBER, Ursula

Journalistin, MdL Bayern (s. 1975) - Zu erreichen üb. Bayer. Landtag, Maximilianeum, Max-Planck-Str. 1, 8000 München 85; priv.: Kairlindach 57, 8521 Weisendorf (T. 09135 - 5 87) - Geb. 1933 - SPD - Landesvors. ASF/Arbeitsgem. sozialdemokr. Frauen, stellv. Bundesvors. d. ASF.

PAUSE, Gerhard

Dr. phil., Dipl.-Psych., Universitätsprof. - Habichtsweg 7a, 2120 Lüneburg (T. 4 13 80) - Geb. 25. Febr. 1930 - S. 1964 Prof. f. Psych. Univ. Lüneburg.

PAUSENBERGER, Ehrenfried

Dr. oec. publ., Dipl.-Kfm., o. Prof. f. Betriebswirtschaftl. Univ. Gießen (s. 1973) - Licher Str. 62, 6300 Lahn-Gießen (T. 702 51 85) - Geb. 10. Mai 1931 Treisnach (Vater: Fritz P., Ltd. Angest.; Mutter: Juliane, geb. Stiglbauer), kath., 2 Kd. (Astrid, Marcus) - Stud. Univ. München u. Freiburg; Dipl.ex. 1955; Promot. 1957 - 1968-73 o. Prof. Hochsch. f. Wirtsch. u. Politik Hamburg. Wiss. Leit. Arbeitskr. Organisation u. Führ. intern. tätiger Unternehmen d. Schmalenbach-Ges. - DGfB; Fellow of the Acad. of Intern. Business. - BV: Gründungen, Umwandlungen u. Fusionen, 1961 (m. L. Beckmann); Wert u. Bewertung, 1962; Intern. Unternehm. in Entwicklungsländern. Ihre Strategien u. Erfahr., 1980; Intern. Management. Ansätze u. Ergebnisse betriebswirtschaftl. Forsch., 1981 (Herausg.); Entwicklungsländer als Handlungsfelder intern. Unternehmungen, 1982 (Hrsg.); Praxis d. intern. Finanzmanagement, 1985 (m. H. Völker) - Spr.: Engl., Franz. - Rotarier.

PAUSEWANG, Gudrun

Schriftstellerin - Brüder-Grimm-Weg 11, 6407 Schlitz - Geb. 3. März 1928 - BV: Rio Amargo, R. 1959; D. Weg n. Tongay, Erz. 1964; Plaza Fortuna, R. 1966; Bolivian. Hochzeit, R. 1968; D. Entführung d. Dona Agata, R. 1971; Aufstieg u. Untergang d. Insel Delfina, 1973; Karneval u. Karfreitag, R. 1976; Wie gewaltig kommt d. Fluß daher, R. 1978; D. Freiheit d. Ramon Acosta, R. 1981; D. letzten Kinder v. Schewenborn, Erz. 1983; Kinderbesuch, R. 1984; Etwas läßt sich doch bewirken, R. 1984; Pepe Amado, R. 1986; D. Wolke, R. 1987; Ich gebe nicht auf, Texte 1987; D. Tor z. Garten d. Zambranos, R. 1988; Fern v. d. Rosinkawiese, dokument. Bericht 1989. Herausg.: Südamerika aus erster Hand (1970); Übers. in mehrere Spr. - 1978 u. 84 Jugendbuchpreis Buxtehuder Bulle; 1984 Gustav-Heinemann-Friedenspreis (f. D. letzten Kinder ...); 1988 Dt. Jugendbuchpreis.

PAUW, Ernst-Josef

Dr. rer. pol., Bankkaufmann, Generalbevollm. Lampebank, Hamburg - Kastanienallee 8, 2061 Bliestorf (T. 04501 - 5 16) - Geb. 6. Okt. 1938 Lobberich, verh., 2 Kd. - Dipl.-Kfm. 1966. Promot. 1968 - AR Studio Hamburg Atelier GmbH; Mitgl. Außenwirtschafts-Aussch. IHK Hamburg, u. Kulturring d. Studien- u. Förderges. d. Schlesw.-Holst. Wirtsch., Rendsburg; 1. Vors. Ratzeburger Dommusiken, Ratzeburg - BV: Aspects of Financial Developments in Undeveloped Countries; D. Bankwesen in Ostafrika.

PAVEL, Hans-Joachim

Verlagsleiter, Chefdramat. Bayer. Staatstheater München/Kammersp. - Leopoldstr. 38a, 8000 München 40 (T. 089 - 34 52 18) - Geb. 13. Juli 1919 Guben/NL (Vater: Emil P., Arbeiter; Mutter: Elisabeth, geb. Krieger), ev., gesch., 3 Töcht. (Angela, Isabella, Stefanie) - Stud. Paris (1938), Berlin (1939), Freiburg/Br. (1944) - S. 1953 Verlagsleit. Div. Übers., dar. Giraudoux, Topaze, Beaumarchais - Liebh.: Archäol. - Spr.: Franz.

PAVLIK, Ladislav

Regisseur, Geschäftsf. Filmproduktion IMPULS-STUDIO München - Ottweiler Str. 6, 8000 München 83 (T. 089 - 670 11 04) - Geb. 18. März 1927 Louny/CSSR (Vater: Dipl.-Ing. Ladislav P.; Mutter: Marta, geb. Nováková), kath., verh. s. 1962 m. Melanie, geb. Veselá, T. Eva - Bühneninsz.; Kurzfilme u. Tonbildschauen - Spr.: Deutsch, Tschech., Engl.

PAWASSAR, Klaus

Prof., Dozent, Leiter Opern-Inst. Musikhochschule Köln (s. 1972) - Lotharstr. 32, 5000 Köln 41 - Geb. 19. Juni 1926 Riga-Lettland (Vater: Walter P., Angest.; Mutter: Irene, geb. Sadikoff), verh. s. 1955 m. Lilly, geb. Sunder, 3 Kd. (Frank, Georg, Irene) - Konservat. Riga, Lodz; Hochsch. Berlin-Charl., Detmold; 1950 Kapellm. Hagen, 1954 Opernkapellm. Augsburg,1964 Studienleit. u. Dir. Oper Köln, 1972 Leit. d. Opern-Inst. Musikhochsch. Köln - Orch.-Werke, Lieder, Klavierw. (nicht verlegt) - Silb. Ehrenz. d. Gen. Dt. Bühnenangeh. - Spr.: Engl., Lettisch, Ital.

PAWELKE, Ansgar

Rechtsanwalt, Hauptgeschäftsf. Vereinig. d. Arbeitgeberverb. d. Dt. Papierind., Bonn - Keplerstr. Nr. 16, 5300 Bonn-Bad Godesberg - Geb. 14. Sept. 1925.

PAWELSKI, Oskar

Dr.-Ing., Dipl.-Ing., Prof. TH Aachen (s. 1976) - Max-Planck-Str. 1, 4000 Düsseldorf (T. 6 79 21) - Geb. 21. April 1933 Witten/R. - Stud. Allg. Maschinenbau TH Hannover; Dipl.ex. 1957; Promot. 1960; Habil. 1970 Clausthal. S. 1971 Wiss. Mitglied u. Dir. Max-Planck-Inst. f. Eisenforschung, Düsseldorf; 1971 apl. Prof. TU Clausthal. Fachmitgl.sch. Mitarb. div. Fachb. - 1968 Masing-Gedächtnis-Preis - Liebh.: Violinspiel (Streichquartett) - Spr.: Engl.

PAWELZIK, Horst

Dr., Fabrikant, Inh. Nordchemie Chem. Fabrik Hamburg-Oldesloe - Ratzeburger Str. 9, 2060 Bad Oldesloe.

PAWLEK, Franz

Dr.-Ing., o. Prof. f. Metallhüttenkunde (emerit.) - Viktoriastr. 14, 1000 Berlin 45 (T. 833 50 18) - Geb. 11. Aug. 1903 Wien (Vater: Franz P., Handelsvertr.; Mutter: Adele, geb. Waber), kath., verw., 3 Kd. (Klaus, Rudolf, Brigitte) - TH Wien (Chemie; Promot. 1927) - 1927-31 Kelsen-Labor; 1931-46 AEG-Forschungsinst. (1939 Leit. Metallurg.-magnet. Abt.); s. 1946 TU Berlin (1948 ao., 1951 o. Prof.) - BV: Magnet. Werkstoffe, 1951; Metallhüttenkd., 1983. Üb. 100 Einzelarb. - 1978 Gold. Doktordipl. TU Wien; 1983 Ehrenmitgl. TU Berlin; 1986 Georg Agricola Denkmünze der G.D.M.B. - Liebh.: Fotogr. - Spr.: Engl.

PAWLIK, Kurt

Dr. phil., o. Prof. u. Direktor Psycholog. Inst. Univ. Hamburg (s. 1966) - Von-Melle-Park 11, 2000 Hamburg 13 (T. 41 23 47 22) - Geb. 16. März 1934 Wien - Promot. (sub auspiciis praesidentis) u. Habil. Wien - 1970-74 Präs. Criminol. Scientific Council Europarat Straßburg; 1972-74 Präs., 1974-76 Vizepräs. Dt. Ges. f. Psych.; 1976-83 stv. Vors. Fachgutachteraussch. Psych. DFG; 1978-84 Dep. Secretary-General, 1984 Secretary-General International Union of Psychological Science. Abgel. Rufe: Canberra/Austral., Düsseldorf, Bonn, Mainz, Wien - BV: Personality Tests in Object. Test Dev., 1965; Dimensionen d. Verhaltens, 3. A. 1976; Diagnose der Diagnostik, 1977 (span. 1980); Multivariate Persönlichkeitsforsch., 1982; Fortschr. d. Experimentalpsychol. 1984. Herausg.: Meth. d. Psychol. (s. 1981); Internat. Dir. of Psychologists (1985); Diagnostische u. Allg. Psychol. (1988). Mithrsg.: Lehr- u. Forsch.texte Psych. (s. 1981); Multivariate Behavioral Res. (1967-75); Psych. Forsch. (1975-79); The German Journal of Psych. (s. 1977); Ztschr. f. Different. u. Diagnost. Psych. (s. 1978); Intern. Journal of Psych. (s. 1979); Methodika (s. 1984); Rev. of Personality and Socise Psychol. (s. 1981).

PAWLIK, Peter-Michael

Dr. jur., Richter a.D., MdBB (s. 1983) - Kapitän-Dallmann-Str. 8, 2820 Bremen 71 (Blumenthal) - Geb. 16. Juli 1945 Bremen - Stud. Rechtswiss. Univ. Münster, 1. Staatsex. 1969, 2. Staatsex. 1973; Promot. 1973 - CDU (s. 1974 Vors. Kreisverb. Bremen-Nord) - Liebh.: Handelsschiffahrt, Schiffahrts- u. Schiffbaugesch.

PAWLIK, Sieghard

Ingenieur, MdL Hessen (s. 1978) - Am Lachgraben 20a, 6000 Frankfurt/M. 80 - Geb. 23. Juni 1941 Berlin - Hauptsch. Berlin; Maschinenschlosserlehre; Schweißerausbild.; 2 1/2 J. Abendkurse; 3 J. Beuth-Sch. ebd. (Ing. (Verfahrenstechnik)/grad.) - Elektro- und Gasschmelzschweißer/Rohrleitungsbau Berlin; s. 1961 Ing. Hoechst AG., Frankfurt. 1972 ff. Stadtverordn. Frankfurt. SPD (Mitgl. Unterbezirksvorst.).

PAWLOWSKI, Hans-Martin

Dr. jur., o. Prof. f. Bürgerl. Recht, Zivilprozeßrecht und Rechtsphilosophie Univ. Mannheim (s. 1966; 1969/70 Rektor) - Siegfriedstr. 11, 6905 Schriesheim (T. Schriesh. 6 16 83) - Geb. 30. Okt. 1931 Bochum (Vater: Martin P., Amtsgerichtsdir.; Mutter: Änne, geb. Böke), ev., verh. s. 1960 m. Dr. jur. Enka, geb. Korn, 4 Kd. - Univ. Münster, München, Freiburg (Rechtswiss.). Jurist. Staatsprüf. 1955 (Hamm) u. 60 (Düsseldorf). Promot. 1960; Habil 1964 (beides Göttingen) - BV: D. Rechtsbesitz im geltenden Sachen- u. im Materialgüterrecht, 1961; Rechtsgeschäftl. Folgen nichtiger Willenserklärungen, 1966; Gesetz u. Freiheit, 1969; D. Stud. d. Rechtswiss., 1969; Allg. Teil d. bürgerl. Rechts, 3. A. 1987; Methodenlehre f. Juristen, 1980; Einf. in d. Jurist. Methodenlehre, 1986. Fachaufs.

PAWLU, Erich

Studiendirektor, Schriftsteller - Steichelealle 11, 8880 Dillingen (T. 09071 - 21 51) - Geb. 24. Febr. 1934 Frankstadt/Nordmähren, kath., verh. s. 1976 m. Marlene, geb. Kraus, 2 Kd. (Christian, Annette) - Abit. 1953 Human. Gymn. Ingolstadt; Stud. German., Gesch. u.

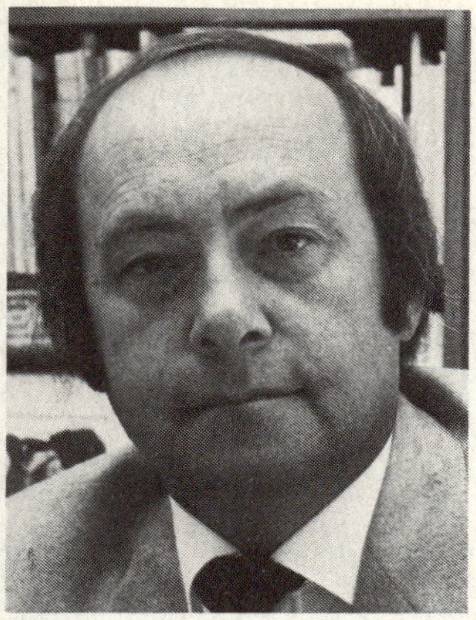

Geogr. Univ. München, 1. Staatsex. 1957 München, 2. Staatsex. 1959 Regensburg; Referendarausb. Neu-Ulm, Marktredwitz u. Schwabach - S. 1959 Gymnasiallehrer Dillingen; ständ. Mitarb. Südd. Ztg., Neue Zürcher Ztg., D. Welt, SDR u. div. Computerfachztschr. m. Satiren; Tätigk. als Theater- u. Kunstkritiker; Leit. u. Ref. b. Lehrgängen Akad. f. Lehrerfortb. Dillingen; Mitgl. Künstlergilde Eßlingen; Autor v. Schulfunk-Send., Hörsp. u. Rundfunksketchen, Serien, Berichte u. Reportagen f. d. Augsburger Allg. - BV: Lehrdichtung, 1978; Literaturkritik, 1980; Gestörte Spiele od. D. umgedrehte Hitlerbild, Erz. 1981; E. kl. bißchen Reife, Erz. 1982; D. Wunderwelt d. Menschenseele, Sat. 1983; Wenn d. Computer Gesch. macht, Sat. 1986; V. Glück d. Denkpausen, Sat. 1987; Glück in trüben Zeiten, Sat. 1988 - 1968 Geldpreis d. Arbeits- u. Sozialmin. NRW; 1969 Förderungspr. Ostd. Kulturrat Bonn (f. Erz.); 1986 Sudetendt. Kulturpreis f. Lit.; 1986 u. 88 Erzählerpreis d. Ostdt. Kulturrates; Träger d. Achievement Award Medal - Liebh.: Bild. Kunst, Musik, Reisen - Spr.: Engl.

PAX, Hellmuth

Vorstandsmitglied Norddeutsche Affinerie, Hamburg; Geschäftsf. Ges. f. Metallanlagen mbH, Hamburg - 2000 Hamburg 60 (T. 27 45 83) - Geb. 15. April 1925.

PECHEL, Peter

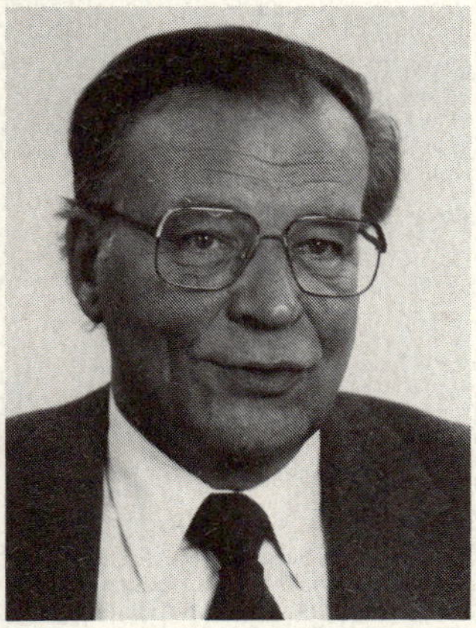

Dr. oec. publ., Chefredakteur a. D., Schriftst., stv. Vorsitzender CARE-Deutschland, Director CARE-International - Auf dem Girzen 4, 5307 Wachtberg - Geb. 21. April 1920 Berlin (Vater: Dr. phil., Dr. phil. h. c. Rudolf P., Publizist, Herausg. Dt. Rundschau; Mutter: Maria, geb. Fürst), ev.-luth., verh. s. 1953 m. Alice, geb. Prandhoff †, 2 Kd. (Vera-Maria, Peter) - Arndt-Gymn. Berlin; Univ. ebd., Göttingen, München, Zürich (Volksw., Staatswiss., Ztg.swiss.; Promot. 1950) - 1950-53 Redakt. Südwestfunk; 1954-59 Londoner Korresp. SWF, SFB, Radio Bremen, Ullstein-Verlag; 1960-66 Amerika-Korresp. Bayer. Rundf., SWF, SFB, Hess. Rundf., Radio Bremen, 1966-81 Chefredakt. SFB; Leit. u. Moderator Fernsehmagazin Kontraste u. FS-Pressekonferenz. Mitgl. Dt. Journalisten-Verb. - BV: D. Einkommensteuer im bundesstaatl. Finanzausgleich, 1950 (Diss.); Deutsche im Zweiten Weltkrieg - Zeitzeugen sprechen u. Voices from the Third Reich - An oral history (m. J. Steinhoff, D. Showalter), 1989. Mithrsg.: Dt. Rundschau (1963ff.) - U. a. EK 1; 1971 BVK; 1976 BVK I. Kl.; 1980 Jakob-Kaiser-Preis; 1986 Gr. BVK - Liebh.: Lesen, Reisen, Autofahren, Unterwasserfilmen - Spr.: Engl., Franz. - Rotarier - Bruder: Jürgen P. † 1969 (s. XV. Ausg.).

PECHMANN, Freiherr von, Hubert

Dr. oec. publ., o. Prof. f. Biol. Holzkunde u. Forstnutzung - Scherleweg 15, 8180 Tegernsee/Obb. (T. 47 87) - Geb. 19. Juli 1905 München (Vater: Friedrich Frhr. v. P., Generallt.; Mutter: Elisabeth, geb. Dornier), verh. m. Dr. med. Gertrud, geb. Schnitzler - Gymn. München; Univ. ebd. u. Freiburg (Forstwiss.). Habil 1938 München - 1938-73 (emerit.) Lehrtätigk. Univ. München (1948 Ord. u. Inst.vorst.). Zahlr. Fachveröff.

PECHSTEIN, Johannes

Dr. med., Prof., Leitender Medizinaldirektor, Kinderarzt, Kinder- u. Jugendpsychiater - Zu erreichen üb. Kinderneurol. Zentrum, Hartmühlenweg 2/4, 6500 Mainz 1 - Geb. 13. Aug. 1930 Dresden, ev., verh. s. 1957 m. Ingeborg, geb. Reschke, 3 Kd. (Dr. med. Annette, Dr. jur. Matthias, Doris) - Stud. Humanmed. 1950-56 Humboldt-Univ. Berlin, FU Berlin, Univ. München - Dir. Kinderneurologisches Zentrum Rhld.-Pfalz, Inst. f. Soziale Pädiatrie in Mainz; Vorst.-Mitgl. Dt. Ges. f. Sozialpädiatrie u. Dt. Liga f. d. Kind - BV: Verlorene Kinder?, 1972; Umweltabhängigkeit d. frühkindlichen zentralnervösen Entwicklung, 1974; Sozialpädiatrische Zentren, 1975. Beitr. Handb. f. Kinderheilkd. etc. - Spr.: Engl. - Bek. Vorf.: Maler Max Pechstein.

PEDDINGHAUS, Günter

Dipl.-Ing., Fabrikant, Mitinh. Carl Dan. Peddinghaus GmbH & Co. KG - Hochstr. 5, 5828 Ennepetal 13 (T. 02333 - 79 62 70) - Geb. 27. Sept. 1908 Altenvoerde, verh. m. Josi, geb. Breimer - Univ. Hannover - S. 1934 Familienunternehmen - Ehrensen. TH Hannover (jetzt TU); Ehrenmitgl. Präsid. AIF (Arb.-Gem. Ind. Forschungsvereinig.) - Spr.: Engl., Franz. - Rotarier.

PEDELL, Klaus

Dipl.-Kfm., Bankdirektor - Zum Ebersberg 12, 3257 Springe 1 - Geb. 12. Mai 1935 - Vorst.-Mitgl. BHW-Bank AG, Hameln; Mitgl. Zulassungsst. d. Nieders. Börse zu Hannover.

PEDRETTI, Erica

Schriftstellerin u. Bildhauerin - 4 chemin d Beau Site, CH-2520 La Neuveville - Geb. 1930 Mähren - BV: u.a. Harmloses, bitte, R. 1970; Hl. Sebastian, R. 1973; D. Zertrümmerung v. d. Kind Karl/ Veränd., R. 1977; Sonnenaufgänge Sonnenuntergänge, E. 1984; Valerie od. D. unerzogene Auge, R. 1986; Mal laut u. falsch singen, K. 1986. Div. Anthol. - Zahlr. Ausz., dar. Buchpreis schweiz. Schiller-Stiftg.; 1970 Prix Suisse; Berner Lit.pr.; 1984 Ingeborg-Bachmann-Pr.; korr. Mitgl. Dt. Akad. f. Spr. u. Dichtung Darmstadt.

PÉE, Herbert

Dr. phil., Museumsdirektor, Kunsthistoriker, Direktor i.R. Staatl. Graphische Samml., München (1971-78) - Suessenguthstr. 28, 8000 München 60 (T. 089 - 811 35 79) - Geb. 7. Juli 1913 Halberstadt (Vater: Georg P., Kaufmann; Mutter: Gertrud, geborene Herbst), ev., verh. s. 1944 m. Lieselotte, geb. Lehmann, Tocht. Gabriele - Gymn. (1919-31) Halberstadt; 1931-37 Stud. Kunstgesch. München, Berlin, Göttingen; Promot. - 1945-47 Amt f. Denkmalspflege, Braunschweig; 1947-51 Assist. Kunsthalle Hamburg; 1952-70 Dir. Ulmer Museum, Ulm - BV: u. a. Joh. Heinr. Schönfeld, 1971 - Spr.: Ital., Engl.

PEEGE, Joachim

Dr. rer. pol., Dipl.-Kfm., Dipl.-Hdl., o. Prof. f. Pädagogik, insb. Wirtschaftspäd. Univ. Mainz - Weidmannstr. 23, 6500 Mainz (T. 8 26 45) - Geb. 11. Juli 1923 Königsberg/Neumark - Habil. 1966 Erlangen - BV: u. a. Polit. Bildung aus d. Sicht d. Wirtschaftspädagogen, 1967; D. Fachschulreife, 1967; Kontakte m. d. Wirtschaftspädagogik, 1967; D. kaufm. Bildungswesen i. Rheinland-Pfalz, 1970; Konzeptionen ü. d. berufs- u. arbeitspädagogischen Kenntnisse d. Ausbilder, 1973; Individualis. d. Unterr. durch Wahlpflichtdifferenzier. in d. Realsch., 1977; Kosten d. Berufsausbild. Bankkaufm./Sparkassenkaufm., 1980; D. Betrieb im dualen System d. Berufsbildung, 1987; D. Berufsschule im dualen System d. Berufsbildung, 1988. Etwa 200 weitere Einzelarb.

PEEK, Werner

Dr. phil., Prof. f. Klass. Philologie Univ. Bielefeld - Dornberger Str. 86a, 4800 Bielefeld 1 (T. 0521 - 12 31 23) - Geb. 6. Juni 1904 Bielefeld (Vater: Heinrich P., Lehrer; Mutter: Alwine, geb. Meyer z. Selhausen), ev., verh. s. 1933 m. Dr. Ilse, geb. Schnelle, 3 Kd. (Ulrich, Holle, Imme) - 1923-29 Univ. Münster, Göttingen u. Berlin (Promot. 1929, Habil. 1937) - 1937-43 Doz., 1943-45 apl. Prof. Berlin; 1951-65 Ord. Halle/S. - Entd.: Theater d. antiken Stadt Epidauros, 1972 - BV: D. Isishymnus v. Andros, 1930; Kerameikos, Ergebn. d. Ausgrab. III, 1941; Griech. Versinschriften I, 1955; Griech. Grabged. 1960 - Mitgl. Akad. d. Wiss.: DDR, Sachsen, Heidelberg, Athen; Mitgl. Dt. Archäol. Inst.; Nationalpreis DDR; Ehrensenator Griech. Archäol. Ges. - Spr.: Engl., Franz., Ital., Neugriech.

PEEKEN, Heinz

Dr.-Ing., o. Prof. u. Direktor Inst. f. Maschinenelemente u. -gestaltung RWTH Aachen, Präs. Ges. f. Tribologie - Am Pannhaus 1, 5100 Aachen-Laurensberg (T. 0241 - 1 29 28) - Geb. 7. Nov. 1925 Schleswig - Habil. 1964 Braunschweig (TU).

PEESEL, Heinrich

Dr.-Ing., Direktor, Vors. d. Geschäftsfg. Rollei-Werke Franke & Heidecke (gegr. 1920), Braunschweig (s. 1964) - Tulpenweg 20, 3300 Braunschweig (T. 35 12 38; Büro: 70 71) - Geb. 4. März 1920 Steimke/Lünebg. Heide (Vater: Landwirt), verh. - Stud. Elektrotechnik u. Physik (durch Kriegsdst. unterbr.). Promot. 1958 (Diss.: Massives Eisen im Drehfeld) - U. s. Techn. Dir. Hamburg u. Geschäftsf. Darmstadt - Liebh.: Lesen, Klass. Musik, Fotogr., Golf - Rotarier.

PEETZ, Arthur

I. Bürgermeister Stadt Gefrees - Rathaus, 8586 Gefrees/Ofr. - Geb. 15. Jan. 1928 Gefrees - Zul. Stadtoberinsp. SPD.

PEETZ, Ulrich

Dr. rer. nat., Geschäftsführer Chem. Fabrik Kalk GmbH., Köln-Kalk - Schloßfeldweg 51, 5060 Bensberg Kr. Köln - Geb. 8. Aug. 1921 Halle/S. - Stud. Chemie.

PEFFEKOVEN, Rolf

Dr. rer. pol., Prof. f. Finanzwissenschaft Univ. Mainz, Inst.-Direktor - Kelterweg 12, 6500 Mainz 42 (T. 06131 - 50 43 17) - Geb. 29. Juni 1938 Gummersbach (Vater: Hermann P., kfm. Angest.; Mutter: Anneliese, geb. Weise), kath., verh. s. 1975 m. Andrea, geb. Matthiesen - Dipl.-Volksw. 1963 Univ. Bonn; Promot. 1966 TU Berlin, Habil. 1970 Univ. Mainz - 1970-80 o. Prof. Ruhr-Univ. Bochum; 1980-83 Univ. Kiel (Dir. Inst. f. Finanzwiss.); s. 1983 Univ. Mainz. S. 1973 Mitgl. Wiss. Beirat Bundesmin. d. Finanzen, s. 1985 Mitgl. Wiss. Beirat Univ. Sem. d. Wirtsch.; s. 1988 Wiss. Dir. Univ. Sem. d. Wirtsch. - BV: Zölle u. Lohnquote, 1966; Z. Theorie d. Steuerexports, 1975; Einf. in d. Grundbegriffe d. Finanzwiss., 1976, 2. A. 1986 - 1987 Hochschulmed. d. Hochsch. f. Verw.-Wiss. Speyer - Spr.: Engl., Franz.

PEHLE, William

Geschäftsf. Gesellschafter HMS Media Service GmbH - Irenenstr. 29, 6200 Wiesbaden - Geb. 3. Sept. 1946 Lokeren/ Belg., verh.

PEHNT, Wolfgang

Dr. phil., Architekturhistoriker, Leit. Abt. Literatur u. Kunst Deutschlandfunk - Danziger Str. 2a, 5000 Köln 40 (T. 02234 - 7 31 59) - Geb. 3. Sept. 1931 Kassel (Vater: Walter P., Chefredakt.; Mutter: Herta, geb. Rohland), verh. s. 1962 m. Antje, geb. Dahl, 2 Kd. (Annette, Martin) - Univ. Marburg, München, Frankfurt; Promot. 1956 - 1956-63 Verlagslektor; 1963ff. Redakt. u. Leit. Abt. Lit. u. Kunst Deutschl.f. - BV: Neue dt. Arch., 1970; D. Arch. d. Expressionismus, 1974 u. 81; D. Anfang d. Bescheidenh., 1983; D. Ende d. Zuversicht, 1983; Architekturzeichnungen d. Expressionismus, 1985; Karljosef Schattner, e. Architekt aus Eichstätt, 1988; D. Erfindung d. Geschichte, 1989 - 1979 Dt. Preis f. Denkmalschutz; 1984 DAI-Literaturpr.; 1988 BDA-Kritikerpreis.

PEIFFER, Jürgen

Dr. med., em. o. Prof. f. Neuropathologie u. ehem. Direktor Inst. f. Hirnforschung Univ. Tübingen (s. 1964), Tübingen, Calwer Str. 3 (T. 29 22 83) - Unterer Haldenweg 17, 7400 Tübingen 9 (T. 8 12 09) - Geb. 1. Dez. 1922 Berlin, verh. s. 1951 - Eberhard-Ludwig-Gymn. Stuttgart; Univ. München. Promot. 1950 München; Habil. 1961 Würzburg - 1950-51 Univ.-Nervenklinik München; 1951-56 Dt. Forschungsanstalt f. Psychiatrie (Max-Planck-Inst.) ebd.; 1956-62 Univ.-Nervenklinik Würzburg; 1962-64 Neurol. Univ.klinik Gießen; Rektor u. Prorektor d. Univ. Tübingen 1968-71; Mitgl. d. Wissenschaftsrates s. 1972-77; Vors. d. Wiss. Kommission u. d. Aussch. Medizin d. Wissenschaftsrates; Ordentl. Mitgl. d. Heidelberger Akad. d. Wiss.; 1974-87 Senator d. Max-Planck-Gesellsch.; Mitgl. d. Wiss. Beir. d. Bundesärztekammer; Vors. Dtsch. Ges. f. Neuropathol. 1977/ 78. Spez. Arbeitsgeb.: Neuropathologie, vorwiegend Stoffwechselkrankh. d. Gehirns, morphologische Grundl. d. Schwachsinns. Mitgl. in- u. ausl. Fachges. - BV: Morphol. Aspekte d. Epilepsien, 1963; Familial type of leucodystrophy with microcephaly and pachygyria (Norman type) Hdb. Clin. Neurol. Vol. 10, 1970 North Holland Publ. Comp., Amsterdam; The pure leucodystrophc forms of orthochromatic leucodystrophies (simple type, pigment type) ebenda, 1970. Metachromatic leucodystrophy, ebd., 1970; Neuropathol. im Lehrb. d. Pathol. (Ed. Rotter) 1975, 1978, 1980 u. im Lehrb. d. spez. Pathol. (Ed. Remmele), 1984 - 1964 Preis Michael-Stiftg.

PEIL, Eckehart

Dr. jur., Rechtsanwalt, MdL SPD Nieders. (1974-82) - Schulstr. 12A, 3167 Burgdorf (T. 12 77) - Geb. 1935 Siegen - Univ. Göttingen, Tübingen, San Antonio (USA), Heidelberg (Rechts- u. Staatswiss.) - Ab 1980 Hauptgeschäftsf. Nieders. Städtetag, Hannover.

PEILER, Herbert

Sportjournalist - Eberhard-Wildermuth-Str. 23, 3500 Kassel - Geb. 17. Jan. 1921 Kassel (Vater: Friedrich P., Polizeibeamter; Mutter: Emilie, geb. Heubach), ev., verh. s. 1948 m. Margarete, geb. Müller, 3 Kd. (Hannelore, Walter, Ullrich) - 1946/47 Zeitungsvolont.; Sem. Columbia-Univ. New York, Prakt. in Houston u. Kansas City (USA) - 1947-81

Sport-Ressortleit. Kasseler Ztg., Kasseler Post u. Hess.-Nieders. Allg. (s. 1981 i. R.) - 1943 Ehrenblatt Dt. Heer; 1981 Sportplak. in Gold Stadt Kassel; 1981 BVK - 1971 Gold. Sportabz.; 1949 Fußball-Landesmeister m. Hessen Kassel - Spr.: Engl.

PEINE, Franz-Joseph

Dr. jur., Prof. f. Öffentl. Recht, FB Rechtswiss. Univ. Hannover - Telgter Str. 48, 4800 Bielefeld - Geb. 18. Aug. 1946 Detmold, kath., verh. s. 1978 m. Dr. Hannelore, geb. Orth, 3 S. (Matthias, Christopher, Michael) - 1969-74 Stud. Univ. Göttingen, Bielefeld (Rechtswiss.); 1974-76 Refer.; Promot. 1978; Habil. 1982 - 1976-82 wiss. Assist. Univ. Bielefeld - BV: D. Recht als System, 1983; Systemgerechtigkeit, 1985; Gesetz üb. techn. Arbeitsmittel, 1986; Raumplanungsrecht, 1987.

PEINECKE, Karl Heinz

Prof., Dozent f. Schlaginstrumente Staatl. Hochschule f. Musik u. Darstell. Kunst - Urbanspl. 2, 7000 Stuttgart.

PEINEMANN, Bernhard

Autor (Ps. Steve B. Peinemann) - Zu erreichen üb. Dt. Inst. f. Ausländer, Heimhuder Str. 39, 2000 Hamburg 13 (T. 040 - 44 00 79) - Geb. 30. April 1948 Helmstedt, led. - Stud. Angl., German., Päd. u. Publiz. Univ. Braunschweig u. Hamburg; Staatsex. 1975 Hamburg - S. 1969 journal. Arb.; s. 1976 Lehrtätigk. S. 1987 Vorst. Dt. Inst. f. Ausländer, Hamburg (m. Lehrauftr. Goethe-Inst.) - BV: Feuer - d. Welt in Flammen, 1985. Veröff. zu Jugendkultur, Gegenkultur, Rockmusik. 2 Lyrikbde. - Liebh.: Gesch. d. Jugendkulturen; Natur; Florentin. Renaissance - Spr.: Engl., Lat., Ital. - Lit.: Kürschners Lit.-Lex.

PEINKOFER, Karl

Prof. Hochsch. f. Musik München, Musiker (Schlaginstr.) - Walchenseestr. 10, 8038 Gröbenzell (T. 08142 - 95 08) - Geb. 10. April 1916 München - BV: Handb. d. Schlagzeugs, 1969 u. 81 (engl. Übers. 1976).

PEIPER, Hans-Jürgen

Dr. med., o. Prof. f. Chirurgie - Senderstr. 41, 3400 Göttingen-Nikolausberg (T. 0551 - 2 26 73) - Geb. 4. Dez. 1925 Frankfurt/M. - Habil. Köln - S. 1967 Prof. Univ. Köln (apl.) u. Göttingen (1969; o.). Etwa 200 Fachveröff.

PEIPER, Ulrich

Dr. med., Prof., Direktor Physiol. Inst. Univ. Hamburg - Univ.-Krankenhaus Eppendorf, Physiol. Inst., Martinistr. 52, 2000 Hamburg 20 - Geb. 25. März 1933 Berlin (Vater: Albrecht P., Univ.-Prof.; Mutter: Herta, geb. Vieth), ev., verh. s. 1958 m. Ingeborg, geb. Dressler, 2 Kd. (Christian, Annette) - Staatsex. (Med.) 1956 Univ. Leipzig, Promot. 1956 ebd.; Habil. 1963 Univ. Würzburg - 1957-59 wiss. Assist. Physiol. Inst. Leipzig u. Würzburg; 1963 Privatdoz. Würzburg; 1968 apl. Prof. ebd.; s. 1981 Abt.-Dir. Physiol. Inst. Hamburg. Beitr. in div. Fachztschr.

PEIPERS, Harald Rudolf

Dr. jur., Hochtief AG. (s. 1956) Vorstandsmitglied - Im Heidkamp 4, 4300 Essen-Bredeney (T. 0201 - 42 44 82) - Geb. 8. März 1928 Bremen (Vater: Dipl.-Ing. Rudolf P.; Mutter: Clemence, geb. Hülbrock), ev., verh. s. 1963 in 2. Ehe m. Ingrid, geb. Aßmann, 4 Kd. (David Harald, Sabine, Carola, Marc Alexander) - Wirtsch.shochsch. Mannheim (Wirtsch.swiss.), Univ. Frankfurt u. Heidelberg (Jura). 1950 u. 1954 Jurist. Staatsprüf.; Promot. 1952 - 1955 La Genevoise, Lebensversich., Genf - Spr.: Engl., Franz., Span. - Bek. Vorf.: David P., Philosoph (Großv.).

PEISERT, Hansgert

Dr. rer. pol., Prof. (Soziol. u. Bildungsforschung) - Postf. 55 60, 7750 Konstanz (T. 07531 - 8 81) - Geb. 30. April 1928 Berlin - 1956 Promot. (Basel), 1965 Habil. (Tübingen), 1967 apl. Prof. (Konstanz) - BV: Soziale Lage u. Bildungschancen in Dtschl., 1967; D. vorzeit. Abgang v. Gymn. (m. R. Dahrendorf), 1967; D. Ausw. Kulturpolitik d. BRD, 1978; D. Hochschulsystem in d. Bundesrep. Dtschl. (m. G. Framhein), 1979; Studiensituation u. stud. Orientierungen an Univ. u. Fachh. (m. T. Bargel, G. Framhein), 1987. Herausg.: Abiturienten u. Ausbildungswahl (1981).

PEISL, Anton

Dr. oec. publ., Vorstandsmitglied Siemens AG - Wittelsbacherplatz 2, 8000 München 2 (T. 089 - 2 34-24 00) - Geb. 30. Juli 1930 Freising b. München, kath., verw., 3 Kd. (Dr. Martin, Ulrich, Wolfgang) - Stud. Volks- u. Betriebsw. Univ. München - Spr.: Engl., Franz.

PEISL, Johann S. (Hans)

Dr. rer. nat., Prof. f. Festkörperphysik, Röntgen- und Neutronenphysik, Dipl. Physiker - Wilhelm-Düll-Str. 18, 8000 München 19 (T. 089-157 52 53) - Geb. 11. Sept. 1933 Füssen (Vater: Sebastian P., Konditor; Mutter: Maria, geb. Meisenecker), kath., verh. s. 1960 m. Siegl. P., 2 T. (Anna, Barbara) - Oberrealsch. Füssen, Abit. 1952; TH München, Dipl.-Phys. 1958, Promot. 1962, Habil. 1966 - 1962 Wiss. Assist. TH München, 1963 TH Darmstadt, 1964 Akad. Rat TH Darmstadt, 1967 Doz., 1968 Wiss. Rat u. Prof. TH Darmstadt, 1968/69 Research Assist.-Prof., Physics Department u. Coordinated Science Labor. Univ. of. Illinois/USA, 1971 Prof. TH Darmstadt, 1971 Abt.svorst. u. Prof. Physik-Departm. TU München, s. 1974 o. Prof. f. Experimentalphysik Univ. München - Spr.: Engl.

PEITER, Willi

Stadtoberinspektor a. D., MdB (1962-65 u. 1967-80; Wahlkr. 155/Montabaur) - Adelheidstr. 12, 6252 Diez/Lahn (T. 71 54) - Geb. 22. Jan. 1917 Diez (Vater: Karl P., Arbeiter; Mutter: Rosa, geb. Schmitz), ev., verh. s. 1944 m. Gertrud, geb. Hartmann, 3 Kd. (Gerhard, Christa, Gisela) - Volkssch.; kaufm. Lehre. Beide Verwaltungsprüf. - 1938-45 Arbeits-, Wehrdst. u. Kriegsgefangensch.; s. 1945 Stadtverw. Diez 1967 (April-Sept.) MdL Rhld.-Pfalz; 1. Kreisdeputierter Rhein-Lahn-Kr.; Stadtbürgermeister Diez; Ortsvors. DRK. SPD s. 1946 (u. a. Vors. Unterbez. Montabaur) - Gr. BVK.

PEITZ, Hubert

Dr. jur., Vorstandsmitglied Kraftübertragungswerke Rheinfelden AG, stv. Vors. Verb. d. Elektrizitätswerke Bad.-Württ., Stuttgart - Rheinbrückstr. 5-7, 7888 Rheinfelden (Baden) - Geb. 11. Dez. 1934, kath., verh. s. 1963 m. Gabriele, geb. v. Rosenberg, 2 Kd. - Human. Gymn., 1. u. 2. jur. Staatsex., Promot. - B. 1968 Wiss. Assist., 1969-77 Fachanwalt f. Steuerrecht, s. 1978 Vorst-Mitgl., versch. Mand. in AR u. VR sowie Verb.grem.- Spr.: Franz.

PEITZ, Marietta

s. Gesquière-Peitz, Marietta.

PEITZMANN, Stephan

Dipl.-Ing., Geschäftsführung Technik BTS - Broadcast Television Systems GmbH - Robert-Bosch-Str. 7, 6100 Darmstadt; priv.: Auf der Ebene 7, 6144 Zwingenberg.

PEKÁRY, Thomas

Dr. phil., o. Prof. f. Römische Geschichte Univ. Münster (s. 1971) - Zeppelinstr. 8, 4400 Münster (T. 2 55 03) - Geb. 13. Sept. 1929 Budapest (Vater: Deszö, Beamter; Mutter: Ilona, geb. Tory), verh. s. 1954 m. Irène, geb. Horváth - Stud. Archäol., Gesch. Univ. Budapest Bern - 1957-66 Assist. Univ. Bern, 1966-71 Doz. u. apl. Prof. Univ. Kiel - BV: Untersuchungen zu d. röm. Reichsstr., 1968; D. Fundmünzen von Vindonissa, 1971; D. Wirtsch. d. griech.-röm. Antike, 1976 - Spr.: Franz., Engl., Ital., Ungar., Altgriech., Latein.

PEKNY, Romuald

Kammerschauspieler - Neufahrnerstr. 24, 8000 München 80 (T. 98 74 36) - Geb. 1. Juli 1920 Wien (Vater: Rudolf P., Justizbeamter; Mutter: Marie, geb. Jakisch), kath., verh. s. 1951 m. Eva, geb. Petrus, Sohn Thomas - Akad. f. Musik u. Darst. Kunst, Max Reinhardt-Sem. Wien, 1985 Ernennung z. Prof. - Hauptrollen Münchner Kammersp., Wiener Burgtheater u. Salzburger Festsp. - 1982 Kainz-Med. u. Grillparzer-Ring - Liebh.: Musik.

PEKRUN, Martin

Dr.-Ing., Prof. - An der Wabe 26, 3300 Braunschweig (T. 37 23 28) - Geb. 22. April 1918 Dresden (Vater: Ing. Hermann P., Fabrikbesitzer (Getriebe); Mutter: Edith, geb. Kühn), ev., verh. s. 1951 m. Susanne, geb. Bergfeld, 4 Kd. (Reinhard, Wolfgang, Arnulf, Stefanie) - Realgymn. Radebeul; TH Dresden (1939) u. Braunschweig (1946-50; Maschinenbau; Dipl.-Ing.). Promot. 1959 Braunschweig - 1950-62 Konstrukteur (Leit. Entwicklungsabt.); s. 1963 Wiss. Rat u. Prof. TH bzw. TU Braunschweig (Pfleiderer-Inst.). Stv. Obmann Normengruppe Pumpen. Spez. Arbeitsgeb.: Kreiselpumpen - BV: Messungen an Pumpenanlagen, 1952. Beitr.: Taschenb. Hydraulik (1961) u. Betriebshütte (1964) - Spr.: Engl., Franz. - Bek. Vorf.: Otto P., Erfinder Pekrun-Getriebe (Großv.); Gustav Kühn, Schöpfer Neuruppiner Bilderbogen (Ururgroßv. ms.).

PELCHEN, Georg

Dr. jur., Bundesanwalt - Herrenstr. 45a, 7500 Karlsruhe - Geb. 5. Juli 1915 - S. 1953 Bundesanwaltschaft b. Bundesgerichtshof (b. 1966 Oberstaats-, dann Bundesanw.).

PELLENS, Karl

Dr. phil., o. Prof. f. mittelalterl. u. frühneuzeitl. Gesch. u. Didaktik d. Gesch. - Lindenweg 2, 7981 Schlier 2 (T. 07529 - 8 41) - Geb. 13. April 1934 Essen, kath., verh. s. 1962 m. Margot, geb. Kamps, 3 Kd. (Ulrike, Norbert, Wolfgang) - Human. Gymn.; Stud. Gesch., Deutsch u. Franz. Univ. Bonn, Freiburg/Br. u. Freiburg/Schweiz (Promot. 1957); Ass. 1961 Trier - 1961-72 wiss. Mitarb. v. Joseph Lortz Inst. f. Europ. Gesch. Mainz; ab 1972 Prof. PH Weingarten/Württ. S. 1986 Vorst.-Mitgl. Intern. Ges. f. Geschichtsdidaktik. Herausg.: Mitteil. Intern. Ges. f. Geschichtsdidaktik (s. 1980); Studien z. Normann. Anonymus, 3 Bde. (1966-77); Didaktik d. Gesch. (1978); Geschichtskultur - Geschichtsdidaktik. Intern. Bibliogr. (1984, m. S. Quandt u. H. Süssmuth); Dorf - Stadt - Nation (1987); Oberschwaben. Zeugnisse seiner Gesch. (1987) - Interessen: Intern. Austausch, europ. Zusammenarbeit - Spr.: Franz., Engl. - Lit.: Kürschners Gelehrtenkalender.

PELLERT, Wilhelm

Dr. phil., Schriftsteller, Regiss. - Erzbischofg. 25, A-1130 Wien (T. 0222 - 82 88 15) - Geb. 26. Jan. 1950 Wien, kath., verh. - Realgymn. (Abit. 1968); Stud. Theaterwiss. u. German. Univ. Wien; Promot. 1978 - BV: Ulenspiegel, 1977; Neues Theater in d. Scala, 1979; Jesus v. Ottakring, 1980; Fahr wohl ins Leben, 1984; Fridolin u. Barto, 1985; D. Achte Zwerg, 1986; D. Bienenkönig, 1989 - 1973 Theodor Körner Preis f. Lit.; 1976 Pr. d. Wiener Kunstfonds f. Film; 1979 Förderungspr. f. Film; 1983 Förderungspr. f. Lit. - Spr.: Engl., Franz.

PELLETIER, Gerd H.

ARD-Korrespondent Fernsehstudio Bonn (s. 1989) - Dahlmannstr. 14, 5300 Bonn 2 - Geb. 1. Juni 1935 Köln, ev., verh. s. 1962 m. Ingrid, geb. Hohnrath, 2 Kd. (Nicole, Marcel) - 1955-58 Stud. Angl., Publiz., Völkerrecht, Marxismus Univ. Münster u. FU Berlin - 1958-60 Zeitschr.-Redakt.; 1960-71 fr. Mitarb. FS, 1971-74 Auslandsredakt. WDR Ferns.; 1974-78 Ausl.-Korresp. ARD-Studio Washington; 1978-82 ARD-Fernsehstudio Bonn; 1982-88 Fernost-Korresp. u. Studio-Leit. Dt. Fernsehen (f. Japan u. Korea) in Tokio.

PELLNITZ, Dietrich

Dr. med., Prof., Chefarzt a. D., Konsiliararzt f. HNO Schloßparkklinik u. Martin-Luther-Krkhs., Berlin - Steinpl. 3, 1000 Berlin 12 (T. 312 87 07) - Geb. 31. Okt. 1913 Bernburg/S., verh. m. Margarete, geb. Mende - S. 1953 (Habil.) Lehrtätigk. FU Berlin (1960 apl. Prof. f. HNOheilkd.). Zahlr. Fachveröff. (auch Buchbeitr.) - 1984 BVK I. Kl. - Rotarier (1968/69 Clubpräs. Berlin).

PELNY, Stefan

Dr., Staatssekretär Staatskanzlei Kiel - Landeshaus, Düsternbrooker Weg 70, 2300 Kiel (T. 0431 - 5 96-24 00) - Geb. 24. März 1938 Stettin/Pommern, ev., verh. s. 1963 m. Inken, geb. Rüter, 2 Töcht. (Katja, Hannah) - 1958-62 Stud. Rechtswiss. Freiburg/Br. u. München; jurist. Vorbereitungsdst., 1962 2. Jurist. Staatsprüf.; Stud. Yale Law School, LL.M., Promot. - 1969 Richter Amtsgericht Lörrach; 1970-72 Ref. im Bundeskanzleramt; 1972-77 Leit. d. Büros d. Chefs d. Bundeskanzleramtes; 1977-83 Leit. d. Gruppe Polit. Planung d. Legislaturperiode in d. Planungsabt. d. Bundeskanzleramtes, stv. Abt.leit.; 1983-87 Vizepräs. Bundesamt f. Verfassungsschutz; 1987 e. R.; Rechtsanwalt. S. 1988 Chef d. Staatskanzlei d. Ld. Schlesw.-Holst. - BV: D. legislative Finanzkontrolle in d. Bundesrep. Dtschl. u. in d. Vereinigten Staaten v. Amerika, Diss. 1972.

PELS-LEUSDEN, Hans

Prof., Maler u. Kunsthändler - Kurfürstendamm 58, 1000 Berlin 15 - Geb. 19. Aug. 1908 Lüdenscheid (Vater: Karl P., Rechtsanw.; Mutter: Elfriede, geb. Quinke), ev. - 1929-31 Ausb. b. Prof. Willy Jaeckel, Berlin - S. 1965 Leit. Galerie Pels-Leusden u. Kabinett d. Galerie Pels-Leusden, Berlin (m. Buchhandl. u. Antiquariat). Stifter u. Dir. Kollwitzmuseum Berlin - Veröff.: Jährl. 10 Dokumentationskat. d. Galerie Pels-Leusden - Eig. Werke in zahlr. öfftl. Samml. u.a. Berlinische Galerie, Berlin - 1983 Prof.-Titel - Spr.: Franz., Engl.

PELSHENKE, Günter

Geschäftsführer Stiftg. Dt. Sporthilfe - Otto-Fleck-Schneise 4, 6000 Frankfurt/M. 71 (T. 069 - 678 03 42) - Geb. 25. Okt. 1931, verh., 2 Kd. - 1956 Dipl.-Sportlehrer; 1956-61 Kreissportlehrer in Wiedenbrück; 1961 Abteilungsleit. Gold. Plan DOG; 1965-68 Geschäftsf. DOG; Geschäftsf. Stiftg. Dt. Sporthilfe s. Gründung 1967; 1961 Veröff. D. Gold. Plan in d. Gemeinden. 1956 Verl. August-Bier-Plak. d. Dt. Sporthochsch. Köln.

PELTZER, Martin

Dr. jur., Rechtsanwalt u. Notar - Niedenau 68, 6000 Frankfurt/M. (T. 71 73 66) - Geb. 28. Febr. 1931 Krefeld, verh. s. 1963 m. Ingeborg, geb. v. Werder - Früher Dir. Dt. Bank AG, Frankfurt, Vorstandsmitgl. Zellstoff-Fabrik Waldhof bzw. Papierwerke Waldhof-Aschaffenburg AG, Mannheim (b. 1971). Versch. Mandate.

PELZ, Franz Joseph

Dr. jur., Richter Oberlandesgericht Hamm, Vorsitzender Dt. Richterbund (s. 1987) - Heßlerstr. 53, 4700 Hamm; priv.: Zur Gräfte 23, 4400 Münster.

PELZ, Monika

Dr., Schriftstellerin, Sozialwissensch. - Wohnpark Alt Erlaa B/3062, A-1232 Wien - Geb. 6. Febr. 1944 Wien, ledig - Ausb. z. Antiquariatsbuchhändler, Lehrbrief 1971; Stud. Phil. Univ. Wien, Promot. 1984 - S. 1981 Mitarb. an sozialempir. Forschungsprojekten (Schwerp.: Frauen, Jugendl. Arbeitslose) - Veröff.: M. techn. Verstand. Mädchen in nichttraditionellen Berufen; Frauenarb., Karenzurlaub u. berufl. Wiedereingliederung; Weibl. Lebensformen, Frauenber. d. österr. Bundesreg., 1985. BV: Kinder-

u. Jugendb.: Anna im a. Land, 1979; D. Diebe d. Zeit, 1984; Ferdis Zimmer u. Nicht mich will ich retten, d. Lebensgesch. d. Janusz Korczak, 1985; Reif f. d. Insel, 1987; D. Wasser b. z. Hals, 1988 - 1979 Kinder- u. Jugendbuchpreis Stadt Oldenburg - Liebh.: Phil., Lit. - Spr.: Engl.

PELZER, Hans

Dr.-Ing., Prof. f. Allg. Vermessungskunde, Direktor Geodätisches Institut Univ. Hannover (s. 1977) - Brosangstr. 7A, 3008 Garbsen (T. 05031 - 7 28 32) - Geb. 20. Jan. 1936 Velbert (Vater: Hermann P., Arb.; Mutter: Johanna, geb. Mölter), 3 Kd. (Regina, Anne, Carsten) - Stud. Geodäsie Univ. Bonn; Promot. 1969, Habil. 1971 TU Braunschweig - Mitgl. Dt. Geodät. Kommiss. b. d. Bayer. Akad. d. Wiss (s. 1978), u. Nieders. Akad. d. Geowiss. - Spr.: Engl.

PELZER, Heinrich

Kaufmann, Vors. Fachverb. d. Dt. Teppich- u. Gardinenhandels, Köln, u. a. - Lutherstr. 17, 4100 Duisburg - Geb. 3. Mai 1905.

PENIN, Heinz

Dr. med., o. Prof., Direktor Univ.s-Nervenklinik Epileptologie Bonn, Präs. Dt. EEG-Ges. (1968/69), Präs. Dt. Liga geg. Epilepsie (1971/72); Epileptolog., klin. Neurophysiol., Neurol., Psychiat. - Ennerthang 17, 5300 Bonn 3 (T. Bonn 44 22 47) - Geb. 29. Nov. 1924 Vater: Heinrich P., Oberstud.rat; Mutter: Hertha, geb. Thümmel), röm. kath., verh. s. 1954 m. Therese, geb. Zimmermann, 5 Kd. - S. 1965 (Habil.) Univ. Bonn; 1970 apl. Prof. f. Neurologie u. Psychiatrie; 1971 Wiss. Rat u. Prof.; 1979 o. Prof.; Nervenfacharzt - Facharb.

PENK, Wolfgang

Journalist, Leiter d. HR Unterhaltung - Zu erreichen üb. ZDF, Postf. 4040, 6500 Mainz 1 - Geb. 3. April 1938 - Mitgl. Phonoakademie; 2. Vors. Hans-Rosenthal-Stiftung - 1975 UNICEF-Med., 1985 Bambi, 1987 Gold. Kamera.

PENKA, Wolfgang

Geschäftsführer Verb. d. Park- u. Garagenhäuser - Dreieichstr. 42, 6000 Frankfurt/M. 70.

PENNDORF, Paul-Ernst

Rechtsanwalt, Sprecher d. Vorst. Dt. Hypothekenbank Frankfurt-Bremen AG - Im Klingenfeld 77, 6000 Frankfurt/M. 50 - Geb. 27. Dez. 1927 Wusterhausen, verh. s. 1955 m. Ilse, geb. Danulat, 3 Kd. (Sabine, Anja, Ulrich) - Banklehre; Jurastud., Assessorex.

PENNER, Willfried

Dr. jur., Staatsanwalt, Parlam. Staatssekr. Bundesverteidigungsmin. (1980-82), MdB (s. 1972; Wahlkr. 70/Wuppertal II), stv. Fraktionsvors. SPD-Bundestagsfraktion - Borner Str. 28, 5600 Wuppertal 12 (T. 0202 - 47 53 89) - Geb. 25. Mai 1936 W'tal, verh., 3 Kd. - Gymn. (Abit.); 1956-60 Stud. Rechtswiss. Gr. jurist. Staatsprüf. - S. 1965 Staatsanwaltsch. Wuppertal (I. Staatsanw.). 1969-73 u. 1975-79 Ratsmitgl. Wuppertal. SPD s. 1966.

PENNIGSDORF, Wolfgang

Rechtsanwalt, MdL Nieders. (s. 1970) - Grünewaldstr. 27, 3000 Hannover (T. 69 55 29) - SPD.

PENNINGSFELD, Franz

Dr. sc., Dipl. rer. hort., Prof. TU München (s. 1970) - Mauermayrstr. 9, 8050 Freising (T. 08161 - 6 26 46) - Geb. 16. Juli 1914 Köln (Vater: Maximilian P., Kaufm.; Mutter: Juliane, geb. Hachenberg), kath., verh. s. 1948 m. Wilma, geb. Koch, 4 Kd. (Franz-Peter, Monika, Hans-Dieter, Andreas) - Gymn.; 4 J. gärtner. Praxis; Gartenbaustud. Univ. Berlin; Promot. 1941 ebd. - S. 1945 Inst. f. Bodenkd. Fachhochsch. Weihenstephan (1947 Leit. u. Doz. f. Geol., Bodenkd. u. Pflanzenernährung), 1963-67 gleichz. Projektleit. Tunesien. S. 1955 Präs. Intern. Soc. f. Soilless Culture, s. 1970 Chairman Commiss. Plant Substrates Intern. Gartenbauwiss. Ges. - BV: Gerbera, 1980; Hydrokultur u. Torfkultur, 1966 (auch franz., span.); Ernährung im Blumen- u. Zierpflanzenbau, 2. A. 1960 - 1960 Justus-v.-Liebig-Preis Univ. Gießen - Spr.: Engl., Franz.

PENSE, Karl Eduard

Dr. rer. nat., Mineraloge, Prof. Univ. Mainz - Bahnhofstr. 64, 6501 Ober-Olm (T. 06136 - 8 87 97); dstl.: 6500 Mainz, Inst. f. Edelsteinforsch., Postf. 3980 (T. 06131 - 39 22 56) - Geb. 12. Nov. 1931 Eisenach (Vater: Reinhold P., Kfm.; Mutter: Leni, geb. zum Felde), ev., verh. s. 1956 m. Dr. med. Anneliese, geb. Kunz, 2 S. (Joachim, Manfred) - Stud. Univ. Mainz (Chemie, Mineral.). Promot. 1958; Habil. 1966 - 1958-66 Wiss. Assist., 1967ff. Leit. Inst. f. Edelsteinforsch. u. Prof. Mainz. Beiratsmitgl. Dt. Diamant-Inst., Pforzheim - Entd.: Strukturnachweis von Edelopalen u. Feldspaten - Liebh.: Musik, Theater, Lit., Spr. - Spr.: Engl., Ital., Span. (Altgr., Lat.).

PENSELIN, Siegfried

Dr. rer. nat., o. Prof. f. Angew. Physik Univ. Bonn (s. 1965), Dekan d. Math.-Nat. Fak. (1974/75 u. s. 1987) - Jägerstr. 8, 5300 Bonn 1 (T. 25 23 08) - Geb. 28. Sept. 1927 (Vater: Otto P., Kaufm.; Mutter: Wilhelmine, geb. Michel), ev., verh. s. 1957 m. Cora, geb. v. Weizsäcker, 4 Kd. (Gottfried, Andreas, Matthias, Christiane) - Univ. Göttingen u. Heidelberg (Physik; Dipl.-Phys. 1955). Promot. (1958) u. Habil. (1964) Heidelberg - 1960-61 Research Fellow Brookhaven National Laboratory, Upton, N. Y. (USA); 1979-83 (beurlaubt v. d. Univ. Bonn) Leiter Wiss. Sekr. f. d. Studienreform Land NRW in Bochum. Spez. Arbeitsgeb.: Atom-, Kern- u. Laserphysik. Mitgl. Vereinig. Dt. Wissenschaftler - 1985 BVK am Bde. - Spr.: Engl.

PENSKY, Heinz

Geschäftsführer, MdB (s. 1969, SPD; Wahlkr. 73/Mettmann II) - Spindecksfeld 29, 4030 Ratingen 6 (T. 02102-6 83 37) - Geb. 22. Aug. 1921 Essen, verh., 2 Kd. - Volkssch.; Elektrotechnikerausbild.; n. Kriegsdst. (1941-45) Verwaltungs- u. Wirtschaftsakad. (Öfftl. Recht) - Polizei u. Kriminalpol.; s. 1954 Gf. Gewerksch. d. Polizei NRW. 1929-33 Sozialist. Jugendbeweg. SPD s. 1953 (Ortsvors., Mitgl. Unterbezirks- u. Bezirksvorst.).

PENZEL, Erich

Prof., Hornist (Mitgl. Kölner Rundfunk-Sinfonieorch.), Dozent Staatl. Hochsch. f. Musik Köln - Wallrafpl. 5, 5000 Köln (WDR).

PENZEL, Maria Elisabeth

s. Stadelmann, Li

PENZKOFER, Alfons

Dr. rer. nat., Dipl.-Phys., Prof. Univ. Regensburg - Friedrich-Ebert-Str. 12, 8400 Regensburg (T. 0941 - 9 81 62) - Geb. 19. Okt. 1942 Allersdorf - Ca. 100 Fachveröff. üb. Laserphysik.

PENZKOFER, Ludwig

Landescaritasdirektor i. R., Mitgl. Bayer. Senat, München - Mariahilfberg 7, 8390 Passau - Geb. 1909 Neuhaus/Inn - Priesterw. 1933 - S. 1935 Sekr. u. Dir. (1945) Caritasverb. Passau - Päpstl. Ehrenprälat.

PENZKOFER, Peter

Dr. oec. publ., Prof., Vorsitzender d. Geschäftsfg. Intern. Kapitalanlageges. mbH (s. 1988) - Königsallee 19, 4000 Düsseldorf - Geb. 28. Dez. 1940 München, kath., verh. s. 1978 m. Doris, geb. Müller - 1960-62 Banklehre Dresdner Bank; 1962-1967 Betriebsw. Univ. München; 1967-71 Wiss. Assist., 1971-72 Priv.-Doz. Univ. München; 1972-75 Ord. f. Betriebsw. Univ. Köln - 1975-85 Vorst.-Mitgl. Bauspark. Schwäb. Hall AG; 1985-88 Vorst.-Mitgl. Provinzial-Versich.anst. d. Rheinprovinz - Spr.: Engl.

PENZLIN, Fritz

Dr. rer. nat. (habil.), o. Prof. u. Direktor Inst. f. Theoret. Physik Freie Univ. Berlin (s. 1963) - Echtermeyerstr. 15, 1000 Berlin 37 (T. 811 62 36) - Zul. Doz. Univ. Heidelberg.

PENZOLDT, Günther

Dr. phil., Theaterintendant, Dir. Theater d. Stadt Wolfsburg (1982ff.) - Zu erreichen üb. Theater Wolfsburg, Postf. 10 09 30, 3180 Wolfsburg - Geb. 31. Juli 1923 München (Vater: Ernst P., Bildhauer u. Schriftst. (s. XII. Ausg.); Mutter: Friedi, geb. Heimeran) - Univ. München - S. 1952 Düsseldorfer u. Hamburger Schauspielhaus (1955; Chefdramat. u. stv. Int.) sow. Stadttheater Baden-Baden (1968 Int.) u. Staatstheater Saarbrücken (1976). Vors. Dramaturg. Ges. (b. 1984) - BV: Büchner, 1965 - Bek. Vorf.: Geheimrat Prof. Dr. med. Dr. h. c. Franz P., Internist (Großv.).

PEPPER, Karl H.

Konsul, Kaufmann, gf. Komplementär Europahaus Grundstücksges. mbH. & Co. KG., Vorst. Berlin-Charlottenburg AG. f. Grundbesitz, Kompl. Karl H. Pepper Handelshof KG. (Kaufzentrum Siemensstadt), Geschäftsf. Karl H. Pepper Vermögensverw. GmbH. ebd. - Amselstr. 18, 1000 Berlin 33 (T. Büro: 348 00 80) - Geb. 17. März 1910 Berlin, ev., verh. s. 1980 m. Carin, geb. Besemüller, S. Christian aus früh. Ehe - Gymn. (Z. Grauen Kloster) u. Univ. Berlin (Jura) - S. jg. Jahren selbst. (Rundfunk- u. Elektrogroßhandel) - 1971 Ir. Honoralkonsul f. Berlin - Spr.: Engl. - Initiator u. Bauherr Europa-Center Berlin.

PEPPER, Wolfgang

Oberbürgermeister a. D. - Hermann-Hesse-Str. 3, 8900 Augsburg - Geb. 14. Okt. 1910 Kiel (Vater: Rudolf P., Buchdrucker; Mutter: Hildegard, geb. Pilz), kath., verh. s. 1944 m. Gretl, geb. Steinbock, S. Peter - Volkssch.; journalist. Volontariat - B. 1933 Journalist, dann kaufm. Angest., 1946-56 Lokalredakt. Augsburger Allgemeine, 1956-72 Bürgerm. u. Stadtkämmerer sow. Oberbgm. (1964) Augsburg. Vorstandsmitgl. Bayer. Städteverb. Aufsichts- u. Beiratsmandate (z. T. Vors.). SPD.

PERA, Franz

Dr. med., Prof. f. Anatomie Univ. Münster - Duddeyheide 63, 4400 Münster - Geb. 4. Okt. 1940 Pfarrkirchen (Vater: Dr. med. Walter P., Amtsarzt; Mutter: Anni, geb. Stiglmayr), kath., verh. s. 1966 m. Ursula, geb. Nowak, 2 Kd. (Susanne, Edgar) - Human. Gymn. Pfarrkirchen; Med.-Stud. Freiburg/Br. u. Wien (Ärztl. Prüf. 1966, Promot. 1966 Freiburg), Habil. 1970 - 1966 Assist. Inst. f. Humangenetik Freiburg; 1967 Anatom. Inst. Gießen, 1969 Anatom. Inst. Bonn, 1972 Doz., 1973 wiss. Rat u. Prof.; s. 1984 Prof. (C4) u. Dir. Anatom. Inst. Münster - BV: Mechanismen d. Polyploidisier. u. d. somat. Reduktion, 1971; Anatomie f. Menschen, 1981; zahlr. wiss. Publ. üb. cytogenet., cytol., morphometr. Themen - Liebh.: Musik, Fotogr., Holzbearbeit.

PERELS, Christoph

Dr. phil., Prof., Direktor d. Fr. Dt. Hochstifts/Frankfurter Goethe-Museum, Frankfurt (s. 1983), Rundfunkrat-Mitgl. HR (s. 1986) - Gottfried-Keller-Str. 30, 6000 Frankfurt/M. 50 (T. 069 - 52 13 27) - Geb. 12. Mai 1938 Rehfelde, ev., verh. s. 1966 m. Maie, geb. Leppik - Stud. Dt. Philol., Gesch. u. Phil. Univ. Erlangen, Kiel, Paris u. Göttingen; 1. Staatsex. 1963; Promot. 1974 Göttingen; Habil. 1979 Braunschweig - 1980-83 Prof. f. Dt. Literaturwiss. TU Braunschweig; s. 1987 Hon.-Prof. Univ. Frankfurt/M. - BV: Stud. z. Aufn. u. Kritik d. Rokokolyrik, 1974; Weichmanns Poesie d. Nieders. (m. J. Rathje u. J. Stenzel), 1983; Lyrik verlegen in dunkler Zeit, 1984. Herausg.: Reinhold Schneider, Gesammelte Werke, Bd. 5. Lyrik (1981); D. dt. Lit., Texte u. Zeugnisse, Bd. IV (m. W. Killy; 1983); Jahrb. d. Fr. Dt. Hochstifts (s. 1984); Gottfried Benn: Gedichte (1988). Mithrsg. Frankfurter Clemens-Brentano-Ausg.

PERELS, Joachim

Dr. jur., Prof. f. Politische Wissenschaft - Kantstr. 4, 3000 Hannover 61 (T. 0511 - 55 66 44) - Geb. 31. März 1942 (Vater: Friedrich Justus P., Rechtsberater d. Bekennenden Kirche, 1945 hingerichtet), ev., verh. s. 1973 m. Jutta, geb. Simon, 2 Kd. (Heike, Benjamin) - Stud. Rechtswiss., Phil., Soziol. u. Polit. Wiss.; 1. jurist. Staatsex. 1967 Frankfurt; Promot. 1973 ebd.; Habil. (Polit. Wiss.) 1978 Hannover - 1968-74 Redakt. Stimme d. Gemeinde; s. 1968 Mithrsg. u. Redakt. Krit. Justiz - BV: Kapitalismus u. polit. Demokratie, 1973; Demokratie u. gesellschaftl. Emanzipation, 1988. Herausg.: Grundrechte als Fundament d. Demokratie (1979); Recht, Demokratie u. Kapitalismus (1984) - Spr.: Engl.

PERFAHL, Irmgard

Schriftstellerin - Am Stadtgraben 23, 7400 Tübingen (T. 07071 - 2 15 26) - Geb. 19. Nov. 1921 Birkfeld/Österr., ev., gesch., S. Ernst Amadeus - Stud. German. - 5 Bücher (1977-84), zul.: Guten Tag Freiheit; Schwarzes Lächeln Senegal; Mosaik, R. (in Vorber.); Veröff. in Ztschr.; Ged. v. Mario Luzi (Übers. aus d. ital.), 1989; u.a.m. - Versch. kl. Literaturpreise - Liebh.: Lit., Kunst, Musik - Spr.: Engl., Franz.

PERGER, Rudolf

Dr. rer. pol., Dipl.-Volksw., Apotheker, Vorstandsmitgl. Hageda AG, Köln (s. 1970), AR-Vors. Franz Heusmann AG Köln, Beirat Wirtschaftsvereinig. Groß- u. Außenhandel Köln/Aachen/Bonn, Mitgl. Vollversamml. IHK Köln, Handelsrichter LG Köln - Kirschbaumweg 23, 5000 Köln 50.

PERINO, Werner

Generaldirektor, Vorsitzender d. Geschäftsfg. der Dt. Fiat GmbH, Heilbronn - Affenbergstr. 12, 7102 Weinsberg/ Württ. - Geb. 12. Jan. 1927 Karlsruhe - S. üb. 30 Jahren Fiat (1968 Vorst.). AR-Vors. Fiatallis Baumaschinen GmbH, Fiat Kredit Bank GmbH u. Fiatagri Dt. GmbH, alle Heilbronn; AR-Mitgl. Baden-Württ. Bank Aktienges., Stuttgart, Fiat Automobil AG, Heilbronn, MAGNETI MARELLI DT. GmbH, München; StVdBeirat Erwin Mehne GmbH + Co, Heilbronn u. Adolf Würth GmbH & Co. KG, Künzelsau; Vorst. ITAL. HANDELSKAMMER F. DTSCHL., Frankfurt; VdVorst. Freunde d. FH Heilbronn - 1977 BVK; Ehrensenator d. FH Heilbronn.

PERKAMPUS, Heinz-Helmut

Dr. rer. nat., o. Prof. f. Physikal. Chemie - Wickrather Str. 43, 4000 Düsseldorf-Oberkassel - Geb. 17. März 1925 Wolfenbüttel (Vater: Heinz P., Mutter: geb. Walterling), verh. 1952 m. Käte, geb. Weyand - TH Braunschweig (Chemie; Dipl.-Chem. 1951). Promot. (1953) u. Habil. (1957) Hannover - S. 1957 Lehrtätigk. TH Hannover (1963 apl. Prof.) TH bzw. TU Braunschweig (1964 Abt.-Vorsteher u. Prof.) Univ. Düsseldorf (1968 o. Prof.) - Herausg.: DMS UV-Atlas, Organ. Verbind., Bd. 1-5 1966-71 (dt.-engl.). Monogr.: Wechselwirk. von Elektronensyst. m. Metallhalogeniden, 1973, UV-VIS-Spektroskopie, Methoden u. Anwendungen (1985) - Liebh.: Klass. Musik.

PERKOW, Werner

Dr. rer. nat., Chemiker, ehem. Techn. Leiter Pflanzenschutz Urania GmbH., Hamburg (Tochterges. Nordd. Affinerie) - Starweg 88a, 2070 Ahrensburg - Geb. 9. Dez. 1915 Berlin (Vater: Max P.,

Schriftleiter; Mutter: Margarete, geb. Hein), ev., verh. s. 1942 m. Lore, geb. Schmidt-Kraepelin, 3 Kd. (Ursula, Helmut, Ingrid) - Univ. Heidelberg (Dipl.-Chem. u. Promot.) - Spez. Arbeitsgeb.: Chem. Synthesen v. Pflanzenschutzmitteln - BV: D. Insektizide, 2. A. 1968; Wirksubstanzen d. Pflanzenschutz- u. Schädlingsbekämpfungsmittel, 1971-88 - Liebh.: Bergsteigen, Kammermusik.

PERLITZ, Manfred

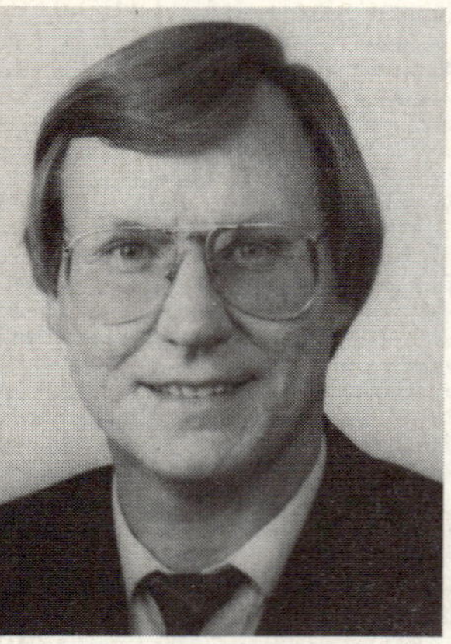

Dr., Prof. f. Betriebswirtschaftslehre Univ. Lüneburg - Steinkauler Weg 5, 5202 Hennef 1 (T. 02242 - 8 25 55) - Geb. 19. März 1943 Saarbrücken (Vater: August P., Vermessungsamtsrat; Mutter: Else, geb. Paragnick), ev. - Dipl.-Kfm. 1968, Promot. 1971, Habil. 1979 - 1971 Pennsylvania State Univ.; 1973 Harvard Business School; 1974 Asian Inst. of Management; 1980-88 Prof. Univ. Bonn, s. 1988 Univ. Lüneburg. S. 1981 stv. Vorst.-Vors. Zentrale f. Fallstud.; s. 1985 Mitgl. Wiss. Beirat Univ.-Sem. d. Wirtsch. (USW), Erftstadt-Liblar; Vorst.-Vors. Inst. f. Mittelstandsforsch. Univ. Lüneburg.

PERNICE, Johann-Anton

Dr. rer. pol., Dipl.-Kfm., Geschäftsf. Präsidiumsmitglied Hauptverb. d. Dt. Lebensmittel-Einzelhandels - Heilsbachstr. 15, Postf. 14 01 64, 5300 Bonn 1 - Geb. 2. Jan. 1931 Königsberg/Pr., ev., verh., 3 Söhne - Kaufm. Lehre (Landwarenhandel) Hildesheim; Stud. Jura u. Betriebswirtschaftslehre Univ. Marburg u. Hamburg - Gold. Sportabz. (15. Wiederholung), BVK am Bde.

PERPEET, Wilhelm

Dr. phil., em. o. Prof. f. Philosophie - Wiesenstr. 72, 5330 Königswinter 41 (T. Oberpleis 31 98) - Geb. 18. Febr. 1915 Mülheim/Ruhr (Vater: Ernst P.; Mutter: Margarete, geb. Verfürden), verh. s. 1957 m. Dr. Lotte, geb. Frech, 2 Kd. (Markus, Fabian) - Univ. Bonn (Phil., German., Gesch., Psych.). Promot. (1939), Staatsex. (1941) u. Habil. (1954) Bonn - S. 1954 Lehrtätigkeit Univ. Bonn (1960 apl. Prof.; 1963 Wissenschaftl. Rat; 1968 Vorsteher Abt. Ästhetik; 1970 o. Prof.; 1983 em. o. Prof.) - BV: Kierkegaard u. d. Frage n. e. Ästhetik d. Gegenw., 1940; Antike Ästhetik, 1961, 2. A. 1988; Erich Rothacker, 1968; D. Sein d. Kunst u. d. kunstphil. Methode, 1970; Ästhetik im Mittelalter, 1977; D. Kunstschöne, 1987.

PERRAUDIN, Wilfrid André

Kunstmaler - Priv.: Dietenbachstr. 2, 7800 Freiburg (T. 0761 - 8 21 50); Atelier: Wölflinstr. 13, 7800 Freiburg (T. 0761 - 3 58 60) - Geb. 3. Dez. 1912 F. Moulins-Engilbert (Nièvre) - Acad. Nat. Supérieure d. Arts Décoratifs, Paris; Acad. d. Beaux Arts, Paris; Privatschüler v. Raoul Dufy u. Jean Souverbie - Kunsterzieher u. freisch. Maler; Gestalt. v. Kirchen u. Öfftl. Gebäuden, künstl. Verglas., Lichtwände, Mosaiken. Hauptwerke: St. Marien, Hinterzarten (Schwarzw.); St. Peter, Lörrach; St. Heinrich, Dortmund; St. Marien, Olpe; Christus-Erlöser, Kreuztal; St. Josef, Hamm - Illustr. u. zahlr. Plak. in Frankr.; Ölmalerei, Zeichn. - 1974 u. 76 Chevalier u. Officier l'Ordre d. Palmes Acad. - Interessen: Naturwiss., Entomol., Neu-Entd. v. Insektenarten.

PERRIDON, Louis

Dr. en droit, o. Prof. f. Betriebswirtschaftslehre - Büchnerstr. 7, 8900 Augsburg - Geb. 1. Okt. 1918 - S. 1957 Lehrtätigk. Paris, Saarbrücken (1958), München (1965), Augsburg (1970). Bücher u. Aufs.

PERRIG, Alexander

Dr., Prof. Univ. Trier - Franz-Ludwig-Str. 39, 5500 Trier (T. 4 05 27) - Geb. 8. März 1930 Luzern - Promot. 1958 Basel, Habil. 1967 Hamburg - 1961-67 Wiss. Assist.; 1967-73 Univ.-Doz.; ab 1973 Prof.; 1980-85 Univ. Marburg, s. 1985 Ord. Trier - BV: Michelangelo Buonarrotis letzte Pietà-Idee, 1960; Michelangelo-Stud. I, III, IV, 1976/77; Lorenzo Ghiberti: Paradiesestür, 1987; Albrecht Dürer, 1987 - Spr.: Engl., Franz., Lat., Ital., Span., Holl.

PERSCHAU, Hartmut

Vorsitzender d. CDU-Fraktion in d. Hamburgischen Bürgerschaft (MdBü s. 1974) - Rathaus, 2000 Hamburg 1 (T. 040 - 36 81-3 81) - Geb. 28. März 1942 - S. 1984 Vors. Dt.-Koreanischen Ges.

PERSCHY, Maria

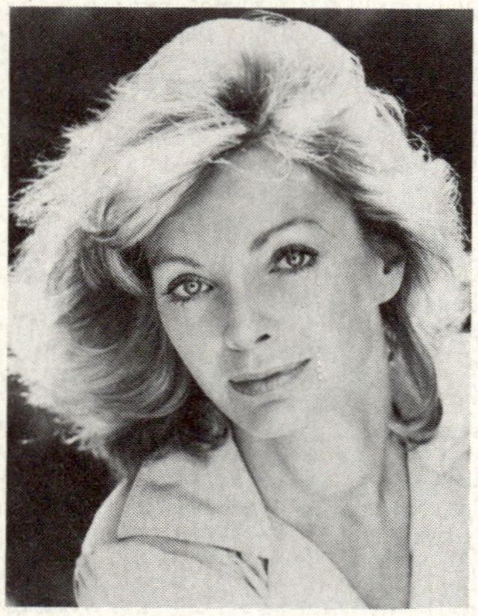

Schauspielerin - Maxingstr. 30, 1130 Wien/Österr. (T. 0222 - 82 98-1 94) - Geb. 23. Sept. 1938 Eisenstadt/Österr., kath., verw., T. Mariana - Realgymn.; Max-Reinhardt-Sem. Wien - 86 intern. Filme: u.a. Dial, M, For Murder, Vienna's Engl. Theater, E. Goldfisch an d. Leine (R. Hudson), Freud (M. Clift, Regie: J. Huston), Nasser Asphalt (H. Buchholz), D. Moralist (V. de Sica) - 1956 Kunstförderungspreis Stadt Wien; 1959 Beste weibl. Darst. San Sebastian Festival; 1963 Laurel Award Amerika (Top Ten Newcomers); 1986 Gold. Verdienstnadel im Namen Österr., Los Angeles - Liebh.: Klass. Musik, Lesen, Ski, Tennis - Spr.: Engl., Franz., Ital., Span.

PERSON, Hermann

Dr. rer. nat., Regierungspräsident a. D., Vors. Bad. Sportbd., Mitgl. Rundfunkrat SWF - In den Weihermatten 19, 7800 Freiburg/Br. (T. 5 45 55) - Geb. 6. Sept. 1914 Radolfzell/B. (Vater: Prof. Dr. phil. Karl P., Oberstudiendir., bad. Zentrums- (b. 1933) u. CDU-Politiker (ab 1945), 1948-51 Präs. Bad. Landtag, 1887-1956), kath., verh. s. 1940 m. Elisabeth, geb. Zimmermann, 5 Kd. - TH Karlsruhe, Univ. Freiburg (Physik, Math., Chemie; Stud. durch Wehrpflicht unterbr.). Promot. 1940 - 1940-1947 Wehrdst. (Marinemeteorologe) u. franz. Gefangensch., danach Meteorologe Dt. Meteorol. Dienst, 1949-67 Leit. Wetteramt Freiburg (zul. Oberreg.-Rat), s. 1967 Reg.-Präs. Freiburg. 1952-67 MdL Baden-Württ. CDU. AR-Mand. Präs. Schwarzwaldverein (s. 1979).

PERST, Hartwig

Dr. rer. nat., Prof., f. Organ. Chemie Univ. Marburg (s. 1972) - Willy-Mock-Str. 15, 3550 Marburg/L. - Geb. 15. Aug. 1937 Bad Hersfeld - Promot. 1965; Habil. 1972 - BV: Oxonium Ions in Organic Chemistry, 1971. - Facharb.

PERTHEL, Jochen

Dr. rer. pol., Dipl.-Kfm., Inhaber Robert Perthel Bauuntern. GmbH u. Co., Rausch & Balensiefen Bauuntern. GmbH u. Co., AREAL Grundstücks- u. Bauträgerges. mbH, City-Parkhaus GmbH u. Co. KG, Vors. Wirtschaftsvereinigung Bauind. Verbandsbezirk Köln - Hohenzollernring 22-24, 5000 Köln 1 - Geb. 19. März 1929.

PERTZSCH, Hans

Baudirektor, Leit. Außenstelle Regensburg/Wasser- u. Schiffahrsdirektion Süd - Kumpfmühlenstr. 6, 8400 Regensburg.

PESCH, Hans-Wilhelm

Bürgermeister, MdB (s. 1983; Wahlkr. 78/Mönchengladbach) - Katharinenhof 17, 4050 Mönchengladbach 2 - CDU.

PESCH, Hubert Hans

Ehrenvorsitzender im Wirtschaftsverb. Filmtheater Rhld.-Westf. - Postf. 101266, 4200 Oberhausen 1 (T. 0208 - 2 35 57) - Geb. 23. Dez. 1919 Oberhausen (Eltern: Hubert, Baumeister, u. Anna P.), kath., ledig - Oberrealsch. Oberhausen; Folkswangsch. Essen (4 Sem. Grafik) - Spr.: Franz., Engl.

PESCH, Ludwig

Dr. phil., Ministerialrat, Wiss. Referent im Dt. Bundestag - Im Ringelsacker 74, 5300 Bonn 1 (T. 0228 - 62 48 68) - Geb. 25. April 1913 Schönecken (Vater: Josef P., Musiklehrer; Mutter: Magdalene, geb. Weyland), verh. s. 1965 m. Ursula, geb. Wolff, 2 Kd. (Nicholas, Julia) - Stud. Gesch., German., Kunstgesch., Phil. Univ. Köln, Helsinki, Nation.-Bibl. Brüssel; Promot. Köln - Wiss. Ref. Dt. Bundestag, Referatsleit. - BV: D. romant. Rebellion in d. mod. Lit. u. Kunst, 1962; D. west-östl. Nation, 1965; D. Schmetterlingsschwein, (Lyr.) 1979; zahlr. Aufs. u. Vortr. z. mod. Kunst - Liebh.: Mod. Kunst - Spr.: Franz., Niederl.

PESCH, Otto Hermann

Dr. theol., Prof. f. Systematische Theologie - Sedanstr. 19, 2000 Hamburg 13 - Geb. 8. Okt. 1931 Köln, kath., verh. s. 1972, 1 Kd. - Gymn.; Phil.-Theol. Hochsch. Walberberg b. Bonn, Univ. München; Lic.theol. 1960, Promot. 1965 - 1965-71 Prof. f. Dogmatik Walberberg, 1971/72 Gastprof. Harvard-Divinity-School, Cambridge (USA), s. 1975 Prof. f. Syst. Theol./Kontroverstheol. Hamburg - BV: Theol. d. Rechtfert. b. Martin Luther u. Thomas v. Aquin, 1967; Komm. z. Thomas v. Aquin: D. Gesetz, 1977; Einf. in d. Lehre v. Gnade u. Rechtfert. (zus. m. A. Peters), 1981; Hinführung zu Luther, 1982; Gerechtfertigt aus Glauben, 1982; Theol. Anthropol., 1983; Dogmatik im Fragment, 1987; Thomas von Aquin, 1988. Schriftl.: Neues Glaubensb., 1973 (17. A. 1984); zahlr. kl. Bücher u. Aufs. - Spr.: Engl., Franz., Lat.

PESCH, Rudolf

Dr. phil., Dr. theol., Prof. f. Theologie - Herzog-Heinrich-Str. 18, 8000 München 2 (T. 089 - 53 10 00) - Geb. 2. Sept. 1936 Bonn, kath., verh. s. 1962 - Stud. Kath. Theol., German., Gesch. Univ. Bonn u. Freiburg; Staatsex. 1962, Promot. 1964 u. 1967 Freiburg; Habil. (Neues Testament) 1969 Innsbruck - 1970-84 Prof. f. Neutestamentl. Lit. u. Exegese Frankfurt u. Freiburg; s. 1984 Theologe Akad. f. Glaube u. Form m. d. Integrierten Gemeinde München - BV: D. kirchl.-polit. Presse d. Katholiken, 1966; Naherwart., 1968; Jesu ureigene Taten, 1970; Freie Treue, 1971; Komment. z. Mk-Ew, 2 Bde. 1976/77, 7. A. 1984; So liest man synoptisch, 7 Bde. 1976/77; Synopt. Arbeitsb., 1980; Simon Petrus, 1980; D. Evangelium d. Urgemeinde, 3. A. 1984; D. Entd. d. ältesten Paulus-Briefes, 1984; Kommentar z. Apg, 2. Bde. 1986; Paulus - neu gesehen, 4. Bde. 1984/87; D. Prozeß Jesu geht weiter, 1988; zahlr. Ztschr.beitr.; Übers. ins Ital., Engl., Span. - 1983 Preis Wiss. Ges. Freiburg (f. Veröff. v. Forschungsergebnis. in allg. verständl. Form) - Spr.: Engl., Franz.

PESCH, Wilhelm

Dr. theol., Lic. bibl., em. o. Prof. f. Neues Testament Univ. Mainz, Seelsorger am Klinkum Mainz (s. 1980) - Liebfrauenstr. 3, 6500 Mainz (T. 23 43 23) - Geb. 11. Aug. 1923, kath. - Lic. bibl. 1960 Rom. Emerit. 1988 - BV: D. Lohngedanke in d. Lehre Jesu, 1955; D. Ruf z. Entscheidung, 1964; Matthäus d. Seelsorger, 1966. Div. Einzelarb.

PESCHAU, Bruno

Dr. rer. pol., Geschäftsführer Seefischmarkt Cuxhaven GmbH (s. 1984) - Carl-Vinnen-Weg 47, 2190 Cuxhaven - Geb. 29. Juli 1931 - B. 1983 Geschäftsf. Nordsee Dt. Hochseefischerei GmbH., Bremerhaven, u. Vors. Verb. d. dt. Hochseefischereien ebd.

PESCHECK, Christian

Dr. phil., Prof., Leiter Außenst. Würzburg Bayer. Landesamt f. Denkmalpflege (1957-77) - Joh.-Clanze-Str. 33, 8000 München 70 (T. 760 08 94) - Geb. 12. Aug. 1912 Breslau (Vater: Prof. Dr. jur. Paul P., zuletzt Bibliotheksdirektor Technische Hochschule Breslau (s. X. Ausg.); Mutter: Hedwig, geb. Schaper), verh. s. 1942 m. Hermine, geb. Schwartz, 2 Töcht. (Marianne, Eva-Brigitte) - Realgymn. Breslau; Univ. ebd. u. München (Vor- u. Frühgesch.). Promot. 1937 Breslau; Habil. 1942 Wien - S. 1942 Lehrtätigk. Univ. Wien (Dozent), Göttingen (1946 Doz.), Würzburg (1963 Honorarprof.) - BV: D. frühwandal. Kultur in Mittelschlesien, 1939; Bemalte Keramik vor 2500 Jahren, 1945; Lehrb. d. Urgeschichtsforsch., 1950; Vor- u. Frühzeit Unterfrankens, 3. A. 1975; D. Schwanberg im Steigerwald, 1968; D. Kultwagengrab v. Acholshausen, 2. A. 1976; D. german. Bodenfunde d. röm. Kaiserzeit in Mainfranken, 2 Bde. 1978.

PESCHEL, Gerhard

Dr. rer. nat., Prof. f. physikal. Chemie Univ./GH Essen - Essener Str. 92d, 4320 Hattingen 16 - Geb. 9. Febr. 1932 Hameln (Vater: Max P., Molkereidir.; Mutter: Berta, geb. Henning), kath., verh. s. 1961 m. Irmgard, geb. Greife, 3 Töcht. (Gabriele, Susanne, Stefanie) - Dipl.-Chem. 1960, Promot. 1964, Habil. 1971 - 1964-72 wiss. Assist.; 1972-76 Doz.; ab 1976 Prof., Arbeitsgeb.: Struktur u. physikalische Eigenschaften dünner Flüssigkeitsfilme, Solvatation v. Festkörperoberflächen, Stabilität kolloidaler Systeme; Umweltchemie v. Gewässern - Liebh.: Musik, Phil., Lit., Malerei - Spr.: Engl.

PESCHEL, Karin Johanna

Dr. rer. pol., Prof. f. Allg. Volkswirtschaftslehre - Funkstellenweg 5, 2300 Kiel 17 (T. 0431 - 37 25 31) - Geb. 25. Okt. 1935 Leipzig (Vater: Willy P., Kaufm.; Mutter: Gertrud, geb. Stiebing), ev. - Dipl.-Volksw. Münster 1960, Promot. Münster 1963, Habil Karlsruhe 1970 - 1963-70 Wiss. Assist. u. Akad. Rätin Univ. Karlsruhe, s. 1971 Prof. f. Wirtsch. u. Sozialwiss. Univ. Kiel, Dir. Inst. f. Theoret. Volksw. u. Inst. f. Regionalforsch. - BV: D. Koordinierung v. Schiene u. Straße im Binnengüterverk. Belgiens, Frankr. u. d. Niederl. - unt. Berücks. d. europ. Integr., 1964; (Zus. m. R. Funck): Möglichk. d. Kraftfahrz.-besteuer. u. ihre verkehrswirtsch. Konsequenzen, Gutachten, 1967; (Zus. m. J. Haass u. Th. Schnöring): Auswirk. d. europ. Integrat. a. d. großräum. Entw. in d. BRD - Teilber. Schrift Bundesmin. f. Raumordn., Bauwes. u. Städtebau, 1979. Herausg.: Schriften d. Inst. f. Regionalforschung d. Univ. Kiel, Florenz, München; Räuml. Strukturen im intern. Handel, Bd. 3 d. Schriftenreihe d. Inst. f.

Regionalforsch. d. Univ. Kiel, Florenz, München (Zus. m. J. Haas), 1982; Regionales Wachstum u. ökonom. Integration, Bd. 5 d. Schriftenreihe f. Regionalforsch. d. Univ. Kiel, Florenz, München (Zus. m. J. Bröcker, W. Reimers), 1984.

PESCHEL-GUTZEIT, Lore Maria

Vorsitzende Richterin, Vors. Dt. Juristinnenbund (1977-83) - Godeffroystr. 24, 2000 Hamburg 55 (T. 040 - 86 82 90) - Geb. 26. Okt. 1932 Hamburg (Vater: Hans Gutzeit, Generalmajor a.D.; Mutter: Eva, geb. Brüggmann), ev., 3 Kd. (Rolf, Katharina, Andrea) - Univ. Hamburg u. Freiburg/Br. (Rechtswiss.) - 1959 Rechtsanw. Freiburg, 1960 Richterin LG Hamburg, 1972 OLG ebd. S. 1975 Vors. Familienrechtskommiss. Dt. Juristinnenbd. Veröff. z. Familien-, Steuer-, Erb-, Presse- u. Verfassungsrecht. Mitarb.: Staudingers Kommentar z. BGB (Recht d. elterl. Sorge).

PESCHL, Eduard F.
Brauereibesitzer (Brauerei E. F. Peschl, Passau), Ehrenpräs. Bayer. Brauerbund (s. 1969; vorher Präs.), Ehrenpräs. IHK Passau (s. 1974; 1949-74 Präs.) - Auerspergstr. 2, 8390 Passau (T. 5 40 41) - Geb. 7. Sept. 1903 Passau (Vater: Eduard P.; Mutter: Ulla, geb. Adler), kath., verh. s. 1931 m. Leonore, geb. Eckert, 3 Kd. (Martha, Leonore, Ernst) - TH München (Dipl.-Brauereiing.) - S. 1927 Brauereigewerbe. ARsmandate - 1961 Ehrensenator TH München; Bayer. VO., 1968 Gr. BVK m. Stern; Gold. bayer. Staatsmed. - Liebh.: Philatelie (Experte), Jagd, Fotogr. - Spr.: Engl., Franz. - Rotarier.

PESDITSCHEK, Manfred
Dipl.-Phys., Studienrat a. D., MdL Nieders. (s. 1978) - Bonhoefferweg 2, 3300 Braunschweig - Geb. 10. Febr. 1944 Hahnenklee, verh., 1 Kd. - Mittelsch. Braunschweig (Mittl. Reife); Laborantenlehre Physikal.-Techn. Bundesanst. ebd.; Ingenieursch. Lübeck (Physikal. Techn.; Ing./grad.); 2 J. Bundeswehrdst. (Reserveoffz.); TU Braunschweig (Physik; Dipl. 1975). 2. Staatsex. 1977 - Ab 1977 Lehrer Braunschweig-Kolleg. 1972-78 Ratsherr Braunschweig. SPD s. 1970.

PESEL, Peter
s. Mehren, Günther

PESENACKER, Wilhelm
Dr. jur., Kaufmann, Geschäftsführer WESTFA GmbH u. WESTFA-Mineralöl GmbH - Düsternstr. 1, 5800 Hagen-Halden (T. 02331-5 36 95) - Geb. 17. März 1927 Steinfurt (Vater: Hans P., Dir.; Mutter: Paula, geb. Bornhagen), kath., verh. s. 1955 m. Elisabeth, geb. Brand, 3 Kd. (Michael, Stefan, Monika) - Gymn.; Univ. Münster (Jura, Univ. Zürich Volksw.); 1. u. 2. Staatsprüf. Jura, Promot. - S. 1955 Geschäftsf. WESTFA GmbH u. Westfa-Mineralöl-GmbH, AR o. Beir. weit. Firmen, Handelsrichter, Finanzrichter, Wettbewerbsschlichter u.a. - 1981 BVK - Liebh.: Gesch.wiss. - Spr.: Engl.

PESOT, Alois
Prof., Kunsterzieher - Holzmattenstr. 1, 7800 Freiburg/Br. (T. 6 72 83) - U. a. Prof. Päd. Hochsch. Freiburg.

PESTUM, Jo
Schriftsteller, Film-, Funk- u. Fernsehautor - Langenhorst 28, 4425 Billerbeck (T. 02543 - 78 30) - Geb. 29. Dez. 1936 Essen, verh. s. 1961 m. Doris, geb. Knüppel, 2 Kd. (Stefan, Sarah) - Stud. Malerei Hochsch. Essen u. Düsseldorf (Schüler b. Josef van Heekern, Otto Pankok) - S. 1967 Schriftst. S. 1977 Bundesvorst. Verb. dt. Schriftst.; s. 1979 Mitgl. PEN - BV: Ca. 60 Buchveröff.: Romane (z. B. Zeit d. Träume, 1976), Kinderbücher (z. B. D. Astronaut v. Zwillingsstern, 1974), Kriminalromane (z. B. D. Kater u. d. kalten Herzen, 1980), Lyrik (z. B. Kreidepfeile u. Klopfzeichen, 1981). Herausg. Edition Pestum (übers. in viele Spr.) - Liebh.: Malerei, Karikatur, Satire, Kabarett - Spr.: Engl., Franz., Schullatein - Lit.: Lex. d. dt. Jugendlit.

PETEGHEM, van, Arseen-P.

Ing., Prof. Metallkunde u. Elektrometallurgie - St.-Denijslaan 128, B-9000 Gent - Geb. 15. Juli 1928 Ertvelde (B), kath. - Scheikundig Ing. 1951 Staatl. Univ. Gent; Metallurgisch Ing. 1952 ebd.; Prof. Metallurgie Nicht-Eisen Metalle u. Elektrometallurgie Univ. Gent; Lehrbeauftr. f. Physikal. Chemie d. Metalle Univ. Hannover - 4 nationale bijdr. Ausz.: 1954 Preis Acta Technica Belgica - Spr.: Fläm., Franz., Dt., Engl.

PETER, Adalbert
Dr. theol., Dr. phil., o. Prof. f. Alttestamentl. Exegese Phil.-Theol. Hochsch. Fulda - Domdechanei 4, 6400 Fulda (T. 7 10 18) - Geb. 16. Dez. 1903 Soisdorf/Hessen, kath. - lic. in re bibl. - Msgr.

PETER, Albrecht
Kammersänger - Kirchenweg 8, 8011 Baldham/Obb. (T. Zorneding 83 77) - Geb. 6. Aug. 1914 Nürnberg (Vater: Albrecht P., Mutter: Margarethe, geb. Sandrock), ev., verh. s. 1957 m. Kammers. Maud, geb. Cunitz - Oberrealsch. Nürnberg (Abit.) - Mitgl. Bayer. Staatsoper (Bariton). Gastsp. In- u. Ausl. - 1957 Bayer. Kammersg.; 1968 Bayer. VO. - Bek. Vorf: Adele Sandrock (Schausp.).

PETER, Brunhilde
Dr. phil., Ministerin f. Arbeit, Gesundheit u. Sozialordnung u. stv. Ministerpräs. (s. 1985), MdL Saarl. (s. 1970), 1. Vors. VHS Dillingen - Zu erreichen üb. Franz-Josef-Röder-Str. 23, 6600 Saarbrücken (T. 50 11); priv.: Am Schwimmbad 25, 6638 Dillingen - Geb. 4. Okt. 1925 Mainz, kath., verh., 3 Kd. - Stud. Dt. Theol. u. Phil.; Promot 1955 - 1968-70 MdK Saarlouis. SPD.

PETER, Helmut
Ministerialdirektor a.D. - Finkenstr. 12, 6602 Dudweiler/S. - Geb. 20. Sept. 1919 - B. 1982 ständ. Vertr. d. saarl. Finanzministers.

PETER, Helwin
Gewerkschaftssekretär, MdB (VII. u. VIII. Wahlp./Landesl. Saarl.) - Am Zirkelborn 6, 6692 Oberthal/S. - Geb. 18. Juli 1941 Oberthal, kath., verh., Sohn - Volkssch.; 1955-58 Betriebselektrikerlehre (Saarbergwerke Saarbrücken); 1967-69 Akad. d. Arbeit Frankfurt/M. - B. 1967 Elektrohauer (unt. Tage) Schachtanl. Kohlwald u. Camphausen; s. 1969 Sekr. DGB/Landesbez. Saar. SPD s 1963 (1974 Mitgl. Landesvorst.).

PETER, Horst
Studiendirektor a. D., MdB (s. 1980) - Baunsbergstr. 47 A, 3500 Kassel (T. 0561 - 31 12 07) - Geb. 16. Febr. 1937 Kassel (Vater: August P., Bauarbeiter; Mutter: Else, geb. Siebert), ev., verh. s. 1960 m. Irmtraud, geb. Blumenstein, S. Frank Stephan - 1957-63 Univ. Marburg (Gesch., Politik, Altphilol., Staatsex.) - 1968-81 Stadtverordn.; s. 1980 Bundestag. SPD - BV: Zukunft SPD, 1981 - 1981 Stadtmed. Kassel - Liebh.: Fußball, Mineralien.

PETER, Julius
Dr., Vorstandsmitglied Continental-Gummiwerke AG. (1981 ff.) - Königsworter Pl. 1, 3000 Hannover - Zul. Leitg. Bereich Technik/Techn. Prod.

PETER, Leo
Landwirt, Präsident Landwirtschaftskammer Saarland - Lessingstr. 12, 6600 Saarbrücken (T. 0681-655 21 24) - Geb. 20. Febr. 1926 Wiesbach, verh. s. 1951, 5 S. - Stud. Agrarwirtsch. - Bürgerm., VR Saarlandversich., Beirat Landeszentralbank.

PETER, Siegfried
Dr. rer. nat., o. Prof. f. Chem. Technologie - Lindenweg 3, 8521 Uttenreuth (T. 09134-14 52) - Geb. 9. Mai 1916 - S. 1950 (Habil.) Lehrtätig. TH Hannover (1956 apl. Prof. f. Physikal. Chemie) u. Univ. Erlangen-Nürnberg (1968 Ord. u. Vorst. Inst. f. Techn. Chemie II). Fachveröff.

PETER, Werner
Obermeister, Vors. Bundesverb. d. Dt. Bestattungsgewerbes, Düsseldorf - Götzstr. 1, 1000 Berlin 42 - Geb. 15. Febr. 1921 Berlin (Vater: Karl P.; Mutter: Dorothea, geb. Schröder), ev., verh. s. 1945 m. Ernestine, geb. Pascher, 3 Kd. (Christian, Sybille, Stephanie) - Abit. - 1959 Oberm. Bestattierinn. Berlin, 1975 Vorst. Bundesverb. - AR-Vors. Fachverlag Dt. Bestattungsgewerbe GmbH., AR-Vors. Garantieverb. Berliner Handw. e. G., Sachverständiger f. d. Bestattungswesen Berlin; 1988 Vizepräs. d. Europ. Bestatter Union (EBU) - Liebh.: Garten, Schwimmen.

PETEREIT, Rudolf
Vorsitzender Arbeiterwohlfahrt/Bezirksverb. Baden - Roonstr. 18, 7500 Karlsruhe; priv.: Regenbogen 61, 6800 Mannheim 31.

PETERMANN, Bernd
Dr. jur., Rechtsanwalt - Wirmerstr. 9, 4000 Düsseldorf 30 (T. 438 06 90); Büro: Klever Str. 31 (T. 49 90 59) - Geb. 8. Aug. 1927 Duisburg-Ruhrort, kath., verh., 4 Kd. - Gymn. Duisburg (Abit. 1946); Univ. Köln (Rechtswiss.); Promot. 1953). Jurist. Staatsprüf. 1950 u. 53 - S. 1954 RA OLG Düsseldorf. Kirchl. Funktionen. Ratsherr Düsseldorf 1961-70; MdL Nordrh.-Westf. 1970-80; CDU s. 1946. Kommentar z. Schulmitwirkungsgesetz NW, 11. A. 1988 - 1977 Ritter, 1982 Komtur, 1986 Komturkreuz m. Stern d. Gregoriusordens; 1980 BVK am Bde., 1985 BVK I. Kl.

PETERMANN, Erwin
Dr. phil., Prof., Museumsdirektor i. R. - Zu erreichen üb. Staatsgalerie, 7000 Stuttgart - Geb. 1904 - B. 1969 Dir. Staatsgal. Stuttgart.

PETERMANN, Franz
Dr. phil., Dipl.-Psych., Prof. f. Psychologie Univ. Bonn, Filmautor - Bröltalstr. 5, 5202 Hennef (Vater: Weinheim, kath., verh. s. 1978 m. Prof. Dr. Ulrike, geb. Haßlinger (s. dort) - Stud. Psych. u. Sozialwiss. Univ. Heidelberg; Dipl.-Psych. 1975; Promot. 1977 Bonn - 1975-80 wiss. Mitarb. Univ. Heidelberg u. Bonn; 1980 Privatdoz. Bonn; 1980-81 Gastprof. TU Berlin; 1982-85 Prof. RWTH Aachen; s. 1985 Prof. Univ. Bonn. 1985 wiss. Beirat Görres-Ges. z. Pflege d. Wiss. Zahlr. Veröff., Handb.- u. Ztschr.-Beiträge in d. Bereichen Psych., Sozialwiss. u. Med.; Herausg. v. Ztschr. u. Buchreihen (u. a. Ztschr. f. Klin. Psych., Psychopathol. u. Psychotherapie; Jahrb. f. personenzentrierte Psych. u. Psychotherapie; Materialien f. d. psychosoz. Praxis; Psychodiagnost. Verf.: Kontrollierte Praxis; Studien z. Jugend- u. Familienforsch.) - BV: Psychotherapieforschung, 1977; Grundlagentexte d. Klin. Psych., 1977; Veränderungsmessung, 1978; Einzelfallanalyse, 2. A. 1989; Einstellungsmessung - Einstellungsforschung, 1980; Einzelfalldiagnose u. klin. Praxis, 1982; Training m. aggressiven Kindern, 3. A. 1988; Psych. d. Vertrauens, 1985; Verhaltenstherapie m. Kindern u. Jugendlichen, 1987; Psych. chronischer Krankheiten im Kindes- u. Jugendalter, 1987; Training m. Jugendlichen: Förderung v. Arbeits- u. Sozialverhalten, 2. A. 1989; Verhaltensgestörtenpäd., 1987; Vorurteile u. Einstellungen, 1988; Beratung m. Familien m. krebskranken Kindern; Training m. sozial unsicheren Kindern, 3. A. 1989 - 8 Filmprod. - Liebh.: Musik, Bücher - Spr.: Engl.

PETERMANN, Günter
Dr., Prof. Univ. Würzburg - Erbshäuser Ring 14, 8702 Bergtheim - Geb. 2. Juni 1924 Greifenhagen (Vater: Willy P., Beamter; Mutter: Katharina, geb. Räther), ev., verh. s. 1948 m. Edeltraut, geb. Buxel, 2 T. (Heidemarie, Gabriele) - 1945-50 kaufm. Ausb.; 1950-53 Stud. FU Berlin - 1954-72 Tätigk. FU Berlin; ab 1972 Prof. (Ord.) Univ. Würzburg - BV: Marktstell. u. Marktverhalten d. Verbrauchers, 1963; Absatzwirtsch., 1979 - Spr.: Engl.

PETERMANN, Hartwig
Dr.-Ing., em. o. Prof. Pfleiderer-Inst. f. Strömungsmaschinen TH bzw. TU Braunschweig (s. 1953) - Flotowstr. 2, 3300 Braunschweig (T. 33 78 08) - Geb. 29. Aug. 1919 Beuthen/OS. (Eltern: Walter (Rechtsanw.) u. Irene P.), ev., verh. s. 1949 m. Christa, geb. Alaschewski, S. Klaus - TH Breslau (Maschinenbau; Diplom-Hauptprüf. 1944) - 1945-49 Assist. TH Braunschweig; 1949-53 Versuchsing. BBC, Mannheim - BV: Konstruktionen u. Bauelemente d. Strömungsmaschinen, 1960; Strömungsmaschinen, 5. A. 1986 (türk., portugies., ital. Übers.); Einf. in d. Strömungsmaschinen, 3. A. 1988.

PETERMANN, Ulrike
Dr. phil., Prof. f. Psych. Kath. Stiftungsfachhochschule München (s. 1987), Privatdozentin Univ. Bonn, Psychologin u. Pädagogin, Filmautorin - Bröltalstr. 5, 5202 Hennef - Geb. 6. Juni 1954 Bensheim, kath., verh. s. 1978 m. Prof. Dr. Franz Petermann (s. dort) - Dipl.-Soz.-Päd. 1978 Mannheim; Dipl.-Päd. 1980 Bonn; Promot. (Psych.) 1982 Berlin - 1980-83 wiss. Angest. Univ. Bonn; s. 1986 Privatdoz.; s. 1987 Prof. ebd. Sachb. - u. Filmautorin - BV: Training m. aggressiven Kindern, 1978, 3. A. 1988; Training m. sozial unsicheren Kindern, 3. A. 1989; Kinder u. Jugendliche besser verstehen, 1985, 2. A. 1986; Sozialverhalten b. Grundschülern u. Jugendlichen, 1987; Training m. Jugendlichen: Förderung v. Arbeits- u. Sozialverhalten, 1987 - Liebh.: Musik, Sport - Spr.: Engl.

PETERMICHL, Harald F.
Dramaturg Bad. Landesbühne Bruchsal, Kinder- u. Jugendtheater (s. 1984) - Huttenstr. 20b, 7520 Bruchsal (T. 07251 - 1 87 95) - Geb. 19. Aug. 1957 Fürsteneck, ledig - Stud. Theaterwiss., German., Kommunikationswiss. Univ. München (nach d. 8. Sem. abgebr.) - 1985 Gründ. Verlagshaus schröpf & schrat - Liebh.: Musik (insbes. Jazz), Lesen, Käse, Wein - Spr.: Engl., Franz., Lat., Portug., Ital.

PETERS, A. F.
s. Unger, Gert F.

PETERS, Arno

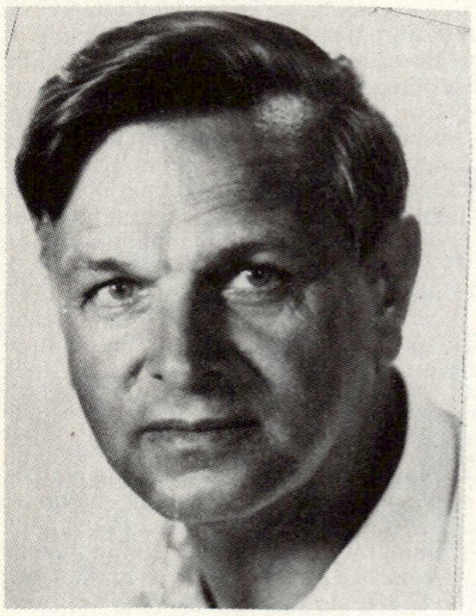

Dr. phil., Prof., Historiker - Heinrich-Heine-Str. 93, 2800 Bremen (T. 23 20 22) - Geb. 22. Mai 1916 Berlin (Vater: Bruno P., Oberreichsbahnrat; Mutter: Lucy, geb. Schulz), verh. in 3. Ehe (1959) m. Marzena, geb. Ruminski, 6 Kd. (Anja, Axel, Anita, Aribert aus 1., Sabine aus 2. Ehe, Marco aus 3. Ehe) - Schule u. Univ. Berlin (Gesch., Kunstgesch., Ztg.wiss.) - Reisen Europa u. Übersee. 1974ff. Leit. Inst. f. Universalgesch. - BV: Synchronopt. Weltgesch., 1952 (130. Ts.; franz. 1962); D. perspektiv. Verzerrung v. Raum u. Zeit im hist.-geograph. Weltbilde d. Gegenwart, 1967; D. europazentr. Charakter unseres Weltbildes u. s. Überwindung, 1973; D. Neue Kartographie, 1984; Raum u. Zeit, 1985; D. maßstäbl. Darstell. d. Tondauer als Grundl. oktav-analoger Farbnotation, 1985; Klavierfibel für Majenna, 1986; Paritätischer Weltatlas, 1988 - Mitgl. PEN-Zentrum BRD - Liebh.: Segeln, Schwimmen, Radfahren, Boule, Schach - Spr.: Franz., Engl. - Entwickelte d. synchronopt. Methode (räuml. Darstell. d. Zeit) u. d. paritätischen Geographie (Peterskarte u. Petersatlas) sowie d. Farb-Notation.

PETERS, Carl Otto
Fabrikant, Mitinh. u. Geschäftsf. Gütersloher Fleischwarenfabrik J. F. Merten GmbH., Joh. Blankemeyer KG., Martena GmbH., alle Gütersloh - Brunnenstr. 13a, 4830 Gütersloh/W. - Geb. 30. Aug. 1908.

PETERS, Carsten
s. Schneider, Karl-Hermann

PETERS, Dietrich
Dr. rer. nat., Prof., ehem. Ltd. Direktor Abt. f. Virusforschung Bernhard-Nocht-Inst. f. Schiffs- u. Tropenkrankheiten, Hamburg (s. 1973) - Graumannsweg 3, 2000 Hamburg 76 (T. 229 64 64) - Geb. 5. Nov. 1913 Fulda - S. 1964 Privatdoz. u. apl. Prof. (1968) Univ. Hamburg (Virologie u. Molekularbiol.). Fachveröff. - 1967 Joachim-Jungius-Med.

PETERS, Egbert
Dr. jur, o. Prof. f. Bürgerl. Recht, Handels- u. Zivilprozeßrecht - Holbeinweg 3, 7400 Tübingen (T. 60 04 17) - Geb. 27. Febr. 1928 Wiesbaden - S. 1962 (Habil.) Lehrtätigk. Univ. Marburg u. Kiel (1966 Ord.), Tübingen (s. 1979) - BV: D. Ausübung d. Stimmrechts b. nutznießungsbelasteten Aktien, 1952; D. sog. Freibeweis im Zivilprozeß, 1962; Ausforschungsbeweis im Zivilprozeß, 1966; Kieler WuV-Kurse Bd. 6, Zivilprozeßrecht, 1974, 4. A. 1986; Zwangsvollstreckungsrecht, 1976, 3. A. 1987; Richterl. Hinweispflichten im Zivilprozeß, 1983. Fachaufs.

PETER, Fritz
Geschäftsführer Autoreifen-Vergölst Neugummierungswerke GmbH., Bad Nauheim (s. 1946) - Bad Nauheimer Str. 27, 6353 Steinfurth/Hessen- Geb. 28. Febr. 1910 - 1972 BVK I. Kl.

PETERS, Georg
Bürgermeister - Osterstr. 35, 2980 Norden/Ostfriesl. (T. 28 45) - Geb. 29. März 1908 Marienhafe/Ostfriesl., verh. - Volkssch.; Schriftsetzerlehre - Schrifts. Ztg.svertreter, ab 1937 Angest. Tabakfabrik, 1942-45 Wehrdst., 1946-49 u. 1956-64 Landrat Kr. Norden, S. 1964 Bürgerm. Stadt Norden. 1949-72 MdB. SPD s. 1926 (u. a. Bezirksvors. Weser-Ems) - 1973 Gr. BVK.

PETERS, Günter
Geschäftsführer Arbeitsgemeinsch. Lohn-Wäscherei u. -Kämmerei - Postf., 2820 Bremen 71.

PETERS, Hans
Versicherungsangestellter, Mitgl. Hbg. Bürgerschaft (s. 1978) - Saseler Str. 112, 2000 Hamburg 73 - Geb. 23. Nov. 1933 Hamburg, verh., 2 Kd. - Volkssch.; Gärtnerlehre; EDV-Ausbild. - Gärtner, Werft-, Hafenarb., EDV-Fachm. Industrie- u. Dienstleistungsbetriebe sow. Versicherungsw. (Mannheimer). SPD s. 1956.

PETERS, Hans
Mitglied d. Europ. Parlaments (s. 1979) - Senftenbergstr. 16, 4600 Dortmund 14 (T. 0231 - 23 03 74) - Geb. 10. Dez. 1927 Uedem (Vater: Hermann P.; Mutter: Elisabeth, geb. Engelen), verh. s. 1949 m. Margarete, geb. Freck, 5 Kd. (Hans, Margarita, Elisabeth, Wilfried, Kristina) - Schuhmacherlehre; 1955/56 Stud. Sozialakad. Dortmund (Abschl. in Wirtsch., Recht, Soziol. u. Sozialpolitik); 1958-60 Rhetorikprakt. DGB-Bundessch. Hattingen (Abschl. Sprecherzieher) - 1961-73 Sekr. f. Bildungsfragen Hauptverw. IGBE, 1973-79 Leit. Wohnungsverw. f. Westf. Neue Heimat. Vorst.-Mitgl. Rhein.-Westf. Ausl.-Ges., Vors. Europa.Union, Kr. Dortmund u. Landesvors. d. EU in Nordrh.-Westf. S. 1951 Gewerkschaftsmitgl. SPD s. 1955 (Vorst.-Mitgl. Bezirk Westl. Westf.; 1969-79 Rats-Mitgl. Dortmund, Vors. Schulaussch., stv. Frakt.-Vors.); Vorst.-Mitgl. Europ. Staatsbürger-Akad. - Ehrenring Stadt Dortmund.

PETERS, Hans Heinrich
Dr. jur., Geschäftsführer Hanseatische Wertpapierbörse Hamburg - Börse, 2000 Hamburg 11.

PETERS, Hans M.
Dr. phil., Prof., Zoologe - Sudetenstr. 29, 7400 Tübingen (T. 29 46 51) - Geb. 4. Juni 1908 Koblenz (Vater: Norbert P., Rechtsanwalt; Mutter: Anna, geb. Hausmann), kath., gesch. - Univ. Münster/W., Kiel, Bern - 1943 Doz. Univ. Straßburg; 1948 apl. Prof. Univ. Tübingen (1965 Vorsteher Abt. f. Physiol. Verhaltensforsch./Zoophysiol. Inst.) - BV: Grundfragen d. Tierpsych., 1948. Mitverf.: Soziol. u. Leben, 1952; Handb. d. Soziol., 1956. Mithrsg.: Psych. Kolloquium. Übers.: Roeder, Neurale Grundl. d. Verhaltens (1968). Einzelarb. - Advisory Editor v. Environmental Biology of Fishes.

PETERS, Hans-Jochen
Vortr. Legationsrat I Ausw. Amt Bonn - Rilkestr. 79, 5300 Bonn 3 - Geb. 24. Febr. 1944 Wesselburen (Vater: Bruno P.; Mutter: Frieda P.), ev., verh. s. 1985 m. Dr. Susanne Mayer-Peters, T. Anja Ulrike - 1963-70 Stud. Slavistik, Gesch., Politik u. Phil. Tübingen u. Kiel - 1972-75 Botsch. Moskau, 1975-81 Bundeskanzleramt; 1981-84 Botsch. Montevideo; s. 1984 AA - Spr.: Engl., Franz., Russ., Span.

PETERS, Hans-Rudolf

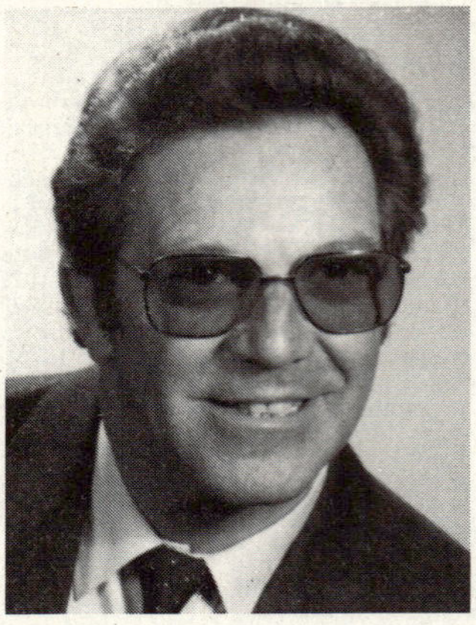

Dr. rer. pol., o. Univ.-Prof. f. Volkswirtschaftslehre (Wirtschaftspol.) Univ. Oldenburg (s. 1974) - Rehweg 13A, 2900 Oldenburg (T. 0441 - 7 50 61) - Geb. 2. Mai 1932 Stadtoldendorf (Vater: Dipl.-Hdl. Rudolf P.; Mutter: Pauline, geb. Fricke), ev., verh. m. Liselotte, geb. Eckert - Stud. Univ. Göttingen u. Freiburg/Br.; Dipl.-Volksw. 1956 u. Promot. 1958 Freiburg/Br.; Habil. 1971 Marburg; Privatdoz. 1973 Univ. Bonn - 1959-74 Bundesmin. f. Wirtsch. Bonn (zul. Reg.-dir.); 1988/89 Dekan FB Wirtsch.- u. Rechtswiss. d. Univ. Oldenburg - BV: D. Verkehrsmarkt 1958; Marktwirtschaftl. Verkehrsordnung u. d. Besonderheiten d. Güterverkehrs, 1966; D. volksw. Problematik v. Konzessions-Systemen i. Personenverkehr, 1968; Region. Wirtsch.pol. u. System-Ziel-Konformität, 1971; Grundzüge sektoraler Wirtsch.pol., 2. A. 1975; Polit. Ökonomie d. Marxismus - Anspruch u. Wirklichkeit, 1980; Grundl. d. Mesoökonomie u. Strukturpolitik, 1981; Einführung in d. Theorie d. Wirtschaftssysteme, 1987; Sektorale Strukturpolitik, 1988. Zahlr. Fachaufs. - Rotarier.

PETERS, Heinz
Freier Journalist u. Schriftsteller - Gottfried-Keller-Str. 41, 4030 Ratingen-Lintorf (T. 02102 - 3 59 12) - Geb. 24. Dez. 1936 Hohenlimburg (Vater: Heinrich P., Disponent; Mutter: Elise, geb. Wilken), verh. s. 1966 m. Ursula, geb. Wegescheid - Stud. Jura. Ztg.swiss. u. Soziol. Münster u. Köln. 1969-77 Redakt. Leit. Pressestelle DEW-Krefeld, Leit. Pressestelle IKW-Frankfurt - Spr.: Engl., Franz.

PETERS, Helge
Dr. sc. pol., Dipl.-Soz., Prof. f. Soziologie Univ. Oldenburg - Wittsfeld 14, 2900 Oldenburg (T. 0441 - 6 49 51) - Geb. 28. Nov. 1937 Lübeck (Vater: Klaus P., Realschulkonrektor; Mutter: Frieda, geb. Kunz), gesch., 2 Kd. (Sibylle, Tilmann) - Dipl.-Soz. 1964 Univ. Münster, Promot. 1967 ebd.; Habil. 1971 Univ. Bielefeld, 1971 o. Prof. Univ. Oldenburg - BV: Moderne Fürsorge u. ihre Legitimation, 1968; D. sanften Kontrolleure (m. a.), 1975; Stigma Dummheit (m. a.), 1981; Sozialarbeit als Sozialplan. (Hg.), 1982; Devianz u. soziale Kontrolle, 1989.

PETERS, Helge
Dr. med., Prof., Arzt, Direktor Chirurgische Klinik Klinikum Wiesbaden (s. 1981) - Ludwig-Erhard-Str. 100, 6200 Wiesbaden (T. 06121 - 43 20 90-1) Geb. 30. Nov. 1938 München (Vater: Prof. Dr. Gerd Peters), kath., verh. m. Andrea, geb. Laschet, S. Torsten - Stud. Univ. Bonn, München, Wien; Staatsex. 1964 Bonn; Promot. 1965 Bonn; Habil. 1975 Aachen; apl. Prof. 1978 Aachen - 1976-81 Ltd. Oberarzt Abt. Chir. Med. Fak. RWTH Aachen - 85 Publ., spez. chir. Pathophysiol. u. gastroenterol. Chir.; 60 publiz. Vortr. - Liebh.: Neuere Geschichte, Malerei d. Renaissance, Burgund, Toskana - Spr.: Engl., Franz.

PETERS, Helmut F.
Industriekaufmann, zul. General-Manager Revlon, Düsseldorf (s. 1974) - Rheinallee 14d, 4000 Düsseldorf (T. 50 03 53) - Geb. 18. Mai 1935 Pitschen (Vater: Dr. med. Theo P.; Mutter: Helene, geb. Lepzy), kath., verh. s. 1967 in 2. Ehe m. Friederike, geb. Götzinger, Tocht. Carina - Obersch., Lehre Ind.-Kfm. - Vorstandsmitgl. d. Kosmet. Einfuhrfirmen; 1967-69 General-Manager Revlon, Madrid; 1969-74 Juvena, Baden-Baden - Liebh.: Musik, mod. Malerei, Golf - Spr.: Engl., Franz., Span.

PETERS, Horst Theodor
Dr. jur. utr., Präsident Landessozialgericht Nordrh.-Westf. a. D. - Rembrandtstr. 12, 4000 Düsseldorf (T. 68 29 96) - Spez. Arbeitsgeb.: Sozialrecht - Geb. 30. April 1910 Stettin (Vater: Karl P., Berufsoffz.; Mutter: Anna, geb. Herrmann), ev., verh. s. 1936 m. Margarete, geb. Unkel, T. Helga - Stud. Rechts- u. Staatswiss. Hochsch. Königsberg, Bonn. 1936-45 Reichsvers.-Amt Berlin; ab 1939 gleichz. Betriebskrankenkasse d. Reichs a. stv. Leit.; ab 1946 Abt.sleit. Flüchtingswesen Landesreg. Schlesw.-Holst.; ab 1949 Obervers.amt Düsseldorf; 1952 Leit. u. Reg.sdir.; 1954 Präs. Sozialgericht Düsseldorf, 1969-75 Präs. Landessozialger. NRW - BV: Handb. d. Krankenversich., Kommentar z. Sozialgerichtsbarkeit, Gesch. d. soz. Versich. - 1976 Gr. BVK, 1986 Gr. BVK m. Stern.

PETERS, Hugo
Prof., Dozent Staatl. Akad. d. bild. Künste Stuttgart (Abt. f. Allg. künstler. Ausbild.) - Rendlenstr. Nr. 20, 7000 Stuttgart 30 - Geb. 6. Jan. 1911.

PETERS, Johannes
Dr., Staatsminister a. D., Verbandsdirektor a. D. - Uferstr. 6, 4401 Angelmodde (T. Wolbeck 22 28) - Geb. 29. Mai 1899 Verne/W., verh. - Gymn.; Univ. Münster (Promot. 1924) - S. 1924 Tätigk. Genoss.swesen, u. a. 1949-67 gf. Vorstandsmitgl. Verb. ländl. Genoss. d. Prov. Westf. (Raiffeisen), dazw. 1952-56 (Sturz Kabinett Arnold) Min. f. Ernährung, Landw. u. Forsten Nordrh.-Westf. 1950-70 MdL NRW. Vor 1933 Zentrum; CDU s. 1945 (Mitbegr.) - 1967 Raiffeisen-Med.; Gr. BVK m. Stern u. Schulterbd.

PETERS, Julius M.
Dipl.-Ing., Generalbevollmächtigter d. Martin Peters GmbH, Aachen (Bauuntern.), MP-Sportzentrum Brühl GmbH & Co. KG, Finanzgericht Düsseldorf, Beis. Vorst. Kreishandwerkerschaft, Mitgl. d. Vollversamml. Handwerkskammer, Obermeister Bauinnung Aachen - Jülicher Str. 371, 5100 Aachen - Geb. 12. Febr. 1931 Aachen (Vater: Martin P., Bauuntern.; Mutter: Elisabeth, geb. Theilen), kath., verh. m. Ursula, geb. Jordans, 2 Kd. (Martin, Michaela) - Gymn., Lehre, Ing.sch., TH Aachen - Ehrenamtl. Richter Finanzgericht Köln - BVK.

PETERS, Karl
Dr. jur., Dr. h. c., o. Prof. f. Strafrecht, -verfahren u. -vollzug (emerit.) - Kleimannstr. 3, 4400 Münster (T. 27 21 31) - Geb. 23. Jan. 1904 Koblenz (Eltern: Franz (Vizepräs. Provinzialschulkollegium) u. Clara P.), kath., verh. s. 1930 m. Hatwig, geb. Meister, 2 Kd. - Univ. Königsberg/Pr., Leipzig, Münster. Promot. 1927 Münster; Habil. 1931 Köln - Justizdst. (u. a. I. Staatsanw. u. OLGsrat); 1931 Privatdoz. Univ. Köln, 1942 Ord. Univ. Greifswald, 1946 Univ. Münster, 1962 Univ. Tübingen - BV: u. a. D. kriminalpolit. Stellung d. Strafrichters, 1932; Zeugenlüge u. Prozeßausgang, 1939; Reichsjugendgerichtsgesetz, 1942; Strafprozeß, Lehrb. 4. A. 1985; Grundprobleme d. Kriminalpäd.,

1965; D. strafrechtsgestalt. Kraft d. Strafprozesses, 1963; Fehlerquellen im Strafprozeß, 3 Bde. 1970/74, D. neue Strafprozeß; Justiz als Schicksal, 1979. Zahlr. Buchbeitr. u. Fachaufs. - Gr. BVK, Komturorden d. Hl. Silvester m. gr. Silberstern, Beccaria-Med. in Gold, L.-Werthmann-Med., Ehrendoktor Univ. Marburg.

PETERS, Karl-Josef
Präsident Verwaltungsgericht Arnsberg (s. 1966) - 5760 Arnsberg/W. - Geb. 22. Mai 1922.

PETERS, Klaus
Dr. jur., Kanzler Gesamthochschule Wuppertal - Gaußstr. 20, 5600 Wuppertal 1.

PETERS, Kurt J.
Dr. agr., Prof. f. Agrarwiss. Univ. Göttingen, Forschungsdir. Intern. Tierforschungszentrum f. Afrika (I.L.C.A.), Addis Abeba (s. 1984) - Albrecht-Thaer-Weg 1, 3400 Göttingen - Geb. 10. März 1944 Sönke-Nissenkoog (Vater: Johannes P., Landw.; Mutter: Margarete, geb. Sibbers), ev., verh. s. 1971 m. Renate, geb. Piltz (Studienr.), 2 Kd. (Björn Arne, Tade Wilken) - 1966 Höh. Landbausch. Schlesw. (Staatl. gepr. Landw.); 1970 TU Berlin (Hauptdipl. Agrarwiss.); 1975 Promot. (Tierprodukt.) - 1971-74 Wiss. Mitarb. Inst. f. Tierprod. TU Berlin, Forschungstätig. in Süd-Afrika; 1975-77 Tierzuchtber., Malaysia; 1977-81 Wiss. Assist. TU Berlin; Forschungsreisen nach Afrika, Indien, Malaysia.

PETERS, Norbert
Dr.-Ing., Prof. - Auf der Hörn 103, 5100 Aachen (T. 0241 - 8 19 43) - Geb. 10. Juli 1942 Linz/D. (Vater: Friedrich P., Ing.; Mutter: Margrete, geb. Sieber), verh. s. 1969 m. Francoise, geb. Kaepplin, 2 Kd. (Dominique, Frederic) - Dipl. 1968, Promot. 1971 Berlin, Habil. 1975 - S. 1976 Prof. f. Mechanik RWTH Aachen - Spr.: Engl., Franz.

PETERS, Olaf
Bankdirektor - Schloßgarten 14, 2300 Kiel (T. 0431 - 900 11 93) - Geb. 13. Aug. 1928 - S. 1973 Vorstandsmitgl. Schiffshypothekenbank zu Lübeck AG.

PETERS, Otto

Dr. phil., Dr. h. c., Prof., Hochschullehrer - Goebenstr. 45i, 5800 Hagen - Geb. 6. Mai 1926 Berlin, verh. s. 1954 m. Sabine, geb. Büchert, 2 Töcht. (Susanne, Bettina) - Stud. Humboldt- u. Freie Univ. Berlin (Angl., Gesch., Phil., Päd.) - 1969-74 Dt. Inst. f. Fernstud. Univ. Tübingen, 1974-75 o. Prof. f. Allg. Didakt. PH Berlin, s. 1975 o. Prof. f. Methodenlehre d. Fernstud. Fernuniv., 1975-84 Gründungsrektor. Vors. Verein Grundlagen d. Weiterbildung - BV: D. Fernunterr., 1965; D. Hochsch.fernstud., 1968; D. didakt. Struktur d. Fernunterr., 1972; D. Fernuniv. im 5. Jahr, 1981. Herausg.: Stud. neben d. Beruf (1986, zus. m. R. Pfundtner).

PETERS, Owe Jens
Dr. rer pol., M. A., Kaufmann, Vorstand Appartementhaus AG, Frankfurt am Main (s. 1963), Geschäftsf. APA-Verw.-Ges. mbH, Berlin - Mariannenweg 1, 6380 Bad Homburg v. d. H. (T. 06172 - 3 46 86) - Geb. 6. Sept. 1928 Berlin, verh. s. 1959, 3 Kd. - Stud. St. Andrews/Schottland (Volksw.). M. A. (Economics) 1952 Univ. of Virginia/USA; Promot. 1956 Frankfurt - 1957-62 Frankfurter Bank - Spr.: Engl.

PETERS, Sönke

Dr. rer. pol., Prof. f. Betriebswirtschaftslehre u. Unternehmensrechnung TU Berlin (s. 1977) - Am Schülerhain 23 A, 1000 Berlin 33 (T. 030 - 832 61 28) - Geb. 18. Febr. 1938 Hamburg, ev., verh. s. 1966 m. Charlotte, geb. Wulff - 1956-63 Stud. Versicherungsmathematik Univ. Hamburg u. Marburg, Dipl.-Math. 1963; Promot. 1968 Hamburg - Univ. Hamburg (1965 Wiss. Ass., 1969 Wiss. Rat, 1971 Wiss. Oberrat) - BV: D. Planung d. Fahrzeugeinsatzes im öfftl. Personennahverkehr, 1968; Betriebswirtschaftslehre d. öfftl. Personennahverkehrs, 1985; Betriebswirtschaftslehre - E. Einführung, 3. A. 1988 - Liebh.: Fernreisen, Fotografie, klass. Musik - Spr.: Engl., Franz.

PETERS, Uwe Henrik
Dr. med., Professor f. Neurologie u. Psychiatrie, Direktor Universitäts-Nervenklinik Köln - Zu erreichen üb. Univ.-Nervenklinik, Joseph-Stelzmann-Str. 9, 5000 Köln 41 - Geb. 21. Juni 1930 Kiel (Vater: Dr. med. Max P., Arzt; Mutter: Erna, geb. Sass), ev.-luth., verh. s. 1963 m. Dr. Johanne, geb. Schuchardt, 2 T. (Eva, Caroline) - Gymn. Kiel; Univ. Freiburg, Heidelberg, Kiel; Promot. 1956 - 1967-69 Oberarzt Nervenklinik Univ. Kiel, 1969-79 Dir. Neuropsychiatr. Univ.kl. Mainz, s. 1979 Dir. Nervenklinik Univ. Köln - BV: Wörterb. d. Psychiatr. u. med. Psych., 3. A. 1984; Anna Freud, E. Leben f. d. Kind, 2. A. 1980; D. Pickwick-Syndrom (zus. m. H. Rieger); Hölderlin - Wider d. These v. edlen Simulanten, 1982 - Spr.: Engl., Franz.

PETERS, Walfried
Dr. rer. pol., Vorstandsvors. Wohnungsbau-Kreditanstalt Berlin, Vorstandsmitgl. Berliner Pfandbrief-Bank - Hermannstr. 15, 1000 Berlin 39 (T. 805 19 21) - Geb. 17. Dez. 1925 - Stud. Volksw.

PETERS, Werner
Dr. rer. nat., Prof., Physiker - Rentelichtung 92, 4300 Essen 1 (T. 0201-44 26 45) - Geb. 23. Sept. 1921 Rheine (Vater: Bernhard P.; Mutter: Änne, geb. Holtkamp), kath., verh. s. 1951 m. Renate, geb. Sanders - Gymn. Rheine; Univ. Münster (Physik, Mathematik). Promot. 1952; Habil. 1963 - S. 1952 Ruhrgas AG, Essen, 1960 Steinkohlenbergbauverein u. Bergbau-Forschung GmbH, Essen (Geschäftsf.), 1986 Ruhestand). S. 1961 Lehrtätig. TH Aachen (1967 apl. Prof. f. Physikal. Grundl. d. Brennstoffchemie); 1982-84 Präs. Dt. Ges. f. Mineralölwiss. u. Kohlechemie. Üb. 100 Fachveröff. Rund 50 Patente - Spr.: Engl. - Rotarier.

PETERS, Werner
Dr. rer. nat., o. Prof. f. Zoologie Univ. Düsseldorf (s. 1968) - Albrecht-Dürer-Str. 45, 4006 Erkrath/Rhld. - Geb. 24. Juni 1929 Todtglüsingen b. Hamburg, verh. m. Dr. Renate, geb. John, 2 Kd. (Antje, Jörg) - Freie Univ. Berlin (Zoologie, Botanik, Chemie). Promot. (1955) u. Habil. (1964) Berlin - 1957-68 Assist. u. Privatdoz. (1964) FU Berlin, 1968-74 Wiss. Rat u. Abt.-Leit., 1974 Ordinar. Univ. Düsseldorf - Spez. Arbeitsgeb.: Morphologie, Allg. Parasitenkd. Facharb. - BV: Diagnose d. Parasiten d. Menschen (m. H. Mehlhorn), 1983; D. Regenwurm - Lumbricus terrestris L. E. Praktikumsanleitung (m. V. Walldorf), 1986 - Spr.: Engl.

PETERS, Wilhelm
Prof., Hochschullehrer - Eimermacherweg 25, 4400 Münster/W. (T. 2 13 97) - U. a. Prof. Päd. Hochsch. Westf.-Lippe (Kunst- u. Werkerzieh.).

PETERS-JOOST, Evelyn
Schriftstellerin, Schauspielerin - Magdalenenstr. 57, 2000 Hamburg 13 (T. 74 64 84) - Geb. 8. April 1925 Berlin (Vater: Werner P., Offz.; Mutter: Stefanie, geb. Cehak), ev., verh. s. 1945 m. Heinz Kirchhoff (gesch.), 2 Kd. (Bodo, Nina), wiederverh. - N. Mittl. Reife 1941-43 Reinhardt-Sem. Wien - Schausp. (1945-49 Jg. Bühne, 1950-52 Kammersp. 1952-55 Dt. Schauspielhaus, alles Hamburg); fr. Schriftst. (1955-61 u. 1965ff.); Redakt. (1961-65 Laux-Tonbildschau, Frankfurt). Zahlr. Bühnenrollen, dar. Ann Whitefild (Mensch u. Übermensch), Pallas Athene (Orestie), Olivia (D. Teufels General) - BV: D. Lebens Freude, R. 1962; Zeit d. Versuchung, R. 1969; E. Frau v. Vierzig, R. 1969; Trans-Europ-Expreß, R. 1973; D. Zaungast, R. 1975; Roman e. geschied. Frau; E. Fall v. Hörigkeit, R. 1981; Umarme jede einzelne Stunde, R. 1982 - Liebh.: Lit., Musik - Spr.: Franz. - Bek. Vorf.: Carl P. (Afrikareisender).

PETERSEN, Arnold
Intendant Nationaltheater Mannheim - Zu erreichen üb.: Nationaltheater, 6800 Mannheim 1 - Geb. 30. Nov. 1926 Lübeck (Vater: Arnold P., Kaufm.; Mutter: Martha, geb. Borgwardt), verh. s. 1954 m. Ingeborg, geb. Guttmann, Tocht. Katharina - Gymn. (Abit.) - 1946-56 Dramat.; 1956-75 Chefdisponent - Spr.: Engl.

PETERSEN, Carl-Friedrich
Kaufmann, Vors. Bundesverb. d. Dt. Exporteurhandels, Hamburg - Palmaille 67, 2000 Hamburg 50 - Geb. 7. Jan. 1921 Hamburg.

PETERSEN, Claus
Chefredakteur Nordsee-Zeitung, Redaktionsgem. Nordsee - Hafenstr. 140, 2850 Bremerhaven; priv.: Parkstr. 20 - Geb. 12. März 1929.

PETERSEN, Günter
Dr. phil., Prof. f. Pädagogik u. Phil. d. Naturwiss. TH Darmstadt - Zu erreichen üb. TH, Inst. f. Pädagogik, Pankratiusstr. 2, 6100 Darmstadt - Stud. Naturwiss. u. Phil.; Promot. (b. Gadamer) - Versch. wiss. Tätigk.; s. 1978 Prof. TH Darmstadt - BV: Wissenschaftstheorie u. Didaktik, 1979; Veröff. in Fachzeitschr., publiz. Art.

PETERSEN, Heinrich
Dr. med., Prof., Internist (Oberarzt) - Eberburgweg 3a, 5100 Aachen (T. 3 69 01) - Geb. 10. Mai 1917 Oberalm - Habil. 1943 - B. 1969 Privatdoz., dann apl. Prof. TH Aachen (Med. Fak.). Fachveröff.

PETERSEN, Heinz
Dr., Prof., Diplom-Brauerei-Ingenieur - Oppenheimer Weg 7, 1000 Berlin 28 - Geb. 24. Mai 1920 Wolfshagen, ev., verh. s. 1951 m. Margarete, geb. Sehrbrock, 2 Kd. (Petra, Jens) - Stud. Brauwesen; Dipl.-Br.-Ing. 1948; Promot. 1951 TH München - Langj. Tätigk. in d. Brauereimasch.-Ind.; 1972-85 Leit. d. Maschinentechn. Abt. Inst. f. Gärungsgewerbe u. Biotechnol. Berlin. Hon.-Prof. TU Berlin. Mitgl. versch. Fachausch. - BV: Brauereianlagen, 1987.

PETERSEN, Helge
Dr. jur., Vorsitzender d. Geschäftsleitung Fürst Thurn und Taxis Gesamtverw. - Schloß, 8400 Regensburg - Geb. 20. Aug. 1945 Flensburg, ev., verh. s. 1972 m. Irmgard, geb. Taeger, 2 Kd. (Sybille, Jonas) - Atlantic College in Großbrit. (ext. Abit.); Jurastud. Univ. Berlin, Freiburg u. Bochum; Promot. 1969, MBA 1972 Harvard Business School - 1972-81 McKinsey & Comp. Inc.; 1981-86 Generalbevollm. Franz Haniel & Cie; Vorst.-Mitgl. Altana AG - Liebh.: Gesch., Kammermusik, Segeln - Spr.: Engl., Franz.

PETERSEN, Jens
Dr. jur., Botschafter d. Bundesrep. Deutschl. in Bern/Schweiz - Zu erreichen üb. Ausw. Amt, Adenauerallee 99-103, 5300 Bonn 1 - Geb. 10. Okt. 1923 Hamburg (Vater: Fried. Ernst P.; Mutter: Elli, geb. Kortenhaus), ev., verh. s. 1973 m. Viola, geb. Muthesius - Promot. 1954 Univ. Kiel - 1956-59 Vizekonsul u. Konsul in Montreal; 1963-66 Botsch. in Port-of-Spain, Trinidad; 1966-68 Botsch. in Nikosia, Zypern; 1970-77 Botschafter b. UNESCO Paris; 1976-78 Mitgl. d. Exekutivrats d. UNESCO; 1977-81 Beauftr. d. Ausw. Amts f. Asienpolitik, anschl. Botsch. in Teheran/Iran (b. 1985) - Spr.: Engl., Franz., Span.

PETERSEN, Joerg F.
Dr. jur., Geschäftsleitung Bankhaus Merck, Finck & Co. - Pacellistr. 4, 8000 München 2 - Geb. 13. Febr. 1943 - Stv. AR-Vors. DSK-BANK, München.

PETERSEN, Johannes
Dr., Prof. f. Kleintierzucht Univ. Bonn - Auf den Köppen 16, 5309 Meckenheim (T. 02225 - 63 43) - Geb. 29. Aug. 1934 Hörpel, ev., verh. m. Gertraud, geb. Hein, 5 Kd. - Stud. Agrarwiss. TU Berlin; Promot. 1969, Habil. 1977 - S. 1977 Prof. Bonn - Spr.: Engl.

PETERSEN, Jürgen
Dr. phil., Journalist - Keltenstr. 18, 5000 Köln 50 (Rodenkirchen) (T. 35 21 79) - Geb. 2. April 1909 Wiesbaden (Vater: Friedrich P., Kirchenmusikdir.; Mutter: Käthe, geb. Meyer), ev., verh. in 2. Ehe (1959) m. Irma, geb. Keller, S. Andreas - Gymn. Wiesbaden; Univ. München, Berlin, Leipzig, Kiel, Frankfurt (Promot. 1934) - 1937-41 Redakt. Berliner Tagebl. DAZ (1937), Wochenztg. D. Reich (1940). 1942-45 Wehrdst. (Marine), s. 1946 Abt.sleit. (Kulturelles Wort) NWDR, Hauptabt.sleit. (K. W.) Hess. Rundfunk (1955) u. Dir. f. d. kulturelle Programm Deutschlandfunk (1961-74). Herausg.: Triffst du nur d. Zauberwort - Stimmen v. heute z. dt. Lyrik, 1961; D. Hochzeit d. Figaro, 1965 (Ullstein-Reihe Dichtung u. Wirklichkeit) - 1962 Mitgl. PEN-Zentrum BRD - 1974 BVK.

PETERSEN, Karin
Redakteurin, Autorin (Ps.: Ma Prem Pantho; Sannyas Name) - Spenerstr. 20, 1000 Berlin 21 - Geb. 27. Sept. 1950 Bodenmeister (Vater: Eduard P., Med. Bademeister; Mutter: Margret, geb. Pattschull) - Gymn.; FU Berlin (German., Politikwiss.) - 1977-79 Redakt. Frauenzeitschr. Courage; s. 1980 fr. Autorin (Prosa, Lyrik, Lit.kritik) - BV: D. fette Jahr, R. 1978, TB 1980; (m. Verena Fellmann, Kathrin Mosler u. Dagmar Hahn): Dornröschen u. d. Frosch, Erz. 1977; Poona-Tagebuch (Arbeitstitel), 1983.

PETERSEN, Klaus
Dr., Landrat a. D. Kr. Nordfriesland -

Dieker Weg 10, 2251 Ostenfeld - Geb. 17. Febr. 1922.

PETERSEN, Klaus
Ministerialdirigent, Leiter d. Abteilung f. öffentliche Sicherheit - Zu erreichen üb. Innenministerium Schleswig-Holstein, Düsternbrooker Weg 92, 2300 Kiel.

PETERSEN, Kurt F.
Dr. med. Prof., Ltd. Medizinaldirektor a. D., ehem. Leiter Inst. f. Laboratoriumsdiagnostik LVA Oberbayern, Gauting (Zentralkrankenhaus) - Sebastian-Kneipp-Str. 42, 7800 Freiburg (T. 0761 - 3 78 93) - Geb. 1. Okt. 1919 - S. 1962 (Habil.) Lehrtätigk. Univ. Freiburg (1968 apl. Prof. f. Hyg. u. Bakt.). Fachveröff.

PETERSEN, Oswald
Prof., Kunstmaler - Kühlwetterstr. 51, 4000 Düsseldorf (T. 66 42 31) - Geb. 2. Febr. 1903 Düsseldorf (Vater: Prof.: Walter P., Maler (s. X. Ausg.); Mutter: Helene, geb. Vorster) - Kunstakad. Düsseldorf, München, Paris (Schüler v. Andre Lhote) - Porträts u. Landschaften. Werke öfftl. u. priv. Besitz - Corneliuspreis Stadt D'dorf; Verdienstkreuz NRW; Ehrenmitgl. Kunstakad. D'dorf - Liebh.: Musik - Spr.: Engl., Franz. - Rotarier.

PETERSEN, Peter
Marktforscher, MdB (1965-72 u. s. 1976) - Herrenberger Str. 19, 7031 Gäufelden 1 - Geb. 30. Okt. 1926 Hamburg, ev., verh., 3 Kd. - Abitur 1947 - Kriegsdst. (zul. Fahnenj.); Mitarb. Moral. Aufrüstung (Caux). Weltw. Reisen. 1976ff. MdK Böblingen. CDU (div. Funkt.) - BV: Sind wir noch zu retten?, 1985.

PETERSEN, Ulrich
Dr.-Ing. E. h., Dipl.-Ing. - Inselstr. 20, 4000 Düsseldorf (T. 44 57 28) - Geb. 29. Sept. 1907, verh. I) m. Ursula, geb. Kober († 1966), S. Olaf, II) Hildegund, geb. Kriebel - 1935-72 Mannesmann (1959 stv., 1960 o. Vorstandsmitgl.) - 1968 Ehrendoktor TH Aachen (f. d. Entwickl. v. Strangguß-Anlagen); 1975 Carl-Lueg-Denkmünze - Rotarier.

PETERSEN, Werner
Dr. phil., Prof., M.A., Zeitungsverleger u. -herausg., Mitgesellsch. Schleswig-Holst. Ztg.-Verlag - Müllerweg 4, 2312 Mönkeberg (T. 0431 - 23 10 56) - Geb. 14. Juli 1910 Flensburg, verh. s. 1939 m. Nicoline, geb. Heinemann, 2 Kd. (Susanne, Timm) - Stud. TH u. FU Berlin - Pat.-Ing.; Hochsch.-Doz.; langj. Inst.-Leit.; Herausg. div. Tagesztg. u.a. (Schles.-Holst. Ztg.-Verlag, Flensburg); Vorst.-Mitgl. u.a. VDE-Schleswig-Holst. Div. Fachtechn. Forschungsarb. u. -entw.; Wiss. Gutachten f. Ind., Wirtsch. u. Behörden. Div. wiss. Veröff. - In- u. ausl. Ehrungen u. Ausz.; Ehrenmitgl. u. -vors. v. Fachverb. - Liebh.: Kunstsammler; Küstenschutzfragen, weltweite Stud.-Reisen, Fachforsch. - Spr.: Engl., Franz., Lat., Span. - Bek. Vorf.: Prof. Dr. Georg P. (Bruder), weltweit bek. Geol. u. Archäol.

PETERSEN, Wolfgang
Bundesrichter i. R. - Josef Danzer Str. 4, 8033 Planegg b. München - Geb. 24. Febr. 1908 Köln (Vater: Georg P., Stadtbaurat; Mutter: Hedwig, geb. Schantz), verh. s. 1942 m. Agnes, geb. v. Zur Westen, 2 Töcht. - Stud. Rechtswiss. Jurist. Staatsex. 1930 u. 33 - U. a. Ständ. Mitgl. Reichsversicherungsamt Berlin u. Präs. Sozialgericht Dortmund, 1956-76 Bundesrichter Bundessozialgericht Kassel. Ehrenritter d. Johanniterordens, Mitgl. Dt.-Ital. Juristenvereinig. - Spr.: Engl., Franz., Ital.

PETERSEN, Wolfgang
Regisseur - Zu erreichen üb. Bavaria-Film, 8022 Geiselgasteig b. München; Wohnung: Grünwald - Geb. 1940 - Filme: D. Boot, D. unendl. Geschichte, Enemy Mine (Mein Feind) - 1984 Bambi; 1985 Bayer. Filmpreis.

PETERSMANN, Hubert
Dr. phil., M.A., o. Prof. f. klass. Philol. Univ. Heidelberg (s. 1981) - Schweizertalstr. 27, 6900 Heidelberg - Geb. 20. Aug. 1940 Klagenfurt (Vater: Friedrich P., Schriftsetzer; Mutter: Josefine, geb. Karner) kath., verh. s. 1969 m. Dr. phil. Astrid, geb. Mahr - Abit. 1959; Lehrbefähigungsprüf. f. Spanisch 1962; Stud. Klass. Philol., Roman., Angl. Vergl.; Sprachwiss. Univ. Wien (M.A. 1964); Promot. 1965 Wien; Stud. Univ. London; Habil. Klass. Philol. 1976 Wien - 1965-68 Gymnasiallehrer London u. Wien; 1968-76 wiss. Assist. u. Lektor Univ. Wien, 1976-81 Univ.-Doz. Wien; 1981 o. Prof. Heidelberg - BV: Plautus, Stichus. Einl., Text, Kommentar, 1973; Petrons Urbane Prosa. Unters. z. Spr. u. Text. Sitzungsber. d. Österr. Akad. d. Wiss., 1977. Herausg.: W. Kraus. Aus Allem Eines, Stud. z. Antiken Geistesgesch. (1984); A. Dihle, Antike u. Orient. Ges. Aufs. Sitzungsber. d. Heidelberger Akad. d. Wiss. (zus. m. V. Pöschl, 1983); Bibliothek d. Klass. Altertumswiss. (1986); Lustrum. Internat. Forschungsberichte aus d. Bereich d. Klass. Altertums (m. H. Gärtner 1986). Üb. 40 Einzelarb. - Spr.: Engl., Span., Slowen., Franz., Lat., Altgriech.

PETERSOHN, Franz
Dr. med., Prof., em. Abteilungsleiter Inst. f. Gerichtl. Medizin Univ. Mainz - Heidesheimer Str. 66, 6500 Mainz-Gonsenheim (T. 47 57 36) - Geb. 18. März 1920 Mainz (Vater: Prof. Franz P., Oberstudiendir.; Mutter: geb. Engel), kath., verh. s. 1947 m. Liesel, geb. Kirch, 4 Kd. (Franz, Christel, Gabriele, Hermann) - Univ. Frankfurt/M., Heidelberg, Berlin, Würzburg - S. 1961 (Habil.) Lehrtätigk. Mainz 1968ff. - BV: u. a. Problematik d. Beurteilung d. Fahrtüchtigkeit, 1965; Gerichtl. Med. f. d. Kriminalisten - Grundl. d. Kriminalistik, 1969, 2. A. 1983; D. Beurteilung psych. Gutachten im Strafprozeß, 1982. Üb. 120 Einzelarb., D. Beurteilung psych. Gutachten im Strafprozeß, Gerichtl. Medizin I: Grundwissen f. d. Kriminalisten, Gerichtl. Medizin II: Beurteilung v. Leichensachen - Liebh.: Jagd, Malerei - Spr.: Franz., Engl.

PETERSOHN, Jürgen
Dr. phil., Prof. f. Mittelalterl. Geschichte Univ. Marburg - Vogelsbergstr. 8, 3550 Marburg - Geb. 8. April 1935 Merseburg, ev., verh., 3 Kd. - Stud. Univ. Würzburg, Marburg u. Bonn; Promot. 1959 Bonn, Habil. 1970 Würzburg - Doz u. apl. Prof. Würzburg; 1971-73 Lehrstuhlvertr. Univ. Tübingen, 1981 Prof. (C4) Marburg - BV: D. südl. Ostseeraum... v. 10.-13 Jh., 1979; E. Diplomat d. Quattrocento, 1985.

PETERSON, Barr
Kammersänger - Nienstedter Stadtweg 7 G, 3013 Barsinghausen 1 - Geb. 3. April 1924 Mason City, Iowa/USA, verh. s. 1967 m. Dr. Eva P., geb. Kaltofen, 2 Kd. (Heike, Kay) - B. Sc. 1947 Harvard College; M. B. A. 1949 Harvard Business School - Rollen: u.a. Osmin, Sarastro, Philipp, Hagen - Spr.: Engl.

PETHIG, Rüdiger
Dr. rer. pol., Univ.-Prof. f. Volkswirtschaftslehre (Finanzwissenschaft) Univ.-GH Siegen (s. 1988) - Zu erreichen üb. Univ.-GH Siegen, Hölderlinstr. 20, 5900 Siegen - Geb. 22. Sept. 1943 Litzmannstadt (Vater: Hermann P., Beamter; Mutter: Gertrud, geb. Redel), ev., verh. s. 1970 m. Ingrid, geb. Becker, 3 Kd. (Britta, Annika, Lorena) - Dipl.-Volksw. 1969 Univ. Münster; Promot. 1973 Univ. Mannheim; Habil. 1977 ebd. - 1979 Prof. f. Volkswirtsch. (Finanzwiss.) Univ. Oldenburg - BV: Z. Theorie d. Transaktionen, 1975; Umweltökon. Allokation m. Emissionssteuern, 1979; Mitverf.: Trade and Environment, 1980. Hrsg. u. Mithrsg.: Public Goods and Public Allocation Policy (1985); Efficiency Inst. and Economic Policy (1987). 37 Fachaufs. - Spr.: Engl., Franz.

PETRASCH, Ernst
Dr. phil., Prof., Museumsdirektor a.D. - Schloß, 7500 Karlsruhe; priv.: Roggenbachstr. 5 - Geb. 17. Sept. 1915 Wien - Promot. 1949 - 1967-81 Dir. Bad. Landesmuseum. Bücher u. Aufs.

PETRAT, Gerhardt
Dr. phil., Prof. f. Pädagogik Univ. Bremen - Parkallee 153, 2800 Bremen 1 (T. 34 69 27) - Geb. 2. Jan. 1925 Sokaiten/Ostpr., ev., verh. s. 1954 m. Clara, geb. Mitschke, 2 Söhne (Nicolai, Dirk) - Promot. 1962 - 1948-63 Schuldst.; s. 1964 PH Bremen (1967 Prof.) - BV: Soziale Herkunft u. Schullaufbahn, 1964, 2. A. 1969; Sozio-kultur - Distanzen u. Beschulungsquoten, 1968; Prozeßorientierter Unterricht, 1977; Schulunterricht, 1979; Schulerziehung, 1987.

PETRI, Alexander
Vorstandsmitglied Lenkradwerk Gustav Petri AG. - Bahnweg 1, 8750 Aschaffenburg - Kaufm. Werdegang.

PETRI, Franz
Dr. phil., o. Prof. f. Geschichte (emerit.) - Tondernstr. 31, 4400 Münster/W. (T. 8 18 31) - Geb. 22. Febr. 1903 Wolfenbüttel, ev., verh. s. 1933 m. Helene, geb. Niegisch †1980, S. Hans Dieter - Gymn. Wolfenbüttel; Univ. Berlin (Geschichte, Dt., Phil.; Promot. 1925). Habil. 1936 Köln - 1937-45 Privatdoz. u. o. Prof. f. Mittlere u. Neuere Geschichte (1942) Univ. Köln; 1951-61 Dir. Provinzialinst. f. Westf. Landes- u. Volkskd. Münster; 1961-68 o. Prof. u. Dir. Inst. f. Geschichtl. Landeskunde d. Rheinlande Univ. Bonn. S. 1969 Honorarprof. Univ. Münster. Mitgl. u. Ehrenmitgl. mehrerer landesgeschichtl. Kommiss., Vereine u. d. Kuratoriums f. vergleichende Städtegeschichte - BV: u. a. German. Volkserbe in Wallonien u. Nordfrankr., 2 Bde. 2. A. 1942; Z. Grundleg. d. europ. Einheit durch d. Franken, 1938 (m. Steinbach); Z. Stand d. Diskussion üb. d. fränk. Landnahme, 1954; D. Siegerland, 1955 (m. Lucas u. Schöller); D. Anfänge d. mittelalterl. Städtewesens in d. Niederl. u. d. angrenz. Frankr., in: TH, Mayer, Vortr. u. Forsch., Bd. IV 1958; D. Rhein in d. europ. Geschichte, in: D. I. Jahrtausend, Bd. II 1964; D. Kultur d. Niederl., in: Handb. d. Kulturgesch. 1964/65, selbst. Ausgabe 1972; Belgien, Niederlande, Luxemburg, in: Hb. d. Europ. Geschichte, Bde. VI u. VII 1968/79; Territorienbildung u. Territorialstaat d. 14. Jh.s im Nordwestraum, in: Konstanzer Arbeitskreis, Vortr. u. Forsch., Bd. XIII 1970; Entstehung u. Verbreitung d. niederl. Marschenkolonis. i. Europa, in: Vortr. u. Forsch. Bd. XVIII 1972; Duitsland - Vlaanderen, in: Encyclopedie van de Vlaamse Beweging I 1973; Im Zeitalter der Glaubenskämpfe, in: Rhein. Geschichte Bd. II 1976; D. Funktion d. Landschaft i. d. Geschichte, vornehml. i. Nordwestraum, in: v. Hartlieb/Quirin, Landschaft als interdisziplinäres Forschungsproblem 1977; D. fränk. Landnahme u. d. Entstehung d. germ.-roman. Sprachgrenze i. d. interdisziplinären Diskussion 1977. Herausg. u. Mithrsg.: Westf. Forschungen (1953ff.), D. Raum Westf. (1955ff.), Rhein. Vierteljahresbl. (1961ff.), Rhein. Archiv (1961ff.), Maaslandse Monografieën (1964ff.), Hermann Aubin - Festschr. z. 80. Geburtstag (1965), Collectanea Franz Steinbach (1967), Siedlung, Sprache u. Bevölkerungsstruktur im Frankenreich (1973), Städteforschung, Reihe A (1976ff.), Rhein. Geschichte i. 3 Bd. (1976ff.), Bild u. Dokumentarbd. z. Rhein. Geschichte (1978), Festschr. Heinz Stoob (1984) - 1958 Gold. Med. Stadt u. Gedenkmünze Univ. Löwen; 1970 Joost-van-den-Vondel-Preis F.V.S.-Stiftg. Hamburg - Lit.: G. Droege/P. Schöller/ R. Schützeichel/M. Zender, Landschaft u. Geschichte (Festschr. z. 65. Geb.); E. Ennen/A. H. v. Wallthor/ M. v. Rey, Z. Gesch. u. Landeskunde d. Rheinld., Westf. u. ihrer westeurop. Nachbarländer. Aufs. u. Vortr. aus 4 Jahrz. (Festg. z. 70. Geb.); W. Ebrecht/ H. Schilling, Niederl. u. Nordwestdtschl. (Festschr. z. 80. Geb.).

PETRI, Heinrich
Dr. theol., Prof. f. Fundamentaltheologie Univ. Regensburg - Schmellerstr. 39, 8400 Regensburg (T. 0941-9 50 21) - Geb. 22. Dez. 1934 Lünen, kath.

PETRI, Helmut
Dr. phil., o. Prof. f. Völkerkunde - Siegburger Str. Nr. 469, 5000 Köln 91 (T. 83 49 70) - Geb. 7. Nov. 1907 Köln - Habil. 1949 Frankfurt/M. - 1958-73 Ord. u. Inst.sdir. Univ. Köln - BV: Sterbende Welt in Nordwest-Australien, 1954. Zahlr. Einzelarb. - 1961-63 Präs. Dt.-Indones. Ges.

PETRI, Rudolf
Dr.-Ing., Geschäftsführer Stahlbauverein Bayern - Mörikestr. 31, 8500 Nürnberg (T. 59 30 50).

PETRICH, Kurt
Dipl.-Landw., Ministerialdirektor - Mendelssohnstr. 8, 5300 Bonn 2 - Geb. 11. Okt. 1913 - U. a. Leit. Abt. 3 (Ernährungspol.) Bundesmin. f. Ernährung, Landw. u. Forsten. Div. Ehrenämter.

PETRIDES, Platon

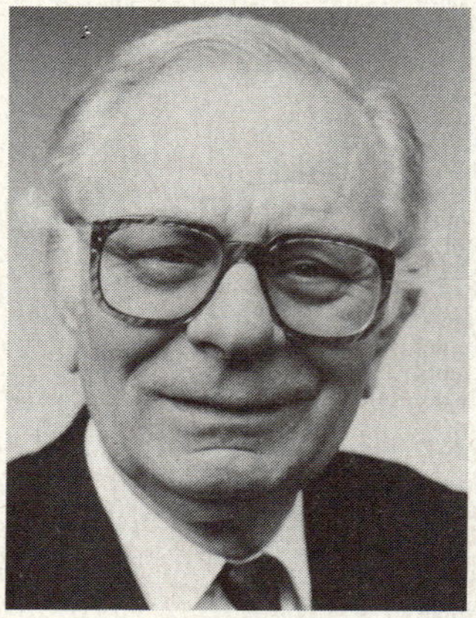

Dr. med., Prof., Chefarzt a. D. Inn. Abt. Bethesda-Krankenhaus Duisburg, Internist - Freytagstr. 45, 4000 Düsseldorf 1 - Geb. 16. Mai 1912 Wien - S. 1950 (Habil.) Privatdoz. u. apl. Prof. (1955) Med. Akademie bzw. Univ. (1966) Düsseldorf (zul. Oberarzt I. Med. Klinik). 1961-79 Vors. Verein f. Lit. u. Kunst Duisburg (Ehrenvors.), Mitgl. Dt., Europ., Amerik. u. Intern. Diabetes-Ges., 1979 Vizepräs. 10. Intern. Diabeteskongr. in Wien; 1976-88 stv. Vors. Ges. z. Bekämpfg. d. Krebskrankh. Nordrh.-Westf., s. 1989 im erweit. Vorst. S. üb. 15 J. Vors. im Aussch. Soziales d. Dt. Diabetes Ges.; s. 1985 Vors. wiss. Beirat d. Diabetes-Akad. Bad Mergentheim - BV: Diabetes Mellitus, 5. A. 1985 (m. Weiss, Löffler, Wieland; auch griech., span., engl., franz., ital., russ., thailänd.). Mehr. Handbuchbeitr. 178 wiss. Einzelarb. - 1979 Ernst-v.-Bergmann-Plakette Bundesärztekammer, Fellow All India Inst. of Diabetes, Bombay, Mercatorplak. Stadt Duisburg ; 1986 Gold. Ehrennadel d. Dt. Diabetiker-Bundes; 1987 BVK I. Kl.; 1989 Gerhardt-Katsch-Med. d. Dt. Diabetes-Ges. - Spr.: Engl., Franz., Griech. - Rotarier.

PETRIKAT, Kurt
Dr.-Ing., o. Prof. f. Techn. Hydromechanik u. Wasserbaul. Versuchswesen (em.) - Autenbrunnstr. 6, 7023 Echterdingen/Württ. - Geb. 12. Okt. 1910 Szibben/Memel (Vater: Wilhelm P., Postbeamt.; Mutter: Anna, geb. Ewert), verh. s. 1937 m. Herta, geb. Kracke - TH Hannover - Tätigk. TH Hannover, Fieseler Flugzeugbau (1938), n. 1945 Forschungsanst. Völkenrode, MAN (1949), s. 1961 ao. u. o. Prof. (1965) TH bzw. Univ. Stuttgart. Facharb.

PETRIKOVITS, von, Harald
Dr. phil., Dr. h. c., Direktor i. R. Rhein. Landesmuseum Bonn, Honorarprof. f.

Provinzialarchäologie u. Geschichte d. Rheinlande in römischer Zeit Univ. Bonn (s. 1961) - Ellesdorferstr. 19, 5300 Bonn 2 - Geb. 8. Aug. 1911 Römerstadt/ Mähren (Vater: Dr. phil. Albert v. P., Staatsbibliothekar; Mutter: Frieda, geb. Schelle), verh. s. 1936 m. Gerda, geb. Wilke - Gymn.; Univ. Wien (Alte Gesch., Archäol., Klass. Philol.; Promot. 1933 m. d. Diss.; Z. Religionsgesch. d. Adrialänder), Staatsex. f. d. höh. Lehramt in Lat. u. Griech. 1934 - BV: u. a. D. röm. Rheinland, 1960; D. röm. Streitkräfte a. Niederrhein, 1967; D. Innenbauten röm. Legionslager währ. d. Prinzipatszeit, 1975. D. Rheinlande in röm. Zeit, 1980. Üb. 150 Einzelarb. - 1970 o. Mitgl. Rhein.-Westf. Akad. d. Wiss.; 1969 korr. Mitgl. Österr. Akad. d. Wiss., 1971 Akad. d. Wiss. Göttingen, 1982 Heidelberger Akad. d. Wiss., 1986 Brit. Acad., Mitgl. Österr. (1955 korr.) u. Dt. Archäol. Inst. (1959 o.). 1972 Honorary Member of the Society for the Prom. of Roman Studies London; 1973 Honorary Fellow of the Society of Antiquaries in London, Ehrendoktor Univ. Würzburg - Tierfreund - Spr.: Lat., Griech., Engl., Franz. - Familie geadelt 1652.

PETROVICI, Johann N.

Dr. med., Prof., Direktor Neurol. Klinik Städt. Krkhs. Köln-Merheim (s. 1972) - Bachemer Str. 267, 5000 Köln 41 (T. 0221 - 43 28 97) - Geb. 19. Aug. 1929 Ploiesti/Rum., verh. s. 1959 m. Prof. Dr. med. Veronika, geb. Constantinescu, S. Gabriel - Univ. Bukarest (Med.); Promot. 1953, Habil. 1978 - 1956-69 Neurol. Klinik Bukarest/Rum.; 1969-71 Univ. Nervenklinik Homburg (Saar); 1971/72 Neurochir. Univ. Klinik Köln - BV: Interhemisphärische Relationen, 1978 - Liebh.: Belletristik - Spr.: Franz., Ital., Engl., Rumän.

PETRY, Gerhard

Dr. med. (habil.), em. o. Prof. f. Anatomie - Promenadegasse 19, A-2391 Kaltenleutgeben b. Wien (T. 02238 - 5 52) - Geb. 31. Juli 1913 Ludwigshafen/ Rh. (Vater: Ernst P., Studienrat; Mutter: Augusta, geb. Neumeyer), ev., verh. m. Angelica, geb. May (Cellistin) - Univ. Berlin, Heidelberg, Graz, Freiburg. Med. Staatsex. 1939 - 1944 Doz. Univ. Halle, 1952 apl. Prof. Univ. Freiburg/Br. (Prosektor), 1955 ao., 1963-82 o. Prof. Univ. Marburg (Dir. Anat. Inst.); 1966-73 Vors. Marburger Studentenwerk; 1966-72 Mitgl. Rundfunkrat Hess. Rundf.; 1966/67 Präs. Anatom. Ges. Herausg.: Europ. Journ. of Cell Biology (Cytobiol.). Fachveröff. - Liebh.: Musik, Malerei.

PETRY, Heinz

Dipl.-Ing., Vorstandsvorsitzender a.D. Fried. Krupp GmbH, Essen, AR-Mitgl. Krupp-Koppers GmbH, ebd. - Kaiserstr. 238, 4150 Krefeld - Geb. 12. Jan. 1919 (s. auch XX. Ausg.).

PETRY, Ludwig

Dr. phil., o. Prof. f. Mittlere u. Neuere Geschichte u. Geschichtl. Landeskunde - Am Weisel 42, 6500 Mainz 21 (T. 4 07 22) - Geb. 3. Juni 1908 Darmstadt (Vater: Ludwig P., Staatsanwalt; Mutter: Katharina, geb. Sander), ev., verh. s. 1937 m. Eva, geb. Schmidt, 4 Kd. (Ludwig, Georg, Eva-Maria, Barbara) - Univ. Freiburg/Br., Gießen, München, Breslau (Gesch., German., Kunstgesch.) - 1937 Privatdoz. Univ. Breslau, 1944 ao. Prof. Univ. Gießen, 1950 Univ. Mainz, 1954 o. Prof. ebd. (em. 1973) - BV: Die Popplau - E. schles. Kaufmannsfamilie d. 15. u. 16. Jh., 1935; Schlesien u. d. Mongolensturm (1241), 1938; Breslaus Beitrag z. dt. Gesch., 1941; Handb. d. Histor. Stätten, Bd. V (Rhld.-Pfalz-Saarl.) 1959, 4. A. 1988; D. Osten zugewandt. Ges. Aufs. z. schlesischen u. ostdt. Gesch. 1983. Mithrsg.: Gesch. Schlesiens Bde. I, II (1983, 1988). Zahlr. Einzelarb. (vergl. Festschr.-Geschichtl. Landeskd., B. V 1 1968, S. 294-315 u. Forschungsbericht Gesch. (Forschungsberichte d. Johannes-Gutenberg-Univ. Mainz Bd. II, 1974, S. 83-85) - Mitgl. d. Hist. Komm. Schlesien, 1935; Mitgl. d. Herder-Forschungsrates, 1950; korr. Mitgl. d. Akad. f. Raumforschung u. Landesplanung, Hannover, 1967. 1976 Gerh. Hauptmann-Plak.; 1978 BVK am Bde.; 1988 Agnes Miegel-Plak.

PETRY, Norbert

Referent im Bundesmin. d. Justiz Bonn, Mitgl. DFB-Jugendaussch. (s. 1984) - Eduard-Otto-Str. 4, 5300 Bonn 1 (T. dstl.: 0228 - 58 48 95; priv.: 23 29 65) - Geb. 24. Nov. 1932 Berlin, verh. s. 1963 - Abit. 1954; Rechtspflegerex. 1957 Düsseldorf - Ehrenamtl. in d. Arb. d. Sportjugend tätig, s. 1977 Jugendobmann d. Fußballverb. Mittelrh.; s. 1984 Jugendobmann d. Westdt. Fußballverb.; 1974-82 Vorst.-Mitgl. Dt. Sportjugend (Ressort Sportl. Jugendarb.) - 1980 Diskus Dt. Sportjugend; Gold. Ehrennad. Fußballverb. Mittelrh.; Gold. Jugendleiterehrenz. Westdt. Fußballverb.

PETSCHNER, Raimund

Haupt- u. Realschullehrer, Schriftst. - Ohlauer Str. 44, 1000 Berlin 36 - Geb. 17. Nov. 1948 Bad Vilbel, ledig - 2. Staatsex. f. Haupt- u. Realsch. - Lehrer; 1979-82 Kleinverleger (Verlag ERNTE 84, Berlin), Autor - BV: T. Silver-tongued Devil, 1979; Zu spät, um Angst z. haben, 1981; Glückstatt, 1982; Meerma, 1984; Süß u. alt, 1986 - 1983 Lit. Arbeitsstip. Land Berlin; 1987 Döblin-Stip. Land Berlin u. Akad. d. Künste - Spr.: Engl., Franz.

PETSCHOW, Herbert Paul

Dr. jur., em. o. Prof. f. Ant. Rechtsgesch. - Heinrich-von-Kleist-Str. 2-4, 8730 Bad Kissingen (T. 0971 - 803 26 57) - Geb. 26. Dez. 1909 Dresden (Vater: Max P., Mutter: Marie, geb. Herold), ev., verh. s. 1941 m. Gertraude, geb. Hartmann - Landessch. Dresden; Univ. Leipzig (Rechtswiss., Orientalistik). Gr. jurist. Staatsprüf. 1937. Promot. (1939) u. Habil. (1956; phil.) Leipzig - 1937-45 Synd.; 1945-53 fr. Wiss.; 1954-56 Assist. Univ. Leipzig; 1956-77/75 Lehrtätigk. ebd. u. Univ. München (1959 Ord.) - BV: Neubabylon. Kaufformulare, Neudr. 1970; Neubabylon. Pfandrecht, 1956; Babylon. Rechtsurkunden aus d. 6. Jh. v. Chr., 1960 (m. San Nicolò); Mittelbabylon. Rechts- u. Wirtschaftsurkunden d. Hilprecht-Sammlg., 1974. Mitgl. Akad. d. Wiss. München (o.) u. Leipzig (korr.) sow. Dt. Morgenl. Ges., Dt. Orient-Ges. u. Société Jean Bodin Bruxelles - Lit.: Festschr. Welt d. Orients VIII/2 (1976).

PETSCHULL, Johannes

Dr. phil., Musikverleger, gf. Gesellsch. C. F. Peters Musikverlag, Henry Litolff's Verlag, Edition Schwann Musikverlag, alle Frankfurt/M., Mitgl. Dt. Musikverleger-Verb., Börsenverein d. Dt. Buchhandels, VR Dt. Bibliothek - Kennedy-Allee 101, 6000 Frankfurt/M. (T. 0611 - 631 30 66) - Geb. 8. Mai 1901 Diez/ Lahn (Vater: Dr. med. Otto P., Medizinalrat), verh., 3 Kd. - Gymn. Limburg/ L.; Apothekerlehre; Univ. Gießen (Volkswirtschaft, Musikwissensch.). Promot. 1924 Gießen (Diss.: D. soziale Lage d. dt. Musiklehrkräfte) - s. 1924 Verlagswesen (Melos-Verlag, B. Schott Söhne, 1939 ff. gf. Gesellsch. Musikverlag C. F. Peters (damals Leipzig), 1940 Erwerb H. Litolff's Verlag) - 1967 Ehrenmitgl. Dt. Musikverleger-Verb.; Ehrenmed. d. DMV; 1959 GEMA-AR; 1971 Richard-Strauss-Med.; Ehrenring GEMA; BVK; 1976 Gold. Ehrennadel Börsenverein d. Dt. Buchhandels - Spr.: Franz., Engl., Ital.

PETTE, Dirk

Dr. med., o. Prof. f. Physiol. Chemie Univ. Konstanz (Fak. f. Biologie) - In der Abtswiese 18, 7752 Insel Reichenau (T. 75 36) - Geb. 14. Febr. 1933 Hamburg (Vater: Prof. Dr. med. Heinrich P., Neurologe †1964 (s. XIV. Ausg.); Mutter: Prof. Dr. med. Edith P., geb. Graetz, Neurologin, †1972), verh. m. Fanny, geb. Mégalidou - Habil. 1963 Marburg - Zul. Univ. München. Fachveröff. - Spr.: Engl., Franz. - Rotarier.

PETUCH, Frauke

s. Huckauf, Peter.

PETZET, Heinrich Wiegand

Dr. phil., Prof., Schriftsteller - Schwarzwaldstr. 228, 7800 Freiburg/Br. - Geb. 21. Juli 1909 Bremen - Jahrel. Kunstkrit. - BV: D. Bildnis d. Dichters - Paula Becker-Modersohn u. Rilke, 1957/ NA. 1976; V. Worpswede n. Moskau - Heinrich Vogeler, 1972 2. A. 1974; Auf e. Stern zugehen - Begegnungen m. Martin Heidegger 1929-76, 1984. (Übers. Franz., Engl., Jap.). Herausg.: u.a. Heinrich Vogeler-Zeichnungen (1976); Briefwechsel Heidegger/Erhart Kästner (1986).

PETZET, Michael

Dr. phil., Prof., Generalkonservator d. Bayer. Landesamt f. Denkmalpflege, München (s. 1974) - Pentenrieder Str. 17, 8033 Krailling - Geb. 12. April 1933 München (Vater: Dr. phil. Wolfgang P., Schriftsteller (s. dort); Mutter: Hedwig, geb. Dupré), verh. m. Elisabeth, geb. Fiedler - Univ. München u. Paris (Kunstgesch., Archäol., Phil.). Promot. 1958 - Zul. Dir. Städt. Galerie i. Lenbachhaus, München. Fachveröff., auch Bücher - Spr.: Franz., Engl.

PETZOLD, Joachim

Dr. rer. nat., o. Prof. f. Theoret. Physik Univ. Marburg (Relativ. Feldtheorie, Signalanalyse, NMR, EEG) - Geschwister-Scholl-Str. 35, 3550 Marburg/L. (T. 6 77 74) - Geb. 26. Aug. 1928 Berlin (Vater: Paul P., Schriftltr.; Mutter: Margarethe, geb. Wehling), ev., verh. s. 1959 m. Helswind, geb. Wackerle, 3 Töcht. (Karin, Irene, Gudrun) - Dipl.-Phys. 1953, Dr. rer. nat. 1956 FU Berlin, Habil. 1961 Univ. Heidelberg, ao. Prof. 1962, o. Prof. 1963 Univ. Marburg. Lehrtätigk. Univ. Heidelberg u. Marburg, Dekan d. Naturwiss. Fak. 1966/67. 36 Fachveröff.

PETZOLD, Karl-Ernst

Dr. phil., o. Prof. f. Alte Geschichte Univ. Tübingen - Wilhelmstr. 36/Histor. Sem., 7400 Tübingen - Zuvor TU Berlin u. Univ. Frankfurt/M.

PETZOLD, Kurt

Oberbürgermeister (s. 1974) - Rathaus, 8720 Schweinfurt/Ufr. - Geb. 26. März 1936 Schweinfurt - Zul. Stadtkämmerer. SPD.

PETZOLDT, Detlef

Dr. med., Prof., Gf. Ärztl. Direktor Univ.-Hautklinik Heidelberg - Voßstr. 2, 6900 Heidelberg (T. 06221 - 56 50 05) - Geb. 21. April 1936 Sommerfeld, ev., verh., 2 Kd. - 1954-59 Stud. Univ. Leipzig; 1959-60 Univ. Heidelberg; Med. Staatsex. 1960; Promot. 1961 Univ. Mainz - 1962-67 wiss. Assist. Dermatol. Univ.-Klinik Marburg; 1967-74 Oberarzt/ Ltd. Oberarzt Dermatol. Univ.-Klinik München; 1974-79 Dir. Klinik f. Dermatol. u. Venerol. d. Med. Univ. Lübeck; s. 1979 gf. Ärztl. Dir. s. o. 1980-81 Präs. Intern. Soc. f. S.T.D.-Research; s. 1984 Präs. Dt. Ges. z. Bekämpfung d. Geschlechtskrankh. - Korr. Mitgl. Schwed. u. Franz. Dermatol. Ges.; Ehrenmitgl. Poln. Dermatol. Ges. u. Münchener Dermatol. Ges. - Spr.: Engl.

PETZOLDT, Jürgen

Dr., Vorstandsmitglied Schott Glaswerke - Hattenbergstr. 10, 6500 Mainz 1 (T. 06131 - 66 35 08; Telex: 4 187 920 sm d).

PETZOLDT, Leander

Dr. phil. habil., o. Univ.-Prof., Institutsvorst. Inst. f. Europ. Ethnologie - Innrain 52, A-6020 Innsbruck (T. 44 85 14) - Geb. 28. Aug. 1934 Rennerod/Westerwald, verh., 2 Töcht. (Ruth, Bettina) - Stud. Univ. Frankfurt/M., FU Berlin, Mainz (German., Angl., Geogr. u. Volkskd.); Staatsex. 1965; Ass.ex. 1967; Promot. 1964 Mainz; Habil. 1974 Gießen - 1963-65 Forschungsassist. Akad. d. Wiss. u. d. Lit. Mainz; 1967-73 wiss. Assist. Univ. Freiburg; 1973-84 Prof. f. Lit.wiss. u. Volkskd. PH Weingarten/Württ.; 1977 Gastvorl. Gießen, 1978 Zürich, 1984 u. 88 Innsbruck; 1985 o. Prof. f. Europ. Ethnologie (Volkskd.) Univ. Innsbruck/Österr.; 1986 visiting Prof. Univ. of Los Angeles (UCLA)/Calif. - BV: D. Tote als Gast, Volkssage u. Exempel, 1968; Dt. Volkssagen, 1970. 2. A. 1978; Bänkelsang. V. hist. Bänkelsang z. lit. Chanson, 1974; Hist. Sagen, Bd. I 1975, Bd. II 1977; Arb.-texte f. d. Unterr.: Dt. Sagen, 1977; D. freudl. Muse, Quellen u. Materialien z. hist. Bänkelsang, 1978; Dt. Schwänke, 1979; D. Volksb. v. Dr. Faust 1587, M. Materialien, 1981; Votivbilder: Volkskunst aus d. Raum Bodensee-Oberschwaben, 1982; Innsbrucker Stud. z. Europ. Ethnol., 1984ff. Herausg.: Grause Thaten sind geschehen (1968); Vergl. Sagenforsch. (1969); Schwäb. Sagen (1975, 2. A. 1977); I. Zingerle, Tiroler Sagen (1985); Magie u. Relig. Beitr. z. e. Theorie d. Magie (1978); Hist. Sagen im Unterr. (1978, zus. m. K. Pellens); Frank Wedekind. Ged. u. Chansons (1979); Volkstüml. Feste. E. Führer zu Volksfesten, Märkten u. Messen in Dtschl. (1983); Beitr. z. Europ. Ethnologie u. Folklore (Buchreihe). Mithrsg.: Motive. Freiburger Folklorist. Forsch. (1972ff.). Zahlr. Beitr. u. Aufs. sow. Filme - Lit.: Kürschners Dt. Gelehrtenkalender; German. an Dt. Hochsch.

PÉUS, Gunter

Journalist, Leiter d. Afrika-Studios d. ZDF Nairobi - Zu erreichen üb. German Television ZDF, P.O. Box 4 51 65 Nairobi/Kenya (Telex 2 29 42 ZDF KE) - Geb. 21. Mai 1931 Hannover, verh. s. 1960 m. Marion, geb. Kropp, 2 Kd. (Camilla Jennifer, Florian Daniel) - Stud. Neuere Gesch., Öfftl. Recht u. Soziol. TH Hannover, Univ. Hamburg, Temple Univ. Philadelphia/USA - 1950 Redakt.-volont. u. 1952 Redakt. Norddt. Ztg., Hannover. 1957 1. Astavors. Univ. Hamburg (Mitgl. Vorbereit.aussch. Honnefer Mod., 1958 Overseas Commiss. VDS f. USA) 1959 Redakt. Zeitgeschehen NDR, Hamburg, u. 1962ff. ZDF (Dokumentation Ausl.), Mitgl. Transtel-Prüfungsaussch., Köln, 1969-78 Afrikakorresp. u. Studioltr. ZDF, Nairobi, 1978-85 Studioleit. ZDF-Landesstudio Hamburg, 1985-87 Reisekorresp. ZDF-Außenpolitik - Dokumentarfilme u. a. Reihe Menschen u. Mächte, Demokr. auf afrikan., Karriere inbegriffen (Harv.-Univ.), D. eiserne Schlange, Kilimandscharo Story, D. heiml. Schrittmacher (Ford Foundation), Präs.safari (J. Nyerere), E. afrikan. Frieden (Biafra), Schwarze Guerilla (Frelimo), Gebt mir 6 Monate Zeit (Südafr.), Schwarz ist schön (Neue Kunst in Afrika); D. ungeliebte Erbe (Vergangenheitsbewält. in Ostafrika); Ist die UNESCO noch zu retten?; Schlagloch-Rallye (Schwertransport durch Tansania); Moderne Kunst in Afrika (Katal. Horizonte '79); Kuba in d. Klemme, (Taschenb.) 1981; Katal. Neue Kunst aus Afrika, 1985 - 1968 Ehrenmitgl. Dt.-Jordan. Ges., 1968 1. Fernseh-Preis Asian Broadcasting Union, New Delhi, 1970 Adolf-Grimme-Preis - Liebh.: Sammeln zeitgenöss. afrikan. Kunst.

PEUSCHEL, Hans-Joachim

Bürgerschaftsabgeordneter (s. 1974) - Willnerskamp 2, 2000 Hamburg 56 - CDU.

PEYERIMHOFF, Alexander

Dr. rer. nat., o. Prof. f. Mathematik Univ. Ulm - Lindenstr. 1, 7911 Elchingen-Unterelchingen - Geb. 5. März 1926 Göppingen (Vater: Gustav P., Steuerber.; Mutter: Lindwina, geb. Müller), kath., verh. s. 1959 m. Dr. Isolde, geb. Schmid, 2 Kd. (Ulrike, Norbert) - Promot. Tübingen 1951, Habil. Gießen 1952. 1952-59 Doz. Univ. Gießen (1954, 56, 57 Visiting Associate Prof. Univ. Cincinnati/Ohio, USA), 1959-69 o. Prof. Univ. Marburg (1962, 64, 67 Visiting Full Prof. Univ. of Utah, USA), 1970-79 o. Prof. Univ. Ulm. Mitgl. Dt. Mathematiker-Vereinig., American Mathematical

Society - BV: Gewöhnliche Differentialgleichungen, 2 Bde. 1969; Lecture notes on summability, 1969. Etwa 50 Veröff. - Spr.: Engl.

PEYMANN, Claus

Regisseur - Zu erreichen üb. Wiener Burgtheater, A-Wien - B. z. Spielzeit 1986/87 Int. Bochumer Schauspielhaus. 1981ff. Präsidiumsmitgl. Dt. Akad. d. Darstell. Künste, Frankfurt/M.

PEZELY, Rudolf

Oberkreisdirektor - Zu erreichen üb. Kreisverwaltung Recklinghausen, Kurt-Schumacher-Allee 1, 4350 Recklinghausen - Geb. 15. Dez. 1931 Husum, 3 Kd. (Gönna, Hark, Detlef) - Abit. 1953; Stud. Philol., Sport, Latein, Gesch.; 1. jurist. Staatsex. 1958; 2. jurist. Staatsex. 1962 - Vors. DRK-Kreisverb. Recklinghausen-Land; Geschäftsf. Israel-Stiftg. Kr. Recklinghausen, Schutzgem. Dt. Wald, Naturpark Hohe Mark, Seeges. Haltern mbH - 1949 Dt. Mannschaftsjugendm. im Geräteturnen; 1954 Dt. Hochschulm. im Geräteturnen - 1987 Gold. Ehrenkreuz d. Bundeswehr; 1987 Dt. Feuerwehrehrenkreuz in Silber - Liebh.: Kochen (Maître de Chuchi), Weinbau.

PFAD, Peter

Sparkassendirektor - Schledehauser Weg 68, 4500 Osnabrück - Geb. 20. Aug. 1932, ev. - Vorstandsvors. Stadtsparkasse Osnabrück; div. Mand.

PFADENHAUER, Jörg

Dr. rer. nat., Prof. f. Geobotanik TU München - Zu erreichen üb. TU München, 8050 Freising-Weihenstephan (T. 08161 - 71 34 98) - Geb. 1. Febr. 1945 München - Univ. München, Biol., Chemie, wiss. Staatsex.; Promot. 1969; Habil. 1975 - Mehrj. Auslandsaufenth. Schweiz (Geobotan. Inst. ETH Zürich), 1976-78 Brasilien (Gastdoz. DAAD Porto Alegre). Forsch.arb. auf d. Geb. Renaturierung v. Agrarlandschaften.

PFÄHLER, Wilhelm

Dr. rer. pol., Prof., Rektor d. Wissenschaftl. Hochschule f. Unternehmensführung Koblenz - Mozartstr. 3, 5400 Koblenz - Geb. 10. April 1947 Unterjettingen/Krs. Böblingen, kath - Stud. Volkswirtsch.lehre Frankfurt, Los Angeles, Göttingen; Promot. 1976 u. Habil. 1983, bde. Göttingen - 1984-86 Prof. Univ. Göttingen; 1984/85 Visiting Prof. Georgetown Univ. Washington; 1986 Lehrst. f. Volkswirtsch.lehre Wiss. Hochsch. f. Unternehmensführung Koblenz (1987 Prorektor) - BV: Normative Theorie d. fiskalischen Besteuerung, 1978.

PFÄNDER, Erwin

Beamter, MdL Nordrh.-Westf. (s. 1975) - Rebhuhnstr. 34, 4600 Dortmund 50 (T. 71 41 35) - Geb. 16. März 1937 - B. 1982 Vors. Arbeitskreis Städtebau u. Wohnungswesen in NRW-Landtagsfraktion u. Vors. SPD-Landesarbeitsgem. Städtebau u. Wohnungspolitik.

PFAFF, Dieter

Dr. jur., Dr. phil., Prof. Univ. München (s. 1974) - Geb. 24. Jan. 1936 Berlin (Vater: Arthur P., Kaufm.; Mutter: Emmy, geb. Gössel) - Stud. d. Rechtswiss. Univ. Berlin, Kiel, Freiburg/Br.; Promot. 1964 ebd.; Habil. 1974 Würzburg - 1968-74 RA Hamburg, München; 1967-74 Ref. Max-Planck-Inst. f. ausl. u. intern. Privatrecht, Hamburg u. (1972) f. ausl. u. Intern. Patent-, Urheber- u. Wettbewerbsrecht, München. Vorstand Inst. f. gewerbl. Rechtsschutz u. Urheberrecht d. Univ. München. In- u. ausl. Fachmitgliedschaften - BV: Das soziale Eigentum in der Sowjetunion, 1965; Die Entwicklung der sowjet. Rechtslehre, 1968; D. sowjet. Transportrecht, 1970; Familien- u. Erbrecht d. Flüchtlinge u. Umsiedler, 1972; D. Außenhandelsschiedsgerichtsbark. d. sozialist. Länder im Handel m. d. Bundesrep. Dtschl. unt. Berücksichtig. d. intern. Privatrechts, Handb. 1973; Kandidat d. Ungar. Akad. d. Wissensch. Budapest, 1976 - Spr.: Engl., Russ.

PFAFF, Gerhard

Dr.-Ing., Prof., Institutsleiter u. Lehrstuhlinh. f. Elektr. Antriebe u. Steuerungen Univ. Erlangen-Nürnberg (s. 1973) - Lachnerstr. 87, 8520 Erlangen - Geb. 1. Febr. 1932 Schlüchtern.

PFAFF, Helmut

Geschäftsführer Dt. Bundes-Verlag GmbH. - Kessenicher Str. 116, 5300 Bonn 12.

PFAFF, Herbert

Dr. phil., Prof., Dozent f. Musikerzieh. Staatl. Hochschule f. Musik u. Theater - Walderseestr. 100, 3000 Hannover.

PFAFF, Konrad

Dr. phil., o. Prof. f. Soziologie u. Sozialpäd. Päd. Hochschule Ruhr/Abt. Dortmund - Im Dickenbruch, 5101 Rott/Rhld. (T. 02471 - 28 35) - Zul. PH Ruhr/Abt. Hamm - BV: Moderne Kunst in mod. Gesellschaft, D. Kunst f. d. Zukunft d. Ges.

PFAFF, Martin

Dr., o. Prof. f. Volkswirtschaftsl. Univ. Augsburg (s. 1971) - Haldenweg 23, 8901 Augsburg-Leitershofen (T. 52 60 52) - Geb. 31. März 1939 Tevel, verh. m. Prof. Dr. Anita Pfaff, 3 Kd. - Stud. (Volkswirtsch.) Univ. Utkal/Indien u. Pennsylvania/USA; Promot. 1965 - Doz., Asoc. Prof. versch. amerik. Univ., zul. o. Prof. Wayne State Univ., Detroit. Gutachtertätigk. u. a. f. UNO u. OECD, EWG und Europarat, Bundesmin. f. Raumordn., Bauwesen u. Städtebau, Bundesmin. f. Arb. u. Sozialordn. u. Bmin. f. Forsch. u. Technol.; S. 1985 Mitgl. Sachverst.rat f. d. Konzertierte Aktion im Gesundheitswesen . Zahlr. in- u. ausl. Fachmitgl.sch. - BV u. a.: The Marketing Function a. Economic Developm., 1968; The Grants Economy, 1968; Grants a. Exchange, 1976; WIdO-Schriftenr. 7, Ausgewog. Absicher. v. Gesundheitsrisiken, 1984. Mithrsg.: Grants Econom. Series (1972 ff.). Herausg.: Luchterhand Economics (1974 ff.), Stadtforschung (1974 ff.), INIFES-Schriftenreihe (1978 ff.) - Spr.: Engl.

PFAFFENBERGER, Wolfgang

Dr. rer. pol., Prof. Univ. Oldenburg - Zu erreichen üb. Univ. Oldenburg, 2900 Oldenburg (T. 0441 - 79 80) - Geb. 7. Okt. 1940 Berlin (Vater: Dr. Joachim P., Ltd. Angest.; Mutter: Sophie, geb. Wolf), ev., gesch. - Dipl.-Volksw. 1966, Promot. 1970 Berlin - 1966-69 wiss. Assist. FU Berlin; 1969-71 Doz. Univ. Birmingham; s. 1975 Prof. Univ. Oldenburg. Buch- u. Ztschr.-Veröff. z. Energie- u. Wirtschaftspolitik.

PFAFFEROTT, Gerhard

Dr. phil. habil., apl. Prof. f. Philosophie Univ. Bonn - Am Reichenberg 19, 5340 Bad Honnef 1 - Geb. 27. Aug. 1942 Göttingen, kath., verh. s. 1974 m. Hildegard, geb. Schreiber, 3 Kd. (Cora, Christa, Martin) - Stud. Phil., Soziol., Päd., Volksw. Univ. Bonn; Promot. 1972 Bonn; 1. Philol. Staatsex. 1974; Habil. 1981 Bonn - 1972-83 wiss. Assist.; 1981-83 u. 1985/86 Priv.-Doz.; 1984 Lehrstuhlvertr.; 1987 apl. Prof. Univ. Bonn - 1988 Mitgl. Kath.-Soz. Inst. d. Erzdiözese Köln - BV: Karl Marx u. d. Problem d. Wirklichkeit, 1973, 2. A. 1975; Politik u. Dialektik am Beispiel Platons, 1976; Ethik u. Hermeneutik, 1981. Mithrsg.: Kulturwiss. (1980); M. Scheler-Ges. WW, Bd. 13 (1989). Fachaufs. - Liebh.: Heimatkunde - Spr.: Engl., Lat., Griech., Niederl.

PFAHL, Berengar

Autor, Regisseur, Prod. - Buschenhausen, 5657 Haan 1 - Geb. 1. Mai 1946 Mülheim/Ruhr, kath., verh. s. 1970 m. Birgit, geb. Hahn, 3 Kd. (Martin, Nora, Florian) - Stud. German., Phil., Erziehungswiss. - Ca. 20 Spielfilme f. d. Kinder- u. Jugendprogr. d. ARD 1973-77; Spielfilme: Britta (1977/78); Jerusalem, Jerusalem (1978); Ruhestörung, Kriminalspielfilm (1979); Die Seiltänzer, 13-tlg. Serie (1979); Zwei oder Was sind das für Träume (1980); Asa Branca, Dokumentarspielfilm (1980); Tränende Herzen (1980), Komm doch mit nach Monte Carlo, Kinofilm (1980/81); Schnitzeljagd (1982); Laß mich jetzt nicht allein (1982); Chamäleon, Spielfilmserie (1982/83); Deutschland-Tournee (1983/84); Fritz Golgowsky, Spielfilmserie (1984); Jimmy Allegretto (1985); Brücke am Schwarzen Fluß (1986); Tam Tam, zweiteil. Fernsehspielfilm (1988).

PFAHLER, Georg-Karl

Prof., Kunstmaler - Adlerstr. 33, 7012 Fellbach - Geb. 8. Okt. 1926 Ensetzheim (Vater: Karl P., Bauer; Mutter: Margarete, geb. Oberhuber), verh. s. 1962 m. Johanna, geb. Bürkle, 2 Kd. (Caroline, Florian) - 1950-54 Akad. f. bild. Künste Stuttgart - Freisch. Künstler - Neue Abstraktion, Malerei u. Objekte (Arch.) - 1957 Kunstpreis d. Jugend; Preis d. Nationalgalerie Breslau (b. Biennale Krakau) - Spr.: Engl.

PFALZGRAF, Kurt

Dipl.-Kfm., Geschäftsführer Faudi Feinbau GmbH. - Spessartstr. 6, 6370 Oberursel/Ts. - Geb. 29. Dez. 1930.

PFANDER, Friedrich

Dr. med., Prof., Chefarzt a. D. Ohrenabt. St.-Josef-Stift Bremen - Schwachhäuser Heerstr. 163a, 2800 Bremen (T. 44 24 59) - Geb. 29. Sept. 1908 Halberstadt (Vater: Techn. Dir.), verh. s. 1936 m. Ruth, geb. Garke, 3 S. (Dr. med. Andreas, Dr. jur. Nikolaus, Stefan) - Univ. Würzburg, Köln, London, München - S. 1950 (Habil.) Privatdoz. u. apl. Prof. (1956) Univ. Göttingen (zul. Oberarzt Klinik f. Hals-, Nasen- u. Ohrenkrankh.), Ehrenmitgl. Dt. Ges. f. Hals-Nasen-Ohren-Heilkde., Kopf- u. Halschir. Zahlr. Fachveröff. u. a. üb. akustische Belastungsgrenzen u. d. akust. Trauma - EK I; BVK I. Kl. - Liebh.: Golf, antike Möbel.

PFANDZELTER, Elmar

1. Bürgermeister v. Schwabmünchen (s. 1980) - Wittelsbacher Str. 4, 8930 Schwabmünchen (T. 08232-21 37) - Geb. 22. Juni 1924 Schwabmünchen, kath., verh. s. 1949 m. Kornelia, geb. Böck, 3 Kd. - Fuggerschule Augsburg (mittl. Reife), Kfm. Lehre - 1958-80 Prok., s. 1980 Bürgermeister; Kreisrat (FWV) - Liebh.: Obst- u. Gemüsebau - Spr.: Franz., Engl.

PFANNENSTEIN, Otto

Direktor, Präs. Bundesverb. Energie - Umwelt - Feuerungen e.V., Reutlingen - Gaußstr. 43, 7000 Stuttgart 1 - Geb. 18. Febr. 1914 - AR-Mitgl. RAY Burner Co., San Francisco (USA).

PFANNENSTIEL, Peter

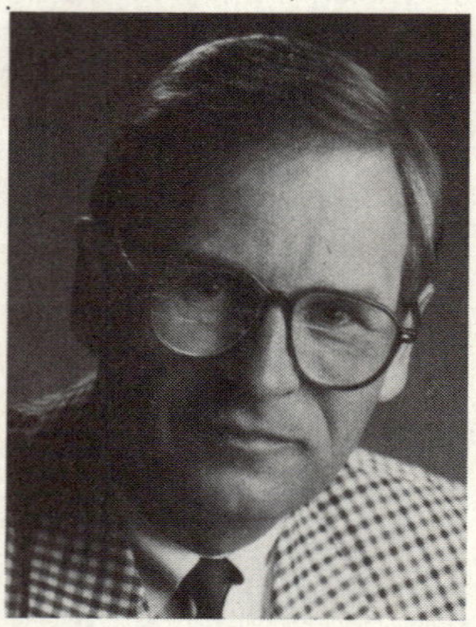

Dr. med., Prof., Arzt f. Innere Krankheiten u. Nuklearmedizin - Anna-Birle-Str. 1, 6503 Wiesbaden/Mainz-Kastel (T. 06134 - 2 20 98) - Geb. 20. Okt. 1934 Marburg an d. Lahn, ev., verh. s. 1963 m. Dr. med. Waltraut, geb. Donalies, 3 Kd. (Claus-Peter, Dorothea, Ekkehard) - Med.-Stud. Univ. Heidelberg, Innsbruck, Marburg u. Freiburg; Med. Staatsex.; Promot. 1960 Freiburg; Habil. (Inn. Med.) 1969; DFG-Stipendiat Freiburg, Rotating intern in Newark, New Jersey, USA - 1961-64 Trainee in Clinical Investigation an d. Medical Division d. Inst. of Nuclear Studies, Oak Ridge, Tennessee, USA; 1965-69 wiss. Assist. Med. Univ.-Klinik, Freiburg; Arzt f. Innere Krankheiten; 1971 apl. Prof. Univ. Mainz, 1978 Arzt f. Nuklearmed. - BV: Krankheiten d. Schilddrüse - Anzeichen/Unters./Behandlung, 4. A. 1989; Schilddrüsenkrankh. - Diagnose u. Therapie, 1985. Herausg. mehrerer Verhandlungsberichte; üb. 500 wiss. Publ. - Spr.: Engl. - Bek. Vorf.: Prof. Dr. med. Hermann Johannes Pfannenstiel 1862-1909, Gynäkol., n. d. d. suprasymphisäre Bauchdeckenschnitt benannt ist (Großv. vs.).

PFANNER, Claus

Dipl.-Kfm., Geschäftsführer Versorgungswerk d. Presse GmbH. - Heustr. 1, 7000 Stuttgart 1.

PFANZAGL, Johann

Dr. phil., o. Prof. f. Math. Statistik - Schlehecken, 5204 Lohmar 21/Rhld. - Geb. 2. Juli 1928 Wien (Vater: Johann P.; Mutter: Maria, geb. Hoffmann), verh. s. 1959 m. Dr. Elvine, geb. Schlecht - Univ. Wien (Promot. 1951). Dipl.-Statistiker 1953 - 1951-1959 Leit. Statist. Büro Bundeskammer d. gewerbl. Wirtsch. Wien; 1959-60 ao. Prof. Univ. Wien; s. 1960 o. Prof. Univ. Köln (b. 1964 Dir. Sem. f. Wirtschafts- u. Sozialstatistik, dann Math. Inst.). Fellow Inst. of Math. Stat. - BV: Allg. Methodenlehre d. Statistik, 2 Bde., 5. A. 1978; Theory of Measurement, 1968 (m. Baumann u. Huber); Contributions to a general asyptotic theory, 1982; Asymptotic expansions for general statistical models, 1985; Elementare Wahrscheinlichkeitsrechnung, 1988. Zahlr. Einzelarb. - Spr.: Engl.

PFARR, Heide M.

Dr. jur., o. Prof. f. Arbeitsrecht Univ. Hamburg (s. 1978; 1984ff. Vizepräs.), Senatorin f. Bundesangelegenheiten, Bevollmächtigte d. Landes Berlin b. Bund, Europabeauftr. d. Senats v. Berlin - Joachimstr. 7, 5300 Bonn 1 - Geb. 12. Okt. 1944 - Promot. 1971 - 1974-78 Lehrtätigk. FH f. Wirtschaft Berlin (1976 Prof.) - BV: Auslegungstheorie u. -praxis im Zivil- u. Arbeitsrecht d. DDR, 1972; Lohngleichheit, 1981; Gleichbehandlungsgesetz, 1985; Quoten u. Grundgesetz, 1988; Diskriminierung im Erwerbsleben, 1989.

PFARR, Karlheinz

Dr. oec., o. Prof. f. Bauwirtschaft u. -betrieb - Brahmsstr. 3, 1000 Berlin 33 (T. 825 51 11) - Geb. 9. Juni 1927 - S. 1963 ao. u. o. Prof. (1966) TU Berlin - BV: D. Bauunternehmung, 1967. Einzelarb. Herausg.: Ztschr. D. Baubetriebsberater (1963 ff.).

PFAU, Bernhard

Architekt - Stephanienstr. 26, 4000 Düsseldorf (T. 35 62 15) - Geb. 1. Juni 1902 Mainz, kath., verh. m. Lotte, geb. Fink, T. Gisela - Kunstsch. Mainz u. Vereinigte Staatssch. f. fr. u. angew. Kunst Berlin (Prof. Bruno Paul) - B. 1930 Assist. b. Prof. Emil Fahrenkamp, dann selbst. U. a. Düsseldorfer Schauspielhaus - 1961 Gr. Kunstpreis NRW; o. Mitgl. Akad. d. Künste Berlin; 1967 Gr. BVK.

PFAUS, Manfred

selbst. Kaufmann, parlam. Berater a. D., MdL Baden-Württ. (Wahlkr. 38 Neckar-Odenwald) - Hohenloheweg 6, 6967 Buchen-Hettingen - Geb. 28. März 1939 - CDU.

PFAUTER, Hermann
Fabrikant, stv. Beiratsvors. Pfauter Walzfräsmaschinenfabrik, Ludwigsburg - August-Lämmle-Str. 27, 7148 Remseck 3 - Geb. 3. April 1913.

PFEFFER, Franz
Dr. phil., Botschafter d. Bundesrep. Deutschland in Frankreich - 13-15, Ave-Franklin D. Roosevelt, 75008 Paris - Geb. 15. Jan. 1926 Koblenz, kath., verh. s. 1955 m. Ursula, geb. Wallau, 3 Kd. (Carl, Nicola, Alexandra) - Stud. Jura u. neuere Gesch. Mainz, USA, Frankreich, Bonn - S. 1954 Ausw. Dienst, 1959-61 Konsul New York, 1961-65 pers. Ref. d. Staatssekr., 1965-69 Botschaftsrat Rom, 1970-71 Leit. Ref. d. Rüstungskontrolle, 1971-76 Leit. Ref. Atlant. Bündnis u. Verteidig., 1976-79 Leit. Unterabt. West, 1979-81 Gesandter NATO Brüssel, 1981-85 Polit. Dir. AA, 1985-87 Botschafter in Polen; s. 1987 Botschafter in Frankreich - Gr. BVK; Kdr. d. Ehrenlegion (Frankr.); KCMG (Großbrit.), u.a. - Liebh.: Lit., Reiten, Ski - Spr.: Engl., Franz., Ital.

PFEFFERKORN, Werner
Dipl.-Ing., Honorarprof. Univ. Stuttgart, Seniorpartner Ing.-Büro Pfefferkorn u. Partner, Stuttgart - Bauernwaldstr. 112, 7000 Stuttgart 1 (Botnang) (T. 0711 - 69 10 61) - Geb. 23. Dez. 1922 Stuttgart (Vater: Friedrich P., Dir.; Mutter: Selma, geb. Grotz), ev., verh. s. 1950 m. Elfriede, geb. Dankert, 2 Kd. (Gisela, Dieter) - TH Stuttgart (Bauing.), Dipl. 1950 - S. 1950 wiss. Assist. Univ. Stuttgart; s. 1956 Berat. Ing. (eig. Büro f. konstrukt. Ing.-Bau u. Statik; b. 1971 ca. 500 Projekte); 1972 Gründ. größeres Ing.-Büro m. Partnern (b. 1987 ca. 1700 Projekte in Dtschl. u. Ausl.). Prüf-Ing. u. Berater in versch. Gremien. Erf.: Lager f. Bauwerke od. Bauteile aus bituminösen Stoffen (Pat.). Zahlr. Fachveröff., u. a. Buch: Dachdecken u. Mauerwerk, Entwurf, Bemess. u. Beurteil. v. Tragkonstrukt. aus Dachdecken u. Mauerwerk, 1980 - Bauwerke (Konstrukt. u. Statik): u. a. Univ. Ulm, Max-Planck-Inst.-Zentr. Stuttgart, Forsch.-Inst. Krefeld, GENO-Haus Stuttgart, Werkgymn. Heidenheim, Columbus-Center Bremerhaven; Verw.-, Ind.- u. Geschäftsgebäude, Büro- u. Wohnhochhäuser - Liebh.: Fotogr., Garten.

PFEFFERMANN, Gerhard O.
Ingenieur, MdB (s. 1972) - Pfannmüllerweg 3A, 6100 Darmstadt-Kranichstein (T. 7 75 43) - Geb. 17. Juni 1936 Gießen, kath., verh. s. 1959 m. Katharina, geb. Preis, 3 S. (Gerhard, Jörg, Ulrich) - Progymn. Amöneburg; Praktik. Gerätefabrik; Ingenieursch. Gießen (Elektrotechn.) - S. 1959 Carl Schenck Maschinenfabrik GmbH., Darmstadt. 1967 ff. Stadtverordn. Darmstadt (1977-81 Vorst.). CDU s. 1955 (1969 Kreisvors. Darmstadt). Stv. Vors. Bundestagsaussch. Forsch. u. Technol. (1974-76); s. 1980 Obmann Aussch. f. d. Post- u. Fernmeldewesen; s. 1981 Mitgl. Postverwaltungsr. Im VR Stadt- u. Kreissparkasse Darmstadt 1969-78. Stellv. ARsvors. Südhess. Gas- u. Wasser-AG Darmstadt (s. 1978).

PFEIFER, Anton
Oberregierungsrat a. D., Parlam. Staatssekr. Bundesmin. f. Jugend, Familie, Frauen u. Gesundheit (s. März 1987), MdB (s. 1969; Wahlkr. 193/Reutlingen) - Rilkestr. 9, 7411 Reutlingen-Betzingen (T. 34 07 65) - Geb. 21. März 1937 Villingen/Schwarzw., kath., verh. s. 1964 m. Renate, geb. Wolff, 2 Kd. (Thomas, Renate) - Gymn.; Stud. Rechtswiss. Gr. jurist. Staatsprüf. 1964 - 1965ff. Kultusmin. Baden-Württ. (Pers. Ref. Prof. Wilhelm Hahn). 1967-72 Landesvors. Jg. Union BW. CDU s. 1959 (u. a. Mitgl. Landesvorst. BW), s. 1972 bildungs- u. forschungspolit. Sprecher CDU/CSU-Bundestagsfrakt. u. Mitgl. d. Fraktionsvorst.; Okt. 1982 b. März 87 Parlam. Staatssekr. Bundesmin. f. Bildung u. Wiss.

PFEIFER, Hans-Wolfgang
Rechtsanwalt, Vorsitzender d. Geschäftsfhg. d. Frankfurter Allgemeine Zeitung GmbH, Präs. Verb. freier Berufe i. Hessen, Frankfurt, Vors. Verb. Hessischer Zeitungsverleger, Frankfurt, Mitgl. Stiftungsrat d. Heinz Herbert Karry-Stift., Frankfurt/M., AR-Mitglied dpa - Deutsche Presse-Agentur GmbH, Hamburg, Frankfurter Volksbank eG, Frankfurt, Treuhand-Vereinigung AG, Frankfurt, Kurator Forschungsinst. f. Wirtschaftspolitik Univ. Mainz, Kurator DVA-Stift. Gemeinnütz. Verlagsges. mbH., Stuttgart - Langheckenweg 18, 6000 Frankfurt a. M. 50 (T. 52 57 36) - Geb. 18. Mai 1931 Frankfurt a. M. (Vater: Dr. Rudolf Pfeifer, Vorstand; Mutter: Margarete, geb. Krönig), ev., verh. s. 1960 m. Ursula, geb. Grupe, 3 Kd. (Hans-Joachim, Marianne, Cornelia) - Gymn.; Stud. Univ. Marburg, Heidelberg u. Frankfurt a. M. - Mitgl. Frankfurter Ges. f. Handel, Industrie u. Wissenschaft, Frankfurt; 1976 BVK, 1983 BVK I. Kl. - Rotarier.

PFEIFER, Helmut
Dr. med., Dr. med. dent., Prof., Chefarzt Kieferchirurg. Klinik Winterberg, Saarbrücken - Hau in d. Ellern, 6601 Bübingen (T. 06805 - 84 44) - Geb. 24. Mai 1922 Reichenberg/Böhmen - S. 1961 (Habil.) Lehrtätigk. Univ. Heidelberg (apl. Prof.; Wiss. Rat Klinik f. Mund-, Zahn- u. Kieferkranke) u. Saarbrücken (apl. Prof. f. ZMKheilkd.). Fachveröff. - Spr.: Tschech., Franz., Engl. - Rotarier.

PFEIFER, Hermann Gregor
Oberamtsanwalt a.D., Bürgerm. Biebergemünd (s. 1980), AR-Vors. Raiffeisenbank Nordspessart, Biebergemünd (1980ff, u.a. vorh. Vorstandsmitgl.) - Frankfurter Str. 1, 6465 Biebergemünd-Wirtheim/Hessen (T. 06050 - 71 03) - Geb. 2. Aug. 1927 Wirtheim (Vater: Bahnbeamt.), kath., verh. s. 1953 m. Gertrud, geb. Gerhard, 5 Kd. (Hubertus, Maria, Christa, Jutta, Renate) - Rechtspflege- u. Amtsanwaltsex. - S. 1968 Kreistagsabgeordneter; s. 1975 AR-Mitgl. Kreiswerke Gelnhausen u. Stadtwerke Bad Orb; b. 1979 OAA. 1972-85 Vors. Kreistag Gelnhausen; s. 1981 Mitgl. Ältestenrat d. Regionalen Planungsversamml.

PFEIFER, Robert
Landrat Kr. Neustadt a. d. Aisch-Bad Windsheim (s. 1977) - Erlanger Str. 19, 8531 Markt Taschendorf - Geb. 4. Dez. 1927 Mkt. Taschendorf, ev., verh., 2 Kd. - Zul. Kaufm. CSU.

PFEIFER, Roland
Solotänzer - Zu erreichen üb. Oper d. Stadt Bonn, Am Boeselagerhof 1, 5300 Bonn 1 - Geb. 30. April 1959 Hötensleben (DDR), Ledig - 1973-78 Fachsch. f. Tanz Leipzig, Staatsex. als Bühnentänzer - 1978-81 Solist Komische Oper Berlin-Ost; 1981-83 Stadttheater Essen; 1983 Stadttheater Hagen - Spr.: Engl.

PFEIFER, Ulrich
Dr. med., o. Prof. f. Allg. Pathologie u. Pathol. Anatomie, Dir. Pathol. Inst. d. Univ. Bonn - Rüngsdorferstr. 59, 5300 Bonn-Bad Godesberg (T. 0228 - 36 28 90) - Geb. 11. Juni 1936 Schwabach (Vater: Wilhelm P., Musikerz.; Mutter: Anna, geb. Fischer), ev., verh. s. 1965 m. Annette, geb. Ferbert, 3 Kd. (Richard, Silvia, Jochen) - Human. Gymn. Bayreuth; Univ. Freiburg, Hamburg, Berlin. Aufs. in Fachztschr. - Spr.: Engl.

PFEIFFER, Albert
Dr. jur., Direktor, gf. Vorstandsmitgl. Stahlrohrverb. - Tersteegenstr. 3, 4000 Düsseldorf; priv.: Broicherdorfstr. 102, 4044 Kaarst - Geb. 15. Nov. 1927.

PFEIFFER, Alfred
Dr., Dipl.-Kfm., Vorstandsvors. SKW Trostberg Aktiengesellschaft - Postf. 12 62, 8223 Trostberg - Geb. 23. Juni 1932 Haslau - Vorst. VIAG AG Bonn.

PFEIFFER, Alois
Gewerkschafter, Mitglied gf. Bundesvorstand DGB (s. 1975), 1985ff. EG-Kommissar - Görlitzer Weg 5, 4030 Ratingen 3 - Geb. 25. Sept. 1924 - Zul. Vors. Gewerksch. Gartenbau, Land- u. Forstwirtsch.

PFEIFFER, Erhard
Dr. med., o. Prof., Leiter Anstalt f. Hygiene Univ. Hamburg - Treudelberg 88, 2000 Hamburg 65 - Geb. 9. Febr. 1941 Nürnberg (Vater: Prof. Dr. Gerhard P.), ev., verh. s. 1968 m. Heidi, geb. Mittelberger, 3 Kd. (Margrit, Christine, Richard) - Univ. Erlangen (Med.; Ex. 1966, Promot. 1967); Habil. 1975 Mainz - 1968-85 wiss. Assist., Oberassist. Univ. Mainz; s. 1985 o. Prof. f. Hygiene Univ. Hamburg - BV: Schadwirkung d. Wasserchlor., 1978; Nachweis mutagener/kanzerogener Aktivitäten in Wässern, 1982; Modifikation d. chem. induzierten Kanzerogenese, 1972 u. 74 - 1971 Hans-Klenk-Preis.

PFEIFFER, Ernst-Friedrich
Dr. med., o. Prof. f. Klin. Endokrinologie Univ. Ulm (s. 1967; Neugründ.) - Haßlerstr. 52, 7900 Ulm/D. (T. 3 07 28) - Geb. 10. April 1922 Frankfurt/M. (Vater: Fritz P., Kaufm.; Mutter: Elisabeth, geb. Schmidt), ev., verh. m. Margret, geb. Heudorfer, 2 Kd. (Ulrike, Andreas) - Goethe-Gymn. Frankfurt (Abit. 1941); Univ. ebd., München, Heidelberg (Med. Staatsex. 1948). Promot. (1948) u. Habil. (1956) Frankfurt - 1956-67 Privatdoz., apl. (1961) u. ao. Prof. (1964) Univ. Frankfurt (Leit. Abt. f. Klin. Endokrinol. I. Med. Klinik). Gastprof. National Research Center Kairo (1961) u. Univ. Libre Brüssel (1965). Präs. Dt. Diabetes-Ges. (1968); Vors. Frankf. Med. Ges.; Vorstandsmitgl. Europ. Diabetes-Ges.; Mitgl. American. Endocrine Soc., Am. Assoc. of Diabetes, Royal Soc. of Med. London, Dt. Ges. f. Innere Med., Endokrinol. u. Diabetes. Arbeitsgeb.: Immunologie d. Nephropathien, Immunendokrinol., orale Diabetestherapie, Fachveröff., dar. Handbuchbeitr. Herausg.: Handb. d. Diabetes mellitus, 2 Bde. 1969 - Ehrenmitgl. Soc. Medica-Chirurgica Pavia (1961) u. Argentin. Diabetes-Ges. (1963) - Liebh.: Segeln, Angeln, Skilaufen, Geschichtsstud. - Spr.: Franz., Engl., Ital.

PFEIFFER, Gerd
Dr. jur., Prof., Präsident d. Bundesgerichtshofes a.D. - Herrenstr. 45a, 7500 Karlsruhe 1 (T. 15 91) - Geb. 22. Dez. 1919 Striegau (Vater: Karl P., Reichsbahnbeamter; Mutter: Erna, geb. Hanf), verh. s. 1949 m. Herta, geb. Tamm, 2 Kd. (Ute, Michael) - Stud. 1945-48 Univ. Erlangen, Promot. 1948 - 1952 Gerichtsass., 1958 Wiss. Hilfsarb. b. BVerfG., 1958 LG-Rat b. LG München I, 1964 OLG-Rat, 1966 Bundesrichter, 1970 Senatspräs., 1976 Vizepräs. u. 1977 Präs. BGH - BV u.a.: Die VerfBeschw. in d. Praxis, 1959; Komment. z. PStG, 1962; Komment. z. StGB, 1969; Komment. z. StPO, 1982. Mithrsg. d. Neuen Ztschr. f. Strafrecht (NStZ) u. d. Ztschr. f. Wirtsch., Steuer, Strafrecht (wistra) - Präs. d. Vereinig. f. d. Gedankenaustausch zw. dt. u. ital. Juristen, Kurat-Mitgl. MPI f. ausl. öfftl. Recht u. Völkerrecht, Heidelberg u. d. Kur. d. MPI f. ausl. u. intern. Privatrecht, Hamburg - 1979 Gr. Gold. Ehrenz. am Bde. f. Verd. um d. Rep. Österr.; 1986 Großkreuz d. VO d. Rep. Ital.; Bayer. VO; Gr. BVK m. Stern u. Schulterbd.

PFEIFFER, Gerhard
Dr. phil., D., o. Prof. f. Bayer. u. Fränk. Landesgeschichte (emerit.) - Schnepfenreuther Weg 15, 8500 Nürnberg (T. 34 25 79) - Geb. 14. Febr. 1905 Breslau (Vater: Kurt P., Rektor; Mutter: Gertrud, geb. Jäkel), ev., verh. s. 1933 m. Elisabeth, geb. Bruch, 5 Kd. - Maria-Magdalenen-Gymn. Breslau; Univ. ebd. u. Tübingen - 1932 Staatsarchivrat Münster/W.; 1939 Archivdir. Nürnberg; 1952 Lehrbeauftr. 1958 Honorar-, 1961 ao., 1965 o. Prof. Univ. Erlangen bzw. - Nürnberg. 1964 Wiss. Leit. Ges. f. Fränk. Gesch. - BV: D. Breslauer Patriziat im Mittelalter, 1929. Herausg.: Nürnberger Urkundenb. (1959), Quellen z. Nürnbg. Reformationsgesch. (1961), Nürnberg - Gesch. e. europ. Stadt (1972), Gesch. Nürnbergs in Bilddokumenten (1972), Quellen z. Gesch. d. fränk.-bayer. Landfriedensorganisation (1975), Die ältesten Urbare der Deutschordenskommende Nürnberg (1981) - 1970 Theol. Ehrendoktor Univ. Erlangen-Nürnberg; 1970 Kulturpreis Stadt Nürnberg; 1972 Bayer. VO.

PFEIFFER, Heinrich
Dr. phil., Dr. h.c. mult., Prof. h.c. mult., Generalsekr. u. Gf. Vorstandsmitgl. Alexander v. Humboldt-Stiftg. - Jean-Paul-Str. 10-12, 5300 Bonn 2 (T. 83 30) - Geb. 27. Jan. 1927 Weinbach/Hessen - Stellvertr. Generalsekr. Dt.-Brit. Stiftg. f. d. Stud. d. Ind.ges. - 1972 Orden Palmes Acad.

PFEIFFER, Heinrich Wilhelm
Dr., Prof., Ord. f. Kunstgeschichte - Pizza della Pilotta 4, I-00187 Roma (T. 0039-6-67 01-4 51) - Geb. 22. Febr. 1939 Tübingen, kath., ledig - Abit.; Priesterweihe 1969; Eintr. in d. Ges. Jesu 1963, Stud. Kunstgesch., Archäol., Roman., Theol. (Lizentiat 1970, Promot. (Kunstgesch.) 1973/75 Basel - S. 1971 Lehrbeauftr., s. 1974 Prof. adiunctus, s. 1984 Extraord., s. 1987 Ord. d. Päpstl. Univ. Gregoriana - BV: Z. Ikonographie v. Raffaels Disputa, 1975; Gottes Wort im Bild, 1986 (Übers. in Ital. u. Franz.) - Liebh.: Reisen, Musik, Lit. - Spr.: Engl., Franz., Ital., Span.

PFEIFFER, Hubertus
Bundesrichter Bundesfinanzhof (s. 1971) - Ismaninger Str. 109, 8000 München 80 (T. 38 04-1) - Geb. 15. Jan. 1918 - Zul. Finanzgerichtsrat FG Düsseldorf.

PFEIFFER, K. Ludwig
Dr. phil., Prof. Univ.-GH Siegen - Königsberger Str. 27, 5902 Netphen - Geb. 23. Febr. 1944 Neustadt/Aisch (Vater: Karl P., Verw.-Angest.; Mutter: Berta, geb. Huthöfer), T. Tanja - Stud. Univ. Würzburg (1. Staatsex. 1967, 2. Staatsex. 1969, Promot. 1973; Habil. 1977 Univ. Konstanz) - 1978 Wiss. Rat u. Prof. Univ. Bochum; s. 1979 o. Prof. Univ.-GH Siegen (1980-83 Prodekan, 1981 Senator, 1983 stv. Vors. Forsch.-Kommiss.); 1984/85 Gastprof. Univ. Houston; 1986 Gastprof. Univ. California; 1987 Ruf an d. Univ. California; 1988 Gastprof. Kansai Univ., Osaka/Japan - BV: Sprachtheorie, Wissenschaftstheorie u. d. Probl. d. Textinterpret., 1974; Wiss. als Sujet im mod. engl. Roman, 1979; Bilder d. Realität u. d. Realität d. Bilder, 1981. Mithrsg.: Stil (1986); Materialität d. Kommunik. (1988) - Spr.: Engl., Franz., Ital., Span.

PFEIFFER, Karlheinz
Dr. paed., Prof., Dozent f. Biologie Päd. Hochschule Bremen - Keilstr. 12, 2850 Bremerhaven-M., (T. 4 68 24).

PFEIFFER, Klaus
Geschäftsführer Adolf Pfeiffer GmbH., Mannheim - Schwarzwaldstr. 96, 6800 Mannheim - Geb. 17. Juli 1925 Mannheim.

PFEIFFER, Kurt
Dr. jur., Generalstaatsanwalt, Leit. d. Staatsanwaltsch. b. OLG Nürnberg - Fürther Str. 110, 8500 Nürnberg 80 - Geb. 13. Mai 1931.

PFEIFFER, Otti,
geb. Kaulen
Schriftstellerin - In der Schlage 7a, 5804 Herdecke (T. 02330 - 7 45 50) - Geb. 29. Juli 1931 Wesel, kath., verh. s. 1960 m. Hermann P., 3 Kd. (Michael, Ingo, Susanne) - Abit. Abendgymn. Dortmund; Dipl.-Bibl. 1958 Bibl. Lehrinst., Köln - 1982-85 Bezirkssprecherin (Dortmund/Südwestf.) Verb. dt. Schriftst. (VS) in d. IG Druck u. Papier - BV: Widerworte aus d. Küche, 1972, 4. A. 1984; Mie-

nenspiel d. Steine, 1977. 16 Jugendb. u.a.: E. zuviel im Klassenbuch, 1982 (übers. Span.); Nelly wartet auf d. Frieden, 1984 (Auswahlliste z. dt. Jugendbuchpreis); Zw. Himmel u. Hölle, 1986; D. Straußenei od. Jeder hat d. Recht zu brüten, 1986; Zeit, d. durch d. Sanduhr läuft, 1986; D. Nachlaß, R. 1987; Nelly od. Frieden ist was anderes, 1988. Kinderbücher: D. lustige Laden, 1987; Machen wir mal e. Sandsturm, 1987; Drei Omas sind zuviel, 1988; Auf d. Schulhof tanzt e. Ritter, 1988 - 1978 Arbeitsstip. Land NRW; 1983 Preis d. Leseratten ZDF - Lit.: Léopold Hoffmann, in: D. Warte (1972); Walter Helmut Fritz, in: SDR (1973); Neues Westf. Schrifttum, Liste 27.

PFEIFFER, Peter

Dr. jur., Bankdirektor - Meisenweg 17, 8033 Krailling - Geb. 13. Mai 1922 München - B. 1966 stv., dann o. Vorstandsmitgl. Bayer. Vereinsbank, München. AR-Mandate - 1976 Bayer. VO; 1984 Gr. BVK - Spr.: Engl., Franz. - Rotarier.

PFEIFFER, Rudolf-Arthur

Dr. med., o. Prof., Direktor Inst. f. Humangenetik Univ. Erlangen-Nürnberg - Kochfeldstr. 2, 8521 Langensendelbach - Geb. 30. März 1931 - Habil. 1965 Münster. Lehrtätigk. Münster, Med. Akad. Lübeck (o. Prof. 1973), Univ. Erlangen-Nürnberg (s. 1978). Fachveröff.

PFEIFFER, Valentin

s. Graichen, Hans-Georg

PFEIFFER, Werner

Dr. rer. pol., Dipl.-Kfm., Prof., Ordinarius f. Betriebswirtschaftslehre, insb. Industriebetriebslehre, u. Vorst. Betriebsw. Inst. Univ. Erlangen-Nürnberg (s. 1971) - Carl-Dürr-Str. 45, 8501 Schwanstetten b. Nürnberg - Leit. Forschungsgruppe f. Innovation u. Technol. Voraussage - BV: u. a. Allgem. Theorie d. technischen Entw., 1971; Technol.-Portfolio z. Management strategischer Zukunftsgeschäftsfelder (m. Pfeiffer u. a.), 5. A. 1989; Strategien d. industr. Fertigungswirtsch. (m. G. Neipp u. W. Pfeiffer), 1986. Herausg.: Reihe Innovative Unternehmensführung.

PFEIFFER, Wilhelm

Dipl.-Kfm., Bankdirektor - Theatinerstr. 11, 8000 München 2 (T. 23 66 -1) - Geb. 27. Febr. 1932 München - Univ. München (Betriebsw.) - S. 1973 stv. u. 1977 o. Vorstandsmitgl. Bayer. Hypotheken- u. Wechsel-Bank.

PFEIFFER, Wilhelm P.A.

Einzelhandelskaufmann, Aufsichtsratsvors. SPAR Handels AG (s. 1985) - Osterbroocksweg 35-45, 2000 Schenefeld (T. 040-83 03 10); priv.: Völkerspark 9, 2057 Reinbek (T. 040-722 33 68) - Geb. 30. Juli 1930 Hamburg, ev., verh. s. 1962 m. Barbara, geb. Bloedorn, 2 Kd. (Ulrike, Frank) - Mittl. Reife; 1945-52 Einzelhdl.-Kaufm.; 1952-61 Ind.-Kaufm. Imp.-Exp. Übersee; 1962-70 Lebensm.-

Filialbetr. Norddeutschl.; 1970-85 gf. Vorst. Lebensm.-Groß- u. Einzelhdl.; AR: Deutsche Spar, Frankfurt/M., Max Burkhardt, Weinimport, Hamburg; Beirat: Gustav Friedrich Störzbach & Co., Ellhofen - Liebh.: Reisen, Angeln, Hobbygärtnern - Spr.: Engl., Span.

PFEIFFER, Wolfgang

Dr.-Ing., Prof. f. elektr. Meßtechnik TH Darmstadt (s. 1977) - Drosselweg 12, 6109 Mühltal 1 (T. 06151 - 14 69 78) - Geb. 8. April 1943 Greiz - TH Darmstadt; Dipl. 1968 (Allg. Elektrotechnik); Promot. 1971 (Hochspannungstechnik) - BV: Impulstechnik, 1976. Rd. 100 Fachveröff. auf d. Gebieten Kurzzeitmeßtechnik, Impulstechnik, Gasentladungstechnik u. Isolationskoordination in Niederspannungsanlagen.

PFEIFFER, Wolfgang

Dr. rer. nat., Prof. f. Zoologie - Eduard-Haber-Str. 7, 7400 Tübingen - Geb. 11. Okt. 1935 München (Vater: Hanns P., Biblioth.; Mutter: Johanna, geb. Schlimbach), kath., verh. s. 1958 m. Helena, geb. Ziegler, 3 S. (Wolfgang, Lorenz, Erhard) - 1954-61 Univ. München (b. Karl v. Frisch, Nobelpreistr.), 1961-63 Univ. Vancouver, 1963-65 Univ. Zürich u. Univ. Tübingen; Promot. 1960, Habil. 1969 - Ca. 50 Arb. üb. Physiol. d. Fische - BV: Pheromones in fish, 1974; Chemical communication in fish, 1981 - Liebh.: Verhaltensforsch. - Spr.: Engl., Franz. - Bek. Vorf.: Ludwig Schlimbach (Großonkel), Atlantik-Einhandsegler.

PFEIFFER-BELLI, Erich

Schriftsteller u. Kritiker (Ps.: Andreas Heldt) - Simeonitstr. 13, 8000 München 19 (T. 1 57 53 58) - Geb. 18. Aug. 1901 Heidelberg (Vater: Prof. Dr. jur., Dr. phil. Wilhelm P.-B. (s. X. Ausg.); Mutter: Olga, geb. Bender), verh., 2 Kd. - BV: Sylvia, 1936; Die Reise n. Chur, N. 1940; D. Hauskonzert, N. 1940; Besuch bei mir selbst, Betracht. 1949; Paul Klee - E. Bildbiogr., 1964; Rundgang durch d. Alte Pinakothek München, 1969; Gabriele Münter-Zeichn. u. Aquarelle, 1979; Junge Jahre im alten Frankfurt u. e. langen Lebens Reise, 1986 - 1971 BVK I. Kl.

PFEIFLE, Ulrich

Oberbürgermeister Stadt Aalen, Vorstandsvors. Carl-Schneider-Stiftg., AR-Vors. Wohnungsbau Aalen GmbH u. Aalener Thermal-Mineralbad GmbH ebd., Vorst.-Vors. Stiftg. Schloß Fachsenfeld, Vors. Presseausch. d. Dt. Städtetages - Postf. 1740, 7080 Aalen/Württ. - Geb. 31. Okt. 1942 Stuttgart (Vater: Kurt P., Prälat † 1974; Mutter: Martha, geb. Seeger † 1974), ev., verh. s. 1967 m. Margarete, geb. Friz, 3 Kd. (Sebastian, Natalie, Florian) - 1962-66 Univ. Tübingen u. Hamburg (Rechtswiss.).

PFEIL, Dirk

Selbständiger Unternehmensberater in Frankfurt, MdL Hessen - Waldstr. 41, 6369 Schöneck 1 (T. 069 - 153 09 60) - Geb. 4. Jan. 1948 Köln, verh. s. 1970 m.

Liselotte, geb. Hild, 3 Töcht. (Julia, Anke, Helge) - Lehre; Industriekaufm. 1966; Stud.; Betriebsw. 1970 - Wirtschafts- u. Verkehrspolit. Sprecher FDP-Frakt. Wiesbaden im Hess. Landtag; ehrenamtl. Dir. Handelszentrum Rep. Äquatorial Guinea in d. Bundesrep. Deutschl., Frankfurt; VR-Mitgl. Hess. Landesbank; Konkursverw. b. Amtsgericht Frankfurt - Liebh.: Kunst- u. Antiquitäten - Spr.: Engl., Franz., Span.

PFEIL, Emanuel

Dr. phil., Prof., Chemiker - An d. Schülerhecke 37, 3550 Marburg/L. (T. 2 57 11) - Geb. 14. Dez. 1912 Biedenkopf/L. (Eltern: Karl u. Karoline P.), verh. m. Dr. Susanne, geb. Toussaint - S. 1950 (Habil.) Doz. u. apl. Prof. (1957) Univ. Marburg (1961 Wiss. Rat u. Abt.sleit. Organ.-Chem. Inst.). Zahlr. Fachveröff.

PFEIL, Horst

Dr.-Ing., Prof. f. Thermische Turbomaschinen u. Anlagen TH Darmstadt - Breslauer Pl. 3, 6100 Darmstadt (T. 4 77 78) - Geb. 10. April 1928 Kaufungen (Vater: Justus P., Kaufm.; Mutter: Sophie, geb. Kohlhase), ev., verh. s. 1955 m. Maire, geb. Soininen, T. Taina - Promot. 1964; Habil. 1970 - Spr.: Engl.

PFEIL, Ludwig

Keramikingenieur, MdL Rhld.-Pfalz (1963-75) - Overbergstr. 4, 5433 Siershahn/Westerw. (T. Ransbach 28 51) - Geb. 26. Nov. 1920 Siershahn, kath., verh., 4 Kd. - Volkssch. Siershahn; 1935-38 Keram. Fachsch. Höhr-Grenzhausen - S 1939 Fa. Keramchemie, Siershahn (1949 Labor-, 1966 Betriebsleit.), dazw. Wehrdst. (6 × in Rußl. verwundet). 1948 ff. MdK. CDU s. 1947 (1959 Kreisvors., 1962 Mitgl. Landesvorst.) - 1969 BVK.

PFEIL, Moritz

s. Augstein, Rudolf

PFEILSTICKER, Konrad

Dr. phil. nat., o. Prof. u. Inh. d. Lehrstuhls f. Lebensmittelwiss. u. Lebensmittelchemie Univ. Bonn - Drosselstr. 6, 5300 Bonn 3 - Geb. 20. Juni 1929 Fellbach/Württ. - Dillmann-Realgymn. Stuttgart; Stud. d. Chemie u. Lebensmittelchemie, Lebensmittelchemiker-Hauptprüf. 1955, Dipl.ex. 1957 Stuttgart; 1958-61 Hochschulass.; Promot. (1961) u. Habil. (1968) Frankfurt/M. (Umhabil. 1968 Münster) - 1961-68 Chemierat Lebensmittel-Untersuch.amt Reutlingen u. Frankfurt/M.; 1968 Priv.doz. Univ. Frankfurt/M.; 1968-70 Oberasist. Inst. f. Lebensmittelchemie Univ. Münster; 1970 Ruf Univ. Bonn; 1972 Ruf TU Wien, 1982 Ruf Univ. Stuttgart - Mitautor Handb. Lebensmittelchemie Bd. II/1 u. II/2, 1965-67, u. Gift auf d. Tisch, 1973.

PFENDER, Hans

Vorstand Bad. Staatsbrauerei Rothaus AG - Nr. 7, 7821 Grafenhausen-Rothaus - Geb. 15. April 1926 Neisse.

PFENDER, Max(imilian)

Dr.-Ing., Prof., Präsident a. D., Honorarprof. f. Werkstoffprüfung TU Berlin (s. 1953), Vors. FNA Materialprüf. (s. 1961) - Limastr. 17, 1000 Berlin 37 (T. 84 38 35) - Geb. 21. Aug. 1907 Hagenbuch/Württ. (Vater: Vinzenz P., Landwirt; Mutter: geb. Lerner), kath., verh. s. 1937 m. Elisabeth, geb. Heimann, 4 Kd. (Klaus, Michael, Monika, Ursula) - TH Stuttgart - U. a. Tätigk. AEG, Berlin; 1954-72 Präs. Bundesanstalt f. Materialprüf. ebd. Ehrenämter techn.-wiss. Vereine. Etwa 50 Fachveröff. - 1968 Gr. BVK; VDI-Ehrenring; 1972 Gold. Plak. Dt. Verb. f. Schweißtechnik.

PFENNIG, Gerhard

Dr. jur., Polizeivizepräsident v. Berlin (1969-80) - Palmzeile 25, 1000 Berlin 38 - Geb. 27. Juli 1917 Berlin, ev., verh. s. 1943 m. Dorothee, geb. Freiknecht, 2 Kd. (Dr. Gero, Dr. Gabriele) - 1948-55 FU Berlin (Rechtswiss.). Beide jurist.

Staatsex. - 1955-1963 Senatskanzlei u. Senatsverw. f. Inneres, 1964 Leit. Büro Bürgerm. Amrehn, 1965-69 Mitgl. Rechnungshof (Senatsrat), alles Berlin. 1967-73 Vors. Landesverb. Berlin Dt. Ev. Kirchentag; 1972 ff. Mitgl. Leitg. Ev. Kirche Berlin-Brandenburg u. 1976 Präs. Dt. Ev. Kirchentag. CDU.

PFENNIG, Gero

Dr. jur., Assist.-Prof., Rechtsanwalt u. Notar, MdB - Zu erreichen üb. Reichstag, Platz d. Rep., 1000 Berlin 21 (T. 030 - 397 74 21) - Geb. 11. Febr. 1945 Jüterbog (Vater: Dr. Gerhard P., Polizeivizepräs. a. D.; Mutter: Dorothee, geb. Freiknecht), ev., verh. s. 1976 m. Dr. Barbara, geb. Börnstein, 1 Kd. - Jura-Stud., Promot. 1970 - 1968 wiss. Assist. FU Berlin; 1973 Assist.-Prof., Rechtsanw. 1975 MdA Berlin; 1977 MdB; 1979 MdEP; s. 1985 wieder MdB; 1987 Vors. d. Petitionsaussch. d. Dt. Bundestages - BV: D. Notenausg. d. Dt. Bundesbank, 1971; Verfass. v. Berlin (Komment.), 1978/87 - Spr.: Engl., Franz., Span.

PFENNIG, Kurt

Unternehmer, Vors. Bundesverb. d. Dt. Feinkostind. - Zu erreichen üb.: Reuterstr. 151, 5300 Bonn 1.

PFENNIG, Norbert

Dr. rer. nat., Prof. f. Limnologie, Mikrobielle Ökologie - Primelweg 12, 7770 Überlingen (T. 07551 - 6 64 26) - Geb. 8. Juli 1925 Kassel (Vater: Hermann P., Kürschnermeister, Kunstmaler; Mutter: Gertrud, geb. Schunck, Bildhauerin), christl., verh. s. 1953 m. Helga, geb. Bantelmann, 5 Kd. (Almut, Matthis, Friederun, Bettina, Iris) - 1946-52 Univ. Göttingen (Mikrobiol.). Promot. (1952) u. Habil. (1957) Göttingen - S. 1952 Assist., Privatdoz. (1957), apl. Prof. (1965) Univ. Göttingen. 1967/68 Gastprof. Univ. of Illinois, Urbana (USA), 1970-79 selbst. Abt.leit. Inst. f. Mikrobiol., Göttingen; 1980 Prof. Univ. Konstanz. Spezialgeb.: Photosynth. Bakterien, Schwefel- u. Sulfatreduzierende Bakterien, Kultur d. Mikroorganismen - 1980 Preis DGHM; 1982 Korr. Mitgl. Akad. d. Wiss. Göttingen; Mitgl. Dt. Ges. f. Hyg. u. Mikrobiol., Soc. for General Microbiol., American Soc. for Microbiol. Fachveröff. - Liebh.: Malerei - Spr.: Engl.

PFENNIG, Reinhard

Prof., Maler u. Kunsterzieher - Wienstr. 60, 2900 Oldenburg/O. (T. 50 65 35) - Geb. 16. März 1914 Berlin (Vater: Waldemar P., Architekt; Mutter: Lulu, geb. Krapp) - Univ. u. Kunsthochsch. Berlin - s. 1946 niederst. Lehrerbild. (Prof. Univ. Oldenburg). Malerei u. Graphik: v. Informel z. phantast. Kunst - BV: Gegenwart d. bild. Kunst - Erzieh. z. bildner. Denken, 5. A. 1974; Probleme d. Raumes in Kunst u Kunstunterricht, 1973.

PFERSDORF, Edgar

Generaldirektor, Vorstandsvors. Langbein-Pfanhauser Werke AG., Neuss - Heerdter-Busch-Str. 1-3, 4040 Neuss/Rh.

(T. 20 01); priv.: -Selikum, Grünewaldstr. 12 - Geb. 22. März 1920 Wiesbaden, verh. m. Rosemargot, geb. Prinzessin v. Hohenzollern - AR-Vors. LPW, Wien, Dir. L.P.W., South Africa (Pty.) Ltd., Johannesburg, Beir. Dt. Bank AG. ARsmandate.

PFETSCH, Frank

Dr. phil., Prof. f. Politikwissenschaft Univ. Heidelberg - Sitzbuchweg 44, 6900 Heidelberg - Geb. 2. Sept. 1936 Karlsruhe (Vater: Wilhelm P., Rechtsanw.; Mutter: Gerti P.), ev., verh. s. 1970 m. Helga, geb. Höfert, 2 S. (Marc, Jan) - Dipl.-Volksw. 1961 FU Berlin, Promot. 1964 Univ. Heidelberg, Habil. 1974 ebd. - 1964-67 Studiengr. f. Systemforsch. Univ. Heidelberg; 1967-68 Bundesmin. f. wiss. Forsch., Bonn; 1968-69 Univ. Mannh. u. Konstanz; s. 1970 Univ. Heidelberg - BV: Z. Entw. d. Wiss.politik in Dtschl., 1974; Innovationsforsch. als multidiszipl. Aufg., 1975; Leistungssport u. Ges.syst., 1975; Einf. in d. Außenpolitik d. Bundesrep., 1981; D. Außenpolitik d. Bundesrep. 1949-1980, 1981; Datenhandb. z. Wiss.entw., 1982; Verfassungspolitik, 1985 - Spr.: Engl., Franz., Ital., Span., Portug.

PFINGSTEN, Ernst Ulrich

Dr., Staatssekretär Nieders. Min. f. Ernährung, Landw. u. Forsten (1979 i. R.) - Calenberger Str. 2, 3000 Hannover - S. 1950 ob. Min.

PFINGSTEN, Hans-D.

Betriebswirt, Steuerberater, Generalbevollm. (Rechnungswesen) AEG Aktiengesellschaft - Zu erreichen üb. AEG AG, Theodor-Stern-Kai 1, 6000 Frankfurt/M. 70 - Geb. 1. April 1940 Moers.

PFIRSCH, Dieter Erwin

Dr. rer. nat., Honorarprof. f. Physik - Beltweg 18, 8000 München 40 (T. 361 33 78) - Geb. 28. Sept. 1927 Regnitzlosau (Vater: Dr. Wilhelm P., Arzt; Mutter: Auguste, geb. Roegele), ev., verh. s. 1956 m. Irmgard, geb. Hund, 2 Kd. (Frank, Annegret) - Gymn. (Abit. 1946); 1946-52 Stud. Univ. Frankfurt, Dipl.-Phys. 1951, Promot. 1952, Habil. Univ. München 1964 - 1952-56 Assist. Inst. f. Theor. Phys. Univ. Frankfurt, 1956-58 Abt.leit. Fried. Krupp Essen, 1959-68 Max-Planck-Inst. f. Phys. u. Astrophysik München (wiss. Mitarb.), 1967-68 Abt.leit., 1968 Dir. am Max-Planck-Inst. f. Plasmaphys. Garching, 1970-76 apl. Prof. Univ. München, s. 1976 Hon.-Prof, TU München. Mitherausg. Ztschr. f. Naturforsch. - Liebh.: Musik, Bergsteigen - Spr.: Engl.

PFISTER, Albrecht

Dr. rer. nat., o. Prof. f. Mathematik (s. 1970) - Universität, 6500 Mainz - Geb. 30. Juli 1934 München - Zul. Doz. Univ. Göttingen.

PFISTER, Ernst

Oberstudienrat, MdL Baden-Württ. (Wahlkr. 55, Tuttlingen-Donaueschingen) - Achauerstr. 20, 7218 Trossingen (T. 0711 - 20 63-6 25) - Geb. 28. April 1947 Trossingen - Präs. d. Dt. Hamonika-Verb. (DHV); stv. Landesvors. d. bad.-württ. FDP.

PFISTER, Gertrud

Dr. phil., Dr. rer. soc., Prof. u. Vorsitzende Forum f. Sportgesch. FU Berlin (s. 1980) - Gertraudstr. 10, 1000 Berlin 37 (T. 030 - 802 48 60) - Geb. 12. Dez. 1945 Eichstätt (Vater: Erhard P., Oberstud.rat; Mutter: Pauline, geb. Hofmann), ledig - 1966-71 Stud. Leibeserzieh. u. Lat.; 1971-76 Stud. Gesch. u. Sozialwiss.; Promot. 1976 u. 1980 - 1976-80 Wiss. Assist.; s. 1980 Prof. - BV: Frau u. Sport. Frühe Texte, 1980; Geschlechtspezif. Sozialisat. u. Koedukat. im Sport, 1983; Gertrud Pfister. Fliegen - ihr Leben, 1989. Herausg.: Nachdenken üb. Koedukation im Sport (1985, m. Sabine Kröner); Zurück z. Mädchenschule? (1988). Mithrsg.: Sportsoziol. Arbeiten (Reihe) - Liebh.: Sport, Ski, Tennis, Fallschirm.

PFISTER, Hans-Rudolf

Dr.-Ing., Geschäftsführer Drahtseil-Vereinig. - Folkwangstr. 1, 4300 Essen (T. 79 72 56).

PFISTER, Manfred

Dr. phil., Prof. f. Anglistik Univ. Passau - Untere Feldstr. 2, 8000 München 80 - Geb. 19. Aug. 1943 Landshut, kath., verh. s. 1969 m. Elfi, geb. Gehring, S. Dominik - Univ. München (Staatsex. 1968, Promot. 1972, Habil. 1978) - 1969-78 Wiss. Assist. München; 1978-80 Privatdoz. München; 1980 ff. Prof. C 4 Passau - BV: Stud. z. Wandel d. Perspektivenstruktur in elisabethanischen u. jakobäischen Kom., 1974; Hauptw. d. engl. Lit., 1975; D. Drama. Theorie u. Analyse, 1977; Alternative Welten, 1982; Intertextualität, 1985; Oscar Wilde, 1986 - Liebh.: Theater, Musik, bild. Kunst - Spr.: Engl., Franz., Latein, Neugriech.

PFISTER, Max

Dr. phil., Dr. h.c., Prof. f. Romanische Sprachwissenschaft - Steinbergstr. 21, 6656 Einöd (T. 06848 - 63 23) - Geb. 21. April 1932 Zürich (Vater: Max P., Bundesb.-Beamter; Mutter: Elise, geb. Rümmeli), prot., verh. s. 1959 m. Susanne, geb. Meyer, 3 Kd. (Jacqueline, Andreas, Cornelia) - Stud. Roman. Sprachwiss., Doktorat Zürich 1958, Lehramtsex. 1958, Habil. 1968 - 1969 Ordinariat Marburg, s. 1974 Saarbrücken - 1986 prés. Société de Linguistique romane - BV: D. Entw. d. inl. Konsonantengruppe-PS- in d. roman. Sprachen, 1960 (Diss.); Lex. Unters. z. Girart de Roussillon, 1970; Einf. in d. roman. Etymologie, 1980; Lessico etimologico italiano (LEI), s. 1979 - 1984 korr. Mitgl. Mainzer Akad. d. Wiss. u. d. Lit., 1985 korr. Mitgl. Accad. lucchese di Scienze Lettere e Arti (Lucca, Italien), 1987 korr. Mitgl. Accad. della Crusca (Firenze) - Spr.: Franz., Ital.

PFISTER, Raimund

Dr. phil., Gymnasialprofessor i. R. - Pötschnerstr. 8, 8000 München 19 (T. 16 51 16) - Geb. 6. Mai 1911 Trostberg/Obb. (Vater: Karl P., Landgerichtsdir.; Mutter: Anna, geb. Jobst), kath., verh. s. 1953 m. Dr. phil. Maria, geb. Dausch - Wilhelms-Gymn. u. Univ. München (Alte Spr., Dt., Gesch., Indogerman., Etruskol.; Promot. 1935) - 1935-68 bayer. höh. Schuldst.; 1958-88 Lehrauftr. Univ. München - BV: Lat. Übungsbuch, 1951, 14. A. 1975; Lat. Grammatik, 1968, 8. A. 1981; Lat. Grammatik in Gesch. u. Gegenwart, 1988. Neubearb.: F. Sommer, Handb. d. lat. Laut- u. Formenlehre, Bd. I, 1977.

PFISTERER, Hansgeorg

Dr. med., Prof., Ärztl. Direktor u. Facharzt f. Chirurgie u. Urologie, Chefarzt d. Chirurg. Klinik u. Urolog. Abt. d. Akad. Lehrkrankenhauses d. Univ. Bonn i. KKH. Waldbröl/Rhld. - Dörnenweg 6, 5220 Waldbröl (T. 02291 - 44 40) - Geb. 30. Dez. 1921 Köln (Vater: Karl-Georg P., Werklehrer-Sem.-Dir., Begr. Freie Volksschule Köln, gef. 1945; Mutter: Anna, geb. Behr, Lehrerin), ev., verh. s. 1950 m. Hildegard, geb. Kroeber, S. Lothar (Jurist) - Univ. Heidelberg, Köln u. Paris, 1958 Habil., 1965 Prof. Univ. Köln, seitd. Lehrtätigk. Univ. Köln u. s. 1976 Bonn (Ltd. Med.-Dir., spez. Magenchirurgie). Div. Buchbeitr. (Nachweis d. Dünndarm-Katheopsin). Üb. 60 Fachaufs. - Liebh.: Historik, Wassersp. - Spr.: Franz., Engl. - Rotarier.

PFISTERER-PFROMMER, Edelgard

Prof. i. R. f. Kunsterziehung Päd. Hochschule Heidelberg - Hofäckerstr. 14, 6919 Bammental - Geb. 22. Mai 1921 Heidelberg, ev., verh. s. 1982 m. Prof. Dr. Friedrich Pfrommer - Univ. Freiburg (Biol.), Kunstakad. Karlsruhe (Kl. Prof. Hubbuch); Staatsex. f. Kunsterz. u. Biol. - 1953 Höh. Schuldst.; 1960 Päd. Hochsch. Heidelberg; s. 1982 i. R. - Freischaff. Künstlerin: Glasfenster u.a. Comeniushaus Heidelberg, Friedhofskapellen in Wiesloch-Schatthausen, Waldhilsbach, Bammental, Kapelle im Seniorenstift Haus Kurpfalz Wiesloch. Textilarb.

PFITZER, Albert

Dr. jur., Direktor d. Bundesrates a. D. - Zu erreichen üb. Bundeshaus, 5300 Bonn (T. 1 61) - Geb. 22. Aug. 1912 Kirchen/Württ. (Vater: Albert, Regierungsbeamter; Mutter: Paula, geb. Weiss), verh. s. 1942 m. Erica, geb. Nagel - Gymn.; Univ. Tübingen, München, Berlin (Rechts- u. Staatswiss.) - 1935-38 Gerichtsrefer., dann Reg.ass., 1939-45 Wehrdst. (Luftw.) u. engl. Kriegsgefangensch., 1945-51 höh. Verwaltungsdst. Württ.-Hoh. (1950-51 Bevollm. b. Bund), 1951-78 Dir. Bundesrat - 1973 Gr. BVK, 1976 Stern, 1978 Schulterband dazu.

PFITZMANN, Günter

Schauspieler, Kabarettist, Regisseur, Texter - Reifträgerweg 30, 1000 Berlin 38 (T. 803 60 84) - Geb. 8. April 1924 Berlin (Vater: Erich P., Einrichter; Mutter: Charlotte, geb. Schmidt), ev., verh. s. 1964 m. Lilo, geb. Giebken, 2 Söhne (Robert, Andreas) - Abitur - S. 1945 bühnentätig (Potsdam, 1947ff. Berlin, 1960 München). Mitbegr. D. Stachelschweine (-Kabarett GmbH, Berlin). Theater: u. v. a. Petruccio, Karl Moor, Behringer, Prof. Higgins; Film: D. Brücke, D. Wunder d. Malachias, Hunde - wollt ihr ewig leben?; Fernsehen: Gestatten - mein Name ist Cox, Jean, D. Doktor, Kennen Sie die Milchstr.?, Frau ohne Kuß; Kabarett: D. Stachelschw. (1957ff. als Gast) - 1981 Gold. Vorhang Berliner Theater-Club (z. 3. X); 1987 Preis d. Vorabendprogramme d. ARD (3 Damen v. Grill); 1987 Gold. Kamera v. Hör Zu (Praxis Bülowbogen); 1988 Telestar (Ehrenpr. v. ARD u. ZDF) f. Praxis Bülowbogen u. Berl. Weiße m. Schuß - Liebh.: Antiquitäten, Sport - Spr.: Franz. - Lit.: Klaus Budzinski, D. Muse m. d. scharfen Zunge.

PFIZER, Theodor

Prof., Dr. phil. h. c., Oberbürgermeister a. D. - Wagenburgstr. 7, 7000 Stuttgart 1 - Geb. 19. Febr. 1904 Stuttgart (Vater: Karl P., Richter; Mutter: geb. Haagen), ev., verh. s. 1945 m. Ursula, geb. Zaiss, 2 Töcht. (Ursula, Ricarda) - Univ. Tübingen, München, Berlin (Rechtswiss.). Gr. jurist. Staatsprüf. - Geschäftsf. Tübinger Studentenwerk, Hilfsref. Landesarbeitsamt Südwestdtschl., ab 1933 Reichsbahnass., -rat u. Oberreichsbahnrat Reichsbahndir. Frankfurt/M., Ludwigshafen/Rh., Mainz, Wien, Berlin, Gleiwitz/OS., Stuttgart, n. Kriegsende Abt.-Leit. das., 1946-48 Ministerialrat Verkehrsmin. Württ.-Baden, 1948-72 Oberbürgerm. Ulm. Zahlr. Ehrenstell., dar. Vorstandsvors. Studienstiftg. d. Dt. Volkes, 1969-71 Vors. Städteverb. Baden-Württemberg, 1955-78 Präs. Hölderlin-Ges. - BV: Neubau d. Stadt; Im Schatten d. Zeit, 1979; Verantwort. f. Stadt u. Bürger, 1979. Herausg.: Bürger im Staat - Polit. Bildung im Wandel, 1971, Kommunalpolitik (1973) - 1960 Ehrendoktor Univ. Heidelberg; Ehrensenator Univ. Freiburg/Br. u. Tübingen u. Ulm - Liebh.: Bücher - Rotarier - Bek. Vorf.: Paul Achatius P., 1848 württ. Kultusmin. u. Mitgl. Frankfurter Nationalvers., 1801-87 (Bruder d. Urgroßv.).

PFLAGNER, Margarete Herta, geb. Schneider

Prof., Verlagslektorin, Schriftstellerin (Ps. Margit Pflagner) - Rosentalweg 1, A-7000 Eisenstadt (T. 02682 - 5 21 65) - Geb. 13. Sept. 1914 Bielitz (Vater: Karl Schneider, Hauptschullehrer; Mutter: Maria, geb. Müller), ev., verh. s. 1949, gesch., T. Hedda-Maria - 1934-39 Univ. Wien (Philol.), Lehramtsprüf. - Verlagslektorin in Wien u. Eisenstadt; Kulturjourn., fr. Mitarb. ORF, Schriftst. - BV: Jugend- u. Reiseb., literarhist. Arb., u. a. Findling im Schilf, 1965; Streifzüge durch Westungarn, 1979; Begegnung m. d. Burgenland, 1971; Zach. Werner u. d. Wiener Hofbauerkreis, 1979. Romanübers. aus d. Franz., z. B. Gautier, Prévost u. a. - 1975 Würdigungspreis f. Lit. Land Burgenland; 1980 Kery-Preis; 1982 Titel Prof.; 1983 AWMM Buchpreis - Liebh.: Kultur u. Lit. rumän. Banat u. Ungarn; Archäol. - Spr.: Franz., Span., Engl., Ungar. - Bek. Vorf.: Dr. Ludwig Schneider, Historiker Lemberg (Onkel) - Lit.: Lex. d. Jugendschriftst., 1968; Kürschners Dt. Lit.kalender, 1981.

PFLEGER, Karl

Dr. med., Prof., Leiter Abt. f. Toxikologie u. Biochem. Pharmakologie/Inst. f. Pharmak. u. Toxikol. Univ. Saarbrücken - Virchowstr. 16, 6650 Homburg/Saar (T. 44 29) - Geb. 21. Jan. 1924 Pirmasens - S. 1961 (Habil.) Lehrtätigk. Univ. Saarbrücken (1967 apl. Prof. f. Pharmak. u. Toxikol.). Facharb.

PFLEIDERER, Albrecht

Dr., o. Univ.-Prof., Ärztl. Direktor Univ.-Frauenklinik Freiburg - 7800 Freiburg - Geb. 8. Aug. 1931 Tübingen, ev., verh., 4 Kd.

PFLEIDERER, Beatrix

Dr. phil., Prof. f. Ethnologie Univ. Hamburg (s. 1982) - Kohlhofweg 20, 6901 Wilhelmsfeld (T. 06220-60 49) - Geb. 29. Juli 1941 Heilbronn (Vater: Herbert P., Untern.; Mutter: Brigitte, geb. Flammer), ev., verh. s. 1980 m. Lothar Lutze, T. Konstanze - 1960-65 Stud. Baltimore, Md./U.S.A., 1966-68 München, 1968-71 Heidelberg; Magister 1971; Promot. 1973 - 1971-75 Instructor Univ. Maryland, Campus Heidelberg; 1973-76 Univ. Heidelberg; 1978-80 DFG-Stip., wiss. Angest., Stip. d. Stift. VW-Werk - BV: Sozialisationsforschung in d. Ethnol., 1975; Wandel soz. Rollen in Tunesien u. s. Beziehung z. Gastarbeiterwanderung, 1976; Erziehung in d. Ethnol., 1980; Sozialisat. u. Krankh., 1981; Some Remarks on Medical Pluralism in India, 1982; Krankheit u. Kultur, 1985 (m. W. Bichmann); The Hindi Film, 1985 (m. L. Lutze); u.v.m. Versch. Veröff. u. Aufs. - Spr.: Engl., Franz., Hindi.

PFLEIDERER, Hans-Jörg

Dr.-Ing., Prof., Prokurist, Fachgebietsleiter Forschungslabor Siemens AG München - Franz-Krinninger-Weg 23, 8011 Zorneding (T. 08106 - 2 21 58) - Geb. 14. Jan. 1942 Berlin-Spandau, ev., verh. s. 1967 m. Erika, geb. Rozynski, 2 S. (Harald, Heiko) - 1961-67 Stud. TH Stuttgart (Elektrotechnik); Vordipl. 1963; Hauptdipl. 1967; Promot. 1971 - 1971 Post doctoral fellow IBM; Prokurist im Forsch.labor Siemens AG. Mitgl. dt. Konsortialkreis. Mehrere Patentanmeldungen. Miterf.: Parallel-In/Serial-Out CCD-Filter. Beitr. in: Meinke/Gundlach Taschenb. d. Hochfrequenztechnik, 1986 - 1983 Ambrose Fleming Premium d. IEE - Spr.: Engl.

PFLEIDERER, Wolfgang

Dr. rer. nat., Dr. h. c., o. Prof. f. Organ. Chemie - Lindauer Str. 47, 7750 Konstanz/B. - Geb. 22. Juli 1927 Eßlingen/N. (Vater: Dipl.-Kfm. Friedrich P.; Mutter: Gertrud, geb. Deeg), ev., verh. s. 1956 m. Cornelia, geb. Hellenbach, 3 Kd. (Christine, Hans, Wolfgang) - Schelztor-Obersch. Eßlingen; TH Stuttgart (Dipl.-Chem. 1950). Promot. (1952) u. Habil. (1957) Stuttgart - S. 1957 Lehrtätigk. TH Stuttgart (1963 apl. Prof.) u. Univ. Konstanz (1967 Ord.). Spez. Arbeitsgeb.: Heterocycl. Chemie. Mitgl. Ges. Dt. Chemiker, American Chemical Soc., Schweiz. Chem. Ges. u. Jap. Chem. Soc. - BV: Pteridine Chemistry (Symposiumsbericht), Schweiz. Chem. Ges., 1964 (Pergamon Press), 1975, 82, 83, 84, 85 u. 87. Einzelarb. - Spr.: Lat., Engl.

PFLIGERSDORFFER, Georg

Dr. phil., em. Prof. f. Klass. Philologie; Altpräs. Intern. Forschungszentr. f. Grundfragen d. Wiss. Salzburg - Akademiestr. 15, A-5020 Salzburg - Geb. 12. Juni 1916 Wiener Neustadt - S. 1956

(Habil.) Lehrtätigk. Univ. München (1960 plm. ao. Prof.) u. Salzburg (1965 o. Prof.) - BV: Studien zu Poseidonios, 1959; Politik u. Muße, 1968; D. Böhmerwald i. Schilderungen d. Stifterzeit, 1977; Und nur das Wandern ist mein Ziel. A. d. griech. Reise- u. Zeitbildern d. Grafen Prokesch v. Osten, 1978; Zweierlei Troja, 1985; D. Böhmerwaldzeichn. v. Ferd. v. Hochstetter aus 1853, 1986; Augustino Praeceptori. Gesammelte Aufs. zu Augustinus, 1987. Herausg.: Blickpunkte philosoph. Anthropologie (1983) - 1980 Korr. Mitgl. Akad. d. Wiss. Göttingen; 1980 Symmicta Philologica Salisburgensia G.P. Sexagenario oblata - 1981 Silb., 1986 Gold. Ehrenz. d. Landes Salzburg; 1986 Komturkreuz d. Gregorius-Ordens; 1987 Österr. Ehrenkreuz f. Wiss. u. Kunst I. Kl.

PFLÜCKE, Rolf

Dr., ZDF-Korrespondent Rio de Janeiro/Brasilien - Zu erreichen üb. Televisão Alema ZDF Rua Delfilm, Moreira 665/7, 22441 Leblon-Rio de Janeiro/Brasil. - Geb. 11. Juni 1942 Bruchsal, kath., verh. s. 1979 m. Stella Patricia, 2 Kd. (Carolin, Virginia) - Stud. Univ. Heidelberg; M.A. 1968; Promot. 1970 - 1973-79 Lateinamerikakorresp. d. ARD in Buenos Aires; s. 1986 Südamerikakorresp. d. ZDF in Rio de Janeiro - Zahlr. Reportagen u. Dok. aus Lateinamerika - 1986 Intern. Filmpreis Monte Carlo, 1987 Tokio - Spr.: Engl., Franz., Span., Portug.

PFLÜGER, Alf(rich)

Dr.-Ing., Dr.-Ing. E. h., o. Prof. f. Statik - Bonatzweg 7, 3000 Hannover (T. dstl.: 762 22 60) - Geb. 17. Juli 1912 Hannover (Vater: Albert P.; Mutter: Gertrud, geb. Wöhrle), ev., verw., T. Jutta - TH Hannover (Bauing.wesen) - S. 1941 Doz., apl. (1948) u. o. Prof. TH Hannover (Dir. Inst. f. Statik) - BV: Einf. in d. Schalenstatik, 1948, 4. A. 1966; Stabilitätsprobleme d. Elastostatik, 1950, 3. A. 1975; Statik der Stabtragwerke, 1978. Fachaufs. - 1957 Mitgl. Braunschweig. Wiss. Ges.

PFLÜGER, Heinz

Dr. med., Prof., Direktor Anaesthesie-Abt. Krankenhaus Nordwest (s. 1963) - Steinbacher Hohl 2-26, 6000 Frankfurt/M. (T. 57 60 61) - Geb. 11. Nov. 1921 Göttingen (Vater: Wilhelm P.; Mutter: Gertrud, geb. Trein), ev., verh. s. 1959 m. Heide-Karina, geb. Krüger, T. Susanne - 1946-51 Univ. Göttingen (Med. Staatsex.). Promot. (1951) u. Habil. (1960) Göttingen - S. 1960 Lehrtätigk. Univ. Göttingen u. Frankfurt (1965; 1967 apl. Prof. f. Anaesthesie) - BV: Lehrb. d. mod. Anaesthesie, 1962, 2. A. 1966 (auch span. 2 A.). Üb. 80 Einzelarb. - 1959 korr. Mitgl. Span. Anästhesie-Ges.

PFLUG, Bernhard

Möbelfabrikant, Geschäftsführer Bernh. Pflug GmbH., Wiedenbrück - Osterrathstr. 6, 4832 Wiedenbrück - Geb. 1. Nov. 1898 Rietberg.

PFLUG, Günther

Dr. phil., Prof., Generaldirektor a. D. Dt. Bibliothek Frankfurt/M. (1976-88) - Myliusstr. 27, 6000 Frankfurt/M. (T. 72 48 74) - Geb. 20. April 1923 Oberhausen (Vater: Richard P., Apotheker; Mutter: Annemarie, geb. Winzer), ev., verh. s. 1953 m. Dr. Irmgard, geb. Höffken - 1933-41 Realgymn. Oberhausen u. Köln (Kreuzgasse); 1944-52 Univ. Köln, Bonn, Paris - S. 1953 Univ.bibl. Münster, Bibl. TH Aachen, Univ.- u. Stadtbibl. Köln (1955; zul. stv. Dir.). Univ.-bibl. Bochum (1963; Dir.). S. 1967 Honorarprof. Univ. Bochum, 1974 Dir. Hochschulbibliothekszentrum d. Land. NW; s. 1978 Honorarprof. Univ. Frankfurt u. Mitarb. in versch. Gremien - BV: Der Aufbau des Bewußtseins b. Wilhelm Dilthey, 1950 (Diss.); Henri Bergson, Quellen u. Konsequenzen e. induktiven Metaphysik, 1959; Mechanisierung u. Automatisierung in amerik. Bibl., 1967; Automatisierung in d. Univ.bibl. Bochum, 1968; Enlightenment Historiography, 1971; Bibliotheksarb. heute, 1973; Bibliothek - Buch - Geschichte, 1977; D. Bibliotheken u. d. wiss. Lit., 1979; Albert Einstein als Publizist, 1981; D. Bibliothek im Umbruch, 1984. Mithrsg. d. 2 Aufl. d. Lexikon f. d. gesamte Buchwesen (s. 1985) - Ehrenmitgl. IFLA - Liebh.: Opern - Spr.: Engl., Franz. - Rotarier.

PFLUG, Hans-Dieter

Dr. rer. nat., Dr.-Ing., Prof. - Schloßgasse 4, 6302 Lich/Hess. - Geb. 18. Aug. 1925 - S. 1958 (Habil.) Privatdoz. u. apl. Prof. (1964) Univ. Gießen (Geol. u. Paläontol.) - BV: D. Spur d. Lebens, 1984. Üb. 100 Fachveröff.

PFLUG, Johannes Andreas

Diplom-Ingenieur f. Vermessungstechnik, MdL Nordrh.-Westf. (SPD) - Droste-Hülshoff-Str. 17, 4100 Duisburg 11 (T. 0203 - 5 67 36 u. 0211 - 88 46 51/2) - Geb. 8. April. 1946 Duisburg (Vater: Ernst P., Kraftfahrer; Mutter: Elisabeth, geb. Hajdenik), verh. s. 1980 m. Ellen, geb. Kostbahn, 2 Kd. - Realsch., Verm.-Techn. Lehre, FHS-Essen, Ing. 1969, Ausb. Vermessungsinsp. 1971, s. 1972 Univ. Dortmund (Stud. Physik u. Volksw.) - 1979-80 Wiss. Assist. b. MdB, 1975-79 Stadtrat Duisburg, s. 1980 MdL NRW.

PFLUG, Otto

Dr., Generaldirektor, Vorstandsvors. Nordd. Hagel-Versicherungs-Ges. a. G., Berlin/Gießen - Am Wettenberg, 6301 Launsbach - Geb. 25. Okt. 1912 - S. 1957 Vorst. NHV.

PFLUG, Reinhard

Dr. rer. nat., o. Prof. f. Geologie u. Paläontol. Univ. Freiburg (s. 1970) - Albertstr. 23b, 7800 Freiburg/Br. (Geol. Inst.) - Geb. 1. April 1932 Schwerte/R. (Vater: Prof. Dr. phil. Hans P., Historiker) - Univ. Tübingen u. Bonn. Promot. 1958; Habil. 1964 - 1958-60 Ölind.; 1960-64 Doz. Univ. Rio de Janeiro; 1964-70 Doz. Univ. Heidelberg - BV: Bau u. Entwickl. d. Oberrheingrabens, TB 1982. Zahlr. Fachaufs. - 1958 Credner-Preis Dt. Geol. Ges. - Spr.: Portug., Engl., Span.

PFLUG, Wolfram

Dipl.-Forstw., Oberforstmeister a. D., em. Univ.-Prof. f. Landschaftsökologie u. -gestaltung - St. Vither Str. 6, 5100 Aachen (T. 6 14 72) - Geb. 4. Aug. 1923 Hohenkränig/Neumark (Vater: Joachim P., Gutsrendant; Mutter: Ella, geb. Leopold), ev., verh. s. 1951 m. Ingeborg, geb. Kayser, 6 Kd. - Realgymn. Schwedt/O.; Univ. Göttingen/Forstl. Fak. Hann. Münden (Dipl.-Forstw. 1950). Gr. Staatsex. 1952 - S. 1941 Kriegsmarine (zul. Oblt. z. See), Schutzgem. Dt. Wald, Koblenz (1952), Min. f. Landw., Weinbau u. Forsten, Mainz (1954 Ref.), TH Aachen (1965 Ord.). Arbeitskr. d. Landschaftsanwälte, Mitgl. Dt. Rat f. Landespflege (1973), Mitgl. d. Kuratoriums f. d. Europapreis f. Landespflege d. Joh. Wolfg. v. Goethe-Stiftg. (1969), Vors. Ges. f. Ingenieurbiol. (1979) - BV: Landsch.spfl., Schutzpflanz., Flurholzanbau - Anl. f. Planung, Ausführung u. Pflege, 1959. Herausg.: Jahrb. d. Ges. f. Ingenieurbiol. Mitverf.: Landschaftsplanerisches Gutachten Aachen (1978); Landschaftsökologische Modelluntersuchung Hexbachtal (1977); Wasserbaul. Modellpl. Ems b. Rietberg auf landschaftsökolog. Grundlage (1980); Landschaftsökolog. Gutachten KKW Kalkar (1983); Studie Pleisbach, T. 2 (1989). Zahlr. Fachaufs. - U. a. EK I; korr. Mitgl. Akad. f. Raumforsch. u. Landesplanung; ao. Mitgl. Bund Dt. Garten- u. Landschaftsarch.; 1970 Kulturpreis Stiftg. Rhein. Raiffeisenbanken.

PFLUGFELDER, Otto

Dr. rer. nat., o. Prof. f. Zoologie (emerit. 1972) - Egilolfstr. 35, 7000 Stuttgart 70 (T. 45 11 80) - Geb. 15. Febr. 1904 Rappoltshofen/Württ. (Vater: Christian P.; Mutter: Magdalena, geb. Weidner), ev., verh. s. 1938 m. Luise, geb. Schneider, 2 Kd. (Hartmut, Heidrun) - Univ. Tübingen (Naturwiss.) - 1937 Privatdoz. Univ. Jena, 1942 ao. Prof., 1949 LH Hohenheim (Dir. Inst. f. Zool.), 1956 o. Prof. (1960-62 Rektor), z. Z. außerdem Honorarprof. TH Stuttgart - BV: Zooparasiten u. d. Reaktionen ihrer Wirtstiere, 1950; Entwicklungsphysiol. d. Insekten, 2. A. 1958; Lehrb. d. Entwicklungsgesch. u. -physiol. d. Tiere, 2. A. 1970. Üb. 100 Einzelveröff. Wirtsreaktionen auf Zooparasiten, 1977; Protarthropoda, 1980 - 1958 o. Mitgl. Heidelbg. Akad. d. Wiss. u. New York Acad.

PFLUGHAUPT, Friedrich-Karl

Dipl.-Volksw., Filmkaufmann, Vorstand UFA-Theater AG, Düsseldorf - Zu erreichen üb. UFA-Theater AG, Graf-Adolf-Str. 96, 4000 Düsseldorf 1 - Geb. 23. Dez. 1922 Berlin (Vater: Friedrich P., Filmprod.; Mutter: Anna, geb. Zizka), ev., verh. s. 1976 m. Lilo, geb. Sennhenn - Realgymn.; Stud. Volksw., Univ. Göttingen, Dipl. 1949, Bankausb. - S. 1962 Vorst.-Mitgl. UFA-Theater AG - Liebh.: Tennis, Ski, Bridge, Jazz - Spr.: Franz., Engl.

PFLUGRADT, Gisela

Assistentin d. Ballettdirektion Oper Bonn, stv. Direktion Euro Theater Central Bonn - Bornheimerstr. 126, 5300 Bonn 1 (T. 0228 - 65 14 84) - Geb. 8. Juni 1945 Krumbach/Schw., ev., ledig - Ballettsch. Tatjana Gsovsky Berlin - 1960-63 Tänzerin Dt. Ballett-Compagnie; 1963-81 Solotänzerin Stadttheater Bonn; s. 1981 Ballettdirektionsassistenz Oper Bonn. 1969 Gründungsmitgl. Euro Theater Central Bonn, 1978 d. Arbeitsgemeinsch. unabhängiger europ. Theater; Schausp., stv. Dir. u. Regiss. Euro Theater Central Bonn; Choreographin Oper Bonn - Tanz: Ophelia, Feuervogel, Beatrice (Undine), Pimpinella (Pulcinella), Solopartien in mod. Balletten unt. Lothar Höfgen u. Alfred Rodriguez u. Giuseppe Urbani; Schauspiel: Gigi (Colett), Marlene (Bittere Tränen, Fassbinder), Stärkere (Strindberg), Lucie (Tote ohne Begräbnis, Sartre); Regie: Gebrochene Frau (S. de Beauvoir), Offene Zweierbeziehung (Rame/Fo); Choreographien: D. Tod d. Iwan Iljitsch (Hartmann), Erwachen (Bernstein) - Liebh.: Reisen, mod. Lit., Exper. Theater u. Musik, Gartenkultur - Spr.: Engl., Franz.

PFLUGRADT, Helmut

Finanzbeamter a. D., MdBB (s. 1975) - Hohle Str. 18, 2820 Bremen 70 - Geb. 7. Febr. 1949 Stendorf (Vater: Emil P., Arb.; Mutter: Frieda, geb. Bonkowski), ev., gesch. - Mittelsch.; Finanzausbildung - 1969-77 Kreisvors. Junge Union Bremen-Nord (1973-76 stv. Landesvors.); s. 1977 Stadtbezirksvors. CDU Vegesack, s. 1980 Landesvors. KPV, s. 1981 Mitgl. Bundesvorst. KPV. S. 1975 Mitgl. Landesvorst. d. Dt. Steuergewerksch. Bremen.

PFÖHLER, Wolfgang E.

Dipl.-Kfm., Bürgermeister Stadt Mannheim - Bassermannstr. 29, 6800 Mannheim 1 - Geb. 17. Mai 1953 Mannheim (Vater: Werner P., Kaufm.; Mutter: Anni, geb. Jonas), kath., verh. s. 1979 m. Dorothea, geb. Schellenberg, T. Mirjam - Stud. Betriebsw. Univ. Mannheim (Dipl.-Kfm. 1978) - S. 1981 Dezern. f. Jugend, Soziales u. Gesundh. Mannheim; s. 1987 Vors. d. CDU-Kreisverb. Mannheim - Spr.: Franz.

PFÖRTNER, Dietrich

Dr. jur., Fabrikant, Geschäftsf. Sonnen-Bassermann-Werke GmbH, Seesen; Vorst. Allg. Arbeitgeb.-Verb. Nordharz, Arbeitgeberverb. Ernährungsind. Nieders./Bremen, Bundesverb. d. Teigwarenind., Bundesverb. d. Obst- u. Gemüseverarbeitungsind., Berufsgenoss. Nahrungsmittel u. Gaststätten; Vors. Sozialpolit. Kommiss. im Bundesverb. d. Obst- u. Gemüse-Verarb.-Ind. e.V., Bonn, Vors. Fachverb. d. Obst- u. Gemüse-Verarb.-Ind., Hannover; Beiratsmitgl. Dt. Bank AG, Hannover, VR Sonnen-Bassermann, España, S.A. - Albert-Schweitzer-Str. 30, 3370 Seesen - Geb. 31. März 1926.

PFOHE, Hans

Fabrikant, Vorstandsvors. Lucia Strickwarenfabrik AG., Lüneburg (s. 1972; vorher Personenges.) - Spechtsweg 4, 3140 Lüneburg (T. 5 10 24) - Geb. 19. Auf. 1918, verh. (Ehefr.: Lucia), 4 Kd. - Spr.: Engl. - Rotarier.

PFOHL, Gerhard

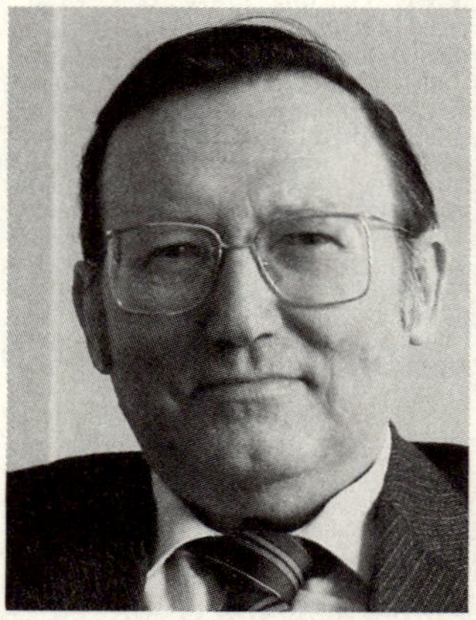

Dr. phil., Gymn.-Prof. a. D., Univ.-Prof., TU München, Univ. Innsbruck; Lehrbeauftr. Univ. Erlangen-Nürnberg (Medizinische Epigraphik) - Ismaninger Str. 22, 8000 München 80; Innrain 52, A-6020 Insbruck (Österr.) - Geb. 16. Febr. 1929 Böhm.-Eisenstein (Vater: Alois P., Kaufm.; Mutter: Elisabeth, geb. Gotz), kath., verh. s. 1956 m. Alma, geb. Linder, 3 Kd. (Gerhard, Andreas, Elisabeth) - Gymn. Metten; Stud. Regensburg u. Erlangen (Griech., Lat., Dt., Archäol., Phil.) - S. 1979 Dir. Inst. f. Gesch. d. Med. u. Med. Soziol. München - BV: Unters. üb. d. att. Grabinschr., 1953; Bibliogr. d. griech. Verinschr., 1964; D. inschr. Überlieferung d. Griechen, 2. A. 1965; Geschichte u. Epigramm, 2. A. 1966; Griech. Inschr. als Zeugnisse d. priv. u. öfftl. Lebens, 1966, 2. verb. A. 1980; Greek Poems on Stones, 1967; Poet. Kleinkunst auf altgriech. Denkmälern, 1967; Elemente d. griech. Epigraphik, 1968; H. Geist - G. Pfohl: Römische Grabinschriften, 2. A. 1976; Indices Supplementi Epigraphici Graeci Collecti, Vol. XI-XX (1950-64), 1970, 1984; D. Studium d. griech. Epigraphik, 1977; Epigr. Quellen z. Gesch. d. antiken Medizin, 1977; D. Fakultät f. Medizin der TU München, 1977; Behandlungsgrundsätze in d. Chir., (Hrsg.) 1979; Med. u. Philol., 1980; D. phil.-philol. Element in d. med. Fak., 1980; V. Verlust akad. Gesinn., 1981; D. Prinzheinrichmütze. Oder: D. Hutlosigkeit mod. Köpfe, 1981; Philol. u. Epigraphik, Bde 1-5, 1976-81; Civis academicus, 1981; Georg Maurer - Rudolf Nissen: par nobile fratrum, 1981; V. Segen ungenauer Wiss., 1981; D. Gnade, e. Esel Gottes zu sein, 1982; Benediktin. Schule, 1982; V. d. Einzigartigk. unserer Seele, 1982; Griech. Grabinschr., 1982/3; Akadem. u. Staatlichk., 1982; Sauerkraut od. Freiheitskohl?, 1983; Altes Vertrautes u. d. fremde Neue, 1983; Phil. gratiosa, 1983; Med.phil., 1983; Humanitas Hippocratica, 1984; Opportune-importune: Wie man zer werlte solte leben, 1982-85; Medizin u. Geschichte, 1984. Div. Herausg. Div. Aufs. in Ztschr. d. In- u. Auslandes - 1967 Förderungspreis Stadt Nürnberg (f. bes. Leistungen auf d. Gebiet d. Wiss.), 1968 Kardinal-Innitzer-Preis Wien; 1974 Ritter d. päpstl. Ritterord. v. Hl. Grab z. Jerusalem; 1977 Komturkreuz, 1983 Großoffizier; 1980 BVK; 1982 Gold. Ehrenz. Bayer. Philologenverb.; 1983 Souv. Malteser-Ritter-Orden; 1984 o. Mitgl. d. wiss. kath. Akad. b. Erzbischof v. Wien, 1987 d. Süddt. Akad. d. Wiss. u. Künste, München, 1988 ao. Mitgl. d. Bayer. Benediktinerakad.; 1986 Komturkreuz d. Ritterordens d. Heiligen Gregorius Magnus - Spr.: Engl., Schr.: Franz., Griech., Lat.

PFOHL, Hans-Christian

Dr., Dipl.-Wirtsch.-Ing., o. Prof. f. Betriebswirtschaftsl. TH Darmstadt - Zu erreichen üb. Inst f. Betriebswirtschaftsl., FB 1 d. TH, Hochschulstr. 1, 6100 Darmstadt (T. 06151 - 16 21 23) - Geb. 14. März 1942 Gablonz, kath., verh. s. 1967 m. Dagmar, geb. Klement, 3 Kd. (Petra, Markus, Hans-Patrick) - B. 1982 Ord. Univ. Essen GH - BV: Marketing- Logistik, 1972; Problemorientierte Entscheidungsfindung in Organisationen, 1977; Planung u. Kontrolle, 1981; Entscheidungstheorie, 1981 (m. Braun); Logistiksysteme, 1988. Herausg.: Logistiktrends (1987); Zukünftige Wettbewerbsvorteile v. logistischen Dienstleistungsuntern. (1988); Betriebswirtschaftslehre d. Mittel- u. Kleinbetriebe (1989). Mithrsg.: Wirtschaftl. Meßprobleme (1977); Anwendungsprobleme mod. Planungs- u. Entscheidungstechniken (1978); Operations Research Proceedings (1981) - Spr.: Engl., Franz., Span.

PFOST, Heiner

Dr.-Ing., Prof. f. Energietechnik - Oppelner Str. 31, 4630 Bochum (T. 46 17 54) - Geb. 25. Okt. 1934 Meßstetten (Vater: Karl P., Rektor; Mutter: Paule, geb. Dinger), ev., verh. s. 1963 m. Annemarie, geb. Haller, 2 Kd. (Martin, Anne) - Stud. Masch.bau Univ. Stuttgart, Dipl. 1960, Promot. TU München 1969 - 1960-74 Ind., s. 1974 Prof. f. Dampf- u. Gasturbinen Ruhr-Univ. Bochum, 1979-81 Dekan. Versch. Aufs. üb. Turbomasch. u. Kraftwerkstechn.

PFRANG, Rolf

Oberregierungsrat a. D., Hauptgeschäftsf. Landesverb. d. Bayer. Groß- u. Außenhandels (s. 1948) - Ottostr. 7, 8000 München 2 (T. 55 77 01) - Geb. 25. Juli 1907 Straubing/Ndb. (Vater: Carl P., Richter; Mutter: geb. Klein), kath., verh. s. 1948 m. Josefine, geb. Petz, T. Sybille - Univ. München (Rechtswiss., Volksw.), Ass.ex. - Spr.: Ital., Engl.

PFREUNDSCHUH, Gerhard

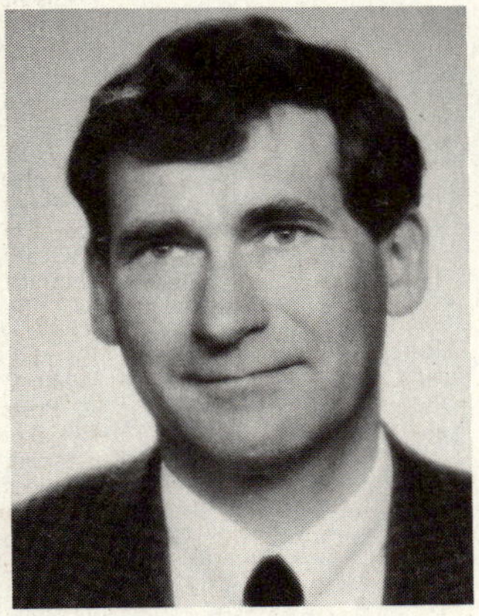

Dr., Landrat Neckar-Odenwald-Kreis - Am Hardberg 36, 6950 Mosbach/Baden - Geb. 9. Febr. 1941 Heidelberg, verh. s. 1966 m. Birgit, geb. Kellmann, 4 Kd. (Christina, Gero, Veronika, Roderik) - 1. jurist. Staatsex. 1969 München, 2. jurist. Staatsex. 1971 Stuttgart, Dipl.-Volksw. 1976 Mannheim, Promot. 1977 Speyer - 1979-81 1. Bürgerm. Wertheim; s. 1981 Landrat Neckar-Odenwald-Kr.

PFROMMER, Friedrich (Fritz)

Dr. phil. nat., Seminardirektor i. R., Honorarprof. f. Topographie u. Kartogr. Univ. Karlsruhe (s. 1964) - Hofäckerstr. 14, 6919 Bammental 1 (T. 62 03 - 41 18) - Geb. 26. Febr. 1903 Karlsruhe (Vater: Ludwig P.; Mutter: Luise, geb. Gros), ev., verh. s. 1982 m. Prof. Edelgard Pfisterer-Pfrommer, 4 Kd. aus 1. Ehe (Wilhelm Ludwig, Joh. Friedrich, Ursula Luise, Gertraud) - Humboldt-Realgymn. Karlsruhe; TH Karlsruhe, Univ. Freiburg. Promot. 1927 - Höh. Schuldst., 1936 Doz. Hochsch. f. Lehrerbild. (zul. Oberstudiendir.); 1957-68 Dir. Sem. f. Studienreferendare, Karlsruhe. Bearb.: Schulatlanten, Heimatkartenreihen.

PFÜRTNER, Stephan

Dr. theol., Prof. f. Sozialethik Univ. Marburg - Gottfried-Keller-Str. 7, 3550 Marburg/L. - Geb. 23. Nov. 1922 Danzig (Vater: Josef P., Kaufm.; Mutter: Maria, geb. Kotzki), kath., verh. s. 1974 m. Dr. Irmgard, geb. Bloos, 2 Kd. (Mona, Manuel) - 1939-43 Teilstud. Med. u. Phil.; 1945-54 Vollstud. Phil. u. Theol. - S. 1954 Hochschullehrer f. Ethik (1961 Rektor Kirchl. Hochsch. Walberberg, 1966 Prof. Univ. Fribourg, 1974 Univ. Bielefeld, 1975 Univ. Marburg) - BV: Triebleben u. sittl. Vollendung, 1958; Thomas u. Luther im Gespräch, 1961 (engl. 1965, franz. 1967); Moral - Was gilt heute noch?, 1972; Kirche u. Sexualität, 1972 (ital. 1975); Christ sein - Mensch sein, 1972; Macht, Recht, Gewissen in Kirche u. Ges., 1972; Politik u. Gewissen, 1976; Einführ. in d. Kath. Soziallehre (m. W. Heierle), 1980. Herausg.: Intern. Ökumen. Bibliogr. (8 Bde. 1967ff.); Natur u. -recht (1972); Theorietechnik u. Moral (1978); Wider d. Turmbau zu Babel - Disput m. Ivan Illich (1985); Ethik in d. europäischen Gesch. (2 Bde. 1988) - 1979 BVK am Bde. - Liebh.: Musik, Theater, Sport - Spr.: Engl., Franz., Lat., Ital., Griech.

PFUHL, Albert

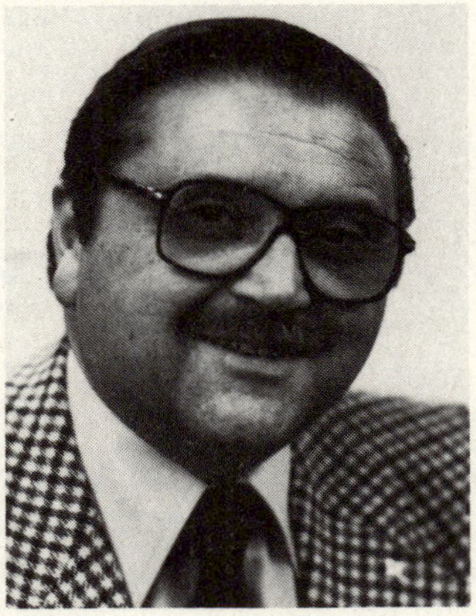

Landrat a. D., Gesellschafter e. Revisions- u. Treuhandges., MdB (Wahlkr. 127/Schwalm-Eder) - Landgraf-Philipp-Str. 21, 3578 Schwalmstadt-Ziegenhain/Oberhessen - Geb. 2. Dez. 1929 Wiesbaden (Vater: Albert P., Gastwirt; Mutter: Berta, geb. Kadesch), ev. - Univ. Marburg (Rechtswiss.); Univ. of Illinois/USA (Labor u. Industrial Relations) - 1955-59 Rechtsstellenleit. DGB Marburg; 1959-68 Bürgerm. Ziegenhain; 1968-73 Landrat ebd. 1966-68 I. Vizepräs. Dt. Städtebd.; MdL 1974-83 (Fraktionsvorst.) SPD s. 1950 (1963 Mitgl. Bezirksvorst. Hessen-N) - Spr.: Engl.

PFUND, Harry W.

Ph. D., Prof. f. Dt. Sprache u. Literatur (emerit.) - Crosslands-Apt. 206, Kennett Square, Pennsylvania 19348/USA (T. 388 - 21 97) - Spr.: Deutsch, Engl., Franz.

PHIELER, Kurt

Dr., Geschäftsführer Verb. d. Eisen- u. Metallind. d. Saarlandes e. V. u. d. Verb. d. Holzverarb. Industrie d. Saarlandes e. V. - Feldmannstr. 121, 6600 Saarbrücken (T. 59 01).

PHILIPP, Fritz

Dr. rer. pol., Dipl.-Kfm., o. Prof. f. Betriebswirtschaftslehre - Am Michelsgrund 39, 6940 Weinheim/Bergstr. (T. 41 80) - Geb. 2. Nov. 1927 Glashütte/Erzgeb., ev., verh. s. 1957 m. Renate, geb. Kuhnhenne, 2 Kd. (Anke, Holger) - Stud. Wirtschaftswiss. (Dipl.-Kfm. 1954 WH Mannheim). Promot. 1957; Habil. 1964 - S. 1964 Lehrtätigk. Univ. Marburg u. WH bzw. Univ. Mannheim (1966 Ord.) - BV: Wiss.stheoret. Kennzeichen d. bes. Betriebsw.slehren, 1966; Risiko u. -politik, 1967. Buchbeitr. u. a.

PHILIPP, Gunter

Dr. med., Kabarettist, Schauspieler u. Regisseur - Zu erreichen üb.: Agentur Baumauer, Keplerstr. 2, 8000 München 80 - Geb. 8. Juni 1918 Wien, verh. (Ehefr. Gisela), S. Gero (geb. 1983) - Univ. (Med.) u. Reinhardt-Sem. Wien - Üb. 80 Filme (Komiker od. Regie) - Bek. Brustschwimmer u. Autosportler.

PHILIPP, Harald

Filmregisseur u. -autor - Kudowastr. 15, 1000 Berlin 33 (T. 823 43 05) - Geb. 24. April 1921 Hamburg (Vater: Friedrich P., Ingenieur), ev., verh. s. 1947 m. Viola, geb. Liessem - Realgymn. (Abit.) u. Schauspielsch. Hamburg (Helmuth Gmelin) - 1941-45 Wehrdst. (Offz.), 1946-50 Schausp. Osnabrück, Hannover, Köln, dann Kameraassist. Dokumentarfilm, Hörspiel- (Rias) u. Synchronregiss., s. 1956 Filmregiss. u. -autor. U. a. Strafbatl. 999, Division Brandenburg, Unter Ausschluß d. Öffentlichkeit, Karl May: Ölprinz, Halbblut, Jerry Cotton u. Edgar Wallace-Filme - Fernseh-Spiele u. Serien - Liebh.: Lit., Musik - Spr.: Engl., Franz.

PHILIPP, Manfred

Generalmajor (Luftwaffe), Befehlshaber im Wehrbereich III - Lenaustr. 29, 4000 Düsseldorf 30 (T. 0211 - 619 21 11) - Geb. 23. Sept. 1931 Militsch/Niederschles., ev., verh. s. 1958 m. Ursula, geb. Jensen, 2 Kd. (Jens, Britta) - Techn.-kaufm. Lehre Werkzeugmaschinenbranche, Luftwaffenausb. z. Beobachter/Flugnavigator, Navigationslehrer; Generalstabsausb. Führungsakad. d. Bundeswehr; Stud. Gesch., Politikwiss. Univ. Bonn, Royal College of Defence Studies, London - Techn.-kaufm. Angest. im Werkzeugmaschinen-Export u. Kraftfahrzeugbau; s. 1956 Luftwaffe (Offizieranwärter, 1958 Lt., 1966 Major, 1979 Brigadegeneral, 1984 Generalmajor) - Liebh.: Zeitgesch., Polit. Wiss., Filmen, Bergwandern, Hochseesegeln.

PHILIPP, Werner

Dr. phil. (habil.), o. Prof. f. Osteurop. Geschichte - Nibelungenstr. 13, 1000 Berlin 39 (T. 803 44 98) - Geb. 13. März 1908 Kosel/Schles. - 1941 Doz. Univ. Königsberg, 1946 ao. Prof. Univ. Mainz, 1951 o. Prof. FU Berlin. Fachveröff.

PHILIPPI, Adolf

Staatssekretär a. D. - Weinbergstr. 17, 6200 Wiesbaden (T. 52 42 89) - 1971-77 Staatssekr. Hess. Sozialmin.

PHILIPPI, Lotte

Hausfrau, MdL Hessen (s. 1974) - Im Hain 5a, 6312 Laubach 1 (T. 14 49) - Geb. 17. Sept. 1918, ev., verh. s. 1946, 3 Kd. - CDU (Mitgl. Landesvorst.; Kreisbeigeordnete Gießen); Fraktionsvors. Stadtparlam. LBCH.). Landeswohlfahrtsverb.

PHILIPPS, Gerhard

Dr. jur., Geschäftsführer Teutoburger Sperrholzwerk Georg Nau GmbH., Privitsheide - Gartenstr. 21, 4930 Detmold/Lippe - Geb. 25. Juni 1907 Detmold.

PHILIPPSEN, Hans-Erik

Präsident Landesarbeitsgericht Rheinland-Pfalz - Ernst-Ludwig-Str. 1, 6500 Mainz.

PHILIPSON, Lennart C.

Dr. med. sci., Dr. h. c., Prof. f. Mikrobiologie, Generaldirektor Europ. Laboratorium f. Molekularbiol. (EMBL), Heidelberg - Meyerhofstr. 1, 6900 Heidelberg (T. 06221 - 38 72 00) - Geb. 16. Juli 1929 Stockholm, verh. s. 1954 m. Malin, geb. Jondal, 3 S. (Niklas, Andreas, Tomas) - Promot. 1958 Univ. Uppsala/Schweden - 1961-68 Assist. u. Assoc. Prof. Virology, Swedish Medical Research Council; 1967-76 Gründ. u. Dir. Wallenberg Laboratory; 1968-82 Prof. f. Mikrobiol. Univ. Uppsala; s. 1982 Generaldir. EMBL Heidelberg. Rd. 260 wiss. Publ. auf d. Geb. Virol., Mikrobiol., Immunol. u. Biochemie - 1976 Axel Hirsch's Preis Karolinska Inst. Stockholm; 1982 Ehrendoktor Univ. Uppsala, 1987 Univ. Turku, Finnland; 1984 Honorarprof. Univ. Heidelberg - Liebh.: Segeln, Golf - Spr.: Engl., Deutsch (Mutterspr. Schwedisch).

PIAZOLO, Paul Harro

Generalsekretär d. dt.-ital. Bildungszentrums Villa Vigoni (s. 1987) - Via Vigoni 1, Loveno di Menaggio, I-22017 Menaggio (T. 0039-344 3 21 55).

PICARD, Hans Rudolf

Dr. phil., Prof. f. Roman. u. Allg. Literaturwiss. Univ. Konstanz (s. 1976) - Werner-Sombart-Str. 14, 7750 Konstanz (T. 07531-5 49 42) - Geb. 29. Juli 1928 Düsseldorf, verh. s. 1955 m. Monelle, geb. Barbier, 2 Söhne (Emmanuel, Stephan-Laurent) - Stud. Roman., German., Phil. Univ. Köln, Mainz, Heidelberg; Staatsex. 1954, Promot. Heidelberg 1959; Habil. 1976 Bonn - 1959-67 Leit. Goethe-Inst. Barcelona; Studienprof. Univ. Bonn - BV: D. Illusion im Briefroman d. 18. Jh., 1971; Autobiogr. im zeitgenöss. Frankr., 1978; Wie absurd ist d. absurde Theater?, 1978; Dichtung u. Relig., 1984; D. Darstellung v. Affekten in d. Musik d. Barock als semantischer Prozeß - Veranschaulicht u. nachgewiesen an Beisp. aus d. Pièces de Clavecin v. Francois Couperin, 1986; D. Geist d. Erz., 1987. Übers.: Eugène Jonesco: Warum ich schreibe, 1986; Alain Robbe-Grillet: Neuer Roman u. Autobiogr., 1987 - 1989 Chevalier de L'ordre des Palmes Académiques - Liebh.: Cembalo, Musik d. 16.-18. Jh. (aktiv) - Spr.: Engl., Franz., Span.

PICARD, Walter

Rektor, MdB (s. 1965) - Goethestr. 20, 6051 Nieder-Roden Kr. Dieburg (T. Jügesheim 2 10 96) - Geb. 10. Dez. 1923 Hausen b. Offenbach/M., kath., verh., 5 Kd. - Gymn. (Abit.); Päd. Inst. Beide Lehrerprüf. - 1942-45 Kriegsdst. (schwer verwundet); s. 1949 Volksschullehrer u. Rektor (1965) Niederroden. S. 1952 Mitgl. Gemeindevertr. Niederroden (Vors.); 1958-65 MdL Hessen. 1956-64 stv. Landesvors. (1962) Jg. Union Hessen. CDU s. 1945 (Mitgl. Landesvorst. Hessen).

PICHLER, Hans

Dr. rer. nat., Prof. f. Mineralogie u. Petrologie Univ. Tübingen - Tilsiter Weg 1, 7406 Mössingen (T. 07473 - 16 66) - Geb. 24. März 1931 Hohenelbe/Sudetenl. (Vater: Johann P.; Mutter: Franziska, geb. Bittner), verh. s. 1961 m. Hildegard, geb. Beineke, 3 Kd. (Katja, Thomas, Boris) - Promot. 1957 Univ. München; Habil. 1970 Tübingen - S. 1978 Prof. C 3 Univ. Tübingen. Schwerpunktforsch.: Vulkanol. - BV: Ital. Vulkan-Gebiete, I, II 1970, III 1983, IV 1984 - Spr.: Engl., Ital.

PICHLMAYR, Rudolf

Dr. med., Prof., Chirurg - Zu erreichen üb.: Med. Hochschule Hannover - Konstanty-Gutschow-Str. 8, 3000 Hannover 61 - Geb. 16. Mai 1932 München - Promot. (1956) u. Habil. (1967) München - S. 1969 Ord. u. Klinikdir. Med. Hochsch. Hannover. Etwa 150 Fachaufs. - 1968 v.-Langenbeck-Preis - Spezialist f. Bauchchir. u. Organverpflanz.

PICHT, Robert

Dr. phil., Direktor Deutsch-Franz. Inst. Ludwigsburg (s. 1972) - Asperger Str. 34, 7140 Ludwigsburg (T. 07141 - 2 41 18) - Geb. 27. Sept. 1937 Berlin (Vater: Prof. Dr. Georg P.; Mutter: Edith Picht-Axenfeld), ev., verh. s. 1963 m. Barbara, geb. Heuckenkamp, 6 Kd. - Stud. Roman. u. Soziol. Univ. Freiburg, München, Madrid, Frankfurt, Hamburg u.

Paris; 1964 M.A. Roman. Hamburg; 1972 Promot. Sorbonne - Vizepräs. u. Vors. Exekutiv-Komitee d. Europ. Kulturstiftg. Amsterdam - BV: Deutschlandstud. I. Komment. Bibliogr. Deutschl. nach 1945, 1971; Neuaufl. 1978; Deutschlandstud. II. Fallstud. u. didakt. Versuche, 1975; Deutschl.-Frankr.-Europa: Bilanz e. schwierigen Partnersch., 1978; D. Bündnis im Bündnis. Dt.-Franz. Beziehungen im intern. Spannungsfeld, 1982 - 1984 Straßburg-Goldmed. d. Stiftg. F.V.S. Hamburg; 1985 Offz. des Ordre national du Mérite - Liebh.: Kunst, Musik - Spr.: Franz., Engl., Ital.

PICHT-AXENFELD, Edith,
geb. Axenfeld

Pianistin u. Cembalistin, Prof. f. Klavier, Cembalo u. Clavichord Staatl. Hochsch. f. Musik Freiburg/Br. (s. 1947) - Altbirklehof, 7824 Hinterzarten/Schwarzw. (T. 2 48) - Geb. 1. Jan. 1914 Freiburg/Br. (Vater: Geh. Hofrat Prof. Dr. med. Theodor Axenfeld, zul. Ord. u. Dir. Univ.s-Augenklinik Freiburg (s. IX. Ausg.); Mutter: Bertha, geb. Stürmer), ev., verh. s. 1936 m. Prof. Dr. phil. Georg Picht (s. dort), 5 Kd. (Robert, Gabriele, Christoph, Johannes, Clemens) - Pianist. Ausbild.: Anna Hirzel-Langenhan (Lugano) u. Rudolf Serkin (Basel), Orgel: Wolfgang Auler (Berlin) - 1937 Chopin-Preis Warschau - Spr.: Franz., Engl., Ital., Span., Portugies.

PICK, Eckhart

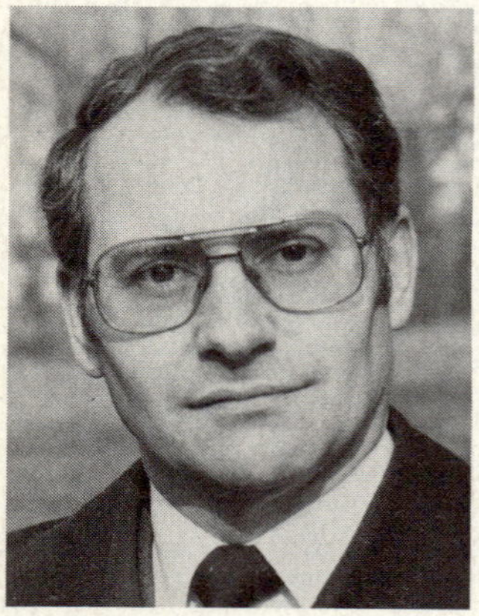

Dr. jur., Univ.-Prof. a. D., Rechtswissenschaftler, MdB - Tizianweg 46, 6500 Mainz (T. 06131 - 7 27 48) - Geb. 8. Febr. 1941 Mainz (Vater: Georg P., Pfarrer; Mutter: Tilde, geb. Hoffmann), verh. s. 1969 m. Antje, geb. Lorenz, 2 Söhne (Alexander, Matthias) - 1960-64 Univ. Mainz (Rechtswiss.). Ass.ex. 1967. Promot. (1967) u. Habil. (1976) Mainz - S. 1978 Prof. Univ. Hamburg u. Mainz (1980) - BV: Wohnungseigentumsgesetz, Komm. 6. A. 1987; Erläut. z. Wohnungseigentumsges., 12. A. 1989; Mainzer Reichsstaatsrecht, 1977; Aufklär. u. Erneuer. d. jurist. Stud., 1983.

PICK, Günter

Choreograph, Ballettdir., Solotänzer Staatstheater am Gärtnerpl. München - Krefelder Str. 18, 5100 Aachen - Geb. 4. Nov. 1943 Roetgen (Vater Hans, Richter; Mutter: Hedwig, geb. Buschmann), ev. - Gymn.; Folkwang-Hochsch. (Assist. b. Prof. Kurt Jooss) - 1973-78 Ballettdir. Ulm, 1979-82 Augsburg, 1983-85 Aachen - BV: D. Ballettbabuder, 1982, 83, 84 - Insz.: D. Rattenfänger (Bartok), 1976; Bericht d. Herrn K. (Henry-Kafka), 1977; Oedipus (Sophokles/Hölderlin), 1978; Othello u. Desdemona (Humel), 1984. Urauff.: Les Noces Chymique (Henry-de Saint Phalle), 1980 Opera de Paris; Woyzeck (Henry-Büchner), 1981; Peer Gynt (Haupt), 1985; D. Schöne u. d. Biest (Satie), 1986; Sommernachtstraum (Mendelssohn-Orff), 1987; D. Sirena (Sbordoni), 1988 - Spr.: Engl., Franz.

PICK-HIERONIMI, Monica

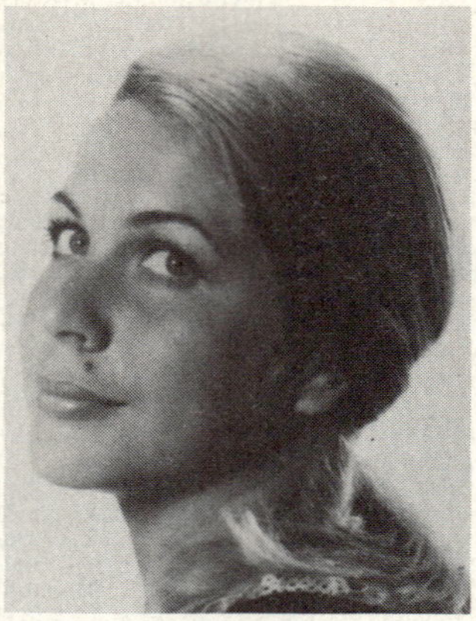

Opern- u. Konzertsängerin - Steinackerweg 25, 6149 Fürth/Odenw. (T. 06253 - 39 06) - Verh., S. David - Stud. Rhein. Musiksch. Köln - Künstler. Tätigk.: Staatstheater am Gärtnerpl. München, 11 J. Nationaltheater Mannheim, Opernhaus Zürich, Frankfurt, Düsseldorf, Staatsoper Stuttgart, Wien, Dt. Oper Berlin. Buxton-Festival, Mozartfest Würzburg, Schlesw.-Holst. Festival, Händelsfestspiele Karlsruhe, Paris, London, Mailand, Bregenzer Festspiele, Wiener Festwochen - Zusammenarb. m. d. Regiss.: Herlischka, Kaslik, Sanjust, Neugebauer, Berghaus, u.d. Dirig.: Mackerras, Rennert, Wallat, Schneider, Rilling, Baudo, Patané, Santi. Rollen: Donna Anna, Elektra, Vitellia, Norma, Amelia, Leonora, Elisabetta, Desdemona, Elsa, Ariadne, Kaiserin, Marschallin - Mehrere tz-Rosen - Spr.: Engl., Franz., Ital.

PICKEL, Harald

Dr., Präsident Landessozialgericht Hamburg a.D. - Zul. 2000 Hamburg 36 - BV: D. Verwaltungsverfahren, Komm. z. Reichsversich.ord., 1972; D. Verw.-verf., Komm. z. Sozialgesetzb., 1981; Lehrb. d. sozialrechtl. Verw.verf., 1982.

PICKENPACK, Vinzent Friedrich

Dipl.-Ing. agr., Konsul d. Bundesrep. Deutschl. Posadas/Argentinen (s. 1961) - Hungria 141, 3300 Posadas, Misiones/Argentina - Geb. 23. Jan. 1914 Hamburg (Vater: Henry P.; Mutter: Erna, geb. Grösser), ev., verh. s. 1949 m. Hannelore, geb. Kretsch, 3 Kd. (Vinzent Dietrich, Vivien Diserée, Bernhardt Henry) - Oberrealsch.; Kolonialhochsch. Witzenhausen (Dipl.-Ing. agr.) - 6 J. Straits-u. Sundasyndikat holl. Indien (Indones.), brit. Indien, USA, Argent. (dort 1947 techn. Dir. Pflanzergenoss.); s. 1961 Konsul d. BRD. Arg. Patent autom. Abfülltrichter-Begrenzung. Veröff. üb. Kaffee-Tee-Hevea in Fachztschr. d. Ausl. - BVK I. Kl. - Liebh.: Zierpflanzen, Orchideenzucht, Zierfische, Briefmarken, Weltreisen, Sprachen, Ölmalerei (Landsch.) - Spr.: Engl., Franz., Span., Holländ., Sundanes.

PICKER, Bernold

Dr. phil., Univ.-Prof., Direktor Seminar f. Math. u. ihre Didaktik Univ. Köln - Hasenweg 3, 5060 Bergisch Gladbach 1 (T. 6 46 04) - Geb. 29. Jan. 1929 Braunschweig (Vater: Heinrich P., Rektor), kath., verh. s. 1956 m. Lilo, geb. Kremer, 2 Kd. - Stud. Math., Physik, Phil. u. Päd. TH Braunschweig u. Univ. Münster (1. Staatsex. f. höh. Lehramt 1953, Promot. 1955, 2. Staatsex. 1957) - 1955 höh. Schuldienst; 1964 Doz. PH Köln; 1968 Prof. PH Kiel; 1969 o. Prof. PH Rheinl. (1976-78 Dekan Abt. Köln); 1980 o. Prof. Univ. Köln - BV: Mod. Math. im 1. Schulj., Forschungsbericht 1971; Mengenlehre 1, Lehrb. 1973; Math. f. Grundsch., 1972-75; Math. Grundsch. Neu, 1979-82. Rd. 40 Aufs. z. Didaktik d. Math. u. ihren phil. Grundlagen - Spr.: Engl., Ital., Latein.

PICKER, Eduard

Dr. jur., Prof. f. Bürgerliches Recht, Rechtsgeschichte - Falkenweg 64, 7400 Tübingen - Geb. 3. Nov. 1940 Koblenz (Vater: Eduard P., Verw.Beamter; Mutter: Erika, geb. Schilling), kath., verh. s. 1968 m. Elke, geb. Heinemeyer, 4 Kd. (Ulrike, Ursula, Christian, Benedikt) - Abit. 1960; 1. jur. Staatsex. 1967, Promot. 1971, 2. jur. Staatsex. 1972, Habil. 1978 - 1960-62 Militärdst.; 1967-72 Refer. u. wiss. Assist., 1972-78 wiss. Assist. bzw. Akad. Rat, 1979 Lehrst. f. Bürgerl. u. Röm. Recht Univ. Regensburg, s. 1986 Lehrst. f. Bürgerl. Recht u. Arbeitsrecht, Röm. Recht u. Privatrechtsgesch. d. N. Univ. Tübingen - BV: D. negatorische Beseitigungsanspruch, 1972; D. Drittwiderspruchsklage in ihrer gesch. Entw. als Beisp. f. d. Zus.wirken v. mater. Recht u. Prozeßrecht, 1981; D. Warnstreik u. d. Funkt. d. Arbeitskampfes in d. Privatrechtsordnung, 1983 - Spr.: Engl., Franz.

PICKERODT, Gerhart

Dr. phil., Prof. f. Neuere Dt. Literatur Univ. Marburg - Georg-Voigt-Str. 65, 3550 Marburg/L.

PICKERT, Günter

Dr. rer. nat., em. o. Prof. f. Mathematik - Eichendorffring 39, 6300 Gießen - Geb. 23. Juni 1917 Eisenach/Thür. (Vater: Dr.-Ing. Friedrich P.; Mutter: Berta, geb. Heuer); verh. s. 1942 m. Anneliese, geb. Bode, 2 S. (Rüdiger, Dietmar) - 1933-38 Stud. Göttingen u. Danzig, Promot. 1938 Göttingen, Habil. 1948 - 1946-49 Assist. u. 1949-62 Doz. (1953 apl Prof.) Univ. Tübingen, s. 1962 o. Prof. Univ. Giessen (emerit. 1985). S. 1983 Kurat.-Vors. Bundeswettbew. Math. - BV: Einf. in d. höh. Algebra, 1951; Analyt. Geometrie, 1952, 7. A. 1975; Projektive Ebenen, 1955, 2. A. 1975; Ebene Inzidenzgeometrie, 1958; Einf. in d. Differential- u. Integralrechnung, 1968; Einf. in d. endliche Geometrie, 1974; Metrische Geometrie, 1984. Zahlr. Einzelveröff. - 1988 BVK I. Kl.

PICKERT, Helmut

Dipl.-Ing., Vorstandsmitgl. AG. Kühnle, Kopp & Kausch, Frankenthal (s. 1974) - Hinter d. Gärten 9, 6940 Weinheim-Lützelsachsen (T. 06201 - 5 36 34) - Geb. 2. Mai 1932 Königsberg/Pr. (Vater: Wolfgang P., General; Mutter: Dorothea, geb. Behrends), ev., verh. s. 1958 m. Heidewig, geb. Oelfken, 6 Kd. (Sabine, Renate, Wolfgang, Dietrich, Martin, Johannes) - Gymn. Paderborn; Stud. allgem. Masch.bau TH München (Dipl.-Hauptprüf. 1957) - 1958-1974 Entwicklungsing. MTU Friedrichshafen - Spr.: Engl.

PICKHARDT, Wilhelm

Dr. rer. nat., Prof. - Neckarstr. 16, 4300 Essen 18 (T. 02054 - 8 53 19) - Geb. 17. Nov. 1923, kath., verh. s. 1955 m. Gerlinde, geb. Jedicke, 3 Töcht. (Jutta, Nora, Gudrun) - Stud. Mineral., Geol., Chemie; Promot. 1954 Bonn - Bergbau-Forschung GmbH Essen; Lehrtätigk. TU Berlin - BV: Beitr. in: Analyse d. Metalle Bd. III, Angew. Geowiss. Bd. IV - Spr.: Engl.

PIËCH, Ferdinand

Dr. techn. h.c., Dipl.-Ing. ETH Vorstandsvorsitzender der AUDI AG - Postfach 220, 8070 Ingolstadt - 1984 Ehrendoktor TU Wien.

PIECHOTA, Ulrike,
geb. Schreckenbach

Schriftstellerin, Musikerin - Ringstr. 21, 6552 Bad Münster a. St. (T. 06708 - 18 50) - Geb. 25. März 1942 Zeitz/Sachsen, ev., verh. s. 1965 m. Wolfgang P. (Pfarrer), 3 Kd. (Nicolai, Katharina, Sonja-Maria) - Abit. Hilden/Rhdl.; Musikstud. Heidelberg, Ex. 1966 - Chorleit. (1 Schallpl.), Jugendmusikschul-Doz. Langenfeld (Rhld.); Klavierunterr. S. 1980 Schriftst. Mitgl. VDS u. Kogge - BV: 11 Titel, u.a. Warum darf ich d. Rhein nicht sehen?, 1982; Trauert nicht wie die, d. keine Hoffnung haben, 1983, 2. A. 1984; Springen Sie ruhig, Herr Bischof, Sat. 1982, 2. A. 1984; Wenn Mauern kleiner werden, 1983; ... so innig nah auf Kirchenstühlen, Sat. 1984; Im Handstand durch's Kirchenschiff, Sat. 1989; Es brodelt in Bollerbach, Kinderb. 1989; Bis wir uns auf d. Weg machen (Sendung im ZDF) - Liebh.: Gartengestaltung, russ. Orth., Wandern - Bek. Vorf.: Paul Schreckenbach, Schriftst. (Großv.).

PIEDMONT, Max-Günther

Weingutbesitzer - 5501 Filzen, Bez. Trier (T. Konz 23 06) - Geb. 30. Okt. 1916 Köln, kath., verh. - Gymn.; Handelssch.; Bankausbild. (Dt. Bank, Trier) - 1937-45 Berufssoldat (zul. Kdr. e. Panzerjäger-Abt.); 1946 Übern. d. elterl. Weinguts, 1951-75 m. Unterbr. MdL Rhld.-Pfalz (zeitw. 2. Vizepräs.). FDP - 1966 Gr. BVK m. Stern.

PIEFKE, Gerhard

Dr.-Ing., o. Prof. f. Theoret. Elektrotechnik TH Darmstadt (s. 1964) - Am Steinern Kreuz 21, 6100 Darmstadt (T. 5 14 74) - Geb. 28. Jan. 1920 Berlin-chen, Regierungsbez. Frankfurt/O., verh., 2 Kd. - Askanisches Gymn. Berlin-Tempelhof, Stud. Elektrotechnik TH Berlin u. München, Dipl.-Ing. 1948, Tätigk. Siemens (1948-64), s. 1965 Vors. Komm. B U.R.S.I.-Landesaussch. BRD - BV: Feldtheorie I 1971, Feldtheorie II 1973, Feldtheorie III 1977. Etwa 40 Fachaufs. - 1958 NTG-Preis.

PIEGSA, Joachim

Dr. theol., o. Prof. f. Moraltheologie Univ. Augsburg (s. 1977) - Höhenweg 22a, 8901 Leitershofen/Schw. - Geb. 30. Sept. 1930 Vosswalde (Vater: Wilhelm P., Eisenbahner; Mutter: Elisabeth, geb. Bujara), kath. - Gymn.; Stud. Phil. u. Theol. (Lic. theol.). Promot. 1962; Habil. 1970 - 1971 ff. Prof. Univ. Mainz - BV: Freiheit u. Gesetz b. Franz Xaver Linsemann, 1974.

PIEKARSKI, Gerhard

Dr. phil., em. o. Prof. f. Med. Parasitologie - Turmfalkenweg 14, 5300 Bonn 1 (T. Bonn 28 17 16) - Geb. 5. Okt. 1910 Berlin - 1942 Regierungsrat Reichsgesundheitsamt, Berlin; 1943 Doz. Univ. Bonn, 1949 apl., 1963 Wiss. Rat u. Prof., 1967-80 o. Prof. u. Inst.dir. ebd. (emerit. 1979),1968/69 Dekan med. Fak., 1968 Honorarprof. Univ. Cayetano Heredia (Peru) - BV: Lehrb. d. Parasitol. 1954 (span. 1959); Mediz. Parasitologie in Tafeln, 1973, 3. A. 1987; Handbuch- u. Ztschr.beitr. Herausg.: Ztschr. f. Parasitenkd. (1957-82). Mithrsg.: Archiv f. Mikrobiol., Zbl. Bakt. Paras.kd., Originale, Abt. A u. a. 1962 Preis Aronson-Stiftg., Hippokrates Med. Slowak. Med. Gesellschaft 1974 - 1967 Mitgl. Dt. Akad. d. Naturforscher (Leopoldina); 1962 Ehrenmitgl. Soc. Mexicana de Parasiol. Ehrenmitgl. Soc. de Parasitol. Argentina, Am. Soc. Trop. Med. u. Hygiene, Dt. Ges. Parasitologie, Dt. Tropenmed. Ges., Dt. Ges. Laborator.med., Chil. Med. Akad., Dt. Protozool. Ges.; Präs. d. World Fed. Parasitologists 1974-78 - Orden d. Arab. Rep. Ägypten; Orden d. Aufgehenden Sonne, Japan; BVK I. Kl.; Ernst-Rodenwaldt-Med. in Gold.

PIEKENBRINK, Rolf

Dr.-Ing., Geschäftsführer Carl Hurth Maschinen- u. Zahnradfabrik - Moosacher Str. 36, 8000 München 40; priv.: Mönchenwerther Str. 29, 4000 Düsseldorf 11 - Geb. 3. Febr. 1929.

PIEL, Walter

Dr. phil., o. Prof., f. Psych. - Eichhoffstr. 37, 4600 Dortmund-Löttringhausen (T. 73 68 33) - Geb. 18. Dez. 1923 Nittken/Ostpr. (Vater: Wilhelm P., Lehrer; Mutter: Hulda, geb. Pilchowski), ev., verh. s. 1960 m. Gisela, geb. Vogt, T. Claudia - PH Flensburg; Univ. Kiel (Psych., Päd., Phil., Zool.; Promot.

1957) - 1948-55 Volksschullehrer Schlesw.-Holst., dann Sonderschull. SH u. Hamburg, 1962-64 Wiss. Assist. PH Darmstadt u. Univ. Frankfurt, s. 1964 Doz. u. o. Prof. (1966) PH Ruhr/Abt. f. Heilpäd., jetzt Univ. Dortmund - Gründungsmitgl. intern. Ges. f. Gestalttheorie - BV: Üb. d. Wertgewichtigkeit d. Motive im Leistungsgeschehen, 1957; Lehrb. d. Lernpsychol., 1977. Zahlr. Einzelarb. - Liebh.: Geschichte.

PIELEN, Ludwig

Dr. agr., Prof., Ministerialdirektor a. D. - Wurzerstr. 36, 5300 Bonn-Bad Godesberg (T. 5 35 88) - Geb. 26. März 1910 Aachen (Vater: Paul P., Reichsbahnbeamter), kath., verh. s. 1938 m. Gerda, geb. Piehl, S. Hartfried - Gymn. Aachen; Stud. Bonn (Dipl.-Landw. 1936) u. Gießen (Promot. 1938). Habil. 1944 Gießen - 1936-44 Assist. Univ. Gießen; 1944-1946 Konservator TH München; 1948-56 Ref. LK Bonn; s. 1956 Leit. Referat Ackerbau, Unterabt. (1957) bzw. Abt. f. Landw. Erzeug. (1965) Bundesmin. f. Ernährung, Landw. u. Forsten, Bonn. S. 1949 Privatdoz., apl. Prof. (1953), Honorarprof. (1970) Univ. Bonn (Pflanzenbau u. -zücht.) - Liebh.: Bücher, Garten, Briefmarken - Spr.: Franz. - Rotarier.

PIELERT, Klaus

Karikaturist (Signum: Pi) - Neusser Weg 68, 4000 Düsseldorf 30 (T. 0211 - 43 28 55) - Geb. 8. April 1922, ev., verw., T. Ulrike - S. 1947 polit. Karikaturist (ab 1957 Industriekurier, b. 1961 NRZ, ab 1961 WAZ, ab 1962 Kölner Stadtanzeiger, ab 1970 Handelsblatt) - BV: Barfuß durch d. Talsohle. Karl-Schiller-Karikaturen, 1969; Karikat. in zahlr. Anthol. - 1967 Theodor-Wolff-Preis.

PIELOW, Winfried

Dr. phil., Prof., Hochschullehrer - Ludgerusstr. 6, 4401 Laer (T. 02554-81 83) - Geb. 19. Mai 1924 Gescher/W. - S. 1959 Doz. u. Prof. Univ. Münster (Didaktik d. dt. Sprache u. Lit.). Fachveröff., Lyrik, Theaterstücke, Erzählungen.

PIELSTICKER, August

Studiendirektor, Bürgermeister Stadt Morsbach (s. 1975) - Seifener Weg 1, 5222 Morsbach (T. 02294-18 82) - Geb. 28. Juli 1924 Morsbach (Vater: August P., Buchbinder; Mutter: Maria, geb. Schramm), kath., verh. s. 1952 m. Marlene, geb. Schneider, 5 Kd. (Irmgard, Antonie, Aug.-Heinr., Dorothea, Christoph) - Abit.; Univ. Bonn u. Köln (Philol.), 1. Staatsex. 1952, 2. Staatsex. 1954 Bonn - S. 1952 Lehrer Gymn. Waldbröl, s. 1975 Bürgermeister v. Morsbach, s. 1965 Organist u. Chorleit. St. Gertrud, Morsbach - Liebh.: Klass. Musik (Klavier, Orgel, Violine), Gregorianik - Spr.: Engl., Franz., Ital.

PIEN, Helmut

Direktor, Geschäftsf. Hanseat. Sparkassen- u. Giroverb. - Überseering 4, 2000 Hamburg 60 (T. 630 46 40); priv.: 67, Rögenfeld 19b - Geb. 14. Okt. 1930.

PIENE, Otto

Maler, Prof., Direktor Center for Advanced Visual Studies Massachusetts Inst. of Technology (s. 1974) - Hüttenstr. 104, 4000 Düsseldorf (T. 37 25 13) - Geb. 18. April 1928 Laasphe - U. a. Lichtballette, Luftprojekte. 1957 Mitgründer Gruppe Zero Düsseldorf; Gründer u. Direktor SKYART Conference - 1968 Konrad-v.-Soest-Preis Westf.; 1972 Preis Tokyo Museum of Mod. Art - Lit.: L. Alloway u. a., O. P.

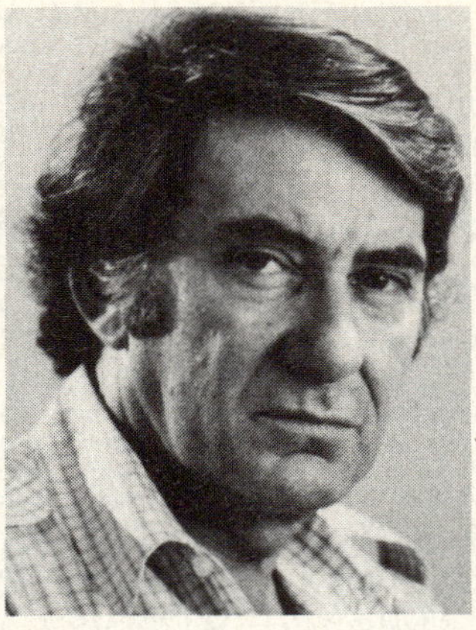

(1973); J. Wissmann, O. P. (1976, 86); M. Schneckenburger, O. P. (1987, 88).

PIENING, Georg

Konsul, Großhandelskaufmann, Bauingenieur - Schützenbahn 25, 3338 Schöningen - Geb. 8. April 1915 - Präs. Dt.-Tunes. Ges.; Hon.konsul d. Rep. Tunesien f. Nieders. m. Sitz in Hannover - 1966 Tunes. Chevalier-Orden; 1968 Tunes. Offiziers-Orden; 1970 BVK I. Kl.; 1973 Tunes. Kommandeur-Orden; 1980 Nieders. Verdienstkreuz I. Kl.

PIEPENBROCK, Hartwig

Kaufmann, Gf. Gesellsch. Piepenbrock Unternehmensgr. Osnabrück, Präs. VFL Osnabrück (s. 1977) - Hannoversche Str. 91-95, 4500 Osnabrück (T. 0541-58 41-0) - Geb. 25. März 1937 Osnabrück, ev., verh. s. 1966 m. Maria-Theresia, geb. Kampschulte, 3 Kd. (Astrid, Olaf, Arnulf) - Lehre; Meisterprüf.; Ing.-Schule - CDU (s. 1983 Präsid.-Mitgl. Wirtschaftsrat u. Landesvors. Wirtschaftsrat in Nieders.) - BV: Verbraucherpolitik in d. Soz. Marktwirtsch. 1984; Ladenschluß kontrovers, 1984; Verbraucherpolitik kontrovers, 1987 - Liebh.: Golf, Jagd, mod. Malerei - Spr.: Engl.

PIEPENBURG, Hans

Geschäftsführer Ausstellungs- u. Werbegemeinschaft d. Friseurhandwerks GmbH. - Merlostr. 6, 5000 Köln (T. 72 43 76) - Geb. 22. Juni 1920.

PIEPER, Eberhard

Regisseur, Autor - Lübecker Str. 17, 2418 Ratzeburg (T. 04541-62 21) - Geb. 2. April 1937 Göttingen - 1958-63 phil. Stud. - Dramat. u. Regiss. Dt. Theater Göttingen (Hilpertschüler) - Fr. Regiss. Göttingen, Stuttgart, Köln, München, Berlin, Hamburg; Schauspieldir. Basel; Vorstandsmitgl. Bundesverb. d. Film- u. Fernsehregiss.; Spielfilme, Fernsehsp.; Drehbücher - Insz.: Duft v. Blumen, 1966; Schlacht b. Lobositz, 1967; Üb. 50 Theaterinsz., Spielfilm; 40 Fernsehsp. Geist d. Mirabelle (Lonz); Jungfernfahrt d. AAntg B.; u.a. - 1976 Förderpreis Akad. d. Künste; 1978 Hartmannbundpr. - Spr.: Engl.

PIEPER, Ernst

Dipl.-Kfm., Ministerialdirektor a. D., Vorstandsvors. Salzgitter AG (s. 1979) - Postf. 41 11 29, 3320 Salzgitter 41 - Geb. 20. Dez. 1928 - Klöckner Werke AG; Bundesamt f. gewerbl. Wirtschaft; Bundeswirtschaftsmin., Bundesfinanzmin. (zul. Leit. Abt. Industrielles Bundesvermögen); AR-Vors. Stahlwerke Peine-Salzgitter AG, Howaldtswerke-Deutsche Werft AG, Dt. Schachtbau- u. Tiefbohrges. mbH, Salzgitter Industriebau GmbH; AR b. Continental AG, Rhenus WTAG Westf. Transport-Aktienges., VTG Vereinigte Tanklager u. Transportmittel GmbH, WTB Bauaktienges.; Beirat Hermes Kreditversich.-AG, Landesbank Rhld.-Pfalz-Girozentrale, Ruhrgas AG - Liebh.: Segeln.

PIEPER, Helmut

Dr. jur. (habil.), Prof. f. Bürgerl. Recht u. Zivilprozeßrecht Univ. Hannover (s. 1965) - Hohes Feld 3, 3005 Hemmingen 4 (Arnum) - Geb. 13. Febr. 1922 Kleinpoley/Anh. - Justizdst. (zul. LGsrat); 1961-65 Privatdoz. Univ. Mainz - BV: Vertragsübernahme u. -beitritt, 1963; Sachverst. im Zivilprozeß (zus. m. L. Breunung u. G. Stahlmann), 1982.

PIEPER, Josef

Dr. phil., Dr. theol. h. c. (1964 München), Dr. theol. h. c. (1974 Münster), Dr. phil. h. c. (1985 Eichstätt), o. Prof. f. Phil. Anthropologie (emerit.) - Malmedyweg 10, 4400 Münster/W. - Geb. 4. Mai 1904 Elte/W. (Eltern: Heinrich (Lehrer) u. Auguste P.), kath., verh. s. 1935 m. Hildegard geb. Münster (†1984), 3 Kd. - Gymn. Paulinum Münster; Univ. Berlin u. Münster (Phil., Soziol., Rechtswiss.) - 1928-32 Assist. Univ. Münster (Forschungsinst. f. Org.lehre u. Soziol.), dann fr. Schriftst., im Krieg 3 1/2 J. Sold., Gefangensch., 1946-74 Prof. Päd. Akad. Essen (Phil.), Doz., apl. (1950) u. o. Prof. (1959) Univ. Münster - BV: (größtent. in mehreren Aufl. u. Übers.): u. a. Grundformen soz. Spielregeln, 1933, neu bearb. 1987; V. Sinn d. Tapferkeit, 1934; Üb. d. Hoffnung, 1935; Traktat üb. d. Klugheit, 1937; D. Wirklichkeit u. d. Gute, 1937; Zucht u. Maß, 1939; Üb. Thomas v. Aquin, 1940; Wahrheit d. Dinge, 1948; Muße u. Kult, 1948; Was heißt Philosophieren?, 1948; Üb. d. Ende d. Zeit, 1950; Üb. d. Schweigen Goethes, 1950; Was heißt akademisch?, 1952; Philosophia Negativa, 1953 (Neuaufl.: Unaustrinkbares Licht, 1963); Üb. d. Gerechtigkeit, 1953; Weistum, Dichtung, Sakrament, Aufs. u. Notizen 1954; Thomas-Brevier, 1956, Neuaufl. unt. d. Titel Sentenzen üb. Gott u. d. Welt, 1987; Glück u. Kontemplation, 1957; Üb. d. Begriff d. Tradition, 1957; Hinführung zu Thomas v. Aquin, 1958, Neuaufl. unt. d. Titel Thomas v. Aquin. Leben u. Werk, 1986; Scholastik, 1960; Üb. d. Glauben - E. phil. Traktat, 1962; Tradition als Herausforderung - Aufs. u. Reden, 1963; Zustimmung z. Welt - E. Theorie d. Festes, 1963; Üb. d. Platon. Mythen, 1965; Verteidigungsrede f. d. Phil., 1966; Kümmert euch nicht um Sokrates, 3 Fernsehsp. 1966; Hoffnung u. Geschichte, 1967; Tod u. Unsterblichkeit, 1968; Überlieferung - Begriff u. Anspruch, 1970; Mißbrauch d. Sprache - Mißbrauch d. Macht, 1970; Üb. d. Liebe, 1972; Üb. d. Schwierigkeit, heute zu glauben, 1974; Noch wußte es niemand. Autobiograph. Aufzeichn. 1904-1945, 1976; Über d. Begriff d. Sünde, 1977; Was heißt Interpretation?, 1979; Noch nicht aller Tage Abend. Autobiogr. Aufzeichn. 1945-1964, 1979; Josef Pieper - Lesebuch 1981; Lieben, hoffen, glauben, 1986; What is a feast?, Canada 1987; Kl. Leseb. üb. d. Tugenden d. menschl. Herzens, 1988; E. Geschichte wie e. Strahl. Autobiogr. Aufz. s. 1964, 1988; Was heißt sakral?, 1988; Nur d. Liebende singt, 1988; Göttlicher Wahnsinn. E. Platon-Interpretation, 1989. Übers.: C. S. Lewis. Üb. d. Schmerz (m. d. Ehefrau); Thomas v. Aquin, Sentenzen - 1962 Honorary Fellow Sanscrit College Univ. Calcutta; 1968 Aquinas-Med. (USA); 1980 Premio Doxa, Mexico; 1981 Romano Guardini Preis; 1982 Intern. Balzan-Preis; 1987 Ingersoll Pr. (Chicago) u. Staatspr. d. Landes Nordrh. Westf.; 1949 Mitgl. Dt. Akad. f. Spr. u. Dicht. Darmstadt; Mitgl. Rhein-Westf. Akad. d. Wiss. Düsseldorf; Mitgl. Pontificia Accad. Romana di S. Tommaso d'Aquino - Lit.: P. Breitholz (Hrsg.), J. P., Schriftenverzeichnis, 1974; C. Dominici, La Filosofia di J. P., Bologna 1980; P. Breitholz u.a. (Hrsg.), J. P., Schriftenverzeichnis 1929-89, 1989.

PIEPER, Klaus

Dr.-Ing., Dr.-Ing. E. h., em. Prof. f. Hochbaustatik Techn. Hochschule bzw. Techn. Univ. Braunschweig (s. 1959) - Ginsterweg 13, 3300 Braunschweig (T. 69 11 08) - Geb. 27. Mai 1913 Köln (Vater: Hans P.; Mutter: geb. Schmitt), verh. s. 1941 m. Lieselotte, geb. Kirsch, 4 Kd. - TH Dresden (Bauing.wesen) - 1946-59 Baurat Stadtverw. Lübeck. Spezialist f. Sicherungskonstruktionen alter Bauten - BV: Lübeck - Städtebaul. Studien z. Wiederaufbau e. histor. dt. Stadt; Druckverhältnisse in Silozellen; Sicherung historischer Bauten. Etwa 140 Einzelarb.

PIEPER, Paul

Dr. phil., Prof., Direktor Landesmuseum f. Kunst u. Kulturgeschichte Münster i. R. - Niels-Stensen-Str. 20, 4400 Münster/W. (T. 8 17 52) - Geb. 4. März 1912 Detmold - S. 1936 Landesmus. Detmold (zul. stv. Dir.). S. 1966 Lehrbeauftr. u. Honorarprof. Univ. Münster (Rhein.-Westf. Malerei) - BV: u. a. Westf. Maler d. Spätgotik 1440-90, 1952; Meisterwerke d. got. Malerei Westf.s, 1956; D. Dom zu Münster, 1965. Div. Einzelarb. - 1976 Van-den-Vondel-Preis (Stiftg. F.V.S./Hamburg).

PIEPER, Theodor

Dr. jur., Rechtsanwalt, Hauptgeschäftsf. Niederrh. IHK Duisburg-Wesel-Kleve zu Duisburg - Mercatorstr. 22-24, 4100 Duisburg 1 - Geb. 24. April 1926 Wippringsen/W. - Zul. Hgf. Bundesverb. d. Dt. Ind., Köln.

PIEPER, Willi

Bürgermeister a. D., Postbeamter, MdL Nordrh.-Westf. (1954-75) - Auf d. Hügel 11, 4240 Emmerich/Rh. (T. 10 60) - Geb. 16. Jan. 1918 Emmerich, verh., 2 Kd. - Volkssch. - Wehrmacht u. b. 1949 sowjet. Gefangensch.; Bundespost. S. 1956 Ratsmitgl., 1961-70 Bürgerm. Stadt Emmerich. 1951-54 Kreissprecher Jg. Union Rees. CDU.

PIEPER, Wolfgang

Dr., Geschäftsführer VME Deutschland GmbH - 6144 Zwingenberg/Bergstr. (T. 06251 -7 10 01); priv.: Am Dahrsberg 10, 6104 Jugenheim - Geb. 9. Jan. 1929.

PIEPER-SEIER, Irene

Dr., o. Prof. f. Math. Univ. Oldenburg (s. 1973) - Insterburger Str. 7, 2900 Oldenburg - Geb. 19. Febr. 1942 Hamburg (Vater: Heinz P., Koch; Mutter: Hilda, geb. Meissner), verh. s. 1977 m. Prof. Dr. Werner Seier - Stud. Univ. Hamburg; Staatsex. 1967; Promot. 1968; Habil. 1971 Hannover - 1971-73 Oberassist. u. Doz. (1972) TH Hannover. Fachmitgl.sch.; Fachveröff. - Spr.: Engl., Franz.

PIEPMEIER, Rainer

Dr. phil., Prof. f. Philosophie - Stierlinstr. 2, 4400 Münster (T. 0251 - 29 59 25) - Geb. 5. Juli 1943 Elbing (Vater: Fritz P., Verw.-Dir.; Mutter: Christel, geb. Böhnke), ev. - Staatsex. 1970, Promot. 1976 Univ. Münster; Habil. 1978 Univ. Paderborn - 1973 wiss. Mitarb. Univ. Münster; 1975 wiss. Assist. Univ. Paderborn; 1979 Doz., 1982 Prof. ebd. - BV: Aporien d. Lebensbegriffs seit Oetinger, 1978.

PIER, Heinrich

Großhandelskaufmann, Ehrenvors. Verb. d. Schreib-, Papierwaren- u. Bürobedarfs-Großhandels, Frankfurt/M. (1947 ff. Vors.) - Am Kapellenbusch, 5042 Liblar - Geb. 10. Mai 1912 Kevelaer/Ndrh., kath., verh. s. 1938 m. Elisabeth, geb. van Husen, 4 Kd. - Ehrenpräs. Union Européenne des Groupements des Grossistes Spécialisés en Papeterie, Strasbourg; 1976 BVK I. Kl.

PIERENKEMPER, Toni (Antonius)

Dr. rer. pol., Dipl.-Volksw., M.A., Univ.-Prof. f. Wirtschafts- u. Sozialgesch. Wirtschaftswiss. Fak. Univ. Münster (s. 1985) - Elisabeth-Ney-Str. 4, 4400 Münster (T. 0251 - 4 72 99) - Geb. 17. Okt. 1944 Wiedenbrück/Westf., kath., verh. s. 1975 m. Edith, geb. Hundenborn (Studienrätin), 3 Kd. (Anna Christina, Sarah Andrea, Marius Christian) - 1959-62 Maschinenschlosserlehre DEMAG-AG, Düsseldorf; 1962-64 Berufsaufbausch. Münster; 1964-66 Overberg Kolleg Münster (Abit.); 1966-72 Stud. Volkswirtschaftslehre Univ. Münster u.

London School of Economics, Großbrit.; Dipl.-Volksw. 1972; 1972-75 Stud. Soziol.; M.A. 1975; Promot. 1977; Habil. (Wirtschafts- u. Sozialgesch.) 1984 - BV: D. westf. Schwerindustriellen 1852-1913, Soz. Struktur u. unternehmerischer Erfolg, 1979; Wirtschaftssoziol. E. problemorientierte Einf., 1980; Allokationsbedingungen im Arbeitsmarkt, 1982; Arbeitsmarkt u. Angestellte im Deutschen Kaiserreich 1880-1913, 1987; D. Geschichte d. Drahtweberei (m. Richard Tilly), 1987.

PIERER, Claus
I. Bürgermeister - Rathaus, 8501 Cadolzburg/Mfr. - Geb. 13. Mai 1942 Zittau/Sa. - Zul. Oberregierungsrat. SPD.

PIERMONT, Dorothee
Dr., Mitglied d. Europa-Parlaments (s. 1984) - Wohnh. in Bonn; zu erreichen üb. Europ. Parlam., Europazentrum, Kirchberg, Postf. 16 01, Luxemburg (T. 00352 - 4 30 01) - DIE GRÜNEN.

PIEROTH, Bodo
Dr. jur., Prof. Inst. f. Öfftl. Recht - Universitätsstr. 6, 3550 Marburg - Geb. 13. Juni 1945 Chemnitz - Promot. 1975, Habil. 1979 Heidelberg - 1980-88 Prof. in Bochum (1982 Dekan); s. 1988 Prof. f. Staats- u. Verwaltungsrecht in Marburg.

PIEROTH, Elmar
Dipl.-Volksw., MdA, Senator f. Wirtschaft u. Arbeit, Berlin (1981-89) - Martin-Luther-Str. 105, 1000 Berlin 62 - Geb. 9. Nov. 1934 Bad Kreuznach (Vater: Philipp P., Weingutsbes., †), kath., verh. s. 1957 m. Hannelore, geb. Ribow, 6 Kd. - Stefan-George-Gymn. Bingen; Univ. München u. Mainz (Volksw., Polit. Wiss.; Dipl.-Volksw. 1968) - S. 1955 Aufbau Weingut Ferdinand Pieroth GmbH (heute größtes deutsches; zul. Geschäftsf.). 1971-81 AR-Vors. Schöpfer Beteiligungsmodell d. Arbeitnehmer am Betriebsgewinn (Pieroth-Modell). 1960 Entwickl.arbeit Togo, Initiator Bad Kreuznacher Gespräche. CDU s. 1965; 1969-81 MdB (1980/81 Vors. Wirtsch.-Aussch. dt. Bundestag), s. 1981 MdA. 1981 Sprecher d. CDU/CSU f. Entwick.politik; s. 1987 Bundesvors. Mittelstandsvereinig. d. CDU/CSU (MIT); Mitgl. Bundesvorst. d. CDU - Herausg.: D. Union in d. Opposition (m. Georg Gölter, 1970); Chancen d. Betriebe durch Umweltschutz (m. Lutz Wicke, 1988) - Spr.: Engl., Franz., Ital., Span.

PIERWOSS, Klaus
Dr., Dramaturg, Intendant Schauspiel Köln (s. 1985) - Joseph-Stelzmann-Str. 58, 5000 Köln 41 (T. 0221 - 41 77 22) - Geb. 29. Aug. 1942 Berge/Osnabrück - Stud. Theaterwiss. u. German. Univ. Köln, Berlin u. Wien (dort Promot. 1970) - 1971-75 Dramat. Landestheater Tübingen, 1975-78 Nationaltheater Mannheim; 1978-84 Int. Landestheater Tübingen; 1984ff. Vors. Dramat. Ges.

PIES, Eike Egbert
Dr. phil., Verleger u. Unternehmensberater - Mettberg 18, 4322 Sprockhövel-Herzkamp (T. 0202 - 52 36 96) - Geb. 22. März 1942 Duisburg (Vater: Dr. med. Erich P., Arzt; Mutter: Hildegard, geb. Lintz), verh. s. 1987 m. Dr. med. Ingvild, geb. Neufang - Med.-Stud., dann German., Phil., Kunst- u. Theaterwiss. Univ. Köln, Promot. 1969 - 1969-71 Feuill.chef Westd. Rundschau Wuppertal, 1971-73 Pressechef Econ-Verlagsgr. D'dorf-Wien, 1973-75 Verlagsleit. HENN-Verlagsgr. D'dorf-Ratingen-Kastellaun, 1974 Gründ. "verlag mod. sachb.", 1975-1977 fr. Buchautor, 1977 Gründ. COMMED GbR Untern.-Ber. Publizistik, interma-orb Verlagsgm. GmbH D'dorf (Gesch.f.) 1989 Gründ. Verlag Dr. Pics u. Phil. Praxis Unternehmensber. Dr. Eike Pics Sprockhövel - BV: Üb. 50 Buchveröff., u.a.: D. Theater in Schleswig 1618-1839, 1970; Kl. Gesch. d. Theaterzettels, 1973; D. Röderhaus, 1971; Prinzipale, 1973; Goethe auf Reisen, 1977; Ich bin d. Doktor Eisenbarth, 1977; Dr. med. Willem Pies 1611-1678 - Begr. d. Tropenmed., 1981; Wickeren u. Gravenhorst b. Uedem, 1982; Gesch. d. Herrsch. Waldeck i. Hunsr., 1983; D. ält. Kirchenb. v. Mannebach, 1984; D. ält. Kirchenb. v. Sabershausen u. Beltheim, 1985; Pies-Piesen-Piesacken, 1986 - FS-Film: D. Mord-Fall René Descartes, 1984 - Liebh.: Genealogie, Heraldik, Sphragistik - Spr.: Engl. - Bek. Vorf.: Dr. med. Willem Pies (1611-1678), Begr. d. Tropenmed. - Lit.: u.a. G. Pratschke: D. ist mein Land, 1966; Kürschners Dt. Lit.-Kalender, 1978; Glenzdorfs Intern. Genealogen-Lexikon, 1977; Prof. Dr. O. zur Nedden (Herausg.): Zwischenbilanz - Eike Pies z. 40 Geburtstag, 1982. Div. Funk- u. FS-Send.

PIETROŃ, Wieslaw

M.A., freischaffender Diplom-Bildhauer - Weinstr. 100, 6749 Klingenmünster 2 (T. 06349 - 75 62) - Geb. 1934 Gdingen/Polen, kath., verh. m. Else, geb. Steier, S. Slawomir - Stud. 1958-64 Staatl. Hochsch. f. Bild. Kunst Danzig (Fak. Bildhauerei) - S. 1966 Beteiligung an 54 wichtigen Ausst. (Ital., Belg., Polen, Frankr., BRD, CSSR, Schweden, Norw., Finnland, DDR, USA, Dänemark, Kanada); 1967 Teilnahme Kunstbiennale Paris. 15 Einzelausst. im In- u. Ausl. Kunstwerke: Denkmäler, Parkskulpturen u. Skulpturen f. Arch. u. Urbanistik (in Museen u. Privatbesitz) - 1962/63 Kunst-Stip.; 1966 Preisträger Allg. poln. Bildhauerei u. jährl. Kunst-Stip. Min. f. Kultur u. Kunst; 1974 Kunst-Stip. in Ital. Mehrf. Preisträger b. Wettbewerben f. Denkmäler, Skulpturen u. Ausst.

PIETSCH, Eleonore
Dr. rer. nat., Prof. f. Physik u. ihre Didaktik Päd. Hochschule Westf.-Lippe, jetzt Univ. Münster - Ignatiusstr. 20, 4409 Havixbeck 1 - Geb. 12. Okt. 1932 Reichenbach/Schles. (Vater: Alfons P., Lehrer; Mutter: Elli, geb. Scholz) - Stud. Physik, Chemie, Math. (nach 3 Sem. Stud.stiftg. d. Dt. Volkes), wiss. Staatsprüf. 1960; Päd. Staatsprüf. 1962; Promot. 1967 - 1962/63 Lehrerin; 1964/66 Wiss. Mitarb. Ges. f. Kernforsch. Karlsruhe; 1968-75 wiss. Mitarb., dann Doz. u. Prof. PH Berlin; 1973-75 Direktorium Inst. f. Kybernetik; s. 1975 o. Prof. PH Westf.-Lippe, Abt. Münster, s. 1981 Univ. Münster.

PIETSCH, Herbert
Dr. rer. nat., Geschäftsführer Kunststoffwerk Staufen GmbH. - 7813 Staufen/Br. - Geb. 7. Juni 1925 - Stud. Chemie.

PIETSCH, Klaus
Senatsdirektor Senatsverw. f. Soziales, Jugend u. Sport v. Bremen - Bahnhofspl. 29, 2800 Bremen.

PIETSCHKER, Rudi
Bezirksbürgermeister Berlin-Kreuzberg (1975-81) - Kommandantenstr. 57, 1000 Berlin 61 (T. 614 66 56) - Geb. 24. Jan. 1917 (Vater: Max P., Eisenbahnbeamter; Mutter: Anna, geb. Lorenz), verh. s. 1950 m. Inge, geb. Schütze, 2 S. (Lutz, Kai) - Mittelsch.; Buchdruckerlehre - Buchdr., in 1933 Bauhandwerker u. Nieter, Wehrdst. u. b 1947 Kriegsgefangensch., spät. Jugendpfl. Wilmersdorf, 1965-75 Bez.stadtrat Kreuzberg. Zeitw. Abg. SPD s. 1950 (b. 1971 stv., dann Vors. (b. 1974) Kreisverb. Kreuzberg) - Liebh.: Sport, Lit., Wandern - 1981 amerik. Outstanding Civilian Service-Medal; Gold. Sportabzeich.; 1985 Stadtältester v. Berlin - Spr.: Franz.

PIETZCKER, Theodor E.
Dr. jur., Rechtsanwalt, Bankdirektor - Frühlingstr. 46, 4300 Essen-Bredeney (T. 41 10 00) - Geb. 18. Aug. 1924 Hamburg (Vater: Paul Theodor P., Kaufm.; Mutter: Luise, geb. Schiefler), kath., verh. s. 1954 m. Sandra, geb. Gerhartz, 2 Kd. (Stephan, Catharina) - Gymn. - Banklehre; Univ. Hamburg (Rechtswiss.) - 1958-61 Geschäftsf. Börse Düsseldorf; s. 1961 Dt. Bank AG (1966 Mitgl. Geschäftsleit. Essen) - BVK am Bde. - Liebh.: Mod. Kunst, Golf, Jagd - Spr.: Engl. - Bek. Vorf.: Gustav S. (Großv.).

PIETZSCH, Ludwig
Dr.-Ing., Dipl.-Ing., Vorstandsvorsitzender PIETZSCH AG - Im Rosengärtle 14, 7500 Karlsruhe (T. 4 47 16) - Geb. 10. April 1936 Berlin (Vater: Dr.-Ing. Heinz P., Phys.; Mutter: Irmgard, geb. Sievers), ev., verh. s. 1971 m. Elke, geb. Wree, 2 Kd. (Malte, Jan) - Hum. Gymn.; Stud. Maschinenbau Univ. Karlsruhe (Dipl.ex. 1961) - 1961-62 Siemens & Halske; 1962-65 Wiss. Assist. TU Karlsruhe; s. 1965 eigene Firma (Gründer). Inh. mehrerer Patente - Spr.: Engl. - Rotarier.

PIGGE, Hellmut
Dr. phil., Autor, Produzent - 8311 Hansmal/Ndb. - Geb. 28. Sept. 1919 Berlin (Vater: Rudolf P.; Mutter: Paula, geb. Schorr), verh. m. Elisabeth, geb. Islinger, 2 Kd. (Elisabeth, Rudolf) - Schule Berlin (Abit. 1937); 1937-45 Arbeits- u. Wehrdst.; 1946-52 Stud. Phil.-Theol. Hochsch. Regensburg u. Univ. München (1949), Gesch., Lit., Theaterwiss.) - 1953-55 Dramat. Zimmertheater Aachen; 1955-59 Dramat. Fernsehen/SR Stuttgart; 1959-61 Leit. Hauptabt. Fernsehsp. ebd.; s. 1961 Drehbuchautor u. Prod. Babaria Atelier GmbH München. Gastdoz. Mozarteum Salzburg. Zahlr. Fernsehsp., dar. D. Kraft u. d. Herrlichkeit, D. Geisterzug, Besuch aus d. Zone, Ruf o. Echo, Frieden uns. Stadt, D. Tod in d. Hand, D. Affäre Eulenburg, Oberst Chabert, 7 Wch. auf d. Eis, Schleicher - General d. letzten Std., Mord n. d. Oper, Wie e. Träne im Ozean, Operation Walküre, D. Chinese, D. Thronfolger. Versch. Rollen - 1972 Gold. Kamera Hör zu u. Adolf-Grimme-Preis (f. Operat. Walküre).

PIIPER, Johannes
Dr. med., Prof., Physiologe, Wiss. Mitgl. u. Dir. Max-Planck-Inst. f. Exper. Medizin, Göttingen (s. 1964) - Herzberger Landstr. 85, 3400 Göttingen (T. 0551 - 5 67 86) - Geb. 11. Nov. 1924 Dorpat (Vater: Prof. Dr. Johannes P., Zoologe; Mutter: Elwine, geb. Ounapuu), verh. 1957 m. Ilse, geb. Pfundt, 3 Kd. (Hilja, Albrecht, Johanna-Elisabeth) - Schule Dorpat; 1947-52 Univ. Göttingen (Med. Staatsex.). Promot. (1954) u. Habil. (1960) Göttingen - S. 1960 Lehrtätig. Univ. Göttingen (gegenw. apl. Prof.). Spez. Arbeitsgeb.: Physiol. d. Atmung. Üb. 220 Fachaufs. - Spr.: Engl., Franz., Ital.

PIIRAINEN, Ilpo Tapani

Dr. phil., Prof. f. dt. Sprache u. Linguistik Univ. Münster - Dumte 32, 4430 Steinfurt (T. 02552 - 35 54) - Geb. 15. Nov. 1941 Kiihtelysvaara/Finnl. (Vater: Emil P., Baumeister; Mutter: Irja, geb. Honkasalo-Fabritius), ev., verh. s. 1967 m. Elisabeth, geb. Dörrie, 3 Kd. (Ilpo-Heikki, Anne, Martti) - Univ. Helsinki, Münster u. Prag (Magister 1965, Promot. 1968); Habil. f. dt. Sprache u. Linguistik 1970 Univ. Jyväskylä - 1970-72 Forscher an d. Finn. Akad.; 1972-80 Prof. f. dt. Spr. PH Münster, s. 1980 Univ. Münster. 1989 Vorst.-Vors. d. finnischen kirchl. Arbeit in d. Bundesrep. - BV: Graphemat. Unters. z. Frühneuhochdeutschen, 1968; D. Stadtrechtsb. v. Sillein, 1972; Z. Entst. d. Neuhochdeutschen, 1972; D. Iglauer Bergrecht, 1980; Frühneuhochdt. Bibliogr., 1980; Handb. d. dt. Rechtschreib., 1981; D. Stadt- u. Bergrecht v. Kremnica, 1983; Unters. z. Sprache d. Leserbriefe im Hamburger Abendbl., 1983; Unters. z. Phraseologie in Zeitungstexten d. dt.-sprachigen Länder, 1985; D. Stadt- u. Bergrecht v. Banská Stiavnica, 1986; Sprache d. Wirtschaftspresse, 1987 - 1980 Honorarprof. Univ. Bochum - Liebh.: Slaw. Kultur; Handschriftenkd.; Musik - Spr.: Finn., Schwed., Engl., Slowak.

PIKART, Heinz
Bundesrichter BGH - Herrenstr. 45a, 7500 Karlsruhe - Geb. 27. März 1914.

PILATO, Boris
Chefchoreograf, Opernregisseur - Brahmsstr. 5, 4300 Essen 1 (T. 0201 - 22 20 58) - Geb. 6. Mai 1914 Görz, kath., verw. - Künstl. Ausbild. (Schausp., Gesang, Ballett) Konservat. Ljubljana; Ballett Akad. Paris (Preo-

brajenska). Engagem.: Belgrader Oper (Knijasseff), Theatre Mogador, Ballet Russes de Paris, Bayer. Staatsoper München, Mozarteum Salzburg, 1939 Stadttheater Danzig. Als 1. Solotänzer u. Chefchoreograf m. Primaballerina Erna Mohar eig. Choreografien in Berlin u. Wien. 1946-82 Zusammenarb. m. A. Vujanic. D. Schule brachte zahlr. hervorr. Tänzer/innen hervor (z. B. Primaballerina Michèle Poupon). Ballettengagem.: 1947 Schweiz (Lausanne u. Genf), 1953 Bonn, 1956 Lübeck, 1959-67 Gelsenkirchen, 1967-81 Essen (Gastsp. Barcelona, Teheran, Finnl.), 1981-83 freiberufl. tätig, s. 1983 Choreogr. Dortm. Opernhaus - Choreogr.Prod.: D.E.Giselle, 1953 (Bonn); Romeo u. Julia, 1956 (Prokoffief, Deutsche Erstauff.); Neoklass. Prod.: Othello, Bluthochzeit, Beatrice Cenci, Abraxas, Yerma, Bernada Albas Haus, Johanaan u. Salome, Josefslegende, Sacre du printemps, Auferstehung, Hamlet, Carmina Burana u.a.m. FS: 1959/60 Klass. Liebespaare (Zyklus) m. Assoluta d. Pariser Oper Yvette Chauvire, Gert Reinholm, Uwe Evers, Helga Sommerkamp, Wolfgang Leistner u.a. Danach Operninsz.: Orpheus u. Eurydike, Alkestis, Verk. Braut, Ero d. Schelm - BVK am Bde. - Liebh.: Mode - Spr.: Dt., Franz., Ital., Russ., Jugosl.

PILCH, Herbert

Dr. phil., o. Prof. f. engl. Philologie Univ. Freiburg/Br. (s. 1961) Phonetik, Aphasie, Keltologie - Geb. 13. Febr. 1927 Wehlau/Ostpr. (Vater: Dr. Leo P., Oberstudiendir.; Mutter: Dorotea, geb. Schinz), ev., verh. s. 1959 m. Annegret, geb. Harms, 2 Kd. - Oberschule Tilsit; Univ. Kiel u. Birmingham (engl., roman., slav. Philol.). Promot. (1951), Staatsex. Engl., Franz., Russ. (1952) u. Habil. (1957) Kiel - 1952-53 Assist. Univ. Kiel; 1953-54 Research Fellow Yale Univ. (USA); 1954-56 Stip. Dt. Forschungsgem.; 1957-59 Privatdoz. Univ. Kiel; 1959-60 Vertr. Extraord. Univ. Köln; 1960-61 ao. Prof. Univ. Frankfurt/M., 1969 Gastprof. Monash Univ. (Austr.), 1977/78 Gastprof. Univ. Massachusetts, 1980 Fellow Intern. Soc. of Phonetic Sciences, 1984 Dr. h.c. St. Andrews, 1986 Gastprof. Univ. Brest, 1986-88 Landesvors. Baden-Württ. d. Ökolog.-Demokrat. Partei (ÖDP) - BV: Layamons Brut, 1960; Phonemtheorie I, 1964, 3. umgearb. A. 1974; Altengl. Grammatik, 1970; Altengl. Lehrgang, 1970; Empirical Linguistics, 1976; Altengl. Literatur, 1979; Manual of English Phonetics, 1990 - Liebh.: Kloviersp., Schwimmen, Segeln - Spr.: Engl., Franz., Russ., Niederl., Schwed., Norw., Kymr. u. a.

PILCHOWSKI, Robert

Schriftsteller - Alter Bahnhofspl. 26, 8170 Bad Tölz - Geb. 7. April 1909 Luzern/Schweiz (Vater: Erich P., Offizier; Mutter: geb. Stocker), ev., verh. s. 1950 m. Christine, geb. Thimig (Tochter d. Kammerschausp. Hermann T.), 3 Kd. (Cornelia, Sabine, Andreas) - Gymn. Berlin - 1929-36 Tee- u. Gummipflanzer; 1937-41 Grundstücks- u. Finanzierungsmakler; s. 1947 fr. Schriftst. - BV: Hadidjah, Erz. 1941; Westmonsun, Erz. 1949; Geliebte Corinna, R. 1951 (verfilmt); D. seltsame Herr Klett, R. 1951; Daddy u. Do, R. 1952 (verfilmt unt. d. Titel: E. Leben f. Do); Geheimnis um Berenice, R. 1954; Geständnis e. Sechzehnjährigen, R. 1956 (verfilmt) - Liebh.: Sport - Spr.: Engl., Holl., Franz.

PILGER, Andreas

Dr. phil., em. Prof. f. Geologie u. Paläontol. - Berliner Str. 125, 3392 Clausthal-Zellerfeld - Geb. 19. Dez. 1910 Berlin (Vater: Prof. Dr. Robert P., Botaniker), ev., verh. s. 1941 m. Ellen, geb. Hansen, 2 Kd. (Dirk, Dieter) - Arndt-Gymn. Berlin (-Dahlem); Univ. ebd. u. München (Naturwiss.) - 1943 Doz. Univ. Berlin, 1951 Privatdoz. Univ. Köln, 1952 apl. Prof., 1956 Ord. u. Dir. Geol. Inst. Bergakad., jetzt TU Clausthal (1960-62 Rektor), ab 1979 emerit. Zahlr. Fachveröff. Herausg.: Clausthaler Tekton. Hefte.

PILGRIM, Horst

Dr. jur., Direktor Salzgitter AG, Geschäftsf. Salzgitter Erzbergbau Vermögensverwaltungsges. mbH, Vorst.-Mitgl. Salzgitter Wohnungs-AG - Brüder-Grimm-Allee 68, 3400 Göttingen - Geb. 15. Sept. 1934, verh., 2 Kd. - Jurastud. Univ. Köln u. Göttingen; 1. jurist. Staatsex. 1958, 2. jurist. Staatsex. 1962; Promot. 1962 Köln - Rechtsanw.; stv. AR-Vors. Volksbank Göttingen - Spr.: Engl., Franz.

PILGRIM, Reimer

Dipl.-Ing., Versuchsing. u. Aufsichtsratsmitgl. Porsche AG, Erfinder - Friedhofstr. 17, 7251 Weissach 2 (T. 07044 - 3 25 50) - Geb. 17. Febr. 1935 Hamburg, verh. s. 1963 m. Dagmar, geb. Kappauf, S. Thorsten Boris - Dipl. 1960 TH Stuttgart - 1962-63 Mitarb. Testinst. Ztschr. DM; 1963 ff. Versuchsing./Abt.-leit. Fa. Porsche AG; 1973 ff. AR Porsche AG; Erf. u. Pat. auf Geb. d. Schwingungstechnik - Spr.: Engl., Russ.

PILGRIM, Volker Elis

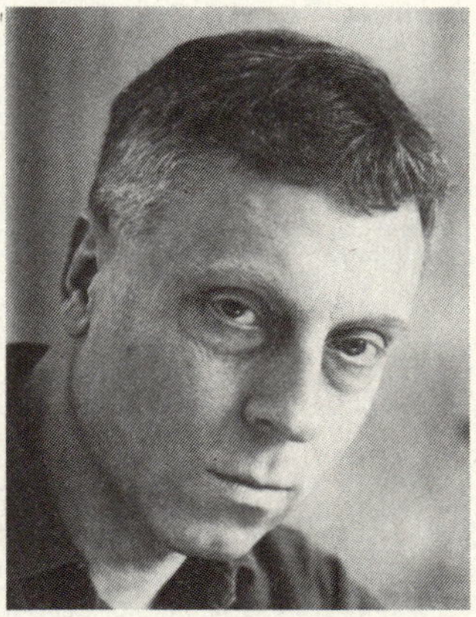

Dr. jur., Schriftsteller - Kaiserswerther Str. 282, 4000 Düsseldorf 30 - Geb. 14. März 1942 Wiesbaden - Stud. Rechtswiss., Psych., Soziol., Musik; Promot. (Dr. jur.) 1971 - BV: D. Untergang d. Mannes, 1973; Dressur z. Bösen, 1974; D. selbstbefriedigte Mensch, 1975; Manifest f. d. fr. Mann, 1977; D. Paradies d. Väter (m. Dr. Alexej Mend), 1980; D. Elternaustreibung, 1984; Zehn Gründe kein Fleisch mehr zu essen, 1985; Muttersöhne, 1986.

PILINSZKY, von, Geza

Dipl.-Chem., Geschäftsführer Fala-Werk GmbH, Isernhagen, u. Platen GmbH, Krefeld, gf. Gesellsch. Albertuswerke GmbH - Stahlstr. 6, 3004 Isernhagen HB; priv.: Leineweg 8, 3004 Isernhagen 2 - VR Hüttenes-Albertus Chem. Werke GmbH, Düsseldorf.

PILKUHN, Hartmut

Dr., Prof. Univ. Karlsruhe - Im Holderbusch 7, 7500 Karlsruhe-Gr. - Geb. 1. April 1936 Insterburg/Ostpr. (Vater: Max P., StudR; Mutter: Meta, geb. Obersteller), verh. s. 1960 m. Aud P., geb. Andresen, 4 Kd. (Olav, Hilde, Martin, Mari) - Stud. Braunschweig, Kopenhagen, Hamburg - Zun. Auslandsaufenth. (Stockholm u. Lund/Schweden u. CERN, Genf), s. 1968 Univ. Karlsruhe - BV: The Interactions of Hadrons, 1967; Relativistic Particle Physics, 1979 .

PILLAU, Horst

Schriftsteller - Johann-Hackl-Ring 88, 8011 Neukeferloh - Geb. 21. Juli 1932 Wien (Vater: Dipl.-Ing. Curt P.; Mutter: Alma, geb. Colnago), altkath., verh. s. 1960 m. Susanne, geb. Ryll, 3 Kd. (Ulrich, Bernhard, Stefanie) Schadow-Sch. Berlin; Univ. Berlin (Freie) u. Innsbruck (Publizistik, German.) - Theaterst.: D. Fenster z. Flur (m. Curth Flatow; 1960), D. Kaiser v. Alexanderpl. (1964; üb 440 Auff.), D. letzte Reise (1965), E. prakt. Arzt (1966), Wie Anno 46 (1966), 100000 Taler (Neufass. 1968), Länderkampf (1968), Fernsehquiz (1969), Brautwerbung (1971), Polizisten sind auch Menschen (1975), Und Buddha lacht (1980). Fernsehsp.: D. Kaiser v. Alexanderpl., D. Doktor, Spätsommer, Gr. Mann - was nun? (Serie), Glückspilze, Vater gegen Sohn, Zwischen d. Flügen (S.), Familienbande (1983), Ein Fall v. Zuneigung (1982), E. Mann macht klar Schiff (1985), Wanderungen durch d. Mark Brandenburg (1986), D. Wilsheimer (1987). Hörsp.: Janet kommt heute abend, Berlin-Schönhauser Allee, Reise ohne Passierschein - BV: D. Geisterbehörde, R. 1982; Familienbande, R. 1983; Ich schenk dir Miramare, R. 1984; Der Kaiser v. Alexanderplatz, R. 1985; D. Märchenpilot, R. 1985; Ein Mann macht klar Schiff, R. 1985; D. Wilsheimer, R. 1987 - 1967 Film- u. Fernsehpreis Verb. Dt. Ärzte/Gold. Äskulapstab (f: D. Doktor), 1985 Gold. Nadel Dramatikerunion - Liebh.: Fliegen (Flugscheininh.) - Spr.: Engl.

PILNY, Franz

Dr.-Ing., em. Prof. f. Baustoffkunde u. -prüfung - Wacholderweg 13a, 1000 Berlin 19 - Geb. 11. Febr. 1916 Wien (Vater: Franz P., Dir.; Mutter: geb. Müller), konfessionsl. - TH Brünn (Dipl.-Ing. 1938). Promot. 1940 TH Graz - 1939 Assist. TH Graz, 1947 Leit. Prüfst. (Entwicklungsabt.) Fa. Mayreder, Kraus & Co., Linz/Donau, 1954 Abt.leit. Ind.-waagen Fa. Butz & Leitz, Ludwigshafen/Rh., 1956 o. Prof. u. Dir. Inst. f. Baukonstruktionen u. Festigkeit TU Berlin. Üb. 70 Fachaufs.

PILOTY, Robert

Dr.-Ing., o. Prof. f. Datentechnik u. Informatik TH Darmstadt (s. 1964) - Am Steinern Kreuz 19, 6100 Darmstadt (T. 5 11 85) - Geb. 6. Juni 1924 München (Vater: Prof. Hans P.; Mutter: Maria, geb. Defregger), verh. s. 1949 m. Doris, geb. Pfemfert, 2 Kd. (Stephan, Susanne) - Dipl.ex. 1947; Promot. s.c.l 1949; Habil. 1952 München (TH) - 1952-56 Privatdoz. TH München; 1949-56 techn. Leit. Münchener Rechenautomaten Projekt PERM; 1956-64 ltd. Ind.tätigk.; 1968-69 Aussch.-Vors. Bundesmin. f. Wiss., Kultursmin. Konf. z. Einführung d. Informatikstud.; 1979-84 Vizepräs. Intern. Federation for Information Prozessing (IFIP) - BV: Elektron. Digitalschaltungen, 1978, 2. A. 1981; CONLAN Report, 1983; Mithrsg.: Oldenburg Reihe DV. 40 Fachveröff. - 1982 IFIP Silver Core, 1985 BVK I. Kl. - Spr.: Engl., Franz. - Bek. Vorf.: Carl v. P., Adolf v. Baeyer (Urgroßv.) - Rotarier.

PILOWSKI, Karl

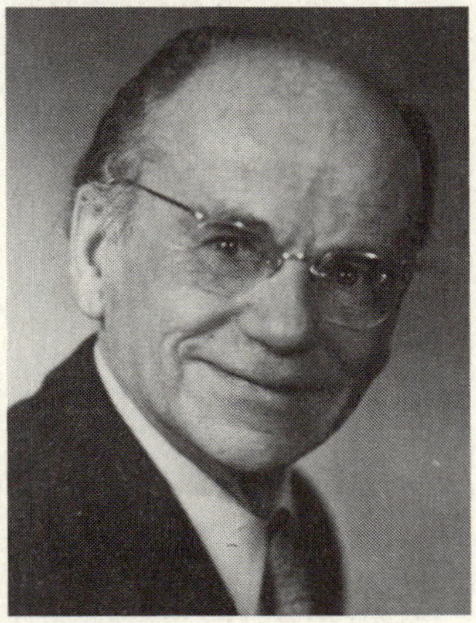

Dr. phil., habil. Prof., Astronom - Nienburger Str. 5, 3000 Hannover 1 - Geb. 24. Aug. 1905 Hannover (Vater: Johannes P., Versich.angest.; Mutter: Stanislawa, geb. Galon), kath., verh. in 2. Ehe s. 1977 m. Ruth Veronika, geb. Hummitzsch, 2 Stiefkd. (Waltraud, Uta aus 1. Ehe m. Hermegilde, geb. Schnell †) - 1925-29 Univ. Berlin (Ex. höh. Lehramt 1929, Promot. 1932), Habil. 1936 - 1929-36 Mitarb. Astron. Recheninst. Berlin; ab 1936 Univ. Leipzig (Sternwarte), ab 1938 Doz. ebd.; 1939-48 Soldat u. Kriegsgefang.; ab 1951 TH Univ. Hannover (1952 Doz., 1954 apl. Prof., 1966 Abt.-Vorst. u. Prof., 1970 Ruhest.); 1951-70 Leit. Astronom. Station; 1952-65 Lehrauftr. TH Braunschweig. Zahlr. Veröff. (auch Bücher); Mitgl.sch. Intern. Astronom. Union, Astronom. Ges., Dt. Verein f. Vermessungswesen, Thomas-Morus-Ges. - Lit.: Who's Who in Germany, Europe, Western Europe, Technology Europe, Community Leaders of the World, u.a. Nachschlagewerke - S. auch XIX. Ausg.

PILTZ, Klaus

Dipl.-Kfm., Dipl.-Volksw., Vorstandsmitglied VEBA AG., Düsseldorf, Vors. Arbeitskr. Aktie ebd. - Begonienstr. 1, 4000 Düsseldorf 30 - Geb. 16. Okt. 1935 - Zahlr. ARsmandate.

PILZ, Rolf

s. Lennar, Rolf

PILZ, Wolfgang Bruno

Dr. phil., Prof. f. Kunstwissenschaft Univ. Essen GH - Heckstr. 94, 4300 Essen 16 (T. 0201-49 23 53) - Geb. 10. Juli 1936 Velbert (Vater: Dr. jur., Dr. phil. Bruno P.; Mutter: Leni, geb. Steinbach), verh. s. 1966 m. Dr. Juliane, geb. v. Stein, S. Johannes - Promot. 1965 München (Kunstgesch., Archäol. u. Phil.) - BV: D. Triptychon als Kompos.- u. Erz.-form, 1970; Div. Aufs. z. Kunst- u. Designgesch., z. Didakt. d. Kunstgesch.

PINDTER, Walter Erich

Filmkaufmann - P. A.: Graf-Seyssel-Str. 5, 8022 Grünwald - Geb. 17. Juni 1911 Berlin (Vater: Erich P., Bankdir.; Mutter: Gertrud, geb. Walter), verh. s. 1949 m. Elise Meta, geb. Finke, 1 Kd. (Michael) - Primarreife Hum. Gymn. N. Lehre (1928) Chefkameramann Universum-Film AG (UFA - b. 1945), dann Produz. u. Regiss. Alleininh. Südwest-Film GmbH, Freiburg-München. Programm- u. Sendeltr. NWDR-Fernsehen Köln. 1959-77 Geschäftsf. Bavaria-Atelierges. m.b.H., München-Geiselgasteig - Verdienstkr. I. Kl. d. VO. d. Bundesrep. Deutschland, 1. Vors. Verb. Techn. Betriebe f. Film u. Ferns. e. V. Berlin (VTFF).

PINGEL, Raimund

Oberkreisdirektor - Sebastianstr. 14, 4280 Borken-Gemen (T. 02861 - 82 11 11) - Geb. 27. April 1935 Hagen (Vater: Heinrich P., Chordir.; Mutter: Elisabeth, geb. Martini), kath., verh. s. 1966 m. Hildegard, geb. Humborg, 2 Töcht. (Monika, Cordula) - Ass. jur. 1964.

PINGER, Winfried

Dr. jur. Prof., Rechtsanwalt, MdB (1969-72 u. s. 1976) - Donarstr. 22, 5000 Köln 91 - Geb. 15. Mai 1932 Lindlar, verh., 5 Kd. - Stud. Jura, Volks- u. Betriebsw. - S. 1972 (Habil.) Lehrtätigk. Univ. Köln u. Bielefeld (1974 Lehrst. f. Zivil- u. Prozeßrecht).

PINKAU, Klaus

Dr. phil., Prof., Leiter Max-Planck-Inst. f. Plasmaphysik, Garching (1981ff.) - Max-Planck-Inst. f. Plasmaphysik, 8046 Garching b. München - Geb. 3. April 1931 Leipzig - Habil. 1963 Kiel - S. 1964 Lehrtätigk. Univ. Kiel u. TU München (1966; apl. Prof.); 1965-81 Dir. MPI f. Extraterrest. Physik u. Physik u. Astrophys. (2), München; ab 1981 Wiss. Dir. Max-Planck-Inst. f. Plasmaphys., Garching. 1964 Gastprof. USA. Zahlr. Facharb.

PINTGEN, Hans-Werner

Dirigent - Möhringstr. 10, 6200 Wiesbaden (T. 06121 - 8 73 56) - Geb. 15. Jan. 1940 Neuß, verh. s. 1966 m. Ingrid. geb. van der Pot, 2 T. (Angela, Colette) - 1959-64 Staatl. Hochsch. f. Musik, Köln - 1964-66 Kapellmeister Oberhausen,

1966-74 Lübeck, 1974-76 Essen, 1976-86 Wiesbaden, s. 1987 Generalmusikdir. Detmold. Gastdirig. in Opernhäusern d. In- u. Ausl. sowie b. Rundfunkanst. - Spr.: Engl., Niederl.

PIOCH, Reinhard

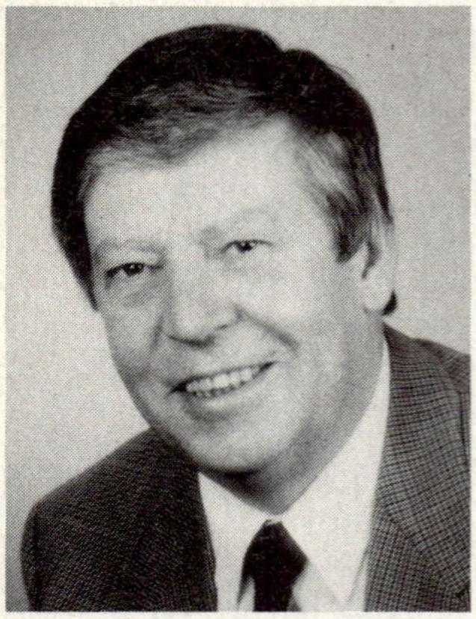

Landespastor, Leiter Diakonisches Werk Hamburg (s. 1973) -Bugenhagenstr. 21, 2000 Hamburg 1 - Geb. 17. Juni 1931 Hamburg - Theologiestud. Hamburg, Erlangen, Tübingen - 1957-66 Gemeindepastor Hamburg, 1966-72 Landesjugendpastor Hamburg; Mitgl. d. Synode d. Nordelbischen Kirchen, d. Diakonischen Konferenz d. EKD - BV: Nimm hin u. stirb, 1968; Kirche v. d. Herausforderungen d. Zukunft, 1970 (hg. m. J. Jeziorowski u.a.).

PIOCH, Winfried

Dr. med., Univ.-Prof., Arzt f. Rechtsmed. Univ. Bonn - Eisenachstr. 29, 5205 St. Augustin 2 (T. 02241 - 33 28 12) - Geb. 7. März 1922 Lübeck - Vors. d. wiss. Beirats d. Dt. Ges. f. chron. Hauterkrankungen; Mitgl. d. wiss. Beirats d. TOMESA-Fachkliniken, Bad Salzschlirf - BV: D. Unters. therm. Hautschäden u. ihre Bedeut. f. d. forens. Praxis; Arbeitsmeth. d. med. u. naturwiss. Kriminalistik, Bd. 5, 1966 - 1966 Korr. ausl. Mitgl. Soc. de méd. légale et de criminol. de France - Spr.: Engl., Franz.

PIONTEK, Heinz

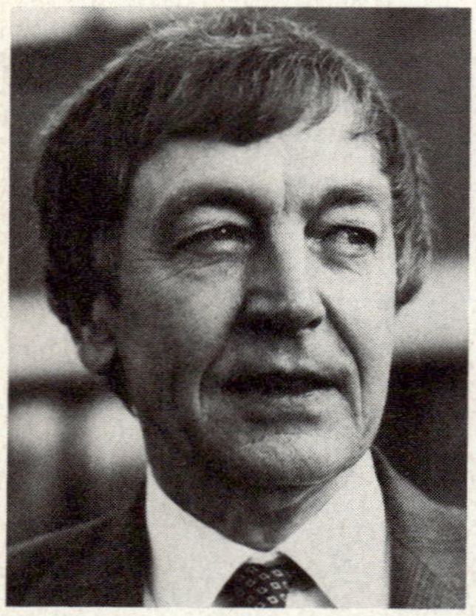

Schriftsteller - Dülfer Str. 97, 8000 München 50 - Geb. 15. Nov. 1925 Kreuzburg/OS., ev., verh. s. 1951 m. Gisela, geb. Dallmann - Stud. - BV: D. Furt, Ged. 1952; D. Rauchfahne, Ged. 1953, erw. A. 1956; Vor Augen, Erz. 1955; Wassermarken, Ged. 1957; Buchstab - Zauberstab, Ess. 1959; Mit e. Kranichfeder, Ged. 1962; Kastanien aus d. Feuer, Erz. 1963 (auch ital. u. poln.); Windrichtungen - Reisebilder, 1963; Klartext, Ged. 1966; D. mittleren Jahre, R. 1967 (auch holl.); Liebeserklärungen in Prosa - Beobachtungen, Berichte, Gedankengänge, Träume, Ess., 1969; Männer, d. Ged. machen - Z. Lyrik heute, Ess. 1970; D. Erzählungen, 1971; Tot oder lebendig?, Ged. 1971; Helle Tage anderswo - Reisebilder, 1973; Dichterleben, R. 1976; Wintertage - Sommernächte, Erz. 1977; Wie sich Mus. durchschlug, Ged. 1978; Wachen, Träumen, Widerstehen, Aufzeichn. 1978; D. Handwerk d. Lesens, Ess. 1979; Juttas Neffe, R. 1979; Vorkriegszeit, Ged. 1980; Was mich nicht losläßt, Ged. 1981; Werke in sechs Bden. 1985; Helldunkel, Ged. 1987. Übers. und Herausg.: John Keats, Ged. (1960); Herausg.: Neue dt. Erzählged. (1964), Dt. Ged. s. 1960 (Anthol. 1972), Lieb, Leid u. Zeit u. Ewigkeit, Dt. Ged. aus tausend Jahren 1981; Jeder Satz e. Menschengesicht, Schriftsteller üb. ihren Beruf, 1987 (Herausg.); Intern. Jahrb. f. Lit. Ensemble (1969-79); Buchreihe: Münchner Edition (1980-86). Fernsehfilm: D. Lieder d. Georg v. d. Vring (1966) - 1957 Literaturpreis Jg. Generation Stadt Berlin, Andreas-Gryphius-Preis, 1967 Münchner Förderungspreis, 1971 Eichendorff-Lit.preis Wangener Kr., Tukan-Preis München, 1972 Alma-Johanna-Koenig-Preis Wien, 1974 Literaturpreis des BDI, 1976 Georg-Büchner-Preis, 1981 Werner-Egk-Preis Stadt Donauwörth, 1983 Oberschles. Kulturpr.; 1960 Rom-Stip. (Villa Massimo); 1960 o. Mitgl. Bayer. Akad. d. Schönen Künste; 1965 Mitgl. PEN-Zentrum BRD; 1968 o. Mitgl. Dt. Akad. f. Spr. u. Dicht. - Lit.: Leben m. Wörtern. Z. 50. Geb. v. H. P.; Damals u. jetzt. Z. 60. Geb. v. H. P.; H. P. - Wurzeln u. Werk e. Dichters aus Oberschlesien (1985).

PIOTROWSKI, Wolfgang-Mario

Dr. med., Prof., Direktor Neurochir. Klinik Mannheim d. Univ. Heidelberg - Postfach 23, 6800 Mannheim 1 (T. 0621 - 383 23 60); priv.: Augusta-Anlage 3, 6800 Mannheim 1 (T. 0621 - 41 31 67) - Geb. 20. Febr. 1931 Brandenburg/H. (Vater: Franz P., Textilkaufm.; Mutter: Luci, geb. Schroeder), kath., verh. s. 1956 m. Irene, geb. Wendt - Staatsex. 1954 Univ. Berlin, Promot. 1955, Habil. 1970 Heidelberg - S. 1959 Facharzt f. Neurol. u. Psychiatrie, s. 1965 Facharzt f. Neurochir.; 1963-72 Chir. Univ.-Klinik Heidelberg; 1973 Aufbau Neurochir. Klinik Mannheim. Ca. 180 Publ. in Fachztschr. u. Buchbeiträge - Mitgl. deutschspr. TNM-Komitee (DSK), Lions-Club Mannheim, Räuberhöhle Mannheim u.a. - Liebh.: Kunst, Musik - Spr.: Engl.

PIPER, Christa

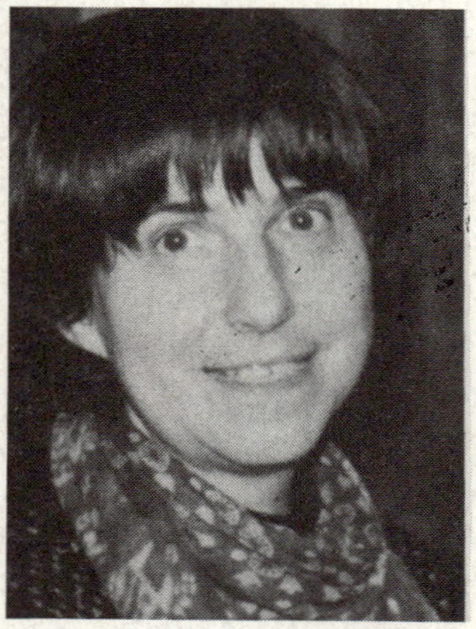

Dipl.-Sozialpäd., Malerin, Autorin (Lyrik, Romane, Erz.) - Geleitsstr. 68, 6050 Offenbach (T. 069 - 81 33 87), ev. - 1966-72 Stud. f. Grafik, Malerei u. Sozialpäd. (Dipl. 1974) Frankfurt/M. - Ausst. (Gemälde od. Zeichn.) im In- u. Ausl. u.a. BRD, Österr., Schweiz, Tel Aviv, Peking, Monte Carlo. Arb. in Beratungsst. f. Frauen in Frankfurt/M. (Wichtig: Erfahrungen m. Frauen d. Generationen n. d. Stud.bewegung u. m. Jugendl.) - BV: Alltag, Lyr. 1969; D. Übermensch, Lyr. 1970; Mensch im Jahr 3000; Spiel zu zweit, Lyr. Bild. 1976; Trotzdem Christine, R. 1984; Im Zeichen d. Rose, Libr. 1984; Nimm dir dein Leben ..., R. 1986; Ypsilonmensch, R. 1989. Werkbeschreibungen in Meister Bild. Künste, 1985; Zeitkunst, 1986; ABBK, 1986; D. Frau in d. zeitgenöss. Kunst u. Art Annuale, 1989. Intern. Arts Guild, Monaco, in Kalendern u. zahlr. Katalogen. Insz.: Wieviel Erde braucht d. Mensch?, Text-Bild-Ton-Tanz-Collage 1984 (s. FS-Bericht im Kunstkalender). Sprechtheater: Spielraum, Darbietung THEATON Frankf. 1986/87 - Studienpreis d. Heussenstammschen Stiftg. Frankfurt - Spr.: Engl., Franz. - Lit.: M. Kubelka, Rezens., in: D. neue Bücherei, Darmstädter Echo; Dr. F. Haring, in: Meister Bildender Künste; Prof. Dr. A. Stein, in: Künstlerpost; u.a.

PIPER, Ernst Reinhard

Dr. phil., Verleger, geschäftsf. Gesellschafter R. Piper GmbH & Co. KG - Kaulbachstr. 62 A, 8000 München 22 - Geb. 29. März 1952 München (Vater: Klaus P.), gesch. - Abit. 1972 München; 1972-74 Stud. Univ. München, 1974-81 TU Berlin; Promot. 1981 (Mittelalterl. Gesch.) - S. 1982 Piper Verlag, s. 1984 Geschäftsf. - BV: D. Aufstand d. Ciompi, 1978; Savonarola, 1979; 75 J. Piper, 1980; D. Stadtplan als Grundriß d. Ges., 1982; Ernst Barlach u. d. Nationalsozialist. Kunstpolitik, 1983. Zahlr. Herausg.-schaften, zahlr. Aufs., Rezens., Ess., Hörfunksend. - Spr.: Engl., Ital., Span. - Bek. Vorf.: Reinhard P. (Großv.); Otto P. (Urgroßv.).

PIPER, Hans-Christoph

Dr. theol., Prof., Pastor, Leiter Pastoralklinikum Med. Hochsch. Hannover - Oldekopstr. 8 A, 3000 Hannover 51 (T. 0511 - 65 18 14) - Geb. 22. Juni 1930 Hirschberg/Riesengeb., ev., verh. s. 1958 m. Ida, geb. Goldhoorn, 3 Kd. (Wildrik, Renate, Elisabeth) - Stud. Theol. Göttingen, Heidelberg, Amsterdam, Predigersem. Loccum; 2. Ex. 1958; Promot. 1962; Habil. 1981 - 1958-70 Gemeindepfarrer in Northeim/Harz u. Osnabrück; s. 1970 Klinikpfarrer MH Hannover, Supervisor f. Klin. Seelsorgeausb.; s. 1986 apl. Prof. Univ. Göttingen - BV: Gesprächsanalysen, 1973; Kranksein, Erleben u. Lernen, 1974; Predigtanalysen, 1976; Gespräche m. Sterbenden, 1977; Kommunizieren lernen in Seelsorge u. Predigt, 1981; D. Hausbesuch d. Pfarrers, 1985; Krankenhausseelsorge heute, 1985 - Liebh.: Musik - Spr.: Engl., Niederl.

PIPER, Hans-Felix

Dr. med., em. Prof., Augenarzt - Im Brandenbaumer Feld 32, 2400 Lübeck (T. 0451 - 60 12 44) - Geb. 23. Jan. 1916 Kiel (Vater: Hans P., Physiologe; Mutter: Margarete Mikulicz-Radecki), ev., verh. s. 1948 m. Marie-Luise, geb. Bürklen, 4 Kd. - Med. Staatsex. u. Promot. 1943 Wien; Habil. 1951 Kiel - 1960-68 Chefarzt Städt. Augenklinik Wuppertal; 1968-84 o. Prof. u. Klinikdir. Med. Univ. zu Lübeck (emerit. 1984) - BV: Üb. versch. Formen d. Schielens, ihre Entsteh. u. Behandl., 1961 (Leipzig). Div. Einzelarb. (Neuro-Ophthalmol.).

PIPER, Heinz Peter

Dr.-Ing., Prof. - Schwarmstedter Str. 64, 3000 Hannover (T. 57 58 73) - Geb. 27. April 1915 Seubtendorf (Vater: Theodor P., Pfarrer; Mutter: Anne, geb. Stiefelhagen), ev., verh. s. 1950 m. Elisabeth, geb. Voltmer, 2 Kd. (Reinhard, Albrecht) - Stud. Bau-Ing.wesen TH Hannover; Promot. 1956 ebd. - Lehrauftr. TU Hannover - BV: Bemessungsgrundlagen f. dezentrale Fluggastgebäude, 1974 (auch engl.) - Spr.: Engl.

PIPER, Henning

Dr. jur., Richter am Bundesgerichtshof - Stiller Winkel 8, 7500 Karlsruhe 21 (T. 0721 - 55 02 30) - Geb. 27. Juni 1931 Schöningen Kr. Helmstedt (Vater: Dr. med. Walter P., Arzt; Mutter: Elisabeth, geb. Linde), ev., verh. s. 1961 m. Gisela, geb. Bledow, 2 Kd. (Susanne, Henning) - Stud. Rechtswiss. u. Volksw. Univ. Kiel u. Göttingen - 1963 LG-Rat; 1970 OLG-Rat; s. 1979 Bundesrichter - BV: Testament u. Vergabung v. Todes wegen im braunschweig. Stadtrecht d. 13. b. 17. Jh. Rechtsgesch., 1960.

PIPER, Klaus

Dr. h. c., Dr. h. c., Verleger - Georgenstr. 4, 8000 München 40 (T. 38 18 01-0); priv.: 81, Pienzenauerstr. 63 (T. 98 84 73) - Geb. 27. März 1911 München (Vater: Reinhard P., 1904 Begr. Verlag R. Piper & Co., München (Verf.: Mein Leben als Verleger) † 1953; Mutter: Gertrud, geb. Engling † 1970) - Gymn.; Buchhändlerlehre - S. 1932 väterl. Verlag (1938 Prok., 1941 Teilh., 1953 Inh.). Herausg.: Almanach: Nach 50 Jahren 1904-1954 (1954), Stationen Piper-Almanach 1904-64 (1964), Piper-Almanach 1964-1974 (1974), Bibliogr. u. Chronik: 75 Jahre Piper (1979) - 1955 Mitgl. PEN-Zentrum BRD, s. 1971 Mitgl. Max-Planck-Ges. z. Förd. d. Wiss. e. V. - 1963 Gold. Kulturmed. Rep. Ital.; Bayer. VO; 1973 Ludwig-Thoma-Med. Stadt München; 1976 Med. München leuchtet in Gold; 1979 Plak.: D. Förderer d. dt. Buches; 1979 Gr. BVK; 1982 Gr. Ehrenz. f. Verdienste d. Rep. Österr.; 1985 Ehrengabe Akad. d. Schönen Künste, München; 1986 Ehrendoktor (Doctor of Letters) Washington Univ., St. Louis/USA, 1987 Ehrendoktor d. Ludwig-Maximilians-Univ. München, Phil. Fak. - Liebh.: Lit., Kunst, Phil., Musik, Reisen - Spr.: Engl., Franz. - Rotarier - Bek. Vorf. (Großv.): Geh. Hofrat Dr. jur. Dr. phil. h. c. Otto P., Verf.: Burgenkunde, Österr. Burgen (8 Bde.).

PIPPERT, Richard

Dr. phil., Prof. f. Sozialgeschichte d. Erziehung - Am Hasenknüppel 33, 3550 Marburg/L. - Geb. 3. Jan. 1939 Hofgeismar (Vater: Heinrich P., Arbeiter; Mutter: Anna, geb. Donig), ev., verh. s. 1963 m. Marlis, geb. Diekmann, S. Matthias - Gymn. Hofgeismar (Abit. 1959); 1959-62 PH Alfeld; 1962-68 Univ. Marburg (Erziehungswiss., Phil., Politik). Promot. 1968 - Wiss. Assist. PH Karlsruhe u. Münster; Lehrstuhlvertr. Univ. Oldenburg; s. 1975 Ord. Univ. Marburg. Fachwiss. Veröff. - Spr.: Engl.

PIQUARDT, Otto

Bankdirektor, gf. Vorstandsmitgl. Raiffeisen-Zentralbank Oldenburg eGmbH. u. Land- u. Pächterkreditbank Oldenburg eGmbH., Geschäftsf. Genossenschafts-Treuhand GmbH. - Raiffeisenstr. 25, 2900 Oldenburg/O. (T. 2 42 31) - Geb. 23. Nov. 1905 Bad Schwartau (Vater: Johannes P., Kaufm.; Mutter: Karoline, geb. Fould), ev., verh. s. 1940 m. Edita, geb. Teichelmann, 2 Söhne (Rolf, Gerd) - Oberrealsch. Lübeck; Banklehre Girozentrale ebd. - 1927-45 Bevollm. versch. Berliner Banken, 1946-49 Bankdir. Berlin u. Potsdam, 1950-51 Bankkaufm. Berlin, 1951-62 Vorstandsmitgl. Raiffeisen-Zentralbank Koblenz eGmbH., seith. wie oben - Liebh.: Musik - Spr.: Engl.

PIRKHAM, Otto G.

Dr. jur., Generalkonsul a. D., Bankdirektor i. R. - Ignaz-Rieder-Kai 29, A-5020 Salzburg (Österr.) - Geb. 27. Juli 1915 Pola (Österr.), röm.-kath., verh. s. 1941 m. Maria Antonia, Freiin von Babo, 4 Kd. - Univ. Wien, Turin, Grenoble - 1928-45 diplomat. Dienst, spät. Bankwesen (b. 1952 Banco Central, Madrid, dann Südd. bzw. Dt. Bank, Frankfurt). Div. Ehrenstell., Verw.s- u. Beiratsmandate.

PIRKL, Fritz

Dr. phil., Staatsminister a. D., MdEP (1984ff.) - Lazarettstr. 19, 8000 München 40 (T. 12 58 - 320); priv.: Bunzlauer Str. 77, 8500 Nürnberg (T. 80 53 95) - Geb. 13. Aug. 1925 Sulzbach-Rosenberg (Vater: Eisenbahner), kath., verh. m. Elisabeth, geb. Heimbach, 4 Kd. - 1946-52 Univ. Würzburg u. Erlangen (Psych., Volksw.; Dipl.-Psych. 1950, Promot. 1952) - 1943-45 Wehrdst. (verwundet); 1954-64 Bundesanstalt f. Arbeit; 1963-84 Staatssekr. u. Min. (1966) Bayer. Staatsmin. f. Arbeit u. Sozialordnung; 1984 ff. Europa-Abg.; 1952-59 Mitgl. Stadtrat Nürnberg; 1958-84 MdL Bayern.

Oberstltn. d. Res. d. Bundeswehr; Vizepräs. Union d. christl.-demokr. Partei Europas; stv. Vors. Dt. Gruppe d. CDU/CSU im Europ. Parlament. Gründer u. Vors. Hanns-Seidel-Stiftung. CSU s. 1949 - BV: Bayer. Sozialpolitik, 1974; Sozialpolitik aus christl. Verantw. - Reden u. Aufs., 1984 (herausg. v. Heinz Ströer u. Walter Spaeth) - 1965 Bayer. VO., 1970 Med. BdV, 1973-81 Gr. BVK (m. Stern u. Schulterbd.); 1980 Europ. Karls-Preis - Spr.: Engl. - Rotarier.

PIRKMAYR, Fritzwerner

Ministerialdirektor, Leit. Abt. 7 (Intern. Agrar- u. Fischereipol.) Bundesmin. f. Ernährung, Landw. u. Forsten - Rochusstr. 1, 5300 Bonn-Duisdorf; priv.: - Ippendorf, Am Waldhang 14 - Geb. 10. Dez. 1915 Neuss/Rh. (Vater: Eduard P., Kaufm.; Mutter: Elly, geb. Blom), ev., gesch., 2 Kd. (Rüdiger, Ute) - Oberrealsch. (Abit. 1936); 1936-45 Arbeits-, Wehr-/Kriegsdst. (akt. Offz.); Stud. Rechtswiss. Gr. jurist. Staatsprüf. 1953 - 1954-81 BfELuF - Spr.: Engl., Franz.

PIRLET, Karl

Dr. med., Prof., em. Ordinarius Univ. Frankfurt/M., Innere Medizin, Rheumatologie, Physikal.-Diätet. Therapie - Hörmann-Str. 22, 8100 Garmisch-Partenkirchen (T. 08821 - 7 20 28) - Geb. 3. Dez. 1920 Aachen.

PIRNER, Friedrich Georg

Dr. med., Prof., Chirurg - Schumannstr. 9, 8000 München 80 (T. 47 38 38); priv.: 8561 Ottensoos/Mfr. - Geb. 5. März 1912 Ottensoos (Vater: Hans P., Fabrikbes.; Mutter: Frida, geb. Apel), ev., verh. s. 1957 m. Ingrid, geb. Schroeter, 3 Töcht. (Karin-Helga, Birgit-Petra, Astrid-Doris) - Gymn. Nürnberg (Neues); Univ. Erlangen, Freiburg, Kiel, München. Promot. (1936) u. Habil. (1956) München - S. 1956 Lehrtätigk. Univ. München (1963 apl. Prof.); zeitw. Oberarzt Chir. Poliklinik - BV: D. variköse Symptomen-Komplex, 1957. Üb. 50 Einzelarb. u. 30 Vortr. - Ehrenmitgl. Dt. Ges. f. Phlebologie u. Proktologie - Spr.: Griech., Lat., Engl., Franz.

PIRNER, Hans Jürgen

Dr. phil., Prof. f. Physik Univ. Heidelberg - Erwin-Rhode-Str. 11a, 6900 Heidelberg - Geb. 11. Juli 1945 Nürnberg - Stud. München u. Stony Brook (Ph.D. 1974, Habil. 1980) - Entd.: Farbleitfähigk. v. Atomkernen.

PIRON, Johannes

Übersetzer - Fredericiastr. 13, 1000 Berlin 19 (T. 302 45 29) - Geb. 23. Juni 1923 Frankfurt/M. (Vater: Max P., Innenarch.; Mutter: Katharina, geb. Piron), gesch., 2 Kd. (Claudia †1983, Andreas) - Schulen Holland u. Schweiz - 1945-47 Redaktionssekr. Ztschr. Centaur (4spr.); 1948-49 Jugenderzieher Ecole d'Humanité Paul Geheeb u. Pestalozzidorf Trogen; 1950-51 Redaktionssekr. Story; s. 1953 fr. Übers., Mitarb. Europä. Übers.-Kollegium Straelen - BV: Farbenspiele, Ged. 1953. Üb. 100 Buchübers., u. a. Cocteau, Chesterton, Priestley, Borel, Leroux, Plisnier, Troyat, Carmiggelt, Arrabal, Semprun, Hugo Claus - 1963 Martinus-Nijhoff-Preis (f. d. beste Übers. aus d. Niederl.); 1976 Deutsch. Jugendbuchpr. f. d. Übers. v. John Christopher: Die Wächter - Liebh.: Lyrik, Reisen - Spr.: Franz., Niederl., Ital., Span., Engl.

PIROTH, Manfred

Dr. med. (habil.), Prof., Chefarzt Patholog. Inst. Rastpfuhl-Krankenhaus, Saarbrücken - Kiefernweg 9, 6651 Kleinottweiler/Saar - Geb. 5. April 1926 - B. 1968 Privatdoz., dann apl. Prof. Univ. Saarbrücken (Allg. Pathol. u. pathol. Anat.). Fachveröff.

PIRSON, André

Dr. phil. (habil.), em. o. Prof. f. Botanik (Pflanzenphysiologie) - Ewaldstr. 71, 3400 Göttingen (T. 5 64 94) - Geb. 26. März 1910 Erlangen - 1943 Doz. Univ. Berlin, 1944 ao., 1951 o. Prof. Univ. Marburg (Dir. Botan. u. Pharmakognost. Inst.), 1958 Univ. Göttingen (gf. Dir. Botan. Anstalten Dir. Pflanzenphysiol. Inst.). 1967 Präs. Dt. Botan. Ges. Fachveröff. Herausg.: Encycl. Plant Physiol. 20 Bde. (1975ff.). Mithrsg.: versch. Fachztschr. - 1954 Mitgl. Dt. Akad. d. Naturforscher (Leopoldina), u. 1961 Akad. d. Wiss., Göttingen.

PIRSON, Dietrich

Dr. theol., Dr. jur., o. Prof. f. Öfftl. Recht, Verfassungsgeschichte u. Kirchenrecht - Agnesstr. 46, 8000 München 40 - Geb. 11. März 1929 Erlangen, ev., verh. s. 1967 m. Margarete, geb. Müller, S. Felix - Stud. Ev. Theol. Univ. Erlangen (1946-50) u. Bonn (1952-53), Rechtswiss. Erlangen (1953-56). I. theol. Ex.; beide jurist. Staatsprüf. Promot. 1953 (theol.) u. 60 (jur. utr.) Erlangen - S. 1963 (Habil.) Lehrtätigk. Univ. Erlangen, Marburg (1963 Ord. u. Dir. Inst. f. Öfftl. Recht); 1968/69 Rektor, Univ. Köln (1969 Ord. u. Dir. Inst. f. Kirchenrecht); s. 1981 Univ. München (1981 Ord., Lehrst. f. Öfftl. Recht u. Kirchenrecht) - BV: Universalität u. Partikularität d. Kirche.

PIRZER, Ruprecht

Dr. rer. nat., BASF AG., Ludwigshafen/Rh. - Römerweg 129, 6730 Neustadt/Weinstr. - Geb. 1. Febr. 1928 - Stud. Chemie.

PISCHINGER, Franz Felix

Dr. techn., o. Prof. f. Angewandte Thermodynamik RWTH Aachen (s. 1970), Geschäftsführer FEV Motorentechnik GmbH & Co. KG, Aachen (s. 1978) - Im Erkfeld 4, 5100 Aachen (T. 1 23 01) - Geb. 18. Juli 1930 Waidhofen/Thaya (Vater: Franz P., Stud.rat; Mutter: Karoline, geb. Bentz), kath., verh. s. 1957 m. Elfriede, geb. Gössler, 5 Kd. (Gerhard, Martin, Stefan, Thomas, Alice) - Realgymn.; Masch.bau TH Graz (Dipl. 1952, Promot. 1954, Habil. 1959) - 1958-62 Leit. Forschungsabt. in AVL, Graz; 1962-70 Motorenentwickl. Klöckner-Humboldt-Deutz AG., Köln - Erf. Verbrennungsmotorenbau - 1954 österr. Ehrenring „sub auspiciis praesidentis republicae"; 1962 Herbert Akroyd Stuart Preis (Institution of Mechanical Engineers, London), 1978 BVK I. Kl.; 1981 Mitgl. Rhein.-Westf. Akad. d. Wiss.; 1984 Vizepräs. Dt. Forschungsgemeinschaft - Spr.: Engl.

PISCHKE, Horst

Geschäftsführer Buderus Küchentechnik GmbH, Herborn (BKT) - Fritz Jung Str. 2, 6348 Herborn (T. 02772 - 71-464-5 56 84) - Geb. 9. Okt. 1926 Schneidemühl, ev., verh. m. Marianne, geb. Giftge, 3 Kd. (Klaus Ulrich, Jutta, Andrea) - Kaufm. Lehre (Verlagskaufm.) - Geschäftsf. Senking Großküchentechnik GmbH, Hildesheim (SGT), Roeder-Großküchentechnik GmbH, Darmstadt (RGT), Anlagen Studien Ges. mbH, Offenburg (ASG); Vorst.-Vors. Buderus-Austria AG, Wels/Oberösterr., stv. VR-Vors. Bezirkssparkasse Dillenburg - Dr. Christian Eberle-Med.

PISKE, Hubert

Dipl.-Hdl., Lehrer, Mitgl. Hbg. Bürgerschaft (s. 1978) - An der Alster 33, 2000 Hamburg 1 - Geb. 3. Febr. 1937 Breslau - N. Mittl. Reife 1955 (Wilster) Banklehre; n. Abit. 1964 Univ. Hamburg (Wirtschaftswiss.; Dipl. 1968) - Zeitw. Bankangest.; s. 1968 Handelssch. Weidenstieg, Hamburg. SPD s. 1965.

PISO, Jon

Kammersänger, Opernsänger, Tenor, Regiss. (Mitgl. d. künstler. Leitung Staatstheater Oldenburg, Directeur Artistique Soc Francaise de Cinematographie Paris) - Moltkestr. 2, 2900 Oldenburg (T. 0441 - 7 68 39); 19, Rue de Montmorency, 75003 Paris - Geb. 26. April 1928 Zernen-Brasov (Rumän.), verh. s. 1956 m. Livia Piso-Filipascu (Malerin, Bühnen- u. Kostümbildnerin) - 3 J. Stud. Phil. Hochsch. Cluj u. Musikhochsch. (Dipl.); Opern-, Lieder- u. Oratoriensänger - S. 1949 Opernsänger, Hauptpartien an allen bedeut. Opernhäusern Europas u. Amerikas; 1958-60 Doz. Musikhochsch. Cluj; Regiss. Dtschl., Italien; intern. Konzert- u. Oratoriensänger; Hauptdarst. in Film u. FS; zahlr. Schallpl. - BV: Rumän. Ausg. Schubertlieder: D. schöne Müllerin, 1964; Winterreise, 1966 (rumän. Übers.) - 1953 I. Preis Gesangswettbewerb u. Rumän. Staatspreis; 1964 Rumän. Kammersänger u. div. rumän. Orden - Spr.: Franz., Ital. - Lit.: Sängerlexikon, Opernlexikon.

PISTOR

s. Beckmann, Günther

PISTOR, Ernst-August

Immobilienkaufmann, Vors. Ring Dt. Makler (RDM) Berlin - Gustav-Freytag-Str. 6a-8, 1000 Berlin 33 (T. 030 - 826 26 83) - Geb. 27. Dez. 1920 Berlin (Vater: Otto P.; Mutter: Friederike-Henriette, geb. Kegelmann), ev., verh. s. 1971 m. Marianne, geb. Kastler, 4 S. (Ralph-Dieter, Peter-Christian, Ernst-Alexander, Christian-Andreas) - Jura-Stud. - Eig. Immobilienfa.; zahlr. Mitgl.sch. u. Ehrenämter, Handels- u. Finanzrichter, u. a. Vizepräs. d. Verein Berliner Kaufleute u. Industrieller; stv. AR-Vors. Zoolog. Garten Berlin AG; Mitgl. d. Gutachteraussch. Berlin u. d. Gutachteraussch. f. Grundstückswerte in Berlin; Beis. b. Baulandbeschaffungsamt; Vors. Landesverb. Berlin im Ring Dt. Makler; AR-Vors. Wilhelm Droste AG, Berlin. Versch. Veröff. üb. Grundstücksbewert. u. Berliner Grundstücksmarkt; Vorträge üb. Berlin-Gesch. - 1979 BVK - Spr.: Engl., Franz.

PISTORIUS, Helmut L.

Kaufmann, gf. Gesellsch. Firmengruppe Louis Pistorius Sektkellerei-Weinimport-GmbH, Blieskastel, Vorstandsmitgl. Groß- u. Außenhandelsverb., Saar - Postf. 101, 6653 Blieskastel - Geb. 6. April 1922 - Merite Agricole.

PISTORIUS, Ursula

Hausfrau, MdL Nieders. (s. 1978) - Backhausbreite 15, 4500 Osnabrück - Geb. 18. Jan. 1933 Frankfurt/O., verh., 3 Kd. - Abit. 1952 - 1952-60 Verlagsangest. 1972 ff. Ratsmitgl. Osnabrück. SPD s. 1970.

PITTELKOW, Fritz

Redakteur, Leiter RIAS-Studio Bonn - Rheinallee 9, 5330 Königswinter (T. 02223 - 2 68 21) - Geb. 11. Mai 1929 Schildow, verh. m. Ingeburg, geb. Weber, 2 S. (Thomas-Michael, Peter Alexander) - Abit. 1947; 1949-54 Stud. Volkswirtsch. Univ. Frankfurt - S. 1962 Redakt. RIAS Berlin (1962-64 Aktuelle Abt., s. 1964 RIAS-Studio Bonn) - 1976/77 1. Preis Gewerksch. Dt. Bundesbahnbeamter - Liebh.: Gesch., Politik - Spr.: Engl.

PIWONSKI, Karl

Dipl.-Ing., Prof. - Klinter Weg 44, 2374 Fockbek (T. 04331 - 6 22 52) - Geb. 28. Aug. 1930 Berlin, verh. m. Charlotte, geb. Oehme, 3 S. (Alexander, Stephan, Michael) - TU Berlin, Dipl.-Ing. 1959 - Honorarprof. TU Berlin - Spr.: Engl.

PLACHETKA, Manfred Günther

Dr. rer. pol., Prof. f. Wirtschaftswissenschaft u. Didaktik d. Wirtschaftslehre - Adalbert-Stifter-Str. 17, 5300 Bonn 1 (T. 0228 - 23 28 25) - Geb. 15. April 1938 Breslau (Vater: Emanuel P., Beamter; Mutter: Hildegard, geb. Hauke), kath., verh. s. 1970 m. Gisela P. - Abit. 1959; Stud. Rechts-, Wirtsch.wiss. u. Päd. TU Hannover (1959-60) u. Univ. Bonn (1960-69); Dipl.-Volksw. 1964, Promot. 1968 Bonn; Päd. Prüf. 1971 Köln, 2. Statsprüf. 1972 Bonn - 1975-76 Stud.rat Berufsfachsch. f. Wirtsch. S. 1970 Mitgl. Ges. f. wirtsch.- u. verkehrswiss. Forsch., Bonn; 1970-76 Lehrauftr. Univ. Bonn u. 1974-76 PH Rhld. (Abt. Bonn); s. 1976 Doz. u. s. 1977 Prof. Univ. Duisburg-GH - BV: D. Getreide-Autarkiepolitik Bismarcks u. s. Nachfolger im Reichskanzleramt, 1969; zahlr. wirtsch.-päd. Aufs. in in- u. ausl. Ztschr. - Spr.: Engl., Franz., Span.

PLACHKY, Detlef Dietmar

Dr., Dipl.-Math., Prof. Univ. Münster - Horstmarer Landweg 144, 4400 Münster (T. 8 21 55) - Geb. 6. Febr. 1938 Beuthen/OS. (Vater: Friedrich P., Prok.; Mutter: Hildegard, geb. Klisz), kath., verh. s. 1967 m. Edith, geb. Kapalt, T. Beate - Math.stud. Dipl.ex. 1965. Promot. 1967, Habil. 1971, smtl. Münster - S. 1971 Hochsch.dst. (1975-76 Dekan Fachbereich Math.). Mitherausg. (s. 1975) Ztschr. Metrika.

PLACK, Arno

Dr. phil., Schriftsteller (Sozialphilosophie) - Postf. Nr. 104424, 6900 Heidelberg - Geb. 18. März 1930 Landshut/Bay. (Vater: Karl P., Studienrat; Mutter: Luise, geb. Aicher) - Stud. Phil., German., Gesch., Psych., Rechtswiss. Promot. München - 1954-58 Leitartikler Isar-Post (Landshut), dann fr. Journ. 1966-69 Stip. VW-Stiftg. - BV: D. Stellung d. Liebe in d. materialen Wertethik, 1962 (Diss.); D. Gesellschaft u. d. Böse - E. Kritik d. herrschenden Moral, 1967, 12. A. 1977; D. Mythos v. Aggressionstrieb, 1973; Plädoyer f. d. Abschaffung d. Strafrechts, 1974; Ohne Lüge leben, 1976; Philosophie des Alltags, 1979; Wie oft wird Hitler noch besiegt?, 1982; Es darf nicht wahr sein, 1986 - Spr.: Lat., Engl.

PLAGEMANN, Jochen

Dr. jur., Rechtsanwalt u. Notar, Honorarprof. f. Sozial- u. Privatversicherungsrecht Univ. Marburg - Neunkircher Weg 1, 6000 Frankfurt/M.-Schwanheim.

PLAGGE, Otto

Dr. sc. agr., Geschäftsführer Pferde- u. Viehverkehrsges. mbH., Dt. Viehhandelsges. mbH., geschäftsf. Vorstandsmitgl. Dt. Vieh- und Fleischhandelsbund, alles Bonn - Adenauerallee 176, 5300 Bonn 1 (T. Büro: 21 30 81) - Geb. 5. Sept. 1925, ev., verh.

PLAMANN, Willi

Textautor, Arbeitsvorbereiter, Musik- u. Showmanager - An der Reimlinger 28, 8860 Nördlingen (T. 09081 - 62 69) - Geb. 8. Okt. 1942 Elbogen (CSSR), kath., verh. s. 1981 m. Waltraut, geb. Reißenweber - Refa-Manager - Texte: Tschinderassa, Immer wenn d. Alphorn ruft, Augen wie Bergkristall, D. Bayernland ist schön, Schön war's im Egerland, ich steh auf dich Gerlinde, Ich kenn e. Fleckchen Erde, Bergeinsamkeit, Rose v. Egerland - Ehrensenator OFC München-Karlsfeld - Liebh.: Musik, Sport, Politik, Umwelt.

PLAMBECK, Helmut

Dr. jur., Präsident Hamburg. Verfassungsgerichts u. Hanseat. OLG - Volksdorfer Weg 1d, 2071 Ammersbek - Geb. 5. Aug. 1929 Hamburg (Vater: Walther P., Steuerberater; Mutter: Leni, geb. Balzer), ev., verh. s. 1956 m. Ruth, geb. Ragoczy, 3 Kd. (Jochen, Wolfgang, Susanne) - Stud. d. Rechtswiss. Univ. Erlangen, Hamburg; Promot. 1955 ebd. - S. 1956 Richter - Liebh.: Kammermusik - Spr.: Engl. - Rotarier.

PLANCK, Alfred

Dipl.-Ing., Fabrikant, Mitinh. Fouquet-Werk Frauz & Planck, Rottenburg, Ehrenvors. Verb. d. Metallind. v. Süd-württ.-Hohenzollern e. V., Reutlingen - Jahnstr. 2, 7407 Rottenburg/N. - Geb. 1. Febr. 1902 Rottenburg - Ehrenbürger Rottenburg/N. 1; Gr. BVK u. VK 1. Kl. d. VO.

PLANCK, Ulrich

Dr. agr., Wiss. Rat u. Prof., spez. Arbeitsgeb.: Agrar-, Land- u. Entwicklungssoziologie - Luzernestr. 16, 7000 Stuttgart 70 (Plieningen) (T. 45 46 02) - Geb. 10. Jan. 1922 Stuttgart (Vater:

Oskar P., Pfarrer; Mutter: Ida, geb. Elsenhans), ev., verh. s. 1950 m. Susanne, geb. Gerhardt, 3 Kd. (Friedrich, Ursula, Barbara) - 1932-39 Realgymn. Heidenheim u. Stuttgart; 1939-45 Wehrdst. (Luftw.); 1945-47 landw. Praxis; 1947-50 LH Hohenheim (Dipl.-Landw.). Promot. (1953) u. Habil. (1963) Hohenheim - U. a. Ev. Bauernwerk Württ. (1950-51 Geschäftsf.); s. 1956 LH bzw. Univ. Hohenheim (1965 Abt.vorst. u. Prof.). 1964-65 ILO-Experte Kairo; 1970-71 Gastprof. i. Ankara; 1971-1974 geschäftsf. Dir. d. Fachgruppe Angewandte Sozialwiss. d. Univ. Hohenheim; s. 1975 Leiter d. Fachgebietes Agrar- u. Landsoziologie (Univ. Hohenh.) - BV: Nachwuchslose u. auslaufende Betriebe, 1952; D. Lebenslage d. westdeutschen Landjugend, 1956; Jugend auf d. Land, 1957, 2. A. 1958; D. sozialen u. ökonom. Verhältnisse in e. iran. Dorf, 1962; D. bäuerl. Familienbetrieb zwischen Patriarchat u. Partnerschaft, 1963; Rural Employment Problems in the U.A.R., 1969; Landjugend im sozialen Wandel, 1970; Die Landgemeinde, 1971; Die ländliche Türkei, 1972; Iranische Dörfer nach der Bodenreform, 1975; Land- u. Agrarsoziologie, 1979; Zahlr. Einzelarb. - Spr.: Engl.

PLANGG, Volker Michael

Dirigent u. Komponist Pfalztheater Kaiserslautern - Königstr. 20-22, 6750 Kaiserslautern (T. 0631 - 1 23 79) - Geb. 27. Juni 1953 Bludenz (Österr.), kath., verh. s. 1983 m. Margot Battlogg, S. Dominik - Musikstud. Salzburg, Graz, Freiburg; Dipl. als Opernrepetitor u. Klavierpäd. - 1980-83 Kapellm. Stadttheater Lüneburg, s. 1983 Pfalztheater Kaiserslautern; Gastdirig. Frankfurter Alte Oper u. Eutiner Sommerspiele; Konz. u.a. m. d. Orch. d. SWF; zahlr. Rundfunkaufn. - Werke: Opern; Kammermusik: Spielpläne I - V, Pentazedur f. Bläseroktett; Kinderopern: Klimka, d. Meisterdieb, D. Tatutinger; Klavierwerke: Pianismen I u. II; Orchesterw.: Dialog m. Lorca, Violinkonz., Ashanti f. Streicher; u.a. Liederzyklen: Sechs aparte Lieder, Junger Novize im Zen-Kloster I, II - 1985 Kompositionsförderpreis d. österr. Jeunesse musicale.

PLANZ, Hans

Direktor, Leiter Staatl. Landesbildstelle Saarland - Zu erreichen üb. Staatl. Landesbildst., Am Staden 27, 6600 Saarbrücken 3.

PLAPPERER-LÜTHGARTH, Heiko

Geschäftsführer Deutsches Theater München Betriebs GmbH - Florian-Geyer-Str. 8, 8000 München 70 (T. 089 - 714 36 58) - Geb. 21. Okt. 1943 Ruhpolding (Vater: Dr. Kurt P., Dipl.-Kfm., Theateruntern.; Mutter: Clothilde, geb. Köhler), ev., verh. m. Petra, geb. Genske - Stud. Jura u. Theaterwiss.; 1. jurist. Staatsex. 1969, 2. Staatsex. 1974 - S. 1970 Geschäftsf. u. Mitgesellsch. Deutsches Theater-Betriebs GmbH & Co. KG, München; 1974 Zulass. als Rechtsanw.; 1981 Hauptgeschäftsf.

Deutsches Theater München. Einf. v. Münchner Festen: Ball d. Silb. Rose, D. Münchner Opernball, Ball d. Münchner Philharmoniker - Spr.: Engl., Franz., Ital.

PLASS, Heinrich

Dipl.-Volksw., Hauptgeschäftsführer IHK Wiesbaden (s. 1981) - Wilhelmstr. 24-26, 6200 Wiesbaden (T. 06121 - 30 48 88); Büro: 1 50 00) - Geb. 9. Mai 1926 Ibbenbüren/W. (Vater: Heinrich Pl., Steuerberater; Mutter: Ruth, geb. Swoboda), kath., verh. s. 1952 m. Marrit, geb. Ziegfeld, 3 Kd. (Nicola, Christopher, Susanne) - Gymn.; Univ. Münster (Staatsex. 1951) - Liebh.: Musik, Sport - Spr.: Engl. - Rotarier.

PLASSMANN, Engelbert

Dr. jur., Prof., Fachhochschullehrer - Robert-Koch-Str. 16, 4630 Bochum (T. 0234 - 70 10 65) - Geb. 23. März 1935 Berlin (Vater: Dr. jur. Clemens P., Bankier (s. XVII. Ausg.); Mutter: Martha, geb. Brüning) kath., verh. s. 1964 m. Annemarie, geb. Keyser, 4 Kd. (Engelbert, Henrike, Bernhard, Friedrich) - Stud. Kath. Theol. (1954-60) u. Rechtswiss. (1960-64); Bibliothekarausbild. (1969-71); 2. Theol.prüf.; Promot. (1968); Ass.ex. - 1971-73 Ref. Univ.bibl. Bochum; 1973-76 Hilfsref. Min. f. Wiss. u. Forsch. NW Düsseldorf; 1976-77 komiss. Leit. Hochschulbibl.zentrum NW Köln; s. 1977 Prof. FH f. Bibl.- u. Dokumentationswesen ebd.; s. 1986 Rektor. Lehrbeauftr. Univ. Köln (Bibl.wiss.); 1975-84 Ratsmitgl. Stadt Bochum; 1984ff. Sachkund. Bürger Kommunalverb. Ruhrgebiet; 1986 Mitgl. Jury Literaturpreis Ruhrgebiet; s. 1987 stv. Vors. Verein Dt. Bibliothekare - BV: D. Bibl.wesen d. BRD, 1983 (m. Horst Ernestus; auch engl.). Mithrsg.: Buchwiss. Beitr. aus d. Dt. Bucharch. München. Üb. 40 Fachaufs. - Bek. Vorf.: Joseph P., Astronom, 1859-1940 (Großv.); Ernst P., Mitgl. d. Preuß. Abgeordnetenhs., 1820-76 (Urgroßv.).

PLATE, Christina

Schauspielerin - Danckelmannstr. 36, 1000 Berlin 19 - Geb. 21. April 1965 Berlin, led. - Gymn. (b. z. 10. Klasse), dan. 3 J. Ausb. z. Gymnastiklehrerin (Staatsex.) - Als Schausp. s. d. 10. Lebensj. tätig (erste Serie Manni di Libero) - Film- u. Bühnenrollen in: Praxis Bülowbogen, D. Senkrechtstarter, Vera + Babs, Besuch d. alten Dame (Renaissance-Theater Berlin), Schwarzwaldklinik - 1988 Bambi (beste Schausp.); 1988 Starlight (Nachwuchs-Schausp.) - Liebh.: Tiere, Meer, Sonne - Spr.: Engl., Ital.

PLATE, Erich

Dr.-Ing., Dipl.-Ing., Bauing., Univ.-Prof. Univ. Karlsruhe - Am Kirchberg 49, 7500 Karlsruhe (T. 0721 - 48 26 52) - Geb. 14. Juli 1929 Hamburg - S. 1970 Leit. Inst. f. Hydrologie u. Wasserwirtsch. Univ. Karlsruhe.

PLATE, Herbert

Freier Autor - Waldhof, 5220 Waldbröl-Drinhausen - Geb. 15. April 1918, verh.,

T. Dagmar - BV: Straße d. sausenden Peitschen, 1958; D. aus d. Dschungel kam, 1964; Narren u. Knöpfemacher, 1969; Nacht üb. Santa Virginia, 1973; Als d. Mensch d. Feuer stahl, 1987; Hermann Löns - s. Heide, 1987 - 1965 Friedrich Gerstäcker Preis.

PLATEN, Emil

Dr. phil., Prof., Akad. Musikdirektor - Im Erlengrund 22, 5300 Bonn 2 (Bad Godesberg) (T. 31 09 45) - Geb. 16. Sept. 1925 Düsseldorf (Vater: Jakob P., Kaufm.; Mutter: Johanna, geb. Nassau), ev., verh. s. 1955 m. Helga, geb. Bingel, 3 Söhne (Johann Christoph, Wolfgang, Klaus Joachim) - Nordwestd. Musikakad. Detmold; Univ. Köln, Münster, Bonn. Chordirigenten-Ex. 1950; Promot. 1957 - 1952-59 WDR Köln (fr. Mitarb.); Kammermusiker, Dirig.; s. 1959 Univ. Bonn (Lehrbeauftr. f. Musiktheorie, 1963 Lektor f. Musizierpraxis, 1964 Musikdir., 1971 Honorarprof.). Zahlr. Konzertreisen i. Europa u. Übersee. Kompos.: Werke f. Kammerorch. - BV: ... Unters. z. Struktur d. chor. Choralbearb. J. S. Bachs, 1959. Fachaufs. Mitarb.: Neue Beethoven- u. Neue Bach-Ausg., Hindemith-Ges.Ausg., Herder Musiklexikon.

PLATEN, Wilhelm

Dr. rer. pol., Hauptgeschäftsführer Gesamtverb. d. dt. Textilveredlungsind. (s. 1974) - Hardtbergstr. 12, 6374 Steinbach/Ts. (T. 06171 - 7 17 34) - Geb. 13. Juni 1931 (Vater: Michael P., Landw.; Mutter: Josefine, geb. Korff), kath., verh. s. 1956 m. Renate, geb. Höing, 3 Kd. (Michael, Friederike, Markus) - Gymn. Viersen; Stud. Wirtschaftswiss. Bonn - S. 1956 in d. Verbandsorg. d. Textilveredlungsind.

PLATEN, Wilhelm

Lebensmittelkaufmann, Vors. Einzelhandelsverb. Nordrhein/Fachgem. Lebensmittel, Düsseldorf - Kalkweg 168, 4100 Duisburg-Wedau - Geb. 2. Juli 1912 - Langj. Vizepräs. Hauptverb. d. Dt. Lebensmittel-Einzelhandels, Wiesbaden.

PLATH, Peter Paul Robert

Dr. med., Prof., Chefarzt HNO-Klinik Ruhr-Univ. Bochum - Dstl.: Mühlenstr. 27, 4350 Recklinghausen (T. 02361 - 54 25 50); priv.: Eifelstr. 31, 4350 Recklinghausen - Geb. 22. Aug. 1933 Narwa/Estland (Vater: Dr. Werner P., HNO-Arzt; Mutter: Gertrude, geb. Weiss), ev., verh. s. 1960 m. Karin, geb. Haeussler, 5 Kd. (Barbara, Robert, Arthur, Walther, Dietrich) - Abit. 1952 Bad Sachsa; 1952-58 Stud. Med. Univ. Marburg, Göttingen, Düsseldorf; 1959-61 Assist. Physiol. Münster, 1961-65 Assist. HNO Düsseldorf; Promot. 1958 Düsseldorf, Habil. 1969 Aachen - 1965-75 Oberarzt; 1971 Wiss. Rat u. Prof. Aachen; 1975 Chefarzt Recklinghausen; s. 1979 o. Prof. Bochum. 1981 Präs. Bureau Intern. d'Audiophonol. - BV: D. Hörorgan u. s. Funktion, 4. A. 1981; D. Ton- u. Sprachgehör b. Lärmschäden d. Ohres, 1971; HNO-Ratgeber f. d. prakt.

Arzt, 1976 - Liebh.: Wandern, Puzzle, Klass. Musik (mehr als 6000 Platten).

PLATH, Wolfgang

Dr. phil., Musikwissenschaftler, Editionsleit. Neue Mozart-Ausgabe Augsburg - Karwendelstr. 19, 8900 Augsburg (T. 0821-6 12 56 u. 51 79 55) - Geb. 27. Dez. 1930 Riga, ev., verh. s. 1960 m. Margit, geb. Mende, 3 T. (Margarete, Regine, Ulrike) - Stud. FU Berlin, Univ. Tübingen (Musikwiss., Phil., Griech.), Stip. Studienstiftg. d. dt. Volkes; Promot. 1958 Tübingen - 1960ff. Mitgl. d. Editionsleit. d. Neuen Mozart-Ausgabe, hg. v. d. Intern. Stiftg. Mozarteum Salzburg. S. 1988 Hon.-Prof. Univ. Augsburg - Edierte zahlr. Bde. d. Neuen Mozart-Ausgabe; Aufs. (insbes. z. Mozart-Forschung) im Mozart-Jahrb. (1954ff.) u.a. Fachztschr. - 1977 Österr. Ehrenkreuz f. Wiss. u. Kunst I. Kl.; 1985 Silb. Mozart-Med. d. Intern. Stiftg. Mozarteum - Liebh.: Mykologie, Kochen.

PLATHOW, Michael

Dr. theol. habil., Pfarrer, apl. Prof. f. Systematische Theologie, Ökumenik Oppelner Str. 2, 6900 Heidelberg (T. 06221-78 01 96) - Geb. 27. Mai 1943 Posen, ev., verh. s. 1970 m. Ursula, geb. Gramlich, 2 Kd. - BV: D. Probl. d. concursus divinus, 1976; Lehre u. Ordnung im Leben d. Kirche, 1982; Heiliger Geist - Hoffnung d. Schwachen, 1985. 25 Veröff.

PLATO, Achim

Indentant, Regiss., Schausp. - Zu erreichen üb. Freilichtspiele Schwäbisch Hall, Am Markt 8, 7170 Schwäbisch Hall (T. 0791 - 75 13 24) - Geb. 1936 - S. 1968 Int. Festsp. Schwäbisch Hall, s. 1982 Int. Wetzlarer Festspiele; Tätig. als Regiss. u. Schausp. im In- u. Ausl. - BV: Wesentl. Schiller- u. Shakespeare-Bearbeit., Goldoni-Übers. - Insz.: u.a., Schiller, Shakespeare-Kom., Marat v. Peter Weiss, D. Weibervolksvers. v. Aristophanes/Knauth, D. Dreigroschenoper v. Brecht, August, August, August v. Kohout, Ital. Nacht v. Horvath, D. Balkon u. Unter Aufsicht v. Genet - 1984 Luxemburg. Orden e. Offz. im nat. Orden d. Eichenlaubkrone; s. 1987 Mitgl. d. Fr. Akad. d. Künste Mannheim.

PLATT, Gerhard

Dr. rer. pol., Dipl.-Volksw., Hüttendirektor a. D. u. Unternehmensberater - Sybelstr. 26A, 4000 Düsseldorf 1 - Geb. 23. Aug. 1920 Spellen/Kr. Dinslaken (Vater: Heinrich P.; Mutter: Christine, geb. Storm), ev., verh. s. 1952 m. Margrit, geb. Bennemann, 3 Kd. - 1947-51 Stud. Univ. Bonn - 1951-54 Wirtschaftsprüfungsges., 1954-57 Schlieker-Gruppe, 1958-75 (Rücktr.) Krupp (zul. stv. Vorst.-Vors.. Fried. Krupp Hüttenwerke AG, Bochum, Geschäftsber. Finanzen). Vors. Vertrauensrat Cirkel Kalksandsteinwerke GmbH & Co. KG, Haltern-Flaesheim; Vorst.-Mitgl. (Schatzmeister) Sportmed. Inst. Essen, Essen, Vorst.-Mitgl. Landesverb. Nordrh.-Westf. d. Schutzgem. Dt. Wald, Essen - Spr.: Engl., Franz.

PLATTE, Hans-Kaspar

Dr. phil., Prof. f. Wirtschaftswiss. u. Didaktik d. Wirtschaftslehre Univ. Dortmund - Koningweg 34, 4600 Dortmund 50 (T. 0231 - 73 63 72) - Geb. 13. März 1932 Budberg b. Werl, kath., verh. s. 1957 m. Marthel, geb. Prodöhl, 4 Kd. - 1. Lehramtsex. 1955 Dortmund, 2. Ex. 1958 Soest, Promot. 1965 Münster - 1971 Doz. PH Ruhr, Abt. Hagen; s. 1972 o. Prof. Dortmund - BV: Soziol. d. Massenkommunikationsmittel, 1965; D. Miterzieher, 1967; Weiterbildungsbereitsch. d. Lehrer, 1974; Wirtschaftslehre, 2 Bde. 1976ff.; Betriebspraktika in schul. Bildungsstätten, 1981; Arbeitslehre/Wirtsch., 1983ff; Lernen vor Ort, 1986.

PLATTIG, Karl-Heinz

Dr. med., Physiologe, Prof. (Extraord.) Univ. Erlangen-Nürnberg/Inst. f. Physiologie u. Biokybernetik (s. 1973) - Steinforststr. 30, 8520 Erlangen - Geb. 6. Febr. 1931 Bilin/Böhmen (Vater: Willibald P., Konditor; Mutter: Maria, geb. Eckert), kath., verh. s. 1965 m. Dr. phil. Gerda, geb. Schlager, 2 Kd. (Martha, Bernhard) - Obersch. Dux/Böhmen u. Schleiz/Thür.; Univ. Jena (1950-52), FU Berlin (1952-56), dazw. Univ. Marburg (1954-1955). Promot. 1957 Tübingen; Habil. 1968 Erlangen - Facharb. - Liebh.: Fotogr., Skilauf, Segeln - Spr.: Lat., Engl., Russ.

PLATTNER, Ernst-Erich

Kaufmann, Mitgl. Hbg. Bürgersch. (1966-70 u. 1974-78) - Wehlbrook 13, 2000 Hamburg 73 - Geb. 23. Jan. 1924 Hamburg (Vater: Ernst P., Kaufm.; Mutter: Elly, geb. Zauch), ev., verh. s. 1954 m. Gisela, geb. Schötensack, T. Gabriela - Wichern-Sch. Hamburg; Abit. 1942; 1945-47 Kriegsgefangenschaft; kaufm. Lehre; Univ. Hamburg (Volks- u. Betriebsw.). 1966-70 u. 1974-78 MdHB. B. 1969 FDP (1961-66 Fraktionsvors. Hbg. Wandsbek, 1970-74 Deputiert. Beh. Wirtsch. u. Verkehr, Hbg.), dann CDU (1978-82 Fraktionsvors. Hbg.-Wandsbek, ab 1982 Vors. Bez. Versamml. Hbg. Wandsbek; Bez. Parl.) - 1. Vors. Einzelhandelsverb. Hbg. u. Verb. Nordd. Textileinzelhdl., Hamburg; Präs.-Ratsmitgl. Bundesverb. d. Dt. Textileinzelh., Köln; stv. Vors. Landesverb. Hbg. Einzelhandels u. Fachverb. d. Hbg. Einzelh. CDU (s. 1983 Vors. Bez.-Fraktion Wandsbek) - BVK - Spr.: Engl., Franz.

PLATZ, Klaus Wilhelm

Dr. jur., Botschaftsrat I. Kl., Botsch. d. Bundesrep. Deutschl. in Tokyo (s. 1985) - CPO 955, Tokyo, Japan - Geb. 24. Juli 1938 Neustadt/Weinstr. (Vater: Gustav P., Bankdir.; Mutter: Berta, geb. Bayer), kath., verh. s. 1966 m. Dr. Anne Barbara Platz-Elsaesser, 3 Söhne (Rupert, Christoph, Florian) - 1957-64 Stud. Rechtswiss. u. Volksw. Univ. München, Heidelberg u. Paris; Promot. Heidelberg 1965; 2. jurist. Staatspr. 1966 - 1962-67 Max-Planck-Inst. f. ausl. öfftl. Recht u. Völkerrecht, Heidelberg; 1967-68 Botsch. London; 1968-72 Ausw. Amt, Bonn; 1972-75 Botsch. Santiago de Chile; 1975-78 Botsch. Warschau; 1978-82 Ausw. Amt, Bonn; 1982-83 Botsch. Bagdad; 1983-85 Generalkonsul in Genf.

PLATZER, Hans-Bruno

Prof. a. D., ltd. Direktor, Präsidier. Dir. (1968-73) Bundesforsch.sanst. f. Forst- u. Holzwirtsch., Hamburg - Lindenring 49, 7812 Bad Krozingen (T. 07633 - 38 11) - Geb. 30. Juni 1909 - Fachveröff.

PLAUM, Ernst

Dr. rer. nat., Prof., Hochschullehrer - Weinleite 4b, 8078 Eichstätt (T. 08421 - 61 44) - Geb. 17. April 1940, kath., verh. m. Dr. Gisela, geb. Müller-Arnke, 4 Kd. (Truiken, Burkhard, Wätzold, Goda) - Dipl. (Psychol.) 1967 Göttingen; Promot. 1975 Göttingen; Habil. (Psychol.) 1983 Konstanz - Tätigk. als Dipl.-Psych.; Prof. f. Differentielle Psychol., Persönlichkeitsforschung, Psychodiagnostik Kath. Univ. Eichstätt - BV: Leistungsmotivationsdiagnostik auf handlungstheoret. Basis, 1986 - Liebh.: Gesch. - Spr.: Engl., Franz.

PLECHL, Helmut

Dr. phil., em. o. Prof. f. Histor. Hilfswissenschaften - Hofmattstr. 14, 7887 Laufenburg-Hochsal - Geb. 6. Nov. 1920 Berlin (Vater: Alfred P., Betriebsleiter; Mutter: Elfriede, geb. Buske), ev., verh. s. 1948 m. Dr. med. Sophie-Charlotte, geb. Enick - Stud. Gesch., Klass. Philol., Rechtsgesch., German., Phil. Berlin (1939-40, 1946-47; Promot. 1947), Med. Freiburg/Br. (1952-58; Med. Staatsex. 1958). Habil. 1949 Berlin - 1949 Doz. Univ. Berlin (Humboldt); 1951 Doz., 1964 apl. Prof. Univ. Freiburg (Wiss. Rat); 1966 Ord. Univ. Bochum. Bes. Arbeitsgeb.: Diplomatik, Paläogr., Mittellat., Quelleneditionen. Fachmitgliedsch. - BV: Orbis latinus, 3 Bde., Großausg. 1972 (Neubearb. v. Graesse u. Benedict, Orbis latinus) u. dto. Handausg. Bd. 1, 4. A. 1971 - Spr.: Engl., Franz.

PLEINES, Jürgen-Eckardt

Dr. phil., Prof. Univ. Karlsruhe (s. 1983) - Lange Str. 33, 7505 Ettlingen 8 (T. 07243 - 21 65) - Geb. 1. Okt. 1934, verh. s. 1964 m. Heike-Regine, geb. Proft, 2 Kd. (Regine, Sebastian) - Stud. Theol. u. Phil.; Promot. 1964 Heidelberg; Habil. (Erziehungswiss.) 1977 Marburg - 1965/66 Assist. PH Karlsruhe; 1966-69 Doz. PH Lörrach; 1970-83 Prof. S. 1973 fr. Mitarb. SWF II, Sendung Die Aula - BV: Bildung, 1972; Mensch u. Erziehung, 1976; Prakt. Wiss., 1981; Praxis u. Vernunft, 1983; Eudaimonia, 1984; Hegels Theorie d. Bildung I u. II, 1983 u. 86; Allgemeinbildung, 1986; Einf. in d. prakt. Vernunft I, 1987; Ästhetik u. Vernunftkritik, 1988; Stud. z. Bildungstheorie, 1988.

PLEITGEN, Fritz Ferdinand

Journalist, Chefredakteur Fernsehen WDR (s. 1988) - Appellhofplatz 1, 5000 Köln 1 - Geb. 21. März 1938 Duisburg - Früher: Freie Presse Bielefeld (b. 1962); 1963-70 WDR Köln (Tagesschau); ARD-Korresp. 1970-77 Sowjetunion, 1977-82 DDR, 1982-87 USA, 1987-88 New York - Liebh.: Amerik. u. russ. Lit. - Spr.: Engl., Franz., Russ.

PLENGE, Erich

Dipl.-Volksw., Zeitungs- u. Buchverleger - Lindenstr. 13, 2838 Sulingen/Hann. (T. 20 55) - Geb. 15. Sept. 1910 Sulingen (Vater: Dietrich P., Ztg.sverleger; Mutter: Sophie, geb. Albers), ev., verh. s. 1939 m. Wilma, geb. Buschmann, 3 Kd. (Gudrun, Eckhard, Burkhard) - Hindenburg-Sch. Hannover; Univ. Heidelberg u. Bonn (Volksw.; Diplom-Hauptprüf. 1933) - S. 1933 Herausg. u. Verleger (1937 Sulinger Nachr., 1941 Sulinger Kreisztg., 1943 Diepholzer Kreisbl., 1978 Kreisztg. Verlagsges. mbH & Co KG Syke). Herausg. u. Verleger: Alt-Hannoverscher Volkskalender (begr. 1872) u. a. Div. Heimatlit.

PLESCHER, Helmut

Kurdirektor, Leiter Kurverwaltung Bad Camberg - Uhlandstr. 1, 6277 Bad Camberg (T. 06434 - 10 10) - Geb. 14. Sept. 1928 Bad Sangerberg, Kr. Marienbad/CSSR, kath., verh. s. 1957 m. Cilly, geb. Gangl, 2 T. (Maria, Melanie) - Abit.; Stud. Akad. f. Welthandel Frankfurt; Abschlußdipl. - Geschäftsf. Verb. Dt. Kneippheilbäder u. Kneippkurorte, Vors. d. Verb.-Vers. Naturpark Hochtaunus, Beiratsmitgl. im Kneipp-Bund - Gold. Verbandsabz. d. Kneipp-Bundes, Ehrenbrief Land Hessen - Spr.: Engl., Franz.

PLESS (ß), Helmut C. H.

Chefredakteur D. ROTARIER - Barckhausenstr. 100, 3140 Lüneburg (T. 4 19 66) - Geb. 2. Nov. 1918 Hamburg, verh. in 2. Ehe (1954) m. Margarethe, geb. Kruse, 5 Kd. (Thekla, Axel, Tanja, Corinna, Jan-Hinrich) - Lichtwarck-Sch. Hamburg (Abit. 1937) - Offz. (Luftw.); Oberst d. R. Bundesluftwaffe); nach Kriegsende Journalist (1947 Lokal-, 1961-84 Chefredakt. Landesztg. Lüneburg, Buchautor zu zeitgeschichtl. u. landeskundl. Themen). Zahlr. Reportagen u. Kommentare üb. Kommunal- u. Wehrpolitik; Funkfeatures (NDR) - Nieders. Verdienstkr. I. Kl.; BVK am Bde. - Liebh.: Luftfahrt, Segeln - Intern-Segelflieger-Leistungsabz. in Silber - Spr.: Engl. - Rotarier.

PLESS, Karl H.

Direktor, Geschäftsf. Hoechst Boliviana S.A., ehem. Präs. Deutsch-Bolivian. Industrie- u. Handelskammer/Camara de Comercio e Industria Boliviano-Alemana - Postf. 2722, La Paz - Geb. 23. Aug. 1928 Hamburg (Vater: Karl P. †; Mutter: Frieda, geb. Koepcke †), ev., verh. s. 1954 m. Carla, geb. Reiser, 2 Töcht. (Regina, Graciela) - Abit. 1948 Christianeum Hamburg - 1984 BVK - Spr.: Engl., Span.

PLESSER, Ernst H.

Bankdirektor - Ölmühlweg 37, 6240 Königstein/Ts. (T. 73 48; Geb. 12. Jan. 1912 Essen (Vater: Dr. jur. Ernst P., letzter Präs. Preuß. Dienststrafhof; s. X. Ausg.), kath., verh. s. 1950 m. Cornelia, geb. Kallen, 6 Kd. - Univ. Berlin (Rechts- u. Staatswiss.). Refer.ex. 1935, Ass.ex. 1938 - 1939 Dt. Bank, Fil. Leipzig, 1946 Rhein.-Westf. Bank, Fil. Wuppertal, 1949 J. Wichelhaus P. Sohn AG. ebd. (Vorst.), 1951 Südd. Bank, Fil. Trier, 1953 Kreditanstalt f. Wiederaufbau, Frankfurt, 1956 Dt. Bank, Fil. Mannheim, 1965 Zentrale Frankfurt (1965 Dir. m. Generalvollm.). Div. ARsmandate, dar. Rheinelektra, Mannheim - Spr.: Engl., Franz., Ital. - Rotarier - Bek. Vorf. ms.: Franz Dinnendahl, 1775-1826 (führte d. Dampfmaschinenbau im rhein.-westf. Industriegebiet ein).

PLESTER, Dietrich

Dr. med., Dr. med. h. c., em. o. Prof. f. Hals-, Nasen-, Ohrenheilkunde - Lichtenbergerweg 30, 7400 Tübingen (T. 4 95 53) - Geb. 23. Jan. 1922 Essen - S. 1957 (Habil.) Lehrtätigk. Med. Akad. bzw. Univ. Düsseldorf (1963 apl. Prof.) u. Univ. Tübingen (1967 Ord. u. Klinikdir.). Emerit. 1988. Ehrenmitgl. zahlr. ausl. Fachges. Div. Veröff. üb. Pathophysiol. d. Innenohres u. Mikrochir. d. Hörorgans.

PLETICHA, Heinrich

Dr. phil., Honorarprof. Univ. Würzburg, Oberstudiendirektor a. D., Autor - Walther-von-der-Vogelweide-Str. 20, 8700 Würzburg (T. 0931 - 7 34 71) - Geb. 9. Sept. 1924 Warnsdorf (Vater: Anton P., Prok.; Mutter: Anna, geb. Eger), kath., verh. s. 1951 m. Elisabeth, geb. Raunft, T. Eva Maria - Stud. Gesch. u. German. - Autor hist. Sachbücher - BV: Ritter, Burgen u. Turniere, 1961ff.; Gesch. aus erster Hand, 1979; Abenteuerlexikon, 1978; Panorama d. Weltgesch., 1976; Dt. Gesch., 1981-84; D. klassische Weimar, 1983; Simbabwe, 1984; Prag, 1988 - BVK I. Kl.; Kulturpreis Stadt Würzburg; Dt. Jugendbuchpreis; Bödecker-Preis; Collodi-Preis; 1984 Bayer. VO - Liebh.: Reisen, Bücher (Faksimileausg.) - Spr.: Engl.

PLETT, Heinrich F.

Dr. phil., o. Prof. f. Anglistik - Spillheide 68, 4300 Essen 16 - Geb. 26. Sept. 1939 Neuss (Vater: Heinrich P., Bauführer; Mutter: Christine, geb. Brücken), kath., verh. s. 1973 m. Renate, geb. Schmidt - 1959-63 Univ. Köln u. 1963-65 Bonn (Angl., Lat., Vergl. Lit.wiss.); Promot. 1969 Bonn - 1965-71 wiss. Assist., 1970-72 Doz., 1972ff. o. Prof. f. Angl. Univ. Essen. 1977-79 1. Gen.sekr. Intern. Society for the History of Rhetoric; Gastprof. Univ. Hamburg (1976/77) u. Univ. of Saskatchewan (1986) - BV: Einf. in d. rhetor. Textanalyse, 1971, 6. A. 1985; Rhet. d. Affekte: Engl. Wirkungsästh. im Zeitalter d. Renaiss., 1975; Textwiss. u. Textanalyse, 1975, 2. A. 1979; (Hrsg.) Rhetorik, 1977; (Hrsg.) Engl. Drama v. Beckett b. Bond, 1982; Engl. Rhetorik u. Poetik 1479-1660: E. systematische Bibliogr., 1985 - Liebh.: Theater, Musik, Bild. Kunst - Spr.: Engl., Franz.

PLETT, Klaus

Dr. rer. pol., Dipl.-Kfm., Wirtschaftsprüfer, Steuerberater - Frauenthal 27, 2000 Hamburg 13 - Geb. 14. Nov. 1923 Essen.

PLETTENBERG, Gräfin, Gabriele

Präsidentin Kath. Elternschaft Deutschlands (KED) u. d. Arbeitsgem. Kath. Verbände f. Erzieh. u. Schule in Deutschl. (AKVES) - Haus Hombusch, 5353 Mechernich.

PLETTNER, Hans-Henifried

Kunstmaler, Bildhauer, Entdecker - Papenkamp 24, 3320 Salzgitter 1 (T. 6 12 28) - Geb. 15. Dez. 1939 Quedlinburg (Vater: Karl P.; Mutter: Erna, geb. Milius) - Autodidakt - 1982/83/84 fünf Ausst.-Kunstricht.: Mod. u. Wilde Kunst, Plastiken, Steropor-Modelle u.a. Veröff.: Physik Wochenblatt-Artikel, Erfinderzentrum Hannover. Untersuch. z. Solitonenenergie, Quantensprungenergie, Entstehung v. Antimaterie. Entd.: Entstehung v. Materie durch supraleitende Blasen - BV: Evolution d. Energien in d. Gravitation, 1985. Herausg.: H. Plettner, Arbeiten (1984). 70 Märchen u. Sachkurzgeschichten, Auslage d. Arb. im Salzgitter-Salder Schloßmuseum - Urk. u. Med. Brüssel, Genf, Basel - Spr.: Russ., Engl.

PLEYER, Friedrich

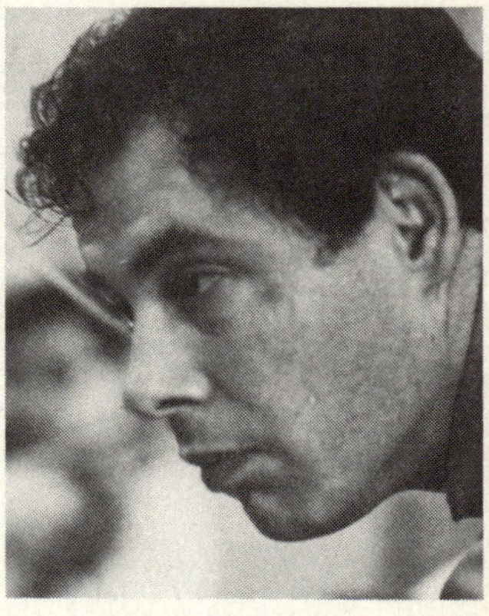

Prof., Erster Kapellmeister Oper Nürnberg - Zu erreichen üb. Theater, 8500 Nürnberg - Geb. 11. April 1937 Wien (Eltern: Ernst (Angest.) u. Gabriele P.), kath., verh. s. 1962 m. Brigitte, 2 Kd. (Wolfgang, Michaela) - Wiener Sängerknaben; Human. Gymn.; Musikakad. - Dirig. Wiener Sängerknaben, Korrepetitor u. Dirig. Wiener Staatsoper, Dirig. Wiener Hofmusikkapelle, GMD Ulmer Theater, Erster Kapellm. Oper Frankfurt u. Oper Bremen - 1979 Österr. Ehrenkreuz f. Wiss. u. Kunst I. Kl.; 1988 Prof.

PLEYER, Klemens

Dr. jur., em. o. Prof. f. Bürgerl. Recht, Handels-, Arbeits-, Zivilprozeßrecht - Schallstr. 6, 5000 Köln 41 (T. 40 39 85) - Geb. 17. Juli 1921 Pilsen/Böhmen (Vater: Alois P., Ingenieur; Mutter: Ella, geb. Schärf), verw. - Realgymn. Pilsen; Univ. Straßburg u. Marburg (Rechtswiss.). Gr. jurist. Staatsprüf. 1951. Promot. 1953; Habil. 1956 - S. 1957 o. Prof. TH Darmstadt Univ. Mainz (1962), FU Berlin (1966), Univ. Köln (1969) - Zahlr. Buch- u. Aufsatzveröff. z. Zivil-, Wirtsch.-, Arbeits- u. Zivilprozeßrecht d. BRD u. d. DDR - Liebh.: Bücher, Musik, Theater, Reisen - Spr.: Tschech., Engl., Franz., Ital., Span., Russ.

PLEYER, Peter

Dr. phil., Prof. f. Medienpädagogik (FH) - Falkenweg 8, 4400 Münster (T. 0251 - 62 45 45) - Geb. 3. Juni 1933 Ludwigsdorf (Vater: Hans P., Chemiker; Mutter: Emmy, geb. Hoffmann), ev., verh. s. 1959 m. Hildegard, geb. Cramer v. Clausbruch, 2 T. (Julia, Sibylle) - Gymn. Lüdenscheid; Stud. Publiz., Gesch., Öfftl. Recht Univ. Münster; Promot. 1964 - 1965/66 Bundeszentr. f. polit. Bild. Bonn; 1966-68 wiss. Mitarb. Univ. Münster; 1968-71 Studienleit. f. Medienpäd. Akad. Remscheid; ab 1972 Prof. u. ab 1984 Prorektor FH Münster. 1971-82 2. Vors. Hauptaussch. Filmbewert.stelle Wiesbaden - BV: Dt. Nachkriegsfilm 1946-1948, 1965.

PLINKE, Heinrich Friedrich

Dipl.-Ing. (Chemie), Miteigentümer Adolf Plinke Söhne, Bad Homburg (s. 1973) - Immanuel-Kant-Str. 7, 6380 Bad Homburg (T. 06172 - 2 44 46) - Geb. 2. Aug. 1931 Berlin (Vater: Adolf P., Chem.-Ing.; Mutter: Emmy, geb. Goldacker), ev., verh. s. 1959 m. Liselotte, geb. Bigler, 3 S. (Marc, Rolf, Erik) -

Realgymn. Wasserburg/Inn (Abit. 1951); TH Karlsruhe, Dipl. 1956 - 1957-62 Bayer AG (Anorg. Forsch.), 1962-73 Adolf Plinke (Geschäftsf.), s. 1973 Eigent. (m. Bruder) Fa. Adolf Plinke Söhne, Chemieanlagen; s. 1983 gf. Gesellsch. Dr. Schnabel GmbH & Co KG, Limburg - Spr.: Engl., Franz.

PLOCHMANN, Richard

Dr. oec. publ., o. Prof. f. Forstpolitik u. -geschichte - Bergerstr. 13, 8131 Assenhausen/Obb. (T. 08151 - 5 11 36) - Geb. 7. Juni 1924 Nürnberg - s. 1958 (Habil.) Privatdoz., apl. (1964) u. o. Prof. (1968) Univ. München; zeitw. Oberforstm. Murnau. Studien: Nordamerika, Asien. Facharb. - 1984 BVK.

PLOCK, Karl-Hans

Dipl.-Ing., Hauptgeschäftsführer Bundesverb. Naturstein-Industrie, Gechäftsf. Forschungsgem. Naturstein-Ind. Bonn - Weimarstr. 32, 5205 St. Augustin-Niederberg - Geb. 22. Nov. 1930 Worbis - Ass. (Bergfach).

PLOECKL, Peter-Rolf

I. Bürgermeister - Rathaus, 8876 Jettingen-Scheppach/Schw. - Geb. 27. Sept. 1941 Augsburg - Zul. Justizamtm. CSU.

PLOEGER, Andreas

Dr. med., Dipl.-Psych., Prof. (C4) f. Mediz. Psychologie u. Sozialpsych. TH Aachen (s. 1977), Facharzt f. Neurol. u. Psychiatrie (Psychotherapie) - Geb. 26. Aug. 1926 Dortmund (Vater: Andreas P., LG-Dir.; Mutter: Margareta, geb. Schmitz), ev., verh., T. Cornelia - Staatsex. 1952 München; Promot. 1954 Tübingen, Habil. 1969; Dipl.ex. 1956 München - 1953-56 Assist. Inst. f. Pathol. u. II. Med. Univ.klinik München; 1956-68 Assist. Univ.nervenkl. Tübingen; 1969 Oberarzt. Abt. Psychiatrie, Med. Fak. Aachen. 1971-77 wiss. Rat u. Prof. f. Psychiatrie, Psychotherapie u. Sozialpsychiatrie. 1977 Lehrstuhl u. Vorst. Abt. Med. Psychol. S. 1959 Nervenfacharzt; spez. Arbeitsgeb.: therapeut. Gemeinsch., d. Mensch in d. extremen seel. Belast., Psychodrama-Therapie. Mitgl. Dt. Ges. f. Psychiatrie u. Nervenheilkd., Dt. Ges. f. Psychol., Bund dt. Psychologen, Allg. Ärztliche Ges. f. Psychotherapie, Dt. Ges. Med. Psychol., Vors. Ges. f. Tiefenpsych. fundierter Psychodramatherapie - BV: D. Therapeut. Gemeinsch. in d. Psychotherapie u. Sozialpsychiatrie, 1972; Tiefenpsychol. fundierte Psychodramatherapie, 1983 - Liebh.: Skilauf, Schwimmen - Spr.: Engl., Latein.

PLÖGER, Hanns-Ekkehard

Rechtsanwalt, Geschäftsführer Berliner Juristenball GmbH (s. 1979) - Schumpeter Str. 41, 1000 Berlin 49 - Geb. 30. Mai 1938 Berlin (Vater: Johannes P., Bürgerm. v. Buxtehude), ev., verh. s. 1968 m. Sylvia, geb. Eichholz, 3 Kd. (Hanns-Oliver, Maya-Sylviane, Don-Marco) - Ass.ex. 1975 Berlin - Bundeswehr (Funker); s. 1976 Präs. Volleyball-Verb. Berlin; s. 1985 2. Vors. Turn- u. Sport Verein v. 1887; s. 1988 Präsid.-Mitgl. Dt. Motoryacht Verb. (DMYV) - Div. Sportehrungen d. VVB sow. DVV - Liebh.: Sport, Theater, Kunst (Fluxus), Poesie, Hühnerzüchter - Spr.: Engl., Latein - Bek. Vorf.: Hans Plöger, Erf. d. Eisenbahnfrachttarife (Großv.); Walter Sawall, Steherweltm. (Patenonkel).

PLÖGER, Josef Georg

Dr. theol., Weihbischof in Köln (s. 1975), Domkapitular Köln (s. 1978) - Marzellenstr. 32, 5000 Köln - Geb. 6. Juli 1923 Hünningen/Westf. (Vater: Franz P. (†); Mutter: Elisabeth, geb. Peters (†)), kath. - Stud. Univ. Bonn u. Priesterseminar Köln; Priesterweihe 1953 - Kaplan D'dorf u. Gymnich, Pfarrektor Oedekoven, Rektoratspfarrer Dersdorf, 1968-73 Akad. Rat Univ. u. Pfarrer St. Josef, 1973-1975 Stadtdechant u. Münsterpf., sämtl. Bonn, s. 1975 Weihbischof - BV: Lit.krit., formgeschichtl. u. stilkrit. Untersuchungen z. Deuteronomium, 1967. Herausg. mehrerer Bücher (u. a. D. Neue Echter-Bibel m. J. Schreiner). Mitarb. versch. Reihenwerke - 1975 Ehrendomherr Toulouse.

PLÖGER, Otto

D. theol. (habil.), em. o. Prof. f. altes Testament - Sedanstr. 17, 5300 Bonn 2, (T. 36 54 34) - Geb. 27. Nov. 1910 Mülheim/Ruhr, ev. - 1948 Doz. Univ. Heidelberg, 1954 apl. Prof. ebd., 1955 Ord. Univ. Bonn - BV: Kommentar z. Alten Testament - D. Buch Daniel, 1965.

PLOEN, Günther

Rechtsanwalt, Geschäftsf. Joh. Friedrich Behrens, Ahrensburg/Holst. - Holstenstr. 31, 2358 Kaltenkirchen - Geb. 14. April 1924.

PLOENES, Karl Josef

Dipl.-Kfm., Geschäftsführer u. Teilh. u. a. Ploenes & Co. Verwalt.sges., J. Ploenes & Co. Landesprod. u. Baust., bde. Kirchherten - Haus Ursula, 5152 Lipp b. Bedburg/Erft.

PLOETNER, Kurt

Dr. med. (habil.), Dr. phil. nat., Internist, apl. Prof. Univ. Freiburg (s. 1954) - Oberau 77, 7800 Freiburg/Br. (T. 3 54 71) - Facharb.

PLOG, Jobst

Stv. Intendant Norddeutscher Rundfunk NDR (s. 1980) - NDR, Rothenbaumchaussee Nr. 132-134, 2000 Hamburg 13 (T. 040-413 20 31) - Geb. 26. Febr. 1941 Hannover - Stud. Jura Hamburg, Göttingen, Paris, 2. Staatsex. 1970 - 1970 Rechtsanw. Hannover, s. 1972 Partn. in Sozietät Dr. Rotzoll, Stute u. Partn. (b. 1977), 1975-77 Syndikus Calenberg-Grubenhagenschen Landsch., 1977-80 Justitiar NDR, 1980 Stv. Intendant; s. 1980 Vors. Gesellsch.-Vers. Degeto-Film GmbH, Frankfurt; s. 1982 AR-Vors. Studio Hamburg Atelier GmbH - Liebh.: Lit., Kunst, Sport - Spr.: Engl., Franz.

PLOOG, Detlev

Dr. med., Prof., Psychiater u. Neurologe Max-Planck-Inst. f. Psychiatrie, München - Kraepelinstr. 10, 8000 München 40 - Geb. 29. Nov. 1920 Hamburg (Vater: Hans P., Arzt; Mutter: Pauline, geb. Schrader), ev., verh. s. 1952 m. Frauke, geb. Dibbern, 4 Kd. (Ursula, Marianne, Jens Peter, Bertram) - BV: D. Sprache d. Affen, 1974; Verhaltensforschung. Instinkt - Lernen - Hirnfunktion, 1974 (m. Gottwald) - Honorary Mb. of the Americ. Acad. of Arts and Sciences; Mitgl. Dt. Akad. d. Naturforscher/Leopoldina, Halle/S.; Mitgl. Bayer. Akad. d. Wiss. - Spr.: Engl.

PLOTZ, Ernst-Jürgen

Dr. med., o. Prof. u. Direktor Univ.s-Frauenklinik Bonn (s. 1967) - Klinikum, Has Nr. 27, 5300 Bonn-Venusberg (T. 19 24 44) - Geb. 25. Nov. 1916 Darmstadt - Habil. 1953 Hamburg - Tätigk. USA. Etwa 100 Fachveröff.

PLUCIS, Andris

Ballettdirektor Gießen (Künstlername: Bruce) - Zu erreichen üb. Stadttheater, Berliner Platz, 6300 Gießen - Geb. 7. März 1959 Kelsterrühl/Schwarzwald, neuapostol., verh. s. 1977 m. Eva Czischeck, 3 Kd. (Egbert, Gudrun, Edwin) - Didi Andreé-Ballettschule Freiburg; Soziologiestud. Univ. Frankfurt; Ballettlehrerstud. Belgrad - GDBA-Landesvertreter f. Ballett Hessen, Rhld.-Pfalz u. Saar; GVOA-Bezirksvors. Gießen-Süd - Solotänzer. Rollen: Lorenzo in: Romeo u. Julia; Ernest in: D. Frühling u. s. Schatten (v. Evan Jones); Bruce in: The Bruce Brothers' Show - Liebh.: Schach (Schachmeister d. Junioren in Kelsterrühl), Philatelie, Sammeln v. Bierdeckeln - Spr.: Engl., Franz., Ital., Lettisch.

PLÜCK, Kurt

Dr. phil., Ministerialdirektor (1983ff.), Leit. Öffentlichkeitsarb. u. Kultur Bundesmin. f. innerdt. Bezieh. - Godesberger Allee 140, 5300 Bonn 2 (T. 306 23 20) - Geb. 16. Juni 1925 Unna/Westf. (Vater: Paul P., Beamter; Mutter: Berta, geb. Davids), kath., verh. s. 1949 m. Traudel, geb. Pietrek, 5 Kd. (Susanne, Beate, Stephan, Martin, Irene) - Univ. Bonn; Promot. 1952 - 1952-64 Bundesmin. f. gesamtdt. Fragen; 1964-82 Presse- u. Informationsamt d. Bundesreg.

PLÜCKTHUN, Hans

Dr. med., Prof., Oberarzt Univ.s-Kinderklinik Heidelberg - Steinackerweg, 6901 Nußloch - S. Habil. Privatdoz. u. apl. Prof. Heidelberg.

PLÜMACHER, Wilhelm

Vorstandssprecher Apollinaris Brunnen AG, Bad Neuenahr, Geschäftsführer Johannisbrunnen GmbH., Zollhaus/L., AR-Mitgl. Presta Overseas Ltd., London - Apollinarisstr. 3-5, 5483 Bad Neuenahr - Geb. 26. Dez. 1913 Düsseldorf - S. 1949 Apollinaris - BVK.

PLÜMER, Carl-Heinz

Dr.-Ing., Generalsekretär European Water Pollution Control Assoc. u. a. - Rautenstrauchstr. 23, 5205 St. Augustin 1 (T. 02241 - 33 15 34) - Geb. 26. Jan. 1923 Damshausen (Vater: Karl P., Lehrer; Mutter: Anna, geb. Schmidt), ev., verh. in 2. Ehe s. 1969 m. Christa, geb. Breil, S. Heinz Joachim - Realgymn.; TH Stuttgart - 1950-54 Statiker, Konstrukteur u. Kalkulator im Stahlhochbau; 1954-59 Tätigk. Abwasserverb.; 1959-69 Resident-Ing. Abwasserprojekt Kuwait - BV: Bau- u. Ausrüstung v. Abwasser- u. Müllbeseitigungsanlagen - Spr.: Engl.

PLUHAR, Erika

Schauspielerin - Huschkagasse 5, A-1190 Wien - Geb. 1939 Wien - Gymn. u. Reinhardt-Hochsch. Wien - S. 1960 Burgtheater Wien. Tagebuchautorin.

PLUTTE, Ernst-Günter

Fabrikant, gf. Gesellsch. P. A. Lückenhaus GmbH & Co Holding KG (Bekleidungstextilien Techn. Gewebe), Wuppertal-B. - Brucknerweg 27, 5600 Wuppertal 2 - Geb. 24. Febr. 1916 - N. Abitur Textiling.stud. - 1986 Ehrenpräs. Gesamttextil, Frankf.; 1986 Gr. BVK - Liebh.: Sport (Reiten, Tennis) u. Jagd.

POBELL, Frank D. M.

Dr. rer. nat., o. Prof. f. Experimentalphysik Univ. Bayreuth (s. 1983), Direktor Inst. f. Festkörperphysik d. Kernforschungsanlage Jülich (1975-83, Tieftemperatur- u. Festkörperphysik) - Zu erreichen üb. Univ. Bayreuth, 8580 Bayreuth - Geb. 9. Aug. 1937 Berlin (Vater: Werner P., Kaufm.; Mutter: Irmgard L., geb. Lühr), ev., verh. s. 1959 m. Christel, geb. Köhler, 3 Kd. (Derick, Annette, Kathrin) - Stud. Physik Univ. u. TU München. Diplom Exper.physik 1962 Univ. ebd.; Promot. 1965 u. Habil. 1969 TU ebd. - 1962-66 wiss. Angest. Bayer. Akad. d. Wiss.; 1966-69 wiss. Assist. TU München; 1969-1971 wiss. Angest. Cornell Univ., USA; 1971-75 Gruppenleit. KFA Jülich; 1974 stv. Vors. d. Wiss.-techn. Rats ebd., AR-Mitgl. 1976-83 ebd.; 1975-83 Prof. Univ. Köln - 1988 E. Warburg Preis - Liebh.: Leichtathl. - Spr.: Engl., Franz.

POCHAT, Götz

Dr., o. Univ.-Prof. Kunsthist. Inst. Graz (s. 1987) - Zu erreichen üb. Kunsthist. Inst., Universitätsplatz 3, A-8010 Graz - Geb. 28. Nov. 1940, ev., verh. s. 1967 m. Mareike, geb. Woellert, 2 T. (Madeleine, Christine) - Stud. Kunstgesch. u. Komparatistik Univ. Bonn, Stockholm, Florenz, Rom u. London; Fil. mag. 1964 Stockholm; Fil. lic. (Kunstgesch.) 1968; Habil. 1973 Stockholm; Fil. lic. (Komparatistik) 1974 ebd. - S. 1970 wiss. Assist. Stockholm; s. 1974 Doz.; 1981-87 Lehrst. f. mittl. u. neuere Kunstgesch. RWTH Aachen - BV: Exotismus, 1970; Figur-Landschaft, 1973; Symbolbegreppet, 1977; Estetik o konstteori, 1980; Symbolbegriff (erw. Übers.), 1983; Gesch. d. Ästhetik u. Kunsttheorie, 1986 - 1974 Beskowska Priset Stockholm - Liebh.: Musik, Lit., Malerei, Sport - Spr.: Engl., Franz., Ital., Schwed.

POCHE, Reinhard

Dr. med., Prof., Pathologe (Chefarzt) - Oelmühlenstr. 26, 4800 Bielefeld - Geb. 22. Juni 1922 - S. 1957 (Habil.) Privatdoz. u. apl. Prof. (1963) Med. Akad. bzw. Univ. Düsseldorf; s. 1966 Chefarzt Pathol. Inst. Vereinigte Städt. Krankenanst. Bielefeld. Fachveröff. - 1963 Wilhelm-Warner-Preis.

POCHHAMMER, Kurt

Dr. med., Chirurg, Ehrenpräs. Dt. Segler-Verb. - Sigismundkkorso 25/26, 1000 Berlin 28 - 1985 Gr. BVK.

PODDIG, Joachim

Kommandeur im Bundesgrenzschutz - Grenzschutzkommando Mitte, Graf-Bernadotte-Pl. 5, 3500 Kassel 1 - Geb. 12. Dez. 1932.

PODEHL, Heinz Georg

Schriftsteller, Maler, Buchillustrator - Böckmannstr. 1, 4600 Dortmund 41 (T. 0231 - 45 63 55) - Geb. 30. März 1919 Rastenburg/Ostpr., verh., S. Jürgen - Malerlehre; Berufsfachsch.; Schule f. Bild. u. Angew. Kunst, Dortmund - BV: Stadt ohne Ende, 1969; Grüner Abend, 1970; Abgegriffenes Licht, 1974; Salzwind üb. Breitengrad, 1975; Unter Kaddig u. Kruschken, 1976; Fingerhüte f. Gartenzwerge, 1978; Prussen, Enkel u. Erben, 1981; Pruß. Gesch., 1983; Russ. Augenblick, 1983; D. pruß. Ged., 1984; D. H.-Tombrock-Sch., 1985; Pruß. Ostpr., 1985; 4444 Ostpreuß. Namen, pruß. erklärt, 1987; Grüße aus Ostpr., 1988; Pruß. Namen im Pfennigschuldb., 1988 - 1980 Ehrengabe z. Andreas-Gryphius-Preis; 1984 Prußenpreis d. TOLKEMITA.

PODEWILS, von, Angela

Dramaturgin, Referentin Kinder- u. Jugendtheater Treffpunkt am Stadttheater Lüneburg - Barckhausenstr. 11, 2120 Lüneburg (T. 04131 - 40 18 29) - Geb. 8. Aug. 1947 Lüneburg, 2 Kd. (Carsten, Verena) - Lehramtsstud. Grund- u. Hauptsch.; 2. Ex. 1976 Hochsch. Lüneburg, Teilausb. Schauspielsch. Margot Höpfner, Hamburg - 5 J. Lehrerin; s. 1981 Dramat. Stadttheater Lüneburg; s. 1982 Tätigk. Spielleiterausb. Hochsch. Lüneburg. Theaterpäd. u. -therapeut. Arb. m. Psychisch Kranken, Suchttherapie u. Seniorenarb. - Liebh.: Musik, Tanz, Gesang - Spr.: Engl., Franz.

PODEWSKI, Klaus-Peter

Dr., Prof. f. Mathematik Univ. Hannover - Fichtestr. 6, 3167 Burgdorf (T. 05136-15 73) - Geb. 8. Jan. 1940 Elbing, ev. (Vater: Dr. med. Fritz P.; Mutter: Dr. med. Edith, geb. Kölsch), verh. s. 1970 m. Dr. med. Ragna, geb. Noack, 4 Kd. (Sigrid, Edith, Eva, Friedrich) - Techn. Zeichner, Ingenieursch. TH - Liebh.: Familienkunde - Spr.: Engl.

PODLECH, Dietrich

Dr. rer. nat., Prof. Institut f. system. Botanik Univ. München - Am Höllberg 7, 8061 Hebertshausen - Geb. 28. April 1931 Aachen (Vater: Wilhelm P., Oberstudienrat; Mutter: Maria, geb. Gschwend), kath., verh. s. 1962 m. Maria, geb. Steiner, 5 Kd. - Univ. Bonn (Biol., Chemie; Promot. 1958); Habil. 1965 München - 1958-65 Assist. Univ. Bonn u. München; s. 1965 Prof. Inst. f. system. Botanik Univ. München. Rd. 90 Ztschr.- u. Buchbeiträge im In- u. Ausl. z. system. Botanik.

PODLESCHKA, Kurt

Dr. med., Prof., Stadtmedizinaldirektor a. D. - Bingstr. 30, 8500 Nürnberg 30 (T. 4 03 09 58) - Geb. 23. Nov. 1902 Pohrlitz (Vater: Hugo P., Apotheker; Mutter: Luise, geb. Peinelt), kath., verh. 1935 m. Johanna, geb. Witschl - Gymn. Znaim; Univ. Wien u. Prag. Promot. (1927) u. Habil. (1939) Prag - 1930-40 Assist. u. Privatdoz. (1939) Univ. Prag. 1940-45 Dir. Staatskrkhs. Mähr.-Ostrau, 1947-54

PODLESCHKA - 1049 - PÖPPL

Oberarzt Univ.s-Frauenklinik Erlangen (1948 apl. Prof.), 1954-67 Dir. Städt. Frauenklinik Nürnberg - BV: D. geburtshilfl. Gutachten im Vaterschaftsprozeß, 1953. Etwa 100 Einzelarb. - Liebh.: Fotogr.

PODLINSKI, Wilfried

Dr. jur., Dipl.-Kfm., Rechtsanwalt, Bankdir., Synd. Rhein.-Westf. Börse zu Düsseldorf - Heineweg 5, 4044 Kaarst/Rhld. - Geb. 21. Okt. 1928 - Vorst. Wertpapiersammelbank Nordrh.-Westf. AG., Düsseldorf.

POECK, Klaus

Dr. med., o. Prof. f. Neurologie - Klemensstr. 11, 5100 Aachen (T. 7 13 46) - Geb. 3. Jan. 1926 Berlin (Vater: Dr. med. Erich P.; Mutter: Elisabeth, geb. Erdmann), ev., verh. s. 1963 m. Dr. Margrit, geb. Töbing, S. Karsten-Axel - Univ. Berlin u. Heidelberg (Med. Staatsex.). Promot. Heidelberg; Habil. Freiburg - 1961 Privatdoz. Univ. Freiburg (Oberarzt Psychiatr. u. Nervenklinik); 1967 o. Prof. TH Aachen/Med. Fak. (Abt.svorst. Neurol.). Mitgl. Intern. Brain Research Org. - BV: Lehrbuch d. Neurologie, 5. A. 1978. Buch- u. Ztschr.beitr. - 1967 Mitglied American Acad. of Aphasia, 1977 Board of Governors, 1968 Intern. Brain Research Org., 1972 Research Group of Aphasia d. World Federation of Neurology - Liebh.: Musik, Malerei - Spr.: Engl., Franz., Ital.

PÖGGELER, Franz

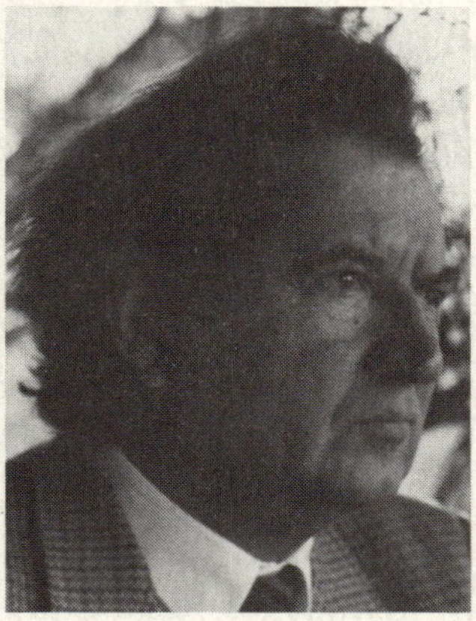

Dr. phil., Dr. h. c., o. Prof. f. Pädagogik, Direktor Sem. f. Allg. Päd. RWTH Aachen - Eichendorffweg 7, 5100 Aachen (T. 7 18 70) - Geb. 23. Dez. 1926 Letmathe/W. (Vater: Franz P., Bürgermeister; Mutter: Anna, geb. Vogt), kath., verh. s. 1955 m. Hanna, geb. Geerken, 5 Söhne (Jan-Dirk, Christoph, Matthias, Ludger, Ansgar) - Univ. Marburg (Philol., Päd., Psych., Phil., Rechtswiss.; Philol. Staatsex. u. Promot 1949) - 1949-53 Assist. Univ. Marburg u. Hamburg; 1953-57 Dozent Dt. Inst. f. wiss. Päd. Münster/W.; s. 1957 Lehrstuhlinh. Päd. Hochsch. Trier u. Aachen (1962); s. 1980 o. Prof. f. Allg. Päd., RWTH Aachen u. Dir. d. Sem. f. Päd. u. Phil. 1953-68 Geschäftsf. bzw. Leit. Inst. f. Erwachsenenbild. Münster; 1962-67 Dir. Akad. f. Jugendfragen ebd.; 1969-87 Vors. Dt. Jugendherbergswerk - BV: D. Verwirklich. polit. Lebensformen in d. Erziehungsgemeinsch., 1954; Erzieh. aus d. Glauben, 1955; D. Päd. Friedrich Wilhelm Foersters, 1957; Einf. in d. Andragogik - Grundfragen d. Erwachsenenbild., 1957; Neue Häuser d. Erwachsenenbild., 1959; D. päd. Fortschritt u. d. verwaltete Schule, 1960; Freiheit d. Bildung - Freiheit d. Erwachsenen, 1960; D. Wagnis d. Schule, 1962; Eltern als Erzieher, 1962; Meth. d. Erwachsenenbild., 1964; Inhalte d. Erwachsenenbild., 1965; Kath. Erwachsenenbild. - Ihre Gesch. in Dtschl. v. 1918 b. 45, 1965; Jugend zw. Heimat u. Welt, 1970; Konkrete Verkündigung, 1970; Erwachsenenbild., 1974; Handb. d. Erwachsenenbild. (Hrsg., 1974ff.); Gesch. d. Erwachsenenbild., 1975; Perspektiven e. christl. Erwachsenenbild., 1978; Menschenführung in d. Bundeswehr, 1980; Grundwerte in d. Schule, 1980; Jugend u. Zukunft, 1984; Politik im Schulbuch, 1985 - 1949 Preis Rechtsu. Staatswiss. Fak. Univ. Marburg (f. d. Arbeit: Ursachen d. Entsteh. totalitärer Regierungssysteme s. d. I. Weltkr.), s. 1972 Ritter d. Ordens v. Hl. Grab z. Jerusalem, 1973 BVK I. Kl., 1976 Richard-Schirrmann-Med., 1981 Ehrenbürger Hebräische Univ. Jerusalem, 1985 Gr. BVK, 1986 Ehrendoktor Univ. Loewen - Sammelt Graphik u. alte Bücher (Päd., Kinderlit.) - Spr.: Engl., Franz.

PÖGGELER, Otto

Dr. phil., Prof., Direktor Hegel-Archiv Univ. Bochum; Mitgl. Rhein.-Westf. Akad. d. Wissensch. - Paracelsusweg 22, 4630 Bochum-Querenburg (T. 70 11 60) - Geb. 12. Dez. 1928 Attendorn, verh. s. 1959, 2 Kd. - Stud. Phil. - S. 1966 (Habil.) Lehrtätigk. Univ. Heidelberg (Doz.) u. Bochum (1968 Prof. f. Phil.). Spez. Arbeitsgeb.: Methodologie d. Geisteswiss., Ästhetik, Dt. Idealismus - BV: Hegels Kritik d. Romantik, 1956; Dichtungstheorie u. Toposforsch., in: Jahrb. f. Ästhetik, 1960 (S. 89 b. 201); D. Denkweg Martin Heideggers, 1963 (franz. 1967, holl. 1969); Phil. u. Politik b. Heidegger, 1972; Hegels Idee e. Phänomenologie d. Geistes, 1973. Herausg.: Hegel-Studien (1961 ff.);Hermeneutische Phil., 1972; Heidegger, Perspektiven z. Deutung s. Werks, 1969; Hegel. Einf. i. seine Philosophie, 1977; Geisteswissenschaft a. Aufg. (m. H. Flashar, N. Lobkowicz), 1978.

PÖHL, Karl Otto

Drs. h.c., Präsident Deutsche Bundesbank (s. 1980), Dt. Gouverneur IWF, Washington u. Bank f. Intern. Zahlungsausgleich, Basel, Vors. Notenbankgouverneure d. Zehner-Gruppe, VR-Mitgl. Kreditanst. f. Wiederaufbau, Frankfurt - Wilhelm-Epstein-Str. 14, 6000 Frankfurt/M. - Geb. 1. Dez. 1929 Hannover, verh. m. Dr. Ulrike, geb. Pesch, 4 Kd. - Univ. Göttingen (Dipl.-Volksw. 1955) - 1955-60 Ifo-Inst. f. Wirtschaftsforsch., München; 1961-68 Wirtschaftsjourn., Bonn; 1968-70 Mitgl. Geschäftsfg. Bundesverb. dt. Banken; 1970-71 Abt.leit. Bundeswirtschaftsmin., Bonn; 1971-72 Abt.leit. Bundeskanzleramt; 1972-77 Staatssekr. Bundesfinanzmin. (Grundsatzfragen d. Finanz-, Kredit- u. Währungspol.); 1976-77 Präs. Währungsaussch. Europ. Gemeinsch.; 1977-79 Vizepräs. Dt. Bundesbank. SPD - 1983 Ehrendoktor Georgetown Univ. Washington u. Ruhr-Univ. Bochum; 1984 Gr. BVK m. Stern u. Schulterbd.; 1986 Univ. Tel Aviv/Israel, 1987 Univ. of Maryland; 1989 Ehrenplak. d. Stadt Frankfurt am Main - Spr.: Engl.

PÖHLER, Helmut

Fabrikant, gf. Gesellsch. Stickerei-Spitzen-Industrie GmbH. - Klepsauerstr., 7109 Dörzbach/Württ. - Geb. 6. Mai 1910 - Div. Ehrenstell., dar. Vors. Verb. d. Stickerei-, Spitzen- u. Gardinen-Ind.

PÖHLMANN, Dieter

Vorstandssprecher Westfalenbank AG, Bochum/Düsseldorf - Huestr. 21-25, 4630 Bochum - Geb. 17. Sept. 1938 Berlin - VR-Vors. Westfalenbank Intern. S.A., Luxemburg; stv. AR-Vors. Westf. Hypothekenbank AG, Dortmund; AR Harry W. Hamacher Spediteur GmbH & Co., Berlin, Krone AG, Berlin, Hans Wiebe Textil AG, Berlin; Beirat Privatdiskont AG, Frankfurt; stv. Beirat Landeszentralbank Nordrh.-Westf., Düsseldorf; Vorst.-Vors. Rottendorf Stiftg., Ennigerloh; Mitgl. Landeskurat. Nordrh.-Westf. d. Stifterverb. f. d. Dt. Wiss., Essen, Kurat. Freunde d. Nationalgalerie, Berlin, d. Westhpy-Stiftg., Dortmund.

PÖHLMANN, Friedrich Egert

Dr. phil., Prof. f. Klass. Philologie Univ. Erlangen (s. 1980) - Spardorfer Str. 59, 8520 Erlangen - Geb. 19. Juni 1933 Nürnberg (Vater: Dr. Rolf P.; Mutter: Rose, geb. Grimm), ev., verh. s. 1958 m. Eva, geb. Meyer, 3 Kd. (Johannes, Michael, Barbara) - Stud. (Latein, Griech., Dt., Phil.) Univ. Erlangen, München; Promot. 1960; Habil. 1968 - 1958-62 Gymn.lehrer; 1962-76 Univ. Erlangen (Assist.; 1968 Doz.; 1972 apl. Prof.); 1976-80 Prof. f. Griech. Philol. Univ. Gießen - BV: Griechische Musikfragmente, 1960; Denkmäler altgriech. Musik, 1970. Fachbuchbeitr. - Spr.: Engl., Franz.

PÖHLMANN, Willi

Rektor, 1. Bürgermeister Höchstädt b. Thierstein - Hauptstr. 26, 8671 Höchstädt (T. 09235-780) - Geb. 28. Nov. 1926 Thierstein, ev., verh. s. 1957 m. Else, geb. Wagner, 2 S. (Freimut, Bert) - Oberrealsch. (Abit.); Päd. Hochsch., 1. u. 2. Lehramtsprüf. - Vors. Freiw. Feuerwehr, s. 1966 Gemeinderat, s. 1971 1. Bürgerm.

PÖLL, Werner J.

Dr. med., Chefarzt Neurochir. Abt. St. Elisabethen-Krankenhaus Ravensburg - Erlenweg 33, 7980 Ravensburg (T. 0751 - 1 43 43) - Geb. 11. März 1942 Aschaffenburg, kath., verh. s. 1977 m. Doris, geb. Kunze, 2 T. (Christine, Annette) - 1964-70 Stud. Univ. Mainz; 1972-78 Fachausb. Neurochir. Klinik Med. Hochsch. Hannover; Med. Staatsex. 1970, Promot. u. Approb. 1972, alles Mainz - 1979-84 1. Oberarzt Neurochir. Klinik FU im Klinikum Steglitz, Berlin; s. 1984 Chefarzt in Ravensburg - Spr.: Engl.

PÖLLER, Wolfgang

I. Bürgermeister Stadt Parsberg - Rathaus, 8433 Parsberg/Opf. - Geb. 16. Mai 1937 Parsberg - Zul. Oberinsp. im Notardienst.

PÖLNITZ, Freifrau von, Gudila, geb. Kehr

Gutsbesitzerin (Land- u. Forstbetr. m. Wildgehege), MdL Bayern (1970-82) - Schloß Hundshaupten, 8551 Egloffstein (T. 09197 - 2 41) - Geb. 17. Nov. 1913 Rom (Vater: Gemeinrat Prof. Dr. P. F. Kehr, Generaldir. Preuß. Staatsarchiv), kath., verw. (Ehemann Prof. Dr. Götz Frhr. v. P., Gründ.-Rektor Univ. Regensburg, † 1967), 1 T. - 1932 Abit.; 1932-36 Stud. (Gesch., Lat., Kunstgesch.) Göttingen u. München - S. 1967 Führ. land- u. forstwirtsch. Betrieb. S. 1970 Mitgl. Bayer. Landtag. Gründ.-Mitgl. Schutzgemeinsch. Alt-Bamberg u.a. Ämter - BV: Anton Fugger, 4 Bd. (Fertigst. d. Arb. v. Prof. Dr. Götz Frhr. v. P.) - Orden v. Hl. Grab, Komtur-Dame m. Stern, Gold. Altenburgmed., Wahlmitgl. Ges. f. Fränk. Gesch., Ehrenbürg. Gde. Hundshaupten, Leutenbach, Egloffstein, Langensendelbach, Ehrenvors. d. Lebenshilfe Forchheim, Oberfranken-Med., Bayer. VO, BVK I. Kl., 1978 Denkmalschutzmed.

PÖLNITZ, Freiherr von, Wolfgang

Dr. med., Dipl.-Chem., Vorstandsvorsitzender Eckes-Gruppe - Am Birnbaum 8, 6200 Wiesbaden-Sonnenberg - Geb. 2. Juli 1921 Nürnberg - AR-Mandate u.a.

POELT, Josef

Dr. rer. nat., o. Prof. f. Botanik - Universität, Graz/Steierm. (Österr.) - Geb. 17. Okt. 1924 - S. 1959 (Habil.) Lehrtätigk. Univ. München, Berlin/Freie (1965 o. Prof.), Graz (1972 o. Prof.) - BV: Bestimmungsschlüssel d. höh. Flechten Europas; Mitteleurop. Pilze (m. H. Jahn). Einzelarb.

POENICKE, Irmtraut E.

Staatl. gepr. u. allg. beeid. Dolmetscherin u. Übersetzerin, Geschäftsf. Condor Verlag GmbH, Beta Verlag GmbH, Color-Magazin Verlag GmbH (s. 1980), alle Berlin - Markgraf-Albrecht-Str. 5, 1000 Berlin 31 - Geb. 14. April 1949 Frankfurt/M., led. - Abit. 1967 Wiesbaden; Sprachensch.; Staatl. Dolm.- u. Übers.-Prüf. Engl. 1972 Wiesbaden - 1971-76 Touchet Ross & Co. WP-Ges., Frankfurt (zul. Abt.-Leit.); 1976-79 N-U-R Zielgebietsbuchh. Senegal + Kenia; s. 1980 Verlagsleit. Conpart Verlag GmbH - Liebh.: Esoterik, Femin., Heimwerken, Gartenpflege - Spr.: Engl., Franz., Ital.

POENICKE, Klaus

Dr. phil., o. Prof. f. Amerik. Literaturgeschichte u. Vorst. Amerika-Inst. Univ. München (s. 1968) - Ruhe am Bach 17, 8122 Penzberg - BV: Robert Penn Warren: Kunstwerk u. krit. Theorie, 1959; Dark Sublime: Raum u. Selbst in d. amerik. Romantik, 1972; D. amerik. Naturalismus, 1982. Herausg.: Zurück zu (welche)r Natur? D. Krise d. urban-industrial Paradigm u. d. Anspruch e. ökol. Hermeneutik.

POENSGEN, Gisbert

Botschafter d. Bundesrepublik Deutschland in Portugal (b. 1988) - Campo dos Mártires da Pátria 38, P 1100 Lissabon - Geb. 8. Juli 1923 Rheinland - S. 1951 Ausw. Dienst (u. a. Ankara, Conahry, Rabat, Athen), EG Brüssel.

PÖPPEL, Ernst

Dr. phil., Prof., Vorstand d. Inst. f. med. Psychol. - Goethestr. 31, 8000 München 2 (T. 089 - 599 66 50) - Geb. 29. April 1940 Schwessin/Pom., ev., verh. s. 1963 m. Christiane, geb. Blohm, 3 Kd. (David, Julie, Lili) - Stud. Univ. Freiburg, München, Innsbruck (Psychol., Zool.); Promot. 1968 Innsbruck; Habil. (Sinnesphysiol.) 1974 München, Habil. (Psychol.) 1976 Innsbruck - 1965-68 Max-Planck-Inst. Verhaltensphysiol., 1969/70 u. 1974-76 MPI Psychiatrie; 1971-73 MIT, Cambridge/USA; 1976 Ord. med. Psychol. - BV: Lust u. Schmerz, 1982; Grenzen d. Bewußts., 1985 (engl. Übers. 1988) - Liebh.: Squash - Spr.: Engl., Span., Franz.

PÖPPEL, Gerhard

Dr. phil., Prof., Hochschullehrer - Christian-Hackethal-Str. 19, 3200 Hildesheim (T. 4 13 43) - U. a. Prof. f. Schulpäd. Päd. Hochsch. Alfeld.

PÖPPEL, Joachim

Dipl.-Ing., Dipl.-Kfm., Vorstandsmitglied (Produktionstechnik u. Datenverarb.) Heidelberger Druckmaschinen AG (s. 1973) - POB 10 29 40 - 6900 Heidelberg (T. 9 20) - Geb. 4. Okt. 1929 Berlin - (Vater: Gerhard P., Realschullehrer; Mutter: Ellen, geb. Brandt), ev., verh. s. 1957 m. Eva, geb. Simon, 2 Kd. (Ingrid u. Jürgen) - Lehre als Maschinenschlosser; TH München, ETH Zürich (Dipl.-Ing. 1954); Univ. München (Dipl.-Kfm. 1956) - 1957-60 BASF, 1960-72 DEMAG (zul. Geschäftsf. DEMAG-Baumasch. GmbH, Düsseldorf u. Vorst. Dinglerwerke AG, Zweibrücken) - REFA-Verb. f. Arbeitsstud. u. Betriebsorg.; Vors. Landesverb. Baden-Württ.; Präsid.-Mitgl. d. VDI. S. 1981 AR Kieserling & Albrecht Solingen, s. 1983 Carl-Zeiss-Stiftg. - Schott Gruppe -, s. 1984 Krupp Widia GmbH, Essen, s. 1988 Pfaff; s. 1989 Präs. VDI - Liebh.: Privat-Pilot - Spr.: Engl.

PÖPPELMEIER, Otto-Wilhelm

Beamter, Mitgl. d. Abgeordnetenhauses v. Berlin - Planufer 94, 1000 Berlin 61 (T. 030 - 692 39 60) - Geb. 2. Juni 1949 Dielingen, ev., verh. - Stv. Vors. Umweltaussch.; Vors. Mieterunion Berlin.

PÖPPL, Ernst Josef

Verwaltungsangest. a.D., MdB - Wiener Str. 18, 8060 Dachau (T. 08131-1 34 41) - Geb. 29. Juni 1932 Tegernsee/Kr. Miesbach, kath., verh. s. 1953 m. Luise, geb. Bleibinger, T. Petra - Handwerkslehre; Fernstud. Maschinenbau - CSA-Bezirksvors. Oberbay. u. CSA-Landesvorst.; CSA-Kreisvors. Dachau. CSU (Orts- u. Kreisvorst. Dachau, Bezirksvorst. Oberbay.; Deleg. d. Parteitages; Deleg. d. Landesparteiaussch.).

PÖRTL, Klaus

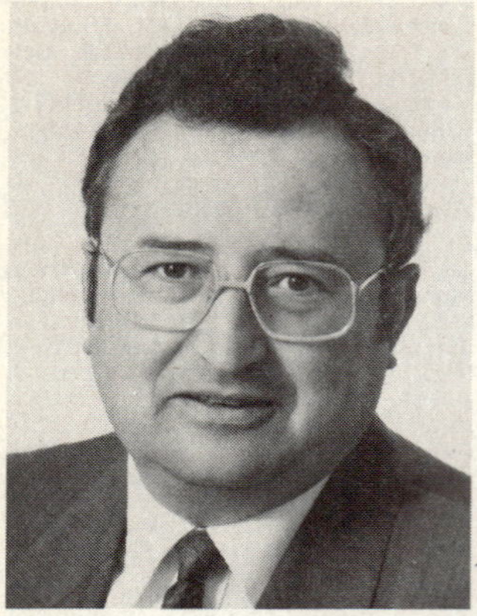

Dr. phil., Univ.-Prof. f. Hispanistik u. Lusitanistik - An der Hochschule 2, 6728 Germersheim (T. 07274 - 50 80) - Geb. 12. Mai 1938 Budweis (Vater: Dr. iur. Karl P., Richter; Mutter: Elisabeth, geb. Rieger), kath., verh. s. 1966 m. Georgine, geb. Estendorfer, 2 Kd. (Stefan, Nicola) - Gymn. Weiden, Nürnberg, München; Stud. Roman., German., Gesch. Univ. München u. Madrid - Hispanist u. Lusitanist; 1979-81 Dekan Fachber. Angew. Sprachwiss. Univ. Mainz; s. 1985 Vizepräs. f. Stud. u. Lehre Univ. Mainz - BV: D. Satire im Theater Benaventes, 1966; D. lyr. Werk d. Damián Cornejo, 1978; D. span. Theater (V. d. Anfängen b. zum Ausgang d. 19. Jh.), 1985; Reflexiones sobre el Nuevo Teatro Español, 1986.

PÖRTNER, Rudolf

Schriftsteller - Rubensstr. 17, 5300 Bonn-Bad Godesberg (T. 37 88 17) - Geb. 30. April 1912 Bad Oeynhausen (Vater: Wilhelm P., Kaufm. Angest.; Mutter: Dora, geb. Fricke), ev., verh. s. 1940 m. Eugenie, geb. Müller, 2 Kd. (Rudolf, Irene) - Realgymn. Bielefeld; 1931-38 Univ. Marburg, Berlin, Leipzig (Gesch., German., Volksw., Soziol.) - Redakt. Anzeiger u. Tagebl., Bad Oeynhausen (1933-1934), Zeitungsdst. Graf Reischach, Berlin (1938-1945), Dt. Ztg.sdst., Herford/Bonn (1947-58) - BV (zahlr. Aufl.; übers.): Mit d. Fahrstuhl in d. Römerzeit, 1959; Bevor d. Römer kamen, 1961; D. Erben Roms, 1964; D. Römerreich d. Deutschen, 1967; D. Wikinger Saga, 1971; Alte Kulturen ans Licht gebracht, 1975; Operation Heiliges Grab, 1977; Alte Kulturen d. Neuen Welt, 1980. Herausg.: Das Schatzhaus d. dt. Geschichte (1982); Mein Elternhaus (1985); Sternstunden d. Technik (1986); Kindheit im Kaiserreich (1987); Oskar von Miller (1987); Kinderj. d. Bundesrep. (1989) - 1974 Ceram-Preis d. Rhein. Landesmuseums, Bonn.

PÖSCH, Heinz

Dr.-Ing., Techn. Direktor, Vorstandsmitgl. Eternit AG., Berlin, Honorarprof. TU ebd. (Planung u. Einricht. v. Baustoff-Fabriken) - Koenigsallee 14h, 1000 Berlin 33 (T. 885 32 18) - Geb. 11. Dez. 1920 Berlin - TH Berlin (Dipl.-Ing. 1943). Promot. 1948 - 1943 ff. Konstrukteur Flugzeugbau; s. 1955 Eternit (1963 Vorst.).

PÖSCHL, Ernst

Dr. rer. nat., Dipl.-Chemiker, Geschäftsführer Tabakfabriken Alois Pöschl GmbH & Co KG, Landshut - Altstadt 23, 8300 Landshut (T. 0871 - 20 38) - Geb. 6. Febr. 1949 Landshut (Vater: Wilhelm P., Kaufm.; Mutter: Martha, geb. Ernst), kath., verh. m. Franziska, geb. Huber, 3 T. (Veronika, Katharina, Justina) - Abit. - Mitgl. Tarifaussch. Verb. Tabakind., Bonn - Spr.: Engl.

PÖSCHL, Klaus

Dr. rer. nat., Prof., Mathematiker - Holzstr. 30, 8024 Oberhaching/Obb. (T. München 613 18 79) - Geb. 22. April 1924 Prag (Vater: Prof. Dr.-Ing. Theodor P., zul. Ord. f. Mechanik u. Angew. Math. TH Karlsruhe (s. XII. Ausg.); Mutter: Martha, geb. Mitzky), verh. 1948 m. Lore, geb. Auer, 3 Kd. (Thomas, Wolfgang, Gertrud) - Univ. Göttingen, TH Karlsruhe (Dipl.-Math. 1948). Promot. 1950; Habil. 1958 - S. 1951 Siemens AG.; s. 1958 TU München (1964 apl. Prof.) - BV: Math. Methoden in d. Hochfrequenztechnik, 1956; Laufeldröhren, 1958 (m. W. Kleen). Üb. 50 Einzelarb. Div. Fachmitgliedsch. - 1957 Preis Nachrichtentechn. Ges. - Liebh.: Kammermusik.

PÖSCHL, Max

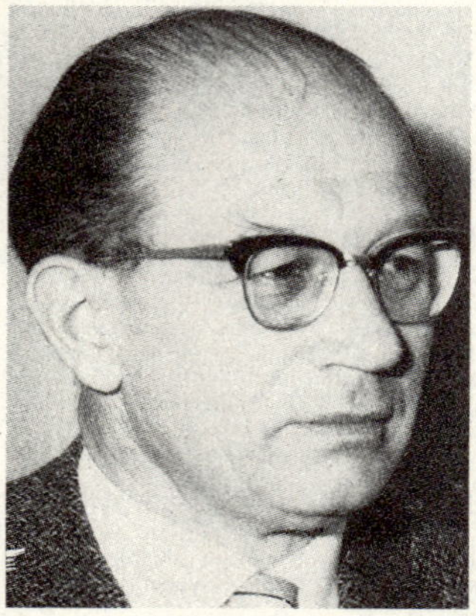

Dr. med., Prof., Röntgenologe - Karl-Raupp-Str. 4, 8000 München 71 (T. 79 44 84) - Geb. 22. Febr. 1909 Pfaffenhofen/Ilm (Vater: Joh. P., Kaufm.; Mutter: Euphrosine, geb. Thum), verh. m. Dr. Erika, geb. Hans, Sohn - Promot. u. Habil. München - S. 1951 Privatdoz. u. apl. Prof. (1957) Univ. München (1958 Leit. Röntgenabt. Chir. Klinik; außerd. Lehrauftr. f. Sportmed.). Üb. 100 Facharb., dar. D. asept. Ostechondronekrosen (Handb. f. Klin. Radiol.) - Ehrenring Bayer. Sportärztebd.; Ehrenurkunde Dt. Sportärztebd.; Rudolf-Grashey-Med. Bayr. Ges. d. Radiol. - Liebh.: Tennis, Golf - mehrf. bayer. Kurzstreckenm.

PÖSCHL, Viktor

Dr. phil. (habil.), o. Prof. f. Klass. Philologie - Mühltalstr. 120a, 6900 Heidelberg (T. 48 02 80) - Geb. 28. Jan. 1910 Graz/Steierm. (Vater: Prof. Viktor P., chem. (s. X. Ausg.); Mutter: Maria, geb. Beseliak), kath., verh. s. 1946 m. Tatjana, geb. Fischer - Gymn. Mannheim; Univ. Heidelberg (Promot. 1933), Grenoble, Cambridge, München, Berlin - Doz. Univ. München (1940), Prag (1940) u. Graz (1948); s. 1950 Ord. Univ. Heidelberg - BV: Röm. Staat u. griech. Staatsdenken bei Cicero, 1936; Grundwerte röm. Staatsgesinnung in d. Geschichtswerken d. Sallust, 1940; D. Dichtkunst Virgils, 1950; Horaz u. Politik, 1956; D. große Maecenasode d. Horaz, 1961; D. Hirtendichtung Virgils, 1964; Horazische Lyrik, 1970; D. neuen Menanderpapyri u. d. Originalität d. Plautus, 1973; D. Problem d. Adelphen d. Terenz, 1975; D. Dichtkunst Virgils, 3. erw. A. 1977; Buchbeitr. u. a. - S. 1954 o. Mitgl. Heidelbg. Akad. d. Wiss.; 1976 korr. Mitgl. Österr. Akad. d. Wiss. u. 1985 Inst. de France, Ac.Inscr. et Belles-Lettres - Bek. Vorf.: Prof. Jakob P., Physiker, Graz (Großv.).

PÖTER, Hans

Vorstandsvorsitzer Münchener Lebensversicherung AG. (1981 ff.) - Südl. Auffahrtsallee 45, 8000 München 19 - Geb. 3. April 1930 - S. 18 J. ML (zul. Vorst.).

POETHEN, Johannes

Schriftsteller, Rundfunkredakteur - Zur Schillereiche 23, 7000 Stuttgart 1 - Geb. 13. Sept. 1928 Wickrath - Schulzeit Köln, Schwaben, Bayern; N. Kriegseins. Abit. Köln; Stud. Univ. Tübingen (German.); zahlr. Reisen, bes. n. Griechenl. - BV/Ged.: Erste Ged. 1947 (Neue Rundschau) u. 1949, Lorbeer üb. gestirntem Haupt (1952), Risse d. Himmels (1956), Stille im trockenen Dorn (1958), Ankunft u. Echo (1961), Baumgedicht (1961), Episode mit Antifanta (1961), Gedichte (1963), Wohnstatt zw. d. Atemzügen (1966), Kranichtanz (1967), Aus d. unendlichen Kälte (1969), Im Namen d. Trauer (1969), Gedichte 1946-71 (1973), Rattenfest im Jammertal, Ged. 1972-75 (1976), D. Atem Griechenlands, Ess. (1977), Ach Erde du alte, Ged. 1976-80 (1981), Schwarz d. All - Vier Zyklen (1984), Auch diese Wörter (1985), E. Morgens üb. d. Golf, 14 Ged. (1986), Urland Hellas, Reisen in Griechenl., 7 Ess. (1987), Wer hält mir d. Himmelsleiter, Ged. 1981-87, 1988. Schallpl.: J.P. liest Ged. a. d. J. 1946-71; Zahlr. Radio-Ess. Mithrsg. d. Anthol.: Lyrik a. dieser Zeit 1965/66 u. 1966/67. Übers. in Franz., Engl., Ungar., Rumän., Poln., Neugriech., Arab. u.a. - 1959 Hugo Jacobi-Dichterpreis; 1962 Förderpreis Stadt Köln; 1967 Förderpreis Immermannpreis Stadt Düsseldorf; BVK I. Kl.; Ehrenvors. Verb. dt. Schriftst., Landesbez. Baden-Württ.; Vizepräs. PEN-Zentrum BRD.

PÖTING, Friedrich

Verwaltungsoberamtmann, Mitgl. Brem. Bürgerschaft (s. 1967, SPD) - Benzstr. 3c, 2850 Bremerhaven - Geb. 23. Jan. 1921 Dortmund, ev., verh., 5 Kd. - Höh. Schule (Mittl. Reife); Lehre Ruhrknappschaft - S. 1945 AOK (gegenw. Leit. Rechts- u. Ersatzleistungsabt.). 1940-45 Wehrdst.

POETSCH, Walter-Dietrich

Dipl.-Kfm., Bankdirektor, Vorstandsmitgl. Westf. Hypothekenbank AG., Dortmund - Morgartenstr. Nr. 32, 4600 Dortmund 1 (T. 0231 - 59 49 33) - Geb. 9. April 1937 Hamburg (Vater: Dr. Walter P., Chemiker; Mutter: Margarete, geb. Pomm), ev., verh. s. 1963 m. Christel, geb. Mülhausen, 2 Kd. (Astrid, Karsten) - Lions-Club.

POETSCHKI, Hans

Rektor, Mitglied d. Europa-Parlaments (s. 1984) - Zu erreichen üb. 97-113 Rue Belliard, B-1040 Bruxelles (T. 0032 2 234 2429); Sternstr. 53, 4407 Emsdetten - Geb. 14. Jan. 1928 Walsum/Ndrh. - S. 1955 CDU-Mitgl.; s. 1966 Abg. Kreistag Kr. Steinfurt; 1969-84 Landrat Kr. Steinfurt; s. 1975 Mitgl. Euregio KG Rhein-Ems; 1978-84 Präs. Euregio-Rat; Mitgl. Arbeitsgem. Europäischer Grenzregionen; Mitgl. Fachaussch. Europapolitik CDU Westf.-Lippe.

PÖTTER, Wilhelm

Unternehmer, Vors. Fachverb. Serienmöbelbetriebe d. Handwerks - Zu erreichen üb.: Engerstr. 4b, 4900 Herford/W.

PÖTTERING, Hans-Gert

Dr. phil., Jurist, Mitgl. Europ. Parlament (s. 1979) - Sophienstr. 8, 4505 Bad Iburg - Verh., 2 Kd. - Stud. Rechtswiss., Politik u. Gesch. Univ. Bonn u. Genf, Stud.aufenth. Columbia Univ. New York - Vors. d. Unteraussch. Sicherh. u. Abrüstung d. Europ. Parlaments; Landesvors. d. Europa-Union Nieders.; Mitgl. d. Präsid. d. Europa-Union Dtschl. CDU - BV: Adenauers Sicherheitspolitik 1955-63. E. Beitrag z. dt.-amerik. Verhältnis, 1. A. 1975, 2. A. 1976; D. vergessenen Regionen. Plädoyer f. e. solidar. Regionalpolitik in d. Europ. Gemeinsch. m. e. Vorwort v. Emilio Colombo (m. Wiehler), 1983. Herausg.: Sicherheit in Freiheit f. Europa - Plädoyer f. e. europ. Sicherheitspolitik (1988).

POETZ, Josef

Techn. Direktor, Geschäftsf. Weserwerft Schiffs- u. Maschinenbau-GmbH., Minden/W. - Am Lohne 4, 4951 Veltheim/W. - Geb. 7. Febr. 1911 - Ing.

POETZSCH-HEFFTER, Georg

Staatssekretär Justizmin. u. Beauftr. f. d. Europ. Gemeinsch. (EG) Land Schlesw.-Holst. (b. 1988) - Geb. 6. Juni 1926 Berlin, verh. s. 1954 m. Helga, geb. Bustorff, 5 Kd. (Regine, Arnd, Alf, Frank, Gabriele) - Stud. Univ. Kiel, Bern u. Washington (Rechtswiss.) - U. a. Justiz-, Innenmin., zul. Chef Staatskanzlei SH. CDU s. 1971.

POEVERLEIN, Hermann

Dr. rer. nat., emerit. Prof. f. Angew. Geophysik - Woogsstr. Nr. 16a, 6109 Mühltal/Hess. (T. Darmstadt 14 72 58) - Geb. 18. Okt. 1911 Ludwigshafen/Rh., verh. s. 1955 m Lilly, geb. Appelmann - S. 1949 (Habil.) Lehrtätigk. TH München (1963 apl. Prof.) u. Darmstadt (1969 Ord.). Zeitw. Dienstleist. USA. Mitgl. in- u. ausl. Ges. - BV: The Earth's Magnetosphere, i. Hdb. d. Phys. (hg. S. Flügge), Bd. 49/4, 1972. Fachveröff.

POGGEMANN, Bernd

Geschäftsführer Bundesarbeitsgem. d. überörtl. Träger d. Sozialhilfe - Warendorfer Str. 26, 4400 Münster/W.

POGGENDORF, Dietrich

Dr. rer. nat., Ltd. Bibliotheksdirektor a. D. - Bertha-von-Suttner-Str. 1A, 7500 Karlsruhe 1 - Geb. 18. Okt. 1925 Cammin/Pom., ev., verh. s. 1956 m. Olga, geb. Burchard, 2 Kd. - Univ. Göttingen (Zool.; Promot. 1952) - S. 1957 Hochschulbibl. Saarbrücken (Univ.; Bibl.rat), Hannover (TH; 1962 Oberbibl.rat), Hohenheim (LH; 1965 Leit. d. Bibl.), Karlsruhe (Univ.; 1966-88 Ltd. Bibl.-dir.).

POHL, Erich

Dr. med., Internist, MdL Nieders. (s. 1967; Vors. Aussch. f. Gesundheitswesen), Vors. Ärzteverein Harburg-Land, Mitgl. Bezirksvorst. Ärztekammer Lüneburg - Dibberser Mühlenweg 9, 2110 Buchholz/Nordheide (T. 50 02) - Geb. 31. Mai 1917 Wien (Vater: Viktor P., Konteradmiral; Mutter: Vilma, geb. Pap v. Szill), kath., verh. s. 1944 m. Renata, geb. v. Stackelberg, Sohn - Schule u. Univ. Wien (Med. Staatsex. 1940) - 1940-45 Wehrdst. (Truppenarzt Panzerdivision); 1945-56 Assistenz- u. Oberarzt; s. 1956 eig. Praxis. S. 1952 Ratsherr Buchholz; s. 1956 MdK. CDU.

POHL, Friedrich

Dipl.-Ing., Dr.-Ing. E.h., Vorstandsmitglied a. D. Zahnradfabrik Friedrichshafen AG, Friedrichshafen - Am Egg 9, 7993 Kressbronn/Bodensee (T. 07543 - 63 40) - Geb. 31. Mai 1916, verh. m. Margret, geb. Hagin, 3 Kd. (Friederike, Cornelia, Justus) - TH Brünn u. Danzig. Betriebsleit. Werkzeugmaschinenfabrik Gildemeister & Comp. AG Bielefeld, Werkzeugmasch. Fabrik Oerlikon Bührle & Co. Zürich, Planung d. Hindustan Machine Tool Bangalore/Indien, Privatdoz. f. Fertigungswesen an d. ETH Zürich 1951-1956, Werksleiter Ruhrstahl AG Witten, 1960-65 Vorst. Losenhausen Werk Düsseldorf, 1966-81 Vorst. Zahnradfabrik Friedrichshafen AG. Mehrere AR-Mandate - Mitgliedschaften: Max-Planck-Gesellsch., Außenpolitische Gesellsch. Zürich, VSBI-Zürich - Liebh.: Musik (klass.), Malerei, Kunstgeschichte, Ski.

POHL, Fritz

Gf. Gesellschafter Pohl Ind. Beteiligungs- u. Verwaltungsges., Gießen, Inh.: Pohl Ind. Beratung - Ludwigstr. 67, 6300 Gießen (T. 0641 - 7 30 66); priv. Am Südhang 13, 6301 Wettenberg 3 (T. 0641 - 8 28 49) - Geb. 3. Aug. 1927 - Dipl.-Ing. FH - Vizepräs. Dt. Keramische Ges., Bad Honnef; Vors. Verein z. Förderung d. Fachhochsch. f. Keramik, Höhr-Grenzhausen; AR-Vors. Westerwald AG, Wirges; AR-Mitgl. Gebr. Pfeiffer AG, Kaiserslautern - Vorst.-Mitgl. Rotary-Club Gießen.

POHL, Gregor

Vorstandsmitglied Nestlé Deutschland AG, Frankfurt/M.-Niederrad - 6232 Bad Soden - Geb. 1. Okt. 1932.

POHL, Gunther
Prof., Soloflötist d. Bamberger Symphoniker, Honorarprof. Musikhochsch. Lübeck - Würzburger Str. 12, 8600 Bamberg 1 (T. 0951 - 5 42 45); u. Effengrube 10, 2400 Lübeck (T. 0451 - 7 39 64) - Geb. 12. Sept. 1941 Oppeln/OS - Musikakad. Detmold (Prof. Dr. H.-P. Schmitz) u. Conservat. Paris (G. Crunelle).

POHL, Hans
Rechtsanwalt, Verbandsdir., Geschäftsf. Verb. westfäl. u. lipp. Wohnungsunternehmen/Organ d. staatl. Wohnungspolitik - Rudolfstr. 2, 4400 Münster/W. - Geb. 4. Febr. 1936 - AR-Vors. Wohnungswirtschaftl. Treuhand Westf. GmbH, Münster; VR-Vors. Hammonia-Verlag GmbH, Fachverlag Wohnungswirtsch., Hamburg; Mitgl. Verbandsaussch. Arbeitgeberverb. Wohnungswirtsch.; Vorst. Dt. Entwicklungshilfe f. Wohnungs- u. Siedlungswesen, Köln. Zahlr. Ämter in div. Inst. d. Wohnungswirtsch.

POHL, Hans Hermann
Dr. phil., o. Prof. f. Verfassungs-, Sozial- u. Wirtschaftsgesch. Univ. Bonn (s. 1969) - Friedrich-Engels-Str. 28, 5042 Erftstadt-Lechenich - Geb. 27. März 1935 Bärdorf (Vater: Hermann P., Gutsbesitzer; Mutter: Magdalena, geb. Thieler), kath., verh. s. 1960 m. Ingrid, geb. Werner, 2 Söhne (Dieter, Klaus) - Realgymn. - Stud. d. Gesch., Altphilol., Rechts- u. Wirtschaftswiss. - Univ. Köln u. Madrid; Promot. 1961 Köln; Habil. 1968 ebd. - Ges. f. Unternehmensgesch. u. Inst. f. Bankhistor. Forsch. (Vors. Wiss. Beirat) - BV: D. Beziehungen Hamburgs zu Spanien u. d. span. Amerika in d. Zeit von 1740-1806, 1963; Studien z. Wirtschaftsgesch. Lateinamerikas, 1976; D. Portugiesen in Antwerpen 1567-1648, 1977; V. d. Hülfskasse v. 1832 z. Landesbank, 1982; D. chem. Ind. in d. Rheinlanden während d. industriellen Revolution, Bd. 1: D. Farbenind., 1983; D. Daimler Benz AG in d. J. 1933-45. E. Dok., 2. A. 1987; Aufbruch d. Weltwirtsch., 1989. Herausg.: Forsch. z. Lage d. Arbeiter i. Industrialisierungsprozeß (1978); Betriebl. Sozialpol. dt. Untern. s. d. 19. Jahrh. (1978); Sozialgeschichtl. Probleme in d. Zeit d. Hochindustrialisier. (1979); Berufl. Aus- u. Weiterbildung in d. dt. Wirtsch. s. d. 19. Jh. (1979); D. Entwickl. d. Arbeitskampfrechts Dtschl. u. in d. westl. Nachbarstaaten (1980); Mitbestimm. Ursprünge u. Entwickl. (1981); Wirtschaftswachstum, Technologie u. Arbeitszeit in intern. Vergleich (1983); Wirtsch., Schule u. Univ. D. Förderung schulischer Ausb. u. wiss. Forschung durch dt. Unternehmen s. d. 19. Jh. (1983); D. Frau in d. dt. Wirtsch. (1983); Kartelle u. Kartellgesetzgebung in Praxis u. Rechtsprechung v. 19. Jh. b. z. Gegenwart (1985); Gewerbe u. Industrielandschaften v. Spätmittelalter b. i. 20. Jh. (1986); D. Auswirkungen v. Zöllen u. a. Handelshemmnissen a. Wirtsch. u. Ges. v. Mittelalter b. z. Gegenwart (1987); Kommunale Untern. Gesch. u. Gegenw. (1987); Mittelstand u. Arbeitsmarkt (1987); Wettbewerbsbeschr. auf intern. Märkten (1988); D. Einflüsse d. Motorisierung auf d. Verkehrsw. v. 1886-1986 (1988); Gemeinwirtschaftl. Untern. Gestern - heute - morgen (1988); The Concentration Process in the Entrepreneurial Economy Since the Late 19th Century (1988); Innovationen u. Wandel d. Beschäftigtenstruktur im Kreditgewerbe (1988). Mithrsg.: D. Konzentrat, i. d. dt. Wirtschaft s. d. 19. Jh. (1978); Historia Socialis et Oeconomica (1987); Z. Politik u. Wirksamkeit d. DIHT (1987); Vierteljahrschr. f. Sozial- u. Wirtschaftsgesch.; Zeitschr. f. Unternehmensgesch.; German Yearbook on Business History; Iberoamerik. Archiv; Jahrb. f. Gesch. v. Staat, Wirtschaft u. Gesellsch. Lateinamerikas - Spr.: Engl., Span., Franz.

POHL, Hans-Peter
Ski-Sportler, Nordische Kombination - Laubenberg 2, 7745 Schonach (T. 07722 - 46 41) - Geb. 30. Jan. 1965 Triberg,

kath., ledig - Ausb. m. Abschl. als Werkzeugmacher - S. 1984 Bundeswehr, Sport-Gruppe Fahl - Nord. Kombination: 1985 Junioren-Vizeweltm., 1987 Dt. Meister, 1987 Weltm. (Mannschaft), 1988 Olympiasieger Calgary (Mannschaft) - Liebh.: Schnelle Autos, Musik - Spr.: Engl.

POHL, Herbert
Dr. phil., Bankdirektor - Arabellastr. 5, 8000 München - Geb. 9. Sept. 1914 Hamburg - 1938-46 u. 1952-60 Dt.-Asiat. Bank, Hamburg (zul. Vorstandsmitgl.), dann American Express Co. u. a. Beiratsmitgl. Ostasiat. Verein u. Ges. f. Natur- u. Völkerkd. Ostasiens, Vorstandsmitgl. Inst. f. Asienkd., Hamburg - 1981 BVK. S. üb. 30 J. Caritaswesen.

POHL, Hubert
Caritasdirektor, Geschäftsf. Caritas-Verb. f. d. Bistum Berlin - Tübinger Str. 5, 1000 Berlin 31.

POHL, Joachim
Dr. jur., Vorstandsmitglied Kölnische Lebensvers. a.G., Kölnische Sachversich. AG, Berliner Verein Krankenversich. a.G., Köln - Albert-Kindle-Str. 32, 5000 Köln 40 - Geb. 24. Mai 1929 Breslau, ev. - Univ. Würzburg, Promot. 1959 - Ass. (Jurist).

POHL, Josef
Geschäftsführer Blendax GmbH - Rheinallee 88, 6500 Mainz - Geb. 1924.

POHL, Karl
Dr. phil., Prof., Hochschullehrer - Bahnhofstr. 65, 6501 Harxheim/Hessen (T. 06138 - 3 57) - Geb. 24. Jan. 1928 Bad Salzuflen - S. 1961 Doz. u. Prof. (1966) (Phil., Päd.) - BV: Fichtes Bildungslehre in s. Schriften üb. d. Bestimmung d. Gelehrten, 1966. Hrsg.: Valentin Ickelsamer: D. rechte weis aufs kürtzist lesen zu lernen. Ain Teütsche Grammatica, 1971.

POHL, Klaus Dieter
Dr.-Ing., Dipl.-Chem., Univ.-Prof. f. Sicherheitstechnik Univ.-GH Wuppertal (s. 1982) - Am Lindacker 38, 5800 Freiburg - Geb. 16. Juni 1938 Castrop-Rauxel, ev., verh., 2 Kd. (Stephan, Stephanie) - Abit. 1957 Castrop-Rauxel; Dipl.-Chem. 1964 Göttingen; Promot. 1968 TH Aachen; Habil. u. Venia Legendi 1976 Freiburg - Sachverst. IHK Südl. Oberrh. f. chem.-techn. Unters.; Kommiss. Leit. Abt. Forensische Chemie Inst. Rechtsmed. Univ. Freiburg - BV: Naturwissenschaftl.-kriminal. Spurenanalytik b. Verkehrsunfällen, 1975; Naturwissenschaftl. Kriminalistik, 1981; Handb. d. Naturwissenschaftl. Kriminalistik, Bde. I-IV, 1984; Forensische Toxikologie, 1984 - Spr.: Engl., Franz.

POHL, Ottmar
Dr. jur., Regierungsrat a. D., Rechtsanwalt, MdL NRW (s. 1970, 1971-80 Parlamentar. Geschäftsf., 1975-85 gleichz. stv. Fraktionsvors., s. 1985 medienpolitischer Sprecher d. CDU-Landtagsfrakt., u. s. 1987 wieder stv. Fraktionsvors.), Geschäftsf. Wohnungsges. mbH, Köln (1980-87) - de Gasperi Str. 12, 5000 Köln 91 (T. 89 44 46) - Geb. 14. Mai 1933 Köln, verh., 2 Kd. - Stud. Rechtswiss., Jurist. Staatsex. 1957 u. 1961; Promot. 1959 - Staatsdst. (zul. Reg.rat); 1963-70 Assist. CDU-Landtagsfrakt., 1965ff. Rundfunkratsmitgl. WDR (stv. Vors.), desgl. ab 1985, 1969ff. Mitgl. Rat d. Stadt Köln, CDU s. 1953 (Vors. CDU Köln s. 1982).

POHL, Peter
Dr.-Ing., Prof., Beigeordneter - Eichendorffstr. 66, 7300 Eßlingen/N. (T. 35 12-255) - Geb. 29. Juni 1917 Leitmeritz/Böhmen (Vater: Prof. Johann P.; Mutter: Gertrud, geb. Korber), verh. 1944 m. Jutta, geb. Kunze - S. 1947 Tätigk. Stadtverw. Eßlingen. 1940-45 Wehrdst. S. 1958 (Habil.) Privatdoz. u. Prof. TH bzw. TU Stuttgart (Kostenrechnung im Siedlungswesen). Fachveröff. - Mitgl. Dt. Akad. f. Städtebau u. Landesplanung - Liebh.: Motorsport.

POHL, Richard
Dr. phil., o. Prof. f. Pharmakognosie - Alemannenstr. 33, 7801 Wittnau/Br. - Geb. 28. Juni 1910 Essen-Kray, ev., verh. s. 1937 m. Luise, geb. Wasser - Gymn.; Univ. Köln. Promot. (1936) u. Habil. (1948) Köln - 1936-49 Assist. u. Privatdoz. (1948) Univ. Köln, s. 1950 Diätendoz., apl. (1953), ao. (1957) u. o. Prof. (1964) Univ. Freiburg (Dir. Pharmakognost. Inst.), dazw. 1956-57 Prof. Univ. Istanbul (Dir. Botan. Inst.). Etwa 80 Facharb.

POHL, Rudolf
Dr. phil., em. Prof. f. Didaktik d. Schule f. Geistigbehinderte Univ. Dortmund - Kullrichstr. 16, 4600 Dortmund 1 (T. 0231 - 52 20 83) - Geb. 30. Mai 1920 Dortmund (Vater: Friedrich P., Kaufm.; Mutter: Wilhelmine, geb. Risse), ev., verh. s. 1948 m. Gertrud, geb. Schwarz, 2 Kd. (Friederike Luise, Ulrich Hans) - 1. Lehrerprüf. 1948 Dortmund, 2. Lehrerprüf. 1950 Gevelsberg, Hilfsschullehrerprüf. 1958, Promot. 1967 Univ. Münster - 1948-61 Lehrer (Volkssch., Hilfssch.; Rektor); ab 1960 PH Dortmund (wiss. Assist., Doz.), ab 1970 Prof. f. Sonderschul-Didaktik - BV: D. relig. Gedankenwelt b. Volks- u. Hilfsschulkindern, 1968; Handbücherei f. d. Unterrichtspraxis u. Unterrichtsgestalt. in d. Schule f. Geistigbehinderte (Sonderschule), 1978-82 (17 Bde.); Verkehrszieh. f. Geistigbehinderte, 1976 - 1988 BVK I. Kl.

POHL, Werner
Ltd. Stadtverwaltungsdirektor a. D., Ehrenmitgl. Dt. Volksheimstättenverb. - Hausdorffstr. 147, 5300 Bonn - Geb. 18. Juli 1902 - Vorst.-Mitgl. Ges. f. Wohnungsrecht u. Wohnungswirtsch., Köln - BVK I. Kl.; 1979 Gr. BVK.

POHL, Witta
Schauspielerin - Zu erreichen üb. ZDF, Postf. 4040, 6500 Mainz 1; priv.: Hamburg - Geb. 1937, gesch., Zwill. Florian u. Stephanie - Zahlr. Fernsehrollen (u.a. Serien: D. Lehmanns u. Diese Drombuschs) - Liebh.: Barockmusik.

POHL, Wolf
Dipl.-Ing., Landschaftsarchitekt, Vors. Landesverb. Hamburg Bund f. Umwelt u. Naturschutz - Bleichenbrücke 1, 2000 Hamburg 36 (T. 040 - 37 24 52) - Geb. 4. Nov. 1945 Hamburg - Stud. Berlin (Dipl.-Ing. f. Landespflege) - Freiberufl. Landschaftsarch.; Rundfunkrat NDR. SPD (Verwaltungsbeir., Kunstkommiss., Naturschutzbeir.) - BV: Grünbuch

Hamburg; Umwelt Bilanz BRD, 1988; div. Fachveröff.

POHL, Wolfgang
Chefredakteur Politik Südd. Rundfunk - Klosterallee 55, 7300 Esslingen (T. 0711 - 38 51 52) - Geb. 29. März 1944 Beuthen (Vater: Wolfgang P., Chefredakt.; Mutter: Ruth, geb. Thiel), verh. s. 1970 m. Sylke, geb. Kellers, 3 Kd. (Stefan, Christian, Julia) - BV: Stationen e. Rep., 1979 (Mithrsg.) - 1968 Kurt Magnus-Preis ARD.

POHLE, Hans D.
Dr. med., Prof., Internist, Chefarzt II. Med. (Infektions-) Klinik, Städt. Rudolf-Virchow-Krankenhaus, Berlin 65 (s. 1968) - Vogelzeile 15, 1000 Berlin 20 (T. 363 34 13; Klinik: 45 05 22 62-63).

POHLE, Klaus
Dr., Prof., Kaufmann, stv. Vorstandsvorsitzender Schering AG - Menzelstr. 15, 1000 Berlin 33 - Geb. 3. Nov. 1937 Potsdam, verh. s. 1964 m. Carmen, geb. Mendez Alvaredo (Lic. phil.), 3 Kd. (Johannes, Alexandra, Veronica) - 1963 Harvard Univ. (Master of Laws), Promot. 1966 Frankfurt - 1966-80 BASF - 1986 Honorarprof. TU Berlin (FB Wirtschaftswiss.) - Spr.: Engl., Franz., Span., Portug.

POHLE, Werner
Bürgermeister a.D., MdL Nordrh.-Westf. (1962-75) - Simeonsstr. 8, 4950 Minden/W. (T. 8 92 01) - Geb. 4. Okt. 1925 Kiel, verh., 1 Kd. - Gymn. - n. Arbeits- u. Wehrdst. Ausbild. als Sozialfürsorger. Staatsex. 1951 Kiel - B. 1953 Erziehungsleit., dann Gf. Arbeiterwohlfahrt Minden (b. 1962). Ab 1956 Stadtverordn., stv. (1959) u. Bürgerm. (1961) Minden. 1961 ff. MdK ebd. ARsmandate. SPD s. 1950 (1956 Mitgl. Unterbezirksvorst. Minden).

POHLEN, Manfred
Dr. med., Prof. f. Psychotherapie Univ. Marburg - Fasanenweg 8, 3551 Wehrshausen.

POHLENZ, Angelika,
geb. Pohl

Ass. jur., Prokuristin Dt. Bank AG, Frankfurt, Bundesvors. Wirtschaftsjunioren Deutschl. (1985/86), Repräsentantin d. Junior Chamber International (JCI) b. d. International Chamber of Commerce (ICC), Paris - Adelheidstr. 59, 6200 Wiesbaden (T. 06121 - 37 83 86) - Geb. 14. Nov. 1948 Oedt (Vater: Dr. L. P., Mutter: Charlotte, geb. Engländer), verh. s. 1984 m. Hans-Henning P., 2 Kd. (Maximiliane, Nicolas) - Stud. Rechtswiss.; 1. jurist. Staatsex. 1972 Berlin, 2. jurist. Staatsex. 1975 Gießen - Liebh.: Reisen, Kunst - Spr.: Engl., Franz.

POHLERS, Horst Wolfram
Dr. rer. nat. habil., Prof. f. Mathematik Univ. Münster - Asbeckweg 15, 4400 Münster (T. 0251 - 86 65 59) - Geb. 26. Aug. 1943 Leipzig (Vater: Werner P.,

Verw.beamter; Mutter: Hildur, geb. Bjørkevoll), verh. s. 1970 m. Renate, geb. Bley, 2 Kd. (Bjarne, Morten) - Math.-Dipl. 1971, Promot. 1973, Habil. 1978, alles Univ. München - 1973-78 wiss. Assist. u. 1978 Privatdoz. Univ. München; 1979 Lehrstuhlvertr. Univ. Freiburg; s. 1980 Prof. Univ. München; s. 1985 Dir. Inst. f. Math., Logik u. Grundlagenforsch. Univ. Münster.

POHLEY, Heinz-Joachim

Dr. rer. nat. (habil.), Prof., Wiss. Rat, Leit. Arbeitsgruppe f. Kybernetik Inst. f. Enwicklungsphysiol. Univ. Köln - Elsterweg 29, 5042 Erftstadt-Lechenich/Rhld. - Geb. 6. Febr. 1925 - B. 1964 Privatdoz., dann apl. Prof. Univ. Köln (Entwicklungsphysiol. u. Kybernetik). Facharb.

POHLIT, Wolfgang

Dr. rer. nat., Prof., Biophysiker (Max-Planck-Inst. f. Biophysik) - Flughafenstr. 8, 6000 Frankfurt/M. (T. 67 58 00) - Geb. 26. Jan. 1928 Grünberg/Schles. - S. 1961 (Habil.) Lehrtätigk. Univ. Frankfurt (1968 o. Prof.). Etwa 100 Fachveröff.

POHLMANN, Eberhard

Syndikus, MdB (s. 1969) - Danziger Str. 3, 3520 Hameln/Weser (T. 6 50 80) - Geb. 31. März 1931 Bielefeld, ev., verh. - Gymn. Bielefeld; Univ. Frankfurt/M., Heidelberg, Münster/W. (Rechts- u. Staatswiss.). Jurist. Staatsex. 1955 u. 1959 - 1960-63 Justitiar Fa. I. D. Broelemann, Bielefeld; s. 1963 Geschäfts- u. Hauptgf. (1968) Arbeitsgem. d. Unternehmer f. Industrie, Handel u. Gewerbe im mittl. Weserbergl. (AdU) ebd. 1969 ff. Landesvors. Europa-Union Nieders. CDU s. 1966.

POHLMANN, Heinz-Werner

Dipl.-Ing., Vorsitzer Geschäftsführung Stadtwerke Hamm GmbH a. D. - Priv.: Von-Siemens-Str. 6, 4700 Hamm 1 (T. 02381 - 5 00 20) - Geb. 27. Juni 1930 Münster (Vater: Heinrich P., Bauing. †; Mutter: Elisabeth, geb. Derenthal †), kath., verh. s. 1963 m. Margret, geb. Hilleringmann, 2 Töcht. (Sibylle, Ulrike) - Gymn. Paulinum Münster; TH Aachen (Dipl.), Univ. Münster - VEW, Stadtwerke Duisburg u. Hamm GmbH, Handelsrichter LG Dortmund, Beiratsmitgl. Gelsenwasser AG.

POHLMANN, Willi (Wilhelm)

Brandamtm., Oberbürgermeister (s. 1984), MdL Nordrh.-Westf. (s. 1970) - Bochumer Str. 26, 4690 Herne 1 (T. 5 27 52) - Geb. 8. März 1928 Herne, verh., 2 Kd. - Volkssch.; Höh. priv. Lehranst.; kaufm. Lehre; Umschul. Stahlbauschlosser - 3 J. Bergbau; s. 1953 Berufsfeuerwehr. SPD s. 1946, Kreisvors.

POHLMEIER, Heinrich

Dr. phil., Studiendirektor, MdB (s. 1980) - Erlenwäldchen 3, 4793 Büren/W. (T. 21 64) - Geb. 22. Aug. 1922 Ostenland/W., verh., 1 Kd. - Schule Paderborn (Abit.); 1941-45 Kriegsdst.; Univ. Münster (Philol., Päd.; Staatsex.) - 1964-72 Stadtverordn. Büren (Fraktionsvors.). CDU, 1964-74 CDU-Kreisvors. Büren, s. 1975 CDU-Kreisvors. Paderborn. 1970-80 MdL Nordrh.-Westf., s. 1980 Mitgl. d. Dt. Bundestages. Mitgl. d. Aussch. f. wirtsch. Zusammenarb. - BVK am Bde.

POHLMEIER, Hermann

Dr. med., o. Prof. f. Med. Psychologie Univ. Göttingen (s. 1975) - Humboldtallee 3, 3400 Göttingen - Geb. 17. Juli 1928 D'dorf (Eltern: Hermann, Arzt u. Käthe P.), verh., T. Alexandra - Hum. Gymn.; Stud. d. Theol. Phil., Med., Psychoanalyse - 1964-69 Assist.- u. Oberarzt MPI f. Psychiatrie München, 1974-75 Leit. psychiatr. Ambulanz Univ. Ulm - BV: Depression u. Selbstmord, 1971 (auch franz.; Neuaufl. 1980); Psychosoz. Rehabilitation (Hrs.), 1973; Selbstmord u. Selbstmordverhütung, 1978 (Neuaufl.

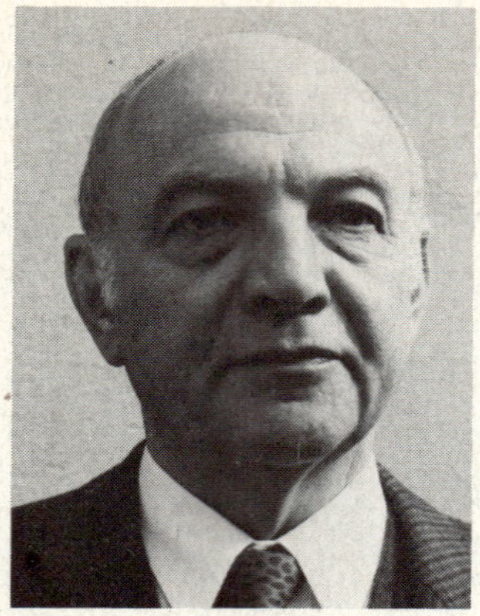

1983); Med. Psychol. u. Klinik, 1982 - Liebh.: Musik - Spr.: Engl.

POHMER, Dieter

Dr. rer. pol., Dipl.-Kfm., o. Prof. f. Volkswirtschaftslehre, Vorstand der Konzentrationsforschungsabt. u. d. Abt. Volkswirtschaftslehre, insb. Finanzwiss. d. Univ. Tübingen - Wolfgang-Stock-Str. 25, 7400 Tübingen (T. 6 32 73) - Geb. 31. Dez. 1925 Berlin (Vater: Herbert P., Großhandelskfm. (Fa. Cuno Pohmer); Mutter: Berta, geb. Bünte), ev., verh. s. 1961 m. Dr. med. Gisela, geb. Hustedt, 3 Söhne (Klaus, Frank, Jörg) - Schulen Berlin; 1948-50 WH Mannheim, 1950-53 FU Berlin - 1957 Privatdoz. FU Berlin; 1959 Ord. Univ. Tübingen. 1962 Mitgl. Wiss. Beirat Bundesfinanzmin.; 1984ff. Mitgl. Sachverständigenrat z. Begutacht. d. gesamtwirtsch. Entwickl. u. a. - BV: Wesen u. Grenzen betriebsw. Berechtigung stiller Reserven in d. Jahresbilanz in dynam. u. stat. Betrachtung, 1952 (Diss.); Grundl. d. betriebsw. Steuerlehre, 1958; D. Neuordnung d. Umsatzbesteuerung, 1960; (m. F. X. Bea), D. Behandlung gebraucht. Kraftfahrzeuge i. dt. Umsatzsteuerrecht, Schriftenreihe d. Verbandes d. Automobilindustrie e. V. (VDA), Nr. 17, 1975; (m. F. X. Bea) Produktion u. Absatz, 1977. Herausg.: Festschr. f. Wilhelm Eich (Prüfung u. Besteuerung d. Betriebe), 1959; Probleme d. Finanzausgleichs, II/III, 1980/81. Mithrsg.: Schriftenreihe Betriebsw. Forschungsergebnisse (Bd. 31 ff.), Entwurf e. Gesetzes z. Schutze freier Meinungsbildung, 1972; Reihe: Finanzwiss. Schr. - 1981 BVK I. Kl.

POLDER, Markus

s. Krüss, James

POLENZ, von, Peter

Dr. phil. (habil.), o. Prof. f. german. Linguistik - Marienstr. 8, 5501 Korlingen - Geb. 1. März 1928 Bautzen/Sa. - S. 1959 Lehrtätigk. Univ. Marburg u. Heidelberg (1961 ao., 63 o. Prof.), Trier (1975) - BV: Altenbg. Sprachlandschaft, 1954; Landschafts- u. Bezirksnamen im frühmittelalterl. Dtschl., 1961; Funktionsverben im heut. Deutsch, 1963; Gesch. d. dt. Sprache, 9. A. 1978; Dt. Satzsemantik, 1985. Zahlr. Einzelarb. - 1980 Konrad-Duden-Preis.

POLHEIM, Karl Konrad

Dr. phil., o. Prof. f. Neuere dt. Sprache u. Literatur Univ. Bonn (s. 1967) - Lahnstr. 13, 5300 Bonn 2 (T. 37 92 30) - Geb. 23. Sept. 1927 Graz/Österr. (Vater: Prof. Dr. phil. Karl P., 1929-45 Ord. f. Dt. Sprache u. Lit. Univ. Graz; Mutter: Irmgard, geb. v. Vogtberg), kath., verh. s. 1963 m. Dr. phil. Edda, geb. Eder, 2 Kd. (Ava Christina, Karl Wolfram) - Gymn. u. Univ. Graz (Dt., Gesch., Volkskd., Kunstgesch.). Promot. (1951) u. Habil. (1964) Graz - 1952-65 Gymnasiallehrer Graz; 1965-67 Doz. Univ. Köln - BV: D. dt. Gedichte d. Vorauer Handschrift, 1958 (Faksimile-Ausg. u. Einleit.); Friedrich Schlegel: Lucinde, 1963; Novellentheorie u. -forsch., 1965; D. Arabeske - Ansichten u. Ideen aus Friedrich Schlegels Poetik, 1966; Theorie u. Kritik d. dt. Novelle, 1969; D. Poesiebegriff d. dt. Romantik, 1972; D. Admonter Passionsspiel - Textausg., Faksimileausg., Untersuchungen, 3 Bde., 1972 u. 1980; Handb. d. dt. Erz., 1981; Lit. aus Österr.-Österreich. Lit., 1981; Zw. Goethe u. Beethoven - Verbind. Texte z. Beethovens Egmontmusik, 1982; F. v. Saar-Festschr. z. 150. Geb., 1985; Text u. Textgesch. d. Taugenichts (m. Karl Polheim †), 2 Bde. 1989; Wesen u. Wandel d. Heimatlit., 1989. Krit. Ausg. v. M. v. Ebner-Eschenbach u. F. v. Saar, ab 1978 - 1958 Österr. Reiterabz. in Gold; 1981 Österr. Ehrenkreuz f. Wiss. u. Kunst I. Kl. - Lit.: Heimo Reinitzer (Hrsg.). Textkritik u. Interpretation. Festschr. z. 60. Geb. (1987).

POLL, Christel

Prof. f. Bildende Kunst u. i. Didaktik - Uhlandstr. Nr. 7, 4800 Bielefeld (T. 15 02 39) - o. Prof. GHS Paderborn (Malerei, Mosaik, Glasfenster).

POLL, Kurt

Dr. rer. nat., Geologe, Prof. f. Allg. u. Angew. Geologie, Dir. Geolog.-Paläontol. Inst. Univ. Münster/W. (s. 1981) - Krummer Timpen 6, 4409 Hohenholte - Geb. 7. Mai 1930 Bork/W., ev., verh. s. 1962 m. Dr. Roswitha, geb. Bauer, Ltd. Bibl.-Dir. - Promot. 1962; Habil. 1971 - Naturschutzbeirat Erlangen 1972-82; Mitgl. DIN Normenaussch. Baugrund. Forsch.schwerp.: Altlasten, Lagerstätten in Syrien, Grundwasser in Jordanien u. Spanien - BV: D. Erlanger Regnitztal. Modellvers. Regionalplanung, 1981. Herausg. (m. J. Franke): Z. Geol. d. Weyerer Bögen; Nördl. Kalkalpen (Erlanger geol. Abh., Heft 88, 1972); D. Main-Donau-Kanalprojekt, Angew. Geol. (Erlanger geol. Abh., Heft 110, 1982). Fachveröff. üb. Altlasten - 1982 Gold. Verdienstnadel Bund Naturschutz.

POLL, Lothar C.

Rechtsanwalt, Geschäftsf. d. Verlag Der Tagesspiegel GmbH, d. Pressestiftung Tagesspiegel, d. Argon Verlags GmbH, u. d. Mercator Druckerei GmbH, Berlin - Lützowplatz 7, 1000 Berlin 30 (Tiergarten) (T. 030 - 261 70 92) - Geb. 25. Dez. 1937 Berlin (Vater: Bernhard P., Archivdir.; Mutter: Elsbeth, geb. Carbyn), verh. s. 1963 m. Eva, geb. Keller, T. Nana - Gymn. Krefeld u. Aachen (Abit.); Stud. Rechts- u. Staatswiss. Tübingen, Bonn, Berlin u. Köln; 1. jur. Staatsex. 1961 Köln; 2. jur. Staatsex. 1965 Berlin - 1964-68 Kulturkorresp. mehrerer Rundf.- u. Fernsehanst.; s. 1966 RA, s. 1968 Justitiar u. Redakt., 1984 Geschäftsf. Berliner Tagesspiegel u. d. Mercator Druckerei GmbH. S. 1984 Mitgl. d. Rundfunkrates, s. 1985 auch d. Verwaltungsrates d. Senders Freies Berlin (SFB). S. 1988 Lehrbeauftr. am Publiz. Inst. d. FU Berlin - BV: Hermann Albert Werkübersicht d. Bilder u. Zeichnung. in 2 Bde, 1978; Peter Sorge. Werkverz., 1979; Joachim Schmettau, Ein Alphabet, Werkübersicht d. Zeichnung., 1982; Huldigung an Max Beckmann, 1984; Positionen d. Realismus, 1987; Szene Moskau, 1988.

POLL, Michael

Dr. med., Prof. Univ. Heidelberg, Chefarzt Med. Klinik Lübbecke - Heidkopfweg 11, 4990 Lübbecke 1 (T. 05741 - 2 06 88); dstl.: Med. Klinik, Kreiskrankenhs., 4990 Lübbecke 1 - Geb. 22. April 1941 Graudenz (Vater: Ernst-Friedr. P., Arzt; Mutter: Friedel, geb. Warmbier), ev., verh. s. 1968 m. Barbara, geb. Enders, 3 T. (Friederike, Karolin, Uta) - Univ. Heidelberg u. Wien; Med. Staatsex. u. Promot. 1967 Heidelberg, Habil. 1977 Klinikum Mannheim - 1975-83 ltd. Abt.-Arzt Krkhs. Speyerhof, Heidelberg; s. 1983 Prof. u. Chefarzt Med. Klinik Lübbecke - BV: Gastroduodenoskopie, 1982; 50 Veröff. z. Thema Gastroent. u. Endoskopie - Liebh.: Bonsai, Fotogr., Musik - Spr.: Engl., Franz.

POLLAK, Helga

Dr. rer. pol., o. Prof. Univ. Göttingen (s. 1971) - Tuckermannweg 4, 3400 Göttingen - Geb. 4. Febr. 1935 Mährisch-Schönberg (Vater Leo P., Ing.; Mutter: Josefine, geb. Nittmann), kath. - Promot. 1965 Frankfurt; Habil. 1971 ebd. - S. 1975 Mitgl. wiss. Beirat Bundesmin. d. Finanzen; s. 1987 Senatsmitgl. DFG.

POLLAK, Wolfgang

Dr. phil. (habil.), o. Prof. f. Roman. Philologie Univ. Frankfurt (s. 1963) - Mertonstr. 17 (Univ.), 6000 Frankfurt/M. - Geb. 28. Nov. 1915 Mürzzuschlag/Steierm. - Univ. Wien (Roman., German.). Lehramtsprüf. 1946 - Schuldst. Wien; Lektor Univ. Lille u. Besançon; zul. Doz. Univ. Wien - BV: Studien z. Verbalaspekt im Französischen, 1960; Brosch.: German.-roman. Sprachbezieh. auf d. Gebiet d. Staates, d. Rechts u. d. Politik, 1955; D. dt. Sprache im Spiegel d. franz., 1955. Div. Einzelarb.

POLLARD, Sidney

Ph. D., Prof. f. Allg. Geschichte (Wirtschaftsgesch.) Univ. Bielefeld - Loebellstr. 14, 4800 Bielefeld 1 (T. 0521 - 17 83 90) - Geb. 21. April 1925 Wien (Vater: Moses P., Vertreter; Mutter: Leontine, geb. Katz), isr., verh. s. 1982 in 2. Ehe mit Helen, geb. Trippett, 3 Kd. aus 1. Ehe (Brian Joseph, David Hugh, Veronica Ruth) - 1947-50 Univ. London (B.Sc. [Econ] 1948, Ph.D. 1951) - 1950-63 Univ. Sheffield; 1963-80 o. Prof. ebd.; s. 1980 Univ. Bielefeld - BV: 19 Bücher z. Wirtschaftsgesch. in engl. Sprache, 1954-82; u. a. Veröff. - 1966 Amerik. Newcomen Preis (f. bestes Buch d. Untern.-Gesch.) - Liebh.: Musik, Wandern - Spr.: Engl.

POLLER, Horst

Dr. agr., Dr. rer. pol., Geschäftsführer Verlag Bonn Aktuell GmbH, Stuttgart - Am Maurener Berg 11, 7257 Ditzingen/Württ. (T. 3 48 11) - Geb. 3. Mai 1926 Selb, ev., verh. s. 1952 m. Lore, geb. Junghans, 3 Kd. (Helene, Thomas, Karin) - TH München, Univ. Freiburg - BV: Politik i. Querschn. Handb. d. Außenwirtsch. (Hrsg.) - Spr.: Eng., Franz. - Rotarier.

POLLERMANN, Max

Dr. rer. nat., Prof. emerit., Kernforschungsanlage Jülich - Wilhelm-Vogt-Str. 1, 5170 Jülich/Rhld. (T. 38 02) - Geb. 18. Okt. 1908 Balingen/Württ. - S. 1949 (Habil.) Lehrtätigk. TH Karlsruhe, München, Aachen (1958 apl. Prof. f. Physik, 1960-73 Dir. Zentralinst. f. Reaktorexper. KFA Jülich - BV: Einf. in d. Physikal. Praktikum (M. Gerthsen); Bauelemente d. Physikal. Technik. Üb. 20 Fachaufs. Mithrsg.: Ztschr. Kerntechnik u. Thiemig Taschenbücher. Dok.: Erfindungen z. Energietechnik f. BMFT.

POLLEY, Rainer

Dr. iur. habil., apl. Prof., Archivoberrat - Haspelstr. 17, 3550 Marburg - Geb. 22. Mai 1949 Mölln, ev., ledig - 1967-71 Stud. Jura Univ. Kiel; 1. u. 2. jurist. Staatsprüf. 1971 u. 1974; Promot. 1972 Kiel; Habil. 1979 Kiel; Archivar. Staatsprüf. 1979 - 1986 apl. Prof. Univ. Kiel. Archivoberrat Hess. Staatsarchiv Marburg u. Lehrbeauftr. Archivsch. Marburg - Inst. f. Archivwiss. - BV: A.F.J. Thibaut in s. Selbstzeugnissen u. Briefen, 3 Teile, 1982; Aufs. d. Landes-, Verfassungs-, Verwaltungs- u. Rechtsgesch. - Liebh.: Musik - Spr.: Engl., Franz., Latein.

POLLMANN, Josef

Msgr., Prof., Hochschullehrer - Weierstraßweg 25, 4790 Paderborn - Geb. 15. Sept. 1912 Harth/W. (Vater: Aloys P., Lehrer), kath. - U. a. o. Prof. f. Religionslehre u. Methodik d. kath. Religionsunterr. bzw. kath. Religionspäd. Päd. Hochsch. Westf.-Lippe/Abt. Paderborn.

POLLMANN, Leo

Dr. phil., o. Prof. f. Romanistik - Universitätsstr. 31, 8400 Regensburg (T. 0941 - 943 33 72) - Geb. 3. Mai 1930 Bocholt (Vater: Bernhard P., Kaufm.;

Mutter: Bernhardine, geb. Ueffing), kath., verh. s. 1953 m. Ruth, geb. Herbstrith, 3 Kd. (Bernhard, Fatima, Klaus) - Stud. Anglistik, Klass. Philol. Rom., Münster, Paris (Sorbonne), Freiburg. Promot. (1955) u. Habil. (1965) Freiburg - 1956-65 höh. Schuldst. (zul. Studienrat Goethe-Gymn. Freiburg); 1966 Ord. TU Berlin, 1969 Univ. Erlangen-Nürnberg, s. 1978 Univ. Regensburg. 1967 Gastprof. Valparaiso (Chile); 1984 Gastvorles. Tucumán u. Salta (Argent.) - BV: Chrétien de Troyes und d. Conte del Graal, 1965; D. Liebe in d. hochmittelalterl. Literatur Frankreichs, 1966; D. Epos in d. roman. Literaturen, 1966; Sartre u. Camus, 3. A. 1976 (auch amerik., span., jap. Ausg.); D. Neue Roman in Frankreich u. Lateinamerika, 1968 (auch span. Ausg.); D. franz. Roman im 20. Jh., 1970; Literaturwiss. u. Meth., 1971; Gesch. d. franz. Lit., Bd. 1 1974, Bd. 2 1975, Bd. 3 1978; Ges. d. lateinamerikan. R., 2 Bde., 1982-84; Gesch. d. franz. Lit. d. Gegenwart (1880-1980), 1984; Argent. Lyrik im lateinamerikan. Kontext, 1987 - Spr.: Franz., Engl., Ital., Span., Portugies.

POLLOCZEK, Heinrich

Prof. f. Didaktik u. Methodik d. Musik Erziehungswiss. Hochsch. Landau - Vogesenstr. 12, 6740 Landau (T. 8 77 78) - Geb. 5. Jan. 1903 Breslau (Vater: Gottlieb P., Beamter; Mutter: Anna, geb. Wloka), kath., verh. s. 1940 m. Gertrud, geb. Töge, 6 Kd. (Claudia, Michael, Andreas, Matthias, Beatrix, Bettina) - Stud. d. Musik, German., Kunstgesch. Univ. Breslau u. Sprecherz. Univ. Berlin - 1927-36 Tätigk. (Sing- u. Spielleit.) innerh. Laienspiel- u. -musik, dann Konzertsänger, Theater- u. Konzertkritiker, Chorleit.; 1936-42 Mitarb. Reichssender Breslau; 1939-42 Lehrtätigk. Hochsch.inst. f. Musikerz. ebd.; 1946-50 Kantor Deggendorf/Niederb.; 1952-60 Mentor u. Fachleit. Gymn. Speyer; 1955-60 Gründer u. Leit. Domsingsch. ebd.; 1960-1968 Erz.wiss. HS Landau - BV: Sing- u. Spielmusik aus Schlesien, 1936; Grundriß e. Kinderstimmkde., 1964. Wiss. Ess.; Rezensionen. Spez. Arb.-geb.: Behandl. sprachgestörter Kinder, Musik u. Rhythm. z. Therapie behinderter Kinder - Liebh.: Kakteensammler - Lit.: Wolfgang Schwarz (Herausg.): Festschr. z. 65. Geburtstag v. H. P. (1968).

POLLOK, Karl-Heinz

Dr. phil., Prof. f. Slav. Philologie - Bischof-Landersdorfer-Str. 2, 8390 Passau (T. 0851 - 5 31 86) - Geb. 22. Aug. 1929 Gera (Vater: Karl-Ludwig P., Angest.; Mutter: Ella, geb. Hesse), ev., verh. s. 1957 m. Dorothea, geb. Günther, 4 Kd. (Martin, Christiane, Nikolaus, Konstantin) - Obersch. Gera; Univ. Jena, Berlin, Göttingen (Slav. Philol., Turkol., Osteurop. Gesch.). Promot. (1955) u. Habil. (1963) Göttingen - S. 1967 Ord. Univ. Regensburg (1968-71 Rektor). Präs. Univ. Passau s. 1976. Mitgl. d. Präsid. u. d. wiss. Beirat Südeuropa-Ges., Komm. f. Ost- u. Südosteuropa, Bayer. Akad. d. Wiss. u. d. Strukturaussch. Univ. Bamberg u. Bayreuth 1971-76. Vors.: Bayer. Hochschulplanungskomm. b. Staatsmin. f. Unterr. u. Kult. (1971-76) u. Strukturaussch. f. d. Univ. Passau (1974-1976) - BV: Studien zur Poetik u. Komposition d. balkanslavisch-lyr. Volksliedes, 1964; Der neustokav. Akzent und die Struktur d. Melodiegestalt d. Rede - E. experimentalphonet. Untersuchung z. serbokroat. Akzent, 1964. Mithrsg.: Langenscheidts Taschenwörterb. d. russ. u. dt. Sprache/ Dt.-Russ., 1964 (m. M. Braun) - 1972 Bayer. VO.; 1981 BVK am Bde., 1985 I. Kl.; 1983 Bürgermed. Stadt Passau; 1987 Bayer. Verfassungsmed. in Silber; korr. Mitgl. Acad. d. Sciences, Insciptions et Belles-Lettres, Classe Belles-Lettres, Toulouse - Liebh.: Mittelalterl. Kunst u. Arch. - Spr.: Russ., Serbokroat., Bulg., Tschech., Engl.

POLO, Georg

s. Polomski, Georg

POLOMSKI, Georg

Verleger Battert-Verlag Baden-Baden, Schausp., Schriftst. (Ps. Georg Polo) - Töpferweg 10, 7570 Baden-Baden (T. 07221 - 6 44 70) - Geb. 23. März 1920 Antonin/Posen, kath., verh. s. 1944 m. Lilo, geb. Böhl, T. Gisela - 1938-40 Schauspielsch. Michael Alland, Breslau; II. Bühnenprüf.; 1943-45 Oberschles. Schauspiel, Gleiwitz - Jugendl. Charakterspieler; 1945-49 Theaterleit., Regiss. Junge Bühne Schöllkrippen; 1949-50 Korresp. Main-Echo Aschaffenburg; 1950-54 Chefredakt. in Frankfurt/M.; 1955-72 Lektor in Frankfurt, Rastatt, Köln (Fachgeb.: Roman, Drama, Kurzgesch., Lyrik); Pilzberat. Stadt Baden-Baden, 1. Vors. Naturheilverein Baden-Baden; 1972 Gründ. Battert-Verlag - BV: Frost in d. Frühlingsnacht, R.; Dramen: Weihnachtslegende; D. scheinheilige Leopold; D. falsche Schwiegersohn; Kurzgesch.: D. Gespenst auf d. Friedhof; D. Mann auf d. Parkbank; D. Friedensapostel; Grossvater kauft e. Auto, Fernsehsp. 1960 (WDR Köln); Ged.: Rosen f. Liebende, Auf deinem Gesicht e. Lächeln; Solange wir zwei uns lieben.

POLOMSKY, Hubert Winfried

Dr.-Ing., Dipl.-Ing., Mitglied d. Vorstandes (Vertrieb) Mannesmann Demag AG - Straubinger Str. 9, 4100 Duisburg 28 - Geb. 3. Nov. 1931 Berlin - Dipl. 1957 TU Berlin.

POLÓNYI, Stefan

Dr.-Ing., E.h., Dipl.-Ing., o. Prof. f. Tragkonstruktionen Univ. Dortmund (s. 1973), Prorekt. Univ. Dortmund (1978), Dekan Abt. Bauwesen (1983-87) - St. Apernstr. 20, 5000 Köln 1 (T. 21 99 55) - Geb. 6. Juli 1930 Gyula/Ung. (Vater: Károly P., Studienrat; Mutter: Elisabeth, geb. Becker), verh. s. 1960 m. Edeltraud, geb. Fremersdorf, 2 Söhne (Carl-Georg, Thomas) - Gymn. Gyula (Abit. 1948); TU Budapest - 1952-56 Assist. TU Budapest (Dipl. 1952); 1956-57 Statiker Fa. Bauwens, Köln, dann berat. Ing. ebd.; 1965-73 Ord. TU Berlin; Inh. Ing.-Büro Köln/Berlin - U. a. stat. Bearb. Überdachung Olympiastadion Berlin, Flughafen Tegel, Krkhs. Berlin-Neukölln, Leichtathletikhalle Dortmund, Galeria Messe Frankfurt, Spielbank Dortmund-Hohensyburg, Doppelinst. TU Berlin/Fraunhofer-Ges. 1985 Ehrendoktor GHS Univ. Kassel - BV: u. a. Rohbaukosten-Analyse v. Wohngebäuden, 1969; Kosten d. Tragkonstruktion v. Skelettbauten, 1976; Hallen, 2. A. 1987; ... m. zaghafter Konzequenz, 1987. Zahlr. Fachveröff. - 1977, 78 u. 87 Europ. Stahlbaupreise.

POLSTER, Olaf Jürgen

Dr. med. (habil.), Orthopäde, Prof. - Fasanenweg 2b, 4400 Münster/W. (T. 31 50 77) - Geb. 27. April 1933 Großsteinberg (Vater: Gerhard F., Lehrer; Mutter: Elsa, geb. Espenhain), ev., verh. s. 1959 m. Ingeborg, geb. Kunz, 3 Kd. (Olaf, Ingmar, Solveig) - Stud. d. Med. Univ. Leipzig (Staatsex. 1956; Promot. 1957; Habil. 1970) - S. 1971 Prof. Univ. Münster - BV: Hämodynamik d. Knochens, 1970 - 1970 Heine-Preis d. DGOT.

POLZER, Ursula

Geschäftsführerin Verb. dt. Schriftsteller in d. IG Druck u. Papier (s. 1985) - Friedrichstr. 15, 7000 Stuttgart 1 - Geb. 1951 - Promot. (Politikwiss.) - Zul. Referatsleit. in d. Abt. Jugend, DGB-Bundesvorst.

POLZIEN, Paul

Dr. med., Prof., Internist - Zul. Trautenauer Str. 23, 8700 Würzburg (T. 7 60 96) - Geb. 18. Okt. 1918 Rößel/ Ostpr. (Vater: Paul P., Kaufm.; Mutter: Martha, geb. Pusch), kath., verh. s. 1978 m. Dr. Edith, geb. Berndt, 2 Söhne (Paul, Peter) - Promot. 1946 Erlangen; Habil. 1957 Würzburg - S. 1957 Lehrtätigk. Univ. Würzburg (1962 Diätendoz., 1964 apl. Prof., 1965 Oberarzt, 1981 Komm. Leit. Med. Poliklinik d. Univ., 1983 Privatpraxis). Somat. Nachweis. d. autohypnot. Zustands; Beschreib. d. Krankheitsbildes d. paroxysmalen Hypothermie - BV: Üb. d. Physiol. d. hypnot. Zustands als e. exakte Grundl. f. d. Neurosenlehre, 1959 (Basel/New York). Üb. 70 Einzelarb. - 1961 Member Intern. Committee for the Coordination of Clinical Application und Teaching in Autogenic Training (ICAT); 1977 Ernst-v.-Bergmann-Plak. - Liebh.: Fotogr. - Spr.: Engl.

POMMEREHNE, Werner W.

Dr. rer. soc., Prof. FU Berlin u. Univ. Zürich - Althoffstr. 1, 1000 Berlin 41; u. Frey, Niederdorfstr. 29, CH-8001 Zürich - Geb. 19. Juni 1943, verh. s. 1971 m. Barbara Häß - Ausb. z. Bankkaufm.; Stud. Volkswirtsch. Univ. Freiburg, Bochum, Basel; Lic.rer.pol. 1970 Basel; Promot. 1975 Konstanz - 1982 Maître assist. et chargé de cours Univ. de Paris-Nanterre; 1983 Prof. associé Univ. de Poitiers; 1984 Chargé de cours Univ. de Genève; s. 1985 Priv.-Doz. Univ. Zürich; s. 1986 Univ.-Prof. FU Berlin. 1989 Prof. invité Univ. Paris I-Panthéon-Sorbonne - BV: D. heimliche Wirtschaft (m. H. Weck-Hannemann u. Bruno S. Frey), 1986; Präferenzen f. öfftl. Güter, 1987; Muses and Markets: Explorations in the Economics of Art (m. Bruno S. Frey), 1989. Herausg. (m. B. S. Frey): Ökonomische Theorie d. Politik (1979) - 1981 Medaille d'honneur Univ. de Liège/Belg. - Liebh.: Malerei, Keramik - Spr.: Engl., Franz., Ital.

POMMERENK, Jürgen

Ing., Vorstandsmitglied Westd. Licht- u. Kraftwerke AG. - Bernhard-Hahn-Str. 6, 5140 Erkelenz b. Aachen.

POMMERENKE, Christian

Dr. rer. nat., o. Prof. Fachbereich (Arb.gebiet: Funktionentheorie) Mathematik TU Berlin - Kasinoweg 11, 1000 Berlin 28 (T. 406 13 60) - Geb. 17. Dez. 1933, verh., 4 Kd. - BV: Univalent functions, 1974.

POMMERENKE, Günther

Kaufmann, Geschäftsf. Malzfabrik Rheinpfalz GmbH, Pfungstadt - Am Hansenberg 22, 6109 Mühltal 3 Nieder-beerbach (T. 06151 - 59 32 36) - Geb. 15. Febr. 1928 Heidelberg, ev., verh. s. 1957, 3 Kd. - 1959-75 Vorst. Malzfabrik Gengenbach AG, 1968-75 Vorst. Malzfabrik Schragmalz AG, s. 1976 Geschäftsf. Malzfabrik Rheinpfalz.

POMMERENKE, Siegfried

Vorsitzender DGB-Landesbez. Baden-Württemberg (1982 ff.), MdL Baden-Württ. - Rembrandtweg 2, 7920 Heidenheim-Schnaitheim/Brenz - Geb. 12. Okt. 1933 Heidenheim - SPD.

POMPL, Werner

Lic. oec., Auslandsdirektor Deutsches Verkehrsbüro (Dt. Zentr. f. Tourismus) - Talstr. 62, CH-8001 Zürich (T. 221 13 87).

PONGRATZ, Ludwig

Dr. phil. (habil.), o. em. Prof. f. Psychologie - Flürleinstr. 37, 8700 Würzburg 25 - Geb. 25. Juli 1915 Straubing, verh. m. Dr. Josa-Maria, geb. Vogt - Dipl.-Psych. 1950; Promot. 1951; Habil. 1959; Privatdoz. Univ. Heidelberg 1959; Prof. Päd. Hochsch. Würzburg 1963; Ord. Univ. Würzburg 1966 - BV: Psych. menschl. Konflikte, 1961; Problemgesch. d. Psych., 2. A. 1984; Mithrsg.: Psych. in Selbstdarst., 1972; Herausg.: Psychotherap. in Selbstdarst. 1973, Phil. in Selbstdarst. I, II u. III 1974/75 u. 1977; Päd. in Selbstdarst. I, II u. III, 1975/76 u. 1978; Lehrb. d. Klin. Psychol., 2. A. 1975; Handb. d. Psychol. Bd. VIII: Klinische Psychol. 1. Halbbd. 1977, 2. Halbbd. 1978; Psychiatrie i. Selbstdarst., 1977; Hauptströmungen d. Tiefenpsychol. 1983.

PONGRATZ, Toni

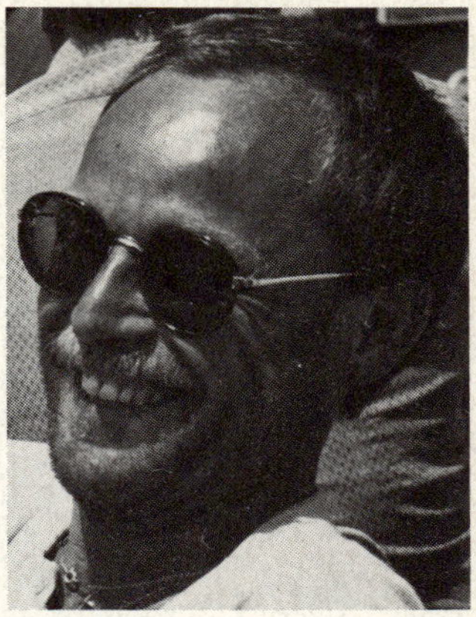

Krankenpfleger, Verleger - Am Kalvarienberg 4, 8395 Hauzenberg - Geb. 6. Okt. 1951 Hofkirchen, kath., verh., S. Sebastian - Human. Gymn. Passau; Krankenpflegesch. Passau, Tübingen - Ltd. Fachkrankenpfleger f. Intensivmed.; Verleger Edition T. P.; stv. Vors. Verein Kulturwochen Hauzenberg; Verleger. Tätigk., Erstdrucke signiert v. Kunze, Kunert, Grass, Böll u. a., außerd. Lit.-Graph. Blätter u.a. Grieshaber, Theuerjahr, Sauerbruch; Graphikedit. Künstler f. Afrika - Liebh.: Lit., mod. Graphik.

PONNATH, Rudolf

Dipl.-Brauing., I. Bürgermeister Stadt Kemnath - Rathaus, 8584 Kemnath/Opf. - Geb. 3. Nov. 1923 Kemnath - Brauw. CSU.

POOK, Ernst-Günther

Prof. em., Musikpädagoge - Göbenstr. 20, 4950 Minden/W. (T. 2 59 79) - Geb. 20. Nov. 1902 Minden (Vater: Heinrich P., Reichsbahninsp.; Mutter: Paula Dirks), ev., verh. s. 1929 m. Marianne Edle v. Bausznern, 3 Söhne (Hans-Rainer, Eckhard, Michael) - Univ. Münster/ W. u. Berlin; Akad. f. Kirchen- u. Schulmusik Berlin - 1931-45 Studienrat d. künstler. Lehramts; 1948-67 Doz. u. Prof. (1956) Päd. Hochsch. Westf.-Lippe, Abt. Bielefeld (Lehrstuhl f. Musik u. Didaktik d. Musik) - Liebh.: Botanik - Bek, Vorf.: Waldemar Edler v. Bausznern (Komp.); Theodor Dirks (Oldbg. Mundartdichter).

POORTVLIET, van, Barbara

Texterfasserin, Schriftst. (Ps. Barbara Specht) - Birkerstr. 3, 8000 München 19 (T. 089-123 35 37) - Geb. 24. März 1943 Halle/S., ev., verh. s. 1972 m. Jan van Poortvliet - Abit.; Stud. German. u. Kunstgesch. Univ. München - BV: Schalom Katrin; Auf Wiedersehen, Sir Archibald; Schwarzwaldsommer, leicht gewittrig; Die Party ist vorbei; Reifezeit; Blut auf d. Blumen; u.v.m. Drehb.: D. Sozialstaat; Wer soll denn d. bezahlen? - Liebh.: Musik, Reisen - Spr.: Engl., Franz., Holl., Ital., Span.

POOS, Heinrich

Dr. phil., Prof., Komponist u. Musikwissenschaftler - Helgoländer Ufer 6, 1000 Berlin 21 - S. 1971 Prof. Hochsch. d. Künste Berlin. Vors. Ernst Pepping-Ges. Künstler. u. wiss. Arb. - 1987 BVK.

POP, Tiberius

Dr. med., Prof. u. Facharzt f. inn. Medizin u. Kardiologie Univ. Mainz - Krokusweg 43, 6500 Mainz 21 (T. 06131 - 47 19 04) - Geb. 6. Nov. 1940 Temeschburg/Rumän. (Vater: Tiberus P., Arzt; Mutter: Lucia, geb. Malaiu), kath., verh. s. 1974 m. Maria-Elisabeth, geb. Breuer, T. Gabriele - Promot. Temeschburg 1964; Habil. RWTH Aachen 1979 - 1964-72 Assist.arzt Temeschburg/ Rumän.; 1973-79 Assist.arzt RWTH Aachen; s. 1979 Oberarzt Univ. Mainz - Üb. 200 wiss. Arb. auf d. Geb. d. Kardiol. (Schwerp. Herzrhythmusstör. u.

POPIEN, Johannes
Geschäftsführer Messerschmitt-Bölkow-Blohm GmbH., Ottobrunn (s. 1970) - Fleischmannstr. 7, 8000 München 71 - Zul. Generalbevollm. Siemens AG - Spr.: Engl. - Rotarier.

POPITZ, Heinrich
Dr. phil., Prof. f. Soziologie - Sonnhalde 117, 7800 Freiburg - Geb. 14. Mai 1925 Berlin (Vater: Johannes P., preuß. Finanzmin.; Mutter: Cornelia, geb. Slot), ev., verh. s. 1958 m. Maria, geb. von Handel - Univ. Göttingen, Heidelberg, Basel, Cambridge (Phil., Gesch., Ökon.); Promot. Basel 1949, Habil. Freiburg 1957 - 1957-59 Priv.doz. Univ. Freiburg, 1959-64 o. Prof. Univ. Basel, s. 1964 wieder Univ. Freiburg, 1971/72 Theodor-Heuss-Prof., New York - BV: Div. wiss. Veröff. u.a.: D. entfremdete Mensch, Zeitkritik u. Gesch.phil. d. jungen Marx, 1953, 1968, 1973 u. 1980 (span. 1971, jap. 1978); D. Ges.bild d. Arbeiters, 1957 u. 1971 (ital. 1960, engl. 1969); Technik u. Industriearbeit, 1957 u. 76; D. Ungleichheit d. Chancen, 1964 u. 1965; Prozesse d. Machtbild., 1968 u. 73; D. Begriff d. sozialen Rolle, 1969 u. 75 (engl. 1972; jap. 1987); D. normative Konstr. v. Ges., 1980; Phänomene d. Macht, 1986 - Spr.: Engl. - Bek. Vorf.: Johannes Popitz († 1945), preuß. Finanzminister (Vater).

POPITZ, Peter
Ass., Bürgermeister Stadt Frankenthal - Mannheimer Str. 16, 6710 Frankenthal (T. 06233 - 6 47 48) - Geb. 8. Okt. 1937 Passau (Vater: Hanns-Heinz P., Bundesbahnoberrat; Mutter: Ursula, geb. Czyborra), ev., verh. s. 1965 m. Jutta, geb. Bathe, 3 S. (Andreas, Christian, Elmar) - Abit. 1958 Nürnberg; nach Wehrdienst 1959-64 Stud. Rechtswiss. Univ. München, Freiburg u. Berlin (dort 1. jurist. Staatsprüf. 1965, 2. Staatsprüf. 1968) - 1969-71 Gerichtsass. Berlin; 1971-72 Pers. Ref. d. Reg. Bürgerm. v. Berlin (Klaus Schütz); 1972-74 Leit. Pers. Büro d. Bundespräs. Gustav Heinemann, Bonn; 1974-76 Wiss. Mitarb. Bundesinnenmin.; s. 1976 hauptamtl. Bürgerm. Stadt Frankenthal (Pfalz). Mitherausg. Buchreihe: Frankenthaler Gespräche (s. 1982) - 1972-74 9 ausl. Orden u. Ehrenz. (u. a. Kommandeur d. Päpstl. St. Gregorius-O., Gr. Ehrenz. Rep. Österr.); 1980 Ehrennadel Bundesverb. f. d. Selbstschutz (BVS), 1987 Bismarck-Med. - Liebh.: Preuß. Gesch. - Spr.: Latein, Engl. - Bek. Vorf.: Prof. Dr. Johannes P., preuß. Finanzmin. (Großonkel).

POPKEN, John
Kaufmann (Fa. Adolf Popken, Eisenwaren/Hausgeräte), Vizepräs. IHK Lüneburg - Grapengießerstr. 4, 3140 Lüneburg (T. 4 10 56) - 1971 BVK I. Kl.

POPOVIĆ, Michael F. R.
Dr., Hauptgeschäftsführer Landesärztekammer Hessen, geschäftsf. Arzt - Broßstr. 6, 6000 Frankfurt/M.

POPP, Andreas
Dr. jur., Landrat i. R. (Donauwörth), s. XXVII. Ausg.

POPP, Hanns-Peter
Dr. rer. nat., Dipl.-Phys., o. Prof. f. Lichttechn. u. physikal. Elektronik Univ. Karlsruhe - Herrenstr. 31, 7500 Karlsruhe 1 - Geb. 2. Juni 1936 Marktredwitz (Vater: Johann Andreas P., Stadtbaum.; Mutter: Betty, geb. Schroth), ev., verh. s. 1962 m. Helga, geb. Blanderer, 2 Kd. (Andrea Evamaria Coelestina, Peter Hans-Christian) - Promot. (1966) u. Habil. (1973) München - 1969-75 Abt.sleit. Hochdrucklampen Osram-Forsch. (Entd.: Affinitätskontinua in Halogenlichtbögen, Molekülkontinua in Metallhalogenplasmen); 1975-80 o. Prof. f. Allg. Elektrotechn. u. -optik Univ. Bochum - Liebh.: Reiten, Windsurfen - Spr.: Engl., Franz.

POPP, Harald
Dr. phil., Oberstudiendirektor, Honorarprof. f. Didaktik d. Gesch. Univ. Erlangen-Nürnberg (s. 1974) - An d. Röth 2, 8520 Erlangen-Buckenhof - Geb. 22. Juli 1931 Neustadt/Aisch - Promot. 1957 - Landesvors. Fachgruppe Gesch./Sozialkd. Bayer. Philologenverb. (s. 1975), stv. Vors. Verb. d. Geschichtslehrer Dtschl. (1980-86) - BV: D. Einwirkungen v. Opfern, Vorzeichen u. Festen auf d. Kriegsfhg. d. Griechen im 5. u. 4. Jh. v. Chr., 1959. Mitautor versch. Geschichtsb. f. Gymn.

POPP, Karl
Dr.-Ing., Prof. f. Mechanik Univ. Hannover - Sauerbruchweg 49, 3057 Neustadt (T. 05032 - 6 13 18) - Geb. 14. Aug. 1942 Regensburg, verh. s. 1969 m. Brigitte, geb. Sichart v. Sichartshofen, 3 Kd. (Felix, Hannes, Kristin) - 1964-69 Maschinenbau-Stud. TU-München; Promot. 1972, nach Aufenth. in USA Habil. 1978 - S. 1981 Prof. Hannover. Zahlr. Fachveröff.

POPP, Lucia
Kammersängerin, Opernsängerin - Zu erreichen üb. Lydia Störle, Schildensteinstr. 4, 8000 München 80 (T. 431 19 56) - Geb. 12. Nov. in der CSSR - Musikstud. in Bratislava/CSSR - 1. Engagem.: Königin d. Nacht (Wiener Staatsoper). Koloratursopran, dann lyr. Sopran. Zahlr. Partien auf d. Bühne u. im Konzertsaal. Filme: Carmina burana, Verkaufte Braut, Rosenkavalier, Undine, Fledermaus u. a.; Arbeit unt. d. Dirig. Karajan, Klemperer, Kleiber, Solti, Böhm, Sawallisch, Sinopoli, Kubelik, Bernstein u. a. - Silb. Rose d. Wiener Philharm.

POPP, Manfred
Dr. rer. nat., Staatssekretär Min. f. Umwelt u. Reaktorsicherheit - Dostojewskistr. 8, 6200 Wiesbaden (T. 06121 - 81 71) - Geb. 5. Sept. 1941 München, ev., verh. m. Dr. Susanne, geb. Stalmann - Dipl.-Phys.; Promot.

POPP, Rainer H.

Medien- und PR-Manager, Generaldirektor, Programmdirektor, Journalist, Schriftsteller, Kunstmaler - In der Aue 62, 5000 Köln 50 (T. 02236 - 6 32 06 u. 6 79 04) - Geb. 24. März 1946 Staßfurt (Vater: Heinrich P., Oberstudiendir.; Mutter: Ilse, geb. Lehwald), ev., verh. s. 1973 m. Ingrid, geb. Nehren, 2 Kd. (Gregor Alexander, Nanni Kristina) - 1968-70 Volont. Goslarsche Ztg.; 1971-75 Chefreporter Donau Kurier, Ingolstadt; 1975-79 polit. Redakt. u. Reporter Westdt. Ztg., Düsseldorf; 1979-83 Korresp. Dt. Depeschen Dienst (ddp), Bonn; 1983-87 Chefredakt. Radio Luxemburg; 1987/88 Leit. Frühstücksfernsehen RTL plus; s. 1988 Programmdir. Radio Luxemburg; s. 1989 PR-Generaldir. telefit intern., Medien- u. PR-Manager, Programmdir. u. Untern. - BV: Gelächter, Lyr. 1968; Ein Irrenhaus fährt Achterbahn/30 Jahre Radio Luxemburg, 1987; Jahre d. Widders, R. 1988 - Bild. Kunst: Collagen, Plastiken, Gouache.

POPP, Walter
Prof., Erziehungswissenschaft, Schulpädagogik - Frankfurter Str. 10, 7410 Reutlingen (T. 16 18 01) - Geb. 5. Sept. 1927 Schwäb. Hall (Vater: Karl P., Justizobersekr.; Mutter: Maria, geb. Gaiser), verh. s. 1958 m. Hilde, geb. Jirgal, 2 Kd. (Ursula, Wolfgang) - 1951 Prüf. f. d. Lehramt, 1953-58 Stud. d. Phil., Päd., Angl., bis 1962 Schuldst. (Lehrer, Rektor), dann Doz. PH Schwäb. Gmünd; 1964 PH Reutlingen (1968 Prof., 1964-69 Leiter d. schulprakt. Ausbild.), 1969-70 Vors. d. Planungsgr. f. d. Gesamtsch. Weissacher Tal u. Mitgl. versch. Planungsgr. f. Modellschulen i. Bad.-Württ., 1971-81 Lehrbeauftr. Univ. Tübingen, s. 1987 PH Ludwigsburg - BV: Erziehungswiss. u. Schule b. Peter Petersen, 1971; Kommunikative Didaktik, 1976; Vergißt d. Schule unsere Kinder? (1978, m. F. Kümmel, F. Maurer, H. Schaal). Herausg.: Unterrichtsforsch. u. didakt. Theorie (1970, m. G. Dohmen u. F. Maurer); Neuorientierung d. Primarbereichs, 6 Bde. (1972-77; m. H. Halbfas u. F. Maurer). Mitherausg.: Reflektierte Schulpraxis, Loseblattw. (1969ff.); Päd. Interaktion (in: Enzyklopädie Erziehungswiss. Bd. 7 1985); Kommunikative Didaktik: Handlungsfähigkeit u. Kommunikation als Grundkategorien didakt. Theorie (in: W. Twellmann Hrsg.: Handb. Schule u. Unterr. Bd. 8.1, 1986).

POPP, Werner
Dipl.-Kfm., Dr. oec. publ., o. Prof. f. Operations Research Univ. Bern (Schweiz) - Sennweg 2/I, CH-3012 Bern (T. 031 - 65 80 41) - Geb. 23. April 1935 Selb/Bay. - S. 1967 Habil. u. 1967/68 Lehrtätig. Univ. Zürich, s. 1968 o. Prof. f. Statistik Univ. Mannheim, s. 1973 o. Prof. Operations Research Univ. Bern - BV: Einf. in d. Theorie d. Lagerhaltung, 1968; Div. Einzelarb. Mitverf.: Schätzen und Testen, 1976; Siarssy - E. Modell z. Simulation v. städt. u. regionalen Systemen, 1977; Grundlagen der Statistik, 1978.

POPPE, Hanno
Dr. med., o. Prof. f. Klin. Strahlenkunde u. Direktor Radiol. Univ.sklinik Göttingen - Rieswartenweg 1, 3400 Göttingen-Nikolausberg (T. 2 16 77) - Geb. 15. Aug. 1921 - S. Habil. Lehrtätig. Göttingen (b. 1965 apl., dann o. Prof.) 1967 ff. Vors. Dt. Röntgen-Gesellsch. - BV: Knochengeschwülste, Handb. 1968 (m. H. Hellner u. H. Schoen). Etwa 80 Fachaufs. - 1970 Ehrenmitgl. Kgl.-Belg. Ges. f. Radiologie, Brüssel; 1970 Mitgl. Dt. Akad. d. Naturforscher (Leopoldina), Halle/S.

POPPE, Rolf
Geschäftsführer VWD-Vereinigte Wirtschaftsdienste GmbH (1981ff.) - Niederurseler Allee 8-10, 6236 Eschborn 1 (T. 06196 - 40 50) - Journ., Verlagsleit. Spiegel-Verlag, Vorst. Gruner + Jahr, Geschäftsf. Ges. f. Wirtschaftspublizistik.

POPPEN, Marion
Hausfrau, Mitgl. Brem. Bürgerschaft (s. 1975) - Bardowickstr. 27, 2800 Bremen 1 - Geb. 15. Dez. 1932 Bremen, ev., verh., 2 Kd. - Realsch. - 1948-59 Ausbild. u. Angest. Nordd. Kreditbank AG., Bremen. Ehrenämter u. Funktionen (auch sportl. Art, u. a. Vors. Bremer Leichtathletik-Verb.). SPD.

POPPER, Karl
Sir, Dr. phil., Drs. h.c., D. Lit., M. A., em. Prof. f. Logik u. Wiss. Methoden - Zu erreichen üb. London School of Economics, Houghton Street, London WC2A 2AE - Geb. 28. Juli 1902 Wien - BV: Logik d. Forschung, 1935; D. Offene Ges. u. ihre Feinde, 2 Bde., 1958; D. Elend d. Historizismus, 1965; Objektive Erkenntnis: E. Evolutionärer Entwurf, 1973; D. beiden Grundprobleme d. Erkenntnistheorie, 1979; Auf d. Suche n. e. besseren Welt; Ausgangspunkte, Autobiogr. 1979; D. Ich u. s. Gehirn (m. John C. Eccles), 1982; Offene Gesellschaft - Offenes Universum, 1982; D. Zukunft ist offen, 1984 - 1984 Tocqueville-Preis Stiftg., Paris; Orden Pour le Mérite; Gr. BVK; Gr. Gold. Ehrenz. u. Ehrenz. f. Wiss. u. Kunst Rep. Österr.; Sonning-Preis f. Verdienste um d. europ. Kultur; 1989 Intern. Preis v. Katalonien.

POPPY, Wolfgang
Dr.-Ing., Prof. TU Berlin FG Konstruktion v. Baumaschinen (s. 1977) - Gralsritterweg 58, 1000 Berlin 28 (T. 030 - 401 51 05) - Geb. 1941 - Stud. Maschinenbau (Fördertechnik) TU Berlin; Promot. 1975 TU Berlin - 1974-76 Univ. Dortmund Abt. Bauwesen.

PORAK, Ulrich
Verlagsbuchhändler, Beiratsvors. B. Schott's Söhne - Postfach 36 40, 6500 Mainz 1.

PORITZ, Ernst-August
Holzkaufmann, Mitgl. Abgeordnetenhaus v. Berlin - Eichenallee 62, 1000 Berlin 19.

PORKERT, Manfred
Dr. phil., Prof. f. Sinologie, insb. Chinesische Medizin - Schäfflerstr. 6, 8901 Dinkelscherben - Geb. 1933 Biela, Sudentenland - Promot. 1957 Paris (Sorbonne), Habil. 1969 Univ. München - 1970 Univ.-Doz., s. 1975 Prof. Univ. München - BV: u. a. D. theor. Grundl. d. chin. Med., 1973; Lehrb. d. chines. Diagnostik, 1976; Klin.-chin. Pharmakol., 1978; D. chines. Med., 1982; Klass. chin. Rezeptur (m. C. H. Hempen), 1984; Systematische Akupunktur, 1985. Übers. - 1986 Ehrenpräs. SMS, Internat. Ges. f. chin. Med. München.

PORNSCHLEGEL, Hans
Prof. f. Arbeitswiss. Sozialakademie Dortmund - Hohe Str. 141, 4600 Dortmund. - Geb. 22. Sept. 1928 Frankfurt/M., röm.-kath., verh. s. 1954 m. Elisabeth, geb. Piechatzek, 4 Kd. (Thomas Norbert, Maria Hildegard, Johannes Edgar, Sebastian Günter) - Univ. Frankfurt/M.; Oxford; Dipl.-Volksw. 1954, Ancien Elève du Collége d'Europe, Bruges, Belgien, 1955 - 1955-56 IG Metall Vorst. Frankfurt/M.; 1956-67, 68-70 Leit. e. DGB-Bundesschule; 1967-68 UN(ILO)-Experte in Singapur; 1971-76 Hauptabt.leit. u. Ltd. Dir. b. Bundesinst. f. Berufsbildungsforsch. Berlin; s. 1976 Sozialakad. Dortmund, 1976-78 u. 1984-86 deren Leit. Zeitw. Vorst.-Mitgl. u. stv. Vors. Ges. f. Arbeitswiss.; Mitgl. u. Vors. Gesprächskr. Humanisier. d. Arbeitslebens b. BMFT; AR-Mitgl. u. Präsid.-Mitgl. Vereinigte Schmiedewerke GmbH, Bochum. Zahlr. intern. Beratungsmissionen - Div. Buchveröff. (teilw. m. a.) - Liebh.: Fotogr., sammelt Grafik.

PORSCH, Siglinde

Studiendirektorin Berufl. Schulen Geesthacht, Präsidentin Dt. Hausfrauenbund - Gorch-Fock-Weg 11, 2054 Geesthacht - Geb. 19. Juni 1932 Göttingen, verh. s. 1957 m. Helmut P., Sohn Andreas - Gymn. Bad Gandersheim (Abit. 1951); Frauenfachsch. Hannover; Univ. Hamburg; Staatsex. in Hauswirtsch.; 1953-56 Stud. Erziehungswiss. (Fachricht. Ernährung u. Hauswirtsch.); Staatsex. f. d. Lehramt an berufsbild. Schulen 1956 - S. 1957 Lehramt; s. 1964 Leit. Außenst. Berufl. Schulen in Geesthacht. 1974-84 Ortsvors. Dt. Hausfrauenbund (DHB), 1978-86 Landesvors. Schlesw.-Holst., 1981-85 Vizepräs., 1985 Präs. DHB. Berufsbildungsaussch. f. Hauswirtsch. SH; Vors. d. Landesfrauenrates SH, Präsid. d. AGV, Präsid. d. AID; stv. Vors. Verbraucherzentrale SH; Vors. AgH; Beirat Verpackung im RKW - 1982 Ehrenpreis Stadt Geesthacht; 1983 BVK; 1988 BVK I. Kl. - Liebh.: Reisen, Lit., Kunst - Spr.: Engl., Franz.

PORSCHE, Ferdinand (Ferry)

Dr.-Ing. h. c., Prof., Automobilfabrikant - Porschestr. 42, 7000 Stuttgart 40 - Geb. 19. Sept. 1909 Wiener Neustadt, kath., verh. s. 1935 m. Dorothea, geb. Reitz †1985, 4 Söhne (Ferdinand, Gerhard, Peter, Wolfgang) - S. 1931 Mitarb. im Konstrukt.büro d. Vaters Prof. Dr.-Ing. h. c. Ferdinand Porsche (1875-1951; Konstrukteur u.a. d. Auto Union-Rennwagens u. d. Volkswagens), unt. s. Leitg. Wiederaufbau Fa. Porsche n. d. II. Weltkrieg u. Ausbau z. Sportwagenhersteller. S. 1972 AR-Vors. Porsche AG - 1965 Ehrendoktor TH Wien; 1959 Gr. BVK, 1979 Stern dazu; 1975 Gr. Gold. Ehrenz. Rep. Österr.; 1979 Wilhelm-Exner-Med.; 1981 Goldmed. Fédération Intern. de L'automobile u. Gedenkmed. Société des Ingenieurs de L'automobile (erster Ausländer); 1985 Senator E. h. Univ. Stuttgart.

PORTATIUS, von, Hans-Botho

Dipl.-Volksw., MBA, Finanzvorstand Otto Wolf AG, Köln - Gut Mönchhof, 5000 Köln 50 (T. 02236 - 6 46 73) - Geb. 21. Febr. 1943 Breslau, ev. - AR-Mitgl. Wirth Maschinen- u. Bohrgerätefabrik GmbH, Erkelenz; Beiratsmitgl. Dt. Bank AG, Colonia Versich. AG, Köln - Spr.: Engl.

PORTELE, Gerhard

Dr. phil., Dipl.-Soz., Prof. f. Hochschuldidaktik Univ. Hamburg, Gestalt-Therapeut - Bei der Apostelkirche 34, 2000 Hamburg 19 - Geb. 18. April 1933 Prag (Vater: Otto P., Bankbeamter; Mutter: Hermine, geb. Ludwig), verh. s. 1954 m. Marei, geb. Eiermann, 2 T. (Kristin, Regina) - PH Heidelberg, Univ. Mannheim - BV: Lernen u. Motivation, 1975; Organis. v. Forsch. u. Lehre an westdt. Hochsch., 1976; Entfremd. b. Wiss., 1981; Autonomie, Macht, Liebe, 1988. Herausg.: Sozialis. u. Moral (1978).

PORTENIER, Claude

Dr., Prof. f. Mathematik - Universität, 3550 Marburg/L. - Geb. 23. Dez. 1941 Basel (Schweiz) - U. a. Univ. Neuchâtel, Univ. Erlangen.

PORTENLÄNGER, Li

Performerin, Malerin - Breitenweg 13, 2800 Bremen - Geb. 18. Aug. 1952 Eichstätt (Vater: Franz P.; Mutter: Lisa, geb. Wutz) - Stud. Hochsch. f. Kunst u. Musik Bremen; Moderner Tanz b. Gerd Leon, Taichi b. Dr. Christl Proksch; Kampfkunst b. Luis Molera - Zeichnung: Palimpsest - d. Mensch in d. Spur s. Bewegung im Raum; Wandmalereien im öfftl. Raum; Performance-Stücke: Papier-Stein, Steine, Pappe-Plastik, Stock u. Stein, Sand, Zwischenlandung atlasairfield, BOINK, Zeitschleife, d. apokalyptische Reiter - Liebh.: Musik, Film,

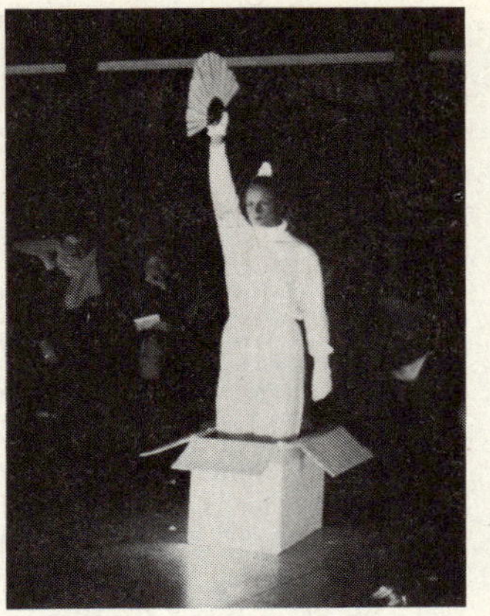

Luft-Raumfahrt - Spr.: Engl., Franz., Ital.

PORTH, Albert Joachim

Dr. rer. nat., Prof. f. Computer-Wissenschaft, Dipl.-Mathematiker - Am Katzenwinkel 30, 3005 Hemmingen 3 (T. 05101-29 30) - Geb. 18. April 1941 Frankfurt (Vater: Albert P., Kaufm.; Mutter: Irma, geb. Wagenknecht), ev., verh. s. 1966 m. Sabine, geb. Kornetzki, 2 T. (Meike, Irina) - Abit. (human. Gymn. Gießen) 1961; Math./Phys.-Stud. Gießen, Dipl. 1968, Promot. 1971 TU Hannover, Habil. 1977 - 1968-70 Aufb. u. Leit. versch. EDV-Proj. in d. Med. (Tübingen), s. 1970 Hannover; 1981 Prof. Med. Hochsch. Hannover; Präs.-mitgl. Dt. Ges. f. Med. Dok. u. Statist. (GMDS). Wiss. Schr.reihen u. Fachb. z. Themen: Computer im med. Labor., Plausibilitätskontr. b. Laborbefunden, Datenschutzaspekte in d. med. Datenverarb. Zahlr. Fachveröff. - Spr.: Engl.

PORTHEINE, Hermann

Dr. med., Prof., Chefarzt Innere Abt. Kreis- u. Stadtkrankenanstalten Nordhorn - 4460 Nordhorn (T. 3 45 16) - Geb. 24. April 1923 Hilten - S. 1961 (Habil.) Lehrtätigk. Münster (1966 apl. Prof. f. Inn. Med.; zul. Oberarzt Med. Klinik). Facharb. - 1968 Arthur-Weber-Preis Dt. Ges. f. Kreislaufforsch. (f. neue Methode d. verfeinerten Diagnostik d. Herzinfarkts).

PORTUGALL, Karlheinz

Dipl.-Kfm., Vorstandsmitglied Vereinigte Elektrizitätswerke Westfalen AG, Dortmund - Graf-Spee-Str. 15, 4300 Essen-Bredeney - Geb. 17. Mai 1926.

PORZNER, Konrad

Vorsitzender d. Geschäftsordnungsaussch. d. Bundestages, MdB - Zu erreichen üb. Bundeshaus, 5300 Bonn - Geb. 4. Febr. 1935, verh., 4 Kd. - 1954-59 Stud. Wirtschaftswiss. u. Geogr. Univ. Erlangen - 1972-74 Parlam. Staatssekr. Bundesfinanzmin.; 1974-81 u. 1983-87 Parlam. Geschäftsf. SPD-Frakt.; 1982 Finanzsenator Berlin; 1981/82 Staatssekr. Bundesmin. f. wirtschaftl. Zusammenarbeit - 1960 u. 1962 Dt. Handballm. m. d. TSV Ansbach.

POSADOWSKY-WEHNER, Graf von, Harald

Dr. rer. pol., Generalkonsul a. D. - Europastr. 17, 5300 Bonn-Bad Godesberg - Geb. 25. Sept. 1910 Kiel (Vater: Harry Graf v. P.-W., Admiral; Mutter: geb. v. Witzleben), verh. I) m. Dorothee, geb. Jacobs-Werlé († 1961), 2 Kd. (Alexandra Gräfin z. Schwerin-Schwanenfeld † 1965; Sylvius), II) 1967 Josephine, geb. Prinzessin v. Hohenzollern - Hermann-Lietz-Sch. Spiekeroog; 1930-32 kaufm. Ausbild. IG Farbenind. AG.; 1932-37 Stud. Volksw. Frankfurt, Hamburg, Paris - B. 1937 I. Direktionsassist. IG Farben, dann Kriegsdst. (zul. Ltn. Luftw.), 1941-45 Ref. Reichsluftfahrtmin., 1945-47 Kriegsgefangensch., anschl. Ref. Büro f. Friedensfragen Stuttgart, 1950-52 Referatsleit. Bundeswirtschaftsmin., seith. AA (Leit. Wirtschaftsabt. Botschaft Canberra, 1956 Ref. Handelspolit. Abt. Bonn (1957 Legationsrat I. Kl.), 1960 Botschafter Nigeria (Lagos), 1964 Leit. Afrika-Referat Bonn, 1970-75 Generalkonsul New York - BV: Afrika in d. letzten 10 Jahren, 1970 - 1972 Gr. BVK.

POSCHARSKY, Peter

Dr. theol., o. Prof. f. Christliche Archäologie u. Kunstgesch. u. Institutsvorst. Univ. Erlangen-Nürnberg (s. 1973) - Prießnitzstr. 2a, 8520 Erlangen - Geb. 29. Febr. 1932 Leipzig (Vater: Oscar P., Textilkaufm.; Mutter: Charlotte, geb. Kupfahl), ev., verh. s. 1953 m. Veronika, geb. Lange, 3 Kd. (Anastasia, Nikolaus, Michael) - Abit. 1950; Tischlerlehre 1952; theol. Ex. 1962, Promot. 1963 Marburg/Lahn, Habil. 1968 Erlangen - 1956-63 Sekretär Inst. f. Kirchenbau u. kirchl. Kunst d. Gegenw., Marburg, 1963-68 Assist. Erlangen, 1968-72 Doz. Erlangen, 1972-73 wiss. Rat u. Prof. Münster; ab 1973 Prof. Erlangen - BV: D. Kanzel, 1963; Kirchen v. Olaf Andreas Gulbransson, 1966; Neue Kirchen, 1968; Ende d. Kirchenbaus?, 1969.

POSCHENRIEDER, Werner

Dr.-Ing., Leiter Bereich Systeme im Unternehmensbereich Kommunikations- u. Datentechnik (s. 1988), Leit. Geschäftsber. Datentechnik (s. 1984), Vorst.-Mitgl. Siemens AG (s. 1979) - Otto-Hahn-Ring 6, 8000 München 83 - Geb. 7. Febr. 1924 München (Vater: Franz P., Prof.; Mutter: Paula, geb. Weithmann), kath., verh. s. 1952 m. Margot, geb. Hämel, 3 Kd. (Wolfgang, Viola, Werner) - Dipl. TU München, Promot. TU Stuttgart, s. vielen Jahren Siemens (b. 1974 Entwicklungsleit., 1974-76 Ltg. Geschäftsgeb. öfftl. Vermittlungstechnik; s. 1976 Leitg. Geschäftsber. Datenverarb. 1979 Vorstandsmitgl./Datenverarb.) Vors. Kurat. FH München; Leit. Fachverb. Informations- u. Kommunikationstechnik im ZVEI - 2 wiss. Preise - 40 Patente.

POSCHINGER-BRAY, Freiherr von, Adalbert

Dr., Landwirt, Vors. Wirtschaftl. Vereinig. Zucker u. Verb. südd. Zuckerrübenanbauer, Vizepräs. Intern. Vereinig. europ. Zuckerrübenanbauer - 8441 Irlbach Kr. Straubing/Ndb. (T. 09424 - 3 21) - Geb. 26. Aug. 1912 - 1969 Johann-Heinrich-v.-Thünen-Med. - Spr.: Engl. - Rotarier.

POSCHINGER von FRAUENAU, Freiherr, Hippolyt

Dipl.-Forstw., Präsident Bayer. Senat a. D. - Oberfrauenau 10, 8377 Frauenau/Ndb. (T. 09926 - 2 15) - Geb. 19. Juni 1908 Bamberg (Vater: Eduard Benedikt Frhr. P. v. F., Erbl. Reichsrat Krone Bayern, Oberstlt. u. Bes. Frauenau; Mutter: Elisabeth, geb. Gräfin v. Bray-Steinburg), kath., verh. s. 1938 m. Maria, geb. Gräfin v. Soden-Fraunhofen, 5 Kd. (Stefan, Benigna, Monika, Gotthard, Barbara) - Gymn. Ettal; Univ. Freiburg u. München (Forstwiss.; Dipl.-Forstw. 1930) - BV: 350 J. Poschinger in Frauenau, 1955; Verzeichnis d. Mitgl. d. Geschlechtes Poschinger, 1961; Ahnenliste, 1973 - Bayer. VO.; 1978 Gr. BVK m. Stern u. Schulterbd.; 1973 Gr. Staatsmed. in Gold; Bayer. Verfassungsmed. in Gold - Liebh.: Familiengesch., alter Hausrat, Jagd - Bek. Vorf.: Otto Graf v. Bray-Steinburg, Bayer. Minister d. Auswärtigen, Gesandter Petersburg u. Wien, 1870 Bayer. Ministerpräs. (ms.).

POSDORF, Horst

Dr. rer. nat., Prof. f. angew. Mathematik, MdL Nordrh.-Westf. - Grünewaldstr. 1, 4630 Bochum 1 (T. 0234 - 33 12 67) - Geb. 8. Febr. 1948 Dornum/Kr. Norden, kath., verh. s. 1971 m. Carola, geb. Kruse, 2 T. (Dorit, Cordula) - Stud. Math. u. Physik Ruhr-Univ. Bochum; Dipl.-Math. 1974, Ass. d. L. 1975, Promot. 1978 - 1974-75 Refer.; 1976-78 wiss. Angest. Rechenzentrum d. Ruhr-Univ.; 1978-80 Studienrat; 1979 Lehrbeauftr. Ruhr-Univ., 1980 Lehrbeauftr. FH Dortmund, s. 1981 Prof. ebd. S. 1984 Fraktionsvors. CDU in Bochum VI; s. 1985 MdL Nordrh.-Westf. (Mitgl. Aussch. f. Wiss. u. Forsch. u. Aussch. Haushaltskontrolle). CDU (s. 1982 Vorst. Landesfachaussch. f. Schul- u. Bildungspolitik). Zahlr. wiss. Veröff. - Spr.: Engl.

POSENER, Julius

Dr. phil. h. c., Dr.-Ing. E. h., Dipl.-Ing., Prof., Vors. Dt. Werkbund (1972-76) - Kleiststr. 21, 1000 Berlin 37 (T. 802 94 78) - Geb. 4. Nov. 1904 Berlin (Vater: Moritz P., Maler; Mutter: Gertrud, geb. Oppenheim), jüd., verh. 1948-67 m. Elizabeth, geb. Middleton, 3 Kd. (Alan, Jill, Benjamin); verh. s. 1970 m. Margarete, geb. Hartwig (Stiefs. Lukas) - Realgymn. u. TH Berlin (Arch.; Dipl.-Ing. 1929) - 1929-33 Assist. Berlin u. Paris, 1933-35 Redakt. Paris, 1935-41 Assist., Arch., Redakt. Tel-Aviv, 1941-47 freiw. Kriegsdst. (British Army), s. 1948 Doz. f. Arch. London, Kuala Lumpur (1956), Berlin (1961; Prof. f. Baugesch. Hochsch. d. Künste Berlin; 1970 emerit.) - 1982 Karl-Friedrich-Schinkel-Ring; 1968 o. Mitgl. Akad. d. Künste Berlin; Ehrenmitgl. Bund Dt. Arch. u. Werkbd.-Archiv; Mitgl. Intern PEN-Club - Liebh.: Musik - Spr.: Engl., Franz., Ital.

POSER, von, Caspar

Schriftsteller - Grünbauerstr. 37, 8000 München 71 (T. 089 - 79 52 53) - Geb. 5. Aug. 1937 Wiesbaden, ev., verh. m. Daniela, geb. v. Mutzenbecher, S. Fabian - Abit. 1958 Wiesbaden; kaufm. Lehre in Hamburg; Stud. Lit.-Gesch. (4 Sem.) Univ. Hamburg - Mitarb. b. Simplicissimus; Journ. u. fr. Schreiber - BV: Eins u. eins macht fünf, 1984; D. Reise n. Brighton, 1986. ZDF-Produkt.: D. blaue Bidet (n. Breitbach) - Liebh.: Oper - Spr.: Engl., Span.

POSER, Hans

Dr. phil. habil., Dr. rer. nat. h. c., o. Prof. f. Geographie (emerit.) - Charlottenburger Str. 19, 3400 Göttingen (T. 0551 - 79 90) - Geb. 13. März 1907 Hannover (Vater: Friedrich P.; Mutter: Emilie, geb. Tönnies), ev., verh. s. 1933 m. Johanna, geb. v. Stiepel, 3 Söhne (Hans, Heinrich, Wilhelm) - Stud. Univ. Göttingen (Geogr., Geol., Gesch., Völkerkd.). Promot. (1930) u. Habil. (1935) - Ab 1936 Privatdoz. Univ. Göttingen; 1939-45 Kriegsteiln.; 1941 Leit. Geogr. Inst. TH Braunschweig, 1948 apl. Prof., 1955-62 o. Prof. u. Inst.-Dir. TH Hannover u. Univ. Göttingen (1962-71). Zahlr. Veröff. z. Geomorphol., Paläoklimatol., Wirtschaftsgeogr., Regionalen Geogr. (Polargeb., Madagaskar) u. Wiss.gesch. - Mehrere Med., u.a.: 1959 Med. Univ. Lüttich; 1963 Silb. Carl-Ritter-Med.; 1964 u. 68 Med. Univ. Helsinki; 1972 Gold. Ferdinand-v.-Richthofen-Med.; 1953 o. Mitgl. Dt. Akad. d. Naturforscher (Leopoldina) Halle/S. u. korr. Mitgl. Geogr. Ges. Hannover; 1954 Akad. f. Raumforsch. u. Landesplanung, Hannover; 1956 Österr. Geogr. Ges.; 1960 Akad. d. Wiss. Göttingen; 1961 Soc. Geogr. Fenniae; 1974 Soc. Géol. de Belgique; 1967 Ehrenmitgl. Geogr. Ges. Hamburg; 1982 BVK am Bd.; 1986 Dr. rer. nat. h. c. TU Braunschweig; 1988 C.F.-Gauß-Ges. Göttingen - Lit.: Hans-Poser-Festschrift, Göttinger Geogr. Abh. 60, 1972 (m. Biogr.).

POSER, Hans

Dr. phil., Prof. f. Philos. TU Berlin - An der Buche 21, 1000 Berlin 28 - Geb. 25. Mai 1937 Göttingen (Vater: Prof. Dr. Hans P.; Mutter: Johanna, geb. v. Stiepel), ev., verh. s. 1962 m. Li, geb. Büttel, 3 Kd. (Stefan, Maren, Florian) - Stud. Math., Physik, Phil. Tübingen, Hannover. Staatsex. 1963; Promot. 1968; Habil. 1971 - 1964-72 Wiss. Assist. u. Doz. TU Hannover. Spez. Arbeitsgeb.: Phil., Wiss.theorie - BV: Z. Theorie d. Modalbegriffe b. G. W. Leibniz, 1969. Herausg.: Philosophie u. Mythos (1979); Formen Teleol. Denkens (1981); Wandel

d. Vernunftsbegriffs (1981); Phil. Probl. d. Handlungsth. (1982); Wahrheit u. Wert (1989); Beobachtung u. Erfahrung (1989). Mithrsg.: Ontologie u. Wiss. (1984); Leibniz in Berlin (1989); D. geschichtl. Perspektive in d. Disziplinen d. Wiss.forsch. (1989) - Spr.: Engl., Franz.

POSER, von, Hilmar

Dr. phil., Staatssekretär a. D., Mitglied d. Geschäftsleitg. d. AVE Gesellschaft f. Medienbeteiligungen (s. 1988), Vertreter Nieders. im Fernsehrat d. ZDF - Zur Wietze 42, 3002 Wedemark 2 (Wennebostel/Wietze) (T. 05130 - 72 15) - Geb. 20. Okt. 1942 Berlin (Vater: Kurt v. P., Baudir.; Mutter: Johanna-Luise, geb. v. Buch), ev., verh. s. 1972 (Ehefr. Alexandra), 4 Kd. (Friederike, Ines †, Felix-Georg, Sophie) - Schulbes. Hannover u. London; Ztg.volont.; Stud. d. Politwiss., Publizistik, Phil. Univ. Berlin (Freie) u. Wien; Dolmetscherex. 1965 - 1970-76 Redakt. ARD, Fernsehstudio Bonn; 1976-88 Sprecher Nieders. Landesreg. - Liebh.: Malen - Spr.: Engl., Franz.

POSER, Sigrid,

geb. Wahl

Dr. med., Prof. Univ. Göttingen, Ärztin - Neurol. Univ.-Klinik Göttingen, Robert-Koch-Str. 40, 3400 Göttingen - Geb. 19. Aug. 1941 Stuttgart, verh. s. 1970 m. Prof. Dr. med. W. Poser (s. dort) - 1970-75 Assist.-Ärztin; s. 1975 Hochschullehrerin. Forschungsgeb.: multiple Sklerose, Medikamenten-Abhängigk.

POSER, Wolfgang Edgar

Dr. med., Prof. Univ. Göttingen, Arzt f. Pharmakologie u. Toxikologie - Klinische Pharmakologie - Klinik f. Psychiatrie - v.-Siebold-Str. 5, 3400 Göttingen (T. 0551 - 39 66 77) - Geb. 28. Febr. 1941 Stolberg, verh. s. 1970 m. Prof. Dr. med. S. Poser, geb. Wahl (s. dort) - 1968-74 wiss. Assist.; s. 1974 Hochschullehrer. Forschungsgeb.: Sucht (Alkoholismus, Medikamenten-Abhängigk.).

POSNER, Roland

Dr. phil., o. Prof. f. Linguistik u. Semiotik TU Berlin (s. 1975) - Südwestkorso 19, 1000 Berlin 33 (T. 821 81 83) - Geb. 30. Juni 1942 Prag (Eltern: Herbert u. Elisabeth P.), kath., verh. s. 1971 m. Marlene, geb. Landsch, 3 Kd. (Britta, Astrid, Ingmar) - Promot. 1972; Habil. 1973 - 1973 Gastprof. Univ. Hamburg, 1977 Montreal, 1979 Tunis, 1982 Toronto, 1984/85 Maisur; 1986/87 Fellow Netherlands Inst. for Advanced Study, Wassenaar; 1974 apl. Prof. TU Berlin; 1975 o. Prof. TU Berlin; 1980 Dir. Arbeitsst. f. Semiotik ebd. 1. Vors. Dt. Ges. f. Semiotik; s. 1984 Vizepräs. Intern. Ass. for Semiotic Studies; s. 1989 Vizepräs. Intern. Semiotic Institute - BV: Theorie d. Kommentierens, 1972; Zeichenprozesse, 1977; D. Welt als Zeichen, 1981; Rational Discourse and Poetic Communication, 1982; Nach-Chomsky-sche Linguistik, 1985; Iconicity, 1986; Classics of Semiotics, 1987; Semiotics and the Arts, 1988; Semiotik u. Wissenschaftstheorie, 1989. Zahlr. Ztschr.veröff. Hrsg.: Buchreihen Grundl. d. Kommunikation (1973ff.); Approaches to Semiotics (1978ff.); Ztschr. f. Semiotik (1979ff.); Probl. d. Semiotik (1983ff.)- Spr.: Engl., Franz., Ital., Niederl.

POSS, Joachim

Verwaltungsleiter, MdB (Wahlkr. 93/Gelsenkirchen I) - Zu erreichen üb. Bundeshaus, 5300 Bonn 1.

POSSER, Diether

Dr. jur., Finanzminister (b. 1988) u. MdL Nordrh.-Westf. - Wiedfeldtstr. 71, 4300 Essen (T. 41 23 22; Amt: 0211-4 97 21) - Geb. 9. März 1922 Essen (Vater: Heinrich P., kfm. Angest.), ev., verh. s. 1952 m. Elsa, geb. Kenter, 4 Kd. - Gymn. Essen; Univ. Münster u. Köln (Rechts- u. Staatswiss.). Promot. 1950 (Diss. üb. e. völkerrechtl. Thema); As-s.ex. 1951 - 1952-68 Rechtsanw. u. Notar (1965) Essen; s. 1966 MdL; s. 1968 Min. f. Bundesangelegenh., 1972 f. Justiz, 1978 f. Finanzen, stv. Min.präs. Kriegsdst. (zul. Ltn. d. R.). Mitbegr. GVP (1952). SPD s. 1957 (1970 Mitgl. Bundesvorstand) - BV: D. dt.-sowjet. Beziehungen 1917-41, 2. A. 1963; Polit. Strafjustiz aus d. Sicht d. Verteidigers, 1961 - Liebh.: Geschichte, Musik.

POST, Erich

Dr. jur., Kanzler Hochschule f. Musik u. Darstell. Kunst Frankfurt - Eschersheimer Landstr. 29-39, 6000 Frankfurt/M. 1.

POST, Werner Heinrich

Dr. phil., Prof. f. Philosophie - Kaiserstr. 23, 5300 Bonn 1 (T. 22 42 45) - Geb. 28. Jan. 1940 Balve/Sauerl. (Vater: Heinrich P., Kaufm.; Mutter: Franziska, geb. Rammelmann), kath., verh. s. 1982 m. Jutta Baden - Dipl.-Theol. 1964 München, Promot. 1968 München, Habil. 1976 Bonn - S. 1986 Univ. Dortmund - BV: Kritik d. Relig. b. Karl Marx, 1969 (span. Übers.); Krit. Theor. u. metaphys. Pessim., 1971; Was ist Materialismus? (zus. m. A. Schmidt), 1975 (span. u. ital. Übers.); u.a. - Spr.: Engl., Ital., Span., Franz.

POSTEL, Rainer

Dr. phil., Prof., Historiker - Husumer Str. 19, 2000 Hamburg 20 (T. 48 27 86) - Geb. 21. Febr. 1941 Hamburg (Vater: Eberhard P., Arzt; Mutter: Gisela, geb. Wewers), ev., verh. s. 1971 m. Marianne, geb. Schmieder, 2 T. (Claudia, Ariane) - Abit. Johanneum 1960 Hamburg; Stud. Gesch. u. German. Univ. München u. Hamburg (Promot. 1970, Habil. f. Mittl. u. Neuere Gesch. 1982 - BV: Johann Martin Lappenberg. E. Beitr. z. Gesch. d. Gesch.wiss., 1972; Unter Napoleon gegen Preußen, 1975; Katalog d. ant. Münzen in d. Hamburger Kunsthalle, 1976; D. Reformation in Hamburg, 1986; div. Aufs. - 1979 Preis d. Hbg. Wiss. Stiftg. - Liebh.: Ant. Numismatik.

POSTEL, Wilhelm

Dr. rer. nat., o. Prof. f. Allg. Lebensmitteltechnologie (s. 1973), Leit. Inst. f. Lebensm.technol. u. Analyt. Chemie u. Leit. Versuchs- u. Lehrbrennerei TU München - Elektrastr. 34, 8000 München 81 - Geb. 30. Aug. 1927 Konken (Vater: Philipp P., Lehrer; Mutter: Helene, geb. Bartz), ev., verh. s. 1955 m. Anne, geb. Theiß, T. Birgit - Stud. d. Chemie, Biol., Physik Univ. Mainz; Lebensmittelchemie Univ. Frankfurt; Promot. 1955; Habil. 1969 - 1955-57 Bundesforschungsanst. Geisenheim, 1958-69 Lebensmitteluntersuchungsamt u. Inst. f. Lebensm.-chemie Frankfurt (stv. Dir.; 1968 kommiss. Leit.), s. 1968 Abt.svorst. TU München - BV: Nachweis u. Bestimmung von Konservierungsstoffen, 1967. Handb.beitr. Ca. 250 wiss. Veröff. - Spr.: Engl., Franz.

POSTH, Martin

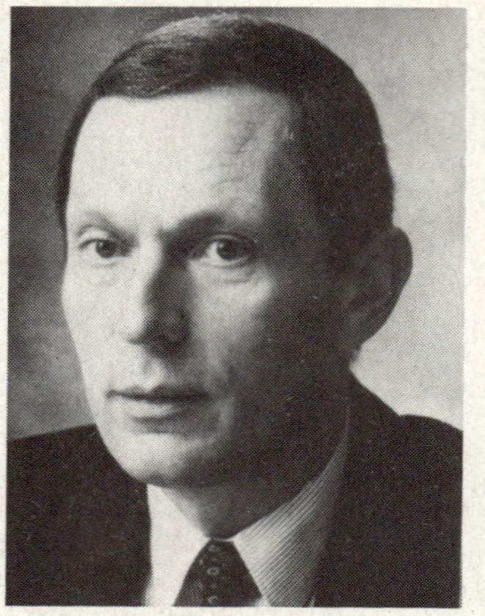

Dr. jur., Vorstandsmitglied Volkswagen AG (s. 1988) - 3180 Wolfsburg - Geb. 16. Jan. 1944 Berge/Krs. Westhavelland - 1980-85 Vorst.-Mitgl. AUDI AG, Ingolstadt; 1985-88 Commercial Executive and Deputy Managing Dir., Shanghai Volkswagen Automotive Company Ltd. - Zahlr. Veröff. zu Fragen d. Personal- u. Unternehmenspolitik - 1981 Gold. Brücke.

POTEL, Jürgen

Dr. med. habil., o. Prof., Direktor Inst. Mikrobiol. Med. Hochsch. Hannover - Asplundweg 12, 3000 Hannover-Kirchrode (T. 0511 - 52 61 42) - Geb. 9. Mai 1921 Reichenbach/OL. - Habil. Halle/S. 1953, Umhabil. 1965 Münster - B. 1967 Privatdoz., dann apl. Prof. Univ. Münster (1967 apl. Prof. f. Hyg. u. Bakt.). Div. Mitgliedsch. Fachveröff.

POTEMPA, Joachim

Dr. med., o. Prof. f. Urologie Univ. Heidelberg - Lauffenerstr. 32, 6800 Mannheim 51 (T. 0621 - 79 72 32) - Geb. 25. Mai 1919 Beuthen/Schles., kath., verh. m. Inge-Maria, geb. Weyrauch, 2 S. (Axel-Jürg, Dirk) - Ord. f. Urol. Univ. Heidelberg - Üb. 200 wiss. Arb. u. Vorträge - Liebh.: Golf, Reiten - Spr.: Franz., Latein, Griech.

POTENTE, Helmut Michael

Dr.-Ing., o. Prof. f. Kunststofftechnologie Univ. GH Paderborn - Scherfeder Str. 58, 4790 Paderborn (T. 05251 - 6 29 70) - Geb. 31. Aug. 1939 Brakel (Vater: Johannes P., Entwicklungsleit.; Mutter: Therese, geb. Groppe), kath., verh. s. 1968 m. Birgit, geb. Schäfer, 2 Kd. (Eva, Michael) - Stud. d. Verfahrenstechn. TH Aachen; Promot. 1971 - Zun. Ind.tätigk.; Präs. Kommiss. XVI Intern. Inst. f. Schweißtechn. Mitgl. wissenschaftl. Rat d. AIF - 1972 Borchers Plak. - Spr.: Engl.

POTH, Helmut

Geschäftsführer i. R., Vorst. Wirtschaftsrat CDU-Bochum, Vors. Kaufm. Verein 1885 Bochum - Heintzmannstr. 169, 4630 Bochum-Querenburg (T. 70 11 95) - Geb. 10. Jan. 1918 Essen-Steele (Vater: Dr. Karl P., Studienrat; Mutter: Margarethe, geb. Jungkenn), ev., verh. s. 1951 m. Sigrid, geb. Förster, 3 Kd. (Ralf-Dieter, Harald, Christiane) - Gymn.; Kaufm. Lehre; Univ. (Wirtsch.- u. Sozialwiss.) - Liebh.: Klass. Musik, Natur, Tennis, Skilauf, Schwimmen - Spr.: Engl., Franz.

POTHAST, Ulrich

Dr., Prof., Hochschullehrer, Schriftst. - Lister Str. 24, 3000 Hannover 1 - Geb. 29. Sept. 1939 Steinau a. d. Str., verh., 3 Kd. - Wiss. Assist. Heidelberg; Priv.-Doz. Bielefeld; Prof. Hannover - BV: Über einige Fr. d. Selbstbeziehung, 1971; D. Reise n. Las Vegas, 1977; D. Unzulänglichkeit d. Freiheitsbeweise, 1980; D. eigentl. metaphysische Tätigkeit, 1982; D. Bild meiner Stadt im Schnee, 1984.

POTHMANN, Eberhard

Delegierter d. Verwaltungsrates d. Vorwerk Intern. AG - Hauptstr. 19, 8832 Wollerau/Schweiz (T. 00411 - 784 69 11) - Geb. 24. Sept. 1943.

POTOTSCHNIG, Heinz

Dr. med., Prof., Arzt u. Schriftst. - Anton Tuderstr. 28, A-9500 Villach, Maria Gail - Geb. 30. Juni 1923 Graz, kath. - Stud. Med. Univ. Berlin, Graz, Innsbruck (Promot. 1948) - 1. Vizepräs. PEN-Club Kärnten - BV: Schatten schrägen ins Licht, 1961; Nachtkupfer, 1962; D. Rest teilen d. Sterne, 1963; Lotungen, 1965; D. Himmel war lila, 1967; D. grünen Schnäbel, 1969; In alten Maßen, 1973; Lyrik (Ausw. v. K. Adel), 1973; D. Grenze, 1974; D. Wanderung, 1976; D. Sommer m. d. Enten, 1977; (Übers.: span., portug., ital., engl., slow.). Hörspiele: D. Ohr d. Erhabenen; Wenn es sein muß, meine Dame; Begegnung im Sand. Herausg.: D. BOGEN-Dok. neuer Dichtung - 1964 u. 69 Peter Rosegger Preis; 1965 u. 71 Theodor Körner-Pr.; 1967 Ludwig v. Ficker Preis; 1968 Dramatikerpr. Theater Baden-Baden; 1984 Gr. gold. Ehrenz. Land Steiermark; u.a.

POTS, Peter

Dr. med., Prof. f. Geburtshilfe u. Frauenheilkd. Univ. Marburg - Gottfried-Keller-Str. 21, 3550 Marburg/L. - Geb. 28. April 1917 Charlottenpolder - U. a. Doz. Berlin.

POTT, Elisabeth

Dr. med., Direktorin Bundeszentrale f. gesundheitl. Aufklärung (s. 1985) - Ostmerheimer Str. 200, 5000 Köln 91 (T. 0221 - 8 99 21) - Geb. 10. Jan. 1949 Bochum, verh. s. 1974 m. Dr. Hans-Michael P. - Stud. Med. Univ. Bonn u. Kiel; Med. Staatsex. 1974 Bonn; Promot. 1976 ebd.; Staatsärztl. Prüf. 1981 Düsseldorf - Mehrmonatige Abordnungen an Akad. f. öfftl. Gesundheitsw. Düsseldorf, Landeskrkhs. Osnabrück, Bundesgesundheitsamt Berlin. B. 1977 chir. Tätigk.; 1978 Ref. Bundesmin. f. Arbeit u. Sozialordnung; 1980 stv. Ref.leit., 1981 Ref.leit. Nieders. Sozialmin. Lehrauftr. Sozialmed. Med. Hochsch. Hannover. Wiss. Beirat Dt. Ges. f. Sozialpädiatrie, versch. Ehrenämter.

POTT, Hans-Georg

Univ.-Prof., Leiter Eichendorff-Inst. Univ. Düsseldorf (s. 1983) - Elsterweg 5, 4019 Monheim - Geb. 1. März 1946 Oerlinghausen/Lippe, verh. m. Christa, geb. Tinnemeyer, 2 Kd. (Daniel, Jennifer) - Stud. German. u. Phil. FU Berlin, Univ. Mainz u. Düsseldorf; Promot. 1974 Düsseldorf; Habil. 1979 ebd. - 1979-83 Priv.-Doz. - BV: Alltäglichkeit als Kategorie d. Ästhetik, 1974; D. Schöne Freiheit, 1980; Robert Musil, 1984. Herausg.: Eichendorff u. d. Spätromantik (1985); Literatur u. Provinz (1986); Schriftenreihen d. Eichendorff-Inst.

POTTHOFF, Erich

Dr. rer. pol., Dipl.-Kfm., Prof., Wirtschaftsprüfer - Am Hövel 6, 4005 Meerbusch 1 (T. 3 00 00) - Geb. 10. Jan. 1914 Köln - Oberrealsch. u. Univ. Köln (Dipl.-Kfm. 1939, Promot. 1941); kaufm. Lehre ebd. - 1934-35 Angest. Gebr. Stollwerck AG, Köln, Werkstudent, 1937-46 Assist. Prof. Eugen Schmalenbach u. Prokurist Schmalenbach'sche Treuhand-AG, 1946-49 u. 1952-56 Leitg. Wirtschaftswiss. Inst. d. Gewerksch. ebd. 1949-52 Mitgl. Stahltreuhändervereinig., Düsseldorf, 1957-62 Vorst.-Mitgl. Zentralverb. dt. Konsumgenoss., Hamburg, 1963-79 Vorst.-Vors. WIBERA Wirtschaftsberatung AG, Düsseldorf. S. 1961 Lehrtätigk. Univ. Hamburg (Lehrbeauftr.) u. Köln (1963 Honorarprof. f. Personalwesen u. Öfftl. Betriebe). S. 1971 Mitgl. d. Rhein.-Westf. Akad. d. Wissenschaften - BV: Betriebliches Personalwesen, Sammlung Göschen, 1973/74; Personelle Unternehmungsorganis., Samml. Göschen, 1977. Mitverf. (Schr. Arbeitskr. Krähe Schmalenbach-Ges.); Konzern-, Leitungs-, Unternehmens-Finanzorg. (4); Führungsinstrumentarium in Unternehmen u. Verwaltung, 1979; Prüfung d. Ordnungsmäßigk. d. Geschäftsführung, 1982; Eugen Schmalenbach. Der Mann. Sein Leben. Sein Werk (m. M. Kruk u. G. Sieben), 1984; Controlling in d. Personalwirtschaft (m. K. Trescher), 1986 - 1974 Gr. BVK.

POTTHOFF, Heinrich

Verwaltungsangestellter, 1. Vors. Verb. d. Pflege- u. Adoptiveltern, Münster - Vogelrohrsheide 60, 4400 Münster (T. 0251-61 66 60) - Geb. 18. Jan. 1933 Münster, kath., verh. s. 1956 m. Maria, geb. Hollmann, 3 Kd. (Sigrid, Christel, Rainer), 3 Pflegekd. (Wolfgang, Dirk, Daniel) - 1947-50 Handwerkslehre; 1968-70 Verwaltungssch. - Schöffe, Vormund - 1982 BVK.

POTTHOFF, Margot

Schriftstellerin (Ps. Kai Lundberg) - Rheinlandstr. 13, 4000 Düsseldorf 30 (T. 0211 - 42 24 37) - Geb. 21. Juli 1934 Hau/Kreis Kleve, verh. s. 1959 m. Jörg P., T. Heike - Gymn., Mittl. Reife; Ind.-Kauffr. - Veröff.: 23 Kinder- u. Jugendb. (s. 1971), u.a.: Tschiwipp rettet d. Ponyhof, 1972 u. 78; Willst du Kaugummi Cäsar?, 1976; Mein dicker Freund, d.

Drache Kuno, 1977 (franz. Übers. 1979); Ich möchte keine Welle sein, 1980; D. Erbe d. Herrn Buchner, 1983 (schwed. Übers. 1984) - Liebh.: Lit., Phil. - Spr.: Engl., Franz., Ital., Lat. - Lit.: Lore Schaumann: 22 Autorenportraits.

POTTMEYER, Hermann Josef
Dr. theol., Lic. phil., Prof. f. kath. Fundamentaltheologie Univ. Bochum - Schinkelstr. 55, 4630 Bochum - Geb. 1. Juni 1934 Bocholt (Vater: Ernst P., Kaufm.; Mutter: Hermine, geb. Veelken) - BV: D. Glaube vor d. Anspruch d. Wiss., 1968; Unfehlbarkeit u. Souveränität, 1975. Herausg.: Kirche im Wandel (1982); Hdb. d. Fundamentaltheol. (1985/88); D. Rezeption d. Zweiten Vatikanischen Konzils (1986).

POTTSCHMIDT, Günter
Prof., Präsident Staatsgerichtshof u. Oberverwaltungsgericht d. Fr. Hansestadt Bremen - Altenwall 6, 2800 Bremen - Geb. 22. März 1937.

POVH, Bogdan
Dr. rer. nat., o. Prof. - Helmholtzstr. 10, 6900 Heidelberg (T. 4 35 14) - Geb. 20. Aug. 1932 Belgrad/Jugosl. (Vater: Dr. Vekoslav P., Volkswirtschaftler; Mutter: Olga, geb. Cerkvenik), verh. s. 1957 m. Anna, geb. Križanić - Stud. Physik (Dipl. 1955 Ljubljana) - S. 1965 Ord. Heidelberg. Wiss. Mitgl. u. Dir. a. Max-Planck-Inst. f. Kernphysik. Üb. 150 Facharb.

POWROSLO, Johannes
Ass., Geschäftsführer Nordwestdt. Verb. Lederwaren u. Kunststofferzeugnisse Düsseldorf - Grünstr. 123, 4005 Meerbusch 1 (T. 02105 - 84 10) - Geb. 12. Juni 1945 Neurode/Glatz, kath., verh. s. 1973 - Geschäftsf. d. Nordwestdt. Verb. Lederwaren u. Kunststofferzeugnisse u. Lieferanten f. Brandschutz, Zivilschutz u. Erste Hilfe.

PRAAST, Gundolf
Hauptgeschäftsführer Dt. Spar-Zentrale (s. 1973) - Walter-Kolb-Str. 9-11, 6000 Frankfurt/M. (T. 61 03 12) - Geb. 1936 - 1969 ff. Synd. Spar.

PRACHNER, Gottfried
Dr. phil., Prof. a. D. f. Alte Geschichte - Osterstr. 85, 4400 Münster (T. 0251 - 79 82 23) - Geb. 19. Juli 1920 - Promot. 1967, Habil. 1976 Univ. Münster - Zul. Univ. Münster, pens. 1985 - BV: Unters. zu Überlieferungsprobl. d. frühröm. Sklaverei u. Schuldknechtschaft, 1967; Sklaven u. Freigelassene in d. arretin. Sigillatatöpfereien, 1981.

PRAËL, Christoph
Dr., LL.M. Univ. of Mich., Rechtsanwalt, Geschäftf. Verb. Bayer. Elektrizitätswerke/Arbeitgebervereinig. Bayer. Energie-versorgungsunternehm. (1981 ff.) - Akademiestr. 7, 8000 München 40.

PRÄTSCH, Kurt
Techn. Angestellter, Mitgl. Hbg. Bürgerschaft (s. 1957) - Ladenbeker Furtweg 20g, 2050 Hamburg 80 (T. 739 79 91) - Geb. 26. Sept. 1919 Liegnitz, verh. - Aufbausch. Liegnitz (Mittl. Reife); Lehre Vermessungstechniker - 1938-45 Arbeits- u. Wehrdst.; 1948-51 Bürgerm. Sierksrade; Techn. Angest. Bezirksamt Bergedorf u. Baubehörde Hamburg. 1951 ff. MdK Lauenburg. SPD s. 1946 (Kreisvors. Bergedorf).

PRAGER, Heinz-Günter
Prof. Hochsch. f. Bild. Kunst Braunschweig, Bildhauer - Heimbacher Str. 4, 5000 Köln 41 - Geb. 19. Dez. 1944 Herne (Vater: Dr. Klaus-Joachim P.; Mutter: Helga, geb. Rolf), verh. s. 1968 m. Françoise, geb. Paganini, 2 T. (Nora, Sophie) - Werkkunstsch. Münster (b. Prof. Ehlers u. Prof. Drebusch) - S. 1983 Prof. in Braunschweig - BV: Identitäten, 1981 (m. E. Gomringer) - Kunstricht: Analyt. Skulptur - 1974 Villa-Romana-Preis Florenz; 1979 Villa-Massimo-Preis Rom - Liebh.: Kochen, Bücher, Wein - Spr.: Engl. - Lit.: M. Schneckenburger, Prager-Skulpturen (1983).

PRAHL, Hans-Werner
Dr. sc. pol., Priv.-Doz. f. Allg. Soziol. Univ. Kiel u. Osnabrück - Grüner Weg 103, 2351 Rickling (T. 04328 - 8 78) - Geb. 3. Okt. 1944 Nusse/Hzgt.Lbg., ledig - Stud. Soziol. 1964/65 Univ. Kiel, 1965-69 Münster; Dipl.-Soziol. 1969 Münster; Promot. 1975 Kiel; Habil. 1982 Osnabrück - 1970-71 Redakt. e. Wissenschaftsmagazins in Hamburg. Lehrauftr. Univ. Bielefeld, Univ. Klagenfurt u. FH Kiel - BV: Hochschulprüfungen, 1976; Prüfungsangst, 1977; Freizeit-Soziol., 1977; Sozialgesch. d. Hochschulwesens, 1979 (Tokyo 1989).

PRAHL, Klaus
Dr., Hauptgeschäftsführer Wirtschafts- u. Arbeitgeberverb. Hamburger Einzelhdl. - Rathausstr. 7, 2000 Hamburg 1 - Geb. 14. Jan. 1938.

PRAHLOW, Bernhard
Sozialdirektor, Geschäftsführer Dt. Parität. Wohlfahrtsverb./Landesverb. Baden-Württ. - Hoffeldstr. 215, 7000 Stuttgart 70.

PRAKKE, Hendricus J.
Dr. jur., Prof., Verlagsdirektor i. R. - 't Prakke-Hofke, Roden (Dr. NL) (T. 05908 - 1 55 56) - Geb. 26. April 1900 Alphen/Rijn, ev., verh. s. 1923 m. Frederika, geb. Cruiger, S. H. M. Gerardus - Realsch.; Lehre Buch-, Kunsthandel, Druckerei- u. Verlagswesen; Univ. Groningen (Rechtswiss., Soziol.). Promot. 1951 - S. 1925 Dir. Kgl. Van Gorcum & Comp. N. V. (Verlag u. Druckerei), Assen (ab 1970); 1956-61 Privatdoz. Univ. Groningen; s. 1960 Dir. Inst. f. Publizistik u. Honorarprof. (1961) Univ. Münster. Gastprof. Johns Hopkins Univ. Bologna (1964) u. Univ. Iowa/USA (1971). Begr. Dt. Ges. f. Publizistik u. Kommunikationswiss. (1963); Ehrenmitgl. (1982) - BV: Deining in Drenthe, 4. A. 1958 (Diss.); De Samenspraak in onze Samenleving, 1957; Publicist. Publicaties, 4 Bde. 1950/60; Publizist u. Publikum in Afrika, 1962; Münsteraner Marginalien z. Publizistik, 10 Bde. 1961/68; Kommunikation d. Gesellschaft, 1968; Handb. d. Weltpresse, 2 Bde. 1970; Towards a Philosophy of Publicistics, 1971; Garven (Reden), 1975; Steenbergen's Faust, 1979; Roneo Epilog, 1980; Kunstwerke in Haus Welberg (Mitarb.), 1980; Drenthe-in-Michigan, 1983; In en om Zelle 3a, 2. A. 1987 - 1954 Offz. Orden von Oranje-Nassau; 1958 Méd. Affaires étrangères (Frankr.), 1960 Kulturpreis Prov. Drenthe; 1970 Med. Univ. Münster; 1964 korr. Mitgl. Ges. f. Dt. Presseforsch., Bremen; 1966 Ehrenbürger Stadt Bad Bentheim; 1966 BVK I. Kl., 1969 Gr. BVK, 1976 Ehrenmitgl. R. C. Münster, 1977 Ehrenbürger Stadt Coevorden; 1980 Stadtauszeichn. Assen; 1983 Paul Harris Fellow - Spr.: Niederl., Dt., Engl., Franz. - Lit.: W. B. Lerg/W. Schmolke/G. E. Stoll, Publizistik in Dialog, 1965 (Festschr.), Homo Res Sacra Homini, 1970 (id.), Jan Kooistra, Hendricus Prakke en her Open Veld, 1983.

PRALLE, Hans
Dr. med., Prof. f. innere Med. u. Hämatologie (s. 1983) - Unterstruth 27, 6305 Großen-Buseck (T. 06408-37 01) - Geb. 13. Sept. 1941 Bremen (Vater: Karl P., Bankkaufm.; Mutter: Amalie, geb. Möhrmann), ev., verh. s. 1968 m. Gisela, geb. Wenz, 3 S. (Arnd, Harm, Mark) - Medizinstud. Univ. Freiburg, Hamburg, Kiel u. Gießen; Staatsex. 1967; Promot. 1969 Gießen; Habil. 1976 ebd. - Ausb. Max-Planck-Inst. f. Experiment. Med., Göttingen; Kliniken Bremen. Entd.: Erythrozytose m. alkalischer Phosphatase Plasmazelleinschlüsse. B. Morbus Pompe; Tyrosin Transaminase in Plazenta. BV: Checkliste Hämatologie, 1984; u. Buchbeitr. - Spr.: Engl., Lat., Franz.

PRAMANN, Willi
Prof., Ord. (emer.) f. Kunsterziehung Päd. Hochsch. Westf.-Lippe/Abt. Bielefeld - Rübenkamp 13, 4800 Bielefeld 1.

PRANGE, Klaus
Dr. phil., Prof. f. Pädagogik - Hardenbergstr. 25, 2300 Kiel 1 - Geb. 3. Jan. 1939 Ratzeburg (Vater: Wilhelm P., Schulleiter; Mutter: Marianne, geb. Broders) - Stud. German., Angl., Phil., Päd.; Promot. 1969, Habil. 1975 - 1964-72 Lehrer am Gymn., s. 1976 Prof. f. Päd. Univ. Kiel - BV: Päd. Erfahrungsprozeß, I-III, 1978-81; Bauformen d. Unterrichts, 1983.

PRANGE, Wolfgang
Dr., Prof., Archivdirektor im Schlesw.-Holst. Landesarchiv, Schleswig - Schloß Gottorf, 2380 Schleswig - Geb. 5. Mai 1932 - Hon.-Prof. Univ. Kiel - BV: Siedlungsgesch. d. Landes Lauenburg im Mittelalter, 1960; D. Anfänge d. gr. Agrarreformen in Schleswig-Holstein b. um 1771, 1971; Herzog Adolfs Urteilbuch 1544-1570. Schleswigsches Rechtsleben um d. Mitte d. 16. Jh., 1985. Herausg.: Ztschr. d. Ges. f. schlesw.-holst. Gesch.

PRASSE, Gerwin
Dr. rer. pol., Dipl.-Ing., Wirtschaftsprüfer, Unternehmens-Organisator f. Produkt., Verw. u. Rechnungsw. - Kaiserswerther Str. 291, 4000 Düsseldorf 30 (T. 43 50 22) - Dom-Gymn. Merseburg, Univ. Hannover, Karlsruhe, Breslau, Halle. Chefassist. Michelinst. Berlin; Dir. Treuhand-Vereinig. AG, Berlin. S. 1950 Eig. Praxis Düsseldorf. S. 1970. Fachmitgl.: Inst. d. Wirtschaftsprüfer, Rationalisierungs-Kurat. d. dt. Wirtschaft (RKW).

PRAST, Heinz
Fabrikdirektor, Vorstandsmitgl. i. R. - Büro: Schmalbach-Lubeca AG, Postf. 33 07, 3300 Braunschweig; Saarbrückener Str. 142, 3300 Braunschweig - Geb. 26. Okt. 1918 Zoppot - Kuratorium Gesamtverb. kunststoffverarb. Ind., Frankfurt/M.; Ehrenmitgl. IHK Braunschweig; AR MIP-Instandsetzungsbetr., Mainz; Vors. Industrieaussch. IHK Braunschweig.

PRATSCHKE, Gottfried
Sozialpädagoge, Schriftst., Journ., Herausg. - Hirschengasse 9/3a, A-1060 Wien - Geb. 10. Juli 1923 Wien (Vater: Franz P., Beamter; Mutter: Stephanie, geb. Schrems), kath., verh. s. 1957 m. Ilse, geb. Berger - Abit. 1942 Wien; 1950 Stud. Lehramt (Math., Physik) Univ. Wien; 1957 Fachausbild. Sozialpäd. - 1950-53 Ref. Bildungszentr. SPÖ; 1953-70 Volksbildner, Sozialpäd.; ab 1970 Dir., Anstaltsleiter - BV: Wenn d. Hoffnung nicht wäre, R. 1971; Kain rettet Abel, R. 1974; Erziehung fürs Leben, Fachb. 1975; rd. 1000 Artikel, 18 Anthol. Herausg. e. Buchreihe (mehr als tausend Titel) - 1982 Diploma di Merito (Univ.

delle Arti) - Liebh.: Math., Gesch., Musik - Spr.: Engl., Franz., Latein.

PRAUSE, Frank-Michael
Dipl.-Betriebswirt, Hauptgeschäftsführer Bundesinnungsverb. d. Graveure, Galvaniseure, Gürtler u. verwandter Berufe - Elisenstr. 5, 5650 Solingen 1 (T. 0212 - 20 80 10) - Geb. 12. Dez. 1944 - Arbeitsrichter.

PRAUSE, Gerhard

Dr. phil., Journalist, Schriftst. (Ps. Tratschke, Gerd P. Ehestorf) - Hohlredder 14, 2107 Rosengarten-Ehestorf (T. 040 - 796 25 28) - Geb. 16. Mai 1926 Altona (Vater: Alfred P., Vertreter; Mutter: Louise, geb. Kuhn), verh. s. 1953 m. Ilsemarie, geb. Kopp, 3 Kd. (Christiane, Axel, Nicola) - Christianeum u. Univ. Hamburg (Dt. Literaturgesch., Dt. Philol., Alte, Mittlere u. Neuere Gesch.) - 1954-68 Redakt. Welt am Sonntag (Ressortleit. Kultur u. Wiss.). S. 1969 Die Zeit - BV: Niemand hat Kolumbus ausgelacht - Lügen und Fälschungen der Geschichte richtiggestellt, Sachb. 1966, 9. A. 1986; D. Großen, wie sie keiner kennt, 1967. Dt. Ausg. v. S. Hoffman/C. H. Grattan, News of the World (Gesch. d. Menschheit - berichtet im Stil e. Ztg., 1959ff.), Tratschke fragt: Wer war's?, I (1969), Neun weitere Tratschke-Bücher (1970-85); Gerd P. Ehestorf: Wer raucht liebt besser - Oder das harte Los d. Nichtraucher, Sachb. 1970; Genies in der Schule - Legende und Wahrheit ü. d. Erfolg i. Leben, Sachb. 1974, 6. A. 1987; Genies ganz privat - Tratschkes aktuelle Weltgeschichten, Sachb. 1975; Herodes d. Gr. - König d. Juden, Sachb. 1977; D. kl. Welt d. Jesus Christus. Was Theologen, Philologen, Historiker u. Archäologen erforschten, Sachb. 1981; Dreißiger - Weltberühmte in ihrem vierten Lebensjahrzehnt, Sachb. 1983; Vierziger, Sachb. 1983; Fünfziger, Sachb. 1983; Sechziger, Sachb. 1983; Siebziger, Sachb. 1983 (diese Reihe in 6. A. 1987); Tratschkes Lexikon f. Besserwisser, Sachb. 1984; D. Teufel ist d. Wiss. - Wehe wenn Gelehrte irren (m. Th. v. Randow), Sachb. 1985; Spuren d. Geschichte - M. Archäologen auf gr. Grabungen, Sachb. 1988. Hörsp.reihen: Damals (8 Folgen), Panoptikum d. Monats (6 Folgen); Fernseh-Drehbücher: Kalenderblätter d. Gesch. (49 Folgen, 1966/67), Spuren e. Prominenten (18 Folgen, 1970/71), Zeitzünder (10 Folgen, 1971/72).

PRAUSE, Hartmut
Geschäftsführer Mintard Elektronik GmbH, Essen 18 - Kurfürstenstr. 61a, 4300 Essen 1 - Geb. 27. Febr. 1938.

PRAUSS, Gerold
Dr. phil., Prof. f. Philosophie Univ. Freiburg i. Br. - Im Gäßle 7, 7801 Stegen-Oberbirken - Geb. 25. Mai 1936 Troppau (Sudetenl.) (Vater: Erich P., Dipl.-Ing.; Mutter: Franziska, geb. Gebauer), kath., verh. s. 1966 m. Elisabeth, geb. Merk, 3 T. (Bettina, Susanne, Ulrike) - Abit. 1957 Univ. Bonn (Staatsex. 1963, Promot. 1965, Habil. 1970) - BV: Platon u. d. log. Eleatismus, 1966; Erschein. b. Kant, 1971; Kant u. d. Probl. d. Dinge an sich, 1974; Erkennen u. Handeln b. Heidegger, 1977; Einf. in d. Erkenntnistheorie, 1980; Kant üb. Freiheit als Autonomie, 1983 - Spr.: Griech., Latein, Engl., Franz.

PRAUTZSCH, Wolf-Albrecht
Dr. rer. pol., Vorstandsmitglied d. Westdeutschen Landesbank Girozentrale (s. 1987) - Herzogstr. 15, 4000 Düsseldorf 1 - Geb. 27. März 1940 - 1962-67 Stud. Wirtsch.-Wiss.; Promot. 1970 - 1967-70 wirtsch.-wiss. Assist. Univ. Bonn; 1970-82 Stadtsparkasse Frankfurt (zul. Leit. Hauptabt. Kreditgeschäft); 1983 Vorst.-Mitgl. Kieler Spar- u. Leihkasse (stv. Vorst.-Vors.); 1986/87 Vorst.-Vors. Stadtsparkasse Kassel.

PRAXENTHALER, Heinrich
Dr.-Ing., Prof., Präsident Bundesanstalt f. Straßenwesen - Brüderstr. 53, 5060 Bergisch Gladbach 1 (T. 02204 - 4 30).

PRAYON, Charles
Dr., Wirtschaftsreferent Botschaft d. BRD in Santiago de Chile - Casilla 9949, Santiago de Chile.

PRECHT, Herbert
Dr. phil., em. o. Prof. f. Zoologie, Vergl. Physiol. u. Tierpsych. - Posener Str. 3, 2300 Kiel-Stift (T. 32 22 23) - Geb. 4. Febr. 1911 Augustfehn/Oldbg., ev., verh. s. 1939 m. Margarete, geb. Rehage, 2 Kd. (Ingrid, Dietz) - Univ. Jena, München, Kiel (Promot., Staatsex. f. d. höh. Lehramt, Habil.) - S. 1940 Privatdoz., apl. Prof. (1949), Wiss. Rat u. Prof. (1957) u. Ord. (1965-76) Univ. Kiel - BV: Temperatur u. Leben, 1955 (m. a.; eig. Beitr. 170 S.): Wechselwarme Tiere u. Pflanzen; Temperature and Life, 1973 (eig. Beitr. 86 S.); D. wiss. Weltbild u. s. Grenzen, 1960; D. handelnde Gott u. d. Wege d. Wissenschaft, 1977. Üb. 80 Einzelarb.

PRECHT, Hermann
Dr. phil., Gymnasiallehrer, MdL Baden-Württ. (s. 1976) - Allgäuer Str. 5, 7990 Friedrichshafen/B. - Geb. 11. Juni 1937 Schwäb. Gmünd, kath., verh., 3 Kd. - Volkssch.; kaufm. Lehre; Abendgymn. Mainz (Abit. 1960); Univ. Tübingen u. Bonn (Theol., Phil.); PH Schwäb. Gmünd. Theol. Ex. 1964; Lehramtsprüf. Volks- (1968) u. Realsch. (1969); Promot. 1976 Univ. Marburg (Germanistik, Linguistik), 1978-85 Kreistagsvors. - SPD s. 1968.

PRECHT, Manfred
Dr. rer. nat., Prof. f. Angewandte Statistik - Am Hochfeld 1, 8050 Freising-Hohenbachern (T. 08161-1 33 27) - Geb. 16. April 1937 Bamberg (Vater: Hans P., Schneiderm.; Mutter: Käthe, geb. Dörfler), kath., verh. s. 1968 m. Inge, geb. Zeising - Dipl.-Math. 1962, Promot. 1967, Habil. (Statist. u. Ökonometr.) 1972, alles TU München - Leit. d. Datenverarb.st. München-Weihenstephan u. Lehreinh. Math. u. Statistik - BV: Biostatist., Lehrb., 1977; Math. f. Nichtmathemat. (gem. m. K. Voit), T. 1 u. 2, Lehrb., 1979.

PRECHTEL, Alexander
Oberstaatsanwalt b. Bundesgerichtshof, Pressesprecher d. Generalbundesanwalts Karlsruhe - Herrenstr. 45a, 7500 Karlsruhe 1 (T. 0721 - 1 59-6 21) - Geb. 28. Aug. 1946, ev., verh. s. 1972 m. Christiane, geb. Bernewitz, 3 Kd. (Nina, Felix, Viola) - Jura-Stud. Univ. Göttingen u. Bonn; 1. Staatsex. 1972 Bonn, gr. jurist. Staatsprüf. 1975 Hamburg - 1975-78 Staatsanw. Lübeck; 1978-89 Bundesanwaltsch. Karlsruhe (1982 Oberstaatsanw., 1983 Regierungsdir.); 1984 Oberstaatsanw. b. BGH (1979-81 stv. Pressesprecher Generalbundesanw., s. 1983 Pressesprecher u. Pers. Ref. d. Generalbundesanw.) - Liebh.: Sport, Reisen, Jagd - Spr.: Engl., Franz.

PRECHTL, Andreas
Dr. jur., Dipl.-Kfm., Geschäftsführer Schlossbrauerei Neunkirchen GmbH, Neunkirchen/Saar, Schloss-Neufang Saarl. Brauerei-Vertriebs-GmbH, Saarbrücken - Am Stockfeld 55, 6680 Neunkirchen-Kohlhof/Saar - Geb. 28. Febr. 1929 Raubling/Obb.

PRECHTL, Franz
Oberbürgermeister (s. 1970) - Rathaus, 8450 Amberg/Opf. (T. 09621 - 1 02 00) - Geb. 17. Mai 1927 Amberg, kath., verh., 3 Kd. - Stud. d. German. Univ. Regensburg u. Würzburg.

PRECHTL, Manfred
Dr. jur., Kgl. Niederländischer Generalkonsul, Vorstandsmitglied Baden-Württ. Bank AG, Stuttgart (s. 1967) - Fleckenweinberg 22, 7000 Stuttgart 1 - Geb. 16. Sept. 1928 - Zul. Rechtsanwalt Stuttgart. AR- u. VR-Mand., dar. -vors. Zeitungsverlags- u. Druckhaus GmbH, Göppingen; Vorst.-Vors. Bankenverband Baden-Württ., Stuttgart; Vorst.-Mitgl. Bundesverb. dt. Banken, Köln.

PRECKEL, Heinz
Fabrikant, Mitinh. Profilia-Werke GmbH. & Co. KG., Ennigerloh - Galen-Str. 2, 4740 Oelde - Geb. 9. Aug. 1909 - S. 1938 selbst. (Mitbegr. ob. Fa.) - 1970 BVK I. Kl.

PREGEL, Dietrich
Dr. phil., Univ.-Prof. - Wilhelm-Leibl-Str. 3, 8000 München 71 - Geb. 10. Sept. 1927 - Stud. PH Braunschweig u. 1952-57 Univ. Göttingen; Promot. 1957; Assist. 1957; Doz. 1960; Prof. 1961 (Dt. Spr. d. Lit. u. deren Didaktik); jetzt TU Braunschweig - 1949-52 Lehrer Hannover - Veröff. z. Kuriosen u. Kom. in d. epischen Dichtung; z. Kindersprachforsch., insb. Sprachaltersstile; Wortschatz im Grundschulalter; zu Leselernverfahren; Realisierung d. methodenintegrativen Verf. in e. Leselernwerk; Entw. verbreiteter Schulbücher z. weiterf. Lesen (1971ff.).

PREILOWSKI, Bruno Friedrich
Dr. habil., M.Sc., Ph.D., Prof. f. Physiol. Psychologie - Karl-Erb-Ring 5, 7980 Ravensburg - Geb. 6. Aug. 1943 Kassel (Vater: Bruno P., Oberamtsgehilfe; Mutter: Elisabeth, geb. Seitz), verh. s. 1977 in 2. Ehe m. Myung-Sook, geb. Kim, 2 Kd. (Stefan Hjon-Ho, Julia Su-Tsin) - Stud. Univ. Marburg (Psych., Soziol., Physiol., Zool.), Tulane Univ. New Orleans/USA (Fulbright Stip.); Master of Science (Psych.) 1968, Promot. 1970, Res. Fellow Calif. Inst. of Techn. Pasadena/USA 1970-72, Habil. Univ. Konstanz 1979 - 1967-69 Res.Assist. Univ. New Orleans, 1969/1970 Lehr-Assist. ebd., 1972/73-78/79 wiss. Assist. Univ. Konstanz, 1973/74 Gast-Forscher Californa Inst. of Technol., Pasadena, 1979 Lehrst.vertr. Allg. Psych. Univ. Konstanz, 1979/80 Prof. (C 3) Univ. Tübingen. Div. wiss. Schriften, Forsch.ber. u. Kongreßbeitr. in Dtsch. u. Engl.

PREIS, Heinz
Vorsitzender Bundesverb. Selbsthilfe Körperbehinderter - Altkrautheimer Str. 12, 7109 Krautheim/Jagst (T. 06294 - 6 82 28) - Geb. 31. Aug. 1931 Daubringen/b. Gießen, ev., verh. s. 1955 m. Hannelore, geb. Thiedemann, 4 Kd. (Rolf, Marita, Thomas, Elke) - Geschäftsf. Werkst. f. Behinderte Krautheim - BVK am Bde.

PREISENDANZ, Wolfgang
Dr. phil., em. o. Prof. f. Literaturwissenschaft (Neuere dt. Literaturgesch.) - Milanweg 5, 7750 Konstanz (T. 4 43 65) - Geb. 28. April 1920 Pforzheim (Vater: Dr. med. Heinrich P.), verh. m. Dr. phil. Hermine, geb. Jaeger - S. 1961 (Habil.) Lehrtätigk. Univ. Köln, Münster (1962 ao., 1962 o. Prof.), Konstanz (1966 o. Prof.), 1965 Gastprof. Univ. Pittsburgh, 1966/67 Univ. of California, 1979 Univ. of Virginia, 1985/86 Univ. Basel - BV: D. Spruchform in d. Lyrik d. alten Goethe u. ihre Vorgesch. s. Opitz, 1952; Humor als dichter. Einbildungskraft - Studien z. Erzählkunst d. poet. Realismus, 3. A. 1985; Üb. d. Witz, 1970; Heinr. Heine - Werkstrukt. u. Epochenbezüge, 2. A. 1983; Wege d. Realismus, 1977 - 1988 Kasseler Literaturpreis f. grotesken Humor.

PREISER, Gert
Dr. phil., Univ.-Prof. f. Geschichte d. Med., Gf. Direktor Senckenberg-Inst. Frankfurt/M. - Theodor-Stern-Kai 7, 6000 Frankfurt a. M. 70 (T. 069 - 63 01-56 62) - Geb. 18. Febr. 1928 Frankfurt/M. (Vater: Prof. Dr. rer. pol. Erich P. (s. XI. Ausg.); Mutter: Änne, geb. Hoß), ev., verh. s. 1955 m. Lotte, geb. Huhn, Oberstudienr.), 2 S. (Ludwig, Konrad) - Stud. Klass. Phil. u. Gesch. Univ. Frankfurt u. Heidelberg (Staatsprüf. 1953), Promot. Univ. Kiel 1957 - 1955-56 Ass.; 1957-62 Redakt. Hippokrates-Lexikon Univ. Hamburg; 1962-66 Lehrbeauftr. Univ. Hamburg; 1966 Akad. Rat Univ. Frankfurt; 1969 Privatdoz. Frankfurt; 1971 Prof. f. Gesch. d. Med., 1971-73 Vizepräs. Univ. Frankfurt; s. 1974 Gf. Dir. Senckenberg-Inst. f. Gesch. d. Med., Frankfurt/M. - BV: Allg. Krankheitsbezeichn. im Corpus Hippocraticum, 1976. Herausg.: Frankfurter Beitr. z. Gesch., Theorie u. Ethik d. Med. (s. 1986) - 1969 Senckenberg-Preis - Bek. Vorf.: Prof. Dr. phil. Richard P. (Großv.), s. X. Ausg.

PREISER, Siegfried
Dr. phil. habil., Dipl.-Psych., Prof. f. Päd. Psychol. Univ. Frankfurt (s. 1974), Vorstandsmitglied d. Sektion Politische Psych. im Berufsverb. Dt. Psychologen (s. 1981) - Kurt-Schumacher-Str. 1, 6361 Niddatal 2 - Geb. 10. März 1943 Görlitz (Vater: Herrmann P., Kirchenrat; Mutter: Ilse, geb. Schirrmacher), ev., verh. s. 1967 m. Cornelia, geb. Hardtke, 4 Kd. (Christoph, Joachim, Michael, Eva-Mareike) - BV: Familienkonstellationen u. i. Störungen, 1973 (m. W. Toman); Kreativitätsforschung, 2. A. 1986; Personwahrnehm. u. Beurteil., 1979; Kognitive u. emotionale Bedingungen polit. Engagements, 1982; Soziales u. polit. Engagement, 1983; Soz. Handeln im Kindes- u. Jugendalter, 1983; Umweltprobleme u. Arbeitslosigk., 1984 (m. H. Moser); Freizeit u. Spiel, Arbeit u. Arbeitslosigk. aus päd.-psych. Sicht, 1984; Psych. u. komplexe Lebenswirklichk., 1985 (m. W. F. Kugemann u. K. A. Schneewind); Kontrolle u. engagiertes Handeln, 1988 - Spr.: Engl.

PREISER, Wolfgang
Dr. jur., Dr. phil., o. Prof. f. Strafrecht, -prozeß u. Völkerrecht (emerit.) - Mechtildstr. 10, 6000 Frankfurt/M. (T. 560 15 46) - Geb. 20. Febr. 1903 Frankfurt/M. (Vater: Dr. phil. Richard P., Oberstudienrat (s. X. Ausg.); Mutter: Frida, geb. Heberle), verh. s. 1964 m. Dr. iur. Eva, geb. Wiegand, Vors. Richterin am LG, 2 S. (Wolfgang, Christian) - Stud. Rechtswiss. u. Phil. Gr. jurist. Staatsprüf. - S. 1946 Privatdoz., ao. (1948) u. o. Prof. (1954) Univ. Frankfurt - BV (Auswahl): D. Machiavelli-Bild d. Gegenw., 1952; Z. Völkerrecht d. vorklass. Antike, 1954; D. Recht zu strafen, 1954; D. Strafrecht in d. fr. Ges., 1955; D. Epochen d. antiken Völkerrechtsgesch., 1956; Üb. d. Ursprung d. mod. Völkerrechts, 1960; Vergeltung u. Sühne im altisraelit. Strafrecht, 1961; Völkerrechtsgesch., 1962; D. Völkerrechtsgesch., ihre Aufgaben u. ihre Methode, 1964; Üb. d. Verwirklich. d. Naturrechts in d. Zeit d. Gewaltherrschaft, 1967; Frühe völkerrechtl. Ordnungen d. außereurop. Welt, 1976; History of the Law of Nations, 1984 - Bruder: Prof. Dr. rer. pol. Dr. jur. h. c. Erich P., Wirtschafts- u. Sozialwiss.ler, 1900-67 (s. XV. Ausg.).

PREISING, Ernst
Dr. agr., Ltd. Baudirektor a. D., Honorarprof. f. Pflanzensoziologie u. Naturschutz TH bzw. TU Hannover (s. 1950) - Oberhaverbeck 10, 3045 Bispingen (T. 05198 - 7 31) - Geb. 25. Sept. 1911 Osterode/Harz (Vater: Hermann P., Maler; Mutter: Auguste, geb. Müther), ev., verh. s. 1945 m. Eva-Ruth, geb. Surmann - Gärtnerlehre; Univ. Berlin (Landschafts- u. Gartengestalt.; Promot. 1940) - 1940-54 Bundesanstalt f. Vegetationskartierung bzw. Vorgänger; 1954-76 Fachbehörde f. Naturschutz Nieders. Fachveröff. - 1976 BVK am Bde., 1978 Alexander-von-Humboldt-Med. in Gold.

PREISS, Wolfgang
Schauspieler - Herchenbachstr. 37, 7570 Baden-Baden (T. 07221 - 2 55 07) - Geb. 27. Febr. 1910 Nürnberg (Vater: Karl P., Studienrat; Mutter: geb. Pirner), ev., verh. in 3. Ehe (1955) m. Ruth, geb. Schulmeister, S. Michael - Gymn.; Univ. München (4 Sem. German. u. Theaterwiss.); Schauspielunterr. Hans Schlenck (München) - Theaterengagements: Heidelberg (1932-33), Königsberg/Pr. (1933-37), Bonn (1937-38), Bremen (1938-41), Berlin (1941-45, Volksbühne), Stuttgart (1946-49). Gastsp. Bühne: Marquis Posa (Don Carlos), Mercutio (Romeo u. Julia), Teufel (Scherz, Satire, Ironie), Stanhope (D. andere Seite), Goring (D. ideale Gatte), Jonval (Im 6. Stock), Reisender ohne Gepäck u. v. a.; Film: u. a. D. große Liebe (1941), Canaris, D. 20. Juli (v. Stauffenberg), D. Cornet, Stresemann, Haie u. kl. Fische, Wolgaschiffer, Hunde - wollt ihr ewig leben?, Herr in d. Welt, D. 1000 Augen d. Dr. Mabuse, Verrat auf Befehl, La Fayette, D. Mädchen u. d. Staatsanwalt, D. längste Tag, D. Zug V. Ryans Express, Echapement libre, Is Paris burning?, Hannibal Brooks, Salzburg-Connection, raid on Rommel. Fernsehen: Albert Schweitzer-Serie. Rundfunk- u. Synchronsprecher - 1956 u. 87 Bundesfilmpreis (Stauffenberg) - Liebh.: Klavierspielen, mod. Lit., Reiten, Autofahren, Reisen - Spr.: Engl., Franz.

PREISSER (ß), Sebastian
I. Bürgermeister - Rathaus, 8300 Altdorf/Ndb. - Geb. 23. Febr. 1920 Altdorf - Landw. CSU.

PREISSINGER, Emil
Präsident Handwerkskammer f. Oberfranken - Kerschensteinerstr. 7, 8580 Bayreuth - Geb. 22. Aug. 1912 - Stadtrat - Mitglied Bayer. Senat - BVK I. Kl., Bayer. VO.

PREISSLER (ß), Egon K.-H.
Dr. jur., Rechtsanwalt, Ltd. Min.-Rat a.D., Vors. d. Geschäftsfg. Treuhandstelle f. Bergmannswohnstätten im rhein.-westf. Steinkohlenbezirk GmbH Essen - Heinickestr. 44-48, 4300 Essen 1 (T. 0201 - 201 72 00) - Geb. 5. Nov. 1930 Landshut/Bay., ev. - Abit.; Jurastud. Univ. München, Heidelberg, Köln; Ass.-Ex.; Promot. 1958 - 1961-65 Landesbaubehörde Ruhr u. Leit. Bewilligungsbehörde f. d. Bergarbeiterwohnungsbau im Ruhrgeb.; 1966-74 Bau- u. Innenmin. NRW, zul. Ltd. Min.-Rat, Leit. d. Gruppe Wohnungswirtsch. u. Eigentumsbildung. 1973/74 Vorst.-Vors. Landesentwicklungsges. NW.

PRELL, Diethard
Journalist, Ressortleiter Außenpolitik Nürnberger Zeitung (s. 1980) - Zu erreichen üb. Nürnberger Zeitung, Marienplatz 1, 8500 Nürnberg - Geb. 20. Nov. 1942 Nürnberg, ev., verh. s. 1971, 2 Kd. - Univ. Erlangen (Jura, Politol., Neuere Gesch.).

PRELL, Hermann
Dr. phil., Prof., Leiter Abt. f. Molekulare Genetik, Ges. f. Strahlen- u. Umweltforsch., Göttingen-Weende - Im kl. Felde 15, 3401 Bösinghausen (T. 05507 - 4 78) - Geb. 22. Mai 1925 Dresden (Vater: Prof. Dr. phil. Heinrich P., Zoologe (s. XIII. Ausg.); Mutter: Dr. phil. Adrienne, geb. Koehler), verh. m. Dr. rer. nat. Helene, geb. v. Senden - s. 1960 (Habil.) Lehrtätig. Univ. Frankfurt (1966 apl. Prof.) u. Göttingen (1967 apl. Prof.). Facharb. (Mikrobiol. u. Molek. Genetik).

PRELLWITZ, Werner C.

Unternehmensberater, Offiz. Beauftragter d. Regierung v. Mauritius in d. BRD - Goethestr. 22, 6000 Frankfurt 1 (T. 069 - 28 43 48) - Geb. 5. Juli 1935 Frankfurt (Vater: Max P.; Mutter: Frieda, geb. Machmer), ev., verh. s. 1968 m. Karin, geb. Schwab - Obersch.; Werbewiss. Akad. Wien - BV: Wettlauf um Touristen, 1980; D. Verbraucher d. Zukunft, 1982; Aus d. Werkstatt d. Werbung, 1983; D. Entwicklung d. Markenbildes, 1983 - Gr. Preis d. 3. Intern. Ind.film-Festsp. Berlin; Preis d. Präs. d. 9. Intern. Spezialfilm-Schau Rom - Spr.: Engl., Franz.

PREM, Hanns J.
Dr. phil., Prof. f. Völkerkunde Univ. Bonn - Zu erreichen üb. Sem. f. Völkerkunde, Römerstr. 164, 5300 Bonn 1 - Geb. 18. Jan. 1941 Wien, verh. m. Dr. Ursula Dyckerhoff-Prem - Promot. 1967 Univ. Hamburg, Habil. 1977 Univ. München - Spr.: Engl., Span.

PREM, Horst Werner
Dipl.-Ing., Leiter Technologiereferat Messerschmitt-Bölkow-Blohm GmbH - Geb. 25. Nov. 1940 Nürnberg, Unitarier, verh., 3 Kd. - Dipl. 1966 TU Braunschweig (FB Flugzeugbau u. Leichtbau) - Patentanmeld. im Bereich d. Elektro-Optik. S. 1977 Präs. Dt. Unitarier (Relig.gemeinsch.). Div. Ztschr.-Beitr. im fachl. u. relig.-eth. Bereich - Spr.: Engl., Latein.

PREMAUER, Werner
Dr. jur., Bankdirektor a.D. - Kard.-Faulhaber-Str. 14, 8000 München - Geb. 27. Juli 1912 Berlin, ev., verh. s. 1940 m. Charlotte, geb. Schröder, 3 Kd. - Stud. Rechtswiss. Gr. jurist. Staatsprüf. 1939 - Staats- u. Wehrdst.; n. 1945 Bayer. Vereinsbk. (1951 stv., 1953 o. Vorst.-Mitgl., 1968 Sprecher, 1976 AR-Vors.). Zahlr. Mand. u. a. - Bayer. VO, BVK, Komturkreuz Kgl. Schwed. Vasa-Ord., Staatsmed. f. bes. Verd. um d. bayer. Wirtsch. - Spr.: Engl., Franz., Span.

PRENTL, Sepp
Oberst d. Bundeswehr a.D., MdL Bayern (1974-78) - 8102 Mittenwald (T. 08823 - 15 02) - Geb. 14. Okt. 1916 Rosenheim (Vater: Ludwig P., Reichsbahnbeamter; Mutter: Anna, geb. Bichler), kath., verh. s. 1941 m. Marion, geb. Freiin v. Stetten, 3 Kd. (Eberhardt, Arzt; Zürch, Offz.; Michaela, Musikstud.) - Human. Gymn. (Abit. 1936) Rosenheim; 1951 Univ. Frankfurt - 1938-45 Offz. Luftwaffe; 1956-74 Kommandeur i. d. Bundeswehr; Gemeinderat Mittenwald a.D.; Gf. d. Bayerisch-Togoischen-Ges., München - BV: Kampfgruppe Prentl. Verf. zahlr. Artikel in milit. Fachztschr. - Ritterkreuz m. Eichenlaub z. EK.

PRESCHER, Hans
Dr. phil., Hauptabteilungsleiter Fernsehspiel Hess. Rundfunk - Bundesweg 10, 6000 Frankfurt/M. - Geb. 22. März 1930 Groß-Moitzow/Pomm., verh. s. 1958 m. Christina, geb. Maurer - 1951-56 Stud. German., Zeitungs- u. Theaterwiss. München; Promot. 1956 - BV: Kurt Tucholsky, Biogr. 1959; Oskar Panizza: D. Liebeskonzil u. a. Schriften, (Hrsg.) 1964.

PRESINGER, Herbert
Dr., Hauptgeschäftsführer Handwerkskammer Mainz, Mainz - Südstr. 12, 6501 Budenheim (T. Büro: Mainz 2 44 35) - Geb. 24. Okt. 1910 Graz/Österr., verh., 2 Kd. (Ursula, Helmut) - Univ. Graz (Rechts- u. Staatswiss.). Promot. 1934 - 1934-1939 Tätigk. selbst. u. Anwältes; 1939-45 Abt.sleit. Frankfurter Industriebetrieb (dazw. Wehrdst.); s. 1945 Handwerkskammer Rheinhessen (Gf.) bzw. Mainz - 1971 BVK I. Kl.

PRESS, Volker
Dr. phil., o. Prof. f. Mittlere u. Neuere Geschichte Univ. Tübingen (s. 1980) - Autenriethstr. 16, 7400 Tübingen (T. 3 47 51) - Geb. 28. März 1939 Erding/Obb. (Vater: Eugen P., Redakt.; Mutter: Elisabeth, geb. Harsch), ev. - Stud. d. Gesch., Angl., German. Univ. München; Promot. 1966 - Zun. wiss. Assist. Univ. Kiel u. Frankfurt/M., 1971 o. Prof. Univ. Gießen, 1980 Univ. Tübingen. In u. ausl. Fachmitgl.sch. - BV: Calvinismus u. Territorialstaat, 1970; Kaiser Karl V., König Ferdinand u. d. Entstehung d. Reichsritterschaft, 1976, 2. A. 1980; Korbinian v. Prielmair (1643-1707), 1978; D. Reichskammergericht in d. dt. Gesch., 1987. Herausg.: Academia Gissensis, 1982; Gießener Gelehrte in d. ersten Hälfte des 20. Jh. (1982); Städtewesen m. Merkantilismus in Mitteleuropa (1983); Barock am Oberrhein (1985); Martin Luther: Probleme seiner Zeit (1986); Liechtenstein - Fürstl. Haus u. staatl. Ordnung (2. A. 1988); Vorderösterr. in d. Frühen Neuzeit.

PRESSER, Helmut
Dr. phil., Prof., Museumsdirektor a. D. - Carlo-Mierendorff-Str. 22, 6500 Mainz-Gonsenheim (T. 4 19 85) - Geb. 28. Aug. 1914 Passau/Donau (Vater: Karl-Friedrich P., Fabrikdirektor; Mutter: Paula, geb. Grimm), kath., verh. s. 1959 m. Uschi, geb. Saelzler (Malerin), 2 Söhne (Manuel, Claudio) - Univ. Heidelberg, Berlin, Bonn (Dt. Kunstgesch., Phil., Bibl.wiss.; Promot. 1939) - Lektor Dt. Akad. München; Assist. Univ. Mainz (Gutenberg-Lehrstuhl); Bibl.rat; s. 1963 Dir. Gutenberg-Museum, Mainz. Fachschriftst. f. d. Buchwesen u. fr. Schriftst. - BV: D. Wundermann (Kinderb.), 1933; D. Wort im Urteil d. Dichter, 1940; Von d. Pflanze, d. wandern wollte, 1948; ABC d. großen Drucker, 1951; Ignatz Wiemeler Buchbinder, 1953; 500 J. Mainzer Buchdruck, 1952 (m. Dr. Benzing); D. ird. Paradies d. Silvanus, 1956; V. Berge verschlungen - in Büchern bewahrt, 2. A. 1963 (ital. 1959); D. alte Druckschrift, 1960; Petermann, 1960; Gepriesenes Mainz, 1961; D. Buch v. Buch, 1962/Japan. 1972; Weltmuseum d. Druckkunst, 4. A. 1971 (engl. 1970); Johannes Gutenberg in Zeugnissen u. Bilddokum., 6. A. 1984; Bücher haben ihre Schicksale, 1967; D. Druckkunst verändert d. Welt, 1968 (in viel. Sprachen); Kaufladenbüchlein, 1968; Papiermacher u. Drucker in d. Vergangenh., 1971; Chronik d. Gutenberg-Jahres, 1969; D. Gutenberg-Bibel, 1973, 2. A. 1978; Anekdoten a. d. Gutenberg-Museum, 1974; Buch u. Schrift. Reden u. Aufs., 1974; D. Buch vom Buch, 1978; Offene Tore z. Paradies, 1978; Mit Büchern leben, 1979; D. Krone d. Menschen, 1980; Danach war Europa anders, 1981 (Mitverf.). Vortragsreisen n. Ungarn, Polen, Tschechoslowakei, Finnl., Jugosl., USA, Kanada, Span., UdSSR, Japan, Korea - 1974 Korr. Ehrenmitgl. Grolier Club New York; 1975 BVK I. Kl.; Ehrenmitgl. Führungskräfte d. Druckind. - BV: Bücher großer Drucker - Spr.: Engl., Franz. - Rotarier - Lit.: R. Adolph, H. P., in: Archiv f. Druck u. Papier, H. 4 1962, A. F. Pelle: Seinen Beruf gibt es nur einmal, in: Vom Papier H. 9 1969; H. P. E. Leben f. d. Buch, 1974.

PRESSLER, Mirjam
Schriftstellerin - Menzinger Str. 142, 8000 München 50 (T. 089 - 811 34 28) - Geb. 1940, gesch., 3 T. (Ronit, Gila, Tali) - BV: Bitterschokolade, 1980 (Oldbg. Jugendbuchpreis 1980); Stolperschritte, 1981 (Züricher Jugendbuchpreis 1981); Nun red doch endlich, 1981; Kratzer im Lack, 1981; Novemberkatzen, 1982; Zeit am Stiel, 1982; Katharina u. soweiter, 1984; Riesenkuß u. Riesenglück, 1984.

PRETZELL, Lothar

Dr. phil., Prof., Museumsdirektor i. R. - Marienpl. 4b, 1000 Berlin 45 (T. 772 60 61) - Geb. 13. Febr. 1909 Dübzow/Pom. (Vater: Richard P., Rittergutsbes.; Mutter: Martha, geb. Bechmann), ev., verh. s. 1934 m. Loni, geb. Ernst, 4 Kd. (Barnim, Barbara, Rainer, Henrike) - München, Köln, Wien, Paris (Kunstgesch., Archäol., Dt. u. Roman. Philol.). Promot. 1933 München - 1934-36 Volontär Kupferstichkab. u. Museum f. Dt. Volkskd. Berlin, 1936-38 wiss. Hilfsarb. Oberpräsid. Hannover (Provinzialkonservator), 1938-1941 Wiss. Assist. Oberpräsid. Mark Brandenburg u. Staatl. Museumspfleger, 1941-45 stv. u. Dir. Museum Carolino-Augusteum Salzburg, 1947-59 stv. u. Dir. Kunstgutlager Celle (Schloß), 1959-74 Leit. u. Dir. Museum f. Dt. Volkskd. Berlin - BV: Salzburger Barockplastik, 1935; D. Kunstdenkmale d. Prov. Hannover - Kr. Soltau, 1938 (m. H. Deckert u. O. Kiecker); Meisterwerke Salzburger Kunst, 1943; Fischer v. Erlach in Salzburg, 1944; Adolph Menzel u. s. Zeit, 1949; V. Manet b. Picasso, 1950; Max Ernst - Gemälde u. Graphik 1920-50, 1951; V. Klinger b. Beckmann, 1952; Daumier u. s. Zeitgenossen, 1953; D. Kunstgutlager Schloß Celle 1945-58, 1958; Volkskunst u. -handw., 1964; Kostbares Volksgut aus d. Museum f. Dt. Volkskd., 1967; Votivtafeln-Ex voto, 1968; Laienmaler aus Dtschl. u. Österr., 1979; Bemalte Spanschachteln, 1986 (m. K. Dröge) - 1974 BVK I. Kl. - Liebh.: Literatur, Fotografie, Sammeln v. Handzeichnungen - Bek. Vorf.: Großm.: Anna Bechmann-Studti, Malerin i. Danzig, - Lit.: Th. Kohlmann, Lebendiges Gestern (L. P. z. 65. Geb.), 1975.

PRETZSCH, Gottfried

Kommandeur im Bundesgrenzschutz a. D. - Schmiedekoppel 142, 2407 Bad Schwartau - Geb. 11. März 1926 - 1981-86 Kommandeur Grenzschutzkommando Küste - BV: BVK.

PREU, Albert
Dr. jur., Rechtsanwalt, Honorarprof. f. Gewerbl. Rechtsschutz Univ. Erlangen-Nürnberg - Seestr. 13, 8000 München 23.

PREUL, Reiner
Dr. theol., Prof. f. Prakt. Theologie Univ. Kiel (s. 1985) - Schmiedekoppel 26 a, 2300 Melsdorf b. Kiel - Geb. 19. Aug. 1940 Gelsenkirchen (Vater: Heinz P., Realschuldir.; Mutter: Alexandra, geb. Alberty), ev., verh. s. 1967 m. Renate, geb. Gerth, 3 Söhne (Joachim, Johannes, Christoph) - Gymn. Bielefeld; 1960-65 Univ. Heidelberg u. Göttingen. Promot. 1969. Göttingen - 1969-75 Hochschulassist.; 1975-85 Prof. Univ. Marburg - BV: Reflexion u. Gefühl - D. Theol. Fichtes in s. vorkant. Zeit, 1969; Kategoriale Bildung im Religionsunterr., 1973; Religion - Bildung - Sozialisation. Stud. z. Grundlegung e. religionspäd. Bildungstheorie, 1980; Luther u. d. Prakt. Theologie. Beitr. z. Kirchl. Handeln in d. Gegenwart, 1989 - Spr.: Engl., Franz.

PREUNER, Rudolf
Dr. med., em. o. Prof. f. Hygiene u. Med. Mikrobiol. - Goldberg 18, 2400 Lübeck (T. 59 59 70) - Geb. 24. Sept. 1911 Tübingen (Vater: Rudolf P., Richter; Mutter: Anna, geb. Heydemann), ev., verh. in 2. Ehe (s. 1957) m. Dr. med. Jutta v. Prittwitz u. Gaffron; 2 S. a. 1. Ehe (Rudolf, Jürgen) - Univ. Tübingen, Med. Akad. Düsseldorf; Habil. 1939; Lehrtätig. Univ. Göttingen (apl. Prof. 1952) u. Med. Hochsch. Lübeck (1964 o. ö. Prof. u. Dir. d. Inst. f. Hygiene u. Med. Mikrobiol. d. Med. Akademie bzw. Hochschule. S. 1985 Med. Univ. zu Lübeck); 1952-64 Dir. d. Hyg. Inst. d. Hansestadt Lübeck; 1979 emerit. - BV: Mikrobiologie d. Infektionskrankh., 1955, m. v. Prittwitz; Burnet, Self and Notself, 1973 (Übers. a. d. Engl. m. H. Horst u. J. Preuner v. Prittwitz); Hygiene f. Krankenpflege- u. Med.techn. Berufe, 3. A. 1988; Gesundheit u. gebaute Umwelt, 1979; Universität-Hanse-Lübeck 1 + 2 (Gründungsgesch. d. Med. Univ. zu Lübeck) 1984 u. 86 (m. J. Preuner v. Prittwitz). Lehrb.- u. Handb.-Beitr. u. Aufs. in versch. Fachztschr. - 1977 BVK.

PREUSCHEN, Freiherr von, Diethardt
Dr. jur., Staatssekretär a. D., Beauftragter d. FDP Bundesvorsitzenden FDP-Bundestagsfraktion - Bundeshaus, 5300 Bonn - Auf dem Köllenhof 13, 5307 Wachtberg-Liessem - Geb. 8. März 1935, verh., 2 Kd. - 1981-85 Bevollm. d. Saarl. b. Bund. Vors. d. Vereinig. ehem. Stagiaire d'Ecole Nationale d'Administra-

tion, Paris - 1980 officier de l'ordre national du mérite.

PREUSCHEN, Gerhardt

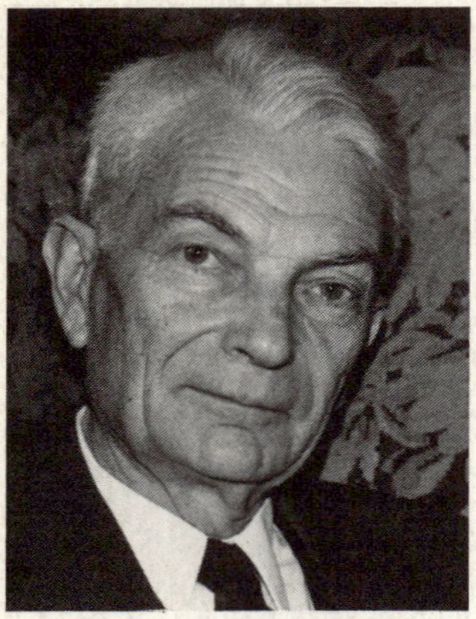

Dr. agr., Prof., em. wiss. Mitgl. Max-Planck-Ges. - Ziegelsdorf 1, 8621 Untersiemau (T. 09565 - 3 18) - Geb. 22. Jan. 1908 Darmstadt (Vater: Prof.D.Dr. Erwin P., Begründer neutestamentl. Wiss.), ev., verh. s. 1968 m. Sybille, geb. v. Gusmann, 5 Kd. (Ingrid, Gerda, Luitgard, Dagmar, Gerhard-Helferich) - Landwirtsch. Lehre; Stud. Landwirtschaft LH Hohenheim u. Berlin; Stud. Maschinenbau TH Stuttgart u. Darmstadt; Dipl.-Landw. 1934 Berlin - 1932-40 Gründer u. Leit. Technische Gutsberat. Landsberg/Warthe/Eberswalde; 1936-45 Gutspächter; 1940-76 Dir. Inst. f. landwirtsch. Arbeitswiss., später Max-Planck-Inst. f. Landarbeit u. Landtechnik; s. 1975 wiss. Betreuer d. Stiftg. ökolog. Landbau - Begründer d. landw. Arbeitswiss., Theorie d. Ökosystems im Boden, Meth. d. ökol. Land- u. Weinbaus - BV: D. Wirtschaftsrahmen, 1947; Landw. Betriebslehre, 1949; D. Technik in d. Landwirtsch., 1956; D. Arbeit in d. Landwirtsch., 1957; Sinnvoller leben, glücklicher leben, 1959; Zweckmäßig rationalisieren, 1967; D. Kunst d. Gründüngung, 1968; D. Landwirt als Bodenschützer, 1986. Mithrsg.: D. Praxis d. landw. Beratung (1949) - Silb. Max-Eyth-Med. d. DLG; offic. d. merite agricol; Purkyni Med.; Ehrenpräs. u. -mitgliedschaften - Liebh.: Gesch. d. Weines - Spr.: Engl., Franz.

PREUSCHOFF, Hans-Georg

Dr. agr., Dipl.-Landwirt, Bürgermeister Stadt Meckenheim (s. 1975) - Elbingerstr. 4, 5309 Meckenheim (T. 02225-62 73) - Geb. 23. Juli 1937 Elbing/Ostpr. (Vater: Hans P., Landwirt; Mutter: Maria, geb. Woosmann), kath., verh. s. 1963 m. Johanna; geb. Jakobi, 2 T. (Beate, Andrea) - Gymn. Petrinum Brilon, (Abit. 1959); 1959-61 Landwirtsch.lehre; 1961-64 Stud. Landwirtsch. Kiel u. Bonn; Promot. 1968 Univ. Bonn - 1968-70 Marktberichterst. ZMP, Bonn; s. 1970 Landw. Beratungsstellenleit. - Liebh.: Politik, Sport, Briefm.

PREUSCHOFT, Holger

Dr. phil. nat., Prof. f. Anatomie, Anthropologie - Aeskulapweg 18, 4630 Bochum (T. 0234 - 70 17 07) - Geb. 2. Jan. 1932 Hanau/M. (Vater: Max P., Ing.; Mutter: Auguste, geb. Müller), ev., verh. s. 1958 m. Lotte, geb. Datz, 2 Kd. (Signe, Astrid) - Schule b. 1952, 1952-54 kfm. Lehre, 1955-64 Stud. Biol. u. Med.; Promot. 1961 Frankfurt, Habil. 1968 Tübingen - 1975-78 Prorektor f. Forsch., 1980-81 Dekan d. Fak. f. Naturwiss. Med. Ruhruniv. Bochum - BV: Morbeck, Preuschoft & Gomberg (eds.) Environment, Behavior, and Morphology: Dynamic Interactions in Primates; Bischof & Preuschoft (eds.) Geschlechtsuntersch., Entst. u. Entw., Mann u. Frau in biol. Sicht; Preuschoft, Chivers, Brockelmann, and Creel (eds.) The Lesser Apes: Evolutionary and Behavioural Biology, Edinburgh-Univ. Press; Preuschoft and Chivers (eds) The Hand in Primates, Il Sedicesimo (Florenz) - Liebh.: Anwend. wiss. Erkenntnisse im tägl. Leben, Gesch., Architektur, Reiten - Spr.: Engl.

PREUSS, Fr. (Friedrich) Rolf

Dr. rer. nat., em. o. Prof. f. Pharmazie, Apotheker u. Lebensmittelchemiker - Am Floßgraben 6, 7800 Freiburg/Br. (T. 3 53 57) - Geb. 13. Dez. 1911 Göppingen/Württ. (Vater: Christoph P., Gärtnereibes.; Mutter: Pauline, geb. Waldenmaier), ev., verh. s. 1954 m. Dr. Ursula, geb. Hettenbach, 3 Kd. (Peter, Barbara, Jochen) - Oberrealsch.; Apoth.ausbild.; Univ. Tübingen, Königsberg/Pr., Freiburg - S. Habil. 1954 Privatdoz., ao. (1960) u. o. Prof. (1967) Univ. Freiburg (Dir. Pharmaz. Inst.); 1977 emerit. - BV: Gadamers Lehrbuch d. chemischen Toxikologie u. Anleitung z. Ausmittelung v. Giften, Bd. I/1 (1969), Bd. I/2 (1976), bde. neu bearb. Üb 60 Facharb. - 1981 Jean-Servais-Stas-Med. Ges. f. toxikol. u. forens. Chemie (GTFCH).

PREUSS, Fritz

Dr. rer. nat., Prof., Hochschullehrer, MdL Rhld.-Pfalz (s. 1979, SPD) - Im Rustengut 95, 6702 Bad Dürkheim - Geb. 4. Juli 1935 Berlin - Stud. Chemie. Promot. 1964; Habil. 1969 - S. 1969 Lehrtätigk. FU Berlin, Univ. Bochum (1970) u. Kaiserslautern (1971; Prof. f. Anorgan. Chemie). Facharb.

PREUSS (ß), Fritz

Dr. med. vet., Prof. a. D. f. Vet.-Anatomie, -Histol. u. -Embryol. FU Berlin (s. 1955) - Im Bad 37, 2252 St. Peter Ording (T. 04863 - 17 63) - Geb. 27. Sept. 1917 Grünhagen, verh. s. 1941 m. Ursula, geb. Meyer, 2 Kd. (Richard, Friederike) - Stud. Veterinärmed. München u. Hannover. Promot. 1942; Habil. 1952 - 1952-55 Doz. Tierärztl. Hochsch. Hannover - BV: Anleitung z. topogr. Ganztierpräparation d. Hundes; Kapselkörper, Sesambein- u. Interosseusfrage (m. A. Wünsche); Medizin. Histologie, 2 T. z.; D. Aufbau d. Menschl. - E. biol. Evolutionstheorie d. Konkreten Vitalismus; D. Aufbau d. Vernunft - E. biol.-phil. Denkanleitung z. Mehrheitsfähigkeit d. Vernunft - Ehrenmitgl. d. Weltvereinig., d. Europ. Vereinig. u. d. Portug. Ges. d. Veterinäranatomen - Spr.: Engl., Franz.

PREUSS (ß), Gernot

Rechtsanwalt, Hauptgeschäftsführer d. Unternehmerverb. Niedersachsen, Geschäftsf. BDI-Landesvertretung Niedersachsen, Gf. Inst. d. Niedersächs. Wirtsch. - Schiffgraben 36, 3000 Hannover 1.

PREUSS (ß), Günter

Dr. rer. nat., Prof. f. Biologie u. Didaktik d. Biologie Erziehungswissenschaftl. Hochsch. Rheinl.-Pfalz, Abt. Landau - Hugenottenstr. 7, 6747 Annweiler a. Trifels - Geb. 28. Sept. 1924 Stettin - Stud. Päd. Hochsch. Kiel, 1946-50 Univ.-Stud.; 1953-62 Schuldst.; 1962 Doz. an e. PH, 1964 Prof. - 1964-73 Landesbeauftr. f. Naturschutz u. Landschaftspfl. Rheinl.-Pfalz, Vors. Beirat f. Landespfl. Min. f. Umwelt u. Gesundheit, Mainz (s. 1975) - BV: Naturschutz u. Schule, 1966; Pfälzische Landeskunde, 3 Bde., 1982; D. Weinstraße. Porträt e. Landsch., 1985; D. Pfälzerwald, Porträt e. Landschaft, 1987; Aufsätze - 1973 BVK; 1980 BVK I. Kl.

PREUSS (ß), Helmut

Dr. phil., Dipl.-Volksw., o. Prof. f. Didaktik d. Dt. Sprache u. Literatur Univ. Dortmund - Falkenberg 123a, 5600 Wuppertal-Elberfeld (T. 71 54 14) - BV: Lyrik in d. Zeit, 1971 - BVK; Komtur d. Silvester Ordens.

PREUSS(ß), Horst Dietrich

Dr. theol., Prof., Bibl. Theologe, Prof. f. AT Augustana-Hochschule (s. 1973) - Kreuzlach 20c, 8806 Neuendettelsau - Geb. 1. Mai 1927 - Promot. 1966 Kiel; Habil. 1969 Göttingen - Zul. Ord. (1973) Univ. Göttingen - BV: u. a. Verspottung fremder Religionen im Alten Testament, 1971.

PREUSS, Manfred

Kaufmann, MdA Berlin (s. 1979) - Niklasstr. 25, 1000 Berlin 37 - Geb. 30. Okt. 1951 München (Vater: Siegfried P., Dipl.-Volksw.; Mutter: Gertrud, geb. Müller), kath., verh. s. 1976 m. Gabriele, geb. Maier, T. Stefanie - 1971-74 Jurastud. FU Berlin - CDU - Liebh.: Antiquitäten, Turniertanz (1973 Dt. Meister in d. Standardtänzen (A-Kl.) m. Ingrid Heintel) - Spr.: Engl.

PREUSSEN (ß), Prinz von, Louis Ferdinand

Dr. phil., Chef d. Hauses Hohenzollern - Katrepeler Landstr. 50 (Wümmehof), 2800 Bremen-Borgfeld; Koenigsallee 9, 1000 Berlin 33 - Geb. 9. Nov. 1907 Potsdam, ev., verh. 1938 m. Kira, geb. Großfürstin v. Rußland († 1967); 7 Kd. (Friedrich Wilhelm (verehel. 1975 m. Ehrengard v. Reden), Michael (verehel. 1982 m. Brigitte Dallwitz-Wegner), Marie Cécile (1965 verehel. Herzogin v. Oldenburg), Kira, Louis Ferdinand (†1977; verehel. 1975 m. Gräfin Donata Castell-Rüdenhausen), Christian Sigismund, (verehel. 1984 m. Gräfin Nina zu Reventlow), Xenia - Realgymn. Potsdam; Univ. Berlin (Promot. 1931) - 1929-34 Tätigk. Fordwerke, Detroit/USA - BV: Theorie d. Einwanderung - dargestellt am Beispiel Argentiniens, 1931, Als Kaiserenkel durch d. Welt, 1952 (amerik. Ausg.: The Rebel Prince), NA. unt. d. Titel: Im Strom d. Gesch., 1983. Zahlr. Kompos. (vornehml. Lieder; 1960 Glockensp. (Melodie v. 13 Tönen in Es-Dur f. d. Kaiser-Wilhelm-Gedächtnis-Kirche Berlin) - Liebh.: Musik, Fliegen (Pilotenex.), Reiten - Vorf. s. X. Ausg. (1935).

PREUSSEN (ß), Prinz von, Wilhelm-Karl

Geschäftsführer - Einbecker Str. 21, 3450 Holzminden/Weser - Geb. 30. Jan. 1922 - Herrenmeister Johanniter-Orden.

PREUSSLER (ß), Helmut

Verleger, Inhaber: Helmut Preußler Verlag, Polizei-Verlag Heinz Krause, Wissensch. Buchhandlung E. Gebhard - Rothenburger Str. 25, 8500 Nürnberg (T. 26 74 21 u. 26 23 23) - Geb. 7. Febr. 1937 Ketzelsdorf/Böhmen (Vater: Alfred P. († 1944); Mutter: Berta, geb. Kawan († 1971), kath., verh. m. Brigitte, geb. Krömer - Herausg.: Blaue Berge, grüne Täler ..., Liebes Heimat-Lesebuch, Rund um d. Altvater, Isergebirglers Lesebuch, Südmährisches Lesebuch, Schlesisches Heimat-Lesebuch, Jahrb. d. Egerländer, Jahrb. d. Schlesier u.a.

PREUSSLER (ß), Otfried

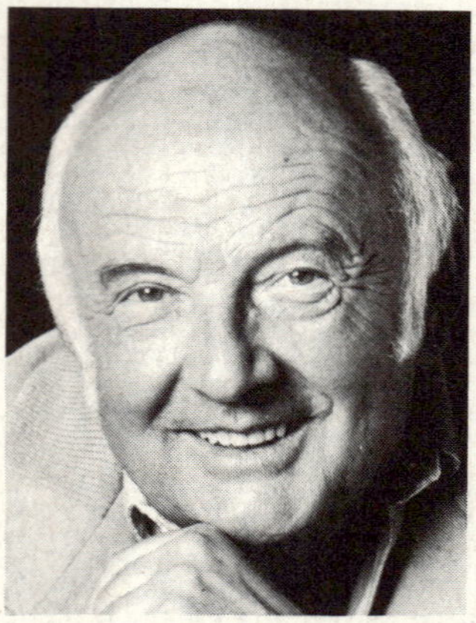

Schriftsteller - Rübezahlweg 11, 8209 Stephanskirchen. (T. 08036 - 4 34), Briefanschr.: Postf. 168, 8209 Stephanskirchen 1 - Geb. 20. Okt. 1923 Reichenberg/Böhmen (Vater: Josef P., Rektor; Mutter: Ernestine, geb. Tscherwenka), verh. s. 1949 m. Annelies, geb. Kind, 3 Töcht. - Obersch. (Abit.); Lehrerausbild. - 1953-1970 Volksschullehrer u. Rektor (1962) - Kinderb. (m. Aufl. v. z. T. 1 Million u. zahlr. Übers.): D. kl. Wassermann (1956), D. kl. Hexe (1957), Bei uns in Schilda (1958), Thomas Vogelschreck (1959), D. Räuber Hotzenplotz (1962), Kindertheaterstücke, (Sammelbd. 1965), D. kl. Gespenst (1966), D. Abenteuer d. starken Wanja (1968), Neues v. Räuber Hotzenplotz (1969), Krabat (1972), D. dumme Augustine (1972), Hotzenplotz 3 (1973), Jahrmarkt in Rummelsbach (1973), D. goldene Brunnen (Schausp. 1974), D. Märchen vom Einhorn (1975), D. Glocke von grünem Erz (1976); D. Flucht n. Ägypten, königlich böhmischer Teil (R. 1978); Pumphutt u. d. Bettelkinder (Bilderb. 1981), Hörbe m. d. gr. Hut (Kinderb. 1981), Hörbe u. s. Freund Zwottel (Kinderb. 1983), D. Engel m. d. Pudelmütze (Kinderbuch 1985), Herr Klingsor konnte ein bißchen zaubern (1987); Zwölfe hat's geschlagen (Sagenb. 1988). Arbeiten f. Fernsehen (Puppenfilm) u. Kinderfunk - 1957 Sonderpreis Dt. Jugendbuchpreis, 1961 Prämie Dt. Jugendbuchpreis, 1963 Dt. Kinderbuchpreis, 1971 Kulturpreis Rosenheim, 1972 Dt. Jugendbuchpreis, 1972 u. 1973 Silb. Griffel (Niederl. Ausz. f. Jugendb.); 1973 Intern. H. Ch. Andersenpreis: Highly Commended, 1973 Europ. Jugendbuchpreis d. Univ. Padua, 1973 BVK am Bde.; 1977 Jugendbuchpreis poln. Buchverleger; 1979 Sudentendt. Kulturpreis; 1979 Bayer. VO; 1980 Span. Jugendbuchpreis; 1987 Andreas-Gryphius-Preis; 1987 Kath. Kinderbuchpreis; 1987 Bayer. Poetentaler; 1988 Gr. Preis d. Dt. Akad. f. Kinder- u. Jugendlit.; Mitgl. Deutschschweizer. PEN-Zentrum, Histor. Kinderbuchges., Dt. Akad. f. Kinder- u. Jugendlit. Sudentendt. Akad. d. Wiss. u. Künste - Spr.: Tschech., Engl., Russ.

PREUSSMANN, Rudolf

Dr. rer. nat., Dipl.-Chem., Prof. Univ. Heidelberg, Abteilungsleit. Dt. Krebsforschungszentrum Heidelberg - Goethestr. 50, 6904 Eppelheim (T. 06221 - 76 32 07) - Geb. 25. Aug. 1928 Stein b. Nürnberg (Vater: Werner P., Gartenbaumeist.; Mutter: Claudia, geb. Wolfarth), ev., verh. s. 1955 m. Erika, geb. Raabe, 3 Kd. (Susanne, Roland, Beate) - 1948-54 Stud. Chemie Univ. München (Dipl.-Chem. 1954), Promot. 1965 Univ. Freiburg, Habil. 1968 ebd. - 1955-70 Wiss. Mitarb. u. Abt.leit. (ab 1967) forsch.gr. Präventivmed., Freiburg; ab 1970 Dt. Krebsforsch.zentrum Heidelberg (Abt.leit.). Entd. Krebserzeug. N-Nitroso-Verbind., deren Umweltvorkommen u. Ausschalt. Rd. 300 Publ. in wiss. Ztschr. - 1981 BVK a. Bde. - Spr.: Engl.

PREUTEN, Günter

Kaufmann, Vors. Dt. Radio- u. Fernseh-Fachverb., Köln - Ob. Ahlenbergweg 10a, 5804 Herdecke/Ruhr - Geb. 16. April 1931.

PRÉVÔT, Robert

Dr. med., o. Prof. f. Röntgenologie (emerit.) - Trenknerweg 42, 2000 Hamburg 52 (T. 880 56 66) - Geb. 22. Sept. 1901 Kassel (Vater: Prof. Conrad P., Architekt; Mutter: Elise, geb. Dingler), ev., verh. I) m. Elly, geb. Michels († 1945), 2 Söhne (Hans, Kurt), II) 1948 Gerda, geb. Krüger - Realgymn. Magdeburg; Univ. Marburg u. München. Habil. 1937 - Landeskrkhs. Kassel (1927), Univ. Rostock (Pathol. Inst. 1929), Charité Berlin (1930), Städt. Krankenanst. Dortmund (1931-32 u. wied. ab 1933, b. 1944 Leit. Chir. Röntgenabt.), Kanton-Spital Zürich (1933), 1935-69 Lehrtätigk. Univ. Hamburg (1948 ao., 1957 o. Prof., Dir. Radiol. Klinik u. Strahlen-Inst.). B. 1961 Vors. Dt. Röntgen-Ges. - BV: Grundriß d. Röntgenol. d. Magen-Darmkanals, 1948; Pädiatr. Röntgenatlas, 1955 (m. Lassrich u. Schäfer); Röntgendiagnostik d. Magen- Darmkanals, 1959 (m. Lassrich) - 1963 Rieder-Med.; 1968 Röntgen-Plak.;

1969 Ehrenmitgl. Dt. Ges. f. Verdauungs- u. Stoffwechselkrankh.

PREY, Hermann

Prof., Kammersänger - Fichtenstr. 14, 8033 Krailling/Obb. (T. München 89 65 90) - Geb. 11. Juli 1929 Berlin (Vater: Hermann P. † 1968), verh. s. 1954 m. Barbara, geb. Pniok, 3 Kd. (Annette, Florian, Franziska) - Gymn. Z. Grauen Kloster u. Musikhochsch. Berlin u. Harry Gottschalk - S. 1952 Staatstheater Wiesbaden, Staatsoper Hamburg (1953) u. München (Bariton); 1981 Bayreuther Festsp. Viele Liederabende. Div. Weltreisen. Schallpl.; s. 1982 Prof. Musikhochsch. Hamburg - BV: Premierenfieber, Erinn. 1981 - 1962 Bayer. Kammers.; 1977 Bayer VO; 1981 Gr. BVK u. Gold. Hermann-Löns-Med.; 1984 Münchener Sänger d. J. 1983 (Leserumfrage Münch. Theaterztg.); 1986 Bayer. Maximiliansorden - Liebh.: Wandern, Filmen.

PREY, Wolf-Dietrich

Dr. jur., Geschäftsführer Atlas Handelsges. mbH., Berlin - Oberhaardter Weg 30, 1000 Berlin 33 (T. 826 42 88) - Geb. 29. Nov. 1911 - Zul. Vorstandsmitgl. Berliner Maschinenbau AG. vorm. L. Schwartzkopff, Berlin.

PREYER, Hans-Dietrich

Dr. jur., Rechtsanwalt, Geschäftsf. Panta Rhei Elektronik Warenhandelsges. mbH, SOL-Holding GmbH, u. Albers Beteiligungs-GmbH - Neuer Wall 42, 2000 Hamburg 36 (T. 040-36 22 41) - (Vater: Prof. Dr. Dr. Wilh. Dietrich P.) verh. s. 1952 m. Dr. med. Rosemarie, geb. Bollmann, 3 Kd. (Annette, Hans-Peter, Dr. med. Serena) - Stud. Berlin, Lausanne, Dublin, Edinburgh; Promot. 1949 Univ. Tübingen - AR Rickmers Reederei GmbH Rickmers Werft Bremerhaven, Wichern Bauges. mbH Hbg.; Beirat Triship a/s Kopenhagen; Generalbevollm. Encyclopaedia Britannica (Germany) Ltd. Düsseldorf, Kurat. Max-Planck-Inst. f. ausl. u. intern. Privatrecht; Vorstandsvors. Senator Erich Soltow-Stiftg. - EK II. u. I.; BVK I. Kl.; Officer of British Empire - Spr.: Engl., Franz., Span.

PREYSS (ß), Carl Robert

Fabrikant, Physiker, Inh. u. Leiter Ertel-Werk f. Feinmechanik, München, Vorstandsmitgl. Verb. d. Dt. Feinmechanischen u. Opt. Ind., Köln - Prinzenstr. 28, 8000 München 19 (T. 089 - 17 15 61) - Geb. 25. Aug. 1922 München (Vater: Dipl.-Ing. Otto Walter P., Fabrikant; Mutter: Elisabeth, geb. Dahl), ev., verh. s. 1963 m. Christa, geb. Stokburger, 3 Kd. (Walter, Dorothea, Georg) - Human. Gymn.; Physikstud. - Vorst.-Mitgl. Verb. d. Dt. Feinmech. u. Opt. Ind. e. V., Köln, Präs.-Mitgl. Landesverb. Bayer. Ind. (LBI), München, Mitgl. Mittelstandsbeirat b. Bundeswirtsch.min., Bonn. Handelsrichter - Versch. Patente - Liebh.: Gesch. d. opt. Instrumente, Kultur- u. Bayer. Gesch. - BVK I. Kl., Kriegsausz. - Spr.: Engl.

PREZEWOWSKY, Alfred

Schlosser, MdL Schlesw.-Holst. (s. 1967) - Flensburger Str. 22, 2300 Kiel (T. 33 22 08) - Geb. 24. Nov. 1931 Falkenau/Schles., ev., verh., 3 Kinder - Volkssch.; Kraftfahrzeugmechanikerlehre - Schlosser u. Schweißer (1961 b. 72 Betriebsratsvors., dann Gf. IG Metall). SPD s. 1957.

PRIBILLA, Otto

Dr. med., Dipl.-Chem., o. Prof. f. Rechtsmedizin Med. Hochsch. Lübeck (s. 1971) - Elsässer Str. 41, 2400 Lübeck (T. 6 44 84) - Geb. 3. Nov. 1920 Köln (Vater: Dr. jur. Emanuel P., Rechtsanwalt; Mutter: Johanna, geb. Greven), kath., verh. s. 1949 m. Dr. med. Lea, geb. Pallmann, T. Felicitas - Apostel-Gymn. Köln; Univ. Köln, München (Chemie), Bonn (Chemie, Med.; Dipl.-Chem. 1948), Kiel (Med.; Staatsex. 1954). Promot. (1955) u. Habil. (1959) Kiel - 1959-71 Privatdoz., apl. Prof. (1964), Wiss. Rat u. Prof. (1965) Univ. Kiel (Inst. f. Gerichtl. u. Soz. Med.), o. Prof. (1971) MHL Lübeck - Spez. Arb.sgeb.: Radio- u. Forens. Toxikol., Arztrecht - Mitgl. American Acad. of Forensic Sciences, Soc. de Med. Legal del Litoral Rep. Argentina; korr. Mitgl. Soc. de Médicine Légale et de Criminologie de France; Affiliate Royal Soc. of Med. - Liebh.: Bild. Kunst, Antiquitäten, Musik, Golf - Spr.: Engl., Franz.

PRIBILLA, Walther

Dr. med., Prof., Ärztl. Direktor u. Chefarzt i. R. II. Innere Abt. Städt. Krankenhaus Moabit, Berlin 21 (1964-81) - Limastr. 9, 1000 Berlin 37 (T. 801 80 44) - Geb. 16. Aug. 1916 Köln, verh. s. 1949 m. Inge, geb. Kalthoff, 3 Kd. (Simone, Guido, Iris) - S. 1952 (Habil.) Lehrtätigk. Univ. Köln (1958 apl. Prof.) u. FU Berlin (1965). Fachveröff. (Hämatol. u. Onkologie) - 1981 BVK I. Kl.; 1981 E. v. Bergmann-Plak. d. Bundesärztekammer; 1982 Ehrenmitgl. Berliner Med. Ges.; 1983 Ehrenmitgl. Tumor-Zentrum Berlin; korr. Mitgl. Ital. Ges. f. Hämatologie u. d. Österr. van Swieten-Ges.

PRICK, Christof

Freier Dirigent u. Staatskapellmeister d. Deutschen Oper Berlin - Insterburger Str. 11, 7500 Karlsruhe (T. 0721 - 68 55 67) - Geb. 23. Okt. 1946 Hamburg, ev., verh. s. 1971 m. Ulrike, geb. Ullrich - Staatsex. 1969 Staatl. Hochsch. f. Musik Hamburg (Dirig.) - Regelmäßig Dirigent d. MET in New York u. a. Konzert- u. Operninst. d. USA u. Deutschl.; 1974-77 GMD Saarl. Staatstheater Saarbrücken; 1977-85 GMD Bad. Staatstheater Karlsruhe; s. 1985 s.o.; Dirig. v. Oper u. Sinfoniekonz. (haupts. dt. Repertoire) - 1976 H. v. Karajan-Preis Berlin - Liebh.: Lit., Sport - Spr.: Engl., Franz.

PRICK, Kathrin

Regisseurin - St. Quentin-Ring 57, Kaiserslautern - Geb. 27. Dez. 1949 - Stud. Musikpäd. Univ. Köln (1. u. 2. Staatsex.), Musik- u. Theaterwiss. FU Berlin, Musiktheaterregie Hamburg - Insz./Musiktheater: Vier Grobiane, Albert Herring, Freischütz, Margarete, Cosi Fan Tutte (alle Kaiserslautern); La Voix Humaine (Darmstadt); Hänsel u. Gretel (Saarbrücken); Xerxes (Weikersheim); Fidelio (Kiel) - Spr.: Engl., Franz., Ital. - Bek. Vorf.: Käthe Gothe, Franz Schneider, Schausp. (Großeltern).

PRIEBE, Hermann

Dr. agr., em. Prof. f. Agrarwesen - Zeppelinallee 31, 6000 Frankfurt/M. (T. 77 50 01) - Geb. 10. Febr. 1907 Berlin (Vater: Dr. phil. D. Hermann P., Pfarrer; Mutter: Irmgard, geb. v. Versen), ev. - Gymn.; landw. Lehre; Stud. Landw. Dipl.-Landw. 1932 Königsberg; Promot. 1936 Berlin; Habil. 1942 Gießen - 1933-36 Assist. Univ. Greifswald u. Berlin; 1937-42 Ref. Reichskurat. f. Technik in d. Landw.; 1943-45 Dir. Versuchs- u. Forschungsanst. Potsdam-Bornim; 1945-48 sowjet. Kriegsgefangensch.; 1949-58 Privatdoz. u. apl. Prof. Univ. Gießen; s. 1959 Ord. Univ. Frankfurt (1961 Dir. Inst. f. ländl. Strukturforsch.). 1958-70 Agrarpolit. Berat. EWG - BV: Landarbeit heute u. morgen, 1953; Sozialprobleme d. dt. Landw. - Wer wird d. Scheunen füllen?, 1955; D. Landw. in d. Welt v. morgen, 1971; D. agrarwirtschaftl. Integration Europas, 1979; D. Agrarsektor im Entwicklungsprozeß, 1980 (m. Wilhelm Hankel); D. subventionierte Unvernunft, Landwirtsch. u. Naturhaushalt, 1985. Div. Handbuchbeitr. u. Fachaufs.

PRIEBE, Leo

Dr. rer. nat., Prof. f. Biophysik Univ. Marburg (Bereich Humanmed.) - Mecklenburger Str. 7, 3551 Wehrda - Geb. 25. Dez. 1923 Mülheim/Ruhr, verh. s. 1960 m. Prisca, geb. Schlosser, 7 Kd. (Astrid, Constanze, Alexander, Claudia, Leo, Pia und Maria) - Univ. Köln, Phys.; Dipl. 1956.

PRIEBE, Walter

Dr. rer. pol., Geschäftsführer Stahlbauvereinig. Baden-Württ. - Westl. Karl-Friedrich-Str. 8, 7530 Pforzheim/Baden - Geb. 29. Febr. 1936.

PRIEBS, Ralf

Dr.-Ing., Prof. TU Berlin, Berater MBB/Erno-Raumfahrttechnik GmbH, Bremen - Unter den Eichen 115, 1000 Berlin 45 - Geb. 12. Mai 1934 Berlin (Vater: Henry P., Kaufm.; Mutter: Rosa, geb. Grote), ev., verh. s. 1966 m. Inger, geb. Jungjohann, S. Roman - Dipl.-Ing. 1961, Promot. 1965, Habil. 1970, alles Berlin - Spezialgeb.: Ortung u. Navigation, Raumflugmechanik - Fachbeiträge in: Meyers Lexikon Technik u. exakt. Naturwiss., 1970; Meyers Enzyklop. Lexikon, 1976-79; Brockhaus Enzyklopädie, 19. A. ab 1986; Blätter z. Berufskd. d. Bundesanst. f. Arbeit.

PRIEMEL, Gero

Dr. phil. nat., Filmregisseur u. Filmproduzent (EPG-Film) - Feldbergstr. 10, 6246 Schloßborn/Taunus (T. 06174 - 6 16 54) - Geb. 27. Okt. Frankfurt/M. (Vater: Dr. phil. Kurt P., Direktor Frankfurter Zoo (s. X. Ausg.); Mutter: Erna, geb. Gravenkamp), verh. s. 1937 m. Erni, geb. Brunner, 2 T. (Isa-Vera, Heli) - Univ. Frankfurt, Wien, München (Promot. 1936) - Kulturfilmregiss. UFA u. Dramat. Hauptfilmst. Reichsluftfahrtmin., s. 1946 freischaffend. Viele Filme, dar.: D. Sommerwiese, Herbstlied, E. brasilian. Rhapsodie, Himml. Orchester, Story of a town, Am Rande d. Ewigkeit, D. Schatzkästlein, Vernünftiger arbeiten - besser leben, Bedrohter Lebensquell, Zw. Landung u. Start, D. Babysitter, Zw. Bonn u. Berlin, Willkommen an Bord, Wasser-Landsch.-Leben, Examen b. Eis u. Schnee, V. Flugschein z. Luftfrachtbrief, Früherfassen d. Lungenkarzinoms, Das ist Stuttgart, Zahnbehandl. zerebralgeschädigter Kinder, Aluminium-Messing-Kupfer, Urlaub der 1000 Möglichkeiten, Schwarzwald-ABC, Stirling-Moss-Test, Projekt D. Fließfertigung, Kaiserstuhl, Hochrhein, Taubertal, Schwäb. Hall, Design im Automobilbau, D. Thermen im Schwarzwald, Straßensimulationssystem, D. Gesundheit zuliebe. Stapellauf; . . . und geh' hinaus auf's Land; Weinland Baden, Ortenau, Menschen in d. Stadt, . . . d. Winter erleben, Romantisches Land, An den Quellen. . . , Partner im Gesundheitswesen u.v.a. Fernsehreihen: Begegnungen in Mitteldtschl., Dt. Volkskunde, Schneekoppe, Märchenhafte Reisen d. Hessen, 160 Sendungen Z.E.N. - Ehrenpreis Stadt München; Sabena-Preis; Silbermed. Festsp. Marseille; Silb. Stern Tourist. Film Luanco; Travel Film Festival Cannes; Grand Prix Film Touristique Marseille u. Trofeo Sabena Film Turistico Mailand; Gold. u. Silb. Globus im Ferienfilm-Festival.

PRIEN, Hans-Jürgen

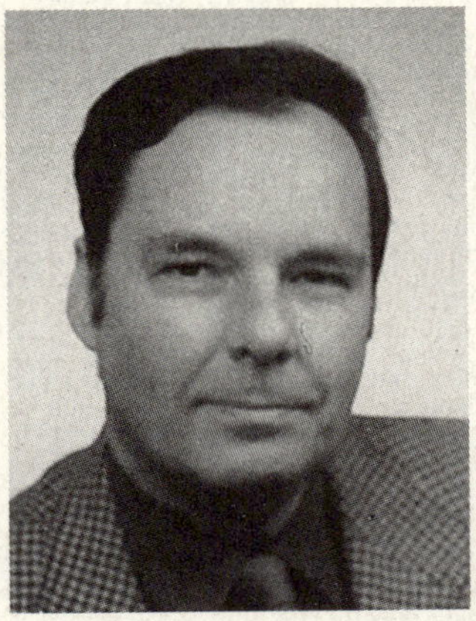

Dr. theol., Prof. f. Kirchengeschichte (s. 1986), u. Koordinator Zentrum f. Iberisch-Lateinamerik. Studien d. Philipps-Univ. Marburg - Birkenweg 12, 3550 Marburg (T. 06421 - 3 55 14) - Geb. 17. Mai 1935 Hamburg (Vater: Hans P., kfm. Angest.; Mutter: Helene, geb. Charpentier), ev.-luth., verh. s. 1965 m. Monika P., 2 Kd. (Hartmut, Cordula) - Lehre Groß- u. Außenhdl.; 1954-57 Abend-Stud. Masch.bau, 1961-67 Stud. Theol., Gesch. u. Amerikan. Hamburg, 1958 Abt.-Leit. Export Hamburg; 1958-61 Dir. San Salvador; 1969-73 Prof. Theol. Fak. São Leopoldo/Brasil.; 1974ff. Pfarrer Hamburg u. s. 1980ff. Priv.-Doz. f. Kirchen- u. Dogmengesch. Univ. Hamburg - BV: D. Gesch. d. Christentums in Lateinamerika, 1978; Lateinamerika: Ges. - Kirche - Theol., 2 Bde., 1981; La Historia del Cristianismo en América Latina, 1985; Evangelische Kirchwerdung in Brasilien, 1989. Mithrsg. Evangel. Kirchenlexikon (3. Aufl.). Zahlr. Aufs. in Fachztschr. - Liebh.: Segeln - Spr.: Engl., Franz., Span., Portug.

PRIESEMANN, Gerhard

Dr. phil., o. Prof. f. Pädagogik - Butenschönsredder 3, 2302 Flintbek/Holst. (T. 04347 - 37 36) - Geb. 27. Aug. 1925 - S. 1967 Ord. TU Berlin u. Univ. Kiel. Fachveröff.

PRIESNITZ, Walter

Dr. jur., Staatssekretär Bundesmin. f. innerdt. Beziehungen (s. 1988) - Godesberger Allee 140, 5300 Bonn-Bad-Godesberg - Geb. 1. April 1932 Hindenburg/Oberschles. (Vater: Bernhard P., Bankkaufm.; Mutter: Martha, geb. Lochter), kath., verh. m. Ursula, geb. Redlinghaus, 4 Kd. (Reimund, Margitta, Guido, Oliver) - Bankkaufm. 1951; 1. jurist. Staatsprüf. 1955, Gr. Staatsprüf. 1959, Promot. 1961 - 1959-71 Bundesreg. (Regierungsrat u. Reg.-Dir.), 1971-75 Ltd. Kreisverw.-Dir. Nordfriesl./Schlesw.-Holst.; 1975-85 Stadtdir. Ahlen; 1985 Ministerialdir. Bundesmin. f. innerdt. Beziehungen - Liebh.: Lesen, Reiten, Musik, Sammeln antiker Gläser - Spr.: Engl.

PRIESSNITZ(ß), Horst

Rechtsanwalt, Hauptgeschäftsführer Gesamtverb. kunststoffverarb. Ind., Frankfurt - Am Hauptbahnhof 12, 6000 Frankfurt 1.

PRIESSNITZ (ß), Horst

Dr. phil., o. Prof. f. Anglistik - Gaußstr. 20, 5600 Wuppertal 1 - Geb. 1. Juli 1940 Königshütte - Stud. Univ. Wien, Münster, Marburg (Kath. Theol., Vergl. Lit.wiss., German., Angl.); Staatsex. (German. u. Angl.) 1969 Marburg; Promot. 1971 Marburg, Habil. 1975 ebd. - Wiss. Assist. u. Doz. Univ. Marburg; Studienreformkommiss. VII Land Nordrh.-Westf.; Mitbegr. Gesellsch. f. Australien-Stud. - BV: D. engl. radio play s. 1945: Typen, Themen u. Formen, 1978; Barry Bermange, 1986. Herausg.: D. engl. Hörspiel (1977); Anglo-amerikan. Shakespeare - Bearb. d. 20. Jh. (1980).

PRIESTER, Wolfgang

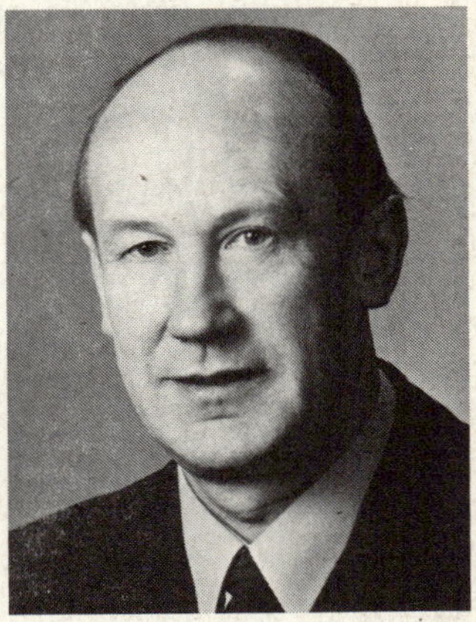

Dr. rer. nat., o. Prof. f. Astrophysik u.

Extraterrestr. Forschung - Mühlenbachstr. 81, 5300 Bonn 3 (T. 48 26 21) - Geb. 22. April 1924 Detmold (Vater: Wilhelm P., Architekt; Mutter: Gertrud, geb. Knauff), verh. 1950 m. Gisela, geb. Preuß, S. Achim - 1946-53 Univ. Göttingen. Promot. 1953; Habil. 1958 - S. 1955 Univ. Bonn (Assist., 1959 Observator Sternwarte, 1958 Privatdoz., 1962 apl. Prof., 1963 Wiss. Rat, 1964 Ord. u. Inst.dir.). Forschungsaufenth. NASA/USA (1961-62, 1963-64, jeweils 14 Mon.), 1962-66 Chairman Cospar Working Group 4. S. 1967 Consultant NASA Goddard-Space Flight Center, 1970-71 Dekan Math. Naturwiss. Fak. Univ. Bonn, s. 1973 Mitgl. d. Rhein.-Westf. Akad. d. Wiss., s. 1974 Mitgl. Max-Planck-Ges., 1974-76 Vors. Rat Westdt. Sternwarten u. 1975-78 Vors. Astronom. Ges. Spez. Arb.geb.: Astrophys. Radioastronomie, Weltraumforsch., Physik d. Hochatmosphäre - Entd.: 1956 Erste Gesamthimmelskarte d. galakt. Radiostrahlung (zus. m. F. Dröge), 1958 Statistik d. Radioquellen in d. Kosmologie, 1958 Verfahren z. Satellitenbahnbestimmung a. Doppler-Effekt-Messungen (m. G. Hergenhahn), 1958 Entdeckung d. solaren Aktivitätseffektes in d. Hochatmosphäre, 1959 Entdeckung d. tageszeitl. Variation d. irdischen Hochatmosphäre (zus. m. H. A. Martin), 1962 Erste Theorie der Hochatmosphäre m. tägl. u. elfjähriger Periode (zus. m. I. Harris); 1987 Kosmologie: Theorie d. Big Bounce als Alternative z. Urknall (zus. m. H. J. Blome) - Fachmitgliedsch. 104 wiss. Veröff. - Spr.: Engl.

PRIEWASSER, Erich

Dr. rer. merc., Prof. f. Bankbetriebslehre - Universitätsstr. 24, 3550 Marburg/L.; priv.: Calvinstr. 7, 3550 Marburg/L. - Geb. 18. Juli 1941 Uttendorf/Österr. (Vater: Josef P., Beamter; Mutter: Olga, geb. Färberböck), kath., verh. s. 1973 m. Viktoria, geb. Rattenberger, 2 Kd. (Herwig, Margot-Anne) - 1955-59 Handelsakad. Salzburg, 1959-65 Hochsch. f. Welthandel Wien. Promot. (1965) u. Habil. (1970) Wien - 1964-70 Hochschulassist. Wien; 1970-74 Direktionssekr. Hauptverb. d. österr. Sparkasse ebd.; s. 1974 Prof. Univ. Marburg - BV: D. Auswirkungen d. schleich. Inflation auf d. Geschäftspolitik d. Sparkassen, 1966 (Wien); Betriebl. Investitionsentscheidungen, 1972 (Berlin/New York); Wiss. Erkenntnisfortschritt u. Innovationen in Kreditinst., 1976 (Wien); Kartengesteuerte Zahlungsverkehrs-Systeme, 1981; Bankbetriebslehre, 1982; D. Banken im Jahre 2000, 1985 - Liebh.: Klass. Musik, Sport - Spr.: Engl., Franz.

PRILL, Hans-Joachim

Dr. med., Prof. f. Geburtshilfe u. Gynäkologie Univ. Bonn, Psychotherapeut - Venner Str. 7, 5300 Bonn - Geb. 23. Nov. 1924 Bingerau/Schles., ev., verh. s. 1958 m. Marianne, geb. Wiehler - B. 1943 Schule Meseritz; Univ. Würzburg (Med., Psych.). Promot. (1951) u. Habil. (1958) Würzburg - S. 1958 Lehrtätigk. Univ. Würzburg (1964 apl. Prof.) u. Bonn (1972 apl. Prof.) - BV: 6 Bücher üb. psychosomatische Geburtshilfe u. Gynäk. (deutsch, engl.). Etwa 146 Einzelarb., dar. 12 Handbuchbeitr. - Ehrenpräs. Dt. Ges. Psychosomat. Geburtshilfe u. Gynäkologie; BVK I. Kl. - Spr.: Engl.

PRILLWITZ, Siegmund

Dr. phil., Prof. f. Psycholinguistik Univ. Hamburg - Bernadottestr. 24, 2000 Hamburg 50 (T. 39 60 01) - Geb. 11. April 1940 Neubrandenburg (Vater: Willy P., Lehrer; Mutter: Gertrud P.), ev., ledig - Stud. German., Gesch. Univ. Hamburg (Promot. 1970) - S. 1976 Prof. German. Sem. Univ. Hamburg - BV: Überlieferungsstücke z. Barluam ... (textkritisch-stemmatologische Unters.), 1975; Psycholinguistik in d. Sonderpäd., 1975; Kommunik. ohne Sprache? 1977; D. kindl. Spracherwerb, 1975; Z. Zusammenhang v. Kommunik., Kognition u. Sprache, 1982 - Liebh.: Musik, Natur, Handwerken - Spr.: Gebärdenspr. d. Gehörlosen.

PRIMAVESI, Carl Alexander

Dr. med., Prof., ehem. Direktor Hygiene-Inst. d. Ruhrgebiets, Gelsenkirchen - Abbendiekshof 7, 4650 Gelsenkirchen (T. 14 12 61) - Geb. 20. Sept. 1919 Gravenhorst (Vater: Hermann P., Kaufm.; Mutter: Elisabeth, geb. Kamp), verh. s. 1963 m. Christine, geb. Betzinger, 2 Söhne (Christian, Thomas) - Realgymn.; Univ. Münster u. München, Med. Akad. Düsseldorf. Promot. (1944) u. Habil. (1960) Münster - S. 1960 Lehrtätigk. Univ. Münster (1966 apl. Prof. f. Hyg. u. Mikrobiol.). Spez. Arbeitsgeb.: Antibiotika, Krankenhaushyg., Virusnachweis Wasser u. Abwasser. Mitgl. Dt. Ges. f. Hyg. u. Mikrobiol., Ges. Dt. Naturforscher u. Ärzte, Dt. Ges. f. Laboratoriumsmedizin - BV: D. Virusnachweis b. d. Hepatitis epidemica, 1961 (Leipzig). Üb. 95 Einzelarb. - Liebh.: Literatur, Reisen - Rotarier.

PRIMUS, Hans-Georg

Bürgermeister, Präs. Dt. Forstwirtschaftsrat, Rheinbach - 6412 Gersfeld/Rhön..

PRINZ, Friedrich E.

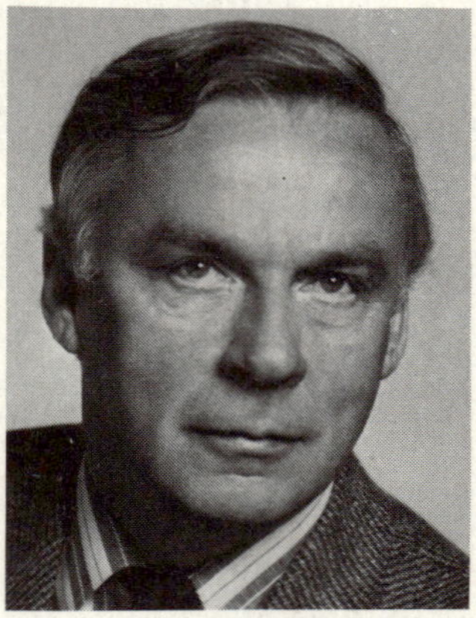

Dr. phil., o. Prof. f. Mittelalterl. Geschichte u. vergl. Landesgesch. Univ. München (s. 1976) - Weiglstr. 9, 8024 Deisenhofen/Obb. - Geb. 17. Nov. 1928 Tetschen/Elbe (Vater: Karl P., Hauptschulrektor; Mutter: Stefanie, geb. Zahradnik), ev., verh. s. 1956 m. Dr. Jutta, geb. Hardeland, 5 Kd. (Karl, Andrea, Ulrike, Kathrin, Regina) - Phil.-Theol. Hochsch. Passau; Univ. Bonn. Promot. 1955; Habil. 1964 - 1964-65 Privatdoz. Univ. München; 1965-76 o. Prof. f. Landesgesch. Univ. Saarbrücken; Dir. Inst. f. bayer. Gesch. Univ. München, Mitgl. Österr. Akad. d. Wiss., Mitgl. d. Sudetendt. Akad., Mitgl. d. Medieval Academy of Ireland; Vorst. Herder-Institut Marburg/Lahn - BV: Werther u. Wahlverwandschaften - E. morphol. Studie, 1954 (Diss.); Hans Kudlich - Versuch e. histor.-polit. Biogr., 1962; Frühes Mönchtum im Frankenreich - Kultur u. Ges. in Gallien, d. Rheinlanden u. Bayern am Beispiel d. monast. Entwickl. (4.-8. Jh.), 1965; Prag u. Wien 1848 - Probleme d. sozialen Revolution, 1968; Krieg u. Klerus im früheren Mittelalter, 1971; (Hrsg.) Wenzel Jaksch - Edvard Beneš - Briefe u. Dokumente aus d. Londoner Exil 1939-43, 1973; (Hrsg.) Mönchtum u. Ges. im Frühmittelalter, 1975; Askese u. Kultur, 1980 (Übers. ins Ital.: Ascesi e cultura, 1983); (Herausg. m. R.A. Kann) Dtschl. u. Österr., 1980; Gestalten u. Wege, bayer. Gesch. 1982; Trümmerzeit in München - Kultur u. Ges. e. dt. Großstadt im Aufbruch 1945-49, 1984; Böhmen im mittelalterl. Europa, 1984; Neue dt. Gesch., Bd. 1: Grundlagen u. Anfänge - Dtschl. b. 1056, 1985; Gesch. Böhmens 1848-1948, 1988; Bayer. Miniaturen, 1988; München - Musenstadt m. Hinterhöfen. D. Prinzregentenzeit 1886-1912, 1988. Div. Einzelarb., dar.: Bayern im Zeitalter d. Karolinger b. z. Ende d. Welfenherrschaft - 788-1180 (Max Spindler, Handb. d. Bayer. Gesch., Bd. I (S. 270-426) 1967), Gesch. d. böhm. Länder v. 1848 b. 1914 (Karl Bosl, Hb. d. Gesch. d. böhm. Länder, Bd. III (1-235) 1968), D. kulturelle Leben - V. Österr.-Ung. Ausgleich b. z. Ende d. ersten Tschechosl. Republik - 1867-1939 (ebd. Bd. IV (S. 151-299) 1970). Ca. 80 weitere wiss. Publik., ferner Arbeiten f. Fernsehen u. Hörfunk - Mehrere Kulturpreise - Liebh.: Malerei - Spr.: Tschech., Lat., Engl.

PRINZ, Günter

Stv. Vorstandsvorsitzender Axel Springer Verlag AG - Kaiser-Wilhelm-Str. 6, 2000 Hamburg 36 (T. 347 24 24) - Geb. 30. Juli 1929 Oberweistritz (Vater: Leo P., Fabrikbesitzer; Mutter: Emmi, geb. Matscholl), ev., verh. s. 1956 m. Carlotta, geb. Borchert, 3 Kd. (Mathias, Nicola, Leonard) - Hohenzollern-Gymn. u. Robert-Bluhm-Sch. Berlin - 1948-56 Reporter Berlin, Tagesspiegel, Berliner Morgenpost, 1956-59 Redakt. BZ, 1959-66 Autor Textredaktion, Chef Bildredaktion (1960), stv. Chefredakt. (1962) Quick, 1966-68 Objektplanung Eltern u. Jasmin, 1968-71 Chefredakt. Jasmin, 1971-81 Chefredakt. Bild, 1980 Geschäftsf. Axel Springer GmbH, 1981 Redaktionsdir. Bild, 1983 Redakt.dir. Bild d. Frau, 1985 Redakt.dir. Bild am Sonntag, 1986 Redakt.dir. Auto-Bild - BV: Gespräche m. Frau Wang - Dokumentation üb. China, 1972 - 1983 Journalist u. 1984 Medienmann d. J. - Spr.: Engl.

PRINZ, Harry

Dr. med. (habil.), Prof., Chirurg - Borstels Ende 23, 2000 Hamburg 64 (T. 526 51 71) - Geb. 20. Mai 1905 Wilhelmshaven (Vater: Karl P., Geschäftsm.; Mutter: geb. Dohnisch), ev., verh. m. Ilse, geb. Dick, 3 Kd. - Kant-Gymn. Berlin (Spandau); Univ. ebd., Marburg, Hamburg - Langj. Assistenzu. Oberarzttätigk. Chir. Univ.sklinik Hamburg (1940 Privatdoz., 1948 apl. Prof.); 1950-70 Chefarzt I. Chir. Klinik Allg. Krkhs. Heidberg ebd. - BV: Fortschr. in d. Kenntnis d. Frühformen d. Magenkrebses u. ihrer klin. Diagnose, 1947. Zahlr. Einzelarb. - 1940 Martini-Preis Univ. Hamburg.

PRINZ, Helmut

Dr. rer. nat., Ltd. Regierungsdirektor, Honorarprof. f. Ingenieurgeol. Univ. Marburg (1973ff.) - Leberberg 9-11, 6200 Wiesbaden - Geb. 2. Juni 1931 Mies (CSSR) - Promot. 1959 Stuttgart - S. 1959 Hess. Landesamt f. Bodenforsch., Wiesbaden, Leit. Abt. Rohstoffgeol. u. Ingenieursgeol. - BV: Abriß d. Ingenieursgeol., 1982. 35 Fachaufs.

PRINZ, Joseph

Dr. phil. habil., Ltd. Staatsarchivdirektor a. D., Honorarprof. f. Genealogie u. Heraldik Univ. Münster (s. 1963) - Schwambstr. 39, 6100 Darmstadt - Geb. 11. Juli 1906 Emden/Ostfriesl. (Vater: Hermann P. † 1941; Mutter: Helene, geb. Smidt † 1909), kath., verh. s. 1938 m. Anna, geb. Hülsmann † - Gymn. Bückeburg; Univ. Bonn u. Göttingen (Geschichte). Promot. 1932 Göttingen; Habil. 1941 Münster - 1946 Staatsarchivrat Münster, 1954 Stadt-, 1961 Staatsarchivdir. ebd. 1947 Mitgl. Histor. Kommiss. f. Westfalen (1962 Vorst.); 1957 Abt.leit. Max-Planck-Inst. f. Gesch. (Germania sacra); 1963-71 Dir. Verein f. Gesch. u. Altertumskd. Westf./Abt. Münster - BV: Territorium d. Bistums Osnabrück, 1934; Greven an d. Ems, 1950, 2. A. 1976; Mimigernaford-Münster - D. Entstehungsgesch. e. Stadt, 1960, 3. A. 1982; Urkundenbuch Stadt Münster, 1. 1960; Westf. Urkundenb. IX (Bistum Paderborn 1301/25), 1974ff.; Urkundenbuch Busdorfstift Paderborn, 1975-84; D. Corveyer Annalen, 1982. Zahlr. Ztschr.beitr. Herausg.: Ex officina literaria - Beitr. z. Gesch. d. westf. Buchwesens (1968); Mithrsg.: Westf. Ztschr. (1963ff.) - 1969 BVK I. Kl. - Spr.: Niederl. - Rotarier.

PRINZ, Lieselotte

Schauspielerin, Theaterpädagogin - Zu erreichen üb. Zentrum Theater u. Kunst in d. Hensteigstr. 39, 7000 Stuttgart 10 - Geb. 2. Nov. 1928 Hamburg, ev., ledig - Abit.; Schauspielausb. b. Fritz Wagner, Richard Münch, Freca-Renate Bortfeld (alle Hamburg); Abschlußprüf. v. d. parität. Prüfungskommiss. - S. 1979 Leitg. v. Theater-Arbeitsgemeinsch. m. Kindern u. Jugendlichen im schul. u. außerschul. Bereich; Org. Stuttgarter Schülertheatertage (jährl. Veranstaltungsreihe im Mai/Juni); Öffentlichkeitsarbeit - 1958-63 Stückverträge, 1963-68 Engagem. Dt. Schauspielhaus Hamburg (hier z.T. auch Leitg. Künstler. Betriebsbüro); 1969-77 Theater d. Stadt Baden-Baden (hier z.T. auch Leitg. Künstler. Betriebsbüro); 1978/79 Pfalztheater Kaiserslautern (Beginn d. Arb. m. Kindern u. Jugendl.); s. 1979 Zentrum Stuttgart - Liebh.: Reisen, Lit. - Spr.: Engl., Franz.

PRINZ, Ulrich

Dr., Gymnasialprof. Staatl. Hochsch. f. Musik Stuttgart - Goethestr. 35, 7012 Fellbach - Geb. 25. Jan. 1935 Weidenau (Vater: Fritz P., Buchhalter; Mutter: Berta, geb. Krämer), verh. s. 1964 m. Heidrun, geb. Sommer, 2 S. (Florian, Gregor) - 1955-58 Staatl. Hochsch. f. Musik Freiburg; 1955-61 Univ. Freiburg, Wien u. Heidelberg (Promot. 1969) - Unterrichtstätig. Stuttgart, Addis Abeba (Gymn.) u. Staatl. Hochsch. f. Musik Stuttgart (Lehrbeauftr. s. 1966), Fachleit. f. Musik am Studiensem. Stuttgart II, Stuttgart - BV: Ferruccio Busoni als Klavierkomp., 1969; Musik um uns, 3 Bde. 1971, (Mithg.); Aufs. in: Musik u. Bildung.

PRINZBACH, Horst

Dr. rer. nat., o. Prof. f. Organ. Chemie - Eichhalde Nr. 84, 7800 Freiburg/Br. (T. 5 45 79) - Geb. 20. Juli 1931 Haslach/Baden - S. 1962 (Habil.) Lehrtätigk. 1965-1969 Univ. Lausanne/Schweiz, 1969 Univ. Freiburg. Üb. 170 Fachveröff.

PRISSOK, Klaus

Verwaltungsdirektor, Justitiar u. Vertr. d. Intendanten d. Deutschlandfunks - Novalisstr. 1, 5000 Köln 51 - Geb. 6. Jan. 1934 Neisse, verh., 2 Kd. - Jurastud.; 1. u. 2. jurist. Staatsex.

PRITZL, Heinz

Dr. oec., pers. haft. Gesellschafter Kauzen-Bräu, Ochsenfurt, Präsidialmitgl. IHK Würzburg-Schweinfurt, Würzburg - D.-Kimmel-Weg 5, 8703 Ochsenfurt/M. (T. 09331 - 6 06) - Geb. 30. Dez. 1924 Würzburg, kath., verh. s. 1950 (Ehefr.: Cläre), 3 Kd. (Ingeborg, Karl-Heinz, Rudolf) - Lehre; Stud. Dipl.-Kfm. 1951; Promot. 1956 - 1957/58 Bundesbeauftr. Dt. Juniorenschaft - BVK I. Kl.

PROBST, Albert

Dr. agr., Dipl.-Agraring., Parlam. Staatssekr. Bundesmin. f. Forsch. u. Technol. (s. 1982), MdB (s. 1969, CDU/CSU; Wahlkr. 201/München-Land) - Zu erreichen üb. Heinemannstr. 2, 5300 Bonn 2 - Geb. 1931, kath. - Maximilians-Gymn. München (Abit.); landw. Lehre; TH München (Landw.). Promot. 1961 - S. 1963 Forschungstätigk. Milchw. Inst. TH bzw. TU München. 1960ff. MdK München-Land. CSU (stv. Vors. Kulturpolit. Arbeitskr.; Vors. Bundestagsaussch. f. Bild. u. Wiss - 1980 Bayer. VO.

PROBST, Christian

Dr. med., Dr. phil., Univ.-Prof. f. Geschichte d. Medizin, medizin. Soziologie - Zu erreichen üb. Klinikum rechts d. Isar, Ismaninger Str. 22, 8000 München 80 - Geb. 7. Dez. 1935 München (Vater: Dr. med. Otto P., Arzt), kath. - Gymn.; Stud. Med. u. Gesch. Würzburg, Montpellier, Berlin, Wien, Göttingen, Münster - BV: D. Dt. Orden u. s. Medizinalwesen in Preußen, 1969; D. Weg d. ärztl. Erkennens am Krankenbett, 1972; Lieber bayer. sterben. D. bayer. Volksaufst. d. J. 1705 u. 1706, 1978; Darst. u. Quellen z. Gesch. d. dt. Einheitsbeweg. im 19. u. 20. Jh., Bd. 9-11 (Hrsg.), 1974-

1981; D. Land um Isar u. Loisach u. s. Menschen im Blick d. Ärzte, 1985 (m. Rita Probst); Christentum u. 'Grüne. Verbindendes u. Trennendes, 1987 - Spr.: Engl., Franz., Lat., Griech.

PROBST, Holger

Dr. rer. nat., Prof. f. Sonderpädagogik Univ. Marburg - Weidenhäuserstr. 85, 3550 Marburg - Geb. 28. Dez. 1942 Dortmund, verh., 2 T. (Johanna, Charlotte) - Psych.-Stud.; Promot. 1973 Marburg - BV: Arbeiten z. Päd. Diagnostik; Kritik d. Sonderpäd., 1973; Oberbegriffbildung, 1981; Lesenlernen, 1986.

PROBST, Jürgen

Dr. med., Prof., Chirurg, Ärztl. Direktor Berufsgenossenschaftl. Unfallklinik Murnau (s. 1969) - Asamallee 10, 8110 Murnau/Staffelsee (T. 08841 - 13 93) - Geb. 19. Jan. 1927 Hannover, ev., verh. - Stud. d. Med., Veterinärmed. u. Naturwiss. Hannover, Mainz; Habil. TU München - Beratd. Arzt Landesverb. Bayern d. Berufsgenossenschaften (s. 1972); 1. Vizepräs. Bundesverb. d. f. Berufsgenoss. tätg. Ärzte; Generalsekr. (1975-80 u. s. 1989) Präs. Dt. Ges. f. Unfallheilkd. (1981-83); Präs. Dt. Ges. f. Plast. u. Wiederherstellungschir. (1977); Präs. Bayer. Chir.-Vereinig. (1984-85) - BV: Chirurgie d. Armes, 1966; Posttraumat. Osteomyelitis, 1970; Rehabilitation Rückenmarkverletzter, 1973; Reosteosynthesen, 1973; Problemfrakturen, 1979; Wiederherstellungschir. n. Infektionen, 1980; Nervenverletz., 1981; Diagnostik Kniebinnentrauma, 1983; Festschr. Dt. Ges. f. Unfallheilkunde (hg.), 1986; Posttraumat. Gelenksteifen, 1987; Halbwertszeit in d. Unfallchirurgie, 1988; Diagnostik u. Therapie v. Wirbelsäulenverletzungen, 1989. Herausg.-:Kongreßberichte Dt. Ges. f. Unfallheilkd. (1974-80). Div. Buchbeitr. - 1982 korr. Mitgl. Schweiz. Ges. Unfallmed.; 1983 korr. Mitgl. Österr. Ges. Unfallchir.; 1983 Ernst-v. Bergmann-Plakette; 1985 BVK.

PROBST, Manfred

Dr. theol. habil., Prof. Theol. Hochsch. Vallendar - Pallottistr. 3, 5414 Vallendar (T. 0261 - 640 22 38) - Geb. 13. Dez. 1939 - Promot. 1973, Habil. 1979 Theol. Fak. Trier - 1979 Prof. Liturgiewiss., 1980-84 u. s. 1986 Rektor. 1981 Vors. Arbeitsgem. d. Ordenshochsch.; 1984 Mitgl. Wiss. Beirat d. Kath. Bibelwerks; 1986 Berater d. Liturgie-Kommiss. d. Dt. Bischofskonfz. - BV: Gottesdienst in Geist u. Wahrheit. D. liturg. Ansichten u. Bestrebungen Johann Michael Sailers, 1976; D. Ritus d. Kindertaufe, 1981. Herausg.: Kath. Apostolat heute (1984). Mithrsg.: Neue Totenliturgie (m. K. Richter, Th. Maas-Ewerd, H. Plock), 1971; D. Feier d. Trauung (m. H. Plock, K. Richter), 1971, 4. A. 1972; Liturgie m. Kranken (m. K. Richter, H. Plock), 1973; D. Feier d. Eingliederung Erwachsener in d. Kirche nach d. neuen Rituale Romanum (m. E. J. Lengeling, H. Plock, K. Richter), 1975; Zeichen d. Hoffnung in Tod u. Trauer (m. K. Richter, H. Plock), 1975, 4. A. 1985; Hausgottesdienste m. Kranken (m. H. Plock, K. Richter), 1977, 6. A. 1988; D. kirchl. Trauung (m. K. Richter, H. Plock), 1979, 3. A. 1986; Heilssorge f. d. Kranken u. Hilfen z. Erneuerung e. mißverst. Sakraments, 1975, 2. A. 1980; Katechumenat heute, 1976; 5 Aufs. im Liturg. Jahrb. 1981-87; zahlr. Aufs. in Sammelwerken.

PROBST, Victor

Dr. med., o. Prof. f. Geburtshilfe u. Gynäk. - Im Hopfengarten 18, 7400 Tübingen (T. Klinik: 71 26 81) - Geb. 24. Aug. 1907 - s. 1951 (Habil.) Privatdoz., apl., ao. u. o. Prof. Univ. Tübingen. Fachveröff.

PROCHAZKA, Herbert

Kaufmann - Sudetenstr. 28, 8206 Bruckmühl/Mangfall (T. 4 81) - Geb. 23. Aug. 1923 Groß-Priesen/Elbe (Vater: Franz P., Prokurist, Export- u. Verkaufsleiter), ev., verh., 2 Kd. - Gymn. Brünn, Realgymn. Marienthal, Obersch. Freudenthal; kaufm. Lehre Homboker u. Marienthaler Eisenwarenind. - 1941-44 Wehrdst. (b. Stalingrad schwer verwundet); Mitarb. d. Vaters (Generalvertr.); 1953-56 Tätigk. GB/BHE (hauptamtl.); 1956-58 Versandleit. Kleiderfabrik Rosenheim, 1963-64 Bankdir. München; ab 1965 gf. Dir. Ges. f. Technik u. Rationalisierung im kommunalen u. landw. Bereich TKL-GmbH. & Co. KG., Göggingen bzw. Landsberg. MdK Bad Aibling; 1958-62 MdL Bayern; 1965-69 u. 1972 MdB. GB/BHE, GDP (zeitw. Landesvors. Bayern), CSU (1967 ff.).

PROCHNOW, Dietrich

Kämmereidirektor a. D., Rechtsanwalt, Vors. Mitgl. d. F.D.P. - Kanzlei: Nerostr. 14, 6200 Wiesbaden; priv.: 3550 Marburg - Geb. 12. Juli 1928 Berlin-Schöneberg, ev., ledig - Stud. Univ. Frankfurt u. Marburg (Jura); bde. jurist. Staatsex.; Lehrbefähigung f. d. höh. Lehramt an berufsbildenden Schulen - 1960-62 Rechtsanwalt; 1962-86 öfftl. Dienst; Leitungstätigk. in d. Finanzverwalt. d. Städte Frankfurt u. Ludwigshafen. Lehrtätigk. an Hochsch. u. Berufssch.; s. 1987 Rechtsanw. in Wiesbaden; 1987 Berater f. öffentl. Finanz-, Haushalts- u. Bankwesen in d. VR China. 1970-79 Vors. u. s. 1979 Ehrenvors. Hess. Volleyball-Verb.; 1977-79 Vizepräs. Dt. Volleyball-Verb. SPD (1961-75); Austritt wegen Differenzen in Ostpolitik sow. Wirtschafts-, Sozial- u. Gesundheitspolitik - Versch. Ztschr.aufs. üb. öfftl. Finanz- u. Wirtschaftspolitik - Spr.: Engl., Russ.

PRODAN, Michail

Dr. rer. nat., Dr. forest. h. c., Prof., Forstwissenschaftler - Wallstr. 22, 7800 Freiburg/Br. (T. 3 28 44) - Geb. 22. Okt. 1912 Rosa/Rumän. (Vater: John P., Landwirt; Mutter: Maranda, geb. Sofroniuc), verh. s. 1954 m. Dr. Clotilde, geb. Klenk, 2 Kd. (Rodtraud, Hagen) - TH Bukarest (Dipl.-Forsting. 1936). Promot. 1944 Freiburg - B. 1941 prakt. Forstdst. Rumänien; s. 1942 Assist., Privatdoz. u. apl. Prof. (1954) Univ. Freiburg (1962 Wiss. Rat; 1965 Vorsteher Abt. Biometrie/Inst. f. Forstl. Ertrags- u. Holzkd.); Ruf Hochsch. f. Bodenkultur Wien (Lehrkanzel f. Forstl. Ertrags- u. Holzmeßkd.) 1965 abgelehnt. 1962 Gastprof. Univ. Istanbul, 1972 Gastvorträge in Japan - BV: Messung d. Waldbestände, 1951; Forstl. Biometrie, 1961; Holzmeßlehre, 1965 - 1968 Ehrendoktor Univ. Göttingen; 1969 Ehrenmitgl. Forstwiss. Ges. Finnlands; 1974 Korr. Mitgl. Ital. Academie f. Forstwiss. Florenz; 1967 Gold. Med. LH Brno/Brünn (CSR); 1981 Ehrenpreis d. Stift. f. Forstl. Biometrie, Univ. Göttingen; 1983 BVK I. Kl. - Spr.: Rumän., Engl., Franz., Ital., Russ.

PRÖPSTL, Georg

Dr. phil. nat., Prof., Berater f. Technologie u. Forsch.politik Kommission d. Europ. Gemeinschaft (s. 1967) - Av. Reine Marie Henriette 110, B-1190 Brüssel (Belg.) - Geb. 23. Mai 1919 Beratzhausen (Vater: Hans P., Hauptlehrer; Mutter: Annie, geb. Hartmann), kath., verh. s. 1944 m. Dr. Ellen, geb. Schmid, T. Angelika - Univ. Halle (1943), München (1944), Phil.-Theol. Hochsch. Regensburg (1945), TH München (1946-50; Dipl.-Phys.) u. Stuttgart (1952-1953). Promot. 1960 Frankfurt/M. - 1950-61 Industrietätigk. (Laborleit.; 1957 Abteilungsleit. f. Forsch./Stahl); 1961-67 Kommiss. d. Europ. Gemeinsch. (Leit. Eurisotop.). S. 1967 Lehr- u. Honorarprof. (1967) TH Aachen (Strahlungs- u. Isotopenverf. in d. Technik). Üb. 100 Fachab. Zahlr. Herausg. im Rahmen Eurisotop - Liebh.: Gesch. (auch d. Technol.), Geneal., Kulturpolitik - Spr.: Franz., Engl., Ital. - Erf.: Erzeug. latenter Bilder auf dünnen Metallschichten u. a.

PRÖSSDORF (ß), Klaus

Dr. jur., Hauptgeschäftsführer Dt. Krankenhausges., Düsseldorf (s. 1984) - Theodor-Schwann-Str. 10, 5000 Köln 60 (T. 0221 - 76 74 06) - Geb. 8. Dez. 1931 Berlin - Human. Gymn.; Jura-Stud. (Promot. 1960, 2. jurist. Staatsex. 1961) - 1963-69 Landesbeamter Schlesw.-Holst. u. Nordrh.-Westf.; 1969-75 Landrat Kr. Herzogtum Lauenburg; 1975-84 Erster Beigeordn. Dt. Landkreistag - Liebh.: Gesch., Sprachen, Musik - Spr.: Engl., Franz., Span.

PRÖTTEL, Dieter

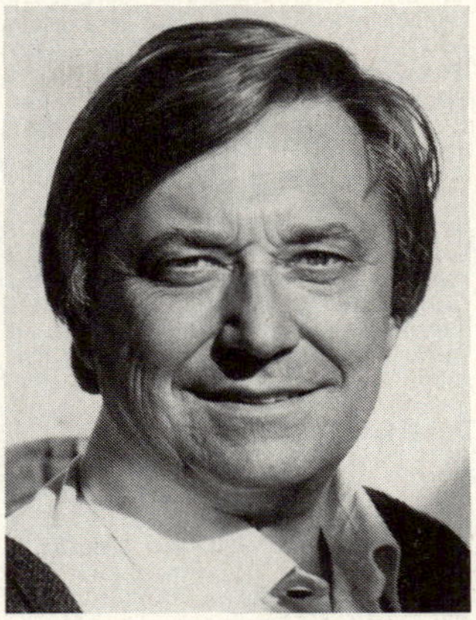

Dr. rer. pol., Regisseur - Wittelsbacherstr. 7, 8137 Berg - Geb. 31. Okt. 1933 Offenburg (Vater: Karl P.; Mutter: Olga, geb. Jansen), verh. s. 1961 m. Birte, geb. Ruchholtz, 3 Söhne (Michael, Florian, Philipp) - Gymn. (Abit. 1953); Dipl.-Volksw. 1958, Promot. 1963.

PRÖVE, Karl-Heinz

Bibliotheks-Leiter, Vors. Verein d. Bibliothekare an öfftl. Bibliotheken - Humboldtstr. 10, 6200 Wiesbaden (T. 06121 - 30 24 20 [priv.] u. 06121 - 31 22 66) - Geb. 12. Nov. 1925 Potsdam (Vater: Richard P., Beamter; Mutter: Marie P.), verh. s. 1965 m. Waltraud, geb. Zuber - 1945-49 Stud. German. u. Bibliothekswesen, Dipl. 1949 - 1970-73 u. ab 1977 Vors. Verein d. Bibliothekare an Öfftl. Bibl. - BV: Dt. Prosa d. Gegenwart, 1957; Zentralkatalogisier. f. Öfftl. Bibl., 1965; V. d. ersten Leseges. z. Stadtbücherei, 1967; Wir sind so frei (Mitverf.), 1984 - Orden Amicus Poloniae - Liebh.: Gastrosophie, Bibliophilie - Spr.: Ital., Latein, Griech.

PROFANT, Miroslav

Dr. rer. nat., Prof. f. Mathematik Univ.-GH Duisburg - An Hausbey 10, 4054 Nettetal 1 - Geb. 13. Jan. 1935 Sevlus (Vater: Stanislav P.; Mutter: Vilma, geb. Sidor), verh. s. 1969 - Univ. Prag; Promot. u. C.Sc. 1969), Habil. 1983 Hamburg - B. 1979 KFA Jülich; 1979-82 JET (Joint European Torus) Projekt Culham; s. 1982 Prof. Duisburg. Üb. 30 Fachveröff.

PROKOP, Ernst

Dr. phil., Lic. phil., Dipl.-Psych., Prof. f. Pädagogik Univ. Regensburg - Memeler Str. 79, 8000 München 81 (T. 089 - 93 93 36) - Geb. 28. Aug. 1935 Bad Salzbrunn, kath., verh. s. 1963 m. Gerlinde, geb. Hanika, 2 Kd. (Stefani, Eva-Maria) - Lic. phil. 1960, Dipl.-Psych. 1962, Promot. 1963 - 1962 Forschungsassist.; s. 1965 Lehrtätigk. (Doz., ao. Prof. u. s. 1974 o. Prof.) - BV: Beeinflußbark. in Erz. u. Unterr., 1966; Erziehungswiss. u. Erwachsenenbild., 1973; Univ. u. Erwachsenenbildung, 1981; Lernen unter Erwachsenen, 1983; Orientierungsdaten f. d. Erwachsenenbild., 1985. Herausg.: Regensburger Studien z. außerschul. Bildung (s. 1984).

PROKOSCH, Franz

Geschäftsführer IHK Lindau/Bodensee (s. 1946) - Bühlweg 10, 8990 Lindau-Aeschach (T. 60 52; Büro: 40 94) - Geb. 8. April 1919 Pilsen, kath., verh. m. Pauline, geb. Stolze - Stud. Wirtschafts- u. Staatswiss. Prag.

PROKOWSKY, Dieter

Dr. jur., Vorstandsmitglied Westfalenbank AG Bochum/Düsseldorf - Huestr. 21-25, 4630 Bochum - Geb. 17. Okt. 1938 Bochum - AR-Mitgl. Dr. C. Otto & Comp. GmbH, Beirats-Mitgl. Neuenkirchener Textilwerke Hecking GmbH & Co. KG.

PROKSCH, Ruth

Dr. rer. nat., Prof. Univ. Hannover - Böhmerstr. 31, 3000 Hannover 1 (T. 88 32 40) - Geb. 11. März 1914 Rosdzin/OS. (Vater: Bruno P., Bergwerksinsp.; Mutter: geb. Soballa, Lehrerin), kath., led. - Gymn. u. Univ. Breslau (Math., Phys., Chem.). Promot. 1943 Breslau (TH) - 1947-65 höh. Schuldst. Göttingen, Bückeburg, Hannover (1959 Oberstudiendir.); s. 1965 o. Prof. Päd. Hochsch. Nieders./Abt. Hannover (Didaktik d. Math.); s. 1979 eimerit. - BV: Geometr. Propädeutik, 1956. Mitverf.: Geometrie, 2 Bde. 1969/70. Fachaufs. - Spr.: Engl., Franz.

PROPFE, Heinrich

Dr. phil., Fabrikant - Schwarzwaldstr. 46, 6800 Mannheim 1 (T. 0621 - 81 15 86) - Geb. 2. Nov. 1906 Mannheim (Vater: Alex P., Chemiker; Mutter: geb. v. Kirchenheim), verh. s. 1938 m. Irmgard, geb. Mauritz - Univ. Heidelberg u. Bonn (Chemie) - S. 1934 Chem. Fabrik Heinr. Propfe, Mannheim. Div. Ehrenämter, darunt. Vors. Industrieverb. Pflanzenschutz- u. Schädlingsbekämpfungsmittel (1961-73), Vors. GFF, (BBA) Braunschweig Kurat. Bionomica Starnberg.

PROPPE, Albin

Dr. med., o. Prof. f. Haut- u. Geschlechtskrankheiten - Hohenbergstr. 5, 2300 Kiel (T. 5 39 23) - Geb. 19. Mai 1907 Trier/Mosel, verh. s. 1933 m. Milly, geb. Pleitz, 3 Kd. - Realgymn. Trier; Univ. Jena, Frankfurt/M., Köln. Promot. 1931 Köln; Habil. 1937 Düsseldorf - 1932 Assist. Venerol. Abt. Städt. Krkhs. Berlin-Britz, 1933-50 Assist. u. Oberarzt Hautklinik Med. Akad. Düsseldorf (1937 Doz., 1943 o. Prof.), s. 1950 Dir. Univ.s-Hautklinik Kiel (ao., 1953 o. Prof.). Zahlr. Fachveröff. - Ehrenmitgl. Ital. (1956) u. Jugosl. (1965) Dermatol. Ges.

PROPPING, Peter

Dr. med., Prof., Direktor Institut f. Humangenetik Univ. Bonn (s. 1984) - Erfurtstr. 48, 5300 Bonn - Geb. 21. Dez. 1942 Berlin (Vater: Dr. med. Jürgen P.; Mutter: Hildegard, geb. Meyer), verh. m. Dipl.-Volksw. Eva, geb. Laubreiter, 3 Kd. - Promot. 1970 Univ. Berlin, Habil. 1976 Heidelberg.

PROSKE, Hermann

Elektromeister, MdL Nieders. (s. 1974) - Birkenweg 10, 4470 Meppen (T. 1 38 83) - SPD.

PROSKE, Rüdiger

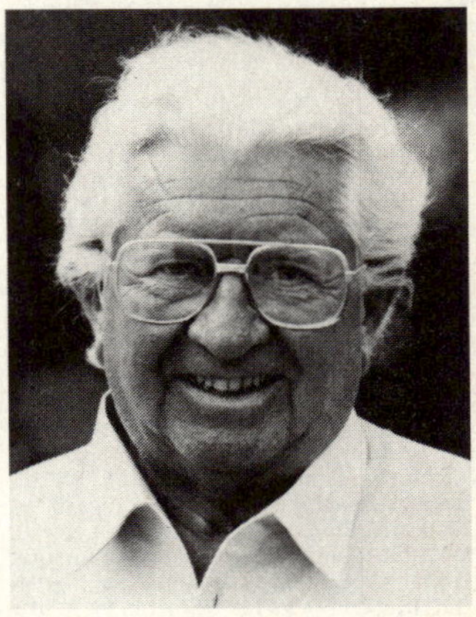

Publizist - Rodenbekerstr. 92, 2000 Hamburg 65 (T. 604 97 98) - Geb. 26. Dez. 1916 Berlin, ev., verh. s. 1949 m. Lieselotte, geb. Schmoller, 2 Kd. -

Gymn. Breslau; Stud. Polit. Wiss. u. Nationalök. Univ. Toronto u. Saskatoon (1942-45), Math. (1943-1946) - Ab 1946 Redakt. Frankf. Hefte, 1951 Herausg. Aussprache (Monatsschr.), s. 1952 NWDR bzw. NDR (1953 Abt.-Leit. Zeitfunk u. Feature, 1957 Regionalfernsehen u. Zeitgeschehen, 1960 Hauptabt.-Leit., 1961-63 Herausg. Fernsehmagazin Panorama, s. 1964 Filmprod.). Fernsehdokumentationsreihen: Auf d. Suche n. Frieden u. Sicherheit (1957), Auf d. Suche n. d. Welt v. morgen (1961ff.; 1968 auch als Buch); Mitten in Europa. Dt. Gesch. (1988ff.). Herausg.: Aktuelles Wissen (Reihe, 1971ff.) - EK II u. I; 1957 Dt. Fernsehpreis; 1965 Gold. Med. Intern. Filmfestival; 1966 Bundesfilmprämie; 1966, 1968, 1972 Adolf-Grimme-Preis; 1975 Prix Futura; 1978 Dt. Ind. Filmpreis; 1978, 1980, 1982, 1984, 1986 Dt. Wirtschaftsfilmpreise u. a. - Spr.: Engl., Span.

PROTZNER, Wolfgang

Dr. phil., Prof. f. Didaktik d. Geschichte Univ. Bamberg, Bürgermeister Gr. Kreisstadt Kulmbach (s. 1978), Studienleiter Akad. f. Neue Medien (Bildungswerk) - Gabelsbergerstr. 16, 8650 Kulmbach - Geb. 31. Juli 1942 Zülz/Oberschles. (Vater: Erich P., Handwerksm.; Mutter: Erika, geb. Hilscher), kath., verh. s. 1981 m. Dr. med. Maria Seifert - Zahlr. Veröff. z. gesch.didakt. u. medienpäd. Fragen; bek. Schulbuchautor.

PROZELL, Artur

Sozialpädagoge grad., MdA Berlin (1963-85) - Briesestr. 32, 1000 Berlin 44 (T. 681 65 35) - Geb. 23. Juli 1933 Berlin (Vater: Arthur P., Arbeiter; Mutter: Erna, geb. Kühne), gesch., 2 Kd. (Sabine, Michael) - Volkssch.; 1947-50 Bäckerlehre; 1955-57 u. 1958-60 Sozialpäd. Inst. Arbeiterwohlfahrt (Staatsex. als Heimerzieher u. Fürsorger) - 1952-54 Städt. Wasserw. (Betriebsrat); 1960-79 Bezirksamt Schöneberg. S. 1960 Vorstandsmitgl. Vereinig. f. Jugendhilfe; s. 1979 Geschäftsf. Vors. Vereinig. Berlin. SPD (1960 Kreisvorstandsmitgl. Neukölln, 1972-80 Kreisvors.) - Liebh.: Lesen, Musik, Wandern - Spr.: Engl.

PRÜFER, Manfred

Geschäftsführender Gesellschafter ICH-Investor-Consult- u. Handelsges. mbH, Norderstedt (s. 1989) - Mümmelmannweg 10, 2000 Norderstedt 1 - Geb. 15. Juli 1931, verh. s. 1957 m. Christel, geb. Düppe, 3 Kd. - Kaufm. Lehre im Lebensmittel-Einzelhdl. - Zul. Geschäftsf. A + B Ausstattungs- u. Baudienst GmbH - BV: D. gr. Lexikon f. Hdl. u. Absatz, 1979 u. 1982 - Liebh.: Klass. Musik, Numismatik, Gartenbau - Spr.: Engl.

PRÜM, Jost

Dr., Vorstandsmitglied Deutsche Bank Saar AG., Saarbrücken, Vors. d. Bankenverb. Saarl. e. V., Saarbrücken - Habichtsweg 33, 6600 Saarbrücken 3.

PRÜMER, Franz

Geschäftsführer a.D. Schulte & Dieckhoff GmbH., Horstmar (1963-83, 1973-83 Vors. d. Gfg.) - Kleine Stadtstiege 4, 4435 Horstmar (T. 3 93) - Geb. 8. Okt. 1924 Darfeld, kath., verh. s. 1953 m. Annemarie, geb. Fislake, 2 Söhne (Michael, Ulrich) - 1982 Gr. BVK - Rotarier.

PRÜMMER, von, Klaus

Verlagsleiter Schwäb. Zeitung Leutkirch - Rudolf-Roth-Str. 18, 7970 Leutkirch (T. 07561 - 8 00) - Geb. 13. Nov. 1947 Kitzingen (Vater: Franz v. P., MdL, Bayer. Sozialpolitiker), kath., verh. s. 1968 m. Monika, geb. Hasenbalg, 2 Kd. (Matthias, Franziska) - Human. Gymn.; Abit. 1968 Münnerstadt/Rhön; Stud. Gesch., Phil., Päd.; M.A. 1974 Würzburg - 1969-72 Volontariat u. Redakt. Schweinfurt, Würzburg; 1972-74 Werbeberater Frankfurt; 1974-78 pers. Ref. Landrat Fulda; 1978-86 Redakt. u. Chef v. Dst. FAZ - Spr.: Engl., Griech., Latein.

PRÜTTING, Hanns

Dr. jur., o. Prof. f. Zivilrecht, Zivilprozeßrecht m. Freiwilliger Gerichtsbarkeit, Arbeitsrecht Univ. Köln (s. 1986) - Zu erreichen üb. Inst. f. Verfahrenrecht, Albertus-Magnus-Platz, 5000 Köln 41 (T. 0221 - 470 28 08) - Geb. 22. Jan. 1948 Erlangen, ev., verh. s. 1975 m. Dr. Dorothea, geb. Schmitz, 2 Kd. (Christine, Jens) - Gymn. Erlangen; Stud. Univ. Erlangen-Nürnberg u. Tübingen; 1. Staatsex. 1971 Nürnberg; 2. Staatsex. 1974 München; Promot. 1976 Erlangen; Priv.-Doz. 1981 Erlangen - 1982 o. Prof. Univ. d. Saarlandes, Saarbrücken (1984/85 Pro-Dekan) - BV: D. Zulassung d. Revision, 1977; Gegenwartsprobleme d. Beweislast, 1983; Rechtskraftdurchbrechung b. unrichtigen Titeln (m. Weth), 1988. Herausg. d. Reihe Prozeßrechtl. Abhandlungen (s. 1988). Mithrsg. d. Reihe Jap. Recht; d. Schriften f. d. Prozeßpraxis; d. Lex. d. Rechts.

PRUGGER, Karl

Dr. jur., Bundesrichter Bundesfinanzhof, München (s. 1967) - Musenbergstr. 28, 8000 München 81 (T. 923 12 60) - Geb. 24. Jan. 1926 Berlin (Vater: Alexander P., zul. 1944-55 Oberfinanzpräs. München (s. XIII. Ausg.); Mutter: Paula, geb. Pfeiffer), kath., verh. s. 1958 m. Mechthild, geb. Inhoffen, 2 Kd. (Wolfgang, Alexandra) - Stud. Rechtswiss. Jurist. Staatsprüf. 1949 u. 52 - 1952-54 Industrie; 1954-57 Bundesfinanzmin.; 1957-59 Finanzverw.; 1959-62 Bundesfinanzhof (Hilfsrichter); 1963-68 Bundesrechnungshof (Ref.). Spez. Arbeitsgeb.: Steuerrecht - Spr.: Franz.

PRYM, Axel

Dipl.-Ing., Fabrikant, gf. Gesellsch. William Prym-Werke KG., Stolberg - Haus Derichsberg, 5190 Stolberg/Rhld. - Geb. 24. Juni 1907 (Vater: Hans August P., †1982) - 1927-32 TH Karlsruhe (Maschinenbau) - S. 1932 väterl. Unternehmen (1936 Geschäftsf.).

PRZYCHOWSKI, von, Hans

Journalist - Zu erreichen üb.: Der Tagesspiegel, 1000 Berlin 30 - Geb. 15. Jan. 1928 Berlin - Chef v. Dienst u. Luftfahrtredakt. Tagesspiegel - BV: Verkehrsflugzeuge - gestern u. heute, 1972.

PSCHERER, Kurt

Staatsintendant a. D. - Frühlingstr. 76, 8021 Baldham/Obb. (T. Intendanz: München 26 30 41) - Geb. 3. Juni 1915 Bensen, verh. m. Ursula, geb. Heimerer - 1964-83 Int. Staatstheater am Gärtnerplatz - 1970 Bayer. VO; 1981 ital. Orden Cavaliere Ufficale al Merito; 1983 Ehrenmitgl. Gärtnerpl.-Theater.

PSCHORR, Franz-Josef

Dipl.-Brauing. - Beringer Weg 34, 8132 Tutzing/Obb. (T. 62 26) - Geb. 28. April 1911.

PTAK, Heinz Peter

Dipl.-Volksw., Brig. General a.D., Ehrenpräsident Deutsch-Portug. Ges. - Hermann-Löns-Weg 16, 6919 Bammental (T. 06223 - 4 07 76) - Geb. 24. Mai 1918 Wollstein (Vater: Karl P., Dir.; Mutter: Auguste, geb. Schwarzer), kath., verh. s. 1944 m. Gabriele Annette, geb. Freiin Droste zu Vischering Padtberg, Sohn Roderich - 1936-45 Berufsoffz.; 1938/39 Kriegsschulausb. Berlin-Gatow; 1946-49 TH Stuttgart (Dipl.-Volksw. 1949); Führungsakad. d. Bundeswehr 1957 u. versch. Bundeswehr- u. NATO-Schulen - 1949-55 dt. Deleg. f. Landesentw., Venezuela; 1955-78 Bundeswehr: Aufbau, Generalstabsoffz. d. Heeres u. d. Luftwaffe; 1961-64 Bundeswehrverteidig. Attaché, Portugal; 1964-66 Rak-Kommandeur; 1966-70 NATO, 1970-71 stv. Befehlshaber u. Chef d. Stabes Mainz u. 1971-75 d. Stabes TKS Heidelberg; ab 1975 Aufbau dt.-chin.-portug. Verbindungen üb. Macau in d. VR China; 1976/77 Aufbau neuer dt.-portug. Verbindungen, Gründ. 1. Landesverb. d. Dt.-Portug. Ges.; 1981 Bundesvors. u. 1986 Ehrenpräs. Dt.-Portug. Ges. - BV: 3 Bücher üb. Venezuela (teilw. mehrspr.), 1952-56; Venezuela, Träume wurden Wirklichkeit, 1982; ab 1976 publ. Tätigk. üb Portugal: Gründer u. Herausg.: Portugal-Schriftenreihe, bish. 23 Publ. (teilw. mehrspr.), 1978-86; Portugal-Nachr. (teilw. mehrspr.), 1979. Autor u. Mitautor: Wohin steuert Portugal?, 1978; Portugals Verfassung u. d. Privatinitiative, 1981-82; D. Dt.-Portug. Ges. - Entstehung-Ziele-Tätigkeiten, 1982; Portugal-Nachr.-Sammelbd., 1979-82; Dt.-Portug. Kontakte in üb. 800 J. u. ihre Motivation, 1984; Portugals Wirken in Übersee: Atlantik, Afrika, Asien, 1985; Portugal u. Europa - d. atlant. u. globale Wirken d. Portugiesen i. s. Bedeutung f. d. EG, 1986 - Dt. Kreuz in Gold, EK I. u. II., Verw.Abz. in Schwarz, 1961 Orden Mèrito Militar, 1964 US-Missile-Offz. Abz., 1973 BVK I. Kl., 1976 Legion of Merit, Bicentennial-Commemorativ-Medal in Gold, 1978 Luxemburg-AWMM-Preis f. Politik u. Zeitgesch., u.a. - Spr.: Engl., Portug., Span.

PTAK, Horst-Günter

Dr. oec., Univ.-Prof. f. Betriebswirtschaft Univ. Kassel - Eichholzweg 21, 3500 Kassel-Wilhelmshöhe (T. 0561 - 40 39 35) - Geb. 8. Mai 1926 Neisse (Vater: Karl P., Dir.; Mutter: Auguste P.-Schwarzer), ev., verh. s. 1955 m. Rose-Marie, geb. Prüfer, 2 Kd. (Alexandra, Hildebrand) - 1943-45 Offz.-Laufb.; 1947-52 Univ. Stuttgart u. Nürnberg (Dipl.-Kfm. 1950, Promot. 1952); Ass. 1953 Stuttgart - 1945-52 Verw.-Dst.; 1952 Assist. Univ. Nürnberg; 1953-63 Höh. Staatsdst. Stuttgart; 1957-63 Betriebsw. Lehrauftr. Univ. Stuttgart; 1964 Gründ. u. Dir. HWF Kassel; 1973 Prof. f. Betriebsw. (Verbraucherwirtsch.) - BV: D. nordwürtt. Ind. - Ursachen f. ihre Entsteh. u. räuml. Verteil., 1957; Möglichk. u. Grenzen d. gesetzl. Erfolgsbeteil. v. Arbeitnehm., 1975; Ökonom. Probl. d. Erfolgsbeteil. v. Arbeitnehm., 1978; Verbraucherwirtsch. Fragen aus Anbieter- u. Konsumentensicht, 1979; Beschreib. v. Verbrauchermein. u. -verhaltensweisen vor u. nach d. Kaufentscheid., 1982; D. Informationsint. d. Verbraucher, 1983; Verbraucherpolitik, 1984; zahlr. Fachaufs. Herausg.: Kasseler verbraucherwirtsch. Schriften, Bd. 1-3 - 1973 gold. Sportabz.; versch. Kriegsausz. - Liebh.: Hochseesegeln - Spr.: Engl., Span.

PUCHELT, Harald R.

Dr. rer. nat., Dipl.-Chemiker, o. Prof. u. Leit. Inst. f. Petrographie u. Geochemie Univ. Karlsruhe (s. 1973) - Sebastian-Kneipp-Str. 21, 7517 Waldbronn (T. 07243 - 6 18 91) - Geb. 15. Mai 1929 Gera, ev., verh. s. 1959 m. Barbara, geb. Heise, 4 Kd. - Promot. 1961; Habil. 1967 - In- u. ausl. Fachmitgl.sch., dar. Vors. (1973-75) Sektion Geochemie Dt. Mineral. Ges. - BV: Z. Geochemie d. Bariums im exogenen Zyklus. Herausg.: Zentralbl. Mineral. - Geochemie.

PUCHER, Helmut

Dr.-Ing., Prof. f. Verbrennungskraftmaschinen TU Berlin - Moltkestr. 6, 1000 Berlin 45 - Geb. 15. März 1943 Haag (Österr.), verh. - Gymn.; TH Wien (Dipl.-Ing. 1967); Promot. 1974 TU Braunschweig - 1968-80 Versuchsing. Motorenforsch. M.A.N.-Werk Augsburg (zul. als Obering. u. Leit. Abt. Grundl. u. Berechn.); 1980 Prof. TU Berlin - BV: Aufladung v. Verbrennungsmotoren, 1985; Gasmotorentechnik, 1986.

PUCHER, Paul

Dr. phil., Journalist - Kalkofen 1a, 8183 Rottach-Egern/Obb. - Geb. 2. Febr. 1933 Brünn/CSSR (Vater: Dr. jur. Wilhelm P., Syndikus; Mutter: Johanna, geb. Petritsch), kath., verh. s. 1963 m. Dorothea, geb. Kaesler, T. Alice - Gymn.; Stud. Volksw., Neuere Gesch., Angl., Roman. Tübingen, Freiburg, Paris. Promot. 1961 Freiburg - 1959-69 polit. Redakt. Stuttgarter Ztg.; 1971-83 (Rücktr.) stv. u. Chefredakt. Münchner Merkur; 1984ff. Redaktionsmitgl. Bunte - BV: Im Interesse d. Freiheit - Reden u. Aufs. d. Frhr. zu Guttenberg, 1970 (Herausg.); Guttenberg-Porträt, 1971; ... des Deutschen Vaterland - Wendigkeit statt Wende, 1984 - Spr.: Engl., Franz.

PUCHNER, Wunibald

Em. o. Prof., Innenarchitekt - Beim Grönacker 18, 8500 Nürnberg (T. 40 53 41) - Geb. 1. Juni 1915 Deggendorf/Donau, kath., verw. s. 1982, S. Nicol, Mathias - Akad. f. angew. Kunst München (1937 Geheimrat Prof. Richard Berndl) - U. a Entwurf u. Planung Innenausbau Meistersingerhalle Nürnberg (1959-63); Ausbau: Bergbau- u. Industrie Museum - Schloß Theuern b. Amberg u. Kurzentrum Bad Abbach. S. 1946 Mitgl. Dt. Werkbd. - 1966 VdK-Kunstpreis; 1968 Rud.-Diesel-Med. v. Dt. Erfinderverb.; 1973 Bayer. VO; 1981 Ehrenmitgl. Akad. d. bild. Künste Nürnberg.

PUCHTA, Dieter

Dr., Dipl.-Volksw., Studienrat, MdL Baden-Württ. (s. 1988) - Herrenacker 4, 7893 Jestetten 2 - Geb. 1. Aug. 1950, ev., verh. s. 1973 m. Ursula, geb. Hiss, 2 Töcht. (Annabelle, Aline) - Stud. Volks- u. Betriebswirtsch., Verw.wiss. u. Psych. Konstanz u. Freiburg i. Br.; Dipl.-Volksw. 1974; Promot. 1981 Konstanz - 1975 Doz. f. VWL u. BWL; 1979 Päd. Leit. e. Verlages in Zürich/Schweiz - BV: D. Dt. Bundesbank, 1982 - Liebh.: Schach - Spr.: Engl., Franz.

PUDEL, Volker

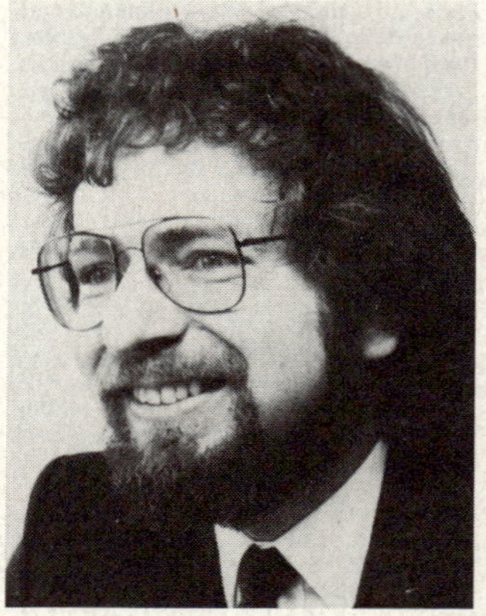

Dr. rer. nat., Dipl.-Psych., Prof., Leiter ernährungspsych. Forschungsstelle Univ. Göttingen - von-Siebold-Str. 5, 3400 Göttingen (T. 0551 - 39 67 41) - Geb. 1. März 1944 Bad Kreuznach, verh. s. 1969 m. Bärbl, geb. Haase, S. Sven - Psych.-Stud. Univ. Göttingen; Dipl. 1969; Promot. 1972; Habil. 1976 - S. 1978 Präsid.-Mitgl. Dt. Ges. f. Ernährung; Abt.-Leit. Ernährungsverhalten; 1986 Mitgl. Verbraucheraussch. Bundesmin. f. Landwirtsch. - BV: Z. Psychogenese u. Therapie d. Adipositas, 1982; Praxis d. Ernährungsberat., 1985 - Liebh.: Segeln, Computer - Spr.: Engl., Franz.

PÜCKLER, Graf von, Carl-Heinrich

Dipl.-Kfm., Direktor Kali-Chemie AG u. Dt. Solvay-Werke GmbH - Nussbaumstr. 72, 5650 Solingen-Aufderhöhe - Geb. 13. Juli 1943 Kreuzburg/OS. (Vater: Adrian, Gr. v. P., Offizier; Mutter: Christine, geb. v. Studnitz), ev.-luth., verh. - Dipl. BWL Univ. München - Liebh.: Tennis, Kunst - Spr.: Engl., Franz. - Bek. Vorf.: Fürst Pückler (Urgroßonkel).

PÜCKLER v. SCHWICHOW, Graf von, Wendt-Wilhelm

Bankkaufmann - Höhenstr. 41, 6242 Kronberg 3 - Geb. 21. März 1932 Breslau (Vater: Friedrich-Wilhelm v. P.; Mutter: Elisabeth, geb. v. Kretschmann), ev., verh. s. 1954 m. Florence, geb. Bahls, 3 Kd. (Hortense, Désirée, Constantin) -

Engl. Inst. Heidelberg (Abit. 1951); Stud. d. Staats- u. Ges.wiss. Univ. Heidelberg - Zun. wiss. Assist. ebd.; 1968-70 Dir. Berliner Handelsges.; 1970-76 pers. haft. Gesellsch. Bankhaus Hill Samuel & Co. oHG.; s. 1975 stv. AR-Vors. Bonninvest - Liebh.: Geschichtsphil., Reitsport - Spr.: Engl., Franz. - Bek. Vorf.: Friedrich-Wilhelm Graf v. Brandenburg, preuß. Min.präs. 1848-50 (Ururgroßv.).

PÜHLER, Alfred

Dr. rer. nat., Prof. f. Genetik Univ. Bielefeld (s. 1980) -Fakultät f. Biologie, Universitätsstr., 4800 Bielefeld 1 - Geb. 28. Sept. 1940 Nürnberg, verh. m. Rosemarie, geb. Bergmann, 2 S. (Florian, Simon) - Stud. Univ. Erlangen, Diplomarb. 1967 (Kernphysik), Promot. 1971 (Mikrobiol.), Habil. 1976 (Genetik) - 1978 wiss. Rat. u. Prof. Inst. f. Mikrobiol. u. Biochemie Univ. Erlangen - BV/Herausg. Plasmids of Medical, Environmental and Commercial Importance; Molecular Genetics of the Bacteria-Plant Interaction; Advanced Molecular Genetics; Nitrogen Fixation Volume 4: Molecular Biology.

PÜHLHOFER, Falk

Dr. rer. nat., Prof. f. Experimentalphysik Univ. Marburg - Spiegelslustweg 25, 3550 Marburg/L.

PÜHSE, Wilhelm

Direktor - 4803 Amshausen/W. - Geb. 5. Juni 1908 Bochum (Vater: Heinrich P.), verh. m. Anni, geb. Schneider - S. 40 J. Florex Niemann & Harde KG. (Frottierweberei), Steinhagen (1973 ff. Beiratsmitgl.).

PÜNDER, Tilman

Dr. jur., Landesdirektor d. Landeswohlfahrtsverb. Hessen a. D., Regierungspräs. v. Gießen - Zu erreichen üb. Regierungspräsidium Gießen, Postfach 57 20, 6300 Gießen - Geb. 27. Dez. 1932 Münster/W. (Vater: Dr. jur. Dr. h. c. Hermann P., Staatssekr. u. Oberdir. a. D. (s. XVII. Ausg.); Mutter: Magda, geb. Statz), kath., verh. m. Dr. Ulrike, geb. Bonse, 4 Kd. (Hermann, Isabel, Stephanie, Kathinka) - Schule Köln (Abit.); Univ. Lausanne u. Köln (Rechtswiss.; Promot.). Gr. jurist. Staatsprüf. - 1963-71 Ref. Dt. Städtetag; 1971-80 Bürgerm. Stadt Fulda; 1980-86 Landesdir. LWV Hessen. CDU - BV: D. Durchsetzung d. gemeindl. Verwalt.akte n. d. Verwalt.vollstreckungsgesetz f. d. Land Nordrh.-Westf., 1961 (Diss.); D. bizonale Interregnum - Geschichte d. Vereinigten Wirtschaftsgebietes 1946-49, 1966. Herausg.: Kommentar zu d. Schulges. NRW (1968); 450 J. Psychiatrie in Hessen (1983, m. Prof. Heinemeyer).

PÜNNEL, Leo

Dr., Präsident Landesarbeitsgericht Köln - Blumenthalstr. 33, 5000 Köln 1 - Geb. 14. Juni 1925.

PÜRKNER, Erich Walther

I. Bürgermeister - Rathaus, 8031 Puchheim/Obb. - Geb. 28. Jan. 1940 Stuttgart - Zul. Regierungsrat. CSU.

PÜRSCHEL, Heiner

Dr. phil., Prof. f. Angew. Linguistik u. Anglistik Univ.-GH Duisburg - Geheimrat-Schmitz-Str. 4, 4134 Rheinberg (T. 02843 - 6 04 43) - Geb. 18. Okt. 1940 Berlin, ev., verh. s. 1969 m. Ute, geb. Rischer, 6 Kd. (Kerstin, Svenja, Meike, Sören, Björte, Arne) - Stud. Angl., Gesch. u. Päd. Berlin, Bochum, Marburg; 1. Staatsex. 1968 Bochum, Promot. 1974 Marburg - 1969-76 Leit. Sprachlabor Univ. Marburg; s. 1976 Prof. Duisburg. 1976 Vorstandsmitgl. GAL, 1982 AKS - BV: Pause u. Kadenz, Monogr. 1975.

PÜSCHEL, Herbert

Arbeitsdirektor, Vorstandsmitgl. Luitpoldhütte AG., stv. AR-Vors. Kloth-Senking, Metallgießerei GmbH, Hildesheim - Sulzbacher Str. 105, 8450 Amberg/Opf.; priv.: Am Sand 2a, 8450 Amberg-Neubernricht - Geb. 30. März 1921 Teplitz-Schönau.

PÜTTMANN, Josef

Dr. phil., o. Prof. f. Allg. Pädagogik (entpfl.) - Albermannstr. 14, 4300 Essen-Werden (T. 49 22 37) - Zul. Päd. Hochsch. Ruhr/Abt. Essen.

PÜTTNER, Günter

Dr. jur., o. Prof. f. Öfftl. Recht - Liliencronstr. 25, 6000 Frankfurt/M. 1 - Geb. 25. März 1936 Berlin - Promot. 1962 Berlin; Habil. 1969 Köln - S. 1970 Ord. Univ. Frankfurt, Hochsch. f. Verw.wiss. Speyer (1973), Univ. Tübingen (1981). Facharb.

PÜTZ, Manfred Ernst

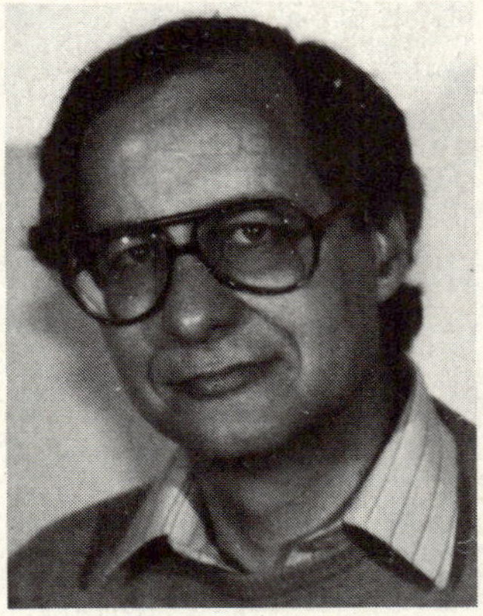

Dr., Prof. f. Engl. u. Amerik. Literaturwissenschaft - Haferstr. 7a, 8900 Augsburg 21 - Geb. 16. Juni 1938 Köln - Stud. Angl. u. Phil. Univ. Köln, Cambridge (Engl.), Vancouver (Kanada) u. Berkeley (USA); Staatsex. (Angl. u. Phil.) 1968, Promot. (Angl.) 1970, Habil. (Anglo-Amerikan. Philol.) 1976 - 1976 Priv.doz., 1979 apl. Prof., 1980 Prof. Univ. Bamberg, 1984 Prof. (C 4) Univ. Augsburg. Gastprof.: 1983 Brown Univ., USA, 1987 Univ. Shantung, China, 1988 Univ. Pittsburgh, USA - BV: Motivation im Engl. u. Amerikan. Roman, 1970; The Story of Identity: American Fiction of the Sixties, 1979, 2. A. 1987; R. W. Emerson: D. Natur u. Ausgewählte Essays, 1982; Benjamin Franklin: Lebenserinn. (hg.) 1983; 2. A. 1986; Edgar Allan Poe, (hg.) 1983; Postmodernism in American Lit. (hg. m. P. Freese), 1984; R. W. Emerson: A Bibliogr. of Twentieth-Century Criticism, 1986; A Concordance to Thomas Paine's Common Sense and The Americn Crisis, 1989. Übers. ins Deutsche: Werke v. Ralph Waldo Emerson, Edgar Allan Poe, Walter Pater u. a.; ca. 50 Aufs. in intern. Fachztschr. - Liebh.: Afrikan. Kunst, Flugsport - Spr.: Engl., Franz., Span.

PÜTZ, Peter

Dr. phil., Prof. Univ. Bonn (s. 1973) - Am Südhang 13, 5207 Ruppichteroth-Winterscheid (T. 02247 - 25 11) - Geb. 10. Mai 1935 Menden/Rhld. (Vater: Heinrich P., kaufm. Angest.; Mutter: Anna, geb. Frey), kath., verh. s. 1962 m. Erika, geb. Pant, 2 Kd. (Susanne, Andreas) - Stud. d. German., Phil., Gesch. Univ. Freiburg/Br. u. Bonn; Promot. 1962 u. Habil. 1969 Bonn - 1964/65 Visit. Prof. Univ. of Chicago/USA; 1970-73 o. Prof. Gießen; 1980/81 Gastprof. Stanford (California); 1985 Gastprof. Univ. of California, Irvine; 1987/88 Gastprof. Oxford - BV: Kunst u. Künstlerexistenz bei Nietzsche u. Thomas Mann, 3. A. 1987; Friedrich Nietzsche, 2. A. 1975; D. Zeit im Drama, 2. A. 1977; D. deutsche Aufklärung, 3. A. 1987; Peter Handke, 1982; D. Leistung d. Form. Lessings Dramen, 1986. Herausg.: Thomas Mann u. d. Tradition (1971); Erforsch. d. dt. Aufklär. (1980) - Spr.: Engl.

PÜTZ, Ruth-Margret

Kammersängerin - Herderstr. 5, 7250 Leonberg - Geb. 26. Febr. 1932 Krefeld, kath., verh. s. 1966, 2 Kd. (Eva-Maria, Miriam) - Gesangsstud. Köln u. Hannover (Otto Köhler) - S. 1959 Mitgl. Württ. Staatsoper, Stuttgart (Koloratur- u. lyr. Sopran); 1960-64 zugl. Wiener Staatsoper, 1963 ff. Engagement Hamburg. Staatsoper. Gastsp. In- u. ausl. (u. a. Mailand, Rom, London, Paris, Madrid, Lissabon, Moskau, Leningrad, Stockholm, Helsinki, Buenos Aires), Mehrf. Bayreuther, Salzburger u. Edinburgher Festsp. Schallpl.: Columbus, Electrola, CBS, Decca. Hörfunk; Fernsehen. Etwa 80 Opernpartien, umfangreich. Konzert- u. Liedrepertoire - 1962 Titel Kammers. (jüngste Dtschl.s); sowjet. Kulturausz. - Liebh.: Musik, Malerei, Reisen - Spr.: Ital., Engl., Franz.

PÜTZ, Theodor

Dr. d. tech. Wiss., em. o. Prof. f. Nationalökonomie - Am Modenapark 13, A-1030 Wien - Geb. 28. März 1905 Krefeld - Stud. München (TH, Univ.) u. Paris - 1934 Doz. TH München, 1938 WH Berlin, 1940 apl. Prof. das., 1943 ao., 1947 o. Prof. Univ. Innsbruck, 1953 Univ. Wien - BV: Wirtschaftslehre und Weltanschauung b. Adam Smith, 1932; D. Bild d. Unternehmers in d. Nationalök., 1935; Theorie d. allg. Wirtschaftspolitik u. -lenkung, 1948; Polit. Weisheit, 1955; Verbände u. Wirtschaftspolitik in Österreich, 1966; Grundl. d. theoret. Wirtschaftspolitik, 4. A. 1979 (jap. Ausg. 1983). Herausg.: Wirtschaftspoltik Grundl. u. Hauptgebiete - Etwa 50 Einzelarb. - Mitgl. Österr. Akad. d. Wiss.

PÜTZ, Werner

Dr. phil., Prof. f. Musikpädagogik - Neckarstr. 33, 4300 Essen 18 (T. 02054-62 65) - Geb. 15. März 1939 Aachen (Vater: Werner P., Ang. †; Mutter: Luise, geb. Overländer †), kath., verh. s. 1968 m. Therese, geb. Kaussen, 2 Kd. (Christiane, Bernhard) - Abit. 1958 Alsdorf; 1958-66 Univ. Köln (German., Phil.); 1. Phil. Staatsprüf. 1966; 1959-62 Stud. Schulmusik Musikhochsch. Köln; Promot. (Musikwiss.) 1965, Habil. (Musik u. ihre Didaktik) 1975 Univ. Essen - 1966 wiss. Assist. Univ. Essen GH, 1971 Doz., 1978 Prof. - BV: Stud. z. Streichquartettschaffen b. Hindemith, Bartok, Schönberg u. Weber, 1968 - Spr.: Engl., Franz.

PÜTZHOFEN, Dieter

Schulrat, Oberbürgermeister Stadt Krefeld - Krüsemannstr. 1, 4150 Krefeld - Geb. 14. Mai 1942 Krefeld, kath., verh. s. 1967 m. Angelika, geb. Pasch, 2 S. (Christian, Thomas) - 1985-86 Vors. CDU Rheinland - Spr.: Engl.

PUFENDORF, von, Lutz

Staatssekretär b. Senator f. kulturelle Angelegenh. in Berlin (1984-89) - Zu erreichen üb. Senat f. kultur. Angelegenh., Europa-Center, 1000 Berlin 30 - Geb. 8. Febr. 1942 Berlin (Vater: Ulrich v. P., Dipl.-Landw.; Mutter: Bertha, geb. Overhues), kath., verh. s. 1969 m. Wiebke, geb. Schroeter, 3 Kd. (Julia, Thomas, Maximilian) - Gymn. Menden; Univ. Berlin, Bonn, Freiburg u. Köln; 1. jur. Staatsex. 1966, 2. jur. Staatsex. 1972 Stadt. Rechtsass. Krefeld; 1973 Sozial- u. Rechtsdezern. Kr. Grevenbroich/Neuss; 1979-81 Kulturref. Dt. Städtetag, Köln, 1981-84 Bürgerm. Stadt Fulda - Bek. Vorf.: Samuel v. Pufendorf (1632-94).

PUFF, Alexander

Dr. med., Prof., Anatom - Schlehenrain 19, 7800 Freiburg/Br. (T. 5 35 58) - Geb. 31. Jan. 1924 Grimma/Sa. (Vater: Dr. phil. A. P.; Mutter: Martha, geb. Süptitz), ev., verh. s. 1974 m. Ingeborg, geb. Müller, 5 Kd. (Angelika, Achim, Frauke, Katharina, Alexandra) - Fürstensch. St. Augustin, Obersch. Grimma; Univ. Leipzig u. Marburg. Promot. 1950; Habil. 1958 - s. 1958 Privatdoz. u. apl. Prof. (1963), 1978 Prof. Univ. Freiburg Anat. Inst. Mitgl. Anat. Ges. u. Dt. Ges. f. Kreislaufforsch. - BV: D. funktionelle Bau d. Herzkammer, 1960; Funktionelle Röntgenanatomie, 1985; D. Herz-Bildatlas, 1987. Üb. 100 Einzelveröff. - Liebh.: Bildhauerei - Spr.: Engl., Russ.

PUFF, Heinrich

Dr. rer. nat., em. o. Prof. f. Anorgan. Chemie - Endenicher Allee 7, 5300 Bonn (T. 63 45 30) - Geb. 1. Nov. 1921 Mannheim (Vater: Heinrich P., Polizeihauptmann; Mutter: Margarete, geb. Beck), ev., verh. s. 1953 m. Sofie, geb. Reiß, 2 Kd. (Heinrich, Carola) - Univ. Heidelberg (Dipl.-Chem. 1952) u. Kiel (Chemie). Promot. (1956) u. Habil. (1960) Kiel - s. 1960 Lehrtätigk. Univ. Kiel (1965 apl. Prof.; 1966 Wiss. Rat u. Prof. Inst. f. Anorgan. Chemie) u. Bonn (1967 Ord.). Emerit. 1987. Fachmitgliedsch. - BV: Chem. Unterrichtsvers., 1979; Ztschr.aufs. - Spr.: Engl., Franz.

PUFF, Karl

I. Bürgermeister - Rathaus, 8206 Bruckmühl/Obb.; priv.: Blumenstr. 3 - Geb. 24. März 1929 Bruckmühl - Kaufm.

PUHL, Johannes

Vorstandsmitglied Kapitalbeteiligungsges. d. Dt. Versicherungswirtsch. AG, Düsseldorf - Veit-Stoß-Str. 3, 5000 Köln 41 (T. 0221 - 48 78 88) - Geb. 4. Juli 1930 Berlin (Vater: Emil P., Bankdir.; Mutter: Margaretha, geb. Stehn), ev., verh. s. 1954 m. Hildegard, geb. Karrenberg, 2 Kd. (Asmus, Sibylle) - 1949-53 kfm. Ausb. b. Banken in Europa u. USA - 1953-65 Bankhaus Delbrück, Schickler & Co., Hamburg, 1965-83 Vorst.-Mitgl. Otto Wolff AG; AR-Mitgl. Bankhaus H. Albert der Bary, Amsterdam, TNT-IPEC Holdings B.V., Arnhem; Beiratsmitgl. Otto Krahn, Walter Hoyer, u. Lafrentz Bau- u. Beteiligungsges. mbH & Co., alle Hamburg, Ges. z. Förd. d. finanzwiss. Forsch., Köln; Vors. GEFIU Ges. f. Finanzwirtsch. in d. Unternehmensführ.; VR-Mitgl. IAFEI Intern. Assoc. of Financial Executives Inst., Zürich; Mitgl. d. Geschäftsfg. Dt.-Niederl. HK, Den Haag/Düsseldorf - Spr.: Engl., Franz.

PUHLMANN, Karl

Dr. phil., Publizist - Avenue de l'Avant-Poste 11, CH-1005 Lausanne - BV: In d. Passage, Ess 1985.

PUHST, Heinz

Bezirksstadtrat, Leiter Abt. Wirtschaft (s. 1971) u. Finanzen (s. 1970) Bezirksamt Wedding (s. 1971) - Corker Str. 34c, 1000 Berlin 65 (T. 452 16 34; BA: 4 57-1) - Geb. 20. Juli 1930 Berlin, verh., 2 Kd. - Abit.; Diplom-Kameralist - Ausschl. Berliner Verw. (zul. Amtsrat (Haushaltsreferat) Senatsverw. f. Familie, Jugend u. Sport). 1958-70 Bezirksverordn. Wedding (1964 ff. Fraktionsf.). Langj. Falken-Mitgl. (1947 ff.). SPD s. 1952.

PUKALLUS, Horst

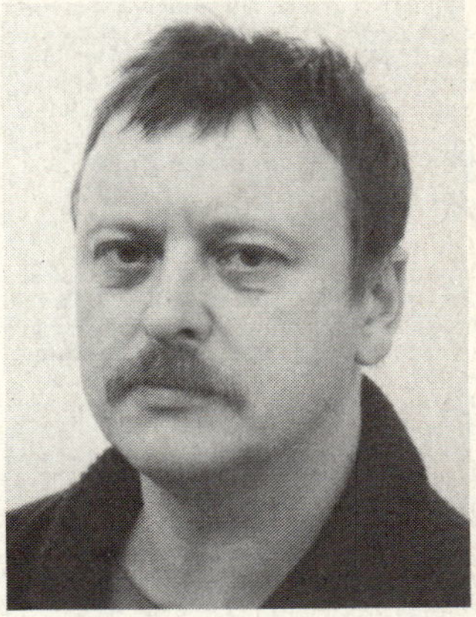

Schriftsteller, Übersetzer - Hüttenstr. 52, 4000 Düsseldorf 1 (T. 0211 - 37 83 61) - Geb. 14. April 1949 Düsseldorf, gesch., 1

T. - B. 1975 Versich.-Kaufm. - BV: In d. Städten, in d. Tempeln (m. A. Brandhorst), 1984; Krisenzentrum Dschinnistan, 1985; Hinter d. Mauern d. Zeit (m. M. Iwoleit), 1989 - 1980, 81, 84, 85 Kurd-Laßwitz-Preis f. Übers. - Liebh.: Kendo-Sportler - Spr.: Engl.

PUKASS (ß), Joachim

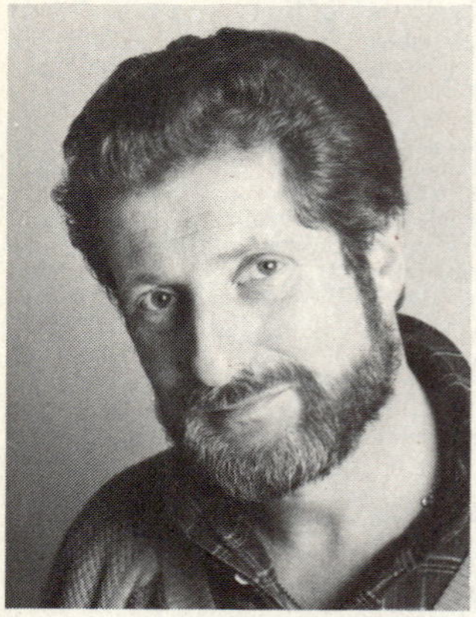

Schauspieler, Rundfunk- u. Synchronregisseur, Sprecher, Rezitator - Terrassenstr. 50, 1000 Berlin 38 (T. 030 - 801 48 10) - Geb. 23. Jan. 1946 Berlin, verh. m. Gisela, geb. Fritsch, T. Melanie - Goethe Gymn. Berlin; Abit.; Schauspielsch. Gertrud Schneider-Wienecke - Schausp. am Hanse Theater u. Vaganten Bühne, bde. Berlin; freischaffender Regiss. u. Sprecher b. ARD u. ZDF; Synchron-Regiss. u. Sprecher f. ARENA Synchron Berlin - Synchron-Regie: General Hospital, FBI u.a.; Rollen: Gottfried Benn, John D. Rockefeller (1987 Vaganten Bühne Berlin), sow. Erich Mühsam; Großwildjäger Bernhardi in Pension Schöller (1989 Hansa-Theater) - Liebh.: Reisen - Spr.: Engl. - Bek. Vorf.: Edwin Pukaß, priv. Sekr. b. Herrn v. Papen (Großv.).

PULCH, Otto R.

Präsident Hess. Rechnungshof a. D. - Falltorstr. 10, 6000 Frankfurt/M. (T. 46 10 39) - Geb. 26. Juni 1921 Frankfurt/M. - Schule Frankfurt (Abit. 1939); 1939-46 Arbeits-, Kriegsdst. u. -gefangensch.; Univ. Frankfurt (Rechts- u. Staatswiss.). Jurist. Staatsprüf. 1950 u. 54 - S. 1955 Richter hess. Justizverw. (u. a. Vors. Gr. Strafkammer LG Frankfurt). S. 1967 Mitgl. Präs. Dt. Richterbund (1973ff. stv. Vors.). 1976-78 Staatssekr. Hess. Innenmin., 1978-86 Präs. Hess. Rechnungshof, 1970ff. MdL Hessen (b. 1974 stv. Vors. FDP-Fraktion) - 1981 BVK I. Kl.; 1986 Gr. BVK.

PULCH, Wolfgang

Dr. rer. pol., Dipl.-Kfm., Geschäftsführer Seitz-Automaten GmbH - Fontanestr. 6, 6550 Bad Kreuznach (T. 6 33 44) - Geb. 19. Juni 1931 Bad Kreuznach (Vater: Rudolf P., Oberstud.rat; Mutter: Elisabeth, geb. Finkenauer), kath., verh. s. 1959 m. Marlies, geb. Sauer, 3 T. (Monika, Gabriele, Christiane) - Univ. Mainz, Frankfurt; Dipl. u. Promot. Frankf.

PULEWKA, Paul

Dr. med., o. Prof. f. Toxikologie u. Pharmakologie (emerit.) - Waldhäuser Str. 41, 7400 Tübingen (T. 07071 - 6 46 29) - Geb. 11. Febr. 1896 Elbing (Vater: Paul P., Apotheker; Mutter: Marie, geb. Staesz), ev., verh. s. 1929 m. Dr. med. Käte, geb. Fuerst, S. Thomas - Königl. Gymn. Elbing (Abit. 1914); 1919-23 Med.Stud. München u. Königsberg - 1923 Assist. Pharmakol. Inst. Univ. Königsberg, 1927 Priv.-Doz., 1927-28 Kommiss. Dir. Pharmakol. Inst. Königsberg, 1929 Priv.-Doz. Tübingen, Lehrauftr. f. Toxikol. gift. Gase u. Schwebst., gewerbl. Gifte u. Kampfst., 1933 apl. Prof., 1938 o. Prof., 1935-54 Dir. Pharmakol.-Toxikol. Abt. Refik Saydam Zentral-Hygiene-Inst. beim Türk. Gesundheitsmin., Ord. u. Dir. Pharmakol. Inst. Ankara-Univ., Leit. d. Staatl. pharmakol. Arzneikontr. Fachber. u. Gutachter d. Gesundheitsmin. Ankara, 1954-64 Exp. f. Suchtgifte b. d. Weltgesundheitsorg., 1954-56 Gastprof. Univ. Tübingen, 1957-1964 Ord. u. Dir. 1. dt. Inst. f. Toxikol. Univ. Tübingen, 1964 Emeritus. Zahlr. exper. Forsch.arb. z. Pharmakol. u. Toxikol., Lehrb. Pharmakol. (türk.), wiss. Buchbeitr.

PULLEM, Hans Jürgen

Dramaturg Bühnen Stadt Köln - Erzberger Pl. 1, 5000 Köln 60 - Geb. 14. Febr. 1956 - Staatsex. f. Gymn. 1981, Magister 1982 FU Berlin - Gast-Dramat. Bühnen Freiburg - BV: Brecht-Kommentar, 1983 (m. Klaus Völker); Brecht Lex.-Artikel, 1985 - Spr.: Engl., Franz., Span.

PULVER, Corinne

Fernseh- u. Filmemacherin, Schriftst., Produz. - 68 Route de Suisse, CH-1290 Versoix - Geb. 19. Juni Bern (Vater: Eugen P., Kulturing.; Mutter: Germaine, geb. Bürki), ev., led., 2 Kd. (Ninon Désirée, Manon Aymée) - Grafikerin (Dipl. Techn. cant.) Freiburg Sz; Stud. Chelsea Art School London, prakt. Ausb. ARD (Fernsehen) - 1957-62 Redakt. Fernsehen SR, 1963-65 Korresp. ZDF-Büro Paris, s. 1965 freiberufl. Fernsehjourn. u. -produzentin Paris u. Genf - BV: Kl. Handbuch d. Emanzipation - Plädoyer f. e. bessere Welt, 1975; Lilo - meine Schwester, 1979; Madame de Staël, Biogr. 1980; D. deutsche Mann, 1982; George Sand - Genie d. Weiblichkeit, 1987; Gertrud P. D. Drama e. begabten Frau (Buch u. Film), 1988 - Liebh.: Politik, Psychiatrie, Frauen-Emanzipation - Spr.: Engl., Franz.

PULVER, Liselotte

Schauspielerin - CH-1166 Perroy/Genfer See (Schweiz) - Geb. 11. Okt. 1929 Bern/Schweiz (Vater: Eugen P., Ingenieur; Mutter: Germaine, geb. Bürki), verh. s. 1961 m. Helmut Schmid, Schausp. (s. dort), 2 Kd. (Marc-Tell, geb. 1962; Charlotte Melisande, 1968) - Schule, Handelssch. u. Konservatorium Bern (Lehrer: Margarethe Schell, v. Nóe, Paul Kalbeck) - Stadttheater Bern und Zürich. 1957 Salzburger Festspiele (Emilia Galotti); 1959 Berliner Festwochen (Undine) - Film: u. a. Föhn, Heidelberger Romanze, Klettermaxe, Fritz u. Friederike, Hab' Sonne im Herzen, V. Liebe reden wir später, D. Nachtgespenst, Männer im gefährl. Alter, Ich und Du, Schule f. Eheglück, D. letzte Sommer, Uli, d. Knecht, Griff n. d. Sternen, Hanussen, Ich denke oft an Piroschka (1956 Prixe Femina Belge du Cinema), Heut' heiratet mein Mann, D. Zürcher Verlobung, D. Bekenntnisse d. Hochstaplers Felix Krull, Arsène Lupin, d. Millionendieb, D. Wirtshaus im Spessart, Zeit zu leben - Zeit zu sterben, Helden, D. Spieler, D. schöne Abenteuer, Buddenbrooks (Tony), D. Glas Wasser, Spukschloß im Spessart, Gustav Adolfs Page, 1, 2, 3, D. Haus d. Sünde, Kohlhiesels Töchter, Frühstück im Doppelbett, E. fast anständ. Mädchen, Dr. med. Hiob Prätorius, Hokuspokus, D. Nonne, Herrl. Zeiten im Spessart, D. Hochzeitsreise; Fernsehen: Timo (Serie), Eine kleine Stadt (1954), Lerche (1956), Regenmacher (1966), Calomity Jane (1969), Hoopers letzte Jagd (2 T., 1972) u. a. - BV: Lachstory - Oh diese Ferien, 1973 - 1958 Preis d. dt. Filmkritik u. Bundesfilmpreis; mehrere Bambi-Preise; 190 Bundesfilmpreis/Filmband in Gold - Liebh.: Reiten.

PUMP, Gernot

Journalist, Assist. d. Programmdir. v. SAT 1 (s. 1986) - Wilhelmstr. 52, 6200 Wiesbaden - Geb. 27. Mai 1952 Lübeck (Vater: Helmut P., Kaufm.; Mutter: Inge, geb. Langfeldt, Kunsthändlerin), verh. s. 1981 m. Sabine, geb. Kurz, Sohn Alexander - Gymn. Lübeck; Abit. 1972; 1972-75 Ausb. Auktionator u. Kunsthändler; 1975-78 Stud. Kunst- u. Medienpäd. Kiel; Buchhändlerlehre Lübeck u. Berlin; 1978-81 Leit. d. Familienbetriebe, 1981-83 d. Sortiments; 1984-86 Leit. Öffentlichkeitsarb. u. PR-Journ. Gropius'sche Buch- u. Kunsthandlung/ Verlag W. Ernst & Sohn, Berlin.

PUNTEL, Lorenz Bruno

Dr. phil., Dr. theol., Prof. f. Philosophie - Wiesbadener Str. 4, 8000 München 60 - Geb. 22. Sept. 1935 Brasilien (Vater: Peter P., Kaufm. †; Mutter: Olinda, geb. Colombelli), kath. - Human. Gymn.; Stud. d. Phil., Theol., Psych. Univ. München u. Innsbruck - 1971 Priv.doz., s. 1974 Prof. Univ. München - BV: Analogie u. Geschichtlichk., 1969; Darst. Meth. u. Strukt., 1973; Wahrh.theor. in d. neueren Phil., 1978; Grundlagen e. Theorie d. Wahrheit, 1989 - Spr.: Engl., Franz., Ital., Span., Portug.

PUNTSCH, Eberhard

Dr. phil., Schriftsteller - Prinzenhöhe 4, 8036 Herrsching/Ammersee - Geb. 7. Mai 1926 Dresden, verh., 3 Kd. - Abit. 1946 Kreuzsch. Dresden; ab 1948 (Übersiedl. Wuppertal) Volontär u. Redakt. Westd. Rundschau; 1951-56 Univ. München (German., Phil.; Promot. 1956); s. 1956 fr. Schriftst. , MdL Bayern 1978-82, FDP - BV: Zitatenhandb. I, 1965; Handb. d. Witze, Fabeln u. Anekdoten, 1968; Zitatenhandb. II, 1984; Politik u. Menschenwürde, 1985. Übers.: Rod Laver, Gewinnen im Tennis (1966).

PUPPE, Dieter

Dr. rer. nat., o. Prof. f. Mathematik - Burgstr. 34, 6900 Heidelberg (T. 4 37 41) - Geb. 16. Dez. 1930 Lodz (Vater: Siegmund P., Rechtsanwalt u. Notar; Mutter: Wanda, geb. Zinser), ev., verh. s. 1955 m. Ingeborg, geb. Bayer, 2 Kd., (Christine, Clemens) - Univ. Göttingen u. Heidelberg (1951 Dipl.-Math.). Promot. (1954) u. Habil. (1957) Heidelberg - S. 1957 Lehrtätigk. Univ. Heidelberg (1959 Dozent), Saarbrücken (1960 ao., 1961 o. Prof.), Heidelberg (1968 o. Prof.). Spez. Arbeitsgeb.: Topologie. Mitgl. Dt. Math.-Vereinig. u. American. Math. Soc., Mitgl. Heidelberger Akad. d. Wiss. - Mithrsg.: Archiv d. Math. u. Zentralbl. f. Math. Fachveröff. - Spr.: Engl.

PUPPE, Gudrun Ingeborg

Dr. jur., Prof. f. Strafrecht, Rechtstheorie - Rudolf Hahnstr. 61, 5300 Bonn (T. 0228-73 91 62) - Geb. 11. Jan. 1941 Lodz (Polen) (Vater: Siegmund P., RA; Mutter: Wanda, geb. Zinser, Gymn.-lehrerin), led. - Jurastud. Heidelberg, 1. Staatsex. 1966, 2. Staatsex. 1970, Promot. 1970, Habil. 1977 - BV: U. a. D. Fälschung techn. Aufzeichn., 1972; Idealkonkurrenz u. Einzelverbr., 1979; D. Norm d. Vollrauschtatbest., 1974; D. Erfolg u. s. kaus. Erkl. im Strafrecht, 1980; Zurechnung u. Wahrscheinlichkeit, 1983; D. log. Tragweite d. Umkehrschlusses, 1987; Sorgfaltspflichtverletzung u. Erfolg, 1987 (Aufs.).

PURPS, Rudolf

Realschullehrer a. D., MdB (Landesliste NRW) - Im Hölzchen 23, 5940 Lennestadt 17 (T. 02721 - 8 30 00) - SPD.

PURSCH, Cuno

Kaufmann, Vors. Verb. Dt. Stahlwarenhändler, Rheinberg - Hochstr. 17, 4150 Krefeld - Geb. 10. Sept. 1924.

PURUCKER, Kurt

I. Bürgermeister Stadt Altdorf - Rathaus, 8503 Altdorf/Mfr. - Geb. 21. Aug. 1919 Augsburg - Zul. Oberregierungsrat u. Landrat ehem. Landkr. Nürnberg.

PURWINS, Hans-Georg

Dr. rer. nat., Prof., Dipl.-Phys., Direktor Inst. f. Angew. Physik Univ. Münster - Bischopinkstr. 19, 4400 Münster - Geb. 30. Juli 1939 Heydekrug/ Ostpr. (Vater: Wilhelm P., Tierarzt; Mutter: Luise, geb. Bernack), verh. m. Ingrid, geb. Gerdes - Physik-Stud. Univ. Göttingen (Dipl. 1966), Promot. 1969 TH München, Habil. 1974 Univ. Genf u. 1976 ETH Zürich - S. 1978 o. Prof. Univ. Münster u. Dir. Inst. f. Angew. Physik. Arb.geb.: Unters. elast. Einkristallkonstanten; zeigte erstmals, daß e. mikroskop. Beschreib. d. magnetokristallinen Anisotropie u. weit. magnet. Eigensch. v. Seltenen Erden mögl. ist; erstm. Zucht gr. Einkristalle intermet. Seltene-Erd-Verbind., m. C. Radehaus Übertrag. e. Aktivator-Inhibitor-Reaktions-Diffusionsmed. auf physik. Systeme u. Unters. entspr. nichtlinearer elektr. Netzwerke, Halbleiter u. Gasentladungssysteme.

PURZER, Manfred

Schriftsteller - Betzenweg 52, 8000 München 60 - Geb. 13. April 1931 München (Vater: Georg P., Kaufm.; Mutter: Berta, geb. Brandenstein), kath., verh. s. 1955 m. Ursula, geb. Scholtz - Ludwigs-Oberrealsch. u. Univ. München (Zeitungs-, Theaterwiss., Kunstgesch., Lit.) - 1952 Redakt. Welt im Bild, 1955 Film-Expeditionsleit. i. A. Kaiserl.-Äthiop. Regierung, 1956 Redakt. UFA-Wochenschau, 1959 Herstellungsgruppenleit. UFA, 1960 Chefredakt. u. Geschäftsf. Dt. Wochenschau, 1965 Gf. u. Prod.chef Nora-Film, 1983 Programm-Koordinator Münchener Pilotges. f. Kabelkommunikation; 1986 Geschäftsf. Münchener Ges. f. Kabelkommunikation MGK. Filmdrehb.: U. Jimmy ging z. Regenbogen; Lili Marleen.

PUSCH, Alexander

Dipl.-Trainer, Weltmeister u. Olympiasieger im Fechten, Bundestrainer (s. 1989) - Lindenweg 39, 6972 Tauberbischofsheim (T. 09841 - 1 25 22) - Geb. 15. Mai 1955 Tauberbischofsheim (Vater verst., Mutter: Lydia, geb. Blank), kath., ledig - Fechten: 1975, 76, 78, 85 u. 86 Weltmeister; 1976 u. 84 Olympiasieger; 1974, 75, 76, 79, 83 u. 87 Vizeweltmeist.; 1983 Europameist. 19 Dt. Meistertitel (Mannsch.), 8 Dt. Meistertitel (Einzel), 6 Titel Intern. Dt. Meist. (Einzel); 44mal Welt-Cup-Finale; 8 Gold-, 2 Silber- u. 2 Bronzemed. Europa-Cup; 1976 Silbermed. Olympiade Montreal; 1988 Silbermed. Olympiade Seoul; Silb. Lorberblatt - Spr.: Engl.

PUSCH, Luise F.

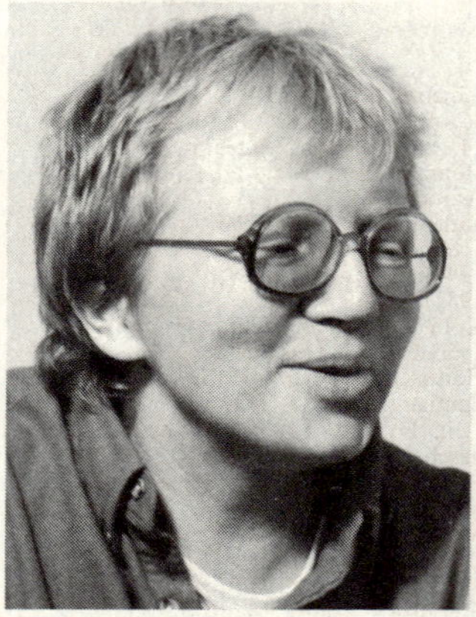

Dr. phil., Prof. f. Sprachwissenschaft - Jakobistr. 9, 3000 Hannover-List (T. 0511 - 66 40 57) - Geb. 14. Jan. 1944 Gütersloh - Promot. 1972; Habil. 1978 Konstanz; Stud.-Stiftg. d. dt. Volkes; 1979-84 Heisenberg-Stip. - 1985 apl. Prof. Konstanz - BV: D. Substantivierung v. Verben m. Satzkomplementen im Engl. u. Deutschen, 1972; D. italienische Gerundio, 1980; D. Deutsche als Männersprache, 1984; Alle Menschen werden Schwestern. Femin. Sprachkritik, 1989. Herausg.: Feminismus: Inspektion d. Herrenkultur (1983); Schwestern berühmter Männer (1985); Kalender Berühmte Frauen (1987ff.); Töchter berühmter Männer (1988) - Liebh.: Musik, feminist. Biographieforsch. u. Theoriebildung - Spr.: Engl., Ital.

PUSCHNUS, Erika

Hausfrau, MdA Berlin (1971-75) - Arnulfstr. 110, 1000 Berlin 42 (T. 752 67 51) - Geb. 24. Mai 1927 Guben/

NL., verh., 1 Kd. - Volkssch.; kaufm. Lehre - Angest. 1967-71 Bezirksverordn. Schöneberg. SPD s. 1960 (div. Funktionen).

PUST, Hans-Joachim

Generalbevollmächtigter Pegulan-Werke AG, Frankenthal - Beethovenstr. 3, 6714 Weisenheim (06353 - 81 70) - Geb. 17. Okt. 1931 Stettin, ev., verh. s. 1972 m. Dipl.-Volksw. Gerlinde, geb. Kratzer - Stud. Math., Physik, Päd. Univ. München u. Heidelberg; Refer.-Ex. - S. 1984 Vorst.-Mitgl. Dt. Heimtextiliening. Wuppertal.

PUTLITZ, Freiherr zu, Gisbert

Dr. rer. nat., Dipl.-Physik., Dr. h.c. mult., Prof. h.c., o. Prof. Physikal Inst. Univ. Heidelberg (s. 1973) - Philosophenweg 12, 6900 Heidelberg (T. 06221-56 92 11) - Geb. 14. Febr. 1931 Rostock - Dipl. 1961, Promot. 1962, Habil. 1966 - 1983-87 Rektor Univ. Heidelberg - Vorst.-Vors. Gottlieb Daimler u. Karl Benz Stiftg., Ladenburg; Wiss. Mitgl. Max-Planck-Inst. f. Kernphysik Heidelberg.

PUTSCHER, Marielene

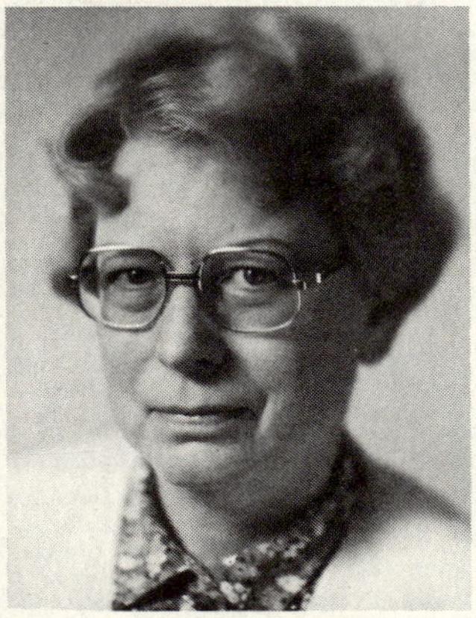

Dr. med., Dr. phil., Prof. i.R. f. Geschichte d. Medizin - Robert-Koch-Str. 36, 5000 Köln 41 (T. 44 44 21) - Geb. 14. Aug. 1919 Bremen (Vater: Dr. Henry P., Oberstudiendir.; Mutter: Anita, geb. Edle v. Graeve), ev. - Kunsthochsch. Bremen (Bildhauerkl.) Freiburg, Hamburg, Leipzig (Physikum 1944), Hamburg (Dr. phil. Kunstgesch. 1952), Frankfurt (med. Staatsex. 1965), Köln (Dr. med. 1967, Habil. 1971) - 1966-84 Lehrtätigk. Univ. Köln; 1979-84 Editor in Chief Clio Medica Acta Academiae Intern. Historiae Medicinae; Leit. Forschungsstelle f. Gesch. u. Zeitgesch. d. Zahnheilkde. u. d. Sammlung Proskauer/Witt; s. 1985 Bundeszahnärztekammer Köln - BV: Raphaels Sixtin. Madonna, 1955; D. Süßholz u. s. Gesch., 1967; Gesch. d. Med. Abbildung, Bd. II 1973; Pneuma, Spiritus, Geist, 1974. Herausg.: Kölner Medizinhist. Beitr. (s. 1977) - 1976 Mitgl. Akad. Intern.; 1982 Mitgl. Schwed. Ärzteges. - Spr.: Engl., Franz., Ital., (Lat., Griech., Span., Holländ. u. Schwed. lesen) - Lit.: Zusammenhang, Festschr. f. M. P. z. 65. Geb. 2 Bde. m. 50 Beitr. (aus 14 Ländern in 7 Spr.) (1984).

PUTSCHKE, Wolfgang

Dr. phil., Prof. f. Linguistik d. Deutschen u. Linguist. Informatik - Eisenacher Str. 5, 3575 Kirchhain/Hessen - Geb. 17. Jan. 1937 Hirschberg/Schles. (Vater: Willi P., Kommunalbeamter; Mutter: Helene, geb. Felix), ev., verh. s. 1966 m. Waltraud, geb. Kramme, 2 Kd. (Maren Ulrike u Jörn Henning) - 1949-59 Obersch. Rinteln/Weser u. Helmholtz-Gymn. Dortmund (1953); 1959-66 Univ. Marburg (German., Volkskd., Gesch., Vorgesch.). Promot. (1966) u. Habil. (1971) Marburg - S. 1967 Univ. Marburg (1971 Prof.). U. a. Vors. Kommiss. f. automat. Sprachkartierung - BV: Sachtypologie d. Landfahrzeuge, 1971; Entwurf e. worttopolog. Darstellungsmodells, 1970; Automat. Sprachkartogr., 1977 - Spr.: Engl.

PUTTKAMER, von, Ellinor

Dr. phil., apl. Prof., Botschafterin a. D. - Römerstr. 118, 5300 Bonn 1 - Geb. 18. Juli 1910 Versin/Pom. (Vater: Andreas v. P., Gutsbesitzer; Mutter: Else, geb. v. Zitzewitz), ev., led. - Univ. Köln, Marburg, Innsbruck, Berlin (Geschichte, Rechtswiss.; Promot. 1936) - 1936-45 Kaiser-Wilhelm-Inst. f. ausl. öfftl. Recht u. Völkerrecht Berlin, 1946-47 Assist. Jurist. Fakultät Univ. Mainz, 1949-52 Regierungs- u. Oberreg.srätin (1951) Rechtsamt Verw. d. Vereinigten Wirtschaftsgebietes, Frankfurt/M., u. Bundesjustizmin., Bonn (1949), s. 1953 Ausw. Dienst (1961-69 Vortr. Legationsrätin I. Kl.; 1956-60 polit. Ref. Dt. Vertr. d. Vereinten Nationen New York), 1969-74 Vertr. d. BRD b. Europarat in Straßburg (Botschafterin). S. 1951 (Habil.) Privatdoz. u. apl. Prof. (1963) Univ. Bonn (Vergl. Verfassungsgesch. u. bes. Berücks. Osteuropas) - BV: Frankr., Rußland und der polnische Thron 1733, 1937; D. poln. Nationaldemokratie, 1944; D. Bundesrep. Dtschl. u. d. Vereinten Nationen, 1966 (m. Dröge u. Münch). Bearb.: D. Friedensverträge in dt. Wortlaut (1947), Verfassungsurk. v. Staatenverbind. (1953), Föderative Elemente im dt. Staatsrecht s. 1648 (1955), Gesch. d. Puttkamer, 2 Bde., (1984). Zahlr. wiss. Aufsätze - 1971 Gr. BVK - Erste weibliche Botschafterin d. BRD.

PUTZ, Reinhard

Dr. med., o. Univ.-Prof. f. Anatomie Univ. München (s. 1989) - Pettenkoferstr. 11, 8000 München 2 (T. 089 - 53 21 53) - Geb. 5. Aug. 1942, kath., verh. - Abit. 1961 Innsbruck; 1962-68 Med.-Stud. Innsbruck; Promot. 1968; Habil. 1979 - 1968-82 Univ.-Assist. Innsbruck (Anatom. Inst.); 1979/80 Gastprof. München; 1981/82 Gastprof. Freiburg; 1982-89 o. Prof. f. Anat. Freiburg - BV: Funktionelle Anatomie d. Wirbelgelenke, 1981. Div. Lehrb.beitr. u. Ztschr.art.

PUTZAR, Harry

Bürgermeister - Rathaus, 4060 Viersen/Rhld.; priv.: Süchtelner Str. 84 - Geb. 28. Aug. 1929 - Kaufm. SPD.

PUTZER, Hannfrit

Dr. rer. nat., Direktor Bundesanstalt f. Bodenforschung a.D., Hannover, Hon.-Prof. f. Regionale Geologie außereurop. Länder TU Hannover (s. 1968) - Rimpaustr. 9, 3000 Hannover (T. 81 37 03) - Geb. 18. Mai 1913 Lägerdorf/Holst. (Vater: Hanns P., Ingenieur; Mutter: Berta, geb. Zülch), verh. in 2. Ehe (1968) m. Dr. med. dent. Ilse, geb. Meyer, 5 Kd. (Dieter, Rüdiger, Bärbel, Volker, Helga) - Gymn.; Univ. Jena. Promot. 1937 Jena; Habil. 1944 Straßburg - 1950-55 berat. Tätigk. brasilian. Regierung - BV: Mineralmacht Brasilien, 1956; Geologie v. Paraguay, 1961. Co-Autor: Bentz, Handb. d. Angew. Geol. (1968); Metallogenet. Provinzen i. Südamerika (1976) - 1952 Orville-Derby-Med. Rio de Janeiro - Liebh.: Präkolombian. Kulturen, Orchideen - Spr.: Portugies., Span., Franz., Engl.

PUTZMANN, Johann C.

Kaufmann, Vorstand Leonhard Monheim AG, Aachen - Louis-Beissel-Str. 1, 5100 Aachen (T. 0241-6 13 55) - Geb. 2. Mai 1927 Leitzkau/Kr. Jerichow.

PUTZO, Hans Georg

Dr. jur., Prof. f. Zivilrecht, Richter - Habichtstr. 26, 8025 Unterhaching - Geb. 16. Sept. 1926 München (Vater: Georg P., Verlagskfm.; Mutter: Franziska, geb. Gerold), kath., verh. s. 1967 in 2. Ehe m. Ingrid, geb. Aubeck, 3 Kd. (Verena, Astrid, Tobias) - Reifeverm. e. Obersch. 1944; s. 1948 Jura-Stud. Univ. München, 1. jur. Staatsprüf. 1952, 2. jur. Staatsprüf. 1955, Bayer. Justizdienst; 1957 Landger.srat, 1966 LG-Dir., 1974 Hon.-prof. jur. Fak. Univ. München, 1978 Vors. Richter am Oberlandesger. München, 1984 Vors. Richter am Bayer. Obersten Landesgericht, 1988 Vizepräs. d. Bayer. Obersten Landesgerichts - BV: Komm. z. Zivilprozeßordn., 15. A. 1987; Komm. z. Bürgerl. Gesetzb., Mitautor s. 28. A., 1969; 47. A. 1988 - Liebh.: Fischerei, Kunst, Lit., klass. u. romant. Musik.

PYE, Edward Michael

Dr. (Ph. D.), Prof. f. Religionswissenschaft Univ. Marburg - Zu erreichen üb. Univ. FB 11, Liebigstr. 37, 3550 Marburg (T. 06421 - 28 36 62) - Geb. 22. April 1939 Newport (Engl.), (Vater: Charles Edward P., Rektor; Mutter: Violet Gwendolen, geb. Denly), anglikan., verh. s. 1963 m. Christine, geb. Roether, 4 Kd. (Robin, Oliver, Jocelyn, Shizuka Jane) - 1950-57 Dauntsey's School (Engl.); 1958 Clare College Cambridge (Abschl. B.A. Hons. Neuspr. u. Theol. 1961), Ph.D. 1977 Univ. Leeds (Engl.) - 1961-66 Engl.-Lehrer in Japan; 1966-82 Doz. in Engl. u. Gastprof. in Japan; ab 1982 Prof. in Marburg. Fachmitgl.sch., Schriftleit. - BV: The Study of Kanji, 1971, NA. 1984; Comparative Religion (m. R. Morgan), 1972; The Cardinal Meaning, 1973; Ernst Troeltsch, Writings on Theol. and Relig., 1977; Skilful Means, A Concept in Mahayana Buddhism, 1978; The Buddha, 1979 - Liebh.: Japan.-Europ. Bezieh., Japan. Schriftspr. u. deren computerisierte Verarb., Relig. Asiens in Europa - Spr.: Engl., Franz., Japan.

PYHRR, Christian

Dirigent, 1. Kapellmeister Städt. Bühnen Regensburg - Stahlzwingerweg 6, 8400 Regensburg (T. 0941-56 05 83) - Geb. 26. Okt. 1941, verh. m. Annegret, geb. Bachmann, T. Katharina - Abit.; Musikstud.; Künstl. Staatsprüfung 1966 München Staatl. Hochsch. f. Musik, München; Gastdirig. in Stuttgart (SDR), München, Bologna, Genua (teatro dell' opera), Triest, Clermont-Ferrand, Paris, Rom, Venedig; Lehrbeauftr. Univ. u. Fachakad. f. kath. Kirchenmusik in Regensburg - Spr.: Franz., Engl., Ital.

Q

QUACK, Friedrich

Prof., Richter am Bundesgerichtshof - Zu erreichen üb. Bundesgerichtshof, Herrenstr. 45a, 7500 Karlsruhe 1 - Geb. 22. Sept. 1934 Bad Wimpfen (Vater: Meinhard Q.; Mutter: Loni, geb. Maass), ev., verh. s. 1959 m. Evi, geb. Sigel, 2 Kd. (Johanna, Isabel) - 2. jurist. Staatsprüf. 1963 - 1978-82 Präs. Bayer. Beamtenfachhochsch.; s. 1982 Richter am BGH - BV: Creifelds, Rechtswörterbuch (Wirtschaftsrecht, Europarecht u. a.), s. 1973; Münchener Komment. z. BGB, 1982; Münchener Rechtslex. (Sachrecht u. a.), 1987.

QUACK, Rudolf

Dr.-Ing., o. Prof. f. Verfahrenstechnik u. Dampfkesselwesen - Bruno-Frank-Str. 16, 7000 Stuttgart 75 (T. 441 14 09) - Geb. 26. Juli 1909 Neuhof b. Hamburg (Vater: Wilhelm Q., Obering.; Mutter: Anna, geb. Japing), ev., verh. s. 1939 m. Elisabeth, geb. Cordes, 3 Söhne (Jürgen, Hans, Günther) - TH München (Dipl.-Ing. 1931, Promot. 1933) - Industrietätigk. (1933ff. IG Farbenind. AG, 1949ff. Chem. Werke Hüls AG); s. 1953 Ord. u. Inst.dir. TH bzw. Univ. Stuttgart. Spez. Arbeitsgeb.: Energietechnik. Mitgl. VDI u. Dechema. Facharb. - 1989 BVK I. Kl. - Spr.: Engl., Schwed. - Bek. Vorf.: Eduard Japing (Großv. ms.).

QUADBECK, Günter

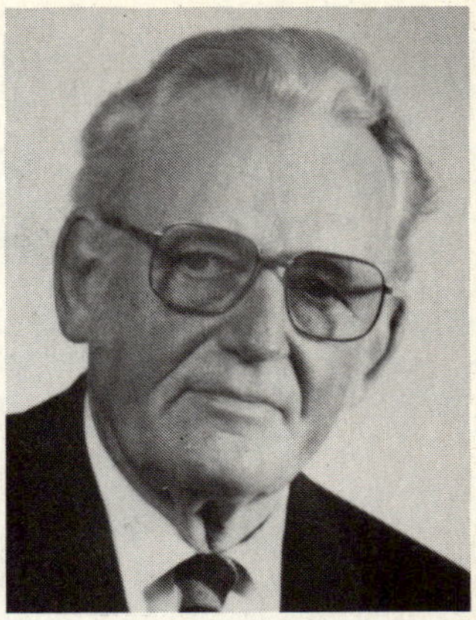

Dr. med., Dr. rer. nat., em. Prof. f. Pathochemie u. Allg. Neurochemie Univ. Heidelberg (s. 1965) - Mühltalstr. 139, 6900 Heidelberg (T. 40 11 38) - Geb. 27. Aug. 1915 Dortmund (Vater: Paul Q., Fabrikbesitzer; Mutter: Ella, geb. Bedbur), verh. 1942 m. Irmgard, geb. Ringelmann, 2 Söhne (Dr. Heinz, Dr. Jost) - Univ. München u. Heidelberg. Promot. u. Habil. Heidelberg - Jahrl. Kaiser-Wilhelm- bzw. Max-Planck-Inst. f. Med. Forschung, Heidelberg (Prof. Richard Kuhn); 1959-65 Univ. Saarland (apl. Prof. u. Vorsteher Neurochem. Abt. Nervenklinik). Fachmitgliedsch., 1970-74 Dekan Med. Ges. Fak., 1974-79 Prorektor d. Univ. Heidelberg - BV: Keten in d. präparativen Organischen Chemie, Die Blut-Hirn-Schranke, Krampfbereitschaft u. Blut-Hirn-Schranken-Permeabilität, Z. Wirkungsmechanismus neuropleg. Substanzen, Blut-Hirn-Schranke u. Hirnernährung, chem. Krankheitsursachen, u. a. Etwa 135 Einzelarb. - 1968 Max-Bürger-Preis, 1981 BVK.

QUADBECK-SEEGER, Hans-Jürgen

Dr. rer. nat., Prof., Dipl.-Chemiker, Vorstandsvors. Knoll AG - Heinrich-Bärmann-Str. 5, 6702 Bad Dürkheim (T. 06322 - 88 65) - Geb. 29. Mai 1939 Insterburg/Ostpr., ev., verh. s. 1964 m. Helga, geb. Baude, T. Claudia - 1950-59 Gymn. Verden (Aller), Abit. 1959; 1959-63 Chemiestud. Univ. München; Dipl. 1963, Promot. 1967 - 1965-67 Assist. Univ. München; s. 1967 BASF AG, nach Tätigk. in d. Forsch. u. in Stabsposit. 1982 Leit. Hauptlaboratorium; s. 1985 Vorstandsmitgl. Knoll AG, dann Vorstandsvor. - 1985 Honorarprof. Univ. Heidelberg - Spr.: Engl., Franz.

QUADFLIEG, Christian

Schauspieler u. Regiss. - 8031 Wörthsee/Obb. - Geb. 11. April 1945 (Vater: Willi Q., Schauspieler u. Regiss. (s. dort); Mutter: Benita v. Vegesack), verh. s. 1974 m. Renate, geb. Reger-Voelckel - 1965-68 Westf. Schauspielsch. Bochum - Engagements Oberhausen, Wuppertal, Basel; s. 1974 freischaff. Bühneninsz.: Goldoni, Christopher Fry, Peter Weiss, Max Frisch. Zahlr. Hauptrollen d. klass. u. mod. Theaters sow. in Fernsehsp. - Liebh.: Lesen, Basteln, Sport - Spr.: Engl.

QUADFLIEG, Will

Schauspieler, Regisseur u. Rezitator - 2860 Heilshorn b. Bremen - Geb. 15. Sept. 1914 Oberhausen/Rhld. (Vater: Franz Q., Inspektor; Mutter: Maria, geb. Schütz), verh. I) 1940 m. Benita, geb. v. Vegesack, 5 Kd., II) 1963 Margaret, geb. Jacobs (Schausp.) - Gymn. (Abit.); Schauspielausbild. priv. - Bühnen Gießen, Gera, Düsseldorf, Berlin, Lübeck (n. 1945), Hamburg (Mitgl. Dt. Schauspielhaus) u. Zürich. Salzburger (1952-59 Jedermann; 1961ff. Faust I, 1963 II (Mephisto) u. Ruhr-Festsp.; s. 1956 eig. Tourneen. Bek. Rollen: Hamlet, Tasso, Don Carlos, Clavigo, Romeo, Faust, Orest, Macbeth. Film: D. Maulkorb, Kora Terry, Mein Leben f. Irland, D. Herz d. Königin, Schicksal, GPU, D. gr. Schatten, D. Zaubergeige, Philharmoniker, Solistin Anna Alt, D. Lüge, D.

tödl. Träume, D. ew. Spiel, Schwarze Augen, Vergiß d. Liebe nicht, Moselfahrt aus Liebeskummer, Lola Montez, San Salvatore, Faust; Fernsehen: Biografie, D. Sieger v. Tambo, Totentanz - BV: Wir spielen immer, 1976 - Gr. BVK; 1984 Hbg. Med. f. Wiss. u. Kunst - Liebh.: Musik.

QUADLBAUER, Franz
Dr. phil., Prof. f. antike u. mittelalterliche Rhetorik - dstl.: Olshausenstr. 40-60, 2300 Kiel (T. 880 22 75); Ferien: Moossiedlung 24, A-5201 Seekirchen (T. 06212-334) - Geb. 24. Juni 1924 St. Florian/Österr. (Vater: Franz Q., Müller u. Landw.; Mutter: Rosina, geb. Atzlinger), kath., verh. s. 1950 m. Margaretha, geb. Hohenthaner, T. Brigitte - Stud. (Lat. u. Griech.) Univ. Graz 1949, Engl. 1955, Promot. Graz 1949, Habil. (Klass. Philol.) Salzburg 1966 - 1951-62 Gymn.-prof. Graz, 1963-66 Wiss. Mitarb. Thesaurus linguae lat. München, 1967-69 Redakt., s. 1966 Univ.Doz. Salzburg, s. 1970 Lehrst. f. Mittellat., Univ. Kiel - BV: D. ant. Theorie d. genera dicendi im lat. MA, 1962; Aufs. i. Fachztschr. u. Festschr. - Liebh.: Lit., Zeichnen, Malen, Basteln - Spr.: Engl., Lat.

QUALEN, Hans Hellmuth
Finanzminister a. D. - Karolinenweg 19, 2300 Kiel - Geb. 19. Juni 1907 Kiel, verh. s. 1933 m. Agnes, geb. Thomsen, 4 Kd. - Univ. Kiel, Marburg, Wien (Rechtswiss.) Gr. jurist. Staatsprüf. 1932 - Finanzverw. Kiel, Rottweil, Gelsenkirchen, Wien, Berlin (RFM), n. 1945 wied. Kiel, 1950 Vertr. Schlesw.-Holst. b. Bund, 1956 Finanzgerichtsdir., 1959 Min. dir. u. Amtschef Schlesw.-Holst. Finanzmin., 1962 Staatssekr. Bundesschatzmin., 1963 Finanzmin. Schlesw.-Holst. (b. 1973). Div. Ehrenstell. 1954 FDP (b. 1971, Austr.) - 1969 Gr. BVK m. Stern, 1973 m. Schulterband.

QUAMBUSCH, Erwin
Dr. jur., Prof., Rechtswissenschaftler - Trakehner Weg 50, 4403 Senden/W. (T. 02597 - 85 04) - Geb. 12. Juni 1937 Dortmund, verh. s. 1970 m. Rita, geb. Niggl, T. Anne - Stud. Verwaltungs- (1960-64) u. Rechtswiss. (1967-71). Dipl.-Kameral. 1964; Promot. 1973; gr. jurist. Staatsprüf. 1974 - S. 1978 Prof. FH Bielefeld - BV: D. Persönlichkeit d. Kindes als Grenze d. elterlichen Gewalt, Diss. 1973; Prüfungsregelungen im öfftl. Dienst, 1978; Rechtsfragen bei d. Betreuung geistig Behinderter, 1981; Recht u. genet. Programm, 1983; D. Recht d. Geistigbehinderten, 1984; D. Haftungsrecht in d. Arbeit m. geistig Behinderten, 1987. Herausg.: Rechtsfragen m. interdisziplinären Bezügen (Schriftenreihe) - Liebh.: Kunstgesch., Wandern.

QUANDER, Georg
Hauptabteilungsleiter Musik u. Unterhaltung RIAS Berlin - Suarezstr. 62, 1000 Berlin 19 (T. 030 - 323 85 34) - Geb. 29. Nov. 1950 Düsseldorf, verh. s. 1988 m. Dipl. Psych. Jutta, geb. Blaznik - Stud. Theaterwiss., Musikwiss., Kunstgesch. FU Berlin - Fr. Journ. u. Autor f. versch. Ztg., Rundf. u. Kulturinstit.; dramat. Tätigk.; 1979-87 Musikredakt. SFB (Hörf. u. FS); Opern- u. Filmregiss. - BV: Gustav Mahler - e. Leseb. (gem. m. K. Hühn) - Werke: Hippolyt u. Aricia, n. de Pelegrin/Rameau, UA Schwetzinger Festsp. 1980; Montezuma v. C. H. Graun, B. nach Friedrich II., UA Berliner Festwochen 1981; Bilder e. Ausst.; n. Kandinsky/Mussorgsky, Film (ARD) 1983; D. Schweigen d. Lord Chandos, nach H. v. Hofmannsthal, B. u. Insz., UA. Berliner Festwochen 1984 (Musik v. J. Brettingham Smith); D. Sterne dürfet Ihr verschwenden, B. u. Regie (Film) ARD, 1986; Belshazar v. V. D. Kirchner, Insz. Staatstheater Braunschweig 1987; Musikstadt Berlin, fünfteil. Filmdok. (ARD) 1989.

QUANDT, Volker
Regisseur - Lærkevej 11, DK-4300 Holbaek (T. 0045 - 344 07 95) - Geb. 22. Aug. 1946 - Cand. Phil. Univ. Lund/Schweden - Regiss. u. Dramatiker - Insz. in Schweden, Dänemark, Brasilien u. Deutschl.

QUANZ, Dietrich Reiner
Dr. phil., Prof. f. Sportdidaktik Sporthochschule Köln - Zu erreichen üb. Dt. Sporthochsch., Carl-Diem-Weg 6, 5000 Köln - Geb. 10. April 1937 Hirschberg (Vater: Otto Q., Rektor; Mutter: Erna, geb. Softner), kath., verh. s. 1965 m. Renate, geb. Hemmlepp, 3 S. (Guido, Henning, Daniel) - Dipl.-Sportlehrer 1961, 1. Staatsex. 1964, Promot. 1969, alles Köln - 1974 o. Prof., 1982-87 Rektor Dt. Sporthochsch. Köln - BV: Nationalität u. Humanität (Diss.) 1970; Thema: Sport (Hrsg.), 1975ff.; Sport in d. gymnasialen Oberstufe, 1979/81 - Spr.: Engl.

QUARITSCH, Helmut

Dr. jur., Prof., Ministerialdirektor a. D. - Otterstadter Weg 139, 6720 Speyer (T. 06232 - 3 26 37) - Geb. 20. April 1930 Hamburg, ev., verh. m. Helma, geb. Fricke (Richterin), 2 Söhne (Gerrald, Karl-Hellmut) - Schule u. Univ. Hamburg (Theol., Phil., Rechtswiss.). Promot. (1957) u. Habil. (1965) Hamburg. Ass.ex. 1958 - S. 1965 Lehrtätig. Univ. Hamburg, Bochum (1966 Ord.), Berlin/Freie (1970 Ord.), Hochsch. f. Verwaltungswiss. Speyer (1972 Ord.; Öffl. Recht, Staatsrecht u. -lehre). Zeitw. Leit. Wiss. Dienste Dt. Bundestag - BV: D. parlamentslose Parlamentsgesetz, 2. A. 1961; Staat u. Souveränität, 1970; Probl. d. Selbstdarstellung d. Staates, 1977; Einwanderungsland Bundesrep. Dtschl.?, 2. A. 1981; Recht auf Asyl 1985; Souveränität, 1986; Complexio Oppositorum - Üb. Carl Schmitt, 1988. Fachveröff.

QUARTA, Hubert Georg
Lehrer (Konrektor), Schriftsteller - Bismarckstr. 53, 6342 Haiger/Hess. (T. 02773 - 59 71) - Geb. 8. Febr. 1932 Cosel/Oberschles., kath., verh. s. 1960 m. Ellen Ursula, geb. Haas, 2 Söhne (Matthias, Steffen) - Päd.-Stud. - Veröff.: Lyrik, Erz., Spiel, Biogr. (dar. Heinrich Lübke, 1978); Dok.; heimatgeschichtl. Arb. - 1988 BVK - Spr.: Russ. - Lit.: Kurze biogr. Abrisse in Ztg. u. Ztschr.

QUARTIER, Walter

Gewerkschaftssekretär, stv. Vorsitzender Dt. Angestellten-Gewerksch. (DAG) - Heidkoppel 27, 2070 Großhansdorf (T. 04102 - 6 42 56) - Geb. 19. Okt. 1928 Kleve (Vater: Albert Q., kaufm. Angest.; Mutter: Maria, geb. Pellens), kath., verh. s. 1964 in 2. Ehe m. Ursula, geb. Bletgen, S. André - 1938-45 Gymn. - 1946-51 Versich.-Angest.; ab 1952 Gewerkschaftssekr.; 1953-60 Geschäftsf.; 1960-77 Landesverb. NRW (b. 1969 Ref. f. Sozialpolitik, Organis. u. Öffentlichkeitsarbeit; b. 1977 Leit. d. Landesverb.); danach stv. Vors. DAG u. Leit. Bundesvorst.-Ressort Sozialpolitik. AR Colonia; Vors. Gagfah; Vorst. Ges. f. Versich.wiss. u. -gestalt., Verb. Dt. Rentenversich.träger (VDR), Vors. Bundesversich.anstalt f. Angest. (BfA); Mitgl. Konzert. Aktion d. Gesundheitswesens d. Bundesreg. CDU (s. 1978 Sozialpolit. Aussch.) - 1984 BVK I. Kl.; 1988 Gr. BVK - Spr.: : Engl.

QUAST, Günter
Dipl.-Soz., Volksw. grad., Sendeleiter Hörfunk NDR - Redingskamp 94, 2000 Hamburg 54 - Geb. 16. April 1929 -1968-78 Leit. Pressestelle NDR.

QUAST, Heinrich
Dipl.-Ing, 1. Bürgermeister (s. 1986) - Rathaus, 8752 Mainaschaff/Ufr. - Geb. 30. Jan. 1939 Buxtehude - Dipl.-Ing. Elektrotechnik - zul. TFAR DBP.

QUAST, Ute,
geb. Freiburg
Dr. med., Leitung Arzneimittelsicherheit Behringwerke AG - Am Vogelherd 14, 3550 Marburg - Geb. 24. Okt. 1934 Erfurt, 4 Söhne (Christian, Thomas, Felix, Conrad) - Stud. Univ. Göttingen, Marburg (Med.); Staatsex. 1960; Approb. 1963; Promot. 1963 - Klin. Zeit in Frankenberg, Siegen, Marburg; Serologie u. Mikrobiol.: 1963/64 Fulda, 1967-71 Univ. Marburg. S. 1975 Behringwerke AG: Überwachung v. Arzneimittelrisiken. S. 1985 Schriftf. d. Dt. Ärztinnenbd. - BV: Hundert knifflige Impffragen, 1986. Publ. z. Arzneimittelüberwachung, insbes. bei Impfstoffen - Liebh.: Musik, Archäol., Reisen - Spr.: Engl., Franz.

QUAST, Walther
Kaufmann in Fa. H. Quast, Harsefeld, Ehrenpräs. IHK Stade - Marktstr. 12-14, 2165 Harsefeld Bez. Hamburg (T. 04164 - 22 22) - Geb. 6. Mai 1900 Harsefeld (Vater: Amandus Q., Kaufm.; Mutter: Marie, geb. Greve), ev., verh. s. 1946 m. Hertha, geb. Gärtner, 2 Kd. (Dr. rer. pol. Hinrich, Apoth. Liesa) - Halepaghen-Sch. Buxtehude; kaufm. Lehre - 1972 BVKI. Kl.

QUAX, Horst
Geschäftsführer Nordd. Verleger- u. Buchhändler-Verb. - Brahmsallee 24, 2000 Hamburg 13.

QUECK, Claus
Dipl.-Ing., Dipl.-Wirtsch.Ing., Fabrikant - Flurstr.Nr. 10, 5160 Düren (T. 02421 - 6 19 92) - Geb. 9. Okt. 1933 Posen (Vater: Dipl.-Ing. Christian Q.; Mutter: Charlotte, geb. Thiem), verh. s. 1963 m. Ursula, geb. Friedrich, 2 Kd (Angelika, Verena) - Stud. TH Stuttgart (1956 Asta-Vors.) u. TH München; Dipl.ex. (Ing.) 1956 Stuttgart; Dipl.ex. (Wirtschafting.) 1959 München - CDU (Mitgl. Wirtschaftsvereinig.) - 1974 Gold. Sportabz. - Liebh.: Sport - Spr.: Engl. - Rotarier.

QUECKE, Else
Schauspielerin - Adrian Stoopstr. 7, 8182 Bad Wiessee (T. 8 13 21) - Geb. 5. Sept. 1907 Duisburg, kath., gesch., T. Viola - Bühne, Film, Funk, Fernsehen.

QUECKE, Fred
Dipl.-Ing., Bergwerksdirektor i. R. - Lauraberg 18, 4300 Essen 17 - Geb. 1. April 1915.

QUEISSER, Hans-Joachim

Dr. rer. nat., Prof., Direktor Max-Planck-Inst. f. Festkörperforschung (s. 1971) - Heisenbergstr. 1, 7000 Stuttgart 80 (T. 686 06 00) - Geb. 6. Juli 1931 Berlin (Vater: Dr.-Ing. Herbert Q.; Mutter: Hanni, geb. Kaufmann), ev., verh. s. 1962 m. Ingeborg, geb. Scheven, 3 Kd. (Monika, Andreas, Joachim) - 1950-56 FU Berlin, Univ. of Kansas u. Göttingen (Physik; Dipl.-Phys.). Promot. 1958; Habil. 1964 - 1959-63 Shockley Transistor, Palo Alto (USA); 1964-66 Bell Telephone Laboratories, Murray Hill (USA); 1966-71 Univ. Frankfurt/M. (o. Prof. f. Experimentalphysik); 1974 Hon.-Prof. Univ. Stuttgart. 1963/64 Gastdoz. Univ. Frankfurt. Mitgl. Dt. (1956) u. Amerik. Physikal. Ges. (1960), Präs. Dt. Physikal. Ges. (1975-77), 1975-87 Senator Max-Planck-Ges.; 1978-87 Kurator Stiftg. Volkswagenwerk; s. 1986 Dir., Scientific American, Inc. Spez. Arbeitsgeb.: Festkörperphysik, Halbleiter. Patente in d. Halbleitertechnol. - BV: Kristallene Krisen, 1985. Fachaufs. - Spr.: Engl., Franz., Russ.

QUEISSER (ß), Wolfgang
Dr. med., Prof. f. Inn. Medizin u. Hämatol. Univ. Heidelberg - An sonnigen Hang 4, 6800 Mannheim 51 (T. 0621 - 79 54 27) - Geb. 16. Mai 1936 Pethau/Sachsen (Vater: Ehrenfried Q., Gutsbes.; Mutter: Marga, geb. Petersen), ev., verh. s. 1966 m. Dr. med. Ute, geb. Schrader, 3 Kd. (Ingmar, Uwe, Jan) - 1957-63 Med.-Stud. Univ. Berlin, Freiburg u. Heidelberg; Promot. 1965, Habil. 1972 - 1975 apl. Prof.; 1977 Ltd. Arzt Onkol. Zentr. Klinikum Mannheim, Univ. Heidelberg; s. 1980 Prof. - BV: Das Knochenmark. Morphol.-Funktion-Diagnostik, 1978 - Liebh.: Musik, Malerei, Arch., mod. Lit., Fotogr. - Spr.: Engl., Lat.

QUENNET, Arnold
Dirigent - Lindenstr. 245, 4000 Düsseldorf (T. 66 70 05) - Geb. 7. März 1905 Remscheid (Vater: Adolf Q., Geschäftsm.; Mutter: Ida, geb. Schmitt),

verh. s 1938 m. Elly, geb. Ohms (Malerin), Tocht. Barbara - Musikhochsch. Köln - 1934-39 Repetitor Opernhaus Köln u. Duisburg, 1939-44 u. 1948-51 Kapellm. Opernhaus Hannover, s. 1951 I. Kapellm. Dt. Oper am Rhein D'dorf - Spr.: Franz., Engl., Portugies.

QUENTIN, Karl Ernst

Dr. rer. nat., o. Prof. f. Hydrogeologie u. -chemie TU München (s. 1965), Dr. Inst. f. Wasserchemie u. Chem. Balneol., München, Vizepräs. Abwassertechn. Vereinig., Bonn, Vors. Fachgr. Wasserchemie in Ges. Dt. Chemiker, Frankfurt, Präs. Dt. Bäderverb. - Libellenstr. 3, 8039 Puchheim (089 - 80 28 19) - Geb. 17. Nov. 1918 Trier/Mosel (Vater: Konsul Karl Q., Kaufm.; Mutter: Gertrud, geb. Richter), ev., verh. s. 1988 m. Christa, geb. Schiebler - Gymn.; Univ. München (Chemie) Staatsex. 1949, Promot. 1950) - BV: Heil- u. Mineralquellen Nordbayerns, 1969; Handb. d. Lebensmittelchemie Bd. Wasser u. Luft, 1969; Trinkwasser, 1988; Water Analysis, 1988. Div. Einzelarb. - 1958 Orca-Rolex-Preis Brüssel; 1975 Bayer. VO.; 1976 Bürgermed. Bad Kissingen; 1979 BVK I. Kl.; 1984 Gr. BVK - Liebh.: Bücher, Musik - Spr.: Engl., Franz. - Bek. Vorf.: Charles Q., Senator Milwaukee (USA).

QUENZEL, Heinrich

Dr. rer. nat., Prof. f. Meteorologie Univ. München - Eduard-Spranger-Str. 42, 8000 München 45 (T. 089 - 313 57 10) - Geb. 21. Sept. 1932 Walbershausen (Vater: Paul Q., Kaufm.; Mutter: Käthe, geb. Matthes), ev., verh. s. 1959 m. Heide, geb. Heuer, 3 Kd. (Elisabeth, Ernst-Markus, Irmina) - Dipl.-Phys. 1959 Univ. Hamburg, Promot. 1965 Univ. München, Habil. 1978 - S. 1979 Prof. in München. Zahlr. Aufs. in meteorol., opt. u. a. Ztschr.

QUERNER, Hans

Dr. rer. nat., Prof., Leiter Abt. Geschichte d. Biologie/Inst. f. Gesch. d. Med. Univ. Heidelberg - Haus Nr. 2, 3139 Laase - Geb. 22. Sept. 1921 Hamburg (Vater: Dr. med. Erich Q., Internist; Mutter: Charlotte, geb. Hamann), verh. in 3. Ehe (1971) m. Ilse, geb. Kretschmann, 3 Söhne (Dietrich, Ulrich, Thomas aus 1. u. 2. E.), 1 Tochter (Irene) - Fürst-Otto-Gym. Wernigerode; Univ. Göttingen u. Freiburg - S. 1947 Univ. Heidelberg (Assistent Zoologisches Institut); Köln (1951; Institut für Entwicklungsphysiol.), Heidelberg (1953); Inst. f. exper. Krebsforsch., 1959 Diätendoz., 1962 apl. Prof.; 1966 Doz. Inst. f. Gesch. d. Med.) 1958-67 Redakt. Berichte üb. d. Wiss. Biol. (Springer-Vg.) Mitgl. Dt. Zool. Ges. u. Ges. f. Wiss.-gesch. u. a. - BV: Stammesgesch. d. Menschen, 1968; V. Ursprung d. Arten, 1969 (m. a.).

QUEST, Christoph

Schauspiele, Regisseur - Düsseldorfer Str. 111, 4000 Düsseldorf 11 (T. 0211 - 57 88 42) - Geb. 8. Okt. 1940 (Vater: Hans Q., Schausp. u. Regiss.), verh. s. 1986 m. Doris, geb. Rahlmann, 2 Söhne (Jörn, Jan) - 1961-63 Otto-Falckenberg-

Sch. München (Lehrer Gerd Brüdern) - 1968-71 Freiburg, Kiel, Wuppertal, Berlin (Schillertheater); 1971/72 Fr. Volksbühne; 1972-75 Thalia-Theater Hamburg; 1975/76 Basel u. Bad Hersfeld; 1977/78 Dt. Schauspielhaus Hamburg - BV: Um Zug Um Zug (Theaterst.), 1988. Insz.: Um Zug Um Zug, Düssel. Schauspielhaus 1988. Hauptrollen: Klaub in Kannibalen (Regie G. Tabori), Schillertheater Berlin 1971; Othello in Othello (Regie H. Hollmann), Theater Basel 1975; Kurfürst in Prinz v. Homburg (Regie M. Karge/Th. Langhoff), Dt. Schauspielhaus Hamburg 1975; Thorwald Helmer in Nora (Regie K. Weise), D'dorfer Schauspielhaus 1985; Faust in Don Juan u. Faust (Regie H. G. Heyme), D'dofer Schauspielhaus 1986; Pastor Manders: Gespenster (Regie K. Weise), D'dorfer Schauspielhaus 1988; Hektor in Ilias v. Homer (Regie H. G. Heyme), D'dorfer Schauspielhaus 1989. FS u.a.: Üb. Deutschl. (Regie P. Schulze-Rohr), 1963; Wunder al Erziehung (Regie G. Eigler), 1978; Familie Oppermann (Regie G. Monk), 1982; Muttertreu (Regie G. Eigler), 1983; Lily Braun (Regie F. Umgelter), 1984; Väter u. Söhne (Regie B. Sinkel), 1986; Staatskanzlei (Barschel-Affäre) (Regie H. Breloer), 1989. Film: 1 + 1 = 3 (Regie H. Genet) - Liebh.: Filmdrehb. schreiben, Möbeldesign, Innenarch. - Spr.: Engl. - Bek. Vorf.: Friedrich Q., Musikdir. Herford (Großv.).

QUEST, Hans

Regisseur u. Schauspieler - Titurelstr. 2, 8000 München 81 (T. 98 09 27) - Geb. 20. Aug. 1915 Herford (Vater: Friedrich Q., Musikdirektor; Mutter: Grete, geb. Paetz), ev., verh. I) 1940 m. Charlotte, geb. Witthauer (Schausp.), 2 Kd., II) 1968 Ingrid, geb. Capelle (Schausp.) - Gymn.; Schauspielsch. Staatstheater Berlin - S. 1935 u. a. Theater Wuppertal, Berlin (b. 1945 Volksbühne), Hamburg, München. Bühnenrollen: u. a. Beckmann, Stolzius, Julien, Don Carlos, Prinz (Emilia Galotti); in: Geliebter Lügner (Shaw), Frohe Feste, Hamlet (alle Staatsschausp. München); -insz.: Lady Frederick (kl. Komödie München), Draußen v. d. Tür, beid sind nett zu Mr. Sloane, Ludus de nato mirificus (Orff); Gast Kammersp. München Sommer v. Eduard Bond unt. Luc Bondy; 1983 Salzburger Festsp. unt. Ingmar Bergman Don Juan; 1985 Gast Schillertheater Berlin als General in Dame vom Maxim, Regie: Hollmann. Filmrollen: in Schiller (1940), Mary Ward u. a.; -regie: u. a. Wenn d. Vater m. d. Sohne, D. fröhl. Wanderer, E. Mann muß nicht immer schön sein, Charley's Tante, Dr. gr. Chance, Man müßte noch mal 20 sein, Nick Knattertons Abenteuer, 12 Mädchen u. e. Mann. Fernsehrollen: u. a. Oskar Wilde, in Gnadenbrot, in Der Nerz; -insz.: Paradies, Mrs. Selby, Es ist soweit - Bernadette, Krampus u. Angelika, Hava u. Igel, Boing-Boing, Immer u. e. Tag, D. Maulkorb, D. Halstuch, Tim Frazer, Lady Frederick, D. Narrenspiegel, Manolescu, Sonderdezernat K 1 (2 ×), Revolte im Erziehungshaus, Gefallen (Thomas Mann), Derrick, d. Alte (TV 2 ×). Film Caspar David

Friedrich (Rolle Ernst Moritz Arndt), 1987, Prof. Bernhardi (Rolle Prof. Pflugfelder) Staatsschauspiel München, 1987, Festsp. Bregenz UA Patt v. Kohut, 1987, Gastsp. Bayer. Staatsschausp. in Israel, 1988, Gastsp. Schillertheater Berlin, 1988, Stellv. v. Hochhut (Rolle Graf Fontana) Staatsschausp. München - 1966 Hersfeld-Preis; 1982 z. Bayer. Staatsschausp. ernannt - Liebh.: Klass. Musik (Orchesterw.), Modelleisenbahn - Spr.: Engl. - Bek. Vorf.: Adolf Paetz, Musikdir. (Großv. ms.).

QUEST, Henner

Schauspieler - Degenfeldstr. 14, 8000 München 40 (T. 089 - 300 10 45) - Geb. 11. Dez. 1944 Annaberg, verh. s. 1985 m. Waltraud, geb. Gotter, T. Yvonne - Abit. 1965; Stud. Theaterwiss. (12 Sem.); Besuch priv. Schauspielsch. - S. 15 J. Arb. am Münchner Residenztheater; Gastsp. Münchner Volkstheater u. Kl. Komödie München - Div. Bühnenrollen: Flori (D. Brandner Kapar u. d. ewig' Leben). Bayer. Staatsschausp. München 1975-85 (nahezu 600 Vorst.): Schöne Gesch. m. Papa u. Mama, Kl. Komödie München 1978/79, D. verkaufte Großvater, Münchner Volkstheater 1985. FS: Goldfüchse (ARD 1973), D. verkaufte Großvater (ARD 1974), Zw. Stuttgart u. München (ARD 1975), D. Brandner Kaspar (ARD 1976), D. Komödienstadl (ARD 1977/78), Platzangst (ZDF 1978), Cockpit (ZDF 1979), U. d. Tuba bläst d. Huber (ZDF 1980-82, 26 Folgen), D. gutmütige Grantler (ZDF 1982), Kriminalassist. Faltermayer in Tatort (ARD 1982-86, 6 Folgen), Kneippiaden (ZDF 1984/85, 26 Folgen) - Liebh.: Tennis, Ski - Spr.: Engl., Ital.

QUILITZ, Erich

Dipl.-Kfm., Generaldirektor - Karl-Ladeburg-Str. 17, 6800 Mannheim-Neuostheim (T. 45 76 12) - Geb. 29. April 1907 Berlin - Volkssch.; kaufm. Lehre; Abendsch. (Externer-Abit.); Stud. Betriebsw. - S. üb. 25 Jahren Mannheimer Versicherungsges. (1958 Vorstandsmitgl., 1970 -sprecher, 1973 Vors.). S. 1962 Lehrbeauftr. WH bzw. Univ. Mannheim (Versich.sw.), s. 1973 ehrenamtl. Richter (Kammer f. Handelssachen LG Mannheim). ARsmitgl. Neue Rechtsschutz Versicherungs-Ges. AG., Mannheim - Liebh.: Bücher.

QUINGER, Gebhard

Dipl.-Landw., Generalsekretär a.D. - Strittholz 39, 8036 Herrsching/Ammersee (T. 08152 - 35 02) - Geb. 26. Aug. 1919 Würzburg, kath., verh. s. 1950 m. Dipl.-Landw. Renate, geb. Geflitter, 4 Kd. - Abit.; Stud. TH Darmstadt u. Univ. Stuttgart-Hohenheim (Naturwiss., Landw). Dipl.-Ex. 1949 Univ. Hohenheim - 1950-82 Bayer. Bauernverb. (1973 Generalsekr.); s. 1983 Vorstandsmitgl. LVM-Versicherungsgr., Münster - 1975 Bayer. VO., 1977 Max-Schönleutner-Med. Landw. Fak. Weihenstephan, 1982 Bayer. Staatsmed. in Gold.

QUINK, Karlgerd

Dipl.-Volksw., Geschäftsführer Dt.-Arab. Handelskammer/German-Arab.

Chamber of Commerce - 2, Sherif Street, Kairo (Ägypten).

QUINKERT, Gerhard

Dr. rer. nat., o. Prof. f. Organ. Chemie - Niederurseler Hang, 6000 Frankfurt/M. - Geb. 7. Febr. 1927 Lüdenscheid/W. - Promot. 1955; Habil. 1961 - S. 1965 o. Prof. TH Braunschweig u. Univ. Frankfurt (1970). Gastprof. amerik., kanad. u. israel. Einricht. Fachveröff. - 1983 Emil-Fischer-Med. (f. Aufklärung durch Licht ausgelöster Reaktionen u. deren meisterh. Anwend. b. d. Totalsynthese kompliz. Naturstoffe); 1985 Adolf-Windaus-Med. (f. bedeut. Beitr. z. Naturstoffchemie); s. 1988 Mitgl. d. Leopoldina.

QUINN, Freddy (Manfred)

Schauspieler, Sänger - Am Pfeilshof 35, 2000 Hamburg 68 (T. 601 91 72) - Geb. 27. Sept. 1931 Wien (Vater: Irischer Abst.; Mutter: Wienerin) - Gymn. - S. 1954 Schlager- u. Liedersänger. 13 Haupt- u. Titelrollen in Kinofilomen; zahlr. Theater-Rollen. - 45 Gold-Trophäen, div. Filmpreise. Üb. 40 Mill. verkaufte Schallpl. S. 1979 eig. Fernseh-Shows u. Serien; 1981 Konz. Carnegie-Hall New York - 1984 BVK I. Kl.

QUINTE, Lothar

Kunstmaler - Sophienstr. 105, 7500 Karlsruhe (T. 84 32 25); F 67 Wintzenbach 53 (T. 88-86 52 72) - Geb. 13. April 1925 Neisse - 5 Kd. - Kunstsch. Kloster Bernstein - S. 1950 freier Maler, intern. Ausst.: Malerei, Grafik, Kunst u. Archit. - Div. Kunstpreise - Lit.: Will Grohmann, H.H. Hofstädter, Rolf Gunter Dienst, Juliane Roh, Peter Iden u.a.

QUIRIN, Heinz

Dr. phil., em. Prof. f. Mittelalterl. Geschichte u. Histor. Landeskunde - Kirschenweg 17, 2308 Preetz - Geb. 24. Juni 1913 Leipzig - S. 1958 Tätig. FU Berlin (1964); Ehrenmitgl. d. Österr. Arbeitskreises f. Stadtgeschichtsforschung, Linz (1982); Mitarb. Histor. Kommiss. Bayer. Akad. d. Wiss. - BV: Einf. in das Studium d. mittelalterl. Geschichte, 4. A. 1985; Herrschaft u. Gemeinde n. mittelalterl. Quellen d. 12. Jh.s u. ff., 1952; D. Ostsiedlung im Mittelalter, 2. A. 1985; Wesen d. Geschichtskarte, 1954; Friedrich III. in Siena (1452), 1958; Mittelalterl. Zinsregister, 1968; Forschungsprobleme d. Siedlungsgesch., 1971; Mgf. Albrecht als Politiker, 1971; Landesherrschaft u. Adel, 1972; Ista villa iacet totaliter desolata. Z. Wüstungsproblem, 1973; Div. Fachaufs. u. Rez. z. them. Kartographie u. Histor. Landeskde.; Mitteldtschl. als Geschichtsraum, 1976. Mitherausg.: Westermanns Atlas z. Weltgesch.; Histor. Handatlas v. Brandenburg u. Berlin; Landschaft als interdisziplinäres Forsch.problem (1977).

QUITZAU, Horst

Dr. jur., Dipl.-Kfm., Landesbankdirektor i. R. - Auf der Lück 8, 6239 Vockenhausen/Ts. - Geb. 14. Mai 1925 - 1971-75 Vorstandsmitgl. Hess. Landesbank/Girozentrale. ARsmandate.

R

RAAB, Alfons

Wirtschaftsforscher, Hauptgesell. u. Geschäftsf. Markt-Daten-Inst. Ges. f. Wirtschafts- u. Sozialforsch., Frankfurt/ M. (s. 1967) - Habichtweg 10, 6078 Neu-Isenburg-Gravenbruch (T. 5 26 23) - Geb. 29. März 1922 München, kath., verh. s. 1948 m. Marianne, geb. Landauer, 2 Söhne (Günther, Klaus) - Ausbild. RAS OMG headquarters (1950) - 1951-67 Divo Inst. f. Markt-, Meinungs- u. Sozialforsch., Frankfurt (Mitbegr.; gf. Dir.). Herausg.: Praktikum d. Meinungsforsch. (1953).

RAAB, Andreas Heinz
Dipl.-Verwaltungswirt, Bürgermeister Stadt Laichingen - Wilhelmstr. 37, 7903 Laichingen (T. 07333 - 85 0) - Geb. 23. Okt. 1955 Stuttgart (Vater: Friedrich R., Rentner; Mutter: Lilli, geb. Beyhl), ev., verh. s. 1975 m. Ingeborg, geb. Knödler, 4 Kd. (Matthias, Christina, Katharina, Johannes) - Stud. FHS f. öfftl. Verw. Stuttgart; Dipl.-Verwaltungswirt (FH) - 1977-80 Stadtinsp. Korntal-Münchingen; s. 1980 Bürgerm. (m. 25 J.!), weit. Ehrenämter - Liebh.: Sport, Lit., Musik - Spr.: Engl., Latein, Franz.

RAAB, Ernst-Ludwig
Dipl.-Ing., Ltd. Baudirektor, Leit. Wasser- u. Schiffahrtsdir. Südwest/Außenst. Freiburg - Stefan-Meier-Str. 4-6, 7800 Freiburg/Br. (T. 0761 - 271 83 50).

RAAB, Fritz
Schriftsteller - Helbingstr. 32, 2000 Hamburg 70 (T. 040 - 693 49 73) - Geb. 2. April 1925 Siegen/W. (Vater: Dr. Erich R., Kinderarzt; Mutter: Johanna, geb. Kaletzky), 2 Kd. (Michael, Anja-Grita) - Abit. - Redakt. - Jugendb.: u.a. Ab mit dir ins Vaterland, 1977; D. Denkmal, 1979; Stadttheater, 1984. Hör- u. Fernsehsp. sow. Theaterst. - Spr.: Engl., Franz., Ital.

RAAB, Rosemarie
Senatorin f. Schule, Jugend u. Berufsbildung Hamburg - Behnstr. 79, 2000 Hamburg 50 - Geb. 12. Nov. 1946, verh. s. 1984 m. Helmuth, S. Janko - Soziol. (M.A.) u. Sozialpäd. - 1982-87 Mitgl. Hbg. Bürgerschaft.

RAAB, Walter
Dr.-Ing., o. Prof. f. Maschinenelemente u. Mechanik TH Darmstadt (s. 1966) - Robert-Koch-Str. 16, 6100 Darmstadt-Eberstadt (T. 5 15 11) - Geb. 23. März 1929 Darmstadt - Zul. Doz. Ing.sch. Osnabrück - Facharb.

RAABE, Joachim
Dr.-Ing., em. o. Prof. u. Direktor Inst. f. Hydraul. Maschinen u. Anlagen TU München (1962-88) - Sonnenstr. 1, 8023 Pullach/Isar - Geb. 10. Juli 1920 Berlin (Vater: Oswald R., Major; Mutter: Maria, geb. Harzer), ev., verh. s. 1949 m. Dr. rer. nat. Berta, geb. Gruber, 3 Kd. (Heidi, Thomas, Michael) - TH Dresden u. München (Stud. durch Kriegsdst. unterbr.). Promot. (1953) u. Habil. (1956) München - 1957ff. Escher Wyss GmbH, Ravensburg. Gastvorles. Indian Inst. of Techn., Madras (Indien), Univ. São Paulo (Brasil.), Laval Univ., Quebec u. Hydro-Quebec, Montreal (Kanada), Univ. Central Caracas (Venezuela), Politechn. Inst. Timisoara (Rumänien), Techn. Huazhong Univ. Wuhan (China). UNESCO-Berat., Berat. Prof. Techn. Huazhong Univ. Gastvortr. in Europa u. Übersee. Spez. Arbeitsgeb.: Kavitationsforsch. Mitgl. VDI, IAHR, SHF, ASME - BV: D. Relativwirbel als Verlust- u. Störungsursache f. d. Rotationssymmetrie d. Stromflächen bei axialen Turbomaschinen, 1958; Beiträge z. Berechnung v. Kaplanturbinen, 1959; D. mechan. Auswirk. d. Kurzschlusses b. Rohrturbinen m. Planetengetrieben, 1962; E. Beitrag z. Relativströmung in diagonal durchströmten Turbinen, 1962; Hydraul. Maschinen u. Anlagen, 4 Bde. 1968/70 (auch russ.), 2. A. 1989; Hydro Power, 1984 - Liebh.: Phil., Technikgesch., Malen - Spr.: Engl., Franz., Lat., Span., Russ. - Gold. Sportabz., Gold. Ehrenmed. VDI.

RAABE, Paul
Dr. phil., Dr. h.c., Prof., Direktor Herzog-August-Bibliothek (s. 1968) - Lessingpl. 1, 3340 Wolfenbüttel (T. 05331 - 50 81) - Geb. 21. Febr. 1927 Oldenburg, ev., verh. s. 1953, 4 Kd. - Promot. 1957, Habil. 1967 - Zul. Dt. Literatur-Archiv Marbach. 1958-68 Leiter Bibliothek d. Dt. Literaturarchivs Marbach, 1968 Dir. Herzog August Bibliothek, 1968 Lehrauftr. Univ. Göttingen - BV: Alfred Kubin - Leben/Werk/Wirkung, 1957; D. späte Expressionismus 1912-22, 1970; Einführung in d. Bücherkunde, 10. A. 1975; Quellenkunde z. neueren dt. Literaturgeschichte, 3. A. 1962; Die Briefe Hölderlins, 1957; Index Expressionismus, 1972; Bücherlust u. Lesefreuden, 1984; Friedrich Nicolai 1733-1811, 2. A. 1986; D. Autoren u. Bücher d. lit. Expressionismus, 1985; Gottfried Benn in Hannover 1935-37, 1986; D. Bibliothek als humane Anstalt betrachtet, 1986; Wie Shakespeare durch Oldenburg reiste. Skizzen u. Bilder aus d. oldenburg. Kulturgesch., 1986; Goethe-Briefe. Nachträge z. Weimarer Ausg., 1989. Zahlr. Aufs. u. Veröffentl. Herausgebertätigk., vgl. B. Strutz: Bibliographie Paul Raabe, München 1987.

RAACK, Heinz F.
Beamter i. R., Dt. Meister im Tischtennis u. im Tennis - Odenwaldstr. 11, 1000 Berlin 41 (T. 030 - 821 74 41) - Geb. 30. Nov. 1916 Friedenau/b. Berlin, ev., verw., 2 Kd. (Helga, Hans Dieter) - Abit.; Verwaltungssch. - Beisitzer Sportgericht Dt. Tisch-Tennis-Bd.; Kassenprüfer Berliner Tennis-Verb.; üb. 10 J. Kassenprüfer Landessportbd. Berlin (b. 1985); 18 J. Vizepräs. Berliner Tisch-Tennis-Verb. (b. 1971) - Tischtennis: Dt. Meister (Einzel) 1941, 47 u. 49; (Doppel) 1944, 47 u. 49; Dt. Vereinsm. 1935. Tennis: Dt. Meister m. d. Berliner Schomburgk-Mannsch. 1964 u. 65, Vizemeist. 1963 u. 66 - Gold. Ehrennadel Stadt Berlin (Sport); gold. Ehrennadel Berliner Tisch-Tennis-Verb.; silb. Ehrennadel Stadt Neumünster; Ehrennadel in Bronze Dt. Tisch-Tennis-Bund; silb. Ehrennadel Berliner Tennis-Verb.; 1987 Gold. Ehrennadel Dt. Tischtennis-Bund; 1988 Gold. Ehrennadel Dt. Beamten-Bund.

RAAF, Hermann
Dr. rer. nat., o. u. Honorarprof. P.H. Reutlingen u. Univ. Tübingen - Bodelschwinghstr. 10, 7410 Reutlingen (T. 23 91 97) - Geb. 23. März 1914 Nagold (Vater: Hermann R.; Mutter: Pauline, geb. Failenschmid), ev., verh. m. Ingeborg, geb. Eichinger, 3 Töcht. (Ulrike, Gabriele, Susanne) - Realgymn. Freudenstadt (Kepler-Sch.); Univ. Tübingen, Königsberg, Göttingen, TH Stuttgart (Chemie, Biol., Geogr., Päd., Phil.). Promot. 1941; Ass.ex. 1948 - 1937-42 Assist. TH Stuttgart; 1945-60 Schuldst. Tübingen (Kepler-Sch.) u. Nagold (Obersch., Aufbaugymn.); 1961-62 Gastprof. Barlow College Amenia (USA); s. 1962 Doz. u. Prof. f. Chemie (Didaktik d. Chemie), 1964 Päd. Hochsch. Reutlingen (1964-68 Prorektor), Mitgl. Landesjury Wettbew. Jugend forscht, 1975 Honorarprof. Univ. Tübingen - BV: Chem. Praktikum, 1966 (m. Sieber); Römpp +/Raaf, Chemie d. Alltags - Prakt. Chemie f. Jedermann, 26. A. 1985; Römpp/Raaf, Chem. Experimente, d. gelingen, 22. A. 1987 (5 Übers.); Römpp/Raaf, Organ. Chemie, 15. A. 1983; Römpp/Raaf, Chem. Experimente m. einfachen Mitteln, 9. A. 1984; Meyendorff/Radau/Raaf, Laborgeräte u. Chemikalien, 1975; Kunststoffe, 1964; Raaf/Radau, Chem. Grundpraktikum, 2. Bde. 1979; Chemie ganz einfach, 2. A. 1984 (holl. 1985, poln. 1986). Üb. 110 Fachaufs. Übersetzungen: Bold, System d. Pflanzen, 1964; Linus Pauling, D. Moleküle, 1968 - Liebh.: Alte Gesch., Kunstgesch. - 1984 1. Träger des Heinrich-Rössler-Preis d. Ges. Dt. Chemiker - Lit.: Neumüller, Chemie-Lexikon V/2876 (1975), Kürschners Gelehrten-Kalender (1980).

RAAPKE, Hans-Dietrich
Dr. phil., Prof., f. Pädagogik - Tuchtweg 19a, 2900 Oldenburg/O. - Geb. 5. Jan. 1929 Hannover - Gegenw. o. Prof. Univ. Oldenburg - 1972 Ruf FU Berlin u. 1975 Ruf Univ. Hamburg (bde. Lehrst. f. Erziehungswiss.) abgelehnt. 1979-80 Präs. 1980-82 Vizepräs. Univ. Oldenburg. Mitgl. - Rundfunkrat NDR.

RAAPKE, Hansjürgen
Bankkaufmann, stellvertr. Vorstandsmitgl. Bankhaus Centrale Credit AG., Düsseldorf - Rosenstr. Nr. 24, 8021 Neuried b. München (T. 755 35 69) - Geb. 3. Okt. 1934 Berlin (Vater: Arnold R., Bankkfm.; Mutter: Christel, geb. Ihssen), ev., verh. s. 1964 m. Marita, geb. Porschen, 2 Kd. (Alexandra-Marita, Nicola-Marita).

RAASCH, Friedrich-Wilhelm
Rechtspfleger a. D., MdL Nieders. (s. 1978) - Kaffeepad 9, 2804 Lilienthal - Geb. 12. Okt. 1938 Hildesheim, verh., Tochter - Schule Bremen (Abit. 1959); Rechtspflegerausbild. Nieders. (Prüf. 1962) - S. 1962 Rechtspfleger Lilienthal, Osterholz-Scharmbeck u. Verden. 1968 ff. Ratsmitgl. u. Bürgerm. (1974) Lilienthal; MdK Osterholz. CDU s. 1968.

RAASCH, Martin
Beamter, MdA Berlin (s. 1975) - Fritz-Erler-Allee, 1000 Berlin 47 - Geb. 24. Dez. 1938 Berlin - SPD.

RAATZ, Günther
Dr. jur., Vorstandsmitglied Hüls AG - Lübecker Str. 10, 4390 Gladbeck (T. 02043 - 7 20 22) - Geb. 10. Sept. 1925 Halle/S. - 1955-69 Personaldir. Preussag AG., Metall; 1969-73 Dir. Gutehoffnungshütte Aktienverein; 1974-83 Vorst.-Mitgl. Veba-Glas AG.

RABAS, Josef
Dr. theol., Prof. f. Pastoraltheologie u. Religionspäd. - Parkstr. 3a, 8702 Rottendorf/Ufr. (T. 4 28) - Geb. 28. Okt. 1908 Saaz/Sudetenl., kath. - S. 1960 (Habil.) Lehrtätigk. Univ. Würzburg (1967 apl. Prof.) - BV: D. katechet. Erbe d. Aufklärungszeit, 1963. Fachaufs.

RABAST, Udo
Dr. med. habil., Prof., Chefarzt (Internist, Gastroenterologe) St. Elisabeth-Krankenhaus, Niederwenigern (s. 1980) - Grünstr. 72, 4320 Hattingen - Geb. 5. März 1943, ev., verh. s. 1971 m. Ulrike, geb. Eichler, Sohn Guido - Staatsex. u. Promot. 1970 Erlangen, Habil. 1979 Würzburg - S. 1980 Chefarzt s.o.; 1986 Prof. Dr. med. habil. - BV: Therapie d. Hdipositas, 1978 (Hrsg. m. a.); Diätetik in d. Gastroenterol., 1982 (Hrsg. m.a.); Ernährungsbehandl. m. Formeldiät, 1984 (Hrsg. m.a.); Klinik u. Therapie d. Diabetis mellitus, 1986 (Hrsg. m. a.); Ernährungstherapie, Lehrb. 1987 (Hrsg. m.a.); Diätetik-Lebensmittelrecht, 1988 (Hrsg. m. a.). Rd. 160 wiss. Publ. in deutsch- u. englischspr. Ztschr. - Spr.: Engl., Latein.

RABBETHGE, Renate-Charlotte, geb. Hahn
Auslandskorrespondentin, Mitgl. Europ. Parlament (I. Wahlp.) - Haus Bornttal, 3352 Einbeck/Nieders. - Verh. mit Matthias R. - CDU.

RABE, Alfred
Dr., Dt. Generalkonsul in Lüttich (Belgien) - Avenue Rogier 7a, Residence Chenonceau, B 4000 Lüttich (T. 23 59 94/95).

RABE, Horst
Dr. jur., Dr. theol., o. Prof. Univ. Konstanz (Fachbereich Geschichte) - Schwanenweg 4, 7750 Konstanz 19 (T. 07533 - 745) - Geb. 19. Aug. 1930 Hildesheim (Vater: Willy R., Ingenieur), verh. m. Renate, geb. Brückel - Fachveröff.

RABE, Karl
Dipl.-Kfm., Vorstandsmitglied Bohm + Voss AG (s. 1986) - Hermann-Blohm-Str. 3, 2000 Hamburg 11 - Geb. 21. Sept. 1925 - Geschäftsf. Thyssen Nordseewerke GmbH, Emden; Beiratsmitgl. Barthels & Lüders GmbH, Hamburg.

RABE, Wolfgang Maria
Dipl.-Betriebswirt, Hauptgeschäftsführer Verb. Dt. Gebirgs- u. Wandervereine - Goethestr. 20, 6601 Riegelsberg (T. 0681 - 39 00 70) - Geb. 10. Okt. 1933 Amsterdam, kath. - 1. Vizepräs. Europ. Wandervereinig.; Landesvors. Volksbd.

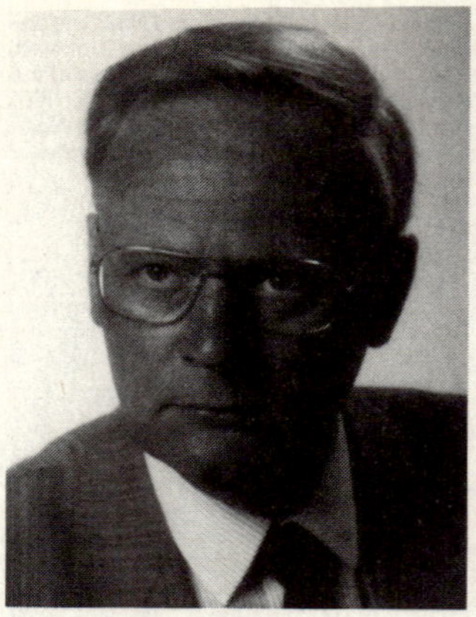

Dt. Kriegsgräberfürsorge Saarland - 1977 BVK.

RABELS, Peter
Dr., Staatsrat Gesundheitsbehörde - Tesdorpfstr. 8, 2000 Hamburg 13.

RABENALT, Arthur-Maria
Filmregisseur - Cureggia, Tessin/Schweiz (T. Lugano 2 82 87) - Geb. 25. Juni 1905 Wien, verh. in 2. Ehe s. 1934 (Ehefr. Natascha) - Bühnen Gera, Würzburg, Darmstadt, Berlin (Kroll-Oper; unt. Hitler mehrere Jahre Regieverbot; 1947-49 Int. Metropol-Theater). Filme (1939 ff.): Johannisfeuer, Flucht im Dunkeln, Weißer Flieder, Achtung - Feind hört mit!, Leichte Muse, ...reitet f. Dtschl., Fronttheater, Meine Frau Therese, Zirkus Renz, Liebespremiere, D. Leben ruft, Am Abend nach d. Oper, D. Mädchen Christine, Chemie u. Liebe, Morgen ist alles besser, Anonyme Briefe, Martina, Nächte am Nil, 0.15 Uhr, Zimmer 9, D. Frau v. gestern nacht, D. Schuld d. Gabriele Gottweil, Hochzeit im Heu, Unvergängl. Licht, D. Försterchristl, Alraune, D. weiße Abenteuer, D. Fiakermilli, Wir tanzen auf d. Regenbogen, D. Vogelhändler, D. letzte Walzer, D. unsterbl. Lump, D. Zigeunerbaron, D. Sonne v. St. Moritz, D. Zarewitsch, Solang es hübsche Mädchen gibt, Unternehmen Schlafsack, Liebe ist ja nur e. Märchen, D. Ehe d. Dr. Dankwitz, Zw. Zeit u. Ewigkeit, Skandal um Dr. Vlimmen, Glücksritter, Frühling in Berlin, F. 2 Groschen Zärtlichkeit, Meine Heimat ist tägl. woanders, (Geliebte Bestie, Laß' mich am Sonntag nicht allein, D. Held meiner Träume, Mann im Schatten; Fernsehen - BV (1958-68): Film im Zwielicht; Tanz u. Film; Theatrum Sadicum (D. Marquis de Sade u. d. Theater), Minus Eroticus (2 Bde.) - Liebh.: Pudel.

RABENAU, Albrecht
Dr. rer. nat., Prof., Direktor Max-Planck-Inst. f. Festkörperforschg., Stuttgart - Knappenweg 21b, 7000 Stuttgart 80 - Geb. 17. Nov. 1922 Heppenheim/Bergstr., verh. m. Marlies, geb. Damm, S. Thomas - Univ. Heidelberg - 1963 (Habil.) Privatdoz. u. apl. Prof. (1968) TH Aachen (Festkörperchemie), s. 1975 Honorarprof. Univ. Stuttgart. Vors. Fachg. Festkörperchemie GDCh (1970/72). Herausg.: Problems of Nonstoichiometry (1970); Mithrsg.: Crystal Structure a. Chem. Bonding in Inorganic Chemistry (1975; m. C. J. M. Rooymans).

RABINI, Hubert
Landrat Kr. Oberallgäu (s. 1978) - Landratsamt, 8972 Sonthofen/Schw. - Geb. 14. April 1933 St. Mang - U. a. Stadtoberrechtsrat u. I. Bürgerm. Immenstadt. CSU.

RACHMANOWA-v. HOYER, Alja
Schriftstellerin - CH-8355 Ettenhausen/Aadorf, Thurgau/Schweiz (T. 052 - 47 16 18) - Geb. 27. Juni 1898 Ural (Rußl.), röm.-kath., verh. 1921 m. Prof.

Dr. Arnulf v. Hoyer (†1970), S. Alexander-Jurka, stud. med. (gef.) - Russ. Gymn. u. Univ. Phil. Fakultät (Lit., Psych.) - BV (Übers. b. zu 21 Spr.; GA. üb. 2 Mill.): Studenten, Liebe, Tscheka und Tod, Tagebuch 1931; Ehen im roten Sturm, Tagebuch 1932; Milchfrau in Ottakring, Tagebuch 1933; Geheimnisse um Tataren u. Götzen, Jugenderinn. 1933; Fabrik d. Neuen Menschen, R. 1935; Tragödie e. Ehe, Tolstoj-Biogr. 1937; Jurka, Tageb. 1938; Wera Fedorowna, R. d. russ. Schausp. W. F. Kommissarshewskaja 1939; Einer v. Vielen - D. Leben Jurkas, 2 Bde. 1945; D. Leben e. gr. Sünders, Dostojewskij-Biogr. 2 Bde. 1947; Sonja Kowalewski - Leben u. Liebe e. gelehrten Frau, Biogr. 1950; Jurka erlebt Wien, Tageb. 1951; D. Liebe e. Lebens. Iwan Turgenjero u. Pauline Viardot-Garcia. Biogr. 1952; D. falsche Zarin - Prinzessin Elisabeth, 1954; Ssonja Tolstoj, Biogr. 1956; Im Schatten d. Zarenhofes. D. Ehe Alexander Puschkin, Biogr. 1957; Meine russ. Tageb., 1960; E. kurzer Tag. D. Leben d. Arztes u. Schriftsts. Anton Tschechow, Biogr. 1961; Tiere begleiten m. Leben, Tageb. 1963; D. Verbannten - Frauenschicksale in Sibirien z. Z. Nikolajs I., 1964; Tschaikowskij - Schicksal u. Schaffen, Biogr. 1972; M. Schweizer Tagebuch, in Vorber. (Vorabdr. in Schweizer Tageszg.: Das geschah vor 30 Jahren. Tolstoi. Tragödie einer Ehe. Biogr. 1978; Studenten, Liebe, Tscheka u. Tod, Tageb. 1978; Ehen im roten Sturm, Tageb. 1979; Milchfrau in Ottakring, Tageb. 1979. Zahlr. Erz. u. Hörsp. - 1936 1. Preis intern. Preisausschr. f. d. besten antibolschewist. Roman d. Gegenwart Académ. d'Education et d'Entr'aide Sociales in Paris f. d. Fabrik des Neuen Menschen, 1976; Ehrengabe Kanton Zürich f. sämtl. Werke - Liebh.: Musik, Gartenarbeit, Blumen, Katzen, Tiere, Vögel - Lit.: Herrmann Kästle, A. R. Leben unterm Kreuz, 1976. Lit. zum 80. Geburtstag (1978): Klaus Ammann: A. R. Künderin russ. Kultur im Exil. M. Nk.: A. R. z. 80. Geburtstag. August Ott: A. R. 80-jährig. Hans Baumann: Zwei Stunden mit A. R. Alexander Novy: A. R. z. 80. Geb., Irmgard Locher: Jeden Tag eine Freude machen. Z. 80. Geb. A. R., Ettenhausen: A. R. wird 80. hl Das Gespräch mit A. R., u. a.

RACZAK, Hans

Geschäftsführer Lehmann + Hildebrandt GmbH (Briefpapierausstattungen) - Wilhelm-Bergner-Str. 5, 2056 Glinde.

RADATZ, Werner

Präsident Kirchenkanzlei d. Ev. Kirche d. Union - Ber. Bundesrep. Deutschl. u. Berlin-W. (s. 1988) - Jebensstr. 3, 1000 Berlin 12 - Geb. 20. März 1932, ev., verh. s. 1956 m. Ilse, geb. Rackwitz, 3 Kd. (Bettina, Matthias, Ulrike) - 1951-55 Beamter Dt. Bundespost; 1955-60 Theol.-Stud. Berlin u. Göttingen - 1962-75 Pfarrer Berlin-Neukölln; 1975-88 Superintendent Berlin-Tiergarten; s. 1985 stv. Präses Synode d. Ev. Kirche in Deutschl. (EKD).

RADDATZ, Carl

Schauspieler - Stallupöner Allee 54, 1000 Berlin 19 (T. 304 34 26) - Geb. 13. März 1912 Mannheim (Vater: Carl R., Bankbeamter; Mutter: Lina, geb. Nußbickel), verh. 1950 m. Hildegard, geb. Matschke (†1966) - Tulla-Oberrealsch. Mannheim (Abit.); Schauspielunterr. b. Willy Birgel (damals Nationaltheater Mannheim) - Bühnen Mannheim, Darmstadt, Bremen, Göttingen (1951), Berlin (Städt. Bühnen, 1958). U. a. Feuerwasser, Ulla Winblad (beides UA. unt. Heinz Hilpert in Göttingen); Berlin: u. a. Ziegeninsel, D. Verbrecher, Nachtasyl, Onkel Wanja, D. 3 Schwestern, Pariser Komödie, Andersonville-Prozeß, Totentanz, Was ihr wollt (Narr; Kortner-Insz. 1962), D. Ratten (John), D. Hptm. v. Köpenick (Voigt; auch Gastsp. New York 1964), Herr Puntila u. s. Knecht Matti (Matti), Des Teufels General (General Harras, 1967), Jegor Bulytschow u. d. anderen (J. B., 1968); Warten auf Godot (Gastsp. Lon-

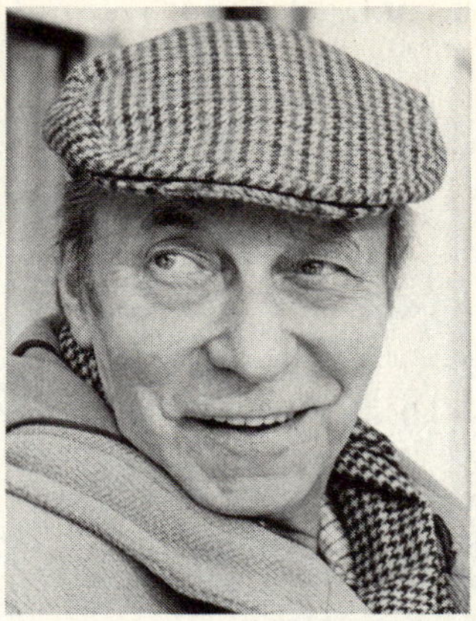

don, Paris, New York, Dublin, Jerusalem, Tel Aviv). Film: Urlaub auf Ehrenwort, Verklungene Melodie, Befreite Hände, Wunschkonzert, Das war mein Leben, Immensee, Opfergang, Unter den Brücken, In jenen Tagen, Wohin d. Züge fahren, Geliebtes Leben, Made in Germany, Jons u. Erdme, Synchronspr. (Taylor, Lancaster, Bogart (†), Douglas, Mitchum, José Ferrer); Fernsehen: Oberst Abel - 1963 Berliner Staatsschausp.; 1972 Ehrenmitgl. Schiller- u. Schloßpark-Theater; 1972 BVK I. Kl.; 1974 Mannemer-Bloomaul-Orden; 1979 Bundesfilmpreis/Filmband in Gold (f. Langj. u. hervorrag. Wirken im dt. Film); 1987 Ernst-Reuter-Plakette v. Senat Berlin - Liebh.: Antiquitäten, Ostasiat. Kunst, Reisen - Spr.: Engl. - FS: Die Stimme - Begegnung m. C. R. (ARD 21. April 1980).

RADDATZ, Fritz J.

Dr. phil., Prof., Publizist - Geb. 3. Sept. 1931 Berlin (Vater: Friedrich (Direktor Ufa); Mutter: Alice R.), ev. - Humboldt-Univ. Berlin (German., Gesch., Theaterwiss., Kunstgesch., Amerik.), Staatsex. 1953; Promot. 1954; Habil. 1971 - Bis 1958 stv. Cheflektor Volk u. Welt, Berlin (Ost); dann Cheflektor Kindler Verlag, München; 1960-69 (Rücktr.) stv. Ltr. Rowohlt Verlag Reinbek; 1970-71 Inst.ltr. Der Spiegel Hamburg; 1977-85 Feuilletonchef; s. 1986 Kulturkorresp. DIE ZEIT, Hamburg - Div. Fernsehfilme: Kurt Tucholsky, Ezra Pound, Louis Aragon, Erich Mühsam, Paul Wunderlich u. a. - BV: Traditionen u. Tendenzen - Materialien z. Lit. d. DDR, 1971; Georg Lukács, Monogr. 1972; Paul Wunderlich - d. graph. Werk, 1974; Karl Marx - e. polit. Biogr., 1975; Heine - e. dt. Märchen, 1977; Revolte u. Melancholie, Ess. z. Literaturtheorie 1979; Eros. u. Tod, literar. Ess. 1980; D. Nachgeborenen - Leseerfahr. m. zeitgen. Lit., 1983; Kuhauge, Erz. 1984; D. Wolkentrinker, R. 1987; Kurt Tucholsky - E. Pseudonym, Biogr. Ess. 1989. Herausg.: Kurt Tucholsky - Ges. Werke Bd. 1-3, 1960-61; K. T.-Ausg. Briefe, 1962; Marxismus u. Lit. - Dokumentat. in 3 Bde., 1969; Franz Mehring - Ausgew. Werke, 4 Bde., 1974-75; Warum ich Marxist bin, 1978, Mohr an General, Marx u. Engels in ihren Briefen, 1980; Friedrich Sieburg: Z. Lit., 2 Bde. 1981; Kurt Tucholsky: Unser ungelebtes Leben - Briefe an Mary, 1982 - Adolf-Grimme-Preis; Mitgl. PEN-Zentrum BRD; Vors. Kurt-Tucholsky-Stiftg. - Spr.: Engl., Franz. (Übers.).

RADDATZ, Klaus

Dr. phil., o. Prof. em. f. Vor- u. Frühgesch. Univ. Göttingen - Hainholzweg 34, 3400 Göttingen - BV: u. a. D. Schatzfunde d. Iber. Halbinsel v. Ende d. 3. b. z. Mitte d. 1. Jh.s, 1968. Div. Einzelarb. - 1970 o. Mitgl. DAI. 1971 korr. Mitgl. Real Academia de la Historia, Madrid.

RADEMACHER, Hans C.

Dr. rer. pol., Dipl.-Kfm, Fabrikant (Ernst Rademacher GmbH., Meerbusch) - Am Tann 1, 4300 Essen-Bredeney (T. 41 36 70) - Geb. 19. Juli 1904 Leipzig (Vater: Ernst R., Fabrikbesitzer; Mutter: Hanna, geb. Leuchs, Dramatikerin (s. XVI. Ausg.), ev., verh. s. 1932 m. Dipl.-Kfm. Maria, geb. Schultz - Univ. Köln, Lausanne, Paris, Madrid, London - 1943-45 stv. Mitgl. Direktorium Fried. Krupp, Essen; 1948-55 Vorstandsmitgl. Th. Goldschmidt AG., Essen - BV: Devisenpolitik als Waffe d. Handelspolitik, 1936; Vergessene Poesien, 1963; D. Wort als Heimat, 1964; D. Mensch u. d. Zeit, 1970; Nicht durch vieles Frühaufstehen wird es eher Tag, 1974; D. Problem d. Todes bei Rainer Maria Rilke, 1978; Mosaico Italiano 1980 - Spr.: Engl., Franz., Ital., Span.

RADEMACHER, Paul

Dr. rer. nat., Prof. f. Organische Chemie, Univ. GH Essen - Universitätsstr. 5, 4300 Essen 1 (T. 0201 - 183 24 04) - Geb. 21. April 1940 Buxtehude - Abit.; Stud. d. Chemie Saarbrücken u. Göttingen, Promot. 1968 Göttingen, Habil. 1974 Münster - Spr.: Engl., Norweg.

RADEMACHER, Wolfgang

Bundesrichter Bundesfinanzhof, München - Titurelstr. 4, 8000 München 81 (T. 98 14 36) - Geb. 21. Nov. 1909, verh.

RADEMAKER, Josef

Geschäftsführer, MdL Nordrh.-Westf. (s. 1971) - Aue 1, 4290 Bocholt-Lowick (T. 4 36 19; dstl.: 32 24) - Geb. 30. Sept. 1919 - U. a. Gewerksch. Textil-Bekleid. SPD.

RADERMACHER, Karlheinz

Dr.-Ing., Direktor - Hindenburgstr. 37, 8134 Pöcking/Starnb. See - Geb. 1931 - B. 1973 Geschäftsf. SKF Kugellagerfabriken GmbH, Schweinfurt (Ressort: Forsch. u. Entw.), dann stv., s. 1976 o. Vorst.-Mitgl. Bayer. Motorenwerke AG/BMW (Ressort: Forsch. u. Entw.); s. 1983 stv. Vorst.-Vors. Zahnradfabrik Friedrichshafen AG; s. 1986 Vors. d. Geschäftsf. Pierburg GmbH, Neuss, u. Vorst.-Mitgl. Rheinmetall Berlin AG, Düsseldorf; s. 1988 gf. Ges. Techno Consult GmbH, München - Spr.: Engl. - Rotarier.

RADKAU, Joachim

Dr. phil., Prof. f. Neuere Geschichte Univ. Bielefeld - Bultkamp 16, 4800 Bielefeld 1 - Geb. 4. Okt. 1943 Oberlübbe (Vater: Günther R., ev. Pfarrer; Mutter: Ruth, geb. Koch), ev., verh. s. 1969 m. Orlinde, geb. Petersen - Stud. Univ. Münster, Berlin u. Hamburg (Promot. 1970 Hamburg) - 1971 Wiss. Assist. PH Westfalen-Lippe; 1974 Doz., 1978 apl. Prof., 1980 Prof. Univ. Bielefeld - BV: D. dt. Emigration in d. USA, 1971; Dt. Ind. u. Politik (m. G. W. F. Hallgarten), 1974; D. Entsteh. d. Atomwirtsch. in d. Bundesrep. Dtschl. (Habil.schrift), 1980; Aufstieg u. Krise d. dt. Atomwirtsch. 1945-75, 1983; Holz - E. Naturstoff in d. Technikgeschichte (m. I. Schäfer), 1987; Technik in Deutschl. v. 18. Jh. bis z. Gegenwart, 1989.

RADKE, Gerhard

Dr. phil., Ltd. Oberschulrat b. Senator f. Schulwesen v. Berlin i. R., Honorarprof. f. Geschichte u. Kultur d. Antike TU Berlin (s. 1959) - Marienburger Allee 50 (T. 302 68 34) - Geb. 18. Febr. 1914 Berlin, ev., verh. s. 1955 m. Dipl.-Ing. Hannelore, geb. Wieland, 2 Söhne (Stephan, Matthias) - BV: D. Götter Altitaliens, 2. A. 1979; Cicero, e. Mensch seiner Zeit, 1968; Politik u. lit. Kunst im Werk d. Tacitus, 1971; Viae publicae Romanae, 1971 (ital. Übers. 1981); Archaisches Latein, 1981; Zur Entwickl. d. Gottesvorstellung u. d. Gottesverehrung in Rom, 1987. Buchbeitr. u. Ztschr.aufs. - Kommandeur Kgl. Griech. Phoenix-Orden; 1985 BVK; Ehrenbürger Camerino (Ital.), Chassid omoth haolam (Israel), korr. Mitgl. Ateneo di Brescia - Lit.: Beitr. z. altital. Geistesgesch., Festschr. z. 70. Geb. (1984).

RADKE, Hans-Dieter

Fernsehjournalist ZDF - Am Hermannsberg 26, 6200 Wiesbaden-Frauenstein (T. 42 68 68) - Geb. 8. März 1932 Delmenhorst (Vater: Johannes Georg R., Kaufm.; Mutter: Maria, geb. Pempel), kath., verh. s. 1964 m. Marlis, geb. Stegh - Stud. Theaterwiss., German., Psych. Univ. Mainz, München u. Köln - 1959-62 Fr. Mitarb. WDR, 1962/63 WWF; 1963-75 ZDF-Redakt. Kl. Fernsehsp., ab 1975 ZDF-Redakt. Kinder u. Jugend; ab 1988 Redakt.-Leit. ZDF Reihen u. Serien (VA) I - Spr.: Engl.

RADKE, Melanie

Bankdirektorin - Am Wiesengrund 25, 6050 Offenbach/M. (T. 88 47 47; Büro: 71 21-1) - Geb. 2. Mai 1930 Hainstadt (Vater: Kaufm. Angest.), verw. 1972 (Ehem.: Olaf R., Arbeitsrechtler u. Landtagsabg., s. XVI. Ausg.) - Langj. Tätigk. Gewerkschaften u. Bank f. Gemeinwirtschaft (1963 Vors. Gesamtbetriebsrat; 1972 Vorstandsmitgl.). MdK Offenbach u. a. SPD s. 1951.

RADKE, Rudolf

Journalist - Wiesbadener Str. 17, 6240 Königstein/Ts. (T. 43 26) - Geb. 30. April 1925 Berlin (Vater: Willi R.; Mutter: Margarete, geb. Augstin), ev., verh. s. 1951 m. Lucy, geb. Ruthe, 3 Kd. (Klaus, Martina, Stephanie) - B. 1942 Obersch. Berlin (Adlershof); 1952-57 Univ. Bonn u. Berlin (Gesch., Phil., Staatsrecht) - S. 1952 UPI (Chef v. Dienst), SFB (1957 innenpolit. Redakt., 1960 Bonner Korresp.), ZDF (1962 Leit. Hauptabt. Tagesgeschehen, 1971-87 Leit. Hauptredaktion Außenpolitik, 1987 stv. Chefredakt.) - Spr.: Engl. - Rotarier.

RADL, Walter

Dr. theol., Prof. f. Neutestamentliche Exegese Univ. Augsburg - Watzmannstr. 5, 8906 Gersthofen (T. 0821 - 49 92 94) - Geb. 10. Mai 1940 Aussig/Elbe, kath., verh. s. 1968 m. Gertrud, geb. Fühles, 3 Kd. (Eckart, Albert, Hildegard) - Gymn. Dillingen/Donau; Stud. Phil., Theol. u. Gesch. Innsbruck u. Bonn; neutestamentl. Spezialstud. in Bochum; Promot. Bochum; Habil. (Exegese u. Theol. d. Neuen Testaments) Bochum - Priv.-Doz. Univ. Bochum; Ord. f. Neutestamentl. Exegese Univ. Augsburg - BV: Paulus u. Jesus im lukanischen Doppelwerk. Unters. zu Parallelmotiven im Lukasevangelium u. in d. Apostelgesch., 1975; Ankunft d. Herrn. Z. Bedeutung u. Funktion d. Parusieaussagen b. Paulus, 1981; Galaterbrief. Stuttgarter Kleiner Komment., 2. A. 1986; D. Lukas-Evangelium, 1988.

RADLER, Ferdinand

Dr. rer. nat. (habil.), o. Prof. f. Mikrobiologie u. Weinwiss. u. Direktor Inst. f. Mikrobiol. u. Weinforsch. Univ. Mainz - Pfarrer-Stockheimer-Str. 16, 6500 Mainz-Bretzenheim (T. 3 48 05) - Geb. 1929 Breslau - Zul. Privatdoz. Univ. Göttingen (1965) - Fachveröff.

RADLOFF, Heinz

Kreisamtmann a. D., MdL Nieders. (s. 1967) - Northeimer Str. 3, 3360 Osterode/Harz (T. 38 70) - Geb. 5. Juni 1921 Gollnowshagen Kr. Naugard - Volkssch.; Landw.slehre - 1941-43 Wehrdst. (schwerkriegsbesch.; Armverlust); 1943-48 Ernährungsämter Stettin, Cammin, Goslar, Osterode; anschl. Kommunalverw. Osterode. Ratsherr Osterode. SPD s. 1947.

RADTKE, Günter

Schriftsteller - Postf. 86, 2280 Sylt-Ost (T. 04651 - 3 26 87 u. 040 - 870 16 33) - Geb. 23. April 1925 Berlin, verh. - Ausbild. als Journ. u. Verlagskaufm. - Tätigk.: Journ., Herausg., Verlagsleit., ab 1967 fr. Autor - BV: Davon kommst du nicht los, 1971 (Frankr. 1978); D. dünne Haut d. Luftballons, 1975/78 (Polen 1983); Wolkenlandschaften, 1988 - 1971 Dt. Kurzgesch.preis; 1973 Mackensenpr.; 1975 Preis D. erste Roman; 1979 Stip.

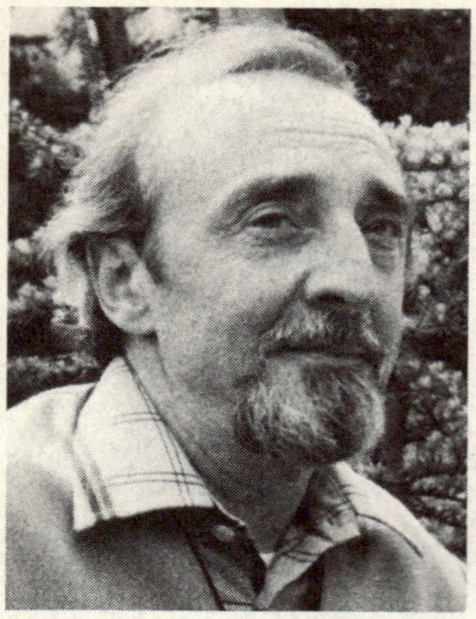

Märkische Lit.konferenz - Liebh.: Phil., Verhaltensforsch.

RADTKE, Lutz
Geschäftsführer Pirelli Reifenwerke GmbH, Höchst - Am Zieglersberg 5, 6123 Bad König - Geb. 23. Jan. 1931.

RADTKE, Michael
Journalist - Haselknick 9, 2000 Hamburg 65 - Geb. 24. Dez. 1946, ev., verh.

RADTKE, Wolfgang
Dr. phil., Prof. f. Mittlere Geschichte TU Berlin - Hünefeldzeile 13 A, 1000 Berlin 46 (T. 030 - 774 72 76) - Geb. 13. Febr. 1942 Pobethen (Ostpr.) (Vater: Dr. jur. Hans R.; Mutter: Ursula, geb. Thomas), verh. s. 1969 m. Christa, geb. Albrecht, T. Nina - Promot. 1968 Univ. Hamburg - 1970-72 Wiss. Mitarb. Hist. Kommiss. Berlin; 1972-80 Prof. PH Berlin; s. 1980 TU Berlin - BV: D. Herrschaft d. Bischofs v. Lübeck, 1968; D. Preuß. Seehandlung zw. Staat u. Wirtsch. in d. Frühphase d. Industrialis., 1981; Zus. m. W. Kirchner: Bankier f. Preußen. Christian Rother u. d. Königl.-Preuß. Seehandl., 1987; D. Preuß. Seehandlung (hg. Stiftg. Preuß. Seehandl.), 1987.

RADU, Fritz
Geschäftsführer Deutsche Frigolit GmbH., Worms - Gartenstr. 16, 6501 Mettenheim Kr. Worms - Geb. 18. Okt. 1908.

RADULOVIC, Veronika
Künstlerin - Wohnhaft in Bielefeld - Geb. 1954 Delbrück - Stud. (Dipl.) 1977-83 FH Bielefeld (Schwerp.: Fr. Grafik, Illustration) - Ausst.: 1981 Museo d'Art Moderne, Tarragona/Span.; 1983 Kunstbaustelle, München; 1984 Kulturbeutel Winnekendonk, Symposion Jahreszeiten; 1985 Kunstverein Zweibrücken. Frauenmus. Bonn; 1986 Kunstpassage Münster, Stadthalle Detmold; 1987 Regionalmus. Xanten, Kunstverein Bielefeld, Atelier Glasmeier, Gelsenkirchen, Künstlerhaus Bonn, Galerie elf Bielefeld, 1988 Städt. Galerie am Abdinghof, Paderborn, Mus. Abtei Liesborn, Wadersloh. Teiln. an versch. Symposien z.B. in Ungarn, Norwegen, Lüdenscheid. Arbeiten in öfftl. Besitz: Römisch-German. Mus. Nürnberg, Kunstsammll. Gemeinde Steinhagen, Kunsthalle Bielefeld sow. zahlr. Arb. in Privatbesitz.

RADUNSKI, Peter
Bundesgeschäftsführer CDU (s. 1981) - Friedrich-Ebert-Allee 73-75, 5300 Bonn 1 (T. 0228 - 54 43 33) - Geb. 13. März 1939 Berlin, ev., verh. s. 1966 m. Doris Küster, 2 Söhne (Boris, Marcel) - Friedrich-Ebert-Sch. Berlin (Abit. 1958); Stud. Rechtswiss., Gesch., Roman., Polit. Wiss. Berlin, Bonn, Straßburg. Diplomprüf. Otto-Suhr-Inst./FU Berlin 1967 - 1967-69 stv. Leit. d. Wiss. Inst. d. Konrad-Adenauer-Stiftg. (WIKAS); s. 1969 Leit. Ref. f. Polit. Grundsatzfragen CDU-Landesverb. Hessen; s. 1971 Abteilungsleit. z. b. V. in d. CDU-Bundesgeschäftsst.; 1971-73 Mitarb. Walther

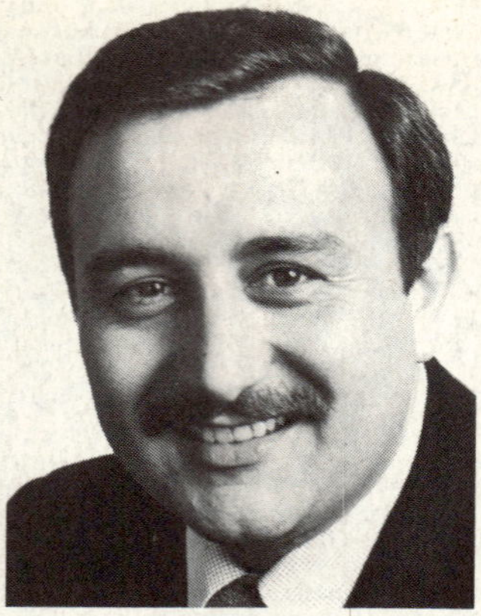

Leisler Kiep; 1973-81 Leit. Hauptab. Öffentlichkeitsarb. CDU-Bundesgeschäftsstelle; s. 1982 Mitgl. ZDF-Fernsehrat - BV: Wahlkämpfe - Mod. Wahlkampfführung als polit. Kommunikation, 1980 (auch engl. u. span.) - Spr.: Engl., Franz.

RADZIBOR, von, Cyrill Georg
Journalist (Ps.: Christian Decius) - Glockenstr. 7, 5300 Bonn 1 - Geb. 6. Dez. 1925 Riga/Lettld. (Vater: Dr. Woldemar v. R., Bankkfm. u. Hochschuldoz.), ev., verh. m. Dr. Hildegard, geb. Gundel, 4 Kd. - Hum. Gymn. (Abitur); Dt. Journalistensch. - S. 1951 Redakt. (b. 1962 Aachener Nachr., 1962-67 Bonner Büro United Press Intern., 1967-75 Bundeskorrespondenz bzw. Pressekorresp.); 1975-88 Presseref. AOK-Bundesverb., Mitarbeit Presse u. Funk (Spezialgeb.: Sozialpolitik). 1972ff. Vorst.-Mitgl. Dt. Journalistenverb. (1975-79 2. Vors.) - Liebh.: Reisen, Fotografieren, Schach - Spr.: Engl., Lett.

RADZIO, Heiner
Dipl.-Volksw., Wirtschaftsjournalist (Ruhrgebietskorresp. Handelsblatt u. Herausg. d. Erdöl-Informationsdienst EID, Hamburg) - Memmertweg 7, 4300 Essen (T. 71 10 58) - Geb. 17. Okt. 1931 Lägerdorf/Schlesw., ev., verh. s. 1962 m. Renate, geb. Grunewald, 3 Töcht. (Christine, Renate, Susanne) - Univ. Kiel u. Innsbruck (Volksw.) - Spez. Arbeitsgeb.: Bilanzanalysen, Energiepolitik - BV: V. Schalter z. Supermarkt, 1967; Leben können an d. Ruhr - 50 J. Kleinkrieg f. d. Revier, 1970; Unternehmen Energie - aus d. Gesch. d. Veba, 1979. Herausg.: Warum Mitbestimmung u. wie? (1970); D. Revier darf nicht sterben - Pioniere, Probl. u. e. Plädoyer (1984) - 1969 Theodor-Wolff-Preis (f. d. Beitrag: D. Bergmann hängt an Taubenverein u. Schalke 04, Handelsbl. 2./3. März 1968); 1984 Karl-Winnacker-Preis - Liebh.: Musik, Tennis - Spr.: Engl.

RAEBER, Robert Eduard
Dipl.-Kfm., Vorsitzender d. Geschäftsfg. Nestlé Erzeugnisse GmbH, Vorst.-Mitgl. Nestlé Deutschland AG, Vorstandsvors. Blaue Quellen AG - Bingertstr. 29, 6200 Wiesbaden - Geb. 20. Juli 1936 Baden/Schw., verh. s. 1959, 2 Kd. - Schulen Mailand u. Zürich; Dipl.-Kfm. Kanton. Handelssch. Zürich. - B. 1979 Geschäftsf. in d. Schweiz u. Frankreich, s. 1980 s. o. - Spr: Franz., Ital., Span., Engl.

RAEBIGER, Christoph
Dipl.-Math., Prof., Hochschullehrer - Max-Planck-Str. 111, 5800 Hagen/W. (T. 58 82 91) - Gegenw. Prof. Univ. Dortmund (Didaktik d. Physik).

RÄDERER, Karl Paul
Dr.-Ing., Vorsitzender d. Geschäftslg. d. 4P Verpackungsgruppe - Wurzacher Weg 17, 8960 Kempten - Geb. 26. Nov. 1932.

RÄDLE, Fidel
Dr. phil., Prof. f. Latein. Philol. Univ. Göttingen - Am Sölenborn 18, 3400 Göttingen - Geb. 4. Sept. 1935 Hermannsdorf (Vater: Leo R., Landw.; Mutter: Hedwig, geb. Eger), kath. - 1956-63 Stud. Klass. Philol., German., Lat. Philol. d. Mittelalt. Univ. Tübingen u. München - 1964-81 Wiss. Assist., Doz., Akad. Oberrat; s. 1981 Prof. Göttingen - BV: Stud. z. Smaragd v. Saint-Mihiel, 1974; Lat. Ordensdramen d. XVI. Jh., 1979; zahlr. Aufs. z. lat. Lit. d. Mittelalters u. d. Neuzeit.

RÄDLE, Paul
Dr., Dipl. rer. pol.-techn., Vorstandsvors. NORDCEMENT AG., Hannover - An der Wietze 19, 3000 Hannover 51 (T. 65 03 81) - Geb. 19. Aug. 1928, Bad Waldsee, verh. s. 1957 m. Ingeborg, geb. Bauhuis, 2 Kd. (Ingrid, Jürgen) - TH Karlsruhe, Univ. Tübingen - S. 1969 NORDCEMENT.

RAEITHEL, Gert
Prof. f. Amerikanistik - Schellingstr. 3, 8000 München 40 - Geb. 9. April 1940 München - 1960-66 Univ. München u. Marburg, Dr. phil. 1966, Dr. phil. habil. 1972 - 1968/69 Prof. New York Univ., 1972 Gastprof. Univ. Denver, 1973 Gastprof. Stanford, 1980ff. Prof. Univ. München - BV: Opfer d. Ges., 1971; Amerik. Provinzztg., 1978; Go West, 1981; Gesch. d. nordamerik. Kultur, Bd. I 1987, Bd. II 1988.

RAETHER, Martin
Dr. phil. habil., Geschäftsführer d. Heidelberger Akademie d. Wissenschaften, apl. Prof. f. Roman. Philologie Univ. Heidelberg (1981-85) - Karlstr. 4, 6900 Heidelberg (T. 06221 - 54 32 65/66) - Geb. 6. Dez. 1941 Jena/Thür. (Vater: Heinz A. R., Univ.-Prof.; Mutter: Herta R.), 3 Kd. - Univ. Frankfurt, München, Kiel, Bologna, Paris, Köln, Bloomington/Indiana Univ. (Roman., Gesch.); Promot. 1968 Köln, M.A. 1969 Bloomington/Indiana Univ. (USA), Habil. 1978 Heidelberg - S. 1981 Prof. - BV: D. Acte Gratuit. Revolte u. Lit. Hegel - Dostojewsky - Nietzsche - Gide- Sartre - Camus - Beckett, 1980; Denis Diderot od. d. Ambivalenz d. Aufklärung (m. D. Harth), 1987.

RAETTIG, Hansjürgen
Dr. med., Prof., Ltd. Direktor i.R., Leit. Abt. Bakteriologie/Robert-Koch-Inst. Bundesgesundheitsamt, Berlin 33 - Senheimer Str. 45a, 1000 Berlin 28 (T. 401 70 29) - Geb. 12. Okt. 1911 Stralsund (Vater: Hans R., Offz.; Mutter: Ilse, geb. Schulze), ev., verh. in 3. Ehe s. 1972 m. Bärbel, geb. Becker, 7 Kinder (aus 1. Ehe: Johanna, Julia, Cornelia; aus 2. Ehe: Thomas, Christiane, Barbara; aus 3. Ehe Thorsten) - Gymn. u. Univ. Greifswald (Promot. 1938) - 1939-48 Assist. u. Oberassist. Univ. Greifswald (b. 1940 Med. Klin., ab 1944 Hyg.-Inst.), dazw. 1940-44 Sanitätsoffz., 1946-48 zugl. Abt.sleit. (Epidemiol. Abt.) u. Dir. Zentralst. f. Hyg., ab 1948 wiss. Mitgl. Robert-Koch-Inst., Berlin. S. 1952 Privatdoz. u. apl. Prof. (1961) FU Berlin - BV: Grundl. u. Praxis d. Seuchenstatistik, 1949; Typhusimmunität u. Schutzimpf., 1952; Bakteriophagie 1917-56, 1958; Poliomyelitis Immunität, 1963; Bakteriophagie 1957-65, 1967; Infektionskrankheiten, 3. A. 1988 (m. M. Alexander) - 1976 BVK I. Kl.

RÄTZMANN, Jürgen
Landwirt (eig. Betrieb), MdL Nieders. (s. 1978) - Sassendorf 1, 3118 Bad Bevensen - Geb. 25. Okt. 1927 Hamburg, verh., 3 Kd. - Obersch.; Luftwaffenh., Arbeitsdst., Wehrm. u. belg. Kriegsgefangensch.; landw. Ausbild. Landw.sm. u. Agraring. - Bürgerm. Sassendorf (b. 1972) u. Bevensen (1972 ff.); 1968 ff. MdK Uelzen; 1976 ff. stv. Landrat ebd. CDU.

RÄUKER, Friedrich Wilhelm
Intendant i.R. (s. 1987) - Zu erreichen üb. NDR, Rothenbaumchaussee 132-134, 2000 Hamburg 13 - Geb. 1. Sept. 1928 - 1963-74 Westd. Rundfunk, Abt.leit., Hauptabt.leit.; 1975-80 Nordd. Rundf., Programmdir.; 1980-87 Intendant; 1984/85 ARD-Vors. - 1984 Bambi-Fernsehpreis Bild + Funk - Liebh.: Zeitgeschichtl. Studien, Gärtnerei, Bergsteigen.

RAFF, Fritz
Dipl.-Verwaltungswirt (FH), Oberbürgermeister Große Kreisstadt Mosbach, Baden - Waldstr. 21, 6950 Mosbach - Geb. 11. Febr. 1948 Ludwigsburg, ev., verh. s. 1971 m. Heidemarie, geb. Auer, 2 Kd. (Konstanze Julia, Konrad Friedrich) - Mittl. Reife, kaufm. Berufsfachsch., FH - 1971-76 Geschäftsf. Südwestdt. Journ.-Verb., 1977-85 Hauptgeschäftsf. Dt. Journ.-Verb.; Mitgl. ZDF-Fernsehrat (b. 1985). S. 1985 Oberbürgerm.; VR-Vors. Sparkasse Mosbach, Vors. Kreditaussch., AR-Mitgl. BAKOLA Leasings- u. Beteiligungs GmbH, Presseaussch. Dt. Städtetag.

RAFF, Gerhard
Dr. phil., Historiker, Schriftsteller - Karl-Pfaff-Str. 4a, 7000 Stuttgart-Degerloch (T. 0711 - 76 76 82) - Geb. 13. Aug. 1946 Degerloch, ev. - Stud. Ev. Theol. u. Gesch. Univ. Tübingen - BV: Chronik d. Stadt Stuttgart, 1978; Herr, schmeiß Hirn ran! D. schwäb. Gesch. d. G. R., 1985, 13. A. 1988; Hie gut Wirtemberg allewege, 2. A. 1988 - 1985 Thaddäus-Troll-Preis; 1989 Ritter v. Krummen Balken - Liebh.: Landwirtsch. - Spr.: Engl., Franz., Ital., Lat., Span., Griech.

RAFF, Werner Karl
Dr. med. (habil.), Prof., Mitglied Spartenleitung Pharma Schering AG (s. 1986) - Sigismundkorso 29, 1000 Berlin 28 (T. 406 17 70) - Geb. 21. Jan. 1937 Oberhausen (Vater: Karl R., Drogist; Mutter: Änne, geb. Drewes), ev., verh. s. 1965 m. Dr. med. Gerthild, geb. Preßler, 2 Kd. (Thorsten, Urte Karola) - Abit., Med. Staatsex. (Physiol. Herz-Kreisl.-Pharmakol.), Habil. 1972 Düsseldorf - 1972 Oberarzt Univ. Düsseldorf, 1974 Med. Dir. v. Heyden München, 1977 Hauptabt.leit. Med. Schering AG Berlin, 1983 Fachbereichsleit., Geschäftsf. Scherax GmbH, Hamburg, 1980-84 VR-Mitgl. DRK Krankenh. Berlin, s. 1986 s. o. - BV: ca. 70 Publ. üb. Physiol. u. Pharmakol. a. d. Herz-Kreisl.-Gebiet; Habil.sschr.: D. mech. Wirkung d. Herzkontrakt. u. d. intraventrikulären Druckes a. d. Coronarwiderst., 1972; Aktuelle Probl. z. Stomaversorgung, 1975 (m. K. Arnold); Bekämpfung d. infekt. Hospitalismus d. antimikrobielle Dekontamination, 1976 (m. H. P. R. Seeliger u. M. Dietrich), 1973 Hörlein-Preis - Spr.: Engl.

RAFFÉE, Hans
Dr. rer. pol., o. Prof. f. Allg. Betriebswirtschaftslehre u. Marketing Mannheim (s. 1969) - O 3, 1, 6800 Mannheim (T. 10 35 70) - Geb. 13. Aug. 1929 Danzig (Vater: Hugo R., Kaufm.; Mutter: Meta, geb. Thurnau), ev. - Univ. Frankfurt/M. (Betriebsw.; Dipl.-Kfm. 1955). Promot. (1960) u. Habil. (1969) Frankfurt - 1955-61 wiss. Assist.; 1962-64 Direktionsassist. - BV: Kurzfrist. Preisuntergrenzen als betriebsw. Problem, 1961; Konsumenteninformation u. Beschaffungsentscheidung, 1969; Grundprobleme d. Betriebsw.lehre, 1974; Irreführende Werbung, 1976 (m. Gosslar/Hiss/Kandler u. Welzel); Wissenschaftstheoret. Grundfragen d. Wirtschaftswissensch., 1979 (m. Abel); Marketing u. Umwelt, 1979; Informationsverh. d. Konsumenten (hrsg. zus. m. G. Silberer), 1981; Warentest u. Unternehmen (hrsg. zus. m. G. Silberer), 1984; Strateg. Marketing (hrsg. zus. m. K.-P. Wiedmann), 1985 - 1960 Preis Henry-Oswalt-Stiftg. (f. d. beste Diss.) - Spr.: Engl., Franz.

RAFFERT, Joachim
Generalsekretär Intern. Kulturpolitik - Keßlerstr. 9, 3200 Hildesheim (T. 05121 - 3 28 01) - Geb. 16. März 1925 Hildesheim, verh. s. 1954 m. Inge, geb. Fiedler, 2 Söhne (Joachim, Jascha) - 1941-43

Redaktionsvolontär, 1943-45 Soldat, 1945 Bauhilfsarb., 1946-48 Marionettenspieler, 1947 Ext. Abit., 1948-72 Journalist/Pol. Redakteur, s. 1949 SPD, 1959-68 Ratsherr Hildesheim, 1965-72 MdB, 1966-87 Vorst.-Mitgl. bzw. Vors. Landesverb. Volkshochsch. Nieders., 1969-72 Präs. Filmförderungsanst., s. 1970 Kurator Friedr.-Ebert-Stiftung, 1972 Parlamentar. Staatssekr. im Bundesmin. Bildung u. Wissenschaft (zurückgetr.), 1972-82 Kurator Stiftung Volkswagenwerk, s. 1973 Generalsekr. Intern. Arbeitskr. Sonnenberg, s. 1973 Vors., s. 1980 Präs. Bibliotheksges. Nieders., s. 1980 Vors. Dt.-Sowjet. Ges. Nieders., s. 1980 stv. Vors. Gustav-Stresemann-Inst. - BV: D. Handpuppe - Herstell. u. Spiel, 1949; Hildesheim - Porträt e. Stadt, 1963; D. Bürger u. s. Rathaus, 1964; Verfass. u. Struktur d. Gemeinden u. Kreise in Nieders., 1964 - Bildung u. Ausbildung, Perspektiven d. 70er Jahre, 1966; Hildesheim - Wege durch d. Stadt u. ihre Gesch., 1982/87 - 1970 Gold. Ehrenmed. Dt. Filmwirtschaft; BVK - Liebh.: Puppensp. - Spr.: Engl.

RAFFLER, Hans

Versicherungskaufmann, Vorstandsmitgl. Münchener Rückversicherungs-Ges. (b. 1978 stv., dann o.) - Königinstr. 107, 8000 München 40 - Member of the Board Munich American Reassurance Co., Atlanta, Munich American Reinsurance Co., New York, Allianz Insurance Co. New York u. Los Angeles, Fidelity Union Life Insurance Company Dallas, North American Life and Casualty Company, Minneapolis.

RAGUSE, Thomas

Dr. med., Prof., Chefarzt Chir. Klinik, Ev. Krkhs. Mülheim-Ruhr - Zu erreichen üb. Chir. Klinik, Ev. Krkhs., Wertgasse 30, 4330 Mülheim-Ruhr - Geb. 9. Dez. 1943 Lauenburg/Pommern, ev., verh. m. Sabine, geb. Klohn, 2 Kd. - Approb. 1971; Promot. 1973; Habil. 1980 - 1983 Prof. RWTH Aachen, Kommiss. Leitg. Abt. Chir. Üb. 90 Publ. - Spr.: Engl.

RAHARDT, Friedrich

Rechtsanwalt, Mitgl. Hbg. Bürgerschaft (s. 1966, CDU) - Beselerstr. 3, 2000 Hamburg 52 (T. 89 34 48; Büro: 34 05 11-12) - Geb. 25. März 1920 Marburg/L., verh., 2 Kd. - Schulen Osnabrück u. Arolsen; Stud. Rechts-, Staatswiss., Phil. Jurist. Staatsex. 1941 (Göttingen) u. 1950 (Hamburg) - S. 1951 Anwaltspraxis Hamburg.

RAHARDT-VAHLDIECK, Susanne

Rechtsanwältin, Mitgl. Hamburg. Bürgerschaft (1982, 1986ff.) - Großneumarkt 24, 2000 Hamburg 11 (T. 040 - 34 05 11) - Geb. 23. Febr. 1953 Göttingen (Vater: Friedrich Rahardt, Abgeordn., s. dort), ev., verh. s. 1986 m. Heino Vahldieck, Abgeordn. (s. dort), T. Harriet - Stud. Rechtswiss. Univ. Hamburg; gr. jurist. Staatsex. 1983 - 1983-86 Landesvors. Junge Union Hamburg; 1984-88 Mitgl. CDU-Landesvorst.

RAHE, Jürgen

Dr. rer. nat., Prof. f. Astrophysik, Direktor Astronom. Inst./Univ. Erlangen-Nürnberg - Sternwartstr. 7, 8600 Bamberg - Geb. 30. Juni 1939 Melle (Vater: Heinrich R., Beamter; Mutter: Elfriede, geb. Schinke), ev., verh. s. 1972 m. Hazel, geb. Burcher, T. Isabell) - Abit. Gymn. Melle; Promot 1966 Univ. Hamburg; Habil 1971 TU Berlin - S. 1974 Univ. Erlangen (Wiss. Rat u. Prof.; 1977 apl. Prof. f. Astrophysik). Zahlr. Facharb.

RAHL, Mady

Schauspielerin, Chansonsängerin - Steinhauser Str. 14, 8000 München 80 (T. 47 65 12) - Geb. 3. Jan. Berlin, 3x gesch. - Lyz. Berlin; Tanz- u. Theaterausbild. - Bühne, Film, Fernsehen - Liebh.: Malen (Blumen, Portraits).

RAHLFS, Wilhelm

Senator d. Behörde f. Wirtschaft, Verkehr u. Landwirtsch. Fr. u. Hansestadt Hamburg (s. 1987) - Alter Steinweg 4, 2000 Hamburg 11 (T. 34 91 21) - Zul. Projektbeauftr. in d. Wirtschaftsbeh.

RAHN, Gottfried

Dr. phil., em. o. Prof. f. Schulpäd. - Am Kanonenwall 1, 3000 Hannover (T. 32 41 81) - Geb. 12. April 1909 Costewitz (Vater: Otto R., Lehrer; Mutter: Rosa, geb. Schäfer), vd., verh. s. 1936 m. Elfriede, geb. Gutmann - Oberrealsch. Riesa/Elbe; 1928-30 Päd. Inst. Leipzig; 1930-32 Univ. Leipzig (Promot. b. Prof. Theodor Litt) - 1932-55 Volksschullehrer; s. 1946 Mitarb. u. Leit. (1966) Zentralst. d. Forschungskr. f. d. Sprechspur; s. 1955 Hochschullehrer (1967 Prof. f. Schulpäd. Univ. Hannover); 1982-89 Präs. d. Tutmonda-Parolspuro-Asocio, Fribourg - BV: Britsch u. Klages - Z. phil. Grundleg. dt. Kunsterzieh., 1934; D. Sprechspurgedanke - e. Versuch s. begriffl. Einordnung in d. Zusammenhang d. Wiss. v. Sprache u. Schr., 1952; Wie lernt man d. Unterrichten? 3. A. 1974; Umgang m. Zahlen - e. Didaktik d. Math.unterr., 1967ff. Schriftl.: Halbj.schr. Sprechen u. Spuren (1950-89) - Liebh.: Frühgesch. (Höhlenmalerei u. -graphik), Fotogr. - Spr.: Engl., Franz.

RAHN, Hartmut

Dr. phil., Generalsekretär u. geschäftsf. Vorstandsmitgl. Studienstiftung d. dt. Volkes (s. 1970) - Am Römerhof 38, 5480 Remagen - Geb. 14. Febr. 1930 Fürstenwalde (Vater: Dr. Dietrich R., Studiendir.; Mutter: Martha R., geb. Liebig), ev., verh. s. 1963 m. Dr. Annemarie, geb. Gassert, Sohn Hans Christoph - Gymn. Stolp, Salem; Univ. Marburg, London, Amherst, Frankf. (Angl., German., Soziol.). Promot. 1962 - 1959 Studienstift. (1970 Hgf., 1974 Generalsekr.); Vors. Dt. Komm. United World Colleges; Dir. Inst. f. Test- u. Begabungsforsch. - BV: The Atlantic Monthly, 1962; Interessenstruktur u. Bildungsverhalten, 1977; Talente finden, Talente fördern, 1985, Jugend forscht, 1986. Artikel z. Frage d. Begabungsforsch. - Spr.: Engl., Franz., Ital.

RAHN, Klaus

Regierungsdirektor, Ref. f. Gewerbe-, Handwerks-, Genossenschafts-, IHK-, Rennwettrecht u. f. Wirtschaftsprüferangelegenh. Behörde f. Wirtschaft, Verkehr u. Landw. - Alter Steinweg 4, 2000 Hamburg 11.

RAHN, Theo

Dipl.-Ing., Präsident Bundesbahn-Zentralamt München - Arnulfstr. 19, 8000 München 2.

RAHTE, Robert

Forstmeister a. D., Mitinh. H. G. Rahte, Wietze - Steinförder Str. 63, 3109 Wietze/Nieders. - Geb. 25. März 1910 - Div. Ehrenstell., dar. Ehrenvors. Landesverb. Nieders. Forstsamen- u. -pflanzenbetriebe, u. Erzeugergem. f. Qualitätsforstpflanzen Nordwestdeutschl., u. Komitee d. Forstbaumschulen in d. EG.

RAIBLE, Wolfgang

Dr. phil., Prof. f. Romanische Philologie, Fennistik, Textlinguistik - Anemonenweg 8, 7800 Freiburg (T. 55 11 44) - Geb. 1. März 1939 Stuttgart (Vater: Karl R., Bundesb.dir.; Mutter: Else, geb. Maurer), ev., verh. s. 1966 m. Hannelore, geb. Putzke, 3 Söhne (Sebastian, Florian, Julian) - Gymn. Stuttgart, Stud. klass. u. roman. Philol. Kiel, Innsbruck, Poitiers, Salamanca, Promot. Kiel 1965, Habil. Köln 1971. Wiss. Assist. Harald Weinrich Köln, s. 1971 apl. Prof., 1975 o. Prof. GH Siegen, 1978 o. Prof. Freiburg, 1986 o. Mitgl. Akad. d. Wiss. Heidelberg - BV: Satz u. Text, 1972; Mod. Lyrik in Frankr., 1972; Textsorten (m. E. Gülich), 1972 u. 2. 1975; Ling. Textanal. (m. E. Gülich, K. Heger), 1974 u. 2. 1980; Roman Jakobson, Schr. z. Ling. u. Poetik, 1974; Z. Objekt in Finn., 1976; Ling. Textmod. (m. E. Gülich) 1977 (span. 1983); Z. Semantik d. Franz. (m. H. Stimm), 1982; Zw. Festtag u. Alltag, 1988; Romanistik, Sprachtypologie u. Universalienforsch., 1989 - Spr.: Roman. u. klass. Sprachen, Finn.

RAIDA, Wilhelm

Apotheker, Geschäftsf. Link & Partner GmbH (s. 1982), Präs. Bundesverb. Dt. Apotheker (s. 1981) - Rheinstr. 25, 6100 Darmstadt (T. 06151-29 23 23) - Geb. 3. Mai 1946 - Abit. 1965 Darmstadt; Vorex. 1967 Stuttgart, 1969-72 Stud. Pharm.; Staatsex. Karlsruhe - S. 1972 Apotheken-Inh. Darmstadt - Vorst.-Mitgl. Hess. Apothekerverein, Beauftr. f. Öffentlichkeitsarb., s. 1985 AR-Vors. MBS Management-Beratungs- u. Schulungsges. mbH Langenau - Liebh.: Hundezucht - Spr.: Engl., Franz., Span.

RAIDEL, Hans

I. Bürgermeister Stadt Oettingen - Rathaus, 8867 Oettingen/Bay. - Geb. 11. Juli 1941 Lechnitz/Siebenb. - Zul. Stadtoberinsp. CSU.

RAIDT, Fritz

Dr., Dipl.-Volks., Prof., Vorstandsmitglied Dt. Versicherungsakad. München - Weggenrode 2, 4518 Bad Laer - Geb. 16. Sept. 1923, verh., 3 Kd. - Human. Gymn., Abit.; Stud. Univ. Münster; Dipl.-Volksw.; Promot. Bochum. Lehrbeauftr. Wiss. Hochsch. f. Untern.führung Koblenz - BV: D. Ungleichung Fusion, 1972 - Hon.-Prof. Univ. Mainz.

RAINER, Alois

Metzger, MdB (s. 1968, CDU/CSU-Fraktion; Wahlkr. 216/Straubing) - Haibach/Ndb. (T. 09963 - 5 17) - Geb. 16. Juni 1921 Untergrub/Ndb., kath., verh. 1947 m. Berta, geb. Wagner, 6 Kd. - Volkssch.; landw. Ausbild.; n. Kriegsdst. (Luftw., Fallschirmj.; verwundet) Metzgerhandw. - S. 1947 selbst. (Übern. Metzgereibetrieb, Gast- u. Landw.). 1948 ff. Bürgerm. Gde. Haibach. 1958-72 MdK Bogen; 1958-66 MdL Bayern. CSU s. 1948 (1958 Kreisvors.) - Vorf. alteingesess. Bauerngeschlecht.

RAINER, Arnulf

Maler u. Grafiker - Schloss Vornbach, 8399 Neuhaus/Inn - Geb. 1929 Baden b. Wien - BV: Hirndrang - Selbstkommentare u.a. Texte zu Werk u. Person, 1980 - 1981 Max-Beckmann-Preis Stadt Frankfurt/M. (f. d. Bereitschaft z. künstler. Risiko) - Lit.: Ausstellungskataloge.

RAISER, Thomas

Dr. jur., o. Prof. f. Privatrecht, Wirtschaftsr. u. Rechtssoziol. Univ. Gießen - Goethestr. 23, 6302 Lich (T. 06404 - 14 76) - Geb. 20. Febr. 1935 Stuttgart (Vater: Rolf R., Versicherungsdir.; Mutter: Elisabeth, geb. Küster), ev., verh. s. 1968 m. Sitta, geb. Bulling, 4 Kd. (Max, Cäcilie, Bettina, Georg) - Stud. d. Rechtswiss. Univ. Tübingen, Bonn, Berlin (Freie), Hamburg; Promot. 1962; Habil. 1969 - Vorst.-Mitgl. d. Vereinig. f. Rechtssoziologie - BV: D. Unternehmen als Organisation, 1969; Einführung in d. Rechtssoziologie, 4. A. 1985; Grundgesetz u. paritätische Mitbestimmung, 1975, D. Ausperr. n. d. Grundgesetz 1975; Kommentar z. Mitbestimmungsgesetz, 2. A. 1984; Recht d. Kapitalges., 1983; Rechtssoziologie, 1987 - Spr.: Engl.

RAJEWSKY, Manfred Fedor

Dr. med., o. Prof. u. Direktor Institut f. Zellbiologie (Tumorforschung) Univ. Essen (s. 1975) - Elsaßstr. 88, 4300 Essen (T. 0201 - 46 64 09) - Geb. 24. Juli 1934 Frankfurt/M. (Vater: Boris N. R. †, Dir. MPI f. Biophysik, Frankfurt; Mutter: Olga, geb. Kromm †), verh. s. 1964 m. Helga, geb. Keilholz, 2 Kd. (Gregor Paul, Irina Olga) - 1954-60 Med., Biophysik Univ. Frankfurt, Freiburg/Br., Paris. Med. Staatsex. 1960 Frankfurt; Promot. 1960 Freiburg/Br.; Habil. (Biophysik u. Tumorbiol.) 1971 Tübingen; 1974 apl. Prof. Univ Tübingen - 1962-68 Wiss. Mitarb. MPI f. Biophysik, Frankfurt; 1964-65 Research Fellow, Inst. of Cancer Research, London, 1966-67, Stanford Univ. School of Medicine, Palo Alto, Calif.; 1983 Visiting Prof., Harvard Univ., Boston USA; 1968-75 Max-Planck-Inst. f. Virusforsch. Tübingen - Mitgl. zahlr. in- u. ausl. wiss. Ges.; s. 1983 Vors. d. Senatskommiss. f. Krebsforsch. d. Dt. Forschungsgemeinsch. - Veröff. in intern. Fachztschr., Buchbeitr. üb. Krebsentsteh., Zell- u. Tumorbiol. - 1970 Gerhard-Domagk-Preis f. Krebsforsch.; 1974 Salzer-Preis f. Krebsforsch. Land Bad.-Württ.; 1976 Wilhelm-Warner-Preis f. Krebsforsch.; 1987 Ehrenmitgl. Japanese Cancer Assoc.; 1989 Dt. Krebspreis - Spr.: Engl., Franz.

RAKE, Heinrich

Dr.-Ing., Prof. f. Regelungstechnik RWTH Aachen - Hasenwaldstr. 8, 5100 Aachen - Geb. 8. Juni 1936 Rostock - Dipl.-Ing. 1963 TH Hannover, Promot. 1965 ebd.; Habil. 1969 RWTH Aachen - 1971 Wiss. Rat u. Prof. f. Systemtheorie, RWTH Aachen; 1977 o. Prof. f. Regelungstechn. u. Ltr. d. Inst. f. Regelungstechn. Aachen - Entd.: Regelverf. f. Brennproz. u. Baumwollkarden, adapt. Schaltregler.

RAKETTE, Egon H.

Schriftsteller - Hainbuchenweg 4, 5486 Remagen-Oberwinter (T. 02228 - 18 90) - Geb. 10 Mai 1909 Ratibor/OS., ev., verh. s. 1941 m. Margrit, geb. Görig, 3 Kd. - Gymn.; Bauhaus Dessau; Städtebauinst. Paris; Verw.akad. Breslau - 1936-45 Oberpräsid. Schles., 1948-49 Büro Ministerpräs. d. amerik., brit. u. franz. Besatzungsgebietes Wiesbaden, 1949-74 Bundesrat. Vors. Wangener Kr. (1969ff. Ehrenvors.); Vizepräs. Kulturwerk d. vertriebenen Deutschen (s. 1960; 1953-60 Präs.), West-Ost-Kulturwerk (stv. Präs. s. 1972, Ehrenpräs. s. 1976); 1976-84 Vizepräs. Europ. Union geg. d. Mißbrauch d. Tiere, Zürich - BV: 3 Söhne, R. 1939; Planwagen, R. 1940; Anka, R. 1942, NA. 1959; Heimkehrer, R. 1948; Mit 24 liegt d. Leben noch vor uns, 1952; Gifhorn u. d. Freiheit, N. 1963; Rauch aus d. Herbergen, Ged. 1964; Schymanowitz oder D. ganze Seligkeit, R. 1965; Republik d. Heimatlosen, Erz. 1969; D. Bürgerfabrik, R. 1970; Bauhausfest m. Truxa, R. 1973; Zeichengebungen, Ged. 1975; Sie alle sind wie wir, Erz. 1976; Grenzüberschreit. - Zueinander in Erz. Anthol. 1976; D. Andere bist Du, Erz. 1978; Häuser haben viele Fenster, Erz. 1979; Widmungen, Ged. 1979; Hommage f. Ernst Alker, 1983; D. sprachlosen Brüder, Tiergesch. 1984; Im Zwiespalt d. Zeit - Unter Literaten u. Präsidenten, Autobiogr. 1985; Demokratieverständnis u. Tierschutz, Ess. 1986. Herausg. (Mitverf.): Abschied und Begegnung (Anthologie schlesischer Dichter, 1954), Forum (Wangener Blätter f. Kunst, Kultur, Dicht.), Ost-West-Forum (Almanach f. Kunst u. Dicht., 1955), Schles. Feierstd. (Max Tau, 1957; Arnold Ulitz, 1958; E. H. R., 1959), Wangener Anthol. (Bd. I: Freunde, 1960, II: Gefährten, 1968), Ernst u. Aussaat (1973), Hommage f. Max Tau (1975), Hommage f. Paul Luchtenberg (1975), Zueinander (1976), Max Tau - D. Freund d. Freunde (1977), Mitverf. e. Reihe v. Erz. in Taschenbüchern - 1942 Ausl.sd. Lit.pr. Stuttgart, 1944 Ehrenbecher Stadt Ratibor, 1959 Gold. Eichendorff-Plak. Hannover, Gold. Nadel Wangener Kr. Schles. Künstler, 1960 Silb. Plak. Dt. Eichendorff-Museum Wangen; 1963 Paul Barsch-, 1964 Eichendorff-Lit.preis, Erzählerpreis Köln (1972) u. Düsseldorf (1973); Ehrengabe Andreas Gryphius-Pr. (1974); 1974 BVK I. Kl.; 1975 Gustav-Freytag-Plak.; 1979 Gold-Med. Pro Humanitate Mainz - Lit.: E. Alker, D. Werk E.H.R., 1959; A. M. Kosler, Profile oberschles. Dicht. 1959; A. Lubos, Profile u. Deutungen, 1960; Prof. Dr. Alker, Dt. Lit. 1914-1970 (1975); Franz Lennartz, Dt. Dichter u. Schriftst. unserer Zeit (1963-74); v. Wilpert, Lexik. d. Weltliteratur (1963); Lubos, Gesch. d. schles. Lit. (1974).

RAKOB, Friedrich Ludwig
Dr.-Ing., Prof., Wiss. Oberrat, Referent f. röm. Baugeschichte Dt. Archäol. Inst. Rom (s. 1962), Honorarprof. Univ. Karlsruhe (s. 1971) - Zu erreichen üb.: Dt. Archäol. Inst., Via Sardegna 79, I-00187 Rom (T. 46 56 17) - Geb. 25. Juli 1931 Ennigloh (Vater: Hermann R., Baumeister; Mutter: Elisabeth, geb. Christofzik), ev. - Stud. 1952-55 TH München (Arch.) u. Univ. M. (Phil., Logistik), 1955-58 TH Karlsruhe (Arch.). Dipl. 1958 u. Promot. 1967 Karlsruhe - Assist. Inst f. Baugesch. TH Karlsruhe; 1963-64 Reisestip. Dt. Archäol. Inst.; Untersuch. röm. Villen u. Gewölbebauten in Ital., Leit. Ausgrab. in Chemtou u. Karthago (Tunesien), Untersuch. zu röm. u. hellen. Arch. i. Tunesien u. Algerien - BV: Röm. Arch. in: Propyläen-Kunstgesch. 2. 1968; D. Rundtempel am Tiber in Rom, 1973. Ztschr.aufs. - 1968 Korresp. Mitgl. Dt. Archäol. Inst.; 1969 T. Warscher-Award; 1979 o. Mitgl. Dt. Archäolog. Inst. - Liebh.: Samml. nordafrik. Textilien, franz. Lit. 18. u. 19. Jh. - Spr.: Ital., Franz., Engl.

RAKUSA, Ilma

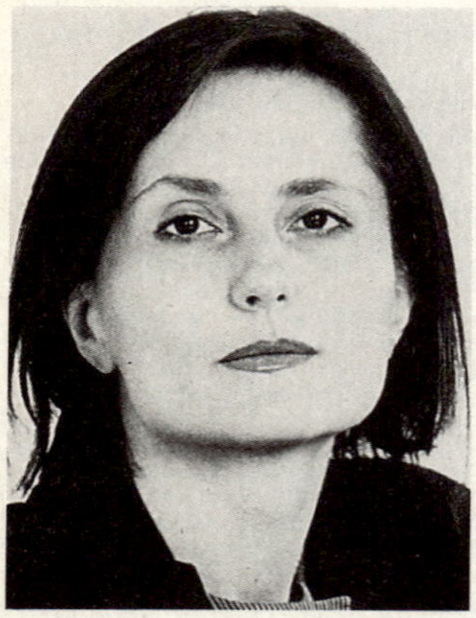

Dr. phil., Lehrbeauftragte Univ. Zürich, Übers., Schriftst. - Richard Kissling-Weg 3, CH-8044 Zürich - Geb. 2. Jan. 1946, kath., gesch., 1 Kd. - Stud. Slav. u. Roman. Univ. Zürich, Paris (Sorbonne) u. Leningrad; Promot. 1971 Zürich - BV: Stud. z. Motiv d. Einsamkeit in d. russ. Lit., Diss. 1973; Wie Winter, Ged. 1977; Sinai, 1980; D. Insel, Erz. 1982; Miramar, Erz. 1986. Herausg.: Dostojewskij in d. Schweiz (1981); M. Duras Materialien (1988); Anna Achmatowa, Ged. (1988). Übers.: A. Remisow, D. gold. Kaftan u. a. Märchen (1981); Danilo Kiš, E. Grabmal f. Boris Dawidowitsch (1983); Marguerite Duras, Sommer 1980 (1984); Marguerite Duras, D. Liebhaber (1985); Marina Zwetajewa, Mutter u. d. Musik (1987); Danilo Kiš, Sanduhr (1988); Michail Prischwin, Meistererz. (1988); Marguerite Duras, D. tägliche Leben (1988) - 1986 Ehrengabe d. Stadt Zürich; 1987 Hieronymus-Ring; Ehrengabe d. Kantons Zürich - Liebh.: Cembalo- u. Klavierspiel, Zentralasien - Spr.: Engl., Franz., Russ., Poln., Serbokroat., Sloven., Ungar.

RALL, Hans
Dr. phil., Prof. f. mittl., neuere u. bayer. Gesch., Archivdirektor a. D., Inst. f. bayer. Gesch. a. d. Univ. München - Ludwigstr. 14, 8000 München 22; priv.: Gebelestr. 23, 8000 München 80 - Geb. 6. Febr. 1912 Frankenthal/Pfalz (Vater: Joseph R., OLG-Rat; Mutter: Elisabeth, geb. Poehlmann), kath., verh. s. 1964 m. Marga, geb. Schwappacher, 2 Töcht. (Elisabeth, Amelie) - Ludwigs-Gymn. u. Univ. München. Promot. 1935 u. Habil. 1947 München - S. 1947 Lehrtätigk. Univ. München (1954 apl. Prof. f. mittl. u. neuere sow. bayer. Gesch.). S. 1954 Mitgl., 1973-83 2. Vors. Kommiss. f. Bayer. Landesgesch. Bayer. Akad. d. Wiss.; 1967 Präs. Dt.-Griech. Ges., München - BV: Zeitgeschichtl. Züge im Vergangenheitsbild mittelalt., namentl. mittellat. Schriftsteller, 1937, 2. A. 1965; Friedr. d. Gr., Gedanken e. Herrschers, 1943; Kurbayern, 1952, 2. A. 1987; Kg. Ludwig II. u. Bismarcks Ringen um Bayern 1870/71, 1973; Zeittafeln z. Gesch. Bayerns u. d. m. Bayern verknüpft. oder darin aufgegang. Territorien, 1974; Kg. Ludwig II., 7. A. 1987 (m. Petzet u. Merta); Kurf. Max Emanuel d. Blaue Kg., 1979 (m. G. Hojer); D. Wittelsbacher in Lebensbildern (m. M. Rall), 1986; Wittelsbacher Hausverträge d. späten Mittelalters, d. haus- u. staatsrechtl. Urk. d. Wittelsbacher v. 1310, 1329, 1392/3, 1410 u. 1472 (m. R. Heinrich, B. Mayer, W. Gericke, Ch. Fischer u. U. u. J. Spiegel), 1987 - 1967 Komtur d. kgl. griech. Georgiosordens - Liebh.: Malerei, Plastik - Spr.: Lat., Griech., Neugriech., Engl., Franz., Ital., Russ. - Bek. Vorf.: Stephan Frh. v. Stengel, kurbayer. Oberlandesreg.vizekanzler u. Vorst. Kurpfälz. Dt. Ges. (5. Grad gerader Linie).

RAMBACHER, Richard H.
Werbekaufmann, Geschäftsführer Fa. Rambacher Direkt Marketing GmbH, Fa. Rambacher Response Media GmbH, Kompl. Fa. Komma Ges. f. kommunikatives Marketing & Vertrieb KG - Schachhauser Ring 110, 2800 Bremen 1 (T. 0421 - 34 20 08) - Geb. 16. Okt. 1934 Bremen, kath., verh. m. Christiane, 4 Kd. (Kirsten, Claudia, Christoph, Kathrin) - Industriekfm. - Präs. Werbefachverb. Wirtschaftsraum Bremen; 1. Vors. Akad. f. Werbung Bremen - Liebh.: Astronomie, Gesch., Sport - Spr.: Engl.

RAMBOLD, Erich
Landrat Kr. Mühldorf (s. 1970), Präsident Bayer. Sparkassen- u. Giroverb. (s. 1979) - Landratsamt, 8260 Mühldorf/Inn - Geb. 22. Nov. 1937 Berlin - Jurastud. - Rechtsanw.

RAMCKE, Rolf
Dipl.-Ing., Prof. f. Architektur FU Berlin - Eichenweg 76, 3000 Hannover 51 (T. 65 17 18) - Geb. 4. Nov. 1933 Alveslohe/Segeberg (Vater: Karl R., Sparkassenleit.; Mutter: Charlotte, geb. März), verh. s. 1960 m. Marion, geb. Schüll, 4 Kd. (Sabine, Tatjana, Timm, Nannette) - 1954-62 Arch.Stud. TH Hannover; Dipl.-Ing. 1962 ebd. - S. 1962 Hochbauamt Stadt Hannover; 1975-79 Gast-Doz. FU Berlin, s. 1979 Hon.-Prof. FU Berlin. 1976-83 Baukommiss. d. DBI - Herausg. u. Mitverf. mehr. arch. u. bibl. Fachb., üb. 30 Veröff. in d. wicht. Fachztschr. - Bauwerke: Hochsch. f. Musik u. Theater, Hannover; Stadtbibl. Hannover; Arkaden Altes Rathaus, Hannover u.a. - Architekturpreise BDA - Spr: Engl., Franz.

RAMDOHR, von, Wilken
Rechtsanwalt, Geschäftsf. Kuratorium d. Stiftung Jakob Fugger-Medaille u. Arbeitsgem. LA-MED Weseranalyse mediz. Zeitschriften e. V. - Residenzstr. 13, 8000 München 2 (T. 29 21 19); priv.: Freihamer Str. 26, 8032 Gräfelfing/Obb. (T. München 85 52 21) - Geb. 2. Sept. 1906 Hamburg (Vater: Otto v. R., Generalmajor; Mutter: geb. Rühl), verh. m. Paula, geb. Schneider - S. 1932 RA München - Kriegsausz. - Bek. Hockeyspieler.

RAMELOW, Tomas H.
Botschafter a. D. - Ohmstr. 9, 6600 Saarbrücken u. Forêt Linguizzetta/Corse - Geb. 14. Febr. 1910 Berlin (Vater: Hans R., Rechtsanwalt, gef. 1916; Mutter: Editha, geb. Steinheuer), ev., verh. s. 1937 m. Irmgard, geb. Müller-Lampert, 2 Töcht. (Ursula, Karin) - Landschulheim am Solling, Holzminden; Univ. Frankfurt/M. u. Berlin (Rechtswiss.). Staatsex. 1934; Diplomat.-konsular. Prüf. 1937 - Ab 1935 Ausw. Dienst (1937 Marseille, 1938 Caràcas, 1940 Baranquilla), 1942-45 Kriegseins. (zul. Obergefr.), 1946-1957 fr. Wirtschaft, Ausw. Dienst: 1958-60 Wirtsch.-Ref. Botsch. Neu-Delhi, 1960-64 Damaskus, 1964-68 Ksl. Concepción/Chile, 1968-72 Botsch. Madagaskar u. Mauritius - 1968 Großoffz.kreuz chilen. VO., Kommand. syr. VO., Großkommand. u. Bd. u. Stern mad. VO., BVK I. Kl. - Liebh.: Archäologie, bes. frühe Keramik - Spr: Franz., Engl., Span. - Rotarier - Bek. Vorf.: Hermann Wendeburg, Mitbegr. brasilian. Stadt Blumenau, erste dt. Auslandsschule (Urgroßv. ms.).

RAMGE, Hans
Dr. phil., Prof. Univ. Gießen - Tilsiter Str. 3, 6301 Biebertal (T. 06409 - 78 18) - Geb. 9. Aug. 1940 Berlin, verh. s. 1967, 2 S. (Peter, Thomas) - Promot. 1967 Univ. Mainz; Habil. 1975 Univ. Gießen - 1964-69 Gymnasiallehrer; 1970-75 Akad. Rat u. Oberrat in Gießen, 1975-78 Prof. Univ. Saarbrücken; s. 1978 Prof. in Gießen - BV: D. Siedlungs- u. Flurnamen d. Stadt- u. Landkr. Worms, 1967; Spracherwerb, 1973; Spracherwerb u. sprachl. Handeln, 1976; Alltagsgespräche, 1978. Herausg.: Stud. z. sprachl. Handeln im Unterr. (1980); Dialektwandel im mittl. Saarland (1982); Hess. Flurnamenatlas (1987); Authentische Texte in d. Vermittlg. d. Dt. als Fremdsprache (1988). Mithrsg.: Zw. d. Sprachen (1983).

RAMGE, Joachim
Dr. jur., Dipl.-Volksw., Rechtsanwalt u. Syndikus, Hauptgeschäftsf. Verb. d. Textileinzelhandels, gf. Vorstandsmitgl. Verb. d. Schuheinzelhandels, Fachverb. d. Möbelhandels, alle Baden-Württ.; Geschäftsf. Wirtschaftsdienst d. Einzelhandels GmbH, Bildungszentrum d. Einzelhandels Baden-Württ.; Vors. Vereinig. d. Geschäftsf. v. Einzelhandelsorg. - Weinbergewg 88, 7000 Stuttgart 80 (T. 0711-68 14 06) - Geb. 7. Dez. 1923 Grebenhain, ev., verh. s. 1951 m. Isolde, geb. Wurm, T. Simone - Stud. Jura u. Volksw. Univ. Erlangen; Refer.-Ex. 1949; Promot. 1950, Dipl. rer. pol. (1951), Gr. jurist. Staatsex. 1953 - 1984 BVK I. Kl. - Liebh.: Jagd, Reisen, Briefmarken - Spr.: Engl., Franz.

RAMKE, Günter
Beratender Ingenieur VBI, Mitgl. Brem. Bürgerschaft (1967-75) - Schwaneweder Str. 48a, 2820 Bremen 71 (T. 60 37 38/ 60 50 01) - Geb. 10. Sept. 1930 Blumenthal, verh., 2 Kd. - Realschule, Staatl. Ing.sch. f. Bau- u. Vermessungsw. Oldenburg (Ing.ex. 1956) - 1956-67 Bault. i. Straßen- u. Tiefbau; s. 1968 Inh. Ing.Büro f. Straßen- u. Tiefbau, Wasserwirtsch. u. Verm.Techn.

RAMLER, Hans Gerhard
Gewerkschaftssekretär, MdL Schlesw.-Holst. (s. 1971) - Rögen 24, 2430 Sierksdorf (T. 04563-81 91) - Geb. 13. Juli 1928 Kiel, 1 Kd. - Mittelsch. Kiel; 1946-49 Drogistenlehre ebd. - 1949-51 Verwaltungsangest. Kiel (Berufsberat.); s. 1951 Angest. DAG Kiel (b. 1959 Landesjugendleit., dann -bildungssekr. u. Ref. f. Org., Presse u. Werb., 1975 Landesref. f. berufl. Bild.). SPD s. 1952 - 1976 BVK am Bd., 1983 BVK 1. Kl.

RAMM, Klaus
Dr. phil., Prof. f. Literaturwiss., Literaturkritik u. Germanistik Univ. Bielefeld, Verleger - Hengstenbergerstr. 11, 4905 Spenge (T. 05225 - 90 90) - Geb. 15. Nov. 1939 Hamburg-Altona (Vater: Bruno R., Kaufm.; Mutter: Elisabeth, geb. Hinsch), ev., verh. s. 1969 m. Anita, geb. Rehder - Stud. German., Phil. u. Psych. Univ. Graz, Tübingen, Westberlin, Kiel u. Würzburg; Promot. 1969 - 1969-72 Verlagslektor; 1973 Rundf.- u. Fernsehjournalist; 1973-76 wiss. Assist.; s. 1976 Prof. in Bielefeld - BV: Reduktion als Erzählprinzip b. Kafka, 1971. Herausg.: Franz Jung, Gott verschläft d. Zeit, (1976); Oskar Pastior, Jalousien aufgemacht - E. Lesebuch (1987); mehrere Fernsehfilme, versch. Arb. z. Lit. d. 20. Jh. - 1985 Zeit-Preis f. kl. Verlage.

RAMM, Thilo
Dr. jur., o. Prof. f. Bürgerl. u. Arbeitsrecht - Brahmsweg 11A, 6100 Darmstadt (T. 71 34 38) - Geb. 4. April 1925 Darmstadt (Vater: Hermann R., kaufm. Angest.; Mutter: geb. Ritzert), verh. 1955 m. Dr. jur. Renate, geb. Kurz, S. Johann Christoph - Univ. Marburg u. Frankfurt/ M. Promot. 1949 Marburg; Habil. 1953 Freiburg; Staatsex. 1951 - S. 1953 Lehrtätigk. Univ. Freiburg (1961 apl. Prof.), Gießen (1963-77 Ord.) u. Fernuniv. Hagen (1977) - BV (1953-85): Ferdinand Lassalle als Rechts- u. Sozialphilosoph, D. gr. Sozialisten als Rechts- u. Sozialphil., D. Anfecht. d. Arbeitsvertrags, D. Parteien d. Tarifvertrags, D. Freiheit d. Willensbild., Kampfmaßnahmen u. Friedenspflicht im Dt. Recht, D. Arbeitskampf u. d. Gesellschaftsordnung d. Grundgesetzes, Einführung in d. Privatrecht/Allg. Teil d. BGB (3 Bde.), Koalitions- u. Streikrecht d. Beamten, Grundgesetz u. Eherecht. D. nationalsozial. Familien- u. Jugendrecht, Eherecht. Zahlr. Aufs. Herausg.: D. Frühsozialismus, Lassalle, Proudhon, Arbeitsrecht u. Politik, D. Justiz in d. Weimarer Rep., Rodbertus, Gesammelte Werke u. Briefe (6 Bde.); m. O. Kahn-Freund, Hugo Sinzheimer, Arbeitsrecht u. Rechtssoziol. (2 Bde.).

RAMMELMEYER, Alfred
Dr. phil., em. Prof. f. Slavistik - Elisabethenstr. Nr. 9, 6106 Erzhausen, Kr. Darmstadt (T. 06150 - 75 42) - Geb. 31. Dez. 1909 Moskau (Vater: Otto R., Importkaufm.; Mutter: Maria, geb. Nekrasova), ev., verh. s. 1943 m. Ortrud, geb. Hermann, 3 Kd. (Andreas, Matthias, Helga-Elisabeth) - Promot. 1935 Berlin, 1936 Lektor f. Russ. Univ. Greifswald, 1937 Univ. Königsberg, 1943 Privatdoz., 1945 Univ. Kiel, 1948 apl., 1952 ao. Prof. (Dir. Slav. Sem), 1952 o. Prof. Univ. Marburg (Dir. Slav. Sem.), 1958 Univ. Frankfurt (Dir. Slav. Sem.), 1963/64 Rektor - BV: Studien z. Gesch. d. russ. Fabel d. 18. Jh.s, Reprint 1968. Div. Einzelarb. Herausg.: Frankf. Abhandl. z. Slavistik (1959 ff.); Mitherausg.: Slav. Propyläen (1961 ff.); Gesch., Kultur u. Geisteswelt d. Slowenen (1972 ff.) u. a. - 1964 o. Mitgl. Wiss. Ges. Frankfurt; 1981 Korresp. Mitgl. Sloven. Akad. d. Wiss. u. d. Künste Ljubljana; 1985 Akad. d. Wiss. Göttingen. Festschr. 1975.

RAMMSTEDT, Otthein
Dr. phil., Prof. f. Soziologie Univ. Bielefeld - Treptower Str. 16, 4800 Bielefeld 1 (T. 0521 - 10 00 95) - Geb. 26. Jan. 1938 Dortmund (Vater: Theodor R., Chefredakt.; Mutter: Hildegard, geb. Farfsing), ev., verh. s. 1968 m. Angela, geb. v. Lautz, 2 Kd. (Beatrice, Tilman Gordian) - Dipl.-Soz. 1964 Univ. Frankfurt, Promot. 1966 Münster, Habil. 1971 Bielefeld - 1966 wiss. Angest. Sozialforschungsst. Dortmund, 1968 wiss. Assist. Univ. Bielefeld - BV: Sekte u. soz. Beweg., 1966; Anarchismus, 1969; Lex. z. Soziol., 1973; Soz. Beweg., 1978; Polit. Psych., 1981; Dt. Soziol. 1933-1945, 1986 - Spr.: Engl., Franz.

RAMPELBERG, Albert
Dipl.-Handelsing., Präsident Deutsch-Belgisch-Luxemburgische Handelskammer a. D. - Bolwerklaan 21, Avenue du Boulevard, B-1210 Brüssel (T. 02 - 218 50 40) - Geb. 15. Mai 1925 - Gf. VR-Mitgl. Solvay & Cie. s.a. Brüssel.

RAMS, Dieter
Prof., Designer - Zu erreichen üb.: Hochschule f. Bild. Künste, Lerchenfeld 2, 2000 Hamburg 76 od. Braun AG, Kronberg - Geb. 1932 - Tätigk. Braun AG., Frankfurt/M.; 1981 ff. Prof. f. Industriedesign.

RAMSAUER, Helene
Dr. phil., Prof. f. Ev. Religionslehre u. Didaktik d. Religionsunterr. (emerit. 1973) - Wienstr. 63, 2900 Oldenburg/O. (T. 50 64 11) - Geb. 26. Aug. 1905 Rodenkirchen/O. (Vater: Wilhelm R., Pastor; Mutter: Margarethe, geb. Hüpers), ev. - Lehrerinnenausbild. Oldenburg; Stud. Heidelberg, Wien, Marburg. Lehrerinnenex. 1925; Promot. 1930 - 1933-45 Schuldienst Hoya/Weser (Mittelsch.) u. Eger (1939; Obersch. f. Mädchen); s. 1945 Doz. u. Prof. (1956) Päd. Hochsch. Oldenburg. Fachaufs. u. a. in Oldenb.

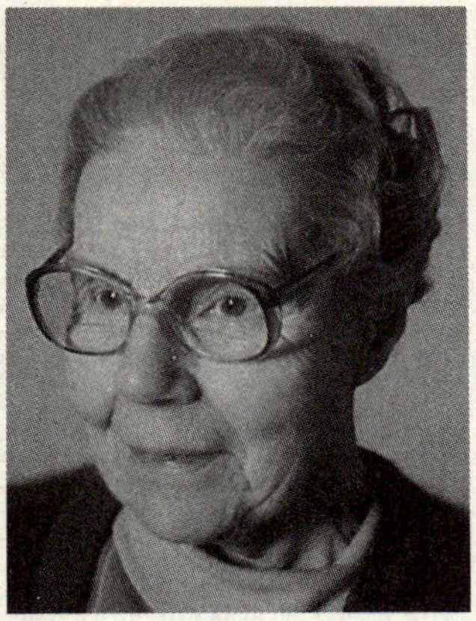

Jahrb. 1983 - Liebh.: Archäol. - Spr.: Engl. - Bek. Vorf.: Johannes R., Schüler Pestalozzis (Urgroßv.) - Lit.: Relig.unterr. unterwegs (Festschr. z. 65. Geburtstag; hg. v. Kl. Wegenast u. Heinz Grosch).

RAMSAYER, Karl

Dr.-Ing., em. o. Prof. f. Vermessungswesen - Lehárstr. Nr. 14, 7000 Stuttgart 1 (T. 69 55 20) - Geb. 29. Sept. 1911 Schwäb. Gmünd (Vater: Karl R., Maschinist; Mutter: Wilhelmine, geb. Seitzer), verh. m. Elsa, geb. Fischer, 1 Kd. - Oberrealsch. Schwäb. Gmünd; TH Stuttgart (Geodäsie; Dipl.-Ing. 1935). Promot. 1940 Berlin - 1938-43 wiss. Mitarb. Dt. Versuchsanst. f. Luftfahrt, Berlin, 1943-45 Leit. Gruppe f. terrestr. u. astronom. Navigation das., s. 1946 Oberassist., Doz., ao. (1947), o. Prof. u. Dir. Geodät. Inst (1949) TH bzw. Univ. Stuttgart, s. 1953 außerd. Dir. Inst. f. Flugnavigation ebd. Erf.: Automatische Koppelkarte f. Standortanzeige v. Flugzeugen - BV: Geodätische Astronomie, Handb. d. Vermess.kunde, Bd. IIa 1970 - 1966 Mitgl. American. Geophysical Union (Section Geodes.); 1967 korr. Mitgl. Österr. Akad. d. Wiss.; 1974 Fellow engl. Inst. of Navigation; 1976 Dr.-Ing. e. h. Univ. Bonn. 1979 emerit., weiterhin Dir. Inst. f. Flugnavigation.

RAMSEY, Bill

(Eigtl. William McCreery Ramsey), Sänger, Moderator, Komponist, Textdichter - Biebricher Allee 37, 6200 Wiesbaden - Geb. 17. April 1931 Cincinnati/Ohio (Vater: William McC., Fernseh-Dir.; Mutter: Olivia, geb. James), verh. m. Petra Bock-Ramsey, Dr. med., Adoptivsohn Joachim - Amerikan. Abitur 1949; 1949-51 Yale Univ.; 1951-55 Militärdst.; 1955-58 Univ. Frankfurt u. Univ. Cincinnati, Ohio; s. 1958 Show Business - 1968-72 Programmdir. Televico AG, Zürich; Tätigk. b. Funk, Fernsehen, Film u. Konzert (Jazz) - 47 Single-Schallpl., 21 Lanspielpl.; 26 Spielfilme; üb. 300 FS-Prod.; üb. 60 Kompos. u. Texte (GEMA-Mitgl. s. 1967) - Spr.: Engl., Franz. - Lit.: Who's Who in Amerika, s. 1970; Who's Who in the World, s. 1971; Knaur's Prominentenlexikon, 1980; Who's Who in the Western World (GB), u. a.

RANDECKER, Heinz Christian

Dipl.-Ing., Direktor 3M Deutschland GmbH. - Droste-Hülshoff-Str. 4, 4040 Neuss - Geb. 13. März 1926 Stuttgart (Vater: Friedrich R.; Mutter: Lina, geb. Scholl), ev., verh. s. 1951 m. Irene, geb. Hornbacher, T. Birgit Ute - Stud. Elektromaschinenbau TH Stuttgart (Dipl.ex. 1951) - 1951-57 Patent-Ing. AEG, s. 1957 3M (Gebiets- u. Verkaufsleit. u. -dir.) - Liebh.: Reisen, Filmen, Philatelie - Spr.: Engl.

RANDOLF, Karl

(eigtl. Zahradniczek) Prof., Generalmusikdirektor - Salitergasse 26/5/2, A-2380 Perchtoldsdorf b. Wien (T. 860 09 64) - Geb. 15. April 1916 Wien (Vater: Karl Zahradniczek, Feldmarschall-Leutnant; Mutter: Elise, geb. Wallner), kath., verh. I) 1940 m. Lotte, geb. Dobrowski de Dobrowa, 4 Kd. (Gertraud, Sonja, Christine, Rudolf), II) 1968 Marlies, geb. Oettner - Gymn. u. Staatsakad. f. Musik u. Darstell. Kunst Wien (1935-37 Kapellmeistersch.) - Landestheater Linz (1939 2., 1941 1. Opernkapellmeister), 1942-46 Wehrmacht u. Gefangensch., s. 1946 Landestheater Linz (1. Opernkapellmeister), Österr. Rundfunk/Radio Graz (1948 Chefdirig.), Staatstheater Oldenburg (1955 GMD), Städt. Symphonie-Orch. Innsbruck (1967 Chefdirig.), Volksoper Wien (Dirig.), Leit. Dirig.klasse Konservatorium Stadt Wien (1973). Gastsp. Europa u. Übersee.

RANDOVÁ, Eva

Kammer- u. Opernsängerin - Pontoiserstr. 21, 7030 Böblingen - Geb. CSSR, (Vater: Karel R., Lehrer; Mutter: Ludmila, Lehrerin), verh. s. 1980 m. Eugen Kühner, 3 T. (Galina, Katerina, Petra) - Priv. Gesangsstud. b. Prof. J. Svâbová, Stud. Päd., Math., Sportwiss. - 2 J. Lehrerin. Gastsp. in führ. Opernhäusern - Tschech. Jugendpreistr. Klavier, 1966 Lauréat Intern. Gesangswettb. Reggio-Emilia - Liebh.: Musik, Schwimmen (Meist. im Schwimmen (200 m Brust u. 100 m Delphin), Kochen.

RANDOW, von, Bär

Leiter Abt. Klangkörper/Westd. Rundfunk, Köln (s. 1974) - Obersteinbach 9a, 5060 Berg. Gladbach 4 - Geb. 10. Nov. 1931 Peking/China (Vater: Elgar v. R., Generalkonsul a. D. (s. dort); Mutter: Erika, geb. Stolte), ev., verh. s. 1965 m. Ulla, geb. Laban, T. Josefine - Gymn. Potsdam u. Berlin; Stern'sches Konservat. Berlin - 1958 Leit. Orchestersch. Siegerland-Wittgenstein; 1960 Mitgl. Zürcher Kammerorch.; 1963 Int. Siegerland-Orch. - BV: Nachwuchsorch. - Analyse u. Modell, 1967. Musikkrit. Abh. - Liebh.: Tierschutz, Kunst d. Jugendstils - Spr.: Engl.

RANDOW, von, Bogislaw

Herausgeber u. Verleger Monats-Archiv Dokument + Analyse, München - Barerstr. 43, 8000 München 40 (T. 089 - 27 20-100) - Geb. 3. Juli 1945 Ratzeburg (Vater: Joachim v. R., Landw. u. Kaufm.; Mutter: Erika, Gräfin Finck v. Finckenstein), verh. s. 1972 m. Renate, geb. Ebenfeld, 2 T. (Harriet, Annabel) - 1967-72 Stud. Phil. u. Recht Bonn u. München; bde. jur. Staatsex. - 1965-67 Ltn. d. Res. b. d. Psych. Kampfführ. d. Bundesw.; 1969 Erricht. e. Hotels in München, s. 1972 Hrsg. u. Verl. Dokument + Analyse - BV: Gastarbeiter - Integration od. Rückkehr? Sammelbd. (Hrsg.), 1980 - Liebh.: Architektur - Spr.: Engl., Franz. - Lit.: Carl J. v. Butler: D. Randow-Modell im Freizeitbereich, (Hrsg. Bundesmin. f. Jugend) 1976.

RANFFT, Klaus

Dr. rer. nat., Dr. agr. habil., Prof. f. Analytische Chemie - Hittostr. 6, 8050 Freising (T. 08161 - 1 36 74) - Geb. 5. April 1934 Berlin (Vater: Karl R., Kaufm.; Mutter: Sophie, geb. Heyl), ev., verh. s. 1964 m. Elisabeth, geb. Rauch, 2 S. (Wolfgang, Martin) - Abit. 1956 Windsheim; Stud. Chem. Univ. München b. 1965, Promot. 1968 TU München - 1967-75 Abt.leit. TU München, 1975 Anst.leit. ebd. - 1974 Oskar-Kellner-Preis; 1988 Gold. Sprengel-Liebig-Med. u. Gr. Ehrenz. d. Rep. Österr.; 1989 Präs. Verb. Dt. Landwirtsch. Untersuch. u. Forsch.anst. - Liebh.: Hausmusik - Spr.: Engl.

RANFT, Dietrich

Staatsrat a. D., Generalsekr. Max-Planck-Ges. z. Förd. d. Wiss. i.R. - Westfalenstr. 2, 8000 München 40 (T. 32 68 31) - Geb. 27. April 1922 - AR-Vors. BESSY; Präs. VR IRAM.

RANFT, Eckart

Präsident Finanzgericht Bremen - Haus d. Reichs, 2800 Bremen - 1976-88 Präs. d. Kirchentages u. Kirchenaussch. Brem. Ev. Kirche.

RANFT, Ferdinand

Chefredakteur MERIAN - Harvestehuder Weg 45, 2000 Hamburg 13 - Geb. 27. Okt. 1927.

RANFT, Otto

Dr. jur., Rechtsanwalt - Zu erreichen üb.: Hoechst AG, Postfach 80 03 20, 6230 Frankfurt am Main 80 - Geb. 14. Juli 1914 Bad Vilbel - Kaufm. Lehre IG Farbenind.; Jura-Stud. Beide Staatsex. - AR: Hoechst AG, Frankfurt/M., Behringwerke AG., Marburg, Cassella AG., Frankfurt, Gerling-Konzern Lebensversicherungsgruppe, Köln.

RANG, Martin

Dr. phil., o. Prof. f. Pädagogik (emerit.) - Hardtbergweg 15, 6240 Königstein/Ts. (T. 38 31) - Geb. 6. Nov. 1900 Wolfskirch (Vater: Geh. Reg.srat Florens Christian R., Schriftst.; Mutter: geb. Kressner), verh. 1949 m. Christine, geb. Kannenberg - 1930-33 Prof. f. Religionspäd. Päd. Akad. Halle/S. (entlassen); ab 1947 Aufbau Lehrerbild. Oberhessen; 1951-59 Prof. Päd. Hochsch. Oldenburg, ab 1960 o. Prof. Univ. Frankfurt/M. - BV: Bibl. Unterr., 1935; Handb. f. d. bibl. Unterr., 1939; D. Geist unserer Zeit, 1947; Rousseaus Lehre v. Menschen, 1959, 2. A. 1965 - Spr.: Franz.

RANG, Otto

Dr.-Ing., Prof. - Quentelberg 14, 6940 Weinheim (T. 06201 - 5 26 25) - Geb. 13. Jan. 1918 Aussig/Sudetenl. (Vater: Prof. Zdenko R.; Mutter: Henriette, geb. Reinwarth), kath., verh. s. 1942 m. Ursula, geb. Scherbel, 3 Kd. (Ulrich, Hedwig, Bernhard) - DTH Prag (Elektrotechnik; Dipl.-Ing. 1940). Promot. (1952) u. Habil. (1960) Darmstadt - 1943-53 AEG-Forschungsinst., Berlin, u. Nachfolgeinst., zul. Carl Zeiss, Heidenheim; s. 1953 Fachhochsch. f. Technik Mannheim (Doz., 1962 Abt.leit., 1963 Prof., 1980 Ruhestand). S. 1960 Privatdozent, apl. Prof. (1966), Honorarprof. (1971) TH Darmstadt (Physik). S. 1978 Honorarprof. Univ. Mannheim. Üb. 120 Fachveröff. (Elektronenmikroskopie u. -optik, -interferenz, Methodik u. Didaktik d. Physikunterr.) - Bek. Vorf.: Prof. Dr. theol. Anton Reinwarth, Rektor Dt. Univ. Prag (Urgroßonkel).

RANKE, Horst

Fabrikant, pers. haft. Gesellsch. Tapetenfabrik G. L. Leine, Hildesheim, Vors. Arbeitgeberverb. d. dt. Tapetenind., Frankfurt/M. - Schuhstr. 1-3, 3200 Hildesheim.

RANKE, Kurt

Dr. phil. (habil.), o. Prof. u. Direktor Seminar f. Dt. Volkskunde Univ. Göttingen (s. 1960) - Ludwig-Beck-Str. 3, 3400 Göttingen (T. 2 25 42) - Geb. 14. April 1908 Blankenburg/Harz - 1940-60 Doz., apl. (1951) u. ao. Prof. (1959) Univ. Kiel - BV: D. 2 Brüder, Studie z. vergl. Märchenforsch., 1934; Rosengarten, Recht u. Totenkult, 1950; Indogerm. Totenverehrung, Bd. I 1951; D. Spielregister d. Meister Altswert, 1955; Schlesw.-Holst. Volksmärchen, 3 Bde. 1955-61; Folktales of Germany, 1964. Zahlr. Einzelarb. Herausg.: Fabula/Intern. Ztschr. f. Erzählforsch. (1958 ff.).

RANKE-HEINEMANN, Uta, geb. Heinemann

Dr. theol., Prof. f. Religionsgeschichte - Henricistr. 28, 4300 Essen 1 (T. 25 25 64) - Geb. 2. Okt. 1927 Essen (Vater: Dr. jur. Dr. rer. pol. Drs. h. c. Gustav W. Heinemann, Bundespräsident (†); Mutter: Hilda, geb. Ordemann (†)), ev., währ. d. Stud. kath., verh. s. 1954 m. Edmund Ranke (Religionslehrer), 2 Söhne (Johannes, Andreas) - Burggymn. Essen (Abit. 1947); Stud. Ev. Theol. Bonn, Basel, Oxford, Montpellier, Kath. Theol. München. Promot. 1954; Habil. 1969 - S. 1965 Doz., 1970 Prof. (1970 Päd. Hochsch. Rhld./Abt. Neuss, s. 1980 Univ. Duisburg, s. 1985 Univ. Essen (Neues Testament u. Alte Kirchengesch.), verlor 1987 ihren Lehrstuhl wegen Zweifeln an d. Jungfrauengeburt; s. Ende 1987 Lehrstuhl f. Religionsgesch. Univ. Essen - BV: u. a. D. frühe Mönchtum, 1964; D. Protestantismus, 2. A. 1965 (auch niederl. u. span.); V. christl. Existenz, 1964; D. sog. Mischehe, 1968; Antwort auf aktuelle Glaubensfragen, 4. A. 1969; Christentum f. Gläubige u. Ungläubige, 1968; Widerworte, Friedensreden u. Streitschr., 3. A. 1989; Eunuchen f. d. Himmelreich. Kath. Kirche u. Sexualität, 10. A. 1989 (auch engl., franz., span., ital., niederl.) - Spr.: Außer alten Engl., Franz., Russ., Niederl., Ital., Span. - Bek. Vorf.: Albrecht v. Haller (ms.) - Erster weibl. Prof. d. Kath. Theol. in d. Welt.

RANKER, Fred

Tabakwarenhändler, MdB (s. 1985, SPD) - 6680 Neunkirchen/Saar.

RANSPACH, Dieter

Schauspieler - Wiesbadener Str. 24, 1000 Berlin 33 (T. 030 - 821 27 24) - Geb. 14. Juni 1926 Berlin (Vater: Martin R., Verlagskfm.; Mutter: Margarethe, geb. Buder), franz.-reform., led. - Bismarck-Gymn. Berlin (Abit. 1944); Hebbel-Theater-Sch. ebd. (Bühnenreife 1948) - S. 1947 Berliner Bühnen (1954 Mitgl. Staatl. Schauspielbühnen Berlin); Hörfunk (1948 ff.); Fernsehen (1954 ff.) - 1971 Berliner Staatsschausp.

RANTZAU, von, Eberhart

Dr. rer. pol., kfm. gf. Gesellschafter d. Reedereien John T. Essberger, Dt. Afrika-Linien, Dt. Ostafrika-Linie - Palmaille 45, 2000 Hamburg 50 (T. 040 - 38 01 60) - Geb. 4. März 1948 Hamburg (Vater: Cuno v. R., Gutsbes.; Mutter: Liselotte, geb. Essberger) - Univ. Bonn u. Hamburg. Promot. 1976 - Tätigk. Engl., USA, Frankr.; VR-Mitgl. Dt. Schiffahrtsbank AG, Bremen - Liebh.: Jagd, Malerei, Theater.

RANTZAU, Graf zu, Johann

Land- u. Forstwirt, Präs. Verb. d. Landwirtschaftskammern Bonn, u. Schlesw.-Holst., Kiel, Vors. Schlesw.-Holst. Waldbesitzerverb. ebd. - 2211 Rosdorf - Geb. 31. Aug. 1930.

RANTZAU, von, Liselotte, geb. Essberger

Reederin, Mitinh. John T. Essberger, Atlantik Tank-Reederei GmbH, Dt. Afrika-Linien GmbH & Co., AR-Vors. Woermann-Linie AG, alle Hamburg, Vors. Afrika-Verein, Präsidialmitgl. Verb. Dt. Reeder - Mühlenberger Weg 34, 2000 Hamburg 55 (T. 86 58 16) - Vater: John T. Essberger † (Reeder).

RANZ, Karl

Oberstadtdirektor Stadt Düsseldorf - Marktplatz 2, 4000 Düsseldorf 1 (T. 0211-899-20 01) - Geb. 5. Dez. 1931, verh., 2 Kd. - 1978-87 Jugend-, Sozial- u. Gesundheitsdezern.; s. 1987 Oberstadtdirektor Düsseldorf - 1987 BVK I. Kl.

RAPHAEL, Walter

Dipl.-Ing., Geschäftsführer Waldemar Pruss, Armaturenfabrik GmbH - Schulenburger Landstr. 261, 3000 Hannover 1 (T. 0511 - 71 19 60) - Geb. 17. Sept. 1937 Berlin (Vater: Erich R., Dipl.-Ing.; Mutter: Wilhelmine, geb. Hollinger), ev., verh. s. 1981 m. Ingeburg, geb. Wilking - Gymn. Frankenthal; TH Karlsruhe (Masch.bau), Dipl. 1962 - Liebh.: Reisen, Sport, Musik - Spr.: Engl., Franz.

RAPKE, Rudolf

Dr., Botschafter - Zu erreichen üb. Ausw. Amt, Adenauerallee 99-103, 5300 Bonn 1 - B. 1984 Botsch. in Mauretanien.

RAPOPORT, Michael

Dr., Prof. f. Mathematik Univ. Bonn - Kaufmannstr. 41, 5300 Bonn (T.

63 06 47) - Geb. 2. Okt. 1948 Cincinnati/USA (Vater: Samuel M., Biochem.; Mutter: Ingeborg, geb. Syllm) - Stud. Univ. Berlin u. Univ. Paris; Thèse d'Etat 1976 Paris - 1972-76 Attaché de Recherche CNRS, Paris; 1976-80 wiss. Assist. Univ. Berlin; 1980 Gastprof. Univ. Bonn; 1981 Member Inst. for Advanced Study Princeton; 1982-86 Prof. Univ. Heidelberg; s. 1986 Prof. Univ. Bonn - BV: Non singular Compactifications of locally symmetric varieties (m.a.), 1975; Beilimson's conjectures on special valnes of L-functions (m.a.), 1988 - Spr.: Engl., Franz., Russ.

RAPP, Alfred

Dr. phil., Journalist - Am Stadtwald 61, 5300 Bonn-Bad Godesberg (T. 36 65 25) - Geb. 3. Jan. 1903 Karlsruhe (Vater: Heinrich R., Oberkirchenrat), ev., verh. s. 1950 m. Tilla, geb. Hegemer, T. Petra - Gymn.; Univ. Heidelberg, München, Berlin, Freiburg/Br. (Gesch., German.; Promot. 1924) - 1925-28 wiss. Hilfsarb. Bad. Landtag, 1929-44 Redakt. Karlsruhe, Mannheim, Dresden, Paris, 1945-48 Tätigk. YMCA Schweiz, 1948-49 Journ. Frankfurt/M., 1949-75 Bonn-Korresp. u. Leit. Bonner Büro (1958) Frankf. Allg. Ztg. 1953-65 Vors. Presse-Club, Bonn - BV: D. Habsburger, 1936; Dt. Gesch. am Oberrhein, 1937; Glanz u. Elend e. Jahrtausends - Gesch. d. Deutschen, 1958; Bonn auf d. Waage, 1959; Abschied v. 3000 Jahren - E. Gesch. Europas, 1964; D. fanat. Jahrhundert - D. gr. Legende v. d. Glaubenskriegen, 1970. Herausg.: Gerhard Schröder, Wir brauchen e. heile Welt - Politik in u. f. Dtschl., 1963 - 1959 BVK I. Kl., 1968 Gr. BVK - Spr.: Franz.

RAPP, Anton

Dipl.-Brauereiing., Geschäftsführer Bamberger Mälzerei GmbH. - Am Friedrichsbrunnen 26, 8600 Bamberg/Ofr. - Geb. 3. März 1928.

RAPP, Friedrich

Dr. phil., Prof. f. Philosopie Univ. Dortmund - Krückenweg 114, 4600 Dortmund 50 - Geb. 31. Jan. 1932 Groß-Zimmern/Hess. (Vater: Valentin R., Landwirt; Mutter: Dorothea, geb. Heidtmann), ev., verw. s. 1985, T. Claudia - Stud. TH Darmstadt (Physik u. Math.); Staatsex. 1959; Freiburg/Schweiz (Phil.); Promot. 1966; Habil. 1972 TU Berlin - 1976 Prof. TU Berlin, 1985 Univ. Dortmund - BV: Gesetz u. Determination in d. Sowjetphil., 1968; Analyt. Technikphil., 1978 (engl. 1980, span. 1981). Herausg.: Contributions to a Phil. of Techn. (1974); Naturverständnis u. Naturbeherrschung (1981); Ideal u. Wirklichkeit d. Techniksteuerung (1982). Mithrsg.: Technikphil. in d. Diskussion (1982, engl. 1983); Phil. u. Wiss. in Preußen (1982); Contemporary Marxism (1984); Whiteheads Metaphysik d. Kreativität (1986); Institutionen d. Technikbewertung (1989).

RAPP, Rainer

Dipl.-Kfm., Geschäftsf. d. F.C. Trapp Bauunternehmen GmbH - Lippeweg 18, 4230 Wesel/Rhein - Geb. 7. Febr. 1942 Würzburg (Vater: Dr. Eugen R., Prof.; Mutter: Anny, geb. Kalb), ev., verh. s. 1966 m. Erika, geb. Raab, 2 Kd. (Heike, Michael) - Univ. Würzburg, Dipl. 1969. B. 1975 Mitgl. versch. Aussch. b. Hauptverb. d. Bauind. - Liebh.: Musik - Spr.: Engl. - Rotarier.

RAPPARD, Friedhelm

Geschäftsführer Vereinigte Drahtindustrie GmbH. - Friedrichstr. 24, 5800 Hagen-Haspe - Geb. 23. Mai 1934.

RAPPE, Hans-Achim

Dr.-Ing., Univ.-Prof. Berg. Univ. - GH Wuppertal, FB Sicherheitstechnik - Ottostr. 17, 4330 Mülheim (T. 0208 - 43 16 34) - Geb. 5. Juli 1937 Magdeburg (Vater: Theodor R., Dipl.-Ing.; Mutter: Adele, geb. Buddensiek), verh. s. 1969 m. Doris, geb. Betgen, 2 Kd. (Hajo, Dörte) - Dipl. Maschinenbau 1965 RWTH Aachen, Promot. 1972 TU Hannover.

RAPPE, Hermann

Gewerkschaftler, Vors. IG Chemie-Papier-Keramik (s. 1982), MdB (s. 1972; Wahlkr. 43/Hildesheim; b. 1984 Mitgl. Fraktionsvorst.) - Röntgenstr. 27, 3203 Sarstedt (T. 05066 - 57 77) - Geb. 20. Sept. 1929 Hann. Münden, verh., 1 T. - Realsch. (Mittl. Reife); kaufm. Lehre - B. 1952 Konsumgenoss., dann IG Chemie-Papier-Keramik (1966 Mitgl. gf. Hauptvorst.; 1982 Vors.). SPD s. 1947 (div. Funktionen).

RARISCH, Klaus M.

Schriftsteller (Ps. Niccolò Sosia), Literarischer Nachlaßverw. v. Arno Holz (s. 1975) - Tessenowstr. 42, 1000 Berlin 26 (T. 030 - 414 27 16) - Geb. 17. Jan. 1936 Berlin, verh. - Stud. German., Publiz. u. Theaterwiss. FU Berlin - BV: Not, Zucht u. Ordnung, 1963; Ultimistischer Almanach, 1965; D. Tod e. Traum, 1977; D. Ende d. Mafia, 1981; D. gerettete Abendland, 1982; Donnerwetter, 1987. Übers.: F. T. Marinetti, D. Futurist. Küche, 1983 - Preis Hörspiel d. Monats f. Die Blechschmiede n. Arno Holz, 1979 - Liebh.: Musik, Schach - Spr.: Ital., Engl., Franz.

RASCH, Hans-Jürgen

Büchsenmacher- u. Bundesinnungsmeister, Vors. Bundesinnungsverb. f. d. Büchsenmacher-Handwerk - Zu erreichen üb.: Hauptstr. 100, 5090 Leverkusen 1.

RASCH, Herbert

Prof., Kunsterzieher - Kleekamp 16, 4630 Bochum-Stiepel (T. 79 17 57) - o. Prof. Päd. Hochsch. Ruhr, Dortmund (Bild. Kunst u. ihre Didaktik).

RASCH, Walter

Senator a.D., Fraktions- u. Landesvors. FDP Berlin (s. 1983) - Zu erreichen üb. Rathaus Schöneberg, 1000 Berlin 62, T. 783 3711/12) - Geb. 13. Mai 1942 Erfurt/Thür., verh. (Ehefr. Angelika), 4 Kd. - FU Berlin/Otto-Suhr-Inst. (1969 Dipl.-Politol.) - 1969 Leit. Friedrich-Naumann-Stiftg. Büro Berlin; Parteiangest. (1969 pers. Ref. FDP-Landes- u. Fraktionsvors., 1970 zusätzl. Presseref.); 1971 MdA, 1975-81 Senator f. Schulwesen Berlin, 1983 Landes- u. 1971-75 sow. ab 1983 auch Fraktionsvors. Berliner FDP. FDP s. 1966 (1970 Bezirksvors. Tempelhof); Mitgl. FDP-Bundesvorst. (1982); Mitgl. Kuratorium Friedr.-Naumann-Stiftg.; Vorst. Walther-Rathenau-Stiftg.; Europ. Akad. Berlin; 1981 Stiftungsrat Dt. Klassenlotterie Berlin; Journalistenclub Berlin, ADAC, Freunde d. Nationalgalerie, 1984 Vorstandsvors. Stiftg. Preuß. Seehandlung; 1987 Dir. Dt. Kredit- u. Handelsbank Berlin.

RASCH, Werner

Obering., Vorstandsmitgl. Frankfurter Maschinenbau AG., vorm. Pokorny & Wittekind, Frankfurt/M. 90 - Am Steinweg 4, 6350 Bad Nauheim - Geb. 20. Nov. 1922.

RASCHE, Bernd-Ulrich

Pianist u. Komponist - Postf. 300835, 4000 Düsseldorf 30 - Geb. 26. Febr. 1954 Essen (Vater: Karl R., Bundesbahnamtsrat; Mutter: Lieselotte, geb. Möller), kath., ledig - Erste Kompos.stud. b. Prof. Jürg Baur, Köln; Unterr. b. Musikdir. Arnold Kempkens Düsseldorf u. in Mülheim/R.; Stud. Kirchenmusik Musikhochsch. Köln u. Düsseldorf; Gesangsstud. b. Prof. E. Wenk, Köln u. R. Delorko, Düsseldorf - Doz. f. Klavier u. Tonsatz Städt. Musiksch. Düsseldorf - Kompos.: Vier sinf. Lieder (1979, UA 1980), Lieder d. Dämmerung (1980, UA 1981), Vier Teufelslegendchen (1981), Kromolicki-Persiflage f. Orgel (1975), Konzertetüde f. Klavier (1980), Der 23. Psalm f. Bariton u. Harfe (1984), Die Urnacht (Sinf. Kantate) (1986), Konzertrhapsodie f. Klar. u. Klavier (1987) - 1973 u. 74 erste Preise Jugend musiziert f. Klavier.

RASCHE, Hans O.

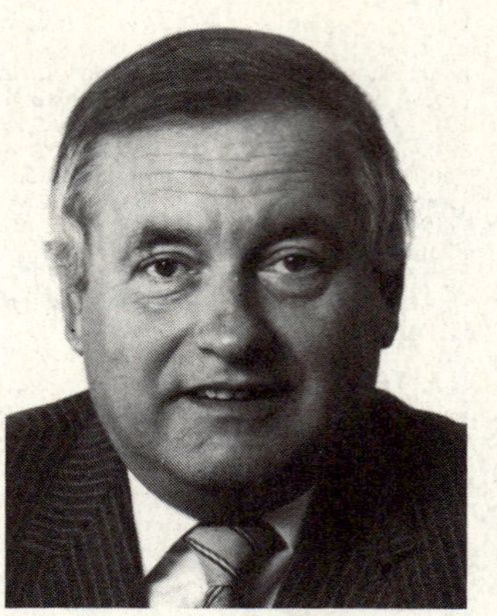

Dipl.-Volksw., Wirtschaftsberater BDU, Dozent, Publizist - Tüschener Str. 1, 5628 Heiligenhaus (T. 02056 - 51 17/8) - Geb. 16. Mai 1935 Essen (Vater: Wilhelm K. †; Mutter: Erna, geb. Kuhlmann), ev., verh. s. 1961 m. Ursula, geb. Hammer, S. Lars-Joachim - Kfm. Lehre, Abit., Stud. National-Ökonomie Köln u. Kiel, Dipl.-Volksw.-Ex. - B. 1971 Marketing-Dir. Mannesmann-Konzern; s. 1971 Management-Trainer u. Management-Berater; Gf. Ges. System-Management Hans O. Rasche + Partner GmbH, Artera'sche Kunst- u. Verlagsges. mbH, versch. Beiratsmand., gew. Mitgl. Vollversammlung d. IHK Düsseldorf - BV: Marketing - aber mit System, 3. A. 1974; Kooperation - Chance u. Gewinn, 1971; 1971-86 zahlr. Fachveröff. zu Management u. Marketing als Praktiker-Checklisten u. Eigen-Verlag - 1971 Senator JCI - Liebh.: Reisen, Photo, Kunst - Spr.: Engl., Span.

RASENACK, Christian A. L.

Dr. jur., LL.M. Prof. f. Öffentliches Recht, Finanz- u. Steuerrecht - Taunusstr. 8, 1000 Berlin 49 - Geb. 16. Febr. 1938 Hirschberg/Schl. (Vater: Dr. Otto R., Vet.-Dir.; Mutter: Anni, geb. Timme), gesch. - 1. jur. Staatsex. Freiburg 1961, 2. jur. Staatsex. Düsseldorf 1966, Promot. Münster 1967, LL.M. Univ. of Calif. (Berkeley) 1969, Habil. Berlin 1973 - 1966-74 Univ.-Assist., 1974-76 Reg.rat Finanzverw. Berlin, s. 1977 Prof. FU Berlin, s. 1983 Prof. TU Berlin - BV: Gesetz u. Verord. in Frankr. s. 1789, 1967; D. Theor. d. Körpersch.steuer, 1974; Buchführ. u. Bilanzsteuerrecht, 1979; Steuern u. Steuerverfahren, 1985 - 1967 Geldpreis f. Diss. v. Rektor u. Senat Univ. Münster - Spr.: Engl., Franz.

RASKE, Michael

Dr. theol., Prof. Univ. Frankfurt/M. - Am Falltor 3a, 6106 Erzhausen (T. 06150 - 66 31) - Geb. 26. Mai 1936 Hannover (Vater: August R., Bundesrichter; Mutter: Therese R.), kath., ledig - Promot. 1965 Univ. Innsbruck - S. 1973 Prof. Univ. Frankfurt - BV: Sakrament, Glaube, Liebe. Gerhard Ebelings Sakramentsverst., 1973; Ztschr.-Beitr.

RASKE, Peter

Dipl.-Soz., 1. Vorsitzender Bundesverb. d. Jugendkunstschulen u. kulturpäd. Einrichtungen (s. 1983) - Am Kamp 31, 2990 Papenburg - Geb. 27. Mai 1949 Heide/Holst., ev., ledig - Stud. Soziol. Univ. Hamburg (Dipl. 1975) - S. 1985 Leitung d. Büros f. Pädagogik, Kunst u. Kultur - BV: D. Jugendkunstschule - Kulturpäd. zw. Spiel u. Kunst, 1980 (m.a.).

RASNER, Henning

Dr. jur., Rechtsanwalt, Aufsichtsratsvors. SP Reifenwerke GmbH, Hanau, Kämmerer GmbH, Osnabrück, Sony Deutschl. GmbH, Köln, u. Sony-Wega Prod.-GmbH, Fellbach - Hohenstaufenring 62, 5000 Köln 1 (T. 0221 - 2 09 10) - Geb. 2. April 1930 Hilden/Rheinl., verh. - Gymn.; Jurastud.; 1. u. 2. Staatsex., Promot. 1960; 1960/61 Stud. in Paris - 1958 Anwaltsbüro New York. Stv. AR-Vors. Heyden GmbH, München; AR-Mitgl. Treuhand-Vereinig. AG, Wirtschaftsprüfungsges. Frankfurt, Hannen Brauerei GmbH, Mönchen-Gladb. - BV: D. atypische stille Ges., 1961. Bearb.: D. Prozeß um d. Esels Schatten, 1978. Mitautor: GmbH-Gesetz-Komment. Rowedder, 1985 - Liebh.: Kunst, Lit., Theater - Spr.: Engl., Franz.

RASP, Renate

Schriftstellerin - Schellingstr. 101, 8000 München 40 (T. 523 32 62) - Geb. 3. Jan. 1935 Berlin (Vater: Fritz R., Schausp. (s. XVII. Ausg.); Mutter: Charlotte, geb. Petermann), verh. s. 1961 m. Klaus Budzinski (Autor, s. dort) - Marie-Curie-Obersch. Berlin; Kunstakad. Berlin u. München (Malerei, Schriftgraphik) - BV: D. Spaziergang n. St. Heinrich, Erz. 1967 (in: Wochenende - 6 Autoren variieren e. Thema); E. ungeratener Sohn, R. 1967 (div. Aufl. u. Übers.); E. Rennstrecke, Ged. 1969; Chinchilla, R. 1973; Junges Deutschland, Ged. 1978; D. Geister v. morgen, Komöd. 1978; Zickzack, R. 1979 - 1968 Hamburger Leserpreis; Mitgl. PEN-Zentrum BRD, VS - Spr.: Engl.

RASPOTNIK, Hans

Produktionschef Atelier Berlin GmbH Film-Fernsehen-Video - Delbrückstr. 11, 1000 Berlin 33 (T. 030-825 56 78) - Geb. 27. Febr. 1911 Maribor/Jugosl., ev., ledig - Lehre im Zirkus Sarasani, Tourneen m. Sarasani, Williams u. Belli; Dir. Mellini-Theater, Hannover, Zentral-Theater, Magdeburg, Neues Operettentheater, Leipzig; Theater am Nollendorfpl., Berlin; Beratung u. Prod. v. Artisten in Zirkusfilmen u.a. Salto Mortale, Königin d. Arena, Tiger Akbar, Drei v. Variété, Rivalen d. Manege - Erf.: D. einzige Videocassetten-Vermietautomat d. Welt. 21 Drehb. u.a. Rivalen d. Manege, Unter d. Sternenzelt, Leider lauter Lügen, Venus in schwarzer Robe. 12 Filmregien u.a. Leider lauter Lügen, Venus in schwarzer Robe, Unter d. Sternenzelt. Prod. v. insges. 54 Filmen u. 240 Fernsehsend. - Liebh.: Pferde, Bonsai - Spr.: Engl., Franz.

RASS, Friedrich

Dipl.-Volksw., Vorstandsmitglied Bürgerl. Brauhaus Ravensburg AG - Friedhofstr. 10, 7980 Ravensburg/Württ. - Geb. 27. Juni 1916 München - AR-Mandate - Ritterkreuz d. EK, Ehrennadel Land Baden-Württ.

RASS (ß), Hans

Dr. jur., Landrat - Plechstr. 27, 8450 Amberg/Opf. (T. 1 23 92) - Geb. 13. Juni 1911 Riedenburg/Opf. (Vater: Georg R., Justizoberinsp.; Mutter: Margarete, geb. Wanko), kath., verh. s. 1939 m. Amalie, geb. Birkl, S. Günter - Gymn. Amberg; Stud. Rechtswiss. München u. Erlangen. Promot. 1936 Erlangen; Ass.ex. 1939 München - Ab 1939 Ass. u. Reg.srat (1941) Luftw. (Verw.), n. Entlass. aus engl. Kriegsgefangensch. Anwaltsass. u. Rechtsanw. (1948), s. 1958 Landrat Kr. Amberg, s. 1972 Kr. Amberg-Sulzbach, 1950-70 MdL Bayern. B. 1953 BP, dann CSU - 1962 Bayer. VO.; 1973 Dt. Feuerwehrmed. in Gold am Band; 1974 BVK I. Kl.; 1974 gold. Ehrennadel Dt. Tierschutzbund - Liebh.: Angeln.

RASSEK, Joachim-Helmut

Wohnungskaufmann, ARsmitgl. GAGFAH Gemeinn. AG f. Angestellten-Heimstätten, Essen (1965 ff.) u.a. - Mörikestr. 15, 4300 Essen 1 (T. 0201 - 77 62 82) - Geb. 27. Jan. 1929 Gleiwitz/OS (Vater: Anton R., Möbelkfm.; Mutter: Gertrud, geb. Dubiel †), verh. s. 1957 m. Karin, geb. Rohlfing, T. Vera - Abit. 1949 - 1982 BVK; 1977 Gold. Ehrennadel DAG - Spr.: Engl., Franz.

RASSEM, Mohammed

Dr. phil., o. Prof. f. Soziologie u. Kulturwiss. Univ. Salzburg (s. 1968) - Anton-Hochmuth-Str. 6, A-5020 Salzburg (Österr.) u. Hochstätt 14, 8219 Rimsting - Geb. 27. April 1922 München (Vater: Hassan Bey R., Ing.; Mutter: Elisabeth, geb. Huber), verh. s. 1957 m. Theresia, geb. v. Zumbusch - TH München, Univ. ebd., Wien, Basel. Promot. 1950 Basel; Habil. 1959 München - 1954-64 Assist. u. Diätendoz. (1961) Univ. München; 1964-68 o. Prof. Univ. Saarbrücken (Kultur- u. Ges.wiss.), 1967 Dekan ebda. (Philos. Fak.) - BV: D. Volkstumswiss. u. d. Etatismus, 1951, 2. A. 1979; Ges. u. bild. Kunst, 1960; Stiftung u. Leistung, 1979; Im Schatten d. Apokalypse (Zur deutschen Lage), 1984. Div. Aufs. Mithrsg. Zeitschr. f. Politik. - Lit.: Festschr. f. M. R., hg. v. J. Stagl 1982.

RASSPE, Günther

Dr.-Ing., Maschinenbauingenieur, Komplementär u. Geschäftsführer P. D. Rasspe Söhne GmbH & Co. KG, Solingen, Vorstand LAV Landmaschinen- u. Ackerschleppervereinig. im VDMA, Frankfurt am Main, Beirat Kortenbach & Rauh, Solingen, Handelsrichter LG Wuppertal - Hasselstr. 40, 5650 Solingen 1 (T. 0212 - 587 82 94) - Geb. 24. Aug. 1927 Solingen (Vater: Erich R., Fabrikant; Mutter: Annelise, geb. Lüttges), ev., verh. s. 1955 m. Irene, geb. Didoni, 2 S. (Peter, Claus) - TH Karlsruhe u. TH Stuttgart (Masch.bau, Betriebsw.). Promot. 1955 - BVK - Spr.: Engl., Franz.

RASTER, Egon

Dr., Generalkonsul - Zu erreichen üb. Ausw. Amt, Adenauerallee 99, 5300 Bonn 1.

RATH, Peter Dietrich

Vorstandsvorsitzender Auxilia Allg. Rechtsschutz-Versich.-AG, u. KS-Kraftf.-Schutz Versich.-AG (s. 1988) - Liebigweg 8, 8012 Ottobrunn - Geb. 13. Juli 1938 Oppeln (Vater: Hugo Ludwig R., RA, OB a. D.; Mutter: Agnes, geb. Wegerhoff), ev., verh. s. 1967 m. Helma, geb. Conring, 2 T. (Susanne, Sybille) - Gymn., Abit., Stud. Rechts- u. Staatswiss. Graz, Göttingen, Bonn - 1965 Org.ref. Concordia Lebensversich., 1967 Dir.beauftr., Dir.bevollm., Abt.leit. (Prok.), Abt.dir., Dir., Generalbevollm. d. Vorst., alles Rechtssch. Union, s. 1976 Hptgeschf. Automobilclub Kraftf.-Schutz (KS); Geschf. KS-Verlag GmbH - Spr.: Engl.

RATH, Robert

Dr. rer. nat., Prof. am Mineralog.-Petrogr. Inst. Univ. Hamburg - Zikadenweg 23c, 2000 Hamburg 70 (T. 656 22 88) - Geb. 4. Jan. 1924 Hamburg - S. 1956 (Habil.) Lehrtätigk. TH Hannover, TH Braunschweig u. Univ. Hamburg (1965 Prof.). Fachaufs.

RATH-NAGEL, Klaus-Jochen

Dipl.-Ing., Vorsitzender d. Geschäftsführung Zimmermann & Sunsen GmbH (s. 1989) - Bahnstr. 52, 5160 Düren - Geb. 22. Nov. 1938 Königsberg/Pr. (Vater: Klaus Nagel; Mutter: Eva Heuser), ev., verh. s. 1969 m. Dagmar Freidank - TU Aachen u. Berlin; Brown Univ. USA - 1967-69 Direktionsassist. Busch-Jäger, Düren; 1969-72 Bereichsleit. H. Lenhard, Saarbrücken; 1972-74 Techn. Leit. Rohé; 1974-88 Präs. The Allen Group Int'l Inc.; Geschäftsf. Rohé, Offenbach (b. 1988 Spr. d. Geschäftsfg.) - Spr.: Engl., Franz., Ital.

RATHERT, Peter

Dr. med., Prof. RWTH Aachen, Chefarzt Abt. Urologie Krankenanst. Düren - Roonstr. 30, 5160 Düren - Geb. 9. Okt. 1938, ev., verh. - BV: Praxis d. Urinzytol., 1979 (engl. u. span. Übers.); Gewebeklebstoffe in d. Med., 1970; Urol. Onkol., 2. A. 1981; Traumatol. d. äußeren Genitale, 1984.

RATHGEN, Günther H.

Dr. med., Prof. f. Geburtshilfe, Frauenheilkunde, Schwangersch.physiol.- Carl-Orff-Str. 1, 6500 Mainz-Drais (T. 06131 - 47 77 00) - Geb. 7. April 1928 Hamburg (Vater: Albert R., Steuerber.; Mutter: Margarethe, geb. Ehling), verh. s. 1959 m. Hannelore, geb. Karus, T. Karen Britta - Gymn. St. Georg Hamburg; Univ. Hamburg u. Mainz, Promot. 1954, Habil. 1964 - S. 1972 Abt.-Vorst. u. Prof. Univ. Mainz - BV: Physiol. d. Schwangersch., 1980 - 1957 Krebspreis Hamburg.

RATHJENS, Carl

Dr. phil. nat., o. Prof. f. Geographie - Hellwigstr. Nr. 19, 6600 Saarbrücken (T. 6 13 36) - Geb. 12. Mai 1914 Hamburg (Vater: Prof. Dr. phil. Carl R. †1966 (s. XV. Ausg.); Mutter: Ursula, geb. Streichert), verh. s. 1940 m. Elisabeth, geb. Reisinger - Univ. Berlin, Königsberg, München. Promot. (1937, Univ.) u. Habil. (1948, TH) München - 1948 Privatdoz. TH München, 1954 apl. Prof., 1956 Ord. Univ. Saarbrücken - Div. Fachmitgliedsch. - BV: u. a. Geomorphologie f. Kartographen u. Vermessungsing., 1958. Zahlr. Aufs. Mithrsg.: Ztschr. f. Geomorphologie (s. 1965), Afghanische Studien (s. 1966), Teubner Studienb. d. Geogr. - Vors. Verb. dt. Hochschullehrer d. Geogr. u. 1971-73 Zentralverb. dt. Geographen. S. 1974 Vors. Arbeitsgemeinsch. Afghanistan, s. 1979 em.

RATHKE, Friedrich-Wilhelm

Dr. med., Prof., Ärztl. Direktor Orthop. Klinik i.R. (b. 1984) - Ruhrstr. 12, 7140 Ludwigsburg - Geb. 22. Dez. 1921 Siegen/W. - S. 1960 (Habil.) Lehrtätigk. Univ. Heidelberg (1965 apl. Prof. f. Orthop.). Fachveröff. - 1962 Heine-Preis Dt. Orthop. Ges., 1981 BVK.

RATHOFER, Johannes

Dr. phil., o. Prof. f. German. Philologie Univ. Köln (s. 1967) - Zu erreichen üb. Inst. f. dt. Sprache u. Lit., Univ., Albertus-Magnus-Pl., 5000 Köln 41 - Geb. 9. Sept. 1925 Duisburg - Habil. 1965 Münster - Zul. Doz. Univ. Saarbrücken. Facharb.

RATHSACK, Heinz

Dr. phil., Direktor Dt. Film- u. Fernsehakad. Berlin GmbH (s. 1966), gf. Vorst. Stiftg. Dt. Kinemathek (s. 1971), beide Berlin - Tapiauer Allee 5a, 1000 Berlin 19 (T. 30 36-1) - Geb. 7. Juli 1924 Kiel (Vater: Gustav R., Betriebsleiter; Mutter: Frieda, geb. Kähler), ev., verh. s. 1951 m. Helga, geb. Voss, 2 Söhne (Klaus, Ulrich) - Obersch. Finsterwalde/NL.; Univ. Kiel (Philol., German., Roman., Psych.). Promot. 1951 - 1952-64 Leit. mus. u. publizist. Arbeitsgem. (Theater, Film, Funk, Fernsehen, Presse) Univ. Kiel; 1964-66 Ref. f. Film u. Erwachsenenbild. Schlesw.-Holst. Kultusmin. ebd. - BV: Kinematogr. Technik in mod. franz. Gesellschaftsromanen, 1951 (Diss.); 4 Filmhochsch. - Rom, Paris, Madrid, Lodz, 1964; Studio an d. Univ. Kiel, 1965 - Spr.: Franz., Engl.

RATHSMANN, Gerhard

Drogist (Marktdrogerie), Vizepräs. IHK Stade - Große Str. 61, 2130 Rotenburg/Hann. (T. 44 08); priv.: Werkstr. 19 (T. 29 29) - Spr.: Engl. - Rotarier.

RATHSMANN, Jürgen

Dr. rer. pol., Dipl.-Kfm., Geschäftsführer Rathsmann-Gruppe, Rotenburg (Wümme) - Glummweg 18, 2720 Rotenburg (T. 04261 - 8 30 01, Telefax 04261 - 8 30 09) - Geb. 7. Okt. 1944 Rotenburg - Abit. 1964; Univ. Hamburg (Betriebsw.; Dipl. 1969; Promot. 1976); 1969-75 Wiss. Assist. Univ. Hamburg. S. 1984 Richter Arbeitsgericht Verden - BV: Grundzüge e. absatzorientierten Lieferantenkreditpolitik, 1976 - Spr.: Engl., Franz.

RATSCHOW, Carl-Heinz

Dr. phil., D., em. o. Prof. f. Systemat. Theologie, Gesch. d. Theol. u. Religionsphil. - Salegrund 3, 3550 Marbach (T. Marburg 29 12 22) - Geb. 22. Juli 1911 Rostock (Vater: Ernst R., Kaufm.; Mutter: geb. Hoffschläger), ev., verh. m. Elfriede, geb. Foerster, 3 Kd. - Gymn. Rostock; Univ. Leipzig, Göttingen u. Rostock (Promot.). Lic. theol. Dr. phil. - 1937-1945 Insp. Theol. Stift Univ. Göttingen (ab 1938 Privatdoz.); s. 1948 Ord. Univ. Münster/W. u. Marburg (1962) - BV: Einheit d. Person, Theol. Studie z. Phil. Ludwig Klages, 1938; Werden u. Wirken, 1941; Magie u. Religion, 1946; D. angefochtene Glaube, 1957; Luth. Dogmatik zwischen Reformation u. Aufklärung, 1964 ff.; Atheismus im Christentum - E. Auseinandersetz. m. Ernst Bloch, 1970; D. e. christl. Taufe, 1972; V. d. Wandlungen Gottes, 1986; V. d. Gestaltwerdung d. Menschen, 1987 - 1952 Theol. Ehrendoktor Univ. Rostock u. 1971 Univ. Lund/Schwed.

RATTELMÜLLER, Paul-Ernst

Bezirksheimatpfleger v. Oberbayern, Schriftsteller - Wangenerstr. 73, 8131 Leutstetten (T. 08151 - 86 71) - Geb. 27. März 1924 Regensburg (Vater: Eugen R., Oberstlt. bay. Landespolizei; Mutter: Mathilde, geb. Kollmann), ev., verh. s. 1958 m. Christine, geb. Weigold, S. Johann-Michael - Abit.; Kunststud. - Soldat (Ltn.); Waldarbeiter; nach Stud. fr. Graphiker, Autor u. Sprecher v. Rundf.-Send. (BR), Fotograf. S. 1973 Heimatpfleger f. Oberbayern. Zahlr. Veröff. s. 1953, Herausg. üb. Bayern - 1971 Bayer. Poetentaler, 1973 Bayer. VO.; 1979 Ludw.-Thoma-Med.; 1984 Willi Mauthe-Preis; 1982 BVK; 1986 Goldmed. d. Bayer. RDFKS; 1986 Goldmed. f. Verd. um Trad. u. Kultur auf d. Lande; 1988 BVK I. Kl. - Liebh.: Brauchtum u. Trachten im Altbayer. Raum.

RATTNER, Josef

Dr. med. et phil., Prof. - Eichenallee 6, 1000 Berlin 19 (T. 030 - 302 87 88) - Geb. 4. April 1928, verh. m. Roswitha, geb. Neiß - Stud. Phil., Psych., Lit.; Promot. 1952; med. Promot. 1962; Ausb. in Psychotherapie - 1968ff. Leit. Arbeitskr. f. Tiefenpsych., Berlin; Lehranalytiker - Einf. d. Großgruppenpsychotherapie in der BRD - BV: Aggression u. menschl. Natur, 1971; Gruppentherapie, 1973; Pioniere d. Tiefenpsych., 1979; Dichtung u. Humanität, 1986; Tiefenpsych. u. Religion, 1987; Was ist Tugend, was ist Laster, 1988; Lit.psychologie, 1989 - 1982 Verleihung Professorentitel durch d. österr. Bundespräs. - Liebh.: Lektüre, Musik, Sport, Phil. - Spr.: Engl., Franz.

RATZA, Odo

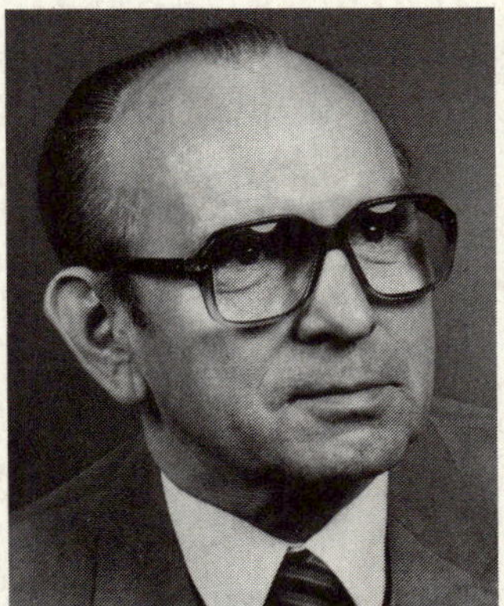

Bundessprecher der Landsmannschaft Westpreußen, Brigadegeneral a. D. - Am Wäldchen 12, 5309 Meckenheim (T. 02225 - 67 08) - Geb. 26. März 1916 Stuhm/Westpr. - Vizepräs. Bund d. Vertriebenen, Vorst.-Vors. Kulturstiftg. d. deutschen Vertriebenen.

RATZEL, Ludwig

Dr. rer. nat., Prof., Oberbürgermeister a. D. - Strahlenburgstr. 6, 6800 Mannheim 81 (T. 89 11 43) - Geb. 13. Febr. 1915 Friedrichsfeld b. Mannheim, ev., verh. s. 1938 m. Grete, geb. Brand, 3 Kd. - Lessing-Gymn. Mannheim; Univ. Freiburg/Br. (Promot. 1940) u. Heidelberg - 1938-40 Kais.-Wilh.-Inst. Heidelberg, 1941-45 Erprobungsstelle d. Luftwaffe Rechlin, ab 1947 Doz. u. Dir. (1952) Städt. Ingenieurschule Mannheim, 1959-80 I. Bürger- u. Oberbgm. (1972) Mannheim. 1955-60 MdB. SPD. ARs-vors. Gasversorgung Süddtschl. - Spr.: Engl., Franz.

RATZINGER, Georg

Msgr., Domkapellmeister - Reichsstr. 22, 8400 Regensburg (T. 5 70 94) - Geb. 15. Jan. 1924 Pleiskirchen/Obb. (Vater: Joseph R., Gendarmeriemeister; Mutter: Maria, geb. Rieger), kath. - Phil.-Theol. Hochsch. Freising; Musikhochsch. München - S. 1951 Kaplan München, Chorregent Dorfen (1953), -dir. Traunstein (1957), Domkapellm. Regensburg (1964) - 1968 Monsignore; 1976 Prälat; 1984 Bayer. VO; 1989 BVK I. Kl. - Bruder: Joseph R.

RATZINGER, Joseph

Dr. theol., Prof., Kardinal, Präfekt d. Kongregation f. d. Glaubenslehre - Piazza del S. Uffizio 11, I-00120 Città del Vaticano - Geb. 16. April 1927 Marktl, kath. - Gymn. Traunstein; 1946-51 Phil.-Theol. Hochsch. Freising u. Univ. München (Phil., Kath., Theol.). Priesterweihe 1951; Promot. 1953; Habil. 1957. - 1957 Privatdoz. Univ. München, 1958 ao. Prof. PhThH Freising, 1959 o. Prof. Univ. Bonn, 1963 Univ. Münster, 1966 Univ. Tübingen, 1969 Univ. Regensburg. 1962 Peritus (Offz. Konzilstheologe). 1977 Erzbischof v. München/Freising u. Kardinal; s. 1981 Präfekt d. Kongregation f. d. Glaubenslehre; 1983ff. Sekretariatsmitgl. Kath. Bischofssynode, Rom; 1985ff. Mitgl. Vatikan. Kongregation f. d. Gottesdst. - BV: Volk u. Haus Gottes in Augustins Lehre v. d. Kirche, 1954 (Diss.); D. Geschichtstheol. d. hl. Bonaventura, 1959 (Habil.schr.); Einführung in d. Christentum, 1968; D. neue Volk Gottes, 1969; Dogma u. Verkündigung, 1973; Eschatologie, 1977; Theol. Prinzipienlehre, 1983. Viele Einzelarb. - Eltern s. Georg R. (Bruder).

RATZKE, Dietrich

Journalist, Generalbevollm. d. Frankfurter Allg. Zeitung, Geschäftsf. Inst. f. Medienentwicklung u. Kommunikation GmbH - Hellerhofstr. 2-4, 6000 Frankfurt (T. dstl. 069 - 7 59 10; priv. 06081 - 5 66 54) - Geb. 30. März 1939 Danzig (Vater: Dr. jur. Bruno R., RA; Mutter: Charlotte, geb. Haase), ev., verh. s. 1965 m. Gisela, geb. Bröhl, 2 Kd. (Karsten, Maike) - BV: Netzwerk d. Macht - D. neuen Medien, 1975; D. Bildschirmztg.; Fernlesen statt Fernsehen, 1978; Textkommunik. heute u. morgen, 1978; Handb. d. Neuen Medien, 1982-84; Lexikon d. Medien, 1988 - 1975 Theodor-Wolff-Preis f. hervorr. journ. Leist. - Lehrauftr. Univ. Gießen u. Bochum - Spr.: Engl. - Lit.: Müller, D. gr. Buch d. Medien.

RAU, Friedrich

Dr. jur., Staatssekretär a. D., Mitglied Kurat.vorst. Otto Dix-Haus, Hemmenhofen (s. 1988) - 7766 Gaienhofen 3 (Hemmenhofen) (T. 07735 - 7 74) - Geb. 1. März 1916 Stuttgart (Vater: Dr. med. Felix R., Facharzt; Mutter: Helene, geb. Proelss), ev., verh. in 2. Ehe (1959) m. Dr. phil. Julia, geb. Gräfin v. d. Schulenburg, 2 Kd. (Joachim, Johanna) aus 1. Ehe - Karls-Gymn. Stuttgart; 1934-37 Univ. Lausanne, Tübingen, Freiburg/Br., Zürich (Rechtswiss.), Ass.ex. 1941; Promot. 1946 (Freiburg) - 1946-52 Hochschulref. Kultusmin. Württ.-Hoh.; 1952-59 Kurator Univ. Frankfurt/M.; 1960-64 Senatsdir. Senatsverw. f. Volksbild. Berlin; 1961-65 Fernsehrat ZDF; 1964-67 Vorstandsvors. Geschwister Scholl Stiftg. u. sd. Vors. Inst. f. Filmgestalt. Ulm. 1965-69 MdB. SPD; 1982-83 Mitgl. soz.-lib. Fraktion Gde.-Rat Gaienhofen - BV: Gedanken z. Hochschulentwickl., 1965; Was heißt u. zu welchem Ende studieren wir Univ.sreform?, 1969 - Med. Univ. Frankfurt/M.

(Naturwiss. Fak.); BVK I. Kl. - Spr.: Franz. - Bek. Vorf.: Johannes (Großv.) u. Robert Proeß (Urgroßv.); Theodor (Urgroßv.) u. Michael Creizenach (Ururgroßv.).

RAU, Fritz

Ass., Konzertveranstalter - Luisenstr. 121, 6380 Bad Homburg; priv.: Weißkirchener Str. 19, 6370 Oberursel - Geb. 9. März 1930 Pforzheim, verw., 2 Kd. (Andreas, Saskia) - Jurastud. (Refer.- u. Ass.-Ex.) - 1955 erste Jazz-Konz. (Stadthalle Heidelberg); Gründ. Fa. Lippmann & Rau, Konzertveranst., Kulturanbieter. Vermittl. u.a.: Ella Fitzgerald, Oscar Petersen, Mick Jagger, Jennifer Rush, Stefan Waggershausen, Harry Belafonte, Peter Maffay, Udo Lindenberg, Howard Carpendale, Peter Alexander, Udo Jürgens - Liebh.: Musik, Sport - Spr.: Engl. - Lit.: Fritz Rau - Buchhalter d. Träume (1985).

RAU, Gerhard

Dr. theol., Lic. rer. reg., Prof. f. Prakt. Theologie u. Kirchensoziologie - Gustav-Kirchhoff-Str. 6, 6900 Heidelberg - Geb. 9. Sept. 1934 St. Georgen/Schw., ev. - BV: Pastoraltheol., 1970.

RAU, Hanns-Adolf

Wirtschaftsprüfer, Steuerberater, Verbandsdirektor Vorst.-Mitgl. Bad. Genossenschaftsverb. Raiffeisen-Schulze-Delitzsch - Lauterbergstr. 1, 7500 Karlsruhe (T. 0721-35 24 10).

RAU, Hans

Fabrikant, Gesellschafter Johannes Rau GmbH & Co, Weilheim m. mehr. in- u. ausl. Ges. - Johannes-Rau-Str., 7315 Weilheim/Teck - Vors. Arbeitskreis Agrowirtsch. in Arbeitsgemeinschaft Entwicklungsländer d. dt. Wirtsch. Dt.-bulgar. Arbeitsgruppe Agrarwirtsch.; stv. Vors. Dt. Landmaschinenind.; Mitgl. Außenhandelsaussch. VDMA u. IHK, Gesamtvorst. DLG, Messepolitischer Aussch. IHK - Verdienstmed. Land Baden-Württ. in Gold; BVK I. Kl.; Silb. DLG-Med.

RAU, Hans

Senator a. D., Wiss. Referent f. iberoamer. Recht - Heilwigstr. 62, 2000 Hamburg 20 (T. 040 - 47 45 62) - Geb. 6. Mai 1926 Tübingen - Gymn. Stuttgart (Abit. 1944); Kriegsdst.; Univ. Tübingen (Rechtswiss.). Gr. jurist. Staatsprüf. - Bankangest.; wiss. Mitarb. MPI f. Ausl. u. Intern. Privatrecht; 1970-74 Finanzsenator u. stv. Bürgerm. (1972). FDP.

RAU, Johannes

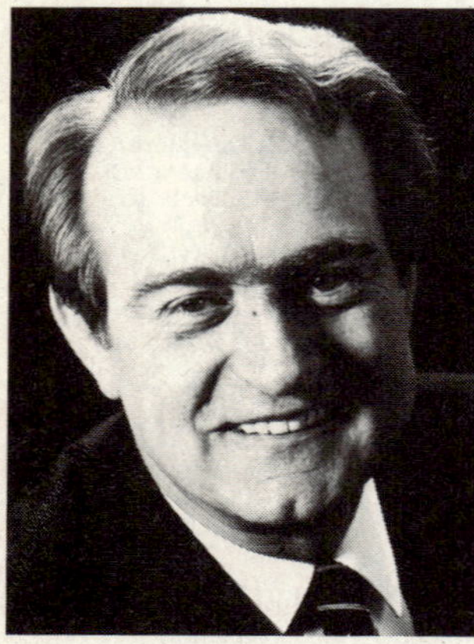

Dr. h. c., Ministerpräsident Land Nordrh.-Westf., MdL, stv. Bundesvors. SPD - Haroldstr. 2, 4000 Düsseldorf - Geb. 16. Jan. 1931 Wuppertal (Vater: Ewald R., Prediger; Mutter: Helene, geb. Hartmann), ev.-ref., verh. s. 1982 m. Christina, geb. Delius, 3 Kd. (Anna Christina, Philip Immanuel, Laura Helene) - Gymn.; Verlagsbuchhändlerlehre, Buchhändlersch. Köln - 1954-67 Leit. e. Verlages d. Ev. Jugend. S. 1958 Mitgl. Landtag Nordrh.-Westf., 1970-78 Minister f. Wissenschaft u. Forschung, s. 1978 Ministerpräs.; 1983 Bundesratspräs. 1964-78 Stadtverordn. (1964-69 Fraktionsvors.) Wuppertal, 1969-70 Oberbürgerm. Wuppertal. 1986/87 Kanzlerkandidat d. SPD. 1952-57 GVP; SPD s. 1957 (1958-62 Vors. d. Jungsozialisten Wuppertal, s. 1973 Mitgl. Landesvorst. NW, s. 1977 Vors. Landesverb. NW, s. 1968 Mitgl. Parteivorst., s. 1978 Mitgl. Parteipräsidium, s. 1982 stv. Bundesvors.) - BV: Beitr. zu: Wege zu Wissen u. Bildung, 1977; D. neue Fernuniv., 1974; Lebensqualität?, 1974. Mitherausg.: Oberstufenreform u. Gesamthochsch. (1970, m. Carl-Heinz Evers) - Dr. phil. h.c. Univ. Düsseldorf, Dr. phil. h.c. Univ. Haifa (Israel), Dr. h.c. Open Univ. (Großbrit.); Dr. theol. h. c. Theol. Akad. Budapest d. Ref. Kirche Ungarns; Ehrenmitgl. Ring Bild. Künstler; Großkreuz d. VO d. BRD; 1985/86 Ritter wider d. tier. Ernst Aachener Karnevalsverein - Liebh.: Lit., bild. Kunst, Briefm. (bes. Israel) - Spr.: Engl.

RAU, Lieselotte

Schauspielerin - Zu erreichen üb. Schiller-Theater, 1000 Berlin - Verh. m. Dr. Kaufmann (Verlagskaufm.) - Berliner Bühnenrollen: u. a. Hermann u. Dorothea, Biografie, E. Tag im Sterben v. Joe Egg, Bäcker, Bäckerin u. Bäckerjunge - 1970 Kritikerpreis f. Darst. Kunst 1969.

RAU, Paul

Landespolizeipräsident - Zu erreichen üb. Landespolizeidirektion Stuttgart II, 7000 Stuttgart 1.

RAU, Peter-Jürgen

Dipl.-Volksw., Geschäftsführer IHK Hannover-Hildesheim i. e. R., MdL Nieders. (1974-78 u. s. 1982) - Im Kleinen Bruche 41, 3000 Hannover 91 (T. 0511 - 49 03 03) - Geb. 29. Nov. 1936 (Vater: Peter R., kaufm. Angest.; Mutter: Charlotte, geb. Dionisius), kath., verh. s. 1964 m. Jutta, geb. Hürkamp, 2 S. (Carsten-Peter, Birger-Andreas) - Gymn. Bochum (Abit. 1959); Maschinenbauprakt.; Stud. Maschinenbau TH Aachen u. Rechts-, Staats- u. Gesellschaftswiss. Univ. Bonn. Dipl. 1966 Bonn - 1966-68 IHK D'dorf, s. 1968 IHK Hannover/Hildesheim. 1974-78 u. ab 1982 MdL Nieders. FDP s. 1966 (Landesvorst.). Zahlr. Ämter u. Mitgliedsch. - Liebh.: Sport, bild. u. darst. Kunst, Jazz - Spr.: Engl.

RAU, Ulrich

Kaufmann, gf. Gesellschafter Ulrich Rau Verwaltungsges., Vorst.-Vors. Walter Rau Neusser Öl u. Fett AG, stv. Vors. Verb. Dt. Margarineind., Bonn - Am Urberg 14, 4505 Bad Iburg - Geb. 24. März 1924 - Div. Mandate - 1984 BVK I. Kl.

RAU, Wilhelm

Dr. phil., em. o. Prof. f. Ind. Philologie - Am Hofacker 16 A, 3551 Lahntal-Goßfelden (T. Marburg 28 49 73) - Geb. 15. Febr. 1922 Gera/Thür. (Vater: Dr. Rudolf R., Oberstud.rat am Gymnasium; Mutter: Johanna, geb. Seifarth), verh. s. 1956 m. Ruth, geb. Soreth, 3 Kd. - Rutheneum Gera; Univ. Leipzig u. Marburg. Promot. (1949) u. Habil. (1952) Marburg - 1952 Privatdoz. Univ. Marburg, 1955 ao. Prof. Univ. Frankfurt/M. (Vergl. Indogerman. Sprachwiss.), 1958 o. Prof. Univ. Marburg (Dir. Ind.-Ostasiat. Sem.) - 1969 o. Mitgl. Marburger Gelehrte Ges.; 1974 o. Mitgl. Wiss. Ges. Univ. Frankfurt; 1979 o. Mitgl. Akad. d. Wiss. u. d. Lit. Mainz.

RAUBER, Helmut

Dipl.-Kfm., Hauptmann a. D., MdL Saarland - Sotzweilerstr. 24 b, 6695 Bergweiler (T. 06853 - 69 73) - Geb. 24. Febr. 1945 Bergweiler (Vater: Josef R., Kaufm.; Mutter: Berta, geb. Kaufmann), kath., verh. s. 1978 m. Gaby, geb. Barth, T. Anne - Elektrolehre (Gesellenprüf. 1960); Wirtschaftsing. 1965; Abit. (2. Bildungsweg) 1971; Dipl.-Kfm. 1976 Univ. Mannheim - 1966-80 Bundeswehr (zul. Hauptmann u. Kompaniechef). S. 1980 Mitgl. saarl. Landtag - Liebh.: Lesen, Reisen, Sport (1963-66 4f. saarl. Meister im Mittelstreckenlauf; 1969 u. 70 bayer. Vizemeister 4x400 m-Staffel) - Spr.: Engl.

RAUCH, Fred

Kabarettist u. Textdichter - Mittermayrstr. 11, 8000 München 13 (T. 089 - 308 74 06) - Geb. 28. Sept. 1909 Wien - Mitarb. Bayer. Rundf. (500 Wunschkonzerte, Quizmaster: Gute Noten f. gute Noten!), Film (Liedertexte zu üb. 50 Tonf.) u. Fernsehen (Quizm.: D. ideale Frau, Musikal. Plauderei, Wer sieht mehr?). 400 Schlagerlieder, u.a. Glaube mir, Capito, Weites Land, Mütterlein, Eisbärsong, Puszta-Romanze, Südwind - Liebh.: Malen (Pilzmotive).

RAUCH, Friedrich

Journalist, Inh. Bildagentur Interfoto - Stollbergstr. 1, 8000 München 22 (T. 089 - 22 44 84; Telefax 089-2913258) - Geb. 31. Dez. 1928 München (Vater: Carl R.; Mutter: Margarete, geb. Schmitt), verh. s. 1964 m. Uta, geb. Bock, 2 Kd. (Alice, Florian) - Stud. Betriebsw. München - Sachverst. f. publizist. Illustrationen. Vorst.-Mitgl. Bayer. Journ.-Verb. - BV: Publ. Fotografie I (5. A.), Publ. Fotografie II, Recht u. Gesch., 1979; Schutz d. Fotografie; Bildjournalismus, 1985 - Spr.: Engl.

RAUCH, von, Georg

Dr. phil., em. o. Prof. f. Osteurop. Geschichte - Birkenweg 2a, 2300 Kronshagen (T. Kiel 58 14 80) - Geb. 13. Aug. 1904 Pleskau (Rußl.), ev., verh. s. 1938 m. Margarete, geb. Reimer, 3 Söhne (Andreas, Hans-Heinrich, Georg-Christian †1971) - Univ. Dorpat, Tübingen, Breslau. Habil. 1941 Greifswald - Doz., apl., 1956 ao. Prof. Univ. Marburg, 1958 o. Prof. Univ. Kiel - BV: Rußland - Staatl. Einheit, nationale Vielfalt, 1953; Gesch. d. bolschewist. Rußland, 1955 (auch engl., jap. u. ital.) 7 Aufl.; Lenin - D. Grundleg. d. Sowjetsystems, 1957 (auch holl. u. ital.); Studien üb. d. Verhältnis Rußlands zu Europa, 1964; Gesch. d. baltischen Staaten, 1970 (auch engl.); Aus d. balt. Gesch., Vorträge, Untersuch., Skizzen aus 6 Jahrzehnten, 1980; Gesch. d. deutschbaltischen Gesch.schreibung (m. M. Garleff, J.v.Hehn, W. Lenz), 1986; D. Rigaer Prophetenclub u. a. Aufs. z. balt. u. russ. Gesch., 1988 - Lit.: Rußland u. Dtschl., Festschr. (1974).

RAUCH, Hans-Joachim

Dr. med., Prof., Psychiater u. Neurologe - Adlerstr. 13, 6900 Heidelberg 1 - Geb. 12. Juni 1909 Wiesbaden (Vater: Hofrat Dr. phil. Hermann R., Theaterdir. Wiesbaden (s. X. Ausg.); Mutter: Alice, geb. Blümner) - Gymn. Wiesbaden; Univ. Heidelberg, Göttingen, Wien, Prag. Promot. (1933), Habil. (1944) Heidelberg - Assist., Oberarzt, Ärztl. Dir. Abt. Forens. Psych. Univ.-Klinik Heidelberg (1944 Privatdoz., 1950 apl. Prof.) - BV: Beitr. z. Histopathol. d. Gehirns, 1948; Gerichtl. Psychiatrie, in: Ponsold, Lehrb. d. gerichtl. Med., 1950; Gerichtl. Psychiatrie, in: Handb. d. öfftl. Gesundheitsdst., 1968; Psychiatrie, in: Handb. d. Verkehrsmed., 1968; Einf. in d. Psychopathologie, Alkoholismus u. a. Suchten, Schuldfähigkeit b. Psychosen in: Hwb Rechtsmedizin 1974 - 1983 Ehrenmitgl. Dt. Ges. f. Verkehrsmed. - Spr.: Engl., Franz., Span., Ital.

RAUCH, Max

Rechtsanwalt, Hauptgeschäftsführer Handwerkskammer f. Schwaben - Schmiedberg 4, 8900 Augsburg; priv.: Nebelhornstr. 60 - Geb. 18. April 1927.

RAUCH, Ruprecht

Dr. rer. pol., Generalkonsul i. R. - Zul. Verbergerstr. 77, 4150 Krefeld - Geb. 4. Mai 1928 Marienburg/Wpr. (Vater: Heinz R., Generallt.), verh. s. 1980 m. Orlinda, Freifrau v. Gablenz-Rauch, T. Adriane aus 1. E. - Grunewald-Gymn. Berlin; Univ. Würzburg, Marburg, Münster (Wirtschaftswiss., Oriental.; Dipl.-Volksw. 1953, Promot. 1955) - 1954-63 u. s. 1970 Ausw. Amt, Bonn (1955-56 Gesandtschaft Tripolis; 1957-59 Botsch. Bagdad; 1970 ff. Generalkonsul Kalkutta), dazw. Senat v. Berlin (Protokollchef; 1966 Senatsrat). Oberstlt. d. R. Gelber Kr. - Div. Orden - Liebh.: Reiten - Spr.: Engl., Franz., Arab. - Bek. Vorf.: Adrian van d. Werff (Maler).

RAUCH, Siegfried

Schauspieler - Weilheimer Str. 6, 8121 Untersöchering (T. 08847 - 3 06) - Geb. 2. April 1932 Landsberg/Lech (Vater: Siegfried R., Kaufm.; Mutter: Annemarie, geb. Jaeger), kath., verh. s. 1964 m. Karin, geb. Waltenberger, 2 S. (Benedikt, Jakob) - Nach abgebr. Arch.- u. Theaterwiss.-Stud. Schauspielstud. m. staatl. Prüf. - Vier J. Theater; ab 1964 Filmschausp., dann auch Fernsehen - BV: Es muß nicht immer Steak sein, Anekd. u. Rezepte 1981 - Wichtigste Filme: General Patton (8 Oscars, m. George C. Scott), Le Mans (m. Steve McQueen), The Eag'le has landed (m. Donald Sutherland u. Michael Caine), The big red one (m. Lee Marvin), Jäger v. Fall, Es muß nicht immer Kaviar sein (v. J. M. Simmel, FS-Serie). LP: Mich stört d. Regen nicht; Single: Frei sein wie d. Mann, d. in d. Bergen lebt - 1976 Traummann u. beliebtester Schausp. (Bild + Funk-Umfrage) - Liebh.: Sport (Tennis, Golf, Segeln, Ski, Surfen, Bergsteigen, Modellfliegen), Musik (Gitarre), Basteln am Bauernhaus, Familie - Spr.: Engl., Franz., Ital. - Bek. Vorf.: Rabensteiner, Raubritter in Franken; Baronesse v. Schlimbach, Franken (Urgroßm.).

RAUCH-HÖPHFFNER v. BRENDT, Herbert Walter

Dr. phil. h.c., Gutsbesitzer, Bürgermeister a.D. - Rauchhof, Wiener Str. 17, A-2361 Laxenburg; u. Schloß Trautenburg, Schloßberg, A-8463 Leutschach - Geb. 16. Juni 1918 Laxenburg (Vater: Leopold R.-H., Bürgerm.; Mutter: Leopoldine, geb. Hölzl), kath., verh. s. 1953 m. Edeltrud, geb. Hollmann, 4 Kd. (Herbert, Edeltrud, Reinhild, Volker) - Ausb. Landwirtsch. u. Gewerbe - 1954-85 Bürgerm. v. Laxenburg; 1958-65 Obm. Bez. Bauernkammer Mödling; 1974-85 Fachgr.vorst. Stv. Allg. Landesinnung NÖ. u. Aussch. Mitgl. Allg. Fachverb. d. Bundeswirtschaftskammer; s. 1977 Präs. Verb. d. Österr. z. Wahr. d. Gesch. Österr.; s. 1982 Präs. Club Habitat Austria; s. 1982 Gründungsmitgl. Akad. f. Umwelt u. Energie; u.a. - Veröff. üb. Gesch. Laxenburg, österr. Gesch., Gesch. Schloß Trautenburg u. Familiengesch. - Ehrenbürger v. Laxenburg; Ritter d. Päpstl. Ordens d. Hl. Sylvester; Komtur d. Alten Ordens v. St. Georg; Commandeur d. Mil- u. Hosp. v. Hl. Lazarus; Komtur d. St. Andrew-Ord.; Gold Ehrenz. d. Bundeslandes NÖ.; Gold. Ehrenz. d. NÖ.ÖVP; Ehrungen d. Österr. Albert Schweitzer-Ges.; Kam. FM Radetzky, Kam. Prinz Eugen; Europakreuz CEAC; u.a.

RAUCHENECKER, Ludwig

I. Bürgermeister Stadt Rottenburg/Laaber - Rathaus, 8303 Rottenburg/Ndb. - Geb. 25. Aug. 1929 Höfl - Landw. CSU.

RAUE, Gerhard

Vorsitzender Hess. Journalistenverb. - Gerbermühlstr. 82, 6000 Frankfurt/M. 70.

RAUEISER, Hans

Verlagsbuchhändler, Vors. Landesverb. d. Verleger u. Buchhändler Saar, Saarbrücken - Viktoriastr. 3-5, 6600 Saarbrücken 3; priv.: Auf Lehen Nr. 19, 6601 Bübingen - Geb. 1. Okt. 1919 - Handelsrichter LG Saarbrücken.

RAUEN, Hermann Matthias

Dr. rer. nat., Prof., Biochemiker - Rauchbichl 6, 8230 Bad Reichenhall 3 (T. 6 62 74) - Geb. 4. Nov. 1913 Offenbach/M., kath., verh. s. 1957 m. Marianne, geb. Buchka, S. Florian - Oberrealsch. Offenbach; Univ. Heidelberg u. Frankfurt (Dipl.-Chem. 1939). Promot. (1941). Stud. Med. s. 1947. Habil. (1950) Frankfurt - S. 1950 Lehrtätigk. Univ. Frankfurt, Marburg (1952), Münster (1955, Doz. 1956, 1957 apl. Prof. f. Physiol. Chemie; 1963 Wiss. Rat u. Prof., 1968 Abt.svorsteher Abt. f. Experiment. Zellforsch. im Physiol.-Chem. Inst., s. 1976 Hon.-Prof. Univ. Salzburg - BV: Gegenstromverteilung, 1953 (m. W. Stamm); Biochem. Taschenb., 2. A., 2 Bde. 1964; Chemie f. Mediziner - Übungsfragen, 1969; Biochemie - Übungsfragen, 1969; Halothane u. Leber, 1973; Alkylantien, Fremdstoffmetabolismen, Cancerostase, 1973; Physiol. Chemie n. d. Gegenstandskatalog (m. Marianne R.-Buchka), 1975; Reichenhaller Kur-Meditationen (m. Marianne R.-Buchka), 1986. Üb. 160 Einzelveröff. Herausg.: Biochemisches Taschenbuch (1956, 2. A. (2 Bde.) 1964); Mithrsg.: Symposion üb. Krebsprobleme (1961; m. Ober, Schoenmackers u. Zander) - Spr.: Engl., Franz., Ital.

RAUEN, Peter

Ing. (grad.), Bauunternehmer, MdL Rhld.-Pfalz - Im Wingertsberg 1, 5561 Salmtal - Geb. 26. Jan. 1945 - CDU.

RAUH, Charlotte,

geb. Hörgl

Dr. phil., Dipl., Lic.-Theol., Religionspsychologin - Notburgastr. 10, 8000 München 19 - Geb. 10. Jan. 1935 München (Vater: Otto H., Kaufm.; Mutter: Walburga, geb. Limmer), kath., verh. m. Prof. Dr. Fritz R. (s. dort) - Realgymn. München (Abit. 1953); 1953-62 Univ. München (Theol., Philos., Psych.); Dipl.-Theol. 1958, Lic.-Theol. 1959, Dipl.-Katech. 1960, Promot. 1962 - 1960-72 Doz. Theol. Fernkurs Jugendhaus Düsseldorf; s. 1967 Univ. München, Regensburg u. Augsburg, dort s. 1983 wiss. Angest. - BV: D. schriftl. Prüfung, 1967; D. göttl. Erziehung d. Menschen nach Irenäus, in: Oikoumene, 1964; D. Bedeutung relig. Darstell. in d. Publikationsmitteln f. d. Erziehung, 1963. Mithrsg.: Grenzfragen d. Glaubens (1967), Wesen u. Weisen d. Religion (1969), D. Grenzen d. menschl. Ethos (1975).

RAUH, Fritz

Dr. rer. nat., Ord. f. Grenzfragen zw. Naturwissenschaften u. Ethik Univ. Augsburg (s. 1971) - Notburgastr. 10, 8000 München 19 - Geb. 21. Febr. 1927 München (Vater: Gustav R., Dipl.-Landw.; Mutter: Emmy, geb. Schierlitz), kath., verh. m. Dr. Charlotte R., geb. Hörgl (s. dort) - Obersch. u. Univ. München (Naturwiss. [Biol., Anthropol.], Theol.), 1954 Promot., 1968 Habil. (alle München) - 1958-71 ao. u. o. Prof. (1965) PhThH Eichstätt, 1981/82 Dekan Univ. Augsburg - BV: D. sittl. Leben d. Menschen im Licht d. vergl. Verhaltensforsch., 1969; Theol. Grenzfragen z. Biologie u. Anthropol., 1973. Mithrsg.: Grenzfragen d. Glaubens (1967), Wesen u. Weisen d. Religion (1969), Humanum (1972); D. Grenzen d. menschl. Ethos (1975) - Spr. Engl.

RAUH, Hellgard

Dr. phil., o. Prof. f. Entwicklungspsychologie FU Berlin (s. 1977) - Brümmerstr. 36, 1000 Berlin 33 - Geb. 24. März 1942 Königs Wusterhausen/Mark Brandenburg (Vater: Prof. Dr.-Ing. Kurt R.; Mutter: Hildegard Hartmann) - Dipl.-Psych. (1965) u. Promot. (1971) Bonn - U.a. 1973-77 Wiss. Rätin u. Prof. Univ. Bielefeld - BV: Entwicklungspsych. Analyse kognitiver Prozesse, 1972; Jahrbuch Entw.psych., 1980; Psychobiology and Early Development (m. H.-C. Steinhausen), 1987. Div. Buch- u. Ztschr.beitr.

RAUH, Werner

Dr. rer. nat. (habil.), o. em. Prof. f. Botanik - Jahnstr. 4, 6900 Heidelberg (T. 4 41 83) - Geb. 16. Mai 1913 Niemegk Kr. Bitterfeld (Vater: Ernst R., Lehrer), ev., verh. m. Hilde, geb. Dietze, 2 Kd. (Peter, Kristin) - Univ. Leipzig, Innsbruck, Halle. Promot. 1937 - S. 1947 apl., ao. (1957) u. o. Prof. (1960) Univ. Heidelberg (Dir. Inst. f. Pflanzensystematik u. Morphol. u. Botan. Garten) - BV: Morphologie, Systematik, Pflanzengeogr. - 1968 o. Mitgl. Akad. d. Wiss. u. d. Lit., Mainz; 1983 ao. Mitgl. Akad. Wiss. Heidelberg - Spr.: Franz., Engl.

RAUHE, Hermann

Dr. phil., o. Prof. f. Erziehungswissenschaft (Ästhet. Erziehung u. Didaktik d. Musik) Univ. Hamburg (s. 1970) u. Präs. Hochschule f. Musik u. darstellende Kunst - Bredengrund 18, 2104 Hamburg 92 (T. 796 24 41) - Geb. 6. März 1930 Wanna (Vater: Hermann R., Ornithologe u. Heimatforscher; Mutter: Frieda, geb. Saretzki, Musiklehrerin u. Organistin), ev., verh. s. 1963 m. Annemarie, geb. Martin (Musikerzieherin) - Gymn. Cuxhaven; Stud. Schulmusik, German., Musikwiss., Päd., Psych. Hamburg. Künstler. Prüf. f. d. Lehramt an höh. Schulen 1955; Promot. 1959 - 1962 Studienrat Hamburg; 1963 Doz., 1965 Prof. Musikhochsch. ebd. (Leit. Abt. Musikpäd.). Dirig. Jugendkantorei Harburg. Vizepräs. Landesmusikrat, Vorst. O. u. V. Ritter-Stiftung, Fr. Wirth-Stiftung u. G. Prietsch-Stiftung, Ehrenvors. Landesverb. Hamburg d. Tonkünstler u. Musiklehrer im VDMK, Vizepräs. Dt. Phono-Akad., Ehrenkonsulent Intern. Musikzentrum. Schallpl.: Te Deum, Osterhistorien, Weihnacht mit alten Meistern, Europäische Chormusik - BV: Musikerziehung durch Jazz, 1962, 5. A. 1967; Zum volkstümlichen Lied d. 19. Jahrhunderts, 1967; Didaktik d. Musik 67, 1968; Popularität in d. Musik, 1974; Jugend zw. Opposition u. Identifikation, 1975; Hören u. Verstehen, 1975; Popmusik u. Schlager, 1975; Musik-Intelligenz-Phantasie, 1978. Mithrsg.: Beitr. z. Schulmusik, Musikal. Formen in histor. Reihen, Schriften zur Musikpädagogik (Schriftenreihen). 1984 Spidem-Kristall f. Förd. zeitgenöss. Musik - Liebh.: Bergwanderungen, Math., Fotografieren.

RAUHUT, Burkhard

Dr., Dipl.-Math., o. Prof. f. Math. Statistik u. Wirtschaftsmath. TH Aachen (s. 1973) - Wüllnerstr. 3, 5100 Aachen (T. 0241 - 80 45 72) - Geb. 22. Juli 1942 Berlin, verh. m. Dr. Judith Jütte-Rauhut, 3 Kd. (Denis, Oliver, Inka Fleur) - Stud. d. Math., Physik, Wirtschaftswiss. Univ. Berlin (Freie), Göttingen; Dipl.ex. 1966 ebd.; Promot. 1970 Karlsruhe; Habil. 1970 ebd. - 1966-67 Redakt. Ztschr. Methods of Operations Research; 1972 apl. Prof. Univ. Karlsruhe. Mitgl. Dt. Math.-Vereinig. u. Dt. Statist. Ges., GMÖOR (Ges. f. Math., Ökonomie u. Operations Research).

RAUHUT, Franz-Josef

Dr.-Ing. E. h., Ass. d. Bergfachs, Vorstandsmitglied Bergbau AG Niederrhein (s. 1972) - Postf. 17 01 54, 4100 Duisburg 17 - AR Gesteins- u. Tiefbau GmbH, Recklinghausen - 1985 Ehrendoktor RWTH Aachen.

RAULF, Holgar

Dr. phil., Direktor im Verlagshaus Axel Springer, verantw. f. Personalentw. (Journalistenschule Axel Springer, Management-Nachwuchsförd., Mitarb.-Weiterbild., Kaufm. u. Techn. Berufsausbild.) - Vossberg 4a, 2070 Ahrensburg - Geb. 18. Juli 1943 Göritz/Oder, verh., 1 Kd. - Abit. Julianum Helmstedt; Redaktionsvolontär; Bundeswehrdst. (Ltn. d. R.); Univ. Heidelberg (Politikwiss., Staatsrecht, Neuere Gesch., Soziol.) - B. 1972 Arbeitsgem. Bürger im Staat/Landeszentrale f. polit. Bildung in Baden-Württ. (Doz.). S. 1982 versch. leit. Funktionen im Axel Springer Verlag. Lehrauftr. Univ. Hamburg u. FU Berlin. Vorst.-Mitgl. Akad. f. Publiz. Hamburg; Dt. Vors. Org. Journalistes en Europe (Paris). 1978-82 MdHB. CDU - Spr.: Engl., Franz.

RAUNER, Liselotte

Schriftstellerin - Stresemannstr. 48, 4630 Bochum 6 (T. 02327 - 8 60 64) - Geb. 21. Febr. 1920 Bernburg, ev., verh. s. 1941 m. Walter R. - Kaufm. Lehre, Gesangs- u. Schauspielausb. - Mitgl. Verb. Dt. Schriftst., Die Kogge, PEN Club - BV: D. Wechsel ist fällig, 1970; Wenn d. Volksmund mündig wird, 1973; Schleifspuren, 1980; Zeitged., 1980; Kein Grund z. Sorge, 1985 - 1978 Auszeichn. im Bocholter Kulturwettbewerb; 1982 Josef Dietzgen-Förderpr.; 1986 Lit.preis Ruhrgebiet - Spr.: Engl.

RAUNIG, Walter

Dr. phil., Direktor, Leit. Staatl. Museum f. Völkerkunde - Maximilianstr. 42, 8000 München 22.

RAUNO, Wulf

Vorstandsmitglied Bank Companie Nord AG., Kiel, u. a. - An d. Eichen 65, 2312 Mönkeberg - Geb. 6. März 1928 Kiel - Div. Mandate; Kgl. dän. Konsul.

RAUPACH, Hans

Dr. jur., em. o. Prof. f. Wirtschaft u. Gesellschaft Osteuropas (emerit.) - Groffstr. 20, 8000 München 19 (T. 17 41 91) - Geb. 10. April 1903 Prag (Vater: Gustav R., Müller; Mutter: Isa, geb. Stefan), ev., verh. s. 1930 m. Emmi, geb. Mosch, 3 Kd. (Stefan, Ursula, Hans-Christian) - Univ. Breslau u. Berlin. Promot. 1927; Habil. 1937 - 1937-71 Lehrtätigk. Univ. Halle, TH Braunschweig, Hochsch. f. Sozialwiss. Wilhelmshaven (1952 o. Prof. u. Dir. Inst. z. Stud. d. Sowjetw.; 1958-59 Rektor), Univ. München (1962). 1962-75 Dir. Osteuropa-Inst. München - BV: Bismarck u. d. Tschechen, 2. A. 1960; D. tschech. Frühnationalismus, 2. A. 1968; Standort u. Krise d. ostd. Landw., 2. A. 1956; Agrarwirtsch. d. SU s. d. I. Weltkr., 1953; Industrialismus als Wirklichkeit u. Wirtschaftsstufe, 1954; D. Gesch. d. Sowjetwirtschaft, 1964; D. System d. Sowjetwirtsch., 1968; Wirtschaft u. Gesellsch. Sowjetrußlands 1917-1977, 1979, D. wahre Bildnis J.S. Bachs (1950, 1984). Zahlr. Einzelarb. - Mitgl. Braunschweig. Wiss. Ges. (1952), Bayer. Akad. d. Wiss. (1966; 1970-76 Präs.) und d. Schönen Künste (1971); 1973 Bayer. VO; 1986 Bayer. Maximiliansorden - Liebh.: Musik auf Barock-Instrumenten, Malen - Spr.: Tschech., Franz., Engl., Russ. - Lit.: Probleme d. Industrialismus in Ost u. West (Festschr. 1973).

RAUSCH, Edwin

Dr. phil. nat., o. Prof. f. Psychologie (emerit. 1971) - An d. Heide 31, 6370 Oberursel/Ts. - Geb. 1. Febr. 1906 Baumholder - S. 1942 (Habil.) Lehrtätigk. Univ. Frankfurt/M. (1947 apl., 1954 ao., 1964 o. Prof.) - BV: Struktur u. Metrik figural.-opt. Wahrnehmung, 1952; Bild u. Wahrnehmung, 1982.

RAUSCH, Franz

Dr. med., em. Prof., Chefarzt - Rebgärten 12, 6000 Frankfurt/M. (T. 53 10 22) - Geb. 18. Aug. 1913 München (Vater: Franz R., Oberregierungsrat; Mutter: Rosa, geb. Richard), kath., verh. s. 1945 m. Annelore, geb. Gräfin v. Schwerin, 4 Töcht. (Gabriele, Regine, Stefanie, Andrea) - Univ. München, Greifswald, Hamburg - S. 1949 Privatdoz. u. apl. Prof. (1956) Univ. Hamburg; 1951-60 Chefarzt Innere Abt. u. Ärztl. Dir. Krkhs. Bad Rothenfelde; s. 1960 Chefarzt Innere Abt. u. Dir. St. Katharinen-Krkhs. Frankfurt/M.; Vorst. St. Markuskrks. - BV: Herdzusammenhänge in Theorie u. Praxis, 1965; D. Herderkrankungs-Kompl., 1969; Präventions-Fehldiagn., 1971; Fallgruben b. d. Rheumatismus-Diagnostik, 3. A. 1985 (auch span.). Wiss. Arbeiten auf d. Gebiet d. Eiweiß- u. Aminosäurestoffwechsels, d. Organextrakte, d. Leber, d. Diabetes, d. Rheumatismus, üb. Herzkrankh. u. Diätetik (üb. 100) - Liebh.: Musik, Lit. - Spr.: Engl. - Mitgl. Lions-Club.

RAUSCH, Harry

Geschäftsführer Papierfabrik Fürst zu Fürstenberg, Neustadt/Schwarzw., Vors. Vereinig. Kraftpapiere, Darmstadt - Donaueschinger Str. 9, 7820 Titisee-N./Schwarzw.

RAUSCH, Heinz Volker

Dr. phil., Univ.-Prof. Nürnberg - Mangfallweg 4, 8012 Ottobrunn - Geb. 8. Jan. 1940 Karlsruhe, kath., gesch., 2 Kd. - Univ. München, Genf, Freiburg (Politikwiss., Gesch. u. Jura); M.A. 1972 München; Promot. 1973 München - 1977-84 Univ. München; 1979 Univ. Bochum; 1980 Hochsch. d. Bundeswehr; 1982-84 Lehrbeauftr., s. 1984 Prof. Univ. Erlangen-Nürnberg - BV: Repräsentation u. Repräsentativverfassung, 1979; Politische Kultur in d. Bundesrep. Deutschl., 1980; D. Bundespräsident, 1984 - Spr.: Lat., Engl., Franz.

RAUSCH, Johannes

Dr. phil., Prof., Hochschullehrer - Kurfürstenstr. Nr. 30, 5500 Trier/Mosel (T. 4 85 74) - U. a. Prof. Päd. Hochsch. Trier (Phil., Soziol., Psych.).

RAUSCH, Jürgen

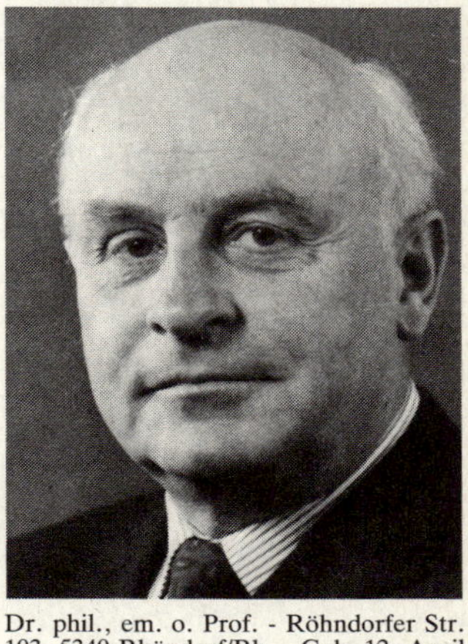

Dr. phil., em. o. Prof. - Röhndorfer Str. 103, 5340 Rhöndorf/Rh. - Geb. 12. April 1910 Bremen - Univ. Heidelberg u. Jena; Promot., Habil. - Doz. Univ. Jena; 1939-47 Soldat u. Kriegsgef.; Fr. Schriftsteller; Mitarb. Ztg. u. Rundf., 1953-58 Lektor DUA; fr. Mitarb. SWF (Kulturkomment.). S. 1958 Hochschullehrer. 1960-71 Mitredakt. Antaios. 1975 emerit. - BV: Z. Problem d. Primats, D. Urteilssinn, Nachtwanderung, In e. Stunde wie dieser, E. Jüngers Optik, D. Mensch als Märtyrer u. Monstrum, Reise zwischen d. Zeiten (Aufz. in Sizilien), D. hl. drei Könige auf d. Reise, Lob d. Ebene (Ged.), D. Eindringling (Nov.). Ged. - 1955 Lit.preis Kulturkr. Bundesverb. d. Dt. Ind.

RAUSCH, Ludwig

Dr. med., Prof., ehem. Leiter Abt. Strahlenbiologie u. Strahlenschutz, Zentrum für Radiologie, Klinikum d. Univ. Gießen (1963-82) - Kreuzgarten 6, 3100 Celle (T. 05141 - 3 69 04) - Geb. 11. Febr. 1922 Berlin (Vater: Prof. Dr.-Ing., Dr. techn. Ernst R., berat. Bau- u. Prüfing. f. Baustatik; Mutter: Charlotte, geb. Steiff), 3 Kd. (Thomas, Bettina, Peter) - Schadow-Sch. Berlin; Univ. ebd. u. Marburg. Promot. 1945 Berlin; Habil. 1959 Marburg (Strahlenbiol.). Facharzt f. Hautkrankh. u. Laboratoriumsdiagnostik - 1959-62 Lehrtätigk. Univ. Marburg, 1963-81 Univ. Gießen; Fachmitgliedsch. - BV: Strahlenrisiko!? (Med., Kernenergie, Strahlenschutz), 4. A. 1980; Mensch u. Strahlenwirk. (Strahlenschäden, Strahlenbehandl., Strahlenschutz), 1982, 2. A. 1986. Buch- u. Ztschr.beitr. (üb. 100). Mithrsg. von Strahlenschutzbänden - 1973 Karl-Patzschke-Preis f. Radiologie d. Univ. München; 1981 Verdienstorden d. BRD - Liebh.: Klass. Lit., Lyrik, Theater, Wassersport, Wandern - Spr.: Engl., Franz.

RAUSCH, Wilfried Wilhelm

Dr., Dipl.-Phys., Geschäftsf. Kaltwalzwerk C. Vogelsang, Hohenlimburg - Oegerstr. 11-35, 5800 Hagen 5 - Geb. 12.

April 1929 Kirchhain (Vater: Heinz R., Konrektor; Mutter: Emmy, geb. Marschhausen), verh. s. 1961 m. Anette, geb. Vogelsang, 4 Kd. (Christina Isabel, Hans Jörg, Wilfried José, Andreas Markus) - Stud. d. Physik, Volkswirtsch., Sprachen; Dipl.ex. 1957; Promot. 1960 - 1958-62 Assist. Inst. f. Kernphysik Univ. Münster; 1963-70 BBC/Krupp Reaktorbau GmbH. (Leit. Experiment. Entwicklung); 1970-73 Wissenschaftsref. Dt. Botsch. Buenos Aires. Zahlr. in- u. ausl. Patente - 1983 Ehrenmitgl. Kerntechn. Ges. - 1973 Orden de Mayo Rep. Argentinien - Liebh.: Sprachen u. Dialekte; Musik - Spr.: Engl., Franz., Span.

RAUSCH-STROOMANN, Jan-Gerrit

Dr. med., Prof., Internist, Chefarzt, Ärztl. Dir. Krankenhaus Lemgo - Berghang 1, 4925 Kalletal 4 (T. 05266 - 4 17) - Geb. 30. März 1924 Göttingen (Vater: Johannes-Wilhelm R., Chefarzt; Mutter: Else Marie, geb. Pertzel), ev.-luth., verh. s. 1958 m. Marion, geb. Diestel, 4 Kd. (Michael, Bettina, Barbara, Matthias) - Med.-Stud. Univ. Münster, Giessen, Würzburg, Kiel; Promot. 1951, Habil. f. Klin. Chemie u. Innere Med. 1963 - 1968 apl. Prof.; 1951-64 Chef Laborat. Stoffwechselabt. I. Med. Univ.-Klinik Hamburg-Eppendorf; 1963-64 Stud.aufenth. Mass.Gen.Hospital Boston/USA u. Nat. Inst. of Health Bethesda/USA; 1966-70 Chef Endokrinol. Abt. Klinikum Essen, Ruhr-Univ.; s. 1970 Chefarzt Labor. Krankenhaus Lemgo - Üb. 150 wissensch. Publ. m. Themen d. Klin. Chemie u. Endokrinolog., z.T. in Engl. - 1984 Gold. Ehrennadel d. dvta - Liebh.: Sprachen, Reisen - Spr.: Engl., Franz., Ital. - Bek. Vorf.: Prof. Frerichs, Urgroßonkel.

RAUSCHENBACH, Hans-Joachim

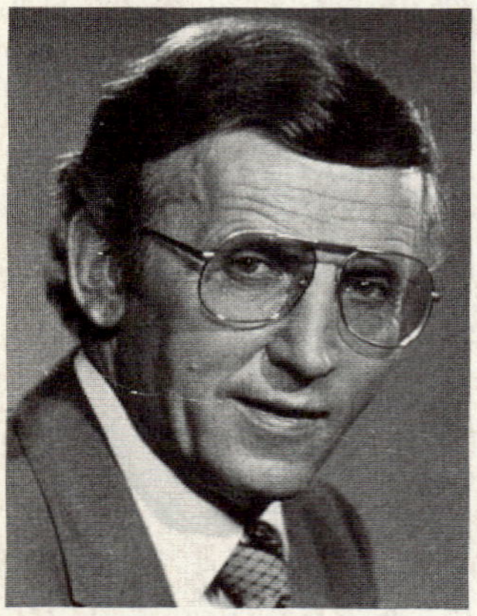

Sportjournalist - Zu erreichen üb. HR, 6000 Frankfurt/M.; priv.: Leipziger Ring 203, 6054 Rodgau 3 - Geb. 1923 - Viele ARD-Übertrag. v. bedeut. intern. Sportwettkämpfen.

RAUSCHENBACH, Klaus-Peter

Studienrat, ehem. MdA Berlin (b. 1981) - Paulsborner Str. 10, 1000 Berlin 31 - Geb. 21. April 1943 Altenburg - Human. Gymn. (Abit. 1962); Stud. Gesch., Politol. u. Sport FU Berlin u. Univ. Innsbruck; 1. Staatsex. 1968 - 1975-81 Mitgl. d. Abgeordnetenh. Berlin.

RAUSCHENBERGER, Hans

Dr. phil., Prof. f. Erziehungswiss. - Ederstr. 10, 3593 Edertal-Hemfurth (T. 05623 - 41 70) - Geb. 10. Mai 1928 Eichen/Baden, verh. s. 1953 m. Heidi, geb. Braun, 5 Kd. - Promot. 1956 Univ. Basel - 1965 Prof. Univ. Frankfurt/M., 1973 Univ. Klagenfurt, 1975 Ges.hochsch. Kassel.

RAUSCHER, Anton

Dr. theol., Lic. phil., o. Prof. f. Christl. Gesellschaftslehre Univ. Augsburg (s. 1971) - Wilhelm-Hauff-Str. 28, 8900 Augsburg - Geb. 8. Aug. 1928 München (Vater: Anton R., Schriftsetzer; Mutter: Kreszenz, geb. Dietrich), kath. - Univ. Rom/Gregoriana (Phil., Theol.) u. Münster (1960-64; Rechts- u. Staatswiss.) - 1963 ff. Dir. Kath. Sozialwiss. Zentralstelle Mönchengladbach - BV: D. soz. Rechtsidee u. d. Überwind. d. wirtschaftslib. Denkens - Hermann Roesler u. s. Beitrag z. Verständnis v. Wirtsch. u. Ges., 1969; D. soz. u. polit. Katholizismus. Entwicklungslinien in Deutschl. 1803-1963, 2 Bde. 1981/82. Herausg. d. Reihen: Beitr. z. Katholizismusforsch., 26 Bde. (1973/86); Soziale Orientierung. Veröff. d. Wiss. Kommiss. b. d. Kath. Sozialwiss. Zentralstelle Mönchengladbach, 5 Bde. (1979/86); Mönchengladbacher Gespräche, 9 Bde. (1980/87); Kirche in d. Welt, 2 Bde. (1988). Zahlr. Einzelarb. - Spr.: Engl., Franz., Lat., Ital.

RAUSCHHOFER, Hans-Heinz

Dr.-techn., Dipl.-Ing., Prof. TH Darmstadt, Erster Techn. Aufsichtsbeamter - Kapellenstr. 93, 6200 Wiesbaden (T. 06121 - 52 83 06) - Geb. 14. Jan. 1929 Wien (V.: Dipl.-Ing. Hans R., Ziviling.; Mutter: Marianne, geb. Seidler v. Sanwehr), kath., verh. s. 1957 m. Dr. Gisela, geb. Brezing, S. Hans-Joachim.

RAUSCHKE, Joachim

Dr. med., Prof., Medizinaldir., Leit. Inst. f. Rechtsmedizin/Gesundheitsamt Stuttgart - Weimarstr. Nr. 30, 7000 Stuttgart 1; priv.: Marstall H 6, 7140 Ludwigsburg - Geb. 21. Juli 1921 Essen (Vater: Dr. med. Max R., Neurologe u. Psychiater, Chefarzt; Mutter: Theodora, geb. Höynck), ev., verh. s. 1954 m. Dr. Irene, geb. Dawartz, 2 Kd. (Ines, Alexander) - Burggymn. Essen; Univ. Münster u. Heidelberg (Med.). Promot. (1947) u. Habil. (1961) Heidelberg - S. 1961 Lehrtätigk. Univ. Heidelberg (1967 apl. Prof. f. Gerichtl. Med.); Lehrbeauftr. f. Rechtsmedizin Univ. Ulm, Vorst.smitgl. Dt. Ges. f. Rechtsmed., Mitgl. Dt. Ges. f. Verkehrsmed., Ges. f. forens. Blutgruppenkd., Wiss. Beirat Dt. Ges. f. Med. Diagnostik - BV: Handb. f. Verkehrsstrafsachen, 1957. Mitarb.: A. Ponsold, Lehrb. d. Gerichtl. Med., 3. A. 1967; H. Marx, Med. Begutachtung, 3. A. 1977; Gg. Eisen, Handwörterb. d. Rechtsmed., Bd. I 1973. 40 Einzelarb. - Liebh.: Musik, Malerei, Fotografie - Spr.: Franz.

RAUTE, Karl

Bürgermeister - Mainzertor-Anlage 48, 6360 Friedberg/Hessen (T. 52 61) - Geb. 8. Dez. 1910 Büdingen/Oberhessen - Aufbaugymn. Friedberg; Ausbild. Kreisverw. ebd. Verw.sprüf. f. d. gehob. Dienst - 1945-65 Leit. Kreisjugendamt Friedberg (zul. Kreisamtm.). S. 1956 Stadtverordn. (Fraktionsvors.) u. Bürgerm. (1966) Friedberg. 1962-70 MdL Hessen. SPD (1954 Orts-, 1962 Kreisvors.) - 1971 BVK I. Kl.

RAUTENBACH, Robert

Dr.-Ing., o. Prof. u. Direktor Inst. f. Verfahrenstechnik (Arbeitsgebiete Meerwasserentsalz., Membrantrennverfahren) TH Aachen (s. 1967) - Nieuwe Hertogenweg 20, Vaals (Holl.) - Vorst.-Mitgl. Dechema u. 1974-84 Ges. f. Verfahrenstechnik/Chemieing.wesen VDI; 1977-81 Vicepres. Intern. Desal. Assoc.; 1989 Membrane Separation Processes John Wiley & Sons Ltd. - BV: Membrantrennverfahren - Ultrafiltration u. Umkehrosmose, 1981; Process design in: Handbook of industr. membr. technology, 1986.

RAUTENBURG, Hans-Werner

Dr. med., Prof. - Am Weidacker 2, 6301 Wettenberg 3 (T. 8 22 26) - Geb. 10. Juli 1924 Berlin (Vater: Max R., Ing.; Mutter: Johanna, geb. Miltz), ev., verh. s. 1945 m. Ursula, geb. Reinhardt, 3 Kd. (Peter, Jörg, Barbara) - Stud. d. Med. Univ. Prag u. Berlin; Promot. 1952 ebd.; Habil. 1965 Gießen - S. 1965 Abts.leit. f. Kinderkardiologie Gießen. In- u. ausl. Fachges. - BV: D. Amylnitrit-Test im Kindesalter, 1968; Phonokardiographie 1979; Herzfehler im Kindes- u. Jugendalter, 1986 - Liebh.: Alpinismus, Kunstgesch. - Spr.: Engl., Franz.

RAUTENFELD, von, Arndt

Kameramann - Alt Pichelsdorf 15, 1000 Berlin 20 (T. 361 82 90) - Geb. 26. April 1906 Dorpat/Estl. (Vater: Dipl.-Forstw. Victor v. R., Gutsbesitzer; Mutter: Karin, geb. v. Loudon), ev., verh. s. 1944 m. Ursula, geb. Balthasar, 2 Kd. - Ton- (u. a. D. Frl. u. d. Vagabund, D. Kampf d. Tertia, Alles f. Dich mein Schatz) u. Fernsehfilme - Spr.: Engl., Portugies., Russ., Franz., Lett., Wort: Span., Ital. - Liebh.: Eskimo-Kajak - Bek. Vorf. ms.: General Loudon, bekanntester Offz. Kaiserin Maria Theresias (Büste Walhalla b. Regensburg) - Bruder: Klaus v. R. (s. dort).

RAUTENHAUS, Franz

Dr. rer. pol., Aufsichtsratsmitglied Kühlhaus Lübeck AG, Bürgerschaft Hansest. Lübeck (Finanz-, Wirtschafts-, Gesundheits-, Umwelt- u. Rechnungsprüfungsausch.) - Am Dachsbau 3, 2400 Lübeck - Geb. 28. Febr. 1928.

RAUTENSCHLEIN, Hans

Kaufmann, Mitinh. Fa. Otto Rautenschlein, Schöningen - Hötensleberstr. 50a, 3338 Schöningen (T. 20 18) - Geb. 10. Juni 1921 - Zeitw. Vors. Bundesverb. d. Mischfutterhersteller, Bonn, Vors. BAL (Betriebsw. Arbeitskr. Landhandel e. V.), stv. Vors. IMA (Informationsgem. f. Meinungspflege u. Aufklärung e. V.) u. LHV (Landhandelsverb. Nieders. e. V.) - Erf. Forschungsmähdrescher „System Rautenschlein" - Spr.: Engl., Franz. - Rotarier.

RAUTER, Konrad

Ltd. Regierungssirektor, Verwaltungsleit. PH Berlin - Malteserstr. 74-100, 1000 Berlin 46.

RAUWALD, Armin

Dipl.-Ing., Vorstandsmitglied Peipers & Cie. AG., Siegen - Schinkelstr. 29, 4300 Essen - Geb. 12. Febr. 1918 - Inh. Ferdinand Rauwald Hütten- u. Walzwerkserzeugnisse, Essen. Versch. Mandate.

RAVEN, von, Wolfram

Oberst d. R., Journalist - Hoholz Pützhecke 1, 5300 Bonn 3 (T. 0228 - 48 15 26) - Geb. 11. April 1924 Berlin (Vater: Dr. med. Werner v. R., Arzt †1928; Mutter: Margret, geb. Lehrer v. Lehrstätt † 1985), kath., verh. s. 1952 m. Margret, geb. Fauth (†1984) - Abitur - 1947-1956 u. s. 1964 Journ. (u. a. Chefredakt. Europ. Wehrkunde), dazw. Offz. Bundeswehr (zul. Oberstltn. u. stv. Presseref. Bundesverteidigungsmin.) - BV: D. zwei Gesichter d. Mondes - Strategie im Weltraum, 1969 (Salzburg; dt. Ausg.: Strategie im Weltraum - D. kosm. Kampf d. Giganten, 1969); Sicherheit im Spannungsfeld d. Entspannung, 1972. Herausg.: Armee gegen d. Krieg - Wert u. Wirkung d. Bundeswehr (1966) - Liebh.: Antiquitäten.

RAVENS, Bernd

Kaufm. Angestellter, Mitgl. Brem. Bürgerschaft (s. 1975) - Zoppoter Str. 7, 2850 Bremerhaven - Geb. 30. Mai 1944 Drangstedt, ev., verh., 1 Kd. - Realsch. (Mittl. Reife); Banklehre - B. 1966 Städt. Sparkasse Bremerhaven (Angest.), dann Hapag-Lloyd Werft GmbH. ebd. (1974 Ausbildungsleit. u. Sekr. Gfg.). CDU.

RAVENS, Karl

Bundesminister a. D., Vizepräsident d. Nieders. Landtag, Präs. Dt. Verb. f. Wohnungswesen, Städtebau u. Raumplanung, Bonn - Glimmerweg 15, 3000 Hannover 91 - Geb. 29. Juni 1927 Achim, verh., 1 Kd. - Volkssch.; Lehre Metallflugzeugbau; n. Rückkehr aus d. Kriegsgefangensch. Umschul. als Kraftfahrzeugschlosser - U. a. Lehrlingsausbilder (Bremen); 1969-72 Parlam. Staatssekr. Bundesmin. f. Städtebau u. Wohnungswesen u. 1972-74 Bundeskanzleramt; 1974-78 Bundesmin. f. Städtebau, Wohnungswesen, Raumordnung. 1956ff. Mitgl. Stadtrat Achim; 1957ff. MdK; 1961ff. Ratsherr u. stv. Bürgerm. Bierden; 1961-78 MdB. SPD s. 1950 (u. a. Vors. Bez. Nordnieders., 1979-84 Vors. Landesverb. Nieders., s. 1978 Mitgl. Nieders. Landtag) - 1978 Gr. BVK m. Stern u. Schulterbd. Mitgl. d. Synode d. EKD - Liebh.: Segelfliegen, Camping.

RAWE, Wilhelm

Rechtsanwalt u. Notar, Parlam. Staatssekr. Bundesmin. f. Post- u. Fernmeldewesen (s. 1982), MdB (s. 1965; Wahlkr. 97/Coesfeld-Steinfurt I; 1971-82 Parlamentar. Fraktionsgeschäftsf.), Vors. d. NRW-Landesgruppe d. CDU im Bundestag (s. 1987) - Frhr.-v.-Twickel-Str. 22, 4401 Havixbeck/W. (T. 14 86) - Geb. 7. Febr. 1929 Havixbeck, kath., verh., 3 Kd. - Volkssch.; Reifeprüf. als Nichtschüler; neben Berufsausüb. Stud. Rechts- u. Staatswiss. Münster. Beide jurist. Staatsprüf. - 1943-71 Reichs- bzw. Bundesbahn (1965 höh. Dienst); s. 1971 Rechtsanw.; s. 1977 Notar. Mitgl. Gemeinderat (1961); MdK; stv. Landrat (1964). Div. Funktionen Jg. Union, u. a. Sprecher Westf.-Lippe (1962). CDU s. 1953 (1968 stv. Landesvors. WL) - 1976 Gr. BVK, 1986 Stern dazu.

RAWER, Karl

Dr. rer. nat., Prof., Physiker - Herrenstr. 43, 7806 March 2 (T. 07665 - 13 84) - Geb. 19. April 1913 Neunkirchen/Saar (Vater: Dr. med. dent. Peter R., Zahnarzt; Mutter: Luise, geb. Menzinger), kath., verh. s. 1939 m. Waltraut, geb. Hien, 7 Kd. - Univ. Freiburg u. TH München (Physik; Diplomhauptprüf. 1937). Promot. 1939; Habil. 1955 Freiburg - 1946-56 wiss. Leit. Service de Prévision Ionosphérique Militaire (Frankr.), 1956-69 Dir. Ionosphären-Inst. Breisach, 1969-79 Dir. Inst. f. physik. Weltraumforsch., Freiburg (Fraunhofer-Ges.). S. 1955 Privatdoz. u. apl. Prof. (1961) Univ. Freiburg; 1958-64 Prof. associé u. d'échange (1960) Sorbonne Paris, 1969-72 Chm. Comm. III (Ionosphäre) Union Radiosci. Internationale, 1975 Gastprof. Univ. Catholique de Louvain (Belg.), 1964-83 Vors. Land. Aussch. Committee on Space Research - BV: D. Ionosphäre, 1953 (auch engl.); Radio Observations of the Ionosphere, in: Handb. d. Physik, Bd. 49/2 1967 (m. K. Suchy); Modelling of Neutral and Ionized Atmospheres, in: Handb. d. Physik, Bd. 49/7 1984. Herausg.: Handbook of Ionogram Interpretation and Reduction, 1961, 1972 (m. W. R. Pigott); Wind and Turbulence in Stratosphere, Mesosphere and Ionosphere, 1968; Waves and Resonances in Plasmas (Radio Sci 7 Nr. 8, 9), 1972; Methods of Measurements and Results of Lower Ionosphere Structure, 1974; Manual on ionospheric Absorption Measurements, 1976 - 1978 Ehrendoktor Univ. Düsseldorf; 1982 korr. Mitgl. Akad. d. Wiss. Wien - Spr.: Franz., Engl.

REAL, Willy

Dr. habil., Prof. f. neue Gesch. - Benngasse 26, 5300 Bonn 2 (T. 0228 - 33 19 59) - Geb. 25. Okt. 1911 Osternienburg DDR (Vater: Wilhelm R., Bautechn.; Mutter: Anna, geb. Funke), kath., verh. s. 1939 m. Marianne, geb. Müller, 3 Kd. (Heinz Jürgen, Michael Alexander, Monika Christiane) - Univ. Halle, Münster, Köln (Gesch., German., Phil.) - 1936-69 Höh. Schuldienst; Prof. Univ. Köln; Mitarb. versch. geschichtswiss. Institutionen - BV: Von Potsdam n. Basel, 1958; D. Dt. Reformverein, 1966; D. hannoversche Verfassungskonflikt v. 1837/39, 1972; Karl Friedrich v. Savigny 1814-1875; 2 Bde. 1981; D. Revolution in Baden 1848/49, 1983; D. Großherzogt. Baden zw. Revolution u. Restauration 1849-51, 1983; Katholizismus u. Reichsgründung, 1988. Wiss. Abh. z. dt. Gesch. - Liebh.: Lit., Kunst - Spr.: Franz., Engl.

REBE, Bernd

Dr. jur., Prof. f. Bürgerl. Recht, Handels- u. Wirtschaftsrecht Univ. Hannover - Meraner Str. 5, 3000 Hannover 81 (T. 0511 - 83 20 06) - Geb. 5. Sept. 1939 Braunlage (Vater: Werner R., Kaufm.; Mutter: Liselotte, geb. Reinshaus), ev., verh. s. 1964 m. Bärbel, geb. Bonewitz, 2 S. (Thomas, Philipp) - 1. u. 2. Jurist. Staatsprüf. 1966 u. 1970, Promot. 1969 Univ. Berlin; Habil. 1977 Univ. Bielefeld - 1975-83 Prof. Univ. Hannover, 1979-81 Vizepräs, ebd.; s. 1983 Präs. TU Braunschweig - BV: D. Träger d. Pressefreiheit nach d. Grundgesetz, 1969; Privatrecht u. Wirtschaftsordn., 1978; Verfassung u. Verwaltung d. Landes Nieders., 1986; Neue Technologien, 1987 - Liebh.: Gesch., Politik - Spr.: Engl., Franz., Türk.

REBEL, Karlheinz

Dr. rer. soc., em. Prof., Direktor Dt. Inst. f. Fernstudien an d. Univ. Tübingen (1979-88) - Albert-Schweitzer-Weg 6, 7407 Rottenburg (T. 66 98) - Geb. 13. April 1923 Boxberg (Vater: Karl R., Oblt. d. Gendarmerie a. D.; Mutter: Helene, geb. Kreuzer), kath., verh. s. 1952 m. Marta, geb. Schneider, 1 Kd. (Almud) - Gymn. (Abit. 1941); Stud. German., Gesch., Angl. Staatsex. 1949 u. 51 (Päd.); Zweitstud. Erziehungswissensch. (1975 Promot.) - 1950-1965 Internatssch. - BV: Texte z. Schulreform Theorie d. Bildung, Org. d. Schule, Ausbild. d. Lehrer - Päd. Provokationen I, 1966; Zwang, Autorität, Freiheit in d. Erzieh. - Texte z. Autoritätsproblem, 1967 Individualisierte Lernprozesse - Korrespondenz Stud. u. Lehrerausbild. in d. USA, 1968ff; Offenes Lernen u. Fernstud, 1976; Phänomenansatz u. fachwiss. Struktur. In: Unterrichtswiss. 1978, S. 67-75; Mediendidaktik in d. Ausb. d. Lehrers f. d. politischen Unterr. In: Sammelb. Sozialkunde 1981; Fernstud. u. Weiterbildung. In: Berufsbildungsreform als politische u. päd. Verpflichtung, 1982; Beratung als Aufgabenfeld d. Lehrerbildung. In: Schule im Brennpunkt, 1983; Teilnahmemotivation u. Lernerfolg b. Funkkolleg Prakt. Phil. In: Zs. f. Didaktik d. Phil.; Funkkolleg Prakt. Phil./Ethik (m. K.-O. Apel u. D. Böhler: Studientexte), 1984; Lernen durch d. Hintertür. Neue Lernformen in d. Lebensspanne, 1984; Mediennutzung u. politische Meinungsbildung b. Jugendlichen. In: Gegenwartskunde, 1985, 1; Thesen z. Zusammenhang v. Allgemeindidaktik u. Fachdidaktik. In: Unterrichtswiss., 3. A. 1985; D. Bedeutung andragogischer Fragestellungen f. e. mod. Fernstud. In: Erwachsenenbildung. Bilanz u. Zukunftsperspektiven, 1986; Neue Medien u. Probl. d. politischen Sozialisation Jugendl. In: D. Realschule, 2. A. 1987. Herausg. Wiss.transfer in d. Weiterbild. D. Beitr. d. Wiss.soziol. (1989). Zahlr. Veröff. üb. Fernstudium, Unterrichtstechnol., Funkkollegs usw. - BVK am Bde. - Liebh.: Lit. (auch engl.-amerik.), Politik - Spr.: Engl.

REBER, Roland Edmund

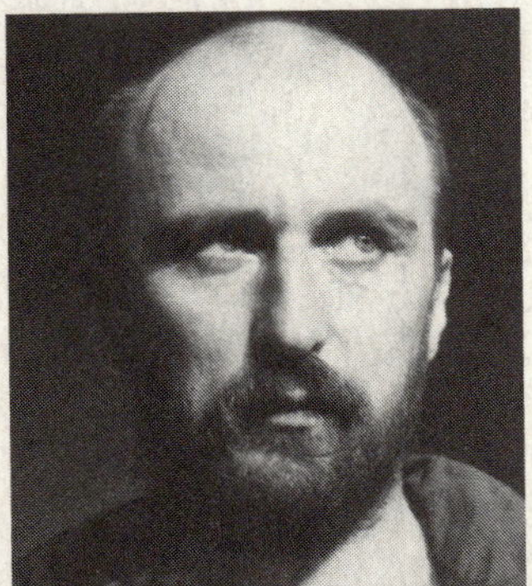

Regisseur, Autor, Schauspieler - Ruhrblick 24, 4320 Hattingen/Ruhr (T. 02324 - 8 17 22) - Geb. 11. Aug. 1954 Ludwigshafen/Rhein, verh. m. Sabine, geb. Vierling, T. Fee Denise - Schauspielschule 1974-77 Bochum - 1977-79 Schauspieler Schauspielhaus Bochum; 1979/80 Coautor u. Schausp. SDR; 1981 Gründer u. Leit. Theater Institut am Schauspielhaus Hamburg; s. 1984 Schauspieldir. Theater Institut im Heinz Hilpert Theater Lünen; s. 1988 Schauspiel Essen, Leit. Welttheaterprojekt u.a. in Ägypten, Mexiko, Indien; 1989 Schausp. Düsseldorfer Schauspielhaus - Publ.: 8 Bühnenstücke (m. gleichz. Inszenierung) u.a.: Hotel d. Verlorenen Träume, Merlin, Mein Traum ist nur e. krankes Kind, Allsam, Todesrevue - Insg. 23 Regiearb. u.a. Mistero Buffo, Theater am Neumarkt Zürich (1980); Allsam Dt. Schauspielhaus Hamburg (1981); Macbeth u. Othello im Theater Institut - Spr.: Engl., Altägyptisch (Hieroglyphen) - Lit.: Üb. 1200 Presseveröff., Beitr. in Rundf. u. FS.

REBERS, Friedrich

Sparkassendirektor - Am Brill 1, 2800 Bremen - Geb. 3. Juni 1929 - S. 1971 Vorstandsmitgl. Sparkasse in Bremen. ARs- u. Beiratsmand., dar. -vors.

REBHAN, Eckhard Friedrich

Dr. rer. nat., Prof. f. Theoretische Physik - Leitenstorffer Str. 20, 4000 Düsseldorf 13 - Geb. 31. Okt. 1937 Nürnberg (Vater: Dr. Josef R., Dipl.-Ing., Dir.; Mutter: Berti, geb. Zimmermann), ev.-luth. - Human. Gymn., Univ. Erlangen u. München - 1964-77 Wiss. Angest., s. 1977 Hochschullehrer Univ. Düsseldorf. 25 Publ. in wiss. Ztschr. - Spr.: Engl.

REBHAN, Josef

Technischer Oberlehrer, MdL Baden-Württ. (Wahlkr. 53, Rottweil) - Rathausstr. 5, 7217 Wellendingen (T. 07426 - 73 97) - Geb. 23. März 1937 Wellendingen - Vors. d. Petitionsaussch. d. Landtags v. Baden-Württ. CDU.

REBLE, Albert

Dr. phil., o. Prof. f. Pädagogik - Anne-Frank-Str. 23, 8700 Würzburg (T. 7 34 68) - Geb. 20. Aug. 1910 Magdeburg (Vater: Albert R., Juwelier), ev., verh. s. 1941 m. Hedwig, geb. Spiegel, 4 Kd. (Burghild, Bernhard, Martin, Friedebert) - Päd. Akad. Erfurt; Univ. Jena u. Leipzig (Päd., Phil., German., Gesch.). Reifeprüf. 1929. Promot. 1935 - 1934-47 Volks-, Mittelschul- (1935) u. Gymnasiallehrer (1943); 1946-49 Prof. m. Lehrauftr. bzw. vollem L. Univ. Halle; 1949-54 Studienrat; 1954-62 Prof. Päd. Akad. Bielefeld u. Münster (1961); s. 1962 o. Prof. Univ. Würzburg; emerit. 1975 - BV: Schleiermachers Kulturphil., 1935; Theodor Litt, 1950; Gesch. d. Päd., 1951, 15. A. 1989 (auch TB 1981); Pestalozzis Menschenbild u. d. Gegenw., 1952; Kerschensteiner, 1955, 2. A. 1956; Lehrerbild. in Dtschl., 1958; D. histor. Dimension d. Pädagogik in Wiss. u. Lehrerbildg., 1978; Gesamtsch. im Widerstreit, 1981; Hugo Gaudig - e. Wegbereiter d. mod. Erlebnispäd.?, 1989. Herausg.: Erziehungswiss. Beiträge (1965-68); Würzburger Arbeiten z. Erz.wiss. (18 Bde., 1969-88); Klinkhardts Päd. Quellentexte (m. Theo Dietrich, s. 1960, 97 Bde. b. 1981). Etwa 120 Fachaufs. - 1936 Mitgl. Akad. gemein. Wiss. Erfurt - Liebh.: Musik - Lit.: Päd. in Selbstdarstell. (hg. v. L. Pongratz, Bd. III, 1978); Gesch. d. Päd. u. system. Erz.swiss. (hg. v. W. Böhm u. J. Schriewer, 1975); Die Päd. u. ihre Bereiche (hg. v. W. Brinkmann u. K. Renner, 1982).

REBLIN, Erhard

Dr. rer. pol., Prof., Unternehmensberater, gf. Gesellsch. INTEGRATA GmbH, Tübingen, Geschäftsf. Schmalenberger GmbH & Co./Pumpenfabrik, Tübingen, Lehrbeauftr. Univ. Tübingen u. Honorarprof. Staatl. Berufsakad., Stuttgart - Ob dem Viehweidle 18, 7400 Tübingen - Geb. 8. Mai 1928 Bischofsberg/Ostpr. - Dipl.-Volksw. 1958, Promot. 1959 (beides Tübingen) - BV: Elektron. Datenverarb. in d. Finanzbuchhaltung, 2. A. 1973.

REBLIN, Klaus

Generalsekretär Dt. Ev. Kirchentag (b. 1984) - Heimhuderstr. 83, 2000 Hamburg 13 - Geb. 1932 Steinau/Schles., ev. - Univ. Göttingen, Heidelberg, Harvard (Theol.) - 1960-63 Gemeindepfr. Aurich, 1964-70 Studienleit. Ev. Akad. Bad Orb, 1970-82 Hauptpast. Hbg. Kirche St. Katharinen. 1982-84 Generalsekr. Dt. Ev. Kirchentag - BV: Wer Gott finden will, 1979; Gottescourage, 1981.

REBMANN, Kurt

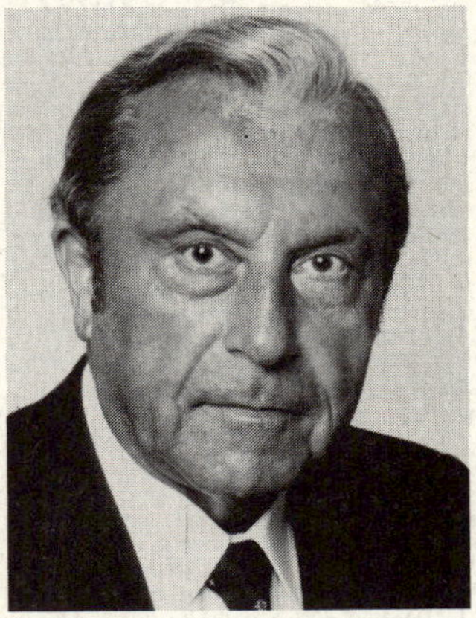

Dr. jur., Prof., Generalbundesanwalt - Othellostr. 25, 7000 Stuttgart 80 - Geb. 30. Mai 1924 Heilbronn (Vater: Eugen R.; Mutter: Frieda, geb. Wallraff), ev., verh. s. 1953 m. Margret, geb. Staubitz, 2 Kd. (Regine, Hans-Peter † 1980) - Karls-Gymn. Heilbronn (b. 1942); 1944-47 Univ. Tübingen, Göttingen, Heidelberg (Rechtswiss.; Promot. 1947) - 1950-56 baden-württ. Justiz- (1954 Landessozialgerichtsrat), dann Ministerialdst. (Vertr. Bonn, Reg.dir.), 1959 Justizmin. (1965-77 Min.dir. u. Stellv. d. Min.) - BV: Kommentar z. Landespressegesetz f. Baden-Württ., 1964; Komm. z. Gesetz üb. Ordnungswidrigkeiten, 1968. Mithrsg. d. Münchener Kommentars z. BGB, 1977; Komment. z. Bundeszentralregistergesetz, 1985 - Präs. Dt. Akad. f. Verkehrswiss. Hamburg; Vors. Straffälligenhilfe Baden-Württ., Landesverb. Württ. - 1981 Bullenorden Bund Dt. Kriminalbeamten; 1984 BVK m. Stern - Liebh.: Auslandsreisen - Spr.: Engl., Franz. - Mitgl. Lions Club.

REBROFF, Ivan

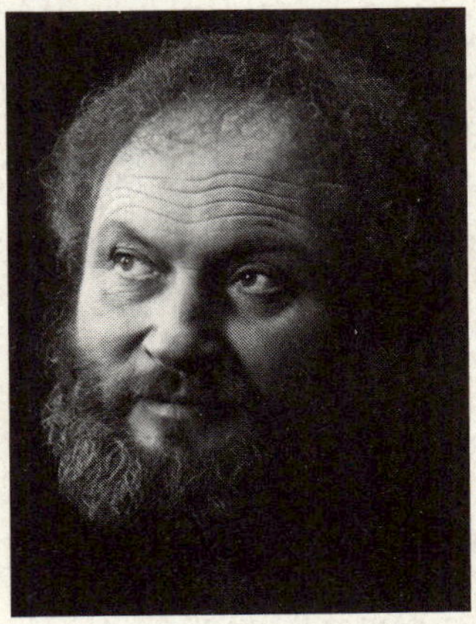

Sänger (Bass-Bariton) - Agii Anargiri, Skopelos/Magnisias, Griechenland - Geb. 31. Juli 1931 Berlin, kath., ledig - Hochsch. f. Musik Hamburg m. Stip. d. Hansestadt, 1957 - Konzertsänger; Tourneen in Europa u. Übersee (Australien, Neuseeland, Canada, USA, Süd-Afrika) - Hat d. westl. Welt d. russ. Volksmusik nahegebracht; breitgefächertes Interpretations-Spektrum, jed. getr. n. d. jeweiligen Konzert-Charakter: 1. Popular-Bereich (U-Musik): Russ. Volkslieder, intern. Volksliedgut, Musicals; 2. E-Musik: Konzertauftritte m. festl. u. sakralem Charakter (haupts. in Kirchen); 3. Oper u. Operette (Mussorgsky, Mozart, Wagner (Hans Sachs) Rossini, Lortzing, Offenbach, Strauss) - 1957 1. Preis b. Intern. Hochschulwettbewerb Stuttgart; 1961 1. Preis b. 9. Intern. Musikwettbewerb München; 1986 BVK; zahlr. weitere Ehrungen in d. BRD u. im Ausl. - Liebh.: Ornitol., histor. Plattenaufn. u. Filme (Bette Davis, Zarah Leander, Heinrich George, Emil Jannings, Greta Garbo) - Spr.: Russ., Franz., Engl., Griech. - Unzählige Presse-Veröff.

REBSCH, Peter

Jurist, Präsident d. Abgeordnetenhauses v. Berlin (1981-89) - 1000 Berlin 62 (T. 030 - 783 32 91) - 1979-82 Mitgl. Abg.-Haus, Berlin - 1985 Europakreuz Dt. Sektion/Komitee f. europäische Zusammenarb. d. Kriegsteiln. u. -opfer (CEAC) - 1984 Gr. BVK.

RECH, Peter W.

Dr., Univ.-Prof., Direktor Seminar f. bild. Kunst - Dürener Str. 217/219, 5000 Köln 41 (T. 0221 - 470 47 05) - Geb. 21. Mai 1943 Werdohl (Vater: Friedrich R., Oberstleutnant; Mutter: Maria, geb. Heidenreich), kath. - 1966-72 künstl. u. päd. Studien u. Lehramtsabschl. Univ. Münster, Dipl. 1972, Promot. 1974, Habil. 1978 - 1972-79 wiss. Assist. Münster; s. 1979 Prof. Univ. Köln - BV: Z. therapeut. Bewußtsein in d. Kunstpäd., 1977; Abwesenh. u. Verwandl. D. Kunstwerk als Übergangsobjekt, 1981; Kunst u. Liebe, 1983; Mann u./od. Frau. Doppelgeschlechtlichkeit in d. Kunst. Herausg. Kunst & Therapie (s. 1982) - S. 1976 Arb. z. abstrakt. Expressionismus, mehrere Einzelausstell. - Spr.: Engl., Franz.

RECH-RICHEY, Astrid

Musikdramaturgin Theater Hagen - Dreilindenstr. 79, 4300 Essen 1 (T. 0201 - 20 28 17) - Geb. 8. Juni 1961 Birkenfeld/Nahe, verh. s. 1985 m. Ralph Richey, Kapellmeister - 10 J. priv. Klavierstud. b. Inge Plagemann u. Prof. Alexander Sellier, Stud. German., Musikwiss. u. Soziologie Univ. d. Saarl. u. Univ. Köln - M. 23 J. Musikdramat. Staatstheater Saarbrücken, Kinder- u. Jugendtheater Essen - Spr.: Engl., Franz.

RECHEIS, Käthe

Schriftstellerin - Rembrandtstr. 1/28, A-1020 Wien (T. 0222 - 354 69 15) - Geb. 11. März 1928 Engelhartszell/Österr., kath., ledig - Gymn. (Abit. 1947) - 1947-53 Verlagssekr. Linz; 1954-60 Leit. österr. Büro Intern. Catholic Migration Committee, Genf; ab 1960 fr. Schriftst. PEN-Club - BV: D. Weiße Wolf, 1983; Geh heim u. vergiß alles, 1980; D. weite Weg d. Nataiyu, 1978; Weißt du, daß d. Bäume reden, 1983; Lena - Unser Dorf u. d. Krieg, 1987; u.a. Übers. ins Holl., Span., Dän., Tschech., Jap., Türk., Portug.) - 12mal Österr. Kinder- u. Jugendbuchpreis, 10mal Kinder- u. Jugendbuchpr. Stadt Wien; 1985 Kath. Kinderbuchpr. Deutschl.; 1979 u. 84 Ehrenliste Hans Christian Andersen-Pr.; 1987 Öst. Würdigungspr. f. Kinder- u. Jugendlit. (Gesamtwerk) - Liebh.: Reisen, Lit. d. Indianer - Spr.: Engl.

RECHENBERG, Ingo

Dr.-Ing., Prof. f. Bionik u. Evolutionstechnik TU Berlin (s. 1972) - Falkentaler Steig 144, 1000 Berlin 28 (T. 404 14 56) - Geb. 20. Nov. 1934 Berlin (Vater: Erich R., Bauing.; Mutter: Herta, geb. Ihsmer) - Hum. Gymn.; Fokker Flugzeugwerke Amsterdam; Stud. Maschinen- u. Flugzeugbau TU Berlin, Univ. Cambridge/Engl.; Dipl.-Ing. 1965; Promot. 1970; Habil. 1971 - BV: Evolutionsstrategie, Optimierung techn. Systeme nach Prinzipien d. biolog. Evolution, 1973. Erf.: Evolutionsstrategie, Biofocus, Abtriftkompensator - Liebh.: Segeln, Modellflugsport (1954 2. Platz Modellflugweltmeisterschaft. Odense/Dänem.) - Spr.: Engl.

RECHENBERGER, Heinz-Günter

Dr. med., Prof., Chefarzt - Nettelbeckstr. 3, 4000 Düsseldorf 30 (T. 0211 - 48 20 97) - Geb. 27. Mai 1921, verh. s. 1970 m. Prof. Dr. med. Ilse, geb. Schlüter, 3 T. (Elfriede, Brigitte, Ruth) - Med. Staatsex. 1945 Leipzig; Promot. 1945 - 1985 apl. Prof. Bochum. S. 1978 verantw. Fachvertr. f. d. Fach Psychotherapie u. Psychosomatische Med.; 1980-82 kommiss. Dir. Univ.-Klinik f. Psychosom. Medizin u. Psychotherapie Mainz (Vertr. d. Lehrst.) - BV: Kurzpsychotherapie in d. Ärztl. Praxis, 2. A. 1987; mehr als 150 Veröff. u. Handbuchbeitr. vorw. üb. Kurzpsychotherapie u. üb. therap. Möglichk. b. funkt. Sexualstörungen - 1986 Gustav-v.-Bergmann-Plak. d. Bundesärztekammer; 1987 Lindauer-Plak.

RECHNITZ, Inka

s. Köhler-Rechnitz, Inka

RECK, Ralf

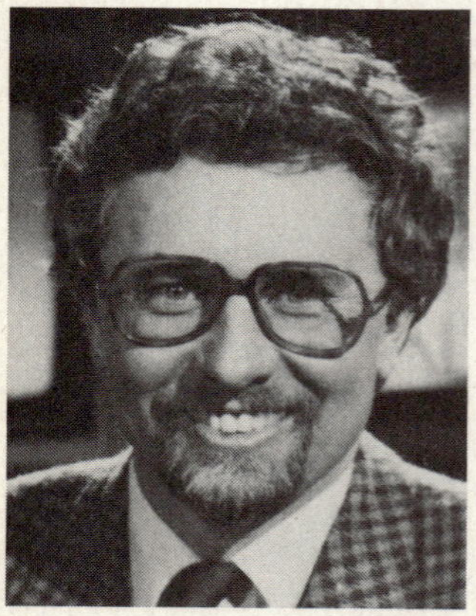

Dr. phil., Leiter Programmbereich Fernsehen (s. 1981), stv. Dir. Landesfunkhaus NDR - Gazellenkamp 57, 2000 Hamburg 54 - Geb. 22. Sept. 1941 Mährisch Ostrau, verh. s. 1971 m. Gisela, geb. Wulff (Apoth.) - Promot. 1970 Univ. Tügingen; Volont. SWF Hörfunk u. FS (REPORT Redakt.) - Liebh.: Sport, Bergwandern, Tiefseetauchen, Tennis, Hunde - Spr.: Engl.

RECKEL, Armin

Vorstandsmitglied Commerzbank AG - Zu erreichen üb. Commerzbank AG, Breitestr. 25, 4000 Düsseldorf 1 - Geb. 1. Jan. 1921 Berlin - S. 1968 stv. Vorst.-Mitgl., 1969ff. o. Vorst.-Mitgl.; AR-Mand.

RECKEL, Gerhard

Dr. rer. pol., Geschäftsführer Fachverb. Informations- u. Kommunikationstechnik/ZVEI - Stresemannstr. 19, 6000 Frankfurt/M. 70.

RECKEN, Heinz

Dr. jur., Richter am Bundesgerichtshof - Herrenstr. 45a, 7500 Karlsruhe/Baden (T. 15 91); priv.: Im Eichbäumle 23, 7500 Karlsruhe (T. 68 62 66) - Geb. 26. März 1920 Köln, verh., 3 Kd. - Gymn. Köln u. St. Blasien; Univ. Frankfurt, Bonn (1937-40; Phil., Theol.), Köln (1949-51; Rechtswiss.). Promot. 1953; Ass.ex. 1955 - 1965 Landgerichtsdir. Köln, 1968 Ministerialrat u. Presseref. im Bundesjustizmin., 1972 Bundesrichter.

RECKER, Kurt

Dr. rer. nat., Prof., Mineraloge u. Kristallograph - Zülpicher Str. 11, 5300 Bonn - Geb. 19. Juni 1924 Dülken - S. 1963 (Habil.) Lehrtätigk. Univ. Bonn (1968 apl. Prof.; 1970 Univ.-Prof.). Etwa 150 Facharb.

RECKOW, Fritz

Dr. phil., Univ.-Prof., Vorst. Inst. f. Musikwiss. Univ. Erlangen-Nürnberg (s. 1987) - Pinzberger Weg 33, 8500 Nürnberg 90 (T. 0911 - 34 63 95) - Geb. 29. März 1940 Bamberg, ev., verh. - 1959-65 Stud. Univ. Erlangen, Freiburg, Basel; Promot. 1965 Freiburg; Habil. 1977 ebd. - 1965-79 Redakt. (Schriftleit.) Handwörterb. d. mus. Terminol. (Akad. d. Wiss. Mainz); 1979 Dir. Musikwiss. Inst. Univ. Kiel; 1979 Gastprof. Univ. Hamburg; 1986 Ohio State Univ., Columbus/Ohio - BV: D. Musiktraktat d. Anonymus 4, 2 Bde., 1967; D. Copula, 1972.

RECKTENWALD, Horst Claus

Dr. rer. pol., Prof. f. Volkswirtschaftslehre u. Finanzwiss. (s. 1960) - Förrenbacher Str. 15, 8500 Nürnberg-Laufamholz - Geb. 25. Jan. 1920 Spiesen (Vater: Jakob R., Kaufm.; Mutter: Maria, geb. Bund), kath., verh. s. 1953 m. Hertha, geb. Joanni - Gymn.; Univ. Mainz (Wirtschaftswiss.). Promot. (1952) u. Habil. (1956) Mainz - S. 1947 Hochschultätigk. (Univ. Mainz, TH Darmstadt, Univ. Freiburg, 1963 Univ. Erlangen-Nürnberg, Dekan 1965, Prorektor 1969); Mitgl. wiss. Beiräte d. Bundesreg. u. Gründungsgremien neuer Univ., Präs. d. Weltvereinig. f. Finanzwissensch. (Paris) (s. 1979); o. Mitgl. d. Leibniz-Akad. d. Wiss. u. Lit. (s. 1983) - BV: Steuerinzidenzlehre, 2. A. 1966; Das Kapitalbudget, 1962; Lebensbilder großer Nationalökonomen, 1965 (auch engl. u. span.); Die Finanzwissenschaft unserer Zeit, 1965; Finanztheorie u. -politik, 2 Bde. 1966-70; Gelehrte d. Univ. Altdorf, 1966; Tax Incidence and Income Redistribution, 1971; Finanz- u. Geldpolitik im Umbruch, 1969; Nutzen-Kosten-Analyse u. Programmbudget, 1970 (Herausg.); D. Nutzen-Kosten-Analyse, 1971; Gesch. d. Pol. Ökonomie, 1971 (auch span.); Political Economy, 1973; D. Wohlstand d. Nationen, 1974 (Übers.); Wörterb. d. Wirtschaft, 12. A. 1990; Adam Smith. S. Leben u. s. Werk, 1976; Lehrbuch d. Nutzen-Kosten-Analyse, 1977; D. dt. Volkswirtschaft, 1977; Secular Trends of the Publ. Sector, 1979; Markt u. Staat, 1980; Staats- u. Geldwirtsch., 1983; Ethik, Wirtsch. u. Staat, 1985; Ordnungstheorie u. Ök.Wiss., 1985; Üb. Adam Smiths Wealth of Nations u. Theory of Moral Sentiments, 1986; D. Selbstinteresse - Zentrales Axiom d. Ök.Wiss., 1986; Üb. Thünens D. isolierte Staat, 1986; Geben u. Nehmen im Kollektiv, 1987; Üb. Schumpeters Lebenswerk, 1988; Ökonom. u. eth. Regeln, 1988. Herausg.: Faksimile-Edition Klassiker d. Nationalökonomie (1986); D. Nobel-Laureaten d. ökonom. Wiss. (1989) - 1972 US-Outstanding Academic Book-Price; 1982 Gr. BVK; 1984 o. Mitgl. Mainzer Akad. d. Wiss. u. d. Lit. - Spr.: Engl., Franz. - Rotarier - Lit.: Polit. Ökonomie heute, Festschrift f. H.C.R. (1985).

RECUM, von, Hasso

Dr. sc. pol., Dipl.-Volksw., Prof. f. Bildungsökonomie - Albanusstr. 39, 6242 Kronberg - Geb. 14. März 1929 Mainz, ev., verh. s. 1959 m. Richardis, geb. Lindemann, 2 Kd. - Stud. Wirtsch.- u. Sozialwiss., Soziol.; Dipl.-Volksw. 1955, Promot. 1959 Univ. Kiel - 1968 a. o. Prof., 1972 o. Prof., s. 1964 Abt.leit. Dt. Inst. f. intern. Päd. Forsch. (DIPF) Frankfurt (1970-75 Dir.) - Veröff. z. Ökon. u. Soziol. d. Bild.wes. - Lit.: Persönlichk. Europas, Dtschl. 1, 1976; Intern. Soziol.lex., Bd. 2, 1984 - Lit.: Bildung in Sozioökonom. Sicht. Festschr. f. H. v. R. z. 60. Geb. (1989).

RECUM, van, Kurt

Ministerialdirektor Saarl. Innenmin. - Hindenburgstr. 21, 6600 Saarbrücken (T. 59 29) - S. Jahren SI.

REDDEMANN, Gerhard

Journalist, MdB (s. 1969; 1973 Vors. Innerd. Aussch.) - Letterhausstr. 1, 5800 Hagen/W. - Geb. 22. Febr. 1932 Heiligenstadt (Vater: Stadtkämmerer Heiligenstadt), kath., verh., 2 Kd. - Gymn.; journalist. Ausbild. - Ab 1953 Redakt. u. Chef v. Dienst (1966) Westfalenpost; b. 1969 Chefredakt. Monatsschr. D. Entscheidung (mitbegr.); gegenw. fr. Journ. 1953-69 Mitgl. Dtschl.rat Jg. Union. S. 1947 CDU/Ost (b. 1950, Ausschl.) bzw. West (n. Flucht 1950; Mitgl. Landesvorst. Westf.-Lippe).

REDDEMANN, Ludger

Landwirtschaftsmeister, MdL Baden-Württ. (Wahlkr. 46, Freiburg I), Präs. d. Badischen Landwirtsch. Hauptverb. - Am Pfeiferberg 4, 7815 Kirchzarten (T. 07661 - 55 34) - Geb. 22. Juli 1938 Coesfeld - CDU.

REDEKER, Konrad

Dr. jur., Prof., Rechtsanwalt - Oxfordstr. 24, 5300 Bonn 1 (T. 0228 - 72 62 50) - Geb. 21. Mai 1923 Mülheim/R. (Vater: Prof. Dr. Franz R., Präs. Bundesgesundheitsamt †1962), ev., verh. s. 1957 m. Leonore, geb. Schröder, 5 Kd. (Helmut, Ursula, Annette, Dorothea, Martin) - 1. Staatsex. 1949; 2. Staatsex. 1953; Promot. 1949 Univ. Hamburg - BV: Kommentar z. Verwaltungsgerichtsordnung (m. Dr. v. Oerben), 9. A. 1988 - S. 1986 Ehrenmitgl. Dt. Juristentag; Hans-Dahs-Med. DAV - Liebh.: Musik.

REDEMANN, Rainer

Dipl.-Volksw., Bankdirektor, Vorstand Universal Factoring (s. 1974) - Grevenbleck 36, 3005 Memmingen 1 (T. 42 99 87) - Geb. 25. März 1926 Münster (Vater: Karl R., kaufm. Angest.; Mutter: Adele, geb. Brandt), kath., verh. s. 1953 m. Elisabeth, geb. Rybka, T. Sabine - 1967-73 Dir. Hannoversche Landeskreditanst. Nordd. Landesbank Hannover - Liebh.: Lit., Ski- u. Langlauf, Schwimmen - Spr.: Engl.

REDEPENNING, Ursela

Hausfrau, MdL Bayern (s. 1970) - Ascholdinger Str. 23a, 8000 München 71 (T. 79 60 20) - Geb. 1944, gesch., 2 Kd. - FDP (1978 stv. Landesvors. Bayern). 1978 Mitgl. Bayer. Rundfunkrat.

REDHARDT, Albrecht

Dr., Dipl.-Physiker, o. Prof. f. Biophysik Univ. Bochum - Am langen Seil 95, 4630 Bochum (T. 38 10 08) - Geb. 28. März 1927 Gemmerich/Ts. (Vater: Willi R., Pfarrer; Mutter: Marie, geb. Weber), ev., verh. s. 1953 m. Angela, geb. Brucker († 1984), 2 Kd. (Martin, Monika) - Spr.: Engl.

REDING, Josef

M.A., Schriftsteller - Kruckelerstr. 2a, 4600 Dortmund 50 (T. 0231 - 73 33 15) - Geb. 20. März 1929 Castrop-Rauxel (Vater: Paul R., Filmvorführer; Mutter: Antonia, geb. Terhorst), kath., verh. s. 1965 m. Rosemarie, geb. Heermann, 3 Söhne (Till-Patrick, Dominik, Benjamin) - 1953-57 Stud. German., Psych., Angl. u. Kunstgesch. Univ. Münster, Urbana (Ill./USA) u. New Orleans (Louisiana/USA) - 1971-78 Vors. Verb. dt. Schriftsteller (VS) in NRW, s. 1973 Mitgl. P.E.N.-Club - BV: Nennt mich nicht Nigger, Kurzgesch. 1957 (auch engl., niederl., russ., armen., estnisch, chin.); Friedland, R. 1957 (auch fläm.); E. Scharfmacher kommt, 1966 (auch norweg., ukrain., russ.); Schonzeit f. Pappkameraden, Kurzgesch., 1975 (auch ukrain., russ., schwed.); Kein Platz in kostbaren Krippen, 1980 (auch niederl.); Gold. Rauhreif u. Möhren, R. 1981; Nennt sie b. Namen, Lyr. 1982; Friedenstage sind gezählt, Kurzgesch. 1982; Erf. f. d. Regierung, Satiren 1983; Papierschiffe geg. d. Strom, Ess. 1984; Friedensstifter - Friedensboten, Portr. 1987; Nicht nur in d. Sakristei, Kurzgesch. 1988 - 1961 Rom-Preis Villa Massimo; 1969 Annette-v.-Droste-Hülshoff-Preis u. Kogge-Preis; 1980 Kurzgeschichtenpreis; 1986 Eiserner Reinoldus, 1987 Ehrenring Stadt Dortmund - Liebh.: Segelfliegen - Spr.: Engl., Franz., Ital. - Lit.: Hedwig Gunnemann, J. R. Fünf Jahrzehnte Leben, Drei Jahrzehnte Schreiben; V. Leben schreiben, Festschr. z. 60. Geb. v. J. R., Stadtbibl. Dortmund.

REDING, Kurt

Dr. rer. pol., Dipl.-Volksw., Prof. GH Kassel, Steuerberater - Kölnische Str. 88, 3500 Kassel (T. 0561 - 77 71 01) - Geb. 14. Aug. 1944 Koblenz (Vater: Victor R., Kaufm.; Mutter: Anna-Sophia, geb. Smentowski), kath., gesch., T. Melanie - 1955-64 Gymn. Koblenz; 1964-69 Stud. Volksw. Univ. Freiburg u. Köln; Dipl.-Volksw. 1965, Promot. 1972, Habil. 1979 - 1970-74 wiss. Assist.; 1974-79 Univ.-Doz.; s. 1981 Prof. - BV: Wanderungsdistanz u. Wanderungsricht., (Diss.) 1972; Finanzwiss., 3 Bde., Lehrb. (m. a.) 1977-79; D. Effizienz staatl. Aktivitäten, 1981; div. Art. in Ztschr.

REDING, Marcel

Dr. theol., Dr. phil., em. o. Prof. f. Kath. Theologie - Am Wildgatter 29, 1000 Berlin 39 (T. 805 18 55) - Geb. 19. Jan. 1914 Mecher/Luxemburg (Vater: Lehrer), kath. - Univ. Freiburg/Br., Tübingen, Paris. Priesterweihe 1940 - 1947 Doz. Univ. Tübingen, 1952 o. Prof. Univ. Graz, 1956 FU Berlin - BV: D. Existenzphil., 1949; Metaphysik d. sittl. Werte, 1949; D. Aufbau d. christl. Existenz, 1952; Phil. Grundlagen d. kath. Moraltheol., 1953; Thomas v. Aquin u. Karl Marx, 1953; D. Sinn d. Marx'schen Atheismus, 1957; Polit. Atheismus, 1957 (auch span.); Üb. Arbeitskampf u. - frieden, 1961; D. Aktualität d. Nikolaus Cusanus in s. Grundgedanken, 1964; D. Glaubensfreiheit im Marxismus, 1967; Polit. Ethik - E. Einf., 1972; D. Struktur d. Thomismus, 1974 - 1985 Orden Großherzogtum Luxemburg.

REDING-BIBEREGG, von, Alois René

Dr. jur., General-Direktor Nestlé Alimenta SA., Vevey/Schweiz - Chemin de la Planaz, Villa Arc Enciel, CH-1807 Blonay Vaud - Geb. 28. Dez. 1923 Bern/Schweiz (Vater: Dr. Aloys v. R.-B.), verh. m. Margit, geb. Büeler.

REDL, Ernst

Dipl.-Kfm., Hauptgeschäftsführer Handwerkskammer Konstanz (s. 1963) - Renkenweg 14, 7750 Konstanz/B. (T. 3 11 18) - Geb. 10. Jan. 1933 Planegg/Obb., kath., verh., 2 Kd. - S. 1957 Handwerksorg. s. 1967 Redakt. Dt. Handwerksztg., Mitgl. Akad. d. Handwerks - Gold. Ehrenzeichen d. Handwerks; 1983 BVK.

REDL, Rudy

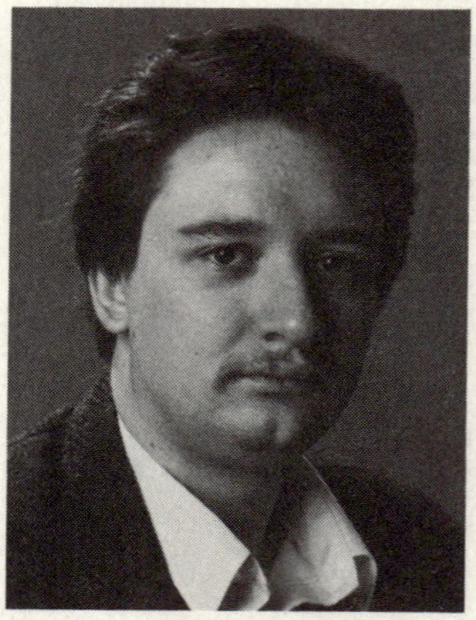

Komponist, Texter, Drehbuchautor - Nymphenburger Str. 119, 8000 München 19 (T. 089 - 18 12 57) - Geb. 19. Jan. 1959 München, led. - Hum. Gymn.; Musikstud. - Co-Musikverleger b. Komma-Edition (m. Ch. Niessen); Co-Inhaber d. Fa. Indra-Film; fr. Musikprod.; Studiomusiker; Arrangeur - Künstl. Prod.: div. Schlager, Film- u. FS-Musiken, Radio- u. Kinospots; zahlr. Bühnenmusiken (Kl. Komödie, München) - 1989 Award f. Creative Excellence (Ind.filmpreis, Chicago - Liebh.: Astronomie, Astro-Physik - Spr.: Engl., etw. Franz.

REDLICH, Clara

Dr. phil., Prof. f. Ur- u. Frühgeschichte - Kneippweg 5, 3000 Hannover 91 (T.

42 43 92) - Geb. 23. Jan. 1908 Riga - B. 1968 Univ. Göttingen, dann FU Berlin Wiss. Rat u. Prof. Fachveröff.

REDLIN, Hans Jochen
Dr. rer. pol., Vorstandsmitglied DLW (Dt. Linoleum-Werke) AG. (s. 1970) - Lemberger Weg 16, 7121 Freudental - Geb. 19. März 1930 Berlin (Vater: Hans R., Kaufm.; Mutter: Grete, geb. Manthei), ev., verh. s. 1958 m. Renate, geb. Jaenicke, 3 Kd. (Hans Thomas, Sabine, Christine) - Realgymn. Rostock (Abit. 1949); Univ. Köln (Dipl.-Volksw. 1953, Promot. 1956) - Zul. Gf. Adrema-Werk GmbH., Berlin/Frankfurt/Heppenheim - Spr.: Engl.

REE, van, Jean

Konzert- u. Opernsänger - Weissenburgstr. 33, 5000 Köln 1 (T. 0221 - 76 93 93) - Geb. 7. März 1943 Kerkrade/Niederl. (Vater: Leonhard v. R.; Mutter: Maria, geb. Krichel) - Musikhochsch. Niederl.; Grenzland-Konservat. Aachen; priv. Gesangsausbild. Prof. Franziska Martienssen-Lohmann, Düsseldorf u. Mrs. Lydia Summers, New York - Opern- u. Konzertauftr. Europa u. USA (Met New York); Schallplattenprod. Funk- u. Ferns. In- u. Ausl. U. v. a. Hoffmann (Hoffmann's Erzählungen), Alwa (Lulu), Jim (Mahagonny), Albert Herring (Britten), Eisenstein (Fledermaus), Danilo (Lustige Witwe). Div. Erstauff. - Preis f. Interpretation mod. Musik; Med. Salzbg. Festsp. u. a. - Spr.: Niederl., Engl., Franz.

REEDER, Wolfgang
Vorstand Krupp Polysius AG (1971-88) - Overbergstr. 17, 4722 Ennigerloh (T. 02524 - 72 78) - (Vater: Eggert R., Reg.Präs.), verh. s. 1961 m. Gisela, geb. Reinshagen, 3 Kd. (Eva, Franziska, Nikolaus) - Gymn.; Banklehre, Wirtsch.-Stud., (Dipl.-Kfm. 1957) - Beiratsvors. Dörentruper Sand- u. Thonwerke GmbH, Dörentrup; Beirat Franz Schneider Brakel GmbH & Co., Brakel; VR-Mitgl. Dt.-Belg.-Luxemburg. Handelskammer, Brüssel. Handelsrichter am Landgericht Münster.

REEG, Walter
Dr. rer. pol., Vorstandsmitglied Dyckerhoff Zementwerke AG. - Pfahler Str. 14, 6200 Wiesbaden-Sonnenberg - Geb. 3. Sept. 1928.

REENTS, Christine, geb. Kaestner
Pastorin, Prof. f. Prakt. Theologie Kirchl. Hochsch. Wuppertal (s. 1988) - Mühleteichstr. 48, 5970 Wuppertal 2 (T. 04451 - 36 77) - Geb. 23. Dez. 1934 Hamm/Westf. (Vater: Fritz K., Reg.präs., RA; Mutter: Annemarie, geb. Fels), ev.-luth., verh. s. 1965 m. Sunke R., S. Reinhard - 1955-60 Stud. ev. Theol. u. German. Bethel, Heidelberg, Zürich, Göttingen; Promot. 1972 Göttingen - 1962-66 wiss. Assist. Oldenburg; 1966-77 u. 1985-88 Relig.-Päd. Arbeit Oldenburg; 1977-85 Vertr. e. Prof. f. ev. Theol. Univ. Hannover; 1982 Habil. Prakt. Theol. Bern - BV: Erzieh. z. krit.-

prod. Denken im Religionsunterr. d. Grundsch., 2 Bde. 1974; Religion - Primarstufe, 1975; Nach Gott fragen - Von Gott sprechen, 1981; D. Bibel als Schul- u. Hausb. f. Kinder, 1984; Religionsunterr. im ersten Schulj., 1984 - Spr.: Engl., Franz. - Bek. Vorf.: Paul Kaestner, preuß. Ministerialdir. (Großv.).

REERINK, Wilhelm
Dr.-Ing., Dr. rer. nat. h. c., Prof., Direktor i. R. - Meckenstocker Höfe 3, 4300 Essen-Bredeney - Geb. 12. Febr. 1905 Witten/Ruhr (Vater: Gerhard R., Gerichtsdir.; Mutter: Anna, geb. Rath), verh. s 1932 m. Lore, geb. Kitzing, 4 Kd. - Stud. Chemie - S. 1929 Bergbau, b. 1971 gf. Dir. Steinkohlenbergbau-Verein u. Gf. Bergbau-Forschung GmbH., beide Essen). S. 1961 Honorarprof. Bergakad. bzw. TU Clausthal (Kohlechemie u. -technol.) - 1961 Ehrendoktor TH Aachen; 1973 Gr. BVK - Liebh.: Skilaufen - Initiator ob. Einrichtung.

REES, Peterfritz
Verleger, Geschäftsführer C. F. Rees GmbH/Druckerei u. Verlag, Heidenheim, Rees Repro GmbH, gebr. Anders & Co. GmbH/Formulardruckerei, Gesellsch. Heidenheimer Ztg. GmbH & Co KG ded. - Postf. 17 80, 7920 Heidenheim/Brenz (T. 07321 - 35 00-0).

REESE, Herbert H.
Dr. phil., Dr. theol. h. c., M.A., M. Sc., Dipl.-Psych., Prof. f. Parapsychologie - 20, St. Johns Hill, c/o Mr. A. Hawkett, Reading Berks, RG 1 4 EE, England - Geb. 25. Juni 1943 Bad Salzuflen (Vater: Karl-Heinz R., Dipl.-Kfm.; Mutter: Margot, geb. Deuster), kath. - Arnold Grammar London (Abit.); Univ. Kiel, Heidelberg, London; M.A., M. Sc. 1980, Promot. 1980 u. 1982 - 1979 Bundesgeschäftsf. DU, 1980 Generalbevollm. BDVAH e.V. Gen.dir. Gold Co. Ghana, Weltpräs. Intern. Ges. f. Psych., Vors. Weltpräsid. I.G.F.P. u. Gastprof. USA, 1981 UNO; 1975-80 Fr. Journ. - BV: Stress - Leben u. Überleben, 1980; Sinn u. Leben, 1981 - 1981 Ritter Tempel-Orden; 1982 Großkreuz d. Ritter-O. d. Grals-Ritter; Großm. u. Ritter d. Ordens d. Grals-Ritter; 1982 UNO-VM in Silber - Liebh.: Segeln, Motorboot, Kunst, Amateurfunk, Fotografie, Reisen, Leben auf d. Land (Ostfriesl. u. Nordsee-Küste) - Spr.: Engl., Franz.

REESE, Jürgen
Dr. rer. soc., Prof. f. Verwaltungswiss. GH Kassel - Am Hahnen 6, 3500 Kassel (T. 40 11 47) - Geb. 14. Sept. 1942 Biderich (Vater: Klaus K., Architekt; Mutter: Erica, geb. Hentzen), verh. s. 1966 m. Monika, geb. Clas, 2 Kd. (Moritz, Katrin) - Univ. Konstanz (M.A. 1968, Promot. 1971) - 1970 ff. Bundeskanzleramt; 1973 DFG-Stip., 1975 Stip. Ford Foundation USA; 1976 Ges. f. Math. u. DV; s. 1979 Prof. in Kassel - BV: Widerstand u. Wandel d. polit. Organisation, 1976; Jungparlamentarier in Bonn, 1976; Gefahren d. informationstechnol. Entw., 1979 - Spr.: Engl.

REESE, Karl-Heinz
Dr. med., Generaldirektor Weltverb. d. Heilmittelindustrie - Arndtstr. 20, 5300 Bonn 1; priv.: Im Taufendelsgarten 7, 5330 Königswinter - Geb. 2. Dez. 1919.

REESE, Manfred
Geschäftsführer, MdL Nieders. (s. 1974) - Richterstr. 25, 3300 Braunschweig (T. 33 33 75) - SPD.

REETZ, Christa
Geschäftsf. Vorstand Bundesverband Bürgerinitiativen Umweltschutz, BBU (s. 1985), MdB (1983-85) - Schlößlebühnd 10, 7600 Offenburg - Geb. 16. Nov. 1922 Arnstadt (Thür.), gesch., 5 Kd. - Abit.; Ausb. Fremdsprachenkorresp.; Zweitausb. Programmiererin - Mitgl. d. Grünen (1980-83 Stadträtin Offenburg.)

REETZ, Hans-Georg
Rechtsanwalt u. Notar, Geschäftsf.

Bundesverb. landw. Verpächter u. Grundeigentümer - Museumstr. 2, 3300 Braunschweig.

REF, Carlheinz
Dipl.-Volksw., Hauptgeschäftsführer IHK Dillenburg - Wilhelmstr. 10, 6340 Dillenburg/Hessen; priv.: Grubenweg 32 - Geb. 8. Nov. 1926.

REGENASS, René
Freier Schriftsteller - Waldenburgerstr. 26, CH-4052 Basel (T. 004161 - 42 18 95) - Geb. 15. Mai 1935 Basel, ev., verh. s. 1979 m. Eva, geb. Nussbaumer, 3 Kd. (Katrin, Aron, Noah) - Stud. 5 Sem. German., Gesch. Univ. Basel - 1982-85 Präs. Schweizer Autoren-Gruppe Olten; Mitgl. d. Kulturrates d. Stadt Basel - BV: Porträt e. Portiers, Erz. 1979; D. Kälte d. Aequators, R. 1982; Vernissage, R. 1984; Schattenreise, R. 1986; Scott's Einsamkeit, Erz. 1989. Ferner Hörsp. u. Theaterstücke - 1981 Preis Schweiz. Schillerstiftg.; 1986 Lit.pr. Kanton Basel-Land; 1986 Stip. Stadt Mannheim; 1987 Pr. d. Welti-Stiftg. f. d. Drama - Liebh.: Zeichnen - Spr.: Engl., Franz., Ital.

REGENBRECHT, Aloysius
Dr. phil., Prof., Hochschulrektor - Neuheim 23a, 4400 Münster/W. (T. 3 11 09) - Geb. 15. März 1929 - S. 1961 Lehrtätig. Päd. Hochsch. Vechta, Dortmund, Westf.-Lippe/Abt. Münster I (1964 o. Prof. f. Schulpäd. u. Allg. Didaktik) - BV: J. M. Sailers Idee v. d. Erzieh., 1958. Mithrsg.: D. Friedensschule-Programm e. Gesamtsch. (1970).

REGENSBURGER, Dieter
Dr. med., Prof. f. Thorax-, Herz- u. Gefäßchirurgie - Gannerbarg 12, 2300 Molfsee/Kiel (T. 04347 - 21 32) - Geb. 1. Sept. 1934 Göttingen (Vater: Karl R., Arzt; Mutter: Liselotte, geb. Speckenbach), ev., verh. s. 1960 m. Christine, geb. Bade, 3 S. (Marcus, Fabian, Tobias) - Abit. 1954; 1954-60 Med.Stud., Staatsex. 1960, Promot. 1962, Facharzt f. Chir. 1967 (1966 Sportarzt), Habil. 1973, Prof.1977. 1965-77 Assist.Arzt, Oberarzt (Thorax-Herz-Gefäßchir.), s. 1977 stv. Abt.sdir. Cardiovasculäre Chir. Univ. Klinik Kiel - BV: Myocarddurchbl. u. Stoffwechselparameter in ateriellen Blut b. Hämodilutionsperfusion, 1976; Mitverfass.: Akute Notfälle, 1981 - Spr.: Engl.

REGENSBURGER, Hermann
Regierungsamtsrat a. D., MdL Bayern (s. 1974) - Aloisiweg 10, 8070 Ingolstadt (T. 8 16 23) - Geb. 1940 - CSU.

REGENSPURGER, Otto
Postoberinsp. a. D., MdB (s. 1976; Wahlkr. 224) - Pyramidenweg 9, 8621 Untersiemau (T. 09565 - 16 66) - Geb. 24. Dez. 1939 Untersiemau (Vater: Otto R., Polsterer, Tapezierer; Mutter: Alma, geb. Graßmann), ev., verh. s. 1963 m. Anke, geb. Szpiridonov, 2 Söhne (Ingo, Frank) - Realsch. (Mittl. Reife); Verw.schule. S. 1982 Beauftr. d. Bundesreg. f. d. Belange Behinderter, stv. Bundesvors. d. Dt. Beamtenbundes; Präs. Automobilclub d. Dt. Beamtenbundes. CSU - Spr.: Engl.

REGITZ, Manfred
Dr. rer. nat., Prof. f. organische Chemie, Univ. Kaiserslautern - Kastanienweg 11, 6750 Kaiserslautern (T. 0631 - 5 56 00) - Geb. 20. Aug. 1935 Karlsbrunn/S. (Vater: Willi R., Landwirt; Mutter: Frieda, geb. Simon), ev., verh. s. 1962 m. Marianne, geb. Robine, 2 Kd. (Heike, Carsten) - Stud. Heidelberg u. Saarbrücken - BV: Diazoalkane, 1977 (auch engl.); ca. 280 Publ. u. Handb.beitr. Houben-Weyl, Römpp's Chemielexikon u. Synthesis - 1988 Humboldt-Preis - Spr.: Engl., Franz.

REGLER, Konrad
Landrat Kr. Eichstätt (s. 1970) - Landratsamt, 8078 Eichstätt/Bay. - Geb. 5.

Febr. 1931 Pfahldorf - Abit. Eichstätt, Stud. Univ. Erlangen (Rechts- u. Staatswiss.) - N. d. 2. jurist. Staatsex. Eintr. in Bayer. Staatsdienst; 1963-69 Vertreter d. Bayer. Innenmin. b. d. Bayer. Vertretung in Bonn, 1960 Reg.rat, 1964 Oberreg.rat, 1966 Reg.dir., 1969 Ministerialrat, s. 1975 Vors. Bayer. Krankenhauses., 1986-88 Präs. Dt. Krankenhauses. CSU.

REGLER-BELLINGER, Brigitte

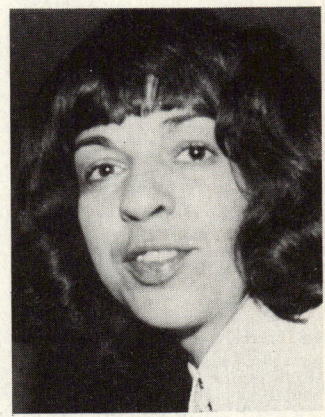

Dr. phil., Schriftstellerin, (Ps. Detzner) - Erphostr. 35, 4400 Münster - Geb. 12. Febr. 1935 Augsburg (Vater: Josef R., Prof.; Mutter: Irene, geb. Detzner), verh. m. Prof. Dr. Bellinger, S. - dort - Abit. 1954, Univ. Dijon, Paris u. München (Franz., Deutsch, Gesch.), Staatsex. 1960, Promot. 1964, 1961-1964 Stud.-Refer. u. Ass. Franz. u. Gesch., 1965-72 Verlagslekt., Schriftst., BV: Formen d. Aggress. b. H. Michaux, 1965; Putten 1966; Ikonen, 1966; Email, 1968; Reuther, 1967 (Franz. 1968); Kind, 1970; Anrufe, 1971; Knaurs Kulturführer in Farbe, Italien, 1978; Frankr., 1979; Spanien, 1981; Knaurs großer Opernführer, 1983 - Liebh.: Klaviermusik - Spr.: Franz. - Bek. Vorf.: Dr. Kurt Rahe (1880-1929), Reise- u. Abenteuerschriftst.; Augusta Enders-Schichanowsky (1865-1936), Malerin u. Schriftst.

REGNIER, Charles
Schauspieler u. Regisseur - Seestr. 6, 8194 Ambach/Starnberger See (T. Ammerland 5 32) - Geb. 22. Juli 1914 Freiburg/Br. (Vater: Frank, Dichter †1918; Mutter: Tilly W., Schausp., Verf.: Lulu, d. Rolle m. Lebens †1970), verh. s. 1941 m. Pamela, geb. Wedekind, Schausp. †1986, 3 Kd. (Carola, Anatole, Adrienne) - Schauspielausbild. - Bühnen München, Düsseldorf, Zürich, Hamburg, Köln, Wien u. a. Viele Theater- (zul. (1973): D. Physiker), Film- u. Fernsehrollen. Übers.: Giraudoux, Cocteau, Feydeau, Barillet-Gredy, Bellon, Scribe, Labiche, Maugham, Colette. Rollen: Romulus d. Große, Equus, Biedermann u. d. Brandstifter - 1955 Preis Verb. d. dt. Kritiker.

REH, Hans-Joachim
Ministerialdirigent a. D., Landesanwalt b. Staatsgerichtshof f. Hessen (1959-70) - Solmsstr. 8, 6200 Wiesbaden (T. 30 14 35) - Geb. 11. Sept. 1904 Berlin (Vater: Otto R.; Mutter: Helene, geb. Zarth), ev., verh. s. 1934 m. Else-Hildegard, geb. Schillbach - Univ. Berlin (Rechtswiss.). Jurist. Staatsex. 1925 u. 29 Berlin - Rechtsanw. u. Notar Berlin (b. 1940); 1945-48 Justizdst. (zul. OLGsrat Kassel); 1948-70 Hess. Justizmin. u. Staatskanzlei (1963); 1971-81 fr. Mitarb. d. Hess. Datenschutzbeauftragten - Mitarb. Kommentar z. Hess. Verfass. (hg. v. Zinn u. Stein) u. Festschr. f. Erwin Stein (hg. Avenarius u.a.); Beiträge z. Datenschutz, Heft 2. Mitarb. Kommentar z. Bundesschutzgesetzes. (Simitis-Dammann-Mallmann-Reh).

REHBEIN, Fritz
Dr. med. h. c., Prof., ehem. Direktor Kinderchirurg. Klinik Städt. Krankenanstalten Bremen - Emmastr. 51, 2800 Bremen - Geb. 8. April 1911 - S. 1948 (Habil.) Privatdoz. u. apl. Prof. (1953) Univ. Göttingen (Chir. u. Orthop.). 1964-69 Vors. Dt. Ges. f. Kinderchir. - BV: Kinderchirurg. Operationen, Monogr. 1976. Üb. 130 Fachveröff. - Ehrenmitgl. Soc. de Chir. Infantile, Paris (1965), American Acad. of Pediatrics (1967), Schweizer. Ges. f. Kinderchir., Zürich (1971), Dt. Ges. f. Kinderchir. (1972), Österr. Ges. f. Kinderchir. (1975), Dt. Ges. f. Kinderheilkd. (1970), Argent. Ges. f. Kinderchir. (1974), Dt. Ges. f. Chirurgie (1977), Tschech. Ges. f. Kinderchir. (1983), Japanese Society of Pediatric Surgeons (1983), Mitgl. d. Dt. Akad. d. Naturforscher Leopoldina, Halle; 1971 Pehr-Dubb-Med.; 1970 Offz. franz. Orden Palmes académiques; 1974 Gr. BVK; 1978 Paracelsus-Med. - Spr.: Engl. - Rotarier.

REHBEIN, Klaus
Dr. phil., Prof. f. Erziehungswissenschaft Univ. Marburg - Hofwiesenstr. 2, 6313 Homberg 1 - BV: Methodenfragen d. Kriminalwiss. 1968; Öffentl. Erzieh. im Widerspruch, 1980.

REHBEIN, Matthias
Journalist, Pressesprecher b. Minister f. Arbeit, Gesundheit u. Sozialordnung d. Saarlandes - Zu erreichen üb. Postf. 10 10, 6600 Saarbrücken - Geb. 18. Dez. 1958 Kassel, verh. s. 1985 m. Brigitte, geb. Heimbucher - Stud. Journ., Publiz. Kampen (Niederl.) - Spr.: Engl., Niederl.

REHBEIN, Max H.
Publizist - Eulenkrugstr. 38, 2000 Hamburg 67 - Geb. 9. Dez. 1918 Köln (Vater: Geh. Hofrat Arthur R., Schriftst. unt. Ps. Atz vom Rhyn u. Rehlauf (s. X. Ausg.); Mutter: Minzi, geb. Jaeger), ev., verh. 1952 m. Gladys, geb. Doherr Gruschwitz - Gymn.; Univ. Hamburg (Phil., Literaturgesch.) - 1947-52 Berichterstatter u. Korresp. NWDR; 1952-57 Korresp. u. Redakt. NDR-Fernsehen; 1957-64 Leit. Abt. Staat - Ges. - Wirsch. NDR-Ferns.; s. 1964 Sonderkorresp. u. Serienautor NDR-Ferns. Dokumentationsserien: Auf d. Suche n. Frieden u. Sicherheit, Zentren d. Macht, Europ. Oberschicht, Pioniere u. Abenteurer - BV: Reporter in Fernost; Pioniere u. Abenteurer; Reisen rund um unsere Welt - Div. Kriegsausz. (u. a. Ritterkreuz); 1959 u. 60 Dt. Fernsehpreis, Goldmed. Filmfestival I. Weltausstell. d. Verkehrs München, Preis VI. Festival Intern. du Film Industriel Rouen, 1966 2 Bundesfilmprämien Film-woche Mannheim - 1969 Erster Preis 10. Festival International du Film Industriel, Berlin; 1974 Gold. Bildschirm; 1979 Gold. Kamera; 1979 Adolf-Grimme-Preis in Gold, 1980 Goldener Gong; 1980 Goldene Rose - Spr.: Engl.

REHBERG, Hans-Joachim
Dr. med. dent., Prof. f. Zahnheilkunde - Nobelstr. Nr. 33, 5090 Leverkusen - Geb. 13. Jan. 1924 Magdeburg - S. 1954 (Habil.) Lehrtätigk. Univ. Halle, Med. Akad. bzw. Univ. Düsseldorf (1960; 1963 apl. Prof.). 90 Fachveröff., 3 Fachb.

REHBERGER, Horst
Saarl. Minister f. Wirtschaft, Verkehr u. Landw. (1984-85), 1985ff. MdL Saarl. (Fraktionvors. FDP) - Franz-Josef-Röder-Str. 7, 6600 Saarbrücken - Geb. 1938 - Zul. Bürgerm. Karlsruhe. FDP.

REHBERGER, Julius
Bürgermeister Heiligkreuzsteinach i. R. (1966-83) - Mozartstr. 25, 8960 Kempten - Geb. 2. Sept. 1939 Heidelberg (Vater: Friedrich R., Abt.dir.; Mutter: Erna, geb. Gutfleisch), ev., verh. s. 1962 m. Marianne, geb. Plank, 2 Kd. (Iris, Stefan) - Abit. (human. Gymn.); Fachhochsch. - Liebh.: Skifahren, Surfen, Bergsteigen - 1956 Dt. Meister Basketball (USC Heidelberg) - Spr.: Engl., Ital.

REHBINDER, Eckard
Dr. jur., Prof. Univ. Frankfurt - Wilh.-Bonn-Str. 8f, 6242 Kronberg/Ts. - Geb. 15. Dez. 1936 Potsdam (Vater: Hubert R., Graphol.; Mutter: Ruth, geb. Lange), ev., verh. s. 1969 m. Heike, geb. Pieler.

REHBINDER, Manfred
Dr. jur., Univ.-Prof. - Cäcilienstr. 5, CH-8032 Zürich - Geb. 22. März 1935 Berlin (Vater: Erwin R., Wirtschaftsprüf.; Mutter: Hertha) - Ex., Dr. jur. 1961 Berlin; 1962 Diplome de Droit Comparé, Luxemburg; 1964 Jurist. Ass.ex. Berlin; 1968 Habil. FU Berlin, 1969 Wiss. Abt.vorst. u. Prof. Bielefeld, ab 1973 o. Prof. f. Arbeitsrecht, Immaterialgüterrecht, Rechtssoziologie; ab 1974 Honorarprof. Freiburg. Dir. Inst. f. Urheber- u. Medienrecht (München); Vorst.-Mitgl. Ges. f. Theatergesch. (Berlin); Präs. Schweiz. Vereinig. f. Urheberrecht (Zürich) - BV: Einf. Rechtswiss., 6. A. 1988; Schweiz. Arbeitsrecht, 9. A. 1988; Rechtssoz., 2. A. 1989.

REHBOCK, Fritz
Dr. phil., Prof. f. Mathematik - Holbeinstr. 2, 3300 Braunschweig (T. 0531 - 33 17 31) - Geb. 16. Juli 1896 Hannover (Vater: Friedrich R., Ing.; Mutter: Clara, geb. Habler), ev., verh. s. 1948 in 2. Ehe m. Helene, geb. Behr - Ab 1919 Stud. Math., Physik, Phil. Univ. Berlin; Promot. 1926, Staatsex. 1927, Habil. 1932 Univ. Bonn - 1932 Privatdoz. Univ. Bonn; 1938 o. Prof. TU Braunschweig - BV: Darst. Geometrie, 3. A. 1969; Geometrische Perspektive, 2. A. 1980 - Spr.: Engl., Franz.

REHDER, Helmut
Dr. rer. nat., Prof. f. Botanik (Ökologie) TU München - Schneewittchenweg 9, 8031 Eichenau (T. 08141 - 84 88) - Geb. 7. Okt. 1927 Hamburg (Vater: Dr.-Ing. Werner R., Archit.; Mutter: Erika, geb. Lorenzen), Chr. gem., verh. s. 1959 m. Gerda, geb. Schulz, 2 T. (Ursula, Katharina) - Stud. Naturwiss. Hamburg, Staatsex. (1953) u. Promot. (1957) Hamburg, Habil. 1970 TU München - 1957-58 Assist. Bot. Inst. Stuttgart, 1958-62 Assist. Geobot. Inst. ETH Zürich, s. 1962 Assist., Akad. Rat u. Doz. Inst. f. Botanik u. Mikrobiol. TU München. Veröff. in Ztschr. - Interessen: Vegetation d. Alpen, d. Mittelmeergeb. u. d. trop. Ostafrika, Systematik u. Evolution d. Pflanzen - Spr.: Engl.

REHDER, Peter
Dr. phil. habil., Prof. f. Slavische Philologie u. Balkanphilol. Univ. München - Schweidnitzer Str. 15 c, 8000 München 50 (T. 089 - 14 27 81) - Geb. 8. März 1939 Schwerin, verh. m. Petra, geb. Gillhausen - 1961-67 Stud. Slavistik, Ostu. Südosteurop. Gesch., Baltistik, Balkanologie Univ. München; Promot. 1967; Habil 1978 München - 1967-78 wiss. Assist. Univ. München, 1982 Prof. ebd. - BV: Beitr. z. Erforsch. d. serbokroat. Prosodie, 1968. Herausg.: Einf. in d. slav. Sprachen (1986); d. Reihen Slavist. Beitr., Sagners Slavist. Samml., Ztschr. D. Welt d. Slaven. Üb. 40 wiss. Aufs. - Liebh.: Musik, Reisen - Spr.: Engl., Franz., Ital., Russ., Serbokroat., Makedon., Tschech., Neugriech.

REHKOPF, Kurt
Konditormeister, MdL Nieders. (s. 1974) - Lange Str. 42, 3050 Wunstorf (T. 33 23) - FDP.

REHKOPP, Alfons
Dr. jur., Generaldirektor a. D. - Oststr. 56, 5800 Hagen-Boele/W. (T. 2 83 65) - Geb. 28. Nov. 1906 - Univ. Köln, Bonn, Marburg, Halle/S. - 1938 Verwaltungsschuldoz., 1946 -dir., 1950 Geschäftsf. Verwaltungs- u. Wirtschaftsakad. Westf.; 1953 Stadtkämmerer u. -dir. Hagen, 1960 Vorstandsvors. Stadtwerke Hagen AG. u. Hagener Straßenbahn AG. ebd. - BV: Unsterbl. Stadt - 5000 Jahre Stadtkultur, 1970. Fachaufs.

REHLINGER, Ludwig A.
Senator f. Justiz u. Bundesangelegenheiten Berlin (1988/89) - Salzburger Str. 21-25, u. John-F-Kennedy-Platz, 1000 Berlin 62 - Geb. 1927 Berlin - Stud. Rechtswiss. u. Volkswirtsch. Univ. Berlin u. Innsbruck - Rechtsanw. Berlin; Ref. Bundesmin. f. gesamtd. Fragen; Präs. Bundesanst. f. gesamtd. Aufgaben; Geschäftsf. Fernleit.-Betriebsges. mbH; zul. Staatssekr. Bundesmin. f. innerdt. Beziehungen.

REHM, Alfred
I. Bürgermeister - Rathaus, 8031 Eichenau/Obb.; priv.: Roggensteiner Allee 9 - Geb. 22. Juni 1922 Dettenschwang - Zul. Zollamtm.

REHM, Dieter
Dr. rer. nat., Dipl.-Chem., Prof. - Wiesbadener Str. 57, 6240 Königstein (T. 06174 - 58 66) - Geb. 16. März 1938 Stuttgart (Vater: Erwin R., Dipl.-Ing.; Mutter: Lore, geb. Schaible), ev., verh. s. 1963 m. Renate, geb. Fritzsch, 2 Kd. (Wolfgang, Werner) - Promot. 1965 Stuttgart - 1962-65 Wiss. Mitarb. Vrije Univ. Amsterdam u. 1965-72 Max-Planck-Inst. f. Biophys. Chemie (Abt. Spektroskopie), Göttingen, 1970-71 IBM Research Lab., San José, Cal./USA, s. 1972 Prof. f. phys.-organ. Chem. Univ. Frankfurt. Fachmitgl.sch., u. a. Dt. Bunsenges. f. Phys. Chemie, GDCh, ACS, DGD - BV: Online-Recherchen in Datenbanken d. Chemical Abstracts Service - E. Einf. in d. System SDC/ORBIT, 1982.

REHM, Erich
Gewerkschaftler, Leiter DAG/Landesverb. Berlin - Blissestr. 2-6, 1000 Berlin 31; priv.: Kreuznacher Str. 10, 33 - Geb. 8. April 1928.

REHM, Franz
Rechtsanwalt, Vorst.sprecher Vorstand ADAC-Schutzbrief-Versicherungs AG - Oskar von Miller-Ring 2, 8000 München 2 - Geb. 5. Okt. 1928 Oberhaching, verh. s. 1958 m. Lieselotte, geb. Mahl, S. Franz - Oberrealsch. München, Univ. München (Jura). S. 1959 RA; 1960-67 Justit. Verlags-GmbH u. Reise-GmbH Allg. Dt. Automobil-Club e.V. (ADAC), 1967-77 Personalchef ADAC u. Geschf. ADAC-Unterst.kasse GmbH, s. 1977 Vorst. ADAC Rechtsschutz-Versich. AG u. ADAC Schutzbrief-Versich. AG., s. 1960 Justit. Dt. Motoryachtverb. (DMYV), 1974-75 Mitgl. Seeverkehrsbeir. Bundesmin. f. Verkehr, 1980-84 Vors. Schutzbriefaussch. Sales and Marketing d. Alliance Intern. de Tourisme (AIT) - BV: Komm. z. Motorbootführersch.-Verordn., 1967-75; Aufs. u. Beitr. in Fachztschr. - 1949 Bestennadel d. Dt. Leichtathl.verb.

REHM, Hannes
Dr., Hauptgeschäftsführer Verb. öfftl. Banken - Am Fronhof 10, 5300 Bonn 2 - Lehrauftr. Univ. Münster.

REHM, Hans-Jürgen
Dr. rer. nat. (habil.), Prof. u. Dir. Inst. f. Mikrobiol. Univ. Münster (s. 1970) - Ludwig-Wolker-Str. Nr. 17, 4400 Münster/Handorf (T. 32 53 29) - Geb. 3. Dez. 1927 Bützow (Vater: Walther R., Studienrat; Mutter: Else, geb. Grünewaldt), verh. m. Ursel, geb. Möller, T. Ingrid - Stud. (Botanik, Zool., Chemie) Univ. Greifswald; Dipl. 1951; Habil. 1) 1955 Berlin, 2) 1966 TH München - S. 1951 Univ.dst. Greifswald, Berlin u. Mitarb. Akad. d. Wiss. Gatersleben, 1958-66 Abt.leit. Dt. Forschungsanst. f. Lebensmittelschmie, 1966-70 apl. Prof., Wiss. Rat TH München - BV: Ind. Mikrobiol., 1967 Einführung in d. ind. Mikrobiol., 1971. Herausg.: Dechema Monogr. Bd. 71 Techn. Biochemie (1973); Biotechnologie, Bd. 84 (1977); Ind. Mikrobiol. (2. A. 1980); Biotechnology, Vol. 1-8 (1981-89) - 1976 Achema-Plak.; 1982 Dechema Med. - Spr.: Engl., Franz.

REHM, Kurt
Maler u. Graphiker - Calvinstr. 16a, 4330 Mülheim/Ruhr - Geb. 10. Dez. 1929 Duisburg (Vater: Artur R., Obering.; Mutter: Erna, geb. Tümmler) - Meistersch. f. d. gestalt. Handwerk Düsseldorf; Kunstakad. Stuttgart (Prof. Willi Baumeister) - Mitgl. Duisbg. Sezession. Abstrakte Graphik; Arbeiten öfftl. (u. a. Lehmbruck-Museum Duisburg u. Märk. Mus. Witten) u. priv. Besitz - Liebh.: Musik - 1968 Med. Annuale Italiana d'Arte Grafica Ancona.

REHM, Martin
Dr. theol., o. Prof. f. Altes Testament (emerit. 1971) - Gundekarstr. 1, 8078 Eichstätt/Bay. - Geb. 1. Mai 1905 Weinsfeld, kath., led. - Gymn. Eichstätt; Phil.-Theol. Hochsch. ebd. u. Univ. München (Promot. 1936) - S. 1938 ao. u. o. Prof. (1944) PhThH Eichstätt - BV: Textkrit. Unters. zu d. Parallelstellen d. Samuel-Königsbücher u. d. Chronik, 1937; D. Bücher Samuel, D. Bücher d. Könige, 1949; D. Bücher d. Chronik, 1949; Esra-Nehemias, 1950; D. Bild Gottes im Alten Testam., 1951; D. königl. Messias im Licht d. Immanuel-Weissagungen d. Buches Jesaja, 1968; D. erste B. d. König. E. Komm., 1979; Das zweite Buch d. Könige. Ein Kommentar, 1982.

REHM, Sigmund
Dr. phil., em. Prof. am Inst. f. Trop. u. Subtrop. Pflanzenbau Univ. Göttingen/Landw. Fak. - Schildweg 11a, 3400 Göttingen (T. 5 70 57) - Geb. 4. Jan. 1911 München - Ab 1939 Doz. TH Darmstadt; 1949-67 Wiss.ler Horticultural Research Inst. Pretoria (Südafrika) - BV: Kulturpflanzen d. Tropen u. Subtropen (m. G. Espig), 1976. Herausg.: Grundl. d. Pflanzenbaues in d. Tropen u. Subtropen (1986); Spezieller Pflanzenbau in d. Tropen u. Subtropen (1989) - 1965 Capt.-Scott-Erinnerungsmed.

REHM, Wolfgang
Dr. phil., Musikwissenschaftler, Mitgl. Editionsleitg. Neue Mozart-Ausgabe - Schellingstr. 89, 8000 München 40 (T. 089 - 272 37 89) - Geb. 3. Sept. 1929, verh. s. 1954 m. Helga, geb. Buck, 3 Kd. (Stephan, Constanze, Bettina) - Stud. Musikwiss.; Promot. 1952 Univ. Freiburg - 1954-82 Bärenreiter-Verlag (Lektor, Cheflektor ab 1971, Mitgl. Geschäftslg. ab 1975); s. 1960 Mitgl. Editionslg. Neue Mozart-Ausg.; s. 1981 hauptberufl. Vorst.-Mitgl. versch. Ges. (Musikwiss.); 1975-87 Ltg. d. Kasseler Musiktage; s. 1985 mitverantwortl. f. d. Programm d. jährl. Mozart-Woche in Salzburg. Editionen auf d. Geb. d. Musikwiss. (Text u. Musikwerke); zahlr. Art. in Lexika u. Fachztschr. - 1977 Österr. Ehrenkreuz f. Wiss. u. Kunst I. Kl.; 1980 silb. Mozart-Med. Intern. Stiftg. Mozarteum, Salzburg; u. a. - Spr.: Engl. - Lit.: Grove's Dictionary of Music and Musicians; Riemanns Musiklex.; D. Musik in Gesch. u. Gegenw.

REHMANN, Ruth
Schriftstellerin - Hauptstr. 14, 8223 Trostberg - Geb. 1. Juni 1922 Siegburg - BV/R.: Illusionen, 1959; D. Leute im Tal, 1968; Paare, Erz., 1978; D. Mann auf d. Kanzel - Fragen an e. Vater, 1979; Abschied v. d. Meisterklasse, R. 1985; D. Schwaigerin, R. 1987 - Entstammt e. Pastorenfamilie - I. Preis Preisausschreiben D. Bauer in d. Industrieges. u. Mackensen-Wettbewerb f. beste Kurzgesch. 1974; 1986 I. Preis Stiftg. z. Förderung d. dt. Schrifttums, München; Mitgl. PEN-Zentr. BRD.

REHN, Jörg
Dr. med., Prof., Chefarzt i.R. - Maura-cherstr. 15, 7809 Denzlingen - Geb. 15. März 1918 Hamburg (Vater: Prof. Dr. med. Eduard R., Chirurg (s. XVI. Ausg.); Mutter: Maria, geb. Kümmell), verh. s. 1945 m. Sieglind, geb. Engelhardt - S. 1956 (Habil.) Lehrtätigk. Univ. Freiburg/Br. (1961 apl. Prof.; Oberarzt Chir. Klinik) u. Münster (1963 apl. Prof.), zul. Chefarzt Chir. Univ.-Klinik

Bergmannsheil Bochum - BV/Mitverf.: Allg. Chir., 1957 (m. E. Lexer); Praktikum d. Verbrennungskrankh., 1960 (m. Koslowski). Div. Einzelarb. - 1983 BVK I. Kl. - Spr.: Franz. - Rotarier.

REHNELT, Jose-Volker

Dipl.-Volksw., Geschäftsführer Dt.-Ecuadorian. Industrie- u. Handelskammer - Casilla 83 CEQ, Quito (Ecuador) - Geb. 31. Jan. 1940 Madrid (Vater: Erich R., Gymnasialrat i. R., Mutter: Hanna, geb. Ziegler), rk., verh. s. 1969 m. Barbara, geb. Fausel, 2 Töcht. (Julieta, Marcela) - Dt. Schule Barcelona, Hum. Gymn. u. Wirtsch.gymn. Reutlingen (Abit. 1960); kfm. Lehre (Ind.); Univ. Tübingen (Dipl. 1968) - 1968 Dir. Ass. Bundesunt. Frankf.; 1970 stv. Geschäftsf. Dt.-Mex. IHK Mexiko, 1973 Gf. Dt.-Bol. IHK, La Paz u. 1978 Dt.-Ecuad. IHK, Quito - VO. d. Rep. Ecuador i. Gr. e. Caballero - Liebh.: Ski, Fechten, Malerei - Spr.: Span., Franz., Engl. - Rotarier.

REHREN, von, Rembert

Dr. jur., Vorstandsmitglied Landesbank Schlesw.-Holst./Girozentrale - Martensdamm 6/7, 2300 Kiel - Geb. 14. Jan. 1935 - Assessorex. - Zul. Dir. Commerzbank AG., Hamburg.

REHS, Michael

Dr. jur., Generalsekretär Institut f. Auslandsbeziehungen, Stuttgart - Charlottenplatz 17, 7000 Stuttgart 1 (T. 0711 - 22 25-0) - Geb. 14. Dez. 1927 Königsberg (Vater: Reinhold R., Rechtsanwalt, MdB †; Mutter: Clara-Asta, geb. Schultz-Gora †), ev., verh. s. 1962 m. Angela, geb. Megow, 2 Kd. (Katharina, Alexander) - Abit. 1947 Hamburg; 1947-54 Stud. Rechtswiss. u. advanced intern. studies Univ. Kiel, Cambridge, Uppsala u. Bologna; Promot. 1952 Kiel, Ass. 1954 - 1947-55 Journ.; 1956-60 Rechtsanw. Kiel; s. 1960 Generalsekr. Inst. f. Auslandsbez. (Anst. d. öfftl. Rechts) Stuttgart - BV: Mitherausg.: D. eiserne Leuchter, zeitgenöss. bulgar. Prosa (1967); D. schwarze Truhe, zeitgen. rumän. Prosa (1970); Rumän. Ged., Anthol. (1975); Tagesmond, Ged. v. Ljubomir Lewtschew (1978); Wurzeln in fremder Erde. Z. Gesch. d. Südwestdt. Auswanderung n. Amerika (1984) - 1976 Mihai Eminescu Preis Freiburg - Spr.: Engl., Ital.

REHWINKEL, Johann-Heinrich

Landwirt, MdL Nieders. (s. 1978) - Barmbostel 11, 3102 Hermannsburg - Geb. 25. März 1937 Barmbostel, verh., 4 Kd. - Schulen Bonstorf, Hermannsburg, Rotenburg/Wümme; landw. Ausbild. Staatl. gepr. Landw./ Agraring. 1959 - S. 1960 Landw. Barmbostel. Ratsherr Bonstorf u. Hermannsburg; MdK Celle, SPD s. 1963.

REIBER, Emil

Techn. Senator E. h. - Löwenstr. 89, 7000 Stuttgart-Degerloch - Geb. 8. Dez. 1907 - Vors. Verb. f. Arbeitsstudien Refa, Darmstadt, b. Ruhest. Vorst.smitgl. Fortuna-Werke Maschinenfabrik AG., Stuttgart-Bad Cannstatt. Div. Ehrenämter, dar. Vors. Verb. f. Arbeitsstudien - REFA, Darmstadt.

REIBER, Wolfgang

Dr. rer. pol., Dipl.-Kfm., Geschäftsführer Wüstenrot Holding GmbH, Ludwigsburg - Moltkestr. 10, 7140 Ludwigsburg (T. 2 93 24) - Geb. 12. Juli 1932 Tübingen.

REICH, Axel

Dr. rer. nat., Prof. f. Math., Leiter Forschungsabt. Kölnische Rückversich.-Ges. AG - Theodor Heuss Ring 11, 5000 Köln - Geb. 30. Juni 1942 Leipzig, ev., verh. s. 1969, 2 Kd. - Stud. Univ. Hamburg, Göttingen; Promot. 1969 Göttingen; Habil. 1976 Göttingen - S. 1976 Lehrtätigk. Univ. Göttingen (1981 apl. Prof.); s. 1983 Lehrtätigk. Univ. Köln (1983 apl. Prof.). 1977/78 Gastprof. Univ. Kiel. Zahlr. Fachveröff.

REICH, Hanns

Dipl.-Ing., Honorarkonsul v. Malawi, Verleger - Ulrichstr. 68, 8021 Icking - Geb. 2. April 1916 München, ev., verh. s. 1955 m. Mathilde, geb. Runte - 4 Kd. (Stefan, Sebastian, Angelina, Cornelia) - Stud. d. Hochfrequenztechnik u. Elektroakustik - Herausg. v. Photobildbänden - Rotarier.

REICH, Horst

Dr. med., Prof. f. Dermatologie i. R. Univ. Münster - Twenteweg 15, 4400 Münster - Geb. 19. Nov. 1905 Halle/S. - Promot. 1932 - 1970 Privatdoz.; 1971 apl. Prof.; 1971 Ruhest. Interdisz. med.-dermatol.-ophthalmol.-otorhinolaryngol.-neurol. Forsch.vorhaben. Korr. Mitgl. österr. u. ital. Ges. f. Dermatol., franz. Ges. f. Pädiatrie, ital. Ges. f. Ophthalmol., Oto-Rhino-Laryngol., Royal Soc. of Med. (1969), Üb. 100 wiss. Vortr., üb. 100 wiss. Arb., 4 Handb.-beitr. (z. Dermatol., Kinderheilkd., Zahn-, Mund- u. Kieferkrankh.) - 1970 Officier de l'Ordre des Palmes Académiques - Lit.: G. K. Steigleder, H. R. z. 65. Geb. (in: Hautarzt 22, 1971).

REICH, Klaus

Dr. phil. (habil.), o. Prof. f. Philosophie (emerit.) - Friedrich-Naumann-Str. 11, 3550 Marburg/L. - Geb. 1. Dez. 1906 Berlin - Promot. 1932 - S. 1945 Doz., apl. (1947) u. o. Prof. (1956) Univ. Marburg - BV: Kant u. d. Ethik d. Griechen, 1936 (engl. 1939); D. Vollständigkeit d. Kant. Urteilstafel, 1948. Div. Einzelarb.

REICH, Roland

Dr. rer. nat., Prof. f. Physikalische Chemie FU Berlin - Kaiserstr. 8, 1000 Berlin 39 (T. 030 - 805 57 97) - Geb. 19. Aug. 1932 Göttingen (Vater: Max R., Prof.; Mutter: Käthe, geb. Ruprecht), ev., verh. s. 1965 m. Heide, geb. Motel, 2 Kd. (Sebastian, Stefani) - Chemie-Dipl. 1960 Univ. Göttingen; Promot. 1965 ebd.; Habil. 1973 TU Berlin - 1965-75 wiss. Assist. Inst. TU Berlin; s. 1979 Prof. FU Berlin - BV: Thermodynamik, Grundl. u. Anwend. in d. Allg. Chemie, 1978 - 1977 Röntgenpreis Univ. Gießen (f. grundl. Unters. z. Photosynthese) - Liebh.: Klavierspiel.

REICH, Walther

Pers. haft. Gesellschafter Reich KG., Regel- u. Sicherheitstechn., Niederscheld; Vors. Verb. f. Hersteller v. Bauelementen f. Gas- u. Ölfeuer. - Bergstr. 2b, 6340 Dillenburg 3 - Geb. 7. Juni 1926 Rehbrücke/Potsdam - Stud. Landw. (Dipl.).

REICH-RANICKI, Marcel

Dr. phil. h. c., Schriftsteller - Gustav-Freytag-Str. Nr. 36, 6000 Frankfurt/M. 1 (T. 0611 - 56 10 62) - Zu erreichen üb.: Frankfurter Allg. Zeitung (Literaturblatt), Postf. 2901, 6000 Frankfurt/M. 1 (T. 759 15 09) - Geb. 2. Juni 1920 Wloclawek/Polen (Vater: David, Kaufm.; Mutter: Helene, geb. Auerbach), verh. s. 1942 m. Teofila, geb. Langnas, S. Andrzej - S. 1960 D. Zeit (Literaturkrit. u. Kolumnist) u. FAZ (1973; Leit. Lit.bl.). Gastprof. Washington Univ. St. Louis/USA (1968), Middlebury College/USA (1969). Univ. Stockholm u. Uppsala/Schweden (1971-75; Neue dt. Lit.). Honorarprof. Univ. Tübingen (1974ff.) - BV: Dt. Lit. in West u. Ost, Ess., 1963, erw. Neuausg. 1983; Lit. Leben in Dtschl., Kommentare u. Pamphlete 1965; Wer schreibt, provoziert, Komm. u. Pamphl. 1966; Lit. d. kl. Schritte - Dt. Schriftst. heute, Ess. 1967, 2. A. 1971; D. Ungeliebten, Ess. 1968; Lauter Verrisse, Krit. 1970, 2. A. 1984; Üb. Ruhestörer - Juden in d. dt. Lit., Ess. 1973, 2. A. 1977; Z. Lit. d. DDR, Ess. 1974; Nachprüfung, Aufs. üb. dt. Schriftst. v. gestern, 1977, 2. A. 1980; Entgegnung, Z. dt. Lit. d. Siebziger J., Ess. 1979, erw. Neuausg. 1981; Nichts als Literatur, Aufs. u. Anmerk. 1985; Lauter Lobreden, 1985; Mehr als e. Dichter - Üb. Heinrich Böll, Ess. 1986; Thomas Mann u. d. Seinen, 1987. Herausg.: Auch dort erzählt Deutschland - Prosa von drüben (1960), 16 Polnische Erzähler (1962), Erfundene Wahrheit - Dt. Gesch. s. 1945 (4. A. 1972), Notwend. Gesch. 1933-45, 42 Erz. (1967), In Sachen Böll - An- u. Einsichten (1968), Gesichtete Zeit - Dt. Gesch. 1918-33 (1969), Anbruch d. Gegenw. - Dt. Gesch. 1900-18 (1971), Verteidigung d. Zukunft - Dt. Gesch. s. 1960 (1972 u. 75), Frankfurter Anthol. - Ged. u. Interpretationen, 11 Bde. (1976-88); Ludwig Börne: Spiegelbild d. Lebens, Aufs. üb. Lit. (1977); Wolfgang Koeppen: D. elenden Skribenten, (Aufs. 2. A. 1984); Meine Schulzeit im Dritten Reich (2. A. 1984); Alfred Polgar: Kleine Schriften, 6 Bde. (1982-86); Üb. d. Liebe, Ged. u. Interpret., 1985; Wolfgang Koeppen: Gesammelte Werke, 6 Bde. (1986); Erzählte Gegenwart - Zehn J. Ingeborg-Bachmann-Preis, 1986; J. W. Goethe: Alle Freuden, d. unendlichen - Liebesged. u. Interpretationen, 1987 - 1972 Ehrendoktor Univ. Uppsala; Mitgl. PEN-Zentrum BRD; 1976 Heine-Plak. Heinr.-Heine-Ges. Düsseldorf u. Ricarda-Huch-Preis 1981 Stadt Darmstadt; 1983 Wilhelm-Heinse-Med. Akademie d. Wiss. u. d. Lit. Mainz; 1984 Goethe-Plak. Stadt Frankfurt/M.; 1986 Verdienstkreuz d. VO d. Bundesrep. Dtschl.; 1987 Thomas-Mann-Preis - Liebh.: Lit., Theater, Musik.

REICHARD, Herbert

Dr. phil., Journalist - Kölner Ring 149, 5042 Erftstadt (T. 02235 - 64 44) - Geb. 16. Juli 1921 Duisburg, verh. s. 1966 m. Waltraud, geb. Scherr, 2 Kd. (Monika, Thomas) - 1947-51 Stud. Tübingen (Gesch., Phil., Promot.); b. 1954 Rabat/Marokko (Nordafrik. Gesch., Arab.) - 1954 Redakt.; 1959-66 Presseref. Ausw. Amt, Botsch. Conakry/Guinea; s. 1966 Leit. Nah- u. Mittelost-Redakt. Dt. Welle, Köln - BV: D. nordafrik. Krise, 1954; Westl. v. Mohammed, 1958; D. Vereinigt. Arab. Emirate, 1974 - 1983 BVK; 1986 König-Abdel-Aziz-Orden (Höchste Saudische Ausz., erstm. an e. Deutschen) - Liebh.: Oriental. Gesch. u. Lit. - Spr.: Engl., Franz., Arab.

REICHARDT, Christian

Dr. phil., Prof. f. Organ. Chemie - Sachsenring 6, 3550 Marburg - Geb. 16. Nov. 1934 Ebersbach/Sa. (Vater: Heinrich R., Malerm.; Mutter: Eleonore, geb. Herbrich), verh. s. 1961 m. Maria, geb. Tóth - Univ. Halle/S. u. Marburg (Chem.; Dipl. 1962). Promot. (1964) u. Habil. (1967) Marburg - S. 1970 Wiss. Rat u. Prof. bzw. Univ.-Prof. (1971) Univ. Marburg - BV: Solvents and Solvent Effects in Organic Chemistry, 1988 (auch franz., russ., chin., deutsch) - Spr. Engl.

REICHARDT, Heinz Werner

Ingenieur, Untern., Vors. Teppich-Reinigungs-Verb., Köln, Vorst.-Mitgl. Astax Holding Intern. - Wüllner Str. 120, 5000 Köln 41 (T. 0221-40 15 55) - Geb. 14. Sept. 1914.

REICHARDT, Helmut

Dr. rer. pol., Dipl.-Math., em. o. Prof. f. Wirtschaftslehre, insb. Methoden quantitativer Analyse Ruhr-Univ. Bochum (s. 1965) - Stiepeler Str. 88, 4630 Bochum-Querenburg (T. 7 36 61) - Geb. 22. Febr. 1922 - 1961-65 Doz. Univ. Tübingen. Fachveröff.

REICHARDT, Werner

Dr.-Ing., Direktor Max-Planck-Inst. f. biolog. Kybernetik Tübingen, Honorarprof. f. Kybernetik Univ. Tübingen (s. 1965) - Spemannstr. 40, 7400 Tübingen (T. 2 60 14) - Geb. 30. Jan. 1924 Berlin (Vater: Wilhelm R., Kaufm.; Mutter: Hedwig, geb. Schütz), verh. s. 1958 m. Barbara, geb. Lüdecke, 2 Kd. (Andrea, Cornelius) - Realgymn. u. TU Berlin (Physik; Dipl.-Ing. 1950, Promot. 1952 - S. 1952 Fritz-Haber-Inst. Berlin, California, Inst. f. Technology Pasadena (1955), MPI f. Physikal. Chemie Göttingen (1958) u. Biol. (1958; 1960 Dir.), Analyse d. Bewegungssehens d. Insekten. Zahlr. Fachveröff. - 1970 Mitgl. Amerik. Akad. f. Kunst u. Wiss., Boston, o. Mitgl. Akad. d. Wiss. u. d. Lit., Mainz u. o. Mitgl. Dt. Akad. d. Naturforscher Leopoldina, Halle - 1978 Mitgl. Königl. holländ. Akad. d. Wissensch.; 1980 Mitgl. d. Orden Pour le Mérite f. Wiss. u. Künste; Heineken-Preis d. königl. holländ. Akad. d. Wiss. - Liebh.: Musik - Spr.: Engl.

REICHARDT, Wilhelm

Vorstandsmitglied Guano-Werke AG. (s. 1969), Geschäftsf. Kali GmbH., beide Hamburg - Vogt-Wells-Kamp 12, 2000 Hamburg 54 - Geb. 31. Jan. 1915.

REICHE, Ekkehard

Dr., Wirtschaftsreferent Botschaft d. BRD in Madrid - Calle Fortuny 8, Madrid 4 (Spanien).

REICHE, Hans-Joachim

Journalist, Studioleiter i.R. Bonn ZDF (1972-84) - Fasanenstr. 23 a, 5300 Bonn 2 (T. 0228 - 33 28 88) - Geb. 9. Juli 1921 Berlin, ev., verh. s. 1950 m. Else, geb. Beyer - 6 Sem. Volksw. - 1946-58 NWDR bzw. NDR, 1958-59 stv. Chefredakt. Quick, 1960-70 (Rücktr.) Tagesschau/Dt. Fernsehen (Chefredakt.), 1970-72 Korresp. SFB, SWF u. Radio Bremen in London - 1981 BVK - Spr.: Engl., Franz.

REICHEL, Achim

Musiker u. Produzent - Zu erreichen üb.: Gorilla Musik-Verlag GmbH, Haller Str. 72, 2000 Hamburg 13 (T. 040 - 410 21 61) - Geb. 28. Jan. 1944 Hamburg (Vater: Heinrich R., Seemann; Mutter: Ella, geb. Junek), verh. s. 1979 in 2. Ehe m. Heidemarie, geb. Stange - Autodidakt - Sänger, Komp., Instrumental., Musikprod. u. Verleger; 1962 Gründ. Musikgr. Rattles, 1968 Gr. Wonderland - Kompos: Rd. 100 Lieder, u.a. D. Spieler, Herr v. Ribbeck zu Ribbeck, Regenballade, Boxer Kutte, Nachtexpress - 1983 Willy Dehmel-Preis - Liebh.: Kino - Dt. Sportabz. - Spr.: Engl. - Lit.: Blues f. Blondinen, Rock-Session Nr. 1, Rock in Deutschl.

REICHEL, Andreas

Bankkaufmann, MdL Nordrh.-Westf. (s. 1985) - An der Mollburg 71, 5000 Köln 91 - Geb. 15. April 1961 Bielefeld, ev., ledig - Lehre Bankkaufm., dzt. Stud. Rechtswiss. Univ. Bonn. S. 1982 Landesvors. Junge Liberale NRW. FDP (s. 1983 Mitgl. Landesvorst.). S. 1988 Mitgl. im Dt.-Amerik. Jugendrat - Liebh.: Klass. Musik, mod. Theater - Spr.: Engl., Franz., Russ., Lat.

REICHEL, Edgar

Dr. oec. publ., Vortr. Legationsrat I. Kl. a. D. - In der Kohlkaule 16, 5309 Meckenheim (T. 02225 - 24 40) - Geb. 29. Aug. 1917 Mainz, verh. s. 1957 m. Maria, geb. Wolf, 2 Söhne (Ernst, Rüdiger) - Realgymn. Wiesbaden (Abit. 1936); Univ. Zürich (Promot. 1940) - 1949-51 Württ.-Bad. Wirtschaftsmin. (zul. Reg.srat); 1951-71 Ausw. Amt (1952 Dienstst. UN-Beobachter New York, 1955 Handelspolit. Abt., 1956 Konsul I. Kl. Lagos, 1960 Philadelphia, 1964 Generalkonsul Madras, 1967 stv. Leit. Kunst-, 1969 Leit. Schulref./Kulturabt., 1970 Ref. Kulturplanung Ost) - BV: D. Sozialismus d. Fabier - E. Beitrag z. Ideengeschichte d. mod. Sozialismus in England, 1947 - Spr.: Engl., Franz.

REICHEL, Georg

Dr. rer. nat., Prof. f. Versicherungsmathematik - Grotefendstr. 8, 3400 Göttingen (T. 0551 - 5 79 27) - Geb. 23. Febr. 1924 Aschersleben, verh. s. 1947 - Univ.-Stud., Staatsex. f. d. höh. Lehramt 1947 Göttingen, Promot. 1950 Tübingen - 1968-72 Schriftl. Blätter d. Dt. Ges. f. Vers.math., 1974-86 Chefmath. Gothaer Lebensversich. a.G., s. 1962 Lehrbeauftr. f. Versich.-math. Univ. Göttingen - BV: Math. Grundl. d. Lebensversich., T. 1-5 1975-89; Grundl. d. Lebensversich.technik, 1987 - 1942 Lilienthal-Preis

Lilienthalges. f. Luftfahrtforsch.; 1974 Hon.-Prof. Univ. Göttingen.

REICHEL, Gerhard

Dr. med., Prof., Ltd. Arzt Arbeitsmed. Zentrum d. gewerbl. Berufsgenoss. Bochum - Blankensteiner Str. 265, 4630 Bochum - Geb. 15. Dez. 1929 Leipzig - S. 1963 (Habil.) Lehrtätigk. Univ. Bochum (1969 apl. Prof. f. Inn. Med. u. Arbeitsmed.). Üb. 120 Fachveröff.

REICHEL, Hans

Dr. med., o. Prof. u. Direktor Physiol. Inst. Univ. Hamburg (s. 1962) - Vorderdeich 14, 2000 Hamburg 80 (T. 723 16 60) - Geb. 22. Okt. 1911 Cognac/Frankr. (Vater: Gerhard R.; Mutter: Elisabeth, geb. Tübcke), ev., verh. s. 1946 m. Siglinde, geb. Schiek, 5 Kd. - Univ. Wien u. München - 1945-62 Privatdoz. u. apl. Prof. (1952) Univ. München - BV: Muskelphysiol., 1960; Leitf. d. Physiol., 1962. Üb. 100 Fachaufs.

REICHELT, Achim

Dr. med., Prof. f. Orthopäd. Univ. Freiburg - Univ-Klinik Hugstetter Str. 55, 7800 Freiburg - Geb. 6. Febr. 1935 Zwickau - 1953-59 Stud. Leipzig; Promot. 1959 ebd.; Habil. 1970 Würzburg - 1976 apl. Prof., 1977 o. Prof. Freiburg; s. 1977 Ärztl. Dir.; 1982/83 Präs. Vereinig. Südd. Orthopäden - BV: D. Juvenile Osteochondrose d. Tibia Apophyse, 1971; Deriartikuläre Schultererkrankungen (Herausg.). Mitherausg.: D. Retropatellare Knorpelschaden, 1983.

REICHELT, Georg

Oberstleutnant a. D., Mitgl. Brem. Bürgerschaft (1967-79) - Hermann-Osterloh-Str. 74, 2800 Bremen 44 (T. 48 11 05) - Geb. 10. Nov. 1919 Breslau, ev., verh., 3 Kd. - Univ. Kiel (3 Sem. Volksw.) - 1937-45 Arbeits-, Wehr- u. Kriegsdst.; 1947-56 Jugendaufbauwerk Schlesw.-Holst. (Sachbearb., stv. Ref.); 1956-67 Bundeswehr; 1973-84 Geschäftsf. Bremer Parkplatz GmbH; s. 1985 im Ruhestand. SPD s. 1946.

REICHELT, Horst

Dipl.-Kfm., Geschäftsführer Pierburg Luftfahrtgeräte Union GmbH. (s. 1971), Dir. Pierburg Metering Systems Inc., Totowa (USA) - Topasweg 15, 4044 Kaarst 2 - Geb. 5. März 1927.

REICHELT, Robert

Dr., Direktor Universitätsbibliothek Münster - Krummer Timpen 3-5, 4400 Münster/W.

REICHELT, Ruth

Dr. rer. nat., Prof., Inh. Lehrstuhl f. Biologie Univ. Osnabrück - An der Lauburg 28, 4500 Osnabrück-Hellern.

REICHENAU, Georg

Bezirksstadtrat a. D. (1964-71) und stellvertretender Bürgermeister (1965-71) v. Tempelhof - Bayernring 26, 1000 Berlin 42 (T. 786 12 30) - Geb. 14. Dez. 1905 Jauer/Schles., verh. m. Waltraud, geb. Bickert - Volkssch.; Wagenbauerhandw.; Abendstud. - U. a. Betriebsing.; ab 1946 Sekr. SPD-Landesverb. Berlin (Leit. Wirtschafts-, spät. Gesundheitspolit. Referat). 1959-63 Bezirksverordn. T'hof (2 J. Fraktionsvors.). SPD s. 1924 (1960 Kreisvors. T'hof).

REICHENBACH, Peter

Regisseur - Etzelstr. 30, 8038 Zürich - Geb. 31. Okt. 1954 Zürich (Vater: Franz R., Rechtsanw.; Mutter: Edith, geb. Halter) - S. 1980 fr. Regiss. in Deutschl., Österr., Schweiz, USA, Kanada u. Frankr.; Insz. am Schillertheater Berlin, Chicago Lyric Opera, Canadian Opera Company Toronto, Berliner Kammersp., Salzburg, u.a.; div. Filme in Frankr. - Spr.: Engl., Franz., Ital. - Bek. Vorf.: Stefan Zweig, François Reichenbach.

REICHENBACH-KLINKE, Heinz-Hermann

Dr. rer. nat., Prof., Zoologe - Rathochstr. 72, 8000 München 60 (T. 811 27 93) - Geb. 14. Aug. 1914 Fürstenwalde/Spree (Vater: Kurt Klinke, Gerichtsass.; Mutter: Antonie, geb. Witting), ev., verh. s. 1941 m. Helga, geb. Müller, 2 Söhne (Klaus, Matthias) - Realgymn. u. Univ. Berlin (Zool., Geogr., Chemie). Promot. 1938 Berlin; Habil. 1952 Braunschweig - S. 1952 Lehrtätigk. TH Braunschweig, TH München (1958; 1962 apl. Prof. f. Angew. Zool.), Univ. München (Prof. f. Zool., Fischereibiol. u. Fischkrankheiten Inst. f. Zool. u. Hydrobiol. Fak. f. Tiermed.). Mitgl. Dt. Ges. f. Parasitol., Intern. Vereinig. f. Limnol.; Wildlife Dis. Ass., Dt. Tierärztl. Ges. - BV (z. T. in Engl.): Krankheiten der Aquarienfische, 1957, 3. A. 1978; Krankheiten der Amphibien, 1961; Krankh. d. Reptilien, 2. A. 1976; Principal Diseases of Lower Vertebrates, 1965 (London); Krankh. u. Schädig. d. Fische, 1979 (auch engl. u. span. Übers.); Bestimmungsschlüssel f. Fischkrankh., 2. A. 1975; Grundz. d. Fischkd., 1971; Röntgenatlas d. Fische, 1973; Süßwasserfisch als Nährstoffquelle, 1974; Color Atlas of the Diseases of Fish, Amphibians, Reptiles, 1974; Fish Pathology, 1974 - Schriftenreihe Fisch & Umwelt, J. appl. Ichthyol. (Hrsg.); Krankh. d. Lurche u. Kriechtiere in E. Wiesner: Heimtierkrankheiten, 1988; Immunology, Pathology and Ecotoxicology of Amphibians, 1990 - 1958 Gold. Ehrennadel Verb. dt. Vereine f. Aquarien- u. Terrarienkd. u. 1965 Fischereiverb. Oberbayern - Spr.: Engl., Franz.

REICHENBECHER, Udo

Geschäftsführer, MdL Rhld.-Pfalz - Jugendstr. 2, 6571 Simmertal - Geb. 1. Dez. 1943 - Vors. Landtagsaussch. f. Soziales u. Familie; Kreisvors. Arbeiterwohlfahrt. SPD.

REICHENBERGER, Kurt

Dr. phil., Prof., Verleger - Pfannkuchstr. 12, 3500 Kassel (T. 0561 - 77 56 18 u. 77 52 04) - Geb. 21. Febr. 1922 Düsseldorf, kath., verh. m. Dr. Roswitha, geb. Schagen, 3 Kd. (Eva, Klaus, Theo) - Stud. Univ. Bonn, Paris (Roman., Angl., Klass. Philol.); Promot. 1952 Bonn; Habil. 1970 Würzburg - 1952-58 Assist. Roman. Sem. Bonn, 1962-87 Bibl.-Dir. Bundesarb.-Gericht Kassel, 1982ff. apl. Prof. Würzburg - BV: Boethius, 1954; Du Bartas (3 Bde.), 1962/63; Roman. Bibliogr. (6 Bde.), 1965-68; Handb. d. Calderón-Forschung (2 Bde.), 1979/81. Herausg.: Würzburger Roman. Arb. (1979ff.); Teatro del Siglo de Oro (1982ff.); Problemata Semiotica (1984ff.); Problemata Literaria (1987ff.); Problemata Iberoamericana (1988ff.); Acta Columbina (1989ff.) - Liebh.: Buchkunst, Graphik, Emblematik - Spr.: Engl., Franz., Ital., Span.-Katal., Portug., Rumän. - Lit.: Festschr. Kurt & Roswitha Reichenberger, 9 Barcelona, Promociones y Publicaciones Universitarias (1989).

REICHENMILLER, Hans-Eberhard

Dr. med., Prof., Internist, Chefarzt Marienhospital Stuttgart - Eduard-Steinle-Str. 7, 7000 Stuttgart-Sillenbuch - Geb. 15. Mai 1937 (Vater: Prof. Dr. med. Hans R., s. XVIII. Ausg.).

REICHERT, Bernd

Dr., Oberbürgermeister Stadt Schramberg - Sattelecke 22, 7230 Schramberg - Geb. 24. Sept. 1941, kath., verh. m. Dr. Renate Reichert, geb. Koop (Zahnärztin), 2 Töcht. (Sabine, Miriam) - Abitur 1962, 1. jurist. Staatsex. 1967 Freiburg, 2. jurist. Staatsex. 1970 Stuttgart, Promot. 1979 Speyer - 1970-72 Regierungsass. Kehl u. Rastatt; 1973-82 Erster Beigeordneter (Bürgerm.) Stadt Bühl; s. 1982 OB Stadt Schramberg - Mitautor: Kompendien Bes. Verwaltungsrecht f.

Baden-Württ., Baurecht, Polizeirecht u. Kommunalrecht.

REICHERT, Ritter von, Bernhard Rüdiger

Generalleutnant a.D. - Bergstr. 44a, 8035 Gauting - Geb. 18. Aug. 1917 München (Vater: Julius v. R., Offz.), ev., verh. s. 1975 m. Margret, geb. Nelson, 2 Kd. (Rolf, Gisela) - Hum. Gymn. (Abit.) - 1936-45 Offz. Dt. Wehrmacht; 1947-56 selbst. Fotograf (Lichtbildm.); 1956-78 Dt. Bundeswehr (zul. stv. Gen.-Insp.) - EK I; Gr. BVK m. Stern.

REICHERT, Eberhard

Dr., I. Bürgermeister - Rathaus, 8032 Gräfelfing/Obb. - Geb. 2. Febr. 1942 Königsberg.

REICHERT, Franz

Prof., Regisseur - Am Kaisermühlendamm 5, 1220 Wien (T. 235 24 53) - Geb. 3. Okt. 1908 Wien, kath., verh. in 2. Ehe (1956) m. Sigrid Marquardt (Künstlername), Stiefsohn Alexander - Gymn. Univ. (German.) u. Akad. f. darstellende Kunst Wien - 1926-30 Schausp., dann Regiss. Essen, Bremen, Nürnberg (1941-43 Oberspiell.), Berlin, Hamburg, Göttingen, Wien (Burgtheater, Theater in d. Josefstadt), Darmstadt, Hannover (1957-59 Schauspieldir., 1965-73 Int. Staatsschauspiel), Bochum, Frankfurt u. a. - BV: Durch meine Brille, Theater in bewegter Zeit, 1986. Insz.: u. v. a. Lysistrata, Kolportage, D. Illegalen, Jacobowsky (alle Berlin), Verschwender (Wien, z. Neueröffnung d. Burgtheaters), D. Kaukas. Kreidekr. (Hamburg). Bühnenbearb.: Sakuntala, Lysistrata, Wintermärchen, Großkophta, Wallenstein u. a. - 1965 Prof.-Titel durch d. österr. Bundespräs. - Liebh.: Reisen - Spr.: Ital., Franz. - Rotarier.

REICHERT, Günter

Dr. phil., Leiter Büro d. Vors. d. CDU/CSU-Bundestagsfraktion - Krummölser Str. 6, 5340 Bad Honnef 6 (T. 02224 - 8 08 64) - Geb. 21. Febr. 1941 Mährisch/Ostrau, kath., verh. m. Dr. Ute R.-Flögel, 2 Kd. (Kilian, Felix) - Stud. Polit. Wiss., Gesch., Völkerrecht Univ. Würzburg, Berlin, Bonn; Promot. 1970 Bonn - 1970-73 Ref. f. Presse- u. Öffentlichkeitsarb. Bundeszentr. f. polit. Bildung Bonn; s. 1973 CDU/CSU Bundestagsfrakt. Bonn; s. 1984 Präsid.-Mitgl. Bund d. Vertriebenen - BV: D. Scheitern d. Kl. Entente, 1971. Herausg.: Alfred Dregger, Freiheit in unserer Zeit - 1984 Rudolf-Lodgman-Plak.; 1987 BVK.

REICHERT, Liselotte

Dr. phil., o. Prof. f. Textilgestaltung u. ihre Didaktik Päd. Hochschule Ruhr/Abt. Dortmund - Heinrich-Koch-Weg 3, 4600 Dortmund-Kirchhörde (T. 73 21 38) - Geb. 15. Jan. 1907 Bonn.

REICHERT, Wilhelm

Gewerkschaftssekretär, MdL Hessen (s. 1970) - Glauberger Str. 74, 6475 Glauburg 1 (T. 06041 - 7 68) - Geb. 3. Juli 1928 Stockheim - Volkssch.; Maurerlehre - N. kurzem Kriegseins. Maurer; s. 1963 DGB-Sekr. Büdingen. 1960 ff. Mitgl. Gemeindevertr. Stockheim (1964 Vors.); 1964 ff. MdK Büdingen. SPD s. 1955 (1967 Vors. Unterbez. Büdingen).

REICHERT-FLÖGEL, Ute Maria

Dr. phil., Funk- u. Fernseh-Journalistin (Ps. Flögel) - Krummölser Str. 6, 5340 Bad Honnef 6 (T. 02224 - 8 08 64) - Geb. 5. Juni 1940 Mähr. Trübau (Vater: Hugo, Stud.Rat, Akad. Maler; Mutter: Leopoldine, geb. Schmida), kath., verh. s. 1972 m. Dr. Günter, 2 Söhne (Kilian, Felix) - Gymn., Abit. Ludwigsburg, Univ. Heidelberg, FU Berlin 1968-70 Wiss. Assist. Berlin, 1970-1975 Dtschl.-funk Köln, 1975-77 Studio Bonn, 1978-86 freie Journ., s. 1987 Bonner Korresp. d. DLF - BV: Pressekonzentr. im Stuttgarter Raum, 1971 (Diss.) - Liebh.: Sport, Reisen - Sportabz., 20 x Gold - Spr.: Engl., Franz., Lat., Russ.

REICHERT-FRISCH, Karin

s. unt. Reichert, Hans-Ulrich

REICHERTZ, Peter

Geschäftsführer Jakob Müller Lederwarenfabrik GmbH., Kirn - Im hohen Rech 20, 6570 Kirn/Nahe - Geb. 12. Okt. 1925.

REICHHARDT, Hans J.

Dr. phil., Direktor Landesarchiv Berlin - Kalckreuthstr. 1-2, 1000 Berlin 30; priv.: Am Wieselbau 19, 1000 Berlin 37 - Geb. 17. März 1925 Weißenfels/Saale (Vater: Hermann R., Bäcker), verh. s. 1960 m. Ursula, geb. Schirdewahn - 1943-49 Soldat u. Kriegsgef.; 1950-56 FU Berlin Gesch.-Stud. u. Univ. München - Herausg. Schriftenr. Berl. Zeitgesch. (10 Bde., 1961-81); d. Schriften u. Reden v. E. Reuter (4 Bde., 1972-75); d. Jahrb. d. LA Berlin (s. 1982); Berl. Demokratie (2 Bde., 1987) - S. 1980 Mitgl. Hist. Kommiss. z. Berlin.

REICHHELM, Günther

Direktor i. R. - Hptm.-Baur-Weg 14, 8110 Murnau/Obb. (T. 08841 - 80 29) - Geb. 6. Jan. 1914 Greiffenberg/Schles. - 1970-79 Vors. Düsseldorfer Unternehmensverb.

REICHHOLD, Walter

Dr. jur., Diplomat - Triftweg 19, 6740 Landau (T. 6 12 85) - Geb. 27. März 1904, verh., 5 Kd. - Jur. Ass.ex. - 1930-39 ILO, Genf; 1939-45 Ausw. Amt, Berlin; 1950-67 Ausw. Amt, Bonn: Konsul in Dakar (1955-60); 1960-64 Botschafter in Dakar, Nouakchott und Accra. 1967 Ruhest. Ratsmitgl. Landau 1968-72. S. 1976 Hauptaussch. Ver. d. Afrikanisten; S. 1980 Mitgl. Franz. Akad. f. Überseewiss., Paris - BV: u. a. Der Senegalstrom, Lebensader dreier Nationen, 1978 - 1962 Gr. BVK.

REICHL, Jan Richard

Dr., Prof. f. Ernährungsphysiol. Grundlagen d. Tierernährung - Inst. f. Tierernährung Univ. Hohenheim, 7000 Stuttgart 70 (T. 0711 - 459 24 18) - Geb. 8. Sept. 1931 Martin (Slowakei), T. Sonia - Dipl. 1954, Promot. 1960, beides Landw. Hochsch. in Brno (ČSSR) - 1954-65 Wiss. Mitarb. Forsch.inst. Brno; 1965-70 Doz. Landw. Hochsch. Brno; 1968-71 Wiss. Mitarb. Univ. of California, Davis/USA; 1971/72 Wiss. Mitarb. N. C. State Univ., Raleigh/USA; s. 1972 Doz., s. 1979 Prof. Univ. Hohenheim. Entwicklung e. Systems v. Modellen z. Computersimulation d. Stoffwechselvorgänge im tier. Organismus. Beitr. in wiss. Ztschr. u. Büchern - Liebh.: Musik - Spr.: Engl., Russ., Tschech., Slowak.

REICHLING, Wolfgang

Dr. rer. pol., Ministerialdirigent - Zu erreichen üb. Ministerium f. Wirtsch., Mittelst. u. Technol. NRW, Haroldstr. 4, 4000 Düsseldorf - Geb. 1933 Beuthen - AR Messe u. Ausstellungsges. mbH, Köln, u. Düsseldorfer Messe-Gesellschaft mbH -NOWEA-; Staatskommiss. an d. Rhein.-Westf. Börse zu Düsseldorf.

REICHLMAYR, Hans

Ing., Geschäftsführer Bayer. Fertigbau GmbH./System Coignet, Garching - Ludwig-Ganghofer-Str. 6, 8060 Dachau/Obb. - Geb. 27. Nov. 1928.

REICHMANN, Heinz

Dr. rer. oec., Dipl.-Kfm., stv. Vorstandsvorsitzender Haftpflichtverb. d. Dt. Ind. (HDI) - Riethorst 2, 3000 Hannover 51 (T. 0511 - 645-40 12) - Geb. 3. Febr. 1931 Gelsenkirchen, verh. - Dipl.-Kfm. 1956 Köln; Promot. 1959 - 1956-75 Wirtsch.prüf.; 1975-79 Vorst.-Mitgl. Gebirg-Versich.-Beteiligungs-AG u. aller übrigen Inlandsges.; 1980/81 selbst. Wirtsch.prüf.; s. 1982 Vorst.-Mitgl. HDI; AR-Vors. HRV Hannover, Rechtsschutz-Versich. AG, Hannover, Baumwollspinnerei Gronau AG, Gronau/W.; stv. AR-Vors. Commerz-UBAG; AR-Mitgl. Hannover Rückversich. AG, Hannover, Eisen- u. Stahl Rückversich. AG, Hannover, Hannover Insurance (Nederland) N.V., Rotterdam, HAV Hannover Allg. Versich. AG, Hannover, Hannover Intern. AG f. Industrieversich., Wien; VR-Mitgl. Hann.-Finanz GmbH, Hannover, Hann. Intern. (Belique) S.A., Brüssel, Bankhaus Marcard, Stein u. Co., Köln; Beiratsvors. Blechwarenfabriken Züchner GmbH & Co., Seesen; Beiratsmitgl. Metallwerke Gebr. Seppelfricke GmbH & Co, Gelsenkirchen; Board-Mitgl. in versch. Gerling- u. Auslandsges.

REICHMANN, Helmut

Dr. phil., Prof. im FB Design FHS Saarbrücken, Fachleit. Segelfliegen Sportwiss. Inst. Univ. Saarbrücken - Dudweilerstr. 23, 6601 Saarbrücken-Scheidt (T. 0681 - 81 13 82) - Geb. 23. Dez. 1941 Wilhelmshaven (Vater: Otto R., Dipl.Ing.; Mutter: Tilli, geb. Fischer), 2 Kd. (Eva, Fritz) - Staatl. Oberrealsch. Saarbrücken, Univ. Saarbr. u. Mainz, Kunstakad. Wien. Künstler. Arb.: Zeichnungen, Plast. Objekte, Kinetik. Entw. im Fahrradbereich: Janustandem, Ergorad, Rollrad, Kinder- u. Jugendrad. S. 1971 Bundestrainer Segelfliegen - BV: Streckensegelflug, 1976 (engl. Übers. 1978, franz. Übers. 1981, span. Übers. 1988); Segelfliegen, 1979 (engl. Übers. 1980, span. Übers. 1987) - 1970, 1974 u. 1978 Segelflugweltmeister, 1980 Carl Diem-Preis f. Sportwiss. - Liebh.: Segelflug, Skilauf - S. O., Silb. Lorbeerbl., Dädalosmed. - Spr.: Engl., Franz. - Bek. Vorf.: Fabersche Familienchronik: Bach, Johannes Keppler.

REICHMANN, Oskar

O. Prof. f. Germanistik Univ. Heidelberg - Weinbergstr. 59, 6901 Mauer (T. 06226 - 61 66) - Geb. 16. Nov. 1937, ev. - Stud. German. u. Gesch. - Doz. Amsterdam u. Utrecht, Ord. Heidelberg. Mitherausg.: Sprachgesch., 2 Bde. (1984/85); Frühneuhochdeutsches Wörterb. (1986ff.).

REICHOLD, Hans

Generaldir. a. D. - Hans-Sachs-Str. 3, 6200 Wiesbaden (T. 37 35 91) - Geb. 19. Aug. 1905 Lauf/Pegnitz (Vater: Dr. med. Hans R.; Mutter: Else, geb. Leuchs), ev., verh. s. 1937 m. Ruthild, geb. Düwel, 2 Kd. - Gymn. Nürnberg; Univ. Erlangen, Göttingen, Berlin (Rechtswiss.). Gr. jurist. Staatsprüf. 1932 - S. 1933 Berlinische Lebensversicherungs-AG. (1942 Vorstandsmitgl., 1957 -vors., 1974-79 ARsmitgl.) - Rotarier.

REICHOW, Dirk Dagobert

Dr.-Ing., Dipl.-Ing. Elektrotechnik, Unternehmensberater u. berat. Ing. f. Elektronik - Nibelungenweg 4, 2000 Hamburg 56 (T. 040 - 81 48 43) - Geb. 22. Nov. 1929 Dresden (Vater: Dr. Ing. Hans Bernhard R., Archit. u. Städtepl.; Mutter: Hildegard, geb. Schmidt), ev., verh. s. 1957 m. Christiane, geb. Hanssen, 3 Kd. (Anita, Björn, Thies) - 1936-49 Gymn., Abit., Univ. Hamburg (Phys.) 1951-56 TH Braunschweig, (Dipl.-Ing. 1956), Promot. 1961 - 56-61 Wiss. Mitarb. Physik.-Techn. Bundesanst. Braunschweig, 1961-67 Entw.Ing. Krupp Atlas Elektronik Bremen, 1967-73 stv. Geschf. Systemtechnik MUG Wedel/Hamburg (Marinetechn.), 1974-80 Hptabt.leit. Elektronik HDW Kiel, 1979-85 Geschäftsf. Hagenuk GmbH - Spr.: Engl. - Bek. Vorf.: Prof. Dr.-Ing. Hans Bernhard Reichow, Archit. u. Städtepl. (Vater).

REICHSTEIN, Joachim

Dr. phil., Prof., Leiter Landesamt f. Vor- u. Frühgesch. Schleswig-Holst. - Schloß Gottorf, 2380 Schleswig (T. 04621 - 8 13 - 4 00) - Geb. 5. Jan. 1939 Lüben, ev., verh. s. 1969 m. Mechthild, geb. Lange, T. Annette - Stud. Ur- u. Frühgesch.; Promot. 1968 - Landesarchäologe v. Schleswig-Holst.; Geschäftsf. Verb. d. Landesarchäol. in d. Bundesrep. Deutschl.; Vors. Nordwestd. Verb. f. Altertumsforsch. - BV: D. kreuzförmige Fibel, 1975; Archsum auf Sylt (m. G. Kossack u. O. Harck), T. 1 1980, T. 2 1987 - Liebh.: Musik, Lit. - Spr.: Engl.

REIDEMEISTER, Jürgen Christoph

Dr. med., Prof. f. Lungen-, Herz- u. Gefäßchirurgie - Hauptmannstr. 10, 4300 Essen 18 - Geb. 14. Jan. 1934 Berlin (Vater: Leopold R., Kunsthist., ehem. Dir. Berl. Mus.; Mutter: Ursula, geb. Nordmann), ev., verh. s. 1965 m. Ursula, geb. Wissel, 3 Kd. (Sibylle, Anne, Hans) - Schulen Berlin, Harzburg, Köln; Univ. Freiburg, Hamburg, Paris - Facharzt f. Chir. (Gefäßu. Thorax- u. Kardiovaskul. Chir.), Prof.f. Chir. - Entd.: Einf. Kadioplegie in d. Klinik, 1. Atomschrittmacherimplant. d. BRD - BV: Zahlr. Publ. u. Buchbeitr. in wiss. Ztschr. u. Büchern - Vorst. Dt. Ges. Thor., Herz- u. Gefäßchir. - Liebh.: Violinspiel, Bild. Künste - Spr.: Engl., Franz. - Bek. Vorf.: Prof. Dr. Kurt Reidemeister (Onkel); Prof. Dr. Otto Nordmann u. Prof. Dr. Leopold Reidemeister.

REIF, Irene,
geb. Stauber

Autorin - Karl-Hertel-Str. 48, 8500 Nürnberg 50 - Geb. 14. Jan. 1931 Nürnberg, verh. m. Dipl.Ing. u. Arch. Richard R., 2 Kd. (Reiner, Petra) - Stv. Vors. d. Verb. Fränk. Schriftst.; Autorin f. Kinder- u. Jugendb.; Roman, Essay, Kurzgesch., Lyrik hochd. u. mundartl. - Ständ. freie Mitarb. d. BR. Theater- u. Literaturkritik. Üb. 100 Hörbilder u. Essays. Üb. 40 BV, dar.: Karte Donnerwetter, Bd. I. u. II.; Bibi, Marie Perrier (R.); Nach seinem Bild erschaffen (übers. ins Holländ. u. Franz.); Frankenwald, d. Rhön, d. Steigerwald, Fichtelgebirge, Frankenalle, Fränk. wie es nicht im Wörterbuch steht, Franken, meine Liebe (Essaybde.). Mitautor zahlr. Anthol. - 1962 Preis d. kl. Fernsehspiels, 1983 BVK I. Kl. - Spr.: Engl.

REIFENBERG, Hermann

Dr. theol. habil., o. Prof. f. Liturgiewiss. - In der Plies 6, 6500 Mainz-Mombach (T. 06131 - 68 02 56) - Geb. 6. Juni 1928 Oppenheim/Rh. (Vater: Hermann R.; Mutter: Anna, geb. Vollmuth), kath. - Univ. Mainz (Phil.) u. München (Theol.) - Ab 1953 kirchl. Dienst; 1963-65 Privatdoz. Univ. Mainz; s. 1965 ao. u. o. Prof. (1969) Phil.-Theol. Hochsch. Bamberg, 1972 Univ. Bamberg (GH) - BV: Messe u. Missalien im Bistum Mainz, 1960; Stundengebet u. Breviere im Bistum Mainz, 1964; D. Chance d. kath. Frau i. d. Kirche v. heute, 1971; Neue Fürbitten, 1971; Sakramente, Sakramentalien u. Ritualien i. Bistum Mainz (2 Bde.) 1971/72; Hauseucharistie, 1973; Fürbitten b. bes. Anlässen, 1973; Fundamentalliturgie (2 Bde.), 1978; Mit allen Sinnen - Gottesdienst i. d. Vielfalt menschl. Ausdrucksformen, 1979; D. Wortgottesdienst b. bes. Anlässen, 1979; Küster, Mesner, Sakristan - Handb. f. d. kirchl. Dienst, 1982. Div. Einzelarb. - 1967 Mitgl. Abt.-Herwegen-Inst. Maria Laach (Ges. z. Erforsch. d. christl. Liturgien u. d. monast. Lebensformen). Mitgl. Pius-Parsch-Inst. Wien-Klosterneuburg (Liturgiepastoral) 1972 - 1965 Ehrenbürger Mainz (-Ebersheim) - 1973 Gold. Sportabz. - Liebh.: Jäger, Fischer, Falkner.

REIFENBERG, Jan G.

Dr. rer. nat., Journalist - Zu erreichen üb.: Frankfurter Allgemeine Zeitung, Postf. 2901, 6000 Frankfurt/M. - Geb. 2. Mai 1923 Frankfurt/M. (Vater: Dr. phil. h. c. Benno R., †, Journ., 1959-65 Mithrsg. Frankfurter Allg. Ztg. (s. XVI. Ausg.); Mutter: Maryla, geb. v. Mazurkiewicz †), kath., verh. s. 1956 m. Renate, geb. Graf, 3 Töcht (Sabine Virginia, Nicola Christine, Franziska Victoria) - Schwarzburg-Reformsch. Frankfurt/M., Collége Sévigné Paris, Lessing-Gymn. Frankfurt/M.; Univ. Freiburg/Br. (Promot. 1950), Frankfurt/M., Neuchâtel, Bonn - 1946-50 Redaktionsassist. D. Gegenwart. 1950-51 Austauschstud. Georgetown Univ. Washington, 1952-54 Redakt. dpa Hamburg, Bonn, Washington, s. 1954 Washington (b. 1966 u. 1972ff.) u. Paris-Korresp. (1966-72); ab 1984 diplomat. Korresp. FAZ m. Sitz in Brüssel - BV: Siedlungsformen im Tibet. Hochland, 1950 (Diss.); Notiert in Washington 1955-63 - V. Eisenhower zu Kennedy, 1963 - 1978 BVK I. Kl.; 1983 Gr. BVK; Mitgl. Frankfurter Ges. f. Handel, Ind. u. Wiss. u. d. Atlantik-Brücke - Liebh.: Tibet. Kunst, Gesch. d. Eisenbahnwesens u. d. USA - Spr.: Engl., Franz.

REIFENBERG, Wolfgang

Dr. phil., Direktor Internationaler Jugendaustausch u. Besucherdienst der BRD (IJAB) e.V. - Kennedyallee 73, 5300 Bonn-Bad Godesberg (T. 0228 - 37 45 50) - Geb. 21. März 1936 Oppenheim/Rh. (Vater: Hermann R., Steuerinsp.; Mutter: Anna, geb. Vollmuth), kath., verh. s. 19[illegible]4 m. Irene, geb. Wüstefeld, 3 Kd. (Michael, Annette, Markus) - Gymn., Univ. Mainz u. München (Dt., Gesch., Theol.), Promot. Mainz 1964. 1966-75 Bundesvors. Bd. d. Dt. Kath. Jugend (BDKJ); 1970-71 Vors. Dt. Bundesjugendringes (DBJR); 1974 ff. Vors. Dt. Jugendkraft (DJK) - Diss.: D. Kurpfälz. Reichspfandsch. Oppenheim/Gau Odernheim/Ingelheim 1375-1648, 1968 - Liebh.: Musik, Dicht., Sport, Politik, Zeitung - Spr.: Engl., Franz.

REIFENHÄUSER, Fritz

Ges. u. Geschäftsführer Reifenhäuser GmbH & Co., Maschinenfabrik, Troisdorf - Altenrather Str. 45 5210 Troisdorf/Rhld. - Geb. 26. März 1910 - BVK a. Bde.; Ehrenbürger Rhein.-Westf. TH Aachen; Ehrenmitgl. Inst. f. Kunststoffverarb. in Ind. u. Handwerk Rhein.-Westf. TH Aachen e.V.

REIFENHÄUSER, Hans

Ges. u. Geschäftsführer Reifenhäuser GmbH & Co., Maschinenfabrik - Spicher Str., 5210 Troisdorf/Rhld. - Geb. 20. Jan. 1914 - Ing. - Vizepräs. IHK Bonn; Richard-Vieweg-Ehrenmed. VDI; Brasil. VO. Barao do Rio Branco (Oficial); BVK I. Kl.

REIFF, Rudolf A.

Geschäftsführer Burda GmbH - Im Schwarzwäldele 9, 7600 Offenburg (T. 0781 - 3 93 57) - Geb. [illegible] Jan. 1943, verh., Sohn Jan.

REIFF, Winfried

Dr. rer. nat., Prof., Dipl.-Geologe, Leit. Geologiedir. Geol. Landesamt Baden-Württemberg - Fuchsweg 25, 7022 Leinfelden-Echterdingen - Geb. 1. Sept. 1930 Stuttgart, ev., verh. s. 195[illegible] m. Brigitte, geb. Endriß, 3 Kd. (Cornelia, Tobias, Nikolaus) - Gymn. Stuttgart; 1950 Naturwiss. TH Stuttgart; Dipl. 1955, Promot. 1958 Stuttgart; 1963-69 Lehrbeauftr. Staatsbausch. Stuttgart, 1969-73 Lehrbeauftr. Univ. Tübingen; s. 1973 Lehrbeauftr. Univ. Stuttgart; s. 1976 Honorarprof. Univ. Stuttgart - Zahlr. Publ. z. Geol. Süddtschl. - Liebh.: Gesch., Völkerkunde, Volkstanz - Spr.: Engl.

REIFFERSCHEID, Eduard

Verleger, Mehrheitsgesellsch. Hermann Luchterhand Verlag GmbH., Neuwied/Darmstadt, u. Buchhandl. f. Wirtsch. u. Verw. GmbH., Neuwied, Mehrheitsgesellsch. Druck- u. Verlags-GmbH., Darmstadt - Hüllenberg, 5450 Neuwied 12 - Geb. 16. Mai 1899 Wechselburg (Vater: Karl Johann R., Hofgärtner; Mutter: Elisabeth, geb Bergener), verw. - Stud. Wirtschaftsrecht u. Volksw. Univ. Leipzig (1919-21) u. Berlin (1925-26) - S. 1921 Verlagsbuchhandel (1934 Luchterhand Vg.) - Liebh.: Bücher.

REIFFERSCHEID, Martin

Dr. med., Prof. f. Chirurgie, Präsident Dt. Ges. f. Chir. - Kemnatenstr. 60, 8000 München 19 (T. 178 32 14) - Geb. 24. Juni 1917 Berlin (Vater: Prof. H. R., Maler u. Radierer, zul. Ord. Kunstakad. Düsseldorf (s. X. Ausg.); Mutter: Margarete, geb. v. Neufforge), verh. s. 1953 m. Ursula, geb. Biergans - Promot. 1947; Habil. 1952 - S. 1952 Lehrtätigk. Univ. Bonn (1958 apl. Prof.; zul. Oberarzt Chir. Klinik u. TH Aachen (1966 Ord. u. Vorst. Abt. Allg. Chir./Med. Fak.). Mitgl. in- u. ausl. Fachges. - BV: Chir. d. Leber, 1957; D. Dickdarmpolyp. 1959; Darmchir., 1962; Lehrb. d. Chir., 1972, 7. A. Üb. 200 Einzelarb. - Rotarier.

REIFNER, Udo

Dr. jur., Dipl.-Soz., Prof. f. Wirtschaftsrecht Hochsch. f. Wirtsch. u. Politik, Hamburg - Susettestr. 6, 2000 Hamburg 50 - Geb. 21. März 1948 Neukirchen (Vater: Egon R., Internatsleit.; Mutter: Margarethe, geb. Schlipköter), ev., verh. s. 1984 m. Ghislaine, geb Benedetti, 3 Kd. (Claire, Franca, Pascale) - 1968-71 Stud. Rechtswiss. Univ. Berlin, 1971-72 Soziol. Marburg; 1. jurist. Staatsex. 1972, 2. jurist. Staatsex. 1975, Promot. 1977, Soz.-Dipl. 1979 - 1972-81 Wiss. Assist. FU Berlin; 1977-80 res. fellow Wiss.zentr. Berlin; ab 1981 Prof. Hochsch. f. Wirtsch. u. Politik Hamburg; s. 1987 Leit. Inst. f. Finanzdienstleistungen, Hamburg. S. 1982 Vorst.-Mitgl. Verbraucherzentrale Hbg - BV: Alternatives Wirtschaftsrecht am Beisp. d. Verbraucherverschuld., 1978; Rechtsberatung, 1982 (m.a.); D. Recht d. Unrechtsstaates, 1981 (Hrsg.); Strafjustiz u. Polizei im Dritten Reich, 1984 (Hrsg.) - Spr.: Engl., Franz., Ital.

REIGROTZKI, Erich

Dr. rer. pol., Prof. f. Wirtschaftl. Staatswissenschaften i. R. - Andre=str. 21, 3550 Marburg (T. 6 51 65) - Geb. 5. Aug. 1902 Berlin (Vater: Johannes R., Kaufm.; Mutter: Clara, geb. Friese), ev., verh. m. Elisabeth, geb. Hammann, 4 Kd. (Dietrich, Ingeborg, Fritz, Veronika) - N. Externa-Abitur 1942-45 Univ. Berlin - S. 1949 (Habil.) Privatdoz., apl. Prof. (1957), Wiss. Rat u. Prof. (1962) Univ. Marburg, 1951-57 Forsch.-Leit. UNESCO-Inst. f. Sozialwiss., Köln. Präs. Arbeitsgem. d. Verbraucherverb. (1963-65); Begr. Aktionsgem. Dt. Ombudsmann (1965). 1949-62 FDP - BV: Exakte Wirtschaftstheorie u. Wirklichkeit, 1948; Soz. Verflecht. in d. Bundesrep., 1956; National Stereotypes - Public Opinion Quarterly, 1959-64 (m. Nels Anderson). Redaktonsmitgl.: Mensch u. Staat/Ztschr. f. Ordnungspolitik u. Widerstandsrecht (1966-74) - Spr.: Engl.

REIHLE, Markus

Dr.-Ing., Dipl.-Phys., Senior Vice President European Operations Magna Intern. Inc., Toronto - Altdorfstr. 3, 7987 Weingarten/Württ. - Geb. 9. Okt. 1926.

REIHLEN, Helmut

Dr.-Ing. Sc. D., Prof., Direktor DIN Dt. Inst. f. Normung, Berlin (s. 1977; s. 1971 Mitgl. d. Geschäftsleit.), Geschäftsf. Beuth Verlag GmbH, ebd. (s. 1974), DIN Software GmbH (s. 1988) - Burggrafenstr. 6, 1000 Berlin 30 - Geb. 14. Aug. 1934 Bergisch Gladbach (Vater: Dipl.-Ing. Otto R.; Mutter: Irmgard,

geb. Stolper), ev., verh. s. 1961 m. Dr. Erika, geb. Niebuhr, 3 Kd. (Irmgard, Eckart, Albrecht) - Stud. (Eisenhüttenwesen) TH Aachen u. Clausthal, Middletown, Conn./USA, Lyon - 1960-70 Abt.dir. Walzwerkbau DEMAG AG; VR-Vors. d. Stiftg. Warentest; Vors. d. Diakonischen Rats, u. d. Vereins Dt. Ing. Berliner Bezirksverein. (Erf.: Planetenanstellungen zu Bandwalzwerken automat. Walzenwechselvorrichtungen); Vizepräs. Intern. Org. f. Standardization ISO, Genf - BV: Struktur u. Arbeitsweise d. Normenorg. westeurop. Nachbarstaaten, 1974 - Liebh.: Hausmusik (Querflöte), Segeln - Spr.: Engl., Franz. - Rotarier, Präses d. Regionalsynode West d. Ev. Kirche in Berlin-Brandenburg.

REIK, Helmut G.

Dr. rer. nat., o. Prof. f. Theoret. Physik - Giersbergstr. 6, 7815 Kirchzarten/Br. (T. 07661 - 51 69) - Geb. 31. März 1928 Singen/Hohentwiel (Vater: Oskar R., Kaufm.; Mutter: Luise, geb. Wiesmann), ev., verh. s. 1956 m. Rosemarie, geb. Heiles, 4 Kd. (Wolf-Ulrich, Beate, Katrin, Stefan) - Oberrealsch. Singen; TH Karlsruhe (Dipl.-Chem. 1954) - 1954-59 Assist. u. Doz. (1958) TH Aachen; 1959-63 Wiss. Mitarb. Philips/Zentrallabor. Aachen; s. 1963 Ord. TH Braunschweig u. Univ. Freiburg (1967). Fachveröff.

REILAND, Willi

Dr. jur., Oberbürgermeister (s. 1970) - Rathaus, 8750 Aschaffenburg/Ufr. - Geb. 2. Nov. 1933 Oberaltstadt - Zul. Staatsanw. 1962-70 MdL Bay. SPD.

REIM, Martin

Dr. med., Prof., Direktor d. Augenklinik d. Med. Fak. RWTH Aachen - Augenklinik, Klinikum d. RWTH, Pauwelsstr., 5100 Aachen - Geb. 26. Febr. 1931 Klein Döbbern/Kr. Cottbus, ev., verh. s. 1957 m. Dr. med. Hildegard, geb. Dahmann, 3 Kd. (Sabine, Johannes, Martin) - Stud. Univ. Marburg; Ex. 1957; Promot. 1958; Habil. 1966 - 1957-59 Innere Medizin (Prof. Bock); 1959-61 Physiol. Chemie (Prof. T.H. Bücher); 1961-73 Ophthalmol. (Prof. W. Straub), alles Marburg; 1967/68 Retina Found. Boston (Prof. Dohlman); s. 1973 Leit. d. Augenklinik d. Med. Fak. d. TH Aachen; 1982-85 Ärztl. Dir. d. Klinikums; 1985/86 Präs. Dt. Ophthalmol. Ges. - BV: Augenheilkunde, 1985; Buchart. u. Ztschr., Publ. üb. Stoffwechsel u. Pathophysiol. d. Cornea, Behandl. v. Schwersteverätzungen u. Verbrennungen d. Auges, Videofluoreszenzangiogr. d. Retina - Liebh.: Wassersport, Reisen - S. 1979 Secretary General Assoc. for Eye Research.

REIMANN, Aribert

Prof., Komponist, Pianist - Hohenzollerndamm 91, 1000 Berlin 33 (T. 826 27 57) - Geb. 4. März 1936 Berlin (Vater: Prof. Wolfgang R., Organist u. Chorleiter †1971 s. XVI. Ausg.); Mutter: Prof. Irmgard, geb. Rühle), ev. - Gymn.; Musikhochsch. Berlin (1955-1959; Kompos.: Prof. Boris Blacher, Klavier; Prof. Otto Rausch), Univ. Wien

(1958; Musikwiss.) - B. 1982 Prof. f. Interpretation mod. Musik Musikhochsch. Hamburg, dann Kunsthochsch. Berlin. Opern: E. Traumspiel (n. Strindberg) u. Melusine, Kammeroper D. Gespenstersonate (UA. 1984 Berlin), Ballett: Stoffreste (Libretto Günter Grass), Orchesterw.: Elegie, Klavier-, Cellokonzert, E. Totentanz, Hölderlin-Fragmente, Kammermusik: Quasimodo-Kantate, Epitaph (n. Shelley), Klavier-, Cellosonate, Canzoni e Ricercari, Kammerkonz., Lieder, Dialog f. Orgel - 1962 Berliner Kunstpreis/Jg. Generation, 1963 Stip. Villa Massimo Rom, 1965 Robert-Schumann-Preis Stadt Düsseldorf, 1970 Musikpreis Verb. d. Dt. Kritiker; 1971 o. Mitgl. Akad. d. Künste Berlin u. 1976 Bayer. Akad. d. Schönen Künste; 1979 Gr. Preis d. Kulturellen Beziehungen Paris - Liebh.: Jazz, Bücher, Radfahren - Spr.: Engl., Franz.

REIMANN, Bruno W.

Dr. rer. soc., Dipl.-Soz., Prof. Univ. Gießen (s. 1974) - Thomastr. 6, 6300 Gießen (T. 38 96 66) - Geb. 3. Juni 1943 Weseritz (Vater: Roland R., Realschullehrer; Mutter: Hedwig, geb. Lotter). - Stud. Univ. Tübingen, Hamburg, Heidelberg, München; Dipl.ex. 1968 ebd.; Promot. 1974 Konstanz - 1969-71 wiss. Mitarb. Forschungsinst. d. Friedrich-Ebert-Stiftg., 1971-74 wiss. Assist. u. Akad. Rat PH Lüneburg - BV: Psychoanalyse u. Ges.theorie, 1973; Hochsch.reform durch Neugründungen?, 1974 (m. H. Raupach); Partizipation, Demokr. u. Wahlrecht im System d. Selbstverw. v. Hochsch. u. Studentensch., 1974; Hochschulreform - Illusion u. Pleite?, 1978; Frontabschnitt Hochschule. D. Gießener Univ. im Nationalsozialismus (m. a.), 2. A. 1983; Studentenschaft - Korporationen - Nationalsozialismus - Beisp. Gießen, 1989 - Spr.: Engl., Franz.

REIMANN, Hans Jürgen

Staatsrat d. Baubehörde Fr. u. Hansestadt Hamburg (s. 1983) - Stadthausbrücke 8, 2000 Hamburg 36 (T. 34 91 31).

REIMANN, Hartwig

Oberbürgermeister (s. 1970) - Rathaus, 8540 Schwabach/Mfr. - Geb. 18. Sept. 1938 Riesenburg/Westpr. - Zul. Regierungsrat.

REIMANN, Helga L., geb. Feick

Dr. phil., Dr. rer. pol. habil., Prof. f. Soziologie Univ. Augsburg - Eichenstr. 19, 8902 Neusäß-Hammel (T. 0821 - 48 37 94) - Geb. 6. Juli 1937 Berlin (Vater: Dr. Hans F., Vorst.-Mitgl. Rütgerswerke AG; Mutter: Renate, geb. v. Radinger), verh. s. 1963 m. Prof. Dr. Horst R. (s. dort) - 1956/57 Sprachenstud. Univ. Lausanne u. St. George's School, Clarens; 1957-62 Stud. Nationalök. u. Soziol. Univ. Heidelberg u. München; Dipl.-Volksw. 1962 Heidelberg; 1966 Forsch.Stip. (f. Med.soziol.) USA, Promot. 1966 Heidelberg, Habil. 1974 Augsburg - 1962-70 Wiss. Assist. f.

Soziol. Psychiatr. Klinik, dann Sozialpsychiatr. Klinik Univ. Heidelberg; 1968 Gastdoz. USA; 1970-75 Programmdir. f. Sozialwesen im Kontaktstud. Univ. Augsburg; 1975/76 Lehrstuhlvertr. f. Soziol. Univ. Würzburg; 1975-80 Privatdoz., seither Prof. f. Soziol. Univ. Augsburg - BV: D. Mental-Health-Beweg., 1967; (m. Horst R. Reimann): D. Alter, 1974 (2. A. 1982); D. Jugend, 1975, 2. A. 1987; Psych. Störungen, 1975; Gastarbeiter, 1976, 2. A. 1987; Mediz. Versorg., 1976; Information, 1977; Weiterbild., 1977; Sizilien, 1985 - Liebh.: Oper, Baukunst, Malerei - Spr.: Engl., Franz., Ital.

REIMANN, Horst R.

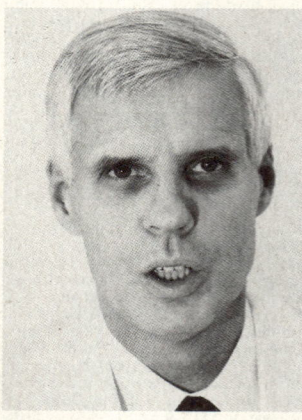

Dr. phil., Prof. f. Soziol. u. Kommunikationswiss., Dir. Inst. f. Sozioökon. Univ. Augsburg (s. 1970) - Eichenstr. 19, 8902 Neusäss-Hammel (T. 0821 - 48 37 94) - Geb. 29. Nov. 1929 Halle/S. (Vater: Erich R., Offz.; Mutter: Edith, geb. Spode), ev., verh. s. 1963 m. Prof. Dr. Dr. Helga, geb. Feick (s. dort.) - 1948-57 Stud. d. Soz., Volkswirtsch. Univ. Leipzig, Berlin, Heidelberg; Promot. 1957 Heidelberg; Habil. 1966 ebd. - 1967-69 Privatdoz. Heidelberg, 1966, 1968 Gastprof. USA, 1969 Adjunct Prof. Univ. Pittsburg, Pa.; 1969-70 Lehrstuhlvertr. Mainz, 1973-74 Dekan. WISO Fak., 1981-84 Vizepräs. Univ. Augsburg. 1971-73 Vors. Dt. Ges. f. Publizistik- u. Kommunikationswiss. 1978-81 Vorst.-Mitgl. Arb.gem. sozialwiss. Inst. - BV u.a.: Wahlplakate 1961; Kommunikationssysteme, 2. A. 1974; D. Alter, 2. A. 1982; D. Jugend, 2. A. 1987; Psychische Störungen, 1975; Basale Soz., 2 Bde. 1975, 3. A. 1984 (m. a.); Gastarbeiter, 2. A. 1987; Mediz. Versorgung, 1976; Information, 1977; Weiterbildung, 1977; Opera dei pupi, 1982; Sizilien, 1985 (m. H. Reimann); Soziol. u. Ethnol., 1986. Herausg. Studienreihe Gesellschaft. Augsburger Schriften zur Wirtschaftssoziologie. Mithrsg.: Entwicklung u. Fortschritt (1969) Heidelberger Sociologica; Zs. Publizistik, Communication - Liebh.: Volkskunst - Spr.: Engl, Franz., Ital.

REIMANN, Kurt

Opernsänger - Hohenzollerndamm 193, 1000 Berlin 31 (T. 87 55 44) - Geb. 15. März 1913 Berlin (Vater: Arthur R., Finanzbeamter; Mutter: geb. Schmidt), ev., verh. s. 1945 m. Marianne, geb. Draeger, 2 Kd. (Wolfgang, Helga) - Ausbild. U. Eberl, Berlin - B. 1945 gesperrt, dann Staatsoper Berlin. Rundf. (In- u. Ausl.); Schallpl. (Odeon, Telefunken, Electrola, Regina, Imperial); Film (Herzkönig, Figaros Hochzeit, Die Dritte v. Rechts, Grün ist d. Heide, Am Brunnen vor d. Tore, 1000 rote Rosen blüh'n, Wenn am Sonntagabend d. Dorfmusik spielt, Maske in Blau, D. bunte Traum, Bis wir uns wiederseh'n, Schwarzwaldmelodie).

REIMANN, Manfred

Bundestagsabgeordneter (s. 1983; Wahlkr. 157/Ludwigshafen) - Bundes-

haus, 5300 Bonn 1 - Vors. SPD-Bezirk Pfalz. SPD.

REIMANN, Margarete

Dr. phil., o. Prof. f. Musikgeschichte (emerit. 1973) - Marschnerstr. 31, 1000 Berlin 45 (T. 834 88 31) - Geb. 17. Okt. 1907 Schiltigheim/Els. (Vater: Richard R., Verlagsbuchhändler), ev. - Stud. Musikwiss., German., Phil. Promot. 1938 Köln; Privatmusiklehrerprüf. f. Klavier u. Violine - 1940-45 Assist. Staatl. Inst. f. dt. Musikforsch.; s. 1945 Doz., Titularprof. (1955), ao. (1959) u. o. Prof. (1970) Musikhochsch. Berlin - BV: Unters. z. Formgesch. d. franz. Kl. Suite m. bes. Berücks. v. Couperins-Ordres, 1940; Lüneburger Orgeltabulatur, 1957. Zahlr. Aufs. in Mf., AfMw, MGG - Spr.: Franz., Engl., Span., Ital.

REIMANN, Norbert

Dr. phil., Lic. theol., Ltd. Landesarchivdirektor, Leit. d. Westf. Archivamtes Münster (s. 1987) - Wickeder Str. 329, 4600 Dortmund 13 (T. 0231-28 15 97) - Geb. 24. Sept. 1943 Wünschelburg Kr. Glatz/Schles. (Vater: Anton R.; Mutter: Maria, geb. Helbach), kath., verh. s. 1968 m. Gisela, geb. Weilandt, 2 Kd. (Stefanie, Christoph) - 1963-68 Stud. Univ. Bonn, Bochum (Gesch., kath. Theol., Soziol.); Lic.theol. 1968; Promot. 1971; 1. Staatsex. 1972; Archivass. 1974 Marburg - 1968-72 wiss. Assist. Bochum; 1974-87 stv. Leit. Stadtarchiv Dortmund; Mitgl. d. Hist. Kommiss. Westf. - BV: D. Grafen v. d. Mark u. d. geistl. Territorien d. Kölner Kirchenprovinz, 1973; Dortmund - 1100 J. Stadtgesch., Festschr., 1982 (m. G. Luntowski); Gesch. d. Amtes Brackel, 1986; Königshof - Pfalz - Reichsstadt, 1984.

REIMANN-PHILIPP, Rainer

Dr. agr., Prof., Ltd. Direktor Bundesforschungsanstalt f. gartenbaul. Pflanzenzüchtung (s. 1969) - Bornkampsweg, 2070 Ahrensburg; priv.: Eschenweg 46, 2075 Ammersbek - Geb. 22. Aug. 1927 Allenstein (Vater: Dr. med. Paul Philipp; Mutter: Margarete, geb. Lott), ev., verh. s. 1955 m. Gerda, geb. Brückner, 3 Kd. (Sabine, Ulrich, Hans-Christian) - 1955-64 Assist. u. Priv.-Doz. Inst. f. Angew. Genetik TU Hannover, 1964-68 Assist. Max-Planck-Inst. f. Kulturpflanzenzücht., Ahrensburg - BV: D. Züchtung d. Blumen, 1969 - Spr.: Engl., Franz., Span.

REIMER, Ludwig

Dr. rer. nat., Prof., Wiss. Rat, Abteilungsleiter Physikal. Inst. Univ. Münster (s. 1966) - Wagenfeldstr. 26, 4400 Münster/W. (T. 2 64 28) - Geb. 12. Juni 1928 Celle - Univ. Münster (Phys., Math.). Promot. (1954) u. Habil. (1957) Münster - S. 1957 Privatdoz. u. apl. Prof. (1963) Münster (Physik). Wiss. Rat u. Prof. (1964) - BV: Elektronenmikroskop. Unters.s- u. Präparationsmethoden, 1959, 2. A. 1967; Raster-Elektronenmikroskopie, 1973, 2. A. 1977. Facharb.

REIMER, Manfred

Dr. rer. nat., Prof. Wiss. Univ. Dortmund - Zum Mühlenberg 25, 5840 Schwerte 5 - Villigst (T. 02304 - 76 27) - Geb. 22. Nov. 1933 Breslau - 1. Staatsprüf. Höh. Lehramt 1958 Tüb., 2. Prüf. 1960 Stuttgart, Promot. 1963 Tüb. - 1960 Wiss. Assist. Univ. Tüb.; 1966 Privatdoz. ebd.; 1967 Gastprof. Univ. of Maryland; 1969 o. Prof. Univ. Dortmund. Arbeitsgeb.: Numerische Math., Approximationstheorie. 52 Veröff.

REIMER, Otto

Journalist - Rognitzstr. 10, 1000 Berlin 19 (T. 302 72 17) - Geb. 14. Jan. 1912 Garz - Oberrealsch.; Hochsch. f. Politik; Ztg.wiss. Inst.; Spezialkolleg üb. Umbruch - B. 1933 fr. Journ., dann berufsfremde Tätigk., s. 1945 SPD-Organ D. Volk (Redakt.), D. Sozialdemokrat (1946; Ressortleit. Nachr., Kommentator, Chef v. Dienst), RIAS Berlin (1947; polit. Komment., Leit. Send. Berliner

Pressespiegel u. Intern. Presseschau) u. SFB (1959; polit. Redakt.).

REIMERDES, Ernst Hartmut

Dr. rer. nat. habil., Prof. f. Lebensmittelchemie, Geschäftsleitg. f. Forsch. u. Entw., Meggle Milchind. GmbH & Co. KG - Langwied 8, 8090 Wasserburg (T. 08071 - 48 38) - Geb. 25. Febr. 1937 Großmoor/Celle, ev., verh. s. 1981 m. Dagmar, geb. Röh, 3 Kd. (Dirk, Karde, Gesine) - Staatsex. 1962 (Pharmazie u. Lebensmittelchemie), Promot. 1967, Habil. 1980, alles Univ. Kiel - 1982-88 Lehrstuhl f. Lebensmittelchemie u. Biotechnologie, Univ. Wuppertal - 1967-70 Forschungsinst. f. Biol. u. Med. Borstel b. Hamburg; 1969-70 State New York Univ. Buffalo/USA u. Philadelphia; 1970-82 Bundesanst. f. Milchforschung, Kiel - BV: Analysenmeth. u. -Systeme, 4 A. 1987; Milcheiweiß f. Lebensmittel, 1987; Meth. u. Standards f. Milch u. Milchprodukte, 1987 - Spr.: Engl.

REIMERS, Dieter

Dr. rer. nat., Prof. f. Astrophysik Univ. Hamburg - Wischhof 22, 2308 Postfeld/Preetz - Geb. 25. Nov. 1943 Rüde/Krs. Schleswig (Vater: Werner R., Müllermeister; Mutter: Erna, geb. Callsen, verh. s. 1972 m. Helga, geb. Bete - 1963-69 Physikstud. Univ. Kiel u. Bonn; Promot. 1969, Habil. 1972, bde. Kiel - 1969 wiss. Assist. Univ. Kiel; 1976 Univ.-Doz. ebd.; 1980 o. Prof. Univ. Hamburg.

REIMERS, Dirk

Polizeipräsident Hamburg - Beim Strohhause 31, 2000 Hamburg 1 (T. 040 - 28 31) - Geb. 10. Jan. 1943 - Jurist.

REIMERS, Edgar

Dr. phil., o. Prof. f. Allg. Pädagogik - Hermann-Böttger-Weg 1, 5900 Siegen 21 (T. 0271 - 4 22 42) - Geb. 22. Okt. 1924 Libau/Lettland (Vater: Georg R., Oberstudiendir.; Mutter: Irma, geb. Agthe), ev., verh. s. 1953 m. Mariella, geb. Schmidt, 4 Kd. (Anna-Maria, Olaf, Clas, Hinnerk) - Päd. Hochsch. Lüneburg; Univ. Göttingen (Päd., Theol., Soziol.). Promot. 1957 - 1957 Lehrer, 1959 Assist., 1963 Doz. PH Hannover, 1963 PH Münster, 1965 Prof. PH Westf.-Lippe/Abt. Siegerl., 1972 ff. o. Prof. Gesamthochsch. Siegen - BV: Recht u. Grenzen e. Berufung auf Luther in d. neueren Bemühungen um e. ev. Erziehung, 1958 - Spr.: Engl.

REIMERS, Emil

Reise-Schriftst., Journalist (Ps. Takeko Yamakaze, Fred Timber, Antonius Marcellus) - Postf. 11 08 30, 4410 Warendorf 1 - Geb. 2. Juni 1912 Emden (Vater: Hinrich R., Segelschiffskapitän auf gr. Fahrt; Mutter: Gerhardine, geb. Murra), ev., 2 T. aus 2 Ehen (Frauke, Gabriele) - Volksschule, 1927-1930 Kochlehre; n. Abitur als Externer 8 Sem. Univ. Hamburg (Naturwiss. Phil.), 1935-40 seefahrender Koch mit schriftst. Tätigkeit; m. 23 J. Mitarb. Naturschutzbeweg. v. Prof. Dr. Konrad Guenther, Freiburg i. Br.; gegenw. Mitarb. v. Fachztg. u. Illustr. Verband dt. Schriftst., PEN-Club London, Kunstakademie Tokio. Begr. Bürgerinitiative zum Schutze d. Kindes u. d. Familie 1979 (Im Jahr des Kindes) - BV: Meditationen über fernöstl. Symbole; Echte japan. Küche; D. Kunst d. Flambierens; D. Gr. Saucenkochbuch; Fernsehgerichte minutenschnell; D. Kalten Küche Köstlichkeit; Kochbuch f. Anfänger; D. Rustikale Küche; Köstl. aus Fluß und Meer; D. Spargelkochbuch; Lukullisches i. Handumdrehen; Schnitzel u. Geschnetzeltes; Köstliches a. d. Pilzküche; Diätkochbuch; Diätrezepte. 123 Kochbücher (in 6 versch. Spr. veröffentl.); The Bakers Shop, Dr. 1974; The Shipwreck, R. 1975; Der dumme Mann, 1977; D. Licht aus d. fernen Osten; Reisen in Indien, Thailand u. Indonesien; Moses u. d. Atombombe; D. Kunst d. Reisens; Leben im Münsterland (Anthologie); Philosophie d. Zukunft - 27 Weltreisen - Liebh.: Sprachen, japanisches Tuschemalen - Nachfahre von Sven Gabelhart (Dänemark).

REIMERS, Heinrich Carl

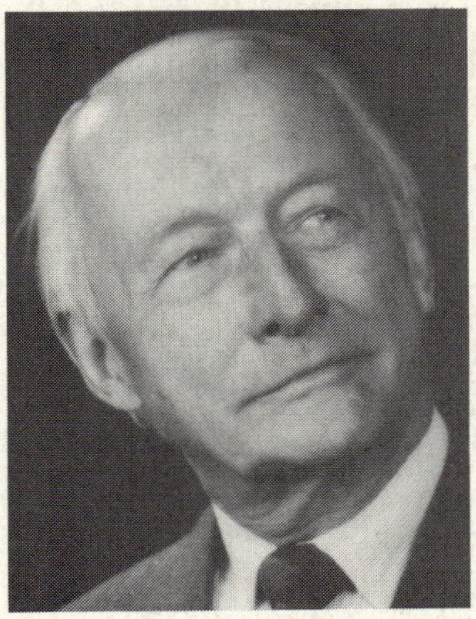

Fabrikant, gf. Gesellschafter Himly Holscher & Co. Glasfabrik Wilhelmshütte, Nienburg (b. 1981) - Nordertorstriftweg 18a, 3070 Nienburg/Weser - Geb. 22. Nov. 1914 - Gesellsch. d. Nienburger Glas, Ratsherr in Nienburg, Kreistagsabgeordn. Kreis Nienburg, Vors. d. Museums Nienburg, Bürgermeister a.D. - Ehrenpräs. Nieders. Heimatbund, Hannover.

REIMERS, Karl Friedrich

Dr. phil., Prof. für Kommunikations- u. Medienwiss., Lehrst. a. d. Hochsch. f. Ferns. u. Film (HFF), u. Gastprof. Univ. München - Fasanenstr. 28, 8045 Ismaning (T. 089 - 96 64 80) - Geb. 3. März 1935 Eddelak-Warfen (Vater: Friedrich R., Pastor; Mutter: Friedel, geb. Frederking), ev.-luth., verh. s. 1965 m. Edeltraut, geb. Mundt, 2 S. (Stefan, Philip) - 1957-63 Stud. Univ. Bonn, Berlin, Hamburg; Promot 1963 Hamburg - 1954-55 Redakt. Lübeck; 1964-74 Institutsref. u. Doz. Göttingen; s. 1975 Prof. in München - BV: Lübeck im Kirchenkampf d. Dritten Reiches, 1965; Zeitgesch. im Film- u. Tondokument, 1970 (hg. m. G. Moltmann); Contemp. History in Film and Television, 1982 (hg. m. H. Friedrich); Zweimal Deutschl. s. 1945 in Film u. Ferns., 2 Bde. 1983 u. 1985 (hg. m. Monika Lerch-Stumpf u. R. Steinmetz); Zeichenentw., Bedeutungswandel, Handlungsmuster, 1983 (Herausg.); Filmförderung - Entwicklungen, Modelle, Materialien, 1985 (hg. m. K. Hentschel); Film, Funk, FS - praktisch, 1987ff. (hg. m. R. Steinmetz) - 1977-84 Vizepräs. d. Intern. Ass. f. Audio-Vis. Media i. Hist. Research and Ed. (Iam-Hist.); s. 1978 Ltg. Medienforsch./HFF; 1982-84 Vors. d. Dt. Ges. f. Semiotik (DGS); s. 1985 Aussch.vors. Filmbew.stelle (FBW) Wiesbaden d. dt. Bundesländer; Rundfunkkommentator; VR-Vors. Ev. Presseverb. f. Bayern; s. 1987 Beirat Ztschr. medium, Frankfurt/M. - Liebh.: Vergl. Volkskd., Gesang, Wandern - Spr.: Engl., Span.

REIMERS, Klaus

Fabrikant, Geschäftsf. Friedrich Schmaltz GmbH. (Schleifmaschinen- u. -räder-Werke), Offenbach - Tulpenhofstr. 13, 6050 Offenbach/M.

REIMERS, Knut

Dipl.-Ing., Vorstandsmitglied Deutsche Bundesbahn - Friedrich-Ebert-Anlage 43-45, 6000 Frankfurt/M 11 (T. 069-265 61 03) - Geb. 7. Aug. 1931 Hamburg, verh. s. 1958 m. Ingrid, geb. Fuhrmeister, 2 Kd. (Kerstin, Björn) - Stahlbauschlosserlehre, Bauing.-Stud. (Dipl.), Schweiß-Faching. - 1959-73 Carl Spaeter GmbH, Hamburg, 1973-84 Geschäftsf. Stahlbau Lavis Offenbach, s. 1984 Vorstandsmitgl. DB, Frankfurt - BV: D. Schweißtechnik d. Bauing., 1965; Stahlbau-Handb. (Mitautor), 1985 - Liebh.: Musik, Fotogr., Filmen - Spr.: Engl.

REIMERS, Stephan

Dr. theol., Ev. Akad. Nordelbien - Esplanade 15, 2000 Hamburg 36 (T. 34 12 64); priv.: Zick-Zack-Weg 4a, 2000 Hamburg 52 (T. 881 12 63) - Promot. 1976 - CDU, stv. Landesvors. Hamburg; 1970-78 MdHB, Vors. Petitionsaussch. u. Hochschulsprecher; 1976-80 MdB; 1975-81 Landesvors. CDU-Sozialaussch.

REIMERS, Walter

Dr. jur., Vizepräsident Hanseat. Oberlandesgericht, Hamburg (s. 1964), Mitgl. Hbg. Verfassungsgericht ebd. (s. 1963; 1964 Vertre. d. Präs.) u. a. - Sohrhof 5a, 2000 Hamburg 52 (T. 82 92 21) - Geb. 17. Aug. 1913 Hamburg (Vater: Julius R., Architekt; Mutter: Ella, geb. Thormählen), ev., verh. s. 1974 m. Hanne Marie, geb. Dammann, T. Elke - Univ. Tübingen, Berlin, Göttingen (Rechtswissenschaft; Promot. 1935). Jurist. Staatsex. Celle (1934) u. Hamburg (1939) - 1939-64 Gerichtsass., Amts-, Oberlandesgerichtsr. (1950), Senatspräs. (1955) - BV: Z. Begriff d. Ordnungsgefüges in Natur- u. Rechtswiss., 1958; D. Bedeutung d. Grundrechte f. d. Privatrecht, 1958 - Liebh.: Naturwiss., Phil.

REIMNITZ, Jürgen

Vorstandsmitglied Commerzbank AG - Neue Mainzer Str. 32-36, 6000 Frankfurt/M. (T. 13 62-1) - Geb. 22. Sept. 1930 - ARsMandate.

REIMPELL, Peter

Vorstandsmitglied Bayer. Vereinsbank AG - Postf. 1, 8000 München 1; priv.: Akilindastr. 46, 8032 Gräfelfing - Geb. 22. Dez. 1930 Lübeck - AR-Mandate, u.a. Koenig & Bauer AG, Würzburg (Vors.), u. VR-Mand., u.a. Bayer. Vereinsbank Intern. S.A., Luxemburg (Vors.) - BV.

REIN, Hans

s. Aeckerle, Fritz

REIN, Heinz

Schriftsteller - Quettigstr. 15, 7570 Baden-Baden - Geb. 9. März 1906 Berlin, verh. - Banklehre - Bankangest., Journ., n. 1933 arbeitslos, Gestapohaft u. Zwangsarb., 1945-47 Ref. f. Lit. Dt. Verw. f. Volksbild. in d. sowjet. Besatzungszone, Berlin, dann fr. Schriftst. - BV: Berlin 1932, R. 1946; Finale Berlin, R. 1947 (Neuaufl. 1980, Übers. in engl., poln., russ.); Klopfzeichen, N. 1948; Februartag, N. 1948; Mädchen auf d. Brücke, N. 1949; Unterm Notdach, Erz. 1949; In e. Winternacht, N. 1949 (Neuaufl. 1982); D. neue Literatur, 1950; D. Sintflut hat sich nicht verlaufen, R. 1983; D. bittere Frucht, Erz. 1984; Wer einmal in d. Fettnapf trat, Satiren 1985; Signorina Rita wird ausgeliehen, Anekd. 1988; D. Sommer m. Veronika, Erz. 1988.

REINARTZ, Bertold

Dr., Bürgermeister Stadt Neuss - Zu erreichen üb. Rathaus, Markt, 4040 Neuss - Notar.

REINARTZ, Franz

Vorstandsmitglied Kölnische Sachversicherung AG., Köln, Geschäftsf. Rhenania Versicherungs- u. Bauspar-Vermittlung GmbH. ebd. - Tilmannstr. 19, 4040 Neuss 1 - Geb. 17. April 1908.

REINAUER, Hans

Dr. med., o. Prof. f. Klin. Biochemie - Brinckmannstr. 37, 4000 Düsseldorf 1 (T. 0211 - 31 77 46) - Geb. 6. April 1933 Bátaszék (Ung.), kath., 3 Kd. (Alexandra, Stephen, Christina) - Univ. Bonn, Freiburg, Düsseldorf. Promot. 1959; Habil. 1968 - S. 1968 Privatdoz. f. Physiol. Chemie, Ord. Univ. Düsseld. (1973; zugl. Dir. Diabetes-Forschungsinst.). Div. Ehrenstell., dar. 1982 Vors. Dt. Ges. f. Laboratoriumsmed. 200 Fachveröff. - Spr.: Ung., Engl., Franz.

REINBACH, Wolfgisbert

Dr. med., Prof., Wiss. Rat, Prosektor Anatom. Inst. Univ. Heidelberg - Neuenheimer Feld 307, 6900 Heidelberg - Geb. 11. Okt. 1911 - S. 1953 Privatdoz., 1964 apl. Prof. Heidelberg (Anat.). Facharb. Vergl. Anat.

REINBOTH, Ernst

Produzent u. Regisseur (vornehml. Kurzfilme) - Spechtstr. 15, 1000 Berlin 33 - Geb. 8. Febr. 1935 Berlin (Vater: Friedrich-Carl R., Fabr.; Mutter: geb. Mondschein), ev., verh. s. 1970 m. Dr. Barbara, geb. Börner, 2 Kd. (Michael, Raffaela) - Stud. Kunst u. Sport - Studienass. - Preisgekrönte Filme: 1967 Interferenzen, 1974 Abstrakte Oper Nr. 1, 1976 D. Sucher (alle Bundesfilmpreis) - Liebh.: Segeln - Spr.: Engl., Span.

REINBOTH, Gudrun

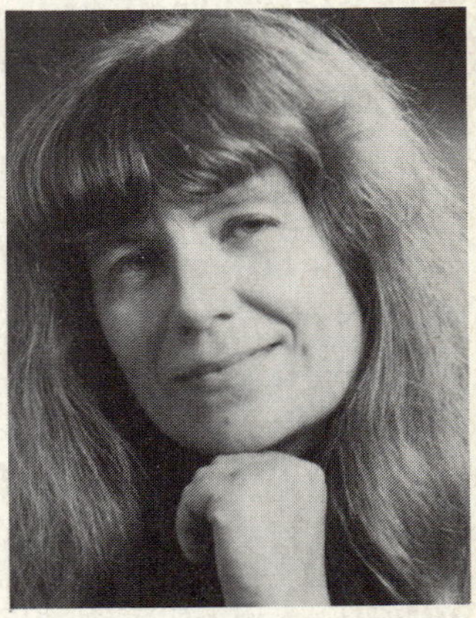

Schriftstellerin - Kurt-Lindemann-Str. 38, 6903 Neckargemünd - Geb. 19. April 1943 Berlin, verh., 3 Kd. (Christian, Martin, Eva-Maria) - Stud. German., Kunstgesch.; Dipl.-Bibl. f. wiss. Bibl. - BV: Gnadengesuche, Ged. 1985; D. Weg nach Heidelberg; 1986; In meinem Baumhaus wohnen d. Raben, 1989.

REINBOTH, Rudolf

Dr. rer. nat., Prof., beamt. Wissenschaftler Inst. f. Zoologie Univ. Mainz - Berliner Str. 29, 6500 Mainz (T. 5 16 21) - Geb. 26. Febr. 1929 - S. 1961 (Habil.) Lehrtätigk. Mainz; 1976 Ruf an d. Univ. Wien - BV: Intersexuality in the Animal Kingdom, 1975; Vergleichende Endokrinologie, 1980. Fachveröff.

REINDEL, Kurt

Dr. phil., o. Prof. f. Geschichte - Adalbert-Stifter-Str. 14, 8400 Regensburg (T. 3 28 22) - Geb. 4. Juni 1925 Bremerhaven - S. 1962 (Habil.) Lehrtätigk. Univ. München u. Regensburg (1967 Ord.) - BV: D. bayer. Luitpoldinger 893-989, 1953. Zahlr. Fachaufs.

REINDELL, Herbert

Dr. med., em. Prof. f. Kreislaufforschung u. Sportmedizin, ehem. Dir. Lehrstuhl f. klin. Kardiologie Med. Univ.-Klinik Freiburg - Röteweg 9, 7800 Freiburg/Br. (T. 5 33 33) - Geb. 20. März 1908 Staudernheim/Nahe, ev., verh. m. Liesel, geb. Weise, 2 Kd. - S. 1942 (Habil.) Doz., apl. (1949), ao. Prof. (1956), pers. Ord. (1960) u. o. Prof. (1965) Univ. Freiburg. S. 1960 Präs. Dt. Sportärztebd. - BV: Diagnostik d. Kreislauffrühschäden; Neuzeitl. Brustwand- u. Extremitäten-Ableitungen in d. Praxis (3. A.); Herz, Kreislaufkrankh. u. Sport; D. Intervalltraining; D. Lungen-Boeck im Röntgenbild. Zahlr. Beitr. in Fachorganen - 1953 Carl-Diem-Plak. (erste, f. d. wiss. Arbeit: Sport u. Kreislauf) - Betreute d. dt. Mannschaft b. d. Olymp. Spielen Helsinki, Melbourne, Rom, Tokio, Mexiko-City; beschäftigt sich s. üb. 20 J. m. d. Auswirk. d. Sporttreibens auf d. Gesundheit, vor allem auf d. Herz - Früher akt. Hand- u. Fußballspieler.

REINDERS, Hans-Thilo

Generalstaatsanwalt i. R. Oberlandesgericht Celle (1976-83) - Theodor-Storm-Str. 5, 2900 Oldenburg.

REINDKE, Gisela

Dr. rer. nat., Dipl.-Geogr., o. Prof. f. Geographie u. ihre Didaktik FU Berlin, gf. Direktorin Inst. f. Schulgeogr. - Lohmeyerstr. 23, 1000 Berlin 10 (T. 030 - 341 38 73) - Geb. 1. Juli 1927 Berlin, ledig - Stud. PH Göttingen (1. Staatsprüf. f. Lehrer); Stud. Geogr., Geol., Chemie u. Physik FU Berlin (1. u. 2. Staatsex., Dipl., Promot.) - Lehramt Gymn. Berlin; 1971 o. Prof. PH Berlin; s. 1980 FU Berlin, FB Geowiss. Mehrere Buchveröff. - Interessen: Agrargeogr., Länderkd. Asien - Spr.: Engl., Franz.

REINDL, Peter

Dr. phil., Museumsdirektor Landesmuseum Oldenburg - Wiesenstr. 36, 2900 Oldenburg (T. 0441 - 220-26 00) - Geb. 2. Jan. 1939, verh. s. 1969 m. Gudrun Reindl-Scheffer - Promot. 1971 - Vorst. Oldenburger Kunstverein - BV: Loy Hering, Tischbein-Idyllen, u.a. - Spr.: Engl., Franz.

REINECK, Hans-Erich

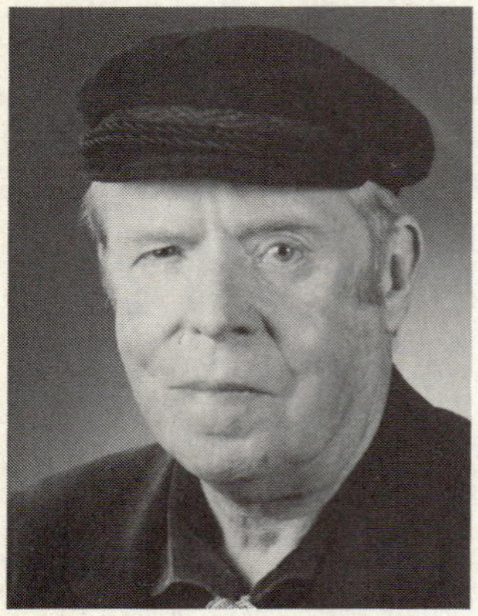

Dr. rer. nat., Prof., ehem. Leiter Inst. f. Meeresgeologie u. -biologie (Senckenberg) - Schleusenstr. 39, 2940 Wilhelmshaven - Geb. 19. Juli 1918 Nürnberg, verh. s. 1949 m. Dr. med. Mariane, geb. Metzke-Rovira, 3 Kd. (Lieselotte, K.-W. Amadeus, Friederike) - S. 1963 (Habil.) Privatdoz. u. Honorarprof. Univ. Frankfurt/M. (Geologie u. Paläontol.). 1967ff. Präs. Intern. Sedimentologen-Vereinig. - Entwickl. d. Kastengreifers f. ungestörte Unterwasserproben - BV: Depositional Sedimentary Environments, 1980 (m. Singh, russ. u. chines. Übers.); Aktuogeologie, 1984; Mellum Portrait e. Insel (Ed. m. Gerdes u. Krumbein), 1987. Üb. 186 Fachaufs. - 1974 Francis Parker Shepard Med. for Excellence in Marine Geology; 1988 William H. Twenhofel Med. For Excellence in Sedimentary Geology; 1988 Wilhelmshaven-Preis d. Meeresforsch. f. bes. Leistungen auf d. Gebiet d. marinen Aktuogeologie.

REINECKE, Hans-Peter

Dr. phil., Prof. f. Musikwissenschaft Univ. Hamburg u. Hochsch. f. Musik Hamburg - Klingsorstr. 21, 1000 Berlin 41 (T. 792 89 11) - Geb. 27. Juni 1926 Ortelsburg/Ostpr. (Vater: Hermann R., General d. Inf. a. D.; Mutter: Gertrud, geb. Silvester), ev., verh. s. 1984 m. Marianne, geb. Wagner, S. Frank (aus 1. Ehe) - Arndt-Gymn. Berlin (1936-44), Gymn. Holzminden (1945-46); Univ. Göttingen (1946-48) u. Hamburg (1948-51). Promot. (1953) u. Habil. (1961) Hamburg - S. 1965 Leit. Abt. f. Musikal. Akustik u. Dir. (1967-89) Staatl. Inst. f. Musikforsch. Pr. Kulturbesitz, Berlin. S. 1955 Sachverst. f. Akustik (Kirchen, Hörsäle, Industriebau). S. 1961 Privatdoz. u. apl. Prof. (1967) Univ. Hamburg - BV: Experimentelle Beitr. z. Psych. d. musikal. Hörens, 1964; Stereo-Akustik, 1966. Üb. 200 Publ. in Fachztschr.

REINECKER, Herbert

Schriftsteller - Sonnleitweg 23, 8137 Berg 1 (T. 08151 - 65 74) - Geb. 24. Dez. 1914 Hagen/W., verh. in 2. Ehe (Ehefr.: Holly), 2 Kd. aus 1. E. - Journ. - W 1942 ff.: D. Dorf b. Odessa (Sch.), Kinder, Mütter u. e. General (R.), D. Mann m. d. Geige (R.), Taiga (R.), Nachtzug (Sch.), Unser Doktor - D. Gesch. e. Landarztes (R.), zahlr. Drehb. (Film; Fernsehen, dar. d. Serien: D. Tod läuft hinterher, Babeck, D. Kommissar (b. 1976 97 Folgen), Derrick (b. 1984 122 Folgen) u. Hörsp. - 1954 Bundesfilmpreis (Canaris); 1981 Gold. Kamera Hörzu (Derrick); 1986 Telestar-Preis WDR - Liebh.: Segeln - Gilt als erfolgreichster dt. Krimi-Autor.

REINEFELD, Erich

Dr. rer. nat., em. Prof. u. Direktor Inst. f. landw. Technol. u. Zuckerind. TU Braunschweig - Roseggerweg 18, 3340 Wolfenbüttel (T. 4 41 19) - Geb. 8. Febr. 1920 Salzgitter-Gebhardshagen (Vater: Erich R., Kaufm.; Mutter: Hedwig, geb. Wolff), ev., verh. s. 1944 m. Ingrid, geb. Mittendorf, 2 Söhne (Arnd, Henning) - Stud. d. Chemie TH Braunschweig; Promot. 1949; Habil. 1966 - S. 1949 TH bzw. TU Braunschweig (wiss. Mitarb., Abt.leit., 1971 o. Prof.). Emerit. 1988. 1978-86 Präs. Intern. Commiss. for Uniform Methods of Sugar Analysis (ICUMSA). In- u. ausl. Fachmitgl.sch. Mitautor Technologie d. Zuckers, 2. A. 1968; Chem.Technol. Bd. 5, 4. A. 1981 - Mithrsg.: Analyt. Betriebskontrolle d. Zuckerind. (1978) - Spr.: Engl.

REINEKE, Eberhard

Geschäftsführer Bundesinnungsverb. d. Graveure, Galvaniseure, Gürtler u. verw. Berufe, Solingen - Degenstr. 4, 5650 Solingen - Geb. 5. April 1920.

REINEKER, Peter

Dr. rer. nat., Prof. f. Theoretische Physik - Bei der Pilzbuche 63, 7900 Ulm - Geb. 17. Jan. 1940 Freudenstadt (Vater: Paul R., Vermess.Ing.; Mutter: Hildegard, geb. Weiß), ev., verh. s. 1965 m. Hilda, geb. Jacobi, 2 Töcht. (Katja, Martina) - Univ. Stuttgart u. Berlin (Phys.), Dipl. 1966, Promot. 1971, Habil. 1974 Ulm. 1968-75 Wiss. Angest bzw. Wiss. Assist. Stuttgart u. Ulm, 1975 Wiss. Rat u. Prof., 1978 Prof. Univ. Ulm - BV: Ca. 100 Veröff. in Fachztschr., Buchbeitr., Buchherausg.

REINELT, Heinz

Dr. theol., Lic. bibl., Prof. f. atl. Exegese, atl. Einleitungswiss. u. Semet. Sprachen - Vogelsbergstr. 12, 6400 Fulda - Geb. 30. Mai 1925, kath. - Promot. 1966 Freiburg/Br. - 1968-72 Doz. u. Prof. (1969) PhThH Königstein/Ts. Fachveröff.

REINELT, Peter

Oberstudienrat, MdL Baden-Württ. (s. 1976) - Märktweg 80, 7858 Weil/Rh. 5 - Geb. 13. Juli 1939 Bad Landeck/Schles., kath., verh., 2 Kd. - Rotteck-Gymn. Freiburg/Br. (Abit.); Univ. Freiburg u. FU Berlin (Politol., Gesch., German.) - S. 1969 Kant-Gymn. Weil. 1973ff. Kreisrat Lörrach. SPD s. 1969. 1981 Vors. d. SPD-Kreisverb. Lörrach, s. 1984 stv. Vors. d. SPD-Landtagsfraktion Baden-Württ.

REINEMANN, Rolf

Soldat, MdL Nieders. (s. 1974) - Goethestr. 2, 3330 Helmstedt (T. 84 88) - CDU.

REINEN, Dirk

Dr. rer. nat., Prof. f. Anorgan. Chemie Univ. Marburg (s. 1970) - Thüringer Str. 4, 3551 Marburg - Geb. 5. Mai 1930 Essen - Promot. 1960, Habil. 1966 - 1967 Doz. u. 1969 apl. Prof. Univ. Bonn - Arbeitsber.: Anorgan. Festkörperchemie (Spektroskopie, Jahn-Teller-Effekt, Intervalenzverhalten, Materialforschung) - Üb. 100 Fachveröff. u. Übersichtsart. in dt. u. engl. Ztschr. Herausg.: Structure and Bonding.

REINER, Ludwig

Dr. agr., Prof. f. Landwirtschaft (Ackerbau u. Versuchswesen) TU München - Eschenweg 4, 8050 Freising (T. 08161 - 1 32 70) - Geb. 29. Jan. 1937 Riedlhütte (Vater: Josef R., Landw.; Mutter: Rosa, geb. Burghart), kath., verh. s. 1968 m. Edeltraud, geb. Maier, 2 S. (Jörg, Bernd) - 1959 Stud. (Landwirtsch.) Univ. Hohenheim, Dipl.-Ing. agr. 1961 TU München, Promot. 1964 ebd. - BV: Wintergerste aktuell, 1979; Winterroggen aktuell, 1980; Weizen aktuell, 1981; Hafer aktuell, 1982 - Spr.: Engl.

REINERMANN, Heinz

Dr. jur., Vorstandsmitglied Preussag AG., Berlin/Hannover - Postf. 4827, 3000 Hannover 1 - Geb. 16. Mai 1935 Bad Oeynhausen - Stud. Univ. Marburg.

REINERS, Dieter

Inhaber Delikatessenhaus Wilhelm Franken, Vors. Fachverb. Delikatessen (s. 1981) - Königstr. 123, 4150 Krefeld (T. 02151 - 2 09 57) - Geb. 28. Juni 1940 Krefeld, verh. s. 1961 m. Elisabeth, geb. Knechten, 3 Kd.

REINERS, Henriette-Dorothea

s. Reiners, Rita

REINERSDORFF-PACZENSKY u. TENCZIN, von, Arnd-Wilhelm

Ministerialrat, Landesbeauftr. Johanniter-Unfallhilfe, Kiel - Esmarchstr. 68, 2300 Kiel 1 - Geb. 8. Okt. 1926 Erfurt, ev., verh. s. 1953 m. Helga, geb. Pries, 3 Kd. (Wolfgang, Manfred, Christiane) - Stud. Univ. Kiel; Dipl.-Ing. Agr. 1951, gr. Staatsprüf. 1953 - 1970 Geschäftsf. Landentwicklungsprogr. Nord; 1977 Johanniter-Unfallhilfe. 1963 Mitgl. Dänische Heideges, 1984 BVK.

REINERT, Heinrich

Dr. rer. oec., Vorstand AGAB AG. f. Anlagen u. Beteiligung, Frankfurt - Ründerother Str. 46, 5250 Engelskirchen-Bickenbach - Geb. 29. Mai 1920 Leipzig - S. 1960 Vorstandsmitgl. Fina Raffinerei AG., Duisburg, ab 1967 Veba-Chemie AG. (früher Scholven-Chemie AG.), 1974-79 Vorstandsvors; AR-Vors. Ruhr-Stickstoff AG, Bochum; Beirat Stinnes Reederei AG & Co, Duisburg.

REINERT, Jakob

Dr. phil., o. Prof. am Inst. f. Pflanzenphys. u. Zellbiologie Freie Univ. Berlin (s. 1961) - Starstr. 14, 1000 Berlin 33 (T. 832 44 45) - Geb. 17. Juli 1912 Köln, verh. s. 1956 m. Dr. rer. nat. Ursula, geb. Wenck, 2 Kd. (Christof, Isabel) - Realgymn. Köln; Univ. ebd. u. Bonn. Promot. 1948 Köln; Habil 1953 Tübingen - 1953-61 Privatdoz. u. apl. Prof. Univ. Tübingen. Üb. 100 Fachveröff. Advisory Board, Protoplasma, Results and Problems of Cell differentation - Spr.: Engl., Franz.

REINFRANK, Arno

Schriftsteller, Generalsekretär PEN Zentrum dt.spr. Autoren im Ausland, Sitz London - 41 Pattison Road, London NW 2 2HL - Geb. 9. Juli 1934 Mannheim, verh. s. 1977 m. Karin, geb. Pongs - Stud. div. Univ. (Gasthörer); Abschl. Polytechnic 1961 London (Engl. Lit. u. Gesch.) - S. 1982 Tätigk. Sekret. PEN - Lit. Entd.: Poesie d. Fakten - Veröff.: 25 eig. Titel, dar. Lyrik Poesie d. Fakten; Dramen; Hörsp.; Erz.; zahlr. Ess.; Beitr. in ca. 200 dt.spr. u. ausländ. Anthol.; Drehbücher - 1957 u. 64 Kurt Tucholsky Preis; 1968 Lit.Preis d. Pfalz; 1973 Lit.-Förderpreis Rheinl.-Pfalz; 1978 Villa Massimo - Liebh.: Gute Küche - Spr.: Engl., Franz. - Bek. Vorf.: Kalonymos Wissotzky, russ. Teeprod. u. Philanthrop (Urahn) - Lit.: FS-Portrait A. Reinfrank Poet d. Fakten (SWF-FS 1968); div. Lit.-Lexika; Diss. etc.

REINHARD, Egbert

Parlamentarischer Geschäftsführer SPD-Landtagsfrakt., MdL Nordrh.-Westf. (1970-75, ab 1975) - Schulstr. 26, 4660 Gelsenkirchen-Buer - Verh., 4 Kd. - Obersch. Buer (d. Kriegseins. u. -gefangensch. (1944-46) unterbr.; Abit. 1947); 1952-56 Univ. Münster (Rechtswiss.). Jurist. Staatsex. 1956-61 - 1948-52 Bergbau; 1956-62 Ratsherr Gelsenkirchen; s. 1962 Stadtverw. Gelsenkirchen, Städt. Rechtsdirektor a. D.; SPD s. 1952.

REINHARD, Ernst

Dr. rer. nat., o. Prof. f. Pharmazeutische Biologie Univ. Tübingen - Eckhofweg 7, 7400 Tübingen (T. 3 13 98) - Geb. 21. Aug. 1926 - Habil. 1963 - Zul. Doz. Univ. Würzburg. Facharb.

REINHARD, Wolfgang

Dr. phil., Prof. f. Neuere u. Außereuropäische Geschichte Univ. Augsburg (s. 1977) - Radaustr. 77, 8900 Augsburg - Geb. 10. April 1937 Pforzheim (Vater: Dr. Rudolf R., Oberstudiendir.; Mutter: Dr. Maria, geb. Maurer), kath., verh. s. 1965 m. Gudrun, geb. Graner, 3 Kd. (Johannes, Judith, Jakob) - Univ. Freiburg u. Heidelberg (Gesch., Angl., Geogr.). Staatsex. 1962 u. 64. Promot. (1963) u. Habil. (1973) Freiburg - 1963-66 Schuldst.; 1966-72 Forschungsstip. Rom; 1973-77 Doz. Univ. Freiburg; 1981 Senatskommiss. f. Humanismusforsch. DFG - BV: D. Reform in d. Diözese Carpentras (1517-96), 1966; Nuntiaturberichte aus Dtschl. (1610-14), 2 Bde. 1972; Papstfinanz u. Nepotismus, 2 Bde. 1974; Freunde u. Kreaturen, 1979; Gesch. d. polit. Ideen (m. H. Fenske, D. Mertens, K. Rosen) 1981; Hendrik Witbooi: Afrika den Afrikanern! Aufz. e. Nama-Häuptlings aus d. Zeit d. dt. Erober. Südwestafrikas, 1982; Gesch. d. europ. Expansion, 4 Bde., Bd. 1: D. Alte Welt b. 1818, 1983, Bd. 2: D. Neue Welt, 1985, Bd. 3: D. Alte Welt s. 1818, 1988. Herausg.: Historia integra (1977); Bekenntnis u. Gesch. D. Confessio Augustana im histor. Zusammenhang (1981); Fragen an Luther (1983); Humanismus im Bildungsw. d. 15. u. 16 Jh. (1984); Humanismus u. Neue Welt (1987) - Spr.: Ital., Engl., Franz., Span., Port.

REINHARDT, Dietrich

Dr. jur., Generalbevollmächtigter Saarbergwerke AG - Kobenhüttenweg 56, 6600 Saarbrücken - Geb. 9. April 1938 Berlin (Vater: Dr.-Ing. Gustav R.; Mutter: Margarete, geb. Plötz), verh. m. Brunhilde, geb. Weingart, 3 Kd. (Andrea, Michael, Heike) - 1957-62 Stud. Rechts- u. Wirtschaftswiss. Univ. Marburg u. Frankfurt; 1. jurist. Staatsex. 1962, Promot. 1963, 2. jurist. Staatsex. 1967 - 1967-77 Bundesmin. f. Wirtschaft (zul. Ministerialrat); s. 1977 Generalbevollm. Saarbergwerke AG - Liebh.: kulturhist. Reisen, Golf - Spr.: Engl., Franz. - Mitgl. Lions-Club.

REINHARDT, Georg

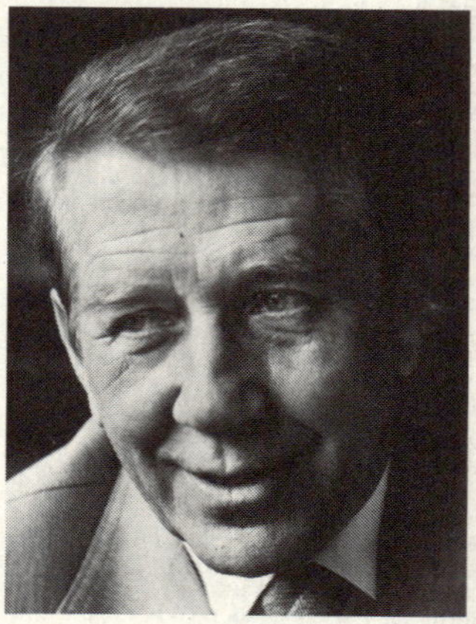

Regisseur - Nordstr. 63, 4020 Mettmann (T. 02104 - 7 56 37) - Geb. 27. März

1911 Augsburg (Vater: Georg R., Kaufm.; Mutter: Creszens, geb. Höfer), verh. I) 1950 m. Irene, geb. Rabe, II) 1963 m. Ursula, geb. Dippel, 2 Töcht. (Angela, Natascha) - Gymn. Augsburg; Univ. Berlin u. München; Assist. b. Felsenstein, Wälterlin, Pfitzner - S. 1937 Regiss. Frankfurt, Berlin, Aachen, Lübeck, Wiesbaden, Mannheim, Hannover, Stuttgart, Zürich; Operndir. Wuppertal (s. 1955) u. Düsseldorf (Dt. Oper am Rhein, s. 1964); s. 1952 Auslandsgastsp. in Wien, Milano, Buenos Aires, Ankara, Lissabon, Moskau, Stockholm, Kopenhagen, Nizza, Basel, Bologna, Torino, Trieste, Genova, Durban, Cincinnati u. Festivals in Amsterdam, Brüssel, Gent, Paris, Napoli, Firenze, Warschau, Helsinki, Zagreb, Edinburgh, Salzburg. S. 1956 Dozent Musikhochsch. Köln u. Wuppertal, Mozarteum Salzburg, Opernstudio Düsseldorf, Königl. Conservat. Den Haag. Fernsehsend. v. zahlr. Insz. im In- u. Ausl. (auch Eurovision) Kompos. Tätigk. f. Radio, schriftst. Tätigk. f. Presse, Opernbearb. Mitbegr. d. 1. Monteverdi-Festivals, Inszenator v. Wagner-, Mozart- u. mod. Zyklen, s. 1987 freiberufl. tätig - Insz.: alle wesentl. Opern d. klass. u. mod. Repertoires; zahlr. westd. Erstauff. (z. B. Moses u. Aron), UA (z. B. Lukaspassion) u. Ausgrabungen (z. B. Rappresentazione di Anima e di Corpo) - 1979 beste Insz. Argentiniens, globale theaterwiss.liche Studienreisen - Liebh.: Archäol., Astron., Molekularbiol. - Spr.: Engl., Franz., Ital., Span., Holl.

REINHARDT, Günther

Dr. med., Prof., Leiter Abt. Rechtsmedizin Univ. Ulm (s. 1980) - Prittwitzstr. 6, 7900 Ulm, Postfach 38 80 (T. 0731 - 179 40 11) - Geb. 15. Juni 1933 Erlangen (Vater: Dr. med. Gustav R., Obermedizinalrat; Mutter: Hedwig, geb. Fröhlich), ev., verh. s. 1962 m. Gerlinde, geb. Bornscheuer, 3 Kd. - Abit. Neues Gymn. Bamberg; Univ. Erlangen, Tübingen, München (Med.). Weiterbild. Psychiatrie, Neurol. u. Rechtsmed. Promot. 1956; Habil. 1971 - Wiss. Rat u. apl. Prof. (1977) Univ. Erlangen-Nürnberg (Rechtsmed.), 1978-80 Leit. Abt. Verkehrsmed. Univ. Heidelberg. Üb. 70 Facharb. - Liebh.: Musik, Belletristik - Spr.: Engl.

REINHARDT, Helmut

Dr. med. vet., Ltd. Kreis-Veterinärdirektor, MdL Nordrh.-Westf. (s. 1975) - Kaettkenstr. 7, 4802 Halle/Westf. (T. 05201 - 24 02) - Geb. 22. Dez. 1921 - CDU.

REINHARDT, Helmut

Kaufmann (Textil- u. Möbelhaus G. Reinhardt KG., Bad Kreuznach), Vizepräs. IHK Koblenz - Weyersstr. 1, 6550 Bad Kreuznach/N. (T. 3 00 91) - Rotarier.

REINHARDT, Karl-Hermann

Präsident Amtsgericht Düsseldorf - Zu erreichen üb. Amtsgericht, Mühlenstr. 34, 4000 Düsseldorf - Geb. 10. Jan. 1928 Essen, verh. 3 Kd. - 1955-70 Richter Essen; 1970-75 Amtsgerichtsdir. Velbert; 1975-80 Dir. Amtsgericht Oberhausen; 1980-84 Dir. Amtsgericht Wuppertal.

REINHARDT, Klaus

Dr. theol., o. Prof. f. Dogmatik - Jesuitenstr. 13, 5500 Trier/Mosel (T. 7 50 11) - Geb. 19. Mai 1935 Haslach/Baden, kath. - S. 1968 (Habil.) Lehrtätigk. Univ. Freiburg/Br. (Privatdoz.) u. Theol. Fak. Trier (1969 o. Prof.). Fachveröff.

REINHARDT, Kurt

Dr. med., Prof., Chefarzt u. ärztl. Direktor i. R. - Kirschenwäldchen 32, 6620 Völklingen/Saar (T. 2 43 47) - Geb. 18. Febr. 1920 Limbach/Saarl. (Vater: Fritz R., Hüttenarb.; Mutter: Elisabeth, geb. Hock), ev., verh. s. 1951 m. Maria, geb. Lefeber - Obersch. Homburg; Univ. Berlin u. Heidelberg. Med. Staatsex. 1945 - S. 1958 (Habil.) Lehrtätigk. Univ. Saarbrücken (1964 apl. Prof. f. Med.

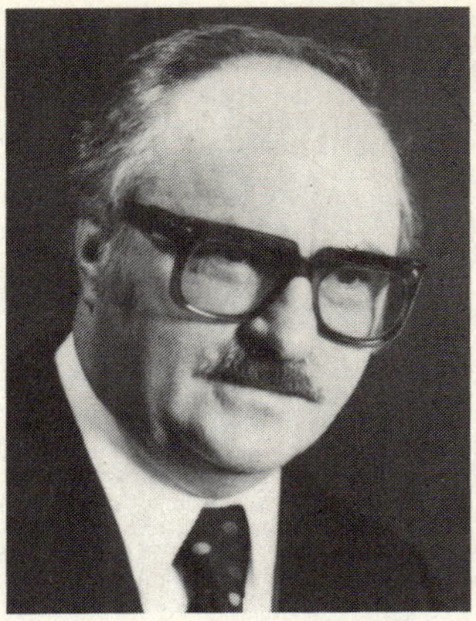

Strahlenkd.); 1958-82 Kreiskrankenhaus Völklingen (Röntgenabt.). Spez. Arbeitsgeb.: Wirbelsäule, Angiologie, Temperatur u. O2-Effekt; Erstbeschreib. d. ulnofibularen Dysplasie (Reinhardt-Pfeiffer-Syndrom) - BV: Myelographie u. Ischias, 1955 (m. K. Panther); Drehgleiten, 1959; D. Mycetom, 1967; D. Lendenkreuzbeingegend, in: Handb. d. med. Radiologie, VI/1 1974; D. vermehrt. Aufhellungen, in: Röntgenolog. Differenzialdiagnostik, I/1 1975; Verkalkungen im Bereich d. Thorax, ebd.; D. krankhaften Haltungsänd., in: Handb. d. med. Radiologie, VI/3 1975; D. diabet. Osteoarthropathie Handb. d. med. Radiologie V/5, 1983; Nichttraumat. Beckenfrakturen, 1983; D. diabet. Fuß, 1983. Üb. 200 Einzelarb. - 1982 BVK I. Kl. - Spr.: Engl., Franz., Ital., Span.

REINHARDT, Rolf

Prof., Leiter Opernabt. Hochschule f. Musik u. Darstell. Kunst - Eschersheimer Landstr. 33, 6000 Frankfurt/M. - Zahlr. Platteneinspiel.

REINHARDT, Rudolf

Journalist - Gravenbruchring 99, 6078 Neu-Isenburg - Geb. 11. April 1914 Chemnitz (Vater: Alfred R., Ing.; Mutter: Luise, geb. Hänsch), verh. s. 1979 m. Jo Hell-R., geb. Justus, 2 Kd. (Michael, Cynthia) - Oberrealsch. (Abit. 1933) - 1936 Werbeleit.; 1945-58 Journ. Berlin (u. a. Chefredakt. Berliner Illustrierte). 1958-80 Frankfurter Allg. Ztg. Lehrbeauftr. Univ. Mainz - 1975 Wächterpr. d. Tagespresse - Spr.: Engl., Franz.

REINHART, Jakob

Sparkassendirektor, Vorstandsvors. Städt. Sparkasse, Offenbach (s. 1969) - Offenbach/M. - Zul. stv. Vorstandsvors.

REINHOLD, Fritz

s. Grömmer, Helmut

REINHOLD, Heinz

Dr. phil., o. Prof. f. Anglist. Literaturwissenschaft, emerit. 1975 - Gossler Str. 23, 1000 Berlin 33 (T. 831 17 26) - Geb. 27. Sept. 1910 Eythra/Sa. (Vater: Arno R., Ing.; Mutter: Toska, geb. Scheffler), ev., verh. s. 1956 m. Erika, geb. Anspach, 2 Kd. (Gisela, Rüdiger) - Univ. Leipzig u. Kiel. Promot. 1937 Leipzig; Habil. 1951 München - 1951 Privatdoz. Univ. München - 1955 ao. Prof. Univ. Heidelberg; 1956 o. Prof. FU Berlin - BV: Puritanismus u. Aristokratie, 1937; Humorist. Tendenzen in d. engl. Dichtung d. Mittelalters, 1953; D. engl. Roman d. 19. Jh., 1976; D. engl. Roman im 18. Jahrh., 1978; Das engl. Drama 1580-1642, 1982. Herausg.: Charles Dickens - S. Werk im Licht neuer dt. Forschung (1969) - Spr.: Lat., Engl., Franz.

REINHOLM, Gert

Ballettdirektor, Leit. Berliner Tanzakad. u. Doz. Staatl. Hochsch. f. Musik u. darstell. Kunst Berlin (s. 1967) - Zu erreichen üb.: Deutsche Oper Berlin, Richard-Wagner-Str. 10, 1000 Berlin 10 - Geb. 20. Dez. 1928 Chemnitz - Ausbild. Sachnowsky, Leontschewa, Tatjana Gsovsky - S. 1946 Solotänzer (zul. I.) u. Ballettdir. (1962) Dt. Staatsoper u. Städt. Oper bzw. Dt. Oper Berlin (1953). Zahlr. Auslandsgastsp. Europa (u. a. Paris), Übersee, Ferner Osten (z. T. m. d. Berliner Ballett). Bek. Partien: Hamlet, Romeo, Orphee, Othello, Orest - 1958 Dt. Kritikerpreis, 1962 Berliner Kunstpreis u. Preis Theater d. Nationen Paris, 1964 Diaghileff-Preis, 1987 BVK, 1987 Mitgl. Akad. d. Künste Berlin - Lit.: H. H. Kellermann, G. R. (Rembrandt-Reihe).

REINICKE, Dietrich

Dr. jur., Prof., Bundesrichter a. D., Ord. f Zivilrecht, insb. Bürgerl. Recht, Handels- u. Zivilprozeßrecht, Univ. Münster (s. 1963) - Langenstr. 22, 4400 Münster/W. - Geb. 10. Febr. 1912 - Zul. Bundesgerichtshof, Karlsruhe.

REINICKE, Ehrhard

Leitender Musikdramaturg Staatstheater Wiesbaden - Sonnenbergerstr. 27, 6200 Wiesbaden (T. 56 36 06) - Geb. 27. Febr. 1934 Berlin, ev., ledig - Stud. Univ. Köln u. München; Dramat. Tätigk. in Wiesbaden, Wilhelmshaven, Hildesheim, Dortmund, Wiesbaden - Ballettlibretto Alice im Wunderland; Libretto Kinderkonzert D. Zauberturm d. Urgroßv.; Schauspiel-Insz., Almanache, Festschr. usw. - Liebh.: Bildende Kunst - Spr.: Engl., Franz.

REINICKE, Gerhard

Dr. jur., Direktor i. R., Honorarprof. - Urbanstr. 3, 4400 Münster (T. 0251-5 47 47) - Geb. 15. Mai 1910 Dortmund (Vater: Hugo R., Rechtsanwalt), ev., verw., Sohn Michael - Univ. Bonn, Lausanne, München, Münster (Rechtswiss.). Gr. jurist. Staatsprüf. 1937 Düsseldorf; Promot. 1940 Münster - Ab 1939 Amts- u. Landgerichtsrat (1942), b. 1954 Justitiar Imhausen Werke GmbH., Witten, dann Justitiar u. Vorstandsmitgl. (1966-76) Harpener Bergbau-AG. bzw. Harpener AG., Dortmund. Üb. 50 Fachveröff.

REINICKE, Helmut

PD Dr. phil., Priv.-Doz. f. Soziol. Univ. Frankfurt/M. - Raiffeisenstr. 17, 6347 Angelburg-Frechenhausen (T. 06464 - 74 25) - Geb. 4. Aug. 1941 - Abit. 1961; B.A. 1965, Promot. 1972, Habil. 1979 - Lehrtätigk. Univ. Frankfurt, Trinity-Coll. (Dublin), Kassel, Kiel, Zürich. Forschungsdir. Inst. f. sozialhistor. Forsch. Frankfurt - BV: Ware u. Dialektik, 1974; Materie u. Revolution, 1974; Revolt im bürgerl. Erbe, 1975; Revolution d. Utopie, 1979; Hegel Register, 1979; Gaunerwirtsch., 1983; Heroinszene (m. P. Noller), 1987; Märchenwälder, 1987; Aufstieg u. Revolution, 1988.

REINIG, Christa

Schriftstellerin - Bertholdstr. 11, 8000 München 40 (T. 351 25 05) - Geb. 6. Aug. 1926 Berlin (Mutter: Wilhelmine R.), ev., led. - Humboldt-Univ. Berlin (Kunstgesch., christl. Archäol.) - 1958-63 Kustodin Märk. Museum Berlin (Ost) - BV: D. Steine f. Finisterre, Ged. 1960; D. Traum meiner Verkommenheit, Prosa 1961; Gedichte, 1963; Drei Schiffe, Prosa 1965; Orion trat aus d. Haus - Neue Sternbilder, Prosa 1968; Schwabinger Marterln, Ged. 1968; Schwalbe v. Olevano, Ged. 1969; Papantscha Vielerlei - Exot. Produkte Altindiens, 1971; D. Ballade v. blut. Bomme, 1972 (m. Originalarb. v. Christoph Meckel); D. himmlische u. d. irdische Geometrie, R. 1975; Entmannung, R. 1976; Müßiggang ist aller Liebe Anfang, Ged. 1979; D. Wolf u. d. Witwen, Prosa 1980; D. ewige Schule, Erz. 1982; D. Frau im Brunnen, 1984 - 1964 Bremer Literaturpreis, 1968 Hörspielpreis d. Kriegsblinden (f.: D. Aquarium), 1969 Münchener Tukan-Preis; 1976 Kritiker-Preis (Verb. d. dt. Krit.); 1976 BVK; 1984 Preis SWF-Lit.-Magazin; Mitgl. PEN-Zentrum BRD; 1977 o. Mitgl. Bayer. Akad. d. Schönen Künste; 1980 Literaturstip. Stadt München; 1984 Lit.pr. d. Südwestfunks Baden-Baden.

REINITZER, Heimo

Dr., Univ.-Prof., Wiss. Leiter Dt. Bibel-Archiv Univ. Hamburg - Von Melle Park 6, 2000 Hamburg 13; priv.: Isestr. 55, 2000 Hamburg 13 - Geb. 24. Sept. 1943 Graz (Vater: Gernot R., Gymnasiallehrer; Mutter: Edith), ev.-luth, verh. in 2. Ehe m. Jutta, geb. Warlies, 2. S. (Lukas Sebastian, Simon Andreas) - Univ. Graz (Dt., Gesch.); Promot. 1967 - 1967 Univ. Assist. Graz, 1967-68 Köln, 1968-71 Hamburg, s. 1971 Univ. Doz., s. 1978 Wiss. Leit. Dt. Bibel-Archiv, Biblia deutsch, Wolfenbüttel u. Hamburg 1983; Paul Gerhardt 1986; Textkritik u. Interpretation, 1987 - Herausg.: Vestigia bibliae (1979ff.); Natura loquax (1981) u. a. - 1976 Förderpreis Theodor-Körner-Stiftg.; 1979 Joachim-Jungius-Preis - 1963-72 zehnmal österr. Meister Kugelstoßen u. Diskuswerfen; österr. Rekord Diskus; Teiln. Europameisterschaften; 1968 u. 1972 Teiln. Olympische Spiele - Spr.: Engl. - Bek. Vorf.: Friedrich Richard Cornelius R., Botaniker u. Chemiker (Großvater).

REINITZHUBER, Friedrich Karl

Dr. techn. habil., Dipl.-Ing., Prof. - Boschheideweg 52, 4130 Moers 2 (T. 02841-6 16 16) - Geb. 8. Jan. 1910 Graz/Österr., kath., verh. s. 1936 m. Irmtraut, geb. Walten, 3 Kd. (Fritz, Ilse, Helga) - Bauing.-Stud. TH Graz - 1957-67 Geschäftsleit. Fried. Krupp Maschinen- u. Stahlbau, Rheinhausen, s. 1968 Berat. Ing. u. Sachverst.; Lehrbeauftr. TH Aachen. S. 1966 Dt. Vizepräs. Intern. Vereinig. f. Brücken- u. Hochbau. Erf. Stahlflachstr. - BV: D. zweiseit. gelagerte Platte, 4. A. 1979 - 1975 Ehrenmitgl. Dt. Stahlbauverb.; 1975 Verdst.-med. Europ. Konvention f. Stahlbau, 1977 Ehrenmitgl. Intern. Vereinig. f. Brücken- u. Hochbau - Spr.: Engl.

REINKE, Hans-Joachim

Staatssekretär Nieders. Umweltministerium, Geschäftsf. d. Nieders. Ges. u. Endablagerung v. Sonderabfall (NGS) - Arndtstr. 19, 3000 Hannover 1 (T. 0511 - 1 30 73 u. 1 49 04-06).

REINKE, Helmut

Journalist, Chefredakteur HÖRZU - Kaiser-Wilhelm-Str. 6, 2000 Hamburg 36 - Geb. 30. Mai 1928 Essen - U.a. Neue Illustrierte, Fernsehwoche, Hörzu, Bildwoche.

REINKE, Wilhelm

Altbürgermeister, stv. Vorstandsvors. Dortmunder Stadtwerke AG - Kehrbrock 9, 4600 Dortmund 16 - Vorst.-Vors. Dortmunder Hafen AG, stv. Beiratsvors. Dortmunder Eisenbahn GmbH; stv. AR-Vors. Dortmunder Gemeinn. Wohnungsges. mbH; AR-Mitgl. Dortmunder Hoesch Stahl AG; VR-Mitgl. VEW AG.

REINKE-KUNZE, Christine

Dr. phil., Journalistin - Hellkamp 4, 2000 Hamburg 20 - Geb. 10. Jan. 1953 Pinneberg, verh. - Abit. 1971; Stud. Publiz., Slavistik, Politol., Gesch.; Promot. 1977 - S. 1979 journ. Tätigk. (Schwerp.: Wiss.berichterstattung, Schiffahrt); Mitgl. Dt. Journ.verb., Dt. Ges. f. Meeresforsch., Dt. Ges. f. Schiffahrts- u. Marinegesch., Hamburg-Ges. - BV: Den Meeren auf d. Spur. Gesch. u. Aufgaben dt. Forschungsschiffe, 1976; Journalismus in d. UdSSR, 1978; Hamburger Hafenschiffe, 1989. Übers.: Turgenjew: Ged. in Prosa, 1983 - Spr.: Engl., Russ.

REINKEN, Günter

Dr. agr., Prof., Abteilungsdirektor Landwirtschaft - Höhlenweg 10, 5300 Bonn-Röttgen (T. 25 14 33) - Geb. 18. Aug. 1927 Offenbach/Glan (Vater: Heinrich R., Steuerbevollm.; Mutter: Klara, geb. Stuber), kath., verh. s. 1956 m. Erika, geb. Poetsch, 3 Kd. (Klaus, Monika, Ursula) - Gymn.; landw. Lehre;

Univ. Bonn (Dipl.-Landw. 1952). Promot. (1956) u. Habil. (1961) Bonn - 1956-60 Assist. Univ. Bonn; 1960-71 Leit. Abt. Gartenbau, 1971 ff. Abt. Erzeugung LK Rhld. ebd. S. 1961 Lehrtätigk. Univ. Bonn (1967 apl. Prof. f. Obst- u. Gemüsebau) - BV: D. Einfluß d. Phosphatversorgung auf d. Wachstum v. Apfelbäumen unt. bes. Berücks. v. Assimilation u. Transpiration, 1961; Damtierhaltung auf Grün- u. Brachland, 1980. Handbuch- u. Ztschr.beitr. 2 Fernsehfilme - 1963 Mitgl. Akad. f. Raumforschung u. Landesplanung, 1977 Medaille Recherches de la qualité - Liebh.: Klass. Musik, Kunstgesch., Philatelie - Spr.: Engl.

REINKEN, Lothar

Dr. med., Prof., Kinderarzt, Chefarzt Kinderklinik St. Elisabeth-Marienhospital, Hamm (s. 1986) - Am Pilsholz 22, 4700 Hamm 1 (T. 02381 - 5 03 43) - Geb. 18. Mai 1943 Essen, ev., verh. m. Dr. Frieda, geb. Dockx, 5 Kd. (Anja, Ullrich, Joachim, Jan, Philipp) - Promot. 1970 Innsbruck; Habil. u. Priv.-Doz. 1982 Univ. Bochum; apl. Prof. 1989 ebd. - 1970-78 Assist.- u. Oberarzt Univ.-Kinderklinik Innsbruck; 1978-81 Abt.-Leit. Forsch.inst. f. Kinderernährung Dortm.; 1981-85 Oberarzt Univ.-Kinderklinik Bochum - 1972 Clemens v. Pirquet-Preis (höchste wiss. Ausz. d. Österr. Ges. f. Kinderheilkunde f. grundl. Arb. auf d. Gebiet Vitaminstoffwechsel) - Spr.: Engl., Franz.

REINKING, Gabriel

Regisseur, Künstl. Leit. u. Geschäftsf. Altstadt Theater-Spandau Theaterproduktionsges. mbH - Breisgauer Str. 29, 1000 Berlin 38 - Geb. 23. Sept. 1949 München (Vater: Wilhelm R., Bühnenbildner; Mutter: Anelies Sartorius, Kostümbildnerin), verh. s. 1977 m. Mariko Mizuhara - Lehre Verlagsbuchhändler, 1975-78 Schauspielausb.; 1971-74 Buchhändler; 1975-80 Regieassist. Schiller-Theater; 1980/81 Regieassist. Film; 1981-84 Regiss. Theater d. Stadt Essen; s. 1984 Oberspielleit. Badisches Landestheater. Schriftst. Tätigk. (s. 1975), div. Veröff. im Theater. Regie u.a. Lessing: Minna v. Barnhelm, Th. Bernhard: Vor d. Ruhestand, Miller: Tod d. Handlungsreisenden.

REINOLD, Hermann Josef

Dipl.-Kfm., Vorstandsmitglied Gildemeister AG - Morsestr. 1, Postf. 11 03 51, 4800 Bielefeld 11.

REINSBERG, Carl

Dr. phil., Prof., Direktor Nicolaus-Cusanus-Gymn., Bad Godesberg (s. 1953) - Prinz-Albert-Str. 4, 5300 Bonn (T. 22 36 80) - Geb. 16. Mai 1908 Neustrelitz/Meckl. (Vater: Carl R., Verwaltungsbeamter; Mutter: Elise, geb. Höcker), verh. 1948 m. Annamaria, geb. Müller - 1927-34 Univ. Rostock, Göttingen, München - S. 1946 (Habil.) Privatdoz. u. apl. Prof. (1949) Univ. Bonn (Physik). Facharb.

REINSCH, Ernst-Albrecht

Dr. rer. nat., Dipl.-Chem., Prof. f. Theoret. Chemie Univ. Frankfurt/M. - Bornweidstr. 34, 6000 Frankfurt/Enkheim - Geb. 26. Sept. 1931 Chemnitz (Vater: Dr. Otto R.; Mutter: Erika, geb. Hübner), kath., verh. s. 1960 m. Renate, geb. Mauerer, 3 Kd. (Gisela, Wolfgang, Bernhard) - Spr.: Engl., Franz.

REINSCH, Wolfgang

Rechtsanwalt, Geschäftsführer Verband d. Reformwaren-Hersteller (VRH) e.V., Bad Homburg v.d.H., u. Absatzförd. f. Reformwaren (AfR) mbH, Bad Homburg v.d.H., Generalsekr. Europ. Vereinigung d. Verbände d. Reformwaren-Herst. (EHPM) - Hindenburgring 18, 6380 Bad Homburg v.d.H. (T. 06172 - 3 10 07) - Geb. 17. Mai 1937 Wesermünde.

REINSHAGEN, Gerlind

Schriftstellerin - Halmstr. 3, 1000 Berlin 19 (T. 302 56 32) - Bühnenst.: Doppelkopf (UA. 1968), Leben u. Tod d. Marilyn Monroe (UA. 1971), Himmel u. Erde (UA. 1974), Sonntagskinder (UA. 1976), D. Frühlingsfest (UA. 1980), Eisenherz (UA. 1982), D. Clownin (UA. 1986), Feuerblume (UA. 1988). 12 Hörspiele - BV: Rovinato, R. 1981; D. Flüchtige Braut, R. 1984; Gesamtausgabe d. Stücke, 1987. Div. Jugendb. - 1970 Mitgl. PEN-Zentrum BRD - 1974 Fördergabe Schillerpreis; 1977 Mühlheimer Dramatikerpreis; 1988 Roswitha v. Gandersheim Lit.-Pr.

REINTGEN, Karl-Heinz

Stellv. Intendant Saarl. Rundfunk, Chefredakt. Hörfunk u. Ferns. a.D. - An d. Heringsmühle 16, 6604 Saarbrücken-Fechingen (T. Ensheim/Saar 24 70) - Geb. 3. Nov. 1915 Wilhelmshaven (Vater: Karl R., Beamter; Mutter: Käte, geb. Lippe), ev., verh. s. 1940 m. Elisabeth, geb. Mayer, 2 Töcht. (Heidrun, Oberst.rätin; Sigrid, Lehrerin) - Abitur 1935 - Stud. Univ. d. Saarl.; 1935-37 Volont. Deutschland- u. Dt. Kurzwellensender; 1937-45 Wehrmacht (1941-45 Chef Soldatensender Belgrad (Lili-Marleen); zul. Oblt.); Südwestfunk (Reporter); 1961 Saarl. Rundfunk (Hauptabt.-leit. Zeitgeschehen FS, dann Dir. Aktuelles Fernsehen, 1968 ff. Chefredakt. Hörfunk u. Fernsehen), 1974 Stellv. Int. Produktionen f. akt. Bereiche d. Hörfunks. Filmproduktionen f. d. ARD. CDU - Gr. BVK u. BVK 1.Kl.; Kommandeur VO Luxemburg; Offz. VO Portugal, Iran, Italien, Benin; Ritter frz. Ord. Mérite nationale; Träger Saarlandord.; Verdienstmed. Bistum Trier; Hon.-Konsul Rep. Südafrika (f. Saarl.); Fremdenverkehrsmed. in Gold Rep. Österr. - Spr.: Engl., Franz. - Lions-Club.

REINTGES, Hans

Dipl.-Kaufm., Vorstandsmitglied Farbwerke-Hoechst AG., Frankfurt/M. - Weilburger Weg 1, 6232 Bad Soden/Ts. (T. 2 41 85) - Geb. 5. Nov. 1922 Duisburg, kath., verh. s. 1953 m. Hanna, geb. Blatzheim, 2 Töcht. (Ruth, Eva) - 1947-50 Univ. Frankfurt (Betriebsw.) - Vorstandsmitgl. Knapsack AG., Knapsack, 1985 AR-Mitgl. Wacker-Chemie GmbH, München - Spr.: Engl., Franz. - Rotarier.

REINTGES, Heinz

Dr. jur., Geschäftsführer Arbeitsgem. f. Olefinchemie, Essen, VR-Mitgl. Max-Planck-Inst. f. Kohlenforsch., Mülheim, Kurator d. FAZIT-Stiftg. GmbH, Frankfurt a.M. - Bahrenbergring 16, 4300 Essen-Heisingen - Geb. 3. Juni 1914 Krefeld (Vater: Dr. Wilhelm R.; Mutter: Maria, geb. Falckenberg), verh. s. 1975 m. Emmy Johanna, geb. Best - Gr. jurist. Staatsprüf. - 1962 Kommandeur d. Verdienstkr. d. Souv. Malteser-Ritter-Ordens; 1967 Komturkreuz d. Zivilen VO Spaniens; 1976 Gr. BVK; 1982 Heinitz-Plak. dt. Bergbau.

REINWEIN, Dankwart

Dr. med., Prof., Oberarzt II. Med. Univ.sklinik Düsseldorf - Zul.: Erich-Müller-Str. 20, 4000 Düsseldorf - Geb. 8. April 1928 - S. 1963 (Habil.) Lehrtätigk. Med. Akad. bzw. Univ. Düsseldorf (1968 apl. Prof. f. Innere Med.). Fachaufs.

REIPRICH, Elisabeth Sophie, geb. Simon

Hausfrau, Lyrikerin - Frankenweg 3, 6915 Dossenheim - Geb. 14. Dez. 1922 Heidelberg (Vater: Michael Simon, Landwirt; Mutter: Elisabeth, geb. Seisler), ev., verh. s. 1948 m. Walter R., Tocht. Ingrid - Volkssch. - BV: D. Schmale Steg, Ged. 1961; Signale u. Träume, Ged. 1964; In d. Himmels Freiwilligkeit, Ged. 1972; Im windgepflügten Smog, Ged. 1972; Vor d. Altären d. Bewußtseins, Ged. 1975; In d. dunkl. Nächten, Ged. u. Erz., 1978 (m. W. Reiprich); Von Klippe zu Klippe, Ged. 1980; D. Kleinbahn hat Verspätung, Gesch. (m. W. Reiprich), 1981; In d. purpurnen Abend, Ged. 1984. Zahlr. Buchbeitr. u. Vertonungen - 1974 Gold. Ehrenring (Lyrikpreis); 1971 Beruf. Dt. Akad. f. Bild. u. Kultur, München; 1982 Intern. Lyrikpreis d. AWMM u. Intern. Buchpreis d. AWMM; 1982 Verdienst-urkunde d. Univ. delle arti von Salsomaggiore Terme/Italien; 1984 Buchpr. d. Künstlergilde, Eßlingen - Liebh.: Kunst, Musik - Lit.: Dr. Karl Schindler, E. Dichterin im Zwiespalt d. Zeit (1982).

REIPRICH, Walter

Schriftsteller - Frankenweg 3, 6915 Dossenheim - Geb. 10. Okt. 1924 Leutmannsdorf/Schles. (Vater: Adolf R., Gemeindesekr.; Mutter: Margarete, geb. Kirchner), ev., verh. s. 1948 m. Elisabeth, geb. Simon (lyr. Schriftst.), T. Ingrid - Realgymn. Reichenbach/Eulengeb. (Mittl. Reife); Musikstud. Breslau - Leit. versch. Theaterspielgruppen; Vorst.-Mitgl. Landsmannsch. Schlesien; Wangener Kr. (1969-71) u. Goethe-Ges. (1973-82) - BV: Und e. Stimme rief in d. Nacht, zeitkrit. Ged. 1956; D. Quelle, Ged. 1960; Noch im Staub rufe ich deinen Namen, Liebesged. 1961; Rufe an d. schlummernde Gewissen, Ged. 1963; Auf d. Stufen d. Jahre, Ged. 1966; Eichendorff in Heidelberg, Ess. 1968; Im Fangnetz d. Träume, Ged. 1974; Hedwig v. Andechs, Biog. 1974; Zw. Zobten u. Herrleinberg, Erz. 1976; I. d. dunklen Nächten, Ged. u. Erz., 1978 (m. E. S. Reiprich). Wiedersehen m. Schlesien, Reisetagebuch, 1979; D. Kleinbahn hat Verspätung, Gesch. (m. E. S. Reiprich), 1981; Was d. Wind bewegt, Erz. 1984; Schlesien 1984; Gerhart Hauptmann, Studie 1986; In Schlesien unterwegs, Reisetageb. 1987. Tageb. Zahlr. Buchbeitr. Mithrsg.: Heimweh n. d. Nächsten/ Jb. d. Karlsruher Boten (1961) - 1960 III. Preis Preisausschr. Dt. Kurzgesch. (Üb. allem Gold), 1966 u. 1970 Silb. u. Gold. Ehrennadel Landsmannsch. Schlesien; 1971 Beruf. Dt. Akad. f. Bild. u. Kultur, München; 1971 Preis d. Ostdt. Kulturrats; 1982 Intern. Buchpreis d. AWMM; 1982 Verdienstaurkunde d. Univ. delle arti von Salsomaggiore Terme/Italien; 1982 Ernenn. z. Akademiker Italiens d. Akad. Italia; 1986 Ehrenmed. Land Baden-Württ. - Lit.: Arno Lubos, 6 Porträts schles. Lyriker (1962); Walter Stanke, Auf d. Stufen d. Jahre (1968); Jochen Hoffbauer, D. Zauberwort, Schles. Dichterportraits (1970).

REIS, Arno

Dipl.-Volksw., Marketingberatung Intercommunication Arno Reis (Spezialgebiet Text- u. Informationsverarbeit.) - Im Heimbachtal 48, 6208 Bad Schwalbach 6 (T. u. Telefax 06124-21 36) - Geb. 29. Okt. 1939 Düsseldorf (Vater: Dr. phil. Hugo R.; Mutter: Wilhelmine, geb. Albrecht), verh. s. 1966 m. Isabella, geb. v. Treu, 3 Kd. (Vanessa, Daphne, Saskia) - Stud. d. Wirtsch.- u. Sozialwiss. Univ. Köln (Dipl.ex. 1966) - 1967-69 Werbeleit. Kraft GmbH., 1969-73 Operations-Res.-Leit. MDV, s. 1973 selbst.; 1974ff. Lehrbeauftr. Fachhochsch. Gießen - 1983 Gründ. E Verlag Arno Reis GmbH; 1986 Gründ. d. Arno Reis u. Partner GmbH Personal, Beratung, Training. Fachveröff. - Liebh.: Reiten u. Pferdezucht - Spr.: Engl.

REIS, Hans Edgar

Dr. med., Prof., Chefarzt Krankenhaus Maria Hilf, Mönchengladbach (s. 1978) - Peter-Nonnenmühlenallee 82, 4050 Mönchengladbach 1 (T. 02161 - 8 51 91) - Gymn. Trier; Stud. Univ. Freiburg, Edinburgh, Düsseldorf - Facharzt f. Inn. Med. u. Gastroenterol.; Prof. Univ. Essen u. RWTH Aachen - Liebh.: Musik, Kunst, Sport.

REIS, Maja-Maria

Musikverlegerin - Breidensteiner Weg 76, 6000 Frankfurt/M. (T. 069 - 78 50 44) - Geb. 1. Febr. Berlin (Vater: Schausp.; Mutter: Edith, geb. Krieckler), kath., verh. 1954 m. Werner R. †, 2 T. (Cornelia, Victoria) - N. Abit. Buchhändler-Lehranst. - S. 1949 Mitarb. u. Inh. (1975) Musikverlag Zimmermann. Div. Ehrenstell., dar. 1978ff. Präs. Dt. Musikverleger-Verb. - Liebh.: Musik, Reisen - Spr.: Engl., Franz.

REIS, von, Wolf

Dipl.-Ing., Vorstandsmitglied Flachglas AG, Gelsenkirchen - Steeler Str. 34, 4650 Gelsenkirchen - Geb. 3. Sept. 1924, verh. m. Erica, geb. Reusch, S. Wolf-Hermann - AR Erste Österr. Maschinenglasind. AG (EOMAG), Brunn am Geb; Vorst.-Beirat Bauglasind. GmbH, Schmelz/Saar; Vorst. Dt. Glastechnische Ges. - Spr.: Engl., Franz. - Rotarier.

REISCH, Erwin

Dr. agr., Dr. h. c., o. Prof. f. Angew. Landw. Betriebslehre - Schwerzstr. 35, 7000 Stuttgart-Hohenheim - Geb. 10. Nov. 1924 Wielatsried/Württ., verh. m. Dr. Ingeborg, geb. Flad - Obersch. Ravensburg; n. Kriegsdst. LH Hohenheim. Promot. u. Habil. Hohenheim - 1962-63 Privatdoz. LH Hohenheim; 1963-64 ao. Prof. TH München; s. 1964 o. Prof. u. Inst.dir. LH bzw. Univ. Hohenheim (1970 stv. Präs.). 1973ff. Präs. Kurat. f. Technik u. Bauwesen in d. Landw., Darmstadt, 1974ff. Präs. Hauptverb. d. landwirtsch. Buchstellen, Bonn, 1986 Präs. Univ. Hohenheim - BV: D. lineare Programmierung in d. landw. Betriebsw., 1962; Wirtschaftslehre d. landw. Produktion (m. Kehrberg), 1964. Herausg.: Quantitative Methoden in d. Wirtschafts- u. Sozialwiss. (1967), Einführung in d. landw. Betriebslehre (1977, m. Zeddies); Agricultura Sinica (1982) - 1972 Ehrendoktor Hochsch. f. Bodenkultur Wien; 1985 Ehrenprof. d. Landw. Univ. Peking.

REISCH, Johannes

Dr. rer. nat., Dr. med., Dipl.-Chem., Apotheker, Prof. u. Abteilungsvorsteher Inst. f. Pharmaz. Chemie Univ. Münster - Hittorfstr. 58-62, 4400 Münster (T. 4 34 31) - Geb. 1. März 1929 Berlin-Dahlem (Vater: Josef R., Kursmakler; Mutter: Rosa, geb. Samohel), kath., verh. s. 1970 m. Dr. rer. nat. Gisela, geb. Eink, Apothekerin - Ulrich-v.-Hutten-Sch. (Abit. 1947) Berlin; Stud. 1949-70 FU Berlin, Univ. Münster (Chemie, Pharmaz., Lebensmittelchemie, Volksw., Med.). Dipl.-Chem. 1955; Pharmaz.prüf. 1957; Promot. (Dr. rer. nat.) 1958; Habil. 1964; Med. Staatsex. 1970; Promot. (Dr. med.) 1972 - 1958-59 Wiss. Assist. FU Berlin; s. 1959 Univ. Münster (1959-64 Assist., 1965 Doz., 1967 Wiss. Abt.svorst. u. Prof., 1970 ao. Prof.) - 1974 Ehrenmitgl. Ägypt. u. Ungar. Pharmaz. Ges.; 1974 Silbermed. Ungar. Pharmaz. Ges.

REISCHACH, Carl

Dr., Vorstandsvorsitzender Erste Kulmbacher Actien-Brauerei - EKU-Str. 1, 8650 Kulmbach/Ofr. - Geb. 24. Jan. 1927 - Stv. AR-Vors. Tucher Bräu AG, Nürnberg; AR-Vors. Henninger Bräu AG, Frankfurt, Eichbaum Brauereien AG, Mannheim, Brauerei Moninger AG, Karlsruhe, Deininger Kronenbräu AG, Hof; Vorst.-Vors. Brauhaus Amberg AG; VR-Vors. Bad Windsheimer Heil- u. Mineralquellen GmbH; Vors. Verb. Bayer. Ausfuhrbrauereien, München - BVK am Bde.

REISCHL, Gerhard

Dr. jur., Prof., Parlam. Staatssekretär a. D., Generalanwalt Gerichtshof d. Europ. Gem., Luxemburg (1973-84), Hon.-Prof. Univ. d. Saarl. (s. 1982) - Wesselheideweg 43, 5300 Bonn-Duisdorf - Geb. 17. Juli 1918 München (Vater: Rupert R., Rektor †; Mutter: Hilda, geb. Bösenecker †), ev., verh. s. 1954 m. Henriette, geb. Lautz, 3 Kd. (Wilfried, Ulrike, Stefan) - Gymn. u. Univ. München (1937-39, 1947-48; Promot. 1950). As-s.ex. 1951 - 1951-54 Bayer. Justizmin. München (1952 AG.rat); 1954-55 AG ebd.; 1955-56 Dienstst. Bayer. Bevollm. b. Bund, Bonn; 1956-58 Bayer. Staatskanzlei, München (ORR, 1957 Reg.dir.); 1958-61 OLG München (OLG.rat); 1969-71 Bundesfinanzmin. (Parlam. Staatssekr.). 1961-72 MdB. SPD (div. Funktionen) - 1969 BVK I. Kl., 1971 Bayer. VO, 1984 Gr. BVK m. Stern.

REISCHL, Hans

Dipl.-Kfm., Vorstandsvorsitzender Rewe-Zentralorg. (Rewe-Zentral AG u. -Zentralfinanz eG), Köln (s. 1977) - Am Südpark 49, 5000 Köln 51 (T. 37 47 77) - Geb. 6. Dez. 1939 Heindlschlag (Vater: Franz R., Landwirt; Mutter: Maria, geb. Fenzl), kath., verh. s. 1970 m. Monika, geb. Emser, 2 Kd. (Roman Robert, Maja) - Abendgymn. (Abit.); kaufm. Lehre; Ind.Kfm.; wirtschaftswiss. Stud. - Zentralverbandsaussch. f. Fragen d. Organisation u. Steuern (s. 1971) - Liebh.: Mod. Grafik, ges.polit. Fragen - Spr.: Engl.

REISEL, Rainer

Prof., Direktor Dt.-Franz. Hochschulinst. f. Wirtschaft u. Technik (s. 1984) - Lilienstr. 13, 6670 St. Ingbert (T. 06894 - 8 07 19) - Geb. 19. April 1935 Merzig/Saar (Vater: Dr. Otto R.; Mutter: Kläre, geb. König), ev., verh. s. 1965 m. Ingeborg, geb. Poppe, S. Ralf - S. 1972 Doz. FH Saarland; s. 1974 Prof. f. Betriebswirtsch.lehre - Liebh.: Klass. Musik, Wandern, Europ. Lit., Sport, Franz. Gesch. - Spr.: Engl., Franz.

REISER, Hermann

Journalist, MdB (1972-76; Wahlkr. 9/ Pinneberg) - Alsterkamp 9, 2000 Hamburg 13 - Geb. 27. Dez. 1923 Speyer/Rh., verh., 2 Kd. (Kay-Holger, Verena) - Abendgymn. (Abit. 1942); 1942-45 Marine (Ltn. z. See); 1945-47 Stud. Päd. - B. 1950 Lehrer, dann Journ. (FAZ, Frankfurter Neue Presse, Nachtausg., HR, Brigitte; 1963-72 Leit. u. Moderator NDR-Fernsehsend. Freitagsmagazin/ Nordschau). 1974-76 Vors. IPA-Medien-Kommiss., s. 1977 TV-Sonderkorresp. Politik NDR, stv. Vors. Bewertungskommiss. Filmförderungsanst. Berlin, Vorst. Landespressekonf. Hamburg. 1978 TV-Porträt Herbert Wehner. Üb. 80 Schul-, Jugend- u. Frauenfunkhörsp. SPD s. 1962 - 1971 Silb. Preis Intern. Verbraucher-Filmfestival Berlin - Spr.: Engl.

REISER, Otto

Dr., Präsident Landesarbeitsgericht Nürnberg - Roonstr. 20, 8500 Nürnberg 80.

REISING, Anton

I. Bürgermeister - Rathaus, 8752 Mömbris/Ufr. - Geb. 18. Sept. 1921 Mömbris - Zul. Verwaltungsangest. CSU.

REISINGER, Peter

Dr. phil., Prof. Ludwig-Maximilians-Univ. München - Alramstr. 11, 8000 München 70 - Geb. 25. April 1936 Essen, ev., ledig - Stud. Rechtswiss.; 1. jurist. Staatsex. 1961 Düsseldorf; Promot. (Phil.) 1967 Frankfurt; Habil. (Phil.) 1976 Stuttgart u. 1981 München - BV: Hölderlin (m. Bachmaier u. Th. Horst), 1979; Idealismus als Bildtheorie, 1979. Herausg. (m. H. Radermacher): Rationale Metaphysik. D. Phil. v. Wolfgang Cramer (1987).

REISNER, Hermann E.

Verleger - Lindenring 35, 6000 Frankfurt/ M. 50 (T. 52 95 79) - Geb. 23. Nov. 1910 Berlin (Vater: Johannes R., Fabrikbes.; Mutter: Johanna, geb. Nitze), ev., verh. s. 1936 m. Charlotte, geb. Jank - Realgymn. (Abit.); Kaufm. Lehre; Univ. München, Leipzig - B. 1953 Mitinh. Überseepost Leipzig u. Nürnberg; s. 1954 Inh. Hermann E. Reisner Verlag KG.; s. 1970 Made in Europe Marketing Organisation GmbH. & Co. KG., Frankfurt/M. - BV: Marktanalyt. Berichte n. Reisen: Reisner in Amerika (USA u. Kanada), 1952; R. in Moskau, 1959; R. in Asien, 1961; R. in Nahost, 1963; R. in Afrika, 1964; R. in Australasia, 1965; R. in Volksrep. China, 1965; R. in Südamerika, 1969; R. auf d. Westindies, 1971; R. in Westafrika, 1973 - Mitgl. Außenw.ausschuß IHK Frankfurt - Liebh.: Pilze sammeln - Spr.: Engl.

REISS, Franz

Raumausstattermeister, Altpräs.. Handwerkskammer Wiesbaden - Wielandstr. 9, 6200 Wiesbaden (T. 84 02 57) - Geb. 3. Mai 1907 Wiesbaden (Eltern: Valentin (Tapezierermeister) u. Karoline R.), ev., verh. s. 1934 m. Frieda, geb. Wolf - Volkssch.; Tapeziererhandw. Meisterprüf. 1931 - 1970 BVK I. Kl.; Ehrenring Handwerkskammer Wiesbaden; Ehrenmeister Dt. Raumausstatterhandwerk.

REISS (ß), Gunter

Dr., Prof. f. Dt. Literaturwiss. u. Literaturdidaktik Univ. Münster - Fliednerstr. 21, 4400 Münster - Geb. 1940 München - 1960-68 Stud. German., Phil. u. Theaterwiss. Univ. München (Promot. 1968); 1961-63 Regie- u. Schauspielausb. b. Int. Peter Stanchina, München - 1969-75 Wiss. Assist. u. Akad. Oberrat Univ. Münster; 1975-80 Wiss. Rat u. Prof. PH Rheinl.; 1980-81 Prof. Univ. Köln; 1981ff. Lehrst. f. Dt. Literaturwiss. u. Literaturdidaktik (einschl. Theaterpäd.) Univ. Münster. 1978 Gastprof. Emory Univ., Atlanta/USA; 1980 Jury-Mitgl. Mülheimer Dramatiker-Preis - BV: Allegorisier. u. mod. Erzählkunst. E. Studie z. Thomas Mann, 1970; Geschäftswelt u. Ästhetentum b. Heinrich Mann, 1972; Erzähltextanalyse, 2 Bde. 1977; Materialien z. Ideologiegesch. d. dt. Literaturwiss., 2 Bde. (Hg.) 1973; Wilhelm Scherer. Poetik, (Hg.) 1974; Aufs. üb. Mozart, Rich. Wagner, Kleist u. Th. Mann, Barocklyrik, mod. Großstadtlyrik, Hofmannsthal; Fernsehserien; Musikkomödie, Theaterpäd., Funkessays z. Musiktheater.

REISS (ß), Jürgen

Dr. phil., Journalist (b. 1989), Direktor Europa-Programm Deutschlandfunk (1968-89) - Raderberggürtel 40, 5000 Köln 51 (T. Büro: Köln 345 24 20) - Geb. 20. Febr. 1924 Berlin (Vater: Karl R., Prokurist; Mutter: Erna, geb. Hirschfeld), ev., verw., verh. s. 1975 m. Inge, geb. Unterluggauer, 2 Töcht. (Esther-Maria, Irene) - Franz. Gymn. (Abit.); Dt. Hochsch. f. Politik (Dipl. 1953) u. Freie Univ. Berlin (Politol., Gesch., Staatsrecht; Promot. 1956) - D. Tagesspiegel (1947-1949, Redakt.), D. Abend (1949-59, Ressortleit.), D. Kurier (1959-66 Erscheinen eingest., Chefredakt.), alle Berlin. Zeitw. Vors. Berliner Pressekonfz. u. Kassenwart Berliner Presse-Club - BV: George Kennans Politik d. Eindämmung, 1957 - 1952 Hans-Jäckh-Preis; 1985 BVK - Liebh.: Tennis, Segeln, Kochen - Spr.: Franz., Engl. - Lions-Club, Dt. Presseclub Bonn, Ges. f. Ausw. Politik.

REISS, Rolf

Chemiker, Vorstandsmitglied Milupa AG, Friedrichsdorf (s. 1969) - Limesstr. 17, 6393 Wehrheim - Geb. 12. April 1927 Berlin-Schöneberg (Vater: Kurt R., Betriebsleit.; Mutter: Charlotte, geb. Emrich), verh. s. 1950 m. Christine, geb. Leki, 2 Kd. (Jürgen, Cornelia) - Stud. TU Berlin, Dipl. 1950, Promot. 1952.

REISSER (ß), Heinrich

Dr. jur., Bankdirektor i. R. - Landecker Str. 2, 1000 Berlin 33 (T. 76 23 68; Büro: 82 30 11) - Geb. 16. Febr. 1909 - Verwaltungstätigk.; s. 1949 Berliner Industriebank AG. (1953 stv., 1956 o. Vorstandsmitgl., b. 1974 -sprecher) - Spr.: Engl. - Rotarier.

REISSMÜLLER (ß), Johann Georg

Dr. jur., Journalist, Mitherausgeber Frankfurter Allgemeine Zeitung - Zu erreichen üb. FAZ, Hellerhofstr. 2-4, 6000 Frankfurt am Main - Geb. 20. Febr. 1932 Leitmeritz/Tschech. (Vater: Karl R., Eisenbahnbeamter; Mutter: Margarethe, geb. Trummer), kath., verh. s. 1956, 3 Kd. - Obersch.; Stud. Rechtswiss. Tübingen. 1. jurist. Staatsex. 1955; Promot. 1958 - 1957-61 verantw. Redakt. Juristenztg.; 1961-67 Redakt FAZ; 1967-71 Balkan-Korresp. FAZ; 1971-74 verantw. Redakt. Innenpolitik FAZ; Mithrsg. 1974 - BV: Jugoslawien - Vielvölkerstaat zw. Ost u. West, 1971; D. vergessene Hälfte - Osteuropa u. wir, 1986.

REISSMUELLER, Wilhelm

Dr. phil., Verleger, Herausgeber u. Chefredakteur Donau-Kurier - Aloisiweg 3, 8070 Ingolstadt/Donau (T. 68 01) - Geb. 19. Dez. 1911 Süßen/Württ. (Vater: Josef R., Goldschmied; Mutter: Maria, geb. Dolderer), kath., verh. s. 1937 m. Elin, geb. Liebl - Gymn.; Kunstakad. Stuttgart; Univ. München (Promot. 1935) - Herausg.: Ingolstadt, D. Herzogstadt, d. Universitätsstadt, d. Fest., 4 Bde. 1974; D. Diplomat Hans von Herwarth, 1974. - Bildhauer; Maler. Skulpturen u. Bilder in öfftl. Sammlungen - Bayer. VO.; Bayer. Verfassungsmed. in Gold; Brustfstern z. Gr. BVK; Gr. Ehrenz. DRK; Ehrenbürger d. Stadt Ingolstadt; Ehrenmitgl. d. Accad. di Belle Arti Carrara.

REISSNER, Helmut

Dr. jur., Rechtsanwalt, Verkehrsjourn. (VDM), Geschäftsf. Verb. d. Dt. Tapetengroßhandels - Kaiserstr. 17, 6050 Offenbach/M. - Geb. 19. Aug. 1934 Ratibor/Oberschl. (Vater: Josef R., Berufsoffz.).

REITBAUER, Alois

Altbürgermeister Stadt Regen, Schneidermeister - Moizerlitzplatz 5, 8370 Regen/Bay. Wald - Geb. 3. Febr. 1916 Lalling - 1960-83 1. Bürgerm. Stadt Regen. CSU - 1952 BVK; 1968 Bayer. VO.; 1981 Silb. Med. f. bes. Verdienste um d. Kommunale Selbstverw.; 1983 Ehrenbürger Stadt Regen; 1985 BVK I. Kl.

REITBÖCK, Herbert J. P.

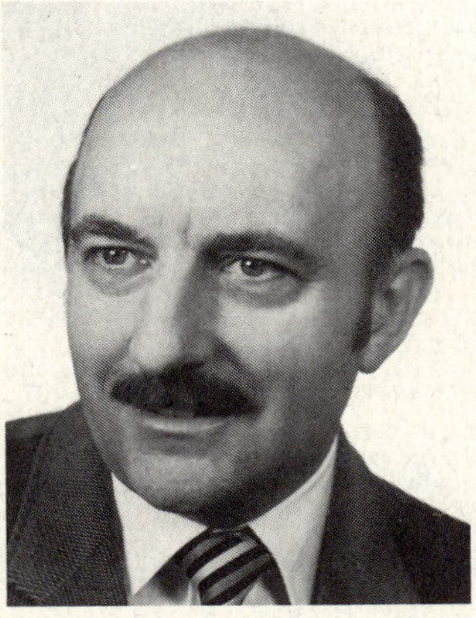

Dr. phil. nat., Dr. techn., Univ.-Prof. u. Leiter d. Arbeitsgruppe Angew. Physik u. Biophysik Univ. Marburg (s. 1978), Arbeitsgebiet Informationsverarb. in Biolog. Systemen, Mustererkenn. u. Spracherkenn. durch Computer - Renthof 7, 3550 Marburg/L. - Geb. 22. Juni 1933 Ried/Österr. (Vater: Johann R.; Mutter: Rosa, geb. Poringer) - Dipl.-Ing. 1958 TH Wien; Promot. 1963 Univ. Frankfurt/M. u. 1964 TH Wien - 1959-66 MPI f. Biophysik; 1966-78 Westinghouse Research Center Pittsburgh/USA, 1969 intern. Atomenergiebehörde, 1970-78 Univ. Pittsburgh. Veröff. u. US-Patente - Mitgl. Forschungssenat Westinghouse Electric Corp., Wissenschaftsbeirat d. Goethe-Inst.; Mitgl. New York Acad. Science, American Neuroscience Assoc., European Neurosc. Assoc., Dt. Ges. f. Biophysik, Ges. Dt. Naturf. u. Ärzte, Europ. Assoc. F. Signalprocessing, VDI; Senior Member IEEE, Int. Neural Network Soc. - Spr.: Engl., Span. - Lions Club.

REITER, Ernst

Sportsoldat, Silbermedaillengewinner Olymp. Spiele 1988 in Calgary (Biathlon-Staffel) - Otto-Filitz-Str. 19, 8222 Ruhpolding (T. 08663 - 21 68) - Geb. 31. Okt. 1962 Traunstein/Obb., verh. s. 1986 m. Gabi, geb. Süssmann - 1984 Olymp. Spiele Sarajevo Bronze-Med. (Biathlon-Staffel); 1984 Silb. Lorbeerblatt (v. Bundespräs.).

REITER, Friedrich

Kaufmann, Vors. Bundesinnungsverb. d. Messerschmiede/Fachverb. f. Schleiftechnik, Krefeld - Ottenser Hauptstr. 50, 2000 Hamburg 50.

REITER, Heinrich

Dr. jur., Präsident Bundessozialgericht (1984ff.) - Graf-Bernadotte-Pl. 5, 3500 Kassel 1 - Geb. 27. Aug. 1930 Freising/ Obb. - Stud. Rechtswiss. - 1957-84 Landesversicherungsanst. Landshut, Landw. Berufsgenoss. Oberbay., Sozialgericht München, Bayer. Arbeits- u. Sozialmin. (zul. Ministerialdirig. u. Leit. Abt. Sozialversich.). CSU nahesteh. - 1988 Bayer. VO.

REITER, Ilse

Vorsitzende Verbraucherzentrale d. Saarlandes - Hohenzollernstr. 11, 6600 Saarbrücken.

REITER, Johannes

Dr. theol., Prof. f. Moraltheologie Univ. Mainz - Taunusblick 43, 6531 Appenheim (T. 06725 - 50 83) - Geb. 22. April 1944 Haustadt/Saar, kath., ledig - 1964-67 Ing.stud.; 1968-73 Stud. Theol. u. Phil. in Trier u. München; Promot. 1977 (Moraltheol.); Habil. 1983 (Moraltheol.) - 1984 Prof. f. Moraltheol. Univ. Mainz; Mitgl. Enquete-Kommiss. Chancen u. Risiken d. Gentechnol. d. Dt. Bundestages - BV: D. Moraltheologe Ferdinand Probst (1819-1899), 1978; Modelle christozentrischer Ethik. E. histor. Studie in system. Absicht, 1984; Genetik u. Moral (m. U. Theile), 1985; Aids - Wege aus d. Krankheit, 1988; Menschl. Würde u. christl. Verantwortung. Bedenkliches zu Technik, Ethik, Politik, 1989. Zahlr. Art. z. Bioethik - Spr.: Engl.

REITER, Melchior

Dr. med., o. Prof. f. Pharmakologie u. Toxikol. TU München/Med. Fak. (s. 1969) - Biedersteiner Str. Nr. 29, 8000 München 40 - Geb. 2. April 1919 Berlin (Vater: Dr. phil. Caspar R., Chemiker; Mutter: Anna, geb. Hütt), verh. s. 1947 m. Veronika, geb. Brantl), 3 Kd. (Christoph, Michael, Susanne) - Realgymn. (Treptow) u. Univ. Berlin. Promot. 1944 Berlin; Habil. 1955 München - 1955-69 Privatdoz. u. apl. Prof. (1961) Univ. München. Fachveröff.

REITER, Norbert

Dr. phil., Prof. f. Balkanologie FU Berlin - Birkbuschstr. 16, 1000 Berlin 41 (T. 834 55 39) - Geb. 5. Jan. 1928 Beuthen/ OS, verh. s. 1955, 2 Kd. - Stud. Univ. Greifswald, Leipzig u. FU Berlin; Promot. u. Habil. in Slavistik - Dir. Inst. f. Balkanol. FU Berlin; 1983-87 Sprecher d. Osteuropa-Inst. - BV: D. dt. Lehnübersetz. im Tschech., 1953; D. poln.-dt. Sprachbez. in Oberschles., 1960; D. Dialekt v. Titov-Veles, 1964; D. Semantik dt. u. russ. Präposit., 1975; Komparative, 1979; Gruppe, Sprache, Nation, 1984; D. ovyj-Adjekt. in Rußland, 1986; D. skr. Präpositionstyp nad/iznad, 1987. Mitautor: 30 Stunden Serbokroatisch f. Anfänger, 1976. Herausg.: Nationalbewegungen auf d. Balkan (1983); Ziele u. Wege d. Balkanlinguistik (1983); Ztschr. f. Balkanol. u. d. Balkanol. Veröff. d. Osteuropa-Inst. FU Berlin; D. Stellung d. Frau auf d. Balkan (1987); Max Vasmer z. 100. Geb. (1987); Sprechen u. Hören, Akten d. 23. LK (1989). Mithrsg.: Aus 30 Jahren Osteuropaforsch. (1984).

REITER, Udo

Dr. phil., Hörfunk-Direktor Bayer. Rundfunk (s. 1986) - Bgm.-Mösl-Str. 4, 8031 Rottbach - Geb. 28. März 1944 Lindau (Vater: Sebastian R., Werkmstr.; Mutter: Josefine, geb. Bildstein), kath., verh. s. 1969 m. Ursula, geb. Weyermann, Tocht. Franziska - Stud. German., Gesch., Polit. Wiss. Univ. Berlin u. München (Promot. 1970) - 1970 fr. Journ.; s. 1973 Bayer. Rundf. (Wissenschaftsredakt., 1980 Leit. Familienfunk,

1982 Leit. Hauptabt. Politik u. Wirtsch., Chefredakt.).

REITH, Rudolf

I. Bürgermeister, stv. Landrat - Rathaus, 8727 Werneck/Ufr. - Geb. 11. April 1935 Werneck - Verwaltungsangest.; VR Kreissparkasse; AR-Vors. Unterfränk. Überlandzentrale Lülsfeld; Schatzm. Bayer. Rotes Kreuz. CSU.

REITHER, Werner

Dr. med., Dr. med. dent., o. Prof. f. Zahn-, Mund- u. Kieferheilkunde - Markgräflerstr. 3, 7812 Bad Krozingen/Br. - Geb. 13. Juli 1919 Johanngeorgenstadt (Vater: Robert R., Fotogr.; Mutter: Marie, geb. Fenn) - Univ. München. Promot. u. Habil. München - S. 1964 Lehrtätigk. Univ. München (Privatdoz.; zul. Ltd. Oberarzt Klinik f. ZMK-krankh.) u. Freiburg (1969 Ord. u. Dir. Zahn- u. Kieferklinik). 85 Fachveröff.

REITMEIER, Lorenz

Dr., Oberbürgermeister Stadt Dachau (s. 1966) - Rathaus, 8060 Dachau/Obb. - Geb. 22. Sept. 1930 München - verh., 3 Töcht. - Zul. Regierungsdir.

REITTER, Hans

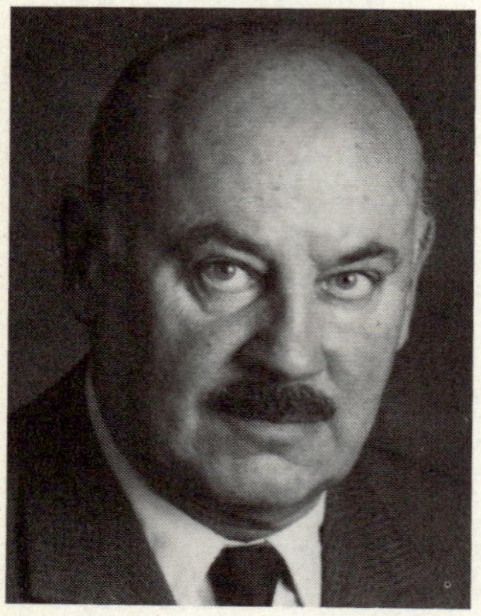

Dr. med., Prof., em. Chefarzt Chirurg. Klinik u. Dir. Städtische Kliniken Fulda (s. 1963) - Witzelstr. 16, 6400 Fulda: (T. 5 23 45) - Geb. 19. Juni 1919 Weretz (Vater: Prof. Dipl.-Ing. Johannes R., Ord. f. Chemie), kath., verh. s. 1946 m. Dr. Irene, geb. Lachmann, 3 Kd. (Irene, Christiane, Thomas) - Promot. 1942; Habil. 1957 - Gearbeitet unt. Prof. K. H. Bauer (Chir. Univ.sklin. Breslau u. Heidelberg), Prof. E. Randerath (Pathol. Univ.sinst. H'berg), Prof. E. Derra (Chir. Klin. Med. Akad. Düsseldorf); s. 1957 Privatdoz. u. apl. Prof. (1963) MA bzw. Univ. D'dorf. Üb. 40 Buch- u. Ztschr.beitr. (Magen-, Lungen-, Zwerchfellerkrank.) - 1985 BVK - Liebh.: Sammelt Hinterglasbilder u. alte Plastiken - Spr.: Serbokroat., Franz. - 1985/86 Rotary-Governor - Beweis 1952-53, daß d. Med. v. Speransky (sowjet. Physiologe) auf e. Irrtum beruht.

REITZ, Heribert

Staatsminister a. D., MdL Hessen (s. 1962; 1968-70 Vors. Haushaltsaussch.; 1970-72 Fraktionsvors.) - Jahnstr. 4, 6251 Offheim (T. 06431 - 9 42 66; Amt: 06121 - 3 21) - Geb. 1. Juni 1930 Offheim - Gymn. (Abit. 1951) - 1951-71 Dienst Bundespost (zul. Oberinsp.); 1972-84 (Rücktr.) Min. d. Finanzen, Wirtschaft u. Technik Hessen; 1960ff. Vors. Gemeindevertr. Offheim; 1968 ff. MdK Limburg. SPD (Vors. Ortsverb. Offheim, Mitgl. Kreisvorst. Limburg). AR-Vors. Flughafen AG., Frankfurt/M.

REITZ, Inge,

geb. Sbresny

Schriftstellerin (Ps. Inge Reitz-Sbresny) - Hindenburgstr. 43, 6500 Mainz (T. 06131 - 67 47 88) - Geb. 20. Juni 1927 Mainz, verh. m. Helmut R., Gymnasiallehrer, 2 T. (Annette, Nina) - 1947-49 Literaturstud. Univ. Mainz; 1949-57 Verlagsarb. Musikverlag B. Schott's Söhne, Mainz - BV: Määnzer Geschwätz, 1955; Mainzer Gebabbel, 1964; Uff Määnzerisch, 1978; De Holzworm, 1980; Schbass als wie nix, 1982; Der un annere, 1984; Redde mer vom Woi, 1986 - Liebh.: Literatur, Kunst, Musik.

REITZ, Philipp H.

Dipl.-Ing., Akademiedirektor - Königsberger Str. Nr. 2, 6000 Frankfurt/M. (T. 77 48 18) - Geb. 13. Okt. 1913 Frankfurt/M. (Vater: Philipp R., Schneider; Mutter: Karoline, geb. Werner), verh. s. 1945 m. Georgine, geb. Hepfinger, T. Angelika - 1937-42 Ing.sch. Darmstadt (Doz.), dann Raketenversuchsanstalt Peenemünde u. Wasserbau-Versuchsanst. Kochel (Überschallwindkanal), 1945-1948 Privatsch. f. Sprachen u. techn. Fächer Kochel, seither Privat-Ing.schulinst. Dipl.-Ing. Philipp H. Reitz bzw. Philipp-Reitz-Polytechnikum bzw. Akad. f. angew. Technik bzw. Staatl. anerk. Ing.sch. f. Maschinenbau u. Elektrotechnik, Frankfurt. Erf.: Doppelflossen-System b. Kraftfahrzeugen - Liebh.: Segelfliegen (I. Grundprüf.) - Spr.: Engl., Franz.

REITZE, Paul F.

Dr. phil., Journalist, Ressortleiter Kulturpolitik u. Kultur Die Welt - Paffendorfstr. 121, 5000 Köln 91 (T. 0221 - 86 34 98) - Geb. 20. Sept. 1941 Laupheim/Ulm (Vater: Karl R., Angest.; Mutter: Theresia, geb. Schick), kath., verh. s. 1964 m. Maria, geb. Schmelzer, 2 Kd. (Clemens, Serge) - Promot. 1968 Univ. Bonn - 1970-74 Redakt. Schwäb. Zeitung; s. 1975 Ressortleit. Kultur Rhein. Merkur; s. 1986 s. o. - BV: Beitr. z. Theorie d. dicht. Begeister., 1971; D. Zehn Gebote, 1982 (m. a.); D. Erde wieder bewohnbar machen, 1982 (m. a.) - Spr.: Engl., Franz., Ital.

REITZEL, Michael

Rechtsanwalt, MdL Rhld.-Pfalz (s. 1971), Vizepräs. Landtag Rheinl.-Pfalz u. Vors. SPD Mainz-Bingen - Zu erreichen üb. Landtag, Deutschhausplatz, 6500 Mainz (T. 06131 - 20 82 62); priv.: 6501 Selzen - Geb. 8. Dez. 1943 Mainz - Landesgeschäftsf. Sozialdemokr. Gemeinsch. f. Kommunalpolitik Rhld.-Pfalz.

REITZIG, Jürgen

Dipl.-Volksw., Hauptgeschäftsführer Bundesverb. Steine u. Erden, Geschäftsf. Sozialpolit. Arbeitsgem. Steine u. Erden - Friedrich-Ebert-Anlage 38, 6000 Frankfurt/M.

REJEWSKI, Erwin

Dr. jur., Bundesanwalt a. D. - Witzleben-Str. 4/5, 1000 Berlin 19 - Geb. 26. Febr. 1914 - B. 1967 Oberstaats-, dann Bundesanw.

REJMONT, Josef

Dipl.-Ing., Geschäftsführer Rhein-Chemie Rheinau GmbH., Mannheim - Silcherstr. 2, 6830 Schwetzingen - Zul. Gf. Rhein-Chemie GmbH., Heidelberg.

RELIWETTE, Hartmut T.

(eigentl. Hartmut Tettweiler), Maler, Bildhauer u. Lyriker, Mitgl. im Berufsverb. Bildender Künstler - Idafehn-Nord 58, 2958 Ostrhauderfehn/Ostfriesland; u. Töpferstr. 51, 4300 Essen 1 - Geb. 10. April 1943 (Vater: Robert Tettweiler, Dipl.-Ing., 35 Patente, †1984), led., 2 Töcht. (Stephanie, Evelyn) - Stud. Malerei u. Gebrauchsgrafik FAS Amsterdam - Vermessungstechn. Zeichner; Justizvollzugshauptsekr., s. 1975 Leit. arbeitstherap. Bereich Justizvollzugsanst. Gelsenkirchen; 1981-83 Doz. VHS Mülheim/Ruhr u. Essen - BV: Wundersame Gesch. f. Individualisten, 1971. Filmprodukt.: Zw. Traum u. Wahrheit, 1975/76; Aufbruch, Psychodelic Memories, 1984/85. Präsentation neosymbolistischer Malerei (m. 60 Ausst. im In- u. Ausl.); 1984 Gründ. d. Reliwette-Mus. in Ostrhauderfehn. Vertreter e. polit. Kunstrichtung im Sinne e. Kunstaktion. Als Aktionskünstler Arb. an: Vom Himmel fallen, 1987 Ostfriesland (Kunstaktion), sow. Korresp. m. führenden Politikern im In- u. Ausland; Freundschaft zu J. Benys u. Peter Coryllis im Kr. d. Freunde; Mitarb. Free Intern. Univ.; Begründ. Lit.gefangenenztg. Diabolo u. Szene M. - Spr.: Engl. - Lit.: Div. Kunstlex.

REMANE, Reinhard

Dr. rer. nat., Prof. f. Zoologie, Taxonomie u. Evolution d. Tiere Univ. Marburg - Thüringer Str. 7, 3550 Marburg/L.

REMBECK, Max

Dr. oec., Dipl.-Kfm., Elektroing., o. Prof. f. Betriebswirtschaftslehre - Laustr. 84, 7000 Stuttgart 70 (T. 76 34 46) - Geb. 1907 Stuttgart, verh. s. 1940 m. Annarose, geb. Gräfin v. Hertling, 2 Töcht. (Marierose, Monika) - 1936-39 Hochsch. f. Wirtschafts- u. Sozialwiss. Nürnberg (Assist.), dann Industriepraxis (zul. Fabrikdir.), n. 1945 freiberufl. Tätigk., 1951-65 öfftl. Dienst (zul. Vizepräs. Landesgewerbeamt Baden-Württ.), seither Ord. TH bzw. Univ. Stuttgart (vorher Honorarprof.). Vorstandsvors. Marktforsch.sgem. u. Leit. Inst. f. Unternehm.spolit. Stuttgart. Zahlr. Mitgliedsch. - BV: Voraussetzungen u. Durchführ. d. Ausbild. d. industriellen Einkäufers, 1963; Marktkonforme Unternehmungsführ. durch Marktforsch., 1963; Zulieferer/Abnehmer - Partnerschaft m. Zukunft, 1970; Im Dienst d. Marktforsch., 1963, 2. A. 1971 (m. Eichholz); D. Markt als Erkenntnisobjekt d. empir. Wirtschafts- u. Sozialforsch., 1968 (m. Eichholz); Gruppenw. Untersuch. in d. Bekleid.sind., 1970 (m. IFO-Inst. u. a.); Application of Market Research for small and medium sized Firms in Commerce, 1964 (m. a.); Beschaffungspolit. u. Einkaufstechn., 1964 (m. a.); Region. Wirtsch.sförd. in USA, 1965 (m. a.); Marktw. Probleme d. zukünft. Entwickl. d. ländl. Bau- u. Ausbauhandwerks, 1965 (m. a.); Leitfaden f. d. ind. Beschaffungsmarktforsch., 1967 (m. a.); Markterkund. f. Klein- u. Mittelbetriebe, 2 Bde. 1972; Kolleg f. Untern.sführ., 4 Bde. 1968-72 (m. VDMA), Handb.beitr. Hrsg.: Ztschr. D. ind. Einkauf (1954-69); D. Marktforscher (1957 ff.) - Lit.: Hans Rühle v. Lilienstern, D. informierte Unternehmung, 1972 (Festschr. z. 65. Geburtstag v. M. R.).

REMBOLD, Ulrich

Dr.-Ing., Prof. f. Prozeßrechentechnik Univ. Karlsruhe - Reutstr. 32, 7500 Karlsruhe 41 (T. 0721 - 47 39 91) - Geb. 1. Mai 1929 Danzig-Langfuhr (Vater: Viktor R., Prof.; Mutter: Hildegard, geb. Schramke), kath., verh. s. 1961 m. Brigitte, geb. Braunger, 3 Kd. (Bernhard, Ingrid, Derk) - Dipl. Masch.bau 1955 TU Stuttgart, Promot. 1957; Master Business Administration 1972 Michigan State Univ., East Lansing Michigan/USA - 1957-58 Entw.-Ing. National Carbon Company; 1958-75 Leit. Forsch.-Abt. Syst. Eng. Res. Whirlpool Corporation, Benton Harbor, Michigan/USA; 1975ff. o. Prof. u. Lehrstuhlinh. Prozeßrechentechnik u. Robotik Univ. Karlsruhe - BV: Computers in Manufacturing, Fachb. 1977; Einf. in d. Informatik I, 1977; Prozeß- u. Mikrorechnersyst., Plan. u. Implementier., 1979; Interface-Technol. f. Prozeß- u. Mikrorechner, 1981 - Spr.: Engl., Span., Skandin.

REMBOR, Otto

Direktor, I. Geschäftsf. Landesversicherungsanstalt Rheinland-Pfalz - Eichendorffstr. 4-6, 6720 Speyer/Rh.

REMER, Andreas

Dr. rer. pol., o. Prof. f. Betriebswirtschaftslehre Univ. Bayreuth - Alte Schulstr. 8, 8581 Hummeltal (T. 09201 - 72 80) - Geb. 11. Mai 1944 Schwiebus (Vater: Hans R., Bankkfm.; Mutter: Leonie, geb. v. Eichborn), ev., verh. s. 1981 m. Evi, geb. Stempfle, 4 Kd. (Sven, Niklas, Nina, Jana) - 1965-70 Stud. Betriebswirtsch. Univ. München (Dipl.-Kfm. 1970); Promot. 1973 Augsburg, Habil. 1980 Essen - 1970-81 Wiss. Assist. München, Augsburg, Essen, Priv.-Doz.; s. 1982 o. Prof. Univ. Bayreuth - BV: Personalmanagement, 1978; Personalarb. u. Personalleit. im Großuntern., 1979; Instrumente unternehmenspolit. Steuerung, 1982; Verwaltungsführ., 1982 (Hrsg.); Organisationslehre, 1988.

REMKY, Hans

Dr. med., Prof., Augenarzt - Arabellastr. 5, 8000 München 81 (T. 93 20 14); priv.: Gerstäckerstr. 62, 50 (T. 42 30 06) - Geb. 19. Aug. 1921 Tilsit - S. 1950 (Habil.) Lehrtätigk. Münster u. München (1957 ff. apl. Prof.; b. 1968 Oberarzt Augenklinik). Mitgl. in- u. ausl. Fachges. Zahlr. Veröff. - 1976 Goldmed. Paul Chibert.

REMLING, Elmar

Ministerialdirigent, Leiter Zentralabt. d. Bundesmin. f. Raumordnung, Bauwesen u. Städtebau - Deichmanns Aue, 5300 Bonn 2 (T. 0228 - 3 37-31 00); priv.: Helmholtzstr. 34, 5300 Bonn 1 (T. 0228 - 62 40 94) - Geb. 20. Febr. 1935 Machtilshausen, kath., verh. s. 1959, 3 Töcht. - Abit.; Stud. Rechts- u. Staatswiss.; 1. jurist. Staatsprüf. 1958, 2. jurist. Staatsprüf. 1962 bde. Würzburg - 1963-71 Tätigk. im Bundesmin. d. Verteidig., 1971-82 Tätigkeit im Deutschen Bundestag, 1971-73 Ref. f. Innen- u. Rechtspolitik d. CSU-Landesgr., 1973-81 Sekretär d. Bundestags-Aussch. f. Raumordnung, Bauwesen u. Städtebau, 1981/82 Pers.-Ref. d. Bundestags-Präs.; s. 1982 im Bundesbaumin., s. 1985 Leit. d. Zentralabt.

REMLING, Karl

I. Bürgermeister - Rathaus, 8703 Ochsenfurt/Ufr. - Zul. Landrat Kr. Ochsenfurt - 1973 BVK I. Kl.

REMMELE, Wolfgang

Dr. med., Prof., Direktor Inst. f. Path./Städt. Kliniken Wiesbaden (s. 1968) - Paul-Lazarus-Str. 5, 6200 Wiesbaden-Klarenthal (T. dstl.: 4 30) - Geb. 16. Mai 1930 Frankfurt/M. (Vater: Julius R.; Mutter: Mathilde, geb. Schick), verh. m. Dr. med. Gisela, geb. Jüttner - Univ. Frankfurt/M. (Promot.) - S. 1961 (Habil.) Lehrtätigk. Univ. Heidelberg, Kiel (1967 apl. Prof.), Mainz (1969 apl. Prof.). Üb. 150 Fachveröff., 4 Buchveröff.

REMMER, Herbert

Dr. med., o. Prof. f. Toxikologie - Eduard-Spranger-Str. 19, 7400 Tübingen (T. 6 14 52) - Geb. 6. März 1919 Berlin - S. 1950 (Habil.) Lehrtätigk. FU Berlin (1958 apl. Prof. u. stv. Dir. Pharmak. Inst.) u. Univ. Tübingen (1964 Ord. u. Dir. Inst. f. Toxikol.). Facharb.

REMMERBACH, Jürgen

Dr. rer. pol., Dipl.-Kfm., Vorstandsmitglied Hoesch Rothe Erde-Schmiedag AG, Dortmund - Am Hang 5, 4600 Dortmund 30 (T. 02304-8 03 52) - Geb. 17. März 1937 Dortmund, verh. s. 1967 m. Helga, geb. Schellewald, 2 Kd. (Andrea, Michael) - 1958-62 Stud. Betriebsw. Univ. München u. Köln; Promot. 1965 Graz - 1970-81 Vorstandsmitgl. Spezialmaschinenbau-Untern. Brasilien. VR-Mitgl. HRS-Tochterges. in USA, Japan, Großbrit., Ital., Span., Brasilien, Frankr., Österr. - Spr.: Engl., Span., Portug.

REMMERBACH-KNIPP-RENTROP, Günther

Dipl.-Kfm., ehem. Geschäftsführer P. A. Rentrop, Hubbert & Wagner Fahrzeugausstattungen GmbH & Co. KG, Stadthagen - Stadtpark 12, 3060 Stadthagen (T. 70 22 09) - Geb. 7. Sept. 1928 Duisburg - Spr.: Engl. - Rotarier.

REMMERS, Johann

Dr. rer. pol., Bankdirektor, Vorstandsmitgl. DG Bank Dt. Genossenschaftsbank (s. 1983) - Am Platz der Republik, 6000 Frankfurt/M. (T. 74 47 01) - Geb.

28. März 1934 Willen - 1959-63 Stud. d. Betriebsw.; Promot. 1969 - S. 1965 DG Bank, 1981 stv. Vorst.-Mitgl. DG Bank; AR-Vors. DEFO Dt. Fonds f. Immobilienvermögen GmbH, Frankfurt, Dt. Immobilien Fonds AG, Hamburg, Dt. Genoss.-Leasing GmbH, Frankfurt/M., DG Anlage-Ges. mbH, Frankfurt/M.; stv. AR-Vors. Südwestbank AG, Stuttgart; AR BFL Büro Fachhandel Leasing GmbH & Co., Neu Isenburg, Centralgenoss. Vieh u. Fleisch eG, Hannover. Spar Handels AG, Hamburg; VR FIDINAM Consulting Holding SA, Zug/Schweiz; BoD London & Continental Bankers Ltd., London.

REMMERS, Walter

Rechtsanwalt u. Notar, Justizminister Nieders., MdL Nieders. (s. 1970 CDU), Ausschußvors. f. Inn. Verwaltung - Kleiststr. 2, 2990 Papenburg (T. 40 26) - Geb. 17. Okt. 1933 Papenburg (Vater: Bernhard R., Malerm.; Mutter: Anne, geb. Rieke), verh. s. 1959 m. Angela, geb. Tolksdorf, 4 Kd. (Thomas, Frauke, Burkhard, Angela) - 1940-47 Volkssch. Papenburg, 1947-54 Aufbausch. Papenburg, Abitur 1954 - 1954-59 Stud. Univ. Münster u. Berlin - 1963-70 Gerichtsass. Hannover u. Aurich, dann Amtsgerichtsrat in Papenburg, 1972-82 Rechtsanwalt u. Notar.

REMMERS, Werner

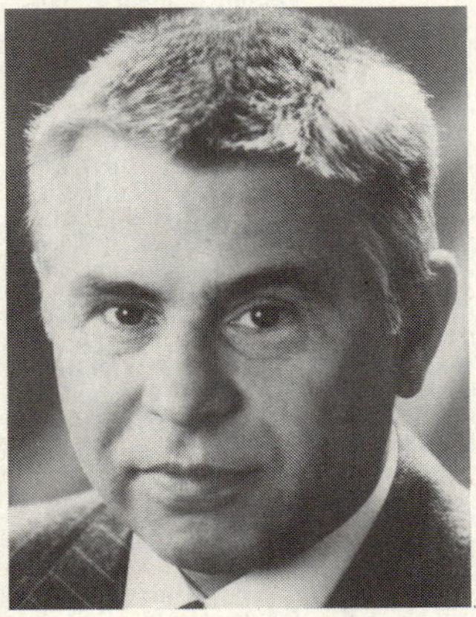

Dr. rer. pol., Nieders. Umweltminister, MdL (s. 1967; 1982ff. Vors. CDU-Fraktion) - Archivstr. 2, 3000 Hannover; priv.: Gerhard-Kues-Str. 14, 4450 Lingen-Holthausen (T. Lingen/Ems 60 25) - Geb. 3. Dez. 1930 Papenburg/Ems, kath., verh., 4 Kd. - Gymn. Papenburg; Univ. Bonn u. Münster (Volksw., Sozialwiss.; Dipl.-Volksw. 1955; Promot. 1960) - S. 1955 Erwachsenenbild.; 1960-62 stv. Dir. Franz-Hitze-Haus, Münster; 1962-76 Dir. Ludwig-Windthorst-Haus, Holthausen; 1976-82 Nieders. Kultusmin.; s. 1986 Umweltmin. - Bruder: Walter R.

REMMERT, Hermann

Dr. rer. nat., Prof. f. Zoologie (Ökol.) Fachber. Biologie Univ. Marburg (s. 1976) - Am Weinberg 27, 3556 Weimar/L. (T. 06421 - 73 66) - Geb. 29. März 1931 Hannover, verh. s. 1959 m. Lisa, geb. Mull, 1 Kd. - Habil. 1962 Kiel. Zul. o. Prof. u. Dir. 2. Zool. Inst. (Tierphysiol.) Univ. Erlangen-Nürnberg - BV: D. Schlüpfrhythmus d. Insekten, 1963; Ökologie, Lehrb. 1978 (2. A. 1980, 3. A. 1984, engl. 1980, brasil. 1982, poln. 1985, span. 1988); Arctic Animal Ecology, 1980; Naturschutz, 1988 - Mitgl. Strukturbeiräte Univ. Bayreuth u. Passau; Vors. Kurat. Vogelwarte Helgoland. Herausg.: Ztschr. Oecologia (1967ff.). Mithrsg.: Ecological Studies - 1985 Mitgl. poln. Akad. d. Wiss.

REMMERT, Reinhold

Dr. rer. nat., o. Prof. f. Mathematik - Berliner Str. 7, 4540 Lengerich/W. (T. 24 30) - Geb. 22. Juni 1930 Osnabrück - Univ. Münster (Math., Phys.). Promot. (1954) u. Habil. (1957) Münster - S. 1957 Lehrtätigk. Univ. Münster (Privatdoz.), Erlangen bzw. -Nürnberg (1960 Ord.), Göttingen (1963 Ord.), Münster (1967 Ord.), ord. Mitgl. Rhein.-Westf. Akad. d. Wiss. (1975). 1959/60, 62/63, 64/65, 69/70, 72/73 Forschungstätigk. USA - 1983 korr. Mitgl. Bayer. Akad. d. Wiss. Fachveröff.

REMMERT, Werner

Präsident Bundesbahndirektion Hannover - Joachimstr. 8, 3000 Hannover 1.

REMPE, Albert

Gesellschafter Südbayer. Transportges. KG - Marktoberdorfer Str. 25-27, 8920 Schongau/Obb. - Ehrenpräs. Bundesverb. d. Dt. Güterfernverkehrs (BDF), Frankfurt; AR-Vors. Straßenverk.Gen. Bayern-Süd (SVG), München - Ehrenvors. Landesverb. Bayer. Transportuntern. (LBT), München; 1978 Gr. BVK; 1981 BVK I. Kl.; 1983 Bayer. VO.

REMPEL, Ernst Christian

Dr. rer. pol., Dipl.-Volksw., Zeitungsverleger u. Chefredakteur Gießener Allg. - Klosterweg 17, 6300 Gießen (T. 0641 - 4 59 28) - Geb. 15. Juli 1942 Berlin (Vater: Hans R., Verleger; Mutter: Käthe, geb. Rost), ev., verh. s. 1974 m. Eva, geb. Saligmann, 2 Kd. (Jan Eric, Max) - Univ. Marburg (Dipl.-Volksw. 1968; Promot. 1974).

REMPPIS, Gerhard

Oberstudienrat, Parlam. Geschäftsf., MdL Baden-Württ. (s. 1976) - Beethovenstr. 26, 7310 Plochingen (T. 2 26 00) - Geb. 25. Sept. 1940 Kirchheim/Teck (Eltern: Kraftf. Albert u. Sofie R.), ev., verh. s. 1970 m. Elisabeth, geb. Schätzle, S. Jörg - Stud. d. Gesch., Politik, German. Univ. Tübingen; Staatsex. 1967 ebd. - SPD (s. 1968 Stadtrat; 1969-72 stv. Bürgerm.) - Liebh.: Lit., Sport.

REMY, Dietrich

Dr. med., Prof., Direktor Med. Klinik Städt. Krankenanstalten Bremen (s. 1962) - Dobbenweg 6, 2800 Bremen 1 - Geb. 16. Mai 1918 Frankfurt/M. - S. 1957 (Habil.) Privatdoz. u. apl. Prof. (1963) Univ. Hamburg (Innere Med.). Üb. 80 Fachveröff. - Martini-Preis Hamburg.

REMY, Gunther-E.

Vorstandsmitglied Otto Wolff AG, Eisen- u. Hüttenwerke AG, bde. Köln - Im Schausinland, 5455 Rengsdorf - Geb. 31. Jan. 1930.

REMY, Winfried

Dr. rer. nat., Prof., Wiss. Rat Geol.-Paläontol. Inst. Univ. Münster - Potstiege 20, 4400 Münster/W. (T. 86 16 23) - Geb. 21. März 1924 Breslau - S. 1954 (Habil.) Lehrtätigk. Univ. Berlin (Humboldt) u. Münster (1961; 1964 apl. Prof. f. Phytopaläontol.); 1955-61 Leit. Arbeitsst. f. Paläobotanik u. Kohlenkd. Dt. Akad. d. Wiss. zu Berlin, s. 1968 Lt. Forschungsst. f Paläobotanik WWU Münster - Bücher, Buchbeitr. z. Ztschr.aufs.

RENARD, Walter

Dipl.-Ing., o. Prof. f. Technik in Gartenbau u. Landw. (emerit.) - Bevenserweg 10, 3000 Hannover 61 (T. 534 21 12) - Geb. 12. Mai 1904 Chemnitz/Sa., ev., verh., 2 Kd. (Jochen, Gudrun) - Gymn. Chemnitz; TH Dresden (Maschinenbau) - Ab 1936 ao. Prof. f. Landtechnik Univ. Leipzig; 1946-49 eig. Ing.büro Oldenburg; 1949-69 Ord. u. Inst.sdir. TH bzw. TU Hannover (1964-66 Rektor). Facharb.

RENDTORFF, Rolf

Dr. theol., o. Prof. f. Alttestamentl. Theologie - Kisselgasse 1, 6900 Heidelberg (T. 06221 - 54 33 19) - Geb. 10. Mai 1925 Preetz/Holst. (Vater: Prof. D. Heinrich R., 1930-33 Bischof Luth. Kirche Meckl., zul. Ord. f. Theol. Univ. Kiel (s. XIII. Ausg.); Mutter: Hedwig, geb. Besser), ev., verh. s. 1949 m. Helge, geb. Hoefke, 4 Kd. (Annemarie, Barbara, Klaus, Christian) - Univ. Kiel, Göttingen, Heidelberg (Theol.; Promot. 1950) - 1953-58 Doz. Univ. Göttingen; 1958-63 Prof. Kirchl. Hochsch. Berlin (1962/63 Rektor); s. 1963 Ord. Univ. Heidelberg (1970-72 (Rücktr.) Rektor). Vizepräs. Dt.-Israel. Ges. (1966-77). Vors. Dt.-Israel. Arb.kreis f. Frieden i. Nahen Osten (1977-86). Mitgl. World Council of the Union of Jewish Studies (1971ff.). SPD - BV: D. Gesetze in d. Priesterschrift, 2. A. 1963; D. Werden d. Alten Testaments, 2. A. 1965; Gottes Geschichte, 1962; Studien z. Gesch. d. Opfers im Alten Israel, 1967; Väter, Könige, Propheten - Gestalten d. Alten Testaments, 1967 (engl.: Men of the Old Testament, 1968); Ges. Studien z. Alten Testament, 1975; Israel u. s. Land, 1975; D. überlieferungsgeschl. Problem d. Pentateuch, 1977; D. Alte Testament. E. Einführung, 1983, 3. A. 1988; Leviticus, 1985ff.; Hat denn Gott s. Volk verstoßen? D. ev. Kirche in Dtschl. u. d. Judentum s. 1945, 1989. Mithrsg.: D. Kirchen u. d. Judentum. Dok. 1945-85 (1988, 2. A. 1989, m. H. H. Henrix) - Spr.: Engl., Neuhebr. - Bek. Vorf.: Prof. D. Dr. Franz R., zul. Ord. f. Theol. Univ. Leipzig, s. X. Ausg. (Großv.) - Bruder: Trutz R.

RENDTORFF, Trutz

Dr. theol., o. Prof. Inst. f. Systemat. Theologie, München - Linastr. 3, 8000 München 71 - Geb. 24. Jan. 1931 Schwerin/Meckl., ev., verh. s. 1956 m. Margrit, geb. Ottow, 3 Töcht. (Stefanie, Nicola, Verena) - Gymn. Stettin u. Kiel; Univ. Kiel, Bloomington (USA), Göttingen, Basel, Münster (Theol., Soziol.). Promot. u. Habil. Münster - 1957-68 Assist., Privatdoz. u. apl. Prof. Univ. Münster, 1968 o. Prof. f. Systemat. Theologie Univ. München; 1979-84 Vors. Wiss. Ges. f. Theol.; 1980 Vors. Kammer f. öfftl.Verantwort. d. Ev. Kirche in Dtschl.; s. 1981 Präs. Ernst-Troeltsch-Ges., 1985 Mitgl. d. Synode d. EKD - BV: Die soziale Struktur d. Gemeinde, 2. A. 1959; Kirche u. Theol., 2. A. 1970 (auch engl.); Theol. d. Revolution, 4. A. 1970 (m. H. E. Tödt; auch holl. u. finn.); Christentum außerh. d. Kirche, 1969 (auch holl.); Christentum zw. Restauration u. Revolution - Polit. Wirkungen neuzeitl. Theol., 1970; Theorie d. Christentums, 1972; Polit. Ethik u. Christentum, 1978; Ethik, 2 Bde. 1980/81. Fachaufs. Herausg.: Religion als Problem d. Aufklärung, 1980; Europäische Theologie, 1980; Glaube u. Toleranz, 1982; Charisma und Instituion, 1985. Mithrsg.: Humane Gesellschaft (1970); Handbuch d. christl. Ethik (1982), 3 Bde. - Spr.: Engl. - Eltern s. Rolf R. (Bruder).

RENFERT, Cornel

Dr. jur., Hauptgeschäftsführer Dt. Franz. Industrie- u. Handelskammer/Chambre Franco-Allemande de Commerce et d'Industrie (s. 1969) - 18, Rue Balard, F-75015 Paris (T. 45 75 62 56) - Geb. 24. Juli 1933 Prüm/Eifel (Vater: Prof. Dr.-Ing. Bernhard R., zul. Ord. f. Straßen-, Erd- u. Tunnelbau TH Aachen (s. XIII. Ausg.); Mutter: Hilde, geb. Buchmüller), kath., verh. s. 1969 m. Adelheid, geb. Peters, 3 Söhne (Markus, Christof, Patrik) - Univ. Bonn, München, Köln, New York (Columbia), Paris (Sorbonne) - Rechtsanw. - BVK I. Kl. - Spr.: Engl., Franz. - Rotarier.

RENFRANZ, Hans Peter

Fernsehredakteur, Schriftst., Redaktionsleit. ZDF - An der Hasenquelle 81, 6500 Mainz (T. 06131-68 25 75) - Geb. 19. Juni 1941 Posen, verh. s. 1968 m. Ilona, geb. Gosemann - Stud. German., Gesch., Theaterwiss. - BV: R.: D. Dorf, D. Haus meines Vaters, D. Stadt. Erz.: Einladung an einen Helden - 1975 Förderpreis Land Rhld.-Pfalz; 1976 Mainzer Theaterpreis; Mitgl. PEN-Zentrum d. Bundesrep. Dtschl.

RENGELING, Hans-Werner

Dr. jur., Prof. f. Öffentliches Recht - Brüningheide 192, 4400 Münster (T. 0251 - 21 20 38) - Geb. 25. Febr. 1938 Essen (Vater: Wilhelm R., Bankdir.; Mutter: Hildegard, geb. Heckmann), kath., verh. s. 1969 m. Christa, geb. Röhr - Gymn. Essen, Jura-Stud. Freiburg u. Münster, 1. jur. Staatsprüf.; 1964 Hamm, 2. - 1972 Düsseldorf, Promot. 1971 Münster, Habil. 1975 - 1977 Wiss. Rat u. Prof. Univ. Hamburg, 1978 Prof. Univ. Bonn, 1981 Prof. Univ. Osnabrück, 1981 Mitschriftl. d. Dt. Verw.blatts - BV: Priv.völkerrechtl. Verträge, 1971; Rechtsgrunds. b. Verw.vollzug d. Europ. Gemeinsch.-rechts, 1977; D. kommun. Bauleitplan. (m. W. Hoppe), 1973; Rechtsschutz b. d. kommun. Gebietsreform (m. W. Hoppe), 1973; Sicherung d. Weltfriedens b. d. Vereinten Nationen (m. D. C. Dicke), 1975, D. immissionsschutzrechtl. Vorsorge, 1982; Planfeststell. f. d. Endlag. radioaktiver Abfälle, 1984; D. Stand d. Technik b. d. Genehmig. umweltgefährd. Anlagen, 1985; Erfüllung staatlicher Aufgaben durch Private, 1986; Probabilistische Methoden b. d. atomrechtlichen Schadensvorsorge, 1986; Europ. Umweltrecht u. europ. Umweltpolitik (Hrsg.), 1987; D. Kooperationsprinzip im Umweltrecht, 1988; Umweltvorsorge u. ihre Grenzen im EWG-Recht, 1989 - Vorst.-Mitgl. Wiss. Ges. f. Europarecht, Inst. f. Europarecht Univ. Osnabrück.

RENGER, Annemarie,
geb. Wildung

Bundestagsvizepräsidentin (s. 1976) - Postanschrift: Bundeshaus, 5300 Bonn (T. Bundeshaus: Bonn 1 61) - Geb. 7. Okt. 1919 Leipzig (Vater: Fritz Wildung, Mitbegr. Arbeitersportbewegung, Straße in Berlin-W'dorf nach ihm benannt; Mutter: Martha, geb. Scholz), verh. I) 1938 m. Emil Renger (gef. II. Weltkr.), S. Rolf, II) 1965 Dipl.-Volksw. Aleksandar Lončarević (†1973) - Lyz.; Verlagsausbild. - Verlagstätigk. Berlin; 1945-52 Privatsekr. d. 1. SPD-Nachkriegsvors. Kurt Schumacher (†); s. 1953 MdB (Parlam. Geschäftsf.; Mitgl. Fraktionsvorst.; 1972-76 Bundestagspräs.) Div. Funktionen. SPD s. 1945 (1961-73 Mitgl. Vorst. u. Präsid.; 1966-73 Vors. Bundesfrauenaussch.; Vors. d. Kontrollkomiss.); Schirmherrin d. Drogenhilfe '80; Vizepräs. Europa-Union; 1966-72 stv. Präs. Sozial. Frauen in d. Sozial. Internationale; Präs. d. Arbeiter-Samariter-Bundes; s. 1976 Vors. d. Dt.-Israel. Parlamentariergruppe im Dt. Bundestag; Vors. Dt. Helsinki-Menschenrechts-Komit., d. Kurat. d. Dt. Ges. z. Förd. d. Friedens im Nahen Osten, d. Kurt-Schumacher-Ges., d. Philharmonia Hungarica in d. Bundesrep. Dtschl. - BV: Fasziniert v. Politik, 1981. 4-Fs.-Frauengesch./AR - Eine Frau auf polit. Parkett (ARD 5. Nov. 1981). Herausg.: Kurt Schumacher - Bundestagsreden (1972) - 1974 Gr. BVK; Hon. Fellow d. Hebr. Univ. Jerusalem; Ehrenpräs. Zentralverb. Demokrat. Widerstandskämpfer- u. Verfolgtenorg.

RENGER, Gernot

Dr. rer. nat., Prof. f. Physikalische Chemie TU Berlin - Hagelberger Str. 10c, 1000 Berlin 61 (T. 030 - 785 38 10) - Geb. 23. Okt. 1937, kath., verh. s. 1966 m. Eva, geb. Cieslik - Ing. Chemie 1959 Leipzig; Dipl.-Chemiker 1966 TU Berlin; Promot. 1970 ebd.; Habil. 1977 - 1980 Prof. TU Berlin; 1982-84 geschäftsf. Dir. Max Volmer Inst.; 1985-87 Dekan FB Physik u. Angew. Chemie - Editorial Board d. Ztschr. Photosynthesis Research, Academic Press Japan. Herausg. (m. a.): The Oxygen Evoloing System in Photosynthesis - Liebh.: Gesch., Sport - Spr.: Engl.

RENGER, Johannes

Dr. phil., Prof. FU Berlin - Bogotastr. 18, 1000 Berlin 37 - Geb. 18. Sept. 1934 Schönau (Vater: Ewald R., Syndikus; Mutter: Elisabeth, geb. Struckmann), ev., verh. s. 1962 m. Gisela, geb. Knoth, 3 Kd. (Almut, Christoph, Sabine) - 1. theol. Ex. 1957 Leipzig, Promot. 1965 Heidelberg - 1966-76 Univ. of Chicago (Res. Assoc., Assist.-Prof. u. Assoc.-Prof.); 1976ff. o. Prof. FU Berlin. Korr. Mitgl. Dt. Archäol. Inst.; 1. Vors. Dt. Orientges. - Spr.: Engl., Franz.

RENGSTORF, Karl Heinrich
Lic. theol. habil., Drs. h. c., o. Prof. f. Neutestamentl., Exegese, Lit. u. Gesch. des Judentums (emerit.), Leit. Forschungsvorhaben Antike u. Christentum - Melchersstr. 23, 4400 Münster/W. - Geb. 1. Okt. 1903 Jembke/Hann. (Vater: Wilhelm R., Pastor; Mutter: Anna, geb. Mohr), ev., verh. I) 1932 m. Annamarie, geb. Meineke (†1943), II) 1945 m. Elisabeth, geb. Mackeprang, 2 Töcht. (Anna Marie, Ilsabe) - Univ. Tübingen, Greifswald, Göttingen - 1930 Privatdoz. Univ. Tübingen, 1936 Lehrstuhl Univ. Kiel (dort im gleichen J. aus polit. Gründen entlassen), 1937-48 Konventual u. Stud.-Dir. Kloster Loccum, 1948 Ord. Univ. Münster (1952-53 Rektor). Mitgl. Kommiss. Kirche u. Judentum EKD - BV: u. a. Hirbet Qumram u. d. Bibl. v. Toten Meer, 1960; D. Institutum Judaicum Delitzschianum - 1886-1961, 1963; D. Paulusbild in d. neueren dt. Forsch., 3. A. 1982; D. Re-Investitur d. Verlorenen Sohnes in d. Gleichniserz. Jesu - Lukas 15, 11-32, 1967; D. Delitzsch'sche Sache, 1967; D. Auferst. Jesu, 5. A. 1967; Kirche u. Synagoge, 2 Bde. (m. S. v. Kortzfleisch) 1968-70, 2. A. 1988; Briefwechsel zw. Franz Delitzsch u. W. W. Graf Baudissin (m. O. Eißfeldt), 1973; Johannes u. sein Evangelium, 1973; D. Ev. nach Lukas, 17. A. 1978 (japan. Übers. 1976, ital. Übers. 1980); A Complete Concordance to Flavius Josephus, 1973ff. (bish. 5 Bde.). Herausg.: Rabbin. Texte; Die Mischna (m. S. Herrmann); Beitr. z. Wiss. v. Alten u. Neuen Testam. (m. S. Herrmann); Arb. z. Lit. u. Gesch. d. hell. Judentums; Theokratia (Jahrb.) - Theol. Ehrendoktor Univ. Tübingen (1948), Aberdeen, Lund (beide 1962), Springfield (1971); Mitgl. Stud. Nov. Test. Soc., Soc. Ernest Renan, Paris, u. Acad. intern. des Sciences religieuses, Brüssel; 1970 Mitgl. Rhein.-Westf. Akad. d. Wiss., Düsseldorf (Neugründ.); 1978-80 Präs. Lessing-Akad. Wolfenbüttel; 1985 Korr. Mitgl. Joachim Jungius Ges. d. Wiss., Hamburg - 1974 Gr. BVK; 1968 Med. Univ. Helsinki; 1973 Univ.-Med. Münster; 1976 Ehrenmitgl. Society of Biblical-Literature (USA); Nat. Ass. of Professors of Hebrew.

RENK, Reinhold
I. Bürgermeister - Rathaus, 8645 Steinwiesen/Ofr. - Geb. 2. Okt. 1931 Steinwiesen - Porzellanmaler. SPD.

RENK, Rolf
Kaufmann, Vors. Verb. Dt. Schiffsausrüster, Hamburg - Jagersredder 7, 2000 Hamburg 65 - Geb. 12. Sept. 1924. - Inh. Schaar & Nimeyer, Hamburg.

RENN, Heinz
Dr. rer. pol., Dipl.-Volksw., Prof. f. Soziologie, - Habichtweg 1, 2053 Schwarzenbek (T. 04151 - 31 92) - Geb. 22. Jan. 1940 Mayen (Vater: Heinrich R., selbst. Kaufm.; Mutter: Alwine, geb. Astor), kath., verh. s. 1967 m. Veronika, geb. Reißer, S. Christoph - Realsch., kfm. Lehre, Gymn. (Abit. 1962 Bonn); Stud. Soziol. u. Wirtsch.wiss. Univ. Köln, Dipl. 1967, Promot. 1972 - 1967-73 Univ. Köln, 1970-73 Lehrbeauftr. Univ. Düsseldorf, 1972/73 Univ. Bochum, 1973-77 Univ. Hamburg (Wiss. Oberrat), s. 1977 Prof., 1981-83 gf. Dir. Inst. f. Soziol. Univ. Hamburg, 1984-86 Spr. Fachber. Phil. u. Sozialwiss. Univ. Hamburg - BV: D. Messung v. Sozialisierungswirk., 1973; Nichtparametrische Statistik, 1975; Zahlr. Publ. in Fachztschr. u. Sammelwerken üb. sozialwiss. Meth. sow. angew. Sozialforsch., insbes. z. Fragen d. Suchtprävention - Spr.: Engl., Franz.

RENNEFELD, Dirk-Jens
Verwaltungsdirektor Sender Freies Berlin - Masurenallee 8/14, 1000 Berlin 19 - Geb. 21. Aug. 1939, verh. s. 1969 m. Hildegard, geb. Koch, S. Felix.

RENNER, Edmund
Dr. agr., Prof., Leiter Fachgebiet Milchwissenschaft/Inst. f. Tierzucht u. Haustiergenetik Univ. Gießen (s. 1968) - Waldgirmeser Str. 1, 6335 Lahnau-Atzbach (T. Gießen 702 61 45) - Geb. 15. Jan. 1932 Bamberg (Vater: Raimund R., Landw.; Mutter: Elsa, geb. Markert), kath., verh. s. 1965 m. Barbara, geb. Lehmann, 2 Töcht. (Ulrike, Stephanie) - 1944-51 Gymn. Würzburg u. Miltenberg; 1951-53 prakt. Lehre; 1953-56 TH München (Landw.). Landw. Diplom- 1956, Staatsex. 1958; Promot. 1960, Habil. 1967 - 1960-68 Assist. u. Konservator TH München (Inst. f. Milchwiss., Weihenstephan) - BV: Math.-statist. Methoden in d. prakt. Anwendung, 1970, 2. A. 1981; Milch u. Milchprodukte in d. Ernähr. d. Menschen, 1974, 2. A. 1982; Milk and Dairy Products in Human Nutrition, 1983; Konsummilch, 1985; Nährwerttabellen f. Milch u. Milchprod., 1986; Statistikprogramme in BASIC, 1986; Molkereimaschinen u. -verfahren. Herausg.: Lexikon d. Milch (1988). Etwa 300 Fachaufs. - Liebh.: Musik - Spr.: Engl.

RENNER, Egon A. E.
Dr. phil., Ethnologe/Linguist, Assist.-Prof. Seminar f. Völkerkunde Univ. Hamburg - Heinrich-Seidel-Str. 3, 1000 Berlin 41 (T. 030-795 59 05) - Geb. 13. Jan. 1935 Offenbach am Glan (Vater: Adolf R.; Mutter: Erna R., geb. Nickel), ev., verh. s. 1964 m. Betty, geb. Waeser, 2 Kd. (Marcus, Gesine) - 1949-52 Lehre als Dekorations- u. Schriftenmaler, 1959-62 Kunststud. Rom u. London, Kunstdipl. 1959 u. 60 Rom; 1966-69 Berlin-Kolleg, Abit., 1969-75 Stud. Ethnol., Linguistik, Altamerikan., Roman. Univ. Berlin, Promot. 1978 - 1958-66 kunsthandwerkl. u. künstler. Tätigk. (Aufträge, Projekte, Beteilig. an Kunstausstell.) im In- u. Ausland, 1963 Art Advicer am Inform. Center d. liberian. Reg., Monrovia; 1978-80 wiss. Assist. Museum f. Völkerkunde Berlin; 1979-80 Lehrbeauftr. Inst. f. Ethnol. FU Berlin; s. 1980 Ass.-Prof. Sem. f. Völkerkd. Univ. Hamburg, Forschung; s. 1982 Redakt. Ztschr. f. Ethnol.; Wiss. Mitarb. b. d. Erschließung d. Kirchenkampfarchivs (KKA) d. Ev. Zentralarchivs in Berlin (EZA Berlin) d. Ev. Kirche in Dtschl. (EKD) u. d. Ev. Kirche d. Union (EKU) - Entd.: Detaill. Nachweis d. Anwendbark. d. Kuhnschen Paradigmamod. in d. empir. Nicht-Naturwiss. - BV: Kogn. Anthropol. Aufbau u. Grundlagen e. ethnol.-linguist. Paradigmas, 1980; zahlr. Art. in in- u. ausl. Fachztschr. - 1960 Premio dell'Arte di Via Margutta d. Stadt Rom; 1971-76 Stip. d. Studienstiftg. d. dt. Volkes - Spr.: Engl., Span., Ital., Franz.

RENNER, Horst
Bezirksstadtrat a. D., Leiter Abt. f. Bauwesen Bezirksamt Wedding (1971-80) - Müllerstr. 146, 1000 Berlin 65 (T. 4 57-1) - Geb. 12. März 1929 Berlin, verh., 3 Kd. - Oberrealsch.; Maurerlehre; Abendstud. Ingenieursch. f. Bauwesen (1958 Technikerprüf.) - S. 1956 Berliner Verw. (b. 1959 Bauamt Neukölln, dann Senat). Langj. Bezirksverordn. Wedding (zul. Fraktionsf.). SPD s. 1947.

RENNER, Ingeborg,
geb. Meyer
Hausfrau, MdA Berlin (s. 1967) - Barfusstr. 31, 1000 Berlin 65 (T. 451 41 23) - Geb. 24. März 1930 Berlin, verh., 3 Kd. - Höh. Schule (Abitur 1948) u. Päd. Hochsch. Berlin (4 Sem.) - 1962-67 Bezirksverordn. Wedding. SPD s. 1947.

RENNER, Maximilian
Dr. rer. nat., Prof. a. D. Zoologisches Inst. Univ. München (1966-85) - Rißheimer Str. 18, 8000 München 60 (T. 88 51 53) - Geb. 4. Nov. 1919 München (Vater: Max R., techn. Beamter; Mutter: Magdalena, geb. Berchtold), kath., verh. s. 1944 m. Johanna, geb. Mergenthaler, 2 Töcht. (Sigrid, Barbara) - Promot. 1951 u. Habil. 1960, bde. München. Spez. Arbeitsgeb.: Biol. u. Sinnesphysiol. v. Insekten; Erf.: Haltung v. Bienen in Flugräumen 1955 - BV: Leitf. f. d. Zool. Praktikum, Lehrb. 15.-19. A., 1967-84; V. Bienen u. Honig - Einf. in d. Bienenkunde, 1968; Biologie u. Ökologie d. Insekten, Bearb. d. 2. A. 1988. Fachaufs. - Spr.: Engl.

RENNER, Rudolf
Prof., Theologe - Herrenstr. 29, 7501 Grünwettersbach (T. Karlsruhe 4 62 74) - Geb. 2. Jan. 1915, ev. - S. 1951 Doz. u. Prof. Päd. Hochsch. Karlsruhe (Didaktik u. Methodik d. ev. Religionsunterr.). Fachaufs.

RENSCH, B.
Dr. phil., Dr. phil. h. c., Prof. f. Zoologie (emerit.) - Möllmannsweg 16, 4400 Münster/W. (T. 86 14 01) - Geb. 21. Jan. 1900 Thale/Harz (Vater: Carl R.; Mutter: geb. Siebenhüner), verh. s. 1926 m. Ilse, geb. Maier - Univ. Halle - 1938-68 Lehrtätigk. Univ. Münster (1947-68 Ord. u. Inst.-Dir.). Mitgl. Exekutiv-Komitee u. Vizepräs. Sektion Allg. Zool. (1961) Intern. Union d. Biol. Wiss. - BV: D. Prinzip geogr. Rassen - Kreise u. d. Problem d. Artbildung, 1929; Kurze Anweis. f. zool.-systemat. Stud., 1934; D. Gesch. d. Sundabogens, E. tiergeogr. Unters., 1936; Neuere Probleme d. Abstammungslehre, 3. A. 1972; Psych. Komponenten d. Sinnesorgane, 1955; Homo sapiens - V. Tier z. Halbgott, 3. A. 1970; Evolution above the Species Level, 1959 (New York u. London); Biophilosophie, 1968 (auch engl./New York u. London 1971); Gedächtnis, Begriffsbildung u. Planhandlungen b. Tieren, 1973; D. univers. Weltbild. Evolution u. Naturphilosophie, 1977; Gesetzlichk., psychophys. Zusammenhang, Willensfreiheit u. Ethik, 1979; Lebensweg e. Biologen, 1979; Psychol. Grundl. d. Wertung bild. Kunst, 1984; Biophilosoph. Implications of inorganic and organismic Evolution, 1985; Generelle Determiniertheit allen Geschehens, 1988 - 1937 Silb. Leibniz-Med. Pr. Akad. d. Wiss., 1938 Darwin-Wallace-Med. Linnean Soc., 1959 Darwin-Plak. Dt. Akad. d. Naturforscher (Leopoldina); 1957 Ehrendoktor Univ. Uppsala (Schweden); 1964 Ehrenmitgl. Soc. Española de Historia Natural, 1968 Hon. member Soc. Columbiana de Naturalistas; 1977 Hon. member Academy of Arts and Sciences (Boston); 1970 o. Mitgl. Rhein.-Westf. Akad. d. Wiss., Düsseldorf; 1956 ausw. Fellow Linnean Soc., London; 1978 ausw. Mitgl. Nat. Academy of Sciences (Washington); 1961 korr. Hon. member American Soc. of Zoologists; 1974 Ernst-Helmut-Vits-Preis Univ. Münster.

RENSING, Ludger
Dr., Prof. f. Zellbiologie Univ. Bremen (s. 1976) - Parkstr. 83, 2800 Bremen - Geb. 23. Okt. 1932 Münster (Vater: Theodor R., Landeskonservator; Mutter: Therese, geb. Benseler), kath., verh. s. 1963 m. Roswitha, geb. Holberg, 3 Kd. (Christopher, Anne, Elke) - Promot. 1960; Habil. 1966 - 1960-68 Wiss. Assist. Göttingen; 1962-64 Stip. Princeton Univ. N. J.; 1971-76 Doz. u. apl. Prof. Göttingen - BV: Biol. Rhythmen, 1973; Allg. Biol., 1975, 2. A. 1984 (m.a.); Temporal Order, 1985 (hg. m.a.); Temporal Disorder in Human Oscillatory Systems (hg. m.a.); Zellbiologie, 1988 (m.a.).

RENTROP, Friedhelm
Wirtschaftsprüfer u. Steuerberater, MdB - Koblenzer Str. 89, 5300 Bonn 2 (T. 0228 - 35 10 38) - Geb. 14. Febr. 1929 Köln (Vater: Dr. Siegfried R., Wirtsch.-prüf. u. Steuerber.; Mutter: Elsa, geb. Eckel), ev., verh. s. 1956 m. Annemie, geb. Ringel, 5 Kd. (Norman, Klaus, Robert, Inga, Evelyn) - Ind.-Kfm.; 1950-62 Univ. Köln u. Bonn (Wirtsch.swiss., Steuerrecht, Recht) - 1950-79 eig. Praxis, s. 1970 Vorst. WP-AG, versch. ehrenamtl. Vorst.- u. AR-Mand. in Sport-, Berufs- u. a. Organis., polit. Ämter. 1980-83 MdB (FDP), 1982/3 Vors. d. Finanzaussch. Dt. Bundestag, ab 1984 wied. eig. Praxis.- Liebh.: Rudern, Golf - Gold. Sportabz. - Spr.: Engl., Franz.

RENTROP, Norman
Dipl.-Kfm., Verleger, Herausg. - Theodor-Heuss-Str. 4, 5300 Bonn-Bad Godesberg (T. 0228 - 82 05-0) - Geb. 26.

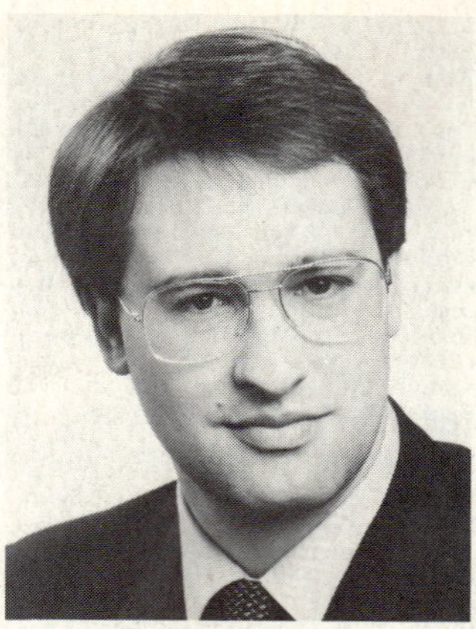

Okt. - Aloisiuskolleg Bad Godesberg; Austauschschüler Eton College, England; Univ. Köln (Planung, Org., Wirtschaftsgesch.) - Verlag Norman Rentrop; Herausg. Ztschr.: D. Geschäftsidee (s. 1976), D. Erfolgsberater (s. 1982), D. Werbeberater (s. 1984), D. Reden-Berater (s. 1987) u. D. Immobilien-Berater (s. 1988) - BV: Ausgew. Strategien im Gründungsprozeß, 1985; Franchise-Chancen, 1986; Tips z. Unternehmensgründ., 1977; Venture Capital Katalog, 1983; Jetzt selbständig machen, 1986 - Liebh.: Golf, Ski.

RENTSCHLER, Ingo
Dr. rer. nat. habil., Dr. med. habil., Prof. f. Med. Psychologie Univ. München - Renatastr. 63, 8000 München 19 - Geb. 10. März 1940 Traben-Trarbach (Vater: Hans-Eberhard R., Theol.; Mutter: Hildegard, geb. Daimler), verh. m. Yumiko Maruyama (Konzertpianistin), S. Jun Erik - Univ. München (Dipl.-Phys. 1967, Promot. Dr. rer. nat. 1971, Habil. f. Physik 1977, Dr. med. habil. 1979) - S. 1982 Prof. in München - BV: D. Bild als Schein d. Wirklichk. (m. H. Schober), 1972, 1988. Herausg.: Beauty and the Brain (1988, m. Herzberger u. Epstein); Human Neurobiology (1982-88) - 1978-81 Heisenberg-Stip. DFG - Spr.: Latein, Engl., Franz., Ital. - Bek. Vorf.: Gottlieb Daimler.

RENTSCHLER, Walter
Dr. rer. nat., em. o. Prof. f. Physik u. Meteorologie - Bitzerweg 4, 7000 Stuttgart 80 (T. 71 37 17) - Geb. 19. März 1911 Tübingen (Vater: Christian R., Architekt, Kreisbaum.; Mutter: Julie, geb. Hausmann), ev., verh. I) 1934 m. Hanne, geb. Fritz (†1962), 4 Kd. (Hannelore, Gisela, Rolf, Werner), II) 1968 Dr. rer. nat. Ingeborg, geb. Günther - Oberrealsch. Tübingen; Univ. ebd. u. München (Physik, Math.). Promot. (1934) u. Habil. (1950) Tübingen - 1935 Assist. Physikal. Inst. LH Hohenheim; 1936 Physiker Robert Bosch GmbH., Stuttgart; 1946 Dir. Inst. f. Physik u. Meteorol. LH, jetzt Univ. Hohenheim (1957 ao., 1961 o. Prof.; 1965-67 Hochschulrektor). Mitgl. Fachges., dar. Vorst. Keppler-Ges. (1966) - BV: Aufbau u. Materie, 1948; D. physikal. Grundl. d. Naturwiss. u. d. Technik, Lehrb. 1952; Physik f. Naturwiss.ler, Lehrb. 1972. Fachaufs. - Spr.: Engl.

RENZ, Hans Peter
Schriftsteller, Regisseur - Westrittrum, 2907 Grossenkneten 4 - Geb. 2. Jan. 1933 Bremen, verh. m. Dorle, geb. Halbhuber - Mithrsg. Stint, Halbjahresh. m. Lit. aus Bremen. Regiss. an versch. Bühnen - BV: Bericht v. Tode Georg Heyms, in: Georg Heym, Ges. Werke. Erz. u.a. im Stint. De Dodenwacht, Niederd. Tragikkomödie. Insz. in Flensburg, Hamburg, Bremen, Oldenburg, u.a. Fassbinder, Bremer Freiheit, Schlachthof Bremen.

RENZ, Karen
Tänzerin - Yorckstr. 1, 2120 Lüneburg (T. 04131 - 4 44 86) - Geb. 2. Aug. 1963 Hamburg, ledig - 1974-80 Ballettsch.

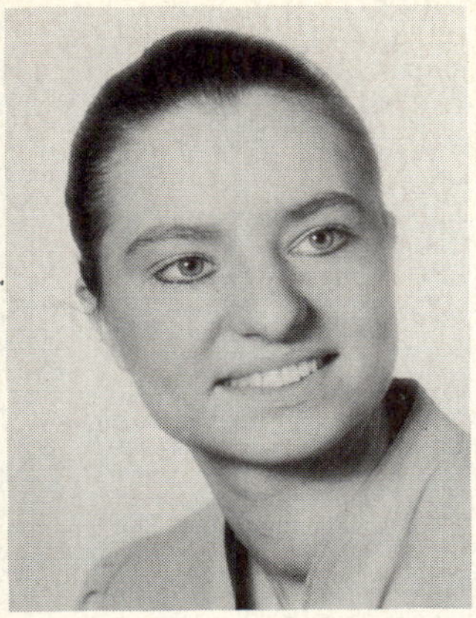

Hamburg, 1980-83 Stedelijk Inst. voor Ballet Antwerpen/Belg.; 1983-88 Staatstheater Kassel, Grazer Balletttheater, Stadttheater Flensburg, CH-Tanztheater Zürich, Stadttheater Lüneburg; s. 1984 Choreograph b. d. fr. Ballettgr. Regenbogen Hbg. - Zahlr. Solorollen, 1974-80 Ballettsch. Hbg., u.a. Puppenfee (1976), Schwanensee (1978); Stedelijk Inst. voor Ballett Antwerpen: Nußknacker (1981/82). FS-Auftritt b. A. Rothenberger (1977) - Spr.: Engl., Niederl. - Bek. Vorf.: Bürgerm. Mönckeberg (Ur-Ur-Großv.).

RENZ, Peter

Schriftsteller - Maiertal 17, 7981 Waldburg - BV: Vorläuf. Beruhigung, R. 1980; D. Glückshaut, R. 1982; Dichterlesung, 1988; Schöne Gegend. Erfahrungen m. Deutschl., 1989. Herausg.: D. Kehrseite d. Dinge. Jan P. Tripp (1985). Fernsehfilme, Drehb., Theaterst. - 1981 Bodensee-Literaturpreis; 1986 New York-Stip. d. Dt. Literaturfonds.

RENZ, Ulrich

Dr.-Ing., Prof. f. Wärmeübertrag. u. Klimatechnik RWTH Aachen - Meischenfeld 77, 5100 Aachen (T. 02408 - 33 01) - Geb. 10. Jan. 1939 Ravensburg (Vater: Dr. Hans R., Gymn.-Prof.; Mutter: Gertrud, geb. Leyrer), ev., verh. m. Ute, geb. Armbruster, 2 S. (Andreas, Tilo) - Stud. Maschinenbau Univ. Stuttgart; Dipl.-Ing. 1963, Diploma of Imperial College London 1964, Promot. 1970 Stuttgart, Habil. 1974 RWTH Aachen - 1964-70 Wiss. Assist. Univ. Stuttgart; 1970-74 Wiss. Assist. RWTH Aachen; 1974-76 Ind. (Steinmüller, Gummersbach); s. 1976 Prof. RWTH Aachen.

REPGEN, Konrad

Dr. phil., em. o. Prof. f. Mittelalterl. u. Neuere Geschichte - Saalestr. 6, 5300 Bonn-Ippendorf - Geb. 5. Mai 1923 (Vater: Wilhelm R., Rektor; Mutter: Anna, geb. Könsgen), verh. s. 1957 m. Everde, geb. Brüning - Univ. Bonn. Promot. (1950) u. Habil. (1958) Bonn - S. 1962 Ord. Univ. Saarbrücken u. Bonn (1967). 1971 o. Mitgl. Histor. Kommiss. Bayer. Akad. d. Wiss., 1983 o. Mitgl. Rhein.-Westf. Akad. d. Wiss., 1986 corr. F.B.A. - BV: Märzbeweg. u. Maiwahlen 1848 im Rhld.; Papst, Kaiser u. Reich 1521-1644, T. I/1 u. 2 1962-65; Klopfsignale, 1974; Von d. Reformation b. z. Gegenwart, 1988. Herausg.: Veröff. d. Kommiss. f. Zeitgesch. (1965ff.); Acta Pacis Westphalicae (1962ff.).

REPGES, Rudolf

Dr. med., Dipl.-Math., o. Prof. TH Aachen (s. 1971) - Goethestr. 23, 5100 Aachen (T. 428 96 98) - Geb. 17. Juni 1927 Wesel (Vater: Dr. med. Walter R., prakt Arzt; Mutter: Maria, geb. Scholten), kath., verh. s. 1959 m. Christa, geb. Eschenbrenner, 4 Kd. (Silvia, Rudolf, Charlotte, Andreas) - Stud. d. Math. TH Aachen u. Univ. Gießen (Dipl. 1963 ebd.) u. d. Med. Univ. Köln, Freiburg, Gießen; Habil. f. Biomath. 1969 Gießen - 1956-61 ärztl. Tätigk. - BV: Biomathematik f. Mediziner, 2. A. 1976; Mathematical Models in Medicine, 1976 - Liebh.: Musik, vergl. Sprachwiss. - Spr.: Engl., Niederl.

REPNIK, Hans-Peter

Jurist, MdB (s. 1980; Wahlkr. 191, Konstanz), Parlam. Staatssekretär b. Bundesmin. f. wirtschaftl. Zusammenarbeit (s. 1989) - Ländlestr. 13, 7760 Radolfzell 18 (T. 07732 - 1 22 60) - Geb. 27. Mai 1947 Konstanz (Vater: Vinzenz R., Schmiedem.; Mutter: Berta, geb. Wieland), kath., verh. s. 1969 m. Beate, geb. Viellieber, 2 Töcht. (Petra, Stephanie) - Abit.; Jura-Stud., 1. u. 2. jur. Staatsex. - Bundesw. (Hptm. d. Res.). 1976-77 pers. Ref. Finanzmin. v. Baden-Württ., 1978-80 parlam. Berat. im Landtag, 1973-76 Vors. JU Südbaden; Vors. Landesgr. Baden-Württ. CDU/CSU-Bundestagsfrakt.; s. 1985 Präsid.-Mitgl. u. Landesvorst. CDU Baden-Württ.

REPP, Hans

I. Bürgermeister Stadt Bischofsheim/Rhön - Rathaus, 8743 Bischofsheim/Ufr. - Geb. 12. Mai 1926 Laufach - U. a. Fahrlehrer. CSU.

REPPEKUS, Hans-Otto

Gf. Gesellschafter Druckhaus Louisgang GmbH - Hiberniastr. 8, 4650 Gelsenkirchen (T. 0209 - 1 50 81); priv.: Abbendiekshof 9, 4650 Gelsenkirchen (T. 0209 - 14 14 96) - Geb. 11. Juli 1924, verh. m. Christel, geb. Lehmann, 4 Kd. (Christian, Kai, Meike †1981, Frederic) - Präs. Bundesverb. Druck, Wiesbaden; Vorst.-Mitgl. Verb. Druckind. Westf.-Lippe, Dortmund - Rotarier.

REPPICH, Bernd

Dr. rer. nat., Wiss. Rat u. Prof. Lehrstuhl f. Werkstoffwiss. I (Allg. Werkstoffeigensch.) Univ. Erlangen-Nürnberg (s. 1975) - Dormitzer Str. 39, 8521 Neunkirchen.

RESCH, Hans-Dieter

Prof., Komponist, Dirigent, Rektor Hochsch. f. Musik u. Darst. Kunst Frankfurt/M. (s. 1975) - Hoherodskopfstr. 106, 6000 Frankfurt/M. 50 (T. 55 08 26) - Geb. 23. Jan. 1932 Crimitschau/Sa. (Vater: Hans R., Konzertm.; Mutter: Senta, geb. Richter), ev., verh. s. 1962 m. Beate, geb. Otto, T. Alexandra - Mozarteum Salzburg, Musikhochsch. Köln - 1962-64 Konservat. Dortmund u. Musische Bildungsstätte Remscheid; 1964-69 stv. Dir. Jugendmusiksch. Frankfurt/M., s. 1967 auch Hochsch. f. Musik u. Darst. Kunst. ebd. (1971 stv. Fachbereichsleit., 1974 Prorektor). Fellow h. c. R. N. C. M., Manchester (Engl.), Gastprof. Univ. Tel Aviv (Israel) u. Univ. of Oregon (USA). Kompositor. Werke f. Orch., Kammermusiken, Lieder, Chöre, Kinderoper - Liebh.: Techn., Sprachen - Spr.: Engl.

RESCH, Klaus

Dr. med., Prof. f. Pharmakologie u. Leiter Abt. Molekularpharmakol. Hochsch. Hannover - Gneiststr. 11, 3000 Hannover 1 - Geb. 28. Juni 1941 Berlin (Vater: Johann R., Beamter; Mutter: Gertrud, geb. Pöche), ev., verh. s. 1969 m. Dr. Silke, geb. Bollhagen, 2 Kd. (Julia, Philipp) - Med.-Stud.; Staatsex. 1966, Promot. 1967, Habil. f. Immunbiol. 1974 - 1968-79 wiss. Assist. (Oberassist.) Freiburg u. Heidelberg (dazw. 1977/78 USA-Aufenth.); 1979-81 Heisenberg-Stip. Dt. Forsch.gem. am Dt. Krebsforsch.zentr. Heidelberg; s. 1981 Leit. Abt. Molekularpharmakol. Med. Hochsch. Hannover; s. 1986 Sprecher Sonderforschungsber. Chronische Entzündung. Herausg. Ztschr. Immunbiol. (s. 1975). Entd. z. molekul. Mechanismus d. Aktivier. v. Lymphozyten - BV: Üb. 125 Veröff. in intern. Büchern u. Fachztschr.; Mechanisms of Lymphocyte Activation (Hrsg. m. H. Kirchner), 1981 - 1975 Heinrich-Wieland-Preis - Spr.: Engl.

RESCHKE, Eike

Dr. jur., Kanzler d. Dt. Sporthochschule Köln (s. 1971) - Carl-Diem-Weg, 5000 Köln 41 - Geb. 3. Juli 1934 Berlin (Vater: Joachim R., Landgerichtsrat; Mutter: Eva, geb. Grumbkow), ev., verh. s. 1962 m. Inge, geb. Knochenhauer, 4 Kd. (Reinhard, Karin, Kirsten, Imke) - 1954-58 Univ. Freiburg u. Kiel (Jura, Sport) - B. 1966 Westd. Rektorenkonfz., dann Nieders. Kultusmin. (Ref.).

RESCHKE, Hans

Dr. jur., Dr. med. h. c., Dr. rer. pol. h. c., Oberbürgermeister a. D. - Stephanienufer 5, 6800 Mannheim (T. 82 42 05) - Geb. 22. März 1904 Posen (Vater: Hermann R., höh. Regierungsbeamter; Mutter: Magdalene, geb. Wätjen), verh. 1932 m. Annette, geb. von Laer - Univ. Heidelberg (Rechtswissensch.) - Ab 1934 Landrat Höxter und Recklinghausen. 1949-51 Leiter Institut zur Förd. öffentl. Angelegenh., Frankfurt/M. bzw. Mannheim, 1951-56 Hauptgeschäftsf. Kommunale Arbeitsgem. Rhein-Neckar, Mannheim, u. IHK Mannheim (1955); 1956-72 Oberbürgerm. Mannheim. Langj. Präsidialmitgl. Dt. Städtetag (zul. Vizepräs.). Vors. Dt. Verein f. öfftl. u. priv. Fürsorge; Senator Max-Planck-Ges. ARsmandate u. a. - 1972 Ehrendoktor Univ. Mannheim u. Univ. Heidelberg; 1972 Gr. BVK m. Stern - Rotarier.

RESCHKE, Hans Hermann

Wirtschaftsjurist, Präs. Dt. Bundesbahn a. D., pers. haft. Gesellsch. B. Metzler seel. Sohn & Co. Kommanditgesellschaft auf Aktien (1982ff.), AR-Vors. Chem. Werke Brockhues AG, AR-Mitgl. Frankfurter Hypothekenbank AG - Zu erreichen üb. Große Gallusstr. 18, 6000 Frankfurt 1 (T. 210 42 15) - Geb. 27. Febr. 1933 Hamburg (Vater: Dr. Hans R., Oberbürgerm. a. D. Mannheim; Mutter: Annette, geb. von Laer), ev., verh. s. 1962 m. Dr. med. Barbara, geb. Hanne, 3 Kd. (Annette, Stephanie, Philipp) - Jurist. Stud. Staatsex. 1956 Heidelberg, 1961 Stuttgart - 1961-64 Dt. Bank AG, Mannheim; 1964-74 Norddt. Lloyd/Hapag-Lloyd AG (Prok., Leit. Finanzen u. Rechn.wesen, s. 1972 stv. Vorst.-Mitgl.), 1974 Dt. Bundesb., Abt.-leit. Finanzen u. Wirtsch.; 1977-82 Präs. Dt. Bundesb. u. Vorst.-Mitgl. - Liebh.: Schwimmen, Golf, Tennis, Theater - Spr.: Engl.

RESCHKE, Karin

Schriftstellerin - Zu erreichen üb.: Rotbuch-Verlag, Potsdamer Str. 98, 1000 Berlin 30 - Geb. 1940 Krakau (aufgew. Berlin) - BV: Memoiren e. Kindes, 1981; Verfolgte d. Glücks - Findebuch d. Henriette Vogel, 1982; Dieser Tag üb. Nacht, Erz., 1984 - 1982 FAZ-Lit.preis (f.: Verfolgte ...).

RESCHKE, Otto

Bergingenieur, MdB (Direktmand. Wkr. 088 Essen 1, s. 1980) - Böhmerstr. 1, 4300 Essen 1 - Geb. 9. Sept. 1941 Gladbeck - 1956 Berglehrling; 1959 Knappe; 1961-63 Hauer u. Schießmeister; nach Bergsch. Grubensteiger (b. 1966); nach weit. Umschulung Tätigk. b. Landschaftsverb. Rhld. (Ing.); 1970-80 Parteigeschäftsf. Essen. Gewerkschaftsmitgl. (s. 1956), Mitgl. AWo (s. 1967). 1969-73 MdK Mettmann; 1975-80 Rat Stadt Essen. SPD s. 1967.

RESE, Martin

Dr. theol., Prof. f. Neues Testament - Isolde-Kurz-Str. 139, 4400 Münster - Geb. 31. Mai 1935 - BV: Alttestamentliche Motive in d. Christologie d. Lukas, 1969.

RESKE, Friedolin

Verleger (Inh. Eremiten-Presse u. Verlag Eremiten-Presse) - Fortunastr. 11, 4000 Düsseldorf 1 (T. 66 05 90) - Geb. G.25. Okt. 1936 Düsseldorf (Vater: Johann R.; Mutter: Elsa, geb. Kazenmayer), led. - TH Aachen (Arch.; Dipl.-Ing.) - Übers. aus d. Franz., u. a. Antonin Artaud, D. Nervenwaage u. a. Texte (1964; m. Dieter Hülsmanns). Div. Anthologien - Spr.: Engl., Franz.

RESKE, Werner

Dr. med., Chefarzt Eduardus-Krankenhaus Köln, Privatdoz. f. Orthopädie Univ. Münster/W. - Thusneldastr. 23, 5000 Köln 1 - Geb. 15. Mai 1918 Brilon - Habil. 1954 Münster - Zahlr. Fachveröff. - 1954 Max-Lange-Preis Dt. Orthop. Ges.

RESKE, Winfried

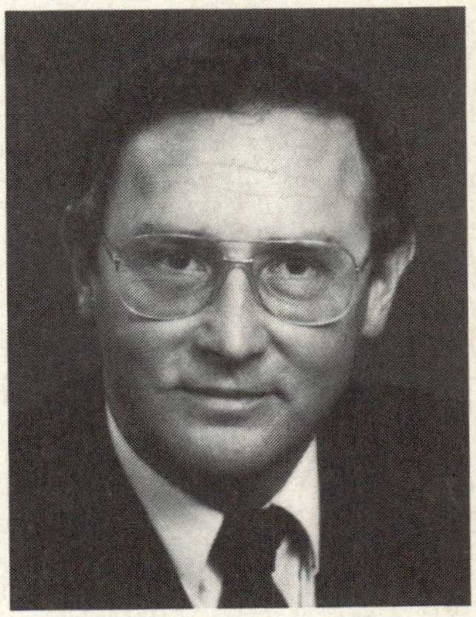

Dr., Hauptgeschäftsführer Verb. Dt. Zeitschriftenverleger, Bonn - Brander Str. 23, 5064 Rösrath/Rhld. - Geb. 19. Jan. 1939 - Dipl.-Kfm., Dipl.-Hdl.

RESS, Georg

Dr. jur., Dr. rer. pol., Prof. f. öffentl. Recht, Völkerrecht, Europarecht - Am Botanischen Garten 6, 6600 Saarbrücken (T. 0681 - 302 30 55) - Geb. 21. Jan. 1935 Berlin (Vater: Konrad R., Kammergerichtsrat; Mutter: Gertrud, geb. Morawietz), kath., verh. s. 1965 m. Franziska (Ulli), geb. Hammerstein-Equord, 3 Kd. (Sabine, Hans-Konrad, Elisabeth) - Abit. 1955; 1955-59 Jura-Stud. FU Berlin, Refer. 1959, 1959-62 Staatswiss. Stud. Wien, Ass. 1964, Promot. Wien 1963 u. Heidelberg 1972, Habil. 1976 - 1964-66 Assist. Inst. f. Höh. Stud. u. wiss. Forsch. Wien (Dipl.). 1966-76 Wiss. Referent MPI f. ausl. öfftl. Recht u. Völkerrecht, 1968-71 zusätzl. wiss. Assist. Univ. Heidelberg, 1976-77 wiss. Mitarb. am BVerfG., s. 1977 o. Prof. Univ. d. Saarl., (Dir. Europa-Inst.), s. 1980 stv. Mitgl. Saarl. Verf.G, 1981-87 Mitgl. Völkerrechtswiss. Beirat d. AA, 1986-88 1. Vizepräs. d. Univ., Ausw. wiss. Mitgl. Finnische Akad. d. Wiss. - BV: Entscheidungsbefugn. in d. Verw.gerichtsbark., 1968; D. Rechtslage Dtschl. n. d. Grundlagenvertrag, 1978; Wahlen u. Parteien in Österr. 1966, 1968; Staats- u. völkerr. Aspekte d. Berlin-Regelung, 1972; Verfassungstreue in öfftl. Dienst europ. Staaten (Mitverf.), 1980; Wechselwirkungen zw. Völkerr. u. Verfass. b. d. Ausleg. völkerr. Verträge (Mitverf.), 1982. Herausg.: Souveränitatsverst. in d. EG (1980); Grenzüberschreitende Verfahrensbeteilig. in d. EG (1985); Verfassungsreform in Südafrika (1986); D. Dynamik d. EG-Rechts (1987); Rechtsfragen d. Sozialpartnerschaft (1987) - Spr.: Engl., Franz.

RESSÉGUIER de MIREMONT, Graf, Carlo,

Dr., Vorstand AGIP AG - Mauerkircherstr. 89, 8000 München 81 (T. 089 - 98 04 35) - Geb. 19. Mai 1942 Rom (Vater: Roderick R. d. M., Volksw.; Mutter: Renata, geb. v. Zallinger), kath., verh. s. 1969 m. Constanza, geb. Furtwängler, 2 Kd. (Lavinia, Enzio) - Stud. Volks- u. Betriebsw., Promot. - BV: D. Marketing in Dtschl. - Theor. u. Praxis (Diss.), 1969 - Liebh.: Musik, Lit. - Spr.: Ital., Engl., Franz.

RESSEL, Gerhard

Dr. phil., Prof. f. Slavische Philologie - Am Berg Fidel 66, 4400 Münster (T. 0251 - 78 86 86) - Geb. 23. März 1945 Neukirch (Vater: Alfons R.; Mutter: Johanna, geb. Tangen), kath., verh. s.

1977 m. Dr. Svetlana, geb. Jelisavčić - Stud. Univ. Münster u. Berkeley/Calif. (USA), Promot. 1971, Habil. 1974. 1978/79 u. 1979/80 Dekan FB Romanist. u. Slavist. u. 1984/86 Dekan Phil. Fak. Univ. Münster, 1987 Gastprof. Sorbonne/Paris - BV: Stud. zur generativ-transformat. Semantosyntax russ. Adverbialkonstrukt., 1974; Syntaktische Struktur u. semantische Eigensch. russ. Sätze - Generativ-semantische u. modelltheoretische Unters. z. Paraphrasengramm. d. Russ., 1979. Zahlr. Aufs. in Fachztschr. - Bek. Vorf.: Joseph Ressel, Erf. d. Schiffsschraube.

REST, Franco (H.O.)

Dr. päd., Prof. f. Erziehungswiss., Sozialphil. u. Pflegewiss. FH Dortmund (s. 1971) - Stortsweg 41a, 4600 Dortmund 50 - Geb. 20. Aug. 1942 Ferrera/Ital., kath., verh. m. Gisela, geb. Hartjes, 2 Kd. (Esther-Maria, Pascal-Amos) - Stud. Univ. Münster, Freiburg, Würzburg (Erz.wiss., Theol., Phil., Kunstgesch.); Staatsex. 1966, 1969, 1970, Promot. 1980 Münster - 1975-78 Leit. Forsch.gr. Orthothanasie; s. 1978 Vorst.-Mitgl. AMM, Düsseldorf; Mitbegr. Omega - M. Sterben leben, Hann. Münden - BV: Waffenlos zw. d. Fronten - Friedenserz., 1971; Prakt. Orthothanasie, 2 Bde., 1977/78; Sterbenden beistehen, 1981; Jenseits v. Waldorf u. Wassermann, 1987; Sterbebeistand - Sterbehilfe - Sterbebegleitung, 1989 - Liebh.: Musik, Archäol. - Spr.: Engl., Lat., Ital., Griech.

REST, Walter

Dr. phil., o. Prof. f. Pädagogik u. Philosophie - Röschweg 8, 4400 Münster/W. (T. 29 33 73) - Geb. 9. Okt. 1909 Münster/W. (Vater: Ernst R., Beamter; Mutter: Maria, geb. Maranca), verh. 1937 m. Mariette, geb. Sieben, 2 Kd. (Walburga, Prof. Dr. Franco) - 1935-40 Lehrer, dann Lektor Italien, s. 1946 Prof. Päd. Akad. Emsdetten (b. 1950) u. Päd. Hochsch. Münster bzw. Westf.-Lippe/Abt. Münster I (1952-59 Rektor), s. 1979 Univ. Münster als em. o. Prof. Fachveröff., auch Bücher. Herausg.: Kierkegaard, Wust, Paidolinguistik, Friedensforschg.

RESTIN, Kurt

Dr.-Ing., Techn. Direktor - Wilkestr. 7a, 1000 Berlin 27 (T. 43 51 74) - Geb. 27. Mai 1924 Werne/Lippe - Assist. TH Aachen; b. 1970 stv. (4 1/2 J.), dann Dir. Berliner Gaswerke (Gasag).

RESTLE, Hugo

Dr. rer. pol., Versicherungsdirektor - Zul. Adam-Wrede-Str. 10, 5000 Köln-Nippes - Geb. 1. März 1928 Metzingen/Württ. - S. 1967 Vorstandsmitgl. (vorher stv.) u. stv. Vorstandsvors. (1972) Agrippina Versich. AG., Köln.

RESTLE, Marcell

Dr. phil., Prof. f. Byzantinische Kunstgesch. Univ. München - Auflegerstr. 4, 8000 München 83 (T. 089 - 60 61 44) - Geb. 15. Jan. 1932 Bad Waldsee, kath., verh. s. 1959 m. Margareta, geb. Kübler, 3 S. (Konstantin, Manuel, David) - Univ. Tübingen, München, Istanbul; Promot. 1959 München - 1968 Univ.-Doz. Wien; ab 1969 Univ. München (1969 Doz., dann apl. Prof. u. Prof.) - BV: Kunst u. Byzant. Münzprägung, 1964; D. Byzant. Wandmalerei in Kleinasien, 1967; Stud. z. Frühbyzant. Arch. Kappadokiens, 1979; Tabula imperii Byzantini, II. u. IV 1981 u. 74; Architekturdenkmäler d. Spatantiken u. Frühbyzant. Zeit im Hauran, ab 1986.

RETEY, Janos

Dr. techn. sc., Dipl.-Ing., o. Prof. f. Biochemie Univ. Karlsruhe (s. 1972) - Erikaweg 6, 7500 Karlsruhe (T. 7 18 70) - Geb. 4. Febr. 1934 Szeged/Ungarn (Vater: Imre R.; Mutter: Klara, geb. Hammesz), kath., verh. s. 1966 m. Elisabeth, geb. Witzig, 3 Kd. (Barbara, Albert, Julia) - Stud. ETH Zürich; Promot. 1963 - 1968-72 Oberassist. u. Lehrbeauftr. ETH Zürich. Fachmitgl.sch. - Spr.: Engl., Franz., Ungar.

RETHEL, Simone

Schauspielerin - Zu erreichen üb. Agentur Alexander, Lamontstr. 9, 8000 München 80 (T. 089 - 47 60 81) - Spielfilme: Fromme Helene (Regie: Ambesser). TV-Serien: Liebe ist doof, So 'ne + So 'ne, Schöne Ferien, Derrick, D. Alte, D. Fälscher (m. Carl-Heinz Schroth). Theater: Wie es euch gefällt, Hamlet, Don Gil v. d. Grünen Hosen, Komödien Berlin/München/Hamburg. Div. Fernsehsp.: Trauschein (Kishon), Variationen, Boulevardkomödien - Liebh.: Malerei, Hinterglasmalerei (div. Ausstell. in Berlin, München, Mannheim, Frankfurt, Düsseldorf, Innsbruck) - Vorf.: Alfred Rethel, Maler (1816-1859).

RETHMANN, Norbert

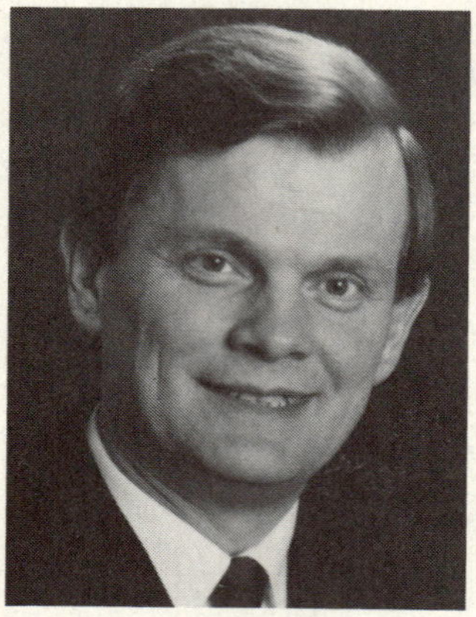

Unternehmer, Präsident Bundesverb. d. Dt. Entsorgungswirtschaft - Wernerstr. 95, 4714 Selm - Geb. 14. Sept. 1939, verh., 4 Söhne (Klemens, Ludger, Martin, Georg).

RETTENMAIER, Gerhard

Dr. med., Prof., Chefarzt Med. Klinik - Kreiskrankenhaus, 7030 Böblingen/Württ. - Geb. 9. April 1929 Stuttgart - Promot. 1958; Habil. 1973 - 1961-65 MPI f. Ernährungsphysiol., 1965-73 Univ. Klinik Erlangen - 1976-82 Vors. Dt. Ges. f. Ultraschalldiagnostik in d. Med. - BV: Unters. z. quantitat. diagnost. Auswert. v. Ultraschallschnittbildern d. menschl. Leber, 1975. Üb. 100 Einzelarb. Herausg.: Ultraschalldiagnostik in d. Med., 1981. Mithrsg. Ultraschalldiagnostik in d. Med. (Ztschr.) - Ehrenmitgl. Soc. Belge de Gastro-Entérol., Soc. Argentina de Ecografia, Österr. Ges. f. Ultraschall in d. Med. (ÖGUM) u. d. Dt. Ges. f. Ultraschall in d. Med. (DEGUM); korr. Mitgl. Schweiz. Ges. f. Ultraschall in d. Med. u. Biol. (SGUMB).

RETTENMAIER, Hermann

Dr., Geschäftsführer Südwestd. Kanalverein f. Rhein, Neckar u. Donau - Jägerstr. 30, 7000 Stuttgart (T. 2 00 50).

RETTER, Hein

Dr. phil., Dipl.-Psych., Prof. f. Allg. Pädagogik TU Braunschweig - Stettiner Str. 3, 3170 Gifhorn (T. 05371 - 5 24 60) - Geb. 14. Sept. 1937 Berlin (Vater: Albert R., Kaufm.; Mutter: Frieda, geb. Dumke), ev., verh. s. 1965 m. Christel, geb. Wetzel, 9 Kd. (Waltraud, Heidrun, Uwe, Jochen, Anke, Ida, Hans, Anne, Johannes) - 1960-64 Stud. Päd., Psych. u. Phil. Univ. Würzburg; 1. Lehrerprüf. 1964, Dipl.-Psych., Promot. 1968 Univ. Gießen - 1964 wiss. Assist. Erziehungswiss. Sem. Univ. Gießen; 1970 Doz. f. Allg. Päd. PH Schwäb. Gmünd, s. 1975 o. Prof. in Braunschweig (1978 TU) - BV: D. Päd. Oswald Krohs, 1969; Schlüsselbegriffe in d. Vorschulerzieh., 3 Bde., 1973-76; Reform d. Schuleingangsstufe, 1975; Handb. z. Gesch. u. Päd. d. Spielmittel, 1979; Antifernsehfibel, 1981 (Übers. Japan.): Spielmittel im Erstunterr., 1984; Orientierungsstufe - Schule zw. d. Fronten, 1985 (m. J. Nauck u. R. Ohms); Z. Kritik u. Neuorientierung d. Pädagogik im 20. Jh. (Festschr. W. Eisermann, hg. m. G. Meyer-Willner), 1987 - 1980 wiss. Sonderpreis Arbeitsgem. Spielzeug (Bamberg) f. Spielzeug-Handb. - Liebh.: Consort Musik d. 16.-17. Jh. - Spr.: Engl.

RETTICH, Hannes

Dr. phil., Dr. jur., Ministerialdirigent, Kunstkoordinator d. Landesregierung im Staatsmin. Baden-Württ. - Mittlerer Bauernwaldweg 68, 7000 Stuttgart 1 (T. 0711 - 69 33 29) - Geb. 20. Nov. 1927, verh. s. 1958 m. Hildegard, geb. Friedrich, S. Adrian - Stud. German., Theaterwiss., Kunstgesch. u. Rechtswiss.; Promot. (Dr. phil.) 1950, (Dr. jur.) 1957 Erlangen; 1. jurist. Staatsex. 1954 München, 2. jurist. Staatsex. 1958 Stuttgart - Mitgl. Rundfunkrat u. VR-Mitgl. Südd. Rundf.; Vors. Landesverb. Baden-Württ. u. Präsid.-Mitgl. Dt. Bühnenverein; Vorstandsmitgl. mehr. Kulturorch. u. Theatergremien in Baden-Württ. - Liebh.: Kunst, Sport (mehrf. Württ. Meister im Tennis, Seniorenkl. II).

RETTICH, Margret

Grafikerin, Schriftst. - Waldweg 13, 3171 Vordorf Kr. Gifhorn - Geb. 23. Juli 1926 Stettin - Durchweg Kinderb. 1983 Libretto z. Kinderoper Wittkopp (Musik: K. H. Marx) - 1981 Dt. Jugendb.-Preis (f. d. Bilderb.: D. Reise m. d. Jolle, prämiert auch als schönstes Buch d. Stiftg. Buchkunst); 1982 Auswahlliste z. Dt. Jugendb.pr., (Erzähl mal, wie es früher war); 1984 Bilderb. Soliman der Elefant, prämiert als schönstes Buch d. Stiftg. Buchkunst.

RETTICH, Rolf

Illustrator - Waldweg 13, 3171 Vordorf - Geb. 9. Juni 1929 Erfurt, ev., verh. s. 1958 m. Margret R. - Illustrat. z. zahlr. Kinder- u. Bilderb.; Kindersend. im Fernsehen - 1983 Kleine Märchen, prämiert als schönstes Buch d. Stiftg. Buchkunst.

RETTIG, Heinz

Dr.-Ing., Prof. f. Maschinenelemente TU München - Erich-Kästner-Str. 15, 8000 München 40 (T. TU: 089 - 2105 2880) - Geb. 6. April 1918 Markthausen (Vater: Albert R., Gutsbesitzer; Mutter: Hedwig, geb. Augstein), ev., verh. s. 1955 m. Annemarie, geb. Schönfeldt - Dipl.-Ing. allg. Maschinenbau 1949 TH Braunschweig; Promot. 1956 TH München - 1950-52 Forschungsing. Inst. f. Masch.-Elemente TH Braunschweig; 1952ff. TU München (1956 Obering., 1966 Wiss. Rat, 1978 Prof.). Üb. 70 Veröff. auf d. Gebiet d. Zahnräder u. Getriebe - Spr.: Engl., Franz.

RETTIG, Moritz Hans

Dr. med., o. Prof., Arzt - Oberhof 14, 6307 Linden (T. 0641 - 2 33 43) - Geb. 25. Juni 1921 Darmstadt (Vater: Hans R., Kaufmann; Mutter: Anna, geb. Guntermann), verh. s. 1954 m. Maria, geb. Letzel, 3 Kd. (Anna-Maria, Barbara-Juliane, Thomas-Nikolaus) - Stud. Univ. Erlangen, Bonn, München; (Promot. 1947), Habil. 1957 Berlin - 1954-60 Oberarzt Oskar-Helene-Heim, Berlin; s. 1960 Orthopäd. Klinik, Justus-Liebig-Univ. Gießen - Zahlr. wiss. Veröff. (14 Bücher, z. T. m. a.) - 1957 Kurt-Adam-Pr.; Mitgl. Dt. Akad. Naturforscher Leopoldina zu Halle - Spr.: Engl., Franz.

RETTIG, Rolf

Dr. rer pol., Prof. f. Volkswirtschaftslehre - Belvederestr. 71, 5000 Köln 41 - Geb. 8. Okt. 1935 Düsseldorf - Stud. Wirtsch.-Wiss. Univ. Köln u. London, School of Economics and Political Science - S. 1978 Mitgl. Studienref. kommiss. Wirtsch.-Wiss. NRW - BV: Makroökon. Theor., 1978; Handwörterb. d. Volkswirtsch.lehre, 1978 - Liebh.: Segeln, Motorsport.

RETTIG, Wolfgang

Dr. phil., Prof. f. romanische Sprachwiss. - Ricarda-Huch-Weg 14, 4040 Neuss 21 - Geb. 2. Aug. 1945 Meran/Ital. - Stud. Univ. Heidelberg, Mainz, Berlin, Paris (Roman., German. u. Allg. Sprachwiss.); Staatsex. 1970, Promot. 1971 Univ. Heidelberg - 1977 Privatdoz. Univ. Düsseldorf, 1981-82 Prof. Univ. München, 1982 Prof. Univ. Düsseldorf, 1985 Prorektor - BV: Sprachsystem u. Sprachnorm in d. dt. Substantivflexion, 1972; Sprachl. Motivation, 1981.

RETZKO, Hans-Georg

Dr.-Ing., Prof. f. Verkehrsplanung u. -technik TH Darmstadt (s. 1966) - 6109 Mühltal (T. 14 88 76) - Geb. 27. Nov. 1928 Hagen/W. - Mitgl. bzw. Ehrenmitgl. zahlr. nat. u. intern. Org.; Mitinh. Planungsbüro Retzko + Topp, zahlr. Projekte im In- u. Ausland. Etwa 140 Fachveröff.

RETZLAFF, Ingeborg

Dr. med., Frauenärztin, Präs. Ärztekammer Schlesw.-Holst. (s. 1982), Präs. Dt. Ärztinnenbund - Königstr. 77, 2400 Lübeck (T. 0451-7 33 21) - Geb. 18. Aug. 1929 Swinemünde, ev., ledig - Medizinstud. Univ. Würzburg, Hamburg u. Saarbrücken, Staatsex. Saarbrücken, Promot. Hamburg - Liebh.: Klass. Musik, Barockmusik, Gregorianische Musik, mod. Lit. - Spr.: Engl., Franz.

REUFEL, Manfred

Dr. rer. nat., Prof. f. Mathematik Univ. Marburg - Schützenstr. 29, 3556 Niederweimar - Geb. 29. Febr. 1936 - Zul. Lehrtätigk. Univ. Kabul (Afghan.) - 1961 Hausdorff-Preis Univ. Bonn.

REUL, Guido

Dipl.-Ing., Unternehmer, Vors. Fachverb. Pressen, Ziehen, Stanzen - Zu erreichen üb. Goldene Pforte 1, 5800 Hagen/W. - Geb. 23. Nov. 1926.

REULEAUX, Christian

Dr. jur., Geschäftsführer Kali-Chemie Engelhard Katalysatoren GmbH. u. Engelhard Kali-Chemie AutoCat G.m.b.H., Hannover - Ostfeldstr. 32, 3000 Hannover-Kirchrode (T. 52 06 70) - Geb. 20. Dez. 1927 - Spr.: Engl. - Rotarier.

REULECKE, Jürgen

Dr. phil., Univ.-Prof. f. Neuere u. Neueste Geschichte - Reuenthalweg 29, 4300 Essen 14 (T. 0201-53 76 16) - Geb. 12. Febr. 1940 Düsseldorf, kath., verh. s. 1971 m. Helga, geb. Cramer, 2 Kd. (Martin, Bettina) - Stud. Gesch., German., Phil.; 1. Staatsex. 1966 Bonn; Promot. 1972 Bochum; Habil. 1979 Bochum - 1980-82 u. 1983/84 Lehrstuhlvertr. Univ. Bielefeld, 1982/83 TU Berlin; 1983 Gastdoz. Oxford; s. 1984 Lehrstuhlinh. Univ.-GH Siegen - BV: Soz. Frieden d. soz. Reform, 1983; Gesch. d. Urbanisierung in Dtschl., 1985.

REUMONT, von, Hubertus

Verbandsgeschäftsführer - Brienner Str. 45, 8000 München 2 - Geb. 2. März 1931 Bad Honnef/Rh. (Vater: Dr. jur. Alfred. v. R.; Mutter: Ruth, geb. v. Drenkmann), kath., verh. s. 1977 m. Gudrun v. Reumont, 3 S. (Volker, Martin, Thomas) - Stud. Rechtswiss. u. Betriebsw. - 1957-66 Wiss. Hauptref. Inst. f. Selbstbedienung, Köln; s. 1967 Hauptgeschäftf. u. gf. Präsidiumsmitgl. Einzelhandelsverb. Nieders., Hannover, u. s. 1975 Bayern, München - Liebh.: Literatur - Spr.: Engl., Franz.

REUSCH, Ehrhard

Dr. jur., Direktor i. R. - Galgenfeldstr. 55, 4630 Bochum-Stiepel - Geb. 12. April 1925 - 1968-86 Fried. Krupp GmbH, Essen (zul. Vorstandsmitgl.). Arbeitsgeb.: Personal u. Verw.

REUSCH, Günther

Fabrikant, gf. Gesellsch. Reusch GmbH. & Co. KG., Hoffnungsthal - Hofferhoferstr. 17, 5062 Hoffnungsthal Bez. Köln - Geb. 4. Dez. 1908 Hoffnungsthal.

REUSCH, Hans H.

Geschäftsführer Arbeitsgem. berufsständ. Versorgungseinricht. - Kaiser-Wilhelm-Ring 40, 5000 Köln.

REUSCHEL, Heinrich

Dr., Bankier, stv. Verwaltungsratsvorsitzender Bankhaus Reuschel & Co., München - Maximiliansplatz 13, 8000 München 2.

REUSCHENBACH, Peter W.

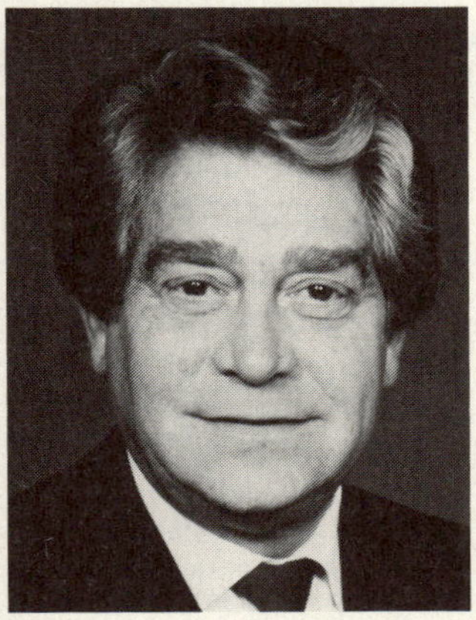

Oberbürgermeister Stadt Essen, MdB (s. 1972; Wahlkr. 89/Essen II), stv. Vors. Wirtschaftsaussch. - Allbauweg 10, 4300 Essen 1 (T. 28 88 45) - Geb. 24. Aug. 1935 Oberhausen, verh. - Realsch. (Mittl. Reife 1953); kaufm. Lehre (Ind.) - B. 1961 Angest. Gelsenkirchener Bergwerks-AG, dann Parteigeschäftsf. Essen, 1970-72 Ref. Bundeskanzler. 1969-72 Ratsmitgl. Essen; AR-Mitgl. RWE. SPD s. 1957, Gewerkschaftsmitgl. s. 1953.

REUSCHER, Hermann D.

Generalbevollmächtigter Bremer Tabak-Collegium, Bremen - Am Wall 127, 2800 Bremen 1 (T. 0421 - 17 03 42); priv.: Schwachhauser Heerstr. 177 B, 2800 Bremen 1 - Geb. 7. Sept. 1927 Bremen (Vater: Dipl.-Ing. Carl R., Generaldir. i. R.; Mutter: Elisabeth, geb. Niemann), ev., verh. s. 1955 m. Ursula, geb. Riggert, 2 Tocht. (Benita, Constanze) - 1937-43 Gymn. Ernestinum Celle, 1949-53 Univ. Göttingen (Rechts- u. Staatswiss.). 1958 Gr. Jurist. Staatsprüf. Hamburg - 1958-87 Martin Brinkmann AG; ab 1972 als Generalbevollm. Mitgl. d. Geschäftsltg. - Liebh.: Reiten, Golf, Musik - Spr.: Engl.

REUSS, Bernd

Journalist, Autor u. Regiss. - Heuweg 4, 2110 Buchholz-Trelde (T. 04186 - 85 84) - Geb. 23. Febr. 1942 Leipzig (Vater: Walter R., Apoth.; Mutter: Katharine, geb. Arnold), gesch., 2 Kd. (Petra, Ole) - Fachausbild. Journalist, zusätzl. Akad. f. Öffentlichkeitsarbeit - S. 1964 DDB, Troost, HBU, Fischerkösen-Film, Agentur C.I.M.T. Regie v. Industriefilmen. Lyrik (Sammelbde.) - Liebh.: Reisen (Skandinavien), Fotogr., Sport - Spr.: Lat., Engl., Dän.

REUSS (ß), Christoph

Volkswirt, Mitgl. Hbg. Bürgerschaft (s. 1978) - Schlankreye 25, 2000 Hamburg 13 - Geb. 4. Mai 1946 Wyk/Föhr - Realsch. Wyk; Bundeswehrdst.; Verlagslehre (m. Kaufmannsgehilfenprüf.); Hochsch. f. Wirtschaft u. Politik Hamburg (Volksw./grad.); Univ. ebd. (Weiterstud. Wirtschaftswiss., Erziehungswiss., Polit. Wiss.). SPD.

REUTER, Albert

Orthopädieschuhmachermeister, MdL Baden-Württ. (s. 1972) - Törkelgasse 17, 6990 Bad Mergentheim (T. 73 06) - Geb. 21. April 1926 Dainbach Kr. Tauberbischofsheim, kath., verh., 2 Kd. - Volkssch.; 1941-43 Verwaltungslehre; 1943-45 Arbeitsdst. u. Kriegsmarine; n. Arbeitsamtstätigk. (Arbeitsvermittler) 1947-50 Schuhmacherhandw. Meisterprüf. 1952 Heilbronn; Zusatzprüf. 1956 Frankfurt/M. (Orthopädie) - S. 1952 väterl. Orthopädieschuhmacherei (1956 Inh.). Oberm. Schuhmacher-Innung Main-Tauber-Kreis u. Kreishandwerksmeister im M.-T.-Kr. 1962 ff. Mitgl. Gemeinderat; 1971 ff. MdK. CDU s. 1949.

REUTER, Bernd

Bauingenieur, Stadtrat a. D., MdB (s. 1980, Landesliste Hessen) - Römerstr. 10, 6369 Nidderau 1 (T. 06187 - 2 46 47) - Geb. 9. Nov. 1940 Heldenbergen (Vater: Clemens R., Postbeamter; Mutter: Babette, geb. Böhm), kath., verh. s. 1964 m. Roswitha, geb. Seifried, 2 Kd. (Simone, Matthias) - 1955-58 Betonbauerlehre Gesellenprüf. 1958; 1958/59 Polytechn., 1959-62 Staatsbausch. Frankfurt, Ex. Bauing. 1962 - S. 1966 Bauing., 1967-69 Bürgerm. Heldenbergen; 1970-80 1. Stadtrat Nidderau.

REUTER, Edzard

Vorstandsvorsitzender Daimler-Benz AG, Stuttgart-Untertürkheim (s. 1987) - Zu erreichen üb. Daimler-Benz AG, Postf. 60 02 02, 7000 Stuttgart 60 - Geb. 16. Febr. 1928 Berlin (Vater: Prof. Dr. h. c. Ernst R., zul. Reg. Bürgermeister v. Berlin † 1953; Mutter: Hanna, geb. Kleinert †1974) - 1948-49 Stud. Math. u. Physik Berlin u. Göttingen, 1949-52 Rechtswiss. Berlin (FU). Gr. jurist. Staatsprüf. 1955 - 1954-56 Assist. FU Berlin; 1957-62 Prok. Ufa, Berlin; 1962/63 Mitgl. Geschäftsltg. Bertelsmann Fernsehproduktion, München; s. 1964 Daimler-Benz (stv. Vorst.-Mitgl. s. 1973, o. Vorst.-Mitgl. s. 1976, stv. Vorst.-Vors. s. 1987); AR-Vors. Berliner Bank AG, u. Dornier GmbH, Friedrichshafen; stv. Vors. u. Präsid.-Mitgl. AR Salzgitter AG; Präsid.-Mitgl. AR AEG AG, Frankfurt; AR-Mitgl. VIAG (Vereinigte Ind.-Unterng. AG, Berlin/Bonn), Karlsruher Lebensversich. AG, Karlsruhe, Motoren- u. Turbinen-Union München GmbH, Allianz AG Holding, München; Präsid.-Mitgl. Bundesverb. d. Dt. Ind. (BDI); Mitgl. Board of Directors Comité d. Contructeurs d'Automobiles du Marché Commun (CCMC). SPD - Mitgl. Senat Max-Planckges. München; Vors./Chairman Boards Aspen Inst. Berlin; Mitgl. Stiftungsrat d. Wiss.stiftg. Ernst Reuter; Vorst.-Mitgl. mehrerer kultureller Förderkreise.

REUTER, Erich F.

Bildhauer, o. Prof. f. Plast. Gestalten - Caspar-Theyss-Str. 14, 1000 Berlin 33 (T. 885 90 14) - Geb. 2. Sept. 1911 Berlin, ev., verh. m. Babs, geb. Astfalk, 1 Kd. - Steinmetz- u. Bildhauerlehre; Kunsthochsch. Berlin - S. 1950 ao. Prof., pers. Ord. (1963) u. o. Prof. (1966) TU Berlin (Fak. Architektur). 1967-68 Gastprof. TU Istanbul. Ausstell. In- u. Ausl. Zahlr. Werke, dar. Porträts v. Kortner, Krauss, Deutsch, Frank, Stein, Fehling, Ullstein, Schurz, Großplastik D. Gespräch (Univ. Kiel), Mosaik (Berliner Philharmonie), Monumental-Betonwand (RIAS Berlin), Brunnenplastik Kaskade (Siemens-Werke, Berlin), Großplastik (Univ. Münster, 1972), Foyer-Ausgestalt. SFB (1973), Steinmosaik Neubau Staatsbibl. Berlin (1974, 6.800 qm Natursteinpl.-Mosaik, 1979) - I. Preis Luftbrückendenkmal Berlin, Preis Verb. d. dt. Kritiker (1953), Preis Londoner Wettbewerb; Unbek. polit. Gefangener, I. Preis Röntgen-Denkmal Gießen, Gallionsfigur Rio de Janeiro (Dt. Botschaft), Platzgestalt. Wolfsburg; 1979 BVK.

REUTER, Gerhard

Dr. med. vet., Prof. f. Lebensmittelhygiene (einschl. Fleisch- u. Milchhyg.) Freie Univ. Berlin - Brümmer Str. 10, 1000 Berlin 33 - Geb. 30. Sept. 1929 Suhl - Promot. 1958, Habil. 1969 - 1969 Wiss. Rat u. Prof., 1972 o. Prof.; Leiter div. Fachgremien im DIN, DVG ect. - Üb. 120 Fachveröff.

REUTER, H. Jörg

Rechtsanwalt, Leiter Bonner Büro d. BDI, Geschäftsf. Ges. z. Verw. d. VWD (Vereinigte Wirtschaftsdienste) -Anteile d. Wirtsch., VR-Mitgl. VWD - Zu erreichen üb. BDI-Büro, Ahrstr. 45, 5300 Bonn 2 - Geb. 29. Jan. 1938.

REUTER, Hans Peter

Prof. Akad. d. Bildenden Künste Nürnberg (s. 1985), Kunstmaler - Am Steinhäusle 8, 7500 Karlsruhe 41, Grünwettersbach (T. 0721 - 45 11 12) - Geb. 3. Sept. 1942 Schwenningen (Vater: Erich R., Kfz-Mstr.; Mutter: Margarete, geb. Scheitler), ev., verh. s. 1969 m. Hildegard, geb. Fuhrer - 1963-69 Akad. Karlsruhe u. München (Malerei); TU Karlsruhe (Kunstgesch.) - Fr. Maler - Ausst.: 1977 Documenta 6, Kassel; 1972, 74, 80, 84 Galerie Denise René Hans Mayer, Düsseldorf; 1982 Staempfli Gallery, New York; 1980 Landesmus. Bonn - 1973 Villa-Romana-Preis, Florenz; 1975 Preis d. Kulturkreises im BDI; 1977 Wilh.-Morgner-Preis; 1980 Villa-Massimo-Preis, Rom.

REUTER, Helmut

Dr.-Ing., Prof., Ltd. Direktor Inst. f. Verfahrenstechnik/Bundesanstalt f. Milchforschung, Kiel (s. 1969), Honorarprof. Universität Kiel (s. 1973) - Dorfstede 23, 2300 Kiel-Schulensee (T. dstl.: 60 91) - Geb. 26. Juli 1925 Frankfurt/M., ev., verh. s. 1962 m. Monika, geb. Schladhölter, 2 Kd. (Helge, Meike) - Gymn. Attendorn; Maschinenschlosserlehre; TH Aachen (Maschinenbau; Dipl.-Ing. 1954). Promot. u. Habil. Aachen - 1955-59 Lurgi Ges. f. Mineralöltechnik, Frankfurt/M.; 1959-66 TH Aachen/Inst. f. Verfahrenstechnik (Assist.; 1966 ff. Privatdoz.); 1967-68 Henkel & Cie. GmbH., Düsseldorf. Spez. Arbeitsgeb.: Verfahrenstechnik d. Lebensmittelverarb. Fachveröff.

REUTER, Lutz-Rainer

Dr. jur., Prof. Univ. d. Bundeswehr Hamburg - Gartenholz 15, 2070 Ahrensburg - Geb. 17. Dez. 1943, ev., verh. m. Barbara, S. Philip - Stud. Univ. Kiel, Tübingen (Rechts- u. Wirtschaftswiss.), Univ. Konstanz (Politikwiss. u. Soziol.); Promot. 1972 Konstanz - Wiss. Assist. Univ. Siegen; Prof.vertr. in Bremen u. Duisburg; Prof. f. Politikwiss., insbes. Bildungspolitik Univ. d. Bundeswehr Hamburg; Lehrbeauftr. Univ. Hamburg. 1986-88 Gastprof. Northwestern Univ. Evanston u. Chicago - BV: Recht auf chancengleiche Bildung, 1975; Rechtsunterricht, 1975; Bildungspolitik, 1981; Ausländer im westdt. Schulsystem, 1980; Normative Grundlagen d. polit. Bildung, 1980; Arbeitsmigration u. gesellschaftl. Entwicklung, 1988 - Spr.: Engl., Franz., Lat. - Vorf.: Otto Reuter, Konstrukteur d. ersten Ganzmetallflugzeuges, Junkers (Großv.).

REUTHER, Bernhard

Dr., Geschäftsführer Reuther Verpackung GmbH, Mittelrhein Lack- u. Druckfarben Fabrik GmbH, Dt. Kard-o-Pak GmbH, Paul Reuther Bauges. mbH. - Elisabethstr. 6, 5450 Neuwied - Geb. 6. Juli 1951 Neuwied - Hochsch. St. Gallen, Univ. Wien - Spr.: Engl., Franz., Ital.

REUTHER, Hans J.

Dr. jur., Fabrikant, Gesellsch. u. AR-Vors. Bopp & Reuther GmbH., Mannheim-Waldhof (s. 1937; 1872 v. Großv. gegr.) - Mollstr. 41a, 6800 Mannheim (T. 41 48 03; Büro: 74 91) - Geb. 5. März 1912 Mannheim - Weitere Funktionen: Ehrenvors. Werbeaussch. VDMA, Frankfurt; Ostaussch. d. Dt. Wirtsch., Hauptaussch. d. Dt. Gruppe d. Intern. HK, Köln; BDI, VDMA, AUMA - 1972 Gr. BVK; 1974 Gr. Verdienstmed. VDMA; 1975 Ehrensenator Univ. Mannheim; 1976 Gr. Verdienstkr. VO. Nieders.; 1978 Verdienstmed. Baden-Württ.; Ehrenpräs. IHK Rhein-Neckar; 1982 Ehrensenator Univ. Heidelberg; 1983 Ehrenring Stadt Mannheim - Liebh.: Tennissport, Jagd.

REUTHER, Heiner

Dr. rer. pol., Geschäftsführer Chem. Werke Saar-Lothringen GmbH. - 6643 Perl - Geb. 6. März 1920.

REUTHER, Jürgen

Dr. med., Dr. med. dent., Prof. Bayer. Julius-Maximilians-Univ. Würzburg, Arzt f. Mund-Kiefer-Gesichtschirurgie (Plast. Operationen) - Pleicherwall 2, 8700 Würzburg (T 0931 - 3 14 82) - Geb. 19. Nov. 1940 Heidelberg, ev., verh. s. 1969 m. Dr. med. Birgit, geb. Will, 2 Kd. (Tobias, Susanne) - Stud. Zahnheilk. Univ. Heidelberg; Staatsex. 1965 Heidelberg; Stud. d. Med. Univ. Heidelberg u. Wien; Staatsex. 1969 Heidelberg; Promot. 1965 u. 1969; Habil. 1978 Mainz; s. 1981 Lehrstuhl Zahnheilk. II, insbes. Kieferchir. Bayer. Julius-Maximilians-Univ. Würzburg - Üb. 100 Publ., insbes. üb. plast. u. rekonstrukt. Mund-, Kiefer- u. Gesichtschir. - 1981 Martin-Waßmund-Preis Dt. Ges. f. Mund-, Kiefer- u. Gesichtschir.

REUTHER, Waldemar

Dr. rer. pol., Dipl.-Kfm., Fabrikant, gf. Gesellsch. Paul Reuther Bauges. mbH., Neuwied - Elisabethstr. 6, 5450 Neuwied/Rh. - Geb. 25. April 1906 Neuwied - S. 1929 väterl. Unternehmen - Eltern s. Paul R. (Bruder).

REUTLINGER, Wolf-Dieter

Physiker, geschäftsf. Gesellsch. Dr. Reutlinger + Söhne KG (s. 1948), Reutlinger Verwaltungs GmbH (s. 1974), bde. Darmstadt, u. Reutlinger France S.a.r.l., Bièvres (s. 1963), Reutlinger U.K. Ltd., Ripley (1981) - Novalisstr. 5, 6100 Darmstadt (T. 06151 - 3 33 52) - Geb. 9. Okt. 1925 Darmstadt (Vater: Dr. Dr. Georg R.; Mutter: Helma, geb. Lembcke), ev., verh. s. 1951 m. Margot, geb. Schüz, 3 Kd. (Ulrike, Martina, Jörg-Uwe) - Stud. TH Darmstadt - Stv. Vors. der VDMA Landesgruppe Hessen, Mitgl. Hauptvorst. VDMA, Vorst.-Mitgl. Fachgemeinschaft Prüfmaschinen (s. 1974). 16 Patente (Schwingungsmessung, Auswuchttechn.) - BV: Genauigkeits-Auswuchten, 1961 - Liebh.: Turnierreiten, Motorflug - Spr.: Engl., Franz.

REUTNER, Friedrich

Dr. rer. pol., Dipl.-Kfm., Vorstand Friedrichsfeld GmbH, Keramik- u. Kunststoffwerke - Postf. 71 02 61, 6800 Mannheim 71 - Geb. 14. Mai 1937, verh., T. Nicole - Stv. Vors. Kunststoffrohr-Verb., Bonn; Vors. Beirat Frialite S.A.R.L., Melun/Frankr., France-Implants S.A.R.L., Vincennes/Frankr., FriMed Däumer GmbH, Mannheim; AR-Vors. Sanyl A/S Skandinavisk Akryl Industri, Roskilde/Dän., Frialeen b.v., Willemstad/NL - Spr.: Engl. - Rotarier.

REUTTER, Fritz

Dr. rer. techn., em. Prof. f. Mathematik - Lütticher Str. 238, 5100 Aachen (T. 7 17 19) - Geb. 26. Aug. 1911 Karlsruhe (Vater: August R., Kaufm.; Mutter: geb. Weinspach), verh. s. 1947 m. Angelika, geb. Kistner (Dipl.-Math.) - Promot. 1937; Habil. 1940 - 1943 Privatdoz. TH Karlsruhe, 1947 apl. Prof., 1953 Ord. TH Aachen (1960 Dir. Inst. f. Geometrie u. Prakt. Math., 1965 Leit. Rechenzentrum, s. 1980 em. Prof.), 1981 Senator e. h. RWTH Aachen - BV: Darstellende Geometrie, Bd. I 12. A. 1979, II 5. A. 1975; Höh. Math. f. Ing., 1951; Ellipt. Funktionen e. Komplexen Veränderlichen - Nomogramme u. Formeln, 1971 (m. D. Haupt u. G. Jordan-Engeln); Numer. Math. f. Ing., 4. A. 1985 (m. Engeln-Müllges); Formelsamml. z. numerischen Math. m. Fortran IV-Programmen, 5. A. 1986 (m. Engeln-Müllges). Aufs. üb. Liniengeometrie, Elastizitätstheorie, Nomogr., prakt. Math.

REUTTER, Klaus

Dr. rer. nat., Prof. f. Neuroanatomie - Oesterbergstr. 3, 7407 Tübingen (T. 07071 - 29 30 25) - Geb. 9. Dez. 1937 Kirchheim-T., verh. m. Iris, geb. G'daniec, 2 Kd. - Gymn. Kirchheim-T.; Stud.

Biol., Chem., Geogr. Univ. Tübingen u. Berlin (FU), Promot. 1967, 1976 Habil. (Anat.) - BV: Taste Organ in the Bullhead (Teleostei), 1978. Mitautor d. Lehrb. Biologie d. Menschen, 12. A. 1989; u. a wiss. Publ. z. Geschmacksorgan - Spr.: Engl., Franz.

REUTTER, Rita

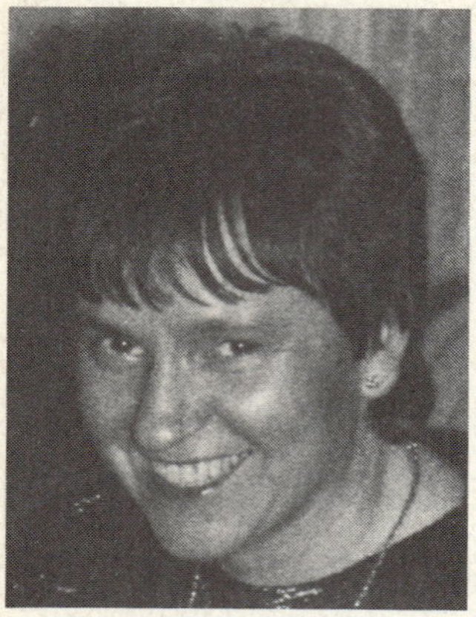

Arztsekretärin, Schriftstellerin - Markgräfler Str. 1, 6900 Heidelberg-Rohrbach (T. 06221 - 3 30 93) - Geb. 29. Aug. 1938 Heidelberg, kath., verh. s. 1961 m. Otto R., T. Tanja - 1954-57 kaufm. Ausb. Heidelberg - S. 1971 Arztsekr. Chir. Univ.-Klinik Heidelberg. Mitbegründ. u. Programmgestalterin Lit.gr. Vita Poetica Heidelberg - BV: Hallo Gipsbein, 1985; Vielfältiges Leben, Ged. u. Aphorismen 1987; Pünktchen u. a. Gesch., 1988; Enttäuschte Hoffnungen, Prosa 1989. Beitr. in Anthol., Jahrb., Lyrik-Kalendern u. Almanachen. Zahlr. Lesungen - Mitgl. FDA, Ges. d. Lyrikfreunde u. Dt.-Indon. Ges. - Liebh.: Briefe schreiben, Ged. u. Kurzprosa, Besuche im Altenheim.

REVENTLOW, Graf von, Henning

Dr. theol., Litt. D., Univ.-Prof. f. Exegese u. Theologie d. Alten Testaments - Laerholzstr. 29, 4630 Bochum 1 (T. 70 13 23) - Geb. 22. Sept. 1929 Potsdam (Vater: Landrat a. D. Detlev Graf v. R.), ev., verh., 3 Söhne - Schule Kiel; Stud. Theol. Kiel, Heidelberg, Bethel, Göttingen. Promot. 1958 Göttingen; Habil. 1960 Kiel - 1960 Privatdoz. Univ. Kiel; 1964 Doz. Univ. Göttingen; 1965 Ord. Univ. Bochum. Wichtigste Publ.: D. Heiligkeitsgesetz, D. Amt d. Propheten b. Amos, Wächter üb. Israel - Ezechiel u. s. Tradition, Gebot u. Predigt im Dekalog, Liturgie u. prophet. Ich b. Jeremia, Opfere deinen Sohn, Rechtfertigung im Horizont d. Alten Testaments, Bibelautorität u. Geist d. Moderne; Hauptprobl. d. altt. Theologie im 20. Jh.; Hauptprobl. d. bibl. Theol. im 20. Jh.; Gebet im AT, 1986 - 1982 Litt. D. Univ. Sheffield (Engl.).

REX, Dietrich

Dr.-Ing., Dipl.-Phys., Prof. f. Raumflugtechnik TU Braunschweig (s. 1974) - Techn. Univ., Postf. 33 29, 3300 Braunschweig (T. 391 27 18) - Geb. 11. Febr. 1934 Berlin (Vater: Heinrich R., Richter; Mutter: Gertrud, geb. Schiller), ev., verh. s. 1962 m. Ursula, geb. Schmidt, 2 Kd. (Gundula, Markus) - Stud. d. Physik TU Braunschweig; Promot. 1963; Habil. 1970; 1970 Prof. - 1974 Leiter d. Abteilung Raumflugtechnik, Inst. f. Raumflugtechnik; s. 1979 Mitgl. d. dt. Delegation im Weltraum-Unteraussch. d. Vereinten Nationen; 1984 Vizepräs. d. Hermann-Oberth-Gesellsch.; Vors. ESA Space Debris Working Group - Patentinh. - BV: Flüssigkeit-MHD-Kreisprozesse f. Raumfahrt-Energieversorgungsanlagen, 1971 - Spr.: Engl.

REXRODT, Günter

Dr. rer. pol., Dipl.-Kfm., Senator f. Finanzen, Berlin (1985-89) - Nürnberger Str. 53-55, 1000 Berlin 30 (T. 2 12 31) - Geb. 12. Sept. 1941 Berlin (Vater: Dr. Wilhelm R., Politiker; Mutter: Walburga, geb. Schoyerer), ev., verh. s. 1983 in 2. Ehe m. Ingrid, geb. Hoyermann, Sohn Maximilian - Abit. Arnstadt/Thür. 1960; Dipl.-Kfm. 1967 FU Berlin, Promot. 1970 - 1968 Banktätigk.; 1969 IHK Berlin, s. 1972 Mitgl. d. Geschäftsfg., 1979 Leit. Industrieabt.; s. 1982 Senatsdirig. b. Senator f. Wirtsch., s. 1982 Senatsdir. AR-Mand. FDP (1982 stv. Landesvors.) - Liebh.: Segeln, Astrophysik - Spr.: Engl., Russ.

REXROTH, Günther

Kaufmann, Ehrenpräs. Dt.-Iran. Industrie- u. Handelskammer - POB 19-395-1796 Teheran - Geb. 6. Nov. 1914 Berlin, ev., verh. s. 1955 m. Mimosa Tamara, geb. Nagashidse, 2 Kd. (Larissa, Wolfgang) - Abit. 1933 Essen, 1933-35 Ausb. Fried. Krupp AG, Essen - 1937-42 Geschäftsf. AGFA Sofia u. Bukarest; 1951-78 Hoechst AG; Gf. Teheran, Istanbul, Teheran; s. 1978 Mitinh. u. Gf. Rexroth AG Teheran (Berat., Vertr.) - BVK I. Kl.

REY, Kurt P.

Bankdirektor - Obernstr. 2-12, 2800 Bremen (T. 3 60 11) - B. 1972 stv., dann o. Vorstandsmitgl. Nordd. Kreditbank AG., s. 1973 Vorstandsmitgl. Allg. Dt. Credit-Anstalt, Berlin-Frankfurt/M.

REYER, Eckhard

Dr.-Ing., Prof. f. Baukonstruktion, Holzbau u. Bauphysik Ruhr-Univ. Bochum - Am Varenholt 78a, 4630 Bochum - Geb. 17. Nov. 1937 Hamburg - Dipl.-Ing. 1967, Promot. 1971, Habil. 1974 (Analyt. u. experiment. Statik u. Baukonstrukt.) alles TU Berlin - 1964-69 Ing.-Büros Prof. v. Halàsz u. Prof. G. C. Dettmann, Hamburg; 1969-74 Wiss. Assist. u. Priv.-Doz. TU Berlin; 1974-82 Forschungsing. Fried. Krupp GmbH, Essen u. apl. Prof. TU Berlin; s. 1982 o. Prof. Ruhr-Univ. Bochum - BV: Lochrandgestützte Platten, Berechnungswerk, 1980; Handbuch Lärmschutz (Mitverf.), 1980 - 1969 Dischinger Preis (Stahlbetonbau).

REYER, Walther

Kammerschauspieler - Schadekgasse 16/15, A-1060 Wien - S. 1948 bühnentätig (1955 Mitgl. Burgtheater Wien). Film (u. a. Jedermann); Fernsehen - 1963 Kammerschausp.

REZNIČEK, von, Felicitas J.

Schriftstellerin - Kantonsstr., CH-6390 Engelsberg (T. 041 - 94 12 00) - Geb. 18. Jan. 1904 Berlin (brit. Staatsangeh.), Vater: Prof. Emil v. R., Dirigent u. Komponist (u. a. d. Opern: Donna Diana 1894, Ritter Blaubart 1920, Holofernes 1923, Satuala 1927); Mutter: Bertha, geb. Juillerat-Chasseur), ev. - BV (1935-67): Michael gewidmet, R.; Eva u. ihr Sohn, Erz.; Lachende Liebe, Erz.; Taubenschlag, R.; D. Frau am Rande, R.; Weltfahrt im Kriege, Reiseb.; E. Zug fährt ab, R. (verfilmt); Shiva u. d. Nacht d. Zwölf, Kriminalr. (verfilmt); Berliner Zwischenspiel, R.; D. Erde trägt uns, Ged.; So ist d. Liebe, Aphor. u. Kurzgesch.; So lebt Remarque; Tod im Sessellift, Krim.r.; Gegen d. Strom - Leben u. Werk v. E. N. v. Rezniček, Biogr.; Symphonie in Dur u. Moll, Musikerr.; Dem wird kein Leid geschehen, polit. R.; E. Reise n. Istanbul, Krim.r.; D. Buch v. Engelberg; V. d. Krinoline z. IV. Grad - D. Gesch. d. Frauenalpinismus; D. schiefe Himmel, Ernstes u. Heiters aus Bergdörfern u. Alpentälern, 1974. Bühnenw.: D. Weg n. Sarnen (UA. 1965), Kinderb. Übers.: Gaston Rébuffat, Zwischen Erde u. Himmel - Liebh.: Bergsteigen, Vögel.

REZNIK, Hans

Dr. rer. nat., o. Prof. f. Botanik - Elsterweg 28, 5042 Erftstadt-Lechenich (T. 72 72 28) - Geb. 17. Nov. 1922 Iglau/Mähren - S. 1956 (Habil.) Lehrtätigk. Univ. Heidelberg (1961 apl. Prof.), Münster (1963 Ord.), Köln (1969). Fachveröff.

REZZORI d'AREZZO, von, Gregor

Schriftsteller - Zu erreichen üb. Paul + Peter Fritz AG, Jupiterstr. 1, CH-8032 Zürich - Geb. 13. Mai 1914 Czernowitz/Rumänien (Vater: Hugo v. R., Staatsbeamter), verh. I) m. Priska, geb. v. Tiedemann, 3 Söhne (Enzio, Azzo, Ezzelino), II) Hanna, geb. Axmann (Malerin), III) Beatrice, geb. Monti della Corte (1967) - Kunstakad. Wien (Malerei) - BV: Maghrebin. Gesch., 1952; Ödipus siegt b. Stalingrad, 1953; Männerfibel, 1954; E. Hermelin in Tschernopol, 1957; Idiotenführer durch d. dt. Gesellschaft, 3 Bde. 1962 ff. (m. eig. Zeichnungen); Schickeria, 1963 (m. eig. Zeichn.); D. Toten auf ihre Plätze - D. Tageb. d. Films Viva Maria, 1965; 1001 Jahr Maghrebinien, 1967; D. Tod meines Bruders Abel, 1976; In gehobenen Kreisen, 1978; Greif zur Geige, Frau Vergangenheit, R. 1978. Hörsp. u. a. - 1959 Berliner Kunstpreis (Fontane-Preis); 1958 ff. Mitgl. PEN-Zentrum BRD - Div. Filmrollen.

RHAESE, Hans-Jürgen

Dr., Dipl.-Ing., Prof. f. Mikrobiologie Univ. Frankfurt - Ostpreußenstr. 4, 6231 Schwalbach (T. 8 14 40) - Geb. 23. Sept. 1934 Tilsit/Ostpr., ev., verh. s. 1960 m. Gertraut, geb. Lindner, 4 Kd. (Angelika, Michael, Stephanie, Martin) - Dipl.ex. 1962 TH Darmstadt; Promot. 1964 ebd.; Habil. 1969 Frankfurt - Spez. Arb.sgebiet: Molekulare Biol. Fachmitgl.schaften - Liebh.: Reiten - Spr.: Engl.

RHEIN, Arnold

Dr. jur., Rechtsanwalt, ehem. Vorstandsmitglied Albingia Versich.-AG, Hamburg (s. 1968) - Blechschmidtstr. 9, 2000 Hamburg 52 - Geb. 24. April 1919 - Vorst.-Mitgl. Gerling-Konzern Allg. Versich.-AG u. GK Magdebg. Standard Versich. AG, bde. Köln.

RHEIN, Eduard

Prof. e. h., Schriftsteller (Ps.: Klaus Hellborn, Klaus Hellmer, Hans Ulrich Horster, Adrian Hülsen) - Buckhornstieg 25, 2000 Hamburg 67 - Geb. 23. Aug. 1900 Königswinter/Rh. (Vater: Eduard R., Hotelier; Mutter: Therese, geb. Hoy) - Gymn.; 2 J. Volontär Arthur Leser & Co., Köln; Stud. Physik, Elektrotechnik u. Biol. - 2 J. Ing. AEG, Berlin, 4 1/2 J. Ref. Zentralverb. d. Dt. Elektrotechn. Industrie, 1929-45 Redakt. Ullstein-Verlag ebd. 1946-66 Chefredakt. Rundfunk- u. Fernsehzeitung Hör zu, Hamburg. Erf.: Füllschrift-Verfahren f. Schallplatten - BV: D. mechan. Hirn, R. 1928; Wunder d. Wellen, 1934; D. Jagd n. d. Stimme, R. 1938; Du u. d. Elektrizität, 1939; E. Herz spielt falsch, R. 1950; D. Toteninsel, R. 1951; D. Rote Rausch, R. 1952; D. Engel m. d. Flammenschwert, R. 1953; Wie ein Sturmwind, R. 1954; Suchkind 312, R. 1955; Verlorene Träume, R. 1956; Herz ohne Gnade, R. 1956; E. Augenblick d. Ewigkeit - Robinson schläft 50 Jahre, R. 1958; E. Student ging vorbei, R. 1959; Verschattete Heimkehr, R. 1960; Ehe-Institut Aurora, R. 1961; Karusell d. Liebe, R. 1964; Haus d. Hoffnung, R. 1982; E. Kind nach s. Ebenbild, R. 1984; Haus d. Hoffnung, R. 1985; Briefe aus d. Jenseits, R. 1986. 14 Kinderb., der Mecki-Reihe. Filme: E. Herz spielt falsch, D. Toteninsel, D. Rote Rausch, D. Engel m. d. Flammenschwert, Wie ein Sturmwind, Suchkind 312, Herz o. Gnade, E. Student ging vorbei, Ehe-Inst. Aurora; Operette: Traumland - 1958 Gr. BVK; 1965 DRK-Ehrenz.; 1973 Hans-Bredow-Medaille f. Verd. um d. dt. Rundfunk; 1985 Gr. BVK m. Stern; 1986 Prof. e. h. - Liebh.: Musik, Fotogr. - Spr.: Franz. - 1977 Stiftung Eduard-Rhein-Stiftung (5 Mio DM) z. Förd. d. Fernsehtechnik.

RHEIN, Peter

Dr. phil., Prof., Stadtrat, Dezernent f. Gesundheit u. Sport Stadtverw. Frankfurt (s. 1968), Geschäftsf. Olymp. Sommerspiele Frankfurt am Main GmbH - Grüneburgweg 102, 6000 Frankfurt/M. 1 - Geb. 5. Sept. 1933 Bonn (Vater: Heinrich R., Betriebsleiter; Mutter: Maria-Helene, geb. Friesenhagen), kath., verh. s. 1959 m. Karin, geb. Armbrüster, 3 Kd. (Nicolai, Vanessa, Boris) - Gymn. Siegburg; Univ. Bonn (Phil., Politol., Päd.). Promot. 1965 - 1963-65 Assist. Päd. Hochsch. Bonn; 1965-68 Doz. u. o. Prof. (1967) PH Oldenburg (Schulpäd.). MdK Siegkr. (1964ff. stv. Fraktionsvors.). SPD; CDU s. 1987 - BV: D. kulturtheoret. Ansätze in d. Frühschriften v. Karl Marx, 1966 (Diss.); Wörterb. d. Sexualpäd., 1969 - Liebh.: Sport (Mitgl. SC 1880 Frankfurt), Vors. Sport- u. Kulturgemeinsch. Frankfurt/M. - Spr.: Engl.

RHEIN, von, Raphael

Dr. theol., Prof., Theologe - Dompl. 3, 6400 Fulda - Geb. 11. Jan. 1912 Altenmittlau Kr. Gelnhausen, kath. - Gymn. Aschaffenburg; Phil.-Theol. Hochsch. Fulda, Univ. Rom (Gregoriana) u. Münster (Promot. 1941) - 1938-45 Kaplan Kämmerzell, Poppenhausen, Fritzlar, Marburg, Doz., Subregens (1945), Regens (1950-66) Priestersem. Fulda, 1951 ff. zugl. o. Prof. Phil.-Theol. Hochsch. ebd. (Dogmatik u. Fundamentaltheol.). Emerit. 1976, Domkapitular, 1975.

RHEINBERG, Falko

Dr. phil, Prof. f. Psych. Univ. Heidelberg - Bülser Str. 21, 4390 Gladbeck (T. 6 22 82) - Geb. 14. Mai 1945 Parchim (Vater: Otto R., Major a.D.; Mutter: Berta, geb. Tegeler), ev., verh. s. 1970 m. Antje, geb. Schulte - Stud. Psych. Univ. Innsbruck u. Bochum; Dipl. 1972, Promot. 1977, Habil. 1983 - 1972 fr. Mitarb. Fried. Krupp GmbH; 1973-83 Forschungsassist. Ruhr-Univ. Bochum; ab 1983 Prof. Univ. Heidelberg - BV: Leistungsbewert. u. Lernmotivat., 1980; Bezugsnormen z. Schulleistungsbewert.: Analyse u. Intervention, 1982 - Spr.: Engl., Lat.

RHEINDORF, Horst Joachim

Dr. med., Prof., Vorsitzender Akad. f. ärztliche Fortbildung u. Weiterbildung d. Landesärztekammer Hessen, u. d. Deutschen Akad. f. medizinische Fortbildung - Carl-Oelemann-Weg 7, 6350 Bad Nauheim - Hauptgeschäftsf. i. R. d. Landesärztekammer Hessen.

RHEINHEIMER, Gerhard

Dr. rer. nat., Prof., Leiter Abt. f. Marine Mikrobiologie/Inst. f. Meereskunde Univ. Kiel - Posener Str. 10, 2300 Altenholz-Stift (T. Kiel 32 21 69) - Geb. 10. Juli 1927 Heilbronn (Vater: Dr.-Ing. Wilhelm R., Chemiker; Mutter: Regina, geb. Keller), verh. m. Ellen, geb. Remer, 2 Kd. (Joachim, Martin) - S. 1964 (Habil.) Lehrtätigk. Univ. Hamburg u. Kiel (1967 Prof.) - BV: Mikrobiologie d. Gewässer, 1971 (engl. 1973, poln. 1977, span. 1987). Etwa 90 Einzelarb.

RHODE, Gotthold

Dr. phil., em. o. Prof. f. Osteurop., mittlere u. neuere Geschichte - Am Kapellchen 6, 6501 Heidesheim (T. 06132 - 5 70 76) - Geb. 28. Jan. 1916 Kamillental/Posen (Vater: D. Arthur R., Superint.; Mutter: Martha, geb. Harhausen), ev., verh. s. 1940 m. Ilona, geb. Benning, 3 Kd. (Christiane, Michael, Sabine) - Schiller-Gymn. Posen; Univ. Jena, München, Königsberg/Pr., Breslau (Gesch., Geogr., Slaw.; Promot. 1939). Habil. 1952 Hamburg - Ab 1939 Ref. Osteuropa-Inst. Breslau, Wehrdst., 1946-1952 Assist. Univ. Hamburg (Histor. Sem.), 1952-57 Ref. Herder-Inst. Marburg u. Privatdoz. Univ. ebd., s. 1957 ao. u. o. Prof. (1960) Univ. Mainz (Dir. Inst. f. Osteuropakd.). Vors. Hist. Komm. f. Posen; Verband der Historiker Deutschlands, Ehrenpräs. Studienges. f. Fragen mittel- u. osteur. Partnerschaft, Mitgl. Präs. dt.-poln. Kommiss. f. Schulb.revision u. Vorst. Commiss. Intern. d. Etudes Historiques Slaves, 1983-88 Präs. Dt. Sektion d. Forschungsges. f. d. Weltflüchtlingsprobl. (AWR), s. 1984 Präs. Johann-Gottfried-Herder-Forschungsrat - BV: Brandenburg-Pr. u. d. Protest. in Polen, 1941; Völker auf d. Wege... - Verschieb. d. Bevölkerung in Ostdtschl. u. -europa, 1952; D. Ostgrenze Polens - Polit. Entwickl., kulturelle Bedeut., geist. Auswirk., Bd. I 1955; Quellen z. Entsteh. d. Oder-Neiße-Linie, m. Wagner, 2. A. 1959 (engl. 1956); Gesch. Polens, 1965, 2. A. 1966 3. A. 1980. Zahlr. Einzelarb. insbes. ausführl. Beitr. in Bd. 3, 5, 6, 7 d. Handb. d. europ. Gesch. Herausg.: Gesch. d. Stadt Posen (1953), D. Ostgebiete d. Dt. Reiches (5. A. 1988); Tausend Jahre Nachbarschaft. D. Dt. in Südosteuropa (1981); Juden in Ostmitteleuropa. V. d. Emanzipation b. z. 1. Weltkrieg (1989). Mithrsg.: Jb. f. Gesch. Osteuropas (1961ff.), Ztschr. f. Ostforsch. (1966ff.), D. dt.-tschech. Verhältnis s. 1918 (1969, m. Eugen Lemberg), Grundfragen sowjet. Außenpolitik (1970, m. Boris Meissner) - 1973 Georg-Dehio-Preis; 1970 Ehrenmitgl. Poln. Ges. f. Wiss. u. Kultur im Ausl.; 1988 BVK I. Kl. - Liebh.: Bergsteigen, Gartenbau, Fotogr. - Spr.: Poln., Franz., Engl., Russ., Dän. - Lit.: Ostmitteleuropa, Berichte u. Forsch., Festschr. f. G. R., 1981; Historical Understanding and Politics, Ess. in Honor G. R., 1985; E. Pohl: Berlin u. d. Zukunft Europas, G. R. z. 70. Geb. (1986).

RHODE, Karl

Geschäftsführer Germania-Brauerei F. Dieninghoff GmbH., Münster - Pleistermühlenweg 97, 4400 St. Mauritz üb. Münster/W. - Geb. 27. Juli 1917 Nottuln/W.

RHOMANN, Andreas

s. Sporea, Constantin (Marcel)

RHOTERT, Bernt

Dr. phil., Ltd. Fernsehdramaturg u. Programmprod. - Am Auweg 6, 6000 Frankfurt 56 (T. 06101 - 4 25 50) - Geb. 29. Aug. 1934 Breslau, ev., verh. s. 1964, 1 Sohn - Stud. German., Theaterwiss., Kunstgesch. u. Volkskd. Univ. Wien u. München; Promot. 1959 München - s. 1964 Leit. Fernsehdramaturgie Hess. Rundf.; Lehrbeauftr. f. Medienwiss. Univ. Frankfurt - BV: Namenstage. Co-Autor mehr. Drehb., Fernsehadaptionen (u.a. 11 t. Serie Buddenbrooks v. Thomas Mann), Don Carlos - Spr.: Engl., Franz., etwas Polnl., Span.

RIBBENTROP, von, Barthold

Generalbevollmächtigter Direktor Deutsche Bank AG - Taunusanlage 12, 6000 Frankfurt/M. - Geb. 19. Dez. 1940 Berlin (Vater: Joachim v. R.), ev., verh. s. 1970 m. Brigitte, geb. v. Trotha, 2 Söhne (Sebastian, Patrick) - 1960-63 Banklehre Dt. Bank; 1963-67 Stud. Betriebswirtsch., Jura Univ. Paris, Saarbrücken, München; Dipl.-Kfm. - 1968-70 Kidder, Peabody & Co., Inc. NY, Corporate Finance Dept. m. 9-monat. Aufenth. im Libanon; 1971/72 Dt. Bank AG Frankfurt; 1973-85 Dt. Bank Atlantic Capital Corp. NY, s. 1978 Executive Vice Pres.; s. 1986 Dir. m. Generalvollmacht Dt. Bank AG Frankfurt, Leit. d. Zentrale/Börsenabt. - Liebh.: Golf, Tennis, Jagd - Spr.: Engl., Franz.

RIBBENTROP, von, Rudolf

Bankkaufmann - Ten Eicken 13, Holterhof, 4030 Ratingen - Geb. 11. Mai 1921 Wiesbaden - Eltern s. Adolf v. R. (Bruder).

RIBER, Jean-Claude

Generalintendant Oper d. Stadt Bonn - Am Boeselagerhof 1, 5300 Bonn 1 (T. 0228 - 72 82 00) - Geb. 14. Sept. 1934 Mulhouse (Vater: Eugène R., Techn. Dir.; Mutter: Anna, geb. Dorner), verh. s. 1960 m. Liliane, geb. Meyer, 2 Kd. (Dominique, Jean-Stephane) - Ausb. Collège Lambert, Mulhouse, Univ. Strasbourg u. Paris, Musikhochsch. Mulhouse - 1957-66 Regiss., 1966-70 Int. Théâtre Municipal Mulhouse, 1970-73 Int. Grand Théâtre Nancy, 1973-81 Generaldir. Grand Théâtre Genf, s. 1981

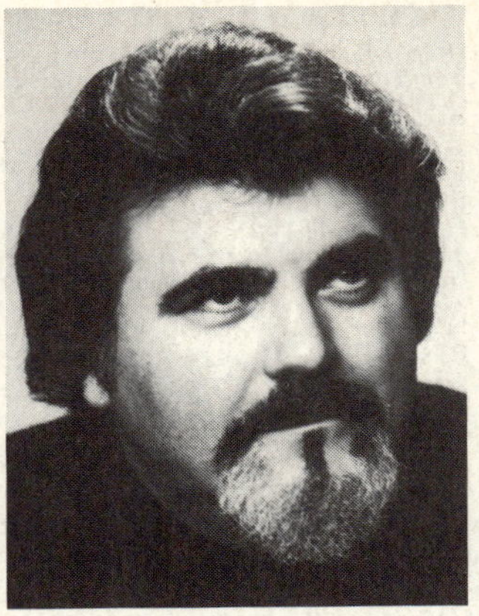

Generalint. Bühnen Stadt Bonn - 120 Operninsz. in Deutschland, Frankreich, Italien, Schweiz, Österreich u. a. Ländern - Chevalier de la légion d'honneur, Officier des Arts et Lettres, Goldmed. Stadt Nancy; BVK I. Kl.

RIBHEGGE, Wilhelm

Dr., Univ.-Prof. Univ. Münster (Zeitprof.) - Nienkampstr. 17, 4415 Sendenhorst (T. 02526 - 15 82) - Geb. 2. Juni 1940 Werne a.d. Lippe - Promot. 1973; Habil. 1982 Münster - 1973-75 Lehrstuhlvertr. Univ. Oldenburg - BV: August Winnig. E. hist. Persönlichkeitsanalyse, 1973; Gesch. d. U. Münster. Europa in Westf., 1985; D. Politik d. dt. Reichstagsmehrheit 1917/18, 1988; Konservative Politik in Deutschl. V. d. Franz. Revolution b. z. Gegenwart, 1989; Regional u. Stadtgesch., 1990; Philipp Scheidemann 1865-1939. Parlamentarismus im Reichstag d. Kaiserreichs u. d. Weimarer Republik, 1990. Veröff. in Ztschr.

RICCIUS, Rolf

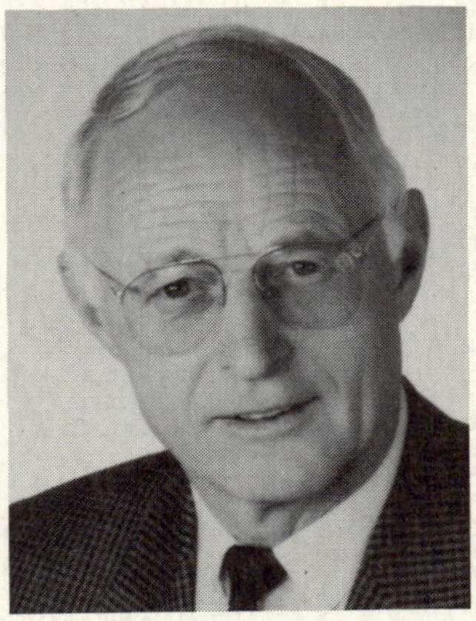

Dr.-Ing., Prof., Vice President Marketing Panavia Aircraft GmbH, München (s. 1979) - Heerstr. 5, 8000 München 60 - Geb. 1. April 1930 Berlin, verh. s. 1978 m. Ursula, geb. Müllenberg, 6 Kd. (Rhoda, Robert, Kathrin, Christoph, Caroline, Rena) - Stud. Flugtechnik TU Berlin; Ex. 1959; Promot. 1964 Berlin - 1959 wiss. Mitarb. TU Berlin; 1959-62 Entw.-Ing. u. Leit. Projektbüro Focke-Wulf GmbH Bremen; 1960-62 Assist. TU Berlin; 1962ff. Vereinigte Flugtechn. Werke GmbH Bremen; 1969 Hon.-Prof. TU Berlin; 1971 Dir. Vereinig. Flugtechn. Werke-Fokker GmbH Bremen; 1973 Mitgl. d. Geschäftsfg. u. Leit. d. Geschäftsführerber. Forsch. u. Entw. VFW-Fokker; 1978 Ass. Dir. Panavia Aircraft GmbH - Inh. e. Reihe Flugtechn. Patente - 17 Titel aus d. Vertikal Starttechnik - Liebh.: Sport (Schwimmen, Ski, Golf) - Spr.: Engl.

RICHARD, Karl-Eduard

Dr. med., Prof., Hochschullehrer - Pfalzgrafenstr. 7, 5024 Pulheim-Brauweiler (T. 02234 - 8 24 08) - Geb. 8. Febr. 1939 Düsseldorf, kath., verh. m. Gabriele, geb. Heinen, 8 Kd. (Felix, Matthias, Robert, Ruth, Stefan, Anton, Martin, Katrin) - Med.-Stud. Univ. Tübingen, Bonn, München; Promot. 1962; Approb. 1963; Habil. 1977; apl. Prof. 1982 - Wiss. Assist. Neurochir. Univ.-Klinik Köln; 1973 Oberarzt - Entw. e. verbesserten Technik z. Langzeitmessung d. Schädelinnendruckes - BV: Zentrales Nervensystem (m. Frowein) in: Lindenschmidt Pathophysiol. Grundl. d. Chir., 1975 - Liebh.: Musik (Violoncello), Lit., Wandern, Bergsteigen - Spr.: Engl., Franz. - Bek. Vorf.: Adolph Richard, Pionier d. Stahlind. in Deutschl. (Urgroßv.) - Lit.: F.-W. Henning, Düsseldorf u. s. Wirtschaft (1981).

RICHARDI, Hans-Günter

Journalist, Schriftsteller, Redakteur Südd. Zeitung, München - Obere Moosschwaigestr. 6d, 8060 Dachau (T. 08131-1 46 08) - Geb. 26. Okt. 1939, ev., verh. m. Christa, geb. Demmel, 2 Kd. (Sabine, Stephanie) - Vors. Verein Zum Beispiel Dachau - Arbeitsgem. z. Erforsch. d. Dachauer Zeitgesch. - BV: Unheiml. Plätze in Bay., 1977; D. gr. Augenblick in d. Archäol., 1977; Burgen, Schlösser u. Klöster in Bay., 1978; Dachau, 1979; Schule d. Gewalt, 1983; Von d. Roten Armee z. Schwarzen Korps, 1983 - Dt. Denkmalschutzpreis, Bayer. Denkmalschutzmed., Bürgermed. Stadt Dachau - Liebh.: Gesch., Zeitgesch., Archäol., Seefahrtsgesch., Sagen - Spr.: Engl.

RICHARDI, Reinhard

Dr. jur., Univ.-Prof., Ordinarius f. Arbeits- u. Sozialrecht, Bürgerl. Recht u. Handelsrecht Univ. Regensburg (s. 1968) - Lärchenstr. 6, 8401 Pentling - Geb. 21. März 1937 Berlin (Vater: Günther R., Reichsbahnrat †; Mutter: Charlotte, geb. Kühn), kath., verh. s. 1964 m. Margarete, geb. Bruysten, 3 Kd. (Anne, Bettina, Johannes) - Gymn. Berlin; Univ. Berlin (Freie) u. München (Rechtswiss.). Jurist. Staatsprüf. 1960 u. 64; Promot. (1960) u. Habil. (1967), alles München - 1960-68 Assist. Prof. Rolf Dietz u. Doz. (1967) Univ. München - s. 1980 Mitgl. Fachaussch. Rechtswiss. d. DFG - BV: D. Verwaltungsrecht d. Testamentsvollstreckers an d. Mitgliedschaft in e. Personenhandelsgesellschaft, 1961; Kollektivgewalt u. Individualwille b. d. Gestaltung d. Arbeitsverhältnisses, 1968; Betriebsverfass. u. Privatautonomie, 1973; Sozialplan u. Konkurs, 1975; Konzernzugehörigk. e. Gemeinschaftsuntern. nach d. Mitbestimmungsges., 1977; Kommentar z. Bundespersonalvertretungsgesetz, 2 Bde., 1978; D. Grenzen d. Zulässigkeit d. Streiks, 1980; Kommentar z. Betriebsverfassungsgesetz, 2 Bde., 1981/82; Arbeitsrecht, 4. A. 1982 - Mitherausg. Zeitschr. f. Arbeitsrecht (s. 1970) - 1969 Hans-Constantin-Paulssen-Preis.

RICHERT, Fritz

Dr. phil., Präsident Landesmusikrat Baden-Württ. (s. 1987), Vors. Landesverb. d. Musiksch. Baden-Württ. (s. 1982) - Jungnauerstr. 22, 7000 Stuttgart-Möhringen - Geb. 4. Aug. 1922 Nürnberg, verh. s. 1947 m. Ursula, geb. Simader, 2 Kd. - B. 1975 Leit. Ressort Innenpolitik Stuttg. Ztg., 1975-78 Vors. Journalisten-Verb., 1978-87 Kulturamt Stuttgart - BV: D. nationale Welle - Masche, Mythos u. Misere e. neuen Rebellion v. rechts, 1966 - 1964 Theodor-Wolff-Preis.

RICHERT, Hans-Egon

Dr. rer. nat., o. Prof. f. Mathematik - Oberer Eselsberg (Univ.), 7900 Ulm/D.; priv.: Tannenweg 26, 7906 Blaustein-Herrlingen (T. 07304 - 31 65) - Geb. 2. Juni 1924 Hamburg (Vater: Johann R.; Mutter: Agnes, geb. Hinsch), verh. 1980 m. Gisela, geb. Voss, 2 Söhne (Manfred, Ranko) - 1946-50 Univ. Hamburg (Math.). Promot. 1950 Hamburg; Habil. 1954 Göttingen - 1954-62 Doz. u. apl. Prof. (1961) Univ. Göttingen; s. 1962 Ord. Univ. Marburg u. Ulm (1971; 1974-75 Prorektor); 1961-62, 1965-67, 1969-70 Gastprof. Syracuse (USA) - BV: Sieve Methods, 1974 (m. H. Halberstam); Lecture Notes, T.I.F.R. Bombay 1976. Fachveröff.

RICHLING, Mathias

Kabarettist, Autor, Schauspieler - Hänflingweg 11, 7000 Stuttgart 31 (T. 0711 - 44 60 44) - Geb. 24. März 1953 - Stud. Literaturwiss., Phil., Gesch., Musikwiss. u. Schauspiel; Mag. in Literaturwiss.; Abschlußprüf. Schauspiel - S. 1976 Solist; davor im Ensemble d. Renitenz-Theaters Stuttgart; Mitwirkung in Serien u. Ensembles: D. Kleine Heimat (SDR/ARD), Hildebrandts Scheibenwischer (ARD/SFB); Abendschau-Ansichten e. Dauerfernsehers (s. 1981 14tgl.); 14 Solo-Progr., u. a. D. Fernseh- bled macht? (ARD, 1984), Reden Sie! Jetzt red' ich: (ARD, 1986), Wieviel Demokratie ist es bitte? (ARD, 1988); TV: Stuttgarter Gefühle (SDR, 1984) - BV: Du bist so treibend wahnesblöd. Wahrmögliche Gesch. 1981; Ich dachte, es wäre d. Froschkönig. Manch Nimmermär 1984; Stuttgart-Ess. Dix f. ungut (Geo-Special), 1987; D. deutsche Selbstverstand, 1989. Platten: Ich bin's gar nicht, 1983 - 1978 u. 87 Dt. Kleinkunstpr.; 1988 Österr. Kleinkunstpreis - Spr.: Engl., Lat.

RICHTBERG, Walter

Dr. rer. pol., Vorsitzender d. Geschäftsführung dpa - Deutsche Presse-Agentur GmbH - Mittelweg 38, 2000 Hamburg 13 (T. 4 11 31) - Geb. 14. Nov. 1941 Groß Rohrheim - Abit. 1961; Stud. Volksw. Karlsruhe u. Tübingen; Dipl. 1966 Univ. Tübingen, anschl. wiss. Assist. Lehrstuhl f. Wirtschafts- u. Sozialpolitik Univ. Stuttgart-Hohenheim; Promot. 1969 Univ. Tübingen, anschl. Assist. d. Hauptgeschäftsf. d. IHK Würzburg-Schweinfurt; 1971 Geschäftsf. u. Leit. Abt. Volkswirtsch. u. Inform. IHK Würzburg-Schweinfurt; s. 1973 IHK Hamburg (Leit. Abt. Inform., s. 1976 Geschäftsf., s. 1979 Hauptabteilungsleit. Informat./Red.); s. 1984 dpa-Dt. Presse-Agentur GmbH (s. 1985 Vors. d. Geschäftsf.). Vors. d. Geschäftsf. d. Europ. Pressphoto Agency (epa); AR-Vors. europ. television service GmbH (e-te-s); Vors. d. Gesellsch.vers. Globus Kartendst. GmbH; VR-Mitgl. VWD-Vereinigte Wirtschaftsdst. GmbH.

RICHTER, Achim

Dr., Dipl.-Phys., Prof. u. Direktor Inst. f. Kernphys. TH Darmstadt (s. 1974) - Schwarzer Weg 9, 6100 Darmstadt (T. 7 96 98) - Geb. 21. Sept. 1940 Dresden (Vater: Georg Edmund R., Baum.; Mutter: Elsa, geb. Wenzel), ev., 2 Kd. (Rebecca, Tobias) - Stud. d. Phys. Univ. Heidelberg; Promot. 1967; Habil. 1971 - 1966-67 Max-Planck-Inst. f. Kernphys., 1968-70 Florida State Univ. u. Argonne Nat. Labor., bde. USA, 1971-74 Wiss. Rat u.Prof. Univ. Bochum. - Mitherausg. intl. Zeitschr. Nuclear Physics, Modern Physics Letters A u. Springer Series in Nuclear and Particle Physics. Zahlr. Fachveröff. - 1988 Dt.-franz. Alexander-von-Humboldt-Preis.

RICHTER, Aldfried

Dr. jur., Bürgermeister i. R. - Rheinau 13a, 5400 Koblenz (T. 3 43 89) - Geb. 5. Jan. 1906 Essen (Vater: Prof. Franz R.; Mutter: Anna, geb. Köbig), kath., verh. s. 1951 m. Hildegard, geb. Risleben, 2 Kd. (Andrea, Matthias) - Univ. Hamburg, Lausanne, Münster, Mainz (Rechts- u. Staatswiss., Phil., Theol., Gesch., Lit.gesch., Volksw.). Gr. jurist. Staatsprüf. - Regierungsass., -rat, Oberreg.s-, Stadtrat Hamm, zul. Bürgerm. u. Kulturdezern. Koblenz; e. a. Richter OVG Rhld.-Pfalz. Politlehrer. CDU - BV: Eigentumserwerb durch Geschäft, wen es angeht, 1932; D. Theater d. Stadt Koblenz als kulturgeschichtl. Verpflichtung, 1962; Koblenz e. Mittelpunkt d. Musiklebens, 1971 - Ehrenbürger New Orleans; Max-Reinhardt-Med. Salzburg, Ehrenplak. Dijon u. Nevers; BVK I. Kl. - Liebh.: Theater, Musik, Bücher (Europ. Lyrik) - Spr.: Engl., Franz.

RICHTER, Alfred
Dipl.-Kfm., Bankdirektor, - Am Wiesengrund 8, 2125 Garlstorf - Geb. 5. April 1933 - Vorstandssprecher Verbraucherbank AG., Hamburg.

RICHTER, Annegret
Handelsvertreterin f. Sportartikel, Olympiasiegerin (erfolgreichste dt. Leichtathletin) - Maulwurfsweg 58, 4600 Dortmund 30 - Geb. 13. Okt. 1950 Dortmund (Vater: Rudolf, Rentn.; Mutter: Else, geb. Irrgang), ev., verh. s. 1971 m. Manfred R., T. Daniela - Handelssch., Bürokfm. - 1971 Europa-Meist. 4x100m-Staffel, 1972 Olympiasiegerin 4x100m-Staff., 1973 Halleneuropameist., 1976 Olympiasiegerin 100m-Lauf (zugl. Weltrekord m. 11,01 Sek.), Olympiazweite 200m-Lauf u. 4x100m-Staff., 1977 u. 1979 Weltcup-Siegerin 4x100m-Staff., 31 dt. Meistertitel - Olymp. Gold- u. Silbermed., 1971, 72 u. 76 Silb. Lorbeerblatt, 1976 Stadtplak. Dortmund, 1977 Rudolf Harbig-Gedächtnispreis, 1981 Eiserner Reinoldus (Dortm.) - Liebh.: Kochen, Teppichknüpfen, Tennis - Spr.: Engl.

RICHTER, Armin
Dr.-Ing., Prof., Wiss. Rat Inst. f. Feinmechanik u. Regelungstechnik TU Braunschweig (s. 1966) - Eitelbrodstr. 3a, 3300 Braunschweig (T. 37 43 56) - Geb. 20. Sept. 1923 Dammen üb. Stolp/Pom. (Vater: Martin R., Minister), verh. m. Doris, geb. Mann, 3 Kd.

RICHTER, Christoph
Dr. phil., o. Prof. Hochsch. d. Künste Berlin (s. 1973) - Glockenstr. 21, 1000 Berlin 37 (T. 030-801 52 56) - Geb. 9. April 1932 Mährisch-Schönberg, ev., verh. s. 1959 m. Margrit, geb. Brökelmann, 3 S. (Andreas, Stephan, Florian) - Stud. Musik, Musikwiss., German., Päd., Phil.; Staatsex. (Musik u. Deutsch); Promot. (Musik) 1974 Hamburg - Gastprof. Musikhochsch. Wien - BV: Musik als Spiel, 1975; Theorie d. didakt. Interpret. v. Musik, 1976; D. Prinzip v. Vers u. Prosa in d. Musik, 1985; Arb. - Freizeit - Schule, 1986; Herausg.: Ztschr. Musik u. Bildung - Liebh.: Segeln, Musizieren, Wandern.

RICHTER, Claus
Dr. phil., Journalist, Korresp. u. Studioleit. ARD-Studio DDR (s. 1987) - Zu erreichen üb. ARD Studio DDR im Sender Freies Berlin, Masurenallee, 1000 Berlin 19 - Geb. 4. Nov. 1948 Straubing (Vater: Fritz R., kaufm. Angest.; Mutter: Gertrud Roy), ev. - Abit. 1967; Stud. Sozialwiss., German., Volksw. Univ. Bonn u. Heidelberg; Staatsex. 1974, Promot. 1976 Univ. Bonn - 1973-76 fr. Mitarb. WDR; 1976-81 Redakt. (Politik); 1981-84 Korresp. Warschau (WDR), 1984-87 Korresp. New York - BV: Leiden an d. Ges., 1977; D. überflüssige Generation. Berichte z. Lage d. Jugend (Hg.), 1979 - 1983 Eduard-Rhein-Kulturpreis; 1989 Jacob Kaiser Preis - Liebh.: Gesch., Politik - Spr.: Engl., Franz., Poln.

RICHTER, Claus-Gerd
Dipl.-Volksw., Geschäftsführer - Schmarjestr. 9b, 1000 Berlin 37 (T. 302 20 18) - Geb. 11. Dez. 1934 Berlin, verh. s. 1960 m. Editha, geb. Rüde, 3 Kd. - Obersch. (Reifeprüf. 1954) u. FU Berlin (Rechts- u. Wirtschaftswiss.; Dipl.-Volksw. 1960) - 1960 ff. Tätigk. Banken- u. Prüfungswesen; 1963 ff. pers. Ref. Senator f. Gesundheitswesen; 1966 Geschäftsf. (alles Berlin). MdA Berlin 1971-75. Mitgl. Vollversamml. u. Berufsbild.saussch. IHK Berlin.

RICHTER, Dieter
Dr. phil., Prof. f. Literaturwiss. Univ. Bremen (s. 1972) - Großbeerenstr. 35, 2800 Bremen - Geb. 24. Dez. 1938 Hof a. d. Saale (Vater: Paul R.; Mutter: Frieda, geb. Herpich), verh. s. 1965 m. Sabine, geb. Gurski, 2 Kd. (Nicolas, Pavel) - Stud. d. German., Lat.; Promot. 1966; Habil.-Stip. 1972 - BV: Berthold v. Regensburg, Dt. Predigten, 1968; D. dt. Überlief. d. Predigten B. v. Regensburg, 1969; D. polit. Kinderb., 1973; D. heiml. Erzieher, 1974; Märchen, Phantasie u. soz. Lernen, 1974; Lit. im Feudalismus, 1975; Samml. alter Kinderb. 1977ff; D. Land, wo man nicht stirbt, Märchen v. Leben u. v. Tod, 1982; Schlaraffenland, Gesch. e. populären Phantasie, 1984; Viaggiatori stranieri nel Sud, 1985; D. fremde Kind, Z. Entsteh. d. Kindheitsbilder d. bürgerl. Zeitalters, 1987 - 1986 Ehrenmitgl. Centro di cultura e storia amalfitana, Amalfi - Spr.: Engl., Ital.

RICHTER, Dieter M.

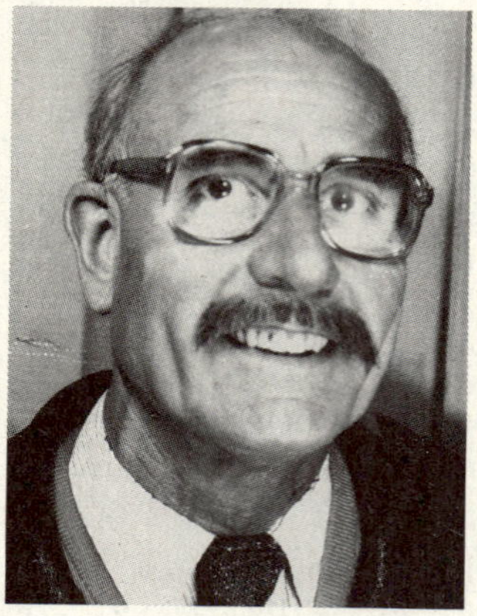

Dr. rer. nat., Prof., Geologe u. Paläontologe - Sandweg 14, 5100 Aachen-Laurensberg (T. 17 20 00) - Geb. 19. März 1930 Bonn (Vater: Prof. Dr. phil. Max R., Geologe †; Mutter: Hildegard, geb. Willick †), ev., verh. s. 1958 (Ehefr.: Claire), 2 Töcht. (Barbara, Nicola) - 1940-49 Robert-Koch-Sch. Clausthal-Zellerfeld; 1949-50 bergmänn. Praxis; 1950-54 Univ. Marburg u. FU Berlin (Geol., Mineral., Zool.; Dipl.-Geol.). Promot. 1954 Berlin; Habil. 1960 Frankfurt/M. - 1955-57 Assist. Univ. Münster; 1957-58 Stip. Dt. Forschungsgem.; 1958-64 Assist. TH Aachen; apl. Prof. (1967) Univ. Frankfurt. 1964-65 Gastdoz. Univ. Exeter (Engl.). S. 1972 Prof. f. Allg. Geologie, Ingenieur- u. Hydrogeologie Geologisches Department Fachhochsch. Aachen im Gesamthochschulbereich Aachen. Spez. Arbeitsgeb.: Tektonik, Stratigr., Sedimentol., Ingenieurgeol. Mitgl. Dt. Geol. Ges. u. Geol. Vereinig. - BV: Stratigr.-tekton. Analyse d. kristallinen westl. Fichtelgebirges unt. bes. Berücks. d. prävar. Magmatite, 1963; Geol. Führer v. Aachen u. Umgeb. (Nordeifel u. -ardennen m. Vorl.), 1969, 2. A. 1975, 3. A. 1985; Geol. Führer durch Ruhrgebiet u. Berg. Land zw. Ruhr u. Wupper, 1971, 2. A. 1977; Grundriß d. Geol. d. Alpen, 1974; Allg. Geol., 1976, 2. A. 1980, 3. A. 1985; Geologie, 1982; Geolog. Führer d. Allgäuer Alpen, 1984; Ingenieur- u. Hydrogeologie, 1989. Üb. 120 Einzelarb. - 1961 Hermann-Credner-Preis DGG/DM 5000,-- (f. hervorrag. wiss. Leistungen) - Liebh.: Numismatik, Ton-Schmalfilm (S 8) - Spr.: Engl., Niederl., Span., Neugriech.

RICHTER, Egon W.
Dr. rer. nat., Prof. f. Theoret. Physik - Sommerlust 33, 3300 Braunschweig (T. 5 63 54) - Geb. 24. März 1928 Holzhausen/Sa. (Vater: Walter R., Kaufm.; Mutter: Margarete, geb. Hahn-Banisch), ev., 2 Töcht. (Eva, Stefanie) - Leibniz-Sch. Leipzig (Abit. 1946); TU Berlin, TH München (Physik; Diplom 1954). Promot. 1956 München; Habil. 1960 Kiel - S. 1960 Lehrtätigk. Univ. Kiel (Privatdoz., 1960 Doz., 1965 apl. Prof., 1966 Wiss. Rat u. Prof.) u. TU Braunschweig (1968 o. Prof.). 1986-88 Generalsekr. Braunschw. Wiss. Ges. Spez. Arbeitsgeb.: Plasmaphysik. 1969 o. Mitgl. Braunschw. Wiss. Ges. - BV: Joos/Richter, Höh. Mathematik f. Praktiker, 1979 (Frankfurt/M.) - Spr.: Engl.

RICHTER, Ewald
Dr. phil., Prof. Univ. Hamburg - Brückwiesenstr. 30, 2000 Hamburg 61 (T. 040 - 58 14 82) - Geb. 6. Aug. 1925 Hamburg (Vater: Johannes R., Chefredakt.; Mutter: Toni, geb. Wagner), ev., verh. s. 1959 m. Waltraut, geb. Güttler, 1 T. Birgit - Staatsex. in Math. u. Phys., Promot. in Phil. - BV: D. Fragwürdigkeit d. Subjekt-Objekt-Schemas, 1958; Grundbestimmung u. Einheit d. objektiven Erkenntnis, 1974.

RICHTER, Franz
Dr. phil., Prof., Oberstudienrat - Lienfeldergasse 35, A-1160 Wien 16 - Geb. 16. Jan. 1920 Wien - 1974-78 Präs. Österr. Schriftst.verb.; s. 1978 Generalsekr. PEN-Club - BV: Humanimales, Fabeln; Trockengebiet, Ged.; Kein Pardon f. Genies, 12 Charakterbilder; Kurz gefaßt, lang bedacht, Aphorismen; Spaltklang, R. 1987 - Österr. Ehrenkreuz f. Kunst u. Wiss.; 1984 Kulturpr. Land Niederösterr.; 1985 Ehrenmed. Stadt Wien; 1988 Otto-Stoessl-Preis.

RICHTER, Friedrich-W.
Dr. phil., Prof. f. Experimentalphysik - Frhr.-v.-Stein-Str. 33, 3550 Marburg/L. - Stud. Phys. (Dipl. 1956). Promot. 1959; Habil. 1969 - S. 1971 Prof. Univ. Marburg. Zahlr. Facharb.

RICHTER, Gerhard
Dr. phil., Prof., Biologe - Robert-Koch-Str. 16, 3012 Langenhagen 1 - Geb. 7. Dez. 1929 Fritzlar/Hessen - Stud. Univ. Marburg, Promot. 1956. Forschungs- u. Lehrtätigk. Max-Planck-Inst. Wilhelmshaven, Univ. of Chicago, California Inst. Techn. Pasadena, Univ. Tübingen. S. 1962 Habil., apl. Prof.; 1969ff. o. Prof. u. Dir. Inst. f. Botanik, Univ. Hannover - BV: Physiol. u. Biochem. d. Pflanzen, Stoffwechselphysiol. d. Pflanzen, 5. A. 1988 (span. 1972, poln. 1975, engl. 1976).

RICHTER, Gerhard
Dr. theol., Prof. f. Kirchengeschichte, insb. Gesch. d. Theol. d. christl. Ostens - Hermann-Löns-Str. Nr. 34b, 8502 Zirndorf/Mfr. - S. 1970 Privatdoz., dann apl. Prof. Univ. Erlangen-Nürnberg.

RICHTER, Gerhard
Prof., Kunstmaler - Kaiserswerther Str. 115, 4000 Düsseldorf 30 (T. 0211 - 45 15 62 u. 30 74 26) - Geb. 9. Febr. 1932 Dresden (Vater: Horst R., Lehrer; Mutter: Hildegard, geb. Schönfelder), verh. I) s. 1958 m. Marianne, geb. Eufinger, II) s. 1981 m. Isa, geb. Genzken, T. Betti - 1952-56 Kunstakad. Dresden, 1961-63 Düsseldorf. 1966 Gastdoz. Akad. Hamburg, 1978 Halifax/Canada, s. 1971 Prof. Akad. Düsseldorf. Zahlr. Texte in Katal. u. Magaz., div. Ausstell. In- u. Ausl. - Realist. u. abstr. Gemälde - Mitgl. Akad. d. Künste, Berlin; 1982 Arnold-Bode-Preis, Kassel; 1985 österr. Kotzoschka-Preis - Spr.: Engl.

RICHTER, Gerhard
Dipl.-Ing., Dipl.-Wirtschaftsing., Prof. FH Bielefeld, Abt. Minden - Franz-Boas-Str. 9, 4950 Minden/Westf. (T. 0571 - 5 17 12) - Geb. 24. Dez. 1928 (Vater: Gerhard R., Generalmajor), ev., verh. s. 1964 m. Gertrud, geb. Runge, 5 Kd. (Andrea, Martina, Ute, Katja, Claus-Gerhard) - Abit. 1948, Zimmererlehre; Staatl. Ing.schule Bremen, Ing. 1953; TH Aachen, Dipl.-Ing. 1959, Dipl.-Wirtschaftsing. 1964 - 1975-80 Abt.leit. Minden, 1979/80 des. Rektor, 1982-86 Dekan Fachber. Architektur u. Bauingwesen - BV: Verf. d. Abschn. Stahlbetonbau in Schneider Bautabellen, 1974, 7. A. 1986 - Liebh.: Sport, Lesen, Do-it-yourself-Bereich - Spr.: Engl.

RICHTER, Gerold
Dr. rer. nat., Prof. f. Physische Geographie Univ. Trier - Zum Lorenzberg 4, 5501 Mertesdorf - eb. 23. Dez. 1932 B.-Leipa (Vater: Richard R., Oberstudienrat; Mutter: Irmgard, geb. Weidlich), kath., verh. s. 1961 m. Elke, geb. Wöhrmann, 2 Töcht. (Anja, Ilka) - 1951 Abit. Zeitz; Univ. Greifswald (Dipl.-Geograph 1957, Promot. 1959), Habil. 1965 TU Braunschweig - 1967-70 Wiss. Rat u. Prof. TU Braunschweig; s. 1970 Prof. f. Phys. Geogr. Univ. Trier. S. 1973 Vors. Zentralaussch. f. dt. Landeskd. e.V. - BV: Bodenerosion. Schäden u. gefährdete Gebiete in d. Bundesrep. Dtschl., 2 Bde. 1965; Bodenerosion in Mitteleuropa, 1976; Kameraflug v. Helgoland zur Zugspitze, 1986; Deutschland, Raum im Wandel, 1988; u. ca. 100 wiss. Aufs. - Spr.: Engl., Portug.

RICHTER, Gotthold
Prof., Komponist - Deisterpfad 35, 1000 Berlin 37 (T. 813 26 21) - Langj. Lehrtätigk. Musikhochsch. Berlin.

RICHTER, Gregor
Dr. phil., Präsident d. Landesarchivdir. - Umgelterweg 5, 7000 Stuttgart 1 (T. 69 23 94) - Geb. 22. Jan. 1927 Kl. Röhrsdorf (Vater: Johann R., Landw.; Mutter: Maria, geb. Dittrich), kath., verh. s. 1952 m. Marianne, geb. Prenzel, 3 Kd. (Thomas, Barbara, Bernhard) - Stud. Gesch. u. German. Univ. Jena, Promot. 1956 - 1974-79 Leit. Staatsarchiv Sigmaringen; 1979-84 stv. Leit. Landesarchivdir. Bad.-Württ.; 1985 Präs. Landesarchivdir. Bad.-Württ. - BV: D. Ernestin. Landesordn., 1964; Lagerbücher- od. Urbarlehre. Hilfswiss. Grundzüge nach württ. Quellen, 1979 - Spr.: Lat., Franz., Russ.

RICHTER, Günter
Dr. phil., Prof. f. Neuere Geschichte - Remstaler Str. 30a, 1000 Berlin 28 (T. 401 75 80) - Geb. 10. März 1929 Lünen (Vater: Rudolf R., Techn.; Mutter: Margarete, geb. Schmidt), verh. s. 1959 m. Brigitte, geb. Stampe - Gymn., 5 J. Gefangensch., Abit.; Stud. Gesch., German. FU Berlin u. Univ. Münster, Staatsex. 1958, Promot. 1965 - B. 1965 Stud.rat, b. 1970 Akad. Rat FU Berlin, Prof. Meinecke-Inst. FU Berlin - BV: F. v. Holstein-Mitarb. Bismarcks (Diss.), 1966; Biogr. Holstein-Politiker im Schatten d. Macht, 1969; Denkwürdige Jahre 1848-1851 (Edit. A. d. Archiven Preuß. Kulturbes. Bd. 13) 1979; Zw. Revolution u. Reichsgründung; Gesch. Berlins, Bd. 2 1987; Biogr. Wilhelms I., in: Dreikaiser-Ploetz, 1987.

RICHTER, Hans
Schauspieler u. Regisseur - 6149 Hambach/Bergstr. - Geb. 12. Jan. 1919 Nowawes b. Berlin, ev., verh. s. 1945 m. Dr. Ingeborg, geb. Bieber, 2 Söhne (Hansjoachim, Thomas) - Menzel-Oberrealsch. Berlin (Abit.); Schauspielausbild. Albert Florath - Ab 1931 Film (üb. 200 Rollen, dar. Emil u. d. Detektive (erster Film), Engl. Heirat, Traumulus, D. Mädchen Irene, Artistenblut, Schwarzwaldmädel; Regie: Vatertag). Bühnenrollen. Fernseh- u. Bühneninsz. Gründer u. Initiator Festsp. Heppenheim - 1983 BVK I. Kl. - Liebh.: Klass. Musik (bes. Violin-Konzerte) - Spr.: Engl., Franz.

RICHTER, Hans Peter
Dr. rer. pol., Prof., Schriftsteller - Franz-Werfel-Str. 58, 6500 Mainz (T. 3 11 31) - Geb. 28. April 1925 Köln (Vater: Peter R., Versicherungsbeamter; Mutter: Anna, geb. Eckert), verh. s. 1952 m. Elfriede, geb. Feldmann), 4 Kd. (Ulrike, Claudia, Leonore, Gereon) - Gymn. Köln; Univ. ebd., Bonn, Mainz, Tübingen (Soziol., Psych.; 10 Sem.) - 1954-57 Hörer- u. Industrie-, s. 1957 Rentnerforsch. (spez. Frührentner), s. 1973 Hochsch.lehrer - BV: Damals war es Friedrich, Erz. 37. A. 1989 (auch franz., span., norw., niederl., dän., schwed., hebr., katal., engl., jap., fries., portug., ital.; dramatisiert, verfunkt, verfilmt, Gesamtaufl. üb. 2 Mill.); Wir waren dabei, R. 13. A. 1989 (auch dän., engl., schwed., franz., norw.); D. Zeit d. jg. Soldaten, Bericht, 9. A. 1989 (auch engl., dän., norw.); Jagd auf Gereon, Sachb. 1967; Ich war kein braves Kind, Erz. 3. A. 1979; Mohammed, Sachb. 1974; Saint-Just, Sachb. 1975; 24 Weihnachtswünsche, Erz. 1975; Gott - was ist das? Sachb. 1980; Gut und Böse, Sachb.

1980; Wiss. v. d. Wiss., Sachb. 1981; Wenn er groß wird - was dann?, Erz. 1982. Herausg.: ...der jg. Leser wegen - Tatsachen/Meinungen/Vorschläge (1965), Mutter - Erz. (3. A. 1974), Schriftst. antworten jg. Menschen auf d. Frage: Wozu leben wir? (1968), Schriftst. erzählen v. d. Gewalt (2. A. 1976), Schriftst. erzählen aus aller Welt (1976), Schriftst. erz. von d. Gerechtigk. (1977); Übers. Montaigne (1989). Zahlr. Hörfunk- u. Fernsehsend. u. wiss. Veröff. - 1961 Jugendbuchpreis Sebaldus-Verlag; 1961 Bestenliste; 2 Stip. Cité intern. des Arts, Paris (1965 u. 66), Mildred Batchelder Award, New York (1971). Woodward School Book Award, New York (1971) - Spr.: Engl., Franz.

RICHTER, Hans Werner

Dr. h. c., Prof. E. h., Schriftsteller - Floßmannstr. 13, 8000 München 60 (T. 88 04 86); - Geb. 12. Nov. 1908 Ostseebad Bansin (Vater: Richard R., Fischer; Mutter: Anna, geb. Knuth), ev., verh. s. 1942 m. Antonie, geb. Lesemann - Volkssch.; Buchhändlerlehre, Wehrdst. u. Gefangensch. (USA) - BV: D. Geschlagenen, R. 1949; Sie fielen aus Gottes Hand, R. 1951; Spuren im Sand, R. 1953; Du sollst nicht töten, R. 1955; Linus Fleck oder D. Verlust d. Würde, R. 1958; Karl Marx, in Samarkand - E. Reise an d. Grenzen Chinas, 1967; Rache f. d. Ziegenbock, Kinderb. 1973; Kinderfarm Ponyhof, Kinderb. 1975; Bärbel Hoppsala, Kinderb. 1978; Briefe an e. jungen Sozialisten, 1974; D. Flucht u. Abanon, Erz. 1980; D. Stunde d. falschen Triumphe, R. 1981; E. Julitag, R. 1982. Herausg. Ztschr. D. Ruf (1946-47), D. Literatur - Blätter f. Lit., Film, Funk u. Bühne (s. 1952), Bestandsaufnahme (1962), Almanach d. Gruppe 47 - 1947-1962 (1963), Plädoyer f. e. neue Regierung oder Keine Alternative (1965). Herausg.: Berlin, ach Berlin (1981) - 1950 Fontane-Preis Stadt Berlin, 1952 Rene-Schickele-Preis; 1951 Mitgl. PEN-Zentrum BRD - Initiator Gruppe 47; 1956 Begr. Grünwalder Kreis; 1959 Präs. Europ. Föderation gegen Atomrüstung; 1973 Ehrenpreis DGB; 1978 Ehrendoktor Univ. Karlsruhe; 1979 Ehrenprof. Stadt Berlin; 1982 Ehrengabe Bundesverb. Dt. Ind.; 1986 Gr. Lit.-Preis Bayer. Akad. d. Schönen Künste u. Alexander-Gryphius-Preis.

RICHTER, Hans-Günther

Dr. phil., Univ.-Prof. f. Heilpäd. Kunsterziehung - Am Forst 5, 5170 Jülich-Stetternich - Geb. 2. Jan. 1933 Mechernich/Eifel (Vater: Anton R., Lehrer; Mutter: Margarete, geb. Buderath), verh. s. 1962 m. Roswitha, geb. Breithor, 2 S. (Ludwig, Ulrich) - Kunstakad. Düsseldorf, Univ. Köln u. Bonn (German., Päd.) - 1966 Stud.ass., Doz., Prof. f. Kunst Univ. Köln - BV: Ästh. Erziehung u. Mod. Kunst, 1975; Beginn u. Entw. zeichnerischer Symbolik, 1976; Päd. Kunsttherapie, 1984; D. Kinderzeichnung, 1987.

RICHTER, Hartmut

Dr. rer. soc., Hauptgeschäftsführer Baden-Württ. Handwerkstag, Arbeitsgem. d. Handwerkskammern u. Arbeitsgem. d. Fachverb. d. Handwerks Baden-Württ. - Staufeneckstr. 35, 7300 Esslingen (T. 0711-36 76 52) - Geb. 14. Dez. 1945 Komotau, verh. m. Ute Beichter - Dipl. Verwaltungswirt (FH) 1967 Stuttgart; Dipl. Verwaltungswiss. 1977 Konstanz; Promot. 1983 Konstanz.

RICHTER, Helmut

Dr. jur., Rechtsanwalt u. Fachanw. f. Steuerrecht, Bundesvors. Landsmannschaft Sachsen (s. 1969) - Schloßstr. 92, 7000 Stuttgart 1 - Geb. 1909 Chemnitz-Bernsdorf, verh., 4 Kd., 3 Enkel - Realgymn.; Jura-Stud. Univ. Rostock, Jena, Leipzig; Refer. Augustusburg, Leipzig, Chemnitz, Klingenthal u. Dresden; Promot. - Rechtsanw. Chemnitz; nach 1945 RA u. Notar Stollberg/Erzgeb.; ab 1953 Stuttgart. Mitarb. Stuttgarter Ztg., Südd. Rundf. u. Südwestf. (Send. üb. Erzgeb., D. großen Söhne u. Töchter d. Erzgeb., 800 J. Chemnitz), Fachztschr. S. 30 J. Vorst. Bundeslandsmannschaft Sachsen - Ehrenmitgl. Bd. d. Mitteldeutschen; Sächs. Kurschwerter in Gold; Nadel m. Krone d. Kgl. Militär-Sankt-Heinrichs-Ordens; BVK I. Kl.

RICHTER, Horst

Dr. phil., Kunstkritiker - Steinweg 10, 5000 Köln 1 (T. 23 85 66) - Geb. 26. Febr. 1926 Leipzig (Vater: Walter R., Kaufm.; Mutter: Margarete, geb. Hahn-Banisch), led. - Oberrealsch. Leipzig (Abit. 1947); Buchhandelslehre; Univ. Köln (Kunstgesch., Theaterwiss., German., Völkerkd.). Promot. 1957 Köln - S. 1957 fr. Kunstkritiker. 1960 Presseref., 1971-89 stv. Gen.sekr. Dt. Unesco-Kommiss. 1972 Vizepräs., 1975-89 Präs. Intern. Kunstkritikerverb./Sektion BRD - BV: El Lissitzky, 1958; Georg Muche, 1960, J. O. Harms, 1963; H. E. Kalinowski, 1967; Leo Breuer, 1969; Malerei unseres Jahrhunderts, 2. A. 1977; Anton Räderscheidt, 1972; Gesch. d. Malerei im 20. Jahrhundert, 7. A. 1988; D. Bundesrep. Deutschl. u. d. UNESCO, 1976; Malerei d. Sechziger Jahre, 1989. Fernsehfilm: E. W. Nay (1966). Herausg.: Kunstjahrb. (1972 u. 73 u. 1976 b. 79); Kunst i. d. siebziger Jahren, 1978 - Spr.: Engl. - Bruder: Prof. Egon W. R. (s. dort).

RICHTER, Horst-Eberhard

Dr. med., Dr. phil., Prof. f. Psychosomatik - Friedrichstr. 33, 6300 Gießen (T. 0641 - 702 24 61) - Geb. 28. April 1923 Berlin (Vater: Ing. Otto R., Verf.: Bauelemente d. Feinmechanik; Mutter: Charlotte, geb. Domzalski), verh. s. 1947 m. Bergrun, geb. Luckow, 3 Kd. (Jutta, Elena, Clemens) - Dr. phil. 1948; Dr. med. 1957 - 1952-62 Tätigk. Berliner Kliniken (Psychoanalyse, Psychiatrie, Fam.- u. Sozialtherapie); 1962 Prof. f. Psychosomatik u. s. 1973 gf. Dir. Zentrum f. Psychosomat. Med. Klinikum Justus Liebig-Univ. Gießen - BV: Eltern, Kind u. Neurose, 1963; Herzneurose, 2. erw. A. 1973 (m. D. Beckmann); Patient Familie, 1970; Gießen-Test, 1972 (m. D. Beckmann); D. Gruppe, 1972; Lernziel Solidarität, 1974; Flüchten od. Standhalten, 1976; Engagierte Analysen, 1978; D. Gotteskomplex, 1979; Alle redeten v. Frieden, 1981; Sich der Krise stellen, 1981; Z. Psych. d. Friedens, 1982; D. Chance d. Gewissens, 1986; Leben statt Machen, 1987 - 1970 Forschungspreis Schweizer Ges. f. Psychosomat. Med.; 1973 Mitgl. PEN-Zentrum BRD; 1980 Theodor-Heuss-Preis. S. 1982 Vorst. d. bundesdt. Sektion d. Intern. Ärzte f. d. Verhüt. d. Atomkrieges (IPPNW) - Spr.: Engl., Franz.

RICHTER, J. Karl

Dr. phil., Ltd. Regierungsdir., Leiter Landeszentrale f. polit. Bildungsarbeit (s. 1963) - John-F.-Kennedy-Platz/Rathaus, 1000 Berlin 62 (T. 783 39 92); priv.: Preußenallee 9, 19 (T. 304 04 08) - Geb. 4. Mai 1927 Hainsberg (Vater: Johannes R., Mühlenbes.; Mutter: Katharina, geb. Lommatzsch), ev., verh. s. 1965 m. Ingrid, geb. Hermann, 2 Töchter - Abit. 1944 (Vitzthum-Gymn. Dresden); Dipl. 1954 (Dt. Hochsch. f. Politik Berlin); Promot. 1963 (FU Berlin) - S. 1958 LfpB, Berlin. CDU - BV: Reichszentrale f. Heimatdst., 1963 - Spr.: Engl.

RICHTER, Joachim

Dr. med., Prof. f. Anatomie Univ. Frankfurt/M. (s. 1973) -Zul. Schumannstr. 5, 6000 Frankfurt 1 (T. 74 92 03) - Geb. 24. April 1941 Eger (Vater: Siegfried R., Arzt; Mutter: Hertha, geb. Scheberle), verh. s. 1968 m. Christine, geb. Bruhn, 2 Kd. - Stud. Univ. Frankfurt/M.; Promot. 1969.

RICHTER, Johannes

Dr. rer. nat., Prof., Wiss. Rat Inst. f. Experimentalphysik Univ. Kiel - Klausdorfer Str. 137, 2300 Kiel-Altenholz (T. 32 22 50) - Geb. 21. Sept. 1925 Berlin - S. 1961 (Habil.) Lehrtätigk. Kiel (1966 Wiss. Rat u. Prof.). Facharb.

RICHTER, Karl

Dr., Prof. f. neuere dt. Literaturwissenschaft Univ. Saarbrücken - Preußenstr. 11, 6670 St. Ingbert - Geb. 22. Dez. 1936 Warnsdorf (Vater: Karl R., Bürgerschuldir.; Mutter: Emma, geb. Domayer), ev., verh. s. 1963 m. Barbara, geb. Linke, 2 Kd. (Stefan, Corinna) - 1956 Abit.; Stud. Dt., Gesch. u. Geogr. Univ. München (Promot. 1966, Habil. 1970) - 1965-72 wiss. Assist.; 1972-73 Doz.; 1973ff. o. Prof. Univ. d. Saarl. - BV: Resignation. E. Studie z. Werk Fontanes, 1966; Lit. u. Naturwiss. E. Studie z. Lyrik d. Aufklär., 1972; Klassik u. Moderne. D. Weimarer Klassik als hist. Ereignis u. Herausford. im kulturgesch. Prozeß (hg. m. Jörg Schönert), 1983; Ged. u. Interpretat., Bd. 2: Aufklär. u. Sturm u. Drang, 1983 (Hrsg.); Goethes sämtl. Werke nach Epochen s. Schaffens, 1985ff (Hrsg.).

RICHTER, Klaus

Kaufmann (Fa. Hans Richter, Lübeck), Präs. IHK zu Lübeck, 1984ff. Präs. Bundesverb. d. Dt. Groß- u. Außenhandels - Saturnstr. 14, 2400 Lübeck (T. 0451 - 5 70 21) - Geb. 20. Juni 1925, verh., 4 Kd. - AR-Vors. L. Possehl & Co., Lübeck, u. Hagebau, Soltau - 1980 Honorarkonsul Südafrika - Spr.: Engl.

RICHTER, Klemens

Dr. theol., Prof. f. Liturgiewiss. Univ. Münster - Johannisstr. 8-10, 4400 Münster (T. 0251 - 83-26 28) - Geb. 3. Mai 1940 Leipzig, verh. s. 1963 - BV: Z. pastoralliturg. Fragen.

RICHTER, Manfred

Rektor a. D., MdB (s. 1987) - Hagener Weg 85, 2850 Bremerhaven 27 - Geb. 2. Dez. 1948 Kölln-Reisiek Kr. Pinneberg, ev., verh. - Wirtschaftsgymn. (Abit.); PH Bremen. Lehrerprüf. 1970 u. 74 - Ab 1970 Lehrer Bremerhaven. 1971 Landesvors. Dt. Jungdemokr. 1972, 76, 80 u. 83 Kandidatur Bundestag (Wahlkr. 52); 1978-83 Mitgl. Bremische Bürgerschaft (Landtag); FDP s. 1966 (1978-88 stv., s. 1988 Landesvors., 1979-83 u. s. 1988 Mitgl. Bundesvorst.).

RICHTER, Manfred

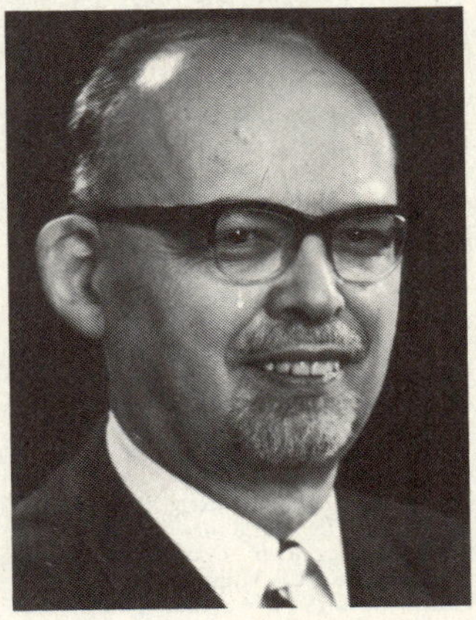

Dr.-Ing. habil., Prof., Direktor i. R. - Prausestr. 6, 1000 Berlin 45 (T. 833 25 71) - Geb. 7. August 1905 Dresden (Vater: Dr. phil. Friedrich R., Gymnasialprof.; Mutter: Clara, geb. Pavel), ev., verh. s. 1936 m. Gerda, geb. Blümner †, 1 Kd. † - TH Dresden (Dipl.-Ing. 1933, Promot. 1937) - 1928-34 Dt. Forschungsinst. f. Textilind., Dresden (Assist. Abt. Farbforsch.), 1934-37 Osram, Berlin (Lichttechn. Labor.), 1938-70 Materialprüfungsamt bzw. Bundesanstalt f. Materialprüf. (Leit. Fachgr. Farbmetrik), s. 1943 TH bzw. TU ebd. (Doz., 1953 apl. Prof.; Lehrf.: Physiol. Optik u. Farbenlehre). 1949-63 Vors. u. Geschäftsf., 1949-74 Gf. FNA Farbe DIN, 1974-82 Präs. Dt. farbwiss. Ges. Erf.: Dreifarbenmeßgerät (1938), DIN-Farbenkarte (1951), Farbsortiergerät (1954); Spektrotest (1978) - BV: Grundriß d. Farbenlehre, 1940; Bibliogr. d. Farbenlehre, 2 Bde. 1951/55 (I.: 1940-49, II: 1950-54); Einf. i. d. Farbmetrik, 1976, 2. A. 1981. Herausg.: Ztschr. D. Farbe (s. 1952), Referatendst. Farbe (1955-70) - 1944 Silb. Med. Photogr. Ges. Wien; 1962 Offz. Ordre du Mérite pour la Recherche et l'Invention; 1963 Fellow Optical Soc. of America; 1973 BVK I. Kl.; 1973 Ehrenmitgl. Dt. Farben-Zentrum; 1974 DIN-Ehrenring; 1974 Ehrenvors. FNA Farbe DIN; 1980 Ehrenmitgl. Dt. Lichttechn. Ges.; 1981 Judd-Med. d. Ass. Intern. Couleur; 1986 Ehrenmitgl. Dt. farbwiss. Ges. - Würdigung: J. Riege, M. R. wiss. Arbeit (Farbe 19/1970, S. 3-14).

RICHTER, Manfred Raymund

Regisseur, Schausp. u. Theaterpäd. - Krehlstr. 39, 7000 Stuttgart 80 (T. 0711 - 735 18 78) - Geb. 15. Okt. 1929 Stuttgart-Bad Cannstatt, ev. - Gymn. Stuttgart; Schauspielstud. Dt. Schauspielsch. München; 1949-53 Stud. TU Stuttgart (Literaturwiss. u. Kunstgesch.) - 1953-55 Gründ. u. Leit. Jugendbühne Stuttgart; 1953-57 Leit. Studiobühne TU Stuttgart; 1955/56 Leit. Literaturwiss.-dramat. Arbeitskr. TU; 1959-63 fr. Mitarb. Rias u. SFB Berlin; 1960-62 Assist. Int. Fr. Volksbühne Berlin; 1961/62 Gastregiss. Nationaltheater Mannheim u. Kammersp. Düsseldorf; 1963-68 Regiss. Städt. Bühnen Bielefeld; 1968-70 Regiss. Städt. Bühne Heidelberg; 1969 Gastregiss. Bühnen Stadt Köln; 1970/71 Regiss. u. redakt. Mitarb. Fernsehen Südd. Rundf.; 1971/72 Lehrbeauftr. f. Ensemblespiel Musikhochsch. d. Saarl. Inst. f. darst. Kunst; s. 1972 Lehrbeauftr. f. Theaterpäd. u. Szen. Improvisat. Staatl. Hochsch. f. Musik u. Darst. Kunst, Stuttgart u. FH f. Sozialwesen Esslingen. S. 1974 Konzeption. Entw. u. Leit. ZENTRUM - Theater & Kunst in d. Heusteigstr. - BV/Theaterst.: E. Wunsch wird geboren, 1981; E. Drache beherrscht d. Stadt, 1981; E. Waschlappen fliegt durch d. Luft, 1983 - Insz.: Brecht, Trommeln in d. Nacht (1955); Walser, Eiche u. Angora (1963); Brecht, D. kaukas. Kreidekreis (1964); Brecht, Flüchtlingsgespräche (1964); Joppolo, D. Karabinieri (1965); Saunders, E. Eremit wird entdeckt (1965); Beckett, Warten auf Godot (1966); Miller, Zwischenfall in Vichy (1966); Brecht, D. aufhaltsame Aufstieg d. Arturo Ui (1967); Sternheim, D. Snob (1967); Brecht, D. Ges. d. Simone Machard (1967); Genet, D. Zofen (1968); Mrozek, Tango (1968); Lessing, Nathan d. Weise (1968); Molière, George Dandin (1969); Becker, D. Zeit nach Harrimann (1973, UA); Richter, E. Wunsch wird geboren (1981, UA); Richter, E. Drache beherrscht d. Stadt (1981, UA); Lawall, D. Himmelsleiter steht im Sumpf (1982, UA); Richter. E. Waschlappen fliegt durch d. Luft (1983, UA) - Interessen: Lit., Kunstgesch., Symbolwiss., Ökol., Anthropol., Phil.

RICHTER, Otto

Dr. rer. nat., Prof. f. angew. Math. u. Statistik Univ. Bonn - Kottenforststr. 20, 5309 Meckenheim - Geb. 3. Okt. 1946 Gelsenkirchen (Vater: Otto R., Realschullehrer; Mutter: Ruth, geb. Senftleben), ev., verh. s. 1971 m. Ingrid, geb. Flesch, Stud.dir. - Stud. TH Darmstadt, Univ. Bonn; Dipl. 1972 Physik Univ. Bonn, Promot. Biol. 1974 Univ. Bonn, Habil. Biomath. u. Statistik 1981 Univ. Düsseldorf - 1975 Akad. Rat Univ. Düsseldorf; 1983 Prof. Univ. Bonn. 1988 Ruf an d. TU Braunschweig f. Agrarökol. u. Systemmodellierung. Forschungsgeb.: Geoökol., Simulation v. Ökosystemen, Biol. Systemanalyse, Populationsdynamik - BV: Math. Mod. f. d. klin. Forsch., 1982; Simulation d. Verhalt. ökolog. Systeme, 1985; Parameter Estimation in Ecological Models. Ca. 50 Publ. in intern. Zeitschr. - Liebh.: Bergwandern, amerik. Lit. - Spr.: Engl., Franz.

RICHTER, Raymund

Schauspieldirektor Städt. Bühnen Krefeld - Baumwollweg 22, 4150 Krefeld (T. 02151 - 39 45 62) - Geb. 31. März 1949

Brunsbüttelkoog, kath., verh. - Univ. Berlin (Theaterwiss., German.) - 1973-78 Regieassist. u. Regiss. Schauspielhs. Bochum; 1979-84 Oberspielleit. Städt. Bühnen Nürnberg; s. 1985 Schauspieldir. Krefeld. Gastinsz.; s. 1985 Gastdoz. Hochsch. f. Gestaltung Offenbach - Wichtigste Arb.: Toller - Masse Mensch u. Hinkemann, Brecht - Trommeln in d. Nacht.

RICHTER, Rudi

Dr. rer. pol., Wirtschaftsberater, MdL Bayern (s. 1978) - Kuckucksweg 37, 8510 Fürth/Bay. - Geb. 16. Sept. 1927 Fürth, verh., 2 Kd. - Obersch. Fürth; 1944-45 Arbeitsdst. u. Kriegseins. (verw.); n. Abit. (1947) Univ. Erlangen (Volksw., Publiz.; Dipl.-Volksw. 1953). Promot. 1957 - B. 1965 ltd. Industrietätigk., dann selbst. (spez. Marketing u. Werbung). Mitgl. Fürther Stadtrat (1972ff.) u. Mittelfr. Bezirkstag (1974ff.). CSU.

RICHTER, Rudolf

Dr. rer. pol., o. Prof. f. Nationalökonomie, insb. Wirtschaftstheorie - Birkenweg 25, 6601 Saarbrücken-Scheidt (T. Saarbrücken 89 33 47) - Geb. 28. Sept. 1926 Berlin, ev., verh., 2 Söhne (Klaus, Joachim) - Dipl.-Kfm. 1949. Promot. 1951, Habil. 1953 (alles Frankfurt/M.) - S. 1953 Lehrtätigk. Univ. Frankfurt (1959 apl. Prof.), Kiel (1961 Ord.), Saarbrücken (1964) - BV: Preistheorie, 1963; Makrökonomik, 1973 (m. U. Schlieper u. W. Friedmann), 4. A. 1981; Geldtheorie, 1987.

RICHTER, Uwe

Prof. f. Fachdidaktik Sozialkunde TU Berlin - Werrastr. 8, 1000 Berlin 44 (T. 31 47 31 43; priv.: 681 66 13) - Geb. 16. Sept. 1944 Ückermünde (Vater: Werner R., Sonderschullehrer; Mutter: Hanna, geb. Reiche), ev., verh. s. 1967 m. Monika, geb. Maciejewski, T. Katja - Ab 1964 Stud. Landeskd. u. Geogr., Erzieh.wiss. u. Psych. Univ. Berlin - S. 1968 Lehrer an Grund- u. Sondersch.; s. 1971 Lehrer im Hochschuldst. PH Berlin; s. 1977 Prof. f. Didaktik d. mittl. Schulstufe PH Berlin; s. 1982 Prof. TU Berlin. Lehr- u. Forsch.schwerp.: Sexualerzieh., Drogenerzieh., Integrat. Förderung Behinderter u. Nichtbehinderter - BV: Unterrichtsw. z. Drogenprobl., 1980.

RICHTER, Walther

Dr. jur., Dr. rer. pol., Präsident Hanseat. Oberlandesgericht in Bremen a. D. (1969-81) - Mackensenweg 4, 2800 Bremen 33 (T. 25 47 22) - Geb. 28. Juli 1916 - 1960-69 Vizepräs. OLG Bremen.

RICHTER, Wilhelm

Dr. jur., Oberkreisdirektor Rhein-Wupper-Kr. - Friedensbergerstr. 5, 5670 Opladen/Rhld. - Geb. 14. Juli 1925.

RICHTER, Willi

Dr. rer. pol., Dipl.-Kfm., stv. Hauptgeschäftsführer IHK f. d. südöstl. Westf. zu Arnsberg - Ringstr. Nr. 80, 5770 Arnsberg (T. 33 04).

RICHTER, Wolfgang

Dr. med., Prof., Chefarzt i. R. - A. d. Draveler Wiese 19, 5330 Königswinter 41 (T. 02223 - 17 39) - Geb. 28. Juni 1921 - S. 1959 (Habil.) Lehrtätigk. Univ. Bonn (1965 apl. Prof.; zeitw. Oberarzt Chir. Klinik); 1964-84 Chefarzt Chir. u. Unfallchir. Klinik Elisabeth-Krkhs. Rheydt-Mönchengladbach. Üb. 50 Fachveröff. üb. Allgemeine-, Unfall- u. Gefäßchir.

RICHTER, Wolfram F.

Dr. rer. pol., Prof. f. Wirtschaftswiss. Univ. Dortmund - Untere Wülle 12, 5840 Schwerte - Geb. 4. Dez. 1948 Mülheim/Mosel (Vater: Horst R., Weingutsbesitzer; Mutter: Ilse, geb. Neuman), verh. s. 1973 m. Germaine, geb. Schmitz, 2 Kd. (Urban, Helene) - Dipl.-Math. 1972 Univ. Karlsruhe; 1973 Forschungsstip. London School of Economics); Promot. 1975, Habil. 1979 Univ. Karlsruhe - 1980 Doz. Univ. Bielefeld; 1982 Lehrst. VWL II Univ. Dortmund.

RICHTER-BERNBURG, Gerhard

Dr. phil. habil., Dr. rer. nat. h. c., Präsident i. R. - Haarstr. 8, 3000 Hannover (T. 88 34 24) - Geb. 22. Febr. 1907 Kassel - B. 1970 Vizepräs., dann Präs. Nieders. Landesamt f. Bodenforsch. u. Bundesanst. f. Geowiss. u. Rohst., beide Hannover. Lehrtätigk. Univ. Göttingen (Habil. 1941) u. Hannover - 1951 apl. Prof. f. Geol. - Ca. 100 wiss. Publ. - 1954 Stille-Plak. Dt. Geol. Ges.

RICHTHOFEN, Freiherr von, Hartmann

Ass., Gf. Gesellschafter Spielbank Baden-Baden GmbH & Co. u. Spielbk. Baden-Baden GmbH & Co. Spielbk. Konstanz KG - Augustaplatz 2, 7570 Baden-Baden - Geb. 24. April 1939 Berlin, kath., verh., T. Nieves - VR-Vors. Spielbk. Berlin Gustav Jaenecke GmbH & Co.

RICHTHOFEN, Freiherr von, Hermann

Dr. jur., Botschafter d. Bundesrep. Deutschland in London (s. 1988) - Zu erreichen üb. 22 Belgrave Square, London SW1X 8PZ - Geb. 1933 - Jurastud., Promot. 1963 - S. 1963 Ausw. Dienst (Ausl.-Posten in Saigon u. Djakarta), 1970-74 Leit. Völkerrechtsreferat AA, 1975-78 Referatsleit. b. d. Ständ. Vertr. d. Bundesrep. Dtschl. in Ost-Berlin, 1978-80 Leit. Dtschl.- u. Berlinreferat AA, 1980-86 Leit. Arbeitsstab Dtschl.-Politik im Bundeskanzleramt, 1986 Leit. Rechtsabt. AA (1 Monat), dann Leit. Polit. Abt. AA (b. 1988).

RICHTHOFEN, Freiherr von, Klaus-Ferdinand

Dr. jur., Staatssekretär Nieders. Sozialministerium - Brandestr. 18, 3000 Hannover 81 - Geb. 27. Nov. 1941 Breslau (Vater: Hans-Horst, Frhr. v. R., Dipl.-Landw.; Mutter: Elsa, geb. Tornow), ev., verh. s. 1972 m. Dr. Christiane, geb. Sattler, 2 Kd. - Promot. 1972 (Thema: Wiedererlang. d. dt. Souveränität durch d. Pariser Verträge) - AR-Vors. Nieders. Landesentwicklungsges., Nieders. Wohnungsbauges.; AR-Mitgl. Neuland Gemeinnützige Wohnungs- u. Siedlungsges. Wolfsburg, Nieders. Bäderges., Präs. Akad. f. Sozialmed. Hannover.

RICHTHOFEN, Freiherr von, Manfred

Dozent u. Unternehmer, Präs. Landessportbund Berlin (s. 1985) - Clayallee 60 b, 1000 Berlin 33 - Geb. 9. Febr. 1934 Berlin (Vater: Bolko Frhr. v. R., Kaufm.; Mutter: Viktoria, geb. Praetorius v. R.), kath., gesch. - Realgymn.; Sportstud.; sozialpäd. Ausbild. - 1960-69 Schuldst. Canisius-Gymn. Berlin; 1969-85 Sportdir. Landessportbd. Berlin. Präsidiumsmitgl. LSB Berlin (1967ff.); s. 1974 stv. Vors. Bundesaussch. Leistungssport d. DSB; s. 1983 pers. Mitgl. d. NOK; s. 1987 Mitgl. Rundfunkrat SFB. 1964-79 Bürgerdeputierter Charlottenburg. 1963-67 Vors. Jg. Union Berlin (1963-65 Mitgl. Bundesvorst.). CDU (1965-69 stv. Vors. Landesverb. Berlin) - BV: In sportl. Bahnen, 1982 - 1988 Gold. Band d. Sportpresse Berlin - Liebh.: Hockey, Mod. Kunst - Bek. Vorf.: Rittmeister Manfred v. R., Kommandeur Jagdgeschw. I (erfolgr. Jagdflieger I. Weltkr.), gef. 1918 (Onkel).

RICHTHOFEN, Freiherr von, Oswald

Botschafter a. D. - Zu erreichen üb.: Auswärtiges Amt, 5300 Bonn - Geb. 10. Nov. 1908 Jena (Vater: Dieprand v. R., Senatspräs. Reichsgericht (s. X. Ausg.); Mutter: Elisabeth, geb. Barchewitz), ev., verh. in 2. Ehe (1954) m. Leontine, geb. Nieuwdoorp, 5 Kd. (Wolfgang, Benigna (aus 1. E.), Oswald, Patrick, David) - Gymn.; Univ. Leipzig u. Berlin (Rechtswiss.). Ass.ex. 1934 - S. 1935 Ausw. Dienst, Attaché Kopenhagen, Budapest, Wien, 1938-39 Vizekonsul Kalkutta, 1940-42 Legationssekr. Budapest, 1943-45 Wehrdst. (Ostfront, Ital., Westfront, zul. Ltn. d. R.), 1951-54 Gesandtschaftsrat Dublin, 1955-63 Gesandter bzw. Botschafter (1959) Djidda (Saudi-Arabien), 1963-65 Botsch. Khartum (Sudan), ab 1966 Botsch. Singapur - 1969 BVK I. Kl. - Liebh.: Golf - Spr.: Engl., Franz., Schwed. - Bek. Vorf.: Oswald Frhr. v. R., 1902-06 Staatssekr. d. Auswärtigen unter Reichskanzler v. Bülow.

RICHWIEN, Werner

Dr.-Ing. habil., Prof. f. Grundbau u. Bodenmechanik - Lichtenberpl. 5, 3000 Hannover 91 - Geb. 23. Juli 1944 Lengenfeld, kath., verh. s. 1969 m. Dorothea, geb. Gödeke, T. Andrea - 1965-70 Stud. Univ. Hannover (Bauing.wesen); Promot. 1976; Habil. 1980 - 1984 apl. Prof. Univ. Hannover. S. 1980 Lehr- u. Forschungstätigk. Grundbau, Bodenmechanik u. Energiewasserbau; s. 1983 Vorst.-Mitgl. u. wiss. Koordinator im Sonderforsch.-Ber. 205 Küsteningenieurwesen.

RICK, Josef

Landrat a. D. (s. 1979) - Anton-Heinen-Str. 57, 5140 Erkelenz/Rhld. (T. Erkelenz 23 50) - Geb. 17. April 1912 Düsseldorf, kath., verh., 4 Kd. - Gymn.; Schriftsetzerlehre; Univ. Köln (3 Sem.) - B. 1936 (Verbot) Redakt. Wochenztg. Michael u. Monatsztschr. D. Wacht, dann Stud. u. schriftst. Tätigk. (Ps.: Wolf Hammer), 1940-45 Wehrdst., ab 1946 Abt.leit. (Jugendb.) Verlag L. Schwann, Düsseldorf, 1947-56 MdL NRW (CDU), 1948-79 Landrat Kr. Erkelenz bzw. Heinsberg (1972), 1954-55 Redakt. Wochenztg. Michael, anschl. 1956-77 Pressechef WDR - BV: D. Rudergänger, Erz. 1939. Herausg.: D. feuerrote Ball (Jgdb. 1937), Bücherei d. Jugend (10 Bde. 1946-50); Mithrsg.: D. helle Segel (Jgdb. 1936), D. Wacht (2 Bde. 1946/47), Gesang im Feuerofen (Bildbd. 1947, 3. u. 4. A. Neubearbeit. 1979), Verbrannte Erde (Bildbd. 1949), Erkelenz (Bildbd. m. K. Barisch u. F. Krings 1980) - 1969 BVK I. Kl., 1978 Gr. BVK; 1984 Ehrenbürger Midlothian District Council/Schottland.

RICK, Wirnt

Dr. med., o. Prof., Direktor Inst. f. Klinische Chemie u. Laboratoriumsdiagnostik Univ. Düsseldorf (s. 1974) - Chlodwigstr. 99, 4000 Düsseldorf (T. Klinik: 311-77 69) - BV: Klinische Chemie u. Mikroskopie, 5. A. 1977. Mithrsg.: Auftr. d. Klinik an d. klin.-chem. Laboratorium, 1972; Optimierung d. Diagnostik, 1973; Anwendung immunol. Methoden, 1975; Aktuelle Probleme d. Pathobiochemie, 1978; Validität klin.-chem. Befunde, 1980; Strategie f. d. Einsatz klin.-chem. Untersuchungen, 1982. Facharb.

RICKAL, Elisabeth

Staatssekretärin Kultusmin. Rheinland-Pfalz - Zu erreichen üb. Kultusministerium, Ernst-Ludwig-Str. 2, 6500 Mainz (T. 161).

RICKE, Helmut

Kaufmann, Vorsitzer d. Geschäftsfg. Loewe Opta GmbH. (1982ff.) - Industriestr. 11, 8640 Kronach/Ofr. - Geb. 20. Nov. 1936 Oberhausen/Rhld. (Vater: Elektrofachhändler) - Lehre Philips - B. 1978 Nordmende (Vertriebschef), dann Loewe Opta (Gf.) - Liebh.: Segeln.

RICKENBACHER, Karl Anton

Dirigent - Villa Oriole, CH-1822 Chernex-Montreux - Geb. 20. Mai 1940 Basel, verh. s. 1973 m. Gaye, geb. Fulton - Stud. Städt. Konservat. Berlin - 1966 Assist. Opernhaus Zürich; 1969 1. Kapellm. Freiburg; 1976 GMD Westf. Sinfonieorch. 1978 Chefdirig. BBC Scottish Symph. Orch.; 1987 1. Gastdirig. Brüssel BRT Phil. Orch. - Veröff.: Schallpl. m. Symphonieorch. d. BRs, London Philh. Orch., RSO-Berlin, Bamberger Symph.

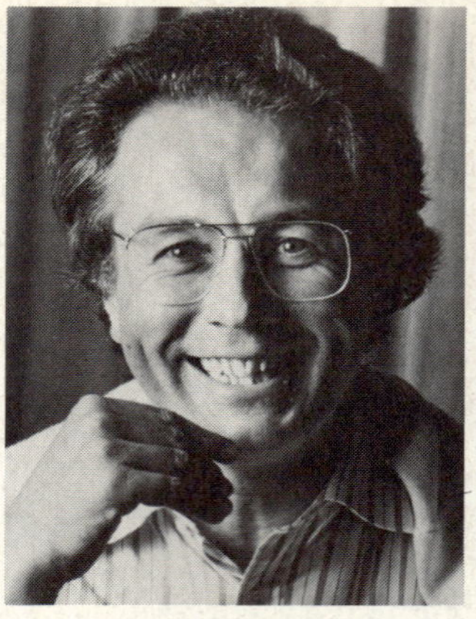

Gastdirig. b. zahlr. führenden Orch. in Europa, USA, Japan - Liebh.: Bild. Kunst, Lit., Film - Spr.: Engl., Franz., Ital.

RICKER, Reinhart

Dr., Prof. f. Medienrecht u. Medienpolitik Univ. Mainz, Rechtsanwalt - Schumannstr. 8, 6000 Frankfurt 1 (T. 0611 - 74 77 21) - Geb. 18. Mai 1944 Königstein - Promot. 1973, Magisterex. 1974 - S. 1980 Prof. in Mainz. S. 1987 Vorst.-Vors. Stiftg. f. gemeinnütz. priv. Rundfunk in Rhld.-Pfalz - BV: Anzeigenwesen u. Pressefreiheit, 1973; Handb. d. Presserechts (m. Löffler), 1978; Freiheit u. Aufg. d. Presse, 1983, D. Einspeisung v. Rundfunkprogr. in Kabelanlagen, 1984; Rundfunkwerb. u. Rundfunkordn., 1984; Verfassungsrechtl. Aspekte e. Mediengesetzes f. Rhld.-Pfalz, 1985; Privatrundfunk-Gesetze im Bundesstaat, 1985; D. Kompetenzen d. Rundfunkräte im Programmbereich, 1987.

RICKERS, Elsbeth

Hausfrau, MdL Nordrh.-Westf. (1969-70 u. 1971 ff.) - Gartenfeldstr., 5963 Wenden-Biggetal I/W. (T. 14 80) - Geb. 20. April 1916 - CDU.

RICKERS, Folkert

Dr. theol., Prof. f. Ev. Theologie/Religionspäd. Univ.-GH Duisburg (s. 1987) - Burgstr. 76, 5100 Aachen (T. 0241-8 57 27) - Geb. 18. April 1938, ev., verh. s. 1970 m. Margot, geb. Schmietenknop - Abit. 1959; Stud. Ev. Theol. Kirchl. Hochsch. Bethel/Bielefeld, Univ. Zürich, Heidelberg, Göttingen; 1. Theol. Ex. 1964 Oldenburg; 2. Theol. Ex. Oldenburg; Promot. 1967 Heidelberg; Habil. (Ev. Theol. u. Didaktik) 1978 Aachen - 1968 wiss. Assist.; 1969 Ord. f. d. ev. Pfarramt; 1972 Akad. Rat/Oberrat Aachen (1978 Priv.-Doz.); 1982-87 Prof. f. Ev. Theologie/Religionspäd. RWTH Aachen - BV: Revolution u. Christentum als Thema d. Religionsunterr., 1975 (m. M. Rickers); Religionsunterr. u. politische Bildung, 1973 (Hrsg.); Sprechen üb. d. Tod, 1980. Mithrsg.: Jahrb. d. Religionspäd. - Liebh.: Kontrabassist im Aachener Kammerorch. u. Aachener Kammermusikensemble - Spr.: Engl., Lat., Griech., Hebr.

RICKERS, Karl

Journalist - Goethestr. 8, 2300 Kiel (T. 9 54 49) - Geb. 20. Febr. 1905 Neukirchen/Holst., verh. in 1. Ehe m. Charlotte, geb. Schiwek †1985, in 2. Ehe m. Susanne, geb. Materleitner (2 Kd. aus 1. Ehe) - 1926-33 Schlesw.-Holst. Volksztg., 1936 Reichsamt f. Landesaufnahme, Berlin u. 1939-46 Hamburg, 1941-45 Kriegsdst., 1946-68 Schlesw.-Holst. Volksztg. Kiel (ab 1954 Chefredakt.). Ab 1970 zahlr. Veröff. z. Landes- u. Ortsgesch. sowie Kunstrezensionen f. Rundf. - 1970 BVK I. Kl.; 1985 Kulturpreis Stadt Kiel.

RICKERT, Franz

Prof., Goldschmied - Zuccalistr. 3, 8000 München 19 (T. 17 03 63) - Geb. 1904 - Langj. Lehrtätigkeit Kunstakad. München (Goldschmiedekunst u. Metallarb.) - 1963 Preis Bayer. Akad. d. Schönen Künste; 1973 BVK I. Kl.; 1984 Bayer. VO.

RICKHEIT, Gert

Dr., Prof. Univ. Bielefeld - Brassestr. 4, 4520 Melle 8 - Geb. 4. Okt. 1941 Braunschweig, ev., verh. s. 1973 m. Mechthild, geb. Pape, 2 T. (Meike, Gesa) - Promot. 1973 - 1973-78 Wiss. Assist. Univ. Bochum; s. 1978 Prof. Univ. Bielefeld - BV: Z. Entw. d. Syntax im Grundschulalter, 1975; Kindl. Redetexte (m. and.), 1975; Psycholing. studies in language processing (m. a.), 1983; Inferences in text processing (m. a.), 1985; D. Wortschatz im Grundschulalter (m. a.), 1986 - Spr.: Engl., Franz.

RICKLING, Lutz

Geschäftsführer Vorwerk & Co. Möbelstoffwerke GmbH & Co. KG - E.C.-Baumannstr. 30-33, 8650 Kulmbach (T. 09221 - 50 80) - Geb. 21. Aug. 1930.

RICKMERS, Henry Peter

Bürgermeister i. R. Helgoland - Am Südstrand 2, 2192 Helgoland (T. 552)- Geb. 14. Dez. 1919 Helgoland (Vater: Hans Karl R., Kaufm.; Mutter: Anna Martina, geb. Denker), ev., verh. s. 1951 m. Erna, geb. Krüß, 2 Kd. (Kirsten, Detlev) - Abit. 1939; Wehrdienst b. d. Marine 1939-45, zul. Oberlt. z.S.d.R., Kmdt. e. MS-Bootes, Jura-Stud., 1. Ex. 1948 Univ. Hamburg - 1949 u. 1950 Refer.; 1950-56 Leit. Helgoländer Verw.; 1956-80 Bürgerm. Helgoland; Helgol. Inform. Zahlr. Ehrenämter - BV: Helgoland ruft, 1952; Schicksal e. Heimat, 1965, 3. A. 1986; Helgoland, dt. Schicksalsinsel, 1980; Helgoland, Stützpunkt d. Seenotrettung i. d. Dt. Bucht, 1984 - Kriegsausz.; Freiherr-v.-Stein-Med.; BVK a. Bde. u. I. Kl.; 1985 Ehrenbürger d. Gemeinde Helgoland - Liebh.: Sport - Spr.: Engl.

RID, Max

Dr. jur., Bundesrichter - Bussardstr. 21, 8025 Unterhaching/Obb. (T. München 61 70 05) - B. 1968 Bayer. Finanzmin. (Ministerialrat), dann Bundesfinanzhof (Bundesrichter s. 1979 Vors. Richter II. Senat).

RIDDER, Helmut K. J.

Dr. jur., Drs. h. c., em. o. Prof. f. Öffl. Recht u. Wiss. v. d. Politik - Krofdorfer Str. 43, 6301 Biebertal (T. 06409 - 5 23) - Geb. 18. Juli 1919 Bocholt (Vater: Johannes R., Bürgerm.; Mutter: geb. Tenbrock), kath., verh. s. 1945 m. Dr. phil. Maria, geb. v. Münchow, 4 Kd. - Univ. Münster/W. (Promot. 1947), Freiburg/Br., Köln, Jena. Ass.ex. 1947 Düsseldorf - 1950-52 Privatdoz. Univ. Münster, dazw. Lehrstuhlvertr. Univ. Frankfurt u. FU Berlin, s. 1952 Ord. Univ. Frankfurt, Bonn (1959), Gießen (1965) - BV: D. verfassungsrechtl. Stellung d. Gewerkschaften, 1960; Aktuelle Rechtsfragen des KPD-Verbots, 1966; D. soziale Ordnung d. GG, 1975. Üb. 300 Einzelarb. Mithrsg.: Ztschr. „Blätter f. dt. u. intern. Politik“, „Neue Polit. Literatur“, „RSpr. z. UrheberR“.

RIDDER-MELCHERS, Ilse

Parlam. Staatssekretärin f. d. Gleichstellung v. Frau u. Mann (s. 1977) - Jakobiwall 10, 4420 Coesfeld - Geb. 28. Sept. 1944 Hindenburg/OS., verh., 2 Kd. - Realsch. u. Gymn. (Abit. 1965) - 1969ff. Mitgl. Stadtrat Coesfeld (b. 1977 Fraktionsf.), 1982 Landesvors. Arbeitsgem. Sozialdemokr. Frauen. SPD s. 1966 (div. Funkt.).

RIDDERBUSCH, Karl

Österr. Kammersänger, Opern- u. Konzertsänger - Werderstr. 38, 4100 Duisburg 12 (T. 0203 - 43 70 70) - Geb. 29. Mai 1932, ev., verh. m. Irmgard R., 2 Kd. (Ines, Markus) - Folkwang-Hochsch. Essen - Rollen: Wagnersänger Sachs, Hagen, Hunding, König Heinrich, Gurnemanz, Baron Ochs, Boris, Kezal u.a. in Bayreuth, Salzburg, New York, München, Berlin, Buenos Aires, Moskau, in allen Häusern d. Welt. Ca. 40 Schallplattenaufn., Fernsehen, Rundfunk - BVK I. Kl. - Liebh.: Filmen, Schwimmen - Lit.: In vielen Büchern üb. Wagner, Böhm, Karajan.

RIEBE, Klaus

Dr. agr., Prof., Wiss. Rat, Leiter Abt. Buchführung u. Betriebsplanung/Inst. f. Landw. Betriebs- u. Arbeitslehre Univ. Kiel - Langenfelde 1, 2300 Ottendorf (T. Kiel 58 23 62) - Geb. 9. Juni 1927 Olbernhau/Erzgeb. - S. 1957 (Habil.) Lehrtätigk. Kiel (1964 apl. Prof. f. Landw. Betriebs- u. Arbeitslehre; 1966 Wiss. Rat u. Prof.) - BV: Fortschritte in d. Landarbeit; Arbeitsleistung u. -kalkulation in d. Landw. (m. a.); Betriebs- u. Arbeitsw. in d. Praxis; Betriebsleitung - Planung - Beratung. Zahlr. Einzelarb.

RIEBEL, Jochen (Hans-Joachim)

Ass. jur., Oberbürgermeister Stadt Frankenthal/Pfalz - Wormser Str. 9, 6710 Frankenthal/Pfalz - Geb. 25. März 1945 Ober-Hilbersheim/Kr. Bingen (Vater: Johann Baptist R., Stud.dir.; Mutter: Anna Maria), kath., verh. s. 1980 m. Inge R. - Abit. 1964; Stud. Rechts- u. Staatswiss., Volkswirtsch. Univ. Mainz; 1. Staatsex. 1972, 2. Staatsex. 1975 - 1964-66 Soldat, Bundesw. - Ausb. z. Reserveoffz., s. 1987 Oberstltn. d. Res. Luftwaffe; 1975-78 Reg.rat, stv. Polizeipräs. Mainz, 1978-79 Dezern. Kreisverw. Alzey-Worms, 1979-83 Bürgerm. Stadt Eschborn, s. 1984 Oberbürgerm. Stadt Frankenthal. Mitgl. CDU s. 1967 - Liebh.: Gesch., Phil., Tennis, Reiten - Spr.: Franz., Engl.

RIEBENSAHM, Hans-Erich

Prof., Konzertpianist - Kaubstr. 4, 1000 Berlin 31 (T. 87 18 81) - Geb. 24. Juni 1906 Königsberg/Pr. (Vater: Felix R., Kaufm.; Mutter: geb. Schustehrus), verh. s. 1927 m. Gerda, geb. Klingenberg - Musikhochsch. Berlin; Schüler v. Artur Schnabel - S. 1921 Konzerttätigk. In- u. Ausl.; Prof. Musikhochsch. Frankfurt/M. (1942-44) u. Berlin (1949-75) - 1954 Preis Verb. d. dt. Kritiker.

RIEBER, Heinz

Dipl.-Kfm., Vorstandsmitglied Th. Goldschmidt AG (s. 1978) - Goldschmidtstr. 100, 4300 Essen 1 (T. 1 73-23 31) - Geb. 27. Jan. 1929.

RIEBSCHLÄGER, Klaus

Dr. jur., Senator a. D., Vorstandsmitgl. Wohnungsbaukreditanstalt (WBK) Berlin - Bundesallee 210, 1000 Berlin 15 (T. 21 03-650) - Geb. 17. Aug. 1940 Berlin (Vater: Karl R., Ingenieur; Mutter: Franziska, geb. Schröder), ev., verh. s. 1967 m. Hannelore, geb. Randel, 3 Kd. (Katrin, Lars, Knud) - Tannenberg-Gymn. u. FU Berlin (1959-63; Rechtswiss.). Jurist. Staatsex. 1964 u. 68; Promot. 1968 (alles Berlin) - 1971-72 u. ab 1981 Vorstandsmitgl. Wohnungsbau-Kreditanstalt Berlin (vorher Ref. Rechtsabt.); s. 1972 Senator f. Bauwesen Berlin, 1975-81 Finanzen. 1967-81 u. 1985/86 MdA Berlin - BV: D. Freirechtsbewegung, 1968; Vor Ort - Blicke in d. Berliner Politik, 2. A. 1983. Mitarb.: Deutschland u. Osteuropa - Materialien z. Ostpolitik, 1967 (Beitr.: Dt. Ostgrenzen - Heimatrecht, S. 36-45). Zahlr. Aufs. - SPD s. 1961 (1968 Mitgl. Landesvorst., 1971-72 u. 1977-86 Kreisvors. Steglitz, 1973-82 Mitgl. Parteirat, 1971-81 stv. Landesvors. Berlin, 1983-86 wirtschaftspolit. Spr. Berliner SPD) - Liebh.: Sport (Leichtathletik) - Spr.: Engl., Franz.

RIECH, Heinz

Kinokaufmann (Unternehmensgruppe Heinz Riech & Sohn) - 4410 Warendorf/W. - S. 35 J. Kinobranche (dzt. 215 Lichtspielhäuser in 29 Städten m. 1500 Beschäftigten).

RIECK, Georg-Wilhelm

Dr. med. vet., em. o. Prof. u. Direktor Inst. f. Erbpathologie u. Zuchthygiene Univ. Gießen - Bergstr. 39, 6302 Lich/Oberhessen (T. 26 61) - Geb. 16. Febr. 1914 Berlin - S. 1957 (Habil.) Lehrtätigk. Gießen (1964 Ord., 1982 emerit.). Spez. Arbeitsgeb.: Teratologie, Genetik d. embryonalen Entwicklungsstörungen, Zytogenetik, Mißbildungsursachen - BV: Studien z. pathol. Histologie, Pathogenese u. Aetiologie d. Pyometra-Endometriskomplexes d. Hündin, 1957; Allg. veterinärmed. Genetik, Zytogenetik u. allg. Teratol. (Ferd. Enke), 1984; Zuchthygiene Rind (m. K. Zerobin, Zürich), 1985. Üb. 70 Fachveröff.

RIECK, Walter

Dr. phil., Prof. f. Jagdkunde - Heinrich-Heine-Str. 19, 3510 Hann. München (T. 26 05) - Geb. 1. Febr. 1905 Prenzlau (Vater: Emil R.; Mutter: Hedwig, geb. Maillefert), verh. s. 1942 m. Ingeborg, geb. Heinsick - Promot. 1932 Berlin; Habil. 1956 Göttingen - S. 1956 Lehrtätigk. Forstl. Fak. Univ. Göttingen (1962 apl. Prof.) - BV: D. Rehwild, 1960, letzte A. 1970; Krankh. d. Wildes, 1962, letzte A. 1972 (auch franz.). Div. Buch- u. Ztschr.beitr.

RIECKE, Erich

Bürgermeister - Rathaus, 4600 Dortmund; priv.: Hangstr. 4, -Aplerbach - Geb. 16. Juli 1906 - CDU.

RIECKEN, Ernst-Otto

Dr. med., Prof. f. Innere Medizin m. Schwerpunkt Gastroenterologie FU Berlin, Klinikum Steglitz - Hindenburgdamm 30, 1000 Berlin 45 - Geb. 23. Mai 1932 - 1964-65 Scholar British Council, Department of Histochemistry, Postgraduate Medical School London, anschl. Univ. Marburg; 1978 FU Berlin, Klinikum Steglitz, 1980 gf. Dir. Med. Klinik u. Poliklinik, 1984-87 Fachbereichssprecher (Dekan), 1984 Vors. Dt. Ges. f. Verdauungs- u. Stoffwechselkrankh. - Spez. Arbeitsgeb.: Struktur u. Funktionsbezieh. am Gastrointestinaltrakt; Intestinale Adaptation, Cytochemie; Pathobiochemie d. Zell-Matrixbeziehung im Intestinaltrakt.

RIECKER, Gerhard

Dr. med., o. Prof. f. Innere Medizin, Dir. Med. Klinik I d. Univ. München, Klinikum Großhadern - Marchioninistr. 15, 8000 München 70 - Geb. 2. Febr. 1926 Karlsruhe - Habil. München - S. 1966 Prof. Univ. München (apl. Prof.; zul. Ltd. Oberarzt I. Med. Klinik), 1968-74 Univ. Göttingen o. Prof. Etwa 300 Fachveröff. - 1957 Fraenkel-Preis u. Paul-Morawitz-Preis Dt. Ges. f. Herz- u. Kreislaufforsch.

RIECKHOFF, Else

Dr. phil., em. Prof. Univ. Oldenburg - Buchenweg 7, 3201 Diekholzen - Didaktik d. engl. Sprache u. Literatur.

RIED, August

Dr. rer. nat., Prof., Botaniker - Am Holzbach 12, 6393 Wehrheim-Friedrichsthal - Geb. 17. Juli 1924 Landshut/Bay. - S. 1958 (Habil.) Lehrtätigk. Univ. Frankfurt/M. (1965 apl. Prof.). Fachveröff.

RIED, Walter Georg

Dr. phil. nat., o. Prof. f. Med. u. organ. Chemie - Arndtstr. 27, 6000 Frankfurt/M. (T. 74 89 80) - Geb. 5. März 1920 Frankfurt/M. (Vater: Karl R., kaufm. Angest.; Mutter: Amalie, geb. Leger), kath., verh. s. 1953 m. Hildegard, geb. Moos, 3 Kd. (Matthias, Sibylle, Walter) - Gymn. u. Univ. Frankfurt. Promot. (1942) u. Habil. (1952) Frankfurt - S. 1941 wiss. Hilfskraft, Assist. (1942), Oberassist. (1946), Wiss. Rat (1958) Inst. f. Organ. Chemie Univ. Frankfurt (1952 Privatdoz., 1955 apl., 1973 o. Prof.). 1961 Gast-Prof. Istanbul (Türkei), 1964 Storrs, Conn. USA, 1971/72 Dekan FB Chemie. 50 Patente; üb. 600 Fachveröff. - Mitgl. Rab. Maurus-Akad., GdCH, Ges. f. Biol. Chemie, Ges. Dt. Ärzte u. Naturforscher; 1980 Verdienstmed. Akad. Lodz; 1985 BVK - Liebh.: Wandern, Schwimmen, Fotogr. - Spr.: Engl.

RIEDE, Johannes

Prof., Msgr., Dozent f. Kath. Theol. u. Religionspäd. Päd. Hochschule Schwäb. Gmünd (1968-74 Rektor), s. 1978 i. R. - Seelenbachweg 24, 7070 Schwäbisch Gmünd (T. 6 86 39) - Geb. 1. März 1916 Ulm/D. (Vater: Karl R., Oberlehrer; Mutter: Johanna, geb. Emmerling), kath. - Gymn. Ulm; 1935-39 Univ. Tübingen (Theol.) - 1951-53 höh. Schuldst. (Religionslehrer), dann Lehrerbild. - BV: Laßt d. Kinder zu mir kommen, 5. A. 1968; D. religiöse Unterweis. im 1. Schulj., 1963; Kommentar u. Katechesen z. Glaubensb. f. d. 3. u. 4. Schulj., Alttestamentl. Teil 1965 ff. (1967 Lizenzaufl. DDR); Wenn ich ihn nicht erfahren hätte, Geistl. Texte, 1975; Predigten üb. d. Letzten Dinge, 1979; Hoffn. wider alle Hoffn., Geistl. Texte 1980; Gott erbarmt sich unser, 1983 - 1975 Päpstl. Hauskaplan, 1978 BVK - Liebh.: Musik.

RIEDE, Paula,

geb. Riede

Dr. phil., Weinexpertin, MdB (s. 1972) - Neckarstr. Nr. 73, 7012 Fellbach (T. 51 44 33) - Geb. 19. Dez. 1923 Schömberg Kr. Balingen (Vater: Franz R., Oberlehrer; Mutter: Julie, geb. Eble), kath., verh. s. 1953 m. Dr. Paul R., 3 Kd. (Eva-Maria, Cornelia, Matthias) - Gymn. Heilbronn (Abit. 1942); Univ. Tübingen (Promot. (Geogr.) 1947) - N. Weingutpraktikum 1947-53 (Eheschließ.) Assist. wiss. Inst. u. Leit. weinchem. Labor. (1951). 1968 ff. Mitgl. Gemeinderat; 1971 ff. MdK. CDU s. 1964 - BV: D. Weinbau östl. d. mittl. Neckars, 1947 (Diss.) - Liebh.: Musik (Klaviersp.) - Spr.: Engl., Franz.

RIEDE, Urs-Nikoklaus

Dr. med., Prof. f. Pathologie - Waldstr. 32, 7803 Gundelfingen (T. 0761 - 58 24 40) - Geb. 15. Febr. 1941 Ludwigshafen/Rh. (Vater: Josef R., Archit.; Mutter: Mathilde, geb. Hurt), kath., verh. s. 1978 m. Dr. med. Petra, geb. Augustin, 2 Kd. (Florian, Julia) - Human. Gymn.; Med.-Stud., Promot., Habil. 1973 Basel, 1978 apl. Prof. Freiburg. Mithrsg.: Lehrb. fallg. Pathol., 1981; Histopathol., 1981; Path. Res. Pract (Pathol. Fachzeitschr.) - BV: Üb. 200 Publ. in intern. med. Fachztschr. - 1980 E. K. Frey-Preis f. internist. Intensivmed., 1980 R. Virchow-Preis f. Pathol. - Liebh.: Graphik - Spr.: Engl., Franz., Lath., Griech.

RIEDEL, Alfred

Dipl.-Volksw., stv. Hauptgeschäftsführer IHK f. d. südöstl. Westf. zu Arnsberg - Virchowstr. 18, 4780 Lippstadt (T. 6 21 90).

RIEDEL, Anke

s. Martiny-Glotz, Anke

RIEDEL, Christian Rudolf

Musikredakteur/Lektor Breitkopf & Härtel, Wiesbaden - Bismarckring 6, 6200 Wiesbaden - Geb. 1. Mai 1952 Leipzig, ev., verh. s. 1982 m. Mithoo Antia, Sohn Rustam Darius - 1972-77 Stud. Leipzig u. Weimar; 1977-79 Aspirantur b. M. u. A. Yansons Leningrader Konservat.; Meisterkurse b. K. Masur, L. Bernstein, S. Ozawa, 1986 Finalist Affiliate Artist New York - 1979-82 1. Kapellm. Landestheater Eisenach; 1979-81 Lehrauftr. Franz-Liszt-Hochsch. Weimar; 1975-82 Konzerttätigk. m. namh. Orch. d. DDR; 1982 Studienreisen in Indien; 1983/84 Kapellm. Ulmer Theater; 1984-87 1. Kapellm. Theater d. Landeshauptstadt Mainz; s. 1984 Lehrtätigk. Peter-Cornelius-Konservat. Mainz - Liebh.: Ind. Musik u. Tanz - Spr.: Engl., Russ.

RIEDEL, Clemens

Bäckermeister, Präs. Heimatwerk schles. Katholiken in d. BRD, Sprecher d. Arbeitsgem. Kath. Vertriebenenorg. in d. BRD, stv. Vors. Kath. Flüchtlingsrat in Dtschl. - Spitzsteinstr. 23, 8201 Flintsbach/Inn (T. 08034 - 29 11) - Geb. 23. Aug. 1914 Breslau, kath., verh. in 2. Ehe

(in 1. verw.), 5 Kd. (dav. 4 aus 1. E.) - Theodor-Körner-Mittelsch. Breslau (Mittlere Reife); Bäckerlehre elterl. Betrieb ebd. Meisterprüf. 1935 Breslau - Gesellenj. Wien, Liegnitz, Berlin, ab 1938 eig. Bäckerei u. Konditorei Breslau, n. Ausweis. 1945 Gewerbelehrer Dresden, 1946-48 Geschäftsf. Großbäckerei Erfurt, spät. eig. Bäckerei-, Konditor- u. Cafébetrieb Frankfurt, Ämter Kolpingsfamilie. 1957-72 MdB; 1965-72 Mitgl. Europ. Parlam. CDU s. 1945 (u. a. Vors. Landesmittelstandsausch. Hessen) - 1972 BVK I. Kl.; 1980 Gr. BVK; 1981 Päpstl. Sylvesterorden - Spr.: Engl.

RIEDEL, Eberhard
Dr. rer. nat., Prof. f. Biochemie FU Berlin - Sakrower Landstr. 41 d, 1000 Berlin 22 - Geb. 20. Aug. 1932 (Vater: Dr. Richard R., Dramat., Filmprod.; Mutter: Annemarie, geb. Rohrlach), ev., verh. s. 1963 m. Julia, geb. Avgerinos, 5 Kd. (Johannes, Martin, Thomas, Nicola, Michael) - Dipl.-Chem. 1960, Promot. 1968, Habil. 1972 (Biochemie) - 1962-68 Wiss. Assist. FU Berlin, 1968-69 wiss. Mitarb.; 1969-75 Leit. Biochem. Labor Ges. f. Epilepsieforsch. Bethel; s. 1972 Lehrtätig. FU Berlin. Üb. 50 Publ. in naturwiss. Fachztschr. u. Fachb.

RIEDEL, Eibe H.
Dr. jur., o. Prof. f. öffentl. Recht u. Völkerrecht, Direktor Inst. f. öffentl. Recht, Abt. Völkerrecht Univ. Marburg - Zu erreichen üb. Inst. f. öffentl. Recht, Universitätsstr. 6, 3550 Marburg (T. 06421 - 28 31 33) - Geb. 26. Jan. 1943 Zwittau (Vater: Heino R., Freg.-Kapt. a.D.; Mutter: Else, geb. Tessmann), ev., verh. s. 1971 m. Dr. med. Heinke, geb. Volkers, 2 S. (Oliver, Benedict) - 1963-67 Stud. Rechtswiss. London (LL.B.), Kiel 1967-71 Promot. 1974, Ass. 1975, Habil. (öffentl. Recht) 1983 - 1975-80 Wiss. Assist. Kiel, Inst. f. Intern. Recht; 1981-83 Hochschulassist. ebd.; 1983 Prof. Univ. Mainz; s. 1986 o. Prof. Univ. Marburg; s. 1986 Visiting Prof. Univ. of Surrey, Guildford/Engl. - Spr.: Engl., Franz.

RIEDEL, Friedrich Wilhelm
Dr. phil., Prof. Univ. Mainz - Im Münchfeld 7, 6500 Mainz (T. 3 16 04) - Geb. 24. Okt. 1929 Cuxhaven (Vater: Wilhelm, Ind.kfm.; Mutter: Ingeborg, geb. Schütz), kath., verh. s. 1961 m. Almuth, geb. Keller, 4 Kd. (Alois, Dorothea, Leonhard, Agnes) - Musikakad. Lübeck, Univ. Kiel (Musikwiss., Theol., Gesch.) - 1960-67 Leit. Zentralsekr. f. Intern. Quellenlexikon d. Musik, Kassel, n. Habil. (1971) Doz., apl. Prof. (1973), beamteter Prof. (1974), Präs. d. Intern. Joseph Martin Kraus-Ges. (1982) - BV: D. Musikarchiv i. Minoritenkonvent zu Wien, 1963; Kirchenmusik am Hofe Karls VI., 1977; Musikal. Schätze aus neun Jh., 1979; D. Göttweiger Themat. Katalog v. 1830, 1979; Joseph Martin Kraus in s. Zeit, 1982; J. M. Kraus in Italien, 1987. Ausgaben u. Schallpl.aufn. Alter Musik - Spr.: Latein, Engl., Ital.

RIEDEL, Heinz
Dr. med. dent., Prof., Zahnarzt - Beiertheimer Allee 15, 7500 Karlsruhe (T. 2 67 08) - Geb. 29. Jan. 1929 Waldkirch/ Schwarzw. - S. 1963 (Habil.) Lehrtätig. Med. Akad. Düsseldorf u. Univ. Münster (1963; 1964 Leit. Abt. f. Zahnerhaltung/Klinik f. ZMKkrankh., 1965 Doz., 1968 apl. Prof.) - BV: Fasergewebsbildung u. Phlegmasie d. Pulpa, 1964. Üb. 50 Fachaufs. - 1959 Arnold-Biber-Preis.

RIEDEL, Hermann
Dr. jur., Richter a. D. - Toemlingerstr. 3, 8000 München 70 - Geb. 4. Juni 1905 Nürnberg (Vater: Karl R., Schuldir.; Mutter: Lisette, geb. Wismeyer), ev., verh. s. 1932 m. Traute, geb. Rothgangel, 3 Töcht. (Edelgard, Elisabeth, Gudrun) - Gymn.; Univ. Erlangen (Rechtswiss.). Gr. jurist. Staatsprüf. Zul. LG München - BV/Kommentare: Jugendwohlfahrtsgesetz (4. A.), Beurkundungsgesetz (2. A., Losebl. 1990), Urheberrechts- u. Verlagsgesetz m. Nebengesetzen (Loseblattausg.), Originalmusik u. Musikbearb.; Fotorecht für die Praxis, 5. A. 1988; Abtretung u. Verpfändung v. Forderungen u. anderen Rechten, 1982; Rechtspflegergesetz-Kommentar, Handb. 5. A. 1988 (Losebl.); u. a. Zahlr. Fachaufs.; Mitarb. an Staudinger BGB (12. A.) u. Das dt. Bundesrecht - Liebh.: Musik, Fotogr., Briefm. - Spr.: Engl.

RIEDEL, Jutta
Regisseurin, Regieassist. - Florastr. 83-85, 5000 Köln 60 (T. 0221 - 760 27 09) - Geb. 11. Mai 1963 Frankfurt/M., ledig - Stud. Amerik., Angl., Theater-, Film-, Fernsehwiss. Frankfurt; Cambridge Certificate of Proficiency - 1982-84 Engagements Schauspiel Frankfurt; 1984-87 Esslinger Landesbühne; 1987 Schausp. Essen; 1988 Oper Stuttgart - Übers. v. Athol Fugard (1987 Esslingen) - Spr.: Engl., Franz., Span.

RIEDEL, Manfred
Dr., Prof. d. Philosophie Univ. Erlangen-Nürnberg - Am Rundblick 20, 8525 Rathsberg (T. 09131 - 20 53 36) - Geb. 10. Mai 1936 Etzoldshain, ev. - Schüler v. K. Löwiths u. H.-G. Gadamers - S. 1970 Prof. Univ. Erlangen-Nürnberg; Gastprof. New York, Rom u. Neapel - BV: Natur u. Gesch. Karl Löwith z. 70. Geb., 1967; Rehabilitier. d. prakt. Phil., Bd. 1 Gesch., Probl., Aufg., 1972, Bd. 2 Rezeption, Argumentat., Diskuss., 1974. Herausg.: W. Diltheys D. Aufb. d. gesch. Welt in d. Geisteswiss. Theorie I (1970); I. Kant, Schriften z. Geschichtsphil. (1974), Materialien z. Hegels Rechtsphil., 2 Bd. (1975); Theorie u. Praxis im Denken Hegels (1969 u. 72); Syst. u. Gesch. (1973); Metaphys. u. Metapolitik. Unters. z. Aristoteles u. z. polit. Spr. (1975); Verstehen od. Erklären? (1979).

RIEDEL, Wilhelm

Lehrer, Schriftsteller - Memelstr. 4, 6112 Groß-Zimmern (T. 06071 - 45 18) - Geb. 18. Dez. 1933 Darmstadt, verh. s. 1967 m. Birgit, geb. Altstadt, S. Norbert - Kaufm. Lehre; Stud. Phil. u. Lit.wiss.; Staatsex. 1965 Frankf./M. - Gemeindevertreter Groß-Zimmern; Kreistagsabgeordn. Landkr. Darmstadt-Dieburg - BV: Krieg in d. Wörtern, 1977; Versöhnung, 1981; Frauenbilder, 1984; Beseelte Erde, 1984; Land u. Arbeit, 1985; Wegweiser, 1986; Liebesbilder, 1986; Sonnengeflecht, 1986; Suiten gegen Gewalt, 1987; Sinnliche Seele, 1988 - Lit.: A. Hüffell: Schülerbewegung (1967-77); M. Buerschaper: D. dt. Kurzged.

RIEDEL, Wolfgang

Dr. rer. nat., Leiter Zentralstelle f. Landeskunde SHHB, Landesbeauftr. f. Naturschutz u. Landschaftspflege Schlesw.-Holst. (s. 1985) - Birkenweg 29, 2390 Flensburg (T. 0461 - 3 21 11) - Geb. 5. Mai 1942 Braunschweig, kath., verh. s. 1970 m. Marianne, geb. Peters, 3 Kd. (Tobias, Regina, Christian) - Dipl.-Geograph. 1971 Univ. Hamburg; Promot. 1972 ebd. - Vors. Oberster Naturschutzbeirat, Vors. Wiss. Beirat; Mitgl. Landesplanungsrat - BV: Bodengeogr. d. Kastilischen u. Portug. Scheidegebirges, 1973; Landschaftswandel u. gegenwärtige Umweltbeeinflussung im Landesteil Schlesw., 1978; Umweltarbeit in Schlesw.-Holst., 1987 - Liebh.: Orgelspiel u. Chorleit. - Spr.: Engl., Span.

RIEDEMANN, Klaus
Schulleiter - Kalvslohreystr. 14, 2000 Hamburg 61 (T. 550 13 29) - Geb. 2. Mai 1935 Hamburg, verh. s. 1968 m. Beate, geb. Braune, 2 S. - 1970-86 Mitgl. Hamburger Bürgerschaft u. Verkehrspolitischer Sprecher, SPD. S. 1987 Deputierter Hamburger Baubehörde - Spr.: Engl.

RIEDER, Georg

Dr. rer. nat., Dipl.-Phys., em. o. Prof. u. Direktor Inst. f. Techn. Mechanik TH Aachen (s. 1965) - Sandweg 37, 5100 Aachen-Laurensberg (T. 0241 - 1 78 51) - Geb. 14. Mai 1923 Stuttgart - 1963-65 Privatdoz. TH Braunschweig (Abt.-Vorst. Inst. f. Techn. Mechanik). Emerit. 1988. Mitgl. in- u. ausl. Fachges. (GAMM, SESA, SIAM, Math. Ges. d. DDR, Poln. Ges. f. Theoret. u. Angew. Mechanik, ISIMM). B. 1988 Vizepräs. Dt. Patienten-Schutzbund (DPS), Bonn. Üb. 30 Fachveröff.

RIEDER, Hans-Joachim
Dipl.-Kfm., stv. Vorstandsvorsitzender Öffentl. Sachversich. Braunschweig, Öffentl. Lebensversich. Braunschweig, Braunschweig. Landesbrandversich.anstalt (s. 1988) - Am Atzumer Weg 18, 3340 Wolfenbüttel (T. 6 45 05; dstl. 0531 - 70 23 00) - Geb. 12. Dez. 1936 Ludwigshafen/Rh., kath., verh. s. 1962 m. Irmgard, geb. Schmidt, 2 Kd. (Frank, Anja) - 1967-75 Filialdir. Colonia Versich.-AG; 1975-88 Vorst.-Mitgl. Provinzial Brandkasse u. Provinzial Leben Versich.-anst. Schleswig-Holst. - Spr.: Engl., Franz.

RIEDER, Oskar
Dr. phil., Dipl.-Psych., Univ.-Prof. - Mittaschstr. 3, 6710 Frankenthal/Pfalz (T. 95 52) - Prof. f. Psych. Erziehungswissenschaftl. Hochsch. Rhld.-Pf., Abt. Landau.

RIEDERER, Josef

Dr. rer. nat., Dipl.-Geol., Prof., Wiss. Direktor Rathgen Forschungslabor, Berlin - Schloßstr. 1a, 1000 Berlin 19 (T. 030 - 320 12 97) - Geb. 29. Dez 1939 München, kath., verh. s. 1967 m. Christel, geb. Heel, 2 Töcht. (Gabriele, Claudia) - Stud. Geol. Univ. München; Dipl. 1962, Promot. 1964 - Korr. Mitgl. Dt. Archäol. Inst. - BV: Kunst unter Mikroskop u. Sonde, 1973; Kunstwerke chem. betrachtet, 1981; Kunst u. Chemie, 1977; Archäologie u. Chemie, 1987.

RIEDIGER, Günter
Studiendirektor an beruflichen Schulen, Kinder- u. Jugendbuchautor - Bergstr. 30a, 4250 Bottrop (T. 02041 - 2 57 61) - Geb. 24. Dez. 1931 Düsseldorf, kath., verh. s. 1960 m. Johanna, geb. Wieschen, 3 Kd. (Norbert, Martin, Annegret) - Stud. Kath. Theol., German.; Staatsex. - Verf. v. Sachbüchern zu Ehe u. Familie; s. 1968 im Redakt.team Elternbriefe du u. wir; Herausg. Dt. Bischofskonferenz, Bonn - BV: Wir Kinder schwarz u. gelb u. weiß u. rot, 1973, 9. A. 1984; Wenn beide zärtlich sind, 1978, 4. A. 1988; Nur Mut!, 1984, 2. A. 1985; Wenn wir Kinder Flügel hätten, 1984, 2. A. 1986; Mit wem sollte ich leben, wenn nicht mit dir, 1987, 2. A. 1988; Auf eigenen Füßen, 1988; D. Glück, dich zu lieben, 1989; u.a. - 1981 Empfehlungsliste Kath. Kinderbuchpreis (Titel: Gott unser Freund).

RIEDL, Erich
Dr. rer. pol., Dipl.-Kfm., Oberpostdirektor a. D., Parlam. Staatssekretär Bundesmin. f. Wirtsch. (s. 1987), MdB (s. 1969, CDU/CSU-Fraktion) - Geroldseckstr. 14, 8000 München 70 (T. 714 51 68) - Geb. 23. Juni 1933 Eger (Vater: Karl R., Berufsoffz., Kaufm.; Mutter: Lucie, geb. Heinz), kath., verh. s. 1958 m. Gertrud, geb. Bezold, 3 Kd. (Gerhard, Susanne, Barbara) - 1955-59 (neben d. Beruf) Stud. Betriebsw. Promot. Erlangen (Diss.: D. Bankenaufsicht in d. Verkehrswirtschaft) - S. 1952 Bun-

despost (1955 Postinsp., 1960 -refer., 1963 -ass., 1966 -rat, 1969 Oberpostrat, 1972 -dir.). CSU s. 1964 (pers. Ref. v. Richard Stücklen, Vors. CSU-Landesgruppe im Bundestag). Stv. Bezirksvors. CSU München, 28 Mitgliedsch. - Liebh.: Briefmarken, Fußball - Spr.: Engl.

RIEDL, Josef

I. Bürgermeister Stadt Bad Aibling - Rathaus, 8202 Bad Aibling/Obb.; priv.: Frühlingstr. 34 - Geb. 18. Dez. 1922 Bad Aibling - Zul. Oberamtsrat. CSU.

RIEDL, Peter Anselm

Dr. phil. habil., o. Prof. f. Neuere u. neueste Kunstgeschichte - Bergstr. 29, 6900 Heidelberg 1 (T. 06221 - 4 56 02) - Geb. 23. Febr. 1930 Karlsbad (Vater: Adolf H. R., Bildhauer; Mutter: Johanna, geb. Pfeiffer), kath., verh. s. 1959 m. Lore, geb. Freiin v. Biedermann, 3 Kd. (Felix, Serena, Titus) - Univ. Heidelberg, Promot. 1955 - S. 1969 Prof. f. Neuere u. Neueste Kunstgesch. Heidelberg. Zahlr. Publ. üb. Kunst d. Renaiss. d. Manierismus u. d. Barocks in Ital., z. dt. Kunst d. Barocks, z. Denkmalpfl. u. z. Kunst d. 20. Jh. - S. 1980 o. Mitgl. Heidelberger Akad. d. Wiss. - Liebh.: Akustik, Optik - Spr.: Engl., Ital.

RIEDLE, Walter

Dr., I. Bürgermeister - Rathaus, 8021 Taufkirchen/Obb. - Geb. 31. Okt. 1939 München - Zul. Regierungsrat.

RIEDLINGER, Helmut

Dr. theol., o. Prof. f. Dogmatik - Poststr. 9, 7800 Freiburg/Br. (T. 3 28 63) - Geb. 17. Febr. 1923 Bohlingen/Hegau - S. 1963 (Habil.) Lehrtätigk. Univ. Freiburg (1964 Ord.) - BV: D. Makellosigkeit d. Kirche in d. lat. Hoheliedkommentaren d. Mittelalters, 1958; Geschichtlichkeit u. Vollendung d. Wissens Christi, 1966; Raimundi Lulli Opera Latina, V (1967), VI (1978); Vom Schmerz Gottes, 1983. Div. Einzelarb.

RIEDMANN, Gerhard

Schauspieler - Swawoskistr. 32, A-6112 Wattens/Tirol (Österr.) - Geb. 24. März 1925 Wien (Vater: Anton R.; Mutter: Antonie, geb. Elsner) - Oberrealsch. (Abit.) u. Reinhardt-Sem. Wien (1945-46) - Bühnen Wien, München u. a. (üb. 100 Rollen). Mehr als 50 Filme, dar. D. Vogelhändler, D. Vetter aus Dingsda, D. Zigeunerbaron, D. schöne Müllerin, Frauen um Richard Wagner, Krach um Jolanthe, ...und abends in d. Scala, D. Graf. v. Luxemburg, D. Heilige u. ihr Narr, D. Czardas-König (D. Emmerich-Kálmán-Story), Im Prater blüh'n wieder d. Bäume, Meine Tochter Patricia, Der jüngste Tag, Bettelstudent, Waldrausch, etwa 50 Fernsehrollen, dar.: Die Falle, Kiss me Kate, Glück u. Glas. TV-Serie: D. Jungen v. Frankfurt.

RIEDNER, Werner

Dipl.-Kfm., Dr. rer. pol., Vors. d. Geschäftsf. Du Pont de Nemours Dtschl. GmbH. (s. 1973) - Opernplatz 2, 6000 Frankfurt/M. - Rotarier.

RIEDT, Heinz

Publizist, lit. Übersetzer - Elisabethstr. 48, 8000 München 40 - Geb. 20. Aug. 1919 Berlin - Kindh. u. Univ.-Stud. in Italien - Lektor - Viele Übers. aus d. Ital. u. Franz. insbes. v. Italo Calvino, Carlo Collodi, Denis Diderot, Oriana Fallaci, Beppe Fenoglio, Carlo Emilio Gadda, Carlo Goldoni, Carlo Gozzi, Tommaso Landolfi, Gavino Ledda, Primo Levi, Alessandro Manzoni, Pier Paolo Pasolini, Luigi Pirandello, Vasco Pratolini, Leonardo Sciascia, Mario Soldati, Angelo Beolco/Ruzante - 1956 staatl. Übers.pr. d. DDR, 1979 Übers.pr. d. Ital. Aussenmin., 1981 Premio Montecchio, 1981 Wieland-Übers.pr.; 1986 Premio intern. Monselice; 1987 Kulturpr. d. Präs. d. Ital. Ministerrats. Mitgl. du, PEN, VS - Verf. d. ersten dt. Goldoni-Monogr.

RIEDY, Paul

Regisseur - Kantstr. 9, 7000 Stuttgart (T. 63 57 42) - Geb. 12. Juli 1904 München, kath., verh. s. 1937 m. Hela, geb. Woernle (Malerin u. Graphikerin) - TH München (Arch.); Schauspielausbild. ebd. - Schausp., ab 1935 Regiss. Darmstadt, 1937-50 Oberspiell. Köln u. Stuttgart (1942), 1950-54 Schauspieldir. Mannheim, 1957-59 Leit. Schauspiel Graz, zul. Dir. Westf. Schauspielsch. Bochum. Gastinsz. Burgtheater Wien, Bayer. Staatstheater, Dt. Theater Göttingen u. a.

RIEF, Josef

Dr. theol., o. Prof. f. Moraltheologie - Universitätsstr. 31, 8400 Regensburg - Geb. 18. Okt. 1924 Pfahlheim, kath. - Promot. (1960) u. Habil. (1963) Tübingen - S. 1963 Lehrtätigk. Univ. Tübingen (1965 Ord. f. Christl. Soziallehre) u. Regensburg (1972 Ord.) - BV: D. Ordobegriff d. jg. Augustinus, 1962; Reich Gottes u. Ges. bei Johann Sebastian Drey u. Johann Baptist Hirscher, 1965.

RIEFENSTAHL, Leni

Filmgestalterin, Fotografin, Schriftstellerin - Tengstr. 20, 8000 München 40 (T. 089 - 278 01 65) - Geb. 22. Aug. 1902 Berlin (Vater: Alfred R., Kaufm.; Mutter: Berta R.) - Stud. Kunstakad. Berlin; Stud. klass. Ballett b. Eduardova u. mod. Tanz b. Mary Wigman - Ab 1926 Filmschausp. u. Regiss., später Fotogr. - BV: Kampf in Schnee u. Eis, 1932; Schönheit im Olymp. Kampf, 1937; Bildu. Textbd.: D. Nuba, 1973; D. Nuba v. Kau, 1976; Korallengärten, 1978; Mein Afrika, 1982 (auch engl., franz., ital.); Memoiren, 1987 - Regie: D. blaue Licht, 1932; Olympia, 1938; Triumph d. Willens, 1934; Tiefland, 1954 - Filmrollen: D. heilige Berg (1926), D. große Sprung (1927), D. weiße Hölle v. Piz Palü (1929), Stürme üb. d. Montblanc (1930), D. weiße Rausch (1931), SOS-Eisberg (1932), D. blaue Licht (1932), Tiefland (1954) - 1932 Silbermed. Biennale Venedig f. D. blaue Licht; 1935 Goldmed. Biennale Venedig u. 1937 Goldmed. Intern. Exposition d. Arts Paris f. Triumpf d. Willens; 1938 Goldmed. Biennale Venedig u. 1948 Goldmed. u. Diplom d. IOC f. Olympia; 1975 Goldmed. Art Director-Club Dtschl. f. d. beste fotograf. Arb. - Liebh.: Tauchen - Spr.: Engl.

RIEGE, Fritz

Dr., Staatssekr. a. D., Nieders. Min. f. Bundesangelegenheiten (1970-75) - Calenberger Str. 2, 3000 Hannover (T. 19 01); priv.: Griegweg 5, 3100 Celle (T. 5 23 90) - Geb. 26. Jan. 1927 Züllichau, ev., verh., 2 Kd. - Stud. Wilhelmshaven, Hamburg, Göttingen (Rechts- u. Sozialwiss.) - Flakhelfer u. Soldat, Buchhändler, ab 1957 Hilfsref. Handwerkskammer Bremen, b. 1964 DGB-Prozeßvertr. LSG Celle, dann Ref. Landesverb. d. Ortskrankenkassen Nieders. u. Geschäftsf. Landesschiedsämter d. Ärzte u. Zahnärzte. Stadtverordn. u. 3. Bürgerm. Celle (1961-64 Fraktionsvors.); 1967-70 u. wied. 1975 MdL Nieders. SPD.

RIEGEL, Klaus

Dr. med., Prof., Leiter Abt. f. Neonatologie/Univ.s-Kinderklinik München (Dr. v. Haunersches Kinderspital) - Veilchenstr. 21a, 8000 München 21 (T. Klinik: 5 16 01) - Geb. 14. Mai 1926 Schorndorf/Württ. - S. 1963 (Habil.) Lehrtätigk. Univ. Tübingen u. München (1969 apl. Prof. f. Kinderheilkd.). Üb. 50 Fachaufs. - 1979 Maternité-Preis.

RIEGER, Alfred

Parteigeschäftsführer - Meliesallee 5a, 4000 Düsseldorf-Benrath (T. 71 65 27; Büro: 44 49 58) - Geb. 18. Okt. 1907 Brostau/Schles., verh., 3 Kd. - Volks-, Handels-, Abendhochsch., Verw.sakad.; kaufm. Ausbild. - Kaufm. Angest.; Geschäftsf.; Parteitätigk. (b. 1956 Ref., dann Hgf. FDP-Landesverb. NRW). 1961-70 MdL NRW. FDP s. 1948 - 1973 Wolfgang-Döring-Med.

RIEGER, Franz

Prof., Bibliothekar, Schriftst. - Freiling 38, A-4064 Oftering (Österr.) - BV: E. Zweikampf, Erz. 1964; Paß, R. 1973; D. Landauer, R. 1974; Feldwege, R. 1976; D. Kalfakter, R. 1978; Zwischenzeit Karman, R. 1979; Vierfrauenhaus, R. 1981; Schattenschweigen od. Hartheim, R. 1985; Internat in L., R. 1986; D. Faktotum u. d. Lady, R. 1988 - Prof.-Titel 1979; neben öst. Förderpreisen Wilhelmine-Lübke-Preis d. Dt. Altershilfe (f. d. letzten R.); 1984 I. Preis Wettbewerb f. christl. Lit. (Mskr.: Schattenschweigen).

RIEGER, Georg Johann

Dr. rer. nat., o. Prof. f. Math. TU Hannover - Dorfstr. 16B, 3161 Steinwedel - Geb. 16. Aug. 1931 Bad Kreuznach (Vater: Georg R., Braum.; Mutter: Barbara, geb. Rieger), kath., verh. s. 1958 m. Anneliese, geb. Spitzenberg, 3 Kd. (Georg, Roman, Sonja) - Stud. d. Math. u. Physik Univ. Gießen u. Wien - BV: Zahlentheorie, Lehrb. 1976 - Liebh.: Leichtathletik, Musik - Spr.: Engl., Franz.

RIEGER, Hansjörg

Dr.-Ing., Gf. Gesellschafter RUD-Kettenfabrik Rieger & Dietz GmbH u. Co. - Saarstr. 48, 7080 Aalen (T. 07361 - 3 27 57) - Geb. 5. April 1940 Garmisch (Vater: Werner R., Dipl.-Ing.; Mutter: Marianne, geb. Adam), kath., verh. s. 1966 m. Dr. Wite, geb. Huber, 5 Kd. (Carolin, Jörg, Johannes, Florian, Benjamin) - Gymn. Aalen, TU München (Masch.wes., Elektrotechnik, Ing.wiss.) Dipl. 1964, Promot. 1968 (summa cum laude) - Vizepräs. IHK Ostwürtt., stv. Vors. Fachnormenaussch. Rundstahlketten e. V., stv. Vors. AR Aalener Volksbank eG, Beiratsmitgl. Haftpflichtverb. d. Dt. Ind. u. a. Ämter - Entd.: Entwickl. b. Gleitschutz- u. Reifenschutzketten - Liebh.: Bergsteigen, Skifahren - Spr.: Engl.

RIEGER, Helmut Martin

Dr. phil., Wirtschaftsberater, Vors. Ges. f. Politik u. europ. Zusammenarbeit - Bahnhofstr. 48, 4800 Bielefeld 1 - Geb. 16. Okt. 1943 (Vater: Martin R.; Mutter: Mathilde, geb. Többich), verh. s. 1972 m. Ursula Klauss, 2 Kd. (Regina, Felix) - Univ. Graz, Wien u. Heidelberg; Dr. phil. Diplomat. Akad. Wien - 1970-72 Ind.; 1972-80 politikwissenschaftl. Tätigk.; 1980-84 Mitgl. Europ. Parlament. SPD.

RIEGER, Kurt

Dr. rer. pol., Bankdirektor, Generalbevollm. Industriekreditbank AG.-Dt. Industriebank, Düsseldorf (s. 1974) - Broichstr. 101, 4040 Neuss (T. 54 20 54) - Geb. 25. März 1926 Brieg/Schles., ev., verh. s. 1956 m. Cäcilia, geb. Schweinheim, 4 Kd. - Human. Gymn.; Univ. Marburg, Bonn. Dipl.-Volksw. 1952 Bonn; Promot. 1956 - S 1953 Lastenausgl.sbank (zul. Leit. Emissionsabt.); s. 1959 Ind.kreditbank AG., Düsseldorf (Leit. Bankenabt.) - BV: D. Hypothekarkredit- u. Pfandbriefinstitute im Gebiet d. Bundesrep. Dtschl. 1948-59, 1960 - Spr.: Engl.

RIEGER, Paul Friedrich

Kirchenrat Pfarrer, Direktor Evang. Pressseverb. f. Bayern e. V. - Birkerstr. 22, 8000 München 19 - Geb. 8. März 1928 Höllrich/Ufr. (Vater: Ludwig R., Pfarrer; Mutter: Lisa, geb. Bardon), ev., verh. s. 1955 (Ehefr.; Christel), 4 Kd. (Ulrich, Hansjörg, Anette, Gregor) - Stud. Theol. u. Phil. Beide Theol.ex. - 1951-56 Vikar München; 1956-58 Religionslehrer ebd.; 1958-72 stv. u. Dir. (1968) Ev. Akad. Tutzing; 1972-79 Dekan Würzburg; 1979 Dir. Evang. Presseverb. Bayern e. V.; s. 1982 Beauftr. Ev.-Luth. Landeskirche Bay. f. d. Kabelpilotproj. München. Mitarb. zahlr. kirchl. u. weltl. Gremien; Vors. Studienkr. f. Tourismus e. V., München, Landesbeir. f. Erwachsenenbild. Bayern, Stellv. Vors. d. Rundfunkr. Bayer. Rundfunks; Vors. Evang. Arbeitsgemeinschaft f. Evang. Erwachsenenbild. Bayern, ebd. - BV: Gott, Welt u. d. Moral, 1963; Glückl. Urlaub, 1965; Urlaub m. Kindern, 1967. Herausg.: Fomurreihe (Göttingen) Tutzinger Texte (München) Sonntagsblatt in Bayern; Evang. Pressedienst Bayern; Neues Dorf - 1981 Mitträger Theodor-Heuß-Preis - Liebh.: Intarsienschreinerei, Bauernmalerei - Spr.: Engl. - Bek. Vorf.: Wilhelm Löhe, Pfarrer Neuendettelsau, 1808-72 (Vereinsgründer f. Innere Mission) - Lit.: Klaus Kürzdörfer: Kirche u. Erwachsenen-Bild., 1976.

RIEGER, Walter

Dr. jur., Präsident Bayer. Versich.-kammer (s. 1981) - Maximilianstr. 53, 8000 München 22 - Geb. 1929.

RIEGGER, Volker

Dipl.-Volksw., Inhaber Büro für strategische Planung u. Beratung - Romanstr. 16, 8000 München 19 (T. 089 - 16 83 73) - Geb. 5. Dez. 1942 Aalen, ev., verh. s. 1966 m. Brigitte, geb. Keul, S. Jakob - Univ. Mainz, Heidelberg, München; Dipl.-Volksw. 1969 München - S. 1986 Lehrauftrag Wirtschafts- u. Gesellschaftskommunikation Hochsch. d. Künste Berlin.

RIEHEMANN, Franz

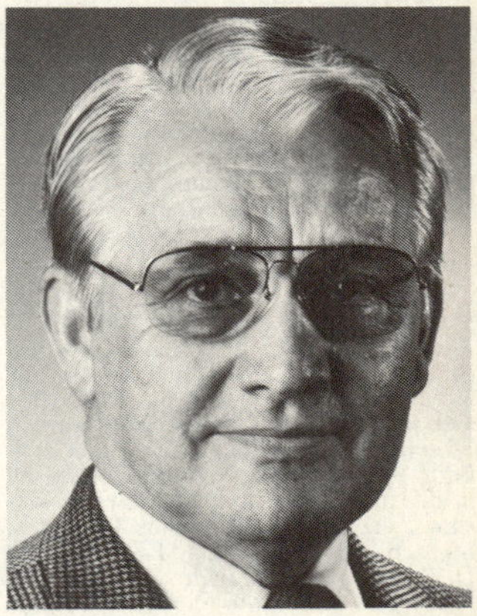

Hotelier, MdL Nordrh.-Westf. (s. 1966 CDU) - Lindenstr. 2a, 4430 Steinfurt (T. 02552 - 40 50) - Geb. 26. Juli 1921 Burgsteinfurt, verh., 3 Kd. - Rektoratssch.; Hotellehre - S. 1946 elterl. Hotelbetrieb (1956 Übernahme). Mitgl. Präs. Landtag Nordrh.-Westf. (s. 1969), Vors. Aussch. f. Haushaltskontrolle (s. 1970). Hauptm. d. Res. (Bundesw.) - 1974 Gold. Ehrennadel Dt. Hotel- u. Gaststättenverb.; 1973 BVK I. Kl.; 1980 Gr. BVK; Ehrenvors. Heimatverein Borghorst u. CDU-Mittelstandsver. Krs. Steinfurt.

RIEHEMANN, Wilhelm

Dr. med. h. c., Erster Direktor, Vors. d. Geschäftsfg. Landesversicherungsanstalt Westfalen - Gartenstr. 194, 4400 Münster/W. - Vorst.-Vors. ARGE Krebs, Bochum, d. Ges. f. Arterioskleroseforsch., Münster, u. Fachklinik Hornheide, Münster.

RIEHL, Hans

Journalist, Schriftsteller, Chefredakteur tz München - Pfefferminzstr. 11a, 8031 Eichenau b. München (T. 089 - 530 65 02) - Geb. 21. Juni 1935 Altötting, kath., verh. s. 1961 m. Eva, geb. Witthalm-Ruttmann, 3 Kd. (Konstanze, Jörg, Judith) - Abit., Ind.Kfm., Stud., Ztgsvolont. - S. 1975 Chefredakt. tz - BV: Als Dtschl. im Scherben fiel, 1975; D. Völkerwanderung, 1976; D. Mark, 1978; Märchenkönig u. Bürgerkönige, 1980; Als d. dt. Fürsten fielen, 1980 (übers. Dän., Ital., Holl.) - Liebh.: Klass. Musik, Lit., Tennis.

RIEHL, Josef

Dr. rer. nat., o. Prof. f. Pharmazie u. Mitvorst. Inst. f. Pharmazie u. Lebensmittelchemie Univ. Würzburg (s. 1971) -

Am Hubland, 8700 Würzburg (T. 888-470) - Geb. 16. Febr. 1926 - Habil. München.

RIEHL, Nikolaus

Dr. phil., o. Prof. f. Techn. Physik (emerit.) - Tannenstr. 9, 8011 Baldham/Obb. (T. 08106 - 55 62) - Geb. 24. Mai 1901 St. Petersburg/Leningrad (Vater: Wilhelm R., Ing.; Mutter: Helene, geb. Kagan), ev., verh. s. 1933 m. Ilse, geb. Przybyla, 2 Töcht. (Ingeborg, Irene) - St. Petri-Sch. St. Petersburg, Univ. Berlin (Physik; 1927). Habil. 1938 TH Berlin - 1927-45 wiss. Mitarb. u. Dir. Wiss. Hauptst. (1939) Auer-Ges., Berlin; 1945-55 zwangsverpfl. UdSSR (Leit. e. dt. wiss. Gruppe); ab 1957 ao. u. o. Prof. (1961) TH München (Dir. Physik-Department). Erforsch. d. Wirkungsweise lumineszierender Stoffe, versch. neue techn. Anwendungen radioaktiver Strahlungen; Technol. d. Urans f. Reaktoren - BV: Physik u. techn. Anwendungen d. Lumineszenz, 1941 (jap. 1943, russ. 1945); Üb. d. Aufbau d. Zinksulfid-Luminophore, 1957. Üb. 200 Einzelarb. Mithrsg.: Intern. Lumineszenz-Symposium üb. d. Physik u. Chemie d. Szintillatoren (m. Prof. Dr. H. Kallmann, New York; 1965) - 1949 Stalin-Preis I. Kl.; 1973 Bayer. VO. - Spr.: Russ., Engl.

RIEHM, Hans

Dr.-Ing., Dr. agr. h. c., Prof., Dir. i. R. - Kleiberweg Nr. 35, 6950 Mosbach-Waldstadt - Geb. 3. Juni 1902 Karlsruhe - S. 1946 (Habil.) Lehrtätigk. LH Hohenheim u. TH bzw. Univ. Karlsruhe (1948; 1958 apl. Prof. f. Agrikulturchemie); b. 1967 Dir. Staatl. Landw. Versuchs- u. Forschungsanstalt, Karlsruhe. Etwa 150 Fachveröff. - 1968 Ehrendoktor LH Uppsala.

RIEHM, Rolf

Prof. Hochschule f. Musik u. Bild. Kunst Frankfurt, Komponist - Paul-Heyse-Str. 38, 6000 Frankfurt 50 (T. 51 66 67) - Geb. 15. Juni 1937 Saarbrücken - Stud. Schulmusik, Frankfurt; Kompos. Freiburg - Entd.: Reziproke Subdominante in d. Harmonik Anton Bruckners - Musikw.: Gewidmet, Tänze aus Frankfurt, Machandelboom, O Daddy, Berceuse, D. Schweigen d. Sirenen, He tres doulz rous-signol joly - 1967 Premio Marzotto; 1970 Stip. Villa Massimo Rom.

RIEKE, Kurt

Kaufmann, Vors. Bundesverb. d. Dt. Schuheinzelhandels, Köln - Damm 37, 3300 Braunschweig.

RIEKER, Heinrich

Journalist, Leiter Wirtschaftsredakt. Rhein. Merkur/Christ u. Welt - Wittelsbacher Str. 26, 5040 Brühl (T. 02232 - 2 29 62) - Geb. 29. Dez. 1925 Berlin (Vater: Dr. Karlheinrich R., Journ.; Mutter: Erika, geb. Wigand), ev., verh. s. 1961 m. Gerda, geb. Hinken, 2 S. (Olaf, Christian) - BV: Alltag im J. 2000, 1966 - 1965 u. 1969 Theodor-Wolff-Preise - Liebh.: Klass. Musik.

RIEKERT, Christian

Geschäftsführer Württ. Filztuchfabrik D. Geschmay GmbH - Im Pfingstwasen, 7320 Göppingen - Geb. 22. Febr. 1924 - S. 1949 WF (1963 Gf.).

RIEKERT, Lothar

Dr. rer. nat., Chemiker, o. Prof. Univ. Karlsruhe (s. 1972) - Im Eichbäumle 21, 7500 Karlsruhe 1 (T. 68 62 17) - Geb. 12. Febr. 1928 München (Vater: Hans R., Abt.präs.; Mutter: Cläre, geb. Bruns), ev., verh. s. 1958 m. Renate, geb. Barth, 2 S. (Daniel, Alexander †) - Stud. Univ. Tübingen, TH Darmstadt - B. 1965 Assist. u. Privatdoz. TH Darmstadt; 1966-70 Mobil Oil Corp./USA; 1970-72 BASF - Spr.: Engl., Franz.

RIEKS, Rudolf

Dr. phil., Prof. f. Klass. Phil. Univ. Bamberg - Sutristr. 24, 8600 Bamberg (T. 0951 - 6 21 84) - Geb. 19. April 1937 Bottrop (Vater: Ferdinand, R., Uhrm.Mstr.; Mutter: Elisabeth, geb. Born), kath., verh. s. 1980 m. Gabriela, geb. Sand, 3 Kd. (Marcus, Anna, Johannes) - 1956-62 Stud. Klass. Philol., Gesch. u. Phil. Univ. Münster, Paris, Tübingen; 1. Philol. Staatsex. 1962 Tübingen, Promot. 1964 ebd.; Habil. 1973 Bochum - 1962-73 Wiss. Assist. Leibniz Kolleg Tübingen u. Ruhruniv. Bochum; 1974 Doz., 1975 apl. Prof. Univ. Bochum; s. 1978 Prof. Univ. Bamberg - BV: Homo, Humanus, Humanitas. Z. Humanität in d. lat. Lit. d. ersten nachchristl. Jh., 1967; Affekte u. Strukturen. Pathos als e. Form- u. Wirkprinzip v. Vergils Aeneis, 1989 - Spr.: Engl., Franz., Lat., Ital., Span., Griech., Portug.

RIELKE, Sigurd

Hauptgeschäftsführer Dt. Verkehrswissenschaftl. Ges., Bergisch-Gladbach - Vinzenzstr. 47, 5303 Bornheim-Merten - Geb. 6. Juni 1931 Duisburg, ev., verh. s. 1958 m. Ursula, geb. Müller, 2 Kd. (Wolfgang, Sabine) - Abit. 1953; Stud. ev. Theol. Bethel u. Bonn, Rechts- u. Staatswiss. Bonn u. Köln - Versicherungsges. (Verkehr), Stadtsplanungsges., s. 1975 Leit. Dt. Verkehrswiss. Ges. (DVWG), Berg.-Gladbach - Redakt. wiss. Veröff. Schriftenreihe d.DVWG, Schriftleit. Verkehrsztschr. Intern. Verkehrswesen - Liebh.: Sport (Tennis, Ski, Radfahren), handwerkl. Arb. - Spr.: Engl.

RIEM, Marie Anna

s. Menz, Maria

RIEMANN, Friedrich

Dr. Prof., ehem. Geschäftsführer Agrarsoziale Ges. (1966-84) - Heinz-Hilpert-Str. 6, 3400 Göttingen (T. 48 60 05) - Geb. 27. Juli 1921 Danzig (Vater: Fritz R., Landw.; Mutter: Frieda, geb. Andres), ev., verh. s. 1945 m. Ursula, geb. Schaumberg - Obersch.; landw. Lehre; Stud. Univ. Göttingen - Hochschullehrer ebd.; ord. Mitgl. Akad. f. Raumforsch. u. Landesplanung Hannover; Vors. Landesaussch. Zahnärzte/Krankenkassen. Unparteiisches Mitgl. nieders. Landesaussch. Ärzte/Krankenkassen - Fachveröff. - Liebh.: Gartengestaltung.

RIEMANN, Hans

Dr., Geschäftsführer Außenwirtsch. IHK Pfalz - Ludwigsplatz 2-3, 6700 Ludwigshafen - Zul. Geschäftsf. Dt. Paraguay. Handelskammer.

RIEMANN, Helmut Ernst

Dr. med., Univ.-Prof. Univ. Frankfurt - Speierlingweg 2, 6000 Frankfurt/M. 60 - Geb. 23. Okt. 1926 Frankfurt/M. (Vater: Ernst R., Beamter; Mutter: Paula, geb. Fischer), ev., verh. s. 1953 m. Dr. med. Anemone, geb. Lenzner, 3 Kd. (Edgar, Ingrid, Dieter) - Leit. Abt. f. Allg. Röntgendiagnostik am Zentr. d. Radiologie d. Klinikum Univ. Frankfurt - BV: Digitale Radiographie, 1984, 86 u. 88 - 1970 Bronce Award, Brit. Med. Ass. Film Competition - Liebh.: Photogr., Musik - Spr.: Engl.

RIEMENSCHNEIDER, Dieter

Dr. phil., Prof. f. Angl. Univ. Frankfurt/M. (s. 1972) - Neugartenstr. 32e, 6231 Sulzbach - Geb. 18. Aug. 1935 Oberhausen (Vater: Erich R., Elektriker; Mutter: Elisabeth, geb. Sindhoff), kath., verh. s. 1966 m. Jeanne, geb. Isaacs, Tocht. Karen Renuka - Stud. d. Angl., Amerikan. u. Politikwiss. Univ. Marburg, Frankfurt/M., Bristol - 1963-66 Lektor f. Dt. Spr. Indien; 1975-76 Dekan Fachber. Neuere Philol. Frankfurt/M. Fachmitgl.sch. - BV: D. mod. englischsprachige R. Indiens, 1974; Grundlagen z. Lit. in engl. Sprache: West- u. Ostafrika, 1983; ed. The History and Historiography of Commonwealth Literature, 1983; Afrikan. Schriftst. im Gespräch (m. K. Garscha) 1983; Studies in Indian Fiction in English, 1983. Herausg.: Shiva tanzt. D. Indien-Leseb. (1986); Crit. Approaches to the New Literatures in Englisch (1989) - Liebh.: Kultur- u. Religionsgesch. Indiens u. Südostasiens - Spr.: Engl., Franz.

RIEMENSCHNEIDER, Hartmut

Dr. phil., Prof. f. neuere deutsche Lit. u. ihre Didaktik Univ. Dortmund - Heinitzstr. 57, 5800 Hagen 1 (T. 02331 - 8 58 51) - Geb. 2. Nov. 1940 Hagen - Stud. Univ. Erlangen, Genf, Aachen - Publ. im Bereich d. Literaturdidaktik u. z. Semiot. Ästhetik - Liebh.: Nebenberufl. Kirchenmusiker.

RIEMENSCHNEIDER, Oswald

Dr. rer. nat., Prof. f. Mathematik Univ. Hamburg - Reinfeldstr. 11, 2000 Hamburg 13 (T. 040 - 44 34 78) - Geb. 22. Nov. 1941 Kassel, verh. s. 1968 m. Christina, geb. Sydow, 2 Töcht. (Stephanie, Nadja) - Abit. 1961 Kassel; Dipl. 1966, Promot. 1966, Habil. 1971 Univ. Göttingen - 1970/71 Member Inst. for Advanced Study, Princeton, N.J./USA; 1972 Visiting Assoc. Prof. Rice Univ. Houston, Tex./USA; 1972 Wiss. Rat u. Prof. Univ. Göttingen; 1974 o. Prof. Univ. Hamburg; 1986/87 Akad.stip. Stiftg. Volkswagenwerk - O. Mitgl. Joachim-Jungius-Ges. Hamburg - Liebh.: Querflöte.

RIEMER, Horst-Ludwig

Dr. jur., Rechtsanwalt, MdB (s. 1980), stv. Ministerpräs. Nordrh.-Westf. (s. 1975, 1979 zurückgetr.), MdL (s. 1966) - Im Lohauser Feld 48, 4000 Düsseldorf 30 (T. 0211 - 435 04 42) - Geb. 3. April 1933 Insterburg/Ostpr., verh., 3 Kd. - Obersch.; Univ. Köln u. Bonn (Rechts- u. Wirtschaftswiss., Phil.). Promot. 1960 - Rechtsanwalt. FDP s. 1952 (1972-79 Vors. NRW.; 1969-70 stv. Vors. Landtagsfraktion); 1970-79 Min. f. Wirtsch., Mittelstand u. Verkehr. Rundfunkrat WDR Köln, VR Dt. Bundesbahn, AR Sperry GmbH Frankfurt/M., Vizepräs. Landtag Nordrh.-Westf. Kurat.-Vors. Ges. z. Förd. d. Handels u. d. Kulturaustausch. m. d. UdSSR - BVK m. Stern; Ehrenm. Handwerkskammer Düsseldorf; Ehrenring Handwerkskammer Aachen; Handwerksz. in Gold Zentralverb. d. Dt. Handwerks; Verdienstplak. in Gold Sängerbund NW; Ehrenz. in Gold Dt. Verkehrswacht; Gold. Ehrennadel d. Arbeitsgem. Dt. Tierschutz; Georg Schulhoff-Preis.

RIEMER, Klaus

Dr. phil., Redakteur ZDF Fernsehspiel u. Film (s. 1988) - Am Heimbacher Pfad 20, 6208 Bad Schwalbach 1 (T. 06131 - 70 27 03) - Geb. 27. Mai 1931 Berlin (Vater: Artur R., Kaufm.; Mutter: Elisabeth, geb. Steinborn), ev., verh. s. 1953 m. Ingrid, geb. Richter, 2 Kd. (Kerstin, Lars) - Diesterweg-Obersch. Berlin; Graphikerausbild.; 1955-60 Freie Univ. ebd. (Theaterwiss., German., Psych., Kunstgesch., Publizistik). Promot. 1962 - 1949-55 Werbegraph.; 1964-65 Redakt. Bundespresseamt; 1965-70 Redakt. Hess. Rundfunk (Fernsehprogr.) - BV: Paul Bildt, Monogr. 1963. Übers. aus d. Engl. - 1967 Adolf-Grimme-Preis in Silber (f. d. Redaktion d. Sendereihe: E. Kind wächst heran) - Liebh.: Schach, Wassersport - Spr.: Engl., Franz.

RIEMERSCHMID, Heinrich

Fabrikant, Inh. Anton R. Weinbrennerei, Likör- u. Essigfbr., München; Georg Hemmeter Enzian-, Weinbrennerei u. Likörfabr., Unterföhring; Donath-Kelterei Fritz Donath, ebd.; Wolfra Kelterei GmbH, München; Riemerschmid GmbH & Co., Getränkezubehörfabrikation, Unterföhring; L. B. Hinker's Nachf., Weingroßhdlg., Druckerei Heinrich Riemerschmid KG, bde. München - Justus-v.-Liebig-Str. 2-14, 8058 Erding - Geb. 9. Nov. 1918 - Div. Ehrenstell., dar. 1. Vors. Schutzverb. d. Spirituosen-Ind., Wiesbaden - Bayer. VO; 1984 BVK I. Kl.

RIEMERSCHMID, Walter

Apotheker, Ehrenpräsident Bayer. Landesapothekerkammer, Ehrenpräs. Arbeitsgem. Berufsvertr. Dt. Apotheker (s. 1968) - Albanistr. 10, 8025 Unterhaching (T. 089 - 611 55 29) - Geb. 26. Sept. 1908 Würzburg (Vater: Anton R., Ing.; Mutter: Adele, geb. Mohr), kath., verh. s. 1934 m. Hedwig, geb. Dagner, 5 Kd. (Wolfgang, Walter, Hartmut, Erika, Gerhard) - Schule u. Praktikum Bayreuth; Stud. München - 1966 Bayer. VO.; 1973 Lesmüller-Ring; 1974 Gr. BVK; 1976 Ehrenmitgl. Bayer. Apotheker-Verein - Liebh.: Angeln.

RIEMSCHNEIDER, Randolph

Dr. rer. nat., Dr. med. h. c., o. Prof. f. Biochemie - Postf. 11 64, 1000 Berlin 19 (T. 304 49 70) - Geb. 17. Nov. 1920 Hamburg (Eltern: Gustav (Apotheker) u. Elsa R.) - Univ. Hamburg, Leipzig, Jena (Chemie, Med., Entomol.), Dipl.-Chem. 1941, Promot. 1943, Habil. 1948 - Industrietätigk.; s. 1948 Doz., apl. (1954), ao. (1958), o. Prof. (1966) FU Berlin (Dir. Inst. f. Biochemie). Aufbau u. Dir.-Coordinator Chem. Inst. Univ. Santa Maria (Bras.; s. 1964). Spez. Arb.-geb.: Stoffwechsel u. Alter, Teratogene Verbindungen. Entwickl. Insektizid M 410 (Chlordan), Diën-Synthesen m. Hexachlorcyclopentadiën (1944); Realisierung cistrans-Asymmetrie, Entwickl. d. zellatmungssteigernden Cellryl (1945-73), Cytorrhysierte Hefen (Socopruval, 1980) - BV: Z. Kenntnis d. Kontakt-Insektizide, 2. T. 1947/50; Engl. n. d. Zeitwortsystem, 1948; Z. Weiterentwickl. d. Insektizide d. Chlorkohlenwasserstoffklasse, 1952; Lit. z. HCH- u. Dien-Gruppe III u. V 1952/53; Rätsel d. Sonnenflecken, 1956; Z. Stereochemie v. Cyclohexansubstitutionsprodukten, 1956; Biochem. Grundprakt., 1969; Material f. biochem. Vorles., 1969; Organiczacao e Estabelecimento do Inst. Central de Quimica da UFSM, 1970; Metabolismo Intermediario, 1974. Etwa 600 Einzelarb. u. Patente (ca. 40). 1973 Ehrendoktor Univ. Santa Maria (UFSM) Brasilien, 1974 Prof. h. c. ebd. - Mitgl. Ges. Dt. Chemiker u. Dt.-Jap. Ges. - Liebh.: Reiten, Turniertanz - Spr.: Ital., Engl., Portug. - Bek. Vorf.: Tilman Riemenschneider.

RIENERMANN, Reiner

Dipl.-Volksw., Geschäftsführer Fachverb. d. Dt. Maschinen- u. Werkzeug-Großhandels, Fachverb. d. Dt. Schraubengroßhandels - Prinz-Albert-Str. 8, 5300 Bonn 1.

RIENHOFF, Otto

Dr. med. habil., Prof., Med. Informatiker Univ. Marburg - Hansbergstr. 43, 4600 Dortmund 1 - Geb. 9. Nov. 1949 Dortmund - Abit. 1967, Stud. d. Med. Univ. Marburg u. Münster, Staatsex. u. Promot. 1973, Habil. 1981 - 1975 Approb.; 1975-82 wiss. Assist. Inst. f. Med. Informatik d. MHH; 1975-76 Grundwehrdienst (Brigadearzt, Standortarzt); 1977-82 Leit. Bereich Med. Syst. d. Inst. f. Med. Informatik; 1978-83 Lehrbeauftr. TU Braunschweig, 1980-82 FH Hannover; s. 1980 stv. Institutsleit.; 1982 Prof. f. Med. Informatik; s. 1983 Chairman Working Group 9 Health, Informatics for Development d. Intern. Med. Informatics Assoc.; 1983-84 Gastprof. Groote Schuur Hospital, Kapstadt; s. 1984 o. Prof. Univ. Marburg; s. 1985 Leit. Präsidiumskommiss. f. Aus-, Fort- u. Weiterbildung d. GMDS; s. 1985 Oberfeldarzt d. R. - BV: Rienhoff, Abrams: The Computer in the Doctor's Office, 1980; ca. 70 Veröff.

RIEPEN, Andreas

Kaufmann, Gf. Gesellsch. Firmengruppe Andreas Riepen, Wohnungsbau, Vermögensverwaltung, Unternehmensberatung, Köln - Am Waldpark 18, 5000 Köln 50 (Hahnwald) (T. 0221 - 38 10 47) - Geb. 27. Febr. 1950 Bad Godesberg (Vater: Dr. Hans R., Syndikus; Mutter: Erika, geb. Binhold), kath., verh. s. 1980 m. Helga, geb. Groß, T. Christina-Katharina - 1968-74 Univ. Köln (Betriebswirtsch. u. Sozialpsych.) - Spr.: Engl., Franz.

RIEPENHAUSEN, Carlheinz

Regisseur - Troppauer Str. 28A, 1000 Berlin 45 (T. 811 71 13); Rathausstr. 6, 3548 Arolsen (T. 05691-8 12 34) - Geb. 17. Nov. 1905 Göttingen (Vater: Wilhelm R., Bankkfm. †1951; Mutter: Anna, geb. Michalke †1961), verh. s. 1948 m. Irmgard, geb. Boerner - Gymn. Berlin; Univ. Tübingen, Köln, Berlin (German., Theaterwiss., Gesch.); Bühnenausbild. Ferdinand Gregori - S. 1947 zahlr. Rundfunkinsz. Berlin (1954 ff. SFB). Übers. franz. Bühnenst. u. Hörsp. - Bek. Vorf.: Ernst Ludwig R., Kupferstecher (1762-1840).

RIEPL, Alfred

I. Bürgermeister Stadt Aichach - Rathaus, 8890 Aichach/Schw. - Geb. 8. Juni 1925 Algertshausen - Zul. Schulrat. CSU.

RIEPL, Edmund

I. Bürgermeister - Rathaus, 8421 Altmannstein/Bay. - Geb. 28. Juli 1922 Altmannstein - Zul. Gemeindeangest.

RIERMAIER, Walter

I. Bürgermeister Stadt Klingenberg/Main - Rathaus, 8763 Klingenberg/Ufr. - Geb. 10. März 1915 Würzburg - Zul. Verwaltungsamtm.

RIES, Gerhild

Dr. rer. nat., Dipl.-Psych., o. Prof. f. Psychologie Univ. Köln, Erziehungswiss. Fak. - Holunderweg 64, 5000 Köln 40 (T. Köln 48 10 47) - Geb. 28. Sept. 1924 Landsberg a. d. Warthe (Vater: Prof. Dr. Ludwig Wilhelm R.) - Zul. ao. Prof. PH Rhld./Abt. Wuppertal.

RIES, Johannes

Dr. theol., em. Prof. f. Fundamentaltheologie - Lorenzonistr. 62, 8000 München 90 (T. 089-64 00 81) - Geb. 18. Okt. 1908 Treis/Mosel - S. 1939 o. Prof. Phil.-Theol. Hochsch. Hünfeld u. Fulda. Fachveröff.

RIES, Thomas

Dr. oec., Dipl.-Ing., stv. Vorstandsvorsitzer Pegulan-Werke AG, Frankenthal, AR-Vors. Peguform GmbH, Bötzingen a. K., Geschäftsf. Teppichboden GmbH, Otterberg, u. Febolit-GmbH, Frankenthal, Beiratsvors. durmont Teppichb.-fabr. Hartberg GmbH & Co. KG, Hartberg/Österr. - Friedensring 18, 6710 Frankenthal/Pf. - Geb. 15. Febr. 1944 Krakau, verh. s. 1971 m. Gesine, geb. Schmidt, T. Karoline - Dipl.-Ing. 1970 TU Berlin; Promot. 1972 TU München - S. 1972 Pegulan-Werke AG. (Leit. Rechnungs-), 1973 Personalwesen u. stv. Vorst.smitgl.) - Liebh.: Bücher (u. a. Kunstgesch.), Reisen - Spr.: Engl., Franz.

RIES, Wiebrecht

Dr. phil., Prof. f. Philosophie Univ. Hannover - Bahnhofstr. 10A, 3410 Northeim - Geb. 11. Febr. 1940 Osnabrück (Vater: Johann Georg R., Betriebsleit.; Mutter: Margarete, geb. Karrasch), verh. m. Brigitte, geb. Stobbe - 1961-67 Stud. German. u. Phil. Univ. Basel u. Heidelberg (Promot. 1967); Habil. 1974 Univ. Hannover - S. 1978 Prof. Phil. Sem. Univ. Hannover - BV: Transzendenz als Terror. E. relig.-phil. Studie üb. Franz Kafka, 1977; Friedrich Nietzsche. Wie die wahre Welt endlich z. Fabel wurde, 1977 (Übers. Holl. 1980); Nietzsche z. Einführ., 1987; Franz Kafka (Artemis-Einführ.), 1987.

RIESE, Hajo

Dr., Prof. - Scharfestr. 20, 1000 Berlin 33 (T. 801 50 61) - Geb. 10. Jan. 1933 Wiener Neustadt/Österr. (Vater: Meno R., Pastor; Mutter: Hertha, geb. Raeck), ev. - Dipl.-Volksw. 1957 Univ. Kiel; Promot. 1959 ebd. - BV: D. Bedarf an Hochschulabsolventen in d. Bundesrep. Deutschl., 1967; Berufsausb. u. Hochschulber., 1973; Wohlfahrt u. Wirtschaftspolitik, 1978; Theorie d. Inflation, 1986; u. a. - Spr.: Engl., Dän.

RIESE, Teut-Andreas

Dr. phil., o. Prof. f. Engl. Philologie - Bachstr. 10, 6900 Heidelberg (T. 40 15 79) - Geb. 7. Mai 1912 Eisleben (Vater: Dr. jur. Hans R., Oberbürgerm.; Mutter: Bertha, geb. Weismann), verh. s. 1936 m. Dr. Roswith, geb. v. Freydorf, 2 Kd. (Luitgard, Berthold) - Univ. Freiburg/Br. (Promot. 1936), Heidelberg, München (Engl., Philol., German., Gesch.) - 1938-39 Lektor f. Engl. Univ. Freiburg, 1939-46 Wehrdst. u. Gefangensch., 1946-47 Studienrat Waldshut, 1947-61 Assist. u. Privatdoz. (1956) Univ. Freiburg, dazw. Austauschdoz. Union College Schenectady/USA (1953/54) u. Lehrstuhlvertr. FU Berlin (1960-61), s. 1961 ao. u. o. Prof. (1964) Univ. Heidelberg, em. 1977 - BV: D. engl. Psalmdichtung im 16. Jh., 1937; D. engl. Erbe in d. amerik. Literatur, 1958; Versdicht. d. engl. Romantik, 1968; Vistas of a Continent; Concepts of Nature in America, 1979; D. weiten Horizonte, The Vast Horizons Amerik. Lyrik 1638-1980. Div. Einzelarb. Herausg.: Nachdichtungen Roswith v. Freydorf (1985) - Bek. Vorf. ms.: Prof. Dr. August Weismann, Biologe u. Vererbungsforscher (Großv.); Johann Brenz, Theologe (Reformator v. Württ. u. Freund Martin Luthers).

RIESEBECK, Dietrich

I. Bürgermeister Stadt Wertingen - Rathaus, 8857 Wertingen/Schw. - Geb. 28. April 1939 Prenzlau/Uckerm. - Zul. Stadtamtm. SPD.

RIESENBERGER, Dieter

Dr. phil., Prof Univ.-GH Paderborn (s. 1981) - von-Stauffenbergstr. 24, 4790 Paderborn (T. 05251-42 96) - Geb. 11. Mai 1938 Neustadt/W., kath., verh. m. Gisela, geb. Wolf, 3 Kd. (Marion, Achim, Anne) - Stud. Univ. Freiburg, Studienaufenth. Basel u. Rom; Promot. 1965; Habil. 1977 - BV: Gesch. u. Geschichtsunterr. in d. DDR, 1973; D. kath. Friedensbewegung in d. Weimarer Rep., 1977; Gesch. d. Friedensbewegung in Deutschl., 1986 - Liebh.: Lit., Musik - Spr.: Lat., Franz., Engl.

RIESENHUBER, Heinz

Dr. rer. nat., Chemiker, Bundesminister f. Forschung u. Technologie (s. Okt. 1982), MdB (s. 1976) - Heinemannstr. 2, 5300 Bonn-Bad Godesberg (T. 591) - Geb. 1. Dez. 1935 Frankf. (Vater: Karl R., Dipl.-Kfm.; Mutter: Elisabeth, geb. Birkner), kath., verh. s. 1968 m. Beatrix, geb. Walter, 4 Kd. (Maximilian, Eva, Katharina, Felix) - Heinr.-v.-Gagern-Gymn., Frankf.; Stud. Naturwiss. Frankf. u. München. Dipl.-Chem. 1961 Frankf. - B. 1965 Assist. Univ. ebd.; 1966 Metallges. AG; 1968 Geschäftsf. Erzges. mbH; 1971-82 Geschäftsf. Synthomer Chemie GmbH - S. 1965 Vors. Junge Union Hessen; s. 1968 Mitgl. Landesvorst. u. Präsid. CDU Hessen; 1973-78 Vors. CDU Frankf. - Patente z. Nuklear-Chemie u. NE-Metallgewinn. aus Erzen - Spr.: Engl., Franz., Span.

RIESENHUBER, Klaus

Dr. phil., Prof. f. Philosophie Sophia-Univ. Tokyo/Japan, Priester, Jesuit - S.J. House, Sophia-Univ., 7-1 Kioicho, Chiyoda-ku, Tokyo, 102 Japan (T. 03 - 238-51 24) - Geb. 29. Juli 1938 Frankfurt/M., kath. - Stud. Phil.; Lic. phil. 1962 Phil. Hochsch. Berchmanskolleg Pullach; Dr. phil. 1967 München; Stud. Theol.; Lic. theol., M.D. 1972 Sophia-Univ. - 1962-67 Assist. Phil. Hochsch. Berchmanskolleg Pullach; 1967 Übersiedl. n. Japan; 1969 Doz. f. Phil. Sophia-Univ. Tokyo (s. 1974 ao. Prof., s. 1981 o. Prof.); s. 1974 Dir. Inst. of Medieval Thought ebd. - BV: Existenzerfahrung u. Religion, 1968; D. Transzendenz d. Freiheit z. Guten, 1971; Freiheit u. Transzendenz im Mittelalter (jap. 1988). Herausg.: Gesch. päd. Denkens (jap.), 6 Bde. (1984-86); Christl. Platonismus (jap. 1985); Geschichtsbild u. Geschichtsschreibung d. Mittelalters (1986); Menschenbild d. Mittelalters (jap. 1987); Naturverständnis d. Antike (1989); Naturverständnis d. Mittelalters (1989). Mithrsg.: Gesch. d. Christentums (11 Bde., jap. 1980-82). Zahlr. phil. Art. - Liebh.: Kunst, Zen - Spr.: Engl., Jap., Latein.

RIESENKÖNIG, Hans Wolfgang

Dr. rer. nat., Prof. f. EDV, Operations Research - Feldmannstr. 83, 6600 Saarbrücken (T. 0681 - 5 63 46) - Geb. 28. Aug. 1926 Köln (Vater: Hermann R., Musiklehrer; Mutter: Gertrud, geb. Schüren), kath., verh. s. 1959 m. Gisela, geb. v. Unruh, 3 Kd. (Ute, Max, Elke) - 1951-57 Univ. Köln, Dipl.Phys. 1956, Promot. 1961 - 1962-63 Gastprof. Univ. de Chile, 1964-70 U.T.F.S.M., Valparaiso, 1975-78 Univ. St. Louis, Baguio/Philipp. - BV: Project Planning by Network Technique, 1978 - Spr.: Engl., Span.

RIESER, Armin

Dr.-Ing., Priv.-Doz., Hochschullehrer, Präs. Bund Freireligiöser Gemeinden Dtschl. (1982ff. vorh. 1976-78 u. 1980-82 Vizepräs.) - Auf dem Rabenpl. 21, 5300 Bonn 1 (T. 0228 - 25 24 66) - Geb. 3. April 1940 Karlsruhe (Vater: Otto R., Kaufm.; Mutter: Gertrud, geb. Kahles), freirelig., verh. s. 1965 m. Else, geb. Schwarz, 3 Kd. (Jörg, Katja, Anja) - Dipl.-Geol. 1964 Heidelberg; Promot. 1970 u. Habil. 1979 Bonn - 1964ff. Mitarb. Inst. f. Kulturtechnik u. Wasserw. Bonn; 1979ff. Priv.-Doz. ebd; s. 1980 Direktoriums-Mitgl. d. Inst. f. Technologie in d. Tropen (ITT) FH Köln; 1983 Lehrst.-Vertr. (Hydrologie) Univ. Trier; 1988/89 Lehrst.-Vertr. (Landwirtschaftl. Wasserbau u. Kulturtechnik) Univ. Bonn. S. 1987 stv. gf. Dir. ITT FH Köln. Üb. 100 Fachpubl. u. Gutachten - 1979 Univ.preis Bonn (f. hervorrag. Diss.) - Gold. Sportabz. (wiederh.) - Spr.: Engl., Franz., Span., Schwed.

RIESNER, Detlev Heinz

Dr. rer. nat., Prof. f. Physikalische Biologie - Eichenwand 15, 4000 Düsseldorf 12 (T. 0211-20 46 74) - Geb. 9. Juni 1941 Stettin (Vater: Dr. Erich R., Jurist; Mutter: Erna, geb. Wilke), ev., verh. s. 1977 m. Ellen, geb. Scherf, S. René - Abit. Burggymn. Essen 1960; Dipl.-Phys. TH Hannover 1966, Promot. TU Braunschweig 1970, Habil. Med. Hochsch. Hannover 1974 - 1973-1977 Assist. u. Priv.-Doz. Med. Hochsch. Hannover, b. 1980 Prof. Biochemie TH Darmstadt, Lehrst. Physik. Biol. Univ. Düsseldorf. Entd. zus. m. Prof. Sänger, Groß, Klotz u. Kleinschmidt: Struktur v. Viroiden - BV: (Mitautor) Physico-Chemical Properties of Nucleic-Acids, 1973 - Spr.: Engl.

RIESS, Curt

Schriftsteller - CH-8127 Scheuren/Forch, Kt. Zürich/Schweiz (T. Zürich 980 03 93) - Geb. 21. Juni 1902 Würzburg, verh. in 3. Ehe (1952) m. Heidemarie Hatheyer (Schausp.), Sohn aus früh. E. - U. a. Sportjournalist - BV (1931-81; üb. 60, z. T. in Übers.): D. Kampf s. Lebens, Hollywood Inconnu, Total Espionage (New York), Underground Europe (New York), High Stakes (New York), The Self-Bertrayed (New York), The Nazis go Underground (New York), The Were There (New York), George 9-4-3-3, Joseph Goebbels (New York), D. Entscheidung, Stalin starb um 4 Uhr morgens, Berlin - Berlin 1945-1953 (New York), Zwischenlandung in Paris (verfilmt), Furtwängler, D. 17. Juni, Sie haben es noch einmal geschafft, Das gab's nur einmal, Maison Anatole, Üb' immer Treu' u. Redlichkeit, Duttweiler, Bestseller, Sein oder Nichtsein (R. e. Theaters/Zürcher Schauspielhaus), 10 Jahre u. 1 Tag (Jacqueline Kennedy - Glück u. Leid), Ascona (Gesch. d. seltsamsten Dorfes d. Welt), Gustaf Gründgens (Biogr.), D. Mann in d. schwarzen Robe (D. Leben d. Strafverteidigers Max Alsberg), Swissair, Knaurs Weltgesch. d. Schallplatte, Erotica! Erotica!, Alle Straßen führen nach Berlin, D. Erot. Leseb., Theaterdämmerung od. D. Klo auf d. Bühne, Einsam vor Millionen (Sportb.), Ehrl. Pferd gesucht? (Gesch. e. Inserats), Jedes Jahr ins Paradies, Café Odeon, D. waren Zeiten, Nennen Sie mich einf. Liebermann. D. Geburt d. Illusion, Auch Du, Caesar, Üb mir Treu u. Redlichk., Theater gegen d. Publikum, Meine prominenten Freunde, Schauspielhaus Zürich. Chaplin Zeitung aus Leidenschaft. Insges. üb. 85 Bücher - Mitgl. Intern. PEN London - Spr.: Engl., Franz.

RIESS(ß), Peter

Dr. jur., Prof. f. Straf- u. Strafprozeßrecht Univ. Göttingen, Ministerialdirektor - Heinemannstr. 6, 5300 Bonn 2 - Geb. 4. Juni 1932 Hamburg, ev. verh. s. 1959 - Stud. Univ. Hamburg (Rechtswiss.); Promot. 1959, Ass.-Ex. 1962 - 1963-69 Richter u Staatsanw. Hamburg; s. 1971 Strafprozeßref., s. 1988 Abt.-Leit. (Rechtspflege) Bundesjustizmin. S. 1977 Lehrtätigk. Univ. Göttingen (1982 Hon.-Prof.) - BV: D. Rechtsstell. d. Verletzten im Strafverf., 1984. Herausg.: Löwe-Rosenberg, Großkomment. z. StPO u. z. GVG (24. A. 1984ff.). Zahlr. Aufs.

RIESTER, Rudolf

Maler, Prof. (s. 1981) - Wölflinstr. 9, 7800 Freiburg/Br. (T. 3 52 15) - Geb. 18. Dez. 1904 Waldkirch/Br. - Vorwieg. figürl. Kompos. u. Porträts, Aquarelle, Radierungen. Werke in öfftl. u. priv. Samml. d. In- u. Ausl. 1959-1974 Ausstellungsleit. Freundeskr. bild. Künstler Palette, Freiburg - 1924-28 Akad. München, Berlin; 1928 Meisteratelier Vereinigte Staatssch. f. fr. u. angew. Kunst - BV: D. Maler Karl Caspar, 1965; D. Zeichner Alexander Kanoldt, 1966; Rene Beeh, Zeichnungen, d. graph. Werk, 1967; Karl Hubbuch, D. graph. Werk, 1969; Jean Messagier, D. graph. Werk, 1970; Neue Arbeiten v. Gunter Böhmer, 1971; Zeichn. dt. Bildhauer s. 1940, 1972; Henry Moore als Graphiker, 1973; Z. d. Zeichn. v. G. Muche, 1973; u. a. 1935 I. Preis Wettbewerb Dame m. Schmuck, 1936 Dürer- u. Rom-Preis, 1940 Villa-Romana-Preis, 1957 Hans-Thoma-Staatspreis, 1964 Reinhold-Schneider-Preis (Freiburg), 1979 Ehrengast Villa Massimo, Rom, 1980 Ernenn. z. Prof., 1986 Oberrheinischer Kulturpreis Johann Wolfgang v. Goethe-Stiftg. zu Basel - Lit. M. Gosebruch, Z. Kunst R. R.s; R. Schneider, R. R. beide Kat. Augustiner Mus. Freiburg/Br. 1964; H. Goeppert, R. R. z. Geburtstag Kat. Stadthalle Freiburg/Br. 1969; R. R., Radier., Zeichn., Aquarelle 1927-74 Kat. Städt. Galerie Freiburg/Br. 1974; H. H. Hofstätter, R. R. als Graphiker, Graph. Kunst (Memmingen) 2. H., 1976. H. J. Imiela, R. R. Kat. Hans-Thoma-Ges., Reutlingen 1976, Hofstätter/Ludwig/Kinkel: Kat. R.R. Aquarelle 1922-79, Freiburg 1979, Werkverz. d. Druckgraphik 1923-84 Herausg. Stadt Waldkirch i.Br. m. Beitr. v. H.-J. Imiela, C.-A. Scheier, 1984.

RIET, van, Joseph H.

Ing., Geschäftsführer - Landgraf-Gustav-Ring 16, 6380 Bad Homburg v.d.H. - Geb. 1. Mai 1923 St. Niklaas (Belg.), verh. m. Stephanie, geb. Verbeke - Ltd. Tätigk. Willy H. Schlieker KG., Blohm + Voss AG. (Vorstandsmitgl.), Messer-Griesheim GmbH. (Geschäftsf.), Mannesmann Kronprinz AG. (AR-Mitgl.) - Liebh.: Golf, Fotografieren.

RIETBROCK, Norbert

Dr. med., Prof. Univ. Frankfurt/M., Leiter d. Abt. f. Klinische Pharmakologie Klinikum d. Johann Wolfgang Goethe-Univ. - Theodor-Stern-Kai 7, 6000 Frankfurt/M. 70 (T. 069 - 63 01 - 76 19-20) - Geb. 9. Juni 1931 Borken, kath., verh. s. 1960 m. Prof. Dr. Ingrid R., geb. Kreiß †1988, 2 Söhne (Stephan, Andreas) - Med.-Stud. (Staatsex. 1959, Promot. 1960) - Priv.-Doz. 1968; 1969

Prof. Univ. Berlin, 1977 o. Prof. Frankfurt. Mitgl. Kommiss. b. BGA Berlin - Herausg.: Methods in Clinical Pharmacology (s. 1980). Üb. 200 Fachaufs.

RIETHE, Peter

Dr. med. dent., Dr. rer. nat., o. Prof. a. Zentrum f. Zahn-, Mund- u. Kieferheilkunde Univ. Tübingen - Zu erreichen üb. Eberhard-Karls-Univ. Tübingen, Abt. Zahnerhaltung, Osianderstr. 2-8, 7400 Tübingen - Geb. 30. Juni 1921 Bingen - 1968 o. Prof. Univ. Tübingen - BV: D. Quintessenz d. Amalganwend., 1971; D. Quintessenz d. Mundhygiene, 1973; Steinbuch d. H.v.B., 1979, 2. A. 1986; Arzneimittel i. d. ZMK, 1980; Naturkunde d. Hildegard v. Bingen (H.v.B.), 3. A. 1980; Funktionelle Okklusion, 1982; Konserv. Zahnheilkunde u. Mundschleimhaut-Erkrankungen, in: Schwenzer, N.: Zahn- Mund- Kieferheilkunde, Bd. 4, 1985; Farbatlanten d. Zahnmed.: Kariesprophylaxe u. konservier. Therapie, 1988. Über 200 wiss. Arbeiten - 1968 u. 1975 Otto-Loos-Preis; 1970 Arpa-Preis; 1980 2. intern. Diplome. S. 1979 verantw. Schriftleit. Oral-Prophylaxe.

RIETHMÜLLER, Heinrich

Komponist - Hoeppnerstr. 21, 1000 Berlin 42 - Geb. 23. Dez. 1921, kath., verh. s. 1943 m. Gertrud, geb. Beinl, 2 Kd. (Eva-Maria, Christian) - Stud. d. akad. Kirchenmusik - Vors. Dt. Komponistenverb., Berlin; mehrere Ämter in d. Gema (u.a. Kurat. d. Sozialkasse); Kurat. d. Versorgungsstiftg. d. Dt. Komponisten - 1983 BVK.

RIETHMÜLLER, Heinz

Dr. oec., Fabrikant, Geschäftsf. C. Riethmüller GmbH., Kirchheim, Vors. Fachverb. Sondererzeugnisse in d. Papierverarbeitung, München - Brahmsstr. 11, 7312 Kirchheim/Teck (T. Büro: 4 40 41) - Geb. 15. Aug. 1926 Stuttgart (Vater: Max R.), verh. m. Jutta, geb. Gusinde - Spr.: Engl. - Rotarier.

RIETHMÜLLER, Walter

Prof., Hochschullehrer - Am Büchsenackerhang 66, 6900 Heidelberg-Ziegelhausen - Geb. 1926 Waiblingen - B. 1962 Doz., dann Prof. Päd. Hochsch. Heidelberg (Deutsch, Methodik u. Didaktik) - BV: Deutschstunden in d. Sekundarstufe, 3. A. 1976 (m. Gerhard Frank); Integr. Curriculum Deutsch, 1974 (Mitverf.); Mithrsg. v. Lesebüchern, 1968ff. u. d. Festschr. PH Heidelberg, 1979. Aufs. z. lit.- u. aufsatzdid. Themen u. z. schwäb. Geistesgesch.

RIETSCHEL, Ernst Theodor

Dr. rer. nat., Dipl.-Chemiker, Prof. f. Immunchemie u. Biochemische Mikrobiologie Med. Hochsch. Lübeck - Alsterblick 14, 2000 Hamburg 65 (T. 040 - 607 16 64) - Geb. 21. Mai 1941 Gießen (Vater: Prof. Dr. med. Hans-Georg R.; Mutter: Annemarie, geb. Freitag), ev., verh. s. 1971 m. Dr. Mireille, geb. Berst, 2 Kd. (Merlin, Solveig) - Dipl.-Chem. 1968 Univ. Freiburg; Promot. 1971 Univ. Freiburg; Habil. (Biochemie) 1978 Univ. Freiburg - 1980 Ord. MHL Lübeck, Dir. Forschungsinst. Borstel, Inst. f. exper. Biol. u. Med.

RIETZSCH, Alfred

Dr., Hauptgeschäftsführer i. R. IHK Ulm - Eichengrund 128, 7900 Ulm/Donau (T. 2 32 52) - Geb. 14. Febr. 1912.

RIEWERTS, Cornelius

Chefredakteur Oldenburg. Volkszeitung (s. 1984) - Tannenweg 49, 2848 Vechta (T. 04441 - 54 88) - Geb. 2. Sept. 1940 Münster/W. (Vater: Dr. Theodor R., Kunsthistoriker; Mutter: Ilse, geb. Bensch), kath., verh. m. Regina, geb. Bittner, 2 Töcht. (Christiane, Susanne) - Gymn. Recklinghausen (Abit.); Redaktionsvolontär; Univ. Münster u. Wien (Publiz., Soziol., Kunstgesch.) - 1969 Zeitungsredakt; freiberufl. Werbeberater; 1970-75 MdL Nordrh.-Westf. (CDU), 1977 Lokalchef Münstersche Ztg. Mitarb. Handb. d. Weltpresse (1970) - BV: Touren m. Töchtern, 1981; Wegmarken, 1986; Mithrsg.: ABC d. Journalismus (5. A. 1988) - Vorst.-Mitgl. Initiative Tagesztg. Bonn.

RIEZ, Uwe

Bürgerschaftsabgeordneter - Erich-Ziegel-Ring Nr. 32, 2000 Hamburg 60 - Geb. 15. Juli 1951 Hamburg - Gymn. (Abit. 1971) u. Univ. Hamburg (1974 ff.; Rechtswiss.), Erste Jur. Staatsex. 1979 Hamburg, Gr. Jur. Staatsex. 1982 Hamburg - 1972-74 Polizeidst. Bundesgrenzschutz See, Neustadt/Holst.; 1979-80 wiss. Assist. Sem. f. Verw.-Lehre Univ. Hamburg; 1979-82 Refer. Hans. OLG Hamburg; s. 1982 Höh. Vers.-Dienst Fr. u. Hansestadt Hamburg. S. 1978 MdHB. SPD.

RIHA, Karl

Dr. phil., Prof. Univ.-GH Siegen (Ps. Agno Stowitsch u. Hans Wald) - Eichlingsborn 2, 5900 Siegen 21 - Geb. 3. Juni 1935 Krummau/Moldau (Vater: Karl R., Verlagsangest.; Mutter: Maria, geb. Stadler), kath., verh. s. 1965 m. Ingeborg, geb. Spengler, 2 Kd. (Clemens, Sidonie) - Promot. 1969 Frankfurt/M.; Habil. 1972 Berlin - 1962-67 Feuill.redakt. Frankfurter Studentenztg. Diskus; 1965ff. wiss. Assist. Frankfurt; ab 1969 TU Berlin (Privatdoz. 1972); 1975ff. Prof. Univ.-GH Siegen; s. 1987 Forschungsinst. f. Geistes- u. Sozialwiss. Univ.-GH Siegen - BV: Moritat, Song, Bänkelsang, 1965; D. Beschreibung d. großen Stadt, 1969; Cross-reading u. Cross-talking, Zitat-Collagen, 1970; Polit. Ästhetik u. Öffentlichkeit, 1975; Da Dada da war ist Dada da, 1980; Commedia dell arte, 1980; Dt. Großstadtlyrik, 1983; Tatü-Dada, Dada u. nochmals Dada b. heute, 1987; Satire, Phantastik, Groteske, Aufs. 1989. Zahlr. Editionen u. Beitr. in Sammelbde., Ztschr. u. Reihenhrsg. Literar. Veröff.: Nicht alle Fische sind Vögel, 1981; In diesem / diesen Moment, 1984; so zier so starr / so form so streng, text- u. bildsonette, 1988; einmal hin & retour, 1988; gom/rin/ger od. d. anwendung d. konstellation auf ihren erfinder, 1989 - S. 1970 Mitgl. Lit. Colloquium Berlin, s. 1987 Dir. ebd.

RILLING, Helmuth

Dr. h. c., Prof., Dirigent - Im Greutle 19, 7250 Leonberg 7 - Geb. 29. Mai 1933 Stuttgart (Vater: Eugen R., Musiklehrer; Mutter: Hildegard, geb. Plieninger), ev., verh. s. 1968 m. Martina, geb. Greiner, 2 T. (Sara Maria, Rahel Maria) - Stud. Hochsch. f. Musik Stuttgart (Hans Grischkat, Johann Nepomuk David u. Karl Gerok), Conervatorio Santa Cecilia, Rom (Fernando Germani) - 1954 Gründ. Gächinger Kantorei; 1957 Kantor u. Organist Gedächtniskirche Stuttgart, Gründ. u. Aufbau d. Figuralchores, 1965 Gründ. Bach-Collegium Stuttgart; 1963-66 Lehrer Kirchenmusiksch. Berlin-Spandau; 1967 Aufenth. b. Leonard Bernstein in New York; 1969-85 Lehrtätigk. Staatl. Hochsch. f. Musik Frankfurt/M.; 1969-81 Leit. d. Frankfurter Kantorei. Weltweite Konzerttätigk. m. d. Chören u. d. Bach-Collegium, Gastdirig. u. -doz.; enge Zusammenarb. m. d. Israel Philharmonic u. d. Los Angeles Chamber Orch. - Veröff.: Bach, Matthäus-Passion u. H-moll-Messe (Einf. u. Stud.anleit.) - 1984 Beend. d. Gesamteinspiel. d. geistigen Kantatenwerks Joh. Seb. Bachs auf Schallplatte, üb. 150 Einspiel. Gesamteinspiel. d. gesamten oratorischen Werks J. S. Bachs - Ehrendoktor Cleveland-Univ. u. Univ. Tübingen (ev.-theol. Fak.); Distinguished Service Award d. Univ. Oregan, USA; stv. Vors. Neue Bachges., Leipzig; 1979 Gründ. u. Künstl. Leit. Stuttgarter Sommerakad. Joh. Seb. Bach, 1981 d. Intern. Bachakad. u. 1983 d. Bach Akad. Tokyo, Japan u. Buenos Aires, Argentinien; Leit. Oregon Bach-Festival.

RILLING, Jürgen

Unternehmer, Geschäftsf. i w o Massivhaus GmbH, Gruibingen (s. 1970), u. the termo Steinbau GmbH, München - Ulmenweg 6, 7348 Gruibingen - Geb. 28. Aug. 1946 Göppingen (Vater: Richard

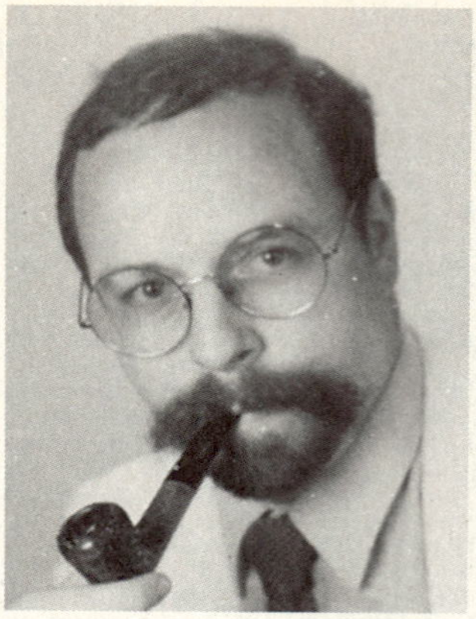

R., Kriminalbeamter; Mutter: Pia R.), kath. - Realsch.; Fachsch. - Ausbild. m. Abschluß - S. 1980 Präs d. Sammelstelle f. Baurecht u. Bautechnik, Berlin; Vors. Verb. Dt. Bauherren, Gruibingen - Entd.: 2-Kreis Kühlsystem f. DB, Pavillonhäuser, Burgenhäuser - BV: DZB-Jahrbuch; Im Namen des Volkes u. a.

RILZ, René

Verlagslektor, Schriftsteller - Paul-Gerhardt-Str. 3a, 8080 Fürstenfeldbruck (T. 08141 - 1 06 48) - Geb. 11. Mai 1945 Einbeck (Vater: Robert Wolfgang Schnell, Maler u. Schriftst.), verh. s. 1971 m. Regina, geb. Scheffler, 2 Töcht. (Anna, Maria) - Buchhdls.lehre - S. 1968 Verlagslektor (S. Fischer, Büchergilde Gutenberg, Loewes, Dt. Taschenb.-Verlag, Stalling, Franz Schneider Verlag) - Zahlr. Herausg.: u.a. Grimms Märchen u. Sagen (1972); Kunterbunter Liedergarten (1977); Mein erstes Fabelbuch (1980); Mütter, Mütter (1983); D. waren unsere Lehrer (1985); Frühlingslieder (1989); Familientagebuch (1989) - Liebh.: Bibliophilie, altes Spielzeug - Lit.: Kürschners Lit.-Kalender (1987).

RIMBACH, Erwin

Dr. med., Prof., Gynäkologe - Gottlieb-Olpp-Str. Nr. 58, 7400 Tübingen (T. 6 33 25) - Geb. 5. Juli 1919 Essen - S. 1960 (Habil.) Univ. Jena u. Tübingen (1966 apl. Prof. f. Geburtshilfe u. Frauenheilkd.). Üb. 70 Facharb.

RIMBACH, Gerhard

Dr. phil., Dipl.-Ing., Prof., Rektor Univ./GH Siegen - Hölderlinstr. 3, 5900 Siegen 21.

RIMPLER, Horst

Dr. rer. nat., Prof. f. pharmaz. Biologie Univ. Freiburg - Burgunderstr. 32, 7800 Freiburg (T. 0761 - 3 98 63) - Geb. 22. Sept. 1935 Berlin (Vater: Carl-Friedrich R., Apoth.; Mutter: Margarete, geb Jurk), ev., verh. s. 1962 m. Brigitte, geb. Kirchner, 2 S. (Stephan, Andreas) - 1957-60 Pharmaz. Stud. TU u. FU Berlin; Staatsex. 1960, Promot. 1964, Habil. 1969 - 1962-69 Assist. FU Berlin; 1969-71 Wiss. Rat u. Prof.; 1971-76 Prof. f. Pharmakognos. FU Berlin; s. 1976 Prof. f. Pharmazeut. Biol. Univ. Freiburg.

RIMPLER, Manfred Ernst

Dr. rer. nat., Prof. f. Med. Chemie - Rabensberg 19, 3002 Wedemark 2 (T. 05130 - 74 80) - Geb. 19. Nov. 1932 Brandenburg/Havel (Vater: Dr. jur. Manfred R., RA u. Notar; Mutter: Frieda, geb. Neuendorf), ev.-luth., verh. s. 1958 m. Anita, geb. Hofmann, 2 Söhne (Christian, Marcus) - 1952-58 Stud. Chem. FU Berlin, Dipl. 1958, Promot. 1961, Habil. (organ. Chem.) Tierärztl. Hochsch. Hannover 1969-70 - 1959-61 Wiss. Assist. FU Berlin, 1961-65 Wiss. Assist. Tierärztl. Hochsch. Hann., 1965-66 Fellow in Biochemistry Cornell Univ. New York, 1967-69 Oberassist. Chem. Inst. Tierärztl. Hochsch. Hann., Lehrbeauftr. Hann. (Math.-Nat. Fak.), 1970 Priv.doz. Tierärztl. Hochsch. Hann., 1971 Doz., 1972 u. 73 Visit. Prof.

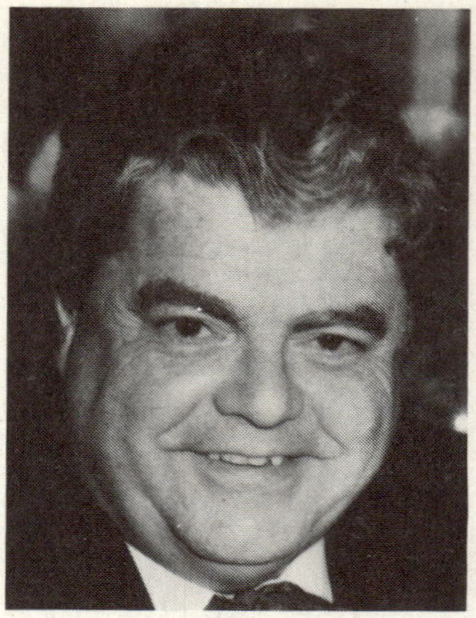

Univ. Stockton/Calif., 1973ff. Abt.vorst. u. Prof. Med. Hochsch. Hann., Abt.-Leit. (Med. Chem.) - 1976 Visit. Prof. Univ. of Riyadh/Saudi Arabien; 1979ff. Leitg. Cosmetic College Hannover. Publ. üb. Peptidchemie in wiss. Ztschr. - 1971 National Science Foundation, Senior Foreign Scientist Fellowship d. National Sci. Found., Washington/USA - Liebh.: Fußball, Kanuwandern - Spr.: Engl.

RINCK, Gerd

Dr. jur., Prof. f. Bürgerl. u. Wirtschaftsrecht, Gewerbl. Rechtsschutz Univ. Göttingen (1958 ff., emerit.), Oberbürgerm. Göttingen (1982) - Am Kreuze 53, 3400 Göttingen (T. 2 27 41) - Geb. 21. Juli 1910 Stendal/Altm. (Vater: Max R.; Mutter: geb. Hertel), ev., verh. s. 1939 m. Gertrud, geb. Ehrlich, 4 Kd. (Barbara, Renate, Christian, Sabine) - Univ. Freiburg/Br., Königsberg/Pr., München, Halle/S., Cambridge (Engl.). Promot. 1935; Ass.ex. 1937 - U. a. 1953-58 Bundesjustizmin. (Ministerialrat) - BV: Wirtschaftsrecht, Lehrb. 5. A. 1977. Div. Einzelveröff., auch z. Luftrecht - Liebh.: Jagd - Spr.: Engl., Franz.

RINCK, Hans-Justus

Dr. jur., Richter a. D. Bundesverfassungsgericht - Frankenstr. 14, 7500 Karlsruhe 1 (T. 81 85 13) - Geb. 5. Sept. 1918 Hameln/Weser (Vater: Dr. Friedrich R., Studienrat; Mutter: Margarethe, geb. Bähr), ev., verh. s. 1950 m. Gisela, geb. Fischer, 4 Kd. - 1945-49 Univ. Göttingen (Rechtswiss.). Promot. 1952 - S. 1954 Richter nieders. Staatsdst. (1964 Oberlandesgerichtsrat Celle), Bundesgerichtshof (1966) u. -verfassungsgericht (1968) - BV: Grundgesetz - Kommentar an Hand d. Rechtsprech. d. Bundesverfassungsgerichts, 6. A. 1980 (Mithrsg. s. 20 J., m. Leibholz) - 1986 Gr. BVK m. Stern u. Schulterbd.

RINCKER, Hans-Gerd

Glocken- u. Kunstgießer - Am Schönblick 13, 6349 Sinn - Geb. 17. Jan. 1929 Sinn, ev., 4 Kd. - Glockengießer in d. 12. Generat.; Vorst. Verb. dt. Kunstgießereien; Vorst. Dt. Glockenmus. - BV: Rinckers kl. Glockenkd. - 1979 BVK - Liebh.: Fotogr., Asien - Spr.: Engl.

RING, Klaus

Dr. rer. nat., Prof., Präsident Johann Wolfgang Goethe Univ. Frankfurt am Main (JWGU) (s. 1986) - Geb. 25. Febr. 1934 Köln, ev., verh., 2 Kd. (Kai, Astrid) - Stud. Mikrobiol. in Göttingen, Frankfurt, Kiel; Promot. 1962 Kiel - S. 1971 Prof. f. Physiol. Chemie, FB Humanmed. Univ. Frankfurt, 1980-86 Prodekan; 1980-86 Vorst.-Mitgl. Univ.-Klinikum - BV: Biologische Chemie, Lehrb. 1988 - 1988 Gregor-Mendel-Med. Akad.

d. Wiss. Prag - Liebh.: Musik, Malerei - Spr.: Engl.

RING, Peter
Dr. rer. nat., Prof. TU München - Liebigstr. 21, 8000 München 22 - Geb. 24. Sept. 1941 München (Vater: Joseph R., OLG-Rat; Mutter: Berta, geb. Christ), kath., verh. s. 1968 m. Angelika, geb. Huber, 3 Kd. (Theresia, Monica, Sebastian) - TU München (Dipl.-Phys. 1966, Promot. 1969, Habil. 1975) - S. 1969 Univ.-Tätigk. (Assist., Doz., s. 1980 Prof.) - BV: The Nuclear Manybody Problem, Lehrb. (m. P. Schuck), 1980.

RING, Wolf Dieter

Dr. jur., Geschäftsführer Bayer. Landeszentrale f. neue Medien (BLM) (s. 1986), Vors. d. Direktorenkonferenz d. Landesmedienanstalten (DLM) - Geb. 27. März 1941 Wien, ev., gesch., 2 Kd. (Christian, Petra) - Stud. Rechtswiss.; Promot.; 2. Staatsex. 1972 München - Tätigk. im Haushaltsreferat Bayer. Staatsmin. f. Arbeit u. Sozialordnung; 1975-78 Pers. Ref. d. Intendanten d. BR; 1978-85 Ref. f. Medienpolitik Bayer. Staatskanzlei; 1.4. bis 31.12.1985 Beauftr. d. BLM - Veröff. z. Medienrecht (Rundfunk, neue Medien, Presse): Text, Rechtsprechung u. Kommentierung.

RING, Wolfhard
Dr. rer. nat., Prof. f. Makromolekulare u. Techn. Chemie, Executive Vice President and Chief Technical Officer Hüls Amerika, Inc. - Zu erreichen üb. 137 Balcort Drive, Princeton, N.J. 08540, USA (T. 609 - 6 83-1 96) - Geb. 15. April 1930 Köln, ev., verh. s. 1968 m. Karina, geb. Hellmann, 2 Kd. - Stud. Univ. Göttingen u. Karlsruhe (Promot. 1957, Habil. 1969). S. 1977 apl. Prof. Univ. Münster - 1958/59 Forsch.-Assist. Univ. South Carolina; s. 1960 Chem. Werke Hüls AG (1981 Leit. Forsch. u. Entw.). Langj. Mitgl. IUPAC-Gremien u. and. wiss. Inst. - Liebh.: Musik, Gesch., mod. Kunst - Spr.: Engl., Franz.

RINGE, Helmut
Dr., Fabrikant, Kompl. Chem. Fabrik Ringe & Kuhlmann, Hamburg, Kompl. Ernst Lindewirth & Co., Inh. H. A. van Stockum - Strandtreppe 6, 2000 Hamburg 55 (T. 86 36 71; Büro: 753 50 97) - Geb. 3. Jan. 1920.

RINGE, Karl
Dr. jur., Stadtdirektor a. D. - Maienstr. 10, 3300 Braunschweig (T. 5 70 69) - Geb. 13. Juni 1910 Thal (Vater: Louis R., Getreidekaufm.; Mutter: Sophie, geb. Brinkmann), ev., verh. in 2. Ehe (1950) m. Waltraud, geb. Geyer, 5 Kd. (Heidi, Lore, Anne-Rose, Karl-Steffen, Barbara) - Univ. Berlin u. Göttingen (Rechts- u. Staatswiss.; Promot. 1936) - 1937-51 m. kriegsbed. Unterbrech. Stadtass. u. -rat Göttingen; 1951-59 Verw.- u. Oberverw.gerichtsrat Lüneburg; 1959-75 Stadtdir. Braunschweig - 1979 Ehrenz. d. Dt. Roten Kreuzes.

RINGEL, Gerhard

Dr. rer. nat., Dr. rer. pol. h. c., Prof., Mathematiker - Zu erreichen üb.: University of California, Santa Cruz (USA) - Geb. 28. Okt. 1919 Kollnbrunn/Österr. (Vater: Ing. Josef R., Fabrikant; Mutter: Elisabeth, geb. Regner), kath., verh. s. 1944 (Ehefr.: Isolde), 3 Kd. (Gerhard, Ingrid, Renate) - Stud. Prag (Dt. Univ.; 1939-41) u. Bonn (1949-51) - 1953 (Habil.) -71 Lehrtätigk. Univ. Bonn (1959 apl. Prof.) u. Berlin/Freie (1960 ao., 1966 o. Prof.). S. 1970 Univ. Santa Cruz - BV: Färbungsprobleme auf Flächen u. Graphen, 1959; Map Color Theorem, 1974. Zahlr. Fachaufs. - 1983 Ehrendoktor Univ. Karlsruhe - Liebh.: Schmetterlinge, Surfen, Tennis.

RINGELMANN, Helmut
Filmproduzent - Zu erreichen üb. Neue Münchner Fernsehproduktion GmbH., Bavaria-Film-Pl. 7, 8022 Geiselgasteig b. München - Vornehml. Krimis (Derrick u.a.).

RINGENBERG, Georg
Dr.-Ing., o. Vorstandsmitgl. Buderus'sche Eisenwerke, Wetzlar - Deutschenberg 3, 6330 Wetzlar/L. (T. 4 46 06) - Geb. 30. Okt. 1926 Dortmund - 1982 Präs. IHK Wetzlar - Spr.: Engl. - Rotarier.

RINGER, Karlernst
Dr. rer. pol., Prof. u. Direktor Inst. f. Entwicklungsforschung u. -politik Univ. Bochum (s. 1970) - Rankenweg 7, 4600 Dortmund-Wellinghofen (T. 46 29 88) - Geb. 18. Jan. 1925 Stuttgart - S. 1960 (Habil.) Lehrtätigk. Univ. Freiburg u. Bochum (1967 Prof.); 1967-70 Leit. dt. Wirtschaftswiss. Partnerschaftsteams Kabul/Afghanistan - BV: Agrarverfass. im trop. Afrika, 1963; Herausg.: Perspektiven d. Entwicklungspolitik, 1981.

RINGLEB, Karl
Dr. jur., Senatspräsident a. D. (1976 i. Ruhestand) - Thürheimstr. 11, 8033 Planegg/Obb. (T. München 89 95 46) - Geb. 28. Jan. 1908 - Zul. Bundesrichter BFH.

RINGLEBEN, Hans
Dipl.-Volksw., Generaldirektor Spielbanken Baden-Baden u. Konstanz - Augustaplatz 2, 7570 Baden-Baden - Geb. 10. April 1925 Bernburg/S. - Zuv. Vorst.smitgl. Glas- u. Spiegel-Manufaktur AG., Gelsenkirchen-Schalke, u. Westerwald AG., vorm. Siemens-Glas, Wirges.

RINGLEBEN, Joachim
Dr. theol., Prof. f. Systemat. Theologie Univ. Göttingen - Dahlmannstr. 24, 3400 Göttingen (T. 0551 - 5 95 60) - Geb. 24. Juli 1945 Flensburg (Vater: Herbert R., Ornithol.; Mutter: Lotte, geb. Schweizer), ev., verh. s. 1970 m. Heidrun, geb. Koch, 2 Kd. (Anselm, Almut) - 1965-70 Stud. Göttingen, Tübingen; 1. Theol.-Ex. 1970, Promot. 1976, 2. Theol.-Ex. 1978, Habil. 1981 - 1973-81 Wiss. Assist.; 1981-84 Priv.-Doz. - BV: Hegels Theorie d. Sünde, 1976; Aneignung. S. Kierkegaards spekulat. Theol., 1983 - 1974 Univ.preis Kiel - Liebh.: Lit., bild. Kunst - Spr.: Engl., Lat., Griech., Hebräisch.

RINGSDORF, Gerold
Journalist, Chefredakteur Fränkische Nachrichten - Zul. 6972 Tauberbischofsheim - Geb. 29. Juni 1922 Enkirch/Mosel (Vater: Otto R., Lehrer; Mutter: Friederike, geb. Bepler), ev., verh. s. 1971 m. Anneliese, geb. Foersch - 1947-50 Stud. Rechts- u. Staatswiss. Univ. Würzburg - 1951-54 Trierischer Volksfreund; 1954-56 Main-Post Würzburg; 1956 ff. Fränk. Nachrichten (Lokalredakt., Chef v. Dienst, s. 1981 Chefredakt.) - Liebh.: Sport, Klass. Musik - Gold. Sportabz. - Spr.: Franz., Engl.

RINK, Hermann
Dr. rer. nat., Prof. f. Strahlenbiochemie - Haselweg 3, 5309 Meckenheim (T. 22 25-38 14) - Geb. 15. Sept. 1935 Landau/Pf. (Vater: Dr. jur. Otto R., Amtsgerichtsrat †; Mutter: Elfriede, geb. Wagner), ev., verh. s. 1965 m. Dr. med. dent. Annerose, geb. Große, 3 Kd. (Wolfgang, Ulrike, Johanna) - Univ. Mainz, Innsbruck, Bonn (Chemie). Dipl.-Chem. 1963 Mainz; Promot. 1967 u. Habil. 1974 Bonn - S. 1964 Assist. bzw. Oberassist. (Inst. f. Strahlenbiol.), Privatdoz. (1974) u. Prof. (1978) Univ. Bonn. Üb. 50 Fachabr. (Handb. u. Ztschr.) - Liebh.: Reiten - Spr.: Engl.

RINKE, Werner
Rechtsanwalt, Vorstandsmitglied Rhein.-Westf. Elektrizitätswerk AG. i.R. - Hackenberghang 9, 4300 Essen-Bredeney - Geb. 20. März 1920, verh. m. Charlotte, geb. Wittgenstein - Div. Mandate.

RINKEN, Alfred
Dr. jur., Prof. f. Öff. Recht Univ. Bremen (s. 1971) - Treseburger Str. 37, 2800 Bremen (T. 44 07 62) - Geb. 7. Juni 1935 Essen (Vater: Albert R., Domorganist; Mutter: Emma, geb. Padberg), kath., verh. s. 1961 m. Cäcilie, geb. Philipsenburg, 3 Kd. (Thomas, Sebastian, Barbara) - Stud. d. Theol., Phil., Rechtsu. Polit. Wiss. Univ. Bonn, Innsbruck (Lic. phil. schol.), Freiburg/Br.; 1969 Promot. ebd. - 1964-1971 Lehrbeauftr. u. Wiss. Assist. Univ. Freiburg u. Mannheim, s. 1976 stv. Mitgl., s. 1979 Mitgl. Brem. Staatsgerichtshof, s. 1978 Richter Oberverw.sgericht Bremen - BV: D. Öffentliche als verfassungstheoret. Problem, 1971; Einf. in d. rechtswiss. Studium, 1977. Wiss. Beitr. in Sammelbdn. u. Ztschr.

RINKER, Reiner
Journalist, Studioleiter Tübingen Südwestfunk - Matth.-Koch-Weg 7, 7400 Tübingen (T. 07071 - 20 91 01) - Geb. 12. Dez. 1934 Bayreuth - Herausg.: Tübinger Vorlesebuch (1984); Geschichte Bad.-Württbg. (1986) - 1985 BVK am Bde.

RINN, Jürgen
Dipl.-Wirtsch.-Ing., Geschäftsführer Minox GmbH. (Opt. u. Feinmechan. Werke) u. Heiligenstedt & Comp., Werkzeugmaschinenfabrik, beide Gießen - Ludwig-Rinn-Str. 15, 6301 Heuchelheim/Hessen.

RINNE, Hans
Dipl.-Chem., Prof. ehem. TFH Berlin (Lebensmitteltechnol.) - Furtwänglerstr. 21, 1000 Berlin 33 - Geb. 6. Jan. 1920 Berlin.

RINNEBURGER, Kurt
Vorstandsmitglied a. D. Stadt-Sparkasse Düsseldorf - Am Hirschgraben 32, 4000 Düsseldorf 12 - Geb. 27. März 1912.

RINSCHE, Franz-Josef
Dr. jur., Rechtsanwalt u. Notar - Heßlerstr. 40, 4700 Hamm 1 - Geb. 14. Jan. 1933, verh. m. Ingeborg, geb. Geuting, 4 Kd. (Christiane, Matthias, Cordula, Stefanie) - Univ. Münster, Freiburg (Rechtswiss.); Jurist. Staatsprüf. 1957 Hamm u. 1961 Düsseldorf, Promot. 1962 Münster - S. 1961 Rechtsanwalt; 1961-65 vorw. als Repetitor tätig; s. 1965 RA am Oberlandesgericht Hamm - BV: Unternehmer-Ehegatte-Familienunternehmen (m. Krollmann), 2. A. 1967; Nur so ist Frieden möglich, 2. A. 1984; D. Haftung d. Rechtsanwalts u. d. Notars, 3. A. 1989; Prozeßtaktik, 2. A. 1989; Zukunft f. d. Mittelstand (m. G. Rinsche u. P. Rinsche), 1983; D. Kainsmal d. Deutschen, 1988.

RINSCHE, Günter

Dipl.-Volkswirt, Dr. rer. pol., Hon.-Prof. Univ. Münster, Mitgl. Europ. Parlament, Präs. Asean-Deleg. d. EP - Feldgarten 15, 4700 Hamm 1 (T. 5 23 30) - Geb. 13. Juli 1930 Hamm (Vater: Heinrich R., Elektroing.; Mutter: Agnes, geb. Kemper), kath., verh. s. 1966 m. Ellen, geb. Hartmann, 2 Kd. (Karen, Henner) - Neusprachl. Gymn. Hamm; Stud. Wirtschafts- u. Sozialwiss. Univ. Münster, Colorado Springs (USA), Köln (Dipl.-Volksw. 1956, Promot. 1959) - 1956-58 väterl. Unternehmen, 1958-61 Inst. f. Mittelstandsforsch., Köln (Wiss. Assist.), 1961-63 Ministerium f. Wirtsch., Mittelst. u. Verkehr NRW, Düsseldorf (Regierungsrat), 1964-65 Landesamt f. Forsch., 1964-79 Oberbürgerm. Stadt Hamm; 1978-79 Univ. Städtetag NW, 1965-72 MdB; 1975-80 MdL Nordrh.-Westf. Vorst.-Mitgl. Konrad-Adenauer-Stiftg. CDU - BV: D. aufwendl. Verbrauch - Sozialök. Besonderh. geltungsbedingter Nachfrage, in: Kreikebaum-Rinsche, D. Prestigemotiv in Konsum u. Investition, 1961; Zukunftsperspektive rationaler Wirtschafts- u. Mittelstandspolitik, 1974; Dynam. Kommunalpolitik, 1975; Partnerschaft u. Produktivität, 1980; Macht u. Mandat, 1981; Zukunft f. d. Mittelstand (zus. m. Peter u. Franz-Josef Rinsche), 1983; Europa als Aufgabe, 1984; Binnenmarkt u. Technologiegemeinschaft, 1989 - 1973 BVK; 1980 Ehrenring Stadt Hamm - Spr.: Engl., Franz.

RINSCHE, Peter
Dipl.-Kfm., geschäftsf. Gesellschafter Rinsche-Haustechnik KG - Werler Str. 67, 4700 Hamm 1 (T. 02381 - 2 75 85) - Geb. 9. März 1942 Hamm, kath., verh. s.

1967 m. Ursula, geb. Kühne, 3 Kd. (Christoph, Tobias, Monika) - Abit.; Stud. d. Elektrotechn. TH Aachen; Dipl. 1967 - Vize-Präs. IHK Dortmund, Mitgl. Präsidialrat d. HdE - BV: Zukunft f. d. Mittelstand (m. Günter u. Franz-Josef Rinsche), 1983 - Spr.: Engl., Franz.

RINSER, Luise

Schriftstellerin - I-00040 Rocca di Papa, Prov. Roma/Italien (T. 94 90 87) - Geb. 30. April 1911 Pitzling/Obb. (Vater: Josef R., Rektor; Mutter: Luise, geb. Sailer), kath., verh. I) m. Horst-Günther Schnell, Opernkapellm. (gef. 1943 im Osten), 2 Söhne (Christoph, Stephan), II) Klaus Herrmann (gesch.), III) Prof. Carl Orff, Komp. (gesch.) - Stud. Psych. u. Päd., Staatsex. 1934 - 1941 Schreibverbot; 1944-45 Gefängnis (Hochverrat); 10 J. Literaturkrit. - BV (b. zu 20 Übers.): u. a. D. gläsernen Ringe, Erz. 1940; Gefängnistageb., 1946; Martins Reise, Jugendb. 1949; Mitte d. Lebens, R. 1950; Daniela, R. 1952; D. Wahrheit üb. Konnersreuth, 1954; Erste Liebe, Erz. 1954; S. Sündenbock, R. 1955; E. Bündel weißer Narzissen, Erz. 1956; Abenteuer d. Tugend, R. 1957; Geh' fort, wenn du kannst, Erz. 1959; D. Schwerpunkt, Ess. 1960; D. vollkommene Freude, R. 1962; V. Sinn d. Traurigkeit, Ess. 1962; Weihnachtstryptichon, Erz. 1963; Septembertag, Erz. 1964; Üb. d. Hoffnung, Ess. 1964; Gespräche üb. Lebensfragen, 3 Bde. 1966/68; Ich bin Tobias, R. 1966; Hat Beten e. Sinn?, Ess. 1966; Laie nicht ferngesteuert, Ess. 1967; Frau u. Zölibat, Ess. 1968; Baustelle, 1970; Unterentwickeltes Land Frau, Ess. 1971; Grenzübergänge, Tageu. Reiseb. 1972; Hochzeit d. Widersprüche, Briefe 1973; Wie, wenn wir ärmer wären, Ess. 1974; Dem Tode geweiht? (über Lepra), Reiseber. 1974; D. schwarze Esel, R. 1974; Bruder Feuer, Jugendb. 1975; Wenn d. Wale kämpfen, 1976; Kriegsspielzeug, 1978; Khomeini u. d. islam. Gottesstaat, 1979; Den Wolf umarmen, Autobiogr. 1981; Nordkorean. Reisetageb., 1981; Winterfrühling, Tageb. 1982; Mirjam, R. 1983; Silberschuld, R. 1987; Drei Kinder u. ein Mann, Kinderb. 1988; Wachsender Mond, Tageb. 1988. Bühnenst.: Philemon. Hör- u. Fernsehspiele. Fotobände: Ich weiß Deinen Namen, Jugend d. Welt, Nach s. Bild - o. Mitgl. Dt. Akad. f. Sprache u. Dichtung (1952 ausgetr.) u. Akad. d. Künste Berlin, Mitgl. PEN-Zentrum Bundesrep. Deutschl.; 1975 Ehrenbürger Gwang-ju/Südkorea; 1979 Roswitha v. Gandersheim-Preis; 1979 Premio medit (Ital.); 1980 Premio Europa (Ital.); 1984 Johannes-Bobrowski-Med. (DDR); 1987 Heinrich Mann-Preis (DDR); 1987 Premio Giustina Rocca (Ital.); 1987 Dr. h. c. Univ. Pyöngjang - Spr.: Engl., Ital. - 1984 Kandidatin Bundespräsidentenwahl/v. d. Grünen nominiert (68 Stimmen); 1988 Präs. d. neuen Volkshochsch. Rocca di Papa.

RINSER, Stephan

Regisseur u. Autor - Kunigundenstr. 8, 8000 München 40 - Geb. 10. Okt. 1941 Rostock (Vater: Horst Günther Schnell †, Kapellmeister; Mutter: Luise Rinser, Schriftstellerin) - Abit.; 1961-62 Stud. Theaterwiss. u. Kunstgesch. Univ. München - 1962-63 Regie- u. Bühnenbildner-Assist. Schauspielh. Zürich; 1963-64 Theatertournee Regie-Assist. b. Karl-Heinz Stroux u. Techn. Leit. Neue Schaubühne München; 1964-66 Regie-Assist. u. Assist. d. Ausstattungsleit. Staatsoper München; 1966-70 Regie-Assist. b. Fernsehen (BR, HR, ZDF) u. Bühnenbildner-Assist. (v. Walter Dörfler). Mitgl. Bundesverb. d. Fernseh- u. Filmregiss. in Dtschl. - Regie zahlr. Fernsehsp. u.a. Alles Gute Köhler (1972); D. Patenkind (1970); Tribunal 1982 (1972) - 1973 Adolf-Grimme-Preis (f. Regie: Tribunal 1982) - Spr.: Engl., Ital.

RINTELEN, Paul

Dr. agr. (habil.), Dr. phil., Dr. oec. h. c., Dr. agr. h. c., o. Prof. f. Wirtschaftslehre d. Landbaues (emerit.) - Lintnerstr. 12, 8050 Freising/Obb. (T. 26 20) - Geb. 1. März 1904 Ahlen/W. (Vater: Clemens R., Oberlandesgerichtsrat; Mutter: Elisabeth, geb. Roßdücher), verh. s. 1930 m. Elisabeth, geb. Borchard, 4 Kd. - Univ. Münster/W. u. Bonn -Verbands-, Industrie-, Kammer-, Hochschultätigk. (1952-69 Ord. TH bzw. TU München) - BV: Betriebsplanung f. bäuerl. Wirtschaften, 1942, 6. A. 1962. Zahlr. Buchbeitr. u. Fachaufs. Herausg.: Grenzen u. Möglichk. einzelstaatl. Agrarpolitik (1964), Handb. Mais (1971); Mithrsg.: Ztschr. Agrarw. - 1961 Plak. Univ. Helsinki; 1968 Justus-v.-Liebig-Preis F. V. S.-Stiftg. Hamburg; 1971 Bayer. VO. u. Gr. BVK; 1973 Gold. Maiskorn; 1984 Gold. Plak. d. Ldw-Kammer Münster u. Wilhelm-Niklas-Med.; Bayer. Staatsmed. in Gold.

RINTELMANN, Fritz

Rechtsanwalt, Hauptgeschäftsf. Zentralverb. d. genoss. Großhandels- u. Dienstleistungsuntern. - Heussallee 5, 5300 Bonn 1.

RIPPERT, Winfried

Kaufmann, MdL Hessen (s. 1971) - Goerdelerstr. Nr. 10, 6400 Fulda - Geb. 3. Sept. 1935 - CDU.

RIPS, Franz

Dr., Stadtdirektor a. D. - An d. Schleifmühle 5, 5750 Menden/Westf. - Geb. 25. Mai 1914 Seppenrade/W. (Vater: Anton R., Landwirt), verh. m. Margret, geb. Schoo.

RISCHBIETER, Henning

Dr. phil., Kritiker - Tempelherrenstr. 4, 1000 Berlin 61 - Geb. 22. März 1927 Hannover (Vater: Fritz R., Drechsler; Mutter: Hedwig, geb. Schneider), verh. s. 1962, 3 Kd. - 1947-53 Univ. Göttingen (Gesch., Soziol., German.) - 1953-57 Lehrer Heimvolkshochsch.; 1957-63 Geschäftsf. Volksbühne Hannover; s. 1960 Cheflektor Friedrich-Verlag (Velber), Herausg. u. Redakt. Theater heute; 1977 Prof. f. Theaterwiss. FU Berlin - BV: D. Schauspieler Klaus Kammer, 1964; Dt. Dramatik in West u. Ost, 1965 (m. Ernst Wendt; Bertolt Brecht, 2 Bde. 1966, 2. A. 1968; Peter Weiss, 1967; Friedrich Schiller, 2 Bde. 1969; Gorki, 1973; Hannoversches Leseb., 2 Bde. 1978. Herausg.: Welttheater - Bühnen, Autoren, Inszenierungen, 1962, 2. A. 1965; Gustaf Gründgens - Schauspieler, Regisseur, Theaterleiter, 1963; Bühne u. bild. Kunst im XX. Jh., 1968 (amerik. Ausg. 1969 New York); Friedrichs Theaterlexikon, 1969; Theater im Umbruch, 1970 - 1969 Mitgl. PEN-Zentrum BRD.

RISCOP, Franz

Schriftsetzermeister, MdL Nordrh.-Westf. - Hauptstr. 156, Postfach 11 44, 5330 Königswinter 1 (T. 02223 - 14 33) - Geb. 5. Dez. 1933 Königswinter (Vater: Willy R., Kaufm.; Mutter: Maria, geb. Nolden), kath., verh. s. 1964 m. Margrit, geb. Rechmann, T. Pia - Schriftsetzerlehre, Gehilfen- u. Meisterprüf. - S. 1961 Ratsmitgl., 1964-69 Bürgerm., s. 1980 Landtag - 1979 BVK a. Bde.

RISLER, Helmut August

Dr. rer. nat., o. Prof. f. Zoologie (em. 1983) - Im Dechant 5, 6501 Heidesheim (T. Ingelheim 54 23) - Geb. 19. Nov. 1914 Freiburg/Br. - S. 1954 (Habil.) Lehrtätig. Univ. Tübingen (1960 apl. Prof.) u. Mainz (b. 1962 o. Prof. u. Leit. Inst. f. Zool.). Fachaufs. - 1982 Ehrensenator d. Univ. Kaiserslautern.

RISLER, Thorwald

Generalsekretär d. Stifterverb. f. Dt. Wiss. i. R., Vorst.-Mitgl. Inst. f. Wirtschaft u. Ges. Bonn - Zu erreichen üb. Wissenschaftszentrum, Ahrstr. 45, 5300 Bonn 2 (T. 37 20 44 u. 30 22 64); priv.: Pfänderweg 24, 8991 Achberg - Geb. 31. Mai 1913 Freiburg/Br. (Vater: Erich R., Fabrikant (Risler & Co., Aachen-Herzogenrath), ev., verh. s. 1957 m. Hildegard, geb. Hübener - Gymn. Aachen (Abit. 1934); Univ. Freiburg u. Rom (6 Sem.); 1937-38 techn. u. kaufm. Ausbild. Karlsruhe u. Berlin - 1938-39 Direktionsassist. Berlin (AG.); 1939-45 Wehrdst.; 1947-59 gf. Gesellsch. Südd. Isolatoren-Werke GmbH, Freiburg (1960ff. AR-Mitgl., 1979 AR-Vors., 1981-84 Beirat); 1959-64 gf. Vorstandsvors. Geschwister-Scholl-Stiftg. (Hochsch. f. Gestalt.), Ulm, 1965-78 Leit. Hauptverw. Stifterverb. f. d. Dt. Wiss., Essen (Generalsekr.); 1977-79 Chairman Hague Club - 1970-86 Vors. Theodor Wiegand Ges. (1987 Ehrenmitgl.); 1972 Korr. Mitgl., 1978 Ehrenmitgl. Dt. Archäolog. Inst.; 1978 Alexander-Rüstow-Plak.; 1978 Gr. BVK; 1979 Ehrenkurator Stifterverb. f. d. Dt. Wiss.

RISTOCK, Harry

Senator f. d. Bau- u. Wohnungswesen v. Berlin a. D. - Württembergische Str. 6-10, 1000 Berlin 31 (T. 867 47 10); priv.: Kurfürstenstr. 37, 28 - Geb. 20. Jan. 1928 Seemen/Ostpr. - Schule (Mittl. Reife); 1948-52 Dt. Hochsch. f. Politik (Abschlußdiplom) - Arbeits- u. Wehrdst.; 1952-60 Landessekr. D. Falken; spät. kaufm. Angest.; 1965-71 Bezirksstadtrat u. Leit. Abt. f. Volksbild. Bezirksamt Charlottenburg, 1971-75 Senatsdir. (Schulwesen). SPD (s. 1973 Mitgl. Bundesvorst.), s. 1.6.81 Gesch.f. i.d. metallverarb. Ind. - Spr.: Engl. (Dolmetscherex. 1947).

RISTOW, Hans-Joachim

Geschäftsführer Westf.-Lipp. Heimstätte GmbH. - Willem-van-Vloten-Str. 48, 4600 Dortmund (T. 4 17 31) - Geb. 3. Juli 1918 - Zeitw. Staatsdst. (Reg.srat).

RISTOW, Werner

Dr. med., Prof., Abt.sleiter Univ.sklinik f. Ohren-, Hals- u. Nasenkrankheiten Frankfurt - Langweidenstr. 25, 6000 Frankfurt/M. (T. 78 56 63) - Geb. 19. Nov. 1917 Naugard/Pom. - S. 1959 (Habil.) Lehrtätigk. Univ. Rostock u. Frankfurt (1967 apl. Prof. f. HNO-krankh.). Fachveröff.

RITSCHL, Dietrich

Ph. D., D.D. (Edinburgh), o. Prof. f. Systemat. Theologie u. Dir. Oekumenisches Inst. Univ. Heidelberg (s. 1983), Dir. Intern. Wiss.forum d. Univ. Heidelberg (s. 1986), analyt. Psychotherapeut - CH-4418 Reigoldswil/BL (Schweiz) - Geb. 17. Jan. 1929 Basel/Schweiz (Vater: Prof. Dr. rer. pol. Dr. h. c. Hans R., Volksw. (s. dort); Mutter: Gertrud, geb. Störring), ev., verh. s. 1952 m. Rosemarie, geb. Courvoisier, 4 S. (Christian, Lucas, Stephan, Johannes) - Univ. Tübingen, Basel, Bern, Edinburgh - 1952 Pfarrer dt.sprach. Gde. in Schottland; 1958 Prof. f. Neues Testament u. Patristik Theol. Sem. Austin/USA; 1963 Prof. Dogmengesch. Theol. Sem. u. Univ. Pittsburgh; 1969 Prof. syst. Theol. Union Theol. Sem. New York; 1970-83 o. Prof. Univ. Mainz. Gastprof. 1970, 72, 74, 77, 79, 82, 87 Univ. Melbourne/Austral. u. Dunedin/Neuseeland; jährl. Houston u. Austin (USA). 1979-87 Vors. Dt. Ökum. Stud.-Aussch., s. 1984 Mitgl. d. Faith & Order Comm. d. Oek. Rates d. Kirchen, s. 1985 Vorstandsmitgl. Intern. Ges. f. Kunst, Gestaltung u. Therapie - BV: V. Leben in d. Kirche, 1957; A Theology of Proclamation, 1960, 2. A. 1963; Nur Menschen, Z. Negerfrage in d. amerik. Südstaaten, 1962; Athanasius, Versuch e. Interpretation, 1964; Memory and Hope, 1967; Konzepte Bd. I Aufs. (Patrist. Studien), 1976; Theol. in d. neuen Welten, 1981; Z. Logik d. Theol., 1984, 2. A. 1988; Konzepte: Oekumene, Medizin, Ethik, 1986. Mithrsg.: Heidelberger Jahrb., Ztschr. Ethik in d. Med., Oekum. Existenz heute - Rechtsritter Johanniterord. - Bek. Vorf.: Albrecht R. Theol., 1822-89 (Urgroßv.), Otto R. Theol., 1860-44 (Großv.).

RITSCHL, Hans

Dr. rer. pol, Dr. h. c. mult., em. Prof. f. Volkswirtschaftslehre - Am Weilersbach 33, 7801 Oberried - Geb. 19. Dez. 1897 Bonn (Vater: Otto R., Theol.; Mutter: Eva, geb. Dieterichs), ev., verh. s. 1923 m. Gertrud, geb. Störring, 3 Kd. (Dietrich, Anja, Anselm) - Stud. Volkswirtsch. Univ. Freiburg u. Bonn, Promot. 1921 - 1925-28 Privatdoz. Göttingen; 1928 o. Prof. Basel, 1946-66 Prof. Hamburg - BV: Theorie d. Staatswirtsch., 1925; Gemeinwirtsch. u. kapitalist. Marktwirtsch., 1931; Friedrich Lists Leben, 1947; Theoret. Volkswirtschaftsl., 2 Bde., 1947/48; D. Grundl. d. Wirtschaftsordn., 1954; V. Verkehrschaos z. Verkehrsordn., 1968; Strukturen d. Wirtschaft, 1976; A. v. Hennings, Biogr. 1978; Herbstzeitlose, Ged. 1981 - Ehrendoktor Univ. Münster (1967) u. Bonn (1972) - Bek. Vorf.: Albrecht Ritschl, Theol. (Großv.).

RITSERT, Hans-Jürgen

Dr. rer. pol., Prof. Univ. Frankfurt (s. 1971) - Debusweg 7a, 6240 Königstein - Geb. 7. Juli 1935 Frankfurt (Vater: Hans-Wilhelm, Ing.; Mutter: Eva, geb. Jacobi), verh. s. 1961 m. Margot, geb. Moeser, 2 Kd. (Claudia. Daniela) - Promot. 1966 Berlin - BV: Handlungstheorie u. Freiheitsantinomie, 1966; Inhaltsanalyse u. Ideologiekritik, 1972; Systemtheoret. Ansätze, 1973; Wiss.analyse als Ideologiekritik, 1975; Wiss.logische Probleme e. krit. Soz., 1976; Theorie, Interesse, Forschungsstrategien, 1978; Denkweisen u. Grundbegriffe d. Soziol., 3. A. 1981; Gesellschaft, 1988. Herausg.: Gründe u. Ursachen ges.l. Handelns (1975), Denken u. ges. Wirkl. (1977). Mithrsg.: Krit. Soz.Wiss. (Reihe) - Spr.: Engl., Franz., Span.

RITTBERG, Graf von, Jochen

Dr. jur., Geschäftsleiter Finanzen Hoerbiger & Co., Schongau - Fürstenstr. 10, 8000 München 2 - Geb. 9. April 1933 - Bankausbild.; Stud. - N. Auslandsaufenth. Wirtschaftsprüfungsges. u. Zettler (Dir.).

RITTBERGER, Volker

Dr. phil., Prof. f. Politikwiss. Univ. Tübingen - Brucknerweg 3, 7400 Tübingen (T. 07071 - 6 16 66) - Geb. 4. Mai 1941 Karlsruhe (Vater: Erwin R., Kfm. Angest.; Mutter: Erna, geb. Knappe), ev., verh. s. 1966 m. Irmgard, geb. Rückert, 2 Kd. (Frithjof, Berthold) - 1. jurist. Staatsex. 1965 Freiburg, M.A. 1968 Stanford, Promot. 1972 ebd. - 1973ff. Ord. f. Politikwiss. Tübingen; 1978ff. Special Fellow United Nations Inst. for Training and Res.; 1983/84 Dekan Fak. f. Soz.- u. Verhaltenswiss. Univ. Tübingen; 1985/86 Gastprof. Univ. Stanford (USA). Vorst.-Mitgl. Dt. Ges. f. d. Vereinten Nationen - BV: Evolution and Intern. Organization, 1973; Abrüstungspolitik u. Grundgesetz, 1976; Neue Wege d. Abrüstungsplanung, 1981; Science and Technol. in a Changing Intern. Order, 1982; Mit Kriegsgefahren leben, 1987; Europ. Sicherheit, 1987; Intern. Regime in d. Ost-West-Beziehungen, 1988 - Spr.: Engl., Franz.

RITTELMEYER, Christian

Dr. phil., Dipl.-Psychol., Prof. f. Erziehungswiss. Univ. Göttingen - Wagnerstr. 1, 3400 Göttingen - Geb. 14. Sept. 1940 Ershausen (Thür.), verh. s. 1968 - 1966-71 Stud. Psych. Univ. Marburg u. Hamburg; Promot. 1974 - S. 1983 Prof. Päd. Sem. Univ. Göttingen - BV: Meth. d. Erziehungswiss., 1977 (m. K. Mollenhauer); Erzieh. u. Gruppe, 1980; Phänomene d. Kinderlebens, 1989 - Bek. Vorf.: Friedrich R. (Bruder d. Großv.).

RITTENBERG, Vladimir

Dr. rer. nat., Prof. f. Physik Univ. Bonn - Am Römerlager 15, 5300 Bonn 1 (T. 0228 - 67 92 56) - Geb. 4. Dez. 1934 Bukarest/Rumän. (Vater: Avram R., Dipl.Ing.; Mutter: Paula, geb. Kaufmann), verh. s. 1975 m. Kathrine, geb. Cogan, Tocht. Vivian - Dipl. 1957 Bukarest, Promot. 1967 ebd. - 1957-69 Univ. Bukarest; 1969-72 Weizmann Inst.; 1972-75 Rockefeller-Univ. S. 1975 Univ.

Bonn - Spr.: Franz., Engl., Rumän., Hebräisch.

RITTER, Adolf Martin

Dr. theol., Prof. f. Kirchengeschichte Univ. Heidelberg (s. 1981) - Herrenweg 66, 6903 Neckargemünd - Geb. 23. Nov. 1933 Schwarzenborn (Vater: Walter R., Pfarrer; Mutter: Ilse, geb. Suabedissen), ev., verh. s. 1964 m. Renate, geb. Mahler, 2 Söhne (Sebastian, Felix) - 1943-53 Gymn. Marburg; 1953-1958 Univ. Marburg, Heidelberg, Göttingen. Promot. 1962 Heidelberg; Habil. 1970 Göttingen - Zeitw. Vikariat u. Pfarramt (1961-63) - BV: D. Konzil v. Konstantinopel u. s. Symbol, 1965; Wer ist die Kirche? - Amt u. Gde. im Neuen Testam., in d. Kirchengesch. u. heute, 1968; Charisma im Verständnis d. J. Chrysostomos u. s. Zeit, 1972; Alte Kirche, 1977, 4. A. 1987; Kerygma u. Logos, 1979; Dogma u. Lehre i. d. Alten Kirche, in: C. Andresen (Hrsg.), Handb. d. Dogmen- u. Theologiegesch., I, 1982; D. dt. Protestantismus u. d. Kirchen Südosteuropas im 16. u. 19. Jh., 1985; Mystik in d. Traditionen d. kirchl. Ostens u. Westens, 1987; Ungarn u. d. Christentum Südosteuropas, 1987; Frieden in d. Schöpfung: d. Naturverständnis protestant. Theol. (m. G. Rau u. H. Timm), 1987; I. Golub, Sehnsucht n. d. Angesicht od. Wie z. Freude gelangen, 1988 - Liebh.: Musik, schöne Lit. - Spr.: Engl., Franz., Neugriech.

RITTER, Carl

Senator, Druckerei- u. Verlagsfachmann - Mainzer Str. 21, 6200 Wiesbaden (T. 06121 - 30 46 18) - Geb. 21. Febr. 1910 Wiesbaden, ev., verh. s. 1944 m. Gisela, geb. Smidt, 2 Kd. - Abit., Meisterprüf.; Stud. Volksw. - Ehrenmitgl. Kur- u. Verkehrsverein Wiesbaden, s. 1953 stv. Vors. Burgverein Eltville - BVK a. Bde., Ehrenbrief Land Hessen, Bürgermed. Stadt Wiesbaden in Silber.

RITTER, Friedel

I. Bürgermeister Stadt Alzenau - Rathaus, 8755 Alzenau/Ufr. - Geb. 10. Nov. 1922 Alzenau - Zul. Kassenleiter. CSU.

RITTER, Gerhard A.

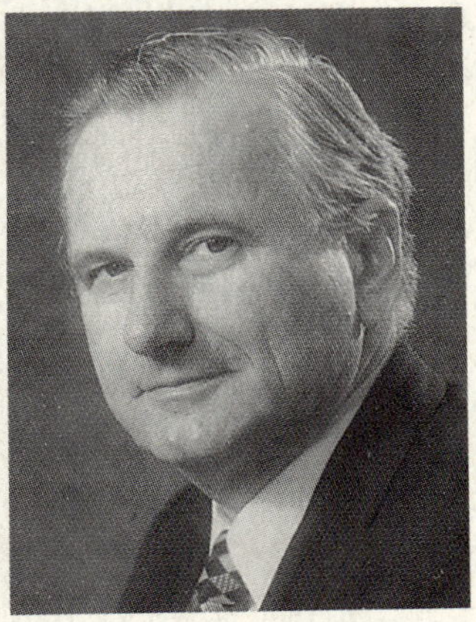

Dr. phil., B. Litt., o. Prof. f. Neuere Gesch. - Bismarckweg 3, 8137 Berg/Starnberger See 3 - Geb. 29. März 1929 Berlin, ev., verh. s. 1955 m. Gisela, geb. Kleinschmidt, 2 Söhne (Michael, Clemens) - Arndt-Gymn. Berlin; Univ. Tübingen u. Berlin/Freie (Gesch., Polit. Wiss., Phil., German.), St. Antony's College Oxford - S. 1962 Ord. Univ. Berlin (Freie), Münster (Dir. Histor. Sem.) u. München, 1965/66 und 1972 Gastprof. Univ. Oxford, 1971/72 Univ. Berkeley, 1973 Univ. Tel Aviv. 1968ff. Mitgl. Histor. Kommission Westfalens; 1971ff. Hist. Kommiss. 1980 Bayer. Akad. d. Wiss.; 1983 Honorary Fellow St. Antony's College Oxford - BV: D. brit. Regierungssystem, 2. A. 1970 (m. Sir Ivor Jennings); D. Arbeiterbeweg. im Wilhelmin. Reich, 2. A. 1963; Dt. u. brit. Parlamentarismus, 1962; D. dt. Kaiserreich 1871-1914, 4. A. 1981; Parlament u. Demokratie in Großbritannien, 1972; Arbeiterbeweg., Parteien u. Parlamentarismus, 1976; Staat, Arbeiterschaft u. Arbeiterbewegung in Dtschl., 1980; Bibliograph. z. Gesch. d. dt. Arbeiterbewegung 1863-1914, 1981 (m. K. Tenfelde); Sozialvers. in Deutschl. u. England, 1983; D. dt. Parteien 1830-1914, 1985; Social Welfare in Germany and Britain, 1986; Wahlen in d. BRD (m. M. Niehuss), 1987; D. Sozialstaat, 1989. Herausg.: Entsteh. u. Wandel d. mod. Ges. (1970); V. Wohlfahrtsaussch. z. Wohlfahrtsstaat (1973); Dt. Parteien vor 1918 (1973); Ges., Parlament u. Regier. (1974); Wahlgeschichtl. Arbeitsb. (1980); Die II. Internationale 1918/1919 (2 Bde. 1980); Regierung, Bürokratie u. Parlament in Preußen u. Dtschl. v. 1848 b. z. Gegenwart (1983). Mithrsg.: Faktoren d. polit. Entscheid. - Festgabe f. Ernst Fraenkel (1963; m. Gilbert Ziebura); D. dt. Revolution 1918-19 - Dokumente (2. A. 1975; m. Susanne Miller); Dt. Sozialgesch., 1870-1914 (3. A. 1982; m. Jürgen Kocka); Sozialgeschichtl. Arbeitsb., (2. A. 1978, m. a.).

RITTER, Hans-Werner

Dr. phil., Prof. f. Alte Geschichte Univ. Marburg - Am Hasenküppel 16, 3550 Marburg/L.

RITTER, Heinz

Journalist, zul. Berliner Kulturkorresp. Deutschlandfunk, Köln (s. 1970) - Am Hirschsprung 17, 1000 Berlin 33 (T. 832 45 02) - Geb. 30. Sept. 1927 Berlin, verh., Kd. - Telegraf; D. Abend (1957-70 Feuilletonchef). Viele Theaterkritiken.

RITTER, Heinz

Beamter, MdA Berlin (s. 1971) - Flensburger Str. Nr. 19, 1000 Berlin 21 (T. 392 61 57) - Geb. 11. Juni 1924 Berlin, verh., 1 Kd. - Volkssch.; kaufm. Ausbild. Metallind. - Kriegseins. (Afrika) u. amerik. Gefangensch. (b. 1947); anschl. öfftl. Dienst (Angest. bzw. Beamt.). 1958-71 Bezirksverordn. Tiergarten (1963-67 Vorsteher). SPD s. 1956.

RITTER, Helmut

Dipl.-Volksw., Vors. d. Geschäftsf. Schunk Industrieverwaltung GmbH, Geschäftsf. MRK Beteiligungsges. mbH u. MWM Beteiligungsges. mbH, alle Gießen - Postf. 6420, 6300 Gießen 1 - Geb. 15. Nov. 1926.

RITTER, Hermann

I. Bürgermeister - Rathaus, 8754 Großostheim/Ufr. - Geb. 9. Dez. 1928 Großostheim - Zul. Amtsinsp. SPD.

RITTER, Jörg

Dr. med., Prof. u. Oberarzt Univ.-Kinderklinik Münster - Dechaneischanze 8, 4400 Münster (T. 0251 - 39 28 45) - Geb. 29. Okt. 1944 Friedberg, ev., verh. s. 1977 m. Annette, geb. Niggemann, 2 S. (Ulrich, Ken) - Gymn. Braunschweig; Med.-Stud. Univ. Freiburg u. Wien; Promot. 1969 Freiburg, Staatsex. 1970 Freiburg, Habil. 1982 Münster - S. 1982 Oberarzt - BV: Akute Leukämie b. Kindern, 1985 - Liebh.: Musik (Bratsche) - Spr.: Engl. - Bek. Vorf.: Prof. Ludwig Leichtweiß, Wasserbauer (Großv.); Walter Ruttmann, Filmregiss. (Bruder d. Großm.).

RITTER, Jürgen

Dr., o. Prof. Univ. Augsburg (s. 1982) - Schnurbeinstr. 14, 8901 Deuringen (T. 0821-43 11 49) - Geb. 18. Jan. 1943 Bergneustadt/Nordrh.-Westf., verh. s. 1968 m. Brigitte Knauer, S. Hanno Sebastian - Stud. Univ. Tübingen (Math.); Dipl. 1966, Promot. (Math.) 1969 Heidelberg, Habil. (Math.) 1976 ebd. - 1977-78 Prof. TU Berlin; 1978-82 Prof. Univ. Heidelberg.

RITTER, Karl Hermann

Kaufmann, MdL Hessen - Sachsenstr. 5, 6100 Darmstadt-Eberstadt (T. 06151 - 5 40 54) - Geb. 24. April 1931 Köln (Vater: Hermann R., Ing., Erf. u. Schriftst.), verh. s. 1963, 3 Kd. (Hermann, Ulrich, Anne) - Kaufm. Lehre - Geschäftsf. Fa. Ritter GmbH & Co. MdL (direkt gewählt im Wahlkr. 50/Darmstadt II) - Erf.: Notiz-Würfel m. bedruckten Schnittseiten (m. Bruder Hans) - Interesse: Wirtschafts-Geogr. - Spr.: Engl.

RITTER, Klaus

Dr. jur., Direktor Stiftung Wissenschaft u. Politik/Forschungsinst. f. intern. Politik u. Sicherheit, Ebenhausen (s. 1965), Honorarprof. f. Intern. Politik Univ. München (s. 1969) - Obere Zugspitzstr. 1, 8035 Gauting/Obb. (T. München 850 15 30) - Geb. 18. Sept. 1918 Kassel (Vater: D. Dr. Karl-Bernhard R., Kirchenrat †1968 (s. XVI. Ausg.); Mutter: Margarete, geb. Hachtmann), ev., verh. s. 1946 m. Margarete, geb. Külken, 5 Kd. (Michael, Anke, Amadé, Manuel, Nikolai) - Univ. Marburg u. Göttingen (Rechts- u. Staatswiss.). Promot. 1951.

RITTER, Ludwig

Kaufmann, MdL Bayern (s. 1970) - Frühlingsstr. Nr. 12, 8751 Mömlingen/Ufr. (T. 06022 - 33 55) - Geb. 1935 - CSU - 1980 Bayer. VO; 1984 Bayer. Verfassungsmed. in Silber

RITTER, Paul

Gf. Gesellschafter A. Ritter & Söhne GmbH. & Co. KG., Zell a. H. u. Maschinen-Bader, Ritter GmbH. & Co. KG., 7800 Freiburg, Vors. Bundesinnungsverb. d. Landmasch.-Handwerks, Bonn - 7615 Zell/Harmersbach - Geb. 18. Nov. 1928.

RITTER, Reinhold

Dr. med., Dr. med. dent., o. Prof. f. Zahn-, Mund- u. Kieferheilkunde (emerit.) - Wielandtstr. 29, 6900 Heidelberg (T. 4 34 33) - Geb. 15. Febr. 1903 Servitut/Schles. - 1937 (Habil.) -71 Lehrtätigk. Univ. Breslau, Marburg (1946) u. Heidelberg (1947; Dir. Klinik u. Poliklinik f. ZMKkrankh.) - BV: Üb. d. Frage d. Vererbung v. Anomalien d. Kiefer u. Zähne, 1937. Zahlr. Einzelarb. - Jahrespreis Dt. Ges. f. ZMKheilkd.; Mitgl. Dt. Akad. d. Naturforscher (Leopoldina), Halle/S.

RITTER, Ulrich

Dr. med., o. Prof. u. Direktor I. Med. Klinik Univ. Lübeck (s. 1966) - Kronsforder Allee 71-73, 2400 Lübeck (T. 5 00 11) - Geb. 14. Febr. 1921 Berlin (Vater: Walther R., Kaufm. Angest.; Mutter: Erna, geb. Grahlmann), ev., verh. s. 1945 m. Maria, geb. Zerbi, 2 Kd. (Gabriele, Matthias) - Univ. Berlin u. Greifswald. Promot. 1945; Habil. 1956 - Humboldt- (Charité) u. Freie Univ. Berlin (II. Med. Klinik; 1956 Privatdoz.), Univ. Hamburg (1960 I. Med. Klin.; 1963 apl. Prof.). Spez. Arbeitsgeb.: Verdauungs- u. Stoffwechselkrankh. Präs. Dt. Ges. f. Verdauungs- u. Stoffwechselkrankh., Vorst. Intern. Ges. f. ärztl. Fortbild. u. Nordwestd. Ges. Innere Med., Kurat.-Mitgl. Dt. Ges. f. Ernähr., Ehren- u. korr. Mitgl. ausl. med. Ges. - BV: Klin. Funktionsdiagnostik, 1965 (m. a.); Pankreas, 1971. Handb. u. Lehrb.beitr. Etwa 250 Fachaufs. - Spr.: Engl.

RITTER, Ulrich Peter

Dr., Dipl.-Volksw., Prof. f. Hochschuldidaktik d. Wirtschaftswiss. Univ. Frankfurt/M. (s. 1975) - Guaitastr. 6, 6242 Kronberg (T. 06173 - 48 55) - Geb. 29. Jan. 1935 Essen (Vater: Dr. Herbert R., Chemiker; Mutter: Mariele, geb. Loeffler), ev., verh. s. 1957 m. Judy, geb. MacLean, 2 Kd. (Mariele Joyce, Karl Thomas) - Gymn. in Oldenburg i. O., Wanne-Eickel, Gelsenkirchen (Abit. 1955), High School Winnetka, Ill. (USA); Stud. d. Rechts- u. Polit. Wiss., Volkswirtsch.lehre Univ. Freiburg/Br., Paris, Göttingen (Dipl.ex. 1959) - 1960/61 Forschungsstipendium Südamerika; 1961-69 wiss. Assist., 1969-75 Doz., Wiss. Rat u. Prof. Univ. Göttingen. Mitgl. Ges. f. Wirtsch.- u. Soz.wiss., Liszt-Ges., Beauftr. f. Hochschullehrerfortbild., Präs. Europ. Assoc. for Research and Dev. in Higher Education, 1. Vors. Arbeitsgem. f. Hochschuldidaktik. Dekan Fachber. Wirtschaftswiss. Korr. Mitgl. Akad. f. Raumforsch. u. Raumordn. - BV: Dorfgemeinschaft u. Genossenschaftswesen in Peru, 1965; Siedlungsstruktur u. wirtschaftl. Entwickl., 1972; Orientierungsphase, 1974 - Liebh.: Musik, Spr., Reisen, Gesch., Politik - Spr.: Engl., Franz., Ital., Portug., Span.

RITTER, Wigand

Dr. rer. oec., Dipl.-Kfm., Prof., Ordinarius f. Geographie, insb. Wirtschafts- u. Sozialgeogr. - Lange Gasse 12/37, 8500 Nürnberg - Geb. 14. Mai 1933 - Promot. (1962) u. Habil. (1968) Wien - S. 1973 Prof. TH Darmstadt u. Univ. Erlangen-Nürnberg (1976 Ord. u. Vorst. Sozialwiss. Inst.) - BV: Fremdenverkehr in Europa, 1966. Zahlr. Einzelarb. - 1968 Kardinal-Innitz-Preis.

RITTER, Wolfgang

Direktor BASF AG, Honrarprof. Univ. Mannheim - Pierstr. 3, 6710 Frankenthal (T. 06233 - 2 63 22) - Geb. 20. Jan. 1927 Graudenz (Vater: Walter R., Dipl.-Optiker; Mutter: Leni, geb. Pfister), ev., verh. s. 1954 m. Inge, geb. Vonau, 3 Kd. (Thomas, Anne, Johannes) - Jura-Stud. Univ. Münster, Pavia/Italien u. Genf/Schweiz (1. jurist. Staastex. 1952, 2. Staatsex. 1956) - 1957 Assist. Univ. Münster; 1957-72 Finanzverw. (zul. Leit. Referat f. Intern. Steuerrecht im Bundesfinanzmin.); s. 1972 Dir. BASF AG (s. 1973 Leit. Zentralber. Recht, Steuern u. Versicherung). AR Rhein. Olefinwerke GmbH, Wesseling, BASF Lacke u. Farben AG Hamburg, Knoll AG Ludwigshafen, Wintershall AG Kassel, Kali u. Salz AG Kassel; Vors. Steueraussch. Verb. d. Chem. Ind. (VCI), Steueraussch. BDI; Steueraussch. Intern. HK Paris u. Sonderaussch. Intern. Steuerfragen BDI; Vors. d.t. Landesgr. IFA (JCC); Vorst. Arbeitskr. Förder. d. Aktie; Kurat. Max-Planck-Inst. f. Ausl.-, Öff.- u. Völkerrecht, Heidelberg. Zahlr. Veröff. im Nationalen u. Intern. Steuerrecht - Liebh.: Lit., Malerei, Sport - Spr.: Engl., Franz., Ital.

RITTERSPACH, Theodor

Dr. jur. h. c., Bundesverfassungsrichter i. R. - Andreästr. 5, 6719 Kirchheimbolanden - Geb. 27. Febr. 1904 Kirchheimbolanden - Bayer. Kultus- (Reg.rat) u. Reichsfinanzmin., n. 1945 Reg.präsid. Rhld.-Pfalz (Reg.dir.), Bayer. Kultus- (Min.rat), Bundesinnenmin. u. -verfassungsgericht (I. Senat). Mithrsg.: Festschr. f. Gebhard Müller z. 70. Geburtstag - 1968 Gr. BVK m. Stern u. Schulterbd.; 1975 Großkr. VO Rep. Ital.; 1986 Ehrendoktor Univ. Mainz.

RITTINGER, Josef

Dipl.-Verwaltungswirt (FH), Stadtamtsrat, Geschäftsltd. Beamter Stadt Erbendorf - Bräugasse 24, Postfach 1109, 8488 Erbendorf - Geb. 14. Nov. 1924 Erbendorf (Vater: Ernst R., Landw.; Mutter: Barbara, geb. Schraml), kath., verh. s. 1954 m. Marianne, geb. Meyer - Kfm. Berufssch. u. Verw.fachsch. - S. 1938 Stadtverw. Erbendorf. Zahlr. Ehrenämter, u. a. Vorst. Verkehrsverb. Nordostbayern, Selb - BV: Z. Höser/Gollwitzer's: Gesch. d. Stadt Erbendorf: V. Versailles b. z. Weltkrieg - Wehrmacht, Kriegsgefangene u. Besatzungsmacht in ihren Bez. z. Erbendorf u. seiner Bevölker. - 1978 BVK; 1980 VdK-Ehrenz. in Gold; Verwundetenabz. in Silber; Ehrenplak. f. Flugsport - Interessen: Gesch., Politik, Fremdenverkehrswirtsch., Flugsport - Sportleistungsabz. in Gold.

RITTINGHAUS, Jürgen Helmut

Chefredakteur Lüdenscheider Nachrichten - Schillerstr. 20, 5880 Lüdenscheid; priv.: Haunerbusch 35, 5883 Kierspe 1 - Geb. 29. Sept. 1939 Lüdenscheid, ev., verh., 3 Kd. - Ausbild. Westf. Rundschau u. Meinerzhagener Ztg.; Presseref. d. FDP in Bonn u. D'dorf.

RITTMANN, Wolfgang
Verkaufsleiter, Geschäftsf., Präs. Dt. Billard-Bund (s. 1982) - Fröbelstr. 15, 2900 Oldenburg (T. 0441 - 68 12 45) - Geb. 24. März 1947 Gelsenkirchen, kath., verh. s. 1968 m. Bärbel, geb. Krause, 2 T. (Cornelia, Beate) - Maschinenschlosserlehre m. Facharbeiterabschl. 1964; Maschinenbau- u. Betriebswirtschaftsstud. (techn. Betriebsw.) - S. 1973 Präsid.-Mitgl. DBB als Jugendwart u. Vizepräs., s. 1974 Vors. Billard-Amateur-Verb. Westf. Beruf. in intern. Gremien d. Billardsportes - Gold. Ehrennadel Dt. Billard-Bund; zahlr. Ehrenmitgliedsch. - Liebh.: Reisen, Fotogr. - Spr.: Engl.

RITTNER, Christian
Dr. med., o. Prof. f. Rechtsmedizin an d. Univ. Mainz - Am Pulverturm 3, 6500 Mainz - Geb. 29. Sept. 1938 Dresden (Vater: Carl R., Apoth; Mutter: Gerda, geb. Großmann), ev., verh. s. 1976 m. Dipl. Biol. Gabriele, geb. Haupt, 4 Kd.

RITTNER, Fritz
Dr. jur., o. Prof. f. Bürgerl. Recht, Handels-, Wirtschafts- u. Arbeitsrecht - Horbener Str. 21, 7800 Freiburg/Br. (T. 2 93 70) - Geb. 10. März 1921 Rostock, ev., verh. s. 1952 m. Marianne, geb. Wember, 2 Kd. (Claudia, Christiane) - Gymn.; Univ. Rostock, Bonn, Köln (Rechts- u. Wirtschaftswiss.) - 1959 Privatdoz. Univ. Bonn; 1959 ao., 1960 o. Prof. Univ. Freiburg. Beirats- u. AR-Mand. - BV: D. Ausschließlichkeitsbindungen, 1957; Handelsrecht u. Zugewinngemeinsch., 1962; Unternehmen u. Freier Beruf als Rechtsbegriffe, 1962; D. handelsrechtl. Publizität, 1964; Ermessensfreiheit u. Billigkeitsspielraum d. Zivilrichters, 1964; D. Rechtswiss. als Teil d. Sozialwiss., 1967; D. werdende jurist. Person, 1973; D. sog. wirtschaftl. Betrachtungsweise in d. Rechtsprech. d. BGH, 1975; Mitbestimmungsges. 1976 u. Grundges., 1977; Wirtschaftsrecht, 1979, 2. A. 1987; Wettbewerbs- u. Kartellrecht, 3. A. 1989; GmbH-Komm. (zus. m. Rowedder u.a.), 2. A. 1989; Grundlagen u. Grundsätze d. öffentl. Auftragswesens - 1964 Ludwig-Sievers-Preis (f.: Untern. u. Fr. Beruf . . .).

RITTNER, Günter
Kunstmaler, Porträtist, Grafiker - Isabellastr. 13, 8000 München 40 (T. 089-271 71 11) - Geb. 11. März 1927 Breslau (Vater: Dr. rer. pol. Max R., Arbeitsamtsdir.; Mutter: Frieda, geb. Ackermann) - Gymn.; 1948-53 Akad. d. bildenden Künste München - Weltl. u. geistl. Arb., Städtebilder, Landschaften, zahlr. Porträts, dar. Bundespräs. W. Scheel, Bundeskanzler H. Schmidt, Altkanzler K. G. Kiesinger u. Ludwig Erhard, Min.präs. A. Goppel, Franz Josef Strauß, Fritz Schäffer, Kardinal Döpfner, Paul Dahlke, Therese Giehse, Curd Jürgens, Josef Keilberth, Annette Kolb, Fritz Kortner, Werner Krauß, Marcel Marceau, Elly Ney, Heinz Rühmann, Jess Thomas, Claire Watson, Fritz Berg, Dr. Ludwig Bölkow, Prof. Willy Messerschmitt. Bilder in in- u. ausl. Museen u. Privatsamml. - Liebh.: Klass. Musik, Klavierspiel - Spr.: Engl.

RITZ, Burkhard
Dr. agr., Dipl.-Landw., Nieders. Minister f. Ernährung, Landwirtsch. u. Forsten (s. 1986) - Im Rehwinkel 6, 4450 Lingen/Ems (T. 7 21 78) - Geb. 4. Aug. 1931 Deutsch-Krone (Vater: Alfons R., Lehrer; Mutter: Klara, geb. Henke), kath., verh. s. 1959 m. Margarete, geb. Butmeyer, 4 Kd. (Maria, Burkhard, Wolfgang, Godehard) - Obersch. Schneidemühl, n. 1945 Castrop-Rauxel, Osnabrück (Abit. 1952); 1952-53 landw. Lehre; Univ. Bonn (1956 Dipl.-Landw., 1959 Promot.) - 1957-65 Doz. LandVHS Oesede. 1961ff. Mitgl. Gemeinderat u. Bürgerm. (1963-65) Oesede. 1969-72 Bundesvors. Kath. Landvolkbeweg. Dtschl.; 1965-80 MdB (1972-80 stv. Vors. CDU/CSU-Fraktion); 1980-86 Nieders. Finanzmin. - CDU s. 1956 (div. Funktionen, u. a. 1972 stv. u. 1975 Vors. Bundesaussch. f. Agrarpolitik; 1975 Mitgl. Bundesvorst.) - Liebh.: Jagd, Tischtennis, Fotogr. - Gold. Sportabz.; 1977 Gr. BVK, 1984 Stern dazu - Spr.: Engl. - Studienreisen (auch Asien).

RITZ, Hans
s. Erckenbrecht, Ulrich

RITZE, Horst
Dr. med., Dr. med. dent., o. Prof. f. Prothet. Zahnheil- u. Werkstoffkunde - Krusenrotterweg 65, 2300 Kiel (T. 68 21 63) - Geb. 13. Nov. 1916 Erfurt (Vater: Otto R., Techniker; Mutter: Emmy, geb. Weber), verh. m. Irmgard, geb. Dibbern, 4 Kd. (Torsten, Hugo, Clemens, Julia) - Promot. 1948; Habil. 1956 - S. 1963 ao. u. o. Prof. Univ. Hamburg (Klinikdir.), Dekan med. Fakultät 1969-70. Üb. 100 Fachveröff. Mitarb. an 3 Büchern - Mehrere Ehrenmitgliedschaften in- u. ausl. Ges. - Liebh.: Musik, Malerei - Spr.: Engl.

RITZEL, Wolfgang
Dr. phil., em. Prof. f. Philosophie u. Pädagogik - Am Kottenforst 30, 5300 Bonn 1 - Geb. 19. Aug. 1913 Jena (Vater: Prof. Dr. phil. Albert R., Extraord. f. Mineralogie Univ. Jena †1916; Mutter: Mathilde, geb. Fath), ev., verh. in 2. Ehe (1944) m. Dr. Hanna, geb. Schmidt, 2 Kd. (Ulrich, Dorothea) - Gymn. Pforzheim; Univ. Breslau, Freiburg, Jena (Phil., Päd., Soziol.); Promot. 1937, Habil. 1955 TH Braunschweig - 1939-49 Wehrdst. u. jugosl. Gefangensch.; s. 1951 Lehrtätigk. Hochsch. f. Sozialwiss. Wilhelmshaven, WH Mannheim (1960 Ord. u. Inst.dir.), Univ. Bonn (1963 Ord. u. Mitdir. Inst. f. Erziehungswiss.) - BV: u. a. Z. Wandel d. Kantauffassung, 1952, 2. A. 1968; Fichtes Religionsphil., 1956; Jean-Jacques Rousseau, 1959, 2. A. 1972; Gotthold Ephraim Lessing, 1966, 2. A. 1978; D. Vielheit päd. Theorien u. d. Einheit d. Päd., 1968; Päd. als prakt. Wiss., 1973; Immanuel Kant - zur Person, 1975; Philos. u. Päd. im 20. Jh., 1980; Immanuael Kant - e. Biogr., 1985. Herausg.: Individualität - Phänomenalität - Individualität/Festschr. f. H. u. M. Glockner (1966).

RITZENHOFEN, Walter
Maler u. Grafiker - Fritz-Strassmann-Str. 14, 4000 Düsseldorf 13 (T. 0211 - 75 05 72) - Geb. 19. Dez. 1920 Düsseldorf (Vater: Hubert R., Kunstmaler; Mutter: Helene, geb. Carnas), kath., verh. m. Gabriele, geb. Kunau, Sohn Andreas - Kunstakad. Düsseldorf; Meisterschüler v. Prof. Champion - Mitbegr. d. Künstlergr. 53; 1980 Leit. Grenzland-Sommerakad.; Olympia-Kalender-München 1972 - 1988 D'dorfer Stadtmaler (Kurfürstl. Runde) - BV: Gesichter, Zeichn., Monotypien, Lyr. 1975 (m. Grünhagen); Totentanz, 1978. Erf. d. Olympia-Kalenders München, 1972; Neugestalt. Bilder einer Ausst. (Mussorgsky), 1979 - Kunstricht.: Gegenständl. Expressive Malerei, Grafik - 1977 Heinrich-Heine-Plak.; 1979 Karl-Friedrich-Kock-Plak.; 1981 BVK am Bde.; 1982 BVK; 1983 Goldmed. Intern. Parlament f. Sicherheit u. Frieden (USA); 1985 Karl-Klinzing-Plak. u. Jacobi-Plak. - Bek. Vorf.: Hubert R., Impress. (Vater); Adrian Carnas, Bildhauer (Großv.).

RITZERFELD, Wolfgang
Dr. med., o. Prof., Direktor Hygiene-Inst. Univ. Münster, Lehrstuhl f. Med. Mikrobiol. - Schreiberstr. 36, 4400 Münster/W. (T. 8 19 54) - Geb. 22. Juli 1926 Monschau - S. 1962 (Habil.) Lehrtätigk. Münster (1967 apl., 1974 o. Prof. f. Med. Mikrobiol.). Etwa 260 Fachveröff.

RITZL, Friedrich
Dr. med., Prof. f. Nuklearmedizin - Talstr. 7, 5020 Frechen 4 (T. 02234 - 6 12 74) - Geb. 22. Okt. 1925 Augsburg (Vater: Hermann R., Dir.; Mutter: Katharina, geb. Groß), ev., verh. s. 1956 m. Dr. Eva, geb. Kolarik, 2 T. (Eva-Katharina, Afra) - Gymn. Augsburg; 1948-53, Stud. Med. Univ. München, Promot. 1954 Univ. Würzburg; ETH Zürich, Univ. Köln, KFA Jülich, Univ. Düsseldorf, dort Habil. 1971 (Nuklearmed.) - S. 1974 a. p. Prof., s. 1975 Dir. Klinik f. Nuklearmed. d. Kliniken d. Stadt Wuppertal, s. 1981 Ärztl. Dir. - BV: Leukozytäres System - Knochenmark, in: Handb. d. med. Radiologie, 1978 - Liebh.: Alpinist - Spr.: Engl.

RIVINIUS, Karl Josef
Dr. theol., Prof. - Arnold-Janssen-Str. 30, 5205 St. Augustin 1 - Geb. 2. Sept. 1936 Bous/Saar, kath. - Stud. Phil., Theol., Erziehungswiss., Gesch.; 1. u. 2. Staatsex. f. Gymn.; Promot. 1976 Münster; Habil. 1986 Bonn - BV: u.a. Bischof W.E. v. Ketteler u. d. Infallibilität d. Papstes, 1976; Mission u. Politik, 1977; D. kath. Mission in Süd.-Shantung, 1979; D. Anfänge d. Anthropos, 1981; Errichtung d. Lehrstuhls f. Missionswiss. an d. Ludwig-Maximilians-Univ. München, 1985; Weltl. Schutz u. Mission, 1987; D. soz. Bewegung im Deutschl. d. 19. Jh., 2. A. 1989 (engl. u. ital. Übers.). Zahlr. kirchen-, missions- u. sozialgesch. Beitr. u. Aufs.

RIX, Helmut
Dr. phil., o. Prof. f. Vergleichende Sprachwissenschaft - Oberer Weiher 4, 7800 Freiburg - Geb. 4. Juli 1926 Amberg (Vater: Hans R., OStudDir.), verh. m. Emilie, geb. Figge - Univ. Würzburg, Heidelberg, München, Tübingen. Promot. Heidelberg; Habil. Tübingen - S. 1959 Lehrtätigk. Univ. Tübingen, Erlangen-Nürnberg (1960; apl. Prof.), Regensburg (1966 Ord.), Freiburg (1982) - BV: D. etrusk. Cognomen, 1963; Histor. Grammatik d. Griechischen, 1976; Z. Entstehung d. urindogerman. Modussystems, 1986. Div. Einzelarb.

RIX, Rainer
Dr. med., Dr. med. habil., Univ.-Prof. Erlangen-Nürnberg (s. 1984), Augenarzt - Sulzbacher Str. 61, 8500 Nürnberg 20 - Geb. 18. Juli 1942 Marburg/Lahn - Promot. 1966 München; Habil 1978 Erlangen - 1968-70 wiss. Assist. 1. Physiol. Inst. Univ. Erlangen; 1970-76 wiss. Assist., 1976-81 Oberarzt Augenklinik Univ. Erlangen; s. 1976 Landesarzt; s. 1981 Augenarzt Nürnberg - Spezialgeb.: Ophthalmol., Elektrophysiol. d. Sehens, Datenverarbeitung (EDV). Veröff. in Fachztschr.

RIXECKER, Roland
Dr., Staatssekretär Minister d. Justiz Saarbrücken - Zähringerstr. 12, 6600 Saarbrücken - Geb. 16. Mai 1951 Völklingen, ev., verh. s. 1986 m. Michèle, geb. Bucher - Jurist. Ass.ex. 1976 u. Promot. 1983 Saarbrücken.

RIXNER, Peter
I. Bürgermeister Stadt Tegernsee (1984 bestätigt), Vors. Fremdenverkehrsgem. Tegernseer Tal (1984ff.) - Rathaus, 8180 Tegernsee/Obb.; priv.: Klosterrichterweg 6 - Geb. 13. Mai 1941 Tegernsee - Bauuntern. CSU.

RIZKALLAH, Victor
Dr.-Ing., Prof. Inst. f. Grundbau u. Bodenmechanik Univ. Hannover, berat. Ingenieur - Zu erreichen üb. Univ., Callinstr. 32, 3000 Hannover 1, priv.: Trakehnerweg 3, 3000 Hannover 51 - Geb. 7. Okt. 1933 Kairo/Ägypten (Vater: August R., Min.beamter; Mutter: Loula, geb. Youssef), christl., verh. s. 1963 m. Ursula, geb. Sawienko, 3 Kd. (Sami, Mona, Marcel) - Dipl. 1958 Kairo; Promot. 1968 Univ. Hannover, Habil. 1973 ebd. - B. 1972 Obering.; b. 1976 Doz.; ab 1977 Prof. Univ. Hannover (1981 Dekan FB Bauing.w., 1982 Vizepräs. d. Univ.) - 3 Bücher u. 35 Veröff. - Liebh.: Sport, Musik, Reisen, Sprachen - Spr.: Arab., Deutsch, Engl., Franz., Ital.

ROBERT, Egon
Rechtsanwalt, Geschäftsf. Verein Dt. Holzeinfuhrhäuser - Domsheide 3, 2800 Bremen (T. 32 67 86).

ROBERT, Heinz
Dipl.-Kfm., Vorstandsmitgl. Absatzkreditbank AG. - Struckholt 8f, 2000 Hamburg 63 - Geb. 19. Juni 1922 - Zul. Geschäftsf. Allkredit Teilzahlungsfinanzierungs-GmbH., Düsseldorf. 1976 ff. Vors. Arbeitsgemeinsch. d. Absatzkreditbanken.

ROBERTS, Henryk
s. Haberland, Karlheinz

ROBERTZ, Hans
Bundesbahnbeamter a. D., MdL Nordrh.-Westf. (s. 1975) - Michaelstr. 35, 4330 Mülheim/Ruhr (T. 42 12 17) - Geb. 9. Dez. 1925 - FDP.

ROBINSON, David Gordon
Ph. D., Prof. f. Zellbiologie Univ. Göttingen - Jenaerstr. 25, 3400 Göttingen (T. 0551 - 79 33 77) - Geb. 15. Mai 1947 England (Vater: George R., Hafeninsp.; Mutter: Iris, geb. Kinder), verh. s. 1975 m. Gisela, geb. Blechschmidt, 3 Kd. (Alexander, Andreas, Eva) - Stud. in England (B.Sc. Hons, Ph.D. Univ. Leeds); Habil. 1976 Univ. Göttingen - 1972-74 Res. Fellow & Lecturer Stanford Univ./USA; ab 1974 Univ. Göttingen - BV: Plant Membranes, 1985; Methods of preparation for electron microscopy, 1987. Zahlr. wiss. Veröff. z. Zellbiol. - Liebh.: Gesch., Musik, Sport - Spr.: Engl., Franz.

ROBL, Karl
Dr. rer. pol., Prof., Hauptgeschäftsführer Zentralverb. Dt. Baugewerbe (s. 1988) - Auf dem Hasensprung 18, 5330 Königswinter 41 (T. 02244 - 8 08 50) - Geb. 10. Sept. 1943 Prennet, verh. - Univ. Erlangen-Nürnberg; Dipl.-Kaufm. 1969; Promot. 1973; Habil. 1979 Köln - 1979-81 Priv.-Doz. Univ. Köln; 1981-87 Leit. Betriebswirtsch. Inst. d. Westd. Bauind. - BV: Analyse d. Werbeträgers, 1974; Distribution u. Wirtschaftsordnung, 1980.

ROCK, C. V.
s. Roecken, Kurt W.

ROCK, Martin
Dr. theol., Prof. f. Sozialethik Univ. Mainz - Albinistr. 4, 6500 Mainz - Geb. 30. März 1932 Hepbach (Vater: Max R., Landw.; Mutter: Rosa, geb. Baur), kath. - BV: Widerstand gegen d. Staatsgewalt, 1966; Christ u. Revolution, 1968; Anarchismus u. Terror, 1977; D. Umwelt ist uns anvertraut, 1987 - Spr.: Engl., Franz., Ital., Span.

ROCKENFELLER, Dieter
Unternehmer, Vors. Gemeinschaft Papiersackindustrie - Zu erreichen üb. Nerotal 4, 6200 Wiesbaden.

ROCKENMAIER, Dieter W.
Chefredakteur Main-Post, Würzburg/Schweinfurter Tagblatt - Dubliner Str. 106, 8700 Würzburg - Geb. 8. Aug. 1933 Dessau/Anhalt (Vater: Karl R., Dipl.-Brauerei-Ing.; Mutter: Ida, geb. Trappmann), verh. s. 1959 m. Irmtraut, geb. Weiß, 3 Kd. - BV: Schlagzeilen v. vorgestern, mainfränk. Lokalgesch., 1979; Schwarz auf Weiß, mainfränk. Lokalgesch., 1980; Buchführ. d. Todes. D. Endlösung d. Judenfrage im damaligen Gau Mainfranken, 1981; D. Dritte Reich u. Würzburg, 1983.

ROCKER, Kurt
Dipl.-Ing. (FH), MdL Rhld.-Pfalz (s. 1965; dzt. Vors. Umweltaussch.) - Danziger Weg 5, 6760 Rockenhausen (T. 3 56) - Geb. 24. Sept. 1928 Ilbesheim Kr. Donnersberg, kath., verh., 3 Kd. - Volkssch.; landw. Lehre; Landw.ssch. u. Höh. Landbausch. Bad Kreuznach - 1953-65 Bezirkspflanzenschutzamt Neustadt u. Landw.ssch. Alsenz (Pflanzenschutztechniker). MdK u. stv. Bundesvors. (s. 1961). Bezirksvors. Jg. Union Pfalz (1961-65). CDU s. 1954. Vors. Schutzgemeinsch. Dt. Wald, Landesverb. Rhld.-Pfalz u. stv. Bundesvors.

ROCKSTROH, Heinz
Dirigent - Am Waldesrand 23, 5800 Ha-

gen 1 (T. 02331 - 5 32 22) - Geb. 1. Sept. 1919 Aue/Erzgeb., verh. 1943 m. Anna, geb. Weller, 2 Kd. (Helgard, Eva) - Musikhochsch. Leipzig (Prüf. Klavier, Flöte u. Dirig. Prof. Teichmüller, Bartuzat, J. N. David u. H. Abendroth) - Wehrdst. (5 J.) u. amerik. Gefangensch. (1 J.), 1946-51 Solorepetitor m. Dirigierverpflicht. Opernhaus Düsseldorf, dann Dirig. Staatstheater Oldenburg (stv. GMD) u. Städt. Bühne Hagen (1970-71 musikal. Oberleit.). Gastdirig. In- u. Ausl. Rundfunk- u. Fernsehkonzerte. Pianist (Liederabende, Kammermusik). 1984-85 Gastdirig. Staatsoper Ankara - Liebh.: Fotogr., Archäologie - Spr.: Engl., Franz.

ROCKSTUHL, Joachim

Dr., Vorstandsmitglied Schubert & Salzer Maschinenfabrik AG. (s. 1973) - Heydeckstr. 2, 8070 Ingolstadt/D. - Geb. 24. März 1932.

RODE, Detlev

Bankdirektor - Kaiser-Wilhelm-Ring 27-29, 5000 Köln; priv.: Vinzenzstr. 37, 5303 Bornheim-Merten/Rhld. - Geb. 25. Okt. 1931 Hamburg (Vater: Waldemar R.), verh. m. Gisela, geb. Emmrich - Schule, Bankausbild., (bde. Hamburg), Stud. Rechtswiss. (Freiburg u. Hamburg). Gr. jurist. Staatsprüf. - B. 1965 Verb. öfftl.-recht. Kreditanstalten, dann Dt. Centralbodenkredit-AG (1969 stv., 1971 o. Vorst.-Mitgl.).

RODE, Enno

Oberkreisdirektor Landkr. Ammerland (s. 1989) - Kreishaus, 2910 Westerstede (T. 04488 - 56-2 79); priv.: 0441 - 6 93 35) - Spr.: Engl. - Rotarier.

RODE, Friedrich

Landwirt, Präs. Landesverb. d. Nieders. Landesvolkes - Zu erreichen üb.: Warmbüchenstr. 3, 3000 Hannover.

RODE, Günter

Dipl.-Ing., Inhaber Günter Rode GmbH & Co KG, Garten-, Landschafts- u. Sportplatzbau, Präs. Zentralverb. Gartenbau (ZVG) Bonn, Vizepräs. Dt. Gartenbauges. - Am Stein 4, 6108 Weiterstadt (T. 06150 - 20 22) - Geb. 26. Okt. 1928 Hannover, verh. s. 1954 m. Ingeborg, geb. Materne, 2 Kd. (Axel, Monika) - Vorst. Arbeitsgemeinsch. Landschaftsentw. (AGL), Förderges. Gartenbau (FGG); Vors. Verein Bildungsstätte d. dt. Gartenbaues Grünberg; Beirat z. Feststell. d. Lage in d. Landw. b. Bundesmin. f. Ernährung, Landw. u. Forsten; AR Bundesgartenschau Frankfurt 1989, Bundesgartenschau Dortmund 1991, u. Bundesgartenschau Berlin 1995 - 1978 Ernst Schröder Med.; 1980 Osnabrücker Ehrenmed. d. FH Osnabrück; 1982 BVK; 1984 gold. Ehrenring Bundesverb. Garten-, Landschafts- u. Sportplatzbau (BGL) - Liebh.: Fotogr., Reisen.

RODECK, Gerhard

Dr. med., Prof., o. Prof. f. Urologie - Posener Str. 3, 3554 Cappel (T. Marburg 4 10 32) - Geb. 14. April 1922 Jena - Promot. u. Habil. Jena - S. 1961 Lehrtätigk. Marburg (1970 Ord. u. Klinikdir.). Fachveröff.

RODECK, Heinrich

Dr. med., Prof., Ärztl. Direktor i. R. d. Vestischen Kinderklinik (1960-86) - Lloydstr. 5, 4354 Datteln/W.

RODENACKER, Wolf

Dr.-Ing., o. Prof. u. Vorst. Inst. f. Konstruktionstechnik TH bzw. TU München (s. 1965) - Lehenweg 2, 8000 München 83 (T. 40 05 63) - Geb. 15. Okt. 1906 - Facharb.

RODENBERG, Rudolf H. A.

Dr. rer. nat., o. Prof., Theoret. Physiker, Leiter Abt. f. Theor. Elementarteilchenphysik/III. Physikal. Inst. TH Aachen (s. 1966) - Diepenbenden 28, 5100 Aachen (T. 6 16 38) - Geb. 20. Okt. 1929 Schweidnitz/Schlesien (Vater: Anton R., Büroleiter; Mutter: Maria, geb. Piechatzek), kath., verh. s. 1962 m. Agathe, geb. Schenk, 2 Kd. (Jens, Katja) - Schulen Schweidnitz, Ratibor, Dresden, Bamberg; 1949-50 Phil.-Theol. Hochsch. Bamberg, 1950-55 Univ. Göttingen (Dipl.-Phys.). Promot. Heidelberg; Habil. Frankfurt/M. - 1956-66 Univ. Tübingen (Assist.) u. Frankfurt (1962; Assist,. 1965 Privatdoz. bzw. Doz.). 1965-66 Gastprof. USA, 1971-73 Co-Dir. Intern. Sommersch. Louvain-Aachen. 1973/75 Gastprof. Rio de Janeiro (Brasilien), 1981 u. 1984-86 Gastprof. Haifa; 1983 Visiting Sen. Scientist at Fermilab (FNAL) USA; Trieste (ICTP); TRIUMF (TH-Div.) UBC, Vancouver, 1984, Visiting Prof. Warszaw Univ, 1977-87 Visiting Sen. Scientist at CERN-TH-Div.; 1986 Visiting Sen. Scientist at Berkeley, Livermore, SLAC/USA. 1956ff. Mitgl. American Physical Soc. - Liebh.: Musik - Spr.: Engl., Portugies.

RODENSTEIN, Louis

Vorstandsmitglied i. R. - Gemeinweide 6, 2000 Hamburg 65 (T. 601 51 69) - Geb. 6. Febr. 1913 Lüdenscheid, verh. m. Hildegard, geb. Wilhelm, 2 Töcht. (Marianne, Brigitte) - S. 1933 Bankwesen (1961-76 Vorst.-Mitgl. Dt. Überseeische Bank, Berlin/Hamburg).

RODENSTEIN, Marianne

Dr. rer. pol., Prof. f. Soziologie Univ. Frankfurt - Robert-Mayer-Str. 5, 6000 Frankfurt 1 - Geb. 28. Juni 1942 Braunschweig, led. - Stud. Soziol. Berlin u. München; Dipl.-Soz. 1968; Promot. 1976 München; Habil. 1986 TU Berlin - 1973-77 Stip. Max-Planck-Inst. z. Erforsch. d. Lebensbedingungen d. techn.-wiss. Welt Starnberg; 1979-84 wiss. Mitarb. Inst. f. Stadt- u. Regionalplanung TU Berlin - BV: Z. sozio-ökonom. Bedeutung d. Automobils (m. a.), 1971; D. Kommune in d. Staatsorganisation (m.a.), 1974; Bürgerinitiativen u. polit. System, 1978; Mehr Licht, mehr Luft - Gesundheitskonzepte im Städtebau s. 1750. Herausg.: Wie sicher ist d. soziale Sicherung? (m. a., 1989).

RODENSTOCK, Randolf Alexander

Dipl.-Phys., Unternehnehmer, pers. haft. Gesellsch. Optische Werke G. Rodenstock - Isartalstr. 43, 8000 München 5 (T. 089 - 72 02-2 02) - Geb. 31. März 1948 München (Vater: Prof. Dr. Rolf R.), kath., verh. s. 1971 m. Uschi, geb. Eger, 2 Kd. (Beatrice, Rupprecht) - Abit. München 1967; anschl. Bundeswehr; Stud. Physik TU München; Dipl.-Physiker 1976; 1977/78 Stud. Business School Insead Fontainebleau (Abschl. MBA) - Vorst.-Mitgl. Verb. Dt. Feinmachanische u. Optische Ind., d. Bildungswerks d. Bayer. Wirtsch. u. and. dt. Wirtschaftsgremien - Liebh.: Ski, Segeln, Lit. - Spr.: Engl., Franz. - Bek. Vorf.: Kommerzienrat Alexander R. (Großv.).

RODENSTOCK, Rolf

Dr. rer. pol., Dr. oec. hc., Dipl.-Kfm., Prof., Fabrikant, Vizepräs. (1978-84 Präs.) Bundesverb. Dt. Ind., Präs. IHK München-Oberbay., Vizepräs. Arbeitgeberverb. Bay. Ehrenvors. Landesverb. d. Bayer. Ind. (s. 1977; 1955-77 Vors.) - Isartalstr. 43, 8000 München 5 (T. 720 22 04) - Geb. 1. Juli 1917 München (Vater: Kommerzienrat Alexander R., Fabr.; Mutter: Franziska, geb. Fries), kath., verh. s. 1969 m. Inge, geb. Haux, 4 Kd. (aus 1. Ehe: Randolf, Alexandra, Eva-Beatrice; aus 2. E.: Benedikt) - Schule u. Studium München - 1937-42 Arbeits- u. Wehrdst., dann Studienurlaub u. UK-Stellung Opt. Werke G. Rodenstock, München, s. 1945 Mitgl. Geschäftsltg. u. Inh. (1953). S. 1947 (Habil.) Privatdoz. u. apl. Prof. (1956) Univ. München (Betriebsw.lehre). 1948-64 Vors.; s. 65 Vorst.-Mitgl. Verb. d. Dt. Feinmechan. u. Opt. Ind. Vorst.-Mitgl. DIHT, Handelskammer Dtschl.-Schweiz, Verein Bayer. Metallind., AR- u. VR-Mandate in Ind., Versich.- u. Energiewirtsch. - BV: Kostenrechnung in d. Feinmech. u. Optik, Diss. 1944; D. Genauigkeit d. Kostenrechnung in d. Ind., 1947; Genauigk. d. Kostenrechng. industr. Betriebe, 1949; Feinmechan. u. Opt. Ind., 1955; Management heute (Management-Enzyklopädie), 1984; Standortbestimm. e. Untern., 1977; Gesellschaftl. Verantw. als Untern., 1979 - 1957 Gr. BVK; 1958 Bayer. VO.; Silb. Johann-Friedrich-Schär-Plak.; Staatsmed. f. bes. Verdienste um d. Bayer. Wirtsch.; Med. Bene merenti Bayer. Akad. d. Wiss.; Chevalier dans l'ordre national de le legion d'honneur; Med. in Gold München leuchtet; 1977 Duncker-Med.; 1977 Gr. BVK m. Stern u. Schulterb.; 1980 Handwerkszeichen in Gold; 1982 Gold. Ehrenmünze München; 1984 Goldmed. f. Distinguished Leadership and Service for Humanity (jüd. Org.); Bayer. Verfassungsmed. in Gold - Liebh.: Segeln, Tennis, Ski - Spr.: Engl., Franz., Ital., Span. - Rotarier.

RODENSTOCK, Rudolf

s. Rodenstock, Rolf

RODER, Alois

Dr. phil., Prof., Hochschullehrer - Karolingerstr. 8, 7050 Waiblingen/Württ. (T. 31 74) - Geb. 22. Nov. 1924 Stuttgart, verh. m. Hedwig, geb. Moser (Dozentin Päd. Hochsch. Ludwigsburg) - Gegenw. Prof. PH Ludwigsburg (Systemat. u. Histor. Pädagogik sow. Schulkunde).

RODERMUND, Otto-Ernst

Dr. med., Prof. (s. 1975), Leiter Abt. Dermatologie Bundeswehr-Krankenhaus Ulm sowie Ltr. Abt. Dermatologie Univ. Ulm (s. 1978) - Bundeswehr-Krankenhaus, 7900 Ulm (T. 176-35 70) - Geb. 30. Nov. 1932 Neunkirchen/S. (Vater: Dr. med. Paul R.; Mutter: Rosel, geb. Fischer), kath., verh. s. 1962 m. Barbara, geb. Terberger - Staatsex. u. Promot. 1957; Habil. 1970 - Fachmitgliedsch. Fachveröff.

RODEWALD, Georg

Dr. med., o. Prof. f. Chirurgie - Zu erreichen üb. Univ.klinik, Martinistr. 52, 2000 Hamburg 20 - Geb. 13. März 1921 - Habil. 1958 Hamburg - S. 1966 Extraord., 1969 Ord. Univ. Hamburg (emerit. Dir. Abt. f. Herz- u. Gefäßchir. u. exper. Kardiol.). Facharb. üb. Lungenfunktion, Schrittmacherbehandl., Herzchir. (insbes. angeb. Herzfehler, Koronarchir., Myokardprotektion, neurol. u. psychopathol. Reaktionen) - 1959 Martini-Preis Hamburg; 1989 Paul-Morawitz-Preis; Ehrenmitgl. Dt. Ges. f. Thorax-, Herz- u. Gefäßchir. u. Vereinig. Nordwestd. Chirurgen.

RODI, Frithjof

Dr. phil., Univ.-Prof. (Philosophie) - Zum Ruhrblick 1, 4630 Bochum-Stiepel - Geb. 1. April 1930 Pforzheim (Vater: Max R., Rektor; Mutter: Martha-Luise, geb. Lichtenfels), ev., verh. s. 1962 m. Eva-Maria, geb. Maneval, 4 Kd. (Peter, Annekatrin, Sebastian, Philipp) - Human. Gymn. Pforzheim (Abit. 1950); Univ. Tübingen u. London (Phil., Dtsch., Engl., Gesch.), Promot. 1958, Habil. 1970 - 1958-59 Lektor Univ. Bristol, 1959-62 Lektor Univ. Hyderabad (Indien), s. 1962 Wiss. Assist., s. 1970 Prof. Ruhr-Univ. Bochum - BV: Morphologie u. Hermeneutik, 1969; Provokation-Affirmation, 1970. Herausg.: Dilthey-Jahrb. f. Phil. u. Gesch. d. Geisteswiss. Mithrsg.: W. Dilthey, Ges. Schr., (1977ff.); Materialien z. Phil. W. Diltheys (1984); W. Dilthey, Selected Works (1985ff.) - Spr.: Engl., Franz.

RODINGEN, Hubert

Dr. jur., Dr. phil., Prof. FH Münster - Sentruper Str. 214, 4400 Münster - Geb. 23. Febr. 1934, verh. s. 1986 m. Roese, geb. Glade, 2 Töcht. (Urte, Tanja) - Stud. Univ. Göttingen, Tübingen Kiel (Rechtswiss., Volkswirtsch., Slawistik); 1. Staatsex. 1958 Schleswig, 2. Staatsex. 1963 Hamburg; Promot. 1968 Kiel; (iur.); Mainz (phil.); Promot. 1974 - 1965-68 Verw. Inst. f. Ostrecht Kiel; 1968-74 Ass., Prof. Jurist. Fak. Univ.

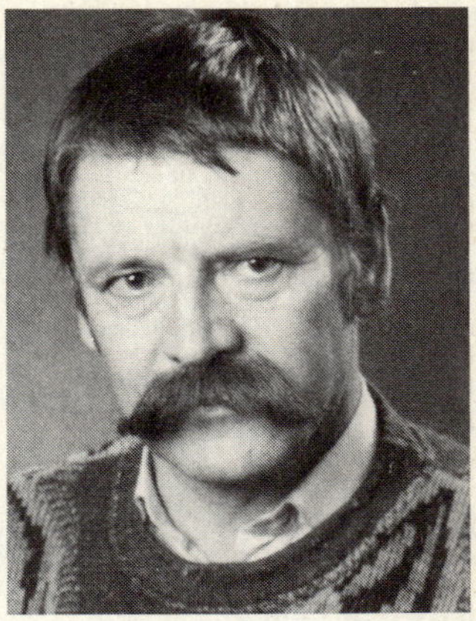

Mainz f. Rechtstheorie u. sozialistisches Recht; Forschungen am Zentrum f. interdisziplinäre Forsch. Bielefeld; 1975 Prof. f. Einf. in d. Sozialwiss. u. marx. Soziallehre FB Sozialwesen FH Münster. 1970-79 Forschungen Akad. d. Wiss. d. UdSSR in Moskau - BV: Aussage u. Anweisung (Leibniz u. Nietzsche), 1975; Pragmatik d. Jurist. Argumentation, 1977; D. Rechts- u. Verwaltungsinformatik in d. Sowjetunion, 1979; Schlüssel z. Recht, 1986; Zugang z. Recht, 1979 (zus. m. Bierbrauer u.a.) - Liebh.: Lyrik, Sprachen, Sprach- u. Kulturkritik, Wiss.-theorie, Reisen - Spr.: Engl., Franz., Lat., Span., Russ.

RÖBBELEN, Gerhard

Dr. rer. nat., Prof. f. Angew. Genetik u. Pflanzenzüchtung - Tuckermannweg 9, 3400 Göttingen (T. 4 66 05) - Geb. 10. Mai 1929 Bremen (Vater: Ernst R., Pastor; Mutter: Henny, geb. Körner), ev., verh. s. 1957 m. Dr. Christa, geb. Scherz, 3 Kd. (Barbara, Matthias, Christoph) - Dipl.-Landw. 1952 Göttingen; Promot. 1956 Freiburg/Br. (Botanik, Zool.); Habil. 1961 Göttingen (Genetik u. Pflanzenzücht.) - S. 1961 Lehrtätigk. Univ. Göttingen (1965 Wiss. Rat u. Prof., 1968 Abt.vorsteher, 1970 o. Prof. u. Dir. Inst. f. Pflanzenbau u. -zücht.) - 1968 Gründungsvors. u. 1977 Vors. Dt. Ges. f. Genetik; 1986-89 Präs. EUCARPIA, Europ. Ges. f. Züchtungsforsch.; s. 1981 Mitgl. Akad. Wiss. Göttingen. Fachveröff. - 1976 Dr. agr. h. c. Landw. Fakultät Univ. Kiel - Spr.: Engl.

RÖBEN, Wilhelm

Landwirt, Vorstand Dachziegelwerke Indunahall AG - Postfach 209, 2932 Zetel 1 (T. 04452 - 8 81) - Geb. 29. Sept. 1935 Wilhelmshaven.

RÖCK, Dieter

Dr. rer. pol., Vorstandsmitglied Bayerische Warenhandelsgesellschaft d. Verbraucher AG (BVA), Nürnberg - Günthersbühler Str. 30, 8500 Nürnberg (T. 0911 - 59 25 51) - Geb. 17. Jan. 1933, ev., verh. s. 1966 m. Gerda, geb. Cammeratt, S. Christoph - 1950-54 Kaufm. Lehre; 1954-58 Stud. Betriebswirtsch.lehre; Dipl.-Kfm. Köln; Promot. 1959 Graz - S. 1980 Mitgl. Bayer. Senat - 1987 Bayer. VO. - Spr.: Engl.

RÖCK, Heinrich

Dr. rer. nat., Vorstandsmitglied SKW Trostberg AG - Dr.-Albert-Frank-Str. 32, 8223 Trostberg/Obb. (T. 86-1); priv.: Traunsteiner Str. 9 - Geb. 15. Juli 1928 - Stud. Chemie (Dipl.-Chem.).

RÖCKE, Heinrich

Dipl.-Ing., Prof. f. Architekturzeichnen u. Raumgestalt. TU Braunschweig (s. 1959; emerit. 1981) - Im Eichenkamp 6, 3300 Braunschweig (T. 05307 - 18 57) - Geb. 13. Mai 1914 Danzig - Architekt d. Röm.-German. Mus. Köln.

ROECKEN, Kurt W.

Schriftsteller (Ps.: C. V. Rock) - Postf. 66, 8103 Oberammergau (T. 08822 - 62 59) - Geb. 18. Juni 1906 Essen, kath., verh. 1929 m. Eva, geb. Jessel (Tochter d. Komp. Léon J.) †1963, 3 Söhne (Anton, Michael, Henry), II) 1965 Marte, geb. Klose (Schausp.) - Hohenzollern-Gymn., Kunsthochsch., TH u. Univ. Berlin - B. 1934 Maler u. Graphiker, dann Schriftst. u. Kriminologe. Vornehml. Kriminalromane (Gesamtaufl. üb. 2 Mill.); Sachb.: Berufe v. morgen, Mehr Geld ohne Arbeit, D. Mensch v. morgen, Filmdrehb.: Kennwort: Machin, Alarm, Sturmmusik, St. Pauli - Herbertstr., D. Glück wohnt nebenan!, Kronjuwelen, D. nächste Herr, dieselbe Dame, Jungfrau aus 2. Hand; Fernsehen: Arbeiter im Frack, Irrtum vorbehalten!, Witzakad. IV, V, VI; Hörfunk-Features. Zahlr. Kulturfilme. Herausg.: Drei-Stern-Reihe, Meister-Kriminalromane, Ztschr. Kriminalbild - Kriminalwelt - Liebh.: Pistolenschießen, Fliegen, Bergsteigen - Spr.: Engl., Franz.

RÖCKL, Helmut
Dr. med., o. Prof. f. Haut- u. Geschlechtskrankheiten - Josef-Schneider-Str. 2, 8700 Würzburg - Geb. 28. Febr. 1920 München - S. 1955 (Habil.) Lehrtätigk. Univ. München (1961 apl. Prof.) u. Würzburg (1965 Ord. u. Klinikdir.). Etwa 150 Fachveröff.

ROECKL, Kurt
Dr. jur., Syndikus beim Bayer. Handwerkstag, Verbandsgeschäftsf. d. Dt. Faß- u. Weinküfer-Handwerks - Max-Joseph-Str. 4, 8000 München 2 - E.a. Richter b. Bundesarbeitsgericht.

RÖD, Wolfgang
Dr. phil., Prof. f. Philosophie - Zu erreichen üb. Univ. Innsbruck, Inst. f. Philosophie, Innrain 52, A-6020 Innsbruck (T. 724 - 34 62) - Geb. 13. Mai 1926 Oderberg (Ostschles.) - Stud. Phil. Mailand u. Innsbruck (Promot. 1953) - 1955-63 Prof. Klass. Lyzeum Bozen; 1970-76 Doz. u. apl. Prof. Univ. München; s. 1977 o. Prof. Univ. Innsbruck - BV: Descartes, 1964 (2. A. 1982); Geometr. Geist u. Naturrecht, 1970; Descartes' Erste Phil., 1971; Dialekt. Phil. d. Neuzeit, 1974 (span. 1977, port. 1982, jap. 1984/87); Gesch. d. Phil., 1976ff. (Hrsg. u. Verf. d. Bde. I (1976), VII (1978), VIII (1984) u. IX (1989); Mitverf.) - 1986 Tir. Landespreis f. Wiss.

RÖDDING, Gerhard
Dr. theol., Landeskirchenrat i. R., Ratsmitgl. Stadt Bielefeld (1973-87), MdL Nordrh.-Westf. (1980-87) - Strusen 35, 4800 Bielefeld 16 (T. 0521 - 39 16 23) - Geb. 18. Febr. 1933 Oestrich/Iserlohn (Vater: Alfred R., Mutter: Elisabeth, geb. Kränzer), ev., verh. s. 1959 m. Renate, geb. Tobinski, 6 Kd. - Stud., 1. theol. Ex. 1957, 2. theol. Ex. 1960, Promot. 1961 Münster - Landeskirchenrat, 1968-80 Schuldezern. Ev. Kirche v. Westf.; s. 1985 stv. AR-Vors. Bielefelder Gemeinn. Wohnungsges.; s. 1987 erster stv. Dir. Landesanstalt f. Rundfunk Nordrh.-Westf. 1975-87 Mitgl. Rundfunkrat WDR; 1979-87 AR-Mitgl. Westd. Werbefernsehen - BV: Choralb. z. Ev. Kirchengesangb. (Hrsg.), 1970; Dogmatik im Grundriß, 1974; Passionsandachten im Ev. Kirchengesangb., 1974; Paul Gerhardt, 1981; u. a. Veröff. - Liebh.: Jagd - Spr.: Engl. - Rotarier.

ROEDEL, Walter Rudolf
Dr. rer. nat., Prof. f. Physik - Im Eichwald 2, 6900 Heidelberg (T. 06221 - 38 16 18) - Geb. 30. Dez. 1934 Mannheim (Vater: Walter R., Arzt; Mutter: Hedwig, geb. Ohler), ev., verh. s. 1962 m. Annelotte, geb. Jung, T. Eva Maria 1945-54 Gymn., 1954-60 Stud., Dipl. (Physik) 1960 Heidelberg, Promot. 1964, Habil. - 1971. 1965-71 Wiss. Assist., 1971-73 Priv.-Doz., 1973-80 Univ.-Doz., 1980 Prof. - BV: ca. 25 wiss. Arb. im Ztschr. - Liebh.: Theater, Musik, Früh- u. Urgesch., Fotografie.

RÖDER, Berndt
Rechtsanwalt, Geschäftsf. Zeitungsverleger-Verb. Hamburg; Kaiser-Wilhelm-Str. 6, 2000 Hamburg 36, u. gf. Zeitungsverlegerverb. Schleswig-Holst. - Holstenbrücke 8-10, 2300 Kiel (T. 0431 - 9 38 39) - Geb. 3. Dez. 1948, ev., verh. s. 1974 m. Helga, geb. Bremer, 3 Kd. (Kristina, Lars-Erik, Isabel) - MdHB 1982 u. s. Okt. 1984 CDU.

RÖDER, Erhard
Dr. rer. nat., Prof. f. Pharmazie - Auf dem Äckerchen 46, 5307 Wachtberg 3 - Geb. 31. März 1929 Engers (Vater: Josef R., Lehrer; Mutter: Maria, geb. Esch), kath., verh. s. 1957 m. Karen, geb. Günther, 3 Kd. (Bettina, Frank, Kirsten) - Abit. 1948 Neuwied; Pharmazeut. Prüf. 1956 Mainz, Dipl. 1960 Mainz, Promot. (Chemie) 1963 Mainz, Habil. (Pharm.) 1970 Bonn, 1971 Prof. Bonn - Liebh.: Klass. Musik, Jagd - Spr.: Engl.

ROEDER, Gustav
Chefredakteur Nürnberger Zeitung - Im Föhrenwinkel 6, 8501 Schwaig-Behringersdorf (T. 0911 - 57 56 25) - Geb. 2. Febr. 1924 Fellbach b. Stuttgart, ev., verh. m. Brunhilde, geb. Breithaupt, 2 Kd. (Thomas, Cornelia) - Obersch. Stuttgart-Bad Cannstatt - Kriegsgefangensch.; versch. Berufe u. a. Schausp., Kabarettist); s. 1950 Redakt. (Politik, Feuilleton) - BV: Württemberg, 1972.

RÖDER, Heinz
Vorstandsmitglied Frankfurter Versich. AG (s. 1985), 1984 (Juli) ff. Vors. Berufsbildungswerk d. Versich.w.

ROEDER, Peter Martin
Dr. phil., Wissenschaftliches Mitgl. MPI f. Bildungsforsch. - Lentzeallee 94, 1000 Berlin 33 - Geb. 27. Nov. 1927 Berlin - BV: u. a. Erziehung u. Gesellschaft, 1968; Schule im histor. Prozeß, 1976; Unterricht als Sprachlernsituation, 1976.

RÖDER, Walther
Dr. jur., Rechtsanwalt, Geschäftsf. Frankfurter Kredit-Bank GmbH. u. Frankfurter Inkasso GmbH., beide Frankfurt/M. - Große Friedberger Str. 23, 6000 Frankfurt/M. (T. 2 03 51) - priv.: Vogelsbergstr. 10, 6368 Bad Vilbel - Geb. 25. März 1923.

RÖDERN, Ruth
s. Wendt, Ingeborg

RÖDERS, Eckhart
Fabrikbesitzer (G. A. Röders/Aluminiumguß) - Unter d. Linden 6, 3040 Soltau/Nieders. - 1984 ff. Vors. Gesamtverb. Dt. Metallgießereien, Düsseldorf.

RÖDING, Horst

Botschafter d. Bundesrep. Deutschl. a.D. - Auf d. Reeg 20, 5307 Wachtberg-Pech - Geb. 18. April 1920 Dortmund - Stud. Rechts- u. Staatswiss. Berlin u. Lausanne - Vizekonsul Amsterdam, Leit. Konsulat Nancy, 1968-70 Generalsekr. Komm. f. d. Reform d. Ausw. Dienstes, 1973-77 Botsch. in Brasilien, 1977-83 Leit. Zentralabt. AA Bonn. 1983-1985 Botsch. in Polen.

RÖDL, Helmut
Dr. jur., Dipl.-Kfm., Geschäftsführer Verb. d. Handelsauskunfteien, Gf. Verb. d. Vereine Creditreform - Hellersbergstr. 12, 4040 Neuss/Rh. - Geb. 20. Juli 1939.

RÖER, Wilhelm
Dipl.-Kfm., Direktor, ARsvors. Paul Hammers AG., Hamburg - Grenzeck 7, 2071 Siek/Holst. - Geb. 3. April 1902 Strickherdicke/W. - WH Mannheim - U. a. Geschäftsf. Schwartauer Werke GmbH., Bad Schwartau.

ROEGELE, Otto B.
Dr. phil., Dr. med., Dr. phil. h. c., em. Prof. Univ. München (s. 1963) - Hasselsheider Weg 35, 5060 Bergisch Gladbach 1 - Geb. 6. Aug. 1920 Heidelberg (Vater: Prof. Otto R.; Mutter: Elisabeth, geb. Winter), kath., verh. s. 1948 m. Dr. med. Gertrud, geb. Kundel, 3 Kd. - Gymn. Bruchsal; Univ. München, Heidelberg, Straßburg, Erlangen - Kriegsdst. u. Gefangensch., 1945-48 ärztl. Tätigkeit, dann Redakt., Chefredakt. (1949-63), Herausg. (s. 1963) Rhein. Merkur, Mithrsg. Rhein. Merkur/Christ u. Welt (s. 1980). Mitgl. Dt. Unesco-Kommiss. - BV: u. a. Erbe u. Aufgabe, Ess. 2. A. 1947; Europ. Voraussetzungen, Ess. 1947; Der Ritter v. Hohenbaden, Biogr. 4. A. 1955; Bruchsal - wie es war, 3. A. 1976; Was erwarten wir vom Konzil?, 1961; Presse-Reform u. Fernseh-Streit - Texte z. Kommunikationspolitik 1832 b. heute, 1965; Wachstum oder Krise - Zu Gegenwartsfragen d. dt. Katholizismus, 1970; D. Zukunft d. Massenmedien, 1970; Medienpolitik - u. wie man sie macht, 2. A. 1974; Was wird aus dem gedruckten Wort?, 1977; Neugier als Laster u. Tugend, 1982. Herausg.: D. Freiheit d. Westens (1967); Kl. Anatomie polit. Schlagworte (2. A. 1976); Handb. d. Fachpresse, Teil I 1977 (m. H. Grossmann); Ausbild. f. Kommunikationsberufe i. Europa, 1977 (m. Heinz-D. Fischer). Mithrsg.: Intern. Kath. Ztschr. (1972ff.); Politik- u. Kommunikationswiss. Veröff. d. Görres-Ges. (1987ff.) - 1967 Ehrendoktor Univ. Pamplona; 1965 Ritterkreuz Franz. Ehrenlegion; 1980 Bayer. VO; 1982 Gr. BVK; Gr. Silb. Ehrenz. Rep. Österreich; 1986 Bayer. Verfassungsmed. in Gold.

RÖGENER, Heinz
Dr. phil., em. o. Prof. Univ. Hannover - Asselweg 10, 3008 Garbsen 2-Osterwald (T. 21 45) - Geb. 20. Sept. 1913 Wilhelmshaven (Vater: Karl R., Reichsbankbeamter; Mutter: Henriette, geb. Sattler), ev., verh. s. 1951 m. Regina, geb. Graßmann - Gymn. Oldenburg (Abitur 1932); Univ. Göttingen (Physik); Promot. 1937) - 1937-45 Wiss. Assist. bzw. Mitarb. Physikal. Inst. Göttingen u. Physikal.-Chem. Inst. Leipzig (Luftfahrtforsch.), 1947-52 Wiss. Assist. Physikal. Inst. Erlangen, 1952-67 Wiss. Mitarb. Techn. Überwachungs-Verein Essen, 1967-81 Dir. d. Inst. f. Thermodynamik Univ. Hannover. Mitgl. Dt. Physikal. Ges. (1939), VDI (1954; 1968-75 Vors. VDI-Ges. Energietechn.) u. Braunschweig. wissl. Ges. (1976). Fachaufs. - Liebh.: Naturphil., Eisenbahnwesen - Spr.: Engl.

RÖGER, Christfried
Dr. phil., Oberkirchenrat, Beauftr. d. EKD b. d. zentralen bildungspolit. Gremien in d. Bundesrep. Deutschl. - Fritz-Erler-Str. 4, 5300 Bonn 1 (T. 0228 - 21 30 36) - Geb. 30. April 1935 Leegebruch/Osthavelland (Vater: Walter R., Dipl.-Landw.; Mutter: Martha, geb. Schmakei), ev., verh. s. 1956 m. Cosima, geb. Hecklau, T. Ariadne - Franciseum Zerbst/Anhalt; Päd. Akad. Worms u. Kaiserslautern; Zweitstud. Päd., Psych. u. Soziol. Univ. Saarbrücken; Promot. 1963 - S. 1956 Lehrer; 1961 Assist. u. PH Saarbrücken; 1963 Doz. Kolleg f. Ev. Unterweisung d. Ev. Kirche im Rhld., Düsseldorf; 1971 Dir. Päd.-Theol. Inst. Bonn-Bad Godesberg; 1976 Beauftr. d. Rates d. EKD; 1968 Vors. Gemeinsch.

ev. Erzieher im Rhld., 1969 Vors. Arbeitsgem. ev. Erzieher in Dtschl.; 1980 Vorst.-Mitgl. Intern. Verb. ev. Erzieher; Vorst. Comenius-Inst. Münster; Mitgl. Inst. f. Schulbuchforsch. an d. Univ. Duisburg, u. Dt. Ges. f. Erziehungswiss.

ROEHL, Ernst
Dr. rer. nat., Prokurist, Direktor PHOENIX AG, Werk Hildesheim, Geschäftsf. Dynat Ges. f. Verschlußtechnik u. Feinmech. mbH - Am Roten Steine 17, 3200 Hildesheim - Geb. 10. Juli 1933 Hamburg, verh. - Stud. Naturwiss. Dipl.-Geol. Univ. Kiel - 1963-68 Phoenix Gummiwerke AG (1971 Prokurist, Werksdir.); 1968-70 Geschäftsf. Para-Gummiwerke GmbH; 1972-76 Geschäftsf. Meteor Moosgummiwerke K.H. Bädje GmbH & Co.

RÖHL, Henning
Erster Chefredakteur ARD-Aktuell (s. 1988) - Gazellenkamp 57, 2000 Hamburg 54, u. NDR, Rothenbaumchaussee 132-134, 2000 Hamburg 13 - 1983-88 Dir. Funkhaus Kiel/NDR.

RÖHL, Karl-Peter
Maler u. Graphiker - Esmarchstr. 58, 2300 Kiel (T. 33 24 24) - Zeitw. Hochschuldoz. Mitbegr. Style-Gruppe Weimar (1922). Absolute Malerei, auch Glasfenster u. Holzschnitte. Ausstell. In- u. Ausl. - 1968 Schlesw.-Holst. Kunstpreis.

RÖHL, Klaus F.
Dr. jur., o. Prof. f. Rechtssoziol., Rechtsphil. u. Versicherungsrecht Univ. Bochum (s. 1975) - Universitätsstr. 150, 4630 Bochum (T. 700 52 66) - Geb. 22. Mai 1938 Toestrup - 1964-73 Richter LG Kiel u. OLG Schleswig (1972); 1974-75 Chefsyndikus Provinzial Brandkasse, Kiel.

ROEHL, Lars
Dr. med. (habil.), o. Prof. u. Vorst. Urolog. Abt./Chirurg. Univ.klinik Heidelberg (1964) - Weinheimer Str. 1a, 6945 Hirschberg-Leutershausen (T. 06201 - 5 54 99) - Geb. 4. Okt. 1920 Vaxholm (Schweden), verh. m. Sonia, geb. Lundin - Univ. Stockholm u. Lund - Zahlr. Facharb.

RÖHL, Uwe
Prof., Leiter Hauptabteilung Musik d. Norddt. Rundfunks (s. 1976) - Zu erreichen üb. (T. dstl.: 040 - 413 23 80); priv.: Bahnhofstr. 7, 2407 Bad Schwartau (T. 0451 - 28 10 22) - Geb. 16. Febr. 1925 Husum (Vater: ev.-luth. Propst), verh. s. 1950 m. Astrid, geb. Nicolai, 3 Kd. - S. 1943 Stud. (Kirchen-, Schulmusik u. Philol.) Univ. Berlin, Hamburg, Herford, Köln - 1948 Kantor u. Organist, Tönning, 1949 Unna, 1956 Domorganist Schleswig, 1967 stv. Dir. Musikakad. Lübeck. Domorganist in Lübeck u. Ernennung z. Prof. (Lehrtätigk. Orgel u. Improvisation); 1971 Rektor FH f. Musik Lübeck; 1973 Gründungsrektor Musikhochsch. Lübeck - 1949 Gründg. Philipp-Nicolai-Kantorei, Unna; zahlr. Konzerte in West- u. Ostdtschl. u. Holland; Rundfunkaufnahmen als Or-

ganist u. m. d. Kantorei - Komposition zahlr. Bühnmusiken f. d. Schleswiger Theater; Konzerte u. Schallplatten als Organist u. m. d. Kammerchor d. Musikhochsch. Lübeck; Kompos. f. Gottesdienste u. Bühnenmusik f. d. Lübecker Theater - Juror b. versch. Wettbewerben in Dtschl. u. Europa; Gastdoz. in Dtschl., Skandinavien, USA. 1957 Gewinner d. 2. Preises b. Improvisationswettbewerb in Haarlem/Holland; 1958 Gewinner d. 1. Preises b. Improvisationswettbewerb in Gent/Belgien; 1974 Kunstpreis Land Schlesw.-Holst.; 1985 BVK I. Kl.; 1986 Hanse-Kulturpreis d. Vereins- u. Westbank.

RÖHLER, Hans-Joachim

Dr., Staatssekretär a. D., Geschäftsführer d. NILEG Nds. Landesentwicklungsges. - Gerstenstiege 10, 3006 Burgwedel 1 (T. 05139 - 82 69) - Geb. 26. März 1934 Meiningen/Thür., ev., verh. s. 1962, 2 Kd. - 1974-78 Staatssekr. Nieders. Wirtsch.- u. Verkehrsmin. - Spr.: Engl.

RÖHLER, Rainer H. A.

Dr. rer. nat., Prof. Univ. München - Waldschmidtstr. 12, 8132 Tutzing - Geb. 27. April 1927 Berlin (Vater: Friedrich R., Eisenbahnbeamter; Mutter: Margarethe, geb. Rehder), ev., verh. s. 1957 m. Ilse, geb. Seifert, T. Brigitte - Univ. Hamburg (Dipl.-Phys. 1952, Promot. 1957); Habil. 1963 Univ. München - 1970 Prof. Univ. München. 1978 Präs. Dt. Opt. Komitees; 1984 Präs. Dt. Ges. f. angew. Optik - BV: Informationstheorie in d. Optik, Monogr. 1967; Biol. Kybernetik, Studienb. 1974.

RÖHLICH, Eberhard

Geschäftsführer Technik u. Vertrieb Zettelmeyer Baumaschinen GmbH - Postf. 1340, 5503 Konz-Könen - Geb. 1938 - Zul. Jung Jungental GmbH, Kirchen.

RÖHLING, Eilhard

Dr. jur., Rechtsanwalt u. Notar, Geschäftsf. Verb. Dt. Tapisseriefabrikanten, Berlin - Heerstr. 53, 1000 Berlin 19 (T. 304 46 30).

RÖHM, Heinrich

Fabrikant, gf. Gesellschafter Röhm GmbH. Spannzeuge - Heinrich-Röhm-Str. 50, 7927 Sontheim/Brenz - Geb. 20. Jan. 1913 Zella-Mehlis/Thür.

RÖHM, Helmut

Dr. agr., emerit. o. Prof. f. Agrarpolitik - Welfenstr. 48b, 7000 Stuttgart-Birkach (T. 45 34 66) - Geb. 16. März 1913 Untersteinbach/Württ. (Vater: Theodor R., Pfarrer) - Univ. Tübingen (Naturwiss.), LH Hohenheim (Dipl.-Landw. 1938). Promot. (1939) u. Habil. (1951) Hohenheim - S. 1951 Doz., apl. (1957) u. o. Prof. (1961) LH bzw. Univ. Hohenheim (1967-1969 Rektor). 1939-45 Wehrdst. (Reserveoffz. u. Kompanief.) - BV: u. a. D. Allmenden in Baden-Württ., 1956; Die Vererbung d. landw. Grundeigentums in BW, 1957; D. westd. Landw., 1964. Zahlr. Einzelarb. - o. Mitgl. Dt. Akad. f. Städtebau u. Landesplanung, Köln, u. Akad. f. Raumforschung u. Landesplanung, Hannover.

RÖHM, Otto

Ehrenvorsitzender d. Aufsichtsrats Röhm GmbH (Chem. Fabrik), Darmstadt - Kirschenallee 45, 6100 Darmstadt (T. 1 81); priv.: CH-8834 Schindellegi - Geb. 6. April 1912 Darmstadt - Stud. Chemie - Ehrensenator TH Darmstadt; 1969 Gr. BVK - Spr.: Engl., Franz. - Rotarier.

RÖHM, Rolf

Dr. oec., Bankdirektor i. R., MdL Baden-Württ. (1968-1976) - Waldheimweg 10, 7312 Kirchheim/Teck (T. 4 37 70) - Geb. 9. April 1927 Stuttgart, ev., verh., 3 Kd. - Obersch. Essen u. Kirchheim; 1944-45 Arbeits- u. Kriegsdst.; Lehre Kreissparkasse Nürtingen; n. Reifeprüf. (1947) TH Stuttgart (Volksw.) u. Hochsch. f. Wirtschaftswiss. Nürnberg (Betriebsw.; 1952 Dipl.-Kfm., Dipl.-Hdl., Promot.) - B. 1955 Studienrat Kaufm. Berufssch. Kirchheim, 1963 Dir. Württ. Sparkassen- u. Giroverb., Stuttgart, s. 1972 stv. Vorstandsvors. Landeskreditbank Baden-Württ., Karlsruhe; AR Kreisbaugenossensch. Kirchheim/Teck. 1964ff. Mitgl. Gemeinderat Kirchheim; MdK Eßlingen. SPD.

RÖHN, Erich

Prof., Violinvirtuose, Primarius Hamburger Streichquartett - Mittelweg 85, 2000 Hamburg 13 (T. 45 65 62) - Ausbild. Hochsch. f. Musik Berlin (Prof. Havemann) - S. 1934 I. Konzertm. Berliner Philharmoniker (v. Furtwängler verpflichtet) u. Sinfonie-Orch. NWDR bzw. NDR; Leit. Meisterkl. Hochsch. f. Musik Hamburg. Konzertreisen In- u. Ausl.

RÖHNER, Paul(us)

Oberbürgermeister Stadt Bamberg (s. 1982) - Ludwigshöhe 15, 8600 Bamberg (T. 5 31 97) - Geb. 7. Aug. 1927 Aidhausen/Ufr. (Vater: August R., Landw.; Mutter: Anna, geb. Geiling), kath., verh. s. 1955 m. Helga, geb. Scholz, 3 Kd. (Thomas, Stephan, Christina) - Gymn.; Phil.-Theol. Hochsch. Bamberg, Univ. Würzburg u. München (Rechtswiss., Volksw.) - 1953-58 Bayer. Jungbauernschaft (Geschäftsf.); s. 1965 Bundestagsabgeordn. d. CSU Bamberg, Mitgl. im Haushaltsaussch. u. Landwirtschaftsaussch.; s. 1969 Mitgl. d. gf. Fraktionsvors. d. CDU/CSU Bundestagsfraktion (s. 1975 Parlamentar. Gf.); Mitgl. d. Gemeins. Aussch. (Notparlament) u. d. Ältestenrates d. Dt. Bundestages; 1984 Mitgl. d. Rundfunkrates d. Bayer. Städtetages. CSU s. 1965 (s. 1976 Bezirksvors. v. Oberfranken, s. 1975 Mitgl. d. Landesvorst., s. 1979 Mitgl. d. Präsidiums), 1959-82 Dir. Bayer. Bauernverb.; Beirat d. Bayer. Landesverb. f. Heimatpflege - Stiftungsrat d. Oberfrankenstiftg. - Ehrensenator d. Univ. Bamberg; 1967 Ritter Orden v. Hl. Grabe zu Jerusalem; 1969 Gold. Sportabz.; 1970 Bayer. VO.; 1977 Bayer. Staatsmed. in Gold; 1979 Oberfrankenmed.; 1982 Gr. BVK m. Stern; Gold. Ähre (BBV); 1984 Komturritter d. Ritterordens v. Hl. Grab; 1984 Obmann d. Bayer. Städtetags im Bez. Oberfranken - Rotarier - Liebh.: u. a. Musik, Lesen, Langlauf.

RÖHNISCH, Arthur

Dr.-Ing., o. Prof. f. Wasserwirtschaft, Grund- u. Wasserbau (emerit.) - Döffinger Weg 11, 7000 Stuttgart 80 (T. 68 16 26) - U. a. Oberreg.sbaurat; zul. Ord. Univ. Stuttgart.

RÖHR, Christian J.

Assessor, Geschäftsführer Deutsch-Mexikanische IHK, Mexiko-Stadt (s. 1988) - Bosque de Ciruelos 130-1202, Col. Bosques de las Lomas, 11700 México, D. F. (T. 00525 - 251 40 22) - Geb. 17. Sept. 1943 Königsberg/Pr., luth., verh. s. 1972 m. Hella v. Steinsdorff, 2 Söhne (Stephan, Heiko) - Stud. d. Rechte u. Volkswirtsch., Ass.ex. 1972 Univ. München - 1974-77 Leit. d. Rechtsabt. Dt. HK f. Spanien, Madrid; 1977-85 stv. Geschäftsf. u. Company Secretary Dt.-Austral. IHK, Sydney; 1985-88 Gf. Europ. HK d. Philippinen, Manila - Liebh.: Klass. Musik, Tennis - Spr.: Engl., Franz., Span.

RÖHR, Franz

Präsident Raiffeisen-Genossensch.-Verb. Weser-Ems, Oldenburg - Mattheide 15, 4520 Melle 9 (T. 05429 - 4 57) - Geb. 10. Juli 1920 Handarpe, verh., 3 Kd. - CDU s. 1948.

ROEHRBEIN, Waldemar R.

Dr. phil., Direktor Histor. Museum Hannover - Zu erreichen üb. Histor. Museum, Pferdestr. 6, 3000 Hannover 1 (T. 0511 - 168 23 52) - Geb. 9. Sept. 1935 Hannover (Vater: Karl R., Beamter: Mutter: Else, geb. Alten), ev., verh. s. 1964 m. Marianne, geb. Sobotta, 2 Kd. (Barbara, Carl-Gerhard) - 1957-64 Stud. Gesch., Anglistik, Päd. u. Phil. Univ. Hamburg u. Göttingen (Promot. 1964) - 1965 Volont. Hist. Museum Hannover; 1967 kommiss. Leit., 1970 Leit. Städt. Mus. Göttingen; 1976 Dir. Histor. Mus. Hannover. 1969 Mitgl. Hist. Komm. f. Nieders.; 1981 stv. Vors. Hist. Verein f. Nieders.; 1982-86 Vors. Museumsverb. f. Nieders. u. Bremen e.V. - BV: Hamburg u. d. hannover. Verfassungskonflikt 1837-1840, (Diss.) 1965; Wegbereiter d. demokr. Rechtsstaates in Nieders., 1966; Museen u. Samml. in Nieders. u. Bremen, 1974, 4. A. 1986; Hannover - so wie es war, 1979; D. Maschsee in Hannover (Hrsg.), 1986 - Liebh.: Biogr., Wandern - Spr.: Engl.

RÖHRBORN, Klaus

Dr. Prof. f. Turkol. u. Islamkd. Univ. Gießen - Königsberger Str. 13, 6301 Biebertal 1 - Geb. 10. Jan. 1938 Dippoldiswalde/Sa. (Vater: Paul R., Arch.; Mutter: Elisabeth, geb. Gneuss), ev., verh. s. 1975 m. Irmhild, geb. Loewe, 3 Kd. (Uta, Henning, Wolfram) - Kreuzsch. Dresden (Abit. 1956); Promot. 1966 Hamburg; Habil. 1971 - BV: Provinzen u. Zentralgewalt Persiens im 16. u. 17. Jh., 1966 (pers. 1970); Uigur. Totenmesse, 1971; Untersuchungen z. osmanischen Verw.sgesch., 1973; Uigurisches Wörterb., 1977 ff. Mitherausg. Ural-altaische Jahrb. (s. 1980).

RÖHRICH, Lutz

Dr. phil., o. Prof. f. German. Philologie u. Volkskd., Dir. Dt. Volksliedarchiv - Horbener Str. 36, 7800 Freiburg (T. 29 05 64) - Geb. 9. Okt. 1922 Tübingen (Vater: Dr. jur. Konrad R.; Mutter: Käthe, geb. Mack), verh. s. 1953 m. Ingrid, geb. Jansen, 3 Kd. (Jens Lothar, Eva Babette, Lambert Tilman) - Schule u. Univ. Tübingen, Promot. Tübingen; Habil. Mainz - S. 1954 Lehrtätigk. Univ. Mainz (1959 apl. Prof.) u. Freiburg (1968 Ord.). 1959, 64, 74 u. 79 Gastprof. USA - BV: Märchen u. Wirklichk., 4. A. 1979; Europ. Wildgeistersagen, 1960; Erzählungen d. späten Mittelalters, 2 Bde. 1962/67; Sage, 2. A. 1971; Dt. Volkslieder, 2 Bde. 1965/67; Gebärde - Metapher - Parodie, 1967; Adam u. Eva in d. Volkskunst, 1968; Handb. d. Volksliedes, 2 Bde. 1973/75; Lexikon d. sprichwörtl. Redensarten, 2 Bde. 4. A. 1976; Sage u. Märchen. Erzählforsch. heute, 1976; D. Witz, 2. A. 1980; Wage es, d. Frosch zu küssen, 1987. Herausg.: Artes Populares. Acta Ethnologica et Folkloristica (16 Bde., s. 1976). Mithrsg.: Enzyklopädie d. Märchens (1975) - 1969 o. Mitgl. Kgl.-Schwed. Gustav-Adolf-Akad., Uppsala; 1974 Mitgl. Österr. Akad. d. Wiss.; 1974 Chicago Folklore prize; 1984 Oberrhein. Kulturpreis Basel; 1985 Grimm-Preis Univ. Marburg.

RÖHRICH, Wilfried

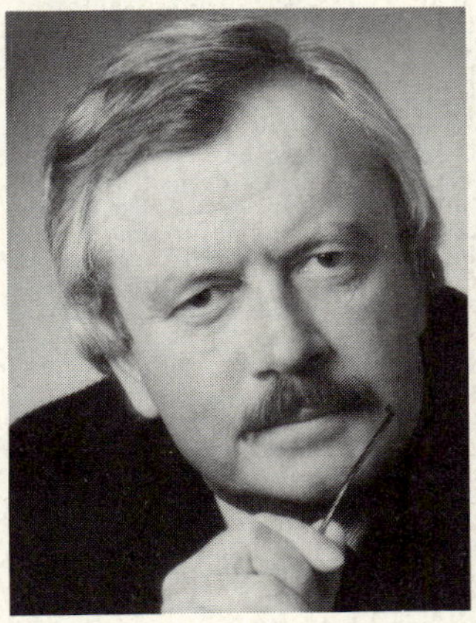

Dr. phil., Prof., Direktor Inst. f. Polit. Wissenschaft Univ. Kiel - Bismarckallee 8, 2300 Kiel 1 - Geb. 24. Dez. 1936 Darmstadt (Vater: Wilhelm R., Arch.; Mutter: Marie, geb. Schöneweiß), ev. - Stud. Polit. Wiss., Soziol. u. Phil.; Promot. 1964 Univ. Frankfurt, Habil. Univ. Kiel - BV: D. Staat d. Freiheit, 1969; Sozialvertrag u. bürgerl. Emanzipation, 1972; Robert Michels, 1972; Demokrat. Elitenherrschaft, 1975; Neuere polit. Theorie, (m. a.) 1975; Gesellschaftssyst. u. intern. Politik, (m. a.) 1976 (2. A. unt. d. Titel: Gesellschaftssyst. d. Gegenwart, 1986); Polit. Soziol., 1977 (Ital. Ausg. 1980); Revolutionärer Syndikalismus, 1977; Politik u. Ökon. d. Weltges., 1978 (2. A. unt. Mitw. v. K. G. Zinn, 1983); Politik als Wiss., 1978 (2. A. unt. Mitw. v. W.-D. Narr, 1986); Sozialgesch. polit. Ideen, 1979; Marx u. d. materialist. Staatstheorie, 1980; D. repräsent. Demokr., 1981; Vom Gastarb. z. Bürger, 1982; D. verspätete Demokratie, 1983; Aspekte d. Kritischen Theorie, 1987; D. Demokratie d. Westdeutschen, 1988; Denker d. Politik. Z. Ideengesch. d. bürgerl. Ges., 1989. Herausg.: Beitr. z. Sozialforsch.; Kieler Beitr. z. Politik u. Sozialwiss. - Liebh.: Musik, bild. Kunst - Spr.: Engl., Franz., Ital., Span.

ROEHRICHT, Karl Hermann

Schriftsteller, Maler, Grafiker - Watzmannstr. 6, 8261 Tyrlaching (T. 08623 - 13 25) - Geb. 12. Okt. 1928 Leipzig, verh. s. 1957 m. Loni, geb. Mahnkopf (Malerin), 2 Kd. (Sebastian, Josephine) - Lehre als Versich.kaufm.; Kunststud. Hochsch. f. bild. Künste Berlin-Charl. u. Palermo (Meisterschüler) - Freiberufl. tätig - BV: Vorstadtkindheit, Roman-Tril. 1979; Großstadtmittag, 1980; Waldsommerjahre, 1982; D. unzufriedenen Wörter, Märchen 1980; D. verlorenen Eltern, R. 1982. Weit. 6 Buchveröff. (Erz., Balladen, Monol.) - Familie Birnchen (Komödie); Insz. M. Gorki Theater Berlin (1975); Stadttheater Nordhausen (1979), FS-Verfilmung 1982; Meine Privatgalerie (1973-82). 15 Insz., u.a. Dt. Theater Berlin, Kammertheater Antwerpen; Friedas letzter Vormittag (Groteske), 1980 Staatstheater Schwerin. Tafelbilder (Realismus) u.a. in Gemäldegalerie Neue Meister, Dresden, Gemäldegalerie Schwerin, Ostd. Galerie, Regensburg - 1955-79 sieben Kunstpreise - Lit.: u.a. Günther Rücker: Dieser Maler aus Leutzsch.

RÖHRIG, Ernst

Dr. forest., o. Prof. f. Waldbau Univ. Göttingen, gf. Vorst.-Mitgl. Univ.-Bund Göttingen - Hellerbreite 11, 3406 Bovenden 1 (T. 05594 - 203) - Geb. 21. April 1921 Potsdam, ev., verh. m. Brigitte, geb. March, S. Christian - BV: Waldbau. Unters. üb. d. Weißtanne im nördl. u. westl. Westdtschl., 1955 (m. A. Olberg); D. Anzucht v. Forstpflanzen in Nadelstreubeeten, 1958; D. Pappel (m. H. Zycha u. a.); Unkrautbekämpf. in d. Forstw., 1960 (m. P. Burschel); Waldbau auf ökol. Grundlage, 5. A. 1980-82; Neue Grundlagen f. d. Anbau v. Abies grandis, 1982.

RÖHRIG, Georg

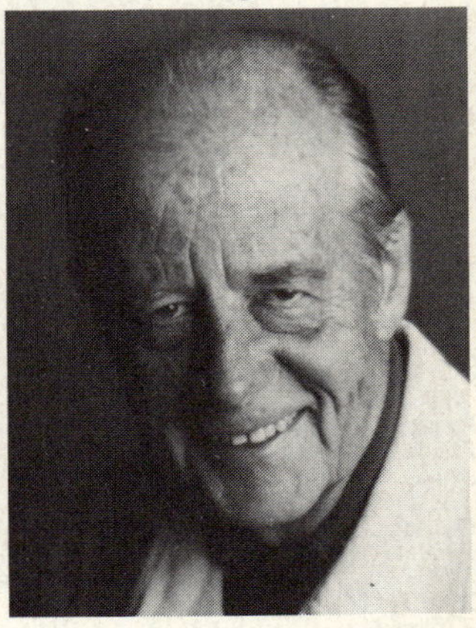

Dr., Diplomat i. R., Lehr- u. Vortragstätigkeit (Humor in dt. Dichtung) - Rurweg 24, 5300 Bonn 1 (T. 23 57 50) - Geb. 30. Sept. 1914, ev., verh. s. 1954 m. Erika, geb. Schandel, 2 Kd. (Matthias, Sylvia) - Gymn. Potsdam; Stud. d.

Rechtswiss. Univ. Tübingen, Berlin, Jena; Staatsex. 1935 Jena, bzw. 1939 KG Berlin; Promot. 1936 (Völkerr.) - 1939-46 Wehrdst., bzw. Kriegsgef. (Oblt. d. R.). 1947-52 RA Stuttgart; s. 1952 AA (Ausl.posten: Ankara, 1956-58 Moskau, Brüssel (Botsch.rat I. Kl.), 1969 Gesandter Rio de Janeiro, 1974-79 Zürich) - BV: Röhrigs Hausb. f. Gelegenheitsdichter, 1981 - Ehrenbürger Rio de Janeiro, BVK I. Kl., Großoffz. Leopold II, Cruzeiro de Sul, Gold. Sportabz. - Liebh.: Musik, Theater, Sport - Spr.: Franz., Engl., Port., Span., Türk. - Bek. Vorf.: Histor. Joh. Gust. Droysen (Urgroßv.), Bruder: Wolfram R. (Eltern s. d.).

RÖHRIG, Paul

Dr. phil., o. Prof. f. Allg. Pädagogik Univ. Köln - Thomasberger Str. 18, 5000 Köln 41 (T. 46 26 00) - Geb. 31. Mai 1925 Windeck/Siegkreis - Stud. Päd., Phil. u. German. Univ. Köln u. Mainz; Promot. 1961 - 1954-70 stv. Dir. VHS Köln; 1970-80 o. Prof. PH Rheinland, Abt. Köln; s. 1980 Univ. Köln (Fachrichtung: Allg. Päd. m. Schwerp. Erwachsenenbild.) - BV: Polit. Bildung - Herkunft u. Aufgabe, 1964.

RÖHRIG, Reinhold J.

Kaufmann, Handelsvertreter, Ehrenpräsident Verband reisender Kaufleute Dtschl. e.V., Düsseldorf - Burger Str. 236, 5630 Remscheid-Ehringhausen (T. 02191 - 34 27 27) - Geb. 15. April 1910 Essen (Vater: Nicolaus R., Archit.; Mutter: Anna, geb. Röwer), ev., verh. s. 1939 m. Lieselotte, geb. Geh, 2 Kd. (Michael, Manuela) - Abit., kfm. Lehre - Innen- u. Außendienst, s. 1936 selbst.; Vizepräs. Ligue intern. de la représent. commerciale, Paris; Nederl. Handelsreizigers- en Handelsagenten-Vereeniging (NHRV) - Gold. Verdienstmed. Assoc. d. Représent. de Commerce d'Athènes, Dipl. Union Pofess. d. Représent. de Commerce de Belgique, Gold. Ehrennadel, G. E. m. gold. Lorbeer u. Gold. Ehrenring Verb. reis. Kaufl. Dtschl. (Ehrenmitgl.) - Liebh.: Alte u. neue Kunst, Reisen - Spr.: Engl., Franz. - Bek. Vorf.: Johann Röhrig (Großvater).

RÖHRIG, Rolf

Dipl.-Kfm., Prokurist Philipp Holzmann AG, Frankfurt/M. - Am Gierlichshof 12, 5090 Leverkusen 3 - Geb. 2. Aug. 1927.

RÖHRIG, Tilman

Autor, Regiss. u. Schausp. - Dorfstr. 37, 5030 Sielsdorf-Hürth (T. 02233 - 3 27 28) - Geb. 28. März 1945 Hennweiler/Hunsrück, ev., ledig - Schauspielstud. in Frankfurt - S. 1980 Vorstandsmitgl. Friedrich-Bödecker-Kreis NRW; s. 1981 Vors. Landesarbeitsgemeinsch. Jugend u. Lit. in NRW - BV: Thoms Bericht, 1973; Langes Zwielicht, 1974; Mathias Weber, gen. d. Fetzer, 1975; Freunde kann man nicht zaubern, 1978; Frederik Faber, 1980; Dank gebührt Hannibal, 1981; D. angebundene Traum, 1982; Wenn Tina brüllt, 1983; In dreihundert Jahren vielleicht, 1984; Tina im Schrank, 1984; Stadtluft macht frei, 1985; Tina, Tom u. Florian, 1985; Sagen u. Legenden, 1987; D. Schlacht bei Worringen, 1988; Übergebt sie d. Flammen, 1988; Kater Muck trägt keine Stiefel, 1989 - Buxtehuder Bulle u. Dt. Jugendbuchpr. (f.: Thoms Bericht); Dt. Jugendbuchpr. (f.: Langes Zwielicht); Dt. Jugendliteraturpr. (f.: In dreihundert Jahren vielleicht); Kath. Kinderbuchpr. (f.: In dreihundert Jahren vielleicht); 1985 Kulturpr. Stadt Hürth - Liebh.: Kunst u. Musik - Spr.: Engl. - Vorf.: Friedrich Engels (3. Grades) - Lit.: Lexikon d. Kinder- u. Jugendlit., Kürschners Dt. Literatur-Kalender, 1984; Kritisches Lexikon z. deutschspr. Gegenwartslit. (KLG), 1987.

RÖHRIG, Werner

Rechtsanwalt - Friedrich-Ebert-Str. 34, 4150 Krefeld (T. 5 51 27) - Geb. 30. Juli 1912 Solingen (Vater: Walter R., Kaufm.; Mutter: Martha, geb. Fritz), verh. s. 1940 m. Elisabeth, geb. Schnitzler, S. Frank - Gymn. Solingen; Stud. (b. 1931 Med., dann Rechts- u. Staatswiss.) Freiburg/Br., München, Köln, Kiel. Gr. jurist. Staatsprüf. 1939 - S. 1940 IHK Krefeld (1961 ff. Hauptgeschäftsf., s. 1977 i. R.) - Spr.: Engl., Franz. - Rotarier.

RÖHRIG, Wolfram

Komponist, Dirigent, Pianist, Präs. Dt. Jazz-Föderation u. Vizepräs. Europ. Jazz-Föderation - Zu erreichen üb.: Süddeutscher Rundfunk, 7000 Stuttgart - Geb. 5. Okt. 1916 Halle/S. (Vater: Karl R., Pfarrer; Mutter: Else, geb. Droysen), verh. m. Annemarie, geb. v. d. Osten - Musikhochsch. Berlin - S. 1953 Hess. u. Südd. Rundfunk (1955; Leit. Abt. Unterhaltungsmusik). Wehrdst. u. sowjet. Kriegsgefangensch. Zahlr. Kompos., u. a. Filmmusiken (1954 ff.) - Liebh.: Sport.

RÖHRING, Hans-Helmut

Dipl.-Politologe, Verlagsleiter Rasch u. Röhring, u. Zinnober - Eichenstr. 57, 2000 Hamburg 20 (T. 040 - 490 48 10) - Geb. 3. März 1939 Bremen (Vater: Otto R., Tischler; Mutter: Luise, geb. Reisenberger), verh., 2 Kd. (Matthias, Rahel) - FU Berlin, Dipl., Assist. Univ. Hamburg u. München; Verlage: R. Piper + Co., Hoffmann u. Campe, Rasch u. Röhring (s. 1983 selbst.), Zinnober (1987) - BV: D. polit. System d. BRD, (Hrsg. zus. m. Kurt Sontheimer) 1977; Schlesw.-Holst. (Hrsg. zus. m. Hans-Joachim Bonhage) 1980; Bayern (Hrsg. zus. m. Hans Joachim Bonhage), 1982; Wie e. Buch entsteht, 3. A. 1987; Mitsegeln leicht gemacht, 1983 - Liebh.: Elefanten-Sammler - Spr.: Engl.

RÖHRING, Klaus

Pfarrer, Direktor Akad. Hofgeismar - Schlößchen Schönburg, Postfach 1205, 3520 Hofgeismar - Geb. 17. April 1941 Ansbach (Vater: Wilhelm R., Pfarrer; Mutter: Hildegard, geb. Reinhardt), ev.-luth., verh. s. 1965 m. Jutta, geb. Ulbrich, 2 Kd. (Micha, Mathias) - Human. Gymn.; Stud. Theol. Univ. Erlangen u. Berlin, 1. u. 2. theol. Ex. - 1965-68 u. 1972-75 Gemeindepfarrer Nürnberg u. München; 1968-72 Studienleit. Ev. Akad. Tutzing; s. 1975 Akad. Hofgeismar, s. 1983 Dir. ebd. - BV: Neue Musik in d. Welt d. Christentums, 1975; D. Rekonstrukt. d. Paradieses in Bildern v. Runge u. Friedrich, 1979; Visionen, Bd. 24 DiaBücherei Christl. Kunst; Neue Klangmöglichkeiten f. Orgel (Doppel-LP m. Werner Jacob); versch. theolog., phil. u. musik-theoret. Ess. - Liebh.: Malerei u. Orgelspiel.

RÖHRL, Manfred

Berliner Kammersänger, Opernsänger - Seehofstr. 64f, 1000 Berlin 37 (T. 811 53 96) - Geb. 12. Sept. 1935 Augsburg (Vater: Max R., Schlossermstr.; Mutter: Luise, geb. Stüber), kath., verh. s. 1962 m. Helga, geb. Held, Tocht. Susanne - 1954-58 Stud. Konservat. Augsburg; Reifeex. 1958 - Engagem.: 1958 Stadttheater Luzern, 1960 Staatstheater Karlsruhe, s. 1962 Dt. Oper Berlin. Gastsp. in München, Hamburg, Amsterdam, Athen, Belgrad, Brüssel, Strassburg, Washington, Tokio, Osaka, Seoul, Mexiko. Hauptrollen: Mozart Figaro, Leporello, Papageno, Don Alfonso - 1974 Berliner Kammersänger - Liebh.: Zeichnen, Tennis - Spr.: Engl.

RÖHRL, Walter

Rallyefahrer, Weltmeister v. 1980 u. 82 - Amberger Str. 20, 8400 Regensburg, kath., verh. s. 1979 m. Monika, geb. Starzinger - Mittl. Reife 1963; staatl. Skilehrerprüf. 1971 - 1963-71 Verwaltungsangest. Bischöfl. Ordinariat Regensburg. S. 1973 Rallyeprofi - BV: So gewinne ich Rallyes, 1979; Richtig Autofahren, 1981 (1984 griech. Übers.); Sicher u. sportl. Autofahren, 1985 - 1974 Europameister, 4maliger Gewinner Rallye Monte Carlo - 1980 Silb. Lorbeerblatt - Liebh.: Skilaufen, Golf - Spr.: Engl., Ital.

RÖHRL, Wilhelm

Dipl.-Volksw., Ministerialrat, MdL Bayern (1958-1978, CSU) - Gaißacher Str. 27, 8000 München 70 (T. 77 25 83) - Geb. 4. März 1921 München (Vater: Handwerker), kath. - Gymn. München u. Freising; n. Gefangensch. Werkstudent Univ. München (Phil., Volksw.; Diplomprüf. 1950) - 1938-45 Arbeits- u. Wehrdst. (zul. Ltn. d. R.); 1948-57 Geschäftsf. Landtagsfraktion u. Redakt. CSU-Korresp.; 1957-70 Tätigk. Bayer. Wirtschaftsmin., 1970-78 Vors. Aussch. f. Wirtschaft u. Verkehr im Bayer. Landtag - 1969 Bayer. VO; 1978 Gr. BVK; 1978 Bayer. Staatsmed. f. bes. Verdienste um d. Wirtsch.

RÖHRMOSER, Georg

I. Bürgermeister - Rathaus, 8152 Feldkirchen-Westerham/Obb. - Geb. 12. Jan. 1926 München - Landw. CSU.

RÖHRS, Hermann

Dr. phil., em. o. Prof. f. Erziehungswissenschaft - Bergstr. 58, 6916 Wilhelmsfeld üb. Heidelberg (T. 4 50) - Geb. 21. Okt. 1915 Hamburg, ev., verh. m. Lotte, geb. Rink, S. Christoph - Promot. u. Habil. Hamburg - 1951 Privatdoz. Univ. Hamburg, 1957 o. Prof. WH, jetzt Univ. Mannheim (1965 Honorarprof.), 1958 Univ. Heidelberg (Dir. Erziehungswiss. Sem. u. Forschungsst. f. Vergl. Erziehungswiss.), 1966 Vors. Phil.-Math.-Naturwiss. Fakultätentag - BV: D. Pädagogik Aloys Fischers, 1953, 2. A. 1966; Jean-Jacques Rousseau, Vision u. Wirklichkeit, 1957, 2. A. 1966; D. Schule u. ihre Reform in d. gegenw. Gesellsch., 1962, 2. A. 1967; Schule u. Bildung im intern. Gespräch - Studien z. Vergl. Erziehungswiss., 1966; Bildung als Wagnis u. Bewährung - E. Erörterung d. Lebenswerks v. Kurt Hahn, 1966; Kurt Hahn. A. Life Span in Education and Politics. Preface by H. R. H. The Duke of Edinburgh, 1970; Allg. Erziehungswiss., 1969, 3. A. 1973; Forschungsmeth. in d. Erziehungswiss., 1969, 2. A. 1971 (übers. in Ital.); Afrika - Bildungsprobleme e. Kontinents, 1971; Erziehung z. Frieden, 1971 (übers. in Korean. u. Ital.); Modelle d. Schul- u. Erziehungsforsch. in d. USA, 1972; D. Friedenspäd. im Modell d. Internat. Gesamtsch. Hannover, 1975; Forschungsstrategien in d. Vergl. Erziehungswiss., 1975. Kindergarten, Schule, Elternhaus in Kooperation, 1976; D. progress. Erziehungsbew. in d. USA, 1977 (übers. in Neugriech.); Dt. Entwicklungshelfer in d. Lehrerausbild. Afghanistans, 1978; Die Erziehungswiss. u. d. Pluralität ihrer Konzepte. Festschrift für W. Flitner, 1979; D. päd. Ideen Martin Bubers, 1979; D. Reformpäd. in Europa, 1980, 2. A. 1983; Spiel u. Sportsp. - e. Wechselverhältnis, 1981 (übers. in Jap.). Herausg.: D. Bildungsfrage in d. mod. Arbeitswelt (1962, 2. A. 1967); Erziehungswiss. u. -wirklichkeit (1964, 3. A. 1983); Jean-Jacques Rousseau - Preisschriften u. Erziehungsplan (3. A. 1983), Bildungsphil. (2 Bde. 1967/68); D. Spiel - e. Urphänomen d. Lebens (1981); Sportpäd. u. Sportwirklichk. (1982); Frieden - e. päd. Aufgabe (1983, übers. in Jap.); D. Schulen d. Reformpäd. heute (1986); Schlüsselfragen d. inneren Bildungsreform (1987); Tradition u. Reform d. Univ. unter intern. Aspekt (1987); Tradition and Reform of the University under an International Perspective (1987); Vocational Education in Industrialized Soc. (1988) - Festschr.: Einführung in d. Schulpädagogik. Hg. v. Lenhart, Marschelke, 1976; Vergl. Erziehungswiss., Hg. v. Baumann, Lenhart, Zimmermann, 1981.

RÖHRS, Manfred

Dr. rer. nat. (habil.), o. Prof. f. Zoologie - Bischofsholer Damm 15, 3000 Hannover - Geb. 22. Sept. 1927 Rotenburg, ev., verh. s. 1957 m. Heidrun, geb. Nitschke, 3 Kd. (Helga, Stefan, Joachim) - B. 1965 Univ. Hamburg (apl. Prof.; Wiss. Rat Zool. Staatsinst. u. Museum), dann Tierärztl. Hochsch. Hannover (Ord. u. Inst.dir.; 1974-76 Rektor). Spez. Arbeitsgeb.: Domestikationsforsch., Evolution d. Zentralnervensystems d. Wirbeltiere - BV (Mitautor): Kurth, Evolution u. Hominisation, 2. A. 1968; Heberer, Evolution d. Organismen, 3. A. 1971; Merre u. Röhrs: Haustier - zoologisch gesehen, 1988 - Spr.: Engl.

RÖKEN, Heribert

Dr. jur., Kanzler d. Univ. Dortmund - August-Schmidt-Str., 4600 Dortmund-Eichlinghofen.

RÖKEN, Wolfgang

Rektor, Bürgermeister Stadt Gladbeck - Tunnelstr. 46, 4390 Gladbeck - Geb. 26. Juni 1943 Könnern (Vater: Ernst R.; Mutter: Ilse, geb. Witzel), kath., verh. s. 1969 m. Gudrun, geb. Tuchtfeldt, 2 T. (Nicole, Ines) - Abit., PH - S. 1976 OB Stadt Gladbeck, s. 1976 Kreistagsabg. Mitgl. Verb.vers. KVR, s. 1979 SPD-Fraktionsf. Zweckverb.vers. Verkehrsverb. Rhein/Ruhr, AR-Mitgl. - Spr.: Engl.

RÖKK, Marika

Schauspielerin (Bühne, Film, Fernsehen) - Mozartstr. 15, A-2500 Baden b. Wien (Österr.) (T. 02252-4 11 70) - Geb. 3. Nov. 1913 Kairo/Ägypten (Kind ung. Eltern), verh. I) 1940 m. Georg Jacoby (Filmregiss.) †1964, T. Gabriela/Gaby (Schausp.), II) 1968 Fred Raul (Regiss.) - Klass. Tänzerin (begann bereits m. 9 J.); Gastspielreisen Europa u. Amerika. Zahlr. Filme, dar. (1934-73): Leichte Kavallerie, Heißes Blut, D. Bettelstudent, Gasparone, Karussell, E. Nacht im Mai, Hallo, Janine!, Es war e. rauschende Ballnacht, Kora Terry, Frauen sind doch bessere Diplomaten, D. Tanz m. d. Kaiser, Hab mich lieb, D. Frau meiner Träume, Fregola, Kind d. Donau, Sensation in San Remo, D. Czardasfürstin, Maske in Blau, D. geschiedene Frau, Nachts im Grünen Kakadu, Bühne frei f. Marika!, D. Nacht vor d. Premiere, Mein Mann, d. Wirtschaftswunder, D. Fledermaus, Hochzeitsnacht im Paradies, D. letzte Walzer - BV: Herz m. Paprika, 1974 - 1981 Bundesfilmband in Gold - Liebh.: Kochen.

ROELCKE, Dieter

Dr. med., Prof. f. Immunologie u. Serologie Univ. Heidelberg - Frankenstr. 23, 6929 Angelbachtal-Eichtersheim - Geb. 28. Dez. 1936 Heidelberg - Med. Staatsex. 1962 u. Promot. Univ. Heidelberg; Habil. 1971 - 1974 Wiss. Rat u. Prof. Entd. d. Blutgruppenkomplexe Pr u. Gd. 150 Publ.

ROELCKE, Walter

Dr. rer. nat. (habil.), o. Prof. u. Vorst. Math. Inst. Univ. München (s. 1965) - Sperberweg 3, 8033 Krailling/Obb. (T. München 857 11 81) - Geb. 10. Dez. 1928 Görlitz - 1960-65 Doz. Univ. Münster. Fachaufs.

RÖLIKE, Lothar

Assessor, Vizepräs. Wohnungsbaukreditanstalt d. Ld. Schlesw.-Holst./Körpersch. d. öfftl. Rechts - Fleethörn 29-31, 2300 Kiel; priv.: Johannes-Gutenberg-Str. 3, 2308 Preetz - Geb. 16. März 1929 - Stud. Rechtswiss.

RÖLL, Walter

Dr., Prof. Univ. Trier - Laurentius-Zeller-Str. 2, 5500 Trier - Geb. 10. Mai 1937 Berlin (Vater: Hugo R., Ing.; Mutter: Erna, geb. Bockhacker), verh. s. 1962 m. Gunda, geb. Rohde, 3 Kd. (Stefanie, Katja, Christoph) - Promot. 1962, 1. Staatsex. 1963, Habil. 1969 - BV: Stud. z. Text u. Überlief. d. sog. Jüngeren Titurel, 1964; V. Hof z. Singschule, 1976; Oswald v. Wolkenstein, 1981.

RÖLL, Werner

Dr., Prof. - Spreeweg 8, 3500 Kassel (T. 0561 - 31 20 54) - Geb. 12. Juni 1937 Fulda, kath., verh. s. 1967 m. Barbara, geb. Lippert - Staatsex. 1962; Promot. 1964 Univ. Gießen - 1972 Prof. Univ. Gießen; 1974 o. Prof. GH Kassel; Mitgl. wiss. Beir. Dt. Ges. f. Asienkd. in Hamburg - BV: Kulturlandschaftl. Entw. d. Fuldaer Landes, 1967; D. agrare Grundbesitzverf. im Raume Surakarta,

1976; Indonesien, Entw.probl. e. trop. Inselwelt, 1979; Struktur Pemilikan Tanah di Indonesia, 1983; Lombok: Bevölk.strukturier. gem. Religion u. Adat (m. A. Leemann), 1983; Agrarprobl. auf Lombok (m. A. Leemann), 1987. Herausg.: Asien - Harms Handb. d. Geogr. Bd. I/II (1981/82, m. E. Grötzbach); Wandel bäuerl. Lebensformen in Südostasien (1980, m. H. Uhlig u. U. Scholz) - Spr.: Engl., Indones.

ROELLECKE, Gerd

Dr. jur., o. Prof. f. Öfftl. Recht u. Rechtsphil. Univ. Mannheim - Kreuzackerstr. 8, 7500 Karlsruhe 41 (Wolfartsweier) (T. 0721 - 49 17 39) - Geb. 13. Juli 1927 Iserlohn in W. (Vater: Wilhelm R., Kaufm.; Mutter: Grete, geb. Kemper), verh. s. 1966 m. Elga, geb. Denninger, T. Sabine - Jurist. Staatsex.; Promot. 1960 Freiburg/Br.; Habil. 1967 Mainz - 1972-74 Präs. Westdt. Rektorenkonferenz; 1974-77 Vizepräs. Dt. Forsch.gemeinsch.; 1982-85 Rektor Univ. Mannheim - BV: Politik u. Verfassungsgerichtsbarkeit, 1961; D. Begriff d. positiven Gesetzes u. d. Grundgesetz, 1969; Grundbegriffe d. Verwaltungsrecht, 1972; Rechtsphil. od. Rechtstheorie, 1988 - Spr.: Engl.

RÖLLEKE, Heinz

Dr. phil., Prof. f. Dt. Philologie u. Volkskunde Univ. Wuppertal - Goetheweg 8, 4040 Neuss 26 (T. 02107 - 61 43) - Geb. 6. Nov. 1936 Düsseldorf (Vater: Heinrich R., Handw.; Mutter: Barbara, geb. Ritter), kath. - Kaufm. Lehre (Gehilfenprüf.); Stud. German. Univ. Köln u. Zürich (Staatsex. Dtsch. u. Gesch.); Promot. 1965 Univ. Köln; Habil. 1971 (f. Dt. Philol. u. Volkskd.) Univ. Köln - 1953-59 Verlagskaufm.; 1965-73 Wiss. Assist., Priv.Doz. Univ. Köln; 1969-72 Gastprof. in Düsseldorf, Cincinnati (USA), Trier; s. 1974 Prof. Univ. Wuppertal - BV: D. Stadt b. Stadler, Heym und Trakl, 1965; D. Judenbuche, 1970; D. älteste Märchensamml. d. Brüder Grimm, 1975; D. Knaben Wunderhorn (6 Bde.), 1975-78; D. wahre Butt, 1978; D. unbek. Bruder Grimm, 1979; Nebeninschriften, (Aufsatzsamml.) 1980; Westf. Sagen, 1981; Kinder- u. Hausmärchen d. Brüder Grimm (2 Bde.), 1982; Georg Heym Leseb., 1984; Wo d. Wünschen noch geholfen hat (Aufs. z. d. KHM), 1985; Grimms Märchen - Einf., 1985; Veriphantors Frontalbo (Barockr.), 1985. Herausg. d. Ztschr. Wirkendes Wort - 1985 Hess. Staatspreis; 1985 Gr. Preis dt. Akad. f. Kinder- u. Jugendlit.; Wiss. Beirat Hölderlin- u. Brüder-Grimm-Ges.

RÖLLER, Wolfgang

Dr. rer. pol., Vorstandssprecher Dresdner Bank AG - Jürgen-Ponto-Platz 1, 6000 Frankfurt am Main - Geb. 20. Okt. 1929 Uelsen/W. (Vater: Beamter), verh., 3 S. - Stud. Volkswirtsch. Berlin u. Frankfurt, Dipl.ex. 1951; Promot. 1954 - 1952-55 Dresdner Bank, Frankfurt/M. (1964 Leit. Börsenabt., 1968 Generalbevollm., 1971 stv., 1973 o. Vorst.-Mitgl., 1985 Vorst.-Sprecher); s. 1987 Präs. Bundesverb. dt. Banken. AR-Mand. bei zahlr. in- u. ausl. Ges.

RÖLLGEN, Franz-Wilhelm

Dr., Prof. f. Physikal. Chemie Univ. Bonn - Weimarstr. 13, 5205 St. Augustin 2 - Geb. 6. Juli 1937 Köln, kath., verh. s. 1967 m. Erika, geb. Lorenscheit - Dipl. Physik 1965, Promot. 1970, Habil. 1974.

RÖLLGEN, Karl-Heinz

Assessor, Hauptgeschäftsf. IHK Hochrhein-Bodensee - Schützenstr. 8, 7750 Konstanz/B.; priv.: Karlsbader Str. 10, 7860 Schopfheim - Geb. 8. Nov. 1928.

RÖLLIG, Wolfgang

Dr. phil. (habil.), o. Prof. u. Direktor Altoriental. Seminar Univ. Tübingen - Ob dem Viehweidle 10, 7400 Tübingen - Geb. 6. Febr. 1932 Dresden - Zul. Univ. Münster - BV: Kanaanäische u. aramäische Inschriften, 3 Bde., 3. A. 1971/76 (m. H. Donner); D. akkadische Syllabar, 3. A. 1976 (m. W. v. Soden); Phönizisch-pun. Grammatik, 2. A. 1970 (m. J. Friedrich); D. Bier im alten Mesopotamien, 1970; D. altorient. Literaturen, 1978; Tübinger Atlas d. vorderen Orients, 1977ff.

RÖLLINGHOFF, Martin

Dr. med., Prof. f. Medizinische Mikrobiologie - Dreibergstr. 76, 8520 Erlangen - Geb. 1. April 1941 Hamburg (Vater: Dr. med. Werner R., Arzt; Mutter: Dr. med. Wilhelmine, geb. Herbig), ev., verh. s. 1968 m. Dr. med. Solveig, geb. Scheunemann, 3 Kd. (Inga, Bianca, Marc) - Med.-Stud. Freiburg, Wien, Tübingen, Med. Staatsex. u. Promot. 1967 Tübingen, Habil. 1975 Mainz - 1983 o. Prof. u. Dir. Inst. f. Klin. Mikrobiologie Univ. Erlangen - Üb. 150 Veröff. üb. med. Mikrobiol. u. Immunol. - 1975 Klenk-Preis, 1980 Boeringer-Preis.

ROELOFFS, Karl

Dr. phil., Ministerialdirigent a.D., Generalsekr. Dt. Akad. Austauschdienst/DAAD (s. 1980) - Kennedy-Allee 50, 5300 Bonn 2 (T. 0228 - 88 21) - Geb. 1927 - Stud. Engl. u. Gesch. Göttingen, Freiburg, Stanford (M.A. 1952), Bonn (Promot. 1958) - 1953-58 Ref. Fulbright-Kommiss.; 1970-79 Ministerialdirig. BMBW.

RÖLTGEN, Bert

Dr., Geschäftsführer Bundesverb. d. Dt. Baustoffhdl. e.V. - Lövenicher Weg 36, 5000 Köln 41 - Geb. 15. Nov. 1931.

RÖMER, Franz

Dr. phil., o. Prof. f. Schulpädagogik u. Allg. Didaktik Päd. Hochschule Rheinland/Abt. Neuss - Luise-Hensel-Str. 80, 5100 Aachen.

ROEMER, Gerd-Benno

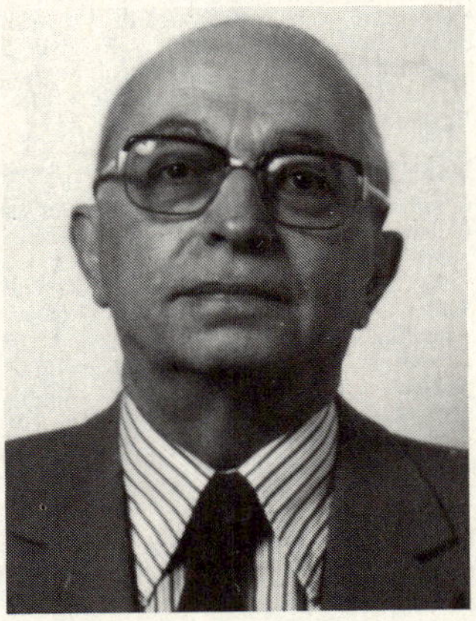

Dr. med., Dr. jur., Dipl.-Kfm., em. o. Prof. u. ehem. Direktor Inst. f. Med. Mikrobiologie u. Immunologie Univ. Hamburg - Scheffelstr. 8, 2000 Hamburg 60 (T. 27 79 48) - Geb. 24. März 1909 Düsseldorf (Vater: Josef R., Oberamtmann; Mutter: Gerda, geb. Giesen), kath., verh. s. 1952 m. Birgid, geb. Schmitz, S. Martin - Stud. Köln, Marburg, Düsseldorf. 1931-34 Gerichtsrefer.; Promot. (jur.) 1934, Dipl.-Kfm. 1937, Promot. (med.) 1942; Habil. (Hyg. u. Mikrobiol.) 1948 (D'dorf) - B. 1955 Med. Akad. D'dorf (1950 Oberarzt Hyg. Inst.; 1955 apl. Prof.), dann Univ. Hamburg (1955 ao. (u. Inst.dir.), 1963 o. Prof.), emerit. 1979. Ca. 125 Veröff. in Fachztschr. u. Buchbeitr. - Spr.: Engl., Franz., Ital.

ROEMER, Hans Robert

Dr. phil., em. o. Prof. f. Islamwiss. u. Geschichte d. islam. Völker - Dreikönigstr. 17, 7800 Freiburg/Br. (T. 7 15 10) - Geb. 18. Febr. 1915 Trier (Vater: Maximilian R.; Mutter: geb. Kaufmann), kath., verh. s. 1951 m. Ursula, geb. Wirtz, 5 Kd. - Univ. Bonn, Berlin, Göttingen (Promot. 1938). Längere Orientaufenthalte (Türkei, Persien, Ägypten, Libanon) - 1949-56 Dir. Akad. d. Wiss. u. d. Lit., Mainz, s. 1950 Privatdoz. u. apl. Prof. f. Islam. Philol. u. Islamkd. (1954) Univ. ebd., 1952-56 Geschäftsf. Dt. Morgenl. Ges., 1956-60 Ref. Dt. Archäol. Inst. Kairo, 1961-63 Dir. Orient-Inst./DMG Beirut, seither Ord. Univ. Freiburg. 1971-84 Vors. Dt. Morgenl. Ges. Entd. v. handschriftl. Quellen u. Urkunden z. Gesch. d. islam. Völker - BV: u. a. D. Niedergang Irans n. d. Tode Isma'ils d. Grausamen, 1939; Probleme d. Hafizforsch. u. d. Stand ihrer Lösung, 1951; Staatsschreiben d. Timuridenzeit, 1952; E. Chronik v. Tode Timurs b. z. J. 1409, 1956; D. Chronik d. Ibn ad-Dawadari, 1960; Dt. Orientalistik d. siebziger Jahre, 1972; Hist. of Iran 14th to 18th cent. Cambridge Hist. of Iran VI, 1986; Persien auf dem Weg in d. Neuzeit, 1989. Zahlr. Fachaufs. in Dt., Franz., Arab., Pers., Engl. - Ehrenmitgl. Société asiatique (Paris), Dt. Morgenl. Ges. - Lit.: Haarmann u. Bachmann, Festschr. Roemer, Beirut (Wiesbaden 1979).

RÖMER, Heinz

Vorstandsmitglied Bill-Brauerei AG., Hamburg - Eckerkamp 76, 2000 Hamburg 64 (T. 536 62 16).

RÖMER, Johann Wilhelm

Staatssekretär Ministerium f. Umwelt und Gesundheit Rhld.-Pfalz (s. 1987) - An den Platzäckern 26, 6500 Mainz-Drais (T. 06131 - 47 66 85) - Geb. 30. Juli 1938 Berlin, kath., verh. s. 1965 m. Hildegard, geb. Kerner, 3 Kd. (Regina, Philipp, Daniel) - Abit.; Stud. Rechtswiss.; Ex. 1962 u. 1966 - Justitiar im rhld.-pfälz. Min. f. Wirtsch. u. Verkehr; 1969 pers. Ref. d. Min.; 1973 Landrat Daun; 1977ff. Landrat Kr. Mainz-Bingen; zul. Staatssekr. Min. f. Landwirtsch., Weinbau u. Forsten Rhld.-Pfalz. Zahlr. Mandate, u. a. Ehrenvors. Freundschaftskreis Mainz-Bingen/Provinz Verona; Hauptausschußmitgl. d. Rates d. Gemeinden Europas; Vorst.-Mitgl. Kurat. Dt.-amerik. Verbundenheit; stv. Kreisvors. DRK; Vorst.-Mitgl. dt.-türk. Ges.; Mitgl. in versch. Gremien auf Kreis-, Bezirks- u. Landesebene d. CDU - BVK; the outstanding civilian service medal; Ehrenzeichen d. DRK; Feuerwehrehrenz. Rhld.-Pfalz in Gold; Landkreis-Ehrenmed. u. Ehrenz. in Silber Bundesverb. Landw. Fachschulabsolventen - Liebh.: Gesch., Kunst, Wandern, Fischen - Spr.: Franz., Ital., Engl. - Rotarier, CV.

RÖMER, Max

Dr. rer. nat., Prof. f. Astrophysik u. Extraterr. Forschung Univ. Bonn - Stettiner Weg 22, 5309 Meckenheim - Geb. 4. Okt. 1937 Bonn (Vater: Max, Angest.; Mutter: Martha, geb. Knoben), verh. s. 1959 m. Irmtraud Lucas, 2 Kd. (Ralph, Annemarie) - Stud. Physik, Astronomie Univ. Bonn; Promot. 1963 Bonn; Habil. 1970 Bonn - 1965 wiss. Assist.; 1964-66 Astrophysiker Center for Astrophysics, Cambridge MA; 1966 Oberassist. Bonn; 1971 apl. Prof.; 1973 wiss. Rat u. Prof.; 1973 Staff Scientist NASA Langley, Hampton, VA; 1980 Prof.; s. 1981 Konventsvors. Univ. Bonn; s. 1982 Senator ebd.; s. 1978 Lehrbeauftr. RWTH Aachen - 1961 Mit-Entd. Helium in terr. Exosphäre - Zahlr. Fachaufs.

RÖMER, Peter

Dr. jur., Prof. f. Politikwissenschaft Univ. Marburg - Schulstr. 10, 3570 Stadtallendorf-Niederklein.

RÖMER, Ruth

Dr., Prof. - Im Birkenkamp 11, 4830 Gütersloh - Geb. 28. Sept. 1927 Dresden (Vater: Otto Kipp, Arbeiter; Mutter: Erna, geb. Kirschner), verh. s. 1954 - Promot. 1966; Habil. 1971 - 1971 Prof. - BV: D. Sprache d. Anzeigenwerb., 6. A. 1980; Sprachwiss. u. Rassenideologie in Deutschland, 2. A. 1989; zahlr. Aufs.

RÖMHELD, Julius

Dipl.-Ing., Gesellschafter Fa. Römheld & Moelle Eisengießerei, Maschinen- u. Apparatebau GmbH - Auf d. Albansberg 11, 6500 Mainz (T. 6 30 56) - Geb. 19. Mai 1917 Mainz - TH Darmstadt (Maschinenbau) - Spr.: Engl. - Rotarier.

RÖMMERT, Götz Rüdiger

Rechtsanwalt, Hauptgeschäftsf. DEHOGA Nieders. - Yorkstr. 3, 3000 Hannover 1; priv.: Springberg 6, 3162 Dollbergen - Geb. 28. Dez. 1933.

RÖNITZ, Dieter

Präsident Finanzgericht Düsseldorf - Ludwig-Erhard-Allee 21, 4000 Düsseldorf.

ROENPAGE, Peter

Dr., Geschäftsführer Verb. f. Außer-haus-Verpflegung - An d. Pfarrwiese 57, 6000 Frankfurt/M. 56.

ROENSCH, Hannelore

Bundestagsabgeordnete (s. 1983; Wahlkr. 136/Wiesbaden) - Bundeshaus, 5300 Bonn 1 - CDU.

ROENSCH, Manfred

Dr. theol., Prof. f. Kirchengeschichte Luth. Theol. Hochsch. Oberursel (Rektor) - Altkönigstr. 150, 6370 Oberursel/Ts.

RÖPERT, Walter

Verlagskaufmann, Generalbevollmächtigter Zeitverlag Gerd Bucerius KG. Hamburg - Voßberg 33, 2070 Großhansdorf - Geb. 1. April 1930 Hamburg (Vater: Wilhelm R., Bankkfm.; Mutter: Frieda, geb. Wöstenberg), verh. s. 1955 m. Elisabeth R., 3 Kd. (Andreas, Christian, Anne) - Fachausbild. Zeitverlag GmbH u. G + J GmbH & Co. KG - Generalbevollm. Zeitverlag Gerd Bucerius KG - Liebh.: Barockmusik, Fotogr.

ROEPKE, Claus-Jürgen

Pfarrer, Direktor Ev. Akademie Tutzing - Schloßstr. 2-4, 8132 Tutzing/Obb. (T. 08158 - 25 10; pr.: 08158 - 62 89) - Geb. 23. Jan. 1937 Berlin, ev., verh., 3 Kd. - 1957-63 Stud. ev. Theologie, 1964/65 journ. Zusatzausb. - 1967-74 Pfarrer München; 1974-80 Oberkirchenrat u. Öffentlichkeitsref. Ev. Kirche in Dtschl. (EKD) in Hannover; s. 1980 Dir. Ev. Akad. Tutzing. Vorst.-Mitgl. Gemeinschaftswerk Ev. Publiz. (GEP) in Frankfurt/M. - BV: D. Protestanten in Bayern, 1972; Schloß u. Akad. Tutzing, 1986. Mitarb. in ev. Wochen- u. Monatszeitschr.

RÖPKE, Horst G.F.

Dr.-Ing., Leiter Fachbereich Physikochemie u. Informatik Schering AG Berlin - Am Grünen Hof 6, 1000 Berlin 28 - Geb. 19. Juli 1927, ev., verh. m. Melitta, geb. Mierse, 3 Kd. (Heike, Karsten, Kai) - 1947-51 Chemiestud. TU Berlin; Promot. 1954 - BV: Steroid-Spektrenatlas (m. W. Neudert), 1965; Analogcomputer in Chemie u. Biol. (m. J. Riemann), 1969; 35 weitere wiss. Publ.

RÖPKE, Jochen

Dr. rer. pol., Prof. f. Volkswirtschaftslehre Univ. Marburg - An der Hauptstatt 2B, 3550 Marburg/L.

RÖPKE, Wolf-Dieter

Dr.-Ing., Mitglied d. Geschäftsfg. Krupp Stahltechnik GmbH, Duisburg - Alte Landstr. 74, 4000 Düsseldorf 31 - Geb. 31. Mai 1933 Berlin-Wilmersdorf (Vater: Dr. jur. Wilhelm R.), ev. - Rheingau-Obersch. (Abit. 1951); TU Berlin (Eisenhüttenkunde; Dipl. 1957; Promot. 1961) - 1957-58 Demag-Humboldt-Niederschachtofenges., Werk Troisdorf; 1959-62 Wiss. Assist. Inst. f. Gießereikd. TU Berlin; 1959-62 Doz. Staatl. Ing. Beuth Berlin; 1962-63 Planungs-Ing. Demag AG; 1963-64 Großversuchskoordinator, Steel Comp. of Canada, Hamilton, Ont. (Canada) u. Union Carbide, Ashtabula, Ohio (USA); 1964-66 Plan.-Ing. Demag AG, 1966-1972 Leit. Abt. Gesamtanlagen - Demag AG, 1972-80 Vorst.-Mitgl. Kölsch-Fölzer-Werke AG, Siegen, 1980-86 Dir. Ber. Hüttentechnik

Krupp Industrietechnik GmbH, Duisburg - Spr.: Engl.

ROEPSTORFF, Gert

Dr. rer. nat., Prof. TH Aachen (s. 1974) - Parkstr. 110, 5100 Aachen (T. 1 49 89) - Geb. 28. März 1937 Hamburg (Vater: Erwin R., Kaufm.; Mutter: Charlotte, geb. Zeising), ev., verh. s. 1968 m. Ingrid, geb. Wenzel, 2 Kd. (Jens, Anke) - Stud. d. Phys. Univ. Hamburg; Promot. 1964 - 1964-66 USA-Aufenth. (MIT, Argonne Labor.) - 1972-74 Wiss. Rat u. Prof. Univ. Hamburg - 1980-81 u. 1986-87 Member of The Inst. f. Advanced Study (Princeton, USA) - Spr.: Engl.

ROERICHT, Reinhard

Journalist, Verwaltungsleit. Inter Nationes Bonn (s. 1987) - Frankenstr. 15, 5300 Bonn (T. 88 02 15) - Geb. 3. Okt. 1945 - B. 1975 Presse- u. Informationsstelle RWTH Aachen; 1980-87 Angest. RWTH Aachen. 1975-80 MdL Nordrh.-Westf. - FDP.

RÖSCH, Franz

Dr. jur., Dipl.-Volksw., Ministerialrat, Leit. Treuhandstelle f. Ind. u. Hdl. (TSI) - Kurfürstendamm 32, 1000 Berlin 15 (T. 883 78 90); priv. Kastanienweg 50, 5300 Bonn 2 - Geb. 29. April 1933 Gebenbach - Zugl. Beauftr. f. innerdt. Wirtsch.-Bezieh. im Bundeswirtschaftsmin.

ROESCH, Fritz

s. Roesch, Friedrich

RÖSCH, Günter

Dipl.-Verwaltungswirt, MdL Rhld.-Pfalz - Drosselweg 10, 5550 Bernkastel-Kues (T. 06531 - 49 07) - Geb. 18. Sept. 1943 Rivenich/Kr. Bernkastel-Wittlich (Vater: Josef R., Arbeiter; Mutter: Katharina, geb. Kiemes), kath., verh. s. 1971 m. Hannelore, geb. Hostert, T. Katja - 1958-61 Restaurantfachm. Bitburg/Eifel; 1970-72 Hotelfachsch. Heidelberg; 2. Fachprüf. 1972-75 Arbeitsamt Trier; Auslandtätigk. Schweiz, Frankr., Luxemburg; 1976-87 Dienstst.-Leit. Arbeitsämter Daun/Eifel u. Bernkastel-Kues/Mosel. SPD - Liebh.: Schach, Reisen - Spr.: Franz.

RÖSCH, Heinz-Egon

Dr. phil. habil., Prof. Univ. Düsseldorf - Geb. 23. Nov. 1931 Ingelheim kath., verh. s. 1959 m. Gertraud, geb. Kohl, 3 Kd. (Bernhard, Hildegard, Matthias) - Gymn. Bensheim, PH Landau, Univ. Mainz, Freiburg, Saarbrücken - B. 1969 Schuldst., dann Wiss. Assist. EWH Koblenz, s. 1970 (Doz.) u. 1973 ff. (Prof.) Fachbereich Sport Univ. Mainz. 1979 Univ. Düsseldorf, o. Prof. u. Dir. Inst. f. Sportwiss. Stellv. Vors. Aussch. Kirche u. Sport kath. Kirche - BV: Ist das noch Sport?, 2. A. 1972; Sportunter. in Primar- u. Sekundarstufe I, 1973; Praxis d. Sportunterr., 4. A. 1976 (m. Th. Lautwein); Grundzüge e. Motiv- u. Problemgesch. d. Sports, 1975; Einführung i. d. Sportwissenschaft, 1978; Politik u. Sport in Gesch. u. Gegenw., 1980; Sport in d. Familie, 1981. Herausg.: Düsseldorfer Sportwiss.liche Studien; Radwanderb. - Liebh.: Radtouren, Wandern, Langlauf.

RÖSCH, Josef Gustav

Rechtsanwalt, Hauptgeschäftsf. Bayer. Hotel- u. Gaststättenverb. - Türkenstr. 7, 8000 München 2, (T. 089 - 23 68 05 23); priv.: In d. Knackenau 9, 8022 Grünwald - Geb. 28. Sept. 1924 München, kath., verh. m. Gabriele, geb. Königsbauer - Abit. München; Stud. Jura u. Betriebsw. Univ. München - Geschäftsf. Bayer. Gastgewerbeges. mbH u. Kreditgarantiegem. d. Hotel- u. Gaststättengewerbes in Bayern GmbH (KGG). AR-Vors. Hotel- u. Gaststätten-Beratungsges. mbH (HOGA GmbH).

RÖSCH, Viktor B.

s. Dröscher, Vitus B.

RÖSCH, Volker

Dr.-Ing., Direktor - Gartenstr. 71, 7500 Karlsruhe 1 - Geb. 1929 - 1957-76 Rheinstahl-Bereich (1972 Vorst.), 1977ff. Vors. d. Geschäftsfg. AEG-Kanis Turbinenfabrik GmbH, Nürnberg, dann Vorst. Ind.-Werke Karlsruhe Augsburg AG (jetzt a.D.) - Spr.: Engl. - Rotarier.

RÖSCHLEIN, Virgilio

I. Bürgermeister Stadt Zirndorf - Rathaus, 8502 Zirndorf/Mfr. - Geb. 22. Sept. 1928 Zirndorf - Zul. Verwaltungsbeamter. SPD.

ROESCHMANN, Günter

Dr. rer. nat., Dir. u. Prof. f. Geowiss. Grundlagen im Nieders. Landesamt f. Bodenforsch. (s. 1978) - Luheweg 32, 3012 Langenhagen (T. 73 52 54) - Geb. 22. Juni 1925 Berlin (Vater: Friedrich R., ORR; Mutter: Magdalene, geb. Rochlitz), ev., verh. s. 1957 m. Lieselotte, geb. Hellmund, 3 S. (Wolfgang, Klaus, Dietrich) - Human. Gymn.; Landwirtsch.geh.; landwirtsch. Stud. Univ. Kiel, Weihenstephan u. Münster (Geol.). Promot. 1955 - S. 1957 Nieders. Landesamt f. Bodenforsch. (zun. Bodenkunde u. -kartierung). 1971ff. Honorarprof. Univ. Münster; 1978-82 Vizepräs. Dt. Bodenkundl. Ges. - BV: Kartieranleitg. f. Bodenkarten, 1971 (m. a.); Norddtschl. u. angrenzende Gebiete im Eiszeitalter, 1974 (m. Woldstedt, Duphorn u. a.); Bodenkunde - Lehrb. (UTB 1106), 1981 (m.a.); Paläoböden in Niedersachsen, 1982 (m.a.); Bodenkarte 1:1 Mill. d. BRD, 1985.

RÖSEL, Hubert

Dr. phil., em. Prof. f. Slav. Philologie - Maikottenweg 109, 4400 Münster/W. (T. 31 40 53) - Geb. 12. Jan. 1917 Neu-Rettendorf (Vater: Josef R., Webmeister; Mutter: Maria, geb. Jakobetz), kath., verh. s. 1943 m. Maria, geb. Pietsch, 2 Söhne (Wolfgang, Winfried) - Tschech. Realgymn.; Dt. Univ. Prag. Promot. 1940 Prag; Habil. 1955 Leipzig - S. 1951 Lehrtätigk. Univ. Halle/S., Leipzig, Saarbrücken (1960; 1969 apl. Prof.), Münster (1970 o. Prof. u. Dir. Slav.-Balt. Seminar) - BV: Dok. z. Gesch. d. Slawistik in Dtschl., 1957; D. tschech. Drucke d. Hallenser Pietisten, 1961; Aus Vatroslav Jagićs Briefwechsel Odessa-Berlin-Petersburg 1872-92, 1962; Beitr. z. Gesch. d. Slavistik an d. Univ. Halle u. Leipzig im 18. u. 19. Jh., 1964; Wörterb. zu d. tschech. Schr. d. J.A. Comenius, 1983. Etwa 140 Fachaufs. u. Rezensionen - Spr.: Franz., Tschech., Russ., Poln.

RÖSENEDER, Franz

Dr. oec. publ., Direktor - Gairenweg 15d, 7000 Stuttgart - Geb. 23. Okt. 1912 Plattling/Ndb. (Vater: Franz R., Brauereibes.), verh. m. Toni, geb. Schmitt - Univ. München - B. z. Fusionierung Vorstandsmitgl. Brauerei Wulle AG., Stuttgart (1958 ff.). Div. Ehrenstell., dar. Vors. Verein d. Brauereien v. Stuttgart u. Präsidiumsmitgl. Baden-Württ. Brauerbd.

RÖSENER, Herbert

Oberkirchenrat, Mitglied der Sozialkammer der Ev. Kirche in Deutschl. - Altstädter Kirchplatz 5, 4800 Bielefeld 1.

RÖSENER, Inge,

geb. Schmieder

Schriftstellerin - Ortlindestr. 6, 8000 München 81 (T. 91 46 26) - Geb. 21. Nov. 1917 Chemnitz, verw., 3 Kd. (Gisela, verehel. Braun; Michael Beez; Nico Rösener) - B. 1948 Bildhauerin - BV/R.: Dany - bitte schreiben Sie (auch finn., verfilmt), E. Mann f. Mama, Liebling - ich lasse mich scheiden, Herz ohne Leine, Liebling - wir werden älter. Üb. 12 Jugendb. (u.a. Kristin u. d. Stute Jo, Alle lieben Lord, Die Ponyfamilie etc.). Drehb. - Liebh.: Bücher, Tiere, Hunde, Reiten, Autofahren, Reisen - Spr.: Engl., Franz., Ital.

RÖSER, Dietrich

Dr.-Ing., Prof., Leiter Abt. Audiologie u. med. Akustik Univ. Frankfurt (s. 1973) - Neckarstr. 16, 6057 Dietzenbach (T. 2 46 57) - Geb. 27. Febr. 1927 Zeitz, ev., verh. s. 1955 m. Brunhilde, geb. Hinsdorf, 3 Kd. (Matthias, Anne-Dore, Albrecht) - 1953-1956 Audiologe Univ.sklinik Marburg, s. 1956 Univ.sklinik Frankfurt - 1953 Girardet-Pr. THAachen.

RÖSING, Otto-Eckehard

Dr. oec., Geschäftsführer Martin & Pagenstecher GmbH., Köln-Mülheim (s. 1964, vorher AG.), stv. Beiratsvors. OFU-Ofenbau-Union GmbH., Düsseldorf, Vorstandsmitgl. Rhein. Unternehmerverb. u. Arbeitgeberverb. Feuerf. Industrie, beide Neuwied - Kuckucksweg 8, 5060 Bensberg-Refrath - Geb. 28. Juli 1925 Niederdollendorf.

ROESKY, Herbert Walter

Dr., Dipl.-Chem., Prof. - Tammannstr. 4, 3400 Göttingen (Anorg. Chem. Inst., T. 39 30 01) - Geb. 6. Nov. 1935 Laukischken (Vater: Otto R., Molkereifachmann; Mutter: Lina, geb. Hublitz), ev., verh. s. 1964 m. Christel, geb. Glemser, 2 Kd. (Rainer, Peter) - Obersch. Seesen/Harz; Stud. d. Chemie Univ. Göttingen; Promot. 1963 ebd. - 1969-71 Doz. Univ. Göttingen; 1971 o. Prof. f. Anorgan. Chemie Univ. Frankfurt, s. 1980 Prof. und Dir. f. Anorgan. Chemie Univ. Göttingen. Mehrf. Patentinh. Zahlr. Fachveröff. im In- u. Ausl. - Mitgl. CDCh, Chemical Soc., Americ. Chem. Soc., Akad. d. Wiss. Göttingen, 1986 Dt. Akad. d. Naturforscher Leopoldina in Halle/Saale, New York Acad. of Science; 1987 Korr. Mitgl. d. Österr. Akad. d. Wiss.; 1960 Wöhler-Preis; 1970 Doz.-Preis d. Fonds d. Chem. Ind.; 1986 Franz. Alexander v. Humboldt-Preis; 1987 Leibniz-Preis - Liebh.: Antiquitäten - Spr.: Engl.

ROESLER, Curt Arthur

Dramaturg Deutsche Oper Berlin - Gatower Str. 133, 1000 Berlin 20 (T. 362 31 78) - Geb. 5. Jan. 1952 - 1975 Organist Winterthur; 1980 Musiktheater-Regie Hamburg; 1986 Lehrauftr. FU Berlin.

RÖSLER, Georg

Oberstudienrat a. D., MdL Schlesw.-Holst., Geschäftsf. Lägerdorfer Eisenbahn GmbH (s. 1970) - Ahornweg 13, 2210 Itzehoe - Geb. 19. Mai 1921 Penzig/Schles., kath., verh., 3 Kd. (Thomas, Angelika, Susanne) - Haupt-, Handelssch., Landw.lehre, Höh. Landbausch., Stud. Päd. Stuttgart. Staatl. gepr. Landw. - U. a. stv. Landrat Kr. Steinburg. CDU s. 1955 (1971-80 Kreisvors.; s. 1982 Kreispräs.) - 1972 Freiherr-vom-Stein-Med.; 1980 BVK.

RÖSLER, Hubert(us)

Rechtsanwalt u. Notar, MdA Berlin (s. 1971) - Dominicusstr. 32, 1000 Berlin 62 (T. Büro: 784 80 20) - Geb. 11. Nov. 1937 Schwiebus/Mark - Schule (Abit. 1959) u. FU Berlin (Rechtswiss.). Jurist. Staatsex. 1964 u. 68 - S. 1969 Anwaltspraxis. 1967-1971 Bezirksverordn. Tempelhof. CDU s. 1961 (Ortsvors. Marienfelde).

RÖSLER, Johannes Baptist

Dr. phil., Bürgerbeauftragter Rhld.-Pfalz (1974-86) - Elisenhöhe 26a, 6530 Bingen-Bingerbrück (T. 06721 - 3 24 65) - Geb. 1. Juli 1922 Groß-Schönau/Sudetenl. - Gymn.; Stud. Staats- u. Sozialwiss. Prag, (1941-45 Wehrdst.) Regensburg, Würzburg, Fribourg - 1952-63 Religionslehrer Bingen. 1955-1974 MdL Rhld.-Pfalz; 1971-74 Landtagspräs.; CDU s. 1950 - BV: D. naturgerechte Aufbau d. freien u. staatl. Hilfeleistung, 1954 - 1972 Gr. BVK, 1984 Stern dazu.

RÖSLER, Roland

Offizier, MdL Hessen (s. 1977) - Schwalbacher Str. Nr. 12, 6209 Heidenrod 1 - Geb. 23. Aug. 1943 Schönau/Sudetenl., kath., verh., 1 Kd. - Volkssch. Merseburg/S.; n. Flucht Werkzeugmacherlehre; Erlang. Mittl. Reife üb. 2. Bildungsweg - Ab 1963 Bundeswehr (erst Zeit-, dann Berufssold.; 1976 Ltn). CDU (Funktionen u. Ämter).

RÖSLER, Ulrich

Dr. rer. nat., Dipl.-Ing., Prof., Metallurge - Lerchenbühl 51, 8520 Erlangen - Geb. 6. Jan. 1922 Schorndorf/Württ. (Vater: Ulrich R., Zeitungsverleger; Mutter: Dorothea, geb. Heimerdinger), ev., verh. s. 1956 m. Marianne, geb. Haufler, 2 S. (Wolf, Joachim) - TH Stuttgart (Metallkd.; Dipl. 1950, Promot. 1951) - 1951-53 Montecatini-Leichtmetall-Forschungsinst., Novara (Ital.); 1953-54 MPI f. Metallforsch., Stuttgart; 1954-56 Westinghouse Electric Corp., Pittsburgh (USA); s. 1956 Siemens AG., Erlangen, u. Kraftwerk-Union AG. ebd. (1973; bei beiden Bereichsleit. Reaktortechnik/Werkstoffe u. Chemie). 1969 ff. Honorarprof. Univ. Erlangen-Nürnberg (Werkstoffwiss.) - Liebh.: Barockmusik, Alte Kulturen - Spr.: Engl., Ital.

RÖSNER, Dieter

Journalist, Schriftst. - Zu erreichen üb. Frankfurter Allgemeine Zeitung Postf. 2901, 6000 Frankfurt/M.; priv.: Bayern - Geb. 18. Juli 1919 Halle/S. - Langj. Mitarb. FAZ (u.a. Südafrika-Korresp.). Div. Bücher (Report. üb. Afrika u. Sachb. Wettlauf z. Meeresboden).

RÖSSEL, Theodor Richard

Dr. rer. nat., Dipl.-Chem., Geschäftsführer Deutsche Derustit GmbH - dstl.: Emil-von-Behring-Str. 4, 6057 Dietzenbach - Geb. 8. Juli 1924 Braunschweig (Vater: Felix R., Kaufm.; Mutter: Klara, geb. Krökel), verh. s. 1953 m. Ruth, geb. Negendank, S. Torsten - Abit.; Stud. Chem., Promot. - 1957-67 Chemiker in d. Forsch.- u. Entw.sabt. Chem. Fabr. Budenheim, Rudolf A. Oetker; 1967-69 Geschäftsf. Verein Dt. Bleifarbenfabrikanten e.V., Düsseldorf; 1969-77 Joh. A. Benckiser GmbH, Ludwigshafen; 1978 Ges. Fa. Dt. Derustit GmbH, Dietzenbach - Zahlr. Patente In- u. Ausl. - BV: Fabutit, d. bewährten Spezialprod. u. Engobierhilfsmittel f. d. keramische Ind., 1965; Bleimennige, Bleiweiß, akt. Pigmente, 1969; Derustit-Beizfibel, 1978 - Spr.: Engl.

RÖSSING, Hans

Dr. phil., Prof. f. Vergl. Sprachwissenschaft u. German. Philol. Univ. Marburg - Auf d. Trift 2, 3553 Cölbe.

RÖSSING (ß), Paul

Dr. med. (habil.), Prof., Ärztl. Direktor Städt. Krankenhaus Steglitz (1953-76). Honorarprof. f. Grundl. d. Krkhs.planung TU Berlin (s. 1961) - Kyllmannstr. 14, 1000 Berlin 45 (T. 833 24 16) - Geb. 24. Aug. 1911 Rhynern/W., kath., verh. I) 1939 m. Annelotte, geb. Goldammer, 2 Kd., II) 1960 Ursula, geb. Wellmann - 1937-45 Assist. u. Privatdoz. (1939) Univ. Berlin (Inst. f. Berufskrankh.), 1947-53 Chefarzt Krkhs. im Friedrichshain, 1947-1952 Doz. u. Prof. m. Lehrauftr. (1952) Humboldt-Univ. ebd. - Mitgl. Dt. Ges. f. Innere Med. u. Ges. f. Rheumatologie. Etwa 50 Arbeiten üb. Berufskrankheit., Kreislauf, Lunge, Leber, Rheuma - Liebh.: Tennis - Spr.: Ital., Franz.

RÖSSING-HAGER, Monika

Dr. phil., Prof. f. Linguistik d. Deutschen u. Dt. Philol. Univ. Marburg - Auf d. Trift 2, 3553 Cölbe-Reddehausen.

RÖSSLE, Erwin

Dr. rer. nat., o. Prof. f. Physik Univ. Freiburg (s. 1966) - In den Weihermatten 10a, 7800 Freiburg/Br. (T. 5 37 72) - Facharb.

RÖSSLE (ß), Franz Xaver

Oberbürgermeister (s. 1988) - Geb. 14. Sept. 1947 Landsberg am Lech - Stadtverwaltung, 8910 Landsberg am Lech.

RÖSSLEIN, Thomas

Dr., Ministerialdirektor, Dir. Landtag v. Baden-Württ. - Konrad-Adenauer-Str. 3, 7000 Stuttgart 1 (T. 2 06 30).

RÖSSLER (ß), Alfred
Dr. rer. nat. (habil.), Prof., Mathematiker - Habsburgerallee 18, 5100 Aachen (T. 7 74 27) - Geb. 21. Febr. 1903 Saaz (Vater: Hans R., Oberlehrer; Mutter: Adele, geb. Weidler), kath., verh. s. 1936 m. Margarete, geb. Gabler, 1 Kd. - Dt. Univ. u. TH Prag - 1936 Doz. Dt. TH Prag, 1947 Phil.-Theol. Hochsch. Passau, 1948 TH Aachen, 1949 apl. Prof., 1957 Wiss. Rat u. Prof., 1967 Abt.svorsteher u. Prof. (1968 Ruhest.). Zahlr. Facharb.

RÖSSLER (ß), Almut

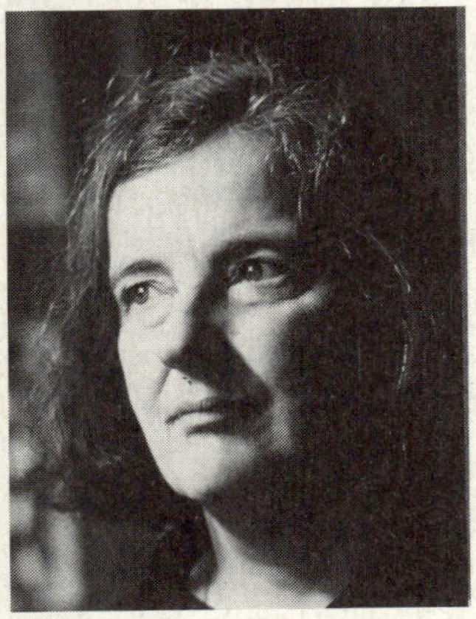

Prof., Organistin u. Dirigentin, Kirchenmusikdirektorin - Martin-Luther-Platz 39, 4000 Düsseldorf 1 (T. 0211 - 32 51 00) - Geb. 12. Juni 1932 Beveringen, ev., S. Georg - Abit. Düsseldorf; Stud. Orgel, Kirchenmusik, Komposition Detmold u. Paris; Staatsex. f. Kirchenmusik - Orgelkonz., Rundf.- u. FS-Aufn. in Europa, USA, Japan u. Kanada; Mitwirkung b. intern. Musikfesten; Künstl. Leit. versch. Musikfeste; Vortr.; Dirigentin d. Johannes-Kantorei - BV: Beitr. z. geistigen Welt Olivier Messiaens, 1984 (engl. Übers. 1986); Aufs. - Ur- u. Erstauff. v. Werken v. Jolivet, David, Baur, Leitner, u. a. Méditations sur le Mystère de la Sainte Trinité v. Olivier Messiaen (Europ. EA. 1972); Konz. f. Orgel u. Orch. v. Klebe (UA. 1980); Livre du Saint Sacrement v. Olivier Messiaen (UA. USA u. Europ. EA. Bonn 1986) - 1960 Förderpreis f. junge Künstler Land Nordrh.-Westf.; 1981 Chevalier dans l'Ordre des Palmes Acad., Frankr.; 1986 Organist of the Year Univ. of Michigan, USA - Liebh.: Bild. Kunst, Lit., Reisen - Spr.: Engl., Franz. - Bek. Vorf.: Prof. Dr. Constantin Rößler, Staatsrechtler u. Publ. (Urgroßv.); Helmut Rößler, Theologe, O.-Kirchenrat in d. Leit. d. ev. Kirche d. Rheinl. 1948-68 (Vater).

RÖSSLER, Dietrich
Dr. theol., Dr. med., o. Prof. f. Prakt. Theologie Univ. Tübingen - Engelfriedshalde 39, 7400 Tübingen (T. 6 31 83) - Geb. 20. Jan. 1927 Kiel - Habil. 1960 - Pastor - BV: Gesetz u. Geschichte, 2. A. 1962; D. ganze Mensch, 1962; D. Vernunft d. Religion, 1976; Grundriß d. Prakt. Theol., 1986.

RÖSSLER, Fritz
Hotelier, Vors. Landesverb. d. brem. Gaststätten- u. Hotelgewerbes, Bremen - Bahnhofspl. 11 (Hotel z. Post), 2800 Bremen - 1982 BVK I. Kl.

ROESSLER, Günter
Dipl.-Ing., Techn. Direktor Deutsche Welle (s. 1962) - Welscher Forst 3, 5060 Bergisch Gladbach 1 (T. 02204 - 5 29 44; Büro: 0221 - 389 31 01) - Geb. 16. März 1930 Thyrow, ev. - Rundfunkmechanikerlehre (Abschluß 1949); Ing.sch. Gauß Berlin (Abschluß 1953) - 1953-62 Westd. Rundfunk. - 1980 BVK; 1985 BVK I. Kl.

RÖSSLER, Helmut
Dr. med., o. Prof. f. Orthopädie - Fasanenweg 34, 5300 Ippendorf (T. Bonn 28 27 36) - Geb. 22. März 1922 Colditz/S., ev., verh. s. 1954, 4 Kd. - Univ. Leipzig u. Münster/W. Promot. 1948; Habil. 1954 - S. 1954 Univ. Bonn (1960 apl., 1960 ao., 1967 o. Prof.; 1961-87 Dir. Orthop. Klinik). 1970ff. Präs. Dt. Ges. f. Orthop. u. Traumatol. Div. Fachmitgliedsch. 3 Monogr. u. etwa 200 Einzelarb. üb. Orthop., Unfallchir., Grundlagenforsch., Knorpel u. Bindegewebe, Knochen- u. Gelenkkrankh. Herausg.: Ztschr. f. Orthop. - 1953 I. Preis Max-Lange-Pr. DOG; 1972 Mitgl. Dt. Akad. d. Naturforscher (Leopoldina), Halle/S.; Ehren- u. korr. Mitgl. ausl. Fachges.; Fellow ICS, SICOT.

RÖSSLER, Klaus
Dr. rer. pol., Geschäftsführer Dt.-Uruguay. Handelskammer/Cámara de Comercio Uruguayo-Alemana - Calle Zabala 1379, 11000 Montevideo (T. 95 35 21 u. 96 32 81; Telex 23121 HAKA UY).

RÖSSLER, Otto
Dr. phil., emerit. o. Prof. f. Semitistik - Rollwiesenweg 36, 3550 Marburg/L. (T. 4 21 58) - Geb. 6. Febr. 1907 Eisenstadt/Burgenl. - Univ. Wien u. Berlin. Promot. 1937; Habil. 1941 - S. 1954 Prof. Univ. Tübingen (apl.) u. Marburg (1964; o.). Fachveröff.

RÖSSLER (ß), Peter
Dr. jur. h. c., Präsident Verwaltungsgerichtshof u. Staatsgerichtshof Baden-Württ. i.R., Honorarprof. f. Staats- u. Verwaltungsrecht Univ. Hohenheim (vorher Lehrbeauftr.) - Dettinger Str. 133, 7312 Kirchheim/Teck - Zul. Ministerialdirig. Baden-Württ. Innenmin., Stuttgart.

RÖSSLER, Roman
Dr., Prof. - Waldstr. 7, 2407 Bad Schwartau - Geb. 15. April 1914 Berlin (Vater: Prof. Richard R.; Mutter: Dora, geb. Mayer), griech.-orth., verh. s. 1951 m. Hinrina, geb. Jorberg, 2 Kd. (Alexander, Juliane) - Stud. d. Slav. Univ. Heidelberg; Promot. 1953; Habil. 1968 - S. 1970 Prof. Fachbereich Angewandte Sprachwiss. Univ. Mainz; emerit. 1979 - BV: Kirche u. Revolution in Rußland. Patriarch Tichon u. d. Sowjetstaat, 1969; D. Weltbild Nikolai Berdjajews, 1956 - Spr.: Engl., Franz., Russ.

RÖSSLER, Rudolf
Dr. jur., Oberfinanzpräsident a. D., Rechtsanwalt u. Steuerberater - Poppenbütteler Landstr. 23a, 2000 Hamburg 65 (T. 606 16 20) - Geb. 18. Nov. 1908 Weisweiler Bez. Aachen (Vater: Franz R., Textilfabrikant), kath., verh. s. 1943 m. Tilly, geb. Langendorf, 2 T. (Ingrid, Ellen) - Univ. Köln (Rechtswiss., Volksw.; Promot.). Gr. jurist. Staatsprüf. 1936 Berlin - Versch. Finanzämter; 1952-63 Bundesfinanzmin. (zul. Ministerialdirig.); 1963-72 Oberfinanzpräs. Hamburg. Lehrbeauftr. Univ. Hamburg (Allg. u. bes. Steuerrecht); s. 1972 Rechtsanw. u. Steuerber. - BV: Schätzung u. Ermittl. v. Grundstückswerten, 1974, 5. A. 1986 (m. Simon); Kommentar z. Bewertungsgesetz u. Vermögensteuergesetz, 14. A. 1986 (m. Troll); Wörterb. d. Steuerrechts, Loseblattausg. Zahlr. Einzelarb. - 1971 Gr. BVK - Spr.: Engl., Franz. - Rotarier.

ROESSLER (ß), Wilhelm
Dr. phil. (habil.), em. o. Prof. f. Sozialpsychologie Ruhr-Univ. Bochum (s. 1964) - Roomersheide 71, 4630 Bochum-Weitmar (T. 47 08 85) - Geb. 19. Dez. 1910 Duisburg - 1962-64 Privatdoz., Univ. Bonn - BV: Jugend im Erziehungsfeld, 1957, 2. A. 1962; Entstehung d. modernen Erziehungswesens in Dtschl., 1961; Med. Soziol., 1978. Üb. 80 Einzelarb.

RÖSSNER, Lutz
Dr. phil., Dipl.-Psych., o. Prof. - Heisterbusch 19, 3300 Braunschweig (T. 35 18 72) - Geb. 20. Dez. 1932 Neundorf/Anhalt (Vater: Dr. Fritz R., Zahnarzt; Mutter: Armgard, geb. Bogen), verh. s. 1959 (Ehefr.: Dipl.- Psych. Helga), 1 Kd. (Renée) - Gymn. Aschersleben u. Darmstadt; Univ. Frankfurt/M.; Päd. Inst. Darmstadt - 1957-58 Werbepsych.; 1959-63 Volksschullehrer; 1964-65 Schulpsych., 1965-67 Doz. Päd. Hochsch. Oldenburg (Sozialpäd.); 1967 Prof. PH Braunschweig (Sozialpäd.); s. 1978 Univ. Braunschweig (Sozialpädagogik) - BV: Jugend in d. Offenen Tür, 1962; Jugend im Erziehungsbereich d. Tanzes, 1963; Sozialpsych. Probleme d. Alters, 1963 (holl.: bejaardensocieteiten, 1968); Schule u. Schulpflichtverlängerung aus d. Sicht jugendl. Volksschüler, 1965; Sprechen u. Sprache, 1966 (m. Otto Polemann); Offene Jugendbildung, 1967; Gespräch, Diskussion u. Debatte im Unterr. d. Grund- u. Hauptsch., 2. A. 1971; Hdb. f. Elternabende, 2. A. 1971; D. Autosoziogramm, 2. A. 1972; Kultivier. d. Geschlechtsbeziehungen, 1968; D. polit. Bildungsprozeß, 2. A. 1971; Fernsehen in d. polit. Bildung, 1971; Erwachsenenbild. in Braunschweig, 1971; Erz. in d. Gesellschaft, 2. A. 1978; Theorie d. Sozialarb., 2. A. 1975; Erziehungswiss. u. Krit. Päd., 1974; Rationalist. Päd., 1975; Verhaltenskorr. in Lerngr., 1975 (m. P. Immisch); Erziehungs- u. Sozialarbeitswiss.; Grundl. e. generellen Verhaltenstheorie, 1977 (m. L.-M.-Alisch); Erziehungswiss. als technolog. Disziplin, 1978 (m. L.-M. Alisch); Einf. in d. analyt.-empir. Erziehungswiss., 1979; Erziehungswiss. u. -praxis, 1981 (m. L.-M. Alisch); Phil. Stud. z. Gesch. d. empirischen Päd.: Bd. I: Reflexionen z. päd. Relevanz d. Prakt. Phil. John-Stuart Mills, 1983; Bd. II: D. Päd. d. empiristisch-utilitaristischen Phil. Engl. im 19. Jh., 1984; Bd. III: D. Päd. d. engl. Experimentalphil. Joseph Priestley, 1986; Pädagogen d. engl. Aufklärungsphil., Bd. IV, 1988. Herausg.: Braunschweiger Stud. z. Erziehungs- u. Sozialarbeitswiss. (1980ff). Mitherausg. (m. O. Polemann): Krit. Gespräch (5. Aufl. 1974), Wege z. Eros (3. A. 1970), Suchen n. Gott (4. A. 1972), Gerechtigk. u. Menschenwürde (1972).

RÖSSNER, Walter

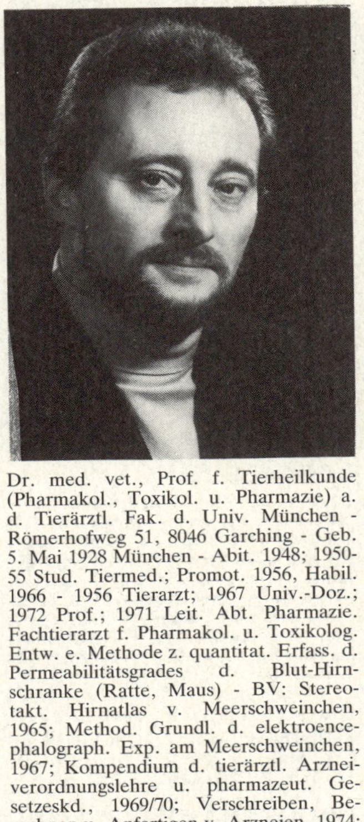

Dr. med. vet., Prof. f. Tierheilkunde (Pharmakol., Toxikol. u. Pharmazie) a. d. Tierärztl. Fak. d. Univ. München - Römerhofweg 51, 8046 Garching - Geb. 5. Mai 1928 München - Abit. 1948; 1950-55 Stud. Tiermed.; Promot. 1956, Habil. 1966 - 1956 Tierarzt; 1967 Univ.-Doz.; 1972 Prof.; 1971 Leit. Abt. Pharmazie. Fachtierarzt f. Pharmakol. u. Toxikolog. Entw. e. Methode z. quantitat. Erfass. d. Permeabilitätsgrades d. Blut-Hirnschranke (Ratte, Maus) - BV: Stereotakt. Hirnatlas v. Meerschweinchen, 1965; Method. Grundl. d. elektroencephalograph. Exp. am Meerschweinchen, 1967; Kompendium d. tierärztl. Arzneiverordnungslehre u. pharmazeut. Gesetzeskd., 1969/70; Verschreiben, Berechnen u. Anfertigen v. Arzneien, 1974; Arzneiformenlehre u. kl. pharmazeut. Praktikum, 1976 - 1944 Flak-Kampfabz. Langj. Schöffentätigk. (LG München I u. Amtsger. München) - Liebh.: Fotogr., Theaterwiss. - Spr.: Engl.

ROESTEL, Joachim
Generalbevollm. Direktor Siemens AG., München - Esperantostr. 15, 8500 Nürnberg - Geb. 18. Mai 1911 Bruchmühle Kr. Niederbarnim.

RÖTHEMEIER, Heinz
Bürgermeister Stadt Minden - Warthestr. 10, 4950 Minden - Geb. 13. Febr. 1924 Bonneberg - AR-Vors. Wohnhaus Minden GmbH, Mindener Versorg.- u. Verkehrs-GmbH; stv. AR-Vors. Mindener Lagerhaus GmbH; Beiratsvors. Stadthallen-Betriebs GmbH, Minden; stv. Vors. Kuratorium FH Bielefeld.

RÖTHEMEIER, Helmut
Vizepräsident Landeszentralbank in Nordrh.-Westf. - Berliner Allee 14, 4000 Düsseldorf 1.

RÖTHER, Friedrich
Dr. jur., Landrat a. D. - Max-Beck-Str. 11, 7070 Schwäb. Gmünd-Straßdorf (T. 07171 - 6 41 42) - Geb. 15. März 1919 Niedernberg/M., kath., verh. s. 1943 m. Edeltraut, geb. Schmitt -Gymn. Münnerstadt; 1946-49 Univ. Tübingen (Rechtswiss.; Promot.). Gr. jurist. Staatsprüf. 1952 Stuttgart - Zul. Landrat Kr. Schwäb. Gmünd. ARsmandate.

ROETHER, Jürgen
Verleger, Inh. Eduard Roether Verlag, Darmstadt, Vors. Landesverb. Druck Hessen, Frankfurt/M. - Römheldweg 32, 6100 Darmstadt (T. 8 20 55; priv.: 4 53 88) - Geb. 26. Juli 1925 - Spr.: Engl. - Rotarier.

ROETHER, Wolfgang
Dr. rer. nat., o. Prof. f. Physikal. Ozeanographie in d. Polargebieten Univ. Bremen (s. 1987) - Georg-Gröning-Str. 30, 2800 Bremen 1 - Geb. 20. Juli 1935 Heidelberg (Vater: Bernhard R., Arzt; Mutter: Käte-Eva, geb. Quensel, Ärztin), verh. m. Heidrun, geb. Gauggel, 2 Kd. - Univ.-Ausb. Heidelberg - S. 1975 Hochsch.lehrer, zul. Prof. f. Umweltphysik Univ. Heidelberg - Liebh.: Musik (Klavier) - Spr.: Engl.

RÖTHIG, Peter
Dr. phil., Prof. f. Sportpädagogik Univ. Frankfurt (s. 1972) - Wingertstr. 4a, 6074 Rödermark/Waldacker (T. 06074 - 9 71 98) - Geb. 25. Juni 1928 Dresden (Vater: Walter R., Lehrer; Mutter: Ilse, geb. Wünsche), verh. s. 1955 m. Sigrid, geb. Panse, 2 Kd. (Karen, Christine) - Stud. Sportwiss., Päd., Psych. - 1955-62 wiss. Assist. FU Berlin, 1962-69 Akad. Rat Univ. Tübingen, 1969-72 Dir. Inst. f. Leibeserzieh. FU Berlin - BV: Rhythmus u. Bewegung, 1967; Beiträge z. Theorie u. Lehre v. Rhythmus, 1966; Grundlagen u. Methoden rhythm. Erzieh., 1971; Sportwiss. Lexikon 1972; Lehrbücher z. Sporttheorie (Hrsg.); Sportbiol., 1979; Trainingslehre, 1979; Bewegungslehre, 1982; Sportliches Handeln, 1982. Produzent sportwiss. Lehrfilme - Liebh.: Musik, Kunst - Spr.: Engl. - Bek. Sportler (Dt. Hochsch.- u. Studentenweltmeister im Sprint).

RÖTTGEN, Herwarth Walther
Dr. phil., o. Prof. f. Kunstgesch. Univ. Stuttgart (s. 1977) - Taubenheimstr. 35, 7000 Stuttgart 50 (T. 56 78 61) - Geb. 30. Nov. 1931 Weimar (Vater: Albert R., Bankdirektor; Mutter: Margret, geb. Voigt) - Human. Gymn.; Stud. Univ. München, Marburg (Kunst- u. Vorgesch., Archäol.). Promot. 1958 Marburg - 1958-62 German. National Museum, Nürnberg, 1962-67 Stip. Dt. Forsch.gemeinsch. u. Land Hessen Rom, 1968-73 Mitarb. Bibl. Hertziana, Rom, 1974-77 Wiss. Rat u. Prof. Univ. Göttingen - BV: D. Ambraser Hofjagdsp., 1969 (auch engl.); Il Cavalier d'Arpino, 1973; Il Caravaggio, 1974 - 1973 Ehrenbürger Arpino/Ital. - Spr.: Engl., Franz., Ital. (Altgr., Lat.) - Bek. Vorf.: Julius Müller, Theol. Marburg (Ururgroßv.), Carl Otfried Müller, Archäol. (Ururgroßonkel).

RÖTTGEN, Peter
Dr. med., em. o. Prof. u. Direktor Neurochir. Klinik Univ. Bonn (1972ff. Dir. Klin. Anstalten) - Heinrich-Fritsch-Str. 16, 5300 Bonn-Venusberg (T. 28 10 60) - Geb. 8. Febr. 1910 Euskirchen/Rhld., kath., verh. m. Regine, geb. Haard, 3 Töchter - S. 1943 (Habil.) Lehrtätigk. Bonn (1950 apl., 1956 ao., 1962 o. Prof.). 1969ff. I. Vizepräs. World Federation of Neurosurgical Societies. Facharb. - Ehrenmitgl. Chilen. Neurochir. Ges., Chilen. Med. Ges. u. Chil. Ges. d. Chirurgen; korr. Mitgl. Harvay Cushing Soc. (USA); 1969 chil. Orden Bernardo O'Higgins - Spr.: Engl., Franz. - Rotarier.

RÖTTGER, Hans
Dr. med., Prof., Chefarzt, Gynäkologe i.R. s. 1985 - Spitzwegstr. 22, 4350 Recklinghausen - Geb. 13. Jan. 1920 Recklinghausen (Vater: Hans R., Fotohändler; Mutter: Henriette, geb. Vogt), kath., verh. s. 1953 m. Annemarie, geb. Kespohl, 2 Kd. (Hans-Joachim, Gabriele) - Gymn. Recklinghausen (Petrinum); Univ. Leipzig, Göttingen, Münster. Promot. 1945; Habil. 1953 - 1946-48 Assist. Univ. Münster (Physiol.-Chem. Inst.), s. 1948 Assist. (Frauenklin.), Privatdoz. (1953) u. apl. Prof. (1958) Med. Akad. bzw. Univ. Düsseldorf, s. 1958 Chefarzt Mathilden-Hospital Herford u. Prosper-Hosp. Recklinghausen (1959). 1971-73 Vors. Niederrh.-Westf. Ges. f. Gynäk. u. Geburtsh. Üb. 50 Fachveröff. Lehrfilm üb. Kaiserschnitt (1956) - 1985 Ehrenmitgl. d. Niederr.-Westf. Ges. f. Gynäk. u. Geburtsh.-Liebh.: Reiten.

RÖTTGES, Heinz
Dr. phil., Prof. f. Philosophie Univ. Frankfurt - Feldbergstr. 25, 6239 Eppstein - Geb. 25. Febr. 1938, verh. m. Heide, geb. Naumann, 3 Kd. (Susanne, Gisela, Wolfgang) - Promot. 1964, Habil. 1971 - S. 1971 Prof. Univ. Frankfurt (1976/77 u. 1983/84 Dekan FB Phil.) - BV: D. Begriff d. Freiheit in d. Phil. Hegels, 1964; Nietzsche u. d. Dialektik d. Aufklär., 1972; D. Begriff d. Methode in d. Phil. Hegels, 1976, 2. A. 1981; Dialektik als Grund d. Kritik, 1981; Skeptizismus u. Dialektik, 1987.

RÖTTINGER, Erwin M.
Dr. med., o. Prof., Direktor Abt. Strahlentherapie Univ. Ulm - 7900 Ulm - Geb. 11. März 1940 Augsburg - Abit. 1960 Augsburg; 1960-66 Stud. Univ. München (med. Staatsex. 1966, Promot. 1967); amerik. Prüf. f. Radiotherapie 1973; Habil. 1977 - 1966-68 Med.assist. Univ.-Klinik München; 1968 Arzt, 1973 Facharzt f. Radiol. (dazw. 1968/69 Fachausb. Downstate Medical Center, N.Y., 1969-73 Harvard Med. School); b. 1976 Oberarzt Klinikum Essen, b. 1980 Univ.-Klinik Köln; s. 1980 Dir. Abt. Strahlentherapie Univ. Ulm. Zahlr. Fachveröff. - 1976 Joh. Georg Zimmermann-Preis f. Krebsforsch.

RÖTZER, Hans Gerd
Dr. phil., o. Prof. f. Germanistik - Otto-Behaghel-Str. 10, 6300 Gießen (T. 0641 - 702 55 35) - Geb. 15. Juli 1933 Hattingen - Stud. Altphil., German. u. Komparatistik; Promot. 1961 Erlangen; Habil. 1971 Darmstadt - 1973/74 u. 1989/90 Dekan Gießen - BV: Picaro, 1972; Roman d. Barock, 1972; Traditionalität u. Modernität in d. europ. Lit., 1979; Gesch. d. dt. Literatur, 1990. Herausg.: Europ. Lehrdichtung (1982); Simpl. Jan Perus (1986).

RÖVER, Hans
Dr.-Ing. E. h., Dipl.-Ing., Oberbergrat a. D., ehem. Präs. Wirtschaftsvereinig. Metalle, Ehrenvors. Fachvereinig. Metallerzbau - Borcherstr. 5, 3000 Hannover (T. 52 01 44) - Geb. 3. Juni 1905 Dillenburg/Hessen (Vater: Heinrich R.; Mutter: Berta, geb. Körner) - S. 1924 Bergbau (1955 Vorstandsmitglied, 1970-73 stv. ARsvors. Preussag AG., Berlin/Hannover). ARsmandate, dar. Vors. Elektro-Chemie Ibbenbüren GmbH., Nordd. Salinen GmbH., Steffens & Nölle AG. - 1962 Ehrendoktor TU Berlin; Ehrenmitgl. Vereinig. d. Freunde f. Kunst u. Kultur im Bergbau e. V., Georg-Agricola-Denkmünze, 1965 Ehrenbürger TU Clausthal; 1968 Gr. Verdienstkreuz Nieders. VO. - Spr.: Franz. - Rotarier.

RÖVER, Karl
Dipl.-Ing., Präsident a. D. Bundesbahndirektion Saarbrücken (1966-74) - Karl-Scheich-Str. 18, 6600 Saarbrücken (T. 0681-85 33 11) - Geb. 16. Nov. 1909 - 1973 Gr. BVK.

RÖWER, Heinz-Hugo
Dr., Staatssekretär Justizministerium Nordrh.-Westf. - Martin-Luther-Pl. 40, 4000 Düsseldorf (T. 8 79 21).

ROFFHACK, Ernst Günter
Kaufmann, Vors. Verb. d. Importeure v. Kraftfahrzeugen, Frankfurt/M. - Wilhelmshofallee 112a, 4150 Krefeld - Geb. 9. Okt. 1919.

ROGALL, Klaus
Dr. jur., Prof. f. Strafrecht u. Strafprozeßrecht Univ. Köln - Krim.wiss. Inst., Albertus-Magnus-Pl., 5000 Köln 41 (T. 0221 - 470 42 78) - Geb. 10. Aug. 1948 Hagen/Westf., kath., verh., 2 Kd. - 1969-73 Stud. Rechtswiss. Univ. Bonn; 1. jurist. Staatsprüf. 1974 Köln, Promot. 1976 Bonn, 2. jurist. Staatsprüf. 1977 Düsseldorf, Habil. 1985 Bonn - 1977-78 Wiss. Assist. Univ. Bonn; 1978-87 Ref. im Bundesmin. d. Justiz (zul. als Regierungsdir.); s. 1987 Prof. f. Strafrecht u. Strafprozeßrecht Univ. Köln - BV: D. Beschuldigte als Beweismittel gegen sich selbst, Diss. 1977; Grundfragen e. strafrechtl. Schutzes d. Privatheit (Habil.), Druck in Vorb.; Mitaut. b. Syst. Komm. z. StPO u. b. Karlsruher Komm. z. OWiG.

ROGALLA, Dieter
Dr. jur., Rechtsanwalt, Mitgl. Europ. Parlament (III. Wahlp.) - Harpener Hellweg 152, 4630 Bochum 1 - SPD.

ROGGATZ, Wolfgang
Kanzler d. Pädagog. Hochschule Rheinland - Richard-Wagner-Str. 39, 5000 Köln 1.

ROGGE, Friedrich-Karl
Fabrikant, gf. Gesellsch. Odenwald Faserplattenwerk GmbH, Amorbach - Beuchener Str. 9, 8762 Amorbach - 1974 Bayer. VO; 1981 Gr. BVK.

ROGGE, Hartwig
Dipl.-Ing., Generalbevollm. Direktor Siemens AG (Leit. Bereich Systeme Technik im Untern.bereich Kommunikations- u. Datentechnik), München - Otto-Hahn-Ring 6, 8000 München 83 - Geb. 9. Juni 1931 Lübeck, ev., verh., 2 Kd. - Stud. Nachrichtentechnik TH Darmstadt - Mehrere Pat. auf d. Geb. d. Datenverarb. Fachveröff. in Büchern, Tagungsbd. u. Ztschr.

ROGGE, Lothar
Dr. rer. nat., Prof. f. Mathematik Univ.-GH Duisburg - Sternbuschweg 246, 4100 Duisburg 1 (T. 0203 - 37 71 80) - Geb. 17. Mai 1942 Stettin (Vater: Ernst R.; Mutter: Eva, geb. Schilling), T. Susanne - Dipl.-Math. 1967, Promot. 1970, Habil. 1972, alles Univ. Köln - Veröff. aus d. Ber. d. Maßtheorie, Wahrscheinlichkeitstheorie, Math. Statistik in Fachztschr.

ROGGENBOCK, Jochen
Rechtsanwalt, MdL Schlesw.-Holst. - Oelixdorfer Str. 49b, 2210 Itzehoe - Geb. 18. April 1947 Itzehoe.

ROGGENKÄMPER, Peter
Dr. med., Dr. med. habil., Prof. Univ.-Augenklinik Bonn - Zu erreichen üb. Univ.-Augenklinik, 5300 Bonn-Venusberg - Geb. 10. Sept. 1941, ev. - Stud. Univ. Bonn, Lausanne, München, Wien, Würzburg; Promot. 1968 Würzburg; Habil. 1979 München - Leiter Kinderophthalmologie u. Orthoptistinnenlehranst.; Generalsekr. Intern. Ergophth. Ges. Rd. 80 Fachveröff., vorw. Strabismus, Ergophthalmologie, operative Therapie - Spr.: Engl., Franz.

ROGGENKAMP, Peter
Prof., Pianist - Sülldorfer Knick 9, 2000 Hamburg 55 (T. 040 - 87 33 54) - Geb. 18. Febr. 1935 Hamburg - Univ. u. Musikhochsch. Hamburg - Prof. f. Klavier u. Literaturkunde, Klavier Musikhochsch. Lübeck; 1976-82 Vizepräs.; Konzerttätigk. in fast allen europ. Ländern, in Nord- u. Südamerika sowie in Asien; 1974 Mitgl. Freie Akad. d. Künste in Hamburg - Herausg.: Max Reger: Ausgew. Klavierwerke, 3 Bde. (Breitkopf & Härtel); Vogelstimmen in d. Klaviermusik d. 17.-20. Jh. (Universal Edition) - Lit.: Riemann Musiklexikon; New Grove Dictionary.

ROGHMANN, Bernhard
Rechtsanwalt, Fachanw. f. Steuerrecht u. Notar, Vors. Diözesankomitee d. Katholikenaussch. im Bistum Essen (s. 1959), Mitgl. Zentralkomitee d. Dt. Katholiken (s. 1959) - Hans-Böckler-Str. 20, 4250 Bottrop - Geb. 31. Dez. 1914 Essen, kath., verw. 1984 (Ehefr. Dr. med. Maria Roghmann-Eiling), S. Dr. med. Johannes - Univ. Münster/W., Freiburg/Br., Wien (Rechts- u. Wirtschaftswiss.). Dipl.-Volksw. 1940; jurist. Staatsprüf. 1946 u. 49 - 1940-45 Wehrdst. S. 1952 Ratsmitgl. Bottrop (1961-64 Oberbürgerm.). CDU s. 1952.

ROGMANN, Norbert
Dr., Hauptgeschäftsführer Bundesverb. d. Dt. Kalkindustrie (s. 1973) - Carl-Zöllig-Str. 39, 4030 Ratingen - Geb. 26. Juni 1934 - Zul. Min. f. Wirtschaft, Mittelstand u. Verkehr Nordrh.-Westf.

ROGOWSKI, Fritz
Dr. phil., Prof., Regierungsdirektor - Wilhelmstr. Nr. 89, 3300 Braunschweig (T. 4 54 84) - Geb. 14. Sept. 1909 Berlin - Stud. Chemie. Habil. 1942 TH Berlin - 1933-44 Assist. u. Abt.sleit. (1941) Kaiser-Wilhelm-Inst. f. Physik Berlin, n. Kriegsende Forschungstätigk. Frankr., ab 1951 Betriebsleit. Riedel-de Haen AG., Seelze, s. 1955 Laborleit. Physikal.-Techn. Bundesanstalt, Braunschweig. S. 1952 Privatdoz. u. apl. Prof. f. Physikal. Chemie (1961) TH bzw. TU Braunschweig.

ROH, Juliane,
geb. Bartsch
Dr. hist. art., Kunsthistorikerin - Frauenchiemseestr. 31, 8000 München 8 (T. 68 86 66) - Geb. 17. Sept. 1909 Duisburg (Vater: Helmut B., Kulturdezern. Mannheim b. 1942), verh. 1946 m. Dr. phil. Franz R., Kunsthist. †1965 (s. XIV. Ausg.) - Univ. München u. Heidelberg (Promot. 1934) - BV: Figur u. Landschaft im ital. Kunstbereich d. 16. u. 17. Jh., 1934; D. neue Wohnung, 1954; Neue Möbel, 1954; Mod. dt. Bildteppiche, 1955; Votivbilder, 1957; Dt. Bildhauer d. Gegenw., 1957; Altes Spielzeug, 1958; Abstrakte Bilder der Natur, 1960; Rolf Cavael, 1964; Adalbert Trillhaase, 1968; Dt. Kunst seit 1960; Bd. Malerei, 1971, Bd. Druckgraphik, 1974. Viele Kunstaufs. - 1975 BVK I. Kl.

ROHDE, Achim
Dr. jur., Vorsitzender d. FDP-Landtagsfraktion Nordrh.-Westf. - Platz d. Landtags, 4000 Düsseldorf 1 (T. 0211 - 884 22 30) - Geb. 22. Mai 1936, verh., 3 Kd. - Abit.; Stud. Staats- u. Rechtswiss.; 1. u. 2. Staatsex.; Promot. (Dr. jur.) - Regierungspräs. a. D.; Mitgl. Bundesvorst. u. Landesvorst. NRW d. FDP.

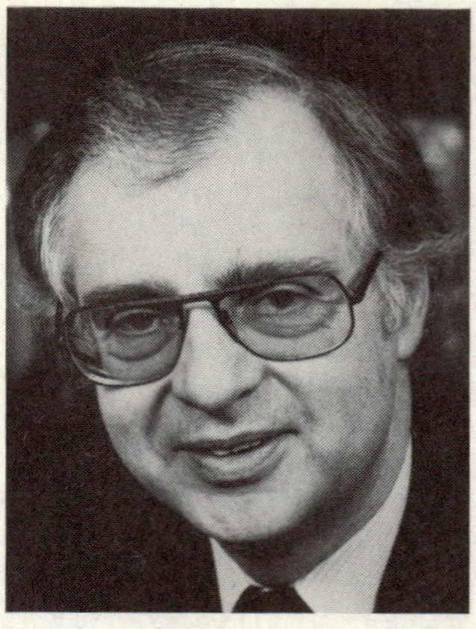

ROHDE, Ekkehard
Vorstandsmitglied a.D. Adam Opel AG, Rüsselsheim (1967-82), AR-Mitgl. (1982-87) - Im Robiger 9, 6090 Rüsselsheim/M. - Geb. 23. Jan. 1917 - VR-Vors. d. DAT Rechenzentrum GmbH & Co. KG, Stuttgart.

ROHDE, Fritz Georg
Dr.-Ing., Prof. TH Aachen (s. 1973) - Preusweg 58, 5100 Aachen (T. 0241-78 3 75) - Geb. 19. Juli 1935 Frankfurt/M. (Vater: Fritz R., Baumeister; Mutter: Else, geb. Becker), ev., verh. s. 1963 m. Barbara, geb. Schmidt, 3 Kd. (Cerima, Raju, Gero) - Dipl.ex. 1963 Braunschweig; Promot. 1970 Madras/Indien - 1963 Bauführer; 1964-65 UN-Exp. Afghanistan; 1966 IBM Dtschl.; 1967-70 Obering. ITT-Madras; 1971-1973 Lahmeyer Intern., Frankfurt/M. Mitautor: Energiequellen f. morgen?, 1976; Energiehandb., 1985 - Spr.: Engl., Franz., Persisch (Farsi), Span.

ROHDE, Gerhard
Dipl.-Volkswirt, Hauptgeschäftsführer Handwerkskammer Berlin (s. 1972) - Blücherstr. 68/Mehringdamm 15, 1000 Berlin 61 (T. 251 09 31) - Geb. 22. Dez. 1929 - 1972 ff. Rundfunkratsmitgl. SFB.

ROHDE, Hanns-Walter
Dr. rer. nat., Prof. f. Math. TH Aachen (s. 1970) - Im Grüntal 103, 5100 Aachen (T. 5 83 71) - Geb. 11. April 1936 Berlin (Vater: Walter R., OStudDir.; Mutter: Lucie, geb. Beese), ev., verh. s. 1968 m. Sigrid, geb. Jeschke, 2 Söhne (Hartmut Volker, Harald Thorsten) - Stud. FU Berlin; Promot. 1962 ebd. - 1962-66 Assist. u. Oberassist. TU Berlin, s. 1966 TH Aachen (Obering.; 1967 Doz.) - Spr.: Engl., Franz., Lat.

ROHDE, Helmut
Journalist, Bundesmin. a.D. f. Bildung u. Wiss. (1974-1978), MdB (1957-87; Wahlkr. 37/Hannover II; stv. Fraktionsvors.), Mitgl. SPD-Parteivorst. u. Bundesvors. Arbeitsgemeinsch. f. Arbeitnehmerfragen (1973-84) - Sanddornweg 3, 5205 St. Augustin (T. 33 35 93) - Geb. 9. Nov. 1925 Hannover (Vater: Schweißer, Parteifunktionär), verh. I). 1950 m. Hanna, geb. Müller, 1 Kd., II.) 1983 m. Ruth, geb. Basenau - Mittelsch. Hannover; 1943-45 Arbeits- u. Wehrdst.; journalist. Ausbild. dpd; Hochsch. f. Arbeit, Politik u. Wirtschaft, Wilhelmshaven - Ab 1949 Redakt. dpa u. Presseref. Nieders. Sozialmin. (1953), 1969-74 Parlam. Staatssekr. Bundesmin. f. Arbeit u. Sozialordn. 1964ff. Mitgl. Europ. Parlam. Mehrere J. Vors. Jungsozialisten Hannover. SPD s. 1945 (s. 1979 stv. Vors. Bundestagsfraktion); s. 1985 Lehrbeauftr. Univ. Hannover u. Bochum - 1974 Paul-Klinger-Preis Bundesfachgr. f. Schausp. u. Regiss. - Spr.: Engl.

ROHDE, Hubert
Dr. phil., Prof., Erziehungswissen-

schaftler, Generalsekr. d. dt.-franz. Kulturrates (1989), ehem. Intendant Saarl. Rundfunk - Zu erreichen üb. Saarl. Rundf., Postf. 10 50, 6600 Saarbrücken (T. 0681 - 60 22 00) - Geb. 28. Febr. 1929 Hildesheim (Vater: Hermann R., Kaufm.; Mutter: Maria, geb. Algermissen), kath., verh. s. 1960 m. Karin E., geb. Attorf, 4 Kd. (Bernadette, Daniela, Dominicus, Sebastian) - Stud. 1949-56 an in- u. ausl. Univ. (Päd., Phil., Psych., Soziol., Gesch., Religionswiss., Kunstgesch. u. Archäol.); Promot. 1953 - 1953-59 Tätigk. in d. Erwachsenenbild. u. außerschul. Jugendbild. Gregoriusorden; 1959 PH Paderborn (Allg. Päd.), 1962 PH d. Saarl. (Systemat. u. Hist. Päd.), 1965-69 Rektor bzw. Prorektor ebd.; 1965-77 Mitgl. Programmbeirat SR, 1970-77 SR-Vertr. im Programmbeirat Dt. Fernsehen (ARD), 1975-77 Vors. ebd.; 1968-74 Bürgerm. Heckenbach; 1970-77 MdL Saarl. (1970-75 Vors. Aussch. f. Kultus, Bildung u. Sport, 1975-77 Vizepräs. d. Landtags); 1971-75 Ausschußvors. Bildungskommiss. dt. Bildungsrat; 1978 Vors. Dt.-Franz. Hörfunk-Kommiss. - BV: Mensch ohne Gott, 1962; Verwirklichung d. Person, 1965; D. Nationalsozialismus, 1969; Orientierungen, 1975 - 1981 franz. Orden Ritter d. Ehrenlegion; 1982 ital. Orden Commendatore dell' Ordine al Merito della Republica Italiana; 1985 Komturkreuz Päpstl. Gregoriusorden; 1986 Straßburg-Gold-Med. Hbg. Stiftg. F.V.S.; 1988 Kommandeurskreuz luxemburg. VO. - Bruder: Prof. Dr. med. Bernward TH. R.

ROHDE, Joachim
Rechtsanwalt, Geschäftsf. Rechtsschutzgemeinschaft Wein - Am Wall 166/67, 2800 Bremen - Geb. 21. Juli 1915.

ROHDE, Jochen
Dipl.-Kfm., Howaldtswerke - Dt. Werft AG, Hamburg u. Kiel - Apelweg 15, 2300 Kronshagen üb. Kiel; Postf. 6309, 2300 Kiel 14 (T. 0431 - 20 00 403 u. 292) - Geb. 13. Febr. 1936 Hannover - Univ. Hamburg u. Hannover (Betriebswirtsch.), Ex. 1961.

ROHDE, Klaus Erich
Dr. rer. pol., Prof. f. Wirtschaftl. Staatswissenschaften, insbes. f. Entwicklungspolitik - Wendelstadtallee 19, 5300 Bonn-Bad Godesberg (T. 33 20 26) - Verh., 3 Kd. - S. 1966 (Habil.) Lehrtätigk. Univ. Bonn (Doz.), Univ. Erlangen-Nürnberg (1969 Ord.), Bonn (1972). Gastprof. Ausl. Hauptarbeitsgeb.: Entwicklungs- u. Wirtschaftspolitik. Div. Fachveröff., auch Bücher. Zahlr. Forsch.aufenthalte, bes. im Mittl. Osten, Südostasien, Nordafrika, Lateinamerika,

Taiwan, VR China u. Korea - Vorstandstätig. in länderkundl. Ges.

ROHDE, Max Peter
Dr.-Ing., Vorstandsmitgl. Ruhrkohle AG (s. 1982, Ressort Verkauf u. Handel) - Rellinghauser Str. 1, 4300 Essen 1 - Geb. 27. Nov. 1940 Prag (Vater: Max Ludwig R., Bankdir. † 1985; Mutter: Luise Margarete, geb. Salzbrunn), ev., verh. s. 1971 m. Elisabeth, geb. v. Menges, 3 Söhne - Stud. Univ. bzw. TH Göttingen, Clausthal, Berlin, Golden (Colorado/USA; Engineer of Mines). Dipl.-Ing. u. Dr. Ing. TU Clausthal - 1968-69 Essener Steinkohle AG; 1969-82 Saarbergwerke AG.

ROHDE-RUDOLPHI, Hans J.

Unternehmensberater u. Inhaber h r c Rohde-Rudolphi Consulting München, gf. Gesellsch. Rohde Marketing Service GmbH - Steinhauserstr. 54, 8000 München 80 - Geb. 27. April 1925 Köln (Vater: Hanns R., Fabrikant; Mutter: Maria, geb. Asselborn), ev., verh. s. 1970 m. Ingrid, geb. Rudolphi - Zul. Prok. Siemens AG. Leitg. Dt. Funkausstell. Düsseldorf (1970) u. Intern. Funkausst. Berlin (1971 u. 73). Mitautor: So wirbt Siemens - Kommunikation in d. Praxis (1971) - Spr.: Engl.

ROHDEWALD, Margarete
Dr. phil., Prof., Wiss. Rätin i. R., Biochemikerin - Poppelsdorfer Allee 69, 5300 Bonn (T. 21 79 34) - Geb. 1. April 1900 - S. 1952 (Habil.) Lehrtätig. Univ. Bonn/Med. Fak. (1958 apl. Prof. f. Physiol. Chemie). Fachveröff.

ROHE, Bernhard F.
Intendant RIAS Berlin (s. 1987) - Kufsteiner Str. 69, 1000 Berlin 62 (T. 030 - 850 34 00) - Geb. 16. Sept. 1939 Hannover, kath., verh. m. Claudia Eva, geb. Didier, Fernsehregiss. - Abit. 1960; 1960-65 Stud. Rechtswiss. u. Kunstgesch. Univ. München, Münster u. Köln - S. 1965 Reporter u. Autor f. Hörf. u. Ferns. WDR: Kultur u. kulturpolit. Themen sow. Darst. reg. u. landesspez. Ereignisse; s. 1977 Ref. u. Chef v. Dst.

FS-Chefredakt. WDR; 1980 stv. Leit. Landesredakt. FS WDR; 1981 Hörfunkleit. Landesfunkhaus Nieders. d. NDR in Hannover.

ROHE, Hans
Geschäftsf., MdL Nordrh.-Westf. (s. 1975) - Sigurdstr. 13, 4950 Minden (T. 3 14 79) - Geb. 15. Dez. 1931 - SPD.

ROHE, Karl

Dr. phil., Prof. f. Politische Wissenschaft - Mülheimer Str. 65, 4300 Essen 1 (T. 74 48 85) - Geb. 25. Nov. 1934 Löningen (Vater: Clemens R., Lehrer; Mutter: Antonia, geb. Ostendorf), kath., verh. s. 1968 m. Brigitta, geb. Hetkemper, 2 Kd. (Bernd-Patrick, Katharina) - Human. Gymn. Cloppenburg; Stud. Freiburg, Münster, Oxford - S. 1972 o. Prof. f. Pol.wiss. Univ. GH Essen - BV: D. Reichsbanner Schwarz-Rot-Gold, 1966; Politik - Begriffe u. Wirklichk., 1978; Politik u. Ges. im Ruhrgebiet, 1979; D. Westmächte u. d. Dritte Reich 1933-39, 1982; V. Revier z. Ruhrgebiet; Engl. Liberalismus, 1987; Krise in Großbritannien, 1987.

ROHEN, Johannes W.
Dr. med., Prof. f. Anatomie - Krankenhausstr. 9, 8520 Erlangen - Geb. 18. Sept. 1921 Münster/Westf. (Vater: Johann R., Ing.; Mutter: Sophia, geb. Warnsmann), verh. s. 1948 m. Sigrid, geb. Reichart - Univ. Köln, Freiburg, Breslau, Tübingen. Promot. 1947; Habil. 1953 - 1953 Privatdoz. Univ. Mainz, 1959 apl. Prof. ebd., 1963 ao. Prof. Univ. Gießen, 1964 o. Prof. Univ. Marburg (Dir. Anat. Inst.), 1974 o. Prof. Univ. Erlangen (Dir. Anat. Inst.). Gast Univ. St. Louis (USA), Ahwaz (Iran), Kampala (Brit. Ost-Afrika) - BV: Funktionelle Gestalt d. Auges, 1953; D. Sehorgan in Primatologia, 1962; Morphol. u. Pathol. d. Kammerbucht, 1959 (m. Hanns-Hellmuth Unger); Topogr. Anat., 8. A. 1987; Funkt. Anat. d. Nervensystems, 4. A. 1985; Funkt. Anat. d. Menschen, 5. A. 1987; Funkt. Histol.(m. Elke Lüttjen-Drecoll), 1982. Etwa 250 Einzelarb. - 1955 v.-Graefe-Preis d. Ophthalmol. Ges.; 1968 o. Mitgl. Akad. d. Wiss. u. d. Lit., Mainz; 1985 Mitgl. Dt. Akad. Leopoldina, Halle u. Preis d. Alcon-Research Instituts, Fort Worth (Texas/USA).

ROHLFES, Joachim
Dr. phil., Prof., Hochschullehrer - Grafvon-Galen-Str. 10, 4800 Bielefeld (T. 10 20 99) - Geb. 11. Dez. 1929 Stendal/Altmark (Vater: Otto R., Oberlandw.s.rat; Mutter: Else, geb. Riemann), ev., verh. s. 1969 m. Ingeburg, geb. Fahlenbock, 3 Kd. (Ulrike, Niklas, Oliver) - Gymn.; Stud. Gesch., Dt., Lat. Promot. 1955 Göttingen - 1956-68 Studien- u. Oberstudienrat; 1968-80 o. Prof. Päd. Hochsch. Westf.-Lippe/Abt. Bielefeld (Polit. Bild. u. Didaktik d. Gesch.); s. 1980 Prof. Univ. Bielefeld - BV: Histor. Gegenwartskunde, 1970; Umrisse e. Didaktik d. Gesch., 5. A. 1979; Staat u. Nation i. 19. Jahrh., 1975; D. Vereinigten Staaten v. Amerika, 1980 - Spr.: Lat., Engl., Franz.

ROHLFS, Eckart
Dr. phil., Bundesgf. Wettbew. Jugend musiziert, Bildungsref. Dt. Musikrat (s. 1963), stv. Vors. Bundesakad. f. musikal. Jugendbild. Trossingen (s. 1970), Generalsekr. Europ. Union d. Musikwettbewerbe f. d. Jugend, Brüssel (s. 1988), Vors. Committ. f. d. Kulturzentr. d. Fédération Intern. d. Jeunesses Musicales in Groznjan, Istrien/Jugosl. (s. 1988), Redakt. Neue Musikztg. (s. 1952), Vors. Musikal. Jugend Dtschl., LV. Bayern, stv. Vors. Jugendmusiksch. Gräfelfing - Jahnstr. 31a, 8032 Lochham/Gräfelfing (T. München 854 22 84); Büro: Herzog-Johann-Str. 10, 8000 München 60 (T. 834 40 71) - Geb. 23. Dez. 1929 Tübingen (Vater: Prof. Dr. phil. Drs. h. c. Gerhard R., Romanist (s. XVII. Ausg.); Mutter: Ruth, geb. Helbig), ev., verh. s. 1959 m. Holle, geb. Hartmann, 4 Töcht. (Regine, Ines, Beate, Katrin) - Gymn.; 1950-52 Lehre Musikverlag u. Musikalienhandel; Univ. München (Zeitungs- u. Musikwiss.; Promot. 1957) - 1957-59 Verlagslektor (Dreiklang-Musikverein). 1959-74 Generalsekr. Musikal. Jugend Dtschl.; 1966-75 Vorst.-Mitgl. Verb. dt. Musiksch.; 1964-77 Bundesgf. Dt. Musikerz. u. konzert. Künstler; 1975-84 Bundesvors. Gewerkschaft Dt. Musikerz. u. konzert. Künstler; 1976-84 Vorst.-Mitgl. Gewerksch. Kunst im DGB; 1959-83 Vorst.-Mitgl. Musikal. Jugend Dtschl. - Zahlr. Beitr. Sammelbde. u. Ztschr. - D. deutschspr. Musikperiodica 1945-57 (1961). Herausg.: Musikal. Begabungen finden u. fördern (1986); Musik-Almanach, Musikleben Bundesrep. Dtschl. 1986/87 (1986); Handb. Musikberufe (1988) - Liebh.: Musik (Flöte, Orgel u. a.), Garten.

ROHLFS, Jürgen
Dr. rer. nat., o. Prof. f. Mathematik Kath. Univ. Eichstätt - Rosenstr. 5, 8079 Gungolding (T. 08465 - 10 45) - Geb. 11. April 1942 Haderslev (Dänemark) (Vater: Hans-Heinrich R., Pastor; Mutter: Wilhelmine, geb. Rottgardt), ev.-luth., verh. s. 1968 m. Maike, geb. Hinrichsen, 5 Kd. (Henning, Sönke, Wibke, Christian, Matthias) - Dipl.-Math. 1968, Promot. 1970 Hamburg, Habil. 1976 Bonn - 1970 wiss. Assist. Bonn; 1979 apl. Prof. ebd.; 1980 o. Prof. Eichstätt.

ROHLFS, Kristen
Dr. rer. nat., Prof. f. Astrophysik - Neulingsiepen 13, 4630 Bochum 1 - Geb. 13. Mai 1930 Humptrup (Vater: Hans Heinrich R., Pastor; Mutter: Ite, geb. Rottgardt), ev., verh. s. 1962 m. Irene, geb. Troll, 2 S. (Wolfgang, Bernhard) - Stud. Hamburg, Tübingen; Promot. 1961, Habil. 1965 - 1974 o. Prof. Univ. Bochum - BV: Lectures on Density Wave Theory, 1977 (Übers. russ. 1980); Radioastronomie, 1980; Tools of Radio Astronomy, 1986.

ROHLMANN, Rudi
Dr. phil., Dipl.-Hdl., Geschäftsf. Redakteur Hess. Blätter f. Volksbildung, stv. Vors. Dt. Volkshochschul-Verb., Lehrbeauftr. Vor.-FHS Wiesbaden - Bruno-Stürmer-Str. 21, 6000 Frankfurt/M. (T. 35 51 31) - Geb. 15. Mai 1928 Rheine/W., verh. s. 1952 m. Hildegard, geb. Späth - 1946-48 Verw.lehre; 1949-50 Akad. d. Arbeit; 1950-67 Fernlehrinst. d. DGB (1964-67 Inst.-Leit.) - 1967-70 parlam. Geschäftsf. u. stv. Vors. SPD-Fraktion, MdL Hessen (1958-62, 1965-82) 1970-80 Vors. Rundfunkrat HR - BV: Volkshochschule in Hessen (m. V. Otto), 1982 - 1982 Gr. BVK - Spr.: Engl.

ROHLOFF, Adalbert
Dipl.-Volksw., Geschäftsführer PK Berlin-Projektges. f. Kabelkommunikation mbH, gf. Vorstandsmitgl. Bildschirmtext-Anbieter-Vereinigung (Btx-A.V.), Vors. Berliner Presse Club - Voltastr. 5, 1000 Berlin 65 (T. 030 - 4 60 02-0) - Geb. 1933 Westpreußen - FU Berlin (Volksw., Publiz.)

ROHLOFF, Heide Norika
Dr. phil., Univ.-Prof. Engl. Sem. Univ. Hannover - Burgstr. 29, 3000 Hannover 1

(T. 0511-32 59 22) - Geb. 28. Jan. 1936 Spandau, kath. - Stud. PH Alfeld (Päd.); 1. u. 2. Staatsprüf. Lehramt 1961/63; Univ. Hannover (Angl., Phil., Päd.); Promot. 1970 - 1961 Lehrerin; 1966 Päd. Assist.; 1970 wiss. Assist.; 1972-74 Akad. Rätin/Oberrätin; 1973 Akad. Dir.; 1985 Prof. Univ. Hannover; 1985 gf. Dir. d. Engl. Sem.; s. 1986 Vertrauensdoz. d. Cusanuswerks - BV: Klassizismus u. Beginnende Romantik, 1971; Miltons L'Allegro u. Il Penseroso, 1973; Großbrit. u. Hannover. D. Zeit d. Personalunion 1714-1837, 1987; weitere Veröff. z. engl. Lit. u. engl. u. europ. Kulturgesch. - Liebh.: Malerei, Graphik, wiss. Leitung v. Studienreisen - Spr.: Engl., Lat.

ROHLOFF, Paul

Dr. jur., ehem. Rechtsanwalt - Eichenweg 28, 2053 Schwarzenbek (T. 23 08) - Geb. 15. Dez. 1912 Hamburg (Vater: Paul R.; Mutter: Hedwig, geb. Lewerenz), ev., verh., 2 Kd. - Oberrealsch.; Univ. München u. Hamburg (Rechts- u. Staatswiss.); Promot. 1939 - Wehrdst. (gegenw. Major d. R. Bundeswehr) - 1955-70 MdK Herzogtum Lauenburg (Fraktionsvors.); 1950-54 u. 1958-71 MdL Schlesw.-Holst. (1964-71 Präs.). 1946 FDP, 1951 Dt. Samml., 1953 CDU - Frhr.-v.-Stein-Plak.; 1966 Großkreuz VO. BRD; 1968 Ehrenbürger Austin/Texas (USA) - Liebh.: Reiten - Spr.: Franz.

ROHMANN, Gerd

Dr., Prof. f. Anglistik Univ.-GH Kassel - Blumenstr. 4, Gieselwerder, 3525 Oberweser 1 (T. 05572 - 14 75) - Geb. 3. Okt. 1940 Süchteln/Rhld. (Vater: Karl, Amtsger.dir.; Mutter: Hanna Hülsemann), ev., verh. s. 1973 in 2. Ehe m. Sigrid Schöll-Lambrecht, 3 Kd. (Cordelia, Olivia, Oliver) - 1960-65 Stud. Angl., Roman., Phil., Psych., Politik, Erziehungswiss. Univ. Marburg, Paris, London; Staatsex. 1965, Promot. 1968 - 1966-67 Forschungsst. f. Vergl. Erziehungswiss. Marburg; 1968-72 Wiss. Assist. Engl. Sem. Marburg; 1972-73 Prof. Univ. Marburg; s. 1974 Prof. f. Angl. Literaturwiss. Univ. Kassel. (1974-75 Dekan Fak. Sprache u. Lit.). S. 1981 Naturschutzbeirat BFN Kassel - BV: Aldous Huxley u. d. franz. Lit., 1968; George Bernard Shaw, 1978; Laurence Sterne, 1980; Samuel Beckett u. d. Lit. d. Gegenw., 1988 - Liebh.: Naturschutz, Jagd, Seekajakfahren - Spr.: Engl., Franz., Ital., Span., Niederl.

ROHMERT, Walter

Dr.-Ing., o. Prof. u. Direktor Inst. f. Arbeitswissenschaft TH Darmstadt (s. 1963), Vorstandsmitgl. Intern. Ergonomics Assoc. (s. 1964), RKW-Landesverb. Hessen (s. 1964), Vors. Ges. f. Arbeitswiss. (s. 1965), REFA-Bezirksverein Darmstadt (s. 1965), REFA-Landesverb. Hessen (s. 1967), Directeur des travaux Europ. Gemeinsch. f. Kohle u. Stahl (s. 1965) - Petersenstr. 18, 6100 Darmstadt - Geb. 21. Okt. 1929 Gladbeck/W. (Vater: Bernhard R.; Mutter: Bernardine, geb. Jockenhöfer), kath., verh. s. 1956 m. Gisela, geb. Norpoth, 4 Kd. (Elisabeth, Katharina, Franziskus, Johanna) - TH Aachen (Elektrotechnik; Dipl.-Ing. 1955). Promot. (1959) u. Habil. (1962) Aachen - 1955-56 Industrie; 1956-63 Max-Planck-Inst. f. Arbeitsphysiol. (Wiss. Mitarb.) - BV: Stat. Haltearbeit d. Menschen, 1960; Arbeitsgestaltung u. Muskelermüdung, 1963; Körperkräfte im Bewegungsraum, 1963; Arbeitsphysiol. Bewertung u. Verbesserung d. Arbeit m. Arm-Prothesen, 1966; Ergonomische Prüfliste f. d. Arbeitsschutz m. Lit.anhang, 1974; Ergonomische Leitregeln z. menschengerechten Arbeitsgestalt. (Katalog arbeitswiss. Richtlinien üb. d. menschengerechte Gestalt. d. Arb. BVG §§ 90, 91), 1974; Entw. u. Erkenntnisse d. Arbeitswiss., 1974 - 1974 Sir Frederic Bartlett Medal, England.

ROHNER, Heinz Georg

Dr. med., Prof., Internist, Chefarzt Innere Abt. d. Marienkrkhs. Schwerte (s. 1988) - An der Gänsekuhle 2, 4709 Bergkamen-Weddinghofen - Geb. 16. Apr. 1943 Hammelburg, kath., verh. s. 1976 m. Irmgard, geb. Hufnagel, 3 Kd. (Anna, Benjamin, Lisa) - Stud. Univ. Bonn (Med.), 7 J. Facharztausb. Med. Univ.-Klinik Bonn (Zusatzbezeichn. Gastroenterologie) - Oberarzt Barbara Hospital Gladbeck; 1984-88 Chefarzt Katharinen-Hospital Unna; 1985 Prof. Univ. Bonn - 130 wiss. Publ., sehr aktiv im Fortbildungswesen - Spr.: Engl.

ROHR, von, Hans Christoph

Dr. jur., Rechtsanwalt, Vorstandsmitglied Klöckner & Co. AG - Neudorfer Str. 3-5, 4100 Duisburg 1 - Geb. 1. Juli 1938 Stettin, verh., 2 Kd. - Univ. Heidelberg, Wien, Bonn, Kiel (Rechts-, Staatswiss., Volksw.). Fulbright-Stip. Princeton Univ. USA. Jurist. Staatsprüf. 1962 (Schleswig) u. 67 (Hamburg); Promot. 1968 (Bonn) - S. 1968 nordd. Industriebetrieb (Assist.), dt. Handelsges. Argentinien (1971, General Manager), Hbg. Handels- u. Schiffahrtsuntern. (1974).

ROHR, Rupprecht

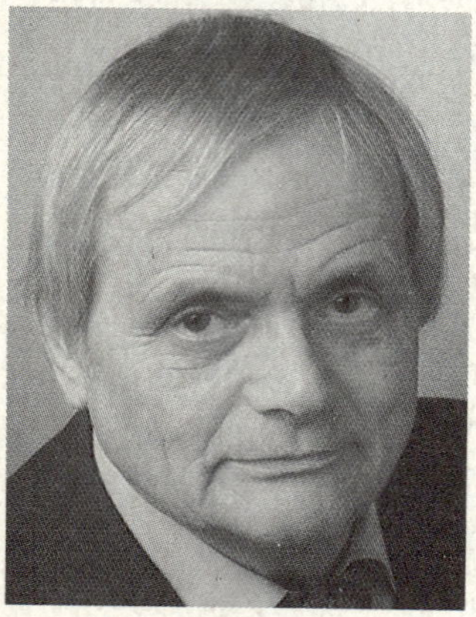

Dr. phil., Prof. f. Romanistik, Balkanologie - Pfalzring 135, 6704 Mutterstadt (T. 06234 - 17 55) - Geb. 17. Nov. 1919 Berlin (Vater: Dr. Johannes R., Oberstudienrat; Mutter: Käthe, geb. Valk), ev., verh. s. 1946 m. Erna, geb. Patz, T. Gabriele - Reform-Realgymn. Berlin b. 1938; Dolmetschersch. (1946-48; Franz., Span.); FU ebd. (1948-54; Roman., Balkanol., Iran.). Promot. (1954) u. Habil. (1961) Berlin - 1948-61 VHS-Doz.; 1954-65 Assist. u. Privatdoz. (1961) FU Berlin; s. 1965 o. Prof. WH bzw. Univ. Mannheim; 1969-82 Dir. Inst. f. Komm.- u. Medienforsch. Mannheim; s. 1979 Mitgl. wiss. Beirat d. Südosteuropages. München. Präs. wiss. Beirat d. Aromunischen Union. Fachmitgliedsch. - BV: Acquaformosa - E. alban. Kolonie in Nord-Kalabrien, 1954 (Diss.); D. Schicksal d. betonten lat. Vokale in d. Prov. Lugdunensis Tertia, d. spät. Kirchenprov. Tours, 1963; Einf. in d. Stud. d. Roman., 3. A. 1980; Franz. Syntax - Z. Beschreibung morphosyntakt Phänomene d. Französischen, 1971; Matière, Sens, Conjointure - Methodolog. Einf. i. d. franz. u. provenzal. Literatur d. Mittelalters, 1979; Aspekte d. allg. u. franz. Sprachwiss., 1980; Sigmatik. Bezieh. zw. sprachl. Zeichen u. Außenwelt, 1988; D. Aromunen, Sprache, Geschichte, Geographie, 1988 - Spr.: Franz., Span., Ital., Rumän., Alban. - Lit.: Festschr. f. R. R. z. 60 Geburtstag (hg. v. W. Bergerfurth u. a.), 1979.

ROHRBACH, Christof

Dr.-Ing., Vizepräsident u. Prof. Bundesanstalt f. Materialforsch. u. -prüfung (BAM) i. R. - Kleiberweg 5, 8411 Deuerling (T. 09498 - 85 57) - Geb. 7. März 1925 Münster (Vater: Wilhelm R., Beamter; Mutter: Franziska, geb. Deimel), kath., verh. s. 1952 m. Charlotte, geb. Hahn, 4 Töcht. (Monika, Maria, Margot, Mechthild) - 1946-50 Stud. TH Aachen, Dipl.-Ing. 1950, Promot. 1955 - 1950-55 Wiss. Angest. Max-Planck-Inst f. Eisenforsch.; 1955-63 Laborleit. BAM Berlin, 1964-67 Fachgruppenleit., 1967-77 Abt.-

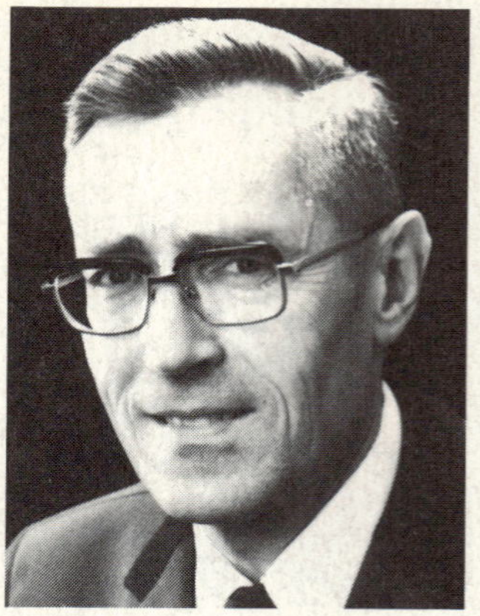

Leit., 1977 Vizepräs. BAM. Zahlr. Ehrenstell., u.a. 1971 Vorst. Dt. Verb. techn.-wiss. Vereine DVT, Düsseldorf u. 1971-83 Vors. d. Berliner Verb. - Rd. 20 Patente - BV: Handb. f. elektr. Messen mech. Größen, 1967; Handb. f. Spannungs- u. Dehnungsmessung, 1958 (auch Russ.). Herausg.: Werkstoffe - erforscht-geprüft-verarb. (1971); Handb. f. fluid. Meßtechnik (1977); Oberflächentechnik (1981); Handb. f. exper. Spannungsanalyse (1989) u.a. Rd. 60 techn.-wiss. Veröff. - 1956 Ehrenring Verein Dt. Ing. (VDI); 1985 BVK I. Kl.; 1988 Ehrenmitgl. d. Generalrates d. Int. Meßtechn. Konföderation (IMEKD) - Liebh.: Sport, Jagd, Lit. - Gold. Sportabz. (25 ×) - Spr.: Engl.

ROHRBACH, Günter

Dr., Geschäftsführer Bavaria Film GmbH (s. 1979) - Bavaria-Film-Pl. 7, 8022 Geiselgasteig/Obb. - Geb. 23. Okt. 1928 Neunkirchen/Saar - Zul. Leit. Programmbereich Fernsehsp. Unterhalt. u. Familie WDR Köln - 1985 Bayer. Filmpreis 1984.

ROHRBACH, Hans-Jörg

Unternehmer, Vors. Bundesverb. Leichtbetonzuschlag-Industrie - Zu erreichen üb.: Gammertinger Str. 4, 7000 Stuttgart 80.

ROHRBACH, Rolf

Dr. med., Prof. f. Pathologie - Goetheplatz 2, 7800 Freiburg (T. 0761 - 7 45 91) - Geb. 6. Juni 1939 Lollar (Vater: Erich R., Kaufm.; Mutter: Elisabeth, geb. Deibel), ev., verh. s. 1972 m. Dr. Monika R. - Abit. 1959 Gießen, Med.-Stud. Univ. Gießen, Staatsex. 1965, Promot. 1965 Gießen, Habil. 1973 Freiburg - 1967-73 wiss. Assist. Univ. Gießen u. Freiburg, 1970-71 WHO-Stip. Univ. Oslo, 1974 Oberarzt Path. Inst. Freiburg, 1978 Prof. Univ. Freiburg - BV: Hdb. d. allg. Pathol., Bd. 6, 1975; Z. Steuerung d. Zellproliferation d. Chalone, 1975; Lehrb.beitr. u. ca. 70 Publ.

ROHRBACH, Wilhelm

Dr.-Ing., Dipl.-Ing., Unternehmensberater, Lehrbeauftragter f. Immobilienwirtschaft an d. TH Darmstadt - Geb. 6. April 1923 Kieslingswalde, kath., verh. - Abit. 1951; 1951-56 Stud. (Dipl.-Ing.); Promot. 1961 - Ab 1962 Philipp Holzmann AG (Abt.Leit., Geschäftsf., Prok., Dir.); 1978-81 Sprecher Geschäftsfg. Zenker-Häuser, 1980-81 Geschäftsf. Zenker + Quelle Häuservertriebs-GmbH, 1982-88 Sprecher Geschäftsfg. Dt. Grundbesitz-Investmentges. mbH (DGI) i. R.

ROHRBERG, Erwin

Regierungsbaumeister a. D., Prof., Architekt - Bofistweg 3, 7000 Stuttgart-Schönberg (T. 4 75 99) - Geb. 20. April 1909 Frankfurt/M. (Vater: Karl R., Justizinsp.; Mutter: Ella, geb. Waas), ev., verh. s. 1939 m. Charlotte, geb. Zehrfeld, 5 Kd. (Klaus, Ulrike, Christine, Annette, Martin) - Lessing-Gymn. Frankfurt/M.; Maurer- u. Schreinerlehre (Philipp Holzmann AG.); TH Stuttgart (Arch.; Dipl.-Ing. 1935) - 1936-38 Assist. b. Prof. Paul Schmitthenner (TH Stuttgart), dann fr. Arch. Stuttgart, 1939-45 Wehrdst., s. 1948 Lehrbeauftr., Dozent (1957) u. Prof. (1962) Staatsbausch. Stuttgart. Zahlr. Bauten, darunt. Auferstehungs-, Rosenberg-, Himmelfahrts- (alle Stuttgart), Johannis- (Schwenningen), Corvinus-Kirche (Göttingen) - BV: Fachwerkhäuser in Baden-Württ., 1981 - Liebh.: Kammermusik (Streichquartett, Flöte) - Spr.: Engl.

ROHRER, Herbert

Dr. rer. pol., Generaldirektor i. E. - Gsteig 46, 8100 Garmisch-Partenkirchen (T. 34 17) - Geb. 3. Juni 1901, wiederverh. s. 1968 m. Josefin, geb. Wasner, Kd. - U. a. Vorstandsmitgl. u. -vors. Schering, Osram, Feldmühle, Dynamit Nobel. Div. ARsmand., dar. Vors.

ROHRER, Rudi

Oberstudiendirektor - Holunderweg 10, 7300 Esslingen (T. 0711 - 37 16 03) - Geb. 24. März 1915 Reutlingen - Ehrenvors. Bundesverb. Lehrer an berufl. Schulen, Landesverb. Baden-Württ. - BVK I. Kl.

ROHRLICH, Matei

Dr. phil., Prof., Direktor i. R., Getreideforscher - Sulzaer Str. 2, 1000 Berlin 33 (T. 826 13 31) - Geb. 28. Okt. 1906 Jassy (Rumän.) - TH München, Univ. Berlin - Langj. Dir. Bundesforschungsanst. f. Getreideverarb., Berlin/Detmold. S. 1952 (Habil.) Privatdoz. u. apl. Prof. (1959) TU Berlin (Getreideverwert.). Vors. Berliner Ges. f. Getreideforsch. - BV: D. Getreide, 2 Bde. 2. A. 1966/67; Getreideenzyme - Eigenschaften/Analytik/Bedeut., 1968; Kleberforsch., Brot - ewiges Motiv künstler. Schaffens. Zahlr. Fachaufs.

ROHRMOSER, Günter

Dr. phil., Prof., Hochschullehrer - Berner Str. 19, 7000 Stuttgart 75 (T. 47 56 04) - Geb. 29. Nov. 1927 - Habil. 1961 Köln; 1962-76 Prof. Päd. Hochsch. Münster bzw. Westf.-Lippe/Abt. Münster II (Ord. f. Phil.); Honorarprof. Univ. Köln; s. 1976 Ord. f. Sozialphilos. Univ. Hohenheim - BV: D. Elend d. krit. Theorie, 5. A.; Herrschaft u. Versöhnung, 1972; Nietzsche u. d. Ende d. Emanzipation, 1971; Zeitzeichen - Bilanz e. Ära, 2. A.; Zäsur - Wandel d. Bewußtseins, 1979; Krise d. polit. Kultur, 1983; Geistiger Umbruch - Bilanz d. marxis. Epoche, 1983; Geistige Wende - warum?, 1984; Religion u. Politik in d. Krise d. Moderne, 1989.

ROHRMUS, Hermann

Dr., Geschäftsführer Verb. Dt. Sektkellereien u. Verb. d. Weinbrennereien - Sonnenbergerstr. 46, 6200 Wiesbaden.

ROHS, Hans-Günther

Dr.-Ing., Prof. - Neuffenstr. 9, 7324 Rechberghausen/Württ. (T. Göppingen 56 93) - Geb. 5. Febr. 1926 - S. 1960 (Habil.) Lehrtätigk. TH Aachen (1966 apl. Prof.; Sonderfragen d. Werkzeugmaschinenbaues). Facharb.

ROHWEDDER, Detlev Karsten

Dr. jur., Staatssekretär a.D., Vorstandsvors. Hoesch AG, Dortmund - Zu erreichen üb. Hoesch AG, 4600 Dortmund - Geb. 16. Okt. 1932 Gotha/Thür. (Vater: Julius R., Buchhändler; Mutter: Elisabeth, geb. Ott), ev., verh. s. 1960 m. Hergard, geb. Toussaint (Richterin), 2 Kd. (Philipp, Cäcilie) - N. Abitur (Rüsselsheim) Univ. Bundesrep. (Mainz, Hamburg) u. Frankr. 1959/60 Stip. Ford Foundation Berkeley (USA). Jurist. Staatsex. 1957 u. 1962; Promot. 1961 - 1963-69 Mitinh. (1965) Kontinentale Treuhandges./Wirtschaftsprüfungsges., Düsseldorf; 1969-78 Staatssekr. Bundesmin. f. Wirtsch.; ab 1979 Vorst. Hoesch. SPD - 1983 Manager d. J. Münchener Industrie-Magazin - Spr.: Engl., Franz.

ROHWER, Jens

Dr. phil., Prof., Komponist - Lutherstr. 16, 2400 Lübeck - Geb. 6. Juli 1914 Neumünster/Holst. (Vater: Klaus R. Kaufm.; Mutter: Charlotte, geb. Wagner), ev., verh. m. Gabriele, geb. Zimmermann, 6 Kd. - Prüfung f. d. künstler. Lehramt (Schulmusik, Kompos.) 1938 Berlin; Promot. 1958 Kiel - S. 1943 Lehrtätigk. Gaumusikschule Posen (b. 1945) u. Schlesw.-Holstein. Musikakad. u. Nordd. Orgelsch. Lübeck (1946; 1955 Dir.). Begr. u. Mitleit. Barsbütteler Arbeitswochen f. neue Kompos. Zahlr. Werke, dar. f. d. Bühne (Chelion Tanzpantomime, 1967), f. Orchester (Mixolyd. Konzert, Konzert f. Orch. u. Klavier, div. Kammerorchesterkonzerte), Kammermusik (Streichquartett 1968, Sonaten f. Violine u. Klavier, Klarinette u. Klavier, Blockflöte u. Klavier, Cembalo u. a.), Orgelmusik (4 Fantasien, 7 Choralfantasien), Chormusik (Christus Triumphator 1965, V. Psalm 1970, Verlesung d. Paulus-Briefes 1972, Motetten, Weinheber-Chansons), Heraklitchöre, weitere Kammermusik- u. Klavierwerke (1973ff.), neue gottesdienstl. u. polit.-satir. Lieder (1974-86) - BV: Tonale Instruktionen u. Beitr. z. Kompositionslehre, 1950; Neueste Musik - E. krit. Bericht, 1964; D. harmon. Grundl. d. Musik, 1969; Sinn u. Unsinn d. Musik, 1969 - 1953 Schlesw.-Holst. Kunstpreis f. Musik; Aktiv in Südafrikahilfe und AI.

ROHWER, Jürgen

Dr. phil., Prof., Direktor Bibliothek f. Zeitgeschichte Weltkriegsbücherei (1959-89), Vors. d. Kuratoriums d. Stiftg. Bibl. f. Zeitgesch. (s. 1989), Präses Arbeitskr. f. Wehrforsch. (s. 1971), Vizepräs. Commission Internationale d'Histoire Militaire, Hauptschriftl. Marine-Rundschau (1958-86) - Konrad-Adenauer-Str. 8, 7000 Stuttgart (T. 24 41 17) - Geb. 24. Mai 1924 Friedrichroda/Thür. (Vater: Dr. med. Ernst R., prakt. Arzt; Mutter: Marta, geb. Hundertmark), verh. s. 1955 m. Evi, geb. Katczor, 2 Söhne (Jochen, Jens) - 1935-42 Gelehrtensch. d. Johanneums Hamburg; 1947-52 Univ. ebd. (Gesch., Geogr., Staatsrecht). Promot. 1953 - 1942-45 Kriegsdst.; 1945-47 Bauarb.; 1954-59 Geschäftsf. Arbeitskr. f. Wehrforsch. - BV: Seemacht heute, 1957 (auch russ.); Entscheidungsschlachten d. II. Weltkr., 1960 (auch finn., schwed., span., engl., ital.); U-Boote - E. Chronik in Bildern, 1962; 66 Tage unt. Wasser - Atom-U-Schiffe u. Raketen, 1965; D. U-Booterfolge d. Achsenmächte, 1968 (engl. 1983); Chronik d. Seekrieges 1939-45, 1968 (auch engl.); Seemacht v. d. Antike bis z. Gegenw., 1974 (m. E. B. Potter, Ch. W. Nimitz); Superpower Confrontation on the Seas, 1975; Geleitzugschlachten im März 1943, 1975 (auch engl.). Herausg.: D Sowjetflotte im II. Weltkrieg (1966), D. Funkaufklärung u. ihre Rolle in Zweiten Weltkrieg (1979), Kriegswende Dezember 1941 (1984), D. Mord an d. europ. Juden (1985), Neue Forsch. z. Ersten Weltkrieg (1985), Jahresbibliogr. Bibl. f. Zeitgesch. (jährl.), Schr. BfZ (1-2 Bde. jährl.), Reihen Arbeitskr. f. Wehrf. Zahlr. Einzelarb. - Liebh.: Schiffe.

ROHWER-KAHLMANN, Harry

Dr. jur., Prof., Gerichtspräsident a.D. - Schubertstr. 27a, 2800 Bremen (T. 34 57 47) - Geb. 13. Sept. 1908 Halle/S. (Vater: Willy Kahlmann, Kaufm.; Mutter: Marie, geb. Süchting), ev., verh. in 2. Ehe (1948) m. Ingeburg, geb. Wiegels, 4 Söhne (Frank, Stephan, Thomas, Andreas) - Schiller-Realgymn. u. Univ. Leipzig (Rechtswiss.). Jurist. Staatsprüf. 1932 u. 36; Promot. 1936 - Justiz- u. Verw.dst.; 1954-73 Präs. Landessozialgericht Bremen, 1956-69 zugl. Vizepräs., 1969-79 Präs. Staatsgerichtshof d. Fr. Hansestadt Bremen; 1965 ff. Lehrtätigk. Univ. Kiel (Recht d. soz. Sicherheit), 1969 Honorarprof. - BV: Aufbau u. Verfahren d. Sozialgerichtsbarkeit, Komm., 1955, 4. A. 1984; Rechtstatsachen z. Dauer d. Sozialprozesses, 1979; Sozialgesetzb., Allg. Teil, Komm. 1979. Herausg.: Zeitschr. f. Sozialreform (s. 1955); div. Sonderh. - Liebh.: Münzen, Süßwasserfische - Spr.: Engl., Franz. - Würdigung ZSR 1968, S. 513ff. (Präs. BSG Prof. Dr. Georg Wannagat u. a.); Festschr. in ZSR: 1973, S. 509ff. (Präs. BSG Prof. Wannagat u. a.); Sozialrecht in Wiss. u. Praxis, 1978, S. 505ff. (Vizepräs. BSG Dr. Brackmann u. a.); Sozialrecht - Rechtstatsachen, Forsch. u. Praxis, 1983, S. 527ff. (Prof. Dr. Wannagat u. a.); Sozialrecht, Verfassungsrecht, Sozialpolitik.

ROIK, Karlheinz

Dr.-Ing., o. Prof. f. Stahlbau - Sauerbruchstr. 5, 4040 Neuss/Rh. - Geb. 5. Sept. 1924 Frankfurt/M. (Vater: Georg R., Lehrer; Mutter: Änne, geb. Hessemer), ev., verh. s. 1950 m. Maria, geb. Balzuweit, 4 Kd. (Ulrike, Christine, Charlotte, Matthias) - Mustersch. Frankfurt/M. (Abit. 1942); 1945-50 TH Darmstadt (Bauing.wesen; Dipl.-Ing. 1950. Promot. 1955) - 1950-62 MAN, Dortmunder Union Brückenbau AG. (1952), Neußer Eisenbau Bleichert KG. (1955 Prok.); s. 1962 Ord. TU Berlin u. Univ. Bochum (1972 Ord. u. Dir. Inst. f. Konstruktiven Ing.bau). Zahlr. Facharb. - 1978 Mitgl. d. Rhein.-Westf. Akad. d. Wissensch.

ROITZHEIM, Wolfgang Hans

Direktor, Vorstand Hallesche-Nationale Krankenversicherung aG, Stuttgart - Chopinstr. 30, 7000 Stuttgart 1 (T. 0711 - 69 01 69) - Geb. 2. Okt. 1941 Köln (Vater: Hans R., Kaufm.; Mutter: Carmen Irene, geb. Anderes), verh. s. 1964 m. Karin, geb. Ruland, 2 T. (Petra, Tanja) - Gymn., Lehre, Versich.-Kfm. - Beiratsmitgl.: Alte Leipziger Bausparkasse AG, Oberursel/Ts., Rechtsschutz-Union Vers.-AG, München, DTC-Deutscher Touring Automobil Club, München; AR-Mitgl. DTC-Touring Vers. aG, München; Handelsrichter Landgericht Stuttgart.

ROITZSCH, Ingrid

Redakteurin, MdB (Wahlkr. 7/Pinneberg) - Marienhöhe 89, 2085 Quickborn (T. 04106 - 44 57) - CDU.

RÓKA, Ladislaus

Dr. med., em. o. Prof. f. Klin. Chemie - Klein-Lindener Str. 40, 6300 Gießen-Allendorf - Geb. 20. Nov. 1919 Dicsöszentmarton/Siebenb. - S. 1952 (Habil.) Lehrtätigk. Univ. Frankfurt/M. (1957 apl. Prof.) u. Gießen (1967 Ord.); zeitw. wiss. Leit. Biotest-Serum-Inst. GmbH, Frankfurt.

ROLAND, Berthold

Dr. phil., Direktor Landesmuseum Mainz u. Schloß „Villa Ludwigshöhe" (Max-Slevogt-Galerie) Edenkoben/Pfalz (s. 1983) - Große Bleiche 49-51, 6500 Mainz (T. 06131 - 16 29 55); priv.: Spinozastr. 16, 6800 Mannheim (T. 0621 - 41 57 16) - Geb. 24. Febr. 1928 Landau/Pfalz (Vater: Eugen R., Oberkirchenrat; Mutter: geb. Kienzler), ev., verh. s. 1964 m. Dr. jur. Marie-Elisabeth Schlosser, Sohn Oliver - Stud. Univ. Mainz, Göttingen, München (Kunstgesch.); Promot. 1955 München - 1960-65 Kustos Städt. Reiß-Museum Mannheim; 1965/66 Konservator Staatl. Denkmalpflege u. Schlösserverwaltung Mainz; 1966/67 Leit. Städt. Kunstsamml. Ludwigshafen/Rhein, Kunstrat; 1968-70 Leit. Katalogbearb. im Kunstauktionshaus Neumeister München; 1970-83 Kunstref. im Kultusmin. Rheinl.-Pfalz, Ltd. Min.-Rat; Kunstberater v. Bundeskanzler Dr. Kohl. Ausstellungen d. Bundeskanzleramtes - BV: D. Malergruppe v. Pfalz-Zweibrücken, 1959; Speyer, 1961; Mannheim, 1966; D. Pfalz, 1969; Museen in Rheinl.-Pfalz, 1973; 2000 J. Baukunst in Rheinl.-Pfalz, 1976; Burgen u. Schlösser in Rheinl.-Pfalz, 1981; Slevogt, Pfälz. Landschaften, 1982; Slevogt-Graphik, 1984ff.; Villa Ludwigshöhe, 1986; Purrmann, 1987. Viele Kataloge u. a. Forschung u. Technik in d. Kunst, D. blaue Bild, Slevogt, Ägyptenreise, 1989. Herausg.: Verfemte Kunst (1986). Mithrsg.: Anthol. Lit. aus Rheinl.-Pfalz (1976-86) - 1975 Hofenfels-Med.; 1978 Ehrenmed. Berufsverb. Bild. Künstler Rheinl.-Pfalz.

ROLAND, David

Solotänzer, Choreograph - Kuno-Fischer-Str. 13, 1000 Berlin 19 (T. 030-321 82 56) - Geb. 18. Juni 1952, verh. s. 1980 m. Karin Wäsch, Tänzerin; S. Benjamin Kilian - 1970-73 Ausb. durch Alan Howard, San Francisco/USA - 1973-74 Solist Oakland Ballett; 1975-85 Solotänzer Dt. Oper Berlin - Choreogr. Renaissance Theater u. Dt. Oper Berlin: Evchen Humbrecht u. Midnight-Medley. Fernsehen: D. Bahn-Seniorenpaß. Rollen: Stiefmutter in: Cinderella (1980), Mama Simone in: La fille mal gardé, Dr. Coppelius in: Coppelia (1982), Dolochow in: Krieg u. Frieden (1982), Totskij in: D. Idiot (1979), Kiepert in: Prof. Unrat (1985), Serenade (1984), Agon (1978), Haupt-Kutscher in: Petruschka (1977), ital. Partner in: Gala-Performance (1978) - Liebh.: Astrol., Kasperle-Theater, Disco-Musik - Spr.: Engl., Span., Deutsch.

ROLAND, Jürgen

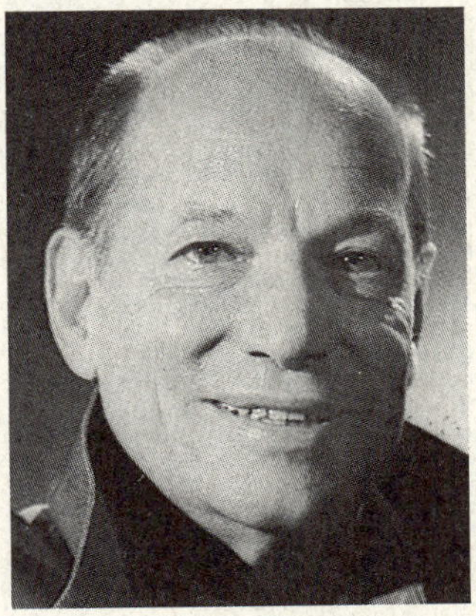

Regisseur - Rögengrund 28, 2000 Hamburg-Bergstedt - Geb. 25. Dez. 1925 Hamburg (Vater: Kurt S., Kaufm.; Mutter: Käthe, geb. Lührs), ev., verh. s. 1956 m. Eva, geb. Weidner, 2 Kd. (Kay, Jessica) - Abitur 1942 Hbg.-Eppendorf - S. 1945 Rundfunkreporter, Regieassist. (1948), Fernsehredakt. (1951), -regiss. (1952), Filmregiss. (1958). Fernsehserie: Stahlnetz, Dem Täter auf d. Spur, Tatort, Großstadtrevier. Dokumentar- u. Spielfilme, dar. Der Transport, Die vier Schlüssel, Polizeirevier Davidswache (1965 Bundesfilmpreis u. 300 000-DM-Prämie), St. Pauli-Report, D. Mädchen v. Hongkong. Div. Theater-Insz., u.a. Wallace, Durbridge - 1961 Goldmed. d. Polizei, 1961 Gold. Bildschirm, 1965 Gold. Leinwand, 1986 BVK - Liebh.: Krimis, Eishockey, Tennis - Lit.: Josef Mühlbauer, Ungeschminkte Prominenz.

ROLAND, Ulrich

Bankkaufm., Direktor i.R. Pfälzische Hypothekenbank A.G. - Waldparkstr. 32, 6800 Mannheim (T. 81 86 76) - Geb. 13. Dez. 1916 Berlin, ev., verh. s. 1942 m. Erika, geb. Richter, 3 Kd. - ARsvors. Wartburg-Hospiz GmbH.

ROLFES, Hans-Dieter

Dipl.-Ing., Vorstandsvorsitzender FRANK AG, Adolfshütte, Dillenburg - Ilmenkuppe 18, 6340 Dillenburg (T. 9 84 92) - Geb. 21. Sept. 1924 (Vater: Bernhard R., Hüttendir. i. R. (†1977); Mutter: Henriette, geb. Geisse †1974), ev., verh. s. 1951 m. Irene, geb. Aurand, 2 Kd. (Marietta, Hans) - Obersch. Dillenburg (Abit. 1943); 1946-51 TH Stuttgart (Maschinenbau; Dipl.-Ing.) - S. 1956 Frank'sches Eisenw. (1960 Vors. d. Vorst.). Div. ehrenamtl. Funktionen - BVK - Spr.: Engl. - Rotarier.

ROLFS, Rudolf

Schriftsteller, Theaterleiter - Karmeliterkloster, 6000 Frankfurt (T. 0611 - 28 10 66) u. SF 56330 Utula (Sommeranschr.) - Geb. 4. Aug. 1920 Stettin, 2 Töcht. (Susanne, Effi-Babette) - Üb. 40 Bücher, u.a. Körper, R. 1981; Einer hört zu, R. 1985; Freitag, 21 Uhr: Berlevag, R. 1986; Kein Tag fällt aus, Tageb. 1987; "X"-Stories, 1987; D. Zeit bist du!, Tageb. 1987; D. Uhr lügt!, Tageb. 1988; Rost im Chrom, 1989. 55 Bühnenst. (üb. 11 100 Aufführ.) - Bek. Vorf.: Friedrich Spielhagen (Schriftst.).

ROLINCK, Alex

Dipl.-Brauerei-Ing., gf. Gesellschafter Privatbrauerei A. Rolinck GmbH + Co - Wettringer Str. 41, 4430 Steinfurt 1 - Geb. 26. Juni 1908.

ROLLAND, Walter

Dr., Ministerialdirektor, Leit. Abt. I (Bürgerl. Recht) Bundesjustizmin. - Heinemannstr. 6, 5300 Bonn-Bad Godesberg 1 - Geb. 21. Dez. 1928 Lemberg, ev., verh. s. 1954, 2 Kd. - Jurist. Staatsex. 1954 u. 1958; Promot. 1958 - B. 1960 Richter, sd. Bundesmin. d. Justiz. Mitgl. Direktionsrat v. Unidroit, Rom - BV: Kommentar z. 1. Ehe RG, 2. A. 1982; Kommentar z. Gesetz z. Regel. v. Härten im Versorgungsausgleich, 1983.

ROLLE, Dietrich

Dr. phil., o. Prof. f. Engl. Philologie Univ. Mainz (s. 1973) - Rembrandtstr. 42, 6500 Mainz-Lerchenberg (T. 7 82 67) - Geb. 18. Mai 1929, verh., Kd. - Promot. u. Habil. Münster -1968-69 Privatdoz. Univ. Münster, 1969-73 o. Prof. Univ. Bochum, 1972 Gastprof. St. Louis (USA), 1977-79 Dek. Fachber. Philol. II. Facharb. - 1961 Jahrespreis Univ. Münster.

ROLLER, Otto

Dr., Ltd. Museumsdirektor, Leit. Histor. Museum d. Pfalz (m. Weinmus.) - Pfaffengasse 7, 6720 Speyer/Rh.

ROLLER, Robert

Vorstandsmitglied Frankfurter Sparkasse v. 1822 - Heuhohlweg 6c, 6240 Königstein/Ts. (T. 06174 - 14 23) - Geb. 22. Juli 1932 Königlosen, kath., verh. s. 1962 m. Christa, geb. Krombholz, Sohn Klaus - Bankkaufm.

ROLLETT, Brigitte

Dr. phil., Univ.Prof. Lehrstuhl f. Pädagog. Psychologie, Ruhr-Univ. Bochum - Universitätsstr. 150, 4630 Bochum-Querenburg (T. 0234 - 700 27 28) - Geb. 9. Okt. 1934 Graz (Vater: Prof. Dr. Ing. Georg Gorbach), verh. m. Dr. phil. Dipl.-Ing. Gerald R., 4 Kd. (Gerald, Wolfram, Constanze, Alexandra) - Stud. Psychologie u. Pädagogik 1952-57 Univ. Graz - Promot. Univ. Graz 1957. Habil. Univ. Graz 1964. Assistentin Univ. Graz 1962-65; 1965-71 Lehrst. f. Psychol. PH Osnabrück; 1971-75 Univ.Prof. f. Päd. Psych. u. Kinderpsychotherapie GH Kassel; s. 1975 Lehrstuhl f. Päd. Psych. Ruhr-Univ. Bochum; 1978 Ruf Univ. Wien.

ROLLHÄUSER, Heinz

Dr. med., em. o. Prof. u. Direktor Anat. Inst. Univ. Münster (s. 1965; 1968-70 Rektor) - Klausenerstr. 32, 4400 Münster (T. 7 35 35) - Geb. 13. Aug. 1919 Frankfurt/M. (Vater: Dr. Heinrich R., Chemiker; Mutter: geb. Joost), ev., verh. s. 1948 m. Dr. Johanna, geb. ter Horst, 2 S. (Joachim, Lorenz) - Univ. Kiel, Jena, München, Freiburg/Br. - 1946-58 Assist. u. apl. Prof. Univ. Marburg (Habil. 1950); 1959-65 o. Prof. u. Inst.dir. Univ. Gießen; 1984 emerit. - Fachveröff. - 1974 Gr. BVK - Liebh.: Segeln.

ROLLINGER, Alfred

Honorarkonsul d. Großherzogtums Luxemburg, Dipl.-Kaufmann, Direktor, Geschäftsführer Sekurit-Glas Union GmbH, Aachen - Viktoriaallee 3-5, 5100 Aachen - Geb. 17. Jan. 1932 Porz (Vater: Emile R., Vorst.; Mutter: Josefine, geb. Forsbach), kath., verw., 4 Kd.

(Yvonne, Stefan, Monique, Guido) - Univ. Köln; Dipl.-Kfm. 1956 - 1951 Dir.assist., 1967 stv. Vorst., 1971 Geschäftsf. - Officier de l'Ordre de Mérite du Grand-Duché de Luxemburg - Liebh.: Kulturgesch., Astron. - Spr.: Franz., Engl., Luxemb.

ROLLMANN, Dietrich
Public-Relations- u. Wirtschaftsberater, Hauptgeschäftsf. Bundesverb. d. Freien Berufe (BFB) - Bergwiese 10, 5307 Wachtberg-Pech (T. 0228 - 32 28 57) - Geb. 23. Jan. 1932 Berlin (Vater: Dr. Julius R., Werbeberater; Mutter: Erika-Ilse, geb. Becker), ev., verh. s. 1964 m. Anne-Charlotte, geb. Heyden, T. Annette - Gelehrtensch. Johanneum Hamburg; Univ. ebd. u. Marburg (Rechtswiss.). Refer.ex. 1955 - Publizist. Tätigk. 1957-60 Mitgl. Hbg. Bürgerschaft. 1956-63 Landesvors. Jg. Union Hamburg; 1960-65 Vorstandsmitgl. Jg. Union Dtschl. (Schatzm.); 1960-76 MdB CDU s. 1953, 1957-77 Kreisvors. Hbg.-Mitte, 1968-74 Landesvors. Hamburg) - BV: Strafvollzug in Dtschl., 1967; D. Zukunft d. CDU, 1968; D. CDU in d. Opposition, 1970; 50 Reden aus d. Dt. Bundestag, 1983 - Liebh.: Geschichte, mod. Kunst, mod. Lit. - Spr.: Engl.

ROLLNIK, Horst
Dr. rer. nat., o. Prof. f. Physik - Röckumstr. 138, 5300 Bonn-Endenich (geb. 15. April 1931 Berlin (Vater: Josef R., Heizungsinstallateur; Mutter: Elisabeth, geb. Prokubek), kath., verh. s. 1960 m. Rosemarie, geb. Schenk, 2 Kd. (Andreas, Tatjana) - Physikstud. Berlin. Promot. 1956 Berlin; Habil. 1963 Bonn - 1956-60 Assist. Univ. Berlin/Freie u. Heidelberg (1958); 1960-62 Research associate CERN Genf; 1962-64 Abt.leit. Kernforschungsanlage Jülich; s. 1964 Ord. Univ. Bonn. S. 1968 Hon.-Prof. Univ. Wien. 1970-71 Prorektor Univ. Bonn, o. Mitgl. Rhein.-Westf. Akad. d. Wiss., AR-Mitgl. Kernforschungsanlage Jülich, 1974-1978 Vorst.-Mitgl., 1979-82 Präs. Dt. Physikal. Ges., s. 1985 Beiratsvors. d. ZVS, s. 1987 Vors. d. Wiss. Rates d. Höchstleistungsrechenzentrums v. DESY, GMD u. KFA - Fachveröff. Mithrsg.: 1970-77 Nuclear Physics; s. 1979 Physikalische Blätter - Spr.: Engl.

ROLLWAGEN, Walter
Dr. phil., o. Prof. f. Experimentalphysik (emerit. 1974) - Königinstr.69, 8000 München 22 (T. 39 39 26) - Geb. 7. Juli 1909 Bayreuth (Vater: Wilhelm R., Oberstudienrat; Mutter: geb. Schneider) - S. 1939 (Habil.) Privatdoz., auf (1949) u. o. Prof. (1952) Univ. München (Sektion Physik). 1977-79 Präs. Bayer. Akad. d. Wiss. Etwa 40 Fachveröff. Neubearb.: Seith/Ruthard, Chem. Spektralanalyse (6. A. 1970). 1965 o. Mitgl. Bayer. Akad. d. Wiss.; 1978 Mitgl. Leopoldina (Halle/S.).

ROLLY, Wolfgang
Weihbischof Diözese Mainz (s. 1972) - Bischofspl. 2, 6500 Mainz (T. 25 31 97) - Geb. 1927 Darmstadt - Stud. Priesterweihe 1953 - Zul. Studiendir.

ROLOFF, Ernst-August
Dr. phil., Dipl.-Psych., Prof. f. Politikwiss. u. Didaktik d. Sozialwiss. Univ. Göttingen - Am Heerberge 15, 3403 Friedland 9 (T. 05504 - 15 20) - Geb. 28. Mai 1926 - Stud. German., Gesch., Psych., Phil. u. Päd.; 1. u. 2. Staatsex. f. Lehramt an Gymn., Dipl. Psych., Promot. 1951 u. Habil. 1968 Göttingen - 1954-68 Schuldienst Braunschweig; 1954-71 führende Posit. in d. Gewerksch. Erziehung u. Wissensch. S. 1975 o. Prof. Gründungsmitgl. Dt. Vereinig. f. polit. Bildung - BV: Erziehung z. Politik. Einf. in d. polit. Didaktik, 3 Bde. 1971-79.

ROLOFF, Hans-Gert
Dr. phil., o. Prof. f. Mittl. Dt. Lit. u. Sprache FU Berlin - Marthastr. 4a, 1000 Berlin 45 (T. 030 - 833 61 38) - Geb. 11. Sept. 1932 Hohenstein/Ostpr., ev. verh. s. 1962 m. Anke, geb. Schulz-Schneidemühl - Stud. FU Berlin (German.,

Lat., Gesch., Theaterwiss., Phil.); Staatsex. 1958; Promot. 1965; Habil. 1970 Berlin - 1957 Lehrbeauftr. FU Berlin; 1958 Forschungsassist.; 1962 wiss. Assist.; 1967 Oberassist. TU Berlin; 1970 Prof. TU Berlin; 1984 o. Prof. u. Leit. d. Forschungsst. f. Mittl. Dt. Lit. FU Berlin - Zahlr. Fachveröff., Herausg. Dt. Lit. - Spr.: Engl., Franz., Lat. - Lit.: Virtus et Fortuna. Festschr. f. H.-G. Roloff (1983).

ROLOFF, Helmut
Prof., Konzertpianist, Hochschuldirektor) - Biesalskistr. 7, 1000 Berlin 37 (T. 813 20 60) - Geb. 9. Okt. 1912 Gießen (Vater: Dr. Gustav R., Univ.sprof.; Mutter: Elisabeth, geb. Burmester), ev., verh.s 1948 m. Ingeborg, geb. Robiller (Pianistin), 3 Söhne (Stefan, Ulrich, Johannes) - Jura-Stud. (Gerichts-Refer. 1934), Musikhochsch. Berlin u. Wladimir Horbowski - S. 1940 Konzerttätigk., 1939-45 Lehrer Klindworth-Scharwenka-Konservat. Berlin, dann Doz. u. Leit. Ausbildungskl. f. Klavierspiel Musikhochsch. ebd. (1950 Prof.; 1970 Dir.) - 1950 Musikpreis Stadt Berlin - Rotarier (1970/1971 Governor 149. District).

ROLOFF, Jürgen
Dr. theol., o. Prof. f. Neues Testament - Falkenstr. 38, 8520 Erlangen - Geb. 29. Sept. 1930 Oppeln/OS. (Vater: Dr.-Ing. Max R.; Mutter: Hilde, geb. Huber), ev. - Promot. (1963) u. Habil. (1967) Hamburg - 1971 Wiss. Rat u. Prof. Univ. Hamburg; 1973 Ord. u. Institutsvorst. Univ. Erlangen-Nürnberg - BV: Apostolat -Verkündigung - Kirche, 1965; D. Kerygma u. d. ird. Jesus, 1970; D. Apostelgeschichte, 1981; D. Offenbarung d. Johannes, 1984; D. erste Brief an Timotheus, 1989. Mitarb.: Reclam's Bibellex.

ROLOFF, Ulrich
Jurist, Präsident Hochschule d. Künste Berlin (s. 1977) - Dienstanschrift: Ernst-Reuter-Platz 10, 1000 Berlin 10 (T. 030 - 31 85 24 47) - Geb. 29. April 1939 Osnabrück - 1975-77 MdA Berlin. FDP 1970-83 (Austr.); zeitw. Mitgl. Landesvorst.). Präs. d. Neuen Ges. f. Bild. Kunst (NGBK).

ROLOFF, Wolf-Rainer
Dr. rer. pol., Geschäftsführer Laakmann Karton GmbH & Co. KG, Laakmann Vermögensverw.-Ges. mbH u. Laakmann Wohnungsbau-Ges. mbH, alle Velbert-Langenberg - Wiesenweg 19, 5620 Velbert 15 (T. 02053 - 46 44) - Geb. 3. Jan. 1937 Baden-Baden, verh. s. 1967 m. Helga, geb. Brauner, 2 Kd. (Marc, Tamara) - Stud. Wirtschaftsingenieurwesen TU Berlin; Dipl.-Ing. 1965, Promot. 1970 1965-70 wiss. Assist. TU Berlin; 1970-72 Direktionsassist. Dt. Solvay-Werke; s. 1972 Firmengr. Laakmann - BV: Interpretat. u. Analyse d. lohn- u. sozialpolit. Ziels. d. Industriegewerksch. Bau-Steine-Erden. E. Beitrag z. Theorie d. Gewerkschaftspolitik, 1971.

ROLSHOVEN, Hubertus
Dr.-Ing., Bergrat a. D., Honorarprof. f. Energiewirtschaft Univ. d. Saarl. - Haus Blauberg, 6600 Saarbrücken-St. Arnual (T. 85 41 05) - Geb. 15. Febr. 1913 Schellerten b. Hildesheim (Vater: Franz R., Apotheker; Mutter: Therese, geb. Meulenbergh), ev., verh. s. 1940 m. Sofie, geb. v. Wunsch, 4 Söhne - Univ. Tübingen u. Bonn; TH Aachen u. Berlin - S. 1957 Saarbergwerke AG, Saarbrücken (b. 1969 (Rücktr.) Vorst.-Vors., dann AR-Mitgl., jetzt wieder Vorst.-Vors.). Div. Ehrenstell., dar. Vors. Unternehmensverb. Saarbergbau u. Vizepräs. Saar-Lothring. Kohlenunion. AR-Mandate - Kriegsausz. (zul. Dt. Kreuz in Gold); 1973 Gr. BVK; 1974 Chevalier de la Légion d'Honneur, 1975 Kommandeur Lux. VO. - Liebh.: Reiten, Jagd - Spr.: Franz., Engl. - Rotarier.

ROLSHOVEN, Wolfgang
Vorstandsmitglied Migros Bank AG (1981ff.) - 4000 Düsseldorf - 1985 Vors. Wirtschaftsjunioren, NRW. Handelsrichter am LG Düsseldorf.

ROM, von, Horst
Dr. jur., Botschafter i. R. - Schloß Grünenfurt, 8940 Memmingen - Geb. 11. Mai 1909 Heilbronn/Neckar - Stud. Rechts- u. Staatswiss., Sprachen u. Landeskd. Ostasiens. Gr. jurist. Staatsprüf. - 1935-1937 u. 1945-53 Anwaltspraxis Berlin u. Memmingen; 1937-45 Reichsluftfahrtmin., Berlin (1943 z. Ausw. amt abgeordnet); s. 1953 AA, Bonn (Auslandsposten: Salzburg, Santiago de Chile, 1962 Atlanta/USA (Konsul), 1965 Bamako/Mali (Botschafter), 1968-74 Saigon (Botschafter) - 1975 Gr. BVK.

ROMANN, Karl-Heinz
Dipl.-Volks- u. Sozialw., Direktor - Holstenstr. 56, 2313 Raisdorf üb. Kiel (T. 04307 - 12 50) - Geb. 13. April 1920 Lübeck (Vater: August R., Dreher; Mutter: Bernhardine Franck), gottgl., verh. in 2. Ehe (1981) m. Brigitte, geb. Knust, S. Matthias - 1941-46 Stud. Spr., Betriebs-, 1950-54 Sozialw. (Berlitz-Sch.) Univ. Buenos Aires, Mendoza, Hochsch. f. Wirtsch. u. Politik Hamburg, Univ. Kiel) - S. 1955 ltd. Tätigk. soz. Krankenversich. (1961 ff. Dir. AOK Bremerhaven u. Wesermünde, stv. Landesgeschäftsf. Ortskrankenk. im Lande Bremen, Gf. Landkrankenk. Wesermünde, Dir. AOK Kiel/1967), Landessozialrichter u.a. Zahlr. Fachveröff. (auch Datenverarb.) - Liebh.: Kochen (Grand Maitre u. Kanzler CC/Bruderschaft. Marmite) - Spr.: Engl., Span.

ROMANSKY, Ljubomir
Dr. phil., Generalmusikdirektor a. D. - Arenfelsstr. 13, 4650 Gelsenkirchen-Buer (T. 7 24 40) - Geb. 21. Jan. 1912 Sofia (Vater: Dr. phil. Stojan R., Univ.prof.; Mitgl. Bulg. Akad. d. Wiss. †1959; Mutter: Maria, geb. Maschdrakova, Gymnasiallehrerin †1918), griech.-orth., verh. s. 1946 m. Ingeborg, geb. Lombard, 2 Kd. (Stefan, Maria) - Gymn. u. priv. Musikstud. (Klavier, Kompos.);

Univ. Sofia (Slaw. Philol., 1930-34; Dipl. 1935) u. Berlin (Musikwiss. (Arnold Schering) u. slaw. Philol. (Max Vasmer, 1936-38; Promot. 1940); Musikakad. Sofia (1934-36, Klavier u. Kompos.) u. Musikhochsch. Berlin (1938-40, Dirigieren Gmeindl, Thomas, Schmalstich, Theorie Grabner); Dirigierkursus Clemens Krauss (1940) - 1935-36 stv. Leit. Musikabt. Nationalrundfunk Sofia, 1940-46 Kapellm. Städt. Bühnen Frankfurt/M., 1946-48 musikal. Oberleit. u. Dirig. Sinfonie-Konzerte Hess. Staatstheater Wiesbaden, 1946 Leit., 1985 Ehrendirig. Frankfurter Singakad., 1948-50 Dirig. Kölner Rundf.-Sinfonie-Orch., dann Chefdirig. u. Generalmusikdir. Gelsenkirchen (1950-77); s. 1955 Dirig. Städt. Sinfoniekonzerte Herne, s. 1956 auch Herner Chorgemeinsch.; 1986-88 Dirig. Romanos-Chor f. östl. Liturgie, Essen. Gastdirig. In- u. Ausl. Mitgl. GNM; Ehrenmitgl. European Liszt Centre. Bearb. u. Neuübers.: Fürst Igor (Borodin), Legende von der unsichtbaren Stadt Kitesch (Rimsky-Korsakow), Krieg u. Frieden (Prokofjew) u. a. - BV: D. dichter. Motive d. bulgar. Weihnachtslieder, in: Jahrb. d. Dt.-Bulg. Ges., 1938; D. einfachen Koledo-Refrains d. bulgar. Weihnachtslieder, in: Sbornik d. Bulg. Akad. d. Wiss. u. Künste, Bd. XXXVI 1942 (Diss.) - 1967 Ehrenplak. Stadt Frankfurt; 1974 Goetheplak. Stadt Frankfurt; 1974 Ehrenplak. Stadt Herne, 1976 Ritter d. frz. Ord. d. Akad. Palmen; 1977 BVK; 1982 Ord. f. kultur. Verd. d. VR Polen; 1987 Ord. Kyrill u. Methodius I. Kl. d. VR Bulgarien; Ferenc Liszt-Plak. d. Nationalen Gedenkkommiss. Ungarns - Liebh.: Fotogr. - Spr.: Bulg., Dt., Engl., Franz., Span., Russ., Serbokroat. - Rotarier.

ROMBACH, Heinrich
Dr. phil. (habil.), o. Prof. u. Vorst.d. Inst. f. Phil.; Lehrstuhl f. Phil. I Univ. Würzburg (s. 1964) - Judenbühlweg 25a, 8700 Würzburg (T. 7 39 56) - Geb. 10. Juni 1923 Freiburg/Br. (Vater: Hans R., Verleger), verh. m. Waltraud, geb. Bernauer - Zul. Priv. Doz. Univ. Freiburg. 1972-78 Präs. Dt. Ges. f. Phänomenol. - BV: Ursprung u. Wesen d. Frage, 1950; D. Gegenw. d. Phil., 3. A. 1988; Substanz, System, Struktur, 2 Bde. 1965/66; Strukturontologie - E. Phil. d. Freiheit, 1970; Leben d. Geistes, 1977; Phänomenologie d. gegenw. Bewußtseins, 1980; Welt u. Gegenwelt. Umdenken üb. d. Wirklichk. - Die phil. Hermetik, 1983; Strukturanthropologie, 1987. Herausg.: D. Frage n. d. Menschen (1966); Wissenschaftstheorie, 2 Bde. (1974). Mithrsg.: Phil. Jahrb. (1968ff.).

ROMBERG, Ernst
Dr. rer. pol., Dipl.-Ing., Geschäftsführer Eriba-Hymer GmbH - Biberacher Str. 75, 7967 Bad Waldsee - Geb. 30. April 1940 Frankfurt.

ROMEICK, Helmut
Dipl.-Ing., Architekt, Präs. Bund Dt. Architekten (BDA) - Briandring 18a, 6000 Frankfurt/M. (T. 68 41 14) - Geb. 1. März 1913 Magdeburg (Vater: Dr. med. Franz R.; Mutter: Johanna, geb.

Ebbecke), ev., verh. s. 1948 m. Annemarie, geb. Sievert, 2 Kd. (Werena, Elisabeth) - Stud. TH Danzig - Bauten u. a.: Chase Manhattan-Bank, Nestle-Haus, Frankfurt/M.

ROMEN, Werner

Dr. med., Prof. f. Pathologie, Chefarzt Inst. f. Pathol. Caritas-Krankenhaus Bad Mergentheim - Zu erreichen üb. Caritas-Krankenhs., 6990 Bad Mergentheim (T. 07931 - 58 26 91) - Geb. 21. Mai 1939 Oppeln (Vater: Friedrich-Wilhelm R., Heilpraktiker; Mutter: Erna, geb. Werner), ev., verh. s. 1971 m. Astrid, geb. Grüter, 2 S. (Fabian, Tobias) - Staatsex. u. Promot. 1966, Habil. 1974 - 1975-1983 1. Oberarzt Pathol. Inst. Univ. Würzburg; s. 1980 Prof., s. 1984 Chefarzt.

ROMERO, Rolf

Dr.-Ing., Prof., Architekt - Am Kreuzberg, 6104 Seeheim-Jugenheim (T. 06257 - 88 27) - Geb. 18. Jan. 1915 Braunschweig (Vater: José R.; Mutter: geb. Pape), ev.-luth., verh. s. 1945 m. Margret, geb. Nennecke, 2 Söhne (Andreas, Stephan) - Wilhelm-Gymn. u. TH Braunschweig (Dipl.-Ing. 1939); Maurerlehre - B. 1942 u. 1946-55 angest. Arch. (Konstanty Gutschow, Kallmorgen, Prof. Kraemer, Braunschweig, u. Prof. Oesterlen, Hannover), dazw. Wehrdst., 1956-59 selbst. (zus. m. Hübotter u. Ledeboer), s. 1959 o. Prof. f. Entwerfen, Baugeschichte u. Kirchenbau TH Darmstadt. - BV: D. Tore Peter Josephs Krahers in Braunschweig, 1979. Aufs. z. Sanierg. v. Altstadt-Kernen u. z. Ausbild. v. Arch. im Fach Baugesch. - U. a. Ev. Gemeindezentrum Walldorf u. Johanneum Wuppertal, Gde.zentrum Viernheim (m. Lothar Willius); Oekomen. Gde.zentrum Darmstadt-Kranichstein; Verein. Hospitien Trier. Altstadtsanier. Fritzlar (m. Lothar Willius).

ROMETSCH, Sieghardt

Dr. rer. oec., Bankkaufmann, Vorstandsmitglied Landesgirokasse Stuttgart (s. 1977) - Königstr. 3-5, 7000 Stuttgart 1 - Geb. 26. Aug. 1938 Leonberg (Eltern: Jakob u. Natalie R.), ev., ledig - Internatssch. Schloß Iburg TW; Univ. Innsbruck, Kiel, München (Wirtsch., Recht) - 1967 Chase Manhattan Bank N. A., Frankfurt, 1975 General Manager u. Area Director Central Europe, Frankfurt - BV: Monetäre Integration - d. Problem e. Währungsunion im Gemeinsamen Markt, 1968 - Liebh.: Kunst, Musik, Lit. - Spr.: Engl., Franz.

ROMMEL, Alberta

Schriftstellerin - Gänswaldweg 27, 7000 Stuttgart 1 - Geb. 5. Mai 1912, led. - Gesangstud. Württ. Hochsch. f. Musik, Stuttgart - Tätigk. als Gesangslehrerin - BV: (insges. 40 Bücher) u.a. Margarethe v. Savoyen; D. goldenen Tage v. Perugia; D. Zauberin v. Venedig; D. goldene Schleier; D. rätselhafte Veit; Mein Leben f. Florenz - 1956 Ausz. f. D. schönste Mädchenb. im Rahmen d. Dt. Jugendb.preises - Inter.: Vorgesch., Religionswiss. - Spr.: Engl., etwas Ital.

ROMMEL, Manfred

Dr. h. c., Oberbürgermeister Stuttgart (s. 1974) - Rathaus, 7000 Stuttgart - Geb. 24. Dez. 1928, verh. s. 1954 (Ehefr.: Liselotte, Oberstudienrätin a.D.) - Univ. Tübingen. Gr. jurist. Staatsprüf. - S. 1956 Landesreg. BW (b. 1971 Leit. Grundsatz- u. Planungsabt. Staatsmin., dann Ministerialdir. u. 1972 Staatssekr. FM), 1977-79 u. 1981-83 Präs. Dt. Städtetages.; 1984ff. Präs. Frhr.-v.-Stein-Ges. CDU s. 1953 - BV: Abschied v. Schlaraffenland, 1981; Wir verwirrten Deutschen, 1986; Manfred Rommels gesammelte Sprüche, 1989 - 1978 Gr. BVK; 1979 Ehrenbürger Kairo - Vater: Generalfeldmarschall Erwin R. (1891-1944) - 1982 Orden wider d. tier. Ernst Aachen (33. Träger); 1983 gold. Dannemann-Zigarre (Ehr. v. 100 dt. Chefredakt. f. Lös. v. Großstadtprobl.) u. Ehrendoktor Univ. of Missouri-St. Louis; 1989 Gr. BVK m. Stern.

ROMMELSPACHER, Hans Josef

Dr. med., Prof. f. Pharmakologie - Tietzenweg 52, 1000 Berlin 45 - Geb. 29. Sept. 1942 Stettin - Human. Gymn. Ravensburg, Med.-Stud. Freiburg, Köln, Genf, Wien, Heidelberg u. Tübingen; Staatsex. 1967. Entd.: Beta-Carboline, Pathobiochemie d. Alkoholismus.

ROMMERSKIRCHEN, Klaus

Fernsehjournalist, ZDF-Korresp. in Südafrika (s. 1986) - Zu erreichen üb. ZDF, Postf. 40 40, Essenheimer Landstr., 6500 Mainz 31 - Geb. 2. Dez. 1943 Karlsruhe (Vater: Josef R., Publizist; Mutter: Gertrud, geb. Troullier), kath. - Abit.; 1965-67 Bundeswehr; 1967-70 Stud. Univ. Bonn (Politikwiss., Soziol., Völkerrecht); 1970/71 Fernseh-Volont. - S. 1972 Redakt. ZDF, zul. Studio Bonn - Spr.: Engl., Franz.

ROMPE, Klaus

Dr.-Ing., Dipl.-Ing., Prof., stv. Geschäftsbereichsleiter TÜV Rheinland Köln - Vordersten Büchel 41a, 5064 Rösrath 1 (T. 02205 - 8 36 28) - Geb. 12. Juli 1940 Dortmund, kath., verh. s. 1962 m. Gudrun, geb. Michalik, 2 T. (Susanne, Pamela) - Stud. Maschinenbau u. Kraftfahrw.; Dipl. 1967; Promot. 1972; Habil. 1975, alles Hannover - 1967-74 wiss. Assist. Inst. f. Kraftfahrw. Univ. Hannover; s. 1975 TÜV Rheinland Köln. S. 1973 Vorlesungen Univ. Hannover; 1984 apl. Prof. - BV: Obj. Testverfahren f. d. Fahreigenschaften v. Kfz (m. Heißing), 1984. Üb. 100 Fachveröff z. Sicherheit v. Kfz - 1985 Award for Safety Engineering Excellence, US Verkehrsmin.

ROMSTÖCK, Kurt

Oberbürgermeister Stadt Neumarkt - Rathaus, Franz-Plank-Str. 2, 8430 Neumarkt/Opf. - Geb. 13. Febr. 1925 Neumarkt - S. 1952 Mitgl. d. Stadtrates, 1961 Bürgerm., 1972 Oberbürgermeister. - Verf. mehrerer heimatgeschichtlicher Beitr. u. d. Bücher: D. Neumarkter Residenz u. ihre Regenten, Neumarkt in d. Oberpfalz v. 1500 - 1945 im Spiegel Bayer., Dt. u. Europ. Gesch.

RONELLENFITSCH, Michael

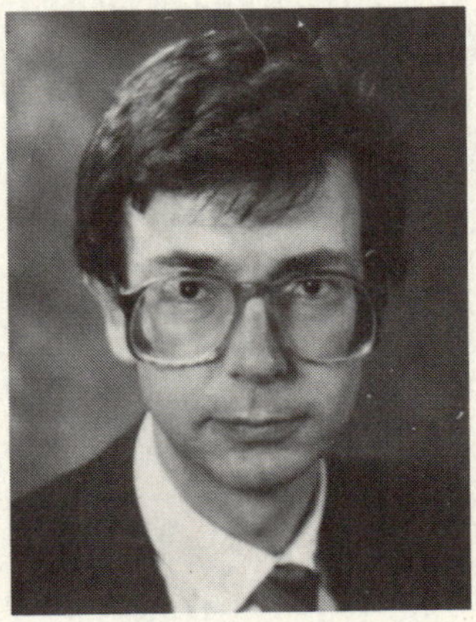

Dr. jur., o. Prof. f. Staats- u. Verwaltungsrecht FU Berlin - Augustaanlage 15, 6800 Mannheim 1 (T. 0621 - 41 23 34) - Geb. 21. Sept. 1945 Mannheim (Vater: Günter R., Rektor; Mutter: Gertrud, geb. Moll), verh. s. 1974 m. Renate, geb. Rensch, T. Lisa - Univ. Heidelberg; jurist. Staatsprüf. 1970 - 1974-82 Wiss. Assist./Hochsch.assist. Hochsch. f. Verw.wiss. Speyer, 1983-89 Prof. f. öfftl. Recht Univ. Bonn - BV: u. a. D. Mischverw. I, 1975; D. Planfeststell. in d. Flurbereinig., 1975 (m. W. Blümel); D. Ass.ex. im öfftl. Recht, 1979, 6. A. 1987 (m. R. Pietzner); Methoden u. Techniken geist. Arbeit in d. Verw., 1980 (m. Schlink-Arnold); D. atomrechtl. Genehmigungsverf., 1983; Planungsrecht, 1986 - Amateurmusiker.

RONGE, Rudi

Oberkreisdirektor Kr. Göttingen - Kreisverwaltung, 3400 Göttingen; priv.: Fasanenweg 17, 3510 Hann. Münden - Geb. 30. Okt. 1916 Liegnitz/Schles. (Vater: Walter R.), verh. m. Edith, geb. Schwan - Zul. Kr. Münden.

RONGE, Volker

Dr. rer. pol., Dipl.-Pol., Prof. f. Allg. Soziologie Univ. Wuppertal - Im Vogelsholz 35, 5600 Wuppertal 21 (T. 46 47 55) - Geb. 2. Febr. 1943, verh. - Stud. Politol. u. Jura; Dipl.-Pol. 1969 FU Berlin, Promot. 1973 Univ. Bremen, Habil. (Politikwiss.) 1976 FU Berlin - 1972-79 wiss. Mitarb. MPI Starnberg; 1979-82 Geschäftsf. Infratest Sozialforschung, München; s. 1982 Prof. Wuppertal - BV: Restriktionen polit. Planung, 1973 (m. G. Schmieg); Forschungspolitik als Strukturpolitik, 1977; Bankpolitik im Spätkapitalismus, 1979; V. drüben nach hüben, 1985; Stadtkultur - soziologisch betrachtet (m. H. Hopp), 1988. Herausg.: Am Staat vorbei (1980); Berufl. Integration ausländ. Flüchtlinge (1986).

RONNEBERGER, Franz

Dr. jur., em. o. Prof. f. Politik- u. Kommunikationswissenschaft - Schußleitenweg 150, 8500 Nürnberg (T. 63 36 36) - Geb. 15. März 1913 Auma/Thür. (Vater: Konrad R., Fabrikant; Mutter: Frieda, geb. Fischer), ev., verh. s. 1938 m. Ellen, geb. Staschen, 3 Kd. (Dirk, Antke, Elke) - Univ. Kiel u. München (Rechtswiss.). Jurist. Staatsprüf. 1935 u. 41. Promot. 1938 München; Habil. 1944 Wien - 1936 Hochschulassist. München, 1939 Inst.leit. Wien, 1940 Lehrbeauftr., 1944 Privatdoz., ebd., 1948 Leit. Abt. Dokumentation Westd. Allg., Essen, 1958 Hochschulref. Stifterverb. f. d. Dt. Wiss., 1960 Pdoz. Univ. Münster, 1960 Prof. Päd. Hochsch. Bielefeld (Soziol.), 1964 Ord. u. Inst.dir. Univ. Erlangen-Nürnberg - BV: Bismarck u. Südosteuropa, 1939; Verw. im Ruhrgebiet als Integrationsproblem, 1957; D. Soziol. - E. Leitf. f. Praxis u. Bildung, 3. A. 1963; Südosteuropa in d. intern. Beziehungen d. Gegenw., 1968; Beamte im gesellschaftl. Wandlungsprozeß, 1971; Wege d. Meinungsbild. in d. Komplexen Ges., 1972; Kommunikationspolitik, I. Bd. 1978; Public Relations d. polit. Parteien, 1978; Kommunikationspolitik, II. Bd. 1980; Public Relations d. öffentl. Verw., 1981; Neue Medien, 1982; Unentbehrlichk. d. Staates, 1983; Polit. Systeme in Südosteuropa, 1983; Kommunikationspolitik, Bd. III 1986. Herausg.: V. d. Agrar- z. Industriegesellschaft. Sozialer Wandel auf d. Lande in Südosteuropa (1969-74); Sozialisation durch Massenkommunikation (1971); Public Relations d. polit. Systems (1978); Autonomes Handeln als person. u. gesellschaft. Aufg. (1980); Zw. Zentralisierung u. Selbstverwaltung. Bürokratische Systeme in Südosteuropa (1988); Interkulturelle Kommunikation in Südosteuropa (1989) - 1978 Jirček-Med. Südosteuropa-Ges. - Liebh.: Musik - Spr.: Franz., Engl.

RONNEBURGER, Uwe

Landwirt, MdB 1972-75 u. s. 1980, MdL Schlesw.-Holst. (1975-80) - Staatshof, 2251 Tetenbüll üb. Husum - Geb. 23. Nov. 1920 Kiel, ev., verh., 5 Kd. - Gymn. (Abit.); ab 1939 Arbeits- u. Marinedst. (anf. Artl., spät. seemänn. Laufb.; bei Kriegsende Oblt. z. See d. R. Torpedoboot); n. Gefangensch. landw. Lehre - S. 1948 selbst. Langj. Bürgerm. Tetenbüll. Führ. Funktionen EKD. FDP s. 1957 (1961 Kreisvors. Eiderstedt, 1970 Landesvors. Schlesw.-Holst. u. Mitgl. Bundesvorst.). 1972-75 MdB (Mitgl. Ausw. Aussch.). 1975-80 FDP-Fraktionsvors. Landtag Kiel. Vors. Bundestagsaussch. f. innerdt. Bezieh. 9. Wahlp.; Obmann Verteidigungsaussch. u. Aussch. f. innerdt. Bezieh.; 1973-75 u. s. 1983 stv. Vors. FDP.

RONNER, Emil-Ernst

Schriftsteller - Sulgenauweg 47, CH-3007 Bern (T. 031 - 45 40 19) - Geb. 11. Sept. 1903 St. Gallen (Vater: Heinrich R., Beamter; Mutter: Marie, geb. Koch), ref., verh. s. 1938 m. Liselotte, geb. Lindenmeyer, 2 T (Christine, Irene) - Handelsgymn. Bern; Lehrersem. Muristalden (Lehrerpatent 1928) - B. 1934 Lehrer u. Erzieher Landerziehungsheim Hof Oberkirch Kaltbrunn, Ausl.aufenth. Paris, London, Uppsala; Redakt. Bern; ab 1941 wieder im Schuldienst, dann fr. Schriftst. 1952-63 Stadtrat Bern; 1962-68 Großrat Kanton Bern - BV: Florens, d. Pfadfinder, 1928; Hubert findet seinen Weg, 1937; Aufstand in Schloß Schweigen, 1938; Föhnsturm, 1939 (Dän., Schwed., Holl., Franz.); Jno erobert d. Welt, 1940; Kasperli im Zauberland, 1943; Peter findet e. Heimat; dies auch als Hörspielfolge; D. lieben alten Weihnachtslieder, 1951; D. Mann m. d. Laterne, Biographie Thomas John Barnardos, 1955; D. heiligste d. Nächte, 1956; Sie haben s. Stern gesehen, 1963; Marie Durand, d. Leben e. Hugenottin, 1963; Krone d. Lebens, Leben d. Hugenottin Blanche Gamond, 1967; D. vierte Weise aus d. Morgenland, 1970; D. Kerze aus d. Katakomben, 1975; Selber machen. Basteln m. E.-E. Ronner, 1983; D. vierte Weise, 1984; Tommy reist n. Afrika, 1989; D. Dichter u. d. Nachtigall, 1989. Übers. aus Franz. u. Engl. - 1952 Preis Schweiz. Schillerstiftg.; 1953 u. 1957 Lit.preis Stadt Bern; 1962 Schweiz. Odd Fellow-Preis.

ROOCK, Elisabeth

Oberbürgermeisterin Stadt Solingen a. D. - Potsdamer Str. 41/Rathaus, 5650 Solingen (T. 1 91) - Geb. 1918 (?) Eifel, Kriegerwitwe, 2 Kd. - Fürsorgeausbild. - 20 Jahre Leit. Arbeitsvermittl. Arbeitsamt Solingen. 1969-71 Mitgl. Stadtparlam.; 1973-1976 Oberbürgermeisterin. SPD s. 1954.

ROOS, Albrecht

Oberkirchenrat, Hauptgeschäftsf. Diakon. Werk d. ev. Kirche in Württ. - Heilbronner Str. 180, 7000 Stuttgart 1 - Geb. 22. März 1929 Braunsbach Kr. Schwäb. Hall (Vater: Erwin R., Pfarrer; Mutter: Elise, geb. Zeyher), ev., verh. s. 1962 m. Renate, geb. v. Ammon, 2 T. (Katharina u. Franziska) - 1958-61 Theol. Ref. Luth. Weltdienst Dt. Hauptausch., 1960-62 Geschäftsf. Dienste in Übersee, 1962-70 Pfarrer Stuttgart-Fasanenhof - Spr.: Engl.

ROOS, Carl Josef

Dipl.-Volksw., Geschäftsführer Oppenheim Kapitalanlageges. mbH, u. Rhein. Kapitalanlageges. mbH - Unter Sachsenhausen 2, 5000 Köln 1.

ROOS, Edgar

Dr.-Ing., Direktor Buderus AG/Werk Staffel, Präs. IHK Limburg - Am Biengarten 1, 6250 Limburg/Lahn (T. 85 46) - Geb. 5. Juni 1930 Witten/Ruhr (Vater: Edgar R.), verh. m. Doris, geb. Schulte - Spr.: Engl. - Rotarier.

ROOS, Helmut

Dr. jur., Vorstandsmitglied J. F. Adolff AG., Backnang - Weissacher Str. 35, 7150 Backnang/Württ.

ROOS, Hermann

Dr. jur., Geschäftsführer Ruhrkohle Verkauf GmbH., Essen - Rüttenscheider Str. 1, 4300 Essen 1 (T. 25 07 02 - 1 77 26 15) - Geb. 11. Juni 1930 Essen (Vater: Hermann R., Bergmann; Mutter: Anna, geb. Reintjes), kath., verh. s. 1959 m. Elfriede, geb. Kairies, 3 Kd. (Gerd, Christiane, Patrick) - Abit., Stud. Rechts- u. Staatswiss. Bonn, Freiburg; Refer. 1954, Ass. 1959, Promot. 1958 - 1961-63 CEPCEO, Brüssel, 1963-70 UVR, Essen, s. 1970 RAG Essen - Spr.: Engl., Franz.

ROOS, Lothar

Dr. theol., Prof. - Am Alten Friedhof 13, 5300 Bonn 1 (T. 63 77 84) - Geb. 12. Juli 1935 Karlsruhe, kath. - Hum. Gymn.; Stud. Theol., Phil., Wirtsch.s-wiss. Univ. Freiburg - S. 1975 o. Prof. f. Christl. Anthropol. u. Soz.ethik Univ.

Mainz, s. 1979 Univ. Bonn - BV: Demokratie als Lebensform, 1969; Ordnung u. Gestaltung d. Wirtsch., 1971; D. soz. Verantwort. d. Kirche (m. A. Rauscher), 1977 - Spr.: Engl.

ROOS, Peter

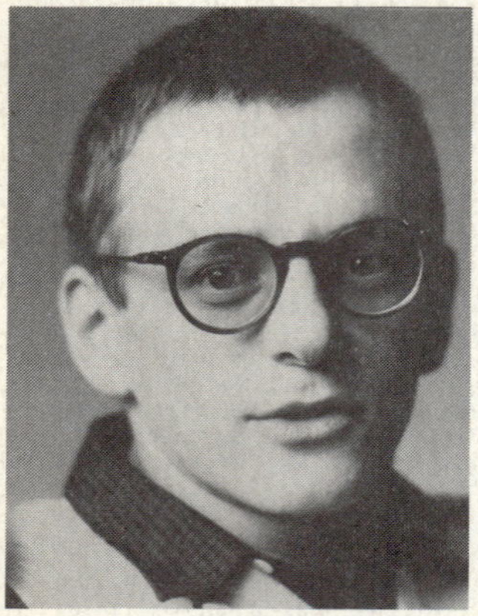

M.A. (USA), Freier Schriftsteller, Publizist - Altes Rathaus Zimmern, 8772 Marktheidenfeld am Main (T. 09391 - 13 07) - Geb. 30. Juni 1950 - Abit. Musisches Matthias-Grünewald-Gymn. Würzburg; Stud. Phil., German., Allg. Rhetorik in Tübingen (b. Prof. Ernst Bloch u. Prof. Walter Jens), Würzburg, Bochum, St. Louis/USA (M.A.), Zweitstud. Italianistik in Siena u. Perugia - BV: Genius loci, 1978; Trau keinem über 30, 1980; V. d. Abschaffung d. Tageslichts, 1981; Kaputte Gespräche, 1982; Vespa stracciatella, 1985. Zus. m. F. Hassauer: Kinderwunsch, 1982; Félicien Rops: D. weibl. Körper - d. männl. Blick, 1984; Frauen m. Flügeln, Männer m. Blei, 1986; Berlin 1930, 1987. Filme: D. infame Fély (WDR 1985); Vespa-Fieber (ARD/WDR 1989) - Spr.: Engl., Ital., Lat. - Lit.: Manfred Bissinger, in: Auskunft üb. Dtschl., Hamburg (1988).

ROOSEN, Hans

Prof. f. Erziehungswiss. Univ. Köln, Kunstpädagoge, Künstler - Lochsberg 2, 5060 Bergisch Gladbach 2 (T. 02202 - 3 67 50) - Geb. 7. Dez. 1932 Mainz, ev., gesch., 2 T. (Antje, Kerstin) - 1952-57 Landeskunstsch. Univ. Mainz - 1959-70 Doz. in Darmstadt (Päd. Inst.), Neuwied (PH) u. Koblenz (EWH); s. 1970/71 o. Prof. in Köln (PH, jetzt Univ.). Aufs. in Fachztschr. u. Büchern - Kunstw.: Grafik, Skulptur (öfftl. u. priv. Samml.); Wandbilder u. -reliefs (Univ. Marburg u. Mainz).

ROPERTZ, Hans-Rolf

Dr. jur., Kaufmann, Geschäftsführer Henschel + Ropertz GmbH, Darmstadt, Kraus GmbH + Co. KG, Heidelberg, Keilbach GmbH + Co. KG, Offenburg, Vizepräs. IHK Darmstadt (s. 1985) - Claudiusweg 20, 6100 Darmstadt (T. 06151 - 10 08 - 88) - Geb. 10. Jan. 1935 Duisburg (Vater: Hans R., Kaufm.; Mutter: Elli, geb. Heidholt), ev., verh. s. 1963 m. Carla, geb. Fehlow - Abit., Jura-Stud. - 1980-84 Präs. IHK Darmstadt - Spr.: Engl.

ROPOHL, Günter

Dr.-Ing., Prof. f. Allg. Technologie Univ. Frankfurt - Kelterstr. 34, 7500 Karlsruhe - Geb. 14. Juni 1939 Köln (Vater: Franz R., Ing.; Mutter: Lilly, geb. Müller), verh. s. 1965 m. Ursula, geb. Pattberg, S. Ralph - Abit. 1958; Dipl.-Ing. 1964 Univ. Stuttgart, Promot. 1970 ebd., Habil. 1978 Karlsruhe - 1972-79 Geschäftsf., ab 1979 Leit. Stud. Generale u. 1979-81 Prof. Univ. Karlsruhe; ab 1981 Prof. Univ. Frankf. Ab 1983 Gastdoz. u. Kursdir. f. Technik u. Ges. Inter-Univ. Centre Dubrovnik (Jugosl.) - BV: Flexible Fertigungssyst., 1971; E. Systemtheorie d. Technik, 1979; D. unvollkommene Technik, 1985. Herausg.: Interdisziplinäre Technikforsch. (1981); Arbeit im Wandel (1985). Mithrsg.: Technik u. Ethik (1987); u.a.; Fachbeiträge in Sammelw. u. Ztschr.

ROQUETTE, Peter

Dr. rer. nat., o. Prof. f. Mathematik - Achatweg 5, 6906 Leimen-Gauangelloch - Geb. 8. Okt. 1927 Königsberg/Pr. - S. 1956 (Habil.) Lehrtätigk. Univ. Hamburg, Tübingen (1959 Ord. u. Mitdir. Math. Inst.), Heidelberg (1967 Ord. u. Mitdir. Math. Inst.). Fachaufs.

ROSCHER, Karl-Max

Gf. Vorstandsmitglied Dt. Weltwirtschaftl. Ges. u. Steuben-Schurz-Ges., Sekr. Rotary Club Berlin - Kurfürstendamm 188, 1000 Berlin 15 (T. 881 55 62) - Geb. 7. Dez. 1920 Berlin (Vater: Postrat Dr. phil. Max R., zul. gf. Vizepräs. Dt. Weltw.Ges., 1914 mitbegr. (s. XI. Ausg.); Mutter: Gesa, geb. Böhmer), ev., verh. s. 1948 m. Helene (Leni) verw. Bassermann, geb. ten Haeff, 3 Töcht. (Beatrix u. Evelyn B., Yvonne R.) - Univ. Berlin (Rechts-, Staats- u. Wirtschaftswiss.) - Neben u. nach Stud. Tätigk. Filmind. u. Kunsthandel.

ROSCHMANN, Kurt

Schriftsteller (Ps. Friedrich Roman) - Hasenbergsteige 98/Haus 1 an d. Staffel, 7000 Stuttgart - Geb. 13. Okt. 1900 Stuttgart, protest., verh. s. 1949 m. Hanna, geb. Peukert - Univ. Tübingen u. Hamburg (Phil., German., Rechtswiss.) - BV: Ist's d. Blut, d. rauscht?, N. u. Ged. 1939; Kalonder od. D. Gerichtigkeit, R. 1947; Rede auf Hermann Hesse, 1947; Goethe u. d. Weltkriegsgenerationen, Vortr. u. Ess. 1974. Mitarb. Rundfunk (Kommentare, Hörfolgen) u. Presse.

ROSE, Gerd

Dr rer pol., Dipl.-Kfm., Univ.-Prof. f. Betriebsw.lehre Univ. Köln (s. 1966) - Paul-Humburg-Str. 23, 5000 Köln 60 (T. 599 29 77) - Geb. 8. Juni 1926 Minden/W. - Habil. 1966 Köln - Steuerberater. Üb. 190 Facharb., dar. 36 Bücher.

ROSE, Gerd

Dipl.-Ing., Vorstandsmitglied Gemeinn. Wohnungs-AG. Remscheid - Hochstr. 1-3 u. Im Loh 13, 5630 Remscheid - Geb. 13. Febr. 1925 Essen.

ROSE, Harald

Dr. rer. nat., Dipl.-Phys., Prof. f. Angew. Physik TH Darmstadt - Prinz-Christian-Weg 5 1/2, 6100 Darmstadt - Geb. 14. Febr. 1935 Bremen (Vater: Hermann R., Kaufm.; Mutter: Anna-Luise, geb. Reysen), ev., verh. s. 1963 m. Heike, geb. Fornoff, T. Stefanie - Stud. TH Darmstadt; Promot. 1965 u. Habil. 1970 ebd. - 1970 Doz., 1972 Prof. Auslandsaufenth.: 1961 Cambridge, Mass., 1973 Univ. of Chicago, 1976/77 State Departm. of Health, Albany N.Y., alle USA - Spr.: Engl., Franz.

ROSE, Jürgen

Prof., Leiter Klasse f. Bühnenkunst Kunstakademie Stuttgart (s. 1973) - Weißenhof 1, 7000 Stuttgart.

ROSE, Klaus

Dr. rer. pol., o. Prof. f. Volkswirtschaftslehre - Am Eselsweg 1, 6500 Mainz-Bretzenheim (T. 3 48 51) - Geb. 3. Juni 1928 - S. 1957 (Habil.) Lehrtätigk. Univ. Köln u. Mainz (1961 ao., 1962 o. Prof.; Dir. Inst. f. Allg. u. Außenw.theorie) - BV: Theorie d. Außenwirtschaft, 1964, 10. A. 1989; Theorie d. Einkommensverteilung, 1965; Grundl. d. Wachstums-Theorie, 1971, 4. A. 1984. Zahlr. Einzelarb.

ROSE, Klaus

Dr., Studienrat, MdB (s. 1977) - Bundeshaus, 5300 Bonn; priv.: Thomasstr. 11a, 8358 Vilshofen (T. 08541 - 88 38) - Geb. 1941 - CSU.

ROSE, Lore

Schauspielerin (Ps. Lorose Keller), Malerin, Autorin - Hansaring 88, 5000 Köln 1 (T. 0221-12 19 97) - Geb. 28. Juli 1932, gesch. (Ex-Mann Maler Mike Rose), 2 Kd. (Maya, Ivo) - Abit.; Dolmetscherex. u. Cambridge Degree in London; 1952 Sprachstud.; 1959 Gesangs- u. Schauspielausb. Staatl. Hochsch. f. Musik in Hamburg - B. 1960 Engagements als Schausp. u. Sängerin an Stadttheatern u. Privatbühnen u. Prod. in fr. Gruppen - BV: Deutsch-Deutsches Verhör, 1973; Vom Flüstern lauter als Schreien, 1981. Theaterrollen u.a. Elisabeth in Maria Stuart, Königin in Hamlet, Elektra, Medea, Lady Macbeth, Kassandra, Mutter Courage, Mephisto. Kunstricht. in d. Malerei: phantast. Realismus - Liebh.: Weltreisen, Film - Spr.: Engl., Ital. - Vorf.: Rachel von Varnhagen (Ururahne).

ROSEMANN, Gerd

Dr. med., Prof. f. Hals-, Nasen-, Ohren-Heilkunde - Komturstr. 6, 6000 Frankfurt/M. 71 - Geb. 25. Febr. 1927 Wuppertal, ev., verh. s. 1955 m. Gertrud, geb. Busch, 4 Kd. - 1949-54 Med.-Stud. Univ. Köln, Freiburg u. Düsseldorf (Habil. 1968) - 1960 Facharzt f. HNO-Krankh., 1961 Assist. u. Oberarzt Univ.-HNO-Klinik Frankfurt, 1972 Prof. f. HNO-Heilkd. - B. 1972 Mitgl. Direkt. Zentr. HNO-Heilk. Univ.-Kliniken Frankfurt/M.; s. 1977 Vorst. Ärztekammer Frankf./M.; s. 1983 Vors. Hess. Landesverb. Hochsch. u. Wiss. (VHW) im Dt. Beamtenbund (DBB) - BV: 60 Beitr. in Handb. u. Fachztschr. - Liebh.: Museumswesen - Spr.: Engl.

ROSEMANN, Hans-Ulrich

Dr. med., Prof., Physiologe - Deutschhausstr. 22, 3550 Marburg/L. (T. 6 59 73) - Geb. 14. März 1904 Bonn (Vater: Prof. Dr. med. Dr. phil. h. c. Rudolf R., Ord. f. Physiol. Univ. Münster (s. X. Ausg.); Mutter: Paula, geb. Schneider), ev., verh. s. 1931 m. Margret, geb. Achilles, 3 Kd. (Irmgard, Werner, Günther) - Univ. Münster, Tübingen, München, Marburg - S. 1935 (Habil.) Lehrtätigk. Univ. Marburg (1942 apl. Prof., 1958 Wiss. Rat, 1966 Abt.vorsteher). Üb. 20 Fachveröff. Herausg.: Lehrb. d. Physiol. d. Menschen (begr. v. L. Landois; 26.-28. A. 1950/62) - Brüder: Heinz-Rudolf (s. dort) u. Walther R. (†1971, s. XVI. Ausg.).

ROSEMEIER, Gustav-Erich

Dr.-Ing., Prof. Univ. Hannover - Ostlandstr. 2 A, 3000 Hannover 72 - Geb. 16. Febr. 1940 Steinfurt (Vater: Gustav R., Baumeister; Mutter: Laura, geb. Elkmann), ev., ledig - Dipl.-Ing. 1964, Promot. 1967, Habil. 1970 - 1965-76 Ind.praxis (Baustatik u. Bault.); s. 1971 Univ.doz.; s. 1977 Prof. - BV: Winddruckprobl. b. Bauwerken, 1976; Üb. d. Wechselwirk. v. Materie u. Energie, 1979 - Statisch-konstruktive Mitarb. an d. Neubau Med. Hochsch. Hannover, U-Bahn Hannover, Spannbetonbrücken im Raum Frankfurt/M. - Liebh.: Sport, Musik, physik. Grundl.probl. - Spr.: Engl., Franz., Latein.

ROSEMEYER, Bernd

Dr. med., Prof., Komm. Direktor d. Staatl. Orthopäd. Klinik München-Harlaching - Kaiser-Ludwig-Str. 38a, 8022 Grünwald - Geb. 12. Nov. 1937 Berlin (Vater: Bernd R., Autorennfahrer †1938; Mutter: Elly Beinhorn, Sportfliegerin u. Schriftst. [s. dort]), ev., verh. s. 1968 m. Michaela Gräfin zu Castell-Rüdenhausen, 2 Kd. (Bernd, Daisy) - Med.-Stud. Univ. Freiburg, Kiel, Innsbruck u. München, Habil. 1974, s. 1980 apl. Prof.

ROSEN, Edgar R.

Dr. phil., Prof. (em.) f. Politikwissenschaft - Jasperallee 7, 3300 Braunschweig (T. 33 40 89) - Geb. 18. Juni 1911 Berlin, verh. s. 1937 m. Edith, geb. Mühsam, 2 Kd. (Michael, Monica) - Franz. Gymn. Berlin; Univ. ebd. u. Leipzig (Gesch., Soziol., Ztg.swiss.; Promot. 1933) - 1937-42 fr. Schriftst., dann Mitarb. The Christian Science Monitor, Boston, 1948-65 Prof. Univ. Kansas City (Gesch.), s. 1965 o. Prof. TU Braunschweig. Gastprof. Dt. Hochsch. f. Politik (1954/55), FU Berlin (1959/60), Univ. Tübingen (1962) - Herausg.: Mete Fontane, Briefe a. d. Eltern, 1880-82 (1974, 4. A. 1975); Italien 1943/44, Königreich d. Südens (1988). Verf.: D. Gedruckte Schaufenster, 4 Bde. (1981-85) - Spr.: Engl., Franz., Ital.

ROSENAU, Kersten

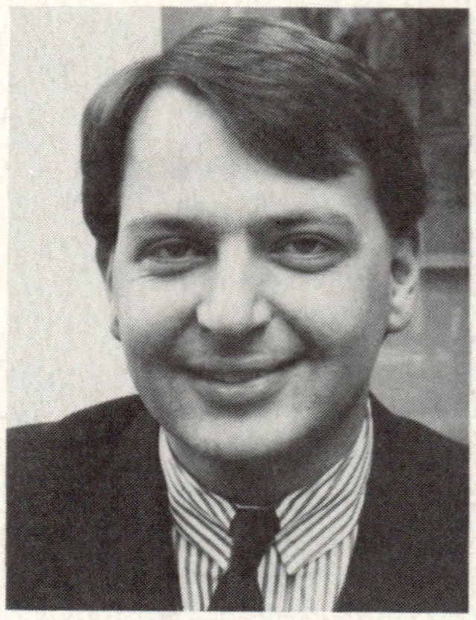

Dr. iur., Rechtsanwalt, Lehrbeauftragter f. Öffentliches Recht sowie Hamburg. Verfassungsrecht an d. Univ. Hamburg, Mitglied d. Hamburg. Bürgerschaft (s. 1986) - Elbchaussee 138, 2000 Hamburg 50 (T. 040 - 881 06 59) - Geb. 12. Juni 1957 Hamburg, ledig - 1977-82 Stud. Rechtswiss.; Referendarex. 1982; 1983/84 Promot.-Stud.; Promot. 1986 Hamburg; Ass.-Ex. 1988 - S. 1985 Refer. u. wiss. Assist. Univ. Hamburg (Prof. Bettermann, Prof. Zeuner). 1979-86 Bezirksabgeordn.; 1982-86 Deputierter d. Justizbzw. Baubehörde - BV: Hegemonie u. Dualismus, 1986.

ROSENAUER-KÖLBL, Adi

Grafiker - Adalbert-Stifter-Str. 12, 8225 Traunreut - Geb. 1939 - Holz- u. Linolschneider, Buchillustrationen.

ROSENBACH, Detlev

Verleger u. Kunsthändler, Inh. Galerie Rosenbach, Erster Vors. Verb. Kunst- u. Antiquitätenhändler Niedersachsens - Walderseestr. 24, 3000 Hannover (T. 66 93 48) - Geb. 3. Jan. 1928 Hannover (Vater: Emil R., Schneiderm.; Mutter: Wilma, geb. Bruhn), ev., verh. 1948 m. Christa, geb. Schütze (gesch.) - Verlagsbuchhändlerlehre; Jura-Stud. - BV: Im Zauberreich d. Alkohols; Spanier, Gold u. Indios; Weites Land im Westen; D. Sohn d. Wolfes; Monogr.: Hans Thoma; E. Bargheer; Uwe Bremer; E. Heckel; A. v. Jawlensky; Heinrich Zille. Div. Herausg., dar. Fotobde. Übers. aus d. Engl.

ROSENBACH, Otto

Dr.-Ing., em. o. Prof. f. Geophysik - Hopfengarten 40, 3388 Bad Harzburg (T. 05322 - 8 05 27) - Geb. 25. Sept. 1914 Tilsit (Vater: Otto R., Volksschullehrer; Mutter: Meta, geb. Eigenfeld), ev., verh. s. 1951 m. Lore, geb. Kuckuk, 2 Kd. (Klaus-Dieter, Susanne) - Univ. Königsberg/Pr. u. Würzburg (Math., Physik) - S. 1951 (Habil.) Lehrtätigk. Univ. Bonn, Mainz (1957 apl., 1962 ao. Prof.), TU Clausthal (1965 o. Prof. u. Inst.dir.), 1969-71 Dekan, 1972-74 Vors. Abt. Geowiss., 1973-75 Vors. Forsch.-Kollegium Physik d. Erdkörpers. Mitgl. in- u. ausl. Fachges. - BV: Physik d. Erdkörpers, DFG-Denkschrift (m. Heitz, Strobach); Praxis d. Angew. Seismik, Studienheft (m. Meißner, Stegena). Herausg.: Studienhefte z. Angew. Geophysik (m. Helbig). Mithrsg.: Geoexploration Monographs (1963ff.), Studienhefte z. Physik d. Erdkörpers (1972ff.).

ROSENBAUER, Hansjürgen

Dr. phil., Journalist, f. Kultur- u. Gesellsch.-Politik, Hauptabt.-Leit. Kultur u. Wiss. WDR-Fernsehen (s. 1983) - Kirchstr. 13, 5000 Köln 50 - Geb. 10. Dez. 1941 Diez/Lahn (Vater: Hans R.,

Geschäftsf.; Mutter: Gertrud, geb. Paschek), kath., verh. s. 1967 m. Judith, geb. Hairston, 2 Kd. (David, Rebecca) - Gymn. Limburg (Abit. 1962); 1962-68 Stud. German., Politol. u. Soziol. Univ. Frankfurt; 1963 Fulbright-Stip. f. Journ. u. Politik USA, ab 1964 Forts. Stud. Frankfurt; 1967 wieder USA; 1968 Promot. (summa cum laude) New York Univ. - S. 1968 Mitarb. Hörfunk u. Ztg. Frankfurter Rundschau (Buchrezens., Theaterkrit., Film); Mitarb. b. ersten Schulfernseh-Serien üb. Wirtsch.- u. Rechtskd.; s. 1969 Hess. Rundf. (Redakt. FS-Abt. Kunst u. Lit., zust. f. Theater u. Film im Kulturmagazin: Titel, Thesen, Temperamente, Moderator Kino-Magazin Teleclub, III. FS-Progr.); 1972-74 ARD-Fernsehkorresp. Prag (Prager Notizen); s. 1974 u. 1977 Redakt. WDR, Studio Bonn (Bericht aus Bonn, Tagesschau, Sonderber.), 1975-77 Gesprächsleit. FS-Talkshow: Je später der Abend; s. 1978 Programmgruppenleit. Ausl.-FS im WDR; s. 1983 Programmbereichsleit. Kultur u. Wiss. FS im WDR. Versch. Veröff., u. a. Brecht u. d. Behaviorismus (Diss.).

ROSENBAUER, Heinz

Dr. jur., Staatssekretär Bayer. Justizmin. (1988ff.) - Bahnhofstr. 10, 8780 Gemünden a. Main (T. 09351 - 14 45) - Geb. 1938 - MdL Bayern (s. 1970), b. 1984 Staatssekr. Bayer. Min. f. Arbeit u. Sozialordn.; 1984-88 Staatssekr. Bayer. Staatsmin. d. Innern - CSU - 1984 Commendatore ital. Orden Al Merito; Bayer. Verfassungsmed. in Silber; Bayer. VO.

ROSENBAUER, Judith

Managing Director English Theater Frankfurt - Hamburger Allee 45, 6000 Frankfurt 90 - Geb. 17. April 1944 New York/USA, gesch., 2 Kd. (David, Rebecca) - Univ.abschluß B.S. America 1965 - Lehrerin; Leit. englischspr. Theaters Frankfurt/M.; Schauspielerin - Gründ. d. engl.spr. Theaters in Frankfurt - Wichtigste Rolle: Winnie in Beckett's Glückl. Tage - Liebh.: Oper, Lesen, Sport - Spr.: Deutsch, Engl.

ROSENBAUER, Karlheinz A.

Dr. med., o. Prof. f. Anatomie - Riehler Gürtel 41, 5000 Köln (T. 76 57 55) - Geb. 30. Mai 1927 Köln (Vater: Hans R., Bankprokurist; Mutter: Ali, geb. Adelmann), kath., verh. s. 1959 m. Erika, geb. Wendler, s. René - Volkssch. Köln; Drogistenlehre; Gymn.; Univ. ebd. (Med.). Promot. 1955 Köln; Habil. 1963 Düsseldorf - 1955-60 Univ. Köln (Assist.); s. 1960 Med. Akad. bzw. Univ. Düsseldorf (1966 apl. Prof., 1972 o. Prof. (Lehrst. III) u. Mitdir. Anat. Inst.). 1972 ff. Vorstandsmitgl. Vereinig. d. Anatomen d. BRD u. Westberlins, 1979ff. Vorst.-Mitgl. Arbeitsgem. med. Wiss. Fachges., 1985ff. Präsidiumsmitgl. d. Zentrums f. Öffentlichkeitsarbeit d. AWMF - BV: Entwicklung, Wachstum, Mißbildungen u. Altern b. Mensch u. Tier, 1969; D. Genitalorgane - Anat. u. Physiol., 1969 (franz. 1970, ital. 1971); Rasterelektronenmikroskop. Technik.- Präparationsverf. in Medizin u. Biologie, 1978; gem. m. E.W. Giebeler: Historia scientiae naturalis. 1982; Tabellen u. Abb. z. Zytologie, Histologie u. mikroskopischen Anatomie, 1984. Üb. 120 Einzelarb. - Liebh.: Volkskunst 18. u. 19. Jh. - Spr.: Engl.

ROSENBAUM, Erich

Parkettlegermeister, Fachjourn., stv. Bundesinnungsmeist. u. Sprecher Zentralverb. Parkett- u. Fußbodentechnik, u. a. m. - Mainzer Str. 35, 5400 Koblenz 1 (T. 0261 - 1 21 01) - Geb. 26. Dez. 1925 Koblenz - Zahlr. Funktionen, u. a. Dir. Bundesfachsch. Bodenbelagswirtsch. an d. Handwerkskammer Koblenz, Leit. Inst. f. Fußbodentechnik Koblenz/Berlin, Sachverst., Obermeist. Innung Parkett- u. Fußbodentechnik, Koblenz, Teilh. Fußbodenstudio Münch & Co. Saarbrücken u. Norbert Strehle Fußbodentechnik, Koblenz, Redakt. Fachztschr. boden-wand-decke - BVK; Handwerksz. in Gold, gold. Bodenlegerehrennadel, österr. Handwerksz. in Gold, Franz. Bodenlegermeisterbrief u. Ehrenz. in Gold.Parkettlegerhandwerk u. Bodenlegergewerbe, Bonn; Obermeister d. Innung Parkett- u. Fußbodentechn., Mittelrhein/Mosel, Koblenz - Teilh. Fußbodenstudio Münch & Co., Saarbrücken u. Norbert Strehle Fußbodentechn., Koblenz - BVK a. Bd.; Handwerksz. in Gold; Bodenleger-Ehrennadel in Gold; Österr. Handwerksz. in Gold; Franz. Bodenleger-Meisterbrief u. Ehrenz. in Gold.

ROSENBAUM, Ernst

Dipl. sc. pol., Hauptgeschäftsführer i. R. Dt. Ges. f. Ernährung (1963-74), Sekr. Leit. Ernährungsbericht (1972-76) - Flurstr. 2, 6370 Oberursel/Ts. 5 (T. 06171 - 7 53 08) - Geb. 1. Mai 1908 - Tätigk. Ernährungswirtsch., -wiss. u. -politik, gegenw. Vors. Gütegemeinsch. Diätverpfleg. Fachveröff. - Kriegsausz.; 1974 BVK a. Bd.

ROSENBAUM, Heinrich

Dr. rer. pol., Prof., - An der Wilhelmshöhe 5a, 3470 Höxter/Weser (T. 89 94) - Geb. 5. Sept. 1930 Höxter, kath., verh. s. 1959 m. Maria, geb. Budde, 3 Kd. - Höh. Schule Soest u. Neheim-Hüsten; 1951-53 Banklehre (Dt. Bank); Univ. Göttingen (Rechts- u. Staatswiss.). Dipl.-Volksw. 1957; Promot. 1960 - 1960-66 Leit. Arbeitsgr. Regionale Entwicklung Agrarsoz. Ges. Göttingen; ab 1966 Doz. Staatl. Ingenieursch. f. Bauwesen Höxter u. Gesamthochsch. Paderborn; s. 1970 Bürgerm. Stadt Höxter. 1966-70 u. 1975-80 MdL Nordrh.-Westf. CDU s. 1951 (1966 Kreisvors.).

ROSENBAUM, Wolf-Sighard

Prof. f. Soziologie Univ. Göttingen - Calsowstr. 40, 3400 Göttingen - Geb. 7. April 1941 Breslau, verh. (Ehefr.: Heidi) - Stud. Sozialwiss. Univ. Wilhelmshaven, Göttingen u. Marburg; Dipl.-Sozialwirt, Promot. - 1972 Prof. f. Soziol. Marburg, s. 1973 Göttingen.

ROSENBERG, Frank

Kaufmann, Vorsitzender der Geschäftsfg. d. ICI Lacke Farben GmbH - Zu erreichen üb. ICI Lacke Farben GmbH, 4010 Hilden/Rhld. - Geb. 21. März 1936.

ROSENBERG, Franz

Dr.-Ing., Senatsdirektor a. D. - Schwachhauser Ring 88, 2800 Bremen (T. 0421 - 34 36 66) - Geb. 1. Aug. 1911 Ratkovic/Jugosl. (Vater: Julius R., Chemiker; Mutter: Anna Katharina, geb. Culek), verh. s. 1938 m. Ursula, geb. Kollmann (†1985), 2 Töcht. (Anne, Hede) - Gymn. Glückstadt; TH München u. Berlin (Architektur; Dipl.-Ing. 1937). Promot. 1946 Braunschweig - 1938-45 Architekt Reichswerke Berlin/ Salzgitter, 1945-49 Stadtplaner Braunschweig, 1949-70 Stadt- u. Landesplaner, Techn. Leit. Bauverw., Oberbau- (1955) u. Senatsbaudir. (1964) Bremen. Wiederaufbau u. Ausbau Stadt Bremen (1949-70); 1970-82 Geschäftsf. Entwickl.-Ges. Landkreis Verden, ab 1983 Vors. Aufbaugemeinsch. Bremen. Wettbewerbserfolge u. Preisrichtertätigk. Beitr.: Geistiges Bremen (1960), Bremen baut (1963), Städtebau in West u. Ost (1969), Wiederaufbau u. Stadterweiterung Bremen 1949-70 (1981) - Mitgl. Dt. Akad. f. Städtebau u. Landesplanung - Liebh.: Federzeichnen, Gartenarbeit - Rotarier.

ROSENBERG, Hartmut Peter

Dr.-Ing., Prof. f. Strömungslehre Univ. Kaiserslautern - Spinozastr. 18, 6750 Kaiserslautern - Geb. 21. Juli 1932 Königsberg (Vater: Michael R., Univ.-Prof.; Mutter: Erna, geb. Schmidt) - Dipl.-Ing. 1958 TH Aachen, Dipl. Rechts- u. Wirtschaftswiss. 1963 Bonn, Promot. 1963 Aachen - 1964-71 Ind. (Bosch GmbH., Stuttgart, Battelle Inst., Frankfurt, Hoechst AG, Frankf.-Höchst); s. 1968 Univ. Mainz; 1970ff. Kaiserslautern.

ROSENBERGER, von, Eberhard

Aufsichtsrat Dierig Holding AG, Augsburg - Schloßstr. 24, 8901 Stadtbergen - Geb. 12. Sept. 1917.

ROSENBERGER, Gerhard

Dr. rer. nat., Prof. f. Mathematik Univ. Dortmund - Heinrich-Barth-Str. 1, 2000 Hamburg 13 (T. 040 - 410 25 67) - Geb. 8. Dez. 1944 Wentorf b. Reinbek (Vater: Horst R., Drogist; Mutter: Jutta, geb. Bless), luth., verh. s. 1976 m. Dr. med. dent. Katariina, geb. Kangas, T. Anja - 1967-72 Stud. Hamburg, Lehrerprüf. 1972, Promot. 1973, Habil. 1974 - 1972-76 Assist. Univ. Hamburg; 1976-77 Lehrst.vertr. Univ. Bielefeld, s. 1977 Prof. Univ. Dortmund - Üb. 60 wiss. Fachveröff. in Algebra, Analysis u. Zahlentheorie - Spr.: Engl.

ROSENBERGER, Gustav

Dr. med. vet. habil., Dr. med. vet. h. c. mult., em. Prof., ehem. Dir. Klinik f. Rinderkrankheiten Tierärztl. Hochsch. Hannover (s. 1953, emerit. 1978) - Max-Eyth-Str. 22, 3000 Hannover (T. 81 32 42) - Geb. 4. Dez. 1909 Schmalkalden/Thür., ev., verh. s. 1942 m. Sigrid, geb. Dun, 3 Kd. (Eckart, Siga, Volker) - Univ. München (1929-31), Tierärztl. Hochsch. Hannover (1931-34). Promot. 1934; Habil. 1942 - 1943-45 Lehrtätigk. Univ. Posen (1945 Ord.). Div. Ehrenstell., dar. stv. Vors. Dt. Veterinärmed. Ges., Ehrenmitgl. Societa Italiana die Buiatria, Sociedade Medicina Veterinaria Staat Sao Paulo/Brasilien, d. Weltges. f. Buiatrik, d. Societa Italiana delle Scienze Veterinarie u. d. Société Française de Buiatrie sow. Mitgl. Albrecht-Thaer-Ges. u. d. Kgl. Schwed. Akad. d. land- u. forstwirtsch. Wissensch., 1974 Sankt Ambrosius-Med. Stadt Mailand - BV: Tiergeburtshilfe, 1949, 2. A. 1960, 3. A. 1978 (m. Tillmann; auch ital.); D. Enthornungsmeth. f. Rinder, 2. A. 1964; D. klin. Unters. d. Rindes, 2. A. 1977 (m. Dirksen, Gründer, Grunert, Krause u. Stöber; auch span., ital., poln., franz., engl., japan. u. portug.); Krankh. d. Rindes, 1970, 2. A. 1978 (m. Dirksen, Gründer, Stöber, auch ital u. span.); Buiatrik, 3. A. 1979 (m. 11 Autoren). Üb. 252 Einzelveröff.

ROSENBUSCH, Heinz S.

Dr.phil., Prof. f. Schulpädagogik Univ. Bamberg - Josef-Simon-Str. 147, 8500 Nürnberg 50 (T. 0911 - 89 80 80) - Geb. 26. Dez. 1931 Bamberg (Vater: Heinrich R., Lehrer; Mutter: Maria R.), ev., verh. s. 1958 m. Christa, geb. Keupp, 2 T. (Ute, Barbara) - Abit. 1951; Staatsex. 1953 u. 1956; Zweitstud. Univ. Erlangen-Nbg. (Päd., Politik, Psych.), Promot. 1972, Habil. 1980 Univ. Oldenburg - 1956 Lehrer; 1972 Rektor; ab 1973 Hochschullehrer (1981 Privatdoz. Univ. Oldenburg); 1982 Leit. Lehrst. f. Schulpäd. Univ. Bamberg. Entw. d. pragmat.-dynam. Methodenkombination z. Analyse kommunik. Proz. (m. Prof. Diegritz) - BV: D. dt. Jugendbeweg. in ihren päd. Formen u. Wirkungen, 1973; Kommunik. zw. Schülern, schulpäd. u. linguist. Unters. (m. Th. Diegritz), 1977; Körpersprache u. schulische Erziehung (m. O. Schober), 1986; Schulreif? D. neue bayer. Lehrerbildung im Urteil d. Absolventen (m. W. Sacher u. H. Schenk), 1988 - 1987 Wissenschaftspreis BLLV; 1. Vors. Fachschaft Allg. Päd./Schulpäd. Univ. in Bayern - Spr.: Engl., Latein.

ROSENDORFER, Herbert

Richter, Schriftst. - Zu erreichen üb. Kiepenheuer & Witsch, Rondorfer Str. 5, 5000 Köln-Marienburg - Geb. 19. Febr. 1934 Bozen (Vater: Josef R., Sparkasseninsp.; Mutter: Johanna, geb. Ennsfellner), kath., verh. s. 1972 m. Ellen, geb. Casper, 3 Kd. (Constantia, Jakob, Sebastian) - Obersch.; Stud. Rechtswiss. Jurist. Staatsex. 1959 u. 63 - S. 1965 Justizdst. (1967 Staatsanw. u. AGsrat) - BV: D. Glasglocke, Erz. 1966; Bayreuth f. Anfänger, 1969 (unt. Ps. Vibber Tøgesen); D. Ruinenbaumeister, R. 1969; D. stillgelegte Mensch, Erz. 1970; Üb. d. Küssen d. Erde, Erz. 1971; Aechtes Münchner Olympia-Buch, 1971; Deutsche Suite, R. 1972. Skaumo, Erz. 1976; Gr. Solo f. Anton, R. 1976; Stephanie, R. 1977; D. Prinz v. Homburg, Biogr. 1978; Eichkatzelried, Erz. 1979; Ball b. Thod, Erz. 1980; Ballmanns Leiden od. Lehrb. f. Konkursrecht, R. 1981; Vorstadt-Miniaturen, Erz. 1982; D. Zwergenschloß, Gesch. 1982; Briefe in d. chin. Vergangenh., R. 1983; Traum d. Intendant., Ess. 1984; D. Frau s. Lebens u. a. Geschichten, 1985; Herkulesbad. E. österr. Gesch., 1985; Vier Jahreszeiten im Yrwental, R. 1986; Gespenst d. Krokodile, Erz. 1987; ... ich geh' zu Fuß n. Bozen, pers. Erz. 1988. Bühnenst.: Scheiblgries (UA. 1971 Freiburg/Br.); Münchner Miniaturen (UA. 1977ff München) - Fernsehspiele: D. lästige Ungar (1980), D. falsche Paß f. Tibo (1980). Arbeiten f. Tatort (1973, 1976, 1981), D. Alte (1978, 1979), Polizeiinspektion 1 (1977ff.) - 1971 Münchner Förderpreis; 1973 Georg-Mackensen-Preis (f. d. beste unveröfftl. Kurzgesch.); 1985 Sigi-Sommer-Literaturpreis; 1972 Mitgl. PEN-Zentrum BRD; 1977 Mitgl. Bayer. Akad. d. Schönen Künste; s. 1988 Mitgl. d. Akad. d. Wiss. u. Lit. Mainz - Liebh.: Literatur, Musik - Spr.: Engl., Franz.

ROSENFELD, Hellmut

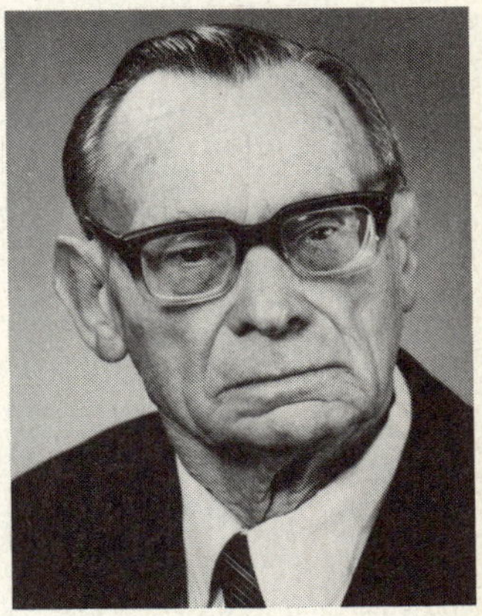

Dr. phil., Prof., Oberregierungsbibliotheksrat - Sollner Str. 73, 8000 München 71 (T. 79 96 39) - Geb. 24. Aug. 1907 Frankfurt/O. (Vater: Geh. Konsistorialrat Dr. Johannes R., Superint.; Mutter: Hedwig, geb. Wessel), ev., led. - Gymn. Frankfurt/M. und Berlin; Univ. Berlin, Tübingen, Wien (German., Gesch., Kunstgesch., Theol., Volkskd.) - 1936-40 Studien- u. Bibl.refer. (1938); 1940-46 Wehrdst. u. Gefangensch.; 1948-72 Bayer. Staatsbibliothek, Bibl.- (1954), Oberbibl.- (1961), -reg.bibl.rat (1965-72) Bayer. Staatsbibl. S. 1950 Privatdoz. u. apl. Prof. f. German. (1957) Univ. München - BV: D. dt. Bildgedicht, s. antiken Vorbilder u. s. Entwickl. b. z. Gegenw., 2. A. 1967; D. mittelalterl. Totentanz, 2. A. 1968, 3. A. 1975; Bauernpraktik v. 1543, 1964; Dt. Spielkarten aus 5 Jh., 1964; D. schönsten dt. Spielkarten, 1964; J. A. Comenius' Orbis sensualium pictus, 1964; Pieta u. Jesus-Johannes-Gruppe, ihre geist. Grundl., 1965; Sagen-, Kulttradition u. Völkerschichtung, 1965; Karte z. ahd. Lautverschieb., 3. A. 1961; 4. A. 1967; Heimerans Vornamenbuch, 1968; Legende, 1961, 4. A. 1982; Dt. Kultur im Spätmittelalter 1250-1500 (m. H.-Fr. Rosenfeld), 1978, D. Ackermann aus Böhmen - scholust. Disputation v. 1370 od. humanist. Wortkunstwerk v. 1401, 1980; Gutenberg als Erfinder d. Buchdrucktechnik, 1983; Präsenz u. Präsentation M. Luthers, 1983; Luther u. d. Folgen f. d. Kunst, 1984; Z. Darstellung d. Eigengerichts in d. mittelalterl. Kunst u. Literatur u. H. Holbein, 1985; E. frühe Neureuther-Lithographie (nebst Faks. R. v. Montgelas; Dornröslein, 1933), 1986; D. Geburt d. Moderne aus d. Geist d. Religion?, 1986, 2. A. 1987; D. Eigengericht (Besonderes, Persönliches, Einzel-Gericht) in d. spätmittelalterl. Kunst, Lit.,

Bilderbogen- u. Volksdramendichtung, 1987; D. Völkernamen Baiern u. Böhmen, die althochd. Lautverschiebung u. Mayerthalers These Baiern = Salzburger Rätoromanen, 1987; Figürl. Rückdrucke d. Spielkarten d. 16. u. 17. Jh., 1988; 500 J. Münchner Spielkarten, 1988; D. Kupferstich-Spielkarten d. 15. Jh. u. neu entd. Vexier-Karten d. 17 Jh. zw. Buchillustr. u. Gebrauchsgraphik, 1988; Mai-Tanz, Maien, Maien-Büschel, Maibaum: Neidhart v. Reuental u. d. Linde in Dicht. u. Brauch, 1988; Fastnacht, Fastnachtspiel, Narrengericht, Narren: Ursprung u. Deutung, 1989; D. Tod in d. christl. Kunst u. im christl. Glauben: D. sterbende Mensch in Furcht u. Hoffnung v. d. göttl. Gericht, 1989 - Lit.: Festgruß, H. R. z. 70. Geburtst. gewidmet v. Schülern u. Freunden, hg. v. F. B. Brévart, 1977 (m. Bibliographie s. Veröffentl. 1935-76); Festgabe z. 80 Geb. gewidmet v. Schülern u. Freunden, hg. v. H.-A. Klein, H. Rosenfeld: Ausgew. Aufs. z. dt. Heldendichtung, Namenforsch., Todesdichtung, Volksdrama usw., 1987 (m. Bibliogr. s. Veröff. 1935-87).

ROSENHEIM, Bernd

Maler, Bildhauer - Domstr. 93, 6050 Offenbach/M. (T. 88 18 01) - Geb. 1. Sept. 1931 Offenbach/M. (Vater: Walter R., Kaufm.; Mutter: Anni, geb. Nauer, verh. s. 1963 m. Gisela, geb. Fischer - Werkkunstsch. ebd.; Städelhochsch. u. Univ. Frankfurt/M. u. Gießen (Kunstgesch., Archäol., Phil., Gesch.) - W: Abstrakte Malerei, Glasfenster (Friedhofskapelle Dietzenbach u. Hauptfriedhof Offenbach, Krankenhs.-Kapelle Köln-Holweide), u. s. 1970 abstr. Großplastiken (Edelstahlplastik Rathaus Offenbach u. Hauptpost Wiesbaden). Buchillustration Ausstell., Galerien In- u. Ausl. - 1965/67 Rom-Stip. Akad. Austauschdst. - Spr.: Engl., Franz., Ital.

ROSENKÖTTER, Rolf

Dr. jur., Vorsitzender Richter Landesarbeitsgericht Niedersachsen Hannover (s. 1986) - Wespyhof 2, 3000 Hannover 81 - Geb. 20. Juni 1947 Bünde (Vater: Werner R., Hauptwerkm.; Mutter: Frieda, geb. Steuwe), ev., verh. s. 1971 m. Ruth, geb. Sobottka, 2 Kd. (Maren, Claas) - 1966-71 Jurastud. Univ. Bochum u. Göttingen; Staatsex. 1971 Celle u. 1974 Düsseldorf, Promot. 1973 Univ. Göttingen - 1975 Richter AG Oldenburg (1980 Dir. ebd.).

ROSENKRANZ, Heinz

Lehrer f. Kurzschrift - Bembergstr. 5, 5600 Wuppertal 1 (T. 0202 - 45 31 91) - Geb. 28. Nov. 1919 Barmen (Vater: Walter R., Masch.-Schlosser; Mutter: Auguste, geb. Scheel), verh. s. 1952 m. Elsbeth, geb. Hohrath, Tocht. Eva - Staatl. gepr. Lehrer d. Kurzschrift 1943 Bayreuth; 1939-40 Groß- u. Einzelhandelskaufm. Wuppertal; 1940-45 Soldat; 1945-63 Lehrer Kaufm. Privatsch. Wuppertal; 1960-68 Bundesvorst. DGB Düsseldorf (Bundesbeauftr. f. d. Berufsleistungsvergl.); 1968-78 Prok. Geschäftsltg. Berufsfortbildungsw. d. DGB. S. 1966 Vors. Forsch.- u. Ausbildungsstätte f. Kurzschr. u. Masch.schr. Bayreuth, Träger: Dt. Bibl. f. Kurzschr. u. Masch.schr. u. Dt. Schreibmasch.-Museum; 1979-86 Vizepräs. Landesgr. BRD Intern. Föderat. f. Kurzschr. u. Masch.schr.; 1980-86 Präs. Dt. Stenografenbd.; 1981-86 Mitgl. Zentralvorst. Intern. Föderation f. Kurzschr. u. Maschinenschr. SPD (s. 1979 Stadtverordn. Wuppertal) - BV: Lehr- u. Übungsbücher f. Kurzschr. u. Masch.schr. - 1985 BVK am Bde.

ROSENMANN, Mauricio

Prof. f. Musiktheorie Folkwang-Musikhochsch. Essen - Kathagen 26, 4300 Essen 16 (T. 0201-40 61 40) - Geb. 29. Juni 1932 Santiago de Chile - Kompositionsstud. (b. 1956) chilen. Univ. in Santiago, 1958 in Stuttgart, 1961-64 am Pariser Konservat. b. O. Messiaen (1964 Premier Prix), Freiburger Musikhochsch. b. W. Fortner; Künstler. Reifeprüf. f. Kompos. u. Musiktheorie, 1967; Stud. u. Arb. in Paris; 1962 Musikwiss. an der Sorbonne 1971-74 Freiburger Univ.; Klavier- u. Orgelstud. in Chile, Dtschl. u. Frankr.; 1961-64 Stud. Philol. u. Sprachwiss. an der Sorbonne; 1954-57 Klavierdoz. am Konservat. in Santiago; Konzerttätigk.; 1965 Stip. d. franz. Reg. u. d. DAAD; 1966-74 Doz. f. Theorie Freiburger Musikhochsch.; s. 1974 Prof. s. o. - BV: Los paraguas del no, 1969; El Europicho, Sinfonía para Nombres Solos, 1983. Klavierstücke; Lieder; Semikolon (Streichtrio); Fasolauta f. Flöte, Klavier, Synthesizer u. Tonband; Vis-à-vis f. 2 Klaviere m. e. Spieler; Maquinación f. Solo-Flipper u. Kammerensemble u.a. - Spr.: Engl., Franz., Ital., Span.

ROSENOW, Ulf

Dr. sc. agr., Prof. f. Klinische Strahlungsphysik, Medizinphysiker mit Fachanerkennung (DGMP) - Schillerstr. 26, 3400 Göttingen (T. 0551 - 4 72 77) - Geb. 19. Dez. 1935 Königsberg/Pr. - Abit. 1955 Wolfenbüttel; Stud. Phys. Marburg, Phys.-Dipl. Marburg 1963, Promot. 1969, Habil. f. Med. Phys. 1971, alles Göttingen - S. 1975 Prof. Göttingen/ New York - BV: Computers in Radiation Therapy, 1977, 1978; Med. Physik, 1980 - Liebh.: Segelfliegen - Spr.: Engl.

ROSENSTIEL, von, Lutz

Dr. phil., Prof. f. Wirtschafts-Psychologie - Hofbauernstr. 7a, 8000 München 60 - Geb. 2. Nov. 1938 Danzig (Vater: Helmuth v. R., Mutter: Gutti, geb. v. Conrad), ev., verh. s. 1962 m. Iris, geb. Jordis-Lohausen, 2 Kd. (Tatjana, Sebastian) - Stud. Psych. u Betriebsw. Freiburg u. München, Dipl. (Psych.) 1963, Promot. 1968, Habil. 1974 - 1974-77 Prof. f. Wirtsch.psych., s. 1977 Prof. f. Organisations- u. Wirtsch.psych. - BV: Psych. d. Werbung, 1969; D. Motivationalen Grundl. d. Verhalt. in Organis., 1975; Marktpsych., 2 Bde. 1979; Grundl. d. Organis.psych., 1980 - 1958 Scheffelpreis d. Volksb. f. Dichtung, 1974 Weidenmüllermed. in Gold - Liebh.: Jazz, Wein - Spr.: Engl. - Bek. Vorf.: Friedrich-Phillip v. Rosenstiel, preuß. Staatsminister, (Ururgroßv.).

ROSENSTOCK, Günter

Dr. rer. nat. (habil.), Prof., Botan. Inst. Univ. Frankfurt - Feldbergstr. 1a, 6231 Schwalbach/Ts. - Geb. 13. Jan. 1922 Obersuhl/Hessen - S. 1957 Lehrbeauftr., Privatdoz. (1960) u. apl. Prof. (1965) Univ. Frankfurt (Botanik). Fachveröff.

ROSENSTRÄTER, Heinrich

Dr. phil., em. o. Prof. f. Soziologie - Dreirosenstr. 34, 5100 Aachen (T. 5 92 84) - Geb. 23. Okt. 1920 Wellingholzhausen/Teutobg. Wald, kath., verh. s. 1952, 4 Kd. (Beate, Annette, Mathias, Mechtild) - Gymn. Osnabrück; 1945 Schreinerlehre u. Gewerbelehrerausbild.; 1952-53 Studienaufenth. USA; 1954 ff. Stud. Päd., Psych., Soziol. Münster (nebenberufl.). Promot. 1960 - 1940-45 Wehrdst.; 1951-1960 Gewerbeoberlehrer Haltern/Westf.; s. 1960 Doz., Päd. Akad. Aachen, 1965 Prof. f. Soziol. PH Rhld./Abt. Aachen, s. 1980 Päd. Fak. TH Aachen - BV: Lehrer u. Schüler an d. Berufssch., 1961; Hinführung z. Berufs- u. Wirtschaftswelt, 1968; Deutschsprachige Belgier - Gesch. u. Gegenw., 1985.

ROSENTHAL, Alfred

Dr. med., Prof., Chefarzt Chirurg. Abt. St.-Josephs-Hospital, Bochum - Am Dornbusch 28, 4630 Bochum (T. 55 00 98) - Geb. 7. Febr. 1915 Dingelstädt/Eichsfeld - S. 1957 (Habil.) Lehrtätigk. Univ. Marburg (1966 apl. Prof. f. Chir.), s. 1977 Prof. f. Chir. Ruhr-Univ. Bochum. Zahlr. Fachveröff.

ROSENTHAL, Hans-Joachim

Dr. rer. pol., Dipl.-Ing., Prof., Präsident Bundesinst. f. Berufsbildungsforschung a. D. - Anderten, Süßeroder Str. 48, 3000 Hannover 71 (T. 0511 - 52 58 61) - Geb. 29. Aug. 1917 Nordhausen/Harz, ev., verh. s. 1943 m. Käthe, geb. Augustin - TH Berlin (Dipl.-Ing. 1941), BPA Solingen-Ohligs (Gewerbelehrerprüf. 1947), Univ. Bonn (Promot. 1955) - 1941-45 Ing.offz. (Heer); 1955-63 stv. u. Berufsschuldir. (1959); 1964-66 Leit. Referatsgruppe Berufl. Schulwesen Hess. Kultusmin.; 1966-70 Ord. f. Berufspäd. TH bzw. TU Hannover; 1969-70 Dekan d. Fak. f. Geistes- u. Staatswiss.; 1970-77 Präs. BBF; Honorarprof. Univ. Hannover; Dr. h. c. King Monkut's Inst. of Technology, Bangkok - Spr.: Engl.

ROSENTHAL, Klaus

Direktor i. R. - Tacitusstr. 1, 4040 Neuss/ Rh. (T. 02101 - 1 73 01) - Geb. 27. Nov. 1913 Berlin (Vater: Paul R.; Mutter: Käthe, geb. Hartung), ev., verh. s. 1941 m. Katharina, geb. Tränkner, 2 Söhne (Klaus Dieter, Andreas) - 1940-45 Wehrdst. (1942 Ltn. d. R.); jahrel. Geschäftsf. Fachverb. Glasfaserind. (1947 ff.); gegenw. Dir. Grünzweig + Hartmann u. Glasfaser AG./Verkaufsltg. West, Düsseldorf - Spr.: Engl., Franz.

ROSENTHAL, Michael

Dr. rer. nat., Dipl.-Chem., Fabrikant, gf. Gesellsch. Chem. Werke München/ Otto Bärlocher GmbH, Präs. Commer, I-Lodi (Mailand) - Riesstr. 16, 8000 München 50 - Geb. 2. Okt. 1946 München, verh. m. Roswitha, geb. Gaugler - Univ. Erlangen (Promot. 1979) - Liebh.: Musik - Spr.: Engl. Franz.

ROSENTHAL, Philip

Unternehmer - 8672 Schloß Erkersreuth in Selb/Oberfranken (T. Selb 7 21) - Geb. 23. Okt. 1916 Berlin (Vater: Dr. Philipp R., Geheimrat; Mutter: Maria Gräfin de Beurges, verw. Rosenthal, geb. Frank), kath., 4 x verh. (jetzige Ehefr.: Lavinia), 5 Kd. (Francesca, Shealagh, Turpin, Toby, Julie) - Wittelsbacher Gymn., München; St. Laurence College, Ramsgate/Kent, u. Exeter College, Oxford (Phil., Volksw.). B. A. u. M. A. - 1934-48 Emigration Engl. (div. Betätigungen); s. 1950 Rosenthal AG (Werbe- u. Verkaufsleit., 1958-70 u. 1972-81 Vorst.-Vors., gegenw. AR-Vors.). 1969-83 MdB (1970-71 Parlam. Staatssekr. Bundeswirtschaftsmin., Rücktr.). B. 1984 Vors. Bauhaus-Mus. u. Archiv Berlin; b. 1987 Präs. Rat f. Formgeb.; Hon.-Prof. f. Design an d. Bremer Hochsch. f. Gestaltende Kunst u. Musik; Ehrendoz. Exeter Coll. Zahlr. Ehrenstell. b. Facheinricht. AR-Mand. u. a. SPD s. 1968, Mitgl. Kommiss. Medienpolitik d. SPD-Parteivorst. (Kommunikationsbeauftr.) - BV: Einmal Legionär, 1983 - 1968 Bayer. VO.; 1975 Gold. Bürgermed. Stadt Selb; 1976 Social Responsibility in Business Award (MCE). 1980 Hermann-Lindrath-Preis; 1981 Preis (Gläserne Letter) Wirtschaftspresse-Club München; 1982 Gr. BVK - Liebh.: Wandern, Bergsteigen (u. a. Kilimandscharo, Aconcagua, Karakorum, Chimborazo), Rudern - Spr.: Engl., Franz., Ital., Span.

ROSENTHAL-KAMARINEA, Isidora

Dr. phil., Prof., Wiss. Rätin Seminar f. Klass. Philologie Univ. Bochum (s. 1966), Honorarprof. f. Neue griech. Literatur Univ. Marburg (s. 1964) - Am Dornbusch 28, 4630 Bochum (T. 3 51 08) - Geb. 12. April 1918 Piräus (Griech.) - Zahlr. Fachveröff., auch Bücher (u. a. Griechenland erzählt, 1965).

ROSER, Achim

Dr., Geschäftsführer Geyer-Werke GmbH/Filmkopieranstalt, Hamburg - Sieker Landstr. 41, 2000 Hamburg 73.

ROSER, Hans

Pfarrer, Schriftsteller, MdB (1969-76; CDU/CSU-Fraktion) - Meckenloher Weg 1, 8542 Roth (T. 09171 - 6 13 36 u. 6 14 36) - Geb. 7. März 1931 Claffheim/ Mfr., ev., verh. s. 1958 m. Doris, geb. Meyer-Oppertshofen, 4 Söhne (Philipp, Manfred, Otto, Traugott) - Augustana-Hochsch. Neuendettelsau, Univ. Erlangen, Bonn, Heidelberg (Theol.) - 1958 kirchl. Dienst (1961 Pfarrer Zeil/M., 1963 Landesjugendpfr. f. Bayern, 1979 Roth), Mitarb. Bayer. u. Westd. Rundfunk, s. 1981 Vors. Martin-Luther-Verein Bay. u. Collegium Oecumenicum Univ. München. CSU s. 1949 (1968-76 Vorst.-Mitgl.) - BV: Politische Gebete, München 1977; Kindheit i. Franken unter Kreuz u. Hakenkreuz, 1978; Protestanten u. Europa, 1978; Bewußter Leben n. e. Herzinfarkt, 1979; D. Hahnenkamm in Franken, Entdeck. e. Landschaft, 1980; Luther u. Franken, 1983; Abschied v. e. Krankheit, Zehn Jahre danach, 1984 - Liebh.: Ölmalerei - Spr.: Engl. - 1964 Mitbegr. Lions-Club Weißenburg.

ROSH, Lea

Journalistin, Fernsehmoderatorin - Zu erreichen üb. Radio Bremen, Bürgermeister-Spitta-Allee 45, 2800 Bremen 33 - Geb. 1. Okt. 1936 Berlin - S. 1979 ZDF (Reporterin Send. Kennzeichen D); dann Radio Bremen (Talkshow 3 nach 9). Filme, Features.

ROSKE, Kurt

Dr.-Ing., Prof., Berater der Kreditanstalt f. Wiederaufbau, Frankfurt (Main) - Gartenstr. 16, 6242 Kronberg/Ts.

ROSORIUS, Jürgen

Studienleiter, MdL Nordrh.-Westf. (s. 1975) - Kolberger Str. 5, 5300 Bonn-Bad Godesberg - Geb. 11. Okt. 1944 Hamburg, verh., 1 Kd. - Univ. Bonn (Polit. Wiss., Gesch., Sozialwiss.; 1972 M. A.) - S. 1971 Studienleit. Karl-Arnold-Bildungsstätte, Bonn. 1975 ff. Ratsmitgl. Stadt Bonn. CDU s. 1965 (1973 Mitgl. Landesvorst. Rhld.).

ROSS (ß), Hans

Dr. rer. nat., Prof. f. Pflanzenzüchtung - Dompfaffenweg 33, 5000 Köln 30 (T. 58 21 38) - Geb. 6. März 1912 Iserlohn/ W. (Vater: Paul R., Fabrikant; Mutter: Paula, geb. Assmann), ev., verh. s. 1944 m. Herta, geb. Streitberger, 2 Kd. (Wieland, Bettina) - Univ. Bonn, Innsbruck, Berlin (Biol., Chemie) - Wiss. Mitarb. Max-Planck-Inst. f. Züchtungsforsch., Köln. S. 1945 (Habil.) Lehrtätigk. Univ. Berlin, Göttingen (1953), Köln (1962 apl. Prof.). Zahlr. Fachveröff. Mitarb.: Handb. d. Pflanzenzücht. (1959), Phytopathologie u. Pflanzenschutz (1965), Lehrb. d. Zücht. landw. Kulturpflanzen (1966), Potato Breeding - Problems and Perspectives (1986) - 1977 Max-Eyth-Med. in Silber u. Mitgl. d. Max-Planck-Ges.

ROSS, Hans-Georg

Dr. med., Prof. f. Physiologie Univ. Düsseldorf - Zu erreichen üb. Universität, Moorenstr. 5, 4000 Düsseldorf (T. 0211 - 311 26 92) - Geb. 19. Juni 1939 Kiel.

ROSS, Jürgen

Dr. med., Prof., Internist u. Neurologe - Georg-König-Str. 5, 3140 Lüneburg (T. 4 40 44) - Geb. 26. Dez. 1925 Celle - S. 1962 (Habil.) Lehrtätigk. Univ. Bonn (1968 apl. Prof.). Fachaufs.

ROSS, Rudi

Betriebsleiter, Präs. Bundesverb. Dt. Schwimmeister, u. a. - Postfach 1452, 5047 Wesseling 1 (T. 02236 - 4 27 51) - Geb. 17. Dez. 1928 Schneidemühl (Pommern), verh. s. 1957 m. Edeltraud, geb. Seibt, 2 Kd. (Marina, Lutz-Peter) - 1955 Schwimmeister; 1957 Saunam. u. Med. Badem.; 1958 Masseur u. med. Fußpfleger - S. 1977 Doz. f. Bäderbetriebslehre Bundesschwimmeisterschule Duisburg; s. 1973 Präs. Bundesverb. Dt. Schwimmeister, s. 1977 Präs. Intern. Assoz. d. Bäder (Europ. Schwimmeister-Verb.); Hptschriftl. Fachztschr. D. Schwimmeister u. d. bad, Lübeck - Erf.: 1961 Eintrag b. Patentamt München: Fugenblitz (Gerät z. Entfernen v. Gras u. Moos aus Plattenfugen) - BV: Fachlexikon f. d. Schwimmeisterberuf, 1980; Techn. in öffentl. u. priv. Schwimmbädern (August 1983); Der Gepr. Schwimmeister als Ausbilder (Ende 1986/ Frühj. 1987) - 1969 Gold. Sportabz.;

1979 BVK am Bde.; 1980 Silb. Ehrenplak. Stadt Wesseling.

ROSS, Thomas
Auslandskorrespondent - Zu err. üb.: Frankfurter Allg. Zeitung, Postf. 2901, 6000 Frankfurt/M. 1 - S. Jahren FAZ (erst polit. Redakt., dann Südasien-u. Nahost-Korresp.) - BV: Es ist mir leid um dich, mein Bruder Jonathan, R. 1979.

ROSS, Waldo
Dr. phil., Prof., Schriftsteller - 4870 Côte-des-Neiges, Apt. 405E, Montréal/ Kanada H3V 1H3 (T. 739-04 72); u. Kurfürstendamm 75, 1000 Berlin 31 (T. 030-323 38 79) - Geb. 7. Jan. 1926 Valparaíso/Chile (Vater: Nicolás R., Kaufm.; Mutter: Laura, geb. Manterola), kath., verh. s. 1963 m. Ana María, geb. Scharff - Staatsex. Phil. 1950 Päd. Inst. Valparaíso, Chile, Promot. 1953 ebd. - 1951-53 Dir. Päd. Inst. Valparaíso; 1953-56 Vortragsreise durch Nord- u. Südamerika; 1956-57 Prof. Univ. Santo Domingo; 1957-59 Generalsekretär UNESCO Dominikan. Rep.; 1959-62 Gastprof. Univ. Berlin, 1962-64 Univ. Bristol (Großbrit.), 1964-72 Univ. Glasgow (Schottl.), 1970 Univ. Zürich (Schweiz), 1972ff. Prof. Univ. Montréal (Kanada) - BV: u.a. Doce clasicos de la prosa hispanoamericana, 1962; Ensayos sobre la geografía interior, 1971; Problemática de la literatura hispanoamericana (Ibero-Amerikan. Inst. Berlin), 1976; Bernardo O'Higgins figura amricana, Festschr. 1978 - Zahlr. Ehrungen - Spr.: Span., Ital., Engl., Franz., Portug. - Bek. Vorf.: Gustavo Ross, Ex-Wirtschaftsmin. Chile (Onkel) - Lit.: u.a. Handb. d. dt. Lateinamerika-Forsch., 1980.

ROSS, Werner

Dr. phil., Oberstudiendirektor i. R., Honorarprof. f. vergl. Literaturwiss. u. -kritik Univ. München, fr. Schriftl. - Franz-Reber-Weg 2, 8000 München 71 (T. 79 75 08) - Geb. 27. Jan. 1912 Uerdingen (Vater: Hubert R., Kaufm.; Mutter: Martha, geb. Pick), verh. m. Olga, geb. Spitalor, T. Monika, verehel. Müller-Brühl - Stud. Roman. u. German. Philologie. Promot. 1938 (bei E. R. Curtius) - Lektor Pisa u. Florenz, Leit. Dt. Schule Rom. 1964-72 Generalsekr. Goethe-Inst. z. Pflege dt. Sprache u. Kultur im Ausland e. V. Mitarb. SZ, FAZ, Rheinischer Merkur, HR, BR, SFB u. a. - BV: Deutsch in d. Konkurrenz d. Weltspr., 1969; Dt. Dichter, Anthol. 4. A. 1970; D. Rhein, 1973; Imago Germaniae, 1974, Imago Europae, 1976; Dtschl. - typ. dt.?, 1976; D. ängstl. Adler (Nietzsche-Biogr.), 1980; Im Haus d. Sprache (Hg.) 1983; Mit d. linken Hand geschrieben, 1984; Briefe an e. jungen Ungläubigen, 1984; Tod d. Erotik, 1986; D. Feder führend, Ges. Schriften a. 5 Jahrzehnten, 1987. Redakt. Ztschr. Polit. Meinung. Übers. aus d. Ital. - 1966-76 (Austr.) Mitgl. PEN-Zentrum BRD; s. 1986 Mitgl. österr. PEN.

ROSS-STRATTHAUS, Marianne
Prof., Dozentin f. Gesang Staatl. Hochsch. f. Musik u. Darstell. Kunst Berlin - Bolivarallee 9, 1000 Berlin 19 (T. 304 26 40) - Geb. 18. Juni 1911 Karlsruhe (Vater: Karl Stratthaus, Reichsbahndir.; Mutter: Emilie, geb. Meyer), kath., verh. m. Prof. Dr. Erwin Roß †, S. Karl-Erwin - Ausbild. Köln, Weimar, Königsberg. Abitur 1931; Staatl. Prüf. f. d. künstler. Lehramt 1936; Staatsex. in Germanistik 1937; Ass.ex. 1937 - Konzertsängerin; Stimmbildnerin.

ROSSA, Kurt

Oberstadtdirektor v. Köln (s. 1977), Vors. Verbandsvers., Vorst. Rheinischer Sparkassen- u. Giroverb. - Rathaus, 5000 Köln 1 - Geb. 13. Febr. 1930 Gelsenkirchen (Vater: St. R., Bergmann; Mutter: Anna R., geb. Reynoss), ev., verh. m. Gertrud, geb. Thöle, 3 Kd. (Wolfgang, Annette, Friederike) - Gymn. (Abit.); Jurastud. Münster, Freiburg/Br.; Ass.ex. 1963 Hamm - S. 1963 Finanzverw. (1966-70 -min. D'dorf); 1970-73 Dir. Landesfinanzsch. Nordrh.-Westf.; 1973-75 Senatsdir. Senator f. Finanzen Bremen. 1976-77 Staatsrat, Chef Senatskanzlei Bremen; AR-Vors. Köln Musik GmbH, Stadtbahnges. Rhein-Sieg, Wohnungsges. Stadtwerke Köln; AR-Mitgl. Flughafen Köln-Bonn GmbH, Messe GmbH Köln, modernes Köln GmbH; Vors. Literaturrat NRW Düsseldorf; Mitgl. Hauptaussch. Dt. Städtetag, Landesvorst. Städtetag NRW - BV: Todesstrafen, 1966 (auch franz. u. span.); Vier auf e. Superflitzer, Kinderb. 1977; Artur d. Bärenstarke, Kinderb. 1981. Humorist. Bücher: E. Fisch in Opas Bett, 1987; Komödie D. Berghase (Urauff. Münster, 1986). Ged. Übers. aus d. Engl. - Liebh.: Kammermusik (Cello).

ROSSBACH, Ferdinand Georg
Dipl.-Kfm., Vorstandsvorsitzender MER-Reisebüro Pensionskasse VVaG - Sooderstr. 22, 6200 Wiesbaden-Sonnenberg (T. 06121 - 54 11 55) - Geb. 29. März 1924 Ahlbach (Vater: Hermann R., Kaufm.; Mutter: Therese, geb. Weis), kath., verh. s. 1951 m. Magda, geb. Ohl, 2 Kd. (Peruccia, Volker) - Realsch.; Handelssch.; Bankkfm.; Reisebüroinh. - Vizepräs. Dt. Touring-Automobil-Club - Liebh.: Politik, schöngeist. Lit. - Spr.: Engl., Franz., Ital.

ROSSBACH (ß), Heinrich Albrecht
Dr. med. dent., Prof. f. Zahnärztliche Prothetik - Konstanty-Gutschow-Str. 8, 3000 Hannover 61 (T. 0511 - 532 47 74) - Geb. 6. Sept. 1940 Karlsruhe (Vater: Prof. Dr. Ing. Heinrich R., Hochsch.lehr.; Mutter: Dr. med. dent. Elisabeth, geb. Gläser), ev., verh. s. 1969 m. Dr. med. dent. Hella, geb. Klüglich, 2 Kd. (Christina, Wolff) - Stud. Univ. München u. Würzburg - Vorst. Abt. Zahnärztl. Prothetik II Med. Hochschule Hannover - BV: Einf. in d. Zahnärztl. Prothetik, 1975 - 1956 Dt. Jugendmeistersch. im Kanusport - Spr.: Engl.

ROSSBERG, Gerhard
Dr. med., Prof., Hals-Nasen-Ohrenarzt (Chefarzt Krkhs. St. Georg, Hamburg 1) - Lohmühlenstr. 5, 2000 Hamburg 1 (T. 248 292 236) - Geb. 27. April 1922 Luzern (Schweiz) - S. 1957 (Habil.) Privatdoz. u. apl. Prof. (1963) Univ. Frankfurt (zul. Oberarzt Klinik f. HNOkrankh.). Fachveröff.

ROSSBERG, Jürgen
Assessor, Jurist, Vorstandsmitglied Fried. Krupp GmbH - Altendorfer Str. 103, 4300 Essen 1 - Geb. 10. Okt. 1939 - Mitgl. in versch. AR u. Beiräten.

ROSSBERG (ß), Walter
Vorstandsmitgl. Reichelbräu AG., Geschäftsf. Markgrafen-Bräu GmbH., beide Kulmbach - Hardenbergstr. 16, 8650 Kulmbach/Ofr.

ROSSBERG (ß), Horst
Vorstandsmitglied Reichelbräu AG. - Lichtenfelser Str. 6, 8650 Kulmbach; priv.: Hardenbergstr. 16 - Geb. 12. März 1927 Dresden.

ROSSEN, Hans A.
Dr. jur., Kaufmann, Inh. Rossen Stahl KG, Flensburg, Ehrenpräs. IHK Flensburg (s. 1985), u. a. - Friedrichstal 44, 2390 Flensburg (T. 4 12 11) - Geb. 12. März 1913 - Spr.: Engl., Dän. - 1963-85 Gold. Sportabz. - Rotarier.

ROSSKAMP (ß), Martin
Vorstandsmitglied Basalt-Actien-Gesellschaft, Linz (s. 1969, vorher stv.), u. Doleritbasalt AG., Köln, u. AG. Eiserfelder Steinwerke, Eiserfeld - Oberlöh 30, 5460 Linz/Rh. - Geb. 15. Aug. 1923 Gronau/W., verh. m. Ingeburg, geb. Gäfgen.

ROSSKOPF (ß), Christian
Dr. jur., Oberbürgermeister Stadt Speyer (s. 1969) - Stadthaus, 6720 Speyer/Rh. - Vorher Oberkirchenrat b. Prot. Landeskirchenrat d. Pfalz.

ROSSKOPF (ß), Horst
Dipl.-Kfm., Verbandsgeschäftsführer - Lerchenstr. 107, 8500 Nürnberg 90 - Geb. 22. April 1943 - Geschäftsf. Industrieverb. Schreib- u. Zeichengeräte, Nürnberg, Federation Pencil Manufactures' Assoc., Nürnberg u. Federation of European Writing Instruments Assoc.

ROSSLENBROICH, Eberhard
Verwaltungsrat, Präs. Dt. Versehrtensportverb., Düsseldorf - Neuburgstr. 5, 4000 Düsseldorf (T. 66 53 03) - Geb. 15. Juli 1913 Baumburg/Rh. (Vater: Eberhard R., Landw.; Mutter: Bernhardine, geb. Schmitz), kath., verh. s. 1937 m. Margret, geb. Schmitz, 3 Kd. (Manfred, Hartmut, Marion) - Höh. Schule; Verw.ssch- u. -akad. - Tätigk. Stadtverw. Düsseldorf (Ltd. Sozialbeamter). Spez. Arbeitsgeb.: Sozialhilfe- u. Kriegsopferrecht - 1968 Sportplak. Nordrh.-Westf.; 1976 Gr. BVK.

ROSSMANITH, Kurt
Dipl.-Verww., Industriekaufmann, MdB (Wahlkr. 243/Ostallgäu) - Augsburger Str. 23, 8952 Marktoberdorf (T. 08342 - 69 69) - CSU.

ROSSMY, Gerd
Dr., Vorstandsvorsitzer Th. Goldschmidt AG. (1981 ff.) - Goldschmidtstr. 100, 4300 Essen 1 - Geb. 27. S. 1955 Goldschmidt (1978 Vorst./Forsch. u. Entwickl.).

ROSSOW, Heinz
Geschäftsführer Montan-Union GmbH - Mittelweg 22-24, 2000 Hamburg 13 - Geb. 4. Jan. 1915.

ROSSOW, Walter
Dr. Ing. E. h., Gartenarchitekt, em. o. Prof. f. Landschaftsplanung - Baseler Str. 116, 1000 Berlin 45 (T. 817 42 20) - Geb. 28. Jan. 1910 Berlin (Vater: Richard R.; Mutter: Elise, geb. Geishardt), verh. s. 1939 m. Helga, geb. v. Hammerstein-Equord - B. 1953 ao. Prof. Kunsthochsch. Berlin, dann o. Prof. Univ. Stuttgart, emerit. 1975. U. a. Interbau 1957 Berlin u. Dt. Garten Weltausstell. 1958 Brüssel, Außenanlagen Landtag u. Schloß Stuttgart; städtebaul. Arbeiten Karlsruhe - 1958 Preis Verb. d. dt. Kritiker, 1963 Paul-Bonatz-Architekturpreis Stuttgart, 1966 Berliner Kunstpreis (Baukunst), 1971 Fritz-Schumacher-Preis F.V.S.-Stiftg. Hamburg; 1972 Mitgl. Orden Pour le Mérite f. Wiss. u. Künste; o. Mitgl. Akad. d. Künste Berlin; 1975 Friedr.-Ludw.-v.-Sckell-Ehrenring Bayer. Akad. d. Schönen Künste.

ROST, Armin
Dr. med., Prof., Abt. Urologie St. Bonifatius Hospital Lingen/Ems - Hohenfeldstr. 21a, 4450 Lingen/Ems - Geb. 13. März 1943 Stuttgart (Vater: Karl R., Schmiedemstr.; Mutter: Emma, geb. Bay), ev., verh. s. 1977 m. Dagmar, geb. Neumann, 3 Kd. (Christina, Simon Philip, Stefanie) - Gymn. Stuttgart (Abit.); Med. Stud. Frankfurt/M., Tübingen, Wien, Hamburg, Heidelberg, Ex. u. Promot. 1969 Heidelberg, Habil. 1978 Berlin - S. 1982 Chefarzt in Lingen/Ems.

ROST, Detlef H.
Dr. phil., Dipl.-Psych., Univ.-Prof. f. Psychologie Univ. Marburg - Schwalbenweg 8, 3550 Marburg 7 (Cappel) (T. 06421 - 4 68 24) - Geb. 6. März 1945 Olsberg/Brilon (Vater: Erich R., kaufm. Angest.; Mutter: Marianne, geb. Trebbin), verh. s. 1968 m. Dorothee, geb. Trebbin, 3 Töcht. (Esther Eva, Judith Elisa, Lea Camilla) - 1965-68 Stud. f. Päd. Lehramt, Berlin u. Hamm (1. Staatsprüf. f. d. Lehramt an Volkssch. 1968); 1968-74 Stud. d. Psych., Erziehungswiss. u. Psychopathol. Univ. Göttingen u. Hamburg (Dipl.-Psych. 1973), Promot. 1976 - 1970-74 Wiss. Assist. FB Erziehungswiss. Univ. Hamburg; 1974-81 Forschungspsych. IfG - Inst. f. Grundschulforsch. d. Univ. Erlangen/Nürnberg; SS 1980 Prof. f. Psych. Univ. Augsburg; ab 1981 Univ.-Prof. f. Psych. Univ. Marburg - BV: Analyse u. Bewert. empir. Unters., 1974; Päd. Verhaltensmodifikation, 1975; Raumvorst., 1977; Entw.psych. f. d. Grundsch., 1980; Unterr.psych. f. d. Grundsch., 1980; Lesen u. Verstehen, 1980; Erziehungspsych. f. d. Grundsch., 1982; Dimensionen d. Leseverständnisses, 1985. Mitherausg. Reihe Ergebnisse d. Päd. Psych. (1985ff.); Ztschr. School Psychol. Intern. (1980ff.); Ztschr. f. Päd. Psychol. (1987ff.); Reihe Päd. Psychol. (1989ff.); Reihe Begabungs- u. Persönlichkeitsforsch. (1988ff.); Reihe Forsch. Psychol. (1989ff.) - Bruder: Dietmar R. (s. dort).

ROST, Dietmar A.
Grundschulrektor, Schriftsteller - In der Weist 20, 5768 Sundern 4 (T. 02933 - 35 69) - Geb. 18. März 1939 Arnsberg (Vater: Erich R., kaufm. Angest.; Mutter: Marianne, geb. Ditz), kath., verh. s. 1963 m. Barbara, geb. Schmidt, 2 Kd. (Alexandra, Daniel) - 1959 Abit. human.

Premio Italia f. TV-Oratorium Dies Irae - Spr.: Engl., Franz.

ROST, Richard
Dr. med., Prof., Leiter Inst. f. Sportmed. Univ. Dortmund - Am Engelshof 15, 5000 Köln 40 (T. 02234 - 7 20 72) - Geb. 4. Febr. 1940 Görlitz (Vater: Karl Heinz R., Arzt; Mutter: Christa, geb. v. Koenig), ev., verh. s. 1966 m. Gertrud, geb. Petrasch, 3 T. (Christine, Katja, Sylvia) - Med.-Stud., Promot. 1965 Würzburg, Habil. 1976 Köln - Leit. Inst. f. Sportmed. in Dortmund - BV: Belastungsunters. in d. Praxis, (m. a.) 1982; D. Herz d. Sportlers im Ultraschall, 1982.

ROST, Rudolf
I. Bürgermeister -Rathaus, 8736 Burkardroth/Ufr. - Geb. 10. März 1924 Stralsbach - Bildhauer.

ROST, Siegard
Dr. phil., Oberstudiendirektor a.D., MdL Bayern (s. 1970), Landesvors. Union d. Vertriebenen/Ost- u. Mitteld. Vereinig. d. CSU - Hersbrucker Str. 94, 8500 Nürnberg (T. 54 13 43) - Geb. 7. Nov. 1921 Woldisch-Tychow/Ostpommern, verh., 3 S. - S. 1972 Rundfunkrat BR. CSU - 1980 Bayer. VO.

ROSTOCK, Wolfgang
Oberspielleiter, Dramaturg, Schausp., Regisseur f. Theater (Oper u. Schausp.), Fernseh- u. Hörspiel, Film - Chaukenhügel 6a, 2820 Bremen 70 - Geb. 22. Febr. 1928 Hamborn (Rh.) (Vater: Erich R., Polizei-Oberinsp. †; Mutter: Margarete, geb. Grießel †), verh. s. 1972 in 2. Ehe m. Maria-Christiane, geb. Beyer, 4 Kd. (Dietrada, Radolf aus 1. Ehe; Swantje, Silke aus 2. Ehe) - Abit. 1947, Prüfung d. Bühnenreife d. Schauspielstudios d. Städt. Bühnen Magdeburg 1950; 1950-83 Univ. Hamburg, München, Fernuniv. Hagen - 1960-63 Spielleit. u. Dramat. Iserlohn u. Verden (Aller); 1963-65 Spielleit. u. Dramat. Oldenburg. Staatstheater; 1965-68 Oberspielleit. u. Dramat. Stadttheater Aachen; 1968-70 Hausspielleit. Staatstheater am Gärtnerpl., München; 1970-72 Spielleit. u. Dramat. Städt. Bühnen Bielefeld; 1972-74 Intend. Kom. Kassel; 1974-75 Chefdramat., Geschäftsf. Kom(m)ödchen, Düsseldorf; 1976-78 Leit. städt. Theater Emden, 1978-80 Theater Marl; 1980-85 Oberspielleit. Niederd. Theater Bremen; s. 1985 Regisseur s.o. - Ca. 100 Bühneninsz. (70 Schausp., 30 Opern); Fernsehsp., Hörspielregie - Liebh.: Klass. Musik, Lit., elektr. Eisenbahn - Spr.: Lat., Engl., Niederl.

ROSZ, Martin Ulrich
Bild. Künstler - Plantagenstr. 15, 1000 Berlin 65 - Geb. 30. Jan. 1945 Königsberg (Vater: Paul R., Kaufm.; Mutter: Magdalene, geb. Bonacker), ev./luth. - Hochsch. f. bild. Künste Berlin b. 1963; Volont. Galerie Nierendorf, Berlin - B. 1978 Subst. im Kaufhaus d. Westens, Berlin; danach fr. Künstler (Spez.: Kunst als Lebender) - Entd.: Environmental Writing - BV: Tableaux - Zyklen -

Räume - Schriften 1960-1979, 1979 (übers. Engl.); Halbe Bilder, 1984; Stilleben, 1984; Zeichnungen 1981-1984, 1985 - Tableaux, gemalte u. geschr. Stücke, Räume: Kant-Korpus, 1959; Raum Bismarckstraße, 1973; Grapho 30, 1975; Arachne, 1975; George-Washington-Hotel, 1978; Metamorphose, 1979; Wallpaperhanger 1 (New York Times), 1979; WKV, 1980; Kronprinz, 1983; Alloro, 1987; Zeichnungen II 1985/86, 1988; Zeichnungen III 1987, 1988. Schallplatte: George-Washington-Hotel, 1980. Tableaux, gemalte u. geschr. Stücke, Räume: D. Neue Romantiker (ab 1980); Odysseus Wedding (ab 1985) - 1978 Stip. New York, 1979 Berliner Kunstpreis, 1980 Bremer Kunstpreis, 1983 Villa-Romana-Preis - Spr.: Engl. - Lit.: Thomas Deecke, Karl Ruhrberg, Eberhard Roters in Tableaux, Zyklen, Räume, Schriften 1960-1979, 1979.

ROSZBERG, Dieter
Dirigent, 1. Kapellmeister u. stv. Generalmusikdirektor Opernhaus Kiel - Muhliusstr. 70/3, 2300 Kiel (T. 0431 - 55 55 80); Lottbeker Pl. 4, 2000 Hamburg 67 (T. 040 - 604 92 23) - Geb. 7. Febr. 1952 Hamburg (Vater: Walter R., Oberbaurat Dipl.Ing.; Mutter: Elisabeth, geb. Arendt), ledig - Ausbild. in Hamburg: Dirigieren (Prof. Horst Stein), Musiktheaterregie (Prof. August Everding u. Prof. Götz Friedrich), Klavier, Kompos. (Prof. E.-G. Klusmann); Physik, Phil.; s. 1973 Gastdirig. (Oper u. Konzert) im In- u. Ausl. (Frankr., Monte Carlo, Ital., Ungarn, Österr., Holland, Kanada); s. 1972 Liedbegleiter; 1975-82 2. Kapellm. u. stv. Generalmusikdir. Landesth. Detmold; 1982-83 Lehrauftrag Hamburg; 1983-89 1. Kapellm. u. stv. Musikdir. Landestheater Innsbruck; s. 1987 Rundfunkproduktionen NDR u. ORF - Kompos.: Komplementär-Metamorphosen f. gr. Orch., 1984; Gesang d. Geister üb. d. Wasser (Goethe), 1970; D. Salamander (Odojewsky), 1971; Merlin (Oper), in Vorb.; akt. Repertoire v. ca. 70 Opern; zahlr. Urauff. - Liebh.: Geisteswiss., Kunst - Spr.: Engl., Franz., Ital.

ROTBERG, Hans Eberhard

Dr. jur., Senatspräsident a. D. - Höfelweg 11, 7573 Sinzheim/Baden (T. Baden-Baden 88 03) - Geb. 20. Febr. 1903 Unna/W. (Vater: Ernst R., Amtsgerichtsrat; Mutter: Elly, geb. Löcke), kath., verh. in 2. Ehe (1956) m. Gabriele, geb. Kuhnen, 2 Kd. aus 1. Ehe, Sohn (Abt.leit. Dt. Entwicklungs., Köln), Tochter (Architektin) - Univ. Würzburg, München, Münster. Promot. 1925 - 1928-32 Hilfsarb. Pr. Justizmin.; 1932-43 Amts- u. Landgerichtsrat Koblenz; 1943-45 Landgerichtsdir. Bonn, 1946-49 Senatspräs. OLG Koblenz u. Abt.leit. Justizmin. Rhld.-Pfalz, 1950-52 Leit. Strafabt. Bundesjustizmin. (Min.dirig.); 1952-69 Bundesrichter u. Senatspräs. (1953) BGH (b. 1962 u. 1966 ff. IV., dazw. III. Strafsenat) - BV: D. Rückerstatt. in d. franz. Zone, 1947; Gesetz üb. Ordnungswidrigkeiten (Kommentar), 1952 - 1969 Gr. BVK.

ROTERS, Matthias
Fabrikant v. Modeschmuck u. mod. Leuchten, Honorarkonsul d. Bundesrep. Deutschl. f. Menorca/Spanien - Andreu, 32, Mahón/Menorca, Spanien (T 36 16 68) - Geb. 29. April 1941 München (Vater: Karl, Kunsthandwerker; Mutter: Emilie Siedler), ev., verh. s. 1964 m. Catalina Gomila Sintes, 3 Kd. (Cristina, Stefan, Sandra) - 1974-79 Vorst. u. Vizepräs. d. span. Modeschmuckmesse SEBIME - Spr.: Engl., Franz., Span., Katal.

ROTH, Adolf
Dipl.-Volksw., Kaufmann, MdB (Wahlkr. 131/Gießen) - Altenfeldweg 13, 6300 Gießen (T. 7 62 04) - Geb. 15. Sept. 1937 Gießen (Vater: Kaufm.), verh., 3 Kd. - Schule Gießen (Abit. 1957); n. Bundeswehrdienst (zul. Fähnrich d. R.) Univ. Frankfurt/M. u. Freiburg/Br. (Wirtschaftswiss.). Dipl.-Volksw. 1962 - B. 1965 väterl. Fa. (Mineralölgroßhandel), dann Wiss. Assist. Univ. Gießen (Wirtschaftswiss. Sem.), s. 1969 Mitgl. Geschäftsltg. Adolf Roth oHG., Gießen. Mitgl. IHK-Vollvers. Gießen. CDU (1968-1975 Stadtverordn. Gießen; 1975 Vors. Vogelsbergkr.; Vors. Landesaussch. Wirtsch.polit. CDU Hessen; 1970 MdL, Wirtsch.polit. Sprecher Landtagsfrakt.; Vors. Landtagsaussch. f. Wirtschaft u. Technik, stv. Fraktionsvors.); MdB s. 1983.

ROTH, Christian
Dipl.-Ing., Vorstandsvorsitzender Bilfinger + Berger Bauaktienges. - Carl-Reiß-Pl. 1-5, 6800 Mannheim 1 (T. 0621 - 45 90) - Geb. 29. Dez. 1933 Gleiwitz/OS., ev., 2 Söhne (Stefan, Andreas) - Stud. TH Karlsruhe; Dipl. 1958 - Vorst. Dt. Beton-Verein, Wiesbaden, Dt. Ges. f. Erd- u. Grundbau, Essen; stv. Vorst. Tiefbau-Berufsgenoss., München; AR-Vors. Fru-Con Holding Con., Boston, Mass./USA, Passavant-Werke AG, Aarbergen; Beirats-Vors. LHC Loba-Holmenkol Chemie, Ditzingen; Beirat Dresdner Bank AG, Frankfurt, Allianz Versich. AG, Stuttgart, IUP Inst. f. Unternehmensplanung, Gießen - Liebh.: Tennis, Ski-alpin - Spr.: Engl. - Rotarier.

ROTH, Erwin
Dr. phil., o. Prof. f. Psychologie, Vorst. Forschungsinst. f. Organisationspsych. - Sigmund Haffnergasse 18, A-5020 Salzburg (T. 8044 - 66 30 od. 66 31) - Geb. 29. Mai 1926 Marktbreit/M. - Promot. 1957 Univ. Würzburg, Habil. 1967 Univ. Erlangen - Publ. zu Fragen d. Einstellung, Intelligenz, Persönlichkeit u. z. Organisationspsych.; Sozialwiss. Methoden - Lit.: Daumenlang, K. u. Sauer, J., Aspekte psychol. Forsch. Festschr. z. 60. Geb. v. E.R. (1986).

ROTH, Friederike
Schriftstellerin - Jahnstr. 46, 7000 Stuttgart 70 - Geb. 6. April 1948 Sindelfingen/Württ. - B. 1982 Dramat. Südd. Rundfunk - Gedichte (Tollkirschenhochzeit, 1978), Prosa (Ordnungsträume, 1979), Theaterst. (Ritt auf d. Wartburg, 1984) - 1982 Stuttgarter Literaturpreis, 1983 Ingeborg-Bachmann- u. Gerhart-Hauptmann-Pr.; 1984/85 Stadtschreiberin v. Bergen.

ROTH, Friedrich
Dr. phil., o. Prof. f. Didaktik d. Sozialkunde u. gf. Direktor Didakt. Zentrum/ Fachbereich Gesellschaftswiss. Univ. Frankfurt/M. - Leipziger Ring Nr. 279, 6051 Nieder-Roden (T. 06106 - 2 16 02) - S. 1966 Ord. Frankfurt.

ROTH, Gerhard
Schriftsteller - Am Heumarkt 7, A-1030 Wien - Geb. 24. Juni 1942 Graz - BV/R.: die autobiogr. d. albert einstein, 1972, D. Wille z. Krankheit, 1973, D. gr. Horizont, 1974, E. neuer Morgen, 1976, Winterreise, 1978, D. Stille Ozean, 1980; Landläufiger Tod, 1984; Dorfchronik z. landläufigen Tod; Am Abrund, 1986; D. Untersuchungsrichter, 1988. Bühnenst.: Lichtenberg (1974), Sehnsucht (1977), Dämmerung - Erinnerungen an d.

Menschheit - Div. Preise u. Stip. (auch Stadt Hamburg); 1983 Alfred-Döblin-Preis.

ROTH, Günter

Prof., Generalintendant a.D. - Hohenzollerndamm 84, 1000 Berlin 33 - Geb. 1925 - U. a. Operndir. Essen, Generalint. Gelsenkirchen (1966ff.), 1971-80 Opernint. u. Generalint. f. Oper u. Schauspiel (1973) Nieders. Staatstheater, Hannover; Leit. Regiesem. Staatl. Hochsch. f. Musik u. Theater, ebd.

ROTH, Günther

Dr. theol., Prof., Hochschullehrer - Florianstr. 7, 2900 Oldenburg/O. (T. 5 78 31) - Geb. 31. Dez. 1930 Pforzheim (Vater: Richard R., Fabrikant; Mutter: Emilie, geb. Faas), ev., verh. s. 1958 m. Herta, geb. Gundert, 3 Kd. (Heidi, Silke, Jörg) - Theologiestud. Tübingen, Heidelberg, Göttingen, Edinburgh, Staatsex. 1956 (Tübingen) u. 58 (Stuttgart); Promot. 1958 (Tübingen) - 1958-65 Wiss. Assist. Univ. Tübingen; 1965 Pfarrer Reutlingen; s. 1965 Prof. f. Ev. Theol. u. Methodik d. Religionsunterr. Päd. Hochsch. Oldenburg (1968 ff. Rektor), s. 1974 Univ. Oldenburg - BV: D. Möglichkeiten d. Religionsunterr. in Schottland, 1958 (Diss.) - Spr.: Engl.

ROTH, Hans

Dr. phil., Direktor, MdL Baden-Württ. (s. 1968; 1972 ff. stv. Fraktionsvors.) - Schloß, 7130 Mühlacker-Mühlhausen (T. 21 52) - Geb. 21. Sept. 1923 Offenburg, ev., verh., 3 Kd. - Realgymn. Karlsruhe; 1941-45 Kriegsdst.; Univ. Tübingen u. Freiburg (Gesch., Literaturwiss.; Promot. 1950) - S. 1950 Christl. Jugenddorfwerk Dtschl.s (1962 ff. verantw. f. d. sozialpäd. Inst.). Rundfunkratsmitgl. SR. CDU.

ROTH, Heinrich F.

Dr.-Ing. - Am Schönblick Nr. 34, 5484 Bad Breisig 2 (T. 02633 - 9 74 40) - Geb. 11. März 1909 Dresden (Vater: Prof. Karl R., Architekt), verh. m. Herta, geb. Dyckerhoff - 1974 Gold. Ehrennadel Verein Dt. Zementwerke e. V.; 1979 BVK am Bd.; 1983 Ehrenvors. Landesverb. Rheinl.-Pf. d. Lebenshilfe f. geistig Behinderte.

ROTH, Hermann J.

Dr. rer. nat., o. Prof. u. Direktor Pharmaz. Inst. Univ. Bonn (s. 1966) - Böckingstr. 4, 5340 Bad Honnef/Rh. (T. 54 82) - Geb. 12. Mai 1929 Eisenberg/Pfalz (Vater: Jakob R., Lehrer; Mutter: Elisabeth, geb. Holz), kath., verh. s. 1957 m. Hannelore, geb. Triebs, 3 Kd. (Ekkehard, Eva-Maria, Susanne) - Univ. Mainz u. Würzburg (Pharmaz. Staatsex. 1954). Apothekerbestall. 1955. Promot. (1956) Würzburg; Habil. 1960 ebd. (Pharmazie) u. 1961 Braunschweig (Pharmaz. Chemie) - 1961-65 Privatdoz. TH Braunschweig. Spez. Arbeitsgeb.: Synthesen potentieller Wirkstoffe m. Hilfe v. Mannich-Basen, Mechanismus u. Spezifität arzneimittelanalyt. Reaktionen. Mitgl. Dt. Pharmaz. Ges. (1956), Dt. Ges. f. Heilpflanzenforsch. (1960), Görres-Ges. z. Pflege d. Wiss. (1960) - BV (Mitautor): Pharmaz. Taschenb., 7. A. 1976; Apothekerpraktikant, 8. A. 1967; ZL-Identkartei, 1972; Kommentar z. ZL-Identkartei, 1975; Hagers Handb. d. Pharmaz. Praxis, 1967; D. Pharmaz. Techn. Assist., 1970. Herausg.: Pharmaz. Taschenb. 1976. Mithrsg.: Hager's Handb. d. Pharmaz. Praxis (NA. 1967) - Habilitations- (1960/61 Görres-Ges.) u. Carl-Mannich-Stip. (1962) - Liebh.: Klass. Musik - Spr.: Engl.

ROTH, Jörg Kaspar

Dr., Dipl.-Psych., Dipl.-Soziol., Psychotherapeut - Osterwaldstr. 61A, 8000 München 40 - Geb. 31. Jan. 1947 München, kath., ledig - Bankkaufm. Frankfurt; Stud. Soziol. u. Psych. Univ. Frankfurt, Gießen, Würzburg u. Berlin; Promot. 1983; Psychoanalyt. Ausb. - Psychotherapeut u. Leit. Balint-Gruppensem.; Wissenschaftsjourn. f. Rundf., FS u. versch. Ztschr.; Autor v. Fachb. - Anwendung v. Ton- u. Videoaufz. im Balint-Gruppentraining - BV: Psychoanalyse an d. Univ., 1981; Hilfe f. Helfer: Balint-Gruppen, 1984. Publ. in Fachztschr. zu Fragen d. psychoanalyt. Gruppenarbeit u. z. Familientherapie - Liebh.: Tennis, Fischerei, Langlauf - Spr.: Engl. - Bek. Vorf.: Eugen Roth (Onkel).

ROTH, Jürgen

Journalist, Schriftst. - Hermannstr. 8, 6000 Frankfurt/M. - Geb. 4. Nov. 1945 Frankfurt/M., verh. s. 1969 m. Renate Seidenschnur, Tochter Leyla - Mittl. Reife, kaufm. Lehre, Direktionsassist.; 1967 Vors. Junge Europ. Föderalisten, Kreis Frankfurt; 1979-83 Kurat. Alternat. Türkeihilfe - BV: Armut in d. Bundesrep., 1971; Heimkinder, 1973; z.B. Frankfurt: Die Zerstörung e. Stadt, 1975; Aufstand im wilden Kurdistan, 1977; Geogr. d. Unterdrückten, 1978; Armut in d. Bundesrep., Bd. 2 1979; Es ist halt so ..., 1982; Dunkelmänner d. Macht (Mitautor), 1984; Zeitbombe Armut, 1985; Makler d. Todes. Waffenhändler packen aus, 1986; Rambo, D. Söldner, 1988; Fernsehdok.: Mafia & Co, 1984, Operation Ernte. Chronologie e. Putschplanes, Hochexplosiv - Waffengeschäfte m. d. Iran, u.a. - 1981 Dt. Jugendbuchpr.; 1985 Fernsehpr. d. Wohlfahrtsverb. - Spr.: Engl., Franz., Türk.

ROTH, Karlheinz

Dr.-Ing., em. o. Prof. - Beckurtsstr. 20, 3300 Braunschweig (T. 51 21 66) - Geb. 25. Febr. 1919 Schäßburg/Siebenb. - 1965-88 o. Prof. u. Direktor Inst. f. Konstruktionslehre, Maschinen- u. Feinwerkelemente TU Braunschweig. Emerit. 1988 - BV: Konstruieren m. Konstruktionskatalogen, 1982; Zahnradtechnik, Bd. I, II 1989. Zahlr. Fachveröff. - 1968 Gold. Diesel-Med.; 1985 Fritz-Kesselring Ehrenmed.

ROTH, Leo

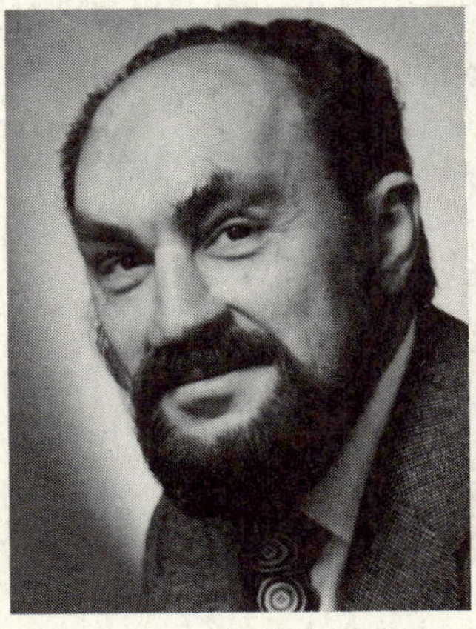

Dr. phil., Univ.-Prof. f. Erziehungswissenschaft Univ. Bremen (s. 1972) - Vor Weyerdeelen 16, 2862 Worpswede 1 - Geb. 4. Jan. 1935 Papischken, verh. s. 1960 m. Almuth, geb. Petersen (Malerin), S. Dietmar - PH Lüneburg (Staatsex.); Univ. Hamburg (1966ff.; Erziehungswiss., Psych., Soziol., Phil., Anthropol.; Promot. 1971) - 1965-70 Assist. PH Lüneburg; 1971-72 Leit. Empir. Forschungs- u. Lehrzentrum Göttingen - BV: Effektivität v. Unterrichtsmeth., 2. A. 1977; Handlex. z. Erziehungswiss., 1976; Handlex. z. Didaktik d. Schulfächer, 1981; Pädagogik. Handb. f. Stud. u. Praxis, 1989. Zahlr. Einzelarb. (Handb. u. Ztschr.).

ROTH, Oskar

Dr. phil., Prof. f. Neuere Franz. Lit.wiss. TU Berlin - Wilsbergzeile 10, 1000 Berlin 28 - Geb. 9. Febr. 1934, kath., verh., 3 Kd. - Stud. Theol. u. Roman.; Promot. (Phil.) 1969 Marburg; Habil. (Roman. Philol.) 1978 Marburg - BV: Stud. z. Estrif de Fortune et Vertu d. Martin Le Franc, 1970; D. Ges. d. honnêtes gens. Honnêteté-Ideal b. La Rochefoucauld, 1981.

ROTH, Paul

Dr., Prof. f. Politikwiss. u. Publiz. Univ. d. Bundeswehr München - Glonnweg 9, 8011 Kirchheim b. München (T. 089 - 903 13 54) - Geb. 7. Juni 1925 Berlin (Vater: Dr. Paul R., Diplomat), kath., verh. s. 1953, 5 Kd. - Stud. Theol., Phil., Gesch., Psych., Zeitungswiss. Univ. Berlin, Erlangen, Frankfurt/M., München - BV: Gott i. jederzeit zu sprechen, 1959; SOW-INFORM. Nachrichtenwesen u. Informationspolitik d. Sowjetunion, 1980; D. kommandierte öfftl. Meinung. Sowjet. Medienpolitik, 1982; Cuius regio - eius informatio. Moskaus Modell f. d. Weltinformationsordn., 1984 - Spr.: Lat., Griech., Russ., Engl., Franz.

ROTH, Ralph

Vorstandsmitglied Münchener Rückversicherungs-Ges. - Königinstr. 107, 8000 München 40 - Geb. 5. Aug. 1929 - Stv. AR-Vors. National Insurance Co., Luxemburg; VR UAP Réassurance, Paris; Member of the Board African Alliance, Lagos, u. Munich Reinsurance Co. of South Africa Ltd., Johannesburg.

ROTH, Richard

Professor - Oberföhringer Str. 25a, 8000 München 81 (T. 98 02 98) - Geb. 22. März 1907 Augsburg (Vater: Georg R., Blindenanstaltsdir.; Mutter: Friederike, geb. Kimpel), verh. s. 1932 m. Valérie, geb. Mayer, 2 Söhne (Peter, Claus) - Ausbild. Akad. München u. Leipzig - Graphiker; s. 1959 Prof. Kunstakad. München (Grafic design), Mitgl. Beirat f. d. künstler. Formgeb. dt. Bundespost (1965 ff.). Viele Entwürfe f. Werbung u. Formgeb. - 1979 Bayer. VO - Liebh.: Tennis.

ROTH, Wolfgang

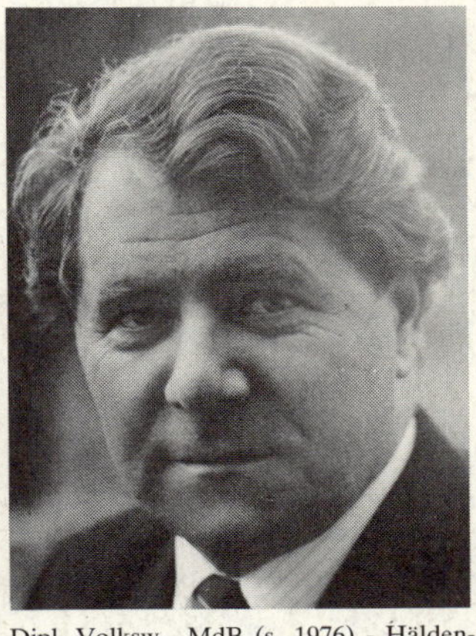

Dipl.-Volksw., MdB (s. 1976) - Häldenrain 32, 7535 Königsbach-Stein (T. 07231 - 3 43-94) - Geb. 26. Jan. 1941 Schwäbisch Hall (Vater: Karl R., Postsekr.; Mutter: Anna, geb. Preiss), verh. s. 1965 m. Anna, geb. Vrtakova, T. Natascha - Stud. FU Berlin (1964 Asta-Vors.; Dipl.ex. 1968) - SPD (1972 Vors. Jungsozial.; 1973 Mitgl. Parteivorst.; stv. Vors. Bundestagsfrakt., wirtschaftspolit. Sprecher; Vors. Kommiss. f. Wirtsch.- u. Finanzpolitik) - BV: Kommunalpolitik für wen?, 1971; Investitionslenkung, 1976; Wirtsch. v. morgen - Ängste v. heute, 1980; Humane Wirtschaftspolitik, 1982; D. Weg aus d. Krise, 1985.

ROTHACKER, Helmut F. W.

Bezirksbürgermeister v. Berlin-Steglitz (1971-84) - Hochsitzweg 91, 1000 Berlin 37 (T. 813 83 20) - Geb. 26. Nov. 1919 Berlin (Vater: Fritz R., Versicherungsangest.; Mutter: Martha, geb. Fein), ev., verh. s. 1948 m. Margarete, geb. Maiwald, 3 Kd. (Edgar, Astrid, Alexandra) - Helmholtz-Reformrealgymn. u. Univ. Berlin, Jurist. Staatsprüf. 1941 u. 1950 - 1951-58 Leit. Rechtsabt. Sozialverw. f. Sozialwesen v. Berlin (1954 Reg.sdir.); 1958-62 Leit. Büro d. Bürgerm. v. Berlin (1959 Senatsrat); 1962-71 Bezirksstadtrat f. Finanzen u. stv. Bürgerm. (1965) v. Steglitz. Verf. d. Denkschr.; D. Gewährung v. Staatsleistungen an d. Ev. u. Kath. Kirche - Geschichtl. Grundl. u. gegenw. Rechtslage (1960). CDU s. 1945 - 1980 Amerik. Ausz. f. zivile Verdienste, 1980 BVK 1. Kl. - Liebh.: Lit., Musik - Spr.: Engl., Franz., Ital.

ROTHAUGE, Carl Friedrich

Dr. med., Prof., Inh. Lehrstuhl f. Urologie u. Leit. Urolog. Univ.skl. Gießen (s. 1969) - Am Hain 7, 6331 Dutenhofen (T. 0641 - 2 12 95) - Geb. 23. Sept. 1925 Bad Wildungen (Vater: Carl-Friedrich R., Kaufm.; Mutter: Marie, geb. Kotzerke), ev., verh. s. 1959 m. Fredemarie, geb. v. Poll, 2 Kd. (Carl Friedrich, Frank Alexander) - Promot. 1952; Habil. 1965 - BV: D. seitengetrennte quantitative Nierenfunktionsprüfung, 1966 - Spr.: Franz.

ROTHE, Arnold

Dr. phil., Prof. f. Romanische Philologie - Bergstr. 148, 6900 Heidelberg (T. 06221 - 4 55 31) - Geb. 8. Sept. 1935 Berlin (Vater: Dr. Carl Rothe, Schriftst.; Mutter: Martha, geb. von Beckerath), kath., verh. s. 1965 m. Dr. Sibylle, geb. Scheid, 3 Kd. (Isabel, Philipp, Camilla) - Univ. Freiburg, Paris, Köln, Staatsex. Freiburg 1961, Promot. Köln 1965, Habil. Köln 1969 - 1970 Lehrstuhlinh. Heidelberg; 1974-75 1. Vors. d. Dt. Romanistenverb., 1976-77 u. 1985-86 Dekan Neuphilol. Fak. Univ. Heidelberg - BV: Quevedo u. Seneca, 1965; D. Doppeltitel, 1970; Franz. Lyrik im Zeitalter d. Barock, 1974; D. literarische Titel, 1986 - 1981 Chevalier dans l'ordre des Palmes académiques - Liebh.: Zeichnen, Musik, Bild. Kunst, Sozialwiss., Politik - Spr.: Lat., Franz., Span., Engl. - Bek. Vorf.: Dr. Carl Rothe, Schriftst. (Vater).

ROTHE, Friedrich-Karl

Dr. phil., Prof. f. Allg. Pädagogik PH Karlsruhe - Albris 22, 7989 Argenbühl 1 (T. 07566 - 6 21) - Geb. 25. April 1936 Dessau, ev. - Volksschullehrer; Stud. Päd., Phil., Politik, Völkerkd. Univ. Tübingen, Erlangen, Hamburg, Aix-en-Provence/Frankr. u. Athens/USA; Promot. 1967 - BV: D. Planwagen, 1966; Stammeserziehung u. Schulerziehung, 1969; Erziehung u. Ausbildung in d. Entwicklungsländern, 1972; Erziehung u. Entfremdung, 1975; Wege d. päd. Forschung (m. F. Banki), 1979; Kultur u. Erziehung, 1984; Wege d. Freundschaft, 1988 - Liebh.: Ethnopäd. - Spr.: Engl., Franz., Span.

ROTHE, Georg

O. Prof. f. Berufspädagogik Univ. Karlsruhe (s. 1977) - Calmbacher Str. 26, 7542 Schömberg (T. 07084 - 79 99) - Geb. 23. Febr. 1921 Volpersdorf/Glatz, kath., verh. s. 1954 m. Ingeborg, geb. Kleinpeter, 2 Söhne (Hubert, Thomas) - Dipl.-Gewerbelehrer, Berufspäd. Hochsch./Univ. Stuttgart, Ex. 1953; 1959-61 Hochsch. f. Int. Päd. Forsch. Frankfurt - 1953-65 Lehrer Gewerbesch. Schorndorf; 1966 Prof. Berufspäd. Hochsch. Stuttgart, Leit. Inst. f. Lehrinhalte- u. Lehrmittelforsch. - BV: Beruf. Bildung in Stufen. Modellstudie z. Neuordnung d. Berufssch. in Baden-Württ., dargest. am Raum Schwarzwald-Baar-Heuberg, 1968; Materialien z. Schulentw.plan II f. d. berufl. Schulwesen, Struktur- u. Planungsdaten, 1972; Dualsystem od. berufl. Vollzeitsch. als alternative Angebote unt. regionalem Aspekt. Système alterné ou école professionnelle et leur complément. dans l'offre de formation sur le plan régional, 1984; Jugendliche im Wartestand, 1987; Berufsbildungsstufen im mittl. Bereich, 1989 - 1986 BVK; Nebeniusmed.; 1988 Hon.-Prof. Management Cadres Inst. Dalian, VR China - Lit.: Festschr. z. 65. Geb.: Herausg. Erich Reichert u.a.: Berufl. Bildung im Zusammenwirken v. Schule u. Betrieb (1986).

ROTHE, Hans

Dr., o. Prof. Univ. Bonn (s. 1966) -

Giersbergstr. 29, 5300 Bonn 3 - Geb. 5. Mai 1928 Berlin - Stud. Univ. Kiel, Marburg, London; Promot. 1954 Kiel; Habil. 1963 Marburg - Intern. Slavistenkomit. (Vertr. d. Bundesrep. Deutschl.); Vizepräs. Assoc. intern. pour l'études des cultures slaves - BV: Karamzins Europ. Reise, 1967; D. Altruss. Kondakar, 4 Bde., 1978-81; Religion u. Kultur in Russ. Reich, 1984 - 1980 o. Mitgl. Rhein.-Westf. Akad. d. Wiss.; 1987 Präs. Modern Humanities Res. Assoc.

ROTHE, Hans-Werner

Dr. rer. oec., Dipl.-Kfm., Privatgelehrter - Kasseler Str. 53, 6368 Bad Vilbel (T. 8 41 95) - Geb. 25. April 1906 Erfurt (Vater: Emanuel R., Fabrikant; Mutter: geb. Höfinghoff), ev., verh. s. 1945 m. Irmgard, geb. Danzer, 4 Kd. (Barbara, Heike, Hansi, Jörg) - Gymn. Erfurt; Banklehre ebd.; HH Leipzig (Dipl.-Kfm. 1928) u. WH Mannheim (Promot. 1933) - 1933 Assist. WH Mannheim. 1934-45 Prok. Stahlbaufabrik u. Mitinh. Eisenhandl., 1947-51 Assist. Univ. Halle (Geol.-Paläontol. Inst.), s. 1956 Inh. wiss. Inst. f. betriebl. Altersversorg. - BV: Bilanzkrit. Studien auf d. Gebiet d. Stahlbaufabriken, insb. als Beitrag z. Problem d. Betriebsvergleichs, 1934; August Possecker u. s. Ceratiten, 1937; Goethes Erfurter Weinlieferant u. v. Erfurter Weinbau, 1949; Üb. d. Sammeln v. Ceratiten im Thüringer Becken, 1954; D. Ceratiten u. d. Ceratitenzonen d. Oberen Muschelkalks (Trias) im Thüringer Becken u. Helmut Tenners erste Buchauktion i. Heidelberg, 1955; Betriebl. Altersvorsorgung, 1956; Ammonoiden aus d. Unteren Muschelkalk Thüringens, 1959; Burgen u. Schlösser in Thüringen - Nach alten Stichen, 1960; V. d. Schlössern Stedten, Groß- u. Kleinfahner b. Erfurt, 1961; Bacchus als Freund d. Olympiers Goethe, 1962; D. drei ehem. v. Witzlebenschen Schlösser b. Arnstadt, 1962; D. Allerburg u. ihre Besitzer, d. Herren v. Minnigerode, 1963; D. Eckartsburg u. Schloß Marienthal b. Eckartsberge, 1963; Romane u. Jugendschr. üb. Erfurt, 1964; Schloß Allstedt u. d. Großherzogl. Gestüt, 1965; Erfurter Papiernotgeld, 1966; Fünf Thüringer Liederkomp. aus d. ersten Hälfte d. 19. Jh., 1966; D. thüring. Schlösser Georgenthal u. Günthersleben, 1967; Musikpflege in Erfurt, 1967; Stadtkernforsch. in Erfurt, u. D. Martinsfest d. Erfurter in Bechtheim, 1968; Kl. Verstein.skunde, 5. A. 1976; L. Fossiles, 1969; Goethes Begegnung m. Napoleon, u. Thüringen, Bibliographie, 1970; D. Erfurter Literat Ignaz Caje- tan Arnold (1774 b. 1812) u. s. Schr., 1970; D. Glocke ‚Gloriosa' im Erfurer Dom 475 J alt, 1972; 100 J. Saalebahn v. Großheringen b. Saalfeld, 1975; Z. 450. Todestag v. Dr. Henning Göde u. z. 100. Todest. d. Thüringer Dichters Karl Philipp Heinrich Welker, 1971; Vorgeschichtl. Funde i. d. Geibelstr. in Erfurt, 1975; 50 Jahre Arbeitsgemeinschaft Pfälz.-Rhein. Familienkunde, 1975; Drei neue Thüringer Bibliographien, 1977; D. Erfurter Kartäuserkloster u. seine Bibliothek, 1978; Warum nicht auch Goethe als Sammelobjekt u. die Industrie Thüringens?, 1978. Herbert Meininger z. 45j. Arbeitsjubil., 1975. Herausg.: Beiträge z. Geol. v. Thüringen (1947) u. Hall. Jahrb. f. mitteld. Erdgesch. (1949) - Urkunde AWMM Arbeitsgem. f. Werbung, Markt- u. Meinungsforsch. 1977 als Auszeichn. s. Forschungen a. d. Gebiet d. Geologie u. Landeskunde Thüringens.

ROTHE, Mechthild

Mitglied d. Europa-Parlaments (s. 1984) - Wohnh. in Bad Lippspringe; zu erreichen üb. Europ. Parlam., Europazentrum, Kirchberg, Postf. 16 01, Luxemburg (T. 00352 - 4 30 01) - SPD.

ROTHE, Oleg

Dr. rer. pol., Dipl.-Kfm., Vorstandsmitglied Roh- tex A.G. f. Textilrohstoffe, Stuttgart-Untertürkheim - Oberneulander Landstr. 150, 2800 Bremen-Oberneuland - Geb. 13. Mai 1927.

ROTHE, Wolfgang

Dr. phil., Verleger, Schriftst. - Werderpl. 17, 6900 Heidelberg (T. 40 17 13) - Geb. 26. April 1929 Berlin, verh. s. 1956 m. d. Kunsthändl. Maria R., 3 Kd. (Stefan, Martin, Flora) - Univ. Marburg, Freiburg, Heidelberg (German., Phil., Soziol.). Promot. 1954 - 1954-66 eig. Verlag. 1968/69 Gastdoz. Univ. of Alberta, Edmonton (Kanada), 1975 Univ. Bielefeld, 1980/81 Univ. Hamburg, 1981/82 Univ. Mainz; Habil. 1979 - BV: James Joyce, 1957; D. Roboter u. d. andere, 1958; Schriftst. u. totalitäre Welt, 1966; D. Expressionismus, 1977; Tänzer u. Täter, 1979; Kafka i. d. Kunst, 1979; Ernst Toller, 1983; Deutsche Revolutionsdramatik s. Goethe, 1989. Herausg.: Hermann Broch - Massenpsych. (1959), Expressionismus als Lit. (1969), D. Aktivismus 1915-20 (1969), Dt. Theater d. Naturalismus (1972), Tukan-Presse (1972-75), Einakter d. Naturalismus (1973), Dt. Großstadtlyrik v. Naturalismus b. z. Gegenw. (1973) - Dt. Literatur in d. Weimarer Republik (1974), ZET, D. Zeichenheft f. Literatur u. Graphik (1973-75), Schnittlinien (f. HAP Grieshaber, 1979); ZET Zeichenb. f. Lit. u. Graphik (1985-87) - 1972 Mitgl. PEN-Zentrum BRD; 1984 o. Mitg. d. Freien Akad. d. Künste Mannheim.

ROTHEMUND, Helmut

Dr. jur., Rechtsanwalt, Landrat a.D., Landtagsvizepräs. - Sollenberg 51, 8551 Post Gräfenberg - Geb. 31. März 1929 Rehau, ev., 2 Kd. - Oberrealsch., 1949-52 Stud. Rechtswiss. Univ. Erlangen, Rechtsrefer. u. wissenschaftl. Mitarb. Forschungsinst. f. Genoss.-Wesen Univ. Erlangen, Promot. 1954 Erlangen, 2. Jur. Staatsex. 1956 - Gerichtsass., Staatsanwalt Bayer. Staatsmin., 1958-70 Landrat Rehau, 1970 Oberstaatsanwalt. S. 1962 MdL Bay. (1964-70 stv. Fraktionsvors., 1970-74 I., 1974-76 II. Vizepräs.). SPD (1965ff. stv. Landesvors., 1976-86 Landesvors. Bayern, 1976-86 Vors. Landtagsfrakt., s. 1986 II. Vizepräs.) Bezirksvors. BRK Bez.-Verb. Ofr. u. Mfr., Landesvorst.-Mitgl. BRK - 1978 Gr. BVK, 1983 Stern dazu; 1984 Bayer. Verfassungsmed. in Gold.

ROTHENBERG, Leonhard

Dipl.-Volksw., Geschäftsführer Heimstätte Rheinland-Pfalz GmbH./Organ d. staatl. Wohnungspolitik, Mainz; Geschäftsf. MOSELLAND Gemeinn. Siedl.- u. Wohn.-Ges. mbH, Koblenz - Lion-Feuchtwanger-Str. 1, 6500 Mainz - Geb. 31. Jan. 1930 - Stv. AR-Vors. GESIWO Gemeinn. Siedl.- u. Wohn.-Ges. mbH Neustadt a.d. Weinstr.

ROTHENBERGER, Anneliese

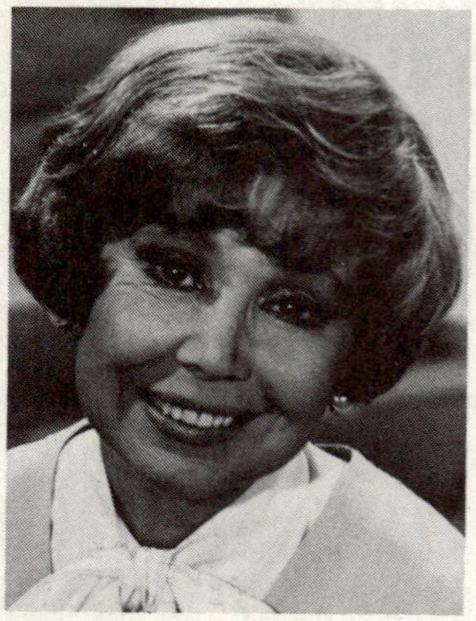

Kammersängerin - CH-8268 Salenstein/ Untersee (Schweiz) - Geb. 19. Juni 1926 Salenstein (Vater: Josef R., Kaufm.; Mutter: Sophie, geb. Häffner), kath., verh. s. 1954 m. Gerd W. Dieberitz (Journalist, Lyriker) - Real- u. Musikhochsch. Mannheim - S. 1948 Staatsoper Hamburg, München, Wien. Gast u. a. Scala Milano u. Metropolitan Opera New York. Glyndebourne Festival, Salzbg. u. Münchner Festsp. Partien: u. a. Gilda, Mimi, Musette, Despina, Susanna, Martha, Helena, Norina, Agnes, Pamina, Sophie, Zdenka, Konstanze, Mme. Bovary, Violetta, Lulu. Gr. Liederabendtourneen durch Europa, Rußland, Japan u. USA. Film: D. Fledermaus (1955); versch. Fernsehf. - BV: Melodie m. Lebens, Autobiogr. 1972 - 1963 Bayer., 1967 Österr. Kammers.; 1969 Intern. Edison-Preis (f. d. Schallplattenaufn.: Martha); 1966 BVK I. Kl., 1974 Gold. Bambi; 1976 Gr. BVK; 1977 Gold. Kamera Hör zu; div. Schallpl.preise - Liebh.: Bücher, Autofahren, Modellieren, Malen - Spr.: Engl., Franz. - Lit.: Wolf-Eberhard v. Lewinski, A. R., 1968.

ROTHENBILLER, Franz J.

Oberbürgermeister Rastatt (s. 1975) - Kaiserstr. 91, 7750 Rastatt - Geb. 12. Febr. 1933 Sinsheim/Elsenz, kath. - Verw.- u. Wirtsch.akad. Freiburg; Staatsex. f. d. Verwaltungsdst. - 1958-71 Stadt Bad Dürrheim u. Prok. d. Gemeindl. Wirtsch.untern.; 1971-75 1. Bürgerm. Rastatt - CDU - 1979 Mitgl. Deutschherrenbd.; 1983 Ehrenbürger New Britain, USA; 1983 Ehrenprof. d. Staatsuniv. v. Connecticut, USA; 1988 Nationalorden d. Franz. Rep.

ROTHER, Ewald

Dr. phil., Prof., Dozent f. Pädagogik Päd. Hochschule Heidelberg - Gartenstr. 45, 6909 Rettigheim/Bergstr. (T. 07253 - 48 59).

ROTHER, Klaus

Dr. med., Prof. f. Immunologie u. Serologie - Neuer Weg 41, 6900 Heidelberg 1 (Ziegelhausen) (T. 06221 - 80 00 46) - Geb. 1. März 1926 Wittstock/Dosse (Vater: Oswald R., Buchhändler; Mutter: Hedwig, geb. Rendel), ev., verh. s. 1954 m. Prof. Dr. Ursula, geb. Eschenauer - Univ. Mainz u. Freiburg (Med. Staatsex.). Promot. u. Habil. Freiburg - S. 1960 Lehrtätigk. Univ. Freiburg (1968 apl. Prof. f. Inn. Med.) u. Heidelberg. Gast- u. Adj. Assoc.prof. USA (1962-67). 1973ff. Sprecher, Sonderforsch.-Bereich Krebsforschung Heidelberg; 1976-82 Präs. Ges. f. Immunologie; 1980-82 Prorektor Univ. Heidelberg. Spez. Arbeitsgeb.: Immunreaktionen, Nierenkrankh. - BV: Experimentelle Nierenkrankh. in Handb. d. Exp. Pharmakol. XVI, 1965 (hrsg. v. O. Eichler); Immunsuppression b. Nierenerkr., 1974 (m. a.); Immunol. d. Nephritiden in Losse/ Renner: Nierenkrankh., 1982; Niere in Vorländer: Praxis d. Immunol., 1982; Pathogenese u. Immunbiol. in Sarre: Nierenkrankheiten, 1988. Zahlr. Hand- u. Fachb.beitr. Herausg.: The Complement System (m. Till, 1988); Plasmatherapie (1985); Complement deficiencies in animals and man (1986). Mithrsg.: Akutes Nierenversagen (1962), Mitgl. Dt. u. US-Ges. f. Immunol., Ges. f. inn. Med. u.a. New York Acad. of Sciences - Liebh.: Motorflug - Spr.: Engl.

ROTHER, Siegfried

Dr. phil., Prof. f. Deutsch PH Weingarten - Haldenweg 6, 7980 Ravensburg (T. 0751-2 59 73) - Ehrenamtl. Leit. VHS Weingarten.

ROTHER, Thomas

Schriftsteller, Bildhauer u. Redakteur - Schäferstr. 36, 4300 Essen 1 (T. 0201 - 23 25 71) - Geb. 6. Mai 1937 Frankfurt/ O. (Vater: Fritz R., Buchhändler; Mutter: Gertrud, geb. Schmelz), kath., verh. s. 1964 m. Christa, geb. Sommer, 2 Kd. (Angelika, Stefan) - Gymn. (Abit.); Maurerlehre (Gesellenprüf.); German. u. Publiz.-Stud. - Redakt. WAZ Essen (spez. Arbeitsgeb.: Reportage); Schriftst. (Ged., Lieder, Erz. u. Roman) - BV: Arschleder zwickt, Bergarbeiterlieder, 1968; Teufelszacken, Ged. 1972; Schrauben haben Rechtsgewinde (Hrsg.), Leseb. 1972; Wenn d. Krummstab blüht, Märchen 1976; Pong, Kinderstück (zus. m. Rainer Goernemann), 1976; D. plötzliche Verstummen d. Wilhelm W., R. 1981; Essen - E. Großstadt im Jahr d. Unheils, Dok. 1983; Toffte Kumpel (Hrsg.), 1983; Alles paletti (Hrsg.), 1985; Ohne Glied geboren, Erz. 1985; Zauberworte, Märchen 1988; Texte in Anthol. u. als Lieder auf Schallpl. - Bild. Kunst: Klangobjekte aus Holz, Fell u. Steinen, Ausst. im In- u. Ausl. u.a. Düsseld., Kiel, Essen, Tokio, Seoul, Paris, Berlin. Gastprof. Univ. Essen, 1984/85 artist in residence - 1981 Luise-Rinser-Preis (f. d. R.).

ROTHER, Werner

Dr. jur., Prof. f. Bürgerl. Recht u. Arbeitsrecht - Stuberstr. 25, 8000 München 19 (T. 17 19 93) - Geb. 26. März 1916 Dresden - S. 1964 (Habil.) Lehrtätigk. Univ. München (1968 apl. Prof.; 1971 Abt.vorsteher u. Prof.). Fachvеröff.

ROTHERMUND, Dietmar

Ph.D., Prof. f. Geschichte Südasiens Univ. Heidelberg - Oberer Burggarten 2, 6915 Dossenheim (T. 06221 - 86 07 99) - Geb. 20. Jan. 1933 Kassel (Vater: Theodor R., Gießereiing.; Mutter: Charlotte, geb. Gandow), ev., verh. s. 1977 in 2. Ehe m. Chitra, geb. Apte, 3 Kd. (Nandita, Arnim, Lalita) - 1953-59 Stud. Gesch. u. Phil. Univ. Marburg, München, Philadelphia (Ph.D. 1959 Univ. Pennsylvania, Habil. 1967 Univ. Heidelberg) - 1968ff. Prof. f. Gesch. Südasiens am Südasieninst. Univ. Heidelberg. 1976-77 Dekan Phil.-Hist. Fak.; Fellow of the Royal Historical Soc., London - BV: D. polit. Willensbild. in Indien 1900-1960, 1965; Government, Landlord a. Peasant in India, 1978; 5mal Indien (Panoramen d. Welt), 1979; Gesch. Indiens, (m. H. Kulke) 1982; Indiens wirtschaftl. Entwickl., 1985; An Econ. Hist. of India, 1988; Mahatma Gandhi, 1989. Herausg.: D. Peripherie in d. Weltwirtschaftskrise - Afrika, Asien u. Lateinamerika/1929-39 (1983).

ROTHERT, Hans-Joachim

Dr. theol., o. Prof. f. Systemat. Theologie Univ. Bonn (s. 1965; 1972/73 Rektor) - Sedanstr. 14, 5300 Bonn-Bad Godesberg (T. 6 91 16) - Geb. 18. April 1925 Münster/W., ev. - Habil. 1960 - BV: Gewißheit u. Vergewisserung als theol. Problem, 1963.

ROTHERT, Heinrich

Dr.-Ing., Prof. f. Statik Univ. Hannover - Inst. f. Statik, 3000 Hannover 1 (T. 0511 - 762-25 10) - Geb. 5. Dez. 1938 Pr. Eylau, verh. s. 1969 m. Dr. Barbara, geb. Hornof - Dipl.-Ing. 1965, Promot. 1970, Habil. 1973 - S. 1973 Prof. (C4) Univ. d. Bundeswehr Hamburg (1973-74 Dekan u. Vize-Präs.); 1976 Ruf TH Darmstadt (abgel.), 1980 Univ. Hannover, 1986 TU München (abgel.). Rd. 70 Veröff. u. a. in ZAMM, Ing.-Archiv, Stahlbau, Ingenieur-Archiv, Bauingenieur, US-Fachztschr. - Mitgl. GAMM, IASS, BWG, Prüfingenieurvereinig., Fak.tag, Tire Science and Technologie.

ROTHFOS, Cuno

Kaufmann, Geschäftsf. arko GmbH, Vors. Dt. Kaffee-Verb., Hamburg - Dr. Hermann-Lindrath-Str. 28, 2362 Wahlstedt; priv.: Sandtorkai 4, 2000 Hamburg 11 - Geb. 7. Juli 1924.

ROTHFUSS (ß), Herbert

Direktor - Überseering 45, 2000 Hamburg 60 (T. 63 76-1) - 1970 stv., dann o. Vorst.-Mitgl. Hamburg-Mannheimer Versicherungs-AG.

ROTHHOLZ, Petra

Dr., Hauptgeschäftsführerin Gesamtverb. d. Einzelhandels Berlin - Kurfürstendamm 32, 1000 Berlin 15 (T. 030 - 881 77 38) - Geb. 5. Jan. 1950.

ROTHKIRCH, Graf von, Leopold

Agrar-Marketing u. PR Berater - Niederländisches Büro, Markt 45-47, 5100 Aachen (s. 1987) - Am Stadtwald 103, 5300 Bonn-Bad Godesberg (T. 0228 - 31 47 46) - Geb. 27. Dez. 1923 Kassel (Vater: Edwin Grf. R. General d. Kav. a. D. † 1980; Mutter: Albertine, geb.

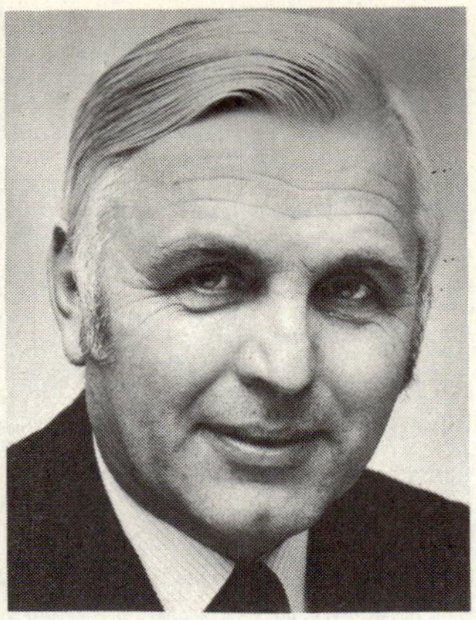

Gräfin v. Schaumburg), ev., verh. s. 1977 m. Regierungsdirektorin Dr. Ute, geb. Spieker, 2 Kd. (Leonhard u. Tini) - B. 1945 Offz. (gegenw. Oberst d. R.), dann Land- u. Forstwirt, Bundesvors. d. Maschinenringe (1964-1971), Vorst.-Vors. Molkerei Borken (1963-78), AR-Vors. Raiffeisenbank Borken (s. 1955), Berater Massey-Ferguson (1963-70), Gf. Centrale Marketing Ges. d. Dt. Agrarwirtschaft GmbH (1970-76), PR-Berater, Leiter Öffentlichkeitsarbeit Klöckner-Humboldt-Deutz AG, Köln (1976-86) - Liebh.: Reitsport, Skilaufen, Jagd.

ROTHLEY, Willi

Rechtsanwalt, MdEP (s. 1984) - Im Gothental 31, 6760 Rockenhausen - Geb. 15. Dez. 1943.

ROTHMAIER, Kurt

Dr., Geschäftsführer Schumann GmbH, Heilbronn - Dinkelsbühler Str. 5, 7100 Heilbronn - Geb. 27. April 1924.

ROTHMEYER-KAMNITZ, Helmut B.

Wirtschaftsprüfer, Steuerberater u. Historiker - Pilotystr. 20, 8500 Nürnberg 10 (T. 0911 - 35 22 62) - Geb. 28. Sept. 1911 Böhm. Kamnitz, Nordböhmen (Vater: Joseph R., Steuerdir., Finanzamtsvorst.), kath. verh. s. 1975 m. Edeltraud E., geb. Heinlein-Autenhausen - Handelsakad. Prag, Unilever Aussig 1939 - 1951 öfftl. best. Steuerberater, 1952 öfftl. best. Wirtschaftsprüfer München - Unabh. Historiker f. Wirtsch.- u. Militärgesch. (ab 1830). Autor: KTB AOK 7 (Normandieschlacht 1944); Böhmen als Brennpunkt d. Nationalitäten sow. Machtkonflikte u. Weltkrieg II (2 Bde., 1985) - Bek. Vorf.: Franz Preidl Edler v. Hassenbrunn (Urgroßonkel) Großindustrieller, Domänenbes.

ROTHSTEIN, Jürgen Karl

Rechtsanwalt u. selbst. Unternehmer BAVARIA Brandschutz GmbH & Co. KG Nürnberg (s. 1986) - Zolltafel 22, 8562 Hersbruck - Geb. 20. Sept. 1931 Bergneustadt (Vater: Friedrich R., Kaufm.; Mutter: Magdalene, geb. Bertrams), ev., verh. s. 1960 m. Hilde, geb. Schwamborn, 2 Kd. (Claudia, Rainer) - Stud. d. Rechtswiss. u. Betriebswirtsch. - 1965-86 FAUN AG, 1969-86 Vors. d. Geschäftsf. bzw. d. Vorst.

ROTHSTEIN, Wolfgang

Dr. phil., o. Prof. f. Höh. Mathematik (Lehrstuhl B) - Ferdinand-Wallbrecht-Str. 15, 3000 Hannover (T. 62 53 25) - Geb. 11. Okt. 1910 Minden/W. - Univ. Münster. Promot. 1935 Münster; Habil. 1947 Würzburg - S. 1947 Lehrtätigk. Univ. Würzburg, Marburg (1950; 1955 apl. Prof.), Münster (1959 Wiss. Rat u. Prof.), TH bzw. TU Hannover (1965 Ord. u. Dir. Math. Inst. B). 1960-61 Visiting Prof. Univ. of California at Berkeley, Calif. (USA); 1962/63 Full Prof. Purdue Univ. Lafayette/Ind. (USA). Div. Fachveröff.

ROTT, Hans-Dieter

Dr. med., Prof., apl. Prof., Inst. f. Humangenetik Univ. Erlangen - Anderlohrstr. 38a, 8520 Erlangen (T. 09131 - 5 19 65) - Geb. 10. Dez. 1940 Duisburg, kath., verh. m. Karin, geb. Dick, 2 Söhne (Stephan, Olaf) - Abit. 1960 Münster; Stud. Humanmed. 1960-65 Univ. Münster u. Freiburg; Promot. 1966 Münster, Haibl. (Humangenetik) 1973 Erlangen. 1979 apl. Prof. Erlangen; 1981 Fachbez. Arzt f. Med. Genetik - S. 1979 Mitgl. Europ. Committee f. Ultrasonic Radiation Safety, s. 1983 d. Kommiss. Nicht ionisierende Strahlen d. Bundesgesundheitsamtes (BGA); s. 1985 Mitarb. Dt. Elektrotechn. Kommiss. (DKE) im DIN u. VDE; s. 1985 Mitarb. u. Dt. Vertreter in d. Intern. Electrotechnical Commiss. (IEC); s. 1988 Aussch.-Mitgl. Nicht ionisierende Strahlen d. Strahlenschutzkommiss. (SSK) d. Bundesmin. f. Umwelt, Naturschutz u. Reaktorsicherheit (BMU); Wiss. Beiratsmitgl. d. Ztschr. Ultraschall in d. Med. u. Ultraschall in Klinik u. Praxis - Üb. 120 wiss. Publ. in nationalen u. intern. Fachztschr. - 1983 Purkinje-Med. Univ. Brünn, CSSR - Liebh.: Ballonfahren - Spr.: Engl., Franz.

ROTT, Rudolf

Dr. med. vet., Dr. med. vet. h.c., Prof. f. Virologie - Richard-Wagner-Str. 1, 6300 Gießen (T. 0641 - 2 3640) - Geb. 23. Mai 1926 Stuttgart (Vater: Reinhold R., Reg.Baurat; Mutter: Gertrud, geb. Mayer), verh. s. 1956 m. Renate, geb. Kröll, T. Sabine - S. 1963 (Habil.) Lehrtätigk. Univ. Gießen (1964 Ord. u. Inst.sdir., 1968 Sprecher Sonderforschungsbereich 47). Üb. 200 Fachveröff. - 1966 Mitgl. New York Acad. of Sciences, Royal Soc. of Med., Dt. Akad. Naturforsch. Leopoldina - 1979 Aronson-Pr., 1982 Warburg-Med.

ROTTENBURG, von, Fritz

Botschaftsrat I. Kl., Leit. d. Wirtschaftsdienstes Botschaft der Bundesrep. Deutschl. in Brasilien - Avenida das Naçoes, lote 25, 70359 Brasilia-DF.

ROTTER, Erich

Freier Journalist, Herausg. Nahost-Informationen, Mitgl. Beratende Redakt. d. TRIBÜNE (Ztschr. z. Verständnis d. Judentums) - Aggerstr. 28, 5000 Köln 40 - Geb. 7. März 1912 Guben (Vater: Richard R., Textilkfm.; Mutter: Emma, geb. Richter), verh. s. 1950 m. Helma, geb. Eichholz, S. Werner - Gymn.; Zeitungswiss. Inst. Berlin, Ullstein-Verlag ebd. (Volontariat) - 1950-77 Leitender Redakt. WDR Köln; 1977-81 Geschäftsf. Dt.-Israel. Ges. Bonn - BV: Bürger auf Zeit, 1966. Publ.: 100 J. Rotes Kreuz (1959) u. 10 J. Malteser Hilfsdst. (1963) - Ital. Ehrungen (1974 Commendatore, 1979 Grande Ufficiale dell'Ordine della Solidarieta); 1980 Israel State Med. - Spr.: Ital., Engl.

ROTTER, Franz

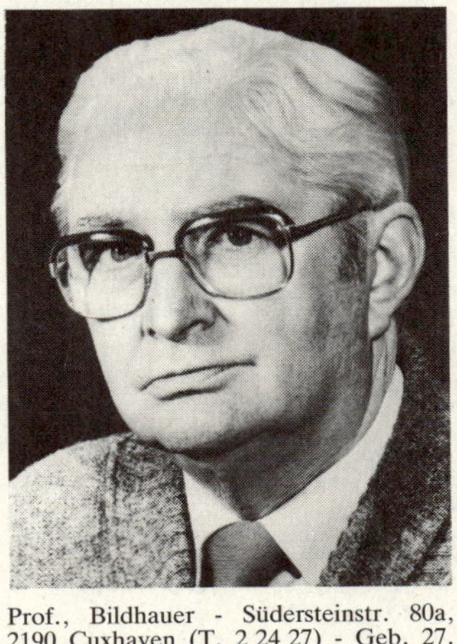

Prof., Bildhauer - Südersteinstr. 80a, 2190 Cuxhaven (T. 2 24 27) - Geb. 27. Okt. 1910 Komorn/Ung. (Vater: Franz R., K. u. k. Oberstlt.), kath., verh. in 2. Ehe (1948) m. Hertha, geb. Beck, S. Matthias - Realsch.; Kunstgewerbesch. Prag (12 Sem.) - S. 1934 freischaffend (1948 Cuxhaven); 1939-45 Assist. u. Prof. Kunstgewerbesch. Prag; 1945-48 Internierung CSR. Mitgl. bzw. Ehrenmitgl. Berufsverb. bild. Künstler, Hannover, u. Künstlergilde Eßlingen. Arbeiten Prag (Moderne u. Städt. Galerie, Kunstgewerbemuseum u. öfftl. Gebäude), Hannover (Landtag, Kultus- u. Vertriebenenmin.), Cuxhaven, Bonn (Bundesvertriebenen- u. Innenmin.), Regensburg (Ostd. Galerie) u. a. Zahlr. Ausstell., dar. Südamerika. Portraitbüsten v. H. Chr. Seebohm, Bd.Min., Bayer. Min.-Präs. Goppel, Lale Andersen, Beethoven-Denkmal in Madrid - 1959 Sudetend. Kulturpreis; Senator Halkyon. Akad.; 1980 Plak. Pro Arte Künstlergilde Esslingen; 1984 Adalbert-Stifter-Med., Weltkulturpreis; 1985 Schloßmed. d. Stadt Cuxhaven - Liebh.: Musik, Theater.

ROTTER, Gernot

Dr. phil., Prof. Univ. Hamburg (beurl.), MdL Rhld.-Pfalz (Grüne, s. 1987) - Auf der Heide 12, 5431 Horbach (T. 06439 - 61 64) - Geb. 14. Mai 1941, kath., verh. m. Sigrid, geb. Heintz, 2 S. (Harald, Moritz) - Stud. Univ. Würzburg, Bonn u. Köln (Islamwiss., Afrikanistik, Vergl. Religionswiss., Völkerkd.); Promot. 1967 Bonn; Habil. (Islamkd.) 1977 Tübingen - 1968-69 wiss. Ref. Orient-Inst. Beirut/Libanon; 1969/80 wiss. Assist. bzw. Priv.-Doz. Univ. Tübingen; 1980-84 Dir. Orient-Inst. Beirut/Libanon; 1984 Prof. f. Gegenwartsbez. Orientwiss. Univ. Hamburg. S. 1984 Mitgl. Partei D. Grünen, versch. Akt. auf Kreis-, Landes- u. Bundesebene; Mitgl. Initiative Kulturwissenschaftler f. Frieden u. Abrüstung in Ost u. West - BV: D. Stellung d. Negers in d. islamisch-arabischen Ges. b. z. 15. Jh., 1967; Muslimische Inseln vor Ostafrika, 1976; D. Umayyaden u. d. Zweite Bürgerkrieg, 1982. Begründer u. Übers. d. ersten 6 Bde. d. Bibl. Arabischer Klassiker (s. 1976); zahlr. wiss. u. s. 1987 polit. Aufs. - Spr.: Engl., Franz., Ital., Arab., Pers., Swahili.

ROTTGARDT, K. H. Jürgen

Dr. phil., Physiker, Vorstandsmitgl. Standard Elektrik Lorenz AG., Stuttgart (1970-78, vorher stv.) - Friedrich-List-Str. 23, 7302 Ostfildern 2 (T. Stuttgart 34 26 97) - Geb. 24. Mai 1913 Berlin (Vater: Dr. Karl R., 1933-45 Vorstandsmitgl. Telefunken Ges. f. drahtlose Telegraphie mbH.; Mutter: Gertrud, geb. Buchholz), ev., verh. s. 1938 m. Dr. med. Esther, geb. Wiedermann, 2 Kd. - Arndt Gymn. Berlin; 1931-36 Univ. Tübingen u. Berlin (Physik; Promot.) - Ab 1952 Entwicklungsing. u. Leit. C. Lorenz AG., b. 1962 Techn. Dir. SEL-Bauelementewerk Nürnberg, dann Leit. SEL-Zentralentwickl. Vorstandsmitgl. Nachrichtentechn. Ges./VDE (1962-64), Dt. Physikal. Ges. (1963-65), European Industrial Research Management Assoc. (1971-75), AR-Mitgl. Laboratoire Central de Télécommunication. Paris (1967-78), Mitgl. Wiss. Beir. Heinrich Hertz Inst. Berlin (1974-78), Gründ. Fachtag. Techn. Zuverlässigkeit, Nürnberg (1961) - Erf.: Blauschriftröhre; 20 Patentanmeld. - BV: Fernsehbildröhren f. Schwarz-Weiß-Fernsehen, 1956. 40 techn. u. wiss. Veröff. - Spr.: Engl., Franz.

ROTTHOFF, Gottfried

Dr. med., Prof., Chefarzt Chirurg. Klinik Stadtkrankenhaus Kassel (s. 1966) - Mönchebergstr. 41-43, 3500 Kassel - Geb. 23. Sept. 1924 Düsseldorf (Vater: Gottfried R., Bauingenieur u. Architekt), kath. - Promot. 1949 Düsseldorf; Habil. 1958 ebd. - S. 1958 Doz. u. apl. Prof. (1964) FU Berlin (zul. Oberarzt u. Stellv. d. Dir. Chir. Univ.sklinik/Städt. Krkhs. Westend). Üb. 50 Veröff., bes. z. Thoraxchir. - Spr.: Engl.

ROTTLER, Alfred

Dr. med., Arzt f. Allgemein- u. Sportmed., Schriftsteller - Virchowstr. 7, 8500 Nürnberg 10 (T. 0911 - 51 12 12) - Geb. 25. Mai 1912 Nürnberg, ev., verh. - 1931 Abit.; Promot. 1938 Erlangen - Arzt f. Allg.- u. Sportmed.; Vizepräs. Bundesverb. dt. Schriftstellerärzte, Generalsekr. Union mondiale des écrivains médecins, 2. Vors. Regensburger Schriftstellergr. intern. (RSGI). Sportarzt Olymp. Spiele Rom, Tokio, Mexiko, München, Garmisch-Partenkirchen, Innsbruck, Grenoble - BV: Brautzug n. Kärnten; Charakter- u. Landschaften; D. Sternen verschwistert; Federn im Herbstwind; Windstille Sonnentage; Hochzeit d. Staufers; Lied d. Lyra; Ich, d. Tor; C'est la Vie. 3 Einakter u. viele Anthol. - 1982 Schauwecker-Medaille; Dr. h.c. Litterature, World Acad. of Arts and Culture, Caballero del Monasterio de Yuste - Spr.: Engl., Franz., Ital., Russ.

ROTTMANN, Joachim

Dr. jur., Rechtsanwalt, Bundesverfassungsrichter a.D. (II. Senat; b. 1983), Honorarprof. Univ. Giessen - Theodor-Heuss-Str. 2, 5300 Bonn-Bad Godesberg (T. 0228 - 35 20 31) - 1983 Gr. BVK m. Stern u. Schulterbd.

ROUENHOFF, Otto

Dr. med. dent., Zahnarzt, Dir. Bayer. Landeszahnärztekammer, u. Hauptgeschäftsf. Kassenärztl. Vereinig. Bayerns - Wolfratshauser Str. 191, 8000 München 71 - Geb. 17. Juli 1928 München, verh. s. 1962 - Ehrennadel dt. Zahnärzteschaft; Verdienstmed. Bundeszahnärztekammer; Ehrenz. d. Österr. Dentistenkammer; BVK am Bde.

ROUETTE, Karl-Heinz

Botschafter d. Bundesrep. Deutschl. in Madagaskar u. Mauritius - B.P. 516, Rue du Pasteur Rabeony Hanus, Antananarivo/Madagaskar - Geb. 24. Juli 1922 Aachen, verh. s. 1957 m. Waltraud, geb. Kuhrke, T. Nicola - Stud. Rechtswiss. München - Gr. Jurist. Staatsprüf. - S. 1952 im Ausw. Dienst, 1953 Vizekonsul Valparaiso, 1957 Buenos Aires, 1958 Konsul Recife, 1964-68 Botschafter Burundi (Afrika), 1974-78 Botschafter Liberia, 1978-82 Botschafter Trinidad u. Tobago u. Generalkonsul f. British Assoz. Staaten, Brit. Jungferninseln u. Montserrat m. Sitz in Port-of-Spain.

ROUVÉ, Gerhard

Dr.-Ing., Prof. u. Direktor Inst. f. Wasserbau u. -wirtsch. TH Aachen - Heide 12, B-4729 Hauset - Geb. 4. Dez. 1927 Kaiserslautern (Vater: Gustav R., Ing.; Mutter: Karoline, geb. Zutter), ev., verh. s. 1954 m. Hildegard, geb. Bochmann, 3 Kd. (Juliane, Michael, Andreas) - Oberrealsch. Kaiserslautern; Maurerlehre; Stud. Maschinenbau u. Bauing.-wesen - Mitgl. Americ. Soc. of Civil Eng., Intern. Assoc. for Hydraulic Res.; 1985 Ritter im Leopoldsorden; 1987 BVK I. Kl.

ROUVEL, Lothar

Dr.-Ing., Prof. f. Energietechnik u. -versorgung TU München - Säulingstr. 4, 8000 München 21 (T. 089 - 57 68 04) - Geb. 5. März 1940 Speyer (Vater: Wilhelm R., Orthopädie-Mechaniker-M.; Mutter: Elly, geb. Lafeld), ev., verh. s. 1964 m. Ingeborg, geb. Klär, 2 Kd. (Stefan, Andreas) - 1960-65 TU Karlsruhe (1965 Dipl.-Ing. Elektrotechnik, Starkstromtechnik), Promot. 1972 TU München, Habil. 1977 ebd. - 1966-69 wiss. Mitarb. Forschungsstelle f. Energiewirtsch. Karlsruhe; 1969-74 Wiss. Assist. München; 1974-78 Obering. f. Energiewirtsch. u. Kraftwerkstechnik; 1978-80 Wiss. Rat; s. 1980 Prof. f. Energietechnik u. -versorg. TU München - BV: Üb. 60 wiss. Veröff.; Buch: Raumkonditionier., Wege z. energetisch optimierten Gebäude, 1978 - Spr.: Engl., Franz.

ROVA, Pan

s. Riedt, Heinz

ROVIRA, German

Dr. phil., Katholischer Priester - Goethestr. 51, 4300 Essen 1 (T. 0201 - 78 63 33) - Geb. 25. April 1931 Lérida/

Spanien, led. - Militärakad.; Stud. Univ. Zaragoza, Barcelona u. Madrid sow. Univ. Lateran in Rom; Promot. 1957 (Phil.) - 1958 Licenciado en Filosofia y Letras Univ. Madrid; 1959-61 Doz. phil. Fak. Univ. Graz; 1. Vors. Intern. Mariolog. Arbeitskr.; 1987 Generalsekr. 10. Mariolog. u. 17. Marianischer Kongreß; Mitgl. Intern. päpstl. marianische Akad., Span. Ges. f. Mariologie, poln. Ges. f. Josef-Studien - BV: D. Persönlichkeitsrecht auf Arbeit, 1978; D. Erhebung d. Menschen zu Gott, 1979. Herausg. d. Reihe Schriften d. Intern. Mariologischen Arbeitskr. (üb. 12 Titel) - Spr.: Dt., Franz., Ital., Span.

ROWEDDER, Heinz

Prof., Rechtsanwalt - Philosophenweg 13, 6900 Heidelberg (T. 06221 - 4 34 22) - Geb. 26. Juli 1919 Hamburg (Vater: Peter R., Drucker; Mutter: Alwine, geb. Gertz), ev., verh. s. 1945 m. Ellen, geb. Brüner, 3 Kd. (Angelika, Christian, Michael) - Univ.stud.; Kaiser-Wilhelm-Inst. f. ausl. öfftl. Völkerrecht - AR- u. Beiratsmand.; div. Ehrenämter in Standesorg.; Präs. Union Intern. des Advocats; stv. Vors. Kurat. Max-Planck-Inst. f. ausl. öffentl. Recht u. Völkerrecht - BV: D. Aktiengesellschaft u. i. Satzung; Komm. z. GmbH-Gesetz. Fachveröff. - 1981 Gr. BVK; Gr. Silb. Ehrenz. Rep. Österr. - Liebh.: Gesch., alte u. neue Malerei, insb. Handzeichnungen, alte Bücher - Spr.: Engl., Franz., Ital. - Rotarier.

ROXIN, Claus

Dr. jur., Dr. h.c., Dr. h.c., o. Prof. f. Straf-, -prozeßrecht u. Allg. Rechtstheorie - Bindingstr. 5, 8035 Stockdorf/Obb., (T. München 857 36 68) - Geb. 15. Mai 1931 Hamburg (Vater: Hans R., Bankprokurist; Mutter: Charlotte, geb. Nagel), ev., verh. s. 1961 m. Imme, geb. Wübker, 3 Kd. (Ilka, Jan, Anja) - 1950-54 Univ. Hamburg (Rechtswiss.). Staatsprüf. 1954 u. 59; Promot. 1956, Habil. 1962 - 1962 Privatdoz. Univ. Hamburg; 1963 Ord. Univ. Göttingen (Dekan 1967-68), 1971 Univ. München (Vorst. Inst. f. d. ges. Strafr.wiss., Dek. 1973/74) - BV: Offene Tatbestände u. Rechtspflichtmerkmale, 1959, 2. A. 1970 (span. 1979); Kriminalpolitik u. Strafrechtssystem, 2. A. 1973 (span., japan. 1972, engl. 1973, korean. 1984, ital. 1986); Strafrechtl. Grundlagenprobleme, 1973 (span. 1976, portug. 1986); Täterschaft u. Tatherrschaft, 5. A. 1989; Schuld u. Prävention im Strafrecht (span. 1981; japan. 1984); Einführung in d. Strafrecht (japan. 1976, korean. 1983, span. 1987); D. objektive Zurechnung im Strafrecht (griech. 1985); Strafprozeßrecht, 12. A. 1988; Strafverfahrensrecht, 21. A. 1989. Mitverf.: Alternativ-Entwurf e. Strafgesetzb. (bish. 12 Bde. 1966-87); Alternativ-Entwurf, Nov. z. Strafprozeßordn., 1980; Reform d. Hauptverhandlung, 1985; Gesetz üb. Sterbehilfe, 1986; Einführ. in d. neue Strafrecht (2. A. 1975); Leipziger Kommentar z. Strafgesetzbuch, 10. A. 1978ff. Herausg.: Jahrb. Karl-May-Ges. (s. 1970 19 Bde.) - 1984 jurist. Ehrendoktor, L.L. Hanyang Univ. Korea; 1989 Ehrendoktor d. Univ. Urbino, Ital. - Liebh.: Vors. d. Karl-May-Ges. s. 1971.

ROY, Sarbesh Chandra

Dr.-Ing., Prof. f. Elektrotechnik Univ. Bremen - Hohenkampsweg 5, 2800 Bremen 33 - Geb. 1. Juni 1934 in Indien (Vater: Subodh R.; Mutter: Ila Majumder), Hindu, verh. s. 1960 m. Renate, geb. Meyne, Sohn Michael - 1951-57 Indian Inst. of Technology, Benares; 1960-61 TU München; Promot. 1966 TU Hannover - 1961-68 Ind. (Laborleit.); 1968 Prof. GH Siegen, dann Univ. Bremen. 5 Patentanmeld.

RUBACH, Bernd

Generalsekretär Dt. Skiverband (s. 1986) - Zu erreichen üb. Dt. Skiverb., Hubertusstr. 1, 8033 Planegg (T. 089 - 85790-252).

RUBAN, Gerhard

Dr. rer. nat., Prof. f. Kristallographie FU Berlin - Reichensteiner Weg 15, 1000 Berlin 33 (T. 030 - 8 32 46 81) - Geb. 3. Juli 1926 Motzen - FU Berlin (Dipl.-Chemiker 1957, Promot. 1961, Habil. 1971 [Kristallographie]) - S. 1971 Prof.

RUBERG, Uwe

Dr. phil., Prof. f. ältere dt. Literatur - Dt. Institut d. Joh.-Gutenberg-Univ. Saarstr. 21, 6500 Mainz - Geb. 22. März 1936 Kiel (Vater: Max R., Prok.; Mutter: Marie, geb. Reese), verh. s. 1963, 2 Kd. - Gymn. Kiel; Univ. Kiel, Marburg, Lille (German., Roman., ev. Theol.), 1. Staatsex. 1963 Kiel, Promot. 1964, Habil. 1974 Münster - 1971/72 Gastprof. McGill Univ. Montreal, 1975-79 Wiss. Rat u. Prof. Univ. Münster, s. 1979 o. Prof. Univ. Mainz - BV: Raum u. Zeit im Prosa-Lancelot, 1965; Verbum et signum, 2 Bde., 1975; Beredtes Schweigen in lehrh. u. erzählender dt. Lit. d. MA, 1978; Text u. Bild, 1980; D. Ritteridee in d. dt. Lit. d. MA's, 1987.

RUBERG, Werner

Fabrikant, all. Gesellsch. u. Geschäftsf. Ruberg & Renner GmbH., Hagen - Hardenbergstr. 12, 5800 Hagen/W. - Geb. 12. Juli 1912 Hagen.

RUBIN, Berthold

Dr. phil., em. o. Prof. f. Byzantinistik - Hildburghauser Str. 109, 1000 Berlin 45 (T. 030 - 711 50 50) - Geb. 10. Juli 1911 Mannheim (Vater: Wilhelm R., Unternehmer; Mutter: Anna, geb. Zanger, Konzertsängerin), ev., verh. s. 1977 m. Jutta, geb. Hildebrand - Schadow-Sch. u. Univ. Berlin. Promot. (1938) u. Habil. (1941) Berlin - 1942 Doz. Univ. Berlin, 1943 pl. ao. Prof. Univ. Wien, 1952 Mitarb. Osteuropa-Inst. München (Redakt. Jahrb. f. d. Gesch. Ost-Europas), 1953 Lehrbeauftr., 1955 apl. Prof. Univ. Erlangen, 1957 ao., 1960 o. Prof. (Dir. Inst. f. Altertumskd.) Univ. Köln - BV: Theoderich u. Justinian, 2 Prinzipien d. Mittelmeerpolitik, 1953; Prokopios v. Kaisareia, 1954; D. Zeitalter Justinians, Bd. I 1960. Mitarb.: Propyläen-Weltgesch. (3 Beitr.), u. a. Veröff. (Vergl. Weltgesch., Zeitgesch.) - 1959 Mitgl. Dt. Archäol. Inst., 1962 Mitteldt. Kulturrat - Beherrscht klass., roman., slav. Spr. u. Arab. - Lit.: Gerd Schmalbrock, Allen Widerstand d. Widerstandslosen, 1973 (Rubin-Biogr.).

RUBININ, Lionel

s. Bohlien, Guenter

RUBNER, Heinrich

Dr. phil., Prof., Sozial- u. Wirtschaftshistoriker - Eichendorffstr. 29, 8400 Regensburg (T. 0941 - 9 25 55) - Geb. 2. Nov. 1925 Grafrath/Obb. (Vater: Prof. Dr. oec. publ. Dr. h. c. Konrad R., Forstwiss.ler †; Mutter: Anna, geb. Müller †), kath., verh. s. 1959 m. Marie-Luise, geb. Kurth, 4 Töcht. (Elisabeth, Jeanne, Annemarie, Marie-Louise) - Vitzthum-Gymn. Dresden; Univ. München (Gesch., Geogr., German.). Promot. 1955 München; Habil. 1962 Freiburg - S. 1962 Lehrtätigk. Freiburg u. Regensburg (1969 Prof.), s. 1979 Leit. Fgr. Forstgesch. d. IUFRO - BV: D. Hainbuche, 1960; D. Forstverfass. Frankreichs, 1965 (Habil.sschr.), Forstgesch. im Zeitalter d. industriellen Revolution, 1967; Adolph Wagner, Briefe u. Dokumente, 1978; Dt. Forstgesch. 1933-45, 1985 - 1985 Fellow Forest History Soc.; 1988 Acad. d'Agriculture de France - Spr.: Engl., Franz. - Bek. Vorf.: Heinrich R. (Cicero-Forscher).

RUBO, Ernst

Dr.-Ing., Prof., Sachverst. f. Werkstoffkunde, Schweißtechn., Chem. Apparatebau - Breslauer Str. 15, 6308 Butzbach/Hess. (T. 06033 - 46 00) - Geb. 18. Juli 1916 Magdeburg (Vater: Julius R., Oberregierungsrat; Mutter: Else, geb. Schwertzell), ev., verh. s. 1948 m. Hildegard, geb. Jacob, 2 Söhne (Horst, Andreas) - TH Hannover (Dipl.-Ing. 1944). Promot. (1948) u. Habil. (1956) Hannover - 1956-69 Leit. Werkstoff- u. Qualitätsst. Pintsch Bamag AG., Butzbach; 1969-81 Prof. FH Gießen-Friedberg; s. 1971 Sachverst. IHK Friedberg. S. 1967 apl. Prof. TU Hannover, s. 1976 Honorarprof. TH Darmstadt. 1978 Dekan an der FH. Erfindungen: Sicherheitskonstruktionen f. Mehrlagendruckbehälter, Korrosionsprüfgeräte. Etwa 120 Fachaufs. - 1971 Gold. Sportabz. - Liebh.: Phil., Wandern, Schwimmen - Spr.: Engl., Franz.

RUCKER, Wolfgang

Geschäftsführer Hewlett-Packard GmbH (1981ff.) - Herrenberger Str. 130, 7080 Böblingen.

RUCKES, Josef

Dr. med., Prof., Chefarzt Patholog. Abt. - Zul. Städt. Krankenanstalten, 5160 Düren/Rhld. - Geb. 21. April 1922 Koblenz (Vater: Severin R., Oberinsp.; Mutter: Christine, geb. Heimes), kath., verh. s. 1942 m. Klara, geb. Keil, T. Maria - Kaiserin-Augusta-Gymn. Koblenz; Univ. Mainz (Med. Staatsex. 1951). Promot. (1952) u. Habil. (1958) Mainz - S. 1958 Lehrtätigk. Univ. Mainz (1965 apl. Prof.), Berlin/Freie (1967 apl. Prof.), Bonn (1970 apl. Prof., em. 1982); 1965-69 Dirig. Arzt Pathol. Inst. Städt. Krkhs. Spandau; s. 1969 Chefarzt Pathol. Abt. Städt. Krankenanst. Düren. Spez. Arbeitsgeb.: Gelenk-, Leber-, Kindesalterspathol. Mitgl. Dt. Ges. f. Pathol., Intern. Neurovegetative Ges., Dt. Ges. f. Tuberkulose, Tschechosl. Ges. f. Cyto- u. Histochemie. Fachveröff. u.a.: Gelenke, Bursen, Menisci in Lehrb. Allg. Pathol. v. Eder/Gedigk - Liebh.: Fotogr.

RUCKRIEGEL, Werner

Dr. jur., Ministerialdirigent, Leit. Polizeiabt. im Innenmin. NRW - Zu erreichen üb. Innenminister d. Landes NRW, Haroldstr. 5, 4000 Düsseldorf - Geb. 1928, verh. s. 1956, 2 T. - 1949-54 Stud. Philol., Betriebsw. u. Rechtswiss; 1. jurist. Staatsex. 1955; Promot. 1957; 2. jurist. Staatsex. 1960 - 1960-65 Höh. Verwaltungsdst. b. Reg.-Präs. Köln; 1966-71 Ref. f. Organisationsfragen im Innenmin. NRW; 1971-82 Ltd. Ministerialrat u. Leit. d. Gruppe Automatisierte Datenverarbeitung/Datenschutz; s. 1982 s.o. - BV: Datenschutz u. Datenverarb. in NRW, 1979 - 1984 BVK I. Kl. - Spr.: Engl., Franz., Span.

RUCKTESCHELL, von, Ingo

Dr. jur., Leiter Wirtschaftsdst. Botschaft d. BRD in Bangkok - 65, Soi Phasuk (2) off Sukhumvir Road, Bangkok (Thailand) - Geb. 31. Aug. 1926 (Vater: Nicolai R., ehem. Marineoffz.; Mutter: Ilse, geb. Edert), ev., verh. s. 1955 m. Elisabeth, geb. Wenhold, 3 Kd. (Nicolai, Katharina, Elisabeth) - Gr. jurist. Staatsprüf. 1953 - 1953-54 Anwaltspraxis u. Notariat Kiel; 1955-58 Inst. f. Finanzen u. Steuern Bonn; 1958-63 Bundeswirtschaftsmin. (Unterabt. Eisen u. Stahl); 1963-67 Dt. Botschaft New Delhi (Wirtschaftsdst.); ab 1968 BWM (Sachgeb. Indien; Reg.sdir.); gegenw. wie oben - BV: Einheitsbewert. d. Grundvermögens, 1957 - Liebh.: Malerei, Segeln - Spr.: Engl., Franz.

de RUDDER, Helmut

Dr. phil., Prof., Soziologe - Hasenburger Weg 63, 2120 Lüneburg (T. 4 21 53) - Geb. 10. Aug. 1930 Hamburg - S. 1962 Doz. u. Prof. (1964) Päd. Hochsch. Lüneburg. Fachveröff.

RUDEL, Stefan

Schauspieldramaturg Theater Dortmund - Dresdener Str. 4, 4600 Dortmund 1 (T. 0231 - 10 30 24) - Geb. 4. März 1952 Schloss Hamborn, ledig - Abit.; Schauspielstud.; Stud. Univ. Stuttgart (German. b. Prof. Dr. Volker Klotz u. Phil.); M. A. - Lehrbeauftr. FH Dortmund - Spr.: Engl., Latein - Bek. Vorf.: Hans Ulrich Rudel, höchst ausgezeichn. Soldat im 2. Weltkrieg (Großonkel).

RUDER, Robert

Staatssekretär Innenmin. Baden-Württ. (s. 1978) - Heinisbühndstr. Nr. 11, 7601 Hohberg 2 (T. 4 76) - Geb. 24. Febr. 1934 Hugsweier, ev., verh., 3 Kd. - Stud. Päd. Hochsch. Heidelberg - Ab 1961 Volksschuldst., s. 1965 Lehrer f. d. allgemeinbild. Unterr. Landes-Polizeischule Bad.-Württ. - Mehrere Jahre Landesvors. JU Südbaden, Mitgl. versch. Vorst. u. Aussch. d. CDU, s. 1972 Kreisvors. CDU Ortenaukreis. S. 1970 Mitgl. d. Landtags Baden-Württ.

RUDERT, Albert

Dipl.-Ing., Vorstandsmitglied Zeiss Ikon AG (s. 1971) - Eiderstedter Weg 22c, 1000 Berlin 38 - Geb. 14. Sept. 1937 - B. 1986 Vors. ZVEI-Fachverb. Elektroleuchten, Frankfurt.

RUDERT, Heinrich

Dr. med., Prof. HNO-Klinik Univ. Kiel - Arnold-Heller-Str. 14, 2300 Kiel (T. 0431 - 597 26 09) - Geb. 5. Juli 1935 München - Med. Staatsex. 1959 Univ. München, Promot. 1960 Bonn, Habil. 1968 München - 1969 Oberarzt Univ.-HNO-Klinik Köln; 1972 wiss. Rat u. Prof.; 1976 Ord. f. HNO-Heilkd. Univ. Kiel (s. 1976 Dir. HNO-Klinik); 1988/89 Präs. Dt. Ges. f. HNO-Heilkd., Kopf- u. Hals-Chirurgie - BV: D. Tumoren d. Oropharynx, in: Handb. d. HNO-Heilkd., 2. A. 1982 - Spr.: Engl.

RUDIAKOV, Shoshana

Prof. Staatl. Hochschule f. Musik u. darstell. Kunst Stuttgart, Musikerin, Pianistin - Libanonstr. 58, 7000 Stuttgart - Geb. Riga/USSR - B. 1966 Musiksch. Riga, 1966-71 Tchaikowsky-Konservat. Moskau - Konzertauftr. als Solistin m. Orch. in Recitals, Radio- u. Fernsehaufn. in Engl., Deutschl., Italien, USA, Israel, Puerto-Rico, Schweiz, Belgien, Holland, Jugoslawien, s. 1981 Prof. Staatl. Hochsch. - Spr.: Russ., Engl., Hebräisch.

RUDIGIER, Helmut

Dipl.-Ing., Prof., Fachhochschulrektor i. R. - Walther-Blumenstock-Str. 30, 7600 Offenburg (T. 3 34 46) - Geb. 19. Juni 1920 Offenburg (Vater: Max R.; Mutter: Walburga, geb. Köhler), ev., verh. s. 1944 m. Dr. Käthe, geb. Klein, 2 Söhne (Jürgen, Winfried) - Schiller-Sch. Offenburg (Abit. 1939); kaufm. Lehre (Gehilfenprüf. 1946); TH Darmstadt (Maschinenbau; Dipl.-Ing. 1950) - 1950-54 BBC, Mannheim (Rationalisierungsing.), 1954-57 Goebel, Darmstadt (Direktionsassist., Gruppenführer Konstruktion), 1957-63 Staatl. Ing.sch. Konstanz (Doz.), seither Staatl. Ing.sch. (Dir.) u. Fachhochsch. Offenburg (Rektor i. R.). Zahlr. Fachaufs. Techn. Redaktion: d. maschine (1964ff.) - 1980 BVK; 1985 LVM Baden-Württ.; Ehrenring Stadt Offenburg, Ehrenbürger FH Offenburg - Mitgl. Lions-Club, VDI.

RUDOLF, Hans Ulrich

Dr. phil., Prof. f. Gesch. u. Didaktik an e. Wiss. Hochschule - Vintschgaustr. 39, 7987 Weingarten (T. 0751 - 4 32 47) - Geb. 28. April 1943, kath., verh. s. 1967 m. Karin-Kristina, geb. Schumm, 3 Kd. (Annette, Karola, Christopher) - Stud. Gesch., Franz. u. Latein; 1. Staatsex. 1967; Promot. 1971 Tübingen (Prof. Löwe) - 1972-76 Doz./Prof. f. Gesch. u. ihre Didaktik PH Weingarten - BV: D. 30 j. Krieg, 1976; Grundherrschaft u. Freiheit, 1976; Gesch. u. Gegenwart, Arbeitsb. f. Gesch. in Baden-Württ., 4 Bde., 1980-86; Arbeitstransparentserien z. Gesch.unterr., 1980-88; Wandkarten z. Geschichte, 1980-87. Bibliogr. d. Landkr. Ravensburg. Ravensburg: OVR 1989. Jakob Murers Weißenauer Chronik d. Bauernkriegs. Diaserie m. Kommentarbd., 1989; D. Frucktkasten d. Klosters, 1989 - Liebh.: Kunstgesch., Sport - Spr.: Engl., Franz.

RUDOLF, Herbert

Dr. rer. pol., Regierungsdirektor a. D., Hauptgeschäftsführer Bundesverb. Heizung Klima Sanitär (BHKS) - Weberstr.

33, 5300 Bonn 1 - Geb. 28. Jan. 1941, verh. s. 1966 m. Gertraud, geb. Lein, 2 S. (Markus, Alexander) - Geschäftsf. Walter-Lehmann-Stiftg.; Vorst.-Mitgl. Bundesprüfstelle Techn. Gebäudeausrüstung, Überwachungsgem. Techn. Gebäudeausrüstung. Lehrbeauftr. f. Wirtschaftspolitik - BV: Klima '87, Jahrb. d. Gebäudetechnik.

RUDOLF, Walter
Dr. jur., o. Prof. f. Öffl. u. Intern. Recht Univ. Mainz, Staatssekretär a. D. - Rubensallee 55a, 6500 Mainz-Lerchenberg - Geb. 8. Mai 1931 Schulitz/Pr. (Vater: Dr. Philipp R., Oberstudiendir.; Mutter: Elsa, geb. Talke), ev., verh. s. 1964 m. Dr. Inge, geb. Schmidt, 3 Kd. (Hans Henrich, Eva Caroline, Klaus Friedrich) - 1949-53 Univ. Kiel u. Göttingen. Promot. 1954 Göttingen; Habil. 1965 Tübingen - S. 1965 Lehrtätig. Univ. Tübingen (Mai; Privatdoz.) u. Bochum (Nov.; Ord.); s. 1971 Univ. Mainz; 1980-87 Staatssekr. Min. d. Justiz Rheinl.-Pfalz; s. 1987 Mitgl. Datenschutzkommiss. Rheinl.-Pfalz. 1971-76 Mitgl. Enquête-Kommission f. Auswärtige Kulturpolit. Dt. Bundestag; 1975-86 Kurat.-Mitgl. Dt. Stiftg. f. Intern. Entw.; s. 1983 1. Vors. Dt.-franz. Juristenvereing.; Vereinig. d. Dt. Staatsrechtslehrer, Dt. Ges. f. Völkerrecht, Intern. Law Assoc, Membre de l'Institut de Droit International - BV: Polizei gegen Hoheitsträger, 1965; Texte z. dt. Verfassungsgesch. (m. G. Dürig), 1967; Aspekte d. Vietnam-Konflikts, 1967; Völkerrecht u. dt. Recht, 1967; Bund u. Länder im aktuellen dt. Verfassungsrecht, 1968; Üb. d. Zulässigk. priv. Rundf., 1971; D. Spr. in d. Diplomatie u. intern. Verträgen, 1972; Dt.-poln. Völkerrechtskolloquium (m. v. Münch), 1972; Territoriale Grenzen u. staatl. Rechtsetzung (m. Habscheid), 1973; D. Schiffahrtsfreiheit im gegenw. Völkerrecht (m. R. Bernhardt), 1975; Drittes deutschpoln. Juristenkolloquium, 3 Bde. (m. Bernhardt u. v. Münch), 1977; öffentl. Recht (m. H. W. Arndt), 7. A. 1989; Rechtl. Konsequenzen d. Entwicklung a. d. Geb. d. Breitbandkommunikation für d. Kirchen (m. Meng), 1978; Wandel d. Staatsbegriffs im Völkerrecht?, 1986.

RUDOLPH, Bernd
Dr. rer. pol., Prof. f. Betriebswirtsch. Univ. Frankfurt - Mauerfeldstr. 123, 6370 Oberursel 5 - Geb. 12. April 1944 Bad Hall (Vater: Dr. Walter R., Physiker; Mutter: Lotte, geb. Faller), ev., verh. s. 1971 m. Margret, geb. Berens, 3 Kd. (Kai, Annette, Heike) - Dipl.-Volksw. 1970, Promot. 1972 Univ. Bonn - Prof. (C4) f. Betriebswirtschaftslehre, insb. Kreditwirtsch. u. Finanzier. - BV: D. Kreditvergabeentsch. d. Banken, 1974; Kapitalkosten b. unsicheren Erwartungen, 1979; Strategische Bankplanung (gem. m. H. J. Krümmel) - Spr.: Engl.

RUDOLPH, Eleonore
Bürgerschaftsabgeordneter (s. 1974) - Hohenzollernring 31, 2000 Hamburg 50 - CDU.

RUDOLPH, Fritz
Dr. sc. pol., Dipl.-Volksw., o. Prof. f. Soziologie u. Sozialpäd. Univ.-GH Duisburg - Oemberg 13a, 4330 Mülheim/Ruhr (T. 48 63 53) - Geb. 13. Febr. 1926 Hönebach - S. 1963 Lehrtätig. Duisburg (1965 Ord. Prof. Päd. Hochsch.). Fachveröff.

RUDOLPH, Gerhard
Dr. med., o. Prof. u. Direktor Inst. f. Geschichte d. Medizin u. Pharmazie Univ. Kiel (s. 1969) - Bülowstr. 16, 2300 Kiel (T. 3 42 25) - Geb. 7. Okt. 1916 Straßburg (Vater: Dr. phil. Wilhelm R.; Mutter: Erna, geb. Schönebeck), ev., verh. 1943 m. Margaret, geb. Hennig - Univ. Köln, München, Straßburg. Promot. 1941 Köln. Habil. 1954 Saarbrücken - Privatdoz. u. apl. Prof. (1960) Univ. d. Saarl. (1964 Wiss. Rat I. Physiol. Inst.). Lauréat Acad. d. Méd. Paris (1964); Prof. associé Univ. Poitiers (1965).

Fachveröff. - 1975 Palmes Acad. (Chevalier).

RUDOLPH, Günter
Dr. med. (habil.), Prof., Pathologe (Chefarzt) - Pfaffenberger Weg 81a, 5650 Solingen 1 - B. 1966 Privatdoz., dann apl. Prof. Univ. Köln (Allg. Pathol. u. pathol. Anat.). Facharb.

RUDOLPH, Hagen
Journalist, Chefredakteur Ärzte Zeitung - Hergenröder Str. 4, 6050 Offenbach (T. 069 - 83 67 14) - Geb. 16. Febr. 1941 Weißstein, verh. s. 1983, 1 Kd. - Abit.; Volontariat Holst. Nachrichten; Ressortleit. Feuilleton Holst. Nachr.; geschäftsf. Redakt., später Chefredakt. satir. Ztschr. Pardon; Chefredakt. Musik u. Med., D. informierte Arzt; Autor b. Stern; Chefredakt. Tagesztg. Arzt heute - BV: D. verpaßten Chancen - d. vergessene Gesch. d. Bundesrep. Deutschl., 1979 - Liebh.: Lit., Musik, Computer - Spr.: Engl., Franz.

RUDOLPH, Hans-Joachim

Dipl.-Kaufm., Journalist (Ps. Jochen Rudolph) - 38 Heath View, London, N 2 0QA England (T. 883 49 88) - Geb. 13. Sept. 1926 Glogau/Schles. (Vater: Wilhelm R., Kaufm.; Mutter: Maria, geb. Rademacher), kath., verh. s. 1955 m. Brigitte, geb. Hürdler - Obersch.; Stud. Wirtsch.- u. Sozialwiss. - Redakt. u. Korresp. Frankfurt, Stuttgart, Hamburg, Köln u. London - BV: Handbuch d. engl. Wirtsch.spr., 1975 u. 1986; Mitarb. ORDO-Jahrb. 1978 u. versch. Sammelw. - Liebh.: Schwimmen, Tennis, Skifahren, Lesen - Spr: Engl., Franz.

RUDOLPH, Hansjörg
Dr. phil. nat., Prof. f. Botanik - Schauenburger Str. Nr. 77, 2300 Kiel - Geb. 6. Juni 1931 Groß-Ostheim/Ufr. - S. 1963 (Habil.) Lehrtätig. Univ. Kiel (1968 apl. Prof.; 1969 Prof.). Fachveröff.

RUDOLPH, Heinz
Dr. oec., Dipl.-Kfm., Staatsminister a. D., Berater u. Sachverständiger - Priv. Ernst-Poensgen-Allee 5, 4000 Düsseldorf 12 (T. 63 88 45) - Geb. 13. März 1912 Berlin (Vater: Walter R., Inh. Kohlen- u. Ölhandelsges. Rudolph & Pietsch, Berlin; Mutter: Frieda, geb. Zinnhäuser), ev. - Studium Finanz- und Wirtschaftswiss. Heidelberg, Königsberg/Pr., USA - Mitgl. Geschäftsfg. Reichsgruppe Industrie, Führungsges. Industrie (Olympia, AEG, Telefunken, Litton Industries), Min. Nieders., Dir. Abt. Wirtsch. u. Finanz Euratom u. Division Business Management OEEC bzw. OECD, 1966-70 Erster Dir. Bundesbehörde f. Industrealisier. Malaysia (FIDA), Kuala Lumpur/Malaysia. Im Präs. d. Dt. Ges. f. Freizeit, Mitgl. Stiftungsrat Ludwig-Erhard-Stiftg., Bonn u. Stiftg. Rhein-Ruhr, Essen, Vorst. Rechts- u. Staatswissenschaftl. Vereinig., Beiratsvors. Inst. f. Entwicklungsforsch. u. Entwicklungspolitik Ruhr-Univ. Bochum, gf. Vorst. Staatsbürgerl. Stiftg. Bad Harzburg. Sachverst. f. Gemälde - Ehrenbürger d. Stadt New Orleans, Gr.

BVK - Spr.: Engl., Franz. - Viele Veröff. üb. Dritte Welt, Mittelstandspolitik u. Malerei d. 19. Jh.

RUDOLPH, Joachim
Dr. rer. nat., Chemiker, Fachschriftst. - 6901 Dossenheim b. Heidelberg - Geb. 1936 Berlin, verh., 3 Kd. - Univ. München (Chemie; Promot.) - S. 1964 Redakt. Nachr. aus Chemie u. Technik u. Ztschr. Chemie in unserer Zeit (1967) - BV: Knaurs Buch d. med. Chemie, 1971 (span., holl., engl., ital.) - Liebh.: Mod. Kunst.

RUDOLPH, Kurt
Dr. theol., Dr. phil. habil., Prof. f. Religionsgesch. Univ. Marburg (s. 1986) - Holderstrauch 7, 3550 Marburg - Geb. 3. April 1929 Dresden, ev., verh. s. 1954 m. Christel, geb. Killus, 2 Kd. (Ulrike, Ekkehard) - Oberschule Dresden, Stud. 1948/49 Univ. Greifswald, 1949-53 Leipzig; Promot. (theol.) 1956, (phil.) 1958; Habil. 1961 Leipzig - 1961 Doz., 1963 Prof. m. Lehrauftrag; 1969 o. Prof. Leipzig; 1984/86 Univ. of California Santa Barbara - BV: D. Mandäer, 1960/61; Theogonie, Kosmogonie u. Anthropogonie in d. mand. Schr., 1965; D. Gnosis, 1977, 2. A. 1980 (engl. Übers. 1983, 4. A. 1988); Historical Fundamentals and the Study of Religions, 1985. Herausg.: Festschr. W. Baetke (1966); Kl. Schriften v. W. Baetke (1973); D. Koran (Übers., 7. A. 1989); Gnosis u. Gnostizismus (1975); Diwan d. Flüsse (1982) - D. D. (St. Andrews, Scotland), Mitgl. Sächs. Akad. d. Wiss. (Leipzig), d. Kgl. Dän. Akad. d. Wiss. (Kopenhagen) - Lit.: H. Rollmann in Religious Studies Review 8, 1982, 348-52.

RUDOLPH, Martin
Rechtsanwalt, Ministerialdirektor a. D., Leiter Abt. Rechtspflege Bundesjustizmin. (1971-88) - 3500 Kassel (T. 6 12 79) - Geb. 23. Juni 1923 Essen, verh., T. Sabina - Jurastud. Marburg/L., 1955-63 Richter, 1963-71 Hess. Justizmin., zul. Leit. Personalabt. 1976 Mitgl. Australian Acad. of Forensic Sciences.

RUDOLPH, Werner
Dipl.-Volksw., Geschäftsführer Vereinig. Bad. Unternehmensverb., Arbeitgeberverb. d. Bad. Eisen- u. Metallind., Verb. Oberbad. Brauereien u. Verb. d. Holzind. u. Kunststoffverarb. Südbaden, alle Freiburg - Schmittennerstr. 15, 7800 Freiburg/Br. - Geb. 12. Aug. 1926.

RUDOLPH, Werner A.

Journalist, Vorsitzender Dt. Journalistenverb. Gewerksch. d. Journalisten, Bonn - Muldestr. 2, 5090 Leverkusen 1 (T. 0214 - 2 29 22) - Geb. 7. Nov. 1924 Bochum (Vater: Hermann R., Buchdruckerm.; Mutter: Antonie, geb. Ritzerfeld), ev., verh. s. 1950 m. Elsa, geb. Bärwolf, Tocht. Gabriele - S. 1946 Redakt. an Tagesztg. Velbert, Mettmann, Leverkusen, Düsseldorf, b. WDR, Presseamt Leverkusen (Leit.) - BV: Spuren im Werk, Bildb. 1986; Leverkusen, jung u. alt u. neu, 1980; Euskirchen, Stadt zw. Rhein u. Eifel, 1985.

RUDOLPH-HEGER, Eva-Brigitte
Dr. jur., Rechtsanwältin u. Notarin, MdL Nieders. (1976-82) - Münchener Str. 16, 3014 Laatzen 1 - Geb. 5. Aug. 1934 Hannover - St.-Ursula-Sch. Hannover (Abit.); Fremdsprachensch. ebd.; Univ. Göttingen (Rechts- u. Staatswiss.) - S. 1962 Anwaltspraxis Hannover u. Laatzen (1966; 1971 auch Not.).

RUDOLPH, Hans-Joachim
Dr. jur., o. Prof. f. Strafrecht Univ. Bonn (s. 1970) - Am Käferberg 5, 5300 Bonn-Lengsdorf - Geb. 17. Juli 1934 Querfurt/Thür. (Vater: Hans-Günther R., Oberreg.rat; Mutter: Charlotte, geb. Heinecke), ev., verh. s. 1959 m. Renate, geb. Lemke, 2 Kd. (Ekkehard, Frauke) - Stud. Univ. Göttingen; Promot. (1960) u. Habil. (1968) ebd. - Nach Habil. Privatdoz. Göttingen - BV: D. Gleichstellungsproblematik d. unechten Unterlassungsdelikte, 1966; Unrechtsbewußtsein, Verbotsirrtum u. Vermeidbarkeit d. Verbotsirrt., 1969; Fälle z. Strafrecht, 2. A. 1983. Mitautor Systemat. Kommentar z. StGB, Bd. I 5. A. 1987/Bd. II 4. A. 1988; Systemat. Kommentar z. StPO 1987ff. - Spr.: Engl.

RUDORF, Günter

Schriftsteller - Flötnerweg 8, 8000 München 71 (T. 79 62 01) - Geb. 11. Nov. 1921 Essen, verh. m. Jutta, geb. Dernbach, 2 Töcht. (Pamela, Amely) - Journalist - BV: Schwarz schreit d. Sonne, Ged. 1947. Bühnenst.: D. Stunde d. Unschuldigen (1956), Rosenblumendelle (1968); D. Weltmeister (Co-Autor, 1984); K. besonderen Vorkommnisse (1986); Immer Applaus (1988); Hör- u. a. D. Straße v. Formosa, E. kl. trauriger Fluß, D. vielen Lichter, D. vierte Wahrheit, Do Do 3) u. Fernsehsp. (D. erste Lehre, Ich mal dir e. Regenbogen, Nicht heute u. nicht morgen, Tagsüberabends, Die 4 1/2 Lehmänner, Lieber einen als keinen, Die Spaghettibande, Drei Mädchen u. d. Katzendieb, Mord per Rohrpost, E. Mann - e. Mord, Ali u. d. Spaghettibande, Frieda od. D. tägliche Verführung, Onkel Henri u. d. Spaghettibande, D. Spaghettibande jagt d. Katzendieb, u.a.).

RÜBBEN, Alfred
Dr.-Ing., Dott. (ital.), Prof. f. Kunststoffbau RWTH Aachen - Gut Steeg 20, 5100 Aachen (T. 0241 - 7 19 61) - Geb. 11. Juli 1940 Aachen - Promot. 1975, Habil. 1980 - S. 1982 Prof. RWTH Aachen - Spr.: Engl., Franz., Ital.

RÜBBEN, Hermannjosef
Prof., Dozent f. Didaktik u. Methodik Staatl. Hochschule f. Musik - Am Rheinacker 41, 5000 Köln 80 - Geb. 24. Aug. 1928 Siegburg, kath., verh. s. 1956 m. Elisabeth, geb. Lütter, 2 Töcht. (Claudia, Ute) - Musikhochsch. Köln (Schulmusik, Musikwiss.; Prof. Hermann Schroeder u. Rudolf Petzold; Univ. Köln u. Bonn (Angl., Phil., Päd.). Staatsex. 1953 - B. 1959 Lehrer Jugendmusiksch. Leverkusen, dann Doz. u. Prof. (1959) Musikhochsch. Köln. 1964-

80 Dirig. Kölner Männergesangverein; 1965ff. Dirigent Bayer-Chöre Leverkusen; 1966ff. Bundeschorm. NRW Dt. Sängerbd. Konzerttätig. Europa, Afrika, Asien, USA, Südamerika. Div. Kompos. - BV: Chor im Gespräch, 1972 - 1975 BVK, Ritterkreuz d. St. Agatha (St. Marino) 1977 - Liebh.: Reiten, Reisen.

RÜBE, Werner
Dr. med., Prof., Ärztl. Direktor u. Chefarzt Röntgen- u. Radium-Abt. Knappschaftskrankenhaus Recklinghausen (s. 1962) - Westerholter Weg 109, 4350 Recklinghausen (T. 2 50 01) - Geb. 8. Okt. 1921 Berlin, ev., verh. s. 1952 m. Ursula, geb. Eggeling, 2 Kd. (Susanne, Christian) - Physikum Königsberg/Pr.; Staatsex. Göttingen - S. 1959 (Habil.) Privatdoz. u. apl. Prof. (1966) FU Berlin (Röntgenol. u. Strahlenheilkd.). 1976/77 Präs. Dt. Röntgenges. - BV: D. Lungenrundherd, 1967. Fachaufs. Herausg: Gottfried Benn's Med. Schriften (1966).

RÜBENACH, Bernhard
Rundfunkredakteur u. -regisseur - Voglergasse 6 a, 7570 Baden-Baden (T. 7 14 78) - Geb. 4. Mai 1927 Koblenz (Vater: Anton R., Kaufm.; Mutter: Else, geb. Reif), verh. 1954 m. Dr. med. Ingrid, geb. Nöhring (gesch.), 2 Töcht. (Bettina, Judith) - Gymn. Koblenz; Univ. Mainz (Altphilol., Phil., German.) - S. 1950 Südwestfunk: 1955 Leit. kulturelles Wort Landesstudio Mainz, Hörspielabt. Baden-Baden (1950), Programmchef II. Hörfunkprogramm (1970), Hauptabt. Kultur/Hörfunk (1980). 1958-61 Gastdoz. Hochsch. f. Gestaltung, Ulm (Rundfunktheorie). Zahlr. Hörspielbearb. u. -insz.; Nachtstudioserie: La Capitale-Pariser Panoramen u. Modelle; Schübe, Ged. 1979. Herausg.: Begegnungen m. d. Judentum (1981); Jahrb. z. Peter-Huchel-Preis (1984ff.); D. Rechte Winkel von Ulm - E. Bericht üb. d. hfg Ulm (1987) - Mitgl. Intern. PEN-Club. s. 1984 Vors. Jury z. Peter-Huchel-Preis f. Lyrik - Spr.: Engl., Franz.

RÜBESAMEN, Hans Eckart
Dr. phil., Schriftsteller - Ludwig-Werder-Weg 9, 8000 München 71 - Geb. 19. Sept. 1927 Finsterwalde/N.-L., verh. m. Anneliese, geb. Moser, 3 Töcht. (Annette, Kristin, Regine) - BV (1969-89): Korsika, Kenia, Paris, Istanbul, Franz. Atlantikküste, Trentino u. Gardasee, Venedig, Tal d. Loire, Burgund, Côte d'Azur v. Marseille b. Menton, D. dt. Alpen, D. Alpen im Winter, Sterne im Schnee, Glaciexpress - d. langsamste Schnellzug d. Welt, Kilimandscharo - D. Berg u. s. Landschaft, Aus dem oberen Bayern - Lieblingslandschaften in Miniaturen.

RÜBESAMEN, Karl-Heinz
Dipl.-Verwaltungswirt, Hauptgeschäftsführer FDP Baden-Württ. - Robert-Bosch-Str. 16/1, 7255 Rutesheim (T. 07152 - 5 12 83) - Geb. 26. Okt. 1938 Suhl/Thür. (Vater: Max R., Angest.; Mutter: Anna, geb. Winkler), ev., verh. s. 1966 m. Inge, geb. Kuttruff - Abit. 1956 Suhl; Prüf. f. d. gehob. Verwaltungsdienst 1963 Stuttgart (Dipl.-Verwaltungswirt) - 1963 Organisationsref. FDP Baden-Württ.; 1980 Hauptgeschäftsf. FDP Baden-Württ.; 1981 Mitgl. VR Reinhold-Maier-Stftg.

RÜCHARDT, Christoph
Dr. rer. nat., o. Prof. f. Organische Chemie - Ringstr. 18, 7801 Stegen - Geb. 10. Aug. 1929 München - S. 1963 (Habil.) Lehrtätig. Univ. München (zul. Oberkonservator), Münster (1968 o. Prof.), Freiburg (1972 o. Prof.). Fachaufs.

RÜCHARDT, Konrad
Dr. agr., Dipl.-Landw., Vorstandsmitglied Bayerische Handelsbank AG, München (s. 1974) - Waldpromenade 11, 8035 Gauting (T. 089 - 850 11 67) - Geb. 7. Juli 1926 München (Vater: Dr. Eduard R., Univ.prof.; Mutter: Marie, geb. Nonnenbruch), ev., verh. s. 1963 m. Karin, geb. Hanke, 3 Kd. (Ferdinand, Corinna, Andreas) - Gymn.; Hochsch. - 1950-1965 Angest. Bayer. Vereinsbank, München; 1965-69 Abt.leit., 1970 stv. Vorst.-Mitgl. Bayer. Handelsbk. ebd.; s. 1964 vereid. Sachverst. f. Bewert. v. bebauten u. unbebauten Grundstücken u. f. landw. Kreditfragen; AR Aufbauges. Bayern GmbH - BV: Mitarb.: Handb. d. Real- u. Kommunalkredits; Handb. f. d. Haus- u. Grundbesitzer. Mithrsg.: Ztschr. D. Langfrist. Kredit - Liebh.: Währungsfragen, Politik, Pferde, Haus u. Garten.

RÜCKERT, Otto
Dr. jur., Präs. a. D. Polizei-Führungsakademie - Wasserstr. 26a, 4750 Unna/W. (T. 1 35 58) - Geb. 29. Jan. 1910 Unna (Vater: Dr. Oskar R., Gymnasialprof.; Mutter: Anna, geb. Mahn), ev., verh. s. 1937 m. Lotte, geb. Rubens, 3 Kd. (Klaus, Ulrike, Barbara) - Univ. Marburg, Rostock, Münster (Rechtswiss.). Ass.ex. 1937 Düsseldorf - S. 1937 Verw.sbeamter (zul. s. o.); dazw. 1946-53 Rechtsanw., Buchdruckerei- u. Zeitungsverlagsleit. - Bes. Interesse: Sportgerichtsbarkeit. 1961-81 Vors. Bundesgericht Dt. Fußballbund - 1972 BVK I. Kl.

RÜCKERT, Wolfgang

Dr. med. (habil.), Dr. phil., Chirurg, apl. Prof. Univ. Marburg (s. 1958) - Im Risgap 22/Landhaus Wallhüs, 2283 Wenningstedt (T. 04651 - 4 15 14) - Geb. 15. Febr. 1905 Gotha (Thür.), verh. in 2. Ehe s. 1961 m. Uta, geb. Schneider, 8 Kd. (aus 1. Ehe: Knud, Uta, Mechthild, Ulrich, Gerlind, Ekkehard; aus 2. Ehe: Wolfgang, Anke) - Gegenw. im Soz.med. Dst. Schlesw.-Holst., zuv. Chefarzt Chir. Klinik Diakonissenhaus Elisabethenstift, Darmstadt (erstm. Einpflanz. e. künstl. Hüftkopfes b. Menschen i. J. 1938; Endoprothesenoperation) u. alger. Staatsdst. Zahlr. Einzelarb. Stoffwechsel- u. Unfallgebiet, med. Analysen; Allg. med. u. chirurg. Fragen z. künstl. Hüftgelenk - Indikation-Technik-Prognose D. Ärzteverl. - Liebh.: Biol., Tiere, Garten, Kunsthandw. - Spr.: Franz. - Mitgl. Lions-Club, BVK I. Kl.

RÜCKRIEGEL, Helmut
Dr. phil., Botschafter d. Bundesrep. Deutschl. in Dublin (Irland) - Zu erreich. üb. Botschaft Dublin, Postfach 15 00, 5300 Bonn 1 - Geb. 20. Nov. 1925 Niedergründau, kath., verh. s. 1967 m. Brigitte Krentzin, 2 S. (Andreas, Kosmas) - Stud. Vergl. Sprach- u. vergl. Relig.-Wiss., Angl., German., polit. Wiss.: 1. Staatsex. 1951 Marburg, Promot. 1953 ebd., 2. Staatsex. 1954; nach Eintr. in Ausw. Dienst (1955) Schlußex. f. höh. Ausw. Dienst 1957 - 1956/57 Botsch. London; 1958 Generalkonsul Basel; 1961-67 German Informat. Center New York; 1972-77 Botsch. Tel Aviv (Vertr. d. Leit.); 1977-79 Leit. d. Ref. Rüstungskontrolle im AA; 1979-84 Leit. Pers. Büro d. Bundespräs.; 1984 Leit. German Informat. Center New York; 1985-88 Botschafter in Thailand - Spr.: Griech., Ital., Schwed., Thai.

RÜCKRIEM, Ulrich
Prof., Bildhauer - Zu erreichen üb. Eiskellerstr. 1, 4000 Düsseldorf - Geb. 1938 - 1974ff. Prof. Kunsthochsch. Hamburg; s. 1984 Prof. Staatl. Kunstakad. D'dorf. Vorherrschend Steinmonumente, die sich wohltuend in die Landschaft einordnen - 1983 Edwin-Scharff-Preis; 1985 Preis Verb. d. dt. Kritiker.

RÜDEL, Reinhardt
Dr. rer. nat., Dipl. Phys., Prof. f. Physiologie - Ehingerstr. 19, 7900 Ulm (T. 0731 - 6 91 60) - Geb. 6. Juli 1937 Hochstadt (Vater: Eberhard R., Pfarrer; Mutter: Marianne, geb. Müller), verh. s. 1963 m. Andrea, geb. Kuhr, 2 T. (Juliane, Susanne) - Human. Gymn. Erlangen; Phys. u. Med.-Stud. Univ. Erlangen, Wien u. Heidelberg; 1962 Dipl., 1965 Promot., 1970 Habil. - 1971 Wiss. Rat TU München, 1976 apl. Prof., 1978 ao. Prof. TU München, s. 1979 o. Prof. u. Leit. Abt. f. Allg. Physiol. Univ. Ulm, 1983-85 Dekan Fak. f. Theoret. Med. Univ. Ulm. S. 1983 Vorst. u. s. 1986 1. Vors. Dt. Ges. Bekämpfung d. Muskelkrankh. S. 1987 Präs. European Alliance of Muscular Dystrophy Assoc. - 1964 Fak.-Preis Nat. - Math. Fak. Univ. Heidelberg; 1982 Duchenne-Erb-Preis Dt. Ges. Bekämpfung d. Muskelkrankh. - Liebh.: Musik - Spr.: Engl., Span.

RÜDEL, Wilhelm

Pfarrer, Schriftsteller u. Reisefachmann - Florastr. 1, 8700 Würzburg (T. 0931 - 88 40 57 u. 09867 - 12 84) - Geb. 14. Okt. 1928, ev., verh. s. 1955 m. Erika, geb. Fischer, 3 Kd. (Dorothea, Martin, Eduard) - Abit. 1947 Miltenberg; 1948-52 Stud. Theol. u. Phil. Erlangen - 1952-54 Stadtvikar in München; 1958-88 Pfarrer in Großkarolinenfeld, Geslau u. Würzburg. Leitet Gruppenreisen in viele Länder - BV: Es soll uns doch gelingen, e. Lutherb., 1983; Da lacht d. Gmaa, 1984; Mir Hätzfelder, 1985; D. Hohelied d. Glaubens, 1987 - 1974 Ehrenbürger v. Geslau; Verdienstmünze Stadt Würzburg; Verdiensturk. Heidingsfeld - Liebh.: Lit. u. Kunst, Reisen, Astronomie - Spr.: Engl., Ital., Lat., Griech., Hebr.

RÜDEN, Henning Frank
Dr. med., Prof. f. Hygiene, Arzt, Direktor Inst. f. Hygiene FU Berlin - Grainauer Str. 19, 1000 Berlin 30 - Geb. 29. Jan. 1942 Berlin (Vater: Heinz Friedrich R.; Mutter: Christa, geb. Moeller-Ruttke), verh. s. 1969 (Ehefr.: Juliane) - Med.-Stud. Hamburg u. Marburg; Promot. 1972 Univ. Bonn; Habil. 1977 ebd. - 1978 Prof. TU Berlin; 1982 o. Prof. FU Berlin.

RÜDIGER, Dietrich
Dr. phil., Dipl.-Psych., o. Prof. f. Psychologie - Siebenkeestr. 11, 8400 Regensburg (T. 3 25 03) - Geb. 25. Juli 1924 Berlin (Vater: Hans R., Ministerialdir.; Mutter: Käthe, geb. Schneider), kath., verh. s. 1954 m. Luise, geb.

Zimmermann, T. Gabriele - Oberrealsch.; Stud. Psych., Päd., Anthropol. Habil. 1968 Salzburg - 1942-45 Kriegsdst. (Ltn. z. S.); 1946-56 Volksschullehrer; s. 1956 Doz. Päd. Hochsch. Regensburg, 1968 o. Prof. Univ. München, 1972 Univ. Regensburg. Vizepräs. Dt. Montessori-Ges. Forschungsprojekte (DFG, Stiftg. VW) u. Schulvers. z. Elementar- u. Primarbildungsbereich - 1975-81 Wiss. Beirat Dt. Inst. f. Fernstudien (Ausb. Beratungslehrer); Mitw. auf Kongressen d. Intern. Schools Assoc./UNESCO u.a. 1978 Isfahan/Iran, 1980 Moshi/Tansania-Konsult. Mitarb. Ztschr. Psychol. in Erz. u. Unterr.; Beiratsmitgl. Görres-Ges.; 1982-84 Senatsmitgl. Univ. Regensburg - BV: Lesenlernen - ganzheitl., aber richtig, 1960; Oberschuleignung - Theorie u. Praxis psych. Eignungsunters., 1966; Gesamtunterrichtl. Lehrerhandb., 2 Bde. 1967/68; Psych. Forschung u. päd. Fragestellung, 1971; Schuleintritt u. Schulfähigk., 1976; Analyse d. Schulleistung, 1977; Regensburger Modell - Lesenlernen, 1978; Anthropol. Aspekte d. Psychol. (Hrsg., zus. m. M. Perrez); zahlr. Beiträge in Sammelbänden - 1965 Gold. Sportabz. - Spr.: Engl.

RÜDIGER, Hans
Dipl.-Ing., Geschäftsführender Gesellschafter Wohlenberg Holding GmbH - Wohlenbergstr. 6-8, 3000 Hannover 1 (T. 63 07 1); priv.: Flöthwiesen 13, 3000 Hannover 51 (T. 65 03 01) - Geb. 13. Mai 1934 Berlin - MBA INSEAD 1964 - Konsul Rep. Finnland; Mitgl. im Hauptvorst. VDMA; Vorst.-Mitgl. Fachgem. Druck u. Papier - Spr.: Engl., Franz.

RÜDIGER, Kurt
Schriftsteller, Lyriker, Herausg. - Friedenstr. 16, 7500 Karlsruhe - Geb. 29. Sept. 1913, gesch., 1 Kd. - Realgymn. - Ab 1946 Kleinverleger (85 Karlsruher Boten); Herausg. v. rd. 1000 Lyrikbänden; eig. Weltlyrikarchiv m. 10 Mill. Gedichten u. 1 Mill. Biogr. v. Dichtern - BV: 100 Anthol., 20 Übersetzungsbd. aus d. Franz., Ital., Engl. u. Span., rd. 5000 eig. Ged. in: Ährenlesen, Bd. 1-11 (unvollst.) - Interesse: Weltlyrik aller Zeiten u. Länder (s.o.).

RÜDIGER, Otto
Dr. phil., Prof., Physiker i. R. - Spillheide 64, 4300 Essen-Heidhausen (T. 40 30 20) - Geb. 19. Juni 1913 Remscheid - Univ. Köln (Physik). Promot. Köln; Habil. Braunschweig - S. 1961 Lehrtätig. TH bzw. TU Braunschweig (1965 apl. Prof. f. Techn. Physik). S. 1937 Krupp (1959 Abt.sdir. Widia-Fabrik, 1968-78 Mitgl. Geschäftsltg. Forschungsinst. Fried. Krupp GmbH, Essen. Spez. Arbeitsgeb.: Metallkd., Werkstoffentw., insb. Hartmetall, Magnetwerkst. u. a. Üb. 100 Fachveröff.

RÜDIGER, Reinhold
Regisseur, Schauspieler, Intendant Landesbühne Hannover - Jägerstr. 15, 3000 Hannover 1 (T. 0511 - 701 00 74) - Geb. 3. Jan. 1926 Hannover (Vater: Adolf R., Kaufm.; Mutter: Julie, geb. Möhler), kath., verh. s. 1971 m. Silvana,

geb. Sansoni - 1946/47 Ausb. z. Schausp.; 1943-45 fernimmatrik. b. Prof. Kindermann Wien - 1947-49 Dramat. u. Schausp. Kammerspiele Hannover, 1949-51 eig. Cabaret Satansbrüder u. Volkstheater Hann., 1951-52 Staatstheater Braunschweig, 1952 Gründ. Landesbühne Hann., s. 1954 Oberspielleit. Sommersp. Herrenhausen (spät. Festwochen Herrenhausen), s. 1964 Int. Landesbühne. Veröff. in Theaterztschr., Übers. v. Shakespeare, Moliere, Goldoni (D. Diener zweier Herren, 1983), Gogol, Gozzi; Buchausg.: Shakespeare, Romeo u. Julia, übers. 1979; Hrsg. W. P. Eberhard Eggers, Uniduo (1980); Gozzi, König Hirsch (übers. 1981); Shakespeare, Hamlet (übers. 1987) - Üb. 200 Bühneninsz. v. Opern u. Schausp.; zahlr. Bühnenrollen - 1970 Karnevalsorden Humoris causa; 1977 Nieders. VK I. Kl.; 1983 BVK I. Kl. - Liebh.: Sammeln v. Bildern naiver Maler u. mod. Kunst - Spr.: Engl., Franz., Ital. - Bek. Vorf.: Prof. Adam Möhler (Urgroßonkel), Prof. Fritz Möhler (Onkel).

RÜDIGER, Vera

Dr., Senatorin f. Bundesangelegenheiten u. Gesundheit d. Freien Hansestadt Bremen (s. 1988) - Große Weidestr. 4-16, 2800 Bremen - Geb. 5. April 1936 Vollmarshausen (Vater: Ludwig R., Schulrat i. R.; Mutter: Margarethe, geb. Schmidt), ev. - Schule (Abitur); Stud. d. Theaterwiss., Sozio- u. Politologie; Promot. 1965; 1. u. 2. Lehrerprüf. - 1959-61 Schul-, b. 1970 Hochschuldienst; 1972-74 Gesamthochsch. Kassel (Gründungspräs.). 1974-78 Staatssekretärin Hess. Kultusmin.; 1978-84 Hess. Min. f. Bundesangelegenheiten; 1984-87 Hess. Min. f. Wiss. u. Kunst u. Bevollm. f. Frauenangelegenheiten; MdL Hessen (1970-72 u. 1978-87) - BV: D. kommunalen Wahlvereinigungen in Hessen; 1966 - Liebh.: Bild. Kunst, Pol. Kabarett.

RÜDIGER, Wolfhart

Dr. rer. nat., o. Prof. f. Botanik (Lehrstuhl III) - Atterseestr. 12f, 8000 München 60 (T. 88 24 20) - Geb. 1933 - Univ. Würzburg (Chemie). Promot. 1961 (Struktur v. Protochlorophyll u. d. Biosynthese v. Phytol); Habil. 1969 Saarbrücken (Vergl. Biochemie d. Gallenfarbstoffe) - S. 1970 Prof. Univ. Saarbrücken u. München (1971; Ord. u. Inst.svorst.). Forschungsaufenth. Italien, Irland, USA. Fachveröff.

RUEDORFFER, Freiherr von, Axel

Dr. rer. pol., Vorstandsmitglied Commerzbank AG - Neue Mainzer Str. 32-36, 6000 Frankfurt/M. 1 (T. 069 - 13 62-1) - Geb. 30. Sept. 1941 - AR-Mandate.

RÜEGG, Johann Caspar

Dr. med., Ph. D. (Cantab.), o. Prof. u. Direktor II. Physiol. Inst. Univ. Heidelberg - Haagackerweg 10, 6945 Hirschberg - Geb. 28. Jan. 1930 Zürich, verh. s. 1967, 2 Kd. - S. 1963 (Habil.; physiol. Chemie) Lehrtätigk. Univ. Heidelberg, s. 1967 Univ. Bochum (Wiss. Rat u. Prof.), s. 1973 Lehrst. Heidelberg (1975/76 Dekan). 1985 Adjunct Prof. of Physiology and Biophysics Univ. of Cincinnati. Fachmitglsch., u. a. Royal Soc. of Med., London, Corresponding Member of the American Physiological Society (1985) - BV: Calcium in Muscle Activation, Monogr. 1986. Fachveröff. (üb. Muskelphysiol.; u. a. Smooth muscle tone, 1971) - 1974 Adolf-Fick-Preis d. Phys. Med. Ges. Würzburg.

RÜEGG, Walter

Dr. phil., em. o. Prof. Univ. Bern - Eisselweg 26, CH-3123 Belp (T. 031 - 81 22 55) - Geb. 4. April 1918 Zürich (Vater: Heinrich R., Kaufm.; Mutter: Margrit, geb. Braun), ev., 3 Kd. (Elisabeth, Andreas, Helena) - Kantonsch. Schaffhausen; Univ. Zürich u. Paris (Klass. Philol., Phil., Nationalök.). Promot. 1944; Habil. 1950 - 1941-52 höh. Schuldst.; s. 1950 Lehrtätigk. Univ. Zürich (1959 Titularprof.), Frankfurt (1961 Ord. u. Dir. Sem. f. Gesellschaftslehre, 1965-70 Rektor), 1973-86 Ord. u. Dir. Inst. f. Soziologie Univ. Bern; 1956-62 Hauptgeschäftsf. European Wrought Aluminium Assoc. u. Verein Schweizer. Aluminium-Industrieller. 1967/68 Präs. Westd. Rektorenkonfz. Gast Univ. Köln (1948, 1952) u. Chicago (1953) St. Gallen (1956, 1979), Paris (1985); S. 1956 Präs. Ges. Schweiz, Akad., 1970-73 Präs. Bund Freiheit d. Wiss., 1976-87 Präs. Schweiz. Arbeitskr. Militär u. Sozialwiss. - BV: Antike Geisteswelt, 4. A. 1980; Anstöße, Aufsätze u. Vorträge z. dialogischen Lebensform, 1973; Soziologie, 8. A. (132. Ts.) 1975; Bedrohte Lebensordn., Studien z. humanist. Soziologie, 1978; Konkurrenz d. Kopfarbeiter, 1985; Zementierung od. Innovation. Effizienz v. Hochsch.syst., 1987 - Commandeur Palmes Acad. Mitgl. PEN - Liebh.: Bücher (15. u. 16. Jh.), Gelehrten-Autographen - Spr.: Franz., Engl., Ital. - Rotarier.

RÜFER, Rüdiger

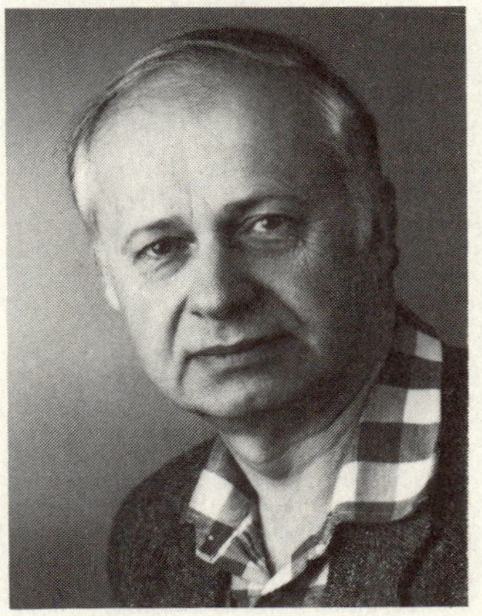

Prof. Hochschule f. Musik u. Theater Hannover, Tonmeister u. Doz., Komp. - Natelsheideweg 17 A, 3002 Wedemark 2 (T. 05130 - 73 87) - Geb. 13. März 1933 Berlin (Vater: Hugo-Philipp R., Kaufm.; Mutter: Hildegard, geb. Greiner), ev., verh. s. 1972 m. Hermine, geb. Schwarzmaier, 3 Söhne (Florian, Sebastian, Kilian) - 1953-57 Schulmusikstud. Berlin (Künstler. Prüf. f. d. Lehramt an höh. Schulen); b. 1961 Erweit. z. Tonmeisterausbild. Hochsch. f. Musik u. TU Berlin (Abschlußprüf.) - 1961-73 Tonmeister TU Berlin; Realis. u. Kompos. v. elektron. Musik, auch Lehrtätigk., Zusammenarb. u.a. m. Boris Blacher; 1962-65 Aufnahmeleit. RIAS; s. 1974 Musikhochsch. Hannover - Musikw.: 1964-66 elektron. Teile z. Oper: Zwischenfälle b. einer Notlandung (Blacher); 1971 Strahlenfächer; 1977-80 Bestrebungen; 1981-83 Filmmusik AL MA; 1985 Sturm-Suite; 1981-85 Schöpfung; 1983-85 Sequenzgestalten; 1985-87 Schwierige Politik - Liebh.: Klaviersp., Reisen, Fotogr., Astronomie - Spr.: Engl., Lat., Griech. - Bek. Vorf.: Philipp Rüfer, Komp. (Urgroßv.).

RUËFF, Fritz L.

Dr. med., Univ.-Prof., Arzt f. Chirurgie u. Unfallchir., Extraord. Chir. Univ.-Klinik Innenstadt, München - Nußbaumstr. 20, 8000 München 2; priv.: Eduard-Schmid-Str. 7, 8000 München 90 - Geb. 15. Mai 1925 München (Vater: Dr. med. Ludwig R., Arzt; Mutter: Luise, geb. Sepp), kath., verh. s. 1954 m. Gretl, geb. Sper, 3 Kd. (Max, Franziska, Georg) - Med. Staatsex. 1949, Habil. 1962 - 1957 Facharzt, 1968 Prof. u. Hochschullehrer. Chir. Gutachter/Sachverst. Üb. 200 chir.-wiss. Veröff. - Spr.: Altgriech., Franz., Engl., Latein.

RÜFFER, Hans

Dr.-Ing., Prof., Institut für Siedlungswasserwirtschaft Univ. Hannover (s. 1967) - Grevenbleck 14, 3005 Hemmingen (T. Hannover 42 22 57) - Geb. 30. Jan. 1926 Riesa/Elbe (Vater: Julius R., Bezirksschornsteinfegerm.; Mutter: Selma, geb. Lehmann), ev., verh. s. 1952 m. Charlotte, geb. Bamler, 4 Kd. (Cornelia, Claudia, Corinna, Hans-Martin) - Obersch. Dresden; TU Berlin (Chemie). Promot. 1956 Berlin; Habil. 1967 Hannover - 1956-59 Wasserchemiker Hyg. Inst. Hamburg; 1959-67 Abt.-Leit. Inst. f. Siedlungswasserw. TH Hannover. Spez. Arbeitsgeb.: Trink- u. Abwasserchemie - BV: Anleitung f. einf. Unters. auf Kläranlagen, 1965, 6. A. 1987 (m. Klaus Mudrack). Mitarb.: K. Höll, Wasser, 7. A. 1985; Lehr- u. Handb. d. Abw. Techn. Bd. 5 u. 6 Industrieabw. (zus. m. K.-H. Rosenwinkel), 1986; Taschenb. d. Industrieabw.reinigung, 1988. Fachaufs. - Chemviron-Preis 1982 - Liebh.: Wassersport, Musik - Spr.: Engl., Franz.

RÜFNER, Wolfgang

Dr. jur., Prof. f. Rechtswissenschaften Univ. zu Köln - Hagebuttenstr. 26, 5309 Meckenheim-Merl - Geb. 8. Sept. 1933 Hanau (Vater: Vinzenz R., Prof.; Mutter: Hertha, geb. Stillger), kath., verh. s. 1969 m. Elisabeth, geb. Rompe, S. Thomas - 1952-57 Stud. Rechtswiss. Univ. Würzburg u. Bonn; 1957-61 Refer.; Ass.-Ex. 1961 u. Promot. Bonn - 1961-66 Assist. Univ. Bonn; 1966-69 Doz. ebd.; 1969-79 o. Prof. Univ. Kiel; 1979-85 Saarbrücken; s. 1985 Köln - BV: Verw.rechtsschutz in Preußen v. 1749 b. 1842, 1962; Formen öfftl. Verw. im Bereich d. Wirtsch., 1967; Einf. in d. Sozialrecht, 1977.

RUEGENBERG, Horst

Dipl.-Ing., Geschäftsf. Arbeitgeberverb. f. d. Kr. Olpe, altern. Vorstandsvors. Bundesverb. d. Ortskrankenkassen, Bonn-Bad Godesberg u. Landesverb. AOK Westf.-Lippe - Hardtweg 16, 5960 Olpe-Biggesee (T. 02761 - 6 35 22) - Geb. 12. April 1914 Olpe/W. - Dt. Kolleg Bad Godesberg; Stud. d. Eisenhüttenkd. TH Aachen; Dipl.ex. 1941 ebd. - 1935-37 u. 1939-45 Wehrdst. (zul. Major d. R. u. Artl.-Abt.s-Kdr.); b. 1948 Vorst. Kraftverkehr Olpe AG. Mitgl. Sachverst.-Kommiss. z. Weiterentwickl. d. Krankenversicher. u. Kurat. Dt. Krebshilfe, bde. Bonn; stv. ARsvors. Gemeinn. Wohnungsgenoss. f. d. Kr. Olpe eG., Beiratsvors. Lehrwerkstatt GmbH., Attendorn, Vors. Präs. Förderkr. Wendener Hütte - BV: D. Wirtschaftsgeschichte (Heimatchronik f. d. Kr. Olpe), 1967 - Kriegsauszeichn.; 1973 BVK I. Kl.; 1981 Gr. BVK - Liebh.: Musik (Vors. Konzertgemeinsch. Olpe), Jagd - Rotarier.

RUEGENBERG, Sergius

Architekt - Kurpromenade 6, 1000 Berlin 22 (T. 353 48 26) - Geb. 17. Jan. 1903 - U. a. Mitarb. v. Bruno Paul, Mies v. d. Rohe, Hans Scharoun. Zeitw. Doz. TU Berlin (50er Jahre) - 1931 Preuß. Staatspreis (Flughafenprojekt), 1963 Berliner Kunstpreis.

RÜGER, Christian

Dipl.-Ing., Techn. Geschäftsführer Hoesch Verpackungssysteme GmbH. (1981 ff.) - 5830 Schwelm/W. - Geb. 27. Aug. 1936.

RUEGER, Christoph

Dr. phil., Prof. Hochsch. d. Künste Berlin, Publizist, Pianist u. Komp. - Xantener Str. 20, 1000 Berlin 15 (030 - 881 39 22) - Geb. 3. Okt. 1942 Freital/Dresden (Vater: ev. Pfarrer), ev., 2 Kd. aus 1. Ehe (Constanze, Constantin) - Thomaner b. 1960; Stud. Univ. Leipzig (Musikwiss. u. Sinologie); Musikhochsch. Leipzig (Orgel, Klavier u. Theorie); Promot. (Diss. üb. Skrjabin) - 1971 Doz. f. Musikgesch. Staatl. Ballettsch. Leipzig; Übers. aus d. Russ. (rd. 10 Bücher u. 120 Art.), Autor, Herausg. v. Musiklit. u. Klaviermusik sow. musikal. Leit. b. Studiobühnen u. Kabaretts (u.a. Academixer); 1981 Übersiedel. nach Berlin (West), s. 1983 Prof. f. Musiktheorie u. Tonsatz ebd.; Moderator im SFB (Klassik z. Frühstück); Chansonprogramme m. d. Diseuse Doris Bierett - BV: u.a. Klaviermusik A-Z, Konzertb., 3. A.; Musikinstrument u. Dekor, 1982,

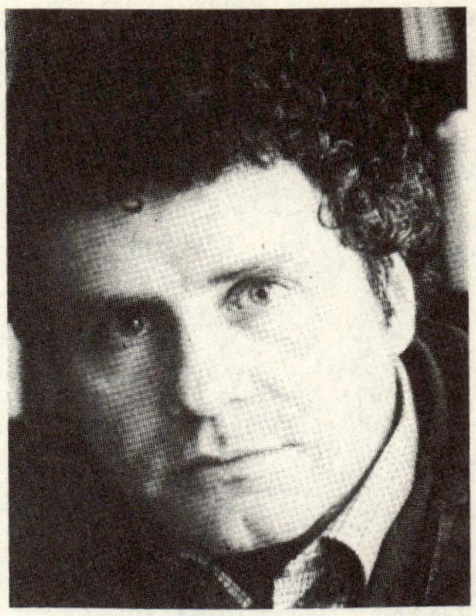

auch engl. u. franz.; Soli Deo Gloria, Bach-Biogr., 1985; Magie in Schwarz & Weiß, Liszt-Biogr., 1986; Igor Strawinsky - Für Sie porträtiert, 1988. Schwerp. als Publiz.: 19. Jh., russ. Kultur, Musik f. Tasteninstr. u.a. - Kompos.: Chanson, Bühnenmusiken, Musicals (Farm d. Tiere, UA 1982 Berlin, D. Rösser v. Brandenburg, UA 1987 Berlin) - Liebh.: Fernost, Malerei um 1900.

RÜGER, Christoph B.

Dr. phil., Prof.hon. (Bonn), Direktor, Leit. Rhein. Landesmuseum, Präs. Dt. Museums Bund - Colmantstr. 14-16, 5300 Bonn.

RÜGER, Hans

Ing., Geschäftsführer Wuragrohr GmbH., Wickede - Bergstr. 12, 5757 Wickede/Ruhr - Geb. 4. Jan. 1922.

RÜGGEBERG, Jörg

Assessor jur., Justitiar d. Südwestfunks - Hermann-Sielcken-Str. 29, 7570 Baden-Baden (T. 07221-276 22 05) - Geb. 26. Juli 1938 Hanau, verh. s. 1963 m. Wiltraud, geb. Erhardt, 2 Kd. (Jens, Claudia) - Stud. Rechtswiss.; 1. jurist. Staatsex. 1963 Heidelberg; 2. jurist. Staatsex. 1967 - Forschungsref. Hochsch. f. Verw.wiss. Speyer; Ref. (Min.Rat) Staatskanzlei Rhld.-Pfalz; s. 1977 SWF.

RÜGHEIMER, Erich

Dr. med., o. Prof. f. Anästhesiologie u. Dir. Inst. f. Anästhesiologie Univ. Erlangen-Nürnberg - Nußbaumweg 11, 8520 Erlangen-Rathsberg (T. 2 54 22) - S. 1966 ao. u. o. Prof. (1970) Erlangen. 1973-74 Präs. Dt. Ges. f. Anästhesie u. Intensivmedizin. S. 1974 Dekan Med. Fakultät Univ. Erlangen, 1979-80 Präs. Dt. Ges. f. Anästhesie u. Intensivmed. u. Weltkongreßpräsident.

RÜHE, Volker

Oberstudienrat a. D., MdB (s. 1976), Obmann f. Bild. u. Wiss., stv. Vors. CDU/CSU Bundestagsfraktion (f. Auswärtiges, Verteidig., Innerdt. Bezieh., Wirtschaftl. Zusammenarb., s. 1982), Vors. Bundesfachaussch. Außenpolitik (s. 1983) - Milchgrund 2, 2100 Hamburg 90 - Geb. 25. Sept. 1942 Hamburg, ev., verh., 3 Kd. - Stud. Angl./German. Univ. Hamburg - 1968-76 Höh. Schuldst. Hamburg. CDU s. 1963 (Mitgl. gf. Landesvorst.; 1973-75 Mitgl. Bundesvorst. JU); 1970-76 MdHB (1973 stv. Fraktionsvors.).

RÜHL, Bruno

Präsident, Verbandsvorsteher Württ. Sparkassen- u. Giroverb. - 7000 Stuttgart 1 (T. 127 78 20) - Geb. 3. Sept. 1926 Mühlhausen b. Heidelberg - Gymn.; Univ. Heidelberg (Rechtswiss.). Gr. jurist. Staatsprüf. - VR-Vors. Südwestdt. Landesbank Girozentrale u. Landesbausparkasse Württ.; AR-Vors. Sparkassen-Versich. Lebensversich. AG, u. Wohnbau Württ. gGmbH; AR-Mitgl. Sparkassen-Versich. Allg. Versich. AG; Vorst.-Mitgl. Dt. Sparkassen- u. Giroverb. Bonn u. Dt. Sparkassen- u. Giroverb. Berlin.

RÜHL, Günter

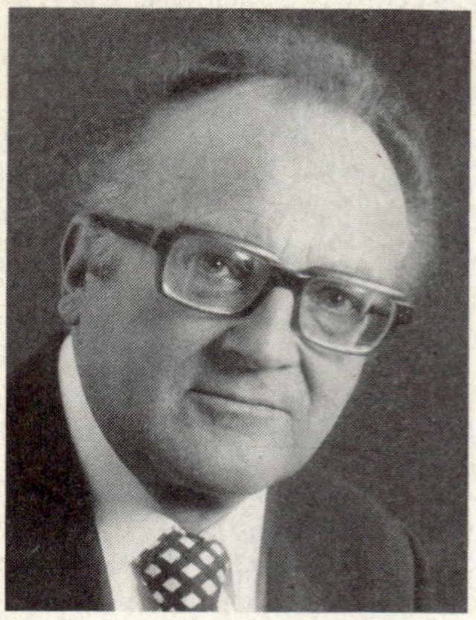

Dr.-Ing., o. Prof. f. Betriebswirtschaftsl., Dir. Inst. Fertigungsw. u. Arbeitswiss. Univ. Karlsruhe (s. 1966) - Käthe-Kollwitz-Str. 44, 7500 Karlsruhe-Durlach (T. 49 12 83) - Geb. 13. Mai 1914 Danzig, ev., verh. s. 1943 m. Hannelore, geb. Günther - TH Danzig u. Berlin, Dipl.-Ing. 1940. Promot. (1951) u. Habil. (1965) TU Berlin - 1940-42 Fabrikationsingenieur und Gruppenleit. Bayer. Flugmotorenwerke Bln.-Spandau, dann Truppening., 1946-54 Obering. u. Doz. TU u. FU Berlin, 1954-58 Mitgl. Geschäftsltg. Leiser Fabrikations- u. Handelsges., Berlin, 1958-65 Unternehmensber. u. Leit. AWF-Inst., ebd., gleichz. Hochsch.doz.; 1966 Ruf Univ. Karlsruhe, s. 1967 gleichz. Leit. Forschungs-Inst. f. Betriebsführung im Handwerk; s. 1977 gleichz. Geschäftsf. FOWIG-Unternehmensberatungs GmbH Karlsruhe - BV: Fertigungswirtschaft, 1965; Personalführung, 1965; Arbeitswiss. Optimierung techn. u. organisator. Systeme, 1967; Fertigungsorganisation u. Arbeitsvorb., 1968; Schwachstellenforschung u. Maßnahmen z. Rationalisierung d. Betriebes, 1969; Untersuchungen z. Struktur d. Arbeitszufriedenheit, 1978; Arbeitsstrukturierung heute u. morgen, 1979; Einsatz numerisch gesteuerter Werkzeugmaschinen, 1979; Forschungsergebnisse z. handlungsorientierten Organisationsgestaltung, 2 Bde. 1984; Steigerung d. betrieblichen System-Synergie, 1986; Wege zu e. weltweiten Management-Synergie, 1988; Betriebsführung als synergetische Managementsynergie, 1989 - 1974 BVK a. Bd., 1979 Verdienstmed. Bad.-Württ.

RÜHL, Lothar

Dr. sc. pol., Staatssekr. Bundesverteid.-Min. (1982-89), Intern. Korrespondent DIE WELT (s. 1989ff.) - Kaiser-Wilhelm-Str. 6, 2000 Hamburg 36 - Geb. 1927 Köln - Stud. Rechts-, Staatswiss. u. Gesch. Bonn u. Paris (Dipl. u. Promot. Sorbonne) - 1949-53 Pressekorresp. Bonn, 1954-69 Paris, 1969-73 stv. Chefredakt. DIE WELT, 1973-79 ZDF-Korresp. Brüssel, 1979-80 Studioleit. ZDF, 1981/82 stv. Regierungssprecher Bonn - BV: Vietnam - Brandherde e. Weltkonfliktes?, 1966 (Ullstein-Taschenb.); Machtpolitik u. Friedensstrategie, 1974; Rußlands Weg zur Weltmacht, 1981. Zahlr. Kapitel in Gemeinschaftswerken - 1966 u. 1971 Theodor-Wolff-Preis; 1980 BVK.

RÜHL, Manfred

Dr. rer. pol., Dr. rer. pol. habil, Dipl.-Volksw., Prof. f. Kommunikationswissenschaft (Schwerp. Journalistik) Univ. Bamberg, 1. Vors. Dt. Ges. f. Publiz. u. Kommunikationswiss. (1980-82) - Hörberweg 1, 8500 Nürnberg 10 - Geb. 31. Dez. 1933 Nürnberg - ev. - Ind.-Kfm. 1956, Dipl.-Volksw. 1960, Promot. 1968, Habil. 1978 - 1976-83 Prof. Univ. Hohenheim/Stuttgart; s. 1983 Ordinarius Univ. Bamberg. 1978-81 Direktoriumsmitgl. Intern. Communicat. Assoc. - BV: D. Zeitungsredaktion als organis. soz. System, 2. A. 1979; Journalismus u. Ges. Bestandsaufn. u. Theorieentw., 1980; Kommunikation u. Erfahrung, 1987.

RÜHL, Walter

Dr. rer. nat., Direktor Deutsche Texaco (b. 1977), Honorarprof. TU Berlin (1954-79) - Strandtreppe 15, 2000 Hamburg 55 - Geb. 1. April 1912 Leipzig, verh. s. 1942 m. Ursula, geb. Meyer, 4 Kd. (Peter, Johannes, Maria, Ursula) - Prom. 1938 Univ. Leipzig. Fachgeb. Erdölgeol. u. Lagerstättenkd. sowie Untergrundspeicher. v. Erdöl u. Erdgas - BV: Entölung v. Erdöllagerstätten durch Sekundärverfahren, 1952; Energiehandb., 1979; Tar Sands and Oil Shales, 1982. 60 Fachart. - 1980 Carl-Engler-Med. Dt. Ges. f. Mineralölwiss. u. Kohlechemie.

RÜHL, Werner

Dr. rer. nat., Prof. f. Physik Univ. Kaiserslautern - Storchenacker 18, 6750 Kaiserslautern - Geb. 25. Juli 1937 Remscheid (Vater: Karl R., Kaufm.; Mutter: Emmy, geb. Parr), verh. s. 1961 m. Erika, geb. Kemper, 3 Kd. (Ute, Roland, Dorothee) - Univ. Köln (Dipl. 1960, Promot. 1962) - 1964-70 Cern, Genf; 1970ff. o. Prof. in Kaiserslautern - BV: The Lorentz Group and Harmonic Analysis, Monogr. 1970.

RÜHLE, Günther

Dr. phil., Journalist - Zu erreichen üb. Städt. Bühnen Frankfurt, Untermainanlage 11, 6000 Frankfurt 1 - Geb. 3. Juni 1924 Gießen - Schulen Weilburg u. Bremen; 1942-45 Wehrdst.; 1946-52 Univ. Frankfurt (German., Gesch., Volkskd.) - S. 1954 Feuilletonredakt. Frankfurter Neue Presse, ab 1960 FAZ (1974-85 Leit. Feuill.); 1985 Intendant Schauspiel Frankfurt - BV/Herausg.: u. a. Theater f. d. Republik 1917-1933. Im Spiegel d. Kritik (1967 u. 89), Zeit u. Theater 1914-46 (3 Bde. 1971-74), Marieluise Fleißer Gesammelte Werke (3 Bde. 1973), Materialien z. Leben u. Schreiben d. Marieluise Fleißer (1973), Theater in uns. Zeit (1976); Anarchie in d. Regie (1982). Herausg. Erinnerungen Bernhard Minettis (1985). Viele Theaterkrit.; Bücher, die d. Jahrh. bewegten (1978); D. Büchermacher (1985) - Vizepräs. d. Akad. d. Darstellenden Künste; Mitgl. PEN-Zentrum BRD.

RÜHLE, Hans

Dr. jur., Leiter d. Planungsstabes d. Bundesmin. d. Verteidigung Bonn (s. 1982), Oberst d. R. - Thüringer Allee 90, 5205 Augustin 2 (T. 02241 -33 27 12) - Geb. 31. Dez. 1937 Stuttgart-Bad Cannstadt, verh. s. 1959 m. Doris, geb. Gaßmann, S. Michael - Stud. Gesch., Polit. Wiss., Sport, Rechtswiss., Volksw.; Promot. 1968 Würzburg, Dipl.-Volksw. 1970 Regensburg - 1971-74 stv. Leit. Inst. f. Sich. u. Intern. Fragen München; 1974-78 Leit. Forschungsber. Außen- u. Sich.-Politik im Soz.-wiss. Inst. d. Konrad-Adenauer-Stiftg.; 1978-82 Leit. Soz.-wiss. Inst. KAS - BV: Angriff auf d. Volksseele. Üb. Pazifismus z. Weltfrieden?, 1984. Herausg.: Sozialist. u. kommunist. Parteien in Westeuropa (m. H.-J. Veen, 2 Bde. 1979); Wachsende Staatshaushalte (m. H.-J. Veen, 1979); Europapolitik in d. Marktwirtsch. (m. M. Miegel, 1980); Im Spannungsfeld d. Weltpolitik: 30 J. dt. Außenpolitik (1949-79) (m. W. F. Hanrieder, 1981); D. Neo-Konservativismus in d. Vereinigten Staaten u. s. Auswirkungen auf d. Atlantische Allianz (m. H.-J. Veen, W. F. Hahn, 1982); Gewerkschaften in d. Demokratien Westeuropas (m. H.-J. Veen, 2 Bde. 1983) - 1984 BVK; Kommandeurkreuz d. nat. VO d. franz. Rep. - Liebh.: Sport, Musik, Lit., Reisen - Spr.: Engl.

RÜHM, Gerhard

Prof., Hochschullehrer, Schriftst. - Lochnerstr. 1, 5000 Köln 1 - Geb. 12. Febr. 1930 Wien - U.a. Prof. Kunsthochsch. Hamburg. Bücher u. Hörspiele - 1983 Hörspielpreis d. Kriegsblinden (f.: Wald - E. dt. Requiem).

RÜHM-CONSTANTIN, Emmy

Dr. phil., Prof., Hochschullehrerin - Neugartstr. 7, 7800 Freiburg/Br. (T. 6 75 53) - Geb. 15. April 1911 - S. 1962 Doz. u. Prof. Päd. Hochsch. Freiburg (Päd.) - BV: D. Beginn d. Schultages - Unters. d. Lehrer- u. Schülerverhaltens, 1972.

RÜHMANN, Heinz

Schauspieler, Regisseur - Maxhöhe, 8131 Berg/Starnberger See (T. München 47 65 54) - Geb. 7. März 1902 Essen (Vater: Gastwirt), verh. 1) 1939 m. Hertha, geb. Feiler (Schausp.) †1970, 2) s. 1974 m. Hertha, geb. Wohlgemuth, Sohn Prof. Dr.-Ing. Heinz-Peter - Realgymn.; Schauspielunterricht Fritz Basil, München - Ab 1922 Bühnen Breslau, Hannover, Berlin (Reinhardt), München (Kammersp.: letzte Rolle 1972: Der Hausmeister), n. Kriegsende Gastsp. In- u. Ausl. (u. a. üb. 2000 x D. Mustergatte) u. Filmproduzent (Comedia-Film), 1960 ff. Burgtheater Wien. Verf.: H. R. erzählt s. Leben (Welt am Sonntag, Nr. 27-38 1969). Filmhauptrollen: u. a. Drei v. d. Tankstelle, Man braucht kein Geld, Flucht ins Glück, D. Mann, d. seinen Mörder sucht, Frasquita, Bomben auf Monte Carlo, Strich durch d. Rechnung, 5 Millionen suchen e. Erben, Ich vertraue Dir meine Frau an, Lachende Erben, So e. Flegel, D. Außenseiter, Allotria, Wenn wir alle Engel wären, D. Mustergatte, D. Mann, d. Sherlock Holmes war, 13 Stühle, D. Umwege d. schönen Karl, Nanu, Sie kennen Korff noch nicht?, Hurra, ich bin Papa!, D. Florentiner Hut, Kleider machen Leute, D. Gasmann, Hauptsache glückl., Quax, d. Bruchpilot, D. Feuerzangenbowle, Quax in Fahrt, D. Herr v. anderen Stern, D. Geheimnis d. roten Katze, Ich mach Dich glückl., Das kann jedem passieren, Wir werden d. Kind schon schaukeln, Quax in Afrika, Briefträger Müller, Auf d. Reeperbahn nachts um 1/2 1, Zwischenland. in Paris, Wenn d. Vater m. d. Sohne, Charley's Tante, D. Hptm. v. Köpenick, D. Sonntagskind (Schneider Wibbel), Vater sein dagegen sehr, Es geschah am hellichten Tag, D. Mann, d. nicht nein sagen konnte, D. eiserne Gustav, D. Pauker, Menschen im Hotel, E. Mann geht durch d. Wand, D. Jugendrichter, Mein Schulfreund, D. brave Soldat Schwejk, D. schwarze Schaf, D. Lügner, Max d. Taschendieb, Er kann's nicht lassen, Meine Tochter u. ich, D. Haus in Montevideo (Prof. Nägler), Vorsicht Mr. Dodd!, Ship of Fools/D. Narrenschiff (Hollywood; Julius Löwenthal), D. Liebeskarusell, Hokuspokus, Geld oder Leben? (Frankr.), Maigret u. sein größter Fall, D. Abenteuer d. Kardinals Brown, D. Ente klingelt um 1/2 8, D. Kapitän (1971), Oh Jonathan (1973), Gefundenes Fressen (1976), D. chines. Wunder (1977); Fernsehen: D. Tod d. Handlungsreisenden, D. eiserne Gustav, Mein Freund Harvey, Sag's d. Weihnachtsmann, Endspurt, D. Pfandleiher, D. Hausmeister, Diener und andere Herren (1977). Filmregie: Lauter Lügen, Lauter Liebe, Sophienlund, Der Engel mit dem Saitenspiel, D. kupferne Hochzeit - 1955 Ehrenmitgl. Intern. Artistenloge (f. d. Darstell. d. Musikclowns in: Wenn d. Vater m. d. Sohne); 1957 Kunstpreis Stadt Berlin, 1957 Preis Intern. Filmfestsp. San Francisco (D. Hptm. v. Köpenick), 1959 Ernst-Lubitsch-Preis Club d. Filmjourn. Berlin, 1961 Preis d. Dt. Filmkritik (D. brave Soldat Schwejk), 1957, 61 (D. Hptm. v. Köpenick, D. schwarze Schaf), 1972 Bundesfilmpreis/Filmband in Gold (f. erfolgr. u. hervorr. Wirken im dt. Film), 12 x Bambi-Preis, 1967 Gold. Bildschirm; 1966 Gr. BVK, 1972 Stern dazu; 1973 Gold. Leinwand Hauptverb. dt. Filmtheater (f.: D. Kapitän); 1977 Kultureller Ehrenpreis Stadt München; 1979 Gold. Kamera Hör zu; 1980 Gold. Verdienstmed. Luftrettungsstaffel Bayern; 1982 Bayer. Maximiliansorden f. Kunst - Liebh.: Sportfliegerei (Flugschein s. 1930), Bücher (bes. Stefan Zweig), Musik, Golf, Jagd, Wassersport - Spr.: Engl. - Lit.: Hans Hellmut Kirst, H. R. - Kl. Mann m. gr. Herzen, Biogr. 1969 - Nichtraucher.

RÜHMKORF, Eva

Ministerin f. Bildung, Wiss., Jugend u. Kultur Schlesw.-Holst. (s. 1988) - Düsternbrooker Weg 64, 2300 Kiel - Zul. Staatsrätin Leitst. Gleichstellung d. Frau, Senatskanzlei Fr. u. Hansestadt Hamburg.

RÜHMKORF, Peter

Schriftsteller - Övelgönne 50, 2000 Hamburg 52 - Geb. 25. Okt. 1929 Dortmund - 1984 Gastdoz. Univ. Paderborn - BV: Irdische Vergnügen in g, Ged. 1959; Wolfgang Borchert, Biogr. 1961; Kunststücke, Ged. 1962; Üb. d. Volksvermögen - Exkurse in d. lit. Untergrund, 1967; Was heißt hier Volsinii? - Bewegte Szenen aus d. klass. Wirtschaftsleben, 1969; D. Jahre, d. Ihr kennt - Anfälle u. Erinn., 1972; Walther von der Vogelweide, Klopstock u. ich, 1975; Gesammelte Ged., 1976; Strömungslehre I - Poesie, 1978; Haltbar bis Ende 1999, Ged. 1979; Auf Wiedersehen in Kenilworth, M. 1980; agar agar Zaurzaurim/Z. Naturgesch. d. Reims, 1981; Kl. Fleckenkd., Ged. 1982; D. Hüter d. Misthaufens - Aufgekl. Märchen, 1983; Bleib erschütterbar u. widersteh - Aufs./Reden/Selbstgespr., 1984. Bühnenst.: Lombard gibt d. Letzten (UA. 1972 Dortmund); Was heißt hier Volsinii (UA. 1973 Düsseldorf); D. Handwerker kommen (1974) - 1958 Hugo-Jacobi-Preis; 1976 Heinrich-Merck-Preis; 1976 Stadtschreiber v. Bergen-Enkheim; 1979 Erich-Kästner-Preis; 1979 Annette-v.-Droste-Hülshoff-Preis Landschaftsverb. Westf.-Lippe; 1984 Ehrengabe Heinrich-Heine-Ges.; 1972 Mitgl. PEN-Zentrum BRD.

RÜLCKER, Tobias

Dr. phil., Prof. f. Erziehungswissenschaft - Blumenthalstr. 4, 1000 Berlin 42 (T. 752 56 48) - Geb. 12. März 1931 Dresden (Vater: Fritz R., kfm.Angest.; Mutter: Gertrud, geb. Thomaß), ev. - Gymn., Stud., 1. u. 2. Staatsprüf. f. Lehramt Gymn. (1958 u. 1960), Dr. phil 1968 Frankfurt - 1960-1970, St.Rat, 1970-80 o. Prof. PH Berlin, s. 1980 o. Prof. FU Berlin - BV: Bildung, Ges., Wiss., 1976; Soz. Normen u. schul. Erziehung, 1978. Zahlr. Aufs. i. Sammelbd. u. Fachztschr. Mitherausg.: Lesebuch drucksachen; Studienreihe Erziehungswiss., 6 Bde. (1985-86) - Spr.: Engl.

RÜLKE, Helmut

Dipl.-Pol., Journalist, Pressechef Deutschlandfunk - Raderberggürtel 40, 5000 Köln 51; priv.: Briandstr. 112, 5300 Bonn 1 (T. 64 15 04) - Geb. 28. Juni 1934 Berlin, kath., verh. m. Angela, geb. Lohe, 2 Kd. - Stud. Volksw., Gesch. u. Politik Univ. Hamburg u. FU Berlin; Dipl.-Pol. 1960 - 1960/62 Tätigk. b. Tagesztg.; dann Pressechef Bundesratsmin. Bonn, CSU-Landesgr. im Bundestag, Deutschlandfunk (s. 1969).

RÜRUP, Bert

Dr. rer. pol., Prof. - Residenzschloß, 6100 Darmstadt - Geb. 7. Nov. 1943 Essen (Vater: Josef R., Stadtdir. a. D.) - Promot. 1971 Köln - 1974-75 wiss. Mitarb. Planungsabt. Bundeskanzleramt, s. 1975 Prof. f. Volkswirtsch.lehre u. Finanzwiss. TH Darmstadt; (s. 1976) - BV: D. Programmfunktion d. Bundeshaushaltsplanes, 1971; Ausl. Arbeitnehmer, 1973 (m. K. Höpfner u. B. Rahmann); Staatswirtsch.l. Planungsinstrumente, 3. A. 1984 (m. K. H. Hansmeyer); Finanzwissenschaft, 2. A. 1985 (m. H. Körner); Strukturelle Aspekte e. Wertschöpfungsbeitrags, 1986; Sozioökonomische Konsequenzen d. techn. Wandels, 1987 (m. H. Körner); Wirtschaftl. u. gesellschaftl. Perspektiven d. Bundesrep. Deutschl., 1989. Mithrsg. Reader-Reihe Materialien z. Betriebs- u. Volkswirtsch.lehre. Zahlr. Gutachten u. Aufs. zu Fragen d. staatswirtsch. Planung u. Entscheidung, Finanzpolitik, Beschäftigungspolitik, Rentenprobl., Zukunft d. Arbeit.

RÜRUP, Reinhard

Dr. phil., Prof. f. Neuere Geschichte TU Berlin (s. 1975) - Rüdesheimer Pl. 3, 1000 Berlin 33 - Geb. 27. Mai 1934 Rehme (Vater: Friedr. R., Journ.; Mutter: Irmgard, geb. Behrens), ev., verh. s. 1961 m. Ingeborg, geb. Bussemer, 2 Töcht. (Bettina, Katharina) - Promot. 1962 Göttingen; Habil. 1970 FU Berlin - 1970-75 Prof. FU Berlin; 1971 Gastprof. Univ. Cal., Berkeley u. 1974/75 Harvard, 1981 Univ. New South Wales, Australien, 1984 Hebräische Univ. Jerusalem - BV u. a.: Probl. d. Revolution in Dtschl., 1968; Emanzipation u. Antisemitism., 1975, Neuausg. 1987; Arbeiter- u. Sold.räte i. rhein.-westf. Industriegeb., 1975; Histor. Sozialwissenschaft, 1977; Wiss. u. Ges. Beitr. z. Gesch. d. TU Berlin 1879-1979, 2 Bde. 1979; Arbeiter-, Soldaten- u. Volksräte in Baden 1918/19, 1980 (m. P. Brandt); Deutsche Geschichte im 19. Jh., 1984. Mithrsg.: Mod. Technikgesch. (1975); Revolution and Evolution: 1848 in German-Jewish History (1981); Berlin, Berlin (m. E. Korff, 1987); Topographie d. Terrors (7. A. 1989); Geschichte u. Gesellschaft (s. 1975).

RÜSBERG (gen. Grosse oder Mittelste Rüsberg), Karl-Heinz

Dipl.-Ing., Dipl.-Wirtsch.-Ing., Sprecher d. Geschäftsführung Jahnel-Kestermann Getriebewerke Bochum GmbH, - Hunscheidtstr. 116, 4630 Bochum 1 (T. 0234 - 339-203) - Geb. 2. Okt. 1932 Wittstock/Dosse (Vater: Heinrich R., Sparkassendir.; Mutter: Hildegard, geb. Ramforth) - Schlosserlehre; Maschinenbauing. (grad.); Stud. Maschinenbau u. Wirtschaftsingenieurwesen TH Graz (Dipl.ex. 1964) Geschäftsführungsass. u. Abt.leit. Fried. Krupp GmbH, Essen; Techn. Dir. Elba Baumaschinengruppe, Ettlingen/Paris; Geschäftsl.-Mitgl. Kienbaum Unternehmensberatung GmbH, Gummersbach/Düsseldorf; Kfm. Vorst. u. Dir. Reşita-Renk SA, Reşita/Rumänien - BV: Praxis d. Project- u. Multiproject-Management, 3. A. 1976; Systems-Project-Management, 1985 - 1964 Ehrenmitgl. Verb. Österr. Wirtschaftsing.; 1969 Ehrenbürger Jacksonville, Florida/USA - Lions-Club.

RÜSCH, Hubert

Dr.-Ing., Dr.-Ing. E. h., o. Prof. f. Massivbau (emerit.) - Bichlerstr. 19, 8000 München 71 (T. 79 45 40) - Geb. 13. Dez. 1903 Dornbirn (Vater: Dipl.-Ing. Karl R.; Mutter: Anni, geb. Winder), kath., verh. s. 1935 m. Trude, geb. Meier, 3 Kd. (Eberhard, Inge, Brigitte) - TH München (Bauing.wesen) - 1926-48 Dyckerhoff & Widmann (1930-34 Buenos Aires); ab 1948 TH bzw. TU München (Ord. u. Dir. Materialprüfungsamt für das Bauwesen). Ehrenpräs. Comité Européen du Beton. In- u. ausl. Fachmitgliedsch. - BV: Theorie d. querversteiften Zylinderschalen f. schmale, unsymmetr. Kreissegmente, 1931 (Diss.); Rechtwinkl. Fahrbahnplatten v. Straßenbrücken, 1952 (inzw. 6 A.); Schiefwinkl. Fahrbahnplatten, 1967; Stahlbeton - Spannbeton, 1972. Üb. 100 Einzelarb. - 1959 Ehrendoktor TH Dresden; 1938 Edward-Longstreth-Med. Franklin-Inst. Philadelphia, 1957 Emil-Mörsch-Med. Dt. Betonverein, 1962 Wason-Med. American Concrete Inst., 1972 Gauß-Med. Braunschweig. Wiss. Ges., 1976 Alfred E. Lindau Plaque (ACI; Ehrenmitgl. ACI (1966), RILEM (1968) u. AICAP Italien (1975); 1977 Foreign Associate National Academy of Engineering USA - Liebh.: Skilaufen - Spr.: Engl., Franz., Span., Ital.

RÜSCHEN, Gerhard

Dr. rer. pol., Vorstandsvorsitzender Nestlé Deutschland AG - Lyoner Str. 23, 6000 Frankfurt/M. 71 - Geb. 23. Juni 1932 - Vors. Markenverb., Wiesbaden.

RÜSEN, Jörn

Dr. phil., Prof. f. Geschichte Univ. Bielefeld, Fak. f. Gesch.wiss. - Postf. 86 40, 4800 Bielefeld 1 - Geb. 19. Okt. 1938 Duisburg, verh. m. Ingetraud, geb. Wodarz, 3 Kd. - Gymn. Duisburg (Abit. 1958); Univ. Köln, Promot. 1966 - 1966-68 Ref., 1969-72 wiss. Assist., 1973-74 Assist.-Prof., 1975-89 o. Prof. f. Neuere Gesch. Ruhr-Univ. Bochum, s. 1989 o. Prof. f. allg. Gesch. Univ. Bielefeld - BV: Begriffene Gesch., 1969; Ästhetik u. Gesch., 1976; Für e. erneuerte Historik, 1976; Histor. Vernunft, 1983; Rekonstruktion d. Vergangenheit, 1986; Lebendige Geschichte, 1989.

RÜSS, Dietrich H.

Dipl.-Kfm., Vorsitzender d. Geschäftsführung Condea Chemie GmbH, Brunsbüttel (s. 1969) - Elbblöcken 21, 2000 Hamburg 52 (T. 880 87 45) - Geb. 9. März 1930.

RÜSSMANN (ß), Helmut

Dr. jur., Univ.-Prof. Univ. d. Saarlandes (s. 1987), Richter OLG Saarbrücken (s. 1989) - Gärtnerstr. 6, 6602 Dudweiler - Geb. 23. Jan. 1943 Dortmund (Vater: Wilhelm R., Lehrer; Mutter: Ilse, geb. Osterhold) - Stud. u. a. Georgetown Univ., Washington; Promot. 1967 Frankfurt - 1975-87 Prof. Univ. Bremen, 1978-89 Richter OLG Bremen - BV: Jurist. Begründungslehre. E. Einf. in Grundprobl. Rechtswiss. (zus. m. H.J. Koch), 1982 - Liebh.: Musik - Spr.: Engl, Franz.

RÜSSMANN (ß), Helmut

Dr. rer. nat., o. Prof. f. Mathematik - Menzelstr. 9a, 6500 Mainz - Geb. 23. Nov. 1930 München - Promot. 1958 Göttingen - S. 1963 (Habil.) Lehrtätigk. FU Berlin (1967 apl. Prof.) u. Univ. Mainz (1971 Ord.). Fachveröff.

RÜSTOW, Hanns-Joachim

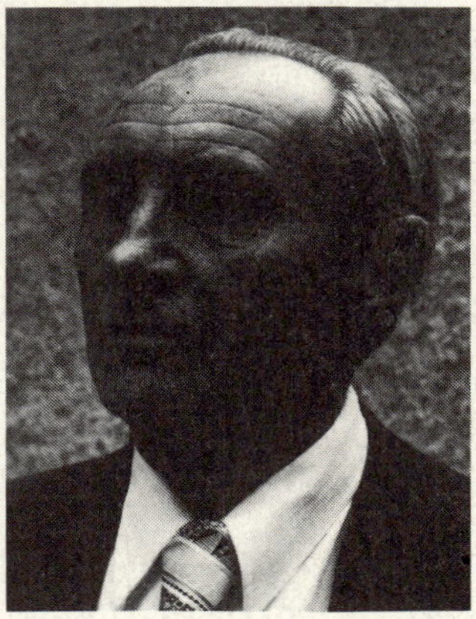

Dr. phil., Prof., Wirtschaftswiss. (emerit.) - 8137 Allmannshausen/Starnberger See (T. Berg 5 01 61) - Geb. 15. Okt. 1900 Berlin (Vater: Hans R., Generalleutnant; Mutter: Bertha, geb. Spangenberg), ev., verh. s. 1951 m. Leni, geb. Grimmel, 5 Kd. - Gymn.; Stud. Nationalök., Soziol., Gesch., Geogr. Promot. Heidelberg - 1926 Wiss. Berat. Reichswirtschaftsmin. (Grundsatzref.); 1956-69 Wiss. Berat. Ifo-Inst. f. Wirtschaftsforsch. 1930-32 Doz. Hochsch. f. Politik Berlin; s. 1962 Honorarprof. Univ. Erlangen-Nürnberg - Ehrenpräs. West/Ost-Kulturwerk. Mitgl. Verein f. Socialpolitik, Ges. f. Wirtschafts- u. Sozialwiss., List-Ges. - FDP. Unt. Hitler zeitw. verfolgt; 1939-45 Kriegsdst. (zul. Major d. R.) - BV: Theorie d. Vollbeschäftigung in d. fr. Marktwirtschaft, 1951; Investitionsquote - Wachstum u. Gleichgewicht, 1970; Stabilisierung d. Preisniveaus, Währungsordn. u. Lohnpolitik, 1973; Neue Wege z. Vollbeschäftigung. D. Versagen d. ökonom. Theorie, 1984 - Orden u. Ehrenz. aus beiden Weltkriegen, Gr. Verdienstkreuz d. VO. d. Bundesrep. Dtschld., 1978; Gold. Sportabz. - Spr.: Franz., Engl. - Bek. Vorf.: Wilhelm Rüstow (†1878), Adalbert v. Chamisso (†1838), Friedrich Rückert (†1866); Bruder: Alexander R. (†1963; s. XIV. Ausg.) - Lit.: Festschr. z. 70. Geburtstag in: Ifo-Studien, 16. Jg. 1970, H. 1/2; Festvortrag d. Prof. Lord Kaldor (Cambrigde) z. achtzigsten Geb. in: Ifo-Studien 29. Jg. 1983, H. 1.

RÜTER, Diethard

Dr. jur., Stadtrat f. Volksbildung Berlin-Reinickendorf - Lahrer Pfad 10, 1000 Berlin 28 - Geb. 20. März 1936 Dorsten/Westf. (Vater: August R., Volksschulrektor; Mutter: Gertrud, geb. Ewe), ev., verh. s. 1963 m. Margarete, geb. Holtkamp, 3 Kd. (Maren, Kristina, Jörn †) - Abit. 1955; 1956 Dolmetscherex.; Stud. Rechtsw. u. BWL Univ. München u. Münster; I. jurist. Staatsex. 1961 Hamm, II. jurist. Staatsex. 1966 Berlin; Promot. 1969 Münster - Rechtsanw. u. Bankjur.; Mitarb. Freie Univ. Berlin. 1971-79 Bezirksverordnetenvers. Berlin-Reinickendorf (1975 stv. Vorst., 1977 Fraktionsvors.), 1979-89 Mitgl. Abgeordnetenhaus Berlin, Mitgl. Fraktionsvorst. Abgeordnetenhaus v. Berlin. SPD s. 1965 - BV: Fragen int. Kartellrecht in Deutschl. u. USA, 1970 (Diss.) - Liebh.: Musik, Sammeln - Spr.: Engl., Franz., Altgriech., Latein.

RÜTER, Horst

Dr. rer. nat., Prof., Geophysiker, Institutsleiter, Westf. Berggewerkschaftskasse - Föhrenweg 11, 5810 Witten 3 (T. 02324 - 3 14 50) - Geb. 8. April 1942 Mühlacker, verh. s. 1969 m. Barbara, geb. Klemm, 3 Kd. (Karsten, Michael, Katja) - Dipl. 1969 Münster; Promot. 1974 Univ. Bochum - Inst.leiter f. Geophysik, Schwingungs- u. Schalltechnik, Prüfinst. f. Lärmschutz d. Westf. Berggewerkschaftskasse; Lehrauftr. Ruhr-Univ. Bochum - Entd.: Beiträge z. Steinkohle-Exploration.

RÜTHER, Günther

Dr. phil., Institutsleiter Konrad-Adenauer-Stiftung, Wesseling/Schloß Eichholz - Gottfried Disse Str. 38, 5350 Euskirchen - Geb. 16. Okt. 1948 Cuxhaven (Vater: Max R., Finanzbeamter; Mutter: Helga, geb. Haßkerl), ev., verh. s. 1975 m. Cordula, geb. Becker, 2 Kd. (Markus, Christina) - Stud. German., Polit. Wiss.; Päd. Univ. Freiburg (M.A. 1973, 1. Staatsex. 1974), Promot. 1979 Univ. Bonn - S. 1974 wiss. Mitarb. Konrad-Adenauer-Stiftg.; 1981 verantw. f. polit. Bildung. S. 1979 Herausg. polit. Vierteljahresschr. Eichholzbrief - BV: Staat u. Erwachsenenbild. E. Unters. z. Stell. d. Träger im soz. Rechtsstaat, 1979. Herausg u. Mitarb.: D. vergessenen Institut. E. Analyse d. Institut. im parlament. Reg.system d. Bundesrep. Dtschl. (1979); Geschichte d. christlich-demokr. u. christlich-soz. Bewegungen in Deutschl., 2 Bde. (1986); Kulturbetrieb u. Lit. in d. DDR (1987).

RÜTHER, Heinz

Dr. med., Prof., Chefarzt Orthopäd. Klinik St.-Vincentius-Krankenhaus Karlsruhe (s. 1953) - Lutherstr. 42, 7500 Karlsruhe-Durlach (T. 4 22 93) - Geb. 5. Febr. 1912 Dortmund, kath., verh. s. 1944 m. Annemarie, geb. Herweg, 3 Kd. - Univ. München, Kiel, Freiburg, Heidelberg - S. 1951 (Habil.) Privatdoz. u. apl. Prof. (1959) Univ. Heidelberg (b. 1952 Oberarzt Orthop. Klinik) - BV: D. jugendl. Hüftkopflösung, ihre Ätiologie u. Behandl., 1953. Zahlr. Fachaufs.

RÜTHERS, Bernd

Dr. jur., Prof. f. Bürgerl. Recht, Handels- u. Arbeitsrecht sow. Rechtstheorie, Richter am Oberlandesgericht - Höhgasse, CH-8598 Bottighofen TG (Schweiz) (T. D 07531 - 88 26 83) - (Vater: Ferdinand R., Werkmeister; Mutter: Johanna, geb. Vehoff), kath., verh. s. 1962 m. Theres, geb. Seeli, T. Monica - Gymn. Dortmund; Univ. Münster (Rechts- u. Sozialwiss.). Promot. 1958 - 1961-63 Direktionsassist. Daimler-Benz AG, Stuttgart (Zentrales Personalwesen); 1964-65 Wiss. Assist. Univ. Münster; 1966-67 Stip. Dt. Forschungsgemeinsch. Habil. 1967 Münster - Univ. Darmstadt, Bielefeld, Berlin. Konstanz, Augsburg; s. 1971 o. Prof. f. Zivilrecht u. Rechtstheorie Univ. Berlin (1968-71) u. Konstanz (s. 1971). Mitgl. versch. Sachverst.kommiss. Bundesreg. u. Länderreg. - BV: Streik u. Verfassung, 1960; Arbeitskampfrecht, 1965 (m. Brox); D. Recht d. Gewerkschaften auf Information u. Mitgliederwerbung im Betrieb, 1968; D. unbegrenzte Auslegung, 1968; Arbeitsrecht u. Polit. System, 1972; Tarifautonomie u. gerichtl. Zwangsschlichtung, 1973; Tarifmacht u. Mitbestimmung in d. Presse, 1975; Allg. Teil d. BGB, 7. A. 1989; E. Generation später ..., Studie 1981; D. offene Arbeitsges., 1985; Grauzone Arbeitsrechtspolitik, 1986; Rechtsordnung u. Wertordnung, 1986; Wir denken d. Rechtsbegriffe um - Weltanschauung als Auslegungsprinzip, 1987; Entartetes Recht - Rechtslehren u. Kronjuristerei im Dritten Reich, 2. A. 1989 - 1967 Hans-Constantin-Paulßen-Preis - Spr.: Engl.

RÜTT, August

Dr. med. (habil.), em. o. Prof. f. Orthopädie Univ. Würzburg (1962-86), Direktor Orthopäd. Klinik König-Ludwig-Haus ebd. (s. 1962) - Lerchenweg 11, 8700 Würzburg (T. 7 69 02) - Geb. 31. Mai 1918 - 1956-62 Doz. Univ. Köln - BV: Handb. f. Orthopädie, 1. u. 2. A., Beitr. in Bd. I u. IV, Therapie d. Koxarthrose, Th. of Coxarthrose, Orthop. Operationsatlas, Bd. IV (Unterschenkel, Fuß); Beitr. in Praxis d. Orthop., 1985; Beitr. in Orthop. In Klinik u. Praxis, Bd. I u. VII, 1986. Facharb. - 1956 Max-Lange-Preis.

RÜTTEN, Erich

Dr. phil., Dr. rer. pol., Generaldir. i. R., Ehrenvors. AR AG. Bad Neuenahr, Ehrenpräs. Dt. Bäderverb. - Oberstr. 23b, 5483 Bad Neuenahr-Ahrweiler (T. 2 60 96) - Geb. 5. Febr. 1906 Bad Neuenahr (Vater: Felix R., Kurdir.; Mutter: Maria, geb. Konnertz), verh. s. 1938 m. Johanna, geb. Querbach - Univ. Bonn u. Gießen - U. a. Assist. Univ. Bonn (Physikal. Inst.) u. Physiker Siemens & Halske AG., Berlin. Zahlr. Veröff. üb. Bäderwesen u. Fremdenverkehr - 1969 Gr. BVK - Liebh.: Tennis - Spr.: Engl., Franz., Span. - Rotarier.

RÜTTEN, Herbert

Dipl.-Kfm., Kurdirektor u. Vorstand AG Bad Neuenahr (s. 1971), Geschäftsf. Kurkliniken Bad Neuenahr GmbH, stv. Präs. DEHOGA, Vors. Dt. Sektion Intern. Hotel Assoc. (IHA), Schatzm. Wirtsch.-Verb. Dt. Heilbäder u. Kurorte - Kurgartenstr. 1, Postf. 10 07 51, 5483 Bad Neuenahr - Geb. 3. April 1931 Köln - 1951-53 Praktikum; Univ. Köln (Wirtschaftswiss.), Dipl. 1954 - S. 1955 Angest. AG Bad Neuenahr (Kurverw., Kurhotel, Sanatorium, Kurhaus), 1956-58 Steigenberger Hotelges. Frankfurt/M., danach wieder AG Bad Neuenahr. Div. Fachmitgl.sch., u. a. Vollvers. IHK Koblenz, AR- u. Beiratsmand.

RÜTTEN, Manfred

Hauptgeschäftsführer Landesvereinig. d. Fachverb. d. Handwerks Nordrh.-Westf. u. d. Bundesinnungsverb. d. Dt. Schuhmacherhandwerks - Auf'm Tetelberg 7, 4000 Düsseldorf 1 - Geb. 30. März 1936 - Ing.

RÜTTGERS, Jürgen

Dr. jur., 1. Beigeordneter a. D., MdB (s. 1987) - Fichtenweg 15, 5024 Pulheim-Sinthern - Geb. 26. Juni 1951 Köln-Lindenthal, kath., verh. - 1969-75 Stud. Rechtswiss. u. Gesch.; 1. jurist. Staatsprüf. 1975; 2. jurist. Staatsprüf. 1978; Promot. 1979 - 1978-80 Ref. b. Nordrh.-Westf. Städte- u. Gemeindebund; 1980-87 Beigeordn. bzw. Erster Beigeordn. Stadt Pulheim/Rhld.; 1975-80 Ratsmitgl. Pulheim; 1980-86 Landesvors. Junge Union Rhld.; s. 1985 Vors. CDU-Erftkreis; s. 1987 Vors. Enquete-Kommiss. Technikfolgenabschätzung- u. Bewertung d. Dt. Bundestages - Mitautor versch. wasserrechtl. Kommentare.

RÜTTING, Barbara

Schauspielerin - Sommerholz 30, A-5202 Neumarkt - Geb. 21. Nov. 1927 Berlin, 2 x gesch. - Gymn. - N. Kriegsende versch.

Berufe, u. a. Auslandskorresp. - Bühne: Frl. Julie, Prinzessin Eboli, Fuhrmann Henschel (Hanne Schäl), Lady Macbeth, Hedda Gabler, D. ehrbare Dirne u. a. Film: Postlagernd: Turteltaube, D Spur führt n. Berlin, Christina, D. letzte Brücke, D. zweite Leben, Canaris, Heideschulm. Uwe Karsten, Spionage, Mädchen o. Grenzen, In Hamburg sind d. Nächte lang, D. Geierwally, Glücksritter, Rot ist d. Liebe, Liebe, wie d. Frau sie wünscht, D. Freundin m. Mannes, Ich war ihm hörig, Herz o. Gnade, Schwarzer Stern in weißer Nacht, E. wunderbarer Sommer, Frauensee, Zeit zu leben - Zeit zu sterben, Arzt o. Gewissen, D. Schatten werden länger, Stadt o. Mitleid, Frauenarzt Dr. Sibelius, Liebe will gelernt sein, D. Phantom v. Soho u. a.; Fernsehen: u. a. Lysistrata (unt. Kortner), Die Kramer (Serie, 1971 ff.) - BV: Diese maßlose Zärtlichkeit - Versuche m. Männern, 1970; Mein Kochbuch, 1976; Ach du grüner Kater, 1979; Koch- u. Spielb. f. Kd., 1982; Mein neues Kochb., 1984 - 1953 Bundesfilmpreis (f.: D. Spur führt n. Berlin) - Liebh.: Reisen, Tennis, Sporttauchen - Spr.: Engl., Franz., Dän., Ital.

RUETZ, Michael

O. Prof. f. Photographie Hochschule f. Bild.Künste Braunschweig, Fotograf - Dörpfeldstr. 25, 2000 Hamburg 52 (T. 040 - 800 35 05) - Geb. 4. April 1940 Berlin (Vater: Manfred R., Musiker) - Stud. Sinol., Japanol., Publiz. Univ. Freiburg, München, Berlin; Ex. Foto-Design b. Otto Steinert 1976 GH Essen - 1969-73 Reporter STERN Redaktion; 1982 Lehrstuhl f. Photogr. Hochsch. f. Bild. Künste, Braunschweig - BV: Christo Projekt Monschau, 1971; Auf Goethes Spuren, 1978; Nekropolis, 1978; Goethe in d. Schweiz, 1979; Im and. Dtschl., 1979; APO Berlin 1966-1969, 1980; Land d. Griechen, 1981; Sizilien, 1983; Eye On America, 1984; Goethes Ital. Reise, 1985; Scottish Symphony, 1985; Joseph Beuys, 1986; Mond/Luna, 1986; Römische Veduten, 1987; Eye on Australia, 1987; Fontanes Wanderungen durch d. Mark Brandenburg, 1987; Italy, Seasons of Light, 1988; Bibliothek d. Augen, ab 1988. Zahlr. Einzelausst. im In- u. Ausl., u.a. London (ICA), Kopenhagen (Kunstverein), München (Stadtmuseum), Zürich (Helmhaus), Lissabon (Dt. Inst.), Washington D.C. (Sander), New York City (IPAD), Rom (Accademia Tedesca), Köln (Photokina), Carmel, California (Photography West Gallery), San Francisco, Cal. (Vision Gallery), Hamburg (Kunsthalle, Kunstverein), Berlin (Gal. Mikro, Künstlerhaus Bethanien) - 1981 Villa Massimo Preis.

RUF, Hans

Dr., Generaldirektor, Vorstandsvors. DLW/Dt. Linoleum-Werke AG. - 7120 Bietigheim/Württ.

RUF, Hugo

Dr. med., o. Prof. f. Neurochirurgie - Schleusenweg, 6000 Frankfurt/M. (T. 6 30 11) - Geb. 5. Febr. 1911 Bruchsal/Baden - S. 1950 (Habil.) Privatdoz., apl. (1957) u. o. Prof. (1963) Univ. Frankfurt (Dir. Neurochir. Klinik). Zahlr. Facharb.

RUF, Rudolf Karl

Glasermeister, MdB (s. 1980), Vizepräs. Zentralverb. d. Dt. Handwerks (s. 1979) u. Dt. Handwerksrat (s. 1975), Vorstandsmitgl. Dt. Handwerkskammertag (s. 1978), Präs. Baden-Württ. Handwerkstag (s. 1975), Präs. Handwerkskammer Karlsruhe (s. 1974) - Rüppurrer Str. 25, 7500 Karlsruhe 1 (T. 60 61 75) - Geb. 30. Aug. 1922 Karlsruhe, ev., verh. s. 1965 m. Christa, geb. Stadler, 4 Kd. - Goethe-Gymn. Karlsruhe (Abit.); Glaserlehre - 1960 Gold. Junghandwerkerabz.; 1972 BVK a. Bd.; 1973 Ehrenpräs. u. Gold. Ehrennadel Bundesverb. d. Jungglaser u. Fensterbauer, 1977 BVK I. Kl.; 1978 Gold. Ehrennadel Glaserhandw.; 1979 Verdienstmed. Baden-Württ.; 1979 Gold. Ehrenz. d. Bundeskammer d. gewerbl. Wirtsch. in Österr./Sektion Gewerbe; s. 1981 Ehrenbundesinnungsm. d. Glaserhandwerks; 1982 Gr. BVK; 1982 Gold. Ehrennadel Zentralverb. Dt. Handwerk (ZDH); 1982 Gold. Ehrennadel Baden-Württ. Handwerkstag (BWHT); 1982 Gold. Ehrennadel Baden-Württ. Glaserhandwerk; 1984 Gold. Ehrennadel Union Europèene des Miroitiers Vitriers (UEMV); 1984 Gold. Ehrennadel Handwerkskammer Karlsruhe; 1987 Gr. BVK m. Stern - Spr.: Engl., Franz.

RUF, Werner

Dr. phil., Prof. f. Intern. u. interges. Beziehungen Univ.-GH Kassel (Ps.: abdelhaq) - Chattenweg 32, 3501 Edermünde 3 - Geb. 15. Okt. 1937 Sigmaringen (Vater: Emil R., Lehrer; Mutter: Martha, geb. Schatz), 2 Kd. (Irinell, Urs Peter) - 1960 Philosophikum Freiburg (Promot. 1967) - 1968-69 Gastprof. Univ. New York; 1971-75 Prof. Univ. Aix-Marseille; 1974-82 Prof. Univ.-GH Essen; ab 1982 Prof. GH Kassel - BV: D. Burgibismus u. d. Außenpolitik Tunesiens, 1969; Indépendance et Interdépendances au Maghreb, 1974 (Hg.); Introduction à l'Afrique du Nord Contemporaine, 1975 (Hg.); Transnational Mobility of Labour and Regional Developments in the Mediterranean (Hg. m. Michael Lacher), 1984 - Spr.: Engl., Franz., Ital., Arab.

RUF, Wolfgang

Journalist, Leiter Westd. Kurzfilmtage, Oberhausen (1975-85), Presseref. Dt. Bühnenverein u. verantwortl. Redakt. Ztschr. D. Dt. Bühne Köln (s. 1985) - Bottroper Str. 252, 4200 Oberhausen 12 - Geb. 6. Juni 1943 München.

RUFF, Siegfried

Dr. med., Dr. med. habil., Prof. f. Luftfahrtmedizin u. Physiologie - Nietzschestr. 49, 5300 Bonn-Bad Godesberg (T. 32 37 80) - Geb. 19. Febr. 1907 Friemersheim/Rheinland, ev., verh. s. 1933 m. Maria, geb. Kuckertz, 2 Kd. (Gert, Heike) - Univ. Berlin u. Bonn. Habil. 1938 Berlin - 1934-75 Dir. Inst. f. Flugmed. Berlin bzw. Bad Godesberg (Dt. Forsch.s- u. Versuchsanst. f. Luft- u. Raumfahrt). S. 1938 (Habil.) Dozent Univ. Berlin u. Bonn (1952; 1954 apl. Prof.) - BV: Grundriß d. Luftfahrtmed., 1939, 3. A. 1957; Atlas d. Luftfahrtmed., 1939 (bde. m. H. Strughold); D. dt. Luftfahrt: Sicherheits- u. Rettungsgeräte, Bd. 10 (m. M. Ruck u. G. Sedlmayr) - 1931 u. 1932 Richthofen-Pokal; 1938 Ernenn. z. Flugkapt.

RUFF, Theo(dor)

Tischlermeister, Vors. Gesamtverb. d. Bayer. Handwerks, München, Vizepräs. Bayer. Handwerkstag ebd., Präs Bundesverb. d. Holz- u. Kunststoffverarb. Handwerks/Bundesinnungsverb. d. Tischlerhandw., Wiesbaden - Sengenbühl 24, 8492 Furth im Wald - Geb. 25. Sept. 1923.

RUFFMANN, Karl-Heinz

Dr. phil., o. Prof. f. Osteurop. Geschichte Univ. Erlangen-Nürnberg (s. 1962) - Sperlingstr. 1, 8520 Erlangen (T. 4 43 00) - Geb. 7. März 1922 Memel - Univ. Jena (1939-41) u. Göttingen (1946-50). Promot. 1950 Göttingen; Habil. 1961 Köln - 1957-61 wiss. Mitarb. u. Studienleit. Ostkolleg Köln. 1961-62 Privatdoz. Univ. Köln. 1941-46 Kriegsdst. (verwundet) u. Gefangensch. 1952-54 Stip. DFG - BV: D. Rußlandbild im England Shakespeares, 1952; Sowjetrußland - Struktur u. Entfaltung d. kommunist. Vormacht, 10. A. 1984; Nation u. Demokratie in unserer Zeit, 1970; Sowjetunion, 1972; Sport u. Körperkultur in d. Sowjetunion, 1980; Fragen an d. sowjetische Gesch. V. Lenin b. Gorbatschow, 1988. Zahlr. Einzelarb. Herausg.: Sowjetunion - Texte/Bilder/Dokumente (1972); Mithrsg.: D. Sowjetkommunismus in Dokumenten (2 Bde. 1963/64), Kulturpolitik d. Sowjetunion (1973); Modernisier. versus Sozialismus, Formen u. Strategien sozial. Wandels im 20. Jh., 1983.

RUGE, Gerd

Journalist, Korrespondent u. Leiter d. ARD-Studios Moskau - Zu erreichen üb. WDR, Appellhofplatz 1, 5000 Köln 1 - Geb. 9. Aug. 1928 Hamburg (Vater: Dr. med. Werner R.; Mutter: Gertrud, geb. Lüdemann), ev.-luth. - Landerziehungsheime Marienau u. Schondorf/Ammersee; Rundfunksch. Hamburg (NWDR) - Ab 1948 Redakt., Kommentator, Korresp., Hauptabteilungsleit. NWDR bzw. WDR, 1956-59 ARD-Korresp. Moskau, 1961-64 Leit. aktuelle u. regionale Programme Hörfunk u. Fernsehen WDR, 1964-69 ARD-Korresp. Washington, 1970-73 ARD-Chefkorresp. u. Leit. WDR-Fernsehstudio Bonn, 1973-76 Welt-Korresp. Peking, 1976-77 Research Fellow East Asian Research Centre Harvard Univ., 1977-81 ARD-Korresp. Moskau, 1981-83 Sonderkorresp. u. Ltg. Magaz. Monitor, 1984-85 Chefredakt. Fernsehen, 1986 Exekutive Dir., Alerdinck-Foundation for East-West Communication, Den Haag, New York, Moskau - BV: Boris Pasternak, Bildbiogr. 1958 (auch USA, Engl., Frankr.); Gespräche in Moskau, 1961; Vergessene Kinder Europas? - Europ. Antlitz jenseits d. Eisernen Vorhangs, 1963; Deutschland u. d. Sowjetunion, 1972 (m. Heinz Geyr); Begegnungen m. China - E. Weltmacht i. Aufbruch, 1978; Zw. Washington u. Moskau - Europa in d. Konfrontation d. Supermächte, 1984 - 1969 Adolf-Grimme-Preis in Silber u. Presse-Preis (f. d. Fernsehbericht üb. d. Ermordung v. Robert Kennedy); 1970 (f. Amerika-Berichterstattung) u. 72 (als beliebtester polit. Moderator) Bambi in Gold; BVK 1972; Adolf-Grimme-Preis in Gold, 1964 (f. TV-Serie „Das Dritte Reich") - Spr.: Engl., Russ., Franz.

RUGE, Ingolf

Dr.-Ing., Prof. f. Mikro-Elektronik TU München, Geschäftsführender Direktor Fraunhofer-Inst. f. Festkörpertechnol. München - Paul-Gerhardt-Allee 42, 8000 München 60.

RUGE, Jens

Oberregierungsrat a. D., MdL Schlesw.-Holst. a.D. (b. 1983) - Ebereschenweg 47, 2300 Altenholz - Geb. 4. Aug. 1938 Kiel, ev., verh., 1 Kd. - Obersch. Plön (Abit.); Stud. Rechts- u. Staatswiss. Freiburg, Berlin, Kiel. Beide jurist. Staatsprüf. - Regierungsass. Innenmin. SH, Reg.rat Landrat Kr. Rendsburg-Eckernförde, Oberreg.rat Landesamt f. Straßenbau u. -verkehr Kiel (Dezern. f. Straßen- u. -güterverk.), Ref. Innenmin. ebd. (Allg. Ordnungsrecht). 1974ff. / MdK Rendsburg-Eckernförde (Fraktionsvors.); Zeitw. Landesvors. Dt. Jungdemokr.; MdL VIII. u. IX. Wahlp. FDP s. 1964 (1971 Kreisvors.).

RUGE, Ulrich

Dr. phil., em. o. Prof. f. Angew. Botanik - Erikastr. 130, 2000 Hamburg 20 (T. 47 79 50) - Geb. 29. Dez. 1912 Friedrichshof/Uckerm. (Vater: Wilhelm R., Rittergutsbes.; Mutter: geb. Süsserott), verh. s. 1941 m. Gisela, geb. Osse, 3 Kd. (Ingrid, Norbert, Dietlinde) - Univ. Rostock, Freiburg/Br., Greifswald (Botanik, Zool., Chemie, Physik, Math., Mineral., Phil.; Promot. 1936, Habil. 1940) - 1940 Doz. Univ. Greifswald, 1947 ao. Prof. Univ. Kiel, 1948 o. Prof. Hochsch.f. Gartenbau u. Landeskultur (jetzt TU Hannover), 1960 Univ. Hamburg - BV: Übungen z. Wachstums- u. Entwicklungsphysiol. d. Pflanze, 1942, 3. A. 1951; Gärtner. Samenkunde, 1966; Angew. Pflanzenphysiol. als Grundl. f. d. Gartenbau, 1966; Bäume in d. Stadt, 1978 (Herausg. F. Meyer), 2. A. 1982.

RUH, Kurt

Dr. phil., Dr. theol. h. c., em. o. Prof. f. Dt. Philologie - Thüringer Str. 22, 8700 Würzburg - Geb. 5. Mai 1914 Neuhausen (Schweiz) - S. 1954 (Habil.) Lehrtätigk. Univ. Basel (Privatdoz.) u. Würzburg (1960 Ord. u. Mitvorst. Inst. f. Dt. Philol./Ältere Abt.), o. Mitgl. Bayer. Akad. d. Wiss.; Ehrenmitgl. Koninklijke Acad. voor nederlandse taal-en letterkunde - BV: D. Passionstraktat u. a. d. Heinrich v. St. Gallen, 1940; Altd. Mystik, 1949; Bonaventura deutsch, 1956 (Habil.schr.); Helmbrecht, 1960; Franziskan. Schrifttum d. dt. Mittelalters, 2 Bde. 1964/85; Höfische Epik d. dt. Mittelalters I. u. II., 1967/1977/1980; Kleine Schriften, 2 Bde., 1984; Meister Eckhart, 1985. Herausg.: D. dt. Lit. d. Mittelalters. Verfasserlexikon (2. A.), Festschrift/K. Ruh, 1979, 89 - 1981 Brüder-Grimm-Preis.

RUH, Ulrich

Dr. theol., Redakteur Herder-Korrespondenz - Hermann-Herder-Str. 4, 7800 Freiburg/Br. - Geb. 2. Okt. 1950 Elzach (Schwarzw.) - 1984 Kath. Journalistenpreis (Dt. Bischofskonfz.).

RUHBACH, Gerhard

Dr. theol., Prof., Kirchenhistoriker - Bethelweg 52, 4800 Bielefeld 13 (T. 144 39 58) - Geb. 31. März 1933 Königsberg/Pr. (Vater: Kurt R., Mittelschullehrer; Mutter: Elisabeth, geb. Willamowski), ev., verh. s. 1961 m. Sabine, geb. Ruppel, 4 Kd. (Bernd, Heike, Jens, Kerstin) - Gymn.; Kirchl. Hochsch. Bethel, Univ. Heidelberg u. München (Theologie, Klass. Philol.). Promot. (1962) u. Habil. (1966) Heidelberg - 1958-65 Hochschulassist.; 1965-66 Stip. Dt. Forschungsgemeinsch.; 1966-67 Privatdoz. Univ. Heidelberg; s. 1967 Prof. KH Bethel (1972, 1976, 1982 u. 1989 Rektor) - BV: Apologetik u. Geschichte, 1962 (Diss.); Engel u. Dämonen in d. Theologie d. frühen griech. Kirche u. ihr geistesgeschichtl. Hintergrund, 1966 (Habil.schr.); Glaubensbekenntnisse f. unsere Zeit, 2. A. 1985; Kirchengesch., 1974; Theologie u. Spiritualität, 1987. Herausg.: Ausgewählte Märtyrerakten (1965), Texte f. Kirchen- u. Theologiegesch. (1966ff.); Gr. Mystiker, (1984, m. J. Sudbrack); Christl. Mystik (1989, m. J. Sudbrack).

RUHENSTROTH-BAUER, Gerhard

Dr. med., Dr. rer. nat., Prof., experimenteller Mediziner, em. wiss. Mitgl. Max-Planck-Inst. f. Biochemie, Martinsried b. München (s. 1962; vorher Assist.) - Spitzelbergerstr. 11, 8032 Gräfelfing/Obb. (T. München 854 11 04) - Geb. 2. Juni 1913 Troppau/Sudetenl. (Vater: Rudolf Bauer, Studienprof.; Mutter: Margarete, geb. Ruhenstroth), verh. s. 1943 m. Renate, geb. v. Hase, S. Eberhard - Dr. med. 1937 Prag, rer. nat. 1943 Berlin; Habil. 1951 Tübingen - S. 1951 Lehrtätigk. Univ. Tübingen u. München (1957; 1958 apl. Prof. f. Exper. Med.); s. 1967 Dir. u. Wiss. Mitgl. MPI f. Biochem. München. Fachveröff.

RUHFUS, Jürgen

Dr. jur., Diplomat, Botschafter in Washington (s. 1987) - - 4645 Reservoir Road, N.W. Washington, D.C. 20007 - Geb. 4. Aug. 1930 Bochum, verh., 3 Töchter - Stud. Univ. München, USA u. Münster (Rechtswiss.) - 1955-76 Ausw. Dienst (Auslandsposten: Genf, Dakar, Athen, 1970-73 Botsch. Nairobi); 1976 Bundeskanzleramt, Leit. Abt. f. ausw. Beziehungen u. äußere Sicherheit; 1980-83 Botsch. in London; dann Ministerialdir. AA; 1984-87 Staatssekr. AA Bonn.

RUHIG, Hubert

Dr. jur., Fachanwalt f. Steuerrecht, Direktor Deutsche Shell AG - Überseering 35 XII, 2000 Hamburg 60 (T. 040 - 63 44 10).

RUHNAU, Heinz

Staatssekretär a.D., Vorstandsvorsitzender Dt. Lufthansa AG, Köln (s. 1982) - Von-Gablenz-Str. 2-6, 5000 Köln 21 (T. 0221 - 826 22 22) - Geb. 5. März 1929, verh. (Ehefr.: Edith), 3 Töcht. (Elke, Antje, Constanze) - Obersch. Danzig (Mittl. Reife); 1946-49 Elektromaschinenbauerlehre; 1952-54 Akad. f. Wirtschaft u. Politik Hamburg (Betriebswirt). 1954-56 IG Metall, Frankfurt, 1956-65 Bezirksltg. Hamburg; 1965-73 Senator f. Inneres, Hamburg; 1974-82 Staatssekr. d.

Bundesmin. f. Verkehr Bonn - 1980 Gr. BVK, 1989 Stern dazu; 1987 Span. VO.

RUHNKE, Martin
Dr. phil., o. Prof. f. Musikwissenschaft - Im Herrengarten 22, 8520 Erlangen-Buckenhof (T. 5 51 22) - Geb. 14. Juni 1921 Köslin/Pom. (Vater: Otto R., Regierungsbeamter; Mutter: Margarete, geb. Sydow), ev., verh. s. 1952 m. Ingrid, geb. Petersen, T. Birgit - Gymn. Köslin (b. 1939); 1939-49 Wehrdst. u. sowjet. Gefangensch.; 1949-1953 Univ. Kiel (Musikwiss.). Promot. 1954 Kiel; Habil. 1961 Berlin - 1954-64 FU Berlin (Assist., 1961 Privatdoz.); 1964 Ord. u. Inst.svorst. Univ. Erlangen-Nürnberg. 1968-74 Präs. Ges. f. Musikforsch. - BV: Joachim Burmeister, 1955; Beitr. zu e. Geschichte d. dt. Hofmusikkollegien im 16. Jh., 1963; G. Ph. Telemann, Thematisch-Systematisches Verzeichnis s. Werke, Instrumentalwerke Bd. 1, 1984 - Ahnen: Ernst Gottfried Fischer, Physiker u. Mathematiker (1754-1831); Georg Hager, Nürnberger Meistersinger (1552-1634).

RUHR, Reinhold
Verwaltungsbeamter, Bürgermeister Stadt Michelstadt - Erbacher Str. 26, 6120 Michelstadt (T. 06061 - 7 41 10) - Geb. 29. Okt. 1945 Offenbach (Vater: Reinhold R., Arzt; Mutter: Susanne, geb. Grimm), kath., verh. s. 1974 m. Antoinette, geb. Jost, 3 T. (Walburga, Philomena, Charlotte) - Verwaltungssem. Frankfurt. 1965-72 Stadt Heusenstamm, 1972-79 Bürgerm. Gem. Grasellenbach, s. 1979 Bürgerm. Stadt Michelstadt.

RUHRBERG, Karl

Prof., Kunsthistoriker, Museumsdirektor a.D. - Mainstr. 38, 5000 Köln 50 - Geb. 9. Nov. 1924 Elberfeld (Vater: Carl R., Kaufm.; Mutter: Elisabeth, geb. Hagenkötter), ev., verh. s. 1952 m. Elfriede, geb. Bierbichler, 2 Töcht. (Angelika, Bettina) - Oberrealsch. Düsseldorf (Fürstenwall); Zeitungsvolontariat; Univ. Köln (Theaterwiss., Kunstgesch., German.) - 1949-51 fr. Journ.; 1952-56 Stud., 1956-62 Redakt. Düsseldorfer Nachr. (Feuill.), 1962-64 Chefdramat. Dt. Oper am Rhein, Düsseldorf; 1965-72 Dir. Städt. Kunsthalle D'dorf, 1972-1978 Dir. Berliner Künstlerprogr./DAAD, 1978-84 Dir. Museum Ludwigs, Köln. S. 1977 Beir. Goethe-Inst. München - BV: Werner Gilles, 1961; D. Schlüssel z. Malerei v. heute, 1965; Düsseldorf, 1972; Bernard Schultze, 1984; Kunst d. 20 Jh. (Twentieth Century Art), 1986; D. Malerei unseres Jh., 1987; Emil Schumacher, 1987. Herausg.: Kunstjahrb. 1-3 (1969-72 u. 76-80) - Liebh.: Sport - SPD; ICOM; AICA - Spr.: Engl., Franz.

RUHSTRAT, Ernst-Adolf
Fabrikant (Ruhstrat GmbH), Vors. d. ZVEI Landesstelle Niedersachsen - Heinestr. 12, 3406 Bovenden 1 - Geb. 12. Sept. 1930.

RUISINGER, Erwin
Bürgermeister - Rathaus, 7070 Schwäb. Gmünd - Geb. 26. Okt. 1907 - Parteilos - 1973 BVK I. Kl.

RULAND, Franz
Dr. jur., Prof., Direktor u. stv. Geschäftsf. Verb. Dt. Rentenversicherungsträger - Kälberstücksweg 55, 6380 Bad Homburg (T. 25. Sept. 1942 Saarbrücken, verh. s. 1968 m. Annette, geb. Wolff, T. Xenia - 1962-67 Jurastud. Univ. Bonn u. Saarbrücken, anschl. Forschungsassist.; Promot. u. Ass.-z. 1972, Habil. 1979 - Wiss. Assist. München; 1978-80 Justitiar Verb. Dt. Rentenversicherungsträger; 1980-84 Lehrstuhl f. öfftl. Recht u. Recht d. soz. Sicherung, Hannover; Richter LSG Celle; s. 1984 s. o.; 1987 Hon.-Prof. - BV: Familiärer Unterhalt u. Leistungen d. soz. Sicherh., 1973; Versorgungsausgl. u. steuerl. Folgen d. Ehescheidung, 1977; Probl. d. Versorgungsausgl. in d. betriebl. Altersvorsor. u. priv. Rentenversich., 1982; Möglichk. u. Grenzen e. Annäher. d. Beamtenversorg. an d. gesetzl. Rentenversich., 1983; weitere zahlr. Buch- u. Ztschr.publ. - Spr.: Franz.

RULAND, Otto
Dr. rer. pol., Fabrikant (Karl Ruland KG., Offenbach), Vors. Vereinig. d. Eisen, Blech u. Metall verarb. Industrie f. Hessen, Frankfurt/M. - Frankfurter Str. 141, 6050 Offenbach/M.

RULLMANN, Hans Peter
Journalist, Redakt. u. Herausg. Ostdienst m. Jugoslawien- u. Korea-Sonderdienst, That's Yugoslavia (engl. Monatszeitschr. u. Hrvatska Domovina (Monatszeitschr. in kroat. Sprache) - Hudtwalckerstr. 26, 2000 Hamburg 60 - Geb. 1. Okt. 1933 - Präs. Dt.-Kroat. Ges.

RUMBERG, Bernd
Dr., Univ.-Prof. f. Physik. Chemie TU Berlin - Nebinger Str. 7, 1000 Berlin 33 - Geb. 19. Okt. 1933 Hildesheim - 1977 Röntgenpreis.

RUMBERGER, Friedrich Ekkehart
Dr. med., Prof. f. Physiologie - Willistr. 5, 2000 Hamburg 60 (T. 040 - 46 55 52) - Geb. 10. Febr. 1939 Chemnitz/Sa. - Vater: Erich R., Stud.rat; Mutter: Johanna, geb. Kermeß), ev.-luth., verh. s. 1964 m. Dr. med. Monika, geb. Heinrici, 4 Kd. (Veronika, Matthias, Michael, Angelika) - Realgymn. Chemnitz (Abit. 1957); Med.-Stud. Kiel, Wien, Habil. (Physiol.) 1971, 1977 Prof. Univ. Hamburg.

RUMETSCH, Rudolf
Ministerialdirigent a. D., ehem. Leiter d. Kommunalabt. im Innenmin. Rheinl.-Pfalz - Gleiwitzer Str. 3, 6500 Mainz 1 - Geb. 1. Mai 1921 Kaiserslautern (Vater: Jakob R., Konservator), verh. m. Herta, geb. Fuhrmann, 2 Töcht. - Landrat Simmern/Hunsrück (1959) u. Bad Ems (1969) - BV: Landesverb. in Rheinl.-Pfalz (Forts.Werk d. Verb. 1955) u.a. - 1984 BVK I. Kl.

RUMLER, Franz Josef
Dr. rer. pol., Dipl.-Kfm., Direktor - Ostmerheimer Str. 380, 5000 Köln 91 (T. 0228 - 23 80 71) - Geb. 12. Juli 1931 Hagen/W. (Vater: Franz R., kaufm. Direktor; Mutter: Erna, geb. Rensing), kath., verh. s. 1960 m. Dr. Pia, geb. Detzel, 3 Kd. (Andrea, Ansgar, Astrid) - 1952-55 Univ. Hamburg, Bonn, Köln (Betriebsw.). Promot. 1958 Köln - 1956-58 Univ. Köln (wiss. Mitarb. Energiew. Inst.); 1959-61 Kommunales Elektrizitätswerk Mark AG, Hagen (Vorst.-Assist.); 1961-66 Arbeitsgem. Versuchs-Reaktor GmbH, Düsseldorf (kaufm. Leit.); ,s. 1966 Brown Boveri-Krupp Reaktorbau GmbH, Düsseldorf, bzw. Hochtemperatur-Reaktorbau GmbH, Köln (Geschäftsf.); s. 1975 Leit. Bonner Büro ABB Asea Brown Boveri AG - BV: Wirtschaftl. Probleme b. d. Aufstellung v. Energiebilanzen u. b. d. Vorausschätzung d. künft. Energiebedarfs, 1960 - Liebh.: Literatur, Kunst, Fotogr. - Spr.: Engl.

RUMMEL, Alois
Dr. phil., Journalist, Redaktionsdirektor Wochenztg. Rhein. Merkur/Christ u. Welt (s. 1981), Programmdir. Südwestfunk (1977-80), Chefredakt. Deutsche Kulturredaktion (s. 1987), Lehrbeauftragter FHS f. d. Bibl.wesen Bonn - Waldstr. 90, 5300 Bonn-Bad Godesberg (T. 31 35 34) - Geb. 6. Juni 1922 Stuttgart (Vater: Otto R., Postinsp.; Mutter: Helene, geb. Kaiser), kath., verh. m. Felicitas, geb. Estermann, 2 Kd. (Felicitas, Eva-Maria) - Kaufm.gehilfenprüf. (Drogist); Univ.stud. - Mitgl. Bundespressekonfz., Dt. Presseclub - Herausg.: Buchreihe Bonn - aktuell (75 Bde.); Wir uns regiert, Die große Koalition, D. Bundestagspräs., Föderalismus in d. Bewährung, D. Medienwelt bewegt sich doch, Soll Rundfunk erziehen?, Unterhaltung - e. Gebot d. Barmherzigkeit, u. a. Ca. 10 Ts. Rundfunksendungen - 1972 BVK I. Kl.; 1982 Gr. BVK u. Ritter d. Gregoriusordens - Spr.: Engl.

RUMMEL, Dieter

Theaterdirektor Die Komödie Theater am Platanenhain, Darmstadt - Im Kronengarten 6, 6144 Zwingenberg - Geb. 28. Juni 1939, ev., ledig, Lebensgefährtin: Monika Eisbach, Lehrerin, 2 Kd. (Beate, Manfred) - Versch. Schauspielschulen; Theaterdir., Schausp. u. Regiss. - ca. 75 Theaterinsz., üb. 100 Hauptrollen, Rollen b. Funk u. Fernsehen.

RUMMEL, Freiherr von, Friedrich
Dr., Dt. Generalkonsul a. D. - Marsopstr. 4, 8000 München 60 - Zul. Izmir/Türkei.

RUMMEL, Karlheinz
Dr. oec., Dipl.-Kfm., Direktor, Geschäftsf. J. M. Voith GmbH. Maschinenfabriken, Heidenheim (s. 1974) - Ottensooser Str. 17, 8500 Nürnberg (T. 50 24 60) - Geb. 30. März 1928 - Spr.: Engl. - Rotarier.

RUMMEL, Oskar
Oberamtsrat a. D., MdL Bayern (1962-78) - Frühlingstr. 8, 8770 Lohr/Main (T. 97 86) - Geb. 27. Juli 1921 Erlenbach/Marktheidenfeld (Vater: Andreas R., Pflegehauptsekr.; Mutter: Anna, geb. Eichler), kath., verh. s. 1953 m. Rosemarie, geb. Kriener, 2 Kd. (Sigrid, Thomas) - Hum. Gymn. Lohr (Abit. 1939), Dipl.-Verw.-Wirt (FH) 1982 - 1939-47 Arbeits-, Wehr-, Kriegsdst., - gefangenschaft (Frankr., Engl., Kanada); s. 1947 Nervenkrkhs. Lohr als Verw.-Beamter, zul. Oberamtsrat. S. 1952 MdK Lohr bzw. Main-Spessart. SPD s. 1947 (1950-1972 Kreisvors.), Geschäftsf. d. Staatsbürger-Forum Unterfranken - BV: Gold. Worte dt. Dichter u. Denker, Aphorismen u. Ged. 1981; D. Wirtshaus im Spessart v. Kurt Tucholsky; Ich fragte dich, ... (Ausgew. Ged. v. Hermann Hesse); Ratschläge f. e. schlechten Redner v. Kurt Tucholsky; Reise in d. Vergangenheit - 1973 Bayer. VO.; 1978 Bayer. Verf.-Med. in Silber; BVK I. Kl.; s. 1978 Mitgl. d. Stadtrates Lohr; Vors. d. Ortsverkehrswacht Lohr; Ehrenmitgl. d. BLLV Bayern; Urkunde d. Bayer. Staatsmin. d. Innern f. langj. verdienstvolles Wirken in d. kommunalen Selbstverw.; 1983 Med. f. bes. Verdienste um d. kommunale Selbstverw. in Bronze; 1985 Verdienstmed. d. Landkr. Main-Spessart in Gold.

RUMMEL, Theodor
Dr.-Ing., o. Prof. f. Elektrowärme - Freihorstfeld 41, 3000 Hannover (T. 52 33 41) - Geb. 30. Mai 1910 München (Vater: Adolf R., akad. Maler; Mutter: Maria-Magdalena, geb. Wagner), verh. s. 1938 m. Marianne, geb. Meyer, 3 Söhne (Eckhard, Wolfram, Manfred) - Oberrealsch. u. TH München (Dipl.-Ing. 1933). Promot. (m. Auszeichn.) u. Habil. (1940) München - 1936-62 wiss. Mitarb. Tätigk. Siemens & Halske; 1947-62 Lehrbeauftr., Privatdoz. (1952) u. apl. Prof. f. Technol. elektrotherm. u. -chem. Anlagen (1958) TH München; s. 1962 Ord. u. Inst.sdir. TH bzw. TU Hannover. Bes. Entd.: Elektrokonvektionsleitfähig. flüss. Dielektrika, Ferroelektr. Energiewandl. 326 Patente (Elektrothermie, -chemie, -meß- u. Halbleitertechnik, Elektrowärme) - BV: Hochspannungs-Entladungschemie u. ihre industrielle Anwend., 1951; Elektrothermie d. Eisens, -d. Nichteisenmetalle, -d. Gase, - d. Dielektrika, Meßtechnik in d. Elektrothermie, in: Pirani, Elektrothermie, 1960 - S. 1970 Mitgl. Braunschweigische Wiss. Ges. - Liebh.: Klaviersp., Bildhauerei, Rudern (1927 ff. Mitglied Münchner Ruderclub v. 1880) - Spr.: Franz., Engl. - Bek. Vorf.: Paul v. R., Dir. Handels- u. Wechselgericht München, Ritter bayer. Michaelsorden (Urgroßv.); Franz v. R. (erstürmte 1435 unt. Kaiser Sigismund als erster d. Tiber-Brücke Rom; daher Familienwappen Romulus u. Remus unt. d. Wölfin).

RUMMEL, Walter
Dr. med. (habil.), o. Prof. u. Direktor Inst. f. Pharmakologie u. Toxikol. Univ. Saarland (s. 1958) - Siebenpfeifferstr. 16, 6650 Homburg/Saar (T. 33 88) - Geb. 23. Okt. 1921 Freiburg (Vater: Bruno R.; Mutter: geb. Laternser), verh. 1947 m. Auguste, geb. Seitz - 1952-58 Doz. u. apl. Prof. (1958) Med. Akad. Düsseldorf. Üb. 200 Fachveröff.

RUMMENHÖLLER, Peter
Dr. phil., Prof. - Bamberger Str. 51, 1000 Berlin 30 - Geb. 22. April 1936 - Ord. f. Musikwiss. Hochsch. d. Künste Berlin, gf. Dir. Inst. f. Musikerz. u. Musikwiss. im FB 8 - BV: Musiktheoret. Denken im 19. Jh., 1967; Einf. in d. Musiksoziol., 1978; Robert Schumann als Musikschriftst., 1980; D. musikal. Vorklassik, 1983; D. musikal. Romantik, 1989. S. 1980 komment. Konz. m. vierhänd. Klaviermusik als Duo Quatre Mains (m. Prof. Manfred Theilen); Moderator v. Klassik z. Frühstück (Sendereihe d. SFB III). Herausg. Ztschr. f. Musiktheorie

(zfmth) (1970-78). Mithrsg. d. Neuen Berlin. Musikzeitung (NBM) (1985ff.).

RUMMER, Hans

Dr. jur., Prof., Präsident Bundesamt f. Wirtschaft (s. 1975) - Frankfurter Str. 29-31, 6236 Eschborn/Ts. (T. 06196 - 40 44 94 u. 95) - Geb. 9. Aug. 1930 Pforzheim, verh., 4 Kd. - Gymn. Heidelberg (Abit. 1949); Stud. d. Rechtswiss. Univ. Heidelberg, Tübingen, Berlin; Promot. 1955 Heidelberg - 1958-59 RA LG Heidelberg; 1959-75 Bundeswirtsch.min. (zul. MinRat u. Personalchef), dazw. 1964/65 Assist. Georgetown Univ. Law School, Washington/USA.

RUMOHR, Markus
Dipl.-Kfm., Geschäftsführer Handelskammer Bremen u. Vereinigung Rohtabak-Import- u. -Großhandel - August-Bebel-Allee 230, 2800 Bremen (T. Büro 3 63 71) - Geb. 7. Mai 1930 - Mitgl. Berat. Aussch. d. EG f. Rohtabak.

RUMP, Georg
Geschäftsführer, pers. haft. Gesellschafter F. W. Oventrop KG (Armaturenfabrik u. Metallgießerei) - Paul-Oventrop-Str., 5787 Olsberg 1 (T. 02962 - 82-1).

RUMP, Otto Franz
Oberstadtdirektor Gladbeck - Tilsiter Str. 27, 4390 Gladbeck (T. 02043 - 2 89 35) - Geb. 3. Jan. 1924 Hamborn (Vater: Paul R.; Mutter: Hedwig, geb. Langkafel), kath., verh. s. 1951 m. Lieselotte, geb. Oehler, 2 S. (Gerd, Ulrich) - Gymn. (Abit.); Jura-Stud. (1. u. 2. jurist. Staatsex.) - 1953 Gerichtsass.; 1955 Reg.ass.; 1956 Regierungsrat; 1962 Beigeordn.; 1963 Stadtdir. Gladbeck; 1967 Reg. Vizepräs. Detmold; 1970 Min. Dirig. Düsseldorf; s. 1971 Oberstadtdir. Gladbeck - BV: Komment. z. 1. Vereinfachungsges., 1957; D. Hauptsatz. d. Gemeinde, 1980 - Liebh.: Sport, Reisen, Lesen.

RUMPEL, Erich
Bürgerschaftsabgeordneter (s. 1974) - Sanmannreihe 65, 2050 Hamburg 80 - SPD.

RUMPEL, Hubert
Dr. phil., Prof., Historiker - Falkenstr. 31, 8520 Erlangen (T. 4 14 15) - Geb. 26. März 1922 Fürth/Bay., ev., verh. s. 1944 m. Dorith, geb. Haase, 2 Söhne (Gerhard, Herwig) - Univ. Wien (Gesch., Phil., Geogr., Dt., Rechtswiss.) - S. 1959 (Habil.) Lehrtätig. Univ. Erlangen bzw. -Nürnberg (1978 Extraordinarius f. Mittlere u. Neuere Geschichte), dazw. 1964-65 Univ. München - BV: Friedrich Gentz - E. polit. Biogr., Bd. I 1969 - Spr.: Engl., Franz., Ital.

RUMPELHARDT, Ludwig
Prof., Kunsterzieher - Haubenkopfstr. 13, 7500 Karlsruhe (T. 59 05 22) - U. a. Prof. Päd. Hochsch. Karlsruhe (Didaktik u. Methodik d. Kunsterzieh.).

RUMPF, Horst
Dr. phil., Prof. f. Päd. Univ. Frankfurt (s. 1975) - Ostpreußenstr. 12, 6100 Darmstadt - Geb. 1. Mai 1930 Darmstadt (Vater: Dipl.-Ing. Karl R., ORegBauR; Mutter: Anna, geb. Fahney), kath., verh. s. 1961 m. Dr. Barbara, geb. Ullrich, 2 Kd. (Lorenz, Benno) - Promot. 1957 Frankfurt/M. - 1957-65 Gymn.lehrer Darmstadt; 1965-71 Akad. Rat Univ. Frankfurt bzw. Univ. Konstanz; 1971-75 o. Prof. Innsbruck - BV: D. Misere d. Höheren Schulen, 1966; 40 Schultage - Tageb. e. Studienrats, 1966; Schule gesucht, 1968; Scheinklarheiten, 1971; Unterr. u. Identität, 1976; Die übergangene Sinnlichk., 1981; Mit fremdem Blick, 1986; D. künstl. Schule u. d. wirkliche Lernen, 1986; Belebungsversuche, 1987.

RUMPF, Wolfgang
Dr. forest., Dipl.-Forstwirt, Staatssekretär Min. f. Landwirtsch., Weinbau u. Forsten Rhld.-Pfalz (s. 1987), Forstdirektor a. D. - Priv.: Am Wolfsberg 12, 6541 Riesweiler; dstl.: Große Bleiche 15, 6500 Mainz - Geb. 29. Dez. 1936 Pirmasens, ev., verh. s. 1964 m. Gudrun, geb. Schorch, 2 Kd. (Ekkehard, Annikka) - Human. Gymn. Pirmasens; Stud. Forstwiss. Göttingen, München, Freiburg, Wien; Promot. 1964 - 1964-71 Stadtrat Pirmasens, 1974-77 Stadtrat Simmern, s. 1974 Fraktionsvors. Kreistag Rhein-Hunsrück. Hon.-Prof. FHS Rheinl.-Pfalz - BV: D. Sozialasten d. Forstwirtsch.-betr. in d. EG, 1964.

RUMPFF, Klaus
Dr. jur., Rechtsanwalt, Vorstandsmitgl. Steag AG - Bismarckstr. 54, 4300 Essen 1 (T. 187-22 22) - Geb. 21. Juni 1937 Minden (Vater: Ernst R., Bankrend.; Mutter: Carla, geb. Grätz), ev., verh. s. 1966 m. Ingrid, geb. Busse, Tocht. Stephanie - Abit., Stud. Rechts- u. Staatswiss. - 1966-69 Abt.leit. wirtschaftswiss. Inst.; 1969-73 stv. Personalleit. Ruhrkohle AG; s. 1973 Personalleit. Steag AG, s. 1975 Vorst. - BV: Mitbestimmung in wirtschaftl. Angelegenheiten, 1972; Recht d. Kurzarbeit, 1975; Gemeinschaftskomment. z. Mitbestimmungsges., 1976 (m. Fabricius u. a.).

RUND, H.-Rainer
Studienrat, Bürgermeister Stadt Ludwigshafen (Schul- u. Kulturdezernent) - Sinsheimer Str. 32, 6700 Ludwigshafen (T. 55 57 90) - Geb. 1. Aug. 1941 Ludwigshafen, ev., verh.- Gymn. Ludwigshafen u. Mannheim; Univ. Heidelberg u. Lausanne (Gesch., Polit. Wiss., Roman.). Staatsex. 1968 - Vertragslehrer in Landau/Pf., 1969-70 Refer., s. 1970 Schuldst. Ludwigshafen. SPD s. 1967, s. 1972 SPD-Unterbez.vors.; 1980 stv. Vors. SPD Pfalz u. Mitgl. Parteirat, 1975-81 stv. Fraktionsvors., 1971-81 MdL Rhld.-Pfalz.

RUNDE, Ortwin
Senator f. Arbeit, Gesundheit u. Soziales Hamburg (s. 1988), Bürgerschaftsabgeordneter (1974-81) - Hamburger Str. 37, 2000 Hamburg 76 (T. 29 18 81) - SPD, s. 1983 Vors. d. SPD-Landesorg. Hamburg.

RUNDEL, Otto
Dr. jur., Präsident Landesrechnungshof Baden-Württ. (s. 1976) - Stabelstr. 12, 7500 Karlsruhe (T. 13 51) - Geb. 19. Aug. 1927 Ravensburg (Vater: Otto R.; Mutter: Elisabeth, geb. Bacher), kath. - Stud. d. Rechts- u. Wirtsch.swiss. Univ. München, Köln - 1964-75 Staatsmin. Baden-Württ. (Grundsatzref., 1966 Ref. f. Angelegenh. d. Wirtsch.s-, Sozial- u. Landwirtsch.smin.; 1971 Leit. Personal- u. Verw.sabt.) - 1964 Gr. Ehrenzeichen Rep. Österr.; 1975 BVK - Spr.: Franz., Engl. - Rotarier.

RUNDFELDT, Hans
Dr. agr., Prof. u. Direktor Inst. Statistik u. Biometrie Tierärztl. Hochschule Hannover, Honorarprof. Univ. Hannover (s. 1966) - Kranichstr. 18, 3057 Neustadt 1 (T. 05032 - 24 82) - Geb. 15. Febr. 1925 Dt. Wusterhausen (Vater: Arnold R., Fliesenleger; Mutter: Frieda, geb. Bertling), ev., verh. s. 1949 m. Miriam, geb. Buschmann, 6 Kd. (Hans, Elisabeth, Frank, Sven, Chris, Kai) - Humboldt-Univ. (Ost) u. TU Berlin (Dipl.-Landw. 1949). Promot. 1952 Berlin; Habil. 1962 Hannover - S. 1955 TH (Assist. Inst. f. Angew. Genetik); 1962 Dozent) u. TiHo Hannover (1964 Wiss. Rat, 1966 o. Prof.). Fachmitgliedsch. Üb. 40 wiss. Veröff. Mithrsg.: Ztschr. EDV in Medizin u. Biologie; Handb. f. Pflanzenzücht. (Abschnitt: Gemüsekohl) - Spr.: Engl., Schwed.

RUNDGREN, Bengt
Kammersänger, Königl. Schwed. Hofsänger, Opernsänger Dt. Oper Berlin - Landauer Str. 4, 1000 Berlin 31 - Geb. 21. April 1931, ev., verh. m. Aina M. Löng, 1 Kd. (Hakan) - Musikakad. Stockholm - 1976 Kammersänger; 1983 Königl. Hofsänger - Liebh.: Tauchen, Fischen, Filmen - Spr.: Schwed., Deutsch, Engl., Ital.

RUNDLER, Walter
Kurdirektor, Vors. Bayer. Heilbäder-Verb. - Am Kurgarten 1, 8730 Bad Kissingen.

RUNGE, Erika
Dr. phil., Autorin u. Regisseurin - Lohmeyerstr. 10, 1000 Berlin 10 - Geb. 22. Jan. 1939 Halle/S. - Stud. Literatur- u. Theaterwiss. Promot. 1963 - BV: Bottroper Protokolle, 1968; Frauen - Versuche z. Emanzipation, 1969; E. Reise n. Rostock, DDR, 1971; Südafrika - Rassendiktatur zw. Elend u. Widerstand, 1974; Berliner Liebesgesch., 1987. Text. z. Kantate Streik b. Mannesmann, 1973. Übers. Franz., Schwed., Poln. Verschsozialkrit. Filme, dar. Warum ist Frau B. glücklich?; Fernsehsp.: Ich heiße Erwin u. bin 17, Ich bin Bürger d. DDR, Michael oder die Schwierigk. m. d. Glück, Opa Schulze, Lisa u. Tshepo - e. Liebesgesch., Diesmal passiert's - Preise, u. a.: 1968 Curt-Oertel-Med./Preis d. Filmkritik; Fernsehpreis Dt. Akad. d. darstell. Künste; Preis f. d. beste Fernsehdokumentation; Gr. Preis d. VHS Mannheimer Filmwoche; 1970 Förderungspreis f. Lit. Stadt München; 1971 Ernst-Reuter-Preis; 1982 Intern. Award; 1983 Preis d. Autorenstiftg. - Mitgl. IG Medien u. PEN-Zentrum BRD - Spr.: Franz., Engl.

RUNGE, Harry
Dr. rer. pol., Prof., Nationalökonom (Volkswirtschaftslehre u. Finanzwiss.) - Manzen 8e, 8998 Lindenberg/Allgäu (T. 16 20) - Geb. 4. Jan. 1914 Riga (Vater: Bernhard R., Prok.; Mutter: Jenny, geb. Moddanik), ev., verh. s. 1948 m. Irmgard, geb. Reich, 4 Kd. (Thomas, Angela, Bettina, Eva-Maria) - Schule Riga; Univ. Frankfurt/M. (Volksw.slehre; Dipl.-Volksw. 1935). Promot. 1938 Frankfurt; Habil. 1962 Stuttgart - 1941-43 Hilfsref. Dt. Inst. f. Wirtschaftsforsch., Berlin; 1946-48 Assist. Univ. München; 1948-62 Geschäftsf. e. Ind.betriebs; s. 1962 Privatdozent, beamt. Dozent (1964) u. apl. Prof. (1968), Univ.-Prof. (1978) Univ. Stuttgart. Mitgl. Ges. f. Wirtschafts- u. Sozialwiss., Inst. Intern. de Finances Publiques, Royal Economic Soc., The International Association for Research in Income and Wealth - BV: D. Bedeutung d. Einkommensschichtung für den Wert des Volkseinkommens, 1952; Die Lehre von der Grenzproduktivität in ihrer Bedeutung f. d. wirtschaftl. Theorie u. Praxis, 1963; D. Einfluß d. personellen Einkommensverteilung a. d. Wert d. Volkseinkommens, 1976; Haushaltsfinanzierung durch Notendruck, 1986. Div. wiss. Aufs. - Spr.: Lett., Engl.

RUNGE, Johannes
Dr. h. c., Bankdirektor - Berlageweg 12, 3000 Hannover 71 - Geb. 9. Juli 1928 Schmatzin (Vater: Dr. jur. R.), verh. m. Anneliese, geb. Spliedt - B. 1972 stv., dann o. Vorstandsmitgl. Nordd. Landesbank, Girozentrale, Hannover/Braunschweig.

RUNGE, Kurt
Lehrer, Mitgl. Abgeordnetenhaus v. Berlin (s. 1979) - Zu erreichen üb.: CDU-Fraktion, Rathaus, 1000 Berlin 62 - Geb. 1928 - 1982 ff. Bezirksstadtrat f. Gesundheit Spandau.

RUNGE, Wolfgang
Dr. phil., Botschafter d. Bundesrep. Dtschl. in Niger - B.P. 629 Niamey, Niger - Geb. 7. Sept. 1935 Heidelberg, ev., verh. s. 1966 m. Dr. phil. Gerlinde, geb. Dellmann, 2 Kd. (Eckart, Silvia) - Stud. Gesch., Polit. Wiss., Soziol., Öffl. Recht Heidelberg u. Montpellier; Promot. 1964 Heidelberg - 1964 Wiss. Mitarb., 1965 Eintritt ins AA; 1968 Abschlußprüf. f. d. Höh. Ausw. Dienst; Auslandsposten: Paris, Islamabad, Karachi, Prag, Brüssel (EG), dazw. Tätigk. in d. Zentrale d. AA - BV: Politik u. Beamtentum im Parteienstaat, 1965 - Liebh.: Lit., Hist. Forschungen, Musik, Kunst - Spr.: Engl., Franz., Tschech.

RUNNEBAUM, Benno

Dr. med., Prof., Ärztl. Direktor Abt. f. Gynäkologische Endokrinologie Univ.-Frauenklinik Heidelberg - Voßstr. 9, 6900 Heidelberg (T. 06221 - 56-50 69) - Geb. 22. Juli 1933 Rüschendorf (Vater: Bernard R.; Mutter: Anna, geb. Nehaus), kath., verh. s. 1960 m. Dr. med. Hedwig, geb. Meyer, 3 Kd. (Ingo, Karsten, Silke) - Med. Staatsex. 1961 Köln, Promot. 1962 (Summa cum laude), Habil. 1969 Univ. Heidelberg. S. 1973 Prof. - 1969 Facharzt f. Gynäkol. u. Geb.-Hilfe Univ.-Frauenklinik Heidelberg; 1970 Oberarzt I. Univ.-Frauenklinik München; 1971 Leit. Abt. f. Gynäk. Endokrinol. Univ.-Frauenklinik Heidelberg; 1975 Ärztl. Dir. ebd. Veröff. z. Therapie v. Zyklusstör., Behandl. d. Ehesterilität, Kontrazeption u. Familienplan., Betreu. v. Risikoschwangersch., Reproduktiv-Med. - BV: Kontrazeption (m. Th. Rabe), 1982; Gynäkologische Endokrinologie (m. Th. Rabe), 1987 - Spr.: Engl., Franz., Lat., Griech.

RUNNICLES, Donald C.
Dirigent, Generalmusikdirektor Stadttheater Freiburg i. Br. (s. 1989) - Im Stühe 66, 3008 Garbsen 6 - Geb. 16.

Nov. 1954 Schottland, anglik., ledig - Stud. Univ. Edingburgh (Dipl. 1975); Klavierstud. b. John Mackey; Dipl. f. Klavierinterpret. 1975 Royal College of Music, London - Music. Assist. b. Dirig. Georg Solti, James Levine, Horst Stein, Peter Schneider (Einstudier. v. D. Ring d. Nibelungen, Parsifal u. D. Meistersinger, Bayreuther Festsp., 1982-85); 1981 Orchesterleit. Orch. Akad. f. Tonkunst, Darmstadt; 1984-87 1. Kapellm. Nationaltheater Mannheim; 1987-89 stv. GMD u. 1. Kapellm. Nieders. Oper Hannover. 1985 Gastdirig. Edinburgh Youth Orch., Edinburger Festsp.; 1988 (Winter) Gastvertrag als Assistant Conductor Metropolitan Opera, New York. Gastsp. Dirig. Hamburger Staatsoper, Dt. Oper Berlin, Musiktheater Amsterdam, NDR Hannover, Züricher Oper, 1990 San Francisco Oper u. Metropolitan Opera New York, 1991 Wiener Staatsoper - Versch. neue musikal. Einstudier., Wiederaufn., Urauff., Kammermusik-Konz., Nationaltheater Mannheim - Liebh.: Tennis, Schwimmen, Golf, Astronomie - Spr.: Ital., Deutsch, Franz., Engl. (Mutterspr.).

RUPEC, Mladen

Dr. med., Prof. f. Dermatologie Univ. Marburg (s. 1971), Abt.-Leit. - Amöneburger Str. 6, 3550 Marburg/L. - Geb. 27. Sept. 1928 - Promot. 1954; Habil. 1968 - Üb. 130 Facharb. Gedichte: Aus Früher u. aus Jetzt, 1984; Prosa: Einer z. Anderen, 1985.

RUPERTI, Hans H.

Bankdirektor - Kösterbergstr. 40e, 2000 Hamburg 55 (T. 86 09 70) - Geb. 5. Juni 1908 Kassel, verh. s. 1936 m. Esther, geb. Godeffroy, 3 Kd. (Alexander, Melanie, Marina) - Oberrealsch. Hamburg (Abit.); Lehre R. Petersen & Co. ebd. - 1928-36 USA u. China (1930 Gründ. eig. Fa. Shanghai); 1936-37 Esso, London; 1937-45 E. Schliemann's Oelwerke, Hamburg (währ. d. Krieges zeitw. Moskau u. Lissabon); ab 1948 J. H. Bolland & Co. GmbH., Hamburg (Gesellschafter); 1950-63 Trampschiffahrt GmbH. (eig. Gründ.; gf. Gesellsch.); 1963-74 Vereinsbank in Hamburg (Vorstandsmitgl.); Kompl. Bankh. Ludwig & Co., ebd. ARsmandate - Liebh.: Golf (Mitgl. Hbg. u. Morsumer Golf-Club) - Spr.: Engl., Franz., Portugies., Russ.

RUPERTI, Marga

Musikpädagogin, Schriftst. u. Übers. - Lohengrinstr. 15, 1000 Berlin 39 (T. 803 65 75) - Geb. 19. Juli 1905 Berlin, ev., led. - Lyz. u. Meistersch. Prof. Xaver Scharwenka, Berlin (Musiklehrerdiplom) - BV: Frau im Feuer, N. 1935; Urlaub v. Alltag, R. 1940; Claudia Memhard, R. 1942; Schöne Hunde, 2 Bde. 1953/54; Junger Hund, was nun?, 4. A. 1973; D. Dt. Boxer, Hundeb. 1958; Hunde erziehen, macht Spaß, 1976. Übers. aus d. Engl. u. Franz. - Liebh.: Hunde (Zücht.).

RUPERTI, Marina

Journalistin, Redakteurin u. Moderatorin heute journal ZDF - Kösterbergstr. 40e, 2000 Hamburg 55 - Geb. 19. Sept. 1952, ev., ledig - Lehrerin, Staatsex. Päd. u. Angl. - 1979/80 fr. Tätigk. als Journ. in London; 1980-82 Journ. Hamburger Abendblatt, LBS, ABC u. NBC; 1983/84 CBS London; 1984-87 SAT I Hamburg - Liebh.: Musik, Lit. - Spr.: Engl., Franz.

RUPF, Hugo

Dr. h. c., Dipl.-Kfm., Fabrikant - Alfred-Bentz-Str. 30, 7920 Heidenheim/Brenz (T. 37 22 02) - Geb. 12. Aug. 1908 Poppenweiler/Württ. (Vater: Matthäus R., Architekt, Ehrenmitgl. IHK Heidenheim; Mutter: Walpurga, geb. Bretzel), verh. s. 1941 m. Liese-Maria, geb. Pirrung - Univ. Frankfurt/M. (Betriebs- u. Volksw.) - 1932-83 J. M. Voith GmbH. (Maschinenfabrik), Heidenheim (1948 Dir., 1957 Geschäftsf., zul. Vors. d. Gfg.). Div. Ehrenstell., u. a. Präs. VDMA (1971-74), Vizepräs. BDI u. IHK Heidenheim, s. 1983 Ehrenvors. J. M. Voith GmbH. Zahlr. AR-Mandate (z. T. Vors.) - 1967 Ehrensenator Univ. Tübingen; 1958 Gr. BVK, 1968 Stern dazu; 1971 Orden Cruzeiro do Sul (Brasil.); 1972 Silb. Johann-Friedrich-Schaer-Plak. Dt. Ges. f. Betriebsw.; 1980 Ehrenmitgl. VDMA; 1983 Ehrendoktor Univ. Tübingen (Fak. Sozial- u. Verh.wiss.); s. 1983 Ehrenbürger Städte Heidenheim u. Biberach - Spr.: Engl. - Rotarier.

RUPP, Alfred

Dr. theol., Prof. f. Religionswissenschaft - Denkmalstr. 5, 6600 Saarbrücken - Geb. 19. Nov. 1930 Rummelsburg/Po. (Eltern verst.), ev.-luth., verh. s. 1960 m. Dr. med. Erika, geb. Gissel, 2 Töcht. (Gislinde, Wiltrud) - Stud. Univ. Göttingen, Tübingen (Ägyptol., Anthropol., Ethnol., Theol.), Promot. 1959 Tübingen, Habil. 1969 Saarbrücken. 1969 Univ.-Doz., 1972 Univ.-Prof., s. 1970 Vors. Forsch.sgr. f. Anthropol. u. Religionsgesch., s. 1970 Vors. Dt. Religionsgesch. Stud.ges., s. 1976 Leit. wiss. Verlag Homo et Religio d. Forsch.sgr. - BV: Vergehen u. Bleiben, 1976; Religion, Phänomen u. Gesch., 1978; Ekstase, Ahnengeist u. Medizinmann, 1981. Zahlreiche Fachaufs.

RUPP, Gerhard

Dr. phil. habil., Prof. f. Sprachlehrforschung Univ. Bochum (s. 1985) - Haus Mallinckrodt, 5804 Herdecke (T. 02335 - 25 60) - Geb. 15. Sept. 1947 Frankfurt/M., verh. s. 1971 m. Barbara, geb. Storck, 2 Kd. (Zazie, Jan) - Stud. German., Roman. u. Phil. Univ. Frankfurt u. Paris; Staatsex. 1972 u. 1975; Promot. 1974 Frankfurt; Habil. 1984 Bochum - 1976-84 wiss. Assist. Univ. Bochum; 1979-80 kommiss. Prof. TH Darmstadt; Lehrbeauftr. f. Deutsch als Fremdspr. Univ. Frankfurt - BV: Rhetorische Strukturen u. kommunikative Determinanz-Stud. z. Textkonstitution d. phil. Diskurses im Werk Friedrich Nietzsches, 1974; Kulturelles Handeln m. Texten, 1987. Mithrsg.: Jahrb. d. Deutschdidaktik - Liebh.: Fußball, Wandern, Radfahren, Langlauf - Spr.: Engl., Franz., Ital.

RUPP, Hans Karl

Dr. phil., Prof. f. Politikwissenschaft Univ. Marburg (s. 1972) - Am Kirchberg 17, 3557 Wittelsberg - Geb. 25. Dez. 1940 Heilbronn/N. (Vater: Karl R., Pfarrer; Mutter: Hedwig, geb. Schuster), verh. s. 1965 m. Gabriele, geb. Paling, 2 S. (Nils, Steffen) - 1969-72 Wiss. Assist. PH Rheinland u. Univ. Heidelberg (1970) - BV: Außerparlam. Opposition in d. Ära Adenauer, 2. A. 1980; Sozialismus u. demokr. Erneuerung, 1974; Polit. Gesch. d. BRD, 2. A. 1982; D. andere Bundesrep., 1980 - Liebh.: Lyrik, Polit. Lied. - Spr.: Engl., Franz. - Bek. Vorf.: Wilhelm Schuster, Ornithologe (Großv. ms.).

RUPP, Hans-Heinrich

Dr. jur., o. Prof. f. Öfftl. Recht - Am Marienpfad 29, 6500 Mainz-Bretzenheim - Geb. 11. März 1926 Annweiler (Vater: Hans R., Pfarrer; Mutter: Magda, geb. Schlosser), ev., verh. s. 1955 m. Charlotte, geb. Krautbauer, 3 Kd. (Michaela, Markus, Dietrich) - 1936-43 Gymn. Ludwigshafen u. Kaiserslautern; 1945-50 Univ. Heidelberg (b. 1946 Math. u. Physik, dann Rechtswiss.) u. Mainz (Rechtswiss.). Promot. 1953 Mainz; Habil. 1963 Tübingen - 1955-59 Landgerichtsrat; s. 1964 o. Prof. Univ. Marburg und Mainz (1968). Spez. Arbeitsgeb.: Staatslehre, Verfassungs- u. Verw.srecht - BV: Privateigentum an Staatsfunktionen?, 1963; Grundfragen d. heut. Verw.srechtslehre, 1965; Grundgesetz u. Wirtschaftsverfassung, 1974. Zahlr. Veröf. in Sammelwerken, Festschr., Handb. u. Ztschr.

RUPP, Heinz

Dr., o. Prof. f. Sprach- u. Literaturwiss. Univ. Basel - Kahlstr. 3, CH-4054 Basel - Geb. 2. Okt. 1919 Stuttgart, ev., verh., 2 Kd. (Klaus, Sibylle) - Promot. 1949 Freiburg, Habil. 1956 ebd. - 1958 a.o. Prof. Univ. Mainz; 1959-87 o. Prof. Univ. Basel f. Sprach- u. Literaturwiss. - Bücher u. zahlr. Aufs. - 1978 Dudenpreis Stadt Mannheim - Spr.: Engl. - Lit.: Festschr. z. 60. Geburtstag, 1979.

RUPP, Klaus

Syndikus, Vors. Landesverb. Hess. Haus-, Wohnungs- u. Grundeigentümervereine - Niederau Nr. 61-63, 6000 Frankfurt/M.

RUPP, Rudolf

Schriftsteller, Kunstmaler, Verleger - Schellingstr. 36, 8000 München 40 (T. 089 - 272 41 97) - Geb. 16. Mai 1916 Augsburg, ev., gesch., 2 Kd. (Wolfgang-Guido, Renate) - Abit. 1941 Berlin - Ton-Ing. b. Reichsrundfunk Berlin, n. d. Krieg b. Saarl. Rundf. - 1950-54 Funkerz.: u.a. Bleß u. d. Knecht, Vetter Jörg u. Tanne ohne Wipfel; Hörspiele: u.a. D. 2mal verk. Kalb (Regie); Theater: Stille Nacht, hl. Nacht (Regie); Lieder u. Chorwerke Feierabend, Heimatlied u.a.

RUPPANER, Hans

Dr.-Ing., Dipl.-Kfm., Brauereibesitzer, Mitinh. Ruppaner-Brauerei Gebr. Ruppaner, Konstanz, Vorstandmitgl. Bayer. Brauhaus Pforzheim AG., Pforzheim - Ruppanerstr. 21, 7750 Konstanz/B. - Geb. 2. Juni 1907 Konstanz (Vater: Johann R.; Mutter: geb. Bott), verh. 1944 m. Berta, geb. Tauscher - TH München - Bruder: Karl R.

RUPPE, Harry O.

Dr.-Ing., o. Prof. u. Vorst. Inst. f. Raumfahrttechnik TU München (s. 1966) - Ernastr. 21a, 8000 München 82 (T. 430 42 52) - Geb. 3. Mai 1929 Leipzig (Vater: Kurt R., Musiker; Mutter: Hildegard, geb. Hillmann), ev., verh. s. 1956 m. Sabine, geb. Wendlandt, 2 Kinder (Joerg, Vera) - Stud. Univ. Leipzig, TU Berlin, Dipl.ex. u. Promot. ebd. - Zul. Dir. Future Projects Office NASA - Marshall Space Flight Center - BV: Introduction to Astronautics, 2 Bde. 1966 u. 67 (russ. 1970 u. 71); Raumfahrt, 2 Bde. 1980 u. 82. Facharb.

RUPPEL, Fritz Raymond

Dr. rer. pol., Geschäftsf. Fachgemeinsch. Armaturen u. Schweißtechnik, im VDMA, Frankfurt/M. - Georg-Pingler-Str. 17, 6240 Königstein - Geb. 30. April 1932 - Zul. Gf. Verb. d. Schuhind. Rhld.-Pfalz.

RUPPEL, Walter

Intendant Ohnsorg-Theater Hamburg (s. 1986/87) - Eilenau 20, 2000 Hamburg 76 (T. 040 - 229 89 80) - Geb. 17. April 1927, verh. s. 1977 m. Viola, geb. Weissner, 2 Kd. (Elisabeth, Johannes) - Mommsen-Gymn. Berlin - 1950 Dramat.- u. Regie-Assist. u. Schausp. am Theater im Zimmer Hamburg; 1955/56 Pressechef SDR FS; 1957-60 Dramat. u. Lektor Gustav Kiepenheuer Verlag Berlin; 1961-69 Dramat. Thalia Theater Hamburg; 1969-74 Int. Regensburg; 1974-81 Int. Bremerhaven; 1982/83 Ref. Dt. Oper am Rh.; 1983-85 Ref. Thalia Theater Hamburg - Liebh.: Schach, Ski, Kochen.

RUPPEL, Wolfgang

Dr. rer. nat. (habil.), o. Prof. u. Direktor Inst. f. Angew. Physik TH bzw. Univ. Karlsruhe (s. 1965) - Stolper Str. 6a, 7500 Karlsruhe-Waldstadt (T. 68 19 05) - Geb. 18. Febr. 1929 (Vater: Dr. med. Herbert R.), verh. m. Annemarie, geb. Schmidt - 1955-62 wiss. Mitarb. RCA-Labor. Zürich - BV: Mechanik - Relativität - Gravitation, Lehrb. 1973 (m. G. Falk); Energie u. Entropie, Lehrb. 1976 (m. G. Falk). Fachveröff.

RUPPERT, Christian

Rechtsanwalt, Mitglied des Vorstandes Cassella AG - Hanauer Landstr. 526, 6000 Frankfurt/M. 61 (T. 41 09 01) - Stud. Rechtswiss. Gr. jurist. Staatsprüf. - S. 1966 Cassella AG. (Leit. Rechtsabt., 1973 stv., 1974 o. Vorstandsmitgl.).

RUPPERT, Herbert E.

Dr. phil., Prof., f. vergl. Schulpädagog., Schulen besond. pädagog. Prägung im In- u. Ausland, Jenaplanpädagog., Arbeitsl. - Saarstr. 75, 6903 Neckargemünd (T. 31 34) - Prof. f. Erziehungswiss. (Schulpäd.) Päd. Hochsch. Heidelberg - BV: Ist Erziehung i. Unterr. möglich? D. Problematik d. erziehenden Unterrichts, Weimar 1933; Wissensch. u. Wirklichkeit. Zur Hochschulreform i. d. Lehrerbild., Oberursel 1958; Adolf Reichwein. Ausgewählte pädag. Schriften, Paderborn 1978. Zahlr. Fachaufs.

RUPPERT, Karl

Dr. rer. nat., o. Univ.-Prof. u. Direktor Wirtschaftsgeogr. Inst. Univ. München (s. 1965; 1968/69 Dekan Staatsw. Fak.) - Kemptener Str. 60, 8000 München 71 - Geb. 15. Jan. 1926 Offenbach/M., kath., verh. s. 1952 m. Irmgard, geb. Schmidt, T. Mechthild - Promot. 1952; Habil. 1959 - 1959-64 Univ.doz. 1968-70 Vors. Münch. Geogr. Ges. Spez. Arbeitsgeb.: Wirtschafts- u. Sozialgeogr. Fachveröff., auch in Buchform. Herausg. wiss. Schriftenreihen - 1971 Mitgl. Akad. f. Raumforschung u. Landesplanung, Hannover; 1974 korr. Mitgl. Salzburger Inst. f. Raumforsch.; 1974-79 Vors. Landesarbeitsgem. Bayern d. Akad. f. Raumforsch. u. Landesplan., Hannover (1979-82 Vizepräs.); 1979-82 wiss. Leit. d. Dt. Wirtschaftswiss. Inst. f. Fremdenverkehr München - 1977 Ehrenmitgl. Kroat. Geograph. Ges., 1987 Österr. Ges. f. Raumforsch. u. Raumplanung (ÖGRR), u. Ungar. Geograph. Ges.

RUPPERT, Lothar

Dr. theol., o. Prof. f. atl. Literatur u. Exegese Univ. Freiburg (s. 1984) - Erwinstr. 46, 7800 Freiburg (T. 203-20 03) - Geb. 23. März 1933 Fulda (Vater: August R., Angest.; Mutter: Maria, geb. Bleuel), kath. - Hum. Gymn. Fulda (Abit. 1953); Stud. d. Theol. Fulda, Würzburg, Münster, Rom; Promot. (1964) u. Habil. (1970) Würzburg; 1968-70 Stip. DFG - 1970-71 Doz. Fulda, 1971-84 o. Prof. Univ. Bochum - BV: D. Josephserz. d. Genesis, 1965; D. leidende Gerechte, 1972; Jesus als d. leid. Gerechte?, 1972; D. leid. Gerechte u. s. Feinde, 1973; D. Buch Genesis, Bd. I 1976, Bd. II 1984 - Liebh.: Musik, Lit. - Spr.: Engl., Franz., Ital.

RUPPERT, Wolfgang

Dr. phil., Prof. f. Kulturgeschichte Hochschule d. Künste Berlin (s. 1988) - Elisabethstr. 8, 8000 München 40 - Geb. 19. Okt. 1946 Hof/Saale, ev. - 1967-73 Stud. Univ. München; Promot. 1977/78 - 1978-81 Projektleit. Kulturref. Stadt Nürnberg/Centrum Industriekultur. Dokumentarischer Filmemacher. S. 1983 Prof. f. Ästhetik u. Kulturgesch. Univ. Bielefeld - BV: Volksaufklärung im späten 18. Jh., in: Hansers Sozialgesch. d. dt. Lit., Bd. 3 (hg. Rolf Grimmiger), 1980; Bürgerlicher Wandel. D. Geburt d. modernen dt. Ges. im 18. Jh., 1984; D. Fabrik. Gesch. v. Arbeit u. Industrialisierung in Deutschl., 1983; Fotogesch. d. dt. Sozialdemokratie (hg. v. Willy Brandt), 1988. Herausg.: Lebensgeschichten. Z. dt. Sozialgesch. 1850-1950 (1980); Erinnerungsarbeit. Gesch. u. demokratische Identität (1982); D. Arbeiter. Lebensformen, Alltag u. Kultur v. d. Frühindustrialisierung z. Wirtschaftswunder (1986). Mithrsg.: Industriekultur in Nürnberg. E. dt. Stadt im Maschinenzeitalter (1980). Filme: u. a. Naila. Leben u. Arbeiten im Frankenwald. Ein Heimatfilm (BR 1983). Kulturgesch. Fachpubl.

RUPPIN, Hans

Dr. med., Prof., Arzt, Chefarzt Innere Abteilung, Ärztl. Dir. Krkhs. Tauberbischofsheim (s. 1989) - Albert-Schweitzer-Str. 37, 6972 Tauberbischofsheim (T. 09341 - 80 02 25) - Geb. 11. Sept. 1943, ev., verh. s. 1970 m. Dr. med. Cornelia, geb. Wagner, 2 Kd. (Stefanie, Christof) - Stud. Frankfurt, Marburg; Ex. u. Promot. 1969 Frankfurt; Habil. (Innere Med.) 1981 Erlangen - Oberarzt Med. Univ.-Klinik Erlangen, 1983-87 Chefarzt Innere Abt. - Div. Handb.-Beitr.; zahlr.

Veröff. in intern. Ztschr. - Liebh.: Chormusik, esoterische Lit. - Spr.: Engl.

RUPPRECHT, Bernhard
Dr. phil., Prof., Kunsthistoriker - Orangerie, 8520 Erlangen (T. 09131 - 85 23 95) - 1966 Doz. Univ. München, 1969 Abt.svorst. u. Prof. Univ. Regensburg; 1974 o. Prof. Univ. Erlangen-Nürnberg. Facharb.

RUPPRECHT, Hans-Albert
Dr. jur., Prof. f. Antike Rechtsgeschichte u. Papyrologie Univ. Marburg (s. 1969) - In d. Opfergärten 5, 3557 Ebsdorfergrund 8 - Geb. 16. April 1938 Erlangen, verh. s. 1967 m. Ute, geb. Reinhard, 2 Kd. - Max-Gymn. München; 1957-62 Univ. München u. Erlangen. Promot. 1965; Habil. 1969 - Zul. Doz. Univ. München. - Mitgl. Comité intern. d. Ass.intern. d. Papyrologues - BV: Unters. z. Darlehen im Recht d. graeco-aegypt. Urkunden, 1967; Studien z. Quittung..., 1972. Herausg.: Sammelb. d. griech. Papyrusurk. (Bde. XII-XVI), Berichtigungsliste d. griech. Papyrusurk. (Bde. VI-VII), Wörterb. d. griech. Papyrusurk. (IV 5ff. u. Suppl. II. ff.).

RUPPRECHT, Herbert
Dr., Prof. f. Pharmaz. Technologie Univ. Regensburg - Machthildstr. 47, 8400 Regensburg - Geb. 10. Nov. 1936 Nürnberg - Pharmazie-Stud. Univ. München (Staatsex.) 1964, Promot. 1969, Habil. 1974) - S. 1976 o. Prof. Univ. Regensburg. Entd.: Anorgan. Wirkstoffträger, immobilisierter Arzneistoffe; Aufklärung v. Adsorption u. Stabilität v. Arzneistoffen. Üb. 100 wiss. Publ. - Liebh.: Musik, Videogr.

RUPPRECHT, Kurt
Dipl.-Kfm., Gschäftsführer: Datarent Software GmbH & Co Vermietungs KG, ehem. Präs. Verb. Dt. Rechenzentren Hannover - Lindwurmstr. 97, 8000 München 2 - Geb. 14. Okt. 1929 Passau - Veröff.: Was d. Unternehmer v. d. Datenverarb. wissen sollte, 1966.

RUPPRECHT, Werner
Dr.-Ing., Prof. f. Elektr. Nachrichtentechn. Univ. Kaiserslautern - Lixheimer Str. 10, 6750 Kaiserslautern 31 (T. 0631 - 5 88 36) - Geb. 14. Aug. 1932 Bottrop (Vater: Heinrich R., Realschuldir.; Mutter: Gertrud, geb. Seeliger), kath., verh. s. 1962 m. Martha, geb. Weisz, 3 Kd. (Johannes, Beate, Rebekka) - 1953-55 Stud. TU München; 1955-58 TH Karlsruhe (Dipl.-Ing.); Promot. 1961, Habil. 1970 - S. 1971 Fachschriftleit. u. Mitherausg. (NTZ) Nachr.techn. Ztschr. - BV: Netzwerksynthese, 1972; Schaltungstechnik, 1982; Nachrichtenübertrag., 1982; Orthogonalfilter u. adaptive Datensignalentzerrung, 1987.

RUPPRECHT, Arndt
Dr. phil., Verleger - Calsowstr. 32, 3400 Göttingen (T. 0551-5 87 86) - Geb. 9. Dez. 1928 Göttingen, ev., verh. s. 1959, 3 Kd. (Reinhilde, Bertram, Jost-Hinrich) - Verlagslehre; Promot. 1957 Göttingen - Spr.: Engl., Schwed.

RUPRECHT, Dietrich
Dr. phil., Verleger, Mitinh. Vandenhoeck & Ruprecht, Göttingen, u. a. - Theaterstr. 13, 3400 Göttingen.

RUPRECHT, Horst
Dr. phil., Prof., Hochschullehrer, Präs. Dt. Ges. Teilhard de Chardin (s. 1968) - Grenzweg 31, 3014 Laatzen (T. 82 57 57) - S. Jahren Prof. Univ. Hannover f. Bildungsforsch. Facharb.

RUPRECHT, Klaus Wilhelm
Dr. med., Prof. f. Augenheilkunde, Vertreter d. Klinikvorst. Augenklinik m. Poliklinik Univ. Erlangen-Nürnberg - Schwabachanlage 6, 8520 Erlangen (T. 09131 - 85 30 02) - Geb. 18. Mai 1940 Breslau (Vater: Dr. phil. Hans-Leopold R., Dipl.-Landw.; Mutter: Hildegard, geb. v. Schiller), kath., verh. s. 1969 m. Uta, geb. Pilowski, 3 Kd. (Klemens, Lucia, Franziska) - Univ. Hamburg (Staatsex. u. Promot. 1966; Facharzt f. Augenheilkd. 1974); Habil. 1979 Tübingen - 1980 Prof. Univ. Erlangen. In- u. ausl. Fachmitgl.sch. - BV: Mitarb. an: Pathol. d. Auges (v. G.O.H. Naumann), 1980 (engl. Übers. 1986); u.a. Fachveröff. - Liebh.: Fotogr. - Spr.: Engl., Franz.

RUSBÜLDT, Volker
Dr.-Ing., Elektroingenieur, Pers. haftend. Gesellsch. Gebr. Röchling u. Geschäftsf. Röchling Ind. Verw. GmbH, Mannheim (s. 1986) - Wildaustr. 14, 6450 Hanau 9 (T. 06181-5 62 23) - Geb. 28. April 1930 Torgau/Elbe (Vater: Bernhard R., Kaufm.; Mutter: Hilde, geb. Buss), ev., verh. s. 1956 m. Mechthild, geb. Ruhstrat, 3 Kd. - Dr. Stadtsch. Rostock, Gymn. Templin, Katharineum Lübeck; Lehre Betriebselektr. Lübeck; TH Karlsruhe, Dipl. 1955, Promot. 1965 TU Berlin - 1967 Leit. AEG Telefunken Mülheim/R.-Saarn, 1972 Geschäftsf. Demetron Ges. f. Elektronik-Werkst. mbH, s. 1986 s. o.

RUSCH, Horst
Dr. rer. pol., Wirtschaftsprüfer - Mundsburger Damm 45, 2000 Hamburg 76 (T. 040 - 220 68 89) - Geb. 11. Febr. 1928 Berlin (Vater: Walter R., Mutter: Elisabeth, geb. Schulz), ev., verh. s. 1957 m. Ilse, geb. Weege - Abit., Banklehre; Stud. Jura u. Betriebsw. Berlin, Promot. 1955 TU Berlin, Wirtsch.prüf. 1961 - 1951-54 Bankangest., 1955-64 Treuarbeit AG (s. 1961 Prok.), s. 1965 Geschäftsf. überregion. Wirtschaftsprüf.-Ges., Beirat Wirtsch.prüferkammer, Mitgl. Fachaussch. (u. a. korresp. Hauptfachaussch.) u. Arbeitskr. d. Inst. d. Wirtsch.prüf. e.V., 1963-66 Lehrauftr. f. Wirtsch.prüf. FU Berlin - BV: D. Wandelschuldverschreibung, 1956; Aktivierung v. eig. Erfindungen, 1963 - Liebh.: Theater, Musik.

RUSCHEWEYH, Walter
Ministerialdirigent, Leit. Bereich Finanz u. Mangement Dt. Bundesbahn - Friedrich-Ebert-Anlage 43-45, 6000 Frankfurt/M. - Geb. 23. Mai 1928 Liegnitz/Schles., verh. s. 1963 m. Gisela, geb. Sallmann, 2 Kd. - Stud. Rechtswiss., 2. Jur. Staatsex. 1958. AR-Mand.

RUSCHIG, Heinrich
Dr. phil., Dr. rer. nat. h. c., Prof., Chemiker - Oranienstr. 50, 6232 Bad Soden/Ts. (T. 2 37 12) - Geb. 22. Okt. 1906 - 1935-71 IG Farbenindustrie bzw. Farbwerke Hoechst AG. (1955 Prok., 1965 Abt.sdir.; Leit. Pharma-Forsch. Chemie). S. Habil. Lehrtätigk. Univ. Mainz (apl. Prof.; gegenw. Honorarprof.: Arzneimittelsynthese) - BV: Arzneimittel - Entwicklung/Wirkung/Darstellung, 1968 - 1971 Ehrendoktor TU Braunschweig.

RUSKE, Bärbel
Geschäftsführerin Hamburger Hof GmbH - Bülowstr. 184, 4330 Mülheim-Ruhr (T. 0208 - 42 31 45) - Geb. 15. Aug. 1945 Mülheim-R., ev., verh. s. 1966 - Lehre Groß- u. Außenhandels-Kaufm. Schauenburg, Mülheim/R. -

Liebh.: Hist. Wertpapiere, alte Bücher, Lyrik, Musik - Spr.: Engl. - Lit.: Lutz Dreesbach: Frauen, d. Spitze sind.

RUSKE, Wolfgang
Dipl.-Ing., Freier Publizist, Berater f. Öffentlichkeitsarbeit DPRG - Seidenweberstr. 35, 4050 Mönchengladbach 4 (T. 02166 - 5 10 80) - Geb. 1. März 1948, kath., verh. s. 1974 m. Beatrix, geb. Meyer, 3 Kd. (Jessica, Dominik, Mauricio) - Dipl.-Ing. 1971 Rosenheim - 1971-74 Pressespr. Arbeitsgemeinsch. Holz - BV: Holz im Außenbereich, 1978; Holzskelettbau, 1980; Spiel & Holz 1982; Structures en bois, 1984; Archit. exterieure en bois, 1985; Holzhäuser im Detail, 1986; Außenanlagen im Detail, 1987; Bauten in d. Landschaft, 1987; Ausbau u. Innenausbau, 1987; Glas, 1988; Holz-Glas-Archit., 1988; Bauen m. Holz u. Stein, 1988; Ökol.-ökon. Holzhäuser, 1988; Sanieren u. Modernisieren m. Holz, 1988; Natürl. Baustoffe im Detail, 1989; Neue Holzhäuser im Detail, 1989; Häuser in d. Gruppe, 1989; Häuser in Mischbauweise, 1989; Handb. Spiel u. Freizeit im öffentl. Raum, 1989. Herausg.: Pressedienst holznews, Ztschr. Holzbau & Naturbaustoffe aktuell - Liebh.: Kunst, Antiquitäten.

RUSNAK, Josef
Dr. jur., Botschafter d. Bundesrep. Deutschl. in Managua - Zu erreichen üb. Ausw. Amt Bonn - Geb. 17. März 1936 Unter-Turz (CSSR), kath., verh. - Stud. Rechtswiss. Würzburg u. FU Berlin; Promot. Würzburg, M.A. (Fletcher School of Law and Diplomacy, Boston) - S. 1963 Ausw. Amt.

RUSS (ß), Friedrich
I. Bürgermeister Stadt Volkach - Rathaus, 8712 Volkach/Ufr. - Geb. 8. Juni 1927 Lohr - Zul. Postamtm.

RUSS (ß), Helmut
Chefredakteur - Am Freibad 58, 4900 Herford (T. 05221-7 03 07) - Geb. 5. März 1940 Steinhöring/Obb., ev., verh. s. 1965 m. Helga, geb. Panndorf, T. Anja - Stud. Univ. München (Ztg.-Wiss., Päd., Phil.) - BV: D. Knüpfteppich, 1983 - Spr.: Engl., Lat.

RUSS, Michael
Konzertdirektor Südwestd. Konzertdirektion Erwin Russ, Stuttgart - Zu erreichen üb. SKS Erwin Russ, Charlottenpl. 17, 7000 Stuttgart 1 (T. 0711 - 1 63 53-0) - Geb. 15. Mai 1945 Unterkochen, kath., verh. s. 1968 m. Doris, geb. Langheld, 3 Töcht. (Alexandra, Anuschka, Michaela) - Musikalienhändler - Lehre Ulm - Präs. Verb. Dt. Konzertdirektionen München - 1985 BVK - Spr.: Engl.

RUSS (ß), Peter
Geschäftsführer Verlagsgruppe Deutscher Fachverlag - Schumannstr. 27, 6000 Frankfurt (T. 069-74 33-4 60).

RUSS (ß)-MOHL, Stephan
Dr., Prof. f. Publizistikwiss. Inst. für Publizistik u. Kommunikationspolitik FU Berlin - Malteserstr. 74-100, 1000 Berlin 46 (T. 030 - 77 92-449) - Geb. 23. Mai 1950 Frankfurt/M. - Ausb. Dt. Journalistenschule München; Stud. Sozial- u. Verwaltungswiss. Univ. München, Konstanz u. Princeton/USA; Dipl. 1977 Konstanz, Promot. 1980 ebd. - 1979-81 Wiss. Assist. Univ. Dortmund; 1981-85 Fachref. Robert-Bosch-Stiftg. Stuttgart; 1985 Prof. FU Berlin. Arbeitsgeb.: Journalistik/Redakt., Organisation. S. 1987 wiss. Leiter Studiengang Journalisten-Weiterbildung - BV: Reformkonjunkturen u. politisches Krisenmanagement, 1981. Herausg.: Wissenschaftsjournalismus. E. Handb. f. Ausb. u. Praxis (1986) - Spr.: Engl., Span.

RUSSE, Hermann-Josef
Dipl.-Volksw., Vorstandsmitglied VEBA AG., Bonn (s. 1966), MdB (s. 1965) - Höninger Weg 47, 5030 Hürth/Bez. Köln (T. Hermülheim 6 67 61) - Geb. 17. Sept. 1922 Bochum (Vater: Robert R., Postbeamter; Mutter: Josefa, geb. Wirtz), kath., verh. s. 1956 m. Dipl.-Bibl. Barbara, geb. Fonk, 3 Kd. (Cordula, Birgitta, Christoph) - Gymn. (Abit. 1941); Univ. Köln (Rechts-, Wirtschafts- u. Sozialwiss.; Dipl.-Volksw. 1956) - 1941-45 Soldat, spät. Bergmann u. Werkstud., 1952-65 Schulungs- u. Bildungsref. sowie Hauptgeschäftsf. (1963) Sozialaussch. d. christl.-demokr. Arbeitnehmerschaft. 1958-66 Mitgl. Wirtschafts- u. Sozialrat Europ. Wirtschafts- u. Europ. Atomgem. 1945 Mitbegr. CDU, s. 1945 (Mitgeb. Bochum) - BV: Gesellschaftspolitik aus christl. Verantw., 1964 (span. u. portugies. 1965) - Gr. BVK - Spr.: Franz.

RUSSELL, Hans-Dieter
Dr., Bergwerksdirektor, Mitgl. Grubenvorst. Gewerkschaft Sophia-Jacoba, Hückelhoven - Staufenstr. 7, 5143 Wassenberg/Rhld. - Geb. 21. Juni 1927.

RUSSU, Mircea-Johann

Dr., Dr. med., Internist, Chefarzt Geriatrische Abt. Kreiskrankenh. Mechernich, Betriebsstätte Zülpich (s. 1986) - Allensteiner Str. 3, 5352 Zülpich (T. 02252 - 41 10) - Geb. 19. Febr. 1930 Klausenburg (Rumän.), kath., verh. s. 1979 m. Dr. rer. Christina R., 3 Kd. (Anna, Alexandra, Johann) - Stud. Med. Fak. 1948-54 Bukarest; Dipl. 1966 Bukarest, Internist 1962 - 1963-65 Doz. Med. Fak. Bukarest; Prof. f. Innere Med. u. Vizedekan Med. Fak. Kinshasa Zaire (Vorst. 1973-76) - BV: Infektionskrankheiten, 1974; Gastroenterologie, 3 Bde. 1974-76 - Spr.: Engl., Franz., Rumän.

RUST, Erich-Alfred
Vorstandsmitglied Nordd. Genossenschaftsbank AG - Stephansplatz 10, 2000 Hamburg 36 - S. 1982 Mitgl. Börsenvorst. Hamburg; Vorst.-Mitgl. Mittelstandskreditbank AG, Hamburg; AR Union-Investment-Ges. mbH, Frankfurt, Nordstd. Kassenverein AG, Hamburg, Dt. Immobilien Fonds AG (DIFA) Hamburg, DG Capital Management GmbH, Frankfurt, Landesgarantiekasse Schlesw.-Holst. GmbH, Kiel, Nordfleisch eG Raiffeisen Vieh- u. Fleisch-

zentrale Schlesw.-Holst., Hamburg, DEVIF Dt. Ges. f. Investment-Fonds GmbH, Frankfurt; ESC European Securities Corporation, New York.

RUST, Heinz

Dipl.-Kfm., Aufsichtsratsvorsitzender Bremer Woll-Kämmerei AG - - Landrat-Christians-Str. 95, 2800 Bremen-Blumenthal - Geb. 14. Sept. 1923 Osnabrück.

RUST, Josef

Dr. jur., Staatssekretär a. D., Generaldirektor i. R. - Kurhausstr. 8, 3500 Kassel-W'höhe - Geb. 12. Nov. 1907 Blumenthal b. Bremen (Vater: Wilhelm R., Rektor; Mutter: Maria, geb. Immenkamp), verh. s. 1938 m. Elisabeth, geb. Dartsch, 2 Kd. - Univ. Göttingen, München, Berlin - Tätigk. Reichswirtschaftsmin., Nieders. Finanzmin., 1949-52 Bundeskanzleramt, 1952-55 Bundeswirtschaftsmin. (Ministerialdir.), 1955-59 Bundesverteidigungsmin. (Staatssekr.), 1959-69 Vorstandsvors., 1969-78 AR-Vors. u. 1978-86 AR-Mitgl. Wintershall AG, Kassel - 1959 Gr. BVK m. Stern u. Schulterbd. - Liebh.: Jagd.

RUST, Ulrich

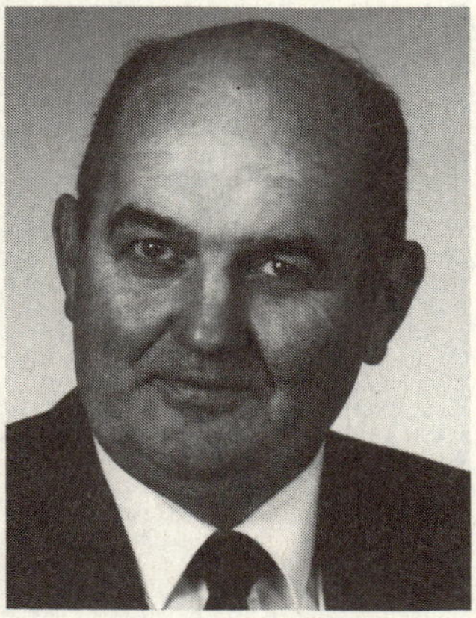

Kaufmann, Generalsekretär Europ. Schausteller-Union, Sitz Luxemburg (s. 1980) - Lippestr. 59, 4712 Werne a. d. Lippe (T. 02389 - 32 74) - Geb. 8. Febr. 1931 Meseritz (Vater: Dr. Erwin R., Generalveterinär †1978; Mutter: Charlotte, geb. Sporleder), ev., verh. s. 1966 m. Gisela, geb. Feder - Obersch. Ratzeburg u. Frankfurt/O. (Abit. 1949); Ausb. Müller u. Getreidekaufm.; Verw.akad. u. Dt. Getreidehandelssch. - S. 1977 Schausteller-Union (stv. Gen.-Sekr.); Vorst.-Mitgl. Dt. Rat d. Europ. Bewegung; stv. Ausschuß-Mitgl. Handel u. Vertrieb in d. Europ. Gemeinsch.; s. 1989 Vors. Europ. Stiftg. EFECOT (Stiftg. f. d. Ausbildg. d. Kinder v. reisenden Circussen, Schaust., Binnenschiffern u. ambulanten Gewerbetreibenden), Bruxelles - 1980 u. 1985 Privataudienz b. Papst Johannes Paul II; 1983 Ehrenmed. in Silber d. Council of Europe; NGO-Member of the Council of Europe - Liebh.: Filmen, Schwimmen - Spr.: Engl. - Bek. Vorf.: Friedrich R., Gutsbesitzer u. preuß. Landtagsabgeordn. (Großv., †1914); Heinrich R., Kaufm. u. Bürgerm. Hansest. Lübeck (†1757); Claes R., Kaufm. u. Bürgerkapitän Hansest. Hamburg (†1680).

RUST, Wilhelm

Dr. med., Gynäkologe, Ärztl. Direktor DRK-Krankenhaus Jungfernheide (s. 1952) - Kissinger Str. Nr. 67, 1000 Berlin 33 (T. 826 46 80) - Geb. 1909 Paderborn - Univ. Würzburg, Innsbruck, Hamburg, Münster. Promot. 1934; Habil. 1942 - Robert-Krkhs., Berlin, Charité ebd., Frauen-Sanat. Müggelsee (eig. Gründ.) - Liebh.: Skilaufen.

RUSTESCH, Gerhard

s. Krämer, Karl Emerich

RUTH, Friedrich

Dr. phil., Botschafter d. Bundesrep. Deutschl. in Italien - Via Po 25c, 00198 Rom/Italien - Geb. 10. Febr. 1927 Michelfeld (Vater: Friedrich R., Kaufm.; Mutter: Anna, geb. Knapp), ev., verh. s. 1956 m. Mechthild, geb. Heinke, 2 Kd. (Anna-Isabella, Friedrich G. Emanuel) - Stud. Emory Univ. Atlanta/USA (Pol. Wiss.) u. Univ. Heidelberg (Engl., Gesch., Phil.); Promot. 1955 - 1956 Ausw. Amt (Ausl.posten: 1958 Moskau; 1959 Generalkonsulat Chicago; 1962 Washington), 1966/67 Zentr. Bonn; 1968/69 Bundeskanzleramt, 1970 NATO-Defense Coll. Rom, s. 1970 wied. AA (1972-1977 Leit. Ref. Sicherh. in Europa; 1973 Leit. dt. Delegation MBFR-Vorverhandl. Wien; 1977-86 Beauftr. d. Bundesreg. f. Fragen d. Abrüstung u. Rüstungskontrolle) - 1982 Verdienstmed. Land Baden-Württ. (f. Einsatz um Friedenspolitik); 1988 Gr. BVK - Liebh.: Musik, Lit. - Spr.: Engl., Franz., Ital.

RUTH, Volker

Dr. rer. nat., Dipl.-Phys., o. Prof. Univ. Oldenburg (s. 1973) - An der Feldwische 7, 2900 Oldenburg - Geb. 19. Jan. 1932 Dorum/Bremerhaven (Vater: Armin R., Lehrer; Mutter: Klara, geb. Göhr), ev., verh. s. 1961 m. Gisela, geb. Dießelhorst, 2 S. (Andreas, Karsten) - Stud. d. Physik Univ. Göttingen; Dipl.-Phys. 1958; Promot. 1961 - 1961-64 Research Fellow, Ohio State U., USA; 1964-68 Assist. Univ. Münster u. PH Göttingen, 1968-73 Prof. Oldenburg, 1973/74 Visiting Prof. f. Metallurgie Banaras Hindu U., Varanasi, Indien; 1986 Visiting Prof. f. Metallurgical Engineering, Ohio State Univ., USA. Fachmitgl.sch. Fachveröff. in- u. ausl. Ztschr. Mithrsg.: Advances in Epitaxy and Endotaxy (1971, ungar. 1976) - Spr.: Engl., Franz.

RUTHENBECK, Reiner

Prof., Bildhauer - Frankenstr. 23, 4000 Düsseldorf 30 (T. 0211 - 46 16 86) - 1980ff. Lehrtätigk. Kunstakad. Münster - 1982 Konrad-v.-Soest-Preis.

RUTHMANN, August

Ph. D., Prof. f. Zellmorphologie - Weidenstr. 4b, 4322 Sprockhövel 2 - Geb. 26. März 1928 Darmstadt (Vater: Robert R., Spengler u. Installateur; Mutter: Katharina, geb. Kaiser), verh. s. 1955 m. Joanne, geb. Drumb, 2 Söhne (Robert, Bernhard) - Höh. Schule Alzey u. Darmstadt; TH Darmstadt (Biol.), Univ. of Minnesota, Minneapolis/USA (Zool.; PH. D. 1958) - 1957-58 Instructor Univ. Chicago; 1958-65 Assist. u. Konservator (1963) Univ. Tübingen; 1965-68 Associate Prof. Dalhousie Univ., Halifax/Kanada (Biol.); 1968-70 Prof. u. Vorsteher Abt. f. Morphol. d. Tiere/Inst. f. Zool. TH Aachen; s. 1970 ord. Prof. Univ. Bochum. Mitgl. Intern. Soc. of Differentiation; Mitgl. Dt. Ges. f. Zellbiol. u. Dt. Zool. Ges. Spez. Arbeitsgeb.: Zellforsch. - BV: Methoden d. Zellforsch., 1966 (engl. Methods in Cell Research) London/New York 1969); Praktikum d. Cytologie, 1979 - Liebh.: Naturwiss. - Spr.: Engl.

RUTHS, Kurt

Dr. rer. nat., Aufsichtsratsvorsitzender Braas & Co. GmbH, Oberursel - Am Holzbach 1, 6393 Wehrheim - Geb. 22. Febr. 1927 - Stud. Chemie (Dipl.-Chem.).

RUTHUS, Franz

Bürgermeister Aschheim i. R. (1948-84) - Tassilostr. 25, 8011 Aschheim (T. 903 99 38) - Geb. 9. Dez. 1919 Aschheim, kath., verh. s. 1943 m. Magdalena R., 3 Kd. (Anneliese, Johann, Maria-Magdalena) - 1970 Wasserwachtmed. in Silber; 1971 BVK am Bde.; 1973 Med. f. bes. Verd. um d. Kommunale Selbstverw.; 1973 Feuerwehr-Ehrenz. f. 25-j. akt. Dienstzeit; 1983 BVK I. Kl.; 1984 Ehrenbürger Gemeinde Aschheim; 1984 Gold. Ehrenring d. Gemeinde Aschheim; 1984 Ehrenvorst. d. fr. Feuerwehr Aschheim.

RUTKOWSKI, von, Hartmut

Inhaber u. Leit. Kosmetikschule u. -inst. Berlin, Mitbegr. Kosmetikzentralverb. - Hohenzollerndamm 2, 1000 Berlin 31 - Geb. 18. Nov. 1944 Coburg (Vater: Josef v. R., Edelsteinfasser; Mutter: Georgina, geb. Marr), ev., ledig - Kosmetikstud. b. Isabella v. Rutkowski (Tante), Gründ. d. Schule - S. 1971 Leit. d. größten Berliner Ausbildungsst. f. Ganzheitskosmetik (gegr. 1929), Ltg. d. Fortbildungskurse, Einricht. v. Bildungs- u. Fortbildungssem. Cote d'Azur.

RUTSCH, Martin

Dr., Mathematiker, Prof. Univ. Karlsruhe (1973-75 Dekan wirtsch.wiss. Fak.) - Im Hartental 12, 6600 Saarbrücken - Geb. 24. April 1930 Heidelberg (Vater: Martin R., Polizist; Mutter: Emma, geb. Granzer), kath., verh. s. 1959 m. Elfriede, geb. Riehm, 2 Kd. (Pascal, Nathalie) - Stud. d. Math. Univ. Heidelberg - Zun. Akad. Rat Univ. Saarbrücken, dann Assoc. Prof. Univ. of Cincinnati/USA. In- u. ausl. Fachmitgl.sch. - BV: Wahrscheinlichkeit I + II, 1975/76 (m. K.-H. Schriever); Statistik 1 + 2, 1986/87 - Spr.: Engl., Franz.

RUTSCH, Walter

Kaufmann, Geschäftsführer Stadtwerke Michelstadt GmbH - Landrat-Neff-Str. 4, 6120 Michelstadt (T. 50 58) - Geb. 14. Juni 1930 Reichenberg/CSSR (Vater: Josef R., Beamter; Mutter: Emma, geb. Steiner), kath. - Bürgersch., kfm. Lehre. S. 1973 Geschf.

RUTSCHKE, Wolfgang

Dr. jur., Staatssekretär a. D., Vorstandsvors. Lastenausgleichsbank a.D. (s. 1984) - Kronprinzenstr. 10, 5300 Bonn 2-Bad Godesberg (T. 83 15 17); priv.: Im Rehefeld 6, 5205 St. Augustin 1 (T. 02241 - 33 13 83) - Geb. 27. Nov. 1919 Heegermühle b. Eberswalde (Vater: Paul R., Gymn.lehrer), ev., verh. s. 1952 m. Ruth, geb. Lindovsky, 2 Kd. - Gymn.; Univ. Berlin, Breslau, Heidelberg (Rechts- u. Staatswiss.) - 1939-43 Wehrdst. (schwerkriegsbesch.), n. Kriegsende Reg.sass. u. stv. Landrat Sinsheim, Weinheim, Mosbach, 1948 Reg.srat, ab 1950 Lastenausgleichsverw., s. 1970 Min.dir. (Leit. Abt. Vertriebene) u. Staatssekr. (1971) Bundesinnenmin. 1972 ff. stv. Vors. Kurat. Berliner Festspiele GmbH. 1957-1970 (Mandatsniederleg.) MdB; 1963-70 Mitgl. Berat. Versamml. Europarat u. Vers. Westeurop. Union. FDP s. 1951 (Mitgl. Landesvorst. Baden-Württ.) - Liebh.: Klass. Musik - 1966 Gold. Sportabz.; Gr. BVK m. Stern - Spr.: Engl., Franz. - Bek. Vorf.: Johann Timotheus Hermes, ev. Theologe, Kirchenliederdichter, 1738-1821 (ms.).

RUTT, Theodor

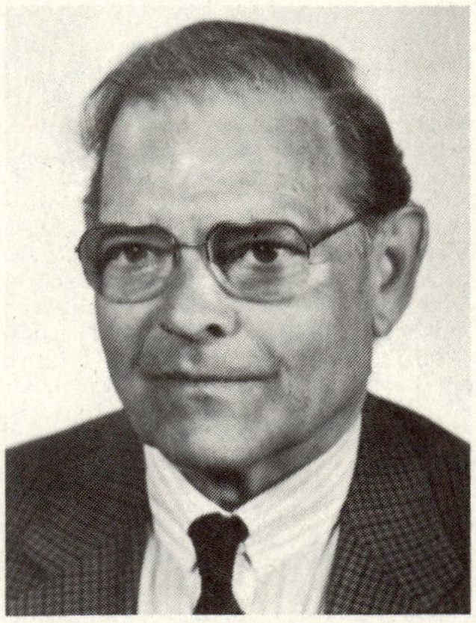

Dr. phil., Dipl.-Theol., o. Prof. f. Dt. Sprache u. Didaktik - Werthmannstr. 13, 5000 Köln 41 (T. 43 38 14) - Geb. 5. Mai 1911 Köln, kath., verh. s. 1941 m. Josephine, geb. Kreuzer, 7 Kd. - Reform-Realgymn.; Päd. Akad. Bonn (beide Lehrerprüf.), Univ. Köln (Philol. Staatsex. u. Promot.) u. Bonn. Ass.ex. - B. 1941 Volksschullehrer, dann Studienrefer. u. Kandidat d. höh. Lehramts, s. 1947 Doz. u. o. Prof. Päd. Akad. Köln (1950 Dir., 1954 Rektor, 1957 u. 60 wiedergewählt) bzw. Päd. Hochsch. Rhld./Abt. Köln, 1958-64 Wiedergewählter (1961) Vors. NRW-Hochschul-Landessenat, 1968-77 Lehrbeauftr. Univ. Köln. Mitglied Adalbert-Stifter-Inst. (korr.; Linz/D.), Görres-Ges. - BV: Sprachentfaltung u. Buch, 2. A. 1961; Muttersprachschule, 3. A. 1966; Chronik d. Rhein.-Berg. Kreises, 3. A. 1972; Wege d. Wortes, 1955; Bild u. Wort, 1955; V. Wesen d. Sprache, 1957; Didaktik d. Muttersprache, 2. A. 1968; Adalbert Stifter, d. Erzieher, 3. A. 1989; Rösrath i. Wandel d. Gesch., 1970. Herausg.: Päd. Schr. Schöninghs, Stifter, Tolstoj, Petersen, Schneider u. a. (üb. 70 Bde.), Beiträge z. empir. Unterrichts- u. Erziehungsforsch., 1971-75; Katholischer Religionsunterricht heute, 1975; Katechese aus d. Glauben, 1978; Overath-Gesch. d. Gem., 1980; Kultur- u. Wirtschaftsgesch. d. Sülz- u. Aggergebietes, 1981; Petersensch. heute, 1983; Peter Petersen - Leben u. Werk, 1984; Widerstand in Overath v. 1933-45, 1989 - BVK; Gregorius-Ritterorden - Liebh.: Musik - Spr.: Engl., Franz., Lat., Griech., Hebr.

RUTTE, Erwin

Dr. rer nat., Prof., Geologe u. Paläontol. - Universität, 8700 Würzburg - Geb. 14. Febr. 1923 Medonost - S. 1953 (Habil.) Privatdoz. u. apl. Prof. (1959) Univ. Würzburg - BV: Einf. in d. Geol. v. Unterfranken, 1957; Mainfranken u. Rhön, 1965. Div. Einzelarb.

RUTTNER, Friedrich

Dr. med., Dr. phil. (habil.), Prof., Zoologisches Inst. Univ. Frankfurt/M., Leit. Inst. f. Bienenkd. Polytechn. Ges., Oberursel - Zul. 6370 Oberursel/Ts. - Geb. 15. Mai 1914 Eger/Tschechosl. (Vater: Prof. Dr. Franz R., Biolog. Station Lunz/Österr.; Mutter: Lina, geb. Bittner), verh. s. 1939 m. Dr. Sophie, geb. v. Poten - Promot. 1938 Innsbruck (med.) u. 58 Wien (phil.) - S. 1958 Lehrtätigk. Univ. Wien (Med. Fak.) u. Frankfurt (Naturwiss. Fak.; 1965 apl. Prof.). Spez. Arbeitsgeb.: Physiologie d. Fortpflanzung u. Genetik, bes. b. d. Honigbiene - BV: Zuchtauslese b. d. Biene, 4. A. 1979; Beute u. Biene, 2. A. 1974; D. instrumentelle Besamung d. Bienenkönigin, 2. A. 1975. Mitarb. an intern. Werken, u. a. Traité de Biologie de l'Abeille (Paris, 1968) - Spr.: Engl., Franz., Ital.

RUTZ, Hans

Musikschriftsteller - Ortolfstr. 34, 8000 München 60 (T. 811 39 65) - Geb. 14. Juni 1909 Weißenbrunn/Bay. (Vater: Wilhelm R., Lehrer, Schriftst.; Mutter: Hedwig, geb. Kelber), ev., verh. in 2. Ehe (1953) m. Rosmarie, geb. Gräfin Sarnthein, 3 Kd. (Helga, Cornelia, Nike) - Gymn. Coburg; Univ. Berlin u. Wien, Akad. f. Kirchen- u. Schulmusik Berlin (Staatsprüf.) - 1933-35 Musiklehrer (priv.) Coburg u. Weimar, 1936-39 Musikkritiker Berlin u. Wien, dann Wehrdst., b. 1951 Pressechef Wiener Konzerthausges., anschl. Leit. Hauptabt. Musik Radio Salzburg, 1957 Leit. Abt. Oper u. Sinfonie WDR, Köln, ab 1958 Produktionsleit. u. Pressechef (1962) Dt. Grammophon GmbH., Hamburg - BV: Neue Oper - Gottfried v. Einems Dantons Tod, 1947; Hans Pfitzner, Biogr. 1950; Joseph Haydn, Wolfgang Amadeus Mozart, Ludwig van Beethoven, Franz Schubert u. Claude Debussy - Dokumente ihres Lebens u. Schaffens, 1951 ff. (Buchreihe C. H. Beck, München).

RUTZ, Hermann

Dr. jur., Landgerichtspräsident - Landgericht, 8700 Würzburg - Geb. 1. Mai 1908.

RUZICKA, Peter

Dr. jur., Intendant Hamburgische Staatsoper (s. 1988) - Gr. Theaterstr. 34, 2000 Hamburg 36 - Geb. 1948 Düsseldorf - Komp., Musikschriftst., Dirig. - 1985

Mitgl. Bayer. Akad. d. Schönen Künste (München); 1987 Mitgl. Fr. Akad. d. Künste (Hamburg).

RYFFEL, Hans

Dr. phil., Dr. jur. h.c., em. Prof. f. Rechts-, Sozialphilosophie u. Soziologie Hochschule f. Verwaltungswissenschaften Speyer (s. 1962) - Brahmsweg 8, CH-3600 Thun - Geb. 27. Juni 1913 Bern (Schweiz), reform., verh. s. 1942 m. Dr. phil. Nelly, geb. Dürrenmatt, 2 Söhne (Meinrad, Gerhart) - Promot. (1943) u. Habil. (1951) Bern - Ab 1939 eidgenöss. Beamter (zul. Vizedir. Bundesamt f. Ind., Gewerbe u. Arbeit) - BV: D. Naturrecht, 1944; Phil. u. Leben, 1953; Gestaltungen soz. Lebens b. Tier u. Mensch, 1958 (Mitverf.); Grundprobleme d. Rechts- u. Staatsphil., 1969; Rechtssoziologie, 1974; Menschenrechte, 1978 (Mitverf.); Rechtsphil. als Phil. d. Politischen (nur jap.), 1981. Herausg.: Carlo Sganzini, Ursprung u. Wirklichkeit, 1951; D. Recht d. Menschen auf Arb., 1982 (m. J. Schwartländer); Festschrift z. 70. Geb.tag: E.V. Heyen (Herausg.), Vom normativen Wandel d. Politischen, 1984.

RYMSKI, Edda

Dipl.-Kulturpädagogin, Dramaturgin, Regiss. - Melcherstr. 14a, 4400 Münster - Geb. 11. Jan. 1960 Bremerhaven, ledig - Ausbild.: Musik, Fagott, Bild. Kunst/ Grafik in Hannover u. Hildesheim - Regieassist. Bremerhaven, Schauspiel Hildesheim u. Lüneburg, Regie u. Dramat. Lüneburg, Dramat. Münster u. Kiel - Spr.: Engl., Franz.

RYSANEK, Leonie

Kammersängerin - 8201 Altenbeuren/ Obb. - Geb. 14. Nov. 1926 Wien (Vater: Peter R., Kunststeinmetz; Mutter: Josephine, geb. Höberth), kath., verh. 1950-68 m. Rudolf Großmann (Heldenbariton u. Regiss.), s. 1968 m. Ernst-Ludwig Gausmann (Musikwissensch.) - Konservat. Wien - Engagements: Innsbruck, Saarbrücken, München, Stuttgart, Wien, Berlin, Hamburg, Rom, London, Athen, Moskau, Sydney, Tokyo, Montreal Festspiele v. Aix en Provence, Salzburger Festspiele. Gast San Francisco (1956), Met New York (1959, Lady Macbeth), Scala Mailand (1959, Desdemona) u. a.; Bayreuther Festsp. Üb. 60 Sopranpartien, haupts. Verdi (dt. u. ital.), Strauss, Wagner - 1956 Chappel Goldmedal of Singing (London) u. Silb. Rose Wiener Philharmoniker; österr. u. bayer. Kammers.; 1979 Lotte-Lehmann-Gedächtnisring; Ehrenmitgl. Staatsoper Wien - Liebh.: Kochen (bes. chines. Küche), Bücher (Biogr.), Skat, Auto- u. Radfahren, Sportübertrag. (bes. Fußball) - Großv.: Kapellmeister.

RYSSEL, Heiner

Dr.-Ing. habil., Prof. f. Elektr. Bauelemente u. Institutsleiter Fraunhofer-Arbeitsgr. f. Integrierte Schaltungen, Abt. f. Bauelementetechnol. (s. 1985) - Artilleriestr. 12, 8520 Erlangen (T. 09131 - 81 04 10) - Geb. 9. Dez. 1941 Plaue, verh. s. 1970 m. Herma, geb. Plobner, 2 T. (Edna, Verena) - 1962-77 Stud. Elektrotechnik TU München; Promot. 1973 ebd. - 1972-73 wiss. Mitarb. TU München; 1974-85 Abt.-Leit. Fraunhofer-Inst. f. Festkörperphysik München - BV: Ionenimplantation, 1978 (russ. 1983, engl. 1986) - Liebh.: Skifahren, Gesch. - Spr.: Engl., Franz.

RZEPKA, Peter

Steuerjurist, Mitgl. Abgeordnetenhaus v. Berlin (s. 1979) - Zu erreichen üb.: CDU-Fraktion, Rathaus, 1000 Berlin 62.

S

SAACKE, Fritz

Landwirt, MdL. Nieders. (s. 1974) – Auf dem Risch Nr. 3, 3254 Emmerthal 1 (Kirchohsen) (T. 4 25) - CDU.

SAAD, Margit

Schauspielerin - Zu erreichen üb.: Agentur Jovanovic, Widenmayerstr. 48, 8000 München 22 - Geb. 30. Mai 1929 München, kath., verh. s. 1957 m. Jean-Pierre Ponelle (Bühnenbildner u. Regiss.), S. Pierre-Dominique - Lyz. München (Abit. 1947), 1948-1949 Keramikvolontär, 1949-51 Otto-Falckenberg-Sch. ebd. - Div. Filme, dar. Beichtgeheimnis u. E. Amerikaner in Salzburg - Liebh.: Musik, Pferde - Spr.: Engl.

SAAGE, Richard

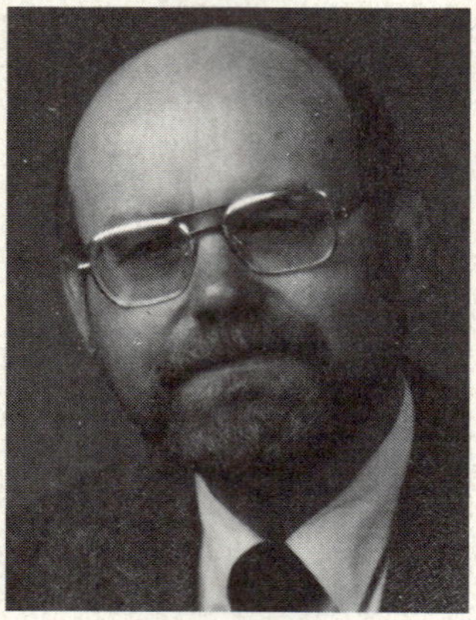

Dr. phil., Dr. disc. pol. habil., Prof., Politologe - Dohnenstieg 6, 1000 Berlin 33 u. Auf der Lieth 36, 3400 Göttingen (T. 030 - 832 54 07) - Geb. 3. April 1941 Tülau/Nieders., ev., verh. s. 1978 m. Dr. Ingrid, geb. Thienel, T. Miriam - 1965-72 Stud. Politik, Gesch., Soziol. u. Phil. Univ. Frankfurt; Promot. 1972 Frankfurt; Habil. 1980 Göttingen - 1972/73 Visiting Scholar Harvard Univ. Cambridge, Mass./USA; 1972-76 Wiss. Assist. Univ. Göttingen; 1976 Akad. Rat; 1984 apl. Prof. f. Politikwiss. Univ. Göttingen; WS 1985 Vertr.-Prof. Univ. Frankfurt - BV: Eigentum, Staat u. Ges. b. I. Kant, 1973; Faschismustheorien, 1976, 3. A. 1981 (ital Übers.: Interpretazioni del nazismo, 1979); Herrschaft, Toleranz, Widerstand, 1981; Rückkehr z. starken Staat?, 1983; Arbeiterbewegung, Faschismus, Neokonservatismus, 1987; Vertragsdenken und Utopie, 1989. Herausg: Solidargemeinsch. u. Klassenkampf (1986); Konservatismus - e. Gefahr f. d. Freiheit? (1983, m. E. Hennig); Otto Bauer: Theorie u. Politik (1985, m. D. Albers, H. Heimann); Friedensutopien (1979, m. Z. Batscha); J. G. Fichte, Ausgew. polit. Schr. (1976, m. Z. Batscha) - Liebh.: Kunst, Musik, Reisen - Spr.: Engl., Franz.

SAAL, Rudolf

Dr.-Ing., Prof., Ordinarius f. Netzwerktheorie u. Schaltungstechn., Lt. Inst. f. Schaltungstechnik TU München (1968-89) - Elsterweg 1, 8033 Krailling (T. 857 39 40) - Geb. 17. März 1920 München (Vater: Sebastian S., Industriekfm.; Mutter: geb. Reichenberger) - Wittelsbacher Gymn. München, TH München, Dipl.-Ing. 1947 - 1948-61 AEG-Telefunken, 1961-68 Lt. Vorentwickl. AEG-Telef., 1972-77 Assoc. Editor Inst. of Electrical and Electronics Engineers (IEEE) Trans. Circuits and Systems, New York; 1979-81 Dekan Fak. f. Elektrotechnik TU München. S. 1957 Mitgl. u. 1982-87 Chairman IEEE Germany Section; 1983-86 Vice-President IEEE, Reg. 8, Circuits and Systems Soc., New York; s. 1965 Mitgl. u. s. 1988 Chairman of intern. Com. C Signals and Systems Union Radio-Scientifique Intern. (URSI); s. 1982 Assoc. Editor, Journal Circuits, Systems and Signal Processing, Boston; s. 1955 Mitgl., 1983-86 Vorst.-Mitgl. u. 1985-86 Vors. d. Nachrichtentechn. Ges. (NTG) Frankfurt - BV: Filterkatalog, 1961; Handb. z. Filterentwurf, 1979. Facharbeiten z. Netzwerktheorie u. z. Filterentwurf - Lit.preis d. NTG, Fellow IEEE, New York - Spr.: Engl., Franz., Ital.

SAALBACH, Karl-Ernst

Kaufmann (Ernst Saalbach, Lebensmittelgroß- u. -einzelhandel, Wetzlar) - Turmstr. 18, 6330 Wetzlar/L. (T. 4 60 12).

SAALFELD, Hans

Vorsitzender Dt. Gewerkschaftsbund, Kr. Freie u. Hansestadt Hamburg, Mitgl. Hbg. Bürgerschaft (s. 1966), Mitgl. SPD Landesvorst., Vorst.-Mitgl. Großhamburger Bestatt.inst. Hbg. u. a. - Fehnweg 46, 2000 Hamburg 62 (T. 520 37 95) - Geb. 3. Juni 1928 Hamburg (Vater: Hermann S., Maschinenbauer; Mutter: Anna, geb. Freudenthal), verh. s. 1951 m. Ursula, geb. Zimmermann, 2 Kd. (Birgit, Björn) - Volkssch., Maschinenbaulehre - 1944-45 Kriegsdst., dann Betriebshandwerker GEG, 1960-69 Bezirksleit. u. Vors. Gewerksch. NGG.

SAALFELD, Horst

Dr. rer. nat. (habil.), em. o. Prof. f. Mineralogie - Am Hochsitz 1, 2000 Norderstedt (T. Hamburg 525 28 35) - Geb. 19. Nov. 1920 Königsberg - 1959 Privatdoz. Univ. Würzburg; 1960 ao. Prof. Univ. Saarbrücken (Strukturforsch.); 1963 o. Prof. u. Dir. Mineral.-Petrogr. Inst. Univ. Hamburg; emerit. 1986. Üb. 80 Fachveröff.

SAALFRANK, Max

I. Bürgermeister Stadt Töging/Inn - Rathaus, 8261 Töging/Obb.; priv.: Neckarstr. 5 - Geb. 17. Juni 1925 Benediktbeuern - Zul. Verwaltungsinsp. SPD.

SAALFRANK, Rolf W.

Dr., Prof. f. organ. Chemie Univ. Erlangen - Henkestr. 42, 8520 Erlangen (T. 09131 - 85 25 54) - Geb. 12. Jan. 1940 Fürth/Bay. (Vater: Wilhelm S., Mechanikermstr.; Mutter: Rosa, geb. Seib), ev., verh. s. 1968 m. Eva, geb. Heim, 2 T. (Catharina, Alexandra) - Dipl. 1968, Promot. 1970, Habil. 1976 - Prof. f. organ. Chemie - Entd.: Neue synthet. Meth. in d. organ. Chemie - Spr.: Engl.

SAAM, Hermann

Bürgermeister a. D. - Peter-Liebig-Weg 18, 7547 Wildbad/Schwarzw. (T. 88 83) - Geb. 7. März 1910 Neckarsulm, ev., verh., 2 Kd. - Prüfung f. d. Württ. Verw.Dst. 1931 - 1934-41 Konsulatssekr. Gesandtsch. Lissabon, Botschaften Rio de Janeiro (1935) u. Moskau (1940), 1941-42 Sonderkur. Nord-, Mittel- u. Südamerika, 1942-45 Wehrdst., 1946-48 Lt. d. Kreiswirtsch.amtes Freudenstadt, 1949-55 Bürgermstr. ebd., 1956-58 Konsul u. Gesch.träger Accra (Ghana), dann Ref. Handelspol. Abt. AA Bonn, 1960-74 Bürgermeister Wildbad. 1952-55 u. 1960-64 MdL Baden-Württ., 1965-69 MdB. FDP/DVP (1964-67 Landesvors. Bad.-Württ.) - 1954 Gr. BVK; 1955 Ehrenbürger Freudenstadt, 1974 Wildbad - Spr.: Engl., Franz., Portug., Span. - Rotarier.

SAATKAMP, Paul

Vorsitzender Arbeiterwohlfahrt/Bezirksverb. Niederrhein - Lützowstr. 32, 4300 Essen 1.

SABBAN, Kay

Autor, Schauspieler, Galerist u. Rundfunkmoderator - Lemsahler Bargweg 41, 2000 Hamburg 65 (T. 040 - 608 06 70) - Geb. 26. Juli 1952, gesch., 1 T. aus neuer Verbindg. (Sarah Lalenja) - Abit., Schauspielsch. - Autor u. Prod. v. Garfield, 25 Fernsehfilme, Tatorte, Serien u.a. als Schauspieler; Sendungen Radio Hamburg; TV 3 SAT: Von 9 bis 12, Herz ist Trumpf, u.a.; Creativ Mann b. Dt. Funk-Programm-Service - Liebh.: Sammler v. Picasso Lithos - Spr.: Engl., Ital. - Lit.: Ludwig Leiserer, R. v. H. D. Schwarze.

SABEL, Alois

Dr., Ministerialdirektor Min. f. Ländl. Raum, Ernährung, Landw. u. Forsten Baden-Württ. - Postfach 10 34 44, Kernerplatz 10, 7000 Stuttgart 1.

SABEL, Hans

Dr. phil., Prof., Musikpädagoge - Trierer Str. 41, 5559 Kenn (T. 06502 - 87 15) - Geb. 27. Okt. 1912 Bedburg (Vater: Heinrich S., Organist u. Chorleiter; Mutter: Maria, geb. Böckeler), kath., verh. s. 1950 m. Ursula, geb. Berekoven, 5 Kd. (Ludwig, Thomas, Elisabeth, Hanns-Gregor, Bernhard) - Musikhochsch. Köln; Univ. ebd. u. Wien (Musikwiss., Päd., German.) - S. 1953 Doz. u. Prof. (1962) Päd. Hochsch. Trier u. Erz.swiss. Hochsch. Rheinl./Abt. Koblenz, em. 1978 (1970; Musik u. Didaktik d. Musikunterr.). Zahlr. Kompos. u. Volksliedsätze - BV: So fang ich's an - Stundenbilder d. Musikunterr., 1961; Musikunterr. konkret, 1976. Herausg.: Werkb. z. Singenden Gottesvolk, D. liturg. Gesang d. kath. Kirche - D. Gregorian. Choral.

SABEL, Hermann

Dr. rer. pol., o. Prof. f. Betriebswirtsch. - Am Domblick 6, 5300 Bonn 2 - Geb. 24. Febr. 1937 Koblenz (Vater: Hermann S., Kaufm.), verh. m. Ingeborg, geb. Gaßner - Univ. Mainz u. Köln. Promot. 1964 Berlin; Habil. 1968 Regensburg - Fachveröff., auch Bücher.

SABETZKI, Günther

Dr. rer. pol., Verlagsgeschäftsführer, Vors. Eissportverb. Nordrh.-Westf., Ehrenpräs. Dt. Eishockey-Bund, Präs. Intern. Ice-Hockey Federation (s. 1975) - Schorlemer Str. 8, 4000 Düsseldorf (T. 55 23 89; Büro: 66 53 53) - Geb. 4. Juni 1915 Düsseldorf (Vater: Walter S., Beamter; Mutter: Elisabeth, geb. Ansorge), verh. s. 1943 m. Gertrud, geb. Kallweit, 2 Kd. (Hagen, Astrid) - Scharnhorst-Gymn. Düsseldorf; kfm. Lehre Klöckner Eisenhandel ebd.; Univ. Köln u. München. Promot. Köln - Ab 1936 fr. Journalist, 1939/40 Berufsverbot, 1940-43 Wirtschaftsredakt. Frankfurter Ztg., 1944-45 Verbandsgeschäftsf. (Feinblechverpack.), 1946-51 Redakt. Rhein-Echo, s. 1951 Gf. Pressebüro Roebel bzw. Global Press (1973) - 1979 Österr. Olympia-Med.; 1980 Gold. Ehrenz. f. Verdienste um d. Rep. Österr.; 1981 BVK; 1983 BVK I. Kl.; 1985 Olymp. Orden IOC; 1985 Gr. BVK; Ehrenmitgl. Holl. Eishockey-Verb., Players Union, Toronto, Kanad. Sport-Journ.-Verb. - Liebh.: Sport, bes. Eissport - Spr.: Engl., Franz.

SACHERL, Karl

Dr. phil., Prof. f. Psychologie - Studentendorf Lichtwiesenweg, 6100 Darmstadt - Geb. 10. Febr. 1916 Zweibrücken - S. 1954 (Habil.) Lehrtätigk. Univ. Mainz u. TH Darmstadt (1956), 1961 apl. Prof., 1966 Wiss. Rat u. Prof., 1971 Prof., 1975-77 Dekan Fachber. Erziehungswiss. u. Psychol. Bücher u. Einzelveröff.

SACHS, Erich

Dr. oec. publ., Dipl.-Kaufm., pers. haft. Gesellschafter Bankhaus Max Flessa & Co. - Luitpoldstr. 2-6, 8720 Schweinfurt (T. 09721-531-0) - Geb. 6. Dez. 1923 Schweinfurt, ev., verh. s. 1947 m. Erika, geb. Freiberger, 5 Kd. - Präs. IHK Würzburg - Schweinfurt.

SACHS, Hans

Leitender Oberstaatsanwalt a. D., zul. Lt. Staatsanwaltsch. Nürnberg-Fürth - Krelingstr. 21, 8500 Nürnberg (T. 35 14 26) - Geb. 26. Febr. 1912 Aschaffenburg (Vater: Camille S., Ministerialdir.), ev., verh. s. 1960 m. Waltraut, geb. Fölber, 2 Kd. (Christian, Annette) - Gymn.; Stud. Rechtswiss. Gr. jurist. Staatsprüf. München - S. vielen Jahren Mitwirk. Fernsehen (Sendereihe: Was bin ich?) - Narrenorden Wider d. tier. Ernst Aachener Karnevalverein - Liebh.: Modelleisenbahn, Fotogr. - Spr.: Engl.

SACHS, Hans W.

Dr. med., em. Prof. f. Gerichtl. Medizin - Schreiberstr. 10, 4400 Münster/W. (T.

8 93 58) - Geb. 31. März 1912 Aussig/Böhmen (Vater: Hans S., Oberstudiendir.; Mutter: Olga, geb. Pelleter), ev., verh. s. 1938 m. Hildegard, geb. Krippner, 5 Kd. (Ulrike, Walburga, Hans, Gerhard, Gundula) - Realgymn. Aussig; Dt. Univ. Prag - 1936-45 Assist. u. Dozent (1943) Dt. Univ. Prag (Pathol. Inst.); s. 1948 Assist., Oberarzt (1953), Diätendoz. (1957) Univ. Münster (Inst. f. Gerichtl. Med.; 1951 apl. Prof., 1967 Wiss. Prof., 1970 o. Prof. u. Inst.dir., 1980 emerit.). Mithrsg.: Thrombose u. Embolie, 2. A. 1960; Mitarb.: Ponsold's Lehrb. f. Gerichtl. Med., 2. A. 1957 (auch span.) - Mitgl. Intern. Akad. f. Gerichtl. u. Soz. Med., Dt. Ges. f. Gerichtl. u. Soz. Med., Dt. Ges. f. Pathol., Dt. Ges. f. Unfallheilkd. u. Versich.med. - 1967 Gold. Sportabz. - Spr.: Engl.

SACHS, Klaus-Jürgen

Dr. phil., Prof. f. Hist. Musikwiss. Univ. Erlangen-Nürnberg - Affalterbach Nr. 14, 8551 Igensdorf - Geb. 29. Jan. 1929 Kiel (Vater: Karl S., General; Mutter: Margarethe, geb. Bornemann), ev., verh. s. 1958 m. Eva-Marie, geb. Müller, 2 Kd. (Claudia, Berthild) - 1947-50 Musikhochsch. Leipzig, 1960-66 Univ. Erlangen u. Freiburg; Promot. 1967 Freiburg, Habil. 1978 Erlangen - 1951-60 Kantor u. Organist Bautzen, Doz. ev. Kirchenmusiksch. Görlitz; 1960-62 Univ.-Musiklehrer Erlangen; 1963-69 Wiss. Assist. u. Wiss. Mitarb. Walcker-Stift., Freiburg; s. 1969 Univ. Erlangen-Nürnberg (Lektor, 1979 Priv.-Doz., 1982 Prof.) - BV: Musikwiss. Fachveröff., dar.: Contrapunctus im 14./15. Jh., 1974; Mensura fistularum, 2 Bde., 1970 u. 80 - 1979 Otto-Seel-Pr. Erlangen.

SACHS, Michael

Wiss. Angestellter, Mitgl. Hbg. Bürgerschaft (s. 1978) - Barnerstr. 43, 2000 Hamburg 50 - Geb. 4. Sept. 1947 Coburg/Ofr. - Gymn. Wuppertal u. Blankenese; 1967-75 Univ. Hamburg (Gesch., Soziol., Literaturwiss.); dazw. 1968-72 Teilzeitbeschäftig. Spiegel-Verlag ebd. - S. 1976 Sozialwiss.ler GEWOS/Ges. f. Wohnungs- u. Siedlungswesen, Hamburg, Ämter Jungsozialisten. SPD s. 1968.

SACHSE, Günter

Schriftsteller - Ruhstrathöhe 2 B, 3400 Göttingen (T. 0551 - 79 53 54) - Geb. 23. Aug. 1916 Hannover, verh. s. 1944 m. Ursula, geb. Dopp, 3 Söhne (Rüdiger, Burkhard, Wieland) - Abit. 1936 Hannover - Verlagsvertr.; 1960-68 Verleger Sachse & Pohl Verlag Göttingen; Verlagslektor; s. 1979 fr. Schriftst. - BV: D. Meuterei auf d. Bounty, 1959, Neuausg. 1984 (Übers. in Dän., Holl., Span. u. Ital.); ...u. wo ist d. Indianers Land?, 1961, Neuausg. 1987 (Übers. in Dän.); Dt. Heldensagen, 1970, 89; Wikingerzeit, 1977; Wikinger zw. Hammer u. Kreuz, 1979, Neuausg. 1988; Hinter d. Bergen d. Freiheit, 1981; D. Floß d. armen Leute, 1983; Es waren Räuber auf d. Meer, 1986; Gesch. aus d. alten Rom, 1989. Übers.: Melville: Moby Dick (1984); Mark Twain: Huckleberry Finn (1985) - 1986 Friedrich-Gerstäcker-Preis d. Stadt Braunschweig; 1987 Ehrenliste z. Europ. Jugendb.preis - Spr.: Lat., Griech., Engl., Franz.

SACHSE, Hans Ernst

Dr. med., Prof., Chefarzt Urolog. Klinik Klinikum Nürnberg - Lerchenstr. 55, 8500 Nürnberg (T. 34 20 40) - S. 1962 (Habil.) Lehrtätigk. Univ. München (1969 apl. Prof. f. Urol.). Facharb.

SACHSE, Werner E.

Detektiv, Präs. Intern. Kommiss. d. Detektivverb. (IKD), Wien - Erthalstr. 5, 8750 Aschaffenburg (T. 06021 - 2 54 75) - Geb. 1. Febr. 1937 Chemnitz (Vater: Erich S.; Mutter: Lieselotte S.), ev., verh. s. 1963 m. Helga, geb. Cusnick, 2 T (Jacqueline, Angelika) - Kaufm.; US-Polizei-Dolmetscher, Detektiv - 1965 Mitgl. Zentralverb., s. 1970 Vorst.-Mitgl., 1981 Präs., 1983-85 Präsid. Bundesverb. Dt. Detektive, s. 1986 Präs. IKD.

SACHSE-STEUERNAGEL, Erwin

Schauspieler, Sänger, Komponist, Schriftsteller, Intendant Westd. Kammerspiele Frankfurt - Jaspertstr. 46, 6000 Frankfurt 50 (T. 069 - 54 54 55) - Geb. 1. Aug. 1915 Frankfurt/M. (Vater: Heinrich St., Arch. u. Bauuntern.; Mutter: Clara, geb. Sachse), ev., verh. s. 1955 m. Ruth, geb. Reszeleit, T. Sigrid - Gymn., Musik-, Gesangs- (lyr. Tenor) u. Schauspiel-Stud. (Liebh. u. jugendl. Held) Musikhochsch. Frankf./M. - M. 7 J. 1. öfftl. Konz., zahlr. Engagem. u. Tourneen (u. a. Berlin, Volksoper Dresden, Westd. Kammersp. Frankfurt), Mitgl. ehem. Comedian-Harmonists, Gastsp. In- u. Ausl., Verf. v. Operetten, Märchen-Singsp., Schausp., Liedkompos. - Rollen in allen bek. Opern u. mod. Stücken - Musikw.: Konzertlieder, Herz immer Trumpf, Sprung ins Glück (Operette), D. Zauberflötlein, D. Glücksbeutel (Märchen-Singsp.) - Liebh.: Reiten, Antiquit.

SACHSENBERG, Klaus J.

Gf. Gesellsch. BAG Diagnostika & Pharmazeut. Fabrik GmbH - Schloß, 6302 Lich (T. 06404 - 20 26) - Geb. 6. Mai 1927 Dessau (Vater: Gotthard S., Industrieller; Mutter: Gisela, geb. v. Sigsfeld), ev., verh. s. 1967 m. Margaretha, geb. v. Malsen-Ponickau, 2 S. (Kai, Nicolas) - Stud. Volkswirtsch. - 1948-50 Wirtschaftsredakt.; 1950-55 stv. Presseref. Bundesmin. f. Ernähr., Landwirtsch. u. Forsten; 1955-65 Ltd. Tätigk. Schlepper- u. Maschinenfabrik Fendt & Co., Massey Ferguson GmbH (Dir.-Mitgl.) - Liebh.: Golf - Spr.: Engl., Niederl. - Bek. Vorf.: Gotthard S., Luftfahrtpionier u. Politiker in d. Weimarer Rep.; Hans v. Sigsfeld, Luftschiffer (Großonkel); Gottfried v. Herder (Urgroßv.).

SACHSSE, Hanno

Dr. forest. (habil.), Univ.-Prof., Forstwiss. Fachber./Univ. Göttingen (s. 1970) - Wiesenweg 8, 3401 Waake/Krs. Göttingen (T. 05507 - 70 70) - B. 1969 Privatdoz., dann apl. Prof. Göttingen (Forstnutzung), s. 1970 planmäß. Prof., 1978 Fellow IAWS. 4 Buchveröff., zahlr. Aufs. in wiss. Ztschr.

SACHSSE, Hans

Dr. phil., Prof., Chemiker - Regerstr. 1, 6200 Wiesbaden - Geb. 29. Dez. 1906 Elberfeld (Vater: Willi S., Bankier; Mutter: Thekla, geb. Meynen), kath., verh. s. 1931 m. Charlotte, geb. Hasenclever, 2 Söhne (Walter, Hans) - Gymn.; Stud. Physikal. u. tech. Chemie, Physik., Phil. Promot. 1929; Habil. 1935 - U. a. Dir. Farbwerke Hoechst AG. u. Vorstandsmitgl. Zellstoffabrik Waldhof; s. 1960 freiberufl. Tätigk. Gegenw. apl. Prof. f. Physikal. Chemie Univ. Mainz. Entd.: Petrochem. Verfahren z. Herstell. v. Azetylen durch unvollständ. Verbrennung. Div. Fachmitgliedsch. - BV: Verstrickt in e. fremde Welt, 1965; Naturerkenntnis u. Wirklichkeit, 1967; D. Erkenntnis d. Lebendigen, 1968; Einf. in d. Kybernetik, 1971; Technik u. Verantwortung - Probleme d. Ethik im techn. Zeitalter, 1972; Anthropologie d. Technik, 1978; Kausalität-Gesetzlichk. - Wahrscheinlichk., 1979; Was ist Sozialismus?, 1979 - 1952 Dechema-Preis Max-Buchner-Forschungsstiftg. (f. d. Azetylen-Verf.); 1981 BVK u. Humboldt-Plak. - Spr.: Engl.

SACHTLEBEN, Horst

Bayer. Staatsschauspieler, Schauspieler, Regiss. Bayer. Staatsschauspiel - Gistelstr. 98 c, 8023 Pullach im Isartal (T. 089 - 793 41 81) - Geb. 24. Sept. 1930 Berlin, verh. s. 1955 m. Gabriele, geb. Schmidt, T. Nicole - Schauspieler Schauspielhaus Zürich, Kom. Berlin; Bayer. Staatsschauspiel, Freilichtspiele Schwäb.-Hall, mehrere Tourneen; Insz. f. Residenztheater München, Schillertheater, Schauspiel Bonn, Tourneetheater. Hörspiel-Regie Bayer. Rundfunk, Synchron-Regie. Div. Fernseh- u. Kinofilme - 1957 Bayer. Staatsschausp.

SACHTLEBEN, Peter

Dr. med., Prof., Chefarzt Kinderklinik St. Elisabeth - 8858 Neuburg/Donau (T. 5 43 13) - Geb. 23. Febr. 1927 (Vater: Dr. Rudolf S., Chemiker; Mutter: Ilka, geb. Hagenlocher), ev., verh. s. 1956 m. Elisabeth, geb. Englsberger, 5 Kd. - S. 1962 (Habil.) Lehrtätigk. Univ. Saarbrücken (1968 apl. Prof. f. Kinderheilkd.; zul. Oberarzt Kinderklinik Homburg); 1971 Ltd. Arzt Kinderklinik St. Elisabeth, Neuburg/D.; 1972 Umhabil. Univ. München. Promot. Phil. 1987 Univ. Eichstätt. Spez. Arbeitsgeb.: Klin. u. exper. Haematologie (bes. Leukämie/Elektr. Oberflächenladung Vitaler Einzelzellen). Fachaufs. Wiss. Theorie d. Goethischen Naturwiss.

SACK, Friedrich

VRsvors. Gemeinschaftswasserwerk Volmarstein GmbH., Gevelsberg, ARsvors. Konsumgenoss. Berg-Mark eGmbH., Wuppertal, ARsmitgl. Reklameges. Industriegebiet (REGI) GmbH., Vorstandsvors. DRK-Schwesternschaft ebd. - Engelbert-Wüster-Weg 34, 5600 Wuppertal-Ronsdorf - Geb. 6. Jan. 1913.

SACK, Hans-Gerhard

Dr. phil., Prof. f. Sportpsychologie Freie Univ. Berlin - Reichenhaller Str. 17 b, 1000 Berlin 33 - Geb. 7. Dez. 1943.

SACK, Horst

Dr. med., Prof. f. Radiologische Onkologie, Direktor Univ.-Strahlenklinik Essen (s. 1985) - Wolfsbachweg 29, 4300 Essen 1 - Geb. 1. Mai 1935 Mönchengladbach (Vater: Dr. Gerhard S., Radiol.; Mutter: Elisabeth), kath., verh. s. 1964 in 2. Ehe m. Ursula, geb. Bismark, 6 Kd. - Gymn., Univ. - 1974-85 Dir. strahlentherap. Univ.-Klinik Köln - BV: Prakt. Tumortherap., 1976/1982/1985; Lehrb.beitr., Handb.beitr.

SACK, Rolf

Dr. jur., Prof. Univ. Mannheim - Fak. f. Rechtswiss., Universität, Schloß, Westflügel, 6800 Mannheim (T. 0621 - 292 51 76) - Geb. 2. Juni 1941 Erlangen (Vater: Dr. Dr. Hans S., Arzt; Mutter: Alice, geb. Deuringer), ev., verh. s. 1977 - Univ. Tübingen (1. jurist. Staatsex. 1965, Promotion 1968, 2. Staatsex. 1970); Habil. 1980 München - S. 1981 o. Prof., s. 1981 stv. Dir., 1984 geschf. Dir. Europa-Inst. Univ. Mannheim.

SACKENHEIM, Friedrich Franz

Journalist, Chefredakteur - Gerhart-Hauptmann-Ring 82, 6000 Frankfurt/M. (T. 155 23 78) - Geb. 18. Okt. 1926 Frankfurt/M. (Vater: Franz Walter S., Chemiker; Mutter: Helma, geb. Roth), verh. s. 1951 m. Ursula, geb. Neudeck - Vors. Rundfunkaussch. d. Dt. Journ.-Verb.; Kulturpolit. Tätigk., u. a. Vors. Frankf. Kunstverein u. Marielies Hess-Stiftg. z. Förd. junger Künstler. Veröff. zu medienpolit. Fragen.

SACKENHEIM, Rolf

Prof., Maler u. Graphiker - Wildenbruchstr. 10, 4000 Düsseldorf 11 (T. 55 48 90) - Geb. 26. Sept. 1921 Koblenz - Kunsthochsch. Karlsruhe u. Düsseldorf - 1960-62 Dozent Werkkunstsch. Krefeld, dann Doz. u. Prof. (1965) Kunstakad. Düsseldorf (1969/70 u. 1972-76 stv. Dir.). Abstrakte Graphik. Veröff.: 12 Radierungen (Mappe m. Text, 1962), Lob d. Graphik - D. Radierung (1963), Bonner Vortrag (1964), Zwischen Schwarz u. Weiß - Immatrikulationsrede (1966), Graphik (3 Bde. 1970/71), Proben I-IV, Druckgrafik u. Zeichn., Bd. I u. II 1975/76; London, Fotogr. 1977 - BV: Impulse Bd. I, 1981, 3 Bde. 1984-86; Impulse Bd. II, 1983; Impulse Bd. III, 1984 - 1985 BVK I. Kl. - Lit.: H. Keller: R. S., 1962; Albrecht Fabri: R. S., 1966; H. Hofmeister: D. Grafiker R. S., 1975; H. P. Thurn: R. S., Monogr. 1985; M. Buras: R.S., Monogr. 1987; Patricia Moisan: R.S., Photographien 1988.

SACKMANN, Erich

Dr., Dipl.-Phys., Prof. f. Biophysik TU München - Am Hochacker 47, 8000 München 82 - Geb. 26. Nov. 1934 Tonbach, verh. s. 1965 m. Dorothea, geb. Görn, 2 Kd. (Robert, Vincent) - TU Stuttgart, Univ. München; Promot. 1964 Stuttgart; Habil. 1972 Göttingen; 1967/68 Bell Tel. Labor./USA, 1968-74 MPI f. Biophys. Chem., Göttingen, 1974-80 Ord. f. Physik Univ. Ulm. Präs. Dt. Ges. f. Biophysik - BV: Applications of Liquid Crystals, 1975 (m. Meier u. Grabmeier) - Spr.: Engl.

SACKMANN, Franz

Lebensmittelchemiker, Staatssekr. a.D., MdL Bayern (1954-78), Landesvors. Wasserwacht - Reinwaldstr. 52, 8495 Roding/Opf. (T. 8 66) - Geb. 17. Dez. 1920 Kaiserslautern (Vater: Dipl.-Ing. Franz S.; Mutter: geb. Wernhart), kath., verh. m. Hildegard, geb. Knöchelmann, 2 Kd. - Schule Kaiserslautern (b. 1933) u. München; Univ. München (Chemie; Stud. durch Kriegsdst. (1940-45, zul. Ltn. d. R.) unterbrochen. Staatsex. 1951 - 1956-66 Landrat Kr. Roding; 1966-78 Staatssekr. Bayer. Staatsmin. f. Wirtschaft u. Verkehr. 1952-56 Landesvors. Jg. Union, 1956-61 Mitgl. Bundesvorst. JU (zeitw. stv. Vors.). Mitbegr. CSU (u. a. 1972ff. Bezirksvors. Oberpfalz) - Kriegsausz.; Ehrenbürger Roding, Falkenstein, Bruck, Trasching, Nittenau; 1962 Bayer. VO; 1969 BVK I. Kl.; 1974 Gr. BVK; 1978 Gr. BVK m. Stern; 1980 Gold. Bezirksmed. Oberpfalz; 1981 Gold. Ehrenring IHK; 1980 Gold. Med. Handwerksk.; DRK-Ehrenz.; DRK-Ehrennadel in Gold; Ehrenz. in Gold Landkr. Roding u. Cham; BRK Steckkreuz; Wasserwacht-Med. in Gold; 1981 Ehrenmitgl. österr. u. türk. Wasserrettung; Ehrenbürger Schwandorf Obertrübenbach., Burglengenfeld, Neunburg v. Wald; 1984 Komtur d. päpstl. Sylvester-Ordens; Gold. Ehrenz. d. Bundeswehr.

SADER, Manfred

Dr. phil., o. Prof. f. Psychologie - Fleigenweg 24, 4433 Borghorst/W. (T. 20 22) - Geb. 5. März 1928 Köslin/Pom. (Eltern: Eduard S., Regierungsbaurat; Mutter: Gertrud, geb. Prohl, Bibliothekarin), ev., verh. s. 1956 m. Hanne, geb. Flaskämper, 4 Kd. (Friederike, Tilman, Karoline, Bettina) - N. Abit. Buchhandelslehre; Stud. Phil., Psych., Fürsorgewesen. Dipl.-Psych. 1954, Promot. 1957, Habil. 1964 - B. 1968 Univ. Mainz, dann Münster (Ord. u. Inst.sdir.). Spez. Arbeitsgeb.: Persönlichkeitsforsch., Interaktion, Gruppendynamik - BV: Instruktionsverständnis u. Testleistung, 1957; Möglichkeiten u. Grenzen psych. Testverfahren, 1961; Lautheit u. Lärm, 1966; Kl. Fibel z. Hochschulunterr., 1970 (m. Schäuble u. Theis); Verbesser. von Interaktion d. Gruppendynamik, 1976; Psychol. d. Gruppe, 1976; Psychol. d. Persönlichkeit, 1980; Rollenspiel als Forschungsmeth., 1986 - Spr.: Engl., Esperanto, Niederl.

SADOWSKI, Dieter

Dr. rer. pol., Prof. f. Betriebswirtschaftslehre Univ. Trier - Jan.-Zick-Str. 58, 5500 Trier (T. 0651 - 1 63 24) - Geb. 27. Juni 1946 Coburg (Vater: Willi S., Karosseriebaumeister; Mutter: Friedel, geb. Heinrich), kath., verh. s. 1969 m. Ute, geb. Klemm, 2 S. (Philipp, Till) - Abit. 1966; Univ. Bonn (Dipl.-Volksw. u. Philol.; Staatsex. 1972, Promot. 1976, Habil. 1979) - 1980ff. Univ. Trier, 1985 Visit. Fellow Univ. of New England, Australien - BV: Pensionierungspolitik, Monogr. 1977; Berufl. Bild. u. betriebl. Bildungsbudget, 1981 - 1976 Karl-Guth-Preis; 1979/80 Heisenberg-Stip. - Spr.: Engl.

SAECHTLING, Hansjürgen

Dr. phil., berat. Chemiker, Sachverst. f. Werkstoff-Fragen d. Kunststofftechnik, Schriftl. Kunststoffe im Bau - Wilhelm-Beer-Weg 103, 6000 Frankfurt/M. (T. 68 24 04) - Geb. 13. März 1904 Pirna/Sa., ev., verh., 3 Kd. - Promot. 1931 Berlin - B. 1939 technol. Forsch. Hochschulinst., dann Entwicklungs- u. Beratungstätigk. Großunternehmen (Kunststoffind.), 1955-69 Geschäftsf. Arbeitsgem. Dt. Kunststoff-Ind. - BV: u. a. Intern. Plastics Handbook, 2. A. 1987; Kunststoff-Taschenb., 24. A. 1989 (auch poln., span. u. ital.); Handb. Bauen m. Kunststoffen, 1973; Kunststoff-Bestimmungstafel, 8. A 1979; Baustofflehre Kunststoffe, 1975. Unterrichtsfilme: Kunststoffe (Aufbau u. Verhalten; Verarbeitung, m. F. H. Müller 1959) - Spr.: Engl.

SÄCKER, Franz Jürgen

Dr. jur., Dr. rer. pol., Prof. f. Privat-, Wirtschafts- u. Arbeitsrecht - Leuchtturmweg 28, 2000 Hamburg 56 - Geb. 14. Nov. 1941 Recklinghausen, verh., 2 Söhne (Marcus, Sven-Christopher) - Univ. Köln (Promot. Dr. jur. 1966), Promot. Dr. rer. pol. Bochum 1971, Habil. 1970 - S. 1971 o. Prof. FU Berlin, , s. 1971 gf. Dir. Inst. f. dt. u. europ. Arbeits-, Sozial- u. Wirtsch.recht FU Berlin, Richter Kartellsenat Kammergericht Berlin, s. 1983 Dir. Inst. f. Wirtsch.- u. Steuerrecht Univ. Kiel, s. 1989 Dekan d. Rechtswiss. Fak. - BV: Zahlr. Bücher, u.a. Grundprobl. d. Kollekt. Koalitionsfreiheit, 1969; Gruppenautonomie u. Übermacht-Kontr. in Arbeitsrecht, 1972; D. Wahlordn. z. Mitbest.ges., 1978; Inform.rechte d. Betriebs- u. Aufsichtsratsmitgl., 1979; Zehn J. Betriebsverfass.gesetz 1972, 1982; Mitverf. Lehrb. d. Arbeitsrechts, Bd. II; Mithrsg. d. Münchener Komm. z. Bürgerl. Recht (2. A. 1984ff.); Probl. d. Repräsentation v. Großvereinen (1986); Aktuelle Probleme u. Reform d. Betriebsverfassungsrechts (2 Bde. 1989).

SÄLZER, Bernhard

Dipl.-Ing., Bürgermeister Marburg (1976-79), MdL Hessen (1970-76), Europ. Parlament (1979ff.) - Geb. 4. Sept. 1940 Berlin, ev., - 1951-60 Theo-Koch-Gymn. Grünberg/Oberhess.; 1960-67 TH Darmstadt (Dipl.-Ing.) - S. 1969 selbst. Stadtverordn. Darmstadt (Fraktionsf.). CDU.

SAEMANN-ISCHENKO, Georg

Dr. rer. nat., Prof. Physikal. Inst. Univ. Erlangen-Nürnberg (s. 1974) - Agnes-Miegel-Str. 5, 8520 Erlangen.

SAENGER, Wolfram H. E.

Dr.-Ing. habil., Dipl.-Ing., Prof. f. Kristallographie - Takustr. 6, 1000 Berlin 33 (T. 030 - 838 34 12) - Geb. 23. April 1939 Höchst (Vater: Dr. Ing. Hans-Heinr. S., Chemiker, Dir.; Mutter: Else, geb. Hemming), ev., verh. s. 1965 m. Barbara, geb. Fey, 2 Kd. (Nicole, Jörg-Heinrich) - Gymn. Lörrach, TH Darmstadt, Univ. Heidelberg, Harvard Univ. Cambridge/USA, Promot. 1965, Habil. 1972 Göttingen, 1977 apl. Prof. - BV: Principles of Nucleic Acid Structure, 1983 - 1987 Leibniz-Preis - Liebh.: Tennis - Spr.: Engl., Franz.

SÄTTELE, Hans-Peter

Betriebswirt grad., Vorstandsmitglied Westd. Landesbank - Herzogstr. 15, 4000 Düsseldorf - Geb. 26. April 1941 - AR- u. VR-Mand. namh. in- u. ausl. Ges., u.a. AR-Vors. Schuh-Union AG, Rodalben, Banque Franco Allemande S.A., Paris, WestLB (Schweiz) AG, Zürich; AR-Mitgl. Fresenius AG, Bad Homburg, VEBA Kraftwerke Ruhr AG; stv. VR WestLB Intern. S.A., Luxemburg.

SAFFERLING, Anton

Dr. rer. nat., Gf. Direktor Landesgewerbeanstalt Bayern, Nürnberg (s. 1972) - Beethovenstr. 36, 8500 Nürnberg 20 (T. 0911 - 54 93 33) - Geb. 18. Mai 1928 Baden-Baden, kath., verh. s. 1961 m. Hildegard, geb. Vogel, 3 Töcht. (Barbara, Ursula, Monika) - Dipl.-Hauptprüf. Physik Univ. Würzburg, Promot. 1955 TH München, Werkstoffprüf. 1959 Fa. Kugelfischer, Schweinfurt - 1953-58 Lehrtätigk. Regensburg u. 1958-65 Ulm; 1965-72 Präs. Fachhochsch. Würzburg-Schweinfurt; s. 1972 Gf. Dir. Landesgewerbeanst. Bayer (LGA); s. 1975 Vorst.-Mitgl. Südd. Kunststoffzentrum.

SAFRANSKI, Rüdiger

Dr. phil., Schriftsteller - Luise-Henriette-Str. 1-2, 1000 Berlin 42 (T. 030-752 55 87) - Geb. 1. Jan. 1945 Rottweil - Stud. German., Phil., Gesch., Kunstgesch.; Magister 1969 Berlin; Promot. 1975 ebd. - Doz. in d. Erwachsenenbildung u. FU Berlin - BV: E.T.A. Hoffmann - Das Leben e. skept. Phantasten, 1984; Schopenhauer u. D. wilden Jahre d. Phil., 1987. Mithrsg. u. Redakt. d. Berliner Hefte.

SAFRANY, Laszlo

Dr. med., Prof. f. Gastroenterologie Univ. Münster - Am Neuender Busch 38, 2940 Wilhelmshaven (T. 04421 - 8 24 33) - Geb. 22. März 1929 Törökbecse/Jugosl. (Vater: Laszlo S., Rechtsanw.; Mutter: Jolan, geb. Schmidt), kath., verh. s. 1977 in 2. Ehe m. Ingrid, geb. Honegger, 4 S. (Peter, Thorsten, Andreas, Daniel) - Med. Hochsch. Budapest (Dipl. 1953, Habil. 1970 wiss. Akad. in Ungarn; Umhabil. 1975 Univ. Münster) - 1965-74 Oberarzt Med. Univ.-Klinik Budapest; 1974-77 Med. Univ.-Klinik Münster; 1977 ff. Ltd. Arzt Gastroenterol. Klinik Rheinh.-Nieter-Krkhs. Wilhelmshaven. 280 wiss. Veröff. (24 Kapitel in Fachb.) - Liebh.: Bridge, Tennis, Angeln - Spr.: Engl., Ungar.

SAFT, Andreas

Dipl.-Ing., Geschäftsführer Verb. d. Dt. Groß- u. Außenhandels m. Vieh u. Fleisch, Bonn - Pingenstr. 14, 5303 Bornheim-Sechtem/Rhld. - Geb. 5. Sept. 1936.

SAGASTER, Klaus

Dr. phil., Prof. f. Sprach- u. Kulturwissenschaft Zentralasiens - Walfriedenstr. 31, 5330 Königswinter 21 - Geb. 19. März 1933 Niemes - Univ. Leipzig, Göttingen, Kopenhagen, Bonn (Mongolist., Sinol., Indol.) - BV: Subud Erike - Ein Rosenkranz aus Perlen, 1967; D. Weiße Gesch., 1976.

SAGE, Konrad

Prof., Architekt - Neuenfelser Weg 4, 7840 Müllheim 16-Britzingen (T. 07631 - 46 44) - Geb. 6. Jan. 1911 Berlin (Vater: Friedrich S., Lehrer; Mutter: Helene, geb. Brandes), ev., verh. s. 1945 m. Anni, geb. Thomas, 2 S. (Sebastian, Martin) - TH Berlin (Dipl.-Ing. 1935) - S. 1945 Prof., s. 1974 Dir. Hochsch. f. bild. Künste Berlin; 1959-60 Dir. Meistersch. f. d. Kunsthandw. ebd. 1965-71 Präs. BDA (vorher 1963-65 Vizepräs.). Mitgl. Dt. Werkbd. Industriebauten (Osram Glaswerk, Augsburg, Electrica Kondensatorenfabrik u. Kranfabrik Piechatzek, Berlin), Kirchen (Epiphanien-, Lutherkirche, Kirche Neu-Westend, alle Berlin), Haus d. Kirche Berlin, Wohn- u. Einfamilienhäuser Berlin, München, Freiburg - BV: Haustechnik, 2 Bde., 1966/70 (auch span. u. griech).

SAGE, Walter

Dr. phil., Prof. f. Archäologie d. Mittelalters Univ. Bamberg - Erlenweg 8, 8602 Bischberg (T. 0951 - 6 71 20) - Geb. 5. Juli 1930 Frankfurt/M. (Vater: Richard S., Volksschulrektor; Mutter: Hildegard, geb. Frank), kath., verh. s. 1955 m. Ingeborg, geb. Grün, 4 Kd. (Stephan, Beate, Martin, Iris) - Abit. 1949 Frankfurt/M.; Promot. 1957 - Ab 1957 Röm.-German. Kommiss. u. Röm.-German. Zentralmus.; 1962 Leit. Außenst. Aachen Rhein. Landesmus. Bonn; 1966 Landesamt f. Denkmalpflege München; Ref. Mittelalter-Archäol. 1977 Univ. München. S. 1981 Lehrst. Univ. Bamberg - BV: D. Bürgerhaus in Frankfurt/M., 1959; Gräber d. ält. Merowingerzeit v. Altenerding, 1973.

SAGEL, Konrad

Dr. phil. nat., Vorstandsmitglied Kabel- u. Metallwerke Gutehoffnungshütte Aktiengesellschaft, Hannover i. R.; AR-Mitgl. Kabel- u. Metallwerke Gutehoffnungshütte Berlin GmbH., Berlin; Beiratsmitgl. Stolberger Metallwerke GmbH & Co. KG, Stolberg - Zu erreichen üb. Stolberger Metallwerke GmbH & Co. KG, Frankentalstr. 5, 5190 Stolberg - Geb. 30. Sept. 1925 Battenhausen (Vater: Jakob S.), verh. m. Gabriele, geb. v. Kreutzbruck - 1947-51 Univ. Frankfurt (Physik; Dipl.-Phys.). Promot. 1955. S. 1966 VDM (1967 Vorstandsmitgl., 1970 - vors.); 1978 kabelmetal (Vorst.-Mitgl.).

SAGER, Dirk

Journalist, Leit. ZDF-Magazin Kennzeichen D (s. 1984) - Zu erreichen üb. ZDF, Postf. 4040, 6500 Mainz-Lerchenberg - Zul. Auslandskorresp. Moskau.

SAGER, Ernst

Dipl.-Ing., Fabrikant, Ehrenpräs. Bundesverb. d. Heizungs- u. Klimaindustrie, Bonn, Geschäftsf. Fafnir GmbH, Hamburg - Nibelungenweg 22, 2000 Hamburg-Rissen (T. 81 28 57) - Geb. 18. Nov. 1918 Hamburg, verh. m. Ursula, geb. Reimer - Ehrenpräs. Union Intern. des Assoc. d'Installateurs de Chauffage, Ventilation et Conditionnement d'Air, Paris.

SAHM, Heinz-Ulrich

Dr. jur., Botschafter i.R. - Zu erreichen üb. 28 D Chemin du Petiet-Saconneyx, CH-1211 Genf 19 - Geb. 13. Okt. 1917 Bochum (Vater: Dr. h. c. Heinrich S., Präs. Senat Danzig, Oberbürgerm. Berlin, Gesandter Oslo (s. X. Ausg.); Mutter: Dora, geb. Rolffs), ev., verh. s. 1979 m. Christiane, geb. v. Alten, 6 Kd. (Ulrich Wilhelm, Ricarda, Insea, Sebastian, Ulrike, Henriette) - Gymn. Danzig, Berlin, Roßleben; Univ. München, Kiel, Freiburg (Rechtswiss.). Promot. 1941 (Diss.: Täterschaft u. Teilnahme im norweg. Strafrecht) - 1941-43 Dt. Handelskammer, Stockholm, ab 1945 Bezirksreg. Lüneburg, Zentralamt f. Wirtschaft f. d. Brit. Zone, Minden, Verw.srat f. d. Vereinigte Wirtschaftsgebiet, Frankfurt/M., Bundeswirtschaftsmin., Bonn, 1951-69 Ausw. Amt (1954 I. Sekr. Dt. Botschaft London, 1958 Vortr. Legationsrat I. Kl., 1962 Botschaftsrat Dt. Vertr. NATO, 1966 Ministerialdirig.). 1969-72 Bundeskanzleramt ebd. (Min.-dir.); s. 1972 wied. AA (1972-77 Botschafter Moskau), 1977-79 Botsch. Ankara, 1979-82 Ständ. Vertr. d. BRD b. d. Vereinigten Nat. in Genf - BV: Der Schuman-Plan, 1952 - Liebh.: Kunstgesch., Ikonogr., Gesch. - Spr.: Engl., Franz. - Unterhändler f. d. Vorgespräche BRD-DDR 1970 (Treffen Brandt-Stoph).

SAHM, Peter R.

Dr.-Ing., Prof., Direktor Gießerei-Inst. RWTH Aachen - Intzestr. 5, 5100 Aachen - Geb. 7. Sept. 1934, ev. - Stud. TU Berlin; Dipl.-Ing. 1959; Promot. 1961 - 1962-68 RCA Labarotories Princeton, N. J./USA; 1968-73 Brown Boveri Forschungszentrum Baden (Schweiz); 1973-79 Brown Boveri Zentrales Forschungslabor Heidelberg; s. 1979 Gießerei-Inst. RWTH Aachen; 1982-86 Projektwiss. d. dt. Spacelab-Mission; 1985 Programmwiss.ler D2-Mission; 1986 Gründer ACCESS, 1987 AIT-Stiftg. - BV: Gerichtet erstarrte eutektische Werkstoffe, 1975; Numerical Simulation and Modelling of Casting and Solidification Processes f. Foundry and Cast House, 1984; Wisschenschaftl. Ziele d. D1-Mission, 1987 - 1986 Förderpreis f. dt. Wissensch. im Gottfried-Wilhelm-Leibniz-Programm d. DFG. Div. Mitgliedsch.

SAHM, Walter

Fotograf (Lichtbildner) - Pienzenauerstr. 10, 8000 München 80 (T. 98 18 45) - Geb. 18. Aug. 1919 Wien (Vater: Anton S., Hoffotograf), verh. m. Alice, geb. Ehrentreich, 3 Kd. (Horsta Marietta, Toni, Ulli) - BV: D. Kunst d. Portraitf., 1984 - Fotoausst. in München, Baden Baden, Hamburg, Berlin - 1981 BVK; Goldmed. Bayer. Rundf.

SAHMANN, Otto

Schriftsteller - Postf. 16 01, 8670 Hof 11 - Geb. 3. Mai 1935 Naila (Ofr.), ev., ledig - Höhere Schule; kaufm. Fachsch. - BV: Korn streifte rauschend - an den Mauern, Ged. u. Prosa 1976; Kaskaden der Stille u. des Schreis, Ged. u. Prosa 1981; Seller Schteech, wu feddert, Ged. u. Prosa 1981; Sieben Wochen, sieben Jahre, Ged. 1983; Sieben Wochen Ewigkeit, Ged. 1984; Augenblicke z. Glücklichsein (Begleit. Texte im Schweiz. Fotoband), 1989. Zahlr. Ged.- u. Prosabeitr. in div. Publ. bzw. Medienformen - 1981 Kulturpr. d. Oberfränk. Wirtsch. - Liebh.: Erforsch. d. menschl. Spr. durch d. dt. Spr., Zeichnen u. Malen.

SAHNER, Heinz

Dr. rer. pol., Univ.-Prof. f. Soziologie - Auf der Höhe 21 d, 2120 Lüneburg - Geb. 23. Okt. 1938 Ladung, verh., 4 Kd. - Elektromechanikerlehre, Technikerprüf.; Stud. Soziol. u. Volkswirtsch; Dipl., Promot. 1973 Köln, Habil. 1981 Kiel - 1984-86 Prorektor d. Hochsch. Lüneburg. Vorst.-Mitgl. Arbeitsgem. sozialwiss. Inst. (ASI); VR-Mitgl. Informationszentrum Sozialwiss. (IZ) Bonn - BV: Politische Tradition, Sozialstruktur u. Parteiensystem in Schlesw.-Holst., 1972; Führungsgr. u. techn. Fortschritt, 1975; Theorie u. Forschung, 1982; Schließende Statistik, 2. A. 1982. Herausg.: Teubner Studienskripten z. Soziol. (bish. 36 Bde., m. E.K. Scheuch); Wiss. u. gesellschaftl. Verantwortung (1987, m. H. de Rudder) - Liebh.: Bibliophilie - Spr.: Engl.

SAHR, Peter

Dipl.-Ing., Mitglied der Geschäftsleitung W. Schlafhorst & Co., Mönchengladbach, Vertrieb Textilmaschinen - Blumenberger Str. 143-45, 4050 Mönchengladbach 1 (T. 02434 - 63 64) - Geb. 10. Febr. 1935 Breslau (Vater: Waldemar S., Dipl.-Ing., Kreisbaudir.; Mutter: Käthe, geb. Lerche), ev., verh. s. 1960 m. Ingrid, geb. Wehrheim, 3 Kd. (Elke, Matthias, Michael) - Human. Gymn. Gummersbach; Abit., TH Darmstadt (Allg. Masch.bau), Dipl. 1960 - 1960-61 Versuchsing., 1962-73 Leit. techn. Büro; 1974-77 Geschäftsf. Fleissner GmbH u. Co., Textilmasch.fabrik, Egelsbach, 1978-80 Geschäftsf. Technik-Entw. Babcock Textilmasch. KG (GmbH + Co), Seevetal, s. 1980 Mitgl. Geschäftsltg. W. Schlafhorst & Co., Mönchengladbach - Spr.: Engl., Franz.

SAHRHAGE, Dietrich

Dr. rer. nat., Prof., Ltd. Direktor Bundesforschungsanstalt f. Fischerei - Palmaille 9, 2000 Hamburg 50 - Geb. 21. Okt. 1926 Hamburg - Promot. 1953 - Üb. 100 Facharb.

SAIER, Oskar

Dr., Erzbischof, stv. Vors. Deutsche Bischofskonferenz - Herrenstr. 35, 7800 Freiburg (T. 21 88 -1) - Geb. 12. Aug. 1932 Wagensteig (Vater: Adolf S., Landwirt; Mutter: Berta, geb. Saier), kath. - Univ. Freiburg u. Tübingen (Kath. Theologie); 1957 Vikar; 1963 Stud. u. Wissenschaftl. Assist. Kanon. Inst. Univ. München, Lic. jur. can., Dr. jur. can., 1970. 1970 Regens Priestersem. St. Peter/Schw., 1972 Weihbischof Freiburg, 1978 Erzbischof v. Freiburg - BV: Communio in d. Lehre d. Zweiten Vatikan. Konzils, 1973 - 1972 Ehrenbürger Buchenbach, 1977 St. Peter u. 1984 Bethlehem.

SAILER, Dietmar

Dr. med., apl. Prof. - Max-Planck-Str. 4, 8551 Hemhofen (T. 09195-22 45) - Geb. 8. Nov. 1940 Reutlingen, verh. s. 1969 m. Marlis, geb. Pross - 1964-70 Stud. Univ. Erlangen (Med.); Staatsex. 1970; Promot. 1971; Habil. 1978 - S. 1979 Leit. Abt. Stoffwechsel u. Ernährung Med. Univ.-Klinik Erlangen; 1984 apl. Prof. - Verwendete erstmals mittelkettige Triglyceride (MCT) in d. parenteralen Ernährung - Liebh.: Lit., Musik - Spr.: Engl., Franz.

SAILER, Friederike

Kammersängerin, Dozentin f. Gesang

Staatl. Hochsch. f. Musik u. Darstell. Kunst Stuttgart - Blumenstr. 42, 7016 Gerlingen/Württ. (T. 2 21 94) - Geb. 20. Febr. 1926 Regensburg, kath., verw. - Privatausbild. - S. 1951 Württ. Staatstheater (lyr. Sopran). Konzerttätigk. - 1963 Württ. Kammers. - Spr.: Engl.

SAKELLARIOU, Joannis

Mitglied d. Europa-Parlaments (s. 1984) - Wohnh. in München; zu erreichen üb. Europ. Parlam., Europazentrum, Kirchberg, Postf. 16 01, Luxemburg (T. 00352 - 4 30 01) - SPD.

SAKOWSKY, Peter

Wirtschaftsberater - Kirschenallee 21, 1000 Berlin 19 (T. 030 - 305 70 78) - Geb. 15. Febr. 1939 Berlin (Vater: Paul S., Hochfrequenz-Ing.; Mutter: Anne-Liese, geb. Küseling), verh. s. 1972 m. Brigitte, geb. Dumke, S. Thomas - Gymn. - Techn. Kaufm. u. EDV-Consultant Dänemark; 1963-67 Unidata/Dänemark; 1967-77 Vorst.-Vors. Norddata AG Steuerberatungsges.; seith. Gutacht. u. Sachverst. f. Unternehmensbewert. - BV: D. Bedeut. d. Technik in d. Marktwirtschaft, 1966 - Künstl. Tätigk.: Öl-Portraits in eig. Atelier (Galerie) - Liebh.: Malerei, Wassersport, Reisen - Spr.: Engl., Franz., Span., Dän.

SALA, Gabriel

Ballettdirektor u. Chefchoreograph Hess. Staatstheater Wiesbaden - Bierstadterstr. 42, 6200 Wiesbaden (T. 06121 - 37 84 39) - Geb. 21. Juli 1942, ledig - Abit.; Schausp.-Ausb. (Inst. f. Mod. Kunst); Mod. u. Klass. Tanz Buenos Aires, Rio de Janeiro, New York, Wien, Deutschl.; Solotänzer 1967 Wien, 1968 Freiburg/Br., 1969 Saarbrücken, 1970-73 Wiesbaden; 1973-74 Solotänzer u. Mitbegr. Wuppertaler Tanztheater (Leit. P. Bausch); s. 1975 1. Solotänzer Wiesbaden, s. 1986 Ballettdirektor - Hauptrollen: u.a. Pulcinella, The Foll (Lady and the Fool), Hilarion (Giselle), Tybalt (Romeo u. Julia), Rotbart (Schwanensee), Müller (Liebeszauber), Alain (Fille malgardée), Grüne Tisch, Rembau-Verlaine - 1984 Fürst Thurn u. Taxis Förderpreis f. d. beste Insz. TANGO - Liebh.: Schreiben (Prosa u. Reiseberichte), Briefmarken - Spr.: Engl., Franz., Ital., Span., Katal., Port. - Lit.: Erste Dt. Erz. D. Puppenmacherin.

SALA, Oskar

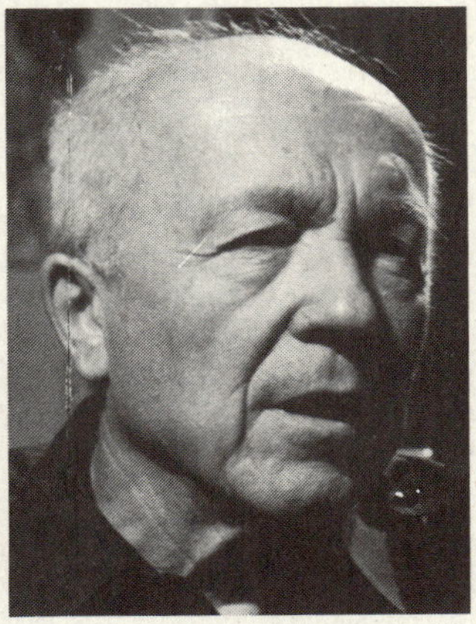

Komponist (elektron. Musik) - Studio: Charlottenburger Ch. 51-55, 1000 Berlin 20; priv.: Leistikowstr. 5, 1000 Berlin 19 - Geb. 18. Juli 1910 Greiz/Thür. (Vater: Dr. med. Paul S., Augenarzt; Mutter: Annemarie, geb. Stier), ev., verh. s. 1938 m. Käthe, geb. Schenderlein - Abit. 1929; 1929-35 Hochsch. f. Musik Berlin (Kompos. b. Hindemith), Schüler u. Mitarb. v. Prof. Dr. Trautwein, Naturwiss. Univ. Berlin (1931-36) - Solist m. Trautonium, Kompos. v. Hindemith u. Genzmer, 1940 u. 1954 Berl. Philharmon. - Entd.: 1935 Rundfunktrautonium, 1938 Konzerttrautonium, 1948-1952 Mixturtrautonium, eig. Pat. in Dtschl., Frankr., USA - BV: Experimentelle u. theor. Grundl. d. Trautoniums, Frequenz, 1948/49; Subharmon. elektr. Klangsynthesen, Klangstrukt. d. Musik, 1955; Mixturtrautonium u. Studiotechn., 1962 - Zahlr. LPs u.a.: Resonanzen u. Suite f. elektron. Schlagwerk, 1970; Musique stereo pour orchestre electron., 1972; Elektron. Impress., 1979; Hindemiths Trautoniumkompos., 1980; Elektron. Filmmusikkompos. The Birds (v. Hitchcock). FS-Film: E. Reise z. Mond m. NASA-Bildmat., 1976; Stahl, Thema m. Variat. (Mannesmann), 1960 Grand Prix Rouen; 1962 D. Fächer (BASF), Musikpreis Ind.filmforum Berlin; 1963 A fleur d'eau, Gold. Palme Cannes; 1983 Electronic Kaleidoscope, LP m. Filmmusikbeispielen; 1984/85 LP Konzerte m. Orch. f. Trautonium u. Mixturtrautonium v. Harald Genzmer (WERGO); E. Alchimist d. Elektronischen Musik, Oskar Sala. 1985 Farbfilm: Oskar Sala u. sein Mixturtrautonium (Inst. f. Film u. Bild, Grünwald). 1986 UA: Rede d. toten Christus ..., n. Jean Paul (Sprachen d. Künste Berlin); 1988 UA: Fantasie-Suite f. Mixturtrautonium Solo, live auf d. offiz. Abschlußveranst. d. E 88 im Musikinstrumentenmus., m. d. mikroelektr. Neukonstruktion d. d. Prof. Borowicz, Rudolph, Zahn d. FH d. Dt. Bundespost in Berlin - 1987 Filmband in Gold.

SALBER, Wilhelm

Dr. phil., Prof. u. Direktor Psycholog. Inst. Univ. Köln (s. 1963) - Am Steg 4, 5010 Bergheim - Geb. 9. März 1928 Aachen, verh. in 2. Ehe s. 1968 (Ehefr.: geb. Wangemann) - Univ. Köln u. Bonn. Promot. 1952; Habil. 1958 - 1959-63 Prof. Päd. Hochsch. Köln u. Würzburg - BV: Charakterschilderung, 1955, 4. A. 1982; D. Psych. Gegenstand, 1959, 5. A. 1982; Morphologie d. Seelischen Geschehens, 1965; Charakterentwickl., 1969; Wirkungseinheiten - Psych. v. Werbung u. Erziehung, 1969, 2. A. 1981; Film u. Sexualität, 1970, 2. A. 1971; Lesen u. Lesen-Lassen, 1970, 2. A. 1971; Psych. u. Hochschuldidaktik, 1972; Literaturpsych., 1972; Entwickl. d. Psych. Sigmund Freuds, Bd. I, II u. III 1973-74, 2. A. 1975; Kunst, Psychologie, Behandlung, 1977; Drehfiguren, 1978; Psychologie d. Plastik, Untersuch. z. Skulptur v. Bonifatius Stirnberg (zus. m. Linde Salber), 1980; Konstruktion psychol. Behandlung, 1980; Psych. in Bildern, 1983; Anna Freud, Bildmonogr. 1985; Märchen im Alltag (zus. m. Gisela Rascher), 1986; Psychologische Märchenanalyse, 1987; Kleine Werbung f. d. Paradox, 1988; D. Alltag ist nicht grau, 1989.

SALBERT, Dieter

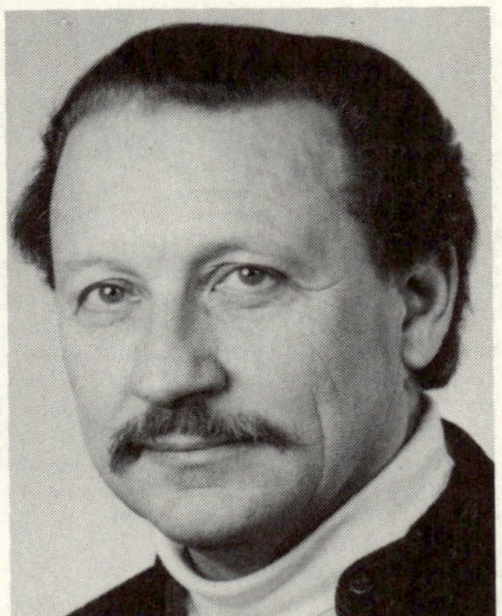

Dr., Prof. f. Musik FH f. Sozialwesen Braunschweig (s. 1980), Komponist - Reiherweg 3, 3174 Meine (T. 05304 - 35 78) - Geb. 2. Aug. Berlin, ev., verh. m. Alrun Zahoransky (Sängerin), 2 Söhne (Roland, Daniel) - Künstler. Reifeprüf. (Kompos., Klavier) 1957 Städt. Konservat. Berlin; 1965 Stud. Musikpäd. München; Promot. 1986 Hamburg, Elektron. Stud. in Darmstadt, Pilsen, Bilthoven, BR-Studio Nürnberg - 1971/72 Doz. Akad. Remscheid, 1972-75 Wiss. Assist. PH Braunschweig. Leit. Neue Akad. Braunschweig (Synthesizer Festivals); 2. Vors. Braunschweig. Musikges. - BV: Synthesizermusik u. Live-Elektronik (m. Batel), 1985, u.a. Kammermusik f. Streicher u. Bläser, Lieder m. elektr. Begleit., Orchesterwerke. Gr. Werke: Theatral. Messe, Stationen d. Hoffnung, Natur u. Frieden, Tageszeiten EURO-PA. 2 LPs m. Kompos.: Klangszenen, Musica Phantastica, Video-Musiken. Rundfunkprod. b. BR, NDR, SR, RTE Dublin, ORF Innsbruck. Auff. im In- u. Ausland - Nieders. Künstlerstip.; Förderungspr. Nürnberg; Richard Wagner Med.; BVK.

SALCHOW, Roland

Dr., Dipl.-Physiker Wiss. Angestellter Univ. d.Bundeswehr, Mitgl. Hbg. Bürgerschaft (s. 1978) - Eggertweg 21, 2000 Hamburg 65 - Geb. 12. Sept. 1945 Altmark, verh., 2 Kd. - Abit. 1965; Stud. Physik, Math., Chem. Univ. Hamburg; Dipl.-Phys. 1973 - Wiss. Mitarbeiter Univ. Bundeswehr Hamburg. Fachsprecher d. CDU f. Umweltfragen; Senatorenkandidat Landesvorst. CDU.

SALECKER, Helmut

Dr. rer. nat., o. Prof. f. Theoret. Physik - Schrimpfstr. 30, 8035 Gauting/Obb. (T. München 850 22 36) - Geb. 13. Sept. 1921 Klimken/Ostpr. - Stud. Physik (Dipl.-Phys.) - S. 1954 (Habil.) Lehrtätigk. Univ. Freiburg/Br. (1961 apl. Prof.) u. München (1966 Ord. Sektion Physik). Wiss. Forschungen Japan, USA, Schweiz (Europ. Kernforschungszentrum, Genf). Zahlr. Fachveröff. In- u. Ausl.

SALEWSKI, Michael

Dr. phil., o. Prof. f. Neuere Geschichte - Histor. Seminar Univ. Kiel, Olshausenstr. 40-60, 2300 Kiel (T. 0431 - 880 22 84) - Geb. 2. Jan. 1938 Königsberg - Univ. Saarbrücken, Besancon, Bonn, Promot. 1966, Habil. 1970 - Vors. Ranke-Ges. u. Ges. f. Geistesgesch. - BV: Entwaffnung u. Militärkontr. in Dtschl. 1919-1927, 1966; D. dt. Seekriegsleit. 1935-45, 3 Bde., 1970-75; D. bewaffn. Macht im 3. Reich, 1979; Tirpitz, 1979; Zeitgeist u. Zeitmaschine, 1986 - Fregattenkapitän d. R.

SALFELD, Kurt

Dr. med., Dr. rer. nat., Prof., Chefarzt Hautklinik/Klinikum Minden - Portastr. 7-9, 4950 Minden/W. - Geb. 18. April 1925 - Promot. 1955 (r.n.) u. 57 (m.); Habil. 1964 - S. 1964 Lehrtätigk. Dermatol. u. Venerol. Univ. Marburg (1970) apl. Prof.; 1973 Honorarprof. Etwa 150 Facharb. - Mitglied zahlr. in- u. ausl wiss. Ges.

SALGE, Hans-Georg

Landgerichtspräsident (1981 ff.) - Landgericht, 3200 Hildesheim - Geb. 8. März 1935 - Zul. Ministerialrat Nds. Justizmin.

SALGE, Heinz Georg

Dipl.-Ing., Elektroingenieur, Generalbevollm. Direktor Siemens AG (Leit. Hauptbereich Auslandsaufg., Montage, Service) - Siemens AG, E AM, W.-v.-Siemens-Str. 50, 8520 Erlangen - Geb. 3. Mai 1930 Sigmaringen (Vater: Karl S., Kaufm.; Mutter: Maria, geb. Duller), ev., verh. s. 1960 m. Ursula, geb. Fleischer, 3 Kd. (Hans Jürgen, Christiane, Matthias) - 1950-55 Stud. Elektrotechnik TU Stuttgart (Starkstrom) - 1955-62 Siemens-Schuckertwerke AG, Erlangen (Montage-Ing., s. 1957 Bauleit. u. Inbetriebsetzungsing.); 1962-64 Oberbauleit. Poza Rica (Mexiko); 1964-67 Bauleit. Erlangen (s. 1966 Oberbauleit. Rourkela II/Indien); dann Oberbauleit. Kernkraftwerk Atucha/Argent.; 1972-73 Zentralber. Vertrieb, Zentralverw. Ausl., Erlangen (Inform.); 1973-78 Vorst.-Vors. u. Leit. Landesges. Siemens India Ltd., Bombay/Indien; 1978 Leit. Geschäftsber. Grundstoffind., s. 1985 Leit. Hauptber. Auslandsaufg. Montage, Service (Unternehmensber. Energietechnik) Siemens Erlangen - Spr.: Engl., Span.

SALGER, Hannskarl

Vizepräsident Bundesgerichtshof - Waldring 3 B, 7517 Waldbronn - Geb. 2. Nov. 1929, ev., verh. m. Christiane, geb. Güntzel, 3 Kd. (Cornelia, Dr. Hanns-Christian, Carsten) - Stud. Univ. Heidelberg - Schriftleit. Dt. Richterztg.

SALING, Erich

Dr. med., Prof., Geburts- u. Perinatal-Mediziner - Ulmenallee 18, 1000 Berlin 19 (T. Klinik: 62 94-0) - Geb. 21. Juli 1925 Stanislau (Vater: Heinrich S., Revierförster; Mutter: Emma, geb. Hoffmann), ev., verh. s. 1952 m. Dr. Hella, geb. Weymann, 2 Söhne (Peter, Michael) - 1946-52 Univ. Jena u. Berlin - S. 1954 Städt. Frauenklinik Neukölln. S. 1963 (Habil.) FU Berlin (1968 apl. Prof., 1976 ao. Prof.). Gründer u. Vorst.-Mitgl. Dt. Ges. f. Perinatale Medizin (1967ff. Vors.); Gründungspräs. Europ. Vereinig. f. Perin. Med. (1968). Entwickl. neuer Unters.meth. am noch ungeb. Kind, d. weltw. Verbr. gefunden u. entscheidend zur Erweiterung der Kenntnisse über das Kind im Mutterleib beigetragen haben (Mikroblutunters. 1960, Amnioskopie 1961) - BV: D. Kind im Bereich d. Geburtshilfe, 1966 - 1968 Prix Quadriénnal Fondation Intern. de Gynécologie et d'Obstetrique; 1973 Ehrenmitgl. Royal Soc. of Medicine; 1973 korr. Mitgl. Kuban. Ges. f. Gynäk. u. Kuban. Ges. f. Pädiatrie; 1974 Ehrenmitgl. Schweiz. Ges. f. Gynäk.; 1974 Maternité-Preis Dt. Ges. f. Perinatale Med.; 1975 Ehrenmitgl. Kroat. Ges. f. Perinatale Med.; 1978 Ehrenmitgl. Ital. Ges. f. Gynäk.; 1980 Michaelis-Plak. in Gold Univ. Kiel; Ehrenmitgl. Yugoslav. Assoc. of Societies f. Ultrasound in Med. and Biol.; 1982 Maternité Prize of the European Assoc. of Perinatal Medicine; 1983 Ehrenmitgl. Griech. Ges. f. Perinatale Med.; 1983 korr. Mitgl. Dt. Ges. f. Pädiatrie; 1984 Citation Classic Inst. of Scientific Information, Philadelphia (als erster dt. Kliniker f. d. Art. Neues Vorgehen z. Unters. d. Kindes unt. d. Geburt); 1987 Fellow ad eundem Royal College of Obstetricians and Gynaecologists u. Ital. Ges. f. Perinat. Med.; 1988 Ernst Reuter Plak. d. Senats v. Berlin; 1989 Soc. of Perinat. Obstetricians, USA - Liebh.: Fotogr. - Spr.: Engl.

SALISCH, Heinke

Konferenz-Dolmetscherin, Mitgl. Europ. Parlament (I. Wahlp.), stv. Vors. d. Dt. Gruppe d. SPD-Abg., Vorst.-Mitgl. im Bund d. sozialist. u. sozialdemokrat. Parteien - Sonntagstr. 2, 7500 Karlsruhe 1 - Geb. 14. Aug. 1941 Grevenbroich - SPD.

SALJÉ, Ernst

Dr.-Ing., em. o. Prof. f. Werkzeugmaschinen u. Fertigungstechnik, Steintorwall 12, 3300 Braunschweig - Schulheide 4, 2106 Bendestorf (T. 04183 - 66 28; 0531 - 391 26 55) - Geb. 20. Juni 1919 Peine - Habil. 1955 Aachen - Doz. ETH Zürich; s. 1964 Abt.vorst. u. Prof. u. Ord. (1971) TU Braunschweig. Ca. 350 Fachveröff.; Fachb.: Elemente span. WRKZ.Masch.; Schleifbegriffe. Div. Patente.

SALLAY, Imre

Kapellmeister, Chordir. Städt. Bühnen Osnabrück - Königsberger Str. 14, 2300 Altenholz (T. 0431 - 32 35 65) - Geb. 30. Nov. 1947 Budapest, verh. s. 1970 m. Maria Zagyva, 2 Kd. (Julia, Pamina) - Hochsch. f. Musik Franz Liszt Budapest; Hochsch. f. Musik Wien Dirigentendipl. 1973 Wien - S. 1974 Solorepetitor u. Kapellm. Oper Köln, 1975-77 Stadttheater Koblenz, 1977-79 Staatstheater am Gärtnerplatz München, 1979-83 Landestheater Coburg (auch Chordir.); s. 1983 Städt. Bühnen Osnabrück; s. 1986 Oper Kiel. Gastdirig. Staatstheater Hannover, Nationalphilharmonie u. Rundfunkorch. Budapest. Gründ. Ensemble f. alte Musik Camerata Canzona Osnabrück. Schallplatte: drum schlagt und singt; Kunstricht.: Oper, Operette, Musical, Vokal- u. Instrumentalmusik d. Renaissance - Liebh.: Lit., Filmkunst, Reiten - Spr.: Franz., Ital., Russ.

SALLINGER, Helmut
Fabrikant, Helmut Sallinger Chemie GmbH, Intexfloor GmbH - Ligusterweg 30, 8908 Krumbach - 1968 Gold. Dieselmed. Dt. Erfinder-Verb.

SALLMANN, Klaus Günther
Dr. phil., Prof. f. Klass. Philologie Univ. Mainz (s. 1973) - Hermann-Hesse-Str. 110, 6500 Mainz 31 - Geb. 24. Sept. 1934 Thakhek, ev., verh. s. 1959 m. Ricarda, geb. Rother, 4 Kd. (Friederike, Joachim, Peter, Sarah) - Habil. 1968 Mainz - 1971 apl. Prof. (Klass. Philol., Röm. Satire, Phil. u. Naturwiss.). Mitgl. Academia Latinitati fovendae, Rom (1977) - BV: D. Natur b. Lukrez, 1961; D. Geogr. d. älteren Plinius in ihrem Verhältn. zu Varro; Forschungsber. Plinius d.Ä. 1938-70, 1977; Censorinus de die nat. 1983; Censorimes lat.-dt., 1988. Fachveröff.

SALLOKER, Angela
Schauspielerin - Candidstr. 20, 8000 München 90 (T. 65 25 61) - Geb. 5. März 1913 Moschganzen/Steierm. (Österr.) - Schauspielunterr. Lori Weiser, Graz; Gesangausbild. Margarete Langen, Berlin - Bühnen Graz, Breslau, München (Bayer. Staatstheater), Berlin (Dt. Theater, Hilpert), Wien (Theater in d. Josefstadt u. Burgtheater), München, Kassel (Hess. Staatstheater), Konstanz (Dt. Theater, Hilpert), Göttingen (Dt. Theater, Hilpert) u. a. Wiederh. Salzbg. Festsp. Bühne: Hannele (erste Rolle), hl. Johanna (17j.), Julia, Käthchen, Luise, Rosalinde, Kassandra, Charlotte Corday, Gretchen, Jungfrau v. Orleans, Maria Stuart, Rhodope, Beatrice, Barbara Blomberg (Welturauff. Konstanz), Herzogin (Wallenstein, 1972 München unt. Prof. Walter Felsenstein) u. v. a.; Film: u. a. Hohe Schule, D. Mädchen Johanna, D. zerbrochene Krug; Fernsehen: Duett im Zwielicht, D. Fräulein von Skuderi.

SALMEN, Walter
Dr. phil., o. Prof. f. Musikwissenschaft - Purnhofweg 37, A-6020 Innsbruck-Arzl (T. 62 04 93) - Geb. 20. Sept. 1926 Paderborn/W. (Vater: Josef S., Obergerichtsvollzieher; Mutter: Elisabeth, geb. Hollmann), verh. s. 1981 m. Gabriele, geb. Busch, 3 Kd. (Edith, Lothar, Martin) - Gymn. Werl; Univ. Heidelberg. Promot. 1949 Münster; Habil. 1959 Saarbrücken - 1950-55 Mitarb. Dt. Volksliedarchiv, 1955-58 Stip. Dt. Forschungsgem., s. 1959 Lehrtätigk. Univ. Saarbrücken (1963 apl. Prof.; 1964 Wiss. Rat) u. Kiel (1966 Ord. u. Inst.dir.), s. 1974 Univ. Innsbruck (Vorst. Musikwiss. Inst.) - BV: D. Lochamer Liederb., 1951; D. Schichtung d. mittelalterl. Musikkultur in d. ostd. Grenzlage, 1954; Liederb. d. Anna v. Köln, 1954; D. Erbe d. ostd. Volksgesanges, 1956; Ostd. Minnesang, 1958; D. Lieder Oswalds v. Wolkenstein, 1962; Johann Friedrich Reichardt, 1963; Gesch. d. Musik in Westf., 2 Bde. 1963/67; Gesch. d. Rhapsodie, 1966; Haus- u. Kammermusik, 1969; Musikleben im 16. Jh., 1976; Bilder z. Gesch. d. Musik in Österr., 1979; Katalog dazu, 1980; Musiker im Porträt, I-V, 1982-84; D. Spielmann im Mittelalter, 1983; Jakob Stainer u. s. Zeit, 1984; Kontrabaß u. Baßfunktion, 1986; D. musikalische Satz, 1987. Herausg.: Festgabe f. Josef Müller-Blattau z. 65. Geburtstag (1960), Studien z. Gesch. d. Musikanschauung im 19. Jh. (1965), Musikgesch. Schlesw.-Holst. in Bildern (1971); Orgel u. Orgelspiel im 16. Jh. (1978); D. südd.-österr. Orgelmusik im 17. u. 18. Jh. (1980); Musiker im Porträt, 5 Bde. (1982-84); D. Spielmann im Mittelalter (1983); D. Konzert, E. Kulturgeschichte (1988); Tanz im 17./18. Jh. (1988); Tanz im 19. Jh. (1989).

SALMUTH, Freiherr von, Georg-Sigismund
Dipl.-Phys., Geschäftsführer König Metallveredelung GmbH Lauchringen (s. 1978) - Pirschweg 4, 6900 Heidelberg 1 - Geb. 20. Aug. 1928 Hamburg (Vater: Curt Frhr. v. S., †), verh. m. Anita, geb. Rötger - Phys.- u. Chemiestud. Univ. Heidelberg u. Göttingen; Staatsex. 1958 Göttingen - S. 1962 Gebr. Giulini.

SALMUTH, Freiherr von, Kurt-Wigand
Dipl.-Ing., Geschäftsführer Gebr. Röchling u. Röchling Industrie Verwaltung GmbH, Mannheim - ' Ziegelhäuser Landstr. 23, 6900 Heidelberg (T. 4 64 07) - Geb. 22. Jan. 1931 Leipzig (Vater: s. Bruder Georg Sigismund), verh. m. Ingrid, geb. v. Mengersen - Stud. Elektrotechn. u. Maschinenb. TH Darmstadt u. Volkswirtsch. Univ. Heidelberg; Dipl.ex. 1957 Darmstadt - 1960-62 Assist. Univ. Heidelberg, s. 1962 Gebr. Giulini (1965 Dir., spät. Geschäftsf. Gesellsch.), s. 1978 Gebr. Röchling u. Röchling Ind. Verw. GmbH - Spr.: Engl. - Rotarier.

SALNIKOW, Johann
Dr. rer. nat., Prof. f. Biochemie TU Berlin (s. 1974) - Charlottenburger Ufer 8, 1000 Berlin 10 (T. 342 47 60) - Geb. 13. Dez. 1938 Petrikau/Polen (Vater: Nikolaus S., Beamter; Mutter: Edith, geb. Bialasiewicz), ev., verh. s. 1969 m. Cahide, geb. Özerkan - 1949-58 Gymn.; 1958-64 TU Karlsruhe (Chemie; Dipl.-Chem. 1964; Promot. 1967). Habil. 1973 TU Berlin - 1967-71 Research Associate Rockefeller Univ. New York; 1971 Univ.srat TU Berlin. Zahlr. Veröff. in wiss. Ztschr. (Struktur d. Desoxyribonuklease) - Liebh.: Musik, Lit. - Spr.: Engl.

SALNIKOW, Nikolaj
Dr. phil., Dipl.-Dolmetscher, o. Prof. f. Slavistik Fachber. Angew. Sprachwiss. Univ. Mainz - August-Keiler-Str. 35, 6728 Germersheim (T. 07274 - 26 20) - Geb. 2. Nov. 1932 Belgrad/Jugosl., griech.-orth., verh. s. 1979 m. Dr. phil. Eva-Maria Salnikow-Ritter - Abit. 1956 Klagenfurt; Dipl.-Dolm. 1964 u. Promot. 1970 Univ. Graz; Habil. 1978 Univ. Klagenfurt - 1964-72 Lektor Univ. Graz; 1970-72 Lektor Univ. Wien; 1972-80 Prof. Univ. Graz, u. Lektor Univ. Klagenfurt; s. 1980 Prof. Univ. Mainz - BV: Verben d. Fortbewegung, 1973; D. reflexive Passiv im Russ. in diachronischer u. synchronischer Sicht, 1978; Technik d. Übersetzens - Russ. u. Deutsch, 1985. Zahlr. Arb. z. Aspektol., Genus verbi, Modalität, Fachdidaktik, kontrastiven Linguistik u. Übers.wiss. - Liebh.: Musik, Numismatik - Spr.: Russ., Serbokroat., Slowen., Engl.

SALOMON, Klaus-Dieter

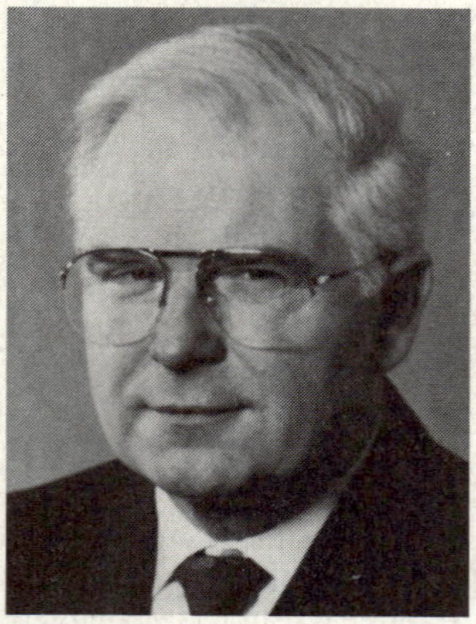

Oberkreisdirektor d. Kreises Neuss - Meererhof, 4040 Neuss 1 - Geb. 4. Aug. 1931 Berlin-Neukölln, kath., verh. s. 1959 m. Dorothea, geb. Kaiser, 4 Kd. (Klaus-Peter, Rolf, Birgit, Astrid) - Abit. 1952 Brilon; kaufm. Praktikum; 1. jurist. Staatsex. 1958 Köln; 2. jurist. Staatsex. 1962 Düsseldorf - 1963-65 Staatsanwalt Köln; 1965-70 Justitiar d. CDU-Landtagsfraktion; 1970-83 Beigeordn.; s. 1980 Stadtkämmerer Stadt Neuss; s. 1984 Oberkreisdir. Kr. Neuss. 1954/55 ASTA-Vors. Köln; s. 1962 Doz. Kath.-Soz. Inst. Bad Honnef; VR-Vors. Kreissparkasse Grevenbroich - BV: D. soz. Rechtstaat als Verfassungsauftrag d. Bonner Grundgesetzes, 1965; Jugendarbeitslosigkeit (m. Blass), 1980 - Liebh.: Lit., klass. Musik, Ausl.reisen - Spr.: Engl., Franz.

SALZBORN, Erhard
Dr. rer. nat., Physiker, Prof. Univ. Gießen (s. 1972) - Pfarrweg 5, 6301 Fernwald 2 (T. 4 27 18) - Geb. 19. Dez. 1939 Wigstadtl (Vater: Erhard S., Landw.; Mutter: Stefanie, geb. Fritsch), kath., verh. s. 1967 m. Renate, geb. Dümler, 2 Kd. (Claudia, Robert) - Stud. Univ. Erlangen; Promot. 1969.

SALZER, Egon Michael
Journalist - Karpv. 46, Lidingö (Schweden) - Geb. 17. Juli 1908 Wien, gesch., 3 Kd. (Pauline, Thomas, Peter) - Stud. Univ. Wien (Phil., Kunstgesch.) - S. 1929 Auslandskorresp. Engl., Frankr., USA, Mexiko, Skand. (1947) f. dt., engl., amerik., österr., schweiz. Ztg., Rundfunkanst., FS; gegenw. Feinschmecker (Hamburg), Merian, Presseag, Dukas (Zürich), etc. - BV: Smörgåsbord, 1978; Skandinavien, 1979 (dt., franz., ital.); Einführung Nobelpreis für Literatur, 1976-87. Mitarb.: Wege ins neue Jahrtausend (Kap.: Schwed. Planung) - 1984 Ritter d. Königl. Nordstjärneordens I. Kl.; Einführ. Nobelpreis f. Lit. 1976-89 - Liebh.: Menschen kennenlernen, Reisen, Gebirgswandern, Holzschnitzen, Weben, Musik - Spr.: Engl., Franz., Ital., Schwed.

SALZER, Jörg J.
Dipl.-Wirtsch.-Ing., geschäftsführender Gesellsch. Salzer u. Partner Rationalisierungen GmbH, Offenbach (s. 1982), öfftl. best. u. vereidigter Sachverst. f. Förder- u. Lagertechnik - Blumenstr. 36, 6050 Offenbach - Geb. 18. Dez. 1940 Frankfurt/M. (Vater: Gert S., Dipl.-Ing.), verh. s. 1969 m. Barbara, geb. Pfeiffer, 3 Kd. (Eva Valerie Ann, Jörg Maximilian, Benjamin Johannes) - Abit. Offenbach; TH Darmstadt (Wirtsch.-Ing.), Dipl. 1969 - 1969-72 Gesellsch. Stöhr-Förderanl. Salzer & Co., 1972-74 Hauptabt.leit. Stückgutstetigförderer Demag AG, 1974-82 Geschäftsf. Rapistan Technics Materialflußplan., Frankfurt. Zahlr. Fachmitgliedsch. u. a. Beirat DGfL (Dt. Ges. f. Logistik), Dortmund, fir (Forsch.inst. f. Rationalisier. Rhein.-Westf. TH Aachen), Aachen, Ztschr. f. Logistik, Verlag mod. industrie, Landsberg; Mitgl. VDI Aussch. Materialfluß in Fertigungsbetr., SGL (Schweiz. Ges. f. Logistik), Bern, RKW (Rationalisier.-Kurat. d. Dt. Wirtsch.), Frankfurt - Üb. 70 wiss. Veröff. in in- u. ausl. Sammelw. u. Ztschr. - Spr.: Engl. - Rotarier.

SALZER, Klaus W.
Dipl.-Wirtschaftsing., geschäftsf. Gesellschafter d. Salzer u. Partner Rationalisierungen GmbH - Darmstädter Str. 46, 6053 Obertshausen 2 - Geb. 16. April 1942 Frankfurt/M., ev., verh. s. 1968 m. Helga, geb. Betz, 3 Kd. (Ulrike, Christian, Stefan) - Dipl.-Wirtschaftsing. 1968 TH Darmstadt - DV-Organisator Siemens AG; Werksplanung Stöhr-Förderanlagen; HAL Konstruktion, Prod.-Ber.-Leit.; Geschäftsf. Auslandsges. DEMAG; Ref. Stetig Förderer + Lagertechnik VDMA; Gründung Salzer u. Partner. Stv. Obmann DIN AA Lagertechnik; VDI-Ausschuß B3 Stetig Förderer - Spr.: Engl., Franz., Span.

SALZER, Michael
s. Salzer, Egon-Michael

SALZINGER, Helmut
Dr. phil., Schriftsteller (Ps.: Jonas Überohr) - 2179 Odisheim 194 (T. 04756 - 3 94) - Geb. 27. Dez. 1935 Essen - 1956-65 Univ. Köln u. Hamburg (Literatur-, Kunstgesch., Phil.; Promot.) - BV: Eugen Gottlob Winklers künstler. Entwicklung, 1967; D. lg. Gedicht, 1969; Rock Power, 1972; Swinging Benjamin, 1973; Jonas Überohr Live, 1976. Div. Ess. Literaturkrit.; Gehen, Schritte, 1979; Die Freundlichkeit d. Kraft, 1980; Rock um die Uhr, 1982; Irdische Heimat, 1983; Nackter Wahnsinn, 1984; Stille Wasser, 1987; Ohne Menschen, 1988. Herausg. Ztschr. FALK - Loose Blätter f. alles Mögliche (1984-87) - Mitgl. PEN-Zentrum BRD.

SALZMANN, Christian
Dr. phil., Prof. f. Päd. Univ. Osnabrück (s. 1972) - Goerdelerstr. 2, 4500 Osnabrück (T. 43 14 30) - Geb. 1. Febr. 1931, verh. s. 1954 m. Christiane, geb. v. Mosqua, 2 S. (Jorg-Christian, Eckhart) - 1968-72 Prof. f. Päd. PH Ruhr/Abt. Duisburg, 1965-80 Lehrbeauftr. Univ. Münster, Vorstandsmitgl. Univ.-Ges. Osnabrück (s. 1974), Mitgl. Senat Univ. Osnabrück (s. 1975), Mitgl. Konzil Univ. Osnabrück (s. 1975), Mitgl. FB-Rats (1973-83), Leit. Arb.-Gr. Osnabrücker Schulmodell: Regionales Lernen - Interkulturelle Erzieh. - Humane Schule (s. 1985), 1. Vors. Osnabrücker Verein z. Förd. d. Regionalen Lernens (s. 1986), Mitgl. Dt. Ges. f. Erz.-Wiss., Mitgl. Görres-Ges. (s. 1985), stv. Landesvors. Hochsch.-Verb. Nieders. (1981-84), Vors. Arb.-Kr. Hochsch. d. CDU Osnabrück (s. 1981), Mitgl. Fachaussch. Hochsch. d. CDU Nieders. - BV: Stud. zu e. Theorie d. Prüfens u. Erprobens...1967 - Denkanstoß - Lehrerfrage, 4. A. 1977; Unterr.-Medien i. Gespräch, 1975; Herausg.: Päd. u. Widerstand. Päd. u. Politik im Leben v. Adolf Reichwein (1984); D. Sprache d. Reformpäd. als Probl. ihrer Reaktualisier. (1987); div. Arb. z. Bedeut. d. Modelltheorie f. Unterr.-Forsch. u. Unterr.-Planung (1974-82); div. Arb. z. didakt. Reduktion, z. Päd. u. Didakt. d. Grundschule, zu Fragen d. Reaktualisier. reformpäd. Konzepte (1982-86), u. zu Fragen d. Regionalen Lernens (1986-88) - 1972 Univ. med. GH Duisburg - Liebh.: Musik, Malen, Portraitzeichn., Bildhauerei, div. handwerkl. Tätigk., Entomologie.

SALZMANN, Helmut
Dr. rer. nat., o. Prof. f. Mathematik Univ. Tübingen - Hausserstr. 88, 7400 Tübingen (T. 60 05 42) - Geb. 3. Nov. 1930 - Habil. Frankfurt/M.

SALZMANN, Karl-Heinz
Verlagskaufmann - Am Grafenplatz 3, 3388 Bad Harzburg 1 - Geb. 21. Mai 1909 Berlin (Vater: Carl S., Buchhändler; Mutter: Martha, geb. Lattner), verh. 1934 m. Margarete, geb. Huch - Ehrenvors. Verb. Dt. Buch-, Zeitungs- u. Zeitschriften-Grossisten, Köln; Ehrenmitgl. Intern. Arbeitsgem. v. Ztg.-, Ztschr.- u. Buch-Grossisten Distripress, Zürich.

SALZMANN, Siegfried
Dr., Direktor Wilhelm-Lehmbruck-Museum, Direktor Bremer Kunsthalle (1985ff.) - Contrescarpe 34, 2800 Bremen 1 - Geb. 1. März 1928 Hannover.

SALZWEDEL, Jürgen
Dr. jur., Prof. f. Öfftl. Recht - Siebengebirgsstr. 86, 5300 Bonn 3 (T. 48 17 10) - Geb. 26. Jan. 1929 Frankfurt/O., ev., verh. - Univ. Berlin (Humboldt) u. Köln (Rechtswiss.). Jurist. Staatsprüf. 1952 (Köln) u. 57 (Düsseldorf). Promot. (1957) u. Habil. (1961) Köln - S. 1961 Prof. Univ. Bonn, 1964 Gastprof. Univ. New Orleans/USA (Tulane), s. 1965 Dir. Inst. f. d. Recht d. Wasserwirtsch. Univ. Bonn, s. 1978 Mitgl. d. Rates v. Sachverständigen f. Umweltfragen, 1981-85 Vors. - Mitarb.: Lehrbuch Allgemeines Verwaltungsrecht, hrsg. v. Erichsen/ Martens, Besonderes Verwaltungsrecht, hrsg. v. von Münch; Fachaufsätze z. Umweltrecht. Herausg.: Grundzüge d. Umweltrechts.

SAMBERGER, Konrad
Dr.-Ing., Mitglied d. Vorstands Siemens AG (Ber. Energie- u. Automatisierungstechnik) - Zu erreichen üb.: Siemens AG, Werner-v.-Siemens-Str. 50, 8520 Erlangen - Geb. 26. Mai 1934 Vilsbiburg - Stud. Elektrotechnik TH Mün-

chen - Ltg. Hauptbereich Werke Siemens Erlangen.

SAMBO, Markus
Dipl.-Volksw., Dipl.-Dolm., Personal- u. Unternehmensberater - Hamburger Str. 23, 2000 Hamburg 76 (T. 220 82 19) - Geb. 18. Nov. 1930 Stuttgart (Vater: Herbert S., Steuerberater), verh. s. 1954, S. Magnus - Stud. Univ. Tübingen, Edinburgh, Paris (Volkswirtsch., Anglist.) - Unilever-Trainee; Marketing-Berater; Dir. f. Personal, Recht, Verw. u. Finanzen, dann selbst. Personal- u. Untern.sberater. ARsmand. - Zahlr. Fachveröff. (u. a. Kolumnist Capital, Wirtsch.swoche) - Liebh.: Golf, Lit., Musik - Spr.: Engl., Franz., Holl.

SAMBRAUS, Hans Hinrich
Dr. med. vet., Dr. rer. nat., Prof. f. Tierhaltung Techn. Univ. München-Weihenstephan, Tierarzt u. Zoologe - Waldtruderingerstr. 17a, 8000 München 82 (T. 089 - 430 45 06) - Geb. 31. Aug. 1935 Bargteheide (Vater: Otto S., Kaufmann; Mutter: Margarethe S.), verh. s. 1966 m. Dörte, geb. Stratmann, 2 Kd. (Catherine, Daniel) - 1957-65 Stud. Tiermed., Zool. u. Anthropol. Univ. München, Berlin u. Bern; Promot. 1965 u. 1968 in München - BV: Nutztierethol., Lehrb. 1978; Atlas d. Nutztierrassen, 1986 - 1974 Hutzenlaub-Tierschutz-Forschungspreis - Liebh.: Vorgesch., Keramik, Tauchen - Spr.: Engl.

SAMMEL, Harry
Vorsitzender d. Geschäftsfg. Gebr. Happich GmbH. (s. 1973) - 5600 Wuppertal 1 (T. 3 41); priv.: Albert-Überle-Str. 19, 6900 Heidelberg (T. 4 64 17) - Geb. 3. Juli 1915 - B. 1972 Vors. d. Geschäftsfg. Alfred Teves GmbH., Frankfurt/M., 1972-74 ARsvors.; ARsmitgl. Landis & Gyr GmbH., Frankfurt, Beiratsmitgl. Dt. Bank AG., Verb. d. Automobilind., Frankfurt u. Dt. Bundesbahn, Köln - Ehrensenator Univ. Heidelberg.

SAMMET, Rolf
Dr. rer. nat., Dr.-Ing. E. h., Dr. rer. nat. h. c., Prof. - Geb. 21. Febr. 1920 Stuttgart (Vater: Dr. phil. Paul S., Zahnarzt), verh. m. Hildegard, geb. Beckerwerth, 3 Kd. (dar. S.) - TH Stuttgart (Chemie) - S. 1949 Hoechst AG, Frankfurt/M.-Höchst (1957 Ltr. Techn. Dir.-Abt., 1960 Werksl., 1962 stv., 1964 o. Vorst.-Mitgl., 1969 Vorst.-Vors., 1985 AR-Vors.). Div. Mitgl.-Mand., u. a. AR Allianz Lebensversich., Asea Brown Boveri, Dresdner Bank, Mannesmann; Vorst.-Vors. Verbindungsstelle Landwirtsch.-Ind., Essen - 1975 Gr. BVK; 1977 Gr. BVK m. Stern; Ehrensenator J.W. Goethe-Univ. Frankfurt - Liebh.: Sportl. Betätigung, bes. Schwimmen, Wandern, Gartenarb. - Spr.: Engl., Franz. - Rotarier.

SAMSTAG, Karl
Dr. phil., Prof., Dozent f. Psychologie Peter-Wust-Hochsch./Päd. Hochsch. d. Saarl. (s. 1956) - Ziegelstr. 70, 6600 Saarbrücken (T. 4 74 57) - Geb. 14. Juni 1906 Mannheim (Vater: Karl S., Architekt; Mutter: Maria, geb. Wohlfahrt), kath., verh. s. 1935 m. Friedel, geb. John, 2 Tocht. (Mechtild, Irmgard) - Volksschullehrerausbild.; Stud. Phil., Psych., Gesch. Promot. 1929 München - 1933-56 Volks-, Mittelsch., Lehrerfortbild. - BV: Päd.-Psych. Testen - Anleit. z. Testarb. in d. Schule, 1962 (m. M. Baus); Informationen z. Lernen im Vorschulalter, 1971.

SAMTLEBE, Günter
Oberbürgermeister Stadt Dortmund (s. 1973), Präs. Dt. Städtetag (1983-85) - Winkelriedweg 72, 4600 Dortmund 1 (T. Rathaus: 54 21) - Geb. 25. Febr. 1926 - U. a. Prok. u. Dir. Hoesch AG; AR-Vors. Vereinigte Elektrizitätsw. Westf. AG (VEW), Dortmund (s. 1982) - SPD.

SAMULSKI, Robert
Dr. phil., Bibliotheksdirektor a. D. - Staufenstr. 13, 4400 Münster/W. - Geb. 6. März 1908 Gründorf/Posen (Vater: Robert S., Kaufm.; Mutter: Margarete, geb. Kramarz), kath., verh. 1933 m. Margarete, geb. Heilmann, 2 Kd. (Peter, Christine) - Stud. Theol., Gesch., Kunstgesch., Phil. - 1936-74 Bibl.dst. Berlin (Staatsbibl.), Königsberg/Pr. (1937; Univ.bibl.), Braunsberg (1938; Akad.bibl.), Münster (1946 Univ.bibl.; 1952 I. Bibl.-, 1959 Oberbibl.rat, 1969 Bibl.dir.). Div. Mitgliedsch. Zahlr. Fachveröff. - 1983 St. Hedwigs-Med. d. Ap. Visit. f. Pr. u. Gl. d. Erzb. Breslau - Liebh.: Bibliogr., Geneal., schles. Kirchengesch. - Lit.: Widm.-bd.: Archiv f. schles. Kirchengesch. XXXV (1977).

SAMWER, Sigmar-Juergen
Dr. jur., Rechtsanwalt Oberlandesgericht Köln - Lindenallee 45, 5000 Köln 51 (T. 0221 - 37 50 78) - Geb. 12. Mai 1938 Magdeburg, ev., verh. s. 1964 m. Sabine, geb. Johannsen, 3 Söhne (Marc-Friedrich, Oliver Christian, Alexander Karsten) - Stud. Rechtswiss. 1958-66 Tübingen, München, Kiel; Refer.ausb. 1962-66 Schlesw.-Holst.; Promot. 1969 Kiel - 1962-66 Wiss. Hilfskraft Inst. f. Intern. Recht Univ. Kiel; 1966-70 Ref. Bundesverb. d. Dt. Industrie. S. 1970 Rechtsanwalt; s. 1988 Mitgl. Justizprüfungsamt b. Oberlandsgericht Köln - BV: D. Franz. Erklärung d. Menschen- u. Bürgerrechte v. 1789, 1970; Handb. d. Wettbewerbsrechts (m.a.), 1986. Mehr. Aufs. in Fachztschr. - 1970 Strasburg-Preis d. Stiftg. F.V.S. - Spr.: Engl., Franz. - Bek. Vorf.: Prof. Dr. jur. Karl Friedrich Lucian Samwer, Kiel/Gotha (Ur-Großvater).

SAND, Robert
Dipl.-Kfm., Generaldirektor, Vorstandsvors. hadeka Handelszentrale Dt. Kaufhäuser eG, Hamburg, Recklinghausen, München - Am Kronberger Hang 1, 6231 Schwalbach.

SANDEN, Horst
Hauptgeschäftsführer Zentralverb. Karosserie- u. Fahrzeugtechnik u. Verb. Dt. Wohnwagenhersteller - In der Schildwacht 13, 6230 Frankfurt 80 (T. 069 - 39 20 71) - Geb. 29. April 1924 Allenstein.

SANDEN, Manfred
Dr. jur., Kaufmann, MdL Nordrh.-Westf. (s. 1975) - Wettiner Str. 6b, 5600 Wuppertal 2 - Geb. 15. Mai 1940 Königsberg, verh., 3 Kd. - Abit. 1960; jurist. Staatsex. 1964 (München) u. 69 (Düsseldorf) - Rechtsanw.; selbst. Kaufm. (Kompl.). CDU s. 1971.

SANDER, Alfred
Dr. phil., M.A., Prof. f. Sonderpädagogik - Waldwiese 9, 6600 Saarbrücken (T. 0681 - 39 90 22) - Geb. 16. Jan. 1938 Saarbrücken (Vater: Wilhelm S., Buchhalter; Mutter: Therese, geb. Grünewald), kath., verh. s. 1962 m. Beate, geb. Krämer, 2 S. (Kai, Henning) - Lehrerstud. Saarbrücken (1957-59), Sondersch.lehrerstud. Stuttgart (1961-1962), Stud. Erz.wiss. Saarbr. (1963-69) - B. 1971 Lehrer u. Wiss. Assist., 1971 Akad. Rat, 1972 Prof., s. 1978 Univ. d. Saarl. - BV: D. Sondersch. im geteilten Dtschl., 1969; D. Sonderschulen im Saarl., 1971; D. statist. Erfassung v. Behinderten in d. BRD, Gutachten f. d. Dt. Bildungsrat, 1973; Sonderpäd. in d. Regelsch., 1976, u.a. - Spr.: Engl., Franz.

SANDER, Dietger M.
Marktforscher u. -psychologe Alpha-Inst. f. psych. Markt- u. Kommunikationsforsch. - Kaiserstr. 29, 6500 Mainz (T. 06131-63 20 56) - Geb. 11. Jan. 1941 Breslau - N. Abit. (2. Bildungsweg) Stud. Psych. Mainz u. Heidelberg. Dipl.-Psych. 1971 - 1972 Marktforscher Blendax-Werke Mainz; 1974 selbst. 1972 Lehrbeauftr. Univ. Mainz.

SANDER, Engelbert
Geschäftsführer, MdB (1969-76 u. ab Mai 1978) - Wallensteinstr. 41, 4780 Lippstadt (T. 6 01 68) - Tagesstud. Sozialakad. Dortmund 1955-56, MdK. SPD s. 1955 (Mitgl. Unterbez.svorst. Soest u. Mitgl. Landesvorst. AfA i. d. SPD v. Nordrh.-Westf.).

SANDER, Hans-Jörg
Dr. phil., Prof. f. Geographie - Hartenberg, 5330 Königswinter 21 - Geb. 25. Juni 1941 Cuxhaven - Abit. Cuxhaven 1961, Univ. Bonn (Geogr., German., Phil.) u. Köln, Staatsex. f. Höh. Lehramt 1968, Promot. 1970, Habil. 1976, Bonn - 1971 Akad. Rat, 1976 Priv.Doz., 1979 Prof., Forsch.-Schwerp. u. a. Amerika u. Mexiko - BV: Strukturwandl. im nördl. Siegmündungsgeb., 1970; Sozialökon. Klassifik. in Puebla-Tlaxcala (Mexico), 1977; Bevölk.-Geogr., 1981; Mexiko-Stadt/Problemräume d. Welt, 1983; D. Zonenrandgebiet. Problemräume Europas, 1988 - Spr.: Engl., Span., Franz.

SANDER, Hartmut
Dr. phil., Leiter Ev. Zentralarchiv Berlin - Wichernstr. 7, 1000 Berlin 33 (T. 030 - 832 48 13) - Geb. 22. März 1938 Berlin, ev., verh. s. 1972 m. Nelli, geb. Gilles, 2 S. (Matthias, Florian) - Gymn. Koblenz; FU Berlin, Univ. Freiburg, Montpellier (Frankr.) u. Bonn (Promot. 1972); 1974 Archivschule Marburg - 1975 Leit. Stadtarchiv Wuppertal; 1980 Leit. Zentralarchiv.

SANDER, Heinz
Dr. jur., Präsident Verwaltungsgericht Schleswig - Erdbeerenweg 67, 2380 Schleswig (T. 3 26 70) - Geb. 25. April 1911 - Spr.: Franz. - Rotarier.

SANDER, Jil
(eigentl. Heidemarie Jiline Sander), Modeschöpferin, Designerin - Zu erreichen üb. Jil Sander GmbH, Osterfeldstr. 32-34, 2000 Hamburg 54 (T. 040 - 55 30 20) - 1969 Firmengründ., heute weltweit 200 Geschäfte, die Kollektionen führen, 32 Jil Sander-Exclusiv-Geschäfte. Entwirft u. verkauft Damenkollektionen, Kosmetik, Parfüm, Brillen, Handtaschen u. Gepäck, sow. Lederaccessoires - Liebh.: Golf, Bergwandern, sammelt mod. Kunst.

SANDER, Josef
Dr. jur., Präsident a.D. Landessozialgericht f. d. Saarland - Scheidterstr. 85, 6600 Saarbrücken - Geb. 25. Mai 1913.

SANDER, Klaus (Nikolaus)
Dr. rer. nat. (habil.), o. Prof. f. Zoologie - Kirchenhölzle 17, 7800 Freiburg/Br. (T. 5 26 04) - Geb. 17. Jan. 1929 Darmstadt - S. 1964 ao. u. o. Prof. (1966) Univ. Freiburg (Dir. Zool. Inst.). 1989 Mitgl. Dt. Akad. d. Naturforscher Leopoldina. Fachveröff.

SANDER, Otfried
Dr. jur., Bürgermeister a.D., Fachanwalt f. Steuerrecht - Königstr. 33, 7000 Stuttgart 1 - Geb. 31. Jan. 1919 Göttingen (Vater: Otto S., Landwirtschaftsrat; Mutter: Henni, geb. Schein), verh. 1946 m. Irmtraut, geb. Kreh - Univ. Tübingen. Gr. jurist. Staatsprüf. - Ab 1950 Anwaltspraxis Stuttgart; 1955-57 Gerling-Konzern Köln (Dir.); 1964-84 Stadtverw. Stuttgart.

SANDER, Wilhelm
Dr. rer. nat., o. Prof. f. Physik - Orthstr. 15, 5100 Aachen (T. 1 25 41) - Geb. 4. April 1929 Lipperode - S. 1962 (Habil.) Lehrtätigk. Univ. Göttingen u. TH Aachen (1965 ao. Prof./pers. Ord., 1967 o. Prof.). Div. Fachaufs.

SANDER, Wolfgang
Dipl.-Ing., Vorsitzender d. Geschäftsfg. Fortunawerke GmbH, Stuttgart (s. 1982) - Zu erreichen üb. Fortunawerke GmbH, Postf. 50 04 40, 7000 Stuttgart 50 - Geb. 13. April 1936 Hildesheim, ev., verh. m. Ingrid, geb. Hefft - Schule Detmold (Abit. 1956), TH Aachen (Eisenhüttenwesen), Dipl. 1961 - S. 1978 Werksleit. MAN Augsburg, b. 1980 Vorst. Schiess AG. Düsseldorf, b. 1982 Geschäftsf. Bühler-MIAG GmbH, Braunschweig.

SANDERS, Karlheinz
Bürgerschaftsabgeordneter - Köllns Acker 12, 2000 Hamburg 54 (T. 57 92 76) - S. 1970 Mitgl. Hbg. Bürgerschaft. CDU.

SANDERSLEBEN, von, Joachim
Dr. med. vet., Prof. f. Allg. Pathologie u. Pathol. Anatomie - Adalbertstr. 94, 8000 München 13 (T. 2 71 13 29) - Geb. 3. Sept. 1922 Bertsdorf - Univ. Gießen (Veterinärmed.). Promot. u. Habil. Gießen - S. 1960 Lehrtätigk. Univ. Gießen (1966 apl. Prof.) u. München (1970 Ord. u. Inst.vorst. Tierärztl. Fak.). Fachveröff. (Nierenpathol. d. Tiere, Geschwulstpathol., Leukoseforsch., Hautgeschwülste, Blastome d. Milchdrüsen).

SANDHAS, Werner
Dr. rer. nat., Prof., Physiker - Universität, 5300 Bonn - Geb. 14. April 1934 (Vater: Dr. Josef S., Physiker; Mutter: Dr. Ilse, geb. Wegscheider), verh. s. 1964 m. Helga, geb. Werner, Tocht. Silvia - Stud. FU Berlin. Dipl., Prom. ebd.; Habil. 1967 Bonn - 1969 apl. Prof. Bonn; o. Prof. (1969 Mainz, 1973 Bonn). Spez. Arbeitsgeb.: Quantenmechan. Stoßtheorie - Liebh.: Musik - Spr.: Engl.

SANDHOFF, Konrad
Dr. rer. nat., Prof. f. Biochemie Univ. Bonn - Auf dem Patt 12, 5305 Alfter-Impekoven - Geb. 11. Aug. 1939 Berlin (Vater: Dr. H. Sandhoff, Chemiker u. Dipl.-Landw.; Mutter: Hildegard, geb. Hempel), ev., verh. s. 1965 m. Karin, geb. Lankau, 3 Kd. (Thekla, Roger, Volker) - Abit. 1958 München; 1958-64 Stud. Chemie Univ. München - Dipl. 1964, Promot. 1965; 1965-72 u. 1974-77 Assist. Neurochem. Abt. Max-Planck-Inst. f. Psychiatrie (Prof. Jatzkewitz); 1972 Privatdoz. Fak. f. Chemie u. Pharmazie Univ. München; 1972-76 Stud.-Aufenth. im Ausl.; 1979 apl. Prof. f. Biochemie Univ. München; 1979 Prof. Univ. Bonn. 1973 Wappen Tokioter Med. Ges. u. Med. Fak. Univ. Tokio; 1975 Mitgl. Med. Advisory Board National Tay-Sachs & Allied Diseases Assoc. New York; 1976 Carl-Duisberg-Gedächtnispreis Ges. Dt. Chemiker; 1977 Mitgl. Editorial Board Journal of Neurochem.; 1979 Heinrich-Wieland-Preis - Spr.: Engl.

SANDIG, Armin
Präsident Fr. Akademie d. Künste Hamburg - Ferdinandstor 1A, 2000 Hamburg 1 - Geb. 10. März 1929 Hof/S. - Ausb. z. Kunstmaler.

SANDIG, Barbara
Dr. phil., Prof. f. Germanistik, Linguistik - Falkenweg 10, 6600 Saarbrücken (T. 0681 - 6 50 82) - Geb. 29. April 1939 Heidelberg (Vater: Curt S.; Mutter: Elly, geb. Heide) - Human. Gymn., Univ. Freiburg, Dijon (Frankr.), Heidelberg, 1. Staatsex. 1965, Promot. 1969, Habil. 1976 - 1973/74 Lehrst.vertr. Univ. Hamburg, 1977-79 Lehrst.vertr. Univ. Frankfurt, s. 1979 Prof. Univ. d. Saarl., s. 1988 Gastprof. Univ. Paris VIII - BV: Syntakt. Typologie d. Schlagzeile, 1971 (Diss.); Stilistik. Sprachpragm. Grundleg. d. Stilbeschreibung, 1978 (Habil.schr.); Gesprächspsychotherapie u. weibl. Selbstkonzept. Sozialpsych. u. linguist. Analyse am Beisp. e. Falles (zus. m. M. Baus), 1985; Stilistik d. dt. Sprache, 1986. Herausg. Stilistik: I. Probl. d. Stilistik; II. Gesprächsstile (German. Linguistik 3-4/81 u. 5-6/81) (1983); Text - Textsorten - Semantik. Linguist. Modelle u. maschinelle Verf., (1984, m. A. Rothkegel); Wissenrepräsentation u. Wissensaustausch (1987, m. J. Engelkamp u. K. Lorenz); Stilistisch rhetorische Diskursanalyse (1988) - Spr.: Franz., Span., Engl. - Bek. Vorf.: Prof. Dr. Curt Sandig (Vater).

SANDKÄMPER, Hermann
Techn. Angestellter (Klöckner-Hüttenwerk, Georgsmarienhütte), MdL Niedersachsen (s. 1967) - Am Holzhauserberg 32,

4504 Georgsmarienhütte (T. 13 18) - Geb. 11. Jan. 1930 Gellenbeck Kr. Osnabrück, verh., 8 Kd. - Volkssch.; Elektrikerlehre; Betriebsfachsch. (Abschl. als Betriebstechniker) - CDU s. 1956 (1964 Kreisvors. Osnabrück-Land).

SANDKÜHLER, Stefan

Dr. med., Prof., Internist u. Facharzt f. Laboratoriumsdiagnostik (eig. med.-diagnost. Inst.) - Grafeneckstr. 15, 7000 Stuttgart (T. 28 30 38) - Geb. 10. Aug. 1920 Nürnberg (Vater: Dr. phil. Konrad S., Neuphilologe (div. Übers. altsprachl. Texte, bes. Gralsliteratur); Mutter: Jutta, geb. Kronecker) - Waldorf-Sch. Stuttgart; Univ. München, Tübingen, Straßburg, Heidelberg - s. 1956 (Habil.) Lehrtätigk. Univ. Heidelberg (gegenw. apl. Prof. f. Inn. Med.) - BV: Taschenb. d. klin. Blutmorphologie, 1949; Osteosklerose u. Knochenmarkfibrose, 1953 (m. Stodtmeister); Klin. Zytologie, 1954 (m. Streicher); Sandkuhlen, Familienbuch 1970-78; Hermann Sandkuhl, Leben u. Werk, (m. Titze) 1980; Schloß Bauschlott u. d. Künstlergilde Buslat, 1982; Fritz Lang, Leben u. Werk, (m. M. Lang) 1985. Üb. 100 Einzelarb. - Liebh.: Kunst, Architektur, Typogr. u. Druck, Film, Hundezucht - Spr.: Engl. - Bek. Vorf.: Prof. Leopold Kronecker, Mathematiker, Berlin; Prof. Christian Friedrich v. Leins, Bau- u. Akademiedir. Stuttgart.

SANDLER, Guido G.

Dr. rer. oec., Dipl.-Kfm., Dipl.-Braum., pers. haft. Gesellschafter Dr. August Oetker KG, Bielefeld - Roonstr. 21, 4800 Bielefeld (T. 12 35 46) - Geb. 5. Juli 1928 Nandlstadt/Obb., kath., verh. s. 1958 m. Gertrud, geb. Schmitt, 4 Kd. (Lieselotte, Christiane, Guido, Bernhard) - 1948-57 Stud. Betriebs-, Volksw., Jura, Brauwiss. (währ. ds. Zeit journalist. Tätigk.). Promot. 1953 Innsbruck - S. 1957 Oetker-Bereich. Zahlr. AR-Mandate (z. T. Vors.) - Ehrensenator TU München - Entstammt alter Kulmbacher Brauerfamilie.

SANDNER, Gerhard

Dr. phil., o. Prof. f. Wirtschaftsgeographie - Im Wiesengrund 15, 2087 Ellerbek - Geb. 19. März 1929 Keetmannshoop/Namibia (Vater: Fritz S., Pfarrer i. R.; Mutter: Margarete, geb. Keller), ev., verh. s. 1959 m. Mareile, geb. Fischer - Höh. Schulen Guatemala (1939-43), Potsdam (1943), Stolp (1943/44), Einbeck (1946-49); 1949-55 Univ. Marburg (Biol., Geogr.). Promot. 1955 Marburg; Habil. 1962 Kiel - 1963 Dozent Univ. Kiel; 1965 Ord. u. Inst.dir. Univ. Hamburg. Forschungsreisen Zentralamerika. Vorst.-Vors. Inst. f. Iberoamerikakd. (s. 1969), Vorst.-Vors. Zentralverb. d. Dt. Geographen (1977-79). Herausg.: Geogr. Zeitschr. (s. 1973). Div. Bücher. Zahlr. Einzelveröff. - Spr.: Engl., Span. - 1969 Ruf Univ. Kiel (Lehrstuhl f. Geogr.) abgelehnt.

SANDRACH, Ilja

s. Böck, Emmi

SANDROCK, Otto

Dr. jur., L.L.M., o. Prof. f. Bürgerl. Recht, Handels-, Wirtschafts-, Intern. Privatrecht u. Rechtsvergl., Dir. Inst. f. Intern. Wirtschaftsrecht Univ. Münster - Birkhahnweg 1, 4400 Münster (T. 31 15 91) - Geb. 5. Jan. 1930 Sontra/Hessen - S. 1965 (Habil.) Lehrtätigk. Univ. Bonn u. Bochum (1967 Ord.), s. 1981 Univ. Münster. Fachveröff., auch Bücher.

SANDSTEDE, Gerd

Dr. phil. nat., Dipl.-Chemiker, Direktor Battelle-Institut - Ahrstr. 45, 5300 Bonn 2 - Geb. 5. Febr. 1929 Oldenburg (Vater: Johann S., Stud.rat; Mutter: Dorothea, geb. Niemann, Lehrerin), verh. s. 1952 m. Annelotte, geb. Erhards, 2 Kd. (Birgit, Jörn) - 1949-58 Univ. Frankfurt (Naturwiss., Physik. Chemie) - 1964 Leit. Abt. Grenzflächenforsch. u. Elektrochemie, 1969 Leit. Hauptabt. Physik, 1970 Leit. Hauptabt. Chemie, 1976 Leit. Hauptabt. Chemie u. Werkst.; 1978 Dir. Forsch. u. Technik (Biol., Chemie, Physik, Werkst., Ing.wesen, Wirtsch.- u. Sozialforsch.); 1983 Dir. Marketing Behörden u. Büro Bonn; Battelle-Europe, Zentrum f. Auftragsforsch. u. Technologie; 1972 Vors. Aussch. Elektrochem. Proz. d. DECHEMA; 1980 Vors. Aussch. Elektrochem. Prozesse in d. Kernbrennstoff-Wiederaufarbtg. GVC/DECHEMA; 1981 stv. Vors. Kongreßbeirat (VDI) der SURTEC (Oberflächentechnik) Berlin; 1981 Vorst.-Mitgl. Fachgruppe Angew. Elektrochemie d. Ges. Dt. Chemiker; 1983 Vorst.-Mitgl. Physikal. Verein Frankfurt; 1988 Kurat.-Mitgl. EUROSOLAR. Zahlr. Patente in Physik.- Chem. Technol. u. Energiespeicherung. Ca. 150 Publ. u. einige Buchveröff. üb. Physik. Chemie, Elektrochemie, Batterietechn., Grenzflächenforsch., Oberflächentechn., Wasserstofftechn., Solarenergie, Energietechnol., Rohst., Umwelt u. Forsch.management - 1985 Achema-Plak. in Titan f. d. Verd. um d. Gemeinschaftfg. in d. techn. Elektrochemie - Spr.: Engl. - Bek. Vorf.: Dr. h. c. Heinrich Sandstede, Begründ. Heimatmuseum Bad Zwischenahn (Ammerländer Bauernhaus), Großonkel.

SANDTNER, Hilda

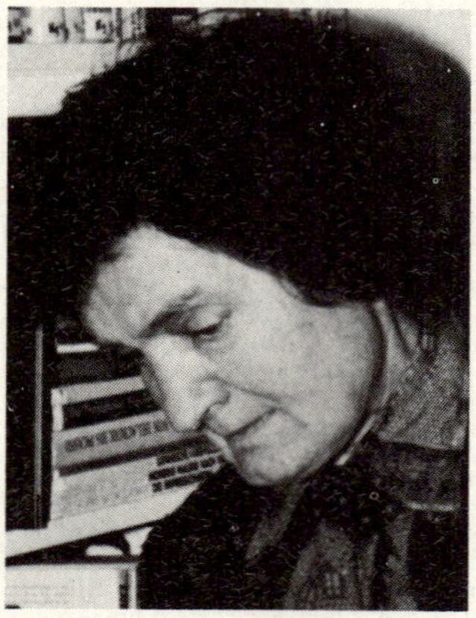

Em. Univ.-Prof. u. Museumsleiterin in Mindelheim, Schwaben - Haydnstr. 1, 8901 Stadtbergen - Geb. 27. Juni 1919 Türkheim/Schw. (Vater: Ignaz S., Lehrer; Mutter: Babette, geb. Zahler), kath. - N. Abit. Lehrerhochsch. Pasing (1938-40) u. Kunstakad. München (1943-52; 1949 Meisterschülerin v. Prof. Josef Oberberger) - 1958 Studienrätin Weiden, 1961 Studienprof., 1967 Studiendir., 1972 Oberstudiendir. PH Augsburg; s. 1973 Ord. Univ. Augsburg. 1984 Emer. u. Gründ. d. Textilmus. f. akt. Museumspäd. in Mindelheim (Sandtner-Stiftg.); Werke: Viele Mosaike, Glasfenster u. Wandbeh. f. öfftl. Gebäude, Illustr. Porzellanmalerei - BV: 15 Bücher, dar.: Schöpf. Textilarb.; Selbstbild. -Selbstfind.; Didaktik d. Kunsterz.; Schwäb. Flecklesteppich - 1989 BVK I. Kl. - Liebh.: Volkstumsforsch.

SANDVOSS, Ernst R.

Dr. phil., Prof. - Gehnbachstr. 211, 6670 St. Ingbert (T. 06894 - 38 15 45) - Geb. 18. Aug. 1929 Braunschweig, kath., verh. s. 1979 m. Dr. Beatrix, geb. Hanak, 2 Kd. (Stephan, Gisela) - 1948-55 Stud. Univ. Freiburg, Göttingen, Tübingen; Staatsex. (Griech., Lat., Gesch.) 1955; Promot. (Phil.) 1954 - 1955-69 Schuldst.; 1965/66 Forschungsstip. Harvard-Univ.; s. 1969 Hochschullehrer - BV: Sokrates u. Nietzsche, 1966; Hitler u. Nietzsche, 1969; Soteria. Phil. Grundl. platon. Gesetzgebung, 1971; Platon, 1972; D. korrupte Ges., 1975; G.W. Leibniz, 1976; A. Augustinus, 1978; B. Russell, 1980; Ethik, 1981; Aristoteles, 1981; I. Kant, 1983; Geschichte d. Philosophie, 2 Bde., 1989 - Präs. Ges. f. Welt- u. Sozialkd.; Mitgl. Dt. Himalaya-Club, Akad. Cosmologica Nova - Liebh.:

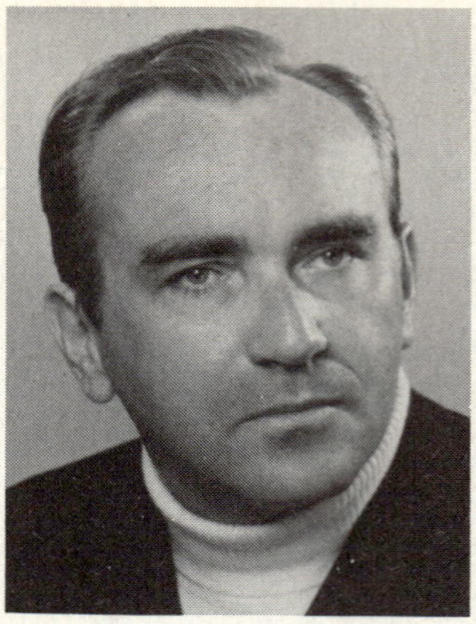

Bergsteigen, Motorflug - Spr.: Engl., Franz., Griech., Lat.

SANDVOSS (ß), Ernst-Otto

Bankdirektor - Taunusanlage 10, 6000 Frankfurt/M. (T. Büro: 26 93 -1) - Geb. 12. Dez. 1934 - B. 1970 Leit. Kreditabt., dann stv., s. 1971 o. Vorst.-Mitgl.-, 1974 -vors. Dt. Girozentrale/Dt. Kommunalbank.

SANDWEG, Hans-Dieter

Dipl.-Kfm., Bankier, pers. haft. Gesellsch. M. M. Warburg-Brinckmann, Wirtz & Co, Hamburg, Präs. Bank M. M. Warburg-Brinckmann, Wirtz Intern. S. A. Luxembourg - Ferdinandstr. 75, 2000 Hamburg 1 - Geb. 4. Jan. 1928 Düsseldorf, verh. m. Hannelore, geb. Riemann, 2 Kd. - Univ. Köln - 1954-58 C. G. Trinkaus, Düsseldorf; 1958-64 KKB Kundenkreditbank KG. a.A. ebd.; 1964-70 Klöckner & Co., Duisburg (Dir.); s. 1971 M. M. Warburg-Brinckmann, Wirtz & Co., Hamburg (Generalbevollm.; 1972 pers. haft. Gesellsch.). Präs. Hanseat. Wertpapierbörse Hamburg. AR-Mand., dar. Vors. Nordd. Kassenverein AG, Hamburg, Vereinsbank Nürnberg; AR: Universal-Leasing-GmbH, Augsburg, Universal-Investment-Ges. mbH, Frankfurt.

SANFT, Ralph W.

Dipl.-Kfm., Konsul, Unternehmer (Eigent. versch. örtl. Firmen) - P.O.B. 32, Nuku'alofa (Tonga) (T. 2 13 97) - Geb. 16. Juni 1926 Tonga (Vater: Otto G. S., Geschäftsm.; Mutter: Vaipuna, geb. Ve'emolo), methodist., verh. s. 1950 m. Elsa, geb. Schaumkell, 12 Kd. (Mina, Helen, Alfred, Vai, Robyn, Karl, Hariot, Utahna, William, Rosie, Ma'ata, Maile) - Stud. Betriebsw. u. Elektronik (beides Diplome) - Honorarkonsul d. BRD (1972) - Liebh.: Relig. u. phil. Lit. - Spr.: Deutsch, Engl., Fijianisch, Samoanisch, Tongaisch - Rotarier.

SANGENSTEDT, Hans-Rudolf

Dr. jur., Rechtsanwalt, Hauptgeschäftsf. Bund Dt. Baumeister, Architekten u. Ingenieure; Gf. Bund Dt. Jäger - Kennedyallee 11, 5300 Bonn 2 u. Hausdorffstr. 99, 5300 Bonn 1.

SANGMEISTER, Edward

Dr. phil., em. o. Prof. f. Ur- u. Frühgeschichte - Rabenkopfstr. 15, 7800 Freiburg/Br. (T. 6 32 32) - Geb. 26. März 1916 Ettlingen/B. (Vater: Ernst S.; Mutter: Irma, geb. Müller), ev., verh. s. 1941 m. Gertrud, geb. Mahnke, 2 Kd. (Ingo, Bettina) - Univ. Marburg u. Kiel (Vorgesch., Archäol., Bauforsch.). Promot. (1939) u. Habil. (1954) Marburg - 1950-54 Assist. Univ. Marburg, 1954-56 Assist. Dt. Archäol. Inst. Madrid, s. 1956 ao. u. o. Prof. (1960) Univ. Freiburg (Dir. Inst. f. Ur- u. Frühgesch.) emerit. 1981 - BV: Becherkulturen im Nordmain. Hessen, 1951; D. Steinzeit im Ries, 1954; Metallanalysen kupfer- u. frühbronzezeitl. Bodenfunde aus Europa, 1961 (m. a.); Kupfer u. Bronze in d. frühen Metallzeit Europas 1968/1974 (m. a.); Zambujal, D. Grabungen 1964-1973, 1981 (m. a.) - o. Mitgl. Dt. Archäol. Inst.; korr. Mitgl. Schweiz. Ges. f. Urgesch. u. Soc. dos Arch. Portuguenses.

SANMANN, Horst

Dr. rer. pol., Prof., Hochschulpräsident a. D. - Maienweg 39, 2000 Hamburg 60 (T. 51 83 49) - Geb. 15. Dez. 1927 (Vater: Alwin S., Kraftfahrer; Mutter: Bertha, geb. Klüss), ev., verh. s. 1953 m. Ingeborg, geb. Ackermann, 2 Kd. - Abit. 1947. Dipl.-Volksw. 1950; Promot. 1955; Habil. 1964 Univ. Hamburg; o. Prof. 1966 FU Berlin - 1970 Univ. Hamburg, 1974 Univ. d. Bundeswehr ebd. (1977-84 Präs.) - BV: Seeverkehrsmärkte; Grundleg. e. Ökonomik d. Seeverkehrs, 1965; Studien z. Lage u. Entwickl. Westberlins, Politik, Wirtschaft, Bildung, 1968 (Mitverf.). Herausg.: Handb. d. europ. Seehäfen (10 Bde. 1967ff.), Z. Problematik d. Sozialinvestitionen (1970), Aspekte d. Friedensforsch. u. Entscheidungsprobleme in d. Sozialpolitik (1971), Leitbilder u. Zielsysteme d. Sozialpolitik (1973).

SANN, Bernhard

Dr.-Ing., Dr. mont., Dr. techn. (H), Dr. phil. h. c. (R.O.C.), em. o. Prof. RWTH Aachen, Direktor Inst. f. Bergbaukunde II (Bergbaul. Betriebsmittel u. masch. Gewinnungstechnik) (1961-80) - Karl-Marx-Allee 111, 5100 Aachen (T. 0241-6 67 80) - Verh. s. 1938 m. Hildegard, geb. Kaasch, T. (Dr. med. Claudia Lürig, Lt. Ärztin f. Anaesthesie) - Gymn. Buer; Rhein.-Westf. TH Aachen, Dipl-Ing- Masch.wesen, Fachricht. Flugzeugbau; Wiss. Mitarb. u. Abt.leit. Aerodynam. Inst. RWTH Aachen; Doz. f. Luftfahrttechn. an d. Ing.schule f. Luftfahrttechnik, Darmstadt - Ab 1947 Kohlenhauer, Grubenelektr., 1. Masch.steiger u. Wettersachbearb. auf Schachtanl. d. Ruhrgeb. Ab 1950 Lehrer u. wiss. Mitarb. Westf. Berggewerkschaftskasse Bochum. S. 1961 o. Prof. u. Inst.sdir. Inst. f. Bergbaukunde II TH Aachen, 1963-67 Abt.Vorst. Fachabt. Bergbau, 1965-69 Dekan, 1969-70 Prodekan, 1971-72 Dekan d. Fak. f. Bergbau u. Hüttenwesen u. Prorektor RWTH Aachen, 1972-73 Prorektor, 1973-77 Rektor, 1977-78 Prorektor RWTH Aachen. Mitgliedsch. in versch. national. u. intern. Ges. f. d. Steinkohlen- u. Nichtsteinkohlenbergb. Rd. 170 Veröfftl. u. Vortr. aus d. Geb. d. Aerodynamik, Luftfahrt, Markscheidewesen, Bewetterungs- u. Klimatisierungstechn., masch. Gewinnungs- u. Fördertechn. in untertäg. Bergbaubetr. - Intze-Plak. RWTH Aachen; Honor-Medal National Chengkung Univ. Tainan, Taiwan; Commandeur-Kreuz d. VO d. Großherzogt. Luxemburg; Ehrensenator RWTH Aachen; Ehrenurk. Landesreg. NRW f. 25jähr. Tätigk.; Gr. BVK; Dipl. Otto Lilienthal (Aero Club); Plak. f. Verdienste im Luftsport in Gold; Ehrenplak. Univ. f. Schwerind. Miskolc, Ungarn - Liebh.: Motor- u. Segelflug, Musik (Klavier, Elektr. Orgel), elektron. Schaltungen.

SANN, Guenter K.

Dipl.-Kfm., Industrieberater - 22 Poplar Ave., St. John's, Nfld., Kanada A1B 1C8 (T. 709 - 753 77 77) - Geb. 16. Juni 1922 Frankfurt/M. (Vater: Karl S., Kaufm.; Mutter: Anna, geb. Christ), ev., verh. s. 1946 m. Gisela, geb. Beling, 2 T. (Brigitte, Ingrid) - Abit. 1940; 1946-49 Stud. Betriebswirtsch. Univ. Frankfurt/M. (Dipl.-Kfm. 1949) - 1949-52 Exportabtlg. MIAG, Braunschweig, 1952-78 Leit. u. Mitinh. Stahlfabrikationbetr. St. John's. S. 1962 Honorarkonsul Bundesrep. Dtschl. f. Neufundland u. Labrador - BVK I. Kl. - Liebh.: Geschichtsstud. - Spr.: Engl., Franz., Russ.

SANNEMANN, Wolfgang

Dr. rer. nat., Prof., Wiss. Rat Geolog.-Paläontol. Inst. Univ. Würzburg - Pleichertorstr. 34, 8700 Würzburg - Geb. 11. Sept. 1926 Bretsch/Altm. - Stud. Geol. - S. 1959 (Habil.) Lehrtätigk. Würzburg (1967 apl. Prof.). Zahlr. Facharb.

SANNEMÜLLER, Gerd
Dr. phil., Prof., Hochschullehrer - Adolfstr. 38, 2300 Kiel (T. 56 11 55) - Geb. 19. Okt. 1919 Heiligenstadt/Eichsfeld - S. 1962 Doz. u. Prof. Päd. Hochsch. Kiel (Musikerzieh. u. -wiss.) - BV: D. Klavierwerk v. Maurice Ravel, 1961; Plöner Musiktag v. Paul Hindemith, 1973; Maurice Ravel, Daphnis u. Chloé, 1983. Div. Fachaufs.

SANNER, Hans
Aufsichtsratsvorsitzender Dt. Ges. f. Vermögensberatung AG., Frankfurt; Stv. AR-Vors. Deutscher Herold Allg. Lebensversich.-AG., Herold Rückvers.-Aktiengesellschaft u. Bonnfinanz AG f. Vermögensberat. u. Vermittl., alle Bonn; Bonninvest Kapitalanlageges. mbH., Frankfurt/M.; AR-Mitgl. Deutscher Herold Lebensversich.-AG., Mitgl. d. Verw.rates Bonnsecur Ges. f. Vermittlung v. Vermögensanlagen m.b.H., bde. Bonn - Fürstenbergstr. 9, 5300 Bonn-Bad Godesberg (T. 33 05 27) - Geb. 24. März 1908 (Vater: Hermann S., Kfm.; Mutter: Elisabeth, geb. Gomann), ev., verh. I. 1949 m. Ellen, geb. Bless († 1954), II. 1957 m. Burglind, geb. Kühnlenz, 2 Kd. (Brigitte-Elisabeth, Jörg-Hermann) - Fridericianum Dt. Ausl.-Vollanst., Davos/Schweiz (Matura); Stud. Univ. Freiburg, Bonn, Rostock, Volks- u. Betriebswirtsch.; Dipl-Volksw. 1934 - 1935-39 u. n. 1949 Versich.wesen, zul. b. 1978 Vorst.sprecher Dt. Herold Lebensversich.-AG., Bonn/Berlin; 1939-42 Landratsamt Graudenz/Westpr.; 1943-1945 Gauwirtschaftskammer Danzig - Liebh.: Münzen, Antiquitäten, Golf, Jagd - Spr.: Engl., Franz.

SANNWALD, Rolf
Fabrikant, Vorstandsvors. Calwer Decken- u. Tuchfabriken AG, AR-Vors. Wolldeckenfabrik Weil der Stadt AG u. Schwarzwälder Tuchfabrik Rohrdorf GmbH, stv. AR-Vors. Liebenzeller Bank eG, Vors. Dt. Wolldeckenverb. (Verb. d. Dt. Heimtextil.-Ind.), u. Interlaine, EG Deckenind., Brüssel, Beirat Grüninger & Prem, Eisengießerei GmbH & Co KG Kirchheim/Teck - Hengstetter Steige 41, 7260 Calw/Württ. (T. 16 83-10) - Geb. 16. Juni 1905 Calw (Vater: Erwin S., Fabr.), verh. 1936 m. Elfriede, geb. Gebhardt (†) - Stud. Lausanne u. London - Aufenth. Engl., Frankr., USA - Kriegsausz.; 1969 BVK I. Kl.; Ehrenpräs. IHK Nordschwarzwald; Ehrenbürger Stadt Calw; Verdienstmed. Land Baden-Württ. - Spr.: Engl., Franz. - Rotarier.

SANNWALD, Wolfgang
Dr., Direktor, Vorstandsmitgl. Calwer Decken- u. Tuchfabriken AG - Hengstetter Steige 41, 7260 Calw (T. 07051-16 83-0, priv.: 07051-16 83-10) - Geb. 19. Sept. 1937 Stuttgart, ledig - Stud. Wirtschaftswiss.; Promot. (bde. Hochsch. St. Gallen); Stud. Harvard Univ., Cambridge/USA; Master of business (MBA) Harvard Univ.; Ass. d. Finanzchefs Indian Head Inc., New York; Dir. f. Marketing u. Marktforsch. Crawford Manufacturing Comp.; Leit. Investitionsabt. Konzernleit. v. Indian Head; s. 1978 s. o.; zahlr. Mandate u.a. Kreisrat, VR Kreissparkasse Calw, AR Adolff AG, Backnang; AR Filzfabrik Giengen AG - Spr.: Engl., Franz., Afrik. - Rotarier.

SANTAMARIA, Pablo
Dr. med., Univ.-Prof. f. Anatomie - Schöppingenweg 65, 4400 Münster (T. 0251 - 86 44 38) - Geb. 1. Jan. 1931 Muros/Span. (Vater: Pablo S., ltd. Zollbeamter; Mutter: Matilde, geb. Arnaiz, Lehrerin), kath., verh. s. 1968 m. Hildegard, geb. Storch, 2 Kd. (Mario, Lia) - Schule Burgos (Abit. 1948); Univ. Valladolid, Promot. 1956 - Assist., Lehrbeauftr., Doz., Prof. Univ. Valladolid u. Münster, 1958 Humboldt-Stip. Univ. Marburg - 1967 Prof. adj. hon. Univ. Valladolid - Spr.: Span., Dtsch., Franz., Esperanto.

SANTARIUS, Kurt Adolf
Dr. rer. nat., Prof. f. Botanik - Kalstert 160, 4010 Hilden - Geb. 23. Nov. 1933 Teplitz (Vater: Adolf S., Dipl.-Berging.; Mutter: Marie, geb. Opl), ev., verh. s. 1969 m. Annette, geb. Uhl, 2 Kd. (Julia, Tilman) - Univ. Greifswald u. Berlin (Biol.), Dipl. Humboldt-Univ. Berlin 1957, Promot. Univ. Würzburg 1961 - 1976 Lehrst. f. Botanik III (Ökophysiol.) Univ. Düsseldorf.

SANTNER, Ingeborg
s. Santner-Cyrus, Ingeborg.

SANTNER-CYRUS, Ingeborg
Dr. phil., Journalistin - Telekygasse 13, Wien (T. 36 15 92) - Geb. 7. Juli 1925 Wien (Vater: Kommerzienrat Dipl.-Ing. Wilhelm Santner; Mutter: Barbara, geb. Böck), kath., gesch. - Promot. 1949 Wien - 1946-53 Redakt. Wiener Kurier, dann Korresp. D. Spiegel, Berliner Morgenpost, D. Weltwoche - BV: Friederike - E. Königin unserer Tage, 1956; D. Königreich d. Träume - 4000 J. moderne Traumdeut., 1963 - Spr.: Engl., Franz.

SAPPOK, Christian
Dr. phil., Prof. f. Slavische Philologie - Ennepestr. 21, 4630 Bochum 1 - Geb. 27. Aug. 1941 Berlin (Vater: Gerhard S., Historiker; Mutter: Susanne, geb. Reichert), kath., verh. s. 1969 m. Ursula, 3 Kd. (Christopher, Daniel, Maria) - Gymn. München (Abit. 1960), 1960-68 Stud. Slavist. Gesch. u. polit. Wiss. München u. Berlin - 1968-1971 Doz. Goethe-Inst., 1971-78 Assist. Slav. Sem. Tübingen, s. 1978 Prof. Ruhr-Univ. Bochum - BV: D. Bedeut. d. Raumes f. d. Struktur d. Erzählwerkes, aufgezeigt am Beisp. aus d. poln. Lit., 1970; Arbeitsschwerp.: Syntax, Intonation u. Pragmatik, Triviallit.

SARCINELLI, Ulrich
Dr., Prof. PH Kiel (s. 1988) - Hans-Jöres-Str. 7, 5407 Boppard - Geb. 10. Okt. 1940, verh. m. Hannelore, geb. Jacqué, 4 Kd. (Michaela, Annette, Florian, Dorothee) - Lehramtsstud., Zweitstud. Politikwiss., Päd., Rechtswiss., Soziol.; M.A. 1977; Promot. 1979 Univ. Mainz; Habil. 1984 EWH Rhld.-Pfalz, Abt. Koblenz - Schuldienst 1971-75; 1975-88 Wiss. Ass., Hochschulass., Akad. Oberr. - 1988ff. Prof. PH Kiel - BV: D. Staatsverständnis d. SPD, 1979; Symbolische Politik, 1987. Herausg.: Wahlen u. Wahlkampf in Rhld.-Pfalz (1984); Politikvermittlung (1987).

SARKISYANZ, Emanuel
Ph. D., o. Prof. f. Polit. Wissenschaften Südasiens - Danziger Str. 14, 6834 Ketsch/Rh. (T. 06202 - 6 14 55) - Geb. 23. Juni 1923, verh. s. 1961 m. Dr. Helga, geb. Heuer - Univ. Teheran (1942-44), Asia Inst. New York (1946-48), Univ. Chicago (1949-52) - Prof. Bishop College Dallas (USA); Südostasien-Ref. Forschungsinst. Dt. Ges. f. Ausw. Politik; Gastprof. Univ. Kiel, Kansas, Honolulu; 1963-67 apl. Prof. Univ. Freiburg (Geschichte u. Politik Südostasiens); s. 1967 Ord. Univ. Heidelberg. Mitgl. American Historical Assoc. u. Dt. Morgenl. Ges.; Bd. Freiheit d. Wissensch. - BV: Rußland u. d. Messianismus d. Orients, 1955; Gesch. d. oriental. Völker Rußlands, 1961; Südostasien s. 1945, 1961; Buddhist Backgrounds of the Burmese Revolution, 1965; Modern history of Transcaucasian Armenia, 1976; Kulturgesch. Kontinentalsüdostasiens, 1979; V. Beben in d. Anden - Propheten indian. Aufbruchs in Peru, 1985. Lexikon- u. Handb.beiträge. Fachaufs. 1972-76 Herausg. u. Redakt. d. Transparenzblattes - Hundefreund (Schäferh.) - 1959 Fellow Guggenheim Foundation; 1986 o. Mitgl. Akad. d. Wiss. v. Yucatán (Mexiko).

SARMA, Amardeo
Dipl.-Ing., wiss. Mitarb. Forschungsinst. d. Dt. Bundespost - Kirchgasse 4, 6101

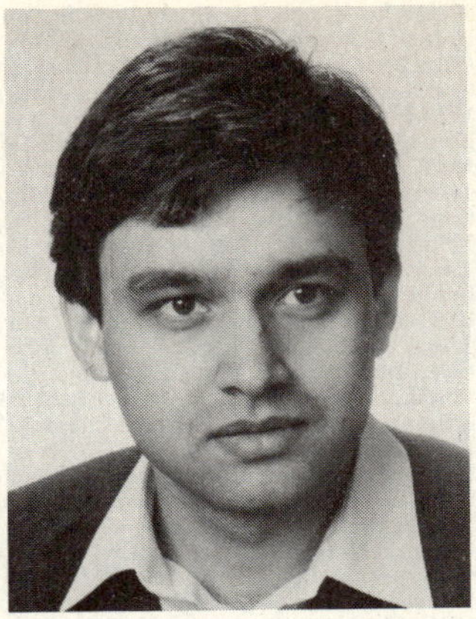

Roßdorf (T. 06154 - 8 13 59) - Geb. 27. Dez. 1955 Kassel, verh. s. 1979 m. Kristiane, geb. Demmler, 3 Kd. (Navina, Olivia, Dominik) - Dipl. im FB Nachrichtentechnik TH Darmstadt - Mitarb. b. d. Festleg. d. Spezifikationsspr. SDL (Specification and Description Language) b. d. Intern. Fernmeldeorg. CCITT (Comité Consultatif International Télégraphique et Téléphonique); s. 1987 Geschäftsf. d. Ges. z. wiss. Unters. v. Parawiss. (ehrenamtl.). SPD - Liebh.: Politik, Musik - Spr.: Engl., Esperanto, Hindi - Bek. Vorf.: Waldemar Edler von Bausznern, 1866-1931, Musiker (Urgroßv.).

SARRE, Hans J.
Dr. med., Dr. med. h.c., o. Prof. f. Innere Medizin (emerit.) - Wintererstr. 59, 7800 Freiburg/Br. (T. 2 29 89) - Geb. 25. März 1906 Neubabelsberg b. Berlin (Vater: Prof. Dr. phil. Dr.-Ing. E. h. Friedrich S., Kunsthistoriker), verh. m. Dr. med. Irmgard, geb. Jacobi, 4 Kd. - Univ. Berlin, Heidelberg, Freiburg. Promot. 1931 Freiburg; Habil. 1939 Frankfurt/M. - 1939 Privatdoz. Univ. Frankfurt; 1948 Ord. u. Dir. Poliklinik Univ. Freiburg. Zeitw. Präs. Dt. Ges. f. Kreislaufforschung u. Ges. f. Nephrologie - BV: Nierenkrankh., 5. A. 1988 (auch ital., poln., span.); Phenacetinabusus u. Nierenschädigungen, 1959; Diät b. Erkrankungen d. Niere u. Harnwege, 28. A. 1987; Akutes Nierenversagen, 1962; Franz Volhard, Erinnerungen (m. H.E. Bock u. K.H. Hildebrand), 1982. Üb. 300 Einzelarb. Mithrsg.: Nieren- u. Hochdruckkrankh., Clinical Nephrology, Allergie u. Asthma - Ehrenmitgl. Dt. Ges. f. Urol. (1968) u. Ges. f. Nephrologie (1974), Dt. Ges. f. inn. Med. (1978) - 1976 Franz-Volhard-, 1975 Hippokrates-Medaille, 1981 Ehren-Dr. d. Univ. Frankf. - Liebh.: Lit., Kunst, Wandern, Skilaufen - Spr.: Engl., Franz. - Bek. Vorf.: Dr. phil. h. c. Carl Humann, Archäologe, Entdecker v. Pergamon (Großv. ms.).

SARRY, Brigitte
Dr. phil., Prof. f. Anorg. Chemie - Mühlenstr. 5, 1000 Berlin 37 (T. 815 70 05) - Geb. 6. Sept. 1920 Allenstein/Ostpr. (Vater: Paul S., Senatspräs.; Mutter: Else, geb. Bernecker) - Obersch. Tilsit u. Göttingen; Univ. Göttingen u. München (Chemie). Promot. 1945; Habil. 1954 (beides Rostock) - S. 1955 Lehrtätigk. Univ. Halle/S. u. TU Berlin (1959; 1961 apl. Prof.; 1962 Wiss. Rätin Lehrstuhl f. Anorgan. Chemie I; 1969-82 o. Prof.) - BV: Eigenschaften u. Bau d. Atome, 2. A. 1956. Div. Einzelveröff.

SARTORI, Eva Maria
Schriftstellerin - Kirchenstr. 32, 8261 Stammham/Obb. -Geb. 15. Mai Subotica (Jugosl.), ev., verw. - 2 J. Schauspielstud. Dresden; Mitgl. IBA, Cambridge, Fellow; ABA, USA - BV: Pierre, mon amour, 1967; Wie e. Palme im Wind, 1968; Oh, diese Erbschaft, 1969; Karriere ist Silber, Heiraten Gold, 1977; D. Rheinhagens, 1980; Damals in Dahlem, 1982; Streite nicht mit d. Wind, 1985. Zahlr. Beitr. in Illustrierten, FS- u.

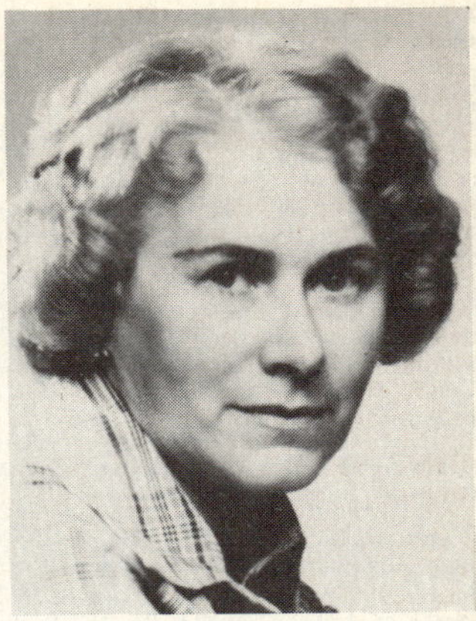

Kurzromane - Liebh.: Musik, Reisen, Garten, Briefmarken, Fotografieren - Spr.: Engl., Ital., Tschech.

SARTORIUS, Hans
Dr.-Ing., Dr.-Ing. E. h., Prof., Generalbevollm. Direktor i. R. Siemens AG, Berlin/MÜnchen - Breslauer Str. 3, 7500 Karlsruhe-Waldstedt (T. 68 45 23) - Geb. 25. Mai 1913 Hersbruck/Mfr. - 1934-37 TH München (Elektrotechnik; Dipl.-Ing.). Promot. 1944 Stuttgart - 1962ff. Honorarprof. TH bzw. TU Hannover - BV: Dynamik selbststät. Regelungen, 2. A. 1951 (auch engl., jap., russ.) - 1968 Ehrendoktor Univ. Karlsruhe; 1966 Ordre du Mérite pour la Recherche et l'Invention (Frankr.) - Liebh.: Bücher - Spr.: Engl. - Rotarier.

SARTORIUS, Hermann
Dr. med., Prof., Klin. Leiter Innere Abt. Elisabeth-Krankenhaus, Hamburg (s. 1965) - Groß-Flottbeker-Str. 29, 2000 Hamburg 52 (T. 82 48 16; dstl.: 44 33 33) - Geb. 16. Nov. 1918 - S. 1958 (Habil.) Lehrtätigk. Univ. Freiburg (1964 apl. Prof.) u. Hamburg (1967 apl. Prof.) - BV: Klinik u. Therapie d. Wasser- u. Elektrolythaushalts f. d. Praxis m. extrakorporaler Hämodoalyse, 1964. Div. Einzelarb.

SARTORIUS, Horst
Fabrikant, gf. Gesellsch. Sartorius-Werke GmbH., Göttingen - Nikolausberger Weg 20, 3400 Göttingen (T. 5 65 92; Büro: 3 10 31) - Geb. 11. Sept. 1910 Dresden (Vater: Erich S., Fabr.) - 1973 ff. Vizepräs. Verb. d. Dt. Feinmechan. u. Opt. Ind., Köln - Spr.: Engl., Franz. - Rotarier - Großv. Werksbegr.

SARTORIUS, Peter
Journalist - Zu erreichen üb.: Südd. Zeitung, Sendlinger Str. 80, 8000 München 2 - 1984 Egon-Erwin-Kisch-Preis (f. Bericht: Herantasten an d. Unbegreifliche/Schicksal v. Blindgeborenen).

SASS, Heinz-Günter
Geschäftsführer NDR-Intern. TV Productions GmbH - Gazellenkamp 57, 2000 Hamburg 54 - Geb. 25. Juli 1925 Berlin (Vater: Heinrich S., Kaufm. †; Mutter: Erna, geb. Janke †), ev., verh. m. Helga, geb. John, S. Alexander - Oberreal-, Handels- u. Sprachsch.; kaufm. Lehre - Aufnahmeleit. Produktionsassist. u. -leit. versch. Filmges., 1953ff. Real, 1962ff. Leit. d. Hauptabt. Produktion Fernsehen beim NDR, 1972-88 Produktionsdir. NDR - Liebh.: Golf - Spr.: Engl.

SASS (ß), Herbert
Landrat, MdL Nieders. (s. 1959; 1967 Vors. Aussch. f. Haushalt u. Finanzen) u. a. - Am Bodenwinkel 4a, 4967 Bückeburg (T. 2 12 03) - Geb. 13. Sept. 1922 Dommatzen Kr. Lüchow-Dannenberg, ev., verh. s. 1947 m. Erna, geb. Prasuhn, 2 Kd. - Volkssch. Braunschweig; Schlosserhandw. - 1940-45 Wehrdst., Tätigk. Besatzungsmacht, 1947-1960 Verw.sangest. (Bundesbeh.), s. 1960 Landrat Kr. Schaumburg-Lippe.

1952 ff. MdK (Fraktionsvors.). SPD s. 1948.

SASS (ß), Peter
Dr. rer. pol., Prof. Hochsch. f. Wirtsch. u. Politik Hamburg - Zu erreichen üb. Hochsch. f. Wirtsch. u. Politik, Von-Melle-Park 9, 2000 Hamburg 13 - Geb. 19. April 1936 - 1956-58 Banklehre; 1958-63 Stud. Volksw. Hamburg; Promot. 1965 - BV: D. Unters. d. Profitraten-Unterschiede zw. d. westdt. Ind.branchen n. d. 2. Weltkrieg, 1975; D. Großkapital u. d. Monopolprofit, Industrielle Untern.größe u. Profitrate in d. BRD., 1978.

SASS-VIEHWEGER (ß), Barbara, geb. Weyand
Rechtsanwältin u. Notarin, Mitgl. Berliner Abgeordnetenhaus, CDU-Fraktion (s. 1975) - Sondershauser Str. 82, 1000 Berlin 46 (T. 711 96 34), u. Abgeordnetenhaus, John-F.-Kennedy-Pl., 1000 Berlin 62 (T. 783-1) - Geb. 4. Aug. 1943 Worbis/Thür. (Vater: Hans W., Beamter i. R.; Mutter: Emilie, geb. Madeheim), kath., verh., 2 Kd. (Matthias, Michael) - Univ. Berlin, Köln, Freiburg (Rechtswiss.). Jurist. Staatsex. 1967 u. 70 Berlin - 1971-75 Mitgl. Bezirksverordnetenvers. B.-Steglitz, stv. Fraktionsvors. (CDU) - Spr.: Engl., Franz., Ital.

SASSE, C. Dieter
Dr. med., o. Prof. f. Anatomie Univ. Basel (s. 1981) - Pestalozzistr. 20, CH 4056 Basel - Geb. 17. Aug. 1934 Köln (Vater: Dr. med. Carl H. S., Augenarzt) - Verh. s. 1963 m. Armgard, geb. v. Storch, 3 Kd. - Univ. Köln, Freiburg, Göttingen (med. Staatsex.). Promot. Göttingen; Habil. Tübingen - Apl. Prof. Univ. Tübingen. Zul. o. Prof. Univ. Freiburg. Fachveröff.

SASSE, Rudolf
Dr. jur., Rechtsanwalt, Vors. Landesverb. Hamburg. Grundeigentümervereine - Paulstr. 10, 2000 Hamburg 1.

SASSENBERG, Hans-Joachim
Geschäftsführer Ingersoll-Rand GmbH. (s. 1973) - Nachtigallenweg 6, 4020 Mettmann (T. 02104-7 08 70) - Geb. 1. März 1933 Hamburg (Vater: Karl-Ernst S., Geschäftsf.; Mutter: Lieselotte, geb. Krause), ev., verh. s. 1958 m. Christiane, geb. v. Arronet, 4 T. (Ira, Christiane, Anja, Dorit) - Abit.; Univ. Erlangen u. Heidelberg - 1956-66 DEMAG, 1966-73 OLIVETTI. Veröff. z. Führ.fragen u. Produktplan. - Spr.: Engl.

SASSMANNSHAUSEN (ß), Günter
Dr. Ing. E. h., Diplom-Geologe, Vorstandsvorsitzer Preussag AG, Berlin/Hannover - Postf. 4827, 3000 Hannover 1 - Geb. 3. Juni 1930 Weidenau - S. 1955 Preussag - Ehrendoktor TU Clausthal.

SATTEL, Werner
Dipl.-Kfm., Hauptgeschäftsführer Landesverb. d. Bayer. Groß- u. Außenhandels/Arbeitgeber- u. Berufsverb., München, u. Großhandelszentralverb. f. Spielwaren- u. Geschenkartikel, Nürnberg - Ottostr. 15/IV, 8000 München 2 - 1982 BVK am Bde.

SATTEL, Werner
Dr. med., Prof., Chirurg - Zu erreichen üb. Klinik f. Allgemeinchirurgie, Robert-Koch-Str. 40, 3400 Göttingen - Geb. 22. Febr. 1932 Schifferstadt/Pf. - Med.-Stud. Univ. Innsbruck, Montpellier, Mainz; Habil. 1973 - 1961-65 Univ.-Klinik Mainz; 1965-70 Chir. Univ.-Klnik Köln; ab 1970 Chir. Klinik Göttingen; 1976 apl. Prof., 1978 C3-Prof. - BV: Reinraumtechnik, 1977 (m. H. J. Peiper). Übers.: Chir. d. Wirbelsäule (v. R. Louis), 1984 - Spr.: Engl., Franz.

SATTER, Heinrich
Prof., Schriftsteller - Schleißheimer Str. 276, X., 8000 München 40 (T. 300 21 17) - Geb. 27. Sept. 1908 Berlin (Vater: Gerhart Hauptmann; Mutter: Ida Orloff), ev. - Univ. Berlin u. Wien (5 Sem. German., Phil., Kunstgesch.) - 1928-47 Chefredakt., Theater- u. Filmkrit. Ullstein-Verlag u. Dt. Verlag; 1946-58 Wiener Kulturkorresp. D. Tat, Tagesanzeiger, Zürcher Neueste Nachr., D. Bund, Dt. Ztg. u. Wirtschafts-Ztg.; s. 1965 Buchkrit. Frankfurter Allg. Ztg. u. österr. Rundfunk. Mitarb. Ztschr. Scala Intern., Encyclopaedia Britannica u. a. - BV: Anton Wildgans, Biogr. 1948; Angelica Catalani, R. 1958; Dtschl. ohne Feigenblatt - Analysen z. Meinungsforsch., 1956; Wenn's doch mal schiefgeht ... - Analysen z. Versicherung, 1959; Paul Ehrlich, Biogr. 1962; Weder Engel noch Teufel - Ida Orloff, 1966; Emil v. Behring, Biogr. 1967; Modell Nächstenliebe - z. B. Bethel, 1973; D. Leben beginnt m. 60 - Probleme d. Alterns, 1975; Bergwandern f. Senioren, 1979; Familien wandern in Südtirol, 1982. Herausg.: Dostojewski u. Turgenjew - Prosa-Auswahl (1947) - Wilhelmine-Lübke-Preis d. Kurat. Dt. Altershilfe, 1978; Prof.-Titel (Rep. Österr.), 1985 - Mitgl. Österr. PEN-Club - Liebh.: Schwimmen, Reisen - 1948 Gold. Sportabz. - Spr.: Franz.

SATTES, Hans
Dr. med., Prof. f. Forensische Psychiatrie Univ.s-Nervenklinik Würzburg - Ludwigskai 30, 8700 Würzburg (T. 7 44 12) - Geb. 22. März 1917 - S. 1954 (Habil.) Lehrtätigk. Würzburg (Prof. f. Psychiatrie u. Neurol.) - BV: D. hypochondr. Depression, 1955. Viele Einzelarb.

SATTLER, Andreas
Dr. jur., Prof. f. Staatsrecht, Verwaltungsrecht, Europ. Gemeinschaftsrecht - Ludwig-Beck-Str. 17, 3400 Göttingen (T. 0551-2 23 40) - Geb. 24. Juni 1931 Dresden (Vater: Herbert S., Dr., gf. Dir. Dt. Girozentr./Dt. Komm.bank; Mutter: Dr. Jenny, geb. König), ev.-luth., verh. s. 1962 m. Hertha, geb. Becker, 2 Kd. (Isabel, Wolfgang) - Gymn. Andreanum Hildesheim (Abit. 1950), Stud. Rechtswiss. Göttingen, Innsbruck, Freiburg, Refer. 1954, Promot. 1956, Ass. 1960, Habil. 1967 - S. 1968 Univ.-Doz., s. 1970 Wiss. Rat u. Prof. - BV: D. Prinzip d. funktionellen Integration u. d. Einigung Europas, 1967; D. Europ. Gemeinsch. an d. Schwelle z. Wirtsch. u. Währungsunion, 1972; D. rechtl. Bedeut. d. Entscheid. f. d. streitbare Demokratie, 1982 - Spr.: Engl., Franz.

SATTLER, Dietrich
Chefredakteur Dt. Allgemeines Sonntagsblatt Hamburg - Sichter 8, 2050 Hamburg 80 (T. 040 - 724 79 97) - Geb. 15. März 1943, ev., verh. s. 1967 m. Ulrike, geb. Dalgas, 5 Kd. (Mareike, Katharina, Sebastian, Johannes, Tilman) - 1963-68 Stud. Ev. Theol. Wuppertal, Bonn, Göttingen; 1. theol. Ex. 1968, 2. theol. Ex. 1970 - 1968-72 Vikar u. Gemeindepfarrer Bremen; 1972-80 Öffentlichkeitspfarrer Bremen u. s. 1977 Hamburg; 1980-84 Oberkirchenrat; Pressesprecher d. Ev. Kirche in Dtschl. (EKD).

SATTLER, Hans-Jürgen
Dr., Vorstandsmitglied Bochum-Gelsenkirchener Straßenbahn AG., Bochum, Präs. Verb. Öfftl. Verkehrsbetriebe (VÖV), Köln - Brinkstr. 6, 4600 Dortmund - Geb. 19. Okt. 1925 Dortmund - Präs. Verb. öfftl. Verkehrsbetriebe, Köln.

SATTLER, Johanna Barbara
Dr. phil., Psychologin, Vors. ONRS (Org. f. Neutral Research and Science) - Sendlinger Str. 18, 8000 München 2 (T. 089 - 26 86 14) - Geb. 29. Juni 1953 Heidenheim - Promot. 1983 München - Vors. ONRS Dtschl.; Leit. Beratungs- u. Informationsst. f. Linkshänder u. umgeschulte Linkshänder München; Projektleit. u. Vorst.-Mitgl. d. Interessenvereinig. f. Linkshänder; Stiftungsrat ONRS Stiftg. Vaduz; Vorst.-Mitgl. ONRS Zentrale Vaduz, stv. AR-Vors. in drei Be-

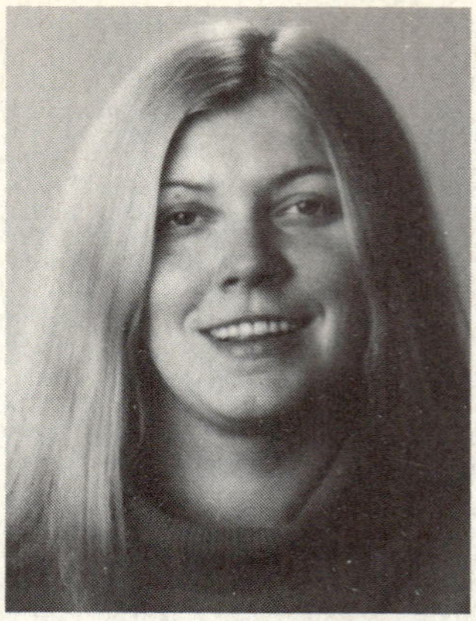

trieben - Weiterentw. d. Testmethodik z. Feststellung d. Hirnhemisphärenlateralisation - BV: Ikonograph. u. psych. Aspekte d. Seitigkeit in d. Kunst, 1983; Linkshänder - Psych. Probleme d. Umschulung, 1985; Umschulung d. Händigkeit. E. massiver Eingriff ins menschl. Gehirn, 1986 - Liebh.: Kunst, Reisen - Spr.: Engl., Franz. - Bek. Vorf.: Generäle v. Wolffesdorf u.a.

SATTLER, Konrad

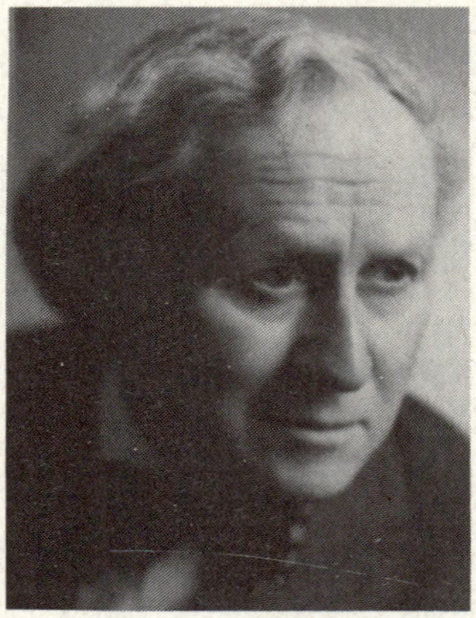

Dr.-Ing., Dr. techn. h. c., em. o. Prof. f. Baustatik - Heinrichstr. 112d, A-8010 Graz/Steierm. (Österr.) - Geb. 28. Sept. 1905 Köflach/Steierm. (Vater: Konrad S., Schuldir.), ev., verh. s. 1936 m. Elfriede, geb. Vordenbäumen, 4 Kd. - Obersch.; TH Graz (Bauing.wesen; Dipl.-Ing. 1929, Promot. 1932) - 1929-33 Assist. TH Graz, 1933-35 Statiker Brückenbauanstalt Gutehoffnungshütte, Oberhausen-Sterkrade, 1935/36 Statiker Brückenbauanst. Hein, Lehmann & Co., Düsseldorf, 1936-44 Obering. u. Handlungsbevollm. Brückenbauanst. Krupp Stahlbau, Rheinhausen, 1945/46 u. 1962-75 o. Prof. TH Graz; 1975 emerit.; 1946-51 Obering. Tiefbau Ast & Co. ebd., 1951-61 o. Prof. TU Berlin - BV: Theorie d. Verbundkonstruktionen, 1952, 2. A. 2 Bde. 1959; Lehrb. d. Statik, 1969ff. Etwa 50 Einzelarb. Herausg.: D. Bauing. (1958-75) - 1959 Ehrendoktor TH Graz - Spr.: Engl., Franz., Ital.

SATTLER, Philipp K.
Dr.-Ing., o. Prof. u. Direktor Inst. f. Elektr. Maschinen TH Aachen (s. 1964) - II. Rote-Haag-Weg 26, 5100 Aachen (T. 6 25 61) - Geb. 4. Sept. 1923 München - Fachveröff.

SATTLER-DORNBACHER, Erich
Dr., techn., Chemiker, Vorstandsmitgl. Degussa, Frankfurt (s. 1971) - Am Waldfeld 15, 6232 Neuenhain/Taunus - Geb. 23. März 1924 Wien (Vater: Dr. jur. Anton S.-D.; Mutter: Ilse, geb. Moor), ev., verh. s. 1955 m. Dr. Sonja, geb. Wihrheim, 2 Kd. (Sunita, Shyamala) - TH Wien (Dipl. 1950; Promot. 1951) - 1951-55 Assist. TH Wien; 1955-57 Chemiker Battelle-Inst., Genf; 1957-71 Chemiker Farbwerke Hoechst AG., Frankfurt (1967-71 Indien) - Liebh.: Musik, Sport - Spr.: Engl., Franz.

SATZ, Helmut
Dr. rer. nat., Prof. f. Physik Univ. Bielefeld u. Physiker Brookhaven National Labor. New York, USA - Rehhagenhof 17, 4800 Bielefeld - Geb. 13. April 1936 Berlin - B.Sc. 1956; M.Sc. 1959 Michigan State Univ.; Dr. rer. nat. 1963 Hamburg; Habil. 1967 ebd. - 1974-80 Dir. Zentrum f. Interdisz. Forschung Univ. Bielefeld - Herausg.: Ztschr. f. Physik C (s. 1978); rd. 100 Veröff. in Physikal. Ztschr.

SAUBERT, Alfred
Dipl.-Kfm., Geschäftsführer Lackdraht Union GmbH Sulingen (s. 1975) - Sanddornweg Nr. 2, 2838 Sulingen (T. 04271-25 08) - Geb. 4. März 1929 Leipzig (Vater: Alfred S., Drogist; Mutter: Ella, geb. Hielscher), verh. s. 1953 m. Hannelore, S. Michael - Abit., FU Berlin (Betriebswirtsch., Prof Behrens), Dipl. 1953 - 1955-60 Revisor Allg. Dt. Philipps GmbH, Hamburg, 1960-75 Vertriebsleit. u. Geschäftsf. Kabelwerk Rheydt AG. - Spr.: Engl.

SAUBERZWEIG, Dieter
Dr. phil., Prof. Univ. Konstanz, Leiter Dt. Institut f. Urbanistik Berlin (s. 1981), Präs. Dt. Volkshochsch.-Verb. (1974-88), Honorarprof. an d. Univ. Konstanz (s. 1983) - Str. d. 17. Juni 110, 1000 Berlin 12 (T. 39 00 10) - Geb. 17. Nov. 1925 Frankfurt/O. (Vater: Karl-Gustav S., Offizier; Mutter: Erna, geb. Giese), ev., verh. in 2. Ehe m. Dagmar, geb. Jacob, 2 Kd. (Petra, Joachim †) - Gymn., Abit.; Univ. Hamburg (Gesch., Päd., Psych., Phil.). Staatsex. 1950; Promot. 1953 - 1953-66 Ref. bzw. gf. Vorst.-Mitgl. Studienstiftg. d. Dt. Volkes, Bonn-Bad Godesberg; 1966 Beigeordn. f. Schule u. Kultur; 1971-77 stv. Hauptgf. Dt. Städtetag Köln; 1977-81 Senator f. Kultur. Angelegenh. v. Berlin; s. 1986 Präsid.-Mitgl. d. Freiherr-v.-Stein Ges.; s. 1987 Korr. Mitgl. d. Akad. f. Raumforschung u. Landesplanung Hannover - Zahlr. Veröff. zu Bildungs-, Kultur- u. Kommunalpolitik - Liebh.: Gesch., Musik, Theater - Spr.: Engl.

SAUDER, Gerhard
Dr. phil., o. Prof. f. Germanistik Univ. Saarbrücken (s. 1976) - Albert-Weisgerber-Allee 148, 6670 St. Ingbert - Geb. 6. Sept. 1938 Karlsruhe (Vater: August S., Prokurist; Mutter: Rosa, geb. Holl), kath., verh. s. 1963 m. Christel, geb. Karg, 3 Kd. (Sabine, Christian, Florian) - Stud. Univ. Heidelberg u. Paris; 1. u. 2. Staatsex. 1963 u. 65; Promot. 1967; Habil. 1973 - 1969 Akad. Rat; 1975 Wiss. Rat u. Prof. - BV: D. reisende Epikureer, 1968; Empfindsamkeit, Bd. I u. III (1974/80); D. Bücherverbrennung. Z. 10. Mai 1933 (Hg.), 1983. Herausg.: D. junge Goethe 1757-1775 (Bd. 1.1, 1985; Bd. 1.2, 1987); Johann Gottfried Herder 1744-1803 (1987); Georg Kulka, Werke (1987); Aufklärungen. Frankreich u. Dtschl. im 18. Jh. (v. G. S. u. J. Schlobach, Bd. 1 1986); Harig lesen (v. G. S. u. G. Schmidt-Henkel, 1987). Mithrsg. d. Münchner Goethe-Ausg. Div. Faksimiledrucke - Spr.: Franz., Engl.

SAUER, Eugen
Ministerialdirigent a. D., Leit. Polizeiabt./Innenmin. Rhld.-Pfalz, 2. Vors. Verb. d. Verwaltungsjuristen RLP - Weidmannstr. 57, 6500 Mainz - Geb. 15. Juni 1920 - Outstanding/Civilan Service Medal d. USA.

SAUER, Günther
Schriftsteller, Regiss. b. Film u. Fernsehen - Menterstr. 70, 8000 München 60 - Geb. 15. Dez. 1918 Breslau, ev., verh. s. 1949 m. Ursula, geb. Katzschmann, 2 Tocht. (Gabriele, Sabine) - Abit.; Stud. German., Phil., Kunstgesch. Breslau; Regiss.; Schauspieldir., Int. Dt. Hochsch. f. Musik u. Theater Dresden - Autor: Sigual Stalingrad, 1946; Sch. D.

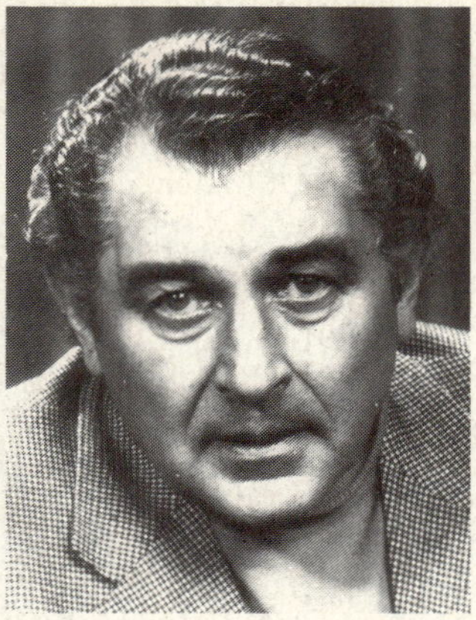

Staatsstreich, 1947 - Liebh.: Kammermusik, Violine spielen - Spr.: Engl., Franz. - Lit.: Martin Hellberg: Im Wirbel d. Wahrheit, Anthol. Zeittheater.

SAUER, Hans

Dipl.-Ing., Erfinder u. Unternehmer - Fichtenstr. 5, 8024 Deisenhofen - Geb. 4. Juni 1923 Mladetzko/Kr. Troppau (heute CSSR), verh. s. 1964 m. Eva, geb. Müller, 3 Töcht. (Ursula, Monika, Ulrike) - AR-Vors. u. Hauptaktionär SDS-Relais AG Deisenhofen; AR-Mitgl. MS-Relais GmbH Pfaffenhofen/Ilm - Erf. auf d. Geb. d. Relais-Technol. (ca. 300 Patente weltweit) - BV: Relais-Lexikon, 1985 (übers. in mehrere Spr.); DABEI-Handb. f. Erf. u. Untern., 1987; Mod. Relaistechnik, 1988 (Übers. in mehrere Spr.) - 1982 Gold. Diesel-Medaille; 1984 BVK.

SAUER, Hans Dietmar

Stv. Vorstandsvorsitzender Landeskreditbank Baden-Württemberg, Karlsruhe - Paul-Klee-Str. 25, 7500 Karlsruhe - Geb. 7. Aug. 1941 Ravensburg (Vater: Dr. Albert S., Kultusmin.; Mutter: Elisabeth, geb. Wörner), kath., verh. s. 1971 m. Gabriele, geb. Oerleke, 2 Kd. - Stud. Rechts- u. Wirtschaftswiss. Univ. Tübingen, Bonn u. Köln; gr. jurist. Staatsprüf. Stuttgart.

SAUER, Heinrich

Dr. med., Prof., Internist, Ärztl. Direktor i. R. Diabetes-Klinik - Schützenstr. 39, 4970 Bad Oeynhausen (T. 9 13 54) - Geb. 21. Sept. 1920 Kiel - S. 1956 (Habil.) Lehrtätigk.: Hamburg (1963 apl. Prof.), Marburg u. ern. Hamburg (1969 Prof.).

SAUER, Heinrich

Dr. jur., Ministerialrat Innenministerium Baden-Württ. - Weinbergstr. 25, 7033 Herrenberg - Geb. 23. Juli 1926 Stuttgart - 1949-53 Stud. Tübingen (Promot. 1956); 2. jurist. Staatsex. 1957 Univ. Stuttgart - S. 1977 Leit. Referat Wasserstr. u. Binnenschiffahrt Innenmin. Baden-Württ. S. 1978 AR Neckar-AG - 1981 Gold. Sportabz. (10. Wiederh.) - Spr.: Engl.

SAUER, Helmut

Wohnungswirtschaftskaufmann, MdB (s. 1972) - Max-Planck-Str. 8, 3320 Salzgitter 1/Lebenstedt (T. 5 06 44 u. 4 46 62) - Geb. 24. Dez. 1945 Quickendorf/Schles. (Vater: Alfons S., Raiffeisen-Bezirksleit.; Mutter: Florentine-Hedwig, geb. Stais), kath., ledig - 1972-74 Ratsherr Stadt Salzgitter, s. 1971 CDU-Kreisvors. Stv. Bundesvors. Ost- u. Mitteldt. Vereinig. CDU/CSU; Vizepräs. Bund d. Vertriebenen; Landesvors. Landsmannsch. Schlesien Nieders.; Landesvorst. CDU-Sozialaussch.; Mitgl. Nordatlant. Versammlung (NATO-Parlament) - Spr.: Engl.

SAUER, Helmut Alfred

Dr. phil., M. Sc. Ed., Prof. f. Engl. Sprache u. ihre Didaktik Univ. Dortmund - Wilhelm-Kaiser-Weg 12, 4600 Dortmund 50 (T. 0231 - 73 70 53) - Geb. 15. Sept. 1929 Breslau, ev., verh. s. 1957 m. Ilse-Maria, geb. Riedel, 3 Kd. (Ute, Ina, Tilo) - 1951-53 PH Göttingen; 1953-54 Univ. of Kansas, USA (M. Sc. Ed.), Promot. 1967 Univ. Göttingen - S. 1953 Lehrtätigk. an Volks-, Real-, Fachsch., PH Göttingen u. Univ. Kansas, 1971 Prof. PH Ruhr, s. 1980 Univ. Dortmund (Arbeitsgeb.: Englischdidaktik u. Amerikastud.); Senat, Dekan - BV: Fremdspr. in d. Volkssch., 1968; Engl. auf d. Primarstufe, 1974; Engl.unterr. f. alle, 1984; zahlr. weit. Veröff. u. Lexikonbeitr.

SAUER, Hubert

Dr. jur., Ministerialdirig. Hess. Min. f. Wiss. u. Kunst (Leit. Zentralabt.) - Rheinstr. 23-25, 6200 Wiesbaden (T. 06121 - 1 65-3 00) - Geb. 12. Sept. 1937 Fulda, kath., verh. s. 1970 m. Petra, geb. Eickers, 3 T. (Bettina, Monika, Ulrike) - 1. u. 2. jur. Staatsex. 1963 u. 67 Marburg bzw. Frankfurt; Promot. 1966 Marburg - 1967-73 Univ. Marburg (wiss. u. Verw.dst.), 1973-75 Ref. Hess. Kultusmin., 1975 Gründungspräs. u. 1975-88 Kanzler Gesamthochsch. Kassel.

SAUER, Jürgen

Dr. rer. nat., o. Prof. f. Organ. Chemie Univ. Regensburg (s. 1968) - Am Hohen Ranken, 8411 Sinzing - Geb. 11. Juni 1931 Halle/S. (Vater: Dr. rer. pol. Hans S.), verh. s. 1958 m. Thea, geb. Niklas, 3 Kd. - Univ. München. Promot. (1957) u. Habil. (1963) München - Zul. Doz. Univ. München.Facharb.

SAUER, Karl

Dr. phil., Prof. f. Schulpädagogik Hochschule Lüneburg - Winkelweg 6, 2120 Lüneburg-Oedeme (T. 4 77 63) - Geb. 28. Dez. 1925 - S. 1963 Hochschullehrer. - BV: D. utop. Zug in d. Päd., 1964; Einführung in d. Theorie d. Schule, 1981; Lehrerbildung zw. Wiss., Politik u. Praxis, 1981. Div. Einzelarb.

SAUER, Karl-Adolf

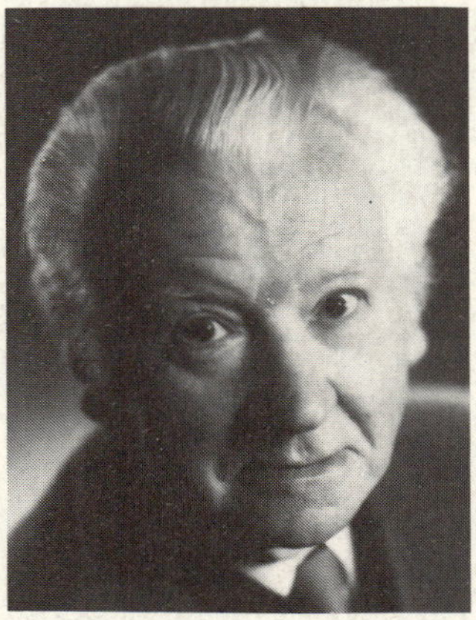

Dr. phil., Schriftsteller, Verlagslektor, Volksbildner, Dozent - Federburg 121, 7980 Ravensburg/Württ. - Geb. 14. Mai 1909 Köln (Vater: Karl S.; Mutter: Agnes, geb. Arenz), kath., verh. 1946 m. Elisabeth, geb. Rehm - Oberrealsch. Frankfurt/M.; Lehre Druckereifach u. Verlagsbuchhandel; 1928-33 Univ. Frankfurt, Leipzig, Wien, München (German., Roman., Gesch.). Tätigk. als Erwachsenenbildner - BV: D. Aphorismus bei Theodor Fontane - Beitrag z. Erkenntnis seiner stilist. Eigenart, 1935; Berge u. Meere - Nord. Wanderfahrt, 1937; D. Sonate - E. Jahr d. Liebe u. Reife, R. 1949; Wächter zw. Gott u. Satan - Priestergestalten aus d. Dichtung unserer Zeit, 1952; Gnaden u. Freuden - E. Lebensbuch, 1955; Stundenglas u. Flügel, Ged. 1962; Lehren u. Hören - Beitr. z. Erwachsenenbild., 1964; D. Stirn neigt sich d. Sternen. Einsichten u. Aussagen a. Leben u. Schaffen, 1974; Abendliches Geleit, Ged. u. Erz., 1979; Gislebertus. Gestalt u. Geschick, Weg u. Werk d. Meisters d. Kathedrale v. Autun, Erz. 1984; Genius u. Dämon. Lebenskräfte v. Dichter u. Dichtung, Ess. 1989; Lehrtätigkeit: 3000 volksbildnerische Vortr.; 1000 feuilletonist. Art. in Ztg. u. Ztschr. - Kopernikus-Med.

SAUER, Michael E.

Fernsehjournalist, Sendeleiter ZDF - Königsberger Str. 80, 6501 Nieder-Olm - Geb. 27. Aug. 1941 Recklinghausen (Vater: Dr. Josef-Hans S., Chefredakt. Fuldaer Ztg.), kath., verh. s. 1973 m. Angelika, geb. Siebler, 2 Kd. (Christoph, Christina) - Abit.; Berufssoldat (Luftwaffe); Stud. Publ., Politol., Gesch., Soziol. Univ. Mainz; Praktika: Fuldaer Ztg., Hamburger Abendblatt, Süddt. Rundf., Inst. f. Demoskopie Allensbach - 1969/70 Redakt. Südwestfunk; 1971-74 Pers. Ref. d. ZDF-Int.; 1977-85 Leit. d. Senderedaktion Jugendsportstudio; 1985 Leit. d. Volontärausb., s. 1986 Sendeleit. - Leichtathletik: 1963-79 20 dt. Meistertitel im Dreisprung; 1968 Olympiateilnehmer - 1975 Rudolf-Harbig-Preis.

SAUER, Paul

Steinsetzmeister, Präs. Handwerkskammer Rheinhessen, Mainz - Untere Zahlbacher Str. 80-82, 6500 Mainz.

SAUER, Ralph

Dr., Prof., Dozent f. kath. Religionspädagogik Univ. Osnabrück/Abt. Vechta - Oldenburger Str. 10 a, 2848 Vechta/Oldbg (T. 51 55) - Geb. 30. Okt. 1928 - Vorst.-Mitgl. Dt. Katechetenverein - BV: Kinder loben Gott, 1967; D. Herausforderung d. Atheismus, 1970; Religiöse Erziehung auf d. Weg z. Glauben, 1976; Christus unser Friede. E. Hinführung d. Kinder zu Buße u. Beichte. Kinder- u. Handb. (m. H. Jacob), 1980; Junge Christen fragen nach d. Glauben, 1983; Handb. z. Kinderlektionar, Bd. 1, 1983, Bd. 2, 1985; Kinder fragen nach d. Leid, Buchreihe: Theol. im Fernkurs, 1986, 2. A. 1988. Herausg.: Verkündigung an Kinder (1972); Wer ist Gott - Wo ist Gott? (1973); Mit Kindern Eucharistie feiern (1976); Mit Kindern Versöhnung feiern (1978). Mithrsg.: Spuren entdecken (1987). Religionspäd. u. pastoralliturg. Veröff.

SAUER, Roland

Graphiker, MdB (Wahlkr. 162/Stuttgart-Süd) - Sprollstr. 22d, 7000 Stuttgart 70-Hoffeld (T. 07011 - 72 72 89) - CDU.

SAUER, Rolf

Dr. med., o. Prof. u. Vorst. Klinik f. Strahlentherapie Univ. Erlangen-Nürnberg (s. 1977) - Am Fuchsenanger 3, 8521 Bräuningshof (T. 09133 - 13 00).

SAUER, Walter

Stadtdirektor a. D. - Südring 154a, 4354 Datteln (T. 02363 - 5 55 52) - Geb. 12. Mai 1927 Glatz/Niederschl. - 1982 BVK.

SAUER, Wolfgang

Sänger, Pianist, Komponist u. Texter - Richard-Wagner-Str. 29, 5000 Köln 50 (Rodenkirchen) (T. Köln 35 43 59) - Geb. 2. Jan. 1928 Wuppertal (Vater: Emil S., Kaufm.; Mutter: Emilie, geb. Riedel), ev., verh. s. 1954 m. Gisela, geb. Pink †1988, S. Ronald - Blindenstudienanstalt Marburg (Abit.); Univ. Marburg u. Köln (8 Sem. Anglistik, German., Musikwiss.) - S. 1954 Pop-Sänger. 1962ff. Disc-Jockey Rundfunkanstalten; 1963ff. Komp. u. Texter. Zahlr. Schallpl., dar. Bestseller: Glaube mir/Tränen in d. Augen (1954), Ach man braucht ja so wenig, um glückl. zu sein (1955), Cindy, oh Cindy (1956), Wenn d. Glocken hell erklingen (1959) - Liebh.: Musik - Spr.: Engl.

SAUERBAUM, Eckhard Wilhelm

Rechtsanwalt u. Notar, Stadtpräs. Kiel (1982-85), Geschäftsf. Versorgung u. Verkehr Kiel GmbH (s. 1985), Fraktionsvors. CDU (s. 1978) - Raisdorfer Str. 5, 2300 Kiel 14 - Geb. 23. April 1938 Königsberg/Pr. (Vater: Willy S., Kfm.; Mutter: Meta, geb. Harder), ev., verh. s. 1963 m. Marianne, geb. Schröder, 2 Kd. (Marc, Maren) - Gymn. (Abit.); Stud. Rechtswiss. Univ. Marburg, Berlin, Kiel - S. 1970 Ratsherr Kiel - Liebh.: Kunst, Sport - Spr.: Engl.

SAUERBREY, Günter

Dr.-Ing., Prof., Ltd. Direktor, Physik.-Techn. Bundesanstalt, Institut Berlin - Abbestr. 12, 1000 Berlin 10 - Lehrtätigk. TU Berlin (apl. Prof. f. Experimentalphys.).

SAUERLÄNDER, Willibald

Dr. phil., Dr. h.c., Prof. Zentralinst. f. Kunstgeschichte - Meiserstr. 10, 8000 München 2 (T. 559 15 46) - Geb. 29. Febr. 1924 - S. 1962 Lehrtätigk. Univ. Freiburg (1964 apl., 1966 o. Prof.) u. München (1970 Honorarprof.). 1970-89 Dir. Zentralinst. f. Kunstgesch. München; 1964/65 u. 1970 Gastprof. New York Univ., 1981 Collège de France Paris, 1982 Madison/WI, 1984 u. 1985 Harvard Univ. - BV: u. a. D. Kathedrale v. Chartres, 1954; Skulptur d. Mittelalters, 1963; V. Sens b. Straßburg, 1966; Got. Skulptur in Frankr. 1140-1270, 1970. Zahlr. Einzelarb. - Mitgl. d. Bayer. Akad. d. Wissensch., Comité Intern. d'Histoire de l'Art, Medieval Acad. of America, Soc. nat. d. Antiquaires de France, Royal Soc. of Antiquaries, Koninklijke Akad. voor Wetenschappen, Letteren en Schone Kunsten van Belgie, Founding member Acad. Europaea.

SAUERMANN, Peter

Dr. phil., Prof., Betriebs- u. Marktpsychologe - Hagedornstr. 11a, 4802 Halle/W. (T. 05201 - 1 00 89) - Geb. 22. Mai 1942 Augsburg - 1963-69 Univ. Tübingen u. München. Dipl.-Psych. 1969; Promot. 1973 - 1970-73 Marktforscher; 1973-76 Unternehmensberat.; s. 1976 Prof. FH Bielefeld - BV: Betriebspsych., 1979; Marktpsych., 1980. Mitherausg.: Handwörterb. d. Betriebspsych. u. -soziol. (1981) - Liebh.: Briefm., Schildkr.

SAUERMILCH, Wolfgang

Geschäftsführer Arbeiterwohlfahrt/Bezirksverb. Niederrhein - Lützowstr. 32, 4300 Essen 1.

SAUERWALD, Karl Josef

Dipl.-Ing., Generalbevollm. Direktor Siemens AG - Mozartstr. 8, 8552 Höchstadt/Aisch (T. 09193 - 83 50) - Geb. 17. Juli 1928 Husen, kath., verh. s. 1958 m. Christa, geb. Sengstack, 3 Töcht. (Birgit, Nicola, Karin) - 1948-53 TU Karlsruhe - Mitgl. Kerntechnische Ges., AR-Mitgl. Interatom.

SAUERWEIN, Ernst

Dr. med. dent., em. o. Prof. f. Zahn-, Mund- u. Kieferkrankheiten - Höhenweg 108, 5300 Bonn - Geb. 9. April 1916 Trier/M. (Vater: Dr. Nikolaus S., Zahnarzt; Mutter: Helene, geb. Brill), verh. s. 1942 m. Loni, geb. Hoeres - Univ. Bonn u. Erlangen. Staatsex. 1948; Habil. 1954 - S. 1960 apl. u. o. Prof. (1967) Univ. Bonn (1967 Dir. Klinik u. Poliklinik f. MZK-krankh.; emerit. s. 1981). 1939-45 Wehrdst. Etwa 100 Fachveröff. - 1955 Preis Dt. Ges. f. ZMKheilkd.; 1970 Offz.kreuz VO. Großherzogtum Luxemburg; 1982 Hermann Euler-Med.

SAUERWEIN, Werner

Dr. med., Chefarzt Anästhesie-Abt. u. Beatmungszentrale Städt. Krankenanstalten Winterberg, Saarbrücken (s. 1958) - Birkenstr. 5, 6600 Saarbrücken (T. 5 38 74) - Geb. 8. Mai 1921 Trier/Mosel (Vater: Peter S., Zahnarzt), verh. s. 1948 m. Inge, geb. Walter, 3 Kd. (Beate, Peter, Martina) - Med. Staatsex. 1947 Heidelberg - BV: Kl. Narkosebuch, mehr als 10 Aufl. (m. Hesse; auch russ.). Zahlr. Einzelarb. z. Anästhesie u. Wiederbelebung - Spr.: Franz., Engl.

SAUL, Hans Günter

Pfarrer, Schriftsteller - Schwannstr. 2, 5300 Bonn 2 (T. 0228 - 36 34 68) - Geb. 29. März 1927 Hennef/Sieg, kath., led. - Stud. Phil., Theol., zus. Kunstgesch. u. Völkerkunde Univ. Bonn u. Köln -

Kaplan (Essen, Köln, Lechenich); 23 J. Pfarrer im Berg. Land, jetzt Bonn; Gastprof. in Chile an versch. Univ. v. Santiago (dt. Lit.) - BV (Lyrik): D. Straße d. Gaslaternen, 1980; Wasserzeichen, 1980; Angeln im Wind, 1984; Unter d. Rose gesagt, 1981; Im Schutz d. Bilder, 1986 - Ehrenmitgl. (als Prof.) Päpstl. Univ. Santiago de Chile - Liebh.: schöne, alte u. heilige Dinge, dt. Sprache, Begegnung m. Menschen - Spr.: Engl., Lat., Span., Griech. - Lit.: Div. Art. in Ztschr., Interviews (Rundf).

SAUL, Klaus
Dr. phil., Prof. f. Sozialgeschichte Univ. Oldenburg - Leinpfad 35, 2000 Hamburg 60 (T. 040 - 48 24 80) - Geb. 1. Jan. 1939 Stade (Vater: Claus S., Einzelhändler; Mutter: Magdalene, geb. Haase), ev., verh. s. 1966 m. Gisela, geb. Ziegon - 1959-64 Stud. Gesch., German., Päd. Univ. Göttingen, Bonn u. Hamburg; Promot. 1971 - 1964-72 Wiss. Assist. Univ. Hamburg (Hist. Sem.); 1973-77 Wiss. Rat u. Prof. f. Neuere Gesch. Hamburg; 1977 o. Prof. f. Sozialgesch. Univ. Oldenburg - BV: Staat, Ind., Arbeiterbew. im Kaiserreich, 1974; Arbeiterfam. im Kaiserreich, 1982.

SAUPKE, David
Direktor i. R. - Frauenlobstr. 60b, 6000 Frankfurt/M. (T. 77 92 57) - Geb. 22. Aug. 1908 - S. 1927 (kaufm. Lehre) berufstätig (Vereinigte Stahlwerke AG., Düsseldorf; 1933 Dt. Revisions- u. Treuhand-AG., Berlin; 1939 Brankohle-Benzin AG. ebd.; 1949 Andreae-Noris, 1952 Vorstandsmitgl., 1972-75 -vors.); s. 1978 ARsmitgl. Andreae-Noris Zahn AG. Ehrenvors. Bundesverb. d. pharmaz. Großhandels.

SAUR, Klaus Gerhard
Dr. phil. h. c., Verleger - Goethestr. 41, 8000 München 15 (T. 79 10 40) - Geb. 27. Juli 1941 (Vater: Karl Otto S., Dipl.-Ing.; Mutter: Veronika, geb. Bossmann), ev., verh. m. Lilo, geb. Stangel, 2 Kd. (Klaus Peter, Annette) - Buchhandel (Realgymn. Icking) - Geschäftsf. Saur Verlag GmbH & Co. KG, München, New York, London, Paris; Vors. Ges. d. Münchner Bücherfreunde, Verb. Bayer. Verlage u. Buchhandl., Saur GmbH, München, Bibliotheksaussch. Börsenverein d. Dt. Buchhandels u. Gesprächskreis Bibliotheksverb. Buchhandel; Managing Director and Chairman of the Board of K.G. Saur Publ. Inc., New York, K.G. Saur Ltd., London, K.G. Saur Editeur S.A.R.L., Paris, Hans Zell Publishers, Oxford, Stirling Univ. Press, Stirling and Oxford, F.A. Brockhaus - Bibliogr. Inst. A.G. Mannheim; ARMitgl. TR-Verlagsunion GmbH, München; stv. Vors. u. Mitgl. Beirat d. Dt. Bibl. Frankfurt; Mitgl. Museumsrat d. Dt. Museums, München - Begr. u. Herausg. zahlr. Bibliogr. u. Nachschlagew. - 1984 Ehrenbürger TU Graz; 1985 Ehrendoktor Philips-Univ. Marburg; Med. München leuchtet d. Landeshauptstadt München - Bek. Vorf.: Karl-Emil Saur, Erbauer d. Wuppertaler Schwebebahn (Großv.); Friderike Brion (Ur-Ur-Urgroßtante).

SAURBIER, Helmut

Landesrat b. Landschaftsverb. Rhld., Leit. Abt. Jugend u. Schule - Montanusstr. 20, 5060 Bergisch Gladbach 1 (T. 02204 - 5 47 92) - Geb. 6. Nov. 1934 Köln, kath., verh. s. 1960 m. Helga, geb. Tischler †1973; s. 1974 m. Vera, geb. Hocks, 4 Kd. (Ursula, Martin, Peter, Johannes) - Abit.; Stud. Rechtswiss. Univ. München, Berlin, Münster; Ass. 1962 Düsseldorf - S. 1963 b. Landschaftsverb. Rhld. Köln, 1966 Ref.leit. LVR, s. 1974 Landesrat (Abt.leit.). Vorst.-Mitgl. Dt. Verein f. öffentl. u. priv. Fürsorge, stv. Vors. d. Zentr. Spruchst. f. Fürsorgestreitigk., s. 1974 Vors. Bundesarbeitsgem. d. Landesjugendämter - Mitautor: Kommentar z. Jugendwohlfahrtsgesetz (m. Jans u. Happe) - Liebh.: Klass. Musik, Fotogr., Schach - Spr.: Engl., Franz.

SAURIN, Wolfgang
Rechtsanwalt, MdB (s. 1983; Landesliste Schlesw.-Holst.) - Luisenstr. 9, 2400 Lübeck, u. Bundeshaus, 5300 Bonn 1 - Geb. 25. Juli 1955 Schönberg, ev., ledig - Gymn. Kiel (Abit. 1975); Stud. Rechtswiss. u. Politol. Univ. Kiel, 1. jurist. Staatsex. 1979; 2. jur. Staatsex. 1984; 1981-83 Refer. Schleswig - CDU s. 1971 (1972 Kreisvors. Junge Union Plön, 1973 Vors. dass. u. Mitgl. Landesvorst. SH; 1974-76 stv. Bundessprecher Schüler-Union; 1975 stv. Landesvors. Junge Union SH, 1980ff. stv. Landesvors. s. 1981 Beisitzer Landesvorst. SH d. CDU).

SAUS, Alfons
Dr. rer. nat., Prof. f. Angewandte Chemie Univ. Duisburg - Fossei 92, B-4729 Hauset (T. 0032/87 - 65 67 42) - Geb. 22. Okt. 1931 Lohn (Vater: Johann S., Schuhmachermeist.; Mutter: Agnes, geb. Rheinberg), kath., verh. s. 1960 m. Erika, geb. Grist, 4 Kd. (Wolfgang, Monika, Stephan, Kristin) - Abit. 1953; 1954-59 RWTH Aachen (Dipl.-Chem.); 1959 KFA Karlsruhe (Radiochemie); 1960 HMI Berlin (Strahlenchemie); Promot. 1964; Habil. 1971 (Angew. Chem.) RWTH Aachen - S. 1976 Leit. Fachgeb. Angew. Chemie Univ.-GH Duisburg. Patente - BV: Strahlenchemie (in: Ullmann, Enzykl. d. Techn. Chemie, Bd. 22), 1982; rd. 130 wiss. Veröff. in Fachztschr. - Liebh.: Wandern - Spr.: Engl., Franz. Niederl., Latein.

SAUSER, Rudolf Christian
Intendant Theater Ludwigshafen - Berliner Str. 30, 6700 Ludwigshafen (T. 0621 - 504 20 41) - Geb. 11. Dez. 1944, verh. - Lic. Phil. Univ. Zürich - Insz. in BRD, Holl., Span., Ital. - Spr.: Engl., Franz., Ital., Span.

SAUTER, Alfred
Rechtsanwalt, Staatssekretär Bayer. Staatsmin. f. Bundes- u. Europaangelegenheiten (s. 1988), MdB (Landesliste Bayern 1980-88) - Hinter den Gärten 4, 8873 Ichenhausen - Geb. 3. Aug. 1950 Oxenbronn, kath., verh. s. 1984 m. Renate, geb. Möhle (Juristin), 2 Töcht. - Gymn. Günzburg (Abit. 1969); Stud. Rechtswiss. u. Polit. Wiss. Univ. Tübingen, Genf u. München (2. jurist. Staatsex. 1978) - 1979-88 Rechtsanw. in München. CSU s. 1969 (1977/79 stv. Landesvors. JU Bayern, 1979-87 Landesvors.); Justitiar CDU/CSU-Bundestagsfrakt. 1987/88.

SAUTER, Franz
Landwirtschaftsmeister, MdB (s. 1972) - Adenauerstr. 18, 7239 Epfendorf Kr. Rottweil/N. (T. 07404 - 6 06) - Geb. 30. Juni 1928 Epfendorf (Vater: Franz S., Land- u. Gastw.; Mutter: Rosa, geb. Schneider), kath., verh. s. 1955 m. Maria, geb. Maier, 8 Kd. (Franz, Johannes, Georg, Susanne, Dorothea, Johanna, Christian, Elisabeth) - Obersch. (Abit.); landw. Ausbild.; Landw.sch. (Landw.m.) - S. 1951 (Tod d. Vaters) auf Familienbes. selbst. 1953ff. Mitgl. Gemeinderat Epfendorf u. Kreistag Rottweil; s. 1985 Bundesvors. Kath. Landvolkbeweg. CDU s. 1953 (1964 Kreisvors. Rottweil u. Mitgl. Landesagrarauss. Baden-Württ.); s. 1981 Mitgl. CDU-Landesvorst. Baden-Württ.; Mitgl. CDU-Bundesfachaussch. Agrarpolitik; stv. Vors. CDU-Kommiss. Ländlicher Raum, Vors. Unterauss. Welternährung, Weltlandwirtsch., Weltforstwirtsch. im Dt. Bundestag - 1971 BVK II. Kl., 1980 BVK I. Kl.

SAUTER, Gerhard
Dr. theol., o. Prof. f. Systemat. u. Ökumen. Theologie - Lochnerstr. 76, 5205 St. Augustin 1/Rhld. (T. 02241 - 33 73 18) - Geb. 4. Mai 1935 Kassel, ev., verh. s. 1962 m. Annegrete, geb. Voigt, 3 Töcht. (Cornelia, Hanna, Stefanie) - Habil. 1965 Göttingen - S. 1968 Ord. Univ. Mainz u. Bonn (1973), Dir. d. Ökumen. Inst. - BV: D. Theologie d. Reiches Gottes b. älteren u. jüngeren Blumhardt, 1962; Zukunft u. Verheißung, 2. A. 1973; Theologie als Wissenschaft, 1970; Erwartung u. Erfahrung, 1972; Wissenschaftstheoret. Kritik d. Theologie, 1973; Arbeitsweisen Systemat. Theologie (m. A. Stock), 2. A. 1982; Kirche - Ort d. Geistes (m. W. Kasper), 1976; Was heißt: nach Sinn fragen? 1982; Wie Christen ihre Schuld bekennen (m. G. Besier), 1985; In d. Freiheit d. Geistes, 1988; Rechtfertigung als Grundbegriff evang. Theologie, 1989.

SAUTER, Hans
Dr. jur., Rechtsanwalt, Bundesvorsitzender Landsmannschaft d. Deutschen aus Ungarn - Lontelstr. 24, 7016 Gerlingen - Geb. 13. Juni 1926.

SAUTER, Jörg J.
Dr. rer. nat., Prof. f. Botanik - Bot. Institut Univ. Kiel, Olshausenstr. 40-60, 2300 Kiel - Geb. 23. März 1937 Bopfingen (Vater: Joseph S., Forstm.; Mutter: Hilde, geb. Mäulen), ev., verh. s. 1964 m. Helga, 2 T. (Antje, Birthe) - Gymn. Tübingen; Univ. Freiburg u. München (Forst- u. Naturwiss.), Dipl. 1961, Promot. 1964, Habil. 1969 - 1961-72 Wiss. Assist. u. Doz. Univ. Freiburg, 1970-71 Harvard Univ., s. 1972 Prof. f. Botanik Univ. Kiel (auch Biol.). Üb. 50 wiss. Publ. - 1964 Preis d. Naturwiss.-Math. Fak. Univ. Freiburg - Spr.: Engl., Franz., Lat., Schwed.

SAUTER, Karl
Dr.-Ing., Prof. f. Med. Informatik u. Statistik Univ. Kiel - Abt. Med. Informatik u. Statistik, Brunswiker Str. 10, 2300 Kiel 1 (T. 0431 - 597 32 00) - Geb. 18. April 1935 Freiburg, kath., verh. s. 1965 m. Ingrid, geb. Dommaschk, 2 Töcht. (Martina, Nicola) - 1960 TU Karlsruhe (Nachrichtentechnik, Dipl.-Ing.); 1968 TU München (Promot.); Habil. 1973 Med. Hochsch. Hannover - 1963-68 Wiss. Assist. TU München; 1968-70 Siemens (Datenverarb.); 1970-80 Oberassist. Med. Hochsch. Hann.; s. 1980 o. Prof. in Kiel. Zahlr. Fachveröff., insbes. zu Datenbanken u. med. Informsystemen - 1987-89 Präs. Dt. Ges. f. Med. Dokumentation, Informatik u. Statistik (GMDS) - Spr.: Engl., Franz.

SAUTER, Rudolf
Dr. phil., Prof. f. Allg. Didaktik Päd. Hochschule Schwäb. Gmünd - Goethestr. 19, 7070 Schwäbisch Gmünd (T. 45 65).

SAUTHOFF, Walter
Dr. rer. hort., Dipl.-Ing. agr., apl. Prof., Direktor u. Prof., Leiter Inst. f. Mikrobiologie, Berlin/Biolog. Bundesanst. f. Land- u. Forstw., Berlin-Braunschweig - Albrechtstr. 62, 1000 Berlin 41 (T. 796 21 30) - Geb. 9. April 1926 Einbeck.

SAUTTER, Hermann
Dr. rer. pol., Prof. f. Volkswirtschaftslehre Univ. Frankfurt - Ostpreußenweg 10, 6368 Bad Vilbel - Geb. 4. Jan. 1938 Giengen (Brenz) (Vater: Martin S., Fotograf; Mutter: Frieda, geb. Hermann), ev., verh. s. 1966 m. Helga, geb. Friedrichsen, 3 Kd. (Ingeborg, Jens Martin, Karen) - 1959-64 Stud. Volkswirtsch. Univ. Hamburg (Diss. 1964, Promot. 1970) - 1970-78 Wiss. Mitarb. Ibero Amerika-Inst. f. Wirtsch.forsch. Univ. Göttingen; s. 1978 Prof. Frankfurt - BV: Konsequenzen d. Agrarpolitik europ. Ind.länder f. Argent., 1970 (Übers. Span.); Entw.theorie u. -politik, Bd. I: Entw.theorie (m. H. Hesse), 1977 (Übers. Span.); Regionalis. u. komparative Vorteile im intern. Handel, 1983 - Liebh.: Malen - Spr.: Engl., Span.

SAVIĆ, Borislav
Dr. med., Prof. f. Chirurgie - Luisenstr. 6, 5300 Bonn 1 - Geb. 16. Aug. 1935 Sarajevo/Jugosl. (Vater: Milutin S., Ing.; Mutter: Grozdana), verh. s. 1978 m. Dr. Anna-Christa, geb. Hauer - Univ. Belgrad (Med.), Dipl. 1960; Promot. Univ. Bonn 1971, Habil. 1978, apl. Prof. 1978 - 1967-78 Chir. Univ.-Klinik Bonn, 1979 Prof. Univ. Novi Sad u. Univ. Bonn - BV: Allg. Klin. Unters., 1978; Allg. Chir. f. Zahnmed., 1978; Sept. Chir., 1980 (bde. m. and.). Publ. in dt., jugosl. u. angloamerik. Fachztschr. - Spr.: Engl., Russ., Serbo-Kroat., Franz.

SAVRAMIS, Demosthenes

Dr. theol., Dr. phil., Dr. rer. pol., Prof. f. Religionssoziologie - Masurenweg 8, 5300 Bonn-Tannenbusch (T. 0228 - 66 26 44) - Geb. 6. März 1925 Piräus/Griechenl. (Vater: Spyros S.; Mutter: Anastasia, geb. Sofianou), griech.-orth., verh. s. 1960 m. Anneliese, geb. Voskuhl, T. Anneliese-Anastasia - 1943-48 Univ. Athen (Theol.), Lic. theol., dann Bonn (Ev. Theol., Relig.wiss. u. -soziol., Soziol., Gesch. in Dtschl.), Dr. phil. Bonn, Dr. rer. pol. Köln (1960), Dr. theol. Athen (1962), Habil. (Soziol.) 1966 - 1948-54 Forsch.tätig. Griechenl., 1966-72 Doz. f. Relig. u. Kultursoziol. Univ. Köln, s. 1970 Lehrbeauftr. Univ. Bonn, s. 1972 Prof. f. Relig. u. Kultursoziol. Univ. Köln - Mitgl. intern. wiss. Ges. - Mithrsg. Intern. ökumen. Bibliogr. u. Dritte Welt, Mitarb. mehr. Rundfunkanst. - BV: u.a. A. d neugriech. Theol., 1961; Ökumen. Probl. in d. neugriech. Theol., 1964; D. soziale Stellung d. Priesters in Griechenl., 1968; Relig.soziol. - e. Einf., 1968, 2. A. 1977;

Entchristl. u. Sexualisier. - 2 Vorurteile, 1969; Relig. u. Sexualität, 1972, 2. A. 1980; D. sog. schwache Geschl., 1972; Jesus überlebt s. Mörder, 1973; D. Christl. in d. SPD, 1976, 2. A. 1980; Kriterien d. Christl.: Analys. e. Soziol., 1979; Zw. Himmel u. Erde: D. orthodoxe Kirche heute, 1982; Tarzan u. Supermann u. d. Messias: Religion u. Utopie in den Comics, 1985; D. Priester als Nationalsymbol d. Griechen, 1987; 5 Büch. in griech. Spr., engl. Büch.; üb. 100 Aufs.; 200 Buchbespr. u. ca. 550 Art. in griech., engl. u. dt. Fachztschr., Lexika u. Enzyklop. - 1963 Orden Hl. Andreas in Gold, 1978 Ritter d. Intern. Konstantinordens; 1983 Orden Byzantinischer Doppeladler am blauen Bde.; 1986 Mitgl. u. Träger d. Ordens d. Intern. Vereinig. d. Ritter d. Heiligen Georg d. Märtyrers - Spr.: Griech., Dtsch., Engl., Franz. - Lit.: Lexika u. Sammelw.

SAWALL, Edmund

Dr. Dipl.-Volksw., Vorstandsvorsitzender Wickrather Handels- u. -beteiligungs AG, Vorst.Mitgl. Colditz Industrieholding AG, bd. Mönchengladbach, Geschäftsf. Dyna-Plastik-Werke GmbH, Berg.-Gladbach, Refrather Weg 30, Berg.-Gladbach, VdBeirat A. van Kaick, Neu-Isenburg, Verwalt. GmbH - Meisenweg 3, 6233 Kelkheim/Ts. - Geb. 3. Juli 1927 Stuttgart.

SAWALLISCH, Wolfgang

Prof., Generalmusikdirektor - Hinterm Bichl 2, 8211 Grassau/Chiemsee (T. 23 15) - Geb. 26. Aug. 1923 München (Vater: Versicherungsdir.), verh. m. Mechthild, geb. Schmid (Sängerin) - Wittelsbacher Gymn. München; Ausbild. Prof. Wolfgang Ruoff (Klavier), Prof. Dr. Hans Sachße, Prof. Dr. h. c. Joseph Haas, GMD Prof. Hans Rosbaud - 1942-1946 Wehrdst. u. engl. Gefangensch., ab 1947 Korreptitor u. I. Kapellm. Augsburg, s. 1953 GMD Aachen, Wiesbaden, Köln, Hamburg, München (Bayer. Staatsoper), Chefdirig. Wiener Symphoniker, Leit. Philh. Staatsorch. Hamburg. Prof. Musikhochsch. Köln, Orchestre de la Suisse Romande. Festsp. Bayreuth, Salzburg, Luzern, Edinburgh, Prag, Wien, Bregenz, Montreux, Zürich; ab 1982 Operndir. Bayer. Staatsoper München. Schallpl. (Columbia, Electrola, Philips) - Brahms-Med. Hamburg; 1968 Ehrenmitgl. Accad. Santa Caecilia, Rom; 1967 Ehrendirig. NHK-Symphonieorch. Tokio; Bayer. VO., Österr. VO. I. Kl.; BVK; 1983 Kulturpreis Rundfunkanst. Nippon Hoso Kyokei, Tokio, u. kultureller Ehrenpr. Stadt München; Ehrenmitgl. Philharmon. Staatsorch. Hamburg; 1979 Mitgl. Akad. d. Schönen Künste; 1980 Bruckner-Ring Wiener Symphoniker; 1980 Ehrendirig. u. Ehrenmitgl. Wiener Symphoniker; 1984 Bayer. Maximilians-Orden f. Wiss. u. Kunst; Präs. Richard Strauss Ges. München - Lit.: Hanspeter Krellmann, Stationen e. Dirigenten - W.S. (1983); FS; W.S. - E. Porträt (ARD 2. Okt. 1983).

SAWODNY, Wolfgang

Dr. rer. nat., Univ.-Prof. f. Anorganische Chemie Univ. Ulm (s. 1969) - Eichenweg 27, 7915 Elchingen 2 - Geb. 30. Jan. 1934 Reutenhau, kath., verh. s. 1960 m. Hermine geb. Schönit, 2 Kd. (Michael, Oliver) - Stud. Univ. Stuttgart; Promot. 1963; Habil. 1969 - Liebh.: Musik (1973 bis 1976 Präs. Viola-Forschungsges.) - Spr.: Engl. - Rotarier.

SAX, Ursula

Bildhauerin - Wiesbadener Str. 84, 1000 Berlin 41 - Geb. 27. Juli 1935 Backnang/Württ. (Vater: Hans S., Lehrer; Mutter: Ida, geb. Haller), verh. s. 1965 m. Wieland Schütz (Grafiker) - 1950-1955 Akad. d. bild. Künste Stuttgart; 1956-60 Hochsch. f. bild. Künste Berlin (Meisterschülerin b. Prof. Hans Uhlmann). 1985/86 Gastprof. Hochsch. d. Künste, Berlin - S. 1960 freischaffend. U. a. Sonnenrad (Schule St. Mang), Wandrelief (FU Berlin, Pharmaz. Inst.), Marmorskulptur (LLA Berlin), Stahlplastik (Rathauspl. Bad Friedrichshall), -relief (Rathaus Kaiserslautern), Reliefwand (Beton) Bürohaus am Ernst-Reuter-Platz, Berlin (1971/72), Brunnen f. Verwaltungsforum Zehlendorf, Berlin (1973), Freiplastik (Bronze) f. ZDF, Mainz (1973/74), Wandplastik i. Kasino d. Innenministeriums, Bonn (1978); Sitztreppenanlage u. Deckenskulptur, Deutsche Schule, Brüssel (1977-80); Brunnenanlage, Postamt 20, Berlin Spandau (1979/80); Edelstahlskulptur Deutsche Botsch. Kairo (1980); Betonrelief, Mensa II, FU Berlin (1980/81); Hängeskulptur in d. Weinbauschule Weinsberg (1981); Stahlskulptur f. d. GBF, Braunschweig (1989); Retrospektive in d. Orangerie, Schloß Charlottenburg, Neuer Berl. Kunstverein (1989) - 1963 Villa-Romana-Preis, 1970 Will-Grohmann-Preis; 1974 Kunstpreis d. Böttcherstr., Bremen; 1975 Villa-Massimo-Stip.; 1979/80 Cité des Arts, Paris; 1981 Hand Hallow Foundation, East Chatham-New York - Lit.: u. a. Heinz Ohff: Junge Künstler (1965/66); Günther Kühne: Räume bilden im Katalog Architekturbezogene Arb. v. U. S.; Katalog d. Neuen Berl. Kunstverein Ursula Sax - schwer u. leicht; Jörn Merkert: D. Kreatürliche u. d. Kreative, z. Kunst v. U. S.; Hermann Wiesler: Kunst u. Leben - üb. d. Gegensatz v. Artistik u. Lebenslust; Lucie Schauer: V. d. Winde.

SAX, Walter

Dr. jur., em. o. Prof. f. Straf-, -prozeßrecht u. Rechtsphil. - Königsberger Str. 44, 8700 Würzburg (T. 8 41 59) - Geb. 15. April 1912 Solingen (Vater: Heinrich S., Ingenieur), ev., verw., 2 Söhne (Herbert, Walter) - Univ. Köln (Rechtswiss.; Promot. 1938) - 1942 Landgerichtsrat, 1952 Privatdoz. Univ. Köln, 1957 o. Prof. Univ. Würzburg - BV: D. strafrechtl. Analogieverbot, 1953; Grundsätze d. Strafrechtspflege, in: Bettermann/Nipperdey/Scheuner, D. Grundrechte, Bd. III/2 1959; KMR-Kommentar z. Strafprozeßordnung, 1980 (m. Müller u. Paulus). Herausg.: Altavilla - Forens. Psych. (1955, m. Bohne).

SAXLER, Josef

Dr. phil., o. Prof. f. Didaktik d. Physik Gesamthochschule Essen - Unterer Pustenberg 74, 4300 Essen-Werden (T. 49 13 53) - Geb. 27. Mai 1925 Köln, verh. m. Dr. Hedwig, geb. Krämer - Zul. PH Ruhr/Abt. Essen.

SAXLER, Julius

Regierungspräsident Koblenz (s. 1976) - Philosophenweg 12, 5568 Daun/Eifel (T. 5 12) - Geb. 12. Dez. 1916 Düsseldorf, kath., verh., 3 Kd. - Gymn. Prüm/Eifel; Stud. Philol. (2 Sem.) - 1938-45 Soldat Luftw. (Flugzeugf., zul. Offz.), 1945-46 Angest. Oberpräsid. Rhld.-Hessen-Nass. Koblenz, s. 1947 Bürgerm. Niederstadtfeld u. Daun (1958); 1955-57 MdL Rhld.-Pfalz; 1964 ff. Vors. Rundf.rat SWF.

SAXOWSKI, Karl-Heinz

Stadtinspektor a. D., MdB (s. 1961) - Giersstr. 2, 4790 Paderborn/W. (T. 2 49 17) - Geb. 13. Sept. 1918 Paderborn, kath., verh., 1 Kd. - Oberrealsch. Verw.sprüf. 1956 u. 58 - 1937-47 Militär-, Kriegsdst. (Inf.) u. sowjet. Gefangensch., dann Stadtverw. Paderborn. SPD s. 1948 (u. a. stv. Vors. Unterbez. Paderborn-Büren).

SAYLER, Wilhelmine M.

Dr. phil., Prof. f. Allgem. Pädagogik, unt. bes. Berücksichtigung d. Ausländerpolitik, Seminardirektor Univ. zu Köln (Ausländerpädagogische Problemstellungen; Grenzfragen zw. Päd. u. Psych.; Päd. d. Entwickl.länder; Päd. d. frühen Kindheit) - Eudenbachstr. 36, 5202 Hennef 41 (T. 02248 - 10 10); dstl. Univ. zu Köln, Erziehungswiss.liche Fak., Gronewaldstr. 2, 5000 Köln 41 (0221 - 470 46 20) - Geb. 21. März 1928 München (Vater: Max S., Min.Rat, Abt.-Leit. Bayer. Staatsmin. f. Unterr. u. Kultus; Mutter: Maria, geb. Delagera), kath., led. - Oberrealsch.; Stud. Päd., Psych., Theol. Univ. München u. Boston/USA; Promot. 1954 Univ. München; Habil. 1967 Univ. Löwen - 1954-58 Doz f. Pädag. u. Psych. Institut f. Lehrerbild. Ingolstadt, daneben Höh. Schuld. ebd.; 1958-70 a. o. u. o. Prof. f. Psych. Päd. Hochsch. Eichstätt, 1970-88 Prof. u Seminardir. Päd. Hochsch. bzw. Univ. Bonn, s. 1988 Prof. u. Seminardir. Univ. zu Köln - BV: Josef Göttler u. d. christl. Pädagogik, 1960; D. Verhältnis v. Theorie u. Praxis in d. Päd., 1967/68; Internat zw. gestern u. morgen. Analyse e. umstritt. Institution, 1973; Gastarb.-kinder in Dtschl., 1980; Integrat. in e. fremden Land. Außerschul. päd. Arbeit mit ausländ. u. dt. Kindern u. deren Familien, 1985; Wider d. Xenophobie! Ausländer zw. Ablehnung u. Integration - am Beisp. span. Migranten in Dtschl., 1987. Herausg.: Ausländerpäd. als Friedenspäd. - Außerschul. päd. Arbeit m. ausl. u. dt. Kindern u. deren Familien (1987); Bausteine z. interkulturellen Erziehung - Spiele u. Übungen f. bi- u. multikulturelle Kindergruppen (1987). Zahlr. Fachartikel, insbes. zu ausländerpäd. Fragestellungen (s. 1980) - Spr.: Engl. - Vorf. (b. z. 30j. Krieg feststellbar): Lehrer u. Organisten.

SAYN-WITTGENSTEIN-BERLEBURG, Prinz zu, Casimir Johannes

s. Wittgenstein-Berleburg, Casimir Johannes, Prinz z. Sayn

SAYN-WITTGENSTEIN-BERLEBURG, Prinz zu, Franz Wilhelm

Dr. phil., Kunsthistoriker - Holbeinstr. 14, 8000 München 80 (T. 47 80 57) - Geb. 24. Aug. 1910 Frankfurt/M. (Vater: Otto Konstantin Prinz zu S.-W.-B., Rittmeister; Mutter: Elisabeth, geb. Prinzessin zu Löwenstein-Wertheim-Freudenberg), kath., verh. s. 1942 m. Gabriele, geb. Prinzessin zu Ysenburg - Lessing-Gymn. Frankfurt/M.; Univ. Marburg, München, Frankfurt, Berlin - S. 1951 Bayer. Landesamt f. Denkmalspfl. München (Landeskonservator). 1939-45 Wehrdst. - BV: Fürstenhäuser u. Herrensitze, 2. A. 1961; Durchläucht. Welt, 1959; D. Inn, 2. A. 1962; Südtirol u. d. Trentino, 3. A. 1966; Reichsstädte, 1965; Elsaß, 1967; Schlösser in Bayern - Residenzen u. Landsitze in Altbayern u. Schwaben, 1972; Schwarzwald, 1972; D. Main, 1973; Weiß-blaue Museumsfahrt, 1975 - 1966 Mitgl. PEN-Zentrum BRD - Spr.: Engl., Franz. - Bek. Vorf.: General August Ludwig Wittgenstein, Kriegsminister Dt. Bund, Nassauischer Staatsmin. (Urgroßv.).

SAYN-WITTGENSTEIN-HOHENSTEIN, Prinz zu, Botho

Waldgutbesitzer, Arzt, Präs. DRK (1982ff.), - Hof Breitenbach, 5928 Laasphe/W. (T. 3 39) - Geb. 16. Febr. 1927 Eisenach/Thür. (Vater: Georg Prinz zu S.-W.-H.; Mutter: Maria, geb. Rühm), ev., verh. s. 1959 m. Elisabeth, geb. Freiin v. Zedlitz u. Leipe, 3 Kd. (Georg-Christian, Friederike, Katharina Victoria) - Abit. 1946; Univ. Marburg (Med. Staatsex. 1953) - 1955-56 Arzt Dt. Indien-Expedition; 1965-80 MdB. CDU s. 1954. Vors. Fürst Wittgenstein'sche Waldbesitzerges. - Gr. BVK; 1983 DRK-Ehrenz. - Rechtsritter Johanniter-Orden; Komturkreuz Malteser-Orden - Spr.: Engl., Span.

SAZENHOFEN, Frhr. v., Carl-Josef

Schriftsteller - Herwarthstr. 8, 8172 Lenggries - Geb. 26. April 1940 Lenggries, verh. m. Elke Ursula, geb. Noske, 2 Töcht. (Christine, Alexandra) - S. 1961 Tätigk. als Schriftst. (Gebiete: Jugendb., Sachb., Roman). Insges. 37 Buchveröff., u.a. Romane: D. Bauernkönig; D. Loni v. Lehenhof; Johannisfeuer; D. Ganterschwestern; Schatten üb. d. Klasenhof; D. Fremde v. Köhlerhof; Stephanie u. d. Kronjuwelen; Isarflößerei.

SCHAA, Lukas

Amtsdirektor a. D., MdL Nordrh.-Westf. (s. 1970) - Hauptstr. 5, 4787 Geseke-Ehringhausen (T. dstl.: 02942 - 10 31) - Geb. 23. März 1926 Papenburg/Ems, verh., 2 Kd. - Höh. Schule; Verwaltungsausbild.; Verw.sakad. (Dipl. 1960) - S. 1960 Amtsdir. 1970 ff. stv. Präsidiumsmitgl. Städte- u. Gemeindebd. NRW. CDU s. 1961.

SCHAAB, Heinz

Geschäftsführer Vertrieb Alfred Teves GmbH (ATE) - Guerickestr. 7, 6000 Frankfurt 90 (T. 069 - 76 03-24 00).

SCHAAB, Meinrad

Dr. phil., Prof., Ltd. Regierungsdirektor - Oberer Langerrain 8, 6901 Wilhelmsfeld - Geb. 9. Nov. 1928 Plankstadt, kath., verh. s. 1956 m. Dr. Hildegard, geb. Nobel, 8 Kd. - Stud. Gesch. Univ. Heidelberg u. München; Promot. 1955 Heidelberg - Leit. Abt. Landesbeschreib. Landesarchivdirekt. Baden-Württ.; Vors. Kommiss. Geschichtl. Landeskd. Baden-Württ.; Honorarprof. f. Landesgesch. Heidelberg - BV: D. Zisterzienserabtei Schönau im Odenwald, 1964; D. Stadt- u. d. Landkreise Heidelberg u. Mannheim, 3 Bde. 1966-70; Hist. Atlas v. Baden-Württ., 1971-88; Gesch. d. Kurpfalz I Mittelalter, 1988.

SCHAACK, Josef

Dipl.-Kfm., Generaldirektor, Präsident IHK Trier - Philipp-Loosen-Str. 4, 5500 Trier - Geb. 20. Jan. 1925 Luxemburg, verh. - Stud. Wirtschaftswiss. Univ. Mainz u. Köln - 1984 Officier de l'Ordre de Merite du Grand-Duché des Luxembourg; 1986 BVK I. Kl. - Spr.: Engl., Franz.

SCHAAF, Dirk-Ludwig

ARD-Auslandskorrespondent (1981 ff. Paris) - Zu erreichen üb.: WDR, Appellhofpl. 1, 5000 Köln 1 - Promot. 1970 Hamburg.

SCHAAF, Erwin

Dr. phil., Univ.-Prof. - Hetzhofer Str. 151a, 5561 Kinderbeuern (T. 06532 - 32 16) - Geb. 23. März 1933 Tawern b. Trier, verh. s. 1963, 2 Kd. - Stud. Univ. Mainz, Saarbrücken (Gesch., Politikwiss., Phil.); Promot. (Gesch.) 1965 Mainz - 1970-72 Doz. bzw. Prof. PH Freiburg; s. 1972 Prof. Erziehungswiss. Hochsch. Rhld.-Pfalz, Abt. Koblenz - BV: D. Niedere Schule in Raum Trier-Saarbrücken 178-1825, 1966; Lehrerbildung in d. geistl. Kurstaaten am Rhein, 1972; Christentum u. Politik, 1972; Lehrerbildung in Koblenz, 1976; Neubeginn a. d. Chaos, 1985.

SCHAAF, Hanni

Schriftstellerin - Oderweg 588, 5000 Köln 80 (T. 0221 - 60 35 45) - Geb. 11. Nov. 1933 Köln, ledig - Volksschule; Ausb. Ind.-Kfm.; 2. Bildungsweg Sonderprüf.; s. 1974 Stud. PH/Univ. Köln (Examen 1980) - BV: Plötzlich war es geschehen, 1977 (übers. Ital.); Aktion Löwenzahn, 1981; Blumen auf Beton, 1984 - 1977 Jugendbuchpr. Stadt Oldenburg; 1983 Lit.-Förderpr. Stadt Köln - Spr.: Engl.

SCHAAF, Heinz

Dr. jur., Dipl.-Volksw. - Hasenkampweg 9, 5810 Witten/Ruhr (T. 1 26 55) - Geb. 19. April 1907 Hbg.-Harburg (Vater: Carl S., Kaufm.; Mutter: geb. Stahl), ev., verh. s. 1936 m. Eva, geb. Pritzbauer, 3 Kd. - Univ. Frankfurt, Berlin, Leipzig, Bd. jur. Staatsex. - B. 1945 Braunkohlen-Benzin AG., Berlin; 1954-73 Vorstandsmitgl. Maschinenbau-AG. Balcke, Bochum. Vizepräs., Präs. (1966) u. Ehrenpräs. (gegenw.) IHK Bochum - 1973 Gr. BVK - Spr.: Engl., Franz., Norweg. - Rotarier.

SCHAAF, Johannes

Dr. med., Prof. f. Röntgenologie Univ. Heidelberg, Chefarzt - Mönchhofstr. 39, 6900 Heidelberg 1 (T. 06221 - 47 25 45) - Geb. 19. Febr. 1920 Pirna, verh. s. 1955 m. Charlotte, geb. Müller - 1940-45

Univ. Leipzig u. Köln; Med. Staatsex. 1945, Promot. 1945 Leipzig; Habil. 1960 Heidelberg - Arzt f. Röntgenol. u. Inn. Med.; 1954-65 Leit. bzw. Chefarzt Röntgenabt. Med. Univ. Poliklinik Heidelberg, 1966-76 Krkhs. Bethanien, Hamburg, 1977-85 Klinik f. Thoraxerkrank. Heidelberg-Rohrbach. S. 1967 apl. Prof. Univ. Heidelberg - Liebh.: Sport (Ski, Golf) - Spr.: Engl., Franz.

SCHAAF, Johannes

Regisseur, Autor, Schausp. - Türkenstr. 59, 8000 München 40 - Geb. 7. April 1933 Bad Cannstatt/Württ. - 1968-70 Doz. Film-Hochsch. Berlin. Div. Drehb. u. Geo-Aufs. Bühneninsz. (auch Opern); Filmregie: Tätowierungen, Trotta, Traumstadt; Fernsehsp. - 1968 Bundesfilmpreis/Filmband in Gold (f.: Tätowierungen u. Trotta).

SCHAAF, Karlheinz

Dr. phil., Prof. f. Deutsch u. Sprecherzieh. Päd. Hochschule Weingarten - Sunthaimstr. 7, 7980 Ravensburg (T. 72 22).

SCHAAF, Wolfgang

Dipl.-Volkswirt, Verbandsdirektor Dt. Verkehrswacht (s. 1987) - Platanenweg 39, 5300 Bonn 3 (T. 0228-40 00 80) - Geb. 6. März 1933 Sangerhausen, ev., verh. s. 1984 m. Margarete, geb. Raabe, 3 Kd. - Ausb. z. Rundfunkmechaniker; Stud. Univ. Bonn (Rechts- u. Staatswiss.) - Leit. Min.büro Bundesschatzmin.; Bundespostmin. (b. 1969); Geschäftsf. in d. Ind.; Geschäftsf. Ges. z. Hebung d. Sicherh. im Straßenverkehr mbH - Spr.: Engl., Franz.

SCHAAF-SCHMIDT, Ines Elisabeth

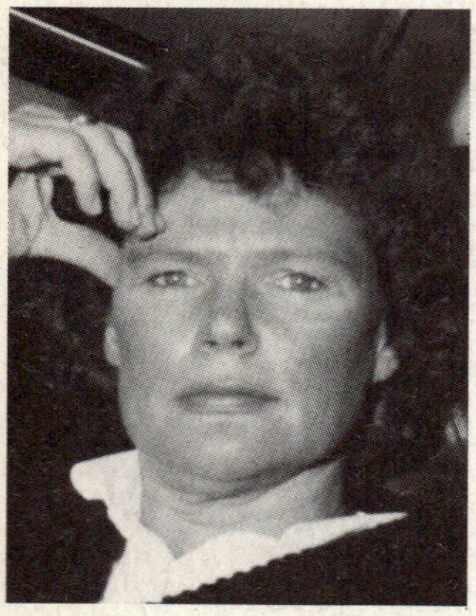

Regisseurin, Autorin (Ps. Ines Schaaf) - Bogotástr. 14, 1000 Berlin 37 - Geb. 8. März 1945 Köthen (Vater: Dr. phil. Otto Sch., Chemiker; Mutter: Elisabeth), verh. s. 1981 m. Dr. Schmidt, Sohn Rüdiger - Fachsch. f. Film u. Optik - Fernsehspiel: u.a. Gesch. d. Töchter - 1980 Berliner Klappe in Silb. - Liebh.: Reisen, Theater, Musik, Antiquitäten - Spr.: Engl.

SCHAAFF, Arnold

Alleiniger Geschäftsführer TradeARBED Deutschland GmbH. - Subbelrather Str. 13, 5000 Köln 1 (T. 5 72 90) - Geb. 1. Jan. 1926 Eschweiler (Vater: Christian S.), verh. m. Käthe, geb. Hammes, 1 Tochter.

SCHAAL, Hermann

Dr. rer. nat., Prof. f. Angewandte Geometrie Univ. Stuttgart - Othellostr. 21, 7000 Stuttgart 80 (T. 0711 - 687 16 18) - Geb. 21. Aug. 1927 Stuttgart (Vater: Robert Sch., Vermessungsbeamt.; Mutter: Anna, geb. Groß), ev., verh. s. 1959 m. Ingeborg, geb. Knoop, Sohn Hans-Werner - Abit. 1947; 1948-53 Math.- Stud. TH Stuttgart, Lehramtsex. 1953 u. 1955, Promot. 1958, Habil. 1965 - 1955 Studienass.; 1956 Wiss. Assist.; 1959 Oberassist.; 1961 Wiss. Rat; 1971 apl. Prof.; s. 1971 Leit. Abt. f. Konstruktive Geometr. jetzt Angew. Geometr.; 1971 Mitgl. Vorst. Math. Inst. B Univ. Stuttg.; 1977-80 u. 1986-88 Gf. Inst.-Dir.; 1978 Prof. - BV: Lineare Algebra u. Analyt. Geometrie Bd. 1-3 (Bd. 3 m. Mitverf. E. Glässner); Lineare Algebra u. Analyt. Geometrie (m. Mitverf. E. Glässner). Insges. 50 Originalarb. üb. div. geom. Themen.

SCHAAL, Klaus-Peter

Dr. med., o. Prof. u. Direktor Inst. f. Med. Mikrobiologie u. Immunologie Univ. Bonn (s. 1984) - Robert-Koch-Str. 13, 5300 Bonn 1 (T. 0228 - 22 23 81) - Geb. 26. Aug. 1940 Breslau (Vater: Gerhard S., Bundesbahnoberrat; Mutter: Margarete, geb. Böhmert), verh. m. Eva-Maria, geb. Schulz - Hum. Gymn. Köln; Stud. d. Humanmed. Univ. Köln u. Innsbruck; Staatsex. 1965, Promot. 1969, Habil. 1972 (alle Köln) - 1968 Approbation, 1969 wiss. Assist., 1972 Oberassist. Hyg. Inst. Univ. Köln, 1976 Wiss. Rat u. Prof. Univ. Köln, 1978 Visiting Prof. Univ. Newcastle upon Tyne (Engl.), 1980 Prof. (C3) Univ. Köln, s. 1984 o. Prof. Univ. Bonn - BV: Actinomycetes (Hrsg. m. Pulverer); Mitarb. in Goodfellow/Brownell/Serrano (Hrsg.) The Biology of the Nocardiae, 1976; Seligson/v. Graevenitz (Hrsg.) CRC Handbook Series in Clin. Lab. Science, 1977; Otte/Brandis/Pulverer (Hrsg.) Lehrb. d. Med. Mikrobiol., 1978, 84 u. 88; Skinner/Lovelock (Hrsg.) Identification Meth. f. Microbiol., 1979; Starr et al. (Hrsg.) The Prokaryotes, 1981; Thofern/Botzenhart (Hrsg.) Hygiene u. Infektionen im Krankenhaus, 1983; Goodfellow/Mordarski/Williams (Hrsg.) The Biology of the Actinomycetes, 1984; Ortiz-Ortiz/Bojalil/Yakoleff (Hrsg.) Biol., Biochem and Biomed. Aspects of Actinomycetes, 1984; Goodfellow/Minnikin (Hrsg.) Chemical Methods in Bact. Systematics, 1985; Arai/Terao/Yamazaki (Hrsg.) Filamentous Microorganisms, 1985; Feiereis/Kabelitz (Hrsg.) Internistische Pharmakotherapie, 1985; Sneath et al. (Hrsg.) Bergey's Manual of Systematic Bacteriology, 1986; McGraw-Hill's Encyclopedia of Science and Technology, 1987; Burkhardt (Hrsg.) Med. Mikrobiologie, 1988 - Wiss. Beirat Zbl. Bakt. Hyg., Europ. J. Clin. Microbiol.; Mitgl. Dt. Ges. f. Hyg. u. Mikrobiol. (wiss. Beirat), Soc. f. Gen. Microbiol., Berufsverb. Dt. Mikrobiol. (stv. Vors.), Intern. Subcommittees on Taxon. of Actinomycetes (subgroup chairman) - Liebh.: Musik, Orgelspiel - Spr.: Engl., Griech., Latein.

SCHAAL, Werner

Dr. rer. nat., Prof. f. Mathematik Univ. Marburg - Auf d. Schaumrück 28, 3551 Wehrda - Geb. 20. April 1934 Berlin - Promot. 1961 Göttingen; Habil. 1966 Marburg - 1962-64 MIT Cambridge (USA); s. 1966 Univ. Marburg (1970 Wiss. Rat u. Prof.; 1971 Prof.; mehrf. Dekan Fachber. Math.). 1968/69 u. 1978/79 Gastprof. Michigan State Univ. (USA); s. 1989 Vizepräs. Univ. Marburg. Facharb.

SCHAARSCHMIDT, Wolfgang

Rechtsanwalt, Geschäftsführer a. D. - Hohenkampsweg 22 D, 2800 Bremen 33 - Geb. 11. Juni 1932 Bielefeld.

SCHABACK, Robert

Dr. rer. nat., Prof. f. Angewandte Mathematik - Calsowstr. 34, 3400 Göttingen - Geb. 25. Nov. 1945 Einbeck - 1973-76 wiss. Rat u. Prof. Univ. Bonn, s. 1976 o. Prof. Univ. Göttingen.

SCHABER, Will

Dr. phil. h. c., Publizist - 106 Pinehurst Ave., Apt. C 55, New York, N. Y. 10033 (USA) (T. 568 - 75 28) - Geb. 1. Mai 1905 Heilbronn/N., protest., verh. s. 1942 m. Gerda, geb. Maubach - Oberrealsch. Heilbronn - 1924-38 Redakt. Dtschl. u. Tschechosl. (Brünn, 1934); 1941-62 Abt.sleit. British Information Services, New York; 1967-72 Redakt. Aufbau, New York. Mitgl. PEN-Zentrum deutschspr. Autoren im Ausland (zeitw. Vors.) u. Overseas Press Club (New York) - BV: Thomas Mann zu s. 60. Geburtstag, 1935; Kolonialware macht Weltgesch., 1936; Weltbürger - Bürgen d. Welt, 1938; USA-Koloß im Wandel, 1958; B. F. Dolbin: Zeichner als Reporter, 1976; A Tale of Two Continents. Pages from the History of the Families Coon, Feurstein, Leser, Maubach, Merrill and Wittekind, 1977; Gratgänger - Welt u. Werk Erich Schairers, 1981; Concerto Grosso, 1987. Mitverf.: Erich Schairer z. Gedächtnis, 1967; Hermes Handlexikon D. Friedensbewegung, 1983; 50 J. Aufbau, Ausst.katalog 1984; Biogr. Dictionary of Modern Peace Leaders, 1985; Hoesch-Jahresgabe, 1987. Herausg.: Thinker vs. Junker (1941), Weinberg der Freiheit - D. Kampf um ein demokr. Dtschl. v. Thomas Münzer b. Thomas Mann (1946), D. 4 Freiheiten - D. polit. Glaube Amerikas (1946), Perspektiven u. Profile - Aus Schr. Veit Valentins (1965), Aufbau-Dokumente e. Kultur im Exil (1972). Mithrsg.: Leitartikel bewegen d. Welt (m. Walter Fabian; 1964). Übers.: Nathan/Norden, Albert Einstein üb. d. Frieden (1975) - 1979 Gold. Ehrenmünze Stadt Heilbronn; 1985 Ehrenring d. Stadt Heilbronn; 1986 Ehrendoktor Univ. Dortmund - Liebh.: Klass. Musik - Spr.: Franz., Engl. - Lit.: Hans Franke, 200 J. Zeitungsgesch. in Heilbronn (1960); Gerhard Schwinghammer, W. S., e. Heilbronner zw. zwei Kontinenten (1980); Röder-Strauss, Biogr. Handb. d. deutschsprach. Emigration n. 1933 (1980); Gert Niers, Exilforscher u. engagierter Journalist (1985); Michael Groth, E. dt. Biogr. (1985).

SCHABRAM, Hans

Dr. phil., o. Prof. f. Engl. Sprache u. Literatur d. Mittelalters - Michaelisweg 10, 3400 Göttingen (T. 5 54 44) - Geb. 27. Sept. 1928 Berlin (Vater: Paul S.; Mutter: Lucia, geb. Packmohr), kath., verh. s. 1956 m. Candida, geb. Larisch, 3 Kd. (Johannes, Markus, Christina) - Univ. Berlin u. Köln (Anglistik, German., Vergl. Sprachwiss.). Promot. Köln; Habil. Gießen - S. 1957 Univ. Heidelberg, Gießen (1964 Ord.), Göttingen (1968 Ord.) - BV: Superbia-Studien z. altengl. Wortschatz, T. I 1965. Herausg.: Britannica - Festschr. f. Hermann M. Flasdieck (1960), Sammlung kurzer Grammatiken german. Dialekte (1969-80) - o. Mitgl. Akad. d. Wiss. Göttingen - Spr.: Engl.

SCHACHENMAYER, Helmut

Dr., Vorsitzender Verband d. Zeitschriftenverlage in Hamburg u. Schlesw.-Holst. - Millerntorplatz 1, 2000 Hamburg 36.

SCHACHT, Günther

Minister a. D., MdL Saarland (s. 1970; b. 1985 Fraktionsvors. CDU) - Jahnstr. 4, 6623 Saarbrücken-Altenkessel (T. 06898 - 8 21 85) - Geb. 16. Juli 1929, kath., verh., 7 Kd. - Mittelsch. (Mittl. Reife); kaufm. Ausbild.; 1956-58 Sozialsem. Bistümer Münster u. Essen; 1960-61 Sozialakad. Dortmund - 1950-62 Angest. Rheinstahl Bergbau AG.; 1962-74 Sekr. u. stv. Bezirksleit. IG Bergbau u. Energie; 1974ff. Saarl. Min. f. Umwelt, Raumordn. u. Bauwesen; 1984ff. Fraktionsvors. Landtag. CDU s. 1953 (Mitgl. Bundesaussch. f. Sozialpolitik, stv. Landesvors. Saar).

SCHACHT, Ulrich

Leitender Redakteur Welt am Sonntag (Ber. Kulturpolitik), Hamburg - Volksdorfer Weg 69 a, 2000 Hamburg 65 - Geb. 9. März 1951 Stollberg/Erzgebirge, ev., verh. s. 1978 m. Carola, geb. Gilek, T. Constanze - Bäckerlehre; Stud. Ev. Theol. Rostock u. Erfurt, Stud. Politikwiss. u. Phil. Hamburg - Vorst.-Mitgl. Hamburger Autorenvereinig.; Mitgl. Jury Hamburger Literaturpreis f. Kurzprosa. SPD s. 1976 - BV: Traumgefahr, Ged. 1981; Scherbensplitter, Ged. 1983; Hohenecker Protokolle, Dok. 1984; Dänemark-Ged., 1986; Letzte Tage in Mecklenburg, Dok. 1986; Brandenburgische Konzerte, Erz. 1989 - 1981 Andreas-Gryphius-Förderpreis; 1982 Alexander-Zinn-Preis-Stip. Hamburg; 1982 Johannes-Gillhoff-Preis d. Kulturkreises Mecklenburg - Liebh.: Mecklenburg, Fossilien, Skandinavien.

SCHACHTSCHABEL, Dietrich

Dr. med., Arzt, Prof. f. Physiolog. Chemie Univ. Marburg/Bereich Humanmed. (s. 1972) - Am Teich 8, 3550 Marburg 6 - Geb. 24. Okt. 1932 Jena/Thür. (Vater: Prof. Dr. phil. nat. Dr. agr. h. c. Paul S., Bodenkundler (s. dort); Mutter: Anna, geb. Möhring), ev., verh. s. 1966 m. Sabine, geb. Jänsch, Tocht. Astrid - Univ. Göttingen, Freiburg, München. Promot. 1959 München; Habil. 1970 Marburg - Forschungstätigk. USA u. Schweden. Vors. d. Sektion I (Biol.) d. Dt. Ges. f. Gerontologie - Mithrsg. d. Ztschr. Comprehensive Gerontology.

SCHACHTSCHABEL, Hans Georg

Dr. rer. pol., em. Prof., Volkswirtschaftler, MdB (1969-83) - Waldparkdamm 4, 6800 Mannheim (T. 82 11 67) - Geb. 16. März 1914 Dessau/Anh., ev., verh. s. 1947 m. Dr. phil. Ellen, geb. Schultz, 2 Töcht. (Marita, Claudia) - Univ. Leipzig (Promot. 1937), Gießen, Wien (Volksw.) - S. 1940 Doz. Univ. Halle, Marburg (1945), WH bzw. Univ. Mannheim (1950; 1952 apl., 1962 o. Prof.; Volksw.lehre; 1982 emerit.) - 1953-70 Mitgl. Gemeinderat Mannheim (1968 Fraktionsvors.); 1978-84 AR-Vors. INSTAG Köln; 1983-85 stv. AR-Vors. AWIG u. BIT GmbH, Mannheim. SPD s. 1946 - BV: D. gerechte Preis, 1939; E. System d. Wirtschaftslehre, 1940; Genossenschaften - Ihre Geschichte u. ihr Wesen, 1948; Automation in Wirtsch. u. Ges., 1961; D. industrielle Potential in Ost u. West, 1963; Wirtschaftspolit. Konzeptionen, 1967, 3. A. 1976; Geschichte d. volksw. Lehrmeinungen, 1971; Allg. Wirtschaftspolitik, 1975; Lexikon d. Wirtschaftspolitik, 1979; Sozialpolitik, 1983. Hrsg.: Wirtschaftsstufen u. Wirtschaftsordnungen (1971); Kohlhammer Studienb. Wirtsch.-Wiss., s. 1982 - 1973 BVK I. Kl.; 1976 Handwerksz. in Gold; 1979 BVK - Spr.: Engl., Franz.

SCHACHTSCHABEL, Paul

Dr. phil. nat. (habil.), Dr. agr. h. c., o. Prof. f. Bodenkunde (emerit.) - Herrenhäuser Str. 2, 3000 Hannover (T. 762 26 22) - Geb. 4. Juni 1904 Gumperda/Thür., verh. 1930 m. Anna, geb. Möhring - 1948-69 Ord. TH bzw. TU Hannover - BV: Lehrb. d. Bodenkd. (m. F. Scheffer; mehrere A.). Mithrsg.: Ztschr. Pflanzenernährung/Bodenkd. - 1964 Ehrendoktor Univ. Kiel.

SCHACHTSCHNEIDER, Herbert

Prof. Musikhochsch. d. Saarlandes, Opernsänger - Krementzstr. 1, 5000 Köln 41 (T. 0221 - 44 33 82) - Geb. 5. Febr. 1919 Allenstein (Vater: Artur Sch., Kaufm.; Mutter: Marta, geb. Kuhna), ev., verh. s. 1955 m. Ingeborg, geb. Weber, 3 Kd. (Gudrun, Lothar, Marion) - Ausb. z. Opern- u. Konzertsänger Staatl. Hochsch. f. Musik Berlin - Opernhäuser: 1953 Flensburg, 1954 Mainz, 1957 Essen, ab 1959 Köln. Gastsp. u.a. in Berlin, Hamburg, München, Düsseldorf, Österr. (Wiener Staatsoper), Schweiz, Ital., Engl., Holl., Belgien, Frankr. u. Buenos Aires. S. 1972 Musikhochsch. d. Saarlandes (s. 1975 Prof.) - Div. Rollen als Sänger: u.a. Verlobung in St. Domingo, Cavalleria rusticana (Turiddu), Pique Dame (Hermann), Macbeth (Mac Duff), Fledermaus (Eisentein). Schallplattenaufn. - Liebh.: Astronomie - Spr.: Engl., Franz., Ital.

SCHACK, Jürgen

Dr.-Ing., Direktor, zul. o. Vorstands-

SCHACK, Kurt Reiner
Dr.-Ing., Prof., Pers. haft. Gesellschafter Rekuperator KG Dr.-Ing. Schack & Co. Düsseldorf - Am Tanneneck 17, 4005 Meerbusch 1 - Geb. 9. Sept. 1929 Düsseldorf, ev., verh. m. Helga, geb. Jacobs, 4 Kd. - Dipl.-Phys. 1956 Aachen; Promot. 1959 ebd. - BV: Berechnung v. Wärmeaustauschern, 1967; D. ind. Wärmeübergang, 8. vollst. Überarb. A., 1983 - 1982 Hon.-Prof. Kaiserslautern.

SCHACKOW, Albrecht
Dr. jur., Rechtsanwalt u. Notar, VR-Vors. Dt. Schiffahrtsbank AG, Bremen, AR-Vors. Minerva Versich.-AG Bremen, AR-Mitgl. Isar-Amperwerke AG München - Marcusallee 57A, 2800 Bremen (T. 23 44 88) - Geb. 19. Okt. 1907 Bremen (Vater: Heinrich S., Fabrikdir.; Mutter: Maria, geb. Proebst), ev., verh. 1938 m. Eva, geb. Albers - Univ. Freiburg, München, Göttingen - S. 1949 Dt. Schiffahrtsbank.

SCHAD, Alfred
I. Bürgermeister - Rathaus, 8918 Dießen/Ammersee; priv.: v.-Eichendorff-Str. 16a - Geb. 8. Febr. 1928 Dießen - Zul. Verwaltungsangest. CDU.

SCHAD, Franz

Prof., Ord. f. Öfftl. Recht, Agrar- u. Umweltrecht (emerit.) - Kornbergweg 1, 7323 Hattenhofen (T. 38 54) - Geb. 1. Febr. 1907 Ehingen/Donau (Vater: Dr. rer. nat. Josef S., Gymnasialprof.; Mutter: Maria, geb. Hölder), kath., verh. s. 1939 m. Rosemarie, geb. Münning, 5 Kd. (Ulrich, Thomas, Elisabeth, Meinrad, Martin) - 1933-54 Wehrw.dst.; 1954-68 Kultusmin. Baden-Württ. (1964 Min.dirig.); 1962-64 Kirchenabt., 1964-66 Sekr. Gründungsausssch. MNH/Univ. Ulm; 1968-75 Örd./Univ. Hohenheim; 1954-86 VR-Vors. Stiftg. FKFS Univ. Stuttgart; s. 1988 Kurat.-Mitgl. d. Stiftg. FKFS, Univ. Stuttgart (Neugründg. 1987) - 1968 korr. Mitgl. Kommiss. f. geschichtl. Landeskd. Baden-Württ.; 1965 Ehrenz. Dt. Ärzteschaft - Liebh.: Gesch., Phil. - Spr.: Engl. - Festschr. z. 70. Geburtst. (1978, Hrsg. Robert Weimar).

SCHAD, Wilfried
Zahnarzt, Vorsitzender Kassenzahnärztl. Bundesvereinigung - Universitätsstr. 73, 5000 Köln 41 (T. 0221-4 00 10).

SCHADE, Heinrich
Dr. med. (habil.), o. Prof. f. Humangenetik (emerit.) - Gartenkampsweg 30, 4020 Mettmann 2 (T. 5 28 66) - Geb. 15. Juli 1907 Kiel (Vater: Prof. Dr. Heinrich S., Ordinarius f. Physikochemische Medizin Univ. Kiel (s. X. Ausg.); Mutter: Wilhelmine, geb. Landt), ev., verh. s. 1938 m. Gunilde, geb. Eichstaedt, 4 Kd. (Ingke, Hinrich, Frauke, Ulf) - Stud. München, Bonn, Kiel - s. 1954 Doz. Univ. Münster (apl.; 1961 Wiss. Rat) u. Düsseldorf (1965 ao., 1966 o.; Dir. Inst. f. Humangenetik) - BV: Vaterschaftsbegutachtung, 1954; Anthropol.-erbbiol. Gutachten, in: Vaterschaftsgutachten, 3. A. 1978; Erg. einer Bevölkerungsuntersuchung, 1950; Untersuch. d. Auflös. e. Isolates, 1959; Endogene Mißbildungen - Entwicklung/Wachstum, 1969; Völkerfluß u. -schwund, 1974. Handbuchbeitr. (Rheumat. u. Allerg. Krankh., Hb. d. Humangenetik, 1964; Vererbungs- u. Konstitutionsprobleme, Lehrb. d. Allergie, 1967). Üb. 160 Fachaufs. - Lit.: G. Koch, H. Sch. 60 Jahre alt, in Ärztl. Praxis XIX, 54 (1967); G. Koch, Prof. H. Sch. z. 70. Geb. (Medizin 5, 15/16, 1977).

SCHADE, Heinz
Dr.-Ing., Prof. f. Strömungslehre TU Berlin - Kyllmannstr. 15 g, 1000 Berlin 39 (T. 805 12 43) - Geb. 30. Juli 1933 Berlin (Vater: Friedrich S., kaufm. Angest.; Mutter: Klara, geb. Fuchs), ev., verh. m. Christa, geb. Rosin, 2 Söhne (Bernd, Lars) - 1950-57 Stud. Physik TU Berlin (Promot. 1962, Habil. 1964) - 1964 Privatdoz. f. Strömungslehre TU Berlin; s. 1969 Prof. f. Strömungslehre in Berlin - BV: Kontinuumstheorie strömender Medien, 1970; Strömungslehre (m. E. Kunz), 1980, 2. A. 1989.

SCHADE, Heinz-Carl
Dr. rer. pol., Dipl.-Kfm., Fabrikdirektor i. R., Honorarprof. f. Absatzwirtschaft u. Beschaffungswesen Univ. (TH) Karlsruhe (s. 1965) - Wolfweg 23, 7500 Karlsruhe-Durlach (T. 4 15 46) - Geb. 29. Juli 1911 Kassel (Vater: Oscar S., Kaufm.; Mutter: Else, geb. Voigt), ev., verh. s. 1939 m. Klara, geb. Goßmann, 2 Kd. - Gymn.; 2 J. prakt. Tätigk.; HH Nürnberg - U. a. Vorstandsmitgl. Gritzner-Kaiser AG., Karlsruhe-Durlach (b. 1958) u. Burger Eisenwerke AG., Burg/Dillkreis, dann Geschäftsführer Neff-Werke Carl Neff GmbH., Bretten (b. 1964) - BV: Planvolle Absatzförd. - Werkzeug erfolgr. Marketings, 1964; Durch Kundendienst mehr verkaufen, 1968; Erfolgr. Management, 1970; Mehr Chancen im Wettbewerb - Familienunternehmen u. ihre Führungsprobleme, 1974.

SCHADE, Jürgen
Dipl.-Volksw., Hauptgeschäftsführer Oldenburgische Industrie- und Handelskammer - Moslestr. 6, Postfach 2545, 2900 Oldenburg/O. - Geb. 5. April 1938.

SCHADEBERG, Friedrich
Gf. Gesellschafter Krombacher Brauerei Bernhard Schadeberg GmbH & Co., Kreuztal-Krombach - Brauereistr. 50, 5910 Kreuztal-Krombach - Geb. 23. April 1920.

SCHADEL, Erwin
Dr. phil., Akad. Oberrat Lehrst. f. Phil. I Univ. Bamberg - Sandstr. 10, 8521 Spardorf (T. 09131 - 5 99 46) - Geb. 13. Juni 1946, kath., verh. s. 1972 m. Dr. med. Helma, geb. Agethen, 3 Kd. (Ruth, Cordula, Joachim) - 1. u. 2. Staatsex. 1972 u. 1977; Promot. 1975 - 1977-79 Mitarb. am DFG-Projekt W. Totok, Handb. d. Gesch. d. Phil.; s. 1980 Univ. Bamberg, s. 1981 Leit. DFG-Projekt Bibliotheca Trinitariorum - BV: Origenes, D. griech. erhaltenen Jeremiahomilien, 1980; Johann Amos Comenius, D. Antisozinianischen Schr., 1983; Ders., Pforte der Dinge/Janua rerum, 1988; Bibliotheca Trinitariorum Intern. Bibliogr. trinitar. Lit., Bde. I/II, 1984/88. Herausg.: Actualitas omnium actuum. Festschr. f. H. Beck z. 60. Geb. (1989) - Spr.: Engl., Lat., Span.

SCHADER, Dieter
Hauptgeschäftsführer Dt. Bankangestellten-Verb. - Graf-Adolf-Str. 25, 4000 Düsseldorf 1.

SCHADEWALDT, Hans
Dr. med., Prof. f. Geschichte d. Medizin - Brehmstr. 82, 4000 Düsseldorf (T. 62 31 63) - Geb. 7. Mai 1923 Cottbus, ev. - Med. Staatsex. u. Promot. Tübingen (1949) - Univ. Tübingen (Kinderklinik), CIBA AG., Wehr (Forschungsabt.), Univ. Freiburg (Med.-Histor. Inst.), Med. Akad. bzw. Univ. D'dorf (1963 ao. Prof. u. Inst.sdir., 1965 o. Prof.) - BV: Gefäße z. Kinderernährung im Wandel d. Zeit, 1955 (m. D. Klebe); Michelangelo u. d. Med. s. Zeit, 1965 (m. H. Schmidt); Univ. D'dorf, 1966; (engl.; span.); D. berühmten Ärzte (m. René Dumesnil), 1966; Kunst u. Medizin (m. L. Binet, Ch. Maillant u. Ilza Veith), 1967 (engl., franz., span., ital., jap.); D. Medizinmann b. d. Naturvölkern, 1968; Düsseldorf u. seine Krankenanstalten, 1969; Gesch. Diabetes, 1975; 75 J. Hartmannbund (m. P. P. Grzonka u. C. Lenz), 1975; Gesch. d. Allergie (4 Bde.), 1980; Chirurgie in d. Kunst (m. G. Carstensen u. P. Vogt), 1983 - Mitgl. Soc. Franc. Histoire de la Méd. (korr.), Europ. Akad. f. Allergie, Collegium allergologicum Europaeum; Hon. Fellow Royal Soc. of Medic.; Sekr. Akad. Wiss. NRW; Rhein.-Westf. Akad. d. Wiss.; Präs. Soc. int. hist. méd.; Off. Palmes Acad.; Ordre méritcult. Monaco; BVK I. Kl. - Spr.: Lat., Griech., Franz., Engl., Ital., Span. (teilw.) - Rotarier.

SCHADOW, Alexander B.I.

Maler u. Illustrator - Waldweg 11, 3101 Nienhorst (T. 05085 - 75 30) - Geb. 27. Nov. 1958 Nienhagen - Stud. Malerei Akad. Hamburg - Mitgl. BBK, BDK u. Intern. Ahmadiyya Anjuman, Lahore-Pakistan - Vertreter d. Neuen Malerei, Mitbegr. Gruppe DIN A 2. Wichtigste Werke: Zw. Himmel u. Hölle 1985; Shakespeare Sommernachtstraum, Mappenwerk m. 10 Radierungen 1987; Ibsen -Peer Gynt, Mappenwerk in 12 Radierungen 1989 - Bek. Vorf.: Johann Gottfried Schadow, Bildhauer (1764-1850, Urgroßonkel), Prof. Hans Lukas Schadow (1862-1924, Großvater) - Lit.: Möllers-Lexikon (1987); G. Franzen, Orientierung an d. Person (1988); Schadow-Ges. D. human. Kinderbildnis (1989); G. Franzen, Weltlit. im graph. Werk A.B.I.Sch. (1989).

SCHADT, Jakob
Holzarbeiter, MdL Rhld.-Pfalz (s. 1963) - Bornstr. Nr. 46, 6530 Bingen/Rh.-Kempten (T. 48 42) - Geb. 17. Dez. 1921 Bingen, kath., verh., 4 Kd. - Volkssch. - S. 1936 Holzarb. u. Sägewerker Fa. Richtberg KG. (1954 Betriebsratsvors.), dazw. 1939-47 Wehrdst. (4 × verwundet) u. Gefangensch. Stadtratsmitgl. Bingen. SPD s. 1949 (Kreisvors. u. Mitgl. Bezirksvorst.) - 1970 BVK.

SCHAECHTERLE, Karlheinz
Dipl.-Ing., o. Prof. f. Verkehrsplanung u. -wesen - Arcisstr. 21, 8000 München 2; Insel 13, 7910 Neu-Ulm/D. - Geb. 2. Dez. 1920 Stuttgart - S. 1963 Ord. u. Inst.leiter TU München. Fachberat.

SCHAECHTERLE, Walter H.
Vorstandsmitglied Dt. Linoleum-Werke AG., Bietigheim, I. R. - Richard-Wagner-Str. 47, 7000 Stuttgart - Geb. 12. Sept. 1913 Stuttgart - S. 1938 DLW. Div. Ehrenstell., dar. zeitw. Vors. Landesverb. d. Chem. Industrie f. Baden-Württ.

SCHAEDE, Ernst-Joachim
Dr. phil., Oberstudienrat i. R. - Gerloser Weg 16, 6400 Fulda (T. 7 46 95) - Geb. 24. Aug. 1910 Berlin (Vater: Ernst Sch., Pfarrer; Mutter: Anna, geb. v. Seehausen), ev., verh. s. 1941 m. Edith, geb. Al-brecht, 3 Kd. (Daniela, verh. Roh; Anemone, verh. Nehl; Peter-Adrian) - Hum. Gymn.; Stud. d. Religionswiss., Germanistik, Gesch., Engl. Univ. Tübingen, Berlin, Marburg - S. 1946 Höherer Schuldst. (Stud.rat Nordhorn, 1956-59 Dir. Bad Nenndorf), 1959-73 Oberleit. Stiftg. Dt. Landerziehungsheim Hermann-Lietz-Sch., 1950-56 Dir. Volkshochsch. u. Vors. Europa-Union Kr. Bentheim, s. 1976 1. Vors. Agnes-Miegel-Ges. - Spr.: Engl., Franz. - Rotarier.

SCHÄDLER, Paul
Dr., Regierungspräsident Rheinhessen-Pfalz - Friedrich-Ebert-Str. 14, 6730 Neustadt a.d. Weinstr. - Geb. 1930, verh., 4 Kd. - Zul. Landrat. Vers.-Vors. Landeszentrale f. private Rundfunkveranstalter, Ludwigshafen.

SCHÄDLICH, Hans Joachim

Dr. phil., Schriftsteller - Holsteiner Ufer 18, 1000 Berlin 21 - Geb. 8. Okt. 1935 Reichenbach - Stud. German. Univ. Berlin u. Univ. Leipzig, Staatsex. 1959 u. Promot. 1960 Leipzig - 1959-76 Wiss. Mitarb. Akad. d. Wiss. Ostberlin - BV: Phonologie d. Ostvogtländ., 1966; A Model of Standard German Intonation, 1970; Phonolog. Stud. z. Sprachschichtung, 1973; Versuchte Nähe, Prosa 1977; D. Sprachabschneider, Prosa 1980; Irgend etwas irgendwie, Prosa 1984; Mechanik, Prosa 1985; Tallhover, Prosa 1986; Ostwestberlin, Prosa 1987 - 1977 Rauriser Literaturpreis; 1979 Förderpr. d. Andreas-Gryphius-Preises; 1986 Marburger Literaturpr. (f. Buch: Tallhover); 1988 Hamburger Lit.preis f. Kurzprosa.

SCHÄFER, Adolf
Dr. jur., Oberbürgermeister Stadt Freising - Unterer Graben 3, 8050 Freising/Obb. (T. 5 41 02) - Geb. 11. Jan. 1937 Aschaffenburg, verh. m. Paula Weber-Sch.

SCHÄFER, Arnold
Dr. phil., Prof., Erziehungswissenschaftler Univ. Osnabrück, Abt. Vechta - Tannenweg 25, 2848 Vechta (T. 04441-67 79) - Geb. 31. Dez. 1926 Falscheid/Saar - BV: D. päd. Problem d. Begegnung in Hermann Hesses Glasperlenspiel, 1962; Üb. d. Erzieher, 1964; Krit. Kommunikat. u. d. gefährd. Identität, 1978.

SCHÄFER, Barbara
Ministerin f. Arbeit, Gesundheit, Familie u. Sozialordnung v. Baden-Württ. (s. 1984), MdL (s. 1979) - Rotebühlpl. 30, 7000 Stuttgart 1 - Geb. 1934 Borken/W., kath., verw. - Univ. Göttingen, Freiburg/Br., Poitiers (Philol.) - 1961-84 Schuldst. BW (zul. Oberstudienrätin Karlsruhe;

Fächer: Latein, Franz., Gesch.). CDU s. 1975.

SCHÄFER, Dieter

Dr. phil., Hauptgeschäftsführer IHK Würzburg-Schweinfurt, Sitz Würzburg (s. 1965), Honorarprof. Univ. Würzburg - Lortzingstr. 39, 8700 Würzburg (T. 30 11 60) - Geb. 7. Juli 1927 Offenbach/M., ev., verh. s. 1959 m. Gudrun, geb. Cropp, 3 Kd. (Kerstin, Sebastian, Konstanze) - Univ. Mainz, Frankfurt/M., Würzburg (Neuere Geschichte, Staatswiss.) - S. 1951 Handelskammerdst. 1955-61 Geschäftsf. Arbeitsgem. Öffentlichkeitsarbeit u. Kammergem. Ausbildung u. Bildung, beide Hamburg; 1962-64 Abt.sleit. Dt. Industrie- u. Handelstag, Mitgl. Sachverst.-Gruppen, Aussch., Arbeitskr. Strukturpol., Inform.-Pol., Medienrat d. Bayer. Landesanst. f. neue Medien, Vorst. Universitätsbund Würzburg - B: Prinz Emil v. Hessen-Darmstadt i. d. dt. Revolution, 1951; D. DIHT als polit. Forum d. Weimarer Rep., 1966; D. Weg d. Industrie i. Ufr., 1970. Freie publ. Tätigk., z. Z. Treffpunkt Freimann III. Programm Bayer. Fernsehen - 1975 Bayer. VO; 1985 BVK I. Kl. - Spr.: Engl., Franz.

SCHÄFER, Dieter

Dr. rer. pol., Prof. f. Sozial- und Wirtschaftspolitik Univ. Bamberg - Panzerleite 89, 8600 Bamberg - Geb. 1932 Kassel - Dipl.-Volksw. 1956, Promot. 1965, Habil. 1971, alles Univ. Frankfurt - 1957-61 wiss. Ref. Dt. Parität. Wohlfahrtsverb., 1961-73 wiss. Assist. Univ. Frankfurt, Privatdoz., Prof.; 1973-78 o. Prof. Univ. Trier, s. 1978 Bamberg - BV: D. Rolle d. Fürsorge im System soz. Sicher., 1966; Soz. Schäden, soz. Kosten u. soz. Sicher., 1972; Einkommenssicher. b. Invalidität, 1979.

SCHÄFER, Eberhard

Dr. rer. nat., Prof., Dipl.Physiker - Biol. Institut II d. Univ., Schänzlestr. 1, 7800 Freiburg (T. 2 03-26 83) - Geb. 23. Juni 1945 Mellenbach/Thür. (Vater: Herbert Sch., Kaufm.; Mutter: Elisabeth, geb. Witz), ev., verh. s. 1971 m. Renate, geb. Schmidt, S. Andreas - Gymn., Univ. Freiburg (Physik), 1969 Dipl., Promot. (Pflanzenphys.) 1971, Habil. 1975 - Beitr. in: Mod. opt. Strahlenquellen, 1977; Light and Plant Development, 1976; Membrane Transport in Plants, 1974; Photoreceptors and Plant Development, 1980; Encyclopaedia on Plant Physiologie, 1981; Techniques in Photomorphogenesis, 1984; Photomorphogenesis in Plants, 1986; Phytochrome and Photoregulation in Plants, 1987.

SCHÄFER, Ehrhart

Rechtsanwalt, gf. Vorstandsmitgl. Arbeitsgem. Dt. Handelsmühlen - Lennestr. 25, 5300 Bonn 1.

SCHÄFER, Ernst

Dr. theol., Prof. f. Christl. Archäologie u. Kirchl. Kunst, insb. Byzantin. Kunst - Hainholzweg 58, 3400 Göttingen (T. 5 98 19) - Geb. 30. Juni 1902 Tranquebar/Indien (Vater: Max S., Missionar), ev., verh. m. Ursula, geb. Kirn, 2 Kd. - Gymn. Zittau/Sa.; Univ. Göttingen u. Leipzig (Promot. 1931). Habil. 1935 Leipzig - 1936-44 Pfarrer Dt. Ev. Gemeinde Athen; 1946-67 Doz., apl. Prof., Wiss. Rat u. Prof. Univ. Göttingen - BV: D. Bedeut. d. Epigramme d. Papstes Damasus I. f. d. Gesch. d. Heiligenverehrung, 1932; D. Heiligen m. d. Kreuz in d. Altchristl. Kunst, 1937 u.a.

SCHÄFER, Ernst-Heinz

Dr. jur., Hauptgeschäftsführer i. R. - Preußenstr. 56, 6600 Saarbrücken (T. 0681 - 6 36 11) - Geb. 3. Dez. 1910 Remscheid (Vater: Industriekfm.) - S. 1946 Verbandstätigk. (1949-53 stv., 1953-74 Gf. bzw. Hgf. Verb. d. weiterverarb. Eisen- u. Metallind. d. Saarl.) - Präs. d. Freunde d. Univ. d. Saarlandes, Ehrensenator ebd.; Vizepräs. Dt.-Franz. Haus Saarbrücken - Spr.: Engl., Franz. - Rotarier.

SCHÄFER, Erwin H.

Dipl.-Wirtschaftsing., Direktor, Geschäftsführer MEGANET Gesellschaft f. Mehrwertdienste m.b.H. (1988) - Schmitzbüchel 27a, 5063 Overath (T. 02204 - 78 77) - 1980 Vors. TELAK/Telecommunication-Akad., u. 1981 Vors. Dt. Telecom/Vereinig. v. Anwendern d. geschäftl. Telekommunikation - - Spr.: Engl.

SCHÄFER, Fritz-Peter

Dr. phil., Dr. h. c., Prof., Direktor Max-Planck-Inst. f. Biophysikal. Chemie (s. 1970) - Am Faßberg, 3400 Göttingen-Nikolausberg (T. 201 - 3 33) - Geb. 15. Jan. 1931 Bad Hersfeld, verh., 3 Kd. - Abit. 1951; Dipl.-Phys. 1957, Promot. 1960, Habil. 1967 (Physikal. Chemie), alles Univ. Marburg - Zul. Oberrat, Wiss. Rat u. Prof. u. Abt.-Vorsteher Univ. Marburg. Arb.geb.: Farbstofflaser u. Laserfarbstoffe, Laserspektroskopie gr. Moleküle, Laser-Isotopentrennung, organ. Photochemie m. Lasern, Excimerlaser, Röntgen-Laser. Mit-Entd. Farbstofflaser - Mithrsg. mehrerer wiss. Ztschr. u. Buchreihen. Mitgl. Org.komit. v. zahlr. intern. u. nat. Konfz. - 1968 Haber-Preis Dt. Bunsen-Ges.; 1970 Hon.-Prof. Univ. Marburg; 1984 Hon.-Prof. Univ. Göttingen u. Werner-von-Siemens-Ring; 1985 IBM-Europe Science and Technology Prize; 1986 Leibniz-Preis d. DFG, u. Dr. h.c. Univ. Szeged; 1987 BVK I. Kl.; 1989 Nieders.-Preis f. Wiss.; korr. Mitgl. Akad. d. Wiss. u. Lit., Mainz; Mitgl. Akad. d. Wiss. zu Berlin.

SCHÄFER, Gerd Elmar

Dr. rer. soc., Dr. phil. habil., Univ.-Prof. - Peter-Haupt-Str. 80, 8700 Würzburg - Geb. 26. Sept. 1942 Regensburg, kath., verh. s. 1977 m. Ursula, geb. Dannenberg, 2 T. (Lena, Laura) - Stud. PH Bamberg, Univ. Würzburg, Mannheim, Tübingen (Päd., Psych., Phil.); 1. D. Prüf. 1965; 2. D. Prüf. 1969; Promot. 1978 Tübingen; Habil. 1985 Würzburg - Lehrer; Sonderschullehrer; 1977 wiss. Assist., 1985 Univ.-Prof. Univ. Augsburg - BV: Verlorenes Ich, verlorenes Objekt, 1983; Spiel, Spielraum u. Verständigung, 1986 - Liebh.: Kunst, Garten - Spr.: Engl., Franz.

SCHÄFER, Gerhard

Dr. jur., Bankdirektor - 2400 Lübeck-Goldberg 11 - Geb. 10. Dez. 1930 - B. 1973 stv., dann o. Vorstandsmitgl. Lübecker Hypothekenbank AG.

SCHÄFER, Gerhard

Programmdirektor i.R., Vors. Rdfk.-Aussch. Freie Hansestadt Bremen - Beim Kl. Tagwerk 14, 2800 Bremen-Oberneuland (T. 25 50 54) - Geb. 27. Juni 1922 Hanau/M. (Vater: Ludwig S., Rechtsanw.; Mutter: Hedwig, geb. Zuschlag), ev., verh. s. 1944 m. Gabriele, geb. Spindler, 2 Töcht. (Barbara-Christiane, Katharina Franziska) - Gymn. (Abit. 1939); 1945-47 Päd. Hochsch. Bremen (Ex.); 1950 Columbia Univ. New York (Inst. of Public Research) - 1947-82 RADIO BREMEN (1971 Programmdir. Hörfunk, 1980 Mitgl. d. Direkt. d. Anst.). Vorst.-Mitgl. Philharmon. Ges. Bremen; u. a. Mitgl. Beirat inn. Führung Bundeswehr; Oberstltn. d. R. SPD s. 1950 - Lions-Club Bremen - Liebh.: Gartenarb. - Spr.: Engl. - Bek. Vorf.: Prof. Dr. K. Zuschlag (Klassenlehrer Wilhelms II. am Friedrichs-Gymn. Kassel).

SCHÄFER, Gerhard

Dr. rer. pol., Dipl.-Volksw., Unternehmer, Großhändler - Köhlstr. 16, 7100 Heilbronn (T. 07131-16 08 45 o. SA 5 20 41) - Geb. 8. Aug. 1921 Heilbronn (Vater: Hermann Sch., †; Mutter: Luise, geb. Schreineiss, †), ev., verh. s. 1948 m. Anita, geb. Siegel, 2 Kd. (Uschi, Jürgen) - Abit.; Dipl.-Volksw. 1948 Univ. Heidelberg, Promot. 1950 Univ. Tübingen - S. 1950 Inh. e. Papier- u. Bürobedarf-Großhandl., s. 1969 Sprecher d. bundesweiten Marketing-Gruppe IGRO, s. 1978 Handelsrichter - BV: Struktur, Funktion u. Bedeut. d. Dt. Schreib- u. Papierwarengroßh., 1952; Wie man d. Marktwirtsch. retten kann, 1976; div. Aufs. in Fachztg. - Liebh.: Lit., Sport, Volksw. - Spr.: Engl., Franz.

SCHÄFER, Günter

Prof. f. Graphik u. Malerei u. Vizepräsident (s. 1983) Univ. Marburg - Georg-Voigt-Str. 5, 3550 Marburg/L- 1978/79 Dekan Fachber. Neuere Gesch. u. Kunstwiss. Univ. Marburg.

SCHÄFER, Hans

Minister a. D., MdL Nieders. (s. 1959; zeitw. Vors. Aussch. f. Wirtschaft u. Verkehr u. Wahlprüfungsaussch.) - Homburgstr. 33, 3300 Braunschweig (T. 5 24 20; Amt: Hannover 19 01) - Geb. 6. Dez. 1913 Jebel/Banat, ev., verh., 3 Kd. - Gymn. Temeschburg; Univ. Breslau, Berlin, Göttingen (Rechts- u. Staatswiss.) - Kriegsteiln. (hohe Ausz.); s. 1951 Rechtsanw. u. Notar (1957); 1970-76 nieders. Justizmin. B. 1961 FDP (Kreis- u. stv. Landesvors.), dann SPD.

SCHÄFER, Hans

Chefredakteur i. R., freier Journalist - Virchowstr. 30, 8000 München 40 - Geb. 17. Juni 1920 Emden (Vater: Georg S., Lehrer u. Schriftst.; Mutter: Katharina, geb. Schipman), verh. s. 1947 m. Gertrud, geb. Kohl, 3 Kd. (Michael, Petra, Thomas) - Teilstud. Chemie; Ztg.volontariat - S. 1947 Nordwest-Ztg. (Redakt., Ressortleit., stv. Chefredakt.) u. Kieler Nachr. (1956 Ressortleit., 1959 stv., 1967-85 Chefredakt.). S. 1972 Doz. Akad. f. Publiz. Hamburg. 1952-66 Vors. Tarifkommiss. Dt. Journalisten-Verb.; 1956-67 Vors. Schlesw.-Holst. Journ.-Verb. 1962-67 u. 1972-86 Mitgl. Fernsehrat ZDF, 1967-72 VR-Mitgl. ZDF. 1959-66 Ratsherr Stadt Kiel. CDU. 1984-89 Mitgl. Kultursenat Stadt Kiel - 1963 Theodor-Wolff-Preis; BVK I. Kl. - Spr.: Engl., Franz.

SCHAEFER, Hans

Dr. med., Prof. f. Physiologie (emerit.) - Karl-Christ-Str. 19, 6900 Heidelberg-Ziegelhausen (T. 80 02 70) - Geb. 13. Aug. 1906 Düsseldorf (Vater: Mathias S.; Mutter: geb. Busch), kath., verh. s. 1931 m. Marietta, geb. Ditgens, 3 Kd. (Annette, Wolfgang, Anselm) - Realgymn. Velbert; Univ. München, Bonn (Promot. 1931), Königsberg, Med. Akad. Düsseldorf - 1930 Assist., 1935 Doz. Univ. Bonn, 1939 stv. Dir. Physiol. Inst. Univ. Gießen, 1941 ao. (zugl. Dir. Kerkhoff-Inst. Bad Nauheim), 1949-74 o. Prof. Univ. Heidelberg. 1968 Bundesgesundheitsrat. Präs. Dt. Ges. f. Sozialmed. (1963-75) u. Paulus-Ges. (1969-74); Präs. Dt. Liga f. d. Kind (1977-84); Ltg. Mainauer Gespräche (s. 1979) - Entd.: Endplattenstrom - BV: Elektrophysiol., 2 Bde. 1940/42; D. Elektrokardiogramm, 1951; Med. heute - Theorie/Forschung/Lehre, 1962; Leib - Geist - Gesellschaft, 1971; Folgen d. Zivilisation, 1974; Herzkrank durch psychosozialen Streß, 1976; Sozialmed., 1978; Plädoyer f. e. neue Med., 1979; Med. Ethik, 1983; Brückenschläge, 1983; Dein Glaube hat dich gesund gemacht, 1984; Erkenntnisse u. Bekenntnisse e. Wissenschaftlers, 1986. Mithrsg.: D. Elektrounfall (1982); D. kranke Mensch (1986); Präventive Med. (1987). 800 Einzelarb. - 1944 Adolf-Fick-Preis, 1955 Otto-v.-Bollinger-Plak., 1971 Albert-Schweitzer-Med.; 1956 Ehrenmitgl. New York Acad. of Sciences; Mitgl. Heidelbg. Akad. d. Wiss. (1953) u. Dt. Akad. d. Naturforscher (Leopoldina), Halle/S. (1957); 1975 Gr. BVK; 1975 Ehrenmitgl. Dt. Physiol. Ges., Deutsche, österr. u. schweiz. Ges. f. Sozialmed.; 1977 Dr. med. h. c. Mainz; 1987 Salomon Neumann-Med.; 1988 Paracelsus-Med.; Ehrenpräs. Dt. Liga f. d. Kind - Liebh.: Wiss. auf d. Briefmarke.

SCHAEFER, Hans

Dipl.-Ing., Honorarkonsul d. Bundesrep. Deutschl. in Chile (s. 1983) - Manuel Verbal 1592, Antofagasta/Chile (T. 25 13 81) - Geb. 1. Sept. 1946 Eschwege, ev., verh. s. 1970 m. Editha, geb. Strothe, 3 S. (Hans Martin, Marcus, Christian) - Stud. Oscar-v.-Miller-Polytechnikum München - Spr.: Span., Engl.

SCHÄFER, Hans Dieter

Dr. phil., Akad. Rat, Dozent f. dt. Literaturgeschichte Univ. Regensburg (s. 1974) - Franziskanerplatz 3, 8400 Regensburg (T. 0941 - 8 82 02) - Geb. 7. Sept. 1939 Berlin, ev., verh. s. 1969 m. Helen, geb. Voß, S. Simon - Stud. German., Gesch., Phil. Wien u. Kiel; Promot. 1968 Kiel - 1969/70 Lehrbeauftr. Univ. Kiel; 1971-74 Wiss.-Assist. Univ. Münster - BV: Wilhelm Lehmann, 1969; D. gespaltene Bewußtsein, 1981, 3. A. 1983; D. Leben ganz nah, 1982; Berlin im Zweiten Weltkrieg, 1985; Heimkehr, 1988; Es gibt keinen Fortschritt in d. Kunst, 1989 - 1975 Bayer. Lit.förderpreis.

SCHÄFER, Hans Erhard

Dr. med., Prof., Chefarzt Krankenanst. Lippe (s. 1969) - Rintelner Str. 99, 4920 Lemgo (T. 05261 - 24 03) - Geb. 24. Juni 1924 Niedersessmar (Vater: Johannes S., Kaufm.; Mutter: Selma, geb. Richter), ev., verh. s. 1952 m. Dr. Annelore, geb. Mennicken - Stud. Berlin, Prag, Würzburg; Promot. 1951; Habil. 1963 - 1963-68 Oberarzt Med. Univ.sklinik Würzburg; 1969 apl. Prof. Zahlr. Fachveröff. üb. Nephrol., Hypertonie, Immunol. - Spr.: Engl.

SCHÄFER, Hans Georg

Intendant Berliner Philh. Orchester (s. 1986) - Zu erreichen üb. Berliner Philh. Orchester, Matthäikirchstr. 1, 1000 Berlin 30 - Geb. 1932 - S. 1980 Leit. d. Bachwoche Ansbach; zul. künstl. Leit. Jahrhunderthalle Hoechst, Frankfurt/M.

SCHAEFER, Hans Joachim

Dr. phil., Chefdramaturg - Am Hange 39, 3500 Kassel-Kirchditmold (T. 6 43 03) - Geb. 9. Juli 1923 Laasphe/W. (Vater: Karl S., Lehrer; Mutter: Anna, geb. Müller), ev., verh. s. 1950 m. Barbara, geb. Sievers, 3 Kd. (Hans Albrecht, Bettina, Karl Wolfram) - 1930-42 Volkssch. u. Gymn. (1934) Kassel (Abit.); 1942-45 Wehrdst. (Funker, Artillerist; zul. Ltn. d. R.); 1946-50 Univ. Marburg (German., Musikwiss., Angl.; Promot.) - S. 1950 Dramaturg bzw. Chefdram. (1959) Staatstheater Kassel. 1961 ff. Vors. Goethe-Ges. Kassel; 1980 ff. Vors. Bewertungsaussch. Filmbewertungsst. Wiesbaden (FBW). - BV: Gehalt u. dramaturg. Gestaltung im Kunstwerk Richard Wagners, 2 Bde. 1950 (Diss.); D. Theater - Spiegel oder Anreger d. öfftl. Meinung?, 1968; D. Frage nach Gott im mod. Drama, 1969; Was geschieht heute auf d. Theater?, 1970. Herausg.: Theater in Kassel - Aus d. Geschichte d. Staatstheaters Kassel v. d. Anfängen b. z. Gegenwart, 1959; 475 Jahre Orchester in Kassel, 1982; Gustav Mahler in Kassel, 1976 Stadtmed. Kassel - Liebh.: Bücher, Schallpl., Wanderungen, Fotogr. - Spr.: Lat., Franz., Engl., Norweg. - Rotarier.

SCHÄFER, Hans-Bernd

Dr. disc. oec., Prof. f. Volkswirtschaftslehre Univ. Hamburg - Universität, FB Rechtswiss. II, Edmund-Siemers-Allee 1, 2000 Hamburg 13 - Geb. 25. Mai 1943 Münster (Vater: Bernhard Sch., Schneiderm.; Mutter: Elisabeth Sch.), verh. s. 1968 m. Doris, geb. Hofert, 2 Töcht. (Ilona, Anna) - Univ. Köln; Dipl.-Volksw. u. Dipl.-Kfm., Promot. 1970 - 1971-75 Wiss. Assist. Univ. Bochum; ab 1976 Prof. f. Volkswirtsch. Univ. Hamburg - BV: Veröff. z. Probl. d. Entw.politik, Außenwirtsch.politik, intern. Finanzpolitik, Ökonom. Analyse d. Rechts, u. a.: Gefährdete Weltfinanzen, 1980; Landwirtsch. Akkumulationslasten u. ind. Entw., 1983; Ökonom. Analyse d. Zivilrechts, 1986 - Diss. Preis d. Univ. Bochum.

SCHAEFER, Hans-Eckart

Dr. med., o. Prof. f. Pathologie Univ. Freiburg - Zu erreichen üb. Pathol. Inst. Univ. Freiburg, Albertstr. 19, 7800 Freiburg (T. 0761 - 203 31 02) - Geb. 8.

Sept. 1936 Koblenz, ev., verh. s. 1966 m. Birgit, geb. Peters - Med.-Stud. Univ. Mainz, Marburg u. Bonn; Staatsex. 1962 Bonn, Promot. 1962 ebd., Habil. f. Allg. u. Spez. Pathol. 1970 Köln - S. 1973 Leit. Abt. f. Feinstrukturelle Pathol. Pathol. Inst. Köln; s. 1983 Dir. Abt. Allg. Pathol. u. Pathol. Anatomie Univ. Freiburg u. gf. Dir. ebd. 1983-84 Präs. Ges. f. Histochemie - BV: Leukopoese u. myeloproliferative Erkrankungen, in: Pathol., Bd. I (1984); Angeborene Stoffwechselkrankh., allg.-pathol. Teil, in: ebd., Bd. 4 - Liebh.: Cembalospiel - Spr.: Engl., Franz.

SCHÄFER, Hans-Georg

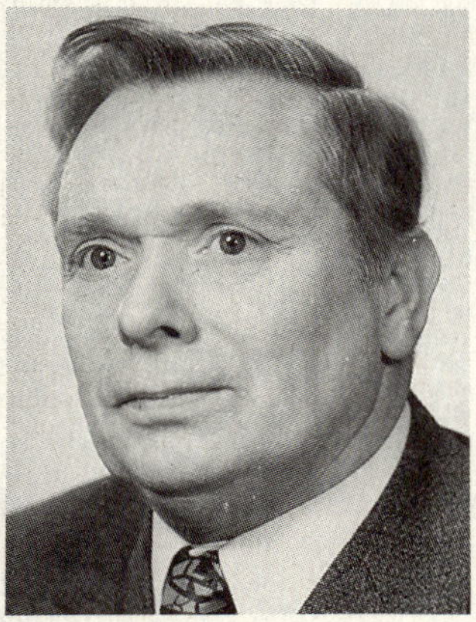

Dr. rer. nat., Univ.-Prof. i. R. - Am Weberhof 17, 5100 Aachen (T. 0241 - 15 15 47) - Geb. 6. Febr. 1919 Oppeln/OS. (Vater: Caspar Sch., Bankbeamter; Mutter: Margarete, geb. Nowak), kath., verh. s. 1948 m. M. Theresia, geb. Klingebiel, 2 Kd. (Dr. med., Dr.-Ing. Norbert Friedrich, Dipl.-Chem. Barbara Maria) - 1939-45 Stud. Chemie, Gesch. u. Phil. Univ. Halle/S. u. Breslau; Dipl. 1948 Halle, Promot. 1950 Bergakad. Freiberg, Habil. 1957 ebd. - 1951-57 Bergakad. Freiberg; 1960-64 Baurat Ing.sch. Wuppertal; 1964-77 Oberbaurat u. Baudir. Aachen; s. 1969 apl. Prof. RWTH Aachen; 1972 wiss. Rat u. Prof. Entw. Chemie u. Technol. d. Kohle, insbes. Kokereiwesen u. Brikettierung. Arb. auf d. Geb. d. Umweltschutzes - BV: Anorganisch-Chem. Prakt. (m. H. Frotscher), 1954; Org. Chemie (m. Fr. Ludwig), 1953; D. Chemie d. Braunkohle, Bd. I (m. A. Lissner), 1956 - Interessen: Gesch. u. Phil. - Spr.: Latein, Griech., Engl., Franz., Russ. - Lit.: W. G. Cieslik, Braunkohle 36, 1984 - BVK am Bde., 1984.

SCHÄFER, Hansjörg

Dr. med., Prof. f. Pathologie Univ. Hamburg - Winterhuder Kai 16, 2000 Hamburg 60 (T. 040 - 468 21 63) - Geb. 27. Jan. 1942 Köln (Vater: Dr. Karl-Heinz Sch., Kinderarzt u. Prof.; Mutter: Dr. Ilse, geb. Jacob), ev., verh. s. 1977 m. Hildegard, geb. v. Holten - Stud. Univ. Kiel, Tübingen u. Hamburg (med. Staatsex. u. Promot. 1968, Habil. 1977) - S. 1979 Oberarzt Inst. f. Pathol. Univ. Hamburg; s. 1980 Prof. ebd. Wiss. Geb.: Cytochemie d. Calciumstoffwechsels, Diagnostik kindl. Tumoren - BV: Zellcalcium u. Zellfunktion, 1979 - 1979 Martini-Preis - Liebh.: Musik - Spr.: Engl., Latein, Griech.

SCHÄFER, Hans-Jürgen

Geschäftsführer Verb. d. Dt. Feuerzeug-Industrie - Leostr. 22, 4000 Düsseldorf 11.

SCHÄFER, Harald

Dr. rer. nat., o. Prof. f. Anorgan. Chemie - Besselweg 15, 4400 Münster/W. (T. 5 71 73) - Geb. 10. Febr. 1913 Jena - Promot. 1940 Jena; Habil. 1949 Stuttgart - B. 1937 Glaswerk Schott & Gen., Jena; 1948-53 Abt.sleit. Max-Planck-Inst. f. Metallforsch., Stuttgart; s. 1953 ao. u. o. Prof. (1959) Univ. Münster (1964 Dir. Anorgan.-Chem. Inst.) - BV: Chem. Transportreaktion, 1962. Div. Einzelarb. - 1967 Alfred-Stock-Gedächtnispreis Ges. Dt. Chemiker; 1969 Mitgl. Dt. Akad. d. Naturforscher (Leopoldina), Halle/S.

SCHÄFER, Harald

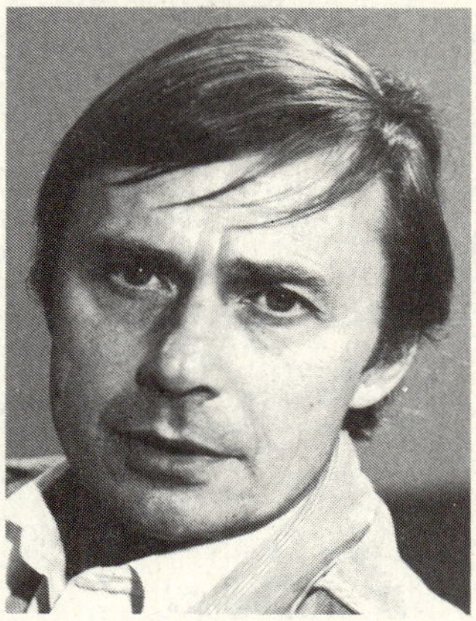

Dr. phil., Regisseur - Gartenstr. 18, 6057 Dietzenbach-Steinberg (T. 06074 - 34 77) - Geb. 15. Jan. 1931 Schotten (Vater: Heinr.-Wilh. Sch., Schulrat; Mutter: Erna, geb. Koch), verh. s. 1958 m. Christa, geb. Laukhardt, T. Tanja - Univ. Frankfurt/M. u. Marburg (Europ. Ethnol., Musikwiss. u. German.) - 1952-56 Regieassist. u. Schausp. Städt. Bühnen Frankfurt; 1956-82 Regiss. HR-Ferns. Zeitw. Lehrauftr. Univ. Marburg (f. Ethnol.) - BV: D. Fam. vor u. auf d. Bildschirm, 1973; D. Leute v. Domplatz, 1980; Als Druff, 1987; Urfaust Hessisch, 1989 - Theater: Regie-Assist. b. Brecht, Buckwitz, Piscator, Legal, Völker, Müthel, Assmann, Kortner, Verhoeven u. a. (1954 erste eig. Insz. Baden-Baden m. Werner Finck: Pygmalion); zul. Hess. Staatstheater Darmstadt: D. Erzbischof ist da (Peter Sattmann), 1980; Draußen vor d. Tür (W. Borchert), 1981; Vor d. Ruhestand (Thomas Bernhard), 1982; Alt-Darmstadt (Rüthlein/Schäfer), 1987; D. Schinderhannes (Carl Zuckmayer), 1988; D. Pfundexamen (Haumbach/Schäfer) - Fernsehen: Autor u. Regiss. zahlr. Prod. (Unterh., Spiel, Fam.progr., Dok., Musik) f. fast alle dt. Sender, u. a. Hesselbach-Serie, Montagsmaler, Musik-Shows (Gloria Davy, Hildegard Knef, Paul Anka, Udo Lindenberg), Gustav-Knuth-Spezial, Kulenkampff-Serie, Blauer Bock, Immergrün, Wer will, der kann, Er-sie-es, Im Krug zum grünen Kranze-, (alles Serien) Oberkrainer-Send., Augsburger Puppenkiste (20 Filme), Schaukelstuhl, Städte-Serie (78 Folgen), Goethe-Dok., D. Leute v. Domplatz, E. Abend m. Georg Thomalla, u.v.a. (auch üb. Sport, Med., exp. Musik, Kabarett), Tag d. dt. Schlagers, Gold. Europa, Hess. Geschichten (Günter Strack) - Hörf.: Sprecher in Frankf., Autor u. Regiss. (z. B. D. Knigge d. Herrn Martin) - Film: Prod. u. Regie v. Werbef. f. namhafte Firmen u. Institutionen (auch Min., Städte, DB) - Schallpl.: Texter, Jury-Mitgl. Dt. Voraussch. z. Grand Prix Eurovision - Regiss. öfftl. Großveranst. (u. a. Dt. Katholikentag Freiburg 1978) - 1971 1. Preis Ethnol. Filmfestival in Ungarn, Preis d. Kritiker ebd.; 1978 3. Preis Intern. Touristik-Film-Festival Tarbes/Frankr. (f.: M. d. Jet z. Dornröschen) - Lit.: u. a. Zeutzschel: D. Fernsehspiel-Archiv, 1966, u. Biographien, 1969.

SCHÄFER, Harald B.

Oberstudienrat, MdB (s. 1972) - Elsässer Str. 1a, 7600 Offenburg - Geb. 20. Juli 1938 Oberdielbach, verh., 2 Kd. - Gymn. Eberbach/N. (Abit. 1958); 1958-64 Univ. Heidelberg u. München (Gesch., Dt., Polit. Wiss.). Staatsex. 1964 u. 66 - S. 1965 Schuldst., 1965-69 stv. Landesvors. Jungsozialisten Baden-Württ.; 1981 Vors. Kommiss. Zukunft d. Kernenergiepolitik d. dt. Bundestages. SPD s. 1962 (1971 Kreisvors. Heidelberg, s. 1977 stv. Landesvors. SPD Bad.-Württ., Umweltpolit. Sprecher SPD-Bundestagsfrakt., stv. Vors. d. SPD-Frakt. u. Vors. d. Arbeitskr. VI Umwelt u. Energie).

SCHÄFER, Hasso

Dr. med. (habil.), Prof., Kinderarzt - Wachstr. 7, 1000 Berlin 27 (T. 45 74 74) - B. 1968 Privatdoz., dann apl. Prof. FU Berlin (Kinderheilkd.). Facharb.

SCHÄFER, Helmut

Dr. rer. oec., Vorstandsmitglied Bayerische Motoren Werke AG., München - Petuelring 130, 8000 München 40 - Geb. 28. Jan. 1933 Haßlinghausen - Stud. Volkswirtsch.lehre Univ. Frankfurt, München, Innsbruck. Dipl.-Volksw. - Zun. (1962) VW, d. (1968) Vorst. VW de Mexico, s. 1975 BMW - Liebh.: Südamerik. Kunst, Fotografie - Spr.: Engl., Span. - Rotarier.

SCHÄFER, Helmut

Staatsminister im Auswärtigen Amt, MdB (s. 1977) - Bundeshaus, 5300 Bonn; priv.: 6500 Mainz - Geb. 9. Jan. 1933 Mainz (Vater: Otto S., Kaufm.; Mutter: Johanna, geb. Koch) - 1951-1957 Stud. German., Angl., Phil., Päd., Theaterwiss. Mainz, Innsbruck, Dayton (USA). Staatsex. 1958 u. 60 (Ass.) 1960-67 Studienrat; 1967-77 Ref. (u.a. Medienfragen) im Min. f. Unterr. u. Kultur Rhld.-Pf. 1966-68 stv. Vors. Dt. Jungdemokr. Rhld.-Pf., 1968-70 stv. Bundesvors. DJD. FDP s. 1964 (s. 1972 Mitgl. Bundesvorst.), s. 1978 Vorst.-Mitgl. Friedrich-Naumann-Stiftung, 1980-82 Vors. Med. Kommiss. Europ. Lib., 1980-83 Vors. Med. Kommiss. F.D.P., Mitgl. Exekutiv Kommittee Lib. Internationale, s. 1979 außenpol. Sprecher d. F.D.P.-Bundestagsfraktion, s. 1984 Vors. F.D.P. BFA Außenpolitik; 1981-87 Vors. dt.-sowj. Parl. Gruppe im Dt. Bundestag, Vorst.-Mitgl. Atlantikbrücke, Mitgl. Goethe Inst. - BV: Schulfernsehen in Europa, 1976; Schulrecht f. Schüler u. Eltern in Rhld.-Pf. - Liebh.: Theater, Musik - Spr.: Engl., Franz.

SCHÄFER, Helmut

Dr. rer. pol., Fabrikant, gf. Gesellsch. Filzfabrik Fulda GmbH, Fulda - Am Eichwald 2, 6400 Fulda - Geb. 29. März 1932 Fulda (Vater: Julius S., Fabr.), verh. s. 1963 m. Edith, geb. Wirth - Dipl.-Kfm.

SCHAEFER, Helmut

Dr.-Ing. Prof., Ord. f. Energiewirtschaft u. Kraftwerkstechnik TU München/Institutsdir. (s. 1969) - August-Exter-Str. 31, 8000 München 60 (T. 089 - 83 14 68) - Geb. 26. April 1926 Gießen (Vater: Emil S., Studienrat; Mutter: Carola, geb. Adami), ev., verh. s. 1954 m. Eleonore, 2 Kd. - 1948-52 TH Karlsruhe (Elektrotechn.; Dipl.-Ing.). Promot. 1956 - U. a. Leit. Forschungsst. f. Energiew. Karlsruhe bzw. München - BV: Struktur u. Analyse d. Energieverbrauchs d. BRD; Elektr. Kraftwerkstechn., Kernfragen - Unsere Energieversorg. heute u. morgen - Spr.: Engl.

SCHAEFER, Helmut H.

Dr. rer. nat., o. Prof. u. Direktor Mathemat. Inst. Univ. Tübingen (1963) - Morgenstelle 10, 7400 Tübingen (T. 29 28 96) - Geb. 14. Febr. 1925 - Habil. 1954 Leipzig - Prof. Univ. Halle (1956), Washington (1958), Ann Arbor (1960) - BV: Topological Vector Spaces, 1966/71 (russ. 1971, span. 1975); Banach Lattices and Positive Operators, 1974; Introduzione Alla Teoria Spettrale, 1980. Zahlr. Einzelarb. - 1978 Mitgl. Heidelbg. Akad. - 1985 BVK.

SCHÄFER, Herbert

Dr. jur., Ltd. Kriminaldirektor a. D., Rechtsanwalt, Gründer Kriminalist. Studiengem. Bremen (s. 1970) u. d. Ges. f. Jugendhilfe u. Kriminalitätsvorbeugung (s. 1980) - Dietrich-Bonhoeffer-Str. 84, 2800 Bremen 41 (T. 0421 - 47 64 62 u. 32 35 92) - Geb. 8. März 1926 Andernach (Vater: Johann S., Techn. Beamter; Mutter: Maria, geb. Weis), kath., verh. s. 1947 m. Marianne, geb. Kratky, 3 Kd. (Bernd, Ute, Helmut) - Stud. Univ. Bonn. 1. u. 2. Jurist. Staatsex.; Promot. Bonn - 1946-53 Landespolizei Bayern; 1960-69 Bundeskriminalamt Wiesbaden; 1969-74 Leit. K.polizei, Bremen, 1974-86 Landeskriminalamt Bremen. Begründer d. TB-Reihe Grundlagen d. Kriminalistik, sow. d. Fachschriftenr. Kriminalist. Studien. Zahlr. Fachaufs. - Beccaria-Med. (Silber) Dt. Kriminolog. Ges. - Interessen: Entwickl. neuer kriminalist. Meth. - Spr.: Engl.

SCHÄFER, Hermann Ernst

Komponist, Pianist, Prof. Staatl. Hochsch. f. Musik Heidelberg-Mannheim - Hermann-Löns-Weg Nr. 14, 6900 Heidelberg 1 (T. 06221-80 20 64) - Geb. 6. März 1927 Rottweil/N. (Vater: Ernst S., Rektor; Mutter: Emilie, geb. Reh), ev., verh. s. 1955 m. Lore, geb. Wäger, 3 Kd. (Hans-Ulrich, Martin, Stefan) - Stud. Musikhochsch. Trossingen, Heidelberg (Musiklehrerprüf. f. Klavier u. Musiktheorie) u. Univ. Heidelberg (Staatsex. f. d. Höh. Lehramt) - 1955-66 Höh. Lehramt Heidelberg (zul. Oberstud.rat); 1966-74 Pädag. Hochsch. Heidelberg (Prof. f. Musikerz.); s. 1966 Staatl. Musikhochsch. Heidelberg (Lehrauftr. f. Musiktheorie; 1972-76 Leit. Ausbild.sstätte Heidelberg; s. 1974 Prof. f. Komposition) - Kompositionen f. Orchester u. Kammermusikbesetz., Liederzyklen, Schauspielmusiken - 1953 Dt. Jugendmusikpreis Bundesinnenmin.; 1958 Förderpreis Stadt Stuttgart - Rotarier.

SCHÄFER, Hermann-Josef

Geschäftsführer Verwaltungsgesellschaft Hentschel, Hannover - Birkenkamp 17, 3002 Wedemark 14 (T. 05130-74 43) - Geb. 13. März 1934 Köln, kath., verh. m. Ursula, geb. Westhoff - Lehre als Ind.kaufm., Verw.- u. Wirtsch.-Akad. Köln - Gf. Gesellsch. Autohaus Hentschel GmbH, Hannover, Hentschel Versich.-Agentur GmbH, Hannover, Kraftfahrz.-Zentr. Theodor Westhoff GmbH, Hamm, u. AUMAG Auto- u. Maschinenges. mbH, Hannover; AR Garanta Versich. AG; VR LHS Leasing- u. Handelsges. mbH, Hannover; 1. Vors. Fachverb. Kraftfahrzeughdl., Bonn; Präs. Dt. Ford-Händler-Vereinig., Köln; Vizepräs. Zentralverb. Kraftfahrzeuggewerbe, Bonn; Präsidialmitgl. Dt. Automobil Treuhand GmbH, Stuttgart - Liebh.: Kommunalpolitik, Jagd, Tennis - Spr.: Engl.

SCHÄFER, Joachim

Ass., Stadtdirektor Stadt Buchholz in d. N. - Schluchtweg 3a, 2110 Buchholz (T. 04181-3 19 27) - Geb. 19. Juni 1948 Mainz-Kastel, ev., verh., m. Ragnhild, geb. Schnakenberg, 3 Kd. (Janina, Nicola, Julian-Chr.) - Jurastud., 2. Staatsex. 1977 - Doz. FHS Mayen, Ref. Min. Bonn, zul. Bürgerm. Stadt Altenstadt - Liebh.: Musik, Lit., Reisen - Spr.: Engl., Franz.

SCHÄFER, Jörg

Dr. phil., Prof. f. Archäol. Univ. Heidelberg - Marstallhof 4, 6900 Heidelberg - Geb. 25. April 1926 Stuttgart, ev., verh. s. 1958 m. Maria, geb. Rizos, 3 Kd. (Nadja, Myrto, Silvia) - Stud. Univ. Tübingen - Ausgrabungen Cypern, Griechenl., Kleinasien. Fachmitgl.sch. - BV: Stud. z. d. griech. Reliefpithoi, 1957; Hellenist. Keramik (Pergamenische Forsch.), II 1968. Veröff. z. antiken Topographie u. Kunst. Herausg. u. Mitautor: Phaselis (Istanbuler Mitt. Beiheft 24, 1981) - Liebh.: Musik - Spr.: Engl., Neugriech., Franz.

SCHAEFER, Jürg

Kaufmann, Vorstandsvors. AOK Frankfurt, Vorstandsmitgl. A. C. Spanner AG, geschäftsf. Gesellschafter Berg- u. Hüttenprodukte Walter Kaempfert GmbH u. Ricona Helmut Mataré GmbH, Geschäftsf. Compendata GmbH (alle Frankfurt), Ehrenpräs. Deutscher Hockeybund (s. 1985) - Blanchardstr. 16,

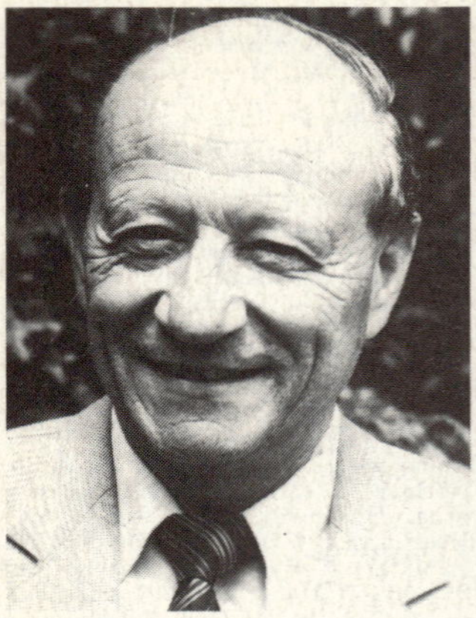

6000 Frankfurt/M. 90 (T. 0611 - 77 86 58) - Geb. 26. Mai 1919 Frankfurt (Vater: Hans S., Bankprokurist; Mutter: Maria, geb. Eberstadt), ev., verh. s. 1946 m. Dr. Kitty, geb. Kaempfert, 6 Kd. (Hans, Charlotte, Klaus, Doreen, Christian, Walter) - Lessing-Gymn. Frankfurt (Abit. 1937), Lehre Großhandelskfm. (b. 1939); Jur.-Stud. - Vorst.-Mitgl. AOK Frankfurt (s. 1970); Conseil FIH (s. 1974); Executive Committee EHF (s. 1974); Vors. Zweigstelle d. dt. Olymp. Gesellsch., Frankf. (s. 1984) - 1979 Med. Stadt Frankfurt (f. sportl. Verdienste); 1982 Ehrenbrief Land Hessen; 1983 BVK I. Kl.; 1984 Sportplak. Stadt Frankfurt - S. 1949 ehrenamtl. Richter LAG Frankfurt; Mitgl. Fin. Aussch. d. NOK, Mitgl. Ältestenrat d. NOK auf Lebenszeit - Liebh.: Hockey, Tennis, Squash, Skilaufen, Bergsteigen, Musik, Garten - Dt. Jugendm. Zehner-Kanu 1934 - Spr.: Engl., Franz., Ital., Span., Schwed.

SCHÄFER, Jürgen

Dr. phil., Prof. f. Engl. (Amerik.) Literaturwissenschaft Univ. Augsburg (s. 1974) - Ackerstr. 2c, 8900 Augsburg 21 - Geb. 1. Aug. 1933 Wuppertal (Eltern: Erich (Kaufm. Angest.) u. Helene S.), kath., verh. s. 1962 m. Loretta, geb. Bickel, T. Sarah - Naturwiss. Gymn.; Stud. Angl., Roman., Gesch. Tübingen, Leicester, Münster, Pittsburgh. Promot. (1964) u. Habil. (1971) Münster - 1971/72 Doz., Wiss. Rat u. Prof. (1973) Univ. Münster - BV: Wort u. Begriff ‚humour' in d. elisabethan. Komödie, 1966; Shakespeares Stil: German. u. Roman. Vokabular, 1973; Documentation in the O.E.D.: Shakespeare and Nashe as Test Cases. Oxford Univ. Press, 1980; Gesch. d. amerik. Dramas im 20. Jh., 1982. Hrsg.: Commonwealth-Lit. (1981) - Spr.: Engl., Franz., Span.

SCHÄFER, Karl Friedrich

Dr. phil., Autor - Fichtenweg 2, 8918 Diessen am Ammersee (T. 08807 - 85 97) - Geb. 26. Jan. 1920 Dortmund - Stud. German. u. Musikwiss.; Promot. 1953 Heidelberg - 1952-80 Werbefachmann, zul. 8 J. PR-Chef im Franz Schneider Verlag München - 7 Jugendb. u.a.: Sprachgeheimnisse - Geheimspr., 1974; Traumreisen in Europa, Bildb. 1980; Geliebte Winkel in Europa, Bildbd. 1989; 2 Hörspiele im SW-Funk - Liebh.: Reisen, Musik (Klavierspiel) - Spr.: Engl., Franz., Lat., Griech., Norweg.

SCHAEFER, Karl Heinz

Dr., Präsident Bundesausgleichsamt - Untere Terrassenstr. 1, 6380 Bad Homburg v. d. H - VRvors. Lastenausgleichsbank, VRmitgl. Dt. Pfandbriefanstalt.

SCHÄFER, Karl-Hermann

Dr. phil., o. Prof. f. Allg. Pädagogik Univ. Dortmund - Forstbann 4A, 4600 Dortmund 50 (T. 73 60 27) - Geb. 13. März 1935 Kassel (Vater: Friedrich Sch., Ing.; Mutter: Elisabeth, geb. Hundeshagen), ev., verh. s. 1968 m. Jutta, geb. Diercks, 2 Töcht. (Michaela, Corinna) - 1955-64 Stud. Kirchl. Hochsch. Wup-

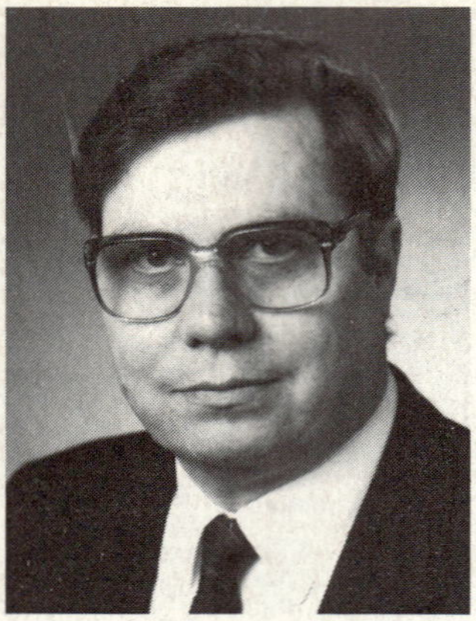

pertal, Univ. Bonn u. Oxford (Päd., Phil., Angl., Psych., Ev. Theol., Soziol.) - 1980-82 Dekan Abt. f. Erzieh.wiss. u. Biol. Univ. Dortmund; 1985/86 Senator Univ. Dortmund - BV: Bildungsmod. u. Geschichtlichk., (hrsg. m. Klaus Schaller) 1967; Bild. u. Kultur, (hrsg. m. Klaus Schaller) 1968; Krit. Erziehungswiss. u. kommunik. Didaktik, (m. Klaus Schaller) 3. A. 1976; Ciência Educadora Crítica e Didática Comunicativa, tempo brasileiro, Rio de Janeiro, 1982 (m. Kl. Schaller; übers. v. M. Martincic); Studienbriefe f. d. Fernuniv. Hagen, 1977-86 - Liebh.: Musik (Mozart), Malerei - Spr.: Hebräisch, Griech., Latein, Engl., Franz.

SCHÄFER, Karl-Wilhelm

Dr. jur., Dipl.-Ing., Vorstandsmitglied Dornier GmbH, Friedrichshafen (s. 1971) - Obere Waldstr. 13, 7758 Meersburg (T. 63 61) - Rotarier.

SCHÄFER, Klaus

Dr. agr., Prof., Abteilungsvorsteher Lehrstuhl f. Ländl. Bau- u. Siedlungswesen TU Hannover - Waltringhauser Str. 4, 3052 Bad Nenndorf (T. 28 75) - Geb. 5. Mai 1930 Magdeburg (Vater: Heinrich S., Ing.; Mutter: Erika, geb. Bohn), verh. m. Uta Deutschbein, 2 Kd. - Univ. Gießen. Promot. 1956 - S. 1967 wie oben.

SCHÄFER, Klaus-Michael

Dipl.-Volksw., Geschäftsführer Bundesverb. d. pharmazeut. Großhandels, u. DATEG Datenfernübertragungsgeräte-Ges. mbH, Frankfurt - Zu erreichen üb. PHAGRO, Savignystr. 42, 6000 Frankfurt 1 (T. 069 - 74 04 77) - Geb. 28. Sept. 1951 Frankfurt/M. - Generalsekr. d. G.I.R.P.

SCHÄFER, Ludwig

I. Bürgermeister - Rathaus, 7911 Elchingen/Schw. - Geb. 22. Sept. 1919 Biebesheim - Zul. Bundesbahnoberamtsrat.

SCHÄFER, Manfred

Dr. rer. nat., em. o. Prof. f. Mechanik TU Clausthal - Rhumeweg 15, 3400 Göttingen (T. 7 26 15) - Geb. 30. April 1912 Dresden (Vater: Johannes S., Studienrat; Mutter: geb. Weidel), verh. 1947 m. Ingeborg, geb. Korte - TH Dresden, Univ. Leipzig - 1939-45 Assist. TH Dresden; 1951-62 Privatdoz. u. apl. Prof. (1957) Univ. Göttingen. Selbst. Abt.leit. Max-Planck-Inst. f. Strömungsforsch., Göttingen (b. 1964); 1962-81 Dir. Inst. f. Techn. Mechanik TU Clausthal. Spez. Arbeitsgeb.: Angew. Mechanik. Zahlr. Fachveröff. - Ausw. Wiss. Mitgl. Max-Planck-Inst. f. Strömungsforsch. - Intern. Fernschachmeister.

SCHÄFER, Marian Walter

Dr. phil. nat., Dipl.-Biol., Prof. f. Vgl. Verhaltensphysiologie Zool. Institut Univ. Frankfurt - Westendstr. 63, 6457 Maintal 1 (T. 06181 - 49 43 82) - Geb. 15. Aug. 1947 Frankfurt/M. (Vater: Heinrich Sch., städt. Angest.; Mutter: Edith, geb. Großkopf) - Gymn. Frankfurt (Abit. 1966); 1966-71 Stud. Zool., Botanik, Geol. u. Paläontol. Univ. Frankfurt/M.; Dipl.-Biol. 1971, Promot. 1972 - 1971-77 Wiss. Mitarb. Zool. Inst. Frankfurt; 1977-80 Doz. f. vgl. Verhaltensphysiol.; ab 1980 Prof. Zool. Inst. Frankfurt - BV: Orientier. im Tierreich (m. F. W. Merke), 1980; Lernen, in: Biol., E. Vorles.reihe f. Med. u. Naturwiss., 1981 - Liebh.: Reisen, Archäol., Ethnol. - Spr.: Engl.

SCHAEFER, Matthias

Dr. rer. nat., Prof. f. Zoologische Ökologie - Konrad-Adenauer-Str. 15, 3400 Göttingen (T. 2 12 29) - Geb. 23. April 1942 Berlin (Vater: Erich Sch., Reg.rat; Mutter: Waltraut, geb. Kroll), ev., verh. s. 1968 m. Michaela, geb. Batteiger, 3 Kd. (Nikola, Christoph, Stephan) - Gymn. (Abit. 1961) Bad Godesberg; Univ. Bonn (Biol., Chem., Slawist.), dann Kiel, Promot. 1969 Kiel, Habil. 1975 - 1969 wiss. Assist. Univ. Kiel, s. 1977 Leit. Abt. Ökol. II. Zool. Inst. Univ. Göttingen - BV: Autor: Wörterbuch Ökologie, 1983. Herausg.: Fauna v. Dtschl., 17. A. 1988 - Spr.: Engl., Franz., Russ.

SCHÄFER, Norbert

Ministerialdirektor Presse- u. Informationsamt d. Bundesreg., stv. Regierungssprecher - Welckerstr. 11, 5300 Bonn (T. 20 81) - Geb. 1934 - CSU.

SCHÄFER, Otto

Dr. jur., Assessor, Direktor, Geschäftsf. Wüstenrot Holding GmbH/Bauspark. Gemeinsch. d. Freunde Wüstenrot gGmbH, Ludwigsburg - Königsberger Str. 49, 7140 Ludwigsburg - Geb. 21. Juli 1930 Stuttgart, ev., verh., 3 T. - Banklehre; Jura-Stud.; Ass.; Promot. - Vorst.-Vors. Verb. Priv. Bauspark., Bonn; AR-Vors. Wüstenrot Grundstücks-Verwertungs-Ges. mbH u. Wüstenrot Lebensversich.-AG; stv. AR-Vors. Wüstenrot Städtebau- u. Entw.ges. mbH, u. Wüstenrot Bank AG, alles Ludwigsburg - BV: Kommentar z. Bauspark.gesetz (Lehmann - Schäfer - Cirpka), 3. A. - Spr.: Engl.

SCHÄFER, Paul

Dr. phil., Prof., Inh. Lehrstuhl f. Geographie u. ihre Didaktik - Ahornweg 14, 3201 Barienrode (T. 05121 - 26 36 32) - Wiss. Hochsch. Hildesheim, Inst. Geographie, Gesch., Pol. Wiss.

SCHÄFER, Peter

Dr. phil., o. Prof. f. Judaistik FU Berlin - Zu erreichen üb. Freie Universität, Schwendenerstr. 27, 1000 Berlin 33 - Geb. 29. Juni 1943 Hückeswagen, Vater: Josef Sch., Verw.dir.; Mutter: Agnes, geb. Fischer), kath., verh. s. 1968 m. Dr. Barbara, geb. Siems, 3 Kd. (Ruth, Eva, Simon Peter) - 1962-68 Stud. Judaistik, kath. Theol. u. Phil. Univ. Bonn, Jerusalem u. Freiburg (Promot 1968), Habil. 1973 Frankfurt - 1974-82 apl. Prof., 1982-83 Prof. Köln; s. 1983 Prof. FU Berlin; s. 1984 Senior Assoc. Fellow, Oxford Centre for Postgraduate Hebrew Studies; 1985 Gastprof. Hebräische Univ. Jerusalem; s. 1987 korr. Mitgl. British Acad.; 1988 Ruf auf d. Smart Family Foundation Chair f. Judaic Stud., Duke Univ., Durham, N.C./USA; s. 1988 Mitgl. Acad. Committee, Annenberg Research Institute f. Judaic and Near Eastern Studies, Philadelphia, USA - BV: D. Vorstell. v. Hl. Geist in d. rabbin. Lit., 1972; Rivalität zw. Engeln u. Menschen, 1975; Stud. z. Gesch. u. Theol. d. rabbin. Judentums, 1978; Kl. Lexikon d. Judentums (m. J. Maier), 1981 (ital. 1985); D. Bar Kokhba-Aufstand, 1981; Synopse z. Hekhalot-Lit., 1981; Gesch. d. Juden in d. Antike, 1983 (franz. 1989); Geniza-Fragmente z. Hekhalot-Lit., 1984; Konkordanz z. Hekhalot-Lit., Bd. I, 1986, Bd. II, 1988; Übers. d. Hekhalot-Lit., Bd. II, 1987; Hekhalot-Stud., 1988. Mithrsg.: Arb. z. Gesch. d. Antiken Judentums u. d. Urchristentums; Übers. Talmud Yerushalmi; Texte u. Stud. z. Antiken Judentum; Texts and Studies in Medieval and Early Modern Judaism.

SCHÄFER, Philipp

Dr. theol., Prof. f. Dogmatik Univ. Passau - Göttweigerstr. 133, 8390 Passau (T. 0851 - 3 48 66) - Geb. 19. Juli 1934 Wendelsheim (Vater: Albin Sch., Schmied; Mutter: Anna, geb. Bauer), kath. - S. 1955 Stud. Theol., Phil. Univ. Tübingen u. Würzburg (Promot. 1969 Tübingen), Habil. 1973 München - 1973 Privatdoz. München; 1975 Prof. Königstein; 1978 in Fulda; s. 1980 in Passau - BV: Phil. u. Theol. im Übergang v. d. Aufklär. z. Romantik, 1971; Kirche u. Vernunft, 1974; Einf. in d. Glaubensbekenntnis, 1979 (auch ital. u. span.) Eschatol. Trient u. Gegenreformation (HDG), 1984; Lebensquelle Eucharistie, 1985; Buße - Beichte - Vergebung, 1987.

SCHÄFER, Rolf

Dr. theol., Prof., Oberkirchenrat - Würzburger Str. Nr. 37, 2900 Oldenburg (T. 8 77 19) - Geb. 12. Juni 1931 Stuttgart - Stud. Tübingen, Göttingen, Zürich - 1960-64 Stiftsrepetent, 1964-71 Pfarrer Täbingen, 1967 Privatdoz., s. 1971 O.kirchenrat, 1974 apl. Prof. Tübingen - BV: Christol. u. Sittlichkeit in Melanchthons frühen Loci, 1961; Ritschl - Grundlinien e. fast verschollenen dogmat. Systems, 1968; Jesus u. d. Gottesglaube, 2. A. 1972; D. Ev. Glaube, 1973; D. Bibelauslegung in d. Gesch. d. Kirche, 1980. Herausg.: Melanchthons Werke V, Römerbriefkomment. 1532 (1965).

SCHÄFER, Theo

Dr. theol., Dr. phil., Prof., Studienleiter St. Lambert, Burg Lantershofen - Burg Lantershofen, 5482 Grafschaft (T. 02641 - 2 96 54) - Geb. 25. Aug. 1930 Straßfeld, kath., ledig - Phil.- u. Theol.-Stud.; Promot (phil.) 1959 Bonn, (theol.) 1975 Regensburg (Prof. Ratzinger); 1962-67 Studentenpfarrer TH Aachen; 1967-74 Dir. Collegium Leoninum Bonn; 1976-86 Regens Studienhaus St. Lambert, Burg Lantershofen. S. 1982 Prof. - BV: D. erkenntnistheoret. Kontroverse Kleutgen-Günther, 1961; D. Priester-Bild im Leben u. Werk d. Origenes, 1977; Vlaten - E. Dorf m. gr. Gesch., 1979 - Liebh.: Sport, Mod. Kunst - Spr.: Latein, Hebr., Griech., Engl., Franz.

SCHAEFER, Ulrich

Dr. rer. nat., o. Prof. f. Anthropologie - Löberstr. 6, 6300 Gießen (T. 7 47 95) - Geb. 23. Febr. 1922 Dinslaken/Ndrh. (Vater: Dr. med. Heinrich S., prakt. Arzt; Mutter: Katharina, geb. Gockel), verh. s. 1965 m. Gisela, geb. König - Univ. Bonn, Graz, Kiel (Med., Naturwiss.). Promot. (1949) u. Habil. (1959) Kiel - S. 1956 Lehrtätigk. Univ. Kiel (1962 apl. Prof.; 1963 Wiss. Rat u. Prof.) u. Gießen (1965 Ord. u. Inst.sdir.; s. 1978 Dekan FB Biologie d. Justus-Liebig-Univ. Gießen - BV: Anthropol. Unters. d. Skelette am Haithabu, 1963; Verhandlungen d. Gesellsch. f. Anthropol. u. Humangenetik, 1975. Üb. 60 Einzelarb. - Spr.: Engl., Franz.

SCHÄFER, Walter

Direktor, Vorstandsmitglied Hess. Landesbank-Girozentrale Frankfurt/M. - Junghofstr. 18-26, 6000 Frankfurt/M. 1 - Geb. 19. Dez. 1936, verh., 2 Kd. - 1953-59 Kreisspark. Marburg; s. 1959 Stadtspark. Frankfurt (1970 Abteilungsdir., 1972 stv. Vorst.-Mitgl.); 1974 stv. gf. Präs. Hess. Spark. u. Giroverb. Frankfurt; s. 1980 Vorst.mitgl. Hess. Landesb. - Zahlr. Ehrenstellungen.

SCHÄFER, Wendel

Schriftsteller, Pädagoge - Igelweg 2, 5407 Boppard-Buchenau (T. 06742 - 40 67) - Geb. 25. Aug. 1940 Bundenbach/Hunsrück (Vater: Adalbert Sch., Rektor), kath., verh. s. 1965 m. Dorothee, geb. Goerigk, 2 Kd. (Andrea, Michael) - Abit. Boppard; Stud. EWH Koblenz, Univ. Mainz (Allg. Päd. u. Sonderpäd.) - 1978-89 Tätigk. in d. Lehrerausb. am Studiensem. Neuwied; 1978-81 Landesvors. Verb. dt. Sonderschulen; Mitgl. Verb. dt. Schriftst. (VS) (Landes- u. Bundesvorst.); s. 1989 1. Vors. TG 1982

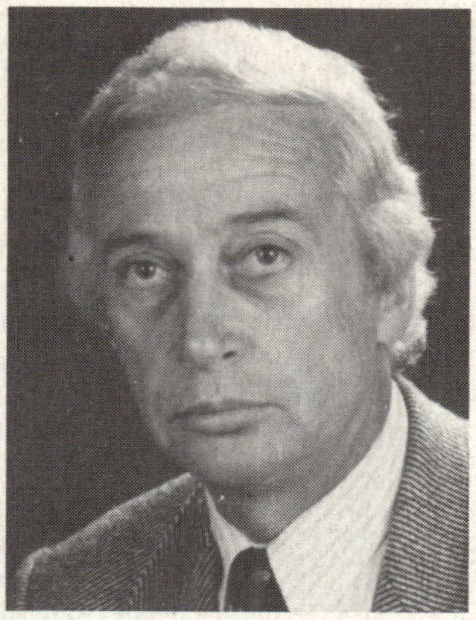

Boppard - BV u.a.: Saurer Regen, 1983; Flügelschläge, 1985; Guten Morgen Dtschl., 1986; Bilderkopf u. Blumentritt, 1988. Veröff. zahlr. Anthol. u. lit. Ztschr., außerd. Buchillustrationen u. Karikaturen - 1988 Hafiz Satire-Preis - Liebh.: Kunst, Historie, Phil. - Spr.: Engl., Franz.

SCHÄFER, Werner

Dr. med., vet., Dr. med. vet. h. c., Prof., Direktor em. Max-Planck-Inst. f. Virusforsch., Tübingen - Wolfgang-Stock-Str. 18, 7400 Tübingen (T. MPI: 60 13 75) - Geb. 9. März 1912 Wanne/W. - S. 1952 (Habil.) Lehrtätigk. Gießen (1958 apl. Prof., 1964 Honorarprof.). 1965 Honorarprof. Univ. Tübingen. 1954 Wiss. Mitgl. MPI f. Virusforsch. Spez. Aufgabengeb.: Virologie und Onkologie. Üb. 180 Fachveröff. - 1972 Ehrendoktor Tierärztl. Hochsch. Hannover; 1972 Aronson-Preis Berlin; 1957 Carus-Med. Dt. Akad. d. Naturforscher (Leopoldina), 1962 Emil-v.-Behring-Preis Univ. Marburg, 1965 Ludwig-Schunk-Preis Univ. Gießen; 1969 Mitgl. Leopoldina; 1975 Award World Committee for comp. Res. on Leukemia and relat. Diseases; 1978 P. Ehrlich u. L. Darmstaedter Preis; 1981 Ehrenmitgl. Dt. Ges. f. Hygiene u. Mikrobiol.

SCHÄFER, Wilhelm

Fabrikant, Kompl. Wilhelm Schäfer KG., Likörfabrik/Weinimport, Nürnberg, stv. Vors. Bundesfachverb. d. dt. Spirituosenind., Düsseldorf, Vors. Schutzverb. d. Dt. Spirituosenind., Wiesbaden, u. Landesverein bayer. Spirituosen- u. Likörfabrikanten, München, u. a. - Schrothstr. 13, 8500 Nürnberg - Geb. 13. Juni 1903 Nürnberg (Eltern: Georg (Kaufm.) u. Magdalena S.) - Gymn.; Destillateursch.

SCHÄFER, Wolfgang

Dr., Prof., Dozent f. Polit. Sozialisation u. Politikwiss. Univ. Bremen - Stadtländerstr. 21, 2800 Bremen.

SCHÄFER, Wolfgang

Direktor, Kaufm., gf. Vorstandsmitgl. Bäko Zentrale Süd-West eG Ladenburg - Trajanstr. 58, 6802 Ladenburg (T. 06203 - 10 01-0) - Geb. 1. Okt. 1934, kath., verh. s. 1960 m. Christa, geb. Bertsch, 2 S. (Matthias, Steffen) - AR-Vors. Bäko-Rechenzentrum Süd-West eG Ladenburg; Vorst.-Mitgl. u. stv. Verbandsdir. Bäko Prüfungsverb. Bad Honnef; AR-Mitgl. Bäko-Bundeszentrale eG, Bad Honnef.

SCHÄFER, Wolfgang

Dr.-Ing., Prof. f. Automatisierungstechnik - Reckmannshof 15, 4300 Essen 1 - Geb. 25. Juli 1929 Düsseldorf (Vater: Wilhelm Sch., Kaufm.; Mutter: Charlotte, geb. Rohde), ev., verh. s. 1963 m. Margrit, geb. Dieterich, 3 Kd. (Dirk, Monika, Claudia) - Gymn. Wuppertal (Abit. 1950), TH Aachen, Dipl.-Ing. Stuttgart 1955, Promot. ebd. 1958 - 1964-71 Geschäftsf. GRA, 1971-75 Gf. Compac-Dr. Schäfer, s. 1976 Prof. Univ. Essen-GH - Entd.: Computer-Steuerung d. 100m-Radioteleskops Effelsberg, Eifel (1969), Mikrocomputer-Automatis. d. Flughafens Changi/Singapur (1979) - Spr.: Engl. - Lit.: Prof. Popović: Regelungstechnik, 1977.

SCHAEFER-KEHNERT, Walter

Dr. agr., em. o. Prof. f. Landw. Betriebslehre Univ. Göttingen, Chief Agriculture and Rural Development Division, Economic Development Institute, World Bank - Washington, D. C. 20433, USA - Geb. 5. Febr. 1918 Kehnert/Elbe - S. 1956 (Habil.) Lehrtätigk. Univ. Göttingen (1960 Prof.). Zeitw. Einsatz FAO/UN (Argent.), Tätigk. Intern. Bank for Reconstruction and Development, Washington/USA (1963 ff.), u. World Bank, Nairobi/Kenya (1968 ff.) - BV: Wirtschaftlichkeit u. Grenzen d. Zugkraftmotorisierung, 1953 (auch franz.); Kosten d. Wirtschaftlichkeit d. Landmaschineneinsatzes, 1957; Problemas Economicos de la Mecanisation Agraria, 1960; Analisis Economico de las Explotaciones Agrarias, 1960. Etwa 100 Fachaufs. - 1957 Preis Dt. Forschungsgem.

SCHÄFERDIEK, Knut

Dr. theol., Prof. f. Kirchengeschichte - Jahnstr. 38 g, 5204 Lohmar 1 (T. 02246-41 00) - Geb. 3. Nov. 1930 Köln (Vater: Willi Sch., Schriftst.; Mutter: Ingeborg, geb. Krägeloh), ev., verh. s. 1962 m. Helga, geb. Siermann, 2 Kd. - Univ. Bonn u. Göttingen (ev. Theol.) - 1958 wiss. Assist., 1967 Doz., 1979 o. Prof. - BV: D. Kirche in d. Reichen d. Westgoten u. Suewen, 1967; Hg.: Kirchengesch. als Missionsgesch. II 1, 1978; Mithg.: Theol. Realenzyklopädie, 1976 ff.; Ztschr. f. Kirchengesch.

SCHÄFERDIEK, Willi

Schriftsteller - Am Trerichsweiher 17, 5200 Siegburg/Rhld. (T. 25 61) - Geb. 19. Jan. 1903 Mülheim/Ruhr (Vater: Fritz S.; Mutter: Marie, geb. Willrich), ev., verh. s. 1928 m. Ingeborg, geb. Krägeloh († 1966), 3 Kd. (Knut, Rainer, Ingeborg) - Präparandenanst. u. Lehrersem. - 1926-44 Rundfunktätigk. (Dramat. Westd. Rundf., Köln, Chefdramat. u. lit. Leit. Reichssender Saarbrücken (1937) u. Dt. Kurzwellensender, Berlin (1939)) - W. Mörder für uns, Dr. 1928; Narren u. Helden, Dr. 1929; Ende d. Kreatur, Erz. 1931; D. Wartezimmer, Szenarium 1931; D. Trommler Gottes, Sch. 1933; Zuma, N. 1934; D. Genosse aus Brasilien, Kom. 1935; Matthias Tobias, R. 1937; Marina zw. Strom u. Moor, R. 1938; Wer ist mir im Spiel?, Kom. 1939; D. Kaiser v. Mexiko, Sch. 1940; Breton. Hochzeit, Opernlibretto (Musik: Gustav Kneip) 1941; Schinderhannes, Opernlib. (Mus. v. dems.) 1943; D. Eierfahrt, Erz. 1943; Kl. Bilderb. e. Kindheit, Erz. 1943; Richter Lynch, Trag. 1944; Jedermann 1948, Zeitmysterium 1948; D. überlisteten Ehemänner, Kom. 1949; Gestern so wie heute, Kalendergesch. 1949; D. Leibarzt S. Majestät, Erz. 1951; Rebell in Christo, R. 1953; Ges. Bühnenwerke, 1981; D. Flügelschlag d. Bussards, Ged. 1982; Casanovas verschwiegenes Abenteuer, Erz. 1982; Dreiklang, 3 R. 1984; D. Moritat v. Schinderhannes, 1984; Lebens-Echo, Erinn. e. Schriftst., 1985 - 1973 BVK; 1988 VO d. Landes NRW - Liebh.: Gartenarb.

SCHÄFERS, Bernhard

Dr. sc. pol., o. Prof., Leiter Inst. f. Soziologie Univ. Karlsruhe (s. 1983) - Zimmerhardtstr. 8, 7570 Baden-Baden (T. 07221 - 3 32 16) - Geb. 26. Febr. Münster, verh. s. 1966 m. Christa, geb. Tehler, 2 Söhne (Eduard, Christoph René) - Dipl.-Soz. 1965; Promot. 1967; Habil. (Soziol.) 1970; alles Münster - 1971-77 ao. Prof. Landau/Pf.; 1977-83 Univ. Göttingen. 1985-88 Vorst. Dt. Ges. f. Soziol. - BV: Thesen z. Kritik d. Soziol., 1969 (span. Übers.); Einf. in d. Gruppensoziol., 1981 (span. Übers.); Sozialstruktur d. Bundesrep., 4. A. 1985; Soziol. d. Jugendalters, 4. A. 1989. Herausg.: Grundbegriffe d. Soziol. (2. A. 1989) - Liebh.: Lit./Lyrik; Stadterkundungen - Spr.: Engl., Span.

SCHAEFFER, Burghard

Prof., Dozent f. Querflöte Staatl. Hochschule f. Musik u. Theater - Emmichplatz 1, 3000 Hannover - Geb. 12. Juli 1921 Bielefeld.

SCHAEFFER, Helmut A.

Dr. rer. nat., Dr.-Ing. habil. Prof. f. Werkstoffwiss. Univ. Erlangen/Nürnberg - Mendelssohnstr. 75, 6000 Frankfurt 1 - Geb. 1. Jan. 1938 Berlin (Vater: Dr. med. Fritz Sch., Arzt; Mutter: Ella, geb. Noël), ev., verh. s. 1968 m. Beata, geb. Albert, 3 Kd. (David, Robert, Deborah) - 1957-65 Physikstud. TU Berlin; Promot. 1969 Max-Planck-Inst. f. Silicatforsch. u. Univ. Würzburg - 1969 Inst. f. Werkstoffwiss. (Glas u. Keramik) Univ. Erlangen-Nürnberg - 1980 Habil.; 1982 Beruf z. Prof. 1985 Geschäftsf. Hüttentechn. Vereinig. d. Dt. Glasind. (HVG) u. Dt. Glastechn. Ges. (DGG) - Herausg.: Fachztschr. Glastechn. Ber. - 1980 Wolfgang-Finkelnburg-Preis Univ. Erlangen; 1981 Industriepr. Dt. Glastechn. Ges. - Spr.: Engl.

SCHÄFFER, Karl-August

Dr. rer. nat., Dipl.-Math., o. Prof. f. Wirtschafts- u. Sozialstatistik Univ. zu Köln (s. 1967) - Kiefernweg 16, 5030 Hürth-Efferen (T. Hermülheim 6 73 90) - Geb. 12. Mai 1925 Menninghüffen/W. - Habil. 1966 Mainz - In- u. ausl. Fachmitgliedsch. Div. Veröff.

SCHAEFFER, Klaus

Dr. jur., Dipl.-Kfm., Vorstandsmitgl. Grundkreditbank eG - Volksbank (s. 1984) - Budapester Str. 35, 1000 Berlin 30 (T. 250 01-01) - Geb. 28. Juli 1936 Senftenberg/NL. (Vater: Dipl.-Ing. Werner S.; Mutter: Charlotte, geb. Klomp), ev., verh. s. 1963 m. Ingrid, geb. Kaske, 3 Kd. (Dagmar, Petra, Julia) - Bankl. Köln (I. D. Herstatt); Stud. Berlin, Lausanne, München, Köln; 1969-81 Vorst.-Mitgl. Kölner Bank v. 1867 eG., Volksbank, Köln; zul. Vorst.-Mitgl. Dt. Apotheker- u. Ärztebank eG - BV: Allg. Freiheitsrecht (Art. 39) u. Sozialpflichtigkeit n. d. jugosl. Verfassung v. 1963, 1966 (Diss.). Zahlr. Veröff. z. Sozialbilanz - Spr.: Engl.

SCHAEFFER, Otto

Geschäftsführer Hänsel Textil GmbH & Co., Iserlohn - Am Schmachtenberg 11, 5860 Iserlohn - Geb. 15. Nov. 1924 Frankfurt/M.

SCHAEFFER, Ulrich

Dr., Geschäftsführer Trans Tel/Ges. f. dt. Fernsehtranskription mbH. - Raderberggürtel 50, 5000 Köln 1.

SCHÄFFLER, Johann

Dr.-Ing. E.h., Vorstandsvorsitzender Dornier GmbH - Postf. 14 20; 7990 Friedrichshafen - Vorst.-Mitgl. Daimler-Benz AG, Stuttgart; stv. Vorst.-Vors. Dt. Aerospace AG; AR-Mitgl. Albingia-Lebensversich. AG, Hamburg.

SCHAEFFLER, Richard

Dr. phil., o. Prof. f. Philosoph.-Theolog. Grenzfragen - Albweg 7, 7400 Tübingen-Kressbach (T. 7 32 44) - Geb. 20. Dez. 1926 München (Vater: Josef S., Apotheker; Mutter: Gertrud, geb. Witkowski), rk., verh. m. Maria, geb. Laub - S. 1961 (Habil.) Lehrtätigk. Univ. Tübingen, 1968-89 Bochum (Ord.) - BV: D. Struktur d. Geschichtszeit, 1963; Wege zu e. Ersten Phil., 1964; Einf. in d. Geschichtsphil., 1973; Religion u. krit. Bewußtsein, 1973; D. Religionskritik sucht ihren Partner, 1974; Frömmigkeit d. Denkens?, 1978; Was dürfen wir hoffen?, 1979; Wechselbeziehungen zw. Philosophie u. kath. Theologie, 1979; Glaubensreflexion u. Wissenschaftslehre, 1980; Fähigkeit z. Erfahrung, 1981; Relig.phil., 1983; Kleine Sprachlehre d. Gebets, 1988; D. Gebet u. d. Argument, 1989.

SCHÄFFNER, Lothar

Dr. phil., Prof. f. außerschul. Jugendbildung Univ. Hannover - Von-Alten-Allee 20, 3000 Hannover 91 (T. 0511 - 44 22 82) - Geb. 19. Okt. 1943, 1 Kd. (Cord) - 1963 Stud. Univ. Tübingen, u. 1965 Univ. Kiel; Promot. 1969 Univ. Kiel - 1971-76 Leit. nieders. Landesverb. Heimvolkshochsch., Hannover; 1976-80 Doz. FB Erziehungswiss. I Univ. Hannover; s. 1980 Prof.; 1983-86 Dekan FB Erziehungswiss. I Univ. Hannover; s. 1986 beurl. (Leit. d. Bildungswesens (d) d. Continental Gummiwerke AG, Hannover) - BV: Frauen in gewerbl./techn. Berufen. Ergebn. e. Langzeitstudie (m. W. Dahms), 1985. Mithrsg.: Schriftenreihe Theorie + Praxis u. Ztschr. Lernfeld Betrieb - Liebh.: S. 1970 aktiver Jazzmusiker (Trompete) - Spr.: Engl.

SCHAEFGEN, Heinz

Dr. jur., Ministerialdirektor, Leit. Abt. Unterkunft u. Liegenschaften Bundesverteidigungsmin. - Hardthöhe, 5300 Bonn; priv.: Bürresheimer Str. 40, 5440 Mayen - Geb. 6. Febr. 1928 Mayen, kath., verh. m. Ingrid, geb. Leimbach, 2 Kd. (Ute, Gerald) - Abit. 1948; Univ. Mainz/Rechtswiss. (Promot. 1957) - S. 1958 Justizverw. Rhld.-Pf. (Richter, Staatsanw.) u. Bundesmin. d. Justiz (1970 Ref.leit., spät. Leit. Zentralabt. BWB (Koblenz), 1973 Leit. Abt. Personal Bundesverteidig.min.) - Liebh.: Rechtl. Volkskunde - Spr.: Franz., Engl.

SCHÄFKE, Friedrich-Wilhelm

Dr. rer. nat., o. Prof. f. Mathematik - Marienweg 13, 7750 Konstanz-Litzelstetten/Bodensee - Geb. 21. Juli 1922 Berlin (Vater: Studienrat Dr. phil. (habil.) Rudolf S., Musikwiss.ler; Mutter: Martha, geb. Seeger), verh. in 3. Ehe (1973) m. Renate, geb. Stahlschmidt, 6 Kd. (Werner, Bertha, Rudolf, Reinhard, Ingo, Alexandra) - Schule u. Stud. Berlin. Promot. 1947 Göttingen; Habil. 1949 Berlin - 1949 Doz. Univ. Mainz, 1955 apl. Prof. ebd., 1957 o. Prof. Univ. Saarbrücken, 1958 Univ. Köln, 1971 Berlin/Freie, 1972 Konstanz - BV: Mathieusche Funktionen u. Sphäroidfunktionen, 1954 (m. Meixner); Einf. in d. Theorie d. spez. Funktionen d. math. Physik, 1963; Gewöhnl. Differentialgleichungen, 1973 (m. D. Schmidt). Etwa 60 Einzelarb. - Spr.: Engl., Franz.

SCHÄFKE, Werner

Dr. phil., Dir. Kölnisches Stadtmuseum (s. 1984) - Petersbergstr. 99, 5000 Köln 41 (T. 0221 - 46 39 70) - Geb. 10. Juli 1944 Hildesheim (Vater: Friedrich Wilhelm Sch., Math.prof.; Mutter: Renate, geb. Stachow), kath., verh. s. 1971 m. Jutta, geb. Kiesow, 5 Kd. (Katharina, Bernhard, Georg, Hildegard, Werner) - 1966-71 Stud. Gesch., Kunstgesch., Geogr., kath. Theol. Univ. Köln, Bonn u. Mainz - BV: Frankr. got. Kathedralen, 1979; D. Ratssilber d. Stadt Köln, 1980; D. Rhein v. Mainz b. Köln, 1982; Engl. Kathedralen, 1983; Kölns roman. Kirchen, 1984; Köln, 1988 - Spr.: Engl., Franz., Lat., Ital., Kölsch.

SCHAEFTER, Henning

Industriekaufmann, Geschäftsf. WANIT-UNIVERSAL GmbH & Co KG, Herne, u. Verb. d. Faserzement-Ind., Berlin, Gesellsch. Appartment-Touristik GmbH Hamburg, AR H.A.K.-Feriendst. GmbH & Co. KG, Hamburg - Libellenweg 15, 4156 Willich - Geb. 3. Dez. 1935.

SCHAEIDT, Gerd

Fabrikant, Mitinh. d. Trierischen Korkindustrie GmbH, Trier - Falkenstein, 5503 Konz-Niedermennig (T. Büro: Trier 16 061) - Geb. 26. April 1926 - Ehrenpräs. IHK Trier; Mitgl. d. Beirats d. Landeszentralbank.

SCHAER, Karl-Heinz

Dr. jur., Vorstandsmitglied Allgäuer Alpenmilch AG., München (1967-84/Ruhest.) - Rabenkopfstr. 39, 8000 München 90 (T. 089 - 64 70 30) - Geb.

25 Nov. 1920 Bruchsal, kath., verh. s. 1958, 4 Kd. - Univ.; TH. Jurist. Staatsex. - Zul. Geschäftsf. Blaupunkt-Werke GmbH., Hildesheim.

SCHAER, Walter

Prof., Dozent f. Holz Staatl. Hochschule f. bild. Künste - Lerchenfeld 2, 2000 Hamburg 22.

SCHAERER, Reymond

Dipl.-Ing., Direktor - Lichsweg 16, CH-4310 Rheinfelden - Geb. 15. April 1927 Genf, verh. s. 1960 m. Gisela, geb. Hoffmann, 2 Kd. - Dipl. 1957 TH Karlsruhe - 1974/75 Präs. Union f. d. Koordinier. d. Erzeug. u. d. Trnsp. d. Elektrizität (UCPTE); z. Zt. VR-Präs. AKEB AG. f. Kernenergiebeteilig., Vize-Präs. Grischelectra AG. u. Elektricité de Strasbourg - Spr.: Deutsch, Franz.

SCHÄRPF, Otto S. J.

Dr. rer. nat., apl. Prof., Kommissarischer Leiter Inst. Exper. Physik TU München - Seestr. 14, 8000 München 40 (T. 089 - 388 62 31) - Geb. 8. Aug. 1929 Walldürn, kath. - 1950-54 Stud. Phil.; 1955-59 Theol. Univ. Innsbruck; 1960-64 Physik u. Math. Univ. München; Promot. 1967; Habil. 1977 TU Braunschweig; apl. Prof. 1982 - 1968-73 wiss. Assist., 1973-79 Oberassist. TU Braunschweig; 1979-87 Physiker Inst. Laue-Langevin, Grenoble - Entd.: 1966 polarisierte Elektronen, 1978 magnetisches Brechungsgesetz f. Neutronen, Verhalten in Helixstrukturen, 1981 Neutronenpolarisator m. Superspiegeln, 1985 Diffuse Streuung m. Polarisationsanalyse. 59 Veröff. in Fachztschr. - Spr.: Engl., Franz.

SCHÄTTLE, Horst

Dipl.-Kfm., Journalist, Hauptredaktionsleiter Außenpolitik ZDF (ab 1989) - Postfach 40 40, 6500 Mainz 1 - Geb. 9. Dez. 1939 Oberndorf (Vater: Ernst Sch., Kaufm.; Mutter: Josefine, geb. Schäfer), kath., verh. s. 1968 m. Siegrid, S. Frank - Gymn., 1961-66 Univ. Mannheim, Saarbrücken, Dipl.-Kfm. - B. 1970 Bonner Korresp. ZDF; 1971-77 Redakt.-leit.: heute, ZDF; 1978-83 Hauptredakt.-leit. Innenpolitik; 1983-88 Studioleit. ZDF Paris.

SCHÄTZKE, Manfred

Dr. agr., Prof. f. Haushalttechnik - Am Schmettenstück 35, 5047 Wesseling (T. 02236-4 74 77) - Geb. 8. Nov. 1934 Rodenroth (Vater: Herbert Sch., Gärtner; Mutter: Rosa, geb. Pletsch), ev., verh. s. 1962 m. Heide, geb. Dulies, 2 S. (Andreas, Christian) - Gymn.; TH Aachen (Dipl.-Ing. 1962), Promot. Bonn 1967 - 1972 Prof. Univ. Bonn.

SCHÄTZLE, Alois

Landessozialsekretär, MdL Baden-Württ. (s. 1971) u. a. - Friedrichstr. 16, 7809 Kollnau/Br. (T. Freiburg 3 11 97) - Geb. 30. Aug. 1925 Kollnau, kath., verh., 3 Kd. - Volkssch.; kaufm. Lehre Einzelhandel - 1943-45 Arbeits- u. Wehrdst. (Luftw.); 1946-54 Angest. Herder-Verlag; 1954-57 Geschäftsf. Rohstoffgroßhdl.; s. 1958 Landessozialsekr. CDU Südbaden u. Baden-Württ. (1971; gf.). Mitgl. Kolpingfam.

SCHÄTZLE, Walter

Dr. med. (habil.), Prof. - Klinikum, 6650 Homburg/Saar - B. 1969 Privatdoz., dann apl. Prof. Göttingen (HNOheilkd.).

SCHÄUBLE, Wolfgang

Dr. jur., Bundesminister d. Innern (s. 1989), MdB (s. 1972; Wahlkr. 188/Offenburg) - Graurheindorfer Str. 198, 5300 Bonn 1 - Geb. 18. Sept. 1942 Freiburg (Vater: Karl S., Steuerbevollm.; Mutter: Gertrud, geb. Göhring), ev., verh. s. 1969 m. Ingeborg, geb. Hensle, 4 Kd. (Christine, Hans-Jörg, Juliane, Anna) - Gymn. Hausach (Abit. 1961); 1/2j. Praktik. Bezirksspark. Hornberg; 1961-1966 Univ. Freiburg u. Hamburg (Rechts- u. Wirtsch.wiss.). Jurist. Staatsex. 1966 u. 70; Promot. 1971 - S. 1971 Steuerverw. Baden-Württ. (Regierungsrat Finanzamt Freiburg I), 1978 Rechtsanw. 1969ff. Bezirksvors. Jg. Union Südbaden. CDU s. 1965. 1970 Mitgl. Bezirksvorst. CDU ebd., 1982 stv. Bezirksvors., 1975-84 Mitgl. Parlam. Vers. Europarat u. Westeurop. Union, 1976-84 Vors. Bundesfachaussch. Sport d. CDU, 1979-82 Vors. Arbeitsgem. Europ. Grenzregionen (AGEG); 1981-84 Parlam. Geschäftsf. CDU/CSU Bundestagsfraktion; 1984-89 Bundesmin. u. Chef Bundeskanzleramt - BV: D. berufsrechtl. Stellung v. Wirtschaftsprüfern u. -prüfungsges., 1972 (Diss.) - Div. in- u. ausl. Orden - Liebh.: Klass. Musik, mod. Lit., Sport - Spr.: Engl., Franz.

SCHAFFEN, Alexander

s. Schaub, Franz

SCHAFFER, Franz

Dr. rer. nat., o. Prof. f. Sozial- u. Wirtschaftsgeographie Univ. Augsburg (s. 1973) - Radaustr. 75, 8900 Augsburg 22 - Geb. 12. Nov. 1937 - Promot. 1966; Habil. 1971 - 1972-73 Wiss. Rat u. Prof. Univ. München. Bücher u. Einzelarb.

SCHAFFER, Gerhard

Dr. agr., Prof. f. Bodenkunde - Am Hasengarten 88, 3300 Braunschweig (T. 6 62 04) - Geb. 1. Febr. 1922 Altstadt/Sudetenl. - S. 1961 (Habil.) Lehrtätigk. LH Hohenheim u. TH bzw. TU Braunschweig , s. 1979 Präs. TU Braunschweig.

SCHAFFER, Wolfgang

Präsident Oberlandesgericht Nürnberg - Fürther Str. 110, 8500 Nürnberg 80 (T. 0911 -3 21-23 00) - Geb. 14. Jan. 1933 Berlin, ev., verh., 3 Kd. - B. 1986 Min.-Dirig. b. Bayer. Staatsmin. d. Justiz München.

SCHAFFITZEL, Richard

Fabrikant, Inh. u. Geschäftsf. Hohenloher Spezialmöbelwerk Schaffitzel GmbH + Co., Öhringen; W. + F. Schaffitzel GmbH + Co., Obersontheim - Im Mannlehenfeld 4, 7110 Öhringen/Württ. (T. 07941 - 6 96-0) - Geb. 23. Jan. 1926 - 1986 BVK am Bde.

SCHAFFNER, Hans

Autor, Journalist, Musikredakt. - Schützenstr. 22, 6080 Groß-Gerau (T. 06152 - 43 23) - Geb. 26. April 1955 Groß-Gerau - 1975-78 Volont. Frankfurt/M. - S. 1979 fr. Mitarb. (Musikber.) RTL u. Autor f. kulturelle Send. Dt. Welle Köln; s. 1983 fr. Mitarb. ZDF f. Show-Send. (Flashlights); 1978-79 Reporter b. 7 Tage u. Funk Uhr; 1980-81 fr. Mitarb. Hamburger Abendblatt; s. 1981 fr. Mitarb. Jugendzeitschr. Pop/Rocky u. fr. Journ. Express, tz, Berliner Morgenpost, Neue Rhein Ztg., D. Gold. Blatt, Frau im Spiegel, Hör Zu, Echo d. Frau, Münchner Merkur, Bunte, Neue Presse Hannover u.a. - BV: D. große RTL-Lexikon d. Pop-Musik (m.a.), 1982 - Liebh.: Musik, Hochseesegeln - Spr.: Engl., Span.

SCHAFFNER, Kurt

Dr., Prof., Chemiker, Direktor Max-Planck-Inst. f. Strahlenchemie - Stiftstr. 34-36, 4330 Mülheim a.d. Ruhr (T. 0208 - 3 10 73) - Geb. 6. Okt. 1931, kath., verh. s. 1981 m. Gertraud, geb. Lindgens - 1950-57 Chemiestud. ETH Zürich; Promot. - 1964-69 Priv.-Doz. ETH Zürich, 1970-71 Titularprof. ETH Zürich; 1971-76 o. Prof. u. Dir. d. Departements f. org. Chemie Univ. Genf; s. 1976 Wiss. Mitgl. Max-Planckges. u. Inst.dir. S. 1966 Gastprof. in USA, Schweiz, Niederl., Belgien, s. 1967 Vortragsreisen auf Einl. in Engl., Israel, USA, Kanada, UdSSR, Südafrika, Japan. 1972-76 Präs. Europ. Photochemistry Assoc., 1976-81 Vors. Intern. Union of Pure & Applied Chemistry: Kommiss. f. Photochemie, s. 1977 Präs. d. Intern. Stiftg. f. Photochemie, 1985-89 Präs. d. Gründungskomit. u. später Mitgl. d. Exekutivkomit. d. Europ. Soc. f. Photobiol. S. 1977 Mitgl. v. Herausg.gremien versch. nat. u. intern. wiss. Ztschr. - 1965 Preis d. Schweiz. Chem. Ges. m. Werner-Medaille; 1968 Ruzicka-Preis; 1986 o. Mitgl. d. Rhein.-Westf. Akad. d. Wiss. - Spr.: Franz., Engl.

SCHAFFRATH, Joseph

Dr., Geschäftsführer Rhein.-Berg. Druckerei u. Verlagsges. mbH. (Rhein. Post, Berg. Morgenpost), Droste-Verlag GmbH., beide Düsseldorf, Heinrich Lapp GmbH. & Co. KG., Mönchengladbach, Vors. Verb. Rhein.-Westf. Zeitungsverleger, D'dorf - Schadowstr. 11, 4000 Düsseldorf.

SCHAFFSTEIN, Friedrich

Dr. jur. (habil.), o. Prof. f. Straf-, -prozeßrecht u. Kriminologie (emerit. 1970) - Ewaldstr. 103, 3400 Göttingen (T. 5 70 53) - Geb. 28. Juli 1905 Göttingen (Vater: Dr. phil. Carl S., Privatgelehrter; Mutter: Emma, geb. Barkhausen), ev., led. - Gymn. Göttingen; Univ. Innsbruck u. Göttingen - 1930 Privatdoz. Univ. Göttingen, 1933 Ord. f. Strafrecht Univ. Leipzig, 1935 Univ. Kiel, 1941 Univ. Straßburg (b. 1944), 1953 Univ. Göttingen - BV: u. a. D. Entwickl. d. allg. Lehren v. Verbrechen im gemeinen Strafrecht, 1930; D. Erneuerung d. Jugendstrafrechts, 1936; Wilhelm v. Humboldt, 1952; D. Strafrechtswiss. im Zeitalter d. Humanismus, 1954; Jugendstrafrecht, 9. A. 1987. Abhandlg. z. Strafrechtsgesch. u. Wiss.gesch., 1987 - O. Mitgl. Akad. d. Wiss. Göttingen.

SCHAIBLE, Erich

Ministerialdirektor, Leit. Abt. Sport Bundesinnenmin. - Graurheindorferstr. 198, 5300 Bonn 1.

SCHAICH, Eberhard

Dr. oec. publ., Dipl.-Handelsl., o. Prof. f. Ökonometrie u. Statistik Univ. Tübingen (s. 1977) - Wannweiler Str. 22, 7402 Kirchentellinsfurt (T. 07121 - 6 84 34) - Geb. 25. Nov. 1940 Stuttgart (Vater: Eugen S., Prokurist i. R.; Mutter: Emma, geb. Röhm), ev., verh. s. 1965 m. Gisela, geb. Felgner, 3 Kd. (Christoph, Regine, Susanne) - Lehre als Ind.kfm.; Stud. Univ. München; Habil. 1969, 1970-77 o. Prof. f. Stat. Univ. Regensburg - BV: Die Intergenerationenmobilität in Westdtschl., 1973; Statistik I u. II, 2., 3. A. 1982/86; Schätz- u. Testmeth. f. Sozialwissenschaftler, 1977; Verteilungsfreie Prüfverf., 1984 - Spr.: Engl., Franz.

SCHALDACH, Max

Dr.-Ing. (habil.), o. Prof. f. Physikal.-Med. Technik u. Vorst. Zentralinst. f. Biomed. Technik Univ. Erlangen-Nürnberg (s. 1973) - Turnstr. 5, 8520 Erlangen - Zul. apl. Prof. Erlangen.

SCHALL, Anton

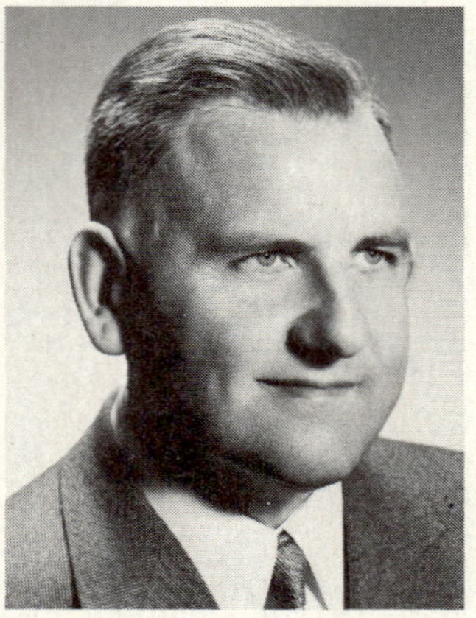

Dr. phil., o. Prof. f. Semitistik u. Islamwissenschaft - Trübnerstr. 38, 6900 Heidelberg (T. 40 14 22) - Geb. 1. April 1920 Rottenburg/N. (Vater: Anton S.; Mutter: Anna, geb. Holzherr), kath., verh. 1958 m. Erna, geb. Schmidt-Hartung - Univ. Tübingen - Promot. (1948) u. Habil. (1956) Tübingen - S. 1957 Lehrtätigk. Univ. Tübingen u. Heidelberg (1959 ao., 1966 o. Prof.) Hrsg. Heidelberger Oriental. Studien: Rosemarie Höll: D. Stellung d. Frau im zeitgenöss. Islam. Dargest. am Beispiel Marokkos, 1979 (Bd. 1); Abdulghafur Sabuni; Laut- u. Formenlehre d. arab. Dialekts v. Aleppo, 1980 (Bd. 2); Faleh Hussein; D. Steuersystem in Ägypten v. d. arab. Erober. b. z. Machtergreif. d. Tuluniden (Bd. 3); Manfred Kropp: D. Gesch. d. reinen Araber v. Stamme Qahtan, 1982 (Bd. 4); Franz-Christoph Muth: D. Annalen v. at-Tabarī im Spiegel d. europ. Bearbeit., 1983 (Bd. 5); Ephrem Malki: D. syr. Handschrift Berlin Sachau 220, 1984 (Bd. 6); Ahmed Hebbo, D. Fremdwörter in d. arab. Prophetenbiografie d. Ibn Hischam (gest. 218/834), Vorwort v. Anton Schall, 1984 (Bd. 7); Franz-Christoph Muth: D. Kalifal-Mansur im Anfang seines Kalifats (136/754 b. 145/762). Aus d. arab. Chronik v. at-Tabari übers. u. m. hist. u. prosopograph. Anmerk. versehen, Bd. 8, 1987; Widad Goussous, Volkskundl. arab. Texte aus Marokko. Aus d. Samml. d. Konsuls Karl Emil Schabinger Frhr. v. Schowingen (1877-1967) hrsg., übers. u. unters., Bd. 9, 1988; Hans F. Uhrig, D. Kalifat v. al-Ma'mūn. Aus d. Annalen v. at-Tabarī übers. u. erl., Bd. 10, 1988 - BV: Studien üb. griech. Fremdwörter im Syrischen, 1960; Z. äthiop. Verskunst, 1961; Elementa Arabica. Einf. in d. klass. arab. Sprache, 1988. Herausg.: Nöldeke, Mandäische Grammatik (1964), Nöldeke, Syr. Gramm. (1966, 1977); Fremde Welt Islam (1982). Zahlr. Einzelarb.

SCHALL, Wolfgang

Dr. phil., Brigadegeneral a. D. - 7772 Uhldingen 2 (T. 07556 - 83 90) - Geb. 31. März 1916 Konstanz (Vater: Oberst a. D. Dr. phil. Karl S.) verh. s. 1939 m. Ingeborg, geb. Reischle, 2 Söhne - S. 1934 Wehrmacht, 1957-71 Bundeswehr, 1971-73 Generalsekr. CDU-Landesverb. Baden-Württ. 1979-84 Abgeordn. Europ. Parlament - Autor: Führungstechnik u. Führungskunst in Armee u. Wirtschaft, 1965; Entstehung u. Gestaltung e. Europ. Sicherheitspolitik, Diss. 1986 - Gr. BVK - Spr.: Engl., Franz., Ital. - Großv.: Wirkl. Geh. Rat Exzellenz Dr. rer. pol. Karl von Schall.

SCHALLEHN, Ernst

Vorstandsmitglied i. R. (1975) - Isfeldstr. 30, 2000 Hamburg 55 - Geb. 14. April 1910 Hamburg - 26 J. Hermes Kreditversicherungs-AG, Hamburg.

SCHALLER, Dieter

Dr. phil., o. Prof. f. Mittellat. Philologie, Direktor Mittellat. Seminar Univ. Bonn (s. 1965) - Brunnenstr. 35b, 5305 Alfter-Oedekoven - Geb. 19. Juni 1929 Karlsruhe (Vater: Dr.-Ing. Albert S., Regierungschemierat; Mutter: Anni, geb. Hauschildt), verh. s. 1974 m. Brigitte Schley, Tocht. Iris (geb. 1980) - 1947-52 Univ. Heidelberg u. Marburg (Latinistik, German., Angl.). Promot. 1956 Heidelberg; Habil. 1965 Bonn - 1954 Studienass. Karlsruhe; 1957 Assist. Univ. Heidelberg; 1965 Prof. Bonn (1971/72 Dekan Phil. Fak.) - BV: Initia carminum Latinorum saeculo undecimo antiquiorum, 1977 (m. E. Könsgen). Beiträge z. lat. Lit. d. 7. b. 13. Jh. in Ztschr. u. Sammelw.

SCHALLER, Friedrich

Dr. rer. nat., Dr. h. c., em. o. Prof. Institut f. Zoologie Univ. Wien (s. 1967) - Rebenweg 1, Haus 14, Wien XVII - Geb. 30. Aug. 1920 Gleismuthhausen/Ofr. (Vater: Nikolaus S., Lehrer; Mutter: geb. Öhrl), verh. 1943 m. Brunhilde, geb. Wilfert - Schule Bamberg; Univ. Wien. Promot. 1944 Wien; Habil. 1950 Mainz - 1950-1957 Privatdoz. u. apl. Prof. (1955) Univ. Mainz; 1958-1967 o. Prof. u. Dir. Zool. Inst. TH Braunschweig sow. Dir. Staatl. Naturhistor. Museum ebd. 1962-1968 Vors. Verb. Dt. Biologen; 1970/73 Vors. Dt. Zool. Ges. - BV: D. Unterwelt d. Tierreichs; Kl. Biol. d. Bodentiere. Üb. 150 Einzelarb.

üb. Bodentiere, Sexualbiologie, Tropenökologie, Amazonasfische.

SCHALLER, Gabriel
DGB-Kreisgeschäftsführer (s. 1952), MdL Bayern (1962-74 m. Unterbrech.) - Anton-Burgmeier-Str. Nr. 2, 8060 Dachau/Obb. - Geb. 20. Dez. 1912 Hebertshausen/Obb. (Eltern: Franz (Bäckerm.) u. Anna S.), verh. s. 1939 - Volkssch.; Dreher- u. Maschinenschlosserlehre; Fachsch. f. Maschinenbau - B. 1952 Maschinenbauer. S. 1953 MdK Dachau (1957 Fraktionsvors.); 1958-62 Mitgl. Bezirksstag Oberbay.; s. 1960 Mitgl. Stadtrat Dachau. SPD s. 1953.

SCHALLER, Hans-Jürgen
Dr., o. Prof. f. Sportwissenschaft Univ. Bonn - Vennstr. 9, 5190 Stolberg (T. 02408 - 5 83 42) - Geb. 1. Juni 1937 Raasdorf (Vater: Hugo Sch., Rektor; Mutter: Martha, geb. Sünderhauf), ev., verh. s. 1962 m. Ursula, geb. Wölfel, T. Lisa-Barbara - Stud. Köln, Wuppertal, Bochum u. Dortmund, Dipl.-Sportlehrer, Lehrer, Promot. Erz.wiss. - BV: Z. pädagog. Theorie d. Spiels, 1973; Spielerz. 1975; D. Großen Spiele, 1976; Programmiertes Lernen im Sport, 1980; D. gr. Partnerspiele, 1982; Sport lernen m. Lehrprogrammen, 1987.

SCHALLER, Helmut
Fabrikant, Inh. Schaller-Electronic - Pfinzingstr. 2, 8501 Feucht b. Nürnberg (T. 09128 - 33 38 + 32 04) u. An der Heide 15, 8439 Postbauer-Heng (T. 09180 - 812 + 612) - Geb. 1. Dez. 1923 Nürnberg - S. 1945 selbst. 1958-62 MdL Bayern. CSU.

SCHALLER, Helmut Wilhelm
Dr., Univ.-Prof. f. Slaw. Philol./Balkanphilol. Inst. f. Slaw. Philol. Univ. Marburg (s. 1983) - W.-Röpke-Str. 6D, 3550 Marburg - Geb. 16. April 1940 Bayreuth (Vater: Christoph Sch., Oberregierungsschulrat; Mutter: Margarete pauline, geb. Schmidt), ev., verh. s. 1974 m. Edigne, geb. Rogl, 2 Kd. (Peter, Anja) - Abit. 1959 Bayreuth; 1959-65 Stud. Univ. München (Slaw. Philol., Osteurop. Gesch., Phil., Balkanphilol.); Promot. 1965; Habil. (Slaw. Philol.) 1972 München - S. 1972 Priv.-Doz. f. slaw. Philol. Univ. München, s. 1973 auch f. Balkanphilol.; 1978 apl. Prof. Univ. München; s. 1983 Univ.-Prof. Univ. Marburg - BV: D. Wortstellung im Russ., 1966; D. Prädikatsnomen im Russ., 1975; D. Balkanspr. E. Einf. in d. Balkanphilol., 1975; Bibliogr. z. Balkanphilol., 1977; Bibliogr. z. slav. Sprachwiss. (m. E. Koschnieder), 1977; D. dir. Obj. in verneinten Sätzen d. Russ., 1978; Bibliogr. z. russ. Spr., 1980; Gesch. d. Slavistik in Bayern, 1981; Bibliogr. d. Bibliogr. z. slav. Sprachwiss., 1982; Real- u. Sachwörterb. z. Altruss. (m. K. Günther-Hielscher u. V. Glötzner), 1985; Johann Michael Georgs Vers. e. sorb. Sprachlehre. Einl. Text. Kommentar, 1986; Gesch. d. Bulgaristik in Deutschl., 1988; Johann Gottlieb Hentzes Versuch üb. d. ältere Gesch. d. fränk. Kreises, insbes. d. Fürstenthums Bayreuth. E. slawnkundl. Untersuchung, 1988 - Spr.: Engl., Franz., slaw. Sprachen.

SCHALLER, Kay-Uwe
Dr. rer. nat., Prof. f. Mathematik Univ. Kiel - Seilerei 46, 2300 Kronshagen (T. 0431 - 58 03 38) - Geb. 23. Okt. 1945 Flensburg (Vater: Heinz Sch.; Mutter: Marga, geb. Hansen), verh. s. 1968 m. Antje, geb. Grimm, S. Björn - 1965 Stud. Math. Univ. Kiel; Promot. 1972, Habil. 1979 - 1972 wiss. Assist., 1979 Priv.-Doz., 1982 Prof. Arb. z. Gruppentheorie in mehr. Fachztschr. - Liebh.: Musik - Spr.: Engl., Latein.

SCHALLER, Klaus
Dr. phil., o. Prof. f. Pädagogik Ruhr-Univ. Bochum (s. 1965) - Schattbachstr. 14, 4630 Bochum-Querenburg (T. 70 17 08) - Geb. 3. Juli 1925 Erdmannsdorf/Schles. (Vater: Hermann S., Hauptlehrer; Mutter: Margarete, geb. Menzel), ev., verh. s. 1959 m. Dr. med. Renate, geb. Schneider, 5 Kd. (Andreas, Johannes, Dorothea, Felicitas, Florian) - Gymn. Hirschberg; Päd. Hochsch. Kettwig; Univ. Köln (Päd., Phil., Psych., Neuere German.). Promot. 1955; Habil. 1962 - 1959-65 Prof. PH Bonn (1962-64 Rektor) - BV: Pan - Unters. z. Comenius-Terminologie, 1958; D. Pampaedia d. J. A. Comenius - E. Einf. in s. päd. Hauptwerk, 4. A. 1966; D. Päd. d. J. A. Comenius u. d. Anfänge d. päd. Realismus im 17. Jh., 2. A. 1966; D. Krise d. humanist. Päd. u. d. kirchl. Unterricht, 1960; V. Wesen d. Erzieh., 1961; D. Gebildete heute, 1962; Studien z. systemat. Päd., 1966; Päd. - E. Gesch. d. Bild. u. Erzieh., 3 Bde. 1969 (m. Theodor Ballauff); Wiss. u. Lehre, 1970; Krit. Erziehungswiss. u. kommunikat. Didaktik, 3, 1976 (m. K.-H. Schäfer); Einf. in d. krit. Erziehungswiss., 1974; Comenius, 1973; Die Päd. d. Mahnrufe d. Elias, 1977; Einf. in d. kommunikat. Päd., 1978; Erziehungswiss. d. Gegenwart, 1979.

SCHALLER, Theo(dor)
Dr. theol. h. c., Kirchenpräsident a. D., Honorarprof. f. Pfälz. Kirchengeschichte Univ. Heidelberg - Martin-Luther-Str. 7, 6720 Speyer/Rh. - Geb. 15. Sept. 1900 Dahn/Pfalz (Vater: Pfarrer u. Studienprof.), ev. - Univ. Heidelberg (German.), Tübingen u. Berlin (Theol.) - 1929-46 Pfarrer, 1936 Seminardir. (Predigersem. Landau), 1946 Oberkirchenrat, 1961 stv., 1964 Kirchenpräs. (Pfälz. Landeskirche). Mithrsg.: Pfälz. Kirchenlexikon - 1953 Ehrendoktor Univ. Mainz.

SCHALTHÖFER, Heinz
Präsident Zentralverb. d. Raumausstatterhandwerks - Schumannstr. 13, 6000 Frankfurt/M. 1.

SCHALZ-LAURENZE, Ute

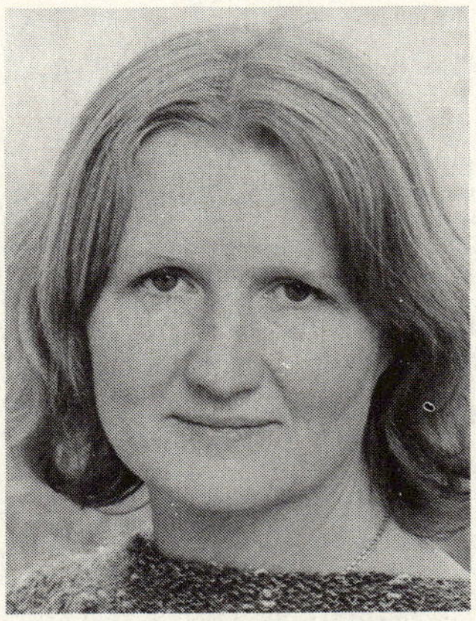

Musikwissenschaftlerin, fr. Musikjournalistin f. Tages- u. Fachztg., Rundfunkanst., Lehrauftr. Univ. Oldenburg u. Univ. Bremen - Köpkenstr. 12, 2800 Bremen 1 - Geb. 1. Aug. 1943 Friedrichstadt/Eider, verh. m. Dr. Nicolas Schalz, Prof. f. Musikwiss., 3 Kd. (Katrin, Daniel, Raphael) - Stud. Musikwiss., German., Kunstgesch. Univ. Frankfurt u. Kiel - Sem. m. Praktikern zu d. theoret. Grundl. d. Interpretation; Konzeption d. musikwiss. Frauenkongresses Berlin 1987 u. d. Intern. Congress on Women in Music Bremen 1988. Verantwortl. f. d. kulturellen Teil d. Fachtagung Frauen am Computer Bremen 1989. Gründungsmitgl. d. Projektgruppe Neue Musik in Bremen - Veröff. z. Neuen Musik u. z. Probl. d. Interpretation - Liebh.: Theater, Film, Malerei, engagiert in d. Frauenbewegung - Spr.: Engl. - Bek. Vorf.: Theodor Storm.

SCHAMONI, Ulrich
Schriftsteller, Regisseur - Furtwänglerstr. 19, 1000 Berlin 33 (T. 826 99 31) - Geb. 9. Nov. 1939 Berlin (Vater: Dr. Victor S., Regiss.; Mutter: Maria, geb. Vormann), kath., verh. s. 1966 m. Zazie, geb. Schröder, T. Sigrid - BV: Dein Sohn läßt grüßen, R. 1962 (auch engl. u. holl.). Film (Buch u. Regie): Alle Jahre wieder, Hollywood u. Delilatzka Pescara, Geist u. e. wenig Glück, ES, Quartett im Bett, Wir zwei, Eins - 1965 u. 66 Bundesfilmpreis/Filmband in Gold (f.: Hollywood ... u. ES), 1967 Silb. Bär Berlinale (Alle Jahre wieder), 1967 Preis bester sozialkrit. Film 1966 Federation de Cineclub in Belgien (ES), 1969 Lubitsch-Preis Club d. Filmjourn. Berlin (Quartett im Bett), 1972 Bundesfilmpreis/ Filmband in Silber (Eins).

SCHAMONI, Wilhelm
Pastor - Bigger Str. 21, 5787 Olsberg 1 - Geb. 4. Jan. 1905 Hamm/W. (Vater: Wilhelm S., Bücherrevisor; Mutter: Anna, geb. Veltmann), kath. - Gymn. Werl; Phil.-Theol. Akad. Paderborn, Univ. Löwen (Belg.) u. Innsbruck - Ab 1930 Vikar Gotha, 1939-45 weg. e. Predigt KZ Dachau, spät. Vikar Hagen u. Pfarrvikar Helmeringhausen - BV: u. a. D. wahre Gesicht d. Heiligen, 1938, 5. A. 1975 (New York 1947, London 1948, Barcelona 1952, Paris u. Brügge 1954); D. Nachtwache, relig. Erz. 1946; D. Gaben d. Hl. Geistes, 1947, 3. A. 1960 (Brescia 1957); Kosmos, Erde, Mensch u. Gott, 1948; Gebet u. Hingabe, 1952, 5. A. 1983; Familienväter als geweihte Diakone, 1953, 3. A. 1961 (London 1955, Paris 1961); Glaubensbewußtsein u. Kirchenentfremdung, 1957; Kostbarkeiten (ges. Texte üb. d. geistl. Leben), 1957; D. Leben unseres Herrn Jesus Christus in Bildern v. Fra Angelico, 1959; Wie sie Gott wiederfanden - Zeugnisse aus 15 Jh., 1983; Menschen aus d. Kraft Gottes, 1962; Theologisches z. biolog. Weltbild, 1964; D. Zahl d. Auserwählten, 1965; D. Leben aus d. Geist - Kath. Zeugnisse üb d. geistl. Leben, 1965 (m. R.-F. Edel); Heilige d. ungeteilten Christenheit - Dargestellt v. d. Zeugen ihres Lebens, 19 Bde. 1963/68 (m. W. Nigg); Wunder sind Tatsachen - E. Dokum. aus Heiligsprechungsakten, 1976 (Portug. 1984); Theol. Rückblick, 1980; D. Seele u. ihr Weiterleben n. d. Tode, 1981; Inventarium Processum Beatificationis et Canonizationis, 1983; D. Seligendeutschen Ordensstifterinnen d. 19. Jh., 1984; Charismen d. Heiligen, Übers. aus ihren Kanonisationsproz., 1986 - BVK; Ehrenmitgl. Päpstl. Röm. Akad. f. Theol. - Spr.: Engl., Franz., Ital., Span. - Lit.: Film WDR 3, Köln, 1. XI. 1980: D. Vikar v. Helmeringhausen, 70 Min.

SCHANDER, Karlfried
Dr. med., Prof., Chefarzt Frauenklinik am Stadtkrkhs. Neuwied (s. 1982) - Marktstr. 74, 5450 Neuwied 1 (T. 02631-80 53 22) - Geb. 3. Sept. 1938, ev., verh. s. 1966 m. Heidi, geb. Ritter, 2 Kd. - Stud. Univ. Bonn, München (Med.); Staatsex. 1964; Promot. 1965; Habil. 1972 (alles Bonn) - Facharztausb. Univ.-Frauenkliniken Kiel u. Bonn; 1976 apl. Prof. Bonn; 1973-81 Oberarzt Univ. Frauenklinik Bonn - Handbuchbeitr., Lehrbuchbeitr., ca. 120 Veröff.

SCHANDERT, Manfred
Dr. phil., Prof., Dirigent Hamburg. Staatsoper - Blumenau 43, 2000 Hamburg 76 (T. 040 - 25 65 68) - Geb. 15. Jan. 1936 Wittenberg, ev., verh. s. 1984 m. Christiane, geb. Holst, 2 Kd. (Katharina, Johannes-Boris) - 1953-58 Stud. Musikwiss., Dirigieren u. Klavier Berlin; 1966-70 Stud. Musikwiss., Slavistik, Phonetik Hamburg; Promot. 1979 Hamburg - BV: D. Problem d. originalen Instrumentation d. Boris Godunow v. M.P. Mussorgski, 1979; Dt. Übers. d. Oper D. Jahrmarkt v. Sorotschinzi (v. M.P. Mussorgski), 1976 - Liebh.: Wandern, Radfahren, Kochen - Spr.: Russ., Serbokroat., Engl., Ital., Lat.

SCHANZ, Bernhard
Dr. rer. pol., Dipl. rer. pol. (techn.), selbständiger u. unabhängiger Sicherheitsberater u. Sachverst. f. Einbruchschutz - Kaiserstr. 105, 6050 Offenbach/ M. - Geb. 4. Juni 1928, verh. m. Barbara, geb. Stepper-Westermacher - Univ. Köln - Liebh.: Kunst, Theater, Lit., Reisen - Spr.: Engl., Franz.

SCHANZ, Dieter Friedemann
Bundestagsabgeordneter (Wahlkr. 86/ Oberhausen) - Bundeshaus, 5300 Bonn 1 - SPD.

SCHANZ, Günther
Dr .rer. pol., Prof. f. Betriebswirtschaftslehre Univ. Göttingen - Unter der Rodebreite 20, 3400 Göttingen - Geb. 24. März 1943 Lodz (Vater: Kurt Sch., Kaufm.; Mutter: Ruth, geb. Scherzer) - Univ. Mannheim (Dipl.-Kfm. 1969, Promot. 1972) - S. 1977 Prof. in Göttingen - BV: Grundl. d. verhaltenstheoret. Betriebswirtsch., 1977; Verhalten in Wirtschaftsorg., 1978; Org.gestalt., 1982; Mitarbeiterbeteilig., 1985; Erkennen u. Gestalten, 1988.

SCHANZE, Heinz
Dr. phil., Prof. f. Dt. Sprache u. Ältere Dt. Philol. Univ. Marburg (s. 1972) - Im Grund 3, 3554 Cappel - Geb. 29. Sept. 1935 Quentel - Promot. 1963 - Zul. Akad. Rat - BV: D. Überlieferung v. Wolframs Willehalm, 1966. Einzelarb.

SCHANZE, Helmut
Dr. phil., Prof. Univ. Siegen - Laurentiusstr. 69, 5100 Aachen - Geb. 7. Aug. 1939, verh. - Promot. 1965 Frankfurt; Habil. 1971 TH Aachen - 1966 wiss. Assist.; 1972 Prof., 1978 o. Prof. - BV: Romantik u. Aufklärung, 1966, 2. A. 1976; Drama im bürgerl. Realismus, 1973; Medienkd., 1974; Rhetorik, 1974; Lit. u. Theater im Wilhelminischen Zeitalter, 1978; Lit.gesch. u. Lesebuch, 1981; Topik, 1981; Argumente/Argumentation, 1985; Friedrich Schlegel u. d. Kunsttheorie seiner Zeit, 1985; Textverarbeitung, 1986; Rhetorik u. Phil., 1989; Goethes Dramatik. Theater d. Erinnerung, 1989. Herausg.: Indices z. dt. Lit. (s. 1968); Elektron. Bibliothek z. dt. Lit. (s. 1989).

SCHAPER, Gerhard
Dr. med., Prof., Chefarzt Märk. Säuglings- u. Kinderklinik (s. 1960) - Werler Str. 130, 4700 Hamm/W. (T. 2 60 51) - S. 1956 (Habil.) Privatdoz. u. apl. Prof. (1962) Univ. Münster (zeitw. Assist. Kinderklinik). Fachveröff.

SCHAPER, Wolfgang
Dr. med., Prof., Physiologe, Direktor Max-Planck-Inst. f. physiol. u. klin. Forschung u. Experiment. Kardiol., Bad Nauheim - Parkstr. 1, 6350 Bad Nauheim (T. 06032 - 34 54 02) - Geb. 11. Jan. 1934, ev., verh. m. Dr. med. J. Sch., geb. Pflaume, 3 Kd. (Susanne, Wolfgang, Martin) - Med.-Stud. Univ. Halle; Habil. Kath. Univ. Leuven (Belgien) - Geschäftsf. Dt. Ges. f. Herz- u. Kreislaufforsch.; Gastprof. Duke Univ. Medical School - BV: The Collateral Circulation of the Heart, 1971; The Pathophysiology of Myocardial Perfusion, 1979 - 1985 Outstanding Research Medal Intern. Ges. f. Herzforsch.; Arthur-Weber-Preis Dt. Ges. f. Herz- u. Kreislaufforsch. - Liebh.: Musik, Sport - Spr.: Niederl., Engl.

SCHARABI, Mohamed
Dr.-Ing., Prof. TH Darmstadt, Architekt u. Bauhistoriker - Freiligrathstr. 3, 6100 Darmstadt (T. 06151 - 6 18 67 u. 16 29 67) - Geb. 28. Jan. 1938 Kairo/ Ägypten (Vater: Stahlbauunternehmer Mahmud Sch. †, Kairo), verh. s. 1965 m. Regina, geb. Bartel, 2 Kd. (Farid, Karim) - Stud. Arch. TU Berlin; Dipl. 1963, Promot. 1968 TU Berlin; Stud. Phil. FU Berlin u. Univ. Heidelberg; Habil. 1981 TH Darmstadt - 1964-66 Assist. Fak. f. Arch. TU Berlin; 1966-68 Stadtplaner in Kuwait; s. 1968 Hochschullehrer TH Darmstadt u. Arch., s. 1988 Prof. - BV: Einfluß d. Pariser École des Beaux-Arts auf d. Berliner Architektur, 1968; D. Bazar, 1985; Kairo. Stadt u. Architektur im Zeitalter d. europ. Kolonialismus, 1989 - Liebh.: Zeichnen, Malen, Schreiben - Spr.: Engl., Franz., Arab.

SCHARBAU, Friedrich-Otto
Präsident Luth. Kirchenamt (1983ff.) - Richard-Wagner-Str. 26, 3000 Hannover 1 - Geb. 4. Okt. 1935 Kiel - Stud. Theol. Univ. Kiel u. Göttingen - 1963 Ord., Pastor Kiel. 1965-83 Landeskirchenamt/Nordelb. Kirchenamt Kiel. S. 1985 Vors. d. Theol. Konvents Augsburgischen Bekenntnisses; s. 1987 Luth. Präs. Exekutiv-Aussch. f. d. Leuenberger Lehrgespräche.

SCHARBERT, Josef
Dr. theol., o. Prof. f. Alttestamentl. Theologie Univ. München (s. 1968) - Pählstr. 7, 8000 München 70 (T. 714 95 15) - Geb. 16. Juni 1919 Grosse/Tschechosl. (Vater: Oskar S., Bauer; Mutter: Maria, geb. Kammer), kath. - Erzbischöfl. Akad. Weidenau/Sudetenl.; 1938-45 Wehrdst.; Phil.-Theol. Hochsch. Passau; Univ. Bonn; Päpstl. Bibelinst. Rom (Lic. bibl. 1954). Priesterweihe 1948. Promot. (1953) u. Habil. (1957) Bonn - 1948-51 Seelsorgetätigk. Diözese Passau; 1958-68 ao. u. o. Prof. (1964) PhThH Freising (1967/68 Rektor); emerit. 1984 - BV: D. Schmerz im Alten Testam., 1955; Solidarität in Segen u. Fluch im Alten Testam. u. in s. Umwelt, 1958; Einf. in d. Hl. Schrift, 3. A. 1965; Heilsmittler im Alten Testam. u. im Alten Orient, 1964; D. Propheten Israels b. 700 v. Chr., 1965 (auch span.); D. Sachb. z. Bibel, 2. A. 1969 (auch ital. u. portug.); Fleisch, Geist u. Seele im Pentateuch, 2. A. 1967; D. Propheten Israels um 600 v. Chr., 1967; Prolegomena e. Alttestamentlers z. Erbsündenlehre, 1968 (auch franz. u. span.); Sachbuch z. Alten Testament, 1981; Gen 1-50 (Neue Echter-Bibel), 1985/86; Ich bin Josef, Euer Bruder, 1988. Herausg.: Fr. Nötscher, Altoriental. u. alttestamentl. Auferstehungsglauben (1970), Z. Thema: E. Kirche - e. Menschh. (1971); Skripten d. Lehrstuhls f. Theol. d. Alten Testam. (1978-84). - 1980 Päpstl. Ehrenprälat.; o. Mitgl. d. Sudetendt. Akad. d. Wiss. u. Künste; 1988 Sudetendt. Kulturpreis f. Wiss.

SCHARBERTH, Irmgard,
geb. Bellmann

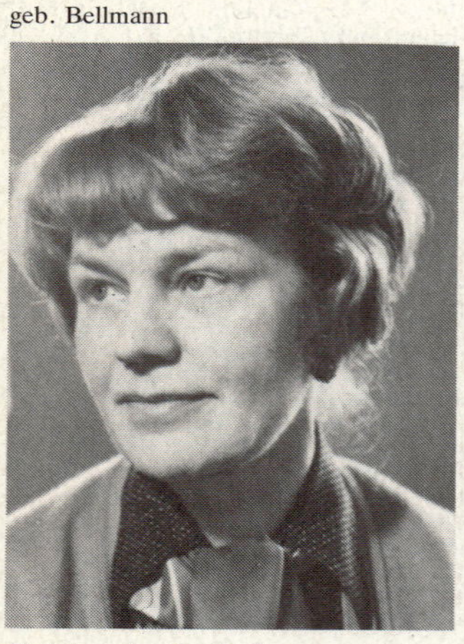

Chefdramaturgin f. Oper u. Konzert, Schriftst. - Am Kiekeberg 24, 2000 Hamburg 55 (T. 040 - 86 95 90) - Geb. 28. Nov. 1919 Hamburg, kath., gesch. - 1945-50 Stud. Musikwiss., Literaturwiss., Psych., Phil. Univ. Hamburg u. Kiel - 1957-76 Opern- u. Konzertdramat. Hamburg (Staatsoper), 1976-77 München (Bayer. Staatsoper), 1977-85 Köln (Oper Stadt Köln), dzt. Konzertdramat. Gürzenichkonz. Köln - BV: D. Hamburg. Staatsoper in Amerika, 1967; Rolf Liebermann z. 60. Geb., 1970; Musiktheater m. Rolf Liebermann, 1975; Oper in Köln, 1975-85; Michael Hampe, 1985; D. Gürzenichorchester Köln, 1988 - Liebh.: Oper u. jede Art v. klass. u. Jazz-Musik - Spr.: Engl., Franz., Ital. - Bek. Vorf.: Carl Michael Bellman, schwed. Musiker, 1740-95 (Urahne vs.).

SCHARDEY, Hans-Dietrich
Dr., Dipl.-Landw., 1981 Geschäftsf. Maizena GmbH., Hamburg, 1983 Vice-President CPC Europe Ltd. - Zu erreichen üb. Maizena Ges. mbH, Knorrstr. 1, 7100 Heilbronn - Geb. 16. Okt. 1926.

SCHARDT, Alois
Journalist - Zu erreichen üb. Am Treutengraben 21, 6000 Frankfurt/M. 90 - Geb. 3. Nov. 1926 Limburg/L., kath. - 1961-68 Leit. Tele-Kolleg Bayer. Rundfunk, spät. Chefredakt. Publik (Erscheinen 1971 eingest.), s. 1972 Leit. Redaktion Kinder u. Jugend u. Hauptabt. Programmplanung (1973) ZDF, 1982-88 Programmdir. ZDF, s. 1988 Lehrbeauftr. Univ. Mannheim - 1970 BVK am Bde.; 1972 Theodor-Heuss-Preis; 1985 BVK I. Kl.; 1987 Bayer. VO.

SCHARDT, Rudolf
Oberbürgermeister Stadt Kitzingen (s. 1967) - St.-Georg-Str. 4, 8710 Kitzingen-Hoheim - Geb. 5. Sept. 1927 Kitzingen - Zul. Stadtoberrechtsrat. SPD.

SCHARDT, Werner
Generalsekretär Allg. Dt. Automobil-Club (ADAC) - Am Westpark 8, 8000 München 70.

SCHARF, Albert
Justitiar, stv. Int. Bayer. Rundfunk, Honorarprof., Präs. Union Europeénne de Radiodiffusion (UER) - Rundfunkpl. 1, 8000 München 2 - Geb. 28. Dez. 1934.

SCHARF, Bernhard
Dr. rer. nat., Dipl.-Chemiker, MdL Baden-Württ. - Branichstr. 3, 6905 Schriesheim (T. 06203 - 6 45 39) - Geb. 20. Mai 1936 Ludwigshafen/Rh., verh. s. 1976 m. Ingeborg, geb. Maier - Stud. Chemie Heidelberg, München, Montpellier/Frankr., Washington State Univ. - Anwendungstechn. Entw. v. Kunststoffen - Spr.: Engl., Franz., span. Grundkenntn.

SCHARF, Hans-Dieter
Dr. rer. nat. (habil.), o. Prof. u. Direktor Inst. f. Organ. Chemie TH Aachen - Greppstr. 15a, 5106 Roetgen (T. dstl. 0241 - 80 46 75; priv.: 02471 - 45 65) - Promot. 1960 Bonn - 1960-66 Shell Grundlagenforsch., Schloß Birlinghoven b. Siegburg; 1966-69 Privatdoz. f. Organ. Chem. Univ. Bonn, dann Prof. Aachen. Spez. Arbeitsgeb: Photochem., Reaktionsmechanismen, Molekülspektroskopie, neue synth. Methoden.

SCHARF, Helmut
Prof. i. R., Schriftsteller - Parkstraße 3, A-9220 Velden a.W.S. (T. 04274 - 28 97) - Geb. 28. Nov. 1915 Villach (Kärnten), kath., verh. s. 1947, 3 Töcht. (Monika, Renate, Erika Gabriele) - Realgymn. Villach b. 1931; Lehrerbild.anst. b. 1936 Klagenfurt; Fachprüf. f. d. Lehramt an Hauptsch. 1956-57 - 1936-38 Lehrer an Volksschulen; 1946-75 Prof. an d. Bundeslehrer- u. Lehrerinnenbild.anst. Klagenfurt - BV: 6 Bde. Lyrik, 1956, 63, 71, 78, 2 Bde. 1980; D. Mittelmäßige, R. 1973; Meine kl. Kavaliere, 1985 (slav. Übers. 1988) - 1954 Lit.förderungspreis d. Landeshauptstadt Klagenfurt; 1971 Pr. d. Körner-Stiftg.; 1975 Ehrenring Marktgemeinde Velden; 1984 Gr. Gold. Ehrenz. Ld. Kärnten - Lit.: Dr. Erich Nußbaumer in: Tscheben, Trauer um e. Dorf (Nachwort); Dr. Reginald Vospernik in: Moji mali kavalirji (Nachwort).

SCHARF, Josef
Dr. med. (habil.), Prof., Ltd. Arzt Augenabt. St.-Vincenz- u. Elisabeth-Hospital, Mainz a. D. - Kl. Windmühlenstr. 2, 6500 Mainz (T. 2 40 36) - Geb. 10. März 1909 Hohenelbe, kath., verh. m. Marianne, geb. Bauer, 2 Kd. - Univ. Prag - Assist. Univ.s-Augenklinik Prag; 1947-51 komm. Leit. Univ.-Augenklinik Würzburg (1948 Privatdoz., 1951 apl. Prof.). Etwa 50 fachwiss. Veröff.

SCHARF, Kurt

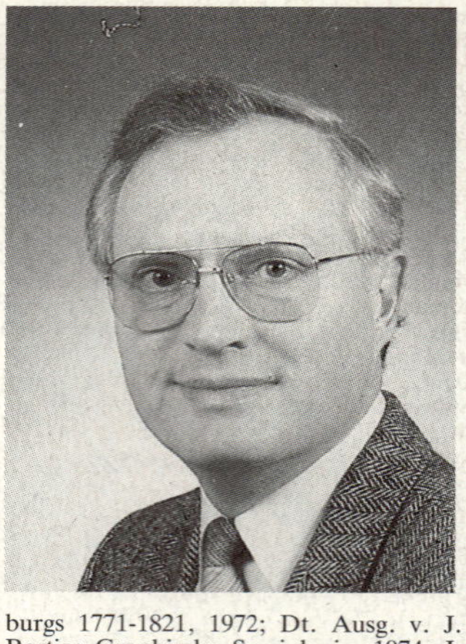

D., D. D., Dr., Theologe - Am Hirschsprung 35, 1000 Berlin 33 - Geb. 21. Okt. 1902 Landsberg/W. (Vater: Johannes S., Buchhändler; Mutter: Margarethe, geb. Rüdel), ev., verh. in 2. Ehe (1933; in 1. verw.) m. Renate, geb. Scharf, 5 Kd. (Ingeborg (aus 1. E.), Christiane, Brigitte, Kurt-Anton, Martina) - Gymn. Landsberg; Univ. Tübingen, Jena, Halle (Theol.) - Ab 1928 Pfarrer Friesack u. Sachsenhausen (1933), Präses Bruderrat u. Bekenntnissynode d. Bekenn. Kirche in d. Mark Brankenburg u. Vors. Konfz. d. Landesbruderräte d. BK in Dtschl. (1938), wiederh. Haft, Schreib- u. Redesow. Aufenthaltsverbot f. versch. Gebiete im Osten Dtschl., ab 1945 Propst f. d. Bereich d. Landes Brandenburg in d. Kirchenprov. Berlin-Brandenburg, 1955-57 u. s. 1960 stv. Vors. Rat d. Ev. Kirche d. Union, dazw. Vors., s. 1961 Vors. bzw. stv. Vors. (1967) Rat EKD, 1966-76 Bischof Ev. Kirche in Berlin-Brandenburg bzw. Regionalsynode West (1972). 1968ff. Mitgl. Zentralaussch. Ökumen. Rat; b. 1969 Vizepräs. Vereinigte Weltbibelges.; s. 1979 Ehrenvors. Oekumen. Rat Berlin; s. 1980 Vors. Aktion Sühnezeichen/Friedensdienste; Mitgl. Beir. u. Kurat. amnesty intern. Ges.f. Bedrohte Völker, Gustav-Heinemann-Initiative, Ges. f. christl.-jüd. Zus.arbeit u. a. - Herausg.: Rundbriefe d. BK (1933-45, ab 1935 illeg.) - BV: Für e. polit. Gewissend. Kirche, 1972; Brücken u. Breschen, 1977; Streit m. d. Macht, 1983, Widerstehen u. Versöhnen, 1987; zahlr. Aufs. in Ztschr., Sammelwerken u. Festschr. - Ehrendoktor Humboldt-Univ. Berlin (1952), Eden Seminary St. Louis/USA (1966) u. Christl. Akad. Univ. Warschau (1985); 1969 Ausz. United Bible Societies (f. hervorrag. Verdienste um d. Bibelverbreit.; erster Träger); 1971 Buber-Rosenzweig-Med., 1973 Kopernikus-Med. (f. Verdienste um d. Verständgung m. Polen), 1966 Gold. Kreuz v. Athos an gold. Kette (v. Oekumen. Patriarchen v. Istanbul); Koptisches Kreuz v. Alexandria; 1976 Ernst-Reuter-Plak. Berlin West (Silber); 1977 Gustav-Heinemann-Bürgerpreis (1. Träger); 1974 Kreuz d. Hl. Augustin v. Canterbury; 1978 Dr.-Leopold-Lucas-Pr. Univ. Tübingen (Fachber. Theologie) - Lit.: Männer d. Ev. Kirche in Dtschl. (1962); Pfarrer, d. d. Terror dienen (1975) - Entstammt e. alten Theologenfamilie.

SCHARF, Rudolf
Dr. med., Prof., Chefarzt Med. Klinik u. Ärztl. Direktor Klinik Sulzbach/Saar der Bundesknappschaft - Martin-Luther-Str. 93, 6603 Sulzbach-Neuweiler/Saar - Geb. 29. Febr. 1924 Gera - S. 1955 (Habil.) Lehrtätigk. Univ. Jena u. Saarbrücken (1960 apl. Prof. f. Inn. Med.) - BV: Kreislaufprobleme u. haemodynam. Korrelationen unt. Muskelarbeit u. therapeut. Maßnahmen, 1955; D. sogen. grippale Infekt. D. hypotone Syndrom, 1969; D. Humanum u. d. Wiss. (Med. u. geistesgesch. Arbeiten Walter Brednows), 1971. Etwa 210 Einzelarb.

SCHARF, Wilfried
Dr., Akad. Rat Inst. f. Kommunikationswiss. - Humboldtallee 38, 3400 Göttingen (T. 0551 - 39 72 10) - Geb. 23. Sept. 1945 - Soldat; Stud. Sozialwiss.; Dipl.; Promot. 1980 - BV: Nachrichten im FS d. Bundesrep. Dtschl. u. d. DDR, 1981; D. Bild d. Bundesrep. Dtschl. in d. Massenmedien d. DDR, 1985.

SCHARFE, Wolfgang
Dr. rer. nat., Univ.-Prof. f. Kartographie - Weimarische Str. 4, 1000 Berlin 31 (T. 030 - 853 33 86) - Geb. 13. Juni 1942 Berlin, ev. - 1961-67 FU Berlin (Promot. 1970) - 1975 Gastdoz., 1977 Prof. PH Berlin, 1980 FU Berlin - 1967-77 Ref. f. Hist. Handatlas v. Brandenburg u. Berlin, 1972 Leit. Arb.kreis Gesch. d. Kartographie, 1980 Mithrsg. Kartenwerk z. Preuss. Gesch.; 1984 Hrsg. Kartographiehist. Colloquium Bayreuth 1982 - 1976 Mitgl. d. Hist. Komm. Berlin, 1978 Hrsg. Kartendrucke v. Dtschl. (b. 1815) - BV: Abriß d. Kartographie Brandenburgs 1771-1821, 1972; Dt. Ausg. v. J. Bertin: Graphische Semiologie, 1974; J. Bertin: Graph. Darst. u. d. graph. Weiterverarb. d. Inform., 1981; Historisch-Topograph. Karte v. Brandenburg um 1800, 1984. Herausg.: Kartographiehist. Colloquium Lüneburg (1984); Kartographiehist. Colloquium Wien (1986) - Spr.: Engl., Franz.

SCHARFENBERG, Horst
Journalist u. Schriftsteller, Fachgeb.: Kulinarisches u. Wein - Reinhold-Schneider-Str. 14, 7570 Baden-Baden (T. 07221 - 2 40 73); 1950 Palm City RD, No. 3107, Stuart, Florida (T. 407 - 2 86-06 43) - Geb. Frankfurt/M. (Vater: Kurt S., Ing.; Mutter: Frieda, geb. Bertram), verh. s. 1949 m. Rossenka, geb. Bransowa, 2 Töcht. (Laila, Ilka) - Univ.stud. Deutschl. u. USA. Kolumnist f. D. Hummer, Allgem. Hotel- u. Gaststätt.ztg. Ordensoberer Brudersch. Marmite, Sénéchal d. intern. Weinbruderschaft Commandeurs des Domaines Schenk, Ehrenpräs. Intern. Presse-Regatta-Club - BV: Projekt Wadi Tharthar, Nautilus 90o Nord, Zu neuen Horizonten, H. S. bittet zum Herd, Kochb. f. d. Hausfrau v. heute, Scharfenbergs Spezialitäten, Kulinar. Reiseskizzen, D. Kunst d. Kochens, Leckere Fondues, Kurzgebratene Leckerbissen, An fremden Feuern, So schmeckt's an Bord, D. prakt. Buch von Wein, D. dt. Küche, Köstliche Kräuter, D. Armagnac-Buch, Genüßliche Weinkunde, D. schwäb. Weinbüchle, Kulinarisches Rendezvous m. Baden, Cuisines of Germany (eng.), Deutschl. Weine, Schlachtfest, D. Kunst d. Kochens m. Toulouse - Liebh.: Kochen, Segeln - Spr.: Engl., Franz., Holl.

SCHARFENBERG, Joachim
Dr. theol., o. Prof. f. Prakt. Theologie Univ. Kiel, Psychoanalytiker - Hofteich 2, Neukönigsförde, 2371 Bredenbek (T. 04334 - 3 38) - Geb. 10. Mai 1927, ev., verh. s. 1955 m. Ingeborg, geb. Springer, 5 Kd. (Christoph, Anna-Beata, Maria-Benedicta, Katharina-Donata, Dorothea-Scholastika) - Stud. Theol. u. Psych. Univ. Jena, Halle, Tübingen, Kiel u. Cambridge/Mass./USA; Theol. u. psych. Ex. 1951 u. 1953, Promot. 1954 Kiel, Habil. 1968 Tübingen; 1957-62 Psychoanalyt. Ausb. Berliner Psychoanalyt. Inst. - Gemeindepfarrer u. Krankenhausseelsorger; Leit. Ev. Beratungsstellen d. Telefonseelsorge in Berlin; Leit. Eheberatung in Stuttgart; Univ.-Doz. Tübingen; s. 1971 Ord. f. Prakt. Theol. Kiel u. praktiz. Psychoanalytiker - BV: Johann-Christoph Blumhardt u. d. kirchl. Seelsorge heute, 1955; Siegmund Freud u. s. Religionskritik als Herausforderung f. d. christl. Glauben, 1969; Seelsorge als Gespräch, 1971; Religion zw. Wahn u. Wirklichkeit, 1971; M. Symbolen leben, 1975 (m. H. Kaempfer); Einf. in d. Pastoralpsych., 1985.

SCHARHAG, Werner
I. Bürgermeister - Rathaus, 6740 Landau/Pfalz - Geb. 29. Okt. 1926 - SPD.

SCHARLACH, Fritz
Dr. jur., Dipl.-Ing., Fabrikant (Fa. Otto

Scharlach, Nürnberg) - Fichtestr. 41, 8500 Nürnberg (T. 53 31 41); priv.: Novalisstr. 7 - Geb. 9. Dez. 1901 - S. 1939 (Tod d. Vaters) Leitg. Familienuntern. 1962-1971 Präs., dann Ehrenpräs. IHK Nürnberg. Mitbegr. Verein d. Bayer. Metallind. - 1965 Bayer. VO., 1971 Gr. BVK.

SCHARLAU, Birgit

Dr. phil., Prof. Univ. Frankfurt - Inst. f. Romanische Sprachen u. Literaturen, Univ. Frankfurt, Gräfstr. 74-76, 6000 Frankfurt (T. 0611 - 798 21 95) - Geb. 20. April 1944 Liegau-Augustusbad (Vater: Andreas Sch., Ing. u. Chemiker; Mutter: Ursula, geb. Schulze) - 1968-71 Assist.; 1971/72 Gastprof. Univ. v. Mexico; 1972-74 Prof. Univ. Frankfurt; 1974-76 Assist. Unesco b. d. Facultad Latinoamericana de Ciencias Sociales (FLACSO) Buenos Aires/Arg.; s. 1976 Prof. Univ. Frankfurt.

SCHARLAU, Ulf

Dr. phil., Leiter Fachber. Archivwesen u. Dokumentation Südd. Rundfunk Stuttgart (s. 1982) - Uracher Weg 21, 7148 Remseck 2 (T. 07146 - 9 03 26) - Geb. 4. Dez. 1943 Hanau, verh. s. 1969 m. Gisela, geb. Bröll, 3 S. (Philipp, Johannes, Felix) - Abit. 1963; 1963-69 Stud. Musikwiss., Gesch., Dt. Lit.wiss. u. Bibl.wiss. Univ. Frankfurt - 1969-73 Ref. (Politik, Musik) Dt. Rundfunkarchiv Frankfurt; 1973-82 Leit. Schallarchiv SDR Stuttgart. 1984 Präs. Intern. Assoc. of Sound Archives - BV: Athanasius Kircher (1601-80) als Musikschriftst., 1969; Igor Strawinsky-Phonographie, 1972. Div. Fachart. musikwiss. u. rundfunkarchiv. Inhalts; Schallplattenprod. f. SDR - Liebh.: Musik (Cellospiel) - Spr.: Engl., Franz.

SCHARLAU, Winfried

Dr. phil., Journalist, Redakt. Norddt. Rundfunk, Leit. u. Moderator Redakt. Weltspiegel - Zu erreichen üb. Norddt. Rundfunk, Gazellenkamp 57, 2000 Hamburg 54 - Geb. 12. Juni 1934 Duisburg (Vater: Bernhard S., Arzt; Mutter: Johanna, geb. Reining), verh. s. 1969 m. Christiane, geb. Pickert, 2 Kd. (Melanie, John Benjamin) - Abit. Duisburg-Meiderich; Promot. Oxford - Ab 1964 NDR (Redakt., Moderator Weltspiegel u. Panorama), 1973-77 ARD-Asienkorresp. in Hongkong, 1978-81 Chefredakt. Fernsehen, 1981-87 ARD-Südostasienkorresp. m. Sitz in Singapur - BV: Freibeuter d. Revolution - Helphand-Parvus/E. polit. Biogr., 1964 (m. Z. A. B. Zeman).

SCHARLAU, Winfried

Dr., Prof. Univ. Münster - Zur Wiese 14, 4400 Münster - Geb. 1940 Berlin - 1959-65 Stud. Univ. Bonn u. New York (Promot. 1967 Bonn) - S. 1970 Prof. Univ. Münster.

SCHARMANN, Arthur

Dr. rer. nat., D. Sc. Drs. h. c., Prof. f. Experimentalphysik - Südhang 18, 6300 Gießen (T. 4 74 12) - Geb. 26. Jan. 1928 Darmstadt (Vater: Arthur S., Studienrat; Mutter: Auguste, geb. Darmstädter), verh. s. 1957 m. Irmgard, geb. Hanle, 4 Söhne (Albrecht, Alexander, Martin, Marc) - Univ. Marburg u. Gießen (Physik; Dipl.-Phys. 1951). Promot. (1955) u. Habil. (1959) Gießen - S. 1959 Lehrtätigk. Univ. Gießen (1965 apl. Prof.; 1966 Prof. u. Abt.-Vorsteher; 1969 o. Prof.). Mitgl. Dt. Physikal. Ges., European Physical Soc., Dt. Ges. f. Biophys., Schutzkommiss. BMI (s. 1969); Vertrauensmann Dt. Forsch.gem. Univ. Gießen; Mitgl. Sicherheitsbeirat Kernkraftw. Biblis; Ständ. Mitgl. Organizing Committees of the Intern. Conferences on Exoelectron Emission and on Solid State Dosimetry. Div. Buchbeitr. u. Fachaufs. Mithrsg. Ztschr. Kerntechnik u. Radiation Protection Dosimetry - 1989 Röntgenplak. d. Stadt Remscheid.

SCHARNHORST, Gerhard

Landwirt, MdL Nieders. (s. 1967) - Ovelgönne 1, 3091 Bücken (T. 04251 - 24 96) - Geb. 16. März 1915 Harburg/Elbe, ev., verh., 2 Kd. - Gymn. Adolfinum Bückeburg (Abit. 1934) - Berufsoffz. (zul. Major i. G.); 2 1/2 J. Kriegsgefangensch.; s. 1949 selbst. S. 1953 Mitgl. Gemeinderat Bücken (1957 stv. Bürgerm.); s. 1964 MdK Grafschaft Hoya. CDU.

SCHARPENBERG, Margot

Schriftstellerin - 240 E. 27th. St., App. 23-F, New York, N. Y. 10016 (USA) - Geb. 18. Dez. 1924 Köln, verh. s. 1956 m. Prof. Dr. Klaus F. Wellmann - BV: Gefährl. Übung, Ged. 1957; Spiegelschriften, Ged. 1961; Brandbaum, Ged. 1965; Schwarzweiß, Ged. 1967; Vermeintl. Windstille, Ged. 1968; M. Sprach- u. Fingerspitzen, Ged. 1970; E. Todeskandidat u. and. Erz. 1970; Spielraum, Ged. 1972; Einladung nach New York, 1972; Spuren, Ged. 1973; Bildgespräche m. Zillis, Ged. 1974; Fröhl. Weinachten u. and. Lebensläufe, 1974; Neue Spuren, Ged. 1975; Veränder. e. Auftrages, Ged. 1976; Fundfigur, Ged. 1977; Bildgespr. i. Aachen, Ged. 1978; Fundort Köln, Ged. 1979; Domgespräch, Ged. 1980; New York, Taschenb.ausg. d. Einlad. n. New York, 1980; Mod. Kunst im Bildgespr., Ged. 1982; Fallende Farben, Ged. 1983; Windbruch, Ged. 1985; Verlegte Zeiten, Ged. 1988 - 1968 Georg-Mackensen-Lit.preis (f. d. beste Kurzgesch.); 1975 Ida-Dehmel-Lit.preis - Liebh.: Indian. Felskunst, Archäol. - Spr.: Engl.

SCHARPENSEEL, Hans-Wilhelm

Dr. agr., em. Prof., Bodenkundler, Agrikulturchemiker, Ordinat f. Bodenkd. Univ. Hamburg - Billeweg 19, 2057 Wentorf - Geb. 5. Juni 1923 Münster/W. (Vater: Wilhelm S., Bankprokurist; Mutter: Maria, geb. Graewe), kath., verh. s. 1950 m. Lore, geb. Kaufmann, S. Hans-Wilhelm - Abit. 1942 Münster; Dipl.-Landw. 1949, Promot. 1950, Habil. 1960, alles Bonn - S. 1950 Univ. Bonn (1965ff. apl. Prof. f. Bodenkunde u. Agrikulturchemie, Wiss. Rat, bzw. Abt.-vorsteher u. Prof.). 1975 Lehrst. f. Bodenkd., Univ. Hamburg; 1954-57 Univ. Manila (Inst.leit.); 1957-58 Univ. of Illionois (Research Associate Isotopentechnik); 1962 IAEA (UNO)-Experte Philippinen, 1964 Tunesien. Spez. Arbeitsgeb.: Allg. Bodenkd., bodenkundl. Themen d. Umweltforsch., trop. Böden bes. Reisböden, organ. Abbau, Radiokohlenstoffdatierung v. Böden. 1978-83 Mitgl. Board of Trustees, Int. Rice Research Institute, Philippinen; 1982-86 Vice-Präs. Intern. Bodenkundl. Ges. - Ca. 200 wissenschaftl. Veröff.

SCHARPF, Fritz W.

Dr. jur., Prof., Max-Planck-Inst. f. Gesellschaftsforsch., Köln (s. 1986) - Ulrichstr. 10, 5303 Bornheim 3 - Geb. 12. Febr. 1935 Schwäb. Hall (Vater: Ernst S.), verh. m. Dr. Sophia, geb. Yen - Univ. Tübingen, Freiburg, Yale (USA) - 1968 Ord. Univ. Konstanz; 1973 Wiss.-zentrum Berlin - BV: Grenzen d. richterl. Verantw., 1965; D. polit. Kosten d. Rechtsstaats, 1970; Demokratietheorie zw. Utopie u. Anpassg., 1970/75; Planung als polit. Prozeß, 1973; Politikverflechtung, 1976; Sozialdemokr. Krisenpolitik in Europa, 1987.

SCHARPFF, Rudolf

Dipl.-Kfm., pers. haft. Gesellsch. Freudenberg & Co., Mitgl. Unternehmensleitg. Freudenberg & Co. u. Carl Freudenberg - Am Michelsgrund 9, 6940 Weinheim (T. 06201 - 6 71 49) - Geb. 5. Dez. 1929 Frankfurt - Dipl.-Kfm. 1958 - VR-Vors. Kirchhoff Verw.ges. mbH, Straßenbauuntern., Stuttgart; Vorst. Landesverb. Baden-Württ. Ind., Ostfildern.

SCHARPING, Rolf

M.A., Assistent v. Bundestagsabgeordneten, MdL Rhld.-Pfalz (s. 1975) - Wilhelmstr. 5, 5420 Lahnstein (T. priv.: 02621 - 5 04 77 u. dstl.: 06131 - 20 83 12) - Geb. 2. Dez. 1947, verh., 3 Kd. - Abit. 1966, Stud. polit. Wiss., Jura u. Soziol. Univ. Bonn, 1974 Magisterprüf. - Versch. Funkt. i. d. SPD Rhld.-Pfalz, 1976/77 nebenberufl. Landesgeschäftsf., 1975 Mitgl. d. Landtags, 1979 Parlam. Geschäftsf. SPD-Landtagsfrakt.

SCHARRENBROICH, Heribert

Geschäftsführer a. D., MdB (s. 1985), Vors. d. Arbeitnehmergr. d. CDU/CSU-Bundestagsfraktion - Bundeshaus, 5300 Bonn 1 - Geb. 8. März 1940 Köln, kath., verh., 3 Kd. - 1961 Abit.; Wehrdienst; 1968 Dipl.-Volksw. - 1977-85 Hauptgeschäftsf. d. Christl.-demokrat. Arbeitnehmerschaft (CDA); s. 1985 Vors. CDA Rhld.-Pfalz; Mitgl. Gewerksch. Handel, Banken u. Versich. (HBV) u. Zentralkomit. d. Dt. Katholiken. CDU s. 1964.

SCHARTNER, Karl-Heinz

Dr., Dipl.-Phys., Prof. Univ. Gießen - Aulweg 99, 6300 Gießen - Geb. 1. Jan. 1939 Königsberg/Pr. (Vater: Dr. Helmut S., Apotheker; Mutter: Else, geb. Lellnik), ev., verh. s. 1967 m. Waltraut, geb. Hoffmann, 2 Kd. (Charlotte, Henrike).

SCHARTZ, Günther

Landwirt u. Winzer, MdB (s. 1976; Wahlkr. 154) - 5513 Onsdorf (T. Wincheringen 2 82) - Geb. 26. Juli 1930 Trier (Vater: Johann Friedrich S., Landw. u. Winzer; Mutter: Margareta, geb. Klein), kath., verh. s. 1959 m. Christa, geb. Zehren, 2 Söhne (Hubert, Günther) - Volkssch., Lehre u. Fachsch. - Durch Übern. Familienbetrieb selbst. Fachämter (1973-76 Vizepräs., dann Präs. Bauern- u. Winzerverb. Rhld.-Nassau; s. 1976 Präs.-Mitgl. Dt. Bauernverb. u. Präs. Landw.kammer Rhld.-Pfalz). S. 1960 Bürgerm. Onsdorf (ehrenamtl.). CDU (1971ff. stv. Vors. Reg.bez. Trier); 1971-76 MdL Rhld.-Pfalz - Liebh.: Lit., Musik.

SCHASSBERGER, Rolf

Dr. rer. nat., Prof. - Matterhornstr. 87, 1000 Berlin 38 (T. 030 - 803 27 01) - Geb. 28. Nov. 1939 Horb/Neckar (Vater: Eugen S., Beamter; Mutter: Anna, geb. Haist), verh. s. 1967 m. Ursula, geb. Spring - Stud. Math. 1958-64 Univ. Stuttgart u. Berlin; Promot. 1967 (Math.) Univ. Stuttgart - 1967-78 Prof. Univ. of Calgary, Canada; s. 1978 Prof. TU Berlin. Wiss. Veröff. in Math., Informatik, Operat. Res. - BV: Warteschlangen, 1973.

SCHATT, Franz

Dipl.-Ing. agr., Hauptgeschäftsführer Pfälz. Bauern- u. Winzerschaft - Röchlingstr. 1, 6750 Kaiserslautern 1 (T. 0631 - 5 35 67-11) - Geb. 27. Sept. 1949.

SCHATTEN, Fritz

Journalist u. Schriftsteller - 5342 Rheinbreitbach (T. 02224 - 41 18) - Geb. 18. Febr. 1930 Guben, verh. s. 1956 m. Dr. Lore, geb. Peckhold, 2 Töcht. (Beate, Katja) - Stud. Soziol., Publizistik, Polit. Wiss. - Ab 1953 Polit. Korresp. Berlin u. Bonn, 1958-62 Afrika-Korresp. in- u. ausl. Ztg., seith. ldt. Redakt., Sonderkorresp., Europa-Korresp., Sonderkorresp. Deutsche Welle (Köln) - BV: Afrika - Schwarz oder rot?/Revolution e. Kontinents, 1961; D. Konflikt Moskau-Peking, 1963 (span. u. holl. 1964); Commumism. in Africa, London/New York 1966; Entscheidung in Palästina - Koexistenz o. Katastrophe, 1976; D. Gesch. d. Liberalismus (zus. m. Lore Schatten), 1981; Liberale Fragen in: D. dt. Judentum u. d. Liberalismus (Sammelbd. F. Naumann-Stiftg./Leo Baeck Inst.), St. Augustin, 1987.

SCHATTENBERG, Bernhard

Direktor, o. Vorstandsmitglied Dt. Krankenversicherungs AG., Köln (s. 1979) - Aachener Str. 300, 5000 Köln - Geb. 23. Aug. 1926 Brandenburg/Havel.

SCHATTENKIRCHNER, Manfred

Dr. med., Prof., Internist u. Rheumatologe, Leit. Rheuma-Einheit Ludwig-Maximilians-Univ. München (1984) - Pettenkoferstr. 8a, 8000 München 2 (T. 089 - 51 60 35 68); priv.: Bindingstr. 4a, 8035 Stockdorf/Obb. - Geb. 28. Nov. 1937 Au in d. Hallertau/Bay. (Vater: Josef Sch.; Mutter: Anna, geb. Haselmayr), kath., verh. s. 1964 m. Dr. Urania, geb. Konté, 3 T. (Stephanie, Dorothée, Barbara) - 1957-63 Univ. München (Med. Staatsex. u. Promot.) - S. 1965 Assist. u. ab 1970 Leit. Rheuma-Ambulanz Med. Univ.poliklin. München, 1975 Habil., 1980 Prof. - Zahlr. wiss. Publ. Herausg. u. Mithrsg. v. rheumatol. Fachb. u. Ztschr. - 1982/83 Präs. d. Dt. Ges. f. Rheumatologie; 1982 Memb. New York Academy of Sciences; 1983 Ehrenmitgl. American Rheumatism Assoc.; 1987 korr. Mitgl. Österr. Rheumaliga - Liebh.: Alte Sprachen, Alte Rheumabücher, Musik, Windsurfen.

SCHATTMANN, Werner

Dr. jur., Botschafter d. Bundesrep. Deutschl. in Prag/Tschechosl. a. D. - Vlašská 19, Prag 1, Malá Strana/Tschechoslowakei - Geb. 3. April 1924 Oels/Schles., ev., verh. m. Ingrid, geb. Möller, T. Ulrike - Abit. 1942; 1942-46 Kriegsdienst u. Kriegsgefangensch.; 1946-49 Jurastud. Univ. Kiel u. Würzburg, 1. u. 2. jurist. Staatsex. Univ. München, Promot. 1949 Univ. Kiel, Prüf. f. höh. Ausw. Dienst 1955 Bonn - 1953 Rechtsanw.; 1954 Attaché; ab 1955 Ausl.-Tätigk. (b. 1959 Botsch. Buenos Aires, b. 1963 London, ab 1968 Pretoria, 1972-74 Lima, 1978-81 Botschafter Kinshasa/Zaire, 1981-85 Lissabon, 1985-88 Prag); 1963-68 u. 1974-78 AA Bonn - Spr.: Engl., Franz., Span., Portug.

SCHATZ, Hedda

Autorin - Falkenweg 50, 5000 Köln 50 (T. 02233-2 26 15) - Geb. in Wien, ev. - Stud. Musik u. Erziehungswiss. Univ. Köln, München u. Bonn - Veröff.: Hörspielreihen (z.B. Inkognito; Stadt, Land, Fluß u.a.); Dokumentationen; Features; Hörbilder; FS-Serien (AHA-Magazin, Schlagzeile, Ruf mich an, Alpha 5, Computerzeit u.a.); Dokumentationen (m. Spielhandl.); Reportagen usw.; Zeitungsbeitr.; Kinderb.; Begleitb. z. Serie Computerzeit, 1985 - Liebh.: Umweltschutz, Reisen, Tiere, Blumen, Töpfern.

SCHATZ, Helmut

Dr. med., Prof. f. Innere Medizin - Rodthohl 6, 6300 Giessen (T. 0641 - 702 37 11) - Geb. 8. Okt. 1937 Eisenstadt (Vater: Andreas Sch., Dipl.-Ing., Hofrat; Mutter: Anna, geb. Lantos), verh. m. Dr. med. Christa, geb. Teichert, 2 Kd. (Reinhard, Ulrike) - Univ. Graz u. Bonn (Med.), Promot. Graz 1964, Facharzt f. inn. Med. Wien 1969, Habil. Ulm 1973 - 1963-64 Karolinska Inst. Stockholm, 1964-70 II. Med. Univ.Klinik Wien, 1970-76 Dept. Inn. Med. Univ. Ulm, s. 1976 III. Med. Klinik u. Poliklinik d. Univ. Giessen, s. 1978 Prof. f. Inn. Med. Univ. Giessen. Vorst.-Mitgl. Dt. Diabetesges. - BV: Insulin: Biosynthese u. Sekretion, 1976; Autoimmunity in Thyroid Disorders, 1984; Stoffwechsel u. Endokrinologie, 1985; Antidiabetika, 1986; üb. 350 wiss. Art. in Lehrb., Kongreßbd. u. Fachztschr. (Dtsch., Engl., Franz., Span., Japan.) - 1964 Ehrenring d. Österr. Bundespräs. (Promotio Sub Auspiciis Praesidentis Rei Publicae), 1976 Ferdinand Bertram-Preis d. Dt. Diabetesges. - Liebh.: Klaviermusik, Mineralien, Volkskunst, Orientteppiche - Spr.: Engl., Schwed. (Franz.).

SCHATZ, Klaus-Werner

Dr. sc. pol., Dipl.-Volksw., Prof. u. Direktor Inst. f. Weltwirtschaft Univ. Kiel - Lindenallee 124, 2300 Altenholz-Klausdorf (T. 0431 - 32 10 66; dstl. 8 84-2 66) - Geb. 6. Febr. 1943 Hamm/Westf., verh. s. 1969 m. Sigrid Jutta, geb. Schuchardt, 2 Söhne (Matthias, Hendrik) - Stud.

Univ. Saarbrücken; Dipl.-Volksw. 1969, Promot. 1974 Kiel - S. 1969 Inst. f. Weltwirtsch. an d. Univ. Kiel (1976 Leit. Abt. Infrastruktur u. Weltwirtsch., 1986 Leit. Abt. Konjunktur). Berater intern. Organ. u. nat. Institutionen - BV: Wachstum u. Strukturwandel d. westd. Wirtschaft, 1974; Trade in Place of Migration, 1979 (Intercambio en vez de migración); The Second Enlargement of the Europ. Community, 1982; Structural Adjustment of the Federal Rep. of Germany, 1987. Zahlr. Fachaufs. u. Buchbeitr. - Spr.: Engl., Franz.

SCHATZ, Manfred Friedrich

Prof., Kunstmaler (Spez.: Darstellungen wildlebender Tiere) - Dresdnerstr. 16, 4005 Meerbusch 2 (T. 02159 - 27 52) - Geb. 10. Dez. 1925 Bad Stepenitz (Vater: Ernst Sch., Kunstmaler; Mutter: Martha, geb. Hillebrand), ev., verh. s. 1950 m. Ilse, geb. Kray, 2 Söhne (Thomas, Wolfgang) - 1940-43 Kunstgewerbesch. Stettin u. Hochschule f. Bild. Künste Berlin. S. 1987 Prof. f. Bild. Kunst, Univ. Davenport USA - BV: Wildbahn-Impressionen, 1979 - Impress. Maler wildleb. Tiere (Tiere in d. Beweg.), Landsch., Porträts, Buchillustrat. in 30 Farbreprod. v. Gemälden in USA u. BRD. Ausst. In- u. Ausland u.a. Florenz, London, New York, Las Vegas, Budapest, Novi Sad/Jugosl., Malmö, Göteborg, Toronto, Dallas, Cleveland, München, Hamburg, Bonn - 1964 Silb.-med. Intern. Kunstausst. Florenz, 1968 Goldmed. Interfauna Düsseldorf, 1975 Intern. Kunstausst. Toronto (Kanada), 1984 beigeordn. Kurator Clevelandmuseum Ohio; 1984 BVK; 1986 Goldmed. Intern. Kunstausst. Wildtier u. Umwelt, Nürnberg. 1989 schuf d. Stadt Meerbusch d. Städt. Museum Manfred Schatz (Alter Kirchweg 57) - Liebh.: Reisen in nord. Länder - Film-Dokument.: M. Sch. - Maler d. Wildbahn, USA 1981; FS-Send. (ZDF, WDR, SDR, NDR, dän. u. kanad. FS); Lit. in div. Büchern, Ztschr., Kunstztschr. im In- u. Ausl.

SCHATZ, Walter

Geschäftsführer DESMA Werke Fridingen GmbH, Vorstand DESMA-IBERICA S.A., Alicante, Vorst. Raiffeisenbank Donau-Heuberg - Iffingerweg 12, 7203 Fridingen (T. 07463 - 5 33) - Geb. 7. Juni 1927, verh. s. 1953 m. Carmen, geb. Goetze-Franco, 3 Kd. - Abit., kfm. Ausb. - Versch. Miterfind. im Ber. Schuhind.

SCHATZ, Werner

Industrievertreter, Mitgl. Brem. Bürgerschaft (s. 1977) - Wiedensahlweg 1, 2800 Bremen 41 - Geb. 8. Jan. 1925 Ahrensburg/Holst., ev., verh., 2 Kd. - Gymn. (Mittl. Reife); Kaufm. Berufssch.; 1942-45 Kriegsdst.; Industriekaufm. Lehre Hamburg; 1949 Volontär südd. Aluminium-Walzw. - S. 1950 Angest. u. selbst. Kaufm. (1951) Bremen. CDU (1979 Vors. Stadtbez. Vahr).

SCHAUB, Franz

Schriftsteller, Journalist, Redakteur u. Dramaturg - Postf. 196, 8750 Aschaffenburg - Abit. - Redaktions- u. Verlagstätigkeit - BV: Freundschaft m. Angelika, Erz. 1942; Geliebte kl. Stadt, Ess. 1952; D. große Friede v. Krassnikowa, R. 1958 (auch Ausg. Engl. u. USA); Gandria, Reisetageb. 1959; Ruf d. Amseln, Ged. 1965; Zw. Odenwald, Rheingau u. Werra, Reiseb. 1971; Franken - wie es lacht, Ess. 1972; Spessart u. Rhön, Reiseb. 1973; D. Wirtshaus im Spessart - Wahrh. u. Legende, 1975; D. Geschichte v. Maria Goretti, 1975; Erinnerung an Alt-A'burg, 1978; Vom Rhein z. Donau, 1979; Frankfurt, 1979, Offenbach, 1980; Hanau, 1981; Räuberballade, Erz. 1980; Spessartreise, Ess. 1980; Fränkisches Mosaik (Anthol.), 1980; An d. Ufern d. Mains, Ess. 1981; Ihr glückl. Augen (Goethes Reisetageb.), 1982; Gespenstergesch., 1982 (Herausg.); Berühmte Gärten in Franken, 1984; D. Romantische Straße, 1986; Das darf doch nicht wahr sein, Erz. 1987; Arbeiten in: Deine Söhne, Europa!, Ohne Denkmalschutz, Poet. Franken, Texte aus Franken, Dt. Teilung u. a. Herausg. (Bildbde.): Spessart, Rhön, Franken, Aschaffenburg. Bühnenst. (Sch.): D. Magdalenenspiel, Es geschah in Agadir, Jenseits d. Grenzen; Hörspiele u. Feature - 1948 Literaturpreis, 1972 Journalistenpreis.

SCHAUB, Jürgen

Dr. med., Prof., Direktor Kinderklinik Univ. Kiel - Knooper Landstr. 3a, 2300 Altenholz-Knoop - Geb. 25. Jan. 1936 Hagen, ev. - 1957-62 Stud. Med. Univ. Marburg, Kiel u. München; Staatsex. u. Promot. 1963 München; Habil. 1974 München - 1963-75 Assist. Phys. Chem. Inst. u. Kinderklinik München. 1976-80 Oberarzt u. s. 1980 Dir. Kinderklinik Universität Kiel - Herausg.: D. gesunde u. d. kranke Kind (Lehrb. 1989) - Liebh.: Musik - Spr.: Engl., Franz., Lat.

SCHAUBE, Werner

Studiendirektor, Schriftsteller - Buschstr. 31, 5800 Hagen 1 (T. 02331 - 6 76 81) - Geb. 8. März 1947 Hagen, kath., verh. s. 1972 m. Elisabeth, geb. Winkelmann, 3 Töcht. (Katrin, Mareike, Verena) - Kaufm. Lehre; Stud. Theol. u. German. in Köln - BV: Lebenspuzzle, 6. A. 1988 (üb. 100.000 Expl.); Lebensgerüst, 1986; Bibel-Clips, 1988; Rufsäule, 4. A. 1986.

SCHAUDIG, Helmut

Dr. med., Prof., Chefarzt (1967ff.) - Chirurg. Kreiskrankenhaus, Wachbacher Str. 52, 6990 Bad Mergentheim - Geb. 18. Mai 1926 Obergünzburg/Allg. - Promot. 1952 Würzburg; Habil. 1969 Erlangen - Anaesthesiologe (1957) u. Chirurg (1962); s. 1969 Privatdoz. u. apl. Prof. (1977) Univ. Erlangen - BV: Durchblutungsmessungen an krebsbefallenen menschl. Geweben, 1969. Zahlr. Einzelarb.

SCHAUENBURG, Konrad

Dr. phil., o. Prof. f. Klass. Archäologie - Feldstr. 75, 2300 Kiel 1 (T. 0431 - 8 26 09) - Geb. 16. April 1921 Heidelberg (Vater: Dr. Hans S., Rechtsanw.; Mutter: Gertrud, geb. Schwartz), ev., verh. s. 1965 m. Dr. Brigitte, geb. Freyer - Gymn. u. Univ. Heidelberg (1939-40, 1945-51; Archäol., Alte Gesch., Griech.). Promot. Heidelberg; Habil. Bonn - S. 1958 Lehrtätigk. Bonn, Hamburg (1960; 1964 apl. Prof.), Kiel (1968 Ord.) - BV: Helios, 1955 (Diss.); Corpus Vasorum Heidelberg I, 1954; Perseus in d. Kunst d. Altertums, 1960 (Habil.sschr.). Üb. 120 Veröff. z. Vasenmalerei, Mythol., Sepulkralkunst - o. Mitgl. Dt. Archäol. Inst. (Zentraldir.) - Spr.: Franz., Ital.

SCHAUENBURG, Rolf

Kaufmann, Kompl. Hermann & Paul Frank KG. u. Frank & Co., Hamburg, Vors. Verb. Fr. Wohnungsuntern. ebd. - Eckerkamp 28, 2000 Hamburg 65 - VRsmandate.

SCHAUER, Alfred

Dr. med., o. Prof. f. Pathologie u. Institutsdir. Univ. Göttingen (s. 1974), Vorstandsmitgl. Tumorzentrum ebd. (s. 1979) u. Ges. f. Histochemie (s. 1983) - Auf dem Bui 1, 3400 Göttingen (T. Klinikum: 0551 - 39 68 58; priv.: 2 28 36) - Geb. 28. Mai 1929 München (Vater: Josef Sch., Bankangest.; Mutter: Maria, geb. Suchetzki), kath., verh. s. 1967 m. Dr. med. Sieglinde, geb. Krzenciessa, 3 Kd. (Stephan, Verena, Matthias) - 1950-56 Univ. München. Promot. 1956 u. Habil. 1963 München - 1963-74 Doz. u. apl. Prof. (1969) Univ. München - BV: D. Mastzelle, 1963. Zahlr. Buchbeitr. üb. Mastzelle b. Immunreaktionen, Brustkrebs, Streßerosionen, Schilddrüsen- u. Lebertumoren. Rd. 300 Originalmitt. üb. Entzünd., Schock u. Cancerogenese, Tumorpathologie - Liebh.: Malerei - Spr.: Latein, Engl.

SCHAUER, Hans

Dr. phil., Prof. f. Psychologie Univ. Marburg - Savignystr. 17, 3550 Marbach/L.

SCHAUER, Hans

Dr., Botschafter d. Bundesrep. Deutschl. in Australien - 119 Empire Circuit, Yarralumla, A.C.T. 2600, Australien (T. 062 - 70 19 20) - Geb. 12. Aug. 1926 Hannover, ev., verh. s. 1956 m. Lisa, geb. Spornhauer, 4 Kd. - Stud. Rechts- u. Staatswiss. Göttingen, Dijon/Frankf., Swartmore Coll., Swartmore, Pa./USA - S. 1953 Ausw. Dienst: 1955-58 Stockholm, 1958-59 Zürich, 1959-62 Bern, 1962-65 Bundespräsidialamt, 1965-70 London, 1970-74 Bundeskanzleramt, 1974-79 Washington, 1979-82 Bundeskanzleramt, 1982-85 AA, s. 1985 Canberra - BVK I. Kl. - Liebh.: Lesen, Reiten - Spr.: Engl., Franz.

SCHAUER, Manfred C.

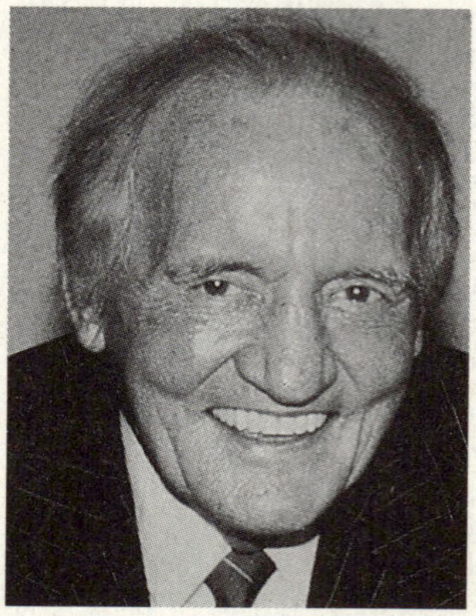

Dr. jur. et rer. pol., Dipl.-Kfm., Rechtsanwalt, Inh. Fa. Dr. Schauer Außenwerbung - Adersstr. 26 I, 4000 Düsseldorf (T. 37 88 71) - Geb. 7. Jan. 1916 Aachen (Vater: Arno S., Beamter; Mutter: Anna-Maria, geb. Piteur), verh. s. 1981 m. Ilse, geb. Pusch - Univ. Berlin, Königsberg, Innsbruck, München - Geschäftsf. IHK Danzig, Präs. Kriegsschädenaussch., Gf. u. Synd. mehrerer Unternehmerverb. (Bundesebene), RA (vornehml. Handel u. Industrie) u. Firmengesellsch. Präs. Kommiss. Gemeins. Markt FEPE (Paris); VR-Mitgl. IVW; Mitgl. versch. Aussch. ZAW. Veröff. üb. Werbe-, Wettbewerbs-, Staats- u. Verwaltungsrecht - Gold. Sportabz. - Liebh.: Lit., Phil., Musik, Sport (Mitgl. Dt. Hochseesportverb., Rechts- u. Staatswiss. Vereinig.).

SCHAUER, Roland

Dr. med., Dipl.-Biochem., Prof. f. Biochemie Univ. Kiel - Klausdorfer Str. 38, 2300 Altenholz-Klausdorf (T. 0431 - 32 44 50) - Geb. 8. April 1936 Stuttgart-Bad Cannstatt (Vater: Walter Sch., Ing.; Mutter: Gertrud, geb. Uetz), ev., verh. s. 1966 m. Elfriede, geb. Mailänder - Med.-Stud. 1955-61; Staatsex. 1961, Promot. 1962 Univ. Tübingen; 1962-66 Stud. Biochemie; Dipl. 1966 Tübingen, Habil. 1970 Univ. Bochum - 1967-73 wiss. Assist. u. Doz. Univ. Bochum, 1973-76 Wiss. Rat u. Prof. (C3) ebd.; 1976ff. o. Prof. (C4) Univ. Kiel. Entd. versch. Enzyme d. Sialinsäurestoffw.; Strukturaufkl. einiger Sialinsäurearten; Erforsch. e. Galaktose-spezifischen Lektins auf Makrophagen; Genstruktur v. Sialidasen - BV: Glycoconjugates (m. and.); Sialic Acids, Chemistry, Metabolism and Function, 1982 - Spr.: Engl. - Organisation versch. Kongresse auf d. Geb. v. Sialinsäuren bzw. Glycokonjugaten.

SCHAUFLER, Hermann

Rechtsanwalt, Staatssekretär Wirtschaftsmin. Baden-Württ. (s. 1988), MdL Baden-Württ. (Wahlkr. 60, Reutlingen) - Charlottenstr. 45, 7410 Reutlingen 1 (T. 07121 - 4 00 18) - Geb. 7. Juli 1947 Tübingen - CDU.

SCHAUFLER, Ulrich

Dipl.-Ing., Fabrikant, Geschäftsf. u. Gesellsch. Friko-Maschinenfabrik Dipl.-Ing. Ulrich Schaufler KG., Sindelfingen u. Bitzer Kühlmaschinen GmbH., ebd. - Arminstr. 4, 7000 Stuttgart - Geb. 25. März 1904 Nagold.

SCHAUM, Gustav

Dr. phil., Prof., Chemiker - Gluckstr. 10, 6200 Wiesbaden - Geb. 6. Jan. 1908 Marburg/L. (Vater: Prof. Dr. phil. Karl S., s. X. Ausg.), ev., verh. s. 1934 m. Erna, geb. Traumüller (†1984), 2 Kd. (Helmut, Renate) - Gymn. Gießen; Stud. Univ. Marburg, Wien, München, Gießen (Chemie); Promot. 1932 Gießen - S. 1933 Agfa bzw. Agfa-Gevaert AG: 1957 Vorstandsmitgl., 1960 -vors., 1971 AR-Vors. - S. 1963 Ehrenbürger Univ. Bonn; 1966 Gold Med. Photogr. Ges. Wien; 1968 Gold. Photokina-Nadel; 1968 Hon.-Prof. Univ. Bonn; 1973 Royal Soc. of Arts, London.

SCHAUMANN, Fritz

Dr. paed., Studiendirektor a.D., Staatssekretär Bundesmin. f. Bildung u. Wiss. - Herderstr. 30-34, 5300 Bonn 2 - Geb. 22. April 1946 - Ausb. Fernmeldehandw.; Stud. Päd. PH Ruhr u. Psych. Univ. Münster; Dipl.-Päd. 1971, Promot. 1974 Dortmund - 1971-85 Wiss. Mitarb. Univ. Dortmund (Psychologie). 1985-88 MdL Nordrh.-Westf. FDP (Kreisvors. Dortmund, Landesvorst.-Mitgl. NRW). Fachveröff. - Spr.: Engl., Franz.

SCHAUMANN, Wolfgang

Dr. med., Prof., Pharmakologe, Leit. Med. Forschung Boehringer Mannheim GmbH - Mönchhofstr. 58, 6900 Heidelberg (T. 06221 - 4 63 27) - Geb. 20. Nov. 1926 Wiesbaden (Vater: Prof. Dr. Otto S., Pharmakologe; Mutter: Dr. Maria, geb. Kaan), verh. s. 1955 m. Elisabeth, geb. Schäfer, 3 Kd. (Peter, Lorenz, Christine) - Univ. Frankfurt/M. u. Innsbruck (Med.) - S. 1959 Leit. Pharmak. Labor. bzw. Med. Forsch. (1968) Boehringer. S. 1959 (Habil.) Privatdoz. u. apl. Prof. (1965) Univ. Frankfurt (Pharmak. u. Toxik.). Spez. Arbeitsgeb.: Pharmacokinetik. Üb. 100 Fachveröff. - Liebh.: Tennis - Spr.: Engl., Franz.

SCHAUMBERGER, Egon

Dipl.-Kfm., Vorstand Donaukraftwerk Jochenstein AG, Passau, Geschäftsf. Mainkraftwerk Schweinfurt GmbH, München - Birkenstr. 4b, 8038 Gröbenzell - Geb. 31. Jan. 1926 - Univ. München; Dipl. 1951 - Prok. Hauptabt. Finanzen Rhein-Main-Donau AG, Donau-Wasserkraft AG, Mittl. Donau Kraftwerke AG, Obere Donau Kraftwerke AG, München.

SCHAUMLÖFFEL, Erich

Dr. agr., Prof. f. Nuklearbiologie Univ. Marburg (Bereich Humanmed.) - Friedrichspl. 11, 3550 Marburg - Geb. 20. Dez. 1926 Kassel (Vater: Dr. Karl S., Zahnarzt; Mutter: Margarethe, geb. Metz), ev., verh. s. 1961 m. Gisela, geb. Fleischhauer, 2 Kd. (Kathrin, Niklas) - 1950-59 Univ. Gießen (Dipl. 1956) - 1960 Wiss. Assist.; 1966 Privatdoz.; 1970 Prof. - Spr.: Engl.

SCHAUPP, Wilhelm

Dr.-Ing., Dipl.-Bauing., Prof., Beratender Ingenieur f. d. Bauwesen - Hubertusstr. 68, 8022 Grünwald/Obb. (T. München 649 21 77) - Geb. 3. Juni 1922, verh. mit Arch. BAK Gertrud s. 1953 - 1948-59 Konservator Materialprüfungsamt TH München; s. 1959 ao. Prof. Kunstakad. ebd. (s. 1970 Leit. Inst. f. Angew. Baustoffkunde u. -konstruktionen); Obmann versch. DIN-Normen - BV: D. Flachdach, 1960; D. Außenwand, 1962 (auch engl. u. franz.). Etwa 50 Einzelarb. - 1973 Ehrenmitgl. Akad. d. Bild. Künste.

SCHAURTE, Christian W.

Fabrikant (Bauer & Schaurte, Schrauben- u. Mutternfabrik, Neuss), Vizepräs. IHK Neuss - Am Breil 38, 4005 Meerbusch 1 (T. 25 25) - Geb. 6. Okt. 1918 Düsseldorf (Vater: Dr.-Ing. E. h. Werner T. S., Fabrikant (s. dort); Mutter: Charlotte, geb. Staudt † 1972) - Zeitw.

Vors. Fachvereinig. Hochfeste Schrauben, Düsseldorf - Spr.: Engl. - Rotarier.

SCHAUTZER, Max

Journalist, TV-Moderator - Beethovenstr. 6, 5000 Köln 50; Büro: Brabanter Str. 37, 5000 Köln 1 (T. 0221 - 51 60 05 od. 39 22 29) - Geb. 14. Aug. 1940 Klagenfurt/Österr. (Vater: Max Sch., Kaufm.; Mutter: Auguste, geb. Gross), kath., verh. s. 1968 m. Gundel, geb. Lauffer - Schule Klagenfurt; Univ. Wien (Wirtschaftswiss.; Stud. abgebr.); Schauspielsch. ebd. - S. 1965 fr. Mitarb. ARD, ZDF, ORF, SRG, dazw. 1981-83 Geschäftsf. BTS-RTL/Radio Luxemburg (Düsseldorf). Bek. Sendungen: Allein geg. alle (1978-80), E. Platz an d. Sonne (1980ff.), Alles oder nichts (1981ff.), ARD-Wunschkonzert (1984ff.), Pleiten, Pech u. Pannen (1986ff.) - Spr.: Engl., Franz., Ital.

SCHAUWECKER, Ludwig

Dr. phil. habil., Prof. f. Romanische Sprachwiss. - Claszeile 43, 1000 Berlin 37 - Geb. 12. Febr. 1929 Pforzheim (Vater: Max Sch., Forstrat; Mutter: Ruth, geb. Richt), ev., verh. s. 1979 - Gymn. Tübingen; Univ. Tübingen u. Paris (Franz., Engl., Gesch.), Promot. Tübingen 1955, Staatsex. 1959 u. 1961, Habil. 1972 FU Berlin - BV: D. Generaverbi im Franz. (Diss.) 1956; D. sprachwiss. Methode, 1962; Franz. Lautlehre, 1970; Franz. Formenlehre, 1972; Wortarten u. Satzteile, 1979; Einf. in d. hist. Sprachwiss., 1988; Franz. Syntax, 1989 - Spr.: Franz., Engl. - Bek. Vorf.: Gmelin.

SCHECH, Marianne

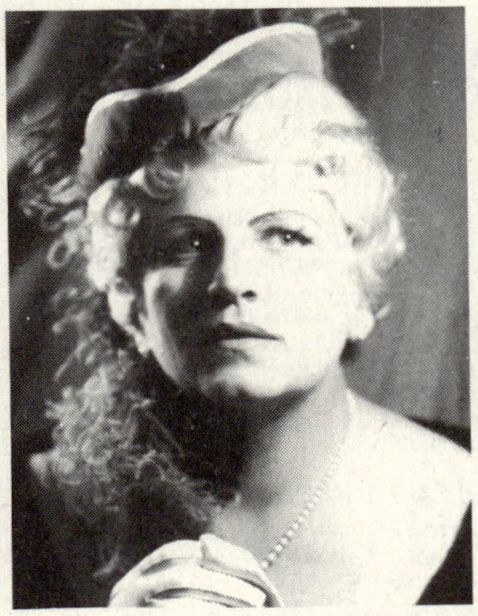

Kammersängerin, Prof. f. Gesang Staatl. Hochschule f. Musik in München (s. 1968) - Richard-Strauss-Str. 119, 8000 München 80 (T. 98 58 18) - Geb. 18. Jan. 1914 Geitau/Obb., kath. - Abit.; Staatsex. Musikhochsch. 1938 - Engagements: Koblenz, Münster, Düsseldorf, Staatsoper Dresden u. München (1945-70; dramat. Sopran). Gast Metropolitan Opera New York, Covent Garden Opera London, San Francisco Opera, Grand Opera Paris u. a. Konzerttätigkeit. Bekannte Partien: Isolde, Brünnhilde, Ortrud, Elsa, Elisabeth, Venus, Sieglinde, Marschallin, Ariadne, Färberin (amerik. Erstauff.), Tosca, Turandot, Amelia, Gräfin, Elvira, Donna Anna - 1938 Mottl-Preis Musikhochsch. München; 1955 Bayer. Kammers.; 1962 Bayer. VO.; 1983 BVK I. Kl. - Liebh.: Fotogr. - Spr.: Engl., Franz.

SCHECK, Florian

Dr. rer. nat., Prof. f. Theor. Physik - Am Sportfeld 23, 6501 Mommenheim - Geb. 20. Nov. 1936 Berlin (Vater: Gustav Sch., Flötist; Mutter: Ernestine, geb. Nitschke) - 1956-64 Univ. Freiburg (Dipl. 1962, Promot. 1964), Habil. Heidelberg 1968 - 1964-66 Wiss. Mitarb. Weizmann-Inst., 1968-70 Wissensch. CERN, 1970-76 Leit. Theoriegr. SIN (ETH), seither o. Prof. Univ. Mainz - BV: Leptons, Hadrons and Nuclei, 1983; Mechanik - V. d. Newtonschen Gleichungen z. deterministischen Chaos, 1988. Zahlr. Publ. z. theor. Physik - Spr.: Engl., Franz. - Bek. Vorf.: Gustav Scheck, Flötist (Vater).

SCHEDE, Joachim

Dr., Regierungsdirektor a. D., Europabeauftragter d. Europ. Mittelstandsunion, Bonn - Heussallee 2-10, Hochhaus Tulpenfeld, 5300 Bonn; priv.: Steinacker 41 - Geb. 2. Sept. 1929 Mordhausen, ev. verh. s. 1959 m. Dr. med. Maria v. d. Gablentz, (Tocht. d. o. Prof. Dr. O.-H. v. d. G.), 3 Kd. (Martin, Mechthild, Christian) - Mitgl. Standing Comit. d. Verb. d. Europ. Ernährungsind. (CIAA) a. D., Comit. de Direction d. Verb. d. Europ. Margarineind. a. D., Beirat Ind. Mittelstand d. Mittelstandsvereinig. d. CDU/CSU a. D., Geschäftsf. Verb. Dt. Margarine-Ind. a. D., Bonn.

SCHEDEL, Franz

Dr. med., Prof., Chirurg, Ltd. Med. Dir. i.R. Städt. Krankenhaus Passau (s. 1955) - Kurklinik Fr. Schedel, Kellberg, 8390 Passau (T. 08501 - 2 12) - Geb. 19. Sept. 1915 Passau (Vater: Hans S., Regierungsbauamtm.; Mutter: Fini, geb. Sailer), kath., verh. s. 1958 m. Dr. Ernerose, geb. Fehler, S. Hans - Gymn. Günzburg; Univ. München. Promot. (1941) u. Habil. (1954) München - Assist. Univ. München (Prof. E. K. Frey); s. 1954 Lehrtätigk. das. (1966 apl. Prof.) - BV: Durchblutung im Gipsverband; Chir. Lehrb. f. Zahnmediziner; Wissen das Frauen?; Kur in Kellberg; D. blaue Spiegel (gestern-heute-morgen); Reflexionen e. Arztes - im Wandel d. Zeit. Zahlr. Arbeiten z. Unfallchir., Kosmetik, Bluttransfusion u. Krebsforschung - Liebh.: Musik, Antiquitäten, Fotogr.

SCHEDL, Otto

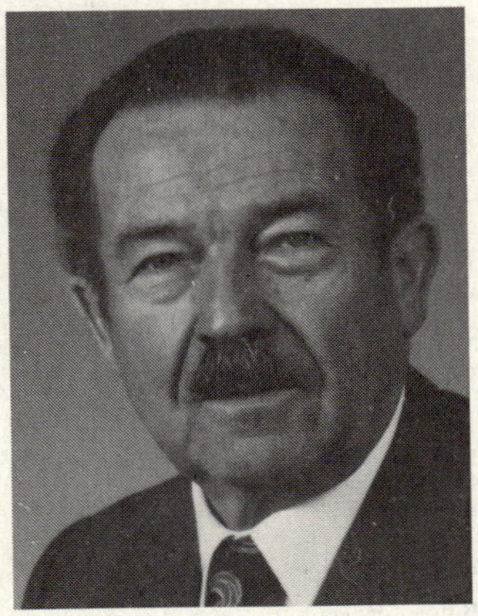

Dr. phil., Bay. Staatsminister a. D. - Neuberghauser Str. 6, 8000 München 80 (T. 98 13 00) - Geb. 10. Dez. 1912 Sinzing b. Regensburg (Vater: Otto S., Hausmeister; Mutter: geb. Kellner), kath., verh. I) 1942 m. Maria, geb. Reuss († 1968), 2 Kd. (Otto, Maria), II) 1970 Finny, verw. Fischer - Oberrealsch.; Stud. Phil., Psych., Kunst-, Literaturgesch., Zeitungskd., Volksw., Promot. 1941 - 1937-1940 Journ. Regensbg. Anz.; 1941/42 Chefred.; 1940 u. 1942-45 Wehrdst.; Geschäftsf. u. Generalsekr. CSU; 1948-57 Landrat Kr. Neumarkt/Opf.; 1950-72 MdL Bayern; 1957-72 (Rücktr.) Wirtsch.- u. Verkehrsmin. u. Finanzmin., stv. Min.präs. (1968). AR- u. Beiratsmand., dar. Vors.; Vors. CSU-Kreisverb. Neumarkt (1949-71) u. -Bezirksverb. Oberpfalz (1955-72, seith. Ehrenvors.) - BV: D. Lebenskreise bei Krause, 1941; Wirtschaft im Großraum, 1967; D. SPD-Programm f. d. Wirtsch. - ein Weg in d. Sozialismus, 1978; Wird Europa sozialistisch?, 1979; Atomkraft u. k. Ende, 1980; Programmierte Energiekrise?, 1982; Energie f. d. Zukunft, 1982; Europa - e. Illusion?, 1984 - 1968 Ehrenbürger Ingolstadt; Bayer. VO., 1969 Gr. BVK m. Stern; Gr. Silb. Ehrenz. am Bde. Rep. Österr.; Grande Ufficiale; Schwed. Nordenstern-Orden m. Kreuz; 1966 Gold. Ehrenring d. Bayer. Handwerks u. Gold. Med. f. bes. Verdienste um d. kommunale Selbstverw.; Bayer. Staatsmed. f. bes. Verd. um d. bayer. Wirtschaft; Bayer. Verfassungsmed. in Gold - Liebh.: Bücher, Filmen - Spr.: Engl. - Rotarier.

SCHEDLBAUER, Hans

Dr. rer. pol., Honorarprofessor f. Wirtschafl. Prüfungs- u. Treuhandwesen Univ. Augsburg - Büchnerstr. 10, 8900 Augsburg - Geb. 24. Juni 1922 - BV: Sonderprüfungen. E. Handb. d. gesetzl. u. freiwilligen aperiodischen Prüfungen, 1984. Zahlr. Publ. üb. Planbilanzen, Management-Accounting sow. bilanzanalyt. u. steuerl. Themen.

SCHEEL, Detlev

Botschafter a. D. - Kerschgarten 7, 8111 Eglfing/Obb. (T. 08847 - 5 48) - Geb. 6. Okt. 1909 Flensburg (Vater: Justizrat Christian S., Rechtsanwalt u. Notar; Mutter: Clara, geb. Hiersche), verh., 4 Kd. - Gymn. Flensburg; Univ. Marburg u. Kiel (Rechtswiss.). Jurist. Staatsprüf. 1932 u. 35 - Landesgenossenschaftsbank Kiel (b. 1939); Reichsfachschaft Obst- u. Gemüsekaufleute Berlin (b. 1945); Landrat Eckernförde (b. 1950); 1951-74 AA Bonn (u. a. Botschaft Singapur, Madrid (1968; Gesandter), Generalkonsul, Leit. Handelsvertr., 1973 Botschafter Helsinki) - Gr. BVK; Großkreuz Finn. Löwenorden; Komtur Span. Ziv.-Dienstorden; u. a. - Spr.: Engl., Franz., Dän., Schwed., Portugies., Span.

SCHEEL, Günter

Dr. phil., Ltd. Archivdirektor a. D. Nieders. Staatsarchiv Wolfenbüttel - Am Okerufer 23, 3340 Wolfenbüttel - Geb. 9. Febr. 1924 Rathenow, ev., verh. s. 1953 m. Brigitte, geb. Otto, S. Wolfgang - Stud. Univ. Berlin; Staatsex. 1950; Promot. 1952 - S. 1979 Dir. Nieders. Staatsarchiv Wolfenbüttel; s. 1982 Vors. Braunschweig. Geschichtsverein - BV: Ursachen u. Folgen. V. dt. Zusammenbruch 1918 u. 1945 b. z. staatl. Neuordnung in d. Gegenw., I-XXVI 1958-78; Biogr. Register 1-2, 1971-80.

SCHEEL, Hans-Dieter

Dr., Vortragender Legationsrat I. Kl., Leit. Referat Ostasien, Australien, Südpazifik im Auswärt. Amt - Adenauerallee 99-103, 5300 Bonn 1, (T.17-22 90) - Geb. 1. Febr. 1937 Hamburg (Vater: Dr. Kurt C. Sch., Chemiker; Mutter: Gretchen, geb. Mühlhan), ev.-luth., verh. s. 1967 m. Almut, geb. Schubert, 4 Kd. (Kurt, Tilman, Friederike, Arnulf) - Gelehrtenschule d. Johanneums Hamburg, 1947, Kaiser Wilhelms Gymnas.Hannover, 1949; Stud. Rechtswiss. 1956-60, 1960 Ref., 1966 Ass., 1967 Promot. Dr. jur. Univ. Kiel - 1966 Auswärt. Dienst, 1969-70 Botsch. Bamako/Mali, 1970 Botsch. Moskau, 1974 Botsch. Paris, 1977 Auswärt. Amt, 1981-85 Botsch. Tokyo, s. 1985 AA - Spr.: Engl., Franz., Span., Russ.

SCHEEL, Walter

Drs. h. c., Bundespräsident a. D. - Lindenallee 23, 5000 Köln-Marienburg - Geb. 8. Juli 1919 Solingen (Vater: Stellmacher), ev., verh. I) 1942 m. Eva, geb. Kronenberg († 1966), S. Ulrich (geb. 1944), II) 1969 Dr. Mildred, geb. Wirtz (Röntgenologin, 1974ff. Präs. Selbstgegr. Dt. Krebshilfe, †1985), 3 Kd. (Cornelia (Tochter d. Ehefrau), Andrea-Gwendolyn (geb. 1970), Adoptivs. Simon-Martin/Bolivien), III) 1988 Barbara, geb. Wiese - Reform-Gymn. Solingen; Banklehre ebenda - 1939-45 Wehrdienst (zul. Oblt. Luftwaffe), spät. Geschäftsf. Stahlwarenind., 1950-53 MdL Nordrh.-Westf., Verbandsgeschäftsf. u. Wirtschaftsberater, s. 1953 MdB (1967-69 Vizepräs.), 1955-57 Mitgl. Gemeins. Vers. Europ. Gemeinsch. f. Kohle u. Stahl, 1958-61 Mitgl. Europ. Parlam. (stv. Vors. Liberale Fraktion u. Präs. Aussch. f. d. Zusammenarbeit m. Entwicklungsländern), 1961-66 (Rücktr.) Bundesmin. f. wirtschaftl. Zusammenarb. (in ds. Eigensch. ständ. Vertr. d. Bundesaußenmin.), 1969-74 Außenmin. u. Vizekanzler, 1974-79 Bundespräs. FDP s. 1946 (1968-74 Bundesvors., 1979 Ehrenvors.) - Vors. Kurat. Friedr.-Naumann-Stiftg., AR-Mitgl. Thyssen AG u. Thyssen Stahl AG; VR-Vors. German. Nationalmuseum; AR-Vors. Dt. Finanzierungsges. f. Beteiligungen in Entw.ländern (DEG); Präs. Europa-Union Dtschl.; Vors. Direktorium f. Vollblutzucht u. Rennen - BV: Konturen e. neuen Welt - Schwierigkeiten, Ernüchterung u. Chancen der Industrieländer, 1965; Formeln deutscher Politik, 1968; Warum Mitbestimmung und wie? - Eine Diskussion, 1970; Die Freiburger Thesen d. Liberalen, 1972 (m. Karl-Hermann Flach u. Werner Maihofer); Bundestagsreden, 1972; Reden u. Interviews, 1972; Vom Recht d. anderen - Gedanken zur Freiheit; D. Zukunft d. Freiheit - Vom Denken u. Handeln in uns. Demokratie; Wen schmerzt noch Deutschlands Teilung? Zwei Reden, 1986. Herausg.: Perspektiven dt. Politik (1969) - 1969 Wolfgang-Döring-Med.; 1971 Theodor-Heuss-Preis; 1973 Friedenspreis Kajima-Inst., Tokio; 1973 Ritter Orden wider d. tier. Ernst (Aachener Karnevals-Verein); 1973 Großkreuz VO. BRD; zahlr. hohe ausl. Orden; 1975 Dr. h. c. Georgetown Univ./USA; 1975 Dr. h. c. Maryland-Univ., Heidelberg, 1978 Dr. h. c. Univ Auckland/Neuseel., 1979 Univ. Bristol (Engl.); Ehrenbürger New York, Chicago, San José u. Mexico-Stadt, 1977 Solingen, 1978 Bonn, 1978 Berlin, 1979 Düsseldorf; 1977 Karlspreis Stadt Aachen; 1984 Goldmed. Fondation du Mérité Européen - Spr.: Engl., Franz. - Rotarier.

SCHEEL, Wolfgang

Dr., Bürgermeister a.D., Direktor Nieders. Landeszentrale f. polit. Bildung, Hannover (s. 1981) - Löwenstr. 4, 3000 Hannover 1 (T. 0511 - 81 51 74) - Geb. 16. Aug. 1934 Stargard/Pommern, ev., verh. - Stud. Gesch. u. lat. Philol. Univ. Berlin, München u. Göttingen; 1. Staatsex. 1959; 2. Staatsex. 1962; Promot. 1960 Univ. Göttingen; 1976-81 Bürgerm. Hannover - BV: D. Berliner Polit. Wochenblatt; D. polit.-soz. Revolution in England u. Frankr. - e. Beitr. z. konserv. Zeitkritik, 1963; Politik im geteilten Deutschland - e. didakt. Entwurf, 1967.

SCHEELE, Erwin

Dr. rer. pol., o. Prof. u. Leiter Abt. f. Wirtschafts- u. Finanztheorie/Wirtschaftsw. Seminar Univ. Tübingen - Im Wägner 8, 7400 Tübingen (Unterjesingen) (T. 07073 - 76 19) - Geb. 19. Aug. 1928 Münster/W. - S. 1962 (Habil.) Lehrtätigk. Univ. Münster, TH Karlsruhe (1964 Ord.), Univ. Göttingen (1967 Ord.) u. Tübingen (1971 Ord.) - BV: Tarifpolitik u. Standortsstruktur, 1959; Einkommensverteilung u. Wirtschaftswachstum, 1964; Lohnpolitik in d. Marktw., 1969. Div. Einzelarb.

SCHEELE, Hans

Oberkreisdirektor a. D. Kr. Gütersloh - Lindenstr. 7, 4830 Gütersloh - Geb. 15. Jan. 1911 Bielefeld - AR-Mandate u. a., Verwalungsrat ZDF - 1973 BVK I. Kl., 1980 Gr. BVK.

SCHEELE, Michael

Dr. jur., Konsul, Rechtsanwalt, Schriftsteller - Prinzregentenplatz 15, 8000 München 80 (T. 089 - 470 10 02) - Geb. 8. März 1948 Höxter (Vater: Hans Sch., Oberkreisdir. a.D.; Mutter: Maria, geb. Schröder), verh. s. 1971 m. Barbara, geb. Siefert, 3 Kd. (Sebastian, Stefanie, Stefan) - High School-Dipl. 1966 USA; Abit. 1968 Wiedenbrück; 1971 Übersetzungsdipl. f. Wirtschaftsengl. 1971 Bonn; Juraex. 1975 München, Promot. 1978 Bielefeld - S. 1977 Rechtsanw.; s. 1979 Honorarkonsul d. Rep. Seychellen m. Konsularbez. BRD u. West-Berlin - BV: Was kostet mein Recht? Ratgeber 1980; Wilde Ehe oder Trauschein? Ratg. 1981; Unser Recht, Samml. dt. Gesetze 1982 - Liebh.: Klass. Musik (spielt Piano u. Violine), Sport, Skifahren, Windsurfen - Spr.: Engl., Franz. - Bek. Vorf.: Scheele, Hans - Oberkreisdir. a.D., Mitgl. ZDF-VR.

SCHEELE, Paul-Werner

Dr. theol., Prof., Bischof v. Würzburg (em. 1979) - Domerschulstr. 2, 8700 Würzburg - Geb. 6. April 1928 Olpe/W., kath. - Phil.-Theol. Akad. Paderborn (1947-48, 1949-51), Univ. München (1948-49), Priestersem. Paderborn (1951-52). Priesterweihe 1952; Promot. 1964 - Ab 1952 Vikar u. Religionslehrer Paderborn, 1962-64 Assist. Univ. Würzburg, dann Sektionsleit. Johann-Adam-Möhler-Inst. Paderborn, 1965-66 o. Prof. Phil.-Theol. Hochsch. Fulda, anschl. o. Prof. Univ. Bochum (Fundamentaltheol.), Würzburg (1970), Paderborn (1971); 1975-79 Weihbischof Erzdiöz. Paderborn - BV: Licht - Leben - Liebe, 2. Aufl. 1964; Zeugnis geben v. Leben, 1956; Verherrlichung u. Gemeinschaft, 1957; Einheit u. Glaube, 1964; Vater, d. Stunde ist da, 1964. Herausg.: Opfer d. Wortes - Gebete d. Heiden aus 5 Jahrtsd. (1960), Einheit u. Glaube - Joh. Adam Möhlers Lehre v. d. Einh. d. Kirche u. ihre Bedeut. f. d. Glaubensbegründ. (1964), H. Schell - Kath. Dogmatik/Krit. Ausg. (1968). Halleluja - Amen (1974), Nairobi - Genf - Rom (1976), Alles in Christus (1977), Alle eins (1979) - 1982 Bayer. VO.

SCHEER, August-Wilhelm

Dr. rer. pol., Prof. Univ. Saarbrücken - Finkenstr. 10, 6602 Dudweiler (T. 06897 - 7 23 95) - Geb. 27. Juli 1941 Lübbecke/W. (Vater: Willy S., Kaufm.; Mutter: Luise, geb. Kreienkamp), 3 Kd. (Meike, Hauke, Tim) - Stud. Betriebswirtsch. Univ. Hamburg; Promot. 1971; Habil. 1974 - BV: D. ind. Investitionsentscheidung, 1969; Instandhaltungspolitik, 1974; Produktionsplanung, 1976; Projektsteuerung, 1978; EDV-orientierte Betriebswirtschaftslehre, 3. A. 1987; Computer: A Challenge for Business Administration, 1985; CIM - Computer Integrated Manufacturing, 3. A. 1988; Wirtschaftsinformatik, 2. A. 1989.

SCHEER, Christian

Dr. rer. pol., Prof. f. Volkswirtschaftslehre - Von-Melle-Park 5, 2000 Hamburg 13 - Geb. 25. Dez. 1942 Berlin (Vater: Dr. Karl Wilhelm S., Dipl.-Landw.; Mutter: Erika, geb. Henning), ev., verh. - BV: Sozialstaat u. öfftl. Finanzen, 1975; Steuern u. Makropolitik (m. B. Kubista), 1976; Umverteil.-Wirkung der Einkommensteuer, 1982; D. öffentl. Sektor. Einf. in d. Finanzwiss. (m. E. Nowotny u. H. Walther), 1987.

SCHEER, Claus Hermann

Dipl.-Ing., Prof. f. Baukonstruktionen (Mauerwerks- u. Holzbau) TU Berlin - Mattersburger Weg 13, 1000 Berlin 28 - Geb. 4. Aug. 1937 Berlin (Vater: Walter S., Bauoberinsp.; Mutter: Gertrud, geb. Tönsel), ev. verh. s. 1970 m. Gudrun, geb. Schmidt - 1964-66 Siemens-Bauunion GmbH, 1966-74 wiss. Assist. TU Berlin, 1974/75 Lehrbeauftrager, s. 1975 Prof. f. d. Fachgeb. Baukonstrukt. (Ingen.holz- u. Mauerwerksbau); Partner d. Ing.gemeinsch. Prof. Dr.-Ing. e.h. R. v. Halász; 1983 Vereidigter Sachverst. d. IHK zu Berlin u. Gründung d. Ing.gemeinsch. Prof. Scheer - BV: Der Holzbau; Material-Konstruktion-Detail; Holzfachwerkträger; Statik-Bemessung-Brandschutz. Herausg.: Holzbau-Taschenb. (Bd. 1 + 2). Fachveröff. - Mitgl. nat. u. internat. Fachgremien.

SCHEER, Hans-Hermann

Dipl.-Volksw., Geschäftsführer Fachverb. Ferrolegierungen, Stahl- u. Leichtmetallveredler - Zu erreichen üb. Fachverb. Ferrolegierungen, Postfach 30 24, 4000 Düsseldorf 1.

SCHEER, Hermann

Dr. rer. pol., MdB (s. 1980, SPD) - Bundeshaus, 5300 Bonn - Geb. 29. April 1944 Wehrheim, ev., verh. s. 1970, 1 Kd. - Abit. Berlin 1964; Heeresoffz.sch. Hannover, Prüf. 1966; 1967-72 Stud. Rechts-, Polit.- u. Wirtsch.wiss. Univ. Heidelberg u. Berlin - 1964-67 Offz.anw. u. Ltn. B.wehr; 1972-76 Wiss. Assist. Univ. Stuttgart; 1976-80 Mitarb. Kernforsch.zentr. Karlsruhe. S. 1975 Mitgl. SPD-Parteirat - BV: Parteien kontra Bürger? D. Zukunft d. Parteiendemokr., 3. A. 1980; Mittendrin. Bericht z. Lage von Sozialdemokr. u. Rep., 1982.

SCHEER, Hugo

Dr. rer. nat., Prof. f. Biochemie/Botanik Univ. München - Badenburgstr. 6, 8000 München 60 - Geb. 29. Juni 1942 - Chemie-Stud., Promot. 1970. Veröff. z. Biochemie v. Pflanzenfarbstoffen.

SCHEER, Jörn Wolfgang

Dr. phil., Prof. f. Med. Psychologie - Friedrichstr. 36, 6300 Giessen - Geb. 31. Aug. 1941 Hamburg - Gelehrtenschule d. Johanneums Hamburg, Univ. Heidelberg u. Hamburg (Phys., Psych.), Dipl.-Psych. Hamburg 1967, Promot. Giessen 1975 - S. 1977 Prof. f. Med. Psych. Univ. Giessen - BV: Stud. in d. Prüf., 1973 (m. H. Zenz); Lernziele d. Med. Psych., 1977 (m. a.); Med. Psych.-Forsch. f. Klinik u. Praxis, 1982 (m. a.); Ärztl. Maßnahmen aus psych. Sicht, 1984 (m. Brähler).

SCHEER, Max

Dr. rer. nat. (habil.), o. Prof. f. Experimentelle Physik u. Vorst. Physikal. Inst. Univ. Würzburg (s. 1962) - Rothweg 37, 8700 Würzburg (T. 7 93 00) - Geb. 16. Febr. 1926 - 1959-62 Privatdoz. Univ. Würzburg. Üb. 50 Fachveröff.

SCHEERBARTH, Hans Walter

Dr. jur., Honorarprof. Ruhr-Univ. Bochum - Seeuferweg 21, 8031 Wörthsee - Geb. 24. Febr. 1926 Köln (Vater: Walter Sch., Reichsrichter, OVG-Senatspräs.; Mutter: Käthe, geb. Zapf), ev., 4 Kd. (Iris, Angelika, Uta, Walter) - Human. Gymn. Berlin; Schreinergehilfenpr. (1949), Abit. Oberrealsch. München (1949); Stud. Jura u. Volksw. München u. Münster, Ass.ex. 1957 - 1958 Jur. Mitarb. Dir. Rhein. Braunkohlenwerke, 1960 Reg.-Präs. Aachen u. Köln, b. 1969 Innenmin., stv. Leit. d. Stabes b. Min.-präs. Kühn, dann Staatskanzlei NRW - BV: Beamtenrecht, 1967, 5. A. 1985; Laufbahnrecht, 1968 - 1977 BVK, 1985 BVK I. Kl.

SCHEERER, Thomas M.

Dr. phil., Prof. f. Hispanistik/Lateinamerikanistik Univ. Augsburg - Universitätsstr. 10, 8900 Augsburg (T. 8021-598-654) - Geb. 30. Juli 1949 Lübeck - Stud. German., Roman.; Staatsex. 1975; Promot. 1973 Bonn; Habil. 1981 Bonn - 1981/82 Lehrstuhlvertr. Heidelberg; 1982/83 Duisburg; 1983/84 Saarbrücken; gf. Dir. Inst. f. Spanien- u. Lateinamerikastud. (ISLA) Univ. Augsburg - BV: Textanalyt. Stud. z. ecriture automatique, 1974; Ferdinand de Saussure - Rezeption u. Kritik, 1980; Phantasielösungen. Kl. Lehrb. d. Pataphysik, 1982; Stud. z. sentimentalen Unterhaltungsroman in Spanien, 1983; Virides Julii Candelae. Cortázars Rayuela, 1983; A travers la poésie française, 2 Bde., 1986 - Spr.: Engl., Franz., Span., Portug., Ital.

SCHEFE, Hans

Schulhausmeister, Mitgl. Hbg. Bürgerschaft (s. 1978) - Öjendorfer Höhe 12 (Schule), 2000 Hamburg 74 - Geb. 24. April 1937 Hamburg, verh. s. 1961, 4 Kd. - Volkssch. Hamburg (1941 b. Bombenangriff schwer verletzt; 70 % kriegsversehrt); Maschinenschlosserlehre ebd. - 1956-68 Dt. Werft Hamburg; s. 1968 Bezirksamt Hamburg-Mitte (Schulhausm.). SPD.

SCHEFFBUCH, Kurt

Dr. phil., Dipl.Volksw., Unternehmensberater (s. 1981) - Weinbergstr. 49, 6940 Weinheim (T. 06201-1 44 70) - Geb. 3. März 1934 Stuttgart (Vater: Dr. Adolf Sch., Min.-rat; Mutter: Maria, geb. Busch), ev., verh. s. 1959 m. Margarete, geb. Fischer, 3 Kd. - Univ. Köln, Freiburg (Wirtsch.wiss.) u. Stuttgart (Gesch., Soziol., Phil.), Dipl.-Volksw. u. Promot. (Dr. phil.) - B. 1981 Geschäftsf. VILEDA GmbH Weinheim.

SCHEFFBUCH, Rolf

Prälat - Adlerbastei 1, 7900 Ulm - Geb. 25. Jan. 1931 Calw (Vater: Dr. Adolf Sch., Pädagoge u. Parlamentarier), ev., verh. s. 1959 m. Sigrid, geb. Gutbrod, 4 Kd. (Erdmann, Cornelia, Ulrich, Ruth-Maria) - Abit. 1950 Stuttgart; 1951-56 Theologiestud. Bethel, Bonn, Tübingen, Springfield/USA; STM 1956 Wittenberg Univ. - 1957-59 pers. Ref. d. württ. Bischofs; 1959-65 Pfarrer am Ulmer Münster; 1965-74 Leit. d. Ev. Jugendwerks in Württ.; 1975-89 Dekan Schorndorf; 1965-89 Mitgl. d. Württ. Landessynode (Vors. d. Aussch. f. Diakonie, Ökumene, Mission); Mitgl. Landeskirchenaussch.; Sprecher d. Synodalgr. Lebendige Gemeinde; s. 1973 Mitgl. d. EKD-Synode; s. 1980 Vors. d. württ. Ludwig-Hofacker-Vereinig.; s. 1985 Mitgl. d. Exekutivkomit. d. Lausanner Bewegung f. Weltevangelisation; Vors. d. Europa-Regional-Komit. d. Lausanner Bewegung - BV: Fragwürdige Ökumene, 1974; Zur Sache Weltmission, 1975; Paulus, 1982; So rettet Gott, 1986 - Spr.: Engl., Griech., Lat., Hebr.

SCHEFFCZYK, Leo

Dr. theol., o. Prof. f. Dogmatik - Dall'Armistr. 3a, 8000 München 19 (T. 15 47 31) - Geb. 21. Febr. 1920 Beuthen/OS. (Vater: Alfred A., Postbeamter; Mutter: Hedwig, geb. Koscielny), kath. - Gymn. Beuthen; Univ. Breslau (1938-41) u. Phil.-Theol. Hochsch. Freising/Obb. (1945-47). Promot. (1950) u. Habil. (1957) München - 1947-48 Seelsorger, 1948-51 Subregens Priestersem. Königstein/Ts., 1952-57 Doz. PhThH ebd., 1957-59 Privatdoz. Univ. München, 1959-65 Ord. Univ. Tübingen, seith. Univ. München - BV: Friedrich Leopold zu Stolbergs Gesch. d. Religion Christi, 1952; D. Mariengeheimnis in Frömmigkeit u. Lehre d. Karolingerzeit, 1959; Schöpfung u. Vorsehung, 1963; D. moderne Mensch vor d. bibl. Menschenbild, 1964; Christl. Weltfrömmigkeit?, 1964; Theol. in Aufbruch u. Widerstreit, 1965; V. d. Heilsmacht d. Wortes, 1966; D. Eine u. d. Dreifalt. Gott, 1968; D. Welt als Schöpfung Gottes, 1968; Grundzüge e. dogmat. Hermeneutik, 1973. Mithrsg.: Wahrheit u. Verkündig., Handb. d. Dogmengesch.; Münchner Theol. Ztschr.

SCHEFFEL, Helmut

Feuilletonredakteur FAZ, Literaturkritiker, Übersetzer - Höllbergstr. 19, 6000 Frankfurt/M. (T. 52 96 07) - Geb. 7. Febr. 1925 Gera, verh. s. 1954 m. Gerda, geb. Göttmann, 2 Kd. - Kriegsdst. (Jagdflieger) - Zahlr. Übers., dar. Michel Butor, Roland Barthes, G. Flaubert, Marcel Proust, Robert Pinget, Nathalie Sarraute, Claude Simon, 2. Vors. Verb. dt. Übers. Wiss. u. literar. Werke - Mitgl. PEN-Zentrum BRD.

SCHEFFEN, Erika

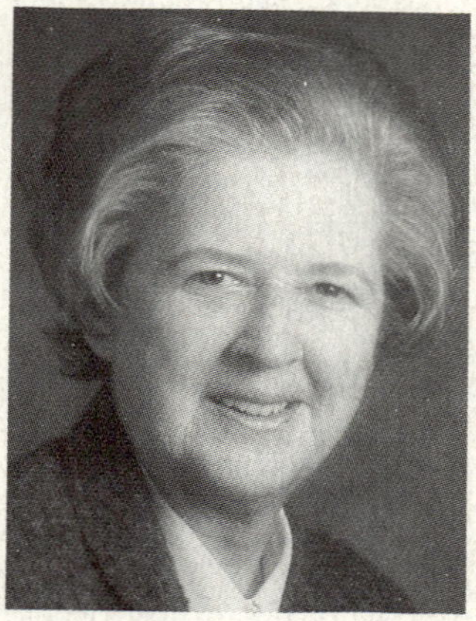

Bundesrichterin a.D. (1987) - Strählerweg 79, 7500 Karlsruhe-Durlach - Geb. 5. März 1921 Berlin (Vater: Wilhelm Sch., Theologe; Mutter: Luise, geb. Döring) - Stud. Univ. Berlin u. Freiburg - S. 1948 Richterin im Saarl. Justizdst. Saarbrücken, zul. Oberlandesgerichtsrätin; s. 1969 Richterin am BGH, VI. Zivilsenat.

SCHEFFLER, Christian

Bibliotheksoberrat, Leiter Klingspor-Museum - Herrnstr. 80, 6050 Offenbach/M. (T. 069 - 80 65 29 54) - Geb. 7. Nov. 1936.

SCHEFFLER, Hans Eberhard

Dr. rer. pol., Dipl.-Kfm., Prof., Vorstandsmitglied BATIG Ges. f. Beteilig. mbH Hamburg - Alsterufer 4, 2000 Hamburg 36 (T. 040 - 41 51-704) - Geb. 9. März 1935 Weißwasser, verh. s. 1960 m. Ursel, geb. Regelein, 3 Kd. - Dipl. 1957 München; Promot. 1959 Würzburg; Steuerberater 1963, Wirtschaftsprüfer 1964 - 1957-72 Treuarbeit AG München u. Frankfurt (zul. Dir.); 1972-77 Finanzvorst. Carl Zeiss Oberkochen; AR-Mitgl. BAT Cigarettenfabriken GmbH, Horten AG; AR Eurotec, Systemteile GmbH; VR Dresdner Bank u. BHF-Bank. S. 1986 Hon.-Prof. Univ. Hamburg - Liebh.: Tennis, Ski - Spr.: Engl.

SCHEFFLER, Helmut

Dr. rer. nat., Prof. Astronom Landessternwarte (Königstuhl) Heidelberg - Carl-Orff-Weg 16, 6906 Leimen-St. Ilgen (T. 06224 - 5 34 02) - Geb. 16. Jan. 1928 - S. 1960 (Habil.) Lehrtätigk. Univ. Berlin, Tübingen (1961), Heidelberg (1964; gegenw. apl. Prof. f. Astronomie). - BV: Physik d. Sterne u. d. Sonne, Lehrb. 1974 (m. H. Elsässer); Bau u. Physik d. Galaxis, Lehrb. 1982 (m. H. Elsässer); Interstellare Materie, 1988.

SCHEFFLER, Herbert

Direktor Landeszentrale f. polit. Bildung Rhld.-Pfalz a. D. - Am Kümpel 22, 5300 Bonn-Ippendorf.

SCHEFFLER, Hermann

Dipl.-Ing., Leiter Sektion Meppen Dt. Gesellsch. f. Wehrtechnik e.V. - Neelandstr. 70, 4470 Meppen (T. 05931 - 1 74 92) - Geb. 23. Aug. 1931 Vehlen, ev., verh. s. 1961 m. Gisela, geb. Möller, 2 T. (Kerstin, Birgit) - B. 1956 Bergschule Clausthal; Reserveoffz. 1973 - B. 1964 Berging.; s. 1964 Wehring.; ab 1978 Leit. Sektion Meppen Dt. Ges. f. Wehrtechnik e.V.

SCHEFFLER, Jens-Uwe

Fernsehredakteur, Regiss. Nordd. Rundf., Fernsehen - Reekamp 2, 2000 Hamburg 62 (T. 040 - 520 21 97) - Geb. 7. Dez. 1933 Hamburg (Vater: Herbert Sch., Schriftst.; Mutter: Elisabeth, geb. Lorenz), ev., verh. s. 1964 m. Heidrun, geb. Köpke, 3 Kd. (Kirsten, Tanja, Inken) - Obersch.; Stud. Staatl. Hochsch. f. Musik u. darst. Künste in Hamburg - 1960-62 Kameramann u. Prod.-Leit. Radio Bremen; 1962-67 ARD-Auslandsstudio New Delhi; 1968-73 ARD-Auslandsstudio Hongkong. Gastdoz. Hochsch. f. FS u. Film München - Regiss. Fernsehsp.: 1978 Lefty - Erinnerungen an einen Toten in Brooklyn; 1980 Marathon in New York; 1981 Mann in Eile; 1983 Tokyo 264-4000. Musikfilme: Alberta Hunter, Yumeno Showtime, Bambusnoten, Giora Feidman, Klarinette - 1979 Adolf-Grimme-Preis Gold (Lefty); 1980 Gold. Gong; 1984 Silb. Panther, Graz (PR-Film D. kann Beate auch) - Spr.: Engl. - Bek.Vorf.: Karl Scheffler, Kunsthist., †1951 (Großonkel).

SCHEFFLER, Matthias

Dr. rer. nat., Physiker, Direktor d. Abt. Theorie Fritz-Haber-Inst. d. Max-Planck-Ges. Berlin - Zu erreichen üb. Fritz-Haber-Inst., Faradayweg 4-6, 1000 Berlin 33 - Geb. 25. Juni 1951 Berlin, verh. - Stud. TU Berlin; Dipl. 1977; Promot. 1978, Habil. 1984 - S. 1988 Wiss. Mitgl. Max-Planck-Ges.

SCHEFFLER, Ursel,
geb. Regelein

M. A., Schriftstellerin - Diekkamp 45g,

2000 Hamburg 67 - Geb. 29. Juli 1938 Nürnberg (Vater: Konrad Regelein, Rektor; Mutter: Anni, geb. Schwalb, Lehrerin), ev., verh. s. 1960 m. Prof. Dr. H. Eberhard Sch., 3 Kd. (Sabine, Sibylle, Jan) - Stud. Neuphilol. u. Volkskd. (Schwerp. Märchen u. Sage) Univ. Erlangen u. München (M.A. 1967) - BV: Kurzgesch., Anthol. u. Beiträge f. Ztg. Üb. 60 Kinder- u. Jugendbücher, u. a. D. rote Drache Fu; Ätze d. Tintenmonster; Piraten Lissy; D. Taxi Opa (4 Bde). Folg. Bilderbücher: Krähverbot f. Kasimir; Opa ist nicht v. gestern; Auf d. Markt; Hier bin ich zu Hause; Bei uns in d. Stadt; Spatzen brauchen keinen Schirm. Krimis: Kommissar Kugelblitz (8 Bde.); Conny Fux (3 Bde.); Privatdetektiv F.X. Mücke (4 Bde.); D. schönsten Lübecker Sagen - 1981 Preis Critici in Erba (Bologna); 1984 ABDA Publizistik Preis; 1986 D. Eule (Japan).

SCHEFFLER, Walter
Prof., Ord. f. Didaktik d. Engl. Sprache u. Lit. Univ. Frankfurt/Abt. f. Erziehungswiss. (s. 1965) - Mecklenburger Str. 67, 6100 Darmstadt.

SCHEFFLER, Wolfgang
Dr. phil., Oberkustos i. R. - Waghäuseler Str. 8, 1000 Berlin 31 (T. 853 83 68) - Geb. 25. Jan. 1902 Braunschweig (Vater: Dr. phil. Ludwig S., Gymnasialprof.; Mutter: Margarethe, geb. Mitlacher), ev., verh. s. 1931 m. Martha, geb. Lasogga (†1982), 2 Söhne (Jürgen, Eckhard) - Gymn. Braunschweig; Univ. Göttingen, Berlin, München (Kunstgesch.). Promot. 1925 Göttingen - 1926-27 Staatl. Museum Kassel; 1927-39 Thaulow-Museum Kiel; 1939-41 Märk. Museum Berlin; 1941-45 Niederschles. Museum Liegnitz (Dir.); 1952-57 Kunstgutlager Celle; 1957-67 Kunstgewerbemuseum Berlin/Stiftg. Preuß. Kulturbesitz (zul. Oberkustos) - BV: Berlin im Porzellanbild s. Manufaktur, 1963; Goldschmiede Niedersachsens, 1965; Berliner Goldschmiede, 1969; Goldschmiede Rhld.-Westfalens, 1973; Goldschmiede Hessens, 1976; Goldschmiede an Main u. Neckar, 1977; Goldschmiede Mittel- u. Nordostdtschl., 1980; Goldschmiede d. Ostallgäus, 1981; Mühlenkultur in Schlesw.-Holst., 1982; Goldschmiede Ostpreussens, 1983; Vasa sacra aus fünf Jh., 1984; Gemalte Goldschmiedearb., 1985; Celler Silber, 1988; Goldschmiede Oberfrankens, 1989.

SCHEFFLER, Wolfgang
Schriftsteller - Rosenweg 6, 5419 Großmaischeid (T. 02689-50 83) - Geb. 17. Febr. 1939 Königsberg/Pr., ev., ledig - Gymn., Fachhochschule - Feuilllet. Mitarb. v. Tages- u. Wochenztg. sow. Lit.ztschr. - BV: Lebenszeit - Gedanken u. Reflexionen in Poesie u. Prosa, Ess. u. Ged. 1985 - Liebh.: Lit., Malerei, Musik, Astronomie - Spr.: Engl., Franz.

SCHEFOLD, Bertram
Dr. phil., Dipl.-Mathematiker, o. Prof. f. Volkswirtschaftslehre Univ. Frankfurt/M. (s. 1974) - Hynspergstr. 15, 6000 Frankfurt/M. (T. 55 53 71) - Geb. 28. Dez. 1943 Basel (Vater: Prof. Dr. Karl S., Archäol.; Mutter: Marianne, geb. v. d. Steinen), verh. s. 1972 m. Cornelia, geb. Albrecht, 2 Kd. (Raphael, Sarah) - Stud. Univ. München, Hamburg, Basel, Cambridge/Großbrit.; Dipl.ex. 1967 u. Promot. 1971 Basel - 1973 Sen. Visitor Trinity Coll. Cambridge/Großbrit. u. Hon. Res. Assoc. Harvard Univ. Cambridge, Mass./USA, 1977 Gastprof. Nizza, 1980 Wien, 1984 Th. Heuss-Prof., New York, 1985 Rom - BV: Theorie d. Kuppelproduktion, 1971; Floating Realignment Integration 1972; Nachworte (z. P. Sraffa), 1976; Wie sollen wir in Zukunft leben? (m. K. M. Meyer-Abich), 1981; Arbeit ohne Umweltzerstörung (m. H. C. Binswanger u.a.); D. Grenzen d. Atomwirtschaft (m. K. M. Meyer-Abich), 1.-4. A. 1986. Fachveröff. wiss. Ztschr. Herausg.: Stud. z. Entw. d. ökon. Theorie VII, IX (1989) - Spr.: Engl., Ital., Franz.

SCHEFOLD, Dian
Dr. jur., Univ.-Prof. f. öffentliches Recht Univ. Bremen - Blankenburger Str. 34, 2800 Bremen 1 (T. 0421 - 498 59 62) - Geb. 6. März 1936 München (Vater: Karl Sch., Prof. f. Archäol.; Mutter: Marianne, geb. von den Steinen), ev., verh. s. 1964 m. Monica, geb. Hennig, 2 Kd. (Ariadne, Fabian) - Stud. Univ. Basel u. Berlin u. Rom (Dr. jur. Basel 1961; Advokat Basel 1964), Habil. 1970 FU Berlin u. 1970 Prof. FU Berlin; 1980 Prof. Univ. Bremen; 1986/87 Gastprof. Cosenza u. 1988/89 Rom - BV: Volkssouveränität u. repräsentative Demokr., 1966; Z. dt. Verwaltungsrechtsschutz, 1969; Zweifel d. erkennenden Gerichts, 1971; Kommunalwirtsch. Inkompatibilität, 1977; D. Zweitanmelderproblematik (m. M. Zuleeg), 1983; Positiv-Liste f. Arzneimittel (m. G. Glaeske), 1988; u. a. - Spr.: Engl., Franz., Ital.

SCHEFOLD, Karl
Dr. phil., Prof. f. Archäologie - Mittlere Str. 22, CH-4056 Basel (T. 25 89 62) - Geb. 26. Jan. 1905 Heilbronn/N. (Vater: Dr. jur. Karl S., Reichsrichter; Mutter: Emilie, geb. Nusser), verh. 1935 m. Marianne, geb. v. d. Steinen - Univ. Tübingen, Jena, Heidelberg, Marburg - S. 1936 (Habil.) Lehrtätigk. Univ. Basel (1953 Ord. u. Seminarvorst.) - BV: u. a. Kertscher Vasen, 1930; Unters. zu d. Kertscher Vasen, 1934; 1000 J. griech. Malerei, 1940; D. Bildnisse d. antiken Dichter, Redner u. Denker, 1943; Kunstgesch. im Umriß, 1947; D. gr. Bildhauer d. archaischen Athen, 1949; Orient, Hellas u. Rom in d. archäol. Forsch. s. 1939, 1949; Pompejan. Malerei, 1952; Klass. Kunst in Basel, 1955; Pompeji - Zeugnisse griech. Malerei, 1957; Griech. Kunst als religiöses Phänomen, 1959 (auch ital.); Meisterw. griech. Kunst, 1960; Vergessenes Pompeji, 1962; Röm. Kunst als relig. Phänomen, 1964; Frühgriech. Sagenbilder, 1964; Griech. Dichterbildnisse, 1965; D. Griechen u. ihre Nachbarn, 1968; D. Alexander-Sarkophag, 1968; La peinture pompéienne, 1972; Wort u. Bild - Studien z. Gegenwart d. Antike, 1975; Führer durch Eretria, 1972; Götter- u. Heldensagen d. Griechen in d. spätarcha. Kunst, 1978; D. Göttersage in d. klass. u. hellenist. Kunst, 1981; Bedeut. d. griech. Kunst f. d. Verständnis d. Evangeliums, 1983; D. Urkönige Perseus, Belleiophon, Thesus u. Herakles in d. klass. u. hellenist. Kunst, 1987; D. Sagen v. d. Argonauten v. Theben u. Troia in d. klass. u. hellenist. Kunst, 1988. Zahlr. Einzelarb. Herausg.: Antike Kunst (1, 1958 - 18, 1975), Eretria-Grabungen u. Forsch. (I, 1968ff.) - Mitgl. Dt. u. Österr. Archäol. Inst., Ehrenmitgl. Amerikan. Archäol. Inst.; Korr. Mitgl. Bayer. Akad. u. Brit. Acad.

SCHEGA, Hans-Wolfgang
Dr. med., Prof., ehem. Direktor Chirurg. Klinik Städt. Krankenanstalten Krefeld (s. 1961) - Wilhelmshofallee 112, 4150 Krefeld (T. 5 36 07) - Geb. 20. Dez. 1915 Dresden (Vater: Anton S., Fabrikbes.; Mutter: Ella, geb. Böhme), ev., verh. s. 1943 m. Anne, geb. Krauss, 3 Töcht. (Christiane, Stefanie, Sabine) - König-Georg-Gymn. Dresden; Univ. Freiburg/Br., Graz, München. Promot. 1941 - 1945-60 Assistenz- u. Oberarzt Chir. Univ.klinik Mainz (1953 Privatdoz., 1959 apl. Prof.). 1976-77 Präs. Dt. Ges. f. Chir. Mitarb.: Klin. Chir. f. d. Praxis, Handlex. d. prakt. Med., Notfall-Lex. Fachaufs. - 1956 v.-Langenbeck-Preis Dt. Ges. f. Chir.; 1978 Korr. Mitgl. Österr. Ges. f. Chir.; 1984 Jubiläumspreis d. Dt. Ges. f. Chir.; 1987 Ehrenmitgl. Vereing. Niederrh.-Westf. Chir. - Spr.: Engl.

SCHEHRER, Rudolf Georg
Dr.-Ing., Dipl.-Ing., Prof. u. Lehrst.-Inh. f. Elektron. Systeme u. Vermittl.-Technik Univ. Dortmund - Robert-Götz-Str. 4, 4600 Dortmund 13 - Geb. 26. April 1939 Eislingen (Vater: Oswald Sch., Prok.; Mutter: Fridel, geb. Schniepp), ev., verh. s. 1969 m. Helene, geb. Vaihinger - Stud. Elektrotechnik Univ. Stuttgart (Dipl.-Ing. 1964, Promot. 1969) - 1970-78 Forschungsinst. AEG-Telefunken, Ulm; s. 1979 Lehrst.-Inh. Univ. Dortmund.

SCHEIBE, Arnold
Dr. rer. techn., Dr. h. c., Prof. f. Pflanzenbau u. -züchtung (emerit. 1970) - Tuckermannweg 11, 3400 Göttingen (T. 5 90 13) - Geb. 20. Okt. 1901 Greiz/Thür. (Eltern: Johannes (Fabrikant) u. Käthe S.), ev., verh. s. 1931 m. Sophie-Charlotte, geb. Geest, 4 Kd. - Univ. Göttingen, TH München (Landw.s- u. Allg. Naturwiss.; Dipl.-Landw. 1926). Promot. 1927 München; Habil. 1935 Gießen - 1927 wiss. Assist. USA u. Kanada, 1928 Biol. Reichsanst., 1931 Ldw. Sachverst. Türkei, 1934 Assist., 1937 Privatdoz. Univ. Gießen, 1941 Ord. TH München, 1948 Abt.leit. Max-Planck-Inst. f. Züchtungsforsch., Neuhof, 1953 Ord. Justus-Liebig-Univ. Gießen, 1955 Univ. Göttingen (1962-64 Rektor) - BV: Deutsche i. Hindukusch. Ber. d. Dtsch. Hindukusch-Exp. 1935, 1937; Einf. in d. allg. Pflanzenzücht., 1951. Mithrsg.: Handb. d. Landw. (2. A. 1952-54) - 1965 Ehrendoktor Univ. of California, Berkeley (LL. D.) u. 1982 Univ. Gießen; 1964 Mitgl. Dt. Akad. d. Naturforscher (Leopoldina), Halle/S.

SCHEIBE, Erhard
Dr. rer. nat., o. Prof. f. Philosophie - Am Büchsenackerhang 39, 6900 Heidelberg (T. 80 02 74) - Geb. 24. Sept. 1927 Berlin, verh. s. 1958 m. Maria, geb. Elgert-Eggers, 3 Kd. - Univ. Göttingen (Math., Physik). Promot. 1956 Göttingen; Habil. 1963 Hamburg - 1963 Privatdoz. Univ. Hamburg; 1965 Ord. Univ. Göttingen; 1983-Ord. Univ. Heidelberg - BV: D. kontingenten Aussagen in d. Physik, 1964; The Logical Analysis of Quantum Mechanics, 1973. Div. Einzelarb. - 1977 o. Mitgl. Göttinger Akad. d. Wiss.; 1981 Korr. Mitgl. Mainzer Akad. d. Wiss. u. Lit., 1981 Brüsseler Acad. Int. de Philos. des Scis.

SCHEIBE, Otto
Dr. med., Prof. f. Chirurgie - Thüringer Waldstr. 33, 7000 Stuttgart 30 (T. 0711 - 889 22 21) - Geb. 1. Juli 1924 Erlangen (Vater: Prof. Dr. phil., Dr.'s h.c. Günter Sch.; Mutter: Johanna, geb. Rauchenberger), kath., verh. s. 1957 m. Christa, geb. Goette, 4 T. (Susanne, Stefanie, Sabine, Til-Katrin) - Gymn. München-Pasing, Univ. München (Med., Chir.) - Hochsch.lehrer Univ. Ulm; s. 1970 ärztl. Dir. Chir. Klinik Bürgerhospital Stuttgart-Feuerbach - Entd.: Energiereiche Phosphatverbind. im Schockgeschehen - BV: D. Adenylsäuresystem im Blut u. s. Bedeutung f. d. postoperativen u. posttraumat. Schock, 1967; Grundl. prakt. Chir., 1976; Operativer Therapieschlüssel, 1981; 1. Symposion üb. zementlose Hüftendoprothesen, 1982. Mithrsg.: Krebsnachsorge, 1980; TNM-Atlas, Engl., Dt., 1982 u. 84 - 1977 Ernst v. Bergmann-Plakette - 1977 Gold. Sportabz. - Spr.: Engl. - Bek. Vorf.: Prof. Günter Sch. (Vater); Prof. A. Sch., HNO Erlangen-München (Großv.).

SCHEIBE, Reinhard
Fraktionsgeschäftsführer, MdL Nieders. (1978-86) - Burgstr. 31, 3000 Hannover - Geb. 29. April 1943 Reichenbach/Schles., ev., Tocht. - Schule Laasphe/Lahn u. Espelkamp (Abit. 1964); 1964-66 Bundeswehrdst.; 1966-69 PH Hannover - S. 1970 parlam. Ref. u. s. 1974 Fraktionsgeschäftsf. SPD-Landtagsfraktion. S. 1975 niedersächs. Mitgl. NDR-Rundfunkrat. SPD s. 1967.

SCHEIBE, Wolfgang
Dr. phil., Prof. f. Pädagogik Univ. München - Schönstr. 72b, 8000 München 90 (T. 65 54 51) - OStudDir. a. D. - BV: D. Strafe als Problem d. Erziehung, 3. A. 1977; D. Reformpäd. Bewegung 1900-32, 9. A. 1984.

SCHEIBERT, Peter
Dr. phil., o. Prof. f. Osteurop. Geschichte - v.-Harnack-Str. 17, 3550 Marburg/L. (T. 6 44 19) - Geb. 3. Mai 1915 Berlin (Vater: Wilhelm S., Oberstlt.; Mutter: Johanne, geb. Prinz) - Promot. 1939; Habil. 1955 - S. 1952 Lehrtätigk. Univ. Köln u. Marburg (1961 o. Prof.). 1972/73 Gastprof. Columbia Univ. New York, 1975-76 Fellow Wilson Center Washington, D. C., 1982 Gastprof. UCLA Los Angeles - BV: V. Bakunin zu Lenin, 1956; D. russ. polit. Parteien 1905-17, 1972; D. russ. Bauernreform v. 1861, 1973, Lenin an d. Macht, 1984.

SCHEIBLE, Hartmut
Dr. phil., Prof. f. Germanistik Univ. Frankfurt - Inst. f. Dt. Sprache u. Literatur I, Universität, Georg-Voigt-Str. 10, 6000 Frankfurt/M. 1 - Geb. 30. Juni 1942 Frankfurt/M. (Vater: Karl Chr. Sch., Dipl.-Ing. †; Mutter: Eva, geb. Balkwitz), ev., ledig - 1962-69 Stud. German., Roman. u. Phil.; Promot. u. Staatsex. 1969, 2. Staatsex. 1971 - 1969-72 Studienrefer. u. 1972-74 Studienrat; 1972-74 Doz. PH Schwäb. Gmünd; ab 1974 Prof. Univ. Frankfurt - BV: Joseph Roth. M. e. Essay üb. G. Flaubert, 1971; Arthur Schnitzler, 1976; A. Schnitzler u. d. Aufkl., 1977; Theodor W. Adorno (Sonderbd. Text u. Kritik), 1977; A. Schnitzler in neuer Sicht (Hrsg.), 1981; Wahrheit u. Subjekt. Ästhetik im bürgerl. Zeitalter, 1984; Literarischer Jugendstil in Wien, 1984 - Liebh.: Ital. Opern - Spr.: Ital., Franz., Engl., Span., Latein.

SCHEIBLECHNER, Hartmann
Dr. phil., Prof. f. Psychologie Univ. Marburg (s. 1972) - Gutenbergstr. 18, 3550 Marburg/L.; priv.: Am Wäldchen 25, 3550 Marburg/L. 16 - Geb. 16. Aug. 1939 Graz/Österr. (Vater: Hartmann S.; Mutter: Hildegard, geb. Urban, Lehrerin), kath., verh. s. 1966 m. Walpurga, geb. Danmayr, 3 Kd. (Barbara, Ursula, Peter) - Promot. 1968 Wien - Div. Facharb. - 1971 Theodor-Körner-, 1972 Dr.-Adolf-Schärf-Preis (Stadt Wien) - Spr.: Franz., Engl.

SCHEIBLER, Christoph
Industriekaufmann - Lortzingstr. 7, 5000 Köln 41 (T. 40 64 20) - Geb. 14. Dez. 1920 - Vorh. gf. Gesellsch. C. Scheibler & Co. GmbH, Köln - Spr.: Engl., Franz. - Rotarier.

SCHEIBNER, Horst
Dr.-Ing., Prof. f. Neurophysiologie Univ. Düsseldorf - Oberbilker Allee 78, 4000 Düsseldorf (T. 0211 - 72 31 11) - Geb. 3. Mai 1929 Freiburg/Br. (Vater: Max S., Schlosserm.; Mutter: Ella, geb. Gläser), verh. s. 1967 m. Gudrun, geb. Herzig - Gymn. Villingen; TH Karlsruhe - 1966-75 Wiss. Mitarb. Max-Planck-Inst. Bad Nauheim.

SCHEIBNER, Peter G.
Rechtsanwalt, Geschäftsf. d. Fachsparten Eiskrem u. Rohmassen im Bundesverb. d. Dt. Süßwarenind. - Zu erreichen üb. Bundesverb. Dt. Süßwarenind., Schumannstr. 4-6, 5300 Bonn 1 - Geb. 30. Sept. 1936 Kassel.

SCHEICHER, Günther
Direktor Hess. Landesamt f. Verfassungsschutz - Postf. 3905, 6200 Wiesbaden 1.

SCHEID, Hans
Bauingenieur, Präs. Handwerkskammer Niederbayern-Oberpfalz, Mitgl. Bayer. Senat - Alte Straubinger Str. 31b, 8400 Regensburg - 1984 Staatsmed. f. bes. Verdienste um d. bayer. Wirtschaft.

SCHEID, Hans Peter
Dr. med., Prof. f. Physiologie - In der Rußbreite 10, 3400 Göttingen (T. 0551 - 28 96) - Geb. 27. Aug. 1938 Hamburg (Vater: Werner Sch., Prof.; Mutter: Elisabeth, geb. Jeremias, Dr.), ev., verh. s. 1965 m. Cornelia, geb. Friedrich, 4 T. (Carola, Susanne, Maria, Bettina) -

Gymn. Hamburg u. Köln, Univ. Freiburg u. Zürich (Phys., Dipl. 1964), Köln u. Göttingen (Med., Ex. u. Promot. 1969), Habil. 1971, apl. Prof. 1976 - 1969-82 Wiss. Assist. Max-Planck-Inst. f. exper. Med. Göttingen. S. 1982 Prof. u. Lehrstuhlinhaber Univ. Bochum - Entd.: Elektr. Schaltungen f. Massenspektrometer (Patente). Ca. 300 Beitr. in wiss. Ztschr. u. Monogr. - Liebh.: Musik (Cello) - Spr.: Engl.

SCHEID, Paul

Dr. phil., Prof., Direktor Anna-Schmidt-Schule (UNESCO-Modellschule in Frankfurt/M.), Präs. Dt. Montessori-Ges. (Begr.), Dir. Seminar z. Ausbild. v. Montessori-Lehrern, Chairman Intern. Schools Assoc. (Genf), n. g. Org. in konsultativem Status m. UNESCO - Fellnerstr. 1, 6000 Frankfurt/M. (T. 55 36 52) - Geb. 24. Juni 1908 Alpenrod/W., ev., verh. - Honorarprof. Joh. Wolfgang v. Goethe-Univ. Frankfurt - Spez. Arbeitsgeb.: Intern. Bildungspolitik - BV: D. Kind in d. Familie, Standing, Maria Montessori - Leben u. Werk, Jordan, Mehr Freude m. Kindern. Beitr. z. Montessori-Pädagogik (Klett-Cotta). Päd. Film: Hilf mir, es selbst zu tun. Herausg.: Ztschr. D. Kind - Orden la Croix de Chevalier; 1968 l'ordre du Combattant de l'Europe - Spr.: Engl., Franz.

SCHEID, Rudolf

Dr. rer. pol., Prof., Hauptgeschäftsführer Zentralverb. d. Elektrotechn. Industrie (ZVEI), Frankfurt (s. 1972) - Hammarskjöldring 152, 6000 Frankfurt/M. (T. 57 02 87; Büro: 63 02 -1) - Geb. 10. Aug. 1925 - Stud. Volksw. - 1964-72 stv. Hgf. Gesamtverb. d. Textilind. in d. BRD (Gesamttextil), Frankfurt, Honorarprof. Univ. Saarbrücken (Wirtschaftspolitik).

SCHEID, Werner

Dr. phil. nat., Dipl.-Physiker, Prof. f. Theoret. Physik Univ. Gießen (s. 1976) - Saarlandstr. 7, 6300 Gießen-Klein-Linden (T. 0641 - 2 17 22) - Geb. 28. Juni 1938 Offenbach (Vater: Dipl.-Hdl. Dr. rer. pol. Heinrich S.; Mutter: Rosa, geb. Müller), kath., verh. s. 1973 m. Birgit, geb. Walter, 2 Töcht. (Stefanie, Gabriele) - Stud. d. Physik TH Darmstadt; Promot. (1967) u. Habil. (1971) Frankfurt/M. - 1971-76 Prof. Univ. Frankfurt/M. Fachveröff. üb. Kernmoleküle, atomare u. nukleare Schwerionenphysik - Spr.: Engl., Franz.

SCHEIDER, Wilhelm

Dr., Vorstandsvorsitzender Fried. Krupp GmbH - Altendorfer Str. 103, 4300 Essen (T. Büro: 188 21 00) - Vors. u. Mitgl. versch. AR u. -beiräte.

SCHEIDERER, Lothar

Dipl.-Ing., Techn. Direktor, Vorstandsmitgl. Fränk. Überlandwerk AG., Nürnberg - Ludolfingerstr. 12, 8500 Nürnberg 43 - Geb. 7. März 1926 Schwabach.

SCHEIDL, Karl

Dr. oec. publ., o. Prof. f. Betriebswirtschaftslehre (Allg. Betriebsw.lehre u. Betriebsw.lehre d. Banken), Direktor Inst. f. Bankw. TU Berlin - Bergstr. 21e, 1000 Berlin 39 (T. 805 27 21) - Geb. 14. Aug. 1929 Mühldorf/Inn - Promot. u. Habil. München - S. 1963 Lehrtätigk. München u. Berlin (1965 Ord.). Fachveröff.

SCHEIDT, Friedrich-Arnhard

Geschäftsführer Grundstücksges. Kettwig mbH - Münzenberger Platz 12, 4300 Essen 18 (Kettwig).

SCHEIDT, vom, Jürgen

Dr. phil., Dipl.-Psych., Schriftsteller - Postfach 44 02 38, 8000 München 44 - Geb. 7. Febr. 1940 Leipzig (Vater: Helmut v. S., Kaufm.; Mutter: Maria, geb. Hertel), verh. s. 1968 m. Elke, geb. Kamper, 2 Kd. (Gregor, Maurus), gesch. s. 1979, in 2. Ehe verh. s. 1981 m. Ruth, geb. Zenhäusern, Sohn Jonas - Stud. Univ. München; Promot. ebd. - S. 1970 Freie Praxis (Tiefenpsychologie, Schreib-Therapie, TZI) - 1983 Gründung Münchner Schreib-Werkstatt; Mitgl. Pegasus Verwertungsges. Wort - BV (Ps. Thomas Landfinder) u. a.: Innenwelt-Verschmutzung, 3. A. 1988; Freud u. d. Kokain, 1973 (Portug. 1975); Rätsel Mensch, 1975; D. geworfene Stein, R. 1975; D. falsche Weg zum Selbst, Monogr. 1976; Yoga f. Europäer, 1976; Handb. d. Rauschdrogen, 7. A. 1988 (m. W. Schmidbauer); Wiedergeburt, 1982; D. gr. Buch d. Träume, 1985; Im Zeichen e. neuen Zeit, 1988; Kreatives Schreiben, 1989; Selbsterfahrung, 1989; Bewußtseinserweiterung, 1989 - 1970 Christopherus-Pr. (HUK-Verb.) - Liebh.: Ind. Kultur, Jazz, Science Fiction - Spr.: Engl.

SCHEIFFARTH, Friedrich

Dr. med., em. o. Prof. f. Innere Medizin (Klin. Immunologie) - Meilwald 19, 8520 Erlangen (T. 2 38 36) - Geb. 3. April 1908 Köln, kath., verh. s. 1944 m. Eleonore (Ärztin), geb. Thein, 1 Sohn (Arzt) - Habil. 1949 - S. 1966 Inh. d. neugegr. Lehrstuhls f. klin. Immunologie u. Dir. d. Inst. f. klin. Immunol. Üb. 300 Fachveröff. Mehr. Monogr., Hand- u. Lehrbuchbeitr. - Mitgl. Arzneimittel-Komm.

SCHEIL, Herbert

Kaufmann, Vors. Dt. Schrott-Verb., Köln - Seeblick 19, 2374 Fockbek - Geb. 3. Sept. 1928.

SCHEITER, Fred

Dr., gf. Vorstandsmitglied Bundesverb. d. Dt. Brot- u. Backwarenind. (b. 1986), Generalsekretär d. intern. Brotind. - In den Diken 33, 4000 Düsseldorf - Geb. 25. Juni 1921 - Dipl.-Volksw.

SCHEJA, Georg

Dr. phil. (habil.), Prof., Kunsthistoriker - Zul. 7400 Tübingen - Geb. 10. April 1903 - U. a. Lehrtätigk. Univ. Tübingen (apl. Prof. f. Mittlere u. Neuere Kunstgesch.; Wiss. Rat Kunsthistor. Inst.) - BV: D. Isenheimer Altar d. Matthias Grünewald, 1969.

SCHEJA, Günter

Dr. rer. nat., o. Prof. f. Mathematik - Zul. Robert-Koch-Str. 14, 4630 Bochum (T. 70 23 23) - Geb. 21. Okt. 1932 Wuppertal - S. 1963 (Habil.) Lehrtätigk. Münster (apl. Prof.) u. Bochum (1969 Ord.) - BV: Funktionentheorie u. Algebra. Div. Einzelarb.

SCHELER, Fritz

Dr. med., Prof., Internist, Vorsteher Abt. f. Nephrologie Med. Univ.klinik Göttingen (s. 1968) - Hainholzweg 64, 3400 Göttingen (T. 5 97 37) - Vors. Arzneimittelkommiss. d. dt. Ärzteschaft, Köln.

SCHELER, Manfred

Dr. phil., Prof. f. Anglistik - Goerzallee 47, 1000 Berlin 45 (T. 030 - 833 22 22) - Geb. 24. Juli 1926 Veilsdorf/Thür. (Vater: Gustav Sch., Ind.-Kfm.; Mutter: Thekla, geb. Mertz), ev., verh. s. 1967 m. Ursula, geb. Fuhr, 2 Söhne (Christian, Michael) - Obersch. Hildburghausen; 1950-52 Univ. Jena, 1953-58 FU Berlin (Angl., Slaw., Lat.), Staatsex. 1958, Promot. 1962 - 1960-65 Stud.rat, 1965-69 Akad. Rat, 1969-71 Akad. Oberrat, s. 1971 Prof. - BV: Altengl. Lehnsyntax, 1962; D. engl. Wortschatz, 1977; D. engl. Wortschatz, 1977 (jap. Übers. 1983); Shakespeares Engl., 1982 (jap. Übers. 1989); Gesch. d. Berliner Anglistik, 1987. Mitarb. an Kenkyusha Bilb. of Engl. Phil. (Tokyo) - Spr.: Engl., Russ.

SCHELL, Carl

Schauspieler, Regisseur u. Produzent - Casa Esperanza, CH-6614 Brissago - Geb. 14. Nov. 1927, verh. s. 1970 m. Stella Mooney (Schausp.), 6 Kd. (Alexandra, René, Michaela u. Pia aus 1. Ehe; Carolina u. Marco aus 2. Ehe) - Gymn. Wien; Atheneum Zürich; TH Kollegium Maria-Hilf (Schweiz); Schauspielsch. Konservatorium Bern - 1946 Leit. Jugendbühnen Bern; 1951 Akad. de Arte Sao Paulo (Brasilien); 1952-54 Gründ. u. Leit. Club Intern. de Arte Dramatica Sao Paulo; 1958/59 Int. Kammersp. Kongreßhalle Berlin u. Gastsp. in Hamburg, München, Düsseldorf, Worthing, London; 1964-66 künstl. Leit. u. Mitprod. d. Kay Lewis Enterprises Samuel Goldwyn Studios Hollywood California/USA; 1965-78 Gründ. u. Leit. Tessiner Komödie m. Gastsp. u.a. in München, Hamburg, Düsseldorf, Zürich, Basel, Mallorca; 1979 Gründ. u. Leit. CSB-Productions; s. 1983 Initiator u. künstl. Leit. Television Intern. (1. priv. FS-Sender in dt. Spr.) - BV: Div. Drehb., Ess., R. u. Übers., dar. Les Barads (D. 8 Millionäre) v. R. Thomas - 1962 Bande de Laches Vichy Referendum intern. du Cinéma; 1965 Ehrengast Filmfestival Moskau; 1975 Europapreis Rom; 1979 1. Preis f. ausl. Beitr. an d. Biennale intern. du Film Court Nizza; 1983 Ehrensenator Contacter Gerlingen - Liebh.: Botanik - Spr.: Franz., Engl., Span., Portug., Ital. - Lit.: Mierendorff: Lebt das Theater?, 1960; Glenzdorfs Intern. Filmlexikon, 1961.

SCHELL, Jozef Stephaan

Dr., Prof. f. Genetik - Max-Planck-Inst. f. Züchtungsforsch., Carl-von-Linné-Weg 10, 5000 Köln 30 (Vogelsang) - Geb. 20. Juli 1935 Antwerpen, verh. s. 1968 m. Elizabeth, geb. Frederick, 2 Söhne (Peter, Bart) - Ph. D. in Biol. - S. 1965 Prof. Rijksuniv. Gent, Belgien. 1982 Mitgl. Dt. Akad. d. Naturforsch. Leopoldina Halle - Entd.: Gen-Transfer b. Pflanzen - BV: Neue Aussichten f. d. Pflanzenzücht.: Gen-Übertrag. m. d. Ti-Plasmid, 1981; The Ti-plasmids of Agrobacterium tumefaciens, in: Encyclopedia of Plant Physiol., 1981; The Development of Host Vectors for Directed Gene-Transfer in Plants-Chapter for Developmental Biol. using Purified Genes, 1981 - 1979 Prix Francqui; 1985 Alexander-v.-Humboldt-Preis; 1985 Mendel-Med. Dt. Akad. d. Naturforsch. Leopoldina; Member of the National Acad. of Sciences (USA); Mitgl. wiss. Komit. Dt. Krebsforschungszentrum Heidelberg; 1987 IBM Europe Science and Technology Prize - Spr.: Deutsch, Engl., Franz., Fläm.

SCHELL, Manfred

Chefredakteur Zeitung Die Welt - Am Pleiser Wald 26, 5205 St. Augustin 1 - Geb. 3. Dez. 1944 Höpfingen (Baden), kath., verh. m. Edelgard, geb. Seitz, 2 Söhne (Alexander, Benedikt) - UPI-Korresp. Frankfurt u. Bonn; Mitbegr. Nachrichtenagentur ddp; Leit. Bonner Korresp.-Büro D. Welt, s. 1984 stv. Chefredakt., ab Okt. 1985 Chefredakt. - BV: Verrat in Bonn (Gr. Spionagefälle); D. Kanzlermacher (Koalitionswechsel 1982).

SCHELL, Manfred

Chefredakteur Tagesztg. Die Welt (s. 1985) - Godesberger Allee 99, 5300 Bonn 2.

SCHELL, Maria

Schauspielerin - 8090 Heberthal/Obb. (T. Wasserburg/Inn 25 64) - Geb. 15. Jan. 1926 Wien (Vater: Prof. Hermann Ferdinand S., Schriftst. † 1972; Mutter: Margarethe, geb. v. Noé, Schausp.), kath., verh. I) 1957 m. Horst Hächler (Regiss.), S. Oliver (geb. 1962), II) 1966-89 Veit Relin (Regiss.), T. Maria-Therese (geb. 1966) - Schauspielausbild. Zürich - Schweizer, österr. u. dt. Bühnen. U. a. Luise (Salzburg, 1955), Caroline (Paris, 1964), Nora (Wien, 1964). Erste Filmrolle m. 15 J., in: Steinbruch; Hauptrollen: Es kommt e. Tag, Dr. Holl, Wenn d. Herz spricht, Bis wir uns wiederseh'n, D. Herz aller Dinge, D. träumende Mund, Solange du da bist, Tageb. e. Verliebten, D. letzte Brücke, Herr über Leben u. Tod, D. Ratten (Pauline Karka), Liebe, Gervaise, Rose Bernd, Weiße Nächte, D. Brüder Karamasow, E. Frauenleben, The Hanging Tree, Schinderhannes, Raubfischer in Hellas, Cimarron, D. Riesenrad, The Mark, Ich bin auch nur e. Frau, Pack d. Tiger schnell am Schwanz, Chamsin, D. Pfarrhauskomödie; Fernsehen: Schrei vor d. Fenster (1969), Willy u. Lilly (1971), Keusche Susanne (1972), Immobilien (1973), Die Kurpfuscherin, Teerosen u. a. - 1951- 1952 u. 1954-57 Bambi-Preis Film-Revue; 1954 Preis f. d. beste Schausp. Intern. Filmfestsp. Cannes (D. letzte Brücke), 1956 Volpi-Preis Biennale Venedig (Gervaise), 1957 Victoire d. franz. Films u. Brit. Akademiepreis u. a.; 1974 BVK; 1977 Filmbd. in Gold; 1983 Gold. Kamera HÖRZU - Liebh.: Musik - Bruder Maximilian S.

SCHELL, Maximilian

Schauspieler u. Regisseur - Zu erreichen üb. Agentur Baumbauer, Keplerstr. 2, 8000 München 80 - Geb. 8. Dez. 1930 Wien, kath., verh. s. 1986 m. Natalija Andrejtschenko (russ. Filmschausp.) - Univ. Basel, Zürich, München (7 Sem. Kunst- u. Literaturgesch.); Musikausbild. (Klavier) - Stadttheater Basel, Städt. Bühnen Essen, Bonn (u. a. Prinz v. Homburg) u. Lübeck, Kammersp. München, Theater am Kurfürstendamm Berlin, Schauspielhaus Hamburg (u. a. Hamlet, 1963 unt. Gustaf Gründgens), Royal Court Theatre London (A Patriot for Me, 1965). Broadway New York (Interlock). 1959 Salzbg. Festsp. (D. Turm). Filmrollen: u. a. Kinder, Mütter u. e. General, Reifende Jugend, D. 20. Juli, D. Mädchen aus Flandern, D. Ehe d. Dr. med. Danwitz, D. Letzten werden d. Ersten sein, D. jg. Löwen, E. wunderbarer Sommer, Urteil v. Nürnberg (Verteidiger; 1961 bester Schauspieler d. J. Verb. d. New Yorker Filmkritiker, 1962 Oscar, Hollywood), D. Eingeschlossenen v. Altona, E. sonderb. Heiliger, Topkapi, D. Schloß (auch Produzent), Papst Johanna, Akte Odessa, Man in the Glass Booth (1975 Nomination f. Gold. Globus u. Oscar), D. Attentat v. Sarajewo, D. Brücke v. Arnheim, D. Eiserne Kreuz; -regie: Erste Liebe (1969 auch Mitprod.; 1970 Silb. Muschel Intern. Filmfestsp. San Sebastian, 1971 Bundesfilmpreis/Filmband in Gold), D. Fußgänger (1973; 1973 Preis d. Film-Kritik Filmfestival Chicago, 1974 Gold. Schale), D. Richter u. s. Henker (1975 auch Mitprod.; 1975 Silb. Muschel Filmfestsp. S. Sebastian); Marlene (1984). Opernr.: La Traviata. Ferns.: D. Bernauerin, Hamlet, D. seidene Schuh; 1977-82 Salzbg. Festsp. (Jedermann) - Bühnenst.: Herostrat (Dr.; UA. 1966 Bochum) - 1984 Bayer. Filmpreis; 1984 Bundesfilmpreis/Filmband in Gold (f. d. Rolle: Morgen in Alabama); 1985 BVK I. Kl. - Liebh.: Musik (Chopin, Mozart) - Spr.: Engl. - Eltern s. Maria S. (Schwester).

SCHELLENBERGER, Christoff

Prof., Dozent f. Werken (Grundkl.) Kunstakad. Stuttgart - Grünewaldstr. 8a, 7000 Stuttgart - Geb. 11. Juli 1924.

SCHELLENBERGER, Walter

Bürgermeister, MdL Rhld.-Pfalz a.D. (1975-83) - Rappengasse 4, 6729 Rheinzabern - Geb. 23. Juli 1920 Rheinzabern, verh., 2 Kd. - FDP (Ehrenvors. Kreisverb. Südpfalz) - EK I; Gold. Sportabz.; Ehrenbrief Dt. Turnerbund; Gold. Ehrennadel Sportbund Pfalz; Freiherr-vom-Stein-Plakette; Sportplakette Ld. Rheinl.-Pfalz.

SCHELLER, Jürgen

Schauspieler, Kabarettist u. Schriftsteller - Faganenstr. 8, 8152 Vagen - Geb. 21. Aug. 1922 Potsdam - 1940-45 Kriegsmarine (U-Boot-Offz.) u. Kanad. Gefangensch. (1944) - 1960-73 Lach- u. Schießges., Kabarett. Mehrere Bühnenengagem., u. a. Thalia Hamburg u. Gärtner Theater München - Vors. Bun-

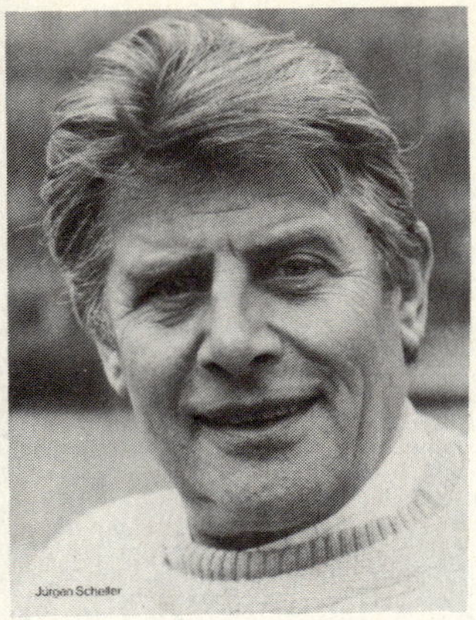

desfachgr. Medien in d. DAG; Dt. Kulturrat; Dt. UNESCO Kommiss.

SCHELLER, Reinhold

Dr. phil., Dipl.-Psych., Prof. f. Psychologie Univ. Trier - Am Knieberg 23, 5500 Trier (T. 0651 - 201 20 57) - Geb. 16. Okt. 1941 Würzburg (Vater: Philipp Sch., Kaufm.; Mutter: Rosa, geb. Manger), kath., verh. s. 1968 m. Mall, geb. Mäsak, 2 Kd. (Christin, Björn) - Dipl.-Psych. 1967, Promot. 1970 - S. 1973 Prof. f. Psych. - BV: Psych. d. Berufswahl u. d. berufl. Entw., 1976. Herausg.: Buchreihe Brennpunkte d. Klin. Psych. (m. Minsel): Bd. 1 Psychotherapie (1981), Bd. 2 Prävention (1981), Bd. 3 Psych. u. Med. (1982), Bd. 4 Rehabilitation (1982), Bd. 5 Diagnostik (1983), Bd. 6 Forsch.konzepte d. Klin. Psych. (1983); Trierer Alkoholismusinventar (1987, m. Funke, Funke u. Klein) - Spr.: Engl., Schwed. (Franz.).

SCHELLERER, Wolf Heinrich

Dr. med., apl. Prof. f. Bauch- u. Thoraxchirurgie, Chefarzt Chir. Privatklinik Bamberg - Heinrichstr. 6, 8600 Bamberg (T. 0951 - 2 52 16) - Geb. 4. Mai 1941 Bamberg (Vater: Heinrich Sch., Chirurg; Mutter: Margarete, geb. Röhrig), ev., verh. s. 1974 in 2. Ehe m. Gabriele, geb. Hohf, 3 T. (Carolin, Vera, Juliane) - Univ. Würzburg u. München (Med.), Staatsex. 1966, Promot. 1966, Habil. 1974, apl. Prof. Erlangen 1980 - 1967-79 Chir. Univ.klinik Erlangen, 1980 Chefarzt f. Chir. Krkhs. Kulmbach, dann Chefarzt Kreiskrkhs. Tegernsee - BV: Ca. 100 wiss. Arb. in Fachztschr., Buchbeitr. - 1976 Doktor-Ludwig-Gerhard-Preis d. Oberfrankenstift. - Spr.: Engl.

SCHELLHORN, Alfred

Fabrikant, Inh. Fa. F. A. Morill (Drahtgeflecht- u. Gitterherstellung, Plexiglasverarb.) - 8500 Nürnberg - Geb. 1913 - S. jg. Jahren Familienuntern. (gegr. 1852). Mitgl div. Fachgremien.

SCHELLING, von, Friedrich-Wilhelm

Präsident Landeszentralbank in d. Freien u. Hansestadt Hamburg (1957-74) - Kaspar-Ohm-Weg 16, 2000 Hamburg 65 (T. 536 11 90) - Geb. 3. Mai 1906 Berlin (Vater: Ulrich v. S.; Mutter: Lina, geb. v. Jagemann), ev., verh. s. 1932 m. Hildegard, geb. Oelkers, 2 Kd. (Verena, Ulrich) - Kaiserin-Augusta-Gymn. Berlin; Univ. Heidelberg u. Berlin (Rechts- u. Staatswiss.). Gr. jurist. Staatsprüf. - 1931 Hilfsrichter Berlin, 1932-45 Ass., Reichsbankrat (1934), -dir. (1939) u. Vortr. Dir. Reichsbankdirektorium (1943), 1945-46 Treuhänder engl. u. amerik. Banken, 1946-48 Dir. Reichsbankleitst. Hamburg u. Reichsbanktreuhänder brit. Zone, 1948-57 Dezern. Bank dt. Länder (Rechts- u. Währungsabt.), 1948-49 Mitgl. Kommiss. z. Ausarb. d. Wertpapierbereinigungsgesetzes, 1951-53 Mitgl. Dt. Deleg. f. Auslandsschulden. Mitgl. Übersee- u. Lions-Club - D. Bundesbank in d. Inflation, 1975 - 1969 Gr. BVK m. Stern - Liebh.: Gesch. u. Phil. - Spr.: Engl., Franz. - Bek. Vorf. F. W. J. v. S., Philosoph, 1775-1854 (Urgroßv.).

SCHELLING, Roland

Dr. jur., Rechtsanwalt u. Notar - Königstr. 84, 7000 Stuttgart 1 - Geb. 12. März 1930 Ludwigsburg/Württ., ev., verh. s. 1960 - 1949-52 Univ. Tübingen (Rechtswiss.). Promot. 1953; Ass.ex. 1956 - S. 1961 Anwaltsozietät (m. 8 Kollegen). Mitgl. Unternehmerrat Carl Zeiss u. Glasw. Schott; AR-Mitgl. Daimler-Benz Metallges., Badenwerk, WMF, Salamander, Karmann GmbH, Aesculap, Hornschuch, Traub; Beiratsvors. Becker Autoradiowerk.

SCHELLKNECHT, Helmut

Dr. jur., Bundestagsdirektor a.D. (1970-84) - Rodderbergstr. 120, 5300 Bonn 2 - Geb. 14. Aug. 1919 Lahde/Weser, verh., 2 T. - Univ. Münster u. Tübingen (Promot.); 1. u. 2. jur. Staatsprüf.; 1970-84 Chef Bundestagsverw.- 1984 Gr. BVK m. Stern u. Schulterbd.

SCHELLMANN, Werner

Dipl.-Verwaltungswirt, Kreisrat - Fröschau 40, 8809 Bechhofen/Mfr. - Geb. 10. Nov. 1944 Oettingen - Dipl.-Verwaltungswirt (FH); zul. 1. Bürgerm. Bechhofen. CSU.

SCHELLONG, Dieter Makiri

Dr. theol., Prof. f. Ev. Theologie - Darfeldweg 31, 4400 Münster (T. 0251 - 86 14 71) - Geb. 1. April 1928 Kiel (Vater: Prof. Dr. med. Fritz Sch.; Mutter: Dr. med. Anneliese, geb. Schewe), ev., verh. s. 1954 m. Luise, geb. Parrisius, 4 Kd. (Friederike, Karoline, Sebastian, Marie-Luise) - Univ. Münster, Göttingen u. Basel (ev. Theol. u. Musikwiss.), Promot. u. Habil. Münster - 1956-64 Pfarrer Gütersloh, 1964-71 Assist. Univ. Münster, s. 1971 Prof. f. Ev. Theol. m. Schwerp. Syst. Theol. GH Paderborn - BV: Calvins Ausleg. d. synoptischen Evangelien, 1969; Bürgertum u. christl. Religion, 1975; Aufs.

SCHELLONG, Günther

Dr. med., Prof., Leiter Abt. f. Hämatologie u. Onkologie Univ.-Kinderklinik Münster - Potstiege 40, 4400 Münster/W. (T. 86 13 61) - Geb. 15. Jan. 1926 Kiel (Vater: Prof. Dr. med. Fritz S., Internist; Mutter: Dr. med. Anneliese, geb. Schewe), verh. m. Dr. med. Erika, geb. Beckmann, 5 Kd. (Susanne, Ulrike, Kathrin, Michael, Christiane) - Stud. Univ. Freiburg (bei Büchner), Göttingen (Dahr), Münster (Mai) - S. 1961 (Habil.) Lehrtätigk. Münster (1966 apl. Prof., 1973 o. Prof.) - BV: Ikterus Neonatorum, 1962. Üb. 180 Buchbeitr. u. Einzelarb.

SCHELLOW, Erich

Schauspieler - Schweinfurthstr. 76a, 1000 Berlin 33 (T. 824 14 07) - Geb. 27. Febr. 1915 Berlin, verh. m. Elke, geb. v. Klopmann, Sohn Alexander - Luisenstädt. Oberreal- (Abit.) u. Staatl. Schauspielsch. Berlin - B. 1945 Staatl. Schauspielhaus Berlin, dann Dt. Schauspielhaus Hamburg, s. 1949 Schloßpark- u. Schiller-Theater (1950) Berlin. Gast Schauspielhaus Zürich u. Burgtheater Wien. Rollen: Faust, Mephisto, Misanthrope, Harpagon, Tasso, Hamlet, Posa, Philipp II, Marinelli, Tellheim, Orest, Ödipus, Wetter v. Strahl, Wallenstein u. in Werken mod. Dichter, bes. Giraudoux, Miller, Albee, Saunders - 1960 u. 71 Berliner Kunstpreis, 1966 Dt. Kritikerpreis; 1956 BVK I. Kl.; 1963 Berliner Staatsschausp.; 1965 o. Mitgl. Akad. d. Künste Berlin; 1982 Ehrenmitgl. d. Staatl. Bühnen - Spr.: Engl., Franz.

SCHELP, Frank-Peter

Dr. med., Prof. f. Sozialmedizin u. Epidemiol. FU Berlin - Mohrunger Allee 6b, 1000 Berlin 19 - Geb. 1. Nov. 1937 Berlin - Med. Staatsex. FU Berlin 1967, Promot. 1968, D.T.M.H. 1975, Habil. 1979 (Univ. Heidelberg) - Assist.-Arzt Wenckebach-Krkhs. Berlin; 1973 DAAD-Wiss. Ausl. Mahidol Univ. Bangkok, 1976-81 GTZ Experte Faculty of Tropical Med. Mahidol Univ. Bangkok; 1981 Prof. FU Berlin - 1983 Ehrendoktor Univ. Khon Kaen, Thailand - Spr.: Thai, Engl.

SCHELS, Peter

Justitiar, Geschäftsf. Bayer. Beamtenbund - Schwanenthaler Str. 21, 8000 München 2.

SCHELSKY, Helmut

Dr. phil., Dr. h. c., o. Prof. f. Soziologie - Pleistermühlenweg 101, 4400 Münster/W.-St. Mauritz (T. 31 42 41) - Geb. 14. Okt. 1912 Chemnitz/Sa. (Vater: Franz S.; Mutter: geb. Sasse), verh. s. 1944 m. Hildegard, geb. Brettle, 2 Kd. - Univ. Königsberg u. Leipzig. Promot. 1935 Leipzig; Habil. 1939 Königsberg - 1939-43 Doz. f. Phil. u. Soziol. Univ. Königsberg, 1943-44 ao. Prof. Univ. Straßburg, 1945-48 Leit. Suchdst. DRK u. publizist. Tätigk. (1946), s. 1949 o. Prof. Akad. f. Gemeinwirtsch. Hamburg, Univ. ebd. (1953), Münster (1960; Dir. Sozialforschungsst. Dortmund), Bielefeld (1969), Münster (1973) - BV: u. a. Wandlungen der deutschen Familie in der Gegenwart, 4. A. 1960; Soziol. u. Sexualität, 1955, 175. Ts. 1968 (auch holl., ital., portugies., span., schwed.); D. skeptische Generation, 1957, 4. A. 1963; Ortsbestimmung d. dt. Soziol., 1959, 3. A. 1967; Einsamkeit u. Freiheit - Idee u. Gestalt d. dt. Univ. u. ihrer Reformen, 1963, 2. A. 1971 (auch jap.); Auf d. Suche n. d. Wirklichkeit, 1965; Grundzüge e. neuen Univ., 1966 (m. Paul Mikat); Abschied v. d. Hochschulpolitik, 1969; Friede auf Zeit - D. Zukunft d. Olymp. Spiele, 1973; Systemüberwind., Demokratisier. u. Gewaltenteil., 3. A., 1973; D. Arbeit tun d. anderen - Klassenkampf u. Priesterherrschaft d. Intellektuellen, 1975. Herausg.: Z. Theorie d. Institution - Interdisziplinäre Studien (1970 ff.) - 1968 Ehrendoktor Univ. Cordoba (Argent.), Pernambuco, Recife (Brasil.); 1961 Ehrenmitgl. Lateinamerik. Ges. f. Soziol.; 1973 Gr. BVK.

SCHELTEN, Andreas

Dr. phil. habil., o. Univ.-Prof. f. Päd., Lehrst. f. Päd. TU München - Holzmannstr. 14, 8068 Pfaffenhofen a. d. Ilm - Geb. 21. März 1948 Hagermarsch/Osterfriesl. (Vater: Reimer Sch., Landwirt †; Mutter: Gerda, geb. Janssen †), ev., verh. s. 1976 m. Susan Sch.-Cornish, Sprachheilpädagogin, 3 Kd. (Rowan, Kevin, Alan) - Stud. Elektrotechnik, Math., Erziehungswiss., Psych. u. Soziol. TH Aachen u. Univ. Gießen; 1. u. 2. Staatsex. f. höh. Lehramt an berufl. Schulen, Promot. 1976, Habil. 1982 (Erziehungswiss./Berufspäd.) Gießen - 1973-83 Wiss. Angest. u. Hochschulassist. Inst. f. Arb.-, Berufs- u. Wirtschaftspäd. Univ. Gießen; 1983-87 Univ.-Prof. f. Berufspäd. Univ. Hamburg; s. 1987 Univ.-Prof. TU München - BV: Lernstile im Unterr., 1976; Ausb.verzicht - Ausb.abbruch - Ausb.versagen (m. G. P. Bunk), 1980; Grundl. d. Testbeurteilung u. Testerstellung, 1980; Motorisches Lernen in der Berufsausb., 1983; Grundl. d. Arbeitspäd., 1987. Div. Beitr. in Sammelwerken u. Fachztschr. - Spr.: Engl.

SCHELTEN-PETERSSEN, Carl-Edzard

Landwirt, MdL Nieders. (s. 1963) - Berumer Allee Nr. 7, 2984 Hage/Ostfriesl. (T. Norden 70 10) - Geb. 13. Okt. 1921 Hannover - Gymn. Norden u. Hamburg; landw. Ausbild.; Stud. Forstw. - N. 1945 Übern. d. väterl. Betriebes (Land- u. Forstw.); Baustoff- u. Landmaschinenhandel. AR-Mandate. MdK. Zeitw. Mitgl. Gemeinderat; Kreisjägerm. - Rotarier.

SCHELTER, Christoph

Geschäftsführer Großeinkaufs-Ges. Dt. Konsumgenoss. mbH., Hamburg - Achtern Hollerbusch 8, 2000 Hamburg 68 (T. 601 52 23) - Geb. 28. Okt. 1908 Lorenzreuth/Mfr. - S. 1933 konsumgenoss. Bereich (1961 Gf. GEG). Arbeitsgeb.: Einzelhandel u. Gebrauchsgüter.

SCHELTER, Wilhelm (Willy)

Geschäftsführer, Mitgl. Brem. Bürgerschaft (s. 1959, SPD) - Bocholter Str. 37, 2800 Bremen 41 (T. 47 07 80) - Geb. 14. Dez. 1924 Bremen, verh. s. 1960 m. Esther, geb. Mikoleit, T. Angelika - Volkssch.; kaufm. Lehre - Arbeits- u. Wehrdst., 1944-45 kaufm. Angest., dann Verwaltungsangest. Bremen, s. 1960 Fraktionsgf. (Bürgersch.).

SCHEMANN, Hans

Dr., Dipl.-Volksw.-Wirtschaftsberater, Betriebspsychologe - Kleeweg 2, 5000 Köln 40 - Geb. 5. Jan. 1926 Essen, verh., 2 Kd. - Uni Köln, Hagen, Innsbruck; Geschfsf. u. Bankdirektor a.D.; ehem. Generalbevollm. e. Firmengr.; z. Zt. freiberufl. Berater u. VR-Mitgl. GS Interholding Ges. f. Beteiligung. AG Zug; Geschäftsf. d. VVG Vermögens GmbH & Co Besitz KG Hess. Oldendorf; Beiratsvors. u. weitere Beiratsmand.

SCHEMANN, Hans

Dr., Prof. Univ. Saarbrücken - Quinta da Lavandeira, Prazins S. to Firso, 4800 Guimaraẽs/Portugal - Geb. 28. Febr. 1936 Essen, kath., verw., 3 Kd. (Christiane, Dinis, Renate) - Stud. Phil., Roman., Gesch.; Staatsex. 1964; Promot. 1970 Bonn; Habil. 1979 Hamburg - Lektor u. Prof. in Lissabon u. Porto Alegre/Brasil.; Stip. d. Dt. Forschungsgem. u. d. Thyssen-Stiftg.; Priv.-Doz. Hamburg - BV: Portugiesisch - deutsche Idiomatik, 1979; D. idiomatische Sprachzeichen, 1981; Portugal u. d. Portugiesen, 1987; Synonymik d. dt. Redewendungen, 1989 - Liebh.: Musik, Wandern - Spr.: Engl., Franz., Ital., Span., Portug.

SCHEMKEN, Heinz

Handwerksmeister, MdB (s. 1983) - 5620 Velbert 1 - Geb. 11. März 1935 Velbert, kath., verh., 3 Kd. - Volkssch. Velbert; 1949-52 Kunst- u. Bauschlosserlehre, Meisterprüf. 1958 - Geschäftsf. Gemeinschaftslehrwerkst. Velbert. 1964-69 Vors. Junge Union Kr. Mettmann; 1964-83 Mitgl. Kreistag Mettmann; 1969-84 Bürgerm. Stadt Velbert; 1963/64 u. s. 1984 stv. Bürgerm. Stadt Velbert. S. 1975 Präsid.-Mitgl. Nordrh.-Westf. Städte- u. Gemeindebund; s. 1977 Vors. CDU Kr. Mettmann; 1982-85 Mitgl. Landesvorst. CDU Rheinl.; s. 1986 Vors. Zentralverb. Dt. Kolpingwerk.

SCHEMMANN, Berndt

Ing., Vorstandsmitgl. Maschinen- u. Werkzeugfabrik Kabel, Vogel & Schemann AG., Hagen - Lönsweg 5, 5800 Hagen - Geb. 10. April 1925.

SCHEMME, Wolfgang

Dr. phil., Univ.-Prof. - Windhecke 26, 5358 Münstereifel (T. 02253 - 76 15) - Geb. 26. Mai 1924 Kiel (Vater: Wilhelm S., Ingenieur; Mutter: Anna, geb. Driemeyer), ev., verh. s. 1955 m. Liselotte, geb. Schmidt, T. Petra - Karl-Peters-Obersch. Berlin (Pankow); Univ. Münster, Göttingen, Basel, Theol. Hochsch. Bethel - 1952-65 Studienass., -rat u. Oberstudienrat Köln, s. 1965 Prof. Päd. Hochsch. Karlsruhe u. Univ. Bonn (Deutschdidaktik). 1955 ff. fr. Mitarb. WDR, s. 1978 Mithrsg. Zeitschr. Wirkendes Wort - BV: Autor u. -schaft in d. Moderne - dargest. am Werk Ernst Jüngers, 1952 (Diss.); Triviallit. u. lit. Wertung - Ergebnisse u. Methoden d. Forsch. a. didakt. Sicht, 1975 - Liebh.: Tennis.

SCHEMMER, Johannes

Dr. med. h. c., Leiter Wissenschaftsredaktion Südd. Rundfunk (Studio Heidelberg) - Zu erreichen üb. Südd. Rundf., Wissenschaftsredakt., Schloß-Wolfsbrunnenweg 33, 6900 Heidelberg - S. 1953 wie oben - 1981 Ehrendoktor Univ. Heidelberg (f. Verdienste um d. Gesundheitserz. d. Bevölkerung).

SCHENCK, Eduard
Dr. med., Prof. f. Neurologie Univ. Freiburg, Psychiater - Vordere Poche 3, 7800 Freiburg - Geb. 25. Aug. 1921 - BV: D. Hirnnervenmyorhythmie, 1967; Neurol. Untersuchungsmeth., 2. A. 1975.

SCHENCK, Georg Friedrich

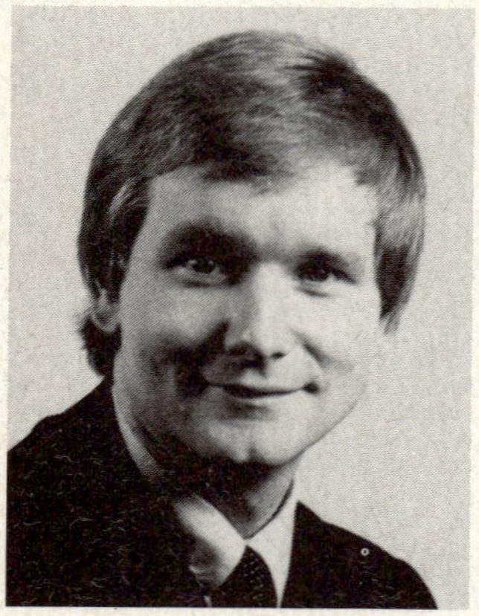

Prof. f. Klavier Robert-Schumann-Hochsch. Düsseldorf, Konzertpianist - Konzertbüro Andreas Braun, Lindenthalgürtel 1A, 5000 Köln 41 (T. 0221 - 43 13 37); priv.: Seffenter Berg 18, 5100 Aachen (T. 0241 - 17 41 33) - Geb. 19. Mai 1953 Aachen (Vater: Prof. Dr. Ing. Hermann Sch.; Mutter: Marie, geb. Schultz), verh. m. Mie Miki.

SCHENCK, Gerhard
Dr. phil., Prof. f. Pharmazeut. Chemie u. Angew. Pharmazie - Conradstr. 18, 1000 Berlin 39 (T. 805 21 49) - Geb. 5. März 1904 Apenrade/Schlesw. (Vater: Hans S., Pharmazeut; Mutter: geb. Edens), ev., verh. s. 1932 m. Anny, geb. Joeckel, 4 Kd. (Ingrid, Anne Lore, Heidrun, Hans-Uwe) - Realgymn. Flensburg; Apothekerlehre; Univ. München (Pharmazie u. Chemie). Pharmaz. Staatsex.; Staatsex. als Lebensmittelchem.; Dipl.-Chem. Promot. (1931) u. Habil. (1936) München - Assist. Univ. München (Pharmaz. Inst.), 1933-38 Leit. Pflanzenchem. Forschungsabt. Knoll AG, Chem. Fabr., Ludwigshafen/Rh., ab 1936 zugl. Leit. Pharmaz. Abt. Univ. Heidelberg (Chem. Inst.), 1938-49 Privatdoz. u. apl. Prof. (1948) Univ. München, s. 1950 ao. u. o. Prof. (1950) FU Berlin (Dir. Pharmaz. Inst.; 1957-59 Rektor). Zahlr. Veröff. üb. Probleme d. chem. Unters. v. Arzneipflanzen - Ehrenmitgl. Dt. Forschungsanstalt f. Lebensmittelchemie, München; 1959 Großoffz.kreuz Kgl. griech. Phoenix-Orden; 1973 Mitgl. d. Kgl. Akad. f. Pharmazie Spanien; 1975 Hermann Thoms Med.; 1983 Ehrenmitgl. Dt. Pharm. Ges.; Silb. Gedenkmünze d. F.W.

SCHENCK, Günther O.
Dr. rer. nat., Prof., Wiss. Mitglied Max-Planck-Inst. f. Kohlenforschung, Mülheim (s. 1958) - Bismarckstr. 31, 4330 Mülheim/Ruhr (T. 3 62 06) - Geb. 14. Mai 1913 Lörrach/Baden (Vater: Dr. phil. Otto S.; Mutter: Gertrud, geb. Schumm), verh. s. 1939 m. Christel, geb. Frommhold, 3 Kd. (Günter, Gudrun, Ulrich) - Gymn. Heidelberg; Univ. Heidelberg (1932-37; Physik, Chemie) u. Halle/S. (1937-39; Chemie). Dipl.-Chem. 1935 Heidelberg, Promot. 1939 (unt. K. Ziegler) u. Habil. 1943 Halle. 1943 Doz. Univ. Halle; 1950 ao. Prof. Univ. Göttingen (Organ. Chemie); 1960 Dir. Abt. Strahlenchemie MPI Mülheim (b. 1968); 1961 Honorarprof. Univ. Bonn (Foto- u. Strahlenchemie); 1967 Gastprof. Univ. Notre Dame (USA); 1972 Präs. VI. Intern. Kongress Photobiol., Bochum; 1972-74 Vizepräs., 1974 Präs. Dt. Ges. Lichtforsch.; 1972-76 Viceprés. Comité Intern. Photobiol.; 1974/75 Gastprof. Salford Univ. Zahlr. Fachmitgliedsch. - BV: Preparative Organic Photochemistry, 1968 (m. A. Schönberg u. O. A. Neumüller). Üb. 200 Einzelarb. - 1964 I. u. II. Preis Hanauer Preisstiftg.; 1959 Honorary Fellow Royal Soc. of Edinburgh; 1970 Mitgl. Rhein-Westf. Akad. d. Wiss., Düsseldorf; Honorary Member European Photochemistry Association - Liebh.: Musik - Spr.: Engl.

SCHENCK, Hermann
Dr.-Ing., Drs. h. c., o. Prof. f. Eisenhüttenkunde (emerit.) - Lutherweg 25, 5100 Aachen (T. 7 45 26) - Geb. 11. Juni 1900 Marburg/L. (Vater: Geh. Regierungsrat Prof. Dr. phil. Dr. rer. nat. Dr. h. c. Rudolf S., Ord. f. Chemie, zul. Univ. Münster/W. † 1965 (s. XIV. Ausg.); Mutter: Helene, geb. Scheffer), verh. 1958 m. Gisela, geb. Eggemann - Gymn. z. Hl. Geist, Breslau, Städt. Realgymn. Münster/W.; Univ. ebd., TH Breslau u. Aachen (Diplomprüf. 1923, Promot. 1927) - 1924-27 Assist. Univ. Münster (Chem. Inst.) u. TH Aachen (Inst. f. Eisenhüttenwesen), dann Ing. u. Stahlwerkschef Fried. Krupp AG., Essen, 1937-42 Betriebsdir. Hüttenwerke Siegerland AG., Werk Charlottenhütte Niederschelden/Sieg, b. 1951 Dir. u. Vorstandsmitgl. Bochumer Verein f. Gußstahlfabrikation AG., Bochum, 1950-68 Ord. u. Inst.sdir. TH Aachen. Ab 1969 Leiter Forschungsstelle Stahlindustrien an der Techn. Hochsch. Aachen. 1950-68 Vors. Verein Dt. Eisenhüttenleute, Düsseldorf - BV: Einf. in d. physikal. Chemie d. Eisenhüttenprozesse, 2 Bde. 1932/34 (auch engl., russ., ital.) - 1958 Ehrendoktor TU Berlin u. 1967 Univ. Lüttich; 1970 Ehrensenator TH Aachen; 1962 Ehrenvizepräs. British Iron and Steel Institute; Ehrenmitgl. Iron and Steel Inst. of Japan (1955); American Inst. of Mining and Metallurgical Engineers (1955), American Soc. of Metals (1955), Soc. Francaise de Métallurgie (1957), American Iron and Steel Inst. (1960), Verein Dt. Gießereifachleute (1960); Ehrenvors. Verein Dt. Eisenhüttenleute (1974); Osmond- (1959), Bessemer-Peter-Tunner-Med. (beide 1960), Gustave-Trasenster-Med. (1966), Carl-Lueg-Denkmünze (1968), Tawara-Med. Iron and Steel Inst. of Japan (1970); 1970 Gr. BVK m. Stern - Liebh.: Musik.

SCHENCK, von, Kersten
Geschäftsführer Bayer. Pflugfabrik GmbH., Landsberg - Mangoldstr. 6, 8910 Landsberg/Lech - Geb. 8. Juli 1914 Genthin.

SCHENCK, Klaus
Dr. med., Prof. u. Leiter Abt. f. Kinder- u. Jugendpsychiatrie Univ. Ulm, Akad. Krkhaus d. Univ. Ulm - 7980 Ravensburg-Weissenau (T. 0751/601-302) - Geb. 29. Aug. 1928 Gadderbaum (Vater: Dr. jur. Hans S.; Mutter: Marie, geb. Hensel), ev., verh. s. 1961 m. Christiane, geb. Ungerer, 3 Kd. (Philipp, Emanuel, Maximilian) - Stud. d. Med. Freiburg/Br., Berlin; Promot. 1959 - S. 1980 Lehrst. f. Kinder- u. Jugendpsychiatrie, Univ. Ulm. Beitr. zu H. Stutte: Charakteropathien nach frühen Hirnschäden (1970); Eggert: Bedeutung d. Motorik f. d. Entwickl. normaler u. behinderter Kinder (1971) u. H. Remschmidt/M. Schmidt: Neuropsychol. d. Kindesalters - Liebh.: Klass. Musik, Jazz, mod. bild. Kunst, Windsurfen - Spr.: Engl., Franz. - Bek. Vorf.: Moses Mendelssohn (Phil.), Felix Mendelssohn-Bartholdy (Komponist), Kurt Hahn (Gründer Schloßsch. Salem), C. A. Schenck (Gründer d. 1. Forstsch. d. USA).

SCHENDA, Rudolf
Dr. phil., Prof., Ordinarius f. Europ. Volksliteratur, Volkskundl. Seminar Univ. Zürich (s. 1979) - Zeltweg 67, CH-8032 Zürich - Geb. 13. Okt. 1930 Essen, verh. s. 1958 m. Susanne, geb. Kratschmer, 2 Töcht. (Nicole, Catherine) - 1950-58 Stud. Roman., Angl., Philol. d. Mittelalters Amherst (USA), München (Promot. 1959), Paris - 1960-62 Lektor Univ. Palermo; 1962-1973 Assist. u. Prof. Univ. Tübingen; 1974-79 o. Prof. Univ. Göttingen (Dir. Sem. f. Volkskd.)

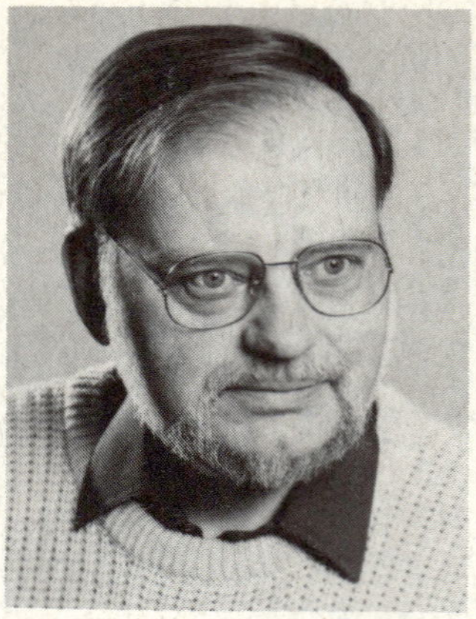

- BV: D. franz. Prodigienlit. in d. 2. Hälfte d. 16. Jh., 1961; E. sizilian. Straße, 1965 (m. d. Ehefr.); Volk ohne Buch, 3. A. 1988; D. Elend d. alten Leute, 1972; D. Lesestoffe d. Kl. Leute, 1976; Lebzeiten, 1982; Folklore e letteratura popolare, 1986; Sagenerzähler u. Sagensammler d. Schweiz, 1988 - 1974 Wilhelmine-Lübke-Preis; 1978 Kulturpr. Stadt Reggio Calabria; 1988 Premio Pitrè, Palermo - Spr.: Engl., Franz., Ital.

SCHENDEL, Josef
Pfarrer, Honorarkonsul d. Bundesrep. Deutschl. in Corinto (Nicaragua) - Casa Cural No. 101, Corinto/Nicaragua (T. 716) - Geb. 6. Jan. 1933 Rheine (Vater: Hermann Sch., Lehrer; Mutter: Hedwig, geb. Bergfeld), kath., ledig - Phil.-theol. Stud. St. Augustin b. Siegburg u. La Ceja-Kolumbien; Priesterweihe 1963 Kolumbien - S. 1964 Pfarrer d. kath. Gemeinde Puerto Corinto, s. 1981 Honorarkonsul.

SCHENK von STAUFFENBERG, Franz-Ludwig, Graf
s. Stauffenberg, Graf von, Franz-Ludwig

SCHENK, Hainfried, E., A.
Dr. rer. nat., Prof. f. Bio-Chemie Univ. Tübingen - Schwalbenstr. 7, 7403 Ammerbuch 2 (T. 07073-12 05) - Geb. 19. Okt. 1934 Stuttgart (Vater: Walter Sch., Dipl.-Ing.; Mutter: Ilse, geb. Schott), ev., verh. s. 1965 m. Sigrid, geb. Wurth, 2 Kd. (Heike, Peter) - Gymn. Rottweil u. Köln; Univ. Bonn, Dipl.-Chem., Promot. Bonn, Habil. Tübingen (Biochemie) - Org. v. Tagungen: Intern. Colloquium on Endosymbiosis and Cell Research (Tübingen, 1980), The Second Intern. Coll. on Endocytobiology (Tübingen, 1983) - BV: Endocytobiology I, 1980; Endocytobiology II, 1983; übers.: Anti-Zufall (Schoffeniels), 1984.

SCHENK, Hans-Otto
Dr. rer. pol., Dipl.-Volksw., Prof. f. Wirtschaftswissenschaft Univ.-GH Duisburg - Angermunder Str. 237, 4100 Duisburg 29 (T. 0203 - 76 44 04) - Geb. 16. Okt. 1936 Solingen - 1957-62 Stud. Volkswirtsch. Univ. Tübingen u. Berlin (Dipl.-Volksw. 1962, Promot. 1969) - 1962 wiss. Assist. FU Berlin; 1962-64 wiss. Ref. Berlin; 1964-77 Geschäftsfg. u. Schriftltg. - BV: Gesch. u. Ordnungstheorie d. Handelsfunktionen, 1970; Vertriebssysteme zw. Ind. u. Handel, 1971; Vertikale Preisbind. als Form vertikaler Kooperation, 1971; D. Preisvergl. 1981; D. Handelsvertret. als autonomes Vertriebssystem, 1983; D. Konzentration im Handel, 1984 - Liebh.: Musik, Lit., Fotogr. - Spr.: Engl., Franz.

SCHENK, Heinrich
Bischöflicher Generalvikar, Prälat, Domkapitular - Domhof 29A, 3200 Hildesheim (T. 05121 - 30 74 68) - Geb. 1929 Ratibor/Os. - 1976 BVK I. Kl.

SCHENK, Heinrich
Raumausstattermeister, Präsident Europ. Tapezier-Dekorateur-Sattler-Raumausstatterhandwerk, Frankfurt/M., u. a. - Gudrunstr. 43, 8500 Nürnberg - Geb. 23. Aug. 1907.

SCHENK, Heinz
Conférencier, Schriftst. - Am Holderstrauch 30, 6200 Wiesbaden-Naurod (T. 06127 - 6 19 18) - Geb. 11. Dez. 1924 Mainz (Vater: Fritz S., Drogist; Mutter: Hede, geb. Collin), kath., verh. s. 1951 m. Gerti, geb. Kraus - Höh. Schule; Schauspielunterr. - S. vielen Jahren Rundfunk- (Frankfurter Wecker) u. Fernsehtätigk. (Blauer Bock; 1981 100 ×) - BV (1960-69); Heinzelmännchen Lachparade; Daran hätten Oma u. Opa nicht gedacht; D. Geständnisse d. Oberkellners Heinz Schenk v. Blauen Bock; Bocksprünge v. u. m. Heinz Schenk, 1983. Div. Schallpl. - 1970 Bronzenes Bambi; 1983 Hermann-Löns-Ehrenmed. in Gold; 1984 BVK - Liebh.: Garten, Fotogr., Skat, elektr. Eisenbahn.

SCHENK, Herbert
Dr. rer. nat., Direktor, Mitglied d. Geschäftsf. d. Kernkraftwerke Philippsburg GmbH - 7522 Philippsburg 1 - Geb. 27. Dez. 1927, verh. s. 1958 m. Jutta, geb. Maier, 2 S. (Alexander, Peter) - S. 1970 Mitgl. Reaktorsicherh.kommiss. - 1981 BVK.

SCHENK, Josef
Dr. phil. Dipl.-Psychologe, Prof. Psych. Inst. Univ. Freiburg (s. 1981) - Frühlingstr. 17, 8782 Karlstadt 2 (T. 09353 - 23 43) - Geb. 15. Juli 1942 Odrau (Vater: Josef Sch.; Mutter; Leopoldine Sch.), kath., verh. s. 1966 m. Gisela, geb. Körber, 2 S. (Bernold, Fabian) - 1962-66 Stud. Psych. Univ. Heidelberg; Promot. 1975 Heidelberg; Habil. 1979 Würzburg - 1966-81 wiss. Assist. Psych. Inst. Univ. Würzburg; 1972-76 Leit. e. Drogenforsch.projektes - BV: Droge u. Ges., Monogr. 1975; Persönlichkeit d. Drogenkonsumenten, Forsch.bericht 1979. Div. Art. in Fachztschr.

SCHENK, Karl-Ernst
Dr. rer. pol., Prof. f. Wirtschaftspolitik, Gf. Direktor Inst. f. Außenhandel u. Überseewirtsch. Univ. Hamburg, u. Inst. f. Integrationsforschung beim Europa-Kolleg Hamburg - Zu erreichen üb. Univ. Hamburg, von-Melle-Park 5, 2000 Hamburg 13 - Geb. 9. Sept. 1929 Großenhain (Vater: Curt Sch., Kaufm.; Mutter: Marta, geb. Willms), ev., verh. s. 1966 m. Dr. Renate, geb. Runst, 2 Töcht. (Ulrike, Katharina) - 1955-59 Stud. Univ. Hamburg (Dipl.-Volksw. 1959, Promot. 1963), Habil. 1969 Univ. Münster - 1970 Doz. Univ. Münster; 1971 Prof. Univ. Münster; 1974 o. Prof. Univ. Hamburg - BV: Arbeitsteilung im Rat f. gegens. Wirtsch.hilfe, 1964; Märkte, Hierarchien u. Wettbewerb, 1981; Vergleichende System- u. Ind.-stud., 1983; New Institutional Dimensions of Economics, Berlin, Heidelberg, New York, London, Paris, Tokyo, 1988. Mithrsg. Jb. f. Neue Politische Ökonomie.

SCHENKE, Rudolf
Dr. jur., Präsident a. D. d. ehem. Oberpostdirektion Neustadt - Holzweg 4, 5000 Köln 50 - Geb. 22. Sept. 1911 - 1970 BVK I. Kl. - Spr.: Engl. - Rotarier.

SCHENKE, Wolf-Rüdiger
Dr. jur., Prof. f. Öffentliches Recht - Beim Hochwald 30, 6800 Mannheim (T. 0621-700 52 14) - Geb. 25. Okt. 1941 Breslau (Vater: Dr. Horst Sch., Vors. Richter; Mutter: Erika, geb. v. Löbbecke), ev., verh. s. 1964 m. Dr. Marlene, geb. Hole, 2 Kd. (Ralf, Cornelia) - Univ. Tübingen u. Erlangen (Rechtswiss.), Promot. Erlangen 1965, Habil. (Öfftl. Recht) Mainz 1974 - 1964 Refer., 1966 wiss. Assist., 1972 Assist.-Prof. Mainz, 1975 Prof. Ruhr-Univ. Bochum, s. 1979 Prof. Univ. Mannheim - BV: D. Verfass.organtreue, 1977; Rechtsschutz b. normativem Unrecht, 1979; Mitautor

Bonner Komment. z. Grundges. - Spr.: Engl., Franz.

SCHENKEL, Erwin

Dr.-Ing., Prof., Oberbaudirektor a. D. - Weinbergstr. 19, 7412 Eningen/Württ. (T. Reutlingen 8 14 11) - Geb. 27. Dez. 1904 Dettingen/Württ., verh. s. 1936 (Ehefr.: Helene) - Stud. München, Stuttgart, Reutlingen - 1930-55 Textilind.; zul. Leit. Ingenieursch. f. Textilwesen/Staatl. Technikum f. Textiling., Reutlingen. Honorarprof. TU Stuttgart (Mech. Technol. d. Gespinstfasern u. Textmaschinen sow. Fabrikanlagen d. Textilind., 1955-70 Leit. Forschungsinst. f. Textiltechnik) - 1970 BVK I. Kl.

SCHENKEL, Gerhard

Dr.-Ing., em. o. Prof. Univ. Stuttgart (s. 1964) - Florentiner Str. 20/5088, 7000 Stuttgart 75 (T. 0711 - 47 20-50 88) - Geb. 29. Mai 1913 Schivelbein/Pom. - Zul. 12j. Industrietätigk. (Paul Troester Maschinenfabrik). 1973/74 Dekan Fak. f. Verf.technik Univ. Stuttgart - BV: Schneckenpressen f. Kunststoffe, 1959 (auch russ.); Kunststoff-Extrudertechnik, 1963 (auch engl.); Vier VDI-Monographien, 1979-83. Ca. 100 Einzelarb. - 1981 Disting. Service Award Soc. of Plastics Engineers (SPE), USA - Spr.: Engl., Franz.

SCHENKEL, Rudolf

Prof., Zoologe - Rheinsprung 9, CH-4000 Basel (Schweiz) - Geb. 30. Okt. 1914 - S. 1958 (Habil.) Lehrtätigk. Univ. Basel (1966 Prof.) - BV: Gorilla - Mutter u. Kind, 1965 (m. E. M. Lang u. E. Sigrist); Mission Nashorn - Auf d. Fährte d. seltensten Säugetieres d. Welt, 1970. Zahlr. Aufs. üb. d. Verhaltensweise, u. a. v. Löwen u. Wölfen.

SCHENKEL, Ulla

Malerin - Martin-Luther-Str. 20, 7000 Stuttgart 50 (T. 0711 - 56 30 76) - Geb. 24. Aug. 1939 - 1956-59 Werk-Kunst-Sch. Wuppertal, 1959/60 Staatl. Akad. d. Bild. Künste Stuttg., 1960/61 Staatl. Akad. d. Bild. Künste Wien - S. 1981 Mitgl. Bundesvorst. d. Bundesverb. Bild. Künstler.

SCHEPANK, Heinz

Dr. med., (habil.), o. Prof. f. Psychosomat. Medizin u. Psychoanalyse Klin. Fakultät Mannheim Univ. Heidelbergs, Ärztl. Direktor Psychosomat. Klinik (s. 1975) Zentralinst. f. Seel. Gesundheit - J 5, Postf. 12 21 20, 6800 Mannheim 1 (T. 0621 - 17 03-1) - Geb. 23. Mai 1930 Berlin, verh. s. 1961 m. Dr. med. Helga, geb. Ebelt - Berlinisches Gymn. z. Grauen Kloster; Stud. Med. u. Psych. Univ. Berlin (Freie) u. Würzburg; Promot. 1954; Habil. 1971; Internist. u. Psychoanalyt. Weiterb. - Doz., Abt.-Leit., Lehranalytiker Zentr.-Inst. psychog. Erkr. Berlin (1960-70), 1970 Ltd. Oberarzt Psychosomat. Univ.-Klin. Heidelbg., 1974 apl. Prof. Fellow of Intern. College of Psychosomat. Medicine. Vors. u. Fachgutachter in versch. wiss. Gremien - BV: Erb- u. Umweltfaktoren b. Neurosen, 1974 (Psychiatry Series Bd. 11); Ursprünge seelisch bedingter Krankheiten, 2 Bd., 1980/81 (m. A. Heigl-Evers); Psychogene Erkrankungen d. Stadtbevölkerung, 1987; Epidemiology of Psychogenic Disorders, 1987; D. stationäre Psychotherapie u. ihr Rahmen (m. W. Tress), 1988 - Liebh.: Fernreisen.

SCHEPERS, Uwe R.

Rechtsanwalt, Hauptgeschäftsführer Bundesverb. d. Filialbetriebe u. Selbstbedienungs-Warenhäuser (BFS) - Büchelstr. 50, 5300 Bonn 3; priv.: Im Wolfsgarten 18, 5206 Neunkirchen 1 - Geb. 4. März 1938 - Stud. Rechtswiss. Marburg, München, Göttingen - Spr.: Engl., Span.

SCHEPP, Georg

Dr. rer. pol., Dipl.-Kfm., Wirtschaftsprüfer - Heuchelheimer Str. 35, 6380 Bad Homburg v. d. H. (T. 3 19 14) - Geb. 12. Sept. 1901 - 1970 BVK I. Kl.

SCHEPP, Heinz-Hermann

Dr. phil., Prof. f. Allg. Pädagogik a. d. Univ. Göttingen - Hasenwinkel 52, 3400 Göttingen 25 (T. Göttingen 9 11 16) - Geb. 3. April 1925 Bochum (Vater: Heinrich Sch., Abt.sleit.; Mutter: Guste, geb. Latta), ev., verh. s. 1962 m. Rita, geb. Wohlgethan, 2 Kd. (Minje, Jochen) - Gymn., Päd. Hochsch., Univ. (Päd., Politik, Soziol.); Beir.s- u. Vorst.smitgl. versch. Instit. d. Jgd.- u. Erw.sbildung - BV: Offene Jugendarbeit, 1963; Condorcet, 1966; Pol. u. Schule v. d. Frz. Rev. b. zur Gegenwart (2 Bde., 1973/74); D. Krise in d. Erziehung u. d. Prozeß d. Demokratis., 1978 - Spr.: Franz., Engl.

SCHEPPER, Rainer

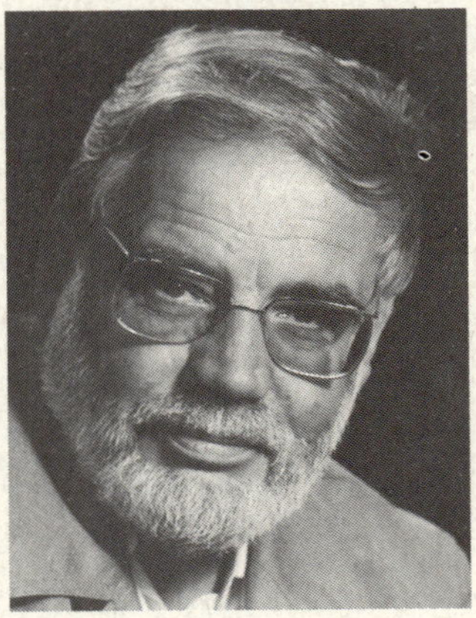

Publizist, Schriftst. - Zeppelinstr. 5, 4400 Münster - Geb. 23. März 1927 Münster, verh., 3 Kd. (Annette, Raimund, Friederike) - Stud. German., Angl., Päd., Soziol. - Lit.: Kürschners Dt. Lit.-Kalender, 1988.

SCHEPPING, Wilhelm

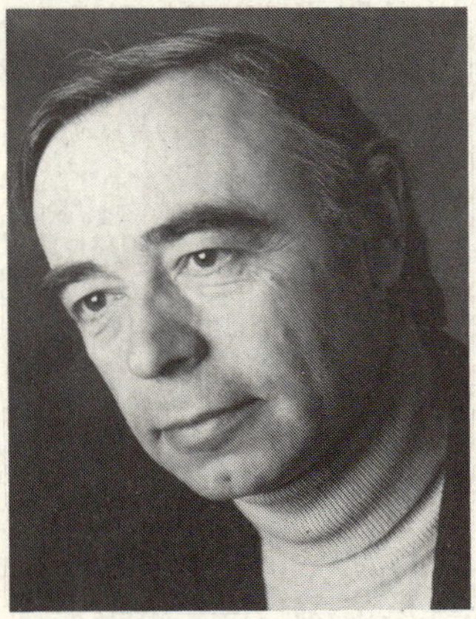

Dr. phil., o. Prof., Hochschullehrer, Direktor Sem. f. Musik u. ihre Didaktik Univ. Köln (s. 1985) - Kaiser-Friedrich-Str. 18, 4040 Neuss 1 (T. 02101 - 2 85 62) - Geb. 17. Dez. 1931 Neuss, kath., verh. s. 1959 m. Annette, geb. Lüttgens, 5 Töcht. (Christiane, Veronika, Uta, Wiltrud, Ruth-Silja) - Musikhochsch. Köln u. Univ. Köln; 1. u. 2. Staatsex. f. d. Lehramt an höh. Schulen (Musik, German.) 1958 u. 1959; Promot. (Musikwiss.) 1977 Köln - 1959-68 Schuldst. Gymn. Neuss; 1968-80 Hochschullehrer PH Neuss; 1980/81 Prof. Univ. Düsseldorf; 1982-85 o. Prof. RWTH Aachen; s. 1982 Vors. Kommiss. f. Lied-, Musik- u. Tanzforschung d. Dt. Ges. f. Volkskd., s. 1984 Fachgr. Musikpäd. Nordrh.; s. 1958 Konzerte u. Auslandstourneen m. d. Neusser Kammerorch., Rundfunksendungen - BV: D. Wettener Liederhandschr., 1977; Volksmusik u. elektron. Medien, 1979; Europ. Volksmusik, 1983; Musik im Brauch d. Gegenw. (m. E. Deutsch), 1988; Lieder gegen Hitlers Regime, 1991 - Schallplatte, 1979 - 1983 Ehrenmed. Univ. Nantes; 1983 Gr. Stadtsiegel Neuss - Liebh.: Musik, Lit., Kunstgesch., Volks- u. Kinderinstr. - Spr.: Engl., Franz., Lat. - Lit.: H.H. Schieffer, 25 J. Neusser Kammerorch., fermate 2 (1982).

SCHEPPOKAT, Klaus-Dieter

Dr. med., Prof. - Robert-Koch-Krankenh., 3007 Gehrden - Geb. 20. Nov. 1927 - S. 1964 (Habil.) Lehrtätigk. Univ. Hamburg (1969 apl. Prof.), Mainz (1970) u. Hannover (1975). Spez. Aufgabengeb.: Kardiol. u. Kreislaufforsch. Div. Fachveröff.

SCHERBAUM, Adolf

Prof. f. Musik - Großherzog-Friedrich-Str. 113, 6600 Saarbrücken; Fürther Str. 20, 8802 Heilsbronn - Geb. 23. Aug. 1909 Eger (Vater: Johann S., Maler; Mutter: Anna, geb. Beck), verh. m. Elfriede, geb. Huszar - U. a. Solo-Trompeter; gegenw. Prof. Musikhochsch. Saarbrücken - 1968 Nordgau-Musikpreis; 1979 Albert-Schweitzer-Friedensmed.

SCHERENBERG, Hans

Dr.-Ing., Dr.-Ing. E. h., Honorarprof. Univ. Stuttgart (s. 1973), Vorst. i. R. - Lauxweg 35, 7000 Stuttgart 75 - Geb. 28. Okt. 1910 Dresden (Vater: Ernst S., Techn. Direktor d. BBC; Mutter: Frieda, geb. Märklin), ev., verh. s. 1936 m. Elisabeth, geb. Schmidt-Eberstein, 3 Kd. (Volker, Dieter, Erika) - Gymn.; TH Stuttgart u. Karlsruhe (Maschinenbau). Promot. 1941 - 1935-45 (Versuchs- u. Obering.) u. s. 1952 Daimler-Benz AG, Stuttgart-Untertürkheim (Konstruktionschef f. Personenkraftwagen, 1956 stv. Leitg. Entwickl. v. Flugtriebwerken u. Großmotoren), 1965-77 o. Vorst.-Mitgl. (Chef Entwickl. u. Forsch.); 1946-48 Dr. Schnürle, Stuttgart (pers. Mitarb.); 1948-52 Gutbrod, Plochingen/N. (Techn. Dir.) - 1970 Ehrendoktor TU Berlin; 1969 Ehrensenator Univ. Karlsruhe; 1975 Gold. Dieselring Verb. d. Motorjournalisten u. Gr. BVK; 1981 Werner-v.Siemens-Ring.

SCHERER, Bruno Stephan,
O.S.B.

Dr. phil., Seelsorger, Schriftst. - Pfarrhof, CH-4229 Beinwil (Schweiz) - Geb. 20. März 1929 Gretzenbach/Schweiz (Vater: Alois S., Schuhmacher; Mutter: Hedwig, geb. Hürzeler), kath. - Stud. Phil., Theol., Lit.wiss., German., Kunstgesch., Päd. Dipl.-Theol. 1955; Promot. 1964 - S. 1954 Priester, dazw. 1956-59 u. 1964-74 Gymnasialprof. 1973-79 Präs. Innerschweiz. Schriftst.verein, PEN-Mitgl. - BV: u. a. Sommer u. Winter, Ged. 1966; Tragik vor d. Kreuz (üb. Reinhold Schneider), Monogr. 1966; D. gläs. Kathedrale, Ged. 1969; Bild u. Gleichnis, Ged. 1971; Alle Schönheit d. Erde, Ged. 1973; Gärten d. Welt, Ged. 1973; Gebete f. Liebende, Gebets-Ged. 1976, 2. A. 1986; Begegnung m. Arnold Kübler, Ess. 1978; Neugeb. Weltball, Ged. u. Bibliogr. 1981; Winteratem, Ged. 1984; Der uns d. Heil bringt, Gebets-Ged. 1985; Nahe bist DU, Gebets-Ged. 1986; DU bist da, Gebets-Ged. 1986; DU kommst zu uns, Gebets-Ged. 1987; Imaginäre Landschaften, Ged. 1988; D. Schmetterling - sieh!, Ged. u. Gebete f. Trauernde 1988. Herausg.: Reinhold Schneider. Leben u. Werk in Dokumenten (1973, m. F. A. Schmitt); Innerschweizer Schriftst.-Texte u. Lexikon (1977); Reinhold Schneider: D. Unzerstörbare. Religiöse Schriften, Bd. 9 d. Gesammelten Werke, (1978); 3 lit. Reihen: Innerschweizer Lyrik- u. Prosatexte (s. 1979) u. Reihe Freundeskreis (s. 1986); Schlehdorn - Lyrik u. Prosa (1979) - 1957 Lyrikpreis Radio Basel, 1978 Kulturpr. Schönenwerd/Gretzenbach - Spr.: Lat., Griech., Hebr., Franz., Ital., Engl. - Lit.: Paul Konrad Kurz, D. Neuentdeck. d. Poetischen (1975).

SCHERER, Eberhard

Dr. med., em. Prof. f. Med. Strahlenkunde - Universitäts-Klinikum (Strahlenklinik), 4300 Essen - Geb. 5. Okt. 1918 - S. 1955 (Habil.) Lehrtätigk. Univ. Marburg (1961 apl. Prof.), Münster (1963 Ord.), Bochum (1967 Ord.). 1983/84 Präs. Dt. Krebsges. 1986 Lehrst. Radiol. Univ. Witten/Herdecke. Etwa 210 Fachveröff. - 1960 Holthusen-Ring; 1973 Warner-Preis (f. Strahlentherapie b. Krebserkrank.); 1980 Albers-Schönberg-Med.; 1986 Johann-Georg-Zimmermann-Preis d. Med. Hochsch. Hannover; 1988 Leopold-Freund-Med. (Wien); 1988 Ehrenmitgl. Dt. Röntgenges.

SCHERER, Franz

Dr. rer. pol., Vorstandsmitglied Honeywell Bull AG, Köln - Zu erreichen üb.: Honeywell Bull AG, Postf., 5000 Köln - Geb. 14. Jan. 1941 Berlin - Promot. 1967 FU Berlin; M.A. 1963 Univ. of Texas, Austin - 1978 Leit. Geschäftsber. Vertrieb Honeywell Bull AG; 1982 Vorst. - BV: Ökon. Beitr. z. wiss. Begründ. d. Bildungspolitik, 1969.

SCHERER, Georg

Dr. phil., o. Prof. f. Philosophie Univ.-GH Essen - Liebknechtstr. 13, 4200 Oberhausen (T. 86 49 21) - Geb. 30. April 1928 - U. a. Sem. f. Staatsbürgerkd. Olpe (Leitg. Bildungsarb.) - BV: Ehe im Horizont d. Seins, 1962; Meditation-Reflexion-Gebet, 1973; D. Tod als Frage an d. Freiheit, 1971; Strukturen d. Menschen, 1976; D. Problem des Todes in d. Philosophie, 1980; Studien z. Problem d. Identität, 1982; Sinnerfahrung u. Unsterblichkeit, 1985.

SCHERER, Heinz

Bäckermeister, Präs. Handswerkskammer d. Pfalz, Kaiserslautern - Zu erreichen üb. HK, Am Altenhof 15, 6750 Kaiserslautern (T. 0631 - 84 01-0) - Geb. 1. Juli 1928 - AR-Mand.

SCHERER, Heribert

Assessor, Hauptgeschäftsf. Handwerkskammer Karlsruhe (s. 1966) - Ulmenallee 7, 7500 Karlsruhe 21 (T. 0721 - 1 64 -1) - Geb. 19. April 1928 - S. 1959 Handwerksorg.

SCHERER, Hermann

Dr., Landrat Kr. Bad Dürkheim - Schillerstr. 6, 6701 Limburgerhof (T. 06236 - 80 16; Kreisverw.: 06321 - 74 15) - Zul. Landrat Kr. Ludwigshafen - Spr.: Engl., Franz. - Rotarier.

SCHERER, Klaus R.

Ph. D., Prof. f. Psychologie - Fachbereich Psychologie Univ. Giessen, Behagelstr. 10, 6300 Giessen (T. 0641-702 54 28) - Geb. 18. März 1943 Leverkusen (Vater: Willi Sch., Malerm.; Mutter: Käthe, geb. Ludwig), verh. s. 1967 m. Ursula, geb. Zündorf - Univ. Köln (Dipl. Volksw. 1966), Harvard Univ. (Ph.D. 1970) - 1970-1972 Assist. Prof. Univ. of Pennsylvania, s. 1973 o. Prof. Univ. Giessen - BV: Human Aggression and Conflict, 1975; D. aggressive Mensch, 1979 (m. a.); Nonverb. Kommunikation, 1979 (m. H. Wallbott); Vokale Kommunikation, 1982; Handbook of Methods in Nonverbal Behavior Research, 1982 (m. P. Ekman); Advances in the Social Psych. of Language, 1982 (m. C. Fraser). Üb. 35 Aufs. u. Buchbeitr. - Spr.: Engl., Franz.

SCHERER, Marcel

Dr. rer. pol., Dipl.-Kfm., Direktor - Losheimer Str. Nr. 7, 6619 Bergen/Saar (T. Losheim 43 76) - Geb. 7. Jan. 1914 - U. a. Geschäftsf. Renitex GmbH., Holzfaserplattenwerke Niederlosheim. Zeitw. Vors. Verb. d. Holzverarb. Industrie d. Saarl., Saarbrücken - Spr.: Franz., Rotarier.

SCHERER, Martin

Dr., Hauptgeschäftsführer IHK Rhein-Neckar, Mannheim - Zu erreichen üb. Postf. 10 16 61, L 1,2, 6800 Mannheim 1.

SCHERER, Norbert

Dr., Geschäftsführer Saarl. Städte- u. Gemeindetag u. a. - Schloßpl. 16, 6600 Saarbrücken; priv.: Pickardstr. 24, 6625 Püttlingen - Geb. 3. Aug. 1921.

SCHERER, Otto J.

Prof., Dipl.-Chemiker - Spinozastr. 16, 6750 Kaiserslautern - Ca. 90 wissenschaftl. Veröffentl.

SCHERER, Paul Martin

Bürgermeister v. Rodgau - Jahnstr. 22, 6054 Rodgau 6 (Weiskirchen) (T. 41 59) - Geb. 19. Okt. 1935 Weiskirchen (Vater: Rudolf Sch., Sattler; Mutter: Margarete, geb. Mock), kath., verh. s. 1961 m. Inge, geb. Hammerschmidt, 2 Kd. (Ute, Wolfgang) - Volkssch.; Lehre Ind.kfm. - S. 1964 Mitgl. Kreistag, 1980-82 Vors. Kreisverb. d. CDU Offenbach-Land, s. 1982 Vors. CDU-Fraktion Kreistag Offenbach.

SCHERER, Siegfried

Dr. rer. nat., Diplombiologe Univ. Konstanz - Grünenbergweg 25, 7750 Konstanz (T. 07531 - 5 51 93) - Geb. 7. April 1955 Oberndorf/Neckar, verh. m. Sigrid Hartwig-Sch. - Stud. Biol., Chemie, Physik; Dipl. Biol., Promot. Konstanz - S. 1985 Wiss. Beirat d. Weißen Kreuzes, s. 1988 Leitungskreis d. Studiengemeinsch. Wort & Wissen. 1988/89 Forsch.aufenthalt am Virginia Tech, USA - BV: Photosynthese, 1983; Entstehung u. Gesch. d. Lebewesen, 1986, 2. A. 1988 - 1984 BYK-Forschungspreis.

SCHERF, Dagmar,
geb. Weisgräber

Dr. phil., Schriftstellerin (Ps. Deskau, Scherf-Deskau) - Buchenweg 5, 6382 Friedrichsdorf (T. 06172 - 7 84 17) - Geb. 21. Juni 1942 Danzig, verh. s. 1975 - Staatsex. als Volksschullehrerin 1964 PH München; Promot. 1973 Mainz - 1973-74 Lektorin Univ. Bristol; 1974-81 Schulbuchlektorin; 1982-84 Vors. Verb. dt. Schriftst. in d. IG Druck u. Papier Hessen - BV: D. aufgelöste Widerspruch. Engagement u. Dunkelheit in d. Lyrik Johannes Bobrowskis, 1975; D. liebe Gott sieht alles, 1984; Zeit-Ged., 1985; Trau dich u. träum, R. 1985; D. Ritt auf d. Zaun, Hexentexte, 1985; Mara u. d. Geist im Gockel, R. 1988; Hexenherz u. Hängebauch, Erz. 1988; Vorsicht: Paradies, R. 1989. Theaterst.: Pierre d. Mensch, 1987 - 1985 Kinderhörspielpreis terre des hommes - Liebh.: Frieden u. Abrüstung; Gewerksch.politik; Hexenwesen; Natur - Spr.: Engl. - Lit.: Dunkelheit u. Engagement. Z. Gestalt. d. Geschichtsbezugs in d. Lyrik Johannes Bobrowskis, Diss. Mainz 1973; D. Welt ins reine schreiben. E. Frau d. Atomzeitalters denkt n. üb. Goethe als Dichter, Politiker u. Mann, 1982. Zahlr. Rezensionen u. Hörsp. Drehb. z. Neues aus Uhlenbusch (ZDF, 1980).

SCHERF, Harald

Dr. rer. nat., Dr. sc. pol., o. Prof. f. Volkswirtschaftslehre u. Statistik u. Direktor Inst. f. Statistik u. Ökonometrie Univ. Hamburg (s. 1968) - Farnstr. 3, 2000 Hamburg 63 (T. 59 69 01) - Geb. 19. Okt. 1933 Bremen (Vater: Heinrich S., Kaufm.; Mutter: Hannalise, geb. Hollmann), verh. m. Dr. med. Helga, geb. Petzke, 2 Kd. (Joachim, Philipp) - Zul. Univ. Kiel, Facharb.

SCHERF, Henning

Dr. jur., Bürgermeister u. Senator f. Jugend u. Soziales Fr. Hansestadt Bremen - Rathaus, 2800 Bremen 1 - Geb. 31. Okt. 1938 Bremen, ev., verh., 3 Kd. - Stud. Rechts-, Staats- u. Sozialwiss. Freiburg, Berlin u. Hamburg. 1963 u. 67 Jurist. Staatsex., 1968 Promot., 1967 Rechtsanw., 1967-68 Reg.-Ass. Nieders. Landesdienst, 1968-71 Ass. u. Regierungsrat b. Senator f. Inneres. 1971 Staatsanwalt. 1962-64 Mitgl. Ltg. Ev. Studienwerk (Inst. f. Hochbegabtenförd.); 1971-78 MdBB; s. 1978 Bremer Senat (zul. Finanzsenator). 1967-71 Lehrbeauftr. PH Bremen. SPD s. 1963 (1972-78 Landesvors. Bremen; 1984 Bundesvorst.) u. ÖTV.

SCHERF, Walter

Dr., Bibliotheksdirektor i. R., Lehrbeauftragter Univ. - Alte Sollerner Str. 3, 8067 Petershausen (T. 08137 - 76 15) - Geb. 11. Juni 1920 Mainz (Vater: Sebastian S., Werkmeister; Mutter: Karoline, geb. Hartung), kath., verh. s. 1950 in 2. Ehe (Ehefr.: Elisabeth), 2 Kd. (Michael; Gerd †) - Oberrealsch. Wuppertal; TH Danzig u. Aachen, Univ. Göttingen u. München - 1949-57 Verlagslektor u. Redakt.; s. 1957 Dir. Intern. Jugendbibl., München - BV: u. a. D. gr. Lagerb., 1954, 3. A. 1961; Schweden, Sachb. 1955, 2. A. 1963; Zeltpostille, Erz. u. Lieder 1956, 3. A. 1979; V. Zaubergarten d. Volksmärchen, Samml. 1960; Kindermärchen in dieser Zeit?, Ess. 1961; Polit. Bildung durch d. Jugendb.?, 1963; Die Besten der Besten, Bibliogr. 2. A. 1976; Volksbuch u. Jugendlit., 1976; Strukturanalyse d. Kinder- u. Jugendlit., 1978; Flüchtig wie Rauch, Lyrik 1978; Räuber- u. Landsknechtslieder, 1981; Lexikon d. Zaubermärchen, 1982; D. Herausford. d. Dämons, 1987. Div. Jugend- bzw. -sachb. Übers. - 1969 Gold. Med. Tschechosl. Ges. f. Intern. Beziehungen; 1974 Ehrenmed. Univ. Padua, 1975 BVK; 1976 Gr. Preis Dt. Akad. f. Kinder- u. Jugendlit. - Liebh.: Alte Musik - Spr.: Franz., Engl., Schwed., Dän., Span., Ital., Ungar., Russ.

SCHERG, Traugott

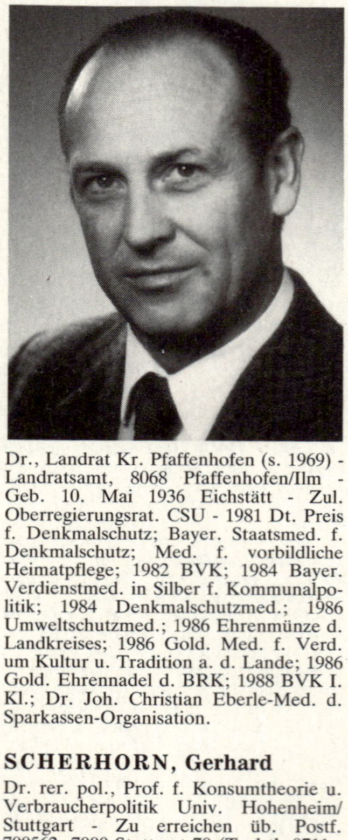

Dr., Landrat Kr. Pfaffenhofen (s. 1969) - Landratsamt, 8068 Pfaffenhofen/Ilm - Geb. 10. Mai 1936 Eichstätt - Zul. Oberregierungsrat. CSU - 1981 Dt. Preis f. Denkmalschutz; Bayer. Staatsmed. f. Denkmalschutz; Med. f. vorbildliche Heimatpflege; 1982 BVK; 1984 Bayer. Verdienstmed. in Silber f. Kommunalpolitik; 1984 Denkmalschutzmed.; 1986 Umweltschutzmed.; 1986 Ehrenmünze d. Landkreises; 1986 Gold. Med. f. Verd. um Kultur u. Tradition a. d. Lande; 1986 Gold. Ehrennadel d. BRK; 1988 BVK I. Kl.; Dr. Joh. Christian Eberle-Med. d. Sparkassen-Organisation.

SCHERHORN, Gerhard

Dr. rer. pol., Prof. f. Konsumtheorie u. Verbraucherpolitik Univ. Hohenheim/Stuttgart - Zu erreichen üb. Postf. 700562, 7000 Stuttgart 70 (T. dstl. 0711 - 459 28 67) - Geb. 21. Febr. 1930 Hannover (Vater: Heinrich Sch., kaufm. Angest.; Mutter: Flora, geb. Stosberg) - Schulen Apelern, Bad Nenndorf, Hameln, Marburg (Abit. 1949); Buchhändler-Lehre; 1951-55 Univ. Mainz, Hamburg u. Köln (Dipl.-Kfm. 1955, Promot. 1959), Habil. 1965 Köln - 1955-66 wiss. Assist. Univ. Köln; 1966-75 o. Prof. f. Volksw. Hochsch. f. Wirtsch. u. Politik Hamburg (1971-73 Rektor); s. 1975 Prof. Univ. Hohenheim. Mitgl. Verbraucherbeirat Bundesmin. f. Wirtsch. (1974-79), VR Stiftg. Warentest (1975-84), Vorst. Verbraucherzentr. (1979-84) - BV: u. a. Bedürfnis u. Bedarf, 1959; Methodol. Grundl. d. sozialökon. Verhaltensforsch., 1961; Information u. Kauf, 1964; Gesucht: d. mündige Verbraucher, 1973; Vollbeschäftig. f. morgen, (m. a.) 1975; Wachstum u. Währung, (m. a.) 1979; Verbrauchererzieh. in d. Bundesrep. Deutschl., (Hrsg., m. a.) 1979; Priv. Verbrauch, Wachstum u. Beschäftig., (Hrsg., m. a.) 1979; zahlr. weit. Beitr. z. Handb., Wörterb.; Gutachten f. Bundesmin., Ztschr.-Aufs. u. Facharb.

SCHERHORN, Klaus

Dipl.-Kfm., berat. Betriebswirt, Vorstandsvors. Landesverb. BKK Nieders. - Eselspfad 9, 2980 Norden (T. 04931 - 16 70 27) - Geb. 30. Juni 1927 Hameln, ev., verh. s. 1955 m. Dipl.-Handelsl. Magrit Döbbeling, 2 Kd. (Axel, Kerstin) - 1973-85 Vorst. Doornkaat AG, Norden; 1978-87 Vizepräs. Dt. Handelskammer Österr.; Vorst. Bundesverb. BKK; Beirat Gerling Konzern. Richter am nieders. Finanzgericht Hannover.

SCHERING, Ernst

Dr. theol., em. Prof. f. Religions- u. Kirchengeschichte - Brunnenweg 4, 6300 Gießen (T. 0641 - 4 48 08) - Geb. 7. Juli 1914 Frankfurt/O. (Vater: Prof. Walther S.; Mutter: Gertrud, geb. Fellgiebel), ev., verh. m. Hannelore, geb. Soegtig, 3 Kd. (Christian, Beate, Sabine) - Realgymn. Berlin (Siemens-Sch.); Stud. Theol., Phil., Päd. Berlin u. Dorpat. Promot. 1940; Habil. 1943 - 1945 Pastor Hannover, 1951 Leit. Diakonensch. Hannover, 1961 Leit. Ev. Stiftg. Ginsterhof, 1964 Doz. Hochsch. f. Erzieh. Gießen, 1965 ao. Prof. ebd., 1966 ao., 1970 o. Prof. Univ. Giessen, 1980 emerit. - BV: D. innere Schaukraft, 1953; Erneuerung d. Diakonie, 1958; Mystik u. Tat, 1959; Johannes Falk, 1961; Kirchengeschichte im Unterr., 1963; Leibniz, 1966; Kirchengeschichtl. Arbeitsb., 1968; Evangelium - Religionsunterr. - Ges., 1972; Theologie u. Menschenbild, 1978; Oberlin, 1959; Johannes Falk, Goethe, 1977; Tradition u. Wirken d. Johanniterordens, 1981; Lebend. Reformation, 1982; Elisabeth v. Thüringen, 1982 - 1974 Kronenkreuz in Gold; 1979 Ehrenritterkreuz Johanniterorden, 1982 Ehrenz. Johanniterunfallhilfe - Spr.: Engl., Franz. - Lit.: Tradition u. Gegenwart - Festschr. f. E. Sch., 1974.

SCHERINGER, Hans

Dipl.-Kfm., Geschäftsführer Heimstätte Rheinl.-Pfalz GmbH., Mainz - Langgasse 22, 6505 Nierstein/Rh. - Geb. 30. Nov. 1923 - Mandate.

SCHERL, Ludwig

Oberbürgermeister (s. 1972) - Rathaus, 8440 Straubing/Ndb. - Geb. 4 Dez. 1920 Neustadt/Aisch - Ing.

SCHERMER, Franz J.

Dr. phil., Dipl.-Psych., Prof. f. Allg. u. Entwicklungspsych. FH Würzburg-Schweinfurt, FB Sozialwesen (s. 1983) - Heimstättenweg 19, 8430 Neumarkt/Opf. (T. 09181 - 3 39 98) - Geb. 3. März 1950 Gangkofen/Ndb., kath., verh. s. 1975 m. Ingrid, geb. Burkl, T. Verena - Stud. Psych. 1969-74 Univ. Würzburg (Dipl.-Psych. 1974); Promot. 1982 (Psych., Schulpäd., Psychopathologie) - 1975-83 Leit. Psycholog. Beratungsstelle d. Caritasverb. Eichstätt Nürnberg-Langwasser - BV: Einführung in Grundlagen d. Psych., 1988. Mithrsg. d. Reihe: Konzepte d. Psych. in d. Sozialpäd. (1988ff.).

SCHERMULY, Willi

Dr. med., Prof., Chefarzt Röntgen- u. Strahlenklinik Städt. Krankenhaus Hildesheim (s. 1966) - Agnes-Miegel-Str. 45, 3200 Hildesheim (T. Klinik: Hildesheim 88 04 52) - Geb. 23. Juni 1922 Niedershausen, ev., verh. s. 1953 m. Dr. Ottilie, geb. Michel, 2 Söhne (Wolfgang, Volker) - Justus-v.-Liebig-Obersch. Gießen (Abit. 1941); Univ. Marburg (Med. Staatsex. 1950). Promot. u. Habil. Marburg - 1953-66 Wiss. Assist. u. Oberarzt Univ.s-Strahlenklinik Marburg; s. 1962 Privatdoz., apl. Prof. (1968) u. Honorarprof. (1970) ebd. Vors. nieders. Röntgenges. Spez. Arbeitsgeb.: Metastasierungsprobleme, Analyse d. Lungenstrukturen - BV: Knochenmetastasen d. Mammakarzinoms, 1963. Handbuchbeitr. u. Fachztschr.aufs. - 1965 Ernst-v.-Bergmann-Plak.; Ehrenplak. Ärztekammer in Gold.

SCHERNER, Karl Otto

Dr. jur., Prof. f. Dt. u. vgl. Rechtsgeschichte, Bürgerl. Recht - Ifflandstr. 9, 6800 Mannheim - Geb. 23. April 1934 Worms (Vater: Karl Sch., Landwirt; Mutter: Helene, geb. Schäfer), ev., verh. s. 1962 m. Ute, geb. Zimmermann, 2 Kd. - Abit. 1953; Univ. München u. Mainz (Rechtswiss. u. Orientalistik), Ass. 1963, Promot. 1963, Habil. 1969 Mainz - 1969 Priv.-Doz., 1971 apl. Prof., 1973 Wiss. Rat u. Prof. Univ. Mainz, s. 1979 o. Prof. f. Bürgerl. R. u. Dt. Rechtsgesch. Univ. Mannheim - BV: Rücktrittsrecht u. Nichterfüllung, 1965; Salmannschaft, Servusgeschäft in venditio iusta, 1971; Beitr. z. Handb. d. Quellen u. Lit. d. neueren europ. Privatrechtgesch., Aufs. z. Sozial- u. Wirtschaftsrechtsgesch. u. z. Bürgerl. Recht.

SCHERNER, Maximilian

Dr. phil., Prof. f. germanist. Linguistik Univ. Münster - Am Meckelbach 30, 4400 Münster (T. 02534 - 75 20) - Geb. 19. Okt. 1939 Kassel - Abit. 1960; Stud. dt. lat. u. mittellat. Philol., Phil. u. Päd. Univ. Mainz, Wien, München u. Münster (1. Staatsex. 1966, Promot. 1969, 2. Staatsex. 1970, Habil. 1975) - 1970-73 höh. Schuldienst; b. 1975 Wiss. Assist., ab 1975 Wiss. Rat u. Prof. Univ. Köln; ab 1978 o. Prof. Univ. Münster - BV: D. sprachl. Rollen im lat. Weihnachtslied d. MA, 1970; Theorie u. Technik d. Textverstehens, 1974, 6. A. 1982; Spr. als Text, 1984.

SCHERNUS, Herbert

Chordirektor - Schneppenrather Weg 1, 5161 Nideggen-Rath (T. 02427 - 4 53) - Geb. 9. März 1927 Memelgebiet (Vater: Christoph S., Pfarrer; Mutter: Luise, geb. Haarhaus), ev., verh. s. 1958 m. Elsa, geb. Gätje, Sohn Christof - Musikhochsch. u. Univ. Hamburg. Staatsex. - S. 1960 Chordir. Staatsoper Hamburg u. WDR Köln (1962), s. 1975 Hochschullehrer.

SCHERPE, Klaus R.

Dr. phil., Prof. f. Neuere dt. Literaturwiss. - Kastanienallee 18, 1000 Berlin 19 (T. 030 - 305 52 24) - Geb. 13. Mai 1939 Berlin (Vater: Herbert Sch., Kaufm., †; Mutter: Liselotte, geb. Simmat), verh. s. 1968 m. Grethe, geb. Jensen, 2 Söhne (Jens, Niels) - FU Berlin, Stanford Univ. (M.A. 1963), Promot. Berlin 1967 - 1967-73 wiss. Assist. Berlin, Heidelberg, s. 1973 Prof. Berlin. Gastprof. in Hamburg, Aarhus/Dänem. u. Sidney/Austral. - BV: Gattungspoetik im 18. Jh., 1968; Werther u. Wertherwirkung, 1970, 3. A. 1980; Lit. d. bürgerlichen Emanzipation (m. G. Mattenklott), 1973; Positionen d. lit. Intelligenz (m. G. Mattenklott), 1973; Grundkurs 18. Jh. (m. G. Mattenklott), 2 Bde. 1974; Demokratisch-revolutionäre Lit. in Dtschl. (m. G. Mattenklott), 2 Bde. 1974/75; Poesie d. Demokr., 1980; D. Ästhetik d. Widerstands lesen. Üb. Peter Weiss, 1981; In Dtschl. unterwegs, Rep., Skizzen, Berichte 1945-48; Nachkriegslit. in Westdtschl., 2 Bde, 1982, 1984; Postmoderne. Zeichen e. kulturellen Wandels, 1986; Frühe DDR-Literatur (m. Lutz Winckler), 1988; D. Unwirklichkeit d. Städte. Großstadtdarst. zw. Moderne u. Postmoderne, 1988. Herausg.: Reihe: Lit. im hist. Prozeß.

SCHERPENBERG, van, Norman

Dr., Staatssekretär Nieders. Finanzmin. (1983 ff.) - Schiffgraben 10, 3000 Hannover - Geb. 19. Aug. 1938 Berlin (Vater: Dr. jur. Hilger van S., 1899-1969, s. XV. Ausg.; Mutter: Inge, geb. Schacht), verh. s. 1965 m. Dagmar, geb. Weise - Dipl.-Volksw. 1962 Bonn; Promot. 1967 Bonn -1966-82 BASF-Gruppe, zul. Abt.-Dir. Finanzressort BASF, Ludwigshafen - Spr.: Engl.

SCHERPF, Peter

Dr. oec. publ. (habil.), Dipl.-Kfm., Dipl.-Volksw., o. Prof. f. Betriebswirtschaftslehre (emerit. 1971) - Kaiserstr. 53, 8000 München 40 (T. 39 91 24) - Geb. 6. März 1903 Obergriesbach (Vater: Reichsbahnoberinsp.), verh. s. 1940 m. Dr. med. Christa, geb. Bagemihl - 1939 Privatdoz. Univ. München, 1953 apl. Prof., 1955 o. Prof. Hochsch. f. Wirtschafts- u. Sozialwiss. Nürnberg bzw. Univ. Erlangen-Nürnberg, 1961 Univ. München - BV: D. Handels- u. Steuerbilanz, 1941; Kontenrahmenprobleme, 1954; Kontenrahmen, 1955; Bilanz u. Steuer - v. Standpunkt d. Steuerrechts u. d. betriebsw. Steuerlehre, 6. A., 1957. Handbuchbeitr. (zul.: Betriebsw., Hb. d. Personenges., 1967; D. aktienrechtl. Rechnungsleg. u. Prüf., Hb. d. AG., 1967) u. Ztschr.aufs.

SCHERRER, Gerhard Eugen
Dr. oec. publ., Prof. f. Betriebswirtschaftslehre (bes. Unternehmensrechn., Revision u. Treuhand) Univ. Regensburg; Steuerberater - Steigerwaldstr. 22, 8400 Regensburg (T. 0941-6 38 95) - Geb. 1. Febr. 1936 Hagenbach/Pfalz (Vater: Otto Karl Sch.; Mutter: Hilda, geb. Schehr), kath., verh. s. 1968 m. Uta-Maria, geb. Schramm, T. Denise - 1952-54 kfm. Lehre Karlsruhe, 1959-63 Abendgymn., 1963-67 Stud. Betriebsw. München, Dipl.-Kfm., Promot. München 1967/68, Habil. Univ. Hamburg 1973 - 1954-62 Finanzabt., 1963-67 Steuerkanzlei, 1967-68 Wirtschaftsprüf. 1975 Univ. Regensburg, 1976 Univ. Stuttgart-Hohenheim, 1981 Hochsch. d. Bundeswehr Hamburg - BV: D. Ausweit. d. Rechnungsleg. - Publizität auf alle Großuntern., Diss. 1968; Stichprobeninventur, Monogr. 1981 (m. I. Obermeier); Kostenrechn., Lehrb. 1983; Kostenrechn., Arbeitsb. 1983.

SCHERRER, Hans-Peter
Verlagskaufmann, Vorstandsmitglied Axel Springer Verlag AG, Berlin - Wiltinger Str. 17, 1000 Berlin 28 (T. 401 42 17) - Geb. 20. Nov. 1929 Berlin, kath., verh. s. 1956 m. Elisabeth, geb. Obst, 5 Kd. (Norbert, Gabriele, Annette, Ulrich, Christina) - Obersch. (Abit.); Verlagslehre; Stud. Betriebsw. - S. 1954 Anzeigen- (Ztg. u. Ztschr. Ullstein), Verlagsleit. (1964; Axel Springer/Ullstein), Mitgl. Gfg. ASV (1968).

SCHERRER, Jutta
Dr., Prof. f. Russ. Geschichte, Historikerin - 1 bis, rue Georges Braque, F-75014 Paris (Frankr.) - Geb. 1. Dez. 1938 Berlin (Vater: Werner Martyn, Volksw.; Mutter: Charlotte, geb. Wuttge) - FU Berlin, Univ. Harvard u. Sorbonne - B. 1974 Forsch.tätigk.; 1975-79 Prof. Univ. Vincennes, Paris; 1978/79 Prof. Univ. Bochum; s. 1980 Dir. d'Etudes Ecole des Hautes Etudes en Sciences Sociales, Paris - BV: D. Petersburger religiös-phil. Vereinig., 1973; zahlr. Art. z. russ. Kultur- u. Sozialgesch. in Ztg. u. Ztschr. - Liebh.: Musik - Spr.: Russ., Franz., Engl.

SCHERRER, Manfred
Verlagskaufmann, MdL Rhld.-Pfalz (s. 1975), MdB (s. 1987) - Marktstr. 4 a, 5450 Neuwied 1 - Geb. 6. Mai 1940 - SPD.

SCHERTHAN, Hans-Dieter
Kaufmann, MdL Rhld.-Pfalz - Weinstr. 16a, 6740 Ranschbach - Geb. 24. Juli 1943 - CDU.

SCHERTZ, Georg
Polizeipräsident Berlin (s. 1987) - Platz d. Luftbrücke 6, 1000 Berlin 42 (T. 030 - 69 93 50 01) - Geb. 24. April 1935 Berlin, ev., verh. s. 1963 m. Christine, geb. Hilbig, 2 Söhne (Matthias, Christian) - Stud. Rechtswiss. FU Berlin, jurist. Referex. 1958 Berlin; Ass.ex. 1963 ebd. - 1963 Gerichtsass. in Berlin; 1966 Landgerichtsrat; 1970 Kammergerichtsrat;

1973-87 Vizepräs. Amtsgericht in Berlin - Liebh.: Segeln - Rotarier.

SCHERTZ, Wolfgang
Geschäftsführer Fachverb. Kartonverpackungen f. flüss. Nahrungsmittel - Rheinstr. 36, 6200 Wiesbaden - Geb. 23. Juli 1942 Saarbrücken - BV: Sprachloser Mittelstand, 1980.

SCHERZ, Udo
Dr., Prof. f. Theoret. Festkörperphysik TU Berlin (s. 1970) - Curtiusstr. 83, 1000 Berlin 45 - Geb. 30. April 1934 Neuruppin (Vater: Erich S., Landw.; Mutter: Asta-Maria, geb. Sckeyde), ev., verh. s. 1962 m. Marianne, geb. Gräfe, 2 Kd. (Thomas, Andreas) - Stud. d. Physik FU Berlin - Mitautor: Bergmann-Schaefer, Lehrb. d. Experimentalphysik Bd. IV - Liebh.: Sport (1975 Gold. Sportabz.) - Spr.: Engl.

SCHERZBERG, Hans-Joachim
Dr. jur. - Lenbachstr. 1, 3000 Hannover - Geb. 30. Juli 1921 - S. 1961 Vorst.-Mitgl. u. -vors. (1971), bzw. AR-Vors. (1981) Vereinigte Haftpflichtversicherung V. a. G., Hannover.

SCHERZBERG, Max
Dr. jur., Rechtsanwalt, Geschäftsf. The Readicut Wool GmbH, Stuttgart - Neuer Wall 25, 2000 Hamburg 36 - Geb. 12. März 1922 Hamburg (Vater: Dr. Hans Sch., RA; Mutter: Alida, geb. Bohlen), verh. s. 1955 m. Almut, geb. Brecht, 2 Töcht. (Alida, Alice) - Jurastud. - Stv. Geschäftsf. Canada Packers GmbH; AR-Vors. Kellogg (Dtschl.) GmbH - Ritterkr. Danebrog Orden - Liebh.: Skilauf, Bergsteigen, Lektüre engl. Klassiker - Spr.: Engl., Franz., Dän.

SCHERZER, Kurt
Oberbürgermeister a. D. - Reichsbodenweg 33, 8510 Fürth/Bay. (T. 73 34 63) - Geb. 12. Mai 1920 Fürth - Univ. Erlangen u. München (bes. Rechtswiss.). Jurist. Staatsprüf. 1941 u. 1949 - 1964-84 Oberbürgerm. Fürth. 1972ff. Rundfunkratsmitgl. BR; Vorstandsmitgl. Bayer. Städteverb. FDP - 1971 Med. Bundesanstalt Techn. Hilfswerk (1. Träger Bayern).

SCHESSWENDTER, Rudolf
Dr. jur., Dr. rer. pol., Dr. phil., Prof. f. Devianzforschung GH Kassel (Ps. Rolf Schwendter) - GH Kassel, FB Sozialwesen, Arnold-Bode-Str. 10, 3500 Kassel, Hasnerstr. 6/33, A-1160 Wien - Geb. 13. Aug. 1939 Wien (Vater: Rudolf Sch., Taxichauffeur; Mutter: Elisabeth, geb. Giersch), ev. A. B., verh. s. 1973 m. Sibylle Mascha Gruene, geb. Freiin v. Waldenfels (Autorin), S. Raimund - Abit. 1957 Wien; Promot. 1962, 1965, 1968 Univ. Wien - 1966/67 Forsch.stip. Ford-Foundation Wien; 1968-71 arbeitslos (fr. Liedermacher); 1971-74 Univ.-Assist. Inst. f. polit. Wiss. Heidelberg; 1975 Fachhochschullehrer GH Kassel; 1979 Prof. 1971-81 u. s. 1982 Vorst. Arbeitsgem. Sozialpolit. Arbeitskr. (AG SPAK); s. 1979 Vorst. Grazer Autorenvers. (GAV); s. 1983 Vorst. Interessensgemeinsch. Österr. Autoren (IGÖA) - BV: Mod. z. Radikaldemokr., 1970 (übers. niederl.); Theorie d. Subkultur, 1971 (auch niederl.), 3. A. 1978ff.; Ich bin noch immer unbefriedigt: Lieder z. fr. Gebrauch, 1980; Z. Gesch. d. Zukunft, 1982; Z. Zeitgesch. d. Zukunft, 1984; Katertotenlieder, Lyrik 1987 - Bühne: Miles Gloriosus, Woyzeck; Film: Sekundenfilme (Regie : Vlado Kristl), Subcultour (Regie: Reinhold Höllriegl), D. Edegger-Familie (Regie: Wolfgang Bauer). Platte: Lieder z. Kindertrommel (1970). Bild. Kunst: Collagen, Mail-Art/Postal Events - 1968 3. Preis d. Wiener Dramat. f. d. Theaterst.: Der Garten - Interessen: Subkulturen, Altern. Ökonomie, Alternativmedien, Futurologie, Lyrik (Lieder, Psalmen), Gastronomie - Spr.: Ungar., Engl., Ital., Franz. - Lit.: Thomas Rothschild, Liedermacher, 1980.

SCHETELIG, Kurt
Dr. rer. nat., Prof. f. Ingenieurgeol. TH Darmstadt - Hollerweg 7a, 6368 Bad Vilbel - Geb. 29. Juli 1936 Hamburg-Altona (Vater: Werner Sch., Maschinening.; Mutter: Elsa, geb. Thote), ev., verh. s. 1963 m. Marianne, geb. Kretschmer, 4 Kd. (Gertrud, Alfred, Johannes, Bernhard †) - 1954-60 Stud. Univ. München, Dipl. 1960 München, Promot. 1960 Univ. München - 1966-79 Ingenieurgeologe Lahmeyer Intern., Frankfurt/M.; s. 1979 Prof. TH Darmstadt - Spr.: Engl., Franz., Span., Griech.

SCHETTER, Martin
Bundesvorsitzender d. CGB/CDA Arbeitsgemeinsch. in d. CDU-Sozialausschüssen (CDA), Bundesvorst.-Mitgl. d. CDU-Sozialausschüsse (CDA) - Flurstr. 15, 7158 Sulzbach/Murr - Geb. 27. Juni 1923.

SCHETTER, Willy
Dr. phil., o. Prof. f. Klass. Philologie - Heinrich-Heine-Str. 29, 5300 Bonn 3 - Geb. 1. April 1928 Essen - 1964 Habil. 1965 o. Prof. Mainz, s. 1972 Bonn - BV: Untersuchungen zur epischen Kunst d. Statius, 1960; Studien zur Überlieferung u. Kritik d. Elegikers Maximian, 1970; D. röm. Epos, 1978. Aufsätze z. Literatur d. röm. Kaiserzeit u. d. latein. Spätantike.

SCHETTLER, Gotthard

Dr. med., em. o. Prof. f. Innere Medizin - Bergstr. 134a, 6900 Heidelberg (T. 4 34 21; Klinik: 56 47 71) - Geb. 13. April 1917 Falkenstein (Vater: Hermann S.; Mutter: Martha, geb. Keilig), ev., verh. s. 1942 m. Gina, geb. Düker, 3 Kd. (Petra, Jost, Andreas) - Univ. Jena, Leipzig, Wien, Tübingen (Promot. 1942). Habil. 1950 Tübingen - 1945-50 Assist. Univ. Tübingen; ab 1950 Privatdoz. u. apl. Prof. (1955) Univ. Marburg (zul. Oberarzt Med. Klinik); 1956-1961 Ärztl. Dir. Städt. Krkhs. Stuttgart-Bad Cannstatt; s. 1961 Ord. FU Berlin (Dir. II. Med. Klinik) u. Univ. Heidelberg (1963; Dir. Ludolf-Krehl-Klinik). 1971-72 Vors. Dt. Ges. f. Inn. Med. Leit. Kongreß f. ärztl. Fortbild. (1962ff.) - BV: Lipidosen, in: Handb. f. Innere Med., 1955; Arteriosklerose, 1961 (auch engl. u. span). Zahlr. Einzelarb. Herausg.: Taschenb. d. prakt. Med., Tb. d. Inn. Med. (auch chines. u. jap.), Tb. d. Alterskrankh. - 1969 Ehrenplak. Univ. Hiroshima (Japan); Mitgl. New York Acad. of Sciences u. Dt. Akad. d. Naturforscher (Leopoldina), Halle/S. (1971), Dr. med. h. c. TU München u. Univ. Edinburgh. 1973 BVK I. Kl., 1981 Gr. BVK; 1975 Normann-Med. Dt. Ges. f. Fettwirtsch.; Heidelberger Akad. d. Wiss.; 1983 Ehrendr. d. Univ. Padua (Italien); 1983 Ehrenmitgl. Ungarische Arteriosklöroseges.; 1985 Ehrenmed. d. Med. Fak. d. Univ. Heidelberg; 1986 Ehrendoktor FU Berlin; 1987 Ehrendoktor Semmelweis Univ. Budapest; 1988 Ehrenmitgl. Ital. Arteriosklorose-Gruppe; 1986 Präs. d. Heidelberger Akad. d. Wiss. - Liebh.: Mod. Kunst, Kammermusik - Spr.: Engl., Franz., Ital. - Mitgl. Lions Club.

SCHEU, Gerhard Andreas
Bundestagsabgeordneter (Wahlkr. 222/Bamberg) - Bundeshaus, 5300 Bonn 1 - CSU.

SCHEUBLEIN, Bernhard
Dr.-Ing., Brauereidirektor i. R. - Innstr. 14, 8000 München 80 (T. 98 13 24) - Geb. 22. Jan. 1906 München - TH München (Dipl.-Ing.) - B. 1942 Vorstandsmitgl. Bank f. Brauind., Berlin, dann Schultheiss-Brauerei AG. ebd., 1948-75 Vorstandsmitgl. u. -spr. Paulaner-Salvator-Thomasbräu AG., München, 1975-82 AR-Mitgl., 1982 Beiratsmitgl. Paulaner - 1972 Publizitätspr. Club d. Münchner Wirtschaftspresse; 1982 Gr. BVK - Liebh.: Skilaufen - Bek. Eishockeyspieler (156 Spiele f. d. SC Rießersee; 1932 in d. Nationalmannsch. um d. Europameistersch.).

SCHEUCH, Erwin K.

Dr. rer. pol., B. A., Prof. f. Soziologie - Uni Center 41 11, Luxemburger Str. 124-136, 5000 Köln 41 (T. 0221 - 42 79 34) - Geb. 9. Juni 1928 Köln (Vater: Otto S., Buchhalter; Mutter: Cecilie, geb. Bauschert), kath., verh. m. Dr. Ute K., geb. Pulm, 2 Söhne (Rolf, Allen) - Gymn. Köln; 1949-50 u. 1951-53 Univ. Köln (Volksw., Soziol.; Dipl.-Volksw. 1953), 1950-51 Univ. of Connecticut (Soziol., Psych.; B. A. 1951). Promot. (1956) u. Habil. (1961) Köln - S. 1961 Lehrtätigk. Univ. Köln (1964 ao., 1965 o. Prof.; Dir. Inst. f. Angew. Sozialforsch.). 1962-64 Doz. Harvard Univ. Zeitw. Vors. Dt. Ges. f. Soziol. u. Arbeitsgem. sozialwiss., Inst. Mitgl. in- u. ausl. Fachges., dar. Geschäftsf. Intern. Federation of Data Organizations (IFDO); 1982-86 Vorst.-Mitgl. Intern. Sociological Association; Vizepräs. Inst. Intern. de Sociologie (IIS). Zahlr. wiss. Veröff. Mithrsg.: Kölner Beitr. z. Sozialforsch. u. angew. Soziol. (1966 ff.), Soziol. d. Wahl (1965), Wiedertäufer d. Wohlstandsges. (1969), Haschisch u. LSD als Modedrogen (1970), Grundbegriffe d. Soziol. (1972ff.), Soziol. d. Freizeit (1973/77), Kulturintelligenz als Machtfaktor (1974), Wird d. Bundesrepubl. unregierbar? (1976), Das Forschungsinstitut (1978),

Historical Social Research (1980), Datenschutz u. Forsch. (1981), Gesundheitspolitik zw. Staat u. Selbstverw. (1982); Empir. Sozialforsch. in d. mod. Ges. (1983); China u. Indien - E. soziol. Landvermessung (1987); Arbeitszeit kontra Freizeit? (1988) - Liebh.: Mod. Belletristik, Jazz, Tennis (TC Rot-Weiß Köln) - Spr.: Engl., Franz.

SCHEUCKEN, Heinrich

Dipl.-Ing., Sonderberater Rhein-Consult, Ges. f. Verkehrs- u. Betriebsplanung v. Stadtschnellbahnen u. anderen Personenverkehrsanlagen mbH, Düsseldorf - Witthausstr. 6, 4330 Mülheim-Ruhr.

SCHEUER, Gerhart

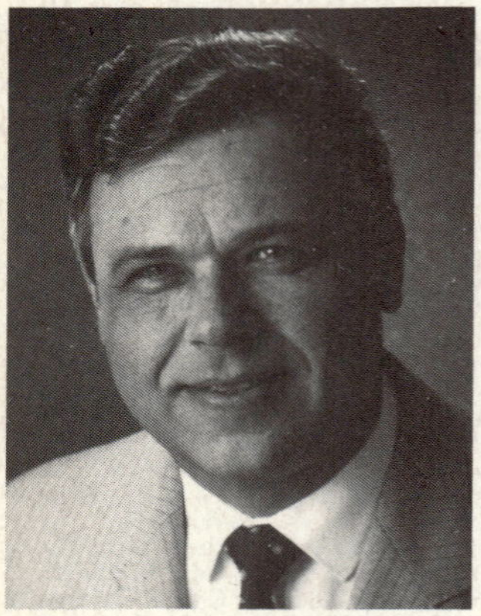

Dr. jur., Wissensch.Direktor, Rechtslehrer Bundeswehr (1964-65 u. s. 1966; 1971-72 u. s. 1988 Lehrgruppenleit., Fachgeb. Völkerrecht, Umweltrecht), MdL Baden-Württ. (1972-88; Fachgeb.: Rechtspolitik, Sicherheitspol., Hochschulpol.) - Schlittweg 25, 6905 Schriesheim/Bergstr. (T. 6 15 11) - Geb. 20. Juni 1935 Hamburg (Vater: Dr. Erwin Sch., Studienrat; Mutter: Dr. Käthe, geb. Hey), ev., verh. s. 1963 m. Margrit, geb. Buuck, 5 Kd. (Angelika, Regina, Marianne, Brigitte, Jörg-Erwin) - Gymn. u. Univ. Hamburg, Jurist. Staatsex. 1958 u. 63; Promot. 1960 - 1963-64 u. 1966 i. Bundesmin. f. gesamtdt. Fragen - BV: D. Rechtslage d. geteilten Deutschland (1960), D. dt. Staat in rechtl. Sicht (1964), Anerkennung der SBZ? (1966) u. a. - CDU s. 1955 (div. Funktionen, 1971-85 Vors. Fachaussch. f. Deutschland- u. Außenpolitik Nordbaden, 1985-89 auch Baden-Württ.) - 1978 BVK am Bde. u. 1985 I. Kl. - Liebh.: Gesch., Ahnenforsch.

SCHEUER, Helmut

Dr. phil., apl. Prof. f. Germanistik Univ.-GH Siegen - Auf den Steinen 18, 5300 Bonn 1 (T. 0228 - 25 76 06) - Geb. 1. März 1942 Trier - 1961-67 Stud. German., Gesch. Univ. Saarbrücken (Staatsex. 1967, Promot. 1970), Habil. 1978 Siegen - 1970-78 wiss. Assist. Univ. Bonn u. Siegen; 1981 apl. Prof. Siegen (1982/83 Dekan, 1983-85 Prodekan, 1985-89 Senat) - 1974-76 u. 1983-85 VR-Vors. d. Studentenwerks Siegen - BV: Arno Holz, Biogr. 1971; Naturalismus, 1974; Biographie, 1979; D. Biberpelz, 1986. Mithrsg.: Erkundungen (1987); D. Deutschunterr.

SCHEUERER, Rudolf

I. Bürgermeister - Rathaus, 8457 Kümmersbruck/Opf. - Geb. 12. Juli 1927 Amberg-Raigering. SPD.

SCHEUERL, Hans

Dr. phil., em. o. Prof. f. Erziehungswissenschaft - Bockhorst 46, 2000 Hamburg 55 (T. 870 22 78) - Geb. 17. Jan. 1919 Berlin (Vater: Walter S., Ingenieur; Mutter: Katharina, geb. Hohenstam), ev., verh. s. 1953 m. Eva-Maria, geb. Golsch - 1937-45 Wehr- u. Kriegsdst.; 1947-52 Univ. Hamburg (Erziehungswiss. Psych., Phil., Kunstgesch.). Promot. (1952) u. Habil. (1957) Hamburg - 1958 Prof. Päd. Hochsch. Osnabrück, 1959 o. Prof. Univ. Erlangen, 1964 Univ. Frankfurt/M., 1969 Univ. Hamburg, 1968-72 Vors. Dt. Ges. f. Erziehungswiss. - BV: D. Spiel s. Wesen, s. päd. Möglichkeiten u. Grenzen, 11. A. 1979; Beitr. z. Theorie d. Spiels, 9. A. 1969, 10. erw. A. 1975 unt. d. Titel Theorien d. Spiels; Begabung u. gleiche Chancen, 1958; D. exemplar. Lehre, 3. A. 1969; Probleme d. Hochschulreife, 1962; D. Gliederung d. dt. Schulwesens, 2. A. 1970; Probleme e. systemat. Päd., in: Erziehungswiss. Handb., Bd. 4,, 1975. Herausg.: Klassiker d. Pädagogik, 2 Bd. (1979); Pädagog. Anthropol. E. histor. Einführung (1982); Geschichte d. Erzieh. E. Grundriß (1985). Mithrsg.: Anthropol. u. Erzieh., Ztschr. f. Päd. (beides 1964ff.), Päd. Lexikon (2 Bde. 1970).

SCHEUERMANN, Audomar

Dr. theol., em. Prof., Erzbischöfl. Vizeoffizial - Viktualienmarkt 1, 8000 München 2 (T. 29 88 13) - Geb. 3. Juli 1908 Nürnberg (Vater: Konrad, Eisenbahnbeamter; Mutter: Barbara, geb. Pfeuffer), kath. - Abit. (1926) Bamberg; 1926-1932 Stud. Phil. u. Theol. Hochsch. St. Anna München; 1935-40 Kanonistik u. Jur. Univ. ebd.; Promot. 1938. - 1938-55 Prof. f. Theol. Franziskaner-Hochsch. St. Anna München, s. 1944 Richter Erzb. Metropolitangericht München, 1947-56 Hon.-Prof. f. Ordens- u. Missionsrecht, s. 1956 o. Prof. f. Kanon. Prozeß- u. Strafrecht. 1968/69 Rektor Univ. ebd., s. 1976 emerit. 1963-87 Mitgl. Bayer. Senat (s. 1970 1. Vizepräs.) - BV: Zahlr. Einzelarb. aus Kirchenrecht, Staatskirchenrecht u. prakt. Theol. - 1966 Päpstl. Ehrenprälat; 1971 Bayer. VO; 1973 Gr. BVK, 1978 Stern u. 1982 Schulterbd. dazu; 1980 Österr. Ehrenkreuz f. Wissenschaft u. Kunst I. Kl.; 1981 Bayer. Verfassungsmed. in Gold; 1986 Bayer. Maximiliansorden; 1988 Österr. Gr. Gold. Ehrenz. m. Stern; Ehrensenator Univ. Bamberg.

SCHEUERMANN, Fritz

Dr. rer. pol., Geschäftsführer Krewel-Werke GmbH, Arzneimittel, Eitorf (1984-87) - Friedrichstr. 2A, 7570 Baden-Baden - Geb. 8. Jan. 1938 Karlsruhe - Abit. (1958) Karlsr.; 1958-63 Stud. Nationalökon. u. Med. Heidelberg u. Basel. Promot. 1963 Basel. Diss.: D. Stellung d. dt. Automobilind. in d. EWG u. ihre langfrist. Absatzaussichten b. 1985 - 1963/64 Assist. d. Generaldir. Karlsruher Lebensvers.; 1964-67 Assist. Verkaufsleit., Leit. Abt. dt. u. intern. Steuerangelegenh. Arzneimittelfa. Pfizer GmbH, Karlsruhe; 1967-69 pers. Assist. d. Eigentümerfam. u. Leit. Marktforsch. u. Controller Chem.-Pharmaz. Fabr. H. Mack, Illertissen; 1969-1974 Abt.leit. Lederle-Arzneimittel f. d. Schweiz, Zürich; 1974-80 Geschäftsf. Arzneimittelgr. Schwarzhaupt KG, Köln; 1980-84 Geschäftsf. Merckle GmbH, Arzneimittel, Blaubeuren - Liebh.: Skilauf, Tennis, Golf, alte Spielsachen - Spr.: Engl.

SCHEUERMANN, Karl Josef

Oberbürgermeister a.D. Stadt Wertheim (1962-82), Vors. SPD-Fraktion Kreistag Main-Tauber (1965-84), stv. Vors. SPD-Fraktion in d. Verbandsvers. d. Regionalverb. Franken (s. 1984) - Ferdinand-Hotz-Str. 3, 6980 Wertheim a. M. 1 (T. 61 00) - Geb. 17. Febr. 1927 Kloster Eberbach/Rheingau (Vater: Michael Sch., Weinbauinsp.; Mutter: Barbara, geb. Pieron), kath., verh. s. 1951 m. Gertrud, geb. Könneker, 7 Kd. (Magdalene, Gertrud, Barbara, Karl, Albrecht, Bernhard, Friedrich) - Ehrenbürger Stadt Wertheim; 1981 BVK I. Kl. - Bek. Vorf.: Wilh. Könneker (1898-1984), Vizepräs. Bank dt. Länder (Schwiegerv.).

SCHEUFELEN, Karl-Erhard

Dr. rer. pol. h. c., Gesellschafter u. VR-Mitgl. Papierfabrik Scheufelen, Ehren-Vors. Baden-Württ. Papierverb., Baden-Baden, Ehrenpräs. Verb. Dt. Papierfabriken, Bonn, u. a. - Adolf-Scheufelen-Str. 20, 7318 Lenningen (T. 07026 - 6 61) - Geb. 25. April 1903 Oberlenningen (Vater: Dr. Adolf S., Papierfabr.; Mutter: Paula, geb. Gossler), ev., verh. s. 1950 m. Elli, geb. Köpfer - TH München, Univ. Leipzig u. Hamburg - S. 1930 Papierfabrik Scheufelen, Oberlenningen (v. Großv. gegr.). 1962-73 Präs. VDP - Ehrensenator TH Darmstadt u. Stuttgart; Ehrenbürger Oberlenningen, Grabenstetten, Frankeneck; 1953 Gr. BVK - Liebh.: Segeln, Skilaufen - Spr.: Engl., Franz. - Rotarier - Bruder: Klaus H. S.

SCHEUFELEN, Klaus H.

Dr.-Ing., Gesellschafter u. Mitgl. d. Verwaltungsrates Papierfabr. Scheufelen, Oberlenningen - Im Buchs 1, 7318 Lenningen 1 (T. 07026 - 6 61) - Geb. 30. Okt. 1913 Oberlenningen (Eltern s. Karl-Erhard S., Bruder), ev., verh. s. 1939 m. Rita, geb. Simon-Weidner, Sohn Dr.-Ing. Ulrich - Stud. TH Darmstadt, Fachr. Papieringenieurw., Dipl.-Ing. 1937, Dr.-Ing. 1962 München - AR-Mitgl. Maschinenfabrik Ravensburg AG, Ravensburg; VR-Vors. Neckarhafen Plochingen GmbH, Plochingen; Ehrenvors. CDU-Bezirksverb. Nord-Württ. - Ehrensenator Univ. Tübingen; Gr. BVK m. Stern; Verdienstmed. Land Baden-Württ. - Liebh.: Golf, Skilaufen - Engl., Franz.

SCHEUNEMANN, Hermann

Abteilungsleiter, Mitgl. Hbg. Bürgerschaft (s. 1978) - Eppendorfer Stieg 3, 2000 Hamburg 60 - Geb. 21. April 1940 Baden/Wien, verh., Sohn - Schule Lemgo (Abit. 1960); 1961-68 Univ. Hamburg u. Saarbrücken (Gesch., German., Rechtswiss.); Fachinst. f. Steuerrecht Hamburg - 1971-74 Tätigk. steuerberat. Beruf; s. 1975 Abt.sleit. Max de Bour GmbH. & Co./Terrassenbeläge, Hamburg. SPD s. 1965.

SCHEUNEMANN, Horst

Dr. med., Dr. med. dent., o. Prof. f. Zahn-, Mund- u. Kieferchirurgie - Augustuspl. 2 (Klinik), 6500 Mainz - Geb. 21. Mai 1927 Berlin - S. 1964 (Habil.) Lehrtätigk. Univ. Düsseldorf u. Mainz (1969 Ord.). Facharb.

SCHEUNERT, Gerhart

Dr. med., Prof. f. Psychoanalyse, Nervenarzt - Heinrich-von-Kleist-Str. 2, Appt. 218, 8730 Bad Kissingen (T. 0971 - 803 22 18) - Geb. 11. Jan. 1906 Leipzig (Vater: Arno S., Kaufm.; Mutter: Camilla, geb. Dietrich), altluth., verh. s. 1968 in 2. Ehe m. Anni, geb. Bannies, 2 Kd. aus 1. Ehe (Renate, Volker) - Gymn. St. Petri Leipzig (Abit. 1925); Univ. Leipzig, Wien, Berlin. Promot. Leipzig 1930, Facharzt (Univ.-Nervenkl. Leipzig) 1935, Psychoanal. Ausb., Abschl. 1934 - 1950-64 Vorst., 1956-64 Vors. Dt. Psychoanal. Vereinig. (DPV); 1956-59 Leit. Berliner Psychoanal. Inst.; 1955-66 Vorst. DGPPT, 1950-85 Lehranalyt. DPV, 1959-76 Lehrbeauftr. Univ. Hamburg, s. 1972 Prof. 38 Publ. in Fachztschr. (10 Beitr. in Sammelb.). Herausg.: Jahrb. d. Psychoanalyse (24 Bde.). Mithrsg.: Wege z. Menschen (s. 1957) - S. 1975 Ehrenmitgl. Dt. Psychoanal. Vereinig. - Lit.: Festschr. z. 75. Geb.; Humanität u. Technik in d. Psychoanal. (1981).

SCHEURIG, Bodo

Dr. phil., Historiker - Nikolsburger Platz 2, 1000 Berlin 31 - Geb. 24. Juli 1928 Berlin (Vater: Fritz S., Kaufm.; Mutter: Helene, geb. Spitzer), ev. - Kirschner-Oberrealsch. Berlin; Stud. Neuere Gesch. u. Phil. Univ. Berlin (Freie) u. New York (Columbia). Promot. 1959 FU - BV: Freies Deutschland, 2. A. 1961 (engl. 1969), Neuausg. 1984; Einf. in d. Zeitgeschichte, 2. A. 1970; D. sowjet. Dtschl.-Bild, 1963; Stauffenberg, 3. A. 1964; Verrat hinter Stacheldraht?, 1965 (dtv-Dokumente); D. 20. Juli - damals u. heute, 1965; Ewald v. Kleist-Schmenzin - E. Konservativer gegen Hitler, 1968; Dt. Widerstand 1938-44, 1969, Neuausg. 1984 (dtv-Dok.); Um West u. Ost - Zeitgeschichtl. Betrachtungen, 1969; Henning v. Tresckow, Biogr. 4. A. 1975; Spiegelbilder d. Zeitgesch., 1978; Erinnerung u. Gesch., 1981; Seydlitz, 1982; Werk u. Zeitgesch., 1983; Freies Deutschl. - D. Nationalkomitee u. d. Bund Dt. Offiziere in d. Sowjetunion 1943-45, 1984. Herausg.: Ernst Niekisch, D. Legende v. d. Weimarer Rep. (1968); Daniil Melnikow, D. 20. Juli 1944 - Legende oder Wirklichkeit? (1968); Walther von Seydlitz, Stalingrad - Konflikt u. Konsequenz (1977) - Spr.: Engl., Franz.

SCHEURING, Ottheinz (Otto Heinz)

Ministerialdirektor a. D. - Ligusterweg 2, 5300 Bonn 1 - Geb. 11. April 1926 Oberschleißheim (Vater: Dr. Bonifaz S., Rechtsanw.; Mutter: Valentine, geb. Rößlein), kath., verh. s. 1961 m. Elisabeth, geb. Marquardt, T. Undine - Stud. Rechtswiss. - 1951 Bayer. Finanzmin.; 1954 Tarifgem. dt. Länder (Geschäftsf.); 1962-79 Bundesinnenmin. (zul. Leit. Abt. D/Beamtenrecht u. sonst. Personalrecht d. öfftl. Dienstes). Kommentare: Bundesangestelltentarifvertrag (1961), Manteltarifverträge f. Arbeiter d. Bundes, d. Länder u. d. Gemeinden (1959-61). Schriftleit. Ztschr. f. Tarifrecht - Spr.: Franz.

SCHEURLEN, Paul-Gerhardt

Dr. med., o. Prof. f. Innere Medizin - Ginsterstr. 3, 6650 Homburg-Schwarzenbach/Saar (T. 48 88) - Geb. 1. Sept. 1923 Biberach/Riß (Vater: Paul S.; Mutter: Margarete, geb. Gierich), verh. m. Dr. med. Rosemarie, geb. Schendel, 3 Kd. (Martin Michael, Hanns Christian, Wolfram Gerhard) - Univ. Tübingen u. Heidelberg - S. 1961 (Habil.) Lehrtätigk. Univ. Tübingen, Köln (1964; 1967 apl. Prof.), Saarbrücken (1970 Ord. u. Klinikdir.); Differentialdiagnose inn. Krankh., 2. A. 1982. Zahlr. Fachveröff. - 1962 Theodor-Frerichs-Preis Dt. Ges. f. Inn. Med.

SCHEURLEN, Rosemarie, geb. Schendel

Dr. med., Ärztin, Vorsitzende d. Sachverständigenrates f. d. Konzertierte Aktion im Gesundheitswesen, Ministerin f. Arbeit, Gesundheit u. Sozialordn. Saarland a.D. - Ginsterstr. 3, 6650 Homburg/S. - Geb. 10. Okt. 1925 Glatz (Vater: Alfred S., Arzt; Mutter: Gertrud, geb. Böhm), ev., verh. s. 1953 m. Prof. Dr. P. Gerhardt S. (s. dort), 3 Kd. (Michael, Christian, Wolfram) - Med.studium Univ. Tübingen; Promot. ebd.; 1977-85 Min. f. Arb., Gesundh. u. Sozialordnung. - FDP s. 1970 (div. Parteiämter) - Spr.: Engl., Franz.

SCHEUTER, Karl R.

Dipl.-Ing., em. o. Prof. f. Druckmaschinen u. -verfahren TH Darmstadt (s. 1966) - Höheweg 69, CH-3626 Hünibach (T. 033 - 43 31 83) - Geb. 4. Nov. 1919 Zürich (Schweiz) - Facharb.

SCHEUTZOW, Jürgen W.

Journalist, Schriftst. - Heinrichstr. 26, 2000 Hamburg 50 (T. 43 59 80) - Geb. 31. Aug. 1916 Danzig - BV: Hamburg Ansichtssache, ... ihre Heimat ist d. Meer, Hexen, Henker u. Halunken, Touristikf. Mallorca, Ibiza, Menorca, Formentera, Madeira, Rom, Hamburg - Ehrenmitgl. Journalistenverb. Hamburg; Ehrenpräses hamburg. Bürgervereine.

SCHEVEN, von, Manfred

Journalist - Zu erreichen üb. Rathaus, 2800 Bremen (T. 32 65 38) - Geb. 9. Febr. 1926 Buchholz - Stv. Chefredakt. Westf. Rundschau, Dortmund; 1970-85 Pressechef Senat Fr. Hansestadt Bremen. SPD.

SCHEWE, Dieter

Ministerialdirektor a. D. Bundesmin. f. Arbeit u. Sozialordnung - Im Ellig 8, 5480 Oberwinter; priv.: Zehnthof, 5485 Sinzig - Geb. 14. Juli 1924, verh. s. 1953, 4 Kd. - Stud. Univ. Göttingen; 1. u. 2. jur. Staatsex. 1949 bzw. 52 - 1949-54 Hochsch.assist.; 1954-75 u. 1977-82

Bundesmin. f. Arbeit u. Sozialordnung, 1975/77 Präs. Bundesversicherungsamt, Berlin. Vorst.-Mitgl. Verein f. Versich.-wissensch., d. Sozialgerichtsverb., Vors. Ges. f. Soz. Fortschritt - BV: Übersicht üb. d. soziale Sicherung, 11. A. 1987 (engl. 1972, jap. 1980); D. flexible Altersgrenze in d. Rentenversich., 3. A. 1977 - 1984 Preis d. Dt. Nationalkomit. f. Denkmalschutz.

SCHEWE, Günter
Dr. med., Dr. jur., Prof. u. Leiter Inst. f. Rechtsmed. Univ. Gießen (s. 1973; 1973-77 Prodekan Med. Fak.) - Südhang 9, 6301 Launsbach - Geb. 12. Nov. 1930 Hamburg, ev., verh. s. 1971 m. Monika, geb. Kaiser, 2 Kd. (Claudia, Christoph) - Stud. d. Jurisprud. Freiburg, München, Hamburg u. Med. Hamburg u. Kiel; Promot. 1955 (jur.) Hamburg u. 1963 (med.) Kiel; Habil. f. gerichtl. u. soz. Medizin 1969 Frankfurt/M.

SCHEWE, Heinz

Publizist, Auslandskorrespondent - Hohe Warte 7A, A 1190 Wien 19 (T. 36 53 36) - Geb. 14. Jan. 1921 Holthausen/Westf. (Vater: Heinrich Sch., Architekt; Mutter: Anna, geb. Reimers), ev. - Abit. Münster/Westf. 1939, Dolmetscher-Dipl. Kiel 1949 - Auslandskorresp. London, Moskau, Jerusalem, Prag, Paris, Tel Aviv, Wien - BV: Moskau - Weltstadt d. Ostens, 1959; D. Schnurren d. Nikita C., 1965; Borschtsch u. wilde Brombeeren, 1966; Berichte aus Moskau, 1967; Korresp. zw. Kolchos u. Kibbuz, 1968; Verliebt in Hamburg, 1971; Aus d. Ärmel geschüttelt, 1972; Meine liebsten Reportagen, 1973; Pasternak privat, 1974; Jahrgang 1921, 1975; Darf ich für dich die Harfe sein? (Israel), 1976; Vergnügt in Hamburg; Moskau u. Leningrad kennen u. lieben, 1977; Gesucht: Berlin (Steckbrief e. Stadt), 1978; Unter d. Schönen war sie d. Schönste, 1980; Liebe in d. Puszta, 1981; Gedanken in Moll, 1982 - 1967/68 Theodor-Wolff-Preis - Liebh.: Schwimmen, Ski-Langlauf, Wandern, Fotografieren, Naturbeobacht. - Spr.: Engl., Russ., Franz.

SCHEWICK, van, Heinz-Helmich
Dipl.-Psychologe, Oberstleutnant d. R., MdL Nordrh.-Westf. (s. 1985) - Am Wichelshof 31, 5300 Bonn 1 (T. 0228 - 63 99 85) - Geb. 16. Juli 1940 Sonneberg/Thür. (Vater: Prof. Dr. Heinrich van Sch., Astronom), kath., verh. s. 1971 m. Monika, geb. Friedrich - Stud. Psycho. Univ. Bonn u. Köln - Selbst. Dipl.-Psych. S. 1975 Stadtverordn. in Bonn - Liebh.: Sport, Musik, Theater - Spr.: Engl., Franz.

SCHEYHING, Robert
Dr. jur., o. Prof. f. Dt. Rechtsgeschichte, Bürgerl. Recht u. Handelsrecht - Landhausstr. 13, 7406 Mössingen 5 (T. 07473 - 77 22) - Geb. 19. März 1927 Ulm/D. - Promot. (1952) u. Habil. (1958) Tübingen - S. 1960 Ord. Univ. Kiel u. Tübingen (1965) - BV: Eide, Amtsgewalt u. Bannleihe, 1960; Höfe-Ordnung, 1967; Dt. Verf.Gesch., 1968. Fachaufs.

SCHICHA, Harald
Dr. med., Prof. f. Nuklearmedizin Univ. Köln - Statthalterhofallee 3, 5000 Köln 40 - Geb. 26. Juli 1943 Freiberg (Vater: Dr. Franz Sch., Ing.; Mutter: Lotte, geb. Förster), ev., verh. s. 1968 m. Gisa, geb. Otte, 2 Söhne (Sebastian, Peter) - 1963-68 Med.-Stud. Berlin u. Köln; Promot. 1969 Köln, Habil. 1975 Düsseldorf - 1969-77 Kernforschungsanl. Jülich u. Univ. Düsseldorf; 1977-85 Univ. Göttingen; s. 1986 Dir. Inst. f. klin. u. exper. Nuklearmed. Univ. Köln - BV: Nuklearmedizin in d. Kardiolog. Praxis, 1983 (m. H. Schicha, D. Emrich). Schwerpunkte: Diagnostik u. Therapie v. Schilddrüsenerkrankungen, nuklearmed. Herzdiagnostik, Kernspintomographie.

SCHICK, Eduard
Dr. theol., Dr. theol. h.c., Prof., Bischof a. D. v. Fulda (1974-83) - Aachener Str. 14, 6400 Fulda - Geb. 23. Febr. 1906 Mardorf b. Marburg/L., kath. - Gymn. Fulda; Phil.-Theol. Hochsch. ebd., Univ. Göttingen, Bonn, Würzburg. Theol. Abschlußprüf. 1928 Fulda; Philol. Staatsex. 1934 Bonn; Promot. 1940 Würzburg - 1929-36 Kaplan, 1936-38 Rektor Progymn. Groß-Auheim b. Hanau/M., 1939-50 Regens Priestersem. Fulda, s. 1949 Ord. Phil.-Theol. Hochsch. ebd. (1962ff. Rektor), 1955-59 Progeneralvikar Bistum Fulda, s. 1957 Domkapitular, 1962-74 Weihbischof. Präs. Päpstl. Kommiss. f. d. Neo-Vulgata (Vatikanstadt) - BV: Formgeschichte u. Synoptikerexegese, 1940; D. Apokalypse (Echter-Bibel), 1952; D. Mensch in d. geist. Situation d. Gegenw., 1952; Was d. Geist d. Kirchen sagt, 1953; D. Johannesevangelium (Echter-Bibel), 1958; Offenbarung u. Geschichte - Sind d. Evangelien auch histor. Dokumente?, 1968; Geistl. Schriftlesung, Bd. 23: D. Apokalypse, 1971 (auch engl., ital. u. span.); D. Wahrheit siegt durch d. Liebe - Priesterl. Existenz nach d. zweiten Korintherbrief, 1975; D. Vermächtnis d. Herrn, 1977; Im Glauben Kraft empfangen, 1978; D. Wort d. Herrn bleibt in Ewigkeit, 1981; Allen alles werden, 1984; Christus ja - Kirche nein?, 1985; D. erlöste Kosmos, 1987; Dein Wort, Herr, heilt alles, 1988; Ich glaube an d. lebendigen Gott, 1989.

SCHICK, Manfred
Dr. rer. nat., Prof. (s. 1971; 1972/73 Dekan) u. Inst.-Dir. (s. 1975) TH Darmstadt - Röderstr. 55, 6109 Mühltal - Geb. 21. Sept. 1924 Halle/S. (Vater: Manfred S., Diakon; Mutter: Milda, geb. Schmidt), ev., verh. s. 1953 m. Barbara, geb. Gröschner, S. Bernhard - Stud. d. Geogr., Geol., Biol. u. Gesch. Univ. Halle - 1950-66 Wiss. Assist. Univ. Halle-Wittenberg u. TH Darmstadt, 1966-71 Doz. ebd. - BV: Lorelykreis, Handb. 1965; Walther Schmidts Leben u. Werk, 1975; Z. Methodik d. Auswertens topogr. Karten, 1975; Tabakanbau in Nordbaden, 1979; Fehlheim u. d. Ried, 1984; Als Christ im Kriege, 1989 - Spr.: Engl.

SCHICK, Walter
Dr. jur., o. Prof. f. Dt. u. Intern. Steuerrecht Univ. Erlangen-Nürnberg (s. 1967) - Strindbergstr. 27, 8500 Nürnberg (T. 50 14 22) - Geb. 21. Sept. 1933 Augsburg (Vater: Franz S., Lehrer) - Habil. 1965 München - BV: Vergleiche u. sonst. Vereinbarungen zwischen Staat u. Bürger im Steuerrecht, 1967; D. freien Berufe im Steuerrecht, 1973. Zahlr. Einzelarb. z. Verfassungs-, Verwaltungs- u. Steuerrecht. Mitarb. Großkommentar z. Abgabenordnung.

SCHICKE, Herwarth
Dipl.-Ing., Architekt, Präs. Oberprüfungsamt f. d. höh. techn. Verwaltungsbeamten, Frankfurt/M. - Bockenheimer Anlage 13, 6000 Frankfurt/M. - Geb. 20. März 1931 Weißstein, ev., verh. s. 1961 m. Christel, geb. Sonntag, S. Alexander - Stud. TU Berlin, Dipl. 1960 - 1964-70 Höh. Baubeamter Finanz-Bau-Verw. NRW; 1970-82 MinRat Bauabt. Finanzmin. NRW - Liebh.: Literatur, Bergwandern - Spr.: Engl.

SCHICKE, Romuald K.

Dr. rer. pol. habil., MBA, em. Prof. f. Sozioökonomie d. Gesundheitswesens Med. Hochsch. Hannover - Angerstr. 59, 3000 Hannover 72 (T. 0511 - 52 65 10) - Geb. 17. Nov. 1921 Freihaus (Vater: Adolf Sch., Finanzbeamt.; Mutter: Lucie, geb. Czadek), verh. s. 1965 m. Dr. Ruth, geb. Schuster - 1948 Dipl. Heidelberg; Seton Hall Univ. (USA) MBA 1960, Promot. 1969 Hamburg - B. 1969 Forschungsdir., Koordinator Gesundheitswesen in USA; 1970-85 Prof. Med. Hochsch. Hannover; 1972/73 Gastprof. Med. Faculty, Dalhousie Univ., Halifax, Kanada - BV: Mehr als 60 wiss. Art.; 7 Bücher, dar.: Arzt u. Gesundheitsversorgung im ges. Sicherungssystem, Bundesrep. Dtschl. - England - USA, 1971; Sozialpharmakologie, 1976; Soziale Sicherung u. Gesundheitswesen, 1978; Ökonomie d. Gesundheitswesens, 1981; Soziale Aspekte d. Zahnheilkd., 1984 - Fellow Royal Society of Health, London; Mitgl. American Acad. of Polit. and Social Sciences; Mitgl. wiss. Beirat Ztschr. Social Pharmacology u. Quintessenz - Spr.: Engl., Russ., Poln.

SCHICKEDANZ, Grete, geb. Lachner
Prof., Kauffrau, pers. haft. Gesellschafterin d. Gustav u. Grete Schickedanz Holding KG, Vorst. (Ressort Handel) d. Schickedanz-Untern.gruppe - Nürnberger Str. 91-95, 8510 Fürth/Bay. - Geb. 20. Okt. 1911, verh. s. 1942 m. Dr. oec. h.c. Gustav S. † 1977 (s. XVIII. Ausg.) - S. 1927 Quelle KG (1954 Generalvollm.; 1963 Beiratsmitgl.) - 1976 Gr. BVK, 81 Stern dazu; 1978 Ehrensenatorin Univ. Tübingen; 1981 österr. Prof.-Titel u. Ritterorden f. Verdienste um d. brasil. Fed. - Griech. Honorarkonsul f. Mittel- u. Oberfranken sow. Oberpfalz.

SCHICKEL, Alfred

Dr. phil., Historiker, Leit. Kath. Stadtbildungswerk Ingolstadt - Schillerstr. 39, 8070 Ingolstadt (T. 0841 - 5 40 36) - Geb. 18. Juni 1933 Aussig/Elbe, kath., verh. s. 1968 m. Maria, geb. Augenthaler, 3 Kd. (Matthias, Annemarie, Gabriele) - Jesuitenkolleg St. Blasien/Schwarzw.; Stud. Gesch. u. Phil. Univ. München; Promot. 1966 München - 1960-67 Studienpräfekt Canisius-Konvikt Ingolstadt; 1962 Schulhistoriker Gnadenthal-Schulen Ingolstadt; 1974 Leit. Kath. Stadtbildungswerk Ingolstadt; s. 1981 Leit. Zeitgeschichtl. Forschungsst. Ingolstadt - BV: Deutsche u. Polen, 1981 Vergessene Zeitgesch., 1985; Vertreibung d. Deutschen, 1986; V. Großdeutschl. z. Deutschen Frage, 1987 - 1986 Egon-Schwarz-Preis f. Publizistik; 1986 Walther-Eckhardt-Ehrengabe f. Zeitgesch.forsch.; BVK am Bde.; 1989 Kulturpreis f. Wiss. d. Sudetendt. Landsmannschaft - Liebh.: Sammeln v. Altertümern, Klass. Musik - Spr.: Griech., Lat., Franz.

SCHICKETANZ, Rolf
Dipl.-Ing., Beratender Ingenieur VDI - Diemstr. 40, 5100 Aachen (T. 0241 - 6 26 48) - Geb. 13. April 1938 Dresden - Abit. 1956; 1957-64 TU Hannover (Maschwesen); Dipl. 1964 - 1968 Entwickl.leit., 1974 Prod.-Leit., 1980 Geschäftsf., 1985 Berat. Ing. - Spr.: Engl.

SCHICKLER, Adrian G.
Dr., Dipl.-Kfm., geschäftsf. Gesellschafter Schickler & Partner Unternehmensberat. GmbH (s. 1982), DATA-AUDIT Ges. f. EDV-Revision u. -Beratung mbH, alle Hamburg - Spechtweg 24, 2070 Ahrensburg (T. 04102 - 5 73 01) - Geb. 19. Juni 1931 Heidenheim/Brz. (Vater: Wolfgang S., Pfarrer; Mutter: Margarethe, geb. Roecken), verh. s. 1953 m. Gisela, geb. Höhn, 5 Kd. (Thomas, Eva, Oliver, Felix, Saskia) - Gymn. (Abit.) Heidenheim; Stud. Volks- u. Betriebsw. Dipl. 1955 u. Promot. 1957 München - 1966-71 Mitgl. Geschäftsleit. Fa. C. Haushahn; 1971-78 Gruner + Jahr AG (Finanzvorst.); 1979-82 Berendsohn AG (Vorst. Finanzen u. Produktion), Hamburg; AR-Vors. Südrad Autoräder GmbH & Co KG, Ebersbach, u. Drescher Geschäftsdrucke GmbH, Ruteshein - 1953 Dt. Meister Spezialslalom - Spr.: Engl., Franz., Span.

SCHICKS, Heinz
Geschäftsführer caricativer Einrichtungen in Berlin (s. 1975), MdA Berlin (1975-89) - Grimmingweg 16, 1000 Berlin 42 - Geb. 6. April 1933 Berlin - CDU.

SCHIDLOF, Peter
Drs. h. c., Musiker, Prof. Hochsch. f. Musik Köln - 6 Powell Close, Edgware, Middlesex/England - Geb. 9. Juli 1922 Wien, verh. s. 1952 m. Margit, geb. Ullgren, T. Anmarie - Bratschist Amadeus Quartett - Ehrendoktor Univ. London u. Univ. York; Prof. Royal Acad., London; Officer of the British Empire O.B.E.; Gr. BVK; Ehrenkreuz f. Kunst u. Wiss. Österr.

SCHIDLOWSKI, Manfred
Dr. rer. nat., Prof. Univ. Heidelberg, Geologe, Geochemiker - Weinbergstr. 19, 6501 Nieder-Olm - Geb. 13. Nov. 1933 Stettin (Vater: Gerhard Sch.; Mutter: Elisa, geb. Frömming), verh. s. 1964 m. Ingrid, geb. Piegler, 3 Töcht. (Elke, Sonja, Antje) - Promot. 1961 FU Berlin; 1961-63 Montangeologe Südafrika; 1963-68 Hochschulass. Univ. Heidelberg u. Göttingen; Habil. 1968 Univ. Heidelberg - S. 1969 Arb.gruppenleit. Max-Planck-Inst. f. Chemie Mainz; s. 1976 Prof. Univ. Heidelberg; Projektleit. Intern. Geol. Korrelationsprogramm (UNESCO); 1983-86 Chefredakt. Terra cognita - 126 wiss. Publ. im Ber. Geologie/Geochemie - 1981 Med. d'Hommage Univ. Libre Brüssel; Gastprof. Harvard-Univ., Univ. Kalifornien Los Angeles, Univ. Libre Brüssel, Academia Sinica, Lanzhou (VR China); Visiting Scholar Weizmann Inst. Rehovot, Israel u. Karelische Filiale, Akad. d. Wiss. UdSSR Petrosawodsk; Fellow Geological Soc. South Africa; Honorary

Fellow Geological Soc. of India - Spr.: Engl., Russ.

SCHIEB, Alfred
Dipl.-Ing., Professor, De-Vries-Str. 6, D-5000 Köln 60 (T. 760 55 55) - Geb. 11. Aug. 1913 Halle/S. (Vater: Dipl.-Ing. Alfred S., Reichsbahnabteilungspräs.; Mutter: Emma, geb. Fabritius), kath., verh. s. 1942 m. Uta, geb. Cohaus, 3 Kd. - Gymn. Halle u. Berlin; TH Berlin (Bauing.wesen, Eisenbahnbau). Gr. Staatsprüf. (Bauass.) 1939. 1939-54 Reichs- u. Bundesb.; 1955-78 Vorst.-Mitgl. Köln-Bonner Eisenbahnen AG. S. 1958 Doz. Akad. f. Erwachsenenbild. Köln; s. 1960 Lehrbeauftr. u. Honorarprof. (1968) TH Aachen. Berat. Ing. Mitgl. DVWG, Görres-Ges., VDI, UITP; Fellow PWI. Herausg.: Wissen u. Gewissen in d. Technik (Sammelbd.) - 1958 Ritterkreuz d. hl. Sylvester; 1971 Silb. Verkehrswachtehrenz. - Liebh.: Fotogr., Filmen, Basteln, Schwimmen - Spr.: Engl., Franz.

SCHIEBER, Hans
Ing., pers. haft. Gesellsch. Universal Maschinenfabrik Dr. Rudolf Schieber KG., Westhausen - Wilhelm-Nagel-Weg 7, 7085 Bopfingen/Württ. - Vater: Dr.-Ing. Rudolf S., Fabr.; Mutter: Ottilie, geb. Dierksen.

SCHIEBER, Rudolf
Dipl.-Chem., Gesellschafter Dr. Rudolf Schieber Industrieunternehmungen GmbH + Co. KG, Bopfingen - Lindenstr. 2, 7085 Bopfingen/Württ. - Geb. 11. Nov. 1927 - Eltern s. Hans Sch. (Bruder).

SCHIEBLE, Leopold
Dr. jur. utr., Generaldirektor - Lehmpöhle 12, 5060 Bergisch Gladbach 1 - Geb. 2. Okt. 1930 Lörrach/Baden - S. 1969 Vorst.-Mitgl. u. -vors. (1972) Köln. Lebensversich. a. G. u. Köln. Sachversich. AG, Vorst.-Vors. Veritas Lebensversich. AG, AR-Vors. Krankenhaus Longerich Gartenstadt Nord GmbH; VR-Vors. Rhenaniaversich.- u. Bausparvermittlung GmbH, alle Köln.

SCHIEBLER, Theodor H.
Dr. med., Dr. h. c., o. Prof. f. Anatomie - Koellikerstr. 6, 8700 Würzburg (T. 3 17 02) - Geb. 3. Febr. 1923 Berlin (Vater: Theodor S., Kaufm.; Mutter: Hedwig, geb. Bombach), ev., verh. s. 1976 m. Ursula, geb. Wellstein - Gymn. Berlin; 1940-48 Med.stud. Univ. ebd., Würzburg, Göttingen. Promot. 1948; Habil. 1955 - 1949-63 Univ. Göttingen u. Kiel (1962 Wiss. Rat u. Prof.); s. 1963 Univ. Würzburg (1966 o. Prof.). 1964-72 Generalsekr. Comité Intern. d'Histochimie et de Cytochimie; Mitgl. in- u. ausl. Fachges. - BV: Morphol. d. Niere, in: Handb. d. Zoologie, 1958; D. Herz d. Menschen, 1963; Examensfragen Anatomie, 3. A. 1979; Enzymhistochemische Methoden, 1976; Enzymhistochemistry, 1979; Lehrb. d. ges. Anatomie d. Menschen, 4. A. 1987; Histologie, 2. A. 1986. Üb. 150 wiss. Einzelarb. - 1968 Mitgl. Dt. Akad. d. Naturforscher (Leopoldina), Halle/S.; 1975 Ehrenmitgl. Ges. bulgar. Anat., Histol. u. Embryol.; 1975 Ehrenmitgl. d. jugosl. Ges. f. Anatomie, 1981 Japanese Assoc. of Anatomists u. 1985 American Assoc. of Anatomists - Spr.: Engl., Franz.

SCHIECHTL, Hermann
Dipl.-Ing., Vorstandsmitglied Bayer. Wasserkraftwerke AG, München - Gernerstr. 27, 8000 München 19 (T. 089 - 15 15 17); Zweitwohns.: Bäckergasse 27, 8900 Augsburg - Geb. 5. Jan. 1924 München (Vater: Josef Sch., Malerm.; Mutter: Marie, geb. Glätzl), ev., verh. s. 1950 m. Erika, geb. Burger, Sohn Alexander - 1942/43 u. 1946-48 TH München (Bauing.), Dipl.-Ing. 1948 - Vizepräs. u. Vors. Landesgr. Bayern DVWK, Mitgl. Sonderaussch. Wasserkraft VDEW, Ehrenvors. Dt. Eislauf Union, Ehrenvizepräs. Intern. Skating Union - 1978 österr. Olympiamed., 1980 Med. d'or de la jeunesse et des sports (Frankr.), 1981 BVK 1. Kl.; 1983 Silb. Verdienstkreuz d. Finnischen Sports - Spr.: Engl.

SCHIEDEK, Valentin
Regierungsamtmann, Vors. Dt. Beamtenbund - Landes. Hamburg, Mitgl. Bundesvorst. Dt. Beamtenb. - Jungclausweg 17, 2000 Hamburg 65 - Geb. 22. Febr. 1934 Hamburg (Vater: Jonni S.; Mutter: Gertrud, geb. Ruhleder), verh. m. Ursula, geb. Kupsch, 3 Kd.

SCHIEDEL, Friedrich
Ehrensenator TU München, Geschäftsf. Schiedel GmbH & Co - Lerchenstr. 9, 8000 München 50 (T. 3 54 09-1).

SCHIEDER, Wolfgang
Dr. phil., Prof. f. Neuere Geschichte Univ. Trier - Auf Mohrbüsch 76, 5500 Trier - Geb. 2. Sept. 1935 Königsberg/Pr., ev., verh. s. 1961 m. Dr. Dietlind, geb. Nickel, 1 Kd. - S. 1970 Prof. - BV: Anfänge d. dt. Arbeiterbeweg., 1963; Faschismus als soz. Beweg., (Hrsg.) 1976; Leben im Exil, (Hrsg. m. W. Frühwald), 1981; Säkularisation u. Mediatisierung (m. A. Kube), 1987.

SCHIEDERMAIR, Hartmut
Dr. jur., Univ.-Prof., Lehrstuhl f. Öfftl. Recht u. Völkerrecht Univ. Köln - Kaiserstr. 72, 6900 Heidelberg (T. 06221 - 2 34 31) - Geb. 16. Jan. 1936, kath., verh., 3 Kd. (Imogen, Valentin, Stephanie) - Stud. Rechtswiss. u. Phil.; Promot., Habil. (öfftl. Recht) - Univ.-Prof. f. Öfftl. Recht, Völkerrecht u. Rechtsphil., Dir. Inst. f. Völkerrecht u. ausländ. öfftl. Recht; s. 1980 Präs. Dt. Hochschulverb. - BV: D. Phänomen d. Macht u. d. Idee d. Rechts b. Gottfried Wilhelm Leibniz, 1970; D. völkerrechtl. Status Berlins n. d. Viermächte-Abkommen v. 3. Sept. 1971, 1975; D. Geheimnis d. Bösen, E. denkwürd. Exorzistenprozeß, in: Fischer/Sch., D. Sache m. d. Teufel, 1980 - Liebh.: Musik - Spr.: Engl.

SCHIEDERMAIR, Rudolf
Dr. jur. utr., Verwaltungsgerichtspräsident i. R., Honorarprof. f. Verwaltungsrecht Univ. Würzburg (s. 1958) - Zeppelinstr. 74, 8700 Würzburg - Geb. 8. Mai 1909 München (Vater: Dr. phil. Richard S., Oberstudiendir.; Mutter: Hedwig, geb. Dreyer), kath., verh. s. 1938 m. Hedwig, geb. Scheiner, 3 Kd. (Walter †, Werner, Gertrud) - Realgymn.; Univ. Würzburg u. München (Rechtswiss.). Gr. jurist. Staatsprüf. 1935 München - Ab 1937 Reg.- u. Oberreg.rat (1940); 1956-58 VG.dir.; 1958-63 Präs. VG Würzburg. 70 % schwerkriegsversehrt - BV: Apothekengesetz, Ktr., 3. A. 1981 (m. Pieck); D. Anfänge d. Verw.gerichtsbarkeit in Bayern, 1961; Einf. in d. Bayer. Polizeirecht, 1961; Gesetzeskunde f. Apotheker, 10. A. 1984; Handb. d. Ausländerrechts d. BRD, 1968, 2. A. ab 1985 (m. Wollenschläger); Kommentar z. Betäubungsmittelrecht, 1974, 2. A. 1985 (m. Pfeil, Hempel u. Slotty); Ktr. z. bayer. LStVG 4. A., 1979 (m. König); D. apothekenrechtl. Zuverlässigkeit, 1987 - 1979 Ehrennadel d. Dt. Apotheker - Spr.: Franz., Engl. - Bek. Vorf.: Lucas Cranach, Johann Hypolit Schaufert; Bruder: Werner S. †1987

SCHIEFELBEIN, Gert
Dr. jur., Geschäftsführer Dt.-Argentin. Industrie- u. Handelskammer/Cámara de Industria y Comercio Argentino-Alemana - Calle Florida 547, 19 St., 1005 Buenos Aires (T. 393-90 06/7, 394-00 98/9, 322-01 73; Telex 28309 dahk ar; Telefax 00541 11 8167) - Geb. 15. Febr. 1933 Berlin - Univ. Berlin u. Köln (Rechtswiss., Volksw.). Gr. jurist. Staatsprüf.

SCHIEFELE, Hans
Dr. phil., Dipl.-Psych., o. Prof. f. Pädagogik u. Päd. Psychologie - Ramoltstr. 47, 8000 München 83 (T. 680 26 17) - Geb. 20. Juli 1924 - Habil. 1963 München (1974-77 Dekan d. Fak. f. Psych. u. Päd.) - BV: u. a. Theorie u. Praxis d. Programmierten Unterrichts, 1964; Schule von heute - Schule f. morgen, 1969; Schule u. Begabung, 1971; Lernmotivation u. Motivlernen, 1978 - 1977 BVK am Bde.

SCHIEFENHÖVEL, Wulf
Dr. med., Priv.-Doz., Ethnomediziner, Humanethologe, Forschungsstelle f. Humanethologie d. Max-Planck-Ges. - Prinzenweg 22a, 8130 Starnberg - Geb. 2. Okt. 1943 Siegen, verh. s. 1970 m. Grete, geb. Pfeifer, 3 Kd. (Siwanto, Lana, Fridtjof) - Univ. München u. Erlangen; Promot. 1970 Erlangen, Habil. 1984 München - Ehrenmed. u. humanethol. Forsch., bes. in Melanesien; 1975-86 Vors. Arbeitsgem. Ethnomed.; 1978-84 gewähltes Mitgl. d. Sektion u. d. Wiss. Rates d. Max-Planck-Ges.; s. 1979 Lehrbeauftr. f. Ethnomed. am Inst. f. Med. Psychol. d. Univ. München; 1988/89 Wiss. Mitgl. Wiss.kolleg zu Berlin - BV: Wörterb. d. Eipo-Sprache (m. V. Heeschen), 1983; Mensch u. Pflanze (m. P. Hiepko), 1987; Geburtsverhalten u. reproduktive Strategien d. Eipo, 1988. Herausg.: D. Geburt aus ethnomed. Sicht (m. D. Sich, 1983, 2. A. 1986); Traditionelle Heilkundige (m. J. Schuler, R. Pöschl, 1986).

SCHIEFER, Hans Gerd
Dr. med., Prof. f. Med. Mikrobiologie Univ. Gießen (s. 1975, Mycoplasmen, Chlamydien) - Schubertstr. 1, 6300 Gießen - Geb. 17. Dez. 1935 Wuppertal - Staatsex. u. Promot. 1962 Düsseldorf; Habil. 1974 Gießen - 1964-75 wiss. Assist. Vorst.-Mitgl. d. Intern. Organization for Mycoplasmology. Üb. 140 Beitr. in in- u. ausl. Fachztschr. u. Buchbeitr. üb. Mikrobiologie, Membranbiol., Zellphysiol., spez. Mykoplasmen u. Chlamydien, Urogenitalerkrankungen, sexuell übertragbare Erkrankungen, Andrologie, Zoonosen.

SCHIEFER, Hazie
s. Sigel, Kurt

SCHIEFER, Wolfgang
Dr. jur., Rechtsanwalt, Vorst. Dt. Anwaltverein - Im Buchwald 71, 7000 Stuttgart 1 (T. 0711 - 48 45 85) - Geb. 31. März 1936 Wuppertal, ev., verh. s. 1961 m. Hilda, geb. Boeck, 2 T. (Kirsten, Andrea) - 1956-60 Jurastud. Univ. Tübingen u. München; Promot. 1964 Tübingen - Rechtsanw. LG u. OLG Stuttgart. S. 1979 Vorst.-Mitgl. Dt. Anwaltverein; 1982-88 Vors. Anwaltverein Stuttgart; s. 1985 Kurat.-Mitgl. Dt. Anwaltsakad.; s. 1988 AR-Mitgl. Hans Soldan Stiftg. - Liebh.: Lit., bild. Kunst, Sport - Spr.: Engl.

SCHIEFFER, Rudolf
Dr. phil, Prof. f. Mittl. u. Neuere Geschichte Univ. Bonn - Augustastr. 91, 5300 Bonn 2 - Geb. 31. Jan. 1947 Mainz (Vater: Theodor Sch., Prof.; Mutter: Annelise, geb. Schreibmayr), kath., led. - 1966-71 Stud. Gesch. u. Latein Univ. Bonn, Marburg (Staatsex. 1971, Promot. 1975) - 1976-79 Lehrbeauftr. Univ. Regensburg (Habil. 1979); s. 1980 Prof. Univ. Bonn. S. 1984 Mitgl. Wissenschaftsrat - BV: D. Entstehung v. Domkapiteln in Deutschl., 1976; D. Entstehung d. päpstl. Investiturverbots f. d. dt. König, 1981.

SCHIEFFER, Theodor
Dr. phil., em. Prof. f. Mittlere u. Neuere Geschichte - Augustastr. 91, 5300 Bonn-Bad Godesberg - Geb. 11. Juli 1910 Bad Godesberg (Vater: Heinrich S., Rektor; Mutter: Gertrud, geb. Rieck), kath., verh. s. 1942 m. Annelise, geb. Schreibmayr †1981, 3 Kd. - Univ. Bonn, Paris, Berlin (Gesch., Franz., Lat.) - 1936 Mitarb. Monumenta Germaniae historica, 1942 Staatsarchivrat u. Habil. Univ. Berlin, 1946 apl., 1950 ao., 1951 o. Prof. Univ. Mainz, 1954 Univ. Köln (1975 emerit.) - BV: D. päpstl. Legaten in Frankr. 870-1130, 1935; Angelsachsen u. Franken, 1951; Winfrid-Bonifatius, 2. A. 1972; Urkunden d. dt. Karolinger IV, 1960; Urk. d. Karolinger III, 1966; D. dt. Kaiserzeit, 1973; Handb. d. europ. Gesch. I, 1976; Urkunden d. burgund. Rudolfinger, 1977; Germ. Pontificia VI (m. W. Seegrün), 1981, VII, 1986.

SCHIEFNER, von, Alexandra
Schriftstellerin - Burg Schleinitz b. Eggenburg (Nd.-Österr.) - Geb. 4. Juni 1906 Eger (Vater: Maximilian v. S., Oberstlt.; Mutter: Marianne, geb. v. Roman, Schriftst.), kath., verh. m. Karl v. S., T. Alexandra - B. 1963 Lektorin - BV: D. Fall d. Schwestern Freyrich, R. 1935; D. große Nummer, R. 1940 (auch ital.); D. Vagabund Gottes, R. 1954; D. Brücke v. Berber, R. 1958. Zahlr. Beiträge in Ztg. u. Ztschr. - Liebh.: Antiquitäten - Schwestern: Gabriele Skrbensky u. Irmgard Hach, ebenf. Schriftst.

SCHIEGL, Hermann
o. Prof. (emerit.) - Bonner Str. 22, 8000 München 40 (T. 36 34 89) - Geb. 24. Okt. 1910 Pfaffenhofen/Ilm (Vater: Otto S., Bundesbahnoberinsp.; Mutter: Dorothea, geb. Wendlinger), kath., verh. s. 1939 m. Ursula, geb. Friemel †, 2 Kd. (Wolf-Eberhard, Angela) - Akad. d. Tonkunst u. Univ. München. Prüf. f. d. höh. Lehramt 1934 - B. 1964 Gymnasial-(Seminarleit.), dann Prof. u. Leit. Inst. f. d. künstler. Lehramt Staatl. Hochsch. f. Musik München. 1968 ff. Fachberat. f. Musik an bayer. Gymn. Zeitw. stv. Vors. Verb. Bayer. Schulmusikerzieher. Spez. Aufgabengeb.: Schulmusik. BV: Themensamml. musikal. Meisterwerke, 2 Bde. 1959/64 - Liebh.: Bergsteigen, Schwimmen, Kunst - Spr.: Engl., Franz., Ital., Span.

SCHIEK, Gudrun
Dr., Prof. FU Berlin - Prinz-Handjery-Str. 62, 1000 Berlin 37 (T. 030 - 815 16 92) - Geb. 8. Mai 1934 Hamburg - BV: Emanzipation in d. Erziehung - V. d. Fremderziehung z. Selbsterziehung, 1975; Rückeroberung d. Subjektivität, 1982; D. Innenseite d. Lehrbetriebs. Briefe v. Studierenden an ihre Hochschullehrerin, 1988.

SCHIEL, Carl-Heinz
Dr. jur., Generalsekretär Dt. Forschungsgemeinschaft i. R. - Kennedy-Allee 40, 5300 Bonn-Bad Godesberg (T. 885 22 41); priv.: Peter-Schwingen-Str. 49 - Geb. 16. Dez. 1922 Breslau, ev., verh. s. 1947 m. Gertrud, geb. Herwig, 2 Töcht. (Almuth, Susanne) - Reform-Realgymn. Breslau (Abit. 1941); 1946-50 Univ. Bonn u. Köln (Rechtswiss.; Promot. 1953). Staatsprüf. 1950 u. 53 - 1954-56 Richter; s. 1956 Senatsref. u. Generalsekr. (1965) DFG; s. 1988 Präs. Intern. Foundation f. Science, Stockholm - BV: D. Rechts- u. Staatsphil. d. W. S. Solowjew, 1957 - 1974 Ritter Orden Palmes académiques; 1985 BVK I. Kl.; 1987 Gr. BVK - Spr.: Engl. (Dolmetscher-Ex.) - Rotarier.

SCHIELE, Horst-Dieter
Chefredakteur Mannheimer Morgen - Am Anker 5, 6803 Edingen-Neckarhausen - Geb. 8. April 1933 Breslau, verh. s. 1957 m. Ingeborg, geb. Herrguth, 2 Kd. (Heike, Jörg) - Abit. Coburg; Stud. German. Univ. Heidelberg - Volont. Mannheimer Morgen; Leit. Regionalredakt.; stv. Ressortleit. Lokalredakt.; Ressortleit. Lokalredakt.; stv. Chefredakt.; Chefredakt.; Geschäftsf. Vors. Hilfsverein Mannheimer Morgen.

SCHIELE, Otto Helmut
Dr.-Ing., Dr.-Ing. E. h., Dipl.-Ing., Prof., Präs. Arb.gem. ind. Forschungsvergn. (AIF), stv. AR-Vors. Renk-Tacke GmbH, Augsburg, AR-Mitgl. Zahnradfabrik Friedrichshafen AG, Vorst. TÜV Pfalz, Senator Fhg. - Klausenbergweg 4, 6730 Neustadt/Weinstr. - Gymn. (Abit.); Stud. Maschinenbau, Volkswirtsch., Meteorol. - 1957-59 Leit. Inst. f. Strömungslehre u. -maschinen Univ. Karlsruhe, 1959-87 Klein, Schanzlin & Becker (Konstruktionsleit., Produktmanager,

Bereichsleit., Techn. Vorst.). Hon.-Prof. Univ. Karlsruhe. 1967-74 Vors. Wiss. Beirat Inst. f. Führungslehre TA Wuppertal; Ehrenvors. Forschungskurat. Maschinenbau; s. 1976 Mitgl. Kurat. Inst. f. Produktionstechn. u. Automatisierung Fraunhofer Ges.; 1983-86 Präs. VDMA; Kurat. FHS f. Technik, Mannheim; Vors. Technologiebeirat Rheinl.-Pfalz; Mitgl. IRDAC (Ind. R & D Advis. Comm.) d. EG - BV: Kreiselpumpen, in: Lueger, Lex. d. Techn. Bd. 6 u. 7, 1965; Einwellige Drehkolbenverdichter in: Drucklufthandb., 1971; Kreiselpumpenlexikon, 1975. Üb. 60 Einzelarb. Insg. 14 Patente - Liebh.: Privatflieger, Musik, Sport (26 × Gold. Sportabz.) - Spr.: Engl., Franz. - Rotarier.

SCHIELE, Siegfried

Direktor Landeszentrale f. Politische Bildung - Stafflenbergstr. 38, 7000 Stuttgart 1.

SCHIELER, Rudolf

Dr. jur., Justizminister a. D., Rechtsanwalt, Mitgl. Europ. Parlament (1979-84) - Stephanienstr. 21, 7800 Freiburg/Br. (T. 0761-40 22 55) - Geb. 22. Mai 1928 Teningen/Baden (Vater: Fritz S., Bürgerm. Freiburg; (s. XV. Ausg.)), verh. m. Anneliese, geb. Dotter, 2 Kd. - Realgymn. u. Univ. Freiburg (Promot. 1955). 2. jur. Staatsex. 1957 - 1957-66 Verw.-Jurist im Dst. d. Landes Baden-Württ.; 1966-72 Justizmin. Baden-Württ.; 1960-80 MdL Baden-Württ. (1973-76 Fraktionsvors.). SPD - 1984 Gr. BVK m. Stern; 1976 Verdienstmed. Baden-Württ.

SCHIELIN, Robert E.

Hotelier (Hotel Bad Schachen R. Schielin KG) - Hotel Bad Schachen, 8990 Lindau - (T. 50 11) - Geb. 3. Juli 1936 - Spr.: Engl., Franz., Ital. - Rotarier.

SCHIEMANN, Gottfried

Dr. jur., o. Prof. f. Ant. Rechtsgesch., Röm. Recht u. Bürgerl. Recht Univ. Erlangen - Hindenburgstr. 34, 8520 Erlangen - Geb. 13. April 1943 Wiesbaden (Vater: Günther Sch., Chemieprof.; Mutter: Hildegard, geb. Augustin), ev., verh. s. 1974 - Stud. Rechtswiss. u. Gesch. Univ. Göttingen, Florenz, Hamburg; Staatsprüf. Hamburg u. München; Promot. 1971 Hamburg; Habil. 1979 München - 1979 Prof. Univ. Hannover, 1982 Univ. Bielefeld, s. 1987 Univ. Erlangen. Jurist. Fachb. - Liebh. Musik.

SCHIEMENZ, Bernd

Dr. rer. pol., Dipl.-Wirtschaftsing., Prof. f. Betriebswirtschafts- u. Org.lehre Univ. Marburg (s. 1972), Vors. Ges. f. Wirtschafts- u. Sozialkybernetik (s. 1986) - Sonnenhang 5, 3550 Marburg/L. 1 - Geb. 11. Nov. 1939 Frankfurt/M. (Vater: Paul S., Kaufm. Angest.; Mutter: Anna, geb. Noll), ev., verh. s. 1963 m. Rita, geb. Kollmann, 2 Kd. (Kai, Kirsten) - Dipl., Promot. u. Habil. TH Darmstadt - (BV: Regelungstheorie u. Entscheidungsprozesse, 1972; Automatisierung d. Produktion, 1980; Betriebskybernetik, 1982.

SCHIER, Wolfgang

Dr. jur., Präsident i. R. Bayer. Oberstes Landesgericht, Vizepräs. i. R. Verfassungsgerichtshof - Allacherstr. 145, 8000 München 50 - Geb. 22. Febr. 1918.

SCHIERBECK, Max

Kaufmann - Geb. 28. Juni 1913 - Zul. Geschäftsf. Cadbury-Fry GmbH., Bremen u. gf. Ges. Hermann J. Schmidt Gmbh.

SCHIERENBECK, Henner

Dr. rer. pol., o. Prof. f. Betriebswirtschaft, Direktor Inst. f. Kreditwesen Univ. Münster - Königstr. 43, 4402 Greven (T. 02571-32 17) - Geb. 23. Juni 1946 Bremen (Vater: Heinrich Sch., Exportprok.; Mutter: Hertha, geb. Bacher), ev., verh. s. 1978 m. Dr. Ursula, geb. Spies, 2 S. (Carl Christian, Thomas Alexander) - Gymn. Bremen (b. 1966), High School Hingham/USA (1964/1965), FU Berlin (1966-70; Dipl.-Kfm. 1969), Promot. Freiburg 1972 - 1970-78 wiss. Assist. Univ. Freiburg, 1978-80 wiss. Rat u. Prof., s. 1980 o. Prof. - Liebh.: Archit., Antiquitäten - Spr.: Engl.

SCHIERHOLZ, Henning

Dr. phil., Kirchlicher Angestellter, MdB (s. 1985; Landesliste Nieders.), Vors. Aussch. f. Forschung u. Technologie - Niedernstr. 42, 3060 Stadthagen - Geb. 2. Febr. 1949 Jerxen-Orbke/Kr. Detmold, ev., verh., 2 Töchter - Abit.; Stud. Math., Sozialwiss., ev. Theol. u. Rechtswiss. FU Berlin u. Univ. Hamburg; Lehrerex. 1972; M.A. 1974; Promot. 1976 - Anerk. Kriegsdienstverweigerer (Zivildst.); 1972-74 wiss. Mitarb. friedenspäd. Forschungsprojekte Hochsch. f. Wirtsch. u. Politik, Hamburg; 1975-83 Studienleit. f. Jugendbildungsarb. Ev. Akad. Loccum (beurl. f. Mitarb. in d. Bundestagsfraktion d. Grünen). Mitgl. IG Druck u. Papier, Aktion Sühnezeichen Dt. Friedensges., Vereinigte Kriegsdienstgegner (s. 1970 in d. Friedensbewegung aktiv); s. 1976 Mand. im jugendpolit. Bereich Ev. Jugend auf Kreis-, Landes- u. Bundesebene. Wiss. Publ. 1971-79 Mitarb. b. d. Jungsozialisten in d. SPD, seitd. parteilos.

SCHIERI, Fritz

Prof., Dirigent u. Komponist - v.-Rückteschell-Weg 12, 8060 Dachau/Obb. (T. 1 56 69) - Geb. 27. März 1922 München (Vater: Friedrich S., Gürtler; Mutter: Eva, geb. Weber), kath., verh. m. Luise, geb. Gransier, 4 Kd. - Wilhelms-Gymn. München; Musikhochsch. München u. Stuttgart - S. 1948 Lehrtätigk. Musikhochsch. Köln u. München (1959 Prof. f. Chordirigieren; 1972-81 Präs.). Zahlr. Chorw. weltl. u. geistl. Art, u. a. Zyklus dt. Propriumsvertonungen d. röm. Messe; 2 Kantaten, Klavierlieder u.a. Bücher u. Aufs. z. Musik in Liturgiereform d. Kath. Kirche in Dtschl. - 1987 Ehrenpräs. d. Hochsch. f. Musik München u. Ehrenmitgl. d. Werkgem. Musik Düsseldorf.

SCHIERIG, Hermann

Oberbürgermeister a.D. - Fokko-Ukena-Str. 13, 2970 Emden (T. 8 73 51; Büro: 8 73 23) - Geb. 14. März 1921 Magdeburg, verh., 2 Söhne - Mittlere Reife - Verw.-Laufbahn AOK Magdeburg, 1940-46 Arbeitsdst., Kriegsmarine, Gefangensch., 1946-47 Sozialversich.-Kasse Wolmirstedt Bez. Magdeburg, n. Flucht (1948) AOK Emden (zul. Verw.-Oberinsp.). S. 1956 Ratsherr, s. 1961 Senator, 1964ff. Oberbgm. Emden. Vorstandsmitgl. Nieders. Städteverb.; Mitgl. Wirtschafts- u. Verkehrsaussch. Dt. Städtetag u. Beirat Oberste Landesplanungsbehörde. 1959-70 MdL Nieders. (zeitw. stv. Vors. Aussch. f. Häfen u. Schiffahrt). SPD.

SCHIERMEYER, Kurt

Dr. rer. pol., Industrieberater - Uhlandstr. 44a, 5300 Bonn-Bad Godesberg (T. 02221 - 36 44 14) - Geb. 4. März 1907, ev. - Stud. Volksw. - Zul. langj. Vorst.smitgl. Vereinigte Jute-Spinnereien u. Webereien AG., Hamburg/Bonn - Spr.: Engl. - Rotarier.

SCHIESS, Karl

Landesminister, MdL Baden-Württ. (s. 1964) - Dorotheenstr. 6, 7000 Stuttgart (T. 2 07 21); priv.: v.-Mader-Str. 31, 7770 Überlingen/B. (T. 40 51) - Geb. 25. März 1914 Konstanz/B., kath., verh., 3 Kd. - Stud. Rechtswiss. Jurist. Staatsprüf. 1938 u. 42 - 1939-46 Kriegsdst. u. Gefangensch., spät. Ass. u. Reg.srat Landratsämter Donaueschingen u. Konstanz, 1952-54 Richter Bad. Verw.sgerichtshof, Freiburg (OVGsrat), anschl. Oberreg.srat Bad.-Württ. Innenmin. 1956-72 Landrat Kr. Überlingen, seith. Landesmin. Innenmin. CDU - 1972 BVK I. Kl.; 1974 Gr. BVK - Spr.: Engl., Franz. - Rotarier.

SCHIETZEL, Carl

Dr. phil., Prof., Hochschullehrer - Ortleppweg 1, 2000 Hamburg 61 (T. 58 20 80) - Geb. 2. Febr. 1908 Hamburg, ev., verh. s. 1931 m. Thyra, geb. Möller, 2 Söhne (Kurt, Wolfgang †) - Aufbausch. u. Univ. Hamburg - 1929-40 Lehrer; Wehrdst.; 1948-70 (Ruhest.) Studienleit. u. Prof. (1964) Päd. Inst. d. Univ. Hamburg (Abt. I: Sachkunde) - BV: D. volkstüml. Denken u. d. naturkundl. Unterricht, 1939, 2. A. 1948; Technik u. Natur, 1960; Technik, Natur u. exakte Wiss., 1968; Schulbeispiele, 1978. Zahlr. Aufs. Herausg.: Westermanns Päd. Beitr. (1949-1975).

SCHIEVELBEIN, Helmut

Dr. med., Prof. f. Klin. Chemie Univ. München (s. 1970); Vorst. Inst. f. Klin. Chemie Dt. Herzzentrum München (s. 1973) - Holzbachstr. 10, 8034 Germering - Geb. 7. Nov. 1919 Ückermünde (Vater: Karl S., Kaufm.; Mutter: Thea, geb. Danielczik), verh. s. 1964 m. Vera, geb. Wobst, T. Ulrike, Stud. d. Med. Univ. München, Straßburg; Promot. 1953; Habil. 1964 - 1956-60 Pharmaz. Ind. (Abt.leit.); 1960-64 wiss. Assist. Inst. f. Klin. Chemie Univ. München; 1964-66 Leit. Chem.-biol. Inst. Verb. d. Cigarettenind., Hamburg, s. 1966 wied. Univ. München (Vorst. Abt. f. Präventivmed.). Fachmitgl.sch. - BV: Nikotin - Pharmakol. u. Toxikol. d. Tabakrauches, 1968, Klin. Biochemie, 1981. 110 wiss. Veröff. - Spr.: Engl., Franz.

SCHIEWECK, Dieter

Dr. rer. pol., Kaufmann, pers. haft. Gesellschafter Kleinholz & Co., Essen - Am Ruhrstein 25, 4300 Essen 1 (T. 0201 - 41 21 41) - Geb. 17. Aug. 1934 Essen (Vater: Erich Sch., Kaufm. (†); Mutter: Leni, geb. Kleinholz), kath., verh. s. 1967 m. Krista, geb. Balkenhol, 2 Söhne (Matthias, Bernhard) - Abit. 1952 Spiekeroog; Univ. Köln u. Graz, 1. u. 2. rechts- u. staatswiss. Rigorosum 1958 u. 1961 - Pers. haft. Gesellsch. Kleinholz & Co. Essen; s. 1974 Handelsrichter am Landgericht Essen; s. 1983 Ehrenrichter am Finanzgericht Düsseldorf; s. 1972 Mitgl. Vollvers. IHK Essen; s. 1983 Vorst.-Mitgl. Wirtschaftsvereinig. Großu. Außenhandel Ruhrgebiet, Essen - Liebh.: Jagd - Spr.: Engl., Franz., Span.

SCHIF, Curt

Fabrikant, Inh. Dipl.-Ing. Curt Schif, Maschinenbau, Korntal (s. 1946), gf. Gesellsch. Hirth Motoren KG., Benningen/N. - Landhausstr. 10, 7015 Korntal/Württ. - Geb. 13. Juli 1905 Ludwigsburg/Württ. (Vater: Friedrich S.; Mutter: Mathilde, geb. Haug), ev., verh. s. 1936 m. Hildegard, geb. Ordnung, 4 Kd. - Dillmann-Realgymn. u. TH Stuttgart (Dipl.-Ing. 1927) - 1927-36 Ing. u. Leit. Motorenabt. Dt. Versuchsanst. f. Luftfahrt, Berlin, 1936-41 Chefkonstrukteur u. techn. Dir. Hirth-Motorenwerke GmbH., Stuttgart, techn. Dir. u. Betriebsführer Ernst Heinkel AG. ebd. (Werk Hirth-Motoren). 1930-31 techn. Leit. Dt. Inlandeis-Exped. Prof. Wegener (Erstmal. Einf. v. Propellerschlitten in d. Arktis). Mitarb.: Alfred Wegeners letzte Grönlandfahrt (1932) - 1971 BVK - Liebh.: Musik, Filmen, Jagd - Spr.: Engl., Franz.

SCHIFF, Peter

Schauspieler (bes. Fernsehen) - Niklasstr. 19 B, 1000 Berlin 37 (T. 030 - 801 43 82) - Geb. 27. Juni 1923 Neustrelitz (Vater: Hermann S.; Mutter: Louise, geb. Schulzweida), ev., verh. s.

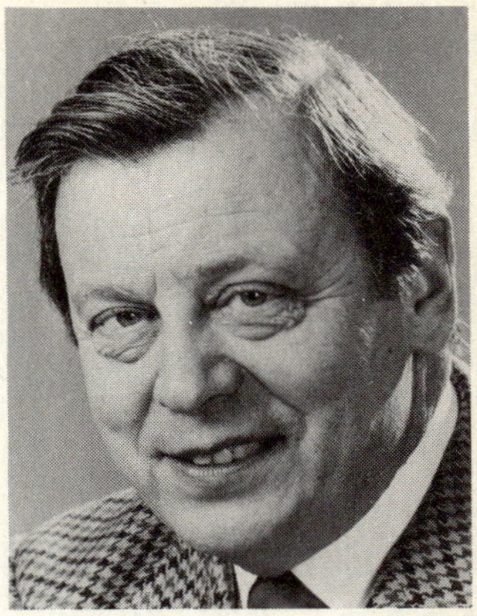

1955 (Ehefr.: Gisela) - Schauspielschule, Ausb. b. Marlise Ludwig, Berlin.

SCHIFFBAUER, Siegfried

Dr. rer. pol., Dipl.-Kfm., Vorstandsmitgl. Gutehoffnungshütte Aktienverein - Postfach, 4200 Oberhausen.

SCHIFFER, Eckart

Dr. jur., Ministerialdirektor - Meckenheimer Str. 85, 5300 Bonn-Bad Godesberg - Geb. 30. Juli 1927 Oberhausen/Rhld. - S. 1955 Bundesinnenmin. (Ref., Unterabteilungsleit., 1974 Leit. Abt. Verfass., Staatsrecht u. Verw.) - Spr.: Engl., Franz.

SCHIFFER, Karl-Heinz

Dr. med., Prof., Abteilungsvorsteher Klinik f. Neurologie u. Psychiatrie Univ. Mainz - Georg-Büchner-Str. 40, 6500 Mainz 42 (T. 5 91 44) - Geb. 6. Okt. 1912 Berlin (Vater: Karl S., Architekt; Mutter: Margarete, geb. Drosdatius), kath., verh. s. 1939 m. Herta, geb. Borowsky, S. Matthias - Univ. Berlin, Breslau, Heidelberg. Promot. 1938 Breslau; Habil. 1953 Mainz - S. 1939 Univ.s-Nervenkliniken Breslau (Assist.), Tübingen (1945; Assist.), Mainz (1951; Oberarzt; 1953 Privatdoz., 1959 apl. Prof., 1971 Abt.svorst. u. Prof.). Veröff. z. Konstitutionsbiol., Neurol., Neuroradiol. u. -psych.

SCHIFFERS, Carl Albert

Kaufmann, Präs. Einzelhandelsverb. Nordrhein, Düsseldorf - Büchel 31, 4040 Neuss/Rh.

SCHIFFERS, Norbert

Dr. theol., o. Prof. f. Philosophie Univ. Regensburg - Machthildstr.76, 8400 Regensburg (T. 7 22 35) - Geb. 14. Juni 1927 Aachen (Vater: Wilhelm S.), kath. - Univ. Bonn u. Tübingen. Promot. 1954 Tübingen; Habil. 1966 Münster - S. 1966 Lehrtätigk. Univ. Münster, Saarbrücken und Regensburg (1968 Ord.) - BV: D. Einheit d. Kirche n. John H. Newman, 1956; Fragen d. Physik an d. Theologie, 1968; Befreiung z. Freiheit, 1971; Gefangene, 1973; Z. Theorie d. Religion 1973. - Zahlr. Einzelarb. Ehrenmitgl. Ges. Brasilian. Philosophen.

SCHIFFLER, Ludger

Dr. phil., Prof. f. Didaktik d. franz. Sprache u. Literatur - Koenigsallee 18 c, 1000 Berlin 33 - Geb. 11. Febr. 1937 Frankfurt/M. (Vater: Dr. rer. pol. Leonhard Sch.; Mutter: Dr. phil. Charlotte, geb. Dichgans), verh. m. Ingrid, geb. Künstler, 2 Söhne (Ansgar, Manuel) - Univ. Frankfurt, Paris u. Rom (Altphilol., Roman.), Zweitstud. Erz.wiss. u. päd. Psych. - 1963-71 Lehrer Gymn., 1968-71 Stud.-Dir., 1971 o. Prof. FU Berlin - BV: Empirische Unters. z. Wirksamkeit des a-v. Franz.unterrichts (Diss.), 1969; Einf. in d. audio-vis. Fremdspr.unterr., 1973; Interaktiver Fremdspr.unterr., 1980; Palmes Académiques, 1982; Enseignement interactif d. langues étrangères, 1984; Suggestopädie u. Superlearning - empirisch geprüft, 1989.

SCHIFFLER, Rudolf

Dr. rer. pol., Dipl.-Kfm., Gf. Gesellschafter Fecken-Kirfel GmbH & Co, Maschinenfabrik, Hüffer & Gastrich oHG, Techn. Großhandel, u. Schiffler GmbH - Preusweg 60, 5100 Aachen (T. 0241-7 21 13) - Geb. 15. Mai 1935 Aachen, kath., verh. m. Ursula Gerrads, 2 T. (Jutta, Christa) - Abit. u. Stud. Betriebsw. u. Staatswiss. Univ. Köln, Münster u. Graz (Abschl. Dipl.-Kfm. u. Promot.) - AR Vereinte Versicherung AG, München; Handelsrichter LG Aachen; Chairman u. Treasurer Fecken-Kirfel America Inc. u. Schiffler Realty Corp., Mahwah, New Jersey/USA - Liebh.: Tennis, Golf, Musik, darst. Kunst - Spr.: Engl., Franz.

SCHIFFLING, Wolfgang

Maler u. Graphiker - Steinrückweg 5, 1000 Berlin 33 (T. 030 - 821 32 38 u. 822 86 93) - Geb. 21. Mai 1941 Marburg.

SCHIKARSKI, Horst J.

Ing., Vorsitzender d. Geschäftsfg. d. RESOPAL GmbH - Hans-Böckler-Str. 4, 6114 Groß-Umstadt (T. 06078 - 8 02 05; Telefax: 06078-80589); priv.: Panoramastr. 7, 6940 Weinheim (T. 06201 - 5 45 88) - Geb. 1. Dez. 1935 Dornick/Ndrh. - Ind.tätigk. Dt. Philips, General Electric, AEG-Telefunken, Brown Boveri & Cie.; Vorst.-Mitgl. Gesamtverb. Kunststoffverarb. Ind. (GKV); Präs. Intern. Komit. d. Hersteller dekorativer Schichtstoffplatten - Spr.: Engl.

SCHILCHER, Heinz

Dr. Prof. FU Berlin (s. 1983), Pharmaz. Biologe - Gierkezeile 36, 1000 Berlin 10 - Geb. 21. Febr. 1930 Neuburg (Vater: Josef Sch., Müllerm.; Mutter: Anna, geb. Grünthaner), kath., verh. s. 1982 in 2. Ehe m. Dr. Barbara, S. Stefan - Stud. Pharmazie Univ. München - Pharmazeut. Ind.; Lehrtätigk. Univ. Marburg u. Tübingen - BV: Heilkräftige Pflanzen - erkennen, sammeln, anwenden; Sachkundenachweis f. freiverkäufl. Arzneimittel in Fragen u. Antworten - Ehrenpräs. Bayer. Kanu-Verb.; 1985 Sebastian-Kneipp-Preis - Liebh.: Sport, Musik - Mehrf. bayer. u. südd. Meister im Kanu - Spr.: Engl.

SCHILD, Gregor

Dr., Dipl.-Volksw., gf. Vorstandsmitglied Arbeitsgem. Dt. Kraftwagen-Sped. eG - Eduard-Pflüger-Str. 58, 5300 Bonn - Geb. 10. März 1953 - 1985 BVK.

SCHILD, Heinz B.

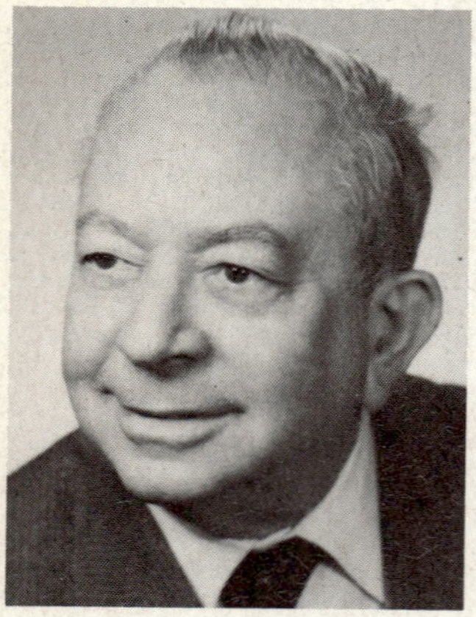

Gf. Vorstand ADL, Arbeitsgemeinschaft Dt. Luftfahrt-Untern. (Aero-Lloyd, Condor, Hapag-Lloyd, LTS, LTU, Germania), Beiratsmitgl. f. Fragen d. Tourismus b. Bundesminister f. Wirtschaft, Mitgl. Fachbeirat ITB - Am Hofgarten 12, 5300 Bonn 1 (T. 0228 - 22 45 17) - Geb. 9. Juli 1924.

SCHILD, Walter

Dr. med., Prof., Gynäkologe, Chefarzt - Städt. Krankenhaus, 5200 Siegburg - Geb. 25. Juli 1925 Mönchengladbach - S. 1960 (Habil.) Lehrtätigk. Med. Akad. bzw. Univ. Düsseldorf (1966 apl. Prof. f. Geburtshilfe u. Frauenheilk.) - Etwa 120 Fachveröff.

SCHILD, Wilhelm

Präsident Saarl. Landessozialgericht - Zu erreichen üb.: Landessozialgericht, Egon-Reinert-Str. 4-6, 6600 Saarbrücken 3 - Geb. 24. Nov. 1923

SCHILD, Wolfgang

Dr. jur., Prof. f. Strafrecht, Strafprozeßrecht u. Rechtsphilosophie Univ. Bielefeld - Im Pferdebrook 6a, 4800 Bielefeld 1 (T. 0521 - 10 47 74) - Geb. 2. Nov. 1946 Wien/Österr. (Vater: Josef Sch., Polizeibeamter; Mutter: Maria, geb. Haberl), kath., verh. s. 1972 m. Maria, geb. Köck, 2 T. (Marie Louise, Anne Alice) - Promot. 1968 Univ. Wien, Habil. 1977 Univ. München - S. 1977 Prof. Univ. Bielefeld - BV: D. reinen Rechtslehren, 1975; D. Merkmale d. Straftat u. ihres Begriffs, 1979; Alte Gerichtsbarkeit, 1980; D. Strafrichter in d. Hauptverhandl., 1982; Recht u. Gerechtigkeit im Spiegel d. europ. Kunst, 1988.

SCHILDBACH, Thomas

Dr. rer. pol., Univ.-Prof. - Sieglgut 65, 8390 Passau (T. 0851 - 4 45 24) - Geb. 8. März 1945 Bergneustadt, Oberberg. Kr., verh. m. Maria, geb. Kawalle, 2 S. (Georg, Christian) - Stud. Univ. Köln (Betriebswirtsch.); Dipl.-Kfm. 1969; Promot. 1973; Habil. 1979 bde. Köln - 1969-79 Assist. in Köln b. Prof. Dr. Sieben, 1979 Doz. in Köln; 1980-81 Vertr. in Bochum; 1981 Prof. in Passau - BV: Analyse d. betriebl. Rechnungswesens, 1975; Geldentwertung u. Bilanz, 1979; Jahresabschl. u. Markt, 1986; D. handelsrechtl. Jahresabschluß, 1987 - Liebh.: Skilaufen, Wandern - Spr.: Engl.

SCHILDBERG, Friedrich-Wilhelm

Dr. med., Univ.-Prof., Direktor Chirurg. Univ.-Klinik München (s. 1989) - Marchioninistr. 15, 8000 München (T. 089 - 70 95 27 90) - Geb. 6. März 1934 Essen, kath., verh. m. Dr. Christa, geb. Denz, 2 Söhne (Jörg, Claus) - Abit. 1954; Promot. 1961 Freiburg; 1962 Bestallung als Arzt; Habil. (Chir.) 1972 Köln - 1962-64 wiss. Assist. Physiol. Inst. Freiburg; 1964-73 Wiss. Assist. u. spät. Oberarzt Chir. Univ.-Klinik Köln-Lindenthal; 1973 Oberarzt Chir. Univ.-Klinik München; 1977 Ltd. Oberarzt Chir. Univ.-Klinik München; 1978 Dir. d. chirurg. Univ. Klinik Lübeck; 1981-84 Vizepräs. Med. Univ. zu Lübeck; 1983 Vors. d. Vereinig. Nordwestdt. Chir. - BV: Atemstörungen b. Polytrauma - Praeklin. Aspekte (m. G. Hohlbach u. A.W. de Pay), 1984; Chir. Intensivmed. (m.and.), 1985; D. interdiszipl. Behandl. d. Mammacarcinoms (m. E. Kiffner), 1985; Stand u. Gegenst. chir. Forschung (m.and.), 1986; Chir. Behandl. v. Tumormetastasen. Melsunger Med. Mitteilung, Bd. 58, 1986; Kirschnersche allg. u. spez. Operationsl.: Thoraxchir. (m. H. Pichlmaier), 1987; Ernährung in Klinik u. Praxis. Aktuelles aus Onkol. u. Chir. (m. R. Klapdor u. J. Wawersik); Schock in d. Notfallmed. (m. G. Hohlbach u. P. C. Scriba), 1987; Supraaortale Arterien (m. R. M. Schütz), 1988; Akute Gefäßverschlüsse d. Extremitäten (m. R. M. Schütz), 1989; Lunge, Pleura, Mediastinum (m. and.), 1990 - Spr.: Engl., Franz.

SCHILDKNECHT, Dieter

Dr. rer. nat., o. Prof. f. Theoret. Physik Univ. Bielefeld (s. 1976) - Am Wehmkamp 4, 4800 Bielefeld 1 (T. 0521 - 10 22 78) - Geb. 28. Juli 1934 München, ev., verh. s. 1962 m. Birgit, geb. Hellner, 2 Kd. (Sabine, Urs) - Stud. Univ. München; Dipl.-Phys. 1960; Promot. 1964 - 1965-76 wiss. Mitarb. Dt. Elektronen-Synchroton (DESY) Hamburg; Forsch. an UCLA u. SLAC, bde. Calif., USA, CERN, Genf, MPI f. Physik, München. Ca. 80 Fachveröff. in Nucl. Physics, Phys. Lett., Ztschr. f. Physik, u. a. - Liebh.: Ski, Tennis - Spr.: Engl., Franz. - Bek. Vorf.: Hans Schildknecht, Kunstmaler (Großonkel); Prof. Georg Schildknecht, Kunstmaler (Großonkel); Christoph Schildknecht, Fotograph u. Porzellanmaler (Urgroßv.).

SCHILDKNECHT, Hermann

Dr. phil. nat., o. Prof. u. Direktor Organ.-Chem. Inst. Univ. Heidelberg - Hainsbachweg 9, 6900 Heidelberg (T. 4 27 62) , Geb. 2. Aug. 1922 - S. 1959 (Habil.) Lehrtätigk. Erlangen bzw. - Nürnberg u. Heidelberg (1963). Entd.: Insektenabwehrstoffe, Erf.: Kolonnenkristallisieren - BV: Zonenschmelzen, 1964 (engl. 1966). Zahlr. Einzelarb. - 1972 Mitgl. Dt. Akad. d. Naturforscher (Leopoldina), Halle/S.; 1974 Richard-Kuhn-Med. - Spr.: Engl., Franz.

SCHILDKNECHT, Kurt Josef

Regisseur, Generalintendant am Staatstheater Saarbrücken (ab 1991) - Zu erreichen üb. Staatstheater, 6600 Saarbrücken - Geb. 18. Juli 1943, kath., verh. m. Petra Fahnländer - Matura Immensee - Regie in Österr., Deutschl. u. Schweiz - Insz.: u.a. Faust I u. II Schauspielhs. Graz (ORF-Fernsehaufz.), Urauff. v. zeitgenöss. Dramatikern im Steir. Herbst. Gastinsz. Volkstheater Wien, Stadttheater Bern, usw.

SCHILKEN, Eberhard

Dr. jur., Prof. Univ. Osnabrück - Unter den Birken 28, 5342 Rheinbreitbach - Geb. 6. Febr. 1945 Seligenstadt (Vater: Dr. Eugen Sch., Rechtsanw.; Mutter: Maria, geb. Heim), kath., verh. s. 1969 m. Ute, geb. Kannacher, 2 Töcht. (Esther, Julia) - 1. jurist. Staatsex. 1969, 2. jurist. Staatsex. 1973, Promot. 1975, Habil. 1981, alles Univ. Bonn - 1973-81 Wiss. Assist. Univ. Bonn; 1981 Prof. (C3) Univ. Köln; 1982 Prof. (C4) Univ. Osnabrück - BV: D. Befriedigungsverfüg. (Diss.), 1976; D. Wissenszurechn. (Habil.-Schr.), 1982; Zwangsvollstreckungsrecht (Rosenberg-Gaul-Schilken), 1987; Veränderungen d. Passivlegitimation im Zivilprozeß, 1987; Gerichtsverfassungsrecht, 1989 - Liebh.: Musik, Philatelie, Sport - Spr.: Franz., Engl.

SCHILL, Claudia Beate

Schriftstellerin, Übers. - Im Heckengarten 17, 6902 Sandhausen (T. 06224 - 42 59) - Geb. 17. Nov. 1952 Tübingen (Vater: Dr. Erich F. A. Sch., Ltd. Ministerialrat u. Fachbuchautor; Mutter: Dr. Heidi Martina, geb. Martin, Komp. u. Malerin), ev., ledig - Journ.ausb.; Stud. Dolmetscherw., Dipl. Übersetzer 1978 - BV: Revolution in Zeilen, 1978; Deutschland - ein - Eisalptraum, 1981; Engel der Elegie, 1984; ...macht Macht machtlos..., 1986 - 1978 1. Lyrikpr. d. Freien Forums Heidelberg, u.a. - Liebh.: Natur, Musik (Klassik), Romantik, Phil., Lyrik, Flöte, Klavier, Wahrheit, Freiheit, Friede - Spr.: Engl., Span., Latein, Griech.

SCHILL, Emil

Dr. jur., Landrat Ld.kr. Breisgau-Hochschwarzwald (s. 1973) - Kageneckstr. 10, 7801 Stegen/Br. (T. Büro: 2 18 71) - Geb. 12. Febr. 1928 Freiburg/Br. (Vater: Karl S.; Mutter: Anna, geb. Ehmann), kath., verh. s. 1956 m. Irma, geb. Schmieder, 2 Kd. (Renate, Armin) - Schule u. Univ. Freiburg (Rechtswiss.). Jurist. Staatsprüf. 1952 u. 56; Promot. 1956 (alles Freiburg) - 1959-68 Rechts-, Oberrechtsrat u. Stadtrechtsdir. Freiburg, 1968-72 Landrat Freiburg. CDU s. 1958 - Liebh.: Tennis, Ski, Golf - Rotarier.

SCHILL, Wolf-Bernhard

Dr. med., Prof. f. Dermatologie, Venerologie u. Andrologie, Hautarzt, Direktor d. Dermatologischen Klinik u. Poliklinik d. Univ. Gießen (s. 1989) - Univ. Gießen, Gaffkystr. 14, 6300 Gießen (T. 0641 - 702 35 13) - Geb. 10. Nov. 1939 Bernburg (Vater: Otto Sch., Ing.; Mutter: Katharina, geb. Schuricht), ev., verh. s. 1971 m. Dr. Stephanie, geb. Lechnir, 3 Söhne (Stephan, Tillmann, Fabian) - 1959-64/65 Med.-Stud. Univ. Tübingen, Berlin u. Wien; Promot. 1965, Habil. 1976 - 1967-69 Max-Planck-Inst. f. exp. Med. Göttingen; 1969/70 Tätigk. Univ. of Chicago; ab 1971 Univ. München (Dermatol. Univ.-Klinik); C4-Prof.; Präs. Dt. Ges. Stud. Fertilität u. Sterilität. 450 wiss. Arb. in intern. Ztschr., 6 Bücher u. 350 Vorträge. Spez. Arbeitsgeb.: Androl., Reproduktionsmed., - biol. u. -biochemie - 1971 Fellow in Reproductive Biol. Univ. of Chicago - Liebh.: Kunst, Musik - Spr.: Engl., Franz., Span., Latein.

SCHILLEMEIT, Jost

Dr. phil. (habil.), o. Prof. u. Direktor Seminar f. Dt. Sprache u. Literatur TU Braunschweig (s. 1968) - Friedensallee 48, 3300 Braunschweig (T. 37 38 30) - Geb. 18. Febr. 1931 Berlin, verh. m. Rosemarie, geb. Schlüter, 2 Kd. - Zul. Privatdoz. - BV: Bonaventura d. Verf. d. Nachtwachen, 1973.

SCHILLER, Christoph

Pfarrer a. D., Landrat - Wunsiedler Str. 8, 8671 Thierstein - Geb. 13. Nov. 1927 Mistelbach, ev., verh., 3 Kd. - Human. Gymn.; Theol.stud. - Pfarrer, Schuldst.; 1969-72 MdB; Bezirksrat; s. 1972 Landrat.

SCHILLER, Karl

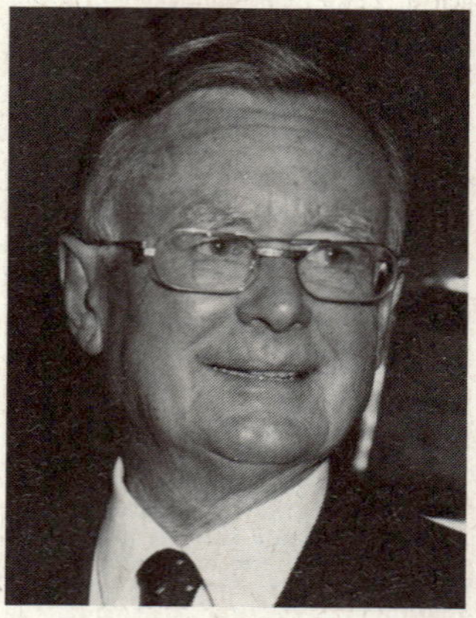

Dr. rer. pol., Prof., Bundesminister a. D. - Reindorfer Str. 84, 2112 Jesteburg - Geb. 24. April 1911 Breslau (Vater: Carl S., Ingenieur; Mutter: Maria, geb. Dreizehner), ev., verh. in 4. Ehe (Ehefr.: Vera), 4 Kd. (Barbara, Bettina aus 1., Christa, Tonio aus 2. Ehe) - Realgymn. (Hebbel-Sch.) Kiel; Univ. ebd., Frankfurt, Berlin, Heidelberg (Nationalök., Soziol.). Promot. 1935 Heidelberg; Habil. 1939 Kiel - 1934-35 Assist. Univ. Heidelberg, 1935-39 Forschungsgruppenleit. Inst. f. Weltw. Univ. Kiel, 1941-45 Wehrdst. (zul. Oblt.), anschl. Leit. Hbg. Außenst. u. Redaktionsabt. Kieler Inst. f. Weltw., 1947-72 o. Prof. Dir. Inst. f. Außenhandel u. Überseew. Univ. Hamburg (1956/58 Rektor), 1948-53 Senator f. Wirtschaft u. Verkehr Hamburg u. 1949-53 Mitgl. Bundesrat, 1961-65 Senator f. Wirtschaft Berlin u. Mitgl. Bundesrat, 1966-72 (Rücktr.) Bundesmin. f. Wirtschaft bzw. f. Wirtschaft u. Finanzen (1971). 1973-79 VR-Präs. Edesa S. A. 1949-57 Mitgl. Hbg. Bürgerschaft; 1965-72 MdB. 1946-72 u. 1980ff. SPD (b. z. Austr. Vorst.- u. Präsid.-Mitgl.), 1980 Wiedereintritt SPD. 1976ff. Mitgl. Ford European Advisory Council - BV: u. a. Arbeitsbeschaffung u. Finanzordnung in Dtschl., 1936; Marktregulierung u. -ordnung in d. Weltagrarw., 1940; Denksch. z. künft. Entwicklung Hamburgs, 1947; Hamburgs Anliegen z. Wirtschafts- u. Verkehrspolitik, 1952; Sozialismus u. Wettbewerb, 1955; Absatzw. als produktive Aufgabe, 1957; Neuere Entwickl. in d. Theorie d. Wirtschaftspolitik, 1958; D. Wachstumsproblematik d. Entwicklungsländer, 1960 (Vortrag); D. Ökonom u. d. Gesellschaft/D. freiheitl. u. soziale Element in d. mod. Wirtschaftspolitik - Vortr. u. Aufs., 1964; Berliner Wirtschaft u. dt. Politik - Reden u. Aufs. 1961-64, 1964;

Reden z. Wirtschaftspolitik, 10 Bde. 1966/72; Aufgeklärte Marktwirtschaft - Kollektive Vernunft in Politik u. Wirtschaft, 1969; Betracht. z. Geld- u. Konjunkturpolitik, 1984 - 1969 Gr. BVK m. Stern, 1976 Alexander-Rüstow-Plakette, 1978 Ludwig-Erhard-Pr., 1983 Ehrensenator Univ. Hamburg; 1986 Bürgerm.-Stolten-Med. Hamburg, 1989 Bernhard-Harms-Med. Kiel - Liebh.: Bücher, Musik.

SCHILLER, Theo

Dr. phil., Prof. f. Politikwissenschaft Univ. Marburg - Sandweg 52, 3550 Marburg/L.

SCHILLER, Ulrich

Dr. phil., Amerika-Korrespondent BR/HR/RB/SDR/SFB/SR-Hörfunk, Die Zeit - Zu erreichen üb.: Hess. Rundfunk, 6000 Frankfurt/M.; Büro Washington - Geb. 24. Juni 1926 Mittelwalde/Schlesien (Vater: Erich S., Lehrer; Mutter: Erika, geb. Hecker), ev., verh. s. 1960 m. Ingrid, geb. v. Breska, 3 Kd. - Univ. Göttingen, Berlin (Freie), Freiburg (Slawistik, Gesch. Osteuropas). Promot. 1956 Freiburg - S. 1956 Journalist, 1960-69 ARD-Korresp. Belgrad u. Moskau (1966), 1970-73 Chefredakt. Radio Bremen - BV: Zwischen Moskau u. Jakutsk - D. Sowjetunion im Wettlauf gegen d. Zeit, 1970 - Spr.: Engl., Serbokroat., Russ.

SCHILLIG, Dietmar

Dr. rer. nat., Prof. f. Geographie PH Weingarten - Brunnenweg 6, 7987 Weingarten/Württ.

SCHILLING von CANSTATT, E. Fritz (Friedrich), Freiherr

Verleger Mannheimer Morgen - Am Marktplatz, 6800 Mannheim (T. 17 02 - 1) - Geb. 1. Juli 1904 Bad Godesberg (Vater: Friedrich S. v. C.; Mutter: Maria, geb. Pfeifer), ev. - Liebh.: Golf - Spr.: Engl., Franz. - Rotarier.

SCHILLING, Freiherr von, Eitel Friedrich

s. Schilling v. Canstatt, E. Fritz (Friedrich), Freiherr

SCHILLING, Friedhelm

Dr. phil., Prof. f. Sportwissenschaft Univ. Marburg - Goethestr. 56, 3552 Wetter.

SCHILLING, Gertrud

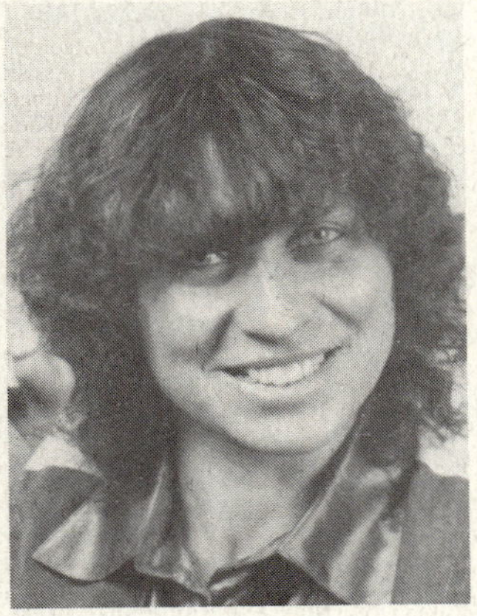

Friedensarbeiterin, Lehrerin, MdB - Röderstr. 16, 6479 Schotten-Einartshausen (T. 06044 - 15 86) - Geb. 30. März 1949 Solingen-Ohligs - Abit. 1968 Wiesbaden; Stud. Erz.wiss.; 1. u. 2. Staatsex. als Lehrerin f. Sekundarstufe I 1971-74 Univ. Frankfurt bzw. Grund-Haupt- u. Sondersch. Bad Orb - 1960-70 aktive kath. Jugendarb.; 1972-76 Mitbegründ. e. Vereins f. Kinder- u. Jugendarb. in Bad Orb; s. 1972 Lehrerin an versch. Grund-, Haupt- u. Sondersch. im Main-Kinzigkr. u. Vogelsbergkr. (Hessen) sow. Personalrätin u. Verbindungslehrerin; s. 1978 anti-AKW-Bewegung (Bürgerinitiat. gegen Atomanlagen); 1978/79 Mitgl. d. Grünen Liste Hessen (Vorläuferin d. Grünen); ab 1979 Mitgl. d. Grünen (1980-82 Landesvorst. Hessen); 1982-85 Mitgl. Hess. Landtag (Mitgl. Innen- u. Hauptaussch.); nach Rotation Mitarb. d. Landtagsfraktion. S. 1987 MdB (Mitgl. Verteidigungsaussch. u. Gemeins. Aussch. Notparlament); s. 1986 Mitgl. VVN-Bund d. Antifaschisten (s. 1987 Bundesvorst.). Inhaltl. Schwerp. d. polit. Arb.: Ökologie u. Frieden, kommunale u. rechtl. Aspekte d. Friedensarb., Soziale Verteidigung, gewaltfreier Widerstand, ziviler Ungehorsam, Antifaschismus, Asylpolitik. Entdeckung v. Sprengkammern in Osthessen - BV: Militarisierung, Friedensarbeit u. kommunale Gegenwehr, 1985 - Liebh.: Katzen, Garten - Spr.: Engl. - Lit.: Knut Krusewitz: Umweltkrieg; Peter Krahnlec: Sieben Legenden über Hiroshima; Michael Preute: D. Bunker.

SCHILLING, Hans

Dr. phil., o. Prof. u. Inh. Lehrstuhl f. Pastoraltheol. Univ. München (s. 1971; 1974-77 Dekan) - Agnes-Bernauer-Str. 16, 8000 München 21 (T. 57 49 06) - Geb. 23. Sept. 1927 Stuttgart (Vater: August S., Versich.sangest.; Mutter: Martha, geb. Klatt), kath. - Stud. d. Theol., Phil., Psychol., Päd. Univ. Tübingen u. München; Promot. 1958; Habil. 1968 (bde. München) - 1959-69 ao. u. o. (1968) Prof. f. Religionspäd. PH Eichstätt - BV: Bildung als Gottesbildlichk., 1961; Grundl. d. Religionspäd., 1970 (ital. 1974); Religion in d. Schule, 1972 - Spr.: Engl., Franz.

SCHILLING, Hans-Dieter

Dr. rer. nat., Prof., Geschäftsführer VGB Techn. Vereinig. d. Großkraftwerksbetreiber, Kraftwerksschule, VGB Kraftwerkstechnik GmbH, VGB Forschungsstiftg., Mitgl. d. Geschäftsfg. Kraftwerks-Simulator-Ges. mbH u. d. Ges. f. Simulatorschulung mbH - Zu erreichen üb. VGB Technische Vereinigung d. Großkraftwerksbetreiber, Klinkestr. 27-31, 4300 Essen 1.

SCHILLING, Heinz

Dr., o. Prof. f. Neuere Geschichte Univ. Gießen - Tannenweg 10, 6300 Gießen - Geb. 23. Mai 1942 Bergneustadt (Vater: Alfred Sch.; Mutter: Frieda, geb. Dietz), ev., verh. s. 1969 m. Ursula, geb. Fischer, 3 Kd. (Hendrikje Susanne, Philipp Martin, Jan Moritz) - 1963-65 Stud. Gesch., German., Phil. u. Soziol. Univ. Köln, 1965-71 Freiburg; Staatsex. Lehramt Gymn. 1968, Promot. 1971, Habil. 1977 Univ. Bielefeld - 1972-77 Wiss. Assist. Univ. Bielefeld; 1977-80 Univ.-Doz. Bielefeld; 1980 o. Prof. Univ. Osnabrück; 1982 o. Prof. Gießen - BV: Niederl. Exulanten im 16. Jh., 1972; Konfessionskonflikt u. Staatsbild., 1981; Niederlande u. Nordwestdeutschl., 1983; Mitten in Europa, (Co-Autor), 1984; Reformierte Konfessionalisierung in Deutschl. D. Probl. d. Zweiten Reformation, 1986; Aufbruch u. Krise Dt. Gesch. 1517-1648, 1988 (Siedler Dt. Geschichte, Bd. 4); Höfe u. Allianzen, Dt. Gesch. 1648-1763, 1989. Aufs. z. Reformations-, Stadt-, Sozialgesch., Gesch. d. pol. Denkens, d. Calvinismus - Spr.: Engl., Franz., Niederl.

SCHILLING, Klausjürgen

Assessor, Hauptgeschäftsf. Industrie- u. Handelskammer zu Bochum - Ostring 30-32, 4630 Bochum 1; priv.: Obererle 125, 4650 Gelsenkirchen 2 - Geb. 23. Febr. 1931 - Studienleit. Verwaltungs- u. Wirtschaftsakad., Bochum; Vorst.-Vors. Arbeitsgem. Technologieberat. Ruhr.

SCHILLING, Freiherr v., Rainer

Herausgeber Mannheimer Morgen, Geschäftsf. Rhein-Neckar Fernsehen - R 1, 4-6, 6800 Mannheim 1 (T. 0621 - 1 70 20) - Geb. 7. Aug. 1935 Witten/Ruhr, gesch., 2 Kd. (Kai, Angela) - Vors. Dt. National Komit. d. Intern. Press Inst.; 2. Vors. USO Dtschl. - Spr.: Engl., Franz.

SCHILLING, Rudolf

Dr., Vorstandsmitglied Brau-AG. Nürnberg - Schillerstr. 14, 8500 Nürnberg; priv.: Walkürenstr. Nr. 18.

SCHILLING, Rudolf

Dr.-Ing. habil., Univ.-Prof. TU München, Lehrstuhl f. Hydraulische Maschinen u. Anlagen (s. 1988) - Dorfmoos 26, 8134 Pöcking (T. 08157 - 42 20) - Geb. 1. Jan. 1944 Freiburg, kath., verh. s. 1969 m. Edeltraud, geb. Stiller, 2 Töcht. (Yvonne, Kathrin) - Stud. Maschinenbau Univ. Karlsruhe; Dipl. 1970; Promot. 1976 u. Habil. 1979 Univ. Karlsruhe - 1970/71 Konstrukteur KSB Frankenthal; s. 1980 Berechnungsing. Voith Heidenheim; 1982 Leit. Numerische Entwicklung, 1984 Bereichsleit. Forsch. u. Entwicklung - Entd.: Patent f. Radialventilator hoher Leistungsdichte - Liebh.: Sport, Tennis - Spr.: Engl., Franz.

SCHILLING, Walter Burkard

Architekt (Kirchenbau) - Bohlleitenweg 17, 8700 Würzburg; priv.: Kerzenleite 52, 8707 Veitshöchheim - Geb. 24. Aug. 1930 Bayreuth (Vater: Johann Sch., Beamter; Mutter: Margarete, geb. Löwisch), kath., verh. s. 1958 m. Traudl, geb. Schneider, 4 Kd. (Stefan, Uta, Peter, Ruth) - 1951-53 Maurerlehre Bayreuth; 1953-1956 FHS Würzburg - S. 1961 selbst. Architekt. Spez. Arbeitsgeb.: öff. Gebäude, u. a. 18 neue Kirchen, Kinderdorf Riedenberg, Kongreßzentrum Veitshöchheim. Mitarb. am Buch: Kirchenbau (1960) - Liebh.: Aquarellmalerei, Astronomie.

SCHILLING, Werner

Dr. rer. nat., Prof., Physiker - Haubourdinstr. 12, 5170 Jülich/Rhld. (T. 5 43 95) - Kath., verh., 2 Kd. - S. 1965 Leit. Inst. f. Festkörperforsch. KFA Jülich; s. 1963 (Habil.) Lehrtätigk. TH Aachen (1969 apl., 1972 o. Prof. f. Experimentalphysik). Facharb..

SCHILLING, Wolf-Dietrich

Dr. jur., Angehöriger Auswärtiges Amt - Zu erreichen üb. Postf. 11 48, 5300 Bonn 1 - Geb. 29. Sept. 1936 Gau-Odernheim (Vater: Karl S., Arzt; Mutter: Dorothea, geb. Beeck), ev. - Stud. d. Rechts- u. Staatswiss. Univ. Hamburg; 1. u. 2. jur. Staatsex. 1960 u. 65; Prüf. f. d. Höh. Ausw. Dienst 1967 - 1967-74 Mitarb., dann pers. Ref. Außenmin. u. Bundeskanzler (1969); 1974-76 Botsch.rat Tripolis/Libyen; 1976-79 Botsch. Dacca/Bangladesch; 1979-83 Botsch. Sanaa (Jemenit. Arab. Rep.), zugl. akkreditiert in Aden (Demokrat. Volksrep. Jemen) u. Djibouti - Spr.: Engl., Franz., Span.

SCHILLING, Wolfgang

Dr. jur., Rechtsanwalt, Honorarprof. f. Gesellschaftsrecht Univ. Heidelberg, AR-Mitgl. Mannheimer Versich.-Ges., Mannheim, Vors. Kurat. Georg Michael Pfaff Gedächtnisstiftg. Kaiserslautern - 1981 Gr. BVK.

SCHILLING, Wolfgang

Dipl.-Ing., Präsident Oberpostdirektion Kiel - Fabrikstr. 7, 2300 Kiel 1.

SCHILLINGER, Wolfgang

Druckereiinhaber, Verleger - Wallstr. 14, 7800 Freiburg (T. 0761 - 3 32 33/50 80 11) - Geb. 31. Juli 1934 Freiburg (Vater: Hermann Sch., Druckereiinh.; Mutter: Klara, geb. Gause), ev., verh. s. 1959 m. Helga, geb. Schröter, 4 Kd. (Andreas, Almut, Dagmar, Silke) - Meisterprüf. als Schriftsetzer, Dipl. Akad. f. d. Graph. Gewerbe, München - S. 1962 selbst. Vorst.-Mitgl. Verb. Papierverarb. u. Druck, Südbaden; Vors. Fachber. Hochdruck u. Flachdruck in Technik u. Forsch. b. BVD; Mitgl. Haupt-Vorst. u. Präsidialrat Bundesverb. Druck, Wiesbaden - Liebh.: Musik, Bild. Kunst, Künstl. Fotogr. - Spr.: Franz., Engl.

SCHILLOW, Werner

Kapitän u. Reeder i.R. - Bonhoeffer Ufer 14, 1000 Berlin 10 (T. 030 - 344 41 64) - Geb. 26. März 1919 Berlin (Vater: Carl Sch., Reeder; Mutter: Anna, geb. Horburg) - Realgymn., Seefahrtschule - Geschäftsf. Verb. Dt. Schiffsexp., 1. Vors. Verein Berliner Fahrgastschiffahrt u. Schiffseigner - Liebh.: Sport- u. Berufsschiffahrt, Schiffsmod. - Spr.: Engl., Franz.

SCHILSON, Arno

Dr. theol., Prof. f. Abendländische Religionsgesch. Univ. Mainz - Buchenweg 9, 6500 Mainz 1 - Geb. 19. Jan. 1945 Lorch (Vater: Carl Sch., Winzer; Mutter: Maria, geb. Wulf), kath., verh. s. 1984 m. Birgit, geb. Perschbach - Abit. 1964 Rheingauschule Geisenheim; Theol. Ex. 1969 Hochsch. St. Georgen, Frankfurt; Promot. 1973 Univ. Tübingen, Habil. 1981 ebd. - 1970/71 Kaplan Frankfurt; 1974-81 Wiss. Assist. Kath.-theol. Fak. Univ. Tübingen; s. 1981 Prof. Mainz - BV: Gesch. im Horizont d. Vorseh., 1974; Christol. im Präsens, 1974 (Übers. Ital. u. Franz.); Theol. als Sakramententheol., 1982, 2. A. 1987; Perspektiven theol. Erneuerung. Studien z. Werk Romano Guardinis, 1986; D. Glauben feiern, 1989. Herausg.: Lessing, Werke 1774-78 (1989); Gottes Weisheit im Mysterium (1989) - Spr.: Engl., Franz.

SCHILY, Otto

Rechtsanwalt, Politiker - Bundeshaus, 5300 Bonn 1 - Geb. 20. Juli 1932 Bochum (Vater: Dr. phil. Frans S., zul Vorst. Bochumer Verein AG), gesch., 2 Kd. - Jura-Stud. Univ. München, Hamburg u. Berlin - 1983-86 MdB (Landesliste NRW D. Grünen). S. 1987 wieder MdB. Mitgl. Präsid. Neue Ges. f. bild. Kunst u. Beirat Human. Union.

SCHIMANSKY, Gerd

Dr. phil., Direktor a. D., Schriftst. - Zum Mühlenberg 11, 5845 Villigst (T. Schwerte/Ruhr 31 65) - Geb. 24. Aug. 1912 Düsseldorf, ev., verh. m. Eva, geb. Weißenborn, 3 Kd. - Promot. 1937 Königsberg/Pr. - 1937-42 Regierungsrat (Heerespsych.), 1942-45 Studienrat (Heeresfachsch.); ab 1947 Ref. Ev. Kirche v. Westf. (Katechet. Amt) - BV: D. neue Erde, R. d. Salzbg. Auswanderung, 1951; D. falsche Sohn, Erz. 1952; D. Befreiung, Erz. 1952; D. Galgenfrist, Erz. 1953; D. Nacht wird nicht dunkel bleiben, Erz. 1954; Gerufene sind wir, Ged. 1954; Kein Herz o. Maske, Erz. 1956; Sternenbeichte, R. 1957; Dein Weg in d. Welt, Konfirmandenb. 1958; Im Zorn d. Sonne, Erz. 1964; D. Toten leben - Swedenborgs Visionen, 1973; D. Unheimliche, Psi-Report, 1975; Zwiesprache m. d. Glück, 1978; Gottesvergnügen, Glaube u. Humor, 1979; Was halten Sie v. Bösen?, 1978; Christ ohne Kirche, 1980; Abschied v. Ärger, 1980; D. Himmel ist unterwegs, 1981; Immer neue Friedensschlüsse, Liebe u. Ehe, 1982; Mut z. Weitermachen, 1983; Ich lüge mich an d. Wahrheit heran, Erz. 1983; Bewahrt vor d. Winter d. Herzens, 1983; So weit d. Wolken gehen, 1984; Ins Wasser schrieb ich meinen Namen, Erz. 1984; D. Leben kann gelingen, 1985; Ist Glaube erlernbar?, 1986; Geh aus, mein Herz, 1987; Vorurteile - wie man sie aufund abbaut, 1989; Alt u. Jung, verstehen wir einander?, 1989.

SCHIMANSKY, Herbert

Vors. Richter am Bundesgerichtshof - Zu erreichen üb. Bundesgerichtshof, Herrenstr. 45a, 7500 Karlsruhe 1 - Geb. 22. Juni 1934 Berlin, ev., verh. s. 1959 m. Brigitte, geb. Drescher, 2 Söhne (Carsten, Thorsten) - Stud. Rechtswiss. Frankfurt/M. u. Bonn - S. 1962 Richter (zul. Vors. Richter OLG Düsseldorf); s. 1982 BGH.

SCHIMASSEK, H.

Dr. med., em. o. Prof. f. Biochemie - Im Neuenheimer Feld 328, 6900 Heidelberg

- Habil. Marburg - S. 1967 Prof. Univ. Marburg (apl.) u. Heidelberg (1969 o.). Facharb.

SCHIMERT, Gustav

Dr. med., ao. Prof. f. Prophylaxe d. Kreislaufkrankheiten - Karlsplatz 3, 8000 München 2 (T. 59 59 66) - Geb. 28. Nov. 1910 Budapest - Habil. 1944 Berlin - S. 1949 apl. u. ao. Prof. (1957) Univ. München (Vorst. Inst. f. Prophylaxe d. Kreislaufkrankh.). Facharb.

SCHIMKE, Ernst

Dipl.-Ing., Geschäftsführer Kienbaum u. Partner GmbH, Gummersbach - An der Schüttenhöhe 33, 5270 Gummersbach 1 (T. 02261 - 6 52 84) - Geb. 26. Nov. 1918 Zürichtal (Vater: Emil Sch., Pfarrer; Mutter: Lydia, geb. Ries), ev., verh. s. 1944 m. Anneliese, geb. Schmidt, 3 Kd. (Ernst-Friedrich, Hans-Jürgen, Maria Dorothea) - Human. Gymn. Zwickau (Abit. 1938); 1939-44 TH Danzig (Dipl.-Ing.) - 1944-46 Verw.-Dir. Rat Stadt Zwickau; 1947-49 Kraftwerksing. Chem. Werke Buna, Schkopau; 1950-54 Techn. Leit. Volkswerft Stralsund; 1954-56 Betriebsleit. I. W. Müller, Opladen; 1956ff. Geschäftsf. Kienbaum Untern.berat. GmbH, Düsseldorf. Beirats-Mand., Vors. Eisenbau Krämer mbH, Hilchenbach-Dahlbruch, Euroatlas GmbH f. Umformtechn. u. Optronik, Bremen, Boucke & Co. GmbH, Halver, Ruhfus GmbH, Neuss; Mitgl. Vossloh-Werke GmbH, Werdohl, Hesterberg & Söhne, Ennepetal, Verw.aussch. Techn. Akad., Wuppertal - Spr.: Engl., Russ.

SCHIMMEL, Annemarie

Dr. phil., Dr. sc. rel., Dr. h. c., Prof. f. Indo-Muslim Culture Harvard Univ. - 6 Divinity Ave, Cambridge, Mass./USA - Geb. 7. April 1922 Erfurt (Vater: Paul S., Postbeamter; Mutter: Anna, geb. Ulfers) - Univ. Berlin - S. 1946 (Habil.) Lehrtätigk. Univ. Marburg (1953 apl. Prof. f. Islam. Sprachen u. Islamwiss.), Ankara (1954 Ord. f. Religionsgesch.), Bonn (1961 Wiss. Rätin u. apl. Prof. f. Islam. Sprachen u. Islamkd.), Harvard Univ. Cambridge (1967 Prof. of Indo-Muslim Culture) - BV: u. a. Kalif u. Kadi im spätmittelalterl. Ägypten, 1943; D. Religionen d. Erde, 1951; Lyrik d. Ostens, 3. A. 1957; Dinler Tarihine Giris, 1955; Sirat Ibn al-Chafif, 1956; Gabriel's Wing, 1963 (Leiden); Pakistan - E. Schloß m. 1000 Toren, 1965; Halladsch - Märtyrer d. Gottesliebe 1968; Islamic Lit. in India, 1973; Sindhi Lit., 1974; Classical Urdu Lit., 1975; Mystical Dimensions of Islam, 1975; Pain and Grace, 1976; The Triumphal Sun, 1977; Rumi, Leben u. Werk, 1977; A Dance of Sparks, 1977; Gebete aus d. Islam, 1977; Islam in the Indian Subcontinent, 1980; Märchen aus Pakistan, 1980; Muhammad ist Sein Prophet, 1981; As throngh a Veil, 1982; Gärten d. Erkenntnis, 1982; Unendliche Suche, 1982; D. orientalische Katze, 1983; Calligraphiy and Islamic Culture, 1984; Stern u. Blume, 1984; And Muhammed is His Messenger, 1985; Friedrich Rückert, 1987. Herausg.: Harder-Paret, Kl. Arab. Sprachlehre (1968); Islamic Calligraphy (1970). Mithrsg.: Ztschr. Fikrûn wa Fann (1963ff.), Länderkunde Pakistan (1976); Anvari's Divan - A Pocket Book for Akbar (1983); The Emperors' Album (1987); Rückert, 2 Bd. (1988). Übers.: Ibn Chaldun (Stücke aus d. Muqaddima), 1951; Muh. Ikbal (Buch d. Ewigkeit), 1957; Cavidname (m. Kommentar), 1958; Pers. Psalter, 1968; John Donne (Nacktes denkendes Herz), 1968; Aus d. gold. Becher (Türk. Lyrik), 1973; Zeitgenöss. arab. Lyrik, 1975; Nimm e. Rose, 1987; Bedrängnisse sind Teppiche voller Gnaden, 1987; Corbin, D. smaragdene Vision, 1988 - 1965 Friedrich-Rückert-Preis (1. Träger); 1966 Orden Sitara-i Quaid-i Azam, 1974 Gold. Hammer-Purgstall-Med. Ehrendoktorwürde Univ. of Sind, Hyderabad/Pakistan; 1977 D. Litt. h. c. Quaid-i Azam Univ. Islamabad; 1978 LL.D. Univ. of Peshawar; 1980 Johann-Heinrich-Voss-Preis Dt. Akad. f. Sprache u. Dichtung; 1980 Präs. Intern. Ass. for the History of Religion; Korr. Mitgl. Kgl. Niederl. Akad. d. Wiss.; 1982 BVK I. Kl.; 1983 Hilal-i Imtiaz (Pakistan); 1986 Honorary DD Univ. Uppsala; 1987 Rhein.-Westf. Akad. d. Wiss.; 1987 Amer. Acad. of Arts and Sciences; Dr. phil. h.c. Selcuk Üniversitesi Konya/Türkei.

SCHIMMELMANN, Freiherr von, Wulf

Dr. oec. publ., Prof., Vorstandsmitglied DG Bank Deutsche Genossenschaftsbank (s. 1984) - Am Platz d. Republik, 6000 Frankfurt/M. (T. 74 47 01) - Geb. 19. Febr. 1947 Steinhöring/Bay. - 1967/68 Stud. Wirtsch.wiss. Univ. Hamburg; 1968-70 Stud. Wirtsch.wiss. Univ. Zürich (lic. oec. publ.); Promot. Rechts- u. Staatswiss. Fak. ebd. - 1972-78 McKinsey & Co., Inc., Zürich, Cleveland, Düsseldorf (Teilh./Geschäftsf.); 1978-84 Landesgirokasse Stuttgart (Vorst.-Mitgl.). AR-Vors. DG-Rechenzentrum GmbH, München; SAP AG, Walldorf; stv. AR-Vors. GENO-Rechenzentrum, Frankfurt, Genossenschaftlicher Informations-Service GIS GmbH, Frankfurt, Betriebswirtschaftl. Inst. Dt. Kreditgenoss. (BIK) GmbH, Frankfurt, TKS Telepost Kabel-Serviceges. mbH, Bonn-Bad Godesberg; AR Dt. Genossenschafts-Verlag, Wiesbaden, GZS Ges. f. Zahlungssyst., Rechenzentrale Bayer. Genossensch. eG, München; VR Kleinewefers Beteiligungs-GmbH, Krefeld.

SCHIMMELPFENNIG, Bernhard

Dr. phil., Prof. f. Mittelalterliche Geschichte - Tournelystr. 23, 8901 Stadtbergen-Leitershofen (T. 43 63 50) - Geb. 14. Juni 1938 Berlin (Vater: Nikolaus Sch., Schneider; Mutter: Dorothea, geb. Hanstein), kath., verh. s. 1964 m. Maria, 3 Kd. (Norbert, Andreas, Monika) - Canisius Kolleg; FU Berlin (Gesch., German., Altamerik.), Promot. 1964 Berlin, Habil. 1971 - S. 1971 Hochschullehrer; s. 1982 Prof. Univ. Augsburg - BV: Bamberg im MA, 1964; D. Zeremonienbücher d. röm. Kurie im MA (Habil.schr.), 1973; D. Papstt. Grundzüge seiner Geschichte v. d. Antike b. z. Renaissance, 1984; Aufs. üb. päpstl. Zerem., Priestersöhne, Degradation u.a.

SCHIMMER, Ludwig

Dipl.-Ing., Inhaber Ingenieurbüro f. Materialprüfung u. Qualitätssicherung, Gesellsch. d. MPQ GmbH, Beratungsges. f. Materialprüfung, Prüftechnik, Qualitätssicherung - Eichelbergstr. 26, 6800 Mannheim 1 - Geb. 14. Jan. 1929.

SCHIMPF, Albert

Dr. med., Prof., Hautklinik Univ. Saarbrücken - Büchnerstr. 12, 6650 Homburg/Saar (T. 4 28) - Geb. 15. Nov. 1919 - S. 1960 (Habil.) Lehrtätigk. Univ. Leipzig u. Saarbrücken (1961; 1965 apl. Prof. f. Dermatol. u. Venerol.). Buch- u. Ztschr.beitr. - 1966 Mitgl. New York Acad. of Sciences u. Royal Soc. of Med., London.

SCHIMPF, Klaus

Dr. med., Prof., Internist - Trübnerstr. 15, 6900 Heidelberg (T. 06221 - 47 22 13) - Geb. 12. Aug. 1923 Osterode am Harz (Vater: Robert Sch., Dipl.-Ing.; Mutter: Ilse, geb. Ungewitter), ev., verh. s. 1965 m. Ursula, geb. Becker, 3 Kd. (Rainer, Birgit, Axel) - 1948-53 Stud. Univ. Göttingen; Med. Staatsex. 1953 Göttingen, Promot. 1954 Göttingen - 1953-54 Wiss.Assist. Pharmakol. Inst. Univ. Göttingen; 1954-65 Wiss. Assist. Med. Univ.-Klinik Heidelberg; 1965-72 Oberarzt, 1964-72 Leit. Blutgerinnungslabor Med. Univ.-Klinik Heidelberg; 1965 Habil. Inn. Med. Heidelberg; 1969 Wissensch. Rat; 1971 apl. Prof.; 1972-88 Ärztl. Dir. d. Rehabilitationsklin. Heidelberg; Gründ. d. überregional. Hömophiliezentr. Heidelberg 1972; 1. Vors. dt. Ges. f. Blutgerinnungsforsch. 1978/79; World Federation of Hemophilia Medical Secretary - 1983 Member of Executive; 1987 Vorst.-Mitgl. d. Dt. Haemophilieges.; 1987 Ärztl. Beirat - BV: Prävention b. d. Hämophilie, Tagungsber., 1976; D. Selbstbehandlung d. Bluter, 1979; Fibrinogen, Fibrin u. Fibrinkleber ..., Verhandlungsber., 1984 (m. T. Barrowcliffe, M. Nilsson); Monograph on Factor VIII concentrates and their clotting activity, 1984. 200 Aufs. in Fachztschr., Sammelbd. u. Lehrbüchern - Spr.: Engl. - BVK.

SCHIMPF, Rolf

Schauspieler - 8000 München - Geb. 14. Nov. 1924 Berlin, ev., verh. s. 1970 m. Ilse Zielstorff, Schausp. - Schauspielsch. Gensichen, Stuttgart - Zahlr. Rollen, u.a. FS: D. Schöffin, D. Sheriff v. Linsenbach, Soko 5113, Mensch Bachmann, D. Alte (ab 1986) - Spr.: Engl.

SCHINAGL, Helmut

Dr. phil., Schriftsteller, Fachlehrer Handelssch. - Kapellenweg 19, A-6460 Imst (T. 05412 - 2 98 13) - Geb. 24. Jan. 1931 Innsbruck, kath., verh. s. 1958 m. Isolde, geb. Schwaiger, 2 S. (Johannes, Klemens) - Stud. Phil. Univ. Innsbruck; Promot. 1954 - BV: D. Älpler u. ihre Lustbarkeiten, 1974; Berenice od. d. Möbiusschleife, 1982; Höllenmasch. schreien nicht Mama (Surreatesken), Aufruf z. Widerstand, Ged. 1983; D. Tag d. Hurrikan, 1986; D. Ferien d. Journalisten B., 1987 - 1956, 1959 u. 1964 Kunstförd.pr. Landeshauptstadt Innsbruck; 1969 Theodor-Körner-Pr. - Liebh.: Musik (Klavier, Orgel) - Spr.: Engl.

SCHINCK, Klaus-Jürgen

Bankdirektor, i. R. - Fichtenstr. 90, 6803 Edingen-Neckarhausen 2 (T. Büro 59 97-315) - Geb. 15. Aug. 1919 Schönermark - Stud. Rechtswiss. Gr. jurist. Staatsprüf. - Vorh. Vorst.-Mitgl. u. AR-Mitgl. d. Pfälz. Hypo.bank).

SCHINDEWOLF, Ulrich

Dr. rer. nat., Prof. f. Physikal. Chemie Univ. Karlsruhe - Murgstr. 12, 7517 Waldbronn - Geb. 14. Juli 1927 Berlin (Vater: Univ.-Prof. Dr. Dr. h. c. Otto Heinrich S., Geologe; Mutter: Hedwig, geb. Scheel), verh. s. 1959 m. Dr. Dorrit, geb. Jordan, 2 Kd. (Stefan, Cornelia) - Stud. Berlin, Tübingen, Göttingen, Cambridge, Mass., Ann Arbor, Mich.; Promot. 1953 - In- u. ausl. Fachmitgl.sch. - 1976 Océ-van-der-Grinten-Preis, Gemeinderat Waldbronn - Spr.: Engl.

SCHINDLBECK, Robert

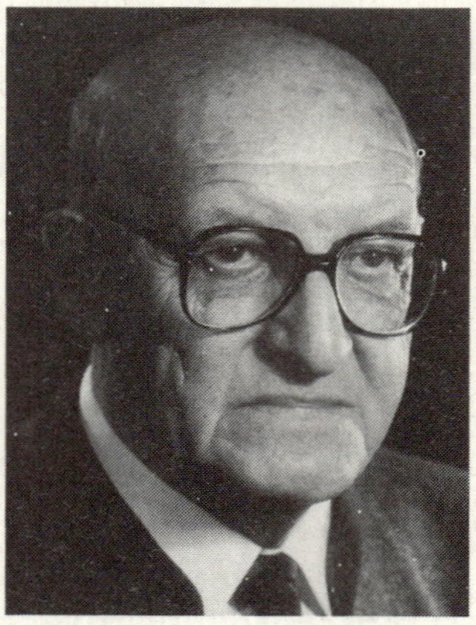

Dr. med., Internist, Chefarzt u. Inh. Med. Privatklinik Herrsching - Seestr. 43, 8036 Herrsching - Geb. 2. März 1911 München (Vater: Alban S., Arch.; Mutter: Adelheid, geb. Glück), kath., verh. s. 1940 m. Isolde, geb. Mayer, 4 Kd. - Hum. Gymn. Rosenheim; Stud. Univ. München - BV: Innere Med. im Wandel d. Zeit, 1985; Kritik an d. Med. im Spannungsfeld d. techn. Zeitalters, 1989. Mithrsg.: D. Internist. Zahlr. Fachveröff. - 1972 Ernst-v.-Bergmann-Plak.; 1976 Bayer. VO.; s. 1977 Ehrenvors. Verein d. Bayer. Internisten u. Ehrenpräs. Bayer. Internistenkongr.; Ehrenmitgl. Ärztl. Kreisverb. Starnberg; s. 1980 Ehrenpräs. Berufsverb. Dt. Internisten; 1980 Günther-Budelmann-Med.; 1988 BVK I. Kl. - Liebh.: Musik, Segeln - Spr.: Engl., Span.

SCHINDLER, Adolf Eduard

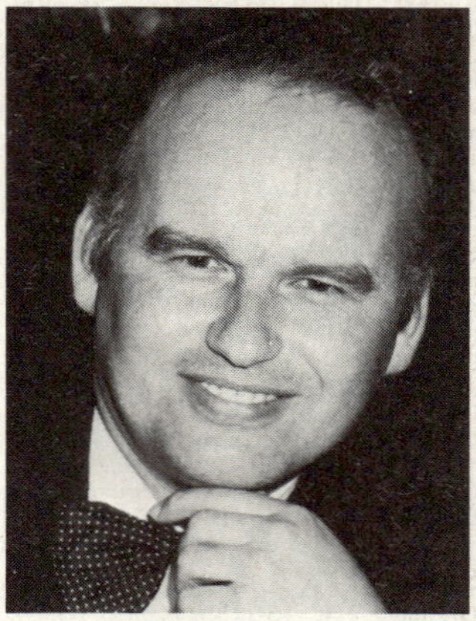

Dr. med. (habil.), Prof., Gynäkologe - Hufelandstr. 55, 4300 Essen 1 (T. 0201 - 79 91 24 40) - Geb. 7. Juni 1936 Asch (Vater: Adolf S., Handelsvertr.; Mutter: Barbara, geb. Truka), ev., verh. - Univ. Frankfurt/M. (Med.; Staatsex. 1962). Facharzt f. Geburtsh. u. Frauenheilkd. 1969 USA u. BRD - B. 1966 Southwestern Medical School Dallas/USA (Assist.), dann Univ.-Frauenklinik Tübingen (1976 gf. Oberarzt; 1971 Doz., 1974 apl. Prof., 1979 Prof.). 1986 Ord. f. Frauenheilkunde u. Geburtshilfe Univ.-Frauenklinik Essen. Gastvorles. Griech., Rumän., China. 300 Fachveröff. - 1965 Lynch Memorial Award, 1967 Frederick Purdue Aw.; 1978 Vesalius-Med. Augsburg - Spr.: Engl.

SCHINDLER, Herbert

Dr. Ing., Kunsthistoriker - Pfettenstr. 7, 8000 München 60 (T. 811 21 70) - Geb. 27. März 1923 München (Vater: Josef Florentin T.; Mutter: Rosina S.), verh. (Ehefr.: Eva) - TH München - Bayer. Rundfunk - o. Prof. Univ. Passau - BV: Oberbayern, 1958; Gr. Kunstgesch. Bayerns, 1963; Barockreisen, 1964 ff.; Monogr. d. Plakats, 1972; D. Romantische Straße, 1974; D. Schnitzaltar, 1978.

SCHINDLER, Jörg

Gf. Gesellschafter RAGOLDS GmbH + Co., Karlsruhe - Tullastr. 60, 7500 Karlsruhe 1 (T. 0721 - 6 10 60) - Geb. 11. Juni 1929 Karlsruhe (Vater: Karl Sch.; Mutter: Emy, geb. Krapp), 2 Kd. - S. 1952 Inh. RAGOLDS, 1977 RAGOLD Inc. Chicago/USA, 1981 Hagen & Co. GmbH, Elze. Stv. AR-Vors. Egesie Einkaufsgenoss. Dt. Süßwarenind., Nürnberg; Vorst.-Mitgl. Bundesverb. Dt. Süßwarenind. (f. Zuckerwaren), Bonn; Mitgl. d. Kurat. d. Aktionsgemeinsch. Dt.-Amerik. Verbundenheit - E. Herz f. USA. Mitgl. Ind.aussch. IHK Karlsruhe - BVK.

SCHINDLER, Karl

Dr. rer. nat., o. Prof. f. Theoret. Physik Univ. Bochum (s. 1973) - Steinhügel 108, 5810 Witten (T. 4 01 33) - Geb. 26. Okt. 1931 Aachen (Vater: Robert S., Kaufm.; Mutter: Margarethe, geb. Pütz), kath., verh. s. 1967 m. Erika, geb. Götte, 2 Kd. (Christof, Eva) - Stud. TH Aachen; Promot. 1962 - 1962-65 Kernforschungsanlage Jülich, 1966-72 ESRIN, Frascati/Ital., 1972-73 Inst. f. extraterrestr. Phys. MPG, Garching. In- u. ausl. Fachmitgl.sch. Herausg.: Cosmic Plasma Physics (1972) - Spr.: Engl., Franz.

SCHINDLER, Manfred

Prof., Dozent f. Mathematik u. Didaktik d. Math. Päd. Hochschule Bremen - Schumannstr. 8, 2800 Bremen (T. 21 99 26).

SCHINDLER, Norbert

Prof., Ltd. Senatsrat a.D., Freiraumplaner - Hogenestweg 14, 1000 Berlin 47

(T. 030 - 604 29 08) - Geb. 29. Juli 1918 Striegau, ev., verh. s. 1947 m. Else, geb. Spanich, S. Thomas-Peter - Dt. Oberschule, Reifepr.; Gärtnerlehre, Stud. USA, Gartenbaustud. Berlin, Dipl.-Ing. - Prakt. Tätigk. Gartenbaubetr., Bot. Gärten, Gartenbauämter; 1960-65 Leit. Garten- u. Friedhofsamt Mainz, 1966-80 Leit. Abt. Grünfl., Natursch. u. Wasserwesen b. Senator f. Bau- u. Wohnungswesen Berlin, s. 1974 Hon.prof. TU Berlin - Ltd. Mitarb. in Fachorganis. u. -verb. u.a., 1980-83 Präs. Intern. Feder. of Park a. Recreation Administr. (IFPRA), s. 1967 Mitgl. Dt. Akad. f. Städtebau u. Landesplan. Div. Veröff. in Fachztschr. u. a. (Das Gartenamt) - BV: Berliner Pflanzen, 1985 - 1980 Jubil.med. Dt. Gartenbau-Ges., Ernst-Schröder-Gedächtnis-Münze d. Zentralverb. Gartenbau, BVK a. Bde.; 1982 Silberne Landsch. Bundesverb. Garten-, Landsch.- u. Sportplatzbau; 1983 Honorary Member IFPRA, Ehrenmitgl. Dt. Ges. f. Gartenkunst u. Landschaftspfl., BVK I. Kl. - Spr.: Engl.

SCHINDLER, Reinhard

Dr. med. vet., Prof., Vorsteher Veterinärmed. Abt. Bernhard-Nocht-Inst. f. Schiffs- u. Tropenkrankheiten, Hamburg (s. 1955) - Konrad-Reuter-Str. 30, 2000 Hamburg 68 (T. 601 59 15) - Geb. 1. März 1922 Zielenzig b. Frankfurt/O. (Vater: Dr. med. vet. Friedrich S., Tierarzt; Mutter: Hedwig, geb. Peterson), ev., verh. s. 1949 m. Lisa, geb. Hogrefe, 4 Kd. (Ralph, Susanne, Annette, Carsten) - 1940-44 Tierärztl. Hochsch. Hannover - S. 1959 (Habil.) Privatdoz. u. apl. Prof. (1966) Univ. Hamburg (Zoo-Anthroponosen u. Trop. Tierseuchen). Facharb.

SCHINDLER, Wilhelm

Direktor (Edeka, München), Mitgl. Bayer. Senat - Ganghoferstr. 70, 8000 München 12 (T. 50 84 92; priv.: 50 77 63) - 1973 Bayer. VO.

SCHINDLER, Zeno Karl

Industrieller, Vizepräsident d. Schindler Holding AG - Seerosenweg 6, CH-6052 Hergiswil NW (T. 041 - 95 15 52) - AR-Vors. Schindler Aufzügefabrik GmbH, Berlin - BVK I. Kl.; 1983 Ernst-Reuter-Plak. Senat v. Berlin.

SCHINDLING-RHEINBERGER, Liselott

Senatorin E. h., Dressurreiterin (unt. Liselott Linsenhoff), Ehrenaufsichtsratsvorsitzende VDO Adolf Schindling AG, Frankfurt/M. (1984ff.; vorh. langj. AR-Vors.; all. Firmeninh.) - Schafhof, 6242 Kronberg/Ts. - Geb. 25. Aug. 1927 Frankfurt/M. (Vater: Adolf S., Industrieller (Firmengr. u. Bes. Gestüt Asta) † 1966 (s. XIV. Ausg.)), kath., 2 Kd. (Stefan, Ann-Kathrin) - 5 Sem. Betriebswirtsch. - Zahlr. Erfolge im Dressurreiten, u. a. auch Adular (Olymp. Reiterspiele 1956 (Bronze-/Einzel-, Silbermed. Mannschaftswert.), auf Piaff 1968 (Goldmed./Mannschaftsw.), 1972 (Gold-/Einzel- (erste Frau) u. Silbermed./Mannschaftsw.), 1969 (Europam./Einzel- u. Mannschaftsw.), 1971 Europam./Einzelw.) - 1956 Silb. Lorbeerbl. d. Bundespräs.; 1957 Gold. Ehrennadel d. Landessportbd.; Gold. Reiterabz.; Silb. u. 2 Gold. Ehrennadeln d. Olympiasieger (NOK); 1972 Gold. Band Verein Dt. Sportpresse; Gold. Ente d. Vereins Frankfurter Sportpresse; Gold. Ehrennadel DOG; Gold. Ehrennadel FEI; 1986 Ehrensenatorin Univ. Heidelberg (als 1. Frau); 1986 Dt. Reiterkreuz in Gold - Liebh.: Kochen, Innenarch., Alte Bauernmöbel - Spr.: Engl., Franz.

SCHINK, Bernhard

Dr., o. Prof. f. Mikrobiologie Univ. Tübingen - Zu erreichen üb. Lehrst. Mikrobiologie I, Univ. Tübingen, 7400 Tübingen (T. 07071 - 29 69 44) - Geb. 27. April 1950 Mönchengladbach, ev., ledig - Dipl. 1974 Göttingen; Promot. 1977 Göttingen; Habil. 1985 Konstanz - 1986-87 Prof. Univ. Marburg - 1985 Maier-Leibniz-Preis Bundesmin. f. Wiss. - Liebh.: Musik, Lit. - Spr.: Engl.

SCHINK, Walter

Dr., Ministerialdirektor, Leit. Abt. I (Allg. Verw. u. Datenverarb.) Presse- u. Informationsamt d. Bundesreg. - Welckerstr. 11, 5300 Bonn 1.

SCHINK, Wilhelm

Dr. med., o. Prof. f. Chirurgie - Lüdenscheider Str. Nr. 4, 5000 Köln 91 (T. 89 58 48) - Geb. 10. Juni 1916 Berlin - S. 1953 (Habil.) Univ. Jena, Marburg (1956), München (1958; 1960 apl. Prof.), Köln (1963 Ord.) - BV: Handchir. Ratgeber, 1960. Mithrsg.: Chirurgie d. Gegenw. Üb. 90 Einzelarb. - Spr.: Engl., Franz. - Rotarier.

SCHINKE, Hans-Werner

Dipl.-Ing. - Am Sportplatz 24, 4100 Duisburg 46 - Geb. 10. Juli 1921 Röddesen - Ehem. Vorst.-Mitgl. AEG-KABEL AG, Mönchengladbach; Mitgl. IHK Duisburg.

SCHINTLING-HORNY, von, Wolfram

Ing. agr., Landwirt, Vors. Bundesverb. landw. Pächter e.V., - Domäne, 3384 Liebenburg/Harz - Geb. 25. Aug. 1925 - Oberst d. R. - BVK.

SCHINZEL, Dieter

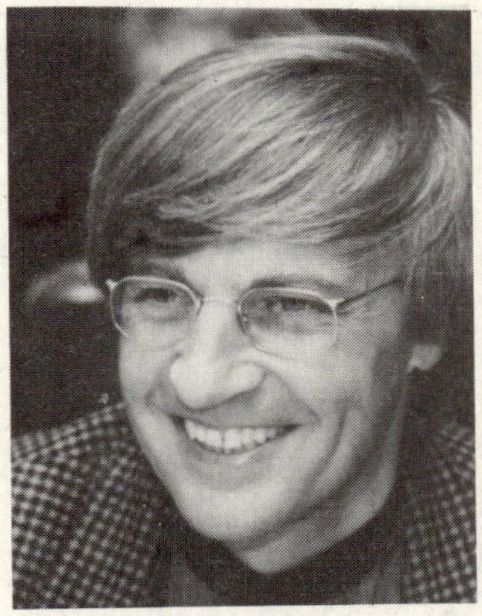

Dipl.-Physiker, MdEP (s. 1979) - Kirchrather Str. 34, 5100 Aachen (T. 8 20 01) - Geb. 14. Nov. 1942 Berlin, verh. - B. 1963 Gymn., dann Stud. Physik. Dipl.-Phys. 1969 TH Aachen - S. 1970 Wiss. Assist. TH Aachen (Inst. f. Physikal. Chemie I). 1972-75 u. 1979ff. Stadtratsmitgl. Aachen. SPD s. 1961 (Medienpolit. Spr. d. Soz. Fraktion, Vors. Euro-Arab. Parlamentariergr., Mitgl. Aussch. f. Energie u. Forschung).

SCHINZLER, Hans-Jürgen

Dr. jur., Vorstandsmitglied Münchener Rückversicherungs-Ges., München - Königinstr. 107, 8000 München 40 (T. 089 - 38 91 35 34) - Geb. 12. Okt. 1940 Madrid (Span.) - Div. AR-Mand., dar. AR-Vors. Europ. Reiseversich. AG, München, stv. Vors. Allg. Kreditversich. AG, Mainz, u. Allianz Versich. AG, München.

SCHIPHORST, Bernd

Dipl.-Volksw., Geschäftsführer UFA Film- u. Fernseh-GmbH - Alsterufer 33, 2000 Hamburg 36 (T. 040 - 414 10 90) - Geb. 29. Jan. 1943 Oldenburg, ev., verh. s. 1969 m. Dorothee, geb. Hohgardt, 2 Kd. (Malte, Hendrik) - Redakt.; Stud. Volkswirtsch., Politik, Publiz. - Bereichsvorst. Bertelsmann AG; VR RTL plus; Lehrbeauftr. FU Berlin.

SCHIPPEL, Helmut

Dr. jur., Prof., Notar, Präs. Bundesnotarkammer/KdÖR, Köln - Theatinerstr. 44, 8000 München 2; priv.: 8035 Gauting/Obb. - 1984 Bayer. VO.

SCHIPPERGES, Heinrich

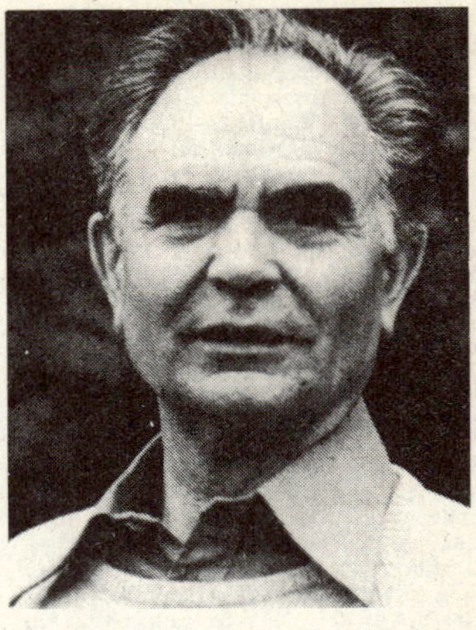

Dr. med., Dr. phil., Prof. f. Geschichte d. Medizin - Schriesheimer Str. 59, 6915 Dossenheim (T. 86 91 55) - Geb. 17. März 1918 Kleinenbroich/Rhld., kath., verh. s. 1955 m. Ruth, geb. Niessen, 4 Kd. (Michael, Thomas, Barbara, Stefan) - 1941-42 Univ. Tübingen (Phil.), 1946-51 Med. Akad. Düsseldorf u. Univ. Bonn (Med., Phil.). Dr. med. 1951, Dr. phil. 1952; Habil. 1959. Facharzt f. Nerven- u. Gemütsleiden 1960 - S. 1959 Lehrtätigk. Univ. Kiel (1960 apl. Prof.) u. Heidelberg (1961 Ord.) - BV (1962-72): Lebend. Heilkd., D. Menschenbild Hildegards v. Bingen (Erfurter Theol. Schr. Nr. 5), D. Welt d. Engel bei Hildegard v. Bingen, D. Assimilation d. arab. Med. durch d. lat. Mittelalter, D. Benediktiner in d. Med. d. [illegible]hen Mittelalters (Erfurter Theol. Sch[illegible] Ideal u. Wirklichkeit, 5000 Jahre C[illegible]ie, Gesch. d. Christians-Albrechts-Univ. Kiel 1665-1965 (Bd. IV T. 1: Gesch. d. Med. Fak. - D. Frühgesch. 1665-1840), Entwicklung mod. Med. - Probleme, Prognosen, Tendenzen, Utopien d. Med. - Gesch. u. Kritik d. ärztl. Ideologien d. 19. Jh.s, Mod. Med. im Spiegel d. Gesch., Paracelsus - D. Mensch im Licht d. Natur. Herausg.: Hildegard v. Bingen, Heilkunde, Gott ist am Werk, Welt u. Mensch, D. Mensch in d. Verantwortung, Kosmos Anthropos - Entwürfe z. e. Phil. d. Leibes (1982), D. Arzt v. morgen - V. d. Heiltechnik z. Heilkd. (1982). Üb. 600 Ztschr.aufs. - 1973 Mitgl. Heidelberger Akad. d. Wiss. - 1978 med. Ehrendoktor Madrid.

SCHIPPERS, Heinz

Dr.-Ing. E.h., Vorstandsmitglied Barmag Barmer Maschinenfabrik AG - Leverkuser Str. 65, 5630 Remscheid-Lennep - 1984 Ehrenmitgl. Soc. of Manufacturing Engineers (SME), Dearborn (USA).

SCHIPS, Kurt

Dipl.-Ing.. Direktor, Geschäftsf. Robert Bosch GmbH., Stuttgart (s. 1974) - Heideweg 16, 7016 Gerlingen - Geb. 2. Mai 1927 Stuttgart (Vater: Gebhard S., Werkmeister; Mutter: Klara, geb. Fischer), kath., verh. s. 1959 m. Hildegard, geb. Löffler, S. Rainer - TH Stuttgart (Nachrichtentechnik; Dipl.-Ing.), Univ. Göttingen (Betriebsw.) - Patenting. Robert Bosch GmbH.; Abt.sdir. Blaupunkt Werke GmbH.; Geschäftsf. Robert Bosch Elektronik u. Photokino GmbH.; 1968-71 Leit. Patent- u. Lizenzwesen Bosch-Gruppe; 1971-74 Mitgl. Geschäftsltg. Robert Bosch GmbH. Mitgl. Dt. Vereinig. f. gewerbl. Rechtsschutz u. Urheberrecht u. Intern. Assoc. for the Protection of Industrial Property. Herausg.: Taschenb. f. d. Funkverkehr.

SCHIRK, Heinz

Regisseur, Autor, Schauspieler - Im Hasengrund 36, 6101 Bickenbach/Bergstraße - Geb. in Danzig - BV: D. Sohn d. Bullen, R.; Rubecks Traum, R. - Zahlr. Bühnen- u. Fernsehinsz. in Deutschl., Frankr. u. in d. Schweiz - Div. Regiepreise, u. a. 1985 Silberne Nymphe v. Monaco; 1985 1. Preis World Television Festival Tokio; 1987 Adolf-Grimme-Preis in Gold; 1988 Adolf-Grimme-Preis in Silber.

SCHIRMACHER, Lothar

Vorstandsmitglied Hertie Waren- u. Kaufhaus GmbH, Frankfurt - Zu erreichen üb. Hertie GmbH, Zentralverw., Lyoner Str. 15, 6000 Frankfurt/M. 71 - Geb. 1935 - Zuständ. f. Einkauf im Hertie-Vorst.

SCHIRMBECK, Heinrich

Schriftsteller, Kultur- u. Wissenschaftsphilosoph - Park Rosenhöhe 13, 6100 Darmstadt - Geb. 23. Febr. 1915 Recklinghausen (Vater: Heinrich S., Reichsbahnangest.; Mutter: Elise, geb. Gräbe), verh. I) 1940-55 m. Ursula, geb. Possekel (gesch.), 4 Kd. (Heinrich, Peter, Christian, Lucinde), II) 1966-67 Eveline, geb. Roßberg (gesch.), T. Katja - Hittorf-Gymn. Recklinghausen (Abit. 1934); 1935-37 Buchhändlerlehre Frankfurt/M.; 1937 Reichssch. d. dt. Buchhandels - 1937-38 Sortimentsbuchh. Frankfurt/M., Halle/S., Nürnberg, 1938/39 Verlagsbuchh. Potsdam u. Berlin, 1939/40 Werbeleit. Frankf. Ztg., 1940-45; Militärdst., 1946-48 Redakt. Schwäb. Ztg., dann fr. Journ., Werbeleit. Frankf. Illustr. (1950) u. Dt. Ztg. u. Wirtschaftsztg., Stuttgart (1951), 1953-80 Mitarb. aller dt. Rundfunkges. - BV: u. a. D. Formel u. d. Sinnlichkeit - Bausteine zu e. Poetik im Atomzeitalter, 1964; Ihr werdet sein wie Götter - D. Mensch in d. biolog. Revolution, 1966 (auch franz., span., niederl.); Träume u. Kristalle, Phantast. Erz. 1968; Aurora, frühe Erz. 1968; Der junge Leutnant Nikolai, R. 1969; D. moderne Lit. u. d. Erzieh. z. Frieden, Ess. 1971; Tänze u. Ekstasen, Erz. 1973; Schönheit u. Schrecken, Ess. 1977; D. Pirouette d. Elektrons, Meisterz. 1980; Für e. Welt d. Hoffnung, Dok. 1988. S. 1980 zahlr. Veröff. z. Friedenspolitik, Atomrüst., nukleare Sicherheitsphil., ökolog. Energiewirtsch., Medienphil. u. Lit. in Ztschr. u. Sammelbd. 400 Rundf.beitr. (u. a. Features) - Anerkennungsurk. d. Dt. Reichsreg. z. 10. Verfass.tag am 11.8.1929 f. republik.freundl. Engagement, 1950 Literaturpreis Akademie der Wissensch. u. d. Literatur, Mainz, 1962 Förderpreis zum Immermann-Preis Stadt Düsseldorf, 1973 Certificate of Merit by Dictionary of Intern. Biography Cambridge; 1980 Johann-Heinrich-Merck-Ehrung d. Stadt Darmstadt. 1962 o. Mitgl. Dt. Akad. f. Sprache u. Dicht., Darmstadt, 1964 Akad. d. Wiss. u. d. Lit., Mainz; 1959 Mitgl. PEN-Zentrum BRD - Liebh.: Klass. Musik, Bibliophilie - Spr.: Engl., Franz. - Lit.: K. A. Horst/F. Usinger, Lit. u. Wiss. - D. Werk H. S.s (1968); Werner Burghardt, H. S., e. gr. Erzähler d. Gegenw. (1970); Karl August Horst, D. Erzähler H. S. (1973). Robert Jungk: scala international 2/1980, hrsg. v. A. A. in Engl., Franz., Span., Portug.-Brasilian f. d. ges. Ausland.

SCHIRMER, Friedel

Ministerialrat a. D., 1984ff. Vors. Dt. Gemeinsch. d. Olympiateiln. (GdO) - Adolf-Schweer-Str. 22, 3060 Stadthagen (T. 27 25) - Geb. 20. März 1926 Stadthagen (Vater: Heinrich S., Arbeiter; Mutter: Marie, geb. Bock), ev., verh. s. 1952 m. Marta, geb. Völker, S. Dietrich - Verw.slehre; Verw.s- u. Wirtschaftsakad.; Univ. Verw.sdiplom - Sportlehrer, b. 1965 Leit. Städt. Sportamt Osnabrück, Bielefeld, dann Köln, s. 1967 Sportref. NRW. 1960-69 ehrenamtl. Trainer dt. Zehnkämpfer (Erfolge: Willi Holdorf Olympiasieger, 1966 Werner Gr. v. Moltke Europam., 1967 Kurt Bendlin Weltrekordler m. 8319 Punkten, 1968 Hans-Joachim Walde, Olympiazweiter u. Bendlin -dritter) - BV: Ein großes Ja zum Sport; Zehnkämpfer - Training u. Wettkampf - Kriegsausz.; viele sportl. Ehrungen - Liebh.: Bücher - Spr.: Engl. - Bek. Zehnkämpfer (1951, 53, 54 Dt. Meister).

SCHIRMER, Hans

Dr. phil., Beauftragter d. Bundesregierung f. d. Europ.-arab. Dialog - Ausw.

Amt, 5300 Bonn - Geb. 1911 Berlin - Stud. Rechts-, Staatswiss., Soziol., Gesch., Phil. Promot. 1933 - 1934-39 Dt. Akad. Austauschdst.; 1939-43 Ausw. Amt; 1943-45 Wehrdst.; 1950-55 u. 1966-68 Presse- u. Informationsamt d. Bundesreg. (Leit. Auslandsabt., zul. Ministerialdirig.); s. 1955 m. Unterbrech. Ausw. Dienst (Generalkonsul Kairo u. Hongkong, 1968-70 Botschafter Australien, 1970-74 Botschafter Wien - 1969 BVK I. Kl.

SCHIRMER, Hans

Dipl.-Met., Honorarprof. f. Klimatologie Univ. Gießen, Meteorologe - Körnerstr. 51, 6050 Offenbach/M. (T. 069 - 88 46 08) - Geb. 29. Juni 1920 Oldenburg (Vater: Emil Sch.,; Mutter: Hermine, geb. Meyer), ev.-luth., verh. s. 1943 m. Ursula, geb. Wehrhahn, T. Gerhild - Stud. Meteorol. Univ. Hamburg u. Berlin; Dipl.-Hauptprüf. 1942, Gr. Staatsex. - 1975-85 Leit. Abt. Klimatol. (Abt.-Präs. a. D.) Zentralamt Dt. Wetterdienst, Offenbach/M.; 1964 o. Mitgl. Akad. f. Raumforsch. u. Landesplan., Hannover - BV: Hydrolog. Atlas d. BRD (Mitverf.), 1979; D. Klima d. BRD, 1979; Meyers Kleines Lexikon: Meteorologie (Mitverf.), 1987; Stadtklima u. Luftreinhaltung (Mitverf.), 1988; Kompendium d. Balneologie u. Kurortmedizin (Mitverf.), 1989; üb. 120 Fachveröff. - Spr.: Engl.

SCHIRMER, Heinz

Beamter, Vors. Dt. Beamtenbund/Landesbd. Hessen - Zu erreichen üb.: DBB, Goethepl. 7, 6000 Frankfurt/M. (T. 28 17 80).

SCHIRMER, Herwig

Senatsdirektor Senatsverw. f. Arbeit Fr. Hansestadt Bremen (b. 1989) - Contrescarpe 73, 2800 Bremen (Z. 0421 - 36 11) - Zul. Senatsdir. Senatsverw. f. Gesundh. u. Soziales v. Berlin. SPD.

SCHIRMER, Horst

Dr. jur., Botschafter d. Bundesrep. Deutschl. in Uruguay - Zu erreichen üb. Embajada de la República Federal de Alemania, Casilla de Correo 20014, Montevideo/Uruguay - Geb. 26. Juli 1933 Berlin (Vater: Wolfgang S., Rechtsanw.; Mutter: Hildegard, geb. Wiemann), kath., verh. s. 1961 m. Gudrun, geb. Michelly, 2 T. (Katrin, Bettina) - 1953-57 Univ. Köln (Staats- u. Rechtswiss.). Ass.ex. 1961; Promot. 1961; Prüf. f. d. höh. ausw. Dienst 1963 - 1961-79 Ausw. Amt (Auslandstätigk. Dublin, Madrid, Mexico, Genf); 1979-85 Vorst. Inter Nationes, Bonn - Liebh.: Schach - Spr.: Engl., Franz., Span.

SCHIRMER, Karl

Dr. jur., Senator h. c., Rechtsanwalt, Mitinh. Fa. Sonnen-Bassermann-Werke, Seesen/Harz - Priv: Schillerstr. 35, 6830 Schwetzingen - Geb. 15. Juli 1912 Frankfurt/M. (Vater: Karl S., Bankdir.) - Gr. jurist. Staatsprüf. - Liebh.: Architektur, Sport - Mitgl. Lions Intern. Kösener Corps.

SCHIRMER, Karl-August

Prof., Konzertpianist, Dozent f. Klavier Staatl. Hochsch. f. Musik Freiburg (s. 1946) - Faulerstr. 2, 7800 Freiburg/Br. (T. 2 39 37) - Geb. 26. Jan. 1908 Kassel, ev., verh. s. 1936 m. Liselotte, geb. Hildebrandt, 3 Kd. (Ingrid, Astrid, Christian) - Musikhochsch. Berlin (Prof. Börner u. Edwin Fischer). Partner u. Assistent v. Edwin Fischer.

SCHIRMER, Karl-Heinz

Dr. phil., Prof. f. Mittelalterliche dt. Literatur u. Sprache - Düppelstr. 23a, 2300 Kiel 1 (T. 0431 -8 48 62); Strandallee 127, 2409 Scharbeutz 1 - Geb. 22. Jan. 1926 Stendal (Vater: Emil Sch., Kaufm.; Mutter: Ella, geb. Hänsel), ev., S. Andreas - Abit. 1946, Univ. Greifswald (German., Angl., Phil.), Dipl. 1951, Promot. 1954, Habil. Univ. Hamburg 1966 - 1954-57 Wiss. Assist. Inst. f. Dt. Phil. Univ. Greifswald, 1957-66 German. Sem. Univ. Hamburg, 1967/68 u. 1970 Univ.doz. *Hamburg, 1968/69 Lehrst.-vertr. Univ. Kiel, 1971-73 Wiss. Rat u. Prof. Univ. Hamburg, s. 1974 o. Prof. u. Dir. Germanist. Sem. Univ. Kiel - BV: D. Strophik Walthers v. d. Vogelweide, 1956; Stil- u. Motivuntersuch. z. mittelhochdt. Versnovelle, 1969.

SCHIRMER, Kurt-Peter

Dr., Unternehmer (Wilhelm Schirmer KG./Kraftfahrzeuggroßhandel, Hildesheim) - Bernwardstr. Nr. 6, 3200 Hildesheim - Geb. 4. Febr. 1945 Eddigehausen (Vater: Kurt S., Untern.; Mutter: Ruth, geb. Wolter-Pecksen), luth., verh. s. 1970 m. Annegret, geb. Müller, 2 Kd. (Ragna, Rouven) - 1966-73 Univ. Göttingen - div. Ämter, dar. Handelsrichter (1975) u. Vorst. Kfz.-Innung (1978) - Spr.: Engl.

SCHIRMER, R. Heiner

Dr. med., Prof. f. Biochemie Univ. Heidelberg - Freiburger Str. 64, 6900 Heidelberg (T. 06221 - 30 28 71) - Geb. 1. Febr. 1942 Bremen (Vater: Walter Sch., Bauamtm.; Mutter: Anna, geb. Kleemeyer), verh. s. 1967 m. Dr. Ilse, geb. Eichler, 3 S. (Markus, Andreas, Dominik) - 1961-66 Med.- u. Phil.-Stud. Univ. Heidelberg (Promot. 1966) u. Basel - 1968-80 Assist. Max-Planck-Inst. f. Med. Forsch.; s. 1980 Prof. Univ. Heidelberg - BV: Principles of Protein Structure (m. G. E. Schulz), 1979 (Japan. 1980, Russ. 1982) - Spr.: Engl., (Span., Russ., Franz.).

SCHIRMER, Walter

Msgr., Diözesancaritasdirektor, Prälat, Geschäftsf. Caritasverb. f. d. Erzdiözese Bamberg - Geyerswörthstr. 2, 8600 Bamberg - Kath. - 1985 Ehrenmed. Stadt Lichtenfels.

SCHIRMER, Werner

Dipl.-Kfm., Industrieberater, AR-Vors. Cooper Vulkan Compressoren GmbH Düsseldorf - Hinrich-Fehrs-Str. 2, 2800 Bremen - Geb. 13. Juli 1920 Schmalkalden - B. 1983 Vorst.-Mitgl. Bremer Vulkan.

SCHIRMER, Wolfgang

Dipl.-Volksw., Direktor RAL Dt. Institut f. Gütesicherung u. Kennzeichnung - Zu erreichen üb. RAL, Bornheimer Str. 180, 5300 Bonn 1 - Geb. 15. Juni 1936 Leipzig, verh. - Stud. Volksw. Univ. Marburg; Dipl. 1960 - Spr.: Engl.

SCHIRMER, Wulf

Univ.-Prof. f. Baugeschichte Univ. Karlsruhe - Lußstr. 17, 7500 Karlsruhe 41 - Geb. 9. März 1934 Hannover - Stud. Arch. TU Hannover (Dipl. 1963); Promot. 1966 TU Berlin, Habil. 1970 TU Berlin - 1970 ao. Prof. TU Berlin; 1971 o. Prof. f. Baugesch. Univ. Karlsruhe - Mitgl. Dt. Archäol. Inst. Berlin. Zahlr. Veröff. - Spr.: Engl., Türk.

SCHIRNDING, Freiherr von, Albert

Studiendirektor, Schriftst. - Obermaierstr. 1, 8000 München 22 - Geb. 9. April 1935 Regensburg - (Vater: Ottokarl Frhr. v. S.; Mutter: Maria-Viktoria, geb. Gräfin Verri della Bosia) - Höh. Schuldst. - BV/Ged.: Falterzug, 1956; Blüte u. Verhängnis, 1958; Bedenkzeit, 1977; Ess.: Am Anfang war d. Staunen - Üb. d. Urspr. d. Phil. b. d. Griechen, 1978; D. Weisheit d. Bilder - Erfahr. m. d. griech. Mythos, 1979; Durchs Labyrinth d. Zeit, 1980; Linien d. Lesens. Lit. Porträts, 1982; Mit anderen Augen. Gesammelte Ged. 1953-85; Herkommen, Erz. 1987 - 1982 Johann-Heinrich-Merck-Preis Darmstadt u. Schwabinger Kunstpreis; 1983 o. Mitgl. Bayer. Akad. d. Schönen Künste; s. 1983 Präs. Stiftg. z. Förderung d. Schrifttums; s. 1987 Mitgl. PEN.

SCHIRNDING, Freiherr von, Jobst

Bankdirektor i. R. - Rudolfstr. 19, 8032 Lochham/Obb. (T. München 85 58 87) - Geb. 28. Sept. 1919 Traunstein/Obb. (Vater: Dr. jur. Hans Frhr. v. S.; Mutter: Anni, geb. Schuster), verh. m. Helga, geb. Flor, S. Jobst - Klostersch. Ettal - S. 1955 Bayer. Staatsbank (1966 Vorst.-Mitgl.) u. Fürst Thurn u. Taxis Bank (1971 Geschäftsl.) - Liebh.: Jagd, Modelleisenbahn - Spr.: Franz. - Rotarier.

SCHIRNER, Jochen

Dipl.-Kaufm., Vorstandsvorsitzender Vereinigte Aluminium-Werke AG, Bonn (s. 1986) - Kiefernweg 16, 5330 Königswinter 41 - Geb. 27. Febr. 1939 Berlin (Vater: Karl Sch., Kaufm.; Mutter: Inge, geb. Dauter), ev., verh., 3 Kd. - Univ. München u. Köln, Dipl.-Kfm. 1963 Köln - S. 1978 Vorst.-Mitgl., s. 1986 Vorst.-Vors. VAW; s. 1988 Vorst.-Mitgl. VIAG AG, Bonn; AR-Mand. Berliner Kraft- u. Licht (Bewag)-AG, Berlin, u. Lehnkering-Montan-Transport-AG, Duisburg.

SCHIRRMACHER, Helmut Heinz

Polizeipräsident Bielefeld a.D. - Beethovenstr. 41, 4800 Bielefeld - Geb. 6. Mai 1923 Elbing (Vater: Erich Sch., Werkzeugschlosser; Mutter: Hedwig, geb. Scheffler), ev., verh. s. 1950 m. Amalie, geb. Küllmer, 3 Kd. (Uwe, Nora, Jörg) - 1937-40 kaufm. Lehre (Abschl.) - 1953-54 geh. Pol.-Vollzugsdst.; 1973-74 höh. Dst. (Pol.-Führ.-Akad.); Pol.-Dir. u. Pol.-Präs. B. 1981 Vors. GdP - 1987 Gr. BVK - Liebh.: Wandern, Schwimmen, Fliegen.

SCHIRRMACHER, Volker

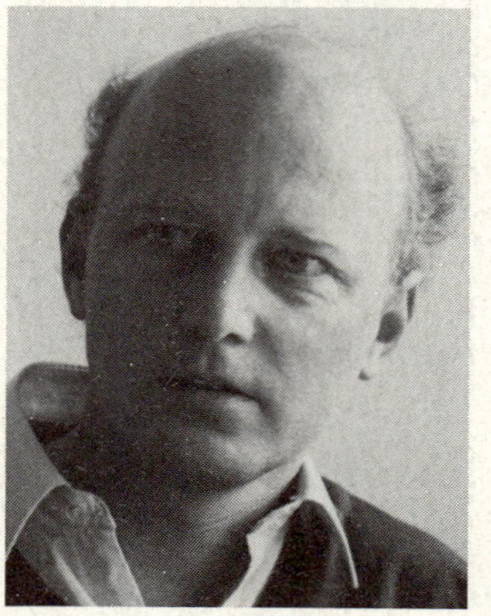

Dr. rer. nat., habil., Prof. f. Immunologie Univ. Heidelberg, Inst. f. Immunol. u. Genetik Dt. Krebsforschungszentr. - Unterer Fauler Pelz 6, 6900 Heidelberg - Geb. 9. Jan. 1943 Wentorf/Hamburg (Eltern: Wolf u. Johanna Sch., geb. Bräuning), ev., verh. s. 1969 m. Barbara, geb. Ziemssen, 2 Töcht. (Tanja, Elise) - Dipl.-Biochemiker 1967, Promot. 1970, Prof. 1977, Ord. 1987 - S. 1976 Abt.-Leit. DKFZ. Forschungsschwerpunkt: Immunbiol. d. Metastasierung. 1987-89 Vors. SEK (Sektion Experimentelle Krebsforsch.) d. Dt. Krebsges. - 1982 Aronson-Preis d. Stadt Berlin; 1983 Meyenburg-Preis; Heidelberg; 1988 Dt. Krebspreis - Liebh.: Musik (Querflöte, Violoncello); Sport (Ski, Windsurfing) - Spr.: Engl., Franz.

SCHISCHKOFF, Georgi

Dr. phil., Univ.-Prof., Schriftsteller - Mozartstr. 15, 8090 Wasserburg/Inn (T. 28 56) - Geb. 5. Juni 1912 Nova-Sagora/Bulg. (Vater: Stephan Sch., Finanzexperte; Mutter: Penka, geb. Michailowa), griech.-orth., verh. m. Anne, geb. Kurz (Studienrätin) - Dipl.-Math. 1935 Sofia; Studienrat; Promot. 1942 München - Prof. f. Phil. Univ. Salzburg; s. 1968 Gastprof. Univ. München, Redakt., Vortragstätigk. Mitbegr. Dt. Allg. Ges. f. Philosophie (1947ff.). S. 1983 im Ruhestand - BV: Phil. Probleme d. Math., 1944; Beitr. z. Leibniz-Forschung, 1947; Erschöpfte Kunst oder Kunstformalismus? E. anthropol. Studie z. mod. Malerei, 1952; D. gesteuerte Vermassung - E. sozialphil. Beitrag z. Zeitkritik 1964 (span. 1968); Kurt Huber als Leibniz-Forscher, 1966; Peter Beron - Forscherdrang aus d. Glauben an d. geschichtl. Sendung d. Slawen, 1971. Begr. d. Ztschr. f. Phil. Forsch. u. Phil. Literatur-Anz. (1945-48), deren Herausg. b. 1978. Phil. Wörterb. (Kröner-Taschenausg.), s. 1957, 22. A. (1989) - 1986 Gr. BVK - Großneffe d. bulg. Schriftstellers u. Aufklärers S. J. Dobroplodnij - Spr.: Bulg., Russ.

SCHIWY, Peter

Dr. jur., Intendant NDR (s. 1987) - Rothenbaumchaussee 132-134, 2000 Hamburg 13 (T. 040 - 41 31) - Geb. 1936 Berlin - Stud. Rechtswiss. , Osteurop. Gesch., Publiz. Berlin u. Köln. Gr. jurist. Staatsprüf. - Springer-Verlag; Zeitungskorresp. (u.a. NZZ); Mitarb. RIAS BERLIN (1979-81; zul. Leiter Abt. Ostpolitik) u. NDR (1982-84 Chefredakt. Fernsehen); 1984-87 Int. RIAS BERLIN.

SCHLAAK, Max

Dr. med., Prof., Direktor Med. Klinik Forschungsinst. Borstel - Elsa-Brandström-Str. 9, 2300 Kiel-Kronshagen - Geb. 24. Mai 1934 Treia/Kr. Schleswig, verh. s. 1962 m. Wiebke, geb. Struck, 4 Kd. (Jörg, Peter, Thomas, Christina) - Med.-Stud. Kiel, Tübingen, München; Staatsex. u. Promot. 1958, Habil. 1971 - 1971-80 Oberarzt I. Med.-Univ.-Klinik Kiel - 1959 Fakultätspreis Med. - Spr.: Engl., Franz.

SCHLACHET, Simon

Vorstandsvorsitzender Landesverband d. Jüd. Gemeinden v. Nordrh. - Geb. 17. April 1912 - Zu erreichen üb. Landesverb. d. Jüd. Gem. v. Nordrh., Mauerstr. 41, 4000 Düsseldorf 30.

SCHLACHETZKI, Andreas

Dr. rer. nat., Prof., Dipl.-Physiker - Im Rabe 6, 330 Braunschweig - Geb. 7. Juli 1938 Breslau/Schles., kath., verh. s. 1976 m. Marianne, geb. Stanke, 2 Kd. - Stud. Univ. Köln (Experimentalphysik); Promot. 1969 - 1970/71 Yale Univ., New Haven/USA; 1971-76 Forschungsinst. d. Dt. Bundespost Darmstadt; 1976-84 Prof. Inst. f. f. Hochfrequenztechnik TU Braunschweig; 1984-87 Prof. Physik TU Berlin u. Leit. Ber. Integrierte Optik Heinr.-Hertz-Inst. Berlin; s. 1987 Leiter Inst. f. Elektronik u. Prof. TU Braunschweig. 1975 6-monat. Forschungsaufenth. Nippon Telegraph & Telephone Publ. Corp., Musashino Tokyo - BV: Integrierte Schaltungen, 1978 (m. W. v. Münch); Bauelemente d. Hochfrequenztechnik, 1984; mehr als 50 Veröff. in intern. Fachztschr. - Spr.: Engl.

SCHLACHETZKI, Joachim

Dr. med., apl. Prof., Chefarzt, Unfallchirurg - Birkengrund 5, 5100 Aachen (T. 0241-6 22 74) - Geb. 1. März 1931 Breslau (Vater: Johannes Sch., Chir.; Mutter: Stephana, geb. Bernatzky), kath., verh. s. 1965 m. Ina, geb. Bunnenberg, 3 Kd. (Alexandra, Felix, Johannes) - Univ. Köln. Chir. Univ. Klinik Göttingen, Chir. Klinik Med. Hochsch. Lübeck - S. 1970 Chefarzt Chir. Abt. Marienhospital Aachen.

SCHLACHTMEIER, Johann

I. Bürgermeister - Rathaus, 8424 Saal/Donau - Geb. 4. Mai 1929 Saal/Donau.

SCHLAEFKE, Marianne

Dr. med., Prof. u. Leit. Arbeitsgr. Physiol. d. Regulation Univ. Bochum (s. 1979) - Paracelsusweg 20, 4630 Bochum 1 (T. 0234 - 70 62 03) - Geb. 13. Juni 1938 Berlin - Stud. Med. Univ. Freiburg, Hamburg u. Tübingen; med. Staatsex. 1965 Univ. Tübingen; Promot. 1967 u. Habil. 1973 Univ. Bochum - 1967-69 u. 1971-73 Wiss. Assist. Inst. f. Physiol. Univ. Bochum; 1969-70 Assist. Prof. Dept. of Physiol. Univ. of California, Los Angeles; 1973-79 Wiss. Oberassist. Inst. f. Physiol. Univ. Bochum - BV: Central Chemosensitivity: A Respiratory Drive, 1981; Central neurone environment and the control systems of breathing and circulation - Bes. Interessen: D. zentral atemgestörte Kind in d. häusl. Pflege; Diagnostik u. Therapiemodelle z. Verhinderung d. plötzl. Säuglingstodes.

SCHLAFFKE, Winfried

Dr. phil., Honorarprof. f. Bildungs- u. Arbeitsmarktpolitik in d. Soz.Wiss. Fak. Univ. München, Leit. d. Hauptabt. Bildung u. Gesellschaftswiss. Inst. d. dt. Wirtschaft Köln - Gustav-Heinemann-Ufer 84-88, 5000 Köln 51 (T. 0221-37 08-243) - Geb. 13. Aug. 1939, ev., verh., 2 Kd. (Iris, Peter) - Stud. Philol., Lit.wiss., Phil., Päd., Theol. Univ. Hamburg; Promot. 1967 Hamburg - S. 1967 Inst. d. dt. Wirtsch.; s. 1972 Doz. Univ. München, Bielefeld u. Köln - BV: u.a. Heinrich Wittenweilers Ring, 1969; Qualität d. Lebens am Arbeitspl., 1974; Berufsbildungsreform - Illusion u. Wirklichk., 1975; Abseits. D. Alternativen - Irrweg od. neue Weltkultur?, 1979. Herausg.: Grundwissen: Technik u. Ges., 20 Bde. (1984/85). Zahlr. Veröff. z. Bildung u. Wiss., Arb. u. Technik, Kultur u. Politik.

SCHLAG, Edward William

Dr., Prof. f. Physikal. Chemie u. Instituts-Vorst. TU München (s. 1971), Dekan Fak. f. Chemie, Biol. u. Geowiss. (1982-84) - Osterwaldstr. 91, 8000 München 40 (T. 361 48 12) - Geb. 12. Jan. 1932 Los Angeles/USA (Vater: Dr. Hermann S., Ltd. Vorst.-Mitgl. Dt. Landesrentenbank; Mutter: Hilda, geb. Nolte), verh. s. 1955 m. Angela, geb. Gräfin zu Castell-Castell, 3 Kd. (Katherine, Karl, Elisabeth) - Stud. d. Chemie Occidental Coll., Los Angeles (Dipl.ex.) u. Seattle; Promot. 1958 ebd. - 1958/59 Post-dok. Tätigk. Univ. Bonn (Prof. Groth); 1959 Forschungstätigk. du Pont de Nemours, Buffalo (1960-62 Techn. Berater); 1960 Assist. Prof. Northwestern Univ. Evanston, III.; 1964 Assoc. u. 1969 Full Prof. 1987 Gastprof. Univ. of Calif., Irvine. 1963 Mitgl. National Fulbright Com. f. Dtschl. Gründ. Ztschr. Chemical Physics, Fellow of the American Physical Society, Vors. Beirat d. Fritz Haber Center d. Hebrew Univ. Jerusalem, Mitgl. Ausw.-Aussch. d. Dt.-Israel. Fellowship Progr. d. MINERVA-Stiftg., Dt.-Israel. Komitee d. MINERVA-Stiftg., u. d. Sonderprogr. d. A.-v.-Humboldt-Stiftg. f. Naturwiss. aus d. USA, Beiratsmitgl. d. Dt.-Israel. James-Franck-Progr., Vorst.-Mitgl. Verein Intern. Begegnungszentr. d. Wiss. München, Selection Committ. f. the US Senior Award Program of the A.-v.-Humboldt Foundation, Intern. Organizing Comitt. Intern. Congr. on Photochem., Stänḍ. Ausschuß d. Dt. Bunsenges., Member Editorial Board Chemical Physics, Chemical Physics Letters, Intern. Journal of Mass Spectrometry and Ion Processes, Journal of Physical Chemistry Laser Chemistry. Üb. 200 Publ. - 1965 Alfred P. Sloan Fellow, ord. Mitgl. Bayer. Akad. d. Wiss.; 1987 Woodward Lecturer Yale Univ.; 1988 Dr. of Phil. H. C. Hebrew Univ., Jerusalem; 1988 Fritz Haber Lecturer, Hebrew Univ., Jerusalem; Gründer u. Herausg. Ztschr. Chemical Physics.

SCHLAGA, Georg

Rektor, MdB (s. 1969; Wahlkr. 136/ Friedberg) - Königstr. 27, 6367 Rosbach/ Rodheim (T. 27 27) - Geb. 3. Nov. 1924 Kirchmöser/Havel, verh., 3 Kd. - Volkssch.; Lehrerbildungsanstalt; Päd. Inst. (Deutsch). Beide Staatsprüf. - S. 1961 Rektor (1966 ff. Leit. Erich-Kästner-Mittelsch. Rodheim). 1943-1945 Wehrdst. 1960 ff. MdK Friedberg (b. 1972 Vors. Kulturpolit. Aussch.). SPD s. 1946.

SCHLAGENHAUF, Ernst

Bürgermeister v. Wüstenrot - Kernerstr. Nr. 15, 7156 Wüstenrot-Neuhütten (T. 07945-20 31 u. 380) - Geb. 11. April 1939 Sennfeld (Vater: Paul Sch., Bahnhofvorst.; Mutter: Luise, geb. Güthle), ev., verh. s. 1962 m. Ruth, geb. Fuchs, 2 T. (Claudia, Stefanie) - Verw.Lehre b. Bürgermeisteramt Neckarwestheim, Kirchhausen, Landratsamt Vaihingen/Enz, Staatl. Verw.-Schule Stuttgart - 1962 Stadtverw. Esslingen, 1963/64 Heilbronn, s. 1965 Wüstenrot - BV: Wüstenroter Heimatbuch, 1979 - Liebh.: Lit., Musik - Spr.: Engl.

SCHLAGENHAUF, Manfred

Dr.-Ing., Vorstandsmitglied Dt. Kraftfahrzeug-Überwachungs-Verein - Schulze-Delitzsch-Str. 49, 7000 Stuttgart 80.

SCHLAGER, Karlheinz

Dr. phil. habil., Priv.-Doz., Akad. Oberrat Univ. Erlangen-Nürnberg, Musikwissenschaftler - Geschw.-Scholl-Str. 12, 8520 Erlangen - Geb. 8. Okt. 1938 Bamberg, kath., verh. s. 1967 - Abit. 1957 Bamberg; Promot. 1966 Univ. Erlangen-Nürnberg, Habil. 1986 - 1968-76 Redakt. Serie A/I Intern. Quellenlexikon d. Musik Kassel; 1976ff. Wiss. Assist. u. Akad. Oberrat, 1988 Priv.-Doz. Inst. f. Musikwiss. Univ. Erlangen-Nürnberg - BV: Alleluia-Melodien I (b. 1100) (Monumenta Monodica Medii Aevi Bd. 7), 1968; J. Haydn. Sinfonie Nr. 104, 1983; Antiphonale Pataviense, 1985; Alleluia-Melodien II (ab 1100) (Monumenta Monodica Medii Aevi, Bd. 9), 1987 - Lit.: Grove's Dict.

SCHLAGER, Manfred

Landrat Kr. Rehau (s. 1970) - Beethovenstr. 8, 8670 Hof/S. - Geb. 2. Aug. 1929 Hof, ev. - Oberrealsch. Hof; Univ. Erlangen (Rechts- u. Staatswiss.). Jurist. Staatsprüf. 1953 u. 58 - S. 1958 Bayer. Finanzmin. (1959 Regierungs-, 1964 Oberreg.srat). 1965-69 MdB. Mitbegr. Jg. Union Hof. CSU.

SCHLAGINTWEIT, Reinhard

Diplomat - Friedrich-Ebert-Str. 69a, 5300 Bonn-Bad Godesberg - Geb. 12. März 1928 München (Vater: Dr. med. Erwin S. †; Mutter: Marianne, geb. Hess), ev., verh. m. Silvia, geb. Neven DuMont, 2 Kd. (Nicola, Kaya) - Bisher. Auslandsp.: Ankara, Kabul, Bangkok, New York, zul. Botsch. Saudi-Arabien - Spr.: Engl., Franz.

SCHLAICH, Georg Joachim

Botschafter d. Bundesrep. Deutschl. in Bogota/Kolumbien - Cra. 10A No. 70-37, Bogota/Kolumbien (T. 212 36 36) - Geb. 9. Dez. 1924 Calw (Vater: Carl Sch., Rechnungsrat; Mutter: Felicitas, geb. Meyer), kath., verh. s. 1955 m. Mechthild, geb. Trost, 2 Kd. - Univ. München (Neuphilol.; Ex. 1949/50, Dipl.-Volksw. 1951, Abschlußex. Höh. Ausw. Dst. Speyer 1955) - Ausw. Amt Bonn; s. 1953 auch Ausl.posten; 1978-82 stv. Generalsekr. Westeurop. Union London, s. Ende 1982 Botsch. in Kolumbien - Kommandeur d. Ordens: Cruz de Boyacá (Kolumbien) - Spr.: Engl., Franz., Span.

SCHLAICH, Klaus

Dr. jur., o. Prof. f. Öfftl. Recht u. Kirchenrecht Univ. Bonn (s. 1972) - Adenauerallee 24-42, 5300 Bonn (T. 0228 - 73 91 25; priv.: 02241 - 33 75 09) - Geb. 1. Mai 1937 Stetten (Vater: Ludwig S., Pfarrer; Mutter: Elisabeth, geb. Weiss), ev., verh. s. 1972 m. Katrin, geb. Grimm, 3 Kd. (Sönke, Christoph, Johannes) - Hum. Gymn. Stuttgart (Abit. 1956); Stud. Tübingen u. Berlin; Habil. 1971 Tübingen - 1962-72 wiss. Assist. u. Privatdoz. (1971) Univ. Tübingen. Mitgl. Synode d. EDK - BV: Kollegialtheorie. Kirche, Recht u. Staat in d. Aufklärung, 1969; Neutralität als verfassungsrechtl. Prinzip, 1972; D. Bundesverfassungsgericht, 1985. Mithrsg.: Evangel. Staatslexikon (3. A. 1987). Weit. Veröff. zu Verfassungsgesch., Kirchenrecht, Staatskirchenrecht, Staatsrecht.

SCHLAMPP, Hermann

Justitiar, Vors. Verb. d. Dt. Essenzenindustrie - Zu erreichen üb. Verband Dt. Essenzenind., Meckenheimer Allee 87, 5300 Bonn 1 - Stud. Rechtswiss. Gr. jurist. Staatsprüf. - Rechtsanw.

SCHLANGE, Hildburg

Dr. med., Prof., Vorsteherin Abt. f. Psychosomat. Paediatrie Univ.-Kinderklinik Göttingen - Humboldtallee 38, 3400 Göttingen (T. 39 29 75); priv.: Leineweberstr. 3, 3412 Nörten-Hardenberg 2, (T. 05503-31 71) - Geb. 18. Sept. 1921 Berlin, ev., led. - S. 1961 (Habil.) Lehrtätigk. Göttingen - BV: D. körperl. u. geist. Entwicklung b. Kindern m. angeborenen Herz- u. Gefäßmißbildungen, 1962; D. Göttinger Formreproduktionstest; Z. Diagnose d. Hirnschädigung im Kindesalter, 1972, 73 u. 77. Üb. 75 Einzelarb.

SCHLAPP, Manfred

Dr. phil., Mag. lit., Prof. f. Philosophie - Postfach 652, FL-9490 Vaduz (T. 075 - 2 72 71) - Geb. 30. Aug. 1943 Innsbruck (Vater: Josef Sch., Lehrer; Mutter: Zita, geb. Steiner), gesch., T. Michaela - Univ. Innsbruck (Phil., Psych., Altphilol.), Promot. 1966, Mag.lit. 1967 - S. 1967 Prof. f. Phil., s. 1976 General-Sekr. PEN-Club Liechtenstein, s. 1976 Herausg. d. lit. Schriftenr. Zifferblatt, s. 1971 fr. Mitarb. ORF (Hörsp., Essay-Reihen, Features...) - BV: Steckbrief der Hinterwelt, 1971; D. Große Unbehagen, 1973; Irren ist unmenschlich, 1977; Versuch u. Irrtum, 1979; Das Ist Liechtenstein, 1980 (engl. 1981); Kritik d. reinen u. prakt. Unvernunft, 1987; Irren ist unmenschlich, 1987. TV-Film: David ohne Schleuder (1984); Oben am jungen Rhein (1984); Liechtenstein - E. Fürstentum stellt sich vor (1985); Walgauer Schattenrisse (1987); Als d. Scheiterhaufen brannten (1988); Wo Vater Rhein noch jung an Jahren (1989); Jugendstil im Schatten des Doppeladlers (1990) - 1981 Buch-Preis (Luxemburg) - Liebh.: Reisen, Lesen - Spr.: Lat., Griech., Engl., Franz., Ital.

SCHLAPPNER, Martin

Dipl.-Volksw., Oberverwaltungsrat, MdL Hessen (s. 1970) - Reinhard-Strecker-Str. 2b, 6090 Rüsselsheim/M. (T. 6 58 46) - Geb. 6. Okt. 1931 Groß-Gerau - Univ. Frankfurt/M. (Wirtschafts- u. Sozialwiss.). Staatsex. 1955 - S. 1956 Kreisverw. Groß-Gerau. 1956 ff. Stadtverordn. Rüsselsheim. SPD.

SCHLARB, Auguste

Dr. phil. nat., Prof., Hochschullehrerin - Augustastr. 23, 5300 Bonn-Bad Godesberg (T 0228-35 21 76) - Geb. 14. April 1920 Bonn (Vater: Wilhelm S., Obersekr.; Mutter: Johanna, geb. Holstein), kath. - Päd. Fak. d. Univ Bonn; Univ. ebd. u. Frankfurt/M. (Geogr., Geol., Päd., Psych.) - 1946-58 m. Unterbr. (1948-50) Volksschullehrerin; 1959 zeitw. Mitarb. Hochsch. f. Intern. Päd. Forschung, Frankfurt; 1960-62 Assist. PH Bonn; s. 1962 Doz. Prof. (1963), o. Prof. (1965; 1980 Dir. Sem. f. Geographie u. i. Didaktik) - BV: Z. Psych. d. Lehrerin, 1959; Morphol. Studien in d. Euganeen, 1961; Land und Menschen am Strom - D. Niederrhein, 1963 (m. Pohl); D. Kölner Bucht u. ihre Gebirgsränder - Landeskdl. Überblick, 1965 (m. dems.) - Liebh.: Fotogr. - Spr.: Franz., Engl., Ital.

SCHLARBAUM, Erwin

Stadtrat - Rathaus, 4630 Bochum (T. 69-22 20); priv.: Brechtstr. 4, 4630 Bochum 6 - Geb. 13. Mai 1928.

SCHLATTER, Günther

Parteifunktionär, Vors. SPD/Bez. Mittelrhein, MdB (Landesliste NRW) - Albertusstr. 40-46, 5000 Köln 1.

SCHLAU, Wilfried

Dr. agr., Prof. f. Soziol. Univ. Mainz - Lochmühlenweg 2 A, 6382 Friedrichsdorf/Ts. 1 (T. 06172 - 52 07) - Geb. 27. April 1917 Welikij-Ustjug (Vater: Dr. Wilhelm Sch., Oberstud.dir.; Mutter: Frieda, geb. Neander), ev., verh. s. 1948 m. Ruth, geb. Beritz - Stud. Agrarwiss. Univ. Mitau, Wien u. Hohenheim; Dipl. 1949, Promot. 1952 u. Habil. f. polit. Soziol. u. neuere Sozialgesch. 1970 Univ. Stuttgart-Hohenheim - 1950-68 Erwachsenenbild. (Leit. e. Heimvolkshochsch.); 1968-70 Kulturpflege; 1970-71 Doz. Stabsakad. d. Bundeswehr Hamburg; 1971-79 o. Prof. f. Soziol. Erziehungswiss. Hochsch. Rhld.-Pfalz/Ab. Worms - BV: Heimatvertriebenes ostd. Landvolk, Ergebn. e. Unters. im Kreise Mergentheim, 1955; Politik u. Bewußtsein, Voraussetz. u. Strukturen polit. Bild. in ländl. Gemeinden, 1971; Lehrer in Rhld.-Pfalz, Gesellschaftl.-sozialer Wandel e. Berufsgr. in d. Jahren 1927-1976, Ergebn. e. empir. Unters. (m. Gerhard Schadwill), 1984. Herausg.: Bedingungslose Heimkehr. D. Prozeß d. Dekolonisation u. s. demograph. u. soz. Folgen f. Europa (1979). Div. Beitr. in Sammelw. - Spr.: Russ., Lett.

SCHLAUCH, Rezzo

Rechtsanwalt, MdL Baden-Württ. (Wahlkr. 2) - Rotebühlstr. 99, 7000 Stuttgart 1 (T. 0711 - 62 27 91) - Geb. 4. Okt. 1947 Gerabronn - Die Grünen.

SCHLEBUSCH, Gernot

Dr. jur., geschäftsf. Vorstandsmitglied Nieders. Landkreistag - Zu erreichen üb. Haus d. Kommunalen Selbstverwaltung, Am Mittelfelde 169, 3000 Hannover 81 (T. 0511 - 87 10 61) - Geb. 1. Jan. 1941, verh. - Abit. 1960 Gymn. Carolinum Osnabrück; Stud. Rechtswiss. Univ. Münster u. Freiburg; 1. jurist. Staatsex. 1965 Hamm; gr. jurist. Staatsprüf. 1969 Hannover; Promot. 1966 Münster.

SCHLECHT, Monika

Redakteurin NDR - Kornweg 17 E, 2000 Hamburg 63 (T. 59 84 44; dstl.: 413-53 36) - Geb. 28. Juli 1938 Berlin, ev. - 1958/59 Werner-Friedmann-Inst. München. S. 1985 Berichte auch aus d. DDR - BV: Schaufenster Nr. 7, Laienspiel 1958 - Fernsehdok.: M. Konflikten leben-Erzieh. z. Frieden; König v. St. Pauli; Und alle sagen Mau-Mau-Siedlung - 1971 Preis Jonas f. d. Feature Weihnachten in Tegel.

SCHLECHT, Otto

Dr. rer. pol., Staatssekretär - Pappelweg 55a, 5300 Bonn 2 (T. 32 25 61) - Geb. 21. Dez. 1925 Biberach/Riß (Vater: Otto S., Metzgermeister), ev., verh. 1953 m. Heidi, geb. Mangold - Obersch. Biberach; 1947-52 Univ. Freiburg (Volksw.; Prof. Eucken, Lutz, Liefmann-Keil, Hensel) - 1943-45 Wehrdst. (zul. Ltn.); s. 1953 Bundeswirtschaftsmin. (1958 Regierungs-, 1961 Oberreg.-, 1964 Min.rat, 1967 -dirig. (Jan.) u. -dir. (Juni)/1967 Leit. Abt. I/Wirtschaftspolitik, 1973 Staatssekr.) - BV: Konzertierte Aktion als Instrument d. Wirtschaftspolitik, 1968; Strukturpolitik in d. Marktw., 1968; Erfahrungen u. Lehren aus d. jüngsten Konjunkturzyklus, 1972; Wettbewerb als ständ. Aufgabe, 1975; Wirtschaftswachstum wozu, wie, womit?, 1980; Konjunkturpolitik in d. Krise, 1983 - 1969 BVK; 1976 BVK I. Kl., 1978 Gr. BVK, 1983 Stern u. Schulterband dazu - Spr.: Engl. - Rotarier.

SCHLECHTER, Fritz

Dipl.-Brauereiing., Aufsichtsrat Inselbrauerei Lindau AG, Erfrischungsgetr. GmbH, Bürgerliches Brauhaus Ravensburg AG, Aktienbrauerei Simmerberg AG, Frischgetränke GmbH, Lindau, Lindauer Apparateges. Ravensburg - Am Büchel 3, 8990 Lindau/B. - Geb. 21. Nov. 1922 Lindau (Vater: Dr. rer. pol. Ludwig S., Brauereidir. † 1969 (s. XVI. Ausg.); Mutter: Hubertine, geb. Cremers), kath., verh. s. 1952 m. Irene, geb. Vogler, 3 Kd. (Gabriele, Angelika, Lorenz) - Schule Schloß Salem (Abit.); TH München (Diplomprüf. Weihenstephan) - S. jg. Jahren Familienuntern. - Mitgl. Lions Club.

SCHLECHTER, Hans

Dr., Fabrikant, Komplimentär u. Geschäftsf. Rechlaternen Herstellungs- u. Vertriebs KG Dr. Hans Schlechter Lichttechn. Spezialfabrik - Seminarstr. 30, 5450 Neuwied/Rh. - Geb. 7. Juli 1906 Düsseldorf - Zahlr. Mand., dar. Vorst.-Mitgl. ZVEI, Frankfurt, u. Vors. Landesst. Rhld.-Pfalz (Koblenz) ZVEI;

Vorst. Vereinig. Eisen- u. Metallind. Rhld.-Rheinhessen, Koblenz - BVK I. Kl.; 1976 Gr. BVK; Gold. Ehrenplak. ZVEI; Gr. Wappenteller Kr. Neuwied u. Stadt Neuwied; Gr. Ehrenteller m. Urkunde Stadt Neuwied; Ehrenbürger Stadt Neuwied; Offizierskreuz d. Souveränen Malteser-Ritterordens.

SCHLEE, Albrecht

Landgerichtsdirektor a. D., MdB (1957-61 u. 1963-1972, CDU/CSU-Fraktion) - Winckelmannstr. 7, 8580 Bayreuth/Ofr. (T. 3 12 06) - Geb. 25. Aug. 1910 Lendershausen/Ufr. (Vater: Georg S., Oberforstm.), ev., verh. s. 1942 m. Gertraud, geb. Heine, 2 T. (Brigitte, Sibylle) - Gymn. Coburg; Univ. München u. Genf (Rechtswiss., Altphilol.) - 1939-1943 Wehrdst. (schwer verwundet; Verlust beider Unterschenkel u. d. r. Auges); richterl. Tätigk. Würzburg, Hofheim, Bamberg, Bayreuth (1953 LGsrat), Nürnberg (1962 -dir.). CSU - 1968 Bayer. VO., 1972 Gr. BVK - Liebh.: Reisen - Spr.: Engl., Franz., etwas Russ.

SCHLEE, Dietmar

Rechtsanwalt, Innenminister Baden-Württ. (s. 1984), MdL (s. 1972) - Auf der Steig 12, 7480 Sigmaringen-Laiz - Geb. 31. März 1938 Mengen, kath., verh., 2 Kd. - Univ. München u. Tübingen. Jurist. Staatsprüf. 1965 u. 68 - S. 1968 RA; Landrat a.D.; zul. Min. f. Arbeit, Gesundheit u. Sozialordn. Baden-Württ. - CDU (1968 Kreisvors. Hechingen). U. a. 1970ff. Vors. Jg. Union Württ.-Hoh.

SCHLEE, Emil

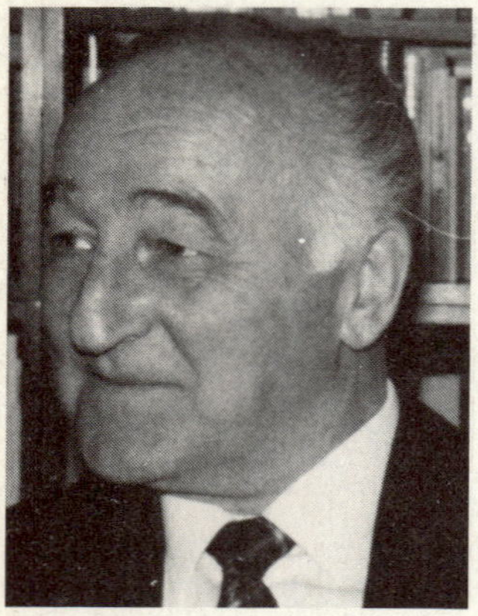

Prof., Ministerialrat a. D., MdEP (s. 1989) - Danziger Str. 4, 2313 Raisdorf-Reuterkoppel (T. 04307 - 2 85) - Geb. 21. Okt. 1922 Schwerin/Meckl. (Vater: Emil S., Gendarmerie-Offz.; Mutter: Sophie, geb. Harms), ev., verh. s. 1952 m. Helga, geb. Schlegel - Schule Dargun, Rostock (Abit. 1940); 1940-49 akt. Offz., OLt. (1961 Hptm. d. R.), sowjet. Kriegsgefangensch. (1944-49); 1950-57 Stud. Univ. Frankfurt/M., Mainz, Graz (Erdkd., Gesch., German., Politik, Leibesüb., Soz., Päd., Anthr.); 1. Staatsex. 1957, 2. Staatsex. 1960 - 1957-59 Wiss. Assist. Univ. Frankfurt/M.; 1959-66 Schule, Stud. Sem., Frankfurt/M. u. Offenbach (1963 Studien-, 1965 Oberstudienrat, 1963-66 Fachleit. f. Politik u. Leibesüb.); 1966-74 Univ. Mainz, Prof., stv. Inst.-Dir., Senator; 1974-81 Lehrbeauftr. Univ. Kiel; 1974-79 Min.rat im Kultusmin. Kiel; 1979-85 Min.rat u. Landesbeauftr. f. Vertriebene im Soz.-Min. Kiel, Landesregierung SH; 1980-85 Vizepräs. d. BMD; 1981-86 Bundesvors. d. Landsmannsch. Mecklenburg; 1982 stv. Vors. d. Staats- u. Wirtsch.polit. Ges. (HH); 1968-74 MdL Dieburg, 1970-74 MdL Hessen; 1967-84 CDU; s. 1987 Mitgl., Landesvors. in SH d. Partei D. Republikaner. 1963-67 Mitgl. Beirat Innere Führung b. BMVtg. - BV: Wissen um Deutschland, 1985; Deutsche Frage - Deutsche Antworten, 1985; Bundeswehr ohne Vaterland?, 1986; Diensteid u. Gelöbnis d. Soldaten u. d. Dt. Frage, 1986; Veränderungen in d. Parteienlandschaft?, 1986; Ostdeutschland u. s. Landsmannschaften, Hb. z. Dt. Nation, Bd. 2, 1987; Sticht d. Deutsche Karte wieder?, Dt. Annalen 1989 - Kriegsausz. (u. a. EK I., Gold. Verwund.-Abz., Sturmabz.); 1962 Gold. Sportabz.; 1983 BVK I. Kl.; 1982/83 Gold. Ehrenabz. d. Landsmannschaften Mecklenburg, Pommern, Westpr., Schlesien u. d. Bundes d. Vertriebenen - Liebh.: Wiss. Lit., Politik, Deutschland- u. Europapolitik - Spr.: Engl., Franz., Russ.

SCHLEE, Ernst Riewert

Dr. phil., Prof., Museumsdirektor, a. D. - Friedrich-Ebert-Str. 10, 2380 Schleswig (T. 2 24 88) - Geb. 5. Jan. 1910 Heide, ev., verh. s. 1939 m. Elise, geb. Landerer, 3 Kd. (Jörg, Hildegard, Ernst) - Univ. Marburg, Wien, Berlin, Kiel, Stockholm (Kunstgesch., Phil., German., Volkskd.) - S. 1939 wiss. Assist. u. Dir. (1950-75), Schlesw.-Holst. Landesmus., Schleswig - BV: D. Ikonographie d. Paradiesesflüsse, 1937; Dt. Volkskunst - Schlesw.-Holst., 1939; D. Schlesw.-Holst. Landesmus., 1963; Schlesw.-Holst. Eintritt in d. neue Zeit - Bilderchronik 1864-1914, 1964; Volkskunst in Dtschl., 1978 u.v.m. Herausg.: Jahrb. Kunst in Schlesw.-Holst. (1950ff.). 1979 Kieler Kulturpreis - 1975 BVK I. Kl. - Liebh.: Regionale Kunst- u. Kulturgesch.

SCHLEE, Günther

Dr., Prof. f. Sozialanthropologie u. Enthnologie, Fak. f. Soziol. Univ. Bielefeld - Postf. 86 40, 4800 Bielefeld 1 - Geb. 10. Juli 1951 Heide/Holst., muslim, verh. s. 1981 m. Isir bint Hassan Musa, 3 Kd. (Feisal, Hassan, Yunis) - 1970-77 Stud. Völkerkunde Hamburg; Promot. 1977, Habil. 1986 - Assist. Univ. Bayreuth; 1974-76, 1978-80, 1984/85/86/87 Feldforsch. in Kenia u. Äthiopien - BV: Sprachl. Stud. z. Rendille, 1978; D. Glaubens- u. Sozialsystem d. Rendille, 1979 - Spr.: Engl., Franz., Span., Ital., Rendille, Oromo, Somali, Arab.

SCHLEEF, Andreas

Vorstand AUDI AG, Ingolstadt - Auto-Union-Str., 8070 Ingolstadt - Geb. 30. Sept. 1943 Königsberg/Preußen - Stud. Rechtswiss.; Ass.

SCHLEGEL, Dieter

Dr.-Ing., Dipl.-Ing., Direktor u. Leiter Inst. f. Materialprüf. u. Chemie, TÜV Rhld. - Am Grauen Stein, 5000 Köln 91 - Geb. 29. Dez. 1930 Teutschenthal, Mansfelder Seekr., ev., verh. s. 1960 m. Ellen, geb. Hohberg, 2 Kd. (Birgit, Wolf-Dieter) - Stud. Martin-Luther-Univ. Halle/Saale, Univ. Hamburg, TH Aachen (Natur- u. Wirtschaftswiss., sow. Eisenhüttenkd.); Dipl. 1958; Promot. 1968 - Assist., spät. Abt.-Leit., z. Z. Fachbereitsleit. - BV: Einflußgrößen d. Zeitsicherheit b. techn. Anlagen, 1985. Mitautor: Angew. Bruchmechanik, 1976; D. Schallemissionsanalyse, 1978; Instandhaltung; 1981; Bauteilschäden, 1986 - Liebh.: Lit., Malerei, Musik.

SCHLEGEL, Hanns-Ludwig

Dr. med. vet., Prof. f. Berufskunde TiHo Hannover - Am Helmerfeld 5, 3013 Barsinghausen 1 (T. 05105 - 8 14 05) - Geb. 14. Juli 1927 Brandenburg - Min.-Rat, Leit. Veterinärbeamter Ld. Nieders.; Verantw. Schriftleit. Dt. Tierärzteblatt - Ehrenbürger TiHo Hannover.

SCHLEGEL, Hans-Günter

Dr. rer. nat., Dr. h.c., o. Prof. f. Mikrobiologie - Görlitzer Str. 35, 3406 Bovenden (T. Göttingen 8 12 24) - Geb. 24. Okt. 1924 Leipzig, ev., verh. s. 1957 m. Ingeborg, geb. Tegtmeyer, 3 Kd. (Peter, Dagmar, Uta) - Univ. Leipzig u. Halle (Naturwiss.). Promot. (Botanik; 1950) u. Habil. (1954) Halle - 1954-56 Doz. Univ. Halle; 1957-58 Forschungsarb. Cleveland/USA; s. 1958 Ord. u. Dir. Inst. f. Mikrobiol. Univ. Göttingen, 1972 Gastprof. Univ. of Georgia, Athens (USA). Spez. Arbeitsgeb.: Biochemie d. Boden- u. Wasserbakterien - BV: Allg. Mikrobiol., 1969, 6. A. 1985 (russ. 1972 u. 87, span. 1975, poln. 1975, engl. 1987). Üb. 200 Einzelarb. Herausg.: Anreicheringskultur u. Mutantenauslese (1965); Microbiol Energy Conversion, 1976; Hydrogenases, 1978; Prokaryotes, 1981; Autotrophic Bacteria. Schriftl.: Archiv f. Mikrobiol. (1959ff.) - Mitgl. Akad. d. Wiss. Göttingen u. Dt. Akad. d. Naturforscher, (Leopoldina), Halle/S. - Spr.: Engl.

SCHLEGEL, Hans-Joachim

Dr. med., o. Prof. f. Augenheilkunde - Max-Planck-Str. 5, 6650 Homburg/Saar (T. 22 77) - Geb. 9. Juni 1921 Beelitz/Mark, verh. m. Dr. Elisabeth, geb. Gmainer-Benndorf - Habil. Saarbrücken - S. 1968 apl. u. o. Prof. (1969) Univ. Saarbrücken (Dir. Augenklinik Homburg). Facharb.

SCHLEGEL, Jörg

Dipl.-Volksw., stv. Hauptgeschäftsführer Industrie- u. Handelskammer Berlin (s. 1988), Geschäftsf. Berliner Absatz-Organisation GmbH (s. 1988), Geschäftsf. d. Arbeitsgemeinsch. Handel m. d. DDR (s. 1988) - Hardenbergstr. 16/18, 1000 Berlin 12 (T. 31 80 - 2 33/2 34) - Geb. 16. Nov. 1940 Braunsberg/Ostpr. (Vater: Dr. Horst Sch., Jurist; Mutter: Vera, geb. Splettstößer), ev., gesch. - Walther-Rathenau-Sch. (Abit. 1960); Stud. Freie Univ. Berlin; Dipl. 1966 Berlin - 1966ff. Bundeskartellamt Berlin (s. 1969 Sprecher d. A., s. 1971 auch Personal- u. Verwaltungsleit.), 1975-81 Senatsdir. (Staatssekr.) Senator f. Wirtsch. - Spr.: Engl. - Lions.

SCHLEGEL, Karl-Friedrich

Dr. med., Prof., Orthopäde - Virchowstr. 66, 4300 Essen-Holsterhausen - Geb. 10. Juni 1924 Nürnberg (Vater: Hans S., Geistlicher; Mutter: Albertine, geb. Weber), verh. s. 1960 m. Bettina, geb. Riedel - Univ. Berlin u. München - S. 1959 (Habil.) Lehrtätigk. Univ. Köln (1965 apl. Prof. f. Orthop. u. Ltd. Oberarzt Orthopäd. Univ.sklinik) u. Univ. Bochum (1969 o. Prof. u. Dir. Orthop. Klinik d. Univ. Essen). Etwa 130 Fachveröff. - Versch. Ehrenmitgliedsch.- 1977 Gold. Med. Akad. d. Wiss. d. VR. Bulgarien, 1979 BVK a. Bde.

SCHLEGEL, Ludwig Friedrich

Dipl.-Ing. FH, Religionspädagoge, 1. Bürgermeister v. Langenaltheim (s. 1978) - Kühgasse 9, 8831 Langenaltheim (T. 09145 - 9 23) - Geb. 12. Mai 1939 Langenaltheim, ev.-luth., verh. s. 1961 m. Sieglinde, geb. Hüttinger, 2 T. (Sonja, Claudia) - Landw. Lehre, FHS, Dipl.-Ing. Triesdorf (FH 1960), Stud. Relig.-päd., Neuendettelsau (1968-69) - S. 1978 Kreisrat.

SCHLEGEL, Walter

Dr. phil., Prof. f. Geographie Univ.-GH Paderborn - Nikolaus-Groß-Str. 11, 4790 Paderborn - Geb. 2. April 1931 Schwenningen (Vater: Gebhard Sch., Doz.; Mutter: Kreszentia, geb. Linz), kath., verh. s. 1970 m. Bärbel, geb. Hinz, 3 Kd. (Michael, Wolfgang, Claudia) - Prüf. f. d. Volksschuldienst 1953, Promot. 1960 Univ. Wien, 1. Staatsprüf. f. d. Lehramt an Gymn. 1962; 2. Staatsprüf. 1963, Habil. 1970 Univ. Tübingen - 1953-56 Lehrer; 1962-63 Schuldienst (u. Refer. an Gymn.); 1964-70 wiss. Assist. Univ. Tübingen; 1970-71 Univ. Stuttgart (Lehrst.-Vertr.); 1973 apl. Prof. Tübingen; 1974 o. Prof. Paderborn - BV: D. Weinbau in d. Schweiz, 1973. Mithrsg.: Länder-Völker-Kontinente, Bde. I, II, III (1985). Mitarb. an mehreren Sammelw. - 1961 Johann-Hampel-Förderungspreis Österr. Geogr. Ges. - Liebh.: Reisen, Fotogr., Film, Musik - Spr.: Engl., Franz., Span.

SCHLEGELBERGER, Bruno S. J.

Dr. phil., o. Prof. f. Kath. Theol. FU Berlin (s. 1980) - Neue Kantstr. 1, 1000 Berlin 19 - Geb. 15. April 1934 Berlin (Vater: Dr. Bruno S., Vet.-Rat; Mutter: Liselotte, geb. Pflaum), kath., ledig - 1960 Lic. phil. Faculté libre de Philos. Chantilly (Frankreich); 1966 Lic. theol. Hochsch. St. Georgen Frankfurt; Promot. 1970 FU Berlin - 1970-74 Leit. kath. Studentenseelsorge Berlin (West), 1974-80 Päd. Hochsch. Berlin - BV: Vor- u. außerehel. Geschlechtsverkehr. D. Stellung d. kath. Moraltheol. s. Alphons v. Liguori, 1970 (ital. 1973 u. 74); Von Medellin n. Puebla - Gespräche m. Lateinamerik. Theologen, 1980 - Spr.: Franz., Span., Engl.

SCHLEGELBERGER, Hartwig

Dr. jur., Landesminister a. D., Bankdirektor i. R. (s. 1979) - Schlotfeldtsberg 6b, 2302 Flintbek b. Kiel (T. 15 16; Büro: Kiel 900-21 26) - Geb. 9. Nov. 1913 Berlin (V.: Prof. Dr. jur. Franz S., Staatssekr. Reichsjustizmin. † 1970 (s. X. Ausg.); M.: Olga, geb. Kloth), ev., verh. m. Luise, geb. Freiin v. Rotberg, 2 Kd. - Gymn.; Univ. Berlin u. Tübingen (Rechts- u. Staatswiss.); Sprachstud. Schweiz, Frankr., Engl. Gr. jurist. Staatsprüf. 1940 Berlin - Landgerichtsrat (im Krieg Oberstabsrichter), n. 1945 Angest. Kreiswohlfahrtsamt Flensburg, Kreissynd., 1954-1961 Landrat ebd., 1961-71 Finanz- u. Innenmin. sow. stv. Min.präs. Schlesw.-Holst. (1963). 1963-71 VR-Vors. u. 1972-79 Vorst.-Vors. Landesbank SH Girozentrale; 1972-79 Vors. Präs.rat im DRK; AR-Mitgl. Schiffshypothekenbank zu Lübeck AG; Präs. DRK-Landesverb. SH. 1958-75 MdL (1971-75 Landtagsvizepräs.); 1979 ff. Vizepräs. DRK. CDU s. 1953 BVK m. Stern u. Schulterbd. - Spr.: Engl., Franz. - Rotarier (Ehrenmitgl. Rotary Club Flensburg).

SCHLEICH, Erwin

Dr.-Ing., Prof., Architekt - Maria-Einsiedel-Str. 45, 8000 München 70 - Geb. 20. April 1925 München - TH München (Promot.) - Fr. Arch. München; Honorarprof. Kunstakad. Nürnberg. Neben Neubauten Wiederaufbau bayer. Kunstdenkmäler (u.a. Preysing-Palais, St. Peter, Alter Rathausturm, alles München). Div. Fachveröff. - Bayer. VO.; Med. München leuchtet; Poetentaler - Rotarier.

SCHLEICHER, Bernd

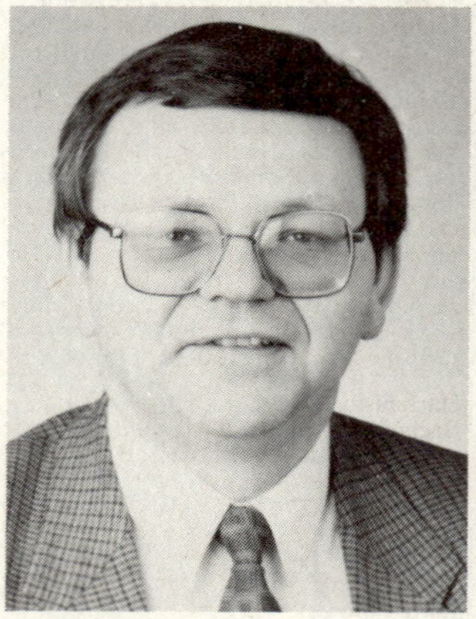

Regierungsdirektor a. D., MdL Hessen (s. 1986) - Kantstr. 13, 3444 Wehretal 1 (T. 05651 - 4 01 36 u. 4 08 11) - Geb. 28. Juni 1947 Eschwege, ev. - 1967 Vorb.dst. f. d. geh. Verw.dst.; II. Verwaltungsprüf. 1969 - 1970 Sachbearb. b. Regierungspräs. Kassel, zul. Leit. Pressestelle; 1971 Büroleit. Reg. Planungsgem. Nordhessen; 1978 Doz. b. Hess. Verwaltungsschulverb. Kassel; 1981 FH-Lehrer Verwaltungs-FH Wiesbaden. 1972 Gemeindevertr. u. Kreistagsabgeordn.; 1981-87 Erster Beigeordn. Gemeinde Wehretal; s. 1977 Vors. Hauptaussch. Kreistag d. Werra-Meißner-Kr.; s. 1973 Verbandsvorst. Abwasserverb. Wehretal-Sontratal; s. 1985 Vors. Planungsaussch. d. Reg. Planungsvers. Nordhessen - BV: Einf. in d. öfftl. Finanzwesen, 1977 - 1984 Ehrenbrief Land Hessen - Spr.: Engl.

SCHLEICHER, Jürgen

Kanzler Hochschule d. Künste Berlin - Ernst-Reuter-Pl. 10, 1000 Berlin 12 - Geb. 5. Jan. 1939 Kiel - Stud. Maschinenbau, Rechtswiss. TU Berlin u. Univ. Hamburg - S. 1975 Kanzler Hochsch. d. Künste.

SCHLEICHER, Klaus

Dr., o. Prof. f. Erziehungswiss. Univ. Hamburg (1977-88 Dir. d. Inst. f. Vergl. Erz.w.) - Schäferkamp 31a, 2071 Hamburg-Ammersbek 1 - Geb. 11. Juni 1935 Hamburg, verh. s. 1960 m. Mechthild, geb. Harmstorf, 5 Kd. - 1951-54 Tischlerlehre; 1954-56 Abendgymn.; 1956-62 Stud. Gesch., Erziehungswiss., German., Soziol. u. Phil.; 1. Staatsex. 1962; 2. Staatsex. 1964; Promot. 1968 - Stud.ref.; 1964-65 Lehrer u. Erwachsenenbild.; 1973 Lehrstuhl f. Vergl. Erziehungswiss.; Gastprof. in Engl., Frankr. u. USA; s. 1978 Berat. Schweizer FS; 1973 Gutachter d. Bildungsrats u. 1975, 81, 84 u. 86 d. Europarats. Forsch.auftr.: 1978-81 Min. f. Arb., Gesundh., Soz. in Nordrh.-Westf., 1979-80 z. Ökol. d. Kindes Univ. Hamburg. Mitgl. World Ass. for Educ. Research, Dt. Hochschulverb. - BV: u.a. Polit. Bild. in Engl. 1935-65, Monogr. 1970; Sesame Street f. Dtschl.?, 1972; Familienbild. Dringlichkeit, Aufg., Möglichk., Monogr. 1977; Arbeits- u. Orientierungshilfen f. d. Familienbildung, 1984. Herausg.: Elternhaus u. Schule. Kooperation ohne Erfolg? (1972, auch jap. u. 1981 korean. Übers.), Elternmitspr. u. Elternbild. (1973). Zahlr. Buchkapitel u. Ztschr.-Aufs. z. Vergl. Erz.-Wiss., Polit. Bildung, Humanökol., Medienerziehung, Familie u. Jugend, internat. u. globale Erziehung. 12 Vorschulsend. d. Schweizer FS - Liebh.: Kinderbilder, Fagottist - Spr.: Engl., Franz.

SCHLEICHER, Ursula

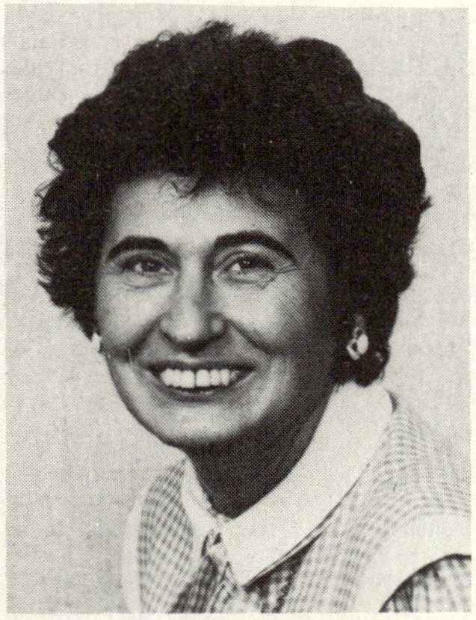

Harfenistin, MdEP (EVP-Fraktion) - Backoffenstr. 6, 8750 Aschaffenburg/Ufr. - Geb. 15. Mai 1933 Aschaffenburg (Vater: Dr. med. Adolf S., Dermatologe † 1957; Mutter: Marilies, geb. Wiesner, s. XVII. Ausg.) - Oberrealsch. Aschaffenburg (Abit. 1952); 1953-57 Univ. Frankfurt/M. (Kunstgesch., Musikwiss., Ital., Med.); 1957-61 Musikhochsch. München (Hauptf. Harfe) - 1961-63 Lehrerin Musiksem. Univ. Bahia/Brasil. (Harfe, Klav.) u. I. Harfenistin Univ.orch.; 1964-65 fr. Mitarb. Ital. Presse-Agentur München; 1965-75 Frauenreferentin d. CSU; 1972-80 MdB; s. 1979 Mitgl. Europ. Parlament; 1983-87 Präs. Europ. Frauen-Union; Vizepräs. Dt. Rat d. Europ. Bewegung; 1988 Präs. d. PANEUROPA-Union Bayern - 1979 Commendatore (ital. VO.); 1983 Bayer. VO. - Liebh.: Musik, Wandern - Spr.: Ital., z. Verständig. Portugies., Engl., Franz.

SCHLEIFENBAUM, Henning

Dr. rer. pol., Dipl.-Ing., Komplementär u. Gf. Carl Vorlaender u. Cie., Hammerwerk, Hilchenbach-Allenbach; Gf. Dreisbacher Hammer GmbH, Netphen; Mitinh. u. Gf. GOPA, Ges. f. Organis., Plan. u. Ausbild. mbH, Siegen u. Bad Homburg; Mitinh. u. Gf. Blechwarenfabr. Niederfischbach GmbH, Niederfischbach; Beirat Union Fröndenberg; Vorstandsmitgl. Verein Aktionäre d. AG Dillinger Hüttenwerke - Brucknerweg 9, 5900 Siegen 21 (T. 0271 - 7 34 76) - Geb. 27. Mai 1935 Weidenau (Vater: Dr. Fritz S., Geschäftsf.; Mutter: Anne-Marie, geb. Paesler), 2 Kd. (Iris Christine, Jens Friedrich) - Dipl.-Ing. TU Berlin; Promot. Univ. Freiburg - Ehrenpräs. IHK Siegen; BVK I. Kl. - Spr.: Engl., Franz.

SCHLEIFER, Carl Hermann

Dr., Staatssekretär i. R., Amtschef Finanzmin. Schlesw.-Holst. (b. 1988) - Moltkestr. 43, 2300 Kiel 1. CDU.

SCHLEIFER, Karl-Heinz

Dr. rer. nat., o. Prof. f. Mikrobiologie TU München (s. 1974) - Schwalbenstr. 3a, 8044 Lohhof (T. 310 18 75) - Geb. 10. Febr. 1939 Freising, kath., verh. s. 1969 m. Gerti, geb. Radlmair, 2 Kd. (Bernd, Susanne) - Stud. d. Chemie, Biol., Geogr. Univ. u. TU München; Habil. 1971 - 1966-69 wiss. Assist. TU u. Univ. München; 1969-70 postdoctoral Fellow Rockefeller Univ., New York; 1972-74 kommissar. Lehrstuhlinh. Univ. München; 1986-88 Dekan d. Fak. f. Chemie, Biol. u. Geowiss.; s. 1986 Generalsekr. Federation d. Europ. Microbiol. Soc. Üb. 220 Veröff. in meist engl. spr. Ztschr. Mithrsg. d. Ztschr. Syst. Appl. Microbiol., u. FEMS Microbiol. Letters - Korr. Mitgl. d. königl. Akad. d. Veterinärwiss. (Madrid, Spanien) u. d. Akad. d. Wiss. in Göttingen.

SCHLEIFER, Ludwig

Sonderschulrektor, MdL Rheinl.-Pfalz (s. 1975) - Am Otterstein 4, 6660 Zweibrücken - Geb. 31. Dez. 1931 - SPD.

SCHLEIMINGER, Günther

Dr. sc. pol., Nationalökonom, Generaldirektor i. R. Bank f. Intern. Zahlungsausgleich, Basel - Arbedostr. 24, CH-4059 Basel (Schweiz) (T. 35 75 04) - Geb. 26. April 1921 Magdeburg (Vater: Max S., Finanzbeamter; Mutter: Ilse, geb. Kessler), verh. s. 1962 m. Ingrid, geb. Bettlewski, 2 Kd. (Daniel, Dorrit) - Univ. Königsberg, Berlin, Kiel. Dipl. sc. pol. 1947, Promot. 1949 Kiel - 1952-58 stv. dt. Mitgl. im Direktorium d. Europ. Zahlungsunion u. Vors. Stellvertr.aussch., Paris, 1958-68 Leit. Abt. f. Europ. Währungsfragen Deutsche Bundesbank; 1968-74 dt. Exekutivdir. Intern. Währungsfond, Washington; 1975-85 Bank f. Intern. Zahlungsausgleich, Basel, 1981-85 Generaldir. ebd. - Spr.: Engl., Franz.

SCHLEINITZ, Egon G.

Journalist, Reiseschriftsteller - Zugspitzstr. 30, 8120 Weilheim/Obb. (T. 0881 - 72 07) - Geb. 20. Mai 1912 Wehlen/Sa., verh. s. 1946, Sohn Klaus-Peter - BV: Zauber d. Ferne, 1960; Ital. Riviera, 1960; Mallorca, 1961; Tunesien, 1961; Ischia, 1962; Südafrika, 1964; 100 Tage Afrika, 1968; D. Erlebnis Israel, 1969; Safari-ABC, 1969; D. Riese v. Sambesi, 1971; D. Hund wedelte, was sein Schwanz hergab, Stilbl. 1960; Weltrevolution d. Vernunft, 1974; Stilblüten u. Blackouts verhinderter Bestseller-Autoren, 1988 - Filme: Wochenend im Walsertal; Toller Hecht auf krummer Tour - Liebh.: Reisefilme, Psychol., Med. - Spr.: Engl.

SCHLEISSHEIMER, Bernhard

Dr. phil., em. Prof. f. Philosophie Kath. Univ. Eichstätt - Bahnhofstr. 25, 8196 Beuerberg (T. 08179 - 12 51) - Geb. 14. Aug. 1922 Unterfinning (Vater: Jakob Sch., Lehrer; Mutter: Hedwig, geb. Koeßler), kath., verh. s. 1948 m. Annemarie, geb. Biberger, 5 Kd. (Monika, Johanna, Marieluise, Norbert, Gisela) - Lehramtsex. 1949 u. 1952; Promot. 1959 Univ. München; Habil. 1970 ebd. - 1962 Lehrauftr. PH Eichstätt; 1970 o. Prof.; 1972 Kirchl. GH; 1980 Kath. Univ. Eichstätt (1977-79 Vizepräs.); emerit. 1987 - BV: D. Mensch als Wissender u. Glaubender, 1970; zahlr. Art. in Sammelbd. u. Ztschr.

SCHLEISSING, Horst

Generaldirektor i. R. - Beethovenstr. 5, 8033 Krailling/Obb. (T. München 859 66 93) - Geb. 26. März 1908 Dresden - S. 1936 Diamalt AG., München (1961 Vorst., 1973 AR). Zeitw. Vorst. Verb. d. Backmittelhersteller u. -mitgl. Vereinig. d. Arbeitgeberverb. Bay.

SCHLEMBACH, Anton

Dr. theol., Bischof von Speyer (s. 1983) - Domplatz 2, 6720 Speyer - Geb. 7. Febr. 1932 Großwenkheim/Unterfranken - Stud. Theol. u. Phil. Rom (Gregoriana), Priesterw. 1956 - U. a. Regens Priestersem. Würzburg u. Generalvikar Bistum ebd. (1981).

SCHLEMM, Anny

Kammersängerin, Mitgl. Städt. Bühnen Frankfurt/M. - Graf-Folke-Bernadotte-Str. 12, 6078 Neu-Isenburg (T. 84 48) - Geb. 22. Febr. 1929 Neu-Isenburg (Vater: Friedrich S., Sänger; Mutter: Wilhelmina, geb. Arnoul) - Ausbildung Prof. Elinor Sadowska u. Kammers. Erna Westernberger - S. 1946 Landestheat. Halle, Staats- u. Kom. Oper Berlin (1948), Städt. Bühnen Köln. R.: Herodias, Klytämnestra, Ulrica, Küsterin, Quickly, Begbick, Gräfin Wildschütz, Gräfin Pique Dame, Mrs. Peachum in Beaggars opera, Erda i. Rheingold, 1. Norne u. Waltraute i. Götterdämmerung, Schenkwirtin Boris.

SCHLEMPP, Hans

Dr. jur., gf. Direktor Hess. Landkreistag (s. 1956) - Forststr. 49, 6200 Wiesbaden (T. 54 19 90) - Geb. 1. Okt. 1907 Freiburg/Br. (Vater: Gustav S., Hotelbesitzer; Mutter: Lina, geb. Nagel), ev., verh. s. 1935 m. Ilse, geb. Jung, 4 Söhne (Peter, Rüdiger, Dieter, Hans) - Luisenstädt. Oberrealsch. Berlin (Abit. 1925); Univ. Berlin (1925-29), Jena (1930-31), Gießen (1935). Jurist. Staatsprüf. 1931 u. 35 Berlin; Promot. 1939 Gießen (Summa cum laude) - 1931-35 Pr. Justizverw. (Gerichtsass.); 1935-45 Dt. Gemeindetag (Beigeordn.); Dt. Krkhs.ges. (Generalsekr.); 1948-56 Hess. Gemeindetag (Leit. Rechtsabt.) - BV: D. Gemeinden im Rechtsverkehr, Dt. Kommunalrecht, Kommentar z. Hess. Gemeindeordnung, Handb. d. Gemeinderechts, Gemeindl. Satzungsrecht, D. Entwässerung d. Gemeinden, D. Staatsaufsicht üb. Gemeinden, Anliegerbeitragsrecht - 1969 Frhr.-v.-Stein-Plak.; BVK I. Kl. - Liebh.: Wassersport (Mitgl. Wiesbadener Yacht-Club) - Spr.: Engl., Franz.

SCHLENDER, Bodo

Dr. rer. nat., o. Prof. f. Informatik - Wippen 7, 2300 Kiel 1 (T. 31 31 34) - Geb. 25. April 1931 Berlin (Vater: Willi S., Dipl.-Hdl.; Mutter: Hildegard, geb. Boche), ev., verh. s. 1960 m. Ruth, geb. Fehlau, 2 Kd. (Sabine, Katrin) - Stud. 1951-56 Univ. Kiel, Dipl. 1956, Promot. 1957, Habil. 1965 Kiel, 1956-62 Wiss. Assist. Univ. Kiel, 1962-67 Wiss. Rat u. Leiter d. Rechenzentrum Univ. Kiel, 1967-71 o. Prof. TU Hannover, s. 1971 o. Prof. Univ. Kiel. Etwa 35 Fachveröff.

SCHLENK-BARNSDORF, von, Carl-Günter

Vorstandsmitglied Carl Schlenk AG., Nürnberg - 8542 Roth-Barnsdorf - Geb. 26. Mai 1928, kath., verh., 4 Kd. - Stud. Rechtswiss. I. jurist. Staatsprüf.

SCHLENKE, Egon H.

Rechtsanwalt, Hauptgeschäftsführer Verb. d. Bauindustrie f. Nieders. - Eichstr. 19, 3000 Hannover (T. 0511 - 3 48 34-0) - Geb. 5. Juli 1932 - Vorst.-Mitgl. LVA, Hannover, Dt. Ges. f. Baurecht, Frankfurt, Inst. f. Dt. u. Internat. Baurecht, Bonn, Lehrbeauftr. FHS Hildesheim-Holzminden.

SCHLENKE, Manfred

Dr. phil., o. Prof. f. Neuere Geschichte - Im Sentzling 7, 6350 Bad Nauheim (T. 06032 - 7 11 58) - Geb. 1. Nov. 1927 Wuppertal (Vater: Ewald S.), verh. m. Irmtraut, geb. Paul - S. 1962 (Habil.) Lehrtätigk. Univ. Marburg u. WH bzw. Univ. Mannheim (1965 Ord. u. Inst.-dir.). 1964/65 Gastprof. Roosevelt Univ. Chicago (USA); 1976 Gastprof. British Academy, London; 1978 Gastprof. Univ. Tel-Aviv; Vors. d. British-Dt. Historikerkr. u. d. Arbeitsgemeinsch. d. Preuss. Gesch. - BV: England u. d. friderizian. Preußen (1740-63), 1963. Div. Einzelarb. Herausg.: Preußen-Ploetz (1983); Preußen, Politik, Kultur, Gesellsch. (2 Bde. 1986); Mithrsg.: Gesch. in Quellen (7 Bde. 1961ff.). Veröff. Hist. Inst. Univ. Mannheim (1969ff.).

SCHLENKENBROCK, Walter

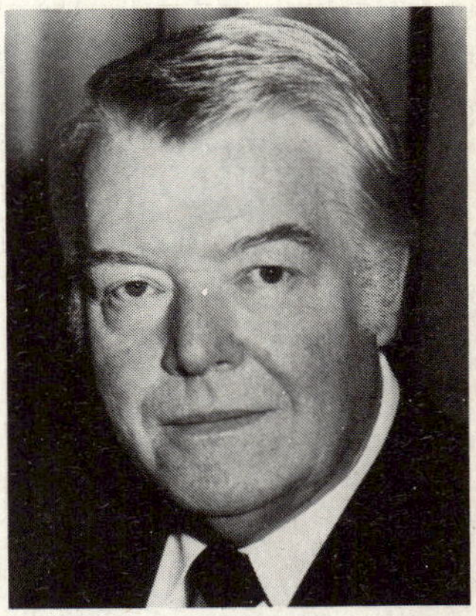

Dipl.-Volksw., Bankdirektor, Vorstandsvors. Dt. Apotheker- u. Ärztebank eG - Emanuel-Leutze-Str. 8, 4000 Düsseldorf 11 - Geb. 7. Mai 1925 - Zahlr. Mand. in AR (stv. Vors. Treuhand Hannover GmbH u. Intern. Kapitalanlage-Ges., Düsseldorf), VR u. Beiräten sowie Mitgl.sch. - Gr. BVK; Wilhelm-von-Humboldt-Plak. Bundesverb. d. Freien Berufe; gold. Ehrenzeichen Dt. Ärztesch., Ehrennadel Dt. Zahnärztesch. in Gold u. Dt. Apothekerschaft; Hartmann-Thieding-Med. Hartmannbd.; Ehren-Reflexhammer Marburger Bund; Ehrennadel in Gold Dt. Genossensch.- u. Raiffeisenverb.; Ehrennadel in Gold m. Lorbeerkranz d. Verb. d. Reit- u. Fahrvereine Rhld.; Verdienstnadel d. Dt. Fußball-Bundes.

SCHLENKER, Rudolf

Dipl.-Kfm., Generaldirektor a. D., Vizepräs. Handelskammer Hamburg (1981ff.), VR-Vors. Hbg. Sparkasse (1983ff.) - Parkstr. 51, 2000 Hamburg 52 - Geb. 18. Juni 1915 Dortmund - U. a. 1962-73 Vorstandsvors. Reemtsma. Berat. Bundesfinanzmin. Langj. Vors. Verb. d. Cigarettenind. 1975-81 Präs. HK Hamburg; 1976ff. Vizepräs. DIHT.

SCHLEPEGRELL, Sybil,

geb. Gräfin Schönfeldt

Dr. phil., Journalistin, Schriftst. - Agnesstr. 42, 2000 Hamburg 60 (T. 460 15 61) - Geb. 13. Febr. 1927 Bochum (Vater: Carl Graf Schönfeldt; Mutter: Carmen, geb. Sackermann), kath., verh. s. 1957 m. Heinrich S. (Kaufm.), 2 Söhne (Henry, Ludwig) - Stud. German. u. Kunstgesch. Univ. Göttingen, Hamburg, Wien, Promot. 1951; Volontariat Göttinger Tagebl. - 1982 1. Vors. d. Arbeitskreises f. Jugendliteratur - BV: Kulturgesch. d. Herrn, 1965; D. Kochb. f. d. Frau v. dicken Mann, 1965; Weihnachtsb., 1972; Sonderappell, 1979; Hängt doch d. Kinder in d. Kamin, 1983; D. Kochbuch f. Studenten, 1986; Astrid Lindgren, 1987. Herausg.: Blickwechsel - Mod. Erz.

(1975), D. Bilderbuch f. d. Weihnachtszeit (1976), D. B. zur Frühlingszeit (1978), Augenblicke der Liebe (1978); D. Krieg ist aus - was nun? (1985) - 1963 Dt. Erzählerpreis, 1968 Dt. Jugendbuchpreis, 1972 Fernsehpreis Dt. Altershilfe, 1978 Gr. Preis Dt. Akad. f. Kinder- u. Jugendl., 1980 Europ. Jugendbuchpreis - Div. Mitgliedsch., dar. 1959-1963. 1980-82 Dt. Jugendb.-Jury - Spr.: Engl.

SCHLERATH, Bernfried

Dr. phil., o. Prof. f. Vergl. u. Indogerman. Sprachwissensch. - Landoltweg 23, 1000 Berlin 33 - Geb. 15. Mai 1924 Leipzig (Vater: Dr. Franz S., Verleger; Mutter: Lina, geb. Sutor) - Lessing-Gymn. Frankfurt/M.; Univ. Hamburg, Mainz, Frankfurt - S. 1958 (Habil.) Lehrtätigk. Univ. Frankfurt (1965 apl. Prof. f. Vergl. Indogerman. Sprachwiss.), Marburg (1970 Ord.) u. FU Berlin (1974 Ord.) - 1979 Vors. Humboldt-Zentrum - BV: D. Königtum im Rig- u. Atharvaveda, 1960; Awesta-Wörterb. (Vorarb. I u. II), 1968; D. Indogermanen, 1973; Sanscrit Vocabulary 1980. Fachaufs.

SCHLERETH, Max W.

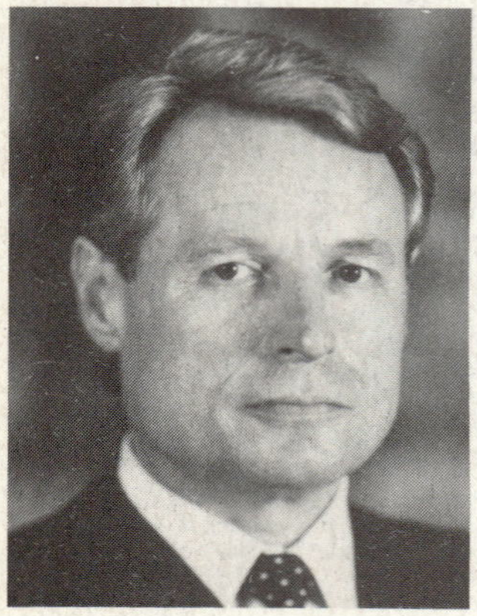

Dr. h. c., Dipl.-Ing., Architekt, Bauunternehmer, AR-Vors. Dt. Realbesitz AG (DERAG) u. All-Bau AG, München, Gesellsch. Dt. Realbesitz AG + Co m. 10 Tochterges. u. Niederlass., gleichart. Ges. in Österr., Schweiz u. USA - Fraunhoferstr. 2, 8000 München 5 (T. 23 70 11) - Geb. 20. Mai 1929 - Generalkonsul v. Ecuador f. Bayern u. Baden-Württ.

SCHLESAK, Dieter

Schriftsteller - Fraz. Pieve/Agliano 327, I-55041 Camaiore (T. 0039 - 584 95 12 14) - Geb. 7. Aug. 1934 Schäßburg/Siebenbürgen (Rumänien) - Dipl.-Germanist 1959 - U. a. Redakt. - BV: Grenzstreifen, Ged. 1968; Visa - Ost-West-Lektionen, Ess. 1970; Geschäfte m. Odysseus, Reiseb. 1972; Briefe üb. d. Grenze, Ged. 1978; D. Grund d. Grenzwiss., Ess. 1978; Optimismus - Diesseits d. Gegenw., Ess. 1979; Spr. als Widerstand, Ess. 1979; Weiße Gegend, Ged. 1981; Delta T und Kabbala, Ess. 1985; Benjamin Fondane, Ess. 1986; Vaterlandstage. Und die Kunst des Verschwindens, R. 1986; D. Chancen d. Verlusts, Ess. 1987; Unser Erbe, d. Nichts, Ess. 1988; D. Farben d. verborgenen Namens, Ess. 1989; D. neue Licht Michelangelos, 1989. Herausg. u. Übers. Hörspiele: Vaterlandstage (1980); Königin, d. Welt ist Narr (1980); D. Umstand selbst (1981); Reise ans Ende unserer Welt (1981); Bio-Bibliogr.: Jürgen Serke, D. Verbannten Dichter. D. neue Exil, 1982, 1984 - 1973 Förderpreis NRW; 1980 Andreas Gryphius Preis; 1981 Mitgl. d. Kogge, Europ. Autorenvereinig.; 1981 Mitgl. Dt. PEN-Zentrum (BRD) u. PEN-Zentrum dt.-sprachiger Autoren im Ausl.; 1982 u. 1987 Stip. d. dt. Lit.-Fonds; 1988 Stip. d. Min. f. Wissenschaft u. Kunst Baden-Württ.; 1989 Schubart-Preis.

SCHLESIER, Erhard

Dr. phil., o. Prof. f. Völkerkunde - Adolf-Sievert-Str. 6, 3400 Göttingen-Geismar (T. 79 56 70) - Geb. 10. Juli 1926 Chemnitz/Sa. (Vater: Georg S., Kaufm.; Mutter: Johanna, geb. Kröhnert), ev., verh. 1951 m. Edith, geb. Köhring, 4 Kd. (Michael, Uwe, Achim, Anja) - Univ. Göttingen (Völkerkd., Vorgesch., Dt. Volkskd.). Promot. (1951) u. Habil. (1956) Göttingen - 1956 Privatdoz. Univ. Göttingen; 1962 Ord. Seminardir. Univ. Hamburg u. Dir. Hbg. Museum f. Völkerkd. u. Vorgesch. 1967 Ord. u. Inst.sdir. Univ. Göttingen. 1967 Vors. Dt. Ges. f. Völkerkd. (b. 1969). Mitgl. Dt. Ges. f. Völkerkd. - BV: D. Erscheinungsformen d. Männerhauses u. d. Klubwesen in Mikronesien, 1953; D. Grundl. d. Klanbildung, 1956; D. melanes. Geheimkulte, 1958; Me'udana (Südost-Neuguinea), T. 1, D. soz. Struktur, 1970, T. 2, D. soz. Leben, 1983; E. ethnogr. Sammlung aus Südost-Neuguinea, 1986. Zahlr. Einzelarb. Herausg.; Beitr. z. Ozeanistik (1958) - Spr.: Engl.

SCHLESIER, Raimund

Prof., Konzertpianist - 2954 Wiesmoor/Ostfriesl. (T. 22 09) - Geb. 18. Juli 1910 Berlin (Vater: Ministerialdirig. Bruno S., Reichsbahndir.; Mutter: Magda, geb. Köster), ev., verh. s. 1951 m. Anni, geb. Schott, T. Gabriele - Univ. Freiburg/Br., München, Berlin; Musikhochsch. u. Städt. Konservat. Berlin (Meisterkl.) - 1938-48 Solorepetitor u. Kapellm. Dt. Opernhaus bzw. Städt. Oper Berlin; ab 1948 Lehrer f. Klavier Musikhochsch. Berlin (1957 o. Prof., 1970 Akad. Senator). Konzert- u. Rundfunktätigk. U. a. D. Klavierwerk v. Brahms (Zyklus) - Liebh.: Antiquitäten - Spr.: Engl., Ital., Franz. - Bek. Vorf.: Reissiger (vs.: Komp.) u. Rebling (ms.: Komp. u. Dirig.).

SCHLESINGER, Gerhard

Dr. phil., Historiker, Publizist - Schwanenwik 31, 2000 Hamburg-Uhlenhorst (T. 040 - 220 35 83) - Geb. 27. Febr. 1942 Sonneberg/Thür. - Gymn. Kronach; 1960ff. journ. Ausb.; Stud. Geschichts- u. Sprachwiss. Univ. Würzburg, Kiel u. München; Promot. u. Refer.-Ex. 1967 - 1964 Univ.-Assist.; 1970 Axel Springer Verlag; 1976 Verlag Gruner + Jahr; 1979 Chefredakt. Ettlinger Hefte; 1983 Chefredakt. Deutschland-Magazin. 1974 Vors. Fr. Dt. Autorenverb. LV Hamburg; 1976 Vorstandsmitgl. Dt. Akad. f. Kinder- u. Jugendlit.; 1976 Vice-Pres. Buddhist World Peace Org. Colombo/Sri Lanka; 1979 Vors. Dt.-Taiw. Ges. Bambusrunde; 1981 Vorstandsmitgl. Griech.-dt. Initiative; 1985 o. Mitgl. Anagnóstiki Etairia Kerkyras (Corfu Reading Society) v. 1836 - BV: D. Hussiten in Franken, 1974; Napoleon in Kronach, 1979; D. strateg. Bedeutung Taiwans, Übers. 1979 - 1981 Ehrenmitgl. Europ. Kulturkreis - Liebh.: Stud. d. Menschen auf Reisen u. in d. histor. Forschung - Spr.: Engl., Lat., Franz., Ital.

SCHLESINGER, Helmut

Dr. oec. publ., Drs. h. c. rer. pol., Prof., Vizepräsident Dt. Bundesbank - Wilhelm-Epstein-Str. 14, 6000 Frankfurt/M. - Geb. 4. Sept. 1924 Penzberg/Obb., kath., verh. s. 1949 m. Carola, geb. Mager, 4 Kd. - Stud. Univ. München - 1949-52 Ifo-Inst., München; s. 1952 Dt. Bundesbank (1964 Leit. Hauptabt. Volksw. u. Statistik; 1972 Direktoriumsmitgl. u. Mitgl. d. Zentralbankrats; 1980 Vizepräs.) Mitgl. erw. Vorst. Ges. f. Wirtschafts- u. Sozialwiss.; VR DG - BV: Geldwertstabilität u. Geldpolitik, 1972; Verteidig. d. Geldwertes in e. inflator. Umwelt, 1982. Fachaufs. - 1970 BVK I. Kl., 1977 Gr. BVK, 1984 Stern dazu; 1981 Ludwig-Erhard-Preis f. Wirtschaftspubliz., Ehrendoktor Univ. Frankfurt u. Göttingen; 1986 Honorarprof. Hochsch. f. Verwaltungswiss. Speyer.

SCHLESINGER, Rudolf B.

Dr. jur., Prof., Rechtswissenschaftler - 2601 Vallejo Str., San Francisco, Calif. 94123 (T. 415 - 922 18 63) USA - Geb. 11. Okt. 1909 München, verh. s. 1942 m. Ruth, geb. Hirschland, 3 Kd. - Wilhelms-Gymn. u. Univ. München (Promot. 1933 m. Summa cum laude). LL. B. 1942 Columbia-Univ. - 1941 Hauptschriftl. Columbia Law Review, 1942 Confidential Law Secretary New York Court of Appeals, 1944 Anwaltspraxis, 1948 ao., 1951 o. Prof. Cornell Univ. (1956 William Nelson Cromwell Prof.), s. 1975 o. Prof. Univ. of Calif., Hastings Coll. of the Law. 1948 Cons. New York State Law Revision Commission; 1959 Mitgl. U. S. Advisory Committee on Intern. Rules of Procedure - BV: Comparative Law - Cases, Text and Materials, 4. A. 1980, 5. A. 1988 (m. H. Baade, M. Damaska u. P. Herzog); Monopole, Trusts, Kartelle in USA u. Dtschl., 1950 (m. J. Kaskell); Formation of Contracts - A Study of the Common Core of Legal Systems, 2 Bde. 1968. Mithrsg.: American Journal of Comparative Law - Mitgl. Intern. Acad. of Comparative Law, American Law Institute, Americ. Bar Assoc. - Bek. Vorf.: Heinrich Aufhäuser, Begr. Bankhaus H. Aufhäuser, München (Großv. ms.).

SCHLETH, Uwe Henning

Dr. phil., Dipl.-Volkswirt, Prof. f. Politische Soziologie Univ. Heidelberg - Neue Anlage 31, 6905 Schriesheim-Altenbach (T. 06220 - 69 91) - Geb. 12. Nov. 1934 Waldau/Ostpr. (Vater: Heinrich Sch., Landwirt; Mutter: Charlotte, geb. Pavenstedt), verh. s. 1964 m. Christa, geb. Nieder, T. Katja - 1955-57 Landw. Lehre, 1955-62 Stud. Politik, Soziol., Wirtsch.swiss. Univ. Köln - 1962-71 Wiss. Assist. Köln, Mannheim, 1971-74 Gastprof. Pol. Wiss. Univ. of Texas, New York State Univ., 1976 Prof. Polit. Wiss. FU Berlin, s. 1977 Prof. Soziol. Univ. Heidelberg - BV: Parteifinanzen, 1973 - Liebh.: Segeln, Tauchen, Foto, Film - Spr.: Engl.

SCHLETTE, Heinz Robert

Dr. phil., Dr. theol., o. Prof. f. Philosophie Univ. Bonn - Prof.-Neu-Allee 20, 5300 Bonn 3 - Geb. 28. Juli 1931 Wesel/Rh. (Vater: Herbert S., Handelsvertr.; Mutter: Maria, geb. Otto), kath., verh. s. 1960 m. Dr. phil. Antonia Ruth, geb. Weiß, 2 Töcht. (Sophia, Felicitas) - Univ. Münster u. München (Phil., Theol., Religionswiss.). Habil. 1964 - S. 1965 o. Prof. PH Rheinland/Abt. Bonn (Phil.); s. 1980 Univ. Bonn - BV: Die Lehre von der geistlichen Kommunion bei Bonaventura, Albert d. Gr. u. Thomas v. Aquin, 1959; Kommunikation u. Sakrament, 1959; Sowjethumanismus, Prämissen u. Maximen kommunist. Päd., 1960; D. Nichtigkeit d. Welt - D. phil. Horizont d. Hugo v. St. Viktor, 1961; D. Anspruch d. Freiheit - Vorfragen polit. Existenz, 1963; D. Religionen als Thema d. Theol., 1963 (auch engl., ital. u. franz.); Colloquium salutis - Christen u. Nichtchristen heute, 1965 (auch ital. u. span.); Revolution d. Vernunft - Phil. d. Politischen bei John F. Kennedy, 1966 (m. I. Hermann); Epiphanie als Geschichte, 1966 (auch engl., franz., ital.); D. Eine u. d. Andere - Studien z. Problematik d. Negativen in d. Metaphysik Plotins, 1966; Kirche unterwegs, 1966; Christen als Humanisten, 1967; Veränderungen im Christentum, 1969; Aporie u. Glaube, 1970; Einf. in d. Studium d. Religionen, 1971; Skept. Religionsphil., 1972; Romano Guardini - Werk u. Wirk., 1973 (auch niederl.), 2. A. 1985; Albert Camus - Welt u. Revolte, 1980; Glaube u. Distanz, 1981; Albert Camus: L'Homme révolté. Einführung Register (m. M. Yadel), 1987. Herausg.: D. Zukunft d. Phil. (1968), Studien z. franz. Phil. d. 20. Jh. (s. 1974; m. V. Berning), Wege d. dt. Camus-Rezeption (1975), D. moderne Agnostizismus (1979), Simone Weil, Phil. - Relig. - Politik (1985; m. A.-A. Devaux); R. M. Lonsbach, Friedrich Nietzsche u. d. Juden. E. Versuch (1985). Mithrsg.: Biotope d. Hoffnung. Zu Christentum u. Kirche heute (1988, FS L. Kaufmann) - Liebh.: Reisen, Schach.

SCHLEUNUNG, Willy

Geschäftsführer Schleunungdruck GmbH, Marktheidenfeld, Vors. Verb. d. Bayer. Druckind., München, Mitgl. Bayer. Senat, München - Baumhofstr. 57, 8772 Marktheidenfeld - Geb. 8. Mai 1917 - N. 1945 (Rückkehr aus Kriegsgefangensch.) Aufbau Schleunungdruck GmbH - 1982 Gr. BVK.

SCHLEUSSER (ß), Heinz

Finanzminister Nordrh.-Westf. (s. 1988), MdL Nordrh.-Westf. (s. 1975) - Hanbachstr. 41, 4200 Oberhausen 14 (T. 66 57 72) - Geb. 20. April 1936 - SPD.

SCHLEUSSNER, Carlfried

Dr. agr., Fabrikant, Inh. Dr. C. Schleussner Gutsverwaltung, Elsheim, Kellerei Dr. C. Schleussner Röm.-Fränk. Weinstuben, Mitinh. Celfa AG. Schwyz/Schw. - Gut Windhauser Hof, 6501 Stadecken-Elsheim (T. 06130 - 2 22) - Geb. 8. Dez. 1923 Frankfurt/M. (Vater: Dr. phil. Dr. med. h. c. Carl S., Fabrikant (Adox Fotowerke); Mutter: Irene, geb. Schüller), ev., verh. s. 1949 m. Eva-Maria, geb. Engel, 4 Kd. (Carl-Ernst, Hans, Clemens, Angelika) - Lehre Südd. Zucker AG.; Univ. Gießen - Rotarier - Bruder; Hans S.

SCHLEUSSNER, Hans C. A.

Dr. phil. nat., Fabrikant, Teilh. u. Geschäftsf. Biotest Pharma GmbH, Frankfurt/M., Vorst. Biotest AG, VR-Vors. Celfa AG, Schwyz, u. Vorst.-Mitgl. Folex Dr. Schleussner AG, Zürich/Frankfurt - Flughafenstr. 4, 6000 Frankfurt/M. (T. 666 25 23) - Geb. 27. Nov. 1927 Frankfurt/M., ev., verh. s. 1957 m. Renate, geb. Krumm - Univ. Frankfurt (Chemie) - Spr.: Engl., Franz., Span. - Rotarier - Eltern s. Carlfried S. (Bruder).

SCHLEY, Ulrich S.

Landtagsabgeordneter Schlesw.-Holst. - Toschlag 6, 2200 Kölln-Reisiek - Geb. 28. Sept. 1948, ev., verh. s. 1969 m. Alexandra, geb. Schmidt, T. Anja.

SCHLEY-HEIDEMANN, Renate, geb. Schley

Schriftstellerin (Ps.: Beate Heidemann) - Steinkamp 10, 2361 Westerrade (T. 04553 - 3 97) - Geb. 30. Juni 1946 Margarethenhof, ev., verh. s. 1969 m. Bau-Ing. Günther Heidemann, T. Sandra - Mittl. Reife - BV: Jetzt bin ich 16, 1978; Die aus d. Unterprima, 1979; D. Sommer in jenem Jahr, 1980; Zwei gehen ihren Weg, 1980; E. Englandabenteuer, 1981; Österr., hin u. zurück, 1982; Deutschl., immer wieder anders, 1983; Wenn Du wieder da bist, 1982; Zeit d. Träume, 1985; Ein echt starker Typ, 1986. Div. Übers. aus d. Engl. - Liebh.: Klass. Musik, Bücher (z.B. Lessing, French) - Spr.: Engl., Ital., Franz.

SCHLEYER, Franz-Josef

Dr., Bürgermeister Stadt Bamberg - Rathaus, 8600 Bamberg/Ofr.; priv.: Steinerstr. 8 - Geb. 9. April 1917 (Vater: Franz S.), verh. m. Mechthilde, geb. Heim - CSU.

SCHLEYER, Hanns-Eberhard

Staatssekretär, Chef Staatskanzlei Rheinland-Pfalz (1981-89) - Peter-Altmeier-Allee 1, 6500 Mainz - Geb. 1. Nov. 1944 Prag (Vater: Dr. jur. Hanns-Martin S., langj. Vorst.-Mitgl. Daimler-Benz AG, Stuttgart, Präs. Bundesvereinig. d. Dt. Arbeitgeberverb. u. Bundesverb. d. Dt. Industrie, beide Köln († 1977, Terroristen); Mutter: Waltrude, geb. Ketterer), verh. (Ehefr.: Dipl.-Volksw.), 2 Kd. - Stud. Rechtswiss.; Ass.ex. - Wirtschaftsjurist. New York u. Stuttgart (1974ff.). CDU s. 1973 - 1978 Ehrenpreis Weißer Ring (1. Träger).

SCHLEYER, Paul von Ragué

Ph. D., Dr. h. c., Prof. f. Organ. Chemie Univ. Erlangen-Nürnberg (s. 1976) -

Rangen 1, 8554 Gräfenberg - Geb. 27. Febr. 1930 Cleveland/Ohio (Vater: Charles Ernest S., Ing.; Mutter: Hulda Betty, geb. Kamphausen), verh. s. 1969 m. Inge, geb. Venema, 3 Töcht. (Betti, Karen, Laura aus 1. Ehe) - Stud. Princeton Univ. (A. B. 1951) u. Harvard (Ph. D. 1957) - 1954-75 Instructor Princeton Univ. (Assist. u. 1969 Eugene Higgins Prof.). Gastprof. Univ. Colorado, München, Würzburg, Michigan, Carnegie, Basel, Lausanne, Liège, Mellon, Kyoto, Münster, Iowa State, Genf, Groningen, Jerusalem, Louvain, Paris, Southern California, Copenhagen, Utrecht, Western Ontario. In- u. ausl. Fachmitgl.sch. - BV: Carbonium Ions, 5 Bde. 1968-75 (m. G.A. Olah); Ab initio Molecular Orbital Theory (m. W.J. Hehre, L. Radom u. J.A. Pople), 1986. Üb. 550 Fachveröff. wiss. Ztschr. - 1971 Ehrendoktorwürde Univ. Lyon; Mitgl. Bayer. Akad. d. Wiss.; 1986 A. v. Baeker Denkmünze, GDCh (Ges. Dt. Chemiker); 1987 J. F. Norris Award in Physical Organic Chemistry of the American Chemical Soc.; 1987 Heisenberg Medal of the World Assoc. of Theoretical Organic Chemists; 1988 C. K. in Gold Award, Royal Soc. of Chemistry, London - Liebh.: Klass. Musik - Spr.: Dt., Engl.

SCHLICH, Helmut

Dipl.-Kfm., Direktor, Geschäftsf. d. Dt. Mieterbundes u. Vorst.-Vors. d. Rechtsschutzversicherung Dt. Mieterbund - Aachener Str. 313, 5000 Köln 41.

SCHLICHT, Herbert Friedrich

Dr. rer. pol., Syndikus Frankfurter Wertpapierbörse i. R. (1970-86), Vorst.-Mitgl. Heussenstamm-Stiftg. - Anton-Burger-Weg 130, 6000 Frankfurt/M. 70 (T. 68 14 58) - Geb. 10. Sept. 1920 Bischofsburg/Ostpr., verh. m. Trude, geb. Nebelsiek - Univ. Königsberg, Tübingen, Göttingen, Frankfurt (Promot. 1956) - Zul. Dir. Frankfurter Bank - BV: Börsenterminhandel in Wertpapieren, 1972 - Spr.: Engl.

SCHLICHT, Joachim

Dr. rer. soc., Redakteur, Geschäftsführer IFM, Vors. Landesverb. Priv. Rundf., Mitgl. Bundesvorst. Priv. Rundf., Gesellsch. Hochrhein Radio - Schönbornstr. 23 d, 7520 Bruchsal 1 (T. 07251 - 8 58 49) - Geb. 3. Dez. 1952 Bad Säckingen, led. - Dipl.-Verw.wiss.; Promot. (Soz.Wiss.) - BV: Verrechtlichung d. Gesetzgebung, 1982.

SCHLICHT, Michael Winrich

Dr. phil., Chefdramaturg Schauspiel am Staatstheater Wiesbaden - Bierstadter Str. 27c, 6200 Wiesbaden (T. 06121 - 30 46 55) - Geb. 18. Juli 1947 Celle, verh. s. 1974 m. Olga, geb. Felber - Stud. Theater- u. Musikwiss., German., Phil. u. Psych. Univ. Hamburg, Berlin u. Wien; Promot. 1974 Wien - Assist. u. Regiss. an Kleintheatern, fr. Gruppen u. Bühnen v. Wuppertal u. Basel; Autor, Regiss. u. Moderator Radio Bremen (Hörfunk); Dramat. Staatstheater Karlsruhe u. Wiesbaden. Lehrbeauftr. FB Didaktik d. Gesch. u. Fachjournalismus Univ. Gießen - BV: 19 Auftragsw. d. Hamburg. Staatsoper - E. Beitrag z. Diskussion zeitgenöss. Musiktheaters, Diss. 1974. Send. üb. exper. Musik u. Kunst im Zwischenber. d. Medien. Szenische Gesch.darstellung (Gespräche m. Prominenten), 1989. Insz.: Iphigenie - keine Oper n. Goethe. 1977 UA d. Musiktheater-Experiments am Stadttheater Basel.

SCHLICHT, Uwe

Journalist - Aarauer Str. 29, 1000 Berlin 45 (Lichterfelde) (T. 817 55 28) - Geb. 8. April 1938 Berlin (Vater: Kurt S., Bankdir.; Mutter: Margarete, geb. Peifer), ev., verh. s. 1965 m. Renate, geb. Böttcher, 2 Kd. (Matthias, Christian) - Gymn. Berlin (Abit. 1957); Stud. d. Rechtswiss. Phil., Gesch. FU Berlin - S. 1962 Journ. Tagesspiegel Berlin; 1976/77 Lehrbeauftr. f. Publizistik FU Berlin - BV: Vom Burschenschaftler b. z. Sponti 1980; Trotz und Träume - Jugend lehnt sich auf, 1982 - 1975 Wächterpreis d. Presse (f. Art.serie z. Radikalenfrage) - Liebh.: Musik, Lit., Sport (1956 Dt. Jugendmeistersch. Olymp. Staffel) - Spr.: Engl., Franz.

SCHLICHTE, Hans-Werner

Kaufmann, Pers. haft. Gesellsch.Schlichte-Steinhäger - Gräfenhof 6, 4803 Steinhagen (T. 05204-131) - Geb. 13. April 1924 Steinhagen (Vater: Werner Sch., Kaufm.; Mutter: Minna, geb. Homann), ev., verh. s. 1950 m. Winifred, geb. Gosling, 2 Kd. (Hans-Werner, Barbara).

SCHLICHTER, Otto

Dr. jur., Prof., Vors. Richter am Bundesverwaltungsgericht - Marinesteig 24, 1000 Berlin 38 (T. 803 24 77) - Geb. 14. Juli 1930 Münster (Vater: Otto Sch., Kaufm. (Eisengroßhdl.); Mutter: Dorothea, geb. Waltermann), verh. s. 1971 i. 2. Ehe m. Ursula, geb. Schlüter, 3 Kd. (Jeannette, Christiane, Marc) - Human. Gymn. Paulinum Münster; Univ. Tübingen, München u. Münster (Jura), 1. Staatsex. OLG Hamm, 2. Staatsex. Düsseldorf, Promot. Univ. Münster - S. 1973 Bundesrichter, s. 1977 Hon.-Prof. jur. Fak. Univ. Göttingen - BV: Hrsg., Autor bzw. Mitautor: Komment. z. Bundesbauges., 3. A. 1979; Komment. z. Städtebauförd.ges., 2. A. 1985; Bauen im Planbereich, unbeplanten Innenbereich u. Außenbereich, 1978; Berliner Komment. z. Baugesetzbuch, 1988; ca. 50 weit. Veröff. - Spr.: Engl., Franz.

SCHLICHTING, von, Horst

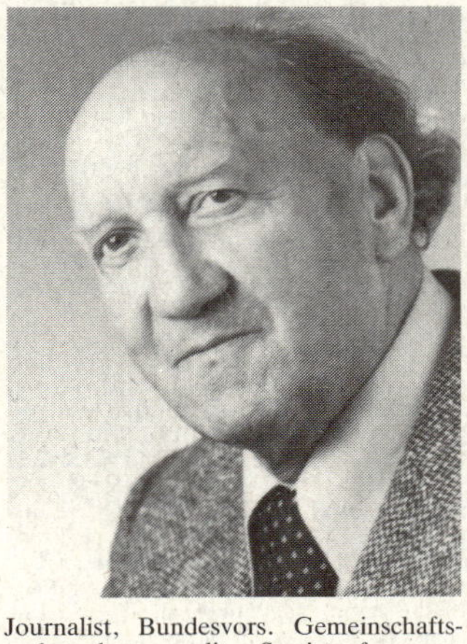

Journalist, Bundesvors. Gemeinschaftsverb. ehem. polit. Sowjetgefangener, Mitgl. Bundesvorst. Bund d. Mitteldeutschen (BMD) - Nordmannzeile 7, 1000 Berlin 41 - Geb. 23. Febr. 1911 Lyck/Ostpr. (Vater: Otto v. S.), ev., verh. s. 1938 m. Käte, geb. Schröter, 3 Kd. (Uwe, Uta, Dietmar) - Gymn.; Univ. Breslau (o. Abschluß) - Fr. Journ. u. Schriftst.; 1945-54 Kriegsgefangensch.; 1956-72 Redakt. u. Nachrichtenchef Telegraf, 1973-76 Redakt. Pressest. Abt. Innerdt. Bezieh. b. Bevollm. d. Bundesreg. in Berlin; Korresp. Deutschland Journal u. D. Komet - BV: Sibirien liegt in Dtschl.; Deine Gedanken in meinen Gedichten, Lyr. 1985. Hörsp.: Breslau findet s. Vaterland, D. Eiserne Kanzler.

SCHLICHTINGER, Rudolf

Oberbürgermeister a.D. - Birkenstr. 14, 8400 Regensburg (T. 3 02 69) - Geb. 8. April 1915 Regensburg - Oberrealsch. u. Lehrerbildungsanst. - Ab 1936 Arbeitsu. Wehrdst. (Marine; 1941 Chef e. Marine-Flakbatterie; n. Gefangennahme (Brest) größtenteils USA); 1947-60 Lehrer Regensburg; s. 1960 Oberbürgerm. Regensburg. 1954-70 MdL Bayern. AR-Mandate u. a. SPD. - 1986 Gr. BVK.

SCHLICHTMANN, Josef

Geschäftsführer Portland-Zementwerke Obergimpern GmbH., Obergimpern - Bahnhofstr. 22, 6927 Bad Rappenau/ Baden.

SCHLIEFFEN, Graf von, Friedrich

Bankkaufmann, Aufsichtsrat Luxembourg Estates Co. Ltd., Beirat Brauerei Rhenania - Paul Ehrlichstr. 10, 6000 Frankfurt 70 (T. 069 - 63 94 00) - Geb. 20. Mai 1934 Dölitz (Vater: Siegfried v. S.; Mutter: Edelgard, geb. v. Fournier), ev., verh. s. 1976 m. Ursula, geb. Schneider, 6 Kd. (Anina, Dorothea, Verena, Alexander, Jasper, Nikolaus) - Lehre Versich.wirtsch.; Stud. (4 Sem.) Inst. f. Versich.wiss., Hamburg - 1962-65 Dir. Nordstern Versicherung AG, 1966-71 Mitgl. Geschäftsleit. Bankhaus Waldthausen & Co., Düsseldorf, 1972-84 Vorst. Dt.-Schweiz. Bank AG, Frankfurt, 1979-84 Mitinh. Bankhaus Wölbern & Co., Hamburg - Spr.: Engl., Franz.

SCHLIEKER, Hans-Rudolf

Kaufmann (Phoenix-Handelsges. mbH., Dülmen), Vors. Arbeitgeberverb. Holzbearbeitung u. -handel in Nordrh.-Westf., Düsseldorf - Gartenstr. Nr. 3, 4408 Dülmen/W. (T. 02594 - 25 55) - Geb. 14. Jan. 1919.

SCHLIEMANN, Erich E. K.

Direktor - Falkenstein 17, 2000 Hamburg 55 - Geb. 24. Mai 1924 Hamburg - Univ. Hamburg (Rechtswiss.) - B. 1969 Dt. Erdöl-AG (DEA), Hamburg (Vorst.); b. 1977 Burmah Castrol Europe Ltd., Hamburg/London (Managing Dir.); Inh.: Schliemann & Cie., Hamburg; Schliemann Holdings GmbH, Hamburg; Beiratsvors. Säkaphen GmbH, Gladbeck; AR-Vors. Saekaphen Chemical S.R.L., Mailand u. Saekaphen Chemical LTD, Manitowoc, Wisconsin/USA; Landesbeirat Commerzbank AG.

SCHLIEMANN, Joachim E. K.

Inh. Schliemann & Co., Mykofarm Schliemann & Co., Elias-Fries-Ges. f. Pilzforsch., alle Hamburg - Postfach 14 68, 2260 Niebüll (T. 04661 - 14 79) - Geb. 8. Juni 1927 Hamburg (Vater: Ernst S., Industrieller † 1945) - Bek. Vorf.: Heinrich S., Archäologe (1822-90).

SCHLIEPER, Carl

Dr. phil., em. o. Prof. f. Zoologie, insb. Meereszool. - Im Asemwald 28, 7000 Stuttgart 70 (T. 72 16 52) - Geb. 20. Aug. 1903 Fritzlar, ev., verh. s. 1934 m. Edith, geb. Schnell, 3 Kd. - Univ. Rostock, Jena, Kiel (Promot. 1926). Habil. 1929 Marburg - 1929-71 Lehrtätigk. Univ. Marburg (1936 apl. Prof.) u. Kiel (1952 ao., 1964 o. Prof.). Gastprof. FU Berlin u. Univ. Los Angeles - BV: Praktikum d. Zoophysiol., 4. A. 1977; Helmintholog. Laboratoriumsmethoden, 1949; D. Biol. d. Brackwassers, 1958, 2. A. engl. 1971 (m. A. Remane). Herausg.: Methoden d. meeresbiol. Forschung (1968), Research Methods in Marine Biology (1972) - Lit.: F. John Vernberg: Physiol. Ecology of Estuarine Organisms (1975).

SCHLIEPER, Ulrich

Dr. sc. pol., Prof. f. Volkswirtschaftslehre Univ. Mannheim - Nietzschestr. 6, 6800 Mannheim 1 (T. 0621 - 41 26 14) - Geb. 10. Dez. 1936 Stettin, verh. s. 1967 m. Ute, geb. Engel, S. Jörn - Univ. Kiel (Dipl. 1962, Promot. 1967) - 1964 wiss. Assist. Univ. Saarbrücken; 1971 Senior Lecturer in Economics Univ. Birmingham; 1974 o. Prof. Univ. Göttingen; 1980 Ord. Univ. Mannheim - BV: Pareto-Optima, externe Effekte u. d. Theorie d. Zweitbesten, 1969; Einf. in d. Makroökonomik, 1973 (m. R. Richter u. W. Friedmann); u. a.

SCHLIEPHAKE, Erwin

Dr. med., Prof., Vorstand Balser'sche Stiftg. Gießen (s. 1952) - Friedrichstr. 38, 6300 Gießen (T. 2 32 93) - Geb. 18. Aug. 1894 Gießen (Vater: Dr. med. Fritz S.,

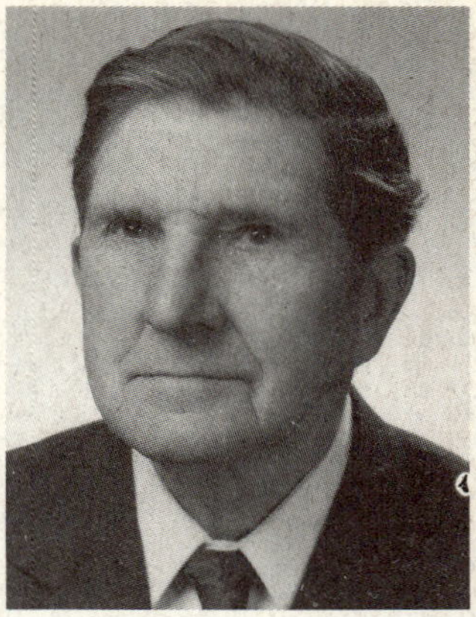

Sanitätsrat; Mutter: Gertrud, geb. Zoeppritz), ev., verh. s. 1921 m. Annemarie, geb. Koeppe, 3 Kd. (Gerhard, Uta, Konrad) - Gymn. Gießen; Univ. ebd. (Promot. 1920) u. Berlin - Assist. Univ. Leipzig (Physiol. Inst.), Tübingen (Pathol. Inst.), Rostock (Med. Klin.) u. Jena, 1929-33 Privatdoz. Jena, 1933-42 apl. Prof. Univ. Gießen, 1942-46 ao. Prof. u. Dir. Med. Poliklin. Univ. Würzburg (emerit. 1959), 1947-52 Chefarzt Städt. Krkhs. Schweinfurt. 1957 Gastprof. Univ. Alexandria, Assimilation v. anorgan. Stickstoff; Entwickl. d. Kurzwellentherapie; Entd. d. Abwehrfunktion u. d. regulator. Funktion d. Milz; Erforsch. d. Zusammenhänge v. Innerer Sekretion, vegetativen Nerven u. Krebswachstum, Cholesterinstoffw., Magnesium - BV: Kurzwellentherapie, 6. A. 1960 (auch engl.); Behandl. d. Rheumatismus m. Kurzwellen, 1938; Rheumatismus, 1952; Med. Poliklinik, 2. A. 1953; Interne Med., Diagnost. Kompendium, 1954; Physikal. Therapie, 1958; Einf. in d. Elektromed., 1981; Krebs u. Entzündung, 1980; Krebs u. natürl. Abwehr, 1986. Mitarb.: Europa Medicophysica, Folia Clinica Intern. u. a. - Liebh.: Bergsteigen, Rudern, Skilaufen - Bek. Vorf. vs.: Familie Buff; ms.: Prof. Karl Zoeppritz, Begr. Geophysik; Prof. Heinrich Will, Chemiker (Mitarb. u. Nachf. Liebigs).

SCHLIER, Ado

Redakteur Bayer. Rundfunk - Schleißheimer Str. 229b, 8000 München 40 - Geb. 31. Jan. 1935 Würzburg (Vater: Hans Schl., Kaufm.; Mutter: Elna, geb. Mende), kath., gesch., T. Nicole - Abschl. Realgymn. Würzburg u. Handelsbersch. 1952 - Selbst. Tätigk. m. eig. Konzertdir.; s. 1965 Journ.; s. 1977 Bayer. Rundfunk. Regiss.: 16-teilige Serie Typisch Deutsch Radio Bremen; 14 Folgen Verliebt in e. kl. Stadt BR. Ständ. Kommentator Grand Prix Eurovision - Div. Intern. Preise f. Entd. u. Erf.; 1970 Preis d. Bundespräs. (f. Zeit d. langen Tage) - Spr.: Engl., Dän., Tschech.

SCHLIER, Christoph

Dr. rer. nat., o. Prof. u. Direktor Physikal. Inst. Univ. Freiburg - Fohrenbühl 15, 7801 Stegen-Wittental - Geb. 1. Febr. 1930 Jena - S. 1961 (Habil.) Lehrtätigk. Bonn u. Freiburg (1962 ao., 1963 o. Prof.). Facharb.

SCHLIER, Kurt

Kaufmann (Fa. Carl Schlier, Wäsche- u. Bettenhaus, Würzburg) - Unterer Neubergweg 23, 8700 Würzburg (T. Büro: 5 00 04) - Geb. 17. Juni 1924 (Vater: Hans S., Kaufm.; Mutter: Elna, geb. Mende), kath., verh. s. 1976 m. Doris, geb. Bock, 2 Kd. (Eva, Carl) - Rotarier.

SCHLIERF, Werner

Schriftsteller - Hausnerstr. 23, 8011 Kirchheim (T. 089 - 903 52 18) - Geb. 17. Mai 1936 München, verh. s. 1958 m. Elfriede, geb. Vetterl, 2 S. (Werner, Andy) - Volkssch.; Gymn.; Augenoptiker-Lehre, Meisterprüf. 1959 - BV: Distelsträußerl, Ged. 1980; Gesch. aus e.

schadhaften Zeit, Erz. 1980; Mein Name steht im Sand, R. 1983; Chewing Gum u. Chesterfield, Schausp. 1985; Joe & Marianne, Schausp. 1985; Wälsungen, Schausp. 1987; Lenz-Aphorismen, 1987; Mond üb. d. Isar, Erz. 1988; Candlelight, Ged. 1988; Halali u. Petri Heil, 1988 - 1983 Bayer. Romanpr., 1986 Münchner Poetentaler - Liebh.: Malerei, Jagd.

SCHLIESSER (ß), Theodor

Dr. med. vet., o. Prof. f. Hygiene u. Infektionskrankheiten d. Tiere - Waldstr. 58, 6301 Leihgestern (T. 6 14 87) - Geb. 3. Febr. 1922 Wain/Württ. - Habil. 1961 München - S. 1967 Prof. Univ. München (apl.; zul. Vorst. Abt. f. Bakt./Inst. f. Mikrobiol. u. Infektionskrankh.) u. Gießen (1970 o.; Dir. Inst. f. Hygiene u. Infektionskrankh. d. Tiere - BV: Handb. d. bakteriellen Infektionen b. Tieren, 4 Bde. 1979. Fachveröff.

SCHLIETER, Erhard

Dr. rer. nat., Ltd. Verwaltungsdirektor, Verkehrsdirektor Köln (s. 1974) - Hölderlinstr. 20, 5000 Köln 51 (T. 0221 - 38 53 25) - Geb. 3. Juni 1934 Elbing (Vater: Fritz S., Major; Mutter: Herta, geb. Schröder), ev., verh. m. Susanne, geb. Groote - Realgymn. Fulda (Abit. 1954). Promot. 1966 Philipps-Univ. Marburg - 1963-68 Prof. f. Kunstgesch. Pius XII. Institute of Art, Villa Schifanoia, Fiesole-Florenz; 1968-69 visiting Lecturer f. Kunstgesch. Syracuse Univ., Staat New York; s. 1970 Verkehrsamt Köln - BV: Viareggio, Marb. Geogr. Schr., Bd. 33, 1968; Architektur in Köln, Anfänge d. Gegenw. (m. W. Hagspiel), 1978; Köln-Cologne (m. R. Barten), 1982; Köln Kaleidoskop (m. R. Barten), 1986; Köln. Café Kuchen (m. R. Barten), 1987. Fachaufs. - 1981 Accademico Onorario Acad. Euro-Afro-Asiatica d. Turismo Catania - Liebh.: Kunstgesch., Zeichnen, Fremdspr. - Spr.: Engl., Franz., Ital.

SCHLIMPER, Joachim

Dr., Dr., Hauptgeschäftsführer Bundesinnungsverb. f. d. Damenschneiderhandwerk - Am Rosenbusch 3, 6900 Heidelberg (T. 06221/2 38 62).

SCHLINGLOFF, Dieter

Dr. phil., o. Prof. f. Indologie - Geschw.-Scholl-Pl. 1, 8000 München 22 - Geb. 24. April 1928 Kassel - Univ. Göttingen (Theol., Vergl. Religionswiss., Indol., Iranist.). Promot. 1953 Göttingen; Habil. 1961 Berlin - 7 J. Mitarb. Dt. Akad. d. Wiss. zu Berlin (Inst. f. Orientforsch.); s. 1962 Lehrtätigk. Univ. Göttingen, Kiel (1968 Ord. u. Dir. Inst. f. Indol.), München (1972 Ord. u. Vorst. Sem. f. Indol. u. Iranist.) - BV: u. a. Religion d. Buddhismus, 2 Bde. 1962/63. Div. Einzelarb.

SCHLIPF, Josef

Dr. rer. nat., Prof. RWTH Aachen (s. 1971) - Gulpener Str. 1, 5100 Aachen - Geb. 3. April 1926, verh. s. 1966 m. Ilse, geb. Koch, 2 Kd. (Jan, Carolin) - 1952-54 Physikstud. TH Stuttgart, 1955-59 TU Berlin; Promot. 1960; Habil. 1968 Aachen - 1968 Doz. TH Aachen; 1970 Gastprof. in Urbana-Champaign u. Carnegie-Mellon-Univ. in Pittsburgh.

SCHLIPKÖTER, Hans-W.

Dr. med., Univ.-Prof. Hygiene, - Chopinstr. 11, 4000 Düsseldorf-Benrath - Geb. 25. Aug. 1924 Nias - S. 1955 (Habil.) Lehrtätigk. Med. Akad. bzw. Univ. Düsseldorf (1961 apl., 1965 o. Prof.; Dir. Inst. f. Hyg.); 1962 Dir. Med. Inst. f. Umwelthyg. Univ. Düsseldorf; 1974 Dekan Med. Fak. Univ. Düsseldorf; 1978-80 Rektor, 1980-88 Prorektor Univ. Düsseldorf. Spez. Silikoseforsch. u. Lufthygiene. Üb. 376 Fachveröff. - 1968 Robert-Koch-Preis u. Med.; 1969 I. Preis Ente Nazionale Prevenzione Infortuni (f. e. Arbeit z. Bekämpf. d. Staublungenerkrank.) - 1975 BVK I. Kl.; 1976 Gold. Ehrenmünze d. VDI; 1979 Umweltschutzpr. Stadt Duisburg; 1984 Gr. Verdienstkreuz d. VO Bundesrep. Deutschl. u. Johannes-Weyer-Med. d. nordrh. Ärzteschaft; Prof. h.c. Chinese Acad. of Preventive Medicine, Peking.

SCHLIPPSCHUH, Otto

Dr. phil., Hotelkaufmann, Vors. Bundesaussch. f. Berufsbildung Bundesverb. DEHOGA (s. 1977) - Frankfurter Str. 2, 4502 Bad Rothenfelde (T. 05424 - 10 66) - Geb. 24. Febr. 1928 Bad Rothenfelde, ev., verh. s. 1955 m. Inge, geb. Neubacher, 3 Kd. (Till, Kai, Nele) - Lehre Kellner u. Hotelkaufm. Hannover u. Essen; Stud. Latein, Gesch. u. Archäol. Univ. Mainz, Hamburg u. Münster; Promot. 1974 Münster - Führung Hotel zur Post Bad Rothenfelde (1955-69 Geschäftsf., s. 1969 Untern.). S. 1977 Vors. Bundesaussch. f. Berufsbild. s. o.; s. 1981 Vizepräs. IHK Osnabrück-Emsland - BV: D. Händler im röm. Kaiserreich, 1974 - Liebh.: Kanu- u. Kajakfahren, Tennis, röm. Provinzarchäol. - Spr.: Engl.

SCHLISSKE, Horst

Dr., Ltd. Ministerialrat, Vors. Arbeitsgem. f. zeitgemäßes Bauen - Eckernförder Str. 427, 2300 Kiel 1.

SCHLITT, Adalbert

Dr., Geschäftsführer Industrieverb. Körperpflege- u. Waschmittel (s. 1978) - Karlstr. 21, 6000 Frankfurt/M. 1.

SCHLITT, Gerhard

Dr.-Ing., Ltd. Bibliotheksdirektor, Leit. Univ.- u. Techn. Informationsbibl. Hannover - Welfengarten 1b, 3000 Hannover 1; priv.: 91, Wilksheide 19d - Geb. 18. Sept. 1933 Marburg/L. (Vater: Karl S., Kaufm.; Mutter: Emmy, geb. Hansmann), verh. s. 1961 m. Helga, geb. Otto, 3 Kd. (Konstanze, Philipp, Henrike) - TH Hannover (Arch.).

SCHLITT, Karl-Adolf

Landrat a. D., Verlagsleiter - Sternwartenweg 26, 2300 Kiel - Zul. Landrat Kr. Oldenburg/Holst.

SCHLITTMEIER, Andreas

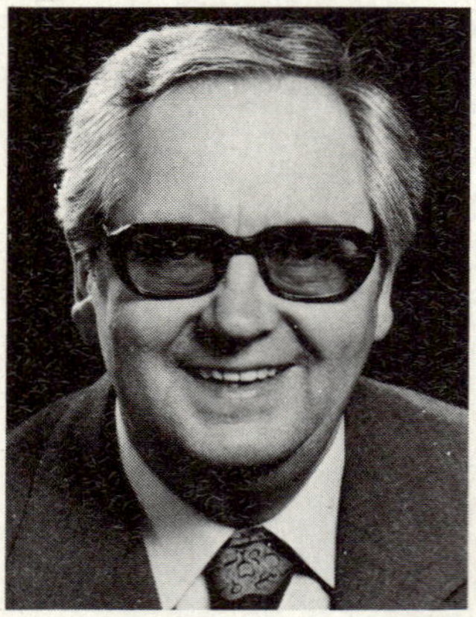

Dr. oec. publ., Dipl.-Volkswirt, Verleger Dr. Andreas Schlittmeier Verlag (s. 1987), Bürgermeister a. D., Kaufmann, MdL Bayern a. D., VR-Mitgl. u. stv. Vors. Bayer. Landessportverb. (s. 1965), Revisor Arbeiterwohlfahrt Bayern, G. v. Vollmar-Akad. Bayern, Mali-Stiftg., H. Weinberger-Akad. u. a. - Brühfeldweg 29a, 8300 Landshut/Bay. (T. 4 41 00) - Geb. 28. Mai 1920 Landshut (Vater: Andreas S., Schlosser; Mutter: Therese, geb. Schie), verh. s. 1953 m. Emmy, geb. Lohr, T. Helga - Schlosserlehre; Stud. Volksw. München. Dipl.-Volksw. 1959; Promot. 1962 - S. 1948 Mitgl. Stadtrat Landshut, 2. Bürgerm. (1960-72); 1954-70 Bezirksrat. SPD. 1966-86 MdL. 1988 Vorst. d. Gemeinn. Wohnungsbaugenoss. (GeWoGe) - 1970 BVK; 1974 Bayer. VO; 1988 Gr. BVK; 1988 Ehrenbürger d. Stadt Landshut - Liebh.: Briefm., Tennis - Spr.: Schwed.

SCHLITZBERGER, Udo

Dr., Studienrat a. D., MdL Hessen (s. 1976) - Hinter d. Gärten 11, 3527 Calden 5 (T. 05609 - 849) - Geb. 31. Okt. 1946 Kassel, verh. - Höherer Schuldst. SPD s. 1968 (1973-76 Vors. Jungsoz. Bez. Hessen-Nord, gf. Landesvors.).

SCHLIWA, Werner

Dr., Prof., Dozent f. Biologie u. Didaktik d. Biol. Päd. Hochsch. Bremen - Stettiner Str. 20, 2838 Sulingen (T. 04271 - 7 74).

SCHLIWKA, Dieter

Schriftsteller, Fachleit. f. Spr. u. Arbeitslehre am Lehrersem. Gelsenkirchen - Meraner Str. 19/B, 4352 Herten (T. 02366 - 62 11) - Geb. 29. Dez. 1939 Gelsenkirchen, kath., verh. s. 1966 m. Renate, geb. Kohlwey, Steuerberaterin, S. Michael - 10 J. Bergbau; Stud. (Spez.-Ber. Kinder- u. Jugendpsych. u. Lit.) Lehrer; Fachleit., Kinder- u. Jugendbuchautor - BV: 14 Kinder- u. Jugendb., Auslandsübers., u.a. Sag was, Alex; Jugend-Krimi-Serie Sherlock Holmes Junior; Spätzünder; Salto abwärts; Sirtaki; Kinder d. Taublume - Liebh.: Malerei, Musik, Lit. (Kafka).

SCHLOBACH, Jochen

Dr. phil., Prof. f. Neuere franz. Literatur - Solferinostr. 11, 6602 Saarbrücken-Dudweiler - Geb. 6. Febr. 1938 Liegnitz (Vater: Erich Sch., Jurist; Mutter: Annemarie, geb. Koch), verh. m. Ursula, geb. Gressung, 2 Kd. (Katja, Stefan) - Univ. Hamburg, Paris u. Saarbrücken, Promot. 1964, Habil. 1974 - BV: Geschichte u. Fiktion in Martin du Gards Eté 1914, 1965; F. M. Grimm, Corresp. inedite, 1972; Zyklentheorie u. Epochenmetaphorik, 1980. Herausg.: Diderot, Œuvres complètes, Bd. 18 (1984); Roger Martin du Gard, Kolloquiumsakten (1984); Aufklärungen, I, Kolloquiumsakten (1985); Correspondances littéraires inédites (1987) - 1965 Straßburg-Preis.

SCHLOCHAUER, Hans-Jürgen

Dr. jur., Oberregierungsrat a. D., o. Prof. f. Öfftl. Recht - Blauenstr. 18, 6000 Frankfurt/M. - Geb. 28. März 1906 Lüdenscheid, ev., verh. m. Dr. jur. Ursula, geb. Gärtner - Univ. Freiburg/Br., Bonn, Paris, Frankfurt/M. (Rechtswiss.; Promot. 1931) - 1946 Privatdoz., 1950 apl. Prof. Univ. Köln, 1951 Ord. Univ. Frankfurt/M. (1954 Dir. Inst. f. ausl. u. intern. Wirtschaftsrecht). 1957-61 Vors. Dt. Ges. f. Völkerrecht; Mitgl. Ständ. Schiedshof (Den Haag), Vereinig. Dt. Staatsrechtslehrer, Dt. Vereinig. f. intern. Recht, Intern. Law Assoc. - BV: D. dt.-russ. Rückversicherungsvertrag, 1931; D. Problem d. Friedenssicherung, 1946; Rechtsschutz gegenüber d. Tätigk. intern. u. übernat. Behörden, 1952; D. Idee d. ewigen Friedens, 1953; Allg. Völkerrecht, 1955; Intern. Verw.srecht, 1956; Öfftl. Recht, 1957; Ausnahmetarife im Recht d. Europ. Gemeinschaft f. Kohle u. Stahl, 1960; D. extraterritoriale Wirkung v. Hoheitsakten, 1962; Intern. Schiedsgerichtsbarkeit, 1963; Völkerrechtl. Deliktsrecht, 1974. Zahlr. Einzelarb. Herausg.: Wörterb. d. Völkerrechts, 4 Bde. 1960/63 (1964 von der American Association of International Law besonders ausgezeichnet). Archiv f. Völkerrecht; Mithrsg.: Europ. Recht (1953 ff.), Rechtsfragen d. Intern. Org. - Festschr. f. Hans Wehberg (1956), Z. Integration Europas - Festschr. f. C. F. Ophüls (1965), Probleme d. europ. Rechts - Festschr. f. Walter Hallstein (1966), Recht d. intern. Verw. u. Wirtsch. (1966 ff.).

SCHLÖGEL, Anton

Dr. jur., Generalsekretär a. D., Präsidiumsmitgl. Deutsches Rotes Kreuz (1976-88), Vizepräs. Verb. d. Schwesternschaften v. DRK (1979-87) - Friedrich-Ebert-Allee 71, 5300 Bonn (T. 54 11); priv.: Schneidemühler Str. 10 - Geb. 2. Juli 1911 Pirmasens (Vater: Anton S., Oberzollinspektor † 1943; Mutter: Veronika, geb. Treml), kath., verh. s. 1944 m. Waltrud, geb. Klassert, 5 Kd. (Ernst, Birgit, Herbert, Walter †, Astrid) - Gymn. Nürnberg; 1931-1935 Univ. Erlangen u. München (Rechts- u. Staatswiss.). Gr. jurist. Staatsprüf. - 1939-45 Soldat, dann Rechtsanw. 1956-58 Stadtrat Nürnberg, 1958-76 Generalsekr. Dt. Rotes Kreuz, Bonn - BV: D. Genfer Rotkreuzabkommen vom 12. Aug. 1949, 8. A. 1988; Geist u. Gestalt d. Roten Kreuzes, 1951; Neuaufbau d. DRK n. d. II. Weltkrieg, 2. A. 1983; Auswahl v. Reden u. Aufsätzen, 3. A. 1989. Mitarb. in völkerrechtl. Lexika - Zahlr. in- u. ausl. Ausz., u. a. 1969 Kommandeur Stern Ital. Solidarität; 1974 Gr. BVK; 1987 Henry Dunant-Med. d. Intern. Roten Kreuzes - Liebh.: Reisen, Kunstgeschichte - Spr.: Engl., Franz.

SCHLÖGL, Friedrich Christian

Dr. rer. nat., Dr. rer. nat. h.c., o. em. Prof. f. Theoret. Physik - Goertzbrunnstr. 20, 5100 Aachen-Brand (T. 52 02 46) - Geb. 7. April 1917 Erfurt (Vater: Dr. Heinrich S., Oberregierungsrat; Mutter: Aenne, geb. Treitschke), ev., verh. s. 1942 m. Ilse, geb. Schuler, 2 Kd. (Reinhild, Dietmar) - Gymn.; Stud. Physik u. Math. Promot. 1947 Göttingen; Habil. 1953 Köln - 1948-53 Lehrbeauftr. f. Theoret. Phys. Univ. Regensburg, 1953-60 Doz. Univ. Köln, 1960 o. Prof. u. Dir. Inst. f. Theoret. Phys. RWTH Aachen, 1969-70 Dekan math. naturw. Fak. - 1972-77 Vors. Fachaussch. Thermodynamik, DPG, 1978-81 Vors. Arbeitskr. Festkörperphysik, DPG - BV: Probility and Heat, 1989. Art. in: Handb. d. Physik, Bd. I, Ztschr. f. Naturforsch. u. f. Physik, Annals of Physics, Physical Review, Physics Letters, Physics Reports u. a. - 1987 Ehrendoktor Univ. Düsseldorf.

SCHLÖGL, Reinhard

Dr. rer. nat., em. Prof. f. Biophysik, em. wiss. Mitgl. Max-Planck-Inst. f. Biophysik, Frankfurt/M. - Im Hirschgarten 3, 6246 Glashütten/Hessen (T. MPI: Frankfurt/M. 6 30 31) - Geb. 25. Nov. 1919 Braunau/Böhmen (Vater: Dr. Heinrich S.; Mutter: Aenne, geb. Treitschke), verh. s. 1950 m. Hella, geb. Heinz, 2 Kd. (Grita, Wolfgang) - Univ. Göttingen (Physik). Promot. (1953) u. Habil. (1957) Göttingen - Wiss. Mitgl. Max-Planck-Inst. f. Physikal. Chemie, Göttingen (1956ff.); s. 1963 Ord. TH Darmstadt (Elektrochemie) u. Univ. Frankfurt (Biophysik) - 1981 korresp. Mitgl. d. Akad. d. Wiss. u. Literatur, Mainz - BV: Stofftransport durch Membranen, 1964 - Liebh.: Hausmusik, Mykologie - Spr.: Engl., Norweg.

SCHLOEMANN, Martin

Dr. theol., Univ.-Prof. f. Systematische u. Hist. Theol. Univ.-GH Wuppertal (s. 1974) - Kemnader Str. 340, 4630 Bochum 1 - Geb. 5. Juni 1931 Witten, ev., verh. s. 1960 m. Elisabeth, geb. Gellerstam, 3 Kd. (Anna, Margareta, Johan) - Stud. Univ. Bethel, Heidelberg, Münster, Lund (Schweden); 1. Theol. Ex. 1957; 2. Theol. Ex. 1960; Promot. 1959 Münster; Habil. 1972 Bochum - 1959-61 Vikariat u. Mitarb. am Ökum. Archiv Soest; 1961-64 Pfarrer am St. Gertrud in Stockholm; 1964-74 Univ. Bochum (wiss. Assist., 1972 Doz., 1973 apl. Prof.) - BV: Natürl. u. gepredigtes Gesetz b. Luther, 1961; Siegmund Jacob Baumgarten, 1974 - Spr.: Engl., Schwed.

SCHLOEMER, Gerhard

Dipl.-Ing., Geschäftsführer Gerhardi & Cie. Metall- u. Kunststoffwerke GmbH, Lüdenscheid, u. Messingwerk KG, Plettenberg, Präs. Südwestf. IHK, Hagen, Vorst.-Mitgl. Dt. Ind.- u. Handelstag Bonn, Vereinigung d. IHK in NRW, Düsseldorf - An d. Husareneichen 7, 5880 Lüdenscheid - Geb. 12. Nov. 1924 - 1985 BVK I. Kl.

SCHLOEMER, Hermann

Dr. rer. nat., o. Prof. f. Mineralogie - Mathildenstr. Nr. 44, 6600 Saarbrücken (T. 5 17 32) - Geb. 27. März 1923 Lüneburg (Vater: Heinrich S.; Mutter: geb. Kock), verh. m. Dr. med. Jutta, geb.

Schumann - Univ. Bonn u. Tübingen. Promot. 1952 Tübingen; Habil. 1961 Saarbrücken - S. 1968 apl. u. o. Prof. Univ. Saarbrücken. Facharb.

SCHLÖNDORFF, Volker

Regisseur - (Adresse ist d. Verlag bekannt) - Geb. 1939 Wiesbaden (Vater: Arzt), verh. m. Margarethe v. Trotta, Schausp. - Film u. Ferns.: D. jg. Törless, Mord u. Totschlag, Michael Kohlhaas, D. plötzl. Reichtum d. armen Leute v. Kombach, Baal, D. Moral d. Ruth Halbfaß, Strohfeuer, D. Ehegattin, Übernacht. in Tirol, Georginas Gründe, D. verlorene Ehre d. Katharina Blum (nach Böll), Die Blechtrommel (n. Grass), ausgez. m. Gold. Palme Cannes (1979), D. Fälschung (1981); E. Liebe von Swann (1984). Operninsz.: Katja Kabanova (Janacek) - 1966 Preis Intern. Filmkritik Cannes; Mitgl. PEN-Zentrum BRD.

SCHLÖSSER, Ernst

Polizeihauptkommissar Polizeipräsidium Mannheim (s. 1980 i. R.), Gemeindevertreter Gorxheimertal (s. 1981) - Alter Weg 48, 6941 Gorxheimertal üb. Weinheim (T. 06201 - 2 18 48) - Geb. 14. Juni 1920 Oberhausen/Rhld. (Vater: Hermann S., Kaufm.; Mutter: Bertha, geb. Mehrhoff), ev., verh. s. 1941, 5 Kd. (Armin, Astrid, Friedhelm, Axel, Roland) - Spez. Arbeitsgeb.: Verbrechensvorbeug. durch bes. Jugendarb. - S. 1965 Dienststellenlt. b. Polizeipräs. Mannheim, s. 1963 Jugendschutzsachbearb. - 1974 Beccaria-Med. in Sild. Dt. Kriminolog. Ges. Frankfurt, 1975 Verdienstmed. Land Bad.-Württ.

SCHLÖSSER, Gerhard

Unternehmer, Vors. Kunststoffrohrverband - Dyroffstr. 2, 5300 Bonn - Geschäftsf. WAVIN GmbH Kunststoffröhrenwerke, Twist.

SCHLÖSSER, Gert

Vorstandsmitglied Victoria Lebens-Versicherungs-AG, Berlin - Victoriaplatz 1, 4000 Düsseldorf 1.

SCHLÖSSER (ß), Heinrich

Stv. Vorstandsvorsitzender Stern-Brauerei Carl Funke AG., Essen - Remigiusstr. 53, 5000 Köln 41 - Geb. 4. Nov. 1912.

SCHLÖSSER, Manfred

Verleger, Präsidialsekretär Akademie d. Künste Berlin (1976-87) - Hanseatenweg 10, 1000 Berlin 21 (T. 030 - 391 37 75) - Geb. 6. Dez. 1934 Darmstadt (Vater: Hans S., Kaufm.; Mutter: Emilie, geb. Butscher), o. R., verh. s. 1970 m. Monika, geb. Fischer, 2 Kd. (Milena, Malte-Florian) - Stud. German., Kunstgesch. u. Phil. Univ. Basel, Bonn u. Zürich - B. 1976 fr. Schriftst., Verleger, Ausstell.-Gestalter - BV: U.a. An d. Wind geschrieben. Lyrik d. J. 1933-45, 1960; Carl Gustav Carus, Denkwürdigkeiten aus Europa, 1963; Hans Schiebelhuth, Werke I/II 1965/66; Festschr. f. Margarete Sumann, 1965; Frauenbriefe d. Goethezeit, 1970; Briefe v. Nelly Sachs, 1974; Karl Wolfskehl Leben u. Werk, Bibliogr. 1969/70; D. zerstückte Traum, Festschr. f. E. Arendt, 1978. Herausg.: Schriftenreihe Agora, Canon u. Erato-Druck - 1965 Ehrenpreis Schweiz. Bankges. - Liebh.: Lesen, Antiquitäten, Kd. - Spr.: Engl., Ital. - Lit.: M. Susmann, Erinnerungen; Gershom Scholem, Judaica II.

SCHLOOT, Werner

Dr. rer. nat., o. Prof. f. Genetik u. Humangenetik Univ. Bremen (s. 1975); Biochem. u. Pharmako-Genetik, Zytogenetik, Genet. Beratung - Zu erreichen üb. Univ. Bremen, Leobenerstr., 2800 Bremen (T. 0421 - 218 23 90) - Geb. 30. Aug. 1937 Homberg/Ndrh. (Vater: Peter S., Lehrer; Mutter: Elisabeth, geb. Hechtenberg), ev., verh. s. 1964 m. Ute, geb. Haustein, 2 Kd. (Nanette, Carolin) - Stud. d. Biol., Physiol.-/Chemie, Phil. Univ. Münster 1957-64; Habil. 1971 (Fachber. Medizin) Hamburg - 1964-75 wiss. Assist., Oberassist., Inst. f. Humangenetik d. Univ. Freiburg u. Hamburg (zul. stf. gf. Dir.); 1978/79 Sprecher Fachber. Biol. Chem., s. 1979 Sprecher u. Leit. Zentrum f. Humangenetik u. genet. Beratung d. Univ.; 1980 u. 81 Wiss. Leit. Internat. Sympos. ü. Melatonin u. Coll. d. Bremer Wiss.forums. Herausg.: Möglichkeiten u. Grenzen d. Humangenetik, 1984. Handbuch- u. Ztschr.beitr. Mithrsg.: Pharmacogenetics (1970); Melatonin, Current Status and Perspectives (1981) - Spr.: Engl. - Rotarier.

SCHLORKE, Dieter

Buchhändler, Schriftsteller (Ps. Dittker Slark, Sandro Myrakis) - Wegscheide 9, 6100 Darmstadt 23; Forsthofstr. 22, 6648 Wadern-Wadrill - Geb. 13. Okt. 1932 Chemnitz (Vater: Kamillo Sch., Personalchef; Mutter: Gertrud, geb. Sturm), Christengem., gesch., 2 Töcht. (Bettina, Stephanie) - 1956/57 Lehrersem. Stuttgart; 1961 Buchhändlersch. - 1965-67 Abteilungsleit. u. Einkäufer f. Bücher Karstadt AG Braunschweig; ab 1967 Mitarb. Dt. Bibl. Frankfurt/M. S. 1985 Herausg. d. FDA Hessen-Rundbrief (Freier Dt. Autorenverb.); s. 1988 2. stv. Vors. d. FDA, LV Hessen - BV: Wolken am Himmel, Ged. 1967; Diotima, lyr. Zyklus 1973; Am Kamin, Lyr. 1975; Lyr. Landsch., 1979; Sehnsucht nach Liebe, Ged. 1980; Kaleidoskop - Biogr. - Begegn. - Briefgespr. Dt. Dichter u. Schriftst. im 20. Jh., 1982; Regen löscht d. Glut (Sandrinen), 1982; Rund um Darmstadt, 1983; Garten d. Herzens, Zyklus 1984; Jahreskranz (Lyrik), 1985; Herbstzeitlose (lyr. Zyklus m. Lithograph. v. Otto Scheuerer), 1988. Herausg.: Zünd an d. Licht d. Liebe u. Weihnachten - Zeit d. Einkehr u. Besinnung (1986, 3. A. 1989); Weihnachten - gestern u. heute (1987, 2. A. 1989); Friedrich Rückert z. 200. Geb. (1988); Weihnachten in den Jh. [17. J.] (1988); Fröhliche Weihnacht überall (1988); Gedanken z. Weihnachtszeit (18 Jh. - Barock u. Aufklärung) (1989). Mitarb. an Ztg. u. Ztschr., Kalendern u. Anthol. Lit. - 1976 Autor d. Jahres Galerie Monika Beck Homburg/Saar-Schwarzenacker; 1982 Med. studiosis humanitatis Lit. Union (m. Prof. Werner Manheim); 1983 Verdienstturkunde d. Kunstuniv. Universita'delle arti, Salsomaggiore terme (Ital.) - Liebh.: Wandern, Botanik, Malen.

SCHLOSSARECK, Fritz

Dipl.-Volksw., Chefredakteur Die Rheinpfalz, Ludwigshafen (s. 1976) - Waldstr. 40, 6704 Mutterstadt - Geb. 11. Juli 1929 Stuttgart (Vater: Karl S., Beamter; Mutter: Clara, geb. Oetinger), ev., verh. s. 1958 m. Hannelore, geb. Layh, 2 Kd. (Fred, Stephan) - Stud. München (Dipl.-ex. 1957) - 1950-1953 Lokal- u. 1957-75 Wirtsch.sredakt. (s. 1966 Ressortleit. Stuttgarter Ztg.) - Spr.: Engl.

SCHLOSSER, Erwin

Dr. Ing., Vorsitzender d. Geschäftsfg. Thyssen Ind. GmbH., Düsseldorf - Schmachtenbergstr. 95, 4307 Kettwig - Geb. 13. März 1921 Nürnberg, ev., verh. - TH Hannover (Physik, Maschinenbau) - U. a. Vorstandsmitgl. Gritzner-Kayser AG., Karlsruhe-Durlach, Varta AG., Frankfurt/M. u. Buderus'sche Eisenwerke, Wetzlar. 1977 ff. Geschäftsf. Verein Dt. Werkzeugmaschinenfabriken u. Fachgemeinsch. Werkzeugmaschinen VDMA, Frankfurt/M.

SCHLOSSER, Hans

Dr. iur., Prof. f. Bürgerl. Recht u. Rechtsgesch. Univ. Augsburg (s. 1971) - Eichleitnerstr. 30, 8900 Augsburg 1; priv.: Bernabeistr. 1, 8000 München 19 - Geb. 29. Juli 1934 Brünn (Vater: Hans S., Dipl.-Landw.; Mutter: Berta, geb. Pastor), kath. - N. Habil. (1969) Priv.-doz. Univ. München; 1972-74 Vizepräs. Univ. Augsburg; abgelehnte Beruf. Univ. Saarbrücken (1977) u. FU Berlin (1981) - BV u. a.: Spätma. Zivilprozeß, 1971; D. rechtsgesch. Exegese, 1972 (m. F. Sturm u. H. Weber); Grundzüge d. Neueren Privatrechtsgesch., 6. A. 1988; Braurechte, Brauer u. Braustätten in München, 1981; Tre secoli di criminali bavaresi sulle galere veneziane, 1984; D. Mensch als Ware: D. Galeerenstrafe in Süddeutschland (Festg. L. Perridon) 1984; Julia u. d. Unschuld v. Adel (Rechtshistor. Journal 5), 1986; D. infamierende Strafe d. Galeere (Festschr. H. Thieme), 1986; D. Strafe d. Galeere als Verdachtsstrafe (Festschr. K. S. Bader), 1986; K. J. A. Mittermaier als Germanist (Symp. 1987), 1988; Stadtrechtsentw. in Berlin seit d. Anfängen (Rechtsentw. in Berlin anläßl. d. 750-Jahrfeier), 1988 - Liebh.: Archäol., Kunstgesch., Tennis, Motorsport - Spr.: Engl.

SCHLOSSER, Katesa

Dr. rer. nat., Professorin Museum f. Völkerkunde Univ. Kiel (s. 1964) - Schauenburgerstr. 77, 2300 Kiel (T. 56 25 74) - Geb. 8. Okt. 1920 Dresden - S. 1956 (Habil.) Lehrtätigk. Kiel (1962 apl. Prof. f. Völkerkd.) - BV: Propheten in Afrika, 1949; D. Signalismus in d. Kunst d. Naturvölker, 1952; Eingeborenenkirchen in Süd- u. -westafrika, 1958; Wandgemälde d. Blitzzauberers Laduma, 1971; Zauberei im Zululand - Manuskripte d. Blitzzauberers Laduma Madela, 1972; D. Bantubibel d. Blitzzauberers Laduma Madela, 1977; D. Zulu-Blitzzauberer Susa Madela, 1982; Medizinen d. Blitzzauberers Laduma Madela, 1984; Handwerke d. Blitzzauberers Laduma Madela, 1986. Div. Fachaufs.

SCHLOSSER, Peter

Dr. jur., o. Prof. f. deutsches, internat. u. ausländ. Zivilprozeßrecht sowie Bürgerl. Recht - Primelstr. 2, 8011 Vaterstetten/Obb. - Geb. 26. März 1935 Kitzingen/M., verh. (Ehefr.: Astrid) - Höh. Schulen Bad Tölz u. Würzburg; Univ. Würzburg, Bonn, Paris. Jurist. Staatsprüf. 1958 u. 62; Promot. 1961, Habil. 1965 - S. 1965 Lehrtätigk. Univ. Würzburg, Marburg (1967 Ord.), Augsburg (1972 Ord.), München (1978 Ord.) - BV: D. Recht d. intern. priv. Schiedsgerichtsbark., 2 Bde. 1975; Zivilprozeßrecht, Lehrb., 2 Bde. 1982 u. 84. Facharb.

SCHLOSSER, Walter

DGB-Kreisvors., MdL Bayern (s. 1975) - Notburgastr. 16, 8200 Langenpflunzen (T. 3 47 01) - Geb. 1936 - SPD.

SCHLOTFELDT, Walter

Dr., Vorstandsmitglied Adam Opel AG. (s. 1971; Leit. Personal- u. Sozialabt.), Rüsselsheim - Finkenweg 6, 6233 Kelkheim - Geb. 25. Nov. 1929 - 1968-71 Geschäftsf. Bundesvereinig. d. Dt. Arbeitgeberverb., Köln.

SCHLOTKE, Helmut

Dr. iur., Rechtsanwalt, Geschäftsf. Thyssen Engineering GmbH - Im Diepental 16, 4000 Düsseldorf-Benrath - Geb. 31. Mai 1935 Zörbig (Vater: Gerhard S., OStudR; Mutter: Gertraud, geb. Eytel), ev. - Stud. Univ. Tübingen, Berlin, Hamburg, Paris - 1971-74 Leit. Rechtsabt. Thyssen Handelsunion AG., 1974-77 G eschäftsf. Thyssen Vermögensverw., 1977-78 Geschäftsf. Thyssen Intern. GmbH u. Thyssen Purofer GmbH., 1978-80 Leit. Abt. Finanzen III (Beteiligungen) d. Thyssen AG - Spr.: Engl., Franz., Span.

SCHLOTMANN, Axel

Major a. D., MdL Nieders. (s. 1978, Wahlkr. 10/Hoya) - Kasseler Str. 4, 3070 Nienburg/Weser - Geb. 25. Jan. 1939 Neuenkirchen/W., ev., verh., 2 Söhne - Mittelsch. Damme (Mittl. Reife); Lehre als Bergvermessungstechn. Eisenerzbergbau - Ab 1960 Bundeswehr (1965 üb. 2. Bildungsweg Offz.; 1976 Major). Mitgl. Kreistag u. Rat Nienburg. CDU - 1962 Verdienstmed. Sturmflut.

SCHLOTMANN, Gerhard

Rechtsanwalt, Geschäftsf. Arbeitsgemeinschaft Dt. Schieferindustrie (s. 1972), Verb. feuerfeste u. keramische Rohstoffe, u. Arbeitsgem. Westerwald-Ton, alle Koblenz - Bahnhofstr. 6, 5400 Koblenz (T. 3 36 53); priv.: Im Wiesengrund 16, 5430 Montabaur - Geb. 4. Juli 1939.

SCHLOTTER, Eberhard

Maler u. Grafiker - Altea/Alicante (Spanien), Langensalzastr. 1, 3000 Hannover 1 - Geb. 3. Juni 1921 - Akad. d. bild. Künste München; Gegenständl. Malerei m. verschlüsselten Inhalten - zw. Traum u. Wirklichk. - Prof. d. Joh. Gutenberg-Univ. Mainz; Mitgl. d. Real Academia de San Fernando, Madrid - 1981 Schenkung v. 3000 Arbeiten u. Gründung d. Eberhard Schlotter-Stiftung, Hildesheim.

SCHLOTTER, Gotthelf

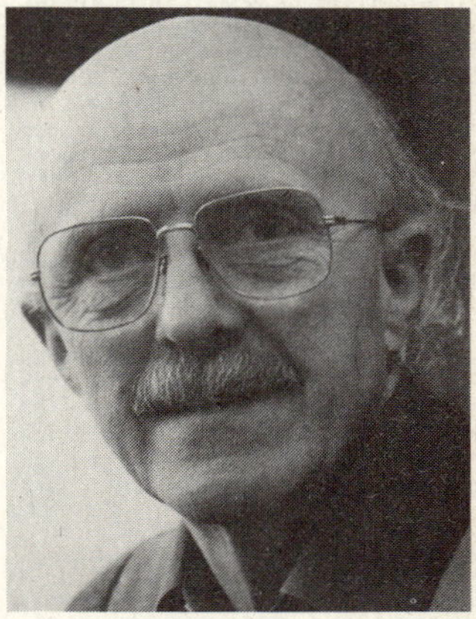

Bildhauer - Kranichsteiner Str. 103, 6100 Darmstadt (T. 06151 - 71 89 20) - Geb. 24. Dez. 1922 Hildesheim, ev., verh. m. Friedl, geb. Kayser, S. Sebastian - 1938-41 Bildhauerlehre b. Vater in Hildesheim; 1946 Stud. München; 1949-51 Tischlerlehre u. Gesellenprüf. - Fr.schaff. Künstler, Vorst.-Mitgl. Neue Darmstädter Sezession, Präs. Verein Künstlerhaus Ziegelhütte Darmstadt - Hauptwerke: Plastik Doppelpfau (Amt f. d. Dechiffrierwesen d. BRD Mehlem), Plastik Brunnenbaum m. Vögeln (Hess. Landesvertr. Bonn), Plastik Vogelbaum (Vogelpark Walsrode), 9 stehende Vögel (Zoo Münster) - 1972 Johann-Heinrich-Merck-Ehrung; 1979 BVK; 1980 1. Preis u. Ausführung e. Plastik Kreuzigungsgruppe im Rel.päd. Inst. Schönberg/Ts.

SCHLOTTER, Hans-Günther

Dr. rer. pol., o. Prof. u. Direktor Inst. f. Sozialpolitik Univ. Göttingen - Herzberger Landstr. 66, 3400 Göttingen (T. 4 11 58) - Geb. 28. Nov. 1927 Heiligenloh/Hoya (Vater: R. S., Pastor; Mutter: Dr. Charlotte, geb. Kunze), ev. - S. 1962 (Habil.) Lehrtätigk. Univ. Göttingen (1963 Doz.), Gießen (1965 ao. Prof.), Göttingen (1966 o. Prof.) - BV: D. Förderung d. westd. Landw. durch öfftl. Mittel 1949-56, 1960; D. finanz- u. außenhandelspolit. Landw.sförd. in d. Bundesrep. Dtschl. - Ausmaß, Struktur u. künft. Möglichk., 1964; D. Zusammenwirken v. wiss. u. prakt. Agrarpolitik, 1967; Systemstabilisation durch Vermögenspolitik, 1974 - Spr.: Engl., Franz.

SCHLOTTHAUS, Werner

Dr. phil., Prof. f. Dt. Sprache u. Lit. u. ihre Didaktik Univ. Lüneburg - Wilschenbrucher Weg 84, 2120 Lüneburg - BV: Sprachl. Kommunikation - Grundkurs f. Deutschlehrer, 4. A. 1978; Didaktik u. Methodik d. sprachl. Kommunikation - Folgekurs f. Deutschlehrer, 2. A. 1978; Angenommen: Agamemnon. Wie Lehrer lesen, 1978.

SCHLOTTMANN, Norbert

Stadtamtmann, MdB (Landesliste NRW) - Franz-Düwell-Str. 10, 4690 Herne/W. (T. 5 86 09) - Geb. 16. Dez. 1930 Herne, verh., 2 Kd. - Volkssch.; Verwaltungsausbild.; -sch.; Soziales Sem. (Dipl.) - S.

Jahren Personalsachbearb. Personalamt Herne. Vors. Aktion Jugendschutz Land Nordrh.-Westf. (s. 1974). U. a. 1964-70 Bezirksverb. Westf. Industriegeb. Jg. Union (1966-68 Mitgl. Dtschl.rat); 1970 MdL. CDU s. 1953 (1970 Kreisvors. Herne, 1973 Mitgl. Bezirks- u. Landesverb. Westf.-Lippe, Mitgl. jugendpolit. Beirat Bundespräsid., Vors. Landesfachaussch. Jugend u. Familie).

SCHLUCHTER, Wolfgang

Dr. rer. pol., Dipl.-Soziol., Prof. f. Soziologie - Hollmuthstr. 3, 6903 Neckargemünd (T. 06223 - 38 39) - Geb. 4. April 1938 Ludwigsburg (Vater: Eugen Sch., Lehrer; Mutter: Hilde, geb. Schmid), verh. s. 1965 m. Brigitte, geb. Steinbeck, 3 Kd. (Kathrin, Tobias, Johannes) - 1957-64 Univ. Tübingen, München, Berlin (Dipl. 1964, Promot. 1967, FU Berlin, Habil. Univ. Mannheim 1972) - 1973-76 Ord. Univ. Düsseldorf, s. 1976 Ord. Univ. Heidelberg. 1971-72 Gastprof. Univ. of Singapore, 1976 Univ. of Pittsburgh, 1981-82 New School for Social Research, 1984 u. s. 1986 regelm. Univ. of California, Berkeley - BV: Entscheidung f. d. soz. Rechtsstaat, 2. A. 1983; Aspekte bürokr. Herrschaft, 2. A. 1985; Max Weber's Vision of History, 1979 (m. G. Roth); D. Entw. d. okzident. Rationalismus, 1979 (engl., jap., ital.); Rationalismus d. Weltbeherrschung, 1980 (jap., ital., chin.); Rationalismus, Religion and Domination, 1989; Religion u. Lebensführung, 2 Bde. 1988. Herausg.: Verhalten, Handeln u. System (1980); Max Webers Religionssoz. Interpret. u. Kritik, 6 Bde. (1981-88) - Spr.: Engl.

SCHLUCKEBIER, Günter

Gewerkschaftsangestellter, MdB (s. 1972; Wahlkr. 90/Duisburg I) - Kasteelstr. 10, 4100 Duisburg 13 (T. 8 27 56) - Geb. 15. Febr. 1933 Duisburg, verh. - Realsch. (Mittl. Reife); 1950-53 Maschinenschlosserlehre - B. 1957 Maschinenschl., dann Gewerkschaftsangest. (b. 1964 Sekr., dann Vors. u. Geschäftsf. DGB Kr. Duisburg). 1964-70 Ratsmitgl. Duisburg; 1970-72 MdL Nordrh.-Westf. SPD s. 1951 (Ortsvors.).

SCHLUE, Heinrich

Dipl.-Volksw., geschäftsf. Gesellschafter, GUB Ges. f. Unternehmensberatung mbH - Niemannsweg 117, 2300 Kiel 1.

SCHLÜCHTER, Ellen

Dr. jur., Univ.-Prof., Lehrst. f. Kriminol. u. Strafrecht Univ. Würzburg - Ludwigstr. 6, 8700 Würzburg (T. 0931-3 19 12) - Geb. 26. April 1938 Berlin, ev., verh. s. 1970 m. Dr. Horst Sch., 2 S. (Dirk, Jan) - Stud. Univ. Frankfurt (Rechtswiss.); 1. jurist. Staatsex. 1963; 2. jurist. Staatsex. 1967, Promot. 1976; Habil. 1982, alle Tübingen - 1967-84 Staatsanwältin (s. 1978 als Gruppenleit.); s. 1974 abgeord. an d. Univ. Tübingen u. d. Univ. Konstanz; 1984 Prof. Univ. Köln; s. 1987 o. Prof. Univ. Würzburg - BV: D. Grenzber. zw. Bankrottdelikten u. untern. Fehlentscheidungen, 1977; D. Strafverf., 1981, 2. A. 1983; D. Irrtum üb. normative Tatbestandsmerkm. im Strafrecht, 1983; Mittlerfunktion d. Präjudizien, 1986; Steuerberatung im strafrechtl. Risiko?, 1986; Zweites Gesetz z. Bekämpfung d. Wirtschaftskriminalität, 1987 - Liebh.: Phil., Wirtschaftswiss., Lit., Musik - Spr.: Engl., Franz., Latein.

SCHLÜNDER, Ernst-Ulrich

Dr.-Ing., Dr. h. c./INPL, Univ.-Prof. u. Leiter Inst. f. Therm. Verfahrenstechnik Univ. Karlsruhe (s. 1967) - Turmbergstr. 24, 7500 Karlsruhe 41 (T. 40 13 89).

SCHLÜNZ, Hans Hermann

Journalist (Ps. Hannes Schlünz) - Königsbergstr. 104, 2000 Wedel/Holst. (T. 04103 - 20 09) - Geb. 29. Okt. 1916 Hamburg (Vater: Dr. phil. Friedrich Sch., Studienr.; Mutter: Gertrud, geb. Kupffender), verh. s. 1943 m. Margot, geb. Dieringer, 3 Kd. (Gisela, Christina, Rainer-Helmut) - B. 1934 Lichtwarkschule Hamburg; b. 1945 Seefahrt; 1943 Navigationssch. Kriegsmarine (Obersteuermannsex.) - Ab 1947 Journ.; 1949-51 Schiffahrtsmitarb. Hamburger Morgenpost; 1948-80 NWDR/NDR, Funkhaus Hamburg; 1957-67 Redakt. Seemannssend. Grüße a. d. Heimathafen d. Dt. Welle/Köln; 1966-80 Redakt. Mitarb. Send. Hafenkonzert; 1955-80 Mitarb. Send. Gruß an Bord. S. 1962 Vors. Wikingerrunde Hamburg; s. 1982 Vors. gemeinnütz. Hamburg-Ges.; Mitgl. DJV u. Verb. Dt. Kapitäne u. Schiffsoffz., Hamburg - 1942 Rettungsmed.; 1976 Ehrenbürger Stadt Annapolis/Maryland (USA); 1976 BVK; 1979 Silb. Ehrennadel Dt. Ges. z. Rett. Schiffbrüchiger - Liebh.: Seefahrtsgesch., Shantyarchiv, seemänn. Brauchtum, Völkerverständ. - Spr.: Norweg., Engl.

SCHLÜSSEL, Hans

Dr. med., Prof., ehem. Chefarzt Med. Klinik/Städt. Krankenhaus Siegburg - Goethestr. 25, 5200 Siegburg (T. 6 27 37) - Geb. 27. Juni 1921 Köln (Vater: Johann S., Kaufm.; Mutter: Antoinette, geb. Berg), verh. 1946 m. Doris, geb. Weißenfels - Univ. Köln u. Königsberg, Erlangen - S. 1959 (Habil.) Lehrtätigk. Univ. Köln (1965 apl. Prof. f. Inn. Med.). Fachveröff. - 1977 Bergmann-Plak.

SCHLÜTER, Anton

Dr. agr. h. c., Dipl.-Ing., Fabrikant (Anton Schlüter Motorenfabrik) - Münchener Str. 32, 8050 Freising/Obb. (T. 1 30 51/1 30 55) - Geb. 17. Jan. 1915 München - 1974 Bayer. VO.; 1975 Bayer. Staatsmed. in Gold; 1986 Gr. BVK.

SCHLÜTER, Arnulf

Dr. rer. nat., Prof., Physiker, Präs. Bayer. Akad. d. Wiss. - Grasmeierstr. 22, 8000 München 40 - Geb. 24. Aug. 1922 Berlin, verh. m. Sigrid, geb. Theile - Promot. 1947; Habil. 1958 - 1942-45 wiss. Mitarb. Dt. Seewarte Hamburg; ab 1948 Assist. u. Abteilungsleiter Max-Planck-Institut f. Physik u. Astrophysik Göttingen bzw. München; s. 1958 o. Prof. Univ. München. Arbeitsgeb.: Plasma-, Astrophysik, numer. Analysis. S. 1959 Wiss. Mitgl. Max-Planck-Ges. (1965 Vors. Wiss. Leitg. Inst. f. Plasmaphysik). Facharb. - 1970 o. Mitgl. Bayer. Akad. d. Wiss., München; 1973 Chevalier dans l'Ordre des Palmes Acad.; 1975 o. Mitgl. Dt. Akad. d. Naturforscher (Leopoldina), Halle/S.

SCHLÜTER, Franz

Dr., Senatspräsident a. D. Bundespatentgericht - Zweibrückenstr. 12, 8000 München 2 - Geb. 13. April 1907.

SCHLÜTER, Gisela

Schauspielerin - Badstr. 8, 8112 Bad Kohlgrub/Obb. (T. 08845 - 3 68) - Geb. 6. Juni - Schauspielausbild. (Erich Ponto, Alice Verden); Tanz- u. Gesangstud. - Zahlr. Bühnen-, Film-, Fernseh- u. Kabarettrollen. Eig. TV-Show: Zwischenmahlzeit (bish. 35 Folgen) - BV: Schnattern gehört z. Handwerk, 1968; Lassen Sie mich auch mal zu Wort kommen, 1983 - Gold. Kamera Hör Zu - Liebh.: Astrologie - Spr.: Franz., Engl.

SCHLÜTER, Hans Wilhelm

Dr. rer. nat., o. Prof. f. Experimentalphysik (Plasmaphysik) - Lessingstr. 9, 5812 Herbede-Kämpen (T. 02302 - 7 38 65) - S. 1968 Ord. Univ. Bochum. Facharb.

SCHLÜTER, Herbert

Schriftsteller - Steinhauser Str. 31, 8000 München 80 (T. 470 48 54) - Geb. 16. Mai 1906 Berlin, ev., verh. - Realgymn. Berlin - Fr. Schriftst., ab 1933 Emigration (Frankr., Span., Jugosl., Ital.), 1948-50 Redakt. Lit. Revue (München), dann Lit.kritiker u. Übers. - BV: D. späte Fest, N. 1927; D. Rückkehr d. verlorenen Tochter, R. 1932; Nach 5 Jahren, R. 1947, 3. A. 1972; Im Schatten d. Liebe, N. 1948; Nacht üb Ital., N. 1960; E. Gartenfest, N. 1986; Übers. a. d. Ital. u. Engl. - 1977 Tukanpreis f. Lit., München - 1972 Mitgl. PEN-Zentrum BRD; 1981 Ehrengabe Bayer. Akad. d. Schönen Künste; 1984 Ehrengabe d. Stiftg. z. Förd. d. Schrifttums.

SCHLÜTER, Johannes

Dr. phil., Dipl.-Psych., o. Prof. f. Psychologie Gesamthochschule Paderborn - Corveyer Weg 14, 4790 Paderborn (T. 64 17) - Geb. 26. Dez. 1922 - Vorher Päd. Hochsch. Westf.-Lippe/Abt. Paderborn.

SCHLÜTER, Kurt

Dr. phil., o. Prof. f. Engl. Sprache u. Literatur - Universität, 7800 Freiburg/Br. - Geb. 28. Jan. 1927 Bielefeld, ev., verh. s. 1961 m. Dr. phil. Anne-Rose, geb. Willers - Univ. Würzburg, Albuquerque (USA), München, Göttingen. Promot. 1954; Habil. 1960 - 1961 Privatdoz. Univ. Göttingen; 1962 Prof. Päd. Hochsch. Alfeld/L.; 1963 o. Prof. TU Berlin u. 1972 Freiburg; 1979/80 Visiting Prof. Univ. of Mass. Amherst, 1982/83 Adjunct Prof. ebd. Mitgl. Dt. Shakespeare-Ges., Dt. Ges. f. Amerikastud., Intern. Assoc. of Univ. Prof. of Engl. u. The International Shakespeare Association - BV: Shakespeares dramat. Erzählkunst, 1958; D. Mensch als Schauspieler - Studien z. Deutung v. T. S. Eliots Gesellschaftsdramen, 1962; D. engl. Ode, 1964; D. Kunst d. Erzählens, in John Braines Roman ‚Room at the Top', 1965; Kuriose Welt im mod. engl. Roman, 1968; Engl. Dichtung d. 16. u. 17. Jhs., 1973 (m. Horst Oppel).

SCHLÜTER, Marquerite (Valerie)

Verlegerin, Verlagsleiterin Limes Verlag - Romanstr. 16, 8000 München 19 (T. 089 - 16 19 55 od. 235 00 80) - Geb. 23. April 1928 Wiesbaden, led. - Dipl.-Bibl.; wiss. Ex. 1947 Wiesbaden - 1945-49 Nass. Landesbibl. Wiesbaden (zun. Praktik., dan. Dipl.-Bibl.); s. 1949 Tätigk. im Limes Verlag (zun. Chefsekr., dann Lekt., Einzelprok., gf. Gesellsch., nach Verkauf d. Verlages an d. Fleissner-Gruppe Verlagsleit. (Geschäftsf.) - Herausg.: Briefe an e. Verleger, 1965; Lyrik d. express. Jahrzehnts, 1955; Benn-Ausw. Leben ist Brückenschlagen, 1965; D. Gottfried-Benn-Buch, 1968; G. Benn - D. Hauptwerk, 1980; Benn, Briefe an Tilly Wedekind, 1986; Übers. u.a. v. Capote, Aiken, Hutchins, Lacarrière, Henry Moore - Liebh.: Hockey, Tennis, Bilder, Musik - Spr.: Engl., Franz., Ital. - Bek. Vorf.: Andreas Schlüter (Bildhauer), Bernhard Romberg (Kompon. u. Geigenvirtuose).

SCHLÜTER, Richard

Dr. theol., Dr. phil., Prof. f. Prakt. u. Ökum. Theol. Univ. Siegen - Bredenweg 12, 4791 Altenbeken (T. 05255-67 05) - Geb. 16. Dez. 1943 Paderborn, kath., verh. s. 1971 m. Maria, geb. Laudick, 2 Kd. (Ulrike, Christoph) - Stud. Phil., Theol., Ökum. Theol.; Promot. (Dr. theol.) 1973 Münster; Stip. d. Promot. (Dr. phil.) 1982 Frankfurt - Cusanus-Stiftg.; 1972-73 Verlagslektor Freiburg; 1973-82 wiss. Assist. Univ. Paderborn - BV: Karl Barths Tauflehre, 1973; Zw. Konfessionalismus u. Konfessionalität, 1983.

SCHLÜTER, Walter

Verwaltungsangestellter, MdL Nieders. (s. 1967) - Am Krummwinkel 25, 2860 Osterholz-Scharmbeck (T. 61 98) - Geb. 14. März 1921 Bremerhaven - Volkssch.; Dreherlehre (Schiffswerft AG. Weser) - 1940-45 Kriegsdst. (Marine); 1946-49 DRK; 1949-60 schwiegerväterl. Fuhrbetrieb; s. 1960 Stadtverw. Osterholz-Scharmbeck, 1952-60 u. 1968 ff. Ratsmitgl. Osterholz-Scharmbeck; s. 1956 MdK Osterholz; s. 1972 Landrat d. Landkr. Osterholz. SPD s. 1945.

SCHLÜTER, Wilfried

Dr. jur., Dr. h.c., Prof. f. bürgerl. Recht, Handelsrecht, Arbeitsrecht, Zivilprozeßrecht Univ. Münster - Am Meckelbach 21, 4400 Münster (T. 02534 - 3 17) - Geb. 28. Jan. 1935 Königsberg/Pr. (Vater: Heinrich S., Rektor; Mutter: Herta, geb. Gutzeit), ev. - 1. jurist. Staatsprüf. 1959, 2. jurist. Staatsprüf. 1964, Promot. 1964, Habil. 1971 - 1972-76 Prof. Univ. Münster, 1976-80 Prof. FU Berlin, 1982-86 Rektor Univ. Münster - BV: D. Vertretungsmacht d. Gesellschaftens u. d. Grundl. d. Gesellschaft, 1965; D. obiter dictum, 1973; D. Erbrecht, 12. A. 1986; Familienrecht, 4. A. 1989; Arbeitskampfrecht, 1982 (m.a.) - Spr.: Engl., Franz.

SCHLÜTER, Wilhelm

Rektor, MdL Nordrh.-Westf. (s. 1966) - Grüner Sand 49a, 4902 Bad Salzuflen 5 (T. 28 53) - Geb. 8. April 1912 Bochum, verh., 2 Kd. - N. Abitur Hochsch. f. Lehrerbild. - Lehrer, Hauptl., Rektor. 1959 ff. Mitgl. Gemeinderat Werl-Aspe, n. Neugliederung Stadtrat Bad Salzuflen (1969; Fraktionsf.); 1961-69 MdK Lemgo (Fraktionsvors.). SPD s. 1950.

SCHLÜTTER, Hans

Dr. agr., Prof., Staatssekretär a. D. - Hohegrabenweg 62, 4005 Meerbusch 1 (T. 02105 - 7 71 25) - Geb. 20. Jan. 1913 Haldern/Rhld., verh. m. Eugenie Schulte im Hofe, 2 S. (Hans-Georg, Andreas-Wilhelm) - Leit. e. Lehr- u. Versuchanst.; Ministerialrat Land NRW; Dir. Landwirtschaftskammer Rhld.; Staatssekr. Land NRW; Ehrenpräs. ZDG, BVG, WPSA - Gr. BVK; Gold. Kammerplak.; Offz. pour Mérite agricole française; u. a. Ausz. - Spr.: Franz. - Lit.: Schriften z. dt. Tierzucht.

SCHLUMBERGER, Ernst

Generalkonsul, Kaufmann - Vollmannstr. 10, 8000 München 1 (T. 91 11 87) - Geb. 8. Mai 1906 München (Vater: Kommerzienrat Adolf S.; Mutter: Meta, geb. Wizemann), ev., verh. s. 1929 m. Charlotte, geb. Reichherzer - Gymn. u. TH München (einige Semester); n. Einarb. väterl. Fa. 1925-26 Ausbild. USA - S. 1928 C. Stiefenhofer KG., München (1936 Übernahme). Spez. Arbeitsgeb.: Planung u. Einricht. v. Krankenhäusern - Generalkonsul d. Rep. Haiti f. Bayern u. Baden-Württ.; 1973 Bayer. VO. - Liebh.: Fischen, Briefmarken - Spr.: Engl., Franz.

SCHLUMBERGER, Hella

Dr., Journalistin, Schriftst. - Türkenstr. 61, 8000 München 40 (T. 089 - 272 32 17) - BV: u. a.: D. Technik d. polit. Rufmordes, 1974 (m. Kurt Hirsch); D. Aufdeck. e. Verschwörung, 1976 (m. Günter Wallraff); Schöne, heile Arbeitswelt, 1976 (m. Monika Held); Durchs freie Kurdistan - Erlebnisse in e. vertrauten Land, 1980; Kreuzweg Mittelamerika, 1982; Bolivien, schwankende Wiege d. Freiheit, Land zw. Kokainmilitärs u. Demokraten, 1985; Denken in dünner Luft, 1986. Dokumentarfilm üb. bolivianische Mineros-Univ.; Spanien, Menschenlandschaften, 1988.

SCHLUMBERGER, Horst Dieter

Dr. med., Prof. f. Exper. Medizin Univ. Tübingen, Leiter Inst. f. Immunol. u. Onkol. Bayer AG - Schwartnerstr. 5, 5600 Wuppertal 2 (T. 50 55 45) - Geb. 7. Juni 1933 Stuttgart (Vater: Friedrich Sch., Oberfinanzrat; Mutter: Gertrud, geb. Lebsanft), ev., verh. s. 1959 m. Dorothee, geb. Hilbweg, 2 Kd. (Stefanie, Gert) - Staatsex. 1959, Habil. 1967 Univ. Tübingen - BV: PAR. Pseudo-allergic Reactions. Involvement of Drugs and Chemicals, 1980 u. 1982 - 1969 Felix Haffner-Preis (m. F. A. Anderer) - Spr.: Engl.

SCHLUMBOHM, Jürgen

Dr. phil., Historiker - Jenaer Str. 33, 3400 Göttingen - Geb. 17. Febr. 1942 Oberhausen - 1969-72 Wiss. Assist. Univ. Bochum, s. 1972 Wiss. Ref. Max-Planck-Inst. f. Gesch., Göttingen - BV: D. Verfassungskonfl. in Preußen, 1970; Freiheitsbegr. u. Emanzipationsprozeß, 1973; Freiheit, 1975; Industrialisierung vor d. Industrial., 1977 (m. P. Kriedte u. H. Medick; Veröff. Max-Planck-Inst. f.

Gesch. Nr. 53; engl. Übers. 1981; ital. Übers. 1984; span. Übers. 1986); Kinderstuben: wie Kinder zu Bauern, Bürgern, Aristokraten wurden: 1700-1850, 1983.

SCHLUND, Gerhard H.

Dr. jur., Prof., Richter am Oberlandesgericht München - Josef-Schlicht-Str. 6a, 8000 München 60 (T. 089 - 811 60 44; Büro: 55 97 31 21) - Geb. 6. Jan. 1935 Bamberg, kath., verh. s. 1964 m. Ingeborg Geiger, Studienrätin, 2 Kd. (Manuela, Thomas) - Abit. 1954; 1954-58 Stud. Rechtswiss. Univ. München u. Erlangen; 2. jurist. Staatsprüf. 1962 München, Promot. 1969 Saarbrücken - S. 1962 bayer. Staatsdienst (Gerichtsass., Staatsanw., Amtsrichter); s. 1974 Richter OLG München. 1969-77 Lehrauftr. Univ. München, s. 1978 TU München, s. 1982/83 Prof. f. Arztrecht Med. Fak. TU, s. 1987 Ehrenmitgl. Berufsverb. d. Dt. Urologen - BV: D. Zahlenlotto, Monogr. 1972; Kapitalisierungs- u. Verrentungstabellen, (m. a.) 1977; Komment. d. Maklerrechts, (in: Sammelwerk Haus- u. Grundbesitz in Recht + Praxis) 1978; Verkehrssicherungspflicht, 1981; üb. 300 wiss. Veröff. in Fachztschr.

SCHLUND, Hans Hermann

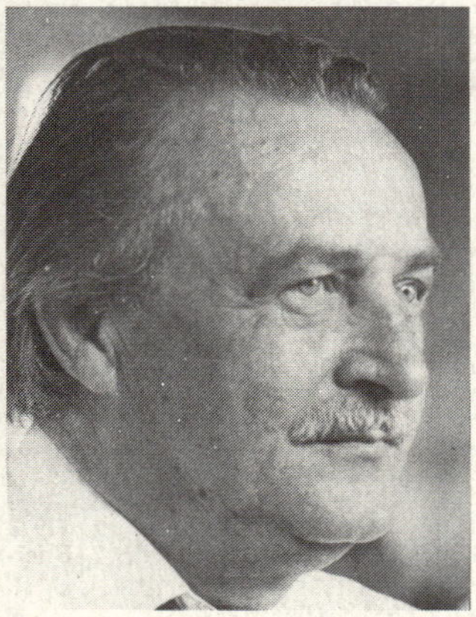

Schriftsteller, Autor, Volkskundler, Sagenforscher (Konrektor a. D.) - 8820 Gunzenhausen-Stetten - Geb. 21. Aug. 1926 Nürnberg, ev., verh., Kd. - Stud. 1945-48 Univ. Erlangen German., Gesch., Phil., Gärtnerlehre 1948-50; Stud. 1952-54 Inst. f. Lehrerbildung Schwabach (Päd.) - 1950-52 Übers., Storemanager; 1954-56 Präfekt; 1969 Oberlehrer; 1971 Konrektor; s. 1957 journ. Tätigk. - BV: Ma sachd ja blouß, Mundartlyrik 1983; Stetten, e. Dorf zw. Altmühl u. Hahnenkamm, 1983; Eppelein v. Gailingen, 1987; Mahnmale f. d. Frieden, 1988. Sagensammlungen: Gunzenhausen u. Umland, 1972; Fränkische Altmühl, 1981; Zenngrund, Bibert, Aurach, 1983; Altmühl, 1985; Fränkische-Schwäbische Rezat, 1989. Herausg.: Franken (1989); Schwanksammlungen: Franken (1987); Schwaben (1988); Bayern (1989). Mithrsg.: Was ihr noch seid bin ich gewesen (1983). Mitarb. an Lyrikanthol. Zahlr. Aufs. z. Volks- u. Landeskunde in Büchern, Periodika, Ztschr. u. Ztg. - 1983 Stadtplakette am Bde. Stadt Gunzenhausen - Inter.: Ornithol., Mykologie, Geigenspiel - Spr.: Engl., Lat. - Lit.: W. Spoerl: H. H. Schlund. Schulmeister u. Poet, in: Land u. Leute (4/1989).

SCHLUNGBAUM, Werner

Dr. med., Prof., Chefarzt Städt. Krankenhaus Spandau i.R. - Am Schlachtensee 6, 1000 Berlin 37 (T. 802 70 13) - Geb. 22. Mai 1917 - S. 1960 (Habil.) Lehrtätigk. FU Berlin (1967 apl. Prof. f. Röntgenol. u. Med. Strahlenkd.). 1984-87 Vizepräs. Ärztekammer Berlin - BV: Med. Strahlenkd., 1960, 6. A. 1979. Üb. 80 Einzelarb.

SCHLUTTER, Klaus Erich

Dipl.-Ing., Direktor Rhein. Braunkohlenbergsch. Frechen (s. 1970) - Pulheimer Str. 9, 5040 Brühl (T. 02232 - 2 43 64) - Geb. 25. Mai 1930 Zeitz, ev., verh. s. 1957 m. Helga, geb. Geschwinde, T. Beate - Stud. Bergbaukd. Freiberg u. Berlin; Dipl. 1955 TU Berlin - 1955-69 Rheinbraun - Spr.: Engl.

SCHLUTZ, Erhard

Dr. phil., Prof. f. Weiterbildung Univ. Bremen - Hartungstr. 16, 2800 Bremen 1 (T. 0421 - 7 51 77) - Geb. 18. Febr. 1942 Essen, ev. - Stud. German., Gesch., Phil. u. Päd.; Staatsex. 1967; Promot. 1975 Bochum - S. 1967 Lehr- u. Planungstätigk. Gymn. u. Erwachsenenbildung; 1978 Prof. f. allg. Weiterbildung Univ. Bremen - BV: Sprache, Bildung u. Verständigung, 1984; Zur Theorieentwicklg. f. d. Weiterbildung, 1987.

SCHMACHTENBERG, Herbert

Fabrikant, Mehrheitsgesellsch. Herrenkleiderfabrik Ideal GmbH. (eig. Gründung) - 5101 Richterich Kr. Aachen - Geb. 30. Aug. 1912.

SCHMACK, Gertrud

Geschäftsführerin Zentralverb. d. Dt. Früchte-Import- u. -Großhandels - Schedestr. 11, 5300 Bonn - Vors. Bundesarbeitsgem. Gartenbau, Bonn.

SCHMÄHL, Dietrich Fritz

Dr. med., Prof. pers. Ordinarius f. Toxikologie u. Chemotherapie Univ. Heidelberg, Direktor Inst. f. Toxikologie u. Chemotherapie Dt. Krebsforschungszentrum, Exper. Carcinogenese u. Chemotherapie - Im Neuenheimer Feld 280, 6900 Heidelberg, priv.: Sandwingert 57a, 6900 Heidelberg (T. 8 21 00) - Geb. 30. Sept. 1925 Breslau (Vater: Fritz S., Taubst.- u. Blindenlehrer; Mutter: Ella, geb. Kroll), verh. s. 1965 m. Christa, geb. Maurer, 2 Kd. (Astrid, Antje) - Stud. Medizin Militärärztl. Akad. Berlin, dann Prag; Promot. Freiburg - Wiss. Arb. Chirurg, Univ.-Klinik Freiburg (Ernenn. z. Fachpharmakol. durch d. Dt. Pharmakol. Ges.), Examen als Sportarzt - 1959-64 Pathol. Inst. Univ. Bonn, Habil. f. exper. Krebsforsch. (1960), ebd.; 1962 Ernenn. Univ. Doz.; s. 1964 Dt. Krebsforsch.zentrum Heidelberg - BV: Entstehung, Wachstum u. Chemotherapie maligner Tumoren, 1.. A. 1963, 2. A. 1970, 3. A. 1981; Iatrogenic Carcinogenesis, 1977 (m. D. Schmähl, C. Thomas, R. Auer). 590 Einzelpubl. - 1968 Felix-Haffner-Preis Univ. Tübingen; 1971 Hufeland-Preis, 1978 Preis Wilhelm-Doerenkamp-Stiftg., 1978 Lisec-Artz-Preis, 1982 Preis Dt. Therapiewoche, Accademio Ordinario Acad. Tiberina, Mitgl. Royal Society of Medicine.

SCHMÄHL, Winfried

Dr. rer. pol., Prof. f. Wirtschaftswiss., insbes. Sozialpolitik - Osterdeich 133, 2800 Bremen 1 - Geb. 31. Mai 1942 Liegnitz, verh. s. 1963, 1 Kd. - Univ. Frankfurt (Volkswirtsch.), Promot. 1972, Habil. 1976 - 1977-81 Mitgl. Transfer-Enquete-Kommiss. Bundesreg.; s. 1984 Mitgl. u. s. 1986 Vors. Sozialbeirat d. Bundesreg.; Prof. f. Volkswirtsch. FU Berlin (b. 2/89), seitd. Prof. f. Wirtschaftswiss., insbes. Sozialpolitik, Zentrum f. Sozialpolitik, Univ. Bremen - BV: Systemänd. in d. Altersvorsorge, 1974; Alterssicherung u. Einkommensverteilung, 1977; D. Rentenniveau in d. Bundesrepublik, 1975; Änderung d. Beitragsfinanzierung in d. Rentenversich. (m. Henke), 1984; Beiträge z. Reform d. Rentenversich., 1988 - Liebh.: Musik, Theater - Spr.: Engl.

SCHMALBROCK, Gerd

Journalist u. Schriftsteller - Mendelssohnstr. 10, 4390 Gladbeck (T. 02043 - 5 18 32) - Geb. 18. April 1930 Essen, verh. s. 1956 m. Gertrud, geb. Haltermann, 5 Kd. (Bernd, Barbara, Urban, Sibylle, Beate) - Stud. Malerei Folkwang-Hochsch. Essen - Volontariat Essener Woche u. Westd. Allg.; 1950-55 Auslandskorresp. in London; s. 1956 eig. Pressebüro IKC Presse; s. 1974 ltd. Redakt. d. Ztschr. Ihr Programm - BV: Bewußtseinsbildung f. rechte u. linke Deutsche, 1972; U. führten uns in Versuchung, 1973/74; Schlag- u. Schimpfwörterb., 1974; Spuren zu unserem Lied, 1974; Schon Genosse od. noch Herr?, 1975; D. polit. Falschspieler, 1976 u. 80. Hörsp.: D. liebe Verstorbene (1966); D. letzte Zug (1967); Z. Nachtisch Mord (1967); D. chines. Vase (1968); D. wandlungsfähige Zwischending (1968); Impromtu od. d. Vielheit d. Herrn Rot (1969); Impromtu Nr. 2 (1971).

SCHMALE, Franz-Josef

Dr. phil. (habil.), o. Prof. f. Mittelalterl. Geschichte Ruhr-Univ. Bochum (s. 1964) - Lessingstr. 11, 4630 Bochum (T. 51 36 56) - Geb. 24. Jan. 1924 - 1958-64 Doz. Univ. Würzburg. 1968 ff. Mitgl. Histor. Kommiss. Westfalens. Fachveröff., darunt. Bücher.

SCHMALE, Karl

Dr. rer. nat., Prof., Hochschullehrer i. R. - Bültenweg 65b, 3300 Braunschweig - Geb. 27. Juli 1904 Linge/Oberberg. Kr. - Langj. Lehrtätigk. (1958 ff. Prof. f. Didaktik d. Physik u. Chemie Päd. Hochsch. (Kant-Hochsch.) Braunschweig) - BV: Naturlehre - E. Darstell. f. d. Unterr. in d. Volkssch., 3 Bde. 1964/67.

SCHMALE, Karlheinz

DD., Oberkirchenrat, Leit. Berliner Stelle/Luth. Kirchenamt - Terrassenstr. 16, 1000 Berlin 38.

SCHMALEN, Heinz

Ingenieur, Unternehmer (Heinz Schmalen KG., Köln 80), Präs. Zentralverb. Sanitär-, Heizungs- u. Klima-Technik, Bonn - Dachsweg 14, 5000 Köln-Brück - Geb. 21. April 1914.

SCHMALEN, Helmut

Dr. sc. pol., Dipl.-Volkswirt, o. Prof. f. Betriebswirtschaftslehre Univ. Passau - Dr. Stephan-Billinger-Str. 18, 8390 Passau (T. 0851 - 5 53 35) - Geb. 10. April 1944 Bardenberg/Aachen, kath., verh. s. 1970 m. Ursula, geb. Wolff, 2 T. (Kerstin, Caroline) - Dipl. 1968, Promot. 1972, Habil. 1976 - 1977 Doz. Univ. Kiel; 1977 Ruf Bundeswehrhochsch. Hamburg (abgelehnt); 1979 Prof. Univ. Passau, 1985 Ruf Univ. Tübingen (abgelehnt) - BV: Marketing-Mix f. neuartige Gebrauchsgüter, 1979; Grundl. u. Probl. d. Betriebsw., 1980, 6. A. 1987; Preispolitik, 1982; Kommunikationspolitik, 1985 - 1977 Preis z. Vermögensbild. breiter Schichten - Spr.: Engl.

SCHMALENBACH, Werner

Dr. phil., Prof., Direktor Kunstsammlung Nordrh.-Westf., Düsseldorf (s. 1962) - Poststr. 17, 4005 Meerbusch 1 (T. 7 78 02) - Geb. 13. Sept. 1920 Göttingen (Vater: Prof. Dr. Herman S.; Mutter: Sala, geb. Müntz), verh. s. 1950 m. Esther, geb. Grey, 2 Töcht. (Peggy, Corinne) - Gymn. Göttingen u. Basel; Univ. Basel (Kunstgesch., Archäol., Ethnol.). Promot. 1955 - 1945-55 Ausstellungstätigk. Gewerbemuseum Basel; 1955-62 Dir. Kestner-Ges. Hannover. 1961, 63, 65 Dt. Kommissar Biennale São Paulo, 1967-70 Präs. Dt. Sektion/Intern. Kunstkritiker-Vereinig. (AICA) - BV: D. Film - wirtschaftl., gesellschaftl., künstler., 1947; Griech. Vasenbilder, 1948; D. Kunst Afrikas, 1956; D. Kunst d. Südsee, 1956; Kl. Galopp durch d. Kunstgesch., 1959; Julius Bissier, 1963; Kurt Schwitters, 1967(Neuaufl. 1984); D. Kunstsamml. NRW, 1970; Julius Bissier, 1974; Antoni Tapies, 1974; Fernand Léger, 1976; Eduardo Chillida - Zeichn., 1977; Julius Bissier, Tuschen u. Aquar., 1978; Marc Chagall, 1979; Emil Schumacher, 1981; Miró, 1982; Bilder d. 20. Jh., 1986; Paul Klee, 1986; Afrik. Kunst, 1988. Film: Kurt Schwitters (1968) - 1971 Prof.-Titel; 1973 Mitgl. PEN-Zentrum BRD; 1980 Gr. BVK - Spr.: Engl., Franz.

SCHMALENBACH, Wolfgang

Rechtsanwalt, Bergwerksdirektor, Vorstand Braunschweiger Kohlenbergwerke AG., Helmstedt (s. 1972) - Dr.-Heinr.-Jasper-Str. 9, 3330 Helmstedt (T. 05351-1 82 39) - Geb. 29. Aug. 1927 Hervest-Dorsten (Vater: Ernst Sch.; Mutter: Elfriede, geb. Weber), ev., verh. s. 1956 m. Martha, geb. Kraft, 3 Kd. (Dirk, Christina, Stefanie) - Univ. Köln - VRsvors. Wohnungsbauges. nieders. Braunkohlenw. mbH., ARsmitgl. Überland-Zentr. Helmstedt AG, Beir. Helmstedter Braunk. Verkauf GmbH, Hannover.

SCHMALFUSS (ß), Helmut

Dipl.-Kfm., Hauptgeschäftsführer Bundesverb. Bürowirtschaft, Köln, gf. Vorstandsmitgl. Inst. f. Bürowirtsch. ebd., ARsmitgl. Iduna Bausparkasse AG., Hamburg - Herrenstrunder Str. 1, 5000 Köln 80 - Geb. 26. Juli 1929.

SCHMALFUSS, Peter

Pianist - Im Harras 38, 6100 Darmstadt (T. 06151 - 8 23 99) - Geb. 13. Jan. 1937 Berlin (Vater: Wolf Sch., Pressechef; Mutter: Hildegard, geb. Luedecke), ev., verh. s. 1966 m. Sylvia, geb. Heckendorn - 1954-58 u. 1965-67 Staatl. Hochsch. f. Musik, Saarbrücken; Konzertdipl. - S. 1964 Lehrtätigk. Akad. f. Tonkunst, Darmstadt. Mitgl. Chopin-Ges. Warschau u. Intern. Ges. f. Neue Musik. Gastsp. in üb. 30 Ländern; zahlr. Schallpl. - BV: Klavierpäd. Lit., Kammermusik - Liebh.: Kunst, Natur - Spr.: Franz., Engl.

SCHMALOHR, Emil

Dr. rer. nat., Dipl.-Psych., o. Prof. f. Entw.- u. Päd. Psych. Univ. Wuppertal - Stingesbachstr. 41, 4040 Neuss 1 - Geb. 21. Mai 1927 Walsum/Rh. - 10 J. Volks- u. Sonderschullehrer, s. 1960 Hochschuldst. - BV: Psych. d. Erstlese- u. Schreibunterrichts, 1961, 3. A. 1976; Frühe Mutterentbehrung b. Mensch u. Tier, 1968, 4. A. 1981 (jap. 1975); Den Kindern e. Chance - Aufg. d. Vorschulerzieh., 1971, 4. A. 1975; Fr. Lesenlernen, 1973; Kindergarten u. Vorkl. aus d. Sicht d. Erzieher, 1974 (m. a.); D. Kindern d. Leben zutrauen - Angewandte Entwicklungspsych. u. -beratung, 1986.

SCHMALSTIEG, Herbert

Oberbürgermeister - Trammpl. 2/Rathaus, 3000 Hannover (T. 16 81) - Geb. 1943 Hannover (Vater: 1944 gef.), verh. (Ehefr.: Uta), T. Claudia-Catharina - Lehre Spar- u. Kreditwesen - Abt.-Leit. Sparkasse Hannover; s. 1972 Oberbürgerm. Stadt Hannover; s. 1986 amt. Präs. d. Dt. Städtetages u. MdL. Str. AR-Vors. Dt. Messe- u. Ausst.-AG. Zeitw. Vors. Jungsozialisten Hannover (1968ff.). SPD - Liebh.: Angeln, Kochen.

SCHMALTZ, Theodor

Landgerichtspräsident - Landgericht, 8580 Bayreuth - Geb. 5. Sept. 1908.

SCHMALZ, Dieter

Prof. FH f. öfftl. Verwaltung d. Landes Nordrh.-Westf. - Mausbachstr. 57, 4400 Münster - Geb. 23. Juli 1933 Dresden, ev., verh. s. 1961 m. Vera, geb. Gaulke, 3 Kd. (Andrea, Gernot, Volker) - Mitgl. Rundfunkrat d. WDR Köln - BV: Verfassungsrecht u. Grundrechte, 1984; Allg. Verwaltungsrecht, 1985; Methodenlehre f. d. jurist. Stud., 1986.

SCHMALZ, Horst

Dr., stv. Hauptgeschäftsführer IHK Heilbronn - Nürnberger Str. 46, 7100 Heilbronn/N. (T. 7 18 25; Büro: 34 56).

SCHMALZ, Klaus

Dr., Rechtsanwalt u. Notar, Präsident Bundesrechtswanwaltskammer Bonn u. Rechtsanwaltskammer Frankfurt/M. - Hammanstr. 12, 6000 Frankfurt/M. - Geb. 14. April 1928.

SCHMALZ, Ulrich

Kaufmann, MdL Rhld.-Pfalz (s. 1971) - Weststr. 30, 5248 Wissen/Sieg - Geb. 26. Aug. 1939 Wissen, kath., verh., 1 Kd. - Volkssch.; kaufm. Lehre (Industrie) - 1958-65 Angest.; s. 1965 Geschäftsf. (Finanzierungsbüro, Bauunternehmung, Reisebüro, Städt. Verkehrsverein). 1969 ff. Mitgl. Stadtrat u. Kreistag. CDU s. 1962 (div. Funktionen).

SCHMALZ-JACOBSEN, Cornelia

Senatorin f. Jugend u. Familie v. Berlin (1985-89) - Am Karlsbad 8-10, 1000 Berlin 30 - Geb. 11. Nov. 1934 Berlin, 3 S. - Stud. Musik u. Sprachen Berlin - Journ., ab 1967 in München. 13 J. kommunalpolit. Aufg. Münchener Stadtrat. FDP s. 1967 (1982 Vors. München, versch. Parteiämter) - BV: Klimawechsel, u.a.

SCHMALZRIED, Hermann

Dr. rer. nat., o. Prof. u. Direktor Inst. f. physikal. Chemie Univ. Hannover - Mandelslohstr. 2B, 3000 Hannover 2 - Geb. 21. Jan. 1932 - Zul. o. Prof. u. Dir. f. Theoret. Hüttenkd. TU Clausthal - BV: Festkörperreaktionen, 1971 (auch engl., poln.); Festkörperthermodynamik, 1975 - Ausw. wiss. Mitgl. Max-Planck-Ges., Schottky-Prof., Stanford-Univ. (USA), o. Mitgl. Göttinger Akad. d. Wiss.

SCHMALZRIEDT, Egidius

Dr. phil., Prof. f. Antike Philosophie u. Allg. Rhetorik - Im Roßhimmel 34, 7407 Rottenburg-Bieringen (T. 07472 - 88 95) - Geb. 30. März 1935 Leonberg (Vater: Egidius Sch., Rentner; Mutter: Maria, geb. Kauffmann), verh. s. 1959 m. Uta, geb. Braunbek †1987, 4 Kd. (Andrej, Ariane, Esther, Georg) - Obersch. Leonberg u. Human. Gymn. Korntal; 1950-54 Ev.-Theol. Sem. Schöntal/Urach (Abit. 1954); 1954-64 Univ. Tübingen (Klass. Philol., Phil., German.); Promot. 1965, Habil. (Allg. Rhet.) 1970 - 1975 apl. Prof., 1978 Prof. Univ. Tübingen. 1979 Ortsvorst. v. Bieringen - BV: Platon. D. Schriftst. u. d. Wahrheit, 1969; Peri physeos. Z. Frühgesch. d. Buchtitel, 1970; Inhumane Klassik. Vorles. wider e. Bildungsklischee, 1971; Hauptw. d. ant. Lit., 1976. Herausg.: Kindlers Kulturgesch. (s. 1969); Wörterb. d. Mythol. (s. 1982); Berthold Auerbach, Schwarzwälder Dorfgesch. (1982); Leopold v. Sacher-Masoch, Mondnacht. Gesch. aus Galizien (1988). Mithrsg.: Lit. in d. Demokratie. Für Walter Jens z. 60 Geb. (1983).

SCHMANDT, Paul

Einzelhändler, Vizepräsident Industrie u. Handelskammer Ostwestfalen zu Bielefeld - Willi-Lucas-Weg 2, 4790 Paderborn (T. 05251 - 2 23 03; Telefax 05251 - 2 23 04) - Geb. 14. Mai 1930 Paderborn, kath., verh. m. Gisela, geb. Korte, 2 Kd. (Peter, Katrin) - EHV-Vors. Stadt u. Hochstift Paderborn; Bundesvorst.-Mitgl. u. Kreisvors. CDU/CSU Mittelstandsvereinig. - BVK am Bde. - Spr.: Engl.

SCHMATZ, Julius

I. Bürgermeister Stadt Nittenau - Rathaus, 8415 Nittenau/Opf. - Geb. 17. Dez. 1946 Nittenau - Zul. Regierungsrat. CSU.

SCHMAUS, Michael

Dr. theol., o. Prof. f. Dogmatik (emerit.), Apostol. Pronotar (1984ff.) - Junkerstr. 5, 8035 Gauting/Obb. (T. München 850 28 00) - Geb. 17. Juli 1897 Oberbaar/Bay. (Vater: Georg S., Landw.; Mutter: Rosina, geb. Pfundmair), kath. - Gymn. Rosenheim; Univ. München. Promot. (1924) u. Habil. (1928) München. Priesterweihe 1922 - 1924-29 Doz. Phil.-Theol. Hochsch. u. Priestersem. Freising, ab 1928 zugl. Privatdoz. Univ. München, 1929-33 ao. Prof. Dt. Univ. Prag, 1933-65 o. Prof. Univ. Münster (b. 1945) u. München (1946 ff.; 1951/52 Rektor), Studien- u. Vortragsreisen: Europa, Asien, USA. Peritus (Offz. Konzilstheologe); Begr. Grabmann-Inst. z. Erforsch. d. mittelalterl. Phil. u. Theol. (1954) - BV: u. a. D. psych. Trinitätslehre d. hl. Augustinus, 1927; Der Liber propugnatorius d. Thomas Anglicus u. d. Lehrunterschiede zwischen Thomas v. Aquin u. Duns Scotus, 1930; Z. Diskuss. üb. d. Probl. d. Univ. im Umkr. d. Joh. Diks Skotus, 1957, 2. A. 1968; Thomas Wylton als Verf. e. Kommentars z. Aristotel. Phys., 1957; Kath. Dogmatik, 5 Bde. 6. A. 1960 ff. (auch span. u. ital.); V. Wesen d. Christentums, 3. A. 1953 (auch ital., engl., span., portugies., franz.); V. d. Letzten Dingen, 1948 (auch ital.); Christus, d. Urbild d. Menschen, 1948; Beharrung u. Fortschritt im Christentum, 1952; D. Einzelne u. d. Gemeinschaft, 1957 (auch jap.); D. Denkform Augustinus in s. Werk 'De trinitate', 1962; Wahrheit u. Heilsbegegnung, 1964 (auch span., ital., franz., engl.); D. Paradies, 1964; D. Glaube d. Kirche, 2 Bde. 1969/70 (a. amer., port., span.). Hrsg.: Scheeben, Dogmatik - Gotteslehre (1943); Handb. d. Dogmengesch. (1948 ff.); Mithrsg.: Wahrheit u. Zeugnis - Aktuelle Themen d. Gegenw. in theol. Sicht (1964, m. A. Läpple; Veröff. d. Grabmanninst.); Beitr. z. Gesch. d. Phil. u. Theol. d. Ma.s Thomas Sutton. Quaestiones Quadlibetales, 1969. Zahlr. Aufs. in Fachztschr. u. Festschr. - Geistl. Rat, Päpstl. Hausprälat; Komtur span. Orden Al merito civil; Bayer. VO., Gr. BVK; 1983 Günther-Klinge-Preis; 1984 Bayer. Maximilians-Orden f. Wiss. u. Kunst; Kommandeur griech. Phoenixorden; Mitgl. Bayer. Akad. d. Wiss., München, Accad. Pontificia Theologica, Rom, Intern. Inst. d. Görres-Ges. f. d. Begegnung v. Naturwiss. u. Glaube - Lit.: Theol. in Gesch. u. Gegenwart - Festgabe z. 60. Geb. (2 Bde. 1957), Homenaje al Prof. M. S. - Festgabe z. 65. Geb. (1963), Wahrheit u. Verkündigung - Festgabe z. 70. Geb. (2 Bde. 1967).

SCHMAUSER, Harald R.

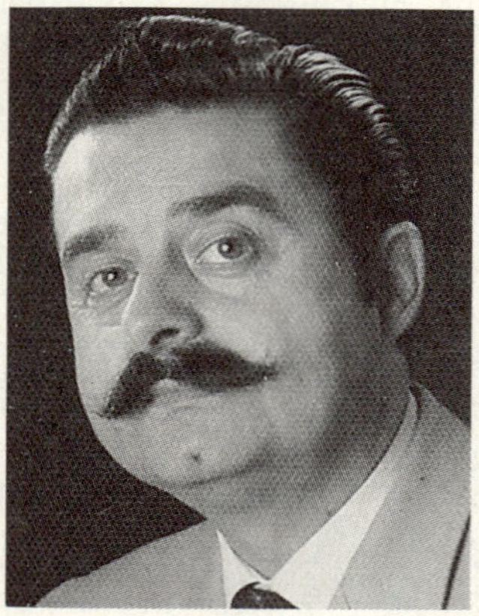

Kaufmann, Geschäftsführer - Huttersbühl 15, 8540 Schwabach (T. 09122 - 15 05-0, Telefax 09122 - 15 05-54) - Geb. 28. Okt. 1935 Mainz (Vater: Herbert J. S., Fabrikant; Mutter: Amande, geb. Timmermans), ev., verh. s. 1962 m. Monica, geb. Sauer, 2 Söhne (Richard, Michael) - Abit.; 4 J. Auslandspraxis, 6 Sem. Stud. - Mand.: Vors. Ind.- u. Handelsgrem. Schwabach, Mitgl. Vollvers. IHK Nürnberg, Vorst.-Mitgl. Arbeitgeberverb. Bayern, Wirtsch.beirat Stadt Schwabach, Mitgl. Ostaussch. BDI u. Außenhandelsaussch. DIHT; Vorst.-Mitgl. VDMA Landesgruppe Bayern - BV: Badnitrieren f. Druckguß-Auswerferstifte u. and. Werkzeugteile, 1970 (auch engl. u. ital.); Salzbadnitrierbehandl. v. Druckgußformen u. Werkzeugelementen, 1984 - JCI-Senator; BVK - Liebh.: Jagd, Fischen, Tennis - Spr.: Franz., Engl., Span., Ital. - Bek. Vorf.: Felix Timmermans (Urgroßv.).

SCHMAUSS (ß), Hans

Direktor i. R., VRsvors. Bamberger Mälzerei GmbH., Bamberg (s. 1972) - Hainstr. 57, 8600 Bamberg - 1947-72 Geschäftsf. Bamberger Mälzerei.

SCHMECHTIG, Lothar

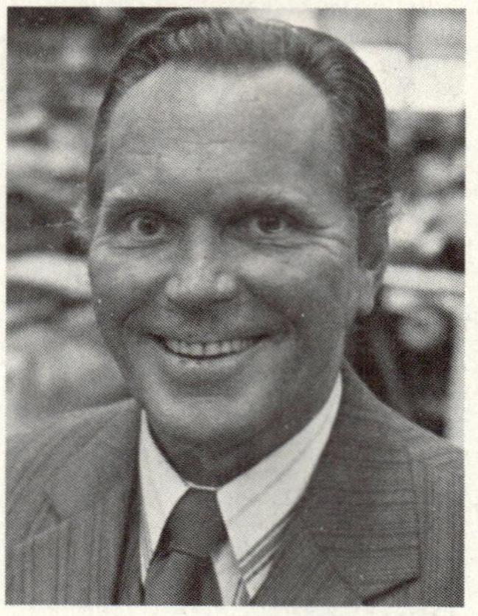

Direktor i.R., Konsul, Unternehmensberater - Pfirnleite 4, 8182 Bad Wiessee - Geb. 16. Juli 1922 Breslau, verh. - N. Kriegsdst. (Offz.) u. Gefangensch. Tätigk. Kaufhof, Hertie, Horten, Quelle; Vors. d. Geschäftsfg. Foto-Quelle GmbH, Foto-Quelle Schickedanz & Co, Apollo Augenoptik GmbH u. Revue Vertriebs GmbH i. R., alle Nürnberg; Mitgl. Ostaussch. Dt. Wirtsch. Köln u. Hanns-Seidel-Stiftg. München; Ehrenpräs. 1. FC Nürnberg (1. FCN) - Gr. BVK; Bayer. VO; Leistungsplak. d. dt. olymp. Ges.; Ordre National du Léopard, Zaire, Honorarkonsul Rep. Zaire in Bayern.

SCHMEDT, Franz

Chefredakteur Neue Osnabrücker Ztg. - Am Bürgerpark 19, 4500 Osnabrück (T. 0541-31 02 90) - Geb. 24. Juli 1932 Hunteburg, kath., verh. s. 1960 m. Anne, geb. Rottmann, 2 S. (Christoph, Michael) - Stud. Univ. Münster; Volontariat Neue Tagespost Osnabrück - Senator Nieders.-Stiftg.; Mitgl. Inform.-aussch. DIHT - 1983 Mösermed. Stadt Osnabrück; 1987 Nieders.-Preis f. Publiz. - Liebh.: Politik, Sport, Radwandern - Spr.: Engl., Latein.

SCHMEDT, Helga,
geb. Pfeifer

Verwaltungsangestellte, MdB (s. 1983, Landesliste Nordrh.-Westf.) - Thüringer Str. 6, 4540 Lengerich - Geb. 10. Mai 1929 Essen, ev., verh. - Volks- u. Handelssch. (mittl. Reife); kaufm. Lehre - S. 1972 Angest. Kommunalverw. SPD s. 1972 (1977ff. Mitgl. Landesvorst. NRW).

SCHMEER, Martin

Dipl.-Ing. agr., Direktor Landwirtschaftskammer f. d. Saarland, Saarbrücken - Lessingstr. 12, 6600 Saarbrücken (T. 0681 - 6 55 21) - Stud. Agrarwiss. Stuttgart-Hohenheim - 1970-74 Geschäftsf. Verbindungsst. landwirtschaftl.-gewerbl. Wirtschaft Saarbrücken.

SCHMEIDLER, Felix

Dr. rer. nat., Prof., Astronom - Mauerkircherstr. Nr. 17, 8000 München 80 - Geb. 20. Okt. 1920 Leipzig (Vater: Prof. Dr. phil. Bernhard S., Historiker (s. XI-II. Ausg.); Mutter: Emmy, geb. Windscheid), ev., verh. s. 1965 m. Marion, geb. Pampe, 2 Kd. (Renate, Martin) - Univ. München. Promot. (1941) u. Habil. (1950) München - S. 1943 Assist. Univ.s-Sternwarte München (1950 Privatdoz., 1957 apl., 1968 beamteter Prof.). Gastaufenth.: Cambridge/Engl. (1950-51) u. Canberra/Austral. (1954-55) - BV: Alte u. mod. Kosmologie, 1962; Nikolaus Copernikus, 1970; Joannis Regiomontani opera collectanea, 1972. Zahlr. Fachaufs. - 1968 Silberne Med. Univ. Helsinki, 1973 Copernicus-Preis/Kulturpreis Landsmannschaft Westpreußen - Spr.: Engl. - Bek. Vorf.: Bernhard Windscheid, o. Prof. f. Jurisprudenz (Urgroßv. ms.).

SCHMEISSER, Gerhard

Dr. rer. nat., Prof. - Huberweg 11, 8520 Erlangen (T. 0911 - 6 33 92) - Geb. 8. Juni 1939 Selb (Vater: Karl Sch., Oberamtsrat; Mutter: Magda, geb. Tschinkl), ev., verh. s. 1968 m. Isolde, geb. Kořinek, 3 Kd. (Barbara, Peter, Matthias) - 1958-64 Stud. Math. u. Physik Univ. Erlangen (Staatsex. 1964, Promot. 1967); 1972-73 Forsch.aufenth. Univ. Montréal/Kanada; Habil. 1974 - 1966 wiss. Assist.; 1968 Konservator u. 1974 Akad. Dir., alles Univ. Erlangen; 1977 Lehrst.vertr. Hohenheim; s. 1978 Extraord. Univ. Erlangen - BV: Prakt. Math., Lehrb. 1976; Allg. u. Angew. Math., in: Enzyklop. Naturwiss. u. Technik (5 Bde.); Les inégalités de Markoff et de Bernstein, Monogr. 1983 - Liebh.: Fotogr. - Spr.: Engl., Franz.

SCHMELING, Horst

Bankdirektor - Jungfernstieg 22, 2000 Hamburg 36 (T. 3 58 -1) - Geb. 3. Juli 1921 Berlin - S. 1951 Dresdner Bank (1972 ff. Vorstandsmitgl.). ARsmandate.

SCHMELING, Max Siegfried

Fabrikant (Max Schmeling & Co. KG., Coca-Cola Fabrik, Hamburg-Bramfeld/Neumünster/Reutlingen) - 2114 Hollenstedt, Kr. Harburg - Geb. 28. Sept. 1905 Kl.-Luckow/Uckermark (Vat.: Steuerm. Hapag), verh. s. 1933 m. Anny, geb. Ondra (Schausp.) - Deutschl. erfolgreichster Berufsboxer (1926 Dt. Meister Halbschwergewicht, 1927 Europameister Halbschwerges., 1928 Dt. Meister Schwergew., 1930-32 Weltmeister aller Klassen, 1939 Europameister Schwergew.) - Gold. Band Verein Dt. Sportpresse; Ehrenmitgl. Österr. Berufsboxverb., German Club Chicago, Bund Dt. Berufsboxer; Ehrenbürger Los Angeles (USA); viele Sportpreise, dar. Sport-Oskar 1967 (USA); 1971 Gr. BVK, 1985 Gold. Kamera Hör zu - BV: 8, 9 - Aus!, 1958; Ich boxte mich durchs Leben, 1967; Erinnerungen, 1977 - Liebh.: Golf, Jagd, Tontaubenschießen - Stifter Fair-Play-Pokal Eugen Wagener (Wanderpreis).

SCHMELING-DIRINGSHOFEN, von, Alexander

Generalkonsul d. Bundesrep. Deutschl. in Atlanta/Georgia, USA - Suite 1000, 229 Peachtree Street, NE Atlanta/GA 30303-1618 - Geb. 6. Jan. 1926 Potsdam, ev., verh. s. 1958 m. Eva, geb. Schreyer, 4 Kd. (Jürgen, Petra, Roland, Henning) - 1949-55 Jura-Stud. Univ. Kiel u. Bonn (1. Staatsex. 1955); 1955-58 Ausb. f. höh. ausw. Dienst (Prüf. f. Höh. Diplomatendienst 1958) - S. 1955 Ausw. Dienst (Bonn, Luxemburg, Lüttich, Bombay, Kuala Lumpur, Berlin, Porto, Washington, Neapel); s. 1985 Dt. Generalkonsul in Atlanta - BVK I. Kl. - Spr.: Engl., Ital., Franz., Portug.

SCHMELLER, Alfred

Dr. phil., Direktor Museum d. 20. Jahrhunderts (s. 1969) - Schweizer Garten, Wien (Österr.) - Geb. 1920 Erlangen - Gymn.; Stud. Kunstgesch. Promot. 1946 Wien (b. Prof. Fritz Novotny) - U. a. Kunstkrit. Kurier (Wien) u. Redakt. magnum (Köln); 1960-69 Landeskonservator Burgenland u. Stadt Wien (1967). Div. Monogr. - Ehrenzeichen Burgenl. u. Rep. Österr.

SCHMELTER, Kurt

Angestellter, MdL Nordrh.-Westf. (1958-66 u. s. 1975) - Sülzgürtel 42, 5000 Köln 41 (T. 42 12 28) - Geb. 21. Sept. 1925 - CDU.

SCHMELZER, Christoph

Dr. phil. nat., Drs. h.c., em. o. Prof. f. Angew. Physik - Kastanienweg 9, 6101 Seeheim/Bergstr. (T. 06257 - 8 24 00) - Geb. 17. Nov. 1908 - S. 1949 (Habil.) Privatdoz., apl. Prof. (1954), Honorarprof. (1956), Ord. u. Inst.sdir. (1961) Univ. Heidelberg; 1952-60 Mitarb. Cern, Genf, 1971-78 Ges. f. Schwerionenforsch. mbH, Darmstadt - Mitgl. Heidelbg. Akad. d. Wiss.

SCHMELZER, Robert

Herausgeber Westfalenpost Zeitungshaus - Schultenstr. 15, 5800 Hagen-Bathey (T. 02331-69 82 40) - Geb. 7. März 1914 Herne, kath., verh. in 2. Ehe s. 1975 m. Maria, geb. Schmelter - Zul. Dortmund - 1976 Komturkreuz VO. Italien; 1979 Gr. BVK.

SCHMERBECK, Hans

Kaufmann, pers. haft. Gesellschafter Wilhelm Schmerbeck KG, Geschäftsf. Wilhelm Schmerbeck Vertriebs-GmbH - Schillerstr. 5, 5982 Neuenrade - Geb. 10. Sept. 1926 Neuenrade, ev., verh. m. Marianne, geb. Hammer, 2 Kd. (Eckhard, Barbara) - S. 1964 Bürgermeister Stadt Neuenrade; Vors. CDU-Ortsunion Neuenrade, TUS-Neuenrade, Ce-Be-eF Neuenrade; Ehrenvors. Verkehrsverein Neuenrade - 1976 Verdienstmed. DRK-Landesverb. Westf.-Lippe; 1983 BVK - Spr.: Engl.

SCHMERMUND, Hans-Joachim

Dr. med. Prof., Direktor Frauenklinik Städt. Krankenanstalten Krefeld a.D. - Kaiserstr. 204, 4150 Krefeld (T. 59 36 64) - Geb. 4. April 1918 Lennep/Rhld. (Vater: Paul S., Bundesbahnoberrat; Mutter: Elfriede, geb. Körte), verh. s. 1944 m. Lotte, geb. Kühle - Univ. Göttingen u. München - S. 1952 (Habil.) Privatdoz. bzw. apl. Prof. (1958) Univ. Hamburg (u. a. Oberarzt Frauenklinik). Fachveröff. - Spr.: Engl. - Rotarier.

SCHMETJEN, Klaus

Landwirt, MdL Nieders. (s. 1963) - Langestr. 53, 2141 Kutenholz üb. Bremervörde (T. 04762 - 3 43) - Geb. 19. Mai 1919 Kutenholz - Volkssch.; landw. Lehre - 1938-45 Arbeits- u. Wehrdst. (wegen Tapferk. z. Ltn. befördert). S. 1956 Bürgerm. Gde. Kutenholz; s. 1956 MdK. CDU.

SCHMETTERER, Leopold

Dr. rer. nat., Dr. h. c., Prof. f. Mathematik u. math. Statistik - Rennweg 45/15, A-1030 Wien - Geb. 8. Nov. 1919 Wien (Vater: Leopold S.; Mutter: geb. Busch), verh. 1947 m. Elisabeth, geb. Schaffer, 4 Kd. (Georg, Viktor, Eva, Leopold) - 1938-41 Univ. Wien - 1940-41 wiss. Hilfskraft Univ. Wien (Math. Inst.), 1944-45 Mathematiker Henschel-Flugzeugw., Berlin, 1945-56 Assist., Privatdoz. (1949) u. ao. Prof. (1955) Univ. Wien, 1950-56 Honorardoz. TH ebd., s. 1956 o. Prof. u. Inst.dir. Hamburg u. Univ. Wien (1961). Fachmitgliedsch. - BV: Einf. in d. math. Statistik, 2. A. 1966; Moderne Kontrolle, 1956 (m. H. Lustik u. J. Pfanzagl); Introduction to Mathematical Statistics, 1974. Zahlr. Einzelarb. - 1972 Ehrendoktor Univ. Clermont-Ferrand; 1952 Förderungspreis Stadt Wien; 1970 Mitgl. Dt. Akad. d. Naturforscher/Leopoldina, Halle/S. u. Österr. Akad. d. Wiss. (1975 Generalsekr.); 1977 Akad. d. Wiss. DDR (Berlin); 1976 Würdigungspreis Stadt Wien, 1980 Luwig-Boltzmann-Preis (Österr. Staatspr. f. Forsch.pol.); 1981 Member Advisor UN-Committee Science and Technology New York - Spr.: Engl., Franz.

SCHMETZ, Ditmar

Dr. paed. habil., Prof. f. Lernbehindertenpäd. Univ. Dortmund (s. 1986) - Falkenstr. 5B, 4030 Ratingen 8 (T. 02102 - 5 14 75) - Geb. 25. Okt. 1942 Lichtenau/Kr. Büren, kath., verh. s. 1966 m. Margret, geb. Breitkopf, S. Benedikt - 1963-66 PH Essen, 1966-71 Volksschullehrer, 1972-76 Sonderschullehrer; nebenamtl. Stud. Gesch., German., Päd.; 1. Staatsprüf. f. d. Lehramt an Realsch.; 1. Staatsprüf. f. d. Lehramt am Gymn.; Promot. 1976 PH Ruhr; Habil. 1981 - 1976-80 wiss. Assist. PH Ruhr; 1980-83 Akad. Rat; 1983-86 Dir. u. Prof. Heilpäd. Inst. PH Kiel - BV: Gesch. an d. Lernbehindertenschule, 1976; Sexualerziehung an Grund-, Haupt- u. Sonderschulen, 1982 - Liebh.: Musik, Sport - Spr.: Engl.

SCHMICKLER, Wolfgang

Dr. rer. nat., Prof. f. Physikal. Chemie Univ. Bonn (s. 1984) - Marcobrunnerstr. 26, 6200 Wiesbaden (T. 06121-44 24 39) - Geb. 11. Sept. 1946 Bonn, verh. s. 1973 m. Ulrike, geb. Hirzebruch - 1965-73 Stud. Univ. Bonn, Heidelberg u. London (Imperial Coll.); Dipl. 1972 Bonn; Promot. 1973 Bonn; Habil. 1978 ebd. - BV: Elektrochemie II: Kinetik elektrochem. Systeme, 1976 (m. W. Vielstich); ca. 65 Aufs. in Fachztschr. - 1985 Bodenstein-Preis Dt. Bunsenges. f. Physik. Chemie - Liebh.: Lit., Sport - Spr.: Engl.

SCHMID, Aglaja

Kammerschauspielerin - Dr.-Heinrich-Meier-Str. Nr. 38, A-1180 Wien - Geb. 9. Aug. Scheibbs/Österr. (Vater: Musiker; Mutter: Lehrerin), verh. m. Rudolf Steinboeck (Regiss.) - Realgymn. u. Reinhardt-Sem. Wien - S. 1945 Bühnen Wien, München, Berlin, Hamburg, Zürich. Festsp. Salzburg u. Bregenz. Gastsp. New York, Paris, London. U. a. Gretchen (Faust), Helene, Königin Anna, Christine, Stella, Karla (Königin Elisabeth), Maria Stuart, Jenny (Alles im Garten), Dame Kobold, Regentin. Film; Fernsehen - 1956 Preis Jg. Generation Stadt Berlin; 1963 Kammerschausp. - Liebh.: Kochen.

SCHMID, Albert

Verlagskaufmann, MdL Bayern (s. 1978) - Römerstädterstr. 2 f, 8900 Augsburg - Geb. 15. Nov. 1943 Augsburg, kath., verh., 1 Kd. - 1969-77 Landesgeschäftsf. Jg. Union Bay.; s. 1977 Leit. Abt. Org. u. Verw. CSU-Landesltg. 1972-85 Mitgl. Stadtrat Augsburg. CSU s. 1963 (1972 Ortsvors. Göggingen).

SCHMID, Albert

Dr. jur., Rechtsanwalt, Hauptgeschäftsführer Bayer. Hotel- u. Gaststättenverb., Justitiar Wienerwald GmbH, München (s. 1959) - Ulrich-v.-Hutten-Str. 22, 8000 München 83 - Geb. 13. Febr. 1921 Beilngries a. d. Altmühl (Vater: Franz S., Polizeibeamter, † 1940; Mutter: Franziska, geb. Röttensberger), kath., verh. s. 1953 m. Emmi, geb. Heine, Tocht. Uschi - Oberrealsch. (Abit. 1940) Amberg; Stud. German., Rechts- u. Staatswiss. 1948 Refer.ex.; 1951-52 gr. jurist. Staatsprüf.; Promot. 1951 München - 1952 Bayer. Hotel- u. Gaststättenverb. (Synd. Bez. Oberbayern); s. 1953 RA - Liebh.: Fischen, Sport, Kochen - Spr.: Engl., Franz.

SCHMID, Albrecht

Dr. med. vet., Prof. - Spalatinstr. 41a, 8000 München 83 (T. 60 54 87) - Geb. 26. Mai 1923 Amtzell/Allgäu - S. 1962 (Habil.) Lehrtätigk. Univ. München (1968 apl. Prof. f. Pharmak. u. Toxikol.; 1978 Extraordinarius); 1986 Vorst. Grimmke-Stiftg. Fachveröff.

SCHMID, Arno Sighart

Prof., Dipl.-Ing. (FH), Landschaftsarchitekt, Präsident BDLA (s. 1983) - Stuttgarter Str. 23/1, 7250 Leonberg (T. 07152 - 2 55 95) - Geb. 4. Jan. 1937 München (Vater: Adolf Schmid-Tenzlinger, Kunstmaler) - Gartenbautechniker 1960; Ing. (grad.) f. Garten- u. Landschaftsgestaltung 1961 Weihenstephan - 1976-82 1. Vors. Bund Dt. Landschaftsarch., Landesgr. Baden-Württ.; 1982 Vizepräs. BDLA - BV: IFLA-Yearbook 1981/82/83/84/85/86/87 - Arch. Werke: u. a. Glacis-Anlagen Neu-Ulm, 1980; Landesgartenschau Reutlingen, 1984 (bde. m. G. Eppinger) - 1981 Hans-Bickel-Preis Verb. Ehem. Weihenstephaner; 1986 Hon.-Prof.; 1987 Mitgl. Dt. Akad. f. Städtebau u. Landesplanung - Spr.: Engl., Franz.

SCHMID, Christof

Dr. phil., Unterhaltungschef d. BR/FS (s. 1978) - Betzenweg 11, 8000 München 60 - Geb. 2. Jan. 1941 Berlin - Stud. German., Gesch., Phil.

SCHMID, Detlef Heino

Dr.-Ing., Prof. - In der Tasch 4c, 7500 Karlsruhe 41 - Geb. 15. Mai 1934 Worms (Vater: Karl Sch., Rektor; Mutter: Hilde, geb. Mann), verh. s. 1964 m. Inge, geb. Wittek, 2 S. (Christoph, Oliver) - Dipl. Elektrotechnik 1963, Promot. 1968 - S. 1972 o. Prof. Univ. Karlsruhe. 1975-79 Vors. Fak.-Tag Informatik - BV: Techn. Informatik, 1973 - Liebh.: Malerei - Spr.: Engl. - Bek. Vorf.: Kasimir Edschmid, Schriftst.

SCHMID, Elisabeth

Dr. phil. nat., o. Prof. f. Urgeschichte - Friedrich-Oser-Str. 12, CH-4059 Basel (Schweiz) - Geb. 17. Juli 1912 Freiburg/Br. (Vater: Eugen S., Lehrer; Mutter: Toni, geb. Arnold), reform., led. - Schule u. Univ. Freiburg (Naturwiss.; Promot. (Geol., Paläontol.) 1937) - S. 1949 (Habil.) Lehrtätigk. Univ. Freiburg, Basel (1951), Freiburg (1956 apl. Prof.), Basel (1960 ao., 1972 o. Prof.; 1962 Leit. Labor f. Urgesch.; em. 1981). Zahlr. Fachmitgliedsch. - BV: Höhlenforsch. u. Sedimentanalyse, 1958; Knochenatlas f. Prähistoriker, Archäologen u. Quartärgeologen, 1972. Viele Fachaufs. - Spr.: Engl., Franz.

SCHMID, Erich

Dr. rer. nat., o. Prof. f. Theoret. Atom- u. Kernphysik u. Mitdirektor Inst. f. Theoret. Physik Univ. Tübingen (s. 1965) - Haußerstr. 111, 7400 Tübingen (T. 6 32 75) - Geb. 29. Juni 1931 München.

SCHMID, Erich K.

Rechtsanwalt, Bankdirektor a. D., Landesleitg. Johanniter-Unfallhilfe Nieders.-Bremen, Kurat.-Mitgl. Bankakad., Frankfurt/M. - Ringelnatzweg 9, 3000 Hannover 21 (T. 79 48 09 u. 79 46 49) - Geb. 14. April 1921 Stadtilm/Thür. (Vater: Dipl.-Ing. Otto S.; Mutter: geb. Jordan), verh., 2 Kd. - Univ. Göttingen u. Hamburg (Rechtswiss.). Gr. jurist. Staatsprüf. - Tätigk. Dt. Bank AG. (Fil. Hannover) - Kriegsausz., BVK.

SCHMID, Eugen

Dr. jur., Oberbürgermeister Stadt Tübingen - Landhausstr. 16, 7400 Tübingen (T. 07071 - 20 42 00) - Geb. 22. März 1932 Tübingen (Vater: Emil Sch., Landwirt; Mutter: Luise, geb. Lohrer), ev., verh. s. 1959 m. Maria, geb. Goll, 4 Kd. (Michael, Martin, Johannes, Barbara) - Abit. 1951 Böblingen; 1952-54 Ausb. z. Bankkaufm. Stuttgart; 1954-58 Jurastud. Univ. Tübingen u. Kiel; 1958-62 Gerichtsrefer.; Promot. 1961 Tübingen - 1962-63 Gerichtsass. Nagold; 1963-66 Reg.-Ass. u. Reg.-Rat Wirtschaftsmin. Stuttgart u. Landratsamt Nürtingen; 1966-74 Landgerichtsrat u. -dir., Ausb.leit. f. Gerichtsrefer. LG Tübingen, Hechingen u. OLG Stuttgart; s. 1975 OB Tübingen - 1977 Ehrensenator Univ. Tübingen - Liebh.: Gesch., Sport, Wandern - Spr.: Engl.

SCHMID, Florian

Dipl.-Ing., Direktor i. R. - Albert-Schweitzer-Str. 41, 8034 Unterpfaffenhofen/Obb. (T. München 84 33 87) - Geb. 13. März 1908 München (Vater: Josef S., Lokomotiving.; Mutter: Sabine, geb. Höllrigl) - TH München. Reg.baum. - S. 1947 Vorstandsmitgl. AG. f. Licht- u. Kraftversorg., München. AR-Mandate u. a. - Liebh.: Musik, Sport.

SCHMID, Franz

I. Bürgermeister Stadt Marktoberdorf - Rathaus, 8952 Marktoberdorf/Schw. - Geb. 1. März 1924 Marktoberdorf - Ziegeleibes.

SCHMID, Franz

Dr. med., Prof., Kinderarzt - Ziegelbergstr. 17, 8750 Aschaffenburg/Ufr. - Geb. 13. März 1920 Lauterbach (Vater: Josef S., Werkschlosser; Mutter: Emma, geb. Steinsdörfer), kath., verh. s. 1945 m. Ursula, geb. Wiese, 2 Söhne (Ronald, Raimund) - Realgymn. Graslitz/Erzgeb.; Univ. Prag, Königsberg/Pr., Breslau,

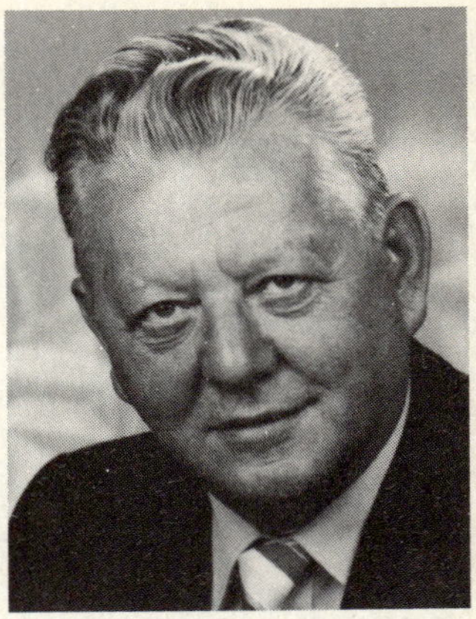

Jena - S. 1951 (Habil.) Privatdoz. u. apl. Prof. (1957) Univ. Heidelberg. 1959ff. Präs. Ärztekammer Nordbaden; 1966-76 Wiss. Beirat Bundesärztekammer; 1970-76 Vizepräs. Berufsverb. d. Kinderärzte u. Vors. d. Bayer. Schriftstellerärzte, 1977 Schriftlt. Cytobiol. Revue; 1981 Kurat. Hufeland-Ges., Präs. Intern. Forschungsges. Zelltherapie, 1980 Vizepräs. Paul-Niehans-Akad., 1980 Kurat. Soc. Wholistic Med. USA, 1981 Mitgl. Academy of Science New York, 1981 Mitgl. Amer. Assoc. Advanc. Science, Washington, 1985 Vors. Arzneimittelkommiss. Biolog. Med., 1986 Schriftleit. Hufeland-Journal, 1987 National Ass. Smithosian Inst., Washington - BV: D. generalisierten Tuberkulosen, 1951; Röntgendiagnostik im Kindesalter, 1955; Atlas d. normalen u. pathol. Handskelettentwickl., 1959; Handb. Kinderheilkd., 9 Bde. 1963/72; Pädiatr. Radiologie, 2 Bde. 1973; D. Mongolismus-Syndrom, 1976; Liebe Last, 1978; Zelltherapie, 1981; Celltherapy, 1983; Down-Syndrom, 1987. Insges. 68 Bücher, etwa 630 Einzelveröff. - 1959 P.-Niehans-Forsch.-Preis, 1964 E.-v.-Bergmann-Med., 1967 Albert-Schweitzer-Med., 1980 M.v.-Pfaundler-Med. - Liebh.: Malerei, Lyrik, Mineral. - Spr.: Engl.

SCHMID, Friedrich

Dr. Dr. med., Prof., Chefarzt d. Klinik f. Kiefer- u. Plast. Gesichtschirurgie Hannover (s. 1979) - Zu erreichen üb. Henriettenstift, Marienstr. 80, 3000 Hannover 1 - Geb. 18. Febr. 1935 Berlin, kath., verh. s. 1965 m. Dr. med. Karin, geb. Enderle, 3 Töcht. (Martina, Catrin, Kristina) - Ing. (grad.) 1959 München; Staatsex. 1966 München; Promot. 1966 München; Ärztl. Prüfung 1970 Erlangen; Promot. 1970 ebd.; Habil. 1974 Hannover - 1978 apl. Prof.

SCHMID, Gerhard

Schatzmeister Bundesvorst. Bundesverb. d. dt. Volksbühnenvereine, Berlin (b. 1988), Ehrenmitgl. IATO Intern. Assoc. of Theatreandience Organis. - Kirchbergstr. 5, 8900 Augsburg - Geb. 24. Juni 1915.

SCHMID, Gerhard

Dr. rer. nat., Diplomchemiker, Mitgl. Europ. Parlament (I. u. II. Wahlp.) - Altdorfer Str. 13A, 8400 Regensburg (T. 0941 - 2 66 19) - Geb. 5. Mai 1946 Straubing - Bezirksvors. SPD Niederbay./Oberpfalz.

SCHMID, Gottfried

Dr., Regierungspräsident v. Niederbayern a. D. (1975-87) - Regierungsplatz 540, 8300 Landshut - Geb. 26. Nov. 1922, verh. m. Charlotte, geb. Händle - 1976 BVK; 1977 Gr. Ehrenzeichen in Silber m. Stern Rep. Österr.; 1981 Bayer. VO; 1982 Gr. Gold. Bezirksmed.; 1983 Umweltmed., 1984 BVK I. Kl.; 1985 Komturkreuz m. Stern päpstl. Sylvester-Orden; 1987 Gr. BVK.

SCHMID, Hans-Dieter

Dr. phil., Akad. Rat Univ. Hannover - Meitnerstr. 2, 3000 Hannover 61 (T. 0511

- 57 12 73) - Geb. 12. Juni 1941 Bödigheim, verh. s. 1964 m. Christel, geb. Engel, 3 Kd. (Christine, Susanne, Johannes) - 1961-67 Stud. Gesch., Politikwiss. u. Angl. Univ. Tübingen u. Bangor; Staatsex. 1967; Promot. 1973 Tübingen - 1969-72 Assist. Univ. Tübingen; 1972-75 PH Reutlingen; 1975-78 Akad. Rat f. Gesch. PHN, Abt. Hannover; s. 1978 Univ. Hannover - BV: Täufertum u. Obrigkeit in Nürnberg, 1972; Geschichtsunterr. in d. DDR, 1979; Hist. Lernen in d. Grundsch., 1981 (m. Hantsche); Juden unt. Hakenkreuz, 2 Bde., 1983 (m. Schneider u. Sommer); Beitr. z. Gesch. d. Lehrerbildung, 1985 - Spr.: Engl., Franz.

SCHMID, Harald

Verleger, Schriftsteller - Röntgenstr. 7, 1000 Berlin 10 (T. 342 78 74) - Geb. 22. Okt. 1946 Tittmoning/Obb. (Vater: Franz Sch., Lehrer; Mutter: Berta, geb. Baur), verh. s. 1972 m. Rosemarie, geb. Wartenberg - Volkssch. Tittmoning/Obb., Schlosserlehre (1961-64) - Versch. Berufe, 1976 Gründ. d. Verlages Harald Schmid - BV: Ihr aber tragt d. Risiko, Anthol., 1971; Gruppe 61, Anthol., 1971; Projekt Dtschunterr., Bd. 4, Anthol., 1973; Katalog Stahl Stein Wort, Galerie Monika Beck 1974/1975; Sagsd wasd magst, Anthol., 1975; Tintenfisch, Jahrb. f. Lit., 1975; Dees gibt ma z denga, bairische Texte, 1976; Ansätze, pointierte Prosa, 1977; Sätze, point. Prosa, 1978; Lyrik u. Prosa, Anthol., 1978; Haxn u. Pinkel, Anthol., 1978; Nachsätze, point. Prosa, 1979; Bayern, Kal., 1980; Narren u.Clowns/Aus Jux u. Tollerei, Anthol., 1982; Bin i a Kaschparl, bairische Texte, 1982. Hrsg. Pegasus-Reihe (s. 1976 18 Bde.) - Spr.: Engl. - Lit.: Handb. z. dt. Arbeiterlit., 1977; J. Beckelmann: E. Bayer in: Berlin (i. D. Randlaterne), 1980.

SCHMID, Heinrich

Dr. oec., Dipl.-Kfm., Geschäftsführer u. Gesellsch. Peill + Putzler Glashüttenwerke GmbH., Düren - v.-Ketteler-Str. 4, 5166 Kreuzau/Rhld. - Geb. 4. Jan. 1930 Marienbad (Vater: Josef S.), verh. m. Dr. Helga, geb. Hanrath - Dipl.-Kfm.

SCHMID, Helmut

Schauspieler - Villa bip, CH-1166 Perroy/Genfer See (T. Lausanne 75 20 70) - Geb. 8. April 1925 Neu-Ulm (Vater: Paul S., Schausp., spät. Dir. Landestheater Innsbruck), verh. s. 1961 m. Liselotte Pulver (Schausp.), 4 Kd. (Michael, Nina aus 1. Ehe, Marc-Tell, Charlotte Mélisande) - Gymn. Remscheid; Stud. Med. (1) u. Rechtswiss. (3 Sem.); Schauspielausbild. - Bühne, Rundfunk, Film, Fernsehen (u. a. Serie: Timo, 1972).

SCHMID, Herbert

Dr. theol., o. Prof. f. Theologie u. Didaktik Erziehungswiss. Hochsch. Rhld.-Pfalz/Abt. Landau, Prof. f. Altes Testament Univ. Mainz - Sprangerstr. 9, 6750 Kaiserslautern (T. 6 84 49) - Ev. - BV: D. Lehrstoff aus d. AT, 1966; Mose, 1968; D. christl.-jüd. Auseinandersetz. um d. AT in hermeneut. Sicht, 1971; AT, Judentum u. Islam, 1973.

SCHMID, Hermann

I. Bürgermeister - Rathaus, 8042 Oberschleißheim/Obb. - Geb. 25. März 1939 München - Zul. Bundesbahnbeamter. CSU.

SCHMID, Hermann-N.

Ministerialdirektor, Abteilungsleiter im Bundesmin. f. innerdt. Bezieh. (Verbindungsst. Berlin, Dienstst. d. Bevollm. d. Bundesreg. in Berlin) (s. 1986) - Ravenweg 3, 1000 Berlin 37 - Geb. 13. Juli 1940 Berlin, verh. s. 1980 m. Erika Schmid-Petry, S. Johannes-N. - Stud. Rechtswiss. München u. Berlin; 1. u. 2. jurist. Staatsprüf. 1967 u. 1971 Berlin - 1971/72 wiss. Assist. FDP-Fraktion im Abg.hs. v. Berlin; 1973-75 Bundesmin. d. Innern; 1975-79 Leit. Büro d. Bürgerm. v. Berlin; 1979-85 Senatsdir. b. Senator f. Bundesangelegenh. u. Bevollm. Ld. Berlin b. Bund - Spr.: Engl.

SCHMID, Hubert

Dr. jur., Ministerialdirigent a. D., Vorstandsmitgl. Bayer. Landesbank Girozentrale (s. 1972) - Möhlstr. 31, 8000 München 2 (T. 98 59 25) - Geb. 20. Juni 1924 - 1956-72 bayer. Finanzmin. (Leit. Haushaltsabt.). AR- u. Beiratsmand. - 1976 Bayer. VO.

SCHMID, Karl

Vors. Verein Dt. Kammgarnspinner, Präs. EG-Wolltextildachverb. Interlaine - Reutteweg 1, 7335 Salach - Geb. 11. Okt. 1920 - BVK.

SCHMID, Karl L.

Dr. rer. nat., Dipl.-Chemiker, Vorsitzender d. Geschäftsführung Krupp Koppers GmbH - Altendorfer Str. 120, 4300 Essen 1 - Geb. 15. April 1931 Nürnberg, kath. - Univ. Erlangen 1951 - Dipl., Promot.

SCHMID, Karl-Theodor

Dr. phil., Prof. f. Mittelalterl. Geschichte Univ. Freiburg/Br. (s. 1973) - Schlehenrain 12, 7800 Freiburg (T. 0761 - 5 68 47) - Geb. 24. Sept. 1923 Arlen, jetzt Rielasingen/Hegau, kath., verh. s. 1961 m. Ruth, geb. Schindele, S. Benedikt - Gymn. Singen/Hohentw.; Univ. Freiburg/Br. (Gesch., Roman., Phil.). Promot. 1951; Habil. 1961 (beides Freiburg) - 1963-65 Gastdoz. Dt. Histor. Inst. Rom, 1965-73 o. Prof. Univ. Münster. Mitgl. Histor. Kommiss. Westfalens (1968ff.) u. Baden-Württ. (1973ff.). S. 1969 Mitgl. Sonderforschungsbereich Mittelalterforsch. Münster. Zahlr. Fachveröff., darunter Buchbeitr.: Graf Rudolf v. Pfullendorf u. Kaiser Friedrich I. (Forschungen z. oberrhein. Landesgesch. I, 1954), Kloster Hirsau u. s. Stifter (ebd. IX, 1959), Üb. d. Verhältn. v. Person u. Gemeinschaft im frühen Mittelalter (Frühmittelalterl. Studien 1, 1967), Welf. Selbstverständn. (Adel u. Kirche - Festschr. f Gerd Tellenbach, 1968); Prosopogr. Forsch. z. Gesch. d. MA. (Veröff. d. Max-Planck-Inst. f. Gesch. 69, 1981); Mitverf.: Liber memorialis v. Remiremont (Monumenta Germaniae Historica, Libri memoriales 1, 1970), Societas et Fraternitas; Begr.: Quellenwerk z. Erforsch. d. Personen u. Personengruppen im frühen MA (1975), D. Verbrüderungsb. d. Abtei Reichenau (1979); D. Liber vitae d. Abtei Corvey I/II (Veröff. d. Hist. Kommiss. f. Westf. 40.2, 1983/89); Memoria - D. gesch. Zeugniswert d. liturg. Gedenkens im MA. (Münstersche MA-Schr. 48, 1984); D. Zähringer I-III (1986/88). Herausg.: D. Klostergemeinsch. v. Fulda im früheren MA (5 Bde. 1978); Reich u. Kirche v. d. Investiturstreit, Vortr. b. wiss. Koll. anl. d. 80. Geb. v. Gerd Tellenbach (1985); Gedächtnis d. Gemeinschaft stiftet. Schriftenr. d. Kath. Akad. d. Erzdiözese Freiburg (1985). Mithrsg.: Arbeiten z. Frühmittelalterforsch. (s. 1967), Frühmittelalterl. Studien (s. 1967), Münstersche MA-Schriften (s. 1970), Forschungen z. oberrhein. Landesgesch. (s. 1973) - Lit.: Gebetsgedenken u. adliges Selbstverständnis im MA., Ausg. Beitr., Festg. z. 60. Geb. (1983), Schriftenverz. in Person u. Gemeinschaft, Festschr. K. Schmid (1988).

SCHMID, Lothar

Verleger, Gf. Gesellsch. Karl-May-Verlag Bamberg, Intern. Schachgroßmeister - Hainstr. 51, 8600 Bamberg (T. 0951 - 2 25 52) - Geb. 10. Mai 1928 Dresden, kath., verh. s. 1958 m. Ingrid, geb. Schwarz, 3 Kd. (Wolfgang, Bernhard, Alexandra) - Stud. Rechtswiss. Univ. Bamberg; Staatsex. 1951 - Siege b. Intern. Schach-Turnieren: 1951 Travemünde, 1954 Zürich, 1964 Wilderness, 1970 u. 1973 Mar del Plata, 1979 London; 1950-74 Teiln. an 10 Schach-Olympiaden - Bronzemed. 1950 Dubrovnik u. 1964 Tel Aviv; 1970 Silb. Lorbeerblatt; Hauptschiedsrichter d. Wettkämpfe um d. Schachweltmeisterschaft: Spassky - Fischer, Reykjavik 1972, Karpov - Kortschnoi, Baguio 1978, Karpov - Kasparov, London/Leningrad 1986 sowie d. Schach-Olympiade Malta 1980 u. d. Mannschaftsweltmeisterschaft Luzern 1985 - Liebh.: Schachbibl. - Spr.: Engl.

SCHMID, Lothar M.

Dr. rer. pol., Geschäftsführer Bundesverb. d. Importeure u. Exporteure v. Edelsteinen u. Perlen, Großhandelsverb. Schreib-, Papierwaren u. Bürobedarf, Bundesverb. d. Dt. Dentalmed. Großhandels u. a. - Telemannstr. 12, 6000 Frankfurt/M. 1 - Geb. 22. Juni 1932.

SCHMID, Oskar

Landgerichtspräsident - Saarlandstr. 34, 8960 Kempten/Allgäu (T. 7 78 03) - Geb. 13. Juli 1910 München (Vater: Josef S., Richter; Mutter: Maria, geb. Müller), kath., verh. s. 1946 m. Maria, geb. Goldfuss, T. Barbara - Univ. München. Jurist. Staatsprüf. 1932 u. 36; Dipl.-Volksw. 1937 (alles München) - 1940-46 Rechtsanw. München; s. 1946 Richter LG Kempten (1968 Präs.). 1957 ff. Vorstandsmitgl. BRK-Kreisverb. Kempten. Spez. Aufgabengeb.: Standesrecht d. Richter.

SCHMID, Peter

Dr. phil., Ltd. wiss. Direktor Nieders. Inst. f. histor. Küstenforsch., Wilhelmshaven, Archäologe - Thomas-Mann-Str. 17, 2940 Wilhelmshaven (T. 04421 - 6 06 46) - Geb. 29. Nov. 1926 Hamburg, ev., verh. s. 1957 m. Gisela, geb. Kuhland, 2 Kd. (Wiebke, Arne) - 1948-54 Stud. Vor- u. Frühgesch., Geogr., Geol. Univ. Kiel; Promot. 1954 - 1954-63 wiss. Assist.; 1965 Kustos, 1969 Oberkustos; 1973 wiss. Dir.; 1977 Honorarprof. Univ. Göttingen; 1978 Ltd. wiss. Dir. Nieders. Landesinst. (s.o.) - 1978 o. Mitgl. dt. Archäol. Inst. Berlin; 1982 Mitgl. Königl. Niederl. Akad. d. Wiss., Amsterdam - Spr.: Engl., Franz.

SCHMID, Roswitha

Dr. rer. nat., Prof. TU München - Zu erreichen üb. Botanisches Inst. TU München, Arcisstr. 21, 8000 München 2 - Geb. 3. Nov. 1927 Stuttgart, kath. - Univ. Tübingen u. München; Promot. 1953 München - S. 1968 Redakt. u. Mithrsg. Ztschr. Naturwissenschaftl. Rundschau - BV: Otto Warburg (m. H. A. Krebs), Biogr. 1979; Wiss. in Deutschl. (m. A. Michaelis), 1983; D. gr. Ära d. Wiss. in Deutschl. 1900-1933 (m. D. Nachmansohn), 1988 - Liebh.: Reisen, Tanzen, Schwimmen, Schreiben - Spr.: Engl., Franz., Lat., Ital., Span., Griech., Portug., Brasil. - Bek. Vorf.: Kardinal Franz Ehrle, Rom (Urgroßonkel).

SCHMID, Rudolf

Weihbischof Bistum Augsburg (s. 1972) - Mittleres Pfaffengäßchen 15, 8900 Augsburg (T. 31 15 15) - Geb. 26. Juni 1914 Schiers/Graubünden (Schweiz) - Stud. Phil. u. Theol. Augsburg, Tübingen u. Dillingen. Priesterw. 1938 - 1938-39 Kaplan Murnau, 1939-49 (m. Unterbr. d. Kriegsdst.) Kaplan Augsburg St. Peter u. Paul, 1949-63 Religionslehrer Gymn. Dillingen/Do. (1960 Studienprof.), 1963-68 Regens Priestersem. ebd., 1969 Domkapitular, 1972 Weihbischof - Bischöfl. Vikar f. d. soz.-carit. Bereich u. f. d. geistl. Berufe Bistum Augsburg.

SCHMID, Rupert

Landrat Kr. Regensburg (s. 1978) - Landratsamt, 8400 Regensburg - Geb. 11. Juni 1935 Regensburg - Zul. Regierungsdir. CSU.

SCHMID, Werner

Dr. jur., o. Prof. f. Straf- u. -prozeßrecht Univ. Kiel (s. 1965) - Königsberger Str. 20, 2300 Kiel-Stift (T. 32 25 49) - Geb. 1927 Heilsbronn/Mfr. - Stud. Bamberg u. Erlangen. Jurist. Staatsprüf. 1953 u. 60; Promot. 1961, Habil. 1964 - BV: Bedingter Handlungswille b. Versuch (Diss.); D. Verwirkung v. Verfahrensrügen im Strafprozeß (Habil.sschr., 1967), Festschr. f. H. J. Bruns (1978, Mithrsg.).

SCHMID, Wolf

Dr. phil., Prof. f. Slavistik Univ. Hamburg - Binsenkoppel 2a, 2000 Hamburg 65 (T. 040 - 536 24 67) - Geb. 24. März 1944 Teplitz-Schönau - Promot. 1972 Univ. München - 1976 Wiss. Rat u. Prof. f. Russ. Lit. Univ. Oldenburg; 1978 o. Prof. f. Slavistik in Hamburg - BV: D. Textaufbau in d. Erz. Dostoevskijs, 1973; D. ästh. Inhalt, 1977.

SCHMID, Wolf Dieter

Fabrikant, Generalbevollmächtigter BWF KG, Offingen u. Hof - Schlehbachweg 9, 8875 Offingen (T. 08224 - 7 10) - Geb. 4. März 1926 Hof (Vater: Siegfried S., Industrieller), ev.-luth., verh. s. 1951 m. Friedel, geb. Unger, 2 Kd. (Wolfgang, Gisela) - Stud. Rechtswiss. - 1952-62 Geschäftsf. Filzfabrik Hof, s. 1962 BWF; s. 1968 Vorst.-Mitgl. Bundesvers.-Anst. f. Angest. (BfA); AR Ackermann-Göggingen AG (stv. Vors.), u. AL-KO AG (stv. Vors.).

SCHMID, Wolfgang P.

Dr. phil., o. Prof. f. Vergl. Sprachwissenschaft - Schladeberg 20, 3403 Friedland 5 (T. 05509 - 13 36) - Geb. 25. Okt. 1929 Berlin (Vater: Bruno S., Bankdir.), ev., verh. s. 1960 m. Dr. Anneliese, geb. Reichert, 2 Söhne (Andreas, Johannes) - Kirchl. Hochsch. Berlin, Univ. Tübingen (Sprachwiss., Indol., Slav.), School of Oriental Studies, London - S. 1961 (Habil.) Lehrtätigk. Univ. Tübingen, Innsbruck (1964; Prof.), Göttingen (1965; Ord.). Mitgl. Indogerman. Ges., Philological Soc., London; 1966 o. Mitgl. Akad. d. Wiss. u. d. Lit., Mainz (1977-86 Vizepräs.); 1983 korr. Mitgl. Akad. d. Wiss. Göttingen; 1983 o. Mitgl. Herder-Forsch.rat Marburg (s. 1985 Vorst.-Mitgl.); 1988 ext. Mitgl. Sächs. Akad. Leipzig - BV: Studien zum baltischen u. indogerman. Verbum, 1963. Herausg.: Hydronymia Germaniae (1968); Hydronymia Europaea (s. 1985); Ztschr. Indogerman. Forschungen (1962ff.); Neubearb.: Stolz/Debrunner, Geschichte d. lat. Sprache (1966); Alteuropäisch u. Indogermanisch (1968); Skizze e. allg. Theorie d. Wortarten (1970), revid. Fass. (1986); D. Pragmat. Komponente in d. Grammatik (1972); Indogermanist. Modelle u. osteurop. Frühgesch. (1978).

SCHMID-THANWALD, Karl

Dr. rer. nat., Prof. f. Geograpie m. Didaktik u. Methodik Päd. Hochschule Schwäb. Gmünd - Bergweg 2, 7321 Hohenstaufen (T. 07165-80 27). - BV: Eisgipfel unt. Tropensonne (Bergbesteig. in Peru 1939), 1949; Pozuzo vergessen im Urwald, 1957 (holländ. Übers.); Wunderwelt der Anden; Der Gletscher brennt (Vulkanausbr. in Island), 1954/59; Mitautor: Columbus ist nicht gestorben, 1961 - Spr.: Engl., Fsanz., Span., Portug.

SCHMIDBAUER, Bernd

Bundestagsabgeordneter (Wahlkr. 182/Rhein-Neckar) - Bundeshaus, 5300 Bonn 1 - CDU.

SCHMIDBAUER, Bodo

Dr. rer. pol., Dipl.-Kfm., Hauptgeschäftsführer Groß- u. Außenhandelsverb. Baden-Württ., Geschäftsf. d. Gesellschaft z. Förderung d. Großhandels mbH, u. d. IHK Rhein-Neckar (Handel/Betriebswirtsch.) - L 1, 2, 6800 Mannheim 1; priv.: Holzbauerstr. 29, 6830 Schwetzingen - Geb. 5. Jan. 1933.

SCHMIDBAUER, Ernst

Treuhänder Continentale Versicherungen a. G., München - Waisenhausstr. 72, 8000 München 19 - Geb. 11. Mai 1913 München - 1933-76 Stadtsparkasse München (1962 I. stv. Lt., 1970 Vorst. u. Vizepräs.).

SCHMIDBAUR, Hubert

Dr. rer. nat., Dipl.-Chem., o. Prof. f. Anorgan. u. Analyt. Chemie - Königsberger Str. 36, 8046 Garching - Geb. 31. Dez. 1934 Landsberg/Lech, kath., verh. s. 1962 m. Rose-Marie, geb. Fukas, 2

Kd. (Hans-Christian, Karolin) - Dipl.-Chem., Dr. rer. nat. Chemie 1960 Univ. München, Habil. 1964 Univ. Marburg - 1966-73 Prof. Univ. Würzburg (Dekan); 1979 TU München (Dekan). Ca. 400 wiss. Veröff. - A. Stock-Preis Ges. Dt. Chemiker; F. S. Kipping-Preis American Chemical Soc.; Dywer Medal, Univ. New South Wales, Sydney; Bailar Medal, Univ. of Illinois; Centenary Medal, Royal Soc. of Chemistry, London; Leibniz-Preis d. Dt. Forschungsgemeinsch.; Korr. Mitgl. Göttinger Akad. d. Wiss.

SCHMIDHÄUSER, Eberhard

Dr. jur., o. Prof. f. Straf- u. -prozeßrecht - Schulteßdamm 40, 2000 Hamburg 65 (T. 536 56 57) - Geb. 10. Okt. 1920 Stuttgart (Vater: Hermann S., Oberregierungsrat; Mutter: Hilde, geb. Schwab), verh. s. 1945 m. Elsbeth, geb. Hahn, 2 Töcht. (Konstanze, Agathe) - Stud. Rechtswiss. (n. Kriegsversehrung) Straßburg, Freiburg/Br., Tübingen (1942-45) - Richter LG Stuttgart (1950 Landgerichtsrat); 1955-59 Doz. Univ. Tübingen; s. 1959 Ord. Univ. Göttingen u. Hamburg (1963) - BV: Gesinnungsmerkmale im Strafrecht, 1958; V. Sinn d. Strafe, 1963, 2. A. 1971; Von d. zwei Rechtsordnungen im staatl. Gemeinwesen 1964; Vorsatzbegriff u. Begriffsjurisprudenz im Strafrecht, 1968; Strafrecht, Allg. Teil (Lehrb.), 1970, 2. A. 1975; Einf. in d. Strafrecht, 1972, 2. A. 1984; Strafrecht, Bes. Teil (Grundr.), 1980, 2. A. 1983; Strafrecht, Allg. Teil, Studienbuch, 1982, 2. A. 1984; Form u. Gehalt d. Strafgesetze, 1988.

SCHMIDHUBER, Heinrich

Sparkassendirektor, Bezirksrat - Am Hochfeld 16, 8300 Ergolding (T. 0871 - 7 91 73) - Geb. 21. Febr. 1936 - CSU.

SCHMIDHUBER, Peter M.

Ass. jur., Dipl.-Volksw., Mitglied d. Kommission d. EG - Wiesengrund 1b, 8000 München 60 (T. 47 35 75) - Geb. 15. Dez. 1931 München (Vater: Jakob S., Steuerber.; Mutter: Anna, geb. Mandlmayr), kath., verw., T. Susanne - 1951-56 Stud. Rechtswiss. u. Volksw., 1. u. 2. Jurist. Staatsprüf. 1956 u. 60 - S. 1961 bayer. Staatsdst. (zuerst Finanz-, dann Wirtschafts- u. Verkehrsmin.; Ministerialrat a. D.). 1960-66 ehrenamtl. Stadtrat München; 1965-69 u. 1972-78 MdB (CDU/CSU-Fraktion) u. Rechtsanw.; 1978-87 MdL u. Bayer. Staatsmin. f. Bundesangelegenh. Funktionen: Präsidialmitgl. DGAP, Mitgl. Landesvorst. CSU, gf. Vors. Studienges. f. Mittelstandsfragen, Vors. Bund Dt. Föderalisten - 1982 Gr. BVK m. Stern; Bayer. VO - Liebh.: Gesch., Phil., Schach - Spr.: Engl., Franz.

SCHMIDKUNZ, Heinz

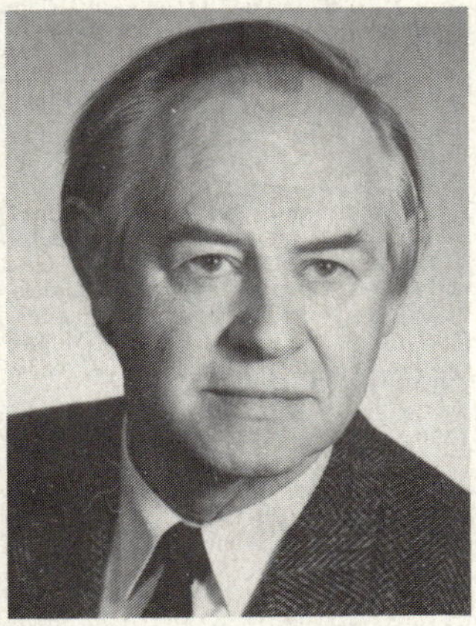

Dr. phil. nat., Prof. f. Chemie u. ihre Didaktik - Obermarktstr. 125, 4600 Dortmund 30 (T. 48 48 46) - Geb. 3. Okt. 1929 Graslitz (Vater: Anton S., Kaufm.; Mutter: Gisela, geb. Stark), kath., verh. s. 1963 m. Lieselotte, geb. Steinbrück, T. Dorit - Realgymn. Idstein; Univ. Frankfurt (Chemie; Dipl.-Chem. 1959). Promot. 1963 Frankfurt - 1964 Studienrat im Hochschuldst. Univ. Frankfurt (Abt. f. Erziehungswiss.); 1966 o. Prof. Päd. Hochsch. Ruhr, s. 1980 Prof. (C4) Univ. Dortmund - BV: Lehrprogramm Biochemie, 1972, 4. A. 1980; Untersuchen, Messen, Ordnen - Sachkd. in d. Grundsch., 1972; D. forschend-entwickelnde Unterr., 1975; Modellversuch-Fachoberschule-Ludwigshafen, 1979, Endber. 1981; Physik/Chemie ab 7, 1980; Chemie - Natur u. Technik, 1983/84; Tatort Chemie, Verbraucherlex., 1986. Herausg. Zeitschr. Naturwissensch. im Unterricht-Physik/Chemie - Spr.: Engl.

SCHMIDLE, Alfred

Dr., Prof., Direktor Inst. f. Pflanzenschutz im Obstbau/Biol. Bundesanstalt f. Land- u. Forstw. (Dossenheim) - Hirtenbrunnenweg 2, 6900 Heidelberg-Ziegelhausen - Geb. 21. April 1922 - Promot. 1951 - S. 1963 wie oben. Üb. 80 Facharb.

SCHMIDLI, Werner

Schriftsteller - Hegenheimer Str. 195, CH-4055 Basel (Schweiz) - Geb. 30. Sept. 1939 Basel - BV/R.: Meinetwegen soll es doch schneien (1967), D. Schattenhaus (1969), Fundplätze (1974), Zellers Geflecht (1979), Ganz gewöhnl. Tage (1981); Warum werden Bäume im Alter schön (R. 1984); Erz.: D. Junge u. d. toten Fische (1966), D. Mann, d. Bier, die Uhr u. a. Gesch. (1968), Margots Leiden (1970), Gustavs Untaten (1976). Lyrik; Hörsp. - Div. Ausz., dar. Preis Schweiz. Schiller-Stiftg. (1968).

SCHMIDMER, Horst Eduard

Dipl.-Kaufm., Ing., Geschäftsführer u. Inhaber Noris-Tachometerwerk GmbH & Co., Dr. Graw Meßgeräte GmbH & Co., Nürnberg - Priv.: Thorner Str. 10, 8500 Nürnberg; gesch.: Muggenhofer Str. 95 (T. 0911-3 20 10) - Geb. 4. Okt. 1932 Nürnberg (Vater: Dr. Ernst Sch., Ing.; Mutter: Franziska, geb. Probst), ev., verh. s. 1962 m. Tatjana, geb. Catoire, 3 S. (Christian, Florian, Michael) - Schulen München (Abit. 1952); Univ. Hamburg (Dipl.-Kfm. 1956), Ing. grad. 1960 Polytechn. Friedberg/Hess. - Spr.: Engl.

SCHMIDPETER, Alfred

Dr. rer. nat., Dipl.-Chem., Prof. f. Anorg. Chemie - Atterseestr. 10, 8000 München 60 (T. 88 25 06) - Geb. 14. Dez. 1929 München (Vater: Michael Sch., Kaufm.; Mutter: Maria, geb. Hammerstingl), verh. s. 1956 m. Gerlinde, geb. Bayer, 3 Kd. (Stephan, Barbara, Gregor) - Univ. München (Chem.), Promot. 1960, Habil. 1969 - 1961 Lecturer Univ. of Maryland, 1963 Konserv. Univ. München, 1970 Akad.-Dir., s. 1975 Prof. München - S. 1971 Mithrsg. Phosphorus, Sulfur and Silicon; s. 1989 Mithrsg. Heteroatom Chemistry. 200 Beitr. in chem. Fachztschr. - Spr.: Engl.

SCHMIDRAMSL, Hanns-Martin

Referent, MdL Bayern (1950-74, CSU) - Papst-Victor-Str. 34, 8078 Eichstätt/Bay. (T. 44 00) - Geb. 11. Jan. 1917 München (Vater: Anton S., Landwirtschaftsdir.), kath. - Gymn. Metten; Stud. Gesch., Phil., Päd. - 1940-45 Wehrdst. (60 % kriegsversehrt); s. 1946 Jugend- u. Familienarb. Bistum Eichstätt. 1954 ff. Kreisvors. Verb. d. Kriegsbeschädigten, - hinterbliebenen u. Sozialrentner (Eichstätt), s. 1967 stv. Landesvors. VdK Bayern, s. 1976 Vize-Präs. Bayer. Versehrtensport. Mitgl. Bayr. Verfassungsger. (s. 1962) - 1964 Bayer. VO.

SCHMIDT, Adolf

Gewerkschaftsvorsitzender a. D., Präs. Intern. Bergarbeiterverb. (1971-84); MdB (Landesliste NRW 1972-86) - Blütenweg 5, 4630 Bochum 6 (T. 31 91 -1) - Geb. 18. April 1925 - 1969-85 Vors. IG Bergbau u. Energie. SPD.

SCHMIDT, Adolf

Bundesrichter - Ceciliengärten 35, 1000 Berlin 41 (T. 851 62 75) - Geb. 16. Mai 1911 - S. Jahren Bundesgerichtshof/Dienstst. Berlin (V. Strafsenat) - Rotarier.

SCHMIDT, Albert

Dr., Staatssekretär Bundesmin. f. Raumordnung, Bauwesen u. Städtebau - Deichmannsaure, 5300 Bonn-Bad Godesberg.

SCHMIDT, Alfred

Malermeister, Hess. Minister f. Wirtschaft u. Technik (s. 1987), MdL Hessen (1974-87) - Wolfhagener Str. 283, 3500 Kassel (T. 88 27 76) - Geb. 4. Sept. 1938 - FDP.

SCHMIDT, Alfred

Dr. phil., Prof. - Parkstr. 5, 6000 Frankfurt 1 - Geb. 19. Mai 1931 Berlin, ev., gesch., S. Marcel - Stud. Gesch., Angl., klass. Philol., Phil., Soz. Univ. Frankfurt; Promot. 1960 ebd. - 1964-72 Lehrbeauftr. Akad. d. Arbeit, Frankfurt, s. 1965 Univ. Frankfurt (Lehrbeauftr., s. 1972 Prof. f. Soz.phil.). Mitgl. Dt. PEN-Zentrum - BV: D. Begr. d. Natur in d. Lehre von Marx, 2. A. 1971 (auch Ital., Engl., Jap.); Gesch. u. Struktur, 1971; Emanzipator. Sinnlichk., 1973; Zur Idee d. krit. Theorie, 1974; D. krit. Theorie als Gesch.phil., 1976; Drei Studien üb. Materialismus, 1977; Krit. Theorie/Humanismus/Aufklär., 1981; Goethes herrlich leuchtende Natur, 1984; D. Wahrheit im Gewande d. Lüge. Schopenhauers Religionsphil., 1986; Idee u. Weltwille. Schopenhauer als Kritiker Hegels, 1988 - Spr.: Engl., Franz.

SCHMIDT, Alois

Dr., Prof., Dozent f. Didaktik d. Erdkunde Päd. Hochsch. Bremen - Essener Str. 60, 2800 Bremen (T. 509 74 19) - Geb. 19. Jan. 1930 Bremen.

SCHMIDT, Axel Emil

Dramaturg Vereinigte Städt. Bühnen Krefeld u. Mönchengladbach - Am Corneliusplatz 4, 4150 Krefeld - Geb. 23. Sept. 1950 Hildesheim, ev., ledig - Stud. Jura Univ. Münster, Angew. Sprachwiss. (Engl., Franz., Niederl.) Univ. Heidelberg, German. u. Wiss. von d. Politik Univ. Göttingen; 1. Staatsex. f. Lehramt an Gymn. 1977; 2. Staatsex. 1982 Braunschweig; 1977-80 u. 1982-83 Dramaturgieassist. u. Dramat. Dt. Theater Göttingen; 1983-85 gf. Dramat. Rhein. Landestheater Neuss; s. 1985 Dramat. f. alle Kunstfächer Vereinigte Städt. Bühnen Krefeld u. Mönchengladbach.

SCHMIDT, Bernhard

Dipl.-Ing., Direktor i. R. - Partnachstr. 34, 8100 Garmisch-Partenkirchen/Obb. (T. 37 58) - Geb. 10. Jan. 1909 Garmisch - Tätigk. Engl., Berlin, Kolumbien (Leit. AEG-Niederlass.), Kriegsdst., s. 1947 all. Vorst. Bayer. Zugspitzbahn AG. (Ruhest. 1975), Geschäftsf. Hotelges. Schneefernerhaus GmbH. u. Karl Hans Terne & Co. oHG. Div. Ehrenstell. Initiator Eibsee-Seilbahn u. Alpspitz-Bahnen - Bayer. VO., 1975 Gr. BVK - Spr.: Engl., Franz. - Rotarier.

SCHMIDT, Bernhard

Dr.-Ing., Vorsitzender d. Geschäftsfg. Diehl GmbH & Co., Nürnberg - Berg 30, 7993 Kressbronn - Geb. 28. Sept. 1933 Oberursel/Ts., kath., verh. m. Renate, geb. Rudolf, 3 Kd. - TH Darmstadt (Maschinenbau; Promot.) - 1959-60 Dornier GmbH, Friedrichshafen; 1961-66 wiss. Assist. Lehrst. f. Mechanik TH Darmstadt; 1966-69 Entwicklungsleit. Dornier System GmbH, ab 1969 stv. Geschäftsf., ab 1970 Geschäftsf., ab 1971 Vorst.-Mitgl. Dornier GmbH, ab 1979 stv. Vorst.-Vors., 1981 Vorst.-Sprecher; 1984-86 Industrieberater; ab 1986 VR-Mitgl. Firmengruppe Diehl; ferner Mitgl. in div. nationalen u. intern. Gremien d. Luft- u. Raumfahrtind. sow. in Verb.; ferner VR-Mitgl. in div. dt. Untern. - Spr.: Engl., Franz.

SCHMIDT, Bernhard

Dr. med., o. Prof. f. Hygiene u. Med. Mikrobiol. (emerit.), Facharzt f. Labor.-diagnost.; Arbeitsmed. - Weidenweg 14, 7300 Esslingen/Sulzgries (T. 0711 - 37 47 17) - Geb. 20. Mai 1906 Magdeburg (Vater: Emil S., Druckereibes.; Mutter: Marie, geb. Klickermann), ev., verh. s. 1936 m. Erika, geb. Stiefelmayer, 2 Kd. (Gisela, Helmut) - Univ. Gießen (1925-27; Naturwiss., Chemie), München (1927-32; Med., Chemie), Greifswald (SS. 1928; Med., Chemie). Promot. 1932 München; Habil. 1939 Göttingen - 1940-53 Doz. Univ. Göttingen, Berlin (1941), Frankfurt/M. (1946; 1948 apl. Prof.); 1953-74 o. Prof. u. Dir. Inst. f. Hygiene u. Med. Mikrobiol. FU Berlin. Zahlr. Fachmitgliedsch. - BV: Hyg. Gesichtspunkte b. Bau u. b. d. Einricht. v. Krankenhäusern, 1958. Üb. 200 Einzelarb. Mithrsg.: Zbl. Bakt. Hyg., I. Abt. Orig. B (früh. Arch. f. Hygiene) - Korresp. Mitgl. Arzneimittelkommiss. dt. Ärzteschaft, Ehrenmitgl. Dt. Schädlingsbekämpfer-Verb., Arbeitsgem. f. pharmazeut. Verfahrenstechnik e. V. (A.P.V.), Dt. Veterinärmed. Ges.; 1978 Hygieia-Med.

SCHMIDT, Bodo

Oberstudiendirektor, Sportdirektor Univ. Kiel - Olshausenstr. 40-60, 2300 Kiel (T. 0431-880-37 47) - Geb. 2. Mai 1935 Kassel, ev., verh. s. 1959 m. Ilse-Marie, geb. Recknagel, 3 Kd (Uwe, Antje, Jan) - Stud. Polit. Wiss., Angl., Sport; 1. u. 2. Staatsex. - Lehrtätigk. Univ. Kiel. Vizepräs. Dt. Leichtathletikverb.; Präsid.-Mitgl. Dt. Sportbund; Vors. d. Führungs- u. Verwaltungsakad. Berlin d. DSB - Zahlr. Veröff. in Fachztschr. - Liebh.: Klass. Musik, Angeln.

SCHMIDT, Bruno

Steueramtmann a. D., Stuerbevollm., MdL Nieders. (s. 1967) - Ilmenaustr. 25, 3300 Braunschweig (T. 84 17 65) - Geb. 7. März 1924 Stettin, ev., verh., 1 Kd. - B. z. Einberuf. Finanzverw. Stettin; 1946-56 Polizeidst. Braunschweig; anschl. Finanzbeh. ebd. S. 1961 Ratsherr Braunschweig. CDU (Mitgl. Bundesfachaussch. Öfftl. Dienst).

SCHMIDT, Burghart

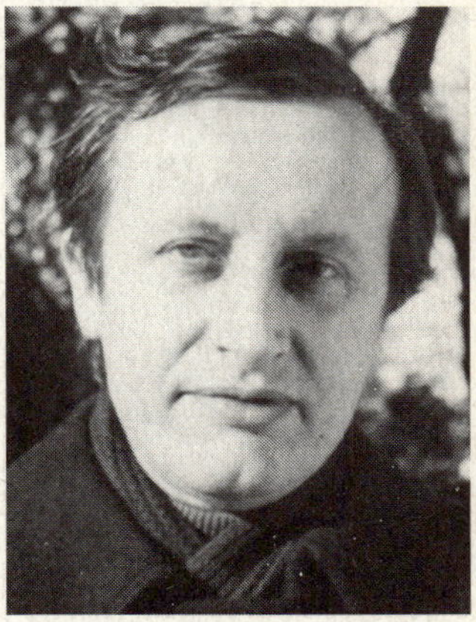

Dr. phil. habil., Prof. Univ. Hannover, Hochschule f. angew. Kunst Wien - Gogolgasse 33, A-1130 Wien - Geb. 30. Nov. 1942 Wildeshausen/Oldbg., verh. s. 1973 m. Ingrid Greisenegger - 1962-70 Stud. Biol., Chemie, Physik, dann Phil. u. Kunstgesch.; Promot. (Phil.) 1981 Tübingen; Habil. 1984 Hannover - 1985 Hon.-Prof. Univ. Hannover; Mitgl. d. Polytechnic Univ. New York; lehrende u. berat. Tätigk. f. d. Centre culturel Pompidou, d. Interuniv. for Postgraduate Studies Dubrovnik, d. Maison des sciences de l'homme, Paris. Präs. Ernst-Bloch-Ges. Ludwigshafen/Rh. - BV: D. Widerstandsargument in d. Erkenntnistheorie, 1985; Ernst Bloch, Samml. Metzler, Realien z. Lit., 1985; Postmoderne - Strategien d. Vergessens, 1986; Kritik d. reinen Utopie, 1988; Kunst in künstl. Zeit, 1990 - Georg Lukács-Med.

Georg Lukács-Archiv Budapest - Liebh.: Tiere zw. Haus u. Wildnis - Spr.: Engl., Griech., Latein.

SCHMIDT, Carl-Gottfried

Dr. med., Prof. u. Direktor Klinik f. Innere Medizin (Tumorforsch.) Klinikum Essen - Eichholzstr. 10a, 4320 Hattingen-Niederwenigern (T. 4 04 53) - S. 1961 (Habil.) Lehrtätigk. Univ. Münster u. Bochum. Führ. Mitarb. Standesorg., dar. 1970-85. Präs. Europ. Organisation f. d. Erforsch. d. Krebsbehandl. (EORTC; 1982-85), Präs. Nationale Dt. Krebs-Ges. (Neugründ.), s. 1986 Präs. d. Intern. Union Against Cancer (UICC). Fachveröff. - 1974 Wilhelm-Warner-Preis - Spr.: Engl. - Rotarier.

SCHMIDT, Christian

Lehrer, MdB (s. 1985; Landesliste Hamburg) - Zu erreichen üb. Bundeshaus, 5300 Bonn 1 - Geb. 23. Febr. 1943 Wittenberg/Elbe - Abit. 1963; Stud. Roman. u. Gesch.; Promot. 1970 - 1970-83 Lehrer. SPD 1965-81, dann D. Grünen (s. 1984).

SCHMIDT, Claus

Dipl.-Volksw., Vorstandsmitglied Westfalenbank AG, Bochum/Düsseldorf - Huestr. 21-25, 4630 Bochum - Geb. 27. Aug. 1934 Essen - Vorst.-Mitgl. Bankenvereinig. NRW, Köln, u. Dt. Shakespeare Ges. West, Bochum; stv. AR-Vors. Dorstener Maschinenfabrik AG, Dorsten; Präsid.-Mitgl. Kurat. d. Dt. Groß- u. Außenhandels, Bonn.

SCHMIDT, Dietmar N.

Dr. phil., Publizist, Fernseh-Autor u. Regiss., Mitgl. Dt. Akad. d. Darstell. Künste (1981ff.) - Mörikstr. 16, 3500 Kassel - 1975-79 Leitg. u. Chefdramaturg d.Ruhrfestspiele, 1980/81 Schauspieldir. Kasseler Staatstheater - FS-Filme: Kunst als Beruf (1973), Helden u. Liebhaber/Diener u. Spaßmacher (1978), D. Form ist d. Botsch. (1982), Unser Theater heute - u. morgen? (1983); Kein Bock auf Mozart?; Wenn Maler Szenen machen (1984); Werktreue?; Hauptstadt verpflichtet: Kultur in Bonn; Minetti. Lear; Geschichte, e. Greuelmärchen (alle 1985); Antikes Theater; Nathan. Shylock; Oper u. Film (1986) - Herausg.: Kulturztschr. Erste.

SCHMIDT, Dirk

Dr., Vorstandsmitglied Dt. Siedlungs- u. Landesrentenbank/Anstalt d. Öfftl. Rechts, Bonn/Berlin - Am Reichenberg 36, 5340 Bad Honnef 1/Rh. - Geb. 20. Sept. 1930.

SCHMIDT, Doris

Dr. phil., Kunstkritikerin, Kunsthistorikerin - Zu erreichen üb. Sendlinger Str. 80, 8000 München 2 (T. 089 - 2 18 30) - Geb. 5. Sept. 1918 Malitzschkendorf, Kr. Schweinitz (Vater: Martin S., Pfarrer; Mutter: Elisabeth, geb. Brodführer), ev. - Univ. Frankfurt, Gießen u. Heidelberg (Kunstgesch., Archäol., Sprachen). Promot. 1958 Heidelberg - Langj. Mitarb. FAZ; s. 1961 Kritikerin Südd. Ztg.; Arb. in Museen (Städelsches Kunstinst. Frankfurt; Volont. Staatl. Bayer. Mus.; Assist. Städt. Kunsthalle Mannheim) - BV: Marshall-Brunnen v. Toni Stadler, 1965; Toni Stadler, Skuplturen, 1972; Charles Crodel (Tageb.), 1974; D. Städelschule n. 1945; in: Städelsch. Frankfurt a. M., 1982; Kunst im Kanzleramt (Mitarb.), 1982; Bildende Kunst, in: D. Bundesrep. Dtschld., Bd. 3, Kultur, 1983; Dokumentation zu Leben u. Werk, Katalog Max Beckmann-Retrospekt. München/Berlin/USA 1984/85, 1985. Herausg.: Briefe an Günther Franke (1970); Max Beckmann, Frühe Tagebücher 1903/04, 1912/13 (1985). Übers.: A. M. Lindbergh, D. Erde leuchtet (1970); Antoni Tapies: Praxis d. Kunst, (1976); Kenneth Clark, Civilization (13 Filme ZDF, 1969/70); Mathilde Q. Beckmann, Mein Leben m. Max Beckmann, 1983; ZDF Reihe Zeugen d. Jhs.: Werner Haftmann (1983), Max Bill (1983) - 1980 Mitgl. AICA, ICOM, DRV.-Literaturpreis DAI; 1984 Wormland-Preis - Spr.: Engl., Franz., Span.

SCHMIDT, Eberhard

Dr., Prof. f. Politikwiss. Univ. Oldenburg (s. 1974) - Herderstr. 48, 2800 Bremen (T. 0421 - 7 73 05) - Geb. 26. Juni 1939 Berlin (Vater: Dipl.-Kfm. Erich S.; Mutter: Gerda, geb. Buller) - Stud. d. Gesch. Politikwiss., Soz., Phil., German. Univ. Bonn, Tübingen, Frankfurt, Marburg - 1966-70 Presseref. Vorst. IG Metall, 1970-72 Pressesprecher Bundesvorst. d. Jungsozialisten, 1973/74 Prof. f. Politikwiss. Univ. Marburg, Vors. Vereinigung f. ökol. Wirtschaftsforschung (VÖW) - BV: D. verhinderte Neuordnung 1945-52, 1970; Ordnungsfaktor oder Gegenmacht, D. polit. Rolle d. Gewerksch., 1971. Mithrsg.: Kritische Gewerkschaftsjahrb. (1972 ff.).

SCHMIDT, Eberhard

Dr., Prof., Biologe - Römerstr. 164, 5300 Bonn 1, priv.: Oelmühlenweg 10, 5308 Rheinbach - Geb. 30. Juli 1935 Gardelegen (Vater: Rudolf S., Wirtsch.sprüf.; Mutter: Eleonore, geb. Richardt), ev., verh. s. 1963 m. Ute, geb. Jürgens, 3 Kd. (Roland, Regine, Reinhard) - Stud. Betriebswirtsch. TU Berlin, Vordipl. 1956, Biol., Math., Geogr. FU Berlin u. Kiel; Promot. 1963 ebd. - 1970-78 Prof. f. Didaktik d. Biologie. PH Flensburg; s. 1978 o. Prof. f. Biol. u. ihre Didaktik Univ. Bonn. Fachmitgl.sch. Spezialistengr. Odonaten SSC/IUCN - BV: Ökosystem See, 1974, 4. A. 1983 - Liebh.: Naturfotogr. - Spr.: Engl. - Rotarier.

SCHMIDT, Eberhard

Schriftsteller, Maler u. Grafiker (Ps. Schmidt-Dranske) - Bostalstr. 100a, Bosen, 6697 Nohfelden (T. 06852 - 13 20) - Geb. 7. Okt. 1937 Rügen (Vater: Karl Sch.; Mutter: Anni, geb. Prüßmann), verh. s. 1979 in 2. Ehe m. Monika, geb. Hoeft, T. Matina - Stud. Phil. u. Psych. Univ. Mainz u. Bonn - U. a. Soldat, Beamter, Journ., Verlagslektor; s. 1974 freisch. Schriftst. - BV: Durch d. Wildnis, Erz. 1973; Inselleben, Erz. 1973; Zwanzigmal Lyrik, Ged. 1973; Maske & Spiegel, Ged. 1974; Absichten, Ged. 1974; Texte durch drei, Ged. u. Prosa 1974; Leuchtbojen, Erz. 1975; Bilder u. Texte, Ged. 1979; Notwendige Unterbrech., Ged. 1980 - Malerei u. Grafik (Surreal./Express.); Mappenwerke; Buchillustr. - 1976 Mitgl. Intern. Academy of Poets, Cambridge/Engl. - Liebh.: Reisen, Tennis - Spr.: Engl.

SCHMIDT, Ekkehard

Ingenieur u. Betriebswirt, Mitgl. Abgeordnetenhaus v. Berlin (s. 1979) - Alt-Pichelsdorf 15, 1000 Berlin 20 - Geb. 26. Mai 1942 Berlin, verh. - Stabsabt. Firma Schindler-Aufzüge-Fabrik GmbH, Deutschland; Mitgl. VDI; Mitgl. Redakt.kommiss. Schindler-Journal Dtschl.; Mitgl. Union-Hilfswerkes (s. 1970). CDU (s. 1972 Ortsverb.vors.).

SCHMIDT, Elard Roland

Betriebswirt, Bankkaufm., gf. Gesellsch. E. Schmidt & Partner Wirtschaftstreuhand u. Berat. GmbH u. E. Schmidt & Partner Datenverarb.-GmbH München - Possartstr. 9, 8000 München 80 - Geb. 1. Okt. 1950, verh. s. 1981 m. Barbara, geb. Müller - Ausb. Betriebsw. u. Bankkaufm. - Inh. WB-Kanzlei E. Schmidt München; Vizepräs. Bundesverb. d. Wirtsch.berat. Köln; VR-Mitgl. E. Schmidt & Partner Wirtsch.treuhand AG Schweiz - Liebh.: Pferdesport.

SCHMIDT, Ellen,

geb. Konrad

Dr. med., apl. Prof. f. experimentelle Hepatologie - Pregelweg 4, 3004 Isernhagen NB 2 (T. Hannover 73 35 33) - Geb. 16. Febr. 1924 Freiburg/Br., verh. s. 1952 m. Prof. Dr. med. Friedrich Werner S. (s. dort), 3 Kd. (Alexander, Georg, Daniela) - S. 1967 (Habil. Klin. Chem.) Hochschuldoz. u. Prof. Med. Hochsch. Hannover, 1977-79 Rektorin. Div. Facharb.

SCHMIDT, Erich

Dr. med., Prof. f. Chirurgie, Chefarzt Chir./Gefäßchir. Juliusspital, Würzburg (s. 1987) - Steinbachtal 39a, 8700 Würzburg (T. 0931-7 53 70) - Geb. 3. Dez. 1943 Würzburg (Vater: Fritz Sch., Kaufm.; Mutter: Gabriele, geb. Bienen), kath., verh. s. 1968 m. Adelhild, geb. Breider, 2 Kd. (Berthold, Susanne) - Mitgl.: Societas Internationalis Universitaria Chirurgorum Colonis et Recti, Collegium Internationale Chirurgiae Digestivae, Société Internationale de Chirurgie - Erf.: Schließmuskelersatz aus glatter Muskulatur. Ca. 250 Publ. - 1980 v. Langenbeckpreis Dt. Ges. f. Chir.

SCHMIDT, Erich

Dr. rer. pol., Prof. f. landwirtschaftl. Marktlehre Univ. Göttingen (s. 1983) - An der Rase 8, 3405 Rosdorf 1 (T. 0551 - 78 11 15) - Geb. 11. Juni 1941 Preetz/Holst., ev., verh. s. 1971 m. Christine, geb. Graff, 2 Kd. (Eike, Wibke) - Bankkaufm. 1963 Kiel; 1963-64 Stud. (VWL) Kiel, 1964-67 (BWL) Hamburg; Dipl.-Kfm. 1967; Promot. 1972 Hamburg - 1968-83 wiss. Mitarb. Inst. f. landwirtschaftl. Marktforschung FAL Braunschweig (s. 1980 wiss. Dir.) - BV: Dynamische Analyse u. kurzfristige Prognose d. Nachfrage n. einzelnen Verbrauchsgütern, 1972; Quantitative Analyse d. Nachfrage nach Rindfleisch in d. Bundesrep. Deutschl. 1960-74; Landbauforschung Völkenrode, Sh. 30, 1975; Milcherzeugnis-Nachfrage unter veränderten Marktbedingungen, 1985. Zahlr. Art. üb. allg. u. spez. Agrarmarktfragen - Spr.: Engl., Franz.

SCHMIDT, Ernst Heinrich

Dr. rer. pol., Dipl.-Kfm., Prof. f. Betriebswirtschaftslehre Univ. Essen GH, Ingenieur - Hühnerbergweg 3 F, 3500 Kassel-Harleshausen (T. 0561-6 23 48) - Geb. 22. März 1926 Döbeln/Sachs. (Vater: Richard Sch., Beamter; Mutter: Dora, geb. Hofmann), verh. s. 1954 m. Sigrid Sch., 2 S. (Heino, Peter) - Obersch. Döbeln (Abit. 1944); Elektrowickler 1949, Elektroing. Berlin 1952, Dipl.-Kfm. FU Berlin 1963 - Stv. Vors. Stud.reformkommiss. Wirtsch.wiss. NRW - BV: D. Automation in organisationstheor. Betrachtung, 1966.

SCHMIDT, Ernst-Georg

Geschäftsführer, Mitgl. Brem. Bürgerschaft (1979) - Westerdeich 35/36, 2800 Bremen 10 - Geb. 8. Juli 1924 Bremen, ev., verh. - Volkssch.; 1940-42 kaufm. Lehre Schiffsmakler u. Seehafenspedition; 1942-45 Kriegsdst. - S. 1945 Barmer Ersatzkasse Bremen (1957 Abteilungsleit., 1961 stv., 1963 Bezirksgf.). FDP s. 1969.

SCHMIDT, Erwin

Gewerkschaftler, Vize-Präs. Brem. Bürgerschaft (1979-84), Vors. Rundfunkrat Radio Bremen (b. 1988), Vorst.-Mitgl. Konsumgenoss. (s. 1980) - H.-H.-Meier-Allee 52, 2800 Bremen 1 - Geb. 4. Nov. 1924 Golm, ev., verh., 3 Kd. - Volkssch.; 1940-42 Kfz.-Handw.; Kriegsdst.; Gewerkschaftssch. - B. 1950 Angest. (zeitw. Brit. Militärreg. Hildesheim); s. 1951 Geschäftsf. Gewerksch. u. DGB (1958 Kr. Northeim, 1968 Braunschweig, 1971 Bremen). 1960-68 Kreistagsabg. (Fraktionsf.) u. Landrat Northeim; 1968-71 Ratsmitgl. Stadt Braunschweig. SPD 1950.

SCHMIDT, Erwin

Dipl.-Handelslehrer, Bürgermeister Gemeinde Schöneck - Lessingstr. 20, 6369 Schöneck 1 - Geb. 19. Mai 1942 Kilianstädten, ev., verh. s. 1970, 2 Kd. - Banklehre, Univ. Frankfurt - S. 1970 Bürgerm.

SCHMIDT, Felix

Geschäftsführer Ges. f. Kultur-Fernsehen (Holtzbrinck) - Großhesseloherstr. 15B, 8000 München 71 - Geb. 19. April 1934 Ettenheim, verh., 3 Kd. (Bastien, Sylvaine, Benedikt) - Redakt. b. versch. Ztg., Ressortleit. Feuilleton Spiegel, Chefredakt. Welt am Sonntag, Stern u.

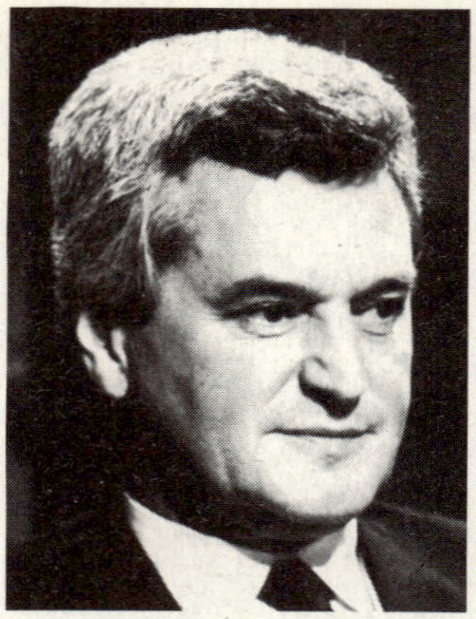

HÖRZU. Fernsehdir. Südwestfunk - BV: D. Chanson - D. Gesch. d. franz. Chansons s. 800 n. Chr., 1968; Musikerportraits - Impressionen aus d. Werkstätten v. Komponisten u. Interpreten, 1984. Herausg.: Tamtam, Dialoge u. Monologe z. Musik v. Mauricio Kagel.

SCHMIDT, Ferdinand

Dr. med., em. Prof. Univ. Heidelberg, vorm. Leiter Forschungsstelle f. präventive Onkologie - Am Hinterberg 3, 6916 Wilhelmsfeld (T. 06220 - 86 94) - Geb. 25. Dez. 1923, verh., 4 Kd. - Med.-Stud. Univ. Greifswald; Ex. 1951; Promot. 1952 Univ. Berlin, Habil. 1960 Berlin - S. 1972 a. o. Prof. Univ. Heidelberg; Leit. Forschungsst. f. präventive Onkol.; Vors. Ärztl. Arbeitskr. Rauchen u. Gesundh.; Mitgl. Sachverständigenbeirat Tobacco or Health d. WHO - Entd.: Myelose-Virus d. Maus - BV: Krebs, Virus u. Induktor, 1960; Grundl. d. kybernet. Evolution - e. neue Evolutionstheorie, 1985 - 1977 BVK am Bd., 1979 BVK.

SCHMIDT, Frank

Dr., Vorstandsmitglied Erdölbevorratungsverb./KdÖR, Hamburg, Hauptgeschäftsf. Mineralölwirtschaftsverb. ebd. - Ahornallee 28, 2000 Norderstedt 3 - Geb. 31. Jan. 1937.

SCHMIDT, Friedrich-Werner

Dr. med., Prof., Leiter Abt. f. Gastroenterologie u. Hepatologie Med. Hochsch. Hannover (s. 1965) - Pregelweg 4, 3004 Isernhagen NB 2 (T. Hannover 73 35 33) - Geb. 28. Jan. 1926 Dresden (Vater: Anton S., Kaufmann; Mutter: Olga, geb. Wiehl), kath., verh. s. 1952 m. Prof. Dr. med. Ellen, geb. Konrad (s. dort), 3 Kd. (Alexander, Georg, Daniela) - Staatsgymn. Dresden; Univ. Halle (Med.), Med. Akad. Düsseldorf, Univ. Mainz (Chemie). Med. Staatsex. 1952 Düsseldorf; Habil. 1963 Marburg - 1954 ff. Assistenz- u. Oberarzt. Spez. Arbeitsgeb.: Klin. Enzymologie u. exper. Hepatologie - BV: Enzym-Fibel, 1966 (auch engl. u. span.); Enzymes in Serum, 1967 (engl., auch span.); Prakt. Enzymologie (Symposium), 1968; Atlas d. Leberkrankheiten, 1974. Üb. 100 Einzelarb. - 1964 Homburg-Preis - Liebh.: Malerei - Spr.: Engl.

SCHMIDT, Georg

Dr. med., Prof. f. Gerichtl. Medizin - Blütenweg Nr. 65, 6905 Schriesheim (T. 06203 - 6 25 20) - Geb. 19. Jan. 1923 Ochsenfurt (Vater: Hans S., Oberzollinsp.; Mutter: Friederike, geb. Ueberreiter), verh. 1954 m. Elisabeth, geb. Ostermeyer, 3 Kd. (Monika, Bernhard, Barbara) - Promot. 1947 Tübingen; Habil. 1957 Erlangen - S. 1957 Lehrtätigk. Univ. Erlangen bzw. -Nürnberg (1963 apl. Prof.), Tübingen (1964 o. Prof. u. Inst.dir.), Heidelberg (1968 o. Prof. u. Inst.dir.). 1981/82 Prorektor Univ. Heidelberg. Div. Fachmitgliedsch. Zahlr. Einzelarb. - Spr.: Engl., Franz. - Rotarier.

SCHMIDT, Georg-Winfried

Dr. med., em. Univ.-Prof., Kinderarzt - Karl-Keller-Str. 13, 6300 Gießen (T. 5 72 00) - Geb. 2. Febr. 1917 Königsberg/Pr. (Vater: Dr. med. Erwin S.; Mutter: Maria, geb. Jacoby), ev., verh. s. 1942 m. Cornelia, geb. Conrad, 3 Kd. - Gymn. Insterburg; Univ. Königsberg, München, Freiburg/Br. Promot. 1942; Habil. 1957 - S. 1957 Lehrtätigk. Univ. Gießen (1963 Prof., 1973 H3-Prof., 1980 Ruhestand), 1936-38 Reichsarbeitsdienst u. Wehrpflicht; 1941-47 Kriegseinsatz (zuletzt Stabsarzt d. R.) u. -gefangenschaft. Spez.Arbeitsgeb.: Aminosäuren u. Eiweißstoffw., parenterale Ernährung d. Kindes - BV: Leitf. d. Säuglings- u. Kinderheilkd., 1953, 5. A. 1981; Pädiatrie - Klinik u. Praxis, 1975 (span. Übers. 1979). Mitautor: Diagnost. u. Therapie f. d. Praxis, 5. A. 1984; Bindegewebsmassage, 11. A. 1982; Arzneitherapie, 14. A. 1981. Üb. 150 Einzelarbeiten - EK I; Silb. Verwundeten- u. Infanterie-Sturmabz.; Gold. Ehrenz. Insterburger Landsmannsch. Ostpr. u. DLRG Verkehrswacht - Liebh.: Briefmarken, Aquaristik - Spr.: Engl., Ital. - DLRG-Lehrschein - Bek. Vorf.: Georg Friedrich Händel u. Wilhelm Hauff.

SCHMIDT, Gerhard

Dr. med. (habil.), o. Prof. f. Psychiatrie u. Neurologie - Am Immenberg, 2419 Pogeez/Holst. (T. Ratzeburg 42 82) - Geb. 22. Nov. 1904 Nörenberg, ev., verh. m. Elfriede, geb. Schlicht, 2 Söhne (Peter, Stephan) - Gymn. Stettin; Stud. Philol. (2) u. Med. (10 Sem.) Tübingen, Düsseldorf, Würzburg, Berlin - 1937-45 Assist. u. Oberarzt Dt. Forschungsanst. f. Psychiatrie (Kaiser-Wilhelm-Inst.), München, u. Krkhs. Schwabing, 1945-46 Leit. Heilanstalt Eglfing/Haar, 1947-65 Chefarzt Städt. Krkhs. Lübeck-O, 1952-65 apl. Prof. Univ. Hamburg, s. 1965 Ord. (emerit. 1974) u. Klinikdir. Med. Akad. Lübeck - BV: Goethes Todesneurose - Selektion in d. Heilanstalt 1939-45, Neudruck 1983 - 1986 Griesinger-Med. Dt. Ges. Psych. Neur.

SCHMIDT, Gerhard

Dipl.-Ing., Prof. f. Massivbau - Mannheimer Str. 106, 6750 Kaiserslautern/Pf. (T. 0631 - 4 21 82) - Geb. 10. Mai 1922 Kaiserslautern (Vater: Prof. Friedrich S.; Mutter: Gretel, geb. Kuhn), ev., verh. in 2. Ehe s. 1982 m. Elena, geb. Vila Sommerlade - 1946-49 TH Karlsruhe (Bauing.wesen) - 1950-55 Berat. Ing.; 1956-71 Doz., Abt.leit. u. stv. Dir. e. Ing.sch.; 1971-84 Prof. FH Rhld.-Pf., Kaiserslautern (1976ff. Dekan Fachber. Bauing.wesen). Div. Facharb.

SCHMIDT, Gerhard

Dr. jur., Rechtsanwalt u. Notar - Achenbachhang 11, 4300 Essen 1 (T. 0201 - 73 28 89) - Geb. 4. Mai 1919 Halle/S. (Vater: Franz Sch., Kaufm.; Mutter: Frida, geb. Winter), ev., verh. s. 1947 m. Addy-Ingeborg, geb. Wurtz, S. Jochen - Stud. Rechts- u. Wirtschaftswiss. Univ. Halle, Leipzig u. Lausanne (Promot.) - AR-Vors.: Nixdorf Computer AG, Paderborn, Ratinger Maschinenfabr. u. Eisengieß. GmbH, Ratingen-Ost, Wilhelm Karmann GmbH, Osnabrück; versch. AR-Mitgliedsch. u. Beiratsmand., Stiftungsrat World Economic Forum, Genf; Vors. Stiftg. Westfalen u. Friedrich von Spee Stiftg. - Spr.: Engl., Franz.

SCHMIDT, Gerhart

Dr. phil., o. Prof. f. Philosophie - Steinacker 42, 5300 Bonn 3 (T. 48 16 41) - Geb. 3. Juni 1925 Lörrach/Baden (Vater: Alfred S., Kaufm.; Mutter: Anna, geb. Stürzinger), verh. 1974 m. Christine, geb. Westphal, T. Isabel - Univ. Basel (1946), Freiburg (1948), Lyon (1949). Promot. (1951) u. Habil. (1959) Freiburg - S. 1960 Lehrtätigk. Univ. Freiburg/Br. (1965 apl. Prof.) Bonn (1972 Ord.) - BV: Prädikation u. Apophansis, 1952; V. Wesen d. Aussage, 1956; Hegel in Nürnbg. - Unters. z. Problem d. phil. Propädeutik, 1960; Aufklärung u. Metaphysik - D. Neubegr. d. Wissens durch Descartes, 1965; Subjektivität u. Sein - Zur Ontologizität d. Ich, 1979; Razón y Experiencia, 1982; Platons Vernunftkritik, 1985. Herausg.: Ludwig Feuerbach - Grundsätze d. Phil./Krit. Ausg. (1967); D. Aktualit. d. Transzendentalphilosophie (1977). Übers.: Descartes' Meditationen, 2. A. 1986; D. Suche nach Wahrheit durch d. natürl. Licht, 1989 - Spr.: Franz.

SCHMIDT, Gernot

Dr. phil., Prof. f. Indogermanische Sprachwissenschaft - Vogelsangstr. 13, 5484 Gönnersdorf (T. 02633-9 54 77) - Geb. 29. Juli 1931 Hamburg - S. 1980 Prof. Univ. Bonn - BV: Stud. z. german. Adverb (Diss.), 1962; Stammbild. u. Flexion d. indogerm. Personalpronomina, 1978.

SCHMIDT, Günter Rudolf

Dr., Prof. f. prakt. Theol. Univ. Erlangen - Schinnererstr. 11, 8520 Erlangen (T. 09131 - 4 17 93) - Geb. 22. April 1935 Hanau/M., ev., verh. s. 1965 m. Dr. med. Barbara, geb. Eule, 3 Kd. - Stud. Neuphilol., Theol. u. Päd. - 1969-74 Univ. Hamburg; 1974-82 Hochsch. Lüneburg; s. 1982 Univ. Erlangen (Inst. f. Prakt. Theol.) - BV: D. theol. Propädeutik auf d. gymnasialen Oberstufe, 1969; Autorität in d. Erzieh., 1975; Beiträge z. Religionspäd. u. Päd. in Sammelbd. u. Ztschr. - Spr.: Engl., Franz., Span., Ital.

SCHMIDT, Günther

Dipl.-Volksw., Vorstandsmitglied Volksbank Hamburg Ost-West eG, Hamburg (s. 1970) - 2071 Rotenbek Bez. Hamburg - Geb. 26. Febr. 1922 - U. a. Geschäftsf. Kreditkasse f. Hausinstandsetz. GmbH, Hamburg.

SCHMIDT, Gunther

Dr. rer. nat., Dr. rer. nat. habil., Prof. f. Informatik Univ. d. Bundeswehr - Titurelstr. 9/II, 8000 München 81 - Geb. 28. Nov. 1939 Rüdersdorf, ev., verh. s. 1966 m. Natalia, geb. Kulick, 2 Kd. (Tatjana, Alexander) - 1957-62 Stud. Math. u. Physik (Dipl.-Math. 1962, Promot. 1966), Habil. f. Informatik 1978 - 1980-87 Prof. TU München - BV: Relationen u. Graphen (m. Ströhlein), 1989; Herausg.: M. Broy, G. Schmidt (Eds.): Theoretical Foundations of Programming Methodology (1982); G. Tinhofer, G. Schmidt (Eds.): Graph-Theoretic Concepts in Computer Science (1987) - Spr.: Engl.

SCHMIDT, Gustav F.

Dr. phil., Prof. f. Intern. Politik Ruhr-Univ. Bochum - Am Ossenbrink 2a, 5804 Herdecke - Geb. 22. Nov. 1938 Berlin (Vater: Gustav Sch., Baukfm.; Mutter: Lieselotte, geb. Rennemann), verh. s. 1971 m. Heide-Irene, geb. Windschiegl, 3 Töcht. (Sandra, Sabine, Sonja) - Schule Berlin; FU Berlin (1957-63), St. Antony's College, Oxford (1961/62) - Mitgl. Arbeitskr. Dt. Englandforsch. - BV: Dt. Historismus u. d. Überg. z. parlament. Demokr., (Diss.) 1964; Engl. in d. Krise, 1981; D. europ. Imperialismus, 1985 - Liebh.: Bergsteigen - Spr.: Engl., Franz.

SCHMIDT, Hannelore,

geb. Glaser

Lehrerin, Gründerin Stiftg. z. Schutz gefährdeter Pflanzen (s. 1976) - (Ps. Loki Schmidt) - Zu erreichen üb. Bundeshaus, 5300 Bonn - Geb. 3. März 1919 Hamburg (Vater: Hermann Glaser, Elektriker; Mutter: Gertrud, geb. Martens), ev., verh. s. 1942 m. Helmut Schmidt, Bundeskanzler a. D., T. Susanne - Abit. 1937; b. 1940 Stud. (2. Lehrerprüf. f. Volks- u. Realschule 1955) - 1940-72 Lehrerin an Volks- u. Realschule - BV: Schützt d. Natur, 1979 - Entwirft Teller (bisher 12 f. Fa. Rosenthal) - 1982 Alexander-v.-Humboldt-Med. in Gold - Liebh.: Biol. (Botanik u. Zool.); Archäol., Musik, Malerei - 1977, 1978 u. 1979 Gold. Sportabz.

SCHMIDT, Hannes

Dr. phil., Prof., Publizist - Berliner Ring 40, 5300 Bonn 2-Bad Godesberg (T. 37 39 88) - Geb. 28. Okt. 1909 Hamm/W. (Vater: Emil S., Postamtm.; Mutter: Emma, geb. Rosenthal), ev., verh. s. 1939 m. Ilse, geb. Jansen, 2 Kd. (Antje, Florian) - Promot. 1938 - 1938-40 Berliner Lokal-Anzeiger, n. 1945 Journ. Rhein. Merkur, 1948-51 Ressortleit. D. Welt (Essen), 1951-53 Redakt. Werk u. Zeit, 1954-55 Chefredakt. Filmwoche, 1955-56 Theaterkritiker Frankfurter Rundschau, 1956-58 Presseref. Dt. Forschungsgem., gegenw. Theaterkrit. u. Kulturpolitiker Neue Ruhr Ztg./Neue Rhein Ztg. (NRZ). emerit. Doz. Fachhochsch. Dortmund - Monographie: Herm Dienz (1979) - Spr.: Franz., Engl.

SCHMIDT, Hanns-Dietrich

Chefdramaturg Schauspiel Essen (s. 1985), Dozent Folkwang-Hochschule Essen f. Dramaturgie u. Theatergesch. (s. 1987) - Corellistr. 48, 4000 Düsseldorf 13 (T. 0211 - 70 88 48) - Geb. 1. Sept. 1955 Düsseldorf, ledig - B. 1979 Stud. Theaterwiss., Kunstgesch. u. Phil. Univ. Köln - 1975-78 Dramaturgie- u. Regiemitarb. Schauspiel Köln; 1978-79 Dramat. Schauspiel Köln; 1979-85 Dramat. Württ. Staatstheater Stuttgart; Gastdramaturgien in Berlin, Frankfurt, Düsseldorf - BV: F. Schiller, Demetrius Text u. Dok., 1984. Herausg.: Norodon Sihanouk, König v. Kambodscha (1988); D. Ilias d. Homer (1989). Mithrsg.: D. Welt d. D. C. v. Lohenstein (1979) - Spr.: Engl.

SCHMIDT, Hans

Dr. phil., Prof. f. Neuere Geschichte - Tulpenstr. 15, 8011 Aschheim (T. 089-903 25 86) - Geb. 15. Nov. 1930 Ludwigshafen (Vater: Ernst Sch., Dipl.-Kfm., Untern.; Mutter: Felicitas, geb. Meder), kath., verh. s. 1963 m. Uta, geb. Brück - Obersch. Grünstadt; Univ. München, Freiburg, Paris, Promot. 1960, Habil. 1970 München - 1961/62 Stip. röm. Inst. Görresges., 1962-67 wiss. Assist., 1970 Priv.doz., dann Prof. Univ. München - BV: Kurfürst Karl Philipp v. d. Pfalz als Reichsfürst, 1963; Philipp Wilh. v. Pfalz-Néuburg als Gestalt d. dt. u. europ. Gesch. d. 17. Jh., Bd. I, 1973 - 1959 Fak.preis d. Phil. Fak. Univ. München - Liebh.: Musik, Malerei, Lit., Schach - Spr.: Engl., Franz.

SCHMIDT, Hans

Dr. rer. nat., em. o. Prof. f. Astronomie - Wachsbleiche Nr. 5, 5300 Bonn - Geb. 14. Juli 1920 Remscheid, ev., verh. s. 1943 m. Ilse, geb. Renkhoff, 3 Söhne (Wilfried, Wolfram, Christoph) - 1939-42 Univ. Jena u. Bonn (Physik). Promot. (1942) u. Habil. (1951) Bonn - S. 1945 Univ. Bonn (1951 Privatdoz., 1958 apl. Prof., 1964 Wiss. Rat u. Prof., 1966 o. Prof. u. Dir. Sternwarte), emerit. 1985. Spez. Arbeitsgeb.: Photometrie, Stellarstatistik, Bedeckungsveränderliche. Mitgl. Astronom. Ges., Intern. Astronomical Union, Dt. Physikal. Ges. Fachveröff.

SCHMIDT, Hans Dieter

Schriftsteller, Fachberat. Oberschulamt Stuttgart - Am Reinhardshof 51, 6980 Wertheim (T. 09342 - 41 70) - Geb. 29. Sept. 1930 Adelsheim, verh. m. Brigitte, geb. Schleier, 3 Töcht. (Susanne, Corinna, Constanze) - Abit.; Univ.stud. Fachgeb. German., Gesch., Angl., Phil. - 1963-81 Leit. VHS Wertheim; s. 1971 Gymnasialprof. (Fachber. Oberschulamt Stuttgart) - BV: Möglichkeiten, Ged. 1971; Schattenveränderung, Ged. 1972; Probezeit, Erz. 1975; D. kurze Sommer d. Hans Beheim, Theaterst. 1976; Keine Insel f. Robinson, Ged. 1977; E. Bildnis d. Luise E., Erz. 1978; Gesichter d. Ferne, Prosa 1980; Melusine u. schwarze Wasser, Prosa 1980; D. schönen Fluß hinunter, Prosa 1983; Wege in Franken, Ged. 1985 - 1973 Förderpr. f. Kurzgesch.; 1979 Dauthendey Med.; 1980 Kulturpr. v. Wertheim; 1982 BVK.

SCHMIDT, Hans Wilhelm

Dr.-Ing., Direktor i. R., Honorarprof. f. Meß- u. Prüftechnik in d. Fertigung TH Darmstadt (s. 1958) - Wilhelmstr. 1d, 6800 Mannheim-Feudenheim (T. 79 22 62) - Geb. 16. Juli 1902 Mannheim (Vater: Wilhelm S., Angest.; Mutter: Auguste, geb. Graml), ev., verh. s. 1934 m. Elisabeth, geb. Hoffmann, 2 Kd. (Ursula, Hans-Joachim) - TH Karlsruhe (Maschinenbau; Dipl.-Ing. 1926, Promot. 1931) - Langj. Wiss. Dir. Hommelwerke GmbH., Mannheim-Käfertal, Ehrenvors. Aussch. f. Meßwesen DIN. Werkstattb.: Längenmessungen (104), Lehren (114). Mitarb.: Taschenb. d. Längenmeßtechnik - 1968 DIN-Ehrennadel in Gold - Spr.: Engl. - VDI.

SCHMIDT, Hansheinrich

Oberlehrer a. D., MdB (1961-83) - In der Knackenau 19, 8022 Grünwald - Geb. 6. Sept. 1922 Leipzig (Vater: Paul S., Amtsgerichtspräs.; Mutter: Margarete, geb. Clasen), ev., verh. s. 1944 m. Ilse, geb. Recher, 3 Kd. (Evelyn, Carmen, Marion) - Gymn. Dresden (Abit.); Lehrerausbild. Staatsex. 1949 u. 51 - 1941-45 Wehrdst. (schwerverwundet) u. Gefangensch.; 1951-60 Lehrer u. Oberlehrer (1960) Kempten. FDP s. 1955 (1957 Kreisvors. Kempten, 1958 stv., 1970 Bezirksvors. Schwaben, 1964 Mitgl. Landesvorst. Bayern, z. Z. Beratungsbüro, s. 1971 Mitgl. d. Europarates - Gold. Ehrenz. Dt. Gewerbeverb. (1965) u. Bund Dt. Kriegsopfer (1966); 1970 Bayer. VO., 1972 BVK I. Kl., 1976 Gr. BVK, 1982 Stern dazu; 1982 Gold. Ehrenz. d. Dt. Handwerks - Spr.: Engl., Franz.

SCHMIDT, Hans-Martin

Dr. jur., Verleger, gf. Gesellsch. Verlag Dr. Otto Schmidt KG. u. Centrale f. GmbH Dr. Otto Schmidt, Köln, Vors. Arbeitsgem. rechts- u. staatswiss. Verleger - Morbacher Str. 53, 5000 Köln 41 - Geb. 4. Aug. 1929.

SCHMIDT, Hans-Walter

Dr. jur., Vorstandssprecher Württ. Hypothekenbank AG, Stuttgart - Büchsenstr. 26, 7000 Stuttgart - Geb. 28. Nov. 1925 Köln - Vorst. Verb. dt. Hypothekenbanken.

SCHMIDT, Hans-Wolfgang

Vorsitzender Richter a. Bundesgerichtshof (s. 1974) - Herrenstr. 45a, 7500 Karlsruhe - Geb. 2. Jan. 1920 - Zul. 1967-68 Landgerichtsdir. Lübeck. Zahlr. jurist. Veröff.

SCHMIDT, Hartmut

Dr. rer. oec., o. Prof., geschäftsf. Direktor Inst. f. Geld- u. Kapitalverkehr Univ. Hamburg - Von-Melle-Park 5, 2000 Hamburg 13 (T. 040 - 41 23 36 70) - Geb. 27. Okt. 1941, ev., S. Luis - Promot. 1969 Saarbrücken - BV: Börsenorganisation z. Schutze d. Anleger, 1970; Vorteile u. Nachteile e. integrierten Zirkulationsmarktes f. Wertpapiere gegenüb. e. gespaltenen Effektenmarkt, 1977 (auch Engl. u. Franz.); Bank- u. Börsenwesen, Bd. 1: Struktur u. Leistungsangebot (m. M. Schurig u. J. Welcker), 1981; Special Stock Market Segments for Small Company Shares: Capital Raising Mechanism and Exit Route for Investors in New Technol. Based Firms, 1984; Offene Märkte f. Beteiligungskapital: USA, Großbrit., Bundesrep. Deutschl. (m. H. Giersch), 1986; Wertpapierbörsen: Strukturprinzip, Organisation, Kassa- u. Terminmärkte, 1988.

SCHMIDT, Heinrich

Landwirt, Landschaftsrat, MdL Nieders. (1965-74) - 3071 Rohrsen üb. Nienburg/Weser (T. 2 28) - Geb. 7. April 1910 Rohrsen, ev., verh., 3 Kd. - Gymn.; landw. Fachsch. - S. 1935 selbst. Landw. 1939-47 Wehrdst. u. franz. Kriegsgefangensch. S. 1948 Ratsherr u. Bürgerm. (1949) Rohrsen. MdK Nienberg. CDU (1962 Kreisvors.) - 1971 BVK I. Kl.

SCHMIDT, Heinz

Dr. theol., Prof. f. ev. Theologie Univ. Frankfurt, Pfarrer - Panoramaweg 1a, 6200 Wiesbaden (T. 06121 - 56 92 93) - Geb. 8. Juni 1943 Heidelberg, ev., verh. s. 1976 m. Hannelore - Univ. Heidelberg (1. theol. Ex. 1968, 2. Ex. 1970, Promot.

1976); Habil. 1983 Univ. Frankfurt - 1970-75 Pfarrer u. Religionslehrer; 1976-79 Doz. Päd.-Theol. Zentrum Stuttgart; s. 1979 Prof. Univ. Frankfurt - BV: Unterr. üb. Glaube u. Leben, 1975; 28 Unterrichtseinh. 5/6 Schulj., 1976; Religionspäd. Rekonstrukt., 1977; 27 Unterrichtseinh. 7/8 Schulj., 1978; Kursb. Relig. 7/8 u. 9/10, 1979; 33 Unterrichtseinh. 9/10 Schulj., 1980; Lehrerhandb. Kursb. Relig., 1981; Religionsdidakt., Bd. I, 1982, Bd. II 1984; Didaktik d. Ethikunterr., Bd. I 1983, Bd. II 1984 - Liebh.: Archäol., Kunstgesch. - Spr.: Ital., Engl.

SCHMIDT, Heinz

Dr. med., Prof., Abteilungsvorsteher Physiolog. Inst. I Univ. Saarbrücken - Klinikum, 6650 Homburg/Saar (T. 1 61); priv.: Cappelallee 25 (T. 51 68) - Geb. 18. März 1929 Großbundenbach/Pfalz - S. 1964 (Habil.) Lehrtätigk. Univ. Saarbrücken (1968 Abt.svorst., 1969 Prof.). Fachaufs.

SCHMIDT, Heinz

Direktor - Alois-Wohlmuth-Str. 2, 8000 München 90 (T. Büro: Stuttgart 172 21 57) - Geb. 28. Nov. 1914 Bühl/Baden (Eltern: Emil (Studienprof.) u. Herta S.), kath., verh. 1974 m. Haidi Smé, 1 T. - Gymn. (Abit.); Redaktionsvolontariat; Stud. Wirtschaft. Dolmetscherex. - S. 1962 Daimler-Benz AG., Stuttgart (1967 stv., 1969-79 o. Vorst.-Mitgl.). Mitgl. Board of Directors Mercedes-Benz of North America Inc., VR-Mitgl. Mercedes-Benz France, AR-Mitgl. Maschinenfabrik Esslingen; u. a. Vors. Öffentlichkeitsaussch. Bundesvereinig. d. Dt. Arbeitgeberverb., Beiratsmitgl.Inst. d. deutschen Wirtschaft. Kur.-Mitgl. Dt. Sporthilfe. Kur.-Mitgl. H. M. Schleyer-Stiftg. - Spez. Arb.geb.: Wirtschaftspolitik u. Öffentlichkeitsarb. - Spr.: Engl., Franz.

SCHMIDT, Heinz

Dipl.-Wirtschaftsing., Geschäftsführer Fachvereinig. Phosphorsaure Salze - Karlstr. 21, 6000 Frankfurt/M. 1 - Geb. 6. Dez. 1933.

SCHMIDT, Heinz Ulrich

Dr. rer. nat., o. Prof. f. Organ. Chemie - Pfaffenwaldring 55, 7000 Stuttgart 80 - Geb. 24. Mai 1924 Woldenberg (Vater: Dr. Albert S.; Mutter: Charlotte, geb. Vahl), ev., verh. s. 1963 m. Brita, geb. Stehle, 3 Kd. (Bettina, Corinna, Wolfram) - Gymn.; Univ. Berlin, Greifswald, Halle, Freiburg (Chemie). Promot. u. Habil. Freiburg - S. 1958 Lehrtätigk. Univ. Freiburg (1964 apl. Prof.), Wien (1967 o. Prof. u. Inst.svorst.) u. Stuttgart (1977 o. Prof.). Mitgl. Österr. Akad. d. Wiss. u. Dt. Akad. d. Naturforscher (Leopoldina).

SCHMIDT, Heinz-Günther

Dr. med., Prof., berat. Arzt Siemens AG, Berlin - Badenallee 12/13, 1000 Berlin 19 (T. 304 63 09) - Geb. 21. Sept. 1922 Düsseldorf (Vater: Hellmut S., Kaufm. Direktor; Mutter: Edith, geb. Ziegler), ev., gesch., T. Maria-Christina (geb. 1956) - Gymn. Chemnitz, Hamburg, Berlin; Stud. Med. Berlin u. Hamburg, Betriebsw. Berlin. Promot. 1947 Berlin (Humboldt-Univ.); Habil. 1962 Berlin (TU) - S. 1949 Arztpraxis. S. 1962 Privatdoz. u. apl. Prof. (1967) TU Berlin (Arbeitssicherheit u. -med.), 1980 Lehrbeauftr. FU Berlin f. Allgemeinmed. Mitarb. div. Facheinricht. (z. T. Vors.), s. 1987 Konsul d. Rep. Niger in Berlin, Mitgl. u. Vors. zahlr. Gremien im FNErg. u. d. ISO. Üb. 100 Fachveröff., dar. Bücher - 1972 BVK I. Kl.; 1980 Hartmann-Bund Thieding-Plak. - Liebh.: Kunst, Kulturgeschichte, Phil., Reitsport - Spr.: Engl. - Bek. Vorf.: Küchler, hess. Finanzmin. (vor 1914); Prof. Auler, Krebsforscher.

SCHMIDT, Helmut

Dr. rer. nat., Prof. f. Physik u. ihre Didaktik - Am Pleisbach Nr. 28, 5205 St. Augustin 1 (T. 02241-33 42 73) - Geb. 24. Jan. 1940 Rossdorf/Schl. (Vater: Karl Sch.; Mutter: Frieda, geb. Zopf), ev., verh. s. 1965 m. Magdalene, geb. Treichel, T. Ariane - 1959-64 Univ. Hannover u. Saarbrücken (Phys.), Dipl. 1964, Promot. TH Braunschweig 1967 - 1967-71 Ind.-Entw., 1971-74 Univ. Frankfurt, s. 1974 o. Prof. Bonn (PH Rheinl./Abt. Bonn b. 80, s. 80 Univ. Bonn). Div. Veröff. üb. Fachdidaktik Physik - Spr.: Engl.

SCHMIDT, Helmut

Dr. med., Prof., Abteilungsvorsteher Patholog.-Anatom. Inst. Univ. Erlangen-Nürnberg - Lampertsbühl 5, 8520 Erlangen (T. 3 51 24) - Geb. 26. Okt. 1920 Ebersdorf/Ofr. (Vater: Karl S., Lehrer), verh. s. 1968 m. Gertrud, geb. Laudel, 2 Kd. - Univ. Erlangen. Promot. (1953) u. Habil. (1963) Erlangen - S. 1963 Lehrtätigk. Univ. Erlangen - Nürnberg (1969 apl. Prof. f. Neuropathol.). Facharb.

SCHMIDT, Helmut

Dr. theol., Pfarrer, theol. Leit. Ev. Fachsem. - Diakonissenstr. 28, 7500 Karlsruhe 51 - Geb. 28. Febr. 1935 Berlin (Vater: Dr. jur. Heinz S., Senatspräs.; Mutter: Elsbeth, geb. Niederstein), ev., verh. s. 1970 m. Hannelore, geb. Neumann, 2 Kd. (Thomas, Michael) - Human. Gymn.; Stud. Theol. Promot. Zürich - Zul. Akad.dir. Ev. Akademie Hofgeismar - Spr.: Engl.

SCHMIDT, Helmut

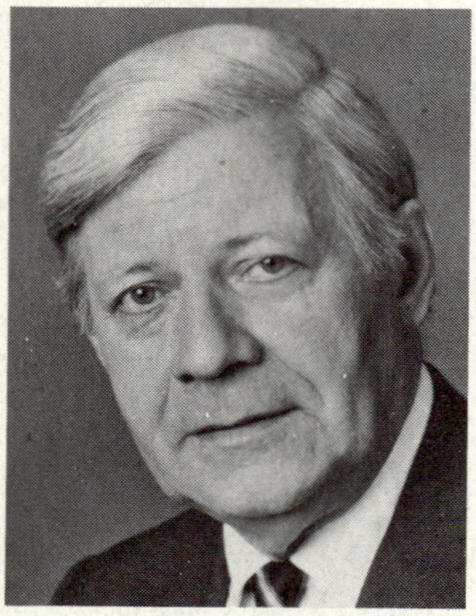

Drs. h.c., Dipl.-Volksw., Bundeskanzler a.D. (1974-1982), Verleger u. Mitherausg. Wochenztg. D. Zeit (1983ff.) - Bundeshaus, 5300 Bonn 1 - Geb. 23. Dez. 1918 Hamburg (Vater: Gustav S., Studienrat † (1981 92j.); Mutter: Ludovica, geb. Koch †), ev., verh. s. 1942 m. Hannelore (Loki), geb. Glaser (Lehrerin), T. Dr. Susanne - Lichtwark-Sch. u. Univ. Hamburg (1945-49; Staatswiss., Volksw.) - 1937-45 Wehrmacht (zul. Olt. d. R. u. Batteriechef); 1949-53 Abt.leit. Senatsverw. f. Wirtsch. u. Verkehr Hamburg; 1961-65 Innensenator Hamburg; 1969-72 Bundesverteidigungsmin.; 1972 (Juli-Dez.) Bundeswirtschafts- u. - finanzmin.; 1972-74 Bundesfinanzmin.; 1974-82 Bundeskanzler. 1953-62 u. 1965-87 MdB (1965-66 stv., 1966-67 amt., 1967-69 Fraktionsvors.). 1983ff. Verleger u. Mithrsg. Wochenztg. D. Zeit (Hamburg). SPD s. 1946 (1968-83 stv. Parteivors.) - BV: Wegweiser durch d. Verkehrsw., 1953 (m. W. Leifermann); Verteidigung oder Vergeltung? - E. dt. Beitrag z. strateg. Problem d. NATO, 1961, 5. A. 1969 (auch engl.); Beiträge, 1967; Strategie d. Gleichgewichts - Dt. Friedenspolitik u. d. Weltmächte, 1969 (auch engl.); Bundestagsreden, 1971; Auf d. Fundament d. Godesberger Progr., 1973; Bundestagsreden u. Zeitdokumente, 1975; Kontinuität u. Konzentration, 2. A. 1976; Als Christ in d. polit. Entscheidung, 1976; Deutschland 1976 - Zwei Sozialdemokraten im Gespräch (m. Willy Brandt); Der Kurs heißt Frieden, 1979; Pflicht zur Menschlichkeit, 1981; Freiheit verantworten, 1983; Weltwirtschaft ist unser Schicksal, 1983; E. Strategie f. d. Westen, 1985 (auch engl.); Vom dt. Stolz. Bekenntnisse z. Erfahrung v. Kunst, 1987; Menschen u. Mächte, 1987 - Ehrendoktorwürde: Oxford/Engl., Cambridge/Engl. (4), Sorbonne/Frankr., Harvard/USA, Newberry College South Carolina/USA, Johns-Hopkins-Univ. Baltimore/USA, fläm. Univ. in Löwen; Temple Univ. Philadelphia/USA; 1971 Orden Wider d. tier. Ernst Aachener Karnevalsverein; 1983 Ehrenbürger Hamburg u. Bonn; 1983 Senator Max-Planck-Ges.; Ehrenmitgl. Aspen-Inst. Berlin; Ehrenvors. e. Wirtschaftsforschungsinst. in Tokio - Liebh.: Barocke Klaviermusik, Orgelspiel, Schach, Malen, Segeln - Spr.: Engl. - Fernsehen/ARD: Einige Tage im Leben d. H. S. (1970); H. S. u. d. Rest d. Welt - D. Exkanzler unterwegs (ZDF, 16. Jan. 1984) - Lit.: Sibylle Krause-Bürger, H.S. - Aus der Nähe gesehen (1980); Klaus Bölling - D. letzten 30 Tage im Bundeskanzleramt (1982); Benjamin Caw, Helmut Schmidt (1985); Jonathan Carr, Helmut Schmidt (1985).

SCHMIDT, Helmut F. M.

Dr. med. dent., Prof. f. Zahnheilkunde - Georg-Voigt-Str. 3, 3550 Marburg/L.; priv.: Zur Klause 22, 3550 Marburg - Geb. 2. April 1929 Zuckmantel (Vater: Dr. jur. Oskar S., Amtsgerichtsrat; Mutter: Marta, geb. Seipel), ev., verh. s. 1958 m. Irmgard, geb. Jäger, 2 T. (Gudrun, Karin) - Stud. Zahnheilkd. Promot. 1959; Habil. 1968 - U. a. Leit. Funktionsber. Kinderzahnheilkd. Univ.s-ZMKklinik Marburg - BV: Grundriß d. Kinderzahnheilkd., 1979 - Entwickl. e. Methode d. Vorbeug. gegen Zahnkaries durch fluoridhalt. Lack.

SCHMIDT, Helmut G.

Journalist, Chefredakteur SPD-Pressedienste - Burg Sahr, 5481 Kirchsahr b. Bonn (T. 02643 - 72 74) - Geb. 21. Sept. 1940 Weiden/Opf. (Vater: Hanns Sch., Rektor; Mutter: Erna, geb. Hornauer, Lehrerin), verh. s. 1965, 2 Kd. (Alessandra, Christian Carlo) - Mittl. Reife, kfm. Lehre, Redakt.volont. - Redakt. b. versch. Tagesztg. u. Ztschr., Öfftl.arb. u. Pressearb. f. d. SPD-Vorst., s. 1977 Chefredakt., s. 1983 auch Geschäftsf. d. SPD-Pressedienste u. Parlament. Polit. Pressedienste. Herausg.: Kopfgeld (1988); Veranst. v. zeitgeschichtl. Dokumentationen: 40 J. Presse ohne Fesseln (1985); Kopfgeld - 40 J. Deutsche Mark (1988); 1949-1989 - 40 J. BRD in d. Karikatur (1989).

SCHMIDT, Helmut Karl

Dr. rer. nat., Dipl.-Chem., Leiter Fraunhofer-Inst. f. Silicatforsch. - Badstr. 2, 8705 Zellingen.

SCHMIDT, Herbert

I. Bürgermeister Stadt Selbitz - Rathaus, 8677 Selbitz/Ofr. - Geb. 17. Nov. 1929 Selbitz - Zul. Prokurist.

SCHMIDT, Herbert

Sportjournalist - Quellweg 42, 1000 Berlin 13 (T. 381 36 82) - Geb. 28. Jan.. 1914 Berlin - S. 1945 Sportreporter (langj. Sportchef SFB) - 1936 Bronzemed. Olymp. Spiele Berlin (Schlagmann Achter Grünau).

SCHMIDT, Herbert

Dipl.-Volksw., Geschäftsführer betatechnik Ges. f. Filmbearbeitung mbH, Unitel Film- u. Fernseh-Produktions-GmbH & Co, Iduna Film GmbH, Produktions-GmbH & Co., alle Unterföhring - Scharnitzer Str. 10, 8032 Gräfelfing/Obb. (T. München 85 22 18) - Geb. 12. Jan. 1930.

SCHMIDT, Hermann

Dr. rer. pol., Präsident Bundesinstitut f. Berufsbildung - Fehrbelliner Pl. 3, 1000 Berlin 31; u. Friesdorfer Str. 151-53, 5300 Bonn - Geb. 28. Dez. 1932 - Stud. Wirtschaftswiss. u. Berufspäd. Univ. Köln; Stud.aufenth. in Holl., Ital., Jugosl. u. USA - Berufsschullehrer; Dir. e. Berufs- u. Fachobersch. in Köln; Referatsleit. Kultusmin. in Düsseldorf; b. 1977 Min.dirigent im Bundesmin. f. Bildung u. Wiss.

SCHMIDT, Hermann

Dr. phil., o. Prof. f. Mathematik u. Astronomie (emerit.) - Bremenweg 4, 8700 Würzburg - Geb. 22. Juli 1902 Merkendorf/Mfr. (Vater: Ferdinand S., Pfarrer; Mutter: Anna, geb. Düring), ev., verh. s. 1930 m. Edith Handke †, 4 Kd. (Gerlinde †, Volkmar, Irmtraut, Burkhard) - Gymn., Univ. u. TH. Promot. 1927 München - S. 1931 Lehrtätigk. Univ. Jena (1937 n. b. ao. Prof.), TH Braunschweig (1947), Univ. Würzburg (1951 Ord., Vorst. Math. u. Astronom. Inst. m. Sternwarte). Arbeitsgeb.: Spez. Funktionen, Differentialgleich., Reihen, Zahlenth. Ca. 70 Fachveröff. - 1965 o. Mitgl. Bayer. Akad. d. Wiss. - Liebh.: Musik - Spr.: Engl.

SCHMIDT, Hermann

Dr. med., Prof., Chefarzt i. R. Strahlendiagnost. Abt. Allg. Krankenhaus Altona (Hamburg) - Bohnenbergerstr. 10, 7400 Tübingen (T. 6 69 65) - Geb. 8. April 1922 Hagen/W. (Vater: Walter S., Ing.; Mutter: Elisabeth, geb. Schüssler), verh. 1946 m. Helene, geb. Aust - Promot. (1945) u. Habil. (1958) Tübingen - S. 1958 Lehrtätigk. Tübingen (1965 apl. Prof. f. Med. Strahlenkd.) u. Hamburg (1969) - BV: D. okzipitale Dysplasie, 1960; Röntgentomographischanatom. Atlas, 1970 (auch engl., jap., span.); Programmierte radiol. Bef., 1976; Motilität d. oberen Harnwege, 1978. Einzelarb.

SCHMIDT, Hermann Josef

Dr. phil., Prof. f. Philosophie Univ. Dortmund - In der Epscheid 1, 5805 Breckerfeld - Geb. 5. Mai 1939 Köln, ledig - 1. Staatsex. f. d. Lehramt an Volksschulen 1962 Päd. Akad. Freiburg; Promot. (Phil.) 1968 Freiburg; Habil. 1976 PH Ruhr Dortmund - BV: Nietzsche u. Sokrates, 1969; Phil. als Problem, 1977.

SCHMIDT, Hugo-Wolfram

Prof., Direktor Rhein. Musikschule (Konservat.), Köln (1963-69) - Osnabrücker Str. 4, 5000 Köln-Weidenpesch (T. 74 10 50) - Geb. 9. Okt. 1903 Eddersheim/M. (Vater: Paul Joseph S., Hauptlehrer; Mutter: Johanna, geb. Ehry), kath., verh. s. 1933 m. Helene, geb. Beel - Gymn. Höchst/M.; Dr. Hoch's Konservat. Frankfurt (Klavier, Orgel, Kompos.); Univ. ebd. (Musikwiss., German.); Musikhochsch. Köln; Akad. f. Kirchen- u. Schulmusik Berlin - 1930-58 höh. Schuldst. Köln (1957 Oberstudienrat; Fachberat. f. Musik u. Leit. städt. Jugend- u. Schulmusikwerk); ab 1935 zugl. Doz. Musikhochsch. ebd.; Wehrdst.; fr. Mitarb. WDR (s. 1957 üb. 200 Hausmusikstd.); s. 1957 Lektor Musikverlag Gerig, Köln; 1958-62 Leit. Abt. Schulmusik Musikhochsch. Frankfurt/M. 1966 Gründer Musikgymn. d. Stadt Köln (Denkschr. 1965). Kompos.: Chöre, Lieder, Kantaten - BV: D. ästhet. Verhalten als Grundl. d. Musikerzieh., 1928; D. Gesch. d. Orgelkompos., 1949; D. Suite, 1957; D. psych. Grundl. d. Musikerzieh., 1962; Spielb. f. allerlei Instrumente, 1962; Aufbruch d. Jungen Musik - V. Weber b. Stockhausen, 1970 (m. Helmut Kirchmeyer); Carl Orff - S. Leben u. s. Werk, 1971. Herausg.: D. Neue Reihe (üb. 100 Chor-, Orch- u. Kammermusikw.); Mithrsg.: Garbe - Musikkd. v. d. Antike b. z. Gegenw. (3 Bde. 1942), Musikal. Handwerkslehre (1952), Musikal. Gestaltenlehre (1956), Almanach d. Hausmusik (1958), Musikbüchlein f. jedermann (1960) - Liebh.: Bilder - Spr.: Engl., Franz.

SCHMIDT, Ingo

Dr. rer. pol., Prof. f. Volkswirtschaftslehre Univ. Hohenheim, Senatsrat a. D. - Danneckerstr. 28, 7000 Stuttgart 1 (T. 0711 - 24 25 41) - Geb. 30. Mai 1932 Breslau (Vater: Dr. Lothar Sch., Chemiker; Mutter: Emmy, geb. Jaersch), ev., verh. s. 1959 m. Dr. Hilde-Lore, geb. Fischer, 2 Kd. (Cornelia, Felix) - Dipl.-Volksw. u. Promot. 1958 u. 1961 FU Berlin; Habil. 1972 Univ. Bochum - 1958-62 wiss. Assist. FU Berlin; 1962-73 Ref. Bundeskartellamt; 1973-77 Abt.-

Leit. b. Senator f. Wirtsch. Berlin; s. 1977 o. Prof. Univ. Stuttgart-Hohenheim - BV: Auswirk. d. Rentenreform auf d. Stabilität d. Geldwertes, 1961; US-amerik. u. dt. Wettb.politik gegenüber Marktmacht, 1973; Wettb.theorie u. -politik, 1981; D. Verwendbark. v. Konz.maßen in d. Europ. Wettb.politik, 1983; D. Chicago School of Antitrust Analysis, 1986; Wettb.politik u. Kartellrecht, 1987; A Critical Evaluation of the Chicago School of Antitrust Analysis, 1989 - Spr.: Engl., Franz., Latein.

SCHMIDT, Jochen

Schauspieler, Regisseur - Julius-Vosseler-Str. 41 B, 2000 Hamburg 54 (T. 040 - 560 34 25) - Geb. 2. April 1928 Leipzig, verh. s. 1974 m. Renée Sch.-Roux - Abit.; 1946/47 Schauspielstud. Leipzig - 1961-68 Engagement Thalia-Theater Hamburg; s. 1970 fr. Regiss. u. Schausp. am Theater (u.a. Hamburger Kammerspiele, Ernst-Deutsch-Theater) u. Hörf. (NDR). 1984-86 Oberspielleit., 1987 Leit. d. Festspiele Bad Hersfeld - Insz.: Orpheus in d. Unterwelt (Münster 1969); D. Entführung aus d. Serail (Freiburg 1970); D. Parasit (Bad Hersfeld 1987); Gold. Jahre (Europ. Erstauff. Hamburg 1987). Hauptrollen: Moebius (Hamburg 1974); Striese (Hannover 1982, Essen 1985); Feldprediger (Bad Hersfeld 1986) - Liebh.: Sächs. Dialekt.

SCHMIDT, Jörg

Dr. phil., Prof. f. Geschichte Univ. Bremen - Gartenweg 3, 2802 Ottersberg - Geb. 1943 - Promot. 1971 Univ. München - 1971-74 Assist. f. Neuere Gesch. Univ. München; 1974 Prof. Univ. Bremen (Histor.-sozialwiss. Curriculum) - BV: Historiograph. Ansatz F. Braudels u. d. Krise d. Geschichtswiss., 1971; Stud. d. Gesch., 1975; Mod. Vernunft u. unmod. Leben?, 1986.

SCHMIDT, Johann

Dr. jur., Präsident Bayer. Verwaltungsgerichtshof i.R. (1974-87) - 8035 Gauting - Geb. 28. Dez. 1922 Trossingen (Vater: Johann S., Kaufm.; Mutter: Maria, geb. Bärwig), kath., verh. s. 1951 m. Ingeborg, geb. Keppner, 3 Söhne (Christian, Johannes, Friedrich) - Gr. jurist. Staatsprüf. - 1951-56 Bayer. Finanzmin. (zul. Oberreg.rat), 1956-61 Oberstaatsanw., 1961-66 Richter Bundesverw.gericht, 1967/68 Senatspräs., 1968-74 Vizepräs., 1974-87 Präs. Bayer. Verw.gerichtshof. S. 1967 Mitgl. u. 1974-87 stv. Präs. Bayer. Verfass.gerichtshof - 1978 Bayer. VO.; 1987 Gr. BVK.

SCHMIDT, Johann-Karl

Dr. phil., Museumsdirektor Galerie d. Stadt Stuttgart - Schloßpl. 2, 7000 Stuttgart (T. 0711 - 216 21 88) - Geb. 15. Jan. 1942 Braunschweig, verh. m. Ingrid, geb. Huttenlauch, 3 Kd. (Wendelin, Anna, Eva) - Univ. Braunschweig, Freiburg, Wien, Florenz, München; Promot. 1969 Univ. München - 1970/71 Assist. Wallraf-Richartz-Museum Köln, 1972-78 Museum d. Stadt Ulm; 1978-86 Kustos Hess. Landesmuseum Darmstadt; s. 1986 Dir. Galerie d. Stadt Stuttgart; 1988 Gastprof. Hochsch. d. Künste Berlin - BV: Tiefe Blicke - Kunst d. 80er Jahre, 1985.

SCHMIDT, Johann Michael

Dr. theol., o. Prof. f. Ev. Theologie u. ihre Didaktik (Bibelwiss.) Univ. Köln - Thomas-Mann-Str. 13, 4005 Meerbusch 2.

SCHMIDT, Johanna

Dr. phil., Prof., Direktorin Inst. f. Kultur- u. Heimatkunde Berlin - Lupsteiner Weg 54a, 1000 Berlin 37; Guajara Apart. 213, Puerto de la Cruz/Teneriffa (Spanien) - Geb. 7. Aug. 1909 Leipzig (Vater: Fritz S., Beamter; Mutter: Alice, geb. Fiedler), ev., led. - Gymn. Leipzig; Univ. Berlin, Greifswald, Freiburg/Br., München (Spr., Gesch., Geogr., Phil.). Promot. 1932 - 1933 Mitarb. Pauly-Wissowa Realenzyklopädie f. klass. Altertumswiss. (haupts. Topogr. d. Mittelmeerländer); 1940 Lektorin u. Assist. Univ. Greifswald; 1943 Wiss. Mitarb. u. Assist. Univ. Berlin; 1946 Doz. Schulwiss. Inst. Leipzig; 1948 Leit. Forschungsstelle f. Stadt- u. Kulturgesch. ebd.; 1953 Doz. Päd. Hochsch. Berlin; 1955 wie oben. Wiederh. berufl. Schädigung aus polit. Gründen - BV: u. a. Minucius Felix u. Tertullian?, 1932; Maß u. Harmonie, 1934; Hl. Berge Griechenl. in alter u. neuer Zeit, 1939; Ethos, 1941; Heimat u. Kultur, 1955; Patriotismus u. Humanismus, 1961; Limes Romanus u. Limes Sorabicus, 1962; Normatives Europa, 1963; Dtschl. u. Europa, 1964; D. dt.-poln. Siedlungsproblem, 1966; Idealismus, Materialismus, Humanismus, 1967; Per aspera ad astra, Memoiren 1969. Herausg.: Kultur- u. Heimatstud. - Spr.: Lat., Griech. (auch Neugriech.), Franz., Engl., Ital., Russ., Span.

SCHMIDT, Josef

Vorsitzender Landsmannschaft d. Banater Schwaben aus Rumänien in Dtschl. - Zul. 8000 München 2 - Geb. 19. Febr. 1913 Orzydorf/Banat - Schulen Königshof/Ban. u. Kronstadt (dazw. 1933-36 Arbeitslager) - 1945-74 Lehrer Bruckberg/Obb. - S. 1951 Vorst. Arbeitsgem. Donauschwäb. Lehrer, Vors. Verbandsztschr.; Mitgl. Bundesarbeitsgem. f. Ostkd. (1954-80) u. Landesarbeitsgem. Bayer. Ostkd. (1956-80, Vors. 1964-80); 1964-80 Bund d. Vertriebenen Bayern (10 J. Ref.); s. 1964 Beirat Arbeitsmin. München; s. 1968 Patenschaftsrat Baden-Württ. (Jury f. Donauschwab.); s. 1974 HDO München (15 J. Präsid., Kurat.); s. 1974 Beirat Ostkd. Kultusmin. Bayern. S. 1949 Landsmannsch. (s. 1949 Schulref. 1966-74 Landesvors. Bayern, 1974-78 gf. Vors., s. 1978 Bundesvors.). 1952-82 Redakt. Banater Post, Bundesorgan. - 1979 BVK.

SCHMIDT, Josef

Bürgermeister - Rathaus, 6550 Bad Kreuznach/Nahe; priv.: Agricolastr. 4 - Geb. 9. Nov. 1926.

SCHMIDT, Jürgen

Dr. rer. nat., Prof. FU Berlin - Poplitzer Str. 31, 1000 Berlin 49 (T. 744 82 68) - Geb. 5. Aug. 1918 Berlin (Vater: Georg S., Architekt, zul. Ministerialdir. Bundespostmin.; Mutter: Hedwig, geb. Lindner), ev., verh. s. 1946 m. Hanna, geb. Kock, S. Michael - 1927-33 Realgymn. d. Johanneums Hamburg, 1933-37 Löhenichtsches Realgymn. Königsberg; 1946-52 Univ. Berlin u. Frankfurt. Promot. (1952) u. Habil. (1956) Berlin - S. 1962 Prof. Univ. Köln u. Bonn (1963). Gastprof. Univ. Houston. Spez. Arbeitsgeb.: Mengenlehre, Algebra, Logik - BV: Mengenlehre, Bd. 1 1967. Üb. 50 Einzelarb. - Spr.: Engl.

SCHMIDT, Karin,

geb. Neumann

Mitglied d. Hess. Landtages, Stadtverordnete Schwalmstadt (s. 1989) - Auf der Windmühle 18, 3578 Schwalmstadt-Treysa (T. 06691 - 2 32 10) - Geb. 17. Nov. 1939 Essen, ev., verh. s. 1966 m. Wolfgang Sch., Rechtanw. u. Notar, 3 Kd. (Uwe, Petra, Matthias) - S. 1981 MdK Schwalm-Eder. CDU (Kreisvors. Frauen, stv. Kreisvors. d. Partei).

SCHMIDT, Karl

Bankdirektor i. R. - Bellevue 18, 2000 Hamburg 60 - Geb. 20. Jan. 1912 Hbg., gesch., 2 Kd. - s. 1928 Dt.-Südamerik. Bank (1934-37 Buenos Aires); 1948 Prokurist, 1954 stv., 1958 o. Vorst.-Mitgl. u. Sprecher d. Vorst.; Kriegsdst. - BVK.

SCHMIDT, Karl

Ministerialdirigent, Leiter Abt. Sport im Min. d. Innern u. f. Sport - Consul-Vejento-Str. 16, 6501 Klein-Winternheim (T. 06136 - 1 81 56) - Geb. 5. März 1932, ev., verh., 3 Kd. (Eva-Ulrike, Hans-Joachim, Markus-Stephan) - Stud. Rechts- u. Staatswiss.; 1. u. 2. Staatsex. Marburg u. Mainz - Stv. Vors. DSB-Bundesaususch. f. Rechts-, Sozial- u. Steuerfragen; Vors. Sportausssch. CDU Rhld.-Pfalz; Steuer- u. Wirtschaftsausssch. DFB - BV: Kommentar z. Sportförderungsgesetz Rhld.-Pfalz, 1976; Sportprogramme d. polit. Parteien, 1978 - 1955-58 Fußball-Nationalmannschaft. 1974 BVK I. Kl. - Liebh.: Malerei, Musik, Sport - Spr.: Engl., Franz.

SCHMIDT, Karl Gerhard

Dr. oec. publ., Dipl.-Kfm., Bankier, pers. haft. Gesellsch. Bankhaus Karl Schmidt - Ernst-Reuter-Str. 119, 8670 Hof/S. - Geb. 27. Juli 1935 München (Vater: Dr. jur. et rer. pol. Wilhelm S., b. 1958 (†) pers. haft. Gesellsch. ob. Bankhs.) - Bruder: Dr. jur. Reiner S.

SCHMIDT, Karl Horst

Dr. phil., Dr. h. c., Prof. f. Vergl. Sprachwissenschaft - Dominikanerstr. 19, 5303 Walberberg (T. 29 78) - Geb. 31. Mai 1929 Dessau/Anh. (Vater: Willy S., Mittelschullehrer; Mutter: Katharina, geb. Bährendt), ev., verh. s. 1957 m. Doris, geb. Buchholz, 2 Kd. (Susanne, Ulrich) - Goethe-Gymn. Dessau (Abit. 1948); Univ. Berlin, Köln, Bonn, Dublin, München. Promot. (1954) u. Habil. (1960) Bonn - S. 1960 Lehrtätigk. Univ. Bonn (Privatdoz.), Münster (1964 ao., 1966 o. Prof.), Bochum (1966), Bonn (1974) - BV: Die Komposition in gall. Personennamen, 1957; Studien z. Rekonstruktion d. Lautstandes d. südkaukas. Grundsprache, 1962 (Übers. I. T. ins Georgische, Tiflis 1964). Herausg.: Indogermanisch u. Keltisch (1977); Gesch. u. Kultur d. Kelten (1986); Ztschr. f. Kelt. Philol. (s. 1970) - 1988 Dr. h. c. Univ. Tbilisi.

SCHMIDT, Karl-Heinz

Dr. rer. nat., Prof. Univ. Essen - An der Schlucht 7, 4300 Essen 11 (T. 0201 - 68 43 15; dienstl.: 0201 - 183 28 82) - Geb. 9. Mai 1926 Landsweiler, ev., verh. s. 1954 m. Gisela, geb. Kottmeier, 3 Söhne (Reinhard, Klaus-Martin, Burkhard) - Stud. Chemie Univ. Mainz u. Braunschweig (Dipl.-Chem. u. Promot. 1946-54) - 1954-59 Chemiker Ges. f. Kohletechn. Dortmund u. Bergwerksges. Hibernia Herne; 1959-72 Doz. Staatl. Ing.-Schule Essen; 1973 Prof. Univ. Essen (1972 Gründungsdekan); 1983-88

Prorektor. Erf.: Verfahrenspatente - BV: Kohle - Erdöl - Erdgas, 1981 - Liebh.: Fotogr. - Spr.: Engl., Franz., Dän.

SCHMIDT, Karris-Elard

Vorstandsmitglied Drahtwerk C. S. Schmidt AG., Lahnstein - Rosenhof, 5420 Lahnstein/Rh. (T. 78 44) - Geb. 3. Juli 1923 Niederlahnstein (Vater: Jakob Christian S., Fabrikant; Mutter: Louise, geb. Pierson), verh. m. Rolandy, geb. Rohs - Max-Reinhardt-Med., Goldmed. HDP.

SCHMIDT, Karsten

Dr. jur., Prof. f. Bürgerl. Recht, Handelsrecht, Gesellschaftsrecht, Wirtschaftsrecht u. Prozeßrecht - Pikartenkamp 44, 2000 Hamburg 55 (T. 040 - 86 31 13) - Geb. 24. Jan. 1939 Oschersleben/Bode (Vater: Eberhard Sch., Stud.rat; Mutter: Karla, geb. Hamann, Stud.rätin), ev., verh. m. Dr. Inga Schmidt-Syassen, 2 T. (Frauke, Hilke) - Gymn.; Univ. Kiel, München u. Speyer (Rechts- u. Geisteswiss.), 1. u. Gr. jurist. Staatsprüf. 1965 u. 1969, Promot. u. Habil. Univ. Bonn 1972 u. 1976 - 1976 Prof. Univ. Göttingen, s. 1977 o. Prof. Univ. Hamburg. S. 1985 Vorst.-Mitgl. Zivilrechtslehrervereinig.; s. 1987 Zeit-Stiftg.; s. 1988 Dir. Sem. f. Handels-, Schiffahrts- u. Wirtsch.recht - BV: u. a. Kartellverfahrensrecht, 1977; Gesellschaftsrecht, 1986; Handelsrecht, 3. A. 1987. Mithrsg.: Ztschr. f. d. gesamte Handels- u. Wirtschaftsrecht (s. 1981). Zahlr. Fachveröff. (Buch- u. Ztschr.-beitr.) - Liebh.: Lit., Musik - Spr.: Lat., Engl., Franz.

SCHMIDT, Klaus

Dipl.-Kfm., Geschäftsführer Verb. d. Nähfadenindustrie u. Verb. d. Dt. Heimtextilien-Ind. - Steubenstr. 11a, 6200 Wiesbaden.

SCHMIDT, Klaus

Dr. jur., Hauptgeschäftsführer Arbeitgeberkreis Gesamttextil, Frankfurt (s. 1983) - Neben den Rodäckern 9, 6074 Rödermark (T. 06074 - 9 73 28) - Geb. 18. Sept. 1936 Wuppertal, ev., verh. s. 1962 m. Solveig, geb. Klausen, T. Alexandra - B. 1957 Gymn. Wuppertal; Stud. Rechtswiss. Univ. Köln; 1. Staatsex. 1961; 2. Staatsex. 1965; Promot. 1965 Köln - 1973-83 Geschäftsf. Landesvereinig. Hessen d. dt. Textilind. - Liebh.: Sport (Tennis, Handball), Theater, Lit. - Spr.: Engl., Franz.

SCHMIDT, Kurt

Dr. rer. pol., o. Prof. f. Volkswirtschaftslehre u. Finanzwiss. - Kehlweg 45, 6500 Mainz (T. 47 22 22) - Geb. 18. Okt. 1924 Sobernheim (Vater: Adam S., Handelsvertr.; Mutter: Maria, geb. Jung), ev., verh. s. 1962 m. Christine, geb. Kensche - Univ. Bonn u. Lausanne (Wirtschaftswiss.). Promot. (1952) u. Habil. (1957) Bonn - S. 1957 Lehrtätigk. Univ. Bonn (1962 apl. Prof.), TU Berlin (1963 Ord.), Univ. Mainz (1968 Ord.). 1960-61 Rockefeller Fellow (USA); 1962-63 Gastprof. John Hopkins Univ. (Bologna Center). Vors. Wiss. Beirat b.

Bundesmin. d. Finanzen; Sachverständigenrat z. Begutachtung d. gesamtwirtschaftl. Entwicklung (1974-84) - BV: D. Steuerprogression; D. mehrj. Finanzplanung (m. E. Wille); Verlock. u. Gefahren d. Schattenwirtsch.; D. Sachverständigenrat z. Begutacht. d. gesamtwirtschaftl. Entwickl. - Wiederh. Research Associate engl. u. amerik. Univ. u. Forschungsinst.

SCHMIDT, Lothar
Dr. jur., Dipl.-Volksw., Prof. Univ. Frankfurt/M. (s. 1962) - Hardtwaldallee 13, 6382 Friedrichsdorf 4 (Seulberg) (T. 06172 - 7 81 72) - Geb. 10. Dez. 1922 Frühbuß, kath., verh. s 1965 m. Hilde, geb. Reck, 2 Kd. (Sylvia, Steffen) - Stud. d. Rechts- u. Wirtsch.wiss., Politol. Univ. Erlangen, Princeton-Univ. N. J./USA; Promot. 1948 Erlangen - 1949-55 wiss. Assist. u. Lehrbeauftr. Univ. Würzburg; 1955-61 Hochsch. f. Sozialwiss. Wilhelmshaven; 1961-62 Bundesmin. d. Finanzen; 1963 Gastprof. Univ. Tokio u. Sendai/Japan - BV: D. Strafzumessung in rechtsvergleichender Darstellung, 1961; Hochverrat ist e. Frage d. Datums, 2. A. 1967; Hochschulreform, 1969; Schulreform, 2. A. 1971; D. gr. Handbuch geflügelter Definitionen, 2. A. 1973; Schlagfertige Definitionen, 9. A. 1989; Aphorismen von A-Z, 6. A. 1985; D. treffende Zitat zu Politik, Recht u. Wirtsch., 2. A. 1986; Polit. Aphoristik, 1986; Geld. Aphorismen u. Zitate aus drei Jahrtausenden, 1988; Das hätte ich gerne gesagt, Zitate 1989.

SCHMIDT, Lothar R.
Dr. phil., o. Prof. f. Klin. u. Med. Psychologie - Steingröverweg, 5500 Trier/Mosel - Geb. 9. Juni 1936 Neunkirchen/Saar (Vater: Wilhelm Sch.; Mutter: Käthe, geb. Jung), verh. s. 1964 m. Dr. Hildegard, geb. Klein - Dipl.-Psych. 1963; Promot. 1967 (beides Saarbrücken) - S. 1972 (Habil.) Lehrtätig. Univ. Saarbrücken (b. 1976 Wiss. Rat u. Prof., dann Ord.); s. 1980 Univ. Trier, s. 1987 Vizepräs. - BV: Objektive Persönlichkeitsmess. in diagnost. u. klin. Psych., 1975; Psych. in d. Med., 1984. Herausg.: Lehrb. d. Klin. Psych. (1978, 2. A. 1984). Zahlr. Einzelarb.

SCHMIDT, Ludwig
Bundesrichter - Ismaninger Str. 109, 8000 München 80 (T. 92 31 -1) - B. 1971 Ministerialrat bayer. Finanzmin., dann Richter Bundesfinanzhof.

SCHMIDT, Manfred

Rechtsanwalt, MdB (s. 1969; Wahlkr. 204/München-Mitte) - Bayerstr. 57-59, 8000 München 2 (T. 089 - 53 95 61) - Geb. 16. Jan. 1936 Schwabhausen/Obb., verh. m. Dagmar Sch.-Tinat, 2 Kd. (Steffi, Mathias) - Gymn. Eichstätt (Abit.); Univ. München (Rechtswiss.). Beide jurist. Staatsex. - 1966-69 Staatsanw. LG München I. SPD s 1957 - 1981 Bayer. VO.; 1982 BVK.

SCHMIDT, Manfred
Pressezeichner, Journalist, Schriftsteller - 8194 Ambach/Starnberger See - Geb. 15. April 1913 Bad Harburg - BV: Alles halb so schlimm, 1956; Hab' Sonne im Koffer, 1960; Und begibt sich weiter fort, 1962; Zwölfmal hin u. zurück, 1963; Zwischen Dur u. Müll, 1964; Weiteres Heiteres, 1965; D. Beste v. Manfred Schmidt, 1968; Alles Gute v. M. S., 1970; Das schnellste Hotel d. Welt, 1982; Heitere Geschichten, 1985. Herausg.: Knatterton, Gedenkbd. I u. II. Hörsp., TV-Filme, Zeichentrickfilme.

SCHMIDT, Manfred
Vorsitzender d. Geschäftsführung Telefunken Fernseh u. Rundfunk GmbH, Generaldir. Dt. Electronic Gruppe GmbH - Göttinger Chaussee 76, 3000 Hannover 91 (T. 0511 - 4 18-1) - Geb. 15. Febr. 1943 Berlin, ev. - Kaufm. Lehre; 1957-61 Rundf.- u. Fernsehtechniker u. Fachkaufm. f. Radio u. Fernsehen in Ost-Berlin u. Berlin-West; 1964-67 SEL/ITT (Kundendst. u. Entw.); 1967-68 Werkstattleit. ITT; 1968-69 Kundendst.-Leit. ITT-Gruppe Österr.; 1969-75 Geschäftsf. Marketing u. Verkauf ITT-Gr. Österr.; 1975-79 Marketing-Dir. SEL Consumer Electronics u. Sales Dir. Consumer Electronics Germany and Austria; s. 1979 Leit. Bildgeräte, Marketing-Leit. Telefunken; s. 1985 Geschäftsf. Dt. Electronic Gruppe - Liebh.: HiFi, Krimis/Western, Skifahren, Jogging - Spr.: Engl.

SCHMIDT, Manfred G.
Dr. rer. pol., Prof. - Mittlerer Rainweg 47, 6900 Heidelberg - Geb. 25. Juli 1948, verh. s. 1985 m. Ute Wachendorfer-Sch., geb. Herrmann, 2 Kd. (Markus, Charlotte) - Stud. Univ. Heidelberg (Politikwiss.); Staatsex. 1973/74; Promot. 1975 Tübingen, Habil. 1981 Konstanz - Prof. f. Politikwiss.; s. 1985 gf. Redakt. d. Politischen Vierteljahresschr. - BV: u. a. CDU u. SPD an d. Regierung, 1980; Wohlfahrtsstaat u. Politik unter bürgerl. u. sozialdemokrat. Regierungen, 1982; D. Schweizerische Weg z. Vollbeschäftigung, 1985; Sozialpolitik, 1988 - 1981 Stein-Rokkan Prize for Comparative Social Research (UNESCO).

SCHMIDT, Martin
Dr.-Ing., Markscheider, Prof. f. Bergbauwissenschaften u. Gebirgsmech. Tunnelbau Techn. Univ. Berlin - Hardenbergstr. 42/BH 10, 1000 Berlin 12 - Geb. 30. Sept. 1927 - S. Habil. Lehrtätigk. TU Berlin. Etwa 50 Fachaufs.

SCHMIDT, Martin

Dr. agr., Landwirt, MdB (1949-87; Wahlkr. 48/Northeim) - 3251 Gellersen üb. Hameln/Weser - Geb. 16. Juni 1914 Gassen/NL., ev. - Volkssch.; 1928-31 Höh. Landw.sch. Liegnitz; 1931-34 Kaiser-Friedrich-Realgymn. Berlin; 1936-39 Univ. ebd. (Landw.; Dipl.-Landw., Promot.) - 1934-36 landw. Praxis Skandinavien; 1940-43 landw. Sachverst.; 1943-45 Wehrdst.; 1945-49 Rittergut Parensen; s. 1950 eig. Hof. AR-Mitgl. Nieders. Landges. Hannover; VR-Mitgl. Dt. Siedl.- u. Landesrentenbank; 1969-87 Vors. Bundestagsaussch. f. Ernährung, Landw. u. Forsten; div. Mand. SPD s. 1946 (div. Funktionen) - Andreas Hermes- u. Max Eyth-Med. in Gold; Niklas-Gedenk-Med.; Gr. silb. Ehrenzeichen m. Stern f. Verd. d. Rep. Österr.; Gr. BVK m. Stern.

SCHMIDT, Martin Heinrich
Dr. med., Dr. rer. nat., Prof. f. Kinder- u. Jugendpsychiatrie - Kinderpsychiatr. Klinik J 5, 6800 Mannheim 1 (T. 0621-170 33 25) - Geb. 23. Dez. 1937 Bautzen (Vater: Clemens Sch.; Mutter: Edeltrud) - Univ. Köln u. Bonn (Med. u. Psych.) - 1972-75 Prof. Univ. Frankfurt, s. 1975 Univ. Heidelberg.

SCHMIDT, Max
Dr. rer. nat., Dr. h. c., o. Prof. f. Anorgan. Chemie - Greinbergweg 17, 8706 Höchberg/Ufr. (T. Würzburg 4 82 05) - Geb. 13. Okt. 1925 Vöhringen, kath., verh. s. 1954 m. Eva-Maria, geb. Hamel, 3 Kd. (Bernhard, Barbara, Stefan) - Univ. München. Promot. (1951) u. Habil. (1956) München - S. 1962 Ord. u. Inst.sdir. Univ. Marburg u. Würzburg (1965) - BV: Hydride u. Komplexhydrate, 1959 (m. E. Wibert); Anorgan. Chemie, 2 Bde. 1967/69. Etwa 300 Einzelarb. - 1960 Chemie-Preis Akad. d. Wiss. Göttingen; 1972 Alfred-Stock-Gedächtnispreis Ges. Dt. Chemiker; 1985 Ehrendoktor Univ. Marburg - Spr.: Engl. - Rotarier.

SCHMIDT, Michael
Rechtsanwalt, Geschäftsf. Bundesverb. d. dt. Binnenschiffahrt u. Frachtenaussch. f. d. Tankschiffsverkehr - Dammstr. 15-17, 4100 Duisburg/Ruhrort.

SCHMIDT, Michael
Dr.-Ing., Dipl.-Bauing., Forschungsinst. d. Zementind., Düsseldorf - Eichenstr. 80, 4006 Erkrath - Geb. 25. April 1947 Kassel (Vater: Carl-Dietrich Sch.; Mutter: Dipl.-Ing. Erika Sch., geb. Lucke), ev., verh. s 1970 m. Renate, geb. Friedel, S. Fabian - 1967-73 Stud. TU Hannover (Konstr. Ingenieurbau); Dipl.-Bauing. 1973; Promot. 1978 Hannover - 1973-78 wiss. Angest. TU Hannover; s. 1978 Ref. Forschungsinst. d. Zementind. Düsseldorf. S. 1982 Lehrbeauftr. f. Straßenbau Univ. Dortmund. Mitgl. in zahlr. techn.-wiss. Fach- u. Normungsgremien d. Bauwesens. Rd. 40 Fachveröff. im In- u. Ausland zu Fragen d. Baustoffe u. Konstruktionen d. Verkehrsbaus u. d. Betontechnol. - Spr.: Engl., Franz.

SCHMIDT, Ottmar
Chefredakteur Bayerische Rundschau, Kulmbach - Weiherer Str. 38, 8650 Kulmbach (T. 09221 - 7 59 91) - Geb. 1. Jan. 1931 Schwarzenbach/Wald (Vater: Wilhelm Sch., Friseurm.; Mutter: Frieda, geb. Grimm), ev., verh. s. 1954 m. Antonie, geb. Reuther, 2 Söhne (Rainer, Jürgen) - Aufbaurealschule Coburg, Oberrealsch. Hof; Zeitgs-Volont. Frankenpost, Hof - 1954 Redakt. Frankenpost; 1955-62 Fränk. Presse, Bayreuth; 1962-72 Stadtredakt. u. s 1973 Chefredakt. Bayer. Rundschau, Kulmbach. Korresp. Bayer. Rundf. Doz. Akad. f. Neue Medien. S. 1974 Geschäftsf. Arbeitsgem. Kavalier d. Straße; ab 1982 Vors. Interessengem. f. gesunde Nahr. u. Ernähr.; s. 1986 stv. Vors. Akad. f. Ernährung. Redakt. Bäckerztg. Backreport u. Bäcker-Magazin, d. Verbraucherztschr. Brot Kurier u. Brot aktuell; Kreisvorst.-Mitgl. BRK - 1981 Verdienstplak. Bayer. Landessportverb. (BLSV) - Liebh.: Sport, Lit., Musik - Spr.: Engl., Latein.

SCHMIDT, Otto
Dr., Staatssekretär a. D. hess. Min. f. Wirtschaft u. Technik - Kaiser-Friedrich-Ring 75, 6200 Wiesbaden (T. 06121 - 81 51).

SCHMIDT, Paul
Dr. phil., Prof. f. Grenzfragen zw. Theologie, Phil. u. Päd. Univ. Bielefeld (s. 1980) - Mönkebergstr. 134, 4800 Bielefeld 1/W. (T. 10 50 15) - Geb. 18. Jan. 1931 Pfaffendorf/Schles. (Vater: Alfons S., Bauer; Mutter: Maria, geb. Brux), kath., verh. s 1977 m. Marie-Luise, geb. Groß, T. Julia - Univ. München (1954-57 Phil.), Frankfurt/M. (1957-61 Theol.). Marburg (1964-72 Päd.) - Ab 1963 Hochschulpfarrer Marburg u. Gießen (1969); 1973-75 Doz. Kath. Fachhochsch. NRW/Abt. Paderborn (1975); 1975-80 Wiss. Rat u. Prof. PH Westf.-Lippe, Bielefeld (Theol.) - BV: D. päd. Relevanz e. anthropol. Ethik, 1973; Maria - Modell e. neuen Frau, 1974 (auch engl. 1975; Mary rediscovered); Vater-Kind-Bruder - Bibl. Begriffe in anthropol. Sicht, 1978 - Liebh.: Reisen, Tennis - Spr.: Engl., Franz.

SCHMIDT, Paul-Gerhard
Dr. phil., Prof., Philologe - Tulpenstr. 21, 3556 Weimar-Niederweimar (T. 76 83) - Geb. 25. März 1937, ev., verh., 3 Kd. - Stud. Berlin, Göttingen, Rom. Promot. 1962; Habil. 1970 - S. 1970 Privatdoz. u. apl. Prof. (1972) Univ. Göttingen, s. 1978 o. Prof. Univ. Marburg, s. 1989 Univ. Freiburg (Lat., Philol. d. Mittelalters) - BV: Supplemente lat. Prosa in d. Neuzeit, 1964; Johannes de Hauvilla - Architrenius, 1974; Visio Thurkilli, 1978; D. Vision d. Bauern Thurkill, 1987; Otloh v. St. Emmeram, Liber visionum, 1989. Herausg. d. Mittellatein. Stud. u. Texte. Zahlr. Fachaufs.

SCHMIDT, Pavel

Dr. med., C. Sc., Prof. f. Hygiene Univ. Gießen - Hainerweg 30, 6301 Wettenberg 2 (T. 06406 - 7 36 32) - Geb. 25. Nov. 1933 Prag (Vater: Pavel Sch., Redakt.; Mutter: Jaroslava, geb. Povolna), ev., verh. s. 1956 m. Jarmila, geb. Divisova, T. Daniela - Promot. 1960 u. 1963 Prag; Habil. 1968 ebd. - 1969-76 Doz. f. Hygiene Prag; s. 1978 Prof. f. Hygiene in Gießen. Entd. Pathogenese d. alimentaren Methaemoglobinaemie d. Säuglinge - BV: Alimentäre Nitratmethaemoglobinaemie d. Säuglinge, 1965. Hygiene-Präventivmed. (Lehrb., m. and.), 1982, 2. neu bearb. u. erw. A. 1986, 3. durchges. A. 1988; Hygiene in Krankenhaus u. Praxis (Hrsg.), 1986 - 1964 Preis Purkyne-Ges. d. Ärzte d. CSSR; 1969 Preis Gesundheitsmin. d. CSSR (Staatspr.) - Liebh.: Musik, schöne Lit., Wassersport - Spr.: Engl., Russ., Tschech.

SCHMIDT, Peer
Schauspieler - Am Wieselbau 26, 1000 Berlin 37 (T. 030-8 13 10 00) - Geb. 11. März 1926 Erfurt, verh. s 1966 m. Helga Schlack (Schausp.) - Herder-Oberreal- (b. Obersekunda) u. Schauspielsch. Preuß. Staatstheater Berlin - Zahlr. Bühnen- (u. a. Beckmann (Draußen vor d. Tür), Leon (Weh dem, d. lügt), Student (Gespenstersonate), Chlestakoff (Revisor), Barney Silberman (D. Letzte d. feur. Liebhaber)) u. Filmrollen (Arlette erobert Paris, Alles f. Papa, Glückl. Reise, Zigeunerbaron, D. Himmel ist nie ausverkauft, Mein Leopold, Alibi, Kitty u. d. gr. Welt, Ich u. Du, Auf Engel schießt man nicht u. a.) - Liebh.: Klavierspl., Tischlerei, Landw. - Spr.: Franz.

SCHMIDT, Peter
Bürgerschaftsabgeordneter (s. 1974), Mitgl. d. CDU-Landesvorst. (s. 1972) - Ehrenbergstr. 33, 2000 Hamburg 50 (Büro) - CDU.

SCHMIDT, Peter
Dr. rer. pol., Vorstandsmitglied AEG-KABEL Aktiengesellschaft - Postfach 20 01 41, 4050 Mönchengladbach 2 - Geb. 30. Mai 1933.

SCHMIDT, Peter
Vorstandsmitglied Hamburgische Landesbank, Girozentrale - Gerhart-Hauptmann-Platz 50, 2000 Hamburg 1 - Geb. 11. Nov. 1929 - Div. AR- u. VR-Mand.

SCHMIDT, Peter
Geschäftsführer u. Mitinh. Gummiwerk Kraiburg GmbH & Co. - Bachstr. 6, 8264 Waldkraiburg (T. 08638 - 6 12 20) - Geb. 4. Jan. 1932 Hannover (Vater: Friedrich Sch.; Mutter: Lina, geb. Zimmer), verh. s. 1957 m. Traudl, geb. Thoma, 3 Kd. (Micki, Christi, Daeni) - Gymn. Mühldorf, Univ. München - Spez. Arbeitsgeb.: Gummirecycling.

SCHMIDT, Peter
Freier Schriftsteller, Drehbuchautor - Schinkelstr. 21, 4650 Gelsenkirchen (T. 0209 - 49 55 02) - Geb. 11. Aug. 1944 Gescher, led. - Stud. Phil., Lit.wiss. Univ. Bochum - BV: Romane: Mehnerts Fall, Polit-Thriller 1981, überarb. Neuausg. 1987; D. Trophäe, Polit-Thriller, 1982, überarb. Neuausg. 1987; Augenschein, Polit-Thriller, 1983; Eiszeit f. Maulhelden, humor. Kriminalr. 1983; D. Regeln d. Gewalt, 1985; E. Fall v. großer Redlichkeit, Polit-Thriller 1985; Erfindergeist, Polit-Thriller, 1985 (franz. Übers. 1988); D. Stunde d. Geschichtenerzählers, Polit-Thriller 1986; D. Prinzip v. Hell u. Dunkel, 1986 (poln. Übers. 1989); D. Emp-Effekt, Polit-Thriller 1986; D. Agentenjäger, Polit-Thriller 1986; Linders Liste, 1988; D. fünfte Macht, 1989. Erz.-bde.: Einmal Sonne u. zurück - Reisesatiren 1985; V. Särgen u. nächtl. Schreien, 1986; sow. zahlr. Erz. u. Anthol. Filmdrehbücher: Eiszeit f. Maulhelden (Radio Bremen, 1988); E. Million Bit. FS-Drehb. f. ARD-Reihe Peter Strohm (Bayer. Rundf., 1988) - 1986 u. 1987 Dt. Krimipreis - Lit.: D. P. Meier- Lenz im Gespr. m. Peter Schmidt: D. Agententhriller, d. aus Dtschl. kommt, d. horen (1986); P. Schmidt u. d. dt. Polit-Thriller, in: J. Schmidt: Gangster, Opfer, Detektive - E. Typengesch. d. Kriminalromans S. 634-645 (1989).

SCHMIDT, Peter Lebrecht
Dr. phil., Prof. Univ. Konstanz - Hoheneggstr. 102, 7750 Konstanz-Egg (T. 3 12 27) - Geb. 28. Juli 1933 Dessau (Vater: Martin S., Pfarrer; Mutter: Irmtraut, geb. Paehr), ev., verh. s. 1963 m. Hedda, geb. Wernecke, 3 Kd. (Martin, Ulrike, Thomas) - Stud. d. Klass. Philol. Univ. Tübingen, Freiburg; Promot. 1959 - Fachmitgl.sch., dar. 2. Vors. Mommsenges. (1974-78) - BV: D. Abfassungszeit von Ciceros Schrift üb. d. Gesetze, 1969; Iulius Obsequens u. d. Problem d. Livius-Epitome, 1968; D. Überliefer. von Ciceros Schrift De legibus in Mittelalter u. Renaissance, 1974; Politik u. Dichtung in d. Panegyrik Claudians, 1976 - Liebh.: Hausmusik; Denkmalpflege - Spr.: Engl., Ital.

SCHMIDT, Ralf-Bodo
Dr. rer. pol., Dipl.-Kfm., o. Prof. f. Betriebswirtschaftslehre - Alemannensteige 5, 7800 Freiburg/Br. (T. 6 93 72) - Geb. 7. Jan. 1928 Berlin - Freie Univ. Berlin (Wirtschaftswiss.; Dipl.-Kfm.). Promot. (1952) u. Habil. (1963) FU Berlin - Wiss. Assist.; Geschäftsf. (Großhandel); 1963-66 Ord. Akad. f. Wirtschaft u. Politik Hamburg (2 J. Leit.); s. 1966 Ord. Univ. Freiburg - BV: Wirtschaftslehre d. Unternehmung, 3 Bde. 1969/73/78. Fachaufs.

SCHMIDT, Reimer
Dr. jur., Dr.-Ing. E. h., Prof., Generaldirektor a. D. - Pippinstr. 2a, 5100 Aachen - Geb. 10. April 1916 Hamburg (Vater: Heinrich S., Studienrat; Mutter: geb. Gleiß), verh. s. 1985 m. Reingard, geb. Doerry - Univ. Kiel, Königsberg, Berlin, Hamburg - 1953-67 Privatdoz. apl. (1957) u. o. Prof. (1960) Univ. Hamburg (Dir. Sem. f. Bürgerl. Recht u. Allg. Rechtswiss. u. Sem. f. Versich.-wiss.). B. 1963 Vorst.-Mitgl. Dt. Rückversicherungs-AG ebd., 1967 Vorst. (Vors. 1968) Aachener u. Münchener Beteilig. AG (b. 1979 firm. Aachener u. Münchener Versich. AG); s. 1973 Vorst.-Vors. Aachener u. Münchener Versich.-AG (b. 1979 firm. Cosmos Allg. Versich.-AG); s. 1981 AR-Vors. Aachener u. Münchener Beteilig.-AG, Badenia Bauspark. AG; s. 1971 stv. AR-Vors. Aachener Rückversich.-Ges. AG, Aachener u. Münchener Lebensversich. AG, Central Krankenversich. AG, Thuringia Versich.-AG München; AR-Mitgl. Aachener u. Münchener Versich. AG. 1967 Honorarprof. TH Aachen - Zahlr. Fachveröff. Mithrsg.: Ztschr. Versicherungsrecht (1956ff.); Versicherungswirtsch. - Studienwerk, 3. A. (1981ff.) - Liebh.: Fotogr. - Spr.: Engl., Franz. - Rotarier - Festschr. f. R. S. hrg. v. Fritz Reichert-Facilides, Fritz Rittner, Jürgen Sasse, 1976.

SCHMIDT, Reiner
Dr. jur., Prof., Bankier, pers. haft. Gesellsch. Bankhaus Karl Schmidt (Außenhdlsb.) - Bachwiesenstr. 4, 8901 Gessertshausen - Geb. 13. Nov. 1936 Hof, verh. m. Maria, geb. Gräfin zu Castell-Castell, 3 Kd. (Johannes, Caroline, Heinrich) - Stud. Rechtswiss. Ass.ex. - S. 1968 Lehrtätigk. Univ. Würzburg (1971 Habil.) u. Augsburg (o. Prof. f. Öfftl. Recht) - BV: Wirtschaftspolitik u. Verfassung - Grundprobleme, 1971; Einführ. in d. Umweltrecht (zus. m. H. Müller), 2. A. 1989 - Vater s. Karl-Gerhard S. (Bruder).

SCHMIDT, Reinhart
Dr. rer. pol., Prof. f. Betriebswirtschaftslehre Univ. Kiel - Düsternbrooker Weg 57, 2300 Kiel - Geb. 15. Febr. 1940 Halle/S. - 1963 Dipl.-Kfm. Köln; 1967 Dr. rer. pol. Bonn; 1971 Habilitation Bonn; 1969-72 Unternehmensberatung, Prokurist; s. 1972 o. Prof. Univ. Kiel; s. 1977 Spezialisierung auf Finanzen/Banken, zahlr. Fachveröffentl.

SCHMIDT, Renate
Systemanalytikerin, MdB (Landesliste Bayern), stv. Vors. SPD-Fraktion - Goldweiherstr. 16, 8500 Nürnberg 30 (T. 0911 - 40 76 41) - SPD.

SCHMIDT, Robert Franz
Dr. med., Ph.D. (Canb.), Univ.-Prof. f. Physiologie, Vorst. am Physiol. Inst. d. Univ. Würzburg - Röntgenring 9, 8700 Würzburg (T. 0931-3 17 30); priv.: Winterleitenweg 21c, 8700 Würzburg - Geb. 16. Sept. 1932 Ludwigshafen (Vater: Richard Sch., Masch.-Ing.; Mutter: Maria, geb. Leistenschneider), verh. s. 1969 in 2. Ehe m. Lotte, geb. Lambrecht, 3 Kd. (Sabine, Christian, Christoph) - Abit. 1953; 1953-59 Med.stud., Promot. 1959 Heidelberg, Ph.D. 1963 Austral. Nat. Univ. Canberra, Habil. 1964 Heidelberg - 1963-65 wiss. Assist., 1966-70 Wiss. Rat Physiol. Inst. Heidelberg, 1970-71 State Univ. New York, Buffalo (USA), 1971-82 o. Prof. u. Dir. Physiol. Inst. Univ. Kiel, s. 1982 Prof. u. Vorst. Physiol. Inst. Univ. Würzburg. 1979 Präs. Dt. Physiol. Ges.; Mitgl. Intern. Hirnforsch.Organis., europ. Neurolog. Vereinig. u.a. - BV: Üb. 240 wiss. Veröff., zahlr. Büch., u.a. Physiol. d. Menschen (hg. m. G. Thews), 23. A. 1987; Biomasch. Mensch, 1979; Grundriß d. Neurophysiol., 6. A. 1987; Grundriß d. Sinnesphysiol., 5. A. 1985; D. Schmerz, 2. A. 1983; Med. Biol. d. Menschen, 1983 - Spr.: Engl.

SCHMIDT, Robert H.
Dr. phil., Dr. rer. pol., Prof. f. Politologie - Hoederathstr. 18, 6600 Saarbrücken - Geb. 13. Mai 1924 Völklingen/Saar - S. 1960 (Habil.) Lehrtätigk. TH Darmstadt - BV: Dialektik d. Geistes b. Peter Wust, 1954; Saarpolitik 1945-57, 3 Bde. 1959-62; Methoden d. Politologie, 1967; D. villae rusticae ‚Ober der Pfingstweide' in Ober-Ramstadt u. ..., 1971; D. röm. Besiedlung entlang d. Römerstraße Gernsheim-Dieburg, 1977; Grenzüberschr. Publizistik d. Großreg. Saarld.-Westpfalz-Lothr.-Luxbg.-Trier, 1978; E. linienbandkeram. Siedlung . . . in Roßdorf . . . (mit W. Meier-Arendt), 1978; E. Frauengrab v. Nieder-Ramstadt . . . d. Stufe Wölfersheim, 1979; E. in d. Römerzeit gefaßte, m. Platzpflaster u. Vorplatz versehene . . . Quelle in Darmstadt . . ., 1980; E. frühbronzeztl. Kleinkind-Brandgrab v. Roßdorf ... u. d. Vergleichsfälle, 1981; E. röm. Instrumentmundstück v. Ndr.-Ramstadt . . ., 1983; D. villa rustica Lichtenbergstr. . . . in Ob.-Ramstadt . . . u. e. zugehör. Brandgrab . . ., 1985; Kiesel als Beigaben in kaiserztl. Gräbern im Fr. Germanien u. in römerztl. Gräbern am Oberrhein. Z. Verbleib d. Oberrhein-Sueben . . ., 1986; Nieder-Ramstadt . . . in Vor- u. Frühgesch., 1988. Herausg. Schriftenr.: Kommunalwiss. Veröff. f. d. Bereich Darmstadt-Dieburg (s. 1976); Zus.arbeit in europ. Grenzregionen (s. 1978).

SCHMIDT, Roderich
Dr. phil., Prof., Direktor Johann-Gottfried-Herder-Inst., Marburg (Arbeitsgeb.: Mittelalterl. Gesch. u. nordostdt. Landesgesch.) - Schückingstr. 36, 3550 Marburg - Geb. 7. Febr. 1925 Demmin/Pomm. (Vater: Hans S., Bankdir.; Mutter: Anneliese, geb. Dall), ev., verh. s. 1952 m. Prof. Dr. Ruth Schmidt-Wiegand, 1 T. - Promot. 1951 Univ. Greifswald, Habil. 1970 Univ. Marburg - 1951-58 Wiss. Assist. u. Lehrbeauftr. Hist. Sem. bzw. Inst. Univ. Greifswald, 1958-64 Bonn, 1964-71 Marburg; 1971 Prof. Univ. Marburg, Honorarprof. (s. 1972) ebd.; s. 1972 Dir. J. G. Herder - Inst. Marburg - Mitgl. Kommiss. f. d. Bearb. d. Regesta Imperii Akad. d. Wiss. Mainz, Österr. Akad. d. Wiss., Histor. Kommiss. f. Pommern, u. a. Mitgl.sch. Vors. Arbeitsgem. Hist. Kommiss. u. Landesgeschichtl. Inst. - BV: Königsumritt u. Huldig. in ottonsalischer Zeit, 1961; Pommern u. s. Kirche im Wandel d. Gesch., 1977; Besitzstandskarte Insel Rügen, Erläuterungen 1968. Herausg.: Veröfftl. d. Hist. Kommiss. Pommern (s. 1967), Hist. Atlas v. Mecklenburg (s. 1968); D. Gr. Lub. Karte v. Pommern a. d. Jahre 1618 (1980); Pommern u. Mecklenburg, Beiträge z. mittelalterl. Städtegesch. (1981); Beiträge z. pomm. u. meckl. Gesch. (1981); Mitteldeutsche Bistümer im Spätmittelalter (1988). Mithrsg.: Ostmitteleuropa in Vergangenh. u. Gegenw. (s. 1972), Ztschr. f. Ostforschung (s. 1973), Mitteldt. Forschungen - 1982 Pommerscher Kulturpreis f. Wiss.

SCHMIDT, Rudolf
Dr. jur., Sprecher d. Geschäftsfg. Ferngas Nordbayern GmbH, Bamberg - Benzstr. 9, 8600 Bamberg/Ofr. - Geb. 12. März 1923 - U. a. Stadtrat u. -kämmerer a. D.

SCHMIDT, Siegfried
Dr. oec., Dipl.-Kfm., Beiratsmitglied Mannheimer Versicherung AG, Mannheim, AR-Mitgl. Mannheimer Versich. AG, Wien - Augusta-Anlage 65, 6800 Mannheim - Geb. 3. Aug. 1923.

SCHMIDT, Siegfried J.
Dr. phil., o. Prof. Univ.-GH Siegen - Ginsterweg 8a, 4400 Münster 1 (T. 0251 - 31 66 02) - Geb. 28. Okt. 1940 Jülich, kath., verh. s. 1965 m. Monika, geb. Geismann, T. Christina - Promot. 1966 Münster; Habil. 1968 Karlsruhe - BV: Sprache u. Denken als sprachphil. Problem v. Locke b. Wittgenstein, 1968; Bedeutung u. Begriff, 1969; Clŏvek Stroj A Báseň. Severočeské Nakladatelsvi, 1969; Visuelle Poesie. Thesen u. Textzyklus, 1970; Ästhetizität, 1971; Ästhetische Prozesse, 1971; zeit-zyklus, 1971; traktat über d. wort natürlich, 1972; Texttheorie, 1973; Elemente e. Textpoetik 1974; volumina I., e. buch 1968-70, 1975; transformationen 1968, e. roman, 1975; Literaturwiss. als argumentierende Wiss., 1975; Arbeit Breitenbrunn; mappenbuch m. 17 konzept. texten, 1975; d. schnelligkeit b. d. kunstprod. nicht unterschätzen, 1975; Estetski Procesi, 1975; volumina II-V, 1976; Teoria del Texto, 1977; d. geruest. hommage à i. kant. schachteln m. 48 postkarten, 1978; Lingüística e Teoria de Texto, 1978; Grundriß d. Emp. Lit.wiss., Bd. I 1980, Bd. II 1982; einsal oder d. stammrolle, erz. 1980; La Communicazione Letteraria, 1983; Friederike Mayröcker, 1984; D. Diskurs d. Radikalen Konstruktivismus, 1987; Kunst: Pluralismen, Revolten, 1987 - Spr.: Engl., Franz.

SCHMIDT, Udo
Dr. med., Prof. f. experiment. Pathologie u. physiol. Chemie - Burgholzweg 115/2, 7400 Tübingen - Geb. 20. Okt. 1936 Esslingen - 1956-61 Stud. Med. (Habil. 1971 u. 1978) - Klinisch-experiment. Forsch.; 1965-78 Pathol. Inst. Univ. Tübingen u. Med. Poliklinik Basel; ab 1978 Abt. f. Gesichts- u. Kieferchir. Univ. Tübingen - Entd.: Biochemie d. Elektrolyttransportes in d. Zelle - BV: Mehrere Symposiumsbde in engl. Spr. (Reihe Clinical Biochemistry); Progress of Histochemistry and Cytochemistry.

SCHMIDT, Ulrich
Industrie-Kfm., MdL Nordrh.-Westf. (s. 1975) - Beethovenstr. 6, 5802 Wetter/Ruhr (T. 02335 - 6 09 94) - Geb. 31. März 1942 - SPD.

SCHMIDT, Ulrich
Dr., Ltd. Museumsdirektor - Staatl. Kunstsammlungen Kassel, Schloß Wilhelmshöhe, 3500 Kassel (T. 0561 - 3 60 11) - Geb. 16. Okt. 1930 Berlin - Stud. u. Promot. (1961) Univ. Göttingen - Zul. Dir. Museum Wiesbaden.

SCHMIDT, Ulrich
s. Schmidt, Heinz Ulrich

SCHMIDT, Ulrich
Dr. rer. nat., o. Prof. f. Organ. Chemie - Sombartstr. 40, 7000 Stuttgart 80 (T. 0711 - 74 34 01) - Geb. 24. Mai 1924 Woldenberg (Vater: Dr. Albert Sch.; Mutter: Charlotte, geb. Vahl), ev., verh. s. 1963 m. Brita, geb. Stehle, 3 Kd. (Bettina, Corinna, Wolfram) - 1933-42 Gymn.; 1942-46 Wehrdst. u. Gefangensch.; 1946-53 Univ. Greifswald, Halle, Freiburg. Promot. 1953; Habil. 1957 - S. 1967 o. Prof. Univ. Wien u. Stuttgart (1977). Fachaufs. - Mitgl. Österr. Akad. d. Wiss. (1971) u. Dt. Akad. d. Naturforscher/Leopoldina (1974) - Liebh.: Lit., Bild. Kunst, Antikenkultur, Segeln - Spr.: Latein, Griech., Engl., Franz.

SCHMIDT, Ulrich
Dr. jur., Vorstandsmitglied Dt. Babcock AG, Oberhausen - Rickfeldsweg 11, 4150 Krefeld (T. 02151 - 56 08 71) - Geb. 11. Okt. 1933 Koblenz, verh. s. 1962 m. Letitia, geb. Lampante, 2 Kd. (Patricia, Christian) - Stud. Rechts- u. Wirtschaftswiss. Univ. Freiburg u. Bonn; Refer.-Ex. 1957, Ass.-Ex. 1960, Promot. 1963 Univ. d. Saarlandes - Vorst.-Vors. Dt. Babcock Anlagen AG, Oberhausen; Vorst.-Mitgl. Dt. Babcock AG, Oberhausen; VR-Mitgl. Dt. Babcock Beteiligungs GmbH, Oberhausen; Chairman of the Board of DB Technol. Inc., Clifton/N.J., USA - Spr.: Engl., Franz.

SCHMIDT, Uve
Schriftsteller, Publizist - Paul-Ehrlich-Str. 27, 6000 Frankfurt/M. 50 - Geb. 14. Nov. 1939 Lutherstadt Wittenberg, ev., led., 2 Kd. (Julia, Henry) - Gymn., Internate in Lützen, Wittenberg, Westberlin; Hochsch. f. bild. Kunst Berlin; Praktikanzb. Vauo Stomps - Autor (Lyrik, Prosa, Ess., Hörsp., Drehbuch, Nachdichtung); Lektor, Verlagsberater, Texter, Kolumnist - BV: Einmaleins f. Zwei, 1968 (übers. ins Jap., Finn., Hebräische);

Ende e. Ehe, R.trilogie 1978/82. Herausg. u.a.: Mein heimliches Auge, Jahrb. d. Erotik (1982) - Spr.: Engl.

SCHMIDT, Uwe

Dr. rer. nat., Prof. f. Zoologie Univ. Bonn - Finkenweg 2, 5309 Meckenheim - Geb. 20. April 1939 Dresden (Vater: Karl Sch.; Mutter: Charlotte, geb. Halm), verh. s. 1976 m. Christel, geb. Obst - 1962-68 Stud. Biol. Univ. Tübingen (Promot.); 1969 FAO Mexiko - N. Habil. (1975) 1970-82 Assist. Univ. Bonn; s. 1982 Prof. f. Zoologie. Zahlr. Fachveröff.

SCHMIDT, Volker

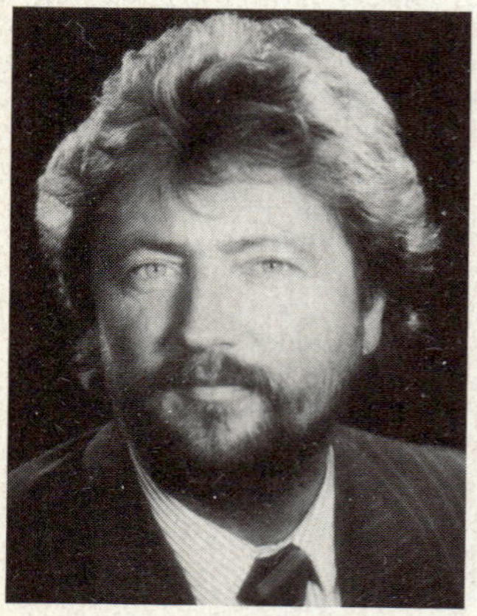

Dr. rer. nat., Dr. h.c., Prof., Biochemiker, klin. Chemiker - Truderinger Str. 298, 8000 München 82 (T. 089 - 42 91 15-7) - Geb. 9. Aug. 1942 Schlüchtern, ledig, S. Christian - 1963-71 Stud. Chemie München, 1976-80 Stud. Med. San Franzisko - Leit. e. Inst. f. klin. Chemie MÜnchen - Patent z. Entstörung v. enzym. Reaktionen - Liebh.: Lit. - Spr.: Engl., Span.

SCHMIDT, W. P.

s. Schmidt, Werner P.

SCHMIDT, Walter

Dr., Prof. f. Öfftl. Recht Univ. Frankfurt/M. - Brüder-Knauß-Str. 86, 6100 Darmstadt - Geb. 1934 Stuttgart - Promot. 1961; Habil. 1968 - 1968-71 Privatdoz. Univ. Gießen, dann Frankfurt/M. - BV: Gesetzesvollziehung durch Rechtsetzung, 1969; Die Rundfunkgewährleistung, 1980; Einführung i. d. Probleme d. Verwaltungsrechts, 1982; Rundfunkvielfalt, 1984; Staats- u. Verwaltungsrecht, 1985.

SCHMIDT, Walter

Dr. rer. pol. - Habichtweg 18, 5060 Bergisch-Gladbach 1 (T. 02204 - 8 24 03) - Geb. 23. Juni 1922 Duisburg (Vater: Konrad S., Baumeister; Mutter: Helene, geb. Kutzim), kath., verw., verh. in 2. Ehe m. Gerda, geb. Bennecke, 3 Kd. (Dorothee, Gabriele, Klaus) - Sch. Duisburg (Abit. 1941); 1941-45 Kriegsdst.; 1945-48 Univ. Bonn (Volksw.; Dipl.-Volksw. 1948). Promot. 1950 - 1948-51 Konzernrevisor Demag AG, Duisburg; 1951-53 Assist. Geschäftsltg. Maschinenfabrik Kranz, Aachen; 1954-64 kaufm. Leit. P. Stühlen, Köln; 1965-78 Vorst.-Mitgl. u. -sprecher (1966) Kölsch-Fölzer-Werke AG, Siegen; s. 1979 Unternehmensber. - Liebh.: Literatur, Sport - Kriegsausz. (u. a. EK I u. Minensuchabz.); 1972 Ritter v. HL Grab, Komtur m. Stern, 1966 Gold. Sportabz. - Spr.: Engl.

SCHMIDT, Walter

Dr. med., o. Prof. f. Histologie u. Embryologie Innsbruck (Österr.), Univ. - Geb. 14. Juli 1925 Würzburg - S. 1961 (Habil.) Lehrtätigk. Univ. Hamburg, München (1961; 1967 apl. Prof.), Frankfurt (1968 Ord.), Innsbruck (1974 Ord.). Fachaufs.

SCHMIDT, Werner

Dr. med., o. Prof. f. Dermatologie u. Venerologie (emerit.) - Maria Viktoria Str. 31, 7570 Baden-Baden (T. 07221 - 2 93 03) - Geb. 9. April 1907 Saarbrücken (Vater: Hans S., kaufm. Direktor; Mutter: Else, geb. Helwig), ev., verh. s. 1942 m. Elisabeth, geb. Nohl, 4 Kd. (Hans-Peter, Christiane, Sibylle, Beate) - Realgymn. Stuttgart; Univ. Tübingen, Würzburg, Hamburg, Berlin. Promot. 1932 Tübingen; Habil. 1939 Berlin - Ab 1932 Assistenzarzt Hautkliniken Essen u. Tübingen, 1935-45 Oberarzt Rudolf-Virchow-Krkhs. Berlin; 1940-45 Doz. Univ. Berlin, 1946 ltd. Arzt Krkh. Wimbern/Ruhr, 1946-1947 Chefarzt Kreiskrkhs. Ludwigsburg/Württ., 1950-58 Chefarzt Städt. Hautklinik Ludwigshafen/Rh.; 1953-68 Doz. u. apl. Prof. (1956) Univ. Mainz. 1958-75 Dir. Städt. Hautklinik Mannheim, 1968 o. Prof. Fak. f. klin. Med. Mannheim/Univ. Heidelberg. 115 Handb.- u. Ztschr.beitr.

SCHMIDT, Werner

Dr. rer. pol., Geschäftsführer ZVEI-Fachverb. Elektr. Antriebe, Transformatoren, Generatoren u. Stromversorgungen - Stresemannallee 19, 6000 Frankfurt/M. 70.

SCHMIDT, Werner

Bankier, pers. haft. Gesellsch. Bankhaus August Lenz & Co. (s. 1972) - Promenadenpl. 2, 8000 München 2 (T. 22 16 11) - Geb. 1926 (?) - Stud. Rechtswiss. Gr. jurist. Staatsprüf. - Zul. Generalbevollm. Lenz.

SCHMIDT, Werner

Fabrikant, gf. Gesellsch. Druckfarbenfabrik Gebr. Schmidt GmbH., Frankfurt-Rödelheim - Kleinschmidtstr. 36, 6000 Frankfurt/M.-Eschersheim - 1982 BVK I. Kl.

SCHMIDT, Werner

Dr. med., Kinderarzt, Präs. Berufsverb. d. Kinderärzte Deutschlands - Pfluggasse 1, 8400 Regensburg (T. 0941 - 5 41 23) - Geb. 28. Mai 1928 Chemnitz (Vater: Dr. med. Fritz Sch., prakt. Arzt; Mutter: Johanne, geb. Barthel), ev.-luth., verh. s. 1959 m. Dr. med. Hannelore, geb. Renger, 3 S. (Matthias, Wolfram, Eberhard) - 1951-57 Univ. Tübingen, FU Berlin, Univ. Freiburg. Promot. 1957 Freiburg - S. Okt. 1983 Präs. Berufsverb. d. Kinderärzte Dtschl. - Liebh.: Mod. Graphik, Kabarett (Brettl), Klass. Musik - Spr.: Engl.

SCHMIDT, Werner

Dr. jur., Staatssekretär a. D. - Lorenz-von-Stein-Ring 4, 2330 Eckernförde (T. 04351 - 4 25 60) - Geb. 23. Okt. 1911 Hadersleben (Vater: Emil Sch., Beamt.; Mutter: Christina, geb. Hansen), verh. s. 1941 m. Karola, geb. Kopp, 4 Kd. (Werner Christian, Hans-Heinrich, Eike Ingwer, Ingrid) - 1932-36 Stud. Rechtswiss. Univ. München, Berlin, Kiel; Jurist. Staatsprüf. 1936 u. 39, Promot. 1939 - 1939-42 Wehrdst.; 1942-45 ORR im Reichminist. d. Innern; 1952-66 Bürgerm. Eckernförde; 1967-73 Staatssekr. Kiel. S. 1973 Präs. Dt. Volksheimstättenwerk, Bonn, Präs. Schlesw.-Holst. Heimatbd. - BV: Lorenz v. Stein, 1956; Denkpausen, 1976; Schlesw.-Holst., 1979 - 1987 Gr. BVK m. Stern - Spr.: Engl., Franz.

SCHMIDT, Werner Albert

Dr., Prof. f. Theorie Staatl. Hochsch. f. Musik Heidelberg-Mannheim - Herzogstr. 20, 6830 Schwetzingen - Geb. 29. Juli 1925 Bad Kissingen (Vater: Franz Sch., Zollfinanzrat; Mutter: Wally, geb. Dippold), kath., ledig - 1945-50 Stud. Akad. d. Tonkunst München (Meisterklassendipl. 1950); 1961-69 Stud. Phil. Univ. München; Promot. 1969; Päd. Staatsex. 1972 Staatl. Hochsch. f. Musik München - S. 1950 freischaffender Komp. München (1954 Musica viva); 1970/71 Musiklehrer Staatl. Gymn. u. 1972-74 Jugendmusiksch. Wangen/Allgäu; s. 1975 Staatl. Hochsch. f. Musik Heidelberg-Mannheim (s. 1980 Prof.) - BV: Theorie d. Induktion (Diss.); D. prinzipielle Bedeut. d. Epagogé b. Aristoteles, 1974. Div. Musikal. Werke f. Orch. - Kompositionspreis d. Dt. Komp.verb. Berlin; mehrf. Förderpr. d. Bayer. Akad. d. Künste München.

SCHMIDT, Werner H.

Dr. theol., Prof. f. Theologie (Altes Testament) - Im Cäcilienbusch 58, 5309 Meckenheim - Geb. 9. Juni 1935 Mülheim/R. (Vater: Hugo Sch., Rektor; Mutter: Anne, geb. Landwehr), ev., verh. s. 1965 m. Waltraud, geb. Wegner, 2 Kd. (Holger, Urte) - 1955-1960 Univ. Marburg, Göttingen u. Berlin, Promot. Berlin 1960, Habil. Mainz 1964 - 1962-64 Wiss. Assist. Univ. Mainz, 1964-66 beamt. Priv.doz. Mainz, 1966-69 o. Prof. Univ. Wien, 1969-79 Univ. Kiel, 1979-84 Marburg, s. 1984 Univ. Bonn - BV: Königtum Gottes in Ugarit u. Israel, 2. A. 1966; D. Schöpf.gesch. d. Priesterschr., 3. A. 1974; Alttestamentl. Glaube in s. Gesch., 6. A. 1987; D. 1. Gebot, 1970; Exodus, 1974/1988; Zukunftsgewißh. u. Gegenw.kritik, 1973; Einf. in d. Alte Test., 1979, 4. A. 1989; Zukunft u. Hoffnung (m. J. Becker), 1981; Exodus, Sinai u. Mose, 1983; AT Einleit. u. Theol. in: Grundkurs Theol. 1. Kohlhammer-Taschenb. 421, 1989.

SCHMIDT, Werner P.

Dr. rer. pol., Dipl.-Volksw., Vorstandsmitglied Volkswagen AG, Wolfsburg (s. 1975) - 3180 Wolfsburg (T. 92 43 55) - Geb. 5. Juli 1932 Borken/Westf., verh., 2 Kd. - Univ. Münster, Kalamazoo (Michigan), Köln - 1956-67 Verkaufsleit. Inland, Ford-Werke AG, Köln. 1967-71 Exportleit. Volkswagenwerk AG, Wolfsburg, 1971-73 Vorst.-Vors. Volkswagen do Brasil, São Paulo, 1973-75 Vorst.-Vors. AUDI AG, Ingolstadt/Neckarsulm.

SCHMIDT, Wieland

Dr. phil., o. Prof. f. Bibliothekswissenschaft (emerit.) - Berliner Str. 99, 1000 Berlin 37 (T. 831 21 46) - Geb. 29. März 1904 Berlin (Vater: Prof. Dr. phil. Ferdinand-Jakob S. (s. X. Ausg.); Mutter: Luise, geb. Reiche), ev., verh. s. 1937 m. Annemarie, geb. Dahlke, T. Ursula - 1922-33 Univ. Berlin (German., Gesch.; Promot. 1933). Staatsex. 1934; Bibl.ex. 1936 - 1934-66 Staats- u. Univ.bibl. Berlin (1946-1950 Dir. Humboldt, 1951-66 Freie); 1951-69 ao. u. o. Prof. (1966) FU Berlin - BV: D. 24 Alten Ottos v. Passau, 1938; D. Drucker in Basel, 2 T. 1938/40 (hg. m. Maria Möller); V. Sinn d. Bibl.en, 2. A. 1959; D. Maness. Handschr. - etwa 1300-1340, 1960. Hrsg. (m. F. A. Schmidt-Künsemüller) Kommentarbd. z. d. Faks.-Ausg. von J. Gutenbergs 42zeil. Bibel, 1979. Mitarb.: Werner Schuder, Universitas Literarum, Handb. d. Wiss.kd., 1955. Etwa 180 Einzelarb.

SCHMIDT, Willi

Prof., Regisseur u. Bühnenbildner - Breitenbachpl. 10, 1000 Berlin 33 (T. 824 11 01) - Geb. 19. Jan. 1910 Dresden, ev., verh. m. Eleonore, geb. Ziel, 1 Kd. - Königs-Georg-Gymn. Dresden; Univ. Berlin - Assist. Rochus Gliese - S. 1933 Regiss. u. Bühnenbildner Dt. Theater, Staatstheater, Schloßpark- u. Schiller-Theater Berlin, s. 1952 Prof. Hochsch. f. bild. Künste ebd. Üb. 60 Insz. (u. a. D. seidene Schuh, Tartuffe, Der Geizige, D. gelehrten Frauen, D. Räuber, D. Prozeß, Clavigo, Kabale u. Liebe, Judith, D. Preis, Moral); etwa 150 Bühnenbilder - 1952 Preis Verb. d. dt. Kritiker f. d. beste Hörspielinsz. (Rudolf Hagelstange: D. Ballade v. verschütteten Leben), 1961 Berliner Kunstpreis; 1958 o. Mitgl. Akad. d. Künste Berlin.

SCHMIDT, Willi

Lehrer, MdL Rhld.-Pfalz - Hauptstr. 41, 6661 Althornbach - Geb. 16. April 1934 - SPD.

SCHMIDT, Wolfgang

Dr. med., Medizinaldirektor, Facharzt f. Lungenkrankheiten, Präs. Landesverb. Berlin u. Mitgl. Präsidium DRK Bonn (s. 1976) - Oranienburger Chaussee 30, 1000 Berlin 28 (T. 401 38 92) - Geb. 14. Juni 1924 Hannover (Vater: Otto S., Kaufm.; Mutter: Elisabeth, geb. Rabe), ev., verh. s. 1946 m. Hildegard, geb. Schiemann, S. Manfred - Promot. 1950 Berlin; 1961-75 Vorst.-Mitgl. Bundesärztekammer, Präs. Ärztekammer Berlin 1971-75, 1976 b. jetzt Präs. d. Dt. Roten Kreuzes, Landesverb. Berlin u. Präsid.-Mitgl. DRK Bonn - 1974 BVK I. Kl.; 1975 Ernst-v.-Bergmann-Plak. 1979 Ehrenzeichen DRK; 1982 Gold. Med. d. Stadt Paris; 1983 Gr. BVK; 1984 Sonderstufe d. Feuerwehr- u. Katastrophenschutz-Ehrenzeichens Berlin; 1986 Johann-Peter-Frank-Med.; 1988 Dt. Feuerwehr Ehrenkreuz in Silb. - Liebh.: Musik - Spr.: Franz.

SCHMIDT, Wolfgang

Angestellter, MdB (1969-76) - Brunnenstr. 34, 6251 Niederselters (T. 2 00) - Geb. 18. April 1934 Niederselters, kath., verh., 3 Kd. - Realgymn. Limburg (Reifeprüf.); Stud. Soziol. u. Volksw. - S. 1958 Angest. Lufthansa (1960 Betriebs- (Frankfurt/M.), 1972 Gesamtbetriebsratsvors.). SPD s. 1960 (1971 Vors. Unterbez. Limburg).

SCHMIDT, Wolfgang

Dr. phil., Univ.-Prof. - Karl-Schurz-Str. 11, 6520 Worms/Rh. - Geb. 6. Aug. 1912 Kraschewo/Ostpr. (Vater: Kurt S., Rektor; Mutter: Gertrud, geb. Freynhagen), ev., verh. s. 1940 m. Helga, geb. Bothe, 2 Söhne (Klaus, Ulrich) - Univ. Königsberg (Psych., Päd., Phil.; Dipl.-Psych. 1943) - S. 1959 Päd. Akad. bzw. Hochsch. Worms (1962 Prof.) u. PH Neuwied (1964-66 Gründungsrektor; 1969 o. Prof.) - BV: Gruppenuntern. i. d. Volkssch., 1950; Attrappenversuche z. Analyse d. Lachens, 1957; Neuzeitl. Volksschularbeit, 1962, Lernen - aber wie?, 1966; Aspekte d. Lernens, 1977; Kinderzeichn. als Spiegel d. kindl. Persönlichk., 1986; Gedächtnispsychol. Erkenntnisse, 1988 - Liebh.: Musik - Spr.: Engl., Franz.

SCHMIDT-ASSMANN (ß), Eberhard

Dr. jur., o. Prof. f. Öfftl. Recht - Höhenstr. 30, 6900 Heidelberg - Geb. 13. Febr. 1938 Celle - Promot. 1966; Habil. 1971 (Göttingen) - S. 1972 o. Prof. Univ. Bochum u. Heidelberg (1979) - Mitgl. Akad. f. Raumforsch. u. Landesplan - BV: Verfassungsbegriff d. dt. Staatslehre d. Aufklärung 1967; Grundfragen d. Städtebaurechts, 1972; Das allg. Verwaltungsrecht als Ordnungsidee, 1981. Weit. Arbeiten z. Verfassungs-, Kommunal- u. Umweltrecht.

SCHMIDT-BARRIEN, Heinrich

Schriftsteller - Frankenburg 16, 2804 Lilienthal (T. Lilienthal 43 34) - Geb. 19. Jan. 1902 Uthlede (Vater: Heinrich S., Pastor; Mutter: Marie, geb. Bockhoop), ev., verh. m. Katharina, geb. Hesse, 2 Töcht. (Doris, Christine) aus d. 1960 gesch. I. Ehe m. Elsa, geb. Bosselmann - Gymn.; kaufm. Lehre - 1921-33 kaufm. Tätigk.; 1933-45 Leit. Kulturabt. in d. Böttcherstr. zu Bremen - W: u. a. Ihr Kleinmütigen, R. 1944; De Windmüller, N. 1946; D. Mann o. Gesicht, N. 1950; Tanzgesch., Erz. 1952; De frömde Fro, N. 1953; Babuschka, Sch. 1954; u. bauen d. Bienen e. Haus, Erz. 1958; De Spaaßmaker, N. 1960; 17 Tage Hurrikan, Erz. 1961; Lessing im Walde, N. 1965; Geliebte Biene - E. Tageb. f. Rose, 1968; De Sommerdeern, N. 1977; Strandgut, R. 1980; De düdesche Schlömer, 1984. Hörsp. - 1954 Literaturpreis Fr. Hansestadt Bremen (Tanzgesch.); 1960 Hans-Böttcher-Preis (Hörsp.: De frömde Fro); 1968 Fritz-Reuter-Preis (De Moor Keerl); 1972 Bremer Senatsmed. f. Kunst u. Wiss.; 1982 BVK - Liebh.: Bienen, Archäol. - Spr.: Engl., Franz., Holl. - Rotarier.

SCHMIDT-BIGGEMANN, Wilhelm

Dr. phil., Univ.-Prof. f. Phil. FU Berlin - Feldstr. 28, 1000 Berlin 45 - Geb. 23. Juni 1946, kath., verh. s. 1969 m. Cordula Schmidt, geb. Lütticke, 3 Kd. (Damian, Cosima, Benedikt) - Stud. Univ. Bochum (Deutsch, Gesch., Phil.); Promot. 1974; Habil. 1981 Berlin, 1985 apl. Prof. - 1975 wiss. Mitarb. Herzog August Bibl. Wolfenbüttel; s. 1979 FU Berlin - BV: Maschine u. Teufel, 1975; Spinoza, Werk u. Wirkung, 1977 (engl. Übers.); Topica universalis, 1983; Theodizee u. Tatsachen, 1988 - Spr.: Engl., Franz., Griech., Latein.

SCHMIDT-BLEIBTREU, Ellen, geb. Kesseler

Schriftstellerin (Ps. Ellen Conradi, Prof. h. c. Ellen Conradi-Bleibtreu) - Pregelstr. 5, 5300 Bonn 1 - Geb. 11. Juni 1929 Heidelberg (Vater: Dr. phil. (habil.) Hans K., Chemiker; Mutter: Ellen, geb. Nass), kath., verh. s. 1956 m. Dr. jur. B. S.-B., 2 Kd. (Dr. med. Christiane, Wolfgang) - N. Abit. Landw.sch. (Übern. väterl. Hof n. dessen Tod); Handelssch.; Werkstud. BASF; Univ. Mainz-Germersheim (Spr., Phil., Gesch., Rechtswiss.) - 5 J. Fachgruppenleit. Lit. GEDOK; Deleg. Europabeauftr. Komitee Arts, Lettres, Musique im Conseil Intern. des Femmes - BV: Jahre m. F. J., Ged. 1951; Kraniche, Lyr. 1970; Fragmente, Lyr. 1973; Ruhestörung, Erz., 1975; Unt. d. Windsegel, Lyr. 1978; Im Schatten d. Genius, 1981/89; Zeitzeichen, Lyr. 1983; Kogge Anthol. Europa in Lyr. u. Pros., 1984; Die Schillers, Pros. 1986/89; Klimawechsel, Lyr. 1989. Mithrsg.: Anthol. de la poésie féminine mondiale (1973), Inter Nationes/Women Writers 1950-80 (1981), Kinder aus 14 Ländern/Kurzgesch. (1982), Dt. Komponistinnen d. 20. Jh. (1984) - Div. Preise u. Ausz. u. a. 1984 Weltkulturpr. Accad. Italia; 1989 Prof. h. c. Istituto Europeo Di Cultura - Spr.: Engl., Span. - Bek. Familienangeh.: Hans Hömberg, Autor, u. a. Kirschen f. Rom (Vetter).

SCHMIDT-BURBACH, Gerhard M.

Dr. phil., nat., Prof. f. Biophysik, Hygiene u. Umweltschutz FHS Gießen-Friedberg - Philosophenweg 30, 6330 Wetzlar 1 (T. 06441 - 4 58 86) - Geb. 19. Okt. 1936 Frankfurt/M. (Vater: Karl Sch., Beamter DB; Mutter: Mina Maria, geb. Ziegert), ev., verh. s. 1964 m. Roswitha, geb. Burbach, 2 Kd. (Christiane-Claudia, Boris-Alexander) - Abit. 1958 Offenbach; Dipl. (Experimentalphysik) 1964 Univ. Frankfurt, Promot. 1969 Max-Planck-Inst. f. Biophysik/Ges. f. Strahlen- u. Umweltforsch. Frankfurt - 1969-75 Ind. (Produkt-Manag.); 1976-78 Inst. f. Umwelt- u. Krankenhaushygiene Univ. Marburg; ab 1979 Mitbegr. u. Mitinh. Inst. f. Krankenhaushygiene u. Infektionskontrolle Gießen; s. 1971 Lehrauftr. FHS Gießen-Friedberg f. Umweltschutz (s. 1981 Hon.-Prof.). S. 1980 Mitbegr. u. Mitherausg. Fachztschr.: Krankenhaushygiene + Infektionsverhüt. (Redakt.); o. Mitgl. Int. Soc. of Biometeorol. Dt. Ges. f. Hygiene u. Mikrobiol. u. Frankfurter Med. Ges.; Doz. Krankenpflege-Hochsch. u. Krankenpflegesch. - Div. Patentanmeld. z. Probl. d. Raumklimatis. u. d. Staubabsch. (Filtertechnik). Zahlr. wiss. Publ., u. a. z. Inkorporation radioaktiver Partikel, z. allg. Fragen d. Umweltschutzes u. d. Humanökol., z. Problember. d. Krankenhaushygiene.

SCHMIDT-CARELL, Paul K.

Dr. phil., Gesandter a. D., Schriftsteller (Ps.: Paul Carell) - Harvestehuder Weg 27, 2000 Hamburg 13; Immentun 7, 2723 Scheeßel - Geb. 2. Nov. 1911 Kelbra/Kyffhäuser, ev., verh. s. 1984 m. Ille, geb. Handt, aus 1. Ehe 3 Töcht. (Elke, Renate, Ute) - Gymn.; Stud. Phil., Psych., Volksw. Promot. 1936 Kiel - 1938-45 Ausw. Dienst (1940 Gesandter) - BV: D. Wüstenfüchse - Mit Rommel in Afrika, 1958, 17. A. 1977 (9 Übers.); Sie kommen - d. dt. Bericht üb. d. Invasion u. 80täg. Schlacht um Frankr., 1960, 10. A. 1977 (9 Übers.); Unternehmen Barbarossa - D. Marsch n. Rußl., 1963, 10. erw. A. 1977 (dt. A. üb. 400 Ts., 11 Übers.); Verbrannte Erde - D. Schlacht zw. Wolga u. Weichsel, 1966, 6. A. 1975 (dt. A. üb. 300 Ts., 11 Übers.); D. Rußlandkrieg - fotografiert v. Soldaten, 1967, 4. A. 1980 (Bildb.); D. tabuierte Ernstfall Krieg, in: D. Ernstfall, Schriften d. Carl Frierich v. Siemens Stiftg., 1978; D. Gefangenen - Leben u. Überleben dt. Soldaten hinter Stacheldraht, 1980, 7 A. 1981. - Spr.: Engl., Franz.

SCHMIDT-CLAUSEN, Kurt

Dr. theol., Landessuperintendent i.R., Abt von Amelungsborn - Lemförder Str. 8A, 3000 Hannover (T. 88 73 47) - Geb. 1. Okt. 1920 Hannover (Vater: Wilhelm S.-C., Angest.; Mutter: Alwine, geb. Wieckert), luth., verh. s. 1943 m. Erika, geb. Rokahr, 2 Kd. (Anne-Katrin, Jens) - Hindenburg-Sch. Hannover; Univ. Wien, Göttingen, Oxford; Predigersem. Loccum - 1951-52 Pastor Hannover; 1952-55 u. s. 1965 Ref. Landeskirchenamt Hannover; 1955-60 Pastor Wunstorf; 1960-65 Generalsekretär Luth. Weltbund, Genf (1970-77 Mitgl. Exekutivkomit.). S. 1982 theol.- u. kirchengesch. Autor. 5 Bücher u. etwa 65 Aufs. in kirchl. Ztschr. - 1965 Gr. BVK m. Stern - Liebh.: Musik, Gesch., Archäol. - Spr.: Lat., Griech., Hebr., Engl., Schwed.

SCHMIDT-COLINET, Herbert

Dr., Senatspräsident Bundespatentgericht, München 2 - Isolde-Kurz-Str. 2, 8000 München 81 (T. 98 26 36) - Geb. 8. April 1908 - Zul. Senatsrat BPG.

SCHMIDT-DECKER, Petra

Autorin, Regiss., Schallplatten-Prod. (Ps. Felix Spengler) - Papenhuder Str. 42, 2000 Hamburg-Uhlenhorst (T. 040 - 22 37 73) - Geb. 22. April 1943 Berlin (Vater: Felix-Peter Sch.; Mutter: Ingeborg, geb. Lohse) - Schauspielunterr. b. Joseph Offenbach - 1964-77 Schauspiel.; ab 1977 Lieder (f. Daliah Lavi, Michael Heltau u.v.a.), Schallpl. f. Kinder. Div. Vortr. zu div. Themen - BV: D. Jungen Bosse, Unternehmer-Portraits, 1984; D. gr. Buch d. guten Benehmens, 1985 - Schallpl., sämtl. Walt-Disney-Tonträg. u. Kinderkomp. m. Karlheinz Böhm u.v.a., insges. rd. 130 Prod. - 1988 2 goldene Schallpl. - Liebh.: Schreiben, Lesen, Klass. Musik, Sportwagen, Surfen - Spr.: Engl., Franz., Latein, Altgriech.

SCHMIDT-DENTER, Ulrich

Dr. phil., Prof. f. Psychol. Univ. Köln (s. 1986) - Büsdorfer Str. 30, 5000 Köln 41 - Geb. 8. April 1946 Sydow, ev., verh. s. 1970 m. Ingrid, geb. Denter, 2 Kd. (Kerstin, Hendrik) - Stud. Univ. Köln (Psychol.); Promot. 1977 Düsseldorf; Habil. 1983 Düsseldorf - Beirat d. Ztschr. f. Päd. Psych., u. d. Ztschr. f. Familienforsch. - BV: V. Kleinkind z. Schulkind (m. H. Nickel), 3. A. 1988; Sozialverhalten v. Vorschulkindern (m. H. Nickel), 1980; D. soz. Umwelt d. Kindes, 1984; Kognitive u. sprachl. Entw.förd. im Vorschulalter, 1987; Soz. Entwicklung, 1988; Lehrb. Entwicklungspsychol. (m. H. Nickel), 1990 - 1979 Preis f. d. Beste Diss. d. Jahres Univ. Düsseldorf - Spr.: Engl., Franz.

SCHMIDT-DORNEDDEN, Horst

Dr. jur., Botschafter a.D. - Zu erreichen üb. Ausw. Amt, Postf., 5300 Bonn - Geb. 20. März 1921 Hamburg (Vater: Arthur Sch.-D., Apotheker; Mutter: Amalie, geb. Hermes), ev., verh. m. Juliane, geb. Bieber, 3 Kd. (Verena, Micaela, Kai) - Rechtsanw.; Tätigk. Bundesmin. f. Arbeit; s. 1956 AA; Hilfsref. Rechtsabt.; Legationsrat 1957; 1959-1963 Generalkonsulat Amsterdam; b. 1966 Vertretung BRD b. NATO in Paris; Konsul I. Kl. 1962, Botsch.rat 1966; 1966-71 Botschaft Rabat (ständ. Vertr. d. Botsch.); Botsch.rat I. Kl. 1971; Bundespräsidialamt Bonn 1971-74. Ministerialrat; 1974-79 Botsch. in Jordanien; 1979-82 Botsch. Libanon.

SCHMIDT-EFFING, Reinhard

Dr. rer. nat., Prof. f. Paläontologie u. Geologie Univ. Marburg - Pfarracker 4, 3550 Marburg-Bauerbach - Geb. 25. Mai 1943 Fechingen-Brebach (Vater: Erwin Sch.; Mutter: Helene, geb. Fondel), verh. s. 1969 m. Ursula, geb. Effing, 3 Kd. (Karin, Anita, Martin) - Univ. Tübingen, Münster, Madrid u. Mexiko (Dipl.-Geol. 1969 Tübingen, Promot. 1972 Münster, Habil. 1977 ebd.) - 1972 wiss. Assist. Münster; 1973-76 Prof. u. Abt.leit. f. Geol. u. Paläontol. Univ. Costa Rica; 1977 Oberassist. Univ. Münster; 1978 Doz. Univ. Münster; 1981 Prof. Univ. Münster; danach 1981 Prof. Univ. Marburg. Üb. 40 Facharb. - Spr.: Span., Engl., Franz., Russ.

SCHMIDT-EICHSTAEDT, Gerd

Dr. jur., Prof. f. Bau- u. Planungsrecht TU Berlin - Prinzregentenstr. 86, 1000 Berlin 31 - Geb. 20. Febr. 1941 Altlandsberg - Stud. Univ. Hamburg u. Berlin; jurist. Staatsprüf. 1967 u. 1971, Promot. 1973 - S. 1971 Mitarb. Dt. Inst. f. Urbanistik; s. 1979 stv. Inst.leit.; s. 1979 Prof. f. Bau- u. Planungsrecht TU Berlin; s. 1984 Chefredakt. Ztschr. Archiv f. Kommunalwiss. - BV: D. Gemeindeordn. u. d. Kreisordn. in d. Bundesrep. Dtschl., 1975; Bundesges. u. Gemeinden, 1981; Prakt. Erfahr. m. d. Bundesbaugesetz, 1984; Einf. in d. neue Städtebaurecht, 1987.

SCHMIDT-ELLER

s. Künzell, Berta

SCHMIDT-FALKENBERG, Heinz

Dr.-Ing., Dr. rer. nat. h.c., Prof., Abteilungsleiter, Vors. Dt. Ges. f. Photogrammetrie u. Fernerkundung, Frankfurt am Main - Zu erreichen üb. Inst. f. Angew. Geodäsie, Richard-Strauss-Allee 11, 6000 Frankfurt/M. 70 - Geb. 26. Sept. 1926 Falkenberg, verh. s. 1955 m. Karin, geb. Markof - Stud. Geodäsie TU Berlin (Dipl.-Ing. 1955); Promot. 1970 Univ. Bonn - 1955-61 Aufbau e. Photogrammetr. Abt. f. d. Bayer. Flurbereinigungsdst., Bamberg; s. 1962 Inst. f. Angew. Geodäsie, Frankfurt, Bundesbehörde im Geschäftsbereich d. Bundesinnenmin., Abt. II d. Dt. Geodät. Forschungsinst. b. d. Bayer. Akad. d. Wiss. (s. 1979 Leit. Abt. Photogrammetr. Forschung). S. 1968 Lehrbeauftr., 1977 Honorarprof. Univ. Karlsruhe; 1986 Ehrenpromot. zum Dr. rer. nat. h.c. durch Ludwig-Maximilians-Univ. München; Mitgl. Unterausssch. I z. Festst. d. Befähig. f. d. höh. techn. Vermessungsdst. im Bundespersonalaussch.; Mitgl. Dt. Landesaussch. Scientific Committee on Antarctic Research (SCAR) Dt. Forschungsgem.; Mitgl. Ges. Dt. Naturforscher u. Ärzte. Üb. 100 wiss. Veröff. - Liebh.: Zeichnen (Landschaften) - Spr.: Engl.

SCHMIDT-GADEN, Gerhard

Prof., Leiter Tölzer Knabenchor (gegr. 1956) - Kaminskistr. 13, 8174 Benediktbeuern (T. 08857 - 6 38) - Ab 1959 Zusammenarb. m. Kurt Thomas, ab 1964 m. Carl Orff, 1967 Dozent Orff-Inst. Salzburg u. Beginn d. Gesamtaufnahme d. Orff-Schulwerkes. 1977-88 Lehrtätigk. Mozarteum Salzburg, s. 1980 o. Prof.; s. 1984 Chordir. Mailänder Scala. Konzertreisen nach China, Japan, in d. USA u. durch ganz Europa. UA: Lukas-Passion u. Utrenja v. K. Penderecki - Zahlr. Schallplattenaufnahmen, mehrf. ausgezeichnet; s. 1972 ständige Mitwirkung b. d. Salzburger Festspielen. Zahlr. Einstudierungen v. Knabenchorpartien in Europa u. Übersee. Ab 1975 insges. 97 Kantaten-Einspielungen f. Gesamtausg. d. 196 geistlichen Bach-Kantaten (m. Harnoncourt u. Leonhardt) - 1983 BVK; 1984 Poetentaler d. Münchner Turmschreiber; 1987 Adalbert-Stifter-Med.

SCHMIDT-GELLERSEN, Martin

s. Schmidt, Martin

SCHMIDT-GERTENBACH, Volker

Generalmusikdirektor - Wallfahrtstr. 2, 3412 Nörten-Hardenberg 3 - Geb. 28. Dez. 1941 Witzenhausen, ev., verh. s. 1976 m. Barbara, geb. Schneider - Gymn. Hann.-Münden; Musikakad. Kassel - 1965 Ballettrepetitor Kasseler Staatstheater; 1967 Dirigent u. 1974 Chefdirig. Göttinger Symphonie Orchester, 1981-84 auch ständ. Dirig. Radiosymfoniorkester Stavanger, Norwegen. Gastdirig.tätigk. in üb. 20 versch. Ländern. Zahlr. Rundfunk- u. Fernsehaufnahmen sowie mehrere Schallplatteneinspielungen. Ab 1989 Geschäftsf. Verein Kulturförd. Südniedersachsen.

SCHMIDT-GLINTZER, Helwig

Dr., Sinologe, o. Prof. Univ. München (s. 1981) - Kaulbachstr. 51a, 8000 München 22 - Geb. 24. Juni 1948 Bad Hersfeld, verh. m. Karola, geb. Weirich - 1967-73 Stud. Univ. Göttingen u. München; Promot. 1973; Habil. 1979 Bonn - S. 1981 Ord. f. Ostasiat. Kultur- u. Sprachwiss. Univ. München. Forschungsaufenth. in Taiwan, Japan, VR-China - BV: Mo Ti. Schriften, 2 Bde, 1975; D. Hung-ming chi, 1975; D. Identität d. buddh. Schulen ... in China, 1982; Chin. Manichaica, 1987 - Liebh.: Musizieren.

SCHMIDT-HÄUER, Christian

Journalist u. Publizist, Polit. Redaktion Die Zeit - Pressehaus, Speersort 1, 2000 Hamburg - Geb. 17. Sept. 1938 Hannover (Vater: Walther Sch.-H., Arzt; Mutter: Margot, geb. Häuer) - Obersch., Sprachenstud. - 1968/69 Korresp. Prag (Spiegel), s. 1970 Korresp. D. Zeit u. ARD: Balkan (b. 1975), Moskau (b. 1979). Spez. Arbeitsgeb.: Osteuropa - BV: Viva Dubček, 1968; D. sind d. Russen, 1980 (übers. Span.); Menschen in Moskau, 1980; Nachbarn s. 1000 J. - Polen u. Russen (in: D. poln. Freiheitskampf), 1981; Gorbachev - The Path to Power, 1986 - Spr.: Engl., Franz., Russ., Serbokroat.

SCHMIDT-HOLTZ, Rolf

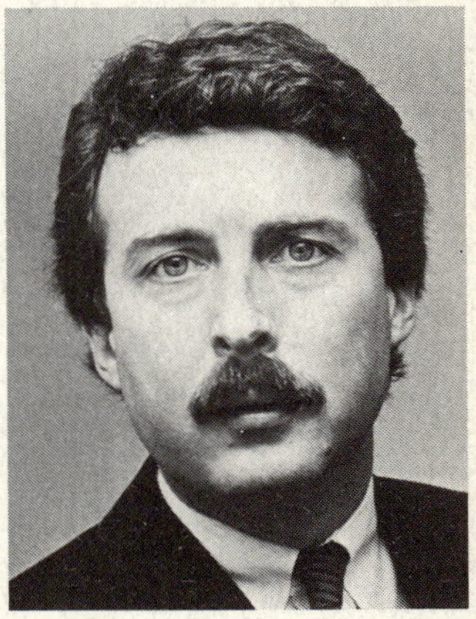

Herausgeber Stern (s. 1988) - Zu erreichen üb. Gruner + Jahr AG Druck- u. Verlagshaus, Warburgstr. 50, 2000 Hamburg 36 (T. 040 - 41 18-27 91) - Geb. 31. Aug. 1948, ev., verh., 2 Kd. - Jura-Stud. (1. u. 2. Ex.) - Wiss. Assist. Univ. Kiel - 1977-80 Chef v. Dienst Bundespresseamt; 1980-84 ARD-Korresp. Bonn; 1984 Vorst. Bundespressekonfz.; 1985 Leit. Vorstandsbüro Information u. Publiz. Bertelsmann AG, Gütersloh; b. 1988 Chefredakteur Fernsehen, Hauptabt.-Leit. Politik u. Zeitgeschehen, Westd. Rundf. Köln.

SCHMIDT-JORTZIG, Edzard

Dr. jur., o. Prof. f. Öfftl. Recht Univ. Kiel (s. 1982), Richter OVG Lüneburg (s. 1983) - Graf-Spee-Str. 18a, 2300 Kiel 1 - Geb. 8. Okt. 1941 Berlin (Vater: Friedrich-Traugott S., Konteradmiral; Mutter: Carla, geb. Freiin v. Frydag), ev., verh. s. 1968 m. Marion, geb. v. Arnim, 4 Kd. (Edzard, Ailika, Immo, Gesine) - Abit. 1961 Lüneburg; Stud. Rechts- u. Staatswiss. Univ. Bonn, Lausanne u. Kiel; Promot. 1969; Gr. jurist. Staatsprüf. 1970; Habil. 1977 Göttingen - 1970 Kommunalverwalt. Göttingen; 1977 Prof. Univ. Münster - BV: D. Pflicht z. Geschlossenheit d. kollegialen Regierung, 1973; Z. Verfassungsmäßigkeit v. Kreisumlagesätzen, 1977; Kommunale Organisationshoheit, 1979; D. Einrichtungsgarantien d. Verfassung, 1979; Kommunalrecht, 1982; Gemeindliches Eigentum an Meereshäfen, 1985 - Spr.: Engl., Franz.

SCHMIDT-KALER, Theodor

Dr. rer. nat., Dipl.-Math. Prof. f. Astronomie, Direktor d. Astronom. Inst. d. Ruhr-Univ. Bochum - Postf. Nr. 10 21 48 (Astronom. Inst. Ruhr-Univ. Bochum), 4630 Bochum 1; priv.: Steinhügel 105, 5810 Witten - Geb. 8. Juni 1930 Seibelsdorf (Vater: Ferdinand S, Pfarrer; Mutter: Emilie von Kaler), ev.-luth., verh. s. 1958 m. Johanna geb. Gräfin v. Pfeil, 1 S. (Ferdinand) - Hum. Gymn.; Univ. Erlangen, Paris, München, Dipl.-Math. 1954, Dr. rer. nat 1955, bde. München; Habil 1961 Bonn. 1964. Gastprof. Univ. Toronto; 1973-76 Kreistag Ennepe/Ruhr u. KVR, s. 1978 Vors. d. Astronom. Ges. Üb. 100 Fachveröff. - Liebh.: Bergsteigen - Spr.: Engl, Franz., Span., Ital, Griech.

SCHMIDT-KESSEN, Wilhelm

Dr. med. (habil.), em. Prof., f. Physikal. Medizin u. Rehabilitation - Weiherhofstr. 15, 7800 Freiburg/Br. (T. 2 39 89) - Geb. 9. Okt. 1919 Duisburg (Vater: Wilhelm S., Kaufm.; Mutter: Caroline, geb. Klein), verh., 2 Söhne (Andreas, Volker) - Stud. Leipzig, Marburg, Gießen, Würzburg, Heidelberg, Innsbruck - Tätigk. Univ. Greifswald (b. 1956) u. Freiburg (1957ff.; 1963 apl. Prof.). Emerit. 1985. Ärztl. Leit. d. dt.-franz. Krankengymnastik- u. Massageschule Ortenau u. a. - BV: u. a. Allg. Balneotherapie (Handb. f. Bäder- u. Klimaheilkd.); Klimatherapie u. Rehabilitationsforschung. Fachaufs. Mithrsg.: Ztschr. f. physikal. Med. u. a.

SCHMIDT-KOENIG, Klaus

Dr. rer. nat., o. Prof. f. Zoologie Abt. Verhaltensphysiologie Univ. Tübingen, Beim Kupferhammer 8, 7400 Tübingen 1 (T. 07071 - 29 26 20) - Geb. 21. Jan. 1930 Heidelberg, verh. s. 1959, 3 Kd. - Human. Gymn. Heidelberg; Univ. Heidelberg, München, Kiel, Freiburg, Max-Planck-Inst. f. Verhalt.physiol., Promot. 1958, Habil. Göttingen 1965 - S. 1959 Duke Univ. Durham N. C./USA (Prof. Zool.), 1963-75 Univ. Göttingen (Wiss. Assist.), S. 1975 o. Prof. f. Zool. Univ. Tübingen. S. 1986 Präs. Dt. Ornithologen-Ges. Spez. Arbeitsgeb.: Verhalt.-physiol. - BV: Migration and Homing in Animals, 1975; Avian Orientation and Navigation, 1979; D. Rätsel d. Vogelzugs, 1980; Mithrsg. Animal Orientation and Navigation (NASA Washington), 1972; Animal Migration, Navigation and Homing, 1978 - Spr.: Engl., Franz.

SCHMIDT-KÜNSEMÜLLER, Friedrich-Adolf

Dr. phil., Ltd. Bibliotheksdirektor a. D. - Eichkoppelweg 8c, 2300 Kiel-Kronshagen (T. 58 21 90) - Geb. 30. Dez. 1910 Hannover (Vater: Julius S., Ingenieur; Mutter: Erna, geb. Künsemüller), ev., verh. in 2. Ehe (1948) m. Erika, geb. Möhle, 2 Töcht. (Christiane, Gabriele) - Gymn. Hannover; Univ. Göttingen (German., Angl., Gesch.) - 1938-42 Univ.bibl. Greifswald; 1952-55 Dt.-Forschungsgem. (Ref.); 1955-59 Stadtbibl. Mainz (Dir.); 1959-1975 Univ.bibl. Kiel (Dir.). S. 1965 Honorarprof. Univ. Kiel (Buch- u. Bibliothekswesen) - BV: Die Erfindung des Buchdrucks als technisches Phänomen, 1951; D. Gesch. d. Bucheinbandes, 1952; William Morris u. d. neue Buchkunst, 1955; T. J. Cobden-Sanderson, 1964; Corpus d. Lederschnitteinbände aus d. dt. Sprachgeb., 1980; D. abendländ. roman. Blindstempeleinbände, 1985; Bibliogr. z. Gesch. d. Bucheinbandes, 1987 - Liebh.: Bibliophilie, Buchgesch. - Spr.: Engl., Franz. - Lit.: Bibl. u. Buch, Festschr. f. F. A. Sch.-K. (1975).

SCHMIDT-MÂCON, Klaus F.

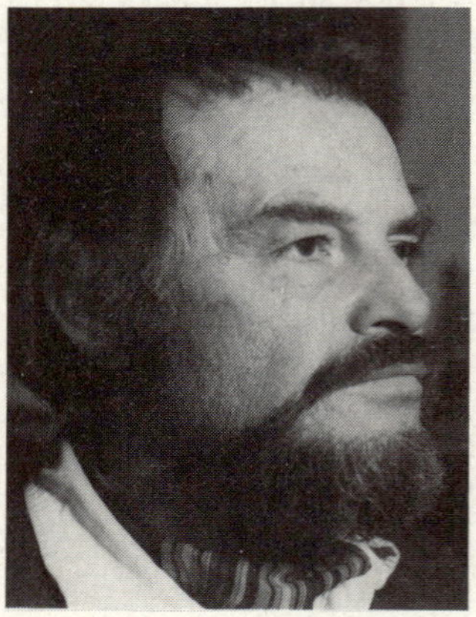

Freier Schriftsteller, Literaturdoz. an VHS - von-Hees-Str. 5, 6148 Heppenheim (T. 06252 - 7 21 67) - Geb. 18. März 1936 Mannheim, verh. m. Ursula, geb. Merz, T. Tanja - Abit. 1956; Stud. Gesch., German., Phil., Politik Univ. Frankf.- BV: Zwischenräume, 1975; Fortschrittsbäuche, 1981; Steinzeichen, 1982; Fabelhafte Begegnungen, 1983; Punktierungen, 1986; Im Maul d. Eisbären, 1987; D. Bürger v. Irragon, 1987; Kindheitsverluste, 1987; Aschenspur/Trace de cendres, 1988. Lit. Arb.gebiete: Lyrik, Satire, Erz., Aphor., Kurzgesch., Ess. - 1975 Ehrenmitgl. Anne Frank - Stichting, Amsterdam; 1989 Ehrenmitgl. Assoc. Des Écrivains D'Afrique Centrale.

SCHMIDT-MATTHIESEN, Heinrich

Dr. med., em. Prof. f. Geburtshilfe u. Gynäkologie - Humperdinckstr. 11, 6000 Frankfurt/M. 70 - Geb. 28. März 1923 Witten/Ruhr - S. 1961 (Habil.) Lehrtätigk. Univ. Göttingen (1967 apl. Prof.) u. Frankfurt (1969 Ord.). 1978-80 Präs. Dt. Ges. f. Gynäkol. u. Geburtshilfe. Mitgl. Akad. Naturforscher Leopoldina; Ehrenvors. AG f. gynäk. Onkologie; Ehrenmitgl. d. Dt. Ges. f. Gynäk. u. Geburtsh., Ital. Ges. f. Gynäk. u. Geburtsh., Berufsverb. d. Frauenärzte.

SCHMIDT-MÜHLISCH, Lothar

Ressortleiter Geistige WELT/WELT d. Buches, Zeitung D. WELT, Bonn - Im Erlenbusch 10, 5300 Bonn 1 (T. 0228 - 28 11 00) - Geb. 6. Sept. 1938 Finsterwalde/Mark Brandenburg, verh. s. 1981 m. Nicola, geb. Malkowsky, 3 Kd. (Esther, Max Konstantin, Friederike) - 1957-64 Stud. Phil., Theaterwiss. u. Kunstgesch. Univ. Tübingen, Wien u. Bonn - 1964-66 Lektor f. Fernsehsp. WDR Köln; 1966-70 Redakt. Bonner Generalanzeiger; 1970-73 Dir. Theater im Bonn-Center; s. 1975 Redakt. b. D. WELT, Bonn - Rd. 25 Theaterinsz. (Tübinger Zimmertheater, Theater d. Jugend, Bonn, Theater im Bonn-Center) - Liebh.: Schach, Fußball - Spr.: Engl., Russ.

SCHMIDT-NARISCHKIN, Dimitri

Präsident Wehrbereichsverwaltung I (s. 1989) - Feldstr. 234, 2300 Kiel 1 - Geb. 4. Juni 1929 Halle/Saale, verh., 3 Söhne - Abit. 1949 (nach Entlassung aus amerik. Kriegsgefangenschaft); Stud. Rechtswiss. ab 1949 Univ. Freiburg; 2. jur. Staatsex. 1957 - 1959 Eintritt in d. Geschäftsbereich d. Bundesmin. d. Verteidigung - BVK I. Kl.

SCHMIDT-OSTEN, Hans

Justitiar Stuttgarter Nachrichten (s. 1947) u. Dt. Journalisten-Verb. (s. 1949) - Rebhalde 11, 7000 Stuttgart (T. 25 64 65) - Geb. 27. April 1903 Heidelberg (Vater: Prof. Gustav Schmidt; Mutter: Maria, geb. Osten), verh. 1942 m. Martha, geb. Esch - Univ. Heidelberg u. Tübingen (Rechtswiss.) - Jurist. Mitarb. v. Ztg. - BV: D. Arbeitsrecht d. Presse; D. Steuerrecht d. Presse; D. Urheberrecht d. Presse'; D. Interview (in Festschrift f. Löffler); D. Recht d. Zeitung (in Handb. d. Publizistik). Zahlr. Einzelveröff., dar. Archiv f. Presserecht; D. Recht d. Presse (Beilage z. Ztschr. D. Journalist). 1972 Gold. Verdst.med. Bayer. Journ.verb.; 1973 Ehrenmitgl. Dt. Journ.-Verb.

SCHMIDT-OTT, Wolf-Dieter

Dr. rer. nat., Prof., Physiker - Henri-Dunant-Str. 22, 3400 Göttingen (T. 39 76 45) - Geb. 29. Dez. 1930 - S. 1963 (Habil.) Lehrtätigk. Univ. Göttingen (1963 Doz. II. Physikal. Inst.; 1969 apl. Prof.); 1972-74 Prof. Georgia Tech., Atlanta, USA; 1972-74 Wiss. Mitarb. Oak Ridge Nat. Lab., Oak Ridge, USA; 1974 Wiss. Rat u. Prof. Univ. Göttingen; 1982-84 Leit. II. Physik. Inst.; 1986 Forsch.aufenth. im franz. Nat.lab. Ganil, Caen. Üb. 100 Fachveröff.

SCHMIDT-OTT, Wolf-Dieter

Dr., Wiss. Rat u. Prof. Univ. Göttingen (s. 1975), gf. Leit. II. Phys. Inst. (s. 1982) - Henri-Dunant-Str. 22, 3400 Göttingen - Geb. 29. Dez. 1930 München (Vater: Dr. med. Albrecht S.; Mutter: Elisabeth, geb. v. Braun), ev., verh. s. 1962 m. Doris, geb. Hundertmark, 3 Kd. (Nikolai, Katharina, Joelle R.) - Univ. Göttingen u. Heidelberg - 1963 Doz. u. 1969 apl. Prof. Univ. Göttingen, 1970-1972 Georgia Inst. of Technology, Atlanta, 1970 ff. Mitgl. Techn. Komit. UNISOR, Oak Ridge u. 1972-1974 wiss. Mitarb. National Labor., ebd. Üb. 90 Fachveröff. In- u. Ausl. - Bek. Vorf.: Friedrich S., Preuß. Kultusmin. (Großv.).

SCHMIDT-PAULI, von, Edgar

Dr. jur., Botschafter a. D., Rechtsanwalt in Schwarz Schniewind Kelwing Kadjavi - Wittelsbacherplatz 1 (Arco-Palais), 8000 München 2 (T. 235 00 40); priv.: Thiemestr. 3, 8000 München 40 (T. 33 39 94) - Geb. 4. Okt. 1915 Berlin (Vater: Dr. jur. Edgar v. S.-P., Schriftst. † 1955 (s. XII. Ausg.); Mutter: Elsa v. Radeck, geb. Fischer † 1966), kath., verh. s. 1955 m. W. Monika, geb. Schmidt, 5 Kd. (Sigrun, Christian, Beatrice, Konstantin, Katharina) - 1924-26 Franz. Gymn. Berlin, 1926-33 Lyceum Alpinum Zuoz (Schweiz), 1933-36 Univ. Exeter, Berlin, München (Ref. 1936, Promot. 1940) - 1937-45 Mil./Kriegsdst. (zul. Major, Kdr. A.A. 171), 1945-50 sowj. Kriegsgef.; 1950-53 Assessor (K) München; s. 1953 Ausw. Amt (Inland: 1953-57, 1960-64; Ausland: 1957-60 Botschaft Oslo, 1964-68 Gen.Konsul Boston; 1968-1971 Gesandter u. Vertr. d. std. Beob. b. d. Vereinten Nationen, New York; 1971-74 Gesandter u. Vertr. d. Botschafters, London; 1975-78 Botschafter in Bangkok (Thailand; b. 1976 auch in Vientiane, Laos); 1979-80 Botschafter in Oslo - Gr. BVK; Kgl. Norw. St. Olav-Orden, K.C.V.O. (Großbrit.), Most exaulted Order of the White Elephant, I. Class (Thailand), Gr. Gold. Ehrenz. Rep. Österr.; Offz.kr. portug. Ord. Militar de Christo u. a. Ausz. - Liebh.: Lit., Gesch., Sport (Reiten, Ski, Tennis) - Spr.: Engl., Franz., Norw. (Russ.).

SCHMIDT-PAULI, von, Egbert

Geschäftsführer Kölner Renn-Verein (s. 1946) - Niehler Str. 435, 5000 Köln 60 (T. 74 80 74) - Geb. 24. Aug. 1917 Potsdam (Vater: Theodor v. S.-P., Rittmeister, Landwirt; Mutter: Berta, geb. Schramm), ev., verh., 2 Kd. (Alexandra, Georg) - Abit. - Berufsoffz. (zul. Major i. G.); Intern. Club Baden-Baden, Präs. Verb. Dt. Amateur-Rennreiter, Mitgl. Verein f. Hindernisrennen - Liebh.: Reiten (Sieger in 11 Amateurrennen), Philatelie - Spr.: Engl., Franz. - Bek. Vorf.: Florentin v. S.-P., General, 1881 Gründer Verein f. Hindernisrennen u. Karlshorster Rennbahn (Großv.).

SCHMIDT-RÄNTSCH, Günther

Dr. jur., Ministerialdirektor a.D., früh. Leit. Abt. I (Bürgerl. Recht) Bundesjustizmin. (1971ff.) - Heinemannstr. 6, 5300 Bonn-Bad Godesberg - Geb. 11. Nov. 1921 Hamburg (Vater: Alfred Schmidt, Ingenieur; Mutter: Marie, geb. Räntsch), ev., verh. s. 1948 m. Edeltrude, geb. Müller, 2 Kd. (Jürgen, Ruth) - Wilhelm-Gymn. Hamburg; Univ. Erlangen, München, Hamburg (Rechtswiss.) - Ref. u. Unterabt.leit. - BV: Dt. Richtergesetz, Komm. 1962, 4. A. 1989 - Gr. BVK - Spr.: Engl.

SCHMIDT-ROHR, Ulrich

Dr. rer. nat., Prof., Direktoriumsmitgl. Max-Planck-Inst. f. Kernphysik, Heidelberg (s. 1966) - Im Wiesengrund 8, 6900 Heidelberg-Schlierbach (T. 80 27 40) - Geb. 25. Mai 1926 Frankfurt/O. (Vater: Georg Sch.-R., Philologe, Verf.: D. Sprache als Bildnerin d. Völker; Mutter: Ruth, geb. Rohr), ev., verh. s. 1963 m. Helma, geb. Wernery, 5 Kd. (Volker, Ute, Klaus, Axel, Sven) - Friedrichs-Gymn. Frankfurt/O.; TH Berlin (1943-44), TH Braunschweig (1945-47), Univ. Heidelberg (1947-53; Physik). Promot. (1953) u. Habil. (1960) Heidelberg - 1952-60 Assist. Univ. u. MPI (1953) Heidelberg, 1954 F. S. S. P. Fellow MIT Cambridge (USA), s. 1960 Privatdoz., apl. Prof. (1961), Honorarprof. (1967) Univ. Heidelberg (Kernphysik), 1961 Abt.sleit. u. Wiss. Mitgl. MPI f. Kernphysik ebd., 1962-65 Dir. Inst. f. Kernphysik Kernforschungsanlage Jülich. Üb. 50 Fachveröff.

SCHMIDT-SALZER, Joachim

Dr. iur., Vorstandsmitglied Haftpflichtverb. d. Dt. Industrie/Versicherungsverein a.G. (1979ff.) - Riethorst 2, 3000 Hannover 51 - Geb. 6. Juni 1939 Berlin - BV: u.a. D. Recht d. Allg. Geschäfts- u. Versich.-Beding., 1965; Allg. Geschäftsbeding., 1. A. 1971, 2. A. 1977; Produkthaftung, 1973; Entscheidungssamml. Produkthaft., Bd. I-V, 1975-89; Produkthaft. im franz., belg., dt., schweizer., engl., kanad. u. US-amerik. Recht sowie in Rechtspolit. Sicht, 1975; Komment. z. d. Allg. Versorgungsbedingungen f. Elektrizität, Gas, Fernwärme u. Wasser, Bd. I 1981, Bd. II 1983 (m. Dr. Hermann u. Dr. Recknagel); Freizeichnungsklauseln, 1984 (Bd. II Produkthaftung, 2. A.); IBNR u. Spätschadenreservierung in d. Allg. Haftpflichtversich., 1984; EG-Richtlinie Produkthaftung, Bd. I Deutschl. (m. Dr. Hollmann), 1986; Produkthaftung: Strafrecht, 1988 (Bd. I Produkthaftung, 2. A.).

SCHMIDT-SCHLEGEL, Philipp

Dr. jur., Generalkonsul d. BRD in Montreal, Gastforscher d. Centre d'etudes et de documentation européennes Univ. d. Montréal (s. 1981) - 3455 Mountain Street, Montreal P.Q. H3G 2A3 (T. 849 - 11 34/8) - Geb. 19. Febr. 1916 Bochum (Vater: Dr. Ernst Schmidt, Oberregierungsrat; Mutter: Grete, geb. Schlegel), ev., verh. s. 1952 m. Beryl, geb. Bott, 2 Kd. (Margaret Christine, Martin) - Gymn. Bochum; Univ. Heidelberg, Perugia, Genf, Paris, Santander, München, Tübingen (Rechtswiss., Volksw., Gesch., Spr.). Promot. 1949 - Wehrdst. u. sowjet. Gefangensch., 1946-50 jurist. Vorbereitungsdst., 1946-48 Mitarb. Ztschr. Europaarchiv, 1947-49 Redakt. Staatl. Nachrichtendst. Tübingen, 1948-49 Berichterstatter Entschädigungsamt ebd., s. 1951 Ausw. Dienst, 1951 Abt. Protokoll u. Personalabt. Bonn, 1952-56 Gesandtschaftsrat La Paz (1 1/2 J. Geschäftsträger a. i.), 1957-60 Ref. bzw. stv. Ref. f. Spanien, Portugal, Hl. Stuhl, Griechenl., Türkei, Zypern Länderabt. Bonn, 1960-64 Konsul Boston, 1964/65 Leit. Ref. f. polit. Integration Eur. u. f. d. dt.-franz. Freundsch.-vertr., 1965-68 Botsch. Kingstown/Jam., 1968-75 Generalk. New York, s. 1975 Leiter Generalkonsulat Montreal - BV: Die Geldentschädigung für Nichtvermögenschaden im dt., franz., u. engl. Recht, 1951; D. Staatsangehörigkeit v. Brasilien u. Chile, 1957; D. Gutachten d. 1957/58 n. Bolivien entsandten dt. Sachverst. u. ihre Auswert., 1959 - Comendator Ordinis Sancti Silvestri Papae (Hl. Stuhl), Comendador del Conder de los Andes (Boliv.), Comendador da Orden Militar de Christo (Portug.), Croce de merito di prima classe del Sov. Ordine militare di Malta (Malteser Orden), Cruz de Caballero de la Orden de Isabel la Católica (Span.), BVK I. Kl. - Liebh.: Lesen, Musik.

SCHMIDT-THOMÉ, Josef

Dr. phil., Prof., Chemiker - Wachtelweg 36, 6000 Frankfurt/Main 80 - Geb. 18. Aug. 1909 Köln, kath., verh. m. Margareta, geb. Schreiber, 2 Kd. - Aposteln-Gymn. Köln; 1928-33 Univ. Freiburg/Br., Göttingen, TH Danzig. Promot. 1935 Göttingen; Habil. 1943 Berlin - 1935 Privatassist. Prof. Dr. Adolf Butenandt, Danzig, 1936-50 Assist. Kaiser-Wilhelm-Inst. f. Biochemie Berlin (1943 Doz. Univ. Berlin) u. Physiol.-Chem. Inst. Tübingen (1948 Doz., 1949 apl. Prof.), 1950-73 Leit. Biochem. u. Mikrobiol. Labor. Hoechst AG., Ffm.-Höchst, u. apl. Prof. Univ. Frankfurt (Organ. Chemie). Arbeiten üb. Steroidhormone, Antibiotika, Saponinhämolyse u. Blutersatzmittel.

SCHMIDT-THOMÉ, Paul

Dr. phil., em. Prof. f. Geologie (s. 1977) - Holzen 3, 8021 Icking (T. 37 46) - Geb. 16. Juli 1911 Köln (Vater: Dr. jur. August Schmidt, Notar; Mutter: Lisbeth, geb. Thomé), kath., verh. s. 1939 m. Bertha, geb. Fessler †1987, 5 Kd. (Michael, Peter, Johannes, Veronika, Robert) - Univ. Freiburg/Br. u. Bonn (Promot. 1936), Habil. 1942 Berlin - 1938-45 Geologe Spanien u. Nordafrika (Lagerstätten u. Wasser); 1946-53 Regierungsrat Bayer. Geol. Landesamt München; s. 1948 Lehrtätigk. Univ. (Privatdoz.) u. TH München (1953 ao., 1954 o. Prof. u. Inst.dir.) - BV: Helgoland. Sammlung geolog. Führer, Bd. 82 X + 111 S., 1987. Fachb. (zul Lehrb. d. Allg. Geol. II: Tektonik, 1972) u. -aufs. - 1979 Hans Stille-Med. d. Dt. Geol. Ges. - Spr.: Span., Engl., Franz. - Bek. Vorf.: Dr. A. Schmidt, Physiker, Köln (E. Leybolds Nachf.); Geheimrat Prof. Dr. W. Thomé, Botaniker, Köln; Prof. Dr. J. Fessler, Chirurg, München.

SCHMIDT-TRAUB, Henner

Dr.-Ing., Univ.-Prof. f. Anlagentechnik Univ. Dortmund (s. 1989) - Emil-Figge-Str. 70, 4600 Dortmund 50 (T. 0231 - 755 23 38) - Geb. 30. Mai 1940 Hamburg - Stud. TU Braunschweig u. TU Berlin; Promot. 1970; Habil. 1974.

SCHMIDT-VOGT, Helmut

Dr. oec. publ. (habil.), o. Prof. u. Direktor Inst. f. Waldbau Univ. Freiburg (s. 1964) - Schloßweg 27a, 7802 Merzhausen/Br. (T. 40 34 24) - Geb. 8. Jan. 1918 Burggrub (Vater: Johannes Schmidt, Pfarrer; Mutter: Hanna Luise, geb. Vogt), ev., verh. s. 1945 m. Hildegard, geb. Baumgärtner, 2 Kd. (Rainer, Dietrich) - St. Anna-Gymn. Augsburg, 1937-45 Wehrdst. u. Gefangensch. 1950 Promot. Univ. München. 1962-64 Privatdoz. München - BV: Gütebeurteilung v. Forstpflanzen, 1961; Wachstum u. Qualität v. Forstpflanzen. 2. A. 1966; Die Fichte, Handb. in 2 Bdn., Bd. I, 2. A. 1987, Bd. II/1 1986. Üb. 150 Einzelarb. - 1976 Korrespond. Mitgl. Accad. Italiana d. Scienze Forestali Florenz; Med. Universitas Helsingiensis; 1979 Med. d. Forstwiss. Ges. in Finnl.; 1984 Dr. h.c. Univ. Helsinki.

SCHMIDT-VOIGT, Jörgen

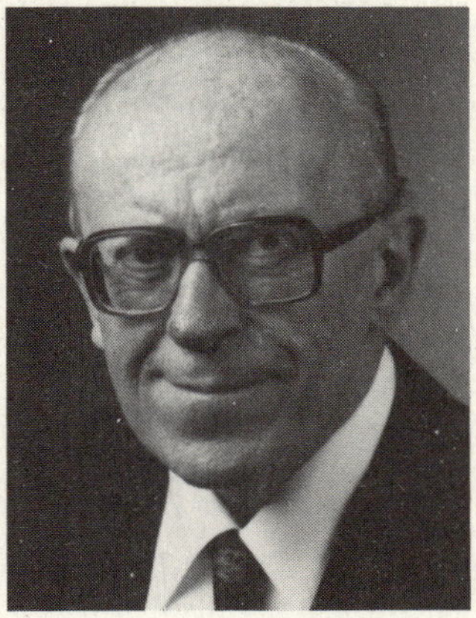

Dr. med., Internist, Chefarzt Kreiskrankenhaus Main-Taunus, Bad Soden (s. 1969) - Fuchstanzstr. Nr. 6, 6240 Königstein/Ts. (T. 72 59) - Geb. 13. April 1917 München (Vater: Hans Heinrich, Oberstudienrat Frankfurt/M.), verh. s. 1944 (Ehefr.: geb. Reymann), 3 Kd. (Christa, Petra, Michael) - Univ. Frankfurt u. Marburg - 1945-68 Chefarzt Kreiskrkhs. Eppstein - BV: Kreislaufstörungen, 1950; Herzschalldiagnostik, 1951; Atlas d. klin. Phonokardiogr., 1955; D. Gesicht d. Herzkranken, 1958; Herzrhytmus-Fibel, 1959; Herzakust. Diagnostiken, 1959 (Lehrb. m. Schallpl.); Kardiologie f. d. Praxis, 1964; D. Herzanfall, 1971; Herzauskultation, 1973 - 1964 Wischnewsky-Med. (UdSSR), 1965 v.-Bergmann-Plak.; Ehrenmitgl. Kardiolog. Ges.; 1970 BVK I. Kl. - Liebh.: Musik (u. a. öfftl. Auftreten m. Prof. Edwin Fischer, Enrico Mainardi, Wolfgang Schneiderhan, Johanna Martzy).

SCHMIDT-WEYLAND, Günther

Rechtsanwalt, Vorstandsmitgl. DG BANK - Deutsche Genossenschaftsbank - Am Platz der Republik, 6000 Frankfurt (T. 74 47 01) - Geb. 20. April 1927 Neuwied - AR-Vors. Frankfurt Bukarest Bank, Frankfurt; Chairman BoD DG BANK-GZB (Asia) Ltd., Singapur; DG Capital Company Ltd., Hongkong; EATS European-Asian Trade Service Co, Ltd., Tokio; London & Continental Bankers Ltd., London; stv. VR-Vors. DG Bank Luxembourg S.A., Luxemburg; Dep. Chairman BoD Rakyat First Merchant Bankers Berhad, Kuala Lumpur, DG Securities Service Corp., New York; stv. AR-Vors. Unicbank Rt.; AR DG Bank Finance Company, Amsterdam, Südwestbank AG, Stuttgart; VR DG Bank (Schweiz) AG, Zürich; Steering Committee: Unico Banking Group, Amsterdam.

SCHMIDT-WIEGAND, Ruth

Dr. phil., Dr. jur. h.c., Prof. f. Germanistik Univ. Münster - Schückingstr. 36, 3550 Marburg u. Aegidiistr. 60, 4400 Münster - Geb. 1. Jan. 1926 Berlin (Vater: Dr. jur. Max Wiegand, Senatspräsident; Mutter: Elisabeth, geb. Schwarz), altkath., verh. s. 1952 m. Prof. Dr. Roderich Schmidt, T. Jutta - 1946-51 Stud. Greifswald; Dipl. 1951 (Gesch., German., Phil.), Promot. 1952 ebd., Habil. 1970 Münster (German.) - 1952-58 Assist. Greifswald; 1961-64 Bonn, 1970 Akad. Rätin Münster; 1971-80 apl. Prof.; s. 1980 Prof. (C3) - BV: Stud. z. hist. Rechtswortgeogr. D. Strohwisch als Bann- u. Verbotszeichen. Bezeichn. u. Funktionen, 1978; Mark u. Allmende. D. Weisthümer Jacob Grimms in ihrer Bedeut. f. e. Gesch. d. dt. Rechtssprache, 1981; Wörter u. Sachen im Lichte d. Bezeichnungsforsch. (Hrsg.), 1981; D. Wolfenbütteler Bilderhandschr. d. Sachsenspiegels u. ihr Verhältnis z. Text Eikes v. Repgow, 1983; Text- u. Sachbezug in d. Rechtssprachgeogr. (Hrsg.), 1985; Text-Bild-Interpretation, Unters. zu d. Bilderhandschr. d. Sachsenspiegels, I. Textband, II. Bildband (Hrsg.), 1986; Jacob Grimm u. d. genetische Prinzip in Rechtswiss. u. Phil., Marburger Univ.-Reden. Veröff. d. Präs. (Reihe A), Heft 12, 1987; D. sinnliche Element d. Rechts. Jacob Grimms Sammlung u. Beschreibung dt. Rechtsaltertümer. Schr. d. Brüder Grimm Ges. 19, s. 1-24; D. Bruder u. d. Freund. Z. 200. Geb. v. Wilhelm Grimm, 1988 - 1985 Ehrendoktor Univ. Marburg.

SCHMIDT-WILCKE, Heinrich A.

Dr. med., Prof., Chefarzt d. II. Med. Abt. u. Ärztl. Dir. St. Franziskus-Hospital Münster - Hohenzollernring 72, 4400 Münster (T. 39 63 80) - Geb. 13. Jan. 1934 Münster (Vater: Prof. Dr. med. Paul Wilhelm S.; Mutter: Carola, geb. Helmus), kath., verh. s. 1970 m. Gabriele, geb. Wilcke, 4 Kd. - Med. Staatsex. 1959 Univ. Münster, Promot. 1961 Univ. Kiel, Habil. 1970 Univ. Marburg - 1973 Prof. Univ. Marburg, s. 1974 Franziskus-Hospital Münster. 1977 apl. Prof. Univ. Münster. Schwerp. d. wiss. Tätigk. auf d. Geb. d. Inneren Med. - Gastroenterol.

SCHMIDTCHEN, Dieter

Dr. rer. pol., Prof. Univ. d. Saarlandes - Spichererbergstr. 21, 6600 Saarbrücken (T. 0681 - 58 38 97) - Geb. 11. April 1940 Schwiebus (Vater: Fritz Sch., Kraftfahrer; Mutter: Else Sch.) - 1962-67 Stud. Volkswirtsch. Univ. Marburg (Dipl.-Volksw. 1967, Promot. 1971, Habil. 1976) - 1967-76 wiss. Assist.; 1977-78 Prof. Univ. Köln; 1978 ff. Prof. Univ. d. Saarlandes - BV: Polit. Ökonomie staatl. Preisinterventionen, 1973; Wettbewerbspolitik als Aufg., 1978; Property Rights. Freiheit u. Wettbewerbspolitik, 1982.

SCHMIDTCHEN, Gerhard

Dr. phil., Dipl.-Volksw., Prof. - Ländischstr. 74, CH-8706 Feldmeilen (T. 01 - 923 59 55) - Geb. 17. Mai 1925 Hamm (Vater: Gustav Schm.; Mutter: Gertrud, geb. Janssen), ev., verh. s. 1975 in 2. Ehe m. Vera, geb. Herbst, 2 Söhne (Thomas, Ralph) - 1945-54 Stud. Phil., Sozialforsch. u. Nationalök. Univ. Marburg, Frankfurt u. Freiburg; Promot. 1957, Habil. 1966 - 1954-68 Mitgl. wiss. Leitg. Inst. f. Demoskopie, Allensbach; ab 1968 Prof. f. Soz.psych. u. Soziol. Univ. Zürich - BV: D. befragte Nation, 1959; Was d. Dt. heilig ist, 1979; Terrorist. Karrieren in: Lebenslaufanalysen, 1981; Glaube u. Dritte Welt, 1982; Drogen in Zürich, 1983; Gerechtigk. als Beruf, 1982; Gewalt u. Legitimität, 1983; Neue Technik - Neue Arbeitsmoral, 1984; Menschen im Wandel d. Technik, 1986; Sekten u. Psychokultur, 1987; Schritte ins Nichts, 1989.

SCHMIDTCHEN, Heino

Sportjournalist, Vors. Verein Dt. Sportpresse Berlin - Sachtlebenstr. 29, 1000 Berlin 37 - Geb. 27. Dez. 1921 Opladen/Wupper - U. a. BILD.

SCHMIDTKE, Hans-Herbert

Dr. phil. nat., Prof. f. Theor. Chemie - Wilhelm-Raabe-Str. 1, 4006 Erkrath 1 (T. 0211 - 25 11 59) - Geb. 9. Juli 1929 Rastenburg/Ostpr. (Vater: Robert Sch., Bankbeamter; Mutter: Asta, geb. Pietsch), ev., verh. s. 1962 m. Helga, geb. Kühnel, 2 Kd. (Jacqueline, Hans-Jürgen) - Schule Halle/S., Zoppot/Danzig, Eckernförde, Frankfurt/M., Univ. Franfurt (Dipl.-Chem., Promot., Habil.) - 1960/61 Wissensch. Max-Planck-Inst. f. Physik u. Astrophys. München, 1961-68 Cyanamid European Research Inst. Genf, 1968-74 Priv.doz., Prof. Univ. Frankfurt, s. 1974 Lehrst. f. Theor. Chemie Univ. Düsseldorf - BV: Quantenchemie, 1987. Üb. 130 Fachveröff. - Spr.: Engl., Franz.

SCHMIDTKE, Heinz

Dr. rer. nat., o. Prof. f. Ergonomie u. Direktor Inst. f. Ergonomie TU München (s. 1962; 1970-72 Rektor), Korvettenkapitän d. R. - Waldstr. 13, 8014 Neubiberg/Obb. (T. 089 - 60 22 66) - Geb. 6. Aug. 1925 Goslar (Vater: Hermann S., Möbelfabrikant; Mutter: Meta, geb. Kaufmann), verh. s. 1958 m. Dr. med. Gisela, geb. Moll, 5 Kd. (Christa, Gundula, Klaus, Joachim, Jürgen) - TH Braunschweig (Physik, Psych.); Promot. 1949; Habil. 1960 Univ. Kiel - 1949-55 Abt.leit. Vereinigte Glanzstoff-Fabriken AG, Wuppertal-E.; 1955-56 Gastprof. Univ. of California, Berkeley; 1956-62 Abt.leit. Max-Planck-Inst. f. Arbeitsphysiol., Dortmund; 1970-72 Rektor TU München; 1972-75 Prorektor, Mitgl. Dt. Ges. f. Psych., Dt. Ges. f. Luft- u. Raumfahrtmed., Dt. Ges. f. Ortung u. Navigation, Präs. Ges. f. Arbeitswiss. - BV: u. a. Arbeitsablauf- u. Bewegungsstudien, 1960 (m. G. Kaminsky; poln. 1966); Arbeitsanforderung u. Berufseignung, 1961 (Bern; m. H. Schmale); D. Ermüdung, 1965 (Bern); Lehrb. d. Ergonomie, 2. A. 1981; Ergonomic Data for Equipment Design, 1984; D. Orchestermusiker, 2. A. 1985; Ergonomische Prüfung, 1989 - 1973 Bayer. VO.; 1975 Duncker-Med. in Gold; 1988 Wissenschaftsmed. Ges. f. Arbeitswiss. - Spr.: Engl.

SCHMIDTKE, Jörg

Dr. med., Prof. f. Humangenetik FU Berlin - Heubnerweg 6, 1000 Berlin 19 (T. 030 - 32 03-3 12) - Geb. 8. Juli 1946 Braunschweig, verh., 3 Kd. - Stud. Univ. Freiburg, Basel (Tropenmed. Dipl.); Promot. 1974; Habil. 1981; Heisenberg-Stip. d. Dt. Forsch.gemeinsch. - Wiss. Tätigk. in Freiburg, Göttingen, Edinburgh, Braunschweig, Berlin - 1987 Adolf-Windorfer-Preis d. Dt. Mukoviszidose Ges.; 1987 Hans-Nachtsheim-Preis d. Dt. Ges. f. Anthropol. u. Humangenetik.

SCHMIDTKE, Kurt-Karl

Honorarkonsul d. Bundesrep. Deutschl. in Pusan u. Kyungsangnamdo/Korea - U-1-dong, 956-15, 607-04 Pusan-Haeundae/Republik of Korea (T. 72-31 59) - Geb. 10. Nov. 1941 Wuppertal (Vater: Kurt Sch.; Mutter: Hilde, geb. Kraemer), kath., verh. s. 1974 m. Brigitte, geb. Lohmann, 2 Kd. (Katja, Stephan) - 1964 Präs. Foundation for Education and Social Welfare, Pusan-Korea; s. 1982 Hon. Konsul - 1974 VO. d. Rep. of Korea (Magnolia); 1974 BVK I. Kl.; 1978 Ehrenbürger d. Stadt Pusan/Korea - Spr.: Engl., Korean.

SCHMIDTMANN, Eugen

Dr.-Ing., Prof., Wiss. Rat Inst. f. Eisenhüttenkunde TH Aachen - Rote-Haag-Weg 52, 5100 Aachen (T. 3 18 37) - S. 1943 (Habil.) Privatdoz. u. apl. Prof. (1959) Aachen (Werkstoffprüf., -kunde d. Eisenlegierungen). Facharb.

SCHMIED, Wieland

Dr. jur., Prof. f. Kunstgeschichte Akad. d. Bildenden Künste München (s. 1986) - Georgenstr. 90, 8000 München 40 - Geb. 5. Febr. 1929 Frankfurt/M. (Vater: Prof. Dr. phil. Walter Schmied-Kowarzik, Philosoph (s. XIII. Ausg.); Mutter: Gertrud, geb. v. d. Brincken, Schriftst. (s. XIV. unt. Schmied-Kowarzik), kath., verh. - Univ. Wien - Redakt. Wien (Furche, Morgen); 1960-62 Verlagslektor Frankfurt/M. (InselVg.); 1963-73 Dir. Kestner-Ges., Hannover; 1973-75 Hauptkustos Nationalgalerie d. Staatl. Museen/Stiftg. Preuß. Kulturbesitz; 1978-86 Dir. Berliner Künstlerprogramm d. DAAD - BV: V. d. Chinesen zu den Kindern, Ess. 1957; Landkarte des Windes, Ged. 1957; Fenster ins Unsichtbare, Ess. 1960; D. Poetische in d. Kunst, Ess. 1960; Malerei d. phantast. Realismus - D. Wiener Schule, Ess. 1964; Richard Oelze, 1965; Mark Tobey, 1966; Wegbereiter z. mod. Kunst, 1966; Alfred Kubin, 1967; Malerei nach 1945, 1975; Werner Heldt, 1976; Nach Klimt, Ess. 1979; Schach m. Marcel Duchamp, Ged. 1980. Neue Sachlichkeit u. mag. Realismus in Dtschl. 1918-33, Ess. 1969; 200 Jahre phantast. Malerei, Ess. 1974; Caspar David Friedrich, 1975; Francis Bacon, 1985; Andere Stimmen, Erinnerungen 1985; Rudolf Hoflehner, 1987; De Chiroco u. s. Schatten, 1989. Herausg.: Oswald v. Wolkenstein - Der m. e. Auge (1960); Kein Troja ohne Homer - Schliemanns-Tageb. (1960); Lyonel Feininger - Aquarelle (1962); Hundertwasser - Oeuvre-Katalog (1964) - 1955 Lyrikpreis Südd. Rundfunk, 1958 Förderungspreis Stadt Wien, 1959 Theodor-Körner-Preis, 1975 Ehrenbürger Stadt New Orleans; 1984 Gr. Preis Stadt Wien (Sparte Publizistik); Mitgl. PEN-Zentr. Bundesrep. Dtschl., Bayer. Akad. d. Schönen Künste - Spr.: Engl.

SCHMIED-KOWARZIK, Wolfdietrich

Dr. phil., Prof. f. Philosophie u. Pädagogik GH Kassel - Goethestr. 68, 3500 Kassel (T. 77 48 34) - Geb. 11. März 1939 Friedberg (Vater: Prof. Dr. Walther Sch.-K., Phil.prof.; Mutter: Gertrud v. d. Brincken, Schriftst.), ev., verh. s. 1966 m. Iris, geb. v. Gottberg, 3 Kd. (Anatol, Daria, Robin) - Abit. 1959 Regensburg; Stud. Univ. Wien (Phil., Ethnol., Päd.; Promot. 1963); Habil. 1970 Univ. Bonn - 1964 Wiss. Assist. Lehrst. f. Phil. u. Päd. Univ. Bonn; 1970 Privatdoz. ebd.; 1970/71 Gastprof. Univ. Münster; s. 1971 o. Prof. f. Phil. u. Päd. GH Kassel (s. 1977 Leiter interdisz. Arbeitsgr. f. phil. Grundlagenprobl., 1981/82 Dekan FB I Erzieh.wiss./Humanwiss.) - BV: Sinn u. Existenz in d. Spätphil. Schellings, 1963; Herbarts prakt. Phil. u. Päd. (m. Dietrich Benner), 1967; D. Päd. d. frühen Fichteaner u. Hönigswalds (m. D. Benner), 1969; Dialekt. Päd., 1974; Bruchstücke z. Dialektik d. Phil., 1974; D. Dialektik d. ges. Praxis, 1981; Grundfr. d. Ethnol. (m. Justin Stagl), 1981; D. dialektische Verhältnis d. Menschen z. Natur, 1984; Marx u. d. Naturfrage (m. Hans Immler), 1984; Kritische Theorie u. revolutionäre Praxis, 1988. Ed. u. a.: Objektivationen d. Geistigen - in Gedenken an Walther Sch.-K. (1985); D. Philosoph Franz Rosenzweig (2 Bd., 1988) - Bek. Verwandte: Bde. Eltern (s. o.), Prof. Dr. Wieland Sch. (Bruder).

SCHMIEDEKNECHT, Kurt

Innenarchitekt, Inh. Kurt L. Schmiedeknecht Wohnungseinrichtungen - Mauritiusstr. 29/31, 4630 Bochum - Geb. 9. Sept. 1905 - Div. Ehrenstell., dar. Präs. BVDM (Bundesverb. d. Dt. Möbelhandels), Köln (1966-81) - BV: Ausbildungsgrundlagen f. Möbelkaufleute - 1971 BVK I. Kl., 1973 Ehrenring Stadt Bochum, 1980 Gr. BVK, 1983 Ehrenring d. Bochumer Sports, 1976-80 Präs. Fédération Européene du Négose de l'Ameublement Paris; 1981 Ehrenpräs. BVDM.

SCHMIEDEL, Burkhard

Dr. iur., Prof. f. Bürgerl. Recht u. Handels- u. Wirtschaftsrecht Univ. Passau - Franz-Stockbauer-Weg 17, 8390 Passau (T. 0851 - 5 28 20) - Geb. 9. Nov. 1936 Berlin, ev., verh. s. 1967, 1 Kd. - 1956-61 Stud. Rechtswiss. u. Phil. Univ. Freiburg, Paris, München, Heidelberg; Promot. 1964, Habil. 1973 - 1973-76 Privatdoz. Univ. Freiburg; 1976-80 o. Prof. Ruhr-Univ. Bochum; s. 1980 o. Prof. Passau - BV: Consuetudo im klass. u. nachklass. röm. Recht, 1966; Deliktsobligat. nach dt. Kartellrecht, 1. Teil, Zivilrechtsdogmat. Grundleg.: Unters. zu § 823 Abs. 2 BGB, 1974.

SCHMIEDEN, Curt

Dr. phil., o. Prof. f. Mathematik (emerit.) - Traisaer Str. 59, 6100 Darmstadt (T. 4 91 57) - Geb. 23. Juni 1905 Stargard/Pom. - S. 1931 (Habil. Lehrtätigk. TH Danzig, Univ. Rostock (1934 ao. Prof.). TH Darmstadt (1937 o. Prof.; 1957/58 Rektor (1970 em.). Fachveröff.

SCHMIEDER, Ferdinand

Dr. rer. oec., Dipl.-Kfm., Vorstandsmitgl. AG. f. Binnenschiffahrt, Bad Godesberg - Wurzerstr. 48, 5300 Bonn-Bad Godesberg - Geb. 4. Juni 1912.

SCHMIEDER, Walther F.

Fernsehjournalist, Hauptabteilungsleit. FS-Sendeleitung, Programmplanung - Solothurner Str. 57, 2800 Bremen - Geb. 2. Sept. 1930 Dux (Vater: Dr. Otto Sch., Landesgerichtsrat; Mutter: Änne, geb. Tschörner), kath., verh. s. 1957 m. Ines-Vera, geb. Lohff, 2 Kd. (Thomas, Barbara) - Abit. 1949 Berthold-Otto-Schule Magdeburg; 1949-50 Stud. Theaterwiss. Dt. Theaterinst. Weimar u. 1952-54 Publiz., Neuere Gesch. u. Phil. Univ. Münster u. München - 1955-57 Fr. Mitarb. Hörfunk Radio Bremen u. Bayer. Rundf.; 1957-61 Leit. Jugendf. Radio Bremen; 1961-64 Radio Bremen FS: Aktuelle Redaktion, Reporter, Moderator, Gesprächsleit.; 1964-74 Abt.leit. Aktuelles bei Radio Bremen FS; 1974 Stv. Chefredakt.; s. 1980 Hauptabt.leit. FS-Sendeleit./Programmplan. - Spr.: Engl.

SCHMIEDT, Egbert

Dr. med., em. o. Prof. f. Urologie - Meisenweg 21, 8033 Krailling/Obb. (T. München 857 17 95) - Geb. 20. Nov. 1920 Plauen/Vogtl. (Vater: Dr. med. Walther S., Chirurg; Mutter: Ilse, geb. Peßler), verh. m. Kunigunde, geb. Stumpf, 3 Kd. - Gymn. Plauen; Univ. Leipzig, Tübingen, München - S. 1960 (Habil.) Lehrtätigk. Univ. München (1966 apl., 1967 ao., 1968 o. Prof.; Dir. Urol. Klinik) - 1973 Mitgl. Dt. Akad. d. Naturforscher (Leopoldina); 1985 Förderpreis f. d. Europ. Wiss.; 1988 Honorary Fellow am. College of Surgeons.

SCHMIEGER, Horst

Dr. rer. nat., Prof., Genetiker - Brennerstr. 66, 8038 Gröbenzell/Obb. - Geb. 10. März 1938 Gossengrün/Sudetenl. - Christian-Ernestinum Bayreuth (Abit. 1957); Univ. München (Biol., Chem., Geogr.; Promot. 1964, Habil. 1973/Genetik). 1962/63 EURATOM-Stip. (Centro Intern. die Chimica Microbiol. Rom) - 1964/65 MPI f. Vergl. Erbbiol. u. -pathol. Berlin; 1965-72 Inst. f. Mikrobiol./Ges. f. Strahlen- u. Umweltforsch. Göttingen (Abt. Molekulare Genetik); s. 1972 Inst. f. Genetik u. Mikrobiol. Univ. München (1973 Doz., 1976 Prof.) - BV: Bakteriengenetik, 1981; Strickberger Genetik (Übers. aus d. Amerik.) - Spr.: Engl., Lat., Ital., Altgriech., Neugriech.

SCHMIEL, Martin

Dr. agr., em. Prof. f. Wirtschafts- u. Berufspädagogik Univ. Köln - Am Waldhang 16, 5064 Rösrath 1 (T. 36 40) - Geb. 19. Mai 1913 Berlin - Habil. 1964 Gießen - 1951-66 Doz. Päd. Hochsch. Wilhelmshaven u. Univ. Gießen (1964). Zul. auch Dir. Inst. f. Berufs-, Wirtschafts- u. Sozialpäd. u. Forsch.-Inst. f. Berufsbild. im Handwerk Univ. Köln - BV: D. Landw.sch., 1964; D. Unterr. in d. berufl. Weiterb. v. Erwachsenen, 1975; Berufspäd. I-III, 1975; Einf. in fachdidakt. Denken, 1978; D. Beraten, 1979; Prüferfibel, 1981. Etwa 70 Einzelarb. Mithrsg.: Handb. d. landw. u. ländl.-hausw. Bildungswesen (1965); Lehrb. Berufs- u. Wirtschaftspäd. (m. Sommer; 1985); D. Förd. d. Lernmotiv. in d. ber. Weiterbild. (1988) - 1981 BVK I. Kl.

SCHMIELE, Walter

Dr. phil., Schriftsteller - Prinz-Christians-Weg 19, Darmstadt (T. 4 48 50) - Geb. 12. April 1909 Swinemünde (Vater: Max S., Reichsbahnbeamter; Mutter: Ottilie, geb. Klug), verh. 1942 m. Irmgard, geb. Elhardt - Univ. Heidelberg, Wien, Rostock, Frankfurt/M. - BV: Unvergeßl. Gesicht (Erz.); Henry Miller (Biogr.); Engl. Geisteswelt - V. Bacon b. Eliot; Skand. Geisteswelt - V. Swedenborg b. Niels Bohr; Dichter üb. Dichtung. Übers. aus d. Engl., u. a. Engl. Dichtung - V. Blake b. Yeats - Mitgl. PEN-Zentrum BRD (1957-62 Generalsekr.; 1977 Austr.) - Spr.: Engl. - Rotarier.

SCHMINCKE, Hans-Ulrich

Ph. D., Prof. f. Geologie u. Petrologie Univ. Bochum - Kleff 151a, 5810 Witten-Heven (T. 02302 - 2 58 48) - Geb. 21. Okt. 1937 Detmold (Vater: Samuel Sch., Forstm.; Mutter: Heide, geb. Corvey), ev., verh. s. 1967 m. Irma, geb. Kimmich, 4 Kd. (Anna, Polly, Max, Urs) - 1957 Stud. Univ. Göttingen, 1958-60 Univ. Freiburg, 1960 TH Aachen, 1960-63 Johns Hopkins Univ. Baltimore USA; M.A. 1962, Ph.D. 1964 Univ. California Santa Barbara; Habil. 1969 Univ. Heidelberg - 1965-69 Wiss. Angest.; 1969-72 Privatdoz.; 1972-79 apl. Prof.; s. 1980 Prof. 1983 Generalsekr. Intern. Assoc. Volcanology u. Chemistry Earths Interior - BV: Pyroclastic Rocks, 1984; Vulkanismus, 1986 - 1985 Volc. Petrol. Geochem. Award Am. Geophys. Union - Spr.: Engl., Span., Russ.

SCHMITHALS, Walter

Dr. theol., Prof., Lehrstuhlinh. f. Neues Testament Kirchl. Hochschule Berlin (s. 1968; 1970-72 u. 1987-88 Rektor) - Landauer Str. 6, 1000 Berlin 33 (T. 821 18 06) - Geb. 14. Dez. 1923 Wesel, verh. s. 1953 m. Marlene, geb. Schubotz, 6 Kd. - Pfarrer; Doz. Univ. Marburg (apl. Prof.) - BV: D. Gnosis in Korinth, 1956; D. kirchl. Apostelamt, 1961; Paulus u. Jakobus, 1963; Paulus u. d. Gnostiker, 1965; D. Theologie Rudolf Bultmanns, 1966; Wunder u. Glaube, 1970; Jesus Christus in der Verkündigung d. Kirche, 1972; D. Apokalyptik, 1973; D. Römerbrief als histor. Problem, 1975; Leistung, 1978; D. Evangelium n. Markus, 1979; Herrschaft, 1980; D. Evangel. n. Lukas, 1980; D. theol. Anthropologie d. Paulus, 1980; D. Apostelgesch. d. Lukas, 1982; Bekenntnis u. Gewissen, 1983 (m. Bibliogr. W. Schmithals 1952-82), Gnosis u. NT, 1984; Einleit. in d. drei ersten Evangelien, 1985; D. Römerbrief. E. Kommentar, 1988.

SCHMITT, Adolf

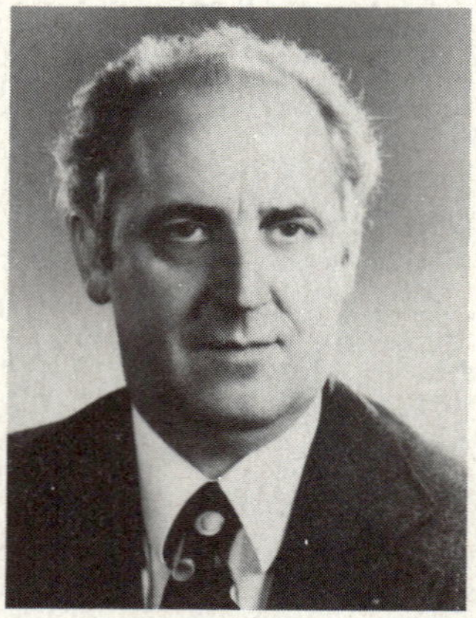

Em. Prof., Landschaftsarchitekt RWTH Aachen FB 2, Fak. f. Architektur - Malmedyer Str. 9, 5000 Köln 41 (Braunsfeld) (T. 49 22 00) - Geb. 9. Mai 1923 Erfurt/Thür. (Vater: Heinrich S., Gartenarch.; Mutter: Else, geb. Scheller), verh. s. 1954 m. Hannelie, geb. Püttner, 2 Kd. (Dagmar, Volker) - Stud. TFH Weihenstephan/Freising - 1967-1973 u. wied. 1977-83 Präs. (jetzt Ehrenpräs.) Bund Dt. Landschaftsarchitekten (BDLA); s. 1972 Vorst.-Mitgl. Architektenkammer NRW; Vorst.-Mitgl. Bundesarchitektenkammer Bonn-Oberkassel; Gründungsmitgl. d. Akad. (International) f. Gartenbau u. Landschaftsgestaltung, Rom. Öfftl. best. u. vereid. Sachverst. IHK Köln u. Landwirtsch.kammer Bonn. AR-Mitgl. Bundesgartenschau GmbH Berlin 1985 (s. 1981) - 1973 BVK I. Kl. u. Hans-Bickel-Preis - Rotarier.

SCHMITT, Annegrit

Dr. phil., Landeskonservatorin - Staatl. Graphische Sammlung, Meiserstr. 10, 8000 München 2 - Geb. 21. Febr. 1929 Frankfurt (Vater: Heinrich Sch., Kaufm.; Mutter: Dr. Charlotte, geb. Eckert), ev. - Univ. Mainz, Freiburg, München - 1955-65 Assist. Corpus d. ital. Handzeichnungen, s. 1966 Konservatorin Staatl. Graphischen Sammlung München - BV: Hanns Lautensack, 1957; Corpus d. ital. Handzeichnungen 1300-1450, Teil I, 4 Bde., 1968; Teil II, 3 Bde., 1980; Teil II, Bd. 4, 1982 (zus. m. Bernh. Degenhart); Evangelica Historia, Ms.L. 58. sup. della Biblioteca Ambrosiana, 1978; Jacopo Bellini, D. Zeichnungsband d. Louvre, 1984 (zus. m. Bernhard Degenhart).

SCHMITT, Anton

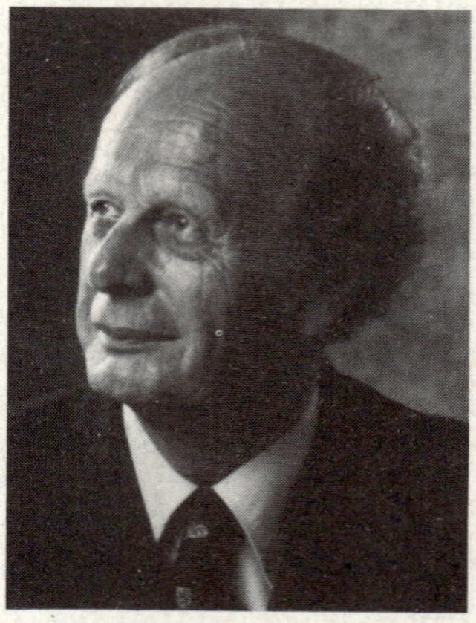

Dr. rer. pol., Dipl.-Volksw., Rechtsanwalt, Schriftst. Gen.-Sekr. DIPRO-Dt. Inst. f. Angew. Kommunikation u. Projektförderung - Leibnizstr. 69, 5300 Bonn 2 - Geb. 10. Sept. 1914 Aschaffenburg (Vater: Eduard Sch., Staatsbankdir.; Mutter: Elisabeth, geb. Clement), verh. m. Dr. med. Lilli, geb. Schiek, 3 Töcht. (Eva, Dodo, Claudia) - Abit. 1934 Human. Gymn.; Stud. Heidelberg, Kiel; Promot. 1939 München - Arbeits- u. Heeresdst. (1935 bzw. 1939-45) Res.-Offz. Kriegsgef. S. 1946 Tätigk. Wirtschaftsprüf./Steuerberat. im Verbandswesen. 1956 RA, 1957-1979 im Dienst v. Bundesmin. als Ref.-Behördenleit., Kammervors., Akad.-Doz. u. Studiengr.-Leit. S. 1979 RA u. Syndikus. BV: ABC d. Lastenausgleichs; Handb. f. Zivilschutz u. Zivile Verteidigung; Krisenvorsorge u. Katastrophenschutz, Strahlenschutz-Vorsorge u. Katastrophenmanagement. Beitr. in Fachztschr. - Liebh.: Zeitgesch., Wirtschaftspolitik, Musik, Theater, Wandern, Reisen, Tanzen - Spr.: Engl., Franz., Span.

SCHMITT, Armin

Dr. theol., Prof. f. Exegese d. Alten Testaments u. bibl.-oriental. Sprachen Univ. Regensburg (s. 1984) - Eifelstr. 12, 8400 Regensburg - Geb. 9. Juni 1934 Eussenheim (Vater: Edmund Sch., Lehrer; Mutter: Lina, geb. Hörnig), kath. - Univ. Würzburg (Theol. Abschlußex. 1958, Promot. 1963, Habil. 1972) - 1972-78 Doz.; 1978-80 Prof. Univ. Würzburg; 1980-84 Prof. Univ. Osnabrück; ab 1984 Prof. Univ. Regensburg - BV: Stammt d. sog. theta-Text b. Daniel wirklich v. Theodotion?, 1966; Entrück.-Aufnahme-Himmelfahrt. Unters. zu e. Vorstellungsber. im Alten Testament, 1973, 2. A. 1976; Prophet. Gottesbescheid in Mari u. Israel. E. Strukturunters., 1982; D. Buch d. Weisheit. E. Kommentar, 1986 - 1961 Preis Univ. Würzburg.

SCHMITT, Christian

Dr. phil., o. Prof. f. Romanische Philologie (Sprachwiss.) - Hintergasse 2, 6945 Hirschberg 1 - Geb. 27. März 1944 Mosbach, verh. s. 1970 m. Danielle, geb. Fouache, 2 Söhne (Frank, Jens) - Schule Mosbach (Abit. 1963); Univ. Heidelberg, Staatsex. (Klass. Philol., Roman.) 1968, Promot. 1973, Habil. 1977 - 1969-72

Wiss. Angest., 1973-77 Wiss. Assist. Univ. Heidelberg, 1977-79 Prof. Univ. Hamburg, 1979-84 Prof. Univ. Bonn, 1984-88 o. Prof. Univ. Heidelberg u. Dir. Inst. f. Übers. u. Dolmet., s. 1988 o. Prof. Univ. Bonn u. Dir. Roman. Sem. - BV: D. Sprachlandsch. d. Galloromania, 1974; La planification linguistique en français contemporain, 1979; Translating and Interpreting Present and Future, 1982; D. Ausbild. d. roman. Spr., 1982; Afrikan. Franz., 1984, Z. Rezeption antiken Sprachdenkens i. d. Renaissancephil., 1983; Spanisch caramba!; carajo!; caracoles!; 1984 Variété et développem. linguistiques, 1984; Sémantique et planification linguist., 1985; D. französische Substandard, 1986; Unterengadinische Einwohnernamen, Neck- u. Schimpfnamen, 1986; Italien im Kontakt m. Südost- u. Osteuropa, 1987; D. Ausb. d. Art. in d. Romania, 1987; Translation als interkultur. Kommunik., 1987; Funktionale Variation u. Sprachwandel, 1988; Sémantique et prédétermination de l'ordre des mots en français contemporain, 1987/88; Contribuciones a la lingüística evolutiva, temas españoles, 1988; Lex. d. roman. Linguistik (zus. m. G. Holtus u. M. Metzeltin), 1988; Gemeinspr. u. Fachspr. im heutigen Franz., 1988; Typen d. Ausbild. u. Durchsetzung v. Nationalspr. in d. Romania, 1988; Z. Ausbild. techn. Fachspr. u. Terminologien im heutigen Franz., 1989 - 1973 Preis Neuphilol. Fak. Heidelberg; 1986 u. 88 Präs. d. Ständ. Dir.konfz. d. Univ.-Inst. f. Übers.- u. Dolmetscherausb. (C.I.U.-T.I.) - Spr.: Franz., Ital., Span., Portug., Katalan., Engl., Griech., Lat.

SCHMITT, Eberhard

Dr., o. Prof. f. Neuere Geschichte Univ. Bamberg (s. 1976) - Hans-Wölfel-Str. 6, 8600 Bamberg - Geb. 4. Febr. 1939 Augsburg (Eltern: Akad.prof. Otto u. Elise S.), kath., verh. s. 1974 m. Gisela - 1972-76 o. Prof. Univ. Bochum - BV: Repräsentation u. Revolution, 1969; Einführ. in d. Gesch. d. Französ. Revolution, 1976, 2. A. 1980 (span. Übers. 1980). Herausg.: Dok. z. Gesch. d. europ. Expansion, Bd. 2: D. gr. Entdeck. (1984); Bd. 1: D. mittelalterl. Ursprünge d. europ. Expansion (1986); Bd. 3: D. Aufbau d. Kolonialreiche (1987); Wirtsch. u. Handel d. Kolonialreiche (1988) - Spr.: Franz., Engl.

SCHMITT, Emil

I. Bürgermeister Kleinwallstadt - Rathaus, 8751 Kleinwallstadt/Ufr. - Geb. 18. März 1931 Ludwigshafen/Rh. - Zul. Kaufm. Angest. CSU.

SCHMITT, Franz J.

Dr., Dipl.-Kfm., Wirtschaftsprüfer, Steuerberater, AR-Vors. Knorr Bremse AG, München - Prinzregentenstr. 89, 8000 München 80 - Geb. 9. März 1930 Mürsbach, kath. - AR-Vors. Renolit GmbH, Worms; stv. AR-Vors. Knorr Bremse KG, München.

SCHMITT, Fridolin

Dipl.-Volksw., Gf. Vorst.-Mitgl. Bundesverb. Dt. Leder- u. Schuhbedarfs-Großhändler - Schloßrondell 13, 5400 Koblenz; priv.: Klausenbergweg 42, 5400 Koblenz-Ehrenbreitstein - Geb. 24. Aug. 1919 - B. 1984 Ratsmitgl. Stadt Koblenz (CDU) - BVK.

SCHMITT, Gerd

Dr. med., Prof. f. Strahlenheilkunde Univ. Essen - Elsaßstr. 42, 4300 Essen 15 - Geb. 2. Juli 1939 (Vater: Hans Sch., Arzt; Mutter: Helene, geb. Magiera), verh. - 1959-61 Univ. Kiel, n. Phys. b. 1962 Heidelberg; 1962-65 FU Berlin, anschl. Univ. Essen (Radiol. Zentrum); 1967-80 Assist.arzt u. Oberarzt Strahlenklinik Univ.-Klinikum Essen; s. 1979 apl. Prof. med. Fak. Essen; s. 1980 ltd. Arzt Klinik f. Nuklearmed. u. Strahlenther. Krupp-Krkhs., s. 1986 Ord. f. Strahlenther. u. radiol. Onkol. Univ. Düsseldorf - Spr.: Engl., Franz.

SCHMITT, Günther

Dr. sc. agr., o. Prof. f. Agrarpolitik - Meininger Weg Nr. 12, 3400 Göttingen-Geismar (T. 79 39 95) - Geb. 23. Dez. 1928 Frankenthal/Pf. - S. 1966 Ord. Univ. Kiel u. Göttingen (1970). Facharb. - 1967 Chevalier du Mérite Agricola (Frankr.).

SCHMITT, Hans Georg

Dr. med., o. Prof. Univ. Essen - Brackmannshang 2, 4300 Essen - Geb. 13. Okt. 1927 Siegburg (Vater: Johann Sch., Oberstarzt a.D.; Mutter: Elisabeth, geb. Wacheck), kath., verh. seit 1956 mit Dorothea E.D., geb. Beuck, 3 Kd. (Elisabeth Dorothea, Klaus Stephan, Karl Bernhard) - 1946-52 Stud. Med. Bamberg u. Erlangen (Staatsex., Promot. 1952); Habil. 1967 Würzburg - S. 1974 o. Prof. Univ. Essen-GH. 1952-54 Landarzt; 1954-56 wiss. Assist. Erlangen; 1956-74 HNO-Würzburg Abt.-Leit. Audiol.; 1974 Essen, Inst. f. Med. Informat. u. Biomath.; s. 1985 zusätzl. wiss. Dir. d. Akad. f. Hörgeräteakustik in Lübeck-BV: Operationen z. Verbess. d. Gehörs, 1968 (m.a.; auch engl. u. japan.) - Liebh.: Segeln - Spr.: Engl.

SCHMITT, Hans Jürgen

Dr. rer. nat., Prof., Direktor Inst. HF-Technik RWTH Aachen - Hangstr. 34, 5100 Aachen - Geb. 3. Aug. 1930, verh., 4 Kd. - Dipl.-Phys. 1954 u. Promot. 1955 Univ. Göttingen - 1957-63 Assist.-Prof. Harvard Univ.; 1963-65 Staffmember Sperry Rand Res.; 1965-80 Abt.-Leit., Prok. Philips Forschungslabor Hamburg - 1961-62 Guggenheim Fellow; 1978 Fellow IEEE.

SCHMITT, Hatto H.

Dr. phil., o. Prof. f. Alte Geschichte - Straßbergerstr. 4, 8000 München 40 (T. 351 62 62) - Geb. 15. Febr. 1930 Aschaffenburg - S. 1963 (Habil.) Lehrtätigk. Univ. Würzburg, Saarbrücken (1964 apl. Prof.), Bonn (1965 Ord.; 1971/72 Rektor), München (1978 Ord.). Wiss. Veröff. - 1979 o. Mitgl. Dt. Archäol. Inst.

SCHMITT, Helma

Meisterin ländl. Hauswirtschaft, MdL Rhld.-Pfalz - Hilbenhof, 6733 Haßloch - Geb. 10. Dez. 1931 - CDU.

SCHMITT, Hilmar

Rechtsanwalt, MdL Bayern (s. 1978) - Keplerstr. 69, 8750 Aschaffenburg/Ufr. - Geb. 28. Dez. 1942 Aschaffenburg - Dessauer-Gymn. Aschaffenburg (Abit. 1962); Bundeswehrdst. (Ltn. d. R.); Univ. Erlangen u. Würzburg (Rechtswiss.); Hochsch. f. Verwaltungswiss. Speyer - Vertragsanw. d. Gewerksch. 1972 ff. Mitgl. Stadtrat Aschaffenburg. SPD s. 1965 (1973 Unterbezirksvors. Aschaffenburg).

SCHMITT, Ingo

Prof., Dekan Abteilung Wuppertal Hochsch. f. Musik Köln - Friedrich-Ebert-Str. 141, 5600 Wuppertal 1.

SCHMITT, Ingo H.

Rechtsanwalt, MdA Berlin - Preußenallee 35, 1000 Berlin 19 - Geb. 30. Juli 1957 Berlin (Vater: Karlheinz Sch.; Mutter: Lieselotte Sch.), ev. - Abit. 1976; 1. jurist. Staatsex. 1982, 2. jurist. Staatsex. 1986; Stud. Betriebsw. - S. 1978 Mitgl. Kreisvorst., 1978-81 Vors. JU-Charlottenburg, s. 1986 Vors. CDU-Lietzensee - Spr.: Engl., Latein.

SCHMITT, Josef

Kaufmann, MdB (1965-76; Wahlkr. 246/ Saarlouis) - Waldstr. 5, 6619 Lockweiler/ Saar (T. Wadern 26 42) - Geb. 28. Dez. 1921 Lockweiler, kath., verh., 2 Kd. - Gymn. Saarlouis u. Bad Godesberg (Abit. 1941) - Berufssoldat (Kriegseinsatz als Flugzeugführer, zul. Ltn.; 1963 Hptm. d. R. Bundeswehr); s. 1947 selbst. (Kaufhaus Schmitt). 1955-65 MdL Saar (1957-60 Fraktionsvors.; 1961-65 Präs.); 1956-65 Bürgerm. Lockweiler (ehrenamtl.). CSU (Gründungsmitgl. Saar).

SCHMITT, Karl

Dr. phil., Prof., Hochschullehrer - Tannenweg 9, 2848 Vechta/Oldenbg. (T. 29 25) - Geb. 27. Okt. 1924 Hövel - S. 1960 Doz. u. Prof. (1965) Päd. Hochsch. Vechta bzw. Univ. Osnabrück/Abt. Vechta (Didaktik d. Physik u. Chemie) - BV: Naturlehre - polytechn. oder exemplar.? (div. Aufl.).

SCHMITT, Karl

Dr. jur., Oberfinanzpräs. a. D., zul. Leit. OFinanzdir. Nürnberg (1968-75) - Steinplattenweg 115, 8500 Nürnberg (T. 59 34 18) - Zul. Ministerialdirig. Bundesfinanzmin. - 1971 Bayer. VO., 1972 Gr. BVK - Spr.: Engl., Franz. - Rotarier.

SCHMITT, Karl-Heinz

Prof., Fachbereichsleiter Theol. Kath. FHS, Abt. Paderborn - Husener Str. 51a, 4790 Paderborn (T. 05251-6 47 70) - Geb. 30. März 1943 Holzheim, kath., ledig - Theol.- u. Päd.-Stud. Bonn, Paris, Köln, Bochum (Dipl.) - S. 1983 Vors. Dt. Katecheten-Verein, München. Publ. z. Erwachsenenbild. u. Gemeindekatechese.

SCHMITT, Lothar

Dr., Präsident Verwaltungsgericht Ansbach (s. 1974) - Keßlerplatz 7, 8500 Nürnberg (T. 0911 - 55 18 71) - Geb. 31. Aug. 1930 München (Vater: Karl S., Dipl.-Ing., Oberstud.dir.; Mutter: Julie, geb. Mengert), verh. - 1942-50 Melanchthon-Gymn. Nürnb., 1950-54 Univ. Erlangen (Rechts- u. Sozialwiss., Röm. Recht, Kommunalr.). Promot. 1955; jurist. Staatsprüf. 1954/58 - 1954-58 wiss. Assist. Univ. Erlangen; 1958-60 Ass. Reg. Mittelfranken u. VG Ansbach; 1960-62 Reg.rat Stadtsteinach; 1962-64 VG-Rat VG Ansbach; 1964-70 OV-Richter ebd.; 1970-71 Oberstaatsanw. Bayer. VGH, 1971-74 OVG-Rat Bayer. Verwaltungsgerichtshof - BV: Bundessozialhilfegesetz, Losebl. Kommentar; dass. Textsammlung; Bundespersonalvertretungsgesetz, Kommentar - 1950 Scheffelpreis Scheffelgesellschaft Karlsruhe - Liebh.: Tennis, Schwimmen, Klass. Musik, Romane 20. Jh., Polit., allg. phil. u. soziol. Grundlage d. Rechts - Spr.: Engl. - Bek. Vorf.: Juristenfam. b. 16. Jh., Lehn- u. Gerichtsherren d. Fürsten Schleiz (mütterl.s).

SCHMITT, Ludwig-Erich

Dr. phil., o. Prof. f. German. u. Dt. Philologie - Großseelheimer Str. 17a, 3550 Marburg/L. (T. 4 24 20) - Geb. 10. Febr. 1908 Lennep - S. 1939 Lehrtätigk. Univ. Groningen, Leipzig, Köln, Marburg (Dir. Forschungsinst. f. dt. Sprache/ Dt. Sprachatlas) - BV: Mittelhochd. Grammatik (m. Paul); Unters. u. Entstehung u. Struktur d. neuhochd. Schriftsprache. Herausg.: Dt. Wortatlas (16 Bde.), Dt. Dialektgeographie (40 Bde.), Dt. Wortforschung in europ. Bezügen (7 Bde.), Marbg. Beitr. z. Germanistik (50 Bde.); Mithrsg.: Studien Linguistica Germanica (9 Bde.), Mitteld. Forschungen (80 Bde.).

SCHMITT, Matthias

Dr. rer. pol., Prof., Direktor - Lerchesbergring 99, 6000 Frankfurt/M. (T. 68 33 50) - Geb. 14. Juli 1913 Krettnach b. Trier/Mosel (Vater: Johann S., Weingutsbesitzer), kath., verh. m. Gisela, geb. Cleve, S. Helmut - Oberrealsch.; prakt. Ausbild. Industrie, Banken, Versich.; Univ. München, Wien, Berlin. Promot. 1940 - 1941-43 Univ. Berlin u. Göttingen (Assist.); Wehrdst. u. Gefangensch.; 1948-57 Verw. f. Wirtschaft bzw. Bundeswirtschaftsmin. (1950; 1954 Ministerialrat); 1957-61 Berliner Bank AG. (Vorstandsmitgl.); 1961-78 AEG bzw. AEG-Telefunken (Vorstandsmitgl.). S. 1962 Lehrbeauftr. Univ. Frankfurt (Probleme d. Entwicklungsländer); s. 1966 Honorarprof. Univ. Köln (intern. Wirtsch.bezieh.) - BV: D. dt. Dollarproblem, 1953; Wohin steuert d. dt. Außenhandel;, 1956; Partnerschaft m. Entwicklungsländern, 1960; D. histor. Grundl. d. Entwicklungspolitik, 1963; Entwicklungshilfe als unternehmer. Aufgabe - D. Schlüsselfunktion d. priv. Direktinvestition, 1965; Osthandel auf neuen Wegen, 1968; Industrielle Ost-West-Kooperation - E. Schlüssel f. d. Intensivierung ost-westl. Wirtschaftsbeziehungen, 1974 - 1969 BVK I. Kl., 1975 Gr. BVK - Spr.: Engl., Franz. - Rotarier.

SCHMITT, Michael

Dipl.-Kfm., Zeitungsverleger (Fuldaer Ztg.), Ehrenpräs. Verb. Hess. Ztg.-Verleger (1979ff., 1969-79 Vors.) u. a. - Peterstor 18, 6400 Fulda (Druckerei Parzeller & Co.; T. 280-0) - Geb. 10. Jan. 1913 Fulda - S. 1937 Familienuntern. - Gr. BVK - Spr.: Franz.

SCHMITT, Otto-Michael

Prof., Maler - 8901 Anhausen Kr. Augsburg (T. 08238 - 71 74) - Geb. 1. Jan. 1904 Laufen/Salzach (Vater: Adalbert S., Rechnungsrat; Mutter: Anna, geb. Siegerstetter), kath., verh. s. 1934 m. Elise, geb. Schönherr, 4 Kd. (Wolfgang, Eberhard, Edeltraud, Berthold) - Gymn.; Drechsler- u. Maurerlehre; Kunstakad. München - S. 1941 Lehrtätigk. Kunstakad. Nürnberg (1957 Dir. 1960 Präs.). Zahlr. Arbeiten, darunt. Weberh. Augsburg, Deckenbild Nymphenbg. Kirche München, Fresko Sitzungssaal Bundesanst. f. Arbeit, Nürnberg - Liebh.: Gärtnerei.

SCHMITT, Peter

Economist, Prof. Intern. Univ. Rom, Aufsichtsratsvors. Dt. ICI GmbH, Frankfurt, AR-Vors. ICI (Europa) Fibres GmbH u. stv. AR-Vors. ICI Lacke Farben GmbH, VR-Mitgl. Berliner Handels- u. Frankf. Bank, Vorst.-Mitgl. Dt. Herzstiftg., Präs. d. Brit. Handelskammer in Deutschl. - Lyoner Str. 36, 6000 Frankfurt 71; priv.: Parkstr. 6, 6072 Dreieichenhain b. Langen (T. 06103 - 8 21 79) - Geb. 9. Juni 1924 Beuthen/ Oberschles. (Vater: Peter S., Hotelier u. Historiker; Mutter: Helene, geb. v. Eisentraud), kath., verh. s. 1946 m. Nora, geb. Scheck, 2 Töcht. (Daniela, Sybille) - Univ. Würzburg, Univ. of Michigan, Ann Arbor (Economics, Statistics, Sociology, Social Psychology). M. A. - 1952-57 Research Dir. Amerik. Botschaft, Bonn; 1957-64 gf. Gesellsch. Divo; 1961-64 Vizepräs. Metra-Gruppe f. Sozialwiss.; 1964-68 Vizepräs. u. Präs. European Society for Opinion and Marketing Research - Commander of the British Empire; Gr. Ägypt. Orden m. Stern u. Schulterbd.; BVK I. Kl. - Liebh.: Cembalo - Spr.: Engl., Franz.

SCHMITT, Rudi

Oberbürgermeister, MdB (Landesliste Hessen) - Richard-Wagner-Str. 93, 6200 Wiesbaden (T. 52 17 21) - Geb. 8. Jan. 1928 Frankfurt/M., ev., verh. s. 1955, 2 Kd. - Volkssch.; Lehrerbildungsanstalt (Ausbild. durch Kriegsdst. unterbr.). Beide Lehrerprüf. (1946 u. 51); Realschullehrerprüf. (Gesch. u. a.) - B. 1960 Schuldst. Frankfurt/M., dann Stadtverw. Wiesbaden (Stadtrat, Dezern. f. Schulen, Sport u. Kultur; 1968 Oberbürgerm.). 1954-68 (Mandatsniederleg.) MdL Hessen. SPD s. 1947 - Spr.: Engl. - Rotarier.

SCHMITT, Rudolf

Dr. jur., o. Prof. f. Straf-, -prozeßrecht u. Kriminologie Univ. Freiburg (s. 1963) - Jacobistr. 47, 7800 Freiburg/Br. (T. 2 29 86) - Geb. 9. April 1922 Frankfurt/M., kath., verh. s. 1952 m. Maria, geb. Albrecht, 5 Kd. - Promot. 1950; Habil. 1957. Ass.ex. 1953 - 1958-63 beamt. Dozent Univ. Mainz - BV: Strafrechtl. Maßnahmen gegen Verbände, 1958; Ordnungswidrigkeitenrecht, 1970; Z. Reform d. § 218 StGB (zus. m. Hepp), 1974. Mitverf. d. Alternativ-Entwurfs v. Allgem. Teil d. Strafgesetzbuchs (2. A. 1969) b. z. Strafvollzugsgesetz (1973).

SCHMITT, Rüdiger

Dr. phil., Prof. f. Vergl. Indogerman. Sprachwissenschaft u. Indoiranistik - Benzstr. 18, 6600 Saarbrücken 3 (T. 0681-39 00 72) - Geb. 1. Juni 1939 Würzburg (Vater: Dr. Maximilian Sch., Prok.; Mutter: Barbara, geb. Konrad), kath., verh. s. 1966 m. Almut, geb. Wulff, 3 S. (Karlheinz, Burkhard, Hartmut) - Univ. Würzburg, Erlangen, Saarbrücken (Promot. 1965) - 1965 Wiss. Assist. Univ. d. Saarl., 1969 Priv.doz., 1970 Univ.doz., 1972 Wiss. Rat u. Prof., 1979 Prof. (C 4) f. Vergl. Indogerman. Sprachwiss. u. Indoiranistik - BV: Dichtung u. Dichterspr. in indogerman. Zeit, 1967; D. Nominalbild. in d. Dichtungen d. Kallimachos v. Kyrene, 1970; Einf. in d. griech. Dialekte, 1977; D. Iranier-Namen b. Aischylos, 1978; Gramm. d. Klass.-Armen. m. sprachvergl. Erläut., 1981 - 1980 Korr. Mitgl. Österr. Akad. d. Wiss., 1985 Ausl. Mitgl. Königl. Dän. Akad. d. Wiss.

SCHMITT, Rüdiger

Dr. rer. nat., Prof. f. Genetik Univ. Regensburg - Inst. f. Biochemie, Genetik u. Mikrobiol. Univ. Regensburg, 8400 Regensburg (T. 0941 - 943 31 62) - Geb. 25. Mai 1936 Münster (Vater: Wilhelm Sch., Dipl.-Ing.; Mutter: Dr. phil. Hilde, geb. Rheinländer), kath., verh. s. 1962 m. Erika, geb. Gerhardt, 2 S. (Andreas, Joachim) - TU Braunschweig (Dipl.-Chem. 1961, Promot. 1963); Habil. 1969 Univ. Erlangen - 1964-68 Forsch.aufenthalt USA. S. 1974 o. Prof. f. Genetik Univ. Regensburg. Üb. 50 Veröff. in dt.- u. engl.spr. Fachztschr. - Liebh.: Klass. Musik, Bergwandern - Spr.: Engl.

SCHMITT, Thomas

Dr. rer. pol., Dipl.-Kfm., Zeitungsverleger (Fuldaer Ztg.) - Hartungstr. 26, 6400 Fulda - Geb. 7. Aug. 1940 - S. 1969 Parzeller & Co. - Spr.: Engl. - Vater: Michael S., Ztg.verleger (s. dort).

SCHMITT, W. Christian

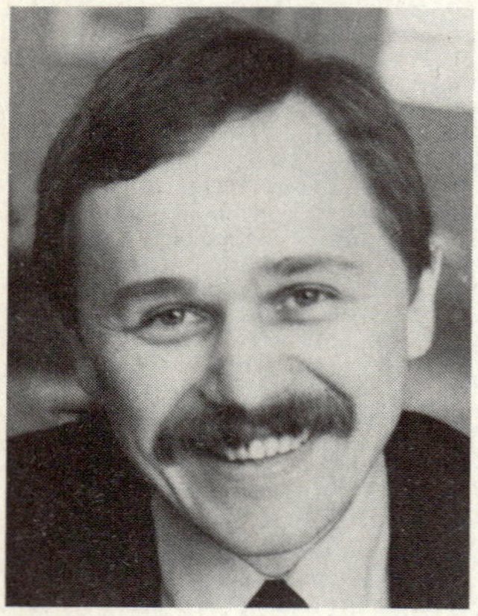

Redakteur (selbst. m. eig. Redaktionsbüro s. 1978) - Wilhelm-Leuschner-Str. 39, 6100 Darmstadt (T. 06151 - 2 26 31) - Geb. 9. Juli 1944 Guhrau/Schlesien, ev., verh. s. 1968 m. Linda, geb. Herold, 2 Töcht. (Kirstin, Katrin) - Volont. Darmstädter Echo - Gf. Redakt. Buchreport; Mitgl. Chefredaktion Börsenblatt f. d. Dt. Buchhandel; Presse-Beauftr. Arb.gem. wiss.liche Lit. - BV: Dt. Prosa - D. Büchnerpreistr.; D. schönsten Gesch. Dt. Jugendb.-Preistr.; D. Buchstaben-Millionäre; D. Auflagen-Millionäre; Selbstbedienungsladen BRD? - Liebh.: Bücher, Menschen - Spr.: Engl.

SCHMITT, Walter

Dr. jur., Regierungspräsident a. D., Präs. DRK-Landesverb. Rhld.-Pfalz (s. 1973), MdL Rhld.-Pfalz (s. 1967) - Kelberger Str. 16, 5590 Cochem/Mosel (T. 71 78) - Geb. 11. Okt. 1914 Mainz, kath., verh. s. 1963 m. Gretel, geb. Weckbecker, 2 Kd., 5 Stiefkd. - Realgymn. Mainz; Univ. Frankfurt/M., München, Königsberg, Gießen (Rechtswiss.). Promot. 1938 - 1936-41 jurist. Vorbereitungs- u. Justizdst. (zul. Amtsgerichtrat), 1941-45 Wehrmacht, 1946-47 LG Mainz, 1947-57 Justiz- (1949 Oberreg.srat), Innenmin. (1951) u. Staatskanzlei Rhld.-Pfalz (1953; 1955 Chef), 1957-67 Regierungspräsid. Koblenz (Präs.). CDU s. 1946 (div. Funktionen) - Liebh.: Numismatik, Philatelie - Spr.: Franz., Engl., Ital. - Rotarier.

SCHMITT, Walter

Dr. jur., Bundesrichter, Vorsitzender e. Senats Bundessozialgericht Kassel - Graf-Bernadotte-Pl. 5, 3500 Kassel-W'höhe - Geb. 7. Juli 1931 - B. 1971 Oberverwaltungsgerichtsrat Mannheim, dann Richter Bundessozialgericht.

SCHMITT, Walter

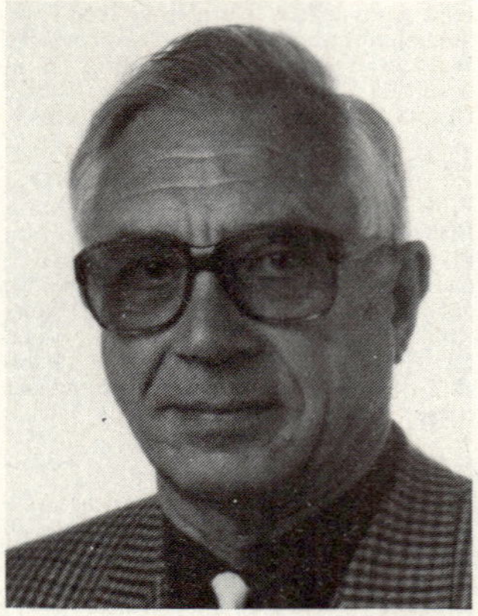

Dr. med., em. Univ.-Prof., Nervenarzt - Psychotherapie, ehem. Leitender Arzt Zentrum f. Psychologische Medizin u. Arbeitstrainings- u. Therapiezentrum (ATZ/RPK), Saarbrücken, 1. Vors. Verein z. Förderung d. psychol. Med. - Lagerstr. 26, 6650 Homburg/Saar (T. 49 66) - Geb. 25. Aug. 1920 Mannheim (Vater: Ottmar Sch., Kaufm.; Mutter: Elsa, geb. Schmid), verh. s. 1945 m. Dr. phil. Antonie, geb. Kohler, Dipl. Psych., 4 Kd. (Helga, Gudrun, Horst, Brigitte) - S. 1961 (Habil.) Lehrtätigk. Univ. Saarbrücken (1967 apl. Prof., 1972 Prof. a. L.). Ausbilder in Gesprächspsychotherapie - BV: Psychiatr. Pharmakotherapie, 1964; Vademecum psychopharmacologicum, 1968. Herausg.: Drogenprobleme aktuell (1972), Drogenreport Saar 1973 (1977), Epidemiologie psychischer Störungen i. Saarland (1978). Üb. 100 Einzelarb. - Lit.: Systemtheorie u. Psychiatrie. Festschr. z. 65. Geb. (1985).

SCHMITT, Werner

Direktor, Vorstandsmitgl. Saar-Ferngas AG. - Kaiserstr., 6600 Saarbrücken-Schafbrücke; priv.: Parkweg 9, 6601 Scheidt - Geb. 7. Sept. 1925 - Ing.

SCHMITT, Werner

Dr. jur., Präsident Akad. f. zivile Verteidigung (s. 1983) - Siebengebirgsstr. 50, 5205 St. Augustin 2 (T. 02241 - 33 02 66) - Geb. 6. März 1926 Aschaffenburg, verh., 5 Kd. (Ulrike, Reinhard, Renate, Roland, Tilmann) - 1944/45 Soldat; 1946/48 Kaufm. Lehre; 1948-53 Stud.; Promot. 1955 Göttingen; Ass.ex. 1957 Celle u. Hannover - 1958-83 Bundesmin. d. Innern u. Bundeskanzleramt.

SCHMITT, Willi

Chefredakteur Bild am Sonntag (1985ff.) - Kaiser-Wilhelm-Str. 6, 2000 Hamburg 36 - Geb. 1943 - 1979ff. stv. Chefredakt. Bild.

SCHMITT, Willi

Schriftsteller (Ps. Will Smit) - Kurt-Schumacher-Allee 137, 6630 Saarlouis-Steinrausch (T. 06831 - 8 84 03) - Geb. 21. Juli 1929 Roden/Saarlouis (Vater: Hans Sch., Verwaltungsbeamt.; Mutter: Maria, geb. Hirz), kath., verh. s. 1955 m. Sigrid, geb. Richter, T. Marion (verehel. Bente) - Kaufm. Ausbild. - U.a. Geschäftsleit. - BV: Ereignisse d. Lebens, 16 Kurzr. 1975; Phrenesie, R. 1977; Ausweglos, R. 1984; Sucht, R. 1984. Üb. 70 Kurzgesch. - Liebh.: Musik.

SCHMITT, Wolf D.

Dr. rer. pol., Vorstandsmitglied Salzgitter AG - Jahnstr. 10, 3320 Salzgitter 51 - Geb. 5. Nov. 1929 Hagen/W. - Stud. Rechtswiss., Volks- u. Betriebsw. sow. Phil. Univ. Köln u. Wisconsin/USA. Dipl.-Volksw. 1955; Promot. 1967 - AR-Vors. Salzgitter Wohnungs-AG; stv. AR-Vors. Salzgitter Hüttenwerk AG, Kieler Werkswohnungen GmbH, Bauges. Kiel GmbH; Beiratsvors. Telcat GmbH - BV: Bewußtseinsbild. als Aufgabe, 1968 - 1953 Ehrenbürger New Orleans/USA.

SCHMITT GLAESER, Walter

Dr. jur., o. Prof. f. öfftl. Recht Univ. Bayreuth - Rübezahlweg 9 A, 8580 Bayreuth (T. 0921 - 3 20 70) - Geb. 2. Okt. 1933 München (Vater: Oskar Sch., Beamter; Mutter: Berta, geb. Rittinger), kath., verh. s. 1963 m. Dorothea, geb. Glaeser, 2 Söhne (Alexander, Thomas) - Zwei jurist. Staatsprüf. (1958 u. 61), Promot. 1959, Habil. 1968 - 1961-63 Rechtsrat München; 1963-68 Wiss. Assist. Tübingen; 1970 o. Prof. Marburg; s. 1975 o. Prof. Bayreuth; (b. 1980 Mitgl. Strukturbeirat, 1973-79 Vizepräs.). 1982/83 stv. Vors. Dt. Staatsrechtler-Vereinig., Mitgl. d. BayVerfGH, d. Bayer. Senats - BV: Mißbrauch u. Verwirk. v. Grundrechten im polit. Meinungskampf, 1968; Kabelkommunikation u. Verfass., 1979; D. elterl. Erziehungsrecht in staatl. Reglementier., 1980; Recht d. Immissionsschutzes, 1982; Verwaltungsprozeßrecht, Kurzlehrb. 9. A. 1988; D. Rechtsstell. d. Studentenschaft, 1968; Verwaltungsverf. (Hrsg.), 1977; Abbau d. tatsächl. Gleichberechtigungsdefizits d. Frauen durch gesetzl. Quotenregelungen, 1982; D. grundrechtl. Freiheit d. Bürgers z. Mitwirkung an d. Willensbildung, 1987 - 1988 BVK - Spr.: Engl., Franz., Lat.

SCHMITT-KÖPPLER, August

Dr. med., Prof., Leit. Arzt Chir. Klinik Kreiskrankenh. Offenburg - Brucknerstr. 14, 7600 Offenburg (T. 0781 - 43 32) - Geb. 3. Mai 1928 Heidelberg (Vater: Wilhelm S., Ing.; Mutter: Elisabeth, geb. Köppler), kath., verh. s. 1964 m. Dorothee, geb. Cremer, 4 Kd. (Sebastian, Dorothee, Johanna, Anna-Barbara) - Nach Habil. (1969) Privatdoz. u. apl. Prof. (1972), gleichz. Oberarzt (1969-73) Chir. Univ.klinik Mainz. Fachmitgl.sch. - BV: Taschenb. d. Chir. (Brünner), Bd. I 1974, Bd. II 1979. Zahlr. Fachveröff. - Spr.: Engl., Ital. - Ritter v. hl. Gr. v. Jeva - Rotarier.

SCHMITT-LERMANN, Hans

Dr., Vizepräsident Bayer. Versicherungskammer i. R. München - Prinzregentenstr. 97, 8000 München 80 (T. 47 59 14) - Geb. 1911, verh. s. 1939 m. Maria, geb. von Claer, 4 Kd. (Erna, Hans Eberhard, Hildegard, Heidi) - 1956-65 bayer. Innenmin. (zul. Min.rat); 1965-70 Vizepräs. Reg. Oberbayern. Verwaltungsrechtl., sozialwissenschaftl. u. versicherungsrechtl. Bücher u. Abh. - BV: Die Bayer. Versicherungskammer in Vergangenheit u. Gegenwart, 1950, 2. A. 1964; D. Versicherungsgedanke im Dt. Geistesleben d. Barock u. d. Aufklärung, 1954; Handkommentar z. Bayer. Verwaltungszustellungs- u. Vollstreckungsgesetz, 1961; Beitr. z. Bayer. Sozialgesch., 1969; Hundert J. Bayer. Versicherungskammer, 1975; D. Hagel u. d. Hagel-Versicherung in d. Kulturgesch., 1984 - 1971 BVK I. Kl.

SCHMITT-RINK, Gerhard

Dr., Prof. f. Volkswirtschaftstheorie - Sonnenberger Str. 3, 6200 Wiesbaden (T. 52 84 09) - Geb. 22. Jan. 1926 Wiesbaden - BV: Konsum-Dynamik, 1967; Grundzüge d. Verteilungstheorie, 1971; Wachstumstheorie, 1975; Verteilungstheorie, 1978.

SCHMITT-THOMAS, Karlheinz Günther

Dr.-Ing., o. Univ.-Prof. f. Metallurgie u. Metallkunde TU München - Sophie-Stehle-Str. 12a, 8000 München 19 - Geb. 20. Aug. 1928 Neustadt (Weinstr.) (Vater: Max Sch.-T., Min.rat; Mutter: Gertrud, geb. Thomas), ev., verh. m. Annette, geb. Cramer - TU Berlin, München, Univ. Paris (Dipl. 1955, Promot. 1958, bde. München) - 1955-61 Forsch.- u. Entwicklungsing. Eisenhüttenind. u. a. Rasselstein AG; 1962-66 Inst.leit. Werkstoffunters. GmbH; 1966-71 Geschäftsf. Allianz Zentrum f. Technik GmbH; s. 1972 Lehrst. f. Metallurgie u. Metallkd. TU München. Entd. auf d. Geb. d. Prüfverf. u. d. spanlosen Umform; Geschäftsf. IST GmbH München; Vorst.-Vors. VDI-W; Vorst.-Rat TÜV Bayern; Wiss. Beirat German. Lloyd, TÜV-Rheinland - BV: Zerstörungsfr. Prüf. in d. Schadenverhüt., 1968; Handb. d. zerstörungsfr. Materialprüf. (m. and.), 1971; Metallkundl. Untersuchungsverf. (m.and.), 1972; Hochschulpraktikum Schadenanalyse, 1987; Metallkunde f. d. Masch.wesen, Bd. I 1988, Bd. II 1989; Technik u. Methodik d. Schadenanalyse, 1989 - Liebh.: Priv. Pilot, hist. Technik - Spr.: Engl., Franz.

SCHMITT-WEIGAND, Adolf

Dr. rer. pol., gf. Vorstandsmitglied Hess. Sparkassen- u. Giroverb. (s. 1971) - Alte Rothofstr. 9, 6000 Frankfurt/M. (T. 217 52 50); priv.: Bleichstr. 6, 6463 Freigericht 1 - Geb. 5. Sept. 1934.

SCHMITTEN, Franz

Dr. agr., Dipl.-Ing. agr., Prof. u. Direktor Inst. f. Tierzuchtwissensch. Univ. Bonn - Kirchfeldstr. 21, 5300 Bonn-Beuel - Geb. 5. Mai 1929 Insul (Vater: Peter S., Kaufm.; Mutter: Anna, geb. Klein), kath., verh. s. 1959 m. Hanni, geb. Blindert, 2 Kd. (Michael, Ursula) - Stud. Univ. Bonn; Promot. 1958; Habil. 1967.

SCHMITTHENNER, Hansjörg

Schriftsteller - Hiltenspergerstr. 7, 8000 München 40 (T. 271 83 24) - Geb. 20. Nov. 1908 Colmar/Els. (Vater: Prof. Dr.-Ing. E. h. Paul S., Architekt † 1972 (s. XVI. Ausg.); Mutter: Marie, geb. Schütz), verh. m. Dr. Valerie Stiegele-Schmitthenner - Gymn.; 8 Semester Med.; Schausp.; Verlagslektor; Dramat. u. Hörsp.leit. Bayer. Rundfunk - Verf.: u. a. Ein Jeder v. uns, Sch. 1947; Zw. Dom u. Moschee, Aufzeichn. aus Agram, 1948; Wildgewordene Lokomotive rast durch Milwaukee, 1950 (Preisgekrönte Arbeit d. v. d. New York Herald Tribune ausgeschriebenen Wettbewerbs f. d. beste Kurzgesch. d. Welt); D. Luftfahrer, Gesch. d. Ballonflugs 1956; D. Bürger v. X, Dr. 1960. Mithrsg.: D. schönsten Gute-Nacht-Geschichten (2 Bde. 1951/59, m. Jella Lepman; auch dän., engl., franz., holl., türk.), Herausg.: D. Weltlit. (e. Lesewerk), 1948-50; D. Nestroy-Seemännchen (m. Peter Paul Althaus, 1954. 13 intern. Hörsp. (1961), 16 dt. Hörsp. (1963); Kriegsblindenpr. f. d. Hörsp. Zwei oder drei Portraits (m. a.), Jean Paul, D. Luftschiffer Giannozzo, 1975. 8 Fernsehsp. (1966), Blume d. Nacht - Traum u. Wirklichkeit d. Romantik (1968), Erinnerungen a. Matthias Claudius v. s. Enkelin Agnes Perthes (1978), E. Stelle, wo vorher nichts da war (Ess. üb. E. Jandl), 1982; Nagelfluh, aus d. Papieren v. WH, R. 1986. Fernseh- u. Rundfunksend., u. a.: 50 Jahre dt. Hörspiel (1974/75), D. schwarze Stein auf d. Rücken d. Schildkröte (Bali) 1976, Im Ballon (1977), Club d'Essai - Das Pariser Versuchsstudio f. Radiokunst (1978), Djati Luwih - Schönes Land (1979), Weltraumtransporter Columbia I u. II (1980), Spielzeug d. Winde (1982), Nepal hören (1984), Welt hören (3 Sendungen). Ausstell. Goethe-Inst. u. a. - 1950 Welt-Storypreis New York Herald Tribune; 1962 Mitgl. Dt. Akad. d. darstell. Künste, Frankfurt/M. u. d. PEN-Clubs; Schwabinger Kulturehrenpreis - Liebh.: Ballonfahrten.

SCHMITTHENNER, Walter

Dr. phil., D. Phil., em. o. Prof. f. Alte Geschichte - Werthmannplatz, 7800 Freiburg/Br. (T. 20 31) - Geb. 11. Juli

1916 Mannheim, ev., verh. m. Dr. med. Eva, geb. Wolf, 4 Kd. - Univ. Berlin, Heidelberg, Basel. Promot. (1949) u. Habil. (1959) Heidelberg; D. Phil. 1958 Oxford - S. 1961 Ord. Univ. Saarbrücken u. Freiburg (1967) - BV: Octavian u. d. Testament Cäsars, 1952, 2. A. 1973. Herausg.: H. Schaefer, Probleme d. Alten Geschichte, (1963, m. U. Weidemann); J. Moreau, Scripta Minora (1964); D. Dt. Widerstand geg. Hitler (1966, m. H. Buchheim); Augustus (Wege d. Forsch.) (1969); Krehbiel-Darmstädter, Briefe aus Gurs u. Limonest (1970); H. Strasburger, Studien z. Alten Gesch. (1982, m. R. Zoepffel).

SCHMITTMANN, Hans-Bernd

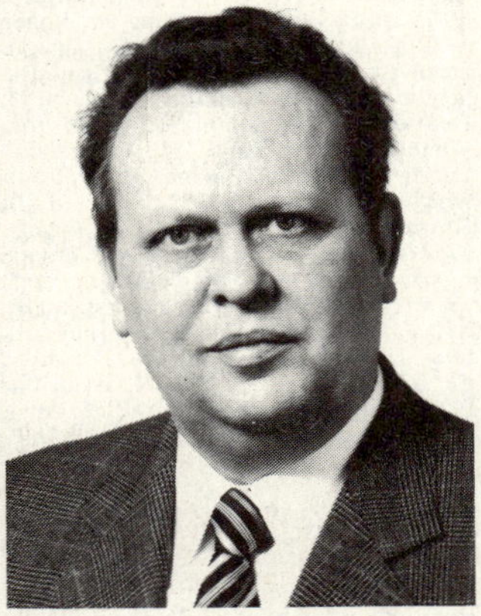

Dr. rer. nat., Dipl.-Chem., Prof., Fabrikant, Gesellsch. u. Geschäftsf. Dr. H. Schmittmann GmbH, Velbert - Langenhorster Str. 30, 5620 Velbert 1 (T. 02051 - 5 60 81, dstl., u. 5 41 57 priv.) - Geb. 16. Okt. 1932 Velbert (Vater: Dr. Hans-Herbert Sch., Dipl.-Chem., Fabrikant; Mutter: Else Elfriede Marthel, geb. Lückenhaus), ev., verh. s. 1959 m. Hannelore, geb. Schulte, 3 Töcht. (Britta, Cora, Tatjana) - Abit. 1953, Dipl.-Chem. 1961, Promot. 1964 Univ. Bonn - 1982 Mitbegr. u. Gesellsch. PRO-AM Chemie GmbH Velbert - Div. Mand. u.a. Arbeitsrichter Wuppertal, Präs. Bundesverb. Brandschutz u. Katastrophenschutz (BVBK), Düsseldorf, stv. Vorst.-Mitgl. AOK Velbert; Beirat Arbeitg.verb. d. chem. Ind. im Berg. Land; Gastprof. u. Mitgl. wiss. Beirat im Inst. f. Produktionsentw. im FB Chemie; Fachdienstberater ABC-Schutz Stadt Velbert, Regionalaussch. Velbert d. IHK D'dorf - Patente: Trennmittel f. Gießereizwecke, Kleinlöschfahrzeug, Saponinextraktprod.; Patentanmeld. Feuerhemmende Zusatzstoffe - Ehrenritter d. ritterl. Ordens St. Johannis v. Spital zu Jerusalem; BVK - Liebh.: Musik - Spr.: Engl.

SCHMITZ, Bereslaw

Dr. jur., Generalstaatsanwalt in Köln - Zu erreichen üb. Reichenspergerpl. 1, 5000 Köln.

SCHMITZ, Carl-Hinderich

Fabrikant, Gesellsch. Schmitz Werke GmbH + Co, Emsdetten i. R. - Isendorf 19, 4407 Emsdetten/W. (T. 10 68) - Geb. 17. Dez. 1923 Rheine (Vater: Rudolf S.; Mutter: Kriemhild, geb. Mense), verh. s. 1947 m. Heidi, geb. Beusch, 4 Kd. - Textiling. (grad.) - S. 1946 väterl. Untern. (1958 pers. haft. gf. Gesellsch.). Zeitw. Stadtverordn. Emsdetten. Vorst.-Mitgl. Heimtextilienverb., Wuppertal; Mitgl. Präsid. Gesamttextil Frankfurt; Ehrenpräs. IHK Münster; AR-Mitgl. NINO AG Nordhorn, Germania-Epe Spinnerei AG Epe; Beirat Gerling-Konzern, Köln, Dt. Bank AG, Bielefeld, Ibena Textilwerke, Bocholt, Schmitz Werke, Emsdetten - 1985 BVK - Spr.: Engl., Franz. - Rotarier.

SCHMITZ, Dieter

Fabrikant, Unternehmensberater Ledl Luftfracht Frankfurt - Schillerstr. 3, 6232 Bad Soden/Ts. (T. 2 35 18) - Geb. 10. Juli 1912 - S. jg. Jahren Familienuntern. Div. Ehrenstell.; s. 1968 Stadtrat u. ehrenamtl. Magistratsmitgl. d. Stadt Bad Soden/Ts. u. 1970ff. Vors. Fachgemeinsch. Armaturen sow. Mitgl. VDMA-Hauptvorst. - 1972 BVK I. Kl. - Spr.: Engl., Franz. - Rotarier.

SCHMITZ, Eberhard

Dr., Dipl.-Volksw., Hauptgeschäftsführer IHK Bonn (s. 1976) - Höhenweg 33, 5300 Bonn 1 (T. 28 35 32) - Geb. 4. Mai 1933 Wuppertal (Vater: Rudolf S., Kaufm.; Mutter: Irma, geb. Ronsdorf), ev., verh. s. 1966 m. Maria-Luise, geb. Orth, 2 Kd. (Astrid, Carsten) - Stud. Univ. Bonn, Frankfurt - Industrietätigk., s. 1963 IHK Bonn (1967 Gf.). Gleichz. stv. Leit. Mittelrh. Verw.- u. Wirtsch.-Akad., Bonn; stv. Vors. Finanz- u. Steueraussch. d. DIHT; Mitgl. Beirat u. Lehrbeauftragter Univ. Bonn; Vors. Kurat. d. Wirtsch. u. Steuerrechtl. Vereinig. Bonn e.V.; Vorst. Ver. Gemeinsch.lehrwerkst. u. Fortbldg.-Zentr. f. d. Bez. IHK Bonn; u. a. - BV: D. Bleimarkt unt. d. Einfluß neuerer Strukturwandlungen, 1963 - Spr.: Engl. - Rotarier.

SCHMITZ, Egon

Kaufmann, Geschäftsf. Schmitz KG, Bonn, Vors. Dt. Großhändlerverb. f. Heizungs-, Lüftungs- u. Klimabedarf, Hamburg - Eifelweg 27, 5480 Remagen 2 Oberwinter - Geb. 11. Nov. 1920.

SCHMITZ, Ernst

Dr. rer. pol., Dipl.-Kfm., Gf. Hauptgesellschafter d. Firmen E. Schmitz KG & Schoeller, Kunststoff-Zentrale, Köln, E. Schmitz GmbH & Co KG, Nettersheim - Zu erreichen üb. E. Schmitz KG & Schoeller, Postf. 40 05 55, 5000 Köln 40 (T. 02234 - 18 32-0; Telefax 02234 - 18 32-59) - Geb. 25. Juni 1922 Köln, kath., verh. s. 1962 m. Ritva Marjatta, geb. Laakso, 2 Kd. (Mark Esko, Eva Maarika) - Stud. Betriebsw. Univ. Frankfurt (Dipl.-Kfm. u. Promot. 1945) - S. 1945 eig. Untern. Mitgl. Vollvers. IHK Aachen; Mitgl. Kurat. Ernst Schneider-Preis - 1976 Ehrenzeichen DRK; 1983 BVK - Liebh.: Waldbau, Reisen - Spr.: Engl., Franz.

SCHMITZ, Georges

Dr. phil., o. Prof. f. Psychologie Univ. Siegen Gesamthochschule u. Nationale Univ. Rep. Zaire - Im Grund 19, 5047 Wesseling (T. 3 79 71) - Vorher Päd. Hochsch. Westf.-Lippe/Abt. Siegerl.

SCHMITZ, Hans Peter

Dr. phil., Prof. f. Meteorologie FU Berlin, Ozeanograph - Marienstr. 7c, 1000 Berlin 45 (T. 773 39 50) - Geb. 8. Dez. 1920 Hamburg (Vater: Ernst-Hubert Sch., Kaufm.; Mutter: Grete Helene, geb. Usinger), verh. s. 1947 m. Jutta Charlotte, geb. Fydrich - TH Danzig u. Univ. Wien (Dipl.-Meteorol. 1943; Promot. 1946 Univ. Wien) - 1946/47 wiss. Assist. Inst. f. Meereskde. Univ. Berlin; 1947-49 wiss. Mitarb. Meteorol. Observat. Potsdam; 1949-57 Dt. Akad. d. Wiss. Berlin, Inst. f. Physikal. Hydrographie. 1958-62 Inst. f. Meereskde. Univ. Hamburg; 1962-64 Meteorol. Inst. Univ. Bonn. 1965 wiss. Mitarb. Dt. Wetterdienst, Offenbach; 1973-76 Leit. Wetterdienstschule Neustadt/Weinstr.; 1971 Hon.-Prof. Univ. Frankfurt/M.; s. 1977 Prof. f. Theoret. Meteorol. FU Berlin, Inst. f. Geophysik. Wiss. - Liebh.: Gesch. d. dt. Eisenbahnen - Spr.: Engl., Franz.

SCHMITZ, Hans Peter

Techn. Angestellter, Bundesvors. Touristenverein D. Naturfreunde, Stuttgart - Dellbrücker Str. 40, 5060 Bergisch-Gladbach 2 (T. 02202 - 5 33 55) - Geb. 25. Juli 1931, verh., 2 Kd.

SCHMITZ, Hans-Peter

Dr. phil., Prof., Flötist - Am Sandwerder 28, 1000 Berlin 39 (T. 803 58 86) - Geb. 5. Nov. 1916 Breslau (Vater: Tilmann S., Gold- u. Silberschmied; Mutter: geb. Bardt), ev., verh. 1959 m. Gisela, geb. Fischer († 1963), 2 Kd. (Tilmann, Frauke) - Schule Breslau (Reifeprüf. 1935); 1935-36 Musikhochsch. Berlin; 1937-39 Univ. Halle (Promot. 1941) - 1939-43 Wehrdst., 1943-50 Soloflötist Berliner Philharmoniker, dann fr. künstler. u. musikwiss. Tätigk., ab 1953 Doz. u. Prof. f. Flöte Nordwestd. Musik-Akad. Detmold, s. 1971 Prof. Musikhochsch. Berlin - BV: Prinzipien d. Aufführungspraxis Alter Musik, 1950; D. Tontechnik d. Père Engramelle, 1953; D. Kunst d. Verzierung im 18. Jh., 3. A. 1973; Flötenlehre, 2 T. 7. A. 1976; Querflöte u. -nspiel im Barockzeitalter, 2. A. 1959; Verteidigung d. Dirigenten, 1957; Singen u. Spielen - Versuch e. allg. Musizierkd., 1958; Quantz heute, 1987, Fürstenau heute, 1988 - Spr.: Engl., Franz. - Rotarier.

SCHMITZ, Hans-Peter

Landwirt, MdB (s. 1972) - Wilhelmstr. 2, 5112 Baesweiler (T. 50 12) - Geb. 21. Mai 1937 Geilenkirchen, kath. - Volkssch.; landw. Lehre; Landw. Fachsch. - Eig. Landw. Baesweiler. Div. Funktionen. CDU (1971 Mitgl. Landesvorst. Rhld., s. 1986 Mitgl. Landesvorst. NRW, Vors. Bezirksverb. Aachen).

SCHMITZ, Heinz

Kaufmann, Vors. Bundesverb. Farben, Lacke, Tapeten u. Heimwerkerbedarf, Köln - Lukasstr. 3, 5000 Köln-Ehrenfeld - Geb. 1. Juni 1909.

SCHMITZ, Heinz-Günter

Dr. phil., Prof. f. Dt. Philol. Univ. Kiel - Aubrook 10, 2300 Kiel (T. 68 81 32) - Geb. 27. Mai 1938 Nieder-Weisel (Vater: Theo Sch., Hotelier; Mutter: Irmgard, geb. Geyer), ev., verh. s. 1969 m. Erika, 3 Kd. (Florian, Tillmann, Friederike) - 1958-66 Stud. German., Gesch. u. Phil. Univ. Heidelberg, Frankfurt u. Marburg; Staatsex. 1966; Promot. 1969; Habil. 1981 Univ. Kiel - 1969-82 Wiss. Assist., s. 1982 Prof. - BV: Physiol. d. Scherzes, 1972. Zahlr. Fachveröff.

SCHMITZ, Herbert

Kaufmann, Geschäftsführer Brimberg Druck- u. Verlagsges. - Hasenfeld 21, 5100 Aachen - Geb. 27. Juni 1935 Aachen, kath., led.

SCHMITZ, Heribert

Dr. iur. can., Prof. f. Kirchenrecht, insb. f. Verwaltungsrecht sow. Kirchl. Rechtsgesch. - Harthausener Str. 6, 8011 Neukeferloh/Obb. - Geb. 8. Nov. 1929 Koblenz/Rh., kath. - Schule Koblenz (Abit.); Theol. Fak. Trier u. Univ. München (Theol., Spät. Kanon. Recht). Priesterw. 1955 Trier. Promot. (1962) u. Habil. (1966) München - S. 1967 ao. Prof. Phil.-Theol. Hochsch. Passau, o. Prof. Theol. Fak. Trier (1967) u. Univ. München (1971). Zahlr. Veröff., dar.: D. Gesetzessystematik d. Codex Iuris Canonici Lib. I-III, Appellatio extraiudicialis, 1970.

SCHMITZ, Hermann

Dr. phil., o. Prof. f. Philosophie - Steinstr. 27, 2300 Kiel (T. 8 45 55) - Geb. 16. Mai 1928 Leipzig (Vater: Hermann S., Reichsgerichtsrat; Mutter: Magdalene, geb. Malkwitz) - Promot. 1955 Bonn; Habil. 1958 Kiel - S. 1958 Lehrtätigk. Univ. Kiel (1965 Wiss. Rat u. Prof.; 1971 o. Prof.) - BV: Hegel als Denker d. Individualität, 1956; Goethes Altersdenken im problemgeschichtl. Zusammenhang, 1959; System d. Phil., 1964-80: Bd. I: D. Gegenw., II/1. T.: D. Leib, 2. T.: D. Leib im Spiegel d. Kunst, III: D. Raum, 1. T.: D. leibl. Raum, 2. T.: D. Gefühlsraum, 3. T.: D. Rechtsraum - Prakt. Phil., 4. T.: D. Göttl. u. d. Raum, 5. T.: D. Wahrnehmung, IV D. Person, V: D. Aufhebung d. Gegenwart, Subjektivität - Beitr. z. Phänomenologie u. Logik, 1968; Nihilismus als Schicksal, 1972; Neue Phänomenologie, 1980; D. Ideenlehre d. Aristoteles, Bd. I: Aristoteles, 1. T.: Komm. z. 7. Buch d. Metaphysik, 2. T.: Ontologie, Noologie, Theologie; Bd. II.: Platon u. Aristoteles, 1985; Anaximander u. d. Anfänge d. griech. Phil., 1988; D. Ursprung d. Gegenstandes. V. Parmenides z. Demokrit, 1988; Was wollte Kant?, 1989; D. unerschöpfliche Gegenstand. Grundzüge d. Philosophie, 1989.

SCHMITZ, Jan

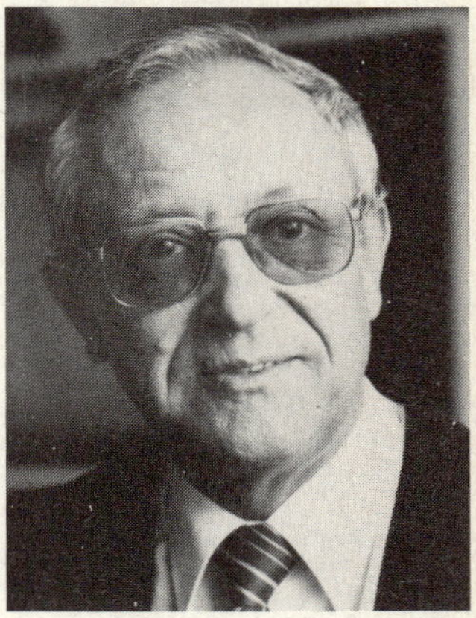

Leiter d. Besucherdienst Dt. Bundestag (s. 1985) - Poppelsdorfer Allee 90, 5300 Bonn 1 (T. 0228 - 63 33 78) - Geb. 15. Mai 1924 Mayen, kath., verh. s. 1955 m. Eleonore, geb. Allmann, 2 Töcht. (Claudia, Julia) - 1946-51 Stud. Univ. Mainz (Jura) - 1953-64 Redakt. Wochenztg. D. Parlament; 1965-69 Ref. d. Bundestagspräs. D. Dr. Gerstenmaier; 1970-85 Ref. f. Öffentlichkeitsarb. Dt. Bundestag; 1973-83 Präs. Landesverb. Nordrh. d. DLRG, seitd. Ehrenpräs.; 1974-79 Mitgl. DLRG-Präsid. (Beis., Vizepräs.); 1974-83 Präsidialvertr. d. DLRG am Sitz d. Bundes - 1975 Verdienstzeichen d. DLRG in Gold; 1978 Päpstl. Orden Bene Merenti; 1979 BVK am Bde.; 1979 Spoden-Plak. d. DLRG Nordrh. - Liebh.: Gesch., lyr. Dichtkunst, Kochen.

SCHMITZ, Jochem

Dipl.-Ing., Mitinh. Schmitz & Schulte Hochdruck-Dichtungs-Fabrik, Burscheid - Eichenplätzchen Nr. 1, 5673 Burscheid - Geb. 25. Mai 1936.

SCHMITZ, Johann

Bürgermeister Stadt Frechen - Am Bitzenkamp 1, 5020 Frechen-Bachem/Rhld. - Geb. 10. Aug. 1906.

SCHMITZ, Josef

Dr. rer. nat., o. Prof. f. Physik u. ihre Didaktik Gesamthochschule Paderborn - Sellinghusenerstr. 8, 4790 Paderborn/W. (T. 05252 - 5 02 71) - Geb. 18. Juli 1924 Paderborn - S. 1963 o. Prof. Univ. Paderborn.

SCHMITZ, Josef

Dr. theol., o. Prof. f. Fundamentaltheologie u. Religionswiss. Univ. Mainz - Weidmannstr. 10, 6500 Mainz (T. 3 29 66) - Kath.

SCHMITZ, Karl-Heinz

Dr. jur. h. c., Rechtsanwalt u. Notar, MdA - Wildauer Str. 19, 1000 Berlin 49 (T. 745 88 05; Büro: 883 50 07) - Geb. 9. Juni 1932 Berlin (Vater: Walter S., Gastwirt; Mutter: Anna, geb. Ehscheidt), ev., verh. s. 1955 m. Sigrid, geb. Wunram, 2 Kd. (Andreas, Sabine) - Stud. Rechtswiss. u. Volksw. Berlin (FU) u. Hamburg. Ass.ex. 1959 Berlin - S. 1959 RA u. Nt. (1971) Berlin, 1958-63, 1967-70 u. 1971-85 MdA Berlin; 1970-71 (Mandatsniederleg.) MdB Vertr. Berlins). 1955-58 Vors. Jg. Union Berlin. CDU s. 1951 (1963ff. gf. Landesvors., 1969-81 II. Landesvors. Berlin) - 1978 Ehrendoktor (jur.) Yonsei Seoul; 1985 Ehrendoktor (phil.) Fu-Yen Taipeh.

SCHMITZ, Kurt

Oberbürgermeister d. Stadt Bottrop - Eupenstr. 5, 4250 Bottrop (T. 02041 -

24 72 04) - Geb. 30. Juni 1929 Koblenz, verh. s. 1959 m. Ingeborg, geb. Eichert, 2 Töcht. (Dagmar, Cornelia) - S. 1963 Vors. DGB-Kr. Bottrop-Gladbeck.

SCHMITZ, Mathias

Dr. phil., o. Prof. f. Politikwissenschaft - Sonnenweg 3, 8411 Laaber - Geb. 15. Juli 1933 Duisburg (Vater: Wilhelm Sch., Angest.; Mutter: Maria, geb. Kackert), verh. s. 1980 m. Eva, geb. Gamerdinger, 2 Kd. (Oliver, Jessica) - Univ. Köln, Münster, Saarbrücken u. Freiburg - 1969 Prof. Osnabrück, 1971 Mitgl. Gründ.aussch. Univ. Osnabrück, s. 1972 Prof. Univ. Regensburg - BV: D. Freund-Feind-Theorie Carl Schmitts, 1965; zahlr. Aufs.

SCHMITZ, Norbert

Dr. rer. nat., Dipl.-Phys., Prof., Direktor am Max-Planck-Inst. f. Physik (s. 1971) - Verdistr. 11, 8011 Baldham - Geb. 13. Okt. 1933 Schiefbahn (Vater: Theo S., Gemeindedir.; Mutter: Margarete, geb. Clemens), kath., verh. s. 1961 m. Helga, geb. Neu, 3 Kd. (Ulrike, Stephan, Judith) - Stud. d. Physik Univ. Göttingen u. Radiation Labor. Berkeley; Promot. 1961 München (Univ.); Habil. 1965 ebd. (TU) - S. 1961 MPI f. Physik u. Astrophysik (1969 Abt.-Leit.; 1971 Dir.); s. 1969 wiss. Mitgl. Max-Planck-Ges.; 1965-71 Privatdoz., 1971-73 apl. Prof. Univ. u. s. 1973 Honorarprof. TU München. 176 Fachveröff. - Spr.: Engl., Franz.

SCHMITZ, Norbert J.

Dr. rer. nat., Dipl.-Math., Prof. f. Math. Statistik Univ. Münster (s. 1972) - Hensenstr. 167, 4400 Münster - Geb. 27. Aug. 1939 Münster (Vater: Josef S., Stud.dir.; Mutter: Dr. Dore, geb. Idelmann), kath., verh. s. 1965 m. Marlene, geb. Bödding, 3 Kd. (Barbara, Beate, Andreas) - Stud. Univ. Münster, München; Dipl.ex. 1964; Promot. 1966 Münster; Habil. 1970 Karlsruhe - 1964-70 Wiss. Assist. Univ. Münster u. Karlsruhe, 1970-72 Wiss. Rat u. Prof. FU Berlin - Spr.: Engl.

SCHMITZ, Paul

Diözesansekretär, MdL Nordrh.-Westf. (s. 1966) - Uferweg 1, 4286 Südlohn II (T. 72 23) - Geb. 24. März 1920 Südlohn, kath., verh., 5 Kd. - Volkssch. - Textilarb.; Stuhlflechter; s. 1963 Sekr. Kath. Arbeiter-Beweg. (1966 stv. Diözesansekr. Bistum Münster). S. 1952 Gemeindemitgl. Südlohn (1952-64 stv. Amtsbürgerm.); 1960-1964 MdK Ahaus (stv. Fraktionsvors.). CDU s. 1947.

SCHMITZ, Peter

Fabrikant, gf. Gesellsch. Schmitz-Anhänger Fahrzeugbau-Ges., Altenberge (s. 1973) - Bahnhofstr. 8, 4401 Altenberge/W. - Geb. 12. Aug. 1939 (Vater: Josef S., b. 1973 gf. Gesellsch. Schmitz-Anhänger, s. XVI. Ausg.).

SCHMITZ, Richard

Dr. med. (habil.), Prof., Dermatologe - Vogelsangstr. 4, 7300 Eßlingen-N. (T. Stuttgart 35 60 84); priv.: Ernst-Kirchner-Str. 45, 7302 Ostfildern 2 (T. Stg. 34 13 31) - Geb. 12. April 1921 Breslau - S. 1958 (Habil.) Privatdoz. u. apl. Prof. (1965) Univ. Tübingen (Haut- u. Geschlechtskrankh.). Etwa 50 Facharb. - Spr.: Franz. - Rotarier.

SCHMITZ, Richard

Geschäftsf. Direktor Brenner's Park-Hotel - An der Lichtentaler Allee, 7570 Baden-Baden; priv.: Schillerstr. 2 - Geb. 9. Juni 1937 Wülscheid/Siegkr., kath., verh. s. 1965 m. Riccarda, geb. Juon, 3 Söhne (Jürgen, Alexander, Richard Christian) - Konditorlehre, Kochlehre, Ecole Hoteliere de Lausanne m. Abschlußdipl. - Hotel Astoria, Luzern; Grand Hotel Alpina, Gstaad; Hotel Le Bristol, Paris; Ritz Hotel, London; Dom-Hotel, Köln; Sonnenberg-Hotel Zürich; City-Hotel, Zürich; Brenner's Park-Hotel Baden-Baden (s. 1968). Vizepräs. IHK Karlsruhe; Vors. Hotel- u. Gaststättenverb. Baden-Baden; Mitgl. Fremdenverkehrsforum Baden-Baden; Mitgl. Prüf.kommiss. IHK Karlsruhe - Spr.: Engl., Franz.

SCHMITZ, Rolf

Assessor, Hauptgeschäftsführer - Udetstr. 37, 5205 St. Augustin (T. 02241 - 2 97 03) - Geb. 19. Nov. 1933 Bonn, kath., verh. s. 1961 m. Christel, geb. Spelthahn, 3 S. (Wolfgang, Helmut, Georg) - 1954-58 Stud. Univ. Bonn, Köln (Rechts- u. Staatswiss.); 1. jurist. Prüf. 1958 Köln, 2. jurist. Prüf. 1962 - 1962-65 Geschäftsf., 1966-84 Hauptgeschäftsf. Kreishandwerkersch. Bonn; 1985ff. Hauptgeschäftsf. Zentralverb. d. Raumausst.-Handw.; 1985 Generalsekr. Europ. Union d. Tapezierer, Dekorateure u. Sattler - BV: D. Recht d. Handwerkers, 1981 - 1983 BVK - Liebh.: Fotogr., Werbung - Spr.: Engl., Ital., Latein.

SCHMITZ, Rudolf

Dr. phil., em. o. Prof. u. Direktor d. Inst. f. Geschichte d. Pharmazie d. Philipps-Univ. Marburg - Freiherr-vom-Stein-Str. 2, 6349 Mittenaar-Bicken (T. 02772 - 66 52) - Geb. 17. Febr. 1918 Siegburg (Vater: Jean Sch., Rektor; Mutter: Anni, geb. Ballensiefen), kath., verh. s. 1947 m. Dr. Ursula, geb. Fuchs, 2 Töcht. - Stud. Gesch. u. Philos. Bonn, Pharmazie Marburg, 1952 Promot. Pharmaz. Chemie, 1953-57 Stud. Mittelalt. u. Neuere Gesch. Marburg, 1957 1. dt. Habil. in Gesch. d. Pharmazie, 1963 apl., 1964/65 ao. Prof. u. Dir. Inst. f. Gesch. d. Pharmazie Univ. Marburg, 1967 o. Prof., 1967 u. 1971-73 Dekan, 1976-85 Vors. Verb. d. Prof. pharmazeut. Hochschulinst. in d. BRD u. Westberlin, 1979-86 Vors. Senatskomm. f. Humanismusforschung d. DFG, s. 1981 Mitgl. d. Bundesgesundheitsrates; 1986/87 Präs. Dt. Pharmazeut. Ges. - Mehrere Bücher, rd. 300 Ztschr.-Publ. Herausg. bzw. Mithrsg.: u. a. Artemis Lexikon d. Mittelalters; Quellen u. Studien z. Gesch. d. Pharmazie - Nat. u. intern. Ausz. u. a. 1985 Gr. BVK; Mitgl. versch. wiss. Ges. u. Akad.: 1986/87 Governor Rotary-Distr. - Liebh.: Orgelspiel - Spr.: Franz., Engl. - Lit.: Dt. Apoth. Ztg. 123 (1983), S. 313f.; Pharmaz. Ztg. 128 (1983), S. 400f.; Schriftenverz., in: Perspektiven d. Pharmaziegesch., Festschr. f. R. Sch. (1983), S. 441-465.

SCHMITZ, Siegfried

Dr. phil., Schriftsteller u. Übersetzer (Ps. Peter Faber) - Wettersteinstr. 8, 8039 Puchheim (T. 089 - 80 23 62) - Geb. 5. Febr. 1931, verh. s. 1959 m. Annemarie, geb. Stier, 2 Söhne (Claus-Achim, Ulrich Bernt) - Promot. 1956 Univ. Mainz - 1956-69 Lektor u. Redakt.leit.; s. 1970 fr. Schriftst. - BV: Sachb.: Tiere kennen u. verstehen, 1974; D. Schnecken- u. Muschelsamml., 1976; Wellensittiche u. a. Papageien, 1976; Aquarienfische, 1977; Biogr.: Charles Darwin - e. Leben, 1982; Gr. Entdecker u. Forsch.reisende, 1983; Charles Darwin - Leben, Werk, Wirk., 1983; Tiervater Brehm, 1984; Vogelsprache, 1985; Fisch-Uhr, 1986; Jugendb., Anthol., Aufs. u. rd. 50 Übers. - Spr.: Engl., Franz.

SCHMITZ, Walter

Dr.-Ing. habil., Prof., Minsterialdirigent a. D. - Niddastr. 3, 6380 Bad Homburg v. d. H. (T. 4 75 45) - Geb. 14. März 1910 Düsseldorf - S. 1947 (Habil.) Privatdoz. u. apl. Prof (1953) TH Aachen (Eisenbahnoberbau, Eisenbahn- u. Verkehrswesen). 44 Erfindungen; 121 Abhandl.

SCHMITZ, Wilhelm

Geschäftsführer, 1. Vors. Zentralverb. Dt. Lohngewerbe - Gabelsberger Str. 24, 4150 Krefeld (T. 02151-77 15 03) - Geb. 17. Sept. 1914 Krefeld, kath., verh. s. 1940 m. Martha, geb. Krülls, 5 Kd. (Ulrike, Angela, Hans-Georg, Bernhard, Maria) - Ausb. Kaufm. u. Textiling. - 1985 BVK.

SCHMITZ-ECKERT, Hansgeorg

Dr. jur., Vorstandsmitglied Salzgitter AG, Salzgitter - Seesener Str. 17, 3300 Braunschweig - Geb. 23. Okt. 1933 Moers, kath., verh. s. 1963 m. Barbara, geb. Eckert, S. Christian - Stud. Rechtswiss.; Ass. 1965; Promot. 1964 Univ. Münster.

SCHMITZ-ELSEN, Josef

Generalsekretär Dt. Caritasverband (s. 1987) - Karlstr. 40, 7800 Freiburg i. Br. (T. 20 02 16) - Geb. 13. Okt. 1934 Düsseldorf, kath., verh. s. 1962 m. Dr. med. Luitgard, geb. Scholl, 2 Söhne (Alexander, Claus) - 1955-59 Jurastud. FU Berlin, Dt. Hochsch. f. Politik, Berlin, Univ. Freiburg. Ass. 1963 - Vorst.-Vors. Berufsgenoss. f. Gesundheitsdst. u. Wohlfahrtspflege.

SCHMITZ-GREEF, F. W.

Dipl.-Kfm., Vizepräsident Wirtschaftspolit. Club Bonn e. V. - E.-T.-A.-Hoffmann-Str. 10, 5300 Bonn.

SCHMITZ-JOSTEN, Franz-Josef

Dr., Bergwerksdirektor, stv. Vorstandsmitgl. Rhein. Braunkohlenwerke AG. (s. 1971), Geschäftsf. Hütherberg Steine u. Erden GmbH., Köln - Richterstr. 28, 5022 Junkersdorf b. Köln - Geb. 29. Nov. 1922.

SCHMITZ-MOORMANN, Paul

Dr. med., Prof. f. Patholog. Anatomie Univ. Marburg - Auf d. Trift 3, 3553 Cölbe-Reddehausen - Geb. 2. Dez. 1930 - S. 1967 (Habil.) Lehrtätigk. Marburg.

SCHMITZ-SCHERZER, Reinhard

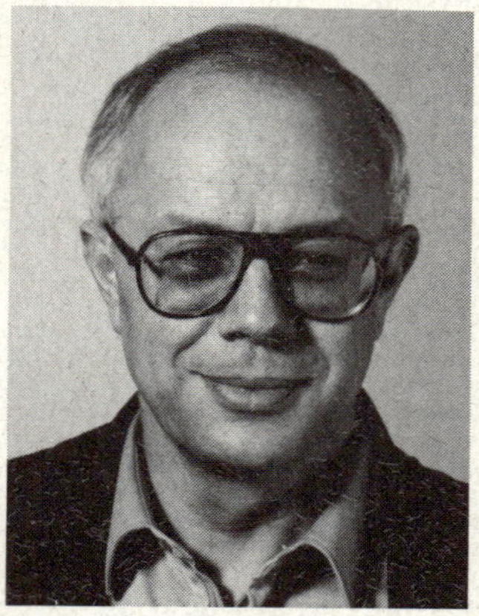

Dr. phil., Dipl.-Psych., Prof. Univ.-GH Kassel - Mönchebergstr. 50, 3500 Kassel - Geb. 22. April 1938 Krefeld (Vater: Ing. Heinrich S.; Mutter: Hertha, geb. Hassel), ev., S. Jens - Stud. d. Psychol. Univ. Bonn; Dipl.ex. 1965 - S. 1965 Psychol. Inst. Univ. Bonn (Forschung u. Lehre; spez. Arb.gebiet: Alterns- u. Freizeitforsch.). Mitgl. Dt. Ges. f. Psychol., Americ. Assoc. of Psychol., Dt. Ges. f. Gerontol. - BV: Sozialpsychologie d. Freizeit, 1974; Freizeit u. Alter, 1974; Soziologie d. Freizeit, 1985 - 1975 Max-Bürger-Preis - Liebh.: Astronomie, Biol., Belletristik, Jagd, Fischen, Reisen - Spr.: Engl.

SCHMITZ-SINN, Heribert

Dr. jur., Unternehmer (Mineralölwirtschaft), AR-Vors. Sinn AG./Sinn-Konzern, Köln (s. 1978; vorh. (1961 ff.) - mitgl.) - Im Lech 10, 6380 Bad Homburg v. d. H. 1 (T. 06172 - 3 17 60) - Geb. 23. Juli 1932 Köln (Vater: Dr. Paul S.-S., Vorstandsmitgl. (AG.); Mutter: Maria, geb. Sinn), kath., verh. s. 1963 m. Ute, geb. Soost, 2 T. (Anja, Martina) - Gymn. (Abit. 1952); Univ. Freiburg/Br. u. Köln. Jurist. Staatsex. Köln (1957) u. Düsseldorf (1961); Promot. Köln (1961) - BV: D. einkommensteuerl. Behandlung d. fr. Erfinder, 1962 - Liebh.: Tennis, Jagd - Spr.: Engl., Franz. - Rotarier (1974 ff.).

SCHMITZ van VORST, Josef

Dr. phil., Auslandskorrespondent - Largo dell-Amba Aradam 1, Rom (T. 75 32 62) - Geb. 22. Juni 1910 Köln (Vater: Joseph Schmitz, Lehrer; Mutter: Therese, geb. van Vorst), kath., verh. s. 1947 m. Heidi, geb. Luhn, 4 Kd. (Klaus, Ursula, Sabine, Peter) - Aposteln-Gymn. u. Univ. Köln (Gesch., German., Phil., Päd.; Promot. 1936 (Diss.: D. christl.-soz. Bewegung u. d. Kampf geg. d. Umsturz)) - Ab 1937 Journ. Rhein.-Westf. Ztg., Essen; 1940-42 Rom-Korresp. Berliner Börsen-Ztg.; 1946 Mitbegr. Wochenztg. Weltbild; s. 1949 Rom-Korresp. FAZ (m. d. Berichterstattung üb. Italien u. d. Vatikan betraut), 1959 ff. Präs. Dt. Schulverein Rom - BV: Kl. Gesch. Italiens, 1955 (4 A., auch ital. u. span.); D. Deutschen in Rom, in: Henry Morton, Wanderungen in Rom, 1959; V. Palazzo Caffarelli z. Villa Almone, D. Dt. Botschaft b. Quirinal, 1959 (auch ital.); Kirche gestern - Kirche morgen / Aufz. 1962-66, 1967 (m. Geleitwort v. Kardinal Franz König, Erzbischof Wien; auch span.) - 1951 Silberkreuz v. Papst Pius XII. f. objektive u. ausführl. Unterrichtung d. dt. Öffentlichkeit üb. Ereignisse d. Hl. Jahres; 1957 Komturkreuz (Commendatore) ital. VO.; 1966 Gold. Med. Alcide De Gasperi - Spr.: Ital., Franz.

SCHMITZ-WENZEL, Hermann

Dr. jur., Generalsekretär Deutsches Rotes Kreuz (s. 1984) - Friedrich-Ebert-Allee 71, 5300 Bonn 1 - Geb. 2. Sept. 1932 Trier, kath., verh. s. 1961 m. Jeanne, geb. Réguis, 3 Kd. - Abit. 1952 Trier; 1952-56 Stud. Rechtswiss. Mainz u. München; 1956 1. jurist. Staatsprüf. 1956; 1956/57 Stip. d. franz. Reg. (Univ. Montepellier u. Paris, Völkerrecht u. Intern. Privatrecht); Gr. jurist. Staatsprüf. 1960; Promot. 1969 Bonn - 1960-62 Bundesmin. d. Justiz, Ref. im Ber. Völkerrecht/Europarecht; 1963-67 Ref. in d. Vertretung d. Ld. Rhld.-Pfalz b. Bund; 1967-84 Bundeskanzleramt: 1967-69 Mitgl. d. Planungsstabes, s. 1972 Min.rat, zul. Unterabt.leit. (u.a. Ber.: Forsch. u. Technol.; 1982/83 zusätzl. Medienpolitik; 1983/84 Sozial- u. Ges.-politik). 1972-78 Vorst.-Mitgl. Arbeitskr. Europ. Integration Bonn; 1976/77 u. 1978 Lehrauftr. Univ. Trier - 1978 BVK; 1985 Chevalier de L'Ordre National du Mérite; 1987 Ehrenzeichen d. DRK; 1989 BVK I. Kl.

SCHMÖHE, Georg

Generalmusikdirektor, Dirigent, Chefdirigent d. Nürnberger Symphoniker (s. 1989) - Freiligrathstr. 2 a, 7000 Stuttgart 50 (T. 0711 - 56 39 23) - Geb. 16. Febr. 1939 Gummersbach, 2 Kd. (Claudia, Friederike) - Stud. b. Blacher, Klebe, Dixon, Ferrara, Celibidache - Kapellmeister in Bern, Essen, Wuppertal, Kiel, Düsseldorf; 1974-80 Generalmusikdir. in Bielefeld; 1980-82 Chefdirig. d. Orquesta Sinfonica Venezuela/Caracas - Spr.: Engl., Franz., Ital., Span.

SCHMÖKEL, Hartmut

Dr. theol., Dr. phil., o. Prof. f. Altes Testament u. Altoriental. Hilfswiss. (emerit.) - Bgm.-Peters-Str. Nr. 7, 3410 Northeim/Hann. (T. 35 44) - Geb. 17. April 1906 Waldenburg/Schles. (Vater: Wilhelm S., Studienrat; Mutter: Helene, geb. Schultz), ev., verh. m. Dr. Gerda, geb. Peters - 1932-51 Lehrtätigk. Univ. Breslau (1935 ao. Prof.) u. Kiel (1936 o. Prof.) - BV (z. T. in Übers.): Jahwe u. d. Fremdvölker, 1934; D. ersten Arier im Alten Orient, 1938; Ur, Assur u. Babylon, 1955; D. Land Sumer, 1955; Hl. Hochzeit u. Hoheslied, 1956; Gesch. d. Alten Vorderasiens, 1957; Hammurabi v. Babylon, 1958; Kulturgesch. d. Alten Orients, 1961; Funde im Zweistromland, 1963; D. Gilgamesch-Epos, 1966; Religionsgeschl. Textb, z. AT, Abt. Mesopotamien, 1975. Herausg.: Layard, Auf d. Suche n. Ninive, 1965. Mitarb. an versch. Sammelw., Ztg. u. Ztschr.

SCHMÖLDERS, Günter

Dr. rer. pol., Dr. rer. soc. oec. h. c., Dr. h. c., o. Prof. f. Wirtschaftl. Staatswissenschaften (emerit.) - Gumppenbergstr. 4, 8000 München 80 (T. 98 83 16) - Geb. 29. Sept. 1903 Berlin (Vater: Dr. S., Jurist; Mutter: geb. Matthaei), ev., verh. s. 1934 m. Elisabet, geb. Büchle, 2 Töcht. (Anita, Claudia) - Univ. Berlin u. Tübingen. Promot. 1926 - 1931 Privatdoz. Univ. Berlin, 1934 ao. Prof. Univ. Breslau, 1940 o. Prof. Univ. Köln (Dir. Forschungsstelle f. empir. Sozialökonomik, 1965/66 Rektor). 1968-70 Präs. Mont-Pelerin-Ges. - BV: u. a. Prohibition in USA, 1930; Ertragsfähigkeit d. Getränkesteuern, 1932; Frankr.s Aufstieg z. Weltkapitalmacht, 1933; Konjunkturpolitik in USA, 1934; Wirtsch. u. Raum, 1934 (m. W. Vogel); Geld u. Kredit, 1938; Kartelle u. Kartellpreise, 1942; Konjunkturen u. Krisen, 1949; Allg. Steuerlehre, 5. A. 1980; Organ. Steuerreform, 1953; Finanzpolitik, 3. A. 1970; Finanzpsych., 1960; Geldpolitik, 2. A. 1968; Gesch. d. Volksw.slehre, 1963; Psych. d. Geldes, 1966; Gutes u. schlechtes Geld, 1968; Finanzpsych., 1969; Personalist. Sozialismus - D. Wirtschaftskonzeption d. Kreisauer Kreises, 1969; D. verlorene Untertan, 1971; D. Unternehmer in Wirtsch. u. Ges., 1973; Einf. in d. Geld- u. Finanzpsychologie, 1975; Verhaltensforschung im Wirtschaftsleben, 1978; D. Wohlfahrtsstaat am Ende - Adam Riese schlägt zurück, 1983. Zahlr. Fachaufs. Herausg.: Unsere Wirtschaftsordn. (1975), D. Wettbewerb (1942), D. Unternehmer im Ansehen d. Welt (1971); Mithrsg.: Ztschr. f. d. gesamte Kreditwesen (1953ff.) - Ehrendoktor Univ. Innsbruck (1968) u. Gent (1973); 1959 o. Mitgl. Akad. d. Wiss. u. d. Lit., Mainz; 1968 Alexander-Rüstow-Plak.; 1969 Gr. BVK, 1979 Stern dazu; 1984 Bayer. Maximilians-Orden f. Wiss. u. Kunst - Bek. Vorf.: Prof. Dr. August S., Ord. f. Oriental. Sprachen Univ. Breslau (Großv.).

SCHMÖLE, Hans-Werner

Kaufmann, Politiker - Wallgraben 13, 5980 Werdohl/W. - Geb. 2. Jan. 1942 Werdohl, kath., verh. - Realsch.; Verwaltungslehre - B. 1963 Stadtverw. Lüdenscheid (zul. Oberinsp.), dann Sauerl. Freizeit- u. Erholungsanlagen Bauges. mbH. & Co. KG. ebd. (gf. Gesellsch.). 1972ff. MdB. Landesvors. Jg. Union Westf.-Lippe. CDU s. 1958 (stv. Kreisvors. Lüdenscheid).

SCHMOHL, Reinhard

Dipl.-Betriebsw. (FH), Geschäftsführer Fachverb. d. Dt. Tapeten- u. Bodenbelaghandels (FDTB) - Felix-Dahn-Str. 43, 7000 Stuttgart 70 (T. 0711 - 765 66 62) - Geb. 8. Sept. 1955, verh.

SCHMOLCKE, Joachim

Studiendirektor a.D., MdL Bayern (s. 1970) - Speyerer Str. 6, 8000 München 40 (T. 089-361 53 67) - Geb. 16. Aug. 1934 Waase/Rügen (Vater: Franz S., Lehrer; Mutter: Alice, geb. Christodt), S. Nikolaj - Stud. Lit., Gesch. u. Phil., Staatsex. 1961 - SPD (Mitgl. Landesvorst.) - 1980 Bayer. VO - Spr.: Engl.

SCHMOLDT, Benno

Dr. phil., Prof., Hochschullehrer - Tulpenstr. 3, 1000 Berlin 45 (T. 831 26 16) - Staatsprüf. f. d. Höh. Lehramt (1951) u. Promot. (1953) Heidelberg - 1957 Studien-, 1960 Oberstudienrat, 1963 -dir., 1966 Oberschulrat, 1976 o. Prof. PH/Univ. Berlin - BV: D. dt. Begriffssprache Meister Eckharts, 1954; Z. Theorie u. Praxis d. Gymnasialunterr. 1900-30, 1980; Aspekte z. Lehrplanentw. d. Berliner Schule 1951-68, 1983; Mitbestimmung u. Demokratisier. im Schulwesen, 1985; Spuren e. Pädagogen aus Schule-Unterr.-Wiss., 1986. Zahlr. Einzelbeitr. in Fachztschr. u. Tagespresse.

SCHMOLITZKY, Wolfgang

Rechtsanwalt, Hauptgeschäftsf. Handwerkskammer Bremen (s. 1968) - Ansgaritorstr. 24, 2800 Bremen (T. 31 07 91); 41, Eislebener Str. 2 - Geb. 13. April 1923 - S. 1960 Handwerksorg.

SCHMOLL, Hans

Dr. phil., Prof. f. Klass. Philologie Augustana-Hochsch. (s. 1962) - Neuwiesenstr. 8, 8806 Neuendettelsau/Mfr. - Geb. 10. Jan. 1930 Stuttgart - Zul. Wiss. Rat Univ. Tübingen. Bearb.: Mayser, Grammatik d. griech. Papyri, Bd. I/1 1970.

SCHMOLL (gen. Eisenwerth), J. Adolf

Dr. phil., o. Prof. f. Kunstgeschichte - Arcisstr. 21, 8000 München 2 - Geb. 16. Febr. 1915 Berlin (Vater: Dr.-Ing. J. Adolf S. g. E.; Mutter: Eva, geb. Dietmar), ev., verh. in 2. Ehe (1975) m. Dr. phil. Helga, geb. Hofmann (Kunsthistorikerin), 2 S. (Wolf, Reineke) - Schulfarm Insel Scharfenberg Berlin; Univ. Berlin. Promot. 1939 Berlin; Habil. 1951 Darmstadt - 1945 Assist. u. Lehrbeauftr. 1946 Lehrstuhlvertr., 1951 Privatdoz. TH Darmstadt, 1951 ao., 1955 o. Prof. Univ. Saarbrücken, s. 1966 TU München (emerit. 1980) - BV: D. Torso als Symbol u. Form, 1954; D. Kloster Chorin u. d. askan. Architektur in d. Mark Brandenburg, 1961; D. Ludwigskirche v. F. J. Stengel, 1963; D. Mosel v. d. Quelle b. z. Rhein, 1963; Hochgotik, 1963 (m. M. Aubert); Malerei u. Fotografie, 1970; Rud. Belling, 1971. Herausg.: D. Unvollendete als künstler. Form (1959), Hugo Erfurth - Bildnisse (1961), Kunst d. Welt - D. Kulturen d. Abendl. (1962 ff.), Neue Ausblicke z. hochgot. Skulptur Lothringens (1965), Rudolf Belling (1967), Franz v. Stuck (1968), Kunstgesch. (1974; Reihe: D. Wissen d. Gegenw.), Wilhelm Loth. Bildw. in Metall 1947-72 (1976), A. Rodin (1978) - Vom Sinn der Photographie (1980) - 1973 David-Octavius-Hill-Med. Ges. Dt. Lichtbildner, 1980 Kulturpreis d Dt. Ges. f. Photogr.

SCHMOLL (gen. Eisenwerth), Helga, geb. Hofmann

Dr. phil., Kunsthistorikerin - Dstl.: St. Jacobspl. 1, 8000 München 2 (T. 47 03) - Geb. 8. April 1934 Hochstadt (Vater: Adolf H., Prok.; Mutter: Käthe, geb. Kettner), verh. s. 1975 m. Prof. Dr. phil. J. Adolf S. g. E., Kunsthist. - Realgymn. Kulmbach; Univ. Paris, Wien, Berlin, München, Saarbrücken (Promot. 1961; Diss.: D. lothr. Skulptur d. Spätgotik) - 1961-66 Wiss. Stip. DFG; 1966-70 TU München (Akad. Rätin); s. 1970 Stadtmuseum ebd. (Oberkonservatorin; Leit. Samml. Plastik/Kunsthandw.). Div. Facharb. (auch Katal. u. Werksverz.) - Liebh.: Mineral., Botanik - Spr.: Engl., Franz.

SCHMOLZI, Herbert

Dr. phil., Prof., Hochschullehrer - Hoederathstr. Nr. 12, 6600 Saarbrücken - Geb. 25. März 1921 Ludwigsthal/Saar (Vater: Friedrich S., Kammermusiker; Mutter: Rosa, geb. Weber), ev., verh. s. 1947 m. Gertraud, geb. Reinecke, 2 Söhne (Reinhard, Martin) - Gymn. Saarbrücken; Musikhochsch. u. Univ. Köln. Staatsex. f. d. künstler. Lehramt u. Privatmusiklehrerprüf. 1947; Promot. 1948 - S. 1947 Lehrer, Abt.sleit. (Schulmusik; 1957), stv. (1959) u. Rektor (1961-74) Musikhochsch. Saarbrücken. Dirig. - BV: D. Violine in d. Werken Johann Sebastian Bachs, 1948. Schallpl.; Fachaufs. - Spr.: Franz.

SCHMUCK, Alfred

Dr.-Ing., Prof. f. Verkehrsplanung u. Straßenw. Univ. d. Bundeswehr München - Schäftlarner Weg 34, 8021 Icking - Geb. 4. Dez. 1928 Neustadt/Aisch - 1948-50 Stud. Tiefbau Staatsbausch. München u. 1952-56 Bauing.wesen TU München; Promot. 1961 TU München - 1950-52 Ing.; 1956-65 Wiss. Assist. u. Konservator TU München; 1965-74 Oberbaurat, Baudir., Oberbaudir., Stadtbaudir. München; s. 1974 Prof. Univ. d. Bundeswehr München (1975/76 Dekan, 1977/78 1. Vizepräs.); Mitges. Fa. PM-Consult, Beratungsges. f. Straßenbetrieb u. Straßenerhaltung mbH, München/Aachen; s. 1979 Vorst.-Mitgl. Forsch.ges. f. Straßen- u. Verkehrswesen; 1979-87 Vors. Forsch.beirat; s. 1979 Beiratsmitgl. d. Bundesanst. f. Straßenwesen, Köln. Ca. 110 Veröff.

SCHMUCK, Herbert

Oberregierungsrat a. D., Bankdirektor - Schulstr. Nr. 13, 2061 Kayhude - Geb. 15. Aug. 1925 Frankfurt/M. - B. 1968 stv., dann o. Vorstandsmitgl. DA Genossenschafts-Hypothekenbank AG., Berlin/Hamburg.

SCHMUCKER, Helga, geb. Boustedt

Dr. oec. publ., em. o. Prof. f. Wirtschaftslehre d. Haushalts u. Verbrauchsforschung (emerit.) - Stiftsbogen 74, App. 710, 8000 München 70 - Geb. 20. Juli 1901 Semershof (Vater: Dipl.-Ing. Georg Boustedt, Fabrikdir.; Mutter: Elisabeth, geb. Stahlberg), ev., verh. s. 1935 m. Hannes S. (Maler) - Univ. München (Dipl.-Volksw. 1926). Promot. (1928) u. Habil. (1957) München - B. 1945 Ostforsch. Königsberg; 1947-64 bayer. statist. Dienst München (zul. Oberreg.rätin); 1958-64 Privatdoz. u. apl. Prof. (1964) Univ. München; 1965-70 Prof. u. Inst.dir. Univ. Gießen - BV: Preisbildung u. -politik in Sowjet-Rußl. (Diss.); Einkommensabhängigkeit d. Nachfrage als Spezialproblem d. empir. Nachfragenanalyse (Habil.schr.); D. ökonom. Lage d. Familie in d. BRD - Tatbestände u. Zusammenhänge (m. a.; 1961). Mitherausg. d. Beiträge zur Ökonomie v. Haushalt u. Verbrauch (m. Prof. E. Egner) u. Studien z. empirischen Haushalts- u. Verbrauchsforsch., Bd. 15 d. Beiträge (1980) - Liebh.: Mod. Kunst - Spr.: Russ., Engl., Franz. (Wort).

SCHMUCKER, Josef

Dr. theol., Dr. phil., o. Prof. (emerit.) Univ. Regensburg (1968-75) - Oberlind 73, 8483 Vohenstrauß (T. Vohenstrauß 15 59) - Geb. 27. März 1910 Unterlind (Vater: Johann S., Bauer; Mutter: Katharina, geb. Gebhard), kath. - Gymn. Metten; 1930-39 Gregoriana Rom (Theol.), 1946-48 Univ. München (Phil.). Dr. theol. 1939 Rom, Dr. phil. 1948 München. Priesterweihe 1937 - 1950-68 ao. u. o. Prof. (1956) Phil.-Theol. Hochsch. Regensburg (Phil.); 1968-75 o. Prof. Univ. Regensburg (Theol.), em. 1975 - BV: D. Ursprünge d. Ethik Kants in s. vorkrit. Schriften u. Reflexionen, 1961; D. primären Quellen d. Gottesglaubens, 1967 (span. 1971); D. Problem d. Kontingenz d. Welt, 1969; D. Ontotheologie d. vorkritischen Kant, 1980; Kants vorkritische Kritik d. Gottesbeweise, 1983 - Liebh.: Klass. Musik, Griech. Kunst u. Dichtung - Spr.: Engl., Franz., Ital., Span.

SCHMUCKER, Leonhard

Landrat Kr. Traunstein (s. 1970) - 8220 Traunstein/Obb. - Zul. berufsm. Bürgerm. Ruhpolding. CSU.

SCHMUCKER, Ulrich

Dr. rer. nat., Prof. Inst. f. Geophysik Univ. Göttingen - Planckstr. 19, 3400 Göttingen (T. 4 67 27) - Geb. 21. Juli 1930 Göttingen (Vater: Theodor S., Univ.sprof.; Mutter: Margherita, geb. Wagner), ev., verh. s. 1970 m. Frauke, geb. Reimnitz, 2 Kd. (Katharina, Johannes) - Univ. Göttingen. Dipl.-Geol. 1956.

SCHMUCKLI, Jack J.

Kaufmann, Vors. Geschäftsf. Sony Dtschl. GmbH, Köln (s. 1975), Sony GmbH, Wien - Hugo-Eckener-Str. 20, 5000 Köln 30 - Geb. 29. März 1940 - VR Sony Overseas S.A., Zug/Schweiz; Board Mitgl. DIC, Vianen/NL, SEC, Antwerpen, Sony Video Software Europe Ltd., London; Vorst. Sony-Wega Produktions-GmbH, Fellbach/Stuttgart.

SCHMUDE, Jürgen

Dr. jur., Bundesminister a.D., Präses d. Synode d. Ev. Kirche in Deutschl./EKD (s. 1985) - Am Jostenhof 2, 4130 Moers/Rhld. - Geb. 9. Juni 1936 Insterburg, ev., verh., 2 Kd. - Stud. Göttingen, Berlin, Bonn (Prom.), Köln. Ass.ex. - Anwaltspraxis Essen; 1974-78 Parlam. Staatssekr. Bundesinnenmin. 1964-71 Ratsmitgl. Moers; 1969ff. MdB (z.Zt. stv. Franktionsvors.); 1978ff. Bundesmin. f. Bild. u. Wiss.; b. Okt. 1982 Justizmin. - 1985ff. Präses Synode Ev. Kirche in Dtschl. (EKD), Hannover. SPD s. 1957.

SCHMUDE, von, Michael Frank

Bundestagsabgeordneter (Wahlkr. 10/Herzogtum Lauenburg-Stormarn-Süd) - Bundeshaus, 5300 Bonn 1 - CDU.

SCHMÜCKER, Kurt

Dr. phil. oec. h. c., Bundesminister a. D. - Allee, 4573 Löningen/Oldbg. (T. 8 01) - Geb. 10. Nov. 1919 Löningen (Vater: Friedrich S., Buchdruckereibes.; Mutter: Gertrud, geb. Reiners), kath., verh. s. 1944 m. Ilse, geb. Varelmann, 6 Kd. - Gymn. u. Handelssch.; Buchdruckerlehre; journalist. u. verleger. Ausbild. - 1939-46 Wehrdst. u. Kriegsgefangensch., dann Tätigk. elterl. Buchdruckerei (1945 Inh.), 1963-69 Bundeswirtschafts- u. -schatzmin. (1966). 1949-72 MdB (1959 Vors. Wirtschaftspolit. Aussch.; 1961 stv. Vors. CDU/CSU-Fraktion). Mitbegr. Jg. Union Oldenburg. B. 1966 Vors. Bundesarbeitskr. Mittelstand CDU/CSU; Mitgl. Bundesvorst. CDU (b. 1971 Schatzm.) - 1967 Ehrendoktor San-Carlos-Univ. Cobu (Philippinen); 1974 Landesmed. Land Nieders.; hohe Ausz., darunt. Großkreuz Päpstl. St.-Gregorius-Orden u. Gr. BVK m. Stern (1969) - Liebh.: Fußball.

SCHMÜCKLE, Gerd

General a. D., Ringelnatzweg 3, 8000 München - Geb. 1. Dez. 1917 Bad Cannstatt - Kriegssch. Potsdam 1938-45 u. s. 1956 akt. Offz. (1956-57 Ref. Innere Führung Heer, 1957-62 Presseref. Bundesverteidigungsmin., 1963 Nato-Defence College, Paris, 1964-68 Milit. Berat. Dt. NATO-Vertr., 1968-70 stv. Div.-Kdr. (Brigadegen. Würzburg), 1970-73 stv. Chef Operationsabt. NATO-Hauptqu. Shape, 1973-74 stv. Kommandeur I. Korps Münster, 1974-77 Dir. Intern. Militärstab, Brüssel, 1978-80 Stv. Oberster Alliierten-Befehlshaber Europa, 1980 ff. fr. Journalist - BV: Kommiss. a. D., Gänge durch d. Kasernen; Ohne Pauken u. Trompeten; D. Schwert am seidenen Faden - Krisenmanagement in Europa, 1984. Zahlr. Einzelarb. üb. Strategie u. Verteidigungspol. - 1980 Gr. BVK m. Stern u. Schulterband; Mitgl. Club of Rome - Liebh.: Golf, Graphiken - Spr.: Engl., Franz.

SCHMÜLLING, Herbert

Ministerialdirektor Presse- u. Informationsamt d. Bundesreg., stv. Regierungssprecher - Welckerstr. 11, 5300 Bonn (T. 20 81) - Geb. 1937 Gelsenkirchen - Stud. Rechtswiss. Gr. jurist. Staatsprüf. - Jahrel. Bundesinnenmin. (zul. stv. Leit. Abt. Innere Sicherheit); b. 1985 FDP-Sprecher.

SCHMUTH, Gottfried Peter

Dr. med., Dr. med. dent., o. Prof. f. Mund-, Zahn- u. Kieferkrankheiten, gf. Direktor Univ.-Zahnklinik (s. 1987) - Welschnonnenstr. 17, 5300 Bonn (T. 65 29 81); priv.: Am Kottenforst 33, 5300 Bonn-Röttgen - Geb. 29. Juni 1926 Wien (Vater: Prof. Dr. phil. Dr. h. c. Franz S., Philologe, Mundartdichter u. Komp.; Mutter: Maria, geb. Weigelsperger), ev., verh. s. 1952 m. Dr. Ursula, geb. Mühlenbruch, 4 Söhne (Axel, Thomas, Christof, Matthias) - Döblinger Gymn. Wien; Univ. ebd. (Med. u. Zahnmed.; Dr. med. 1949) u. Med. Akad. Düsseldorf (Dr. med. dent. 1955)

- S. 1957 (Habil.) Lehrtätigk. MA D'dorf, Univ. Köln (1963 apl. Prof.; 1960 Leit. Abt. f. Kieferorthop.), Bonn (1967 o. Prof.; Dir. Klinik u. Poliklinik f. ZMKkrankh.); Dekan der Medizinischen Fakultät 1977/78. 1968-1977 Kieferorthopädie-Fachberat. Bundesverb. Dt. Zahnärzte, s. 1971 Vorstandsmitgl. Dt. Ges. f. Zahn-, Mund- u. Kieferheilkd., 1981 Presid. European Orthodontic Soc., 1981 Vors. Dt. Ges. f. Kieferorthopädie, Mitgl. in- u. ausl. Fachges. - BV: Kieferorthopädie - Grundzüge und Probleme, 1973. Ergänz. u. Fortf. d. 2bänd. Lehrgangs d. Gebißregelung v. A. M. Schwarz; 1. Beitr.: Chir. Eingriffe im Rahmen d. Gebißregel. (1966). Etwa 90 Fachaufs. Mithrsg.: Praxis d. Zahnheilkd. (1968) - 1966 Gold. Sportabz.; 1977 Ehrenmitgl. Verein Österr. Zahnärzte (ÖGZMK); 1984 Visiting Prof. Inst. de Odontologia Paulista, Sao Paulo/Brasil.; 1987 Hermann-Euler-Med. d. Dt. Ges. f. Zahn-, Mund- u. Kieferheilkunde; 1987 Verdienstmed. f. Pastpräs. d. European Orthodontic Soc. - Liebh.: Sport, Musik.

SCHMUTTERER, Heinz

Dr. phil. nat., Prof., Direktor Inst. f. Phytopathologie u. angew. Zoologie Univ. Gießen - Wiesenstr. Nr. 55, 6301 Krofdorf-Gleiberg - Geb. 11. April 1926 Sattelberg (Neu-Guinea) - S. 1959 (Habil.) Lehrtätigk. Gießen (1965 apl. Prof., gegenw. Prof.). Vors. Dt. Ges. f. allg. u. angew. Entomol. Fachbuchbeitr.

SCHMUTZLER, Bernhard

Kaufmann, Präsident Verb. Dt. Freilichtbühnen, Aichtal - Zu erreichen üb. Verb. Dt. Freilichtbühnen, Schillerstr. 18, 7447 Aichtal (T. 07127 - 5 01 44) - Geb. 26. Aug. 1928 Stuttgart, ev., verh. s. 1953 m. Eleonore, geb. Laun, S. Bernhard - Mittl. Reife; kaufm. Lehre m. Abschl. - 1968-75 Stadtrat Stadt Grötzingen; 1975 stv. Bürgermeister; s. 1971 Präsid.-Mitgl. Landesverb. Amateurtheater Baden-Württ.; s. 1980 Präsid.-Mitgl. Bund Dt. Amateurtheater (BDAT) - Gold. Ehrennadel Bund Dt. Amateurtheater (BDAI); 1988 Ehrennadel d. Landes Baden-Württ. - Spr.: Engl.

SCHMUTZLER, Reinhard

Dr. rer. nat., Dipl.-Chem., Prof. TU Braunschweig - Zu erreichen üb. TU Pockelsstr. 4, 3300 Braunschweig - Geb. 28. Juli 1934 Nürnberg (Vater: Friedrich S., OStudDir.; Mutter: Emilie, geb. Düll), ev., verh. s. 1960 m. Gudrun, geb. Nitsche, 2 Kd. (Armin, Barbara Ann) - Dipl.ex. 1958 Würzburg; Promot. 1960 Stuttgart - 1960-66 E.I. duPont de Nemours & Co., Inc., Wilmington, Del./USA; 1963/64 Res. Fellow Univ. of Cambridge; 1967-68 Senior Lecturer (Anorg. Chemie) Univ. of Technology, Loughborough, Leics./Engl. Mitgl. American Chemical Soc., GDCh - Liebh.: Gesch., Eisenbahn, Porzellan, Denkmalschutz - Spr.: Engl.

SCHMUTZLER, Wolfgang

Dr. med., Prof. f. Pharmakologie u. Toxikologie TH Aachen (s. 1971) - Reimser Str. 16, 5100 Aachen (T. 0241 - 7 26 94) - Geb. 20. März 1933 Spremberg (Vater: Dr. med. Heinrich S.; Mutter: Charlotte, geb. Schallock), ev., verh. s. 1961 m. Barbara, geb. Ziekow, S. Thomas Randolph - Thomasschule (Mitgl. Thomaner Chor) Leipzig (Abit. 1951); Stud. Univ. Heidelberg u. Düsseldorf; Promot. 1957; Habil. 1966 Freiburg/Br. - 1959-67 Wiss. Assist.; 1966 Privatdoz.; 1970 Doz.; 1967-69 Hon. Res. Assoc. Univ. College London. Mitgl. Dt. Pharmakol. Ges., Ges. f. Immunol., Coll. Intern. Allergol., British Soc. of Immunol. Fachveröff. in- u. ausl. Ztschr. - Liebh.: Musik, Wandern - Spr.: Engl.

SCHNABBE-WIECZOREK, Sieglinde

Versich.-Kaufm., Aufsichtsrat Zoo Duisburg - Mecklenburger Str. 33, 4100 Duisburg 11 (T. 0203 - 59 84 00) - Geb. 13. Nov. 1931 Duisburg-Hamborn, kath., verh. m. Dipl.-Ing. Helmut W., MdB, 2 Kd. (Kai, Yvonne) - Volkssch. u. Gymn. Duisburg; Lehre Magdeburger Feuer Düsseldorf - S. 1975 Rat d. Stadt Duisburg, VR Dt. Oper am Rhein Düsseldorf, Duisburg, Sportfreunde Hamborn 07; Mitgl. Aussch. f. Stadtentw. u. Wirtschafsförd. u. Kulturaussch. d. Stadt Duisburg - BV: Stadtgeschichte v. Duisburg-Hamborn, 1974 - 1985 Ehrenplakette Stadt Duisburg; 1987 PRO Cultura Hungarica (f. intern. Bemühungen d. ungar. Parlam. verliehen) - Liebh.: Kunst u. Kunstgesch., Sport - Spr.: Engl., Franz. - Bek. Vorf.: Cuno Schnabbe v. Lonchin (1275).

SCHNABEL, Karl

Heizungsmonteur, MdL Hessen (s. 1974) - Friedrich-Ebert-Str. 67, 3550 Marburg (T. 4 24 04) - Geb. 14. März 1938 - SPD.

SCHNABEL, Ralf

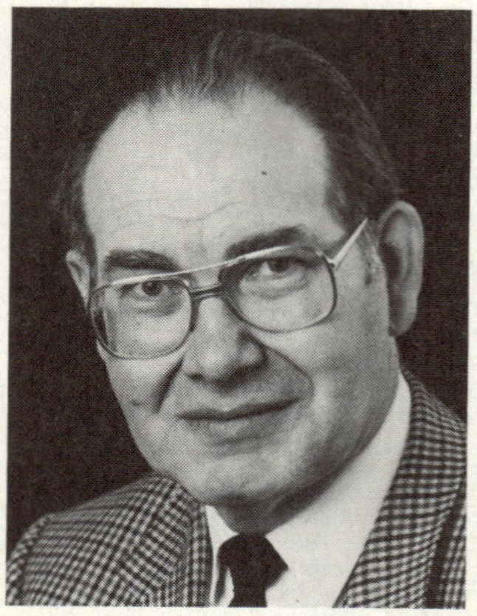

Dr. med. habil., Prof. f. Pathologie u. Neuropathologie, Chefarzt Inst. f. Neuropathol. d. v. Bodelschwinghschen Anstalten Bethel, Bielefeld - Lessingstr. 14, 4800 Bielefeld 1 (T. 0521 - 6 52 68) - Geb. 31. Mai 1928 Leipzig, ev., verh. s. 1964 m. Dr. med. Christa, geb. Rückardt, 2 Töcht. (Bettina, Rena) - Stud. Univ. Leipzig; Promot. 1952, Habil. 1962. 1983 apl. Prof. Univ. Münster - 1955-64 Abt. Neuropathol. d. Pathol. Inst. d. Med. Akad. Magdeburg; 1964-74 Exp. Pathol. u. Exp. Endokr. d. Zentralinst. f. Mikrobiol. u. exp. Therap. d. Dt. Akad. d. Wiss., Jena - Zahlr. Publ. auf d. Geb. d. Pathol., Neuropathol., Histochemie, Polarisationsmikrosk., exper. Endokr., Onkologie u. Arzneimittelentw. Neurometabol. Krankh. (Glykogenosen, Lipoidosen, Leukodystrophie); Bestimm. d. isoelektr. Bereichs d. sauren Gliafserproteins; Histochemie u. Substruktur d. Faserglia; Hirntumoren im Kindesalter; Topochem. Nachweismethode f. freies u. verestertes Cholesterin; tierexper. Unters. üb. Cancerogene u. Cancerostatica; kreuzreaktive Antigene zw. Herzmuskelgew. u. Streptokokken; Strukt. d. Nervensystems im circular polarisierten Licht; Histochem. u. Substruktur d. Myoklonuskörper; Exper. Aktiv. synth. Östrogene; Intoxik. durch Antiepileptica; Mors subita b. Epilepsien; Antiepileptica-Konzentr. in norm. u. pathol. Hirnregionen u. in Hirntumoren b. Epilepsien - 1968-74 Vorst.-Mitgl. Ges. f. Neuropath. (DDR), s. 1969 Intern. Brain Research Org. (IBRO) d. UNESCO; s. 1981 Mitgl. d. Intern. Akad. f. Pathol.; 1987/88 Vorst.-Präs. Dt. Ges. f. Neuropath. u. Neuroanat. - Liebh.: Klass. Musik, Bibliophilie - Spr.: Engl., Franz.

SCHNABEL, Wolfram

Dr. rer. nat., Prof. f. Chemie TU Berlin - Krottnaurerstr. 11, 1000 Berlin 38 - Geb. 7. Okt. 1931 Freiburg/Schles. (Vater: Alois Sch., Studienrat; Mutter: Elisabeth, geb. Walter), kath., verh. s. 1962 m. Hildegard, geb. Hansche, 2 Söhne (Ronald, Rainer) - Dipl.-Chem. 1957, Promot. 1959 Univ. Köln; Habil. 1968 TU Berlin - 1960ff. Hahn-Meitner-Inst. Berlin-Wannsee; s. 1975 apl. Prof. TU Berlin - BV: Polymer Degradation, Principles and Applications, 1981; rd. 200 Publ. in Fachztschr. - Liebh.: Musik - Spr.: Engl.

SCHNACK, Elisabeth,

geb. Schüler

Dr. h. c., Lehrerin, Übersetzerin, Schriftstellerin - Beustweg 3, CH-8032 Zürich - Geb. 23. Dez. 1899 Joachimsthal (Vater: Karl Sch., Botaniker; Mutter: Margarethe, geb. Kuhlmey), ev., verh. s. 1926 m. Otto Schnack †, 2 S. (Otto Nicolaus, Jochen Hinrich) - Abit. Univ. Genf - Lehrerin in Mukden, Übers. in Zürich. Buchbesprech. u. Monogr. - BV: Blick aus d. Zug, Ged. 1977; Burlesken u. Grotesken, Erz. 1978; D. Zauberlaterne, Erinn. 1983; Spiegelungen, Autobiogr. 1984; Übers. v. fast 200 Büchern, weit. Übers. aus d. Amerik. - Preise Stadt u. Kanton Zürich; Geilinger-Preis; Bayer. Akad. d. Schönen Künste; Ehrendoktor Univ. Dublin; 1985 Johann-Heinrich-Voß-Preis Dt. Akad. f. Sprache u. Dicht.; BVK I. Kl. - Liebh.: Botanik - Spr.: Engl., Franz.

SCHNACKENBURG, Hellmut

Prof., Generalmusikdirektor, VRsmitgl. Radio Bremen (s. 1950) - Wätjenstr. 49, 2800 Bremen (T. 21 31 15) - Geb. 27. Sept. 1902 Halle/S. (Vater: Bernhard S., Oberbürgerm.; Mutter: Charlotte, geb. Ribbeck), kath., verh. s. 1934 m. Isolde, geb. Sehlbach, 5 Kd. (Bernhard, Therese, Thomas, Oswald, Maria) - Univ. Freiburg/Br. u. München (Phil.); Musikhochsch. Köln (Dirig.) - Kapellm. Köln u. Wuppertal (ab 1933 Leit. städt. Konzerte), 1937-51 GMD Bremen (b. 1944 u. wied. ab 1945, zugl. musikal. Opernleit. u. Leit. Philharmon. Chor) u. Klagenfurt (1944-45), 1951-68 Dir. Städt. Konservat. Bremen - BV: Bach-Vortrag, 1950; Mozart-Vortrag, 1956; Maria in Dantes „Göttliche Komödie", 1956. Zahlr. Musikbeitr. - Spr.: Engl., Franz., Ital. - Rotarier.

SCHNACKENBURG, Rudolf

Dr. theol., Dr. h.c., o. Prof. f. Neutestamentl. Exegese - Erthalstr. 22d, 8700 Würzburg (T. 7 29 27) - Geb. 5. Jan. 1914 Kattowitz/OS., kath. - 1948 Privatdoz. Univ. München, 1952 ao. Prof. Phil.-Theol. Hochschule Dillingen, 1955 o. Prof. PhThH Bamberg, 1957 Univ. Würzburg. 1962 Konsultor Päpstl. Bibelkommiss.; 1968 Mitgl. Intern. Päpstl. Theologen-Kommiss. - BV: D. Johannesbriefe, 5. A. 1975; D. sittl. Botschaft d. Neuen Testament, 2 Bde. 1986/88; Gottes Herrschaft u. Reich, 4. A. 1965; D. Kirche im NT, 3. A. 1966; D. Johannes-Evangelium, 3 Bde. 1965-75 Schriften z. Neuen Testament, 1971; D. Brief an d. Epheser, 1982 - 1970 Ehrendoktor theol. Fak. Univ. Innsbruck; 1972 Ehrenmitgl. Ges. Biblical Lit./USA; 1979 Bayer. VO; 1986 Gr. BVK.

SCHNÄDELBACH, Herbert

Dr. phil., Prof. - Auf den Wöörden 27, 2000 Hamburg 67 - Geb. 6. Aug. 1936 Altenburg (Vater: Herbert S., Pastor; Mutter: Helene, geb. Wunderlich), verh. s. 1965 m. Gerhild, geb. Eckhardt, 2 Töcht. (Anna Charlotte, Friederike Sophie) - Nach Habil. (1970) Privatdoz. u. Prof. (1971) Univ. Frankfurt (1971/72 Dekan Fachber. 7); s. 1978 o. Prof. f. Phil., insb. Sozialphil. Univ. Hamburg; 1988-90 Präs. d. Allg. Ges. f. Phil. in Dtschl. - BV: Erfahr., Begründ. u. Reflexion, 1971; Gesch.phil. nach Hegel, 1974; Reflexion u. Diskurs, 1977; Phil. in Dtschl. 1831-1933, 1983; Rationalität. Phil. Beitr., 1984 (hg.); Philosophie. E. Grundkurs, 1985 (hg. m. E. Martens); Vernunft u. Gesch., 1987 - Liebh.: Musik, Segeln - Spr.: Engl.

SCHNAKENBERG, Bruno

Gewerkschaftssekretär, Mitgl. Brem. Bürgerschaft (s. 1963) - Friedrichsdorfer Str. 19a, 2800 Bremen 70 - Geb. 6. Juni 1922 Grohn b. Bremen, verh., 2 Kd. - Volkssch.; Dreherlehre Bremer Vulkan - B. 1941 Dreher Lehrfa., dann 4 J. Kriegsdst., spät. Betriebsrat Camp-Grohn u. Nordd. Steingutfabrik, s. 1954 Sekr. IG Chemie-Papier-Keramik (Verw.sst. Bremen). Landessozial- u. -arbeitsrichter. SPD s. 1952.

SCHNARR, Georg Adolf

Ltd. Oberstaatsanwalt a. D., MdL Rhld.-Pfalz, Vors. parlam. Untersuchungsaussch. Parteispenden, Mainz - Zweibrücker Str. 5, 6793 Bruchmühlbach-Miesau - Geb. 5. Juni 1936 Saarbrücken, verh., 2 Kd. - Jura-Stud. - Vors. Richter LG Zweibrücken, dann Ltd. Oberstaatsanwalt Kaiserslautern. S. 1977 MdL. CDU. Vors. Bundesgericht Dt. Fußball-Bund.

SCHNARRENBERGER, Claus

Dr., Prof. f. Pflanzenphysiologie FU Berlin - Kantstr. 5, 1000 Berlin 41 - Geb. 6. Aug. 1939 Karlsruhe - Promot. 1969 Univ. Freiburg, Habil. 1974 Univ. Kaiserslautern - S. 1979 Prof. FU Berlin.

SCHNAUFER, Rolf

Dr.-Ing., Vorstandsmitglied Wolldeckenfabrik Weil d. Stadt AG. - 7252 Weil der Stadt/Württ. - Geb. 25. Jan. 1916 Stuttgart (Vater: Hermann S., Dir.), verh. m. Dr. jur. Rose, geb. Bauer.

SCHNAUS, Peter

Dr., Prof. Hochsch. f. Musik u. Theater Hannover - Mendelssohnstr. 4, 3000 Hannover 1 (T. 88 56 09) - Geb. 17. April 1936 Berlin (Vater: Kurt Sch., Musiker; Mutter: Ilse, geb. Grünbaum), ev., verh. s. 1967 m. Ursula, geb. Grünbaum, 3 Kd. - Stud. Hannover, Berlin, Wien u. Freiburg; Prüf. Künstler. Lehramt (Musik, Deutsch) 1961; Ass. 1968; Promot. 1976 Freiburg - 1966-70 Gymn.lehrer; s. 1970 Doz. Hochsch. f. Musik u. Theater Hannover (1982 Prof., 1986 Vizepräs.) - BV: E.T.A. Hoffmann als Beethoven-Rezensent d. Allgem. Musikal. Ztg. Freiburger Schriften z. Musikwiss., 1977; Schlaglichter d. europ. Musikgesch., 1989.

SCHNEEBERGER, Hans

Dr. rer. nat., Dipl.-Math., o. Prof. f. Statistik u. Vorst. Volksw. Inst. Univ. Erlangen-Nürnberg (s. 1971) - Roggenweg 75, 8510 Fürth/Bay.

SCHNEEBERGER, Irmgard

s. Paretti, Sanda

SCHNEEKLUTH, Herbert

Dr.-Ing., em. o. Prof. f. Schiffbau, Entwurf u. Dynamik TH Aachen (s. 1964) - Am Adamshäuschen 6, 5100 Aachen (T. 7 44 94) - Geb. 3. Aug. 1921 Köln (Vater: Peter S.; Mutter: Käthe, geb. Prinz), ev., verh. s. 1952 m. Jutta, geb. Schnelle - 1941 u. 1946-50 TH bzw. TU Berlin - 1950-56 Schiffswerft Bremer Vulkan; 1956-64 Bundesmin. d. Verteid.; Fregattenkpt. d. R.; Vorst. Dt. Ges. f. Schiffahrts- u. Marinegesch., 1967-86 Versuchsanstalt f. Binnenschiffbau, Duisburg. Veröff. u. Patente a. d. Geb. d. Schiffsformgeb. u. -optimierung.

SCHNEEMELCHER, Wilhelm

D., Dr. h. c., em. o. Prof. f. Neues Testament u. Kirchengesch. - Böckingstr. 1, 5340 Bad Honnef/Rh. (T. 54 50) - Geb. 21. Aug. 1914 Berlin, ev., verh. s. 1940 m. Eva, geb. Ackermann, 4 Kd. (Wilhelm-Peter, Christiane, Thomas, Stefan) - Gymn. z. Grauen Kloster u. Univ. Berlin. Lic. theol. 1938 - 1947-49 Pastor, dann Privatdoz. u. apl. Prof. (1953) Univ. Göttingen, s. 1954 Ord. Univ. Bonn (1967/68 Rektor, em. 1979). 1957-63 Präs. Fakultätentag Ev.-theol. Fak. Dtschl.; 1963-67 Mitgl. Wiss.rat - BV: Neutestamentl. Apokryphen, 2 Bde., 5. A. 1987/89; Ges. Aufs., 1974; D. Urchristentum, 1981. Zahlr. Einzelarb. - Ehrendoktor Univ. Göttingen (1954) u. Straßburg (1966); 1973 Mitgl. Rhein.-

Westf. Akad. d. Wiss.; 1982-85 Präs. d. Rhein.-Westf. Akad. d. Wissensch., 1976 Gr. BVK m. Stern - Spr.: Engl., Franz. - Rotarier.

SCHNEEVOIGT, Ihno

Dr., Geschäftsführer IBM Deutschland - Zu erreichen üb. IBM Deutschland GmbH, Pascalstr. 100, 7000 Stuttgart 80 - Geb. 4. Aug. 1938 Münster/W. - Stud. Soz.- u. Wirtschaftswiss. Univ. Heidelberg, Freiburg, Mannheim; Dipl.-Psych. 1964, Promot. Univ. Mannheim - S. 1968 IBM, 1976 Aufg. in USA (Dir. f. Gehaltswesen u.a.); 1979 Leit. Personalstab Hauptabt. Stuttgart; 1982 Generalbevollm., s. 1984 Geschäftsf., Personal- u. Arbeitsdir.

SCHNEEWEISS, Hans

Dr. phil. nat., o. Prof. f. Statistik u. Ökonometrie - Zellerstr. 62, 8026 Ebenhausen (T. 31 23) - Geb. 13. März 1933 Scheibe Kr. Glatz (Vater: Vinzenz S., Studienrat; Mutter: Eleonore, geb. Schöber), verh. s. 1959 m. Christl, geb. Best, 3 Kd. - Univ. Frankfurt/M. (Math.; Dipl.-Math. 1956). Promot. 1960; Habil. 1964 - 1964-73 Privatdoz. u. Ord. (1965) Univ. Saarbrücken, s. 1973 Ord. Univ. München - BV: Entscheidungskriterien b. Risiko, 1967; Ökonometrie, 1971; Lineare Modelle m. fehlerbehafteten Daten, 1986 - Spr.: Engl.

SCHNEEWEISS, Heinz

Bibliothekar, Schriftsteller - Hoogeind 24, NL-4817 EM Breda/Niederl. (T. 076 - 22 81 94) - Geb. 21. Febr. 1930 Bregenz/ Österr. (Vater: Franz Josef Sch.; Mutter: Anna, geb. Mohr), kath., verh. - 1946-51 Schauspielschule, Bibl.schule, Gymn.; 1964-68 Stud. German. u. Niederl. - 1950-52 Kameraassist., Bibliothekspraxis; 1952-56 Akad.; 1956-64 Lehrtätigk.; 1964-74 Lehr- u. Übers.-Tätigk. in Holland; 1974ff. Bibliothekar Goethe-Inst. Rotterdam - BV: Auf meiner Zunge d. Kobold, Lyr. 1964; Memorandum e. Antipoden, Lyr. 1968; So u. nicht anders, Lyr. 1974; Heute mich, morgen dich, Gesch. 1976; In e. Arch. v. Stille, Ged. 1984; Am Wannsee, Libr. (Bearb.) 1986; Schneide meinen Namen in d. Stein, Dr. 1986; Belgien - die horen, Bd. 150, 1988. Übers./Nachdicht. aus d. Niederl. 1949/50 Mitarb. an Dok.filmen; Land u. Leute, Tonband-Projekt, 1980; D. trunkene Schiff, (1964-82) Niederl. Schriftst.-Verb. VVL, Amsterdam; 1978 Ges. f. ndl. Lit. Maatschappij d. Nederl. Letteren, Leiden; 1980 Verb. dt. Schriftst. (IG) Landesverb. Nieders.; 1980 Europ. Übers.-Kolleg. Straelen; 1982 Intern. PEN, London.

SCHNEHAGEN, Kurt

Generalsekretär Dt. Motoryachtverb. - Jägerstieg 17, 2000 Hamburg 65 - Geb. 31. Mai 1923 Hamburg - Inh. Hamburger Hostessenservice (m. 100 Mitarb. in fast allen Weltsprachen f. Kongresse, Messen u. Firmen).

SCHNEIDER, Albert

Prof., Leiter Seminar f. Musikerziehung u. Doz. f. Methodik u. Pädagogik, Gehörbild., Theorie u. Formenlehre, Gesang u. Sprecherzieh. Staatl. Hochschule f. Musik - Zu erreichen üb. Staatl. Hochsch. f. Musik, Dagobertstr. 38, 5000 Köln 1.

SCHNEIDER, Alfons

Oberlehrer, MdL Bayern (s. 1970) - Kurt-Schumacher-Str. 8b, 8400 Regensburg/Opf. (T. 2 37 77) - Geb. 1923 - SPD.

SCHNEIDER, Alfred

Regierungspräs. a. D. Kassel (1962-76) - Oberbringe 29 B, 3500 Kassel (T. 1 06-1) - Geb. 20. Juli 1911 Berlin, verh. - Univ. Berlin u. Frankfurt/M. (Rechtswiss.); Gr. jurist. Staatsprüf. 1936 in Berlin - Höh. Heeresverw.dst. (Int.), sowjet. Kriegsgefangensch. (b. 1953), Regierungs-, Oberreg.rat, Reg.dir., -vizepräs.; Div. Mandate - 1971 Gr. BVK, 1975 Stern dazu.

SCHNEIDER, Alfred

Dr. jur., Rechtsanwalt, Geschäftsf. Industrieverb. Schmuck u. Silberwaren ISS, Arbeitsgem. dt. Schmuck- u. Silberwarenind., Vereinig. d. Bundesverb. d. dt. Schmuck- u. Silberwarengewerbes, Industriegruppe beim Bundesverb. d. Dt. Industrie, alle Pforzheim - Industriehaus, Poststr. 1, 7530 Pforzheim (T. 07231 - 3 30 41); priv.: Eugen-Bolz-Str. 25 - Geb. 1. Okt. 1945 Rendsburg, verh., 2 Kd. - Abit.; Stud. Rechtswiss. (Promot. 1974 Köln) - Vorst. Stiftg. Dt. Diamant Inst. Pforzheim (s. 1983) u. Rechts- u. Staatswiss. Ges. Siegen (s. 1979); Lehrbeauftr. Schwesternhochsch. d. Univ. Heidelberg - S. 1984 Wiss. Beirat Ztschr. Medizinrecht, s. 1986 Wiss. Beirat Ztschr. Hygiene u. Medizin - BV: Rechtsprobl. d. Transsexualität, 1975; Rechts- u. Berufskd. f. med. Assistenzberufe, 1976, 2. A. 1982 - Spr.: Engl.

SCHNEIDER, Armin

Dr. phil., o. Prof. f. Anorgan. Chemie (emerit.) - Untere Seestr. 74, 7994 Langenargen (T. 07534 - 10 99) - Geb. 29. Juli 1906 Dresden (Vater: Prof. Otto S.; Mutter: Edith, geb. Schulz), verh. 1950 m. Cläre, geb. Zwick, 2 Kd. (Jürgen, Detlev Johannes) - Stud. Chemie. Promot. 1934 Freiburg; Habil. 1940 Stuttgart - 1935-45 Kaiser-Wilhelm-Inst. f. Metallforsch. Stuttgart; 1940-50 TH ebd. Privatdoz. Univ. Göttingen (1950; 1953 apl., 1958 ao. Prof.) Bergakad. bzw. TU Clausthal (1963 Ord. u. Inst.sdir.) - BV: Kurspraktikum d. Allg. u. Anorgan. Chemie, 1973 - Liebh.: Klass. Musik, Meißener Porzellan.

SCHNEIDER, Bernd

Oberbürgermeister Stadt Gießen a.D. - Rehschneise Nr. 82, 6300 Gießen - Geb. 16. April 1925 - Div. Ehrenstell., dar. Bund f. d. ältere Generation Europas, Ges. f. Wehrkd., Verb. d. Reservisten d. Dt. Bundeswehr; Männerarb. EKD u. Ev. Kirche in Hessen u. Nassau (EKHN).

SCHNEIDER, Berthold

Dr. phil. nat., o. Prof. u. Direktor Inst. f. Biometrie u. Dokumentation Med. Hochschule Hannover (s. 1965) - Konstanty-Gutschow-Str. 8, 3000 Hannover 61 (T. 532-43 75) - Geb. 18. Aug. 1932 Bamberg (Vater: Hans S., kfm. Angest.; Mutter: Margareta, geb. Friedlein), kath., verh. s. 1957 m. Edith, geb. Dumas, 4 Kd. - Univ. Erlangen, Gießen, Wien. Dipl.-Math. 1956 Gießen - 1960-65 Assist., Kustos u. Abt.sleit. Univ. Gießen.

SCHNEIDER, Christel

Dr. rer. nat., Prof. f. Physikalische Chemie - Josef-Stelzmann-Str. 72, 5000 Köln 41 - Geb. 22. Dez. 1928 Dortmund (Vater: Hugo Sch., Archit.; Mutter: Helene, geb. Schüttmann), ev. - Obersch. Unna/Westf. (Abit.), Univ. Köln, Dipl.-Chem. 1956, Promot. 1959, Habil. 1969 - 1972 apl. Prof. Univ. Köln, 1974 Wiss. Rat u. Prof. Ca. 50 Veröff. in Fachztschr. - Liebh.: Pferdesport, Lit. - Spr.: Engl.

SCHNEIDER, Christian

Journalist, Leiter Programmgr. Nachrichten d. WDR (1984-89) - Bergerstr. 11, 5350 Euskirchen - Geb. 17. März 1926 Euskirchen - Beisitzer Landesvorst. DJV, Landesverb. NRW (1975-81 Mitgl. Bundesvorst., 1981-84 Bundesvors., 1985-89 Landesvors.) - 1978-84 Vors./stv. Vors. Personalrat WDR.

SCHNEIDER, Dieter

Dr. rer. pol., o. Prof. f. Betriebswirtschaftslehre - Ruhr-Universität, 4630 Bochum-Querenburg - Geb. 2. April 1935 Striegau/Schles. (Vater: Walter S., Sparkassenangest.; Mutter: Lina, geb. Wolff), ev. - 1954-57 Stud. Betriebsw. Frankfurt/M. u. Nürnberg. Dipl.-Kfm., Promot. u. Habil. Frankfurt - S. 1965 Ord. Univ. Münster, Frankfurt (1970), Bochum (1973) - BV: d. wirtschaftl. Nutzungsdauer v. Anlagegütern, 1961; Investition u. Finanzierung, 1970 (Lehrb.); Grundzüge d. Unternehmensbesteuerung, 1974; Steuerbilanzen, 1978; Gesch. betriebswirtschaftl. Theorie, 1981; Allg. Betriebswirtschaftslehre, 1987 - Liebh.: Musik - Spr.: Engl.

SCHNEIDER, Dietrich

Dr. rer. nat., em. wiss. Mitglied Max-Planck-Inst. f. Verhaltensphysiol., Hon.-Prof. Univ. München (1965) - Sandstr. 15, 8130 Starnberg - Geb. 30. Juli 1919, verh. s. 1949 m. Heidwig, geb. Intemann, 3 Kd. (Renate, Wolf-Eberhard, Irmelin) - Stud. Univ. Berlin u. Göttingen; Dr. rer. nat. 1949 - 1949-58 wiss. Assist. Tübingen; 1958-65 Doz. Univ. München; s. 1964 Dir. MPI Seewiesen - 1962 Mitgl. MPG; Mitgl. Akad. Leopoldina, American Acad. Arts and Sciences, Bayer. Akad. d. Wiss.

SCHNEIDER, Eberhard

Dr. med., Prof. Univ. Hamburg (s. 1987) - Eißendorfer Pferdeweg 52, 2100 Hamburg 90 - Geb. 22. Febr. 1937 Hennigsdorf (Vater: Robert S., Ing.; Mutter: Liesbeth, geb. Rennhack), ev. - 1968-85 Oberarzt Abt. f. Neurol. Klinikum Univ. Frankfurt, s. 1985 Leit. Arzt Neurol. Abt. Allg. Krankenhaus Hamburg-Harburg - Spr.: Engl.

SCHNEIDER, Edith

Schauspielerin - Spanische Allee 106, 1000 Berlin 38 (T. 80 56 80) - Geb. 16. Juli 1923 Bochum, verh. m. Peter Mosbacher (Schausp. u. Regiss.; s. dort), S. Manuel - Realsch. Bochum (Abit.); Folkwang-Sch. Essen - Städt. Bühnen Düsseldorf, Dt. Theat. Berlin, Thalia-Theat. Hamburg (1945), Schloßpark- (1950) u. Schiller-Theat. Berlin u. a. Hauptrollen: Don Carlos (Königin, Eboli), Egmont (Klärchen), Gyges u. s. Ring (Rhodope) u. in Stücken mod. Autoren; Film: Arche Nora, Finale, Kätchen f. alles, Es geht nicht ohne Gisela.

SCHNEIDER, Erich

Dipl.-Verwaltungswirt, Landtagspräsident u. MdL Baden-Württ. - Bergstr. 30, 7151 Burgstetten (T. Backnang 6 63 60) - Geb. 2. Aug. 1933 Altersberg-Pritschenhof/Württ., ev., verh., 3 Kd. - Obersch. Gschwend, Fachhochsch.-Reife; 1956-60 Laufbahnbeamter b. d. Stadt Gaildorf; 1960-79 Bürgerm. d. früheren Gemeinde Burgstall u. d. heutigen Gemeinde Burgstetten. S. 1968 MdL. 1976-82 stv. Vors. d. CDU-Landtagsfrakt., s. 1971 Kreisrat Rems-Murr-Krs.; 1979-83 Rundfunkrat SDR, u. a. Ämter.

SCHNEIDER, Erich

Dipl.-Kfm., Verleger, gf. Gesellsch. Mittelrhein-Verlag GmbH. (Rhein-Zeitung), Koblenz, Vors. Wirtschaftsgenoss. d. Presse, Frankfurt/M. - Simrockstr. 1 A, 5400 Koblenz - Geb. 17. Nov. 1911 - Zeitw. Vors. Verb. d. Ztg.sverleger Rhld.-Pfalz u. Saarl., Koblenz - 1971 Gr. BVK.

SCHNEIDER, Ernst

Dipl.-Kfm., Vorstandsmitglied Flachglas AG Fürth/Gelsenkirchen - Heinrich Berns-Str. 13, 4300 Essen 18 (T. 02054 - 8 38 59) - Geb. 13. Mai 1937 Dickenschied, ev., verh. s. 1961 m. Anne, geb. Allard, 2 Töcht. (Bettina, Caroline) - Human. Gymn. Tübingen; Stud. Univ. Tübingen, Frankfurt u. Nürnberg; Dipl. 1961 Nürnberg - Vorst.-Vors. Ind.Club Gelsenkirchen - Liebh.: Literatur, Malerei - Spr.: Franz., Engl.

SCHNEIDER, Franz

Dr. phil., Dr. jur., o. Prof. f. Politikwissenschaft - Schellingstr. 5/III, 8000 München 40 (T. 21 80 29 90) - Geb. 12. Jan. 1932 München (Eltern: Franz (Volksschullehrer) u. Josefa S.), kath., verh. s. 1963 (Ehefr.: Annemarie), S. Franz - Stud. Zeitungswiss., Klass. Phil., German., Rechtswiss. S. 1965 (Habil.) Privatdoz. u. Ord. (1965) Univ. München; 1972 Hon.-Prof. Univ. Salzburg. Spez. Aufgabengebiet: Politische Kommunikation - BV: Presse- u. Meinungsfreiheit nach d. Grundgesetz, 1961; Pressefreiheit u. polit. Öffentlichkeit, 1965; Politik u. Kommunikation, 1966; D. Große Koalition - z. Erfolg verurteilt?, 1968; Theater als polit. Anstalt, 1978; Proporzkommunikation u. Vermittlerkommunikation - e. Stud. z. Wirkungsforsch., in: Media Perspektiven 12, 1981; Informationstransport? Kritik an pol. Magazinen d. ARD, 1987; D. polit. Karikatur, 1988. Herausg.: D. Weg d. Bundesrep. - V. 1945 b. z. Gegenw. (1985).

SCHNEIDER, Franz

Eisenbahndirektor, Geschäftsf. Merzig-Büschfelder Eisenbahn, Landtagspräs. - Auf d. Acht, 6619 Hausbach/Saar (T. 06872 - 29 55) - Geb. 1. Juni 1920 Brotdorf, kath., verh., 2 Kd. - 1932-36 Gymn. Ehrenbreitstein - 1940-45 Wehrdst. u. Gefangenschaft; 1946-52 Redakt.; 1952-56 Amtsvorsteher Merzig-Land. S. 1952 MdL Saarl. (1961-65 Fraktionsvors.; 1970 II. Stv. Vizepräs.); 1957 vorübergeh. MdB. CVP bzw. CDU - 1972 BVK I. Kl.

SCHNEIDER, Friedhelm

Dr. rer. nat., o. Prof. f. Physiol. Chemie u. Biochemie - Vogelsbergstr. 5, 3550 Marburg 7 (T. Marburg 4 12 59) - Geb. 5. April 1928 Datteln/W. - S. 1963 (Habil.) Lehrtätigk. Tübingen (zul. Abt.s-vorsteher (Spez. Enzymologie) u. Prof.) u. Marburg (1970 Ord.). Fachaufs.

SCHNEIDER, Friedrich W.

Dipl.-Kfm., Kaufmann, Beiratsvorsitzender Thomasdünger GmbH, Düsseldorf - Höhenweg 25, 4600 Dortmund 30 (Reichsmark) (T. 02304 - 8 02 51) - Geb. 26. Jan. 1912 Saarbrücken - Beirat Gerling-Konzern - Liebh.: Jagd, Fischen - Spr.: Engl., Franz - Rotarier.

SCHNEIDER, Fritz

Staatsminister a. D. - Kleiststr. 3, 6750 Kaiserslautern 32 - Geb. 8. Okt. 1916 Ludwigshafen/Rh. (Vater: Pfarrer), ev., verh., 2 Kd. - Gymn.; Univ. Heidelberg, Genf, München (Rechtswiss.). Ass.ex. 1944 - 1945-58 Staatsanw. Kaiserslautern, dazw. 1947-49 b. Generalstaatsanw. Neustadt/Weinstr., 1963-71 Justizmin. Rhld.-Pfalz (1964 Vors. Justizmin.-Konfz.). 1956-60 Mitgl. Stadtrat Kaiserslautern u. Bezirkstag Pfalz, 1958-75 (m. Unterbrech.) MdL RP (1959-63 Fraktionsvors.). 1955-79 Mitgl. Landessynode Ev. Kirche d. Pfalz, 1961-79 Präs.; 1972-78 Vors. d. Missionssyn. Südwestdtschld. (Stuttgart). 1966-76 Mitgl. Rundfunkrat SWF. FDP 1952-74 (1955-74 Mitgl. Landesvorst. RP) - 1974 Gr. BVK - Spr.: Franz. - Rotarier (1973/74 Clubpräs. Kaiserslautern).

SCHNEIDER, Georg

Dr. rer. nat., o. Prof. f. Pharmakognosie - Taunusstr. 29, 6236 Eschborn 2 (T. 06173 - 6 27 18) - Geb. 27. Sept. 1925 Halberstadt/Harz - Univ. Marburg u. Greifswald (Pharmazie, Botanik). Promot. (1953) u. Habil. (1959) Greifswald - 1960-61 Doz. Univ. Greifswald; 1962-64 Leit. Phytopharmaz. Labor. u. Heilpflanzenbau Chem. Fabrik Promonta GmbH., Hamburg; s. 1964 ao., bzw. o. Prof. (1967) Univ. Frankfurt. Spez. Arbeitsgeb.: Pharmakognosie u. Biochemie d. Pflanzen. Fachveröff.

SCHNEIDER, Gerhard

Staatssekretär Senatsverw. f. Arbeit, Verkehr u. Betriebe (s. 1989), MdA Berlin (s. 1975) - An d. Urania 4-10, 1000 Berlin 30 (T. 21 22-1) - Geb. 11. Juli 1942 Rüdersdorf b. Berlin, verh. - Gymn. (Abit. 1962); 1962-63 Bundeswehrdst.; 1963-67 FU Berlin (Polit. Wiss., Neuere Gesch., Staatsrecht; Dipl.-Polit. 1967) - B. 1975 Wiss. Assist. SPD-Frakt./Abg.haus Berlin, dann Wiss. Mitarb. Berlin-Consult GmbH. ebd. 1971-75 Bezirksverordn. Steglitz. SPD s. 1964 (div. Funkt.).

SCHNEIDER, Gerhard

Dr. theol. (habil.), o. Prof. f. Neues Testament Univ. Bochum (s. 1968) - Hustadtring 65, 4630 Bochum-Querenburg (T. 70 17 95) - Geb. 15. Juni 1926 Trier/

Mosel - 1962 Doz. Päd. Hochsch. Koblenz, 1966 Prof. ebd., 1968 Privatdoz. Univ. Würzburg - BV: Neuschöpfung oder Wiederkehr?, 1961; Brief an d. Galater, 1964; Botschaft d. Bergpredigt, 1969; Verleugnung, Verspottung u. Verhör Jesu nach Lukas, 1969; D. Frage n. Jesus, 1971; Anfragen an d. Neue Testament, 1971; D. Passion Jesu, 1973; Parusiegleichnisse im Lukas-Evangelium, 1975; D. Evangelium n. Lukas (Kommentar), 1977; D. Apostelgeschichte (Komm.), 2 Bde., 1980, 1982. Mithrsg.: Exegetisches Wörterb. z. Neuen Testament, 3 Bde., 1980-83; Lukas Theologe d. Heilsgesch. (Aufs.), 1985.

SCHNEIDER, Gerhard

Generalmusikdirektor Schlesw.-Holst. Landestheater u. Sinfonieorch. - Rathausstr. 22, 2390 Flensburg (T. 0461 - 1 77 31) - Geb. 17. Juni 1946 Eichstätt (Vater: Ludwig Sch., Rektor; Mutter: Nilla, geb. Koeppl), kath., ledig - Human. Gymn. Augsburg; Musikhochsch. München; Sommerakad. Mozarteum Salzburg - 1969/70 Gastprof. Univ. d. Künste Nagoya/Japan; 1974-77 1. Kapellm. Münster, 1977-80 Wiesbaden, 1980-84 Lübeck, 1984-87 Bremen - Rd. 80 Opern u. Konz. dirig. (Debüt 1973 Wiesbaden) - Spr.: Engl.

SCHNEIDER, Gerhard

Dr., Landesbeauftragter f. d. Saarl. Datenschutz - Fritz-Dobisch-Str. 12, Postf. 231, 6600 Saarbrücken (T. 0681 - 50 34 15; Telefax 0681 - 49 86 29).

SCHNEIDER, Gerhard

Dr. phil., Prof. f. Geschichte u. ihre Didaktik Univ. Hannover - Im Tannengrund 30, 3002 Wedemark (T. 05130 - 64 78) - Geb. 5. Sept. 1943 Buchen (Vater: Hermann Sch., Gärtnermeist.; Mutter: Else, geb. Hofmann), ev., verh. s. 1967 m. Wibke, geb. Beug, 2 Töcht. (Anna, Eva-Luise) - 1964-69 Stud. Gesch., Franz., Pol.Wiss. Univ. Heidelberg u. Caen; 1. Staatsex. 1969 Heidelberg, Promot. 1972 ebd. - 1971-75 Wiss. Assist. EWH Rhld.-Pf., Abt. Landau; 1975-78 Hochschuldoz. PH Hannover; 1978-80 Hochschuldoz. Univ. Hannover; s. 1980 Prof. ebd. - BV: Erzbischof Fulco v. Reims (882-900) u. d. Frankenreich, 1972; D. Quelle im Geschichtsunterr., 1975; Ges. - Staat - Geschichtsunterr. (m. Klaus Bergmann), 1982; Gegen d. Krieg, 2 Bde. (m. K. Bergmann) 1982; Juden unterm Hakenkreuz, 2 Bde. (Mitverf.) 1983; 1945 - E. Lesebuch (m. Klaus Bergmann), 1985; Handb. Medien im Geschichtsunterr. (m. H.-J. Pandel), 2. A. 1986; Handwerk in d. mittelalterl. Stadt (m. Peter Ketsch), 1985; Gesch. lehren u. lernen, 1986; Kriegerdenkmäler in Hannover, 1989. Herausg.:; Geschichtsbewußtsein u. hist.-polit. Lernen (1988). Mithrsg.: Ztschr. Geschichtsdidaktik (1976-87); Handb. d. Geschichtsdidakt., 2 Bde. (3. A. 1985).

SCHNEIDER, Gerhard M.

Dr. rer. nat., Dipl.-Chem., Univ.-Prof. f. Physikal. Chemie Univ. Bochum (s. 1969) - Heinrich-König-Str. 60c, 4630 Bochum 1 (T. 47 36 67) - Geb. 7. Mai 1932 Neufechingen/Saar (Vater: Richard S., Justiz-Amtm.; Mutter: Wally, geb. Kraft), ev., verh. s. 1960 m. Renate, geb. Brübach, 2 Kd. (Dagmar, Carsten) - Stud. Univ. Saarbrücken, Göttingen; Promot. 1959 ebd.; Habil. 1965 Karlsruhe - S. 1959 Hochsch.dst. In- u. ausl. Fachmitgl.sch. Üb. 200 Fachveröff. - 1969 Nernst-Preis (Dt. Bunsenges.) - Liebh.: Lit., Musik - Spr.: Engl., Franz.

SCHNEIDER, Günter

Dr. rer. nat., em. o. Prof. f. Zoologie - Nikolausstr. 79ä, 4000 Düsseldorf 13 - Geb. 13. Mai 1918 - S. 1961 (Habil.) Lehrtätigk. Univ. Würzburg u. Düsseldorf (1966 Ord.); emerit. 1983. Fachveröff.

SCHNEIDER, Günter

Bezirksstadtrat a. D., Leiter Abt. f. Gesundheitswesen Bezirksamt Reinikkendorf (1971-79) - Kurze Str. 1, 1000 Berlin 28 - Geb. 1936 Altona - 1958 ff. FU Berlin (Volksw.) - U. a. Ref. f. Polit. Bildung (1963 ff.). 1963-71 Bezirksverordn. Reinickendorf (1967 stv. Vorsteher). CDU s. 1956. 1979-81 Mitgl. d. Abgeordnetenhauses v. Berlin.

SCHNEIDER, Günther

Unternehmer, Vors. Bundes-Innungsverb. d. Gebäudereiniger-Handwerks - Zu erreichen üb.: Dottendorfer Str. 86, 5300 Bonn 1; priv.: 3000 Hannover.

SCHNEIDER, Günther

Dr. rer. nat., Dipl.-Phys., Prof. f. Physik TU Braunschweig (s. 1970) - Am Dahlumer Holze 22, 3300 Braunschweig (T. 6 59 56) - Geb. 21. Jan. 1933 Deichslau/Schles. (Vater: Andreas S.; Mutter: Auguste, geb. Schlame), ev., verh. s. 1964 m. Ingrid, geb. Wegner, 2 Kd. (Petra, Ingo) - Promot. 1962; Habil. 1966 - Spr.: Engl.

SCHNEIDER, Hannsjörg

Direktor Albingia Versicherungsgruppe, Fil. Hamburg - Bergstr. 16, 2000 Hamburg 1.

SCHNEIDER, Hans

Bürgermeister a.D., Stellvertr. d. Landrates Landkr. Donau-Ries, Silcherstr. 19, 8860 Nördlingen-Baldingen - Geb. 24. Juli 1932 Baldingen .

SCHNEIDER, Hans

Dipl.-Ing., Geschäftsführer Erno Raumfahrttechnik GmbH., Bremen (s. 1967) - Bruno-Tacke-Str. 8, 2800 Bremen - Geb. 3. Aug. 1909 - U. a. 16 J. Entwicklungsing., Versuchsleit., Techn. Dir. u. Berat. SEPR (Frankr.). Zahlr. Ehrenstell. - 1970 BVK I. Kl.

SCHNEIDER, Hans

Dr. rer. nat., Prof., Leit. Abt. Angewandte Kernphysik Strahlenzentrum Univ. Gießen - Philipp-Scheidemann-Str. 29, 6300 Gießen-Wieseck (T. 5 11 08) - Geb. 18. Aug. 1925 Madrid - S. 1963 (Habil.) Lehrtätigk. Gießen (Experimentalphysik). Facharb. - 1951 Preis Univ. Gießen (Naturwiss. Fak.).

SCHNEIDER, Hans

Dr. jur., o. Prof. f. Öfftl. Recht (emerit.), Vors. Experten-Kommiss. Neue Medien Bad.-Württ (1980/81) - Ludolf-Krehl-Str. 44, 6900 Heidelberg (T. 48 03 81) - Geb. 11. Dez. 1912 Berlin - 1940 Doz. WH Berlin, 1943 ao. Prof. Univ. Breslau, 1948 Univ. Göttingen, 1951 o. Prof. Univ. Tübingen, 1955 Univ. Heidelberg. 1955 Honorarprof. TH, jetzt Univ. Stuttgart - BV: u. a. D. pr. Staatsrat v. 1817, 1952; D. Ermächtigungsgesetz v. 24. März 1933, 2. A. 1961, NA. 1968; D. Liquidation d. dt. Auslandsvermögens u. ihre vertragl. Hinnahme durch d. Bundesrep., 1964; Werbung im Rundfunk, 1965; Rundfunkanstalten u. Mehrwertsteuer, 1966; Richter u. Gerichte in d. BRD, 1966; D. Steuerprivilegien d. Sparkassen, 1966 (m. H. C. Nipperdey †); Verfassungsrechtl. Grenzen e. gesetzl. Regelung d. Pressewesens, 1971; Lehrb. d. Gesetzgebung, 1982; D. Reichsverfassung v. 1919. Im Handb. d. Staatsrechts, Bd. 1 1987. Zahlr. Fachaufs.

SCHNEIDER, Hans

Kaufmann (Fa. Hans Schneider, Bekleidungs- u. Textilhaus Lichtenfels), Vizepräs. d. IHK f. Oberfranken, Bayreuth - Bahnhofstr. 5, 8620 Lichtenfels/Ofr.

SCHNEIDER, Hans

Dr., Univ.-Prof., Direktor Zool. Inst. Univ. Bonn - Zoologisches Inst., Poppelsdorfer Schloß, 5300 Bonn 1 - Geb. 18. Jan. 1929, verh. s. 1960 m. Dr. Alfonsa, geb. Stärk, 3 Töcht. (Barbara, Gisela, Ingrid) - Phil.-Theol. Hochsch. Bamberg, Univ. München; Promot. 1956 Univ. München - 1971/72, 1978/79, 1986/87 Vors. Fachgr. Biologie Univ. Bonn; 1985/86 Präs. Dt. Zool. Ges.

SCHNEIDER, Hans Joachim

Dr. jur., Dr. h. c., Dipl.-Psych., o. Prof., Univ. Münster/Westf. - Möserweg 7, 4400 Münster/Westf. (T. 0251 - 8 17 89) - Geb. 14. Nov. 1928 Biedenkopf/Lahn (Vater: Ernst Richard S., Kaufm.; Mutter: Maria, geb. Dersch), kath., verh. s. 1955 m. Hildegard, geb. Schneider, 2 Kd. (Ursula, Marvin Oliver) - Jura Marburg, Frankfurt, Köln, Psych. Freiburg/Br. Dipl.-Psych. Freiburg/Br., Promot. Köln, Habil. Hamburg - Ass. Düsseldorf; Assist. Freiburg/Br.; 1974 Gastprof. Keio Univ. Tokio, 1974 Allunionsinst. Moskau, 1976 Univ. Warschau, 1982 Australian Inst. of Criminology, Canberra, 1986 United Nations Asia and Far East Inst. for the Prevention of Crime and the Treatment of Offenders (UNAFEI) Fuchu, Tokio, 1986 Keio-, Chuo-, Waseda-Univ. Tokio, 1987 Univ. Lódz, Torun, Poznan (Polen) - BV: Kriminologie, 1977; Jugendkriminalität im Sozialprozeß, 1974; Viktimologie, 1975; Handwörterb. d. Kriminologie, 5. Bde. 1966-82, Kriminologie, Jugendstrafrecht, Strafvollzug, 1982; Kriminalitätsdarst. i. Fernsehen u. kriminelle Wirklichkeit, 1977; The influence of mass communication media on public opinion on crime and criminal justice, Europarat Straßburg, 1979; Crime and criminal policy in Western Europe, Canada, and the United States, Vereinte Nat., New York 1979; D. Opfer u. sein Täter, 1979; D. Geschäft m. d. Verbrechen, 1980; D. Verbrechensopfer in d. Strafrechtspflege, 1982; The victim in international perspective, 1982; Psychologie d. 20. Jh., 14. Bd., 1981, Kriminologie, 1987 - Organisator 3. Intern. Symposium f. Viktimologie, 1979 - 1974 Ehrenmitgl. Japan. Ges. f. Strafrecht; b. 1985 Präs. Intern. Ges. f. Viktimologie; b. 1984 Vorst.-Mitgl. Intern. Ges. f. Kriminologie; Fellow Western Society of Criminology; Sachverst. f. d. Vereinten Nationen u. d. Europarat; 1987 Ehrendoktor Univ. Lodz/Polen - Spr.: Engl., Franz.

SCHNEIDER, Hans Julius

Dr. phil., Prof. f. Philosophie Univ. Erlangen - Bismarckstr. 12, 8520 Erlangen - Geb. 27. Juni 1944 Freiburg (Vater: Julius Sch., Phys.; Mutter: Ferdinande, geb. Gocke) - 1963-65 FU Berlin; 1965-66 Univ. of Texas, Austin; 1966-67 FU Berlin; 1967-70 Univ. Erlangen; Dr. phil. 1970 Erlangen; Habil. 1975 - 1970-77 Wiss. Assist. Konstanz; 1977-78 Wiss. Angest. ebd.; 1978-83 Heisenberg-Stip DFG; s. 1983 Prof. Erlangen - BV: Pragmatik als Basis v. Semantik u. Syntax, 1975; Üb. d. Schweigen d. Phil. z. d. Lebensprobl. (Universitätsreden Nr. 97), 1979 - Bek. Vorf.: Alexander Gocke, Kunstmaler (Großv.).

SCHNEIDER, Hans-Heinz

Dipl.-Politologe, Rundfunkkorrespondent - Königswinterer Str. 156, 5300 Bonn 3 - Geb. 20. Juni 1934, ev., verh. m. Winnie, geb. Weber, 1 T. - 1953-57 Stud. FU Berlin, Dt. Hochsch. f. Politik (Politol., Publ. u. Jura).

SCHNEIDER, Hans-Jochen

Dr. rer. nat., Prof. f. Angew. Geologie FU Berlin - Ferd.-Lehner-Str. 4, 8346 Simbach a. Inn (T. 08571 - 58 74) - Geb. 28. Sept. 1923 Dresden (Vater: Fritz S.; Mutter: Marie, geb. Morgenstern), verh. 1949 m. Friedl, geb. Birneder - TH u. Univ. München - S. 1958 (Habil.) Lehrtätigk. Univ. München (1962 Diätendoz.) u. FU Berlin (1964 ao., 1966 o. Prof.). 1984 Korr. Mitgl. Bayer. Akad. Wiss. München. Wiederh. Karakorum-Exped. - BV: u. a. Tektonik u. Magmatismus im NW-Karakorum; Time and Strata-Bound Ore Deposits, 1977; Mineral Deposits of the Alps (Hrsg.), 1983. Herausg. d. Ztschr.: Mineralium Deposita (ab Jahrg. 1980, m. D. D. Klemm). Üb. 75 Einzelveröff.

SCHNEIDER, Hans-Josef

Fabrikant (Jos. Schneider & Co., Opt. Werke, Bad Kreuznach), Vors. Verb. d. Dt. Feinmechan. u. Opt. Industrie/Landesgruppe Rhld.-Pfalz - Maler-Müller-Str. 10, 6550 Bad Kreuznach/Nahe (T. 60 12 40) - Geb. 6. Sept. 1926 - Spr.: Engl., Franz. - Rotarier.

SCHNEIDER, Hans-Jürgen

Dr. rer. nat., o. Prof. f. Informatik Univ. Erlangen-Nürnberg (s. 1972) - Falkenstr. 19, 8526 Bubenreuth - Geb. 28. Febr. 1937 Saarbrücken (Vater: Willi S., kaufm. Angest.; Mutter: Anneliese, geb. Murl), ev., verh. s. 1965 m. Christa, geb. Altpeter, 3 Kd. - Stud. d. Math. Univ. Saarbrücken; Promot. 1965 TU Hannover - 1970-72 o. Prof. TU Berlin. Fachmitgl.sch. - BV: Compiler, Lehrb. 1975; Programmiersprachen, Lehrb. 1981 - Spr.: Engl.

SCHNEIDER, Hans-K.

Dr. rer. pol., Dr. h. c., Prof. f. Wirtschaftl. Staatswissenschaften, Vors. Sachverständigenrat z. Begutacht. d. gesamtw. Entwickl. - Landgrafenstr. 121, 5000 Köln 41 (T. 40 69 25) - Geb. 26. Mai 1920 Remscheid (Vater: Paul S., Kaufm.; Mutter: Elfriede, geb. Kühndahl), kath., verh. s. 1948 m. Gerda, geb. Pirlet, 5 Kd. (Michael, Monika, Angela, Manuel, Dominik) - B. 1938 Gymn. Remscheid; 1944-46 Univ. Köln, München, Marburg (Volksw.). Dipl.-Volksw. 1948, Promot. 1948, Habil. 1958 (alles Köln) - 1945-46 Sachbearb., dann Ref. Berg. IHK, 1948-63 Assist., Privatdoz. (1961), Ord. u. Dir. Inst. f. Siedlungs- u. Wohnungswesen (1963), Dir. Inst. f. Energiewirtsch. Univ. Köln (1970), 1968ff. Beiratsmitgl. Bundeswirtschaftsmin., emerit. 1985 - BV: D. Preisbildung f. Ferngas (Diss.); Prinzipien d. Energiepreisbild. in volksw. Betracht., 1958 (Habil.schr.); The Demands of the Social and Natural Environment on the Planning and Development of the Electrical Ind., 1974; Konzentration u. Wettbew. in d. Energiewirtsch., 1977; Soz. Wohnungsmarktwirtsch., 1977. Herausg.: Energiew. Inst. Univ. Köln. Mithrsg.: D. Einheit d. Ges. - Studien in Grenzbereichen d. Wirtsch.- u. Sozialw., Grundwissen d. Ökonomik. Verantwortl. Bearb.: Materialien z. Bericht d. Lage d. Nation (1974). Verantwortl. Leit.: OECD-Studie Energy Prospects to 1985 (1975). Zahlr. Fachbeitr. - Mitgl. wiss. Akad.; 1987 Dr. h. c. Chung-Ang Univ., Seoul, Südkorea - Spr.: Engl., Franz.

SCHNEIDER, Hans-Ludwig

Kanzler d. Univ. Göttingen - Goßlerstr. 5-7, 3400 Göttingen.

SCHNEIDER, Hans-Peter

Dr. jur., o. Prof. f. Staats- u. Verwaltungsrecht Univ. Hannover (s. 1974) - Echternfeld 16, 3000 Hannover 51 (T. 65 08 58) - Geb. 26. Nov. 1937 Jena/Thür. (Vater: Peter S., Schulrat; Mutter: Marianne, geb. Bratfisch), ev., verh. s. 1966 m. Brigitte, geb. Pachaly, T. Marion - Altes Gymn. Bremen (Abit. 1958); Stud. d. Rechtswiss., Soziol., Politol. Univ. Freiburg/Br. u. München; 1. u. 2. jur. Staatsex. 1962 bzw. 1967; Promot. 1965; Habil. 1972 - 1965-74 Univ. Freiburg (wiss. Assist.; 1972 Privatdoz.); 1970-78 Richter am Kirchl. Verwaltungsgericht Ev. Landeskirche zu Baden; s. 1979 stv. Mitgl. Staatsgerichtshof d. Fr. Hansestadt Bremen; 1980 Gastprof. Univ. of Chicago Law School; s. 1987 Mitgl. Nieders. Staatsgerichtshof - BV: Justitia universalis. Quellenstud. z. Gesch. d. christl. Naturrechts b. G. W. Leibniz, 1967; Richterrecht, Gesetzesrecht u. Verfassungsrecht, 1969; D. parlam. Opposition im Verfassungsrecht d. Bundesrep. Dtschl., 1974 - Liebh.: Klass. Musik, mod. Graphik, Schauspiel, Ski, Tennis, Segeln - Spr.: Engl., Franz.

SCHNEIDER, Heinrich

Dr. phil., Prof. f. Politikwissenschaft - Doktorberg 3/4, A-2391 Kaltenleutgeben (Österr.) (T. 02238 - 4 28); dt. Anschr.: Oberer Stephansberg 3, 8600 Bamberg/Ofr. - Geb. 10. Aug. 1929 Brandenburg/H. (Vater: Dr. med. Georg S., Chefarzt; Mutter: Clara, geb. Schaefer), kath., verh. s. 1959 m. Helga, geb. Humpf, 3 Kd. (Johannes, Christine, Jürgen) - Phil.-Theol. Hochsch. Bamberg, Univ. München u. Cleveland (USA). Promot. 1955 München - 1959-62 Dozent u. Stellv. d. Dir. Akad. f. Polit. Bildung Tutzing; 1962-68 Prof. C.-H.-Becker-Hochsch. Hannover (Lehrstuhl f. Polit. Wiss.); 1968 Prof. f. Phil. d. Politik u. Ideologiekritik Univ. Wien; s. 1971 o. Prof. f. Politikwiss. ebd. (Vorst. Inst. f. Politikwiss.). Div. Ehrenstell., dar. Vors. Wiss. Beirat d. Österr. Inst. f. Polit. Bildung, Kurat.vors. Kath. Sozialakad. Österr., Dir. Österr. Komm. Iustitia et Pax, Direktoriumsvors. Inst. f. Europ. Politik, Bonn - BV: Europ. Volksdemokratie?, 1958; Wirtschaftsleben u. -ordnung, 1960 (m. F. Kopp); Polit. Bildung als Gewissensbild., 1961; Päd. Hochsch. u. Polit. Wiss., 1965; Leitbilder in d. Politik, 1972; Leitbilder d. Demokratie, 1973; Leitbilder d. Europapolitik, Bd. 1, 1977; Erfordernisse d. Friedens, 1982. Ca. 120 Einzelarb. - Komtur d. päpstl. Gregorius-Ordens; Komtur-Orden v. Hl. Grabe zu Jerusalem; BVK I. Kl.

SCHNEIDER, Heinrich

Dr. theol., o. Prof. f. Altes Testament - Kaiserstr. Nr. 66, 6500 Mainz (T. 23 16 23) - Geb. 22. Febr. 1908 Merkenfritz/Hessen (Vater: Heinrich S., ltd. Angest.; Mutter: Else, geb. van Venrooy), kath., led. - 1927-31 Stud. Phil. u. Theol. Freiburg/Br. u. Innsbruck, 1933-35 Alte Gesch. u. Spr. Freiburg, 1935-1939 Bibelwiss. u. Orientalistik Rom. Promot. (1935) u. Habil. (1939) Freiburg - 1945 Privatdoz. Univ. Freiburg; 1946 Ord. Univ. Mainz - BV: D. altlat. bibl. Cantica, 1938; D. Bücher Exodus, Leviticus u. Numeri übers. u. erklärt, 4. A. 1966; D. Buch Daniel, d. Buch d. Klagelieder, d. Buch Baruch übers. u. erkl., 1954; D. Text d. Gutenberg-Bibel, 1954; D. Bücher Esra u. Nehemia übers. u. erkl., 1959; D. Sprüche Salomos - D. Buch d. Predigers - D. Hohe Lied, 1962; Canticles in Syriac, 1972.

SCHNEIDER, Heinz

1. Bürgermeister a. D. Stadt Geretsried, Textil-Ing. - Jeschkenstr. 55, 8192 Geretsried/Obb. - Geb. 21. März 1920 Lossen/Schl. - 1968-86 1. Bürgerm. Stadt Geretsried, Kreisrat - BVK am Bde.; erster Ehrenbürger v. Geretsried; Ehrenmitgl.schaften b. Verb.

SCHNEIDER, Heinz

Dr. rer. nat., Univ.-Prof. EWH Rhld.-Pfalz Abt. Landau - Oberer Steinweg 21, 6740 Landau-Godramstein (T. 06341 - 6 07 21) - Geb. 27. Febr. 1924 Bad Kreuznach - Arbeitsgeb.: Protozoa u. Hydrobiol.

SCHNEIDER, Helmhold

Unternehmer, Geschäftsf. Werit-Kunststoffwerke W. Schneider & Co., Altenkirchen/Bludenz/Zürich/Wissembourg, JOMO - Sanitär-Kunststofftechnik GmbH & Co. KG, Buchholz/Asbach - Petersbach 1, 5230 Altenkirchen - Geb. 5. März 1925 Düsseldorf (Vater: Wilhelm Sch., Kulturbauing.; Mutter: Adele, geb. Korf) - Abit.; Stud. agri. - Inh. u. Geschäftsf. Werit-Kunststoffw. W. Schneider GmbH & Co., Altenkirchen/Bludenz (Österr.)/ Zürich (Schweiz)/ Wissembourg (Frankr.), Isoplex AG, Zürich; Vorst. Inst. f. Demokratieforsch. (IfD), Würzburg, u. GKV Gesamtverb. kunststoffverarb. Ind.

SCHNEIDER, Helmut

Fabrikant, Vors. d. Geschäftsf. Werner & Mertz GmbH. Erdal-Rex GmbH., Ardal-Klebst. GmbH., Tana-Chemie GmbH., Solitaire-Ges. mbH., alle Mainz - Zu erreichen üb.: Werner & Mertz GmbH, Ingelheimer Str. 3, 6500 Mainz - Geb. 1. Okt. 1924.

SCHNEIDER, Herbert

Lithograf, MdL Hessen (s. 1974) - Auf der Eich 5, 6200 Wiesbaden-Dotzheim (T. 42 34 40) - Geb. 22. Juni 1942 Wiesbaden (Vater: Josef S., Maurer; Mutter: Anni, geb. Willemann), verh. s. 1964 m. Hilde, geb. Nürnberg - Volkssch.; Lehre Klischeeätzer - 1972-74 Stadtverordneter Wiesbaden (n. d. Wahl z. Landtagsabg. niedergelegt); ehrenamtl. Funktionen IG Druck u. Papier u. DGB.

SCHNEIDER, Herbert

Schriststeller, Kolumnist Münchner Merkur u. tz - Candid-Huber-Str. 17, 8019 Ebersberg/Obb. - Geb. 8. Okt. 1922 München - Redakt. - BV (1956-81): D. Münchner Rass' (Ged.), Kinder d. Bavaria (Ged.), Geliebter Spektakel (Ged.), Karl May in d. Lederhose (Prosa), Münchner Geschichten (2 Bde. Prosa), Suibababierl (Ged.), Bair. Federspiel (Verse/Prosa), D. Nibelungen in Bayern (Prosa), Vabluahte Rosn (Ged.), Almaransch u. Wadlstrumpf (Prosa/ Ged.), Maxl u. Muschi (Gesch.), D. Schwager (Erz.) - 1962 Preis z. Förd. d. Lit. München; 1970 Ludwig-Thoma-Med.; 1978 BVK.

SCHNEIDER, Herbert

Dr., Prof. f. Musikwissenschaft Univ. Heidelberg - Curt-Goetz-Str. 29, 6500 Mainz 33 (T. 06131 - 47 68 29) - Geb. 23. März 1941 Wiesbaden (Vater: Ludwig Sch., Kaufm.; Mutter: Berta, geb. Maurer), ev., verh. s. 1968 m. Heide, geb. Schulz, 2 Kd. (Fabian, Saskia) - 1. u. 2. Staatsex. in Musikerz., Roman.; Promot. 1971, Habil. 1978, alles Univ. Mainz - 1971-72 Ref.; 1972-78 Assist.; 1979-81 Zeitprof.; 1981-84 Prof. in Bayreuth; 1984ff. Prof. in Heidelberg - BV: D. franz. Kompos.lehre in d. 1. Hälfte d. 17. Jh., 1972; Chronol.-Themat. Verz. sämtl. Werke v. J.-B. Lully, 1981; D. Rezeption d. Opern v. Lully im Frankr. d. Ancien régime, 1982; Rameaus letzter Musiktraktat, 1986; Herausg.: J. J. Stupan v. Ehrenstein Violino Compendiosa u. Rosetum musicum, in: DTÖ Bd. 137 (1984); J. B. Lully u. M. Marais, Trios pour le coucher du roy, in: Le Pupitre Bd. 70 (1987); F. Chopin, Balladen, Lpz.-Dresden (1987) - Spr.: Engl., Franz., Ital., Latein.

SCHNEIDER, Hermann

Dr. phil., Chefredakteur Württ. Wochenblatt f. Landwirtschaft u. Bad. Landw. Wochenbl. - Tübinger Str. 55, 7030 Büblingen/Württ. - Geb. 21. April 1909 Würzburg - Braunschweiger Neueste Nachr., Braunschw. Landesztg., Allg. Anzeiger (Braunschweig), Düsseldorfer Nachr., Magdeburger Ztg., Grazer-Tagespost, Schwäb. Tagebl. (Tübingen; zul. Chefredakt.).

SCHNEIDER, Hermann

Dr. rer. nat., Prof. f. Physik Univ. Heidelberg - Rainweg 1/1, 6900 Heidelberg (T. 06221 - 80 30 10) - Geb. 22. Okt. 1935 Jena (Vater: Prof. Dr. Wilhelm Sch., Vermessungsing.; Mutter: Anna, geb. Lay), ev., verh. s. 1966 m. Ursula, geb. Röhnert, 4 Kd. (Baldwin, Diethelm, Alrun, Ewald) - Dipl. 1961 Univ. Tübingen; Promot. 1964 Univ. Hamburg - 1962-65 Cern, Genf; ab 1965 Univ. Heidelberg - BV: D. Urknall u. d. absoluten Datierungen, 1982 - Spr.: Latein, Griech., Engl., Franz., Ital., Holländ.

SCHNEIDER, Holger Kurt

Dr. med., Prof. f. Neurol. u. Psychiatrie, Psychother., Dir. d. Bezirks-Krkhs, 8520 Erlangen (T. 09131 - 48 33 00) - Geb. 14. Sept. 1941 Neunkirchen/Saar (Vater: Walter S., Oberstud.dir.; Mutter: Else, geb. Saar), ev., verh. s. 1969 m. Brunhild, geb. Jonietz, 2 Kd. (Gregor, Katharina) - Ludwigsgymn. Saarbrücken (Abit. 1960); Stud. d. Med. Univ. Saarbrücken, Heidelberg, München - S. 1969 Univ.-Nervenklinik Homburg (Habil. 1978), spez. Arb.gebiet: Suchtforsch., psychiatr. Chir., Psychophysiol., Gerontopsychiatrie; Mitgl. Dt. EEG-Ges., Allg. Ärztl. Ges. f. Psychotherapie.

SCHNEIDER, Horst Reinhard

Dr. rer. soc., Prof., Hochschullehrer Univ. Bielefeld (s. 1986) - Postf. 86 40, 4800 Bielefeld 1 (T. 0521 - 106 46 31) - Geb. 5. Okt. 1946, verh. s. 1975 m. Ursula, geb. Wohlfart - Dipl.-Soziol.; Promot. 1976 Bielefeld; Habil. 1985 - S. 1983 Vors. Berufsverb. Dt. Soziologen; s. 1986 Leit. Zentr. f. Angew. Sozialforsch. u. Praxisberat. (ZASP) Bielefeld. S. 1986 Hochschullehrer f. Quantit. Meth. u. Angew. Sozialforsch. Fak. f. Soziol.

SCHNEIDER, Ingrid

Hausfrau, MdL Rhld.-Pfalz - Froelichstr. 11, 6660 Zweibrücken - Geb. 30. Nov. 1946 - SPD.

SCHNEIDER, Ivo

Dr. rer. nat., Prof. f. Geschichte d. Naturwissenschaften Univ. München - Hans-Leipelt-Str. 14, 8000 München 40 - Geb. 1. Sept. 1938 München - Promot. 1968 Univ. München, Habil. 1972 ebd. - 1972/73 Gastprof. Univ. Princeton; s. 1980 Prof. in München; 1983 Gastprof. ZiF d. Univ. Bielefeld, 1988 Gastprof. Univ. of Mennesota. 1976-82 Vorst.-Mitgl. Dt. Ges. f. Gesch. d. Med., Naturwiss. u. Technik; korr. Mitgl. Acad. Intern. d'Histoire d. Science (s. 1984); Geschäftsf. Graduiertenkolleg Wechselbeziehungen zw. Naturwiss. u. Technik am Dt. Museum (s. 1988) - BV: Archimedes: Ing., Naturwiss. u. Math., 1979; Isaac Newton, 1988; D. Entwicklung d. Wahrscheinlichkeitstheorie b. 1933 - Einf. u. ausgew. Texte, 1988. Herausg.: Carl Friedrich Gauß (1777-1855): Sammelbd. v. Beitr. z. 200. Geb. v. C. F. Gauß (1981). Mithrsg.: RETE, Strukturgesch. d. Naturwiss. (1972-75); Historia Mathematica (s. 1977); ISIS (1981-85); Soc. History of 19th Century Math. (1981); Ganita Bharati (s. 1982); Neue Reihe d. Abh. u. Ber. d. Dt. Museums, Neue Folge (s. 1984); Stud. z. Wiss. - Soz.- u. Bildungsgesch. d. Math. (s. 1985) - 1970 Rudolf-Kellermann-Preis f. Technikgesch.

SCHNEIDER von SOVÁR, Johann Alexander

Dr. med., Ärztl. Krankenhausdirektor i.R., Privatdoz. Freie Univ. Berlin (Innere Med.) - Horandweg 19, 1000 Berlin 28 (T. 401 24 36) - Geb. 11. Sept. 1910 Budapest (Vater: Dr. rer. pol. Alexander S., Beamter; Mutter: Elisabeth, geb. v. Hegedüs), kath., verh., 3 Kd. (Thomas, Eva, Stephan) - Gymn. Ettal/Obb.; 1929-34 Univ. Berlin (Med.). Promot. (1936) u. Habil. (1944) Berlin - 1936-51 Charité Berlin; s. 1951 Städt. Krkhs. Tegel-N. bzw. Humboldt-Krkhs. Reinickendorf (Chefarzt Inn. Abt., 1961 Ärztl. Dir.). CDU s. 1958 - BV: Hypophyse u.Konstitution, 1944. Üb. 30 Fachaufs. - Spr.: Ung., Engl., Span.

SCHNEIDER, Josef

I. Bürgermeister Stadt Riedenburg - Rathaus, 8422 Riedenburg/Ndb. - Geb. 7. Juli 1913 Offendorf - Zul. Regierungsamtm. CSU.

SCHNEIDER, Josef

Dr. theol., Dr. phil., Mag. aggreg., Theologe - Domstr. 7c, 8600 Bamberg/Ofr. (T. 5 63 58) - Geb. 5. Febr. 1906 Nürnberg (Vater: Georg S.; Mutter: Theresia, geb. Helbig), kath. - 1925-34 Stud. Phil. u. Theol. Rom. Priesterweihe 1931 Rom - 1936-45 Assist. u. Subregens Erzbischöfl. Klerikalsem. Bamberg, 1945-55 ao. u. o. Prof. Phil.-Theol. Hochsch. ebd., 1955-76 Erzbischof Bamberg. 1964-1973 Konsultor Päpstl. Kommiss. z. Revision d. kirchl. Gesetzb. - BV: D. Grundl. d. Sittlichkeit, 1947; Zwei Wege d. Lebensführung, 1951 - 1959 Bayer. VO., 1960 Gr. BVK m. Stern u. Schulterbd., 1965 Großkreuz in Silber Orden Juan Pablo Quarte Honor y Merito (Dominikan. Rep.); 1966 Ehrenbürger Bamberg; 1977 Ehrensenator Univ. Bamberg.

SCHNEIDER, Josef

I. Bürgermeister - Rathaus, 8014 Neubiberg/Obb. - Geb. 20. April 1933, verh., 4 Kd., kath. - 1. Vors. VHS Neubiberg. SPD.

SCHNEIDER, Jost

Maschinenbau-Ingenieur, Geschäftsführer Daimon-Duracell Batterien GmbH, Köln, u. Daimon-Duracell GmbH, Köln - Am Bergerhof 47, 5024 Pulheim-Brauweiler (T. 02234 - 8 37 21) - Geb. 27. Juli 1933 Altlandsberg (Vater: Walter Sch., Theologe; Mutter: Dr. phil. Margot Sch.), ev., verh. s. 1958 m. Hannelore, geb. Bell, 2 Kd. (Ulrike, Martin) - Sprecher Intern. Elektr. techn. Kommiss. (ITC 35) - Liebh.: Jagd - Spr.: Engl.

SCHNEIDER, Jürgen

Dr. jur., Stadtdirektor Stadt Stade - Rathaus, 2160 Stade (T. 04141 - 4 01-1 00) - Geb. 1. März 1938 Wildemann, ev., verh. s. 1964 m. Synja, geb. Martyrer, 2 Kd. (Kerstin, Frank) - 1958-62 Jura-Stud.; Gr. jurist. Staatsprüf. 1967 Hannover, Promot. 1965 - 1967-70 Bezirksreg. Stade; 1971-72 Pers. Ref. Nieders. Innenmin.; s. 1972 Stadtdir. Stade. 1982 Vizepräs. Nieders. Städtetag - Spr.: Engl., Latein.

SCHNEIDER, Karl

Architekt (BAK) - In d. Birken 74, 5600 Wuppertal-Elberfeld (T. 72 32 59) - Geb. 24. Mai 1909 Elberfeld (Vater: Wilhelm S.; Mutter: Johanne, geb. Kirsch), ev., verh. in 2. Ehe (in 1. verw.) s. 1964 m. Dorothee, geb. Freiin v. Carnap, 5 Kd. (Dr. Gisela, Dipl.-Ing. Karl Friedrich, Dr. Michael, RA Wolfram, RA Helmut) - Schule (Obersekundarreife) u. Höh. Techn. Lehranstalt Wuppertal (Hoch- u. Tiefbau-Ex.) - 10 J. Bauunternehmer; Kriegsdst. (Reserveoffz.), s. 1945 fr. Arch. (VDA). 1948-68 Ratsherr Wuppertal; 1950-70 MdL Nordrh.-Westf. (b. 1966 Vors. Aussch. f. Wohnungsbau u. Öfftl. Arbeiten, dann Vizepräs.). FDP 1945-70 - Gold. Ehrenz. 7. Panzergrenadier-Div. (Reserveoffz. Pioniere, Kriegsauszeichn.); 1969 Gr. BVK m. Stern - Liebh.: Geschichte - Spr.: Engl., Franz.

SCHNEIDER, Karl

Rechtsdirektor a. D., Minister a. D., MdL Hessen (s. 1973; 1976-80 Vors. SPD-Fraktion) - Luisenplatz 10, 6200 Wiesbaden (T. 06121 - 368 20 00), priv.: Sandstr. 56, 6101 Bickenbach - Geb. 21. Mai 1934 - Staatsmin. f. Landesentw., Umwelt, Landwirtsch. u. Forsten Hessen, zul. Kultusmin. Hessen (b. 1987). SPD.

SCHNEIDER, Karl

Dr. phil., em. Prof. f. Engl. Philologie - Cheruskerring 86, 4400 Münster/W. (T. 2 51 38) - Geb. 18. April 1912 Brückrachdorf/Rhld. (Vater: Karl S., Landw.; Mutter: Anna, geb. Schwinn), ev., verh. m. Gertrud M., geb. Staufenberg, S. Wolfger, in 2. E. s. 1948 m. Magdalene, geb. Thiel, 3. Kd. (Gerhard, Birke, Tilo) - Abit. 1931 Mülheim/R., Stud. 1932-36 Univ. Gießen (vgl. indog. Sprachwiss., Germanistik, Anglistik, Philosophie), Staatsex. f. d. Höh. Lehramt, Dr.-Examen 1936 - 1936/37 Studienref., 1937-39 German Assistant Victoria University Manchester (Engl.), 1939 Lehrer Odenwaldschule, 1940-45 (m. Unterbr. d. Militärdienst) Lektor f. Engl. Univ. Gießen, in gleicher Funktion 1946-50 Univ. Marburg. 1951 Habil. Univ. Marburg, dann Univ. Münster (1953 Doz., 1957 ao. Prof., 1959 o. Prof. u. Dir. Engl. Seminar, 1964 Dekan d. Philosoph. Fak.), 1981 Gastprof. Sophia-Univ. Tokyo/Jap. - BV: D. Stellungstypen d. finiten Verbs im urgerm. Haupt- u. Nebensatz, 1938; D. german. Runennamen, 1956; Anglo-fries. Runensolidi im Lichte d. Neufundes von Schweindorf (Ostfriesl.) (zus. m. P. Berghaus), 1967 - Spr.: Engl.

SCHNEIDER, Karl

Dr., Sprecher d. Vorstandes Südzucker AG Mannheim/Ochsenfurt - Maximilianstr. 10, 6800 Mannheim (T. 0621 - 46 10) - Geb. 4. Dez. 1927 - 1984ff. Präs. Bund f. Lebensmittelrecht u. -kd; stv. Vors. KWS, Einbeck, u. AGAB, Frankfurt.

SCHNEIDER, Karl-Hermann

Schriftsteller (Ps. Carsten Peters) - Uh-

landstr. 1, 3507 Baunatal I (T. 0561 - 49 40 84) - Geb. 3. März 1948 Kassel (Vater: Karl Sch., Bundesbahnbeamt. †; Mutter: Elisabeth, geb. Guth †), verh. s. 1969 m. Gisela, geb. Weishaupt, T. Silke - Zeitw. Finanzbeamt. Vors. Verb. Kasseler Autoren; Schatzm. Intern. Schriftst.-Verb.; s. 1989 Ehrenvors. Verb. Kasseler Autoren f. Aphorismen, Kurz-Krimis, Rätsel u. Quiz jegl. Art, Kurz-Prosa, Satiren- u. Aphorismen, Belletristik, Tatsachenber., Reportagen, Reiseber. - 1973 Stadtmed. d. Stadt Frankfurt anläßl. d. 25. Ffm.-Buchmesse; 1981 Ehrendipl. Intern. Orden d. Freiwilligen f. d. Frieden. (Italien); 1986 Pegasus-Preis; 3. Preis d. Verb. Kasseler Autoren f. Aphorismen aus d. Anthologie 10 J. VKA - Liebh.: Sign. Fotos v. Präsidenten u. Königen - Spr.: Latein, Engl.

SCHNEIDER, Klaus
Dr.-Ing., Prof. - Am Stadtwald 62, 8765 Erlenbach (T. 09372 - 59 20) - Geb. 9. März 1937 Leipzig (Vater: Werner Richard Sch., Ing.; Mutter: Annemarie, geb. Bühl), verh. s. 1961 m. Elisabeth, geb. Hülsmann, 2 S. (Joachim, Christian) - 1943-1955 Grund- u. Obersch. in Leipzig, Abschl. Abit.; 1955-59 Stud. Maschinenbau Dresden; 1959-61 dgl. Aachen; Promot. 1968 - 1961-63 Entw.-Ing. Enka AG; 1964-68 Assist. b. Prof. Kießkalt u. Rautenbach TH Aachen; s. 1969 Tätigk. Enka AG, Forschungsinst. Obernburg; zul. Ltg. Hauptabt. Neue Produkte. Hon.-Prof. Techn. Hochsch. Darmstadt. Fachgeb.: Mechan. Verfahrenstechnik. 8 Patente. Rd. 20 Veröff. in Fachztschr. - Spr.: Engl., Russ.

SCHNEIDER, Klaus M. R.
Geschäftsführer Flabeg GmbH, Fürth - Am Auerberg 11, 8550 Forchheim-Reuth - Geb. 15. März 1932 Berlin.

SCHNEIDER, Klaus-Werner

Dr. med., Prof. f. Inn. Med. i. R. - Robert-Koch-Str. 21a, 8700 Würzburg - Geb. 28. Juni 1920 (Eltern: Adelmar u. Thusnelda S.) - Univ. München, Zürich, Brüssel, Innsbruck; Habil. 1956 - 1962 apl. u. 1966 Prof. f. Innere Med.; Vorst.

Abt. Cardiol. Univ. Würzburg. Beirat Ztschr. Herz/Kreislauf; verantw. Schriftleit. Ztschr. CA-Bulletin - BV: Herzinsuffizienz, Haemodynamik u. Stoffwechsel (m. E. Wollheim), 1962; Hypotonie-Klinik u. Therapie, 1968; Kreislauffunktion b. Sportler, 1970; D. venöse Insuffizienz, 1972; Fibrinolytische Therapie, 1974; Aspekte moderner Angiologie, 1975. Üb. 350 wiss. Einzelarb. Erstmals Anwendung d. Indikatordilutionsmethode m. Cardiogreen b. Menschen, Untersuchung d. Hochleistungssportlers hiermit u. m. d. Echographie: Ablehnung d. sog. Schlagvolumenreserve d. Sportlers m. allg. Akzeptanz, Hämodynamik d. essentiellen Hypertonie u. Verwirkl. d. ambulanten Coronarographie z. flächendeckenden diagnost. Versorgung - Fellow concilii collegii intern. angiologiae - Spr.: Engl., Franz., Ital.

SCHNEIDER, Lothar
Dr., Prof. - Röntgenring 10, 8700 Würzburg (T. 3 16 33) - Geb. 8. Juni 1925 Bärenstein/Erzgebirge, ev., verh. s. 1950 m. Susanne, geb. Mann, S. Stephan - Stud. Bonn; Promot. 1956 ebd.; Habil. 1966 Würzburg - 1956-64 Mitarb., Assist., Kustos Zool. Inst. u. Zentrallabor f. Übermikroskopie Univ. Bonn, s. 1965 Zool. Inst. Univ. Würzburg (Konservator, Oberkonserv., Wiss. Rat u. s. 1972 apl. Prof. u. Vorst. Abt. Zellstrukturforschung. Fachveröff. Ztschr. u. Handb. - Spr.: Engl..

SCHNEIDER, Lothar
Dr. rer. pol., Dipl.-Volksw., Prof. Univ./GH Paderborn, Haushaltswiss., Wiss. Beirat Inst. f. empir. Psych. GmbH (IFEP), Köln - Frankenstr. 36, 5000 Köln 40 (T. 0221 - 48 66 84) - Geb. 7. April 1937 Ströbitz/Cottbus (Vater: Otto Sch., Reg.-Baudir. a.D.; Mutter: Dora, geb. Kabel), verh. s. 1962 m. Elinor, geb. Steinhauer, 2 Kd. (Corinne, Stefan) - Dipl.-Volksw. 1962 Göttingen; Promot. 1966 Göttingen - 1962-67 wiss. Assist. Univ. Göttingen, Univ. Gießen; 1968-73 Abt.-Leit. Werbeagentur; 1974 Geschäftsf.; 1974ff. Prof. - BV: u. a. D. Arbeiterhaushalt im 18. u. 19. Jh., Monogr., 1967; Wirtschafts- u. Sozialllehre d. Haushalts, Schulb., 1967-87 (9. A.); E. Diabetiker im Haushalt, Monogr., 1975 (3. A.); Fallstudien Haushalt u. Familie, Monogr. 1981; Arbeitslehre - Haushalt (m. and.), Schulb. 1981; Erfahrungen, Probleme u. Lerninteressen türkischer Hausfrauen in d. Bundesrep. (m. and.), 1983; Einkauf v. Lebensmitteln u. bedarfsgerechte Ernährung (Medienpaket, m. and.), 1986; Ausl. u. dt. Frauen: miteinander leben lernen, Anregungen zur interkulturellen Frauenarbeit (m. and.), 1988 - Liebh.: Fremdsprachl. Lit., Reisen (bes. nach Frankreich), franz. u. ital. Küche - Spr.: Engl., Franz.

SCHNEIDER, Manfred
Bundestagsabgeordneter (s. 1983; Landesliste Rhld.-Pfalz) - Bundeshaus, 5300 Bonn 1 - 1977-84 Vors. CDU-Fraktion; s. 1984 Mitgl. Bezirksvorst. CDU Bezirksverb. Koblenz-Montabaur.

SCHNEIDER, Manfred
Vizepräsident Bundesaufsichtsamt f. d. Kreditwesen, Berlin - Kranzallee 7b, 1000 Berlin 19 (T. 030 - 304 31 88) - Geb. 23. März 1928 Olbernhau (Vater: Oswald Sch.; Mutter: Melitta, geb. Friedrich), ev., verh. s. 1952 m. Ingeborg, geb. Stange - Stud. Gesch., Rechtswiss. u. Volksw. Univ. Rostock, Halle u. FU Berlin; Gr. jurist. Staatsprüf. 1958 - 1958-62 Senator f. Wirtschaft Berlin; s. 1962 Bundesaufsichtsamt f. d. Kreditwesen. Mitgl. Berat. Bankenausch. d. EG u. Aussch. f. Bankenbestimmungen u. Überwachung b. d. Bank f. Intern. Zahlungsausgleich; zahlr. Ehrenstell. u. Mand., u.a. AR HUK Coburg - BV: Kreditwesengesetz, Kommentar 1976 u. 85; Praxis d. Bankenaufsicht, 1978; Kreditwesengesetz, Loseblattsamml.; zahlr. Aufs. u. Beitr. in Fachztschr. - BVK - Liebh.: Gesch., Lit.,

Sport (Golf, Skilaufen) - Spr.: Engl., Franz.

SCHNEIDER, Marianne
Prof. f. Erziehungswissenschaft (emerit.) Univ. Bremen - Upper Borg 91, 2800 Bremen 33.

SCHNEIDER, Michael
Dr. phil., Prof., Organist - Im Fuchsbau 8, 5000 Köln-Brück (T. 84 11 12) - Geb. 4. März 1909 Weimar (Vater: Gustav S., Maler; Mutter: Clara, geb. Tiedemann, Gesanglehrerin), ev., verh. in 2. Ehe (1953) m. Alice, geb. Tétaz, 6 Kd. - Gymn. Weimar; Musikhochsch. Weimar u. Leipzig; Univ. Jena u. Köln (Promot. 1941) - 1931 Stadtorganist Weimar, 1934 Kantor München, 1936 Prof. Musikhochsch. Köln, 1945 Kirchenmusikdir. München, 1951 Prof. Nordwestd. Musik-Akad. Detmold, Leit. Bielefelder Musikverein, 1958 Prof. Musikhochsch. Berlin, Organist Kirche z. Heilsbronnen ebd., 1965 Prof. Musikhochsch. Köln (1965-74 auch Leit. Inst. f. Kirchenmusik). Gürzenich-Organist a. D.; Konzertreisen Westeuropa, Nordamerika, Südafrika - BV: Entwickl. d. Orgelspieltechnik im 19. Jh., 1941 - 1981 Karl-Straube-Plak.; Ehrenmitgl. Dt. Musikrat - Spr.: Engl., Franz.

SCHNEIDER, Michael
Geschäftsführer Institut f. Neue Techn. Form - Eugen-Bracht-Weg 6, 6100 Darmstadt (T. 06151 - 4 80 08).

SCHNEIDER, Michael
Prof. Musikhochsch. Frankfurt/M., Musiker - Bergweg 27, 6370 Oberursel 4 - Geb. 10. Aug. 1953 Nordhorn - Staatl. Musiklehrer-Prüf.; Künstler. Reifeprüf. u. Konzertex. 1975-77 Musikhochsch. Köln - 1980 Prof. HdK Berlin (Künstler. Hauptf. Blockflöte]; 1983 Prof. Musikhochsch. Frankf./M. (Leit. Studio f. Alte Musik) - Schallpl.: u.a. Vivaldi-Konz., Ital. Sonaten, Telemann-Sonaten.

SCHNEIDER, Michael
Dr. phil., Schriftsteller, Publizist - Niederwaldstr. 6, 6200 Wiesbaden (T. 06121 - 84 15 14) - Geb. 4. April 1943 Königsberg (Vater: Horst Sch., Dirig. u. Kompon.), ev., verh. s. 1981 m. Ingeborg, geb. Dienstbach (Lehrerin), 3 Kd. (Andrea, Katja, Stefan) - Stud. Naturwiss., Phil., Soziol. u. Religionswiss.; Promot. 1974 FU Berlin - Verlagslektor, Journ., Schausp.dramaturg, Essayist, Prosaist u. Dramatiker - BV: Neurose u. Klassenkampf, 1973 (Übers. in 8 Spr.); D. Spiegelkabinett, 1980 (Übers. in 4 Spr.); D. Kopf verkehrt aufgesetzt, 1981; Nur tote Fische schwimmen mit dem Strom, 1985; D. Traumfalle, 1987; Iwan d. Deutsche, 1989: Theaterstücke: D. Wiedergutmachung, Uraufführung Staatstheater Wiesbaden, 1977; Luftschloß Untertage, UA. LTT Tübingen, 1982; D. Beil w. Wandsbek - e. dt. Drama n. Arnold Zweig, UA Staatstheater Darmstadt, 1988 - 1980 ZDF-Aspekte-Lit.preis; 1988 Kulturpr. Stadt Wiesbaden - Liebh.: Zauberei, Schach, Musik (Querflöte), Sprachen - Spr.: Engl., Franz., Span., etwas Russ.

SCHNEIDER, Norbert
Sozialgerichtsrat, Staatssekr. Min. f. Wissenschaft u. Kunst Baden-Württ., MdL (s. 1968, CDU) - Südring 27, 7240 Horb/N. (T. 26 64) - Geb. 31. Jan. 1935 Horb/N., kath., verh., 1 Kd. - Gymn. Horb; 1955-59 Univ. Tübingen u. Bonn (Staats- u. Rechtswiss.) - S. 1964 Gerichtsass. u. Sozialgerichtsrat (1967) SG Reutlingen. 1962-67 Mitgl. Stadtrat Horb.

SCHNEIDER, Norbert
Dr. theol., Programmdirektor Sender Freies Berlin - Lassenstr. 30, 1000 Berlin 33 (T. 825 62 10) - Geb. 7. Aug. 1940 Langenau/Württ. (Vater: Dr. Erwin S., Studienrat; Mutter: Dr. Elfriede, geb. Hashagen), ev., verh. s 1970 m. Irmela, geb. Brändle - Ev.-theol. Sem. Maulbronn u. Blaubeuren; Stud. d. Theol. u. Publiz. Univ. Tübingen, Marburg,

Hamburg; Promot. 1968 Marburg - 1964/65 u. 1967 Vikar; Volont. SWF; Stip. DFG; 1971-73 Ref. f. Hörfunk u. Ferns. Ev. Konfz. f. Kommunikation, 1972-74 Lehrbeauftr. f. prakt. Theol. u. Religionspubl. Univ. Mainz, Bochum, Münster, s. 1974 GEP (zun. Ref.sleit. Grundsatzfragen). S. 1974 Vors. Programmbeirat Ferns.- u. Filmproduktionsges. Eikon, 1976-81 Fernsehbeauftr. EKD, Dir. Gemeinschaftswerk d. Ev. Publizistik; s. 1977 Vors. Verwaltungsrat Eikon; 1971-1976 Redakt. Zeitschrift medium; 1972-76 Redakt. Buchreihe medium-Dokumentation - BV: D. rhetor. Eigenart d. paulinischen Antithesen, 1970; D. gedopte Ges., 1972. Herausg.: Religionsunterr. Konflikte u. Konzepte (1971) - Liebh.: Sport, Musik - Spr.: Engl.

SCHNEIDER, Norbert
Dr. rer. nat., Dipl.-Chem., Mitgesellschafter Algol Mineralöl GmbH Emden - Oertelsburger Str. 13, 2970 Emden 1 - Geb. 8. Sept. 1926 - Zuv. elf-Raffinerie, Speyer u. 1972-82 Vorst.-Mitgl. Erdöl Raffinerie Duisburg GmbH/ERD (Techn. Ber.); 1982-83 Vors. Geschäftsf. Erdölwerke Frisia GmbH, Emden.

SCHNEIDER, Norbert
Dr. phil., Prof. Univ. Münster, Kunsthistoriker - Voigts-Rhetz-Str. 1A, 4500 Osnabrück (T. 0541 - 43 04 35) - Geb. 28. Juni 1945 Salzgitter - 1973-76 Doz. Hochsch. f. Gestalt. Bremen; 1976-80 Prof. PH Westf.-Lippe; s. 1980 Univ. Münster.

SCHNEIDER, Olaf
Dr. rer. pol., Dipl.-Kfm., BP Oil Intern. London, Manager Logistik - 3 Shrewsbury House, Cheyne Walk, London SW3 (T. 01351 - 62 03); u. Adickesstr. 21, 2000 Hamburg 52 (T. 040 - 899 10 62) - Geb. 3. Aug. 1931 Danzig (Vater: Martin Sch., Kaufm.; Mutter: Käte, geb. Cornelsen), ev., 2 Kd. (Derk, Lars) - Christianeum Hamburg (Abit. 1951); 1951-53 kaufm. Lehre BP AG; 1953-56 Univ. ebd. (Betriebsw.; Dipl.). Promot. 1962 Hamburg - 1959-62 Assist. Univ. Hamburg - 1962 Deutsche BP; 1972 Dir. Dt. BP; 1977-79 BP London, Area Coordinator Regional Direct. Europe; 1979/80 stv./o. Vorst.-Mitgl. Gelsenberg AG; Geschäftsf. Ges. f. Transporte u. Logistik mbH; s. 1987 BP Oil London, Logistik weltweit - Liebh.: Tennis, Golf, Theater, Lit. - Spr.: Engl.

SCHNEIDER, Oscar

Dr. jur. utr., Rechtsanwalt, Bundesminister f. Raumordn., Bauwesen u. Städtebau (1982-89), MdB (s. 1969; CDU/CSU-Fraktion) - Deichmanns Aue, 5300 Bonn 2-Bad Godesberg (T. 33 70) - Geb. 3. Juni 1927 Altenheideck/Bay. (Vater: Josef S., Landwirt), verh. s. 1961 m. Josefine, geb. Kampfer, 2 Töcht. (Doris, Stefanie) - Univ. Erlangen u. Würzburg (Rechts- u. Staatswiss.; Promot. 1959, Diss. - Ministerverantwortlichkeit in d. BRD. Gr. jurist. Staatsprüf. - S. 1959 bayer. Finanzverw. 1956-69 Mitgl. Stadtrat Nürnberg (1960 Fraktionsvors.); 1966-70 Mitgl. Bezirkstag

Mittelfranken; s. 1977 Vors. CDU-Bezirksverb. Nürnberg-Fürth; s. 1959 Mitgl. CSU-Landesvorst. CSU. Wehrdst. u. amerik. Gefangensch. - BV: D. geordnete Stadt, 1964; D. Harmonie v. Mensch, Raum, Natur u. Kultur, 1983; Fundamente. Plädoyer f. e. menschenwürdige Architektur u. Baupolitik, 1986. Aufs.: Versuch üb. d. Lesen, 1988.

SCHNEIDER, Otto

Kaufmann, Präsident Dt. Reisebüro-Verb. - Dt. Reisebüro-Verb., Mannheimer Str. 15, 6000 Frankfurt 1 - Geb. 24. Jan. 1929 Bremen - Kurat.-Vors. ITB-Intern. Tourismus Börse, Berlin; stv. Vors. Kurat. Willy-Scharnow-Stiftg.; Mitgl. Tourismusbeirat b. Bundesmin. f. Wirtsch.; VR Dt. Zentrale f. Tourismus (DZT), Frankfurt; AR Lufthansa-Commercial Holding, Köln; Kurat. d. Dt. Sem. f. Fremdenverkehr, Berlin; Dt. Fremdenverkehrs-Präsid.; Vorst. Studienkr. f. Tourismus, Starnberg; Beirat d. Europ. Reiseversich.-AG, München.

SCHNEIDER, Peter

I. Bürgermeister Stadt Schwarzenbach/Saale - Rathaus, 8676 Schwarzenbach/Ofr. - Geb. 2. Juli 1926 Plauen/Vogtl. - Zul. Techn. Angest. SPD.

SCHNEIDER, Peter

Dr. phil., em. o. Prof. f. Didaktik d. Erd- u. Heimatkunde Gesamthochschule Essen - Jägerstr. 5, 5620 Velbert 15 (Neviges) (T. 76 43).

SCHNEIDER, Peter

Dr. jur., o. Prof. f. Öfftl. Recht - Goldenluftgasse 4, 6500 Mainz (T. 22 32 73) - Geb. 10. Juli 1920 Zürich/Schweiz (Vater: Dr. Walter S., Rechtsanw.; Mutter: Annemarie, geb. Mousson), ev., verh. s. 1957 m. Vera, geb. Ryschikoff, 3 Kd. (Johannes, Tatjana, Markus) - Gymn. Zürich; Univ. Zürich u. Genf - S. 1955 (Habil.) Lehrtätigk. Univ. Bonn u. Mainz (1974-80 Präs.). 1963-67 Präs., dann Vizepräs. Vereinig. f. Rechts- u. Sozialphil. Mitgl. Intern. Vereinig. f. Rechts- u. Sozialphil., Intern. Juristen-Kommiss., Dt.-Franz. Juristen-Vg. Staatsrechtslehrer-Vg., 1975 Vors. Kurat. d. Dt. Krebshilfe e. V., Bonn, 1976 Vors. d. Dt. Leseges. e. V., Bonn - BV: Ausnahmezustand u. Norm, 1957; Pressefreiheit u. Staatssicherheit, 1968; Recht u. Macht - Gedanken z. Gegenw., 1970. Zahlr. Einzelarb. - 1975 Litt. D. h. c.; 1978 BVK; 1983 Chevalier de la légion d'honneur - Liebh.: Lit., Kunst - Spr.: Franz. - Rotarier - Bek. Vorf.: Prof. Dr. phil. Hans S., Historiker; Heinrich Mousson, Erziehungsdir. (Kultusmin.) Kanton Zürich.

SCHNEIDER, Peter

Dr. rer. nat., Prof. Fak. f. Biologie Univ. Heidelberg - Im Neuenheimer Feld 504, 6900 Heidelberg - Geb. 15. Aug. 1936 - 1957-60 Stud. Physik Univ. Würzburg; 1960-65 Stud. Biol. Univ. Münster; Habil. 1973 Bonn - Wiss. Assist. Würzburg; Doz. f. Physiol. Kabul (Afghanistan); s. 1974 Heidelberg - Interessen: Muskel- u. Bewegungsphysiol.

SCHNEIDER, Peter

Bürgermeister Stadt Braunfels/Lahn, Wahlbeamter - Am Kreuzberg 12, 6333 Braunfels-Bonbaden - Geb. 9. April 1940 Frankfurt (Vater: Robert Sch.; Mutter: Anna, geb. Zillich), ev., verh. s. 1964, 2 T. (Susanne, Sybille) - Gymn. (Mittl. Reife), Handelssch. - 1970-77 Stadtverordn., 1975-77 Stadtverordn.vorst., 1975-77 Mitgl. Hauptaussch. Hess. Städtetag, 1975-77 Präs.Mitgl. Vereinig. d. Hess. Stadtverordn.vorst., 1979-81 MdK Lahn-Dill-Kreis, 1979-81 stv. Kreistagsvors. - Liebh.: Europ. Partnerschaft, Reisen, Aquarien, Hunde, Angeln - Spr.: Engl., Franz.

SCHNEIDER, Peter Maria

Studioleiter Südd. Rundf. Studio Karlsruhe (s. 1987) - Kriegsstr. 166-170, 7500 Karlsruhe 1 (T. 0721 - 17 61 10) - Geb. 19. April 1940 Mülheim/Ruhr, kath., verh. - Stud. Angl., German., Publiz.-Reporter, Redakt. u. Europaratskorresp. f. versch. ARD-Rundf.anst.; s. 1972 Redakt. u. s. 1987 Leit. SDR-Studio Karlsruhe.

SCHNEIDER, Reinhard

Dr. phil., Prof. f. Mittelalterl. Geschichte Univ. Marburg (s. 1974) - Gründeberg 12, 3551 Dagobertshausen - Geb. 13. März 1934 Berlin - Promot. (1963) u. Habil. (1971) Berlin (FU) - Zul. Prof. FU Berlin - BV: Brüdergemeine u. Schwurfreundschaft, 1964; Kapitularien, 1968; Königswahl u. -erheb. im Frühmittelalter, 1972. Fachaufs.

SCHNEIDER, Reinhard

Dr. phil., Prof. f. Musikpädagogik PH Flensburg, Vorsitzender Ges. f. Musikpäd., Regensburg (s. 1983) - Lange Fahrt 8, 2391 Freienwill - Geb. 17. Okt. 1948 Denklingen, verh. s. 1969 m. Hanna, geb. Pönitz, 2 Söhne (Wolfgang, Klaus) - Stud. Schulmusik Musikhochsch. Köln, Musikwiss., Phil. u. Soziol. Univ. Köln u. Münster; 1. u. 2. Staatsex., Promot. 1978 - Studienrat Rheine; 1979-83 Wiss. Assist. Univ. Paderborn; s. 1983 Prof. PH Flensburg - BV: Semiotik d. Musik, 1980; Anthropologie d. Musik u. d. Musikerziehung (Hg.), 1987.

SCHNEIDER, Rolf

Versicherungsdirektor - Welscher Wiese 6, 5060 Bensberg/Rhld. - Geb. 21. Aug. 1924 Nürnberg - Stv. Vorstandsvors. Agrippina Lebensversicherung AG., Köln.

SCHNEIDER, Rolf

Dr. med., Prof., Anatom - Schenckstr. 41, 6000 Frankfurt/M. (T. 78 33 86) - Geb. 6. Sept. 1923 Frankfurt/M., kath., verh. s. 1957, 2 Kd. - Med. Staatsex. 1948 - Frankfurt - S. 1956 (Habil.) Lehrtätigk. Univ. Frankfurt (1963 apl. Prof.). Fachaufs.

SCHNEIDER, Rolf

s. Schneider, Rudolf

SCHNEIDER, Rolf Dieter

Ass., Generalbevollmächtigter Contigas Dt. Energie-AG, Düsseldorf - Zu erreichen üb. Contigas, Goltsteinstr. 28, 4000 Düsseldorf 1 - Geb. 12. Jan. 1924, ev., verh. s. 1953 m. Hildegund, geb. D'hein, Sohn Ulrich - Abit. 1942, 1. jurist. Staatsex. 1948, 2. jurist. Staatsex. 1951 - AR-Mitgl. Licht- u. Kraftwerke Altenau GmbH, Licht- u. Kraftwerke Seesen/Harz GmbH, Herzberger Licht- u. Kraftwerke GmbH (stv. Vors.), Stadtwerke Telgte GmbH; VR: Gasversorg. Lehrte GmbH.

SCHNEIDER, Rudolf

Dr. med., Chefarzt Radiolog. Klinik Oldbg. Landeskrkhs., Sanderbusch, Honorarprof. f. Röntgenol. u. Strahlenheilkd. Univ. Marburg - Erlenweg Nr. 5, 2945 Sande Kr. Friesland.

SCHNEIDER, Siegfried H.

Dr. rer. pol., Dipl.-Kfm., stv. Chefredakteur Kath. Sonntagsblatt/Kirchenztg. f. d. Bistum Würzburg (s. 1970) - Kneippstr. 29, 8750 Aschaffenburg/Ufr. - Geb. 3. März 1918 Aschaffenburg (Vater: Felix S., Eisenbahnbeamter; Mutter: Rosa, geb. Scheuring), kath., verh. s. 1948 m. Adalinde, geb. Zieroff, T. Petra - Oberrealsch. Aschaffenburg; Univ. Frankfurt/M. u. München (Volks-, Betriebsw., Philol.). Dipl.-Kfm. (1941) u. Promot. (1947) Frankfurt - 1947-67 Lektor u. Chefredakt. Pattloch-Verlag, Aschaffenburg; 1967-70 Mithrsg. u. Chefredakt. Kath. Digest, Aschaffenburg. Buchübers. - Liebh.: Bücher, Musik - Gold. Sportabz. - Spr.: Engl., Franz., Ital. - Rotarier.

SCHNEIDER, Siegmar

Schauspieler, Regisseur - Oelschlägerstr. 57, 7000 Stuttgart 75 (T. 47 94 60) - Geb. 10. Dez. 1916 Berlin (Vater: Carl S., Kaufm.; Mutter: Anna, geb. Ziemendorf), verh. s. 1943 m. Gertrud, geb. Wienecke, T. Angelika-Christine - Realgymn. (Abit.); Schauspielausbild. - S. 1937 Bühnen Bremen, Stuttgart, Wien (Burgtheater), Göttingen (n. 1945, Schauspieldir.), Berlin (Dt. Theater, 1950 Schiller-Theater 25 J.), Hamburg (Thalia-Theater), SWF Baden-Baden (1965 Chefdramat. Abt. Fernsehspiel). Bühneninsz.: Bern, Braunschweig, Baden-Baden, Hamburg, Berlin. Theaterrollen: Wetter v. Strahl, Achill, König Heinrich, Siegfried, Eduard IV. u. in Stücken d. mod. Literatur; Fernsehregie: D. Scheiterhaufen, D. Oberkellner u. a., Film: Straßenbekanntschaft, Morituri, Unser täglich Brot, u.a. - 1963 Berliner Staatsschausp.

SCHNEIDER, Theodor

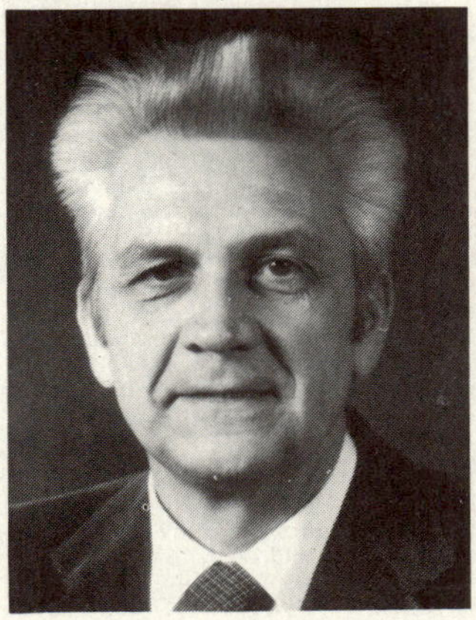

Dr. theol., Prof. f. Dogmatik u. ökum. Theol. Univ. Mainz, Theologe - Hauptstr. 60, 6509 Armsheim (T. 06734 - 5 06) - Geb. 22. Mai 1930 Essen - Priesterweihe 1956 Köln, Promot. 1966 Univ. Münster, Habil. 1970 Univ. Bochum - 1956-64 Seelsorge, Doz. f. Dogmatik, Spiritual; 1964-70 Wiss. Assist. Univ. Bochum; s. 1971 o. Prof. f. Dogmatik Univ. Mainz. 1971-75 Berater Sachkommission I d. Gemeinsamen Synode d. BRD; s. 1975 Beirat Concilium Sektion Spiritualität; Mitgl. Dösta d. Arbeitsgem. christl. Kirchen in d. BRD; Wiss. Leit. (kath.) d. Ökumen. Arbeitskr. kath. u. ev. Theol. (Paderborner Kreis) - BV: Teleologie als theol. Kategorie b. H. Schell, 1966; D. Einheit d. Menschen, 1973, 2. A. 1988; Wir sind s. Leib, 1977, 4. A. 1989; Gott ist Gabe, 1979; Zeichen d. Nähe Gottes, 1979, 5. A. 1987; Deinen Tod verkünden wir, 1980; Was wir glauben, 1985, 3. erw. A. 1988; D. verdrängte Aufbruch. E. Konzils-Leseb., 1985.

SCHNEIDER, Ulrich

Dr. phil. (habil.), Prof. Indologe - Linckensstr. 31a, 4400 Münster-Hiltrup (T. 02501 - 1 34 53) - S. 1957 Lehrtätigk. Univ. Leipzig u. Freiburg (1959; 1964 apl. Prof.) u. Münster (1980, gegenw. Dir. Indol. Seminar) - BV: Einf. i. d. Buddhismus, 1980; Einf. in d. Hinduismus, 1988. Fachveröff. - Festschr.: Hinduismus u. Buddhismus (1987).

SCHNEIDER, Ulrich G.

Dipl.-Volksw., Geschäftsführer BVB, Bundesverb. Vertriebsunternehmen, Büro-, Informat.- u. Kommunikationstechnik - Dietrich-Bonhoeffer-Str. 4, 6380 Bad Homburg v.d.H. (T. 06172 - 3 10 17; Telex (17) 6 172 969 bvb; Teletex: 6 172 969; Telefax (06172 - 3 10 10).

SCHNEIDER, Uwe H.

Dr. jur., Prof., Ordinarius f. Zivilrecht, Dt. u. Intern. Wirtschaftsrecht sowie Arbeitsrecht - Am Elfengrund 39, 6100 Darmstadt-Eberstadt - Geb. 29. Jan. 1941 Karlsruhe (Vater: Prof. Dr. jur. h. c. Herbert S., Rechtsanw. b. BGH Karlsruhe †1981 (s. XX. Ausg.); Mutter: Ilse, geb. Schütte), verh. s. 1973 m. Dr. med. Barbara, geb. Peters, 2 Kd. (Sven, Annika) - Gymn. Karlsruhe; Univ. Heidelberg (1960/61, 1962), Kiel (1961), Freiburg (1962-64); Ecole Nationale d'Administration/ENA, Paris-Amiens (1968/1969). Jurist. Staatsex. 1964 (Freiburg) u. 67 (Stuttgart). Promot. 1969 Freiburg; Habil. 1974 Bochum - 1967-75 Rechtsanw.; Wiss. Assist. Univ. Edinburgh (1970) u. Bochum (1971); 1975-76 Abt.vorst. u. Prof. Univ. Mainz (1976ff. Dir. Inst. f. Intern. Recht d. Spar-, Giro- u. Kreditwesens); s. 1976 Ord. TH Darmstadt; 1981 Gastprof. Berkeley/Californien - BV: Recht d. elektr. Zahlungsverkehrs, 1982. Mitarb.: Mitbestimmungsgesetz (1977) u. Scholz: GmbH.-Ges, (1979). Ca. 200 Fachaufs. - Liebh.: Alte Spieluhren, Reisen - Spr.: Engl., Franz., Schwed. - Bek. Vorf.: Prof. Wilhelm Oncken, Historiker, 1838-1905 (Urgroßv. vs.).

SCHNEIDER, Volkmar

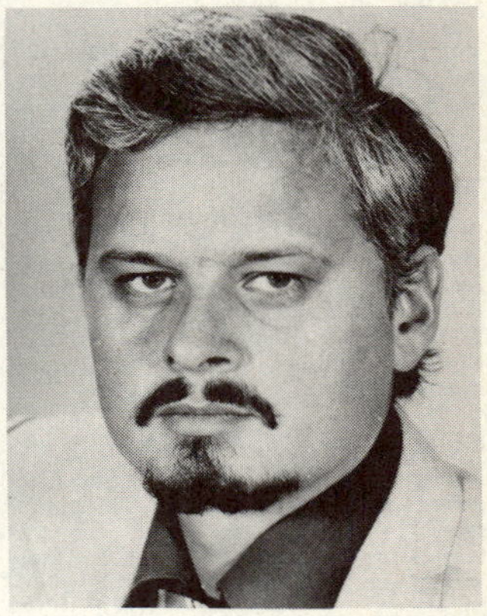

Dr. med., Prof., Arzt, Hochschullehrer, Dir. Inst. f. Rechtsmed. FU Berlin u. Landesinst. f. gerichtl. u. soz. Med. Berlin - Hittorfstr. 18, 1000 Berlin 33 (T. 030 - 838 33 49) - Geb. 21. Jan. 1940, ev., verh. s. 1966 m. Sabine, geb. Felber, 2 Kd. (Hendrik, Antje) - Stud. Humanmed. Berlin u. Hamburg; Promot. 1965, Approb. 1967, Habil. 1974 - 1976-78 Dekan/Prodekan, 1983 Lehrstuhl FU Berlin. Mitgl. vieler wiss. Ges.; Studienaufenth. im Ausl.: 1972 u. 1975 Paris, 1973 Detroit - BV: Festschr. Walter Krauland z. 75 Geb., 1974; D. Leichenschau - E. Leitf. f. Ärzte, 1987 (ital. Ausg. in Vorb.).

SCHNEIDER, Wilhelm

Ministerialdirektor, Leit. Abt. III (Strafrecht) Bundesjustizmin. - Heinemannstr. 6, 5300 Bonn-Bad Godesberg.

SCHNEIDER, Wilhelm

Dr. med., em. Prof. f. Dermatologie - Wildermuthstr. 40, 7400 Tübingen (T. 25 29 15) - Geb. 22. Mai 1910 Braunfels/Lahn - S. 1943 (Habil.) Privatdoz., apl. (1950) u. o. Prof. (1961) Univ. Tübingen (Dir. Hautklin.); b. 1961 Chefarzt Städt. Krkhs. Augsburg. Hauptarb.geb.: Phlebo-Angiologie, Arbeitsmed., Externaforsch. (Salben, Emulsionen, Hautreinig.) Fachmitgliedsch. u. a. Ehrenpräs. d. Dt. Ges. f. Phletrl. u. Proktol. - BV: Schönfeld (Begr.)/Schneider, Lehrb. d. Haut- u. Geschlechtskrankh., 9. A. 1965. Etwa 300 Einzelarb. Mithrsg.: D. Ztschr. f. Haut- u. Geschlechtskrankh., Archiv f. klin. exper. Dermatol. - Paracelsus-Med. d. Dt. Ärzteschaft; Verdienstmed. Baden-Württ.; Ehrenmitgl. ausl. Fachges., d. Dt. Dermatol. Ges., u. d. Intern. Union f. Phletologie; Carrier-Schneider-Med. u. Carrier Schneider Preis - Spr.: Franz., Engl. - Rotarier.

SCHNEIDER, Woldemar

Dr. rer. nat., em. o. Prof. f. Pharmaz. Chemie - Landsknechtstr. 15, 7800 Freiburg/B. (T. 7 53 17) - Geb. 26. Aug. 1919 Greiz/Thür., verh. m. Franziska, geb. Klocke, 2 Kd. - Pharmaz. Staatsprüf., Approb., Staatsprüf. als Lebensmittelchem. (alles Jena) - Ab 1947 Assist. Univ. Jena u. Freiburg, 1956-67 Diätendoz. u. apl. Prof. (1960) TH

Karlsruhe, s. 1967 o. Prof. u. Inst.dir. Univ. Freiburg. Fachveröff.

SCHNEIDER, Wolf

Journalist - Fontenay-Allee 14, 2000 Hamburg 36 - Geb. 7. Mai 1925 Erfurt (Vater: Bruno S., Rechtsanwalt; Mutter: Annemarie, geb. Beilschmidt), verh. I) 1949 m. Änny, geb. Burgmeier, 3 Kd. (Horst, Susanne, Curt), II) 1965 Elisabeth, geb. Riemann, S. Maximilian - 1945-47 Dolmetscher US Army; 1947-1950 Redakt. D. Neue Ztg.; 1950-56 Korresp. Associated Press; 1956-66 Redakt. Südd. Ztg. (1965 Washington-Korresp.); 1966-68 Chef v. Dienst stern, 1969-71 Verlagsleit. stern; 1972-73 Chefredakt. Dialog-Magazin; 1973-74 Chefredakt. D. Welt; 1979 Leiter d. Hamburger Journalistenschule - BV: Überall ist Babylon - Weltgesch. d. Städte, 1960 (Übers.: USA, Brasil., Engl., Frankr., Ital., Span., Holl., Dänem., Schwed.); Essen - D. Abenteuer e. Stadt, 1963; D. Buch v. Soldaten - Geschichte u. Porträt e. umstrittenen Gestalt, 1965; Wörter machen Leute. Handb. f. Sprachverbraucher, 1976; Glück - was ist das?, 1978; Deutsch f. Profis, 1982; Unsere tägl. Desinformation - Wie die Massenmedien uns in d. Irre führen, 1984; D. Alpen-Wildnis, Almrausch, Rummelplatz, 1984; Mythos Titanic, 1986; Deutsch f. Kenner, 1987; Wir Neandertaler, 1988 - Liebh.: Bücher, Musik, Bergsteigen - Spr.: Engl.

SCHNEIDER, Wolfgang

Dr. rer. nat., Prof., Apotheker u. Chemiker i.R. - Einsteinstr. 14, 3300 Braunschweig - Geb. 31. Juli 1912 Berlin (Vater: Georg S., Stadtoberapoth.; Mutter: Marie, geb. Förste), ev., verh. s. 1937 m. Margarete, geb. Jacob, 2 Töcht. (Irmgard, Waltraud) - Realgymn. (Pankow) u. Univ. Berlin (Pharmaz. Staatsprüf. 1935, Chem. Verbandsex. 1936, Promot. 1938). Habil. 1954 Braunschweig - S. 1954 Doz. u. apl. Prof. f. Pharmaz. Chemie u. Geschichte d. Pharmazie (1960) TH bzw. TU Braunschweig (1958 Leit. selbstbegr. Pharmaziegeschichtl. Sem.; 1962 Wiss. Rat u. Prof.; 1963 Abt.vorsteher u. Prof.); 1977 Ruhestand. 1970-81 Präs. u. s. 1982 Ehrenpräs. Intern. Ges. f. Gesch. d. Pharmazie; s. 1986 Ehrenpräs. Intern. Paracelsus Ges. - BV: Lexikon alchemist.-pharmaz. Symbole, 1962; Gesch. d. Dt. Pharmaz. Ges., 1965; Lex. z. Arzneimittelgesch., 7 Bde. 1968-75; Gesch. d. Pharmaz. Chemie, 1972; Mein Umgang m. Paracelsus u. Paracelsisten, 1982; Wörterb. d. Pharmazie, Bd. 4: Gesch. d. Pharmazie, 1985. Herausg. (m. Margarete Sch.): Justus v. Liebig, Briefe an Vieweg (1986) - 1950 Schelenz-Plak.; 1953 Mitgl. Acad Intern. d'Hist. D. L. Pharm.; 1964 Lauri del Palatino Assoc. Italiana di Storia della Farmacia; 1973 Urdang-Med.; 1976 Mitgl. Dt. Akad. d. Naturforscher Leopoldina Halle; 1982 Paracelsusring v. Villach; 1983 Medalla R. Folch Andreu Sociedad Espanola d. Hist. d. l. Farmacia - Sammelt Autographen - 1961 Gold. Sportabz.

SCHNEIDER-ESLEBEN, Paul

Dipl.-Ing., Prof., Architekt - 4000 Düsseldorf - Geb. 23. Aug. 1915 Düsseldorf (Vater: Franz Schneider, Arch.; Mutter: Elisabeth, geb. Esleben), kath., 3 Kd. (Florian, Claudia, Katharina) - TH Darmstadt u. Stuttgart - Verwaltungs-, Industriebauten, Kirchen, Flugplätze, Wohnhäuser In- u. Ausl.; Design f. Möbel u. Gerät - 1956 Gr. Kunstpreis Nordrh.-Westf.; 1968 BVK I. Kl., 1987 Gr. BVK.

SCHNEIDER-GÄDICKE, Karl-Herbert

Dr. rer. pol., Bankdirektor, stv. Vors. d. Vorstandes DG Bank Deutsche Genossenschaftsbank, Frankfurt/M. (s. 1972) - Am Platz der Republik, 6000 Frankfurt/M. (T. 74 47 01) - Geb. 14. Dez. 1931 Berlin (Vater: Karl S., Wirtschaftsprüfer; Mutter: Irene, geb. Heimbruch), verh. s. 1957 m. Dipl.-Kfm. Brigitte, geb. Gädicke, S. Ansbert - Abit. 1951 Herford; Banklehre; Stud.; Dipl.ex. 1956; Promot. 1962 Mainz; Steuerberater- u. Wirtsch.-prüferex. 1964 - 1956-57 Dt. Bank AG; 1957-65 Dt. Revisions- u. Treuhand AG (zul. Prokurist); 1965-70 Dir. Dt. Genossenschaftskasse; 1970-72 Vorst.-Mitgl. Südwestd. Genossenschafts-Zentralbank AG; AR-Vors. Anneliese Zementw. AG, Ennigerloh, DEVIF Dt. Verwaltungsges. f. Investment-Fonds GmbH, Frankfurt; stv. AR-Vors. Bankges. v. 1899 AG, Frankfurt, Immobilien u. Treuhand AG, Hamburg, Mietfinanz GmbH, Mülheim, Union-Investment-Ges. mbH, Frankfurt; AR Andreae-Noris Zahn AG, Frankfurt, ARICO America Realestate Investment Co., Reno/Nevada/USA, Cornelius Stüssgen AG, Köln, Dt. Genoss.-Hypothekenbank AG, Hamburg, Dt. Verkehrs-Kredit-Bank AG, Frankfurt, DG Capital Management GmbH, Frankfurt, Klöckner Stahl GmbH, Stuttgarter Bank AG, Stuttgart, Westf. Landschaft-Bodenkreditbank AG, Münster; VR-Präs. DG BANK (Schweiz) AG, Zürich; stv. VR-Vors. Lampebank Intern. SA, Luxemburg; VR DG Bank Luxemburg SA, Luxemburg; BoD Chairman DG Securities Services Corp., New York, ESC European Securities Corporation, New York; BoD Dep. Chairman DG BANK-GZB (Asia) Ltd., Singapur, DG Capital Company Ltd., Hongkong.

SCHNEIDER-LANG, Anne

Dipl.-Ing., Univ.-Prof. (Arbeitsgeb.: Bildende Kunst u. Didaktik d. Kunstunterr.) EWH Rhld.-Pfalz Abt. Landau - Oberer Steinweg 21, 6740 Landau-Godramstein (T. 06341 - 6 07 21) - Geb. 11. Jan. 1925 Aachen.

SCHNEIDER-LENNÉ, Ellen R.

Stv. Vorstandsmitglied Deutsche Bank AG, Frankfurt - Taunusanlage 12, 6000 Frankfurt a. M. - Geb. 28. Mai 1942 - AR-Mitgl. e. Reihe namh. Ges.

SCHNEIDER-MANZELL, Toni

Prof., Bildhauer, - Arenbergstr. 33, Salzburg (Österr.) (T. 7 44 62) - Geb. 22. Febr. 1911 Friedrichshafen/B., kath., verh. s. 1940 m. Dr. phil. Erika, geb. Anders, 2 Kd. (Christoph, Barbara) - Gymn.; Univ. u. Kunstakad. München. Kunsterzieher Dt.-Engl. Landheim Ambach u. priv. Lorenz-Gymn. München. U. a.: (s. XX. Ausg.) Nord u. Südportal (Dom-Kirche Essen), Hauptportal f. Dom in Speyer u. Kreuzweg, bde. Bronze, Kardinal Graf v. Galen-Denkmal (Münster/Westf.), Epitaph u. Bronze-Altar f. bischöfl. Grabkapelle (Dom Limburg), Hl. Geist-Portal (Aluminium) (Lenzing 100), Mosesfigur (Bronze, Landtagsgebäude (Salzburg), Monumental-Kreuz, (Bronze) (Hammond/LA, USA), Vinzentinerin (Bronze, Landeskrankenanst. Salzburg); Graf-Zeppelin-Denkmal, Friedrichshafen - BV: Unsere lb. Frau v. Bodensee, Legenden, 1928; D. Spiel v. Heilsgeschehen, 1929; Frühe Lieder, Ged. 1930; Tagebuchblätter e. jg. Mönches, 1931 - 3 I. Preise Salzbg. Kunstverein, 1953 Ehrung Landesreg. Salzburg, 1959 Gr. Österr. Staatspreis, 1960 Oberschwäb. Kunstpreis, 1961 Ehrenbecher Land Salzburg, 1967 Intern. Rembrandt-Preis; Ritter Sylvester-Orden, 1970 Gold. Ehrenz. Land Salzburg, 1975 Gr. BVK; 1981 Verdienstmed. Baden-Württ.; Österr. Ehrenkreuz I. Kl. f. Kunst u. Wiss. I. Kl.; 1982 Komtur d. Gregoriusordens; Ring d. Stadt Salzburg - Liebh.: Segeln - Spr.: Franz.

SCHNEIDER-MATTHIES, Irene

Choreographin, Ballettdir. Theater Krefeld-Mönchengladbach (s. 1985) - Von Galen-Str. 121, 4050 Mönchengladbach 2 (T. 02166 - 4 04 65) - Geb. 10. Okt. 1942 Metz/Frankr., verh. m. Eberhard Matthies, 2 Kd. (Alexander, Katharina) - Stud. München u. Paris - Tänzerin, Ballettpäd. Stuttgart u. Frankfurt; Ballettdir. u. Chefchoreogr. Heidelberg, Ulm - Choreogr.: D. mutmaßliche Leben d. Maria N. (UA); Du sollst nicht töten (UA); D. Sommernachtstraum; D. Feuervogel; Coppelia; D. schöne Lau (UA); D. Sturm; Ancient Voices of Children (UA); Hamlet; Four climbses of night (UA); Drei Musketiere (UA); Stella (UA); Le Sacre du Printemps.

SCHNEIDER-ROTHHAAR, Manfred G.

Dipl.-Kfm., Vorstandsmitglied Schweizerische Bankges. (Dtschl.) AG, Frankfurt/M. (s. 1981) - Bleichstr. 52, 6000 Frankfurt/M. 1.

SCHNEIDER-SCHOTT, Günther

Musikverleger, Sócio Gerente MUSAS Editora e Distribuidora Musical Ltda. Curitiba, PR., Ernst e Marden Com. de Artigos para Arte Ltda., Belo Horizonte, MG Brasilien - Caixa Postal 6040, Curitiba, PR. Brasilien - Geb. 8. April 1939 Mainz (Vater: Heinz, Musikverl.; Mutter: Elsbeth, geb. Strecker), 3 Kd. (Claudia, Christian, Henrique) - Humanist. Gymn., Ausbild. z. Musikalienhändler - B. 1980 Handelsrichter u. Vorst.-Mitgl. Dt. Musikverlegerverb. - Spr.: Engl., Franz., Portug. - Großv.: Dr. Dr. Ludwig Strecker.

SCHNEIDER-TEXIER, Gustav

Fabrikant, Inh. Texier & Cie. GmbH., Weinbrennerei u. G. Schneider & Co., Spirituosenimport, beide Bingen, Vizepräs. IHK Mainz - Mainzer Str. Nr. 152, 6530 Bingen/Rh. (T. 51 58) - 1969 BVK I. Kl.

SCHNEIDER-WESSLING, Erich

Prof., Präsident Akademie d. bild. Künste München - Akademiestr. 2, 8000 München 40.

SCHNEIDERS, Carl

Prof., Maler - Rathenauallee 9, 5100 Aachen (T. 2 37 25) - S. 1964 Honorarprof. TH Aachen (Freihandzeichnen).

SCHNEIDERS, Jürgen

Hauptgeschäftsführer Zentralverb. kath. Kirchenangestellter Dtschl.s, Chefredakt. Ztschr.: Im Dienst d. Kirche - Am Kielshof 2, 5000 Köln 91.

SCHNEIDEWIND, Dieter

Dr. rer. pol., Dipl.-Kfm., Prof., Vorstandsmitglied Wella AG Darmstadt (s. 1978) - Berliner Allee 65, 6100 Darmstadt (T. 34 22 05) - Geb. 16. Juni 1935 Bochum (Vater: Karl Sch.; Mutter: Hedwig, geb. Riedel), verh. m. Harumi, geb. Amari, 3 Kd. (Birgit, Bert, Iris-Aya) - Dipl. 1960 u. Promot. 1962 Univ. Köln - Hon.-Prof. Univ. Bochum; Lehrauftr. f. Wirtsch. Ostasiens. AR-Mitgl. Vaubel & Partner KK, Tokyo; Landesbeirat Commerzbank Frankfurt; Vorst. Schmalenbach- u. Dt. Ges. f. Betriebswirtsch., Mitgl. Ludwig Erhard Stiftg., Beirat Carl Duisberg Ges. - BV: Kulturelle Rollen jap. Unternehmungen; zahlr. and. Beitr. - Liebh.: Gr. Buchsamml. üb. Asien/Pazifik; klass. Musik - Spr.: Engl., Franz., Span., Jap.

SCHNEIDRZIK, Willy Erich

Dr. med., Chirurg, Schriftsteller (Ps.: Dr. Peter Sebastian, Dr. Thomas Bruckner, Dr. Fabian, Dr. Peter Sartorik) - Kunibertskloster 5, 5000 Köln 1 (T. 12 25 64) - Geb. 10. Sept. 1915 Berlin (Vater: Josef S., Kaufm.; Mutter: Emma, geb. Leidigkeit), verh., S. Dr. med. dent. Jörg Alexander - Falk-Realgymn. Berlin (Abit. 1936); Stud. d. Med. Friedrich-Wilhelm-Univ. Berlin; Staatsex. u. Promot. 1941 ebd. - Zun. Assist.-arzt Berlin u. Bonn; 1953-57 Oberarzt Chir. Univ.klin. u. 1957-59 Leit. Abt. f. Plast. Chir. Univ.hautklin. Köln; 1959-72 chir. Praxis Köln. Mitgl. Dt. Ges. f. Chir. u. Soc. Intern. d. Chir. - BV: Kaserne Krankenhaus, 2. A. 1967; D. Wunder bist du, Kinderb. 1957; D. Chefarzt, R. 1959; Operation gegen Verzweiflung, Sachb. 2. A. 1968 (auch holl.); Sprechstunde b. Dr. Fabian, Ess. 1968; Ziekenhuiskazerne, R. 1963 (holl.); Kosmet. Chirurgie. Sinn u. Unsinn, Sachb. 1970; Hoffnung f. Millionen, 2. A. 1976; Dr. Thomas Bruckner, Taschb.-Reihe 1964-81 (bish. 237 R.); Als die letzte Maske fiel, 1981; D. Chefarzt, 1981; Schwester Carola, 1981; Stop Dr. v. Menasse, 1982; Macht Euch d. Krankheit untertan, 1983; Nervosität muß nicht sein, 1985; Rettender Schmerz, 1985; D. richtige Arznei, 1985; Allergien, 1986; Rheuma, 1986; Gutes Aussehen - E. Chance mehr, 1986; D. Welt d. Medikamente, 1987 - 1983 Walter-Trummert-Med.; 1985 Medizin im Wort; 1987 BVK am Bde. - Liebh.: Ballettauff. - Spr.: Engl. (Certificate of Proficiency, Univ. Cambridge), Franz.

SCHNEIDT, Hanns-Martin

Prof., Generalmusikdirektor - Maria-Eich-Str. 98, 8032 Gräfelfing - Geb. 6. Dez. 1930 Kitzingen/M. (Vater: Karl S., Pfarrer; Mutter: Hedwig, geb. Apold), ev., verh. m. Ina, geb. Kasikauskaite, 3 Kd. (Martin, Bettina, Daniel) - Musikhochsch. (Dirig., Ex. m. Ausz.; Meisterkl. f. Kompos.) u. Univ. München (Musikwiss.) - 1949-1955 Assist. Landeskirchenmusikdir. Prof. Friedrich Högner, München, gleichz. Kantor u. Organist Erlöserkirche Schwabing; 1955-63 Dir. Berliner Kirchenmusiksch., Leit. Spandauer Kantorei, Berliner Bach-Collegium, Berliner Bach-Chor/Kaiser-Wilhelm-Gedächtniskirche Berlin (Begr.); 1963-85 GMD Stadt Wuppertal, 1984ff. künstler. Leit. Münchener Bach-Chor u. (Bach-)Orchester u. Lehrstuhlinh. f. Dirigieren u. Kirchenmusik, Musikhochsch. München; 1971-78 Prof. u. Leit. Dirigierkl. Musikhochsch. Hamburg. Orchester-, Chor-, Kammermusik- u. Orgelw.; s. 1985 Leit. Münchener Bach-Chor u. Orchester u. Prof. f. Dirigieren u. Kirchenmusik Musikhochsch. München; ständiger Gastdirig. Bayer. Staatsoper - 1953 Richard-Strauss-Preis Stadt München, 1954 Preis Kulturkr. BDI, 1963 Berliner Kunstpreis (Jg. Generation), 1972 Dt. Schallplattenpr., 1980 V.-d.Heyd-Pr. Stadt Wuppertal - Spr.: Engl. - Rotarier.

SCHNEIDT, Martin

s. Schneidt, Hanns-Martin

SCHNEIER, Heinrich

Journalist, stv. Landrat Kreis Haßberge (s. 1972) - Im Haag 3, 8729 Zeil/M. (T. 09524-3 03) - Geb. 21. Dez. 1925 Schmachtenberg/Ufr. (Vater: Leonhard S., Landw.; Mutter: Barbara, geb. Schöpplein), kath., verh. s. 1952 m. Josefine, geb. Obermaier - Obersch. Haßfurt - 1943-45 Kriegsmarine (zul. Fähnrich z. See), dann bayer. Staatsdst., s. 1948 Presse (zeitw. Lokalredakt. Haßfurter Tagbl.). 1952-72 MdK Haßfurt (Fraktionsvors.); 1962-74 MdL Bayern. SPD (1964-85 Vors. Unterbez. Bad Kissingen bzw. Haßfurt; s. 1978 Vors. SPD-Fraktion Stadtrat Zeil a/M.)- 1973 Bayer. VO. - Spr.: Engl.

SCHNELL, Bernd

Kaufmann, Bürgermeister Stadt Beckum (s. 1975) - Nordwall 34, 4720 Beckum - Geb. 20. Mai 1938 Ottenstein - S. 1975 AR WLE; s. 1976 VR Sparkasse Beckum-Wadersloh.

SCHNELL, Elisabeth

Diözesanreferentin, MdL Bayern (s. 1974) - Schillstr. 235a, 8900 Augsburg (T. 70 26 60) - Geb. 1932 - CSU.

SCHNELL, F. Wolfgang

Dr. agr., em. o. Prof. f. Angew. Genetik u. Pflanzenzüchtung Univ. Hohenheim (s. 1963) - Windhalmweg 19, 7000 Stuttgart 70 - Geb. 18. Mai 1913 Bad Oeynhausen - Habil. 1963 Göttingen - Zeitw. Mitarb. MPI f. Züchtungsforsch., Scharnhorst (1952ff.). Zahlr. Fachver-

SCHNELL, Heinrich
Rechtsanwalt, MdL Bayern (s. 1970) - Kirchberg 5, 8501 Roßtal/Mfr. (T. 09127-76 66) - Geb. 1933 - SPD.

SCHNELL, Karl
Dr., Staatssekretär i. Bundesmin. d. Verteidigung - S. 1981 i. R. - Geb. 18. Dez. 1916 Sprendlingen (Vater: Friedrich S., Lehrer; Mutter: Elisabeth, geb. Hirschmann), ev., verh. s. 1952 m. Gisela, geb. Witte, 2 Kd. (Udo, Uta) - Oberrealsch. Alsfeld (Abit. 1935), Stud. d. Betriebswirtsch. u. Staatsrecht Univ. Hamburg (Staatsex. 1951, Promot. 1954). 1935-45 u. 1956-77 Berufsoffz. (Heeresattaché Rom, Stv. DivKdr. Marburg; Unterabt.Ltr. Heer, Bonn; Stv. Chef f. Plan. u. Operat. SHAPE/Belg.; Stv. Generalinsp. Bundeswehr, Oberbefehlsh. Verbünd. Streitkräfte Europa Mitte) - Liebh.: Archäol., Reiten, Farbfotogr. - Spr.: Engl., Ital., Franz. - Rotarier.

SCHNELL, Peter
Oberbürgermeister Stadt Ingolstadt (s. 1972) - Streiterstr. 29, 8070 Ingolstadt/D. - Geb. 9. Dez. 1935 Ingolstadt (Vater: Peter S., Lokomotivführer (gef. 1944); Mutter: Viktoria, geb. Lutz) - 1946-54 Gymn. Eichstätt; 1954-59 Univ. Erlangen (5) u. München (3 Sem.; Rechtswiss.) - Hochsch. f. Polit. Wiss. München. Jurist. Staatsprüf. 1959 u. 62 - 1963-72 bayer. Justizrat. (b. 1966 Staatsanw., dann AGsrat). S. 1966 Stadtratsmitgl. Ingolstadt; 1966-1972 (Mandatsniederleg.) MdL Bayern. CSU.

SCHNELL, Peter
Dipl.-Ing., Vorstandsmitglied Energie-Versorgung Schwaben AG - Postf. 1 58, 7000 Stuttgart 1 - AR-Mitgl. Überlandwerk Jagstkreis AG, Mittelschwäbische Überlandzentrale AG, Neckarwerke Elektrizitätsversorgungs-AG, Obere Donau Kraftwerke AG, Gasbetriebe GmbH; AR-Vors. Elektrizitätswerk Aach EG.

SCHNELL, Robert Wolfgang
Schriftsteller, Maler, Schauspieler - Stülpnagelstr. 3, 1000 Berlin 19 - Geb. 8. März 1916 Barmen (Vater: Robert S., Bankbeamter; Mutter: Annemarie, geb. Rebensburg), verh. in 2. Ehe (1954) m. Ursula, geb. Reiche, 3 Kd. (Rainald, René, Annemarie) - Oberrealsch. Wuppertal - 1938-41 Laborant, 1941-42 Inspizient u. Regieassist., 1942-50 Regiss., s. 1951 Schausp., Schriftst., Maler - BV: Wahre Wiedergabe d. Welt, Satire 1961; Mief, Erz. 1963; Geisterbahn, R. 1964; Muzes Flöte, Erz. u. Ged. 1966 (m. eig. Zeichnungen); Erziehung durch Dienstmädchen, Erz. 1968; Pulle u. Pummi, R. f. Kd. 1969; Junggesellen-Weihnacht, Erz. 1970; Vier Väter, Erz. 1973; D. verwandelte Testament, Erz. 1973; D. Försters tolle Uhr, R. f. Kd. 1974; Holger wohnt im Zoo, R. f. Kd. 1973; E. Tüte Himbeerbonbons, Erz. 1976; V. d. schönen Gleichheit u. Freiheit, Erz. 1978; Triangel d. Fleischers; Sind d. Bären glücklicher geworden?, 15 Autobiogr. 1983; D. Weg e. Pastorin ins Bordell, Erz. 1984. Bühnenstücke: Borromäusgasse, Dr. 1969; E. Eisbär in Berlin, Posse 1973; Fernsehsp.: D. trojan. Sessel, 1971; Ravachol, 1972; Pulle u. Pummi, 1972. Filme: E. Fall f. Goron, 1972; E. fröhl. Dasein, 1974; Erziehung durch Dienstmädchen, 1975; Um zwei Erfahrungen reicher, 1975; D. lange Weg d. Freiheit, 1977; Rosenmontag ist kein Feiertag, 1978; Achtung Zoll (5 Folgen); D. Römer in Baden (13 Folgen); Hörsp.: Frühe Geschäfte (1965), D. Fleck auf di. Schuh (1970) - 1970 v.-d.-Heydt-Kunstpreis Stadt Wuppertal; 1970 Mitgl. PEN-Zentrum BRD.

SCHNELL, Rüdiger
Dr. phil., o. Prof. f. Dt. Philologie Univ. Basel (s. 1988) - Waldeckstr. 6, 7400 Tübingen (T. 07071 - 2 30 38) - Geb. 7. Sept. 1942 Berlin, ev., verh. s. 1969 m. Sigrid, geb. Maushake, 2 Kd. (Mirko-Alexander, Silke-Ariane) - 1962-68 Stud. German., Latin., Phil. Univ. Tübingen u. Basel; Promot. 1967 Basel, 1968/69 1. u. 2. Staatsex. f. d. höh. Lehramt, Habil. 1979 Basel - 1979-82 Doz. f. Dt. Spr. u. Lit. d. Mittelalters Univ. Groningen (Niederl.); 1979-82 Privatdoz.; 1982-88 Prof. f. Dt. Sprachgesch. u. mittelalterl. Lit. TU Braunschweig; s. 1988 o. Prof. Univ. Basel - BV: Z. Verhältnis v. hoch- u. spätmittelalterl. Lit., 1978; Andreas Capellanus, 1982; Causa amoris, Liebeskonzeption u. Liebesdarstell. in d. mittelalterl. Lit., 1985; Liber Alexandri Magni, 1989; zahlr. Veröff. in Fachztschr. - Liebh.: Musik, Sport.

SCHNELL, Stefan
Dr. phil., Dt. Pressesprecher d. EVP-Fraktion im Europ. Parlament (s. 1981) - Rue Belliard 97-103, B-1040 Bruxelles. - priv.: Elisabethenstr. 3, 6400 Fulda (T. 7 58 88) - Geb. 21. Sept. 1929 Hamburg (Vater: Dr. Edgar S., Studienrat; Mutter: Susanne, geb. Schnickel), kath., verh. s. 1957 m. Benita, geb. Stevenson, S. Peter-Anton - Gymn. Hamburg, in Eisenach, Eschwege (Abit. 1947); Univ. Frankfurt u. Freiburg (German., Gesch., Phil.; Promot 1953) - 1953-60 Redakt. Fuldaer Ztg.; 1961-66 Redakt. Engl. Bulletin d. Bundesreg.; 1966-69 Dezern. Dt. Städtetag (Leit. Presseabt.); 1969-81 Chefredakt. Fuldaer Ztg. - BV: D. Dt. Städtetag, 1970 - 1974 Ehrenmitgl. XI. US-Panzeraufklärungsregt. - 1975 Komturkreuz Päpstl. Gregoriusorden, 1976 BVK a. Bde. - Liebh.: Musik (Klav., Kammermus.) - Spr.: Engl., Franz.

SCHNELL, Walter
Dr. rer. nat., o. Prof. f. Mechanik (Mechanik IV) - Ostpreußenstr. 59, 6100 Darmstadt-Eberstadt (T. 5 21 03) - Geb. 8. Nov. 1924 Darmstadt, ev., verh. s. 1946 m. Martha, geb. Kichler, 2 S. (Wolfgang, Jürgen) - Realgymn. u. TH Darmstadt (Dipl.-Math. 1950) - U. a. 1960-63 Inst.leit. DVL Essen; s. 1960 Lehrtätig. TH Aachen (1962 n. Habil. Privatdoz.) u. Darmstadt (1963 Ord.) - BV: Einf. in d. Leichtbau, 1966; Elastizitätstheorie, I u II 1983; Techn. Mech., I-III 1985. Div. Fachaufs. - Spr.: Engl.

SCHNELL, Wolfgang
s. Schnell, Robert Wolfgang

SCHNELLDORFER, Manfred

Staatl. geprüfter Eislauflehrer, Olympiasieger u. Weltmeister (1964) im Eiskunstlauf d. Herren, Sportartikel-Kaufm., eig. Geschäft - Seydlitzstr. 55, 8000 München 50 - Geb. 2. Mai 1943 München (Vater: Karl Sch., Eislauflehrer; Mutter: Elenor, geb. Gagern), verh. s. 1971 in 2. Ehe m. Gerda, geb Mundlechner, S. Stefan - BV: Traumnote 6 - 1964 Silb. Lorbeer - Spr.: Engl., Franz.

SCHNELLE, Heinz
Gewerkschaftssekretär, Mitgl. Hbg. Bürgerschaft (s. 1978) - Ernst-Bergeest-Weg 38d, 2100 Hamburg 90 - Geb. 3. Mai 1935 Wilhelmshaven, verh., 2 Kd. - N. Mittl. Reife Feinmechanikerlehre; 1956-57 Sozialakad. - S. 1957 Gewerkschaftssekr. Kiel, Lübeck (1958), Hamburg (1966; ÖTV). 1970-78 Mitgl. Bezirksvers. Harburg. SPD s. 1955 (1976 Kreisvors. Harburg u. Mitgl. Landesvorst.).

SCHNELLE, Helmut
Dr. phil., o. Prof. f. Linguistik Ruhr-Univ. Bochum - Schattbachstr. 17, 4630 Bochum 1 - Geb. 28. Febr. 1932 Köln (Vater: Karl S.; Mutter: Else, geb. Hülser), verh. m. Marlene, geb. Schneyder - Mitgl. d. Acad. Europaea, Cambridge/ Engl.

SCHNELLENBACH, Helmut
Dr. jur., Prof. Univ. Bochum, Präsident Verwaltungsgericht Gelsenkirchen - Marschallstr. 33, 4650 Gelsenkirchen (T. 0209 - 8 44 07) - Geb. 30. Aug. 1937 Gelsenkirchen, verh. s. 1965 m. Susanne, geb. Schwartz, 2 T. (Christiane, Annette) - Jurastud. Univ. Bonn u. Köln 1957-60; 1. jurist. Staatsex. 1960, Promot. 1963 Köln; Ass. 1964 - 1964 Gerichtsass.; 1967 Verw.-Gerichtsrat; ab 1971 Lehrbeauftr. Univ. Bochum; 1972 OVG-Rat; 1978 Präs. Verw.gericht Gelsenkirchen. 1982 Honorarprof. Univ. Bochum - BV: Beamtenrecht in d. Praxis, 1983, 2. A. 1987; D. dienstl. Beurteilung d. Beamten u. Richter, 1986. Verw.- u. prozeßrechtl. Veröff.

SCHNELLER, Konrad
Dr. iur. utr., Rechtsanwalt, Vors. Richter a.D., MdL Nieders. - Grothausweg 9, 4500 Osnabrück - Geb. 1. Mai 1937 Sögel - Stud. Münster, Promot. Würzburg.

SCHNELTING, Karl Bernhard
Assessor jur., Hauptredaktionsleiter Kultur ZDF (s. 1976) - Hegelstr. 4b, 6200 Wiesbaden (T. 37 02 46) - Geb. 20. Okt. 1930 Emmerich, kath., 2 S. (Christian, Mathias) - Stud. Phil. Münster, Oxford (USA), Paris, Rechtswiss. Bonn. Gr. jurist. Staatsprüf. - 1965ff. Geschäftsf. Werbefunk Saar GmbH.; 1966ff. Fernsehkoord. u. -programmdir. (1968) Saarl. Rundf. - Spr.: Engl., Franz.

SCHNEPF, Eberhard
Dr. rer. nat., Prof. f. Botan. Zellenlehre u. Biolog. Elektronenmiskroskopie - Dürerweg 11, 6908 Wiesloch (T. 06222 - 17 48) - Geb. 4. April 1931 Nürnberg, ev., verh., 2 Kd. - S. 1963 (Habil.) Lehrtätig. Univ. Marburg (Privatdoz.), Göttingen (1965 Wiss. Rat u. Prof. Pflanzenphysiol. Inst.), Heidelberg (1966 ao., gegenw. o. Prof.). Etwa 155 Fachveröff. - 1974 Mitgl. Dt. Akad. d. Naturforscher (Leopoldina); 1982 korr. Mitgl. Akad. d. Wiss. Göttingen.

SCHNERING, von, Hans-Georg
Dr. rer. nat., Dr. h. c., Prof., Chemiker, Direktor Max-Planck-Inst. f. Festkörperforsch. - Heisenbergstr. 1, 7000 Stuttgart 80 - Geb. 6. Juli 1931 Ranis, verh. s. 1958 m. Christa, geb. Schultze-Rhonhof, 3 Töcht. (Christine, Renata, Daniela) - Promot. 1960 Münster, Habil. 1964 - 1967ff. o. Prof. Univ. Münster; s. 1975 Wiss. Mitgl. Max-Planck-Ges. 1977 Hon.-Prof. Univ. Stuttgart - Ca. 400 Fachaufs. (Festkörperchemie, Strukturchemie. Herausg.: Z. Kristallogr. (1977) - 1981 Alfred-Stock-Gedächtnispreis Ges. Dt. Chem.; 1981 Ehrendoktor Univ. Genf; 1983 Mitgl. Heidelberger Akad. d. Wiss.; 1987 Mitgl. Akad. Leopoldina.

SCHNETTER, Reinhard
Dr. rer. nat., Prof. f. Botanik - Nelkenstr. 31, 6301 Heuchelheim (T. 0641 - 6 21 63) - Geb. 9. Mai 1936 Marburg, verh. s. 1965 m. Dr. Marie-Luise, geb. Schmidt - Univ. Gießen (Botanik, Zool., Chem., Geogr.), Promot. 1963, Habil. 1969 - 1963-69 Wiss. Assist. Botan. Inst. u. Tropeninst. Univ. Gießen, 1970-72 Gastprof. Univ. Nacional de Colombia, Bogotá, s. 1972 Prof. Botan. Inst. Univ. Gießen (1977-79 u. 1986-87 Gf. Dir. Inst. f. Allg. Botan. u. Pflanzenphysiol.) - BV: Marine Algen d. karib. Küsten v. Kolumbien, 1976 u. 1978; Marine Algen d. Pazifikküste v. Kolumbien, 1982; Einführung in d. Meeresbiol. I, II (m. Götting u. Kilian), 1982, 1988 - 1978 Korr. Mitgl. Acad. Colombiana de Ciencias Exactas, Fisicas y Naturales - Spr.: Engl., Span.

SCHNETZ, Peter

Schriftsteller, Journalist - Habergasse 9, 8600 Bamberg (T. 0951 - 20 27 64) - Geb. 7. Mai 1940 Chemnitz, ledig - Ausb. Orgel/Klavier Musikhochsch. Weimar u. Leipzig; Volont. Deutschlandfunk Köln - 1976-78 Nachrichtenredakt. u. -sprecher b. Radio Teheran/Dt. Programm - Erf. d. Episodentheaters; zahlr. Ess. dazu - BV/Gedichtbde.: Zeitfragmente e. Liebe, 1982; Türme d. Rebellion, 1982; Auf d. Jagd n. Liebe, 1984; Stürme d. Revolution, 1984; Die Synagoge u. d. Meister, Nov.; Seelen- u. Körperlandschaften, 1988. Theatersl.: D. Scheintode d. Herrn X, 1981; Ich Darius, 1985; Pietro Aretino/D. Mädchen aus Saragossa, 1986; Casanova, Komödie 1987. Musical: Spring! - Liebh.: Musik, Theater, bild. Kunst.

SCHNETZ, Wolf Peter

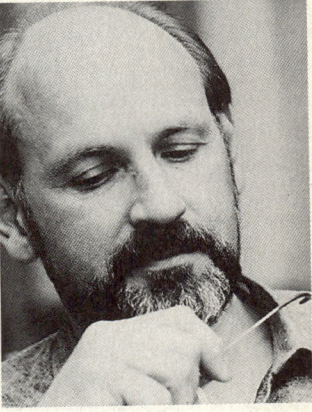

Dr. phil., Schriftsteller - Wassergasse 16, 8525 Marloffstein - Geb. 27. Sept. 1939 kath., verh. s. 1963 m. Dr. Diemut, geb. Evers, 2 Kd. (Esther, Oliver) - Stud. German., Angl., Gesch., Kunstgesch. - Theaterwiss. Univ. Erlangen, Mainz u. München; Promot. 1967 - 1968-73 Kulturdezern. Regensburg; s. 1973 Kulturdezern. Erlangen - BV: Zahlr. Veröff., zul. In diesem Garten d. Kälte, 1984; In diesem Garten d. Nacht, 1985 - 1966 Ehrenpreis Schwabinger Kunstpreise München; 1983 Hugo Carl Jüngst-Med. Hagen; 1986 Medaille Pro Cultura Hungrica; 1988 Ringelnatz-Preis f. Lyrik Stadt Cuxhaven - Spr.: Engl. - Mitgl. PEN, KOGGE u. Bundesvorst. VS (dt. Schriftstellerverb.).

SCHNEWEIS, Karl-Eduard
Dr. med., Prof. f. Med. Mikrobiologie u. Virologie - Am Sonnenhang 1, 5300

Bonn 1 - Geb. 24. April 1925 - Habil. 1962. Sd. Lehrtätigk. Univ. Göttingen u. Bonn. Üb. 90 Facharb. u. Buchbeitr., vor allem üb. d. Virologie u. Pathogenese d. Herpes simplex Virus-Infektion.

SCHNEZ, Albert

Generalleutnant a. D. - Axenfeldstr. 14, 5300 Bonn 2 - Geb. 30. Aug. 1911 Abtsgmünd/Württ. - Abit. - 1930-45 Berufssoldat, zul. Oberst i. G., dann Kriegsgef.; b. 1957 selbst. Kaufm. u. ltd. Ind.angest.; s. 1957 Bundesw. (Brig.general, 1961 Generalmajor, 1965 -lt.), 1968-71 Inspekteur d. Heeres. 1971 Dir. u. Generalbevollm. Kühne & Nagel. 1971 ff. Vors. Dt. Ges. f. Wehrtechnik - 1971 Gr. BVK, zahlr. ausl. Ausz., dar. Kdr. Americ. Legion of Merit, Kdr. franz. Ehrenlegion, Großoffz. (ital.), Gold. Sportabz. - Liebh.: Lit., Bergsteigen.

SCHNIEDERS, Bernhard

Dr. med. (habil.),Prof., Direktor, Leit. Inst. f. Arzneimittel/Bundesgesundheitsamt - Stauffenbergstr. 13, 1000 Berlin 30 - Privatdoz. FU Berlin.

SCHNIEDERS, Jens Jürgen

Dipl.-Ing., Gf. Gesellschafter Gopa Ges. f. Org., Planung u. Ausbildung mbH - Hindenburgring 18, 6380 Bad Homburg v.d.H. (T. 06172 - 30 04-1 77) - Geb. 1. Juli 1933 Berlin, ev. - Stud. Maschinenbau, Wirtschaftswiss. Univ. Darmstadt u. Berlin; Dipl.-Ing. 1960 - Consulting-Ing. S. 1979 Präs. Bundesverb. d. dt. Consultingfirmen, VUBI, Bonn; s. 1975 AR-Vors. Dt. Energie-Consult Ingenieurges. mbH, Bad Homburg v.d.H.; 1980-86 Arbeitsgem. Entwicklungsländer d. dt. Wirtsch., Köln (AGE), s. 1986 Vorst.-Mitgl. ebd.; s. 1987 AR-Mitgl. Dt. Ges. f. Techn. Zusammenarbeit (GTZ) GmbH, Eschborn; s. 1988 AR-Vors. d. BC Berlin-Consult GmbH.

SCHNIEDERS, Rudolf

Dr., Dipl.-Landwirt, Generalsekretär Dt. Bauernverband (s. 1976) - Godesberger Allee 142-148, 5300 Bonn 2 (T. 0228 - 81 98-0) - Geb. 2. Nov. 1926 Neuenkirchen (Kr. Steinfurt) (Vater: Heinrich Sch., Volksschullehrer; Mutter: Theresia, geb. Brünen), kath., verw. s. 1988, 2 Kd. (Maria, Barbara) - S. 1962 DBV (Leit. Ref. Kreditwirtschaft u. Strukturfragen, 1968 stv. Generalsekr., Mitgl. Wirtschafts- u. Sozialaussch. s. 1967). VR-Mitgl. d. Landw. Rentenbank; Mitgl. Verw.rat DSL-Bank, Bonn (1976); AR Verein. Tiervers., Wiesbaden (1980); AR Land-Data, Visselhövede (1976); Dt. Buch- u. Betriebs-GmbH, Bad Homburg; Geschäftsf. Zentralaussch. d. Dt. Landwirtsch. (1976); Bundesverb. Landw. Fachschulabsolv. (1974).

SCHNIEWIND, Herbert

Geschäftsführer Gebr. Schniewind GmbH., Neviges - Lukasstr. 1, 5604 Neviges/Rhld.

SCHNIPKOWEIT, Hermann

Bergmann, Nieders. Minister f. Soziales (s. 1976), MdL Nieders. (s. 1963) - Denkmalstr. 11, 3201 Borsum üb. Hildesheim (T. Harsum 205) - Geb. 31. Aug. 1928 Großgiesen b. Hildesheim (Vater: Landarb.), kath., verh. - Mittelsch. (Mittl. Reife); Akad. d. Arbeit (1 J.) - S. 1945 (Lehre) Kaliwerk Siegfried, Giesen (1952 Mitgl. Betriebsrat). 1956-76 Ratsherr Borsum/Harsum (1961 I. Beigeordn.); MdK Hildesheim-Marienburg. CDU s. 1954 (s. 1968 Kreisvors. Hildesheim-Marienburg, stv. Landesvors. Nieders., Landesvors. CDU-Sozialaussch.).

SCHNITKER, Paul

Malermeister, Inh. Malerwerkstätten Schnitker, Präs. Zentralverb. d. Dt. Handwerks (1973-87), Ehrenpräs. (s. 1988), Präs. Handwerkskammer Münster (s. 1968), Präs. d. Westd. Handwerkskammertages (s. 1969), Präs. Intern. Gewerbeunion (s. 1983), Mitgl. d. Wirtsch.- u. Sozialaussch. b. d. Europ. Gemeinsch. (s. 1986), Hon.-Konsul d. Rep. Frankr. - Bismarckallee 1, 4400 Münster. (T. 52 03-0) - Geb. 1927 Münster - Abit. 1944; n. Kriegsdst. Malerlehre; Werkkunstschule, Meisterprüf. Maler- (1950) u. Glaserhandw. (1963) - 1979-84 MdEP - Spr.: Engl., Franz. - Rotarier.

SCHNITTER, Peter

Dipl.-Kfm., Dipl.-Braum., Vorst.mitgl. d. Dortmunder Ritterbrauerei AG - Lütgendortmunder Hellweg 242, 4600 Dortmund 72.

SCHNITZER, Hans-Joachim

Rechtsanwalt, Bezirksbürgerm. a. D. - Quermatenweg 17e, 1000 Berlin 37 - Geb. 5. Mai 1922 Saarburg Bez. Trier (Vater: Curt S., Reg.svermessungsrat; Mutter: Helene, geb. Hande), ev., verh. s. 1955 m. Marianne, geb. Herrmann, 2 Kd. (Claus-Carlo, Christiane) - Realgymn. Magdeburg (Abit. 1941); n. Kriegsdst. (Panzerwaffe) 1946-50 Univ. Halle (Math., Physik, Rechtswiss.) u. Berlin/Freie (1950 Rechtsw.). Gr. jurist. Staatsprüf. 1955 Berlin - S. 1956 Senatsverw. f. Inneres/Entschädigungsamt (Justitiar) u. Volksbild. (1959; Regierungsrat) sow. Bezirksamt Zehlendorf (1962 Bezirksstadtrat, 1965 Bürgerm., 1971 stv. Bürgerm. u. Bezirksstadtrat. SPD s. 1951.

SCHNITZLER, Dierk Henning

Polizeipräsident Wasserschutzpolizei Nordrh.-Westf. - Moerser Str. 219, 4100 Duisburg 17 (T. 02136 - 20 32 90) - Geb. 16. Juni 1937 Remscheid, verh. s. 1967 m. Karen, geb. Bökenbrink, S. Jan Henning - Abit.; Stud. Univ. Freiburg, Bonn, München (Rechtswiss.); 1. jurist. Prüf. 1963 München, 2. jurist. Prüf. 1967 Düsseldorf - 1968/69 Dezern. Bezirksreg. Münster; 1970-76 Dezern. Bezirksreg. Düsseldorf; s. 1975 Stadtbeauftr. d. Malteser-Hilfsdienst Neuss; 1977 stv. Polizeipräs. Mönchengladbach; 1978-86 Ref. Innenmin. Nordrh.-Westf.; s. 1986 Polizeipräs. Wasserschutzpolizei Nordrh.-Westf. - 1977 Offizierkreuz d. Souv. Malteser-Ritterorden - Liebh.: Angew. Technik, Luftsport - Spr.: Engl.

SCHNITZLER, Hans-Ulrich

Dr. rer. nat., o. Prof. f. Zoophysiologie Univ Tübingen - Eschenweg 30, 7400 Tübingen.

SCHNÖRR, Robert

Dr.-Ing., Prof., Berater d. Vorstandes d. Daimler-Benz AG, Stuttgart - Am Waldrand 30, 6800 Mannheim 81 - Geb. 29. Mai 1927 Mannheim.

SCHNOOR, Herbert

Dr. jur., Innenminister Nordrhein-Westfalen, stv. Ministerpräs. NRW (s. 1988), MdL (s. 1980) - Haroldstr. 5, 4000 Düsseldorf - Geb. 1. Juni 1927 Aurich (Vater: Friedrich S., Volksschullehrer; Mutter: Wilhelmine geb. Wachendorf), ev., verh. m. Jutta, geb. Sanetra, 2 Kd. - Univ Würzburg u. Göttingen (Dr. jur). - 1958-64 Beamter Land Niedersachs., 1964-70 NW, 1970-75 Staatssekretär NW, 1975-80 Chef Staatskanzlei, ab 1980 Innenminist. NW. SPD (s. 1965).

SCHNORR, Alfred K.

Geschäftsführer i. R. Messe- u. Ausstellungs-GmbH Frankfurt/M. b. 1984 (n. 36 J. Frankf. Messewesen; vorher Industriekfm.) - Ludwig-Erhard-Anlage 1, 6000 Frankfurt/M. 97 - BVK I. Kl., Ital. VO. Cavaliere Ufficiale - Rotarier.

SCHNÜLL, Hermann

Bankdirektor, Vorst. Dt. Hypothekenbank Frankfurt, Bremen AG - Zu erreichen üb.: Dt. Hypothekenbank, Postf. 10 63 47, 2800 Bremen 1 - Geb. 31. Juli 1925.

SCHNÜRLE, Kurt

Dr. rer. pol., Dipl.-Kfm., Fabrikant, Geschäftsf. Friedrich W. Schnürle (Stempel- u. Metallwarenfabrik/Gravier- u. Prägeanstalt), Duisburg - Fuldastr. 27, 4100 Duisburg - Geb. 21. Okt. 1909.

SCHNUR, Ludwig

Minister a. D., Landtagspräs. (MdL Saarl. s. 1955) - Rebenstr. 52, 6601 Kleinbittersdorf - Geb. 11. Juli 1909 Mühlfeld, Kr. Trier, kath., verh. s. 1940 m. Maria, geb. Schu, 2 Töcht. (Maria, Hildegard) - Aufbausch. St. Josef, Geilenkirchen (Abit.); Volontär Saarbrücker Druckerei- u. Verlags-AG. - Ab 1938 Vertriebs- u. Anzeigenleit., 1939-45 Wehrdst. (1942 Offz.) u. Gefangensch., dann Leit. Wohnungsamt Friedrichsthal, 1946-59 Vertriebs-, Anzeigenleit. u. Geschäftsf. (1956) Saarl. Volksztg., 1959-65 Saarl. Min. f. Öfftl. Arbeiten u. Wohnungsbau, 1960-61 zugl. Finanz-, 1961-73 (Rücktr.) Innenmin. 1946-55 Bürgerm. Friedrichsthal. CVP bzw. CDU.

SCHNUR, Roman

Dr. jur., o. Prof. f. Öfftl. Recht - Lindenstr. 49, 7407 Rottenburg-Wurmlingen - Geb. 20. Okt. 1927 Merzig/Saar - 1947-51 Univ. Mainz (Rechtswiss.). Promot. 1953 Mainz; Habil. 1961 Heidelberg - 1956-61 Assist. Hochsch. f. Verw.swiss. Speyer; 1961-65 Regierungs- u. Oberreg.rat Mainz (zul. Staatskanzlei Rhld.-Pfalz); s. 1965 o. Prof. Univ. Bochum, Hochsch. f. Verwaltungswiss. Speyer (1968), Univ. Tübingen (1972) - BV: D. franz. Juristen im konfessionellen Bürgerkrieg d. 16. Jh., 1962; Individualismus u. Absolutismus, 1963; Strategie u. Taktik b. Verw.reformen, 1966; Zeit f. Reform, 1967; Regionalkreise?, 1971; Vive la France od. Vive la Rép., 1982; Revolution u. Weltbürgerkrieg, 1983; Polen in Mitteleuropa, 1984; Transversale - Spurensicherungen in Mitteleuropa, 1988.

SCHNURR, Friedrich Wilhelm

Prof., Rektor Hochschule f. Musik Detmold - Berliner Allee 27A, 4930 Detmold (T. 05231 - 2 48 51) - Geb. 21. Jan. 1929 Göttingen (Vater: Otto Sch., Oberstud.rat; Mutter: Annemarie, geb. Liebrich), ev., verh. s. 1951 m. Sigrid, geb. Köhne, 3 Kd. (Otto, Michael, Gesine) - 1949-53 Musikstud. Nordwestd. Musikakad. Detmold (Konz.-Ex. 1953) - 1965 Prof. Staatl. Hochsch. f. Musik Westf.-Lippe; s. 1982 Leit. Hochsch. - Konz., Rundfunkaufn., Schallpl. - 1959 I. Preis Intern. Musikwettb. d. ARD München.

SCHNURRER, Achim

Schriftsteller, Publizist - Friedensstr. 8, 8551 Heroldsbach (T. 09190 - 12 05) - Geb. 13. Nov. 1951 Bergisch-Gladbach - Sozialpäd. (Dipl. FH) - 1982 u. s. 1985 Chefredakt. Schwermetall u. U-Comix; 1984 Initiator u. Mitorg. Intern. Comic-Salon Erlangen. Vorstandsmitgl. Interessenverb. Comic (1983-87) - BV: Bilderfrauen - Frauenbilder, 1978; D. Kinder d. Fliegenden Robert, 1979; notizen aus d. nachtb., 1981; D. Kunst d. Comics, 1984; D. Welt d. Bilderfrauen, 1986; Überdosis, 1988; D. Kunst d. André Franquin, 1988. Mithrsg.: Magazin Comixene (1977-79); literatortur, Erlanger Ztschr. f. Lit. (s. 1981) - Liebh.: Lit., Musik, Film, Medien - Spr.: Engl., Lat.

SCHOBER, Friedrich-Wilhelm

Geschäftsführer P. E. Hoesch GmbH, Düren, Vors. Verb. d. dt. Wellpappen-Industrie, Darmstadt, Unternehmensverb. d. Papier u. Pappe verarb. Ind. Nordrhein, Wuppertal; Präs. Intern. Wellpappenverb. ICCA, Paris/Chicago - Farbmühlenstr. 11, 5160 Düren (T. 6 10 52) - Berufsoffizier (zul. Major i. G.) - Vater: Dr. med. Friedrich S., Generalarzt; Mutter: Lita, geb. Riege.

SCHOBER, Otto

Dr. phil., o. Prof. f. Dt. Sprache u. Literatur u. ihre Didaktik - Am Friedrichsbrunnen 8, 8600 Bamberg (T. 0951-5 53 33) - Geb. 30. Mai 1935 Bamberg (Vater: Andreas Sch., Kriminalamtmann; Mutter: Sophie, geb. Schnapp), kath., verh. s. 1961 m. Hilde, geb. Kopetschke, 2 Kd. (Sigrid, Andreas) - Abit. Oberrealsch. Bamberg, Univ. Würzburg, München u. Erlangen (German., Päd., Psych. u. Phil.) - Lehrst. f. Didakt. d. Dt. Spr. u. Lit. Univ. Erlangen-Nürnberg - BV: (Hrsg.) Funktionen d. Sprache, 1975; Stud.b. Lit.didakt., 1977; (Hrsg.) Text u. Leser, 1979; (Hrsg.) Sprachbetrachtung u. Kommunik.anal., 1980; (Hrsg.) Körpersprache u. schulische Erziehung (m. H. Rosenbusch), 1986 - Liebh.: Ornithol., Langstreckenlauf, Tennis - 1979 Gold. Sportabz. - Spr.: Engl.

SCHOBER, Reinhard

Dr. med., Prof., Chefarzt Zentrales Röntgeninst. Städt. Krankenanstalten Siegburg (s. 1966) - Lohrbergstr. 1, 5330 Königswinter/Rh. 21 (T. 39 70) - Geb. 13. Dez. 1921 Breslau (Vater: Dr. med. Wilhelm S., Kinderarzt; Mutter: Ella, geb. Riege), ev., verh. s. 1956 m. Helga, geb. Neebe - Abit. 1939; Med. Staatsex. 1945; Promot. 1947; Habil. 1963 - 1947-66 Univ. München (Pathol. Inst., 1952 Chir. Klinik), Basel (1955 Neurol. Klinik), Saarbrücken (1960 Strah-Ges. - BV: Röntgenkontrastmittel u. Lignorraum, 1964; Lungenzirkulation, 1969 - 1965 Schleussner-Preis - Spr.: Franz., Engl.

SCHOBER, Reinhard

Dr. phil., o. Prof. f. Forsteinrichtung u. Ertragskunde (emerit.) - Ludwig-Beck-Str. 9, 3400 Göttingen (T. 2 21 16) - Geb. 15. Febr. 1906 Berlin (Vater: Reinhard S., Oberst; Mutter: geb. Schotten), ev., verh. s. 1935 m. Liese-lotte, geb. Below, 2 Kd. (Reinhard, Renate) - 1924-28 Univ. Gießen u. München. Promot. 1935; Habil. 1937 Gießen - 1928-30 Forstass. hess. Forstämter, 1931-37 Assist. Hess. Forstl. Versuchsanst., 1939-41 Wehrdst., Doz. Univ. Göttingen, 1942-45 Assist. Inst. f. Forsteinricht. u. Ertragskd. Hann. Münden, 1945-52 Leit. Forstämter Nieder-Ohmen/Hessen u. Kattenbühl/Nieders. (1949), 1947-74 Ord. u. Inst.sdir. Univ. Göttingen (Forstl. Fak.) - BV: D. Lärche, 1949; Die japanische Lärche, 1953; D. Sitkafichte, 1962; D. Rotbuche, 1971. Herausg.: Grundner-Schwappachs Massentafeln (1952); Ertragstafeln (3. A. 1987); Ergebn. d. II. Intern. Lärchen-Provenienzversuches (1985) - 1971 v.-Tschermak-Seysenegg-Med. Wien; 1958 korr., 1980 Ehrenmitgl. Accad. di Scienze Forestali, Florenz.

SCHOBER, Theodor

Dr. theol., Dr. phil. h. c., Prof. - Romsgrund 12, 7298 Loßburg - Geb. 10. Aug. 1918, verh., 5 Kd. - Abit. 1937 Würzburg; Stud. Univ. Erlangen u. Tübingen - 1948-55 Pfarrer in Erlangen; 1955-63 Rektor Diakonissenanstalt Neuendettelsau; 1963-84 Präs. Diakonisches Werk d. Ev. Kirche in Dtschl. Herausg.: Ev. Soziallexikon; Handbuchreihe Zeugnis u.

Dienst u. zahlr. Periodika - Ehrenstiftsherr d. Klosters Loccum.

SCHOBERT, Walter

Prof., Direktor Dt. Filmmuseum Frankfurt/M. - Gaußstr. 10, 6450 Hanau 1 (T. 06181 - 2 23 97) - Geb. 22. Sept. 1943 Erlangen, ev.-luth., verh. s. 1968 m. Marie-Louise, geb. Köbler, 3 S. (Michael, Christoph, Lucas) - Human. Gymn. Erlangen; Stud. Ev. Theol. u. Theaterwiss. Univ. Erlangen, Tübingen, Rom; Ex. ev. Theol. 1967 u. 70 Ansbach - 1968 Vikar Münchberg; 1970 Filmref. Ev. Konfz. f. Kommunikation, Frankfurt; 1974 Leit. Kommunales Kino, Frankfurt; 1979 Dir. Dt. Filmmus. 1986 Einf. z. Pfarrer im Nebenamt, Hanau. Vorst. Kurat. Junger dt. Film; 1974-85 Vors. AG f. Kommunale Filmarb.; Lehrauftr. f. Filmgesch., Univ. Frankfurt; Hon.-Prof. HfG Offenbach - BV: Buster Keatan, 1974; Fischer Film Almanach, 1982 u. 83ff. - Spr.: Engl., Ital.

SCHOBERTH, Hannes

Dr. med., Prof., Orthopäde, Ärztlicher Leiter d. Lehrinst. f. Physikalische Therapie u. Sportmedizin an d. Ostseeklinik Damp (s. 1985) - 2335 Ostseeklinik Damp/Ostsee - Geb. 25. Febr. 1922 Selb/Ofr. (Vater: Heinrich S., Pfarrer; Mutter: Luise, geb. Hebart), ev., verh., 6 Kd. (Brigitte, Gudrun, Ulrike, Wolfgang, Swantje-Maria, Johanna-Flore) - Gymn. Würzburg u. Nürnberg; Univ. Erlangen u. Würzburg (Med., Psych.) - 1948-73 klin. Tätigk., zul. Oberarzt Orthop. Klinik Friedrichsheim. S. 1960 (Habil.) Privatdoz. u. apl. Prof. (1965) Univ. Frankfurt; 1973-85 Ärztl. Dir. Damp. Leiter S. Jahren berat. Arzt DFB - BV: Sitzhaltung - -schaden - -möbel, 1962; Sportmed., 1979; Mehr Freude am Sport, 1980. Einzelveröff. üb. Wirbelsäulenerkrank., Ergonomie d. Sitzens u. a.

SCHOCH, Agnes

Dr. phil., Prof. Hochsch. f. Musik u. Darst. Kunst Frankfurt - Am Lindenbaum 15, 6000 Frankfurt (T. 0611 - 52 92 00) - Geb. 30. Juni 1923 München (Vater: Joh. Müller, Stud.rat; Mutter: Anna, geb. Furtwängler), 1 Adoptivtochter - 2 Musiklehrer-, 1 Bewegungslehrer- u. 1 Schauspielex.; Diplompäd.; Promot. 1974 Univ. Frankfurt - Leit. Sem. f. Musikerzieher Wiesbadener Konservat. - BV: u. a. Opernschule, 1975; Grundl. d. Schauspielkunst, 1965; Päd. Kommunikationstheorie, 1979. Div. Publ. z. Theaterpäd. - Bek. Vorf.: Adolf Furtwängler (Großv.), Wilhelm Furtwängler (Onkel), Anton Dohrn (Urgroßonkel).

SCHOCKEMÖHLE, Alwin

Landwirt, Kaufmann, Springreiter - 2841 Mühlen Kr. Diepholz/Nieders. - Geb. 29. Mai 1937 Osterbeck/Emsl. (Vater: Landw.), verh. in 2. Ehe m. Rita Wiltfang, 3 Kd. (Alexandra, Frank, Christoph) aus 1. E., 2 Tôcht. (Vanessa, Christina) aus 2. Ehe - B. 1980 Bundestrainer der Reiter - Zahlr. Turniererfolge, dar. div. Nationenpr.; 1975 King George Cup (Großbrit.); 1976 Gold- (Einzel-) u. Silbermed. (Mannschaftswert.) XXI. Olymp. Spiele Montreal.

SCHOCKEMÖHLE, Paul Hermann

Kaufmann, Weltmeister u. Olympiateiln. im Springreiten - Münsterlandstr. 51, 2841 Mühlen - Geb. 22. März 1945, kath., verh. s. 1981 m. Barbara, geb. Pohlmann, T. Vivien - Abit.; 4 Sem. Stud. Betriebsw. Münster - Olympiade: 1976 Silbermed. Mannsch. (Agent); 1977 Bronzemed. Mannsch. (Talismann); 1979 Silbermed. Mannsch. (Deister); 1979 Silbermed. Einzel (Deister); 1981 Europam. Mannsch. (Deister); 1982 Weltmeister (Deister); 1983 Bronzemed. Mannsch. (Deister); 1983 Europam. Einzel (Deister); 1984 Bronzemed. Mannsch. (Deister); 1985 Europam. Einzel (Deister); Dt. Meister (1974 Talismann, 1980 Deister, 1982 Deister, 1983 Deister, 1986 Deister, 1987 Deister); 2 × 2. Pl. Dt. Springderby Hamburg (m. El Paso u. Deister) - Liebh.: Tennis, Tischtennis - Spr.: Engl.

SCHÖBER, Johannes Georg

Dr. med., Prof., Kinderarzt, Kinderkardiologe, Ärztl. Dir., Chefarzt interne Abt. Kinderkrkhs. an d. Lachnerstr. München - Zu erreichen üb. Kinderkrkhs. an der Lachnerstr., Lachnerstr. 39, 8000 München 19 - Geb. 8. Dez. 1937 Neisse (Schles.), kath., verh. s. 1969 m. Susanne, geb. Hauck, 4 Kd. - Med. Staatsex. 1964, Promot. 1965, Habil. 1973 München - S. 1980 apl. Prof.; 1973-84 Leit. Arzt kinderkardiol. Intensivstation Dt. Herzzentrum München; s. 1984 Kinderkrkhs. an d. Lachnerstr. München - BV: Risikoneugeborene, 1975 - Liebh.: Bergsteigen.

SCHÖBERL, Alfons

Dr. phil., o. Prof. f. Chemie (emerit. 1971) - Angerstr. 87, 3000 Hannover 72 (T. 0511 - 52 82 05) - Geb. 12. Juli 1903 Würzburg (Vater: Michael S., Beamter; Mutter: Barbara, geb. Leopold), kath., verh. s. 1930 m. Emilie, geb. Harren, 3 Kd. (Franzjosef, Gisela, Klaus) - Oberrealsch. u. Univ. Würzburg (Chemie) - 1935 Privatdoz., 1942 apl. Prof. Univ. Würzburg, 1950 o. Prof. u. Inst.sdir. Tierärztl. Hochsch. Hannover, 1961 Honorarprof. TH, jetzt TU, 1968 Hon.-prof. Med. Hochsch. ebd. Spez. Arbeitsgeb.: Organ. Chemie, Biochemie, Analyt. Chemie, Textilchemie, 8 Patente. Etwa 200 Facharb. (auch Handbuchbeitr.) - 1940 Gold. Ehrennadel Verein Dt. Färber.

SCHÖCH, Gerhard Konrad

Dr. med., Prof. f. Kinderheilkunde u. Klin. Molekularbiologie, Dir. Forschungsinst. f. Kinderernährung, Dortmund - Forschungsinst. f. Kinderernährung, Heinstück 11, 4600 Dortmund 50 (T. 0231 - 71 40 21) - Geb. 31. Dez. 1936 Sarata/Bessarabien (Vater: Theodor Christian Sch., Studienrat; Mutter: Margarete Alwine, geb. Feuer), ev., verh. m. Dr. rer. nat. Gesa Heller-Sch., 2 Kd. (Gesine, Gunter) - Univ. Tübingen (Med. Staatsex. 1966, Promot. 1967); Habil. 1976 Univ. Hamburg - 1970-81 Univ.-Kinderklinik Hamburg; s. 1981 Dir. Forschungsinst. f. Kinderernähr., Dortmund. Wiss. Beirat Dt. Ges. f. Sozialpädiatrie; Vizepräs. Dt. Ges. f. Ernährung; Mitgl. Ernähr.kommiss. Dt. Ges. f. Kinderheilkd., European Soc. f. Ped. Gastroenterol. and Nutrition; European Soc. for Pediatric Research; New York Acad. of Sciences; Ges. f. Pädiatr. Gastroenerol. u. Ernährung; Editor Europ. Journ. f. Clinical Nutrition; Redaktionsbeirat Ernährungsumschau; Beirat Aktuelle Ernährungsmed. - BV: Molekularbiol. u. klin. Bedeut. d. Stoffwechsels normaler u. modifizierter Nucleobasen (m. Gesa Heller-Sch.) 1977. Üb. 100 Ztschr.aufs. u. Buchbeitr. bes. zu Kinderernährung u. RNA-Stoffwechsel - 1977 Adalbert-Czerny-Preis Dt. Ges. f. Kinderheilkd.; 1979 Jürgen u. Margarete Voß-Preis Werner Otto-Stiftg. Hamburg.

SCHÖCH, Heinz

Dr. jur., o. Prof. f. Kriminologie, Strafrecht u. Strafvollzug Univ. Göttingen - Bramwaldstr. 11A, 3400 Göttingen - Geb. 20. Aug. 1940 Sarata/Bessarabien (Vater: Artur Sch., Tischlerm.; Mutter: Mathilde, geb. Gässler), ev., verh. m. Gabriele, geb. Lorych, 3 Kd. (Hans-Peter, Stefan, Ann-Kristin) - 1959/60 Stud. generale Univ. Tübingen; 1960-65 Jurastud. Univ. Hamburg u. Tübingen; 1. u. 2. jurist. Staatsprüf. 1965 u. 69; Promot. 1973 Tübingen - 1965-73 Wiss. Assist. Univ. Tübingen; 1973-74 Akad. Rat ebd.; s. 1974 o. Prof. f. Kriminol., Strafrecht u. Strafvollzug Göttingen - BV: Strafzumessungspraxis u. Verkehrsdelinquenz, 1973; Strafvollzug (m. Kaiser, Kerner), 3. A. 1982; Kriminol., Jugendstrafrecht, Strafvollzug (m. Kaiser), 3. A. 1987; D. Jugendgerichtsverhandl. am Runden Tisch, (m. Schreiber/Bönitz) 1981; Wiedergutmachung u. Strafrecht, 1987 (Hrsg.) - Spr.: Engl., Franz.

SCHOECK, Helmut

Dr. phil., o. Prof. f. Soziologie - Universität, 6500 Mainz - Geb. 3. Juli 1922 Graz (Österr.), verh. s. 1947 m. Margret, geb. Weiler, 3 Kd. - Gymn. Ludwigsburg (Abit. 1941); Univ. München u. Tübingen (Promot. 1948 b. Prof. Eduard Spranger m. e. Arbeit üb d. Wissenssoziol.) - S. 1950 Prof. Fairmont State College, Fairmont, Emory Univ., Atlanta (1954), Univ. Mainz (1965 Ord. u. Inst.dir.) - BV: Nietzsches Phil. d. Menschlich-Allzumenschlichen, 1948; Soziol. - Gesch. ihrer Probleme, 1952; USA - Motive u. Strukturen, 1958; Was heißt politisch unmöglich?, 1959; Umgang m. Völkern - Amerikaner, 1961; D. Soziol. u. d. Gesellschaften, 1964; D. Neid - E. Theorie d. Ges., 2. A. 1968 (engl. u. span. 1969); D. Neid u. d. Ges., 5. A. 1977 (ital. 1974); Ist Leistung unanständig?, 6. A. 1978; Entwicklungshilfe - Polit. Humanität, 1972; Vorsicht - Schreibtischtäter, 1972; D. Lust am schlechten Gewissen, 1973; Umverteilung als Klassenkampf? - Z. Politik u. Psych. d. Vermögensbildung, 1973, 2. A. 1974; Gesch. d. Soziologie, 1974; D. Geschäft m. d. Pessimismus, 1975; Schülermanipulation, 4. A. 1978; Soziol. Wörterb. (11. A. 1982; auch span.); D. Recht auf Ungleichheit, 1979, 3. erw. NA. 1988; D. Neid. D. Urgesch. des Bösen, 1980; D. Arzt zw. Politik u. Patient, 1983; D. 12 Irrtümer unseres Jh., 1985; Kinderverstörung, 3. A. 1989. Zahlr. Einzelarb. - Spr.: Engl.

SCHOECK, Rolf

Dipl.-Volksw., Vorstandsvorsitzender Landeskreditbank Baden-Württ., Karlsruhe u. Stuttgart (s. 1972) - Karl-Dieter-Str. 16, 7140 Ludwigsburg - Geb. 25. Juni 1928 Stuttgart, ev., verh., 3 Kd. - Stud. Wirtsch.- u. Staatswiss. Stuttgart u. Tübingen.

SCHÖDEL, Günther

Botschafter d. Bundesrep. Deutschl. in New Delhi (s. 1984) - POB 613, New Dehli 110001/India - Geb. 5. Aug. 1922 Berlin (Vater: Otto Sch., RA, Dir. Reichsunfallversich. u. Kunstmaler), verh. s. 1955 m. Erika, geb. Rothe, 5 Kd. - Stud. Rechtswiss. u. Volksw. - S. 1952 Ausw. Dienst, s. 1973 Botsch., Chefinspekteur AA, dann Dirig. Kulturabt., 1977 Botsch. Indonesien, 1980-84 Botsch. China, 1984 Botsch. Indien.

SCHÖFBERGER, Rudolf

Dr. jur., Regierungsrat a. D., Rechtsanwalt, MdB (s. 1972; Wahlkr. München-Süd) - Oberanger 38/II, 8000 München 2 - Geb. 29. Juni 1935 München, verh., 2 Kd. - Postfacharb., Postassist., Abit. 1957, Werkstud., 1957-62 Univ. München (Rechtswiss.), 1959-1963 Hochsch. f. Pol. Wiss.; Jurist. Staatsprüf. 1962/63/67; Promot. 1971 München - 1966-72 MdL Bayern, 1972-76 Vors. SPD München, s. 1985 Vors. SPD Bayern.

SCHÖFER, Erasmus

Dr. phil., Schriftsteller, Sprachwissenschaftler - Trajanstr. 5, 5000 Köln 1 - Geb. 4. Juni 1931 Berlin - Stud. Sprachwiss., Phil., German.; Promot. 1962 Bonn - Mitgründer u. Vors. Werkkr. Lit. d. Arbeitswelt - BV: D. Sprache Heideggers, 1962; D. Sturm, 1981; Tod in Athen, 1986; Flieg Vogel stirb, 1987 - Mitgl. PEN.

SCHÖFFL, Friedrich

Dr. rer. nat., Prof. f. Genetik Univ. Bielefeld (s. 1985) - Zu erreichen üb. Univ., Fak. f. Biol., 4800 Bielefeld 1 - Geb. 9. Nov. 1947 Ebermannstadt - Stud. Univ. Erlangen (Biol.); Dipl. 1973; Promot. (Mikrobiol. b. Prof. Heumann) 1976; Habil. (Genetik) 1985 Bielefeld - 1980-82 Assist. Prof. Univ. of Georgia, Botany Dept., Athens, USA (Auslandsstip. Dt. Forschungsgemeinsch.). Entd. d. Hitzeschockgene b. Pflanzen - Spr.: Engl.

SCHÖFFLER, Alfred

Malermeister, MdL Baden-Württ. (Wahlkr. 20, Neckarsulm) - Bahnhofstr. 64, 7104 Obersulm-Eschenau (T. 07130 - 64 58) - Geb. 6. März 1929 Obersulm-Eschenau - SPD.

SCHÖFFLING, Karl

Dr. med., o. Prof. f. Innere Medizin - An d. Pfaffenmauer 47, 6000 Frankfurt/M. 60 (T. 06109 - 3 57 28) - Geb. 4. Dez. 1921 Sobernheim (Vater: Fritz S., Zahnarzt; Mutter: Elisabeth, geb. Schmidt), ev., verh. s. 1948 m. Dr. med. Elisabeth, geb. Zastrow, 2 Kd. (Barbara, Klaus) - Univ. Heidelberg u. Frankfurt. Promot. (1950) u. Habil. (1959) Frankfurt - S. 1959 Privatdoz., apl. (1964), ao. (1968) u. o. Prof. (1969) Frankfurt (Inn. Med. u. Endokrinol.) - BV: D. gr. Ratgeber f. Diabetiker, 1971 (m. R. Petzoldt u. A. Fröhlich-Krauel; span. 1975); Diabetol. in Klinik u. Praxis, 1974 u. 1984 (m. H. Mehnert). Üb. 400 weit. Fachveröff., dar. zahlr. Hand- u. Lehrbuchbeitr. - 1976 Paul-Langerhans-Med.; korr. Mitgl. Kroat. Akad. d. Med. Wiss.; 1982 Ernst von Bergmann-Plak. - Spr.: Engl., Franz.

SCHÖFISCH, Horst

Direktor, Vorstand Sparkasse Bremen - Am Brill 1, 2800 Bremen 1 (T. 0421 - 179 20 08) - Geb. 19. Mai 1932 Bremen, ev., verh., 2 Söhne - Ehrenamtl. Vorst. Haus- u. Grundbesitzerverein Bremen, Altes Packhaus Vegesack, Bremer Volkshilfe, Jugendgemeinsch.werk Bremen.

SCHÖLCH, Karl

Geschäftsführer Heinrich Schölch GmbH./Karosseriebau, Kassel, Präs. Zentralverb. Karosserie- u. Fahrzeugtechnik, Frankfurt/M. - Sandershauser Str. 89, 3500 Kassel-Bettenhausen, 1985 Handwerkszeichen in Gold.

SCHOELER, von, Andreas

Rechtsanwalt, Staatssekr. a. D., Dezernent f. Personal, Recht u. Wirtschaft Stadt Frankfurt (s. 1989) - Mörikestr. 3, 6000 Frankfurt/M. 1 - Geb. 4. Juli 1948 Bad Homburg v. d. H., verh., 2 Söhne -

Abit. 1966; 1968-73 Univ. Frankfurt (Rechtswiss.); 1. jurist. Staatsex. 1973, 2. Staatsex. 1975 - 1982 Fernsehrat ZDF - 1972-83 MdB; 1976-82 Parlam. Staatssekr. b. Bundesmin. d. Innern, zul. Staatssekr. Hess. Innenmin. (b. 1987). 1966-82 FDP (stv. Landesvors. Hessen, Mitgl. Bundesvorst., Vors. Bundesfachaussch. f. Innen- u. Rechtspol.). S. Ende 1982 SPD.

SCHÖLER, Diane

Hausfrau, Weltmeisterin im Tischtennis - Josef-Kuchen-Str. 11, 4044 Kaarst 2 - Geb. 14. April 1933 London, verh. s. 1966 m. Nee Rowe, 2 Kd. (Cindy, Christian) - S. 1981 Damenwart Westd. Tischtennisverb. - 1951 u. 1954 Weltm. Damen-Doppel (m. Zwillingsschw. Rosalind); 1962 u. 1964 Europam. Damen-Doppel; 1970 u. 1972 Dt. Einzelm. - Liebh.: Musik, Lit. - Spr.: Deutsch, Engl. (Mutterspr.).

SCHÖLER, Eberhard

Sportwart (1981ff.) - Zu erreichen üb.: Deutscher Tischtennis-Bund, Otto-Fleck-Schneise 8, 6000 Frankfurt/M. 71 - Zahlr. Meisterschaften (u. a. Vizeweltm.) - Silb. Lorbeerbl. d. Bundespräs.

SCHÖLER, Walter

Dr. paed., em. o. Univ.-Prof. f. Unterrichtswissenschaft - Rudolf Kattnig-Weg 1, A-9201 Krumpendorf (T. 0429 - 34 34) - Geb. 20. Aug. 1928 Schwaan/Mecklenburg, ev., verh. s. 1973 m. Hannelore, geb. Cuder, T. Evamarie - Gymn. Parchim, NPEA Plön 1938-45, 1952-55 Univ. Rostock, 1961/62 Frankfurt a.M.; 1946 Neulehrerausb. Neustadt-Gleve; 1. u. 2. Lehrerprüf. 1947 u. 49; Promot. 1955 Greifswald; Habil. (Erz.wiss.) 1967 TH Aachen - 1946-52 Lehrer u. Rektor Fritz-Reuter-Schule Parchim; 1956-60 Ass. u. Oberass. Päd. Inst. Univ. Rostock; 1963-68 Ass. u. Doz. Inst. f. Erz.wiss. TH Aachen; 1969-70 Ord. u. Vorst. Inst. f. Allg. Päd. Hochsch. f. Welthandel Wien; 1970-86 Ord. u. Vorst. Inst. f. Unterr.wiss. UBW Klagenfurt; s. 1988 Präs. d. Ges. f. Hist. Päd. in Österr. S. 1968 Mitgl. Dt. Ges. f. Erz.wiss. - Erf.: Probiton, e. apparative Lernhilfe (m. J. Zielinski) - BV: D. fortschr. Einfluß d. Philanthr. a. d. nied. Schulwesen, 1957; Päd. Grundlagen d. Programmierten Unterweisung (m. Johannes Zielinski), 1964 (Übers. ins Span.); Methodik d. Programmierten Unterr. (m. J. Zielinski), 1965 (Übers. ins Tschech.); Gesch. d. naturwiss. Unterr., 1970; Päd. Technol. I, Apparative Lernhilfen, 1971; Gesch. d. Päd., 18. neubearb. Aufl. v. Hermann Weimer 1976 (Übers. ins Jap. 1979); Strukturen u. Modelle d. Unterr., Lehrb. z. Didaktik 1977; Lehrverhaltenstraining f. Unterr. in Schule u. Betrieb (m. G. Pongratz), 1978; Ausb. am Arbeitsplatz, Bildungsprobl. im Prozeß v. Arbeiten u. Lernen, 1989; Kommunikation u. Begegnung, Festschr. z. 75. Geb. v. Johannes Zielinski (m. H. Levenig) - 1971 Offizierskreuz d. belg. Leopoldsord.; Gr. Silb. Ehrenz. f. Verd. um d. Republ. Österr.; 1983 Gr. Gold. Ehrenz. Ld. Kärnten; 1988 Österr. Ehrenkreuz f. Wiss. u. Kunst I. Kl. - Spr.: Engl., Russ. - Lit.: E. Lechner u. J. Zielinski: Festschr. z. 60. Geb., Wirkungssysteme u. Reformansätze in d. Päd. (1988); Forschen u. Feiern: Reden z. 60. Geb. (1989, hg. v. E. Lechner).

SCHÖLL, Franz

Dipl.-Volksw., Ministerialdirektor, Leit. Abt. 1 (Postwesen) Bundesmin. f. d. Post- u. Fernmeldewesen - Adenaueral-lee 81, 5300 Bonn 1.

SCHOELL, Konrad

Dr. phil., Prof. f. Romanistik (Literaturwiss.) Univ.-GH Kassel - Georg-Forster-Str. 3, 3500 Kassel (T. 0561 - 804 33 62) - Geb. 6. Juli 1938 Freudenstadt, ev., verh., 2 Kd. - Univ. Freiburg (Staatsex. 1962, Promot. 1966); Habil. 1973 Erlangen - S. 1973 Prof. in Kassel - BV: D. Theater Samuel Becketts, 1967; D. franz. Drama s. d. 2. Weltkrieg, 2 Bde. 1970; D. komische Theater d. franz. Mittelalters, 1975; D. franz. Komödie, 1983. Herausg.: Avantgardetheater u. Volkstheater (1982). Mithrsg.: Beckett u. die Lit. d. Gegenwart (1988).

SCHOELLER, Franz Joachim

Botschafter d. Bundesrep. Deutschl. in Polen - Zu erreichen üb. Botschaft Warschau, Postfach 15 00, 5300 Bonn 1 (T. 48 22 17 30 11) - Geb. 24. Juli 1926 Düsseldorf (Vater: Franz S.; Mutter: Therese, geb. Hergenhahn), kath., verh. s. 1956 m. Ingetraud Helga, geb. Neul, 2 Kd. (Franz-Daniel, Maria-Alexandra) - Stud. d. Rechts- u. Wirtsch.wiss. Univ. Paris, Oxford, Köln, Barcelona - S. 1955 Höh. Ausw. Dst., zun. Zentrale Bonn, dann Ausl.posten in Paris, Rom (Quirinal), Dar-es-Salaam, Madrid, Teheran, 1973-80 wied. Bonn (stellv. Protokollchef, Chef d. Protokolls AA), 1980-83 Brasilia, 1983-87 Paris - Liebh.: Archäol., Gesch., Ski, Bergsteigen - Spr.: Engl., Franz., Span., Ital., Portugies.

SCHOELLER, Wilfried F.

Dr. phil., Schriftsteller, Redakteur - Melemstr. 2, 6000 Frankfurt 1 - Geb. 3. Juli 1941 Illertissen - Univ. München (German., Kunstgesch., Phil. u. Gesch.) - 1965-70 Verlagslektor, s. 1972 Lit.redakt. b. HR - BV: Studien z. bürgerl. Ges.kritik. Heinrich Mann, 1969; D. neue Linke nach Adorno, (Hg.), Schubart, Leben u. Meinungen e. schwäb. Rebellen, 1979; Herausg. : Ges. Werke v. Oskar Maria Graf (bisher 13 Bde.); D. Silhouetten-Kabinett (2. A. 1985). Zahlr. Lit.filme u. Autorenporträts - Mannheimer Filmfestsp. - Grimme-Preis Marl.

SCHOELLER, Winfried

Dipl.-Psychologe, MdL Nordrh.-Westf. (s. 1975) - Keltenweg 7, 5352 Zülpich - Geb. 23. Febr. 1941 Posen/Warthegau, verh. - Gymn. (Abit. 1963); TH Aachen (Maschinenbau), Univ. Bonn (Psych., Politol., Soziol.; Dipl. 1970) - S. 1972 Angest. Bundesanst. f. Arbeit u. Arbeitsamt Düren (Leit. Psych. Dienst). 1969 ff. Ratsmitgl. Stadt Zülpich (1970-75 Fraktionsf.); 1970 ff. MdK Euskirchen (1965 stv. Fraktionsvors.). SPD s. 1968 (1970 Ortsvors. Zülpich, 1974 Mitgl. Unterbezirksvorst. Euskirchen).

SCHOELLER, Wolfgang

Dr. rer. nat., Prof. f. Chemie Univ. Bielefeld, Ingenieur - Sattelmeyerweg 1, 4800 Bielefeld 1 - Geb. 3. Juli 1941 Illertissen (Vater: Franz Sch., Betriebsleit.; Mutter: Eleonore, geb. Rettich, verh. s. 1970 m. Johanna, geb. Stäbler, 2 Kd. (Sebastian, Friedrike) - 1960-63 Stud. Textiling.; 1963-66 Chemiestud. Univ. Stuttgart; Promot. 1969 - 1969 Postdoctoral Fellow Univ. of Texas, Austin; 1971-77 wiss. Assist. Univ. Bochum.

SCHÖLLHAMMER, Kurt

Dr., Rechtsanwalt, MdL Rhld.-Pfalz (s. 1975) - Rhodler Str. 22, 6540 Simmern - Geb. 30. Sept. 1929 - SPD.

SCHÖLLHORN, Johann-Baptist

Dr. oec. publ., Staatssekretär a. D., Präs. Landeszentralbank in Schlesw.-Holst. (s. 1973) - Fleethörn 26, 2300 Kiel 1 - Geb. 16. März 1922 Bischofsmais/Ndb. (Vater: Postbeamter), kath., verh. (Ehefr.: Dr. oec. publ. Elisabeth), 2 Kd. (Eva-Maria, Johannes) - 1949-52 Stud. Volksw. Regensburg u. München (Promot.) - 1956-72 Bundeswirtschaftsmin. (1967 Staatssekr.). 4 J. Kriegseinsatz (Luftw., Sanitätsdst.), 5 sowjet. Gefangensch.

SCHÖLLKOPF, Ulrich

Dr. rer. nat., o. Prof. f. Organ. Chemie - Eichenweg Nr. 5, 3406 Bovenden (T. Göttingen 89 25) - Geb. 11. Okt. 1927 - Habil. Heidelberg - B. 1964 ao., dann 1968 o. Prof. Univ. Göttingen. Fachaufs. Herausg.: Liebigs Annalen d. Chemie - Mitgl. Akad. d. Wiss., Göttingen - Liebig-Denkmünze d. Ges. Dt. Chemiker; Award of the Japanese Society for the Promotion of Science-Mitgl. Preiskomitee d. Dr. Paul-Janssen-Preis.

SCHÖLLNER, Dietrich Alexander

Dr. med., Prof., Orthopäde, Chefarzt Krankenhaus d. Augustinerinnen, Orthopäd. Abt. Köln (s. 1975) - Mozartstr. 24, 5000 Köln 50 - Geb. 1. April 1929 Magdeburg (Vater: Dr. med. Wilhelm S., HNO-Arzt; Mutter: Ilse, geb. Wittek), ev., verh. s. 1961 m. Helga, geb. Drechsler, 5 Kd. (Silke, Carsten, Swantje, Wiebke, Geeske) - Stud. Univ. Mainz, Hamburg; Promot. 1954 Mainz; Habil. 1969 Münster - 1964 Wiss. Assist. u. 1966 Oberarzt Univ. Münster, s. 1975 apl. Prof. Univ. Münster (Orthopäd. Chir.). Med. Erfindung: implantierbares Distraktionsgerät zur Beinverlängerung - BV: D. Klumphand bei Radiusaplasie, 1972 - Liebh.: Musik, Tennis, Jagd - Spr.: Engl.

SCHÖLMERICH, Paul

Dr. med., Dr. med. h. c., em. o. Prof. f. Innere Medizin - Weidmannstr. 67, 6500 Mainz (T. 8 26 79) - Geb. 27. Juni 1916 Kasbach/Rhld. - S. 1952 (Habil.) Lehrtätigk. Univ. Marburg (1958 apl. Prof.) u. Mainz (1963 Ord. u. Dir. II. Med. Klinik) - BV: Beiträge z. Angiogr. chir. Lungenerkrank., 1964 (m. a.); Lehrb. d. Inn. Med., 7. A. 1987 (m. R. Gross u. W. Gerok); Interne Intensivmed., 3. A. 1988 (m. H. P. Schuster, H. Schönborn u. P. P. Baum). Beiträge z. Handb. Inn. Med. (1960) u. Handb. Med. Radiologie (1974); Bd. IX/5 Handb. Inn. Med., Myokarderkrankungen, Perikarderkrankungen, Herztumoren (m. H. Just, T. Meinertz), 1989; Molekularbiologische Grundlagenforsch. - therap. Innovationen (m. E. Mutschler), 1989. Üb. 300 Einzelarb. u. Buchbeitr. - Mitgl. Leopoldina; korr. Mitgl. Akad. d. Wiss. u. d. Lit. Mainz - Rotarier.

SCHÖLZ, Karl

Generalbevollm. Direktor Siemens AG., München - Hohenaschauer Str. 50, 8000 München 80 - Geb. 7. April 1914.

SCHÖN, Alfred

Ressortleiter Landespolitik u. Regionales Saarbrücker Zeitung - Postf. 296, 6600 Saarbrücken (T. 0681 - 50 22 74) - Geb. 30. Juni 1947 Ensdorf, kath., verh. - Vors. Landespressekonfz. Saar - BV: Werner Scherer - E. Leben f. d. Politik, 1987; Rechnungshof u. Journalismus, 1988; Saarländ. Weihnachtsbuch, 1988.

SCHÖN, Fritz

Dr. med., Facharzt f. Zahn-, Mund- u. Kieferheilkd., Honorarprof. Univ. Erlangen-Nürnberg (s. 1964) - Wisbacherstr. 1, 8230 Bad Reichenhall/Obb. (T. 24 35) - Geb. 11. März 1902 Olmütz (Vater: Josef S., Zahnarzt; Mutter: geb. Wurst), verh. 1932 m. Elisabeth, geb. Bezdiczka - Univ. Wien, Prag, Berlin, New York, Hamburg - Vortragsreisen ins Ausl. Üb. 270 Fachveröff., darunt. 10 Bücher, teilw. in Übers. - Liebh.: Jagd, Fischen, Golf, Lit., Musik - Mitgl. bzw. Ehrenmitgl. v. in- u. ausl. Fachges.; Past-President ICD; Hermann-Euler-Med.

SCHÖN, Günter

Dipl.-Ing., Gesellschafter Erzquell-Brauerei Siegtal - Am Fichtenhang 15, 5900 Siegen - Geb. 16. Febr. 1918.

SCHÖN, Gustl

Diözesansekretär, MdL Bayern (s. 1974) - Clara-Staiger-Str. 78, 8078 Eichstätt (T. 08421 - 12 87) - Geb. 1929 - CSU.

SCHOEN, Hanns Detlev

Dr. med., Prof., Ärztl. Direktor Radiolog. Klinik im Katharinenhospital - Rosengartenstr. 94, 7000 Stuttgart 1 (T. 42 70 62) - Geb. 8. März 1925 Halle/S. - S. 1961 (Habil.) Lehrtätigk. Univ. Tübingen u. FU Berlin (1967 apl. Prof. f. Röntgenol.) - 1968-78 Chefarzt Strahlenabt. Auguste-Viktoria-Krkhs. Berlin-Schöneberg (1976-78 Ärztl. Leiter d. Krkhs.) - BV: Med. Röntgentechnik, 1951 (m. E. Bunde, W. Frommhold, V. Loeck; mehrere Aufl.; auch engl., span., ital.); Strahlenschutzkurs f. Strahlentherapie, 1982 (m. F. E. Stieve). 120 Einzelarb.

SCHÖN, Hans

Dr. agr., Prof., Direktor Inst. f. Betriebstechnik (s. 1978), Präs. Bundesforschungsanstalt f. Landwirtschaft (s. 1988) - Bundesallee 50, 3300 Braunschweig - Geb. 16. Febr. 1940 Großensterz (Vater: Franz Sch., Landw.; Mutter: Maria, geb. Bayer), kath., verh. s. 1968 m. Christl, geb. Helmerich, 2 Kd. (Hans, Susanne) - Dipl.-Ing. agr. 1963 München; Ass. im bayer. Staatsdst. 1965; Promot. 1969 Gießen - 1970-78 Mitarb. Inst. f. Landtechnik/TU München. Ca. 200 Aufs. z. Mechanisierung d. Landw.

SCHÖN, Helmut

Bundestrainer (1964-78) - Paul-Lazarus-Str. 2, 6200 Wiesbaden - Geb. 15. Sept. 1915 Dresden (Vater: Kunsthändler), verh. m. Annelies, geb. Gräfe, S. Stephan - Gymn. Dresden; Lehre Sächsische Staatsbank ebd.; Sporthochschule Köln (1950 ff.) - Pharmaz. Industrie; 1952-78 Fußballtrainer (b. 1956 Saarl. Fußball-Verb., dann DFB; Assist. v. Herberger, 1964 ff. Bundestrainer). Bes. Erfolge: u. a. 1966 dt. Elf 2. Platz Fußball-Weltmeisterschaft London, 1970 3. Pl. Mexico-City, 1972 Europam., 1974 Weltm. - BV: Immer am Ball, 1970; Fußball, 1978 - 1970 BVK I. Kl.; 1974 Gr. Verdienstkreuz d. VO d. Bundesrep. Dtschl.; 1975 Gold. Ehrennadel DFB; 1980 Ehrenmitgl. DFB; 1984 FIFA-Orden - Bek. Fußballer (Dresdner SC; 1940 u. 41 Pokalsieger, 1943 u. 44 Dt. Meister).

SCHÖN, Helmut

Dipl.-Ing., Ministerialdirektor, Abteilungsleit. Fernmeldewesen Bundesmin. f. d. Post- u. Fernmeldewesen (s. 1983) - Zu erreichen üb. Bundesmin. f. d. Post- u. Fernmeldew., Postf. 8001, 5300 Bonn 1 - Geb. 3. Jan. 1931 Bremen, verh. s. 1957 m. Dr. Sigrid Sch., 2 Töcht. (Stephanie, Dorothee) - 1950-55 Stud. Nachrichtentechnik TH München (Ex. 1955) - 1955-57 Oberpostdir., München; 1957-58 Fernmeldetechn. Zentralamt, Darmstadt; 1959-63 Ref. im Bundesmin. f. d. Post- u. Fernmeldewesen, Bonn; 1964-68 Amtsvorst. Telegrafenamt, München; 1969-73 Ref.-Leit. Bundesmin. f. d. Post- u. Fernmeldewesen; 1974-83 Unterabt.-Leit. u. s. 1984 Abt.-Leit. d. Fernmeldeabt. Bundesmin. f. d. Post- u. Fernmeldewesen - Spr.: Engl.

SCHÖN, Karl

Bürgermeister, Mitgl. Europa-Parlament (s. 1979) - Danngasse 3, 5413 Bendorf/Rh. (T. 20 10) - Geb. 26. Juli 1923 Elstra/Sa., ev., verh., 2 Kd. - Volkssch.; Steinmetzhandwerk - U. a. Parteigeschäftsf. (1963ff.). S. 1957 Mitgl. Stadtrat (Fraktionsvors.), Beigeordn. u. spät. Bürgerm. Bendorf. MdK Mayen-Koblenz. MdL Rhld.-Pfalz (1967-74). Vors. Arbeiterwohlfahrt/Bezirksverb. Rheinl.-Hessen-Nassau, Koblenz. SPD s. 1955 (1966 Kreisvors., später UB-Vors. Koblenz u. Mitgl. Bezirksvorst.). Bezirksvors. d. Arbeiterwohlfahrt Rheinl.-Hessen-Nassau.

SCHÖN, Konrad

Dr. phil., Prof., Landesminister a. D., MdL Saarl. (1970-77; CDU) - Rotenbühler Weg 8, 6600 Saarbrücken (T. 3 47 32) - Geb. 7. Mai 1930 Mannheim - Stud. Rechtswiss. u. Phil. Freiburg/Br., Paris, Heidelberg - 1954-57 Direktionsassist. Dresdner Bank; 1958-60 Studienleit. Europa-Haus Marienberg; 1960-61 Studienleit. Europ. Akad. Otzenhausen; s. 1961 Doz. u. Prof. (1968) Päd. Hochsch. Saarbrücken (Politikwiss. u. Didaktik d. Polit. Bildung); s. 1974 Min. d. Finanzen Saarl. - BV: Europa-Aufbruch aus d. Krise, 1959; D. Begriff d. Polit. Bildung, 1964; D. Praxis d. Unterrichts in Polit. Bildung, 1967; Verfassung u. Erziehung, 1968; Grundl. d. polit. Urteilsbildung, 1969. 1979 Mitgl. Europ. Parlament. Zahlr. Einzelarb.

SCHÖN, Lothar
Dr. agr., Prof. - 8651 Katschenreuth 85/ Ofr. (T. Kulmbach 7 68 35) - Geb. 13. Sept. 1923 - Stud. Landw. - S. 1967 (Habil.) Lehrtätigk. TU München/Fak. f. Landw. u. Gartenbau (apl. Prof. f. Schlachttier- u. Fleischkd.) - Rotarier.

SCHÖN, Otto
Dr. phil., o. Prof. f. Pädagogik u. Didaktik Kathl. Univ. (vorh. Päd. Hochsch.) Eichstätt - Heidingsfelderweg 13, 8078 Eichstätt/Bay. (T. 12 13) - Geb. 12. Juni 1926 Amberg/Opf. (Vater: Alfred S., Lehrer), verh. m. Anna, geb. Falb - S. 1958 ao. u. o. Prof. Eichstätt. Facharb.

SCHÖN, Peter
Verleger, Vors. Verb. d. Zeitschriftenverleger Berlin - Zu erreichen üb.: Markgrafenstr. Nr. 11, 1000 Berlin 61.

SCHÖNAUER, Hans
Dr., Präsident Landesarbeitsgericht München - Winzererstr. 104, 8000 München 40.

SCHÖNBACH, Gerhard
Dr. med., Prof., Chefarzt Chir. Abt. (s. 1980) - Kreiskrankenhaus Lindau, 8990 Lindau/B. (T. 30 31) - Geb. 25. April 1926 Oberbrechen, kath., verh. s. 1957 m. Christa, geb. Herion, 3 Töcht. (Barbara, Stephanie, Annette) - Univ. Frankfurt, Heidelberg, Gießen. Promot. u. Habil. Gießen - 1964 ff. Privatdoz. u. apl. Prof. Univ. Gießen (Chir.). 1966-80 Chefarzt Chir. Abt. St.-Josefs-Krankenhaus Freiburg. Bes. Arbeitsgeb.: Gastroenterologie. Facharb. - Spr.: Engl., Franz., Ital.

SCHÖNBACH, Peter Michael
Dr. phil., o. Prof. f. Sozialpsychol. Univ. Bochum - Petersstr. 7, 4630 Bochum (T. 700 31 70) - Geb. 4. Febr. 1928 Aussig (Vater: Viktor S., Chem.; Mutter: Hildegard, geb. v. Bolzano), ev., verh. s. 1956 m. Ruth, geb. Privat - Stud. Frankfurt/M. u. Univ. of Minnesota (M. A., Ph. D.), Habil. 1968 Frankfurt - 1962-68 Lehrbeauftr. Frankfurt/M., 1969 o. Prof. Bochum. In- u. ausl. Fachmitgl.sch. - BV: Reaktionen auf d. antisemit. Welle Winter 1959/1960, 1961; Sprache u. Attitüde, 1970; Education and Intergroup Attitudes, 1981. Mithrsg.: Europ. Journal of Social Psychology (1971-77) - Spr.: Engl., Franz.

SCHÖNBECK, Fritz
Dr. agr., o. Prof. u. Direktor Inst. f. Pflanzenkrankheiten u. Pflanzenschutz TU Hannover (s. 1975) - Herrenhäuser Str. 2, 3000 Hannover (T. 762 26 41) - Geb. 8. März 1926 Helpsen (Vater: Wilhelm S., techn. Angest.; Mutter: Karoline, geb. Busche), ev., verh. s. 1959 m. Dr. Helge, geb. Peuß, 2 Kd. (Simone, Joachim) - Obersch.; Landwirtsch.slehre; Stud. Univ. Kiel, Bonn; Promot. 1956 ebd. - BV: Lehrb. d. Phytomedizin, 1976; Pflanzenkrankheiten, 1979 - Spr.: Engl., Franz.

SCHÖNBERG, Leo
Vors. Richter a.D. Oberlandesgericht, MdL Rheinl.-Pfalz (s. 1979) - Blumenbergstr. 13, 5444 Polch (T. 02654-24 06) - Geb. 11. April 1928 Polch, kath., verh. s. 1957 m. Klara, geb. Wey, 4 Kd. - Gymn., (Abit. 1947); Stud. Rechts- u. Wirtsch.swiss. Univ. Mainz, Refer.ex. 1951, Ass.- ex. 1955 - 1959-66 LGRat Koblenz, s. 1965 OLG, 1966-71 OLGRat, s. 1971 Senatspräs. OLG Koblenz u. vors. Richter - S. 1947 CDU, s. 1958 Vors. CDU-Kreisverb. Mayen, s. 1956 Mitgl. Gemeinderat Polch u. Kreistag, s. 1960 Frakt.f., 1960-64 2. Kreisdeput., s. 1968 Mitgl. Regionalvertr. u. Regionalvorst., s. 1970 Vors. CDU-Frakt., Regionalvertr. S. 1957/58 Mitgl. dt. Richterbund, s. 1977 Mitgl. Bezirkselternbeir. Koblenz, s. 1980 Bez.elternsprecher - 1972 Freiherr-v.SteinPlak., 1974 BVK a. Bde., 1978 gr. Wappenteller d. Kr. Mayen-Koblenz - Liebh.: Musik, Kunst, Theater - Spr.: Engl.

SCHÖNBERG, Walter
Dr. jur., Bundesrichter Bundesgerichtshof (s. 1969) - Herrenstr. 45a, 7500 Karlsruhe - Geb. 17. Febr. 1914 - 1956-69 Landgerichtsdir. Hanau/M.

SCHÖNBERGER, Arno
Dr. phil., Prof., Generaldirektor German. Nationalmuseum, Nürnberg (1969-80) - Hohenlohestr. 33, 8500 Nürnberg - Geb. 19. Nov. 1915 Schönberg (Vater: Martin S., Oberpostmeister; Mutter: Hilda, geb. Ziegler), kath., verh. s. 1942 m. Irmingard, geb. Huber, 3 Kd. (Angela, Claudia, Alexander) - Gymn.; Univ. München (Kunstgesch., Archäol., Phil.). Promot. 1943 - 1945-48 Ref. Bayer. Landesamt f. Denkmalpflege, München; 1948-59 Konservator u. Hauptkons. (1954) Bayer. Nationalmuseum ebd.; 1959-69 Dir. Kunstgewerbemus. (früher Schloßmus.) Berlin - BV: Dt. Porzellan, 1949; Kunstgewerbe in Europa, in: Atlantisbuch d. Kunst, 1952; Meißener Porzellan m. Höroldtmalerei, 1953; Ignaz Günther, 1954; D. Welt d. Rokoko, 2. A. 1959 (m. H. Soehner; auch engl., amerik., ital., franz., span.); Dt. Plastik d. Barock, 1963 - Spr.: Engl., Franz., Ital.

SCHÖNBERGER, Franz
Dr. phil., Dipl.-Psych., Prof. f. Allg. Behindertenpädagogik Univ. Hannover (s. 1978) - Fliederstr. 14, 3057 Neustadt a. Rbge. 1 (T. 05032 - 6 49 49) - Geb. 24. April 1934 Linz/Donau (Österr.) (Vater: Franz Sch., Straßenbahnkontrolleur; Mutter: Berta, geb. Aigner, Schneiderm.), verh. s. 1972 in 2. Ehe m. Heidi, geb. Kuse, 6 Kd. (Wolfram, Lothar, Pablo, Florian, Jakob, Lilli) - Lic. phil. 1958 München, Dipl.-Psych. 1961 Univ. München, Promot. 1971 Tübingen - 1962-64 Psych. Tätigk. in Österr.; 1964-66 Wiss. Assist. PH Karlsruhe; 1966-78 Prof. f. Körperbehindertenpäd. PH Reutlingen, s. 1978 Hannover - BV: D. sog. Contergankinder, 1971; Körperbehind.-Gutachten f. d. Dt. Bildungsrat, 1974; Erzieh. z. Geschäftsfähigk. (m. G. G. Hiller), 1977; Verhaltenstör. als Handlungsveränder., (m. K. Jetter) 1979; Kooperative Didaktik, 1982; Bausteine d. Kooperativen Pädagogik (m. K. Jetter u. W. Praschak), 1987 - Spr.: Engl., Franz., Latein, Ital., Span., Griech.

SCHÖNBERGER, Hans
Dr. phil., Prof., I. Direktor i.R. Röm.-German. Kommission Dt. Archäol. Inst., Frankfurt/M. - Friedrichstr. 4, 6380 Bad Homburg v. d. H. (T. 2 93 73) - Geb. 16. Okt. 1916 Kassel - Promot. 1943 Marburg; Habil. 1963 Freiburg - B. 1948 Assist. Staatl. Kunstsammlung, Kassel, dann Dir. Saalburg-Museum, Bad Homburg. Herausg.: Limesforschungen. Veröff. z. Archäol. d. röm. Provinzen.

SCHOENBERNER, Gerhard

Publizist - Selmaplatz 5, 1000 Berlin 37 - Geb. 24. Mai 1931 Neudamm/Neum. (Vater: Werner S., Pfarrer; Mutter: Else, geb. Lockstaedt), verh. s. 1956 m. Mirjana, geb. Bihalji (Tochter d. Kunsthistorikers Oto Bihalji-Merin) - Stud. Polit. Wiss., German., Theaterwiss. - Redakt., Übers., Krit., Lektor, Autor; 1973-78 Dir. Kulturzentrum Dt. Botschaft Tel Aviv; 1979ff. Mitvors. Freunde d. dt. Kinemathek u. Intern. Forum d. jg. Films, beide Berlin. Div. Kommissionsämter - BV: D. gelbe Stern - D. Judenverfolg. in Europa 1933-45, 1960, Neuaufl. 1978 (auch holl., engl., amerik., dän., schwed., norweg., jap., kanad.). Herausg.: Wir haben es gesehen - Augenzeugenberichte 1933-45, 1962, Neuaufl. 1981; D. unheil. Allianz - Briefw. Stalin-Churchill (1964); Künstler gegen Hitler - Verfolgung, Exil, Widerstand, 1984 (auch engl., franz., span. u. ital.). Essaybeiträge in zahlr. Sammelbden. Fernsehen: Film im III. Reich (12teil. Serie). Zeitgeschichtl. Ausstellungen - Mitgl. PEN - Bek. Vorf.: Franz S., b. 1933 Chefredakt. Simplicissimus (Onkel).

SCHÖNBÖCK, Karl
Schauspieler - Isabellastr. 22, 8000 München 13 (T. 37 08 12) - Geb. 4. Febr. 1909 Wien (Vater: Emanuel S., Schiffsoberinsp. Donau-Dampfschiffahrtsges.; Mutter: Luise, geb. Bogner), kath., verh. I) 1941 m. Herta, geb. Saal (Schausp.) † 1964, T. Christine, II) 1964 Corinna, geb. Genest - Realsch. (Abit.) u. Akad. f. Musik u. Darstell. Kunst Wien - U. a. Bühnen Wien, Berlin, München (Kammerspiele). Zahlr. Filme (Aufzählung s. XIII. Ausg.; zul.: u. a. D. Wahrheit üb. Rosmarie, D. schwarze Schaf, E. hübscher als d. andere; Fernsehen - 1936/1937 westd. Bezirksm. Florett u. Säbel - Spr.: Franz., Engl. - Rotarier.

SCHÖNBOHM, Ekkehard
Dr. rer. nat., Prof. f. Botanik u. Pflanzenphysiol. - Am Wäldchen 1, 3550 Marburg/L. 16 - Geb. 12. Okt. 1934 Aalen/Württ. - Univ. Tübingen (Phil., Chem., Biol.). Promot. 1962 Tübingen; Habil. 1970 Marburg - S. 1971 Prof. Univ. Marburg. Publ. üb. Licht- u. Bewegungsphysiol. d. Pflanzen - Liebh.: Alte Musik - Spr.: Engl.

SCHÖNBORN, von, Alexander
Dr. oec. publ., o. Prof. f. Saatgut, Genetik u. Züchtung d. Waldbäume - Amalienstr. 52, 8000 München 40 (T. 21 80 31 29) - Geb. 10. Febr. 1924 Sinzig - Oberrealsch. Regensburg (Abit. 1942); n. Kriegsdst. (Luftw.) Univ. München (Forstwiss.) - Tätigk. Forstl. Forschungsanst. München u. Hann. Münden; s. 1964 (Habil.) Lehrtätigk. Univ. München (1968 apl., 1971 o. Prof.) - BV: D. Atmung d. Samens, D. Aufbewahrung d. Saatguts d. Waldbäume. Etwa 40 Einzelarb.

SCHÖNBORN-WIESENTHEID, Graf von, Karl
Dr. med., Laborarzt, Dipl.-Volksw., Generalkonsul - Schloßpl. 1, 8714 Wiesentheid (T. 09383 - 8 02) - Geb. 14. Okt. 1916 Würzburg (Vater: Dr. med., Dr. iur. Erwein Graf v. S.-W.; Mutter: Ernestine, geb. Ruffo della Scaletta), kath., verh. s. 1953 m. Graziella, geb. Alvares Pereira de Mello, 4 Kd. (Filipp, Teresa, Maria, Paul) - Gymn. Würzburg; Stud. Univ. Würzburg, München, Wien; Med. Staatsex. 1941 Wien; Dipl.ex. 1952 Würzburg - Fachmitgl.sch. u. a. Vors. Ges. f. Fränk. Gesch., Beiratsmitgl. Bayer. Vereinsbank, Mitgl. d. Ehrenrates d. Deutschen Musikrates. Generalkonsul Rep. Gambia f. Portugal - Bayer. VO., BVK, Ehrenbürger Wiesentheid u. Pommersfelden - Spr.: Engl., Franz., Ital., Portug. - Rotarier.

SCHÖNDIENST, Eugen
Dr. jur., gf. Direktor i. R. Dt. Bühnenverein Köln - Wieselweg 3, 5000 Köln-Brück (T. 84 36 24) - Geb. 4. Febr. 1910 Herbolzheim/Br. (Vater: Josef S.; Mutter: Anna, geb. Dörle), kath., verw. 4 Kd. (Hans-Christoph, Peter, Martin, Dorothee) - Univ. Freiburg (Promot. 1935), Berlin, Heidelberg (Rechts- u. Staatswiss.). Ass.ex. 1936) - 1936-61 Anwaltspraxis Hamburg - BV: Geschichte d. Bühnenvereins, 2 Bde., 1979 u. 1981; Theater, Orchester u. Kunstpreise in Dt. Verwaltungsgesch., Bd. IV u. V, 1986 - Kriegsausz.; 1972 BVK I. Kl. - Spr.: Franz., Engl.

SCHÖNE, Albrecht
Dr. phil., Prof. f. Dt. Philologie - Grotefendstr. 26, 3400 Göttingen (T. 5 64 49) - Geb. 17. Juli 1925 Barby/Elbe, ev., verh. s. 1952 m. Dagmar, geb. Haver, 2 Kd. (Bettina, Tobias) - Univ. Freiburg, Basel, Göttingen, Münster (German., Gesch., Theol., Psychiatrie); Verlagsvolontariat. Promot. 1952; Habil. 1957 - 1957 Privatdoz. Univ. Göttingen; 1958 ao. Prof. Univ. Münster/W.; 1960 o. Prof. Univ. Göttingen. Gastprof. USA, Japan, Israel, Polen; 1980-85 Präs. Intern. Vereinig. f. german. Sprach- u. Lit.-Wiss. - BV: Säkularisation als sprachbild. Kraft, 2. A. 1968; D. Zeitalter d. Barock - Texte u. Zeugnisse, 3. A. 1988; Emblematik u. Drama im Zeitalter d. Barock, 2. A. 1968; Üb. polit. Lyrik im 20. Jh., 3. A. 1972; Emblemata - Handb. z. Sinnbildkunst d. 16. u. 17. Jhs., 3. A. 1978; Lit. im audiovisuellen Medium, 1974; Kürbishütte u. Königsberg, 2. A. 1982; Götterzeichen, Liebeszauber, Satanskult, 2. A. 1982; Aufklär. aus d. Geist d. Experimentalphysik. Lichtenbergsche Konjunktive, 2. A. 1983; Göttinger Bücherverbrennung 1933, 1983; Goethes Farbentheologie, 1987 - Mitgl. d. Göttinger, Bayer., Rhein.-Westf., Österr. u. Niederländ. Akad. d. Wiss. u. Dt. Akad. f. Sprache u. Dichtung; Hon.-Memb. of the Modern Language Assoc. of America - 1982 Weinpreis f. Lit.; 1983 Joh. Heinr. Merck-Preis f. lit. Kritik u. Ess.; 1986 Gr. BVK; 1989 Niedersachsenpreis f. Wiss. - Lit: H. Weinrich im Merkur (1983); A. Muschg in Jahrb. Dt. Akad. f. Spr. u. Dicht. (1983).

SCHÖNE, Armin
Dr.-Ing., Dipl.-Ing., Prof. Univ. Bremen (Meß-, Steuer.- u. Regelungstechnik, s. 1983) u. TH Aachen (s. 1976) - Aulbertstr. 19, 2844 Lemförde (T. 05443 - 82 02) - Geb. 15. Juni 1932 Reichenbach/Eulengeb. (Vater: Rochus S., Bürgerm.; Mutter: Anna, geb. Engel), verh. s. 1961 m. Dipl.-Kfm. Monika, geb. Herbold, 2 S. (Heralt, Egbert) - Obersch. Tarnowitz, Oberrealsch. Augsburg; TH München (Dipl.ex. 1954); Promot. 1965 TH Aachen; Habil. u. Privatdoz. 1969 TH Aachen - 1955-72 Bayer AG u. Beteiligungsber. BASF AG; 1974-83 Prof. FH Bielefeld; Fachmitgl.sch. - BV: Dynamisches Verhalten von Wärmeaustauschern, 1966; Prozeßrechensysteme d. Verfahrensindustrie, 1969; Regeln u. Steuern, 1971; Regelung v. Wärmeaustauschern (Mitverf.), 1973; Simulation techn. Systeme Bd. 1-3, 1974/76; Prozeßrechensysteme, 1981; Digitaltechnik u. Mikrorechner, 1984; Regelungstechnik, Bd. I u. II 1986/87. Zahlr. Fachveröff. - Liebh.: Geschichte (Arb. z. Regional- u. Heimatgesch.), Schach - Spr.: Engl.

SCHÖNE, Günter
Dr. phil., Museumsdirektor a. D. - Am Würm- ufer 19, 8035 Gauting (T. 089 - 850 46 85) - Geb. 19. Juni 1904 Magdeburg (Vater: Dr. Albert S., Chemiker; Mutter: Else, geb. Grau), ev., verh. s. 1937 m. Hilde, geb. Reinhardt, Tocht. Annemarie - Univ. München (Promot. 1931) u. Göttingen - 1931-35 Dramat. u. Spiell. Städt. Bühnen Magdeburg u. Lübeck, 1935-71 wiss. Assist., Konservator u. Dir. (1937) Theatermuseum (Clara-Ziegler-Stiftg.) München. Mitgl. Intern. Federation for Theatre Research, Ges. f. Theatergesch., Istituto Intern. per la Ricerca Teatrale Venedig (Direktorium) - BV: D. Entwickl. d. Perspektivbühne, 1933; 1000 J. dt. Theater - 914-1914, 1962; Porträtkatalog Theatermus.

München, 1977-81 - 1956 Mozart-Plak. (Mozarteum Salzburg); 1980 Bayer. VO. - Bruder: Dr. rer. pol. Joachim S. † 1967 (s. XV. Ausg.).

SCHOENE, Hanno

Wirtschaftsjournalist - Am Hostert 6, 5353 Kommern (T. 02443 - 56 38) - Geb. 15. Febr. 1922 Berlin (Vater: Fritz Sch., Major a.D., Verlagsleit.; Mutter: Margarete, geb. Goje), verh. s. 1962 in 3. Ehe m. Marianne, geb. Witscher - 1940 Abit.; militärärztl. Laufb. (cand. med.) - 1949 fr. Lokalreporter in Göttingen; 1952 Komment. S. 1954 eig. wirtschaftspol. Redaktionsbüro f. Tageszeit., Fachzeitschr. u. Rundf., Bonn - Kriegsausz. - Liebh.: Wirtschaftsgesch., Zeitgesch. - Spr.: Franz.

SCHOENE, Heinrich

Dr. phil., Ministerialdirigent a. D. - Am Schinnergraben 105, 6500 Mainz 42 - Geb. 19. April 1910 Marburg/L., ev., verh., 4 Kd. - 1936 Staatsex. in Math./Phys./Chemie; 1937 Promot. in Phil. u. Psych.; 1946-61 unterrichtl. Tätigk. u. Fachref. Kultusmin. Mainz, 1962-64 dt. Deleg. b. d. OECD Paris, 1965-66 Generalsekr. Dt. Bildungsrat Bonn, 1967-74 Leit. Abt. Planung u. Statistik Kultusmin. Rheinl.-Pfalz. 1975-78 Lt. Reg. Päd. Zentrum, ebd. Auslandsreisen. Veröff. in Presse u. Fachzeitsch. Hrsg. d. Synopsis f. mod. Schulmathematik (Mengenlehre); KMK 200 - D. Kampf um d. Schule, 1982.

SCHÖNE, Hermann

Dr. phil., Prof., Wiss. Mitarb. Max-Planck-Inst. f. Verhaltensphysiologie - 8131 Seewiesen/Obb. - Geb. 22. Juni 1921 Fürstenwalde/Spree - S. 1963 (Habil.) Lehrtätigk. Univ. München (1969 apl. Prof. f. Zoologie). Etwa 70 Fachveröff.

SCHÖNE, Jobst

Dr. theol., Bischof d. Selbst. Ev.-Luth. Kirche - Münchhausenstr. 11, 3000 Hannover 61 (T. 0511 - 55 33 74) - Geb. 20. Okt. 1931 Naumburg/S., ev.-luth., verh. s. 1964 m. Ingrid, geb. Germar, 3 Kd. (Oliver, Agnes, Dorothea) - Theol.-Stud. Bethel, Tübingen, Oberursel, Münster, St. Louis (USA); 1. theol. Ex. 1958, 2. theol. Ex. 1960, Master of Divinity 1957, Promot. 1969 Münster - 1962-86 Pfarrer (1973-85 Superintend.); s. 1985 Bischof - BV: Kirche u. Kirchenregiment im Wirken u. Denken G. Ph. E. Huschkes, 1969; Bekenntnis z. Wahrheit, 1978; Luthers Bekenntnis v. Altarsakrament, 1970; Um Christi sakramentale Gegenw., 1966 - 1978 Ehrenpromot. (Doctor of Divinity) Fort Wayne/USA.

SCHÖNE, Wolf-Dieter

Dr. rer. pol., Dipl.-Kfm., Prof. f. Betriebl. Steuerlehre u. Unternehmensprüf. FH Bielefeld, Steuerberater - Osianderweg 6, 4937 Lage-Hörste (T. 05232 - 8 05 56) - Geb. 14. Okt. 1929 Leipzig (Vater: Heinrich Sch., Kaufm.; Mutter: Gertrud, geb. Zeidler), ev., verh. s. 1962 m. Gerda Maria, geb. Ott, 3 Kd. (Wolf-Dieter, Michael, Barbara) - Dipl.-Kfm. Univ. Erlangen-Nürnberg; Promot. Univ. Göttingen; Steuerber. Finanzmin. Saarl.; Prof. FH Bielefeld - BV: Diversifikat. u. Besteuer., 1975; Körperschaftsteuer, 1978; Besteuer. d. Kapitalges., 1985; Anhang u. Lagebericht, 1988.

SCHÖNE, Wolfgang

Dr. phil., o. Prof. f. Kunstgeschichte - Mittelweg Nr. 31, 2000 Hamburg 13 (T. 45 16 18) - Geb. 11. Febr. 1910 Marburg (Prof. Dr. med. Georg S.; Mutter: Mary, geb. v. Seydlitz), verh. in I. Ehe m. Antje, geb. Jantzen, 5 Kd. (Brigitte, Dietrich, Gisela, Agnes, Roland), in II. Ehe m. Brigitte, geb. Brüschwiler (T. Veronika) - Univ. Freiburg/Br., Göttingen, München, Berlin, Frankfurt/M. Promot. 1934 Frankfurt; Habil. 1942 Freiburg - 1936-39 Volontärassist. Nationalgalerie Berlin u. Stip. Dt. Forschungsgem.; s. 1945 Doz. u. Ord. (1947) Univ. Hamburg. 1964-66 Vizepräs. Joachim-Jungius-Ges. d. Wiss., Hamburg - BV: Dieric Bouts u. s. Schule, 1938; D. gr. niederl. Meister d. 15. Jh.s, 1938; Heinrich Dreber, 1940; Üb. d. Licht in d. Malerei, 1954; Kampf um d. deutsche Univ., 1966. Div. Einzelarb. - Mitgl. Akad. Göttingen.

SCHÖNE, Wolfgang

Kammersänger, Opern- u. Konzertsänger (Bariton) - Mühlhaldenstr. 79, 7306 Denkendorf - Geb. 9. Febr. 1940 Bad Gandersheim, verh. m. Jena Ruchek, Opernsängerin - Stud. Musikhochsch. Hannover u. Hamburg (b. Prof. Naan Pöld, Konz.- u. Operngesang) - Nach Abschl. u. Gewinn versch. nat. u. intern. Gesangswettbew. (Berlin, Stuttgart, Bordeaux, Rio, s'Hertogenbosch) Konzertauftr. in ganz Europa, Nord-, Mittel- u. Südamerika, Japan; s. 1970 auch Operngastsp. S. 1973 Ensemblemitgl. Stuttgarter Staatsoper. Zahlr. Rundf.- u. Fernsehprod., Schallpl. (dar. üb. 50 Bachkantaten), Teiln. an intern. Musikfestivals (s. 1985 Salzburger Festsp.) - Hauptrollen: u. a. Don Giovanni, Mandryka, Onegin, Wolfram, Golaud, Graf Almaviva - 1978 Kammersänger-Titel.

SCHOENEBECK, Heinz

Dr., Prof. f. Theoret. Physik TU Berlin (s. 1969) - Britzer Damm 127, 1000 Berlin 47 (T. 606 76 27) - Geb. 17. Dez. 1920 Berlin (Vater: Fritz S., Ing.; Mutter: Hedwig, geb. Ziedrich), ev., verh. s. 1952 m. Hildburg, geb. Werdermann, 2 Kd. (Beate, Sabine) - Stud. TU Berlin - 1967 Privatdoz. - BV: Relativitätstheorie in: Bergmann-Schaefer, Experimentalphysik III, 1978 - Spr.: Engl.

SCHOENEBERG, Bruno

Dr. rer. nat., Prof., Mathematiker - Breslauer Str. Nr. 10, 2000 Norderstedt (T. Hamburg 527 97 23) - Geb. 8. Dez. 1906 Altona, kath., verh. s. 1937 m. Gertrud, geb. Moldt - Univ. Hamburg u. Göttingen (Math.). Promot. 1931; Habil. 1950 - 1938-66 höh. Schuldst. (Gymn.) Hamburg; s. 1950 Lehrtätigk. Univ. Hamburg (1957 apl. Prof.; 1970 Prof.); 1969-70 Gastprof. Univ. Karlsruhe u. 1971 Univ. Taipeh/Taiwan - BV: Elliptic modular functions, 1974. Fachaufs. - 1970 korr. Mitgl. Akad. d. Wiss. Göttingen.

SCHÖNEBERG, Hans

Dr. phil., em. o. Prof. f. Schulpädagogik u. Allg. Didaktik Univ./GHS Siegen - 5900 Siegen 32.

SCHÖNEBORN, Heinz

Dr. rer. nat., o. Prof. d. Mathematik TH Aachen (s. 1964) - Parkstr. 14, 5100 Aachen (T. 1 23 87) - Geb. 24. Okt. 1921 Remscheid (Vater: Heinrich S., Kaufm.; Mutter: Marie, geb. Lemmer), ev., verh. s. 1952 m. Ursula, geb. Fuchs - Univ. Köln (1940-41) u. Bonn (1946-49; Promot.) - 1949-64 Assist. Privatdoz. (1953) u. apl. Prof. (1959) Univ. Bonn (zul. Wiss. Rat). Div. Fachveröff.

SCHÖNECKER, Hanns

Dipl.-Ing., Architekt - Karlstr. 18, 6670 St. Ingbert (T. 06894 - 24 67 u. 46 19) - Geb. 23. Juni 1928 Bliesen/Saar (Vater: Nikolaus S., Bergmann; Mutter: Barbara, geb. Dupont), kath., verh. s. 1957 m. Liesel, geb. Weiand, 4 Kd. (Susi, Barbara, Angela, Lisa) - TH Darmstadt - 1973 Vorst. BDA; Präs. AKS - 1969 BDA-Preis - Liebh.: Erforsch. Lothring. Steinplastik - Spr.: Engl., Franz.

SCHÖNELL, Hartmut

Dr. rer. pol., Geschäftsführer Industrieverb. Hartschaum - In der Unteren Rombach 6L, 6900 Heidelberg - Geb. 27. Mai 1951 Anklam/DDR.

SCHÖNEMANN, Erwin

Dipl.-Ing., Gesellschafter Beregend KG., Berlin - Sommerfeldring 41, 1000 Berlin 39 (T. 805 19 95) - Geb. 23. Sept. 1920 Wattenscheid (Vater: Joseph S., Arbeitsamtsdir. †; Mutter: Wilhelmine, geb. Baetke †), ev., verh. s. 1945 m. Annemarie, geb. Lindner, S. Rüdiger - Maurerl.; Stud. Bauing.wesen TH Darmstadt; Dipl.ex. 1953 ebd. - 1953-57 Geschäftsf. Nordhess. Bauunternehmerverb.; 1957-63 Hauptgeschäftsf. Bundesverb. Dt. Kalksteinind. u. Güteschutzverb. Kalksteinind.; 1963-1964 Baustoffproduktion (Gf. u. Dir.); 1964-70 Vorst.smitgl. Verein. Berliner Mörtelwerke AG.; 1967 Gründer Transportbeton-Agentur Berlin; 1970-72 beratd. Ing. (selbst.); 1973-76 Gf. Papierind. VRsmand; 1975-78 Gl. Calorit KG., s. 1980 Mehrheitsges. e. Hotelbetriebsges. mbH. Ehrenamtl. Arbeitsrichter.

SCHÖNEMANN, Klaus

Städt. Verkehrsdirektor, Geschäftsf. Verkehrsverein Nürnberg i. R., Ehrenpräs. Verb. Dt. Kur- u. Tourismusfachleute, Ehrenmitgl. Europ. Union of Tourist Offic., stv. Vors. Studienkr. f. Tourismus, Starnberg, Nürnberg, Stud.-leit. Dt. Sem f. Fremdenverkehr Berlin - Schrammstr. 17, 8500 Nürnberg - Geb. 29. Juli 1920 Coswig, verh. s. 1951 m. Ursula, geb. Lüchauer - Wirtschaftsobersch.; Lehre als Werbefachm. - U. a. Fremdenverkehrsverb. Nordbayern, Nürnberg, Fremden-Verkehrsverein Bayreuth.

SCHÖNENBERG, Hans

Dr. med., em. o. Prof. f. Kinderheilkunde - Kaiser-Friedrich-Allee 49, 5100 Aachen (T. 7 44 29) - Geb. 2. Dez. 1915 Aachen (Vater: Michael S., Bäckerm.; Mutter: Agnes, geb. Rothkopf), kath., verh. s. 1947 m. Luzia, geb. Averdung, 3 Kd. (Michael, Christiane, Hans-Martin) - Promot. 1944; Habil. 1951 - 1949-1956 Oberarzt Univ.s-Kinderklin. Münster/W. (1951 Privatdoz., 1958 apl. Prof.); s. 1956 Chefarzt Städt. Kinderklinik bzw. Kinderklinik d. TH Aachen/Med. Fak. (1966 o. Prof.) - BV: D. Liquor cerebrospinalis im Kindesalter, 1960; Üb. Mißbildungen d. Extremitäten, 1962. Üb. 150 Einzelarb.

SCHÖNENBERG, Reinhard

Dr. rer. nat., em. o. Prof. f. Allg. u. Angew. Geologie - Eduard-Spranger-Str. 31, 7400 Tübingen (T. 6 41 74) - Geb. 24. Febr. 1914 Konitz/Westpr. - Promot. (1944) u. Habil. (1950) Berlin - S. 1950 Lehrtätigk. Berlin u. Tübingen (1958 ao., 1962 o. Prof.), 1970-71 Prorektor, 1977-78 Vizepräs. Univ. Tübingen - BV: Einf. in d. Geol. Europas, 5. A. 1987; Geographie d. Lagerstätten, 1979. Herausg.: D. Entstehung d. Kontinente u. Ozeane in heutiger Sicht (1975). Mithrsg.: Oberrhein. Geol. Abh. (1963 ff.) - Lit. Festschr., Clausthal 1979.

SCHOENENBERGER, Helmut

Dr. rer. nat., Prof., Lehrstuhl Pharmazeutische Chemie II Univ. Regensburg - Ahornstr. 14, 8401 Pentling - Geb. 2. Nov. 1924 Augsburg - S. 1961 (Habil.) Lehrtätigk. München (1967 Wiss. Rat; 1968 apl. Prof. f. Pharmazie). Etwa 100 Fachaufs.

SCHÖNER, Ingeborg

Schauspielerin - Mark-Twain-Str. 5, 8000 München 60 (T. 83 29 99) - Geb. 2. Juli Wiesbaden, ev., verh. s. 1961 m. Georg Marischka (Regiss.), 2 Töcht. (Julietta, Nicole) - Univ. Frankfurt/M. (7 Sem. Philol.) - Film: u. a. Menschen im Netz, Soldatensender Calais, Weit ist d. Weg, Bankraub in d. Rue Latour, Waldrausch; La vache et prisonnier. Les draguciers, Souvenir d'Italie, L'idee fissa, Peter u. Sabine; Fernsehen - Spr.: Engl., Franz., Ital.

SCHÖNERT, Klaus

Dr.-Ing., Prof. TU Clausthal - Tannenhöhe 4, 3392 Clausthal-Zellerfeld (T. 4 07 44) - Geb. 18. Juni 1927 Döbeln/Sa., ev., verh. s. 1960 m. Annelene, geb. Werner, 3 Kd. (Axel, Stefan, Frank) - Obersch. Suhl/Thür. (Abit. 1946), Rundfunkmechanikerlehre, Stud. d. Physik TH Karlsruhe, Dipl. 1957, Promot. 1966, Habil 1971 ebd. - S. 1972 i. Leitungskolleg. Inst. f. Mechan. Verfahrenstechn., 1981 Inst. f. Aufbereit. u. Veredel.; Vors. Fachaussch. Zerkleinern GVC, Vors. Arbeitsgr. Zerkleinern, Agglomerieren, Klassieren Europ. Föderation f. Chemieingenieurwesen (EFChE) - 1970 Arnold-Eucken-Preis VTG - Spr.: Engl.

SCHÖNEWALD, Goswin

Dr. jur., Ass., Geschäftsführer a. D. Union Dt. Bahnhofsbetriebe, Unternehmensberater Gastgewerbe - Pferdemarkt 8, 4250 Bottrop - Geb. 30. Dez. 1911 (Vater: Goswin Sch., Oberpostdir. Münster), verh. m. Annemarie Tovar, S. Goswin - Kriegsteiln. (Batteriechef in Rußl., verw., 2 J. amerik. Gefangensch. in Frankr.); Stud. Univ. Freiburg u. Münster - Gutachter z. Strukturunters.

SCHOENFELD, Heinz-Dieter

Dipl.-Kfm., Hauptgeschäftsführer Landesverb. d. Hess. Einzelhandels, Arbeitgeber u. Wirtschaftsverb. - Junghofstr. 27, 6000 Frankfurt/M. 1.

SCHÖNFELD, Peter

Dr. rer. pol., o. Prof. f. Wirtschaftl. Staatswissenschaften, insb. Ökonometrie - Am Kreizekranz 7, 5340 Bad Honnef - Geb. 13. Mai 1937 Berlin - B. 1968 Univ. Regensburg, 1971 Bonn - Spr.: Engl., Franz. - Fellow, The Econometric Soc. Rotarier.

SCHÖNFELD, Roland

Dr. oec. publ., Dipl.-Volksw., Geschäftsführer u. Mitgl. Präsid. d. Südosteuropa-Ges. München - Widenmayerstr. 49, 8000 München - 1981 BVK.

SCHÖNFELDER, Thea

Dr. med., o. Prof. f. Kinder- u. Jugendpsychiatrie - v.-Herslo-Weg 23, 2000 Hamburg 61 (T. 550 12 53) - Geb. 16. Febr. 1925 Hamburg (Vater: Adolph S., Bürgermeister u. Bürgerschaftspräs. Hamburg † 1966 (s. XIV. Ausg.); Mutter: Minna, geb. Prill), led. - Schule u. Univ. Hamburg (Med. Staatsex.). Promot. (1951) u. Habil. (1966) Hamburg - S. 1966 Lehrtätigk. Univ. Hamburg (1970 Ord.). SPD s. 1946 - BV: D. Rolle d. Mädchens b. Sexualdelikten - Beitr. z. Sexualforsch., 1967 - Spr.: Engl.

SCHÖNFELDER, Wilhelm

Dr., Botschaftsrat Botschaft Washington, 4645 Reservoir RD. N.W., Washington D.C., USA.

SCHÖNFELDT, Gräfin, Sybil

s. Schlepegrell, Sybil

SCHÖNHÄRL, Elimar

Dr. med., Prof., hess. Landesarzt f. Hör- u. Sprachgeschädigte - Sachsenring 8, 3551 Wehrda - Geb. 17. Okt. 1916 Regensburg - S. 1958 (Habil.) Univ. Erlangen u. Marburg (1964 apl. Prof.; 1966 Vorsteher Abt. Stimm- u. Sprachstörungen Hals-, Nasen- u. Ohrenklinik) - BV: D. Stroboskopie in d. prakt. Laryngologie. Üb. 50 Einzelarb. - 1964 Gould-Preis Los Angeles (f. laryngostroboskop. Arbeiten).

SCHÖNHALS, Ernst

Dr. phil., em. Prof. f. Bodenkunde u. -erhaltung - Rehschneise 2, 6300 Gießen (T. 4 22 82) - Geb. 3. Febr. 1909 Merlau/Hessen (Vater: Karl S., Landw.; Mutter: Karoline, geb. Figge), ev., verh. s. 1937 m. Elisabeth, geb. Jung †1987, S. Gerd-Rüdiger - Univ. Gießen, TH Darmstadt. Promot. 1934; Habil. 1953 - 1938-45 Bodenkundler Reichsamt f. Bodenforsch., Berlin; 1947-59 Leit. Abt. f. Bodenkd. Hess. Landesamt f. Bodenforsch., Wiesbaden; 1953-65 Privatdoz. u. apl. Prof. f. Bodenkd. u. Quartärgeol. (1959) Univ. Frankfurt/M.; 1959-65 Leit. Ref. f. Bodenkd. Bundesanstalt f. Bodenforsch., Hannover; 1965-76 o. Prof. u. Inst.dir. Univ. Gießen - BV: Böden Hessens u. ihre Nutzung, 1954. Üb. 90 Fachaufs. - 1981 Ehrenmitgl. Dt. Bodenkundl. Ges.; 1985 Albrecht-Penck-Med. d. Dt. Quartärver.

SCHÖNHERR (Edler von Schönleiten), Dietmar

Schauspieler - Kaiserstuhl b. Zürich (Schweiz) - Geb. 17. Mai 1926 Innsbruck (Vater: Otto v. S., General; Mutter: Maria, geb. Koller), verh. 1950 m. Ellen, geb. Hanschitz, 1965 Vivi, geb. Bak (Schausp. unt. Bach, Verf.: E. Kind aus Kopenhagen, 1971, m. eig. Malereien) - Viktoria-Gymn. Potsdam Abit. 1943) - 1944-45 Soldat; 1947-52 Regiss., Sprecher u. Redakt. Österr. Sendergruppe West; s. 1951 Bühnen-, Film- (üb. 70 Rollen) u. Fernsehtätigk. (u. a. Showmaster: Wünsch Dir was, 24 Folgen; 1973-74 Gesprächsleit.: Je später d. Abend - ARD-Talk-Show). Filmregie: Lachotzky (1969, auch Buch), Kain 1970 (1972, auch Buch). S. 1977 Schauspielhaus Zürich - BV: Achtung - Aufnahme!, R. 1944; 3 Kinder- u. Jugendbücher. Liedertexte. Dt. Bühnenbearb.: Sartre, D. schmutz. Hände, Gide, La symphonie pastorale - Liebh.: Antiquitäten, Faßmalerei u. Vergolden - Spr.: Franz., Engl., Dän. - Bek. Vorf.: Karl S., österr. Dichter.

SCHÖNHERR, Horst Joachim

Dr. rer. silv. habil., Prof. Univ. Freiburg - Am Schloßpark 6, 7801 Stegen/b. Freiburg (T. 07661 - 6 14 56) - Geb. 23. Febr. 1926 Ölsa (Vater: Paul Sch., Bürgerm.; Mutter: Elisabeth, geb. Zöllner), ev. luth., verh. s. 1951 m. Erika, geb. Fuchs, T. Annegret - TH Dresden (Fak. f. Forstw.), Dipl.-Forstwirt 1952, Promot. 1957, Habil. Freiburg 1971 - 1972-74 Prof. Univ. Paraná in Curitiba (Brasilien), s. 1977 Prof. Univ. Freiburg - Spez. Arbeitsgeb.: Forstzool., Forstschutz, biol. Schädl.bekämpf. Wiss. Veröfftl. in Fachztschr.; Mitarb.: D. Forstschädlinge Europas, Bd. 2, 1972 - Spr.: Engl., Portugies.

SCHÖNHERR, Siegfried

Dr. med. vet., Prof., Veterinärmediziner - Schützallee 124, 1000 Berlin 37 (T. 832 88 53) - Geb. 20. Okt. 1915 Haselbach/Erzgeb., verh., 3 Töchter - Staatsgymn. Chemnitz/Sa. (Abit. 1935); Berufsoffz. (Luftw.); n. 1945 Landarb., Tierpfleger; 1946 Stud. Humboldt-Univ. Berlin. Promot. 1954 (Freie Univ.), Gründungsmitgl. Veterinärmed. Fak. FU Berlin, s. 1952 Assist., Akad. Oberrat (1966) u. Prof. (1971) Freie Univ. Berlin (Versicherungsveterinärmed., Statistik u. Dokumentation). Fachveröff. 1963-65 Vizepräs., 1966-71 Präs. Tierärztekammer Berlin. 1971-75 MdA Berlin (1973-75 Vizepräs.). LDP u. FDP s. 1945.

SCHÖNHÖFER, Peter S.

Dr., Prof. f. Pharmakologie Inst. f. Klinische Pharmakologie - Zu erreichen üb. ZKH St.-Jürgen-Str., 2800 Bremen (T. 0421 - 497 35 62).

SCHÖNHUBER, Franz

Journalist, Politiker - 8183 Rottach-Egern/Obb. - Geb. 1923, verh. (Ehefr.: Ingrid, Anwältin), 2 Kd. (Andrea, Florian) - Luitpold-Obersch. München (Abit. 1942), Chefredakt. Münchner tz; 1972-82 BR (u. a. Diskussionsleit., verantw. f. Abendschau u. Samstagsclub); 1983 Kolumnist Sudend. Ztg. 1971ff. Vors. bzw. Ehrenvors. (1977) Bayer. Journalistenverb. 1983 Mitbegr. Partei Die Republikaner, s. 1985 Bundesvors. - BV: Ich war dabei, 1982; Freunde in der Not, 1983; Macht-Roman e. Freistaates, 1985 - Liebh.: Russ. u. franz. Lit.

SCHOENICKE, Werner

Verlagsdirektor, Geschäftsf. Verlagsgruppe Georg v. Holtzbrinck - Gänsheidestr. 26, 7000 Stuttgart 1 (T. 0711 - 21 50-2 05) - Geb. 21. Juni 1925 Düsseldorf (Vater: Wilhelm S.; Mutter: Elfriede, geb. Henker), verh., 3 Kd. (Jochen, Michaela, Klaus) - N. Abit. Buchverlagslehre - Mitgl. Abgeordnetenvers. Börsenverein f. d. Dt. Buchhandel, u. Mitgl. Lions Club.

SCHÖNIG, Heinzpeter

Pallottinerpater (S.A.C.), Vors. Intern. Arbeitsgem. d. Circus- u. Schaustellerseelsorger - Pallotti-Heim, 8904 Friedberg (T. 0821 - 60 05 20) - Geb. 28. Dez. 1926 Bruchsal/Bad., kath., ledig - Theologiestud. Univ. Eichstätt/Bay.; Priesterweihe 1953 - 1954 Gründ. Circus- u. Schausteller-Seelsorge im deutschspr. Raum; 1975 Mitarb. Vatikan f. Seelsorge am Menschen unterwegs. 1980 Vors. s. o. - BVK I. Kl.; Päpstl. Ehrenkreuz; Bayer. VO; Bischöfl. Geistl. Rat - Liebh.: Amateurzauberei - Spr.: Engl.

SCHÖNINGER, Artur

Fabrikant, Mitinh. Schöninger-Betriebe, München/Weiden/Luhe - Richildenstr. 48, 8000 München 19 (T. 17 35 17) - Geb. 7. Juli 1902 München (Vater: August S., Kaufm.; Mutter: Maria, geb. Feist), verh. 1933 m. Hermine, geb. Stecher - Vorstandsmitgl. Verein d. Glasind., München; VRsmitgl. Wohnungsbau-Ges. Bayer. Arbeitgeber GmbH. ebd.

SCHÖNLEIN, Peter

Dr. phil., Oberbürgermeister d. Stadt Nürnberg - Eisensteiner Str. 68, 8500 Nürnberg 30 - Geb. 16. März 1939 Nürnberg, ev., verh. s. 1970 m. Claudia, geb. Zeck, 2 Kd. (Martin, Birgit) - Abit.; Stud. Latein, Griech., Gesch., Franz.; 1. Staatsex. 1967 Erlangen-Nürnberg; Promot.; 2. Staatsex. 1969 - Lehrer f. Latein, Griech., Gesch. u. Franz. am Neuen Gymn. Nürnberg. SPD-Frakt.-Vors. im Nürnberger Stadtrat - Liebh.: Fußball, Joggen, Musik - Spr.: Engl., Franz.

SCHÖNMANN, Hans-Günther

Dr. jur., Vorstandsmitglied Bayer. Vereinsbank, München (s. 1966) - Geb. 24. Mai 1921 München - 1957-66 Vorstandsmitgl. Bayer. Handelsbank, München. Vors. Zulassungsst. Bayer. Börse, München. Versch. AR-Mandate - BV: Freibier aus Eisenbahnschienen, 1981 - 1980 Bayer. VO; 1982 Gr. BVK.

SCHÖNNAMSGRUBER, Helmut

Dr. rer. nat., Prof., Ltd. Regierungsdirektor a.D. - Bergstr. 9, 7517 Waldbronn 2 (T. 07243 - 6 68 12) - Geb. 15. Nov. 1921 Stuttgart, ev., verh. s. 1952 m. Margret, geb. Hüber, Sohn Wolf - Gymn. Stuttgart; 1940-48 Wehrdst. u. sowj. Kriegsgefangensch.; Stud. Naturwiss. Univ. (TH) Stuttgart; Promot. 1954 - 1953-61 Wiss. Mitarb. Forstl. Versuchsanst.; 1961-71 Bezirksbeauftr. f. Naturschutz u. Landschaftspflege Tübingen; 1971-76 Dir. Landesst. f. Naturschutz u. Landschaftspfl. Baden-Württ., Ludwigsburg, 1976-83 Leit. Inst. f. Ökol. u. Naturschutz, Landesanst. f. Umweltschutz, Karlsruhe . S. 1963 Lehrbeauftr. Univ. Tübingen (Vegetationskd., Naturschutz, Landschaftspflege). S. 1973 Präs. Schwäb. Albverein; Vizepräs. Verb. Dt. Gebirgs- u. Wandervereine - 1961 Honorarprof. Univ. Stuttgart-Hohenheim; 1981 BVK - Liebh.: Naturwiss., Gesch., Kunstgesch., Wandern u. Bergwandern - Spr.: Engl., Russ. - Lit.: Bibliogr. u. Biogr.: H. Sch. Veröff. Naturschutz u. Landschaftspflege, Baden-Württ., 57/58, Karlsruhe 1984.

SCHÖNNENBECK, Hermann

Dr., Prof. Univ. Dortmund, Kfm. Direktor Hochtief AG, Essen - Meisenburgstr. 77, 4300 Essen 1 (T. 41 34 73) - Geb. 29. Dez. 1918 Essen (Vater: Hermann Sch.; Mutter: Emma, geb. Anger), ev., verh. m. Lore, geb. Steinmann, 2 Kd. (Britta, Ingo) - Stud. Wirtschaftswiss. Univ. Breslau, Prag u. Köln; 1947 Dipl.-Kfm.; 1949 Dipl.-Volksw.; 1950 Promot. - 1947-51 Assist. Univ. Köln; seitd. in d. Ind. Z.Zt. Hochtief AG, Essen. Hon.-Prof. Univ. Dortmund - BV: Grenzen d. ind. Kostenrechn. (Diss.), 1950; Bilanz u. Bilanzpol. d. Bauuntern. in Einzeldarst., 1966; Unternehmensfinanz. in d. Bauwirtsch., 1977; Beitr. z. Baubetriebswirtsch., 1983.

SCHÖNPFLUG, Wolfgang

Dr. phil. nat., Prof. f. Psychologie FU Berlin - Ringstr. 13, 1000 Berlin 45 (T. 030 - 833 49 90) - Geb. 31. März 1936 (Vater: Dr. Fritz Sch., Privatdoz.; Mutter: Käte, geb. Mendel), verh. s. 1964 m. Dr. Ute, geb. Moll, 2 Söhne (Daniel, Tobias) - MA 1958 Univ. of Kansas; Dipl.-Psych. 1961 Univ. Frankfurt/M.; Promot. 1963 ebd.; Habil. 1967 Univ. Bochum - 1969 Wiss. Rat u. Prof. Univ. Bochum; 1974 Prof. FU Berlin - BV: Psych. München: Urban u. Schwarzenberg, (m. Ehefr.) 1983; Adaptation, Aktiviertheit u. Valenz, u. a. Monogr., Ztschr.-Art. - Fernsehen: Medienverbundprogr. System Mensch - Einf. in d. Psych., 1977; Filmserie WDR: Verf. Begleitb. System Mensch, 2 Bde. - Liebh.: Lit., Musik, Fotogr. - Spr.: Engl., Latein.

SCHÖNSTEDT, Arno

Dr. h.c., Prof., Landeskirchenmusikdirektor i.R., Organist - Stresemannweg 13, 4900 Herford/W. (T. 05221 - 7 12 13) - Geb. 12. Sept. 1913 Sondershausen/Thür., ev., verh. m. Ursula, geb. Muff, 3 Kd. (Rolf, Wolfgang, Sabine) - N. Abit. 1932-35 Bankausbild.; 1935-38 Musikhochsch. Leipzig (Kirchenmusik m. Abschl.) - 1938 Kantor u. Organist St. Matthäi, Leipzig; 1945 Kant. St. Matthäi, Org. St. Thomae; 1947 Münster - Org. Herford; 1948 Doz. Landeskirchenmusikhochsch. ebd. Orgel- u. Glockensachverst. Ev. Kirche v. Westf.- Konzertreisen: Europa, USA, Kanada, Australien, Japan. Mitwirk. Rundf. u. Ferns. Schallpl. - 1974 Prof.-Titel Landesreg. NRW; 1975 Ehrendoktor Wartburg College, Waverly (USA); 1983 BVK I. Kl. - Spr.: Engl.

SCHOENTHAL, Hans-Ludwig

Kaufmann, Mitgl. Abgeordnetenhaus v. Berlin (s. 1977) - 1000 Berlin 47 - Geb. 9. Febr. 1923 Hahnenklee/Harz, verh., 1 Kd. - Gymn. (Abit. 1942); 1942-44 Hilfsarb. Kali-Chemie; 1946-55 Humboldt-Univ., FU u. TU Berlin - 1955-77 Verwaltungsangest. Landesjugendamt, Informationszentrum u. Landeszentrale f. Polit. Bildung Berlin; s. 1977 Inh. Reisebüro ebd. 1936-38 Aufenth. Schweden. Stv. Vors. Dt.-Israel. Ges. Berlin. SPD s. 1946.

SCHÖNWALD, Fritz

I. Bürgermeister - Rathaus, 8544 Georgengmünd/Mfr. - Geb. 3. März 1934 Düsseldorf - Zul. Verwaltungsamtm. SPD.

SCHÖNWALD, Kurt

Prof., Hochschullehrer - Klärchenstr. 10, 2000 Hamburg 60 (T. 47 26 59) - Geb. 30. April 1910 Notzendorf (Vater: Ernst S., Schmiedem.; Mutter: Martha, geb. Dörks), ev., verh. in 2. Ehe (1951) m. Maja, geb. v. Elepfandt, 2 Kd. (Harald; Alexandra-Dorothee) - Winrich-v.-Kniprode-Sch. Marienburg/Wpr. (Gymn.); Stud. Math., Physik, Psych.Danzig, Hamburg, Königsberg. Staatsex. f. d. höh. Lehramt 1934 (Königsberg) u. 37 (Berlin) - 1939-45 Frontoffz. (Polen, Frankfr., Rußl.); s. 1950 Prof. Päd. Inst. bzw. Fachbereich Erziehungswiss. Univ. Hamburg (1964 Ord. f. Didaktik d. Mathematik u. Physik). Herausg.: Math. Arbeitshefte (Klett-Vg.).

SCHOENWALDT, Peter

Generalkonsul d. Bundesrep. Deutschl. in Lyon - 33, Boulevard des Belges, F-69458 Lyon Cédex 06 - Geb. 10. Aug. 1934 Reutlingen.

SCHÖNWIESE, Christian-Dietrich

Dr. rer. nat., Prof. f. Meteorol. Umweltforschung Univ. Frankf. - Inst. f. Meteorologie u. Geophysik d. Univ., Feldbergstr. 47, 6000 Frankfurt/M. (T. 069 - 798 23 75) - Geb. 7. Okt. 1940 Breslau (Vater: Dr. Alex Sch., Wirtschaftsjourn.; Mutter: Ursula, geb. Leitzke), kath., verh. s. 1975 m. Dr. Marianne, geb. Zilleken, 2 Kd. (Ralf, Alexa) - 1963-68 Stud. Meteorol. Univ. München (Dipl.); Gr. Staatsprüf. 1970; Promot. 1974 - 1970-81 Berat. u. Lehrtätigk. Geophysikal. Beratungsdst.; 1981 Prof. Frankfurt - BV: Klimaschwank., Sachb. 1979; Prakt. Statistik, Lehrb. 1985; Treibhauseffekt, Sachb. 1987. Zahlr. wiss. Fachbeitr. f. Bücher u. Ztschr. - Liebh.: Musik, bild. Kunst - Spr.: Engl.

SCHÖNWIESE, Ernst

Dr. phil., Prof., Schriftsteller, Präs. Österr. PEN-Club (s. 1973) - Nothartgasse 42, Wien XIII - Geb. 6. Jan. 1905 Wien - U. a. Hörspielregiss. u. Programmleit. Österr. Rundfunk - BV/Ged. (1947 ff.): D. siebenfarb. Bogen, Ausfahrt u. Wiederkehr, Nacht u. Verheißung, D. unverlorene Paradies, D. Bleibende, Requiem in Versen, Stufen d. Herzens, D. alte u. d. jg. Chronos, Traum u. Verwandlung, Baum u. Träne, Geheimnisvolles Ballspiel u. a. Div. Herausg. - Lit.: Joseph Strelka, Rilke-Benn-Schönwiese u. d. Entwicklung d. mod. Lyrik, 1960.

SCHÖNWIESE, Jürgen

Fotograf, Zeichner, Grafiker - Josef-Kyrein-Str. 3, 8014 Neubiberg (T. 089 - 601 56 99) - Geb. 20. Jan. 1949 Porta Westfalica, verh. - Bayer. Staatslehranst. f. Fotografie 1974-76 München; Akad. d. Bild. Künste 1977-83 München; Stud. d. Malerei u. Grafik (Abschl. Meisterschüler u. Dipl.) - Zahlr. Ausst. m. fotograf., maler., zeichn. u. graf. Arb. Fachveröff. u. Illustr. in div. Magazinen u. Ztschr. Publ.: Fotobuch Sau, 1979; Kippen (Zeichnungen-Objekte), 1983 - 1978 Plakatwettbewerb Kindsmißhandlung, Aktion Jugendschutz; 1979 Theaterplakatwettbewerb DFG-Projekt Mandragola, 1980 Plakat München-Kultur, Kulturreferat Landeshauptstadt München; 1981 Intern. Kinderbuchtag 81 (Plakat), Junge Künstler d. 80er J., Preis d. K.V. d. Ecke Augsburg; 1982 Förderpr. Alfried Krupp v. Bohlen u. Halbach-Stiftg.; 1985 Plakatwettbewerb Fasching München 1986; 1987 Plakatwettbewerb Fasching München 1988 - Liebh.: Meine Katzen Bi-Bi u. Pfeffer; Bio-gärtnern; Jazz.

SCHÖPF, Bernhard
Dr. phil., Dr. theol., o. Prof. f. Moraltheologie - Am Galgenberg 1 1/2, 8880 Dillingen/Donau - Geb. 12. Dez. 1906, kath. - S. 1955 ao. u. o. Prof. (1963) Phil.-Theol. Hochsch. Dillingen - BV: D. Tötungsrecht b. d. frühchristl. Schriftst. b. z. Zeit Konstantins, 1958.

SCHOEPF, Erich
Dipl.-Ing., Regierungsbaumeister a. D. - Robert-Koch-Str. 37, 8022 Grünwald (T. 089 - 64 96 46) - Geb. 29. Dez. 1908 München - Schule u. TH München - S. 1950 Held & Francke (1951 Vorst., zul. Vors.) (s. 1974 a. D.).

SCHÖPP, Günter
Fabrikant, Geschäftsf. Fa. Hermann Schöpp, Textilwaren, Wermelskirchen, u. Chairman of Schoepp Velours of Ireland Ltd., Wexford/Ireland - Vorm Eickerberg 1, 5632 Wermelskirchen (T. 02196 - 40 46) - Geb. 4. Juli 1919 Wermelskirchen (Vater: Moritz S., Fabrikant; Mutter: Else, geb. Zartenar), ev., verh. s. 1944, 2 Kd. - Textil-Ing.sch. Wuppertal - Vizepräs. IHK Köln u. Dt.-Irische IHK, Dublin; Vors. Schoepp Velours of America, Inc., Rocky Mount, North Carolina/USA, Ambassador at Large d. Staates North Carolina, USA - Ehrenpräs. Berg. IHK, Remscheid; Großkreuz Ordine Militare del SS. Salvatore e S. Brigida di Svezia; 1969 Nederlands Laureaat van de Arbeid 1. Kl.; 1969 Mitgl. Tempelherren-Orden (Comtur-Kreuz); Gold. Sportabz. 1962; Bayer. Sportleistungsabz. in Gold 1965; 1984 BVK 1. Kl. - Spr.: Engl., Ital.

SCHOEPPLER, Otto
Bankdirektor, Aufsichtsratsvorsitzender Chase AG, Frankfurt - Geb. 9. Febr. 1924 Worms/Rh. (Vater: Otto S.; Mutter: Margaretha, geb. Becker), kath., verh. s. 1948 m. Dolores, geb. Riolo, 2 Kd. (Carol, Steven) - 1941-47 Stud. Wirtschaftswiss. Bowling Green State Univ./Ohio, Stanford Univ./Cal., Cornell Univ. New York - 1947ff. Insurance Company of North America (1950 Manager, 1954 Hauptbevollm. f. Dtschl.); 1960-68 u. s. 1974 Chase Manhattan Bank, New York (1961 Assistant Manager Frankfurt, 1962 Manager Dt. Niederlass., 1963 Assist. Vizepräs., 1964 Vizepräs., 1974 Dir. of Corporate Banking-Europe u. stv. AR-Vors.); 1968-74 Bankhaus Burkhardt & Co., Essen, bzw. C. G. Trinkaus & Burkhardt, Düsseldorf u. Essen (pers. haft. Gesellsch. Zeitw. Präs. American Chamber of Commerce in Germany, Frankfurt/M. (1964-70 u. 1974ff.). AR-Mitgl. Gerresheimer Glas AG, Düsseldorf, Neckura Versicherungs AG, Capital International, VDO Adolf Schindling AG - 1964 Columbus-Med. - Liebh.: Golf - Spr.: Engl.

SCHOEPS, Julius H.

Dr. phil., Prof. f. Polit. Wissenschaft Univ.-GH Duisburg - Niederdonkerstr.

76, 4005 Meerbusch 1 (T. 02105 - 7 36 35) - Geb. 1. Juni 1942 Djursholm/Schweden (Vater: Hans-Joachim Sch., Prof.; Mutter: Charlotte, geb. Busch), jüd., verh. s. 1975 m. Ursula, geb. Pradler - Stud. Gesch., Geistesgesch., Politik- u. Kommunikationswiss. Univ. Berlin u. Erlangen; Promot. 1969, Habil. 1973 - 1969-70 Verlagslektor; s. 1974 Prof. in Duisburg u. Dir. d. Salomon Ludwig Steinheim-Inst. f. dt.-jüdische Gesch. Gastprof. in Tel Aviv, Oxford, New York u. Seattle, Vors. Ges. f. Geistesgesch. - BV: u. a. V. Olmütz nach Dresden 1850/51, 1972; Zionismus, 1973; Friedrich Albert Lange, 1975; Theodor Herzl, 1975; Revolution u. Demokr. in Gesch. u. Lit., 1979; Religion u. Zeitgeist im 19. Jh., 1982; Juden im Vormärz u. in d. Revolution v. 1848, 1983; Bismarck u. s. Attentäter, 1984; Antisemitismus nach d. Holocaust, 1986; Juden in d. Weimarer Rep., 1986; Üb. Juden u. Deutsche, 1986. Herausg.: Stud. z. Geistesgesch. (1981ff.); Arbeitsmat. z. Geistesgesch. (1983ff.); Mithrsg.: Ztschr. f. Relig.- u. Geistesgesch.; Theodor Herzl, Briefe u. Tagebücher - Spr.: Engl., Schwed.

SCHÖTT, Hans Erich
Dr., Apotheker, Lebensmittelchem., Landwirtschaftsmstr., MdL Baden-Württ. (s. 1976) - Hauptstr. 41, 7833 Endingen/Kaiserstuhl - Geb. 18. April 1940 Freiburg/Br., ev., verh. - Progymn. Kenzingen u. Internatsch. Gaisenhofen; landw. Ausbild. (Meisterprüf. 1976); Stud. (Lebensmittelchem.prüf. 1970; Promot. (Biol.) 1975) - Selbst. Apoth. u. Landw. 1975 ff. Gemeinderatsmitgl. u. stv. Bürgerm. FDP/DVP s. 1975 (stv. Kreisvors.).

SCHÖTTLE, Klaus
Dr. rer. pol., Generalbevollmächtigter Deutsche Babcock AG - Duisburger Str. 375, 4200 Oberhausen 1 (T. 0208 - 833- 28 83) - Geb. 26. Okt. 1931 Stuttgart, kath., verh., 4 Kd. - Techn. u. kaufm. Lehre; Stud. Univ. Stuttgart u. Tübingen.

SCHÖTTLE, Ventur
Landwirtschaftsmeister, Staatssekr. Min. f. Ernährung, Landw., Umwelt u. Forsten (s. 1978), MdL Baden-Württ. - Von-Speth-Schülzburg-Str. 29, 7930 Ehingen-Granheim (T. 07395 - 3 97) - Geb. 22. Sept. 1929 Granheim - S. 1968 MdL; s. 1973 Präs. Schutzgemeinschaft Dt. Wald, Landesverb. Baden-Württ., Mitgl. Landesvorst. d. CDU s. 1964.

SCHÖTTLER, Wilhelm

Rechtsanwalt u. Notar, Senator h. c. d. Ukrain. FU München, Prof. f. Rechts- u. f. Zeitgesch. Univ. Kaslik (Beirut/Libanon), Synd. Bundesverb. d. Finanzberater u. Wirtschaftstreuhänder, Justitiar Verb. d. Wirtschaftsberat. Berufe, Präs. Bundesverb. Fr. Juristen Dtschl.s, Dt.-Kenya-Ges., Dt.-Ägypt. Ges., Vors. Rechts- u. Staatswiss. Ges., Staats- u. Handelspolit. Ges., Vizepräs. Dt. Mauretan-Ges. u. Akad. Ges. f. Finanzw., Präsidialmitgl. Europ. Studienges. f. mod. Verkehrserzieh., Ehrenpräs. Ges.

f. Dt.-Arab. Freundschaft u. a. - Herzogswall 46, 4350 Recklinghausen (T. 2 68 19 u. 2 36 30) - Geb. 21. Juni 1924 Recklinghausen, verh. - Zahlr. Fachveröff. - Dr. rer. pol. h. c. Faculté Libre des Sciences, Université Libre, Paris, France; Dr. h.c. d. Univ. Federal Fluminense Niteroi, RJ, Brasil. Zahlr. Ausz.

SCHÖTZ, Franz
Dr. rer. nat., Prof., Botaniker - Suessengothstr. 28, 8000 München 60 (T. 811 74 62) - Geb. 8. Nov. 1920 München (Vater: Josef S.; Mutter: Maria, geb. Zißler), kath., verh. s. 1951 m. Anna-Maria, geb. Huber, 3 Söhne (Josef, Peter, Paul) - Wilhelms-Gymn. u. Univ. München (Naturwiss.). Staatsex. f. d. höh. Lehramt 1948/49. Promot. (1953) u. Habil. (1959) München - Studienass.; s. 1953 Assist., Konservator (Botan. Inst.; 1955), Privatdoz. (1959) u. apl. Prof. (1965) Univ. München; s. 1959 Oberkonserv., Dir. (1964), Landeskonservator (1970), Sammlungsdir. (1971; 1976 Ltd.) an Botan. Garten ebd.; Dir. d. Botan. Gartens München (1985) - BV: Botanischer Garten München (Bildbd., 4. A. 1981); Gewächshausführer, 1963; Freilandfl., 1966; Gebirgspflanzen im Alpengarten auf d. Schachen, 1973; D. Freilandanl., 1975 u. 1980; D. Gewächshäuser, 1977 u. 1983; D. Alpengarten an d. Schachen, 1984. Üb. 80 Veröff. z. Genetik u. Feinstruktur d. Pflanzen u. üb. d. Botan. Garten München - Spr.: Engl.

SCHÖTZ, Werner
Dr. rer. nat., Direktor i. R. Heckners Verlag, Wolfenbüttel - Grüner Platz 8, 3340 Wolfenbüttel (T. 05331 - 3 14 57) - Geb. 19. Juni 1907 Berlin, ev., verh. s. 1937 m. Gertrud, geb. Wolf - Banklehre; Externenabit.; Stud. d. Wirtsch.s- u. Rechtswiss. Handelshochsch. Leipzig u. Univ. Köln, Dijon u. Breslau; Diplôme de franc. 1928 Dijon; Promot. 1931 Breslau - 1934-36 Wiss. Assist. u. Doz. Breslau; 1937-45 Prokurist Verlag B. G. Teubner u. Verlagsleit. G. A. Gloeckner, bde. Leipzig - Ehrenpräs. Barmenia Versicherungen, Wuppertal - Fachveröff.

SCHOLE, Jürgen
Dr. agr., Dr. rer. nat., o. Prof. f. Physiol. Chemie - Weißdornweg 19, 3002 Wedemark - Geb. 4. Juni 1927 Königsberg - Stud. Landw. u. Chemie - S. 1964 (Habil.) Lehrtätig. Univ. München (Wiss. Rat) u. Tierärztl. Hochsch. Hannover (1969 Ord. u. Inst.sdir.). Facharb.

SCHOLL, Georg
Kaufmann, Bürgermeister, MdL Bayern (s. 1966) - Jahnstr. 28, 8973 Hindelang (T. 603) - Geb. 7. Okt. 1919 Bad Oberdorf/Allgäu - 1939-45 Wehrdst.; s. 1945 Lebensmitteleinzelhändler. S. 1954 Mitgl. Gemeinderat u. ehrenamtl. Bürgermeister (1960) Hindelang. CSU - Liebh.: Skisport.

SCHOLL, Günther
Botschafter a. D. - Zuccallistr. 17a, 8000 München 19 (T. 17 55 20) - Geb. 11. Jan. 1909 Stettin, verh. I) m. Bruna, geb. Meister († 1969), II) T. Heide u. Renate, II) 1971 Dr. Anna-Elisabeth, geb. Wolff, T. Ebba, Katharina - Stud. Bauwesen u. Rechtswiss. Jurist. Staatsprüf. 1935 u. 38 - 1939-45 AA Berlin, 1945-50 Bergbau; 1950-52 Bundesinnenmin.; s. 1952 AA Bonn (Auslandsposten: 1954 Legationsrat I. Kl. Belgrad, 1960 Botschaftsrat I. Kl., 1962 Gesandter Moskau, 1963 Botschafter Rawalpindi, 1970 Kopenhagen) - 1956 Komturkreuz Phönix-Orden (Griechenl.); 1964 Gr. BVK mit Stern; 1970 Hilal-i-Quaid-i-Azam (Pakistan); 1973 Großkreuz Dannebrog-Orden (Dänem.) - Liebh.: Gesch., Musik - Spr.: Engl., Franz., Russ., Dän., Ital.

SCHOLL, Hermann
Dr.-Ing., Geschäftsführer Robert Bosch GmbH (s. 1978) - Zu erreichen üb. Rob. Bosch GmbH, Postfach 30 02 40, 7000 Stuttgart 30.

SCHOLL, Johannes
Direktor, Mitgl. Geschäftsfg. SKF Kugellagerfabriken GmbH., Schweinfurt - Göteborgstr. 24, 8720 Schweinfurt/Ufr. - Geb. 18. Juni 1913 Leipzig.

SCHOLL, Roland
Kanzler Hochschule f. Musik u. Theater Hannover - Emmichpl. 1, 3000 Hannover (T. 310 02 20) - Geb. 9. Dez. 1934 Berlin (Vater: Jörn Hildebrand Sch., Kaufmann; Mutter: Hildegard, geb. Opper), ev. luth., verh. s. 1961 m. Christa, geb. Hugel, S. Jörn Christian - 1954-58 Jurastud. Hamburg u. München, Gr. jur. Staatsprüf. 1963 - 1964-73 Rechtsanwalt u. Syndikus d. Dt. Musikrates, Hamburg u. Bonn; s. 1973 in Hannover - Spr.: Engl.

SCHOLL-LATOUR, Peter
Dr. phil., Journalist, Herausgeber stern-Magazin (1983-88), Vorst. Gruner + Jahr AG (1984-88) - Stern-Büro Gruner + Jahr AG & Co., 17, avenue Matignon, 75008 Paris/Frankr. (T. 00331 - 42 56 13 78/79) - Geb. 9. März 1924 Bochum (Vater: Dr. med. Otto S.-L.) - Collège St. Michel Fribourg u. Wilhelms-Gymn. Kassel; Univ. Mainz, Paris, Beirut. Promot. Paris (Lettres) - S. 1950 Journalist (Aufgaben in 5 Erdteilen); 1960-63 Afrika-Korresp. ARD/Dt. Fernsehen; 1963-69 Leit. Pariser Studio ARD; 1969-71 Dir. I. WDR-Fernsehprogramm; 1975-83 Leit. Pariser Studio ZDF; 1983-84 Chefredakt. stern. s. 1984 noch Herausg. u. zuständ. f. FS-Aktivitäten d. Verlagsgruppe - BV: Im Sog d. Generals; D. Tod im Reisfeld, 1979; Allah ist m. d. Standhaften, 1983; Mord am großen Fluß, 1986 - 1969 Gold. Kamera Hör zu (f. polit. Reportagen), 1974 Gold. Bambi Bild u. Funk; Adolf-Grimme-Preis; 1971 Aristide-Briand-Med.; 1977 Straßburg-Goldmed.

SCHOLL-POENSGEN, Adalbert
Geschäftsführer Nordsee Dt. Hochseefischerei GmbH., Bremerhaven - Schwanenweg 9, 2850 Bremerhaven - Geb. 8. Mai 1919 Köln - Spr.: Engl., Holl. - Rotarier.

SCHOLLER, Heinrich

Dr. jur., Dipl. sc. pol., Prof. f. Staats-, Verwaltungsrecht u. Rechtsphil. Univ. München - Zwengauerweg 5, 8000 München 71 (T. 089 - 79 64 24) - Geb. 1. Aug. 1929 (Vater: Dr. Heinrich Sch., Chemiker; Mutter: Anna, geb. Brasch), ev., verh. s. 1956 m. Gertrud, geb. Hartwig, 3 Kd. (Jens, Henrika, Luciane) - VG-Richter; s. 1961 Hochsch. f. Pol.; s. 1972 Prof. in München. 1972-75 Gastprof. Addis Abeba, 1981/82 Paris, 1986/87 Taiwan - BV: Freiheit d. Gewissens, 1958; Person u. Öffentlichkeit, 1967; Grundrechtsdiskussion in d. Paulskirche. 1973; Ethiopia: Revolution, Law and Politics, 1976 (m. P. Brietzke); Special Court of Ethiopia, 1986; u. a. - BVK; 1987 Med. de la Ville de Paris; Ehrenmitgl. Vorst. DVBS - Liebh.: Afrikanistik - Spr.: Engl., Franz., Ital.

SCHOLLER, Karl-Ludwig
Dr. med., Prof. f. Anaesthesiologie - Bussardweg 58, 7800 Freiburg (T. 0761 - 1 64 67) - Geb. 5. Juli 1925 München (Vater: Dr. Heinrich Sch., Chemiker), ev., verh. - Univ. München u. Heidelberg, Promot. Heidelberg 1954, Habil. Freiburg 1967, Facharzt f. Anaesthesiol. 1963 - Dir. Abt. f. Experiment. Anaesthesiol. Univ. Freiburg - BV: Lungenveränd. b. Langzeitbeatmung (Hrsg. m. K. Wiemers), 1973; Serumcholinesterase-Mangel (in Plasma-Therapie; Hrsg. m. H. Lutz u. K. Rother), 1980 - Spr.: Engl.

SCHOLLMEYER, Peter-Jörg
Dr. med., Univ.-Prof., Ärztl. Direktor Abt. IV, Med.-Univ.-Klinik Freiburg - Rabenkopfstr. 19, 7800 Freiburg (T. 3 91 71) - Geb. 28. Dez. 1932 Brandenburg/Havel, ev., verh. s. 1964 m. Dr. med. Ilse, geb. Jancke, 2 Kd. (Katharina, Eberhard) - Gymn. Brandenburg, Realgymn. Marburg; Stud. Univ. Marburg, Heidelberg; Promot. 1957 Marburg, Habil. 1966 Tübingen - Assist. Biochem. Inst. Marburg; DFG-Stip. Detroit R. Burg Wayne State Univ.; Assist. Med. Klinik Tübingen; Oberarzt Tübingen, Freiburg; 1972 apl. Prof. Freiburg; 1977 ärztl. Dir. ebd.; 1981-83 Prorektor f. Med. - Liebh.: Musik - Spr.: Engl.

SCHOLLWER, Edith
Schauspielerin - Hagenstr. 49, 1000 Berlin 33 (T. 826 21 22) - Geb. 12. Febr. Berlin, ev., verh. m. Kammersänger Karl Jöken († 1971) - Bühne, Kabarett, Film, Rundfunk u. Ferns.

SCHOLTEN, Hans
Dr. jur., Ministerialrat Wirtschaftsmin. NRW, Präsident Dt. Bund f. Vogelschutz, Bonn - Am Hofgarten 4, 5300 Bonn - Geb. 7. April 1935, verh. s. 1967 m. Eva Maria, geb. Holland.

SCHOLTISSEK, Christoph
Dr. rer. nat., Prof. f. Biochemie Univ. Gießen (s. 1969) - Waldstr. 53, 6301 Linden-Leihgestern (T. 06403 - 6 12 46) - Geb. 25. Dez. 1929 Dortmund (Vater: Dr. Herbert S., Bundesverfassungsrichter a. D., s. dort; Muter: Maria, geb. Stephan), kath., verh. s. 1959 m. Gisela, geb. Feyel, 3 Kd. (Martin, Cornelia, Bettina) - Stud. d. Chemie Univ. Mainz; Dipl.ex. 1953; Promot. 1955; Habil. 1965 - In- u. ausl. Fachmitgl.sch. 1975ff. Hrsg.: Archives of Virology - 1967 Fritz-Merck-Preis; 1981 Preis d. Dt. Ges. f. Hygiene u. Mikrobiologie - Spr.: Engl.

SCHOLTYSECK, Erich
Dr. rer. nat., Prof., Abt. f. Protozoologie, Zoolog. Inst. Univ. Bonn - Hobsweg 68, 5300 Bonn 1 Röttgen (T. 02221 - 25 17 79 u. 73 54 58) - Geb. 7. Okt. 1918 - Habil. 1962, Priv.-Doz., 1965 apl. Prof., 1970 Abt.sltr. 150 Publikat. (Protozoologie, Parasitologie).

SCHOLTYSSEK, Siegfried
Dr. agr., o. Prof. f. Kleintierzucht Univ. Hohenheim - Garbenstr. 17, 7000 Stuttgart 70 - 1967 Priv.-Doz., dann apl. Prof. Univ. Hohenheim - Herausg.: Handb. d. Geflügelproduktion, 1968; Nutz- u. Ziergeflügel, 1978.

SCHOLTZ
Bundesrichter - Postf. 860240, 8000 München 86 - B. 1981 Ministerialrat Bundesfinanzmin., dann Richter Bundesfinanzhof.

SCHOLZ, Ernst
Dipl.-Ing., Prof., Oberbaudirektor a. D. - Königstr. Nr. 56, 4950 Minden/W. (T. 2 36 48) - Geb. 25. April 1905 Allerheiligen/Schles. (Vater: Bruno S., Hauptlehrer; Mutter: Frieda, geb. August), ev., verh. s. 1933 m. Ingeborg, geb. Schöck, 3 Kd. (Uwe, Sabine, Jochem) - Oberrealsch.; Maurer- u. Zimmererlehre; TH Danzig (Bauing.wesen) - B. 1934 Assist. TH Danzig, dann Leit. Kreisbauamt Danzig-Land, 1940-45 Leit. Neubauabt. U-Bootswerft Danziger Werft AG. u. Front-OT-Oberbauleit., 1945-46 Kriegsdst. u. sowjet. -gefangensch., 1946-48 Kesselbau (Ruhrzechen), anschl. stv. Abt.sleit. Ruhrsiedlungsverb., 1950-51 Stadtplaner u. stv. Stadtbaurat, 1951-62 Doz. Staatl. Ing.sch. f. Bauwesen Essen, anschl. Dezern. f. d. Ing.- u. Werkkunstsch. Westf., 1964-70 Dir. Staatl. Ing.-sch. Minden - BV: Grundbegriffe d. kommunalen Planungs- u. Bauwesens, 1966 - Liebh.: Malen, Musizieren, Sport - Gold. Sportabz. - Spr.: Engl., Franz.

SCHOLZ, Eva-Ingeborg
Schauspielerin - Lochhamer Str. 65, 8032 Gräfelfing/Obb. (T. München 85 11 95) - Geb. 1929 Berlin - Ausbild. Hilde Körber - S. 1947 Bühnentätigk.; Film; Fernsehen - Liebh.: Reiten, Dichten.

SCHOLZ, Franz
Dr. theol., em. Prof. f. Moraltheologie, Honorarprof. Univ. Frankfurt/M. - Ringstr. 76, 6110 Dieburg (T. 06071 - 2 38 89) - Geb. 10. Dez. 1909 Breslau (Vater: Franz S., Prokurist; Mutter: Helene, geb. Bumbke), kath. - Univ. Breslau u. Freiburg/Br. Promot. 1940 Breslau; Habil. 1955 Freiburg - 1934-40 Kaplan u. Seelsorg. d. poln. Kolonie Breslau; 1940-46 Pfarrer u. Kriegsgefangenenseels. Görlitz; 1946-49 Caritasdir. Cottbus; 1956 Ord. Phil.-Theol.-Hochsch. Fulda, 1972-76 Ord. Univ. Augsburg, 1975-85 Pfarrverw. in Klein-Zimmern. S. 1985 Privatgelehrter u. Aushilfspriester - BV: D. Lehre v. d. Einsetz. d. Sakramente nach Alexanderv. Hales, 1940; Grundzüge d. Sittlichkeitslehre Benedikt Stattlers († 1797), 1956; D. religiöse Gewissen u. s. Recht, 1966; D. Versöhnungsbotschaft d. poln. Bischöfe, 1966; D. Kirche im Ringen um d. Weltfrieden, 1968, 2. A. 1973; Görlitzer Tagebuch 1945/46 - Herausg.: D. Mensch unt. Gottes Anruf u. Ordnung (1957), Miscallanea Fuldensia (1966), Schuld - Sünde - Fehlhaltung (2. A. 1973), D. Mensch u. s. Gewissen (1973); Wege, Umwege, Auswege d. Moraltheol. E. Plädoyer f. begr. Ausnahmen (1976), Werdet kluge Wechsler (1979), Innere aber nicht absolute Abwegigkeit (1981), Wächter, wie tief ist die Nacht? (1984, 3. A. 1986), Ringen um sittliche Normen, die d. Menschen angepaßt sind (1985), Zw. Staatsräson u. Evangelium. Kardinal Augustyn Hlond u. d. Tragödie d. ostdt. Diözesen. Tatsachen, Hintergründe, Anfragen (1988) - Monsignore; Ehrendomkapitular; Träger d. Schlesierschildes - Spr.: Poln. - Bes. Anliegen: Dt.-poln. Verständig.in Wahrhaftigk. u. Würde. Ps. Winfried Neisner.

SCHOLZ, Friedrich
Dr. phil., o. Prof. f. Slavistik u. Baltistik - Nienkampstr. 14/16, 4401 Sendenhorst (T. 02526 - 6 67) - Geb. 1. März 1928 Hamburg (Vater: Gerhard S., Justizbeamter; Mutter: Erna, geb. Claussen), verh. 1953 m. Barbara, geb. Koppe - Univ. Hamburg. Promot. u. Habil. Hamburg - S. 1959 Lehrtätigk. Univ. Hamburg, Mainz (1962 ao., 1963 o. Prof.; Dolmetscher-Inst. Germersheim), Münster (1966 o. Prof.). Fachveröff.

SCHOLZ, Günther
Journalist, Leit. Bonner Büro Dt. Welle (s. 1962) - Im Meisengarten 124, 5300 Bonn-Bad Godesberg (T. 34 53 56) - Geb. 11. Sept. 1919 Berlin (Vater: Paul M. S., Verlagsbuchhändl.; Mutter: Hertha, geb. Würzbach), ev., verh. in 2. Ehe (1951) m. Irmela, geb. Vollbach, 3 Kd. (Rolf-Herbert, Barbara, Ursula) - 1938-40 Univ. Berlin (Rechtswiss.) - 1945-48 Ressortleit. Innenpolitik D. Kurier, Berlin, dann Bonner Korresp. Südd. Ztg. u. Weser-Kurier sowie Kommentator Südd. Rundfunk u. Dt. Welle - BV: In Bonn schlägt's 12, 1961; Herbert Wehner, Biogr. 1986; Kurt Schumacher, Biogr. 1988; D. Bundespräs., Biogr. 1990 - Spr.: Engl., Franz.

SCHOLZ, Hans
Maler u. Schriftsteller, Prof. e. h. - Herbartstr. 15, 1000 Berlin 19 (T. 321 85 81) - Geb. 20. Febr. 1911 Berlin (Vater: Justizrat Wilhelm S., Rechtsanwalt u. Notar), ev., verh. - Univ. (6 Sem. Kunstgesch.) u. Kunsthochsch. Berlin (Malerei); Meisterschüler Pr. Akad. - 1930-35 Tanzmusiker; 1935-51 fr. Maler (dazw. 7 J. Wehrdst., zul. Ltn. d. R., u. Gefangensch.); 1936-39 u. 1946-50 Lehrer priv. Kunstsch.; 1950-54 VHSdoz. (Kunstgesch.); s. 1963 Feuill.chef D. Tagesspiegel. 3x in d. Rolle Fontanes in TV-Spielen (1980, SFB) - BV: Am grünen Strand d. Spree, R. 1955 (Anf. 1961 üb. 200 Ts., auch amerik., schwed., holl., franz.; Fernsehfilm (5 Folgen); Hörspiel (5 Folgen, SWF) 1960); Schkola, N. 1956; Berlin, jetzt freue Dich!, Skizzenb. 1960; An Havel, Spree u. Oder, 5 Hörbilder 1962; D. Prinz Kaspar Hauser - Protokoll e. modernen Sage, 1964; Jahr u. -gang 1911, 1966; Südost hin u. zurück - Luftreisef. durch d. östl. Mittelmeer, 1970; Wanderungen u. Fahrten in d. Mark Brandenburg, 10 Bde. 1973-84 (m. 64 Aquarellen d. Verf.); Theodor Fontane, Essay, 1978. Div. Hörsp. Üb. 40 Drehbücher f. Werbefilme - 1981 Prof. e.h. Senat v. Berlin; 1956 Fontane-Preis Stadt Berlin, 1960 Heinrich-Stahl-Preis Jüd. Gemeinde Berlin; o. Mitgl. Akad. d. Künste Berlin (1963; 1971 stv. Dir. Abt. Lit.) u. Dt. Akad. f. Sprache u. Dicht. (1968) - Liebh.: Restaurieren alter Gemälde - Bek. Vorf.: Dr. Hermann Rauschning, ehem. Präs. v. Danzig (Onkel ms.); Prof. Dr. Paul S., Naturwiss.ler, Breslau (Urgroßonkel).

SCHOLZ, Hans-Joachim
Dr. phil., o. Prof. f. Sprachbehindertendidaktik, Direktor Sem. f. Sprachbehindertenpäd. Univ. Köln - Am Schmidtgrund 112, 5000 Köln 71 (T. 0221 - 590 53 56) - Geb. 1. April 1927 Görlitz (Vater: Hans Sch., kfm.Angest.; Mutter: Charlotte Sch., geb. Klemt), ev., verh. s. 1957 m. Dorel, geb. Dresler, 3 Kd. (Ekkehart, Gundula, Frederun) - Päd. Akad. Bonn (1. Lehrerprüf.); Päd. Hochsch. Rheinl. (Sondersch.lehrerprüf.); Promot. Univ. Köln - 1960-67 Lehrer an Grund-, Haupt- u. Sonderschulen; 1967-72 Assist. PH Rheinl.; 1972-75 Prof. PH Reutlingen; 1975-80 Prof. PH Rheinl.; s. 1980 Prof. Univ. Köln - BV: Unters. z. Lautstruktur dt. Wörter, 1972; Stottern. Kompendium (m. W. Orthmann), 1975; Sachwörterb.: Stottern u. Poltern (m. R. Eckert), 1978 - Liebh.: Reisen - Spr.: Engl., Ital., Franz., Russ., Lat.

SCHOLZ, Hasso
Dr. med., Prof. f. Pharmakol. u. Toxikol. - Fuhlsbütteler Weg 28, 2000 Hamburg 61 (T. 040 - 551 74 13) - Geb. 24. Aug. 1937 Stettin (Vater: Dr. Hans Friedrich Sch., Apoth.; Mutter: Ruth, geb. v. Langendorff), ev., verh. s. 1962 m. Elke, geb. Ries, 2 Töcht. (Kristin, Inken) - Stud. Pharmazie u. Med. Heidelberg, Marburg, Berlin, Mainz; Pharm. Staatsex. 1961; Med. Staatsex. 1966; Promot. 1966 Mainz - 1973 Wiss. Rat u. Prof. Mainz; 1976 Leit. Abt. Biochem. Pharmakol. Med. Hochsch. Hannover; 1982 Dir. Pharmakol. Kerninst. Univ.-Krankenhs. Eppendorf, Hamburg; 1987-90 Vors. Dt. Ges. f. Pharmakologie u. Toxikologie. Rd. 260 Fachveröff.

SCHOLZ, Heinz
Vorstandsmitglied Howaldtswerke i. R. - Dt. Werft AG, Hamburg/Kiel - Deesbarg 25, 2000 Hamburg 53 (T. 832 58 24) - Geb. 3. Nov. 1927 Groß-Walditz Kr. Loewenberg, verh. - Volkssch., Maschinenschlosserlehre, 1955-56 Sozialakad. Dortmund - Kriegsdst. u. sowjet. Gefangensch., 1946-55 Maschinenschl., 1956 IG Metall Lübeck u. Hamburg, 1963-73 Bezirksltr. IGM Norddeutschl. AR-Vors. Kieler Werkswohnungen GmbH, u. Bauges. Kiel mbH. (b. 1980); Vorst.-Mitgl. Berufsgen.; Vors. BG - Verein f. Heilbehandlg. (b. 1986).

SCHOLZ, Helmut
Dr., Bankdirektor - Kardinal-Faulhaber-Str. 14, 8000 München 2 (T. 38 84 -1) - B. 1974 stv., dann o. Vorstandsmitgl. Bayer. Vereinsbank.

SCHOLZ, Helmut
Dr., Ministerialdirektor Bundesernährungsmin. Bonn - In der Wehrhecke 10, 5300 Bonn 1 (T. 0228 - 25 22 69) - Geb. 14. Okt. 1929 Delitzsch, ev., verh. s. 1961 m. Rosemarie, geb. Krüger, S. Jürgen - 1951-54 Stud. Landw. Landw. Hochsch. Stuttgart-Hohenheim; Dipl.-Landw. 1954, Promot. 1957 Stuttgart-Hohenheim - S. 1957 Bundesernährungsmin. (Mitarb. an d. Grünen Ber. u. Grünen Plänen, 1963-65 Pers. Ref. d. Staatssekr., 1965 Aufbau e. Arbeitsgr. f. Wirtschaftsanalysen u. Entwicklungsstud., 1968 Mitwirkung Agrarprogramm d. Bundesreg., 1970 Unterabteilungsleit. Wirtschaftsbeobachtung u. Planung sowie Weiterentw. d. Grünen Ber. u. Grünen Planes z. Agrarber., 1973 Aufbau e. Unterabt. f. Planung u. e. abteilungsübergreifend arbeitenden Planungsgr., 1975 Unterabteilungsleit. Ges.- u. Sozialpolitik im ländl. Raum, 1978 Abteilungsleit. Agrarische Erzeugung, Veterinärwesen). Mitwirkung Buch v. Bundesmin. a. D. Hermann Höcherl: D. Welt zw. Hunger u. Überfluß.

SCHOLZ, Herbert
Dr. rer. pol., Prof., Vorstandsmitglied a. D. Hüls AG, Marl - Falkweg 11, 2000 Hamburg 52 (T. 880 46 71) - Geb. 12. Jan. 1921 Waldenburg/Schles. - Stud. Volksw. - B. 1971 Lehrbeauftr., dann Honorarprof. Univ. Köln (Unternehmungsplanung) - BV (Ps. Carlo Floscenti): Doctor Fäustchen, Dr.; Musical: Emanzipiert, Libr. - Spr.: Engl.

SCHOLZ, Herbert
Ing., Geschäftsführer Fachverb. Elektrobahnen u. -fahrzeuge - Werner-v.-Siemens-Str. 50, 8520 Erlangen.

SCHOLZ, Herbert
Dr. phil., Prof., Arbeitswissenschaftler, gf. Vorstandsmitgl. Ges. f. Arbeitswiss. ebd. - Alter Mühlenweg 54, 4600 Dortmund (T. 12 84 97) - Geb. 11. Juli 1912 Spandau, kath., verh. 1948-75 m. Ruth, geb. Arnold †, T. Christine - Univ. Breslau u. Kiel (Psych., Phil., Vergl. Sprachwiss., Päd.). Promot. 1951 Kiel - 1937-40 Assist. Univ. Kiel (Psych. Inst.), 1940-42 Luftwaffenpsychologe, 1944-64 Mitarb. Max-Planck-Inst. f. Arbeitsphysiol. bzw. Vorgänger (zul. Leit. Forschungsgruppe Betriebl. Arbeitswiss.), 1964-75 Prof. Sozialakad. Dortmund (Lehrstuhl f. Arbeitswiss.; 1967-69 u. 1975 Leit.); s. 1964 gf. Vorstandsmitgl. Ges. f. Arbeitswiss., Dortmund; Mitgl. Kurat. Inst. f. Arbeitsphysiol.; Kurat. Inst. f. Kinderernährung Dortmund - BV: Beleuchtung im Betrieb, 1962 (m. Jacob); D. phys. Belastung d. Gießereiarbeiter, 1963; Licht u. Leistung, 1970 (m. Burkardt); Ergonomie, 1972 (m. Kaminsky). Herausg.: D. Rolle d. Wiss. in d. mod. Ges. (1969), Entspannung u. Abrüstung (1970), Arbeitswissenschaft in d. Gesellschaftspolitik (m. Pornschlegel, 1978). Mitarb.: Angew. Arbeitswiss. - Lehrb. f. Ing. (1968), Organisationsleiter-Handb. (1968), Management-Enzyklopädie (1969), Trends in Ind. and Labor Relations (1974), Handwörterb. d. Personalwesens (1975). Üb. 80 Fachaufs. - 1971 Orden Großm. d. Arbeitswiss. TU Berlin; 1975 BVK I. Kl.

SCHOLZ, Ingeborg
s. Cornelius, Ingeborg

SCHOLZ, Manfred
Dr. jur., Geschäftsführer Haindl Papier GmbH. (s. 1972; Finanz- u. Rechnungswesen, Personal- u. Sozialwesen) - Jean-Paul-Str. 5, 8900 Augsburg - Geb. 9. Aug. 1937 - 1983ff. Vors. Bildungsw. d. Bayer. Wirtsch.

SCHOLZ, Martin
Rechtsanwalt, Aufsichtsratsvorsitzender Herlitz AG - Am Hirschsprung 6, 1000 Berlin 33 (T. 831 19 84) - Geb. 29. Juli 1914 Gurschen Kr. Fraustadt, verh. - Univ. Breslau u. Berlin (Rechtswiss.) - Div. Ehrenstell. - BV: D. Bankkredit, 1963 - Rotarier.

SCHOLZ, Oskar Berndt
Dr. rer. nat., Prof., Dipl.-Psychologe - Psych. Institut Univ. Bonn, Römerstr. 164, 5300 Bonn 1 (T. 0228 - 55 02 87) - Geb. 13. Juli 1941 Freiberg (Vater: Max Erwin Müller; Mutter: Lina Frida, geb. Rüdiger), ev., verh. s. 1978 m. Rita, geb. Müller, 3 Kd. (Aaron Bernhardt, Mirijam Friderike, Rahel Rita) - Lehre als Keramformer Meißen, Univ. Berlin (Psych.), Dipl. 1966, Promot. 1971 - Wiss. Tätigk. Univ. Ost-Berlin, Leipzig, Tübingen, Düsseldorf (1976 Prof.), Bonn (1983 Ord.) - Spez. Arbeitsgeb.: Psychosomatik u. Verhaltensmed.; Klin. Psych. d. Ehe u. d. 2. Lebenshälfte - BV: Diagnostik in Ehe u. Partnerschaftskrisen, 1978; Dialog u. Interaktion, 1980; Ehe- u. Partnerschaftsstörungen, 1986 - 1971 Johann Gottlieb Fichte-Preis - Liebh.: Klass. Musik (Orgel) - Spr.: Engl., Russ.

SCHOLZ, Peter
Dr. rer. pol., Botschafter d. Bundesrep. Deutschl. in Manila (s. 1986) - Zu erreichen üb. Dt. Botschaft, PA: POB 7703, Pasay City, Metro Manila; 8741, Paseo de Roxas, Makati, Metro-Manila/Philippinen - Geb. 4. Nov. 1930 Nieder-Hermsdorf/OS. - Stud. Volkswirtsch. u. Staatswiss. - S. 1954 AA (Auslandsposten: Colombo, Dublin, Ottawa, Genf, Tokyo, Phnom Penh, Abidjan, Budapest). 1974-76 beim Koordinator dt.-franz. Zusammenarb.; 1976-78 Botsch. in Hanoi; 1979-83 Botsch. in Madagaskar; 1983-86 Botschafter in Togo.

SCHOLZ, Rupert
Dr. jur., Prof., Bundesminister d. Verteidigung (1988/89) - Geb. 23. Mai 1937 Berlin, verh. - FU Berlin u. Univ. Heidelberg (Rechtswiss., Volksw.). Promot. 1966 München; Habil. 1970 München - 1972-81 Hochschultätigk. Berlin u. München (s. 1978 Lehrstuhlinh. Rechtswiss. Fak. Univ. München). 1981 Senator f. Justiz Berlin, 1983 Senator f. Bundesangelegenh. Facharb., u.a. Mitverf.: Grundgesetz-Kommentar - CDU s. 1983.

SCHOLZ, Udo W.
Dr. phil., Prof. Philologe - Ringstr. 28, 8700 Würzburg-Oberdürrbach (T. 9 17 26) - Geb. 16. Mai 1939 Breslau (Vater: Richard S., Ing.; Mutter: Erna, geb. Kosmalski), ev., verh. s. 1962 m. Gudrun, geb. Seissler, T. Andrea - Stud. Altphilol., Gesch., German. Univ. München, Erlangen - Prof. f. Klass. Philol. Univ. Würzburg. 1971-74 Vors. Bay. Doz.konvent; 1973-78 Mitgl. Präs. Hochsch.verband - BV: D. Redner M. Antonius, 1963; Stud. z. altital. u. altröm. Marskult u. Marsmythos, 1970 - Spr.: Engl., Franz.

SCHOLZ, Uwe
Ballettdirektor, Chefchoreograph Opernhaus Zürich - Zu erreichen üb. Opernhaus Zürich, Falkenstr. 1, CH-8008 Zürich - Geb. 31. Dez. 1958 Jugenheim/b. Darmstadt (Vater: Erwin Sch.; Mutter: Elsbeth, geb. Büchler), ledig - 1964-73 Ballettunterr. Landestheater Darmstadt; ab 1964 Akad. f. Tonkunst Darmstadt (Gesangs-, Klavier-, Violin- u. Gitarrenunterr.); ab 1973 Stip. Ballettsch. Württ. Staatstheater, 1975 Stip. London, 1976 Ballettstip. School of American Ballet, New York; ab 1976 John Cranko Ballettakad. Stuttgart; Dipl. 1976 - 1979-85 ständ. Choreogr. d. Stuttgarter Balletts - Üb. 50 Ballett-Operninsz. in Europa, Israel u. Amerika - Preis Omaggio alla Danza v. Espressione Europa - Spr.: Engl., Franz.

SCHOLZ, Walter
Dr. med., Univ.-Prof. f. Humangenetik Ruhr-Univ. Bochum - Hofleite 40, 4630 Bochum (T. 0234 - 43 37 61) - Geb. 27. Dez. 1931 Breslau - Promot. 1958 Münster, Habil. 1965 Düsseldorf - S. 1965 Doz. Univ. Düsseldorf; 1968 apl. Prof. ebd.; 1971 Prof. Ruhr-Univ. Bochum, Med. Fakultät; Leit. Abt. f. Humangenetik. Üb. 50 Fachveröff.

SCHOLZ, Winfried
Kaufmann, Präsident Bundesfachverb. Dt. Reformhäuser, Oberursel - Zur Hofhell 5, 6301 Wettenberg 1 (T. 0641 - 3 17 04) - Geb. 6. Dez. 1931, ev., verh. s. 1956 m. Gerlinde, geb. Schneider, 3 S. (Guido, Ralf, Arno) - Ausb. z. Kaufm. - AR-Vors. neuform Vereinig. Dt. Reformhäuser eG; Vorstandsvors. Stiftg. Reformhaus-Fach-Akad.; VR-Mitgl. Förderungsges. d. Reformwarenwirtsch. m.b.H.

SCHOLZE, Horst
Dr. rer. nat., Prof., Institutsdirektor i.R. - Keesburgstr. 22, 8700 Würzburg (T. 88 30 30) - Geb. 5. Okt. 1921 Sohland/Spree, ev., verh. s. 1955 m. Gisela, geb. Neumann - 1946-51 Univ. Würzburg (Physikal. Chemie; Dipl.- Chem. 1951). Promot. 1953; Habil. 1959 - 1953-61 Wiss. Assist. Max-Planck-Inst. f. Silikatforsch. Würzburg; 1962-63 Dozent Bergakad. Clausthal; 1963-71 o. Prof. f. Glas, Keramik u. Bindemittel TU Berlin; 1971-86 Direktor Fraunhofer-Inst. f. Silicatforsch., Würzburg. Mitgl. zahlr. Fachges. (auch Ausland) - BV: Glas, Natur, Struktur u. Eigensch., 1965, 1977 u. 1988 (franz. 1968, 74 u. 79, engl. 1989); D. physikal. u. chem. Grundl. d. Keramik, 1968, 1982 - 1981 Gold. Ehrennadel Dt. Keram. Ges., 1984 Gold. Gehlhoff-Ring Dt. Glastechn. Ges., 1987 Honorary Fellow d. Soc. of Glass Technology; 1988 Otto-Schott-Denkmünze Dt. Glastechn. Ges.

SCHOMBURG, Eberhard
Dr. cult., Prof., Hochschullehrer i. R. - Freytagstr. Nr. 7, 3000 Hannover (T. 88 79 76) - Geb. 13. Juli 1904 Boffzen/Weser - S. 1945 Päd. Hochsch. Braunschweig u. Hannover (Prof. f. Heilpäd.) - BV: D. Sondersch. in d. BRD, 1963 - 1970 Gr. BVK.

SCHOMBURG, Eike Dieter
Dr. med., Prof. f. Physiologie - Albert-Schweitzer-Str. 20, 3400 Göttingen (T. 0511 - 2 38 07) - Geb. 14. Dez. 1940 Berlin (Vater: Erich Karl Sch., Administrator Berliner Stadtgüter; Mutter: Gertraut, geb. Groth), ev., verh. s. 1972 m. Dr. med. Waltraud, geb. Lattermann, 2 Kd. (Jana, Jens) - Univ. Göttingen u. Tübingen, Promot. 1965 Göttingen, Habil. 1974 ebd. - S. 1978 Prof. Univ. Göttingen - Spr.: Engl., Schwed.

SCHOMER, Wulf
Prof. f. Kunstpädagogik Univ. Osnabrück - Boelweg 42, 4955 Hille - Geb. 28. Juni 1943 Minden (Vater: Ernst Sch., Filmarch.; Mutter: Hannelore, geb. Franke), ev., ledig - Staatl. Hochsch. f. bild. Künste Braunschweig (Staatsex. künstl. Lehramt 1968, Philosophikum 1969, Staatsex. Kunstwiss. 1969, 2. Staatsex. höh. Lehramt 1972) - 1973-76 Akad. Rat u. Oberrat Univ. Bielefeld; 1979-80 Lehrstuhlvertr. Univ. Münster; 1981 Prof. Univ. Osnabrück - BV: Fachdidakt. Studienziele u. Empfehlungen - Fach Kunst, 1978; Versch. Buchbeitr. z. Unterr.praxis u. Fachdidaktik/Kunst; 1 Künstlermonogr. - Grafiken m. Themen aus Figur u. Landsch. - 1982 Lebensrettungsmed. Land NRW - Spr.: Engl., (Altgriech., Latein), Portugies.

SCHOMERUS, Lorenz
Dr. iur., Ministerialdirektor Bundeswirtschaftsmin. - Villemombler Str. 76, 5300 Bonn 1 - Geb. 5. Dez. 1933 Hamburg, verh., 3 Kd. - Altspr. Gymn., Abit. 1953; 1953-57 Stud. Rechtswiss. Tübingen, Heidelberg, Aix en Provence, Montpellier - 1957-64 Wiss. Assist. Univ. Heidelberg, Forsch.stip. St. Antony's Coll. Oxford - 1964ff. Bundesmin. f. Wirtsch.; 1968-72 Pers. Ref. d. Staatssekretäre Dr. Rohwedder u. Dr. v. Dohnanyi; 1972-74 Leit. Ref. Luft- u. Raumfahrtind.; 1975-82 Leit. Unterabt. Ind. Grundsatzfragen, Außenw.fragen d. Ind., industrielle Kooperation, Elektroind., Luft- u. Raumfahrtind.; 1982-84 Leit. Abt. Gewerbl. Wirtsch., Wirtschaftsförd. Berlin (u. innerdt. Bezieh.), s. 1984 Leit. Abt. Außenw.politik u. Entw.hilfe, Vors. d. Exekutivaussch. b. d. OECD - Spr.: Engl., Franz.

SCHOMMERS, Wilhelm
Dipl.-Ing., Vorstandsmitglied Vereinigte Saar-Elektrizitäts-AG., Saarbrücken (s. 1971), Geschäftsf. Kraftwerk Wehrden GmbH., Völklingen - Sperrnfeld 6, 6601 Bübingen - Geb. 25. Febr. 1921 Brühl (Vater: Johannes S., TBST-Lehrer; Mutter: Rosa, geb. Weyers), kath., verh. s. 1951 m. Angelika, geb. Deku, 3 Kd. - Stud. RWTH Aachen - Prok. RWE b. 1971, ARsmitgl. Saarbergwerke AG, Vorstandsrat VDEW, Vorst. ARE, Vizepräs. IHK d. Saarl. Vors. Vertreterversamml. Berufsgen. d. Feinmech. u. Elektrotechn.; Vorst. TÜV Saarland.

SCHON, Hermann
Bezirksbürgermeister Saarbrücken-Dudweiler (s. 1974), Ltd. Verw.-Direktor Saarl. (1970-75) - Kieselstr. 11, 6602 Dudweiler/Saar (T. 06897 - 7 11 12) - Geb. 1. Febr. 1928 Dudweiler, kath., verh., 3 Kd. - Volkssch.; Verwaltungsausbild. (Abschl. n. kurzem Arbeits- u. Wehrdst. 1946). Beide Verw.sprüf. - B. 1964 Angest., dann Beamter Stadt Dudweiler (u. a. Jugendpflege). SPD s. 1965.

SCHONAUER, Franz
Dr. phil., Publizist - Clausewitzstr. 2, 1000 Berlin 12 (T. 883 68 81) - Geb. 19. Febr. 1920 Hahnenhardt (Vater: Franz S., Beamter; Mutter: Margarete, geb. Linden), kath., verh. s. 1977 m. Barbara, geb. Wurzel - Höh. Schule Bonn u. Köln; Univ. Bonn, Marburg, Köln (Literaturwiss., Gesch., Phil.). Promot. 1947 Bonn - 1954-63 Lektor u. Verlagsleit. Mitgl. Dt. Ges. f. Publizistik u. Verb. d. dt. Kritiker. S. 1969 wiss. Mitarb. Inst. f. Publizistik FU Berlin; Mitgl. PEN-Club - BV: Stefan George, Monogr. 1960; Dt. Literatur im III. Reich, 1961; Max von der Grün, 1978.

SCHONER, Wilhelm
Dr. med., Prof., Biochemiker - Danziger Str. 40, 6301 Pohlheim 6 (Hausen) - Geb. 26. Mai 1935 Nürnberg (Vater: Dr. Konrad Sch., Chemiker; Mutter: Anna Marie, geb. Degel), ev., verh. s. 1971 m. Karin, geb. Walther, 3 Kd. (Peter, Susanne, Michael) - 1954-60 Stud. Med. Univ. Erlangen, Wien, Hamburg, Frankfurt; Staatsex. Med. 1960; Promot. Univ. Mainz 1962; Habil. Univ. Göttingen 1969 - 1963-69 wiss. Assist. Univ. Frankfurt u. Göttingen; 1969 Oberassist. Univ. Göttingen; 1971 Prof. u. Dir. Inst. f. Biochemie u. Endokrinol. Univ. Gießen - 1970 Fritz-Merck-Preis Univ. Gießen.

SCHONEWEG, Rüdiger
Dr. rer. pol., Dipl.-Volksw., Geschäftsbereichsleiter Handel Unternehmensgruppe Tengelmann/Kaiser's Kaffe-Geschäft AG., Viersen - Hans-Willi-Mertens-Str. 11, 4060 Viersen 12 - Geb. 14. Aug. 1925 Bielefeld, verh. m. Margarita, geb. Titgemeyer, 3 Kd. (Wolf-Rüdiger, Christof, Henning) - Staatl. geprüfter Landwirt - VRsmitgl. GfK., Nürnberg - BV: Ladenzeiten i. Einzelhandel; Selbstbedienung im Großhandel (auch engl. u. franz.) - Liebh.: Reiten, Musik.

SCHOOF, Carl-Friedrich
Bauer, MdL Schlesw.-Holst. (s. 1967) u. a. - 2241 Wellinghusen (T. Wöhrden 8 65) - Geb. 26. Aug. 1914 Wellinghusen (Vater: Bauer), ev., verh., 3 Kd. - Oberrealsch. (Abit.); landw. Ausbild. - 1939-45 Wehrdst. (zul. Uffz.). S. 1948 Gemeindevertr. (1952 Bürgerm., 1965 Amtsvorsteher). VRsmandate. CDU s. 1959.

SCHOOG, Matthias
Dr. med., Prof., Facharzt f. Laboratoriumsdiagnostik, Dermatologe, Dir. med. Entwickl. Pfizer GmbH., Karlsruhe (s. 1966) - Breslauer Str. 52d, 7500 Karlsruhe-Waldstadt (T. 68 23 37) - Geb. 14. April 1921 Köln (Vater: Peter S., Kaufm.; Mutter: Maria, geb. Michiels), kath., verh. s. 1956 m. Dr. med.

Amalie, geb. Lützenkirchen, 2 Kd. (Bruno, Regina) - Stud. Med., Chemie, Jura. Promot. 1943; Habil. 1955 - S. 1955 Privatdoz. u. apl. Prof. (1962) Univ. Köln (b. 1963 Oberarzt Hautklinik). Spez. Arbeitsgeb.: Chemotherapie. Üb. 60 Fachveröff. (auch in Handb.) - Liebh.: Alte Sprachen, Geschichte, Alpinistik - Spr.: Engl., Franz.

SCHOON, Greta
Erzieherin, Schriftst. - Logaer Weg 83, 2950 Leer/Ostfriesl. - Geb. 11. Juli 1909 Spetzerfehn/Ostfr. - BV: Kuckuckssömmer, Mundartged. 1977; Dat wi överleven, Mundartged. u. Prosa 1983; Van de runne Mann, Mundartgesch. 1987 - 1979 Künstlerstip. f. Lit. Land Nieders., 1980 Freudenthal-Preis f. plattd. Dichtung, 1981 Klaus-Groth Preis f. niederd. Lyrik d. F.V.S.-Stiftg. Hamburg, 1984 Roswitha-Gedenkmed./Bad Gandersheimer Lit.preis.

SCHOOP, Gerhard
Dr. med. vet. (habil.), Dr. med. vet. h. c., o. Prof. f. Zoonosenforschung (emerit.) - Teplitz-Schönauer-Str. 5, 6000 Frankfurt/M. (T. 631 36 90) - Geb. 7. Mai 1901 Oberg b. Peine (Vater: Diedrich S., Pastor; Mutter: geb. Ebeling), ev., verh. s. 1933 m. Helga, geb. Dun, S. Dietrich - Realgymn. Peine; Tierärztl. Hochsch. Hannover u. Univ. München - 1933-41 Privatdoz. u. apl. Prof. (1940) Tierärztl. Hochsch. Hannover, 1941-45 o. Prof. Univ. Posen, 1949-66 Dir. Staatl. Veterinärunters.samt Frankfurt/M., 1951-55 Honorarprof. Univ. Frankfurt, anschl. o. Prof. ebd., Präs. e. wiss. Kommiss. d. EG Brüssel. Ehem. Mitgl. Bundesgesundheitsrat Hess. Landesgesundheitsrat u. Expertenkommit. f. Tollwut d. WHO - BV: Veterinärhyg., 1936 (m. Mießner); Pelztierkrankh., 1938; Tierseuchen, 7. A. 1948 (m. Mießner); Handb. f. d. ges. Arbeitsmed., 1963; D. Infektionskrankh. d. Menschen u. ihre Erreger, 1968; Aktuelle Probleme d. Tollwut (m. Linzenmeier, Wachendörfer u. Kuwert), 1970; Current Diagnosis 5, Handb. d. bakteriellen Infektionen b. Tieren, 1980. Üb. 250 Einzelartikel.

SCHOOP, Johann Wolfgang
Dr. rer. nat., apl. Prof. f. Kulturgeogr. RWTH Aachen - Marshallstr. 39, 5100 Aachen (T. 0241 - 6 34 68) - Geb. 4. Juni 1940 Aachen (Vater: Anton Sch., Oberstud.-Dir.; Mutter: Ludovica, geb. Kiefer), kath., verh. s. 1968 m. Bärbel, geb. Beutler, 4 Kd. (Tilman, Florian, Ulrich, Anna-Maria) - Staatsex. (Math., Geogr.) 1966 Aachen; Promot. 1970 Aachen; 1977 Habil.; 1981 apl. Prof. - Leit. Grundsatzref. b. Bischöfl. Hilfswerk Misereor. Mehrere Forschungsreisen in Zentrale Anden - BV: Agrarkolonisation in Bolivien, 1970; Verstädterung in Bolivien, 1980; Dezentralisierung. Impuls z. Selbsthilfe, 1987 - Liebh.: Fremde Kulturen, soz. Randgruppen - Spr.: Engl., Franz., Span.

SCHOOP, Werner
Dr. med., Prof. f. Innere Medizin, Chefarzt d. Aggertalklinik - Aggertalkli-

nik, 5250 Engelskirchen (T. 02263 - 8 22 17) - Geb. 15. Aug. 1924 Hennweiler (Vater: Anton Sch., Lehrer; Mutter: Sophie, geb. Römer), kath., verh. s. 1951 m. Dr. Barbara, geb. Schmid, 3 T. (Dagmar, Gesa, Christiane) - Univ. Tübingen, Strassburg, Frankfurt, Promot. 1949, Habil. Freiburg 1963 - S. 1967 Chefarzt d. Aggertalklinik Engelskirchen (Spezialkl. f. Gefäßerkrank.). Spez. Arbeitsgeb.: Angiologie - BV: Prakt. Angiologie, IV. A. 1987 (Übers. Span., Ungar., Jap.) - Spr.: Engl.

SCHOPF, Alfred

Dr. phil., em. o. Prof. f. Anglistik Univ. Freiburg - Am Hangweg 6, 8021 Hohenschäftlarn - Geb. 25. Mai 1922, verh. s. 1950 m. Maria, geb. Tausch, 3 Kd. (Peter, Johanna, Eva-Maria) - Stud. Univ. München u. London; Staatsex. 1950; Promot. 1952 München - Studienrat im höh. Schuldst.; dann Lehrstuhlinh. (Angl.) Berlin u. Univ. Freiburg; emerit. 1987 - BV: Grammatik u. Lexik im Engl., 1969; D. Verzeitungssyst. d. Engl., 1984. Herausg.: Ess. on Tensing in English. 2 vols. 1987 (1989).

SCHOPPE, Siegfried G.

Dr. rer. pol., Akad. Leiter d. International Business School (IBS) Lippstadt, Univ.-Prof. Inst. f. Außenhandel u. Überseewirtschaft Univ. Hamburg - Anne-Frank-Str. 21e, 2000 Hamburg-Blankenese 55 (T. 040 - 86 19 33) - Geb. 25. April 1944 Hörstel (Vater: Bernhard Sch., Dipl.-Landw.; Mutter: Sophia, geb. Hoffrogge), kath., verh. s. 1970 m. Marianne, geb. Raters, 3 Kd. (Christian Marten, Stephan Andreas, Anja Karen) - Stud. Univ. Münster (Dipl.-Kfm. 1971, Promot. 1973) - 1971-74 Volkshochschuldoz.; 1975-83 Wiss. Assist.; 1979 Privatdoz. u. s. 1983 Prof. Univ. Hamburg - BV: Kooperation u. Konzentration im Agribusiness, Diss. 1974; D. sowjet. Westhandelsstruktur - e. außenhdl. theoret. Paradoxon?, Habil. 1981. Zahlr. weitere Fachveröff.

SCHOPPER, Erwin

Dr. rer. nat., em. Prof. f. Physik - Forststr. 17, 6232 Bad Soden - Geb. 26. Juni 1909 Heilbronn/N., ev., verh. I) m. Eleonore, geb. Bachner († 1951), II) 1952 Elfy, geb. Bartschat, T. Susanne - Univ. Tübingen (Promot. 1934), Berlin, München, TH Stuttgart (Physik) - 1934-37 wiss. Assist. TH Stuttgart, 1937-45 Abt.leit. IG. Farbenind. AG., Wolfen, dann wiss. Mitarb. Forschungsst. f. Physik d. Stratosphäre. Mitgl. (1952) u. Abt.leit. (Hochspannungslabor. Hechingen) Max-Planck-Ges., 1948-56 Doz. u. apl. Prof. (1950) TH Stuttgart, o. Prof. u. Inst.dir (1956) Univ. Frankfurt/M., 1979 emerit. 1937 Nachweis d. Kernprozesse d. kosm. Strahlung - BV: Grundriß d. Photogr. u. ihrer Anwend., 1958 (m. G. Joos); Nukleonen in d. Atmosphäre, 1967 (m. G. Mauck u. E. Lohrmann; Handb. d. Physik, XLVI/2). Fachaufs. - 1959 Ausw. Mitgl. Max-Planck-Inst. f. Aeronomie, Lindau/Harz.

SCHOPPER, Herwig

Dr. rer. nat., Dr. h. c. mult., em. Prof. - Europ. Kernforsch.-Zentrum CERN, CH-2111 Genève (T. 022 - 767 53 50) - Geb. 28. Febr. 1924 Landskron/CSR (Vater: Dr. Franz S., Studienrat; Mutter: Margarete, geb. Stark), kath., verh. s. 1948 m. Ingeborg, geb. Stieler, 2 Kd. (Doris, Andreas) - Univ. Hamburg (Physik; Promot. 1950). Habil. 1954 Erlangen - 1958 ao. Prof. Univ. Mainz (Dir. Inst. f. Kernphysik); 1960 o. Prof. TH Univ. Karlsruhe (Dir. Inst. f. exp. Kernphysik u. Kernforschungszentrum Karlsruhe; 1970 Leit. Kernphysikal. Abt. Cern Genf; 1973 o. Prof. Univ. Hamburg; 1973-80 Direktoriumsvors. Desy Dt. Elektronen-Synchroton; 1981-88 Generaldir. CERN, Genf. Forsch.aufenthalte: 1951 TU Stockholm, 1957 Univ. Cambridge/Engl., 1961 Cornwell Univ./USA. Nachweis d. Paritätsverletz. b. Beta-Zerfall, Unters. d. Struktur d. Protons u. Neutrons, opt. Unters. sehr dünner Metallschichten, Erzeug. u. Nachweis polarisierter Teilchenstrahlen, Beschleunigertechnol., Elementarteilchenphysik, Wiss. u. Religion - 1957 Physikpreis Akad. d. Wiss. Göttingen; 1959 Carus-Med. Dt. Akad. d. Naturforscher (Leopoldina), 1978 R.-v.-Gerstner-Med., 1967 Mitgl. Leopoldina, 1978 J.-Jungius-Ges.; Korr. Mitgl. Bayer. Akad.; Mitgl. Sudetend. Akad.; 1982 Ehrendoktor Univ. Erlangen; 1984 Golden Plate Award of the American Acad. of Achievement; 1988 Ehrendoktor Staatsuniv. Moskau, 1989 Univ. London; 1988 Gr. BVK - Liebh.: Musik, Bücher - Spr.: Engl., Franz., Ital.

SCHOPPMEYER, Heinrich

Dr. phil., Prof. f. Westf. Landesgesch. Univ. Bochum - Bommerfelder Ring 59, 5810 Witten - Geb. 29. Juni 1935 Witten (Vater: Heinrich Sch., DB-Insp.; Mutter: Antonie, geb. Sohl), kath., verh. s. 1965 m. Ursel, geb. Röhlinghaus, 3 S. (Heinrich, Konrad, Ulrich) - 1955-60 Stud. Univ. Münster; Staatsex. (Gymnasiallehrer) u. Promot. 1966 - S. 1960 höh. Schuldst.; 1969 Univ. Bochum (Stud.Rat); 1972 Lehrbeauftr. Univ. Bochum. Mitgl. Hist. Kommiss. f. Westf. - BV: D. Bischof v. Paderborn u. s. Städte, 1968; D. Verfass. in d. Gesch. d. Bundesrep. Deutschl., 1978; Unterschichten - Aspekte z. Ges. in Altertum, Mittelalter u. Neuzeit, 1973; Veröff. z. westf. Landesgesch. u. mittelalterl. Gesch. - 1981 Hon.-Prof. Univ. Bochum - Spr.: Engl., Ital., Franz., Latein.

SCHORER, Hermann

Bildhauer, Prof. Akad. d. bild. Künste Nürnberg (s. 1946) - Gredinger Str. 9, 8500 Nürnberg (T. 63 63 32) - Geb. 30. Aug. 1909 Freising/Obb. (Vater: Albert S.), verh. 1947 m. Margarete, geb. Breun, Sohn - Kunstakad. München - Z. T. bibl. Motive.

SCHORER, Rudolf

Dr. med., o. Prof. u. Direktor Zentralinst. f. Anaesthesiologie Univ. Tübingen - Burgholzweg 103, 7400 Tübingen (T. 2 18 70) - Geb. 27. Juni 1926 Weilbach - S. 1964 (Habil.) Lehrtätigk. Univ. Göttingen u. Tübingen (1968 ff. ao. u. o. Prof.). Üb. 50 Fachveröff.

SCHORISCH, Joachim

Dipl.-Ing., Werksleiter i. R. (zul. Franz Kuhlmann GmbH u. Co KG) - Promenade 7a, 3422 Bad Lauterberg/Harz - Geb. 16. Mai 1925.

SCHORK, Gerhard

Dr. rer. pol., Direktor - Beintweg 37, 6906 Leimen (T. 06224 - 7 23 30) - Geb. 2. Aug. 1929, verh. m. Margarete Maria, geb. Braunger, 2 Kd. (Michael, Bettina) - 1949-56 Stud. d. Volkswirt.lehre, Diss.: Versicherungsprinzip u. Versorgungsprinzip in d. dt. Sozialpolitik s. d. Weltwirtsch.krise; Hauptgeschäftsf. Berufsgenoss. Nahrungsmittel u. Gaststätten, Mannheim; Präs. Intern. Sektion Maschinenschutz d. IVSS f. d. Verhütung v. Arbeitsunfällen u. Berufskrankheiten, Genf; Präs. d. Dt. Verkehrssicherheitsrates, Bonn - BV: Spinnarke/Schork, Arbeitssicherheitsrecht, Kommentar z. Arbeitssicherheitsgesetz (ASiG) m. allen sicherheitstechn. u. arbeitsmed. Bestimmungen (1975). Versch. Aufsätze zu Fragen d. Verkehrssicherheit - 1981 Gold. Dieselring d. Verb. d. Motorjournalisten; 1983 Goldmed. d. Verkehrssicherheitspr. d. Bruderhilfe-Akad. f. Verkehrssicherheit u. BVK I. Kl. - Spr.: Engl.

SCHORK, Ludwig

Dr. jur., Präsident Dt. Pfandbriefanstalt - Paulinenstr. 15, 6200 Wiesbaden - Geb. 27. Okt. 1927 - 1956-61 Bundeswirtschaftsmin., Bonn (Abt. Geld u. Kredit); 1962-65 Bundesaufsichtsamt f. d. Kreditwesen, Berlin; s. 1965 Vorst. Dt. Pfandbriefanst., Wiesbaden (s. 1978 Präs.); AR-Mand. - BV: Gesetz üb. d. Kreditwesen m. Begr., Durchführungsvorschr. u. Anmerk., 16. A. 1988.

SCHORLEMER, Freiherr von, Elmo

Vorstandsmitglied Colonia Versicherung AG. (1981 ff.) - Bergischer Ring 37, 5000 Köln 80.

SCHORLEMER, Freiherr von, Reinhard

Land- u. Forstwirt, MdB (s. 1980) - Rittergut Lonne, 4576 Bippen üb. Berge (T. 05901 - 7 95) - Geb. 27. April. 1938 Fürstenau (Vater: Timo v. S., Rittergutsbes.; Mutter: Alice-Elisabeth, geb. Reichsgräfin v. Merveldt), kath., verh. s. 1968 m. Monika, geb. Gatzen, 5 Kd. (Stephanie, Alexandra, Marie-Theres, Burghard-Donatus, Isabell) - Landwirtschaftl. Lehre; Forsteleve; Höhere Fachsch. f. Sozialarbeit - 1964-72 Ratsherr u. Bürgerm. (1968) Engelern; s. 1968 Kreistagsabgeordn. Bersenbrück bzw. Osnabrück. 1955-73 Jg. Union (div. Funktionen); 1974-80 Abgeordn. Nieders. Landtag. CDU (z. Z. Kreisvors.).

SCHORLEMMER, Helmut

Dr. phil., Regisseur, Dramaturg - Waldtruderinger Str. 29, 8000 München 82 - Geb. 18. Aug. 1955 Garmisch-Partenkirchen, verh. s. 1980 m. Dagmar, geb. Hellberg - Univ. München (Theaterwiss., Germanistik u. Psychologie; Promot.) - Mitwirk. u.a. Bayer. Staatsschauspiel München u. Schauspielhs. Düsseldorf sow. Freilichtsp. Schwäb. Hall. Insz.: u. a. Salzburger Totentanz: Brecht & Österreich (UA Salzburg, 1986), D. Kinder Segen (H. Brenton), D. Mondscheinmörder (Patrick Hamilton, UA), Losing Time (J. Hopkins), Mausefalle u. 10 kl. Negerlein (A. Christie). Eig. Revuen üb. Toller, Goethe, Brecht u.a. - Geschäftsf. Rent-Abilty Munich, Creative Consultants - Div. Ausz., u.a. 1982 Gold. Mikrophon des Art Directors Club - Liebh.: Ski, Katzen - Spr.: Engl.

SCHORMANN, Klaus

Oberstudienrat, Präsident Dt. Verband f. Modernen Fünfkampf (s. 1984), Dt. Meister im Friesenkampf - Heinrichwingertsweg 17, 6100 Darmstadt (T. 06151 - 4 77 39) - Geb. 17. Juli 1946 Göttingen, ev., verh. s. 1969 m. Karin, geb. Schwerdtner, 2 Kd. (René, Yvonne) - Stud. Höh. Lehramt (Geogr. u. Sport) TH Darmstadt - 1985-89 Stadtverordneter Darmstadt. S. 1976 Präs. Hess. Verb. f. Modernen Fünfkampf, u. s. 1979 Sportverein Moderner Fünfkampf Darmstadt - Mehrf. Kreis- u. Bezirksm. in Leichtathl., im Schwimmen, Turnen u. Fechten; vierf. Niedersachsenm. im Friesenkampf Jugend (1000m-Lauf, Kugelstoßen, 100m-Schwimmen, 10 Schuß Luftgewehr u. Fechten); 2 × Dt. Meister (1963 u. 64) im Friesenkampf; b. 1965 erfolgr. Florett- u. Säbelfechter auf Landesebene Nieders. Mod. Fünfkampf: 3 × Hess. Juniorenm., 5 × Teiln an Dt. Meistersch. (1 × Dt. Juniorenvizem.), 6 Länderkämpfe f. d. Dt. Verb. f. Mod. Fünfkampf (Junioren), 11 × Vertr. e. hess. Mannsch. im Ausl. (Junioren u. Senioren). Bronze-Diskus d. DSJ/DSB; 1981 Intern. Kampfrichterausweis (als 1. Deutscher d. Weltverb. UIPMB); s. 1987 Mitgl. Bundesfachaussch. Sport d. CDU; s. 1988 Vizepräs. Weltverb. UIPMB - Liebh.: Sport, Kunst, Bildungsreisen - Spr.: Engl., Franz.

SCHORMÜLLER, Anton

Dipl.-Ing., Geschäftsführer Landeswohnungs- u. Städtebauges. Bayern GmbH., München - Dr.-Böttcher-Str. 35, 8000 München 60 (T. Büro 53 92 41) - Geb. 21. Febr. 1912.

SCHORR, Hermann-Heinrich

Industrie-Kaufm., pers. haft. Gesellschafter Schorr & Co., Staffelstein, Inh. Schorr Flugbedarf, Staffelstein - Am Herberg 12, 8620 Lichtenfels (T. 09571-56 01) - Geb. 28. Juli 1945, verh., 2 Kd. - 1. Vors. Aero Club Lichtenfels; Schulleit. Interessengem. Flugschule Coburg-Kronach-Lichtenfels - Spr.: Engl.

SCHORSCH, Gerhard

Dr. med. Prof., Psychiater u. Neurologe - Voltzweg 4, 8000 München 71 (Solln) (T. 791 30 36) - Geb. 15. Okt. 1900 Sorau/NL., ev., verh. I) 1930 m. Dr. med. Helene, geb. Lehmann († 1961), 3 Kd. (Ulrike, Eberhard, Irene), II) 1963 Liselotte, verw. Sachs, geb. Lehmann - Gymn. Sorau; Univ. Breslau (Promot.), Würzburg, München, Leipzig - Lehrtätigk. Univ. Leipzig (1935 Privatdoz., 1941 apl. Prof. f. Neurol. u. Psychiatrie) u. Theol. Schule (Kirchl. Hochsch.) Bethel (1946 Lehrbeauftr. f. Psych. u. Charakterol.); 1940-67 Chefarzt v.-Bodelschwinghsche Anstalten Bethel - BV: Anlage u. Umwelt in d. kindl. Entwicklung, 1934; Z. Theorie d. Halluzination, 1934; Eigenständigkeit, Fremdhalt u. Haltlosigkeit, 1936; Z. Leib-Seele-Problem, 1947; Epilepsie - Klinik u. Forschung, 1960; D. Rehabilitation v. Epileptikern, 1964; D. ärztl. Ethos u. s. Gefährdung, 1965; Ärztl. u. soziale Probleme d. Suicide, 1968; Z. epilept. Wesensänderung, 1969 - 1967 Gr. BVK m. Stern - Liebh.: Phil., Musik, Kunstgesch. - Spr.: Lat., Griech., Engl., Franz. - Rotarier.

SCHOSER, Franz

Dr., Hauptgeschäftsführer Dt. Industrie- u. Handelstag - Adenauerallee 148, 5300 Bonn 1; priv.: Franzstr. 14, 5000 Köln 41 - 1984 BVK I. Kl.; 1986 Offz. d. Ehrenlegion Rep. Frankr.

SCHOSSER, Erich

Dr. phil., Journalist, MdL Bayern (s. 1966, CSU) - Beer-Waldbrunn-Str. 37, 8000 München 60 (T. 811 26 84) - Geb. 7. Sept. 1924 München - 1935-42 Obersch. München; 1942-45 Wehrdst. (Inf.; schwerverwundet); Abit. 1946; 1946-51 Univ. München (Zeitungswiss., Phil., mus. Fächer; Promot. 1951); daneben journ. Ausbild. - Mehrere Jahre fr. Journ.; s. 1965 Redakt. Bayer. Rundfunk. Histor. Studien Osteuropa u. Asien.

SCHOSTAK, Renate

s. Kühnert-Schostak, Renate

SCHOSTOK, Paul

Dr. med., Prof., Chefarzt u. ärztl. Direktor a. D. Chirurg. Klinik Städt. Krankenhaus Friedrichshafen - Möwenstr. 14, 7990 Friedrichshafen/B. (T. 2 16 15) - Geb. 1. Jan. 1914 Wochczytz Kr. Pleß - S. 1958 (Habil.) Privatdoz. u. apl. Prof. (1968) Univ. Gießen. Etwa 100 Fachveröff. - Rotarier.

SCHOTT, Carl

Dr. phil. (habil.), o. Prof. f. Geographie (emerit. 1970) - Dörfflerstr. 6, 3550 Marburg (T. 2 51 92) - Geb. 12. Febr. 1905 Jena (Vater: Prof. Richard S.), verh. m. Dr. Charlotte, geb. Kämpf - Univ. Breslau, Innsbruck, Berlin, Toronto - 1937 Doz., 1942 apl. Prof. Univ. Kiel, 1954 ao. Prof. TH Aachen (Dir. Geogr. Inst.), 1955 o. Prof. u. Inst.sdir. Univ. Marburg - BV: D. Westküste Schleswig-Holsteins, 1950. Einzelarb. üb. Skandinavien, USA, Kanada - 1972 Silb. Carl-Ritter-Med. Ges. f. Erdkd. Berlin;

1975 Silb. Robert-Gradmann-Med.; 1981 BVK.

SCHOTT, Erich

Dr. phil., Dr. rer. nat. h. c., Physiker, Honorarprof. Univ. Mainz (s. 1966) - Parkstr. 14, 6200 Wiesbaden (T. 06121 - 153 (0) 8 63) - Geb. 29. März 1891 Jena (Vater: Dr. rer. nat. Dr. med. h. c. Dr.-Ing. E. h. Otto S., Firmengründer (s. X. Ausg.); Mutter: Käthe, geb. Pielke), verh. 1922 m. Ernaluise, geb. Kunhenn-Toelle, S. Hans-Christoph - Univ. Cambridge, Freiburg/Br., Prag, Jena. Promot. 1921 - 1927-68 Vorstand Jenaer Glaswerk Schott & Gen., Jena bzw. Mainz (1952), 1934-68 Bevollm. Carl-Zeiss-Stiftg. Ehrenstellungen u. ARs-mandate - BV: Beitr. zur angewandten Glasforschung - Ehrendoktor u. -senator Univ. Mainz; 1966 Ehrenbürger Stadt Zwiesel/Bayer. Wald; Ehrenmitgl. Dt. Glastechn. Ges. (DGG) u. Dt. Ges. f. chem. Apparatewesen (Dechema); Dechema-Med., Otto-Schott- u. Fraunhofer-Gedenkmünze, Abraham-Gottlob-Werner-Med.; 1961 Gr. BVK; Ehrenbürger d. Stadt Mainz - Spr.: Engl., Franz. - Rotarier - Bruder: Gerhart S.

SCHOTT, Franz

Dr. phil. habil., Prof. f. Psychologie, Leit. Arbeitsbereich Erzieh.wiss./Erwachsenenbild. am Dt. Inst. f. Fernstudien an d. Univ. Tübingen - Herrenberger Str. 23, 7400 Tübingen (Tel. 07071 - 4 26 06) - Geb. 9. April 1942 Nürnberg (Vater: Kunstmaler u. Graphiker; Mutter: Irene, geb. Schwalbe), ev. - Dipl.-Psych. 1968, Promot. 1973 (Päd.) - 1977-88 Prof. f. Psych. in Gießen - BV: Lehrstoffanalyse, 1975; Lehrstoffanalyse u. Unterrichtsplan., (m. a.) 1981; Intelligente tutorielle Systeme (m.and.), 1987; u. a. Veröff.

SCHOTT, Gertraud

Naive Malerin - Hirschplanallee 7, 8042 Oberschleißheim (T. 089 - 315 10 01) - Geb. 25. Juli 1937 München, verh. s. 1963 m. Siegfried Obermeier, Schriftst. - S. 1966 zahlr. Ausst. im In- u. Ausland - Trägerin versch. Kunstpreise, u. a. Goldmed. d. ital. Akad. f. Kunst u. Handwerk - Lit.: Meyers Lexikon, sowie in vielen and. Kunstpubl., u. a. H. Kießling, Malerei Heute u. Allg. Lexikon d. Kunstschaffenden, Bd. II (1987).

SCHOTT, Heinz

Dr. med., Dr. phil., o. Prof. f. Geschichte d. Medizin Univ. Bonn (s. 1987) u. Direktor d. dort. Medizinhistorischen Inst. - Zu erreichen üb.: Medizinhistorisches Inst., Sigmund-Freud-Str., 5300 Bonn 1 - Geb. 8. Aug. 1946 Bergzabern (Vater: Dr. med. Heinz Sch., Arzt; Mutter: Ruth, geb. Geilert), ev., verh. s. 1973 m. Dr. med. Elisabeth, geb. Schmidt-Glintzer, 3 Kd. (Kai, Mareile, Johannes) - 1966-71 Stud. Med. Univ. Heidelberg, Glasgow u. München; Promot. 1974; Approbat. als Arzt 1975; ab 1972 Phil.-Stud. Heidelberg; phil. Promot. 1978, Habil. (Med.-Gesch.) 1982 - S. 1978 Mitarb. Inst. f. Gesch. d. Med. Univ. Freiburg; s. 1983 Prof. ebd.

SCHOTT, Norbert

Geschäftsführer Commerzia Gläubiger- u. Kreditschutz Worms - Schöfferstr. 30, 6520 Worms (T. 06241 - 2 48 52) - Geb. 20. Juni 1937 Bürstadt b. Worms, kath., verh. s. 1961 m. Heide E. Schott, T. Martina - Lehre; Steuersem. Rhld.-Pfalz; Akad. f. Steuer- u. Wirtsch.recht Mainz (2. Bildungsweg) - Vors. Berufsverb. VDAI (Verb. Detektei-, Auskunftei- u. zugel. Inkasso-Untern.); stv. Vors. VRW-Bundesverb. Rechts- u. Wirtschaftsdienste, Bonn - Liebh.: Kunst, Musik.

SCHOTT, Rüdiger

Dr. phil., o. Prof. f. Ethnologie - Heitbusch 7, 4400 Münster/W. (T. 71 24 54) - Geb. 10. Dez. 1927 Bonn, ev., verh. s. 1958 m. Helga, geb. v. Notz, 4 Töcht. (Ingeborg, Brigitte, Gisela, Ulrike) - Promot. (1954) u. Habil. (1964) Bonn - 1954-60 Wiss. Hilfskraft, 1961-63 Assist. u. Chefredakt. Freiburg/Br., 1964-65 Privatdoz. Univ. Bonn, s. 1965 Ord. Univ. Münster (Dir. Sem. f. Völkerkd.) - BV: Anfänge d. Privat- u. Planwirtsch., 1955; Aus Leben u. Dichtung e. westafrikan. Bauernvolkes, 1970. Zahlr. Einzelarb.

SCHOTT, Wolfgang

Dr. phil. habil., Prof.., Ltd. Direktor a. D. Bundesanstalt f. Bodenforschung Hannover, Honorarprof. f. Geologie, insb. Erdölgeol. Univ. Göttingen (s. 1965; 1953 ff. apl. Prof.) - Am Wäldchen 4, 3000 Hannover 51 - Isernhagen (T. Hannover 65 09 91) - Geb. 1. Febr. 1905 Altona (Vater: Prof. Dr. phil. Gerhard S., Oberreg.srat Dt. Seewarte, Hamburg (s. X. Ausg.); Mutter: Gertrud, geb. Tietz), ev., verh. s. 1936 (Ehefr.: geb. Grundig), 3 Kd. (Erdmuthe, Ditmar, Rüdiger) - Gymn. Hamburg; Univ. Göttingen, Freiburg, Hamburg, Graz. Promot. 1930 Göttingen; Habil. 1936 Rostock - S. 1934 Preuß. Geol. Landesanstalt bzw. Bundesanstalt f. Bodenforsch. Üb. 90 wiss. Veröff. - 1974 Gr. BVK - Spr.: Engl.

SCHOTT, Wolfgang

Dr.-Ing., Vorsitzender d. Geschäftsführung FERROZELL-Ges. Sachs & Co. mbH, Augsburg - Nansenstr. 21, 8900 Augsburg 21 - Geb. 9. Juni 1940 Frankfurt/M., 2 Kd. - TU München. Promot. Aachen - Spr.: Engl., Niederl.

SCHOTTELIUS, Dieter

Dr., Rechtsanwalt, Geschäftsführer Verb. d. Chem. Ind. - Karlstr. 21, 6000 Frankfurt/M.

SCHOTTLAENDER, Stefan

Dr. rer. nat., o. Prof. f. Mathematik u. Rektor TU Clausthal - Glückauf-Weg 8, 3392 Clausthal-Zellerfeld (T. 15 08) - Geb. 15. Jan. 1928 Berlin (Vater: Prof. Dr. phil. Rudolf S.; Mutter: Wally, geb. Damm), verh. 1955 m. Ruth, geb. Tewes, 3 Kd. (Annette, Sabine, Peter) - Univ. Berlin (Math.). Dipl.-Math. 1952 Erlangen; Promot. 1953 Berlin; Habil. 1959 Hannover - 1959-65 Privatdoz. u. apl. Prof. TH Hannover; 1965-67 Wiss. Rat u. Prof. Univ. Bonn; s. 1967 o. Prof. TU Clausthal. S. 1969 Vors. Landesverb. Nieders. im Hochschulverb.; s. 1976 Mitgl. Braunschweig. Wiss. Ges.; s. 1984 AR DBE - Fachveröff.

SCHOTTMANN, Hans

Dr. phil., Prof. f. Nord. Philol. Univ. Münster (s. 1970) - Teigelkamp 21, 4400 Münster - Geb. 1. Jan. 1932 Breslau, ev., verh. s. 1960 m. Brighid, geb. Palmer, 2 Kd. (Christian, Gudrun) - Stud. German., Nordistik, Lat., Archäol. Univ. Bonn; Promot. 1958 ebd. - Zun. Lektor Uppsala, 1960-70 Assist. u. Akad. Rat München - Metapher u. Vergleich in d. Spr. Hölderlins, 3. A. 1970; D. isländ. Mariendichtung, 1973.

SCHOTTMAYER, Georg

Dr. phil., Dipl.-Psych., Prof., f. Umweltpädagogik, Fachbereich Erziehungswiss. Univ. Hamburg - Elstorfer Ring 72, 2104 Hamburg 92 (T. 701 80 65) - Geb. 19. Dez. 1924 Hamburg - S. 1968 Prof. Hamburg. Div. Fachveröff., dar.: Psychologie d. Filmerlebens, Fernsehen u. Großstadtjugend, Kinderspielplätze, Wohnen vor d. Tür, Kinder u. Medien, Spielplatzplanung, Wohnen m. Nachbarn.

SCHOTTROFF, Luise,

geb. Klein

Dr. theol., Prof. f. Neues Testament GH Kassel - Im Rosental 6, 3500 Kassel (T. 0561 - 40 88 44) - Geb. 11. April 1934 Berlin (Vater: Rudolf K., Pfarrer; Mutter: Elisabeth K.), ev., verh. s. 1961 m. Willy Sch., S. Daniel - 1952-60 Stud. ev. Theol. Univ. Berlin, Bonn, Göttingen u. Mainz; Promot. 1960 Göttingen, 1. theol. Ex. Düsseldorf; Habil. 1969 (Neues Testament) Mainz - 1960-69 wiss. Assist. in Mainz; 1969-71 Privatdoz.; 1971-86 Prof. Univ. Mainz, s. 1986 Prof. GH Kassel - BV: D. Glaubende u. d. feindl. Welt, Beobacht. z. gnostischen Dualismus u. s. Bedeut. f. Paulus u. d. Johannesevangelium, 1970; (m. W. Stegemann:) Jesus v. Nazareth - Hoffnung d. Armen, 1978, 2. A. 1981; D. Sieg d. Lebens, Bibl. Traditionen e. Friedenspraxis, 1982; D. Parteilichkeit Gottes (m. W. Schottroff), 1984; D. Erde gehört Gott (m. D. Sölle), 1985; Sucht mich b. meinen Kindern, 1986; D. Macht d. Auferstehung (m. W. Schottroff), 1988; Schuld u. Macht. Stud. zu e. Feminist. Befreiungstheol. (m. C. Schaumberger), 1988. Herausg. m. W. Schottroff: Mitarbeiter d. Schöpfung (1983); Wer ist unser Gott? (1986).

SCHOTTROFF, Willy

Dr. theol., Prof. f. Altes Testament Univ. Frankfurt/M. - Im Rosental 6, 3500 Kassel (T. 0561 - 40 88 44) - Geb. 25. Jan. 1931 Frankfurt/M. (Vater: Johann Sch., Malermeister; Mutter: Lina, geb. Walter), ev., verh. s. 1961 m. Prof. Dr. Luise, geb. Klein, S. Daniel - 1951-58 Stud. Ev. Theol. Univ. Wuppertal, Tübingen, Heidelberg, Mainz (1. theol. Ex. 1958); 1958/59 Stud. in Paris, Promot. 1961 Mainz; 1961/62 Stud. a. d. Ecole Biblique Jerusalem (Habil. 1968 Altes Testam.) - 1962-68 Wiss. Assist. Univ. Mainz; 1968-71 Privatdoz. Mainz; s. 1971 Prof. Univ. Frankfurt/M. - BV: Gedenken im Alten Orient u. im Alten Testam., 1964 u. 1967; D. altisraelit. Fluchspruch, 1969; Palmyren. Grabreliefs (m. A. Böhme), 1979; D. Parteilichkeit Gottes (m. L. Schottroff), 1984; D. Macht d. Auferstehung (m. L. Schottroff), 1988. Herausg. m. W. Stegemann: D. Gott d. kl. Leute. Sozialgesch. Bibelausleg. 1-2 (1979 u. 1981); Traditionen d. Befreiung. Sozialgesch. Bibelausleg. 1-2 (1980); m. L. Schottroff: Mitarbeiter d. Schöpfung (1983); Wer ist unser Gott? (1986).

SCHOUPPÉ, von, Alexander

Dr. phil., Prof., Geologe u. Paläontologe - Geiststr. Nr. 88, 4400 Münster/W. (T. 79 22 42) - Geb. 26. Febr. 1915 Baden b. Wien, kath., verh. s. 1947 m. Inge, geb. Berce, 2 Kd. (Elisabeth, Helmut) - Stud. Biol. u. Geol. Promot. (1939) u. Habil. (1948) Graz - S. 1948 Lehrtätigk. Univ. Graz u. Münster (1953; 1956 apl. Prof., 1968-79 Wiss. Rat u. Prof. Geol.-Paläontol. Inst.). Etwa 60 Fachveröff., vorwieg. üb. paläozoische Korallen.

SCHRADER, Achim

Dr. sc. pol., Univ.-Prof. f. Soziologie Univ. Münster - Hiltruper Str. 93, 4400 Münster - Geb. 12. Aug. 1934 Hamburg - Dipl.-Volksw. 1958 Univ. Hamburg; Promot. 1965 Münster; Habil. 1971 Bielefeld - 1969 Akad. Rat Univ. Bielefeld; 1971 o. Prof. PH-GH Duisburg; s. 1975 o. Prof. PH-Univ. Münster. 1982-86 Vors. Arbeitsgem. Dt. Lateinamerika-Forsch. - BV: Einf. in d. empir. Sozialforsch., 1973 (Übers. portug.); Landschule in Brasilien, 1972 (Übers. portug.); Landschule in Ecuador, 1978; D. 2. Generation, 1979; D. brasil. Bildungssyst. in d. Reformphase n. 1971, 1983; Bevölkerungsentw., Bevölkerungswanderung u. Urbanisierung in Lateinamerika, 1984/85; Ökologie-Diskussion in Lateinamerika, 1986; Homem e naturaleza na Amazônia, 1987; Ökol. Probl. in Lateinamerika, 1987; Europ. Juden in Lateinamerika, 1989 - Spr.: Engl., Portug., Span.

SCHRADER, Adolf

Dr. med., em. Prof. - Forsthausstr. 16a, 8022 Grünwald/Obb. (T. 649 26 21) - Geb. 8. Okt. 1915 Düsseldorf, ev., verh. s. 1952 m. Irmgard, geb. Hölscher - Gymn. Düsseldorf (Hoh.); Univ. Freiburg, München, Frankfurt, Med. Akad. Düsseldorf (Promot. 1942) - S. 1954 (Habil.) Privatdoz., apl. (1960) u. o.ö. Prof. (1970) Univ. München (Neurol.). Zahlr. Veröff. üb. experimentelle u. klin. Neurol. - 1980 Bayer. VO. - Liebh.: Klass. Musik, Alte Lit., Fotogr.

SCHRADER, Bernhard

Dr.-Ing., Prof. f. Physikal. u. Theoret. Chemie Univ.-GH Essen - Soniusweg 20, 4300 Essen 15 - Geb. 15. März 1931 Quedlinburg - Promot. 1960 TU Berlin; Habil. 1968 Univ. Münster; Umhabil. 1969 Ruhr-Univ. Bochum; 1971 Wiss. Rat u. Prof. Univ. Dortmund; s. 1976 o. Prof. - 1961-71 Abt.Leit. Inst. f. Spektrochemie Dortmund. Entw. v. Ramanspektrometern; Anwend. d. Schwingungsspektrometrie - BV: Kurzes Lehrb. d. Organ. Chemie, 1985; Atlas Organ. Verbind. 1974-77, 1989; 150 Fachpubl. in Zeitschr. u. Handb. Film: Schwing. v. Molekülen u. Kristallen.

SCHRADER, Bodo

Dr.-Ing., Prof. Inst. f. Vermessungskunde TU Braunschweig - Am Schwarzen Berge 28, 3300 Braunschweig (T. 32 13 73) - Geb. 1. Sept. 1928 Braunschweig (Vater: Willi S., Regierungssekr.; Mutter: Else, geb. Krusekopf), ev., verh. s. 1956 m. Ingeborg, geb. Lages - Raabe-Sch. Braunschweig; TH ebd. u. Hannover (Geodäsie; Dipl.-Ing. 1952). Promot. (1958) u. Habil. (1971) Braunschweig - S. 1957 TH bzw. TU Braunschweig (1960 Obering.; 1963 Wiss. Rat u. Prof.). Spez. Arbeitsgeb.: Datenverarb. - BV: Elektron. Datenverarb. im Vermessungswesen, Bd. 1 1975, Bd. 2 1985 - Spr.: Engl.

SCHRADER, Carl

Aufsichtsrat Heinr. Hill GmbH, Hattingen/Ruhr - Hans-Driesch-Str. 12, 5000 Köln-Lindenthal - Geb. 9. Sept. 1908 - BVK am Bde.

SCHRADER, Gerhard

Dr.-Ing., Dr. agr. h. c., Dr. med. vet. h. c., Dr. rer. nat. h.c., Chemiker - Kohlfurter Str. 75, 5600 Wuppertal-Cronenberg - Geb. 25. Febr. 1903 Bortfeld - 1928-67 (Ruhest.) Farbenfabriken Bayer AG. (Leit. Pflanzenschutz-Labor./Werk Wuppertal) - BV: D. Entwicklung neuer Insektizide auf Grundl. organ. Fluor- u. Phosphor-Verbindungen, 2. A. 1952; D. Entwickl. neuer insektizider Phosphorsäure-Ester, 1963.

SCHRADER, Hans-Dieter

Dr. jur., Ministerialrat a. D., Bankdirektor - Landschaftstr. 8, 3000 Hannover - Geb. 1929 - S. 1973 Vorstandsvors. Braunschweig-Hannoversche Hypothekenbank Aktiengesellschaft, Hannover.

SCHRADER, Hans-Jürgen Fritz

Dr.-Ing., Prof., Vizepräsident Physikal. Techn. Bundesanst. Braunschweig u. Berlin (PTB) - Dießelhorststr. 27, 3300 Braunschweig - Geb. 3. März 1920 Hannover (Vater: Fritz Sch., Oberinsp.; Mutter: Dina, geb. Otto), ev., verh. s. 1947 m. Ursula, geb. Kretschmer, 2 Kd. (Christine, Mathias) - 1944 Dipl.-Ing., 1948 Promot. TU Hannover - 1945-49 Wiss. Assist. TU Hannover; 1949-55 Wiss. Angest. PTB Braunschw.; 1956-65 Leit. Laborat. f. Elektr. Masch.; 1965-70 Leit. Abt. f. Elektrizität; s. 1970 Vizepräs. u. Prof. PTB Braunschw. u. Berlin - Rd. 30 Publ. üb. Elektrizität u. Metrolog. in wiss. Journalen. Herausg. Ztschr. f. Instrumentenkd. u. Nachf. Meßtechn., Feinwerktechn. u. Meßtechn. - Versch. Pat. auf d. Sektor Elektrizität - Hon.-Prof. TU Braunschweig - Liebh.: Klass. Musik, Sport.

SCHRADER, Hermann

Aufsichtsratsmitglied Gerling-Konzern Standard Versich.-AG, Köln - Im Fuchsbau 24, 5000 Köln-Brück (T. 84 14 75) - Geb. 18. Aug. 1909 Bonn, verh. m. Irma, geb. Dengler - S. 1930 Gerling.

SCHRADER, Jost-Heinrich

Geschäftsführer Vereinig. f. Getreide- u. Produktenhandel in Braunschweig - Dorfstr. 29, 3300 Braunschweig (T. 5 51 13) - Geb. 18. Aug. 1936 Braunschweig (Vater: Heinrich Sch., Getreidekaufmann; Mutter: Annaliese, geb. Witz), ev., verh. s. 1969 m. Barbara, geb. Justke, 2 Kd. (Jörg-Thomas u. Jens) - Spr.: Engl.

SCHRADER, Jürgen

Dr. med., Prof. f. Physiologie Univ. Düsseldorf - Moorenstr. 5, 4000 Düsseldorf (T. 0211 - 311 26 70) - Geb. 9. Okt. 1942 Komotau (Vater: Helmut Sch., Ing.; Mutter: Margarethe, geb. Bodenstein), kath., verh. s. 1970 m. Dr. med. Gerlind, geb. Wuppermann, 3 Kd. (Thomas, Markus, Ines) - Stud. Univ. Köln, München, Freiburg, Med. Staatsex. 1968, Promot. 1970 Univ. Freiburg - 1970-71 post doc. fellow, USA; 1972-78 wiss. Assist. Aachen, München; 1979-83 Prof. f. Physiol. München; 1983 Lehrst. Düsseldorf. Entd.: Antiadrenerge Wirk. v. Adenosin am Herzen - Spr.: Engl., Franz.

SCHRADER, Jürgen

Dr., Hauptgeschäftsführer Bundesverb. Dt. Holzhandel - Rostocker Str. 16, 6200 Wiesbaden; priv.: Wittenberger Str. 19, 6200 Wiesbaden - Geb. 27. Febr. 1939, verh. m. Gisela, geb. Rose, 2 Kd. (Christian, Ina) - Abit. 1959 Hannover, Promot. 1967 Göttingen.

SCHRADER, Jürgen

Rechtsanwalt, Vors. d. Geschäftsfg. Dt. Unilever GmbH, Hamburg - Zu erreichen üb. Dt. Unilever GmbH, Hamburg - Geb. 3. Dez. 1931 Hamburg (Vater: Ernst August S., Kaufm.; Mutter: Annemarie, geb. Langmaack), ev., verh. s. 1962 m. Christa, geb. Neuhäuser, 3 Kd. (Nikolaus, Oliver, Kristina) - Abit. 1. u. 2. jurist. Staatsex. - 1960 Unilever Trainee; 1962-69 Lintas Hamburg; 1969-73 Chairman Lintas Scandinavia; 1973-74 Director SSC & B-Lintas International Ltd., London; 1974 Vors. Geschäftsl. Lintas, Hamb.; 1982 AR-Vors. Batig, Ges. f. Beteiligungen mbH - Liebh.: Mod. dt. Lit. - Spr.: Engl., Dän., Franz.

SCHRADER, Karlernst

Dr. med., Prof., Ärztl. Direktor Augenklinik Stuttgart (s. 1969) - Kriegsbergstr. 60, 7000 Stuttgart (T. 20 34 -1) - Geb. 29. Jan. 1925 Duisburg - S. 1961 (Habil.) Lehrtätigk. Univ. Gießen (1966 apl. Prof.; zul. Oberarzt Augenklinik). Zahlr. Fachveröff.

SCHRADER, Ludwig

Dr. phil., o. Prof. f. Romanistik - Gleiwitzer Str. 20, 4044 Kaarst 2 (T. 60 23 91) - Geb. 11. März 1932 Dresden (Vater: Dr. phil. Richard S., Oberstudienrat; Mutter: Margarete, geb. Spannhof), ev., verh. s. 1958 m. Gisela, geb. Buechler, 3 Söhne (Karsten, Jens, Andreas) - Höh. Handelssch.; kaufm. Angest.; Stud. Roman., Angl., Phil. Promot. 1958 Bonn; Habil. 1967 Berlin (FU) - 1958-59 Lektor Univ. Toulouse (Dt.); 1959-67 Assist. FU Berlin; 1967-68 Privatdoz. ebd.; s. 1968 Ord. Univ. Düsseldorf; 1980-86 Schatzm. Intern. Hispanisten-Verb.; 1981-85 Vors. Dt. Hispanisten-Verb. - BV: Panurge u. Hermes - Z. Ursprung e. Charakters b. Rabelais, 1958; Sinne u. Sinnesverknüpfungen - Studien u. Materialien z. Vorgesch. d. Synästhesie, 1969 (span. 1975). Herausg.: Rabelais, Gargantua u. Pantagruel (2 Bde. 1964), Grundl. d. Roman. (1972ff., m. Eberhard Leube), Interpretation u. Vergleich-Festschr. f. Walter Pabst (1972, m. E. Leube), L'Affaire Lemoine v. Marcel Proust (1972 m. Walter Pabst), Studienr. Romania (1975ff., m. E. Leube); Fr. Luis de León, Ausgew. Ged., span.-dt. (1989, Übers. v. E.-E. Keil). Mithrsg.: Ztschr. Antike u. Abendland (s. 1981); Les Lettres Romanes (s. 1985); Studia humaniora (s. 1985) - Spr.: Engl., Franz., Ital., Span.

SCHRADER, Margarete

Schriftstellerin - Emmastr. 6, 4790 Paderborn - Geb. 7. April 1915 Paderborn (Vater: Karl Sch., Großkaufm.; Mutter: Maria, geb. Oberföll), kath. - 1938 Missio canonica Relig.-Hochsch. Elkeringhausen/Sauerland - BV: u. a. Paderborn zw. Pfauenauge u. Hochschulsiegel, 1972; Wir suchen dich, Christus, 1976; Menschen - heute, Perspekt.-Ged., 1982 - Lyrikpreis Invandranas-Kulturcentr. Stockholm; 2 weit. Lyrikpreise - Liebh.: Weltgesch., alte Möbel, Kunstw. - Lit.: Paul Hübner: Z. Situation d. christl. Schriftst., 1976; M. Platei, Christ in d. Gegenwart 10/77; F. Kienecker in Päd. Stud. IV/77; P. Hübner i. Christ in d. Gegenw. 11/78; R. Bohne in Frankf. Hefte 7/77; S. Sparre dito 10/83; I. Meidinger-Geise d. literat 4/85; U. Homann in WESTF. SPIEGEL II/85; M. Plate in Bild in d. Gegenw. 12/85, u. in Christ in d. Gegenw. 10/88.

SCHRADER, Wiebke

Dr. phil., ao. Prof. f. Philosophie Univ. Würzburg - Frankenstr. 33, 8702 Eisingen vor Würzburg (T. 09306-344) - Geb. 3. Jan. 1930 Wuppertal - Univ. Marburg u. Würzburg (Phil., Theol., Psychol., Päd., Soziol.), Promot. 1963, Habil. 1970 - Mitgl. Gründ.vorst. Europ. Nietzsche-Ges., Intern. wiss. Vereinig. (ENG) - BV: (Mithrsg.): Neues Jahrb. Perspektiven d. Phil., 1974; Elementa, Schr. z. Phil. u. ihrer Problemgesch., 1975; D. Auflös. d. Warumfrage, 2. A. 1975; D. Experiment d. Autonomie, 1977; D. Selbstkritik d. Theorie, 1978; Schriftenreihe Nietzsche Kontrovers, 1981. Div. wiss. Abh. u. Festschrift-Beitr.

SCHRÄDER, Guido

Oberlandesgerichtsvizepräsident - Schloßpl. 2, 3100 Celle (T. 10 91) - Geb. 22. Mai 1910 - S. 1967 Vizepräs. OLG Celle.

SCHRAFT, Rolf D.

Dr.-Ing., Prof., stv. Institutsleiter Fraunhofer-Inst. f. Produktionstechnik u. Automatisierung (IPA) - Nobelstr. 12, 7000 Stuttgart 80 (T. 0711 - 68 68 02) - Geb. 2. Febr. 1942, ev., verh. s. 1968 m. Lore, geb. Winternitz, 2 S. (Oliver, Roland) - Stud. Maschinenbau Univ. Stuttgart; Promot. 1976 Stuttgart - 1986 Hon.-Prof. Univ. Dortmund - Versch. Patente, Ca. 20 Bücher u. Buchbeitr., z. T. m. Übers. in Engl. u. Ital.; üb. 100 Ztschr.-Veröff. - 1986 ASEA Robotics Award - Liebh.: Segeln, Jagen - Spr.: Engl., Franz.

SCHRAGE, Konrad

Dramaturg, Regiss., Künstler. Leiter Theater f. Kinder u. Jugendliche Theater Oberhausen, Städt. Bühnen Dortmund u. Nationaltheater Mannheim - Käfertalerstr. 91, 6800 Mannheim 1 (T. 0621-3 47 17) - Geb. 21. Juni 1949 Melle, verh. m. Ingeborg Sungen-Schrage - Stud. Theaterwiss., German., Politol.

SCHRAGE, Wolfgang

Dr. theol. (habil.), o. Prof. f. Neues Testament Univ. Bonn (s. 1964) - Meßbeuel 8, 5340 Bad Honnef/Rh. (T. 54 57) - Geb. 30. Juli 1928 Hagen-Haspe, ev., verh. s. 1956 m. Elisabeth, geb. Tölke, 3 Kd. (Ulrike, Heinrich, Christoph) - Stud. Theol. Bonn, Tübingen, Göttingen, Heidelberg, Bethel - Zul. Privatdoz. Univ. Tübingen - BV: D. konkreten Einzelgebote in d. paulin. Paränese, 1961; D. Verhältnis d. Thomas-Evangeliums z. synopt. Tradition u. zu d. Kopt. Evangelienübers., 1964; D. Verständnis d. Todes Jesu Christi im Neuen Testament, in: D. Kreuz Jesu Christi als Grund d. Heils, 1967; D. Christen u. d. Staat n. d. Neuen Testament, 1971; D. Briefe d. Jakobus, Petrus, Judas, 1973; Barmen II u. d. NT, in: Z. polit. Auftrag d. christl. Gde., 1974; Leiden (Bibl. Konfrontationen), 1977; Frau u. Mann (Bibl. Konfrontationen), 1980; D. Elia-Apokalypse, 1980;, Ethik d. Neuen Testaments, 2. A. 1989. Fachaufs.

SCHRAM, Armin

Dr. techn., Chemiker, Vorstandsvorsitzender Dt. Texaco AG (s. 1979) - Überseering 40, 2000 Hamburg 60 - Geb. 31. Jan. 1929.

SCHRAMEYER, Klaus

Dr. jur., Generalkonsul GK Detroit/USA (s. 1988) - Geb. 8. Mai 1934 Dresden (Vater: Franz S., Versich.-Makler; Mutter: Margarete, geb. Lindenfeld), ev.-luth., verh. s. 1963 m. Sabine, geb. Magnus, 2 Kd. (Claudia, Kai) - Abit. 1953 Burggymn. Essen; 1953-56 Jura-Stud. Heidelberg; Promot. 1960 Heidelberg; 1959-61 Stud. in Paris, Ass.-Ex. 1962 Düsseldorf. 1962-64 Osteuropa-Ergänz.stud. FU Berlin - 1965 Ausw. Amt, Attaché Botsch. Mexiko-Stadt; 1967-68 Zentrale, anschl. 1968-72 Konsul Generalkonsulat Madras; 1972-76 Presseref. Botsch. Warschau; 1976-79 stv. Referatsleit. AA, 1979 Botschafter in Ouagadougou, 1982-85 Leiter Wirtschaftsabt. Botsch. Brüssel, 1985-88 Leiter Kulturabt. Botsch. Moskau - Liebh.: Tennis, Golf - Spr.: Engl., Span., Poln., Franz., Russ.

SCHRAMM, Bernhard

Dr. rer. nat., Prof. f. Physikal. Chemie - Langgewann 33, 6900 Heidelberg - Geb. 12. Aug. 1937 Hindenburg (Vater: Georg Sch., O.Stud.-Dir.; Mutter: Hildegard, geb. Rosenberger), kath., verh. s. 1965 m. Christina, geb. Breinig, 2 S. (Ulrich, Christoph) - Univ. München u. Heidelberg, Staatsex. 1960, Promot. 1963, Habil. 1969 - Prof. Univ. Heidelberg, 1975/76 Forsch. Massachusetts Inst. of Technology (USA) - Spr.: Engl.

SCHRAMM, Bernhard

Dipl.-Volksw., Vorstandsvorsitzer Dt. Genossenschafts-Hypothekenbank AG., Hamburg (s. 1975) - Ost-West-Str. 81, 2000 Hamburg 11 (T. 36 14 81) - Geb. 27. Sept. 1924 Eisenach - 1954-59 Dt. Genoss.sverb. (Ref.); 1959-63 Bundeswirtschaftsmin.; 1963-70 Vereinig. v. Banken u. Bankiers in Rhld. u. Westf. (Gf.); 1970-74 Bundesverb. d. Dt. Volksbanken u. Raiffeisenbanken (s. 1979 Präs.) - 1981 Vors. Sparer-Schutzgem.

SCHRAMM, Edgar

Geschäftsführer Berufsfortbildungswerk Gemeinnützige Bildungseinrichtung d. DGB GmbH (bfw) - Postfach 1631, 4000 Düsseldorf 1 (T. 02104 - 499-0).

SCHRAMM, Gerhard

Dr.-Ing., Prof., Ministerialdirigent a. D. - Riedlingerstr. 7, 8011 Kirchseeon/Obb. (T. 96 90) - Geb. 23. Juni 1903 Worle/Westpr. (Vater: Max S., Fabrikdir.; Mutter: Amanda, geb. Preuß), verh. s. 1930 m. Hedwig, geb. Duschl, 4 Kd. (Heinz, Maja, Horst, Helmut) - TH Danzig (Diplomvor- 1922) u. München (-hauptprüf. 1924). Promot. 1930 Danzig; Habil. 1939 Aachen - 1926-65 Bundesbzw. Reichsbahn (1942 Ref. f. Oberbau, zul. Hauptverw. Frankfurt/M.); 1957-63 Privatdoz. TH Darmstadt; s. 1963 apl. Prof. TH bzw. TU München (Eisenbahnbau). Entwickl. v. Bogenabsteckverf. - BV: D. vollkommene Gleisbogen, 1931; Abstecken u. Vermarken v. Bogen n. d. Winkelbildverfahren, 2. A. 1941; Bogengestalt. u. -absteck., 1949; D. Gleisbogen, 4. A. 1962 (portug. 1974); Oberbautechnik u. -wirtsch., 3. A. 1973 (engl. 1961, russ. 1962, portug. 1977). Etwa 100 Einzelarb. - 1964 Ehrenbürger New Orleans (USA); 1969 Gr. BVK - Liebh.: Kammermusik (Violine), Astronomie - Spr.: Engl.

SCHRAMM, Gerhard

Dr. jur., Vorstands Haftpflicht-Unterstützungs-Kasse (HUK Coburg) - Röstenweg 3, 6830 Coburg - Geb. 1928.

SCHRAMM, Godehard

Schriftsteller - Schweppermannstr. 41, 8500 Nürnberg - Geb. 24. Dez. 1943 Konstanz/B. - Fr. Mitarb. BR. Zahlr. Bücher (auch Lyrik, zul. 1984 Roman: D. Traumpilot). Übers. aus d. Russ.

SCHRAMM, Gottfried

Dr. phil., Prof. f. Neuere u. Osteurop. Geschichte - Maria-Theresia-Str. 8, 7800 Freiburg/Br. (T. 7 68 24) - Geb. 11. Jan. 1929 Heidelberg - Univ. Göttingen, Tübingen, Erlangen (German., Gesch., Slaw.). Promot. 1953 Göttingen; Habil. 1964 Marburg - 1964 Privatdoz. Univ. Marburg; 1965 Ord. Univ. Freiburg. Viele Aufenthalte Polen, Sowjetunion, ČSSR, Ungarn - BV: Namenschatz u. Dichtersprache - Studien zu d. zweigliedr. Personennamen d. Germanen, 1957; D. poln. Adel u. d. Reformation 1548-1607, 1965; Nordpont. Ströme - Namenphilol. Zugänge z. Frühzeit d. eur. Ostens, 1973; Eroberer u. Eingesessene - Geogr. Lehnnamen als Zeugen d. Gesch. Südosteurop. im 1. Jahrtausend n. Chr., 1981. S. 1975 Herausg. u. Beitr.: Handb. d. Gesch. Rußlands, Bd. 3 (1856-1945).

SCHRAMM, Günther

Schauspieler - Zu erreichen üb.: Dr. Beyer, Parkallee 61, 2000 Hamburg 13 - Geb. 18. Febr. 1929 Potsdam (Vater: Dr. med. Günther S.; Mutter: Anneliese, geb. Hoffmann), verh. s. 1958 in 2. Ehe m. Gudrun, geb. Thielemann (Schausp.), 3 Kd. (Cornelia, Andreas, Stefan) - Abit. Hamburg; 1950-51 Stud. Staatl. Hochsch. f. Musik u. Theater ebd. - 1952-53 Literar. Kabarett Die Buchfinken; Das Junge Theater, Hamb., Hamburger Kammerspiel (1953), Thalia-Theater (1953-57) ebd.; s. 1958 fr. Sch. - Zahlr. Rollen im Theater u. Fernsehen, u. a. als Walter Grabert (über 90mal) in D. Kommissar (ZDF-Reihe); s. 1973 Quizmaster Alles oder nichts; s. 1981 Erkennen Sie d. Melodie (ZDF-Reihe); Mitwirk. in zahlr. Unterhalt.ssend. im Hörfunk; ebenf. in 7 Filmen (Als geheilt entlassen, Die Botschafterin, Schneewittchen u. d. sieben Gaukler, Glückliche Jahre, Dynamit in grüner Seide, Die Lümmel v. d. ersten Bank, Die verlogenen R. - 1970 Bambi in Bronze; 1970, 71, 72 u. 73 Bambi in Gold - Liebh.: Schreinern, Segeln, Skilaufen, Bergsteigen - Spr.: Latein, Engl., Franz.

SCHRAMM, Julius

Ing., Fabrikant, Inh. Metallwarenfabrik Julius Schramm, Alsfeld, Vizepräs. IHK Gießen - Uhlandstr. 13, 6320 Alsfeld/Oberhessen (T. 06631 - 42 20) - Geb. 11. Juli 1914 Offenbach/M. - Spr.: Engl. - Rotarier.

SCHRAMM, Matthias

Dr. phil. nat., o. Prof. f. Geschichte d. Naturwissenschaften Univ. Tübingen - Weingartenrain 14, 7401 Dußlingen (T.

Gomaringen 25 95) - Habil. Frankfurt/M.

SCHRAMM, Norbert
Profi-Eiskunstläufer b. Holiday on Ice - Am Dummelsmoos 21, 8980 Oberstdorf - Geb. 7. April 1960 Nürnberg (Vater: Gerhard Sch., Kaufm.; Mutter: Therese Sch.), ev., ledig - Abit. 1981 Oberstdorf - Eiskunstlauf: 1979, 81 u. 84 Dt. Meister; 1982 u. 83 Europa- u. Vizeweltmeister - 1982 Gold. Ehrennadel Dt. Eislauf-Union u. Verdienstmed. Bundeswehr; 1984 Silb. Lorbeerblatt - Liebh.: Golf, Fotogr., mod. Kunst - Spr.: Engl., Latein.

SCHRAMM, Raimund
I. Bürgermeister - Rathaus, 8643 Küps/Ofr. - Geb. 29. Juni 1931 Wallenfels - Dipl.-Verwaltungswirt.

SCHRAMM, Werner
Dr.-Ing., Prof., Generalsekretär Akad. f. Raumforschung u. Landesplanung - Buchenweg 20, 3057 Neustadt a. Rbge 1 - Geb. 1. Febr. 1939 Dresden, verh. m. Helga, geb. Grossmann, 3 Kd. - Habil. 1974 Hannover - 1981 Prof. f. Regional- u. Landesplanung Univ. Hannover. Vorst.-Mitgl. Wiss. Ges. z. Stud. Nieders. - BV: Stadtplanung in Hochschulstädten, 1969; Infrastrukturplanung, 1978; Siedlungentwicklung in d. Bundesrep. Deutschl., 1984; Regionalplanung, 1986. Herausg.: Neues Archiv f. Niedersachsen - 1972 Mitgl. Dt. Akad. f. Städtebau u. Landesplanung; korr. Mitgl. Inst. f. Entwicklungsplanung u. Strukturforsch. (IES); 1985 Fellow Chonqing Inst. of Architecture and Engineering, PR China.

SCHRAMM-WÖHLMANN, Horst
Leitender Polizeidirektor, Leit. Dezernat Öfftl. Sicherheit Landespolizeidir. Berlin - Bismarckstr. 6, 1000 Berlin 41 (T. 030 - 796 53 05) - Geb. 13. Sept. 1930 Berlin, verh. s. 1957 m. Rosemarie, geb. Ocko - Abit. 1950 Rheingau-Realgymn.; Polizeidst. - 1966 Stud. Polizei-Führungs-Akad. Münster-Hiltrup.

SCHRANK, Gustav
Dipl.-Betriebswirt, Bürgermeister Stadt Hockenheim - Leopoldstr. 6B, 6832 Hockenheim - Geb. 18. Sept. 1942 - Vors. Gesellschaftervers. Hockenheim-Ring GmbH.

SCHRANZ, Anton
I. Bürgermeister Stadt Pfaffenhofen - Rathaus, 8068 Pfaffenhofen/Ilm; Betrieb: Ingolstädter Str. 87; priv.: Grabmairstr. 14 - Geb. 30. Jan. 1918 Reichertshofen - Bauuntern. (Straßen- u. Tiefb.).

SCHRANZ, Winfried
Dr. med., Privatdozent, Chefarzt Innere Abt. Marienkrkhs. Cochem/Mosel (s. 1987), u. Ärztl. Leit. (s. 1989) - Zu erreichen üb. Marienkrankenhaus, 5590 Cochem/Mosel (T. 02671 - 6 22 41) - Geb. 24. Okt. 1948 Koblenz, kath., verh. s. 1975 m. Agnes, geb. Hasenfratz, 2 Söhne (Stephan, Christian) - Medizinstud. 1968-74 Univ. Mainz; Med. Staatsex. 1974; Promot. 1974; Facharzt Innere Med. 1982 (Teilgeb. Gastroenterologie 1987), Habil. 1984.

SCHRAUB, Alfred
Dr. rer. nat., o. Prof. f. Biophysik (emerit.) - Spitzwegring 117, 6300 Gießen (T. 5 22 20) - Geb. 14. Dez. 1909 Butzbach - 1959 (Habil.) -72 Lehrtätigk. Univ. Frankfurt/M. u. Gießen (1962-72 Ord. u. Inst.sdir.) - BV (m. Boris Rajewski): Strahlendosis u. -wirk., 2. A. 1956; Wiss. Grundl. d. Strahlenschutzes, 1957. Üb. 50 Einzelarb.

SCHRAUFSTÄTTER, Ernst
Dr. phil., Dr. rer. nat. h. c., Prof., Sektorleiter Gesundheit Bayer AG, Leverkusen - Bremer Str. 28, 5600 Wuppertal 1 (T. 75 05 85) - Stud. Chemie - B. 1969 Lehrbeauftr., dann Honorarprof. Univ. Münster/W. (Ausgew. Kapitel d. Arzneistoff-Forschung) - Spr.: Engl. - Rotarier.

SCHRAUFSTETTER, Benedikt
Kaufmann, Präs. Bundesverb. d. Seifen- u. Parfümerie-Einzelhandels in d. Hauptgemeinsch. d. Dt. Einzelhdl., Köln - Westenhellweg 10, 4600 Dortmund - Zahlr. Ehrenstell., u.a. Handelsrichter, Präs. Bundesverb. Parfümerien i. d. Hauptgemeinsch. d. Dt. Einzelhdl., Präsid. Rat Mitgl. Hauptgemeinsch. d. dt. Einzelhdl., Vizepräs. Federation Européene d. Parfumeurs Détaillants, 1. Vors. Dt. Alpenverein, Dortmund, Beiratsmitgl. Einzelhdl.verb. Westf., d. Einzelhdl.-Aussch. d. IHK, d. Bundesfachschule Parfümerien - Gold. Ehrennadel Bundesverb. Parfümerie; 1979 BVK; Ehrenmed. Einzelhdl.verb. Westf.

SCHRAUT, Ludwig
Rektor, MdL Bayern (1966-74 m. Unterbr.) - Dresdner Str. 60, 8940 Memmingen/Allgäu (T. 6 15 53) - Geb. 1. Dez. 1929 Augsburg (Vater: Ludwig S., Prok.; Mutter: Clara, geb. Mattmer), kath., verh., 3 Kd. - Obersch. Memmingen u. Lauingen; Lehrerausbild. Lehramtsprüf. 1951 u. 54 - Volksschuldst. Memmingen. Mitgl. Stadtrat Memmingen. SPD s. 1952 - BVK a. Bde.

SCHRECK, Eugen
Dr. med., o. Prof. f. Augenheilkunde - Eichenweg Nr. 19, 8520 Erlangen (T. 2 46 77) - Geb. 15. März 1911 Stuttgart (Vater: Eugen S., Lehrer; Mutter: Emma, geb. Günther), verh. s. 1941 m. Berta, geb. Hammer, 4 Kd. - Univ. Tübingen. Habil. 1939 Heidelberg - 1936 Assist., 1944 Privatdoz., 1948 ao. Prof. Univ. Heidelberg, 1951 o. Prof. u. Klinikdir. Univ. Erlangen. Forsch. üb. Geschwülste am Sehorgan, Farben- u. Lichtsinn b. Netzhautoperierten, Flüssigkeitswechsel d. Auges, grüner Star m. Angabe e. neuen Operation u. sympath. Ophthalmie, Entwickl. e. neuen künstl. Augenlinse, Differentialdiagnose v. Augenkrankh. - BV: D. Epilepsie d. Kindesalters, 1937. Viele Einzelarb. Herausg.: Zentralbl. f. d. gesamte Ophthalmol. u. ihre Grenzgebiete (s. 1948); Mithrsg.: Journal f. med. Kosmetik, D. med. Sachverst., D. Internist; Schriftl.: v. Graefes Archiv f. Ophthalmol. - 1935 württ. Staatspreis, 1951 v.-Graefe-Preis; Ehrenmitgl. Inst. Barraquer, Barcelona.

SCHRECKENBERGER, Waldemar
Dr., Univ.-Prof. f. Rechtsphilosophie, Rechtspolitik u. Gesetzgebungslehre, Staatsekretär Bundeskanzleramt (1982-89) - Geb. 12. Nov. 1929 Ludwigshafen/Rh. (Vater: Ludwig S., Kaufm.; Mutter: Elise), ev., verh. s. 1961 m. Gisela, geb. Schmauch, 3 Söhne (Mathias, Harald, Christian) - Stud. Rechtswiss. u. Philos., 1. u. 2. jur. Staatsex., Habil. 1976 - S. 1960 öffentl. Dienst, 1976-81 Staatssekr. (Chef d. Staatskanzlei), 1981/82 Justizmin. Rhld.-Pfalz. S. 1976 Hochschullehrer. 1978-82 Vors. Kommiss. z. Ermittl. d. Finanzbed. d. Rundfunkanst.; s. 1978 stv. Vors. d. Intern. Vereinig. f. Rechts- u. Sozialphil. (dt. Sektion) - BV: Legalität u. Moralität, 1959; Rhetorische Semiotik, Analyse von Texten d. Grundges. u. v. rhetor. Grundstrukturen d. Argumentation d. BVerfg., 1978. Herausg.: Gesetzgebungslehre (1985) - Liebh.: Musik - Spr.: Engl., Franz.

SCHREIBER, Bernd
Dr., Geschäftführer Verb. d. Wellpappen-Industrie - Hilpertstr. 22, 6100 Darmstadt.

SCHREIBER, Brigitte
s. Kronauer, Brigitte

SCHREIBER, Detlef
Dr. rer. nat., Prof. f. Klimageographie, Dipl.-Meteorologe - Wunne 7, 5760 Arnsberg 2 (T. 02937 - 16 98) - Geb. 24. Febr. 1926 Olbersdorf (Vater: Erich Sch., Lehrer; Mutter: Martha, geb. Bartsch), ev.-luth., verh. s. 1950 m. Ingeborg, geb. Lindemann, 3 Kd. (Arne, Olaf, Irene) - Univ. Berlin (Meteorol., Geophys., Geogr., Botanik); Dipl. 1952 Berlin; Promot. 1959 Berlin; Habil. 1970 Stuttgart - BV: Klimaeinteilung f. Landwirtschaftl. Belange, 1973; Klimatogr., 1976; Meteorol.-Klimatol., 1982; Stadt- u. geländeklimatol. Unters. im südl. Münsterland, 1984 - Liebh.: Bergsteigen, Reisen - Spr.: Engl.

SCHREIBER, Friedrich
Rechtsanwalt, Oberregierungsrat a. D., MdL Nordrh.-Westf. (s. 1975) - Geisecker Talstr. 51, 5840 Schwerte - Geb. 19. Juli 1934 - SPD.

SCHREIBER, Friedrich
Dr., Leiter Auslandsredaktion (Ferns.) Bayerischer Rundfunk - Ulmenstr. 2, 8032 Lochham (T. 089 - 85 33 91) - Geb. 30. März 1932 München, gesch., S. Michael - Stud. Volkswirtschaft u. Polit. Wiss. Wesleyan Univ./USA u. Univ. München; 1952/53 Fulbright-Stip., USA; 1957/58 Forschungsstip. NATO, Paris - 1964-87 Leit. Auslandsredakt. (FS) BR; 1977-87 Lehrbeauftr. Univ. München; stv. Vors. Europa-Akad. Bayern; stv. Vors. Wirtschaftsbeirat d. SPD in Bayern; Präs. Intern. Magazinpools Intermag - BV: D. Saudis, Macht u. Ohnmacht d. Herrscher Arabiens, 1981; D. Palästinenser, Gesch. e. semitischen Volkes, 1983 - Liebh.: Gesch., Orientalistik - Spr.: Engl., Franz., Ital., Span.

SCHREIBER, Georg
Dr. phil., Prof., Schriftsteller - Steinbüchlweg 13, A-1190 Wien (Österr.) (T. 37 12 79) - Geb. 12. Juni 1922 Wiener Neustadt, ev., A. B., verh. s. 1948 m. Doris, geb. Kolacny - Univ. Wien (Klass. Philol., Archäol., Alte Gesch.; Promot. 1948) - 1950-82 Lehrer u. Gymnasialprof. Wien (Alte Sprachen) - BV: D. Weg d. Bruders, histor. Jugendr. 3. A. 1960 (auch ital.); Bordfunker gesucht, Jgdr. 1955; D. 10. Legion, histor. Jgdr. 2. A. 1960 (auch ital.); Aquileia im Hunnensturm, histor. Jgdr. 2. A. 1962 (auch ital.); Den Funden nach zu schließen - Österr. in röm. Zeit, 3. A. 1974; Italien, Reiseb. 1961; Griechenland, Reiseb. 1962; Jugoslawien, Reiseb. 1963; Schwert ohne Krone, histor. R. 2. A. 1964; Segelschiffe aus Phokaia, histor. Jgdr. 1964; Ritt ins Hunnenland, histor. Jgdr. 1964; Fahrt z. Hohen Pforte, histor. R. 1965; Wokkio, König d. Noriker, histor. Jgderz. 1966; D. Tyrannen v. Athen, histor. Jgderz. 1967; Des Kaisers Reiterei, 1967; König Pyrrhos in Tarent, histor. Jgderz. 1968; Balkan aus erster Hand, 1971; Glück im Sattel oder Reiter-Brevier 1971 (a. holl.); Lösegeld f. Löwenherz, Jgderz. 1973; Husaren v. Berlin, R. 1974; Sipahi, 1975; Im Schatten d. Kaisers, 1977; D. Krone Glanz u. Last, 1978; Auf d. Spuren d. Türken, 1980; M. Armbrust u. Schreibfeder, Histor. IGDR., 1985; Gesch. Österreichs f. d. Jugend, 1986; Franz I. Stephan, Biogr. 1986; An Österr. Grenzen, I 1989; Schloß Schönbrunn, 1989. Zus. m. Bruder (Dr. Hermann S.): Versunkene Städte, 1955 (in 13 Spr. übers.); Mysten, Maurer u. Mormonen, 1956 (in 3 Spr. übers.); Throne unter Schutt u. Sand, 1957 (in 5 Spr. übers.); D. schönsten Heldensagen d. Welt, 3. A. 1970 (in 2 Spr. übers.) - 1955 Jugendbuchpreis Stadt Wien; 1962 Österr. Staatspreis f. Jugendlit.; 1966 Kulturpreis Stadt Baden; 1968 Österr. Staatspreis f. Jgdlit.; 1982 Österr. Ehrenkreuz f. Wiss. u. Kunst; 1988 Ehrenmed. Bundeshauptstadt Wien in Silber - Liebh.: Altertumswiss., Volkskd. - Spr.: Franz., Ital., Engl. - Bek. Vorf. ms.: Industriellenfamilien Elsinger, Hutter, Schrantz; Vater Hermann S., bek. Fachm. f. alte Stiche u. Landkarten († 1931).

SCHREIBER, Gustav-Adolf
Großhandelskaufmann, MdBB - Stephanikirchhof 15, 2800 Bremen 1 (T. 0421 - 1 53 67) - Geb. 7. Okt. 1940 Bremen, ev., verh. s. 1983 m. Ulrike Sch., 2 Kd. (Anya, Julia) - Altsprachl. Abit. Gymn. Bremen; Kaufmannsgehilfenbrief IHK Würzburg - S. 1972 Pers. haft. Gesellsch. Wilhelm Schreiber KG, Baumasch., Bremen. S. 1983 Mitgl. Brem. Bürgersch.

SCHREIBER, Hanns E.
Dr., Dipl.-Volksw., Generalbevollmächtigter Direktor Siemens AG - Wittelsbacherplatz 2, 8000 München 2 - Leit. Hauptabteilung Personalführung u. Bildungspolitik Siemens AG; Vors. Bild.-aussch. Vereinig. d. Arbeitgeberverb. in Bayern; Beiratsmitgl. Hanse Merkur Versicherungsgruppe; AR-Mitgl. Hanse Merkur u. Braunschweigische Lebensversich. AG, Hamburg.

SCHREIBER, Hans Wilhelm
Dr. med., o. Prof. f. Chirurgie - Chir. Univ. Klinik, 2000 Hamburg 20 - Geb. 17. Sept. 1924 Schönecken (Vater: Dr. Johann Sch., Arzt; Mutter: Margarete, geb. Sieler), kath., verh. s. 1954 m. Dr. med. Irmgard, geb. Böing, 3 Kd. - Üb. 300 Einzelpubl., 45 Buchbeitr., 8 Monogr. - V. Langenbeck-Preis Dt. Ges. f. Chir.; 1982 Mitgl. Dt. Akad. d. Naturforsch. Leopoldina Halle - Spr.: Engl., Franz.

SCHREIBER, Hans-Ludwig

Dr. jur., Prof., Staatssekretär Nieders. Min. f. Wissenschaft u. Kunst (s. 1987) - Linzer Str. 1, 3000 Hannover - Geb. 10. Mai 1933 Mönchengladbach (Vater: Edmund Sch.; Mutter: Elisabeth, geb. Körner), kath., verh. s. 1960 m. Ursula, geb. Ernst, T. Ruth - Stud. Rechtswiss. u. Phil.; Promot. 1966, Habil. 1970 - 1974 Vizepräs. Landesjustizprüf.amt; 1982 Vizepräs. Univ. Göttingen; Prof. f. Strafrecht u. Allg. Rechtstheorie Univ. Göttingen - BV: D. Begriff d. Rechtspflicht, 1966; Gesetz u. Richter, 1975; Rechtstheorie, 1980; Recht - Gerechtigkeit, 1984; Handb. d. psychiatrischen Begutachtung, 1986.

SCHREIBER, Heinz
Dipl.-Kfm., Dozent, MdB (s. 1972; Wahlkr. 71/Solingen) - Postfach 100968, 5650 Solingen 1 (T. 2 56 68) - Geb. 24. Nov. 1942 Solingen - 1970-72 Ratsmitgl. Solingen.

SCHREIBER, Hermann
I. Bürgermeister - Rathaus, 8806 Neuendettelsau/Mfr. - Geb. 11. Jan. 1938 Neuendettelsau - Zul. Regierungsrat.

SCHREIBER, Hermann
Dr. phil., Prof., Schriftsteller - Schleißheimer Str. 274, 8000 München 40 (T. 308 79 11) - Geb. 4. Mai 1920 Wiener Neustadt - Schule am Turm Wr. Neustadt; Univ. Wien (Germ., Phil., Ästhetik; Promot. 1944) - 1940-45 Kriegsdst., 1945-47 Verlagslektor u. -teilh., 1946-51 Redakt. u. Chefredakt. (1949), seith. fr. Schriftst. u. Übers. (Franz.) - BV: u. a. Land im Osten, 1961; D. 10 Gebote - D. Mensch u. s. Recht, 1962; Paris - Biogr. e. Weltstadt, 1967, Neuaufl. 1981; D. Stuarts - Genie u. Unstern e. königl. Familie, 1970; Capitain Carpfanger, R.

1973; Provence - Zauber d. Südens, 1974; D. Hunnen, Sachb. 1976; Kaiserwalzer, 1976; D. Versailles-Romane, 6 Bde., 1977-83; Marie Antoinette, Biogr. 1988; D. Schönheit d. Sinne, E. Makart-R. 1989 - 1968 Prof.-Titel (Österr. Bundespräs.), Mitgl. Österr. PEN-Club - Sammelt Tageb., Briefwechsel u. Märchen aus aller Welt - Lit.: Mein Sarg bleibt leer (Festschr. z. 60. Geb.), 1980.

SCHREIBER, Hermann

Journalist, Autor, Moderator, Chefredakteur Magazin GEO - Warburgstr. 45, 2000 Hamburg 36 - Geb. 9. Aug. 1929 Ludwigshafen (Vater: Richard Sch.; Mutter: Maria, geb. Fichter), verh. m. Marion, geb. Kellermann - Ausb. z. Journ. - 1952-64 Stuttgarter Ztg.; 1964-79 Kolumnist Magazin D. Spiegel; s. 1979 zunächst Chefreporter Ztschr. GEO. Fernseharbeit: Interviews (Lebensläufe) u. Moderation (NDR-Talkshow) - BV: Zwischenzeit. So leben wir, 1964; Willy Brandt. Anatomie e. Veränderung (m. Sven Simon †), 1970; Midlife Crisis. D. Krise in d. Mitte d. Lebens, 1977; Singles. Allein leben - besser als zu zweit?, 1978; Lebensläufe, 1982; Werkstatt Bayreuth (m. Guido Mangold), 1986. Fernsehfeatures - 1966 Theodor-Wolff-Preis - Spr.: Engl.

SCHREIBER, Johannes

Dr. theol., Univ.-Prof. f. Prakt. Theologie - Hahnenfußweg 40, 4630 Bochum - Geb. 11. Dez. 1927 Gahlen, ev., verh., 1 Kd. - Schule Lintorf u. Ratingen, Abit. n. Kriegsgefangensch. 1947; 1947-52 Kirchl. Hochsch. Wuppertal, Univ. Tübingen u. Bonn (Theol.). Promot. 1960 Bonn - 1957-63 Studienrat u. Pfarrer Bayreuth; 1963-65 Assist. Univ. Mainz; s. 1965 Ord. Univ. Bochum - BV: Theol. Erkenntnis u. unterrichtl. Vollzug, 1966; Theologie d. Vertrauens, 1967; D. Markus-Passion, 1969; D. Kreuzigungsbericht, 1986.

SCHREIBER, Karl-Friedrich

Dr. agr., Prof. f. Landschaftsökologie - Pröbstingstr. 77, 4400 Münster (T. 0251-32 46 46) - Geb. 9. Juli 1926 Deutsch-Krone, verh. m. Christa, geb. Mittelstaedt, 2 Kd. - Landwirtsch. Hohenheim, Promot. (Botanik), Habil. (Landsch.ökol.) - S. 1973 Dir. Inst. f. Geogr., Lehrst. Landschaftsökol. Univ. Münster.

SCHREIBER, Lothar

Dr., Dipl.-Volksw., Geschäftsführer Fachverb. Elektrokorund- u. Siliziumkarbid-Hersteller - Karlstr. 21, 6000 Frankfurt/M. 1 - Geb. 1939.

SCHREIBER, Manfred

Dr. jur., Prof. f. Kriminologie u. Kriminalistik Univ. München (1985-88), Ministerialdirektor Bundesinnenmin., München - Ettstr. 2, 8000 München 2 (T. 21 41) - Geb. 3. April 1926 Hof/S. - Gymn.; Univ. (Rechtswiss.). Staatsprüf. 1948 u. 52; Promot. 1952 - 1956-83 Polizeidst. München, 1960 Kriminaldir., 1963 Polizeipräs.). 1970ff. Vors. Arbeitsgem. d. Polizeichefs d. Bundesländer - Liebh.: Sport, Psych., Gesch. - 1977 Gold. Diesel-Ring - Mitbegr. Hilfsorg. Weißer Ring.

SCHREIBER, Othmar

Dipl.-Volksw. - Franz-Rücker-Allee 92, 6000 Frankfurt/M. 90 (T. 77 35 51) - Geb. 8. Juli 1924 Mähr.-Ostrau (Vater: Ludwig S., Masch.bau-Ing.; Mutter: Josefine, geb. Zurek), kath., verh. s. 1952 m. Hilda, geb. Frühauf, 2 Kd. (Peter-Michael, Wolfgang-Christian) - Human. Gymn.; Univ. Frankfurt (Sozial- u. Wirtschaftswiss.). Dipl.-Volksw. 1949 - 1949-87 Österr. Handelsdeleg. - 1968 Silb. Ehrenzeichen f. Verdienste Rep. Österr.; 1975 BVK a. Bde., 1981 Gold. Med. Handelskammer Wien, 1984 BVK I. Kl., 1985 Gold. Ehrenzeichen f. Verd. Rep. Österr., 1985 Gr. Ehrenzeichen f. d. Bundesld. Niederösterr. - Spr.: Tschech.

SCHREIBER, Robert

Landesbankdirektor a. D., Heidelberg - Panoramastr. 40, 6900 Heidelberg - Geb. 19. Okt. 1906 Überlingen/B. - N. Banklehre Sparkassen- (1952-60 gf. Dir. Bezirkssparkasse Heidelberg) u. Bankwesen (1960-73 Vorstandsmitgl. u. stv. Vorstandsvors. Kommunale Landesbank/Girozentrale, Mannheim), 1956-82 Arbeits- u. Landesarbeitsrichter.

SCHREIBER, Rolf

Dr., Geschäftsführer IHK Braunschweig - Garküche 3, Postf. 260 260, 3300 Braunschweig.

SCHREIBER, Werner

Sozialarbeiter, MdB (s. 1983) - Auf dem Kohlberg 7, 6601 Scheidt - Geb. 17. Aug. 1941 Saarbrücken, kath., verh., 1 Kd. - Volkssch.; 3j. Lehre u. Gesellenz. Betonbauer; Bundeswehrdst.; üb. 2. Bildungsgang Stud. Sozialarb. - N. Staatsex. Sozialarb. u. Jugendpfl.; s. 1965 Mitgl. CDU; DGB Mitgl. (IG Bau, Steine, Erden); s. 1976 Mitgl. Bundesaussch. CDU (Vors. Landtagsaussch. f. Familie, Gesundh. u. Sozialord. u. Vors. Landesjugendwohlfahrtsaussch. Saarland; 1974-79 Mitgl. Stadtverbandstag Saarbrücken; 1975-83 MdL Saarl. CDU (s. 1978 Kreisvors. Saarbrücken Stadt, s. 1979 Mitgl. Landesvorst. Saar); s. 1983 als MdB Mitgl. d. Aussch. f. wirtsch. Zusammenarb., stv. Mitgl. Aussch. Arbeit u. Soziales, Sprecher f. Entwicklungspolitik u. Menschenrechtsfragen d. Sozialaussch. d. christlich demokrat. Arbeitnehmerschaft (CDA) - Vors. Bundesfachaussch. Entw.politik d. CDU, 2. Landesvors. Volksbund Dt. Kriegsgräberfürsorge, Präs. Sportfreunde Saarbrücken, Präs. Sozialwerk Saar-Mosel.

SCHREIBER, Wolfgang

Dr. rer. nat., Prof., Institutsdirektor Bundesforschungsanstalt f. Fischerei (s. 1975), Privatdozent Univ. Hamburg - Palmaille 9, 2000 Hamburg 50 (T. 040 - 38 90 51 19) - Geb. 16. Febr. 1935 Berlin - FU Berlin (Chemie). Promot. 1954; Habil. 1973 - 1962-68 Hochschulassist.; 1968-74 Tätigk. chem. Ind. - BV: Verarb. v. Krill zu Nahrungsmitteln, 1981. S. 1985 Herausg. d. Serie: Arbeiten aus d. Inst. f. Biochemie u. Technol. - 15 Patentanmeld.

SCHREIER, Georg

Dr., Landrat Kr. Würzburg (s. 1978) - Landratsamt, 8700 Würzburg - Geb. 23. Okt. 1934 Würzburg - Zul. Regierungsdir. CSU.

SCHREIER, Kurt

Dr. med., Prof., Vorst. Städt. Kinderklinik Nürnberg i. R. (1968-84) - Geb. 28. Febr. 1919 Welbine/Tschechosl. (Vater: Franz S., Bauer; Mutter: Augustine, geb. Hegenbart), kath., verh. s. 1945 m. Annemarie, geb. Scheuermann, 2 Kd. (Gabriele, Uwe) - Gymn. Leitmeritz; Univ. Prag u. Heidelberg. Promot. (1945) u. Habil. (1953) Heidelberg - S. 1953 Lehrtätigk. Univ. Heidelberg (1958 ff. apl. Prof.; zul. Wiss. Rat Kinderklinik/Luisenheilanstalt) u. Erlangen-Nürnberg (1968-84 apl. Prof.). Auffind. neuer Stoffwechselanomalien - BV: Brenztraubensäure-Zucker- u. Eiweißstoffwechsel; Angeborene Stoffwechselanomalien u. Adipositas. Einzelarb. - 1956 Ciba Foundation Award; korr. Mitgl. Span. u. Chilen. Ges. f. Pädiatrie - Liebh.: Blumenzucht - Spr.: Tschech., Engl., Russ.

SCHREINER, Adolf

Dr. rer. nat., Prof. Rechenzentrum Univ. Karlsruhe (s. 1972) - Am Lerchenberg 1, 7500 Karlsruhe 41 (T. 40 27 48) - Geb. 4. April 1929 München (Vater: Fritz S., Postbeamter; Mutter: Sopie, geb. Fink), ev., verh. s. 1962 m. Gabriele, geb. Loscar, 2 Kd. (Peer, Mark) - Stud. d. Math. u. Physik Univ. München; Staatsex. 1953 ebd.; Promot. 1959 TH - 1960-62 Bölkow-Entw. (Operations Res.); 1962-72 Direktor Klöckner Werke AG. (Datenverarb. u. Unternehmensforsch.) - Systemanalyse/DV-Einsatzplan., Lehrb. 1983. Herausg.: Betrieb v. Rechenzentren (1975) - Spr.: Engl.

SCHREINER, Alois

Staatssekretär a. D., Präs. Rechnungshof Rhld.-Pfalz i.R. - Rolandsberg 5, 6730 Neustadt/W. 15 - B. 1968 Ministerialdir., dann Staatssekr. Innenmin. Rhld.-Pfalz. CDU s. 1957 - 1967 Orden Palmes Academiques; 1980 Johann-Christian-Eberle-Medaille; 1980 Gr. BVK; 1984 Komturritter v. Orden d. hl. Gregor d. Großen.

SCHREINER, Günter

Dr. phil., Dipl.-Psych., Prof. f. Pädagogik Univ. Göttingen - Wagnerstr. 4, 3400 Göttingen (T. 0551 - 5 59 92) - Geb. 20. April 1942 Saarbrücken (Vater: Theobald Sch., Kaufm.; Mutter: Elisabeth), diss. - Mithrsg. d. päd. Fachztschr. D. Dt. Schule (1976/86) - BV: Schule als soz. Erfahrungsraum, 1973; Moral. Entw. u. Erzieh., 1983; Friedensfähigkeit statt Friedlichkeit (m. J. Schweitzer), 1986 - Liebh.: Schach, jidd. Lieder, Aphorismen - Spr.: Engl., Franz.

SCHREINER, Hanns

Staatssekretär, Chef Staatskanzlei Rhld.-Pfalz (s. 1989) u. Sprecher d. Landesregierung Rhld.-Pfalz - Kehlweg 53, 6500 Mainz-Gonsenheim - Geb. 7. Juli 1930.

SCHREINER, Hans Peter

Publizist - Dohlenweg 2, 4156 Willich 3 - Geb. 24. Okt. 1949 Speyer - Mithrsg. u. Autor: (Auswahl): Anti-Politik, Terrorismus, Gewalt, Gegengewalt, 1979; Wahn oder Glaube - Alternativen z. Industrieges., 1980; Gastarbeiter, 1980; Anthroposophie heute, 1981; Ausflug nach Verdun, 1981; D. verborgene Imam, 1981; Rudolf Steiner - D. anthroposoph. Weg, 1982; Neue Religionen - Heil oder Unheil?, 1982; Praktizierte Anthroposophie, 1983; Frieden, 1984, Rudolf Steiner-Werkausgabe in 10 Bänden (Hrsg.), 1985; Menschenrechte, 1985; V. Robespierre zu Khomeini, 1985; Stadt u. Kultur, 1989.

SCHREINER, Heinrich

Dr., Staatssekretär a. D, Präsident Landeszentralbank in Rhld.-Pfalz - Kaiserstr. 50-52, 6500 Mainz.

SCHREINER, Josef

Dr. theol., o. Prof. f. Altes Testament u. Bibl.-oriental. Sprachen - Karl-Straub-Str. 22, 8700 Würzburg - Geb. 14. April 1922, kath. - Habil. 1960 Würzburg - S. 1964 Ord. Univ. Münster/W. u. Würzburg (1970; 1973-75 Rektor) - BV: U. a. Septuaginta-Massora d. Buches d. Richter, 1957; Sion-Jerusalem Jahwes Königssitz, 1963, u. a. Fachaufs.

SCHREINER, Liselotte

Kammerschauspielerin - Opernring 4, Wien I (T. 512 21 50) - Geb. 19. Juni 1904 Prag, ev., gesch. - Theaterausbild. Vater (Schausp. Carl S., Hoftheater Weimar) u. Berlin - Bühnen Meiningen, Karlsruhe, Bochum, Hamburg (Schauspielhaus), Berlin (Volksbühne), Wien (Volks- u. s. 1942 Burgtheater). Bek. Rollen: Medea, Iphigenie, Elektra, Penthesilea, Elisabeth, Königin, Adelheid, Helena. Film: Maruschka, D. goldene Stadt - 1963 Österr. Ehrenkreuz f. Wiss. u. Kunst I. Kl.

SCHREINER, Lothar

Dr. theol., Hochschullehrer, Prof. f. Missionswiss. u. Religionsgesch. Kirchl. Hochsch. Wuppertal (s. 1972) - Dietrich-Bonhoeffer-Weg 22, 5600 Wuppertal 2 (T. 0202 - 8 61 03) - Geb. 25. Nov. 1925 Hamburg, ev., verh. s. 1953 m. Liese-lotte, geb. Wevelmeyer, 3 Kd. - Stud. Univ. Tübingen, Münster, Oxford, Zürich; M.A. (Oxon) 1953; Promot. 1956 Zürich; 1. u. 2. theol. Dienstex. 1950 u. 1952; Habil. 1969 Heidelberg - 1956-65 Doz. Theol. Fak. d. Nommensen-Univ. P. Siantar, Indonesien; 1968-76 Ref. f. Stip. u. miss. Ausb. b. d. Rhein. Miss. Ges. Wuppertal; 1972 Prof. f. Missionswiss. u. Religionsgesch. Kirchl. Hochsch. Wuppertal; 1984 Hon.-Prof. Berg. Univ. Wuppertal - BV: J.G. Hamanns Hauptschriften erklärt, Bd. 1 u. 7, 1956; D. Bekenntnis d. Batakkirche, 1966; Adat u. Evangelium, 1972 (auch indones. 1978) - Spr.: Engl., Indones., Bataksch.

SCHREINER, Nikolaus

Arbeitsdirektor, Vorstandsmitgl. AG. d. Dillinger Hüttenwerke - Auf Heipel 9, 6645 Beckingen 4 (T. 06835 - 75 52) - Geb. 24. Juni 1914 Saarbrücken, kath., verh. s. 1939 m. Lina, geb. Lauterbach, 1 Kd. - Volkssch., Formerlehre, 1940-46 Wehrdst. u. amerik. Gefangensch., ab 1950 Maschinenfabr. Erhard & Sehmer, Saarbrücken (Vorkalk.). 1955-1957 MdL Saarl., 1957-58 MdB. SPD. 1968-74 Bürgerm. Honzrath - Spr.: Engl.

SCHREINER, Ottmar

Jurist, MdB - Geb. 21. Febr. 1946 Merzig (Vater: Nikolaus Sch., Angest.; Mutter: Barbara, geb. Gucheisen), kath., verh., 3 Kd. - Gymn. Merzig (Abit. 1966), Univ. Saarbrücken, FU Berlin, Lausanne, Genf, 1. u. 2. jurist. Staatsex. Saarbrücken - 1973-74 VDS-Vorst., 1975-78 stv. Juso-Bundesvors., s. 1988 Fraktionsvorst. SPD-Bundestagsfraktion. SPD - Liebh.: Lit. - Spr.: Franz., Engl.

SCHREITER, Johannes

Prof., Maler, Leiter Abt. Freie Malerei u. Graphik Städelsch./Staatl. Hochsch. f. bild. Künste Frankfurt/M. (1963-87; 1971/74 Rektor) - Rotkehlchenweg 7, 6070 Langen/Hessen (T. 7 14 68) - Geb. 8. März 1930 Buchholz/Erzgeb. (Vater: Johannes S., Kaufm.; Mutter: Marie, geb. Oeser), verh. s. 1960 m. Edith, geb. Diedrichs - Schule Annaberg/Erzgeb. (Abit. 1948); 1949 Werkkunstsch. Münster/W.; 1952-57 Hochsch. f. Kunsterzieh., Univ. Mainz u. Berlin. Staatsex. f. Kunsterzieh. u. -gesch. 1957 - 1961-63 Leit. Abt. Fläche Staatl. Kunstsch. Bremen. Mitgl. Dt. u. Westdt. Künstlerbd., Neue Darmstädter Sezession. Abstrakte Brandcollagen (Kunsthallen Mannheim u. Bremen, Museum d. 20. Jahrhunderts Wien, Hess. Landesmuseum Darmstadt, Kunstmuseum Bonn, Museum Wiesbaden, Städelmuseum Frankfurt, Städt. Museum Leverkusen, Staatsgalerie Stuttgart) u. Glasfenster (St. Margareta Bürgstadt, St. Johannes Kitzingen, Münster Essen, Klosterkapelle (Johannesbund) Leutesdorf, Festburg-Kirche Frankfurt, St. Marien Dortmund, St. Marien Göttingen, Heilig-Geist-K. Bremen-Neue Vahr, Evang. Kirche Laufenburg/Baden, St. Ansgar Södertälje b. Stockholm, Notre Dame Douai, Frankreich, Dom zu Limburg/Lahn, Münsterkirche St. Bonifatii Hameln, Victoria and Albert Museum London, Städt. Museen Freiburg/Br., Marienkirche Lübeck, Rathauscenter Ludwigshafen, Kapelle im Hess. Landesmuseum Darmstadt, Art College Swansea/GB, St. Lamberti Münster/W., St. Andreas Ahaus-Wüllen), Andachtsraum Flughafen Frankfurt/M., City Art Museum Shimonoseki Japan. Ausstell. im In- und Ausl. (auch Indien, Südamerika, Australien u. Japan) - Gastdoz. in

Swansea/GB (1980), Pilchuck/USA (1981), Neuseeland (1983), Canada (1984), Australien (1986) - 1960 Goldmed. II. Intern. Biennale f. Christl. Kunst Salzburg, 1974 Kunstpreis Ausstell. Europ. Graphik Salzburg, 1977 Philip-Morris-Pr. f. Malerei, 1981 Ehrenmed. anl. der 2. Ausst. Kleine grafische Formen in Łódź/Polen - Liebh.: Kammermusik, Märchen, Pilze sammeln - Lit.: H. H. Hofstätter, J. S., Neue Glasbilder, 1965; R. G. Dienst, Dt. Kunst - E. neue Generation, 1970; K. Hoffmann, Neue Ornamentik, 1970; J. Roh, Dt. Kunst d. 60er Jahre, 1971, W. Schmied, Malerei nach 1945 (1974), Lee-Seddon-Stephans, Stained Glass, 1976 (dt. Ausg.: D. Welt d. Glasfenster, 1977); K. Hoffmann u. a., D. Fumage-Collagen 1958-78, 1979 - 1979 BVK - Lit.: J. S. D. glasbildner. Werk v. 1959-80 (Diss. v. Birgit Schwarz); H. Gercke u.a., Johannes Schreiter Brandcollagen, Zeichn., Heidelberger Fensterentwürfe, 1987.

SCHREITERER, Manfred

Dr. rer. pol., M. B. A., Dipl.-Ing., Ministre Conseiller (Gesandter f. Wiss., Technol., Forsch., Informatik, Kernenergie), Mitgl. d. deutschen Deleg. im OECD-Aussch. f. Wissenschafts- u. Technologiepolitik u. im Direktionsaussch. OECD-Kernenergieagentur (NEA) - 5, rue Léonard de Vinci, F-75116 Paris - Geb. 6. Nov. 1925 Mylau (Vater: Hans S., Direktor; Mutter: Margarete, geb. Braun), verh. s. 1956 m. Ilse, geb. Kurhaupt - Ingenieursch. f. Textilind. Reichenbach; TU Berlin; Univ. New York, Paris, Bonn - 1943-45 Kriegsdst. (3 × verwundet); 1945-47 Aug. Schreiterer GmbH., Reichenbach (Geschäftsf.); 1951-53 Flohr-Otis GmbH, Berlin; s. 1953 Ausw. Amt Bonn (1954 Generalkonsulat New York, 1956 Botschaft Karachi, 1958 Protokoll Bonn, 1962 OECD-Vertr. Paris) - BV: D. Problem d. Messung u. d. Ausnutzung d. Kapazität in d. dt. Streichgarnspinnerei-Ind., 1952; Aspects of Jute Production and Jute Processing and Developments in India and Pakistan, 1957. Zahlr. Veröff. üb. Außenwiss.politik (Europa-Archiv, Außenpolitik) - Offz.kreuz Kgl. Thailänd. Kronenorden, VO. Rep. Peru, argentin. Orden Al merito del Mayo u. VO. Rep. Senegal; 1980 Ehrenritter Johanniter-Orden; 1979 BVK am Bde., 1984 BVK I. Kl.; 1988 Croix de Commandeur de l'Ordre des Palmes Acad.; Mitgl. membre titulaire de la Société des Amis du Musée, National de la Légion d'Honneur et des Ordres de Chevalerie, Paris; Mitgl. Schweiz. Schriftst.-Verb., u. Goethe-Ges.

SCHREMMER, Eckart

Dr. oec. publ., o. Prof. f. Sozial- u. Wirtschaftsgeschichte - Tillyweg 32, 6903 Neckargemünd 2 (T. 06223 - 38 64) - Geb. 15. Mai 1934 Stuttgart, ev., verh. s. 1968 m. Renate, geb. Kuhn - Wilhelms-Gymn. Stuttgart (Abit. 1953); 1953-55 kaufm. Lehre Daimler-Benz AG., Stuttgart; 1955-61 TH Stuttgart, Univ. München u. Luxemburg (Volksw., Gesch., Phil.). Dipl.-Volksw. 1959; Promot. 1961; Habil. 1967 (alles München) - S. 1968 o. Prof. u. Inst.dir. Univ. Heidelberg. 1969-70 Forschungsprof. Stanford u. Harvard-Univ. (beide USA) - BV: D. Bauernbefreiung in Hohenlohe, 1963; D. Wirtschaft Bayerns - V. hohen Mittelalter b. z. Beginn d. Industrialisierung/Bergbau/Gewerbe/Handel, 1970; Techn. Fortschritt an d. Schwelle z. Industrialisierung, 1980. Zahlr. Einzelarb. Mithrsg.: Forschungen z. Sozial- u. Wirtschaftsgesch. (Schriftenreihe); Textile History (Zeitschr.) - Lit.: Piotr Franaszek, Problemy i Metody Historii Gospodarczej W Pracach Eckarta Schremmera, in: Studia Historyczne; R. XXX, 1987.

SCHREMPP, Günter

Dipl.-Ing., Landtagsabgeordneter Baden-Württ. - Auwaldstr. 1, 7800 Freiburg (T. 0761 - 1 61 61) - Geb. 8. Juni 1942 Freiburg - Univ. Karlsruhe (Dipl.-Ing. 1970) - MdL Baden-Württ.; Mitgl. Präsid. Dt. Mieterb.

SCHRETTENBRUNNER, Helmut

Dr. phil., habil., Prof. f. Geographie u. ihre Didaktik - Hubertusstr. 10, 8500 Nürnberg (T. 0911 - 59 23 67) - Geb. 7. Sept. 1941 München (Vater: Josef Sch., Lehrer; Mutter: Rosa, geb. Kern), kath., verh. s. 1973 m. Anita, geb. Scheuerl, 2 Kd. (Philippe, Isabella) - Univ. München u. Reading (GB), Promot. 1969 (Geogr.) München, Habil. 1975 (TU) - B. 1978 Prof. TU München, s. 1981 Prof. Univ. Nürnberg - BV: Hrsg.: D. Erdkd.-Unterr., s. 1979; Bevölkerungs- u. sozialgeogr. Unters. e. Fremdarbeitergem. Kalabriens, 1970; Gastarbeiter, 1971, 1976 u. 1982; Westermann Programme z. Sozialgeogr., 1970 u. 1975; Fischer Kolleg Geogr., Bd. 9, 1973, 1979 u. 1983; Multi-Medien-Paket Stadtsanier., 1973 u. 1975; Diercke-Atlanten, 1974; Welt u. Umwelt, s. 1974, 1976 u. 1980; Quantit. Didaktik d. Geogr., T. I u. II, D. Erdkd.-Unterr., 1976 u. 1978; Geogr.-unterr. 5-10, 1981 - Spr.: Engl., Span., Ital., Franz.

SCHREY, Heinz-Horst

Dr. theol., D., Prof., Theologe - Im Gabelacker 25, 6900 Heidelberg (T. 40 16 89) - Geb. 16. Sept. 1911 Freiburg/Br. (Vater: Heinrich S., Amtmann; Mutter: Luise, geb. Manderschied), ev., verh. s. 1941 m. Marianne, geb. Fahrion, 2 Kd. (Gisela, Heinz) - 1930-34 Univ. Tübingen, Berlin, Marburg (Theol.); 1935-37 Austauschstud. USA (Theol. u. Phil. New York u. New Haven). Beide theol. Dienstprüf. Promot. 1939; Habil. 1947 - 1947-57 Dozent Univ. Tübingen, Bonn, Marburg, 1957-60 Prof. Päd. Hochsch. Berlin, s. 1962 Prof. PH Heidelberg (b. 1965 Rektor, 1977 i. R.) - BV: Existenz u. Offenbarung, 1947; D. Generation d. Entscheid., 1955; Weltbild u. Glaube im 20. Jh., 1955 (auch jap.); Gerechtigkeit in bibl. Sicht, 1955; Auseinandersetz. m. d. Marxismus, 1964; Einf. in d. Ethik, 1972; Einf. in d. ev. Soziallehre, 1973 - 1951 Theol. Ehrendoktor Univ. Bonn - Liebh.: Briefmarken - Spr.: Engl., Franz., Schwed. - Lit.: Festschr. Ethik u. Lebenswirklichk. (1982).

SCHREY, Helmut

Dr. phil., em. Prof. Anglistik (Lit.-Wiss. u. Lit.-Didaktik) - Am Maashof 37, 4100 Duisburg 29 (T. 76 38 63) - Geb. 6. Jan. 1920 Odenkirchen/jetzt Mönchengladbach (Vater: Dr. Kurt S., Oberstudiendir.; Mutter: Ria, geb. Rilke), ev., verh. s. 1953 m. Dr. med. Brigitte, geb. Claßen, 3 Kd. - Univ. Portsmouth, Köln, Bonn (Angl., German., Phil., Theol.). Promot. 1953 Köln - Höh. Schuldst., zul. 1960-65 Oberstudiendir. Versuchsgymn. Duisburg; 1952-55 Schulfunkredakt. NWDR Köln u. Lektor Univ. ebd. (nebenamtl.); s. 1965 Prof. Päd. Hochsch. Westf.-Lippe/Abt. Siegerland (ao., 1966 o.) u. Ruhr/Abt. Duisburg (1968 o.) sow. Univ.-GH Duisburg (1972-75 Gründungsrektor); Hon.-Fellow Portsmouth Polytechnic - BV: Engl. Erziehungsreform d. J. 1944, 1953; J. H. Newman - Ch. Kingsley - M. Arnold, 1963; Didaktik d. Englandkd., 1967; Waldorf-Pädagogik, 1968; Didaktik d. zeitgenöss. engl. Romans, 1968; Didaktik d. polit. Rede in England, 1972; Grundzüge e. Lit.didaktik d. Englischen, 1973; S. T. Coleridge, Versuche üb. d. Meth., 1980; D. verlorene Paradies, Auf d. Wege zu Miltons Fit Audience though Few, 1980; Anglist. Kaleidoskop, 1982; D. Univ. Duisburg, 1982; Belletristik: 2 Gedichtbd., R. u. Erz. in Edition d. Kandidaten Jobs (s. 1985) - 1973 BVK I. Kl.; 1976 Mercatorplak. - Lit.: Festschr. Literatur im Kontext (1985).

SCHREYER, Helmut

I. Bürgermeister - Rathaus, 8033 Krailling/Obb. - Geb. 7. April 1921 Neufahrn - Zul. Verwaltungsoberamtsrat. CSU.

SCHREYER, Werner

Dr. rer. nat., o. Prof. f. Mineralogie (Petrologie) - Vogelrute 15, 4630 Bochum (T. 79 36 55) - Geb. 14. Nov. 1930 Nürnberg (Vater: Georg S., Bankprokurist; Mutter: Margarete, geb. Busch), ev., verh. s. 1962 m. Marianne, geb. Wilholt, 2 Söhne (Andreas, Christoph) - Abit. (Ausz. u. Begabtenstip.); 1950-55 Univ. Erlangen u. München (1952; Dipl.-Geol. 1955). Promot. 1957 München; Habil. 1963 Kiel - 1958-62 Carnegie Inst. Washington; 1962-66 Univ. Kiel (Assist., Doz.); s. 1966 Univ. Bochum (Ord.). 1970-72 Vors. Dt. Mineral. Ges.; 1970-76 Chairm. Intern. Commiss. of Experim. Petrology; s. 1973 ord. Mitgl. Rhein.-Westf. Akad. d. Wiss. Üb. 140 Fachveröff. - Fellow American Assoc. for the Advancement of Science u. Mineral. Soc. of America; 1976 André-H.-Dumont-Med. Soc. Géologique de Belgique; 1976-84 Vors. Dt. Nationalkom. Geol. Wiss.; 1983 Mitgl. Dt. Akad. d. Naturforscher Leopoldina Halle; 1985 korr. Mitgl. Österr. Akad. d. Wiss.; 1987 ausl. Mitgl. Acad. Nazion. dei Lincei Roma; 1988 Foreign Fellow Geol. Soc. London; 1989 Honorary Member Mineralogical Soc. Great Britain; Friedrich-Becke-Med. d. Österr. Mineral. Ges. - Spr.: Engl.

SCHREYGER, Ernst

Dipl.-Kfm., Vorstandsmitglied Rütgerswerke AG (s. 1973, vorher stv.) - Mainzer Landstr. 217, 6000 Frankfurt/M. (T.759 23 30); priv.: Eichendorffstr. 6a, 6370 Oberursel/Ts. - Geb. 20. März 1930 Essen - AR-, VR-, Beirats-Mand. versch. in- u. ausl. Wirtschaftsuntern. Mitgl. Beirat Hessen Dresdner Bank, Frankfurt/M., ehrenamtl. Richter LG Frankfurt/M.

SCHREYL, Karl-Heinz

Dr. phil., Museumsdirektor - Rieterstr. 9, 8500 Nürnberg (T. 33 01 08) - Geb. 20. März 1929 Düsseldorf (Vater: Richard S., Kaufm.), verh. s. 1955 m. Inge, geb. Kraus - Stud. German. u. Kunstgesch. - Assist. FU Berlin (Kunsthistor. Inst.); Wiss. Mitarb. Kunstbibl. Berlin; Dir. Staatl. Akad. f. Grafik, Druck u. Werbung Berlin (1968); gegenw. Leit. Stadtgeschl. Museen Nürnberg - Spr.: Engl. - Rotarier.

SCHREYÖGG, Jörg

Maler, Grafiker - Am Anger 12, 8221 Seebruck am Chiemsee (T. 08667 - 4 61) - Geb. 5. April 1914 (Vater: Prof. Georg Sch., Bildhauer), ev., gesch. - Stud. 1932/33 Karlsruher Akad. (b. d. Prof. Würtenberger, Babberger, Schnarrenberger u. Hubbuch), 1934 Münchener Akad. f. Angew. Kunst (b. d. Prof. Ehmcke u. Hillerbrand), 1938 Meisterschule Wuppertal (b. Prof. Hans Schreiber) - 1945 selbst. Maler in Mittenwald; 1950 Übersiedl. nach Bonn, 1957 nach München; 10 J. Doz. f. Malerei VHS; Gründ. e. priv. Malschule; 1970 Chiemgau; b. 1975 Lehrer Gmyn. Ising; Malkurse in Seebruck; Mitgl. d. Neuen Münchner Künstlergenoss. - Verkäufe an Ministerien Bonn; Ausst.: Bonn, München, Brüssel, Eichstätt, Stuttgart, Wuppertal - Lit.: Festschr. z. 70 Geb. 1984 (m. Abb., Text: Prof. Vierneisel).

SCHRICKEL, Waldtraut

Dr. phil., Prof., Wiss. Rätin Inst. f. Ur- u. Frühgeschichte Univ. Heidelberg - Friedrich-Ebert-Str. Nr. 84, 6901 Neckarsteinach (T. 75 56) - Geb. 24. Aug. 1920 Gräfentonna/Thür. - S. 1952 (Habil.) Lehrtätigk. Univ. Jena u. Heidelberg (1960; s. 1981 i. R.) - BV: u. a. D. Funde v. Wartberg in Hessen, 1969; Zur frühgeschichtl. Tier- u. Bandornamentik, 1979 - 1960 Korr. Mitgl. Dt. Archäol. Inst.

SCHRICKER, Gerhard

Dr. jur., Dr. h. c. (U.L. Brüssel), Dr. h.c. (U. Stockkholm), o. Prof. u. gf. Vorstand Inst. f. gewerbl. Rechtsschutz u. Urheberrecht Univ. München (s. 1973) - Siebertstr. 3, 8000 München 80 (T. 9 24 61) - Geb. 25. Juni 1935 Nürnberg (Vater: Ludwig S.; Mutter: Maria, geb. Bodenschatz), ev., verh. s. 1986 m. Ulrike, geb. Gräfin Yorck v. Wartenburg, 4 Töcht. (Anna Maria, Sophie, Irene, Johanna) - 1973ff. Dir. Max-Planck-Inst. f. ausl. u. intern. Patent-, Urheber- u. Wettbewerbsrecht - BV: D. täuschende Werbung im ital. Wettbewerbsrecht, 1962; D. Recht d. unlauteren Wettbewerbs in d. Mitgl.-staaten d. EWG, Bd. II/1 Belgien (auch franz.), Bd. V Italien (auch franz., ital.), 1965-75; Gesetzesverletzung u. Sittenverstoß, 1970; D. Selbstbedienungsgroßhandel (m. M. Lehmann), 1976, 2. A. 1987; Verlagsrecht (m. Bappert/Maunz), 2. A. 1984; Urheberrecht, Kommentar 1987 - Spr.: Engl., Franz., Ital., Span.

SCHRICKER, Karl Theodor

Dr. med. (habil.), Internist, Laborarzt, Zusatzbezeichnung Transfusionsmedizin, apl. Prof. f. Inn. Med. Univ. Erlangen-Nürnberg (s. 1975) - Rühlstr. 2, 8520 Erlangen - Vorsteher Abt. f. Transfusionsmed. Fachgeb.: Hämatologie, Transfusionsmed. u. Blutgerinnung - 1970 Thiersch-Preis d. Med. Fak. - Spr.: Engl., Franz., Latein.

SCHRICKER, Walter

Dr. phil., Abteilungsleiter Bayer. Rundfunk, Honorarprof. f. Christl. Publizistik Univ. Erlangen-Nürnberg (s. 1975) - Stridbeckstr. 34a, 8000 München (T. 79 76 43).

SCHRIDDE, Rudolf

Dr. phil., Prof., Hochschullehrer - Gehrenring 11, 3400 Göttingen - Geb. 17. Febr. 1927, verh., 3 Kd. - S. 1963 Lehrtätigk. Päd. Hochsch. Hannover, Ruhr/Abt. Hagen, Dortmund, s. 1980 Univ. Dortmund (o. Prof. f. Gesch. u. ihre Didaktik), 1969-71 u. 1973-80 Rektor PH Ruhr, 1980/81 Prorektor Univ. Dortmund - BV: Bismarck u. Hannover, 1963; Bismarckbild im Geschichtsunterricht, 1973; Janusz Korczak, 1980 - BVK.

SCHRIEFERS, Heinz

Unternehmer u. Mitinhaber H.M.Schriefers Verpflegungs-Einricht.-

Systeme GmbH & Co. KG, Andreasbäck Bäckerei & Konditorei Betriebe GmbH, MSV Milch + Schul-Verpflegung GmbH & Co. KG - Koopvaarder B.V., Goltziusstraat 3, 5911 NL-AS Venlo, u. Schiefbahner Str. 3, 4060 Viersen 1 (T. 02162 - 1 30 13; Telefax 02162/12396, Telex 8518877) - Geb. 20. Sept. 1932.

SCHRIEFERS, Heribert

Dr. (habil.), Prof. u. Direktor Inst. f. Physiolog. Chemie Univ. Essen (1974-89) - Am Ruhrstein 51, 4300 Essen 1 - Geb. 13. Jan. 1924 - B. 1969 apl. Prof. Bonn, dann o. Prof. Univ. Ulm; 1969/70 Dekan Fak. f. Theoret. Med. Univ. Ulm; 1972/73 Präs. Dt. Ges. f. Endokrinologie. 1977/78 u. 1983-85 Dekan Med. Fak. Univ. Essen. Emerit. 1989 - Facharb.

SCHRIEFERS, Karl-Heinz

Dr. med., Prof., Chefarzt Chir. Klinik Krankenhaus Kemperhof - Karl-Härle-Str. 9, 5400 Koblenz - Geb. 18. Dez. 1926 Schiefbahn - S. 1964 (Habil.) Lehrtätigk. Bonn (1969 Abt.svorst. u. Prof.). Facharb.

SCHRIEVER, Jörg

Dr. med., Chefarzt (Pädiatrie) Kreiskrkhs. Mechernich - Silberweg 10, 5353 Mechernich - Geb. 6. Okt. 1940 Lüdenscheid, ev., verh. s. 1969 m. Anneliese, geb. Saris, 3 Kd. (Ulf, Katja, Uta) - Stud. Univ. Bonn, Innsbruck, Hamburg - Tätigk. im Klinikaussch., Berufsverb. d. Kinderärzte.

SCHRIEVER, Wilhelm

Dr. phil., o. Prof. f. Pädagogik Univ. Bonn - Fliegerstr. 41, 6750 Kaiserslautern (T. 28 86) - Geb. 14. Dez. 1923 - S. 1963 Lehrtätigk. PH Worms (Doz.), Kaiserslautern (Prof.), Bonn (o. Prof.) - BV: Johann Friedrich Herbart - Vorles. üb. Päd.; Wilhelm Dilthey - Grundlinien e. Systems d. Päd.

SCHRIEWER, Jürgen

Dipl.-Volksw., Hauptgeschäftsführer Handwerkskammer Flensburg (s. 1963) - Kantstr. 56, 2390 Flensburg-Adelbylund (T. 2 25 90; HK: 75 73) - Geb. 14. Juni 1927 - S. 1960 Handwerksorg.

SCHRIMPF, Hans Joachim

Dr. phil., em. o. Prof. f. Neuere dt. Literaturgeschichte - Äskulapweg 5, 4630 Bochum-Querenburg (T. 70 17 16) - Geb. 28. März 1927 Mülheim/Ruhr (Vater: Dipl.-Ing. Heinrich S., Stadtbaumeister; Mutter: Else, geb. Tolle), ev., 5 Kd. (Sibylle, Nicole, Claudia, Esther, Thomas) - Stud. German., Phil., Angl., Gesch. Münster, Bonn, Sheffield (Engl.). Promot. (1951) u. Habil. (1962) Bonn - S. 1962 Lehrtätigk. Univ. Bonn (Privatdoz.), Münster (1962 ao. Prof.), Bochum (1964 o. Prof. u. Dir. German. Inst.; 1969/70 Dekan; s. 1987 emerit.). Gastprof. USA (1964/65 u. 1968/69), Japan (1966), England (1972) u. Italien (1974), Univ. de Montréal (1978 u. 1979), Emory University, Atlanta/Georgia, USA (1985). - BV: u. a. D. Weltbild des späten Goethe, 1956; Hölderlin, Heidegger u. d. Lit.wiss., 1957; K. Ph. Moritz, Schriften zur Ästhetik u. Poetik, 1962; Struktur und Metaphysik des sozialen Schauspiels bei Gerhart Hauptmann, 1963; Lessing und Brecht - V. d. Aufklärung auf d. Theater, 1965; Andreas Hartknopf, 1968; Goethes Begriff d. Weltlit., 1968 (auch jap.); D. Sprache d. Phantasie, 1972; Piscator/Brecht/Hochhuth, 1973; Brecht u. d. Naturalismus, 1975; G. Hauptmann, Wege d. Forsch., 1976; D. Schriftst. als öffentl. Person, 1977; Komödie u. Lustspiel, 1978; K. Ph. Moritz, 1980; Critica e Compassione, 1981; Faust, 1981; Karin Struck, 1984; Wege d. Literaturwissensch., 1985. Div. Herausgaben, dar. Mhg. Hbg. Goethe-Ausgabe - Spr.: Engl. - Bek. Vorf.: Prof. Dr.-Ing. Max Tolle, Ord. TH Karlsruhe, Verf.: D. Regelung d. Kraftmaschinen (Großv. ms.).

SCHRITTENLOHER, Ludwig

Landrat Kr. Freising (s. 1967) - 8051 Berg/Post Kranzberg, Nr. 17 (T. 08161 - 6 00-1 62) - Geb. 11. Aug. 1931 Holzheim (Vater: Peter S.; Mutter: Therese, geb. Eisenhofer), kath., verh. s. 1955 m. Helga, geb. Auer, 2 Kd. (Gerald, Elisabeth) - 1942-50 Dom-Gymn. Freising; 1950-54 Univ. München (Rechtswiss.). Gr. jurist. Staatsex. 1958 - 1959-67 Ass., Reg.- u. Oberreg.rat Landratsamt Freising. Spez. Arbeitsgeb.: Bau- u. Wasserrecht. CSU s. 1965, stv. Vors. d. Landkreisverb. Bayern; Mitgl. Präs. Dt. Landkreistag - BVK - Liebh.: Jagd, Reisen, Sport, Lit. - Spr.: Engl.

SCHROBENHAUSER, Matthias

Geschäftsführer Bernh. Pflug GmbH., Möbelfabrik, Wiedenbrück - Hellingrottstr. 40, 4832 Wiedenbrück/W. - Geb. 1. Febr. 1920 Marquartstein.

SCHRÖCKE, Helmut

Dr. rer. nat., Prof., Abteilungsvorsteher Inst. f. Kristallographie u. Mineralogie Univ. München (s. 1964) - Am hohen Weg 22, 8081 Kottgeisering/Obb. (T. 08144 - 6 08) - Geb. 18. Juni 1922 - S. 1958 (Habil.) Lehrtätigk. Univ. Heidelberg, Karlsruhe u. München (1967 apl. Prof. f. Mineral., 1970 Abt.svorst.) - BV: Sammlg. naturkundl. Tafeln - Mineralien, 1969, Erg.sbd. 1972 (m. Schröcke; franz. 1970); Grundl. d. magmatogenen Lagerstättenbildg., 1973; Systemat. Mineralogie, 1981; D. Entstehung d. endogenen Erzlagerstätten, 1986; Siebenbürgen, Menschen, Kirchenburgen, Städte 1987.

SCHRÖCKER, Sebastian

Dr. jur. utr., Dr. theol., Bundesrichter Bundesverw.sgericht a. D. - Am Schlachtensee 108, 1000 Berlin 38 (T. 803 70 08) - Geb. 1. Sept. 1906 München - Gymn.; Stud. Rechtswiss. u. Theol. Habil. 1936 - 1938 Univ.doz.; 1943 Reg.rat; 1952 VGrat; 1953 OVGrat; 1955 Bundesrichter - BV: Kirchenpflegschaft, 1934; Verw. d. Ortskirchenvermögens, 1935; Öffentlichrechtl. Kündigungsschutz, 1961.

SCHROEDER, Bernhard

Direktor - Zu erreichen üb. Karstadt AG, Theodor-Althoff-Str. 2, 4300 Essen-Bredeney - Geb. 1931 - Lehre Textileinzelhandel - 1954-56 Hermes & Co. (Textilgroßhandlung), dann Gründ. u. Leitg. Nora-Weberei GmbH (erste dt. Tufted-Teppichfabrik), 1965-73 Vorstandssprecher Vereinigte Seidenwebereien AG (Verseidag); 1973-86 Vorstandsmitgl. Karstadt AG, Essen, zugl. Vorstandsvors. Neckermann Versand AG, jetzt Berater dass.

SCHRÖDER, Bernt

Dr. rer. nat., Prof. f. Geologie - Auf dem Aspei 63, 4630 Bochum (T. 0234 - 700 32 27) - Geb. 13. März 1933 Colmar (Vater: Erich Sch., Landwirt; Mutter: Anna, geb. Kloppenburg), ev., verh. s. 1956 m. Christa, geb. Beyschlag, 3 K. (Gert, Dietrich, Helmut) - Stud. Erlangen; Dipl. 1956, Promot. 1957, Habil. 1965 - 1958-66 Wiss. Assist., 1966-70 Univ.-Doz., s. 1970 Prof. Univ. Bochum - BV: Fränk. Schweiz u. Vorland, Sammlg. Geol. Führer, 1968 - Spr.: Engl.

SCHRÖDER, Bruno

Dr., Vorstandsmitglied Berliner Industriebank AG (s. 1974) - Landecker Str. 3, 1000 Berlin 33 - Geb. 23. April 1924 - Zul. Bundeswirtschafts- u. -finanzmin. (Abt.-leit.).

SCHROEDER, Conrad

Dr. jur., Ltd. Regierungsdirektor a. D., MdB (s. 1980) - Hammerschmiedstr. 1, 7800 Freiburg (T. 7 42 81) - Geb. 22. Nov. 1933 Freiburg/Br. (Vater: Gregor S., Arch.; Mutter: Franziska, geb. Keller), kath., verh. s. 1965 m. Edith Marie, geb. Weingärtner, S. Ulrich - Stud. Univ. Freiburg/Br.; 1. u. 2. Staatsex. 1959 bzw. 1963; Promot. Univ. Freiburg - CDU 1976-80 MdL Bd.-Württ., s. 1971 Stadtrat Freiburg; 1972-77 CDU-Kreisvors. ebd. - BV: Ersatzleistungen f. hoheitl. Eingriffe nach d. Recht d. Europ. Wirtsch.sgemeinsch., 1970 - Liebh.: Musik, Sport - Spr.: Franz.

SCHROEDER, Diedrich

Dr. rer. hort., o. Prof. f. Pflanzenernährung u. Bodenkd. - Goethestr. 6, 2300 Kiel (T. 9 55 94) - Geb. 16. April 1916 Groß-Augstumalmoor/Memell., ev., verh. s. 1943 m. Ehrengard, geb. v. Wuthenau, 2 Töcht. (Sabine, Christiane) - Univ. Göttingen (Dipl.-Landw. 1949). Promot. (1951); Habil. (1954) TH Hannover. - S. 1956 Ord. u. Inst.sdir. Univ. Kiel (1962/63 u. 1970/71 Rektor). Etwa 80 Fachveröff. 1974 ff. Präs. Dt. Bodenkdl. Ges. - 1954 Paul-Wagner-Preis; 1962 Mitgl. Dt. Akad. d. Naturforscher (Leopoldina), Halle/S.

SCHRÖDER, Diedrich

Landwirt, MdB (1969-83), Vors. Verein Ostfries. Stammviehzüchter (s. 1965), Präs. Dt. Ges. f. Züchtungskunde - Wilhelminenhof, 2988 Dornumersiel/Ostfriesl. (T. Dornum 4 25) - Geb. 5. Mai 1922 Hammelwardersand (Vater: Johann S., Landw.; Mutter: Anna, geb. Blohme), ev., verh. s. 1950 m. Hedwig, geb. Oltmanns, 5 Kd. (Oltmann, Anna, Hilke, Insa, Jan-Friedrich) - Univ. Göttingen (Dipl.-Landw. 1949) - CDU s. 1960 - Liebh.: Musik - Spr.: Engl.

SCHRÖDER, Dieter

Dr. iur., apl. Prof. f. Polit. Wiss., Staatssekretär, Chef d. Senatskanzlei Berlin (s. 1989) - Onkel-Bräsig-Str. 31, 1000 Berlin 47 - Geb. 21. Nov. 1935 Lübeck, ev., verh. s. 1961 m. Eva, geb. Lammers, 2 Söhne - 1. jurist. Staatsprüf. 1960 Hamburg; Promot. 1964 Hamburg; Habil. (Polit. Wiss.) 1973 Berlin - 1965-69 Ref. Univ. Hamburg; 1969-77 Ref. Senatskanzlei Berlin; 1977-81 Unterabt.-Leit. Senatskanzlei Berlin; 1981-85 Syndikus SPD-Frakt. Berlin; 1985-89 Prof. FU Berlin - BV: D. freie Zugang d. Binnenstaaten z. Meer, 1966; Dritte Welt u. Völkerrecht, 1970; Volksdiplomatie, 1972; Ausländ. Vertretungen in Berlin, 1983; D. Elbegrenze, 1986; D. geltende Besatzungsrecht, 1989. Aufs. zu Berlin-Fragen u. Deutschlandpolitik.

SCHRÖDER, Diethelm

Journalist Magazin Der Spiegel - Jungfrauenthal 12, 2000 Hamburg 13 (T. 040 - 460 36 02) - Geb. 3. Sept. 1930 Greifswald (Vater: Willi Sch., Ing.; Mutter: Charlotte, geb. Franck), gesch. - Stud. German., Gesch., Publ. - Liebh.: Mod. Lit., Gesch., Flug- u. Segelsport.

SCHRÖDER, Erich

Dr. med., Dipl.-Ing., Ingenieur, Arzt, Schriftl. Ztschr. f. Lärmbekämpf. (1983ff.; 1976-82 Chefredakt.) - Böhmestr. 8, 4000 Düsseldorf 30 (T. 0211 - 435 07 37) - Geb. 11. Febr. 1948 Düsseldorf (Vater: Hermann Sch., Chemiker; Mutter: Erika, geb. Overhoff, Chemikerin) - Schule Köln (Abit. 1966); TH Aachen (Elektrotechnik; Dipl.-Ing. 1972); Univ. Düsseldorf (Med.; Ärztl. Approb. 1982) - 1976-82 Geschäftsf. Dt. Arbeitsring f. Lärmbekämpf. D'dorf; 1982-86 Arzt St. Marien-Krkhs. Ratingen; 1986-88 Leit. d. Betriebsärztl. Dienstes d. Ruhrchemie AG, Oberhausen; seith. prakt. Arzt in Ratingen-Tiefenbroich - Spr.: Engl., Franz., Span.

SCHRÖDER, Erich Christian

Dr. phil., o. Prof. f. Philosophie - Heinrichstr. 8, 4817 Leopoldshöhe - Geb. 3. Juli 1925 Elberfeld (Vater: Erich S., Fahrzeugbauer; Mutter: Ida, geb. Schniewind), ev., verh. s. 1962 m. Karin, geb. Müller, 3 Kd. (Stiefs. Peter, Martin, S. Christian) - 1947-53 Univ. Köln. Promot. 1954 - 1956-58 Wiss. Mitarb. Husserl-Archiv Köln; 1958-60 Assist. Univ. Köln (Phil. Sem.); s. 1961 Doz. Prof. (1962) u. o. Prof. f. Phil. (1965) Päd. Hochsch. Bielefeld bzw. Westf.-Lippe/Abt. Bielefeld (1967-69 Rektor). 1972-74 Vors. VHS Bielefeld; 1973-74 Vors. Gesamthochschulrat Bielefeld; Rektor Päd. Hochsch. Westf.-Lippe (1978-80); Prorektor d. Univ. Bielefeld (1980-83) - BV: D. Selbstaufhebung d. Moral b. Nietzsche, 1954; Abschied v. d. Metaphysik? - Beitr. zu e. Phil. d. Endlichkeit, 1969. Herausg.: Descartes, Meditationes de prima phil. (2spr. m. Einleit., 1956). Mitwirk. Schrift.: Spur (Berlin; 1965-70).

SCHROEDER, Ernst

Mitinhaber d. Anker Schroeder GmbH & Co - Postfach 11 01 96, 4600 Dortmund 1 - Geb. 1919 - Sprecher Rhein-Ruhr-Klub; Vors. Westf. Kaufmannsgilde, u. AOK Dortmund - Ehrenvors. Unternehmensverb. Metall in Dortmund; Träger vieler Tapferkeitsauszeichn.; BVK I. Kl.

SCHRÖDER, Ernst

Staatsschauspieler, Regiss. - Loc.Montalto, I-53011 Castellina in Chianti (Ital.) - Geb. 27. Jan. 1915 Wanne-Eickel (Vater: Bernhard Sch., Handw.; Mutter: Gertrud, geb. Noël), kath., verh. s. 1946 m. Gesa, geb. Ferck, 3 Kd. (Sebastian, Christiane †, Josephine) - Gymn. (Abit. 1934); Stud. German. - Assist. v. Prof. Saladin Schmitt (Bochum); 1938-45 Schausp. Schiller-Theater Berlin; 1946-49 Leit. Städt. Theatersch. u. Rheingau-Theater ebd.; anschl. freigast. (u.a. Zürich u. Salzburg/Jedermann); 1961ff. Mitgl. Städt. Bühnen Berlin. Lehrtätigk. FU (1959-61) u. Kunsthochsch. Berlin (1983; Gastprof.). Viele Bühnenrollen, dar. Richard III., Mephisto, Tartuffe. Filme (u.a. Galilei, Stresemann) u. Fernsehsp. Insz.: Faust II., Elektra, Lear u.a. - BV: D. Besessenen, 1947; D. Arbeit d. Schausp., 1966; D. Leben verspielt, 1978 - 1956 Kunstpreis Stadt Berlin; 1980 Ehrengabe Zürcher Lit.fonds; 1975 Ehrenmitgl. Staatl. Bühnen Berlin; 1956 Mitgl. Akad. d. Künste Berlin (1971 Dir. Abt. Darst. Kunst), 1966 Dt. Akad. d. Darst. Künste Frankfurt/M.; 1974 Gr. BVK; 1986 Bundesfilmpreis - Spr.: Engl., Ital. - Lit.: Ludwig Berger, E. S. (1958).

SCHROEDER, Friedrich

Dr. med., Dr. med. dent., em. Prof. f. Kieferchirurgie, Facharzt f. Kiefer- u. Gesichtschirurgie (Plast. Operationen) - Trautenauerstr. 24, 8700 Würzburg - S. 1963 Ord. u. Klinikdir. Univ. Würzburg. Facharb. - Ehrenmitgl. in- u. ausl. Fachges.; 1981 BVK.

SCHROEDER, Friedrich-Christian

Dr. jur., o. Prof. f. Strafrecht, -prozeß- u. Ostrecht Univ. Regensburg, Vorst. Inst. f. Ostrecht (e. V.), München - Steinmetzstr. 14, 8400 Regensburg (T. 2 35 41) - Geb. 14. Juli 1936 Güstrow (Vater: Walther S.), verh. m. Ute, geb. Behrendt - Habil. München - Zul. Privatdoz. Univ. München - BV: D. Täter hinter d. Täter, 1965; D. Schutz v. Staat u. Verfassung im Strafrecht, 1970; D. Strafgesetzgebung in Dtschl., 1972; Wandlungen d. sowjet. Staatstheorie,

1979; D. Strafrecht d. realen Sozialismus, 1983. Mitverf.: Strafrecht. Besond. Tl., Bd. 1, 1988, Bd. 2, 1981. Mithrsg.: Festschr. f. Reinhart Maurach (1972), Sport u. Recht (1972); Sozialistisches Wirtschaftsrecht zw. Wandel u. Beharrung (1988).

SCHRÖDER, Gerhard

Dr. jur., Dr. h. c., Bundesminister a. D., Rechtsanwalt, MdB (s. 1949; 1969 ff. Vors. Auswärt. Aussch.) - Pappelweg 25a, 5300 Bonn-Bad Godesberg - Geb. 11. Sept. 1910 Saarbrücken (Vater: Jan S., Reichsbahnbeamter; Mutter: Antina, geb. Duit), ev., verh. s. 1941 m. Brigitte, geb. Landsberg (V.: Gutsbes. u. Bankier), langj. Ratsherrin Düsseldorf, 3 Kd. - Kaiser-Wilhelm-Gymn. Trier; Univ. Königsberg, Edinburgh, Berlin, Bonn (Promot. 1933). Ass.ex. 1936 - Ab 1933 Assist. Univ. Bonn (Jurist fak.) u. Kaiser-Wilhelm-Inst. f. ausl. u. intern. Privatrecht Berlin, 1939 Rechtsanw. ebd., 1939-45 Wehrdst. (zul. Obergefr.) u. Gefangensch., dann pers. Ref. Oberpräs. d. Nordrhein-Prov., Reichsmin. a. D. Dr. Hans Fuchs, u. Oberreg.srat Reg. das. bzw. Nordrh.-Westf., stv. Mitgl. Zonenbeirat, Mitbegr. Dt. Wählerges. u. Vors. Dt. Wahlrechtsaussch., 1947-53 Anwaltspraxis Düsseldorf, Mitarb. Neuordnung Montanind., Mitgl. Landesvorst. Rhld. CDU. 1953-69 Bundesmin. d. Innern., d. Ausw. (1961) u. d. Verteidig. (1966). Vors. Ev. Arb.skr. CDU/CSU 1955-78. Präs. Dt. Ges. f. Photogr. 1954-78 - BV: Für eine heile Welt - Politik in und für Dtschl., 1963 (hg. v. Alfred Rapp). Mithrsg.: Ludwig Erhard - Beitr. zu s. polit. Biogr., 1972 (Festschr. z. 75. Geburtstag) - 1959 Ehrendoktor Univ. of Maryland; 1958 Großkreuz VO. BRD u. hohe ausl. Orden; 1981 Hermann-Ehlers-Preis - Liebh.: Fotogr., mod. Malerei.

SCHRÖDER, Gerhard

Dr. jur., Hauptgeschäftsführer Handelskammer Hamburg - Börse, 2000 Hamburg 11 - Geb. 15. April 1931 Celle - Beiratsmitgl. Inst. f. Ibero-Amerikakd., Hamburg, u. d. Präs. d. Bundesbahndirektion, Hamburg; Mitgl. Kurat. Hbg. Sparkasse; Vorst-.Vors. Hamburg. Anst. f. neue Medien; Vorst.-Mitgl. Dt. Inst. f. Schiedsgerichtswesen, AR-Mitgl. Hamburg Messe u. Congress GmbH u. Flughafen Hamburg GmbH.

SCHRÖDER, Gerhard

Rechtsanwalt, MdB (1980-86) - Lüneburger Str. 36, 3160 Lehrte-Immensen (T. 05175 - 22 66) - Geb. 7. April 1944 Mossenberg, ev., verh. s. 1984 m. Hiltrud, geb. Hensen, 2 Kd. (Wiebke, Franca) - Volkssch.; b. 1961 Lehre z. Einzelhandelskaufm.; 1962-64 Abendsch. (Mittl. Reife); 1964-66 Kolleg d. Zweiten Bildungswegs (Abit.); 1966-71 Stud. Rechtswiss. Univ. Göttingen; 1. jurist. Staatsex. 1971; 2. jurist. Staatsex. 1976 - S. 1978 RA Hannover. S. 1986 Vors. SPD-Frakt. im niedersächsischen Landtag. SPD s. 1963 (s. 1977 Vorst.-Mitgl. u. s. 1983 Vors. SPD-Bezirk Hannover; 1978-80 Bundesvors. Jungsozialisten SPD; s. 1986 Mitgl. SPD-Parteivorst.) - Liebh.: Malerei d. Zwanziger Jahre; moderne Grafik - Spr.: Engl.

SCHRÖDER, Günter

Kriminalhauptkommissar, Gewerkschaftsvors. a. D. - Zu erreichen üb. GdP, Forststr. 3a, 4010 Hilden - Geb. 1937 - Handformer; s. 1955 Polizeidst. (gegenw. b. Regierungspräs. Detmold). B. 1986 Bundesvors. Gewerksch. d. Polizei (GdP). SPD.

SCHROEDER, Günther

Dipl.-Ing., Fabrikant, gf. Gesellsch. Wumag Waggon- u. Maschinenbau GmbH., Krefeld (mitbegr.; 1975 Ruhest.) - Sollbrüggenstr. 53, 4150 Krefeld - Geb. 25. Juli 1910.

SCHRÖDER, Hans

Dr. jur., Präsident Staatsgerichtshof d. Landes Hessen a. D. - Zimmerstr. 11a, 6100 Darmstadt (T. 2 36 80) - Geb. 30. Juli 1904 Friedberg/Hessen, verh., 1 Kd. - Univ. Frankfurt/M., München, Gießen. Ass.ex. 1929 Darmstadt - 1934 Amtsgerichtsrat Offenbach, 1946 Oberlandesgerichtsrat, 1949 Senatspräs. OLG Frankfurt/M., 1950 Landgerichtspräs. Darmstadt, 1960-75 Präs. Staatsgerichtshof Land Hessen.

SCHROEDER, Hans-Ulrich

Lic. rer. pol., Vorsitzender d. Geschäftsführung Schwäbische Hüttenwerke GmbH (s. 1987) - Zu erreichen üb. Schwäbische Hüttenwerke GmbH, Wilhelmstr. 67, 7080 Aalen 1 - Geb. 11. April 1943 Aarau/Schweiz (Vater: Eric S., Kaufm.; Mutter: Susanna, geb. Noelting), ev., verh. s. 1971 m. Verena, geb. Meiner, Tocht. Barbara - Stud. d. Betriebswirtsch. Univ. Basel - 1969-71 Projektleit. Prognos AG, 1972-74 Direktionsassist. Santoz AG, bde. Basel, 1974ff. Vorst. Garbe, Lahmeyer AG, Aachen, 1983-87 Geschäftsf. kabelmetal electro GmbH, Hannover - BV: System d. Wachstumsplanung im Unternehmen, 1972 - Liebh.: Arch. 17./18. Jh., Barockmusik - Spr.: Franz., Engl. - Rotarier.

SCHRÖDER, Harald Jürgen

Dr. rer. pol., Dipl.-Ing., Mitglied des Vorstandes der Fried. Krupp GmbH, Essen (1984-89); Vorst.-Mitgl. Studienstiftung d. Dt. Volkes; Verein dt. Wirtschaftsingenieure (VWI) - Altendorfer Str. 103, 4300 Essen 1 - Geb. 4. Juli 1938 Hamburg, verh., 2 Kd. - Abit. Hamburg 1956, kfm. Lehre Im- u. Export Hamburg, Dipl.-Ing. TU Berlin 1963, Stud. Graduate School of Ind. Administr. Carnegie Mellon Univ. Pittsburgh/USA, Promot. TU Berlin 1969; 1965-72 Untern.ber. b. McKinsey & Co, New York u. Düsseldorf, 1972 zugl. Teilh.; 1972-76 Vorst.-Mitgl. Varta Batterie AG, Hannover; 1976-84 Mitgl. d. Geschäftsf. Friedr. Flick Industrieverw. KGaA, Düsseldorf; 1978-84 Vorst.-Mitgl. Gerling-Konzern Versich.-Beteil.-AG, Köln - BV: Projekt-Management - E. Führungskonzept f. außergew. Vorhaben, 1970 - Spr.: Engl., Span.

SCHRÖDER, Hartwig

Dr. phil., Dipl.-Psych., o. Prof. f. Schulpäd. Univ. Würzburg (s. 1973) - Mittl. Neubergweg 36, 8700 Würzburg (T. 7 65 50) - Geb. 25. Jan. 1927 Aschaffenburg, kath., verh. s. 1951 m. Hermine, geb. Breunig, 2 Töcht. (Renate, Heidi) - Stud. Päd., Psychol. Univ. Erlangen u. Würzburg; Habil. 1963 - 1948-61 Schuldst., 1961-69 Wiss. Assist. u. Privatdoz., 1969-72 o. Prof. u. Vorst. PH Bamberg, 1975 Dekan Fachber. Erziehungswiss. Würzburg - BV: Psychol. u. Unterr., 3. A. 1975; Lerntheorie u. Programmierung, 2. A. 1972; Leistungsmessung u. Schülerbeurteilung, 1974; Kommunikation u. Inform. im Unterr., 1975; Lernwirksamer Unterricht, 1977; Wertorientierter Unterricht, 1978; Grundwortschatz Erziehungswiss., 1986; Erziehungsziel: Persönlichkeit, 1989.

SCHRÖDER, Heinrich

Dipl.-Landw., Vorstandsmitglied Nordfleisch AG., Schleswig, Hauptgeschäftsf. Bauernverb. Schlesw.-Holst., Rendsburg - Sophienstr. 23a, 2370 Rendsburg - Geb. 21. Sept. 1928.

SCHROEDER, Hellmut E.

Dr. jur., Rechtsanwalt, Beiratsvors. WUMAG-GmbH, Krefeld-Linn, Ehrenmitgl. d. Intern. Waggonverb. (AICMR), Paris - Hinter Schönhausen 10, 4150 Krefeld-Bockum (T. 02151 - 59 14 30) - Geb. 11. Juni 1908 Krefeld (Vater: Ernst S., Generaldir.; Mutter: Hedwig, geb. Düsselberg), ev., verh. in 3. Ehe (1965) m. Lore-Luise, geb. Kawelmacher, Tocht. Beate aus d. 1. Ehe - Stud. Univ. London, Hamburg u. Jena; Promot. 1934; Ass.ex. 1936 - 1937-45 Otto Wolff, Köln u. Berlin, dann ab 1946 Vorst.-Mitgl. Waggonfabrik Uerdingen AG (heute DUEWAG) - 1970 Mitgl. Außenhandelsaussch. u. Vors. Exportaussch. Eisen-Stahl, BDI - Liebh.: Golf, Musik - Spr.: Engl.

SCHRÖDER, Hinnerk

Pastor, Kirchenpräsident Ev.-ref. Kirche in Nordwestdeutschland (s. 1977) - Hardinghauser Str. 11, 4459 Uelsen - Geb. 29. Juli 1939 Frankfurt/M., ev., verh. s. 1973 m. Annemarie, geb. Schaefer, S. Uwe - Stud. Theol. u. Math. - Spr.: Engl., Lat., Griech., Hebr.

SCHRÖDER, Horst

Dipl.-Volksw., Geschäftsführer Dt. Finanzierungsges. f. Beteilig. in Entw.-länder GmbH (DEG), Köln - Belvederestr. 40, 5000 Köln 41 (T. 0221 - 498 64 82) - Geb. 25. Febr. 1938 Hamburg, ev. - Gymn. u. Wirtschaftsgymn. Hamburg (Abit. 1957); 1957-59 Lehre Dt. Bank ebd.; 1960-65 Univ. Hamburg u. Kiel (Volksw.) - 1966-68 Angest. DEA (PR), 1970-84 Angest. Vereins- u.Westbank AG, 1971-72 Geschäftsf. Hbg. Bankenverb. , alles Hamburg. 1966-72 Abg. Hbg. Bürgersch.; 1972-84 MdB; s. 1980 Mitgl. Vertr.vers. Signal Unfallversich. AG; s. 1984 AR-Mitgl. SIGNAL-Unfallvers. AG; 1983 stv. AR-Vors. Kapital u. Wert; 1983 Kurat.vors. Bundesverb. priv. Kapitalanleger. CDU s. 1957, 1973-87 Mitgl. Bundesvorst. d. Mittelstandsvereinig., 1972-77 Bundesvors. Vereinig. f. Leit. Angest., 1980-83 Landesvors. d. niedersächs. Mittelstandsvereinig., ; s. 1986 Schatzm. u. Mitgl. Landesvorst. d. Mittelstandsvereinig. Nordrh.-Westf. u. Mitgl. Finanzkommiss. CDU NRW. S. 1984 AR-Mitgl. Salzgitter-Wohnungs AG u. Geschf. d. DEG-Dt. Finanzierungsges. f. Beteilig. in Entwicklungsländern, Köln, s. 1985 Beiratsvors. Ges. f. Informationswirtsch., Frankfurt/M.; s. 1986 stv. AR-Vors. Hunzinger-Industriewerke GmbH, AR-Mitgl. Salzgitter-Ind.bau GmbH.

SCHRÖDER, Horst

Dipl.-Kfm., Steuerberater, Präsidiumsmitgl. Steuerberaterkammer Rhld.-Pfalz (s. 1975) - Mäuseturmstr. 3-5, 6530 Bingen (T. 06721 - 3 28 60) - Geb. 11. Dez. 1928 Nürnberg, ev., verh. s. 1961 m. Heidi, geb. Methfessel, 2 Kd. (Stefan Andreas, Christine Dorothee) - Stud. Betriebsw. Univ. Mainz u. Nürnberg; Dipl. 1952 - Bezirksgruppenvorst. Steuerberaterverb. Rhld.-Pfalz (s. 1973); Beiratsvors. DATEV (s. 1980).

SCHRÖDER, Horst

s. Schröder, Johannes Horst.

SCHRÖDER, Hubert

Dr. rer. nat., Dr.-Ing. e. h., Prof., Physiker, Honorarprof. Univ. Mainz (s. 1966) - Diefenbachstr. 23, 8000 München 71 - Geb. 14. Juli 1913 Landshut - Wiss. Mitarb. Jenaer Glaswerk Schott, Mainz (1965-79 Leitung F. u. E.); s. 1952 (Habil.) Lehrtätigk. Univ. München u. Frankfurt/M. (1962 apl. Prof. f. Experimentalphysik). Zahlr. Patente auf optische Elemente u. Verfahrenstechnik. Üb. 60 Fachveröff. - Lit.: SCHOTT - Glaslexikon, 1980.

SCHRÖDER, Joachim

Dr. med., Prof., Internist, Chefarzt Med. Klinik II Bürgerhospital Stuttgart (s. 1963), MdL Baden-Württ. (s. 1968, SPD) - Kappisweg 11, 7000 Stuttgart (T. 29 96 11, App. 5 06) - Geb. 3. Dez. 1925 Stuttgart (Vater: Dr. med. Albrecht S., Chirurg; Mutter: Felicia, geb. Rosenstein), ev., verh. m. Dr. med. Dr. phil. Edith, geb. v. Hübschmann, 5 Kd. - Univ. Basel u. Heidelberg. Promot. 1950 Basel; Habil. 1958 Würzburg - S. 1958 Lehrtätigk. Univ. Würzburg (1964 apl. Prof.) u. Ulm (1967 apl. Prof.). 1960-63 Stadtratsmitgl. Würzburg - BV: Früherkennung v. Krankh. als method. Problem, 1967. Zahlr. Einzelarb.

SCHRÖDER, Jochen

Dr. jur., o. Prof. f. Bürgerl. Recht, Zivilprozeß-, Intern. u. Ausl. Privat- u. -verfahrensrecht - Universität, 5300 Bonn - Geb. 28. Nov. 1933 Breslau - Habil. 1967 Köln - S. 1967 Ord. Bonn. Facharb.

SCHRÖDER, Johann

Dr. rer. nat., em. o. Prof. f. Angew. Mathematik - Eichenhainallee 34, 5060 Bergisch Gladbach 1 - Geb. 4. April 1925 Norden/Ostfriesl. - Stud. Math. u. Physik TH Hannover u. Univ. Göttingen. Promot. 1952; Habil. 1955 - S. 1955 Lehrtätigk. TH Braunschweig, Univ. Hamburg (1957; 1961 apl. Prof.) u. Köln (1963 Ord.). S. 1986 i.R. Gastprof. USA (1960/61 Madison; 1964/65 u. 1969/70 Seattle). Zahlr. Fachveröff., u. a.: Operator Inequalities, Buch 1980.

SCHROEDER, Johannes H.

Ph.D. (George Washington Univ. Washington), Univ.-Prof., Geologe, TU Berlin - Motzstr. 13, 1000 Berlin 30 (T. 030 - 216 88 34) - Geb. 4. Jan. 1939 Todenbüttel/Kr. Rendsburg, ev., ledig - 1959-64 Stud. Univ. Tübingen; Dipl.-Geologe 1964/65 Univ. of Kansas, Lawrence, KS/USA; 1965-68 Stud. George Washington Univ., Washington D.C./ USA; Ph.D.; Habil. 1974 TU Berlin; apl. Prof. 1978 TU Berlin - 1968/69 Assist. Rensselaer Polytech, Troy, N.Y./USA; 1969-76 Assist. u. Assist.-Prof. TU Berlin; 1976-81 Dir. Inst. of Oceanography, Port Sudan, Sudan; 1982-84 Lehrst.-Vertr. Univ. Kiel. 1985-87 Gastprof. TU Berlin - Herausg.: Reef diagensis (1986, m. B.H. Purser). Zahlr. Ztschr.-Art. a. d. Geb. d. Sedimentologie, insb. d. Karbonatgesteine - 1972 Credner Stip. Dt. Geol. Ges. - Spr.: Engl.

SCHRÖDER, Johannes Horst

Dr. rer. nat., Prof., Biologe (Zoologe, Genetiker), Arbeitsgruppenleit. Ges. f. Strahlen- u. Umweltforsch. mbH, München (s. 1964), Lektor Univ. Innsbruck (Genet.) - Ingolstädter Landstr. 1, 8042 Neuherberg/Obb. - Geb. 27. Febr. 1933 Leipzig (Vater: Johannes Sch., Kaufm.; Mutter: Juanita, geb. Gürke), gesch., 5 Kd. (Maria, Veronica, Solvejg, Ferdinand, Egmont) - Abit. 1951 Leipzig; Staatsex. 1960 Berlin; Promot. 1964 Hamburg; Habil. 1972 Innsbruck - Zahlr. Facharb.

SCHROEDER, Johannes W.

Dr.-Ing., Univ.-Prof. Inst. f. Elektr. Maschinen TH Aachen - Markusstr. 6, 5100 Aachen 39 (T. Aachen 55 18 07) - Geb. 30. Juni 1920 - S. 1962 (Habil.) Lehrtätigk. Aachen (1969 Wiss. Rat u. Prof.). Spez. Arbeitsgeb.: Elektr. Kleinmaschinen u. Transduktoren. Fachaufs.

SCHRÖDER, Johann Michael

Dr. med., Prof. f. Neuropathologie RWTH Aachen - Zu erreichen üb. Klinikum d. RWTH, Pauwelsstr., 5100 Aachen - Geb. 12. Nov. 1937 Hamburg (Vater: Hans R. J., Kaufm.; Mutter: Katharina, geb. Lenssen), ev., verh. s. 1971 m. Monika, geb. Blut, 2 Söhne (Tobias, Sebastian) - Christianeum Hamburg, Univ. Freiburg, München u. Wien, Med. Staatsex. u. Promot. 1962 München - 1964-74 Wiss. Assist. Max-Planck-Inst. f. Hirnforsch.; 1965/66 Research Fellow Harvard Medical School Boston, Mass., USA; Vorst. Abt. f. Neuropathol., 1974 Mainz; Dir. Inst. f. Neuropathologie 1981 Aachen. 120 Veröffentl. in wiss. med. Ztschr.; Pathol. d. Muskulatur, Band 15. Serie: Spez. pathol. Anat., 1982 - Liebh.: Tennis, Segeln, Musik - Spr.: Engl., Franz.

SCHRÖDER, Josef

Dr. phil., Prof. f. Zeitgeschichte Univ. Bonn, Historiker - Metzstr. 24, 5010 Bergheim-Niederaußem (T. 02271-5 24 84) - Geb. 7. März 1937 Fortuna (Vater: Valentin Sch.; Mutter: Odilia, geb. Arnolds), kath. - 1957-68 Univ. Bonn; Promot. 1968, Habil. 1975 - 1971-77 Doz., 1977-79 apl. Prof., s. 1980 Prof. - BV: Italiens Kriegsaustritt 1943, 1969; Italien im 2. Weltkrieg, Bibliogr., 1978; Bestreb. z. Eliminier. d. Ostfront 1941-43, 1985. Herausg.: R. De Felice, D.

Deut. d. Faschismus, 1980; Mitherausg.: Dienst f. d. Gesch. Gedenkschr. W. Hubatsch, 1985 - 1978 Richard Franck-Preis.

SCHRÖDER, Jürgen
Direktor, Vorst. Margarete Astor AG, Mainz - Nerotal 32, 6200 Wiesbaden - Geb. 28. Juni 1936 - Geschäftsf. Lancaster GmbH, Wiesbaden, Cofa GmbH, Michelstadt (Odw.), Biologica GmbH, Mainz, Interco GmbH, Wiesbaden, Acos GmbH, Wiesbaden, Jil Sander Cosmetics GmbH, Wiesbaden, Misslyn GmbH, München; VR Beecham Cosmetics + Fragrances AG, Zug (CH).

SCHRÖDER, Jürgen
Dr. phil., Prof. f. Neuere dt. Literaturgeschichte Univ. Tübingen - Wilhelmstr. 50, 7400 Tübingen - Geb. 3. Mai 1935 Woldenberg/Neumark (Vater: Otto S., Lehrer; Mutter: Annemarie, geb. Rückheim), ev., verh. - BV: Georg Büchners Leonce u. Lena, 1965; Lessing, 1972; (Hrsg.): Gottfried Benn. Briefe an F. W. Oelze 1932-45 I. Bd., 1977; Gottfried Benn. Briefe an F. W. Oelze 1945-1956, II. Bd., 1979; Gottfried Benn. Briefe an F.W. Oelze 1945-1956, Bd. II/1, 1980; Gottfried Benn. Poesie u. Sozialisation, 1978; Horváths „Lehrerin von Regensburg". Der Fall Elly Malaque, 1982; Gottfried Benn u. d. Deutschen, 1986; DDR heute, 1988.

SCHRÖDER, Karl Heinz
Dr. phil., em., o. Prof. f. Geographie Europas unt. bes. Berücks. Südwestdtschl.s - Im Schönblick 20, 7400 Tübingen (T. 6 31 80) - Geb. 17. Juni 1914 Lunden/Holst. (Vater: Ernst S., Kaufm.; Mutter: Louise, geb. Ketterer), ev., verh. s. 1955 m. Isolde, geb. Schneider, S. Ernst-Jürgen - Reform-Realgymn. Heide; Univ. Tübingen u. Kiel (Geogr., Geschichte, Dt. Spr.). Promot. (1940) u. Habil. (1950) Tübingen - S. 1943 Assist. (b. 1951), Doz. (1950), apl. (1957), ao. (1961) u. o. Prof. (1964) Univ. Tübingen, emerit. 1982, 1960/61 apl. Prof. Freiburg (Umhabil.); 1951-58 Reg.srat Statist. Landesämter Tübingen u. Stuttgart (Leit. Abt. Landeskd. u. Hauptref. f. Geogr. Landeskd.); o. u. Vorstandsmitgl. d. Komm. f. gesch. Landeskunde in Bad.-Württ. - BV: D. Flurformen in Württ. u. Hoh., 1941, 2. A. 1944 (Diss.); Weinbau u. Siedl. in Württ., 1953; D. ländl. Siedlungsformen in Mitteleuropa, 1968 (m. G. Schwarz), 2. A. 1978; Geographie a. d. Univ. Tübingen, 1977. Etwa 70 Einzelarb. - Spr.: Engl., Franz. - Lit.: D. europ. Kulturlandsch. im Wandel - Festschr. z. 60. Geburtstag, 1974, darin Biographie - 1979 Med. d. Univ. Tübingen; 1984 Verdienstmed. d. Landes Baden-Württ.

SCHROEDER, Klaus-Henning

Dr. phil., Prof. f. Romanistik - Johann-Sigismund-Str. 16, 1000 Berlin 31 - Geb. 13. Okt. 1932 Schwerin (Vater: Walter Sch., Oberreg.- u. baurat; Mutter: Ilse, geb. Davids), ev. - Musikhochsch. Leipzig, Univ. Rostock u. Berlin - 1961 Wiss. Assist. Inst. f. Balkanol. FU, 1971 Prof. Inst. f. Roman. Philol. FU Berlin - BV: D. medialen Verben im Neufranz., 1961; Einf. in d. Stud. d. Rumänischen Sprachwiss. u. Lit.gesch., 1967; D. Gesch. v. trojanischen Krieg in d. ält. rumän. Lit., 1976; D. rumän. Version d. 'Historia Destructionis Troiae' d. Guido delle Colonne, 1977; Edit. altfranz. Werke.

SCHRÖDER, Manfred
Dr. rer. oec., Dipl.-Kfm., Bankdirektor - Friedrich-Mißler-Str. 17, 2800 Bremen 1 (T. 23 56 20) - Geb. 4. Okt. 1930 Osterwald b. Hannover (Vater: Fritz S., Kaufmann; Mutter: Emma, geb. Magerkord), ev., verh. s. 1960 m. Christel, geb. Fröber, 4 Kd. (Christina, Britta, Michael, Thomas) - Bismarcksch. Hannover (Abit. 1950); Privatbanklehre Hannover; Univ. Hamburg (Dipl. 1956); Wirtschaftsprüferex. 1963 Düsseldorf - Vorst.-Mitgl. Bremer Landesbank u. Kreditanstalt Oldenburg-Girozentrale, Bremen. Vizepräs. Bremer Wertpapierbörse; AR-Mandate; Indones. Honorakonsul.

SCHROEDER, Manfred R.
Dr. rer. nat., o. Prof. u. Direktor III. Physikal. Inst. Univ. Göttingen (s. 1969) - Rieswartenweg 8, 3400 Göttingen-Nikolausberg (T. 2 12 32; Inst.: 39-77 14) - Geb. 12. Juli 1926 Ahlen (Vater: Karl S.), verh. m. Anny, geb. Menschik, 3 Kd. (Marion, Julian, Alexander) - Univ. Göttingen (Dipl.-Phys. 1951; Promot. 1954) - 1963-69 Dir. Acoustics, Speech and Mechanics Research Bell Laboratories, Murray Hill (USA). Versch. Mitgliedsch., auch USA. 44 US-Patente - BV: Number Theory in Science and Communication, 1986 - 1972 Goldmed. Audio Engineering. Soc. of America; 1973 o. Mitgl. Akad. d. Wiss. Göttingen, 1974 ausw. Mitgl. Max-Planck-Ges., 1976 IEEE Baker Prize Award, 1979 Member. National Acad. Washington, 1980 Senior Award, Acoustics, Speech and Signal Processing Society; 1986 Fellow Amer. Acad. of Arts and Sciences; 1987 Lord Rayleigh Gold Medal (Brit. Inst. of Acoustics) - Liebh.: Grafik (1969 I. Preis USA f. Computer-Grafik) - Spr.: Engl., Franz. Ital.

SCHRÖDER, Markus
s. Münster, Clemens

SCHRÖDER, Meinhard
Dr. jur., Univ.-Prof. Univ. Trier - Zum Wingert 2, 5501 Mertesdorf - Geb. 19. Mai 1942 München (Vater: Prof. Dr. rer. nat. Dr.-Ing. h. c. Hubert Sch.; Mutter: Dr. med. Isolde), kath., verh. s. 1972 m. Brigitte, geb. Lemmerz, 2 Kd. (Meinhard, Laura) - 1961-66 Stud. Univ. Mainz, Frankfurt (Rechtswiss.), Stip. d. Studienstiftg. d. Dt. Volkes; Promot. 1969 Bonn; Habil. 1977 Bonn - S. 1978 Prof. f. in- u. ausl. öfftl. Recht, Völkerrecht u. Europarecht Univ. Trier; s. 1983 nebenamtl. Richter am Oberverwaltungsger. Rheinl.-Pfalz; s. 1985 Dir. am Inst. f. Umwelt- u. Techikrecht Univ. Trier - BV: D. wohlerworbenen Rechte d. Bediensteten in d. Rechtsprechung d. Gerichtshofs d. Europ. Gemeinsch., 1969; Planung auf staatl. Ebene, 1974; Grundl. u. Anwendungsbereich d. Parlamentsrechts, 1979; D. Geheimhaltungsschutz im Recht d. Umweltchemikalien, 1982. Zahlr. Arb. in Sammelwerken - Spr.: Engl., Franz., Ital.

SCHRÖDER, Oskar
Dr., Ministerialdirigent, Abteilungsleit. f. Familie u. Soziales Bundesmin. f. Jugend, Familie, Frauen u. Gesundheit - Kastanienweg 87, 5300 Bonn 2 (T. Büro: 0228 - 3 08-23 83) - Geb. 9. Sept. 1924 Schotterey (DDR), ev., verh. s. 1965 m. Margarete, geb. Reinhard - Domgymn. Merseburg (DDR); Jurastud. Halle/Saale, Marburg, Köln; 1. u. 2. jurist. Staatsex., Promot. 1955 Köln - 1957-64 Landesfinanzverw. NW; s. 1965 Bundesmin. f. Jugend, Familie, Frauen u. Gesundheit: Pers. Ref. d. Staatssekr., Leit. versch. Gesetzgebungsref., vor allem Betäubungsmittelrecht; 1973-82 dt. Delegationsleit. d. Rauschgiftkommiss. d. Vereinten Nationen u. 1980/81 Präs. d. Kommiss. in Wien, s. 1982 Abt.leit.; 1989 Präs. Komm. f. soziale Entwicklung d. VN, Wien - Liebh.: Tennis, Ski, Amateurarchäol. - Spr.: Engl., Franz.

SCHRÖDER, Ralph C. M.
Dr.-Ing., o. Prof. f. Hydraulik u. Hydrologie - Im Weingarten 27 B, 6104 Seeheim-Jugenheim 1 (T. 06151 - 5 79 99) - Geb. 5. Juni 1927 - S. 1963 (Habil.) Lehrtätig. TU Berlin u. TH Darmstadt (1967 Ord.). Facharb. - 1953 Schinkel-Preis (Berlin).

SCHROEDER, Reinhard C.
Bankier, Aufsichtsrat Vereinigte Seindenwebereien AG, Krefeld, AA Georg Hauck & Sohn Bankiers KGaA, Frankfurt - Kaiserstr. 24, 6000 Frankfurt/M.

SCHRÖDER, Rolf
Dr. med., Prof., Direktor Med. Univ.sklinik Berlin (Freie Univ.) - Ostpreußendamm 179c, 1000 Berlin 45 (T. 771 65 15) - Geb. 16. Febr. 1928 Osterode/Harz - S. 1962 (Habil.) Lehrtätigk. Univ. Göttingen u. Berlin/FU (1969 Prof. f. Inn. Med.). Fachveröff.

SCHRÖDER, Sabine

Realschullehrerin, MdL Schlesw.-Holst. (s. 1987) - Egkrog 4, 2319 Wittenberger Passau - Geb. 29. Nov. 1942 Angermünde/Brandenb., ev., ledig - Stud. German., Theol. Univ. Kiel u. Mainz - Landesvors. AfB (Arbeitsgem. Sozialdemokr. im Bildungsber.), Vors. d. Aussch. f. Kultur, Jugend u. Sport im Landtag; berufsbildungspolit. Sprecherin d. SPD-Fraktion, Mitgl. im Agraraussch., in d. Hauptvers. d. Landwirtschaftskammer - Liebh.: Engagement f. d. Dritte Welt u. Friedensbewegung - Spr.: Engl., Franz.

SCHRÖDER, Stefan
Dipl.-Volkswirt, Vorstandsmitglied Bayer. Rückversicherung AG. (1981 ff.) - Sederanger 6, 8000 München 22.

SCHRÖDER, Thomas

Journalist, Redaktionsleiter Magazin Frankfurter Allg. - Wilhelmstr. 18, 6208 Bad Schwalbach-Hettenhain - Geb. 29. Juli 1941 Idar-Oberstein (Vater: Walter Sch., Redakt.; Mutter: Gertrud, geb. Conradt), ev., verh. s. 1979 m. Ingrid, geb. Grammel, 2 Kd. (Alena, Marison) - Gelehrtensch. Johanneum Hamburg; 1961-68 Univ. Hamburg (Kunstgesch., Archäol., Lit.wiss.) - 1967 Feuilletonredakt. D. Welt, 1970 twen, 1971 Kulturred. Spiegel, 1973 Magazinredakt. D. Zeit, 1975 stv. Chefred. Welt a. Sonntag, 1977 Ressortleit. Kultur b. SWF, 1980 verantw. Redakt. F.A.Z.-Magazin - BV: Callot, D. gesamte Werk (Einf.) - Spr.: Engl., Franz.

SCHRÖDER, Toni
Bäckermeister, Bierverleger, MdL Nordrh.-Westf. - Ewertstr. 18, 4796 Salzkotten - Geb. 22. April 1932, kath., verh. s. 1959 m. Marline, geb. Niggemeyer, 2 Kd. (Klaus, Sabine) - Getränkegroßhändler. Vors. Bau-, Planungs- u. Industrieförderungs-Aussch.; Oberltn. d. R. CDU. - Mitgl. in Sportclubs u. d. Kolpingfam.

SCHROEDER, Udo
Studienrat, MdL Hessen (s. 1970) - Lessingstr. 12, 6200 Wiesbaden (T. 37 37 63) - Geb. 13. Sept. 1937 Grevenbroich - Univ. Frankfurt/M. (German., Gesch.). Beide Staatsex. - 1968-70 Stadtverordn. Wiesbaden. SPD.

SCHRÖDER, Ulrich
Dr. rer. nat., o. Prof. f. Theoret. Physik Univ. Regensburg (s. 1970) - Rehfeld 19, 8401 Niedergebraching (T. 09405-36 87) - Geb. 14. Mai 1935 Schwerte (Vater: Karl S., Stadtinsp.; Mutter: Else, geb. Kranefeld), ev., verh. s. 1966 m. Dr. med. Elisabeth, geb. Plötner, 3 Kd. (Martin, Michael, Joachim) - Stud. Marburg; Promot. 1963 Freiburg; Habil. 1969 München - 1963-67 Wiss. Assist. Freiburg u. Frankfurt, 1968 Adj. Prof. New York, 1969 Privatdoz. München.

SCHRÖDER, Walter
Prof., Dipl.-Ing., stv. Vorstandsvorsitzender Flughafen Frankfurt/M. AG., Vorstand Verkehr - 6000 Frankfurt 75 (T. 690-20 00) - Geb. 19. Juli 1921 - Dipl.-Ing. - Lehrbeauftr. f. Luftverkehrsbetrieb u. Planung v. Luftverkehrsanl. TH Darmstadt. Mitgl. f. Verwaltungsbeirat Bundesanst. f. Flugsicherung; Vorstandsmitgl. International Civil Airports Association (ICAA) u. Airport Operators Council Intern. (AOCI).

SCHRÖDER, Walter
Dipl.-Ing., Geschäftsführer Westd. Getriebewerke GmbH., Bochum - Stemmannsfeld 10, 4630 Bochum-Stiepel - Geb. 1. Mai 1928 Kassel.

SCHRÖDER, Walter
Schriftsteller (Ps.: Walter Kiewert) - Kohlbrandstr. 24, 6000 Frankfurt/M. 60 - Geb. 25. April 1905 Hamburg, konfessionsl., verh. m. Aida, geb. Gruber - Gymn. Bielefeld; Univ. Berlin, Heidelberg, München, Wien (German., Kunstgesch., Phil.) - S. 1928 fr. Schriftst. u. künstler. Lichtbildner (1935); 1940-45 Wehrdst. (Luftw.); spät. vorwieg. journalist. Tätigk. - W: u. a. D. Nürnbg. Trichter, R. 1931; Heinrich Mann, Monogr. 1932; D. entzauberte Wien, R. 1933; D. Dreigestirn, Musiker-N. 1935 (alle ds. Bücher im III. Reich verboten); D. Angst, Trag. Szenarium 1947; Kleinstadttrag., Bühnensp. 1947 (m. O. M. Graf); Musiker aus d. Blut, R. 1947; D. Tod d. Meisters, Erz. 1952; D. schöne Brunnen, Bildmonogr. 1956; Tore u. Türme, Bildm. 1958; Schicksal Paris, R. 1958; Dt. Rathäuser, Bildm. 1961 - Liebh.: Musik.

SCHRÖDER, Walter
Prof. Univ. Hamburg, Lehrfach Sport - Kupfermühlenweg 16, 2056 Glinde (T. 040 - 711 94 71) - Geb. 29. Dez. 1932 Campow - 1953-62 Stud. Univ. Köln,

Freiburg, Kiel (Sport, Physik, Math., Geogr., Päd.); Ex. f. Lehramt 1962 u. 64 - BV: Rudertraining, (m. a.) 1977; Anfängerunterr. im Rudern in jugendgemäßer Methodik, 1978; Rudern, 1978, 4. A. 1987 (Übers. Niederl. 1981) - 1959 u. 1960 Silb. Lorbeerblatt d. Bundespräs. - 1959 Europameister im Rudern (Achter), 1960 Olymp. Goldmed. im Rudern (Achter).

SCHRÖDER, Werner

Dr. phil., em. o. Prof. f. German. u. Dt. Philologie - Roter Hof 10, 3550 Marburg/L. - Geb. 13. März 1914 Tangerhütte/Altm. (Vater: Hermann S., Lehrer; Mutter: Hedwig, geb. Eikemeier), ev., verh. I) 1949 m. Ursula, geb. Nehm, 4 Kd. (Liv, Ulrich, Hiltgunt, Ekkehart), II) 1973 Anne-Ilse, geb. Radke, 2 Kd. (Wolfram, Gyburg) - Univ. Halle/S. (Deutsch, Gesch., Engl.). Promot. (1938) u. Habil. (1950) Halle - 1948-53 Landeshauptarchiv Magdeburg (Archivrat); s. 1952 Lehrtätigk. Univ. Halle (1956 Prof. m. vollem Lehrauftr. (ao.)) u. Marburg (1960 (o. Prof. u. Dir. Inst. f. Ältere Dt. Philol.)), krit. Edition d. Willehalm Wolframs v. Eschenbach; Texte u. Unters. z. Willehalm-Rezeption; Wolfram-Nachfolge im Jüngeren Titurel; Arabel-Stud. - 1975 korr., 1978 ord. Mitgl. Akad. d. Wiss. u. d. Lit., Mainz, u. 1976 Wiss. Ges. an d. Joh. Wolfg. Goethe-Univ. Frankfurt/M. - Lit.: Festschr. z. 60. Geb. u. z. 75. Geb.

SCHRÖDER, Werner

Vorstandsmitglied Hamburger Hafen- u. Lagerhaus AG, Hamburg - Krempenhege 11, 2000 Hamburg 67 - Geb. 10. März 1927 - B. 1986 Vors. Zentralverb. d. dt. Seehafenbetriebe, Hamburg.

SCHRÖDER, Werner

Aquariumsdirektor a. D. - Westendallee 79, 1000 Berlin 19 (T. 305 97 79) - Geb. 19. Dez. 1907 Bochum / s. 1910 Berlin (Vater: Paul S.; Mutter: Klara, geb. Scheel), verh. s. 1979 m. Inge, geb. Sievers - Univ. Berlin (Zool., Botanik, Paläontol., Phil.). Studienreisen in allen Erdteilen, bes. Karib. Meer, Gr. Barrier-Riff, Thailand u. Pakistan - S. 1945 Vorstandsmitgl. Zoo AG., Berlin (b. heute); 1945-52 kaufm. Dir. Zool. Garten zu Berlin; 1952-77 wiss. Dir. Berliner Aquarium. Mitgl. Dt. (1961 Vizepräs.) u. Intern. Zoodirektoren-Verb. Reiseberichte u. Veröff. üb. Fische u. Reptilien; mehr als 500 Reportagen Rundfunk u. Fernsehen - 1961 Ehrenmitgl. Dt. Unterwasser-Club; 1974 BVK - 1935 u. 1936 Dt. Hochschulmeister im Federgewichtsboxen (Gold. Ehrennadel Univ. Berlin) - Liebh.: Exot. Masken, Bilder (Max Pechstein, Ludwig Richter, Karl Schmidt-Rottluft), Tischtennis.

SCHRÖDER, Wilhelm

Dr.-Ing. (habil.), Prof., Direktor (Rheinstahl/Hanomag AG., Hannover-Linden) - Am Klosterkamp Nr. 15, 3001 Bredenbeck/Deister (T. 05133 - 66 53) - B. 1965 Privatdoz. dann apl. Prof. TH bzw. TU Hannover (Holbenmaschinen).

SCHROEDER, Wilhelm

Dr. med., o. Prof. f. Angew. Physiologie - Teplitz-Schönauer-Str. 6, 6000 Frankfurt/M. (T. 62 34 93) - Geb. 4. Nov. 1911 Rheydt/Rhld. - Promot. (1939) u. Habil. (1944) Frankfurt - S. 1948 Privatdoz., apl. (1952) u. o. Prof. (1966) Univ. Frankfurt - BV: Pathophysiol. u. Klinik d. Kollapszustände, 1944 (m. R. Duesberg).

SCHRÖDER, Wolfgang

Erst. Vorsitzender Fachverb. Chamoisleder u. Schwämme, Frankfurt - Flemmingstr. 10, 4230 Wesel.

SCHRÖDER, Wolfgang

Dr. phil., Soziologe, Inh. Welt-Adressen-Verlag Emil Reiss, Hamburg - Im Winkel 3, 2000 Hamburg 20 (T. 040 - 46 48 11) - Geb. 2. Nov. 1923 Hamburg (Vater: Friedrich Sch., Baumeister; Mutter: Hertha, geb. Striethörster), ev., verh. s. 1964 m. Sigrid, geb. Stahl, 2 S. (Wolfgang, Roland) - 1947-60 Stud. Naturwiss., Psych., Soziol., Päd. u. Volksw. Univ. Hamburg (Promot. 1961); dazw. Tätigk. im Buch- u. Ztschr.-Handel, als Herausg. u. Schriftleit. Hbg. Studenteztg. u. Geschäftsf. Schroppsche Landkartenhandl. - S. 1962 div. Tätigk. (u. a. 1965-66 Werbeleit. Hanseat. Wirtschaftsverlag); s. 1967 Welt-Adressen-Verlag Emil Reiss (Geschäftsf., s. 1970 Inh.); s. 1979 Mitinh. Dr. Schröder GmbH (Haus-, Grundst.- u. Eigentumsverw.). Vors. Intern. Forsch.inst. f. Grenzgebiete d. Wissens, Hbg. (s. 1959); intern. Börsenberat. Dr. Schröder (s. 1962); wiss. Mitarb. Univ. Hbg. (Soziol.). Zahlr. Art. in d. Presse - Liebh.: Bücher, Briefmarken, Münzen, Natur - Spr.: Engl., Franz.

SCHRÖDER, Wolfgang

Dr.-Ing., Prof. f. Wasserbau TH Darmstadt - Inst. f. Wasserbau, TH Darmstadt, Rundeturmstr. 1, 6100 Darmstadt - Geb. 28. März 1937 Bremervörde (Vater: Diedrich Sch., Baumeister; Mutter: Anna, geb. Grüning), ev., verw., 3 Kd. (Marko, Karsten, Anke) - 1957-63 TH Karlsruhe u. Hannover (Promot. 1970) - 1963-64 Techn. Angest.; 1965-72 wiss. Assist. TH Darmstadt; s. 1972 Prof. ebd. - BV: Grundl. d. Wasserbaus (m. and.), 1982.

SCHRÖDER, Wolfgang Johannes

s. Bekh, Wolfgang Johannes

SCHROEDER-HOHENWARTH, Hanns Christian

Dr. jur., Bankier, Aufsichtsratsvors. Berliner Handels- u. Frankfurter Bank - Bockenheimer Landstr. 10, 6000 Frankfurt/M. (T. 7 18 -0) - Geb. 14. März 1921 Königsberg/Pr. - Div. Mandate.

SCHROEDER-PRINTZEN, Günther

Vors. Richter a. BSG - Graf-Bernadotte-Pl. 5, 3500 Kassel-W'höhe - Geb. 28. Aug. 1924.

SCHRÖDINGER, Hubert

Dr., Fabrikant, Georg Leinfelder GmbH + Co., Papier - Karton - Kunststoff, Schrobenhausen/Obb.

SCHRÖDTER, Hans

Dr. jur., Rechtsanwalt - Beim Bockelsberg 13, 2120 Lüneburg (T. 4 38 82) - Geb. 11. April 1911 Rastenburg/Ostpr. (Vater: Dr. Kurt S., Studienrat; Mutter: Elisabeth, geb. Kruczinski), ev., verh. s. 1938 m. Antje, geb. Gröhn, 2 Kd. (Frauke, Wolfgang) - Univ. Freiburg u. Halle (Rechtswiss.). Promot. 1934; Ass.ex. 1936 - 1940 Amtsgerichtsrat Bad Segeberg, 1954 Verw.sgerichtsrat Hannover, 1955 Oberverw.sgerichtsrat Lüneburg, 1964 Senatspräs. OVG Lüneburg, 1966-76 Präs. VG Hannover, 1967-76 Mitgl. Nds. Staatsgerichtshof; 1966-76 Vors. Verein d. Verw.srichter Nieders.s u. Schlesw.-Holst.s - BV: D. verw.s-rechtl. Entscheidung, 1961, 2. A. 1965; Bundesbaugesetz, Komm. 1964, 4. A. 1980. Schriftl.: Dt. Verw.sbl. (1964-79) - Liebh.: Sport, Geschichte - 1952 Gold. Sportabz.; 1976 Gr. BVK - Spr.: Engl., Franz.

SCHRÖDTER, Hermann

Dr. phil., Prof. f. Religionsphilosophie Univ. Frankfurt (s. 1971) - Hubertusanlage 38, 6056 Heusenstamm - Geb. 13. Juli 1934 Offenbach, kath., verh. s. 1962 m. Karin, geb. Winter, 2 Kd. (Stephan, Ruth) - Stud. d. Phil. Lat., kath. Theol.; Promot. 1962; Habil. 1971 - Phil. u. Religion, 1972; D. Religion d. Religionspädagogik, 1975; Analyt. Religionsphilosophie, 1979; Erfahrung u. Transzendenz, 1987.

SCHROEDTER, Paul

Dr. rer. pol., Verleger - Pepers Diek 8, 2000 Hamburg 55 (T. 86 11 31) - Geb. 30. Jan. 1900 Hamburg (Vater: Carl S., Verleger; Mutter: geb. Sand) - Univ. Kiel, Freiburg, Hamburg (Rechts- u. Staatswiss.; Promot. 1922) - Bank-, Export- u. Schiffahrtswesen In- u. Ausl. (USA); s. 1936 väterl. Schiffahrts-Verlag Hansa, Hamburg (Ztschr. Hansa u. Schiffstechnik, Handb. d. Werften u. a.) - 1966 Ehrenbürger TH Hannover - Liebh.: Golf.

SCHRÖER, Alois

Dr. theol., Dr. phil., Prof., Direktor Inst. f. religiöse Volkskunde, Münster (s. 1963) - Horsteberg 15, 4400 Münster/W. (T. 4 60 42) - Geb. 27. März 1907 Einen/W., kath. - Zeitw. Domvikar. S. 1958 Lehrbeauftr. u. Honorarprof. (1961) Univ. Münster (Kirchengesch. d. westf. Raumes). 1954ff. Mitgl. Histor. Kommiss. Westfalens, 1973 Ehrendomkapitular - BV: u. a. D. Tridentinum u. Münster, in: Georg Schreiber, D. Weltkonzil v. Trient, 1951; D. geistl. Bild Liudgers, in: D. erste Jahrtausend an Rhein u. Ruhr, 1962; D. Legationsreise d. Kardinals Nikolaus v. Kues u. ihre Bedeut. f. Westf., in: Dona Westfalica f. Georg Schreiber, 1963; D. vita canonica u. ihre Ausbreit. in Westf., in: Festschr. f. St. Stephanus-Beckum, 1967; D. Kirche v. Westf. vor d. Reformation, 2 Bde. 1968, 2. A. 1987; Heiligenkult u. Volksfrömmigkeit, in: D. Kirche im Wandel d. Zeiten, 1970; D. Korrespondenz d. Münsterer Fürstbischofs Christoph Bernhard v. Galen (1650-78) m. d. Hl. Stuhl, 1972; Vatikan. Quellen z. Gropperforschung, in: Festschr. f. A. Franzen, 1972; Christoph Bernhard v. Galen u. d. Kath. Reform im Bistum Münster, 1973; Stiftsdechanten v. St. Ludgeri-Münster, in: 800 J. Sankt Ludgeri Münster (1973); D. Domkapitel v. Münster 1823-1973, 1976; D. Reformation in Westfalen, Bd. 1 (1979); Bd. 2 (1983); D. Anteil d. Frau an d. Reformation in Westf., in: Reformatio Ecclesiae. Festgabe f. E. Iserloh (1980); D. Pfarre St. Aegidii Münster, in: 800 J. St. Aegidii Münster (1983); D. Gründung d. Remigius-Kirche in Borken, in: 1200 J. St. Remigius Borken (1983); D. pastorale Wirksamkeit d. westf. Prämonstratenser, in: Clarholtensis Ecclesia, hrsg. v. Joh. Meier (1983); 1000 J. St. Pankratius, in: 1000 J. Christen in Gescher (1985); D. Kirche v. Warendorf im Zeitalter d. Reformation u. d. kath. Erneuerung, in: Kirchengesch. d. Stadt Warendorf = 1200 J. Pfarrei St. Laurentius (1985); D. Kirche in Westf. im Zeichen d. Erneuerung (1555-1648), Bd. I (1986), Bd. II (1987). Herausg.: Monasterium - Domfestschr. Münster (1966); Mithrsg.: Westfalia Sacra u. Forsch. z. Volkskd. (Reihen).

SCHRÖER, Heinrich

Dr. med., o. Prof. f. Physiologie Univ. Münster, Dir. Physiol. Inst. - Robert-Koch-Str. 28, 4400 Münster - Geb. 9. Sept. 1922 Duisburg (Vater: Alfons S., Industrieller; Mutter: Adelheid, geb. Sehsing), verh. 1958 m. Ursula, geb. Poppe, 3 T. (Gabriele, Christiane, Jutta) - Univ. Bonn, München, Freiburg, Münster. Promot. 1949; Habil. 1958 - S. 1958 Tätigk. in Forsch. u. Lehre Würzburg (1964 apl. Prof. f. Physiol.) u. Münster; Prorektor f. Forsch. u. wiss. Nachwuchs Univ. Münster 1980/82. Spez. Arbeitsgeb.: Hämostaseologie u. Mikrozirkulation - BV: Carl Ludwig, Begr. d. messenden Experimentalphysiol., 1967.

SCHRÖER, Henning

Dr. theol., Prof. f. Prakt. Theologie - Rundweg 4, 5330 Königswinter 41 (T. 02244-32 56) - Geb. 2. Mai 1931 Berlin (Vater: Erich Sch., Prof.; Mutter: Frieda, geb. Kippert), ev., verh. s. 1961 m. Bergrun, geb. Bornitz, 4 Kd. (Regine, Harald, Ulrike, Clemens) - Abit. Meldorf; Stud. (ev. Theol.) Univ. Heidelberg u. Göttingen, Promot. Heidelberg 1957, Habil. 1968 - 1960-66 Pfarrer Kopenhagen, 1968-71 Doz. Heidelberg, s. 1971 Prof. Bonn - BV: D. Denkform d. Paradoxalität, 1960; Unser Glaubensbekenntnis, 1971; Mod. Lit. in Predigt u. Relig.unterr., 1972; Einf. in Stud. ev. Theol., 1982 - Liebh.: Lyrik - Spr.: Dän., Engl.

SCHRÖER, Rudolf

Dr. med., Prof., Ltd. Arzt Hals-Nasen-Ohrenabt. Bundeswehr-Krankenhaus Gießen - Forstweg 14, 6301 Großen-Linden (T. 06403 - 6 25 33) - Geb. 1. Dez. 1920 Hamm/W. - S. 1956 (Habil.) Privatdoz. u. apl. Prof. (1963) Univ. Gießen. Fachveröff.

SCHRÖER, Thomas

Studienrat a. D., MdB (s. 1980, SPD) - Hügelstr. 14, 4330 Mülheim - Geb. 15. Okt. 1946 Mülheim (Vater: Heinz Sch., Verkaufsleit.; Mutter: Charlotte, geb. Maßmann), ev. - Abit. 1966, Stud. German., Gesch., Phil. Münster, Bochum u. Bonn, Staatsex. Lehramt Höh. Sch. - 1968 SPD, 1971 Bez.vors. Jungsozial. Niederrh., 1972 Mitgl. SPD-Parteirat, 1976 Mitgl. SPD-Bez.-Vorst. Niederrh., 1975 Stadtverordn. Mülheim/R., 1980 Mitgl. Dt. Bundestag.

SCHRÖPF, Johann

Oberbürgermeister (s. 1976) - Rathaus, 8480 Weiden/Opf. - Geb. 15. Mai 1938 Weiden - Zul. Steueramtm. CSU.

SCHRÖPFER, Johannes

Dr. phil., o. Prof. f. Slavistik (emerit.) - Bergstr. 27A, 6900 Heidelberg - Geb. 11. Sept. 1909 Klostergrab/Böhmen - Habil. 1964 - 1965-74 Ord. Univ. Hamburg. Veröff. z. slav. u. allg. Sprachwiss. u. vergl. Semantik - Gründ. u. Hrsg. (m. D. Gerhardt u. a.) d. Semantischen Hefte, 1973 ff.; Hrsg. d. Wörterbuches: d. Vergl. Bezeichnungslehre (s. 1979) - Lit.: Forschung u. Lehre (Festschr.), Hamburg 1975, Heidelberg.

SCHROEREN, J. Michael

Dipl.-Pol., Journalist, Pressesprecher Bundesvorstand d. Grünen - Colmantstr. 36, 5300 Bonn 1 (T. 0228 - 69 20 21) - Geb. 31. Dez. 1949 Mönchengladbach, verh. s. 1981 m. Elisabeth, geb. Meyer, 2 Kd. (Lea Milena Rebecca, David Philip Berrigan) - 1973-76 Stud. Gesch. u. Pol. Wiss. Univ. Köln u. Berlin - 1973-77 Redakt. Ztschr. Graswurzelrevolution; 1977-83 Chefredakt. Bürgerinitiativen-Ztschr. Umweltmagazin - BV: Z. Beispiel Kaiseraugst: D. gewaltfr. Widerstand gegen d. Atomkraftwerk - v. legalen Protest z. zivilen Ungehorsam, 1977 - Spr.: Engl., Niederl.

SCHROERS, Gert

Dr. phil., Kulturdezernent i. R. - An d. Windmühle 12, 5300 Bonn (T. 65 54 80) - Geb. 1. Juni 1909 Mülheim/Ruhr (Vater: Gerhard S., Sparkassendir.; Mutter: Anna, geb. Richard), kath., verh. s. 1940 m. Brigitte, geb. Steinborn - Gymn. Traben-Trarbach; Univ. Köln u. Bonn (German., Musikwiss., Geogr., Phil., Päd.). Promot. 1939 Bonn - B. 1935 Wiss. Hilfsarbeit am Dt. (Grimm'schen) Wörterb., 1942 journalist. Aufg., dann Wehrdst. (Marinemeteorologe), ab 1947 Leit. VHS Bonn, 1951-67 (Ruhest. wegen chron. Erkrankung) Kulturdezern. Bonn. 1952-70 Lehrbeauftragter Univ. Bonn (Erwachsenenbildung); 1964-67 Mitgl. Kulturaussch. Dt. Städttag - BV: D. Rede als Lebensform, 1949; Erwachsenenbild. u. Kultur, Leitged. zu ihrem Wiederaufbau n. 1945, 1979; Schinkels Geist berührte auch Bonn, 1981; Mitverf.: D. Tor z. Nachbarn, 1957; Gedanken z. Film, 1962; D. alte Friedhof in Bonn, 4. A. 1981; D. VHS - Ihre Stellung u. Aufg. im Bildungssystem, 1963; Bilanz u. Perspektive - Aufs. z. Entwickl. d. VHS, 1968; 25 Jahre Erwachsenenbild. im Spiegel e. Ztschr., 1974. Herausg.: Beethoven im Mittelpunkt (1970); Humanität d. Spr. Leits. in d. sprachphil. Schr. Wilhelm v. Humboldts (1981) - Liebh.: Musik, Graphik, Sportangeln - Spr.: Franz.

SCHRÖRS, Heinz

Kaufmann (H.S. Spielwaren Köln GmbH), Vors. Hauptverb. d. Spielwaren-, Modellbau-, Kinderwagen-, Korbwaren-Einzelhandels, Präs.

Europ. Vereinig. d. Spielwaren-Detailhandels, Nürnberg, AR Kölner Bank v. 1867 - Am Fuchsgraben 1, 5000 Köln 40 - Geb. 24. Juni 1923.

SCHRÖTER, Egon

Fabrikant, gf. Gesellsch. Schröter + Bake AG, Werke f. moderne Warenpräsentation, Vors. Verb. d. Bayer. Papier, Pappe u. Kunststoff verarb. Ind.; Vors. Fachvereinig. dt. Kartonagen-Ind. (FKI) - Hartinger Str. 9, 8402 Neutraubling üb. Regensburg.

SCHRÖTER, Egon-Horst

Dr. rer. nat., Prof., Direktor Kiepenheuer-Inst. f. Sonnenphysik, Freiburg - Schöneckstr. 6, 7800 Freiburg/Br. - Geb. 16. Juni 1928 - Ca. 80 Veröffentl. a. d. Gebiet d. Sonnenphys. bzw. Astrophys. - Mitgl. d. IAU, d. nat. COSPAR-Komit., Mitgl. d. Board of the Solar Section of EPS, Präs.-Mitgl. d. Internat. Astrophysical Observatory Roque de los Muchachos (La Palma); Vertr. d. Sonnenphysiker d. BRD in d. "LEST-Foundation".

SCHRÖTER, Gottfried

Dr. phil., Prof., Direktor a. D. Inst. f. Päd. PH Kiel - 2301 Felde üb. Kiel (T. 04340 - 5 88) - Geb. 17. Dez. 1925 Rädchen/Schles. (Vater: Friedrich S., Lehrer; Mutter: Erna, geb. Arnold), ev., verh. s. 1953 m. Christine, geb. Rauer, 3 Kd. (Friedemann, Barbara, Susanne) - Abit. 1943 (Gymn. Fraustadt); Lehrerprüf. 1947 u. 50; Promot. 1953 (Univ. Frankfurt/M.) - 1947-58 Lehrer Hessen; 1958-60 Assist. Päd. Inst. Weilburg; s. 1960 Doz., Prof. (1965), o. Prof. (1969) Päd. Hochsch. Kiel (Päd.) - BV: Sinn u. Grenzen d. religiösen Unterweis., 1952; D. Schüleralltag - krit. gesehen, 1962; Einf. in d. Schulpraxis, 1963, 4. A. 1984; Spannend unterrichten - aber wie?, 1964; Schon morgen m. d. Gruppenarbeit beginnen, 1967, 2. A. 1972; D. ungerechte Aufsatzzensur, 1971, 5. A. 1976; Informations- u. Trainingsbuch f. d. Zensieren v. Schüleraufs., 1972, 3. A. 1976; Kann ein Wissenschaftler d. Bibel glauben?, 1974, 2. A. 1986 m. d. Titel Als Wissenschaftler d. Bibel glauben?; D. Vater in d. Familie, 1975; Erziehen Christen anders?, 1976; Zensuren? Zensuren!, 1977, 3. A. 1981; Liebe - schwer u. schön, 1978, 5. A. 1984; Denken erwünscht, 1978; Christoph u. Christiane (unter Ps. Gottfried Arnold) (1. A. 1978, 2. A. 1979). E. Christ feiert Weihnachten, 1979, 3. A. 1986 m. d. Titel Gesegnete Weihnachtszeit; Versetzung gefährdet, 1980; Erst hören, was Gott sagt - Andachten, 1980, 2. A. 1982; Denk mal! - Gesch. f. junge Leute, 1982. Auf d. Boden d. Tatsachen - Christ werden, Christ bleiben, 1983; Schulkritik, 1985. Herausg.: Probleme d. Primarstufe (1972), D. Schule d. 10-15jährigen (1975), Analyse u. Ansätze einer neuen Grundschuldidaktik (1976), Schulkinderprobleme (1981). Lit.: Hielscher, H. und M. Schwab (Herausg.), Schulkinder achten u. fördern. Festschrift z. 60. Geb. v. Gottfried Schröter (1986) - Interessen: Fragen d. Christentums - Spr.: Engl., Franz., Lat.

SCHRÖTER, Hans-Werner

Verleger, Inhaber u. Geschäftsf. Biermann Verlag GmbH + Co Wuppertal - Sillerstr. 18f, 5600 Wuppertal - Geb. 14. Sept. 1942 Canitz/Riesa, verh. s. 1985 m. Annegret, geb. Jungkeim, 4 Kd. (Daniela, Carsten, Christiane, Angelika) - Vors. Karnevalsges. Weinberger Funken, Wuppertal; 1972 u. 1990 Karnevalsprinz d. Stadt Wuppertal - Liebh.: Schwimmen, Tauchen, Tennis.

SCHRÖTER, Heinrich

Journalist u. Schriftsteller - Dambachtal 44, 6200 Wiesbaden (T. 06121 - 52 35 19) - Geb. 23. März 1917 Hütte/Westpr., verh. s. 1948 m. Marthel, geb. Stöppler, 2 Kd. (Heimar, Marion) - Gymn.; Verw.-Schule; Journalistenausb. - 1948-65 Journ. in Hessen, Rhld.-Pfalz u. Württ.; 1965-78 Redakt. e. Presseagentur in Frankfurt/M.; s. 1979 fr. Autor in Wiesbaden - BV: 5 populärwiss.

Schr., 8 Bde. Kurzprosa u. Lyrik, zul. Glut u. Asche - Lebenslyrik 1937-87, 1988 - Liebh.: Kulturgesch., Bild. Kunst.

SCHRÖTER, Hermann

Dr. phil., Städt. Oberarchivdirektor a. D. - Spreestr. 4, 4300 Essen (T. 26 30 53) - Geb. 26. Aug. 1909 Dresden (Vater: Joseph S., Oberlehrer; Mutter: Maria, geb. Hasche), kath., verh. s. 1952 m. Christel, verw. Schlöder, geb. Meyer, 4 Töcht. (Monika, Margit, Barbara, Michaela, Cordula †) - Kreuz-Gymn. Dresden u. Gymn. Heiligenstadt (1922); Univ. Halle, Innsbruck, Münster; Inst. f. Archivwiss. Berlin - 1937 Staatsarchivass. Osnabrück, 1941 -rat ebd., 1955 Stadtarchivdir., 1971 Städt. Oberarchivdir. Essen - BV: Hindenburg, d. Stadt d. Gruben u. Hütten, 1968; Gesch. u. Schicksal d. Essener Juden, 1980. Buchbeitr. u. Aufs. z. Landes- u. Ortsgesch. v. Nieders. u. d. Rhlds. - Mitgl. Histor. Kommiss. f. Nieders. u. f. Westf. (2), Ges. f. Rhein. Geschichtskd.; BVK am Bde. - Spr.: Engl., Franz.

SCHROETER, Jürgen

Senatsdirektor b. Senator f. Bundesangelegenheiten d. Fr. Hansestadt Bremen - Schaumburg-Lippe-Str. 7-9, 5300 Bonn - Geb. 12. Dez. 1944.

SCHRÖTER, Klaus

Dr., Dipl.-Ing., Unternehmensberater, Wirtsch.-Ing.-Ges. Dr. Klaus Schröter + Partner - Gässelweg 12, 6940 Weinheim 11 (T. 06201 - 5 55 12) - Geb. 10. Aug. 1935 - 1975-81 Hauptgeschäftsf. Verb. f. Arbeitsstud. u. Betriebsorg., Darmstadt.

SCHRÖTER, Klaus

Dr. phil., Prof. f. Deutsche u. Vgl. Literaturgesch., Herausgeber (Rowohlts Monogr.) - Abendrothsweg 26, 2000 Hamburg 20 (T. 040 - 46 36 46) - Geb. 3. Juli 1931 Königsberg (Vater: Dr. jur. Hans Sch.; Mutter: Ilse, geb. Brummund) - Kaufm. Lehre Ex- u. Import; Kaufm.gehilfenprüf. 1953 Hamburg; Stud. German., Angl., Lit.wiss.; Promot. 1961 Hamburg - 1957-69 Redaktion Goethe-, Klopstock-Bibliogr. Hamburg; 1969-72 Prof. f. Dt. Lit. Columbia Univ. New York City; 1972-81 State Univ. of New York Stony Brook; 1974/75 Univ. Hamburg; 1976/77 Univ. Amsterdam - BV: Thomas Mann, 1964 (auch ital., schwed., niederl., jap., israel.); Anfänge Heinrich Manns, 1965; H. Mann, 1967; Lit. u. Zeitgesch., 1970; Döblin, 1978; Böll, 1982; Goethe-Lexikon, 1983 - Liebh.: Musik, bild. Kunst - Spr.: Engl., Franz., Niederl., Ital.

SCHRÖTER, Robert

Dr. phil., o. Prof. f. Klass. Philologie - An Luigsmühle 8, 4760 Werl-Oberbergstraße - Geb. 7. Mai 1921 Oberbergstraße/W. - S. 1959 (Habil.) Lehrtätigk. Univ. Köln, Saarbrücken (1962 Ord.), Bochum (1969 Ord.) - BV: Studien z. varron. Etymologie, 1959 ff.

SCHRÖTER, Wolfgang

Dr. rer. nat., Prof. f. Physik Univ. Göttingen - Flachsrotten 16, 3400 Göttingen (T. 0551 - 6 78 63) - Geb. 2. Nov. 1935 Leipzig (Vater: Willy Sch., Geschäftsf.; Mutter: Else, geb. Falke), ev., verh. s. 1964 m. Edith, geb. Bose, 2 Kd. (Claudia, Michael) - Univ. Göttingen (Dipl. 1963, Promot. 1967, Habil. 1971) - BV: Beitr. in Fachb.: Dislocations in Solids, Bd. 5, 1979; Lattice Detects in Semiconductors, 1974 u. 1978; Electronic Structure of Crystal Detects and of Disordered Systems, 1981 - Spr.: Engl., Franz., Latein.

SCHRÖTTER, Freiherr von, Eberhard

Geschäftsführer Zentralverb. d. Eier-Groß- u. Außenhandels, Bundesverb. d. Dt. Eiprodukten-Ind., u. Bundesverb. d. Wild- u. Geflügel-Groß- u. Außenhandels - Buschstr. 2, 5300 Bonn 1.

SCHRÖTTER, Heinz W.

Dr. rer. nat., Prof. f. Physik Univ. München - Rheinstr. 6, 8000 München 40 (T. 089 - 36 36 58) - Geb. 8. Aug. 1931 Gablonz/N., kath., verh. s. 1960 m. Erika, geb. Frase, 3 Kd. - Univ. München (Dipl.-Phys. 1957, Promot. 1960) - 1972 Privatdoz. München; 1974 Wiss. Rat u. Prof.; s. 1978 Prof. f. Physik. Entd.: Mess. v. Raman-Streuquerschnitten an Gasen. 80 Veröff. auf d. Geb. d. Raman-Spektroskopie in Fachztschr.

SCHROIFF, Franz-Josef

Dr. sc. pol., Prof., Syndikus - Quarzweg 11, 4600 Dortmund-Berghofen (T. 48 19 18) - Geb. 2. Juli 1911 Aachen (Vater: Gerhard S., Fabrikdir.; Mutter: Christine, geb. Hunscheidt), kath., verh. s. 1937 m. Dipl.-Volksw. Margot, geb. Franz, 3 Kd. (Helga, Renate, Dipl.-Kfm. Michael) - Stud. Volksw. (Dipl.-Volksw. 1934). Promot. 1936 Kiel - 1936-44 Wiss. Mitarb. u. Verkehrsref. (1938) Wasserstraßenverw. Münster, b. 1976 Synd. Schiffahrtsverb. f. d. westd. Kanalgeb. Dortmund, s. 1972 zugl. Geschäftsf. Bundesverb. d. Dt. Binnenschiffahrt. S. 1953 Lehrbeauftr. u. Honorarprof. (1959) Univ. Münster (Binnenverkehrspolitik). Veröff. aus d. Arbeitsgeb. - 1965 korr. Mitgl. Akad. d. Raumforschung u. Landesplanung, Hannover; 1973 BVK I. Kl. - Rotarier.

SCHROT, Wilhelm

Schlossermeister, MdL Rhld.-Pfalz (s. 1967) - Trierer Str. 36, 5560 Wittlich (T. 84 05) - Geb. 12. Jan. 1915 Wittlich, verh., 7 Kd. - Höh. Schule (Obersekundareife); 1932-35 Schlosserlehre; 1939 Ingenieursch. (Maschinenbau). Meisterprüf. 1947 - 1937-45 Wehr- u. Kriegsdst. (zul. Fahnenj.-Oberfeldw.); s. 1947 väterl. Betrieb (1950 Übern.). Stv. Ober- u. stv. Kreishandwerksm. S. 1953 MdK Wittlich (1957 ff. m. Unterbrech. Fraktionsvors.). CDU s. 1947 (1966 ff. Kreisvors. Wittlich).

SCHROTH, Kurt

s. Breitenbach-Schroth, Kurt

SCHRUDDE, Josef

Dr.med., Dr. med. dent., Prof., Vorstand Abt. f. Plast. Chirurgie Univ.sklin iken Köln - Ostmerheimer Str. 200, 5000 Köln 91 (T. 89 07 28 18) - Geb. 12. Mai 1920 Nichtinghausen (Vater: Josef S., Hauptlehrer; Mutter: Maria, geb. Bruder), kath., verh. s. 1943 m. Erica, geb. Fadegon, 3 Töcht. (Cornelia, Petra, Claudia) - Stud. Med. u. Zahnheilkd. Münster, München, Würzburg. Dr. med. dent. 1944, Dr. med. 1956 - S. 1956 (Habil.) Lehrtätigk. Med. Akad. bzw. Univ. Düsseldorf (1963 apl. Prof.) u. Univ. Köln (1970 Wiss. Rat u. Prof.). 1972 Präs. Kongreß f. plast. Chir. Köln - BV: Neuzeitl. Behandlungsmethoden d. Kieferbrüche m. Hilfe v. Kunststoffschienen, 1956. Üb. 80 Einzelarb. - 1958 Martin-Wasmund-Preis Dt. Ges. f. Kiefer- u. Gesichtschir. - Spr.: Engl.

SCHRUMPF, Emil

Dr. rer. pol., Arbeitsdirektor, Vorstandsmitgl. Bergbau AG. Dortmund, Dortmund, u. Bergbau AG. Westf., Heessen - Parkweg 64, 5810 Witten/Ruhr - Geb. 20. Sept. 1928 Lütgendortmund - Zul. Gelsenkirchener Bergwerks-AG., Essen, u. a. ARsmandate.

SCHUBACH, Konrad

Staatssekretär a. D. - Talstr. 15, 5501 Neuhaus, Post Aach (T. 0651 - 8 81 34) - Geb. 9. Mai 1914 Ahrweiler - 1964-73 Reg.-Präs. Trier, 1973-79 Staatssekr. Ministerium f. Landwirtschaft, Weinbau u. Umweltschutz, Mainz; Präs. Verb. Dt. Gebirgs- u. Wandervereine - 1960 Van-Tienhoven-Preis, Stiftg. F.V.S. Hamburg - Rotarier.

SCHUBART, Hermanfrid

Dr. phil., Dr. phil. h.c., Erster Direktor u. Prof. Dt. Archäol. Inst. Madrid, a.o. Prof. Univ. München - Serrano 159, E-28002 Madrid/Spanien (T. 00341 - 261 09 04) - Geb. 1. Dez. 1930 Kassel (Vater: Lic. theol. Christoph Sch., Pfarrer; Mutter: Ilse, geb. Defoy), ev., verh. s. 1963 m. Inka, geb. Gloxin, 6 Kd. (Konstanze, Christoph, Cordelia, Sebastian, Martin, Joachim) - Stud. Univ. Greifswald u. Leipzig; Promot. 1955 Greifswald; Habil. 1971 München - 1953-57 Univ. Greifswald; 1958/59 Dt. Akad. d. Wiss. Berlin; s. 1959 Dt. Archäol. Inst. Madrid (1967 II. Dir., 1981 I. Dir.) - Ausgr. kupferzeitl. u. phönizischer Kolonien in Iberien - BV: D. Iberer, 1967 (franz. u. ital. Übers.); Toscanos (m. H.G. Niemeyer), 1969; D. ältere Bronzezeit in Mecklenburg, 1972; Bronzezeit im Südwesten d. Iber. Halbinsel, 2 Bde. 1975; Trayamar (m. H.G. Niemeyer), 1975; Zambujal (m. E. Sangmeister), 1981 - Ehrenmed. Asoc. Española de la Arquelogia; Ehrendoktor d. Univ. Auton. Madrid - Spr.: Engl., Franz., Span., Portug.

SCHUBEL, Friedrich

Dr. phil., o. Prof. f. Anglistik - Im Hopfengarten 10, 6200 Wiesbaden - Geb. 24. Sept. 1904 Stettin (Vater: Johannes S., Kaufm.; Mutter: Martha, geb. Henning), ev., verh. s. 1951 m. Annemarie, geb. Günthner - Realgymn. Stettin; Lehrersem. Pölitz/Pom.; Univ. Jena, Berlin, Greifswald (Engl., Franz., Dt., Phil.). Promot. (1930) u. Habil. (1937) Greifswald - 1937-45 Doz. u. apl. Prof. (1943) Univ. Greifswald; 1949-57 Studien- u. Oberstudienrat (1957) Köln; s. 1957 o. Prof. Univ. Mainz u. Tübingen (1962) - BV: Romant. Elemente im engl. realist. Roman v. 1830-35, 1929; D. südengl. Legende v. d. 11 000 Jungfrauen, 1938; D. engl. Dandytum als Quelle e. Romangattung, 1950; D. Fashionable Novels, 1952; Engl. Literaturgesch., 3 Bde., 2. A. 1967 ff.; Methodik d. Englischunterr. f. d. höh. Schulen, 5. A. 1971; D. Univ. Greifswald, 1960; Probleme d. Beowulf-Forschung, 1979. Übers.: D. Vorstoß ins All (m. K. Schütte, 1953) - Liebh.: Kammermusik - Spr.: Engl., Franz., Schwed. - Lit.: Literatur, Kultur, Gesellschaft in England u. Amerika (Festgabe z. 60. Geburtstag).

SCHUBERT, von, Andreas

Weingutsbesitzer - 5501 Grünhaus üb.

Trier/Mosel (T. 0651 - 51 11) - Geb. 23. Juni 1922 Hohenfinow/Mark (Vater: Dr. jur. Carl v. S., 1930-33 Dt. Botschafter Rom (s. X. Ausg.); Mutter: Renata, geb. Gräfin Harrach), verh. 1951 m. Gloria, geb. Horstmann - S. 1951 Bes. C. v. Schubert'sche Gutsverw., Grünhaus. Div. Mandate. Kriegsdst. - Kommendator Johanniter-Orden - Spr.: Engl., Franz. - Rotarier.

SCHUBERT, Axel H.
Rechtsanwalt, Geschäftsf. Bremer Wertpapierbörse - Obernstr. 2-12, Postf. 10 07 26, 2800 Bremen 1.

SCHUBERT, Bruno H.
Generalkonsul, Vorstandsmitglied Ibero-Amerika Verein, Hamburg, AR-Mitgl. Sekuritas Bremer Allg. Versich.-AG, Bremen, Mitgl. Kurat. Dt.-Ibero-Amerika-Stiftg., Hamburg, Vorst.-Mitgl. Umweltstiftg. WWF-Dtschl. - Wendelsweg 64, 6000 Frankfurt/M. 70 - Geb. 25. Okt. 1919 Frankfurt (Vater: Bruno S., Generaldir.), verh. s. 1941 m. Inge, geb. Schreiber, T. Renate (Schausp. †) - Chilen. Generalkonsul f. d. Länder Rhld.-Pfalz, Hessen u. d. Saarl. - Stift. Namenspreis f. Tier- u. Naturschutz - Liebh.: Reiten.

SCHUBERT, Enno
Dr.-Ing., Prof., Unternehmensberater - Störtebekerstr. 12, 2930 Varel-Dangast (T. 04451 - 36 94) - Geb. 28. Febr. 1930 Bremen (Vater: Richard Sch., Kapitän; Mutter: Marie, geb. Ulffers), ev., verh. s. 1957 m. Mechthild, geb. Eschenburg, 3 Kd. (Heiko, Anja, Cathrin) - Abit. 1949 Varel; 1951-55 Stud. TH Aachen; Dipl. 1955 (Bergbau); Promot. 1959 Dr.-Ing., TH Aachen - 1960-63 Lagerstättening. Wintershall AG; 1964-75 Gelsenberg AG; s. 1969 Vorst.-Mitgl.; s. 1975 selbst. - 1980 Hon.prof. TU Clausthal, 1984 Bartlett Council CSIS Georgetown Univ., Washington D.C. - Spr.: Engl.

SCHUBERT, Georg R.
Werbewirt, Werbeberater, Marketing-Kommunikation - Machnower Str. 34, 1000 Berlin 37 (T. 030 - 802 54 02) u. 3258 Posteholz (T. 05158 - 15 80) - Geb. 4. Dez. 1946 Berlin (Vater: Rudolf S., Kaufm.; Mutter: Annemarie, geb. Pähler), verh. s. 1969 m. Anette, geb. Stodieck, 2 Kd. (Mark-Anton, Vivian Sheila) - Kaufm. Lehre; Hochsch. d. Künste, Wirtschaftswerbung Berlin - 1971 Werbeagentur Bollmann, 1974 Fremdenverkehrsverb. Lüneburger Heide, 1979 Axel Springer Verlag AG, 1980 Chem. Fabrik Dr. Weigert, 1981 Werbeberater, 1982 Sales Manager Hotel Schweizerhof Berlin, 1983 Verkehrsdir. FVV Weserbergland Mittelweser, 1988 Abt.-Leiter Marketing u. Information AOK-Landesverb. Nieders., Account Manager FAIR Marketing, Blomberg - Spr.: Engl., Franz.

SCHUBERT, Gerhard
Dr. rer. nat., Univ.-Prof. f. Theoret. Physik - Weidmannstr. 21, 6500 Mainz (T. 8 25 85) - Geb. 22. Sept. 1916 Berlin, ev., verh. s. 1942 m. Agathe, geb. Höllriegl, 2 Kd. (Ulrich, Uta †) - 1936-40 TH München (Physik) - Assist. u. Privatdoz. TH München, s. 1950 ao. u. o. Prof. (1956) Univ. Mainz. Emerit. 1981. Fachwiss. Veröff.

SCHUBERT, Gerhard Oskar
Dr. jur., stv. Vorstandsvorsitzender Rhein-Main Rückversicherungs-Ges. AG Wiesbaden (s. 1973) - Sonnenberger Str. 44, 6200 Wiesbaden (T. 52 50 01); priv.: Behringstraße 4, 6200 Wiesbaden - Geb. 22. Mai 1925 Brünn (Vater: Dipl.-Ing. Oskar S., Regierungsbaurat; Mutter: Valerie S.), kath., verh. s. 1957 m. Dina Zoe Turrini, 2 Kd. (Alexander, Elisabeth) - Univ. Wien (Rechts-, Volks- u. Staatswiss., Promot.) - S. 1951 Abt.-Leit. Rückvers. Intern. Unfall- u. Schadenvers. AG Wien; s. 1962 Vorst.-Mitgl. Magdeburger Rückvers., Hannover; s. 1966 Vorst.-Mitgl. Frankona Rückvers.-AG, München; s. 1973 stv. Vorst.-Vors. Rhein-Main Rückvers.-Ges. AG, Wiesbaden; AR-Mitgl. Frankona U.K. London, Assimoco Rom, Universo Danni Bologna; stv. AR-Vors. Univero Vita Bologna - Spr.: Engl., Franz., Ital. - Rotarier.

SCHUBERT, Günter
Dr. phil., Redakteur, Korrespondent f. Außenpolitik ZDF Studio Warschau - Zu erreichen üb. ZDF, Essenheimer Landstr., 6500 Mainz-Lerchenberg - Geb. 3. Sept. 1929 Berlin, 2 Kd. (Anne, Peter) - FU Berlin (Promot. 1960); Indiana Univ. Bloomington/Ind. - Spr.: Engl., Franz., Poln.

SCHUBERT, Günther Erich
Dr. med., Prof., Direktor Patholog. Institut Stadt Wuppertal u. Lehrstuhl d. Univ. Witten/Herdecke - Heusnerstr. 40, 5600 Wuppertal 2 (T. 0202 - 896-28 50) - Geb. 17. Aug. 1930 Mosul/Irak (Vater: Erich S., Geistl.; Mutter: Martha, geb. Zschitzschmann), verh. s. 1959 m. Gisela, geb. Schultz, 3 Kd. (Frank, Marion, Dirk) - Abit. 1951 Iserlohn; Staatsex. 1956 Heidelberg; Promot. 1957 ebd.; Habil. 1966 Tübingen - 1972-76 apl. Prof. Univ. Tübingen, s. 1976 apl. Prof. Univ. Essen. Mitgl. Dt. Ges. f. Pathologie, Ges. f. Nephrologie, Intern. Akad. f. Pathol.; Dt. Ges. f. Urologie; Lehrbuch d. Pathologie, 2. A. 1987 - Spr.: Engl., Franz.

SCHUBERT, Hans-Joachim
Dr. jur., Chefsyndikus u. Mitgl. Geschäftsleit. Deere & Co., Region Europa, Afrika, Mittelost - Steubenstr. 36-42, 6800 Mannheim 1 (T. 810 43 05) - Geb. 9. Jan. 1929 Zeitz (Vater: Dr. jur. Paul S.; Mutter: Else, geb. Wibbels), kath., verh. s. 1957 m. Gisela, geb. Cibis, S. Mathias - Promot. 1957 Köln - Handelsrichter, Landesarbeitsrichter - Spr.: Engl., Franz. - Rotarier.

SCHUBERT, Hans-Joachim
Hon.-Prof. Univ. Karlsruhe, Präsident Baden-Württ. Landessozialgericht - Breitscheidstr. 18, 7000 Stuttgart 1.

SCHUBERT, Heino
Prof. Univ. Mainz, Komponist, Dirigent - Hauptstr. 1, 6509 Nack (T. 06736 - 5 64) - Geb. 11. April 1928 Glogau (Vater: Dr. Paul Sch., Stud.rat; Mutter: Alice, geb. Pauli); kath., verh. s. 1957 m. Adelheid, geb. Kroos, 6 Kd. (Mathias, Anneke, Christian, Dorothee, Adelheid, Heiner) - 1947-53 Nordwestd. Musikakad. Detmold; Schulmusikex. u. Dirigierreifeprüf. Musikhochsch. Freiburg; Kompos. u. staatl. Kantorenprüf. 1954-57 - 1960-81 Domorganist in Essen; 1961-71 Hochschull. Folkwanghochsch. Essen u. 1971-78 Musikhochsch. Köln; s. 1978 Prof. Univ. Mainz - Kammermusik, weltl. u. geistl. Chormusik (Motetten, Messen) Orgelmusik; Gryphius-Orator. - 1958 Rompreis Villa Massimo; 1961 J. W. Stamitz-Förderpr.; 1987 BVK am Bde.; 1987 ostdt. Kulturpreis d. Landes Nieders. - Lit.: Zeitgenöss. schles. Komp.; Beitr. z. Rhein. Musikgesch., 97.

SCHUBERT, Heinz
Geschäftsführer Alfred Mälich GmbH. (Damenschuhfabrik), Sudheim (s. 1973) - Göttinger Str. 209, 3411 Sudheim/Nieders. - Geb. 9. Dez. 1920 - Zul. kaufm. Leit. Mälich.

SCHUBERT, Heinz
Schauspieler, Regisseur - Rainville-Terrasse, 2000 Hamburg 50 - Geb. 12. Nov. 1925 Berlin - BV: Theater im Schaufenster, Fotodokum., 1979 - Regie: D. Schneekönigin, Christie in Love (Schauspiel.hs. Hamburg) - Rollen: Hadschi Halef Omar, D. starke Ferdinand, Hitler u. Himmler (Film), Alfred Tetzlaff (FS-Serie) - Spr.: Engl.

SCHUBERT, Helmut
Dr. rer. pol., Geschäftsführer Zentralverb. d. Dt. Handwerks, Bonn - Johanniterstr. 1, 5300 Bonn - Geb. 8. Juli 1926.

SCHUBERT, Horst
Dr. rer. nat., Dr. rer. pol. h. c., o. Prof. f. Mathematik - Poßbergweg 50, 4000 Düsseldorf (T. 28 52 65) - Geb. 11. Juni 1919 Chemnitz/Sa. - S. 1952 (Habil.) Lehrtätigk. Univ. Heidelberg, Kiel (1959 ao., 1962 o. Prof.), Düsseldorf (o. Prof.) - BV: Topologie, 1964 (engl. 1968); Kategorien, 1970 (engl. 1973) - 1975 Ehrendoktor Univ. Karlsruhe.

SCHUBERT, Karl
I. Bürgermeister - Fürther Str. 54, 8501 Roßtal/Mfr. (T. 09127-388) - Geb. 8. Juni 1931 Kaaden (Tschechosl.), verh. s. 1960, 4 Kd. - Kaufm. SPD.

SCHUBERT, von, Klaus
Dr. phil., Prof. f. Politikwissenschaft, Leit. Forsch.stätte d. Ev. Stud.gemeinsch. (FEST) Heidelberg (s. 1984) - Schmeilweg 5, 6900 Heidelberg (T. 06221 - 1 40 61) - Geb. 21. Febr. 1941 Heilbronn (Vater: Friedrich Sch., Dipl.-Landw.; Mutter: Lotte, geb. Speidel), ev., verh. s. 1965 m. Britta, geb. v. d. Pahlen, 3 Kd. (Andreas, Michael, Felix) - 1962-69 Stud. Politkwiss., Soziol. u. Neuere Gesch. Univ. Freiburg, Hamburg, Münster u. Aachen; Promot. 1969 - 1963-73 Offizier (zul. Major); 1974-84 Prof. Hochsch. d. Bundeswehr München. Vorst.-Mitgl. d. VDW (Vereinigung Dt. Wissenschaftler), u. Kammer f. öfftl. Verantwortung d. EKD - BV: Wiederbewaffnung u. Westintegration, 1970; Sicherheitspolitik d. Bundesrep. Dtschl., Dok. 1945-1977, 2 Bde., 1978/79. Herausg.: Technikfolgen u. soz. Wandel (1981), Heidelberger Friedensmemorandum (1983). Zahlr. Aufs. u. Vorträge - Liebh.: Musik, Berggehen, Skilaufen - Spr.: Engl., Franz.

SCHUBERT, Klaus R.
Dr. rer. nat., o. Prof. f. Exper. Hochenergiephysik Univ. Karlsruhe - Am Pferchelhang 33, 6900 Heidelberg 1 - Geb. 28. Dez. 1939 Freiberg/Sachsen, ev., verh. s. 1965 m. Marlies, geb. Rottler, 2 Kd. - Stud. Physik Karlsruhe, Berlin, Heidelberg, Dipl. 1963, Promot. 1966; Forsch.arbeiten in Heidelberg, Genf (CERN), Hamburg (DESY) u. Karlsruhe - Spr.: Engl., Franz.

SCHUBERT, Konrad
Dr. oec., Dipl.-Kfm., zul. Geschäftsführer Unidor GmbH., Pforzheim - Postf. 2007, 7530 Pforzheim - Geb. 25. Dez. 1924, verh., 4 Kd. - Führungsaufgaben b. AEG-Telefunken, Neff, BBC, zul. Gf. Kienzle Uhren GmbH., Villingen-Schwenningen.

SCHUBERT, Konrad
Dr.-Ing., Dipl.-Phys., apl. Prof. f. Kristallstrukturlehre Univ. Stuttgart - Happoldstr. 37, 7000 Stuttgart 30 (T. 81 52 05) - BV: Kristallstrukturen zweikomponent. Phasen (auch russ.), 1964.

SCHUBERT, Lisabeth
Geschäftsführerin Hess. Verleger- u. Buchhändler-Verb. - Großer Hirschgraben 17-19, 6000 Frankfurt/M. (T. 28 26 43).

SCHUBERT, Peter
Dr. med., Prof. f. exper. Neuropathologie u. Neurobiologie - Am Rehsteig 1, 8031 Woerthsee/Steinebach (T. 08153 - 78 36) - Geb. 8. Juni 1940 Schwerin (Vater: Dr. med. Hans Sch., Medizinaldir. im Rhld.), ev., verh. s. 1966 m. Ingrid, geb. Ferschoth, T. Barbara - Stud. Humanmed. 1959 Univ. München, 1961-62 Univ. Wien; Staatsex. 1965 München; Promot. 1965 ebd.; Habil. 1975 München - S. 1967 Wissenschaftler MPI Psychiatrie München; s. 1976 mehrf. Guest Scientist Univ. of. California Irvine, USA - BV: u. a. Adenosine: Receptors and Modulation of Cell Function (m. K. Rudolphi), 1986. Ca. 90 Publ. in Fachztschr. - Spr.: Engl.

SCHUBERT, Peter U.
Prof. f. Kunst u. ihre Didaktik Univ. Dortmund, Maler - Jahnstr. 1, 6360 Friedberg (T. 06031 - 9 26 24) - Geb. 28. Juli 1938 Wernigerode/Harz - S. 1981 Prof. f. Kunst u. ihre Didaktik m. d. Schwerp. Malerei im Ber. d. ästh. Praxis Univ. Dortmund. Ztschr.beitr. z. Kunstwiss. u. Kunstdidaktik - Bild. Kunst: Synthet. Realismus (Arbeitsber. Malerei u. Zeichn.). Zahlr. Einzel-, Gruppenausst. In- u. Ausl.

SCHUBERT, Ralph
Dr. med., Prof., Leiter Abt. f. Allg. Hygiene u. Umwelthyg./Zentrum d. Hygiene Univ. Frankfurt - Paul-Ehrlich-Str. 40, 6000 Frankfurt/M. (T. 63 01 54 32) - S. 1966 (Habil.) Lehrtätigk. Univ. Bonn u. Frankfurt (1970 Prof.).

SCHUBERT, Walter
Dr. jur., Rechtsanwalt, Staatssekr. a. D. - Helmholtzstr. 55, 6200 Wiesbaden - Geb. 25. April 1915 - U. a. Regierungspräs. Wiesbaden, Staatssekr. Hess. Innenmin. ebd. (1966 zurückgetr.), Geschäftsf. VDO Tachometer-Werke Adolf Schindling GmbH., Frankfurt/M.

SCHUBERT, Werner
Dr. jur., o. Prof. f. Dt. Rechtsgeschichte u. Bürgerl. Recht Univ. Heidelberg (s. 1986) - Zu erreichen üb. Univ., Grabengasse 1, Postf. 10 57 60, 6900 Heidelberg - Geb. 15. Aug. 1936 Patschkau (Vater: Rudolf Sch., OStud.rat; Mutter: Felizitas, geb. Dinter), kath., verh. s. 1967 m. Christa, geb. Händler, 2 T. (Veronika, Amelie) - Univ. Marburg, Hamburg, Münster (Rechtswiss.), Habil. Univ. Bochum - 1976-86 Prof. Univ. Kiel - BV: Franz. Recht in Dtschl., 1977; D. Berat. d. Bürgerl. Gesetzbuchs, 8 Bde., 1978-1985; D. Vorentwürfe d. Redaktoren z. BGB, 15 Bde., 1980-86; Bayern u. d. BGB, 1981; D. dt. Gerichtsverf. (1869-1877), 1981; Preuß. Gesetzrevision (1825-1848), 9 Bde., 1981-86; 100 J. modernes Aktienrecht, 1984; Entsteh. d. dt. Rechtsanwaltsordn., 1985; GmbH-Gesetzentwurf v. 1939, 1985; D. Projekte d. Weimarer Rep. z. Reform d. Familienrechts, 1986. Herausg.: Protokolle d. Dresdener Kommiss. u. d. ADHGB-Kommiss. sow. d. CPO-Kommiss. v. 1862 u. 1867, insg. 39 Bde. (1984/85); Bayer. Zivilgesetzbuchsentwürfe v. 1808/09 u. 1811, 2 Bde. (1986) - Spr.: Engl., Franz.

SCHUBERT, Werner
Dr. rer. pol., o. Prof. f. Wirtschaftswissenschaft (Betriebswirtschaftslehre) - Lotharstr. 65, 4100 Duisburg 1; priv.: Schumannsdieken 21, 4030 Ratingen 4-Lintorf - Geb. 24. Okt. 1924 Steinach/Thür. - Habil. 1967 München - Facharb.

SCHUBERTH, Ernst
Dr., Univ.-Prof. a. D. f. Mathematik Univ. Bielefeld - Feldbergstr. 22, 6800 Mannheim 1 (T. 0621 - 30 10 88) - Geb. 5. Jan. 1939 Danzig, verh. s. 1967 m. Erika, geb. Seidel, 5 Kd. - Waldorfsch. Wuppertal (Abit. 1959); Univ. Bonn (1. Staatsex. Math. u. Physik 1964); Promot. Päd. 1970 Univ. Tübingen - 1968 Lehrer Rudolf-Steiner-Sch. München; s. 1974 o. Prof. PH Westf.-Lippe Bielefeld. 1978 Aufbau Freie Hochsch. f. anthrop. Päd. Mannheim - BV: D. Modernisier. d. math. Unterr., 1971 (Übers. Span.); Zw. Tod u. Wiedergeburt, 1988; zahlr. Zeitschr.aufs.; Beitr. in Sammelbd. u. Schulb. - Mitgl. d. Freien Europ. Akad. d. Wiss.

SCHUCH, Hans-Jürgen
Verlagsleiter, Bundesgf. u. stv. Bundesvors. Landsmannsch. Westpreußen (s. 1963) - Von-Stauffenberg-Str. 47, 4400 Münster (T. 7 20 36, Büro: 4 74 48) - Geb. 15. Juni 1930 Elbing/Westpr. (Vater: Bruno Sch., Beamter; Mutter: Erika, geb. Smolinski), ev., verh. s. 1963 m. Renate, geb. Fuchs, 2 Kd. (Julian Klaus, Brigitta Verena) - Höh. Schule, 1946-49 Handwerkslehre; Sozialpäd. Sem. (Sozialarb. grad.). Journalist, Dir. d. Westpreuß. Landesmus. in Schloß Wolbeck, Münster, Vors. Bundesvereinig. ost- u. mitteldt. Museen u. Samml. Div. Ämter

Heimatorg. Stiftungskurat. u. Stiftungsrat Ostdt. Kulturrat, Bonn, Mitgl. u. a. Beir. f. Vertrieb.- u Flüchtlingsfr. b. Min. f. Arb., Gesundh. u. Soz. Land Nordrh.-Westf. - BV: Wiedersehen mit Elbing, 1958; Blick auf Elbing, 1971; Elbinger Stadtplan 1945, 1978; Westpreußen in alten Ansichten, 1980; Elbing in alten Aussichten, 1987; Elbing. Aus 750 J. Gesch. d. Ordens-, Hanse- u. Industriestadt, 1989. Mithrsg. Elbinger Hefte; Herausg. d. Westpreußen-Jahrb. - 1962 Elbinger Verdienstmed.; 1960 Ehrenz. Landsmannschaft Westpreußen; 1973 Westpreußen-Med.; 1986 BVK; 1987 Elbinger Kulturpreis.

SCHUCH, Helmut

Direktor, gf. Vorstandsmitgl. Bundesverb. f. d. Selbstschutz (BVS) - Eupener Str. 74, 5000 Köln 41.

SCHUCHARDT, Eduard

Dr. med., Prof., Vorsteher Abt. f. Neuroendokrinologie Inst. f. Histologie u. Neuroanatomie Univ. Göttingen - Kiefernweg 3, 3406 Bovenden (T. Göttingen 3 29 50) - Geb. 6. Juli 1915 Göttingen - S. 1952 (Habil.) Lehrtätigk. Univ. Gießen (1958 apl. Prof.) u. Göttingen (apl. Prof.; 1968 Abt.svorst. u. Prof.) - BV: D. männl. Keimdrüse, 1960 (Mitverf.). Fachaufs.

SCHUCHARDT, Erika

Dr. phil. habil., Prof. Univ. Hannover, FB Erziehungswiss. - Bismarckstr. 2, 3000 Hannover (T. 0511 - 807 83 59) - Geb. 29. Jan. 1940 Hamburg (Vater: Karl Sch.; Mutter: Erna, geb. Aurisch) - Stud. Sozialwiss., Sonderpäd. u. Erwachsenenbildg.; Dipl.-Päd.; Promot. Hannover - 1982 Priv.-Doz., 1986 apl. Prof. Hannover - B. 1970 Lehrerin Haupt- u. Sondersch.; b. 1975 Abt.-Leit. VHS Hannover f. Päd., Psych., Phil.; Lehrtätigk. Univ. Hannover. S. 1972 gew. Synodale d. EKD; Mitarb. in ökum. Gremien d. Weltkirchenrates, Luth. Weltbundes, Dt. UNESCO Kommiss. - BV: Warum gerade ich ...? Leiden u. Glauben, 4. A. 1987 (Übertr. in Blindenschr., übers. in mehr. Fremdspr.); Jede Krise ist e. neuer Anfang, 3. A. 1987 (Übertr. in Blindenschr., übers. in mehr. Fremdspr.); Krise als Lernchance, 1985; Women a. Disability, 1985 (übers. in franz. u. span.); Schritte aufeinander zu. Soz. Integr. Behind. d. Weiterbildg., 1987; Biogr. Erfahrung u. wiss. Theorie. Soz. Integr., Bd. 1 3. A. 1987; Weiterbildung als Krisenverarb. Soz. Integr., Bd. 2 3. A. 1987 - 1984 Literaturpreis Dt. Verb. ev. Büchereien; 1985 Buchpreis AWMM Luxemburg - Liebh.: Musik (Geige, Flöte), Bergwandern, Ski - Spr.: Engl. - Bek. Vorf.: D. Karl Schuchardt, 1868, Begr. d. Anst. Hephata/Treysa u. d. Erwachsenenbildung in Hessen.

SCHUCHARDT, Helga,
geb. Meyer

Ingenieurin, Senatorin f. Kultur Fr. u. Hansestadt Hamburg (s. 1983) - Eichenstr. 66, 2000 Hamburg 19 (T. 40 78 03) - Geb. 2. Aug. 1939 Hannover (Vater: Robert M., Kaufm., gef.; Mutter: Liselotte Wenck, geb. Schulze), ev., verh. s. 1968 m. Wolfgang S. - Gymn.; Höh. Handelssch.; Ing.sch. (Physiking.) - S. 1965 Dt. Lufthansa. 1970-72 Mitgl. Hbg. Bürgerschaft; 1972-83 MdB; ab 1983 Senatorin. FDP 1965-82 (ausgetr.; 1970 Mitgl. Bundesvorst.; 1975-80 Landesvors. Hamburg), gegenw. parteilos - BV (Herausg.): D. liberale Gewissen, 1982 (m. Günter Verheugen) - Spr.: Engl.

SCHUCHHARDT, Klaus

Dipl.-Volksw., Hauptgeschäftsführer Handwerkskammer Kassel - Menzelstr. 18a, 3500 Kassel (T. 2 68 17) - Geb. 22. Aug. 1937 Marburg (Vater: Nikolaus S., Dachdeckerm.; Mutter: Elise, geb. Lorch), ev., verh. s. 1963 m. Rosemarie, geb. Koch, 2 Kd. (Christian, Gesine) - Stud. Volkswirtsch. Univ. Bonn, Freiburg. Staatsex. 1962 Freiburg - Zentralverb. Dt. Handwerk. S. 1972 Stadtverordn. Kassel; s. 1981 Fraktionsvors. d. F.D.P. AR-Mand. - Spr.: Engl. - BVK.

SCHUCHT, Karl

Rechtsanwalt, Geschäftsf. Fachverb. Fernmeldebau/Bundesvereinig. d. Fernmeldebauuntern. - Bundeskanzlerpl. (Center), 5300 Bonn 1.

SCHUCHT, Klaus

Dr.-Ing., Assessor d. Bergfachs, Vorstandsspr. d. Bergbau AG Westfalen - Silberstr. 22, 4600 Dortmund 1 (T. 0231 - 19 81); priv.: Roseneck 10, 4618 Kamen-Heeren - Geb. 25. Febr. 1930 Breslau - Rotarier.

SCHUCK, Josef

Dr. med., Prof., Chefarzt Geburgshilfl.-gynäk. Abt. Rotkreuzkrkhs. I München - Harthauser Str. 54, 8000 München 90 (T. 64 01 42) - Geb. 21. Jan. 1912 München - S. 1949 (Habil.) Privatdoz. u. apl. Prof. (1957) Univ. München. Fachveröff.

SCHUDER, Werner

Verlagsdirektor - Freiwaldauer Weg 24, 1000 Berlin 45 (T. 811 33 09) - Geb. 25. Febr. 1917 Berlin (Vater: Franz S.; Mutter: Anna, geb. Frenzel), ev., verh. s. 1948 m. Christa, geb. Fröhlich, 2 Söhne (Thomas, Christian) - Univ. Berlin (Phil., Musikwiss.); Buchhändler- u. Bibliothekarsch. - 1945-54 Bibliothekar Univ.bibl. Berlin; s. 1954 Redakt. u. Dir. Verlag Walter de Gruyter & Co. Berlin, New York; 1947-54 Doz. Bibl.sch. d. ehem. Pr. Staatsbibl. Berlin; s. 1956 Doz. Berliner Bibliothekarakad.; s. 1972 Lehrbeauftr. FU Berlin u. Hochsch. d. Künste ebd. (1974). 1960ff. Vors. Prüfungsaussch. f. Verleger Berlin; 1967ff. Mitgl. FNA f. Bibl.wesen u. Dokumentation ebd. - BV/Herausg.: Universitas Litterarum - Handb. d. Wiss.kunde (1955), Minerva - Jahrb. d. Gelehrten Welt (1956ff.), Kürschners Dt. Literatur-Kalender (1958ff.), Kürschners Dt. Gelehrten-Kalender (1961ff.), De Captu Lectoris. Wirkungen d. Buches im 15. u. 16. Jh. (1988). Fachaufs.

SCHÜBEL, Klaus Dieter

Dr. jur., Vorstandsmitglied Readymix AG f. Beteiligungen, Ratingen - Albrecht-von-Hagen-Pl. 1, 4000 Düsseldorf 30 (T. 0211 - 43 18 93) - Geb. 22. Nov. 1940 Berlin, verh., 3 Kd. (Bodo, Oliver Nikolaus, Stefanie) - Gymn.; Sem. High School USA; Univ. Köln (1. u. 2. jurist. Staatsex., Promot. Staats- u. Verwaltungsrecht 1969)- Posit. als Vorst. f. Zement, Handel, Spedition im Readymix-Konzern. Vorstandstätigk. in Fachverb. - Liebh.: Sport (Hockey, Golf, Ski) - Spr.: Engl., Franz.

SCHÜBEL, Theodor

Schriftsteller - Neue Gasse 4, 8676 Schwarzenbach/S. - Geb. 18. Juni 1925 Schwarzenbach (Vater: Theodor S., Braumeist.; Mutter: Rosa, geb. Schaff), ev.-luth., verh. s. 1953 m. Ingrid, geb. Franke, 2 Kd. (Stefan, Eva) - W: u. a. D. Kürassier Sebastian u. s. Sohn, Dr. 1957; Karl Sand, 1962; Wo liegt Jena?, 1964; D. Wohltäter, Dr. 1968; D. Münze, Kom. 1969; Einfach sterben, Dr. 1970; König Heinrich IV., Dr. 1971 (Neufass.); Die drei Musketiere (nach Dumas), 1976; Karneval, Dr. 1977. Hör- u. Fernsehsp. (u. a. Im Schatten, 1973; Neugierig wie e. Kind, 1974; Fusion, 1974; D. Opportunist, 1975); Alles umsonst, 1978; D. Grenze, 1979; D. Matrosen v. Kronstadt, 1983; Martin Luther, 1983; Kellerjahre, R. 1982; Damals im August, R. 1983; Dreizehn Stunden Angst, R. 1984; Bischoff - e. Karriere, R. 1987 - 1957 Gerhart-Hauptmann-Preis (f.: Sebastian u. s. Sohn), 1977 u. 1982 DAG-Fernsehpr. in Gold (f.: D. Opportunist u. f. D. Grenze); 1983 Jakob-Kaiser-Preis (f. D. Grenze); Lit.preis d. Neuen Lit. Ges. Hamburg für d. Roman Kellerjahre.

SCHÜBELER, Carl

Kaufmann (Fa. Carl Schübeler Manufaktur- u. Modewareneinzelhandl., Warburg), Vizepräs. IHK Bielefeld - Sternstr. 3, 3530 Warburg/W. (T. 5 29).

SCHÜBELER, Egon

Dr. agr., MdL Schlesw.-Holst. (1957-87; Vizepräs. 1975-87) - 2341 Rüggesnorgaard (T. 370) - Geb. 4. Sept. 1927 Flensburg, ev., verh., 3 Kd. - Obersch.; Univ. Kiel (Dipl.-Landw.) - 1955-78 ehrenamtl. Bürgerm. Gde. Rügge Krs. Schlesw., 1955-70 MdK Schleswig. CDU s. 1953.

SCHÜFFEL, Wolfram

Dr. med., Prof. f. Psychosomatik Zentrum f. Innere Med. Univ. Marburg, Internist, Psychotherapeut - Kaffweg 17a, 3550 Marburg/L (T. 06421 - 2 63 51) - Geb. 18. Aug. 1938 Pirna/Elbe (Vater: Wolfgang Sch., Journ.; Mutter: Eva, geb. Lehr), verh. s. 1964 m. The Hon. Janet, geb. Edmund-Davies, 2 Kd. (Judith, Patrick) - Med. Staatsex. 1965 Heidelberg, Habil. 1975 Ulm - S. 1976 Lehrstuhl Psychosomatik u. Ltg. d. Abt. Psychosomatik im Zentrum f. Innere Med. Univ. Marburg - BV: Patientenbezogene Med.; Balint-Meth. in d. Med. Ausb., 1981 (m. Luban-Plozza, Egle); Sprechen m. Kranken - Erfahrungen a. student. Anamnesegr., 1983; Psychosomat. Fortbildung, 1984 (m. Fassbender); Ärztliche Erkenntnis - Entscheidungsfindung m. Patienten, 1986 (m. Jork); Sich gesund fühlen im J. 2000, 1988 (Hrsg.) - S. 1974 Vorst.-Mitgl. Sekr. Dt. Kollegium f. Psychosomatische Med. (DKPM); 1986-88 Präs. European Conference on Psychosomatic Research; 1989 Hilfsprogramm z. gesundheitl. Betreuung d. Betroffenen d. Grubenunglücks Stolzenbach/Borken, Borken/Hannover/Marburg.

SCHÜGERL, Karl

Dr. rer. nat., o. Prof. Inst. f. Techn. Chemie Univ. Hannover (s. 1969) - Kirchstr. 31, 3005 Hemmingen 4 - Geb. 22. Juni 1927 Sopron/Ungarn (Vater: Miklos S.; Mutter: Margit, geb. Heiszler), kath., verh. m. Gertraut, geb. Taplick, 3 Töcht. (Christine, Sigrid, Gudrun) - 1946-49 TU Budapest (Dipl.-Ing.), 1957-59 TH Hannover. Promot. (1959) u. Habil. (1964) Hannover - 1949-63 Hochschul- u. Industrietätigk. In- u. Ausl. (New York, Princeton Univ.); 1966-69 Abt.svorst. u. Prof. TU Braunschweig. Fachmitgl.sch. - Dechema, GDCh, VDI, ACS, Bunsenges., Faraday Soc. - Spr.: Ung., Engl.

SCHÜLE, Helmut

Dr. med., Dr. med. dent., Prof., Ärztl. Direktor Klinik f. Kiefer- u. Gesichts-Chir., Plast. Operationen, Städt. Katharinen-Hospital Stuttgart - Kriegsbergstr. 60, 7000 Stuttgart (T. 0711 - 20 34/540) u. Urbanstr. 66, 7000 Stuttgart 1 (T. 0711 - 22 49 71) - Geb. 25. Dez. 1923 Stuttgart - S. 1960 (Habil.) Lehrtätigk. Univ. Kiel u. Erlangen-Nürnberg (1965 apl. Prof. f. Zahn-, Mund- u. Kieferheilkd.) - BV: D. Schmelzoberhäutchen, 1962, Zahnärztl. Rezepttaschenb. (1966, 2. A. 1971). 140 Einzelarb., mehrere Handbuchbeitr. - Jahrespreis ARPA (1962) u. ORCA (1964).

SCHÜLE, Walter

Dr.-Ing., stv. Leiter Inst. f. Bauphysik, Stuttgart-Degerloch i. R., Honorarprof. Univ. Stuttgart (Techn. Ausbau, wärme- u. feuchtigkeitstechn. Fragen im Hochbau) - Krokusweg 6, 7050 Waiblingen/Württ. (T. 5 28 53) - Geb. 21. Aug. 1913 Friedrichshafen/B. - Etwa 150 Facharb.

SCHÜLEIN, Johann August

O. Univ.-Prof. Wirtschaftsuniv. Wien - Mühlweg 46, 6305 Alten Buseck (T. 06408 - 78 55) - Geb. 19. Febr. 1947 - Stud. Soziol., Psychoanalyse, Phil.; Promot. (Dr. phil.) 1973 Gießen; Habil. (Soziol.) 1978 Gießen - 1973-76 wiss. Mitarb., 1976-86 Doz. bzw. Prof. f. Soziol. Univ. Gießen - BV: Gesellschaftsbild d. Freudschen Theorie, 1975; Selbstbetroffenheit, 1977; Mikrosoziol., 1983; Theorie d. Institution, 1987; D. Geburt d. Eltern, 1989.

SCHÜLER, Hans

Dr., Vorstandsmitglied Iduna Bausparkasse AG (s. 1971) - Neue Rabenstr. 15, 2000 Hamburg 36 (T. 040 - 41 24-26 34) - Geb. 23. März 1933 Duisburg.

SCHÜLER, Klaus W.

Dr. rer. pol., Dipl.-Volksw., Prof. f. empirische Wirtschaftsforschung u. Ökonometrie Univ. Oldenburg - Kastanienallee 38, 2900 Oldenburg - Geb. 17. Sept. 1940 Duisburg (Vater: Wilhelm Sch., Braumeister; Mutter: Irmgard, geb. Prinzen), verh. s. 1972 in 2. Ehe m. Angelika, geb. Moltmann, 7 Kd. (Dorothea, Alexander, Beatrice, Hans Ulrich, Carolyn, Christoph, Philip) - Abit. 1960 Duisburg; Dipl.-Volksw. 1966 Kiel; Promot. 1978 München - 1966-80 Ifo-Inst. München; 1976-77 Univ. München; s. 1981 Prof. Univ. Oldenburg - BV: Wirtschaftl. Wachstum in d. Bundesrep. Dtschl. - E. Test d. Learning-by-Doing-Hypothese, 1979 u. a. - Spr.: Engl., Franz.

SCHÜLER, Manfred

Dr., Dipl.-Volksw., Staatssekretär a.D. - Palmengartenstr. 5-9, 6000 Frankfurt - Geb. 7. März 1932 Jessen - Bismarck-Gymn. Sommerfeld/NL.; Verwaltungsausbild. Düsseldorf; n. Externer-Abit. (1953) Univ. Köln (Wirtschaftswiss.; u. a. Prof. Schmölders) - Assist. Univ. Köln, Dt. Städtetag, Friedrich-Ebert-Stiftg., Hoesch AG. (1963), SPD-Bundestagsfraktion (1967), Stadtkämmerer Gelsenkirchen (1969), Ministerialdir. (1969; Leit. Abt. Grundsatzfragen d. Finanzpolitik) u. Staatssekr. (1973) Bundesfinanzmin., 1974-80 Chef d. Bundeskanzleramts, Vorst.-Mitgl. Kreditanst. f. Wiederaufbau. SPD s. 1959 - Spr.: Engl.

SCHÜLER-SPRINGORUM, Horst

Dr. jur., o. Prof. f. Strafrecht u. Kriminologie Univ. München (s. 1975) - Pflegerstr. 31, 8000 München 60 - Geb. 15. Okt. 1928 Teheran/Iran (Vater: Werner S.), verh. m. Josi, geb. Helfrich - S. 1967/68 Ord. Univ. Göttingen u. Hamburg (1972). S. 1968-86 Vors. Dt. Jugendgerichtsvereinig.; 1978-82 Vors. Intern. Vereinig. d. Jugendrichter - BV: Strafvollzug im Übergang, 1970. Weit. Publik. üb. Strafvollzug, Kriminologie u. Jugendrecht.

SCHÜLING, Hermann

Dipl.-Psych., Dr. phil., Ltd. Bibliotheksdirektor a.D. - Rehschneise 11, 6300 Gießen - Geb. 16. April 1926 Vardingholt, verh. m. Renate, geb. Göttlich - BV: u.a. D. Drucke d. Offizin v. Joh. Prael, 1963; Ursprünge d. rationalen Naturbeherrschung, 1963; Denkstil, 1967; D. Gesch. d. axiomat. Meth. im 16. u. beginn. 17. Jh., 1969; Erkenntnistheorie, 1979; Wörterb. d. westmünsterl. Mundart v. Rhede-Vard, 1987.

SCHÜLLER, Alfred Alois

Dr. rer. pol., o. Prof. f. Volkswirtschaftslehre Univ. Marburg (s. 1976),

Geschäftsf. Dir. Forschungsst. z. Vergleich wirtschaftl. Lenkungssyst. - Feldbergstr. 57, 3550 Marburg-Cappel - Geb. 21. Juni 1937 Ahrweiler (Vater: Peter Hubert S., orthopäd. Schuhmacherm.; Mutter: Gertrud, geb. Zimmermann), kath., verh. s. 1966 m. Christa, geb. Müller, 3 Kd. (Andreas, Verena, Christina) - Stud. d. Volkswirtsch.slehre Univ. Bonn; Habil. 1972 ebd. - 1962-64 Handlungsbevollm. Dt. Revisions- u. Treuhand-AG., 1964-68 wiss. Assist. Inst. f. Mittelstandsforsch. u. 1968-73 Univ. Bonn (1972 Lehrstuhlvertr.), 1973-76 Wiss. Rat u. Prof. Univ. Köln - BV: Dienstleistungsmärkte in d. Bundesrep. Dtschl., 1966; Osthandelspolitik als Problem d. Wettbewerbspolitik, 1973; Spontane Ordnungen in d. Geldwirtsch. u. d. Inflationsproblem, 1976 (m. F. W. Meyer); Internat. Wirtschaftsordn., 1978 (m. Helmut Gröner); Außenwirtsch.politik u. Stabilsierung v. Wirtschaftsyst., 1980 (m. Ulrich Wagner); Innovationsprob. in Ost u. West, 1983 (m. Hannelore Hamel u. Helmut Leipold); Property Rights u. ökonom. Theorie, 1983; Z. Interdependenz v. Untern.- u. Wirtsch.-ordnung, 1986 (m. Helmut Leipold); Does Market Socialism Work?, 1998; rd. 60 Beitr. in Ztschr. - Spr.: Engl.

SCHÜLLER, Bruno, S. J.

Dr. theol., o. Prof. f. Moraltheologie - Rothenburg Nr. 14, 4400 Münster - Geb. 9. Nov. 1925 Rhens/Rh. (Vater: Wilhelm S., Bürgerm.; Mutter: Maria, geb. Heyer), kath., led. - 7 Sem. Phil. Pullach, 16 Sem. Theol. Frankfurt/M., Rom, Münster - S. 1961 Lehrtätigk. Theol. Fak. S. J./Phil.-Theol. Hochsch. St. Georgen Frankfurt/M. u. Univ. Bochum (1968) - BV: D. Herrschaft Christi u. d. weltl. Recht, 1963 (Rom); Gesetz u. Freiheit, 1966. D. Begründung sittl. Urteile, 1973 (ital. 1975).

SCHÜLLER, Karl-Heinz

Dr. rer. nat., Prof. an d. Georg-Simon-Ohm-Fachhochsch. Nürnberg, FB Werkstofftechnik (s. 1980) - Erbsenbodenstr. 36, 8560 Lauf an d. Pegnitz - Geb. 1. Juni 1928 Nürnberg - Promot. 1957, Habil. 1966 u. apl. Prof. 1972 Univ. Erlangen - Üb. 100 Fachveröff. - 1966 Ernst-Abbe-Preis, 1987 Georg-Agricola-Med. (Dt. Mineral. Ges.).

SCHÜLLER, Walter

Dr. rer. nat., Dipl.-Phys., techn. Geschäftsführer Ges. z. Wiederaufarbeitung v. Kernbrennstoffen mbH., Eggenstein-Leopoldshafen - Kirchbergstr. Nr. 42, 7504 Weingarten - Geb. 16. Sept. 1928.

SCHÜMANN, Hans-Joachim

Dr. med., em. o. Prof. f. Pharmakologie - Ladenspelderstr. 70, 4300 Essen (T. 79 72 13) - Geb. 28. Dez. 1919 Stralsund (Vater: August S., Lehrer; Mutter: Maria, geb. Schönrogg), ev., verh. s. 1949 m. Annelies, geb. Ribbe, 2 Kd. (Peter, Christine) - Gymn. Stralsund; Univ. Köln, Greifswald, Rostock. Promot. (1945) u. Habil. (1950) Rostock - 1946 Assist. Univ. Rostock, 1950 Privatdoz. ebd., 1957 apl. Prof. Univ. Frankfurt/M., 1964 Ord. u. Inst.dir. Univ. Münster/W. (Klinikum Essen), 1972 Univ. Essen. Veröff. z. Pharmak. d. autonomen Nervensystems, insb. pharmak. Beeinfluss. d. Sekretion d. Sympathicusstoffe u. ihre Wirkung auf Herz u. Kreislauf - 1960 Affiliate Royal Soc. of Medicine, London; 1978 Honorary Member Jap. Pharmacol. Soc., Tokio; 1985 Ehrenmitgl. Dt. Pharmakol. Ges. - Spr.: Engl.

SCHÜMANN, Hans-Otto

Fabrikant, Präs. Dt. Segler-Verb. - Gründgensstr. 18, 2000 Hamburg 60 - Erfolgreicher Hochseesegler (1973 u. 85 Admiral's Cup) - 1985 BVK I. Kl. u. Silb. Lorbeerblatt.

SCHÜNDLER, Rudolf

Regisseur - Prinzregentenstr. 81, 8000 München 80 (T. 47 36 37) - Geb. 17. April 1906 Leipzig, ev. - S. üb. 30 J. Schausp. Provinzbühnen u. Berlin; s. üb. 20 J. Regiss.; 1945-50 Dir. u. künstler. Leit. Schaubude, München. Berliner Urauff.: Operetten Mamina (Admiralspalast) u. Königin d. Nacht (Metropol-Theater). Filmregie: D. Geigenmacher v. Mittenwald, Wenn am Sonntagabend d. Dorfmusik spielt, Viktoria u. ihr Husar, Schützenliesl, Krach um Jolanthe, D. fröhl. Dorf, D. Rosel v. Schwarzwald, Gruß u. Kuß v. Tegernsee, Mikosch, d. Stolz d. Kompanie, Wenn Mädchen ins Manöver zieh'n, M. Mädchen ist e. Postillon, Gräfin Mariza, M. Schatz, komm ans blaue Meer, Meine Frau, d. Callgirl, Wilde Wasser. Üb. 50 Filmrollen - Liebh.: Pferderennen, Bücher.

SCHÜNEMANN, Bernd

Dr. iur. habil., Prof. f. Strafrecht - Draisstr. 3, 6944 Hemsbach (T. 06201 - 76 98) - Geb. 1. Nov. 1944 Broistedt (Vater: Wilhelm Sch., ORegRat; Mutter: Irmgard, geb. Bothe), ev.-luth., verh. s. 1968 m. Ilse, geb. Klose, 4 Kd. (Stefan, Corinna, Riccarda, Franziska) - Abit. 1963, 1963-67 Univ. Göttingen, Hamburg u. Berlin (Rechtswiss.) - 1971-74 wiss. Assist., 1975 Doz., 1975 wiss. Rat u. Prof., 1976 o. Prof. Univ. Mannheim, 1987 Univ. Freiburg im Br. - BV: Grund u. Grenzen d. unechten Unterlass.delikte, 1971; Nulla poena sine lege?, 1978; Unternehmenskriminal. u. Strafrecht, 1979; Strafrechtl. Klausurenlehre, 5. A. 1989; Grundfragen d. mod. Strafrechtssystems, 1984; Parteispendenproblematik, 1986; D. Rechtsprobleme v. AIDS, 1988 - Spr.: Engl.

SCHÜNEMANN, Wolfgang Bernward

Dr. jur., Univ.-Prof. Univ. Dortmund (s. 1984) - Ostbürener Str. 38, 5758 Fröndenberg/Ruhr (T. 02373 - 7 22 45) - Geb. 11. Jan. 1947 Erlangen, ev., verh. s. 1973 m. Dipl.-Psych. Dr. rer. med. Sibylle, geb. Wurmthaler, 2 Söhne (Sebastian, Leonard) - Stud. Univ. Frankfurt (Rechtswiss.); Staatsex. 1971 u. 1976 Frankfurt; Promot. 1974 Frankfurt; Habil. (Bürgerl. Recht, Handels- u. Gesellschaftsrecht, Zivilprozeßrecht) 1984 Tübingen - Wiss. Mitarb. Univ. Frankfurt u. Stuttgart; 1982-84 Lehrbeauftr. Univ. Hohenheim u. Dortmund; Dozent an Verwaltungs- u. Wirtschaftsakad. sowie an d. Dt. Versicherungsakad. - BV: Grundprobleme d. Gesamthandsges., 1975; Selbsthilfe im Rechtssystem, 1985; Wettbewerbsrecht, 1989.

SCHÜNKE, Lothar

Dr., Dt. Generalkonsul i.R. in San Francisco (USA) - International Building, 601 California Street, San Francisco, California 94108 (T. 981-4250) - Geb. 16. Sept. 1917 Insterburg, verh. m. Erika, geb. Frederstorf, Tocht. - 1936-39 Stud. d. Rechts- u. Staatswiss. Berlin, Genf; 1939 1., 1950 2. jur. Staatsex.; 1939-47 Kriegsdst., Gefangensch. - S. 1952 AA (Auslandsposten: Quito, Caracas, Mexico, Rom, s. 1974 San Franzisco), 1982 Ruhestand.

SCHÜPPEL, Reiner V. A.

Dr. med., Dr. rer. nat., Facharzt f. Pharmakol., Apotheker, Wiss. Rat u. Prof. TU Braunschweig (s. 1973) - Mendelssohnstr. 1, 3300 Braunschweig - Geb. 13. Aug. 1935 Altona - Promot. 1964 Hamburg u. 1969 Tübingen; Habil. 1970 ebd.

SCHÜPPERT, Helga

Dr. phil., Prof. Inst. f. Literaturwiss. Univ. Stuttgart - Keplerstr. 17, 7000 Stuttgart 1 (T. 0711 - 121 30 81 od. 30 79) - Geb. 20. Sept. 1935 Offenbach, kath. - Abit. 1956 Oberrealsch. Aschaffenburg; Stud. German., Gesch., Mittellat., Volkskd. u. Geogr. Univ. Würzburg u. Göttingen; Staatsex. 1962, Promot. 1967 Univ. Würzburg, Habil. 1982 Univ. Stuttgart - 1963-67 Tutorin in Würzburg; 1967-71 wiss. Assist. FU Berlin; 1971-75 Assist.-Prof. FU Berlin, 1975-77 Habil.stip. Dt. Forsch.gem.; s. 1977 Univ. Stuttgart; 1982/83 Prof. Univ. Bayreuth - BV: Kirchenkritik in d. lat. Lyrik d. 12. u. 13. Jh., 1972; Topos u. Geschichtlichkeit. Stud. z. histor. Gehalt d. Topos in dt. und lat. Lit. d. Mittelalters. Herausg.: Festschr. J. Schröbler (1973). Zahlr. Beitr. in Ztschr. u. Sammelbd. - Liebh.: Bild. Kunst, Malerei, Städtereisen, Volkskultur - Spr.: Engl., Franz.

SCHÜREN, Peter

Dipl.-Volksw., stv. Hauptgeschäftsführer IHK Düsseldorf - Klopstockstr. 3, 4040 Neuß/Rh. (T. 4 19 39; Büro: Düsseldorf 3 55 71) - Geb. 17. Nov. 1911 - S. 1939 IHK Düsseldorf.

SCHÜRENBERG, Walter

Dr. phil., Redakteur, Kritiker, Schriftst. u. Übers. - Hasselfelder Weg 2, 1000 Berlin 45 (T. 772 11 74) - Geb. 20. Sept. 1907 Mönchengladbach (Vater: Robert S., Fabrikant; Mutter: Martha, geb. Kuhlen), ev., verh. I) 1942 m. Marie-Agnes, geb. Gräfin zu Dohna, II) 1951 Gisela, geb. Haube, 3 Kd. (Jacob, Christoph, Adrienne) - Realgymn. M.gladbach; Univ. Leipzig, München, Köln, Göttingen (German., Kunstgesch., Sanskrit, Phil.). Promot. 1934 - 1937-44 DAZ (Redakt.); 1945-46 Magistrat Berlin/Amt f. Kunst (Lektor); 1947-50 Suhrkamp-Verlag (stv. Leit.); 1955-72 SFB (Redakt. Lit.). Zeitw. stv. Vors. Verb. dt. Übers. Herausg.: Georg Büchner, Werke u. Briefe (1947). Übers.: E. M. Forster, Scott Fitzgerald, Joseph Conrad, Rose Macaulay, Carlo Coccioli u. a. - Mitgl. PEN-Zentrum BRD - Liebh.: Musik - Spr.: Engl., Franz.

SCHÜRGER, Klaus

Dr. rer. nat., Prof. f. Statistik Univ. Bonn (s. 1980) - Röntgenstr. 17, 5205 St. Augustin 3 (T. 02241 - 31 26 98) - Geb. 23. Dez. 1939 Köln-Kalk, verh. s. 1973 m. Vera, geb. Loerick, 2 S. (Stefan, Thomas) - Stud. Univ. Heidelberg; Dipl.-Math. 1967; Promot. 1974 Heidelberg - 1973-80 wiss. Ang. Dt. Krebsforschungszentr. Heidelberg - Übers.: E.B. Dynkin, A.A. Juschkewitsch, Sätze u. Aufgaben üb. Markoffsche Prozesse, 1969; J. C. Oxtoby, Maß u. Kategorie, 1971; S. Mac Lane, Kategorien, 1972 - Liebh.: Lit., Klavier, Sport - Spr.: Engl., Franz., Russ., Türk., Ungar., Latein.

SCHÜRGERS, Josef

Vorstandsvorsitzender, MdL Nordrhein-Westf. (s. 1966) - Konrad-Adenauer-Ring 129, 4060 Viersen (T. 1 51 36) - Geb. 21. Okt. 1922 Kamp-Lintfort, verh., 3 Kd. - Volkssch.; kaufm. Lehre. Fachprüf. Buchhaltungs- u. Bilanzwesen - S. 1946 kaufm. Tätigk. (1965 ff. gf. Vorstandsmitgl. Viersener Aktien-Bauges.). 1956-60 u. 1970 ff. Ratsherr, 1960-64 Bürgerm. Stadt Viersen. CDU (1965-70 Kreisvors.).

SCHÜRHOFF, Christian

s. Pauck, Heinz

SCHÜRLE, Werner

Dipl.-Ing., Vorstandsmitglied i. R. Eisen- u. Drahtwerk Erlau AG, Aalen - Hornbergstr. 5, 7080 Aalen 15 - Geb. 8. Okt. 1924 Ulm/Donau (Vater: Georg S., Direktor), verh. m. Konstanze, geb. Budde.

SCHÜRMANN, Eberhard

Dr.-Ing., o. Prof. f. Eisenhüttenkunde u. Gießereiwesen - Berliner Str. 123, 3392 Clausthal-Zellerfeld (T. 13 28) - Geb. 20. Juni 1918 Meiderich b. Duisburg - S. 1955 (Habil.) Privatdoz., apl. (1958) u. o. Prof. (1962) Bergakad. bzw. TU Clausthal - BV: Metallurgie u. Schlackenkd., 5. A. 1961. Üb. 170 Fachaufs. - 1953 Friedrich-Borchers-Preis.

SCHÜRMANN, Heinrich

Angestellter, MdL Nordrh.-Westf. (s. 1966 m. Unterbr.) - Beckumsfeld 12A, 4300 Essen-Heisingen - Geb. 2. Okt. 1922 Heisingen, verh., 2 Kd. - Volkssch.; textilkaufm. Ausbild.; Offiziers- u. Navigationssch. - Kriegsmarine (Ltn. z. S. u. Räumbootskommandant); s. 1946 Wohnungsw. (1960 Handlungsbevollm., 1966 Zweigstellenleit.). S. 1961 Ratsherr Essen. CDU (Ortsvors. Essen-Heisingen).

SCHÜRMANN, Jürgen

Dr., Prof., Leiter Abt. Zeichen- u. Signalerkennung/Forschungsinst. Ulm AEG-Telefunken - Elisabethenstr. 3, 7900 Ulm/Donau - 1981 ff. Honorarprof. TH Darmstadt.

SCHÜRMANN, Kurt

Dr. med. (habil.), Dr. med. h. c., Prof. u. Direktor Neurochir. Univ.sklinik Mainz - Am Eselsweg 29, 6500 Mainz-Bretzenheim (T. 3 48 61) - Facharb. - 1982 Pr. d. Wilhelm-Warner-Stiftung, Hamburg.

SCHÜRMANN, Petra

Fernseh-Moderatorin (BR), Journalistin (u.a. Kolumnistin Münchner Merkur), Schauspielerin - Max-Emanuel-Str. 7, 8130 Starnberg/Obb. - Geb. 15. Sept. 1935 Mönchengladbach, kath., verh. s. 1973 m. Dr. med. H. Gerhard Freund, T. Alexandra - Stud. Phil. u. Kunstgesch. - S. 1982 Moderat. FS-Send. Montagsmarkt u. Moderat. D. Verkehrsgericht tagt. Ab 1985 Unterhaltungssend. Etcetera; 1987/88 Essen wie Gott in Dtschl.; 1988 ZDF: E. Abend für..., E. Abend in Gold; Bayern-Studio: BR Wunschkonzert - BV: D. Abenteuer, erwachsen zu werden; D. Frau im Rückspiegel; Tiere sind meine Freunde - Bühnenrollen: D. kleinen Sünden; Julia u. Romeo; Beitr. im World Wildlife Found - St. Christopherus-Preis HUK; 1958 Miß Welt - Liebh.: Innenarchit., Malen (4 Ausstellungen) - Spr.: Engl., Franz.

SCHÜRMANN, Ulrich

Studiendirektor, Mitgl. Abgeordnetenhaus v. Berlin (s. 1978) - 1000 Berlin 33 - Geb. 7. Sept. 1943 Berlin, verh., 1 Kd. - Gymn. Berlin (Abit. 1963); dazw. 1960/61 Schulbesuch USA; 1963-69 FU Berlin (Gesch., Politol., Angl.). Staatsprüf. 1971 u. 72 - S. 1974 John-F.-Kennedy-Sch. Zehlendorf (1978 Studiendir.). 1971-78 Bezirksverordn. Wilmersdorf. SPD s. 1964 (div. Funkt.).

SCHÜRMANN, Wilhelm

Dr. jur., M.C.L., Botschafter d. Bundesrep. Deutschl. in Mauretanien - B.P. 372, Ambassade de la RFA, Nouakchott/Mauritanie - Geb. 30. Juni 1934 Hameln, ev., verh. s. 1974 m. Dietlind, geb. Dahm, Sohn Bernd Thomas - Gymn. Hameln; Stud. Rechtswiss. Univ. Münster u. München; Stud. Rechtsvgl. Madrid u. Columbia New York; Promot. 1961 München, Ass. 1962, M.C.L. 1963 Columbia New York - 1963 Wiss. Assist. Columbia New York; s. 1964 Ausw. Dst. (Istanbul, Stockholm, Bonn AA, Rabat, Amman, Bonn AA, s. 1984 Botsch. in Mauretanien) - 1970 Ritterkreuz Königl. Schwed. Nordstern-Orden - Liebh.: Musik, Kunst, Tennis, Ski - Spr.: Engl., Franz., Schwed.

SCHÜRMANN-MOCK, Iris

Journalistin, Schriftst. - Drachenburgstr.

40, 5300 Bonn 2 (T. 0228 - 34 85 30) - Geb. 6. April 1947 Duisburg, verh., T. Katrin - Stud. Univ. Mainz (Publ., German., Soziol.); M.A. 1973 - 1975-78 ltd. Redakt. Ztschr. DM; 1978/79 Pressesprecherin f. Jugend, Fam. u. Gesundh.; 1982-86 Herausg. Fachztschr. Eselsohr - BV: Mütter schützen Kinderleben (m. Lore Schultz-Wild), 1986; Mit Kindern in d. Zukunft, 1987 - Liebh.: Ökol. Engagement, Theater, Musik, Kochen, Bücher - Spr.: Engl., Franz.

SCHÜRMEYER, Everhard
Dr. med., Prof., Chefarzt Innere Abt. Clemens-Hospital Münster (s. 1971) - Ricarda-Huch-Str. 7, 4400 Münster (T. 02534 - 16 47; Klinik: 7 89 -301) - Geb. 7. März 1927 Köln (Vater: Dr. med. Heinrich S.), verh. m. Christel, geb. Krebs - S. 1962 (Habil.) Lehrtätig. Münster (1967 apl. Prof. f. Innere Med. u. Lungenkrankh.; zul. Oberarzt Med. Klinik). Facharb.

SCHÜRMEYER, Guido
Dr. jur., Rechtsanwalt, Direktor VEBA OEL AG Gelsenkirchen (s. 1981) - Wolfsbachweg 34, 3400 Essen 1 (T. 0201 - 41 31 07) - Geb. 22. März 1935 Essen, kath., ledig - Abit. Goethesch. Essen-Bredeney; Stud. Rechtswiss.; 1. jurist. Staatsprüf. 1960, 2. jurist. Staatsprüf. 1964, Promot. 1966 - 1965 Gelsenkirchener Bergwerks AG Essen, 1966 Handlungsbevollm., 1969 Prokurist; 1970 Geschäftsfg. Deminex-Dt. Erdölversorgungsges. mbH Essen - Liebh.: Klass. Musik - Spr.: Engl., Franz., Ital.

SCHÜRRLE, Wolfgang
Dr., Vorstandsmitglied Varta AG., Hannover (s. 1970) - Adolf-Ey-Str. 14, 3000 Hannover (T. 83 61 52) - Geb. 26. Sept. 1925 - Spr.: Engl., Franz., Ital. - Rotarier.

SCHÜSSLER, Hans-Wilhelm
Dr.-Ing., Prof. f. Nachrichtentechnik - Saidelsteig 3, 8520 Erlangen-Tennenlohe (T. 60 26 38) - Geb. 28. Febr. 1928 Dortmund (Vater: Theodor S., kaufm. Angest.; Mutter: Emma, geb. Flume), ev., verh. s. 1958 m. Prof. Dr. rer. nat. Helga, geb. Kuhlmann - Mittelsch. Dortmund; 1948-51 Staatl. Ing.sch. ebd.; 1951-54 TH Aachen (Elektrotechnik). Ing. 1951; Dipl.-Ing. 1954; Promot. 1958; Habil. 1961 - S. 1961 Lehrtätig. TH Aachen, Cornell Univ. Ithaka/USA (1962 Assistant Prof.), TH Karlsruhe (1963 ao. Prof., 1964 pers. Ord.), Univ. Erlangen-Nürnberg (1966 Ord.), 1969/70 Dekan). 1975-81 Senat DFG, 1977-83 Hauptausssch. DFG - Lehrb.: Netzwerke u. Systeme, I (1971), Digitale Systeme z. Signalverarb. (1973), Netzwerke, Signale u. Systeme, I (2. A. 1988), II (1984), Digitale Signalverarbeitung, I (1988) - 1979 Award d. ASSP-Soc. d. IEEE; 1980 BVK; 1984 IEEE Centennial Medal - Spr.: Engl.

SCHÜSSLER, Heinz A.
Dipl.-Ing., Geschäftsführer Bauuntern. Hans Lamers GmbH, Jülich, u.a. - Mühlenstr. 1, 5170 Jülich (T. 02461 - 5 30 01).

SCHÜSSLER, Ludwig
Fabrikant, Vors. Fachverb. d. Dt. Rundfunk- u. Fernsehgehäuse-Ind. - Zu erreichen üb. Fachverb. Dt. Rundf.- u. Fernsehgehäuse-Ind., Prannerstr. 9, 8000 München 2 (T. 089 - 22 28 77).

SCHÜSSLER, Richard
Unternehmer, Inh. Franz Richter Nachf., Frankfurt, Vors. Fachverb. Reprografie, Düsseldorf - Mendelssohnstr. 72, 6000 Frankfurt/M. 1 - Geb. 19. Dez. 1917.

SCHÜTT, Christa Luzie
Schriftstellerin - Große Str. 10, 3031 Ahlden/Aller (T. 05164 - 14 18 - Geb. 26. Dez. 1948 Pinneberg, ev., ledig - Buchhandelslehre - 12 J. Buchhändlerin, dann fr. Schriftst. - BV: Ensslin-Reiter-Taschenb. (s. 1980); Div. Kinder- u. Jugendb. - Liebh.: Pferdezucht, Verhaltensforsch.

SCHÜTT, Franz Theodor

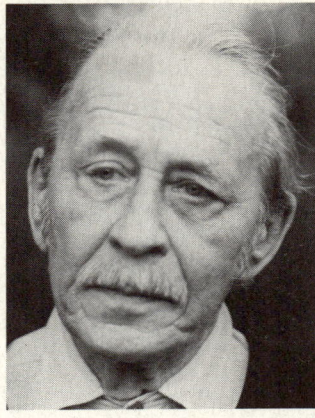

Maler u. Graphiker - Gallierweg 2, 6200 Wiesbaden 12 (T. 06121 - 84 44 28) - Geb. 15. Dez. 1908 Berlin (Vater: Franz Friedr. Sch., Maler u. Kunsterz.; Mutter: Elise, geb. Blunck), verh. s. 1948 m. Annelise, geb. Lüer, T. Franziska - 1926-31 Stud. Bildhauerei, Malerei, Graphik Stettin (Lehrer: K. Schwerdtfeger u. Franz Sch. sen.) - Realist. Malerei u. Graphik. 1959-74 Vors. Verb. Bild. Künstler (jetzt Ehrenvors.); s. 1965 Lehrauftr. TH Darmstadt; Mitgl. Gruppe Real - BV: Druckgraphik, Akt u. Figur, I u. II 1974 - 1976 Bürgerned. in Silber Wiesbaden; 1979 Corinth-Ehrengabe; 1981 BVK - Liebh.: Kunstgesch., Naturwiss. - Spr.: Engl., Franz. - Lit.: Ferns. u. Rundf.: Franz Theodor Sch. betreffend, 1961-82; Bruckmann-Lex.: Künstler d. Gegenwart, 1965; Kunst-Mainz, 1969; Wiesbaden intern., 1973-79; Kunst in d. Bundesrep. u. Westberlin, 1977; D. Tod in Dicht., Phil. u. Kunst (Prof. Dr. H. H. Jansen), 1978; Mus. Ostdt. Galerie-Regensburg, 1978; Weltkunst, 1979; Archiv f. Techniken u. Arbeitsmat. zeitgen. Künstler, Bd. I, Mus. Wiesbaden, 1979; Dok. Kunstverein Frankfurt, Zw. Krieg u. Frieden - Gegenst. u. realist. Tendenzen in d. Kunst nach 45, 1980; Knaurs Prominententex., s. 1980; D. Radiertisch - 25 zeitgen. Radierer, 1981; Kultur in Wiesbaden - Bild. Künstler, 1981; Kulturpreis Wiesbaden, 1985.

SCHÜTT, Peter

Dr. phil., Schriftsteller - Eppendorfer Landstr. 102, 2000 Hamburg 20 (T. 040 - 46 20 98) - Geb. 10. Dez. 1939 Basbeck (Vater: Walter Sch., Lehrer; Mutter: Erika, geb. Vagts), verh. s. 1987 m. Fariba, geb. Kholdi - Stud. Slavist. u. German. Univ. Hamburg, Göttingen u. Bonn (Promot. 1967 Hamburg) - S. 1967 fr. Schriftst.; s. 1973 Mitgl. Verb. dt. Schriftst. in d. IG Druck u. Papier, s. 1983 Leiter Werkstatt schreibender Arbeitsloser, s. 1986 Sprecher d. Komitees gegen d. Golfkrieg - BV: Vietnam, Dreißig Tage danach, 1973; Ab nach Sibirien, 1977; D. Muttermilchpumpe, Bilder aus d. anderen Amerika, 1980; Let's go East, 1982; D. Mohr hat seine Schuldigk. getan, 1981; D. Kreuz d. Südens, e. Reise ins neue Afrika, 1985; Wenn fern hinter d. Türkei d. Völker aufeinanderschlagen ... Ber. v. e. Reise in d. Iran, 1987; Aufenthalt in Aschchabad, Reiseerz. 1989. Theaterst.: 40 Pfg. mehr - od. d. Stapellauf fällt ins Wasser, 1975; ... Thälmann e. Trauerspiel, 1986. Entrüstet Euch, Ged. 1982; Was v. d. Träumen bleibt, Ged. 1983; Black Poems, 1983; Liebesged. 1987; Moskau funkt wieder, Ged. 1989. Schallpl.: Garstige Weihnachtslieder (1971, m. and.); Daß sich d. Furcht verwandeln wird in Widerst. Künstler gegen Berufsverbot - 1979 Med. d. Komm. Partei d. USA; 1981 Ehrendipl. sibir. BAM-Arb.; 1984 1. Preis Lit. Wettbewerb d. VS Hessen in d. IG Drupa f. d. 35-Std.-Woche - Liebh.: Radfahren, Wetterbeobacht. - Spr.: Engl. - Lit.: Ulla Hahn: Lit. u. Aktion, 1979; Ursula Reinhold: Tendenzen u. Autoren, 1982.

SCHÜTT, Peter
Studiendirektor, MdL Nordrh.-Westf. (1970-75) - Arnoldstr. 29, 4060 Viersen-Dülken 11 (T. 5 13 30) - Geb. 14. Juni 1927 Dülken, verh., 1 Kd. - Univ. Mainz u. Köln (Volksw., Wirtschaftspäd.). Dipl.-Hdl. 1954 - S. 1956 Berufsschuldst. Kr. Kempen-Krefeld. 1961 ff. MdK CDU s. 1960.

SCHÜTT, Peter
Dr. rer. nat. (habil.), o. Prof. f. Forstbotanik - Am Holz 11, 8157 Ascholdrug - B. 1963 Privatdoz., dann apl. Prof. Univ. Saarbrücken, s. 1970 Ord. Univ. München - BV: u.a. Weltwirtschaftspflanzen, 1972; Allg. Botanik f. Forstwirte, 1978; D. Wald stirbt an Streß, 1984.

SCHÜTTE, Dieter
Verleger - Lindenallee 55, 5000 Köln 1 (T. 0221 - 38 56 10) - Geb. 4. Juni 1923 Köln (Vater: Arthur Sch., Generaldir. 4711; Mutter: Maria, geb. Schloeßer), ev., verh. in 2. Ehe s. 1970 (in 1. 1968 verw.) m. Ute, geb. Friedrichs, 5 Kd. (Christian, Cornelia, Marco, Ingo, Nadine) - Stud. Chemie u. Volksw.; Parfümerieausbild. - 1949-52 Parfumeur ausl. Riechstofffirmen; 1953-60 pers. haft. Gesellsch. Dültgen & Schütte/Metallwaren, Solingen; s. 1960 p. h. bzw. gf. Gesellsch. (1975) Verlag M. DuMont Schauberg, Köln (Kölner Stadt-Anzeiger, Express) - Liebh.: Jagd, Golf - Spr.: Engl., Franz.

SCHÜTTE, Eva
Hausfrau, Mitgl. Brem. Bürgerschaft (s. 1967) - Wörther Str. 67, 2800 Bremen - Geb. 25. Okt. 1914 Berlin (Charl.), ev., verh., 3 Kd. - Oberrealsch. Berlin (Abit.); Photolaborantenausbild. Frankfurt/M. - FDP s. 1959.

SCHÜTTE, Franz
Dipl.-Kfm., Geschäftsführer Bundesinnungsverb. f. Orthopädie-Technik - Reinoldistr. 7-9, 4600 Dortmund - Geb. 26. Mai 1941.

SCHÜTTE, Friedrich
Dr., Prof., Direktor Inst. f. Pflanzenschutz in Ackerbau u. Grünland Biol. Bundesanst. f. Land- u. Forstwirtsch. - Messeweg 11/12, 3300 Braunschweig.

SCHÜTTE, Kurt
Dr. phil., o. Prof. f. Mathematik - Am Brombeerschlag 34, 8000 München 70 (T. 714 93 46) - Geb. 14. Okt. 1909 Salzwedel/Altm. (Vater: August S., Obersteuerinsp.; Mutter: Martha, geb. Schröder), ev., verh. s. 1937 m. Hanna, geb. Lechte, 2 Töcht. (Sigrid, Gisela) - Gymn. Magdeburg; Univ. Göttingen u. Berlin. Promot. 1933 Göttingen; Habil. 1952 Marburg - 1935-36 Studienrefer., dann Meteorologe, 1947-50 Studienrefer. u. -ass. (1948), anschl. Assist. (b. 1955), Privatdoz. (1952) u. apl. Prof. (1958) Univ. Marburg, s. 1963 Ord. Univ. Kiel u. München (1966). 1959/60 Member Inst. for Advanced Study Princeton (USA); Gastprof. ETH Zürich (1961/62) u. Pennsylvania State Univ. (1962/63), Mitgl. Dt. Mathematiker-Vereinig. Dt. Vg. f. math. Logik u. Grundl. d. exakten Wiss., Assoc. for Symbolic Logic - BV (1960 ff.): Beweistheorie; Vollständ. Systeme modaler u. intuitionist. Logik, Proof Theory. Üb. 50 Fachaufs. - o. Mitgl. Bayer. Akad. d. Wiss., München.

SCHÜTTE, Reiner
Dr., Geschäftsführer (Kunsthaus Lempertz), Präs. Bundesverb. Dt. Kunstversteigerer (s. 1975) - Neumarkt 3, 5000 Köln 1 (24 60 69).

SCHÜTTER, Friedrich

Schauspieler, Regiss. - Zu erreichen üb. Ernst-Deutsch-Theater, 2000 Hamburg - Geb. 4. Jan. 1921 - Aufenthalt 1922-32 u. 1937-39 Brasilien, zw. 1932 u. 37 Dtschl., 1939 Rückkehr n. Dtschl., Soldat b. Kriegsende (mehrf. schwer verwundet), ab 1947 Schauspielstud. Hamburg; Engagements (als Schausp.) an div. dt. Bühnen, u.a. Dt. Schauspielhaus Hamburg; 1951 Gründ. Junges Theater (1973 Umbenennung in Ernst-Deutsch-Theater, s. 1957 Gesch. u. Regiss. Zahlr. Film- u. Fernsehrollen, Synchronisation ausl. Schausp. Zahlr. Schallpl. m. Sprech- u. Gesangstexten - 1972-75 u. 1978-79 Mitgl. d. Ensemble Bad Hersfelder Festspiele, 1973-75 Ruhrfestspiele Recklinghausen, 1980 u. 1982 Burgfestspiele Jagsthausen - 1971 Silberne Maske; 1972 Silber-Möwe; 1977 BVK I. Kl.; 1978 Gr. Herfeldspreis f. Mr. Antrobus in: Wir sind noch einmal davongekommen v. Wilder; 1979 f. Pedro Crespo in D. Richter v. Zalamea v. Calderon u. Schauspieler in Arturo Ui v. Brecht; 1986 Portugaleser in Silber Hamb. Bürgervereine; Mitgliedschaften: Akad. d. Darst. Künste, Rotary-Club, Freie Akad. d. Künste, Hamburg - Spr.: Engl., Span., Port.

SCHÜTTERLE, Georg
Dr. med., Prof., Ltd. Arzt Med. Klinik II Zentrum f. Innere Med. Univ. Gießen - Tannenweg 2, 6301 Pohlheim-Hausen (T. 0641-4 57 25) - Geb. 23. Jan. 1928 Stockelsdorf/Holst. (Vater: Dr. med. Georg Sch.), verh. m. Christa, geb. Nellesen - Habil. 1965 Heidelberg - 1971 Beruf. Lehrstuhl f. Inn. Med. Univ. Gießen - Zahlr. Fachveröff. u. Buchbeiträge.

SCHÜTTLER, Adolf
Dr. phil., em. o. Prof. f. Heimatkunde u. Didaktik d. Erdkd. Univ. Bielefeld - Römerweg 9, 4930 Detmold-Hiddessen - Geb. 26. Febr. 1912 Langenerg (Vater: Adolf Sch.), verh. m. Maria, geb. Conrad - Univ. Bonn u. Marburg.

SCHÜTZ, Eberhard
Dr.-Ing., o. Prof. f. Allg. Elektrotechnik (emerit.) - Rolandstr. 6c, 1000 Berlin 38 (T. 803 60 02) - Geb. 30. Dez. 1903 - S. 1957 (Habil.) Lehrtätig. TU Berlin (1962 Ord. u. Inst.sdir.) - BV: Grundzüge d. Elektrotechnik, 1956.

SCHÜTZ, Eckhard
Dr. rer. pol., Dipl.-Kfm., Geschäftsf. Gesellschafter Dolan Consulting GmbH (s. 1985) - Schwalbenweg 29, 5020 Frechen-Königsdorf - Geb. 21. Nov. 1931 Fulda (Vater: Rudolf S., Bankoberinsp. i. R.; Mutter: Paula, geb. Ebert), verh. s. 1961 m. Gudrun, geb. Daubenfeld, 2 Kd. (Markus, Susanne) - Stud. (Promot.) WH Mannh. - 1956 wiss. Assist. ebd.; 1959 Geschäftsstellenleit. Univac; 1967 Verkaufsdir. CII, 1969 Director Business Planing MDS-International, 1973 Geschäftsf. MDS-Dtschl. GmbH, 1981-84 Gf. Memorex GmbH - Spr.: Engl., Franz.

SCHÜTZ, Egon
Dr. phil., o. Prof. f. Allg. Päd. u. Erwachsenenbild. Univ. Köln Phil Fak. - Alveradisstr. 5, 5303 Bornheim-Walberberg - Geb. 20. Febr. 1932 Gladbeck - Stud. German., Anglist., Phil. u. Päd. Univ. Freiburg, Promot. 1959, Habil. 1969 - 1961-69 Assist. Freiburg; 1970 Doz. Sem. f. Phil. u. Erziehungswiss.; 1973 gleichz. Prof. PH Freiburg, 1976 Ern. z. apl. Prof. - BV: Autorität - e. Traktat, 1971; Freiheit u. Bestimmung, 1975; Vernunft u. Bildung, 1981; Aufs. zu anthropol., hist.-systemat., religionspäd. u. kunstdidakt. Fragen in Fachztschr.

SCHÜTZ, Erhard Heinrich
Dr. phil., Univ.-Prof., Direktor Inst. f. Kommunikationsgesch. u. angewandte Kulturwiss. FU Berlin (s. 1988) - Zu erreichen üb. Malteserstr. 74-100, 1000 Berlin 46 - Geb. 17. Febr. 1946 Holzhausen/Rhw., verh. s. 1985 m. Ellen, geb. Lissek, S. Volker - Stud. German., Politologie, Phil. Univ. Gießen u. Würzburg; Ex. 1972; Wiss. Ass. 1973-85; Promot. 1975; Habil. 1979 Univ. Essen - 1985 Univ.-Prof. Essen; s. 1988 Dir. Inst. f. Kommunikationsgesch. u. angew. Kulturwiss. FU Berlin - BV: Kritik d. lit. Reportage, 1977; Alfred Andersch, 1978; Einf. in d. dt. Lit. d. 20. Jh. (zus. m. J. Vogt), 3 Bde. 1977-80; R. d. Weimarer Republik, 1986.

SCHÜTZ, Hans-Georg
Dr., Geschäftsführer Diakon. Werk d. Ev. Kirche von Westfalen - Friesenring 34, 4400 Münster/W.

SCHÜTZ, Harald
Dr. rer. nat., Dipl.-Chem., Prof., Forensischer Toxikologe - Am Brückelchen 19, 6338 Hüttenberg-Rechtenbach (T. 06441 - 7 45 28) - Geb. 10. März 1942 Ingelheim - Stud. Univ. Mainz, Gießen u. Marburg; Dipl.-Chem. 1972 Univ. Gießen; Promot. 1977 Univ. Marburg, Habil. 1982 Univ. Gießen - Vors. d. Arb.-Gruppe Analytik d. DFG-Senatskommiss. f. Klin.-Tox. Analyt. - BV: Benzodiazepines I 1982, II 1989; Alkohol im Blut, 1983 - 1985 Schunk-Preis.

SCHÜTZ, Helmut
Ministerialdirigent, Leit. Abt. Verfassungsschutz/Innenmin. NRW - Pfitznerstr. 13, 4000 Düsseldorf.

SCHÜTZ, Joachim
Realschullehrer, MdL Baden-Württ. (Wahlkr. 6, Leonberg) - Otto-Hahn-Str. 8, 7250 Leonberg-Höfingen (T. 07152 - 2 22 78) - Geb. 30. Juli 1947 Höfingen - Die Grünen.

SCHÜTZ, Joseph
Dr. phil. (habil.), o. Prof. u. Vorst. Inst. f. Slav. Philologie Univ. Erlangen-Nürnberg (s. 1964) - Hahnemannstr. 3, 8520 Erlangen (T. 5 27 67) - Geb. 4. Okt. 1922 Kathreinfeld/Banat, kath., verh. - 1961-63 Privatdoz. Univ. München - BV: D. geogr. Terminologie d. Serbokroatischen, 1957; D. handschriftl. Missale illyricum-cyrillicum Lipsiense, 1963. Div. Einzelarb. Herausg.: Volksmärchen aus Jugosl. (1960), Jugosl. Märchen (1972).

SCHÜTZ, Jürgen
Dr. med., Dipl.-Phys., Univ.-Prof. Zentrum f. Strahlenmedizin Univ-Klinik Münster (s. 1976) - Rüschhausweg 136, 4400 Münster (T. 86 18 20) - Geb. 27. Nov. 1930 München (Vater: Prof. Dr. Wilhelm S., Phys.; Mutter: Dr. Lucy, geb. Mensing), ev., verh. m. Dr. med. Maria-Angela Hausknecht-Schütz, geb. Steinke - Dipl.ex. 1956 Jena; Staatsex. 1965 Münster - 1971 Arzt f. Radiol., 1975 apl. Prof. u. Wiss. Rat, 1978 auch Arzt f. Nuklearmed.

SCHÜTZ, Jürgen
Dr. phil., Landrat - Landratsamt Rhein-Neckar-Kreis, Kurfürstenanlage 40, 6900 Heidelberg - Geb. 14. Juni 1945 Heidelberg, verh. m. Gisela, geb. Meßner, 3 Kd. (Mona, Katrin, Jochen) - 1966-70 Stud. Rechtswiss., Gesch. u. Polit. Wiss. Heidelberg; Promot. 1972 Heidelberg - 1979 Min.-Rat Stuttgart; 1984 Reg.-Vizepräs. Karlsruhe; 1986 Landrat Rhein-Neckar-Kr. Heidelberg - Spr.: Engl., Franz.

SCHÜTZ, K. Waldemar
Verleger - Innstr. 40, 8201 Raubling (T. 08035 - 30 16; Büro: 08031 - 1 56 43) - Geb. 9. Okt. 1913 Dausenau Kr. Unterlahn (Vater: Wilhelm S., Postbeamter; Mutter: geb. Wagner), vd., verh. s. 1967 in 2. Ehe, 4 Kd. - Oberrealsch. Bad Ems; Verlagsausbild. - 1949ff. Verleger (Deutsche Verlagsgesellsch.); 1. Vors. v. Kultur u. Zeitgesch. - Archiv d. Zeit, Rosenheim. 1955-59 (DRP) u. 1967-70 MdL Nieders. (NPD).

SCHÜTZ, Karl-Heinz
Speditionskaufmann, Präs. Verb. d. Verkehrsgew. Rheinland, Vorstandsvors. Straßenverkehrsgenoss. Rhld. eG., Vorstandsmitgl. BWV/Bank f. Wirtschaft u. Verkehr eG., Vizepräs. Dt. Verkehrssicherheitsrat, Vorstandsmitgl. Bundesverb. d. Dt. Güterkraftverkehrs (BDF/BDN/AMÖ/BDO/BDP) u.a. - Andernacher Str. 50, 5400 Koblenz (T. 0261 - 8 60 15) - Geb. 18. April 1926 Koblenz (Vater: Peter Sch.; Mutter: Mathilde, geb. Berkholtz), kath., verh. m. Elsa, geb. Müller - Div. AR-Mand., dar. Vors. Dt. Behälter-Dienst GmbH - BVK.

SCHÜTZ, Klaus
Dr. h. c., Reg. Bürgermeister a. D., Intendant a. D. - Geb. 17. Sept. 1926 Heidelberg (Vater: Rechtsanw., gef. 1941 als Oblt. SU), ev., verh. s. 1953 m. Adelheid, geb. Seeberger (Tocht. d. Pfarrers Erhard S.), 3 Kd. (Michael, aus d. verw. 1. E. d. Frau; Christiane; Sebastian) - Paulsen-Realgymn. Berlin; Humboldt-Univ. ebd. (German.), Harvard Univ. Cambridge/USA (Polit. Wiss.), FU Berlin (German.) - 1944-45 Kriegsdst. (schwerbeschäd. Italien; Lähmung d. r. Arms); 1951-61 Assist. Inst. f. Polit. Wiss. Berlin; 1954-57 u. 1963-77 MdA Berlin; 1957-61 MdB; 1961-66 Senator f. Bundesangelegenh. u. f. d. Post- u. Fernmeldewesen, Berlin; 1966-67 Staatssekr. Ausw. Amt Bonn; 1967-77 (Rücktr.) Reg. Bürgerm. v. Berlin. 1961-66 u. 1967-77 Mitgl. Bundesrat (1967/68 Präs.); 1977-81 Botsch. Israel; 1981-87 Intendant Dt. Welle; s. 1987 Dir. Landesanst. f. Rundf. NRW, Düsseldorf. Div. Ehrenstell. SPD (b. 1962 Kreisvors. Wilmersdorf; 1968-77 Vors. Landesverb. Berlin; 1973ff. Parteibeauftr. f. Fragen d. Vereinten Nationen) - 1969 Ehrenbürger New York; 1971 Ehrendoktor Univ. of Michigan, Ann Arbor (USA); 1970 Ehrenschild Reichsbund d. Kriegsbeschädigten; 1972 Gr. BVK - Liebh.: Bücher, Barockmusik, Bergwanderungen (Grindelwald/Schweiz).

SCHÜTZ, Paul
Dr. rer. pol., Bankpräsident a.D. - Willi-Graf-Str. 30, 6600 Saarbrücken (T. 37 13 21) - Geb. 27. Juni 1910 Tholey/Saar (Vater: Nikolaus S., Bildhauer; Mutter: Barbara, geb. Simon), kath., verh. s. 1947 m. Christiane, geb. Waelder - Univ. Würzburg, Berlin, Freiburg/Br. (Wirtschaftswiss.; Dipl.-Volksw. 1936) - Ab 1936 Ind.tätigk., zul. Finanzprok.; 1945-50 Landrat Kr. St. Wendel; 1950-55 Staatskommissar f. d. Wiederaufbau d. Saarl.; 1955-60 Präs. Saarl. Sparkassen- u. Giroverb.; 1961-81 Präs. Landeszentralbank im Saarl. - 1970ff. Gr. BVK m. Stern u. Schulterbd. - Spr.: Franz., Ital., Engl., Span.

SCHÜTZ, Rudolf-M.
Dr. med., Prof., Direktor Klinik f. Angiologie u. Geriatrie Med. Univ. Lübeck - Ratzeburger Allee 160, 2400 Lübeck (T. 0451 - 500 24 00) - Geb. 3. Sept. 1929 Gelsenkirchen-Buer, kath., verw., 4 Kd. (Dorothea, Stefanie, Ulrike, Richard) - Stud. Med.; Promot. 1956, Habil. 1968 - S. 1974 Dir. Klinik f. Angiol. u. Geriatrie Univ. Lübeck. 1983 Präs. Dt. Ges. f. Angiol., s. 1986 Präs. Dt. Ges. f. Gerontol. - BV: Beurteilung arterieller Funktionsreserven in Giedmaßen, 1975; Alter u. Krankheit, 1987; Praktische Geriatrie, Bd. 1-8, 1981-88.

SCHÜTZ, Ursula
s. Sax, Ursula

SCHÜTZ, Walter
Dr. med. (habil.), Dozent, Hals-Nasen-Ohrenarzt - Haus Siebenbuggerl, 8242 Berchtesgaden-Bischofswiesen (T. 72 91) - Geb. 2. Aug. 1907 Neckarsteinach (Vater: Dr. med. Leopold S., HNOarzt), verh., 5 Kd. - Univ. Heidelberg, München, Königsberg, Frankfurt - 1939 ff. Dozent Univ. Berlin - BV: D. Taubstummheiten in Dtschl., 1939; D. Sauna, 1942; Wetter u. Erkältungskrankh., 1943; Röntgenatlas d. HNOkrankh., 1944; Chir. Behandl. v. Schwerhörigen, 1953; Konservative Therapie d. HNOkrankh., 1956. Herausg. u. Hauptschriftl.: Fortschr. d. Med. (1938-62) - Entstammt d. ältesten deutschspr. Arztfamilie s. 1489 (Urahne S. (human. Name Toxites) aus Sterzing/Südtirol).

SCHÜTZ, Werner
D., Dr. theol., Dr. phil., o. Prof. f. Prakt. Theologie (emerit.) - Kerkheideweg 17, 4400 Münster/W. (T. 718 09 12) - Geb. 24. Juli 1901 Wesel/Rh., ev., verh. m. Anneliese, geb. Tange - Habil. 1931 Berlin - 1925-28 Studieninsp. u. Domhilfspred. Berlin; 1928-36 Wehrmachtsoberpfarrer; ab 1937 Ord. Univ. Bonn; 1939-45 Wehrmachtdekan; 1945-59 Pfarramt, zul. Düsseldorf; 1959-69 Ord. Univ. Münster (Dir. Sem. f. Prakt. Theol. u. Religionspäd.; Univ.s-pred.) - BV: Grundgefüge d. Herrmanschen Theol., 1926; Johann Friedrich Kleuker - S. Stellung in d. Religionsgesch. d. ausgeh. 18. Jh.s, 1927; D. Kirchenjahr, 1963; V. Text z. Predigt - Analyse u. Modelle, 1968; Was habe ich dir getan - mein Volk?, 1968; Gesch. d. christl. Predigt, 1972; D. Kanzel als Katheder d. Aufklärung, 1974; Kerygma, Situation u. Hörer, Festschr. Antweiler, 1975; Jakob Andreae als Prediger, 1976; Seelsorge. E. Grundriß, 1977; Probleme d. Predigt, 1981; D. christl. Gottesdienst b. Origenes, 1984 - 1961 Ehrendoktor Univ. Erlangen.

SCHÜTZ, Wilhelm Wolfgang
Dr. phil., Schriftsteller, Präsidiumsmitgl. Kurat. Unteilbares Deutschl. (s. 1972; 1957-72 (Rücktr.) gf. Vors.) - Remigiusstr. 1, 5300 Bonn - Geb. 14. Okt. 1911 Bamberg (Vater: Joseph S., Fabrikant; Mutter: Grete, geb. Spear), ev., verh. in 1. Ehe m. Dr. Barbara, geb. Sevin, in 2. Ehe m. Sigrid, geb. Schaeper, 2 S. aus 1. Ehe (Wolf-Peter, Harald) - Univ. Heidelberg (Promot. (Staatswiss.) 1934) u. München - B. 1951 Londoner Korresp. Neue Zürcher Ztg.; b. 1957 polit. Berat. Bundesmin. f. gesamtd. Fragen; 1974-75 Chefredakt. St. Galler Tageblatt. Herausg.: Politik u. Kultur, Berlin-West. SPD s. 1972 - BV: u. a. D. Staatsidee d. Wilhelm Meister, Ess. 1936; Aus d. Reiseb., 1947; An d. Schwelle dt. Staatlichkeit, Ess. 1949; Organ. Außenpolitik - v. Einzel- u. Überstaat, Ess. 1951; Dtschl. am Rande zweier Welten - Voraussetz. u. Aufg. unserer Außenpolitik, Ess. 1952; Neutralität od. Unabhängigkeit?, Ess. 1952; D. neue England - Staat/Ges./Lebensform, Ess. 2. A. 1958; D. Stunde Dtschl.s, Ess. 2. A. 1955; Wir wollen überleben - Außenpolitik im Atomzeitalter, Ess. 1956; Bewährung im Widerstand, 1956; D. Gesetz d. Handelns - Einheit u. Zerrissenheit unserer Welt, Ess. 2. A. 1959; Schritte z. Wiedervereinig., Ess. 1959; Unteilb. Freiheit - Nehrus Politik d. Selbstbestimmung, 1964; Reform d. Dtschl.politik, 1965; D. gerade Weg - Paul Löbe u. d. dt. Einheit, 1966; Modelle d. Dtschl.politik, 1966; D. uneigentl. Punkt - E. polit. Dialog, 1967; Dtschl.-Memorandum - E. Denkschr. u. ihre Folgen, 1968; Antipolitik - E. Auseinandersetzung üb. rivalisierende Gesellschaftsformen, 1969. Bühnenst./Sch.: D. Fall Sokrates (1971), Gebrauchsanweisung f. e. Reichsverweser (1972), Leak (1972), Galopp rechts (1973), Tamerlan d. Große (1974), Vom freien Leben träumt Jan Hus (1976), D. Schubart-Story (1978), Eulenspiegeliade (1979), D. einfache Leben d. Robert W. (1985); Requiem f. Clausewitz (1989) - 1974 Mitgl. PEN-Zentrum BRD; 1976 O.B.E.; 1978 Gr. BVK.

SCHÜTZ, Wolfgang
s. Schütz, Wilhelm Wolfgang

SCHÜTZ-SEVIN, Barbara,
geb. Sevin

Dr. phil., Journalistin (Außenpolitik) - Rüdigerstr. 52, 5300 Bonn 2 (T. 34 33 68) - Geb. 4. März 1912 Berlin (Vater: Dr. phil. Ludwig S., Schriftst.; Mutter: Emma, geb. Dieterich), ev., verh. m. Dr. phil. Wilhelm Wolfgang Schütz, 2 S. (Wolf-Peter, Harald) - Univ. Berlin, Heidelberg, Delaware/USA, München. Promot. 1935 Heidelberg (Staatswiss.) - Div. Funktionen, u. a. Vizepräs. Intern. Federation of University Women (1974-80), Vors. Dt. Akademikerinnenbd. u. Dt.-Engl. Ges., Mitgl. Dt. Rat Europ. Beweg. u. Dt. Ges. f. Ausw. Politik - BV: Friedrich v. Müller, 1936; André Chénier in Geist. Umgang m. d. Vergangenh., 1962. Mitverf.: German Home Front (1943), German Youth and the Nazi Dream of Victory, Oxford Univ. Press - 2. Preis Harvard Univ. (Wettbew. üb. German Youth) - Liebh.: Kunst, Musik - Spr.: Engl., Franz., Ital. (mäßig) - Bek. Vorf.: Karl Mathy, bad. Staatsmann, 1848 Mitgl. Frankf. Parlam. (1807-68).

SCHÜTZBACH, Rupert
Zollbeamter, Schriftsteller - Dr.-Mayerhausen-Str. 2, 8390 Passau (T. 0851 - 4 15 91) - Geb. 4. Dez. 1933 Hals b. Passau (Vater: Rupert Sch., Kaufm.; Mutter: Maria, geb. Glück), kath., verh. s. 1967 m. Klara, geb. Bentele - Oberrealsch. (Mittl. Reife) - Spez. Arbeitsgeb.: Lyrik, Aphorismen, Buchkritik - BV: Gedichtbde.: Marktbericht, 1970; Nach Judas kräht kein Hahn, 1973; Nachschläge u. and. Epigramme, 1978; Ich griff nach d. Wind, 1980; Kopfkonfekt, Aphorismen 1983; Glückssachen u. and. Epigramme, 1985; Tage, geschrumpft wie getrocknete Pflaumen, Ged. 1987. Mitverf. d. Kunstbde.: Passauer Impress., 1977; Bad Füssing - heiße u. heilende Wasser, 1979; Verf. Aphorismenh. Spottgeld, 1981. Mitverf.: Dreierlei Maß, Ged. - Epigramme - Aphorismen 1983; Bagatellen, Aphorismen 1986 - 1975,

1976, 1977, 1981 u. 1984 lit. Ausz.; 1989 Mitgl. Dt./Schweiz. PEN-Zentrum - Liebh.: Natur, Kunst, Theol., Parapsych. - Spr.: Engl. - Lit.: I. Bibliogr. Nachschlagew.

SCHÜTZE, Diethard
Rechtsanwalt, MdA Berlin - Roedernallee 90, 1000 Berlin 26 (T. 411 57 44/ 411 39 00) - Geb. 18. Nov. 1954 Berlin (Vater: Hartmut Sch., Rektor; Mutter: Helga, geb. Hillebrand), ev., gesch. - Abit. 1973 Berlin; FU Berlin (1. jurist. Staatsex. 1979, 2. Staatsex. 1981) - S. 1979 wiss. Mitarb. Inst. f. Staats- u. Verw.recht FU Berlin. CDU. 1974-75 Landesvors. Berliner Schülerunion; 1977-79 Vors. JU Reinickendorf; 1979-81 Mitgl. Bezirksverordn.vers. Reinickendorf; s. 1985 Vorst.-Mitgl. CDU-Frakt., Abg.haus Berlin; s. 1987 Mitgl. Landesvorst. Berliner CDU - Liebh.: Sport (insb. Leichtathletik) - Spr.: Engl., Franz., Latein.

SCHÜTZE, Klaus
Dr. jur., Rechtsanwalt, Hauptgeschäftsf. Bundesverb. d. Dt. Süßwarenindustrie (s. 1976) - Schumannstr. 4-6, 5300 Bonn 1 - Geb. 19. März 1935.

SCHÜTZE, Peter
Dr., Schriftsteller, Chefdramaturg Hagen, Regisseur - Wittensteinweg 2, 4930 Detmold (T. 05231 - 2 46 22) - Geb. 8. Juni 1948 Detmold - Stud. German., Kunstgesch. u. Phil. Univ. Mainz u. Marburg; Promot. 1976 Marburg - Fr. Schriftst. (Übers., Ess., Librettist); 1978 Dramat. Städt. Bühnen Bielefeld; 1979-81 Erster Dramat. Staatstheater Wiesbaden; 1981-85 Thalia Theater Hamburg - BV: Z. Kritik d. lit. Gebrauchswerts, 1975; Peter Hacks, 1976. Übers. d. Psychoanalytiker Ernst Kris u. Robert Waelder. Oper Grobbes Leben, 1986. Zahlr. Aufs., u.a. üb. Friedrich Hebbel, Friedrich Nietzsche, Theaterfragen - Spr.: Engl. Ital., Lat., Griech.

SCHÜTZE, Walter
Dr. phil., Prof. f. Pädagogik Päd. Hochschule Kiel (entpfl.) - Sonthofener Str. 28, 2300 Kiel-Elmschenhagen-Kroog (T. 78 16 95) - Geb. 28. Dez. 1906 Rüsseina/Sa. - U. a. Schulrat.

SCHÜTZE, Werner
Dr.-Ing., Prof., Wiss. Rat, Leiter Reaktorabt./Inst. f. Kernphysik Univ. Frankfurt - Heinrich-Blecher-Str. 50, 6000 Frankfurt/M. (T. 51 56 34) - Geb. 18. März 1911 - B. 1966 Privatdoz., dann apl. Prof. Frankfurt (Experimentalphysik). Facharb.

SCHÜTZE, Werner
Bankdirektor i. R., Vorstandsmitglied Norddeutsche Genossenschaftsbank AG, Hamburg/Hannover/Kiel/Oldenburg (b. 1985) - Rathenaustr. 5/6, 3000 Hannover - Geb. 16. März 1921 - AR-Mitgl. BSH Bauspark. Schwäbisch Hall AG (b. Juni 1986).

SCHÜTZE, Wolfgang
Stadtdirektor a. D. - Jahnstr. 2a, 2980 Norden (T. 43 46) - Geb. 20. Okt. 1919 Berlin (Vater: Artur S., Steuerberater; Mutter: Dorothea, geb. Rothe), ev., verh. s. 1948 m. Christa, geb. Müller, 2 Kd. (Barbara, Klaus) - 1939-40 u. 1946-48 Stud. Volksw. u. Rechtswiss. Univ. Berlin, Prag, Köln, Münster. Gr. jurist. Staatsprüf. 1953-54 Anwaltsass., 1955-56 Leit. e. Entschädigungsbehörde, 1957-58 Reg.sass. Reg. Aurich, 1959-60 Ref. Nieders. Innenmin. (Reg.srat), 1961-67 Norden - Kriegsausz. - Liebh.: Kakteen, Farbfotogr., Briefm.

SCHÜTZEICHEL, Rudolf

Dr. phil., o. Prof. f. German. Philologie - Potstiege 16, 4400 Münster/W. (T. 86 13 45) - Geb. 20. Mai 1927 Rhams/ Rhld., kath. - Univ. Mainz. Promot. 1954 Mainz; Habil. 1960 Köln - S. 1954 Lehrtätigk. Univ. Köln, Groningen (1963 Ord.), Bonn (1964), Münster (1969; Dir. German. Inst., Leit. Arbeitsstelle Wort- u. Namenforschg.), Vors. Arbeitskr. f. Namenforsch., Ges. f. Rhein. Geschichtsk.; Hist. Kommiss. Westfalen; Vorst.-Mitgl. Verein f. geschichtl. Landeskd. d. Rheinlande - BV: Mundart, Urkundenspr. u. Schriftspr., 1960, 2. A. 1974; D. Grundl. d. westl. Mitteldeutschen, 2. A. 1976; D. alemann. Memento mori, 1962; Köln u. d. Niederland. 1963; Althochd. Wörterb., 1969, 2. A. 1974, 3. A. 1981; D. mittelrhein. Passionsspiel d. St. Galler Handsch. 919, 1978; Textgebheit, 1981; Codex Pal.lat. 52, 1982; Addenda u. Corrigenda zu Steinmeyers Glossensamml., Nachr. d. Akad. Göttingen, 1982; Addenda u. Corrigenda (II), Studien z. Althochd. 5, Akad. Göttingen 1985; Festschr. Althochd., 2 Bde., 1987. Herausg.: Adolf Bach, German.-Histor. Studien (1964); Namenforschung. Festschr. f. Adolf Bach (1965); Beiträge zur Namenforschung (Neue Folge, 1966ff.); Beiheft z. d. Beitr. z. Namenforsch. (1ff. 1969ff.); Register d. Beitr. z. Namenforsch. Bd. 1-16 (1969); Sprachwissenschaft (1976ff.); Monogr. z. Sprachwiss. (1ff. 1976ff.); NOWELE (1983ff.); Stud. z. Althochdt. (1ff. 1983ff.); Adolf Bach, Geschichte der dt. Sprache (9. A. 1970); M. Gottschald, Dt. Namenkd. (5. A. 1982); J. Franck, Altfränk. Grammatik (2. A. 1971); Stud. z. dt. Lit. d. Mittelalters (1979); Erlanger Ortsnamen-Kolloquium (1980); Erlanger Familiennamen-Colloquium (1985); Ortsnamenwechsel. Bamberger Symposion (1986); Bibliogr. d. Ortsnamenbücher d. dt. Sprachgebietes in Mitteleuropa (1988); Ortsname u. Urkunde. Münchener Symposion (1989). Zahlr. Einzelarb. - 1973 Mitgl. Akad. d. Wiss. Göttingen, 1974 Ausl. Mitgl. Vetenskaps- och Viterhets-Samhället Göteborg; Mitgl. Maatschappij d. Nederlandse Letterkunde Leiden; Mitgl. d. Kommiss. f. Namenforsch. d. Bayer. Akad. d. Wiss. München - 1971 Offz. niederl. Orden v. Oranje-Nassau.

SCHÜTZINGER, Heinrich
Dr. phil., apl. Prof., M.A., Akad. Oberrat am Orientalischen Sem. Univ. Bonn - Am Schloßplatz 13, 5300 Bonn 1-Röttgen (T. 0228 - 25 54 15) - Geb. 11. April 1924 Dresden (Vater: Dr. Hermann Sch., polit. Journalist), ev., verw. - Stud. Univ. Berlin, Saarbrücken, Bonn; Promot. 1960 Bonn; Habil. 1970 Bonn - Lehre u. Forschung auf d. Geb. d. Semitistik Univ. Bonn - BV: Ursprung u. Entwicklung d. arab. Abraham-Nimrod-Legende, 1960; D. Kitāb al-Mu'ǧam d. Abū Bakr al-Ismā'īlī, 1978; sowie weit. Veröff. a. d. gen. Geb.

SCHÜZ, Ernst
Dr. phil., Prof., Zoologe - Elmar-Doch-Str. 39, 7140 Ludwigsburg (T. 2 35 66) - Geb. 24. Okt. 1901 Markgröningen/ Württ. (Vater: Ernst S., Oberreg.rat; Mutter: Elise, geb. Weitbrecht), ev., verh. I) 1926-41 m. Tabitha, geb. Brenner †; II) s. 1944 m. Hanna, geb. Steinheil, 4 Kd. (Dietrich, Eckart, Wolfram, Almut) - Karls-Gymn. Stuttgart; Univ. Tübingen u. Berlin (Promot. 1927). Habil. 1942 Königsberg. 1925-29 Assist. Landesmuseum Hannover u. Mus. f. Tier- u. Völkerkd. Dresden (1927), 1929-59 Kustos u. Leit. (1936) Vogelwarte Rossitten bzw. Radolfzell (1946) d. Kaiser-Wilhelm- bzw. Max-Planck-Ges., 1942-45 Doz. Univ. Königsberg, 1946-49 Landesbeauftr. f. Naturschutz u. Landschaftspflege Nordwürtt., 1949-69 Dir. Staatl. Mus. f. Naturkd. Stuttgart, s. 1952 Honorarprof. TH ebd. - BV: Atlas d. Vogelzugs n. d. Beringungsergebn. b. paläarzt. Vögeln, 1931 (m. H. Weigold); V. Vogelzug, Grundriß d. Vogelzugskd., NA 1971; D. Vogelwelt d. Südkaspischen Tieflandes, 1959. Mithrsg.: D. Vogelzug (1930-44), D. Vogelwarte (1948-74) - 1936 Wiss. Mitgl. KW- bzw. MPG; 1953 Honorary Fellow American Ornithologist's Union; Ehrenmitgl. Dt. Ornithologen-Ges., Ornithol. Vereinig. Finnl., Ges. f. Naturkd. Württ.; 1975 Soc. Española de Ornit.; 1982 Ungar. Ornith. Ges.; korr. Mitgl. Dansk Ornithol. Forening (1956), Schweiz. Ges. f. Vogelkd. (1959), South African Ornithol. Soc. (1964), British Ornithologists' Union (1964), Soc. Ornith. de France (1973).

SCHUFF, Hans Otto
Kaufm. Geschäftsführer Ges. f. Schwerionenforsch. mbH - Planckstr. 1, 6100 Darmstadt - Geb. 23. Jan. 1930 - Stud. d. Rechte Univ. Heidelberg u. Mainz, 1960 Rechtsass., 1961 Eintritt in d. Forsch.-verw. S. 1969 Geschäftsf. e. staatl. Großforsch.einrichtung.

SCHUFFNER, Florian
Hauptgeschäftsführer Deutsch-Koreanische IHK - Zu erreichen üb. Dt.-Korean. Ind.- u. Handelskammer, CPO Box 49 63, Seoul/Korea - Geb. 10. Sept. 1944, verh. - 1. u. 2. jurist. Staatsex. Berlin - 1974-78 stv. Leit. Abt. Auslandshandelskammer im DIHT; 1978-80 Hauptgf. Dt.-südafrikan. IHK.

SCHUG, Albert
Dr., Direktor Kunst- u. Museumsbibliothek u. Rhein. Bildarchiv d. Stadt Köln - Kattenbug 18-24, 5000 Köln 1.

SCHUG, Egon
Inspekteur d. Bundesgrenzschutzes - Zu erreichen üb. Bundesmin. d. Innern, Graurheindorfer Str. 198, 5300 Bonn 1 - Geb. 6. Mai 1932.

SCHUG, Hans-Gustav
Chem. Ing., Umweltschutzbeauftragter in e. chem. Werk - Gabelsbergerstr. 4, 6720 Speyer (T. priv.: 06232 - 9 26 05; dstl.: 0621 - 50 05 75) - Geb. 21. Nov. 1929 Pirmasens (Vater: Dr. Hermann Sch., Landrat), ev., verh. m. Ruth, geb. Günther, 4 Kd. (Christiane, Michael, Annette, Susanne) - Stud. Chem. Inst. Fresenius - S. 1947 ehrenamtl. als Mitgl., Beis., Vors. in Sportverb. u. Aussch. tätig; s. 1969 Schiedsrichter, Mitarb. u. OK-Mitgl. b. Europameistersch., Olymp. Spielen u. Weltmeistersch. - S. 1957 11 Ausz. u. Ehrennadeln v. Sportverb.

SCHUG, Walter
Dr. rer. pol., Prof. f. Welternährungswirtschaft u. -politik Univ. Bonn - Heideweg 9a, 5300 Bonn 3 (Holzlar) (T. 0228 - 48 16 18) - Geb. 3. Mai 1941 Trier (Vater: Fritz Sch., Bundesbahndir.; Mutter: Marianne, geb. Lindner), kath., verh. s. 1967 m. Ellen, geb. Leffers, 3 T. (Christine, Susanne, Jutta) - Dipl. Hdls. Promot. 1967, Habil. 1971 - S. 1971 Univ. Bonn. S. 1979 gf. Vors. Dt.-Chines. Ges. f. Sozialökon. e.V. - Liebh.: Jagd, Reisen - Spr.: Engl., Franz.

SCHUH, Friedrich Theodor
Dr. med. habil., apl. Prof., Facharzt f. Anaesthesie u. Klinische Pharmakologie, Fellow of the American College of Anesthesiology (F.A.C.A.) - Bölschestr. 28, 3000 Hannover 1 (T. 0511 - 85 88 51) - Geb. 18. März 1940 Norden/Ostfrsld. (Vater: Dr. med. Waldemar Sch., Arzt; Mutter: Theda, geb. Hoppe), ev., verh. s. 1969 m. Dr. med. Sigrid, geb. Mölling, Fachärztin f. Anaesthesie, Zwillinge (Enno u. Theda) - Univ. Würzburg, Mainz u. Kiel (Med.), Promot. 1967, Ausbildung Pharmakol. u. Anaesthesie Kiel u. Buffalo/New York, Habil. 1979; apl. Prof. S. 1985 - S. 1984 Chefarzt Zentr. Abt. f. Anästhesie u. Intensivmed., s. 1987 Ärztl. Dir. Friederikenstift Hannover. Zahlr. Publ. in anaesthesiol. u. pharmakol. Ztschr., s. 1967 - 1979 Karl-Thomas-Preis Dt. Ges. f. Anaesthesiol. u. Intensivmedizin - Liebh.: Sammlung: Ostfriesl. in d. Graphik - Spr.: Engl., Franz.

SCHUH, Josef
Landtagsabgeordneter (VII. Wahlp.) - Blumenweg 9, 6690 St. Wendel 1/Saar - Geb. 12. Mai 1930 - CDU.

SCHUHBECK, Hans
I. Bürgermeister Stadt Miesbach - Rathaus, 8160 Miesbach/Obb.; priv.: Johann-Baptist-Zimmermann-Str. 2 - Geb. 27. Jan. 1926 Wasserburg/Inn - Zul. Realschullehrer. SPD.

SCHUHE, Hans F.
Dipl.-Ing., Geschäftsf. Gesellschafter WALZWERKE EINSAL GMBH, 5992 Nachrodt; Geschäftsf. SAEMAWERK Herbertz & Schmidt GmbH, Remscheid - priv. Wiechertstr. 4, 5860 Iserlohn-Letmathe - Geb. 21. Febr. 1929.

SCHUHKNECHT, Wolfgang
Dr. phil., Prof., Leiter Chem. Hauptlabor. Saarbergwerke AG, Saarbrücken (1948-73) - Ensheimer Str. 36, 6670 St. Ingbert (T. 75 21) - Geb. 24. März 1908 Leipzig (Vater: Edwin S., Oberstabszahlmeister; Mutter: Anna, geb. Flemming), ev., verh. s. 1944 m. Gertrud, geb. Nau, 2 Söhne (Stefan, Christof) - Realgymn. u. Univ. Leipzig (Chemie, Physik, Mineral.), Dipl.-Chem. 1930). Promot. 1934 Leipzig; Habil. 1952 Saarbrücken - S. 1952 Privatdoz. u. apl. Prof. (1959) Univ. Saarbrücken (Physikal. Analysen). Entwickl. d. ersten Flam-

menphotometers (1936) - BV: D. Flammenspektralanalyse, 1960 (auch span.). Zahlr. Einzelarb. - Spr.: Franz., Engl.

SCHUHMACHER, Peter
Dipl.-Kfm., Vorsitzender d. Vorst. Heidelberger Zement AG, Heidelberg - Philipp-Wolfrum-Weg 8, 6900 Heidelberg - Geb. 12. Jan. 1931.

SCHUHMACHER-WANDERSLEB, Otto
Dr. med., Arzt, Kneipp-Physiotherapeut - Seb.-Kneipp-Promenade 28-30, 5358 Bad Münstereifel (T. 02253 - 60 11) - Geb. 19. Mai 1925 Mönchengladbach (Vater: Martin Sch., OStud.dir.; Mutter: Therese, geb. Schmitz), kath., verh. s. 1954 m. Renate, geb. Wandersleb, 4 Kd. (Claudia, Wolfram, Michael, Reinhard) - Gymn. (Abit. 1943) Bad Münstereifel, s. 1944 Univ. Berlin u. Bonn (1945-51) - S. 1972 1. Vors. Ärztl. Ges. f. Physiotherapie, s. 1985 Präs. Verb. d. Badeärzte, s. 1976 Lehrbeauftr. f. Allg. Med. Univ. Bonn. Schriftl. Ztschr. Kneipp-Physiotherapie - Liebh.: Philatelie - Spr.: Engl. - Bek. Vorf.: Dr. Herm. Wandersleb, Staatssekretär Bonn, 1949-57 (Schwiegerv.).

SCHUHMANN, Gerhard
Dr. agr., Prof., Präsident i. R. Biolog. Bundesanstalt f. Land- u. Forstwirtschaft, Berlin/Braunschweig (b. 1988) - Am Hasengarten 55, 3300 Braunschweig (T. 0531 - 6 37 78) - Geb. 7. Juni 1923 Schriesheim (Eltern: Hans (Rektor) u. Sofia S.), ev., verh. s. 1953 m. Inge, geb. Siebert, 2 Kd. (Helmut, Nora) - 1934-41 Gymn. Heidelberg; 1948-50 LH Hohenheim (Dipl.-Landw.). Promot. 1953 Hohenheim; Habil. 1965 Berlin (TU) - S. 1953 Biol. Bundesanst. f. Land- u. Forstw. (1967 Leit. Inst. f. Pflanzenschutzmittelforsch., 1967 Dir. (u. Prof.) Abt. f. Pflanzenschutzmittel u. Geräte, 1970 Präs.). Fachveröff., dar. Tilletiaceae, in: P. Sorauer, Handb. d. Pflanzenkrankh. (Bd. III 6. A. 1962) - 1985 Gr. Ehrenz. f. Verdienste um d. Rep. Österr.; 1987 BVK I. Kl. - Spr.: Engl.

SCHUHMANN, Otto
Studienrat, MdL Bayern (s. 1975) - Zu erreichen üb. Bayer. Landtag, Maximilianeum, Max-Planck-Str. 1, 8000 München 85 - Geb. 1944 - SPD.

SCHUHMANN, Roland
Dr. med., Prof., Oberarzt Univ.-Frauenklinik Ulm, Leiter Sektion gynäkol. Morphol. - Gartenhalde 17, 7900 Ulm-Mähringen - Geb. 19. Mai 1937 Frankfurt/M. (Vater: Arthur Sch., Kaufm.; Mutter: Elisabeth, geb. André), ev., verh. s. 1965 m. Gisela, geb. Hampel, 2 Kd. - Med.-Stud. Univ. Frankfurt, Heidelberg u. Innsbruck; Staatsex. 1964 Frankfurt, Promot. 1964, Habil. 1974 Ulm - BV: D. funktionelle Morphol. d. Placentone reifer menschl. Placenten, 1976; Mitarb. Lehrb.: Geburtshilfe u. Gynäkol., 2. A. 1982; D. Placenta d. Menschen, 1982; üb. 50 wiss. Arb. in in- u. ausl. Ztschr. - Liebh.: Skilaufen, Bergsteigen, Paddeln, Jagd - Spr.: Engl., Franz.

SCHUI, Herbert
Dr. rer. soc., Prof. Hochschule f. Wirtschaft u. Politik, Hamburg (s. 1979) - Zu erreichen üb. Hochsch. f. Wirtsch. u. Politik, Postf. 13 22 56, 2000 Hamburg - Geb. 13. März 1940 Köln (Vater: Walter S., Zimmermann; Mutter: Christine, geb. Hack), verh. s. 1973 m. Ute, geb. Eberhart, S. Florian - Promot. 1973 Konstanz - Spr.: Engl., Franz.

SCHUIERER, Hans
Landrat - Kreisverwaltung, 8460 Schwandorf/Opf. - Geb. 6. Febr. 1931 - S. 1970 Landrat Kr. Burglengenfeld u. Schwandorf (1972); s. 1972 Mitgl. d. Bezirkstages d. Oberpfalz; Kreisvors. d. Bayer. Roten Kreuzes u. d. Gartenbau- u. Ortsverschönerungsvereine (wiedergewählt 1978 u. 1984). SPD.

SCHULENBERG, Franz
Dr.-Ing., Dipl.-Ing., Präsident IHK Bochum (s. 1974) - Charlottenstr. 73, 4630 Bochum (T. 33 82 50) - Geb. 26. Mai 1924 Bad Westernkotten (Vater: Franz S.; Mutter: Katharina, geb. Koch), kath., verh. s. 1951 m. Dorothea, geb. Auchter, 5 Kd. (Angelika, Thomas, Andreas, Stefan, Peter) - Stud. Maschinen-, Apparatebau TH Karlsruhe. Dipl. 1951 Karlsruhe; Promot. 1969 Stuttgart - Spez. Arbeitsgeb.: Wärmetechnik, Luftkühlung. 1970ff. 1984 Vorst. Vereinig. d. IHK Nordrh.-Westf.; 1984 Vors. Verkehrsverb. Ind.bezirk, Essen; stv. AR-Vors. GEA AG u. Co.; Beiratsvors. Friedrich Grohe GmbH u. Co. Patente a. d. Gebiet luftgekühlter Kondensatoren u. Anlagen - 1984 BVK I. Kl.; 1986 VO d. Landes Nordrh.-Westf.; 1988 Gr. BVK - Liebh.: Jagd - Spr.: Franz., Engl.

SCHULENBERG, Wolfgang
Dr. phil., o. Prof. f. Soziologie - Philosophenweg 6, 2900 Oldenburg/O. (T. 7 12 33) - Geb. 11. Juni 1920 Bremen (Vater: Wilhelm S.; Mutter: Dora, geb. Speckheter), ev., verh. m. Almut, geb. Stulken - Oberrealsch. Bremen; 1936-45 kaufm. Lehre, Wirtschaftstätigkeit.; Kriegsdienst; 1945-46 Päd. Hochsch. Oldenburg; 1952-56 Univ. Göttingen. Lehramtsprüf. 1946 u. 49 Oldenburg; Promot. 1956 Göttingen - S. 1957 Lehrtätigk. PH Oldenburg (1959 Lehrstuhl). 1969-71 Rektor PH Nieders. Univ. Oldenburg (1973 o. Prof.). Mitgl. Dt. Ges. f. Soziol., Intern. Sociol. Assoc., Dt. Ges. f. Erziehungswiss., Dt. Ges. f. Sozialmed. - BV: Ansatz u. Wirksamkeit d. Erwachsenenbildung, 1957; Bildung u. gesellschaftl. Bewußtsein, 1966 (m. Strzelewicz u. Raapke); Plan u. System, 1968; Probleme d. sozialen Integration in e. Stadtrandsiedlung, 1969; Z. Professionalisierung d. Erwachsenenbildung, 1972 (m. a.); Kompensation oder Emanzipation?, 1974 (m. a.); Transformationsprobleme d. Weiterbildung, 1975 (m. a.); Soziale Faktoren d. Bildungsbereitschaft Erwachsener, 1978 (m. a.); Soz. Lage u. Weiterbild., 1979 (m. a.); Studium u. Beruf, 1985 (m. a.). Herausg.: Erwachsenenbild. - Wege d. Forschung (1978), Reform in d. Demokratie (1976). Mithrsg.: Sozialforschung u. Gesellschaftspolitik (Reihe, 1972ff), Schriften d. Univ. Oldenburg (1978ff), Geschichte d. Oldenburg. Lehrerbildung (1979ff), Realismus und Reflexion (1982); Didaktik d. Erwachsenenbild. (1985) - Lit.: J. v. Maydell, Bildungsforsch. u. Ges.-Politik, 1982.

SCHULENBURG, Graf von der, J.-Matthias
Dr., o. Prof. Univ. Hannover, Dir. Inst. f. Versicherungsbetriebslehre - FB Wirtschaftswiss., Wunstorfer Str. 14, 3000 Hannover 91 (T. 0511 - 76 21) - Geb. 20. Juni 1950 Hamburg, ev., verh. s. 1979 m. Ines, geb. Camp, 2 Söhne (Daniel, Johann-Friedrich) - Dipl.-Volksw. 1977 Göttingen, Promot. 1980 München, Habil. 1986 München, Priv.-Doz. Univ. München u. TU Berlin - 1977-84 Wiss. Assist. Univ. München; 1981/82 Princeton Univ.; 1984-88 Senior Res. Fellow Intern. Inst. of Management (Wiss.zentrum Berlin), 1987/88 Wiss. Leit. IIM - BV: Systeme d. Honorierung v. Ärzten, 1981; Theorie d. Rückversich., 1981; Kostenexplosion im Gesundheitsw., 1981; Law and Economics, 1986; Ess. in Soc. Security Econ., 1986; Bibliogr. d. Gesundheitsökonomie, 1987; Selbstbeteiligung, 1987; D. Indemnitätstarif, 1988; Health Maintenunce Organiz., 1988; Ökonomische Probleme d. Gesundheitsversorgung in Dtschl. u. Frankr., 1989 - 1981 1. Preis f. Gesundheitsökonomie.

SCHULENBURG, von der, Wedige
Generalsekretär d. CDU Bremen a. D. (1980-83), Mitgl. Brem. Bürgerschaft (s. 1971), Vizepräs. d. Bürgersch. (s. 1983) - Am Heiddamm 36, 2800 Bremen 33 - Geb. 9. Mai 1945 Beetzendorf/Altmark, ev., verh. s. 1976 m. Brigitte, geb. Wolff, gesch. Werle, 2 Töcht. (Alexandra, Annabel aus 1. Ehe) - Mittelsch. (Mittl. Reife); Höh. Handelssch.; 1965-68 kaufm. Lehre - selbst. Kaumfann.

SCHULENBURG, Graf von der, Werner
Chef d. Protokolls/Ausw. Amt (1984ff.) - Adenauer-Allee 99-103.

SCHULENBURG, Graf von der, Wilhelm
Dr. agr., Geschäftsführer W. v. Borries-Eckendorf, Leopoldshöhe/Bielefeld-Hovedissen, Vors. d. Bundesverb. Deutscher Pflanzenzüchter e.V., Bonn - Hovedissen, 4817 Leopoldshöhe (T. 05208 - 2 75) - Geb. 30. Jan. 1932 - Zul. Vorst.smitgl. Schloemann-Siemag AG., Düsseldorf - Spr.: Engl., Franz. - Rotarier.

SCHULER, Alf
Maler u. Bildhauer - Roßstr. 12, 5000 Köln 30 (T. 0221 - 52 22 04) - Geb. 1945 - 1986-87 Gastprof. GH Kassel - Ausst.: 1977 Documenta 6 Kassel, 1987 Documenta 8 Kassel - 1975 Villa Romana Preis Florenz; 1981 Bremer Kunstpreis (Böttcherstr.); 1981 Kunstpr. Glockengasse Köln.

SCHULER, von, Einar
Dr. phil., em. o. Prof. f. Oriental. Philologie Univ. Würzburg (1974-87) - Bogenstr. 6, 1000 Berlin 37 - Geb. 28. Okt. 1930 Leipzig (Vater: Dr. med. Carl v. S., prakt. Arzt; Mutter: Maria, geb. Eichhorn), ev., verh. s. 1956 m. Dr. Immina, geb. Schömig - Thomassch. Leipzig (Abit. 1949); 1949-54 Univ. ebd. u. FU Berlin (1950; Oriental., Alte Gesch.). Promot. 1954; Habil. 1962 - 1962-74 Lehrtätigk. FU Berlin (1963 Ord.) - BV: Hethit. Dienstanweisungen f. höh. Hof- u. Staatsbeamte, 1957; D. Kaskäer, 1965 - 1970 Korr. Mitgl. Dt. Archäolog. Inst.; 1973 Ehrenurkunde Rep. Türkei f. kulturelle Verdienste; 1980 Silb. Paulskirchen-Med. Vereinigte Großlogen Dtschl.

SCHULER, Friedrich Karl
Ass., Vorstandsvorsitzender ARAG Lebensversich.-AG, u. Bavaria Krankenversich.-AG, München - Zu erreichen üb. ARAG-Lebensversich.-AG, Prinzregentenplatz 9, 8000 München 80 (T. 089 - 41 24-01) - Geb. 9. April 1934 Bruchsal/Bad., ev., verh. s. 1962 m. Irmgard Ursula, geb. Epp, 4 Kd. (Martin, Margit, Matthias, Maximilian) - Abit.; Jurastud. - AR Allg. Versich.-AG, ARAG Kraftfahrt-Versich.-AG, bde. D'dorf.

SCHULER, Gerhard
Dipl.-Ing. (FH), Vorstandsvorsitzender Homag Maschinenbau AG - Zollernstr. 6, 7290 Freudenstadt (T. 07441 - 8 26 01) - Geb. 1. April 1927, ev., verh. s. 1959 m. Marlies, geb. Nerbel, 3 Töcht. (Mareike, Anja, Silke) - Schreinerlehre, Schreinermeisterprüf., Dipl.-Ing. (FH) Holztechnik - Geschäftsf.: Heinrich Brandt, Lemgo; Holzma, Calw/Holzbronn; Weeke, Herzebrock; Friz Weinsberg; Bargstedt, Hemmoor, Arminius, Detmold; Hornberger Industrieanlagen, Schopfloch; Unternehmensberatung Gerhard Schuler, Pfalzgrafenweiler; Kurat.-Mitgl. AGP (Arbeitsgemeinsch. z. Förd. d. Partnerschaft in d. Wirtsch.), Kassel; Fachbeirat d. FH Rosenheim; Ind.beirat d. Technikerschule Rosenheim - Wirtschaftsmed. Baden-Württ.

SCHULER, Heinz
Dr. rer. pol., o. Prof. f. Psychologie Univ. Hohenheim - Tiefer Weg 54, 7000 Stuttgart 70 - Geb. 6. Juni 1945 Wien (Vater: Willi Sch., Filmkaufm.; Mutter: Erika, geb. Stetzenbach), verh. m. Karin, geb. Kohl, 2 Kd. (Benjamin, Julia) - Stud. Psych., Phil., BWL; Dipl.-Psych. 1970 Univ. München; Promot. 1973, Habil. 1978 Augsburg - 1979 Prof. Univ. Erlangen-Nürnberg; 1981 gf. Vors. Inst. f. Psych. ebd.; 1982 Lehrst. f. Psych. Univ. Hohenheim - BV (teilw. m.a.): D.

Bild v. Mitarb., 1972; Psych. d. Person, 1974; Symp. u. Einfl. in Entscheidungsgruppen, 1975; Entscheidungsprozesse in Gruppen, 1976; Dynamics of groups decisions, 1978; Eth. Probl. psych. Forsch., 1980 (amerik. Übers. 1982); Psych. in Wirtsch. u. Verw., 1982; Organisationspsych. u. Unternehmenspraxis, 1985; Biogr. Fragebogen als Meth. d. Personalauswahl, 1986; Assessment Center als Meth. d. Personalentwicklung, 1987.

SCHULER, Heinz
Dipl.-Ing., Bauamtsleiter Gemeinde Helgoland, Bundesvors. Zentralverb. d. Ing. d. öfftl. Dienstes - Postf. 10 44, 2192 Helgoland (T. 04725 - 78 56; Büro 8 08 28) - Geb. 9. Aug. 1939 Willwerath/Kr. Prüm, gesch., T. Ute - Steinmetzlehre Seffern/Schnee-Eifel; Fachabit. 2. Bildungsweg 1964 Düsseldorf; Stud. Tief- u. Verkehrsbau Univ. Wuppertal (Dipl. 1968), Staatsprüf. kommunaler techn. Verwaltungsdst. 1969 Düsseldorf - 1970-73 stv. Leit. untere Wasser- u. Fischereibehörde Düsseldorf, stv. Leit. Allg. techn. Abt. Kanal- u. Wasserbauamt Düsseldorf; 1974-83 stv. Leit. untere Wasser- u. Wegebehörde Solingen; s. 1. Juli 1983 Leit. Gemeindebauamt Helgoland. S. 1976 Zentralverb. d. Ing. d öfftl. Dienstes (ZVI), Landesverb. NW (1977-79 Schriftf. u. Presseref. Landesvorst., 1979-83 Landesvors.), 1978-80 nebenamtl. Bundesgeschäftsf., 1980-82 Beisitzer Bundesvorst., 1982-84 stv., s. 1984 Bundesvors. u. Presseref. FDP s. 1969 (1970-73 Kreisvorst. Mülheim/R., 1974-76 Kreishauptaussch., 1976 Gründ.-Vors. Ortsverb. D'dorf-Süd, 1979-83 wohnungspolit. Sprecher FDP-Ratsfrakt. D'dorf, s. 1984 Presseref. Ortsverb. Helgoland) - Ehrenurkunde Stadt Mülheim f. Tätigk. als ehrenamtl. Sozialbetreuer 1968-73; Ehrenurkunde Landesgerichtspräs. D'dorf f. Tätigk. alsLaienrichter 1977-80 - Liebh.: Fotogr., Sammeln v. Biogr. - Spr.: Engl.

SCHULER, Manfred
Dr., Prof. f. Musikerziehung u. Musikdidaktik Univ. Mainz - Binger Str. 26, 6500 Mainz 1 - Geb. 1. März 1931 Konstanz (Vater: Friedrich Sch.; Mutter: Pauline, geb. Hagmüller), kath., verh. s. 1969 m. Anita, geb. Frank, 2 Kd. (Wolfgang, Constanze) - Musikhochsch. Freiburg, Univ. München u. Freiburg (Staatsex. f. d. künstl. Lehramt an höh. Sch. 1955, Promot. 1958, 2. Staatsex. 1960) - 1974 Gymnasialprof. u. Fachberater am Oberschulamt Südbaden; Lehrtätigk. Musikhochsch. (1981) u. Univ. Freiburg (1977); 1982 Prof. f. Musikerzieh. u. Musikdidaktik Univ. Mainz - BV: Giorgio Mainerio, Il primo libro de balli, 1960; Homer Herpol, Officium, 1978; zahlr. Veröff. z. Musikgesch. d. Mittelalters, d. 16., 18., 19. u. 20. Jh., z. Musikerzieh. u. Musikdidaktik - Spr.: Engl., Franz.

SCHULER, Peter
Lehrer, MdL Rhld.-Pfalz (s. 1975) - Mörschstr. 19, 6701 Waldsee - Geb. 4. Jan. 1942 - CDU.

SCHULER, Rudolf
Vorstandsmitglied Gabriel Herose AG., Konstanz - Uhlandstr. 55, 7750 Konstanz/B. - Geb. 31. Aug. 1923 - Rotarier.

SCHULGEN, Hubert
Geschäftsführer Heilbäderverb. Nieders. - Bleicheweg 44, 3380 Goslar (T. 4 31 32).

SCHULHOFF, Georg

Dipl.-Ing., Ehrenpräsident u. Schatzmeister Rhein.-Westf. Handwerkerbund, Schatzm. Zentralverb. Dt. Handwerk, Ehrenpräs. Handwerkskammer Düsseldorf u. and. zahlr. Ehrenämter - Erasmusstr. 18, 4000 Düsseldorf 1 (T. 0211-87 95-1 95 u. 1 96) - Geb. 1. Dez. 1898 Budapest, verh. s. 1935 m. Erna, geb. Neuenhüskes, 2 Kd. (Madeleine, Wolfgang) - Gymn. (Abit. 1918); Stud. TH Darmstadt - Dipl.-Ing. (Maschinenbau) 1922 - S. 1926 Inh. e. Heizungs- u. Installationsbetriebes - Zahlr. Ztg.- u. Ztschr.-Veröff. - Ehrenbürger Landeshauptstadt Düsseldorf; Gr. BVK m. Schulterbd. u. Stern; Ritter d. Ehrenlegion d. franz. Rep.; VO Land Nordrh.-Westf.

SCHULHOFF, Wolfgang

Dipl.-Volksw., MdB, Geschäftsf. Ges. Dipl.-Ing. G. Schulhoff u. Schulhoff Ingenieur-Planungs-GmbH - Erasmusstr. 18, 4000 Düsseldorf 1 (T. 33 45 92) - Geb. 14. Dez. 1939 Düsseldorf, ev., verh. s. 1965, 2 Kd. - Abit. 1959, 1961 Gesellenpr. als Installat., 1961-65 Stud. Wirtschaftswissensch. Univ. Köln, Dipl. 1965, 1965-67 weit. techn. Ausb. z. Ing. - 1969-83 Mitgl. Rat d. Stadt Düsseldorf (1977-83 stv. Fraktionsvors.); s. 1983 Mitgl. d. Deutschen Bundestages, o. Mitgl. im Finanzaussch., o. Mitgl. im Aussch. f. Umwelt, Naturschutz u. Reaktorsicherheit, stv. Mitgl. im Aussch. f. Arbeit u. Sozialordnung - BVK.

SCHULIN, Bertram
Dr. jur., o. Prof. f. Zivilrecht, Arbeits- u. Sozialrecht - Ruppanerstr. 11, 7750 Konstanz - Geb. 14. Juli 1944 Witzenhausen (Vater: Dr. Paul Sch., Rechtsanw.; Mutter: Christel, geb. Besig), verh. s. 1971 m. Karin, geb. Lotz, 4 Kd. (Tobias, Susanne, Christoph, Johannes) - Gymn. (Abit. 1964), 1964-69 Univ. Göttingen u. München (Rechtswiss.) - 1980ff. Prof. Univ. Freiburg, WS 1981/82 o. Prof. Univ. Osnabrück, WS 1984/85 o. Prof. Univ. Konstanz - BV: D. natürl.-vorrechtl. Kausalitätsbegriff im zivilen Schadensersatzrecht, 1976; Sozialversich.recht, 1976; 2. A. 1985; Soziale Sicherung d. Behinderten, 1980; Soz. Entschädig. als Teilsystem kollektiven Schadensausgleichs, 1981; Sozialrechtl. Rechtstatsachenforsch. (hg. m. Wolfgang Dreher), 1987; Fälle z. Sozialrecht, 1987.

SCHULIN, Ernst
Dr. phil., o. Prof. f. Neuere Geschichte Univ. Freiburg (s. 1974) - Burgunderstr. 30, 7800 Freiburg (T. 3 55 02) - Geb. 12. Okt. 1929 Kassel (Vater: Kurt S., Vizepräsident Hess. Verwaltungsgerichtshof; Mutter: Charlotte, geb. Kirsch), ev., verh. s. 1957 m. Heidi, geb. Brunn, 3 Kd. (Sebastian, Friederike, Alexander) - 1949-56 Univ. Göttingen u. Tübingen (Geschichte, German., Religionswiss.) - 1958-61 Wiss. Mitarb. Inst. f. Europ. Geschichte Mainz; 1961-67 Assist. u. Doz. (1965) Univ. Gießen; 1967-74 Ord. TU Berlin. Mitgl. Histor. Colloquium Göttingen u. Berliner Histor. Kommiss. - BV: D. Weltgeschichtl. Erfassung d. Orients b. Hegel u. Ranke, 1958; Handelsstaat England - D. polit. Interesse d. Nation am Außenhandel v. 16. b. ins frühe 18. Jh., 1969; Traditionskritik u. Rekonstruktionsvers. - Stud. z. Entwickl. v. Gesch.wiss. u. histor. Denken, 1979; Walther Rathenau, 1979; D. Französische Revolution, 1988. Hrsg.: Universalgesch. (1974), Walther-Rathenau-Gesamtausg. (s. 1977) - 1982 Mitgl. Heidelbg. Akad. d. Wiss. - Liebh.: Musik - Spr.: Engl., Franz., Span.

SCHULLER, Wolfgang
Dr. jur., o. Prof. f. Alte Gesch. Univ. Konstanz (s. 1976) - Amselweg 10, 7750 Konstanz 16 (T. 07531 - 4 41 64) - Geb. 3. Okt. 1935 Berlin, ev., verh. s. 1968 m. Cordelia, geb. Kayser, 3 Kd. (Dorothea, Christoph, Johannes) - Stud. Rechtswiss.; Ass.ex. 1965 Berlin; Promot. 1967 Hamburg; Habil. (Alte Gesch.) 1971 Berlin - 1972-76 o. Prof. f. Alte Gesch. PH Berlin - BV: Geschichte u. Struktur d. politischen Strafrechts d. DDR b. 1968, 1980; Griechische Gesch., 2. A. 1982; Herrschaft d. Athener im Ersten Attischen Seebund, 1974; Frauen in d. griech. Gesch., 1985; Frauen in d. röm. Gesch., 1987 - Spr.: Engl., Franz., Griech., Latein - Bek. Vorf.: Johann Caspar Lavater (Ur...großv.).

SCHULT, HA
Aktionskünstler, Erfinder d. Kunstricht. Biokinetik - Schult-Museum, Im Steeler Rott 28, 4300 Essen; u. Prince St.Sta., P.O. Box 389, New York, N.Y. 10012/USA - Geb. 24. Juni 1939 Parchim (Vater: Otto Sch., Ing.; Mutter: Gerda Sch.), verh. s. 1975 m. Elke, geb. Koska, 2 Kd. (Kolin, Ossip) - 1959-61 Stud. Kunstakad. Düsseldorf - S. 1968 umweltbezogene Aktionen, s. 1971 Bildobjekte - Mittelpunkt s. künstl. Schaffens (in Aktionen, Bildobjekten u. gr. Ausstellungs-Zyklen) ist d. soziale Fauna v. Regionen u. Städten: d. Ruhrgebiet, d. Rheinland, ganz Dtschl., Berlin, Venedig u. New York. Wicht. Ausstell. im In- u. Ausland, u.a.: documenta 5 + documenta 6, Museum Morsbroich, Leverkusen, Museum Wiesbaden, Museum Folkwang, Essen, Kunsthalle Kiel, Städt. Galerie im Lenbachhaus, München, Museum am Ostwall, Dortmund, Museum Mülheim, Museum Düren, Römer- u. Pelizaeus-Museum, Hildesheim, Kunsthalle Nürnberg, Museum Ludwig, Köln. Wichtige Aktionen: Markusplatz in Venedig mit 350.000 Zeitungen gefüllt (1976), Flugzeug in New York abstürzen lassen (1977), Ruhr-Tour durchs Ruhrgebiet (1978), Archäologisches Konsum-Rodeo im Amphitheater von Xanten (1980), e. Straße in New York m. 600.000 New York Times gefüllt (1983), d. Brandenburger Tor u. d. Berliner Mauer in New York gebaut (1985/86), d. Berg d. Höchsten Harmonie v. Dtschl. nach Peking gebracht (1987). Z. Eröffn. d. Neuen Bundestagsgebäudes (Bonn) Ausstellung d. Bildobjektes Deutsch-Land (als einziges Kunstwerk v. d. Plenarsaal). S. 1986 in Essen HA Schult-Museum (d. einz. Museum d. Welt f. Aktionskunst), das nur s. Oeuvre gewidmet ist; 1989 Aktions-Zyklus Festisch Auto Köln - BV: Die Schultfrage, Actif au Maroc, HA Schult - D. Macher, Now! Überdosis New York, New York ist Berlin.

SCHULT, Hans-Erich
Dipl.-Volksw., Inh. Hans-Erich Schult Werbeagentur, gf. Gesellsch. Verlags-Ges. Hanse mbH & Co., Herausg. Wochenztg. Heimat-Echo, alle Hamburg - Claus-Ferck-Str. 1b, 2000 Hamburg 67 (T. 603 10 19) - 1970-74 Mitgl. Hbg. Bürgersch., Deputierter Finanz- u. Wirtsch.-Behörde Hbg., SPD. Stv. Bundesvors. Arbeitsgem. Selbständige in d. SPD.

SCHULT, Heinz-Werner
Dipl.-Kfm., Hauptgeschäftsführer Zentralverb. d. Dt. Elektrohandwerke (ZVEH) - Speyerer Str. 9, 6000 Frankfurt/M. 1.

SCHULTE, Bernd
Dr.-Ing., o. Prof. u. Direktor Inst. f. Arbeitswiss. TU Berlin (s. 1964) - Kurfürstenstr. 106, 1000 Berlin 30 (T. 302 71 63) - Geb. 26. Jan. 1916 Altharen/Ems, kath., verh. s. 1945, 1 Kd. - TH Berlin (1939-43; Flugzeugbau), Univ. Münster (1946-47; Physiol. Anat.) - B. 1956 Max-Planck-Inst., Dortmund, dann Siemens, Berlin (Laborleit.).

SCHULTE, Bernt
Dr., Geschäftsführer, Mitgl. Brem. Bürgerschaft (s. 1975, CDU) - Mozartstr. 19, 2800 Bremen 1 - Geb. 3. März 1942 Berlin, ev. - Gymn. (Abit.); 1963-65 Wehrdst. (gegenw. Major d. R.); Stud. Sozialwiss. Hamburg u. Amsterdam. Promot. 1972 - S. 1974 Gf. Vereinig. d. Arbeitgeberverb. Bremen. 1968/69 Vors. Europ. Föderalist. Studentenverb.; 1972-74 Kreisvors. Jg. Union Bremen; 1976 ff. Landesvors. Europa-Union Bremen.

SCHULTE, Bodo
Chefredakteur Nordwest Zeitung - Wilhelm-Nieberg-Str. 7, 2900 Oldenburg - Geb. 23. April 1931, ev., verh., T. Barbara - Gymn.; Volontariat - Reporter; Redakt.; Lokalchef; stv. Chefredakt.; Chefredakt. - Liebh.: Wandern, Kunst - Spr.: Engl.

SCHULTE, Dieter
Dr. jur., Universitätsassistent, Parlam. Staatssekr. Bundesverkehrsmin. (s. 1982), MdB (s. 1969; Wahlkr. 173/ Schwäb. Gmünd-Backnang) - Lorcher Str. 22, 7070 Schwäb. Gmünd (T. 57 26) - Geb. 9. Juni 1941 Schwäb. Gmünd (Vater: Hermann S., Großhändler; Mutter: Lydia, geb. Knecht), ev., verh. s. 1968 m. Christa, geb. Strietzel, 2 Kd. (Eva-Maria, Christoph) - Gymn. Schwäb. Gmünd; Univ. Heidelberg, Berlin, Würzburg (Rechtswiss.). 1 J. USA; Stip. Paris. Promot. 1973 Würzburg - 1967-69 Assist. Univ. Würzburg (spez. Intern. Privatrecht). CDU s. 1964 - Spr.: Engl., Franz.

SCHULTE, Dietmar
Dr., Dipl.-Psychologe, o. Prof. Univ. Bochum - Zum Mühlenberg 23, 5840 Schwerte 6 (T. 7 44 74) - Geb. 29. Febr. 1944 Bad Gandersheim (Vater: Josef S., Dir.; Mutter: Anny, geb. Wenzel), kath., verh. s. 1972 m. Burgi, geb. Wessel - BV: Feldabhängigkeit in d. Wahrnehmung, 1974; Diagnostik in d. Verhaltenstherapie, 1974; Standardmethoden d. Verhaltenstherapie, 1981 - Spr.: Engl.

SCHULTE, Erich
Dr. jur., zul. Geschäftsführer Sack GmbH, Düsseldorf - Hompeschstr. 11, 4000 Düsseldorf - Geb. 13. März 1918 Siegburg - Gr. jurist. Staatsprüf. - Präs. Verb. d. Dt.-Jap. Gesellschaften in d. BRD u. West-Berlin.

SCHULTE, Franz J.
Dr. med., o. Prof. f. Pädiatrie - Martinstr. 52, 2000 Hamburg 20 - Geb. 19. März 1930 Hagen/W. (Vater: Dr. med. Josef S.), verh. m. Frauke, geb. Deetjen - Habil. Göttingen - S. 1969 apl. Prof., Abt.svorst. u. Prof. (1970) u. Ord. (1971; Lehrst. II) Univ. Göttingen u. Hamburg (1979; Dir. Univ.skrkhs. Eppendorf) - S. 1979 Dir. Univ. Kinderklinik Hamburg. Fachveröff. - 1971 Maternitee- u. Hans-Berger-Preis, 1973 Folke-Bernadotte-Preis.

SCHULTE, Friedhelm
Geschäftsführer Juvena Produits de Beauté GmbH., Baden-Baden (s. 1974), VRsmitgl. Diva Holding AG., Volketswil/Schweiz (s. 1973) - Breitscheider Hof, 4035 Breitscheid/Rhld. - Geb. 30. Juni 1926, verh. (Ehefr.: Eva) - 1959-72 Dt. Revlon GmbH., Düsseldorf (Gf.), 1973-74 Divapharma GmbH., ebd. (Gf.).

SCHULTE, Friedrich-Karl
Architekt (BDA), MdL Nordrh.-Westf. (s. 1970) - Springweg 18, 4619 Bergkamen/W. (T. 8 71 47) - Geb. 4. Mai 1930 Bergkamen, verh., 2 Kd. - Realsch. Bergkamen; Schreinerhandw.; Staatl. Ingenieursch. f. Bauwesen, Essen (Ing. 1952) - S. 1954 fr. Arch. 1966 ff. Stadtratsmitgl. Bergkamen (Fraktionsf.). SPD s. 1961 (1967 Stadtverbandsvors).

SCHULTE, Hagen Dietrich
Dr. med., Prof. f. Chirurgie, Thorax- u. Kardiovaskularchirurgie Univ. Düsseldorf - Zu erreichen üb. Chir. Universitätsklinik, Moorenstr. 5, 4000 Düsseldorf 1 - Geb. 8. Dez. 1936 Flensburg (Vater: Herbert Sch., Kaufm.; Mutter: Käthe, geb. Rusche), ev., verh. s. 1964 m. Jutta, geb. Herberg, S. Dirk Christian - 1956-61 Stud. Med. Marburg, Freiburg, FU Berlin, Düsseldorf; Staatsex. 1961, Promot. 1961; s. 1963 Weiterbild. Chirurg. Univ.-Klinik Düsseldorf - 1963-70 Wiss. Assist.; 1970-73 Oberarzt; 1973-79 Wiss. Rat u. Prof.; s. 1980 Prof. - 1972 Edens-Preis - Liebh.: Lit., Klass. Musik, Segeln, Tennis, Surfen - Spr.: Engl., Franz.

SCHULTE, Hans
Dr. jur., Prof. f. Bürgerl. Recht, Handels-, Berg-, Raumplanungs- u. Umweltrecht Univ. Karlsruhe - Univ., Kaiserstr. 12, 7500 Karlsruhe 1 - Geb. 7. Nov. 1932 Dortmund - Habil. 1968 Univ. Münster - S. 1969 o. Prof. - BV: Eigentum u. öffentl. Interesse, 1970; Z. Dogmatik d. Art. 14 GG, 1979; Grundkurs im BGB, 3 Bde., 1981-85; Rechtl. Gegebenheiten u. Möglichkeiten d. Sicherung d. Abbaus oberflächennaher Bodenschätze, 1986; Ersatz ökolog. Schäden, 1988; Eigenbedarfskündigung, 1989; Gemeinschädliche Einwirkungen durch Bergbau, 1989.

SCHULTE, Hans
Dr. rer. pol., Verbandsprüfer Verb. westf. u. lipp. Wohnungsuntern. Münster - Lemgoer Str. 12, 4790 Paderborn - Geb. 6. Sept. 1947 Salzkotten, kath., verh. s. 1969 m. Christel, geb. Rempe, Arch., 3 Kd. - Stud. Univ. Paderborn, Dortmund (Wirtschaftswiss.); Dipl.-Kfm.; Promot. 1984 Dortmund - 1972-77 selbst. Bauträger; 1978-83 wiss. Mitarb. Univ. Dortmund; Doz. Univ. Dortmund (Lehrauftr. Wohnungsbaufinanz.) - BV: Strategisches Management v. Bauträgern, 1984.

SCHULTE, Hans-Heinrich
Reeder, Mitinh. Schulte & Bruns, Emden/Bremen/Hamburg, Schiffswerft Schulte & Bruns, Emden, u. W. Bruns, Leer/Bremen, Geschäftsf. Schulte & Bruns Schiffahrtges. mbH., Emden, Schulte & Bruns Schiffahrtsges. mbH., Dortmund, Schulte & Bruns Schiffahrtsges. mbH., Duisburg-Ruhrort, Dollart-Reederei GmbH., Emden, Mundy Schiffahrtsagentur GmbH. ebd. - Douwesstr. 9, 2970 Emden - Geb. 13.

Okt. 1909 Emden - S. 1930 väterl. Reederei Schulte & Bruns (1939 Mitinh.). Div. Ämter u. a. 1972 ff. I. Vizepräs. Bundesverb. d. dt. Binnenschiffahrt, Beuel. ARsmandate.

SCHULTE, Hans-Joachim

Assessor, Geschäftsf. Landesverb. Westf. Haus- u. Grundeigentümer - Dahlenkampstr. 5, 5800 Hagen/W.

SCHULTE, Hans-Peter

Dipl.-Kfm., Brauereidirektor, Mitgl. d. Geschäftsleitung Privatbrauerei Jacob Stauder GmbH, Essen - Bredeneyer Str. 63, 4300 Essen 1 - Geb. 5. Aug. 1939 - Geschäftsf. Rhein-Ruhr-Getränke-Spezialitätenges. mbH, Essen; AR Borbecker Dampf-Bierbrauerei v. 1896 Actienges., Essen.

SCHULTE, Harald

Techniker, Hauptgeschäftsf. Bundesverb. staatl. geprüfter Techniker Königswinter (s. 1974) - Baumschulweg 6, 5330 Königswinter 21 (T. 02244 - 32 37) - Geb. 8. Febr. 1943 Dortmund, verh. s. 1965 m. Edith Schulte, geb. Schmidt, 2 Töcht. (Veronika, Tanja) - 1957 Lehre als Elektroinstall.; 1970 Stud. z. staatl. gepr. Techniker Technikersch. Weilburg - S. 1973 Bundesvors. Bund dt. Techniker; 1974-80 Mitgl. Vertretervers. d. Techniker-Krankenkasse; 1980-86 stv. Vorst.-Mitgl. d. Techniker-Krankenkasse; s. 1986 stv. Vors. d. Vertretersamml. d. Techniker-Krankenkasse; s. 1977 sachkundiger Bürger im Rat d. Stadt Königswinter f. d. Unabhängige Bürgergemeinsch. Königswinter.

SCHULTE, Karl-Ernst

Dr. rer. nat., Dr. h. c., o. Prof. f. Pharmaz. Chemie - Fliednerstr. 11, 4400 Münster/W. (T. 8 26 07) - Geb. 16. Mai 1911 Deilinghofen/W., verh. 1942 m. Maria, geb. Prollius - Oberrealsch. Iserlohn; Univ. Berlin u. München. Apotheker, Dipl.-Chem., Lebensmittelchem. Promot. 1939; Habil. 1941 - 1939-53 Assist., Privatdoz. (1942) u. apl. Prof. (1952) Univ. München, 1941-45 Wehrdst., 1947-53 wiss. Mitgl. Dt. Forschungsanst. f. Lebensmittelchemie München, 1953-59 ao. Prof. FU Berlin, s. 1959 o. Prof. u. Dir. Inst. f. pharmaz. Chemie Univ. Münster. Nahezu 200 Fachveröff. - 1965 Ehrendoktor Univ. Lille; 1969 Ehrenmitgl. Ungar. Pharmaz. Ges., 1968 Soc. Italiana di Science Pharmaceutiche, 1971 Ägypt. Pharmaz. Ges.; 1970 korr. Mitgl. franz. Acad. de Pharmacie; Mitgl. The New York Acad. of Sciences; 1977 Prof. h. c. Porto Alegre/Brasil.

SCHULTE, Manfred

Amtsoberrechtsrat a. D., MdB (s. 1965; Wahlkr. 123/Unna; 1967-75 Parlamentar. Geschäftsf. Sozialdemokr. Bundestagsfrakt.; s. 1975 Vors. Aussch. f. Wahlprüfung, Immunität u. Geschäftsordn. Dt. Bundestag) - Aspersweg 5, 4750 Unna - Geb. 16. Aug. 1930 Hamm/W. (Vater: Friedrich S., Prokurist; Mutter: Wilhelmine, geb. Schmidt), verh. s. 1953 m. Dorothea, geb. Beckmann - Gymn. Hamm; Univ. Münster u. Bonn (Rechts- u. Staatswiss., Phil.). Jurist. Staatsprüf. 1957 u. 61 - 1961-62 Richter LG Hagen, AG Kamen u. Schwerte; 1962-65 Rechtsrat Amt Pelkum. SPD s. 1953 - 1985 Gr. BVK m. Stern - Liebh.: Lit., Musik, Malerei.

SCHULTE, Peter

Dr. rer. pol., Prof. f. Statistik u. Rektor FH Münster - Rohrkamp 29, 4403 Senden (T. 02597 - 79 03) - Geb. 29. Jan. 1944 Dortmund, kath., verh., 4 Kd. - Promot. 1972 Münster - S. 1984 Rektor FH Münster; s. 1989 Mitgl. d. Wiss.rat - 1985 Honorary Fellow of Humberside College of Higher Education.

SCHULTE, Stefan

Biologiestudent, MdB (s. 1985; Landesliste NRW) - Zu erreichen üb. Bundeshaus, 5300 Bonn 1 - Geb. 3. Febr. 1957, 1 Kd. - Gymn. Menden (Abit. 1977); Stud. Biol. Univ. Köln u. Göttingen - Mitgl. Bürgeraktion Sauerland-Stop A 46, Aktionsgemeinsch. Umweltschutz Märkischer Kr., Bd. f. Umweltschutz u. Naturschutz Dtschl., Bd. f. Vogelschutz. Junge Union (1974-77), dann D. Grünen s. 1979.

SCHULTE zur HAUSEN, Wilhelm

Drs. h. c., Direktor i. R. - Kampstr. 87, 4330 Mülheim/R. - Geb. 21. Mai 1909 - Stud. Rechtswiss. - 1938-70 Aral AG., Bochum (Justitiar, 1950 Vorstandsmitgl., 1952 stv. Vorstandsvors.). AR-Mandate - Ehrendoktor Univ. Washington (Georgetown) u. Frankfurt/M.

SCHULTE, Willi

Dr. med. dent., o. Prof. f. Zahn-, Mund- u. Kieferkrankheiten - Heuberger-Tor-Weg 23, 7400 Tübingen (T. 6 14 26) - Geb. 3. Jan. 1929 Hamm/W. - S. 1963 (Habil.) Lehrtätigk. Univ. Tübingen (1968 ff. apl. u. o. Prof.; Zahnärztl. Chirurgie u. Parondontologie) - Erf.: Tübinger Implantat - BV: D. Retraktion d. Blutgerinnsels u. ihre Bedeutung f. d. Primärheilung v. Kieferknochendefekten, 1964; Kiefergelenkerkrankungen u. Funktionsstörungen, 1981; D. exzentr. Okklusion. Etwa 200 Fachaufs. 10 wiss. Filme - 1968, 72 u. 1980 Wiss. Preise Dt. Ges. f. Zahn-Mund-Kieferheilkunde; 1980 Ehrennadel Bundeszahnärztekammer in Gold.

SCHULTE, Wolfgang

Dr. med., Prof., Oberarzt Med. Univ.-Klinik Bonn - Zu erreichen üb Med. Univ.-Klinik, 5300 Bonn 1 (T. 280 32 75) - Geb. 17. Aug. 1947 Gütersloh, ev., verh. s. 1974 m. Anna-Luise, 2 Kd. (Thorsten, Christian) - Stud. Univ. Bonn, Kiel (Med.); Staatsex. 1972; Approb. 1973; Promot. 1973; Habil. (Innere Med.) 1985 - 1982 Arzt f. Inn. Med.; Oberarzt Med. Univ.-Klinik Bonn; 1986 C2-Prof. - Publ. aus d. Arbeitsber.: Hypertonieforsch., Streßforsch., Psychophysiol., Psychosomat. Med. - Spr.: Engl., Franz., Griech., Latein.

SCHULTE-FROHLINDE, Albrecht

Dr. jur., Rechtsanwalt, Hauptgeschäftsführer Fachverb. Hohlglasindustrie, Geschäftsf. Bundesverb. Glasind., ebd. - Couvenstr. 4, 4000 Düsseldorf 1 (T. 35 09 11); priv.: 12, Am Scheidt 8 - Geb. 25. März 1929 München.

SCHULTE-HERBRÜGGEN, Heinz

Dr. phil., o. Prof. f. Roman. Philologie u. Allg. Sprachwiss. FU Berlin (s. 1969) - Schmidt-Ott-Str. 3a, 1000 Berlin 41 (T. 791 90 68) - Geb. 16. Juni 1919 Mülheim/R. (Vater: Heinrich S., Werkm.; Mutter: Maria, geb. Dömkes), kath., verh. s. 1954 m. Anna, geb. Dagnino, 3 Kd. (Maria, Albert, Eduard) - Stud. d. Roman., Angl., Klass. Philol. Univ. Bonn, Würzburg; Promot. 1943 ebd. - 1944-46 Lektor Univ. Murcia/Span; 1946-49 wiss. Assist. Univ. Erlangen; 1949-69 Prof. Univ. d. Chile, Santiago, 1965/66 Visit. Prof. Univ. of Texas, Austin - BV: El lenguaje y la visión del mundo, 1963 - 1971 Orden de Bernado O'Higgins de la Rep. de Chile - Spr.: Engl., Span., Portug., Ital., Franz.

SCHULTE-HERBRÜGGEN, Hubertus

Dr., Prof. - Dürerstr. 30, 4040 Neuss - Geb. 12. Aug. 1924 Essen (Vater: Alois S. H., Kaufm.; Mutter: Clara, geb. Schmedding), kath., verh. s. 1960 m. Gerda, geb. Erdmann - Stud. Münster, Sheffield; Promot. 1959; Habil. 1968 - 1968 Doz. Univ. Münster, s. 1970 o. Prof. f. Angl. Univ. Düsseldorf - BV: Utopie u. Anti-Utopie, 1960; Sir Thomas More - Neue Briefe, 1965; The King's Good Servant: Sir Thomas More, 1977 (mit J. B. Trapp).

SCHULTE-HILLEN, Gerd

Vorstandsvorsitzer Gruner + Jahr AG & Co., Itzehoe/Hamburg (1981ff.); Vertreter d. Vorst.-Vors. Bertelsmann AG, Gütersloh (s. 1987) - Warburgstr. 50, 2000 Hamburg 36 - Geb. 1. Okt. 1940 - Stud. Maschinenbau u. Betriebsw. - Mohndruck Gütersloh, Bertelsmann Barcelona u. Lissabon (1981 Vorst.-Vors.), G. + J. (1973 Vorst.), 1979-81 Brown Printing.

SCHULTE-HILLEN, Jürgen

Dr., Dipl.-Ing., Dipl.-Wirtsch.-Ing., Unternehmensberater, Inh. Scientific Consulting Dr. Schulte-Hillen - Mathias-Brüggen-Str. 87-89, 5000 Köln 30 - Geb. 8. Okt. 1939 Menden (Vater: Dr. Hermann Sch.-H., Rechtsanwalt; Mutter: Antoinette, geb. Heyl), verh. s. 1967 m. Gisela, geb. Mertens, 2 Kd. (Thomas, Christina) - TH Aachen (Masch.bau; Dipl.-Ing. 1965, Dipl.-Wirtsch.-Ing. 1967, Promot. 1973) - 1965-73 Vorstandsassist. u. Leit. Planungsabt. Luft- u. Raumfahrtforsch. (DFVLR); s. 1973 Inh. Beratungsfirma Scientific Consulting Dr. Schulte-Hillen BDU - BV: D. Luft- u. Raumfahrtpolitik d. Bundesrep. Dtschl., 1975; IuD-Online-Datenbanknutzung in d. Bundesrep., 1984; Handbuch d. Patentdatenbanken, 1984; Handbuch d. Wirtschaftsdatenbanken, 1985; zahlr. weitere Veröff. in Fachztschr., Fachvorträge.

SCHULTE HOLTHAUSEN, Heinrich Wilhelm

Dr. rer. nat., Prof. f. Molekularbiol. maligner Tumoren - Priemberweg 80 b, 4300 Essen 15 (T. 0201 - 48 20 26) - Geb. 20. Febr. 1935 Gelsenkirchen (Vater: Wilhelm Sch. H., Landwirt; Mutter: Veronika, geb. Wiesmann), kath., verh. s. 1968 m. Ingrid, geb. Heinen, 3 Kd. (Anne, Britta, Jan) - Univ. Innsbruck, Münster, Freiburg, Durham u. Hershy (USA), Würzburg, Erlangen; Chem.-Dipl. 1963, Promot. 1966, Habil. 1973, Prof. 1976 - 1973-76 Priv.doz. Univ. Erlangen (Virologie), s. 1976 Inst.dir. Univ. Essen - Entd.: Virusspezif. Nukleinsäuren in menschl. Burkitt-Lymphomen u. anaplast. Nasopharynx-Karzinomen - 1971 Walther-Richtzenhain-Preis, 1974 Thiersch-Preis, Erlangen.

SCHULTE-HOLTMANN, Josef

Dr. rer. pol., Hauptgeschäftsführer Bundesverb. Metall u. a. - Ruhrallee 12, 4300 Essen 1; priv.: Metzendorfstr. 51 - Geb. 2. April 1930.

SCHULTE-MIDDELICH, Theodor

Dr. rer. pol., Dipl.-Kfm., Ltd. Ministerialrat a. D. - Mendelstr. 10, 4040 Neuss/Rh. (T. 8 21 63) - Geb. 29. Sept. 1920 Buer/W. (Vater: Theodor S.-M., Kaufm.; Mutter: Clara, geb. Frenzer), kath., verh. s. 1958 m. Edeltrud, geb. Fries, T. Cornelia - 1936/37 Höh. Handelssch. Gelsenkirchen; 1937-39 kaufm. Lehre Düsseldorf; 1940 Sonderreifeprüf. Köln; 1947-50 Univ. Bonn (Rechts- u. Staatswiss.) u. Köln (zuerst 1941; 1948 Wirtschafts- u. Sozialwiss.). Dipl.-Kfm. (1950) u. Promot. (1953) Köln - 1958-85 Beamter Min. f. Wirtschaft, Mittelstand u. Verkehr NRW, Düsseldorf; Geschäftsf. Ges. f. Wirtschaftsförd. in NRW mbH (1981-85); AR-Mitgl. Ind.kreditbank AG/Dt. Ind.bank (1975-87) - 1979 BVK - Liebh.: Bäuerl. Kunst.

SCHULTE-MIMBERG, Udo

Geschäftsführer Bundesverb. d. Innungskrankenkassen Körpersch. d. öfftl. Rechts - Kölner Str. 1-5, 5060 Bergisch-Gladbach 1 (T. 02204 - 44-0); priv.: Drachenburgweg 1, 5307 Wachtberg-Liessem - Geb. 5. Juni 1942 München.

SCHULTE-TORNAU, Joachim

Vorsitzender Ausschuß f. Wiss. u. Forschung, MdL Nordrh.-Westf. - Voltmannstr. 127, 4800 Bielefeld 1 (T. 0521 - 88 27 12) - Geb. 4. März 1923 Metz/Lothringen, ev., ledig - Stud. d. Rechte Univ. Saarbrücken u. Tübingen; 1. Staatsex. 1968 Saarbrücken; 2. Staatsex. 1971 OLG Zweibrücken - Rechtsdezern. Stadt Lage in Lippe a.D. FDP (s. 1973 FDP-Stadtratsfraktion Bielefeld; s. 1974 stv. Vors. Ostwestf.-Lippe; s. 1980 Bundeshauptaussch.; s. 1984 Mitgl. Landesvorst. NRW) - Liebh.: Musik (aktiver Sänger) - Spr.: Franz.

SCHULTE-UENTROP, Burkhardt

Dr., Hauptgeschäftsführer Dt. Bauernsiedlung/Dt. Ges. f. Landentwickl. GmbH., Düsseldorf - Schubertstr. 49, 4005 Meerbusch 2 - Geb. 30. Mai 1923 - Stud. Landw.

SCHULTE-VOGELHEIM, Margret

Kunstbuchbindemeisterin, Restauratorin - Ladenspelderstr. 54, 4300 Essen 1 (T. 79 22 28) - Geb. 9. Sept. 1924 Essen (Vater: Karl S.-V., Lehrer; Mutter: Anna, geb. Benders), kath. - Buchbinderlehre b. Frida Schoy Essen; Ecole Estienne Paris - Lehramt Folkwang Werkkunstsch. Essen; s. 1958 eig. Werkstatt. Spez. Arbeitsgeb.: künstler. gestaltete Handeinbände, Restaurier. v. Handschriften, Inkunabeln u. Einbänden. Ausst. im In- u. Ausl. - 1956 Silbermed. Triennale Mailand; 1956 Goldmed. Intern. Handwerksmesse München; 1967 Staatspreis Land NRW.

SCHULTEN, Rudolf

Dr. rer. nat., o. Prof. f. Reaktortechnik TH Aachen (s. 1964), Direktor Inst. f. Reaktorentwickl. Jülich - Karl-Friedrich-Str. 4, 5100 Aachen-Richterich (T. Aachen 1 28 61) - Geb. 16. Aug. 1923 Oeding/W. (Vater: Franz S., Fabrikant), verh. m. Elisabeth, geb. Stützel - U. a. Leit. Abt. Kernenergie BBC Mannheim u. Honorarprof. TH Karlsruhe (1961 ff.). 1974 ff. Vors. wiss.-techn. Rat Kernforschungsanlage Jülich - BV: Reaktorphysik, 2 Bde., 1960/62 (m. W. Güth). Üb. 50 Einzelarb. - 1972 Otto-Hahn-Preis; 1971 Gr. BVK; 1975 Grashof-Denkmünze (VDI); korresp. Mitgl. National Academy of Engineering of the United States.

SCHULTEN-BAUMER, Uwe

Dr., Vorsitzender Eurofontes, Generalsekr. Intern. Pig Iron Secretariat - Wirtschaftsvereinigung Stahl, Roheisenverb., Breite Str. 69, 4000 Düsseldorf.

SCHULTERT, Reinhold

Angestellter, MdL Nieders. (1967-82) - Sollingbreite 21a, 3454 Bevern (T. Holzminden/Weser 87 21) - Geb. 8. Juni 1919 Neundorf/Schles., ev., verh., 2 Kd. - Volkssch.; Zimmererlehre; 1951-52 Sozialakad. - 1938-46 Arbeits-, Wehrdst. u. Kriegsgefangensch.; 1946-57 Zimmerer Bauwesen; s. 1957 Angest. DGB Holzminden (Kreisvors.). Mitgl. Gemeinderat u. Kreistag. 1964-81 Bürgerm. Gde. bzw. Samtgde. (1973) Bevern. SPD.

SCHULTES, Heinrich
Prälat, Domkapitular, Vors. Diözesan-Caritasverb., Würzburg, Mitgl. Bayer. Senat, München - Kardinal-Döpfner-Pl. 8, 8700 Würzburg - Kath.

SCHULTHEIS, Theodor
Dr. med., Urologe, Honorarprof. Univ. Marburg - Brunnenallee 52, 3590 Bad Wildungen - Geb. 5. März 1908 Wildungen - Habil. 1951 Marburg - Zul. Chefarzt - BV: D. unfreiw. Harnabgang, 1951. Üb. 50 Einzelartl. Herausg.: D. Urologie (1962-69); Mithrsg.: Ztschr. f. Urol. (1960-86).

SCHULTHEIS, Werner
Dr.-Ing., Dr. rer. nat. h. c., Chemiker, Honorarprof. Univ. Marburg (s. 1961) - Herrnwaldstr. 24, 6240 Königstein/Ts. (T. 73 38) - Geb. 21. Nov. 1903 - S. 1928 IG. Farbenind. AG. bzw. Hoechst AG. (Vorstandsmitgl.; Leitg. Forsch.; 1970-78 ARsmitgl.) - 1963 Ehrendoktor TH München.

SCHULTHEISS (ß), Franklin
Dipl.-Sozialw., geschf. Direktor Bundeszentrale f. polit. Bildung Bonn - Kleinenberger Str. 43, 5650 Solingen 1 - Geb. 18. Dez. 1928 Oberlind/Thür. - Dipl.-Sozialwirt Hochsch. f. Sozialwiss. Wilhelmshaven - 1949-56 polit. Haft durch SMAD in Bautzen, Waldheim, Torgau; 1960-67 Ref. f. polit. Bildung Parteivorst. d. SPD.

SCHULTHESS, Emil
Bildberichter - Langackerstr. 5, 8127 Forch b. Zürich (Schweiz) - Geb. 29. Okt. 1913 Zürich (Vater: Emil S., Gärtner; Mutter: Marie Leu), reform., 2 Kd. (Alfred, Elisabeth) - 1928-32 Kunstgewerbesch. Zürich (Graphik, Photo) - 1941-57 Mitbegr., graph. Gestalter u. Bildredakt. Monatsztschr. DU - BV (in Übers.): USA, Wildtiere im Kongo, Afrika, Japan, Antarctica, Amazonas, China, Sowjetunion, Top of Switzerland; 360 Flugpanoramen: Matterhorn, Zürich, Luzern; Swiss Panorama, Bildb. 1982 - 1952 US Camera Annual Award (f. 24stünd. Mitternachtssonnen-Panorama); 1958 Annuel Award American Soc. of Magazine Photographers; 1960 Prix Nadar (Frankr.); 1964 Kulturpreis Dt. Ges. f. Photogr.; 1983 Goldene Letter f. Bildband Swiss Panorama, verliehen in Leipzig/DDR z. Ausst. Schönste Bücher d. Welt - Spr.: Engl.

SCHULTZ, Albrecht
Dipl.-Kfm., Direktor - Gartenstr. 6, 6242 Kronberg/Ts. - Geb. 25. Febr. 1919 Naunhof - 1954-84 Braun AG, Frankfurt (1960 Vorst., 1976 stv. Vors.); 1984ff. Berat. Braun AG ebd. u. Beiratsmitgl. Braun Electronic GmbH, Kronberg - 1984 BVK I. Kl.

SCHULTZ, Bruno-Kurt
Dr. phil., Dr. rer. nat. habil., o. Prof. f. Anthropologie (emerit. 1961 Univ. Münster) - Klausenerstr. 18, 4400 Münster/W. (T. 7 32 56) - Geb. 3. Aug. 1901 Sitzenberg - S. 1936 (Habil.) Lehrtätig. Univ. München, Berlin (1938 ao Prof.), Prag (Dt.; 1942 o. Prof.). Div. Publ.

SCHULTZ, Dietrich
Generalstaatsanwalt b. Kammergericht Berlin - Lewishamstr. 1, 1000 Berlin 12.

SCHULTZ, Fritz Rudolf
Landwirt u. Winzer - Bahnhofstr. 10, 6503 Gau-Bischofsheim/Rhh. (T. 06135 - 22 22) - Geb. 19. Febr. 1917 München (Vater: Albrecht S., Oberst a. D.; Mutter: Stephanie, geb. Michel), ev., verh. s. 1948 m. Marlies, geb. Pfeiffer (Speyer/Rh.), 3 Kd. (Hans-Christoph, Marie-Ev, Stefanie) - Realgymn. Schondorf/Ammersee (Abit.), 1938 Übernahme elterl. Weingut, 1939-45 Wehrdst. (zul. Major d. R.). 1953-57 MdL Rhld.-Pfalz (1955 2. Vizepräs.); 1957-70 (Mandatsniederleg.) MdB; 1970-75 Wehrbeauftr. d. Dt. Bundestags. FDP - Gr. BVK; Eichenlaub z. Ritterkreuz d. EK - Liebh.: Kunstbetrachtung - Spr.: Engl. - Bek. Vorf.: S. C. Michel, Ehrenbürger Mainz (ms.).

SCHULTZ, Gernot
Dr. rer. nat., Prof. f. Phytochemie Tierärztl. Hochsch. Hannover - Am Wehrturm 1A, OT Lüdersen, 3257 Springe 5 - Geb. 23. März 1929 München (Vater: Dr. Bruno Kurt Sch., Prof.; Mutter: Ilse, geb. Irrlböck), verh. s. 1962 m. Sabine, geb. Reinke, 3 Kd. - Univ. München (Promot. 1955); Habil. 1969 Tierärztl. Hochsch. Hannover - 1970 Wiss. Rat u. Prof. Hannover; s. 1982 Prof. (C3); s. 1987 Univ.-Prof.

SCHULTZ, Gert A.
Dr.-Ing. habil., M.Sc. (Eng.), o. Prof. f. Wasserwirtschaft u. Hydrologie Univ. Bochum - An der Wabeck 36, 5810 Witten 3 (T. 02302 - 7 99 44) - Geb. 27. Mai 1936, ev., verh. m. Bärbel, geb. Kublitz, S. Konstantin - Stud. TH Stuttgart, TU München; Dipl.-Ing. 1961; M.Sc. (Eng.) 1964 Univ. of the Witwatersrand Johannesburg, Südafrika; Promot. 1967 TU München; Habil. 1973 Karlsruhe - 1980/81 Dekan Fak. Bauing.wesen Univ. Bochum; s. 1977 Schriftleit. u. dt. u. intern. Fachjournal; s. 1980 Vizepräs. Intern. Committee on Remote Sensing and Data Transmission in IAHS/IUGG; 1983-87 Vorst.-Mitgl. Dt. Verb. f. Wasserwirtschaft u. Kulturbau; s. 1984 Dir. f. Dtschl. b. Intern. Water Resources Assoc.; 1978-87 Mitgl. DFG-Senatskomm. f. Wasserforsch.; s. 1986 Unesco-Rapporteur Principal f. Fernerkundungstechniken in d. Hydrologie - BV: Bestimmung theoret. Abflußganglinien durch elektronische Berechnung v. Niederschlagskonzentration u. Retention (Hyreun-Verf.), 1968; Wasserwirtschaftliche Speicherplanung, 1973; Mitarb. an zahlr. Büchern, üb. 80 Fachveröff. - Spr.: Engl.

SCHULTZ, Hans Jürgen
Publizist - Kohlerstr. 9, 7000 Stuttgart 75 - Geb. 19. Sept. 1928 Hamburg - Schule u. Univ. Hamburg - 1950 Verlagslektor, 1957 Rundfunkjourn., jetzt Chefredakt. Kultur SDR - BV (1960ff.): u. a. Konversion z. Welt, Jenseits d. Weihrauchs, Liebhaber d. Lebens, Anstiftg. z. Christentum, Ich habe versucht zu lieben. Herausg. v. üb. 30 Sammelw.: u.a. Psych. f. Nichtpsychologen, Mein Judentum, Einsamkeit, Vatersein, Frauen, D. neuen Alten, Kinder haben?, Angst, Warum wir schreiben, Liebespaare - 1985 Wilhelmine Lübke-Preis; Mitgl. PEN-Zentrum BRD.

SCHULTZ, Henning
Oberkreisdirektor Landkreis Wittmund (s. 1986) - Pastor-Hoffmann-Str. 1, 2944 Wittmund (T. 04462 - 44 22) - Geb. 27. April 1943 Zeitz, ev., verh., 2 Kd. - Jurist - B. 1986 stv. Oberkreisdir. Landkreis Oldenburg; Kreisvors. DRK - Spr.: Engl., Franz.

SCHULTZ, Joachim
Dr. phil., Literaturwissenschaftler, Schriftsteller, Übersetzer - Munckerstr. 23, 8580 Bayreuth - Geb. 12. April 1949 - Stud. Univ. Mainz, Paris, Bayreuth (Roman., German., Phil.); Promot. 1980 Bayreuth - 1979-81 Lektor f. dt. Spr. Univ. Paris X u. 1983-85 Univ. Fribourg/Schweiz; s. 1985 Akad. Rat Univ. Bayreuth; s. 1986 Leit. Kl. Plakatmuseum Bayreuth - BV: Literarische Manifeste d. Belle Epoque in Frankreich, 1981; Inselbuch d. Faulheit (m. G. Köpf), 1983; Tourismus - Exotismus. Tageb. e. Wanderung auf La Réunion, 1985; Ist Begegnung möglich? D. III. Welt in d. Jugendlit., 1986; D. Welt in Willis Vorstellung. E. Traktat. A. Schopenhauer z. 200. Geburtstag, 1988; Ramsenthaler. D. Melankomiker aus Oberfranken, 1988. Übers. u. Herausg.: Saint-Pol-Roux: D. Ausflug (1986); Saint-Pol-Roux/Victor Segalen: Briefwechsel (1986); Saint-Pol-Roux: D. Tradition d. Zukunft (1987). Herausg. d. dt. Werkausg. Saint-Pol-Roux - Spr.: Engl., Franz., Ital.

SCHULTZ, Josef
Dr., Stadtdirektor a. D. - Kirchstr. 60, 4400 Münster/W. - Geb. 17. Dez. 1917 - Zul. Stadtkämmerer.

SCHULTZ, Jürgen
Dr. rer. nat., Univ.-Prof. f. Geographie u. Geoökologie - Maria-Theresia-Allee 215, 5100 Aachen (T. 0241 - 7 78 34) - Geb. 20. Aug. 1934 Soltau/Hann. (Vater: Erich Sch., Realsch.lehrer; Mutter: Elisabeth, geb. Siemers), verh. I) s. 1964 m. Erika, geb. Mittig, † 1972, II) s. 1976 m. Lydia, geb. Hobmair, 4 S. (Mike, Tom, Niko, Chris) - Gymn. Soltau/Hann. (Abit. 1955); Stud. Geogr. u. Biol. Univ. Freiburg, München, Berlin (FU) u. Hamburg, Staatsex. 1961 Hamburg, Stip. Stud.stiftg. d. dt. Volkes (1962-66), Promot. 1967 Hamburg, Habil. 1975 Trier - 1966-70 wiss. Assist. München, 1970-72 Lecturer Lusaka/Zambia, 1973-74 Habil.stip. Dt. Forsch.gem., 1975-76 Hochschull. Giessen, 1977-78 Assoc. Prof. Daressalaam/Tanza- nia, 1979-80 Hochschull. Geogr. Inst. I Univ. Freiburg, Hochschull. Geogr. Inst. RWTH Aachen - BV: Agrarlandschaftl. Veränd. in Tanzania, 1971; Land Use in Zambia, 1976; Wiss. Länderkd. v. Zambia, 1983; D. Ökozonen d. Erde, 1988 - Spr.: Engl.

SCHULTZ, Klaus
Generalintendant Stadttheater Aachen (s. 1984) - Theaterstr. 1-3, 5100 Aachen (T. 0241 - 2 20 01) - Geb. 20. Mai 1947 - 1973-77 Dramat. Frankfurter Oper; 1977-82 Chefdramat. Bayer. Staatsoper München; 1980-84 Musikdramat. Berliner Philharm. Orch.

SCHULTZ, Lothar

Dr. jur., Dr. phil., Prof., Rechtsgelehrter - Hainholzweg 15, 3400 Göttingen (T. 5 65 52) - Geb. 30. Nov. 1904 b. Riga/Lettl. (Vater: Julius S., Kaufm.; Mutter: Alma, geb. Peterson), ev., verh. s. 1948 m. Margarete, geb. Fugalewitsch - S. 1933 Lehrtätig. Univ. Riga (1939-44 etatmäß. Dozent) u. Göttingen (1945-51 u. s. 1958; 1964 apl. Prof. f. Osteurop. Recht), dazw. 1951-52 Univ. Syracuse (USA) u. 1955-56 Münster. Mitgl. Ges. f. Rechtsvergl. u. Dt. Ges. f. Osteuropakd. - BV: Russ. Rechtsgesch. - V. d. Anfängen b. z. Gegenw. einschl. d. Rechts d. Sowjetuntion, 1951; D. Rußlandforsch. in d. Vereinigten Staaten, 1953; D. Rechtsstellung d. Ausländers in d. Tschechoslowakei, 1979. Buch- u. Ztschr.beitr. - Spr.: Russ., Engl., Franz.

SCHULTZ, Udo
Verwaltungsbeamter Datenzentrale Schlesw.-Holst., Bundesvors. d. intern. IQ-Vereinig. Mensa, Sektion Mensa in Deutschl. - Hofholzallee 102, 2300 Kiel 1 (T. 0431 - 52 12 69) - Geb. 9. Mai 1943 Kiel, ev., verh. m. Sigrid, geb. Kokerbeck, 2 Töcht. (Megan Mareike, Arwen Amelie) - Ausb. z. gehob. Verw.dst.; Dipl.-Verw.-Wirt (FH) - Interessen: In-

tern. Verständig., intern. Kontakte - Spr.: Engl.

SCHULTZ, Uwe
Dr. phil., Literaturwissenschaftler - Grillparzerstr. Nr. 48, 6000 Frankfurt/M. (T. 56 16 15) - Geb. 8. Juni 1936 Hamburg - Stud. Phil., Literaturwiss., Gesch. Hamburg, Freiburg, Wien, München. Promot. 1964 - S. 1960 Südd. Ztg. u. Hess. Rundf. (1964; 1970 Leit. Abt. Lit.) - BV: Monogr. üb. Immanuel Kant, 1964. Herausg.: D. Tageb. u. d. mod. Autor, 15 Autoren suchen sich selbst, Umwelt aus Beton - Unsere unmenschl. Städte. Kritiken - 1972 Mitgl. PEN-Zentrum BRD.

SCHULTZ, Walter
Dr. rer. nat., o. Prof. f. Elektronik - An den Teichen Nr. 5, 3300 Braunschweig - Geb. 9. Febr. 1920 Stettin (Vater: Emil S., Verwaltungsangest.; Mutter: Ella, geb. Gaedtke), vd., verh. s. 1951 m. Ursula, geb. Ziemann, 2 Kd. (Brigitte, Jürgen) - Oberrealsch. Stettin; 1945-50 Univ. Göttingen (Physik; Diplomprüf. 1949). Promot. 1951; Habil. 1964 - 1951-65 Industrietätig. (Forschungsinst.); 1964-65 Privatdoz. Univ. Erlangen-Nürnberg; s. 1965 Ord. TH bzw. TU Braunschweig - Spr.: Engl.

SCHULTZ-GERSTEIN, Hans-Georg
Dr. jur., Kanzler d. Univ. Lüneburg (s. 1981) - 2057 Wentorf ev., verh. 1972, 3 Kd. - Stud. Rechtswiss. u. Kunstgesch. München, Hamburg, Florenz. Promot. 1973 Gießen; Ass.ex. 1974 Hamburg - U. a. Senatsbeauftr. f. Kunst am Bau u. Pressesprecher Hochsch. d. Bundeswehr Hamburg.

SCHULTZ-HECTOR, Marianne
Dr., Staatssekretärin im Kultusmin. Baden-Württ. (s. 1988), MdL Baden-Württ. (Wahlkr. 3, Stuttgart III) - Bosperwaldstr. 40, 7000 Stuttgart 1 (T. 0711 - 23 26 59) - Geb. 4. Okt. 1929 Saarbrücken - CDU.

SCHULTZ-KLINKEN, Karl-Rolf
Dr. agr., Univ.-Prof. f. Agrargeschichte Univ. Hohenheim - Im Asemwald 52/18/738, 7000 Stuttgart 70 (T. 0711 - 72 13 70) - Geb. 24. Dez. 1922 Crivitz/Meckl., ledig - 1943/44 Stud. Univ. Greifswald, 1950-53 Rostock; Dipl. 1952; Promot. 1953; Habil. 1956 Rostock - Leit. Dt. Forsch.stelle f. vergl. Unters. d. Landwirtschaft (s. 1988) - Neuzüchtung in 12 versch. Gräsersorten. Entw. e. extensiven landwirtschaftl. Region zu e. intensiven Wirtschaftsgeb. im Rahmen e. Großlandschaftsschutzgeb. (Lewitz) - BV: Nomenklatur u. systemat. Ordnung prähistor. Haken u. Pflüge, Forschungsbericht 1978; D. ländl. Siedlungswesen in Deutschl., s. Entwicklungsgesch. m. Quellensamml., Forschungsbericht 1978 - Liebh.: Altstein-

zeitl. Felshöhlenmalerei u. feingemeißelte bronze- sow. eisenzeitl. Felsbilderforsch., Luftbildarchäol.

SCHULTZE, Arnold

Dr. phil., Univ.-Prof. f. Geographie u. ihre Didaktik an d. Univ. Lüneburg - Dömitzer Str. 7, 2120 Lüneburg (T. 3 29 66) - Geb. 12. Sept. 1930 Jever/Friesl. (Vater: Friedrich S., Hauptlehrer; Mutter: Adele, geb. Pleus), verh. s. 1963 m. Uta, geb. Buchheim, 3 Kd. (Roland, Ina, Almut) - Univ. Tübingen u. Göttingen (Geogr., Gesch., Päd.; Promot. 1961). Beide Lehrerprüf. - 1953-56 Lehrer; 1961-64 wiss. Assist.; s. 1964 Prof. - BV: D. Sielhafenorte u. d. Problem d. regionalen Typus im Bauplan d. Kulturlandschaft, 1962 (Göttinger Geogr. Abh., H. 27). Herausg.: 30 Texte z. Didaktik d. Geogr. (6. A. 1978). Herausg. u. Mitautor d. geogr. Unterrichtswerkes TERRA (1970-89). Aufs. - 1978 Gold. Sportabz.

SCHULTZE, Barnim, A.

Ing., Fachjournalist f. Fototechnik (Zeich. BAS) - Bergstr. 1, 8999 Scheidegg/Allg. (T. 08381 - 41 90) - Geb. 17. April 1916 Hochkamp (Vater: August Sch., Reeder †; Mutter: Elisabeth, geb. Kombst), verh., 2 Kd. (Elisabeth, Barnim) - 1936-39 HTL-Mittweida/Sachsen (Maschinenbau) - Fachjourn.: Foto-Optik, Kamerabau, Testberichte. Foto-Opt. Meßgeräte - Veröff.: Regelm. Beitr. in Foto-Ztschr.; eig. Fachschr.: BAS informiert; Testber. u. Informat. auf wiss. Basis - 1972 Dt. Ges. f. Photographie; 1972 FIAP (Ern. z. Exzellence).

SCHULTZE, Bernard

Maler u. Plastiker, Prof. - Riehler Str. 53, 5000 Köln 1 (T. 72 59 82) - Geb. 1915 Schneidemühle/Westpr. - Kunstakad. Berlin u. Düsseldorf - Lfd. Ausstell. In- u. Ausl. - 1967 Kunstpreis Stadt Darmstadt, 1969 Kunstpreis Stadt Köln; 1972 o. Mitgl. Akad. d. Künste Berlin; 1983 Kunstpr. Wormland, München (zus. m. Ursula Schultze-Bluhm); 1984 Gr. Hess. Kulturpr.; 1986 Lovis-Corinth-Preis Künstlergilde Esslingen.

SCHULTZE, Heinz W.

Vorstandsmitglied Stadt-Sparkasse Gelsenkirchen - Oemkenstr. 141, 4660 Gelsenkirchen-Buer - Geb. 17. Juni 1911 Schwedt/O.

SCHULTZE v. LASAULX, Hermann-Arnold

Dr. jur., o. Prof. f. Dt. Rechtsgeschichte, Dt. Privatrecht, Bürgerl. Recht sowie Handelsrecht (emerit. 1970) - Müllenhoffweg 12, 2000 Hamburg 52 (T. 899 23 20) - Geb. 21. Okt. 1901 Jena (Vater: Prof. Alfred Schultze; Mutter: Agnes, geb. v. Lasaulx), ev., verh. I) m. Dorothea, geb. Vetters, 3 Kd. (Angelika, Arnold, Gabriele), II) Wera, geb. Kemna - Promot. 1927; Habil. 1931 - 1927 Richter AG Leipzig, 1930 Assist., 1931 Privatdoz. Univ. Tübingen, 1932 Ord. Univ. Rostock, 1935 Univ. Jena, 1941 Univ. Breslau, 1945 wied. Jena, 1947 Univ. Münster, 1951 Univ. Hamburg, zugl. Richter OLG ebd. Veröff. üb. dt. Rechtsgesch. d. Hochmittelalters, Bürgerl. Recht u. Handelsrecht.

SCHULTZE, Joachim Walter

Dr., Prof. f. Physikal. Chemie Univ. Düsseldorf - Zu erreichen üb. Universität, Universitätsstr. 1, 4000 Düsseldorf (T. 0211 - 311 - 47 50) - Geb. 23. Jan. 1937 Jena (Vater: Joachim Sch., o. Prof.; Mutter: Erna, geb. Gerlach), verh. s. 1961 m. Elke, geb. Groth, 3 Kd. - Stud. Chemie Jena u. FU Berlin; Promot. 1966; Habil. 1972 - 1972 Prof. f. Physikal. Chemie; 1976-78 FU Berlin (Inst.-Dir.); 1979 o. Prof. Düsseldorf - Vorst.-Mitgl. Fachgr. Angew. Elektrochemie GDCh; Vice Pres. d. Int. Soc. of Electrochemistry; Vors. d. Arbeitsgem. Elektrotechn. Forsch.institutionen. 140 wiss. Veröff. üb. Wachstum v. Oxidschichten, Korrosion u. Passivität v. Metallen, Inhibition, Elektrosorption u. Fotoelektrochemie u.a.

SCHULTZE, Norbert

Komponist - Humboldtstr. 9, 1000 Berlin 33 (T. 891 37 93) - Geb. 26. Jan. 1911 Braunschweig (Vater: Prof. Dr. med. Walter H. S., Pathologe † 1964 (s. XIV. Ausg.)); ev., verh., 6 Kd. (Roderich, Karen, Veronika, Sabine, Norbert, Kristian) - Musikhochsch. Köln - 1931-32 Nachrichter-Ensemble (Frank Norbert), 1932-34 Theaterkapellm. Heidelberg u. Darmstadt, 1934-36 Aufn.leit. Telefunken - W: Schwarzer Peter (1936), Struwwelpeter (1937), Max u. Moritz (1938), D. kalte Herz (1943), Käpt'n Bay-Bay (1950), Regen in Paris (1957), Peter III. (1965). Zahlr. Lieder, dar. Lili Marleen (1938); Filmmusiken - Spr.: Engl., Franz.

SCHULTZE, Peter

Journalist, stv. Programmdir. SFB (s. 1984) - Bitterstr. 17, 1000 Berlin 33 - Geb. 11. Okt. 1922 Berlin (Vater: Erich S., Börsenkaufm.; Mutter: Ruth, geb. Winter), ev., verh. I) 1950 m. Semta, geb. Saalwächter, S. Ralf, II) 1969 m. Christiane, geb. Buggenhagen, 2 S. (Michael, Jan-Matthias) - Tannenberg-Sch. (Realgymn.) Berlin (Abit. 1940) - S. 1946 RIAS Berlin (u. a. Leit. Hauptabt. Zeitgeschehen) u. SFB (1964 stv. Chefredakt.). Autor div. Sendungen (u. a. D. rote Optik, Dies- u. jenseits d. Zonengrenze) - 1971 BVK I. Kl. - Liebh.: Reiten, Schwimmen, Garten - Spr.: Engl., Franz. (Wort).

SCHULTZE, Rainer-Olaf

Dr. phil., Prof. f. Politikwiss. Univ. Augsburg - Garmischer Str. 48, 8900 Augsburg (T. 0821 - 66 49 37 u. 598 51 77) - Geb. 6. Okt. 1945 Göttingen, ledig - Stud. Univ. Heidelberg u. Harvard/USA; Promot. 1975 Heidelberg; Habil. 1984 Bochum - 1976-85 wiss. Assist. Bochum; 1985 Prof. u. Dir. Inst. f. Kanada-Stud. Univ. Augsburg. 1980-84 Vors. Ges. f. Kanada-Stud. - BV: Wahlen in Deutschl., 1971; Politik u. Ges. in Kanada, 1977; D. politische System Kanadas im Strukturvergleich, 1985.

SCHULTZE, Rudolf

Dr. jur., Generaldirektor i. R. - Wilhelm-Leuschner-Str. 11, 6800 Mannheim 1 - Geb. 19. Mai 1922 Kronshagen - AR Mannheimer Versich. AG, Mannheimer Lebensversich. AG, Augusta-Anlage 65, 6800 Mannheim 1.

SCHULTZE, Wolfgang

Gewerkschaftssekretär, MdL Nieders. (s. 1974) - Am Stadtgraben 8c, 3017 Pattensen 1 - Geb. 11. Febr. 1936 Hannover - Gelernter Werkzeugmacher; s. 1958 Gewerksch.sekr.; s. 1980 Mitgl. d. gf. Hauptvorst. d. IG Chemie-Papier-Keramik, s. 1988 stv. Bundesvors. - SPD.

SCHULTZE-BLUHM, Ursula

Bildende Künstlerin - Riehlerstr. 53, 5000 Köln 1 (T. 72 59 82) - Geb. 17. Nov. 1921 Mittenwalde/Mark - Lfd. Ausstell. In- u. Ausland - 1983 Kunstpr. Wormland, München (zus. m. Bernard Schultze).

SCHULZ, Alfred

Oberstudienrat, MdL Schlesw.-Holst. (s. 1971) - Großer Scharnhorst 5, 2057 Reinbek (T. Hamburg 722 62 45) - Geb. 23. Dez. 1928 Altona, ev., verh., 3 Kd. - Obersch. (Abit. 1948) u. Univ. Hamburg (Gesch., German., Öfftl. Recht, Politikwiss.) - S. 1954 Schuldst. SH (u. a. Otto-Hahn-Gymn. Geesthacht), 1966ff. Stadtverordn. Reinbek (1970-74 Bürgervorst., 1970/71 MdK Stormarn. SPD s. 1952 (1968 Kreisvors. Stormarn, 1969-73 Mitgl. Landesvorst. SH).

SCHULZ, Bertold

Rentenberater, Vorsitzender Bundesverband d. Rentenberater Köln - Marktpassage 4, 2104 Hamburg 92 (T. 040 - 701 99 12) - Geb. 23. Okt. 1937 Berlin.

SCHULZ, Dieter

Dr. phil., Prof. f. Englische Philol. m. Schwerp. amerikan. Lit. Univ. Heidelberg - Ränkelweg 16, 6903 Neckargemünd (T. 06223 - 7 28 37) - Geb. 7. Jan. 1943, verh. s. 1968 m. Regina, geb. Mosler, 2 Kd. (Birke, Jan) - Stud. Angl. u. Slavistik Univ. Köln, Marburg u. Berlin; Promot. 1968 Marburg - 1968-71 Postdoctoral Fellow Yale Univ.; 1969/70 Visiting Prof. Univ. of New Mexico; 1973-76 Prof. Berg. Univ. Wuppertal; 1976-82 o. Prof. Stuttgart; 1982 Visiting Prof. Oregon State Univ.; 1986/87 Dekan Neuphilol. Fak. Univ. Heidelberg; 1988 Visiting Prof. Univ. of New Mexico - BV: Suche u. Abenteuer, 1981 - Liebh.: Musik - Spr.: Engl., Franz., Russ.

SCHULZ, Dietrich

Dr. rer. pol., Dipl.-Kfm., Vorstandsvorsitzender L. Possehl & Co. mbH, Lübeck - Beckergrube 38-52, 2400 Lübeck 1 - Geb. 24. Juli 1932 Prenzlau/Uckermark, ev., verh. s. 1958 m. Margrit aus dem Kahmen, 3 Kd. (Stefan, Eva-Britt, Anne-Marei) - Univ. Köln (Dipl. u. Promot.) - AR- u. Beiratsmandate (z. T. Vors.); Präs. Vereinig. Schlesw.-Holst. Unternehmensverb., Rendsburg; stv. d. Präses IHK Lübeck; stv. Vors. Dt. Schwed. Handelsk. Stockholm; Vors. Ges. d. Freunde u. Förderer Med. Univ. zu Lübeck, u. Studien- u. Förderges. Schlesw.-Holst. Wirtschaft, Rendsburg; Präsid.-Mitgl. Bundesvereinig. Dt. Arbeitgeberverb., Köln - Honorarkonsul Schweden; Offz.kreuz Königl. Schwed. Nordstern-Orden; BVK I. Kl. - Liebh.: Kunst - Spr.: Engl., Franz.

SCHULZ, Eberhard

Dr. phil., Honorarprof. Univ. Bonn, stv. Dir. Forschungsinst. Dt. Ges. f. Ausw. Politik, Bonn - Bellerstr. 10, 5303 Bornheim 4 - Geb. 17. Aug. 1926 Frankfurt/M., verh. s. 1951, 3 Kd. - Stud. mittelalterl. u. neuere Gesch., osteurop. Gesch. u. Slavist. Univ. Göttingen; Stud. Wirtschaftswiss. in Hamburg; Promot. 1952 Göttingen - S. 1966 stv. Dir. d. Forsch.-Inst. DGAP - BV: An Ulbricht führt kein Weg mehr vorbei, 1967; Moskau u. d. Europ. Integrat., 1975; D. dt. Nation in Europa, 1982 - Liebh.: Musik.

SCHULZ, Eberhard Günter

Dr. phil., M. A. Prof. f. Philosophie Univ. Duisburg - Friedr.-Ebert-Str. 79, 3550 Marburg 1 (T. 06421 - 4 25 14) - Geb. 27. Okt. 1929 Neusalz/O. (Vater: Artur S., Heilpraktiker; Mutter: Marie, geb. Eschenhorn), ev., verh. s. 1959 m. Hertha, geb. Conen, 2 Töcht. (Cosima, Viola) - Realgymn. Neusalz, Stade (Athenäum); 1949-57 Stud. Phil., German. u. Math. Univ. Marburg - S. 1972 Doz., 1982 Prof. Univ. Duisburg; s. 1972 Vors. Kulturwerk Schlesien Würzburg; s. 1979 Vorst.-Mitgl. Ostdt. Kulturrat Bonn; s. 1973 Präs. Kirchentag d. ev. Schlesier - BV: Leistung u. Schicksal, üb. d. Deutschen im Osten, 1967 (Hrsg.); Rehbergs Opposition gegen Kants Ethik, 1975; Aufs. z. Berliner Aufklärung (Kant, Garve), 1974 u. 79; Chr. Wolff -

Gründlichk. u. Aufklärung in s. Phil., 1983; Wolffs Moralprinzip u. Kants Kategor. Imperativ, 1989; D. Widerstand gegen d. Staatsgew. als Probl. d. phil. Rechtslehre, 1989. Herausg.: Ztschr. Schlesien; Kunst - Wiss. - Volkskde. - Liebh.: Lit., bild. Kunst, Gesch. - Spr.: Engl., Franz.

SCHULZ, Eckhard

Geschäftsführer Dramatiker-Union, Wilfried-Steinbrenner-Stiftg. z. Förd. d. ernst. Musik, Interessengem. d. Urheber, Neue Zentralst. d. Bühnenautoren u. Bühnenverleger GmbH, VIB Veranstaltungen in Berlin, Verein z. Rettung d. Hebbel-Theaters in Berlin-Kreuzberg - Bismarckstr. 107, 1000 Berlin 12 (030 - 31 76 76), priv.: Gelferstr. 30, 1000 Berlin 33.

SCHULZ, Friedrich J.

Mitinhaber u. Geschäftsführer „Dru-Meta“ Metall GmbH u. „DruMeta“ Metall GmbH & Co K.G., Velbert - Grünheide 79, 5620 Velbert/Rhld. (T. 02051 - 5 70 40) - Geb. 14. Febr. 1912 - Vors. Förderungsgem. d. Dt. Schloß- u. Beschläge-Museums Velbert - BVK.

SCHULZ, Georg E.

Dr., Prof. f. Biochemie Univ. Freiburg, Inst. f. Org. Chemie u. Biochemie - Albertstr. 21, 7800 Freiburg (T. 0761 - 2 03-28 35) - Geb. 24. Aug. 1939 Berlin (Vater: Max Sch., Handwerker; Mutter: Helene, geb. Stange), ev., verh. s. 1964 m. Elsa, geb. Witt, 3 Kd. (Annette, Dorothee, Sebastian) - Abit. Berlin; Stud. TU Berlin u. Univ. Heidelberg (Dipl. 1964, Promot. 1966, Habil. 1973) - 1968-83 wiss. Angest. u. Prof. Max-Planck-Inst. Med. Forsch. Heidelberg; 1983 Ord. Biochemie Univ. Freiburg - BV: Principles of Protein Structure (m. Prof. Schirmer), Monogr. 1979 (jap. 1980, russ. 1982). 100 Publ. in wiss. Journalen u. Büchern.

SCHULZ, Gerhard

Dr. phil., o. Prof. f. Neuere Geschichte unt. bes. Berücks. d. Zeitgeschichte - Bei d. Ochsenweide Nr. 16, 7400 Tübingen (T. 6 30 06) - Geb. 24. Aug. 1924 Sommerfeld/NL. (Vater: Kurt Sch., kaufm. Werkleiter; Mutter: Elise, geb. Dvorak), verh. m. Dr. phil. Cornelia, geb. Popitz †1987 (Tochter d. Preuß. Finanzmin. Prof. Dr. jur. Johannes P.), 2 S. (Dr. rer. nat. Gerhard Cornelius Schulz-Popitz, Johannes Heinrich Sch.) - Real-Reformgymn. Sommerfeld; 1942 Wehrdienst, 1944 schwere Kriegsverl.; 1946-52 TH Dresden, Univ. Leipzig, FU Berlin (Gesch., Geogr., Phil., Wirtschaftsgesch.). Promot. (1952) u. Habil. (1960) FU Berlin - S. 1962 ao. u. o. Prof. (1963) Univ. Tübingen (Dir. Sem. f. Zeitgesch.) - BV: Parteien in d. Bundesrep., 1955 (m. Lange u. Schütz); D. nationalsozialist. Machtergreifung, 1960, 3. A. 1973 (m. Bracher u. Sauer; eig. Beitrag: D. Anfänge d. totalitären Maßnahmenstaates); Zwischen Demokratie u. Diktatur, Bd. I (D. Periode d. Konsolidierung u. d. Revision d. Bismarckschen Reichsaufbaus 1919-30) 1963, 2. A. 1987; Bd. II (Dtschl. am

Vorabend d. Gr. Krise) 1987; Revolutionen u. Friedensschlüsse 1917-20, 1967, 6. A. 1985 (Schweizer Ausg. 1969, engl. 1972, 2. A. 1974) D. dt. Ostgebiete - Zu ihrer histor.-polit. Lage, 1967; D. Zeitalter d. Gesellschaft - Aufs. z. polit. Sozialgesch. d. Neuzeit, 1969; Faschismus - Nationalsozialismus, Versionen u. theoret. Kontroversen 1922-72, 1974; Aufstieg d. Nationalsozialismus - Krise u. Revolution in Dtschl., 1975; Dtschl. s. d. Ersten Weltkrieg, 1976, 2. A. 1982; Geheimdienste u. Widerstandsbeweg. im Zweiten Weltkrieg, 1982. Herausg.: Was wird aus d. Univ.?; (1969), Tüb. Schriften z. Sozial- u. Zeitgesch. (1972ff.), Mod. Gesch. u. Politik, Histor. Stud. (1973ff.); Gesch. heute - Positionen/Tendenzen/Probleme (1973); Quellen z. Ära Brüning: I. Staat u. NSDAP 1930-32 (1977), II. Politik u. Wirtschaft in d. Krise (1980); D. Große Krise d. dreißiger Jahre - V. Niedergang d. Weltwirtsch. z. Zweiten Weltkrieg (1985); Partisanen u. Volkskrieg - Z. Revolutionier. d. Krieges im 20. Jh. (1985); Weimarer Republik (1987). Zahlr. Fachaufs. - Mitgl. Kommiss. f. Gesch. d. Parlamentarismus u. d. polit. Parteien, Bonn, d. Wiss. Beirats Inst. f. Zeitgesch., München, d. Vereinig. f. Verfassungsgesch.

SCHULZ, Gerhard

Dr. d. Staatswiss., Geschäftsführer Kreditgarantiegemeinschaft d. Brem. Handels u. a. - Auf d. Hohwisch 39a, 2800 Bremen (T. 44 59 62) - Geb. 25. Juni 1902 Görlitz (Vater: Curt S., Buchhändler; Mutter: geb. Gräbel), ev., verh. s. 1944 m. Margot, geb. Boguschewsky - Univ. Berlin u. Tübingen - Zul. Hauptgeschäftsf. Einzelhandelsverb. Nordsee, Bremen, u. Synd. Handelskammer Bremen (Einzelhandelsabt.).

SCHULZ, Günter

s. Schulz-Benesch, Günter

SCHULZ, Günter H.

Dr. phil., Geschäftsführer FVB Theaterbetriebs-GmbH. (s. 1964) u. Freie Volksbühne e. V. (s. 1968), beide Berlin - Am Sandwerder 34 B, 1000 Berlin 39 (T. 306 44 05) - Geb. 23. März 1930 Berlin (Vater: Hermann S., Drechsler; Mutter: Alma, geb. Brückert), ev., verh. m. Ingeborg, geb. Dau, S. Lothar - Max-Planck-Sch. Berlin; Univ. ebd. (Freie) u. Göttingen (Theaterwiss., German., Musikwiss., Rechtswiss.). Promot. 1955 FU Berlin - 1956-68 Geschäftsf. Verb. d. dt. Volksbühnen-Vereine (gegenw. Vorstandsmitgl.). Mitgl. Ges. f. Theatergesch. u. Intern. Theaterinst. SPD s. 1969 - BV: D. Entwicklung d. Schauspielerengagements in Dtschl. v. 17. b. z. 19. Jh., 1955 (Diss.); Theaterbau im Wandel d. Zeit, 1959 - Liebh.: Archäol., Kunst- u. Kulturgesch. - Spr.: Engl., Franz.

SCHULZ, Günter-Viktor

Dr. phil., Drs. h. c., o. Prof. f. Physikal. Chemie (emerit.) - Niklas-Vogt-Str. 22, 6500 Mainz (T. 8 26 33) - Geb. 4. Okt. 1905 Lodz (Vater: Robert S.; Mutter: Martha, geb. Nippe), ev., verh. in 1. Ehe m. Erika, geb. Grössler †, s. 1980 in 2. Ehe m. Helma geb. Gebhard, 3 Kd. (Dietrich, Vera †, Sibylle) - Univ. Freiburg/Br., München, Berlin (Chemie). Promot. 1931 Berlin; Habil. 1937 Freiburg - 1937 Doz. Univ. Freiburg, 1943 ao. Prof. Univ. Rostock, 1946 o. Prof. u. Inst.dir. Univ. Mainz, em. 1974. Spez. Arbeitsgeb.: Physikal. Chemie d. makromolekul. Stoffe. Fachveröff. - Ehrendoktor Univ. Uppsala, Freiburg u. La Plata (Argentinien); Staudinger-Med.; 1960 Fellow New York Acad. of Sciences; korr. Mitgl. Österr. Akad. d. Wiss.; 1980 Dechema-Med.

SCHULZ, Günther

Dr. rer. nat., Prof. f. Experimentalphysik - Semperstr. 32, 6600 Saarbrücken - Habil. Saarbrücken - S. 1968 apl. Prof. u. Prof. auf Lebenszeit Univ. Saarbrücken. Facharb.

SCHULZ, Hans Erich

Dr.-Ing., Geschäftsführer Braas & Co. GmbH - Kronthaler Str. 27, 6232 Bad Soden 2-Neuenh. - Geb. 22. Aug. 1930 Enger/Westf. - 1977ff. Vors. Fachverb. Betonfertigteile Hessen, Vizepräs. Bundesverb. Deutsche Beton- u. Fertigteilind.

SCHULZ, Hans-Joachim

Dr. theol., Prof. f. Ostkirchengesch. u. Ökumenische Theol. - Kapellenberg 3, 8712 Volkach-Gaibach - Geb. 18. Febr. 1932 Berlin (Vater: Anton S.) - S. 1964 (Habil.) Univ. Münster, Hochsch. Königstein (1965; Prof. f. Liturgiewiss.), Univ. Bochum (1968), Univ. Würzburg (1978; Theol. Fak.). Fachveröff., auch Bücher. Mithrsg.: Handb. d. Ostkirchenkde. (1984 u. 1988).

SCHULZ, Heinz

Dr. rer. nat., Prof., Lehrstuhlinhaber Inst. f. Kristallographie u. Mineralogie Univ. München, Dir. Mineral. Staatssammlung - Innerkofler Str. 19, 8000 München 70 (T. 089 - 71 86 88) - Geb. 5. Juni 1935 Berlin, ev., verh. s. 1961 m. Angret, geb. Giesecke, 5 Kd. (Andreas, Christian, Benjamin, Susanne, Sebastian) - 1953-60 Physik-Stud. Univ. Berlin; Promot. 1964 Univ. Saarl., Habil. 1971 Eidgenöss. TH Zürich - 1961-69 wiss. Assist.; 1970-74 Privatdoz.; 1974 Prof. Univ. Frankfurt; 1975-84 Gruppenleit. Max-Planck-Inst. f. Festkörperforschung, Stuttgart; 1975-84 Honorarprof. Univ. Karlsruhe; s. 1984 Univ. München. Herausg.: ACTA-Cryst. (1978-84); Ztschr. f. Kristallographie (ab 1986). Mitgl. mehrerer Gutachteraussch. Bundesmin. f. Forschung u. Technol.; Mitgl. mehrerer Komitees Intern. Union f. Crystallography - BV: Crystal Structure of Fast Ionic Conductors, in: Annual Review of Materials Science, 1982; Annual Reviews Inc. Palo Alto, California/USA; Diffuse X-RayDiffraction and its Applications to Materials Research, in: Current Topics in Materials Science Vol. 8, 1982 - 1967 Hermann-Rose-Preis Fa. Röntgen-Müller, Hamburg; 1973 Ernst-Abbe-Preis Dt. Mineral. Ges. - Liebh.: Bridge - Spr.: Engl.

SCHULZ, Herbert

Dr.-Ing., Prof., Leiter Inst. f. Spanende Technol. u. Werkzeugmasch. TH Darmstadt - Holunderweg 19, 6110 Dieburg (T. 06071 - 2 59 77) - Geb. 24. Jan. 1936 Aschaffenburg (Vater: Hans Sch., Verkaufsleit.; Mutter: Paula, geb. Morhard), kath., verh. s. 1961 m. Maria-Luise, geb. Fuchs, 2 Kd. (Ellen, Marcus) - 1955-60 Stud. Maschinenbau TH Darmstadt; Promot. 1966 - 1960-67 Wiss. Assist.; 1967-81 versch. ltd. Tätigk. in d. Maschinenbauind., zul. Geschäftsf. Werkzeugmaschinenfabr. Scharmann GmbH & Co., Mönchengladbach; s. 1981 Prof. (s. o.). Üb. 120 Fachveröff. Herausg. Fachztschr. Werkstatt u. Betrieb - Liebh.: Mod. Malerei - Spr.: Engl.

SCHULZ, Heribert

Dr. med., Prof., Pathologe - Natruper-Tor-Wall 1, 4500 Osnabrück - Geb. 2. Febr. 1928 - S. 1959 (Habil.) Privatdoz. u. apl. Prof. (1965) Med. Akad. bzw. Univ. Düsseldorf (1967 ff. Wiss. Rat u. Prof.; zul. Oberarzt Pathol. Inst.) - BV: D. submikroskop. Anatomie u. Pathologie d. Lunge, 1959 (auch engl.); Thrombocyten u. Thrombose im elektronenmikroskop. Bild, 1968. Üb. 100 Einzelarb.

SCHULZ, Hermann

Dr. theol., Prof. f. Altes Testament - Hofstatt 11, 3550 Marburg/L. - Geb. 27. Juli 1937 Memel (Eltern: Walter (Oberstudienrat) u. Lore S.), ev., verh. s. 1963 m. Reine, geb. Siefkes - Univ. Mainz, Göttingen, Marburg. Promot. 1966; Habil. 1970 - S. 1970 Doz. u. Prof. (1971) Univ. Marburg - BV: D. Todesrecht im AT, 1969; D. Buch Nahum, 1973.

SCHULZ, Horst

Dr. forest., o. Prof. u. Vorst. Inst. f. Holzforschung Univ. München (s. 1973) - Winzererstr. 45, 8000 München 40 - Geb. 6. Nov. 1924 - Stud. Forstw. - 1960 (Habil.) Lehrtätigk. Göttingen (1966 apl. Prof. f. Forstbenutzung), 1968 Dir. Wilhelm-Klauditz-Inst. f. Holzforsch. TU Braunschweig. Div. Facharb., auch Bücher - Spr.: Engl., Span.

SCHULZ, Jürgen

Altbürgermeister, Rechtsanwalt u. Fachanw. f. Steuerrecht, Kreisrat Landkr. Starnberg (1984ff.) - Strittholzstr. 4, Kanzlei: Seestr. 40, 8036 Herrsching/Ammersee - Geb. 9. Nov. 1929 Marburg/L. (Vater: Conny S., Steuerrat; Mutter: Maria, geb. Schaub), ev., verh., 2 Söhne - 1972-84 I. Bgm. (ehrenamtl.) Herrsching (776 n. Chr. erstmals urkundl. erwähnt). Div. Funktionen, dar. Vors. Abwasserverb. Ammersee-Ost u. Fremdenverkehrsverb. 5-Seen-Land; AR-Vors. Volksbank Herrsching-Landsberg-Starnberg e.G., Herrsching a. A.

SCHULZ, Jürgen

Kapellmeister, Leitender Chordirektor Hamburg. Staatsoper, Leit. Hamburger Singakad. - Bredenbergsweg 32, 2104 Hamburg 92 (T. 040 - 796 72 98) - Geb. 9. Mai 1936 Berlin, ev., verh. s. 1960 m. Siglinde, geb. Kopp, 2 Kd. (Bernhard, Kerstin) - 1946 Sängerknabe Staats- u. Domchor Berlin; Oberschule; Abit. 1954; Kapellmeisterstud. Hochsch. f. Musik Berlin; Staatsex. 1959 - Theaterengagements: 1959 Senftenberg, 1961 Kaiserslautern, 1964 Düsseldorf, 1974 Mannheim, 1981 Hamburg. Lehrtätigk. Pfälz. Konservat., Staatl. Hochsch. f. Musik Ruhr, Staatl. Hochsch. f. Musik Rhld., Staatl. Hochsch. f. Musik Heidelberg/Mannheim, Musikhochsch. Lübeck - Spr.: Engl., Ital., Franz., Russ.

SCHULZ, Klaus

Dr. jur., Geschäftsführer i. R. - Steinerstr. 22, 8000 München 60 (T. 811 19 65) - Geb. 6. Juni 1910 Klein-Irben/Lettl. (Vater: Konrad S., Pastor; Mutter: Lucie, geb. Sadowsky), ev., verh. s. 1942 m. Jutta, geb. Brinkhoff, T. Annette - Dt. Gymn. Riga; Univ. ebd. Königsberg/Pr., Innsbruck, München, Leipzig (Promot. 1940) - 1940-41 IHK Graudenz; 1948-49 Heidorn-Verlag, Stuttgart (Verlagsleit.); 1951-56 Verlag D. Beste ebd. (Vertriebsleit.); 1956-64 Südd. Verlag, München (Vertriebsleit.); 1964-75 Gf. Dt. Ztschr.verleger, Bonn - Spr.: Lett., Russ. - Liebh.: Lesen, Sport.

SCHULZ, Klaus-Peter

Dr. med., Publizist - Eichkampstr. 16, 1000 Berlin 19 - Geb. 2. April 1915 Berlin (Vater: Heinrich S., 1919-27 Staatssekr. Reichsinnenmin., MdR (1912-30), 1919-20 I. Vizepräs. Weimarer Nationalvers., Vors.mitbegr. Dt. Kunstgemeinsch. u. Begr. sozialdemokr. Bildungsarb. † 1932 (s. IX. Ausg.); Mutter: Gertrud, geb. Stahl) - Grunewald- u. Franz. Gymn. Berlin; Univ. Greifswald u. Berlin (Med.) - 1937-45 Wehrmacht (zul. Unterarzt d. R.), dann Dezern. Gesundheitsamt Berlin-Pankow, ab 1946 polit. Redakt. D. Tagesspiegel u. Chefredakt. D. Sozialdemokrat, beide Berlin,

1948-49 Herausg. Debatte, Helmstedt, dann polit. Kommentator NWDR, SWF, Bayer., Westd. u. Saarl. Rundf., 1959 Leit. Berlin-Büro Inter Nationes, 1960-63 Mitarb. Senat u. Berlin-Korresp. SWF, ab 1963 Leit. Berlin-Studio Dt. Welle, 1952-56 Mitgl. Verfassunggeb. Landesvers. u. Landtag Baden-Württ.; 1963-65 MdA Berlin (1964 Vors. Aussch. f. Wiss. u. Kunst); 1965-76 MdB/Vertr. Bln.s; 1966-73 Mitgl. Berat. Vers. Europarat (1970/71 Vizepräs.) u. Westeurop. Union; 1973 ff. Mitgl. Europ. Parlam. 1931-71 (Austr.) SPD; 1971-76 CDU - BV: D. Insel d. Freiheit, 1948; Sorge um d. dt. Linke, 1954; Luther u. Marx, 1956; Opposition als polit. Schicksal?, 1958; Kurt Tucholsky, Monogr. 1959; Berlin - le destin de l'Allemagne, 1961; Informationen üb. Berlin, 1961; Berlin zwischen Freiheit u. Diktatur, 1962; Proletarier - Klassenkämpfer - Staatsbürger/100 J. dt. Arbeiterbeweg., 1963; Auftakt z. Kalten Krieg - D. Freiheitskampf d. SPD in Berlin 1945-46, 1965; D. Reichstag gestern - morgen, 1969; Ich warne, 1972; D. ehrbaren Erpresser, 1976; Berlin u. d. Berliner, 1977; D. Liebe ist d. Sinn, 1980; E. perfekter Rufmord, 1984; Adenauers Widersacher, 1989.

SCHULZ, Knut

Dr. phil., Prof. f. Geschichte d. Mittelalters - Am Waldhaus 32, 1000 Berlin 38 (T. 803 19 85) - Geb. 17. Nov. 1937 Berlin (Vater: Fritz Sch., Prof. †; Mutter: Ruth, geb. Grossert †) - Schule Berlin (Abit. 1957), FU Berlin, Staatsex. 1963, Promot. 1966, Habil. 1972 - 1964 Wiss. Assist., 1972 Prof., 1974-76 Vors. Fachber. Gesch.wiss. Univ. Berlin - BV: Ministerialität u. Bürgertum in Trier, 1968; Beitr. z. Wirtsch.- u. Sozialgesch. d. MA (Hrsg.), 1976; Handwerksges. u. Lohnarbeiter. Untersuch. z. oberrhein. u. oberdt. Stadtgeschichte d. 14. b. 17. Jahrh., 1985.

SCHULZ, Kurt

Bürgermeister Stadt Eckernförde (s. 1969) - Sehestedter Str. 48, 2330 Eckernförde (T. 32 05) - Geb. 8. Okt. 1922 Stettin, ev., verh., 2 Kd. - Gymn. (Abit.) - Verwaltungsangest. 1948-70 MdK Eckernförde (Fraktionsvors.), 1951-69 Ratsherr Eckernförde; 1958-75 MdL Schlesw.-Holst. (1967 stv. Fraktionsvors.; 1971 Vizepräs.) SPD (u. a. Landesschatzm.) - 1975 Gr. BVK; 1979 Feuerwehrehrenz. in Gold; Frhr.-v.Stein-Med.

SCHULZ, Leo-Clemens

Dr. med. vet., Dr. h. c., Dr. med. vet. h. c., Dr. med. h. c., o. Prof. f. Allg. Pathologie u. pathol. Anatomie d. Haustiere - v.-Graevemeyer-Weg 20a, 3000 Hannover 72 (T. Hannover 52 33 86) - Geb. 22. Aug. 1923 Guttstadt/Ostpr., verh. s. 1958 m. Dr. Brigitte, geb. Meister, 2 Kd. (Michael, Sabine) - S. 1960 (Habil.) Privatdoz. u. Ord. (1965) Tierärztl. Hochsch. Hannover (1965-86 Dir. Inst. f. Pathol.; 1968-70 Rektor). 170 Fachveröff., spez. Rheumatoide Krankheiten. Herausg.: Pathologie d. Haustiere u. Lehrb. d. Allg. Pathol. - Ehrenmitgl. Veterinärmed. Fak. Univ.

Santiago, Chilen. Veterinärmed. Ges., Soc. Italiana delle Szienze Veterinarie; Ehrendoktor Univ. Cordoba (1976), Rijksuniv. Gent (1978) u. Med. Hochsch. Hannover (1982); Mitgl. Dt. Akad. d. Naturforscher Leopoldina; Korr. Mitgl. Comp. Neuropathology of World Fed. of Neurology u. d. Albrecht-Thaer-Ges. - 1981 Carol-Nachman-Preis f. Rheumatol. f. Zwei-Phasenkonzept d. Rheumatoiden Entzünd.; 1989 Martin-Lerche-Forsch.preis d. Dt. Vet. Med. Ges.

SCHULZ, Max J.

Dr. rer. nat., o. Prof. u. Vorstand Inst. f. Angew. Physik Univ. Erlangen-Nürnberg (s. 1978) - Ruhsteinweg 17, 8525 Uttenreuth/Weiher - Geb. 17. Mai 1939 Nürnberg (Vater: Prof. Dr.-Ing. Max E. S. †1981; Mutter: Gretel, geb. Leder), verh. s. 1965 m. Telse, geb. Jebens - Stud. Physik Kiel u. Braunschweig (Dipl.). Habil. Freiburg - Research Fellow England; Wiss. Angest. IAF Freiburg; 1982/83 W. Schottky Prof. Stanford Univ.

SCHULZ, Oskar

Senator a. D., Rechtsanwalt, Vorst.-Mitgl. Aktiengesellschaft Weser, Werften Bremen u. Seebeck, Bremerhaven - Wurster Str. 39, 2850 Bremerhaven - Geb. 2. Febr. 1920 Pommern - Stud. Rechtswiss. Ass.ex. - S. 1961 Arbeitsgerichtsrat Bremen, Stadtkämmerer Bremerhaven (1965), Finanzsenator Bremen (1970). SPD s. 1957.

SCHULZ, Paul

Dr. phil., Dr. rer. nat. habil., em. o. Prof. f. Lichttechnik u. physikal. Elektronik Univ. Karlsruhe (s. 1950; 1963-65 Rektor) - Aschenbrödelweg 5, 7500 Karlsruhe/Rüppurr (T. 88 48 46) - Geb. 31. Jan. 1911 Rostock (Vater: Heinrich S.; Mutter: Marie, geb. Bahrdt), ev., verh. s. 1938 m. Irene, geb. Kerp, 3 Töcht. (Ingrid, Beate, Gabriele) - Univ. Rostock (Promot. 1934), Bonn, München (Physik, Chemie, Math.). Habil. 1943 Bonn - Assist. Univ. Rostock u. Bonn; 1937-46 Physiker u. Laborleit. Osram-Studienges. f. elektr. Beleuchtung, Berlin; ab 1946 Dir. Forschungsst. f. Gasentladungsphysik (Greifswald) Dt. Akad. d. Wiss., Berlin; 1948-49 Prof. Univ. Greifswald u. Berlin/Humboldt (1949). 1954-56 Vors. Dt. Lichttechn. Ges. In- u. ausl. Fachmitgliedsch. Spez. Arbeitsgeb.: Elektr. Gasentlad., Lichtquellen, Spektroskopie. Erf.: Xenon-Hochdruck- u. Metallhalogenid-Entladungslampe (zahlr. Patente) - BV: Elektron. Vorgänge in Gasen u. Festkörpern, 1968, 2. A. 1974. Ca. 100 Veröff. üb. Linienbreiten elektr. Gasentlad. u. Strahlungsquellen - Elenbaas-Preis - Liebh.: Musik, Malerei - Spr.: Engl., Franz.

SCHULZ, Peter

Rechtsanwalt - Mönckebergstr. 7, 2000 Hamburg 1 - Geb. 25. April 1930 Rostock (Vater: Albert S., u. a. Oberbürgerm. Rostock), verh. m. Dr. med. Sonja, geb. Planeth, 2 Kd. - Schule Rostock (Abit. 1949); Univ. Hamburg (Rechtswiss.). Gr. jurist. Staatsprüf. - S. 1959 Rechtsanw. Hamburg; s. 1966 Senator/Leit. Justizbeh., II. Bürgerm. u. Senator/Leit. Schul- u. Jugendbeh. (1970) u. I. Bürgerm. (1971-74 (Rücktr.) Hamburg (s. 1678 jüngster in d. Hbg. Geschichte). 1961ff. Mitgl. Bürgerschaft, 1978-82 u. 1983-87 Präs. Hbg. Bürgerschaft. Mitbegr. SDS. SPD.

SCHULZ, Peter

Dr. med., Dr. med. dent., Prof. Univ. Heidelberg u. Univ. Bonn (s. 1985), Facharzt f. Mund-, Kiefer- u. Gesichtschirurgie, Zahnarzt, Dir. Bundesverb. d. Dt. Zahnärzte, Bundeszahnärztekammer - Universitätsstr. 73, 5000 Köln 41 - Geb. 9. Nov. 1933 Jena, ev., verh. s. 1960 m. Dr. Helga, geb. Großkopf, 4 Kd. (Carsten, Joachim, Jutta, Jürgen) - Med. Staatsex. 1960, Zahnmed. 1961; Promot. 1962 u. 1967; Habil. 1971 - S. 1975 apl. Prof. f. ZMK-Heilkd. Univ. Heidelberg; Oberarzt u. Chefarzt-Stellv. (b. 1981) Kieferklinik Heidelberg. S. 1981 Dir. Bundesverb. d. Dt. Zahnärzte, Bundeszahnärztekammer - BV: Sozialhygien. Betracht. üb. vorzeit. krankheitsbedingtes Ausscheiden aus d. Erwerbsleben; Ist d. Chemotherapie b. odontogenen Absz. erforderlich? (Diss.); Exp. Unters. z. Frage d. Wachstums v. transplant. autologem Knochen b. d. chir. Therapie v. Lippen-Kiefer-Gaumenspalten (Habil.-Schr.); 75 Publ. in wiss. Ztschr. - Liebh.: Musik (aktiv); Lit.; Reiten - Spr.: Engl., Russ.

SCHULZ, Peter-Torsten

Maler, Dichter, Fotograf, Buchautor - Atelier, Werdener Weg 8, 4330 Mülheim a.d. Ruhr (T. 0208 - 3 34 62) - Geb. 5. März 1944 Friedeck/Mähren, ev., verh. s. 1969 m. Christa Luise, geb. Oehler, 2 Kd. (Anna Anuschka, Ben Robinson) - Folkwangsch. Essen (Gebrauchs- u. fr. Grafik) Abschl. 1970 - Freischaff. Künstler; s. 1985 Atelier f. angewandte Kunst - Entdeckung u. Verbreitung d. Hansenschen Lebensgefühls (Poesie sehen, Humor haben, Phantasie wahr machen, Natürlichkeit als Kunst pflegen - Veröff.: (b.1977): 4 Lyrikhefte, 4 Comic-Alben (Schindel-Schwinger); s. 1977 u.a. 10 Bücher (30 Titel) aus Hansens Haus: D. Olle Hansen u. s. Stimmungen, 1977; Rapunzel, 1978; D. Esel, 1979; Gulliver, 1980; Berühren ist alles, 1982; Anna u. Ben, 1983; Georch u. Georgine, 1984; Artuhr, 1986, Anna u. Ben zaubern, 1987; Erleben ist alles, 1989. Zudem 7 Mal- u. Signierreisen durch 80 Städte; 40 Ausst., Aktionen, Vertonungen, Verfilmungen - 1980 Dt. Kodak-Fotobuchpreis - Liebh.: Sport, Trödel, unterwegs (u.) zuhause sein - Spr.: Engl., (Schul-)Franz., Niederl. - Lit.: Div. Besprechungen.

SCHULZ, Ralph-Hardo

Dr. rer. nat., Prof. f. Mathematik u. Didaktik d. Mathematik - Jägerstr. 18, 1000 Berlin 45 (T. 030 - 772 65 73) u. Wielandstr. 2, 6550 Bad Kreuznach - Geb. 15. Sept. 1942 Metz (Vater: Carl Conrad Sch., Masch.bau-Ing.; Mutter: Gusti, geb. Terkatz), ev. - Staatl. Gymn. B. Kreuznach; Univ. Mainz u. London (Westfield College), Dipl. 1967 Univ. Mainz, 1. u. 2. Prüf. f. d. Lehramt (Rhld.Pfalz), Promot. 1968 Univ. Mainz - 1969 Stud.-Ass. Boppard, b. 1974 Ass., Akad. Rat Univ. Tübingen, Prof. FU Berlin (ztw. Dir. II. Math. Inst.) - Spr.: Engl., Franz.

SCHULZ, Reinhold

Bürgermeister Stadt Ladenburg - Ausoniusstr. 53, 6802 Ladenburg (T. 06203 - 51 53) - Geb. 5. April 1931 Weinheim (Vater: Friedrich Sch., Arbeiter; Mutter: Maria, geb. Pfrang), ev., verh. s. 1957 m. Lilo, geb. Pflästerer, 3 S. (Axel, Matthias, Harry) - Kfm. Berufssch., Verw.-Lehre, Prüf. f. d. gehob. Verw.dst., Verw.-Dipl. Verw.- u. Wirtsch.akad. Rhein-Neckar - S. 1965 Bürgermeister Ladenburg, Mitgl. d. Verb.vers. d. Regionalverb. Unterer Neckar, Mitgl. Denkmalrat beim Reg.-Präsid. Karlsruhe - BV: Ladenburg - D. Altstadt als Denkmal, 1982 (m. a.).

SCHULZ, Roland

Dr. rer. pol., Dipl.-Kfm., Geschäftsführer Henkel-Werke, Düsseldorf - Händelstr. 7, 4000 Düsseldorf 13 (T. 0211 - 71 38 88) - Geb. 3. Aug. 1941 Prag, ev., verh. s. 1968 m. Renate, geb. Huber, S. Karsten - Dipl.-Kfm. 1968 - Promot. 1972 - BV: Kaufentscheidungsproz. d. Konsumenten, 1972.

SCHULZ, Rolf S.

Dr. jur. h. c., Konsul von Venezuela, Verleger, Inh. d. Verlages R. S. Schulz (Verlagsgeb.: Rechts- u. Staatswiss., Medizin, Zss., Belletr., Sach-, Fachb.) - Berger Str. 8-10, 8136 Percha am Starnberger See (T. 08151 - 1 49-0) - Geb. 29. Jan. 1925 München (Vater: Simon Sch., Beamter; Mutter: Maria, geb. Stemmer), verh. m. Marian, geb. Adamek, Innenarchitektin, 4 Kd. (Dieter, Karin, Roman Simon, Rolf-Daniel) - Stud. Literaturgesch. - S. 1964 Handelsrichter Landger. München II - BV: D. soz. u. rechtl. Verpflichtung d. Verlegers, 1972; Sammlung Deutsche Umweltschutzges. 4 Bde. - 1979 Andres Bello I. Kl. v. Venezuela; 1982 BVK; 1983 Bayer. VO.; 1985 St. Georg-Orden - Liebh.: Tennis, Skilaufen, Jagd, Wandern - Spr.: Engl., Franz.

SCHULZ, Siegfried

Dr. theol., o. Prof. f. Neues Testament - Wampflenstr. 40, CH-8706 Meilen (T. 923 41 52) - Geb. 28. Juni 1927 - S. 1957 (Habil.) Lehrtätigk. Univ. Erlangen u. Zürich (1961 ao., 1964 o. Prof.) - BV: Unters. z. Menschensohn-Christologie im Johannes-Evangelium, 1957; Komposition u. Herkunft d. Johanneischen Reden, 1960; D. Stunde d. Botschaft, 1967; Q - D. Spruchquelle d. Evangelisten, 1972; D. Mitte d. Schrift, 1976; Gott ist kein Sklavenhalter, 1982; D. Evangelium n. Johannes, NT Deutsch 4, 4. A. 1983. Zahlr. Fachaufs.

SCHULZ, Walter

Dr. phil., o. Prof. f. Philosophie - Iglerslohstaffel 5, 7400 Tübingen (T. 2 45 58) - Geb. 18. Nov. 1912 Gnadenfeld, ev., verh. s. 1943 m. Dr. Ruth-Eva, geb. Seitz, 3 Kd. - Stud. Theol., Phil., Altphilol. - S. 1951 (Habil.) Lehrtätigk. Univ. Heidelberg u. Tübingen (1955 Ord.) - BV: D. Vollend. d. Dt. Idealismus in d. Spätphil. Schellings, 1955; D. Gott d. neuzeitl. Metaphysik, 1957; D. Problem d. absoluten Reflexion, 1963; Wittgenstein - D. Negation d. Phil., 1967; Phil. in d. veränderten Welt, 1972; Ich u. Welt, 1979; Metaphysik d. Schwebens, 1985; Grundprobleme d. Ethik, 1985.

SCHULZ, Walter

Dipl.-Kfm., Unternehmensberater Bekleidungsindustrie - Dammerstr. 74, 4050 Mönchengladbach 1; u. Rudolf-Schwander-Str. 1, 3500 Kassel - Geb. 11. März 1916 - Mitbegr. u. Mitgesellsch. Ges. mbH f. Betriebswirtsch. - Zahlr. Ämter, u. a. Vorst.-Vors. Vereinig. berat. Betriebs- u. Volkswirte, Wuppertal, Mitgl. Arbeitskr. Kooperationsförd. d. BDI (Bundesverb. d. dt. Ind.), Deleg. Bundesverb. Bekleidungsind. im Betriebswirtschaftl. Aussch. d. BDI; Mitgliedsch., u. a. Bundesaussch. Betriebswirtsch. b. RKW, Eschborn, Bund d. Steuerzahler Nordrh. Westf., Bekleidungstechn. Inst. Mönchengladbach, Mitbegr. u. Ehrenmitgl. Dt. Inst. f. Unternehmensber. (difu), Neuss; Vereid. Sachverst. f. Kostenrechn. u. Kalkulation in d. Bekleidungsind. d. IHK, Mittl. Niederrh. - Gold. Ehrennadel Dt. Olymp. Ges., Westd. Leichtathletik-Verb., Mönchengladbacher TV 1848.

SCHULZ, Werner

Rechtsanwalt, Vorstandsvors. Volksfürsorge Dt. Lebensversich. AG, Volksfürsorge Dt. Sachversich. AG, bde. Hamburg - An der Alster 57, 2000 Hamburg 1 - Geb. 24. Juli 1936 Berlin (Vater: Dr. Werner S.; Mutter: Margarete, geb. Frey), ev., verh. s. 1966 m. Renate, geb. Grein, 3 Kd. (Christian, Stephanie, Alexander) - Gymn. (Abit.) Freiburg/Br.; Stud. Rechtswiss. München, Frankfurt; Kings College Univ. London - AR-Vors. Volksfürsorge Krankenversich. AG, Hamburger Intern. Rückversich. AG, Volksfürsorge Rechtsschutz Versich. AG.

SCHULZ, Werner

Präsident Bundesverb. priv. Alten- u. Pflegeheime, Mitgl. im Hauptaussch. Dt. Verein f. öfftl. u. priv. Fürsorge - Rissener Ufer 15, 2000 Hamburg 56 - Geb. 22. Juli 1930 Stendal, ev., verh. s. 1955 m. Marianne, geb. Behling - S. 1957 in d. Altenhilfe als Heimleit. - BVK - Spr.: Engl.

SCHULZ, Werner

Bankdirektor - Zu erreichen üb.: Nordd. Hypotheken- u. Wechsel-Bank AG, Domstr. 15, 2000 Hamburg 1 - B. 1984 stv., dann o. Vorstandsmitgl.

SCHULZ, Wilfried

Dr. rer. pol., Univ.-Prof. f. Volkswirtschaftslehre Univ. d. Bundeswehr, München - Sauerbruchweg 2, 8012 Ottobrunn - Geb. 9. Sept. 1939 Schwenningen (Vater: Wilhelm Sch., Importkaufm.; Mutter: Eugenie, geb. Müller), verh. s. 1965 m. Dr. med. Ursula, geb. Gabler, 2 Kd. (Ralph Jimmy, Mirjam Susanne) - Dipl.-Volksw. 1965 Univ. Tübingen, Ph.D.-Progr. 1965/66 UC Berkeley; Promot. 1968 Univ. Freiburg – 1968-74 Univ.-Assist. Freiburg; s. 1975 Prof. f. Volksw. Univ. d. Bundeswehr, München - BV: Steuerwirkungsvergl. in Unternehmungsmod., (Diss.) 1968; Demokr. in Politik u. Alltag, (m. Hans Oswald) 1970; Mikroökonomie. E. Aufgabensamml. m. Lösungen, (m. Karl Brandt u. Walter Köhler) 1972-76 (4 Bde.); Einf. in d. Math. f. Wirtschaftswissenschaftler, (m. David S. Huang) 1979, 3. A. 1988; Strukt. u. Dynamik d. Wirtsch. Beitr. z. 60. Geb. v. Karl Brandt, 1983; zahlr. Fachart. u. versch. Ztschr. - Spr.: Engl., Franz., Span.

SCHULZ, Wilfried

Dipl.-Ing., Vorstand G. Kromschröder AG, Osnabrück, Leit. Unternehmensbereich Vertrieb, u. Vorst. Elster AG, Mainz - Zu erreichen üb. Bundesvereinig. d. Firmen im Gas- u. Wasserfach, Marienburger Str. 15, 5000 Köln 51 - Geb. 21. Febr. 1930 - AR: S.A. Kromschröder, Barcelona (Spanien), elkro gas s.p.a., Salerno (Italien), Kromschröder U.K., Kidderminster (Engl.), Ermaf, Kromos, bde. Rotterdam, gastechnic Straubenhardt, gastechnic Dänemark; Vorst.-Vors. Verb. d. Dt. Gaszählerind.; Gesamtvorst.-Mitgl. Bundesvereinig. d. Firmen im Gas- u. Wasserfach (FIGAWA), Köln; Obmann Techn. Aussch. Europ. Vereinig. d. Herst. v. Gaszählern; Beiratsmitgl. Europ. Vereinig. d. Herst. v. Sicherheitsgeräten; stv. Vors. Normenaussch. Heiz- u. Raumlufttechnik im DIN.

SCHULZ, Winfried Friedrich

Dr. rer. pol., Prof. f. Kommunikations- u. Politikwiss. Univ. Erlangen-Nürnberg - Wielandstr. 19, 8500 Nürnberg 90 -

Geb. 11. Aug. 1938 Berlin, ev., verh. s. 1963 m. Helga, geb. Sajo, Sohn Jan - FU Berlin (Dipl.-Soz. 1964); Promot. 1968 u. Habil. 1974 Univ. Mainz - 1965 Wiss. Assist. Univ. Mainz, 1972 Assist.-Prof.; 1974 Prof. f. Publiz. u. Kommunikationswiss.; 1975/76 Univ. of Calif., Berkeley/USA; 1977 Univ. Münster; 1983 Univ. Erlangen-Nürnberg - BV: Kausalität u. Experiment in d. Sozialwiss., 1970; D. Fischer Lex. Publiz. (m. E. Noelle-Neumann), 1971, Neuaufl. 1989; D. Konstruktion v. Realität in d. Nachrichtenmedien, 1976; Massenmedien u. Wahlen (m. Kl. Schönbach), 1983; Medienwirkungsforschung in d. BRD, 1986; Massenkommunikation (m. M. Kaase), 1989 - Spr.: Engl.

SCHULZ, Wolfgang

Dr. phil., Kunsthistoriker - Stresemannstr. 90, 1000 Berlin 61 (T. 030 - 261 10 46) - Geb. 28. Sept. 1943 Georgenswalde/Ostpr. (Vater: Rudi Sch.; Mutter: Anneliese, geb. Schiewer) - Stud. Univ. Freiburg u. FU Berlin; Promot. 1972 - 1972-74 Wiss. Mitarb. Kupferstichkabinett u. Gemäldegalerie Staatl. Mus. Berlin; 1974-75 Wiss. Mitarb. Mauritshuis Den Haag; 1979 Dir. Ostdt. Galerie Regensburg; s. 1980 Deutschlandhaus Berlin - BV: Lambert Doomer, Leben u. Werke, Bd. 1 u. 2, 1972; D. holländ. Landschaftszeichn. 1600-1740, 1974; Lambert Doomer, Sämtl. Zeichn., 1974; Aspekte dt. Kultur, 1974; Cornelis Saftleven, Leben u. Werke, 1978; Helmut Hölzler, 1980; Hollandse schilderkunst: Landschappen 17de eeuw Mauritshuis, 1980; Stadtführ. durch d. histor. Berlin, 5. A. 1989; Fritz A. Pfuhle, 1982; Herman Saftleven, Leben u. Werke, 1982; Martin Luther, Führer z. d. Lutherstätten, 1982; Ernst Mollenhauer, 1983; D. Mark Brandenburg, 1983; R. E. Schulz, 1984; Hans Orlowski, 1984; Große Schlesier, 1984; Dieter Brozat/Wolfgang Schulz: D. Berliner Dom u. d. Hohenzollerngruft, 1985; Große Ostpreussen, 1986; Große Berliner aus d. Osten, 1987 - Spr.: Engl., Franz., Holl.

SCHULZ, Wolfgang

Dr. phil. habil., Prof. f. Psychologie TU Braunschweig (s. 1982) - Güttlandring 3, 1000 Berlin 27 (T. 030 - 431 68 29) - Geb. 19. März 1951 Berlin, ev., verh. s. 1984 m. Renate, geb. Schneider, 2 Söhne (Julius, Reimar) - Dipl.-Psych. 1976; Promot. 1978; Habil. 1981 - BV: Unters. z. Klassifikation u. Indikation in d. Gesprächspartnertherapie, 1981; Kopfschmerz-Therapie, 1983; Therapeutische Mißerfolge, 1985.

SCHULZ-BENESCH, Günter

Dr. phil., o. Prof. f. Schulpädagogik u. Allg. Didaktik Univ. Münster - Schwalbenstr. 16, 4417 Altenberge/W. (T. 12 00) - Geb. 18. Febr. 1925 - Zul. Ord. PH Ruhr/Abt. Hamm. Facharb. (bes. Montessori-Forschung) - 1970 BVK.

SCHULZ-BERTRAM, Hans-Detlef

Industriekaufmann, Präs. Verwaltungsrat Organa Holding AG, Organa AG Unternehmungsberat., Orbis Container Service Corporation AG, Rebstockhalde Immobilien AG, Vicomp AG, alle Luzern; Geschäftsf. Organa GmbH & Co. KG f. Unternehmensberat. u. Unternehmensbeteilig. Berlin; Chairman of the Board Omnia Inst. for Communication and Information Inc., Tokyo - Rebstockhalde 6, CH-6008 Luzern - Geb. 22. Juni 1931 Magdeburg (Vater: Friedrich-Bruno S., Kaufm.; Mutter: Fride, geb. Bertram); verh. m. Sabine, geb. Ullmann, S. Igor - Gymn. (Abit.).

SCHULZ-DORNBURG, Stefan

Dr. jur., Rechtsanwalt, Geschäftsführer Henkel International GmbH., Düsseldorf (s. 1973), VRsmitgl. Kulturkreis im Bundesverb. d. Dt. Ind., Köln (s. 1974) - Kaiser-Friedrich-Ring 25, 4000 Düsseldorf 11 - Geb. 10. März 1937.

SCHULZ-HAGELEIT, Peter

Dr. phil., Prof. f. Geschichtsdidaktik TU Berlin (s. 1975) - Ringstr. 83, 1000 Berlin 45 - Geb. 14. März 1939, 3 Kd. - Stud. Roman., Gesch. u. Erziehungswiss; Staatsprüf. f. d. Amt d. Studienrates 1965 u. 1970; Promot. 1972 - S. 1988 gf. Herausg. d. Reihe Gesch. u. Psychologie - BV: Wie lehrt man Geschichte heute?, 2. A. 1977; Jugend-Glück-Ges., 1979; Geschichte: erfahren - gespielt - begriffen, 1982; Geschichte - erleben - lernen - verstehen, 1987; Was lehrt uns d. Geschichte?, 1989.

SCHULZ-HARDT, Joachim

Dr., Ministerialdirektor, Generalsekr. d. Kultusministerkonfz. (s. 1976) - Am Stadtwald 77, 5300 Bonn-Bad Godesberg (T. 0228 - 31 29 74) - Geb. 9. Juni 1933 Heerwegen/Schles., kath. - Stud. Rechts- u. Staatswiss. Univ. Bonn u. Marburg u. Hochsch. f. Verw.wiss. Speyer; 1. u. 2. Jurist. Staatsprüf.; Promot. - S. 1966 Innenmin. Schlesw.-Holst.; Kreisverw. Eutin; Ernährungsmin. Schlesw.-Holst.; s. 1970 Kultusmin. Schleswig-Holstein, zul. stv. Abt.-Leit. Hochsch. u. Wiss.; Mitgl. Dt. UNESCO-Kommiss.

SCHULZ-KLINGAUF, Hans-Viktor

M.A., Vorstandsmitglied Kaufhof AG, Köln (b. 1977) - 8419 Schönhofen - Geb. 25. Mai 1921 Elbing/Ostpr. - Stud. Rechts-, Wirtschaftswiss., Angl., Gesch. - Redakt., Industrietätigk., 1952-56 Karstadt AG, seither Kaufhof (1965 Vorst.). 1968-74 Präs. Außenhandelsvereinig. d. Dt. Einzelhandels, Köln; Vorst.-Mitgl. Ges. f. Geistesgesch. Erlangen (s. 1970) - BV: Selbstbedienung - d. neue Weg z. Kunden 1960; Zeitgeist- Zeugnisse I, 1981.

SCHULZ-KÖHN, Dietrich

Dr. rer. pol., Musikschriftsteller - Zedernweg 2, 5042 Erftstadt-Liblar/Rhld. (T. 02235 - 37 37) - Geb. 28. Dez. 1912 Sonneberg/Thür. (Vater: Wilhelm Schulz, Volksschullehrer; Mutter: Luise, geb. Köhn), ev., verh. I.) s. 1948 m. Inge, geb. Klaus († 1980), II.) s. 1981 m. Renate, geb. Vogelsang († 1984) - Realgymn. Magdeburg; Univ. Freiburg/Br., Frankfurt/M. (auch Konservat.), Exeter (Engl.), Königsberg/Pr. (Promot. 1939) - Mitarb. v. Schallplattenfirmen, Rundfunkanstalten u. Fernsehen. Spez. Arbeitsgeb.: Jazz, Chansons, Folklore - BV: D. Schallplatte auf d. Weltmarkt, 1940 (Diss.); Wesen u. Gestalten d. Jazzmusik, 1951; Jazz in d. Schule, 1959; Django Reinhardt, 1960; Stan Kenton, 1961; Kl. Gesch. d. Jazz, 1963; Vive la Chanson, 1969; Let'Swing-Jazz z. Mitmachen, 1977 - EK II; 1. Ehrenmitgl. d. IGJ (Intern. Ges. f. Jazzforsch.) Graz; BVK I. Kl. - Liebh.: Kammermusik (spielt Violine) - Spr.: Engl., Franz.

SCHULZ-LEFÈVRE, Udo

Vorstandsmitglied Eichbaum-Brauereien AG i. R., Mannheim (T. 390 32 24); Geschäftsf. Frankfurter Messe-Gaststätten GmbH i. R., Frankfurt/M.

SCHULZ-LINKHOLT, Fritz

Dipl.-Ing., Prof. - Landteilstr. 19, 6800 Mannheim 1 (T. 81 85 68) - Geb. 31. Okt. 1913 Mannheim (Vater: Fritz Schulz, Galvaniseurmeister; Mutter: Johanna, geb. Schnörr), kath., verh. s. 1941 m. Karola, geb. Linkholt, 3 Kd. (Winfried, Gerhilde, Bertram) - Tulla-Gymn. Mannheim; TH Dresden (Nachrichtentechnik; Dipl.-Ing. 1939) - 1939-45 Entwicklungsing. Zentrallabor. Siemens, Berlin; 1948-78 Prof. Fachhochsch. f. Technik Mannheim (1968 Fachbereichsleit.). S. 1978 i. R.

SCHULZ-RINNE, Günther

Dipl.-Kfm., Regierungsdirektor, Abteilungsleit. Bundesstelle f. Außenhandelsinformation, Geschäftsf. Ges. f. Außenhandelsinformation mbH - Brauweilerweg 18, 5040 Brühl - Geb. 20. Jan. 1930 Köln, verh. s. 1957 m. Dr. Erika Rinne, 3 Kd. (Henning, Carsten, Wiebke) - Univ. Köln; Dipl. 1956 - Fachveröff. - 1979 Ritterkreuz I. Kl. Orden d. Finn. Löwen, 1981 BVK.

SCHULZ von THUN, Friedemann

Dr. phil., Prof. f. Psychologie Univ. Hamburg - Weidende 22 a, 2000 Hamburg 65 (T. 040 - 601 01 21) - Geb. 6. Aug. 1944 Soltau (Vater: Walter Sch., Rechtsanw.; Mutter: Wilma, geb. Külper) - Dipl. Psych. 1971, Promot. 1973 u. Habil. 1975 Univ. Hamburg - Autor u. Moderator div. Fernsehsend. (Psych.) - BV: Verständlichk., 1974; Kommunikat. u. Verhaltenstraining, 1976; Miteinander reden - Psych. d. zwischenmenschl. Kommunik., 1981 (auch holländ.); Managementtraining u. Human. Psych., 1984.

SCHULZE, Arno

Dr. med., Prof., Neurochirurg (Chefarzt) - Wichernstr. 40, 5900 Siegen/W. (T. 37 11) - S. 1963 (Habil.) Lehrtätigk. FU Berlin (1969 apl. Prof.; zul. stv. Leit. Neurochir.-Neurol. Klinik). Facharb.

SCHULZE, Christian

Dr. med. dent. (habil.), em. Prof. f. Kieferorthopädie - Hüninger Str. 6, 1000 Berlin 33 (T. 832 40 40) - Geb. 16. Nov. 1914 Klein-Schneen (Vater: Otto S., Lehrer; Mutter: Emilie, geb. Bosse), verh. s. 1942 m. Gudrun, geb. Evensen - S. 1956 Prof. Univ. Göttingen (apl.) u. Berlin/Freie (1964 ao., 1966 o., 1981 em.) - BV: Erbbedingte Strukturanomalien menschl. Zähne, 1956; Lehrb. d. Kieferorthopädie I, 1975 (jap. 1978), II, 1978, III, 1982; Anomalien u. Mißbildungen d. menschl. Zähne, 1987. Üb. 70 Einzelarb.

SCHULZE, Dieter

Dr. phil., Geschäftsführer u. Mithrsg. Rhein-Neckar-Ztg. Heidelberg (s. 1969) - Hauptstr. 23, 6900 Heidelberg - Geb. 23. Jan. 1915 Heidelberg, ev., verh. s. 1943 m. Ingrid, geb. Vering, 4 Kd. (Barbara, Ruprecht, Ulrike, Jörg) - Abit. 1933 Heidelberg; Promot. 1940 München - Spr.: Franz., Altgriech., Latein.

SCHULZE, Elmar

Dr. jur., Stadtkämmerer Wuppertal (s. 1970) - Egenstr. 57, 5600 Wuppertal 1 - Geb. 3. Aug. 1936 Dortmund, kath., verh. s. 1968 m. Rika, geb. Reuber, 4 Kd. (Angela, Cornelia, Lambert, Monika) - Stud. Univ. Göttingen, Würzburg, Münster; 1. u. 2. Staatsex. 1960 bzw. 1965 - 1965/66 Ass. Stadtverw. Münster; 1967-70 Stadtverw. Rheine (Stadtrechtsrat u. 1968 Stadtkämmerer); s. 1973 Lehrbeauftr. Gesamthochsch. Wuppertal. ARsmand. CDU. Fachveröff. - 1964 Prämie Stiftg. dt. Gemeinden u. Gemeindeverb. - Spr.: Engl. - Lions-Club.

SCHULZE, Erich

Dr. jur. h. c., Prof., Vorstand GEMA Ges. f. musikal. Aufführungs- u. mechan. Vervielfältigungsrechte - Rosenheimer Str. 11, 8000 München 80 (T. 4 80 03-00) - Geb. 1. Febr. 1913 Berlin, verh. s. 1950 m. Christel, geb. Baltrusch - Führende Funktionen in dt. u. intern. Urheberrechtsgremien u. -vereinig., u. a. Präs. Intern. Ges. f. Urheberrecht - BV: Urheberrecht in d. Musik, 5. A. 1981; Urhebervertragsrecht, 3. A. 1982; Liberalisier. u. Urheberrecht, 1961; Kommentar z. dt. Urheberrecht (Mestmäcker-Schulze), 9. Liefg. 1982; Urheberrechtl. Verw.-Ges. im Rechts- u. Wirtsch.-Leben, 1963; D. bevorst. Revisionskonfz. in Stockholm 1967 (auch engl. u. franz.), 1964; Stockholmer Konfz. f. Geistiges Eigentum 1967 (auch engl. u. franz.), 1967; Förder. d. Welturheberrechts durch Entwickl.hilfe (auch franz., engl., span.), 1970; Schutz vor Sazelliten - E. Stud. z. Urheberr. und zu d. verwandten Schutzr. (auch engl. u. franz.), 1970; Revision d. Intern. Urheberr. (auch engl. u. franz.), 1971; Kommentar z. Künstlersozialvers.-Ges. (KSVG), 1983; D. Politiker beim Wort nehmen - Vorschläge d. Musikschaffenden im Spitzenverb. Dt. Musik, 4. A. 1984. Herausg.: Rechtsprech. z. Urheberrecht, Entscheidungssamml. (33. Liefg. 1986). Mithrsg.: Quellen d. Urheberrechts (22. Liefg. 1988) - 1956 Ehrendoktor Univ. Köln; 1962 Komturkreuz Päpstl. Silvester-Orden; 1965 Österr. Ehrenkreuz f. Wiss. u. Kunst I. Kl.; 1967 BVK I. Kl., 1971 Bayer. VO.; 1973 Gold. Note dt. Musik-Union; 1974 Titel Prof. Rep. Österr.; 1976 Orden I. Kl. f. Wiss. u. Kunst Arab. Rep. Ägypten; 1978 Gr. BVK; 1983 Verdienstmed. DMV; Verdienstmed. VG Wort; Richard Strauss-Med.; 1986 Komturkreuz m. Stern Päpstl. Gregoriusorden; 1988 Gr. Silb. Ehrenzeichen d. Rep. Österreich; zahlr. weitere Ausz.

SCHULZE, Erich

Dr. agr., Prof., Wiss. (spez. Acker- u. Pflanzenbau; Pflanzenbau in Tropen u. Subtropen) - Lengsdorfer Str. 45, 5300 Bonn 1 (T. 0228 - 28 18 31) - Geb. 6. Dez. 1918 Flerke (Vater: Albert S., Landwirt; Mutter: Luise, geb. Bussmann), verh. s. 1944 m. Liesel, geb. Nohl - Univ. Bonn u. Halle/Saale (Landwirtsch.), Ing.agr. 1947, Promot. 1950, Habil. 1954, bde. Bonn, Doz. 1955, Prof. 1960 - 1960-65 Staatl. Prüf.-leit. an Höh. Land- u. Wenbauschulen in Brühl, Herford u. Bad-Kreuznach; 1957-59 FAO-Experte d. Vereint. Nationen Iran; 1960-63 Gutachter f. Entwickl.hilfe in Brasilien; 1970-81 (m Unterbr.) Sachverst. f. Landwirtsch. im Iran; 1977 Gastprof. Univ. Teheran u. Schiraz; 1977 Sachverst. f. landwirtschaftl. Entwickl. Türkei - BV: Report on Soil Fertility Investigations in the Khuzistan Region and Headwaters of Iran, 1959; Anwend. u. Wirk. d. Stickstoffdünger b. Feldfrüchten u. Dauergrünland, 1963; Wasserwirtsch. u. Reinig. v. Stauseen v. erodiert. Sedimenten u. ihre Wiederverw.; 1977, Landwirtsch.min. Teheran; Faustzahlen f. d. Landwirtsch. ab 1956; 6

Aufl.; Zuckerrübenproduktion; Landwirtschaftl. Bodennutzung m. hoher Rendite, 1976. Mitarb. Landwirtschafts-Lexikon. 148 wiss. Publ. üb. pflanzenbaul. u. ökol. Forsch.ergebn. Wiss. Ztschr. - 1957 Justus-v.-Liebig-Preis Univ. Gießen - Liebh.: Archäol., Orientalistik - Spr.: Engl., Franz.

SCHULZE, Erich

Landwirt, Landrat Kr. Uelzen (s. 1968) - 3111 Esterholz Kr. Uelzen (T. Wieren 2 71) - Geb. 11. Mai 1915 Tülau-Fahrenhorst, ev., verh. s. 1944 m. Elisabeth, geb. Hinrichs, 4 Kd. (Gabriele, Ulrike-Sabine, Ina, Ulf) - Landw. Lehre u. Fachsch.

SCHULZE, Fritz W.

Dr. phil., o. Prof. f. Anglistik - Kerschensteinerstr. Nr. 15, 6500 Mainz - Geb. 21. Jan. 1921 Zerbst/Anhalt (Vater: Willy S.; Mutter: Emma, geb. Fels), ev., verh. s. 1945 m. Magda, geb. Kadatz, S. Harald - Gymn.; Univ. Leipzig, Halle, Königsberg. Promot. (1948) u. Habil. (1950) Halle - 1950-59 Doz., apl. u. ao. Prof. Univ. Halle; s. 1960 o. Prof. Univ. Gießen u. Mainz (1964) - BV: Folklore - Z. Ableitung d. Vorgesch. e. Wissenschaftsbezeichnung, 1949; Wordsworth-Coleridge, Lyrical Ballads, 1952; Hamlet - Geschichtssubstanzen zw. Rohstoff u. Endform d. Gedichts, 1956; Shakespeare, s. Bühne, s. Schaffen, s. Hamlet, 1957; Shakespeare, Macbeth, 1964. Etwa 50 Ztschr.beitr. - Spr.: Engl.

SCHULZE, G. E. Werner

Dr. rer. nat. habil., Dipl.-Phys., Prof. f. Werkstoffwiss. Univ. Düsseldorf - Fürstenplatz 4, 4000 Düsseldorf (0211 - 37 13 59) - Geb. 4. Febr. 1932 Kamenz (Vater: Erich Sch., Bierverleger; Mutter: Alma, geb. Lesche), verh. s. 1964 m. Dr. med. Karin, geb. Wolf, 2 S. (Axel, Bert) - 1952-57 Physikstud.; Dipl. 1957, Promot. 1961 u. Habil. 1969 Univ. Halle-Wittenberg - 1957-63 Assist., b. 1976 Oberassist., 1977-78 Gastdoz. Univ. Münster; s. 1979 Univ. Düsseldorf (s. 1982 Prof.). Entd.: Eindimensionale Modellierung v. Werkstoffgefügen, Wahrscheinlichkeitsgeometrie d. Prozeßgefüge.

SCHULZE, Gerhard

Bezirksstadtrat a. D., MdB (s. 1981) - Körtestr. 16, 1000 Berlin (T. 691 94 39; dstl. 0228-16 74 10 - Geb. 1. Sept. 1919 Berlin (Vater: Walter S., Drogist; Mutter: Alma, geb. Meerwald), ev., verh. s. 1945 m. Liselotte, geb. Bumann, 3 Kd. (Burglind, Gabriele, Wolfhard) - Oberrealsch.; Drogistenlehre; Drogisten-Fachsch.; Hochsch.-Inst. f. Wirtschaftskd. (alles Berlin) - Drogist, Einzelhandels- u. Versich.skaufm. 1948-54 Bezirksverordn. Kreuzberg (stv. Fraktionsvors. u. stv. Vorsteher); 1954-55 MdA Berlin. 1954-55 Landessekr. Jg. Union Berlin. CDU s. 1946 (1957-65 u. 1967 ff. Kreisvors. Kreuzberg; Vors. Wirtschafts- u., Mittelstandsvereinig. Berlin), 1955-81 Abt. f. Wirtsch. u. Gesundh., s. 1975 stv. Bez.sbürgerm. Kreuzberg) - 1969 BVK; 1974 BVK I. Kl. - Liebh.: Kunstgeschichte, Malerei, Wandern.

SCHULZE, Hagen

Dr. phil. habil., Prof. f. Neuere Geschichte u. Historik - Hochsitzweg 45, 1000 Berlin 37 (T. 030 - 813 12 86) - Geb. 31. Juli 1943 Tanger/Marokko (Vater: Peter H., Ltd. Angest.; Mutter: Dr. Sigrid, geb. Hunke), verh. s. 1968 m. Ingrid, geb. Bidlingmaier, 2 Söhne (Hendrik, Thies) - Gymn. Bonn, Univ. Bonn u. Kiel (Gesch., Politik, Soziol.), Promot. Kiel 1967 - 1968-71 Edition Akten d. Reichskanzlei Bundesarchiv Koblenz, 1971-76 Stiftg. Pr. Kulturbes., 1977-79 Priv.doz. Kiel, s. 1979 Prof. Fr.-Meinecke-Inst. FU Berlin. 1985-86 visiting fellow St. Antony's College, Oxford - BV: Freikorps u. Rep. 1918-1920, 1979; Akten d. Reichskanzlei: D. Kabinett Scheidemann, 1971; Anpassung o. Widerstand. D. SPD 1932/33, 1975; Otto Braun o. Preußens demokr. Sendung, E. Biogr., 1977; Weimar. Dtschl. 1917-1933, 1982; D. Weg z. Nationalstaat, 1985; Wir sind, was wir geworden sind, 1987; Gibt es überhaupt e. dt. Geschichte?, 1989.

SCHULZE, Hanno

Dr. med. vet., Dr. jur., Prof., Leiter Ref. Umwelthygiene Bayer. Staatsmin. f. Landesentwicklung u. Umweltfragen, Präs. Ges. f. Ernährungsbiol., stv. Vors. Dt. Sektion Europ. Vereinig. f. Lebensmittelrecht u.a. - Saarlouiser Str. 109, 8000 München 50 - Geb. 18. Aug. 1938 Berlin (Vater: Dr. med. vet. Hans-Georg Sch., Tierarzt; Mutter: Luise, geb. Viehweger), ev., verh. s. 1968 m. Monika, geb. Streich, S. Tobias - Univ. (Tiermed., Rechts- u. Wirtschaftswiss.) u. Hochsch. f. Polit. Wiss. München (Polit. Wiss.). Promot. 1965 u. 67; Habil. 1970 - S. 1970 Doz. u. Prof. Univ. München. Zahlr. Fachveröff. u. Vortr. (In- u. Ausl.) - Mitgl. Intern. Acad. for Environmental Safety - Liebh.: Bild. Kunst.

SCHULZE, Hans

Dr. theol., Prof. f. Christl. Sozialethik Univ. Erlangen-Nürnberg (apl.; s. 1968) - Marienbader Str. 20, 8520 Erlangen.

SCHULZE, Hans Herbert

Dr. rer. pol., Dipl.-Kfm., Prof. f. Wirtschaftsinformatik FH f. Wirtschaft, Berlin (s. 1971) - Str. z. Löwen 5b, 1000 Berlin 39 (T. 030 - 805 51 53) - Geb. 8. Okt. 1933 Berlin - Kfm. Lehre (Ind.); Stud. Wirtschaftswiss. Promot. 1965 FU Berlin - 1961-65 Assist. FU Berlin; 1965-71 Doz. Wirtschaftsakad. ebd. - BV: Datenverarb. richtig einführen u. einsetzen - Leitf. f. d. Praxis, 1970; Lex. z. Datenverarb., 1978, 6. A. 1983; Datenverarb. in kl. u. mittl. Unternehmen, 1983; Computerlex., 1984, 6. A. 1987, erw. NA 1988; Computerenglisch - E. Fachwörterb., 1986, 6. A. 1989; Computer-Enzyklopädie, 1989.

SCHULZE, Hans K.

Dr. phil., Prof. f. Mittelalterl. Geschichte u. Landesgesch. - Drosselweg 3, 3556 Weimar 1 - Geb. 8. Okt. 1932 Altenburg/Thür. - Promot. 1962; Habil. 1970 - S. 1971 Prof. Univ. Marburg. Bücher u. Einzelarb.

SCHULZE, Hans-Ulrich

Dr. med., Dipl.-Chem., Prof. f. Biochemie Univ. Gießen - Tannenweg 42, 6301 Linden-Großen-Linden (T. 06403 - 6 29 93) - Geb. 23. April 1937 Berlin (Vater: Herbert S., Angest.; Mutter: Erna, geb. Riemer), ev., verh. s. 1966 m. Ingrid, geb. Henkel, 3 Kd. (Uwe, Volker, Lothar) - Stud. d. Med. u. Chemie Univ. Berlin (Freie) u. Gießen; Promot. 1965; Habil. 1973 - 1965 Ludwig-Rinn-Preis.

SCHULZE, Harald

Dr., Präsident Rechnungshof d. Freien u. Hansestadt Hamburg - Gänsemarkt 36, 2000 Hamburg 36 (T. 359 87 71).

SCHULZE, Heinz

Landrat Kreis Hof a. D. (1948-78) - Landratsamt, 8670 Hof/S. - 1968 Silb. Med. f. bes. Verdienste um d. kommunale Selbstverw.; 1969 BVK I. Kl.; 1975 Kommunale Verdienstmed. Bez. Oberfr.; 1976 Sparkassenmed. in Gold Bayer. Sparkassen- u. Giroverb.; Gold. Ehrenring Landkreis Hof - SPD.

SCHULZE, Hermann

Bezirksschornsteinfegermeister, Präs. Handwerkskammer Hildesheim - (s. 1967) - Mozartstr. 4, 3200 Hildesheim (T. 3 50 70) - Geb. 13. März 1918 - 1973 Gr. BVK.

SCHULZE, Hugo-Otto

Schriftsteller, Regiss., Dramat., Lektor, Dozent Staatl. Akad. f. Grafik, Druck u. Werbung u. Staatl. Fachsch. f. Film, Optik, Foto, alles Berlin (Film- u. Fernsehgestalt.) - Reichsstr. 99, 1000 Berlin 19 (T. 304 22 54) - Geb. 14. Aug. 1905 Kalkberge/Mark (Vater: Hugo S., Zahnarzt; Mutter: Anna, geb. Walter), ev., verh. s. 1939 m. Hildegard, geb. Nemitz, 2 Kd. (Helga, Dieter) - Banklehre; Ausbild. als Kameramann; Stud. Fotochemie, Optik, Fotogr. (alles Berlin) - Zahlr. Kultur- u. Dokumentarfilme, dar.: Raum im kreisenden Licht, Glas, D. Dom zu Köln, D. Altenburger Dom, 14 Heilige, Autor, Regiss. u. Produz. (Infafilm) d. Dok.-Spielfilme f. d. gesundheitl. Aufklärung: Gesund werden - Gesund bleiben, Wege u. Ziele, Dein Herz - Dein Lebe u. v. a.; unter Pseudonym Holger Zesch Drehb. üb. Alkoholgef. C2-H5-OH - D. Wesen einer Sache. Fernsehserien: Bizarre Steine - biz. Klänge - BV: Dramaturgologie d. Massenmedien Film-Funk-Fernsehen (1979/80) - 1936 Olympia-Med. (f. Bildgestalt. b. d. Olympiafilmen) - Spr.: Engl. - Konstruierte 1938 d. Windstrom-Kamera f. Filmaufn. in u. v. schnellen Flugzeugen aus.

SCHULZE, Joachim

Dr.-Ing., Prof. f. Techn. Chemie TU Berlin/Fachrichtung Wirtschaftschemie (s. 1970) - Kornburger Weg 1, 1000 Berlin 20 (T. 335 87 88) - Geb. 5. Aug. 1929 Breslau (Vater: Fritz S., Kaufm.) - Stud. d. Wirtsch.sing.wesen u. d. Techn. Chemie TU Berlin; Promot. 1960; Habil. 1970 - Fachmitgliedsch. - BV: 4 Fachb. (meist m. H. Kölbel). 132 Ztschr.veröff. - 1976 Dechema-Plak. - Liebh.: Klass. Klaviermusik, Botanik d. Wasserpflanzen (Publ.) - Spr.: Engl.

SCHULZE, Karl-Heinrich

Dr.-Ing., Prof. f. Landtechnik - Karl-Keller-Str. 8, 6300 Gießen (T. 5 72 01) - Geb. 22. März 1909 Nobitz/Thür. - Industrietätigk.; s. 1960 Habil. Priv.-Doz., Prof. Univ. Gießen u. mehrm. Gastprof. Ege Univ. Izmir (Türkei). Facharb.

SCHULZE, Klaus-Jürgen

Dr. rer. nat., Prof., Präsident Dt. Judobund (1979-95 u. s. 1988) - Anemonenweg 85, 6070 Langen (T. 06103 - 7 13 43) - Geb. 18. Aug. 1930 Stahnsdorf (Vater: Otto Sch., Beleuchtungsinsp.; Mutter: Friedel, geb. Linde), ev., verh. s. 1957 m. Renate, geb. Eger, 2 Kd. (Heidrun, Holger) - Abit. 1948; Physik-Stud.; Dipl. 1956, Promot. 1960 - 1956-69 wiss. Mitarb. FU Berlin, Mosbach, Frankfurt (Battelle-Inst.) u. Obercochem (Fa. Carl Zeiss); s. 1969 staatl. Ing.-Schule Mannheim bzw. FHS f. Technik Mannheim. Zahlr. Ämter im Sportber. (bes. Judo), s. 1958 (u. a. Generalsekr. [1977-81] u. s. 1977 Vizepräs. Europ. u. Intern. Ju-Jutsu-Fed., stv. Vors. Verein Trainerakad. Köln (1979-82). S. 1980 Vorst.-Mitgl. Verein Führ.- u. Verw.-Akad. Berlin; 1984-88 Vizepräs. Europ. Judo-Union - BV: Judo-Bodenarbeit, Lehrb. 1960; Übers. v. Judob. aus d. Engl. u. Holländ., 1960-65. Vorträge u. Art. üb. d. Budo-Sport. Veröff. in Fachztschr. u. z. Kongr. aus d. Ber. Röntgen- u. Elektronenmikroskopie, Röntgen-Struktur-Analyse, Kristallographie - 1978 DJB-Ehrennadel in Gold; 1977 5. Dan-Ju-Jutsu-DDK; 1978 6. Dan-Judo-DDK; 1984 3. Dan-Taekwon-Do - Liebh.: Sport, Musik - S. 1970 Gold. Sportabz. (jährl.) - Spr.: Engl.

SCHULZE, Martin

Auslandskorrespondent (ARD) - Zu erreichen üb.: Programmdirektion Deutsches Fernsehen ARD, Arnulfstr. 42, 8000 München 2 - Geb. 7. Juli 1937 Essen - 1965-71 Redaktionsleiter Monitor; 1971-82 Auslandskorrespondent ARD f. Nato, EG, EP u. Benelux; s. 1983 Koordinator f. Politik, Gesellschaft u. Kultur d. ARD.

SCHULZE, Martin

Dr. phil., Prof. f. Anglistik u. Amerikanistik Univ. Kassel - Kohlenstr. 63, 3500 Kassel (T. 0561 - 2 52 48) - Geb. 11. Juni 1928 Kohlfurt-Dorf/Schles. (Vater: Alfred Sch., Beamter; Mutter: Hildegard, geb. Malz), ev., verh. s. 1954 m. Karin, geb. Brinkmann, S. Rainer - 1947-52 Stud. Angl., Slav. Univ. Halle-Wittenberg (Promot. 1955) - 1952-55 Verlagsverw. Ost-Berlin; 1955-60 Haft in d. DDR; 1961-67 Journ. Frankfurter Rundschau; 1970 Prof. (Angl.) Univ. Gießen; s. 1972 Prof. Univ. Kassel. 1984/85, 1988 div. Gastprof. an amerik. Univ. 1985 Honorary Citizen City of New Britain, Conn., USA - BV: Amerik. Kurzgesch. v. Irving b. Crane, 1956; Alexander S. Puschkin. Boris Godunow, 1962; Wege d. Amerik. Lit., 1967; div. lit. Übers. u. Ztschr.-Beitr. - Liebh.: Seefahrtgesch., Schiffbau - Spr.: Engl., Russ. - Mitgl. Lions Club Kassel-Kurh.

SCHULZE, Max-Stephan

Dipl.-Ing., Vorstandsmitglied i.R. - Inzenham Nr. 5, 8201 Prutting/Kr. Rosenheim - Geb. 25. Febr. 1919 Halle - Vorstandsmitgl. Salzdetfurth AG., Hannover (1968ff.), 1972ff. Vorst. Kali + Salz AG, Kassel. Jetzt AR Dt. Kalisyndikat, Berlin, u. Beirat Haftpflichtverb. d. dt. Ind., Hannover.

SCHULZE, Peter H.

Völkerpsychologe, Schriftsteller - Naheweg 2, 5300 Bonn 1 (T. 0228 - 23 26 54) - Geb. 14. Dez. 1919, verh. s. 1942 m. Dr. Sigrid Hunke, 3 Kd. (Prof. Dr. Hagen, Dr. med. Sigrun, Helga) - Univ. Leipzig, Berlin, Kairo (Völkerpsych., Ägyptol., Oriental.) - 1949-84 Chef v. Dienst u. Unterabt.-Leit. im Presse- u. Informationsamt d. Bundesreg. - BV: Herrin Beider Länder, 1976; Auf d. Schwingen d. Horusfalken, 1980; D. Sturz d. göttl. Falken, 1983; Frauen im Alten Ägypten, 1987 - 1961 Légion d'honneur; 1962 BVK - Liebh.: Arab. Länder, klass. Musik - Spr.: Engl., Franz., Ital., Span., Portug., Arab., Haussa, u.a. - Bek. Vorf.: Caspar David Friedrich (Ur-urgroßonkel).

SCHULZE, Sigrid

s. Hunke, Sigrid

SCHULZE, Theodor

Dr. phil., Prof., Hochschullehrer - Sparrenstr. 7, 4800 Bielefeld - Geb. 21. Juli 1926 Hannover (Vater: Prof. Gustav S.; Mutter: Mathilde, geb. Vogel), verh. m. Dorothee, geb. Merkel, 2 Kd. - Univ. Göttingen u. Heidelberg - 1955-61 Assist. Univ. Göttingen, 1961-71 Prof. Päd. Hochsch. Flensburg, dann Univ. Bielefeld. 1984-89 Vors. d. Kommiss. Schulpäd. u. Didaktik in d. Dt. Ges. f. Erziehungswiss. - BV: Methoden u. Medien d. Erziehung, 1978; Schule im Widerspruch, 1980.

SCHULZE, Ursula

Dr. phil., Prof. f. Dt. Sprache u. Lit. d. Mittelalters FU Berlin - Franzensbader Str. 2, 1000 Berlin 33 (T. 030 - 826 18 84) - Geb. 16. Juni 1936 Berlin (Vater: Alfred Born, Postbeamter; Mutter: Margaret, geb. Böttcher), ev., verh. s. 1959 m. Lothar Schulze - Promot. 1966; Habil. 1972 - BV: Lat.-dt. Parallelurkunden d. 13. Jh., 1975. Herausg.: Wörterb. z. Corpus d. altd. Originalurkunden (1985ff.). Mithrsg.: Lexikon d. Mittelalters.

SCHULZE, Volker

Publizist, Geschäftsf. Bundesverb. Dt. Zeitungsverleger, Bonn (s. 1980) - Geb. 20. Okt. 1939 Gevelsberg/W., kath., verh. s. 1968 - Univ. Frankfurt/M. u. Münster (Gesch., Philol.) - Ab 1968 journalist. Tätigk. Vorles. Univ. Göttingen (1981) u. Dortmund (s. 1982) - BV: Medienkundl. Handb., 4. A. 1987 (m. P. Brand); Zeitung u. Persönlichkeit, 1983 (m. K. Koszyk); Wege z. Journalismus, 5. A. 1988 - Liebh.: Musik (Bach, Brahms).

SCHULZE, Waldemar

Soz.-Päd. grad., stv. Bezirksbürgermeister u. Bezirksstadtrat Berlin-Kreuzberg - Bergmannstr. 109, 1000 Berlin 61 (T. 030-691 20 66) - Geb. 9. Juli 1930 Seifersdorf - Volkssch.; Handwerk; Sozialpäd. Inst. AWO (Heimerzieher; Staatsex. 1955); Inst. f. Jugendgruppenarb. (Jugendpfleger; Staatsex. 1961) - B. 1952 Elektromontageleit., dann Heimleit. u. Jugendpfl. Bezirksamt Kreuzberg. SPD s. 1951. 1967-76 MdA Berlin. 1976-80 MdB Bonn.

SCHULZE, Werner

Dr. med., Prof., Direktor Radiolog. Zentralinst. Krankenhaus Nordwest, Frankfurt/M.-Praunheim (s. 1963) - Tannenweg 14, 6375 Oberstedten-Eichwäldchen - S. 1954 (Habil.) Lehrtätigk. Univ. Münster (1960 apl. Prof. f. Röntgenol.) u. Frankfurt (gegenw. apl. Prof. f. Inn. Med. u. Röntgenol.).

SCHULZE, Wilhelm

Dr. med. vet., Dr. h. c., Prof., Direktor i. R. Klinik f. kl. Klauentiere u. forens. Med. u. Ambulator. Klinik Tierärztl. Hochsch. Hannover - Am Sandberge 10, 3000 Hannover 72 (T. Hannover 52 08 74) - Geb. 10. Dez. 1920 Möckern/Sa., ev., verh. s. 1946 m. Charlotte, geb. Meyer, T. Juliane - Stud. Leipzig u. Hannover. Habil. 1949 - S. 1949 Lehrtätigk. Univ. Leipzig (1950 ao., 1953 o. Prof.) u. TiHo Hannover (1957; 1966-68, 1978/81 Rektor) - BV: Leitf. d. Ziegenkrankh. f. Tierärzte u. Studierende, 2. A. 1960; D. Arzneiverordnung d. Tierarztes, 1958 (m. Bentz u. Schneider); Klinik d. Schweinekrankh. (m. a.). Etwa 300 Einzelarb. Mithrsg.: DTW (1964ff.) - 1964 korr. ausl. Mitgl. Kgl. Fläm. Akad. f. Med. zu Brüssel, 1974 Ehrenmitgl. d. Poln. Wiss. Ges. f. Veterinärmed. u. d. Royal Coll. of Veterinary Surgeons; Mitgl. Albrecht-Thaer-Ges.; Ehrendoktor FU Berlin, d. Veterinärmed. Univ. Wien u. d. Landwirtschaftl. Univ. Warschau - 1978 Großkreuz d. isländ. Falkenordens; 1985 BVK I. Kl. u. Thaer-Thynenmed. in Silber; Ostertag-Med. - Lit.: 1980 je ein Sonderheft "Deutsche tierärztl. Wochenschrift" u. 1980/84/85 "D. Prakt. Tierarzt".

SCHULZE, Winfried

Dr. phil., Prof. f. Neuere Geschichte Ruhr-Univ. Bochum - Virchowstr. 26, 4630 Bochum - Geb. 13. Okt. 1942 Berg.-Gladbach - 1965-70 Stud. Mittl. u. Neuere Gesch. u. d. Polit. Wiss. Univ. Köln u. Berlin; Promot. 1970 Berlin, Habil. 1975 ebd. - 1975-76 Prof. GH Kassel; 1976-78 Prof. FU Berlin; s. 1978 Ruhr-Univ. - BV: Landesdefension u. Staatsbild., 1973; Soziol. u. Geschichtswiss., 1974; Reich u. Türkengefahr im späten 16. Jh., 1978; Bäuerl. Widerstand u. feudale Herrschaft, 1980; Europ. Bauernrevolten d. früh. Neuzeit, 1982; Aufstände, Revolten, Proz., 1983; Einf. in d. Neuere Gesch., 1987; Dt. Gesch. d. 16. Jh., 1987; 14. Juli 1789. Biogr. e. Tages, 1989; Dt. Geschichtswiss. n. 1945, 1989.

SCHULZE-BOYSEN, Hartmut

Botschafter a. D. (Bonn), s. XXVII. Ausg.

SCHULZE-GABLER, Juergen Axel

Dipl.-Ing., Honorarkonsul d. Bundesrep. Deutschl. in Goiania/Brasilien - Al das Rosas 1209, S. Oeste, 74000 Goiania/Brasilien (T. 2 23-28 41) - Geb. 7. Mai 1942 Gleiwitz (Vater: Gerhard Sch., Dipl.-Ing.; Mutter: Eva, geb. Riedmueller), ev., verh. s. 1966 m. Marlene Carlos de Oliveira, 2 Kd. (Sacha, Sergio) - 1963-67 Stud. Univ. Goiania (Dipl.-Berging.) - S. 1967 eig. Baufirma - Liebh.: Gutsbesitzer m. Zucht v. eingetr. Rindvieh - Spr.: Portug., Engl. - Bek. Vorf.: Baron Muenchhausen (Onkel 3. Grades).

SCHULZE-REIMPELL, Werner

Dr. phil., Theater- u. Kunstkritiker - Bahnhofstr. 46, 5042 Erftstadt 1 - Geb. 24. April 1931 Kassel (Vater: Dr. med. Konrad S., Röntgenologe u. Internist), ev., verh. s. 1954, 3 Kd. - 1949-53 FU Berlin (German., Theaterwiss., Phil.). Promot. 1955 Berlin - 1956-59 Regieassist. u. Dramat. Schauspielhaus Bochum, 1959-60 Chefdramat. u. Regiss. Bühnen d. Hansestadt Lübeck, 1960-61 Dramat. Fr. Fernsehen GmbH., Frankfurt/M., 1961-62 fr. Journ., 1962-66 Chefdr. u. Regiss. Städt. Bühnen Gelsenkirchen u. Theater d. Stadt Bonn (1963), 1966-72 Kulturkorresp. d. Welt, 1972-77 Chefred. Ztschr. D. Deutsche Bühne. Insz.: u. a. Esther oder d. Massengrab (Dt. Erstauff.) - BV: Entwickl. u. Struktur d. Theaters in d. Bundesrep. Dtschl., 1975; Ernst Hardt, Biogr. 1977; V. kurköln. Hoftheater zu d. Bühnen d. Bundeshauptstadt, 1983; Mitgl. Akad. d. Darst. Künste, Frankfurt - Bek. Vorf.: Karl v. La Roche, Hofburgschausp. Wien.

SCHULZE-ROHR, Peter

Regisseur - Eckhöfe 15, 7570 Baden-Baden - Geb. 25. Mai 1926 Leipzig, verh. m. Christa, geb. Fest, 2 Kd. (Alexandra, Jakob) - Stud. Rechts-, Lit.- u. Theaterwiss. Jena, Bern u. Berlin. Jurist. Staatsex. - S. 1951 Regieassist. Berliner Ensemble, Schillertheater Berlin (1954), fr. Theaterregiss. u. Mitarb. Rundfunkanst. sowie journalist. Tätigk. (Afrika), Chefdramaturg u. stv. Leit. Abt. Fernsehsp. SWF (1960), Redakt. u. Regiss. Hauptabt. Fernsehsp. NDR (1964-69). Lehrauftr. Hochsch. f. Fernsehen u. Film, München; s. 1978 Hauptabt.leit. Spiel u. Musik b. SWF. Dok.filme in Afrika u. USA. Zahlr. Fernsehfilme, u. a. D. Liebhaber, Davor, D. zweite Ermordung d. Hundes, D. Scheck heiligt d. Mittel, D. Verfolgung u. Ermordung d. Jean Paul Marat, D. Ermittlung, Verdunkelung, Kein Feuer ohne Rauch. 10 Folgen d. Reihe Tatort, D. 21. Juli, Collin, Zausel, Platzanweiserin, Hautnah - 1970 Gold. Bildschirm (Kritikerpreis f. Blaues Wild); 1978 Jakob-Kaiser-Pr. (f. Mein Leben selber bestimm'); 1984 Wilhelmine-Lübke-Preis (f. Zausel); 1985 Fernsehpreis Akad. f. Darst. Künste (f. Platzanweiserin); 1986 Gold. Kamera; Gold. Gong; Adolf-Grimme-Preis (f. Hautnah); Silber f. Intern. Filmfestival Locarno.

SCHULZE-STAPEN, Christoph

Verwaltungsangestellter, ehem. MdL Nordrh.-Westf. (1958-80, s. 1968 stv. Vors. CDU-Fraktion) - Hessenheide 1a, 4830 Gütersloh/W. (T. 5 12 55) - Geb. 9. Okt. 1917 Ratibor/OS., verh., 1 Kd. - Gymn. (Reifeprüf.); landw. Lehre - Elterl. Hof, 1937-46 Arbeits-, Wehrdst. (1938), franz. Gefangensch., dann Landw. SBZ bzw. DDR, n. Flucht (1952) Lagerarb., s. 1955 Verw.angest. S. 1948 CDU-Ost bzw. -West (1952) - 1969 Gr. BVK.

SCHULZE van LOON, Reiner

Dr. phil., Journalist, selbst. PR-Berater, Inh. PR-Agentur IP Informationen/Public Relations (GPRA), d. Werbeagt. Dr. Reiner Schulze van Loon Wirtschaftswerb. u. SLMC Dr. Reiner Schulze van Loon Marketing Consultant - Sierichstr. 43, 2000 Hamburg 60 (T. 040 - 27 07 02-0) - Geb. 10. Sept. 1922 Altenburg (Vater: Dr. Ing. Armin Sch. v. L., Chemiker; Mutter: Ilse Sch. v. L.), ev., verh. s. 1946 m. Christa, geb. Gerth, S. Dietrich - 1946-50 Stud. Lit.wiss., Hispan., Journal., Phil., German. Univ. Hamburg u. Madrid; Promot. 1956 - 1949-54 Rundf.-Journ. u. -Reporter, Autor v. Tatsachenber. u. Rundf.-Features; 1978-82 PR-Beauftr. Lions Intern. Dtschl.; 1979-87 Präs. GPRA (Ges. Public Relat. Agent.); s. 1977 Lehrbeauftr. Univ.-GH Essen f. PR - Liebh.: Reiten, Golf, Erstdrucke v. Bücher d. 16. u. 17. Jh. in Dt. u. Span. - Spr.: Span. - Bek. Vorf.: Justus v. L., Holländ. Reeder, Dt. Vice-Konsul u. Gründ. d. Theaters Harlingen (Ur-Großv.); Christian Dümmatzen, Weinhändler u. Mitgl. d. Hamburg. Senats (Ur-Großv.); Hendrik v. L., Schriftst. (Großonkel) - Lit.: Art. in Ztg. u. Ztschr.

SCHULZE-VORBERG, Max

Dr. jur., Journalist, MdB (1965-76; Wahlkr. 236/Schweinfurt; CDU/CSU-Fraktion) - Petersbergstr. 10, 5300 Bonn - Geb. 23. Febr. 1919 Düsseldorf (Vater: Max Schulze, Dachdeckermeister; Mutter: Maria, geb. Hinker), ev., verh. s. 1946 m. Senta, geb. Wunder, 5 Kd. (Max, Richard, Maria, Helene, Martin) - Dachdeckerlehre; Sonderlehrg. f. Kriegsteiln. (Abit.); Univ. München u. Innsbruck (Rechtswiss.) - Kriegsdst. (vor Moskau verwundet); s. 1948 Journ. (Berichterstatt. üb. gr. intern. Konfz.; Bonner Korresp. Bayer. Rundfunk). 1973 ff. Vors. Enquête-Kommiss. f. ausw. Kulturpolitik. CSU. Studienreisen: Europa, Amerika, Afrika, Asien - 1968 Bayer. VO.

SCHULZE-WEISCHER

Dr., Prof., Direktor Inst. f. Nematologie/Biol. Bundesanstalt f. Land- u. Forstw. - Toppheideweg 88, 4400 Münster/W.

SCHULZE WIERLING, Bernd

Hauptgeschäftsführer Handwerkskammer Münster - Bismarckallee 1, 4400 Münster/W.; priv.: Ricarda-Huch-Str. 10, 4400 Münster-Roxel - Geb. 30. Sept. 1929 - AR-Vors. d. Volksbank Münster - BVK.

SCHUMACHER, Adolf

Dipl.-Ing., Gf. Mitglied d. Vorstandes Fachverb. Dampfkessel-, Behälter- u. Rohrleitungsbau (FDBR) - Sternstr. 36, 4000 Düsseldorf 30 - Geb. 12. Dez. 1935.

SCHUMACHER, Erich M.

Kaufmann (Martin Schumacher KG.), Vors. Getreide- u. Warenbörse zu Krefeld, Verein Produktenmarkt, Krefeld - Hülserstr. 5-7, 4152 Kempen/Ndrh.

SCHUMACHER, von, Felix

Dr. jur., Journalist - Zürichbergstr. 130, CH-8000 Zürich (Schweiz), (T. 251 90 19) - Geb. 15. Dez. 1909 Luzern (Vater: Felix v. S., Regierungsrat; Mutter: Emilie, geb. v. Linden), kath., verh. s. 1938 m. Evelyn, geb. Nager, 4 Kd. (Rudolf, Barbara, Hansjörg, Annemarie) - Univ. Fribourg, Berlin - S. 1935 Journ., b. 1936 London, dann Redakt. Weltwoche, Zürich, 1940-41 Auslandsredakt. Tat, 1941-50 Chefredakt. Sie u. Er, 1951-53 Redakt. Woche ebd., 1955-58 Chefredakt. Revue, München, anschl. Chefredakt. Bunte Illustr., Offenburg, 1960-61 Chefredakt. Tagesztg. Blick, Zürich, gegenw. Unternehmer (Immobilien u. Shopping Center) - Liebh.: Fischen - Spr.: Franz., Engl.

SCHUMACHER, Franz

Inhaber Metallhüttenges. Schumacher Gmbh., Rommerskirchen, u. a. - Bergheimer Str. 91, 4049 Rommerskirchen/Rhld. - Geb. 21. Aug. 1920 Köln.

SCHUMACHER, Hans

Dr. phil., Schriftsteller - Lehenstr. 74, CH-8037 Zürich (T. 01 271 60 45) - Geb. 2. März 1910 Zürich, reform. - BV: In Erwartung d. Herbstes, Ged. 1939; Brunnen d. Zeit, Ged. 1941; Schatten im Licht, Ged. 1946; D. Horizont, Ged. 1950; Kl. Gesch. v. schönen Ged., Ess. 1950; Zum Ruhme Zürichs, Ged. 1950; Glück, Idylle u. Melancholie, Ess. 1954; Zürich, Monogr. 1955; Meridiane, Ged. 1959; Rost u. Grünspan - Erinn. e. Soldaten, 1964; ABC d. Tiere, Kinderverse 1967 (m. Celastino Piatti); In d. Rechnung e. Fehler, Kurzgesch. 1968; Nachtkurs, Ged. 1971; Folgerungen, Kurzgesch. 1971; E. Drache träumt u. zählt b. zehn, Ged. z. Bilderb. v. Peter Pavey, 1978; Ich bin d. Kröte Gernegross, Ged. z. Bilderb. v. Peter Pavey, 1981; D. Stunde d. Gaukler, Roman e. Rückvorschau, 1981; Harder u. Harder, R. 1984. Herausg.: Saure Wochen - Frohe Feste / Textsamml. üb. d. Arbeit (1967), Zürich überhaupt - E. Stadt im Spiegel d. lit. Textsamml. (1970), E. Gang durch d. Grünen Heinrich - Kommentierte Zitatensammlg. (1974); D. armen Stiefgeschwister d. Menschen. D. Tier in d. dt. Lit. (1977); D. grünen Pfade d. Erinnerung, autobiogr. Schriften aus 7 Jahrhdt. (1978) - Preis Conrad-Ferdinand-Meyer- (1942) u. Schweiz. Schiller-Stiftg. (1959); Lit.Preis d. Stadt Zürich (1982); Mitgl. PEN-Club Zürich.

SCHUMACHER, Hans J.

Präsident europ. Arbeitsgem. d. Verkehrsunfallopfer, Hauptgeschäftsf. Verein d. Versich.geschädigten, Geschäftsf. Dt. Patienten-Schutzbund - Adenauerallee 11, 5300 Bonn 1 (T. 0228 - 22 18 25) - Geb. 1. Dez. 1942 Essen, verh. s. 1970 m. Edeltraud, geb. Hader - Ausb. z. Kaufm. - Mitautor: Handb. d. Medizinkommunikation (zus. m. H.D. Fischer), 1988; Droht uns d. totale Psychiatrie? (zus. m. R. Bloch). Herausg.: Dt. Patienten Ztg.

SCHUMACHER, Hans Walter

Dr. phil., Prof. f. Neuere dt. Literatur - Harlinger Str. 1, 1000 Berlin 33 (T. 824 51 08) - Geb. 23. Juni 1931 Elbing (Vater: Rudolf Sch., Reg.- u. Baur.; Mutter: Hildegard, geb. Aust), ev., verh. s. 1962 m. Gesine, geb. Glimm, 2 Kd. (Hans, Beate) - Realgymn. (Abit. 1951); 1951-57 Stud. German. u. Phil. Univ. Bonn u. Heidelberg; Promot. 1958 - 1959-63 Lektor in Bristol u. Grignon; 1963-65 Doz. Goethe-Inst.; 1965 Assist. German. Sem. FU Berlin; 1967 Akad. Rat, 1971 Prof. - BV: Wesen u. Form d. aphorist. Sprache u. d. Essays b. Ernst Jünger, (Diss.) 1958; Narziß an d. Quelle, D. romant. Kunstmärchen, 1977; Herausg.: Berliner Beitr. zur neueren dt. Literaturgesch.; Erfahrungen Bd. I-V, Jahrb. d. Lit. Arbeitskr. d. FU Berlin (1978-84); Spiegel im dunklen Wort. Analysen z. Prosa d. frühen 20. Jhs. (Bd. 1, 1983, Bd. 2, 1986, m. W. Freund); Neuere Stud. z. Aphoristik u. Essayistik (1986, m. G. Cantarutti) - Liebh.: Malerei - Spr.: Engl., Franz., Ital., Span.

SCHUMACHER, Hans-Harald

Dr. med., emer. o. Prof. f. Tropenmedizin - Bernhard-Nocht-Str. 74, 2000 Hamburg 4 (T. 31 10 21) - Geb. 29. Jan. 1920 Hamburg - S. 1952 (Habil.) Privatdoz., apl. (1959) u. o. Prof. (1968) Univ. Hamburg (ehem. Dir. Bernhard-Nocht-Inst. f. Schiffs- u. Tropenkrankh.). Zahlr. Fachveröff.

SCHUMACHER, Heinrich

Landwirt, Mitgl. Brem. Bürgerschaft (s. 1967, CDU) - Wasserhorst 1, 2820 Bremen 77 (T. 64 07 32) - Geb. 24. März 1922 Wasserhorst, ev., verh., 3 Kd. - Landw. Ausbild. - S. 1959 selbst. 1941-45 Wehrdst.

SCHUMACHER, Heinz

Journalist, Vors. Verein Mittelrhein. Sportpresse, Koblenz (s. 1958), Pressew. Sportbd. Rhld. ebd. (s. 1961) - Wernerstr. 19, 5413 Bendorf/Rh. - Geb. 12. Febr. 1926 Bendorf (Vater: Hugo S.; Mutter: Emilie, geb. Kunz), Adventist, verh. s. 1962 m. Sigrun, geb. Hannebohn - S. 1946 (Volontariat) Rhein-Ztg., Koblenz (1947 Ressortleit. Sport) - BV: Meister - Sportler - Weltrekordler, 1952; Heitere Gesch. aus d. Welt d. Sports, Ziele im Urwald; Wenn Pinguine an Land gehen - 1967-88 18 Journalistenpreise, dav. 12 erste Pr., in d. Kat. Sport, Reise-Touristik, Wirtsch., Med., Foto -

Liebh.: Amateurfilmen, Safaris, Sport - Gold. Sportabz.; BVK - Spr.: Engl.

SCHUMACHER, Joseph

Dr. theol., Priester, Prof. f. Fundamentaltheol. Univ. Freiburg (s. 1983) - Basler Landstr. 97, 7800 Freiburg/Br. - Geb. 4. März 1934 Nottuln/W. (Vater: Ferdinand S., Lehrer; Mutter: Anna, geb. Brüggemann), kath. - Schule Coesfeld (Abit.); Univ. Münster u. Innsbruck (Phil., Theol.) - Seelsorge u. Gymnasialdst.; s. 1971 Hochschultätigk. - BV: D. Denzinger - Geschichte u. Bedeutung e. Buches in d. Praxis d. neueren Theol., 1974; D. apostol. Abschluß d. Offenbarung Gottes, 1979. 30 Aufs. in versch. Ztschr. - Liebh.: Musik, Lit. - Spr.: Engl., Franz., Ital.

SCHUMACHER, Kurt

Geschäftsführer Bankenverb. Baden-Württ. - Theodor-Heuss-Str. 3, 7000 Stuttgart 1 (T. 29 45 03).

SCHUMACHER, Kurt

Kammersänger, Opernsänger (Marcel Cordes) - Angerberg 119, A-6300 Wörgl/Tirol (T. 0043 - 53 32-62 03) - Geb. 11. März 1920, ev., gesch., 2 Kd. (Barbara, Sängerin; Andreas, Komp.) - 1948-50 Conservat. Kaiserslautern (Gesang), 1950/51 Musikhochsch. Mannheim (Opernschule), 1954 Konservat. Rich. Schubert u. Konservat. Fritz Krauß München - 1956-62 Doz. Rich. Strauß Konservat. München - 1956 Titel Bayer. Kammersänger.

SCHUMACHER, Martin

Dipl.-Polit., Fraktionsgeschäftsführer, MdL Schlesw.-Holst. a.D. (b. 1983) - Hafenstr. 21, 2000 Wedel/Holst. - Geb. 16. Dez. 1945 Wedel, ev., verh. - Gymn. Hamburg u. Uetersen; 1966-68 Bundeswehrdst.; 1968-74 Univ. Würzburg (Med.) u. Hamburg (Polit. Wiss., Soziol., Öfftl. Recht; Dipl.) - 1974-75 Wiss. Assist. FDP-Bürgerschaftsfrakt. Hamburg; 1975 parlam. Geschäftsf. FDP-Frakt. im Landtag, MdL VIII. u. IX. Wahlp. FDP s. 1967 (1970 Ortsvors. Wedel, 1972 Mitgl. Landesvorst.).

SCHUMACHER, Peter

Dipl.-Kfm., Vorstandsvorsitzer Heidelberger Zement AG, Heidelberg - Philipp-Wolfrum-Weg 8, 6900 Heidelberg (T. 4 09 91) - 1981 Präs. Bundesverb. Steine u. Erden, Frankfurt/M. - BV: Rezession u. Unternehmensführung, 1980 - Spr.: Engl., Franz.

SCHUMACHER, Peter E.

Dipl.-Volksw., Leiter Abt. Dokumentation, Datenverarb., Dienste im Presse- u. Informationsamt d. Bundesreg. - Welckerstr. 11, 5300 Bonn 1 - Geb. 25. März 1945 Bremen - AR-Mitgl. Dt. Reportagefilm GmbH.

SCHUMACHER, Rudolf

Senatspräsident i.R. (1981) - Herrenstr. 45a, 7500 Karlsruhe - Geb. 15. Sept. 1915 - B. 1972 Bundesanw., dann Senatspräs. Bundesgerichtshof.

SCHUMACHER, Ulrich

Rechtsanwalt, Vorstandsmitglied Nordfleisch eG Raiff. Vieh- u. Fleischzentr. Schlesw.-Holstein - Neuer Pferdemarkt 1, 2000 Hamburg 36 (T. 040 - 43 16 80).

SCHUMACHER, Walter

Dr. phil., o. Prof. f. Botanik (emerit.) - Ligusterweg Nr. 10, 5300 Bonn-Ippendorf - Geb. 3. Juli 1901 Pforzheim - S. 1933 (Habil.) Lehrtätigk. Univ. Bonn (1936 Ord., 1947 Dir. Botan. Inst. u. Botan. Garten) - BV: Lehrb. d. Botanik f. Hochschulen, 30. A. 1971 (m. v. Denffer, Mägdefrau, Ehrendorfer). Div. Einzelarb., dar. Beitr. Ruhlands Handb. f. Pflanzenphysiol. (Bd. XIII 1967).

SCHUMACHER, Walter

Journalist, Redakt. Südwestfunk Baden-Baden - Bergseestr. 61, 7573 Sinzheim-Vormberg (T. 07221-276 32 59) - Geb. 4. Jan. 1950 Kaiserslautern, ev., verh. s. 1979 m. Ute, geb. Nabinger, 2 Kd. (Kai, Tanja) - Rundf.-Volont.; Jura-Stud. - Rundf.-Autor u. Moderator, dzt. SWF 3; Dramat. Hoftheater Scherzheim. 1974-79 Stadtrat Kaiserslautern - Autor Rundf.-Serie: Lernt pfälzisch m. d. Bundeskanzler (1982); Mitarb. Satire-LP: Ich bin Kohl, mein Herz ist rein (1984) - Liebh.: Bild. Kunst, Kabarett.

SCHUMACHER, Werner

Dr. med., Prof., Chefarzt Strahlenklinik Rudolf-Virchow-Krankenhaus Berlin (s. 1958) - Pfeddersheimer Weg 9, 1000 Berlin 38 (T. 803 59 78) - Geb. 25. Juni 1920 Jüterbog (Vater: Fritz S.; Mutter: Helene, geb. Gulbins), ev., verh., 2 Kd. (Angelika, Jörg) - Univ. Berlin (Med. Staatsex. u. Promot. 1944) - BV: Leberdiagnostik, Radioaktive Isotope in d. Chir. (beide m. a.), Neue Methoden d. Szintigraphie, D. Anwend. energiereicher Elektronen 35 MeV, Neue strahlenbiol. Erkenntnisse z. Verbesserung d. Strahlentherapie. Üb. 50 Fachaufs. - Spr.: Engl., Franz.

SCHUMACHER, Willi

Dr. med., Dr. rer. nat., o. Prof. f. Psychiatrie Univ. Gießen, Psychoanalytiker - Mozartstr. 8, 6300 Gießen - Geb. 30. März 1928 Windeck-Röcklingen, kath. - Med. Staatsex. u. Promot. 1952 u. 1955 - 1969 ao. Prof. f. Psychiatrie Univ. Düsseldorf; 1973 o. Prof. f. Med. Psych. Univ. Frankfurt; 1980 o. Prof. f. Psychiatrie Univ. Gießen.

SCHUMACHER-WANDERSLEB, Otto

Dr. med., Arzt, Vors. Ärztl. Gesellsch. f. Physiotherapie, Präs. Verb. dt. Badeärzte (s. 1985) - Kneipp-Sanatorium, Seb.-Kneipp-Promenade 28-30, 5358 Bad Münstereifel (T. 02253 - 60 11) - Geb. 19. Mai 1925 Mönchengladbach (Vater: Martin Sch., Oberstud.dir.; Mutter: Therese, geb. Schmitz), kath., verh. s. 1954 m. Renate, geb. Wandersleb, 4 Kd. (Claudia, Wolfram, Michael, Reinhard) - Abit. 1943 Bad Münstereifel; Approb. u. Promot. 1951 Univ. Bonn - S. 1970 Vizepräs. Verb. dt. Badeärzte; s. 1973 Vors. Ärztl. Ges. f. Physiotherapie; s. 1976 Lehrbeauftr. f. Allg.-Med. Univ. Bonn. Schriftleitg. Ztschr.: Kneipp-Physiotherapie - Liebh.: Philatelie - Spr.: Engl. - Bek. Vorf.: Staatssekretär Dr. Hermann Wandersleb, Bonn (Schwiegervater).

SCHUMANN, Carl jr.

Dr.-Ing., Inhaber u. Geschäftsführer Luisenhain Dekore GmbH & Co. KG, Arzberg - Bahnhofstr. 21h, 8594 Arzberg (T. 09233 - 16 10) - Geb. 30. April 1929 - Zul. Vorstandsmitgl. Carl Schumann Porzellanfabrik AG, Arzberg.

SCHUMANN, Ekkehard

Dr. jur., Prof. f. Prozeßrecht u. Bürgerl. Recht Univ. Regensburg (s. 1967) - Schillerstr. 3, 8417 Lappersdorf (T. Regensburg 8 24 34) - Geb. 28. Dez. 1931 Leipzig (Vater: Hermann S., b. 1934 Landgerichtsdir.; Mutter: Marianne, geb. Oelsner), ev., verh. s. 1960 m. Barbara, geb. Roether, 2 Kd. (Sabine, Sebastian) - Thomas-Sch. Leipzig; 1950-57 Univ. Berlin (Freie), München, Zürich, Ann Arbor/USA (Phil., Rechtswiss.). Jurist. Staatsex. 1957 u. 61. Promot. 1961; Habil. 1967 - 1958-67 Assist. u. Privatdoz. (1967) Univ. München. Mitgl. Bayer. Senat (s. 1974); 1980 Vors. Aussch. f. Kulturpolitik, 1988 Vizepräs.; s. 1985 stv. Vors. Medienrat d. Bayer. Landeszentrale f. neue Medien - BV: Verfassungs- u. Menschenrechtsbeschwerde gegen richterl. Entscheidungen, 1963; ZPO-Klausur, 1981; BVerfG, GG u. ZPO, 1983. Herausg.: Unser Recht, 1982. Mitverf.: Stein/Jonas, ZPO-Kommentar (19. A. s. 1967ff., 20. A. 1976ff.), Ev. Staatslexikon (1. A. 1966, 2. A. 1975, 3. A. 1987), Handb. d. Landesverf.gerichtsbark. (1983) - 1981 Bayer. VO; 1984 BVK am Bde.; 1985 Bayer. Verf.-Med. in Silber; 1988 BVK I. Kl.

SCHUMANN, Erich

Rechtsanwalt, Geschäftsführer Zeitungsgruppe WAZ E. Brost & J. Funke GmbH & Co. KG, Essen - Zu erreichen üb. WAZ, Friedrichstr. 34, 4300 Essen 1; u. Thomas-Mann-Str. 49e, 5300 Bonn 1 - Geb. 13. Dez. 1930 - BVK.

SCHUMANN, Franz W.

Dipl.-Betriebswirt, Nauheimer Unternehmensberatung - Postfach 1764, 6350 Bad Nauheim - Geb. 17. Juni 1922 - Vorst. Dechema, Frankfurt; stv. Vors. GVT, Forschungsgemeinschaft Verfahrenstechnik.

SCHUMANN, Gerhard

Schriftsteller, Verleger, Gründer (1962), Gesellsch. u. Programmleiter Hohenstaufen Verlag München/Bodman (s. 1987), Geschäftsf. K. H. Biebl - Freseniusstr. 59, 8000 München 60; Im Gries 17, 7762 Bodman-Ludwigshafen 2 (T. 07773 - 56 16) - Geb. 14. Febr. 1911 Esslingen (Vater: Albert S., OStudR; Mutter: Mathilde, geb. Ruttmann), ev., verh. I) 1934 m. Margarethe, geb. Hausser † (gesch.), 3 Kd. (Ingeborg, Dagmar, Ulrich), II) 1961 Erika, geb. Stiba - Ev. theol. Sem.; Stud. German. - Ab 1934 fr. Schriftst.; 1936-45 Vorst.-Vors. Württ. Landesbühne, Eßlingen; 1942-45 Chefdramat. u. stv. Generalint. Württ. Staatstheater, Stuttgart; 1950-62 Prokurist u. Geschäftsf. (1956) Europ. Buchklub ebd.; seither Leit. Hohenstaufen-Verlag, Bodman. 1943-45 Präs. Hölderlin-Ges. - W: E. Weg führt ins Ganze, 1932; Gudruns Tod, Tragödie 1943; D. Tiefe trägt, Ged. 1957; Stachel-Beeren-Auslese, Ged. 1960; Leises Lied, Ged. 1962; E. Weihnachtsmärchen, Ged. 1963; D. Segen bleibt, Ged. 1968; Besinnung - V. Kunst u. Leben/Memoiren u. Essays, 1974; Bewahrung u. Bewährung, Ged. 1976; Entscheidung, Schausp. 1980, Gerhard Schumann Spruchbuch, 1981; Herbstliche Ernte, Ged. 1986; Langspielplatte: Heitere u. besinnliche Verse (1964) - 1935 Lyrikpreis Ztschr. D. Dame, Schwäb. Dichterpreis, 1936 Nationaler Buchpreis; 1971 Lyrik-Ehrenring Dt. Kulturwerk, 1974 Dichtersteinschild; 1981 Ulrich v. Hutten-Med.; 1983 Schillerpr. d. Dt. Volkes; EK I; Mitgl. Akad. Rat Humboldt-Ges.; u. d. Dt. Akad. f. Bildung u. Kultur; 1977 Berufung in d. Dt. Autorenrat; 1982 Ehrenmitgl. Europ. Bildungsgemeinsch.; 1985 stv. Präs. d. Dt. Akad. f. Bildung u. Kultur - Liebh.: Musik, Bild. Kunst, Sport - Spr.: Engl., Franz. - Lit.: Wilpert, Lexikon d. Weltlit., Persönlichk. Europas - Deutschl.; Hans Heinz Dum: Lobrede auf d. Träger d. Schillerpr. d. Dt. Volkes 1983.

SCHUMANN, Hans

Dr. phil., Prof., Stadtdirektor i. R. - Humboldtstr. 8, 7000 Stuttgart (T. 64 26 63) - Geb. 8. Juni 1912 Berlin (Vater: Erwin S., Kaufm.; Mutter: Johanna, geb. Dreyer), ev., verh. 1947 m. Anni, geb. Maier †, 3 Kd. (Hans, Andreas, Katharina) - Stud. Gesch. u. Sprachen - 1936-40 Übersetzer Reichsdst., 1940-42 Wiss. Hilfsarb. Ausw. Amt, 1942-45 Kriegseins. (zul. Ltn. d. Res.), 1945-46 franz. Gefangensch., 1946-47 Gymnasiallehrer, 1947-77 Schul- u. Kulturreferent d. Stadt Stuttgart. Gf. Vorst.-Mitgl. Dt. Ges. f. Osteuropakd., VR-Vors. Inst. f. Auslandsbeziehungen, Ehrenpräs. Stuttg. Kammerorch., Vorst.-Mitgl. d. Vereins United Services Organisation u. Vors. VHS Stuttgart - BV: Hohenheim, Bilder u. Gestalten, 1981; Blick n. Osteuropa - Ereign. u. Gestalten, 1983. Hrsg. v. Friedrich d. Große: Mein lieber Margnis, 1985; Baden-Württemberg. Portraits, 1988; A. v. Kotzebue: D. merkwürdigste Jahr meines Lebens, 1988 - 1957 Ritter Kgl. Schwed. Vasa-Orden, 1958 Gr. Ehrenz. Rep. Österreich, 1959 Ritterkreuz I. Kl. Orden d. finn. Löwen, 1963 Orden d. Belg. Krone I. Kl., 1968 franz. Orden Palmes Acad., 1978 BVK I. Kl., 1978 USA Outstanding Civilian Service Award; 1982 Verdienstmed. Land Baden-Württ.; 1987 Ernennung z. Prof. durch d. Min.-Präs. v. Baden-Württ. - Spr.: Engl., Franz., Span., Russ. - Rotarier.

SCHUMANN, Hans-Gerd

Dr. phil., Prof. f. Politikwissenschaft - Technische Hochschule, Schloß, Zimmer 211, 6100 Darmstadt (T. 16 21 42) - Geb. 30. Mai 1927 Essen, kath. - Univ. Münster (1948-50; Gesch., German., Kunstgesch., Publiz.) u. Marburg (1950-53; Gesch., Politik, Rechtswiss.). Staatsex. 1953; Promot. 1960 - 1947-49 Verlagslektor; 1956-69 Assist. u. Akad. Rat Univ. Marburg; s. 1969 o. Prof. TH Darmstadt - BV: Nationalsozialismus u. Gewerkschaftsbeweg., 1958; Edmund Burkes Anschauungen v. Gleichgewicht in Staat u. Staatensystem, 1964; Konservativismus, 1974 (erw. Taschenbuchausg. 1984); D. Rolle d. Opposition, 1976. Herausg.: D. polit. Parteien in Dtschl. n. 1945 (Bibliogr., 1967), O. Ladendorfs Histor. Schlagwörterb. 1906 (1968), Sprache u. Politik (1968ff.); Deutschland 1945-49 (1988). Mithrsg.: Wirtschaft, Recht u. Politik - Festschr. f. Wolfgang Abendroth (1968), Neue politische Literatur (ab 1979), D. Zukunft d. Stadt (1981). Mitverf.: Ende d. autoritären Demokratie?, 1970; Rhetorik - Beitr. zu ihrer Gesch. in Dtschl. v. 16.-20. Jahrh., 1974; Nachrichten, 1975; Herkunft u. Mandat, 1976; Dt. Führungsgesch. in d. Neuzeit, 1980; Kommunale Selbstverw. - Idee u. Wirklichk. 1983; Konservatismus - E. Gefahr f. d. Freiheit? F. Iring Fetscher, 1983. Zahlr. Einzelarb. - Spr.: Engl.

SCHUMANN, Heinrich

Vorstandsmitglied Carl Schumann Porzellanfabrik AG., Arzberg - Bahnhofstr. 21a, 8594 Arzberg/Ofr.

SCHUMANN, Hilmar

Dr. phil., o. Prof. f. Mineralogie (emerit.) - Eitelbrodstr. 3a, 3300 Braunschweig-Querum (T. 37 11 62) - Geb. 8. Nov. 1902 Potsdam (Vater: Hofrat Prof. Dr. phil. Dr.-Ing. h. c. Richard S., Ord. f. Geodäsie u. Astronomie TH Wien † 1945, s. X. Ausg.; Mutter: Erna, geb. Jastram), ev., verh. s. 1956 m. Ursula, verw. Dunkelberg, geb. Eysen - Promot. 1928 Wien; Habil. 1940 Göttingen - 1954-71 Ord. TH Dresden u. TH bzw. TU Braunschweig. Spez. Arbeitsgeb.: Polarisationsmikroskopie - BV: Einf. in d. Gesteinswelt, 5. A. 1975; Grundl. d. geol. Wissens f. Techniker, 1962; Anleit. z. allg. u. pol. Mikroskopie, 1973. Zahlr. Fachaufs. - o. Mitgl. Braunschweig. Wiss. Ges.; Ehrenmitgl. Österr. Mineralog. Ges. (1978) - Bek. Vorf.: Robert Schumann (Komponist), Louis Eysen (Maler).

SCHUMANN, Horst

Bundesehrenvorsitzender Fachverb. Führungskräfte d. Druckind. u. Informationsverarb. (FDI), Bundesvors. FDI (1980-86), Landesvors. Hessen (1968-80) - Händelstr. 6, 6074 Rödermark/Hessen (T. 06074 - 7 09 39) - Geb. 26. Okt. 1921 Lychen/Mark (Vater: Werner Sch., Druckereibes. u. Zeitungsverl.; Mutter: Elisabeth, geb. Kaiser), ev., verh. s. 1946 m. Annemarie, geb. Koob - Abit.; Schriftsetzerm. - Betriebsleit., Prokurist mittl. Betr. d. Druckind. - BVK am Bde.

SCHUMANN, Jochen

Dr. rer. pol., Dr. sc. oec. h. c., Univ.-Prof. f. Volkswirtschaftslehre u. Direktor Inst. f. Wirtschafts- u. Sozialwiss. Univ. Münster (s. 1967) - Universitätsstr. 14, 4400 Münster/W. (T. 8 31) - Geb. 11. Febr. 1930 Kassel (Vater: Otto S., Oberstabsintendant; Mutter: Erna, geb. Brandt), ev., verh. s. 1959 m. Helga, geb. Kortheuer, 2 Kd. (Rolf, Iris) - Univ. Frankfurt/M. (Volksw.lehre; Dipl.-Volksw. 1955). Promot. 1959; Habil. 1967 - 1957-67 Assist. Univ. Frankfurt; 1960-61 Rockefeller Fellow Univ. Philadelphia, Stanford, Cambridge (Harvard) - BV: D. Sektorenanalyse als Instrument konjunkturtheoret. Unters., 1959; Input-Output-Analyse, 1968; Grundzüge d. mikroökonom. Theorie, 5. A. 1987 (span. Übers. 1980) - Spr.: Engl.

SCHUMANN, Karl

Dr., Prof., Musik- u. Theaterkritiker - Zillertalstr. 53, 8000 München 70 - Geb. 24. Okt. 1925 München - S. 1948 Südd. Zeitung; s. 1974 Hochsch. f. Musik München; s. 1980 Honorarprof. - 1979 Salzburger Kritikerpreis; 1980 Gr. Verdienstzeichen d. Landes Salzburg; 1986 Bayer. VO; o. Mitgl. u. Dir. Abt. Musik Bayer. Akad. d. Schönen Künste.

SCHUMANN, Kurt

Dr. med. habil., Prof., Chefarzt Frauenheilkunde u. Geburtshilfe Ev. Krankenhaus Herne - Zu erreichen üb. Wiescher Str. 24, 4690 Herne 1 - Geb. 12. März 1943 Köln - Habil. 1980 Hannover. 1988 Prof.

SCHUMANN, Michael

Dr., Dipl.-Soz., Prof. Univ. Bremen (s. 1975) - Torgauer Str. 4, 2800 Bremen (T. 37 02 04) - Geb. 24. Febr. 1937 Lüben/Liegnitz (Vater: Hans S., OStudDir.; Mutter: Margarete, geb. Wünsche), verh. s. 1977 m. Claudia, geb. Doermer, T. Mylena - 1964-69 Assist. Soziol. Sem. Univ. Göttingen, s. 1969 gf. Dir. u. Präs. (1975) Soziol. Forschungs-Inst. (SOFI) - BV: Industriearbeit u. Arbeiterbewußtsein, 1970 (m. H. Kern); Zw. Drehbank u. Computer, 1970 (m. a.); Produktion u. Qualifikation, 1974 (m. M. Baetge) - Spr.: Engl., Franz.

SCHUMANN, Olaf

Dr. theol., Prof. f. Ev. Theologie u. Religionswiss. Univ. Hamburg - Parkweg 2, 2251 Witzwort (T. 04864 - 9 62) - Geb. 5. Nov. 1938 Dresden, ev. - 1959-66 Stud. Univ. Kiel, Tübingen, Basel u. Kairo (Ev. Theol. u. Islamist.); Promot. 1972 Tübingen - 1966-68 Deutschlektor Assiut (Ägypten); 1970-81 Wiss. Mitarb. Rat d. Kirchen in Indones.; 1981ff. Prof. f. Relig.- u. Missionswiss. Univ. Hamburg. 1982 Vorst.-Vors. Missionsakad. Hamburg - BV: D. Christus d. Muslime, 1975; D. Islam in Indonesien, 1978; Zwei Bücher z. interrelig. Dialog in Jakarta, 1980 u. 82 (Herausg.); Beitr. in Sammelw., Ztschr., Lexica u.a. - Spr.: Engl., Franz., Indon., Arab., Holländ.

SCHUMANN, Peter B.

Publizist, VR-Mitgl. Filmförderungsanst., Berlin (1976ff.), Vorst.-Mitgl. Intern. Forum d. Jungen Films Berlin (1980ff.) - Weimarer Str. 19, 1000 Berlin 12 - Geb. 17. Mai 1941 Erfurt/Thür. (Vater: Wolfgang Sch., Verkaufsdir.; Mutter: Gertrud, geb. Heinemann), ev., verh. s. 1966, 2 Kd. - Univ. Freiburg u. FU Berlin (German., Politol., Theaterwiss., Publiz.) - Autor u. Regiss. Fernsehdokument. u. -report.: u.a. Neuer brasilian. Film (Serie, 1968), Kino in Opposition (1970), Kino im Untergrund (1970), Erobert d. Film (1973), Dt. Film im Exil (1974), D. rote Leinwand (Serie, 1976), Kino in Cuba (1976), Kino in Argentinien (1985), Mario Benedetti (1986), Theater in Uruguay (1987), Gabriel Garciá Márquez (1987), Miguel Barnet (1987), Miguel Littin im Untergrund (1987), Lázaro (1987), Kunst in Venezuela: Jacobo Borges (1987). Zahlr. Rundfunkfeature üb. Lit., Theater, Kulturpolitik Lateinamerikas - BV: Film u. Revolution in Lateinamerika, 1971; Kino u. Kampf in Lateinamerika, 1976; Kino in Cuba, 1980; Handb. d. lateinamerik. Films, 1982; Historia del Cine Latinoamericano, 1987; Jacobo Borges, 1987; Handb. d. brasilianischen Films, 1988 - Spr.: Span., Engl., Franz., Portug.

SCHUMANN, Thomas B.

Journalist, Schriftsteller, Literaturwissensch. - Kiefernweg 11, 5030 Hürth-Efferen (T. 02233 - 6 72 82) - Geb. 6. Febr. 1950 Köln (Vater: Rolff Sch., Dipl.-Ing., Ltd. Landesvermess.dir. i.R.; Mutter: Hildegard, geb. Faßbender), kath. - Human. Gymn. Köln, (Abit.); Stud. German. u. Gesch. Univ. Köln, Bonn, München, Wuppertal - 1968/69 Buchhdl.Tätigk., s. 1970 Mitarb. Presse u.a. FAZ, D. Zeit, D. Welt, Publik, Allg. Jüd. Wochenztg., D. Presse, D. Weltwoche, D. Tat, Dt. Allg. Sonntagsbl., Regionalbl.; s. 1978 Vortragstätigk. b. Theat., Akad., Volkshochsch. S. 1983 Organisierung liter. Ausstellung. S. 1988 Mitarb. am 15bändigen Lit.lexikon v. Walther Killy - BV: Hans Bütow. Bio-Bibliogr., 1974; Plädoyers gegen d. Vergessen, Essays üb. vergess. u. unbek. Autoren, 1979; D. Straßen komme ich entlang geweht, Ged. v. Ernst Blass, Ed. u. Nachw., 1980; D. Verbrechen d. Elise Geitler u. a. Erz. v. Hermann Kesser, Nachw. 1981; Mod. Kunst im Bildgespräch, Ged. v. Margot Scharpenberg, Nachw., 1982; Asphaltlit., Aufs. üb. im Dritten Reich unerwünschte Autoren, 1983; Entd. Ausgew. Nachworte, Aufs. u. Rezensionen z. Lit. d. 19. u. 20 Jh., 1984; D. Treue, Erz. v. Ludwig Tügel, Ed. u. Nachw. 1986; u.a. Veröff. - Liebh.: Kunst, Antiquitäten, Biblioph., Erstausg., Reisen, Kulinarik, Musik, Theater - Spr.: Engl. - 1980 Kulturförderpreis Stadt Hürth - Bek. Vorf.: Komponist Robert Schumann (entf.) - Lit.: Erika Kip: Hinter d. Dinge schauen, Thomas B. Schumann (in N. Rheinl., Jg. 24, Nr. 3, 1981).

SCHUMANN, Werner

Kaufmann (Gebr. Schumann oHG., Heilbronn), Vors. Bundesverb. d. Dt. Erfrischungsgetränke-Industrie, Bonn, u. a. - Danziger Str. 27, 7100 Heilbronn-Neckargartach (T. Büro: 7 20 91) - Geb. 14. März 1926 Neckargartach.

SCHUMERTL, Franz

Landrat (s. 1970) - Landratsamt, 8393 Freyung/Ndb. - Geb. 11. Juni 1925 Pfefferschlag/Krs. Prachatitz (Böhmerwald), verh., 4 Kd. - B. 1972 Wolfstein, dann Freyung-Grafenau.

SCHUMM, Helmut

Direktor, Kaufm. Vorstandsmitglied Neckar-AG., Stuttgart (s. 1973) - Birkenwaldstr. 64, 7000 Stuttgart 1 (T. 0711 - 22 40 02) - Geb. 28. Jan. 1915 Stuttgart (Vater: Rudolf S., Oberpostinsp.; Mutter: Bertha, geb. Dürr), ev., verh. s. 1938 m. Wilma, geb. Mayer, 3 Kd. (Gisela, Dieter, Ursula) - Abit. - 1938 Steuerinsp.; 1949 Handl.sbevollm.; 1951 Prokurist.

SCHUMMER, August

Dr. med. vet. (habil.), o. Prof. f. Veterinär-Anatomie (emerit.) - Karl-Keller-Str. 40, 6300 Gießen (T. 3 37 70) - Geb. 13. Dez. 1902 Hermannstadt/Siebenb. - 1949 Privatdoz. Tierärztl. Hochsch. Hannover; 1954 o. Prof. u. Inst.sdir. Univ. Gießen (1960/61 Rektor) - BV: Lehrb. d. Anat. d. Haustiere, 1954 (m. a.).

SCHUNACK, Walter

Dr. rer. nat., Dr. med., Prof. - Spanische Allee 95, 1000 Berlin 38 - Geb. 21. März 1935 Kölleda (Vater: Richard S., Lehrer; Mutter: Käte, geb. Hilpert), verh. s. 1965 m. Ingrid, geb. Sütterlin, 2 Kd. (Bettina, Michael) - Stud. d. Pharmaz. u. Med. Univ. Mainz - 1975-79 Dekan Fachber. Pharmaz. Univ. Mainz; 1984 o. Prof. f. Pharmaz. Chemie FU Berlin; 1984-86 Sprecher Fachber. Pharmazie. 1987 Vizepräs. FU Berlin f. Naturwiss. u. Forsch. Fachveröff. - Spr.: Engl.

SCHUPHAN, Werner

Dr. agr., Prof. f. Angew. Botanik Univ. Mainz - Heidestr. 9, 6222 Geisenheim/Rhg. (T. 82 31) - Geb. 18. Nov. 1908 Berlin (Vater: Wilhelm S., Architekt; Mutter: Selma, geb. Vorholz), ev., verh. s. 1939 m. Elga, geb. Froböse, 2 Söhne (Dietmar, Ingolf) - Realgymn. u. Univ. Berlin. Promot. u. Habil. Berlin. Studienaufenthalt Frankr., Engl., Niederl., Spanien, Ital. - Assist. Univ. Berlin; Leit. Inst. f. Gemüsebau (Großbeeren) Versuchs- u. Forschungsanst. Berlin (Dahlem). S. 1939 Lehrtätigk. Univ. Berlin, Hamburg (1945; 1947 apl. Prof.; Angew. Botanik), Mainz (1952 apl. Prof.; Angew. Botanik). Präs. Intern. Vereinig. z. Erforsch. d. Qualität v. Nahrungspflanzen u. Dt. Ges. f. Qualitätsforsch. (Pflanzl. Nahrungsmittel). Jahrel. Ltd. Dir. Bundesanst. f. Qualitätsforschg. pflanzl. Erzeugnisse - BV: Gemüsebau auf ernährungswiss. Grundlage, 1948; Chem. u. biol. Qualitätsbestimmung gärtner. u. landw. Erzeugnisse, 1953; Z. Qualität unserer Nahrungspflanzen, Erzeugerinteressen - Verbraucherwünsche, 1961; Nutritional Values in Crops and Plants, 1965 (London); Jakosc produktow pochodzenia roslinnego, 1966 (Warschau); Calidad y Valor Nutritivo de los Alimentos Vegetales, 1968 (Saragossa); Mensch u. Nahrungspflanze, 1976 (Den Haag). Herausg.: Qualitas plantarum, Plant Food f. Human Nutrition - 1937 Hanns-Wießmann-Preis f. Agrikulturchemie, 1963 Bernadotte-Med. Kgl. Schwed. Akad. d. Landu. Forstw.swiss., 1962 Offc. de l'orde pour le mérite de la recherche et de l'invention, 1969 Jan-R.-Purkyne-Med. Prag, 1975 Ehren-Med. Univ. Helsinki.

SCHUPP, Franz

Dr. theol., Dr. phil., Prof. f. Geschichte d. Philosophie Univ. Paderborn - Tempelhofer Str. 59, 4790 Paderborn - Geb. 3. Nov. 1936 Wien (Vater: Ferdinand Sch., Gymnasiallehrer; Mutter: Hildegard, geb. Raaber), verh. s. 1976 m. Milena, geb. Fracassi - Promot. 1965 Wien u. 1974 Innsbruck, Habil. 1969 Innsbruck - 1954-56 Bankangest.; 1968/69 Lehrbeauftr. Univ. Innsbruck; 1970 Gastprof. Boston; s. 1971 Prof. Innsbruck; 1976-79 Mitarb. Leibniz-Archiv Hannover; s. 1979 Prof. f. Phil. Univ. Paderborn; 1988 Gastprof. Lock Haven/USA - BV: D. Evidenz d. Gesch., 1970; Auf d. Weg z. e. krit. Theol., 1974; Glaube-Kultur-Symbol, 1974; Poppers Methodol. d. Gesch.wiss., 1975; Mythos u. Relig., 1976; Leibniz: Generales Inquisitiones, PhB 338, 1982; Leibniz: Sämtl. Schr. u. Briefe Bd. I, 11 (m.a.) 1982; Logical problems of the medieval theory of consequences, 1988 - Spr.: Latein, Griech., Engl., Franz., Ital., Span.

SCHUPP, Volker Günther

Dr. phil., o. Prof. f. German. Philol. u. Rektor Univ. Freiburg (1983-87) - Haydnweg 4, 7830 Emmendingen - Geb. 12. Febr. 1934 Karlsruhe (Vater: Josef S., Oberlehrer a.D. †; Mutter: Maria, geb. Herr †), kath., verh. s. 1967 m. Renate, geb. Richter, 3 Kd. (Stefan, Christian, Bettina) - Stud. Univ. Freiburg/Br., München, Paris; Promot. (1962) u. Habil. (1971) Freiburg/Br. - 1971-78 Univ. Bochum (o. Prof. f. Dt. Lit. d. Mittelalters); 1978 Ord. f. German. Philol. Univ Freiburg/Br.; 1983-87 Rektor. 1986-88 Vors. d. Landesrektorenkonfz. Baden-Württ. - BV: Septenar u. Bauform, 1965; Dt. Rätselbuch, 1972; Studien zu Williram v. Ebersberg, 1976; Wollzeilerges. u. Kette, Impulse d. frühen Volkskunde u. Germanistik, 1983. Herausg.: Albert Kreuzhage. Tageb. d. Reise n. Baden u. d. Schwarzwalde 1836 (1982). Mithrsg.: Ztschr. Poetica (1976ff.) - 1988 Chevalier dans l'Ordre des Palmes Académiques.

SCHUPPE, Wolf-Dieter

Dr.-Ing., Prof. RWTH Aachen, Direktor AEG KABEL AG, Mönchengladbach - Oppspring 18, 4330 Mülheim/R. (T. 0208 - 37 48 26) - Geb. 11. Okt. 1937.

SCHUPPLI, Wolfgang

Dr. jur., Rechtsanwalt, Alleinaktionär DEURAG Rückversich. AG, Berlin-Charlottenburg, DEURAG Rechtsschutzversich. AG schweiz. Rechts, Glarus/Schweiz; Aktionär Württemberg. Metallwarenfabrik WMF, Geislingen, DEURAG Dt. Rechtsschutzversich. AG, Wiesbaden, Futura Lebensversich., Wiesbaden, Continentale Sachversich. AG, Dortmund, Münchner Kapitalanlage AG, München - Schuppstr. 37, 6200 Wiesbaden-Sonnenberg; priv.: Abraham-Lincoln-Str. 3, 6200 Wiesbaden - Geb. 19. Juni 1922 (Vater: Wilhelm S., Rechtsanw.; Mutter: Irmtraut, geb. Fuchs), ev., verh. - Univ. Breslau, München, Leipzig (Rechtswiss.) - In- u. Ausl. AR- u. VR-Mand.

SCHURER, Bruno

Dr. rer. pol., Dipl.-Hdl., Prof. f. Wirtschafts- u. Berufspäd. Johannes-Kepler-Univ. Linz/Österr. (s. 1989) - Auf dem Schiefer 4, 5190 Stolberg 6 - Geb. 16. Juni 1947 Riedlingen, kath., verh. s. 1969 m. Rotraud, geb. Kräutle, 2 Söhne (Florian, Daniel) - Dipl. 1973; Promot. 1977; Habil. 1983 Köln - 1985-88 Prof. Univ. Köln; s. 1989 Univ. Linz/Österr. - BV: D. Anfangsphase d. Erwerbstätigkeit n. dualer u. vollschulischer Berufsausbildung, 1977; Gegenstand u. Struktur d. Lernhandlung, 1984; Grundlagen e. subjektorientierten Didaktik berufl. Lernens in Unterr. u. Unterweisung, 1986. Mithrsg.: Wirtschafts- u. Berufspäd. Schriften.

SCHURIAN, Walter

Dr. phil., Prof. f. Psychologie Univ. Münster - Philippistr. 13, 4400 Münster - Geb. 8. Jan. 1938 Sachsenhausen - Stud. Univ. Frankfurt/M., Kiel u. Wien, Promot. 1966 Univ. Wien - 1966-72 Lehr- u. Forsch.tätigk. USA; 1972-73 TU Berlin; s. 1973 Univ. Münster - BV: Jugendfeindlichkeit, 1976; Autorität u. Jugend (m. ter Horst), 1976; Psychologie ästhet. Wahrnehmungen, 1986; Alfred Hrdlicka. V. Robespierre zu Hitler, 1988; Psychologie d. Jugendalters, 1989. Monogr. üb. d. Künstler Fuchs, Brauer, Hausner, Goldschmid, Hundertwasser, Hrdlicka.

SCHURIG, Frank Volker

Dr. rer. nat., Prof. f. Organische u. Metallorganische Chemie - Haußerstr. 77, 7400 Tübingen (T. 6 26 05) - Geb. 16. Febr. 1940 Dresden (Vater: Günther Sch., Textilfabrikant; Mutter: Elisabeth, geb. Gebler), verh. s. 1974 m. Adina, geb. Levi, T. Rona Veronique u. S. Jonathan David - 1950-58 Mitgl. u. Präfekt d. Dresdener Kreuzchores, Stud. Chemie Univ. Tübingen, Dipl. 1966, Promot. 1968, Habil. 1975, Postdoktorand Weizmann Inst., Rehovoth (Israel) 1969-71, Univ. of Houston/Texas 1972 - S. 1976 Univ.doz. f. Chemie, s. 1979 Prof. f. Chemie Univ. Tübingen - Entd.: Komplexierungsgaschromatographie z. Enantiomeren Trennung. Üb. 75 wiss. Publ. - Liebh.: Musikal. Kompositionslehre - Spr.: Engl.

SCHURIG, Gerhard

Oberst a. D., Geschäftsführer SCHURIG & SCHURIG Werbeagentur GmbH (s. 1989) - Am Alten Forsthaus 11, 5300 Bonn 1 (T. 0228 - 25 48 73) - Geb. 25. Jan. 1937 Berlin, verh. s. 1963 m. Heidi, geb. Haas, Sohn Marcus G. - Offz., Flugzeugführer; Stud. Erziehungswiss. - 1972-78 Pressesprecher Luftwaffe Bonn; 1980-84 Public Information Advisor Nato Brüssel; 1984-88 Leit. d. Medienzentrale d. Bundeswehr; s. 1988 Medienberater d. Präsid. d. Reservistenverb. - BV: ...wahr muß es sein - Militär u. Journalismus in zwei Jh., 1989 - Spr.: Engl.

SCHURIG, Gertrud

Schriftstellerin, Buchillustratorin - Körnerstr. 10, 2400 Lübeck (T. 0451 - 5 19 17) - Geb. 8. Juni 1922 Lübeck, ev., ledig - Stud. Kunst, German., Biol., Leibeserzieh.; Realschullehrerex. - B. 1964 Realschullehrer St. Jürgen-Mittelschule Lübeck. S. 1984 Leit. Lübecker Seniorenspielkreis D. Regenbogenbühne - BV: u.a. Freveltroll, Naturschutzfibel 1961; Freunde am Wege, Lyr. 1961; Zwiesprache, Lyr. 1972; Straße d. Lebens, Lyr. 1972; Samen im Wind, Lyr. 1975; D. Pilzkönig, Märchenb. 1975; Licht u. Schatten, 1980; Unsere Nothelfer, 1982; Sonne in dir, 1982; Erfüllter Tag, 1983; Empfindung u. Gedanke, 1984; Lübeck - e. Ged., 1984; Wandernde Gedanken, 1985; Frucht d. Jahres, Lyr. 1986; Schleswig-Holst. Sagen, Balladenb. 1986; Kinder d. Stille, Lyr. 1988; D. Totentanz unserer Zeit, Balladen m. Scherenschnitten 1989. Spielhefte: D. Auferstehung; Gleichwie e. Gras; D. Reise n. Afrika; Attalus u. Meno; D. Pfingstspiel. Kinderspiele: D. Narr als Weiser, D. Wundersalbe, D. Kaiser u. d. Abt. D. Fliegenfalle, Tippel u. Tappel. Zahlr. bish. unveröff. Arb., u.a. Liedkompos., Erlebniserz., Lyrik, Plattdt. Ged., Märchen, Dt. Volkssagen u. Kinderb. - 1980 Lyrikpr. Dt. Kulturwerk europ. Geistes - Liebh.: Naturkundl. Wanderungen.

SCHURIG, Klaus

Dr., Prof. f. Bürgerl. Recht, Intern. Privatrecht u. Rechtsvergl. Univ. Passau - Brixener Str. 15a, 8390 Passau (T. 0851 - 5 48 45) - Geb. 1. Mai 1942 Berlin (Vater: Waldemar Sch.; Mutter: Christel, geb. Moritz), ev., verh. s. 1965 m. Ursula, geb. Unger, 2 Kd. (Jacqueline, Marcel) - Abit. 1961 Essen; 1961-65 Jurastud. Köln (1. jurist. Staatsex. 1965, 2. jurist. Staatsex. 1969 Düsseldorf, Promot. 1974, Habil. 1980) - B. 1980 Wiss. Assist. Inst. f. intern. u. ausl. Privatrecht Univ. Köln; 1980 Vertr.prof. Univ. Hamburg; ab 1981 Lehrst.-Inh. Univ. Passau - BV: D. Vorkaufsrecht im Privatrecht. Gesch., Dogmatik, ausgew. Fragen, 1975; Kollisionsnorm u. Sachrecht. Z. Struktur, Standort u. Methode d. intern. Privatrechts, 1981; Veröff. in Ztschr. u. Festschr. (Intern. Privatrecht, intern. Wirtschaftsrecht; Festschr. Kegel II 1987, Festschr. Ferid II 1988).

SCHURIG, Klaus Erich

Kaufmann, Mitgl. d. Geschäftsfg. Karl Geuther GmbH + Co, Geschäftsf. Bremer Schiffahrtsges. mbH & Co. KG, Transtainer Systems Transit Container GmbH & Co. KG, Atlantik Reisen, Dir. Euroatlantic Shipping Services Ltd. Harwich, England, Helia Import + Export H. Klatte GmbH + Co, Seepassagen + Touristik-Agentur GmbH + Co, Frankfurt, Beirat Autocontex GmbH, Bremen - Gerhard-Hellmers-Weg 9, 2800 Bremen 33 (T. 0421 - 25 09 55) - Geb. 1. April 1938 Plauen (Vater: Erich Sch., Kaufm.; Mutter: Irma, geb. Karsten), ev., verh. s. 1964 m. Irmgard, geb. Schmidt, 2 Kd. (Susan, Steffen) - Lehre Schiffsmakler - Liebh.: Politik, Sport - Spr.: Engl., Franz.

SCHURIG, Volker

Dr., Prof. f. Hochschuldidaktik Schwerp. Wissenschaftstheorie, IZHD, Univ. Hamburg - Sedanstr. 19, 2000 Hamburg 50 (T. 390 43 37) - Geb. 4. Jan. 1942 Leipzig (Vater: Herbert Sch., Finanzwiss.; Mutter: Irma Sch.) - 1961-66 Stud. Biol. Univ. Jena; Promot. 1969 Humboldt-Univ. Berlin; 1976 Habil. FU Berlin - 1971-77 Assist.-Prof.; s. 1977 Hochschullehrer - BV: Naturgesch. d. Psych. Bd. I u. II, 1975/76; D. Entsteh. d. Bewußtseins, 1976 - Spr.: Russ., Engl.

SCHURR, Adolf

Dr. phil., Prof. f. Phil. u. Phil.-theol. Propädeutik Univ. Regensburg - Reiterweg 8b, 8401 Pentling - Geb. 4. Febr. 1930 Aalen/Württ., kath., verh. m. Anna-Maria, geb. Lorusso, 3 Kd. (Claudia-Elisabeth, Paulus, Francesco) - Stud. Phil., Theol., Psych. Univ. Tübingen u. München; Promot 1965; Habil. 1971 - BV: D. Begründ. d. Phil. durch Anselm v. C., 1966; Phil. als System bei Fichte Schelling und Hegel, 1974; E. Einf. in d. Phil., 1977. Mitarb. an d. Fichte- u. Schelling-Gesamtausg. d. Bayer. Akad. d. Wiss. Aufs. u. Beitr. in Franz., Ital., Span.

SCHURR, Johannes

Dr. phil., Prof. f. Allg. Pädagogik Univ. Passau - Klosterwinkel 12, 8390 Passau; Herwarthstr. 21, 5000 Köln 1 (T. 0221 - 52 44 91) - Geb. 11. Sept. 1934 Aalen (Vater: Gregor Sch., Beamter; Mutter: Katharina, geb. Fürst), kath., verh. s. 1966 m. Helga, geb. Lietze, 2 Kd. (Monika, Bernhard) - Promot. 1964, Habil. 1971 - 1956 Lehrer; nach Stud. d. Päd., Phil. u. Musikwiss. 1964 Wiss. Assist.; 1971 Privatdoz.; 1975 Wiss. Rat u. Prof. Univ. Köln; 1980 o. Univ.-Prof. - BV: Gewißheit u. Erzieh., 1965; Schleiermachers Theorie d. Erzieh., 1975; Comenius, 1981; Transzendentale Theorie d. Bild., Bd. 1 1982, Bd. 2 1987; Pestalozzis Abendstunde, 1984.

SCHUSTER, Alfred

I. Bürgermeister Stadt Stein - Rathaus, 8504 Stein/Mfr. - Geb. 15. Juni 1924 Stein - Zul. Angest.

SCHUSTER, Annemarie

Parlam. Staatssekretärin f. Familie u. soz. Verbände Schlesw.-Holst. i. R. (1979-88), MdL (1962-87) - Im Trentsaal 8, 2400 Lübeck 1 (T. 0451 - 50 15 13) - Geb. 14. Dez. 1917 Lübeck, ev., verh., 4 Kd. - S. 1956 CDU, Parlam. Vertreterin d. Sozialmin. - Gr. BVK.

SCHUSTER, David

Kaufmann i. R., Vors. Israelit. Kulturgemeinde Würzburg, Vizepräs. Landesverb. d. Israelit. Kulturgemeinden in Bayern, Gründ.- u. Vorst.-Mitgl. Ges. f. christl.-jüd. Zus.arb. Unterfranken - Friedrich-Ebert-Ring 21a, 8700 Würzburg - 1976-82 Mitgl. Bayer. Senats - 1972 BVK I. Kl.; 1979 Bayer. VO.

SCHUSTER, Erich

Vorstandsmitglied Schott Glaswerke Mainz - Hattenbergstr. 10, 6500 Mainz 1 - Geb. 18. Febr. 1931 Kottiken, kath., verh., 3 Kd. - Dipl.-Physiker - 1969-74 President Schott Glass Technologies (USA); 1974-83 Vorst. Dt. Spezialglas AG, Grünenplan; 1983/84 Leit. Sparte Optik Schott Glaswerke, Mainz; s. 1984 Vorst.-Mitgl. Schott Glaswerke, Mainz (zuständig f. Prod. u. Techn.) - Spr.: Engl.

SCHUSTER, Hans

Ingenieur, stv. ARsvors. Feinpappenwerke Gebr. Schuster GmbH., Dachau, Ehrenvors. Fachaussch. Wickel- u. Feinpappe, Bonn - Kinadenweg 19, 8061 Günding/Obb. (T. 42 51) - Geb. 29. Aug. 1903 - Zul. Geschäftsf. Schuster.

SCHUSTER, Hans

I. Bürgermeister Stadt Hemau - Rathaus, 8416 Hemau/Opf. - Geb. 28. Jan. 1928 Hemau. CSU.

SCHUSTER, Hans-Günter

Dr. rer. nat., Ministerialdirigent a.D., Generaldirektor a.D. - Höhenweg 32, 5300 Bonn-Ippendorf (T. 28 33 43) - Geb. 17. Dez. 1918 Gielsdorf b. Bonn (Vater: Rudolf S., Offizier; Mutter: Sophie, geb. Leinen), ev., verh. s. 1944 m. Helga, geb. Kleffmann, 2 Kd. (Angelika, Martin) - Univ. Bonn u. Göttingen. Dipl.-Phys. 1948; Promot. 1949 - 1948-50 Assist. u. 1956-65 Oberstudiendir. u. Lehrauftr. Univ. Bonn, ab 1965 Ministerialrat u. -dirig. Bundesmin. f. wiss. Forsch., 1971-73 stv. Generaldir. f. Ind., Forsch. u. Technol. Kommiss. d. EG, 1973-81 Generaldir. f. Forsch., Wiss. u. Erzieh. Kommiss. d. EG Brüssel, 1984-88 EG-Berater d. Senats v. Berlin - BV: V. Atom z. -kraftwerk, 4. A. 1964 - 1983 Gr. BVK - Spr.: Engl., Franz.

SCHUSTER, Hans-Peter

Dr. med., Prof. f. Innere Medizin, Leiter Med. Klinik I, Städt. Krkhs. Hildesheim, Lehrkrkhs. d. Med. Hochsch. Hannover - Weinberg 1, 3200 Hildesheim - Geb. 17. Juli 1937 Frankfurt/M., verh. m. Dr. med. Renate, geb. Schuster, 2 Kd. (Beate Isabel, Frank Peter) - Stud. Phil. u. Med. Univ. Frankfurt, Tübingen, Wien u. Marburg; Med. Staatsex. 1965

Marburg; Promot. 1968 Mainz; Habil. 1974 Mainz - 1971/72 Forschungsstip. Wayne State Univ. Detroit, Michigan, USA; 1981/82 gf. Leit. II. Med. Univ.-Klinik Mainz; 1982-86 Vizepräs. Europ. Soc. of Intesive Care Med.; 1977-87 Präsid. Dt. Interdiszipl. Vereinig. f. Intensivmed.; 1987-90 Präs. Dt. Ges. f. Internist. Intensivmed. - BV: Interne Intensivmed., 1975, 3. A. 1988; Notfallmed., 1977, 4. A. 1988; Check-Liste Intensivmed., 1983, 3. A. 1988. Mithrsg.: Ztschr. Med. Klinik, Intensiv- u. Notfallmed. Beitr. z. Handb. d. Inneren Med. (Springer) u. Lehrb. Innere Med. in Praxis u. Klinik (Thieme); Lehrb. d. Inneren Med. (Schattauer) - Affiliate Member Royal Soc. of Medicine.

SCHUSTER, Hans-Siegfried

Dr. phil. (habil.), Prof. f. Altoriental. Philologie - Tacitusstr. 1a, 5000 Köln 51 - B. 1964 Privatdoz., Wiss. Rat u. Prof. (1968) Univ. Köln. Facharb.

SCHUSTER, Hans-Uwe

Dr. rer. nat., Dipl.-Chem., o. Prof. u. Institutsdirektor Univ. Köln (s. 1971) - Nikolaus Ehlen-Str. 45, 5042 Erftstadt (T. 02235 - 7 12 45) - Geb. 20. Febr. 1930 Büdelsdorf/Rendsburg, ev., verh. s. 1985 m. Dr. Ursula, geb. Eberz - Stud. Chemie Univ. Kiel; Dipl. 1956; Promot. 1960; Habil. 1967 - Forschungsergebnisse (Grundl.) Intermetallische Verbindungen. Ca. 100 Publ. in versch. wiss. Ztschr.

SCHUSTER, Heinz

Dr. rer. nat., Direktor u. Wiss. Mitgl. Max-Planck-Inst. f. Molekulare Genetik, Berlin, Honorarprof. f. Physiol. Chemie FU ebd. (s. 1969) - Ihnestr. 43, 1000 Berlin 33 (T. 831 15 95) - Geb. 14. Okt. 1927 - Stud. Chemie.

SCHUSTER, Helmut

Dr. phil. nat., Dipl.-Chemiker, Geschäftsführer Fachvereinig. Organ. Chemie - Karlstr. 21, 6000 Frankfurt/M. 1 - Geb. 26. Okt. 1926.

SCHUSTER, Hermann Josef

Dr. jur., Staatssekretär a. D., gf. Vorstandsmitglied d. Guardini-Stiftung, Berlin - Geb. 19. März 1933 Essen (Vater: Theodor S., Angest.; Mutter: Mathilde, geb. Westermann), kath., verh. s. 1958 m. Erika, geb. Dahlmann, 3 Kd. (Martin, Felix, Anne) - Abit. 1953 Essen; Stud. Rechts- u. Staatswiss. Bonn, München u. Köln; 1. jur. Staatsex. 1956 Hamm, 2. 1960 Düsseldorf - Kanzler Univ. d. Saarl.; 1981-86 Staatssekr. Senatsverw. f. Wiss. u. Forsch. Berlin - Herausg.: Handb. f. Wissenschaftstransfer. Mitbegr. u. Mithrsg.: Ztschr. Wiss.-Recht, Wiss.-Verw., Wiss.-Förd. (s. 1967); Mithrsg.: Handb. f. Wiss.-Recht - Spr.: Engl., Franz.

SCHUSTER, Klaus

Rechtsanwalt, Vorstand Europa Carton AG., Hamburg (Personal und Recht) - Diekbarg 62, 2000 Hamburg 65.

SCHUSTER, Leo

Dr. rer. pol., Dipl.-Kfm., Prof., Direktor Inst. f. Bankwirtschaft Hochsch. St. Gallen - Kurzenbergstr. 5, CH-9000 St. Gallen (T. 071 - 27 09 95) - Geb. 8. Juli 1937 Fürth/Bay., gesch., S. Christian - Univ. Nürnberg, Wien, München; Dipl. 1962; Promot. 1965; Habil. 1975 - Akad. Rat Univ. Erlangen-Nürnberg; o. Prof. Hochsch. St. Gallen (Schweiz) - BV: Zentralbankpolitik u. Geschäftsbankenaufsicht, 1966; Macht u. Moral d. Banken, 1980; Revolution d. Zahlungsverkehrs durch Automation, 1984 - Liebh.: Tennis, Briefmarkensamml. - Spr.: Engl., Franz., Ital. - Bek. Vorf.: Prof. Dr. med. vet. Leo Riedmüller, Veterinär (Onkel, Pate).

SCHUSTER, Ludwig

Direktor i. R., Dipl.-Math. - Rohdestr. 1, 8000 München 60 - Geb. 25. Sept. 1912.

SCHUSTER, Otto

Journalist, Herausgeber Gruner + Jahr AG & Co., Verlagsgruppe München - Neherstr. 9, 8000 München 80 (T. 089 - 41 52-5 81) - Geb. 27. Juli 1925, verh., T. Angelika - Journ. Tätigk. b. Tagesztg., Quick, Weltbild; Chefredakt. Eltern.

SCHUSTER, Siegfried

Dr.-Ing., Prof., Ltd. Wiss. Direktor i.R. - Westendallee Nr. 66, 1000 Berlin 19 (T. 305 37 76) - Geb. 13. Jan. 1915 (Vater: Georg S., Kaufm.; Mutter: Martha, geb. Goetze), ev., verh. I) 1939 m. Elried, geb. Seller, 3 Kd. (Sigrid, Winfried, Elke), II) 1972 Margitta, geb. Kosack - Reform-Realgymn. Luckenwalde; TH Berlin (Dipl.-Ing. 1939). Promot. 1951 TU Berlin - Assist. TH Berlin (Lehrst. f. Bordmeßgeräte u. Höh. Mechanik d. Luftfahrt); 1941-46 Leit. Versuchsabt. u. Schiffbaubüro (1944) Gebr. Sachsenberg AG., Berlin/Dessau-Roßlau; 1950-51 Stip. Dt. Forschungsgem.; s. 1951 Leit. Schiffbauabt. u. Dir. (1957) Versuchsanst. f. Wasser- u. Schiffbau, Berlin. 1958ff. Honorarprof. TU Berlin (Schiffstechn. Versuchswesen). Div. Ehrenstell. Erf.: Wellenerzeuger, Hubböden u. Wendebrücken f. Schwimmbäder. Veröff. üb. Strömungsvorgänge an Schiffen im flachen Wasser, Wechselwirkung zw. Schiff u. Propeller, Strahlantriebe u. Tragflügelboote, Schiffsformen - 1978 Ernst-Reuter-Plak. in Silber - Liebh.: Malerei, Musik - Spr.: Engl., Franz.

SCHUSTER, Walter

Dr. agr., Prof. f. Pflanzenbau u. -züchtung - Dalheimer Grund 5, 6330 Wetzlar/L. (T. 5 22 35) - Geb. 7. Nov. 1918 Wetzlar (Vater: Ludwig S.), ev., verh. s. 1946 m. Hildegard, geb. Riepert, 2 Töcht. (Gislinde, geb. 1948; Cornelia, 1953) - Höh. Landbausch.; Stud. Agrarwiss. (Dipl.-Landw. 1948). Promot. (1951) u. Habil. (1961) Gießen - S. 1965 Prof. f. Pflanzenbau u. Pflanzenzücht. Univ. Gießen. Div. Fachmitgliedsch. Ursprungszüchter mehrerer Sorten - BV: Anlage u. Auswertung v. Feldversuchen, 2. A.; D. landw. techn. Assistent; Lehrb. d. Züchtung landw. Kulturpflanzen, Bd. 2 Spezieller Teil 2. A. Fachveröff., auch Handbuchbeitr.

SCHUSTER, Wolfgang

Dr. jur., Oberbürgermeister Schwäbisch Gmünd (s. 1986) - Oberbettringer Str. 40, 7070 Schwäbisch Gmünd (T. 60 31 07) - Geb. 5. Sept. 1949 Ulm/D. (Vater: Dr. jur. Hugo S., Rechtsanw. u. Nt.; Mutter: Hanni, geb. Krudewig), kath., verh. s. 1979 m. Dr. med. Stefanie, geb. Werner, 3 Kd. - Jurist. Staatsex. 1973 u. 76; Promot. 1975 - 1972 stv. Vors. Gr. Senat Univ. Freiburg; 1975 Stadtrat Ulm; 1978 Ref. im Staatsmin. BW (Grundsatz- u. Wirtschaftsfragen); 1980-86 Stadtdir. Stuttgart (Leit. Geschäftsbereich OB Rommel).

SCHUSTER-SCHMAH, Sigrid
Dipl.-Bibl., Leiterin Schul- und Stadtteilbücherei Mannheim, Schriftst. - Theodor-Storm-Str. 6, 6800 Mannheim 51 (T. 0621 - 79 66 39) - Geb. 31. März 1933 Breslau - Mitgl. GEDOK, VS, Bödecker-Kreis, Lit.-Zentrum D. Räuber '77 - BV: Mädchen heiraten ja doch, 1975; Staatsangehörigkeit: griech., 1978, 5. A. 1988 (FS-Verfilmung 1980); Ich lasst von mir hören, 1981; Hände wie Kastanienblätter, 1986. Beitr. in Anthol. Text-Aufnahme in Lesebücher - Lit.: Markus Weber: D. Schriftst. S. Sch.-S. in Passagen - Mannh. Ztschr. f. Lit. u. Kunst Nr. 4 (1989).

SCHUTT, Wolfgang
Geschäftsführer INTEC GmbH, Bonn, umweltpolit. Unternehmensberatung - Am Rodderberg 20, 5307 Wachtberg - Geb. 19. Febr. 1960 - Jurist. Staatsex. 1985 Bonn.

SCHUTTING, Jutta
Dr. phil., Schriftstellerin - Saarpl. 2/30, A-1190 Wien - Geb. 25. Okt. 1937 Amstetten/Niederösterr. - BV: Baum in O, Erz. 1973; In d. Sprache d. Inseln, Ged. 1973; Tauchübungen, Erz. 1974; Parkmord, Erz. 1975; Lichtungen, Ged. 1976; Sistiana, Erz. 1977; Steckenpferde, Texte 1978; Am Morgen vor d. Reise, R. 1978; D. Vater, Erz. 1980; Geschichten aus d. Provinz, Erz. 1981; Liebesroman, 1983; Liebesged., 1984; D. Herz e. Löwen, Ess. 1985; Hundegesch., 1986; Traumreden, Ged. 1987; Reisefieber, Erz. 1988.

SCHUTZ, Karl
Dr. rer. oec., Dipl.-Volksw., Senator h. c., Gesellschafter-Geschäftsf. Chema-Chemie Dr. Schutz GmbH - Deutschherrenstr. 117, 5300 Bonn 2 Bad Godesberg (T. 0228 - 33 10 16-17) - u. Thaler Landstr. 34, 3280 Bad Pyrmont (T. 05281 - 84 12); priv.: Beckers Kreuz 5, 5307 Wachtberg-Villiprott - Geb. 25. April 1921 Ludwigshafen/Rh. - Beiratsmitgl. d. Carl Düsberg-Ges., Köln; Kurator d. Süddt. Kunststoff-Zentr., Würzburg.

SCHUTZ, Peter W.
Vorstandsvorsitzer Dr.-Ing. h. c. F. Porsche AG. (1981-87) - Porschestr. 42, 7000 Stuttgart 40 - Geb. 20. April 1930 Berlin - Ing.-Ausbild. - 1978-80 Vorstandsmitgl. Klöckner-Humboldt-Deutz AG.

SCHUVER, Friedrich
Oberkreisdirektor i. R., Mitgl. DRK-Landesaussch. u. Kreisverbandsvors. (s. 1955), Hannover - Eschener Allee, 2960 Aurich/Ostfriesl. (T. 41 43) - Geb. 14. März 1919 Collinghorst/Ostfriesl. (Vater: Ulrich S., Pastor; Mutter: Margarete, geb. Hickmann), ev., verh. s. 1959 m. Anne, geb. Kielsmeier, 2 Kd. (Ulrich, Antke) - Univ. Marburg, Halle, Göttingen (Rechtswiss.). Jurist. Staatsprüf. 1944 (Celle) u. 51 (Hannover) - 1951-52 Anwaltsass. Meppen, 1952-53 Ass. Rhein-Wupper-Kr. Opladen, 1953-55 Kreisrechtsref. das., dann Oberkreisd. Landkr. Aurich. Vors. Naturparkverein Ostfries. Binnenmeers; Schatzm. Kind.- u. Jugendheim Leinestift b. Diakon. Werkes Grossefehn u. d. Ev. Seemannsmission Emden - DRK-Ehrenz. u. Verdienstmed. (Nieders.); 1973 BVK; 1981 BVK I. Kl.; Dt. Feuerwehrmed.

SCHWAABE, Helmut
Dr., Ministerialdirigent a. D. - Voitstr. 8, 8000 München 19 - Geb. 7. Nov. 1908 - Zul. Bayer. Staatsreg. (1975 Ff. Pressechef. Vorstandsvors. Stiftg. Dt. Jagdmuseum; Präs. Landesjagdverb. Bayern.

SCHWAARZ, Heidrun
Ballettdirektorin, Choreographin Theater u. Philharmonie Essen - Rolandstr. 10, 4300 Essen 1 - Verh. s. - 3000 Solotänzerin Frankfurt; 1970-81 1. Solotänzerin Dt. Oper Berlin; s. 1981 Ballettdir. in Essen - Choreographien: Feuervogel, D. Wunderbare Mandarin, Nussknacker u.a., Einstudierung n. Orig. - Choreogr.: Giselle.

SCHWAB, Dieter

Dr. jur., o. Prof. f. Bürgerl. Recht u. Dt. Rechtsgesch. Univ. Regensburg (s. 1974) - Universitätsstr. 31, 8400 Regensburg (T. 943 22 80) - Geb. 15. Aug. 1935 Würzburg, verh. m. Mechtild, geb. Dumoulin (S. 1966 (Habil.) Lehrtätig. Univ. Bochum, Gießen (1968 Ord.) u. Regensburg (Ord. 1974) - BV: Grundl. u. Gestalt. d. staatl. Ehegesetzgeb. in d. Neuzeit b. z. Beginn d. 19. Jh., 1967; D. Selbstverw.idee d. Frhr. v. Stein u. ihre geist. Grundl., 1971; Beiträge z. Reform d. Familienrechts, 1974; Einf. in d. Zivilrecht, 8. A. 1989; Handb. d. Scheidungsrechts, 2. A. 1989; Grundriß Familienrecht, 4. A. 1986; Tendenzen im Recht d. Geschiedenenunterhalts, 1983. Mithrsg. u. Schriftleit.: Ztschr. f. d. gesamte Familienrecht.

SCHWAB, Günther

Dr. phil. h. c., Dr. forest h. c., Prof., Schriftsteller - Hinterholzerstr. 32, A-5020 Salzburg (Österr.) - Geb. 7. Okt. 1904 Prag, verh., 2 Kd. - Stud. Prag u. Wien - 27 J. Forstdst. Wienerwald u. a.; 5 J. Kriegseins. Begr. Weltbd. z. Schutze d. Lebens, Verf. v. 26 Büchern, dar. Abenteuer am Strom (R. 1935) u. D. Förster v. Silberwald (R. 1956; verfilmt, Bambi-Preis); D. Tanz mit d. Teufel. Herausg.: Lebensschutz/D. stille Weg (Ztschr.) - 1962 Prof.-Titel österr. Reg.; 1960 Ehrendoktor Europ. Univ. Amsterdam; 1950 Ehrenbürger Univ. f. Bodenkultur Wien; 1980 Kulturpreis Stadt Salzburg; 1986 Ehrendoktor Univ. f. Bodenkultur Wien u. a.

SCHWAB, Herbert Paul
Dipl.-Ing., Geschäftsführer A. Gross GmbH, Kran- u. Baggerfabrik, Schwäbisch-Gmünd - Hochberg 14/1, 7070 Schwäbisch Gmünd (T. 07171 - 6 10 36) - Geb. 12. Sept. 1923 Schw. Gmünd, kath., verh. s. 1948 m. Brigitte, geb. Stauch, 4 Kd. (Dipl.-Kfm. Werner, Ulrike, Regine, Florian) - Stud. TH Stuttgart - Kriegsdst. (Lt. d. R.) - Verbandstätig. (3 J. Junge Unternehmer; 4 J. Verb. d. Metallind.). Patentinh. - Spr.: Engl. - Rotarier.

SCHWAB, Karl Heinz
Dr. jur., Dr. h. c., em. o. Prof. f. Bürgerl. Recht, Zivilprozeßrecht u. Freiwill. Gerichtsbarkeit - Atzelsberger Steige 16, 8520 Erlangen (T. 2 38 57) - Geb. 22. Febr. 1920 Coburg/Ofr. (Vater: Hilmar S.; Mutter: geb. Pöhlmann), ev., verh. s. 1950 m. Dr. Wiltraud, geb. Lindner, 3 Kd. (Renate, Gisela, Stefan) - Promot. 1947; Habil. 1953 München - S. 1955 Ord. Univ. Erlangen (Mitvorst. Inst. f. Zivil- u. Zivilprozeßrecht; 1957-59 Rektor) - BV: D. Streitgegenstand im Zivilprozeß, 1954; Schiedsgerichtsbarkeit, 3. A. 1979; Sachenrecht, 22. A. 1987; Zivilprozeßrecht, 14. A. 1986 (m. Rosenberg). Zahlr. Einzelarb. - 1967 Bayer. VO. - Spr.: Engl. - Rotarier - Rufe Univ. Hamburg, Münster, Köln, München.

SCHWAB, Ludwig F.
Steuerberater, Steuerrat a. D., MdL Hessen (s. 1970) - Bettenweg 40, 6451 Klein-Krotzenburg (T. 42 37) - Geb. 5. Sept. 1921 Kl.-Krotzenburg - Gymn. - S. 1940 Finanzverw. (n. 4 1/2j. Kriegseins. Sachbearb. u. Betriebsprüfer Finanzamt Offenbach/M., 1955 Großbetriebs-e. Konzernprüfer, 1970 Leit. Betriebsprüfungsst. FA Darmstadt). 1948 ff. Gemeindevertr. Kl.-Krotzenburg (1952 Fraktionsf., 1964 Vors.); 1960 ff. MdK Offenbach (stv. Fraktionsvors.). CDU (1969 Kreisvors. Offenbach-Land u. Mitgl. Bezirksvorst. Untermain-Kinzig).

SCHWAB, Robert
Dr.-Ing., Regierungsbaurat a. D., Vorstandsmitgl. Baumwollspinnerei Speyer, Speyer/Rh. - Waldheimweg 1, 7312 Kirchheim/Teck - Geb. 6. Nov. 1910 - ARsmandate.

SCHWAB, Ulrich
Generalmanager, stv. Intendant Dt. Schauspielhaus Hamburg (1985ff.) - Zu erreichen üb. Kirchenallee 39, 2000 Hamburg 1 - Geb. 9. Juli 1941 Stuttgart (Vater: Bruno Sch.; Mutter: Elfriede, geb. Meinhold), ev., verh. s. 1976 m. Hildegard, geb. Heichele, 3 Kd. (Sebastian, Sophie, Ulrike) - Realgymn. (Abit. 1960); 1960-64 Stud. Jura, Betriebswirtsch. u. Theaterwiss. - 1964-68 Refer., 1968-72 Pers. Ref. d. Int./RA, 1972-79 Verw.-Dir., 1979-85 Generalmanager Alte Oper Frankfurt - Spr.: Engl., Franz.

SCHWAB, Werner

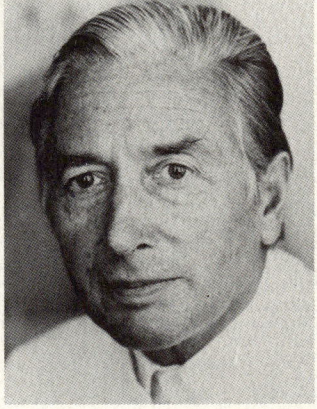

Dr. med., o. Prof. f. Hals-Nasen-Ohrenheilkunde, Direktor d. HNO-Klinik u. Poliklinik Klinikum rechts d. Isar d. TU München - Ismaninger Str. 22, 8000 München 80 (T. 41 40 23 70) - Geb. 23. Juli 1922 Hanau/Main (Vater: Walter S., Subdirektor; Mutter: Erna, geb. Schrecker), ev., verh. s. 1954 m. Ingrid, geb. Bülow, 2 Kd. (Dr. med. Gabriele Ute, Kai Michael, Jurist) - Univ. Frankfurt/M., Jena, Heidelberg. Promot. 1947; Habil. 1954 - S. 1954 Lehrtätig. Univ. Heidelberg (1959 apl. Prof.); Oberarzt HNO-Klinik, FU Berlin (1968 Ord. u. Klinikdir.) u. TU München (1979 Ord. u. Klinikdir.). 1973ff. Berufung Sachverst.-Kommiss. Inst. f. med. u. pharmaz. Prüfungsfragen Mainz (Autor v. Gegenstandskatalogen d. Prüf.fragen HNO). Vors. Arbeitsgem. Klin. Onkologie d. Dt. Ges. f. Hals-Nasen-Ohren-Heilkd., Kopf- u. Hals-Chirurgie, Sprecher Arbeitsgem. Hals-Nasen-Ohren-Heilkd. Dt. Krebsges. - BV: D. Operationen an Nase, Mund u. Hals, 5. A. 1964; D. Berufsschäden d. oberen Luftwege u. d. oberen Speiseröhre, 1965; Möglichk. d. Strahlentherapie in d. Hals-Nasen-Ohrenheilkde., 1975 (m. K. zum Winkel); Infektionen im Hals-, Nasen-, Ohrenbereich, Antibiotika-Fibel (m. Otten/Plempel/Siegenthaler), 1975; ORL, Antibiotika-Taschenb. (m. F. W. Brauss), 1978; Kopf u. Hals, Krebsnachsorge (m. Scheibe/Wagner/Bokelmann), 1980; Head and Neck Tumours, TNM-Atlas, Illustrated Guide to the Classification of Malignant Tumours, 1982 = m. Spiessl/Scheibe/Wagner; Dt. Ausg. 1985; Verletz. d. Mittelgesichts, Lehrb. d. Orthopäd. u. Traumatol. Bd. III, 1986 (m. W. L. Mang); Kombinationstherapie d. Oropharynx- u. Hypopharynx-Karzinome, 1986 (m. R. Sauer); TNM-Klassifikation maligner Tumoren d. Kopfspeicheldrüsen (m. B. Clasen), in: Uebersicht. drüsenerkrankungen, 1988. Üb. 260 Einzelarb. - 2 intern. Filmpreise - Ehrenmitgl. DSK (Dt.-Spr. TNM-Komitee, National Committee of UICC on TNM Classification) - 1988 BVK am Bde.; 1988 Ernst v. Bergmann-Plak. d. Bundesärztekammer - Liebh.: Theater, Musik - Mitgl. Lions Clubs Intern. (s. 1971).

SCHWAB, Wilhelm
Dr. theol., Dr. phil., Prof., Hochschullehrer - Martin-Luther-Str. 28, 6950 Mosbach-Neckarelz (T. 06261 - 6 04 67) - Geb. 1. Sept. 1911 Grünewört (Vater: Georg S., Landw.; Mutter: Anna, geb. Weimann), ev., verh. 1939 m. Lise Lotte, geb. Schüßler †, 2 Töcht. (Dorothee, Gabriele), wiederverh. 1968 m. Erika, geb. Brüche - Gymn. Wertheim (Abit.); Univ. Tübingen, Marburg, Berlin, Heidelberg - 1937-59 Vikar, Pfarrer u. Studienrat (Religionslehrer); 1940-47 Wehrdst. u. Gefangensch.; s. 1959 Dozent u. Prof. (1965) Päd. Hochsch. Heidelberg (Phil.). S. 1958 Vors. Melanchthonverein e. Schülerheime in Baden-Württ.; D. Vereinigte Ev.-protest. Landeskirche Badens als besonderer Typ e. Unionskirche, 1938; D. Religiosität d. Christian Gotthilf Salzmann, 1941.

SCHWAB-FELISCH, Hans
Prof., Journalist - Rolandstr. 42, 5300 Bonn 2 (T. 0228 - 33 38 61) - Geb. 2. Nov. 1918 Dresden - Schule Berlin (Abit.); kaufm. Lehre; Univ. Berlin u. Tübingen (Soziol., Phil., Gesch.) - Wehrdst., Journ., 1949 Redakt. D. Neue Ztg., 1955 Lektor Suhrkamp-Verlag, 1956 Leit. d. Feuilleton-Redakt. FAZ, 1960 Leit. Studio Düsseldorf WDR, 1988 Berater im Wissenschaftszentrum Nordrh.-Westf. - BV: D. Fundament unserer Zukunft - Bilanz d. Ära Adenauer, 1964 (m. Sethe u. Fried); D. Düsseldorfer Schauspielhaus, 1969. Herausg.: D. Ruf (1962), Dichtung u. Wirklichkeit (Reihe), 1979-83 Herausg. d. Merkur - Dt. Ztschr. f. europ. Denken) - Mitgl. PEN-Zentrum BRD; 1973 Joseph-E.-Drexel-Preis; 1970 BVK I. Kl.; 1981 Prof.-Titel; 1985 Wilhelm Heinse Med. Akad. d. Wiss. u. d. Lit. Mainz.

SCHWABE, Klaus
Dr. phil., Prof. - Hasselholzer Weg 133, 5100 Aachen (T. 0241 - 7 88 63) - Geb. 23. März 1932 Berlin (Vater: Dr. Eberhard S., RA; Mutter: Gerda, geb. Ludwig), ev., verh. s. 1961 m. Rosemarie, geb. Fritzsche, 4 Kd. (Gerhard, Ruth, Wolfgang, Ulrich) - Stud. Gesch., Engl. Univ. Erlangen, Berlin, Freiburg; Promot. 1958 - 1959-72 Wiss. Asst. u. Doz. Univ. Freiburg, 1972-80 Prof. f. mittl. u. neuere Gesch. Univ. Frankfurt; s. 1980 Prof. f. neuere Gesch., RWTH Aachen; Mitgl. d. Preuß. Hist. Kommiss. Berlin, u. d. Verbindungsgr. v. Hist. b. d. Kommiss. d. EG, Brüssel. Fachmitgl.sch.

- BV: Wiss. u. Kriegsmoral, 1969; Dt. Revolution u. d. Wilsonfrieden, 1971; Woodrow Wilson, Biogr. 1971; D. amerik. Isolationism. im 20. Jh., 1975; Gerhard Ritter E. polit. Historiker in s. Briefen, 1984; Woodrow Wilson, Revolutionary Germany and Peacemaking 1918-19, 1985. Herausg.: D. Ruhrkrise 1923 (2. A. 1986); Büdinger Fosch. z. Sozialgesch., Dt. Führungsschichten in d. Neuzeit, Bd. 13-17 (1981-88); D. Anfänge d. Schuman-Plans 1950/51 (1988) - Liebh.: Musik, Kunstgesch. - Spr.: Engl., Franz.

SCHWABE, Klaus-Peter

Dr. rer. nat., Dipl.-Biochemiker, Geschäftsführer Dr. Willmar Schwabe (Arzneimittelfabrik), Karlsruhe-Durlach - Strählerweg 113, 7500 Karlsruhe 41 - Geb. 30. Juli 1941 Leipzig.

SCHWABEDISSEN, Hermann

Dr. phil. (habil.), em. o. Prof. f. Ur- u. Frühgeschiehte - Loejaer Berg 54, 2422 Bosau (T. 04527 - 10 01) - Geb. 16. Jan. 1911 Meierberg/Lippe (Vater: Hermann S., Kaufm.; Mutter: Marie, geb. Kuhlmann), ev., verh. s. 1938 m. Gertraud, geb. Wegener, T. Christa - Lehramtsprüf. 1934 Hamburg; Promot. 1938 Kiel - 1938-50 Assist. Museum f. vorgeschichtl. Altertümer Kiel, 1946-57 Doz. u. apl. Prof. (1954) Univ. ebd., 1950-57 Kustos Landesmuseum f. Vor- u. Frühgesch. Schleswig, sd. ao. u. o. Prof. (1961) Univ. Köln (1957 Dir. Inst. f. Ur- u. Frühgesch.) - BV: D. mittlere Steinzeit im westl. Norddtschl., 1944; D. Federmesser-Gruppen d. nordwesteurop. Flachlandes, 1954. Zahlr. Einzelarb. Herausg.: Fundamenta (Monogr. z. Urgesch.) - O. Mitgl. Dt. Archäol. Inst.; Univ. Medaille Lüttich (Liège) - Spr.: Franz., Engl. - Nachweis d. Madeleine-Kultur u. d. menschl. Kulturstufen im nordwesteurop. Flachland (Paläol.-Neolithikum), Forsch. z. frühesten Ackerbaukultur in Nordwesteuropa, Naturwiss. Datierungen u. Umweltforsch. in d. Prähistorie, bes. Archäo-Dendrochronologie.

SCHWABL, Franz

Dr. phil., Prof. f. Theoret. Physik TU München (s. 1982) - Zu erreichen üb. Physik-Department TU, 8046 Garching - Geb. 24. Juni 1938 Zell am See, T. Birgitta - Stud. Physik Univ. Wien; Promot. 1962 - 1973-82 Prof. f. theoret. Physik Univ. Linz/Österr.

SCHWABL, Ludwig

Bürgermeister, MdL Bayern (s. 1970) - Adlgasser Str. 17, 8221 Inzell/Obb. (T. 71 18) - Geb. 1921 - Sportämter - SPD - 1981 Ehrenmitgl. Dt. Eissportverb.

SCHWAHN, Joachim

Dr., Hauptgeschäftsführer Arbeitgeberverb. d. Cigarettenindustrie - Harvestehuder Weg 88, 2000 Hamburg 13 (T. 414 00 90); priv.: 56, Lütt Sahl 6 - Geb. 20. April 1925.

SCHWAIGER, Fritz

Dr.-Ing., Vorstandsmitglied Rhein-Main-Donau AG., Donau-Wasserkraft AG., Obere Donaukraftwerke AG., alle München, Geschäftsf. Mainkraftwerk Schweinfurt GmbH., Schweinfurt - Sophie-Stehle-Str. 1, 8000 München 19 (T. 17 39 48) - Geb. 13. März 1913.

SCHWAIGER, Georg

Dr. theol., Prof. f. Kirchengeschichte d. Mittelalters u. d. Neuzeit - Morgenrothstr. 22, 8000 München 80 (T. 91 33 49) - Geb. 23. Jan. 1925 Hienheim/Ndb. - S. 1955 Privatdoz., apl. (1961) u. o. Prof. (1962) Univ. München. Etwa 400 wiss. Veröff. vorwieg. z. Gesch. d. Papsttums, z. bayer. u. nord. Kirchengesch., dar. 25 Bücher, zul. Bavaria Sancta, 3 Bde. 1970-73; Kirche u. Theol. im 19. Jh., 1975; Konzil u. Papst, 1975; Kath. Theologen Deutschlands im 19. Jh. (m. H. Fries), 3 Bde. 1975; Aufbruch ins 20. Jh., 1976; D. Regensburger Dom, 1976; Päpstl. Primat u. Autorität d. Allg. Konzilien, 1977; Zwischen Polemik u. Irenik, 1977; Hist. Kritik in d. Theologie, 1980; D. Bistum Regensburg im Dritten Reich (m. P. Mai), 1981; Joh. Mich. Sailer, 1982; J. M. Sailer u. s. Zeit (m. P. Mai), 1982; D. Erzbistum München u. Freising in d. Zeit d. nationalsoz. Herrsch., 2 Bde. 1984; Christenleben im Wandel d. Zeit, 2 Bde. 1987; Teufelsglaube u. Hexenprozesse, 1987; Patrone d. Bistums Regensburg (m. P. Mai), 1988; D. Bistum Freising in d. Neuzeit, 1989; D. Erzbistum München u. Freising im 19. u. 20. Jh., 1989; Lebensbilder aus d. Gesch. d. Bistums Regensburg, 2 Teile, 1989. Ca. 700 Lexikonart. Div. Herausg.

SCHWAIGER, Josef

I. Bürgermeister - Rathaus, 8011 Hohenbrunn/Obb. - Geb. 29. Mai 1929 Heldenstein - Zul. Amtsrat. CSU.

SCHWAIGER, Max

Dr. med., o. Prof. f. Chirurgie - Schlehenrain 21, 7800 Freiburg/Br. (T. 5 66 73) - Geb. 26. Okt. 1911 Karlsruhe - Univ. München. Promot. 1936; Habil. 1949 - 1949 Privatdoz. Univ. Heidelberg (Oberarzt Chir. Klinik), 1954 apl. Prof., 1956 Ord. Univ. Köln (Dir. II. Chir. Klinik), 1959 Univ. Marburg (Dir. Chir. Klinik), 1968 Univ. Freiburg (Dir. Chir. Klinik). Zeitw. Vors. Mittelrhein. Chirurgen-Vereinig. Kriegsdst. Luftwaffe (Stabsarzt d. R.). Fachb. u. -aufs.

SCHWAKE, H. Peter

Dr. phil. habil., Prof. Univ. Heidelberg - Zu erreichen üb. Roman. Sem. d. Univ., Seminarstr. 3, 6900 Heidelberg (T. 06221 - 54 27 31) - Geb. 7. April 1935 Stadthagen (Vater: Rudolf Sch.; Mutter: Käthe, geb. Selk), 2 Kd. (Christine, Christian) - Stud. Philos., Päd., Roman., Völkerkd. u. Jura Univ. Göttingen, Bonn, Freiburg u. Heidelberg; Promot. Freiburg u. Habil. Heidelberg - BV: D. Wortschatz d. Cligés v. Chrétien de Troyes, 1979. Herausg.: Rudolf Hallig, Spracherlebnis u. Sprachforsch. Aufs. z. roman. Philol., 1970 - Spr.: Engl., Franz., Portug., Span.

SCHWALBA-HOTH, Frank

Lehrer, Mitbegründer d. Grünen, Landesvorstand d. Grünen-Hessen (1980), Landtagsabgeordn. Hessen, Ausschußvors. f. Fragen d. öff. Dienstes (1982/83) - Zu erreichen üb. Europ. Parlament, 97-113 Rue Belliard (Bat.Ard), B-1040, Belgien (T. 0032 - 22343051) - Geb. 12. Dez. 1952 Hamburg - MdEP (1984-87), Geschäftsf. Regebogenfrakt. (s. 1988), Vizepräs. Petitionsaussch., Mitgl. Rechtsaussch., stv. Mitgl. Umweltaussch.

SCHWALBACH, Hans

Gewerkschaftssekretär, ÖTV-Bezirksvors. i. R., MdL Schlesw.-Holst. (1971-79) - Hoogewinkel 10, 2300 Kiel 1 (T. 31 11 82) - Geb. 9. Aug. 1919 Leipzig, ev., verh., 2 Kd. - N. Mittl. Reife kaufm. Lehre, Dolmetscher - S. 1948 Gewerksch. ÖTV Lüneburg (Geschäftsf.) u. Kiel (1953 Mitgl. Bezirksltg.); 1972-82 Mitgl. ÖTV-Hauptvorst. 1958-83 AR-Mitgl. (1978-83 stv. AR-Vors.) Nordwestdt. Kraftwerke AG, Hamburg. SPD s. 1949 - BV: Einkommen- Vermögen - Reichtum, 1967; Wirtschaft, Macht u. Gesellschaft in d. BRD, 1971 - 1982 Gr. BVK - Spr.: Engl., Franz., Span., Norweg.

SCHWALBÉ, Michel

Prof., Dozent f. Violine Staatl. Hochsch. f. Musik u. Darstell. Kunst - Fasanenstr. 1, 1000 Berlin 12 - Verh. s. 1967 m. Sabine, geb. Rosengarten - U. a. I. Konzertmeister Berliner Philharmoniker (1957 ff.).

SCHWALM, Dirk

Dr. rer. nat., o. Prof. f. Experimentalphysik Univ. Heidelberg - Handschuhsheimer Landstr. 54, 6900 Heidelberg 1 - Geb. 29. Febr. 1940 Berlin-Wilmersdorf, verh. s. 1970 m. Gisela, geb. Hutzler, 2 Kd. (Anja, Maximilian) - Gymn. Einbeck; Univ. Tübingen, Freiburg, Heidelberg; Dipl. 1966 Freiburg, Promot. 1969 Heidelberg, Habil. 1974 ebd. - 1969 Assist., 1974 Priv.-Doz., 1975 wiss. Rat u. Prof., alles Heidelberg; 1976 Ltd. Wissensch. Ges. f. Schwerionenforschung, Darmstadt; 1981 o. Prof. Heidelberg. Veröff. in Fachztschr.

SCHWALM, Georg

Dr. jur., em. o. Prof. f. Straf-, -prozeßrecht u. Rechtsphil. - Rühlstr. 1, 8520 Erlangen - Geb. 18. Nov. 1905 Dresden (Vater: Adolph S., Beamter † 1925; Mutter: Louise, geb. Wolter † 1964), ev., verh. s. 1936 m. Ruth, geb. Krönert, 2 Söhne (Christoph, Jörg) - Wettiner Gymn. Dresden; Univ. Leipzig (Rechts- u. Staatswiss.). Jurist. Staatsprüf. 1927 (Leipzig) u. 31 (Dresden); Promot. 1930 Leipzig - Richter, zul. OLGsrat; 1957-65 Ministerialrat Bundesjustizmin.; s. 1965 o. Prof. Univ. Erlangen-Nürnberg. 1961-74 Honorarprof. Univ. Freiburg. Spezialgeb.: Jurist.-med. Grenzbereich, Methodenlehre - BV: Dreher/Lackner/Schwalm, Wehrstrafgesetz, Kommentar 1958. Mitarb.: Leipziger Komm. z. StGB (9. A. 1969) - Liebh.: Musik, Lit. - Spr.: Franz.

SCHWALM, Hans

Dr. phil., ao. Prof. f. Geographie Osteuropas (emerit. Univ. Tübingen) - Rammertstr. 28, 7400 Tübingen 3 (Kil.) (T. Tübingen 7 25 44) - Geb. 16. Aug. 1900 Bremen - 1941ff. Extraord.

SCHWAMKRUG, Ernst-Günther

Dr. jur., Rechtsanwalt, MdL Nordrh.-Westf. (1970-75) - Am Falkenberg 18, 5674 Bergisch Neukirchen (T. 4 62 49) - Geb. 30. Mai 1919 Chemnitz/Sa., verh., 2 Kd. - Gymn. Chemnitz (Abit.); 1937-45 Arbeits- u. Wehrdst. (zul. Oblt. d. R.); Univ. Hamburg. Promot. 1950 Hamburg; Ass.ex. 1952 ebd. - 1950-51 NWDR, Hamburg (Rechtsabt.); 1952-60 Ufa, Düsseldorf (Justitiar); 1960-61 Dt. Wochenschau, Hamburg (Geschäftsf.); ab 1965 Agfa, Leverkusen (Leit. Handelspolit. Abt.). 1969 ff. Ratsherr Stadt Berg. Neukirchen. CDU.

SCHWAMM, Günther

Schlosser, MdL Rhld.-Pfalz (s. 1975) - Blütenweg Nr. 5, 6750 Kaiserslautern - Geb. 28. März 1935 - SPD.

SCHWAN, Alexander

Dr. phil., Prof. f. Wissenschaft v. d. Politik, insb. Geschichte d. polit. Theorien, Freie Univ. Berlin (s. 1966) - Teutonenstr. 6, 1000 Berlin 38 (T. 803 83 66) - Geb. 17. Febr. 1931 Berlin, kath., verh., 2 Kd. - Schüler v. Arnold Bergsträsser - Habil. 1965 Freiburg - 1975-81 Mitgl. Senat d. Dt. Forschungsgemeinsch. - BV: Polit. Phil. im Denken Heideggers, 1965; Sozialdemokr. u. Marxism., 1974 (m. Gesine Schwan); Wahrheit - Pluralität - Freiheit, 1976; Geschichtstheolog. Konstitution u. Destruktion d. Politik, 1976; Grundwerte d. Demokratie, 1978; Theorie als Dienstmagd als Praxis - Systemwille u. Parteilichkeit, 1983; D. normative Horizont moderner Politik, 1985. Herausg.: Reform als Alternative (1969); Denken im Schatten d. Nihilismus (1975); Sozialismus i. Theorie u. Praxis (1978); Humanismen u. Christentum, 1981; Pluralismus u. Wahrheit (1981); Grundlagen d. polit. Kultur d. Westens (1987); Um einen Heidegger von innen bittend. Nachtrag zu Polit. Phil. im Denken Heideggers (1989) - 1980-81 Research Fellow Woodrow Wilson Intern. Center for Scholars, Washington, D. C.; 1984 Visiting Fellow Robinson College, Cambridge (GB) - Liebh.: Oper, Lit. - Spr.: Engl.

SCHWAN, Gesine,
geb. Schneider

Dr. phil., Prof. f. Politische Theorie, Theorien d. Sozialismus - Teutonenstr. 6, 1000 Berlin 38 (T. 030 - 803 83 66) - Geb. 22. Mai 1943 Berlin (Vater: Hans R. Sch., Oberschulrat i.R.; Mutter: Hildegard, geb. Olejak), kath., verh. s. 1969 m. Prof. Dr. Alexander Sch., 2 Kd. (Dominik, Dorothee) - Franz. Gymn. Berlin; Stud. Berlin u. Freiburg, Promot. Berlin 1970, Habil. Berlin 1974 - BV: Leszek Kolakowski, E. Phil. d. Freiheit nach Marx, 1971; D. Ges.kritik v. Karl Marx, 1974; Sozialdemokratie u. Marxismus (zus. m. Alexander Schwan), 1974; Sozialismus in d. Demokr.? E. Theorie Konsequent sozialdemokr. Politik, 1982; D. normative Horizont modernen Politik I u. II, in: Funkkolleg Politik (m. Alexander Schwan), 1985 - Liebh.: Musik, mod. Theater - Spr.: Engl., Franz., Ital., Poln.

SCHWAN, Werner

Dr. rer. nat., o. Prof. f. Geologie - Habichtstr. 7, 8520 Erlangen (T. 4 78 78) - Geb. 27. Jan. 1917 Berlin (Vater: Arthur S., Obering.), verh. s. 1948 m. Hermine, geb. Hoffmann - 1949-61 Forschungstätigk. Dt. Akad. d. Wiss.; s. 1952 Lehrtätigk. Univ. Berlin (Humboldt; Doz.), Münster (1962 apl. Prof.), Erlangen-Nürnberg (1964 Ord.). Üb. 95 Facharb.

SCHWANDA, Hilde

Schriftstellerin, Singspiel-Musical-Macherin - Postf. 14 06 09, 8000 München 5 (T. 089 - 690 89 14) - Geb. 5. April 1935 Oderberg/Sud. (Vater: Franz Sch., Bahnbeamt.; Mutter: Maria, geb. Beck), kath., led. - Musikausbild. - Zeitw. Angest. Mitgl. GEMA, VG-Wort, VG-Bild-Kunst, Dt. Komp. Verb., Dt. Textdichter Verb., D. Künstlergilde, LITTERA, ELK - BV: Tausend Masken, kein Gesicht, 1976; Singspiel-Musical; Hörfunk, ARD-Sendungen (1976 u. 1978) - Lit.: Persönlichkeiten in München.

SCHWANDNER, Adolf

Dr. jur., Oberregierungsrat a. D., Vorstandsmitgl. Südd. Bodencreditbank (1953-75) - Freihamer Str. Nr. 3, 8032 Gräfelfing (T. München 854 28 79) - Geb. 17. Juni 1909 Bayreuth (Vater: Maximilian S., General d. Inf. † 1972), verh. (Ehefr.: Ruth) - Bayer. Staats- u. Reichsdst.; ab 1949 Bayer. Vereinsbank. Handelsrichter (1969-78).

SCHWANDNER, Gerd

Dr., Arzt, MdL Baden-Württ. (Wahlkr. 44, Enz) - Schwarzwaldstr. 20, 7543 Engelsbrand (T. 07235 - 84 94) - Geb. 22. Mai 1951 Göppingen - Die Grünen.

SCHWANDT, Christoph M. F.

Dramaturg, Journalist u. Autor, pers. Referent d. künstl. Leiters u. Leiter d. Öffentlichkeitsarbeit Theater u. Philharmonie Essen - Richard-Wagner- Str. 49, 4300 Essen 1 (T. 0201 - 23 74 00) - Geb. 2. Sept. 1956 Bad Homburg v.d.H. (Vater: Ernst Sch., Abt.präs.; Mutter: Christa, geb. Krause) - 1975-78 Hochsch. f. Musik u. darst. Kunst u. Univ. Frankfurt (Schulmusik u. Klass. Philol.) - Fr. Mitarb. b. Tages- u. Fachpresse, Chor- u. Orch.ltg.; 1978-81 Dramat. bzw. Chefdramat. Oldenburg. Staatstheater, 1981/83 Chefdramat. Bühnen d. Stadt Bonn, zugl. Pers. Ref. d. Generalint., 1984/86 freier Journ. (Tages- u. Fachpresse, DLF, WDR). Juror b. Musikwettb., schriftstell. Tätigk. (Bizet-Biogr., ersch. 1988). Opernübers., Essays - Spr.: (Latein, Griech.), Engl., Ital.

SCHWANECKE, Helmut

Dr.-Ing., Prof., Direktor Versuchsanstalt f. Wasser- u. Schiffbau, Berlin (s. 1981) - Henstedter Weg 25, 2000 Norderstedt/Hamburg; Fasanenstr. 35a, 1000 Berlin 15 - Geb. 22. Nov. 1927 Berlin (Vater: Dr. phil. et rer. pol. Johannes Sch., Ingenieur; Mutter: Elise, geb. Bierwas), verh. s. 1961 m. Ingrid, geb. Runde - 1950-55 TU Berlin (Dipl.-Ing.). Promot. 1958 TU Berlin; Habil. 1963 TH Hannover - 1956-62 Gruppenleit. Versuchsanst. f. Wasser- u. Schiffbau, Berlin; 1962-73 Abt.leit. Hbg. Schiffbau-Versuchsanst. GmbH; 1973-81 o. Prof. f. Schiffstheorie TU Wien. Zahlr. Facharb. u. Vortr. (In- u. Ausl.) - Liebh.: Natur, Weltpolitik - Spr.: Engl.

SCHWANENBERG, Enno

Dr. phil., Prof. Univ. f. Psychologie Frankfurt - Goethestr. 39, 6242 Kronberg - Geb. 1. Okt. 1938 Bonn (Vater: Josef Sch., Min.Rat a.D.; Mutter: Ilse, geb. Hellenbroich), kath. - Stud. Psych. u. Soz. Univ. Köln, München (Dipl.-Psych. 1963), Bern, Berlin (Promot. 1967) Harvard - 1972 ff. Prof. - BV: Soz. Handeln - D. Theorie u. ihr Problem, 1970.

SCHWANENBERG, Gerald

Dr. - Stephansplatz 2 A, 3000 Hannover 1 (T. 0511 - 88 78 58) - Geb. 14. Nov. 1939 Berlin, verh. m. Marlis, geb. Lucas, 3 Kd.

SCHWANHÄUSSER, Wulf

Dr.-Ing., Prof. f. Verkehrswirtschaft, Eisenbahnbau u. -betrieb RWTH Aachen - Fischweiher 14, 5100 Aachen - Geb. 22. März 1935 München (Vater: Paul Sch., Baudir.; Mutter: Marga, geb. Schweller), ev., verh. s. 1962 m. Monika, geb. Hermes, 2 Kd. (Gabriele, Gernot) - Abschl. Stud. Bauing. 1958 Univ. München, Bundesbahnbauass. 1961, Promot. 1974 TH Aachen - 1958-76 Bundesbahnbetriebsämter Passau, Regensburg, Schwandorf, Karlsruhe, Regensburg, Mainz (1967 Sao Paulo U-Bahnbau, 1972 Bundesbahndir.); s. 1976 o. Prof. - BV: D. Bemess. d. Pufferzeiten im Fahrplangefüge d. Eisenbahn, 1974 - Spr.: Franz., Engl.

SCHWANITZ, Dietrich

Dr. phil., Prof. f. Engl. Philologie Univ. Hamburg - Rehblöcken 40, 2000 Hamburg 67 (T. 603 44 60) - Geb. 23. April 1940 Werne (Vater: Ernst Sch., Lehrer; Mutter: Margarete, geb. Ter-Nedden), ev., verh. s. 1973 m. Gesine, geb. Hermes, 2 Kd. (Christoph, Alexandra) - 1959-65 Stud. Phil., Gesch. u. Engl. Univ. Freiburg, Münster, London, Philadelphia; Staatsex. 1965, Promot. 1969, Habil. 1975 - 1966/67 Instructor in USA; 1968-70 Wiss. Assist. Univ. Freiburg; 1971-72 Max Kade Visit. Prof. Amherst, USA; 1976-77 Privatdoz. Univ. Freiburg; ab 1978 o. Prof. Univ. Hamburg - BV: G. B. Shaw: künstler. Konstruktion u. unordentl. Welt, 1971; D. Wirklichk. d. Insz. u. d. Insz. d. Wirklichk., 1977; Lit.wiss. f. Anglisten, 1984; Shylock, 1989; D. Welt in d. Welt. E. Dialog zw. Lit.wiss. u. Systemtheorie, 1989; Macbarsh (Erstaufführung Dt. Schauspielhaus Hamburg 1.5.1988) - Spr.: Engl., Franz., Latein.

SCHWANITZ, Gesa

Dr. rer. nat., Prof. f. Humangenetik - Inst. f. Humangenetik, Wilhelmstr. 31, 5300 Bonn - Geb. 18. Aug. Müncheberg (Vater: Genetiker) - Promot. 1966 Kiel, Habil. 1977 - Ab 1979 Wiss. Rätin Univ. Bonn; 1981-84 Komm. Leit. Inst. f. Humangenetik, Bonn - BV: 5 Buchbeitr., u.a. D. Normvarianten menschl. Chromosomen, 1977; über 100 Publ. in intern. Fachztschr. - Spr.: Engl., Franz., Span.

SCHWANK, Inge

Dr. rer. nat., Geschäftsführerin Forschungsinst. f. Mathematikdidaktik, Osnabrück (FMD) - Rückertstr. 56, 4500 Osnabrück (T. 0541 - 4 98 69) - Geb. 6. Juli 1959 Königstein, kath., verh., T. Elisabeth - Abit. 1977; 1977-82 Stud. Math., Physik u. Informatik Univ. Osnabrück; Staatsex. f. d. Lehramt an Gymn. 1982, Promot. (Math.) 1984 ebd. - 1982-84 wiss. Mitarb. Univ. Osnabrück; s. 1984 Geschäftsf. FMD; s. 1986 wiss. Leiterin FMD - Spr.: Engl., Franz.

SCHWANTAG, Karl

Dr. rer. pol. habil., em. o. Prof. f. Betriebswirtschaftslehre - Hergenhahnstr. 13, 6200 Wiesbaden (T. 52 17 57) - Geb. 23. März 1912 Sprottau/Schles. (Vater: Karl S., Studienrat; Mutter: geb. Stein), verh. s. 1939 m. Ursula, geb. Maaß - 1947 Privatdoz. Univ. Frankfurt; 1949 ao., 1953 o. Prof. Univ. Mainz (1957/58 Dekan, 1958/59 Rektor) - BV: Zins u. Kapital in d. Kostenrechnung, 1949; Kosten u. Erträge in d. Gaswirtschaft, 1952 (m. H. Nicklisch). Mithrsg.: agplan-Handb. z. Unternehmensplanung (m. Fuchs). Buch- u. Ztschr.beitr.

SCHWANTES, Hans-Otto

Dr. rer. nat., Prof. Univ. Gießen (s. 1971; 1975; 1980 Dekan Fachber. Biol.) - Sandfeld 56, 6300 Gießen (T. 3 54 51) - Geb. 31. Juli 1921 Ratibor (Vater: Otto S., LGDir.; Mutter: Elisabeth, geb. Dittmann), ev., verh. s. 1945 m. Käte, geb. Zurmühlen, 3 Kd. (Michael, Ulrich, Christian) - Stud. d. Botanik, Zool., Chemie, Geogr. Univ. Münster; Promot. 1952; Habil. 1963 Gießen - 1960 Kustos Botan. Inst. Gießen; 1969 apl. Prof. Fachmitgl.sch. - BV: Pflanzensystematik, 4. A. 1981 (auch span. u. port.); Ökologische Botanik, 1981 - Spr.: Franz., Engl.

SCHWARK, Eberhard

Dr. jur., o. Prof. f. Bürgerl. Recht Univ. Bochum - Im Haselnbusch 18, 5307 Wachtberg (T. 0228 - 32 66 36) - Geb. 4. April 1939 Hagen, verh. s. 1965 m. Brigitte, geb. Reichelt, S. Christian - Stud. Rechtswiss. Berlin, Freiburg u. Bonn; 1. jurist. Staatsex. 1963, 2. Staatsprüf. 1968, Promot. 1969, Habil. 1978 - 1969-73 Bundesmin. f. Wirtsch.; 1972 Intern. Währungsfonds, Washington D.C.; 1975-80 Bundesmin. d. Justiz (Reg.dir.); 1980-81 Prof. Univ. Heidelberg; s. 1981 o. Prof. Ruhruniv. Bochum - BV: Begriff d. allg. Gesetze in Art. 5 II GG, 1970; Börsengesetz, Komment., 1976; Anlegerschutz d. Wirtschaftsrecht, 1979; Wirtschaftsrecht, Lehrb. 1986; zahlr. Ztschr.beitr. z. Zivilrecht, dt. u. intern. Handels-, Ges.- u. Wirtschaftsrecht - Liebh.: Bild. Kunst, Lit. - Spr.: Engl., Franz.

SCHWARK, Wolfgang

Dr., Prof., Hochschullehrer - Zu erreichen üb.: Kunzenweg 21, 7800 Freiburg/Br. - Prof. u. Rektor PH Freiburg.

SCHWARTLÄNDER, Johannes

Dr. phil., Prof., Philosoph - Wolfgang-Stock-Str. 28, 7400 Tübingen (T. 60 01 02) - Geb. 26. Jan. 1922 - Promot. 1953, Habil 1962 - S. 1968 Prof. Univ. Tübingen (s. 1976 Leit. Forschungsprojekt Menschenrechte) - BV: D. Mensch ist Person, 1968. Menschenrechte - e. Herausforder. d. Kirche, 1980. Hrsg. u. Mitverf.: Verstehen u. Vertrauen, 1968. D. Mensch u. sein Tod, 1976. Menschenrechte. Aspekte ihrer Begründ. u. Verwirklich., 78 Menschenrechte u. Demokratie, 1981; Mod. Weltethos u. christl. Glaube, 1981; D. Recht d. Menschen auf Eigentum, 1983; D. Recht d. Menschen auf Arbeit, 1983; D. Verantwortung d. Vernunft in e. friedlosen Welt, 1984; Meinungsfreiheit, 1986. Aufs. z. Ethik, Phil. Anthropol., polit. Phil.

SCHWARTZ, Eduard

Dr.-Ing., o. Prof. f. Allg. Elektrotechnik - Rostockstr. 3, 3300 Braunschweig (T. 69 27 16) - Geb. 20. Nov. 1930 - S. 1962 (Habil.) Lehrtätigk. TH Aachen (1968 apl. Prof.) u. TU Braunschweig (1971 Ord.); 1962-71 Wiss. Mitarb. Philips Zentrallabor. GmbH., Aachen - Girardet- u. NTG-Preis; Springorum-Gedenkmünze; Borchers-Plak.

SCHWARTZ, Erwin

Prof., Ord. f. Didaktik d. Grundschule Univ. Frankfurt/Abt. f. Erziehungswiss. (s. 1966) - Lindenbergweg 9, 6375 Oberstedten/Ts. - Vors. Arbeitskr. Grundsch., Frankfurt - BV: D. Grundsch. - Funktion u. Reform, 1970.

SCHWARTZ, Helmut

Kaufm. Angestellter, MdL Nordrh.-Westf. (s. 1970) - Ilexweg 21, 5190 Stolberg/Rhld (T. 61 57) - Geb. 10. Febr. 1937 Aachen, verh., 3 Kd. - N. Mittl. Reife kaufm. Lehre - Tätigk. Industriekonzern. 1964 ff. Ratsmitgl. Stolberg u. MdK Aachen-Land (Fraktionsf.). CDU s. 1956.

SCHWARTZ, Lothar

Journalist, Leit. Hauptabt. Öffentlichkeitsarb. (1981 ff.) - Zu erreichen üb.: Deutsche Welle/Kurzwellendst. f. d. Ausl., Raderberggürtel 50, 5000 Köln 51 - Geb. 14. Mai 1928 - Zul. SPD-Sprecher (Bonn).

SCHWARTZ, Sabine

Schriftstellerin - Zu erreichen üb. Econ-Verlag, Postfach 30 03 21, 4000 Düsseldorf 30 - BV: Wenn Laeduma träumt, 1980 (Entwicklungs- u. Forschungsprojekt b. d. nomad. Rendillen/Nordkenia).

SCHWARTZE, Heinz

Dr. rer. nat., o. Prof. f. Didaktik d. Mathematik - Waldbrunnenweg 18, 6300 Gießen (T. 3 52 90) - Geb. 19. März 1924 Stolp/Pom. (Eltern: Arthur (Bankdir.) u. Edith S.), ev., verh. s. 1954 m. Heidi, geb. Tischendorf, 2 Kd. (Klaus, Barbara) - Gymn. Köslin u. Stettin; TH München (Math., Physik, Phil.). Promot. 1950 München - 1954-62 Studienrat Frankfurt/M., Lehrte, Den Haag (1959 Leit. Dt. Schule); 1962-68 Doz. Päd. Hochsch. Schwäb. Gmünd; s. 1968 o. Prof. Univ. Gießen (Fachbereich Math.). Mitgl. Dt. Mathematiker-Vereinig. - BV: Grundriß d. math. Unterrichts, 1966; Neubearb. (zus. m. A. Fricke) 1982; Elementarmath. aus didaktischer Sicht, 1980, Bd. 2 Geometrie, 1984 - Liebh.: Musizieren (Geige) - Spr.: Niederl., Franz., Engl.

SCHWARTZKOPFF, Johann

Dr. rer. nat., em. o. Prof. f. Allg. Zoologie - Orchideenweg 8, 7406 Mössingen 5 (Öschingen) (T. 07473 - 59 27) - Geb. 29. Sept. 1918 Neubrandenburg/Meckl. (Vater: Oberkonsistorialrat Johannes S., Pfarrer; Mutter: Helene, geb. v. Loeper), ev., verh. s. 1944 m. Ingeborg, geb. Ullner, 2 Töcht. (Ulrike, Almut) - Univ. Berlin u. Göttingen. Promot. (1948) u. Habil. (1954) Göttingen - S. 1954 Lehrtätigk. Univ. München (1961 apl. Prof.), Tübingen (1963 ao. Prof.), Bochum (1964 o. Prof.). Mitgl. Dt. Zool. Ges. u. Dt. Ornithol. Ges. SPD. Üb. 100 Fachaufs. - 1959 Mitgl. Dt. Akad. d. Naturforscher (Leopoldina), Halle/S., 1974 korr. Mitgl. Rhein.-Westf. Akad. d. Wiss., Düsseldorf - Spr.: Engl., Franz., Ital.

SCHWARZ, Albert

Dr. phil., o. ö. Prof. f. Geschichte - Seilerbrücklstr. Nr. 22a, 8050 Freising/Obb. (T. 1 32 00) - Geb. 29. Aug. 1906 München, kath., verh. s. 1936 - Univ. München (Promot. 1935; Habil. b. Franz Schnabel) - Ab 1936 archival. Forschungen i. A. Dt. Forschungsgem., Berlin, 1940-45 Wehrdst. (Widerstandsbeweg.), 1950 Privatdoz. Univ. München, 1951-69 ao. u. o. Prof. (1956) staatl. Phil.-Theol. Hochsch. Freising, s. 1969 o. Prof. Univ. München. Mitgl. Kommission f. Zeitgesch. Bonn - BV: D. Handwerkerfrage in d. kath. Ztschr. Dtschl. 1848-70, 1937; D. Weimarer Republik, 1958, NA. 1971; D. Volksvertretung d. Ersten Republik, in: E. Deuerlein, D. Reichstag, 1963, NA. 1978; L'Allemagne, in L'Europe du IXX et XX siècle, 1964; Bayern 1918-33, in: M. Spindler, bayer. Gesch., IV, 1, 1974.

SCHWARZ, Alfons

Staatssekretär a.D. Min. f. Wirtschaft u. Verkehr Rhld.-Pfalz - Walhorner Str. 11, 5100 Aachen (T. 7 45 77) - Geb. 25. Okt. 1921 - Stud. Rechtswiss. Gr. jurist. Staatsprüf. - Früher Hauptgeschäftsf. IHK Aachen.

SCHWARZ, Alice

s. Gardos, Alice

SCHWARZ, Anton

Dipl.-Brau-Ing., Vorstandsvorsitzender Löwenbräu AG - Nymphenburger Str. 4, 8000 München 2 (T. 089 - 52 00-212) - AR Monarchia, Vors. Ausfuhrverb. Bayer. Brauereien u. Vorstandsmitgl. Dt. Brauerbd.

SCHWARZ, Balduin

Dr. phil., o. Prof. f. Philosophie (emerit.) - Tauxgasse 15, A-5020 Salzburg (Österr.) - Geb. 23. März 1902 Hannover, kath., verh. s. 1931, S. Stephan - Gymn. Hannover; Univ. Heidelberg u. München. Habil. 1931 Münster/W. - Lehrtätigk. Univ. Münster (1931), Fribourg (1934), Limoges (1938), USA (1941; zul. 1950-63 Fordham U. New York), Salzburg (Vorst. Inst. f. Phil. b. 1974) - BV: D. Irrtum d. Phil., 1937; Ewige Phil., 1937. Hrsg.: Wahrheit, Wert u. Sein - Festgabe f. Dietrich v. Hildebrand (1970), Antwort an einen Atheisten (1978) - Bek. Vorf.: Jung-Stilling (vs.).

SCHWARZ, Dietrich

Dr.-Ing., Prof., Hauptabteilungsleiter Kraftwerksysteme u. -komponenten, Vereinigte Elektrizitätswerke Westfalen AG (VEW), Geschäftsf. Hochtemperaturreaktor GmbH (HRG) (s. 1986), Lehrauftrag Kernprozeßtrechnik Univ. Dortmund (s. 1972), Hon.-Prof. (s. 1988) - Lüninckweg 22, 4600 Dortmund 41 - Geb. 10. Sept. 1936 Tokio, kath., verh. s. 1966 m. Clarita, geb. Nölting, 2 Kd. - Stud. TH München (Dipl.-Ing. Masch.-bau) 1960; California Inst. of Technol. (Master of Science) 1961; TH München (Promot.: Intern. benutzte Wasserdampfformel) 1966 - 1965-68 Kernenergie-Abt. AEG Frankfurt; s. 1968 VEW Dortmund - Liebh.: Phil. (Ethik), Ausdauersport (Berge) - Spr.: Engl., Franz.

SCHWARZ, Eberhard

Dr. rer. nat., Dipl.-Chem., Fabrikant, Geschäftsf. Zschimmer & Schwarz GmbH. & Co./Chem. Fabriken, Lahnstein, Vors. Verb. TEGEWA, Frankfurt/M. - Max-Schwarz-Str. 4/5, 5420 Lahnstein - Geb. 12. Nov. 1931 Dresden.

SCHWARZ, Egon

Dr. phil., Prof., Germanist - Zu erreichen üb. Washington University, St. Louis/Mo. 63130 (USA) - Geb. 8. Aug. 1922 Wien - Vielerlei Berufe (u. a. Prag, Paris, La Paz, Santiago de Chile, Seattle); s. 1954 Lehrtätigk. Harvard- u. Washington-Univ. (1961). 1974ff. Mitarb. FAZ - BV: Hofmannsthal u. Calderon, 1962; D. verschluckte Schluchzen-Poesie u. Politik v. Rainer Maria Rilke, 1972; Keine Zeit f. Eichendorff: Chronik unfreiwill. Wanderj. E. Autobiogr.; Dichtung-Kritik-Gesch./Ess. z. Lit. 1900-30, 1983; Lit. aus vier Kulturen. Ess. u. Besprechungen, 1987 - Mitgl. Dt. Akad. f. Sprache u. Dichtung - Spr.: Franz., Span., Ital., Engl.

SCHWARZ, Franz Josef

Vorstandsvorsitzer WWK Lebensversicherung a. G. u. d.WWK Allg. Versich. AG, München - Marsstr. 40, 8000 München 2 - 1983 BVK a. Bde.

SCHWARZ, Georg

Schriftsteller - Krennerweg 26, 8000 München 71 (T. 79 46 70) - Geb. 16. Juli 1902 Nürtingen/N. (Vater: August S., Zahnarzt u. Fabrikant; Mutter: Regine, geb. Beyer), verh. 1936 m. Luise, geb. Scholler († 1969), S. Wolfgang - Gymn.; Stud. Phil. - BV (1937-72): Jörg Ratgeb, R.; Pfeffer v. Stetten, R.; Tage u. Stunden e. gottfröhl., leutsel. Menschenfreundes, d. Johann Friedrich Flattich hieß, R.; Froher Gast am Tisch d. Welt, Ged.; Uhland, Biogr.; D. Heimkehr d. Melchior Hoffmann, Erz.; D. ewige Spur, Ess.; In der Kelter Gottes, Erz.; D. Ring d. Peregrina, Erz.; Rund um d. Weinberg, Erz.; Unter e. Baum, Ged.; Makarius, R.; Unterm Hundsstern, Erz.; D. Liebesranke, Ged.; Georg Heym, Biogr.; Tätowierte Geschichten, Erz.; D. Sommerschiff, Ged.; Figaro, R.; Goldstadt, Erz.; Sizilien ist nicht mehr als e. Insel, Reiseb.; D. Apfelranke, Ged.; Echo d. Jahre, Ged.; D. Goldschmied v. Epherus, R. - 1949 Kunstpreis Stadt München (Lit.), 1964 Tukan-Preis, 1968 Lyrikpreis.

SCHWARZ, Gerhard

Prof., Landeskirchenmusikdirektor a. D.

- Am Thie 1, 3400 Göttingen-Herberhausen (T. 2 13 95) - Geb. 22. Aug. 1902 Reußendorf/Schles. (Vater: Wilhelm S., Rektor; Mutter: Gertrud, geb. Wähner), ev., verh. s. 1960 m. Margarete Schiller (Walter) - Akad. f. Kirchen- u. Schulmusik u. Univ. Berlin (Phil., Musikwiss.) - B. 1935 Leit. Ev. Schule f. Volksmusik Berlin u. Berliner Kirchenmusiksch., dann fr. Kirchenmusiker, Wehrdst., 1944-47 Organist Bernhardinkirche Breslau, 1947-49 Doz. Musikhochsch. Berlin u. Leipzig. 1949-67 Dir. Landeskirchenmusiksch. Düsseldorf, Organist Johanneskirche ebd. u. Doz. Musikhochsch. Köln. Viele Konzerte u. Funkaufn. WDR (bekannt als Improvisator an d. Orgel); Veranst.: 1. Intern. Orgelwoche (1954) u. 10. Heinrich-Schütz-Fest (1956) Düsseldorf. Herausg.: Geistl. u. weltl. Kantaten, Lieder, Psalmen.- Werke: Sing unto him a new song - engl. Eichendorff-Liederb. 1-2; Musik f. Tenor-Saxophon f. Boris Wippermann; Musik Angelus Silesius f. Dr. Erhard Hellwig; Musik Meister Ekkehard f. Dr. Wippermann; Wilhelm Busch, D. verlorene Sohn, Part. f. 3 stg. Chor u. Cello; D. Kirmes, 4 stg. Chor. Etwa 50 Psalmen f. Vera v. Trott - 1960 Prof.-Titel; 1984 Schles. Kulturpreis - Liebh.: Lit., mod. Malerei u. Plastik, Reisen (Frankr., Ital., Griechenl.) - Spr.: Franz., Engl., Ital., Poln.

SCHWARZ, Gerhard
Dr. med., Prof., Chefarzt I. Innere Abt. Allg. Krankenhaus St. Georg, Hamburg 1 - Horstweg 31, 2000 Hamburg 64 (T. 526 51 62) - Geb. 16. Nov. 1920 Bredereiche/Uckermark - S. 1964 (Habil.). Lehrtätig. Univ. Heidelberg u. Hamburg (1969 apl. Prof. f. Inn. Med.). Etwa 80 Fachveröff., dar. Bücher.

SCHWARZ, Gerhard
Rechtsanwalt u. Notar - Podbielskiallee 37, 1000 Berlin 33 (T. 832 43 38) - Geb. 3. Dez. 1919 Berlin (Vater: Porzellandreher), verh. - Kirschner-Oberrealsch. Berlin (Mittl. Reife); 1936-39 Lehre als techn. Kaufm.; 1943 Abit. als Externer; 1946-50 Stud. Rechtswiss. Berlin (b. 1948 Humboldt-, dann Freie Univ.). Jurist. Staatsprüf. 1951 u. 54 - 1939-45 Arbeits- u. Wehrdst.; s. 1954 RA u. Nt. (1965). Bezirksverordn. Zhldf. 1954-79 (1963 ff. Fraktionsvors.); 1945-67 MdA Berlin. SPD s. 1946. Vorst. RAKammer 1963-76, Vizepräs. 1970/76.

SCHWARZ, Günter
Dr. rer. pol., Wirtschaftsprüfer, Steuerberater, Geschäftsf. u. Vorstandsmitgl. d. Ges. Treuhand-Vereinig. AG (1978-87), Coopers & Lybrand (1978-87), Karoli-Wirtschaftsprüf. GmbH (1968-87) - Zu erreichen üb. Hedwigstr. 19, 4400 Münster; priv.: Gildenstr. 67, 4390 Gladbeck, ev., verh. s. 1964 m. Ursula, geb. Martin, 2 Söhne (Andreas, Wernher) - Abit. 1953; 1956-60 Stud. Betriebsw. Univ. Frankfurt u. Köln; Dipl.-Kfm. 1956 Köln; 1958/59 Stud. Staatswiss. Univ. Graz; Promot. 1959 - AR-Vors. Stiebel Eltron-Gruppe, Holzminden (1981-87); Vors. Ständ. Finanzausch. d. Landessynode d. Ev. Kirche v. Westf. (s. 1984); Mitgl. Landessynode d. Ev. Kirche v. Westf. - Spr.: Engl.

SCHWARZ, Günther
Oberregierungsrat, MdL Saarland (s. 1975; 1985ff. Fraktionsvors. CDU) - Bezirksstr. 115, 6675 Blieskastel - Geb. 11. Nov. 1941 Niederwürzbach.

SCHWARZ, Hans
Dr. theol., Prof. f. Theologie Univ. Regensburg - Rilkestr. 44, 8417 Lappersdorf (T. 0941 - 8 39 33) - Geb. 5. Jan. 1939 Schwabach (Vater: Johann Sch., Gärtner; Mutter: Babette, geb. Götz), ev., verh. m. Hildegard, geb. Höfling, 3 Kd. (Hans, Krista, Claudia) - Abit. 1958 Schwabach; Promot. 1963 Univ. Erlangen, Landeskirchl. Ex. 1963 Ansbach - 1963-65 Vikar Erlangen-Bruck; 1965-67 Forschungsstip. Erlangen; 1967-81 Columbus/Ohio, USA; ab 1981 Lehrst. f. ev. Theol. Univ. Regensburg - BV: On the Way to the Future, 1972, 2. A. 1979; The Search for Good, 1975 (dt. Kurs: Gotteslehre, 3 Bde., 1984); Our Cosmic Journey, 1977; Beyond the Gates of Death, 1981 (dt. Wir werden weiterleben, 1984); The Christian Church, 1982 (dt. Kurs: D. christl. Kirche, 3 Bde., 1986); Divine Communication, 1985; Verstehen wir d. Glaubensbekenntnis noch?, 1986 (engl.: What Christians believe, 1987); Responsible Faith, 1986; Christsein ist möglich, 1987; D. bibl. Urgeschichte, 1989 - Ehrung Frederick A. Schiotz Award - Liebh.: Sport, Musik - Spr.: Engl., Franz.

SCHWARZ, Hans Thomas

Übersetzer - Olbrichtstr. 53, 6000 Frankfurt/M. 90 (T. 76 22 70) - Geb. 15. Dez. 1919 Frankfurt/M. - Div. Ehrenposten, u. a. Präs. Bundesverb. d. Dolmetscher u. Übers. (1974) u. Vizepräs. u. Ratsmitgl. Fédération Intern. des Traducteurs (1974); Ständ. Vertr. Fédération Intern. d. Traducteurs b. Büro de Vereinten Nationen in Genf; Chefredakt. Mitteilungsblatt d. Dolmetscher u. Übersetzer (Bonn); Dir. intern. Ztschr. BABEL (FIT, Paris) - BV: Advanced Interpreting - Übungstexte f. Konsekutivdolmetschen, 1968 - 1980 BVK I. Kl.; Diamond Jubilee Medal (1975) u. Honorary Fellow Inst. of Linguists London, 1981 Pierre-Francois Caillé Memorial Med. FIT, Inh. Ehrenbrief Land Hessen - Spr.: Engl.

SCHWARZ, Hans-Helmut
Prof., Rektor Staatl. Hochschule f. Musik Heidelberg-Mannheim - L 15,16, 6800 Mannheim 1.

SCHWARZ, Hans-Otto
Dr. rer. pol., Minister a. D., MdL Baden-Württ. (1956-76), Vors. Geschäftsführung Gasversorgung Süddeutschland GmbH, Stuttgart - Am Wallgraben 135, 7000 Stuttgart 80 (T. 0711 - 7 81 20) - Geb. 24. Mai 1929 Eßlingen/N. (Vater: Feinmechaniker), ev., verh., 3 Kd. - Obersch. Nürtingen; Univ. Tübingen, WH Nürnberg (Wirtschaftswiss.). Promot. 1953 - Industrietätig. u. höh. Schuldst. (zul. Oberstudienrat); 1966-72 Wirtschaftsmin. BW.; Vors. d. Verb. d. Gas- u. Wasserwerke Baden-Württ. (VGW); Mitgl. d. Vorst. d. Bundesverb. d. dt. Gas- u. Wasserwirtsch. (BGW). SPD.

SCHWARZ, Hans-Peter
Dr. phil., o. Prof. f. Politikwiss. u. Direktor Sem. f. Polit. Wiss. Rhein. Friedrich-Wilhelms-Univ. Bonn - Welfenstr. 10, 5300 Bonn 2 - Geb. 13. Mai 1934 - Habil. 1966 Tübingen - Vors. d. Wiss. Beirat d. Inst. Zeitgesch. München, u. d. Wiss. Direktoriums d. Forsch.-Inst. d. Dt. Ges. f. Ausw. Politik - BV: u. a.: D. konservative Anarchist. Politik u. Zeitkritik Ernst Jüngers, 1962; Vom Reich z. Bundesrep. Deutschl. im Widerstreit d. außenpolitischen Konzeptionen in d. Jahren d. Besatzungsherrschaft 1945-49 (2. erw. Aufl., 1980); D. Ära Adenauer - Gründerjahre d. Republik 1949-57, Bd. II d. Gesch. d. BRD, 1981; D. Ära Adenauer - Epochenwechsel 1957-63, Bd. III d. Gesch. d. BRD, 1983. Herausg.: D. zweite Republik. 25 Jahre Bundesrepublik Dtschl. - e. Bilanz (m. R. Löwenthal, 3. A. 1979); Handb. d. dt. Außenpolitik (2. A. 1976); Amerika u. Westeuropa (m. K. Kaiser, 1977; engl. 1978); Adenauer - Briefe 1945-47 (m. Rudolf Morsey) (= Bd. I v. Adenauer - Rhöndorfer Ausg.), 1983; Briefe 1947-49 (= Bd. II v. Adenauer - Rhöndorfer Ausg.), 1984; D. gezähmten Deutschen. Von d. Machtbesessenh. z. Machtvergessenh. (1985); Weltpolitik. Strukturen - Akteure - Perspektiven (m. K. Kaiser, 1985); Adenauer. D. Aufstieg 1876-1952 (1986). Herausg. Vierteljahrshefte f. Zeitgesch. (zus. m. Karl-Dietrich Bracher).

SCHWARZ, Heinz
Staatsminister a. D., MdL Rheinl.-Pf. (1959-76) u. MdB (s. 1976), Geschäftsf. Rohstoff-Importges. mbH (ROI), Leubsdorf - Bundeshaus, 5300 Bonn (T. 1 61); priv.: Kreuzstr. 73, 5461 Leubsdorf (T. Linz 33 11) - Geb. 24. Juli 1928 Leubsdorf, kath., verh., 5 Kd. - Volks-, Handels- u. Weinbausch.; 1944-47 Lehre Kreisspark. (dazw. 1944-45 Wehrdst.). Ab 1948 Tätigk. elterl. Betr. (Weinbau u. Gastw.) u. Industrie, 1949-64 Geschäftsf. CDU u. Junge Union, 1964-71 Bürgermeister bzw. Verbandsbürgerm. Bad Hönningen, 1971-76 Innenmin. Rheinl.-Pfalz (1973-75 Vors. Ständ. Konferenz d. Innenmin. d. Länder). CDU s. 1947 - Gr. BVK.

SCHWARZ, Helmut
Dr., Prof., Chemiker - Zu erreichen üb. TU, Str. d. 17. Juni 135, 1000 Berlin 12 - 1981 Otto-Klung-Preis f. Chemie 1980 (f. d. Arb.: Chemie im Massenspektrometer).

SCHWARZ, Helmut
Dr. Ing., Prof. - Lingeweide 4, 4000 Düsseldorf 31 (T. 0203 - 74 07 76) - Geb. 30. Juni 1931 Düsseldorf - S. 1965 (Habil.) Lehrtätig. Hannover (1966 Wiss. Rat u. Prof.), s. 1975 o. Prof. u. Lehrstuhlinh. f. Steuer- u. Regelungstechn. Gesamthochsch. Duisburg.

SCHWARZ, Helmut
Dr., Fabrikant, Geschäftsf. Ernst Schwarz GmbH., Plettenberg, Vors. Fachvereinig. Gabeln u. Zinkenhacken, Hagen - Kaiserstr. 17a, 5970 Plettenberg/ W. - Geb. 23. Nov. 1916.

SCHWARZ, Henning M.
Dr. jur., Ministerpräsident Schlesw.-Holst. (1987-88), Minister f. Bundesangelegenheiten d. Landes Schlesw.-Holst. (b. 1988) - Kastanienallee, 2071 Hoisdorf - Geb. 5. Okt. 1928 Gut Frauenholz b. Oldesloe/Holst. (Vater: Werner S., Landwirt, 1959-65 Bundesmin. f. Ernährung, Landw. u. Forsten (s. dort). Mutter: Rosemarie, geb. Saul), ev., verh. m. Roturd, geb. Pritschau, 3 Kd. (Sabine, Bertram, Annette) - 1949-53 Univ. Würzburg u. Hamburg (Rechtswiss.). Ass.ex. 1957; Promot. 1958 - 1958-69 Rechtsanw. u. Notar (1959) Ahrensburg; s. 1971 (m. Unterbr.) MdL SH, zul. (s. 1979) Min. f. Bundesangel. u. stv. Ministerpräs. Versch. Kirchenämter. CDU s. 1948 (div. Funktionen).

SCHWARZ, Hermann
Dr. phil. nat., Konsul, Fabrikant, Inh. Rohde & Schwarz, Meß- u. Nachrichtengerätewerk, München 8 - Normannenpl. 9, 8000 München 81 (T. 98 11 52) - Geb. 29. März 1908 Nördlingen - Univ. Heidelberg, München, Jena (Physik; Promot. 1931 m. e. Arbeit üb. Strommessungen) - 1933 Mitbegr. ob. Fa. - Ehrensenator; 1971 Isl. Konsul f. Bayern; 1971 Bayer. VO., 1978 Gr. BVK.

SCHWARZ, Horst
Dr. rer. pol., o. Prof. f. Betriebsw.lehre - Kirschenallee 5, 1000 Berlin 19 (T. 304 30 55) - Geb. 13. Aug. 1923 Berlin (Vater: Adolf S., Gaswerksbeamter; Mutter: Frieda, geb. Miers), ev., verh. s. 1956 m. Gisela, geb. Plagemann, 2 Söhne (Albrecht, Horst-Martin) - N. Sonderreifeprüf. WH u. Humboldt-Univ. Berlin. Kaufmannsgehilfenprüf. 1943; Dipl. Betriebsw. 1948; Promot. 1949; Habil. 1958 - Mehrj. prakt. Tätigk. (vor u. n. d. Stud.), zul. Leit. d. Rechnungswesens e. AG (Handlungsbevollm.); s. 1953 Assist., Privatdoz., Wiss. Rat, apl. u. o. Prof. (1964) TU Berlin. 1963-66 Gastprof. Inst. f. Unternehmungsführung (Insead) Fontainebleau. Div. Mitgliedsch. - BV: Grundfragen d. Abstimmung v. Materialbeschaffung, Fertigung u. Vertrieb, 1959; Konzernrechnungswesen, 1963; Grundzüge d. Lehre, 1965; Erfolgssteigerung durch Management by Exception - Leitf. z. Kosten- u. Ertragsplanung (Planungsrechnung), 1966; Optimale Investitionsentscheidungen, 1967; Arbeitsplatzbeschreibungen, 1968; 11. A. 1988; Kostenträgerrechnung u. Unternehmungsführung, 1969, 3. A. 1986; Betriebsorganisation als Führungsaufgabe, 1969, 9. A. 1983.

SCHWARZ, Jürgen

Dr. rer. pol., Dipl.-Volksw., Vorsitzender d. Geschäftsführung/Chairman McCann-Erickson Deutschl. GmbH, Frankfurt/M. (s. 1987) - Ulmenstr. 39, 6000 Frankfurt/ M. (T. 069 - 71 31-0) - Geb. 21. April 1942 Hamburg - 1966-68 Assist. d. Geschäftsf. Neckermann u. Reisen; 1968-70 Kundenberater Ogilvy & Mather; 1970-85 Gf. Gesellsch. Admenting D'Arcy MacManus & Masius GmbH - Liebh.: Joggen, fernöstl. Antiquitäten, Fußball, Golf.

SCHWARZ, Karl
Dr. rer. pol., Demograph - Klopstockstr. 14, 6200 Wiesbaden (T. 81 17 10) - Geb. 17. Sept. 1917 Ludwigshafen/Rh. (Vater: Ludwig S., Kaufm.; Mutter: Berta, geb. Schlotter), ev., verh. s. 1944 m. Alice, geb. Künken, 5 Kd. (Dietrich, Felizitas, Matthias, Christopher, Andrea) - Dipl.-Volksw. 1949; Promot. 1953 - 1968-79 Abteilungsleit. Statist. Bundesamt u. Vertr. d. Bundeswahlleiters, Wiesbaden; 1979-82 Dir. u. Prof. Bundesinst. f. Bevölkerungsforsch. u. Mitgl. d. Wahlkommiss.

ebd.; Mitgl. d. wiss. Beirats f. Familienfragen b. BMJFFG; Mitgl. in nationalen u. intern. wiss. Ges. Lehrbeauftr. an d. Univ. Mainz; 1985/86 Prof. Univ. Bamberg - Üb. 200 Fachartl., dar. 3 Bücher - BVK I. Kl. - Spr.: Engl., Franz.

SCHWARZ, Kurt
Dr. jur., Aufsichtsratsmitglied u. Mitinhaber d. SCHWARZ PHARMA AG, Monheim - Bleerstr. 57, 4019 Monheim - Geb. 11. Nov. 1915 - Mitgl. d. Ältestenrates d. Bundesverb. d. Pharm. Ind. - BVK I. Kl.

SCHWARZ, Kurt
Dr. med. (habil.), Prof., Oberarzt II. Med. Univ.sklinik München - Radspielerstr. 17a, 8000 München 81 (T. 91 15 58) - Geb. 18. Sept. 1925 Neutitschein (Vater: Ferdinand S., Ing.), verh. m. Renate, geb. Rehulka - B. 1967 Privatdoz., dann apl. Prof. München (Inn. Med.). Facharb.

SCHWARZ, Ludwig
Vorstandsmitglied Zentraleurop. Versicherung AG., Berlin/Stuttgart, u. Sparkassen-Versich. AG., Stuttgart - Rebhalde 13, 7000 Stuttgart - Geb. 17. Nov. 1922 Göttingen.

SCHWARZ, Otfried
Dr. jur., Richter Bundesfinanzhof a.D., München (s. 1967) - Eugen-Kalkschmidt-Weg 6, 8000 München 81 (T. 93 14 36) - Geb. 13. Mai 1912 (Vater: Dr.-Ing. Hanns S., Chemiker; Mutter: Julie, geb. Reuter), ev., verh. I) 1938 m. Lieselotte, geb. Lober († 1973), 2 Kd. (Roger, Teda), II) 1974 m. Sibylle, geb. Freiin v. Pechmann - Ab 1943 Zollverw.; 1946-48 Rechtsanw. Nürnberger Prozesse; Zollref. OFD Nürnberg; ab 1959 Finanzrichter Nürnberg, zul. Senatspräs. FG München - BV: Umsatzausgleichssteuer, 1951, 2. A. 1960; Liman/Schwarz, Steuerbetreibungsrecht, 1951, 2. A. 1960; Hübschmann/Grabower/Beck/v.Wallis/ Schwarz, Umsatzsteuergesetz, 1955; Schwarz/Wockenfoth, Zollgesetz, 1961; Hübschmann/Hepp/Schwarz/Spitaler, Abgabenordnung, 8. A. 1986. Zahlr. Veröff. z. Zoll- u. EWG-Recht - Liebh.: Schach, Segeln, Anthropol.

SCHWARZ, Ottmar
Senator E. h., Dr.-Ing., Gf. Direktor i.R. - Zu erreichen üb. Verein Dt. Ing. VDI-RdL, Graf-Recke-Str. 84, 4000 Düsseldorf - Verh. s. 1944 m. Else, geb. Sponhauer, 3 Kd. (Rüdiger, Ulrike, Gisbert) - Dipl.-Ing. 1949 u. Promot. 1961 TH Darmstadt - Vors. VDI-Kommiss. Reinhalt. d. Luft - 1980 Ehrenmed. VDI; 1982 BVK; 1987 Guilleaume-Gedenkmünze d. VGB - Spr.: Engl.

SCHWARZ, Raimund
Oberstadtdirektor, Schwartzstr. 72, 4200 Oberhausen; priv.: 14, Pfalzgrafenstr. 63 - Geb. 19. April 1926 - Ass.

SCHWARZ, Reinhard
Chefdirigent Staatstheater am Gärtnerplatz München (s. 1988) - Zu erreichen üb. Staatstheater am Gärtnerplatz, 8000 München - Geb. 1936 Berlin - U. a. I. Kapellm. Wuppertal u. Hamburg; s. 1963 ständ. Gastdir. Staatsoper Wien, 1971ff. GMD Hagen, b. 1988 Generalmusikdir. Vereinigte Städt. Bühnen Krefeld-Mönchengladbach. S. 1981 Leiter Dirigentenkl. Konservat. d. Stadt Wien.

SCHWARZ, Reinhard
Dr. theol., o. Prof. f. Kirchengeschichte - Salzstr. 43, 8034 Germering/Obb. (T. München 84 56 60) - Geb. 18. Nov. 1929 Liepe/Usedom, ev. - 1948-53 Kirchl. Hochsch. Berlin u. Univ. Tübingen (Ev. Theol.). Promot. 1959 Tübingen; Habil. 1966 ebd. - S. 1966 Lehrtätig. Univ. Tübingen, Zürich u. München (1971 Ord. u. Seminarvorst.). 1983 Präs. Luther-Ges. - BV: Fides, spes u. caritas b. jg. Luther unt. bes. Berücks. d. mittelalterl. Tradition, 1962 (Diss.); Vorgesch. d. reformator. Bußtheol., 1968 (Ha-

bil.schr.); D. apokalyptische Theologie Thomas Müntzers u. d. Taboriten, 1977; Luther. D. Kirche in ihrer Gesch., 1986. Versch. Einzelarb. Herausg.: Luthers Werke.

SCHWARZ, Richard
Dr. phil., o. Prof. f. Pädagogik u. Interdisziplinäre Grenzfragen d. Wissenschaften - Krüner Str. 51, 8000 München 70 (T. 760 78 15) - Geb. 29. Mai 1910 Hagenau/Els., kath., verh. s. 1936 m. Margot, geb. Bliesener, T. Ingrid-Gisela - Gymn.; Univ. Würzburg, Breslau, Köln, Bonn, Greifswald (Promot. 1934), Frankfurt/M. (Phil., Psych., Päd., German., Religionswiss.). Habil. 1948 Würzburg - 1934-49 höh. Schuldst.; 1948-52 Privatdoz. Univ. Würzburg (Phil.); s. 1952 o. Prof. Phil.-Theol. Hochsch. Bamberg (Psych., Päd.), Univ. Wien (1958; Päd. u. Kulturphil.; Vorst. Inst. f. Päd.) u. München (1963-78 Vorst. Inst. f. Päd. u. Forschungsst. f. interdisziplinäre Grenzfragen d. Wiss.). Zeitw. Vors. Schulausschuß Österr. Rektorenkonferenz u. Mitglied Österreichische UNESCO-Kommiss. - BV: D. Christusbild d. dt. Mystikers Heinrich Seuse, 1934; Leib u. Seele in d. Geistesgesch. d. Mittelalters, 1938; Wiss. u. Bildung, 1957; Univ. u. mod. Welt - E. intern. Symposion, 1962; Humanismus u. Humanität in d. mod. Welt, 1965; Menschl. Existenz u. mod. Welt - E. intern. Sympos. z. Selbstverständnis d. heut. Menschen, 2 Bde. 1967. Herausg.: Bildung / Kultur / Existenz (Buchreihe 1962ff.), Intern. Jahrb. f. interdisziplinäre Forschg. (2 Bde. 1974/75); Mithrsg.: Wiss. u. Weltbild (1962ff.; Wien); s. 1949 wiss. Mitarb. an zahlr. in- u. ausl. Rundfunkanst. - 1957 Dr.-Ludwig-Gebhard-Wiss.spreis Bayreuth.

SCHWARZ, Rudolf
Dr. med. vet., Prof. Anat. Inst. Tierärztl. Hochschule Hannover - Im Bergfeld 37, 3005 Hemmingen 4 - Geb. 14. Sept. 1931 Oppeln - S. 1967 (Habil.) Lehrtätig. u. Forschung TiHo Hannover (1968 Doz., 1970 Abt.vorst. u. Prof., 1978 Prof.).

SCHWARZ, Theo
Dipl.-Ing., Architekt - Am Sonnenfeld 17c, 8228 Freilassing (T. 08654 - 6 44 86) - Geb. 8. Febr. 1929 Freilassing (Vater: Joseph Sch., Industr.; Mutter: Olga, geb. Ach), kath., verh. s. 1960 m. Karin, geb. Wichert, 4 Kd. (Christian, Michaela, Susanne, Wolfgang) - Dipl. 1953 TH München - Spr.: Engl.

SCHWARZ, Uwe
Geschäftsführer DRK/Landesverb. Oldenburg - Gottorpstr. 25, 2900 Oldenburg/O.

SCHWARZ, Wolf
Dr. jur., Prof., Rechtsanwalt, Honorarkonsul v. Bangladesh, Geschäftsführer d. IKEA Verwaltungs-GmbH, gf. Gesellsch. Neue Deutsche Filmges. mbH, Unterföhring - Wittelbacherpl. 1 (Arco-Palais), 8000 München 2 (T. 089 - 235 00 40) - Geb. 10. Juni 1917 Hösel b. Düsseldorf (Vater: Dipl.-Ing. Heinrich S.; Mutter: Maria, geb. Koch), ev., verh. s. 1950 m. Hildegard, geb. Herding, 5 Kd. (Annelie, Iris, Mathias, Marius, Michael) - Univ. Freiburg/Br. (Med.; Vorphysikum 1935) u. München (Rechtswiss.); Promot. 1942), Ass.ex. 1949 - S. 1949 Rechtsanwalt - Spr.: Engl., Franz. - 1967 BVK I. Kl., 1985 Gr. BVK; 1972 Bayer. VO. - Bek. Vorf. (Großv.): Geheimrat Prof. Dr. Dr. h. c. Amandus S. u. (Urgroßv.): Prof. Dr. Dr. h. c. Ernst Kummer.

SCHWARZ, Wolfgang
Dr. phil., Prof., Schriftsteller, Chefdramaturg - Bölckestr. 13, 6740 Landau/ Pfalz (T. 45 14) - Geb. 15. Mai 1916 Tarnowitz/OS., ev., verh. s. 1969 m. Erica, geb. Risch (Bühnenbildnerin) - Univ. Breslau (Promot. 1938), Berlin, München, Neapel - W: D. Komödie d. Satans, Lyr. Querschnitt durch 9 J. sibir. Gefangenschaft, 1954; Lubjanka-Ballade, Sch. 1954; Ritt n. Ovidiopol, Erz. 1954; Des Ostwinds eisiger Psalm, R. 1955; D. arme Odysseus, Sch. 1956; D. unsichtbare Brücke, R. 1958; Abschied v. Ithaka, Ged. 1961. Herausg.: Dies Land ist weit, Briefe russ. Menschen, 1959; Indien - Europa, 2 Welten in Briefen, 1961; Kreuzweg d. Karawanen, R. 1963; D. Westöstl. Planquadrat - E. Ideengesch., 2 Bde. 1971/73; D. sieben Geschichten, Erz. 1974; Kosaken, R. 1976; Raskolnikoff, Sch. 1977; z. B. Medea, Sch. 1978; Das Leben des Willibald Gänger, Erz. 1979 - 1939 Schiller-Preis, 1953 Ehrengabe Dt. Schiller-Stiftg., 1954 Gold. Ring d. Dt. Lyrik, 1955 Thomas-Mann-Ehrengabe, 1960 Friedland-Preis d. Heimkehrer u. 1962 Preis f. Lit., 1962 Andreas Gryphius Preis. Stip. Villa Massimo (Dt. Akad. Rom), 1983 Hermann Sinsheimer-Preis - Liebh.: Malerei u. Dekoration - Bek. Vorf.: General v. Fransecki, Feldherr dt.-franz. Krieg (ms.) - Lit.: Peter Welke, Spiegel u. Brücke, Annäherungen an W. Sch. (1986).

SCHWARZ, Wolfgang

Dr. rer. nat., o. Prof. f. Math. Univ. Frankfurt/M. (s. 1969) - Herlenstückshaag 19, 6233 Kelkheim - Geb. 21. April 1934 Selb (Vater: Wilhelm S., Lehrer; Mutter: Maria, geb. Knaisch), kath., verh. s. 1963 m. Doris, geb. Schwarze, 3 Kd. (Karin, Peter, Eva) - Stud. Erlangen; Promot. 1959 ebd.; Habil. 1964 Freiburg - 1956-60 wiss. Assist. Univ. Erlangen; 1960-69 wiss. Assist., Doz. (1964) u. Wiss. Rat (1969) Univ. Freiburg; 1969 o. Prof. Univ. Frankfurt; 1980-82 Secretarius Wiss. Ges. Univ. Frankfurt; 1981-88 Präs.-Mitgl. DMV; 1986-87 Vors. DMV - BV: Einführung in Methoden u. Ergebnisse d. Primzahltheorie, 1969; Einf. in Siebmethoden d. analyt. Zahlentheorie, 1974; Einf. in d. Zahlentheorie, 1975, 2. A. 1987; Beisp. u. BASIC-Progr. z. Mathematikunterr., 1985. Ca 70 Fachaufs. - Liebh.: Schach, Ski, Bergsteigen, Musik, Kompos. - Spr.: Engl.

SCHWARZ-SCHILLING, Christian
Dr. phil., Sinologe, Bundesminister f. Post- u. Fernmeldewesen (s. Okt. 1982), MdB (s. 1976) - Am Dohlberg 10, 6470 Büdingen; dstl.: Heinrich-von-Stephan-Str. 1, 5300 Bonn 2 - Geb. 19. Nov. 1930 Innsbruck, verh. (Ehefr.: Dipl.-Volksw. Marie-Luise) - 1950-56 Stud. Geschichte, Ostasiat. Kultur- u. Sprachwiss. Berlin u. München - 1957-82 Gfg. Accumulatorenfabrik Sonnenschein GmbH, Büdingen. CDU (s. 1967 stv. Landesvors. d. CDU Hessen; s. 1977 stv. Bundesvors.

Mittelstandsvereinig. d. CDU/CSU) - Spr.: Engl., Chines. - Rotarier.

SCHWARZ-SCHÜTTE, Rolf
Aufsichtsratsvorsitzender d. SCHWARZ PHARMA AG, Monheim - Bleerstr. 61, 4019 Monheim - Geb. 12. Dez. 1920 - S. 1984 Präs. d. IHK Düsseldorf.

SCHWARZACHER, Hans-Georg
Dr. med., o. Prof. f. Histologie u. Embryologie - Universität, Wien - Geb. 5. April 1928 Heidelberg - S. 1960 (Habil.) Lehrtätig. Univ. Basel, Wien (1961), Gießen (1966 Ord.), Bonn (1969), Wien (1971). Üb. 100 Facharb. u. Handbuchbeitr.

SCHWARZBACH, Klaus

Dipl.-Betriebsw., Bundesgeschäftsführer Fachverb. Dt. Heilpraktiker (Bundesverb.) - Heilsbachstr. 30, 5300 Bonn 1 (T. 0228-64 10 83) - Geb. 29. Dez. 1938 - Stud. Wirtsch.wiss. u. Jura - 2. Vors. Stiftg. Dt. Heilpraktiker; Generalsekr., geschäftsf. Vorst.-Mitgl. Kooperation Dt. Heilpraktikerverb.; Vizepräs. u. Schatzm. Intern. Federation of Heilpraktiker.

SCHWARZBACH, Martin
Dr. phil., em. Prof. f. Geologie - Fasanenstr. 10, 5060 Berg. Gladbach 1 Frankenhorst (T. 02204 - 6 07 34) - Geb. 7. Dez. 1907 Polkwitz/Schles. (Vater: Karl S., Diakon; Mutter: Minna, geb. Vogelgesang), ev., verh. I) m. Dr. Margarete, geb. Dassek †, II) Beate, geb. Goldhardt - Univ. Heidelberg, Jena, Tübingen, Breslau (Geol.). Promot. u. Habil. Breslau 1937-45 Doz. u. apl. Prof. (1944) Univ. u. TH Breslau, 1946-47 apl. Prof. Univ. Göttingen, s. 1948 Ord. u. o. Dir. Geol. Inst. Univ. Köln. Spez. Arbeitsgeb.: Paläoklimatol. - BV: D. Klima d. Vorzeit, 3. A. 1974 (russ. 1955, engl. 1963); Geologenfahrten in Island, 5. A. 1975; Berühmte Stätten geol. Forschung, 2. A. 1981 (russ. 1973, estn. 1985); Europ. Stätten geol. For-

schung, 1976; Alfr. Wegener u. d. Drift d. Kontinente, 1980 (auch franz. u. engl.); Auf d. Spuren unserer Naturforscher, 1981. Zahlr. Fachaufs. Herausg.: Naturwissenschaften in Köln zw. d. alten u. neuen Univ. (1798-1919) (1985) - 1968 Gr. BVK, 1977 Gust.-Steinmann-Med., 1980 Albr.-Penck-Med.; 1983 H. Stille-Med. - Spr.: Engl., Franz.

SCHWARZBACH, Werner

Dr. med. apl. Prof., Chefarzt Klinik f. Inn. Krankh./Kreiskrankenhs. Altdorf (s. 1972), - Schlehenstr. 8, 8520 Erlangen - Geb. 5. Juli 1926 Böhm. Meipa - Promot. (1954) u. Habil. (1970) Erlangen - BV: D. Herzinsuffizienz, 1972.

SCHWARZE, Aloys

Redakteur - Riemkestr. 147, 4790 Paderborn/W. (T. 2 37 76) - Geb. 16. Nov. 1921 Paderborn, verh., 2 Kd. - Gymn. (Abit. 1940); journalist. Ausbild. Bielefeld - Militärdst. (5 J.) u. amerik. Gefangensch.; s. 1948 verantw. Redakt. Paderborn (Fr. Presse Bielefeld). 1953-64 Ratsherr Paderborn; 1956-66, 1968-70, 1971-75 MdL NRW; s. 1964 MdK Paderborn/Büren; gegenw. Vors. Bezirksaussch. Ostwestf.-Lippe).

SCHWARZE, Claus W.

Dr. med. dent., o. Prof. f. Kieferorthopädie Univ. Köln - Simmerer Str. 27, 5000 Köln 41 (T. 0221 - 43 20 60) - Geb. 20. April 1935 Leipzig (Vater: Harald Sch., Zahnarzt; Mutter: Annelies, geb. Schaumburg), ev., verh. s. 1964 m. Rosita, geb. Kaiser, 2 Kd. (Jörg Martin, Katja Marion) - 1955-60 Stud. Bonn u. Erlangen; Promot. u. Ex. Univ. Erlangen; Habil. 1970 Köln - S. 1973 Dir. Univ.-Zahn- u. Kieferklinik Köln u. Abt. f. Kieferorthop. ebd. Rd. 100 Veröff. in zahnärztl. u. kieferorthop. Fachztschr. In- u. Ausl. - 1971 Arnold-Biber-Preis; Korr. Mitgl. Argent. Ges. f. Kieferorthop. - Liebh.: Kunst, Sport - Spr.: Engl., Span., Ital.

SCHWARZE, Dietrich

Dr.-Ing., Prof., Techn. Direktor u. Geschäftsf. (s. 1975) Süddeutscher Rundfunk - Neckarstr. 230, 7000 Stuttgart (T. 288 21 00) - Geb. 17. Febr. 1930 Jüterbog bei Berlin (Vater: Berthold S., Kaufm.; Mutter: Dorothea, geb. Schäfer) - Stud. TU Berlin; Dipl.ex. 1956; Promot. 1963 - Zun. Sender Freies Berlin, 1970 Dir. Rundfunksbetriebstechnik Nürnberg. Hon.-Prof. Univ. Stuttgart m. Lehrauftr. Elektroakustik. Fachveröff.

SCHWARZE, Hanns W.

Journalist - Oberlandstr. 88/89, ZDF-Studio Berlin, 1000 Berlin 42 (T. 7 02 71) - Geb. 8. Juni 1924 Berlin, verh. s. 1951 - 1953-62 Nachrichtenchef u. polit. Kommentator RIAS Berlin, 1963 Leit. ZDF-Studio Berlin, Aufbau d. Sendung Kennzeichen D. 1979 Honorarprof. FU Berlin (Inst. f. Publizistik); Generalsekr. PEN-Zentrum BRD - BV: D. DDR ist keine Zone mehr, 1970 - Adolf-Grimme-Preis, Gustav-Heinemann-Bürgerpreis, Dt. Kritikerpreis, 1975 BVK I. Kl.

SCHWARZE, Hans Dieter

Regisseur, Schriftsteller - Anterskofen 3, 8386 Reisbach/Vils - Geb. 30. Aug. 1926 Münster/W. (Vater: Heinrich S., Kaufm.; Mutter: Hanna, geb. Deichmann), verh. in 2. Ehe (1963) m. Karin, geb. v. Wangenheim, 2 Kd. (Micheline, Daniel) - N. Kriegsdst. u. sowjet. Gefangensch. Bühnentätigk. (u. a. Regiss. u. Dramat. Castrop-Rauxel, Trier, Krefeld, München (Kammersp.), 1968-72 Int. Westf. Landestheater Castrop-Rauxel, 1975-76 Schauspieldirektor Nürnberg - BV (1956-68): Tröste, blasse Straße (Ged.), Flügel aus Glas (Ged.), Heimweh n. d. Weiten (Peter-Hille-Biogr.), Clowns (Ged.), D. Stiefel ist vergiftet (Theateranekd.), Feierabend (m. Max v. d. Grün), Sterben üben - was sonst? (Ged.); Neues v. Caspar Clan, Verse u. Sprüche, 1984; Meersburg - Frei n. Briefen v. Droste-Hülshoff, Hörsp. 1984. Herausg.: Peter Hilles - Ausgew. Werke (1960), Eheliche Liebesgeschichten, Leseprogr. (1978); Memoriermurmeln (Ged.), D. Brandebusemanns (Erz.) (bd. 1980), Ludwig Leiserer (R. 1981); Mein lieber Wilhelm (Erz. 1982), Madame belieben zu lächeln (Kom. 1982); Kurz vorm Finale (1986); Sieh mir ins Auge (Schausp. 1988). Bühnenbearb.: Lenaus Faust, D. Lästigen (n. Molière). Wesentl. Theater- insz.: Prinz v. Homburg, D. Dunkel ist licht genug, Korczak u. d. Kinder (Urauff.), Gespräch im Park, D. Mondvögel, Ubu, Prof. Toti (dt. Erstauff.); Fernsehfilme: Königinnen v. Frankr., Friedrich Hollaender erzählt, Madame Bovary, Schach v. Wuthenow, Komödie d. Irrungen, Ende e. Dienstfahrt. Hörsp.: D. Nashörner, D. Biber - 1958 Förderungspreis f. Literatur Nordrh.-Westf., 1960 Ordre de la Grande Gidouille Paris (f. d. Insz.: Ubu), 1965 Preis f. d. beste Fernseregie Intern. Festival Prag (f.: D. Drache), 1965 Bundesfilmpreis/Filmband in Gold (f. d. darstell. Leistung in: Alle Jahre wieder), 1973 Silb. Lorbeerbl. Dt. Bühnenschriftst.-Verb. u. Silb. Blatt Dramatiker-Union; 1973 BVK; 1978 Spezial Mention, Montreux; 1986 Landesbühnenpreis (f. Schausp. E. wunderlicher Kerl im WLT u. ZDF). Mitgl. PEN-Zentrum BRD - Liebh.: Pilze suchen - Spr.: Engl.

SCHWARZE, Hans-Joachim

Dipl.-Volksw., Bezirksstadtrat a. D., - Hagenstr. 3, 1000 Berlin 33 (T. 826 16 50) - Geb. 17. April 1917 Apolda/Thür. (Vater: Emil S., Zahnarzt; Mutter: Johanna, geb. Hofmann), ev., verh. m. Barbara, geb. Heller, 3 Kd. (Angelika, Christian, Hans-Peter) - Realgymn.; Univ. Hochsch. f. Welthandel Wien u. Univ. Jena (Stud. 1937-46 durch Militär-, Wehrdst. u. sowjet. Gefangensch. unterbr.). Dipl.-Volksw. 1947 Jena - 1947-50 Hochsch. f. Architektur Weimar (Verw.sdir.); 1950-56 Bundeshaus Berlin; 1956-59 Senat v. Berlin; s. 1959 Bezirksamt Wilmersdorf (b. 1965 Bezirksstadtrat f. Jugend u. Sport, 1965-75 f. Bau- u. Wohnungs- bzw. f. Bauwesen, 1965-71 stv. Bürgerm.). CDU s. 1946 (1950 West) - 1969 BVK - Liebh.: Tennis.

SCHWARZE, Hans-Joachim

Assessor, Syndikus Berliner Börse, Mitgl. d. Geschäftsfg. IHK Berlin, Vorstandsmitgl. Berliner Kassenverein AG. - Schützallee 10, 1000 Berlin 37 (T. 813 28 83) - Geb. 5. Febr. 1930 Salmünster/Ts., ev., verh. s. 1957 m. Margot, geb. Schotten, 2 Kd. - Realgymn. Fulda; Univ. Marburg (Rechtswiss.). Jurist. Staatsprüf. 1955 u. 1959 - Spr.: Engl. - Rotarier.

SCHWARZE, Jochen

Dr. rer. pol., Dipl.-Kfm., o. Prof. f. Statistik u. Ökonometrie TU Braunschweig (s. 1972) - Im Unterdorf 28, 3306 Lehre-Wendhausen (T. 05309 - 87 14) - Geb. 8. Aug. 1937 (Vater: Dr. rer. pol. Dipl.-Kfm. Paul S.; Mutter: Luise, geb. Abel), ev., verh. s. 1966 m. Margot, geb. Brössel, 2 Kd. (Stephan, Melanie) - Neue Obersch. f. Jungen Braunschweig (Abit. 1957); Lehre Ind.kfm.; Stud. d. Betriebswirtsch. u. Math. Univ. Frankfurt/M. u. Göttingen; Dipl.ex. 1963; Promot. 1967 Göttingen; Habil. 1972 Münster - 1963-72 wiss. Assist. Univ. Göttingen u. Münster (1972 auch Doz. ebd.); 1964-65 Schriftleit. Reihe Operations Res.-Verf.; s. 1971 Studienleit. Verw. u. Wirtsch. Akad. Leer; 1974-76 Mitgl. Gründungsaussch. Fernuniv. NRW; Vorst.-Mitgl. Dt. Ges. f. Operations Research (1980-81); Gastprof. Beijing Agric. Eng. Univ. (China) - BV: Stochastische Ansätze in d. Theorie d. Unternehmung, 1967; Netzplantechnik, 5. A. 1985; Übungen hierzu, 1970; Math. f. Wirtschaftswissenschaftler, Bd. I-III, 7. A. 1988; Grundl. d. Statistik - Beschreibende Verfahren, 4. A. 1988; Grundl. d. Statistik-Wahrscheinlichkeitsrechnung, 2. A. 1988; Wirtschaftsinformatik, 1989. Mithrsg.: Intern. Abstracts in Operations Research (s. 1973); Operations Research Spektrum (s. 1981) - Spr.: Engl.

SCHWARZE, Jürgen

Dr. jur., Prof., Direktor Abt. f. Europ. Gemeinschaftsrecht im Seminar f. Öfftl. Recht u. Staatslehre Univ. Hamburg - Rothenbaumchaussee 41, 2000 Hamburg 13 (T. 040-41 23 45 64) - Geb. 9. Juli 1944 Bielefeld - Univ. Münster, Göttingen u. Freiburg (Rechts- u. Staatswiss.), Ass.ex. 1971 Stuttgart, Promot. 1969 Freiburg, Habil. 1976 - S. 1978 Prof. f. öff. Recht Ruhr-Univ. Bochum, s. 1980 Prof. Univ. Hamburg, Dir. s.o. - BV: D. Eingriff in d. Gewerbebetrieb durch Gesetzesänd., 1969; D. funktionale Zus.hang v. Verw.verfahrensrecht u. verw.gerichtl. Rechtsschutz, 1974; D. Befugnis z. Abstraktion im europ. Gemeinsch.recht, 1976; Europ. Verw.recht im Werden, 1982 - Spr.: Engl., Franz.

SCHWARZE, Lothar

Verbandsgeschäftsführer - Kreuzstr. 108, 4600 Dortmund - Bundesinnungsverb. d. Dt. Modellbauerhandwerks, Fachverb. Holz u. Kunststoff Nordrh.-Westf., Landesverb. d. Tischlerhandw.

SCHWARZENAU, Dieter

Dr. phil., Leiter Hauptabteilung Information u. Presse ZDF Mainz (s. 1988) - Königsberger Str. 18, 6239 Kriftel/Ts. (T. 06192 - 4 47 76) - Geb. 16. Aug. 1937 Dortmund, verh. s. 1967 m. Heitken, geb. Tötter, T. Katrin -Stud. German., Gesch. u. Publiz. 1960-66 in Münster u. Kiel, daneb. fr. journ. Mitarb. Ruhr-Nachrichten, Promot. 1966 (m. d. Arb.: D. Dichter Gerrit Engelke) Univ. Kiel - 1966-68 Redakt. f. Politik Ruhr-Nachrichten, Dortmund; s. 1968 ZDF Mainz: b. 1969 Redakt. in d. Redaktion Schauspiel, b. 1971 Redakt. Planungsredaktion, 1975/76 Leit. Planungsredaktion, 1977-88 Leit. d. wöchentl. Kulturmagazins Aspekte - BV: D. frühen Arbeiterbiogr. in Beitr. z. Kulturgesch. d. dt. Arbeiterbewegung, 1979. Zahlr. Aufs. in Ztschr. u. Ztg., zul.: Lesen ohne vollen Lohnausgleich (in Buch u. Bibl., Nr. 6/7), 1988 - Fernseh-Preis Nationalkomit. f. Denkmalschutz - Spr.: Engl.

SCHWARZENBERG, Adolf

Pfarrer a. D., Puppenspieler, Schriftsteller - Diego Portales 1200, Dep. 405, Viña del Mar, Recreo. (Chile) (T. 6 36 11); Postanschr.: Casilla 970, Viña del Mar (Chile) - Geb. 23. März 1909 Valdivia/Chile (Vater: Friedrich S., Kaufm.; Mutter: Wanda, geb. Thater), ev.-luth., verh. s. 1936 m. Ilse, geb. Strasser, 3 Kd. (Helga, Ursula, Ulrich) - 1973-76 Lehrer Escuela de Cultura y Difusión Arfstica in Valdivia; 1976-80 ev.-luth. Pfarrer Gde. Valdivia - BV: Unter neuen Sternen, Ged.; D. Heimatsuche, Nov.; Simplemente vida, Ged. (span.); zahlr. Ztgs-Art. Übers.: Dt.-Span. u. Span.-Dt.: allg. Lit., Prosa u. Verse, theol. Schr. - Spielfahrten m. Figuren u. Schreibmasch. durch Spanien, Dtschl. u. Lateinamerika - 1966 Ehrenpreis chilen. Unterrichtsmin. (Puppenfestival) - Spr.: Deutsch, Span.

SCHWARZENBERG, Ilse,

geb. Strasser

Malerin, Puppenbildnerin - Diego Portales 1200, Dep. 405, Viña del Mar, Recreo. (Chile) (T. 6 36 11); Postanschr.: Casilla 970, Viña del Mar (Chile) - Geb. 16. Juli 1913 Peulla/Chile (Vater: Artur S., Landw. u. Kaufm.; Mutter: Helene, geb. Westphal), ev.-luth., verh. s. 1936 m. Adolf Sch. (s. dort), 3 Kd. (Helga, Ursula, Ulrich) - Kunstakad. Santiago - 1973-76 Lehrerin Escuela de Cultura y Difusión Arfstica Valdivia - Spielfahrten m. Figuren, Pinsel u. Zeichenstift durch Span., Dtschl. u. Lateinamerika. Bilder: Porträts u. Landschaften in Häusern Süd-Chiles, Buenos Aires u. Porto Alegres - 1966 Ehrenpreis chil. Unterrichtsmin. (Puppenfestival) - Liebh.: Insz. v. Figurspielen - Spr.: Deutsch, Span.

SCHWARZENBÖCK, Franz

Weihbischof Erzdiözese München-Freising - Maxburgstr. 2, 8000 München 2 (T. 2 13 71) - Geb. 24. Juli 1923 Miesbach (Vater: Bahnbeamter) - Phil.-Theol. Hochsch. Freising - Kaplan Maria-Hilf München; 1958-64 Diözesanjugendpfarrer München; 1964-68 Mitarb. Erzb. Seelsorgereferat; 1968-72 Seelsorgereferent u. Ordinariatsrat München; s. 1972 wie oben - 1981 Bayer. VO.

SCHWARZER, Alice

Journalistin, Herausg. u. Verlegerin d. feministischen Monatszeitschrift Emma (s. 1977) - Kolpingplatz 1a, 5000 Köln 1 - Geb. 3. Dez. 1942 Wuppertal - B. 1966 Volont. Düsseldorfer Nachrichten, Stud. Paris (Soziol., Psych.) - 5 J. Bürotätigk. (kfm. Angest.), dann Journ., Buchautorin, Lehrbeauftr. Univ. Münster u. Berlin. Spez. Arbeitsgeb.: Frauenemanzipation - BV: Frauen gegen d. § 218, 1971; Frauenarbeit - Frauenbefreiung, 1973; D. kl. Unterschied u. seine gr. Folgen, 1975 (übers. Franz., Holl., Span., Dän., Ital., Griech., Japan.); D. Emma-Buch, 1981; So hat es angefangen - 10 J. Frauenbeweg., 1981; M. Leidenschaft, 1982.

SCHWARZFISCHER, Friedrich

Dr. med., Dr. rer. nat., Prof., Abteilungsvorsteher Inst. f. Anthropologie u. Humangenetik Univ. München - Sabener Str. 114, 8000 München 90 (T. 64 74 08) - Geb. 31. Dez. 1921 Petershausen/Obb. (Vater: Friedrich S., Zahnarzt; Mutter: geb. Hurler), verh. (Ehefr.: geb. Fischer), 2 Kd. - Stud. Med. u. Naturwiss. - S. 1960 (Habil.) Lehrtätigk. München (1967 apl. Prof. f. Anthropol. u. Humangen.). Üb. 50 Fachveröff.

SCHWARZHAUPT, Wolfgang

Dr. h. c., Fabrikant, Kommanditges. Schwarzhaupt, Köln, sowie versch. Untern. d. Schwarzhauptgruppe - Sachsenring 37-47, 5000 Köln (T. 3 39 31) - Geb. 12. Jan. 1910 Köln - Dr. h. c. Akad. d. Wiss. Rom.

SCHWARZKOPF, Dietrich

Programmdirektor Deutsches Fernsehen - Hanfelder Str. 79, 8130 Starnberg (T. 08151 - 1 23 11) - Geb. 4. April 1927 Stolp/Pommern (Vater: Walter S., Tierarzt; Mutter: Dorothea, geb. Ernst), kath., verh. s. 1959 m. Hilde, geb. Stallmach (s. unt. Schwarzkopf-Stallmach) - Obersch. Babelsberg u. Berlin; FU Berlin (1948-54 Rechtswiss.; I. jurist. Staatsprüf. 1954) u. Univ. of Minnesota/USA (1950-51 Polit. Wiss.; M.A. 1951) - 1952-62 Redakt. u. Bonner Korresp. (1955) D. Tagesspiegel, Berlin, dann Leit. Studio Bonn Deutschlandfunk, Köln, 1966-74 Programmdir. NDR (Fernsehen), 1974-78 stv. Int. NDR, s. 1978 Programmdir. Deutsches Fernsehen - BV: Chancen f. Deutschland, 1965 (m. Olaf v. Wrangel); Atomherrschaft - Politik u. Völkerrecht im Nuklearzeitalter, 1969 - Spr.: Engl. - Rotarier.

SCHWARZKOPF, Klaus

Schauspieler - Zu erreichen üb.: Euro-Studio/Landgraf KG., 7820 Titisee-Neustadt/Schwarzw.; Wohnung: 8000 München - Geb. 18. Dez. 1922 Neuruppin - S. 1947 Bühnentätigk. (Debüt bei Barlog/Berliner Schloßparktheater). Viele Hauptrollen (1983 Schiller-Theater Berlin: D. Hauptmann v. Köpenick), auch Fernsehen - Liebh.: Antiquitäten, klass. Musik.

SCHWARZKOPF-LEGGE, Elisabeth

Dr. h. c. mult., Opernsängerin (Sopran) - Wohnh. in 8126 Zumikon/Schweiz - Geb. 9. Dez. 1915 Jarotschin/Posen (Vater: Friedrich Sch., Oberschulrat; Muttter: Elisabeth, geb. Fröhlich), verh. m. Walter Legge (†1979) - Gesangsstud. Hochsch. f. Musik Berlin u. b. Kammersängerin Maria Ivogün - Debut 1938 in Parsifal Städt. Oper Berlin; 1946-48 Mitgl. Wiener Staatsoper; 1948-63 Scala Mailand; 1948-50 Royal Opera House Covent Garden; 1955 Operndebut in d. USA (San Francisco), 1964-65 Met. New York, Chicago Opera. Teiln. an zahlr.

Festsp. in d. ganzen Welt (u. a. Eröff. Bayreuther Festsp. nach d. Krieg, 1947-64 Salzburger Festsp.); Liederkonz. im In- u. Ausl. - Hauptrollen: Marschallin, Fiordiligi, Donna Elvira, Comtessa Almaviva, Gräfin in Capriccio, Pamina, Liu, Mimi, Eva, u. a. Regie: D. Rosenkavalier (Brüssel 1981) - 1950 Lilli Lehmann Med., Salzburg; 1955 1. Orfeo d'Oro, Mantua; 1971 Hugo Wolf Med., Wien; 1974 Gr. BVK; 1984 Preis Diapason d'Or (f. Plattenkassette: Les introuvables d'E.S.). 1982 Mozart-Med. Stadt Frankfurt; 1983 Mitgl. Orden Pour le Mérite; Mitgl. Danneborg Orden I. Kl., Dänemark; Österr. Kammersängerin; 1975 Ehrenmitgl. Royal Acad. of Music, London, 1983 Wiener Staatsoper u. Schwed. Akad. d. Künste u. Wiss.; Mitgl, Accad. Santa Cecilia, Rom; 1980 Korr. Mitgl. Bayer. Akad. d. Künste; 1976 Ehrendoktor Univ. Cambridge, Engl. u. 1982 American Univ. Washington; 1986 Commandeur l'Ordre des Arts et des Lettres, Frankreich.

SCHWARZL, Friedrich

Dr. phil., Prof., Inhaber Lehrstuhl f. Werkstoffwiss. V (Kunststoffe) u. Vorst. Inst. f. Werkstoffwiss. Univ. Erlangen-Nürnberg (s. 1973) - Burgbergstr. 44, 8520 Erlangen - Geb. 16. Juli 1925 Wien - Promot. 1948 Wien; Habil. 1971 Aachen - Facharb. Mithrsg.: Rheologica Acta (1958ff.).

SCHWARZMAIER, Hansmartin

Dr. phil., Prof., Leitender Archivdirektor Generalarchiv Karlsruhe - Katzenbergstr. 4a, 7500 Karlsruhe 41 - Geb. 3. Mai 1932 Tübingen, verh., 2 Kd. - Hon.-Prof. Univ. Heidelberg - Veröff.: Zahlr. Bücher u. Abh. z. dt. u. ital. Gesch. d. Mittelalters u. d. südwestdt. Landesgesch. 1962-89.

SCHWARZMAIER, Michael

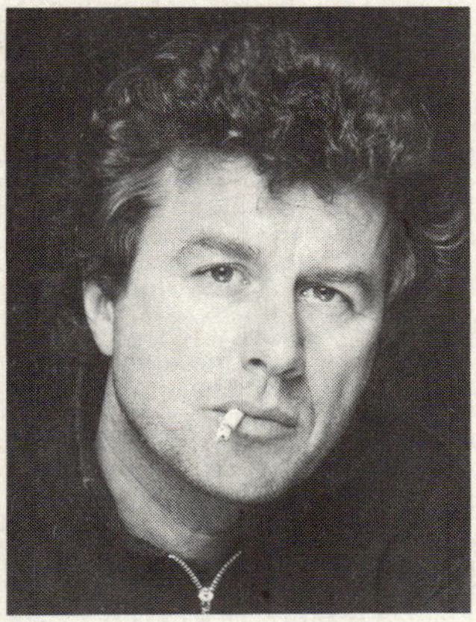

Schauspieler - Ina-Seidel-Bogen 94, 8000 München 81 (T. 089 - 93 69 97) - Geb. 11. Sept. 1940 Frankfurt, verh. s. 1983 m. Michaela, geb. Steinhoff, 2 Töcht. (Katharina, Caroline) - Abit.; Stud. German., Theaterwiss., Kunst u. Span.; Schauspielsch. Else Bongers, Berlin - Schausp. Theater Verden/Aller, Göttingen, Hannover, Münster, Buenos Aires, München (Kammersp., Kleine Komödie, Kleine Freiheit). TV-Rollen, u.a. Tatort, Der Alte, Schwarzwaldklinik; Funkspr. u. Synchron - Liebh.: Malerei, Schreiben, Fotogr. - Spr.: Engl., Span., Franz.

SCHWARZMANN, Hans

Dr. jur., Botschafter d. Bundesrep. Deutschl. in Marokko (s. 1976) - 7, rue Mohamed El Fatih, BP 235, Rabat/Marokko (T. 325-32; Sammelnr.) - Geb. 16. Febr. 1913 Aschaffenburg/M. (Vater: Albert S., Rechtsanw.; Mutter: Hedwig, geb. Dingler), verh. 1937 m. Liselotte, geb. Schultz († 1975), 4 Kd. (dar. Sohn) - Univ. München, Erlangen, Königsberg - S. 1950 AA Bonn (Auslandsposten: Kopenhagen (Attache), Casablanca (Vizekonsul), Capetown (Konsul), Buenos Aires (Botschaftsrat), Beirut (1961-64 Botschafter); 1966-71 Chef d. Protokolls/Zentrale) - 1972 Gr. BVK.

SCHWARZWÄLDER, Herbert

Dr. phil., Prof. f. Geschichte - Torgauer Str. 7, 2800 Bremen (T. 35 22 18) - Geb. 14. Okt. 1919 Bremen, verh. - Stud. Marburg - Studienrat, Prof. PH u. Univ. Bremen - BV: Entstehung u. Anfänge d. Stadt Bremen, 1953 (Diss.); Reise in Bremens Vergangenheit, 1965, 2. A. 1986; D. Machtergreifung d. NSDAP in Bremen 1933, 1966; Bremen im Wandel d. Zeiten, D. Altstadt, 1970, 2. A. 1977; D. Neustadt, 1973; Berühmte Bremer, 1972; Bremen u. Nordwestdtschl. am Kriegsende, 1972/74; D. Ende an d. Unterweser, 1974. Gesch. d. Freien Hansestadt Bremen I/IV, 1975/85; (m. Inge Schwarzwälder) Bremerhaven u. s. Vorgängergemeinden, 1977; Sitten u. Unsitten ... im alten Bremen, 1984; Blick auf Bremen, Ansichten - Vogelschauen - Stadtpläne v. 16.-19. Jh., 1985.

SCHWARZWÄLDER, Rainer Matthäus

Dr.-Ing., Dipl.-Ing., Geschäftsführer NIS Ingenieurges. mbH, Hanau (s. 1974) - Wilhelmstr. 74, 8750 Aschaffenburg (T. 06021 - 47 08 75) - Geb. 27. Juli 1932 Ludwigshafen (Vater: Fritz S., Studiendir. a.D.; Mutter: Erna, geb. Weiß), kath., verh. s. 1959 m. Christa, geb. Löcherer, 3 Kd. (Bettina, Stefan, Angelika) - Human. Gymn. (1943-52) Pirmasens; 1953-56 Stud. Masch.bau München. Promot. (Diss. b. Prof. Borchers, Inst. Metallkunde, München) - 1958-64 Leit. Gruppe Brennelemente AEG Telefunken; 1965-73 Geschäftsf. Kernreaktorteile GmbH, Großwelzheim - Spr.: Engl., Franz.

SCHWARZWÄLLER, Hermann Klaus

Dr. theol., Univ.-Prof. Theol. Fak. Univ. Göttingen (s. 1987) - Nikolausberger Weg 21 a, 3400 Göttingen (T. 0551 - 5 88 61) - Geb. 13. März 1935 Flensburg, ev., verh. m. Heide, geb. Schmidt, 2 Kd. (Heidrun, Wolfgang) - 1955-60 Stud. Theol. Hamburg, Heidelberg, Basel, Göttingen; 1. theol. Ex. 1960 Hamburg; Vikariat 1960/61 Heide/Holst.; Promot. 1963 Hamburg, Habil. 1969 Göttingen - 1962-68 wiss. Assist. Vereinigte Theol. Sem. Göttingen; 1972 apl. Prof. - BV: sibboleth, 1969; Theologia crucis, 1970; D. Gotteslob d. angefochtenen Gemeinde, 1970; D. Wiss. v. d. Torheit, 1976 - Spr.: Engl., Franz.

SCHWASS (ß), Jürgen

Kürschnermeister, Modewart u. Pressesprecher Kürschner-Innung Dortmund - Oststr. 8, priv.: Kosterfeld 8, 4700 Hamm/W. (T. 2 49 21) - Geb. 11. Sept. 1939 Stettin (Vater: August S., Kürschnerm.; Mutter: Waltraud, geb. Beirow), ev., verh. s. 1966 m. Brigitte, geb. Walter, 2 Töcht. (Celina, Silke) - Kürschnerausbild.; 2 Sem. Meistersch. f. Mode (Entwurfskl. f. Pelze), Hamburg. Meisterprüf. 1963 Hamburg - Div. Fachmitgliedsch. - Zahlr. Goldmed. Dt. Kürschnerhandw. u. intern. Ausz. - Liebh.: Sport (Tennis, Schwimmen, Ski/Langlauf) - 3. Generation Kürschnerhandw.

SCHWEBEL, Horst

Dr. theol., Prof., Direktor Inst. f. Kirchenbau u. kirchliche Kunst d. Gegenwart - Schuhmarkt 3, 3550 Marburg (T. 06421 - 1 49 97) - Geb. 23. Nov. 1940 Frankfurt (Vater: Gustav Sch., Feinmechanikerm.; Mutter: Else, geb. Kreß), ev., verh. s. 1969 m. Gerlinde, 2 Kd. (Natalie, Florian) - Univ. Frankfurt u. Marburg (Theol., Phil., Christl. Archäol.), Promot. 1966, 1. Theol. Ex. 1967, 2. Theol. Ex. 1969, Habil. 1977 - S. 1980 Hochschull. u. Dir. Inst. f. Kirchenbau u. kirchl. Kunst d. Gegenw. - Spez. Arbeitsgeb.: Grenzgeb. Theol. u. Kunst - BV: u. a. Autonome Kunst im Raum d. Kirche, 1968; Glaubwürdig. Gespräche üb. Kunst u. Religion, 1979;

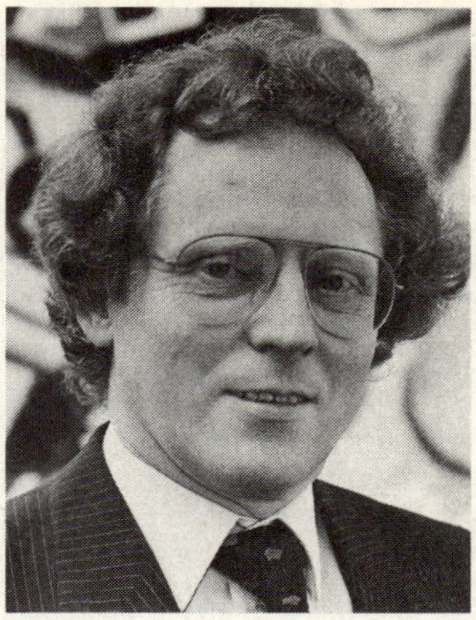

D. Christusbild in d. bild. Kunst d. Gegenw., 1980; Christus in d. Kunst d. 20. Jh. (Hrsg. m. G. Rombold); Kirche u. moderne Kunst (Hrsg. m. A. Mertin), 1988. Ausst.: u. a. Abendmahl (m. H. U. Schmidt), 1982; D. andere Eva (m. H. U. Schmidt), 1985; Ecce Homo (m. H. U. Schmidt), 1987 - Liebh.: Malen, Langlauf - Spr.: Engl., Franz.

SCHWEBLER, Robert

Dr. rer. oec., Dipl.-Volksw., Prof., Vorstandsvors. der Karlsruher Lebensversich. AG, Karlsruhe (s. 1969) - Zu erreichen üb. Karlsruher Lebensversich. AG, Friedrich-Scholl-Platz, 7500 Karlsruhe - Geb. 22. März 1926 - Stud. Volksw. Promot. 1952 - S. 1954 Karlsruher (1964 Vorst.) - 1982 Honorarprof. Univ. Karlsruhe.

SCHWECKENDIEK, Wolfram

Dr. med., Prof. u. Arzt f. Hals-Nasen-Ohrenheilkunde, Leit. Klinik Dr. Schweckendiek, Marburg - Blitzweg 21, 3550 Marburg (T. 06421 - 6 11 55) - Geb. 16. Febr. 1920 Marburg (Vater: Dr. med. Hermann Sch., Prof., Facharzt f. HNO; Mutter: Lotte, geb. Andreae), ev., verh. s. 1969 in 2. Ehe m. Margot, geb. Kliche, 3 Kd. (Wolfram Alexander, Jürgen, Ursula) - 1938-50 Stud. Univ. Frankfurt, Göttingen u. Marburg; Med. Staatsex. u. Promot. 1950, Habil. 1972 - 1950-56 Assistenzarzt; Facharztausb. b. Prof. G. Eigler in Gießen; 1957 Niederl. in eig. Praxis; s. 1960 Ltd. Arzt Klinik Dr. Sch. (s. o.). S. 1982 Honorarprof. Univ. Marburg - BV: D. Spaltbild. d. Lippe, d. Kiefers u. d. Gaumens (in: HNO Heilkd.-Handb. Bd. II/1), 1963; D. Spaltbild. d. Gesichtes u. d. Kiefers, 1972; Spaltbild. d. Lippe, d. Kiefers u. d. Gaumens (in: Hals-Nasen-Ohrenheilkd. in Klinik u. Praxis, Bd. 3), 1976; weit. 70 Fachveröff. - Liebh.: Gesch., Reisen, Wandern, Reiten - Spr.: Engl., Franz.

SCHWEDES, Jörg

Dr.-Ing., Prof. f. Mechan. Verfahrenstechnik TU Braunschweig - Fasanenstr. 17, 3300 Braunschweig - Geb. 26. Febr. 1938 Berlin - Stud. Maschinenbau/Verfahrenstechnik TU München, Karlsruhe; Dipl. 1964, Promot. 1971 - 1971-76 Bayer AG, Leverkusen; s. 1976 o. Prof. Mechan. Verfahrenstechnik TU Braunschweig; 1982-84 Vizepräs. TU Braunschweig - BV: Fließverhalten v. Schüttgütern in Bunkern, 1968; 80 weit. Veröff.

SCHWEER, Günther

Dr. med., Priv.-Doz., Chefarzt Augenabt. Pius-Hospital Odenburg (s. 1969) - Quellenweg 105, 2900 Oldenburg (T. 5 33 66) - Geb. 24. Juni 1920 Essen (Vater: Wilhelm S., Dir.; Mutter: Auguste, geb. Kailing), ev., verh. s. 1950 m. Christine, geb. Fraune, 2 Kd. (Christian, Stephan) - Promot. 1953 Göttingen; Habil. 1960 ebd. - 1958-62 Oberarzt Univ.-Augenkl. Göttingen, 1966-69 Chefarzt Augenabt. Ev. Krankenh. Oldenburg. Fachveröff. - Liebh.: Antike Uhren, Segeln, Fremdspr.

SCHWEER, Joseph

Dr., Regierungspräsident - Theodor-Tantzen-Platz 8, 2900 Oldenburg - Spr.: Engl. - Rotarier.

SCHWEFEL, Hans-Paul

Dr.-Ing., Prof., Lehrstuhl Systemanalyse FB Informatik Univ. Dortmund (s. 1985) - August-Schmidt-Str. 6, 4600 Dortmund 50 (T. 0231 - 755-45 90) - Geb. 4. Dez. 1940, kath., verh. s. 1966 m. Antje, geb. Schulte-Sasse, 2 Kd. (Anke, Jan) - Dipl.-Ing. (Flugtechnik) 1965 Berlin; Dr.-Ing. (FB Verfahrenstechnik) 1975 Berlin - Wiss. Mitarb. Inst. f. Strömungstechnik/Kerntechnik/Meß- u. Regelungstechnik/Anthropol. TU Berlin, zwischendurch Entwicklungsing. AFG-Forschungsinst. u. wiss. Mitarb. Inst. f. Versuchstierkunde Med. Hochsch. Hannover; 1976-85 wiss. Mitarb. Programmgr. Systemforsch. u. Technolog. Entw. KFA Jülich (Abt.-Leit.). Erf. d. Heißwasser-Entspannungsverdampfungs-Düse - BV: Numerische Optimierung v. Computer-Modellen, 1977; Numerical Optimization of Computer Models, 1981 - VDI-Ausz. f. bes. gutes Dipl. - Liebh.: Evolution, Bionik, Kybernetik, Synergetik, Selbstorg., Erkenntnistheorie, Ökol. - Spr.: Engl., Franz., Latein, etw. Ital., Griech., Russ.

SCHWEFER, Theodor

Dr. jur., Verbandsgeschäftsführer, MdL Nordrh.-Westf. (s. 1970), Vors. WDR-Verwaltungsrat (s. 1982) - Fasanenweg 18, 5760 Neheim-Hüsten (T. 2 28 44; Büro: 2 28 43) - Geb. 21. Febr. 1930 Neheim, verh., 2 Kd. - Univ. Köln (Promot. 1958) - S. 1964 Gf. Arbeitgeberverb. f. d. südöstl. Westf. CDU.

SCHWEGLER, Erich

Dr. phil., Dr. rer. nat. habil., Prof. a. Seminar f. Studienreferendare Tübingen (geogr. u. geol. Fachdidaktik), Honorarprof. Univ. Tübingen - Im Schönblick 11, 7400 Tübingen (T. 6 11 53) - Geb. 25. Aug. 1909 - Habil. 1944 Tübingen. S. 1944 Doz., s. 1961 Honorarprof. Tübingen.

SCHWEGLER, Helmut

Dr., Prof. - Bergiusstr. 87, 2800 Bremen 33 (T. 27 02 49) - Geb. 21. Dez. 1938 München (Vater: Michael S., Beamter; Mutter: Johanna, geb. Seidinger), verh. s. 1963 m. Christel, geb. Schamoni, 3 Kd. (Thomas, Ursula, Johannes) - Stud. Math., Phys. Univ. u. TH München, TH Darmstadt - 1971 Prof. f. Phys. TH Darmstadt, s. 1971 o. Prof. Univ. Bremen (Theor. Phys. u. Biophys.). Fachmitgl.sch. - Spr.: Engl., Ital.

SCHWEGLER, Lorenz

Vorsitzender Gewerkschaft Handel, Banken u. Versicherungen (HBV) - Tersteegenstr. 30, 4000 Düsseldorf 30 (T. 0211 - 4 58 20) - Geb. 29. Jan. 1944 Hamburg, verh., 2 Kd. - Abit.; Stud. Rechts- u. Sozialwiss.; Rechtsrefer.; 2. jurist. Staatsex. 1972 - Arbeitnehmervertr. in d. Aufsichtsräten d. Dt. Bank AG, Allianz Holding AG, Kaufhof AG u.a.

SCHWEHM, Günter

Dr., Landrat Kr. Ottweiler - Mühlbachstr. 3, 6685 Schiffweiler/Saar - Geb. 1. Juli 1926.

SCHWEICKHARDT, Dieter

Dipl.-Volksw., Hauptgeschäftsführer Gesamtverband Werbeagenturen (GWA) - Friedensstr. 11, 6000 Frankfurt/M. (T. 23 50 96); priv.: Donnersbergstr. 38, 6500 Mainz 42 - Geb. 10. Jan. 1933 Stuttgart - Univ. Mainz - S. 1961 GWA (1967 Gf., 1972 Hgf.); Vorst. Eur. Assn. of Advertising Agencies (EAAA), Brüssel; Aktion Gemeinsinn, Bonn.

SCHWEIG, Armin

Dr. phil., Prof. f. Physikal. Chemie Univ. Marburg (s. 1972) - Eichweg 3, 3550 Marburg-Gisselberg (T. 06421 - 7 85 85) - Geb. 17. März 1937 Dudweiler/Saar (Vater: Christian S., Techn.

Angest.; Mutter: Emma, geb. Port), verh. s. 1965 m. Doris, geb. Göbel, T. Tanja - Realgymn. Sulzbach; Univ. Marburg u. München (Chemie). Promot. (1964) u. Habil. (1969) Marburg - S. 1969 Hochschultätigk. (1969 Doz., 1972 Prof.). Etwa 190 Facharb. - Spr.: Franz., Engl.

SCHWEIG, Charly

s. Schweig, Karl-Franz

SCHWEIG, Karl-Franz

Verkehrsdirektor - Jägerhofstr. 18, 4000 Düsseldorf (T. 44 67 02) - Geb. 6. Sept. 1906 Rheinpfalz (Vater: Karl S., Großhandelskfm.; Mutter: Katharina, geb. Spanier), kath., verh. s. 1943 m. Gretel, geb. Schmidt - Realsch.; Banklehre; Handelsakad.; HH - 1932-45 Wiss. bzw. Dt. Kongreßzentrale Berlin (zul. Dir.); ab 1950 Dir. Werbe- u. Verkehrsamt bzw. Amt f. Fremdenverkehr u. Wirtschaftsförd. Düsseldorf (1966). Zahlr. Ehrenämter - BV: Wie organisiere ich e. Kongreß?, 1955 (5 Übers.); Düsseldorf ist mehr als e. Reise wert - Erinn. e. Erlebn. e. Verkehrsdir., 1968 - Div. Orden u. Ehrenz.; Ehrenbürger Texas (USA) - Liebh.: Souvenirsamml. (üb. 2000 Werbegeschenke aus aller Welt), Briefm.

SCHWEIGER, Karl

Dr. jur., Bundesrichter i. R. - Eckermannstr. 15, 8000 München 21 (T. 56 06 91) - Geb. 13. April 1917 München, kath., verh. m. Anneliese, geb. Gummersbach, 2 Kd. (Dr. rer. nat. Anneliese Maria Lagally, Eva Maria) - U. a. Bayer. Staatskanzlei, Bayer. Verfassungsgerichtshof - BV: Komm. z. Verfassung d. Freistaats Bayern - Geschichtl. Überblick b. 1945, Art. 1-97, Anhang; Z. Gesch. u. Bewertung d. Willkürverbots - 1941/42 EK II. u. I. Kl.; 1959 Österr. Gr. Silbernes Ehrenz.; 1984 Gold. Sportabz. (m. d. Zahl 20) - Liebh.: Kunst, Reisen, Photogr.

SCHWEIGER, Martin

Dr. rer. pol., Dipl.-Kfm., Metzgermeister, Landrat Kr. Dillingen (s. 1952) - Oberer Quellweg 50, 8880 Dillingen/D. - Geb. 5. Febr. 1911 Göggingen b. Augsburg (Vater: Johann S., Metzgerm.; Mutter: Olga, geb. Zimmermann), kath., verh. 1960 m. Ria Müller, geb. Hihler († 1966) - 1922-28 Realsch. (Abit. 1938 als Privatstudierender), 1928-30 Metzgerhandw. (1935 Meisterprüf.), 1938-41 TH u. Univ. München (Dipl.-Kfm. 1941, Promot. 1948) - 1948-52 Gemeinderat u. stv. Bürgerm. Göggingen; 1950-66 MdL Bayern. BP - EK II; 1964 Bayer. VO.; 1975 BVK I. Kl. - Liebh.: Segelsport, Eisstockschießen.

SCHWEIGGERT, Alfons

Buchautor, Illustrator, Sonderpäd. - Gstallerweg 6, 8032 Lochham b. München - Geb. 11. Mai 1947 Altomünster - Stud. Päd., Psych., Phil., Sonderpäd. - Autor zahlr. Kinder- u. Jugendbücher, Bavarica, Sachb., Lyrik, Romane, päd. Fachb.; Münchner Turmschreiber - BV: D. Löcherbuch, 1980; Märchenreise durch Bayern, 1982; Standpunkte-Schwankpunkte, 1982; D. Rabe u. ich, 1983; Ludwig II. - Jetzt rede ich, 1984; Karl Valentins Panoptikum, 1985; Alles üb. Wolpertinger, 1986; Lex. f. Bayern-Fans, 1987; D. große Buch v. Münchn. Viktualienmarkt, 1987; Bayer. Wunderwesen, 1988; D. bayer. Osterlegende, 1989; D. Buch, R. 1989 - 1976 u. 1984 Dt. Jugendb.preis, Bestliste - Lit.: Lex. d. Kinder- u. Jugendlit. (Bd. IV, 1982), Taschenlex. z. bayer. Gegenwartslit. (1986).

SCHWEIGLER, Peter

Dr. rer. nat., Ltd. Bibliotheksdirektor, Leit. Universitätsbibl. München (TU), Lehrbeauftr. TU München - Arcisstr. 21, 8000 München 2; priv.: Fichtenstr. 20, 8039 Puchheim/Obb. (T. 80 50 61) - Geb. 19. Okt. 1930 Breslau - Stud. Chemie, Biologie, Geographie. Staatsex. Höh. Lehramt 1956. Promot. 1959; Bibl. Fachprüf. 1961. S. 1961 Univ.-Biblioth. d. TU München, 1977 Lt.; 1978 Lehrbeauftr. TU München f. Bibl.wesen u. Dok.; Mitgl. Baukomm. Dt. Bibliotheksinst. - BV: Einricht. u. techn. Ausstattung v. Bibliotheken, 1977. Hrsg.: Bibliothekswelt u. Kulturgeschichte, 1977 (e. intern. Festgabe f. J. Wieder); ABI-Technik. - Spr.: Engl.

SCHWEIKART, Georg

Vorstandsmitglied Saarl. Kreditbank AG. u. Saarl. Investitionsbank AG. i. R., Vors. Verb. d. priv. Bankgewerbes im Saarl. - Siebennußbaumstr. 51, 7100 Heilbronn (T. 07131 - 7 34 60) - Geb. 8. Dez. 1902.

SCHWEIKHART, Gunter

Dr., Prof. f. Kunstgeschichte u. Direktor Kunsthist. Inst. Univ. Bonn (s. 1986) - Zu erreichen üb. Univ., Regina-Pacis-Weg 1, Postf. 22 20, 5300 Bonn 1 - Geb. 31. Dez. 1939 Gochsheim/Baden, ev., verh. s. 1967 m. Eva, geb. Tarnogrocki, 4 Kd. (Laura, Tullio, Clemens, Johanna) - 1960-67 Stud. Univ. Berlin, München, Freiburg, Padua u. Würzburg (Promot. 1967, Habil. mittl. u. neuere Kunstgesch. 1971) - 1967-70 Kunsthist. Inst. Florenz; 1971-77 Privat- u. Univ.doz. Würzburg; 1977-86 Prof. GH Kassel - BV: Fassadenmalerei in Verona. Vom 14.-20. Jh., 1973; Giovanni Caroto, Le Antichità di Verona, 1977; D. Codex Wolfegg. Zeichnungen n. d. Antike v. Amico Aspertini, Studies of the Warburg Inst. 38, 1986.

SCHWEIKLE, Günther

Dr. phil., o. Prof. f. Dt. Sprach- u. Literaturgeschichte d. Mittelalters Univ. Stuttgart (s. 1968) - Spittlerstr. 4, 7000 Stuttgart (T. 262 31 26) - Geb. 8. Jan. 1929 Reutlingen - Habil. 1966 Tübingen - Facharb.

SCHWEINFURTH, Ulrich

Dr. rer. nat. (habil.), o. Prof. u. Direktor Inst. f. Geogr./Südasien-Inst. Univ. Heidelberg - Geb. 6. Febr. 1925 Detmold - Gymn. Görlitz u. Dresden; Univ. Heidelberg u. Bonn - Feldforsch.: Ceylon, Malaya, Indonesien, Neuguinea, Australien, Tasmanien, Neuseeland, Alaska, Inseln i. Pazif. u. Ind. Ozean - BV: D. horizontale u. vertikale Verbr. d. Vegetation im Himalaya, 1957 (Bonner Geogr. Abh., H. 20); Studien z. Pflanzengeogr. v. Tasmanien, 1962 (B. G. A., H. 31); Neuseeland, 1966 (B. G. A., H. 36); Landschaftsökolog. Forschungen auf Ceylon, 1971, 1981, 1989 (Erdkdl. Wiss. H. 27, 54, 97). Herausg.: Geoecological Research (s. 1972).

SCHWEINITZ, von, Wolfgang

Komponist - Eiderdeich 22, 2241 Tielenhemme - Geb. 7. Febr. 1953 Hamburg (Vater: Georg v. Sch.; Mutter: Gabriele, geb. v. Rauchhaupt) - Stud. Musiktheorie u. Kompos.: 1968-69 American Univ. Washington, D.C., 1970-73 u. 1973-75 Hochsch. f. Musik Hamburg; Dipl. 1975 - 1975-76 Stip. als fr. Mitarb. Center for Computes Research in Music and Acoustics Stanford Univ. Kalifornien; s. 1977 freischaffend - Kompos.: Mozartvariationen, op. 12 (1976); D. Brücke, Gesang auf e. Text v. Franz Kafka, op. 15 (1977); Klavierkonzert, op. 18 (1978-79); Papiersterne, fünfzehn Lieder n. Ged. v. Sarah Kirsch, op. 20 (1980-81); Messe, op. 21 f. Soli, Chor u. Orch. (1981-83) - 1972-77 Stip. Stud.stiftg. d. dt. Volkes; 1975 Bachpr.-Stip. Hamburg; 1976 Förderpr. Stadt Stuttgart f. junge Komp.; 1978-79 Stip. Dt. Akad. Villa Massimo in Rom; 1981 Förderpr. Musik Akad. d. Künste Berlin; 1986 Schneider-Schott-Musikpreis Mainz - Spr.: Engl.

SCHWEINS, Adolf

Direktor, Vorstandsmitgl. Provinzial Feuer- u. Lebensversicherungsanstalten d. Rheinprovinz, Düsseldorf (s. 1975) - Moorenstr. 54, 4000 Düsseldorf 1 (T. 0211 - 33 52 50) - Geb. 3. Nov. 1929 Köln (Vater: Josef S., Amtsbürgermeister; Mutter: Christina, geb. Radmacher), kath., verh. s. 1966 m. Hiltrud, geb. Halberkann, 2 Kd. (Christoph, Annette) - Univ. Köln (wirtsch.swiss. Math.; Dipl. 1955) - 1955-57 Concordia Leben, Köln; 1957-71 Rhein.-Westf. Treuhand AG., Köln; s. 1971 Provinzial Feuer- u. Lebensvers.sanst.

SCHWEISFURTH, Karl Ludwig

Dipl.-Kaufmann, Metzgermeister, Fabrik., pers. haft. Gesellsch. Ludwig Schweisfurth KG (Casserole Metzgereifilialges., von Eicken Restaurants, Stastnik Salami Wien), Inh. Herrmannsdorfer Landwerkstätten f. Lebens-Mittel, Kurat.-Vors. Schweisfurth-Stiftg. - Paschenbergstr. 45, 4352 Herten/W. (T. 3 10 38) - Geb. 30. Juli 1930 Herten (Vater: Karl S., Fleisch- u. Konservenfabr. † 1964 (s. XIV. Ausg.); Mutter: Erna, geb. Heckmann) - Fleischerhandw.; Stud. Köln (Betriebsw.) - Zeitw. Vors. Verb. d. Dt. Fleischwaren- u. Feinkostind., Köln - Spr.: Engl. - Rotarier.

SCHWEISFURTH, Theodor

Dr. jur., Prof., Max-Planck-Inst. f. ausl. öffentl. Recht u. Völkerrecht - Friedrichstr. 13, 6900 Heidelberg (T. 06221 - 16 25 56) - Geb. 13. Jan. 1937 Cottbus, ev., verh. s. 1971 m. Barbara, geb. Seredynski, 2 Kd. (Malina, Bolko) - 1957-61 Stud. Rechtswiss. Univ. Marburg, Tübingen, Bonn; 1962-64 ostwiss. Ergänzungsstud. f. Juristen FU Berlin; Promot. 1967 Köln, Habil. 1977 ebd. - BV: Sozialist. Völkerrecht? Darstellung, Analyse, Wertung d. sowjetmarxist. Lehre v. Völkerrecht neuen Typs, 1979 - Spr.: Engl., Russ.

SCHWEITZER, Carl-Christoph

Dr. phil., Prof. Univ. Bonn - Röttgener Str. 186, 5300 Bonn 1 - Geb. 3. Okt. 1924 Potsdam (Vater: D. Dr. phil. Carl S., Theologe † 1965 (s. XIV. Ausg.); Mutter: Paula, geb. Vogelsang), ev., verh. s. 1949 m. Therese, geb. Christians, 2 Söhne (Helmuth, Georg) - Kant-Gymn. Berlin, Wilhelm-Gymn. München; Univ. Oxford (B. A. 1946) u. Freiburg/Br. (Promot. 1949) - 1947-49 Zentralbüro Ev. Hilfswerk Stuttgart; 1952-61 Bundeszentrale f. Polit. Bildung (Ref.); 1961-63 Bundespräsidialamt (Ref.); 1963 PH Berlin (o. Prof. f. Polit. Bild. u. Wiss. v. d. Politik), Univ. Bonn (1969; o. Prof. f. Politikwiss.), 1971ff. Honorarprof. Univ. Köln (Intern. Politik). Gastprof. u. a. Duke Univ., USA 1967/68, Univ. Oxford 1977, Toronto 1981/82 - SPD (s. 1957; MdB 1972-76, 80) - BV u. a.: D. USA u. d. Vietnam-Konflikt 1964-67, 1969; Amerikas chines. Dilemma, 1971; Chaos od. Ordnung - Einf. im Probl. d. intern. Politik, 1973; D. Dt. Nation - v. Bismarck b. Honecker, 1976; D. nat. Parlamente in d. Gemeinschaft ..., 1978; D. Abg. i. parl. System d. Bundesrep. Dtschl., 1979; Weltmacht USA, 1983; Weltpolitik d. USA n. 1945, 1984. Hrsg.: Krisenherd Nahost, 1973; D. deutsch-poln. Konfliktverhältnis ..., 1975 (m. Feger); BRD - Volksrep. Polen ..., 1979 (m. a.); Weltpolitik d. USA nach 1945 - Einf. u. Dokum., 1984 (m. Ernst-Otto Czempiel) - Spr.: Engl.

SCHWEITZER, Dieter

Dr. jur., stv. Hauptgeschäftsführer IHK Wuppertal - Blumenstr. 1, 5620 Velbert (T. 5 57 21; Büro: Wuppertal 44 40 81).

SCHWEITZER, Hans-Joachim

Dr., Prof. f. Paläontologie Univ. Bonn, Apotheker - Auf dem Mühlenberg 45, 5300 Bonn 3 (T. 0228 - 46 44 52) - Geb. 7. Febr. 1928 Kassel (Vater: Hans Sch., Bankamtm.; Mutter: Therese, geb. Engelhardt), verh. s. 1960 m. Dorothea, geb. Hofmann, 5 Kd. (Ute, Dagmar, Silke, Harald, Sonja) - 1950-53 Stud. Pharmaz. Univ. Marburg u. Frankfurt; 1953-56 Botanik, Physik, Chemie Univ. Frankfurt; 1953 Pharm. Staatsex., Promot. 1956, Habil. 1962 - 1953 Apotheker; 1956-62 Univ.-Assist.; 1962-66 Doz. u. Prof.; 1961, 63, 64, 67, 70 Leit. versch. Arktisexpedit.; 1971-78 Leit. intern. Arbeitsgr. z. Erforsch. v. Kohlelagerstätten d. Irans u. Afghanistans; s. 1980 Arb. in China - Entd.: Zahlr. neue fossile Pflanzengatt.; Generationswechsel d. ältest. Landpflanzen, Urblüte u.a. ca. 90 Veröff. üb. foss. u. rezente Pflanzen u. Floren, dar. Monogr. üb. Devonfloren Mitteleuropas, d. Arktis u. Chinas, Permfloren Europas, Trias- u. Jurafloren d. Orients sow. z. Stammesgesch. d. Pflanzen - Ehrenmitgl. d. Poln. Botanischen Ges. - Liebh.: Flora v. Dtschl. u. d. Arktis, Jagd u. Angeln - Spr.: Engl., Norw.

SCHWEITZER, Harald

Konrektor, MdL Rhld.-Pfalz - Mozartstr. 17a, 5432 Wirges (T. 02602 - 6 09 66) - Geb. 18. April 1948 Wirges, ev., verh. s. 1980 m. Elisabeth, geb. Scherrer, Sohn Tobias - Abit. 1969 Staatl. Gymn. Montabaur; 1969-72 Stud. Erziehungswiss. Hochsch. Rhld.-Pfalz; 1. Lehramtsex. 1972; 2. Lehramtsex. 1975 - Vors. SPD-Kreistagsfrakt. Westerwaldkr.; Stadtratsmitgl. Wirges; VR-Mitgl. Kreissparkasse Westerwald; Bildungspolit. Spr. d. SPD-Landtagsfrakt. - Liebh.: Fotogr. - Spr.: Engl., Franz.

SCHWEITZER, Heinz

Dr. med., o. Prof. f. Gerichtl. Medizin - Im Rottfeld Nr. 9, 4000 Düsseldorf (T. 62 04 72) - Geb. 29. März 1919 Düsseldorf - S. 1956 (Habil.) Lehrtätigk. Med. Akad. bzw. Univ. Düsseldorf (1962 apl. Prof.) u. TH Aachen/Med. Fak. (1968 o. Prof.); 1976 o. Prof. Univ. Düsseldorf. Üb. 50 Fachveröff.

SCHWEITZER, Marcell

Dr. rer. pol., Dipl.-Kfm., o. Prof. f. Betriebswirtschaftslehre - Ammertalstr. 6, 7407 Rottenburg 5 (T. 07472 - 10 03) - Geb. 18. Okt. 1932 Radautz/Rum. (Vater: Franz S., Förster; Mutter: Anna, geb. Biborosch), kath., verh. s. 1961 m. Dr. rer. pol. Hildburg, geb. Müller, S. Marcus - Schulen Hannover; kaufm. Lehre Industrie; div. Praktika; 1954-55 TH Hannover, 1955-59 FU Berlin. Promot. (1963) u. Habil. (1968) Berlin - S. 1968 Lehrtätigk. FU Berlin (1969 Wiss. Rat u. Prof.) u. Univ. Tübingen (1969 o. Prof.) - BV: Probleme d. Ablauforg. in Unternehmungen, 1964 (Diss.); Grundfragen d. betriebsw. Bilanz i. methodolog. u. entscheidungstheoret. Sicht, 1972 (Habil.schr.); Einf. in d. Industriebetriebsl., 1973; Betriebswirtschaftl. Modelle (griech.), 1974; Produktions- u. Kostentheorie, 1974; Systeme d. Kostenrechng., 1975, 4. A. 1986 (auch jap. u. indones.); dto., Arbeitsbuch, 1976; Entscheidg. i. Industrieunternehmg., 1977; Break-even-Analysen, 1986 (auch jap. u. engl.). Herausg.: Auffassungen u. Wissenschaftsziele d. Betriebswirtsch.lehre (1978); Industriebetriebslehre (1989); Betriebswirtschaftl. Forsch.ergebn.; Führungssysteme f. Universitäten (1977); Grundwissen d. Ökonomik, Betriebswirtsch.lehre (1978); Handwörterb. d. Rechnungswesens (3. A. 1990); Allgem. Betriebswirtsch.lehre, 3 Bde. (4./3. A. 1987/88; auch jap.); Handbook of German Business Management (1989). Mithrsg. mehr. Schriftenr.; Aufs., Beitr., Vortr., Forschungsr. - Liebh.: Musik, Malen, Sport, Garten - Spr.: Engl., Rumän. - Rotarier.

SCHWEITZER, Michael

Dr. jur., o. Prof., Lehrstuhl Staats- u. Verwaltungsrecht, Völkerrecht u. Europarecht Univ. Passau (s. 1980) - Göttweigerstr. 135, 8390 Passau - Geb. 8. Juni 1943 Wien, verh. m. Ines, geb. Eiselmayr, 2 Kd. (Christian, Doris) - Stud. Univ. Wien; Promot. 1967; Habil. 1974 Mainz - B. 1980 Prof. Univ. Mainz; s. 1983 wiss. Leit. EG-Dokumentationszentr. Univ. Passau; s. 1986 Mitdir. Inst. f. Agrarrecht Univ. Passau; s. 1984 Mitgl. Kommiss. f. Europarecht d. Österr. Akad. d. Wiss. - BV: Völkergewohnheitsrecht u. Neustaaten, 1969; Dauernde Neutralität u. Europ. Integration, 1977; Europarecht, 2. A. 1985 (span. Übers. 1986); Staatsrecht III,

1986; Österreich u. d. EWG, 1987 - Spr.: Engl., Franz.

SCHWEITZER, Ottmar
Großkaufmann, Inh. Ottmar Schweitzer Landmaschinenvertrieb, Limburgerhof - Rottstr. 53, 6700 Ludwigshafen (T. 0621 - 56 20 86) - Ehrenpräs. d. Hauptarbeitsgem. dt. Landmaschinenhdl. u. Handwerk, Bonn; Ehrenmitgl. Haus d. Landtechnik Versorgungsring GmbH & Co. KG, Karlsruhe.

SCHWEITZER, von, Rosemarie
Dr. phil., o. Prof. f. Wirtschafts- u. Arbeitslehre d. Haushalts - Kättergrund 4, 6301 Pohlheim 2 - Geb. 9. Nov. 1927 Gneixendorf - Regierungslandw.srätin; s. 1968 (Habil.) Lehrtätigk. Univ. Gießen (1969 ff. Dir. Inst. f. Wirtschaftslehre d. Haushalts u. Verbrauchsforsch.; 1970 ff. ao. u. o. Prof.).

SCHWEITZER, Walter
Dr. oec. publ., Prof. Lehrstuhl f. Statistik, Univ. Passau (s. 1978) - Dr.-Stephan-Billinger-Str. 40, 8390 Passau (T. 0851 - 5 57 44) - Geb. 28. Jan. 1944 Augsburg - Stud. Univ. München; Promot. 1971, Habil. 1977 Regensburg - 1977 Prof. f. Statistik Univ. Marburg - BV: Stoch. Flüsse in Netzwerken; Modelle z. Erfassung v. Wanderungsbewegungen; Statistik I u. II; Arbeitsb. (m. a.); Fachveröff. z. Schätz- u. Testtheorie, Demographie, Anwendung stoch. Prozesse, explor. Datenanalyse.

SCHWEIZER, Eckhart
Dr. rer. nat., o. Prof. f. Biochemie u. Vorst. Inst. f. Mikrobiol. u. Biochemie Univ. Erlangen-Nürnberg (s. 1975) - Lerchenweg 8, 8525 Uttenreuth/Weiher - Geb. 5. Febr. 1936 Stuttgart (Eltern: Wilhelm (Oberstudiendir.) u. Hilde S.), ev., verh. s. 1966 m. Edda, geb. Baur, 4 Kd. - Gymn. Tübingen; Univ. Tübingen u. München (Chemie; Dipl.-Chem. 1961). Promot. 1963 München; Habil. 1971 Würzburg - 1966-68 Res. Ass. Univ. Madison (USA); 1971-74 Doz., Wiss. Rat u. Prof. Univ. Würzburg.

SCHWEIZER, Eduard
Dr. theol., D. D., Dr. theol. h. c., em. Prof. f. Neues Testament - Restelbergstr. 71, CH-8044 Zürich (T. 01/361 57 20) - Geb. 18. April 1913 Basel (Vater: Dr. jur. Eduard S.; Mutter: Hedwig, geb. Böhni), ev., verh. s. 1940 m. Elisabeth, geb. Hanhart, 4 Kd. (Elisabeth, Ruth, Eva-Maria, Andreas) - Univ. Basel (Promot. 1938), Marburg, Zürich - 1940 Privatdoz. Univ. Zürich, 1946 Ord. Univ. Mainz, 1949 Univ. Bonn (SS.) u. Zürich (WS.; 1964-66 Rektor); 10 Gastsem. in USA, Japan, Australien; 1979 emerit. - BV: Ego eimi, 1939, 2. A. 1965; D. erste Petrusbrief, 3. A. 1972; Erniedrigung u. Erhöhung bei Jesu u. s. Nachf., 1955, 2. A. 1962; Pneuma, Sarx, Soma, Psyche (Theol. Wörterb.), 1957ff.; Gemeinde u. -ordnung im Neuen Testament, 1959, 2. A. 1962; Lordship and Discipleship, 1960; The Church in the NT, 1961; Neotestamentica, 1963; The Church as the Body of Christ, 1965; D. NT Deutsch - D. Evangelium n. Markus, 1967, 7. A. 1989; D. Evangelium n. Matthäus, 1973, 4. A. 1986; D. Evangelium n. Lukas, 1982, 2. A. 1986; Jesus Christus, 1968 (Taschenb.); Beitr. z. Theol. d. NT, 1969; EKK - D. Brief an d. Kolosser, 1976, 3. A. 1989; Heiliger Geist, 1978; Theol. Einleit. in d. NT, 1989. Zahlr. Einzelarb. Hrsg. Ev.-Kath. Komm. z. NT (EKK) - Theol. Ehrendoktor Univ. Mainz (1950), S. Andrews/ Schottl. (1963), Wien (1972), Melbourne (1975) - Liebh.: Bergsport.

SCHWEIZER, Hans
Journalist, Studio-Direktor SWF-Landesstudio Rhld.-Pf., Mainz (s. 1972); Beauftr. f. Neue Medien (s. 1984) - Hinter den Wiesen 33, 6500 Mainz-Marienborn (T. 36 22 04) - Geb. 22. Febr. 1926 Bühl/Bad. (Vater: Wilhelm S., ORR; Mutter: Rosemarie, geb. Bürstner), ev., verh. m. Jutta, geb. Weber, 2 Kd. (Thomas, Simone) - Volont. Rh.-Neckar-Ztg., Heidelberg, dann Mitarb. Rundf. u. DPA; 1947-58 Bez.redakt. Fränk. Nachrichten, Bad Mergentheim u. Buchen, u. Mithrsg. Kreisblatt Buchen; 1959-63 Tageblatt, Heidelberg (stv. Ressortleit., verantw. Redakt. Landespol., Lokalredakt.); 1963-70 parlament. Beratungsdst. Landtag Bad.-Württ.; 1969 Mitgl. Rundf.rat u. 1971 VR SDR, Stuttgart; Mitgl. Landeskurat. CARE; Kurat.-Mitgl. Fachhochsch. Rhld.-Pfalz.

SCHWEIZER, Harald
Dr. theol., Univ.-Prof. f. Einleitungswiss. AT/NT Univ. Tübingen (s. 1983) - Hakenweg 29, 7400 Tübingen 5 (T. 07071 - 7 86 46) - Geb. 23. Juli 1944, kath. - 1965-69 Stud. Univ. Tübingen, Paris (Kath. Theol.); Promot. (Altes Testament) München; Habil. 1980 München - 1973-77 pastoraler Dienst in d. Diözese Rottenburg; s. 1977 Assist. in Mainz; 1980-82 Lehrstuhlvertr. Altes Testament in Mainz - BV: Elischa in d. Kriegen, StANT 37, 1974; Metaphorische Grammatik, ATS 15, 1981; Bibl. Texte verstehen, 1986. Herausg.: ...Bäume braucht man doch! (1986); Trauungsansprachen (1988).

SCHWEIZER, Jochen
WDR-Fernsehen, Leit. Redaktionsgruppe Wirtschafts- u. Sozialpolitik - Postfach 10 19 50, 5000 Köln 1.

SCHWEIZER, Ludwig
Dipl.-Ing., Vorstandsmitglied Königsbacher Brauerei AG. vorm. Jos. Thillmann - An der Königsbach 2, 5400 Koblenz 1 (T. 0261 - 1 22 74) - Geb. 8. Augl. 1935 - Stud. Chemie - Spr.: Engl., Franz., Span. - Rotarier.

SCHWEIZER, Peter
I. Bürgermeister Stadt Gundelfingen/ Donau - Rathaus, 8883 Gundelfingen/ Schw. - Geb. 2. April 1943 Schwäb. Gmünd - Zul. Gemeindeamtm. SPD.

SCHWEIZER, Wilhelm
Prof., Oberstudiendirektor i. R. - Denzenberghalde 7, 7400 Tübingen - Geb. 11. Nov. 1901 Stuttgart (Vater: Wilhelm S., Landw.; Mutter: Elise, geb. Traub), ev., verh. s. 1934 m. Hildegard, geb. Rasche, S. Eckhart - 1915-21 Ev. Lehrersem. Backnang; 1925-30 Univ. Tübingen u. TH Stuttgart (Päd., Math., Physik), Volksschuldienstprüf. 1921; Staatsprüf. f. d. höh. Lehramt 1930/31 - 1921-25 Volksschuldst.; 1931-33 Assist. TH Stuttgart (Math. Inst.); 1933-66 höh. Schuldst. (1953 Dir. Kepler-Gymn. Tübingen) S. 1946 Lehrbeauftr. u. Honorarprof. (1952) Univ. Tübingen (Didaktik d. Math.) - Mitgl. Dt. Mathematiker-Vereinig., Ges. Dt. Naturforscher u. Ärzte, Verein z. Förd. d. math. u. naturwiss. Unterr. Herausg.: Math. Unterrichtswerk f. höh. Schulen (m. Lambacher; 1946 ff., b. 1979 34 Bde.) - BVK I. Kl. - Liebh.: Musik - Spr.: Engl., Franz.

SCHWEMMER, Oswald
Dr. phil. (habil.), Prof. Lehrstuhlinh. f. Philosophie - Am Wäldchen 14, 3550 Marburg-Bauerbach/L. - Geb. 10. Juni 1941 Hilden/Rhld. - Lizentiat 1966 Pullach, Promot. 1970 Erlangen, Habil. 1975 ebd. - 1975 Doz., 1978 Prof. Univ. Erlangen-Nürnberg, 1979 Mitdir. Interdisziplinäres Inst. f. Wiss.theorie u. -gesch. ebd., 1982 Lehrstuhlinh. Univ. Marburg, 1987 Univ. Düsseldorf - BV: Phil. d. Praxis, 1971, 2. A. 1980; Theorie d. rationalen Erklärung - Zu d. method. Grundl. d. Kulturwiss., 1976; Konstruktive Logik, Ethik u. Wiss.theorie (m. Paul Lorenzen), 1973, 2. A. 1975; Ethische Unters., 1986; Handlung u. Struktur. Z. Wiss.theorie d. Kulturwiss., 1987. Herausg.: Vernunft, Handlung u. Erfahrung - Üb. d. Grundl. u. Ziele d. Wiss. (1981); Üb. Natur. Phil. Beitr. z. Naturverständnis (1987). Zahlr. Einzelarb.

SCHWEMMLE, Berthold
Dr. rer. nat., Prof., Botaniker - Erlenweg 32, 7400 Tübingen (T. 6 16 81) - Geb. 5. Febr. 1927 Tübingen - Promot. u. Habil. Tübingen - S. 1962 Lehrtätigk. Tübingen (1968 Prof.). Aufs. üb. Entwicklungsphysiol. u. extrachromos. Vererbung.

SCHWEMMLE, Konrad
Dr. med., Chirurg, Prof. u. Leiter Abt. f. Allg. u. Thoraxchirurgie Univ. Gießen (s. 1976) - Finkenweg 30, 6307 Linden-Leihgestern (T. 06403 - 6 36 84) - Geb. 25. Dez. 1934 Erlangen (Vater: Dr. Julius S., em. o. Prof. f. Botanik, s. XVII. Ausg.; Mutter: Elisabeth, geb. Erbe), ev., verh. s. 1961 m. Irmgard, geb. Opp, 3 Kd. (Ursula, Jochen, Kornelia) - Hum. Gymn. Fridericianum Erlangen (Abit. 1953); Stud. d. Med. Erlangen, Freiburg/ Br., Wien; Facharzt f. Chir. 1966 u. f. Kdchir. 1972 - 1961-67 Chir. Bayreuth; 1967-75 Chirurg. Univ.sklinik Erlangen (1971 Oberarzt). Mitgl. Dt. Chirurg. Ges. u. Intern. College of Surgeons - BV: D. allgem.chirurg. Eingriffe am Hals, Operationslehre, Bd. V/4, 1980; Akutdiagnostik u. Akuttherapie (Hrsg.), 1980; Vascular Perfusion in Cancer Therapy (Hrsg. zus. m. Aigner), 1983 - Spr.: Engl.

SCHWENCKE, Olaf
Dr., Studienleiter Ev. Akademie Loccum - Wilhelmstr. 17, 3070 Nienburg - Geb. 27. Jan. 1936 Pinneberg, ev., verh., 4 Kd. - Realsch. Pinneberg (Mittl. Reife); 1953-55 Schiffsmaschinenschlosserlehre Hamburg (Stülcken-Werft); 1955-58 Abendgymn. ebd. (Abit.); 1958-64 Stud. German., Päd., Theol., Soziol. Univ. Hamburg, Univ. Cleveland (USA), Kirchl. Hochsch. u. FU Berlin. Promot. 1964 - S. 1969 Studienleit. Ev. Akad. Loccum; MdB (1972-80); MdEP (1979-84); 1973-79 Mitgl. Parlam. Versamml. Europarat (Präs. Denkmalschutzkommiss.). Gründungsvors. (1976) u. Präs. d. Kulturpolit. Ges., Hagen, Vors. Fonds Soziokultur (s. 1987), Hagen - BV: Ästhet. Erziehung u. Kommunikation, 1972; Kritik d. Lit.kritik, 1973. Herausg.: Ansichten e. künftigen Futurologie (1973), Plädoyers f. e. neue Kulturpolitik (1974); Hoffen lernen. 12 J. Politik als Beruf (1985).

SCHWENDEMANN, August
Ehrenmitglied Hauptverband d. Papier u. Pappe verarb. Industrie, Frankfurt/M. - Malsenstr. 35, 8000 München 19 (T. 15 28 71) - Geb. 25. Okt. 1904 - Div. Ehrenstell. - Stiftungsrat d. Papiertechn. Stiftung f. Forschung u. Ausbild. in Papiererzeugung u. Papierverarb., München; BVK I. Kl.

SCHWENDENMANN, Werner
Dipl.-Ing., Geschäftsführer Landesentwicklungsges. Baden-Württ. mbH - Katharinenstr. 20, 7000 Stuttgart.

SCHWENDTER, Rolf
s. Schesswendter, Rudolf

SCHWENGER, Ferdinand
Vorstandsmitglied Adam Opel AG., Rüsselsheim (s. 1968) - An d. Weiden 110, 6090 Rüsselsheim/M. (T. Büro: 6 61) - Geb. 16. Dez. 1926 Rüsselsheim - Stud. Volksw. (Dipl.-Volksw.) - Zul. stv. Vorstandsmitgl. Opel.

SCHWENGER, Hannes
Dr. phil., Schriftsteller - Pommersche Str. 12a, 1000 Berlin 31 - Geb. 26. Dez. 1941 - Zahlr. gesellschaftskrit. Werke. Div. Herausg., dar. Menschen im Büro - V. Kafka b. Martin Walser (1983).

SCHWENK, Alfred
Dr. med., Prof., Wiss. Rat, Leit. Endokrinolog. Labor. Univ.s-Kinderklinik Köln (s. 1963) - Ecketsstr. 6, 5000 Köln 41 (T. 41 56 95) - Geb. 28. Mai 1914 Künzelsau/Württ. (Vater: Wilhelm S., Studienrat; Mutter: Hedwig, geb. Storz), ev., verh. s. 1949 m. Dr. Elisabeth, geb. Mirow, 3 Söhne (Hans-Wilhelm, Alfred, Joachim) - Oberrealsch. Schwäb. Hall u. Eßlingen; Univ. Tübingen (2 ×), München, Kiel (Med.). Staatsex. 1937 Tübingen; Habil. 1957 Köln - 1937-39 Wehr-, 1941-45 Kriegsdst., 1946-48 Univ. Tübingen (Pathol. Inst.) u. Max-Planck-Inst. f. Biochemie Tübingen, seith. Univ. Köln (Kinderklinik; 1957 Doz., 1962 apl. Prof., 1963 Wiss. Rat u. Prof.). Fachmitgliedsch. - BV: D. körperl. Entwickl. im Jugendalter u. ihre endokrinol. Grundl., 1965 (Basel). Mitarb. div. Handb. Fachaufs. - Liebh.: Geschichte, Musik - Spr.: Franz., Engl.

SCHWENK, Helga
Dr. phil., Prof. f. Deutsch als Fremdsprache - Jahnstr. 2, 6301 Pohlheim 1 (T. 06403 - 6 11 00; dstl.: 0641 - 702-55 22) - Geb. 6. Febr. 1933 - PH u. Univ. Göttingen, Promot. 1960 - 1960-68 Lektorin Finnland, 1968-70 Assist. PH Lüneburg, s. 1970 Univ. Gießen. Wiss. Aufs. z. Grammatikunterr. u. Dtsch. f. ausl. Schüler - BV: D. Sprachvermögen zweisprachiger türkischer Schüler, 1988 - Spr.: Engl., Finn., Türk.

SCHWENKE de WALL, Uwe
Bauingenieur, MdL Nieders. (s. 1974) - Harzweg 8, 3380 Goslar (T. 05321 - 8 52 33; d. 05326 - 10 15) - Geb. 13. Nov. 1939 (Vater: Dr. Herbert S. d. W., Zahnarzt, gef. 1945; Mutter: Käte, geb. van Mark), ev., verh. s. 1966 m. Karin, geb. Wölky, 2 Kd. (Uwe, Swenja) - Realschule; Lehre, Fachhochsch. Aachen - Geschäftsf. Ges. in e. Bauunternehmung - CDU-Vors. Goslar (Aussch. Wirtsch. u. Verkehr).

SCHWENKE, Wolfgang
Dr. phil., em. o. Prof. f. Angew. Zoologie - Brenner Str. 88, 8038 Gröbenzell/ Obb. - Geb. 22. März 1921 - Habil. 1958 Berlin (Humboldt-Univ.) - 1966-1987 Univ. München (Vorst. Inst. f. Angew. Zool.) - BV: Zwischen Gift u. Hunger, 1968; Leitfaden d. Forstzoologie, 1981; D. duftgelenkte Staat (Ameisen), 1985; D. unbekannte Wald, 1987. Üb. 100 Einzelarb. Herausg.: Forstschädlinge Europas (5 Bde. 1972/82); Ztschr. f. angew. Entom.; Anz. f. Schädlkde.

SCHWENKMEZGER, Peter
Dr. rer. soc., Dipl.-Psych., Univ.-Prof. Univ. Trier - Januarius-Zick-Str. 95, 5500 Trier - Geb. 17. Aug. 1946 Laichingen - Dipl.-Psych. 1972 Tübingen, Promot. 1977 ebd., Habil. 1982 Wuppertal - B. 1984 Lehrtätigk. Univ. Wuppertal u. Bochum (Priv.-Doz.); s. 1984 Univ.-Prof. Trier - BV: Risikoverhalten u. Risikobereitschaft, 1977; Angst u. Angstkontrolle im Sport, 1980, 2. A. 1985; Modelle d. Eigenschafts- u. Zustandsangst, 1985. Div. Herausg.tätigk.; zahlr. Ztschr.art.

SCHWENN, Günther
(Ps. f. Günther Franzke) Schriftsteller, Textdichter - Place du Marché 8, CH-1820 Montreux (Schweiz) - Geb. 18. März 1903 Berlin (Vater: Eduard Franzke, Geschäftsm.; Mutter: Louise, geb. Schwenn), verh. m. Erika, geb. Lanz, Schausp. - Humboldt-Gymn. Berlin; Univ. ebd. u. Freiburg/Br. (Literatur- u. Kunstgesch.) - W: D. Komödiant; Gesänge gegen bar; Zwischen sämtl. Musen; Himmeldonnerwetter; Operetten: 10 Min. Glück, Lauf ins Glück, Ball d. Nationen, D. Frau im Spiegel, Auf großer Fahrt, Marilu, Güldana, Maske in Blau, Viola, Paprika, Melodie d. Nacht, D. arme Jonathan, Die od. keine, Frauen im Metropol, Heimkehr n. Mittenwald, Hochzeitsnacht im Papadies, D. goldene Käfig, Nächte in Shanghai, Chanel No. 5, Konfetti, Fest in Casablanca, Premiere in Mailand, Versuchung d. Antonia, D. gr. Welt, D. Jungfrau v. Paris; Musicals: Fanny Hill, Moral, Robinson soll nicht sterben, Wedding Mary, Das Wirtshaus im Spessart, Götter auf Urlaub, Wie wird man Minister. Schwank, Lsp. od. Kom.: Herr Amor persönlich, Straßenmusik, Weisheit schützt vor Liebe nicht, Alles f. d. Frau, Kl. Frl. Unbekannt, 3 Paar Schuhe; Revue: Wiederseh'n macht Freude. Mitverf.: Da habt ihr d. Sinn; Hanne Sobek (E. Leben f. d. Fußball). Üb. 100

Tonfilme. Texte zu mehr als 1000 Schlagern, dar.: Wenn d. Sonne hinter d. Dächern versinkt, Im Leben geht alles vorüber, Für e. Nacht voller Seligkeit, Unt. d. roten Laterne v. St. Pauli, Sei ein bißchen lieb zu mir - Peter, So stell' ich mir d. Liebe vor, Schenk mir dein Lächeln - Maria!, Komm doch in meine Arme, E. Glück, daß man sich so verlieben kann, Schau e. schönen Frau nie zu tief in d. Augen, D. Juliska aus Budapest, Ich hab' so Heimweh n. d. Kurfürstendamm; Träme kann man nicht verbieten. - 1977 Ehrenring GEMA; 1878 Gold. Nadel Dramatiker-Union; 1979 Paul-Lincke-Ring Stadt Goslar, 1982 Ehrenmitgliedschaft d. GEMA; 1983 Richard Strauss-Med. (f. Verdienste um d. Urheberrecht); Gold. Feder d. Dt. Textdichter-Verb.

SCHWENN, Hermann

Dr. jur., em. o. Prof. d. Rechte - Schenefelder Landstr. 14 L, 2000 Hamburg 55 - Geb. 19. Febr. 1912 Ratekau/Ostholst. (Vater: Wilhelm S.; Mutter: Margarete, geb. Kummerow), ev., verh. s. 1946 m. Ingrid, geb. Jannsen (Amtsgerichtsrätin i. R.), 2 Söhne (Gerhard, Rudolf) - Johanneum Lübeck; Univ. Grenoble, München, Berlin, Rostock (Promot. 1936). Gr. jurist. Staatsprüf. 1938 Berlin - 1949 Privatdoz. Univ. Hamburg; 1951 Ord. TU Berlin (Fak. f. Wirtschaftswiss., 1977 Emerit.) - BV: Wandlung u. Minderung als Gestaltungsrechte, 1936. Buchbeitr. u. Ztschr.aufs.

SCHWENNICKE, Carl-Hubert

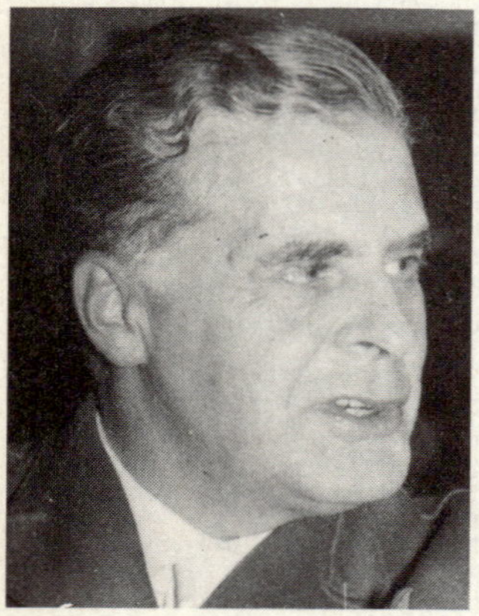

Dr. rer. pol., Dipl.-Ing., Direktor i. R. - Spanische Allee 84, 1000 Berlin 38 (T. 803 30 69) - Geb. 14. Nov. 1906 Berlin (Vater: Karl S., Arch.; Mutter: Elfriede, geb. Jacobi), ev., verh., 3 Kd. (Claus-Arnim, Astrid, Beatrice) - Lessing- u. Humboldt-Gymn. Berlin; 1 J. prakt. Tätigk. SSW; TH (Elektrotechnik; Diplomprüf. 1931) u. Univ. ebd. (Wirtschaftswiss.). Promot. 1955 TU Berlin - 1925-33 aktive Mitarb. Hochschulbeweg. DVP (Zugehörigk. z. Stab Dr. Stresemanns) u. journalist. Tätigk., dann Angest. Siemens-Werke (Dir.sassist., Sachbearb. f. Aufg. auf d. Gebiet d. Personalwesens, d. Wirtschaft u. Sozialpolitik, 1950 Dir. Sozialpolit. Abt.). 1946-58 Mitgl. Stadtverordnetenvers. Groß-Berlin u. Abgeordnetenhaus Berlin. 1969 Mitgl. Sozialbeirat d. Bundesreg. 1945-56 (Austr.) LDP bzw. FDP (Landesvors. Berlin), s. 1971 CDU - 1971 Gr. BVK m. Stern - Liebh.: Reiten - Rotarier - Großv.: Carl S., erster Werkstattdir. Siemens & Halske, engster Mitarb. Werner v. Siemens', zahlr. Erf. auf d. Gebiet d. Fernmeldetechnik u. d. Meßwesens (1839-1925).

SCHWENS, Christa

Dr. phil., Prof. f. Kunsttheorie - Unterwaldenerstr. 13, 4600 Dortmund 1 (T. 0231 - 59 56 36) - Geb. 20. Febr. 1937 Dortmund (Vater: Martin Sch., LG-Präs.; Mutter: Magda, geb. Schulte-Mattler), kath., led. - Abit., Stud. Kunstgesch., German., Theol. München u. Münster, Staatsex., Promot. u. Habil. - 1963-69 Erwachsenenbild., 1970 Doz. PH Essen, 1975 Dekan, 1976 Prof. Univ. Essen-GH., 1980 Konventsvors. Univ. Essen - BV: D. Alexanderkirche zu Wildeshausen, 1969; Braucht Kunstpäd. e. Sinntheorie?, 1975; Bild-Analyse-Bild-Verstehen, (Mitautor: Fendel), 1980 - Spr.: Engl., Franz., Ital.

SCHWENZER, Adolf W.

Dr. med., Prof., em. Chefarzt Frauenklinik St.-Markus-Krankenhaus, Frankfurt - Am Großen Berge 27, 6000 Frankfurt/M. (T. 79 12 23 27) - Geb. 19. Febr. 1919 Frankfurt/M., ev., verh. s. 1949 m. Anneliese, geb. Schäfer, 2 Söhne (Thomas, Martin) - Goethe-Gymn. Frankfurt; Univ. ebd. (Promot. 1944) u. München. Habil. 1952 Frankfurt - S. 1952 Privatdoz. u. apl. Prof. (1957) Univ. Frankfurt (u. a. Oberarzt Frauenklin.) - BV: D. Erythroblastose im Lichte d. neuen Rh-Forsch., 1953. Mitarb.: Schettler, Taschenb. d. prakt. Med. (Abschn.: Geburtshilfe). Zahlr. Fachaufs.

SCHWEPCKE, Hans-Jürgen

Dr. phil., M. A. - Dr.-Kurt-Huber-Str. 5, 8022 Grünwald/Obb. (T. 641 53 69) - Geb. 19. Juli 1921 Lübeck (Vater: Hans-M. S., Holzkfm.; Mutter: Marga, geb. Ahrens), ev., verh. s. 1953 m. Ilse, geb. Haus, 4 Kd. (Peer-Thomas, Andreas, Mathias, Barbara) - 1939-45 Wehrdienst (zul. Oblt. z. S., EK II u. I) - Stud. Gesch., Soziol., Staatslehre, Völker- u. intern. Privatrecht Heidelberg u. Minnesota/USA. Master of Arts 1950. Promot. 1952 - BVK I. u. II. Kl.; Gold. Dieselring - Spr.: Engl., Franz. - Rotarier.

SCHWEPPENHÄUSER, Hermann

Dr. phil. habil., Univ.-Prof. - Wilhelm-Raabe-Str. 5, 2121 Deutsch-Evern - Geb. 12. März 1928 Frankfurt/M. (Vater: Otto S., Auktionator; Mutter: Anna, geb. Raisch), kath., verh. s. 1954 m. Gisela, geb. Cornehl (M. A.), 2 Kd. (Sabine, Gerhard) - Univ. Frankfurt (Phil., Soziol., German.). Promot. (1956) u. Habil. (1966) Frankfurt - 1950-61 Wiss. Mitarb. (Inst. f. Sozialforsch.) u. Assist. (Phil. Sem.) Univ. Frankfurt (zeitw. Stip. Studienstiftg. d. Dt. Volkes); s. 1961 Prof., Hochsch. Lüneburg (Lehrstuhl f. Phil.); s. 1971 Honorarprof. Univ. Frankfurt - BV: Verbotene Frucht - Aphorismen u. Fragmente, 1966; Kierkegaards Angriff auf d. Spekulation - E. Verteidigung, 1967; Tractanda - Beitr. z. krit. Theorie d. Kultur u. Ges., 1972; Negative Dialektik u. d. Idee d. Versöhnung, 1973; Vergegenwärtigung z. Unzeit, 1986. Versch. Herausgaben. Mithrsg.: Ges. Schriften v. W. Benjamin (1972ff.) - 1949 Preis Univ. Frankfurt (Akad. Preisausschreiben) - Bek. Vorf.: Marie Salome Haucke, Tocht. d. Sesenheimer Pfarrers H. W. Schweppenhäuser, Mutter v. Moritz Graf v. Haucke u. Großm. d. Prinzessin Julie v. Battenberg (1751-1833) - Lit.: Festschr. f. H. Sch. z. 60. Geb.: Perspektiven krit. Theorie, hg. v. Chr. Türcke (1988).

SCHWERD, Wolfgang

Dr. med., o. Prof. u. Vorst. Inst. f. Rechtsmedizin Univ. Würzburg (s. 1963) - Versbacher Str. 3 (Inst.), 8700 Würzburg - Geb. 10. Juni 1924 Fürth/Bay. - 1959-63 Doz. Univ. Erlangen bzw. - Nürnberg. S. 1969-80 Präs. Dt. Ges. f. Rechtsmed. - BV: D. rote Blutfarbstoff u. s. wichtigsten Derivate, 1962. Herausg.: Lehrb. d. Rechtsmed. (4. A. 1986). Üb. 100 Einzelarb.

SCHWERDTFEGER, Gunther

Dr. jur., Prof. f. Staats- u. Verwaltungsrecht - Thielallee 52, 1000 Berlin 33 - Geb. 7. Nov. 1934 Oldenburg (Vater: Fritz Sch., Senatspräs. OLG; Mutter: Ilse, geb. Renken), S. Renke - BV:Unternehm. Mitbestimmung d. Arbeitnehmer u. Grundgesetz, 1972 (Habil.schr.); Öfftl. Recht in d. Fallbearbeitung, 6. A. 1982; Gutachten: Ausländerintegration, 53. Dt. Juristentag, 1980.

SCHWERDTFEGER, Inge C.

Dr. phil., Prof. f. Sprachlehrforsch. (Meth. d. Fremdsprachenvermittl.) Univ. Bochum - Oberländer Ufer 158, 5000 Köln 51 (T. 0221 - 37 57 09) - Geb. 6. Juni 1945 - 1975-78 Prof. f. Sprachlehrforsch. Univ. Hamburg; s. 1978 Ruhr-Univ. Bochum. Mitgl. im wiss. Beirat Deutsch als Fremdspr. d. Goethe-Inst.; gf. Dir. d. Landesinst. f. Arabische, Chin. u. Jap. Sprache, Bochum - Zahlr. Fachveröff.

SCHWERDTNER, Joachim

Stadt- u. Kurdirektor, Vors. Verb. Dt. Kneippheilbäder u. Kneippkurorte, stv. Vors. Harzer Verkehrsverb., Vors. Heilbäderverb. Nieders., Vorst.-Mitgl. Landesverein f. Gesundheitspflege, stv. VR-Vors. u. stv. Vors. Kreditaussch. Sparkasse Kr. Osterode, Vorst. Abwasserverb. Großraum Bad Lauterberg - Am Scholben 20, 3422 Bad Lauterberg (T. 37 35) - Geb. 3. Mai 1926 Goldentraum/Schles. (Vater: Richard S., Maschinist; Mutter: Martha, geb. Queisser), luth., verh. s. 1953 m. Ingeborg, geb. Schulze, 2 Töcht. (Christiane, Babette) - Volkssch.; kaufm. Lehre (Ind.), Gemeindeverw.sch. (Dipl.-Verw.Wirt) u. Verw.- u. Wirtschafts-Akad. Braunschweig (Diplom) - 1943-46 Arbeits-, Wehrdienst, Kriegsgef., 1946-49 stv. Verwaltungslt. Flüchtlingslager Immendorf, 1949-64 Stadtverw. Salzgitter (zul. Amtsleiter), s. 1964 Stadt- u. Kurdirektor Bad Lauterberg - Philatelist.

SCHWERIN, Graf von, Eberhard

Generaldirektor, Vors. d. Geschäftsfg. Deutsche Fina GmbH, Frankfurt/M., u. Erdöl-Raffinerie Duisburg (ERD) GmbH, Duisburg, AR-Vors. Fina Bitumenwerk GmbH, Mülheim, u. Sigma-Unitecta Farben GmbH, Bochum, AR Babcock-BSH AG, Krefeld - Bleichstr. 2-4, 6000 Frankfurt/M. (T. 2 19 80) - Geb. 15. April 1927 Berlin (Vater: Bogislav Graf v. S., General; Mutter: Liselotte, geb. v. Eberhardt), ev., verh. s. 1951 m. Anna, geb. Deppe, 3 Kd. (Margarete, Alice, Bogislav) - 1950-66 Aral AG., Bochum; 1966-70 Erdölwerke Frisia AG, Emden, u. Frisia Mineralöl GmbH bzw. Gulf Oil Germany, Düsseldorf (Vorst.).

SCHWERIN v. KROSIGK, Graf, Dedo

Jurist, Direktoriumsmitglied u. Leiter Zentralverw. d. Dt. Forsch.gem. (DFG) Bonn - Auenweg 62, 5000 Köln 50 - Geb. 17. Jan. 1933 Berlin, verh. s. 1961 m. Marie-Ulrike, geb. Freiin v. Stackelberg, Studiendirektorin - Ass. 1960 Koblenz - 1961/62 Stifterverb. f. d. Dt. Wiss. Essen; 1963-78 Wiss.rat Köln; s. 1978 DFG; Kurat.-Mitgl. Stiftg. Öffentlichkeitsarbeit f. d. Wiss., Bonn.

SCHWERIN von SCHWANENFELD, Graf von, Wilhelm

Direktor Public Relations, Mitgl. d. Geschäftsleitg. Deere & Company, European Office, Mannheim - Lindenstr. 18, 6836 Oftersheim - Geb. 7. Febr. 1929 Göhren (Vater: Ulrich-Wilhelm Graf v. Sch. v. Sch.; Mutter: Marianne, geb. Sahm †1988), ev., verh. m. Astrid, geb. Auffermann - Präs. Johanniter-Unfall-Hilfe Bonn; Ehrenkommendator d. Johanniterorden - BVK I. Kl. - Spr.: Engl. - Rotarier.

SCHWERING, Hans

Dr. med., Prof., Chirurg, Chefarzt Chirurgische Abt. Marien-Hospital Euskirchen (s. 1985) - Zu erreichen üb. Akad. Lehrkrankenhaus Marien-Hospital, Gottfried-Disse-Str. 40, 5350 Euskirchen (T. 02251 - 81 30) - Geb. 22. Sept. 1948 Dortmund (Vater: Chefarzt Dr. med. Prosper Sch.; Mutter: Elisabeth, geb. Schlüter), kath., verh. s. 1973 m. Dr. Ulrike, geb. Leesch, 5 Kd. (Nicola, Daniela, Regina, Angela, Christoph Gregor) - Stud. Humanmed. Univ. Münster u. Klinikum Essen; Staatsex. 1973 Univ. Münster; Promot. 1973 Klinikum Essen, Habil. 1981 Univ. Münster (f. Chirurgie); Chirurg. Ausb. Univ.klinik Münster; s. 1981 Priv.-Doz.; s. 1986 apl. Prof. f. Chirurgie ebd. - Arb. üb. Kokarzinogene Wirkung d. Galle- u. Pankreassekretes auf d. Entstehung d. 1,2-Dimethylhydrazinhydrochlorid-ind. kolorektalen Karzinoms d. Nagetieres - Veröff.: 72 wiss. Publ. (Buchbeitr., Publ. in nat. u. intern. Ztschr.), u. 103 wiss. Vorträge (nat. u. intern. Kongresse) - 1981 Otto-Goetze-Preis Bayer. Ges. f. Chir.

SCHWERING, Hans

Stadtdirektor a.D. - Rathaus, 3180 Wolfsburg (T. 10 82 26); priv.: Albert-Schweitzer-Str. 7 - Geb. 16. Aug. 1922 Hamburg, ev., verh. m. Ruth, geb. v. d. Decken.

SCHWERLA, Carl B.

Schriftsteller u. Regisseur - Schraudolphstr. 13, 8000 München 13 (T. 272 28 31) - Geb. 2. April 1903 München, verh. s. 1930 m. Gertrud, geb. Schröder, S. Florian - Volks- u. Kaufmannssch. - BV: Kanada im Faltboot, 1930; D. ew. Lausbub, 1936; Herzensnot in Wiesenrain, R. 1937; Wastl in d. Wand, R. 1938; Fliegen aus Ohio, R. 1959; Ottilienstr. 5, R. 1961; D. letzten Bayern - Ausblick ist keine Zukunft, R. 1970; D. Erinnerungen d. Maria, geb. Lockenstösser, R. 1972; Urlaub im Gebirge, Ged. 1975; Der Adam u. d. Everl, Ged. 1978; Thaddäus Knopf, R. 1981. Bühnenst.: Punkt 6 d. Tagesordnung, Sohlen u. Absätze, Graf Schorchi, D. Engerl Mariandl, Die Entwicklungshilfe, D. Mieterhöhung, E. langes Wochenende, Love-in. Zahlr. Hörsp. Sport- u. Kulturfilme: Melodie d. Wassers, Moderne Zeltnomaden, Romanze auf d. Wasser, Kl. Schule d. Campinglebens, E. Sommer m. Auto u. Zelt, Paradies d. Zelte; Dokumentarfilme: Ihr habt uns vergessen, D. Reise n. Bethlehem (1974); Fernsehfilme u. -reportagen - Gr. Med. Ital. Olympia-Komitee (f.: Melodie d. Wassers), 1977 BVK; 1981 Tukan-Lit.preis.; 1983 Ernst-Hoferichter-Preis.

SCHWERTE, Hans

Dr. phil., em. o. Prof. f. Neuere Dt. Literaturgeschichte German. Inst. TH Aachen (s. 1965; 1970-73 Rektor) - Kampenwandstr. 46, 8213 Aschau/Chiemgau - Geb. 3. Okt. 1910 Hildesheim (Vater: Paul S.; Mutter: Meta, geb. Behrendt), ev., verh. s. 1947 m. Annemarie, geb. Oldenburg, 3 Kd. - 1958-65 Privatdoz. u. apl. Prof. Univ. Erlangen-Nürnberg. 1984 Hon.-Prof. Univ. Salzburg - BV: Faust u. d. Faustische - E. Kapitel dt. Ideologie, 1962. Herausg.: Gestalter unserer Zeit (4 Bde. 1954ff.). Zahlr. Einzelarb. Festschr.: Lit. u. Theater im Wilhelminischen Zeitalter (1978) - BVK I. Kl.; Officier de l'Ordre de la Couronne du Royaume de Belgique.

SCHWERTMANN, Clemens

Ingenieur, Geschäftsf. A. Bücker GmbH. & Co. KG., Melle, Vors. Bundesvereinig. Mittelständ. Bauuntern., Bonn - Westbrghöven 18, 4520 Melle/Wiehengeb. - Geb. 22. Nov. 1925 - Bürgerm. Stadt Melle u. a.

SCHWERTMANN, Udo

Dr. rer. hort., Prof. u. Direktor Inst. f. Bodenkunde - Techn. Universität, 8000 München - Geb. 25. Nov. 1927 - 1961 Doz. TH Hannover, 1964 o. Prof. TU Berlin, 1970 TU München. Etwa 170 Fachveröff. - 1963 Paul-Wagner-Preis; 1982 Fellow of the Amer. Soc. Agronomy; Member of Sigma Xi; 1987 Mitgl. Akad. Leopoldina.

SCHWESINGER, Curt

Dipl.-Kfm., Vorstandsmitglied Bayer. Berg-, Hütten- u. Salzwerke AG (BHS), München - Im Tannach 18a, 8972

Sonthofen (T. 08321 - 40 05) - Geb. 26. Febr. 1925 Augsburg (Vater: Josef Sch.; Mutter: Elisabeth), kath., verh. s. 1965 m. Rosemarie, geb. Robusch, 2 Kd. (Claudia, Holger) - Univ. München (Dipl. 1948) - Spr.: Engl., Franz.

SCHWETJE, Gerhard

Regierungspräsident Trier, Landrat Landkr. Süd. Weinstr. (1969-82), Vorst. Landkreistag Rhld. Pfalz, AR-Mitgl. Staatsbad Bergzabern GmbH. - Zu erreichen üb.: Deutschhauspl. 1, 6500 Mainz.

SCHWETLICK, Wolfgang

Dr. rer. pol., Dipl.-Kfm., Ing. (grad.), Leitung International Systems Design - Hinterbergstr. 25, CH-6318 Walchwil - Geb. 18. Nov. 1940 Klagenfurt (Vater: Bruno S., Handelsvertreter; Mutter: Theresia, geb. Bräuner), verh. m. Alison, geb. Mc Adam - Textiling.-Ex. 1964; Dipl.-Kfm. 1969; Promot. 1971, bde. Mannheim - 1973-78 Geschäftsf. Kienbaum Unternehmensberat., s. 1979 Metro Intern. AG, Zug (CH) s. 1984 Mitgl. d. Int. Geschäftsleit. Metro Intern. AG - BV: Forschung u. Entwicklung in d. Organisation industrieller Unternehmen, 1972; Unternehmensleitung, Fachb. 1976 (Reihe: Strategische Unternehmensführung); RKW-Handb. Forschung, Entwicklung - Liebh.: Musik, Sport, Phil., Fotogr. - Spr.: Engl., Franz.

SCHWETLIK, Gerhard

Stadtkämmerer v. Krefeld - Hohenzollernstr. 83, 4150 Krefeld (T. 59 61 38) - Geb. 12. April 1923 - Stud. Rechtswiss. Ass.ex. - ARsmandate - Rotarier.

SCHWETTMANN, Wilhelm

Dr. rer. pol., Dipl. rer. oec., Kaufmann - Hausstockweg 14, 1000 Berlin 42 - Geb. 26. Jan. 1929 Herne (Vater: Wilhelm Sch.; Mutter: Elfriede, geb. Krause), verh. s. 1952 m. Waltraud, geb. Brendel †1987, 4 Kd. (Volker, Sigrid, Uwe, Bernd), verh. in 2. Ehe m. Renate, geb. Diehne - 1958 Dipl. rer. oec., 1977 Dr. rer. pol. - 1971-74 Verlagsgeschäftsf.; s. 1974 gf. Gesellsch. Wittenbecher GmbH, Berlin, Essen. Versch. jugendsoziolog. Schriften - Liebh.: Musik, Lit.

SCHWEYER, Carl

Dr. jur., Rechtsanwalt, Kompl. Grundbesitz-Anlageges., Köln - Am Gibbelsberg 10, 5000 Köln 41 (T. 49 11 91) - Geb. 4. Aug. 1901 München (Vater: Dr. oec. publ. Dr. jur. Franz S., zul. Bayer. Staatsmin. d. Innern (s. IX. Ausg.); Mutter: Anna, geb. Koeck), kath. - Stud. Rechtswiss., Jurist. Staatsprüf. 1925 u. 28 - 1928-33 Bankjustitiar, 1933-45 Rechtsanw. Köln, 1945-50 Beigeordn., 1950-71 Vorst.-Vors. Gemeinn. AG f. Wohnungsbau ebd. Zeitw. Präs. Dt. u. Intern. Verb. f. Wohnungswesen, Städtebau u. Raumplanung - Gr. BVK - Rotarier.

SCHWICK, Hans-Gerhard

Dr. phil., Wiss. Mitarbeiter Behringwerke AG., Marbach, Honorarprof. f. Physiolog. Chemie Univ. Marburg (Bereich Humanmed.) - Auf'm Gebrande 18, 3550 Marburg-Wehrshausen.

SCHWICKERT, Klaus

Oberbürgermeister Stadt Bielefeld - Stadt Bielefeld, Postfach 181, 4800 Bielefeld.

SCHWIDETZKY-ROESING, Ilse

Dr. phil., Prof. f. Anthropologie - Beuthener Str. Nr. 35, 6500 Mainz - Geb. 6. Sept. 1907 Lissa/Posen (Vater: Georg Schwidetzky, Privatgelehrter; Mutter: Susanne, geb. Schröder), ev., verw., 3 Kd. (Ursula, Ina, Friedrich Wilhelm) - S. 1939 (Habil.) Lehrtätigk. Univ. Breslau (Privatdoz.) u. Mainz (1946 apl., 1960 ao. (Dir. Anthropol. Inst.), 1961 o. Prof.). Spez. Arbeitsgeb.: Bevölkerungsbiol., Sozialanthropol., Prähistor. Anthropol. Fachmitgliedsch. - BV: u. a. Grundzüge d. Völkerbiol., 1950; Problem d. Völkertodes, 1954; D. Menschenbild d. Biol., 1959, 2. A. 1971; Anthropol., 1959, 2. A. 1971 (Fischer-Lexikon 15; m. G. Heberer u. G. Kurth); D. neue Rassenkunde, 1962 (m. A. Remane, H. Walter, R. Knussmann); D. vorspan. Bevölkerung d. Kanar. Inseln, 1963; Unters. z. anthropol. Gliederung Westfalens, 1967 (m. H. Walter); Hauptprobleme d. Anthropol., 1972; Rassensystematik, 1974. Herausg.: Homo - Ztschr. f. d. vergl. Forschung am Menschen (s. 1957), Vergl.-statist. Unters. z. Anthropol. d. Neolithikums (1967), D. Anfänge d. Neolithikums v. Orient b. Nordeuropa (1973); Rassengesch. d. Menschheit - 1966 Med. Rumän. Akad. d. Wiss.; 1968 Alex-Hrdlčka-Med. d. Stadt Humpolec/ČSSR; Broca-Med. d. Soc. d'Anthropol. de Paris; Gorjanović-Kramberger-Med. d. Kroat. Ges. f. Anthropol.; Ehrenmitgl. Kroat. Ges. f. Anthropol., u. Soc. Belge d'Anthropol.; korr. Mitgl. Hell. Ges. f. Anthropol., Geogr. Soc., Lissabon, Akad. d. Wiss. u. d. Lit., Mainz, Österr. Anthropol. Ges., Wien; 1988 Dr. h.c. Univ. Heraklion/Kreta - Spr.: Poln., Engl., Franz., Span.

SCHWIEGELSHOHN, Karl

Dr.-Ing., Geschäftsführer Liebherr-Aero-Technik GmbH., Lindenberg, Liebherr-Verzahntechn., Kempten, u. Liebherr-Holding, Biberach - Hermann-v.-Barth-Str. 49, 8960 Kempten - Geb. 15. Febr. 1927 Köln (Vater: Wilhelm S., Obering.), verh. m. Lore, geb. Helwig.

SCHWIER, Hans

Schulrat, Kultusminister u. MdL Nordrh.-Westf. (s. 1970) - Lettow-Vorbeck-Str. 20, 4802 Halle/W. (T. 34 64) - Geb. 21. Febr. 1926 Lerbeck/Porta, verh., 3 Kd. - N. Abit. Päd. Akad. Dortmund - S. 1950 Lehrer, Rektor (1956), Schulrat (1969; Kr. Bielefeld). 1969ff. MdK Halle/W. (Fraktionsf.); zul. Landesmin. f. Wiss. u. Forsch. SPD s. 1952 (Kreisvors. Halle u. a.).

SCHWIER, Walter

Stadtdirektor - Gildenweg 6, 5804 Herdecke/Ruhr (T. 30 95) - Geb. 17. Aug. 1916 Todtenhausen/W., verh., 2 Kd. - Volks- u. Aufbausch.; kaufm. Ausbild.; 7 Sem. Verw.sakad. Meinberg - Wehrmacht, Verw.sangest., Kommunalbeamter, Kreisoberinsp. Minden, Amts- u. Stadtdir. Herdecke. 1958-75 m. Unterbr. MdL NRW. 1931-33 SAJ; s. 1946 SPD (Mitgl. Unterbezirksvorst. Hagen-Ennepe/Ruhr).

SCHWIERS, Ellen

Schauspielerin - Am Kreuzweg 85, 8137 Berg (T. Starnberg 56 52) - Geb. 11. Juni 1930 Stettin (Vater: Lutz S., Schausp.), verh. m. Peter Jacob (Kulturfilmregiss.), 2 Kd. (Katarina, Daniel, †1985) - Bühne (u. a. 1968 UA. Zürich: Biografie); Film (üb. 40 Rollen); Fernsehen. S. 1984 Leiter. Festsp. Jagsthausen, s. 1982 Tourneeuntern. Das Ensemble.

SCHWIETE, M. Rolf

Dr. rer. nat., Fabrikant, geschäftsf. Gesellschafter van Baerle Chem. Fabrik GmbH + Co, Gernsheim, Silinwerk GmbH. ebd. u. Chem. Fabrik Silicium GmbH., Frankfurt/M. - Mainzer Str. 35, 6084 Gernsheim/Rh. - Geb. 10. Jan. 1922 Frankfurt/M., kath. - Stud. Chemie. Promot. 1955.

SCHWIGON, Hildegard

Hausfrau, MdL Baden-Württ. (s. 1976, Wahlkr. 2/Stuttgart II) - Im Asemwald 10/4/819, 7000 Stuttgart 70 - Geb. 26. Mai 1930 Stuttgart, kath., verh., 2 Kd. - Gymn.; Hauswirtschaftssch. - B. 1960 Verwaltungsangest. Stuttgart (Sozial- u. Jugendamt), dann Hausfr. (1961 ff. Mitarb. Ingenieurbüro d. Ehem.). Div. Ehrenämter. CDU.

SCHWILLING, Werner

Dr. rer. pol., Generalbevollmächtigter Dt. Bank AG - Königsallee 55, 4000 Düsseldorf 1 - Geb. 11. Febr. 1933 Waldalgesheim, kath., verh., 2 Kd. (Andreas, Annette) - Banklehre; Stud. Wirtsch. u. Sozialwiss. Univ. Köln (Dipl.-Kfm. 1958, Promot. 1963) - Chef Zentrale Börsenabt., stv. Mitgl. Düsseldorfer Börsenvorst., AR-Mand., Anlageaussch. - BV: Lexikon d. Geldanlage; u. div. Veröff. - Spr.: Engl.

SCHWINCK, Alexander

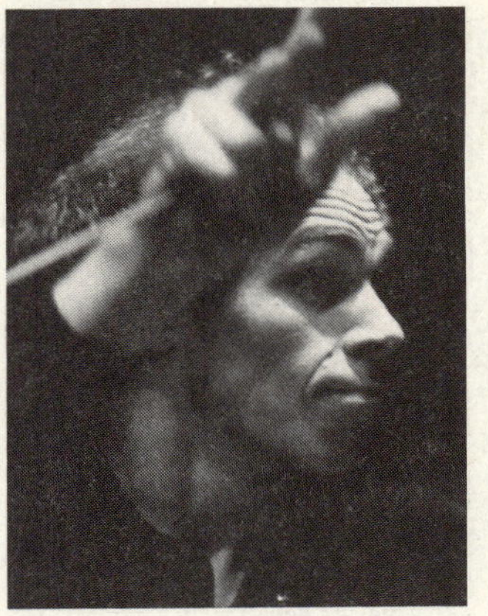

Dirigent, Generalmusikdirektor Staatsoper Istanbul (s. 1988) - Trappenbergstr. 24, 4300 Essen 1 (T. 0201 - 44 01 68) - Geb. 19. Dez. Darmstadt - Stud. 1974-79 Musikhochsch. d. Saarlandes; Meisterschüler v. Franco Ferrara (Siena), Hans Swarowsky (Wien u. Ossiach), Rafael Kubelik (Luzern) u. Kyrill Kondraschin (Hilversum); 1977 Dirigentenkurs in Tanglewood/USA b. Gunter Schuller, Seiji Ozawa u. Leonard Bernstein - 1976 Assist. v. Leonard Bernstein in New York; 1979-83 Kapellmeister Landestheater Coburg u. Hess. Staatstheater Wiesbaden; 1983 Doz. b. d. Jungen Dt. Philharmonie (Assist. v. Gary Bertini u. Lorin Maazel); 1984 Lehrauftr. Fachakad. f. Musik Nürnberg u. musikal. Leit. d. Intern. Jugend-Festspieltreffen Bayreuth; 1985-89 Chefdirig. Folkwang Kammerorch. Essen - Festspielmitwirkungen in Wiesbaden, Schlesw.-Holst., Bayreuth, Venedig, Izmir u. Istanbul; 1988 Japan-Debut - 1975 Diploma d'Onore in Siena; 1976 u. 77 Preisträger b. Dirigentenwettbewerb d. Dt. Musikrats u. Teilnehmer d. 21. u. 22. Bundesauswahl Konzerte Junger Künstler; 1979 Mozart-Preis Mozart-Ges. Wiesbaden.

SCHWIND, Ernst

Dipl.-Brau-Ing., Geschäftsf. Gesellschafter Heylands Brauerei Aschaffenburg - Yorckstr. 33, 8750 Aschaffenburg - Geb. 26. Juli 1927, kath., verh. s. 1954 m. Christine, geb. Wadenspanner, 3 Kd. (Eva-Maria, Susanne, Ralph) - Obersch. (Abit.); 2 J. Brauerlehrling; Stud. TH München (Dipl.) - S. 1952 Geschäftsf. Heylands Brauerei Aschaffenburg. S. 1954 Prüf.aussch. IHK; s. 1957 Förderer u. Ehrenpräs. Bayer. Betriebssportverb.; s. 1958 Vertr. AOK; s. 1972 Handelsrichter LG Aschaffenburg; s. 1973 Deleg. Bayer. Brauerbund; s. 1975 IHK-Vollvers.; s. 1979 Vorst.-Mitgl. AOK - 1987 BVK am Bde. - Spr.: Engl.

SCHWIND, Hans-Dieter

Dr. jur., Prof. f. Kriminologie u. Strafvollzug Univ. Bochum - Universitätsstr. 150 GC 5, 4630 Bochum (T. 700 52 45) - Geb. 31. Mai 1936 Tokio (Vater: Martin S., Prof.; Mutter: Eva, geb. Klamroth), ev., verh. m. Stud.rätin Ortrud, geb. Haas, 3 Kd. (Elke-Christine, Maike-Brigitte, Jan-Volker Immo) - Univ. München, Göttingen u. Hamburg - 1974 o. Prof.; 1978-82 Nieders. Min. d. Justiz; 1981 Vors. Justizmin.-Konfz. d. Länder; s. 1981 Vors. Fachkomm. Kriminalpolitik d. CDU/CSU; 1984-89 Präs. d. Dt. Kriminolog. Ges.; s. 1988 Vors. Unabhängige Reg.kommiss. z. Verhinderung u. Bekämpfung v. Gewalt (Gewaltkommiss.); s. 1988 Oberstleutn. d. Res. - BV: Dunkelfeldforschung in Göttingen 1973/74, 1975; Strafvollzug in d. Praxis, 2. A. 1988; Empir. Kriminalgeogr., 1978; Präventive Kriminalpolitik 1980; Modelle z. Kriminalitätsvorbeug. u. Resozialisier., 1982; Kommentar z. Strafvollzugsgesetz (zus. m. Alexander Böhm), 1983; Kriminologie, 2. A. 1988 - 1981 Gr. BVK; 1982 Beccaria-Med. in Gold (Dt. Kriminol. Ges.); 1987 Bul-le-mérite d. Bundes Dt. Kriminalbeamter (BdK).

SCHWIND, Hermann

Dr.-Ing., Prof. f. Anlagentechnik Univ. Dortmund - Stockumer Str. 424, 4600 Dortmund 50 - Geb. 18. März 1923 Mannheim (Vater: Otto Sch., Fabrikant; Mutter: Helene, geb. Bender), ev., verh. s. 1954 m. Irene, geb. Schwind, 2 Kd. (Iselin, Hermann-Ulrich) - 1942-48 Stud. Masch.bau TH Karlsruhe (Dipl.); Promot. 1952 - Ab 1953 Ind.tätigk. (USA: Forsch. u. Entw.; Chem. Ind. Bundesrep. Anlagenproj.); ab 1970 Lehrst. f. Anlagentechnik Univ. Dortmund. Div. Patente. Wiss. Veröff. in Fachztschr. - Spr.: Engl., Franz.

SCHWIND, Otmar

Dipl.-Kfm., Vorstandsvorsitzender Stadtsparkasse Aachen (s. 1972) - Münsterplatz 7-9, 5100 Aachen - Geb. 1. Sept. 1928 Aschaffenburg, kath., verh. s. 1954, 2 Kd. - Gymn.; Stud. d. Betriebswirtsch. Univ. Würzburg u. München; Dipl.ex. 1953 - 1953-64 versch. Sparkassen, 1964 Stadtsparkasse Osnabrück (Vorst.-Mitgl.), s. 1967 Stadtspark. Aachen (Vorst.-Mitgl.), s. 1972 Vorst.-Vors. Stadtsparkasse Aachen, Finanzrichter, div. AR- u. Beiratsmandate, Mitgliedschaften, Ämter u. Ehrenämter - Spr.: Engl. - Lions Club.

SCHWINDT, Helmut

Oberbürgermeister Bad Kreuznach - Zu erreichen üb. Stadtverwaltung, Hochstr. 48, 6550 Bad Kreuznach - Geb. 5 März 1941.

SCHWINEKÖPER, Berent

Dr. phil., Prof., Stadtarchivdir. a.D. - Zähringer Str. 23, 7800 Freiburg - Geb. 8. Nov. 1912 Magdeburg (Vater: Adolf Sch., Apotheker; Mutter: Helene, geb. Falke), ev., verh. s. 1947 m. Waldtraut, geb. Wieckert, 3 Kd. - Stud. Gesch., German., Hist. Hilfswiss., Kunstgesch. Univ. Göttingen, Wien, Freiburg; Promot. 1937, Prüf. f. d. Lehramt 1939, 1940 Abschlußprüf. Inst. Archivwiss. Berlin; 1940-45 Soldat, Russ. Kriegsgef. - 1941 Ass., 1944 Staatsarchivrat Geh. Staatsarchiv Berlin, 1947 Magdeburg, 1959 Freiburg. 1955 Lehrauftr. Berlin u. 1962 Freiburg, 1972 Hon.-Univ. Prof. - Ca. 190 Bücher u. wiss. Veröff. - 1968 ao. Mitgl. Hist. Kommiss. Bayer. Akad. d. Wiss. München u. zahlr. and. wiss. Institutionen - Spr.: Franz., Engl., Lat. - Lit.: Festschr. B. Sch., 1982.

SCHWINGE, Erich

Dr. jur., o. Prof. f. Straf- u. Prozeßrecht, Rechts- phil. u. Öfftl. Recht (emerit.) - v.-Harnack-Str. 27, 3550 Marburg/L. (T. 6 64 87) - Geb. 15. Jan. 1903 Jena, ev., verh., 4 Kd. - 1930-32 Privatdoz. Univ. Bonn, dann ord. Univ. Halle, Marburg (1936 u. wied. n. Kriegsende; 1954/55 Rektor), Wien (1940); Kriegsdienst 1939 u. 1941-45 - BV: Kommentar z. MSTGB, 6. A. 1944; Welt u. Werkstatt d. Forschers, 1957; Grundl. d. Revisionsrechts, 2. A. 1960; D. Jurist u. s. Beruf - E. Einf. in d. Rechtswiss., 1960 (auch jap.); D. fehlerhafte Staatsakt im Mobiliarvollstreckungsrecht, 2. A. 1963; D. Jurist in d. mod. Ges., 1964; unt. Maximilian Jacta: Berühmte Strafprozesse, 1962ff. (b. 1974 12 Bde., auch niederl., franz., rumän., ungar., slowak.; GA. üb. 650 Ts.); Bilanz d. Kriegsgeneration, 14. A. 1988; Churchill u. Roosevelt aus kontinentaleurop. Sicht, 4. A. 1986; D. Staatsmann, 1983; Ehrenschutz heute, 1988; Verfälschung u. Wahrheit. D. Bild d. Wehrmachtgerichtsbarkeit, 1988. Herausg.: O. P. Schweling: D. dt. Militärgerichtsbarkeit in d. Zeit d. NS. (2. A. 1978) - Festschr. z. 70. Geburtstag.

SCHWINGE, Ernst-Richard

Dr. phil., o. Prof. f. Klass. Philologie

(insbes. Graezistik) Univ. Kiel - Am Wildgehege 8, 2300 Kiel 1 - Geb. 4. Sept. 1934 Berlin, ev., verh. s. 1964, 2 Kd. (Christina, Tobias) - Promot. u. Staatsex. 1960, Habil. 1967 - S. 1976 o. Prof. Univ. Kiel - BV: D. Stell. d. Trachinierinnen im Werk d. Sophokles, 1962; D. Verwend. d. Stichomythie in d. Dramen d. Euripides, 1968; Künstlichkeit v. Kunst. Z. Gesch.lichkeit d. alexandrinischen Poesie, 1986; Goethe u. d. Poesie d. Griechen, 1986. Herausg.: Euripides, Wege d. Forsch. (1968).

SCHWINGEL, Paul

Dipl.-Ing., Geschäftsführer Dipl.-Ing. Paul Schwingel GmbH., Leverkusen - Hebbelstr. 13, 5090 Leverkusen 1 - Geb. 21. Febr. 1907.

SCHWINGENSTEIN, Alfred

Dr. oec. publ., Dipl.-Volksw., Verleger - Pagodenburgstr. 14, 8000 München 60 - Geb. 16. Dez. 1919 Ulm/D. (Vater: August S.; Mutter: Maria, geb. Fuhler), kath., verh. s. 1944 m. Magdalene, geb. Böhner, 5 Kd. (Christoph, Ulrich, Gerburg, Florian, Konrad) - Gymn.; Stud. München - S. 1945 Südd. Verlag GmbH, München - 1984 Gold. Bayer. Verfassungsmed.; 1985 BVK I. Kl.; 1988 Bayer. VO - Spr.: Engl.

SCHWINGER, Walter-Wolfram

Dr. phil., Operndirektor Württemberg. Staatstheater, Stuttgart (s. 1975), stv. Generalintendant (s. 1986) - August-Lämmle-Weg 1, 7053 Kernen/Remstal (T. 07151 - 4 42 75) - Geb. 14. Juli 1928 Dresden (Vater: Waldemar S., Pfarrer; Mutter: Waltraud, geb. Winter), ev., verh. s. 1954 m. Dr. phil. Margarete, geb. Treisch, 3 Kd. (Claudia, Konstanze, Malte) - Kreuzsch. (hum. Gymn.) Dresden, Musik- u. Theaterwiss. Humboldt-Univ. Berlin - Musikkritiker (b. 1960 Berlin, 1960-64 Hannover), 1964-75 Leit. Musikredaktion Stuttgarter Ztg. - BV: Er komponierte Amerika (George Gershwin), 1960, Neuaufl. 1983; Penderecki - Begegnungen, Lebensdaten, Werkkommentare (1979, engl. Ausg. 1989) - 1986 BVK I. Kl.

SCHWINK, Christoph

Dr. rer. nat., o. Prof. u. Direktor Inst. A f. Physik TU Braunschweig (s. 1967) - Spitzwegstr. 21, 3300 Braunschweig (T. 33 95 83) - Geb. 20. März 1928 München (Vater: Dr. jur. Walther S., Rechtsanw.; Mutter: geb. Kauper), verh. s. 1960 m. Dipl.-Phys. Annelies, geb. Jaeger - Stud. Physik. Promot. u. Habil. München.

SCHWIRTZ, Axel Jürgen

Konsul I. Klasse, Konsulat Córdoba/Argentinien - Casilla de Correo 283, Calle Ambrosio Olmas Nr. 501, 5000 Cordoba/Argent. - Geb. 30. Sept. 1941, verh. m. Veralore, geb. Weich, 3 Kd.

SCHWIRTZ, Herbert

Kommunalbeamter a. D., MdL Nordrh.-Westf. (s. 1975) - Steeler Str. 86b, 4630 Bochum-Wattenscheid - Geb. 31. Dez. 1929 - U. a. Oberbürgerm. Stadt Wattenscheid. Stadtratsmitgl. Wattenscheid (Fraktionsf.). SPD.

SCHWIRTZ, Karl-Heinz

Generalsekretär Dt. Turner-Bund - Otto-Fleck-Schneise 8, 6000 Frankfurt 71 - Geb. 21. Juli 1930 Duisburg, kath., verh.

SCHWITZGEBEL, Helmut

Dr. phil., Direktor Hess. Landesbibliothek i. R. (1971-88) - Ernst-v.-Harnack-Str. 9, 6200 Wiesbaden - Geb. 27. April 1925 Hannover (Vater: Fritz S., Oberbürgerm.; Mutter: Pauline, geb. Kurz), verh. m. Annemarie, geb. Benke - Stud. Mainz (Phil., dt. u. engl. Philol. u. Lit., Altphilol.) - Bibl.dst. Regensburg u. Düsseldorf, s. 1971 Wiesbaden - BV: Urkundenspr. u. Mundart, 1957; D. erzählte Stadt - Wiesbaden in d. Romanlit. d. 19./20. Jh., 1974; G. Freytags Soll u. Haben in d. Tradition d. dt. Kaufmannsr., 1980-82; Lit. Leben in Nassau, 1981; R. Wagner in Wiesbaden, 1983; Wagner am Rhein, 1983; Wiesbadener Theater um d. Jahrhundertwende, 1988; D. Hohenzollernschausp. v. Josef Lauff, 1988.

SCHWITZKE, Heinz

Dr. phil., Schriftsteller - Birkenau 5, 2420 Eutin/Holst. - Geb. 13. Febr. 1908 Helbra (Vater: Alwin S., Lehrer; Mutter: geb. Mölzner), ev., verh. s. 1933 m. Margarete, geb. Ulrichs, 4 Kd. - Univ. Berlin (Phil., Kunst- u. Musikgesch.) - U. a. Hörspielleit. NDR - BV: u. a. Schwed. Winter, R. 1937; D. Hörspiel - Gesch. u. Dramat., 1963. Bühnenst.: Scarrons Schatten (Dr. 1937). Hör- u. Fernsehspielanthol. (Reclams Hörspielführer, 1969). Evangelium d. Gefangenen (Erz., 1978); Irrfahrt u. Heimkehr (n. Homer); D. einundzwanzigste Kapitel (R., 1980); Einzelgänger (Erz., 1985).

SCHWOCHAU, Klaus

Dr. rer. nat., Dipl.-Chemiker, Prof. f. Anorg. Chemie, Abteilungsleiter Kernforschungsanlage Jülich - Nordstr. 48, 5170 Jülich (T. 02461 - 71 94) - Geb. 20. Mai 1930 Hannover (Vater: Paul S., Beamter; Mutter: Martha, geb. Steinmeier), ev., verh. s. 1959 m. Dr. Irene, geb. Layh - Chemie-Stud. Univ. Mainz; Dipl. 1959; Promot. 1961 Köln; Habil. 1971 Aachen; s. 1977 apl. Prof. TH Aachen - 1967-75 Abt.-Leit. KFA Jülich, Inst. f. Nuklearchemie; 1975-82 Inst. f. Angew. Physikal. Chemie; s. 1983 Inst. f. Erdöl u. Organ. Geochemie; Vorlesungen in Aachen. 1981 u. 1985 Gastprof. Science Univ. Tokyo. Publ. in Fachztschr. u. Fachb. - Liebh.: Tierbeobachtungen, Musik, Schwimmen - Spr.: Engl.

SCHWÖBEL, Christoph

Dr. theol., Theologe - 60 Love Lane, GB Rayleigh, Essex SS6 7DX - Geb. 19. Febr. 1955 Frankfurt/M. (Vater: Karl S., Pfarrer; Mutter: Gerlind, geb. Zitelmann), ev., verh. s. 1977 m. Marlene, geb. Hentschel, 3 Kd. (Martin, Christine, Johannes) - Lessing-Gymn. Frankfurt, Kirchl. Hochsch. Bethel, Univ. Marburg, Ex. 1977, Promot. 1978 - 1981-86 Hochsch.-Assist. Univ. Marburg, 1986 Lecturer in Systematic Theology, King's College London - BV: Martin Rade. D. Verhältnis v. Gesch., Relig. u. Moral als Grundprobl. s. Theol., 1980. Herausg.: Karl Barth- Martin Rade. E. Briefwechsel, 1981; M. Rade: Ausgew. Schr., Bd. 1 1983; Bd. 2 1986; Bd. 3 1987.

SCHWÖRER, Hermann

Dr. jur., Fabrikant, MdB (s. 1958; Wahlkr. 197/Balingen), Mitgl. Europ. Parlament (s. 1970) - Bahnhofstr. 2, 7480 Sigmaringen/Hoh. (T. 30 31) - Geb. 1. Mai 1922 Oberstetten/Württ. (Vater: Fabr.), kath. - Progymn. Rottenburg, Obersch. Eßlingen; n. Arbeitsdst. Univ. Tübingen (Rechts- u. Staatswiss.; Stud. durch Kriegsdst. (1941-45) unterbr., jul. Ltn. u. Kompanief.). Promot. 1950 - S. 1950 Familienuntern. (Hans Schwörer KG.; Baustoffw.). CDU s. 1951 (u. a. Vors. Kreisverb. Sigmaringen u. Mitgl. Landesvorst. Südwürtt.-Hoh.) - 1982 Gr. BVK.

SCHWOERER, Markus

Dr. rer. nat., Prof. f. Physik Univ. Bayreuth - Bergfriedstr. 25, 8580 Bayreuth (T. 0921 - 9 91 09) - Geb. 9. März 1937 Waiblingen (Vater: Dr. Paul Sch., Arzt; Mutter: Gertrud, geb. Metzger), verh. s. 1962 m. Hannelore, geb. Buck, 3 Kd. (Heinrich, Friederike, Moritz) - Univ. Stuttgart (Physik-Dipl. 1963 Stuttgart, Promot. 1967, Habil. 1973) - 1974 wiss. Rat u. Prof. Univ. Stuttgart; s. 1975 o. Prof. Univ. Bayreuth - 1974 Jahrespreis f. Chemie Göttinger Akad. d. Wiss. - Liebh.: Bergsteigen - Spr.: Engl., Franz. - Bek. Vorf.: Dr. h. c. mult., Dr.-Ing. E. h. Victor Sch. (Großvater).

SCHWOIM, Alois

Fernsehjournalist, Geschäftsf. Bonn-TV Medien-GmbH - Holbeinstr. 2, 5300 Bonn 2 (T. 0228 - 37 68 78) - Geb. 25. April 1949 Prüm/Eifel (Vater: Alois Sch., Kaufm.; Mutter: Marta, geb. Kopera), kath., verh. s. 1972 m. Anneliese, geb. Thein - Univ. Köln; Staatsex. 1976 in Sozialwiss. (Volksw., Soziol., Politol.) u. Päd. - S. 1979 Geschäftsf. Bonn-TV Medien-GmbH. Mitgl. Bundespressekonfz. Spez. Arbeitsgeb.: Innen- u. Wirtschaftspolitik - - Spr.: Engl., Franz.

SCHWOLLE, Karl Heinz

Dipl.-Kfm., Verwaltungsratsmitglied Markant Handels- u. Industriewaren-Vermittlungs AG - Im Gwatt, Churer Str. 160a, CH-8808 Pfäffikon.

SCHWONKE, Martin

Dr. phil., Prof., Hochschullehrer - Königsberger Str. 12, 3406 Bovenden (T. Göttingen 88 85) - Geb. 9. Febr. 1923 Marienwerder/Westpr. (Vater: Bruno S., Amtsrat; Mutter: Alma, geb. Mehlin), ev., verh. s. 1960 m. Dr. Herta, geb. Brögelmann, 3 Töcht. (Martina, Sybil, Verena) - Päd. Hochsch. Braunschweig; Univ. Göttingen. Promot. 1956 - S. 1962 Prof. Göttingen (Soziol.) - BV: V. Staatsroman u. Science Fiction, 1957; Wolfsburg - Analyse e. jg. Industriegemeinde, 1967 (m. U. Herlyn); Sozialisation u. Sozialstruktur, 2. A. 1981 - Spr.: Engl. (Schr.).

SCHYDLO, Reinhard

Dr. med., Arzt f. Kinder- u. Jugendpsychiatrie, Kinderheilkunde, Psychotherapie - Herzogstr. 89-91, 4000 Düsseldorf 1 (T. 0211 - 37 81 91) - Geb. 10. Jan. 1944 Glaiwitz, kath., gesch., 2 Kd. (Eva-Maria, Boris) - Gymn. Mönchengladb., Med.-Stud. in Köln, Clevmont-Ferrand u. Düsseldorf; Ex. u. Promot. 1968. Weiterbildung in Kanada, Schweiz, Bonn u. Düsseldorf - S. 1977 in Gemeinschaftspraxis (Modellpraxis d. Bundesgesundheitsmin.) f. Kinder- u. Jugendpsychiatrie in Düsseldorf; Gründer Berufsverb. d. Dt. Ärzte f. Kinder- u. Jugendpsychiatrie; s. 1979 Vors. Berufsverb. KJP; s. 1987 Deleg. d. Bundesrep. Dtschl. d. UEMS (Vereing. d. europ. Fachärzte) Brüssel - BV: Psych. beeinträchtigte Kinder u. Jugendl., 1987. Herausg.: Kinder- u. Jugendpsych. in Klinik u. Praxis (1981) - Ehrenvors. Berufsverb. f. KJP - Spr.: Engl., Franz.

SCHYGULLA, Hanna

Schauspielerin - Nymphenburger Str. 67, 8000 München 2 - Geb. 1943 - Theaterhauptrolle: Mutter Courage (1979). Rd. 40 Filme, zul. D. Ehe d. Maria Braun (f. d. Hauptr. Silb. Bär Berlinale, 1979), D 3. Generation (1979), Lili Marleen (1980), D. Fälschung (1981), E. Liebe in Deutschl. (1983); Fernsehen: u. a. 8 Stunden sind kein Tag (Serie, 1972) - Zahlr. Ausz.; 1984 Bambi - Liebh.: Reisen, Malen.

SCOTLAND, Rüdiger

Dr.-Ing., Ministerialdirektor a.D., Generalbevollmächtigter a.D. Dt. Bundesbahn (b. 1982) - Platanenstr. 34, 6094 Bischofsheim.

SCRIBA, Christoph J.

Dr. rer. nat., o. Prof. f. Gesch. d. Naturwiss. Univ. Hamburg - Bundesstr. 55, 2000 Hamburg 13 (T. 41 23 20 94) - verh. s. 1957 m. Inge, geb. Eckel, S. Friedemann - Univ. Marburg u. Gießen (Promot. 1957) - Mehrj. Tätigk. Univ. of Kentucky, Massachusetts, Toronto, 1962-64 Forschungsaufenth. Oxford, 1964-69 Assist. u. Privatdoz. Univ. Hamburg, 1969-75 o. Prof. f. Gesch. d. ex. Wiss. u. d. Techn. TU Berlin - BV: J. Gregorys fr. Schriften z. Infinitesimalrechnung, 1957; Studien z. Math. d. John Wallis, 1966; The Concept of Number, 1968. Div. Einzelarb. - Mitgl. Acad. Intern. d'Histoire des Sciences, Paris (1967 korr., 1971 o.) u. Dt. Akad. d. Naturforscher (Leopoldina), Halle (1972) - Vater: Hans S., Pfarrer; Mutter: Walberta, geb. Becker.

SCRIBA, Peter C.

Dr. med., Prof., Direktor Klinik Inn. Medizin Univ. Lübeck - Ratzeburger Allee 160, 2400 Lübeck (T. 0451 - 500 23 05) - Geb. 19. Aug. 1935 Hamburg, ev.-luth., verh. m. Marisa, geb. Mikorey, 4 Kd. (Franziska, Johanna, Daniel, Eva) - Stud. Univ. Hamburg u. Freiburg (Promot. 1959), Habil. 1967 - B. 1980 Assist. u. Oberarzt Med. Klinik Innenstadt Univ. München; 1984-87 Vizepräs. Med. Univ. zu Lübeck, 1987-90 Rektor ebd.

SCUPIN, Hans-Ulrich

Dr jur., em. o. Prof. f. Öfftl. Recht - Robert-Koch-Str. 46, 4400 Münster/W. (T. 8 23 41) - Geb. 13. April 1903 Dölau b. Halle/S. (Vater: Prof. Dr. phil. W. A. Hans S., Geologe u. Mineraloge † 1937 (s. VIII.-X. Ausg.); Muter: Charlotte, geb. Peters), ev., verh. s. 1940 m. Gudrun, geb. Voelter, 2 Kd. (Hans Peter, Helga) - Univ. Dorpat, Heidelberg, Halle, Breslau (Promot. 1929) - 1934-39 Assist. u. Privatdoz. (1939) Univ. Breslau, 1940-41 Privatdoz. u. Lehrstuhlvertr. Univ. Greifswald, 1941-43 ao. Prof. Univ. Posen (1944 o. Prof.), 1943-47 Wehrdst. u. Kriegsgefangensch. (Afrika), 1947-48 Mitredakt. Dokumente d. ersten Nürnbg. Kriegsverbrecherproz. u. Verteidiger OKW-Proz., 1950-52 Rechtsanw. OLG Hamm, 1952-71 o. Prof. Univ. Münster. Div. in- u. ausl. Fachmitgliedsch. - BV: D. lettl. Wirtschaftsgesetze, 1936; Kants Auffassungen vom Rechtsstaat, 1938; Kommentar z. Bonner Grundges. (T. IV: D. Bundesrat); D. Polizeirecht in d. BRD, in: Handb. d. Kommunalen Wiss. u. Praxis, Bd. II 1957; Annexion u. Vertreib., 1967. Herausg.: Unvollendete Demokratien - Organisationsformen u. Herrschaftsstrukturen in nichtkommunist. Entwicklungsländern (1965). Mithrsg.: Altusius - Bibliogr. z. polit. Ideengesch. u. Staatslehre, Staatsrecht u. Verfassungsgesch. d. 16. b. 18. Jh. (1975). Zahlr. Einzelarb. - Spr.: Franz., Ital., Engl. - Lit.: Festschr. z. 70. Geburtstag, Öffentl. Recht u. Politik, 1973 (hg. v. N. Achterberg); Festschr. z. 80. Geb., Recht u. Staat im soz. Wandel, 1983 (hg. v. N. Achterberg, W. Krawietz, D. Wyduckel).

SCUPIN, Hartmut

Oberbürgermeister v. Braunschweig - Langer Hof 1, 3300 Braunschweig.

SEAMAN, David

Kapellmeister, Mitbegr. u. Musikal. Leiter Pocket Opera Nürnberg (s. 1974) - Wohnh. in Cardiff (Engl.); zu erreichen üb. Pocket Opera, Gertrudstr. 21, 8500 Nürnberg - Geb. 14. Febr. 1943 London, anglikan., verh. s. 1971 m. Christine, geb. Daltry, 3 Kd. (Caroline, Jennifer, Anthony) - Stud. Campridge (B.A. 1964, B. Mus. 1965), London u. Hamburg - 1974-78 2. Kapellm. Städt. Bühnen Nürnberg; 1978-81 1. Kapellm. u. Studienleit. Landestheater Coburg; s. 1981 Kapellm. u. Chorleit. National Oper Wales; s. 1984 Musikal. Leit. u. Bearb. St. Donats Musictheatre Ensemble. Bearb.: D. Vampyr (Marschner), La Wally (Catalani), Lucrezia Borgia (Donizetti), La Grande Duchesse de Gerolstein (Offenbach); La Gioconda (Ponchielli); Brecht-Weill-Lieder; J. Strauss, Suppé, u.a. - Liebh.: Wandern.

SEARCY, Imke

Cellistin (Ps. Searcy-Heitmann) - Ringstr. 19, 6384 Schmitten 6 - Geb. 5. März 1941 Lübeck (Vater: Hans Heitmann, Schriftst.; Mutter: Annelise, geb. Boysen), gesch. - Staatl. Hochsch. f. Musik Freiburg (Prof. A. Teichmanis); Künstl. Reife-Prüf. 1966 New England Conservat., Boston (USA), Artist's Dipl. - Solocellistin: Bergen, Norw., Nordwestdt. Philharmonie, RSO Frankfurt. 1966 Lehrauftr. f. Cello Musikhochsch. Freiburg, 1974 Frankfurt - Liebh.: Garten, Katzen - Spr.: Engl., Franz.

SEBALDT, Maria

Schauspielerin - Geranienstr. 3, 8022 Grünwald/Obb. (T. 641 37 31) - Geb. 26. April 1930 Berlin (Vater: Werner S.), kath., verh. s. 1965 m. Robert Freitag

(Schausp. u. Regiss.; s. dort), T. Katharina - Obersch.; Schauspielausbild. Annemarie Asmus - S. 1946 Landestheater Sondershausen u. Berliner Bühnen (1950). Bühne: Eve (D. zerbrochene Krug), Klärchen (Egmont), Rautendelein (D. versunkene Glocke), Franziska (Minna v. Barnhelm) u. a. Film: u. a. D. Zigeunerbaron, D. Zarewitsch, Mädchen ohne Grenzen, D. Hptm. v. Köpenick, Vater, Mutter u. 9 Kd., Patricia, Im 6. Stock, Barbara, Bekenntnisse e. möblierten Herrn, D. schwarze Schaf, Charleys Tante, Vorsicht - Mr. Dott!, D. Gejagten d. Sierra Nevada; Fernsehen: D. Abgründige in Herrn Gerstenberg, Oh, diese Geister, Zu e. Mord gehören zwei - Liebh.: Kochen, Schallplatten (Klass. Musik u. Jazz) - Spr.: Engl.

SEBENING, Friedrich Emil

Dr. med., Prof., Direktor Klinik f. Herz- u. Gefäßchir. Dt. Herzzentrum München (s. 1973) - Lothstr. 11, 8000 München 2 (T. 1 20 91) - Geb. 19. März 1930 Frankfurt/M. (Vater: Prof. Dr. med. Walter S., Chir.; Mutter: Herta, geb. Schumacher), ev., verh. s. 1953 m. Annie, geb. Romain, 2 Kd. (Christian, Thomas) - Schule Schloß Salem; Stud. Univ. Heidelberg (Staatsex. 1954); Syracuse, N. Y./USA; München; Habil. 1965 - In- u. ausl. Fachges. - 1982 Bayer. VO; 1984 Ehrenmitgl. Österr. Ges. f. Chirurgie, 1984 Ungar. Ges. f. Kardiol., 1985 Intern. Fellow d. American Heart Assoc.; 1986 Hon.-Prof. Chin. Akad. d. Med. Wiss., China; 1987 BVK I. Kl.

SEBIGER, Heinz

Dipl.-Volksw., Dr. rer. pol. h. c., Vorstandsvorsitzender DATEV, Datenverarbeitungsorganisation d. steuerberatenden Berufes in d. Bundesrep. Dtschl., Präs. Steuerberaterkammer, bde. Nürnberg - Am Doktorsfeld 42, 8500 Nürnberg - Geb. 9. März 1923 - Mitgl. Wirtschaftsbeirat Stadt Nürnberg - BVK, Staatsmed. f. bes. Verdienste um d. bayer. Wirtschaft.

SEBOTT, Reinhold, S. J.

Dr. jur. can., Dr. theol., Lic. phil., Prof. f. Kirchenrecht Phil.-Theol. Hochschule St. Georgen (1981ff.) - Offenbacher Landstr. 224, 6000 Frankfurt/M. 70 - Geb. 23. März 1937 Fulda (Vater: Josef S., Landw.; Mutter: Katharina, geb. Betz), kath. - Realgymn. Fulda; Hochsch. f. Phil. München (Phil.; Lic. 1962); PhThH St. Georgen Frankfurt (Theol.; Lic. 1968); Univ. Gregoriana Rom (Kirchenrecht; Promot. 1974). Habil. 1977 St. Georgen; Rom (Theol.; Promot. 1980) - S. 1957 Ges. Jesu (1967 Priester). 1974ff. lehrbeauftr. Prof. Gregoriana - BV: D. Problem d. Religionsfreiheit b. John Courtney Murray, 1974; Religionsfreiheit u. Verhältnis v. Kirche u. Staat, 1977; D. theolog. Grundleg. d. Rechtes in d. kath. Kirche, 1980; D. neue kirchl. Eherecht, 1983; Il diritto matrimoniale della chiesa, (m. C. Marucci) 1985; Einf. in d. Kirchenrecht (m. Hans-Joachim Höhn), 1987; D. neue Ordensrecht, 1988 - Liebh.: Sport (Leicht- u. Schwerathletik; 1955 Dt. Jugend-, 56 Dt. Juniorenmeister) - Spr.: Lat., Ital., Engl., Franz.

SECKEL, Curt

Dr. phil., Kunsthistoriker - Hauptstr. 74, 8132 Tutzing/Obb. (T. 08158 - 85 22) - Geb. 23. März 1901 Weimar (Vater: Christian S., Postbeamter; Mutter: Luise, geb. Hellmich), ev., verh. s. 1958 m. Dr. Anne, geb. Knöppler - Univ. Berlin, München, Florenz, Rom (Kunstgesch., Archäol., Gesch.) - Fr. Schriftst. B. 1960 Vors. ZEN/Vereinig. abstrakter Maler in Dtschl. - BV: Maßstäbe d. Kunst im 20. Jahrhundert - Soziol.-ästhet.-psych. Kriterien d. mod. Malerei, 1967 (auch ital.).

SECKEL, Dietrich

Dr. phil., Prof. f. Ostasiat. Kunstgesch. (emerit.) - Hans-Thoma-Str. 49, 6900 Heidelberg (T. 4 40 75) - Geb. 6. Aug. 1910 Berlin (Vater: Prof. Emil S., Rechtsgelehrter) - Gymn. u. Univ. Berlin (Kunstgesch., German.). Promot. 1937 Berlin; Habil. 1948 Heidelberg - 1937-47 Lektor f. Dt. Spr. u. Doz. f. Dt. Lit. jap. Hochsch. (u. a. Kaiserl. Univ. Tokio); s. 1948 Privatdoz., apl. Prof. u. Ord. (1965) Univ. Heidelberg (erster dt. Lehrstuhl ds. Fachricht.). 1983 korr. Mitgl. Heidelbg. Akad. d. Wiss. - BV: Hölderlins Sprachrhythmus, 1937 (Leipzig); D. Ursprung d. Torii, m. O. Karow 1942 (Tokio); Kariteimo, d. buddhist. Madonna in d. jap. Kunst, 1944 (Tokio); Grundzüge d. buddhist. Malerei, 1945 (Tokio); Buddhist. Kunst Ostasiens, 1957 (Stuttgart); Andô Hiroshige, Tôkaidô-Landschaften, 1958 (Baden-Baden); Emaki, d. Kunst d. klass. jap. Bilderrollen, 1959 (Zürich; auch engl., amerik., franz., ital.); Einf. in d. Kunst Ostasiens, 1960; Kunst d. Buddhismus, in: Kunst d. Welt, 2. A. 1964 (auch engl., franz., ital., holl., schwed., span., hebr.); Jenseits d. Bildes. Anikonische Symbolik in d. buddhist. Kunst, 1976; Schriften-Verz. m. e. autobiogr. Ess.: Mein Weg z. Kunst Ostasiens, 1981; Buddhist. Tempelnamen in Japan, 1985. - Bek. Vorf.: Prof. Paul Hinschius (†1898), Kirchenrechtler Berlin (Großv. ms.).

SECKFORT, Helmut

Dr. med., Prof., Obermedizinaldirektor, Chefarzt Med. Klinik u. Ärztl. Dir. Zweckverb. Stadt- u. Kreiskrkhs. Minden (s. 1961) - Bismarckstr. 6, 4950 Minden/W. (T. 20 66) - Geb. 7. März 1920 Düsseldorf (Vater: Heinrich S., Bankbeamter; Mutter: Elfriede, geb. Butzmühlen), ev., verh. s. 1950 m. Eva, geb. Schwerter, 3 Kd. (Alexa, Claudia, Jochen) - Med. Staatsex. 1944 Tübingen - S. 1954 (Habil.) Lehrtätigk. Univ. Mainz (1960 apl. Prof.; b. 1961 Oberarzt Med. Klinik). Üb. 100 Arbeiten z. Inn. Med. - Liebh.: Musik, Jagd, Sport - Spr.: Engl., Franz.

SECKLER, Max

Dr. theol., Prof. f. Fundamentaltheologie Univ. Tübingen (s. 1964) - Sommerhalde 5, 7400 Tübingen 6 - Geb. 23. Sept. 1927 Westerhofen - Stud. Tübingen, Paris, Rom (Anima), München. Promot. 1958 Tübingen; Habil. 1964 München. Dir. d. f.th. Seminar Univ. Tübingen - BV: Instinkt u. Glaubenswille n. Thomas v. Aquin, 1961; D. Heil in d. Geschichte, 1964; Hoffnungsversuche, 1972; Theologie vor Gericht. D. Fall Wilhelm Koch - E. Bericht, 1972. Register zur Theol. Quartalschrift, 1975; Im Spannungsfeld v. Wiss. u. Kirche. Theol. als schöpfer. Ausleg. d. Wirklichkeit, 1980; Lehramt u. Theol., 1981; Handb. d. Fundamentaltheol. (Hrsg. u. Autor) I-IV, 1985-88; D. schiefen Wände d. Lehrhauses. Katholizität als Herausforderung, 1988 - Übers.: Bouillard, Blondel u. d. Christentum, 1963 - Abh.: Vergil, 1965; D. Fortschrittsgedanke in d. Theologie, 1967; D. Theologie als kirchl. Wissensch. nach Pius XII. u. Paul VI., 1969; Sind Religionen Heilswege?, 1970; Kompromiß in Sachen d. Lehre, 1972; Theologie - Wissensch. unter Wissenschaften?, 1972; Das Haupt aller Menschen, 1974; Evangel. Fundamentaltheologie, 1975; Thomas v. A. u. d. Theologie, 1976; Konflikt u. Einheit in d. Kirche, 1977; Theologie, Rel.-Philosophie, Rel.-Wissensch., 1977; J. S. Drey u. d. Theologie, 1978; Tradition als Überlieferung d. Lebens, 1978; V. Geist u. v. d. Funktion d. Theol. im MA, 1979; Aufklärung u. Offenbg., 1980; D. schöpfer. Wort, 1980; Aevum, 1980; Augenblick, 1980; Außerh. d. Kirche Heil o. kein Heil, 1980; Wende im lehramtl. Theol.-Verständnis, 1980; Im Geist u. in d. Wahrheit bitten, 1980; D. Aufklärung – e. Herausforderung f. d. Christentum als Offenbgsreligion, 1981; Dei verbum religiose audiens, 1981; Jesus im Islam, 1981; Literar. u. relig. Spr. I-II, 1981; Reich Gottes als Thema d. Denkens, 1981; Kirchl. Lehramt u. theol. Wiss., 1982; Kritik-Krise-Kritizismus, 1982; Tradition u. Fortschritt, 1982; Weltoffene Katholizität, 1982; Theosoterik u. Autosoterik, 1982; Theologein. E. Grundidee in dreif. Ausgestaltung, 1983; Theol. Erkenntnislehre - e. Aufg. u. ihre Koordinaten, 1983; D. Eine Ganze u. d. Theol. (Festschr. K. Rahner), 1984; D. schiefen Wände d. Lehrhauses, 1985; Z. Interdependenz v. Aufklärung u. Offenbarung, 1985; Theol. d. Religionen m. Fragezeichen, 1986; D. ekklesiologische Bedeutung d. Systems d. loci theologici. Erkenntnistheoretische Katholizität und strukturale Weisheit (Festschr. Ratzinger), 1987.

SEDLER, Willy

Chefkameramann Hess. Rundfunk (s. 1958) - Kurhessenstr. 70, 6000 Frankfurt/M. (T. 52 61 40) - Geb. 23. April 1920 Bergen/Hessen (Vater: Friedrich S., Beamter; Mutter: Anna, geb. Röder), verh. s. 1944 m. Ilse, geb. Weber, 2 Kd. (Joachim, Linda) - Stud. Dramat., Malerei, Fotogr. - S. 1942 Kameram. Film bzw. Fernsehen (1955); 1942-45 Kriegsberichter; 1945-46 sowjet. Kriegsgefangensch. (Stalingrad); 1946-52 Wochenschau Welt im Film; 1952-55 US-Botschaft Bonn (Public Affairs). Spiel-, Unterhaltungsfilme, Dokumentarsend. - Liebh.: Malerei, Farbfotos, Reisen.

SEDLMAYR, Walter

Schauspieler u. Gastwirt - Zu erreichen üb. Wirtshaus Beim Sedlmayr, Westenrieder Str. 6, 8000 München 2 (T. 089 - 22 22 47) - Geb. 6. Jan. 1926 Schwabing/München (Eltern: Richard (Tabakeinzelhändler) u. Maria S.) - Gisela-Obersch. München - 20 J. Mitgl. Münchener Kammersp. (zeitw. Regieassist.). Heimatfilme; Fernsehserien (u. a. Polizeiinspektion 1, Hauptkommissar Schöninger) - BV: Alles nicht so wichtig, 1984; Reden u. Laudatien, u. a. Salvatorrede (Nockherberg); TV-Reisefilme aus aller Welt; Buchautor - 1973 Bundesfilmpreis (f.: Theodor Hirneis, Leibkoch v. König Ludwig II.); 1984 BVK.

SEDLMEIR, Max

I. Bürgermeister - Rathaus, 8905 Mering/Schw. - Geb. 5. April 1933 Mering - Landw. CSU.

SEE, von, Klaus

Dr. phil., o. Prof. f. German. Philologie - Schumannstr. 53, 6000 Frankfurt/M. (T. 74 91 27) - Geb. 10. Aug. 1927 Altendorf - S. 1962 (Habil.) Lehrtätigk. Univ. Hamburg u. Frankfurt (1962 ao., 1963 o. Prof.; Dir. Dt. Sem.) - BV: D. Jütsche Recht, 1960; Altnord. Rechtswörter, 1964; German. Verskunst, 1967; Dt. Germanen-Ideologie v. Humanismus b. z. Gegenw., 1970; Germ. Heldensage, 1971; D. Gestalt d. Havamal, 1972; Kontinuitätstheorie u. Sakraltheorie in d. Germanenforschung, 1972; D. Ideen v. 1789 u. d. Ideen v. 1914, 1975; Jutisch Lowbok, 1975; Europ. Heldendichtung, 1978; Skaldendichtung, 1980; Edda, Saga, Skaldendicht. Aufs. z. skandinav. Lit. d. Mittelalters, 1981; Europ. Frühmittelalter, 1985; D. Strindberg-Fehde, 1987. Herausg.: Frankfurter Beiträge zur Germanistik (1967ff.); Neues Handb. d. Literaturwiss. (1972ff.); Skandinavistische Arbeiten (1975ff.) - Lit.: Idee, Gestalt, Geschichte. Festschr. f. K. v. S. (1987).

SEE, Kuno

s. Zuse, Konrad

SEE, Wolfgang

Ev. Pfarrer, Schriftsteller, Publizist - Tropfsteinweg 54, 1000 Berlin 47 (T. 030 - 741 30 87) - Geb. 14. Juli 1930 Berlin, ev., verh. I.) 1958-77 m. Elisabeth Bleher, geb. Lessmann, II.) s. 1978 m. Ruth, geb. Fröscher, 4 Kd. (Annedore, Piroschka, Roland, David) - Stud. Theol. u. Jura (1956, 1957 Theol. Examina, 1957 Ordination) - Pfarrer Berlin-West (1957-70 Kirchengemeinden St. Paul, Genezareth, Neu-Buckow); 1970-76 Schülerbildungsarb.; 1976-80 Gefängnisseelsorge Tegel; s. 1980 Kirchengemeinde Mariendorf). S. 1950 fr. Mitarb. Hörfunk (bes. Hörspiel, Feature, Kirchenfunk) u. Buchautor - BV: Asche u. e. Licht - Auch e. Italienreise; 1963; Himmlische Karriere, R. 1964; Maifeier, Erz. 1966; Brot-Zeiten, R. 1968; Nun büßt mal schön, 1980; Dein Volk ist mein Volk, 1982; Adieu Israel, 1983; Frauen im Kirchenkampf, 1984; Altjahrsabend, R. 1984; D. Apostel Paulus u. d. Nürnberger Gesetze, 1985 - Liebh.: Nationale Minoritäten, gesellsch. Randgruppen, Dt. Frage, Israel-Palästina, Ung., bibl. Historie - Spr.: Engl., Lat., Griech., Hebr., Ung., Franz.

SEEBACH, Gerhard K.

Dipl.-Kfm., Dr. rer. pol., Geschäftsführer Bissendorf Biotechnologie Gruppe (s. 1988) - Brucknerring 10, 3000 Hannover 61 - Geb. 23. April 1934 Stuttgart (Vater: Karl S.; Mutter: Paula, geb. Walter), ev., verh. s. 1965 m. Barbara, geb. Gläser, 2 Kd. (Sita, Alexander) - Abitur 1954 Stuttgart; kfm. Lehre; Stud. München, Stuttgart, Berlin, Nürnberg. Dipl.-Kfm. 1959, Promot. 1963 Nürnberg - Ab 1961 Robert Bosch GmbH., Stuttgart; 1966-69 Kfm. Leiter Bosch-Mehrheitsbet. Motor Industries Co. Ltd., Bangalore/Indien; 1971-74 kfm. Gesch. f. AEG ETI, Istanbul/Türkei; 1974-77 kfm. Gf. Telefunken Fernseh u. Rundfunk GmbH, Hannover; 1977-79 Mitgl. Geschäftsltg. (Finanzen u. Personal) B. Sprengel GmbH. & Co., Hannover; 1980-88 Gf. RKW Nieders. in Hannover - Liebh.: Schach, Sport, Foto, Lit. - Spr.: Engl., Franz.

SEEBACH, Karl

Dr. rer. nat. (habil.), o. em. Prof. Fakultät für Mathematik Universität München - Walhallastr. 5, 8000 München 19 (T. 17 37 22) - Geb. 28. Juni 1912 München (Vater: Karl S., Bankbeamter; Mutter: Auguste, geb. Pfalner), kath., verh. s. 1941 m. Wilma, geb. Seebach, 4 Kd. (Inge, Wolfgang, Hildegard, Rudolf) - Realgymn. u. Univ. München (1931-35; Math., Physik). Promot. (1939, Univ.) u. Habil. (1941, TH) München - 1948-67 hh. Schuldst. (1965 Gymnasialprof.); 1949-81 Lehrtätigk. TH (1956 apl. Prof.) u. Univ. München (1967 ao. (PH), 1969 o. Prof.) - BV: Mitarb.: Handb. d. Schulmath. (Bde. II, V, VII); Didaktik d. Math. (Bd. III).

SEEBACHER, Georg

Landwirt, Vors. Verb. Dt. Hopfenpflanzer - Zu erreichen üb. Birkenstr. 4, 8051 Nandlstadt (T. 08756 - 12 21).

SEEBACHER-MESARITSCH, Alfred

Prof., Historiograph, Schriftst., Dramatiker - Kollerweg 20, A-8044 Graz-Mariatrost (T. 03132-33 10) - Geb. 23. Aug. 1925 Großlobming/Steiermark, kath., verh. s. 1982 m. Elfriede, geb. Siegl, T. Claudia - BV: D. neunte Gebot, R. 1956; Hexen-Report, Sachb. 1972; Gold in steir. Bergen, Sachb. 1974; mehrere Ortsmonogr. 1978-84. Dramen: D. Bürgerm., Requiem f. Anna (bde. UA. 1974); D. Schladminger Knappenspiel (1983) - 1963 Polen-Preis; 1974 Dramatikerpreis Arnfelser Schloßspiele; 1976 Lit.-Förderungspreis Stadt Graz; 1983 Schladminger Literaturpreis; 1984 Ehrenmed. Landeshauptstadt Graz; 1984 Gr. Ehrenzeichen Land Steiermark.

SEEBASS, Gottfried

Dr. theol., Prof. f. Historische Theologie (Reformation u. Neuzeit) - Langgewann 53/1, 6900 Heidelberg (T. 06221 - 48 04 73) - Geb. 2. Juni 1937 Braunschweig (Vater: Georg S., Pastor; Mutter: Hedwig, geb. Schräpel, ev.-luth., verh. s. 1963 m. Helga, 3 T. (Elisabeth, Katharina, Christiane) - Gymn. Braunschweig; Stud. Hamburg, Erlangen, Göttingen - Leit. Osiander-Forsch.stelle, Vors. Kommiss. zu. Hrsg. d. Werke Melanchthons, Vors. Kommiss. z. Hrsg. d. Dt. Schr. Martin Bucers d. Akad. d. Wiss. Heidelberg, Ökumen. Aussch. VELKD, Mitgl. d. Landessynode u. d. Landeskirchenrats d. Ev. Landeskirche in Baden, Mitgl. Heidelberger Akad. d. Wiss., 1980/83 Dekan Theol. Fak. Heidelberg, Kurat.-Mitgl. Intern. Wiss.forum Heidelberg, d. Hochsch. f. Jüd. Stud. Heidelberg - BV: Andreas Osiander, 1967; üb. 60 Aufs. in in- u. ausl. Ztschr., Mithrsg. Theol. Realenzyklop. - 1967 Promot.-Preis Theol. Fak. Erlangen, Habil.-Preis geisteswiss. Fak. Erlangen - Liebh.: Dt. Lit. - Spr.: Engl.

SEEBASS (ß), Horst

Dr. theol., Prof., f. Ev. Theologie - Am Hasenkamp 16, 4544 Ladbergen (T. 05485 - 16 16) - Geb. 3. Aug. 1934 (Vater: Dr. Werner S., zul. Min.-Dirig. Bonn; Mutter: Gertrud, geb. Schöning), gesch., 4 Kd. aus 1. Ehe (Astrid, Claudia, Oliver, Daniel), verh. s. 1985 m. Anita, geb. Wöstmann, 2 Kd. (Carsten, Kerstin) - Stud. Mathematik (3 Sem.) u. Theol. Bonn, Wien, Göttingen. Promot. 1962 Bonn; Habil. 1964 Bonn - S. 1964 Lehrtätigk. Univ. Bonn, Bethel, Münster u. Mainz (1969 apl. Prof., 1971 Wiss. Rat u. Prof., 1981 o. Prof.: Altes Testament u. Bibl. Archäol.) - BV: Mose u. Aaron, Sinai u. Gottesberg, 1962; Erzvater Israel u. d. Einf. d. Jahweverehrung in Kanaan, 1966; Bibl. Hermeneutik, 1974; Geschichtl. Zeit u. theonome Tradition in d. Josephserzählung, 1978; David, Saul u. d. Wesen d. bibl. Glaubens, 1981; D. Gott d. ganzen Bibel, 1982. Div. Aufsätze.

SEEBAUER, Rolf

Dr. rer. pol., Dipl.-Volksw., MdL Bayern (s. 1974) - Herzog-Sigmund-Str. 2a, 8022 Grünwald (T. 641 52 44) - Geb. 1945 - SPD.

SEEBER, Hans Ulrich

Dr. phil., Prof. f. Neuere Engl. Literatur Univ. Stuttgart - Wieselweg 18, 7120 Bietigheim (T. 07142 - 5 27 06) - Geb. 13. Febr. 1940 Weinsberg (Vater: Kurt S., Stud.-Dir.; Mutter: Maria, geb. Bessler), ev., verh. s. 1967 m. Sibylle, 2 T. (Susanne, Anne-Katrin) - Gymn. Heilbronn, Univ. Tübingen - 1969-1976 Wiss. Assist., 1976-78 Wiss. Rat u. Prof., s. 1978 o. Prof. - BV: Wandlungen d. Form in d. lit. Utopie, 1970; Mod. Pastoraldicht. in Engl., 1979; Lit. Utopien v. Morus b. z. Gegenw., 1983 (zus. m. K.-L. Berghahn); D. engl. Lit. in Text u. Darstellung: 20. Jh. I, 1984.

SEEBER, Siegfried

Dr. med., apl. Prof. f. Innere Medizin Essener Tumorklinik (s. 1979) - Elsaßstr. 90, 4300 Essen-Heisingen (T. 46 26 29) - Geb. 27. Mai 1941 Heilbronn/Neckar (Vater: Kurt S., Studiendir.; Mutter: Maria, geb. Beßler), ev., verh. s. 1968 m. Brigitte, geb. Vöhringer, Sohn Michael - Robert-Meyer-Gymn. Heilbronn; Univ. Tübingen. Med. Staatsex. 1966; Habil. f. Inn. Med. 1976. Stip. Dt. Forsch.sgem. Physiol. Chem. Tübingen 1967-69; Fulbright-Stip. u. Forsch.saufenth. Texas Medical Center, Houston 1969-71 - 1975 Gerhard-Domagk-Preis f. Abh. Nucleare u. zytoplasmat. Ribonucleinsäuren in menschl. Leucose- u. Lymphomzellen; 1980 Zimmermann-Förderpreis f. Abh. Kurative Chemotherapie maligner Hirntumoren - Vergl. markierungskinet. u. strukturchem. Unters. Zahlr. wiss. Veröff. üb. mod. Tumortherapie, Unters. neuer Cytostatica, Stud. hochmolekularer Ribonukleinsäuren in menschl. Leukämiezellen - 1976 korr. Mitgl. Americ. Assoc. f. Cancer Research.

SEEBERG, Hans-Adolf

Autor, Regisseur, Produzent, Karikaturist - Falkenburger Ring 8, 2000 Hamburg 73 (T. 040 - 644 50 62) - Geb. 20. März 1919 Erfurt, verh. s. 1943 m. Inge, geb. Woywod, 2 Kd. (Wolf, Vilma) - Stud. Arch., Kunstgesch., Malerei, Bildhauerei, Zeichnen - Mitgr. Dt. FS - Ehem. Programmdir. Polygram Video; Geschäftsf. Documentary Progr. Inc.; jetzt freiberufl. (u. a. Chef v. Dienst APF-blick) - BV: Hinter d. Sternen, Reporter d. Windrose, Mondeis. Hunderte v. TV-Sendungen. Filme (Trickfilme); u.a. Max u. Moritz, Andersens

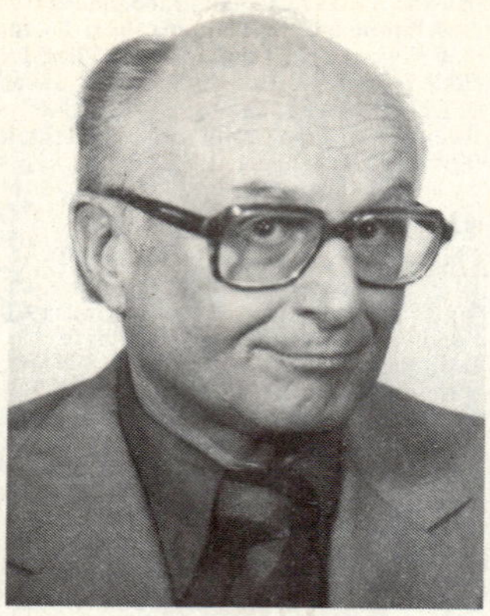

Märchen, D. Anatomie d. Kusses - Spr.: Engl.

SEEBERG, Harald

Geschäftsführer Wacker-Chemie GmbH - Prinzregentenstr. 22, 8000 München 22 (T. 089 - 2 10 90) - Geb. 21. Aug. 1933 Berlin, ev., verh. s. 1965 m. Barbara Katharina, geb. Urban, 3 Kd. (Axel, Konrad, Franziska) - 1955 Hoechst AG Frankfurt/M.; 1961-81 Auslandstätigk. f. Hoechst AG in Pakistan, Rep. China (Taiwan) u. Japan; 1981-83 Geschäftsf. Wacker-Chemitronic GmbH Burghausen.

SEEBODE, Manfred

Dr. jur. habil., Prof. f. Strafrecht, Strafprozeßrecht u. Kriminologie - Thüringer Str. 26, 8700 Würzburg - Geb. 15. Sept. 1938 Berlin, verh. s. 1967 m. Angelika, geb. Baumann, 2 Kd. (Ursula, Frank) - Schulzeit in Ratingen; Jurastud. Univ. Berlin u. Würzburg; Refer.ex. Würzburg; Ass.ex. München; Promot. u. Habil. Würzburg - BV: D. Verbrechen d. Rechtsbeugung, 1969; D. Vollzug d. Untersuchungshaft, 1985.

SEEBOLD, Elmar

Dr. phil., Prof. f. Germanistische Linguistik Univ. München - Mühlstr. 18, 8138 Andechs (T. 08152 - 66 54) - Geb. 28. Sept. 1934 Stuttgart, verh. s. 1964 m. Hertha, geb. Dilger, 4 Kd. (Ulrich, Hildegard, Irmtraud, Almut) - Lehre als Ind.-Kaufm.; Stud. d. engl. u. dt. Lit. u. Spr., Indogerman.; Promot. (Indogerman.) 1964; Habil. (Indogerman.) 1970 - 1971-83 Prof. f. german. Philologie Freiburg (Schweiz), 1978/79 Dekan; s. 1983 München (1987/89 Dekan ebd.) - BV: Vergleichendes u. etymol. Wörterb. d. german. starken Verben, 1970; D. System d. indogerman. Halbvokale, 1972; Etymologie, 1981; D. System d. Personalpronomina in d. frühgerman. Spr., 1984.

SEECK, Gustav Adolf

Dr. phil., Prof. f. Klass. Philologie Univ. Frankfurt - Gräfstr. 76, 6000 Frankfurt/M. - Geb. 12. Nov. 1933, ev., verh. s. 1965, 2 S. - Promot. 1962; Habil. 1970 Kiel - BV: D. Elemente in d. Kosmologie d. Aristoteles, 1964; Dramatische Strukturen, 1984; Untersuchungen zu Euripides, 1985. Herausg.: Euripides I-VI (1972-81); D. griechische Drama (1979) - Liebh.: Musik - Spr.: Engl., Franz.

SEEFEHLNER, Egon

Dr. jur., Prof., Hofrat, Direktor Staatsoper Wien (1976-82, 1984-86) - Geb. 3. Juni 1912 Wien (Vater: Dr. Egon S., u. a. Generaldir. Österr. Bundesbahn; Mutter: Charlotte, geb. v. Kerpely-Krassó), led. - Theresian. Akad., Univ. (Jura) u. Konsular-Akad. Wien - 1938-43 AEG Berlin (Wirtschaftsabt.); 1946-61 Dir. Konzerthausges. Wien; 1954-61 stv. Operndir. Staatsoper Wien; 1945-63 Generalsekr. u. gf. Vizepräs. Österr. Kulturvereinig. (mitbegr.); 1961-72 stv., dann b. 1976 Generalint. Dt. Oper Berlin - 1973 Gold. Ehrenz. Land Wien; 1976 Gr. BVK u. Ehrenmitgl. Dt. Oper Berlin; Ehrenring Staatsoper Wien u. Stadt Wien - Liebh.: Bild. Kunst, bes. mod. Malerei - Bek. Vorf.: Julius S., Erbauer Elisabeth- und Franz-Josephs-Brücke Budapest (Großv.).

SEEFELD, Detlef G.

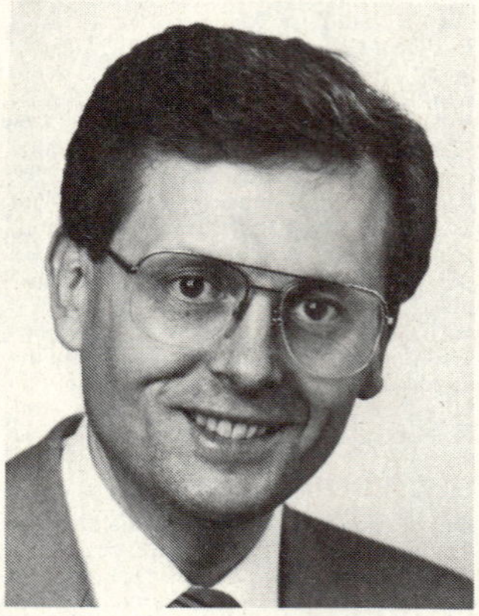

Betriebswirt, Immobilienkaufmann, gf. Gesellsch. Dr. Schröder GmbH, Hamburg, Vizepräs. a.D. Verb. Dt. Makler f. Grundbesitz u. Finanzierungen, Vors. a.D. VDM/Landesverb. Hamburg, Sachverst. ebd., 1. Vors. Allg. Immobilien-Börse - Rugenbarg 106, 2000 Norderstedt - Geb. 14. Mai 1943 Hamburg, ev., verh. s. 1965 m. Christa, geb. Oertel, 2 Kd. (Niels-Peter, Patricia) - Staatl. gepr. Betriebsw. Aachen - BV: D. Entflechtung d. gespaltenen Wohnungsmarktes; D. Erwerb v. Haus- u. Grundbesitz in e. Zwangsversteigerung; Was jeder v. Erbrecht wissen sollte - VDM-Ehrennadel in Gold - Liebh.: Lit., Phil., Tanzsport.

SEEFELD, Horst

Kaufmann, MdB (1969-80), Mitgl. Europ. Parlament (s. 1970, Vizepräs. s. 1984) - Im Brettspiel 53, 7518 Bretten - Geb. 21. Nov. 1930 Berlin (Vater: Walter S., Werkmeister; Mutter: Gertrud, geb. Lingner), verh. s. 1955 m. Anny, geb. Maier, 2 Kd. (Jürgen, Elke) - Obersch. (Abitur); kaufm. Lehre (Spedition) - 1955-67 Angest. SPD Karlsruhe, Stuttgart, Bonn, 1967-69 Presseref. Bundesverkehrsmin. 1955-67 Mitgl. Bundesvorst. Jungsozialisten (u. a. stv. Bundesvors. u. Bundessekr.); 1963-66 Vizepräs. Sozialist. Jugendinternationale; SPD s. 1947, Vizepräs. Europa Union Deutschland, 1976-80. 1976-80 Präs. Dt. Rat d. Europ. Bewegung, Präsid.-Mitgl. Europa Union Dtschl. - Liebh.: Sport (viele J. akt. Fußballer) - Spr.: Engl.

SEEFELDER, Matthias

Dr. rer. nat., Prof., Vorstandsvorsitzer a.D. BASF AG, Ludwigshafen - 6700 Ludwigshafen/Rh. - Geb. 1920 Boos, Kr. Memmingen/Bay. - Human. Gymn.; Stud. d. Chemie Univ. München; Promot. 1951 - S. 1951 BASF (1967 Dir., 1971 stv., 1973 o. Vorst.-Mitgl., 1974-83 Vors., ab 1983 AR-Vors.); 1974ff. Honorarprof. Univ. Heidelberg; Vors. Dt. Multiple-Sklerose-Ges.; Präsid.-Mitgl. Verb. d. Chem. Ind. (1978 u. 79); Präs. Dt.-Franz. Ges. f. Wiss. u. Technologie, Bonn; Mitgl. d. Museumsrats Dt. Museum, München; Korr. Mitgl. Akad. d. Wiss. u. d. Lit., Mainz; Kurat.-Mitgl. Ges. z. Förd. d. Unternehmernachwuchses, Köln, Ges. d. Freunde Haus d. Kunst, München, Wilhelm-Hack-Stiftg. Ludwigshafen; Vorst.-Mitgl. Bad.-Württ. Ges. z. Förd. d. Wiss. u. Techn. Zusammenarb. m. d. VR China; Mitgl. d. Conseil d'Administration Fondation de la Maison de la Chimie; Beirats-Mitgl. Orch.-Akad. d. Berliner Philharmon. Orch. - 1979 Ritter Franz. Ehrenlegion; 1983 Gr. BVK m. Stern; 1982 Großkreuz d. zivilen VO d. Kgr. Spanien; Ehrensenator TU München, Univ. Mannheim u. Univ. Heidelberg.

SEEGER, Alfred

Dr. rer. nat., Prof. u. Inh. Lehrstuhl f. Festkörperphysik Univ. Stuttgart, Dir. Inst. f. Physik Max-Planck-Inst. f. Metallforsch. ebd. - Donizettistr. 3a, 7000 Stuttgart 1 (T. 69 23 48) - Geb. 31. Aug. 1927 Stuttgart (Vater: Alfred S., Dipl.-Ing.; Mutter: Martha, geb. Sauer), ev., verh. s. 1961 m. Ursula, geb. Schnellbach, 2 Töcht. (Gudrun, Ulrike) - Stud. Physik TH Stuttgart (Dipl. 1949, Promot. 1951) - S. 1954 (Habil.) Lehrtätigk. TH bzw. Univ. Stuttgart (s. 1959 ao., s. 1966 o. Prof.). S. 1959 Wiss. Mitgl. MPI f. Metallforsch. Zahlr. Veröff. z. Physik u. Metallforsch. Mithrsg. (Ztschr.): physica status solidi, Philosophical Magazine, Radiation Effects, Crystal Lattice Defects - 1958 Masing Gedächtnispreis; 1983 Heyn Denkmünze; 1976 Mitgl. Dt. Akad. Naturforscher Leopoldina - Spr.: Engl., Franz., Span.

SEEGER, Arno

Unternehmensberater, Geschäftsf. Bega Beteiligungs- u. Grundstücks-GmbH Düsseldorf - Freiligrathstr. 13, 4000 Düsseldorf (T. 48 45 96); priv.: Jungborn 2, 4300 Essen 18 - Geb. 12. Febr. 1914 Bremen, verh., 8 Kd. - Univ. Köln, Bonn, Berlin (Volksw.) - 1932-1938 Tätigk. Dt. Bank u. Dt. Überseeische Bank, 1938-45 Geschäftsf. IHK Düsseldorf, spät. eig. Betriebsberatungsbüro Bad Godesberg, 1962-67 Mitgl. Direktorium Fried. Krupp, Essen, s. 1968 Unternehmensberat. Düsseldorf. Testamentsvollstr. Quandt. Div. Mandate, dar. Beiratsvors. Scheibler, Peltzer GmbH & Co., Krefeld u. Siepmann-Werke GmbH & Co., Warstein-Belecke; Vors. Gesellsch.aussch. H. Krantz GmbH & Co., Aachen - Liebh.: Musik, Bücher.

SEEGER, Hans-Christian

Schauspieler, Regiss., pers. Referent u. Stellv. d. Intendanten Schloßtheater Moers (1983-89) - Kletterrosenweg 22, 2000 Hamburg 71 (T. 040 - 691 75 94); u. Landwehrstr. 36, 4130 Moers 1 (T. 02841 - 1 81 62 u. 20 17 32) - Geb. 13. Juni 1952 (Vater: Dr. Erhard S., Chemiker u. Geschäftsfgs-Mitgl. Schülke & Mayr GmbH, Hamburg †1965; Mutter: Ilsemarie, geb. Braka), kath., ledig - Hochsch. f. Musik u. darst. Kunst Hamburg (Schauspieldipl. 1976) - 1971 Regieassist. George Tabori (UA D. Kannibalen, Thalia-Theater Hamburg); 1980-82 Schausp. Bochum (unt. Claus Peymann); Till Eulenspiegel in Christa Wolffs Till Eulenspiegel (UA) am Niedersächsischen Staatstheater Hannover; ab 1989 Wuppertaler Schauspielhaus - Insz.: Warten auf Godot (S. Beckett), bräutigall & anonymphe (K. Bayer), Quartett (Heiner Müller). Regie: Publikumsbeschimpfung (Peter Handke), Gas (Georg Kaiser), Hunsrück, UA (Klaus Pohl) - Schausp. d. Jahres (1. Preis d. Hildesheimer Allg. Ztg.) - Liebh.: span. Kultur, Reisen, Oper, Musik - Spr.: Span., Franz., Engl.

SEEGER, Karl

Sportpublizist (VDS) - Postfach 209, 6308 Butzbach (T. 06033 - 7 17 18) - Geb. 3. Febr. 1925 Butzbach/Hessen, ev., verh. s. 1947 m. Helga, geb. Grünig, Sohn Manfred - Dipl.-Volksw., 1945-59 Sportjournalist, Frankfurter Rundschau, kicker, Sport-Kurier, 1959-70 Chefred. Sportverlag Bintz-Dohany, Offenbach, 1971ff. eig. Verlagsred. presse u. sport, ips - Inform. u. Presse-Service, Schriftleit. Medien u. Sport VDS-Handb. Presse u. Sport, Präsidiumsmitgl.: 1951-71 V. Frankfurter Sportpresse, 1961ff. Verb. Dt. Sportjourn., 1977ff. UEPS - Union europ. Sportpresse, 1968-69 Präs. FSV Frankfurt/Hessenmeister, 1961-84 SG Ober-Erlenbach, 1984 Ehrenpräs.; 1964-72 Gemeindevertr., EWG-Fraktionschef O. Erlenbach, 1972-81 Stadtverordn. Bad Homburg, Vors. d. Sport-Aussch., Gründ. Vors. Sportring B. Homburg, u. Gründ. RSC B. Homburg, 1988 Gründ. u. Präs. d. Stiftg. Dt. Sportpubliz. u. Europa-Akad. f. Sportpubliz. Bad Orb. Dir. d. Wahl, Proklamat. u. Ehrung Europa-Sportler d. J. -

BV: Was große Sportler erlebten, 1963; Willi Holdorf: König d. Athleten, 1965; Dt. Sport-Kalender (1964ff.); Generation ohne Beispiel, 1989; Dt. Sport-Publiz., 1990 - 1975 BVK, VDS-Gold-Ehrennadel m. Brillant, UEPS-Gold-Ehrennadel, Ehrenbriefe Stadt B. Homburg, Land Hessen, 1967 Gold. Sportabz., div. Sportausz.

SEEGER, Richard

Direktor, Hauptgeschäftsführer Gemeindetag Baden-Württ. i. R. - Lützelbachstr. 4, 7313 Reichenbach a. d. Fils (T. 07153 - 5 35 47) - Geb. 24. Nov. 1921 Unterfischach/LK Schwäb. Hall (Vater: Friedrich S., Landwirt; Mutter: Barbara, geb. Bühler), ev., verh. s. 1952 m. Lotte, geb. Bernlöhr, 2 Kd. (Harald, Marina) - Ausb. gehob. Verw.-Dst. Württ., Stuttgart - 1951-54 Hauptamt Stadt Stuttgart, 1954-57 Landratsamt Nürtingen, 1958-76 Bürgerm. Reichenbach a. d. Fils, 1977-87 Gemeindetag Baden-Württ. - Hon.-Prof. FHS f. öfftl. Verw. Stuttgart - BV: Komment. KAG BW, 3. A. 1987; Handb. Gemeinderatssitzung, 3. A. 1980; Komment. GemO BW, 1981 - 1987 BVK I. Kl. - Spr.: Engl. - Mitgl. Lions-Club.

SEEGER, Rudolf

Dipl.-Ing., Vorstandsmitgl. Südwestd. Eisenbahnen AG., Lahr - Alfred-Siefert-Weg 19, 7630 Lahr/Schwarzw. - Geb. 10. Sept. 1915.

SEEGER-LUCKENBACH, Helga

s. Luckenbach, Helga

SEEHAFER, Wolfgang

Dr. jur., Geschäftsführer Klöckner Stahlhandel - Fichtenstr. 120, 4000 Düsseldorf (T. 734 22 28) - Geb. 10. Aug. 1928 Berlin (Vater: Dr. Werner S., Kaufm.; Mutter: Hildegard, geb. Goepel), ev., verh. s. 1960 m. Helga, geb. Pongs, 2 Kd. (Sabine, Michael) - Stud. Rechtswiss. Gr. jurist. Staatsprüf. - 1954-61 Wirtschaftsvereinig. Eisen- u. Stahlind. (1958 ff. Leit. Verbindungsst. Berlin); 1961-65 Klöckner & Co. (Prok.); zul. Klöckner Silesiastahl GmbH. (Gf.).

SEEHOFER, Horst

Verwaltungsamtmann a. D., Parlam. Staatssekretär Bundesmin. f. Arbeit u. Sozialordn. (s. 1989), MdB (s. 1980; Wahlkr. 202/Ingolstadt) - Rochusstr. 1, 5300 Bonn 1 - CSU.

SEEHUBER, Andreas

Landwirt, MdL Bayern (s. 1978) - Tettelham 17, 8221 Waging am See/Obb. - Geb. 4. Nov. 1929 Tettelham, kath., verh., 6 Kd. - B. 1944 Volkssch. Otting; 1945-47 Landw. Berufssch., 1946-48 Ldw. Fachsch. Traunstein; 1947-50 ldw. Lehre. Ldw. Lehrmeisterprüf. 1959 - S. 1959 auf elterl. Bauernhof selbst. 1956 ff. Kreisrat; 1966 ff. Gemeinderat; 1970-78 Bezirksrat. Zeitw. Kreisvors. Jg. Union Laufen. CSU s. 1951 (1968 Kreisvors. Laufen, 1972 stv. Kreisvors. Traunstein).

SEEHUSEN, Harald

Dr. sc. pol., Ministerialrat a. D., Direktor i. R. - Carl-Loewe-Weg 3, 2300 Kiel - Geb. 1. Dez. 1909 Flensburg (Vater: Heinrich S., Ingenieur; Mutter: Andrea, geb. Bruhn), verh. s. 1936 m. Hilde, geb. Meinhöfer - U. a. schlesw.-holst. Wirtschaftsmin. (Min.rat) u. Wirtschaftsaufbaukasse Schlesw.-Holst. AG. (Vorstandsmitgl.). Aufsichts- u. Beiratsmandate.

SEEL, Barbara

Dr. rer. pol., Prof. f. Wirtschaftslehre des Haushalts Univ. Bonn (s. 1973) - Ringstr. 26, 5358 Bad Münstereifel-Maulbach (T. 02257 - 73 24) - Geb. 19. Mai 1941 Erfurt - Stud. Volkswirtschaftslehre Univ. Heidelberg, Madrid, Kiel, Köln u. Bonn; Dipl. 1966; Promot. 1969; Habil. (Haushaltsökonomik) 1972 - Leit. Abt. f. Wirtschaftslehre d. Haushalts Inst. f. Landwirtschaftl. Betriebslehre Landwirtschaftl. Fak. Univ. Bonn - BV: Finanzwissenschaft als Geisteswissenschaft, 1972; Grundlagen haushaltsökonomischer Entscheidungen, 1975 - Spr.: Engl., Franz., Span., Griech., Latein.

SEEL, Wolfgang

Dr. jur., Dr. h. c., Gründungskanzler d. Ruhr-Universität i. R. - Spechtsweg 23, 4630 Bochum-Querenburg (T. 3 62 02) - Geb. 3. Dez. 1915 Breslau, kath., verh. s. 1939 m. Eleonore, geb. Schwarzer - Schule Breslau; Univ. ebd. u. Köln. Jurist. Staatsprüf. 1947 u. 51; Promot. 1948 - 1951-63 Beamter Schulkollegium Düsseldorf u. Kultusmin. NRW (1953; Hochu. Schulabt.), 1963-81 Kanzler der Ruhr-Univ. Bochum - BV: D. anstrengende Vorbild Japan v. Kindergarten b. z. Industrieforsch., 1983; D. Bildungsegoismus: Alle wollen mehr, 1985. Veröff. z. Universitätsreform u. z. Gefahren d. Bürokratisier. - Liebh.: Musik u. Phil.

SEELAND, Wilhelm

Direktor i. R. - Weißdornweg 10, 6072 Dreieich-Buchschlag - Geb. 26. Mai 1913 - B. 1975 stv. Vorstandsmitgl. Andreae-Noris Zahn AG.

SEELBACH, Karl-Heinz

Unternehmer, Vors. Fachverb. Starkstromkondensatoren/ZVEI - Zu erreichen üb. Fachverb. Starkstromkondensatoren, Martin-Luther-Str. 1-7, 1000 Berlin 30.

SEELEN, von, Werner

Dr.-Ing., Prof. - Wahlheimer Hof, 6501 Hahnheim - Geb. 8. Juni 1936 Ammensen/Kr. Gandersheim (Vater: Wilhelm v. S.; Mutter: Meta, geb. Kaune, verh. s. 1965 m. Ilse, geb. Horchler - Obersch. Alfeld (Abit. 1956) - Stud TH Hannover; Promot. Fraunhofer-Inst. Tübingen - S. 1973 Prof. f. Biomath. u. Kybernetik Univ. Mainz. Mehrf. Patentinh.

SEELENTAG, Hedwig

Dr. rer. nat., Prof. i. R. FH Augsburg, Vorsitzende Aktion Lebensrecht f. Alle, Augsburg (s. 1977) - Rosenaustr. 36, 8900 Augsburg (T. 0821 - 51 50 33) - Geb. 22. Mai 1920, kath., gesch., 3 Kd. - Dipl.-Physikerin.

SEELER, Hans-Joachim

Dr. jur., Senator a. D. - Sonnentauweg 3, 2000 Hamburg 71 (T. 641 41 99) - Geb. 9. Aug. 1930 Lauenburg/Elbe (Vater: Siegfried S., Pastor; Mutter: Elisabeth, geb. Schneider), ev., verh. s. 1955 m. Dr. phil. Ingrid, geb. Burghardt, 4 Kd. (Martin, Christian, Elisabeth, Joachim) - Univ. Kiel u. Hamburg (Rechtswiss.). Promot. 1956 Kiel; Ass.ex. 1958 Hamburg - B. 1958 Richter LG Hamburg, dann Gnadenref. Landesjustizverw., 1960-1967 Kirchenbeamter (zul. Oberkirchenrat), Senator, b. 1972 Leit. Gesundheits-, dann Justiz-, 1974-1978 Finanzbeh. ebd., 1966-79 (71-78 ruhend) Bürgerschaftsabgeordneter - BV: D. Staatsangehörigkeitsrecht v. Jugoslawien, 1956; D. Staatsangehörigkeitsrecht Österreichs, 1957; Die Europ. Einigung u. d. Problem d. Gewaltenteilung, 1957; D. Arbeitskampf in d. dt. u. ausl. Gesetzgeb., 1958; D. Staatsangehörigkeit d. Volksdeutschen, 1960; D. Senatssitzung ist eröffnet, 1983 - Philatelist - Spr.: Engl., Franz. - 1979 Mitgl. Europ. Parlament.

SEELER, Ingrid

Dr. phil., Bürgerschaftsabgeordnete (s. 1974) - Sonnentauweg 3, 2000 Hamburg 71 - Geb. 5. Okt. 1928, ev., verh. s. 1955 m. Dr. Hans-Joachim Seeler, 4 Kd. - Univ. Hamburg (Franz., Engl., Päd.), Ass.ex. 1958, Promot. 1958, Stud.Rat 1957-61, 1972-74. - SPD.

SEELER, Uwe

Kaufmann, Fußballer - Weg am Sportplatz, 2000 Norderstedt b. Hamburg - Geb. 5. Nov. 1936 Hamburg (Vater: Erich S., Dockarb.), verh. m. Ilka, geb. Buck, 3 Töcht. - 1954-72 aktiv. Etwa 900 Liga- (HSV) u. 72 Ländersp. (Rekordinternationaler); Teiln. 4 Weltmeistersch. (Mannschaftskapt. London, 2., u. Mexico-City, 3. Pl.) - 1965 Gold. Band d. Sportpresse; 1970 Ehrenspielf. DFB; 1970 Silb. Lorbeerbl. d. Bundespräs. u. Gr. BVK; 1972 Gold. Med. Schalke 04 (n. Kuzorra u. Szepan 3. Träger) u. Ehrenring HSV; bes. Ehrung: Straßenname Kleinern/Hessen - Lit.: Werner Pietsch/ Sven Simon, Uwe - Uwe! - Bilanz e. Karriere, 1969.

SEELIG, Friedrich Franz

Dr. phil., o. Prof. f. Theoret. Chemie - Forchenweg Nr. 6, 7405 Dettenhausen/ Württ. (T. 07157 - 6 21 24) - Geb. 21. Mai 1934 Kassel (Vater: Julius S., Drogist; Mutter: Erna, geb. Körle), verh. s. 1963 m. Wiebke, geb. Frauen, 3 Kd. (Anke, Ulf, Britta) - Realgymn. Kassel; Univ. Marburg (Chemie; Dipl.-Chem. 1960). Promot. (1963) u. Habil. (1966) Marburg - S. 1966 Lehrtätigk. Univ. Marburg (Doz.) u. Tübingen (1969 o. Prof.). Spez. Arbeitsgeb.: Quantenchemie, Reaktionskinetik komplexer Systeme - BV: Quantentheorie d. Moleküle, 1974 - Liebh.: Musik, Theater, Kunst - Spr.: Engl., Franz.

SEELIGER, Heinz

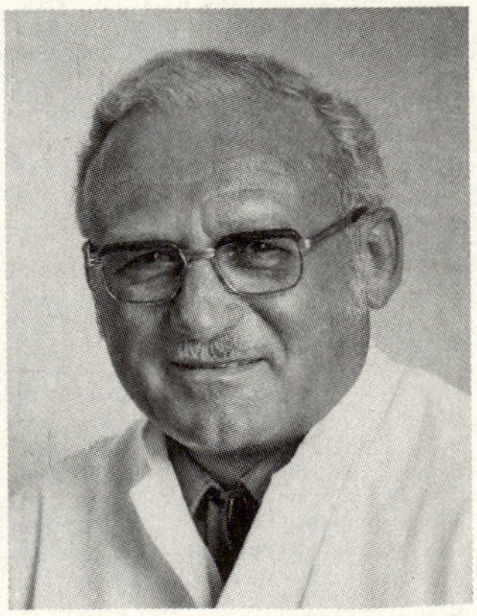

Dr. med., o. Prof. u. Vorst. Inst. f. Hygiene u. Mikrobiol. Univ. Würzburg (s. 1965) - Josef-Schneider-Str. 2, 8700 Würzburg (T. 201 39 01) - Geb. 1. Nov. 1920 Bad Warmbrunn, ev., verw., Tocht. Dagmar, s. 1973 verh. 2) m. Dr. rer. nat. Brigitte, geb. Wagner - Abitur 1939 Liegnitz, Physikum 1941 Breslau, Notex. 1945 Leipzig, Med. Staatsex. 1947 Frankfurt, Habil. 1955 Bonn - 1952-65 Leit. Dt. Salmonella-Zentrale, 1978-82 Präs. I.U.M.S. 1955-1965 Privatdozent und apl. Prof. (1961) Univ. Bonn - BV: Bakterienruhr - Laboratoriumsdiagnostik, 1953; Listeriose, 2. A. 1958 (russ. 1959, engl. 1961); Mykolog. Serodiagnostik, 1958; Taschenb. d. Bakteriologie, 1978; Diagnostik pathogener Pilze d. Menschen, 1981. Üb. 500 Einzelveröff. - Pasteur-Medaille in Silber; Offz. Mono-Orden Rep. Togo; BVK am Bde. - Liebh.: Afrikan. Kunst, Rochus-Darstellungen u. -Plastiken - Spr.: Engl., Franz. - Mitgl. Dt. Sängerschaft.

SEELIGER, Rolf

Journalist, Schriftsteller - Gernotstr. 4, 8000 München 40 (T. 308 69 18) - Geb. 29. Juli 1925 München - Gymn. u. Univ. München (German.); Buchhändlerlehre - BV: D. goldene Fisch, Ged. 1951; D. außerparlamentar. Opposition, 1968. Herausg.: Braune Universität - Dokumentation (1964ff.; b. 1968 6 Bde.); Buchr.: Sozialdemokrat. Friedens- u. Sicherheitspolitik (1983-88 6 Bde). Mitgl. DJU.

SEELIGER, Wolfgang

Dirigent, Gründer u. Leit. Kammerorch., Konzertchor u. Philharmonisches Orch. Darmstadt (s. 1977) - Brunnenwiese 2, 6948 Wald-Michelbach (T. 06207 - 77 28) - Geb. 30. Mai 1946 Heidelberg (Vater: Rudolf, Ing.; Mutter: Gertrud, geb. Simon), kath., verh. s. 1975 m. Maria, geb. Rebhahn-Roither - Stud. Mozarteum u. Univ. Salzburg - S. 1982 Lehrauftr. f. Orch.dirigieren Musikhochsch. Heidelberg-Mannheim; 1983 künstler. Leit. intern. Graupner Musiktage Darmstadt. Konzerttätigk.; fr. Mitarb. Bayer. Rundf. München (Assist. v. Sir Colin Davis u. Leonard Bernstein). Rundf.- u. Schallplattenaufn. - Silb. Ehrennadel Musikal. Jugend Salzburg; Freundschaftsplak. Stadt Darmstadt.

SEELING, Charlotte

Chefredakteurin Cosmopolitan - Zu erreichen üb. Arabellastr. 33, 8000 München 81 - Geb. 6. Aug. Düsseldorf, gesch., 2 Kd.

SEELING, Reinhard

Dr.-Ing., Prof. f. Baubetrieb TH Aachen - Nordhoffstr. 11, 5100 Aachen (T. 0241 - 8 29 88) - Geb. 7. Febr. 1936 Zwickau (Vater: Johannes S., Oberbaurat; Mutter: Luise, geb. Seer), ev., verh. s. 1961 m. Renate, geb. Genée, 6 Kd. (Astrid, Erika, Ute, Sabine, Christian, Jutta) - 1956-61 TU Stuttgart; Promot. 1969 TH Aachen - 1962-66 Industrietätigk. a. Statik. bzw. Bauleit.; 1966-71 Obering. Inst. f. Baumasch.; 1972 Prof. f. Baubetrieb. 1988 Gastprof. ETH Zürich. S. 1989 Vors. VDI-Bezirksverein Aachen - BV: Recht im Baubetr. (m. W. Sinemus), 1983; Projektsteuerung im Bauwesen, 1984; Systemtechnik u. Optimalplanung, 1986. Herausg.: Schriftenreihe Baubetrieb (RWTH Aachen).

SEELMANN-EGGEBERT, Rolf

M.A., Journalist, Programmdir. Fernsehen Nordd. Rundf. - Zu erreichen üb. NDR, Rothenbaumchaussee 132-145, 2000 Hamburg 13 - Geb. 5. Febr. 1937 Berlin (Vater: Geh. Justizrat Dr. jur. Walther S.-E., Rechtsanw. u. Notar (s. X. Ausg.); Mutter: Elisabeth, geb. Trampe-Förster), ev., verh. s. 1964 m. Barbara, geb. Heider, 3 Kd. (Adele, Sebastian, Till) - 1963 Sekr. III. Europ. Rektorenkonfz. Göttingen; 1964 Redakt. NDR Hannover; 1969 Westafrika-Korresp. ARD Abidjan, 1971 Afrikakorr. ARD, Nairobi; 1978 Englandkorr. ARD London. Spez. Aufgabengeb.: Entwicklungspolitik; 1982 Programmdir. NDR Fernsehen - BV: Schawei Zion, 1965; D. ungeduld. Deutschen, 1967; D. Kap d. Stürme, 1978 - 1967 Dt. Journalistenpreis; 1986 Gold. Kamera Ztschr. Hörzu (f. Send. Royalty üb. brit. Königshaus, NDR 1985).

SEELMANN-EGGEBERT, Ulrich

Schriftsteller (Ps. Carl J. Becher), Pariser Theaterkritiker Neue Zürcher Ztg. - Steinachring 16, 7293 Pfalzgrafenweiler - Geb. 5. Juni 1919 Königsberg/Pr. (Vater: Stephan S.-E., Rechtsanw. u. Notar), ev., verh. s. 1948 m. Jacqueline, geb. Tébib - 1939-45 Stud. Roman., Kunstgesch., Musikwiss., Phil. u. Publiz. Univ. Königsberg, Berlin, Frankfurt u. Heidelberg - 1945-46 Redakt. Rhein-Neckar-Ztg.; 1947-51 freiberufl. Tätigk.; 1951-77 Redakt. in Mailand u. Basel; s. 1969 Neue Zürcher Ztg. - BV: Käthe Kollwitz - D. Mensch, d. Werk, d. Geist, 1948; Max Ernst, 1960; Theaterstadt Stuttgart 1912-1962, 1962. Übers. v. Ionesco, Adamov, de Ghelderode u. Musset - 1955 Reuchlin-Med.; 1958 Grande Méd. de l'Exposition Universelle, Bruxelles; 1977 Ehrengabe f. Lit. Reg.rat Kanton Zürich; s. 1972 Mitgl. PEN-Center - Spr.: Franz., Ital., Engl., Poln.

SEEMANN, Hans

Dr. phil., Prof. f. Erziehungswiss., Univ. Osnabrück, Abt. Vechta - Tannenweg 37, 2848 Vechta/O. (T. 27 66) - Geb. 29. Dez. 1925 Minden/W. - S. 1963 Doz. u. Prof. (1967) PH Vechta bzw. PH Nieders./Abt. Vechta, jetzt Univ. Osnabrück/Abt. Vechta. Fachveröff.

SEEMANN, Heinrich

Dr. jur. utr., Gesandter, stv. Chef d. Protokolls Ausw. Amt - Zu erreichen üb. Ausw. Amt, Adenauerallee 99-103, 5300

Bonn 1 - Geb. 22. Mai 1935 Stuttgart (Vater: Heinrich S., Kaufm.; Mutter: Emma, geb. Stuber), ev., verh. m. Karin, geb. Förster, 4 Kd. - Stud. Rechts- u. Staatswiss. Univ. Freiburg, Tübingen, Bonn; Promot. 1965 - Ab 1965 Ausw. Dst., Ausl.posten in USA, Nepal, Japan; außenpolit. Mitarb. d. Bundespräs.; 1982-86 Botsch. in Mali - BV: Nepal - gestern noch verbotenes Land, 2. A. 1978 (Engl. 1978); Japan - Ferner Westen od. Ferner Osten, 1978; Otto Eglau - Inselskizzen, 1982; Otto Eglau - Aquarelle, 1986 - Liebh.: Klavier, Malerei - Spr.: Engl., Franz.

SEEMANN, Josef

Dr. rer. nat., Prof., Abteilungspräsident, Leit. Abt. Agrarmeteorol. Zentralamt/ Dt. Wetterdienst (s. 1966) - Frankfurter Str. 135, 6050 Offenbach/M. (T. 8 06 21) - Geb. 13. Febr. 1912 Riegersdorf/OS., kath., verh. s. 1942, 2 Kd. - 1933-38 Univ. Breslau; Habil. 1956 Bonn - S. Meteorologe Wetterdst. (zul. Leit. Agrarmeteorol. Beratungsst. Bonn). S. 1956 Lehrtätigk. (Agrarmeteorol.) Univ. Bonn (1964 apl. Prof.) u. Gießen (1967 apl. Prof.) - BV: Klima u. -steuerung im Gewächshaus, 1957.

SEEMANN, Klaus

Dr. jur. utr., Ministerialdirigent im Bundeskanzleramt - Stockenstr. 15-17, 5300 Bonn 1 (T. 0228 - 65 48 86) - Geb. 13. Jan. 1925 Beuthen/OS, kath., verh. s. 1974 m. Gisela, geb. Becker - Jura-Stud.; 1. u. 2. Staatsprüf. 1949 u. 53, Promot. 1951 Dipl.-Volksw. 1954 - 1956 Landgerichtsrat Nürnberg-Fürth; 1961-64 Ltd. Beamter (Ministerialrat) b. Bundesmin. f. bes. Aufg. u. Vors. d. Bundesverteidigungsrates Dr. Heinrich Krone. Rd. 80 Veröff. üb. Kartellrecht, Entwicklungspolitik, Reg.- u. Verwaltungsreform u. Medienpolitik - 1974 BVK.

SEEMANN, Klaus-Dieter

Dr. phil., o. Prof. f. Slav. Literaturen FU Berlin (s. 1969) - Eppinger Str. 12, 1000 Berlin 33 (T. 831 40 48) - Geb. 11. Nov. 1932 Neuruppin/Brandenburg (Vater: Ernst S., Kaufm.; Mutter: Gertrud, geb. Weichsel), ev., verh. s. 1961 m. Antje, geb. Walsdorff, 5 Kd. (Rahel, Joachim, Martin, Gabriel, Rebecca) - 1950-56 FU Berlin (Slav.). Promot. 1956 Berlin (Diss.: Z. Problem d. progressiven Palatalisierung d. Gutturale im Urslavischen); Habil. 1969 Konstanz (Habil.schr.: D. altruss. Wallfahrtsliteratur - Theorie u. Geschichte e. lit. Genres) - 1961-69 Assist. FU Berlin u. Univ. Konstanz (1966) - BV: D. altruss. Wallfahrtslit., München 1976; (Mitautor): D. Erz. über Petr Ordynskij, Berlin-Wiesbaden 1979. Herausg.: Abt Daniil, Wallfahrtsber., 1970; Russ. Lyrik, 1982; B. Tomaševskij, Theorie d. Lit. Poetik, 1985; Beiträge z. russ. Volksdichtung, 1987; Gattung u. Narration in d. älteren slavischen Lit., 1987. Zahlr. Fachaufs. Mithrsg.: Bibliogr. d. slavist. Arbeiten aus deutschsprach. Fachztschr. 1876-1963 (1965; m. F. Siegmann), Materialien z. Gesch. d. Slavistik (Bd. I, 1982 ff.). Veröffentl. Abt. f. slav. Sprachen u. Lit. Osteuropa-Inst. (Slav. Sem.) FU Berlin; Slavist. Studienb., Neue Folge.

SEERING, Ruth

Autorin u. Reporterin - Rheinuferstr. 52, 4040 Neuss (T. 1 96 17) - Geb. 19. Jan. 1923 Chemnitz (Vater: E. Mauersberger, Untern.; Mutter: Therese, geb. Ficker), ev., verh. s. 1965 in 2. Ehe m. Dr. Clemens Amelunxen (s. dort) - Stud. Univ. Innsbruck, Berlin, Prag (Archäol., Gesch.) - 1960 Schallmauer-Durchbruch m. F-100, US-Air Force, 1968 als erster weibl. Co-Pilot Überschallflug, US-Air Force; 1969 u. 74 Doppelschall-Flug m. Lightning, British Royal Air Force; 1969-72 Überlebenstraining (als einzige Frau) m. British RAF in Malaysia, Katar, Zugspitzplateau u. Atlantik; Drei Staatseinlad. Saudi-Arabien zw. 1953 u. 1974 - BV: Profile e. Hauptstadt - Düsseldorf, 1964; Mein tödl. Risiko, 1972; König Feisal - Koran u. Öl, 1974; Auf d. Spuren v. Jeanne d'Arc, 1978; Abenteuer Südwest - Impressionen aus Nami-

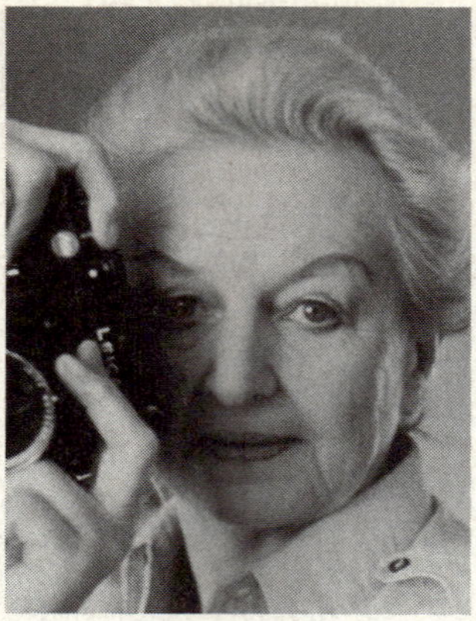

bia, 1981; Geliebt u. verteufelt - d. Katze, 1986; E. Frau sucht d. Abenteuer, 1987 - 1960 Ehrennadel Mach Buster's Club, North American Aviation u. The 1000 miles per hour Club, Brit. Royal Air Force; 1975 Med. d'Argent Arts-Sciences-Lettres, Frankr., 1978 Croix de Commandeur du Mérite Belgo-Hispanique (Belgien) - Spr.: Engl., Franz. - Bek. Vorf.: Maria v. Ebner-Eschenbach, Schriftst. (Großtante).

SEESING, Heinrich

Bundestagsabgeordneter (s. 1983; Wahlkr. 81/Kleve), Grundschulrektor a.D. - Monrestr. 44, 4192 Kalkar (T. 02824 - 32 40) - Geb. 12. Juli 1932 Warbeyen/Kleve (Vater: Aloys S., Molkereigeschäftsf.; Mutter: Elisabeth, geb. Buerschaper), kath., verh. s. 1960 m. Klara, geb. van Gemmeren, 3 Kd. (Dorothee, Ludger, Benedikt) - Abit. 1953; 1. Prüf. f. d. Lehramt a. Volkssch., Essen 1956; 2. Staatspr., Kalkar 1958 - 1956 Volksschullehrer, 1963 Hauptlehrer, 1968 Grundschulrektor - CDU-Kreistagsabg. Kreistag Kleve 1961-83; viele kommunalpolit. Funkt.; CDU-Kreisvors. s. 1981; nebenamtl. Organist a. d. St. Clemens-Kirche zu Kalkar-Wissel.

SEEWALD, Heinrich

Dr. phil., Verleger - Brühlstr. 39, 7303 Neuhausen auf den Fildern - Geb. 10. Juni 1918 Kassel (aufgew. Soest) - Stud. Gesch., Phil., Literaturwiss., Klass. Philol. Promot. 1949 - Lektor u. Verlagsleit.; 1956 (Gründ.) b. 1984 eig. Verlag, heute Verlagsbüro Stuttg. - Mitgl. PEN-Club Liechtenstein - BV: Traumgesicht, Ged. 1947.

SEFFRIN, Horst

Dr. med. h. c., Bürgermeister a. D. - Breslauer Pl. 4, 6100 Darmstadt (T. 06151 - 4 89 86) - Geb. 20. Jan. 1921 Darmstadt (Vater: Alfred S., Bankkaufm.; Mutter: Angela, geb. Schuchmann), ev., verh. m. Anni, geb. Frenger - Realgymn. Darmstadt, Abit. 1939; 1939-41 Univ. Frankfurt (Philol.) - S. 1945 Stadtverw. Darmstadt (1956 Sozial- u. Gesundheitsdezern., 1970-83 Bürgerm.). AR-Vors. Südhess. Gas u. Wasser AG; Vorst. Kempf-Stift. - BV: Durchbruch z. soz. Geist; Sozialgesch. d. Stadt Darmstadt; Beitr. z. Gesundheitspol. Themen, versch. Publ. - 1983 Ehrendoktor Univ. Frankfurt, BVK I. Kl.; Silb. Verd.-Plakette d. Stadt Darmstadt u. d. Landeswohlfahrtsverb. Hessen; Gold. Ehrenz. DRK, AWO, VDK, ALKMAAR u. TROYES (Frankr.) - Liebh.: Musik, Lit. - Spr.: Lat., Engl., Franz.

SEGER, Adolf

Postbeamter, Ringerweltmeister, Olympiagewinner (Bronze) - Freiligrathstr. 7, 7800 Freiburg (T. 0761 - 4 11 21) - Geb. 2. Jan. 1945 Freiburg (Vater: Karl S., Steiger; Mutter: Magdalena, geb. Kiss), ev., verh. s. 1983 m. Vera, geb. Ohibsky (2 Kd. (Angela, Raika) - Postbeamtenlaufb. - 1972 u. 1976 Silb. Lorbeerblatt, 1977 Fair Play Trophe - Erfolgreichster Ringer d. Bundesrep.: 1971-80 Dt. Meister, 1972/73/76 Europameist., 1975 u. 77 Weltmeist. im fr. Stil; Olympiade 1972 u. 76 (Bronzemed.).

SEGERSTAM, Leif

Generalmusikdirektor Staatsphilharmonie Rheinl.-Pfalz (1983-89), Ehrengastdirigent (1989ff.), 1. Gastdirig. Finn. Rundfunkorch. Helsinki (1987ff.), Chefdirig. Dän. Rundf.orch. u. Musikal. Berater Tampere Symph. Orch. Finnl. (1989ff.) - Takojantie, SF-02130 Espoo, Finnland (T. 00358 - 0 - 46 04 40) - Geb. 2. März 1944 Vasa/Finnl. (Vater: Selim S., Komp., Dirig., Gesangspäd.), ev., verh. s. 1964 m. Hannele Angervo, 2 Kd. (Pia, Jan) - 1952-63 Sibelius-Akad. Helsinki; 1963-65 Juillard School of Music New York - 1968-72 Kapellmeister u. Musikchef Oper Stockholm; 1973/74 Generalint. Finnische Nationaloper; 1975-82 Chefdirig. ORF Wien; 1977-87 Chefdirig. Finn. Rundf.-Orch. - Kompos. in frei-pulsierend. Stil s. 1970. Werke u.a.: 14 Sinfonien, 6 Violin-, 3 Klavier- u. Cellokonzerte, 7 Doppelkonzerte, Orchesterlieder, 26 Streichquartette, Orchestrale Tagebuchbl.-Gedanken 1987, 88, 89 f. Orchesterlieder, chorale Werke u. Kammermusik - Spr.: Finn., Deutsch, Engl., Franz., Ital., Schwed.

SEGGER, Heimdal

Dr. jur., Justitiar u. Verwaltungsdirektor Radio Bremen i. R. (1969-82), Vizepräs. Carl Schurz-Ges. Bremen - Claussenstr. 8, 2800 Bremen (T. 34 35 27) - Geb. 16. April 1926 Bremen, ev., verh. s. 1952 m. Irmgard, geb. Werlich, 2 Kd. - Univ. Hamburg u. Erlangen - Spr.: Engl. - Rotarier.

SEGGEWISS, Wilhelm

Dr. rer. nat., Prof., Astronom - Gartenstr. 28, 5568 Daun/Eifel (T. 06592-29 13) - Geb. 17. Sept. 1937 Bocholt (Vater: Wilh. S., Kaufm.; Mutter: Agnes, geb. Emonts), kath., verh. s. 1966 m. Karin, geb. Uhe, 2 Kd. (Michael, Corinna) - Gymn. Bocholt (Abit. 1957), 1957-63 Univ. Münster u. München (Math., Phys., Astronom.), Staatsex. Münster 1963, Promot. 1967, Habil. Bonn 1977 - 1964-69 wiss. Assist. Münster u. Bonn, 1969 Hauptobserv. Univ. Sternwarte Bonn, s. 1977 Prof., Lehrbeauftr. TH Aachen, Univ. of Maryland - Mitgl. intern. Astronom. Vereinig. u. Ges. (Dtschl. 1980-86 Schriftf.) - Üb. 80 Aufs. in wiss. Ztschr. z. Astronom. u. Astrophys.; Sternhaufen u. Assoz. in: Landolt-Börnstein, Neue Serie (Bd. VI/2), 1981 - Liebh.: Sammeln v. alter u. neuer Druckgraphik - Spr.: Engl., Franz.

SEGLER, Helmut

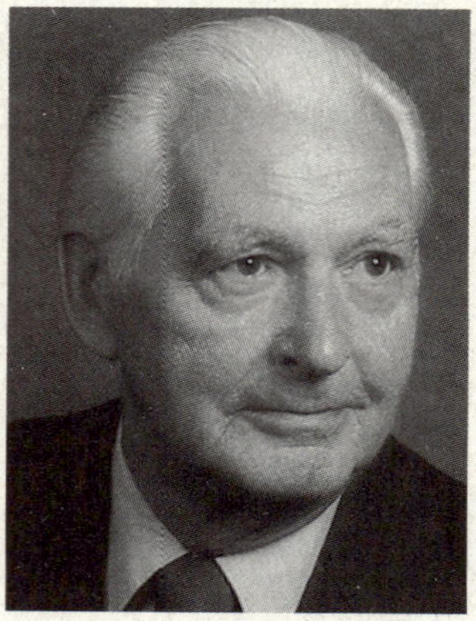

o. Prof., Inh. Lehrstuhl f. Musik u. ihre Didaktik TU Braunschweig, Fachbereich IX - Drömlingweg 4, 3300 Braunschweig (T. 37 74 09) - Geb. 14. Juni 1914 Nitzlin/Pomm., verh. s. 1953 m. Rosemarie, geb. Weckert (Violinistin) - 1948-51 Doz. Musikhochsch. Freiburg/Br.; 1951-57 Musiklehrer Odenwald-Sch.; s. 1958 Doz. u. Prof. (1963; 1964-66 Rektor) PH Braunschweig bzw. Nieders./Abt. Braunschweig; emerit. 1982 - BV: Musik als Schulfach, 1966; Musik aktuell, 1971, Musikbuch - Primarstufe A/B, 71/75; Herausg.: Musik u. -unterr. in d. Gesamtsch., (1972); D. Liedermagazin (1975); Experimente m. Schallquellen (Unterr.-Begleitmaterial, FBU München) 1975; Geräusche - Klänge - Töne, Schulfunksendung NDR 1968/79; Autor Gesamtschulfilm IGS Braunschweig-West, 1978; Untersuchungsprojekt DFG/ Inst. f. d. Wiss. Film, Göttingen, Kindertänze 1980ff. Begleitmaterialien zu Musik aktuell, 1979ff. - Ehrenvors. Forum Gesamtschule Braunschweig - Spr.: Engl., Franz. - Lit.: G. Kleinen: Heutungen-Texte von u. üb. H. S., 3. A. Aufsätze z. Musikunterr. in d. Grundschule, 1984; Unters. u. Filmdok. überlieferter Kindertänze, 1985ff.; Tänze d. Kinder in Europa 2 Bde., 1989.

SEGNITZ, Hermann

Wein- u. Rumimporteur - Löwenhof 2, 2800 Bremen 1 (T. 0421 - 38 80 07) - Geb. 6. Jan. 1923 Bremen (Vater: Adolph S., Weinimp.; Mutter: Marie-Luise, geb. Hach), ev., verh. s. 1957 m. Ursel, geb. Lüke - Altes Gymn. Bremen; 1941-45 Arbeits- u. Wehrdst. (Fronteins. Osten u. Westen); 1945-48 kaufm. Lehre Reederei (DG Neptun) - B. 1950 Angest. Lehrfa., dann Stelp & Leighton, London (Schiffsmakler), s. 1952 Teilh. A. Segnitz & Co., Bremen (gegr. 1859). Beeid. Sachverst. f. Weine. Div. Funktionen, dar. Kurat.-Vors. Sektion Bremen/Bund Freiheit d. Wiss. (mitbegr.), Vors. Dt. Vereinig. z. Förd. d. intern. Konfliktforsch. (mitbegr.), Vorst.-Mitgl. Rum-Union Dtschl., s. 1987 stv. Vors. Bremer Verb. d. Weingroßhändler u. Spirituosenherst. - Übers. bzw. Mitwirk.: Hubrecht Duijker/D. guten Weine v. Bordeaux, ... v. Loire, Elsaß, Champagne, Michael Broadbent/D. gr. Buch d. Weinjahrgänge - Membre d'Honneur de l'Académie du Vin de Bordeaux - Liebh.: Lit. (Gesch.), Tennis - Spr.: Franz., Engl.

SEHER, Artur

Dr.-Ing., Prof., ehem. Direktor Inst. f. Allg. u. Analyt. Chemie d. Bundesanstalt f. Fettforschung, Münster - Coesfeldweg 25, 4400 Münster/W. (T. 86 13 35) - Geb. 11. Febr. 1920 Berlin (Vater: Arthur S., Baumeister; Mutter: Ella, geb. Richter), ev., verh. s. 1957 m. Christine, geb. Freytag - TH Berlin (Chemie). Promot. 1943 Berlin; Habil. 1953 Münster - 1941-45 Assist. TH Berlin; 1946-49 techn. Leit. chem. Ind.; 1949-56 Assist. u. Oberassist. Univ. Münster (1953 Privatdoz., 1960 apl. Prof.); s. 1956-85 Stv. u. Leiter BA Fettforsch.; 1973-76 Präs., 1976-82 Vizepräs., s. 1983 Vorstandsmitgl. Dt. Ges. f. Fettwiss.; 1974-76 Präsidiumsmitgl. Senat d. Bundesforschungsanstalten - BV: Analyse d. Fette u. Fettprodukte (Handb.), 1958. Zahlr. Fachaufs. Beiträge z. Handb. d. Lebensmittel-Chemie (1965), Handb. d. Infrarot-Spektroskopie (1972) - 1974 BVK a. Bd.; 1981 Chevreul-Med. Assoc. Franc. p. Etude d. Corps Gras - Liebh.: Farbfotogr. - Spr.: Engl. - 1969 Ruf Univ. Frankfurt/M. (Lehrstuhl f. Lebensmittelchemie).

SEHI, Meinrad

(Eigentl. Karl Ludwig Sehi) - Pfarramt St. Remigius, Brüdergasse 8, 5300 Bonn 1 (T. 0228 - 63 53 54) - Geb. 21. Sept. 1928 Bann/Pfalz (Vater: Ludwig S., Schlosserm.; Mutter: Agnes, geb. Kaufmann), kath., ledig - Abit. 1949 human. Gymn. Weiden; 1950-55 Phil.-theol. Stud. Univ. Würzburg (Promot. 1978) - Studienpräfekt, Seelsorger; 1968-74 Provinzial; s. 1974 Schriftleit. u. wiss. Forsch. d. Gesch. d. Franziskanerordens, d. er als Priester angehört; s. 1983 Pfarrer v. St. Remigius in Bonn - BV: u. a. Gesch. d. Franziskaner v. Kaiserslautern. In: Alemania Franciscana Antiqua 10, 1964; Im Dienst an d. Gemeinde. 750 J. Franziskaner-Minoriten in Würzburg 1221-1971, 1972; Chronik d. Gemeinde Bann, 1979; Konrad Eubel, Franziskaner-Minorit (1842-1923), in: Fränkische Lebensbilder 9, 1980; D. Bettelorden in d. Seelsorgsgesch. d. Stadt u. d. Bistums Würzburg b. z. Konzil v. Trient, in:

Forsch. z. fränk. Kirchen- u. Theologiegesch., 1981; D. oberdt. Minoriten-Provinz im Mittelalter, in Ausst.kat. 800 J. Franz v. Assisi, 1982 - Liebh.: mittelalterl. Kirchengesch., Ordensgesch. - Spr.: Latein, Griech., Engl.

SEHLBACH, Herbert
Fabrikant, Inh. Herbert Sehlbach Schmalwebereien, Wuppertal-Barmen, Sehlbach Sohn & Steinhoff, Thiel & Wurms ebd., Markant Kleiderfabrik Herbert Sehlbach, Furth/Wald, Ehrenvors. Gesamtverb. Schmalweberei u. Flechterei, Wuppertal-Elberfeld (s. 1966; 1954-66 Vors.) - Ottostr. Nr. 23, 5600 Wuppertal-Elberfeld (T. Büro: 55 34 15) - Geb. 27. Juli 1903 Barmen (Vater: Ferdinand S.; Mutter: Klara, geb. Steinhoff), verh. s. 1936 m. Anne, geb. Martin, 2 Töcht. (Gisela, Burghild) - Abitur - S. 1935 Fabr.

SEHRBROCK, Hermann
Dr. jur., Ministerialdirigent a. D., Vorstandsvors. Dt. Siedlungs- u. Landesrentenbank/Anstalt d. öfftl. Rechts, Bonn (s. 1969) - Kantstr. 19, 5300 Bonn 2 - Geb. 13. Febr. 1924, verh., 2 Kd. - Stud. Rechtswiss. Gr. jurist. Staatsprüf. - Priv. Bankwirtschaft, Bundesernährungsmin. u. -präsidialamt (pers. Ref. Bundespräs. Dr. h. c. Heinrich Lübke).

SEIBEL, Claus
Journalist, Studioredakteur Send. heute ZDF - Hergenhahnstr. 14a, 6200 Wiesbaden - Geb. 16. Sept. 1936 Giessen, Tocht. Julia - Abit. 1957 Giessen; Stud. German. Univ. Marburg u. Theaterwiss./Publiz. FU Berlin - Redakt. Hess. Rundf. (Chef v. Dienst Nachrichten, Sendeleit.), s. 1971 ZDF - Liebh.: Reisen, Wandern, Theater.

SEIBEL, Hans Dieter

Dr. phil., o. Prof. f. Soziologie Univ. Köln (s. 1980) - Zu erreichen üb. SPUK/Bank Indonesia, Jl. P. Senopati No. 4, Yogyakarta, Indonesia - Geb. 1. Febr. 1941 Mühlheim/Koblenz (Vater: Peter S., Verwaltungsangest.; Mutter: Anna, geb. Groß), kath., verh., 4 Kd. (Saskia, Tjark, Greta, Lena) - Görres-Gymn. Koblenz; 1960-66 Stud. Soziol., Volksw., Phil. Trier, Freiburg, Ibadan. Promot. 1966 Freiburg; Habil. 1972 Münster - 1966 Leit. Afrika-Abt. Arnold-Bergstraesser-Inst., Freiburg; 1967 Assoc. Prof. u. Leit. Abt. f. Soziol. u. Anthropol. Univ. Monrovia; 1972 Assoc. Prof. u. Leit. Abt. f. Soziol. Manhattanville College, Purchase; 1975 Prof. PH/Ruhr, Dortmund. 1969-72 Gastdoz. Univ. Princeton; 1972 Gastprof. Univ. Münster; 1981 Gastprof. Univ. Lagos. B. 1991 beurl. als Berater d. Zentralbank v. Indonesien z. Entw. d. ländl. Finanzw.; Vors. Kölner Ges. z. Förd. d. Entwicklungsländerforsch. - BV: Industriearbeit u. Kulturwandel in Nigeria, 1968; Social Change and Economic Development in Nigeria, 1973 (New York); Ges. im Leistungskonflikt, 1973; The Dynamics of Achievement, 1974 (Indianapolis/New York); Traditional Organizations and Economic Development, 1974 (New York); Ethnographic Survey of Southeastern Liberia - The Kran and the Sapo, 1974 (Newark); Industrial Relations in Africa, 1979 (London); Struktur u. Entwickl. d. Ges., 1980; Self-Management in Yugoslavia and the Developing World, 1982 (London); Self-Help Organiz., 1982 (Bonn); Arbeit u. psych. Gesundh., 1984 (Göttingen); Ansatzmögl. f. d. Mobilisier. v. Sparkapital z. Entwickl.finanz. 1984 (Bonn); Management Problems in Africa, 1986 (London); Ländl. Entw. als Austauschprozeß, 1987 (Saarbrücken); Dual Financial Markets in Africa, 1987 (Saarbrücken); Small-Scale Industries and Economic Development in Ghana, 1987 (Saarbrücken); Ländl. Selbsthilfeorg. in d. Volksrep. Kongo, 1987 (Saarbrücken); Industrial Labour in Africa: Continuity and Change Among Nigerian Factory Workers, 1988 (Saarbrücken); Handw. in Nigeria: Untern.org., Verb.struktur u. Förd.ansätze, 1988 (Saarbücken); Soziokult. Faktoren d. Entw. in afrik. Gesellschaften: Entw. v. oben od. Entw. v. unten?, 1988 (Saarbrücken) - Spr.: Engl., Franz.

SEIBEL, Johannes Joachim
Dr. rer. oec., Prof. Berg. Univ.-GH Wuppertal - Wassermannweg 12, 5650 Solingen 1 (T. 0212 - 4 44 28) - Geb. 27. Okt. 1933 Neisse (Vater: Peter Michael S., Holzkaufm.; Mutter: Maria Anna, geb. Hubert), kath., verh. s. 1960 m. Christine, geb. Schäfer, 3 Kd. (Klemens-Maria, Beate Ursula, Anette Bettina) - Externabit. 1952; 1955-58 Stud. Betriebswirtsch. u. Volkswirtsch. (Dipl. 1958), 1958-59 Stud. Europ. Forschungsinst. - 1958-60 Geschäftsf. Verlag; 1960-63 Controller Textilind.; 1963-71 Mitgl. Geschäftsf. in Elektroind.; 1971-72 Finanzvorst. Investitionsgüterwirtsch. Mitgl. in div. AR- u. Beiräten. Entw. Zero-Base Budgeting u. flex. Investitions- u. Finanzplanungssysteme - BV: Finanz-Management, 1970; Controlling u. Finanzmanagement, 1975; Strateg. Unternehmensführ., 1977; Zero-Base Budgeting, 1978; D. kaufm. Geschäftsf., 1978; Unternehmensfinanz. in schwieriger Zeit, 1982; Entscheid. für d. Zukunft, 1983 - Spr.: Engl., Franz., Span.

SEIBEL, Klauspeter
Prof., Dirigent, Staatsoper Hamburg (s. 1972), Chefdirigent Nürnberger Symphoniker (1980-88), Prof. Hochsch. f. Musik Hamburg (s. 1978), Generalmusikdir. Kiel (s. 1987) - Geb. 7. Mai 1936 Offenbach (Vater: Rudolf S., gf. Vorst.-Mitgl.; Mutter: Elisabeth, geb. Kirsch), ev., verh. s. 1961 m. Jutta, geb. Reumann, 3 Kd. - Human. Gymn. (Abit.) - Theaterkapellmeister (1957-63 Gärtnerplatz München, 1963-1965 Freiburg i. Br., 1965-67 Lübeck, 1967-71 Kassel; 1975-78 Generalmusikdir. Freiburg) - 1957 Richard-Strauss-Stip. Stadt München; 1969 Dimitri-Mitropoulos-Wettb. New York - Spr.: Engl., Franz., Ital.

SEIBEL, Wilfried
Dr. agr., Dipl.-Ing. agr., Ltd. Direktor u. Prof. Bundesforschungsanst. f. Getreide- u. Kartoffelverarb., Detmold (s. 1968) - Germanenweg 13, 4930 Detmold 17 (T. 8 85 33) - Geb. 6. Febr. 1930 Dalwigsthal (Vater: Wilhelm S., Lehrer; Mutter: Else, geb. Decker), ev., verh. s. 1959 m. Edith, geb. Gross, 3 Kd. (Christiane, Ulrich, Martin) - Stud. d. Landw.; Dipl.ex. 1953; Promot. 1956, bde. Gießen - 1962-68 Produktionsleit. Meneba, Rotterdam, Niederld. Fachmitgl.sch. - Liebh.: Jagd - Spr.: Engl., Niederl. - Lions-Club.

SEIBEL-EMMERLING, Lieselotte
Schulrätin, MdL Bayern (1966-79), Mitgl. Europ. Parlam. (s. 1979) - Virchowstr. 15a, 8500 Nürnberg (T. 0911 - 56 44 67) - Geb. 3. Febr. 1932, verh. m. Alfred Emmerling (Maler), 1 Sohn - Realgymn. (Abit. 1949); FU Berlin (Psych., Soziol., Päd.) - Vizepräs. d.

Aussch. f. Jugend, Kultur, Bildung, Information u. Sport.

SEIBERT, Gerhard
Dr. iur., Bundesrichter (Bundesverwaltungsgericht) - Hardenbergstr. 31, 1000 Berlin 12 - B. 1981 Hess. Verw.gerichtshof; 1978-81 wiss. Mitarb. b. BVerfG.

SEIBERT, Jakob
Dr. phil., ao. Prof. f. Alte Geschichte - Sudetenstr. 3, 8031 Maisach (T. 08141-9 49 93) - Geb. 3. Febr. 1939 Pirmasens (Vater: Jakob S., Kaufm.; Mutter: Elise, geb. Doniat), ev., verh. s. 1964 m. Dr. Bärbel S., S. Axel - Human. Gymn., Stud. Klass. Philol. u. Gesch., Promot., 1. Staatsex., Habil. - 1969-75 Univ.Doz., 1975-78 apl. Prof., s. 1978 ao. Prof. Univ. München - BV: Metropolis u. Apoikie, 1963; Dynastische Verbind., 1967; Ptolemaios I., 1969; Alexander d. Gr., 1972; Polit. Flüchtlinge u. Verbannte in d. griech. Gesch., 2 Bde. 1979; Zeitalter d. Diadochen, 1983; D. Eroberung d. Perserreiches durch Alexander d. Gr. auf kartographischer Grundlage, 2 Bde. 1985.

SEIBERT-SANDT, Walter
Direktor, Vorst. J. Sandt AG. (Maschinenfabrik), Pirmasens - Buchsweiler Str. 68, 6780 Pirmasens/Pfalz - Geb. 17. Aug. 1916.

SEIBOLD, Eugen
Dr. rer. nat., em. Prof. f. Geologie u. Paläontologie Univ. Kiel, Präs. European Science Foundation (ESF), Straßburg - Richard-Wagner-Str. 56, 7800 Freiburg (T. 0761 - 55 33 68) - Geb. 11. Mai 1918 München (Vater: Karl, verh. s. 1952 m. Dr. Ilse, geb. Usbeck, T. Ursula - Univ. Tübingen, Bonn. Promot. 1948 Tübingen; Habil. 1951 Tübingen - 1949-51 Assist. Univ. Tübingen, 1951-1953 Doz. TH Karlsruhe, 1953-58 ao. Prof. Univ. Tübingen, 1958-85 o. Prof. u. Dir. Inst. u. Museum f. Geol. u. Paläontol. Univ. Kiel, 1980-85 Präs. Dt. Forschungsgem., Bonn. Zeitw. Vors. Dept. Vereinig. Bonn. Zahlr. Fachveröff. Contribution to Sedimentology (1973ff.), Marine Geol. (1963ff.) - 1971 Mitgl. u. 1987 Ehrenmitgl. Dt. Akad. d. Naturforscher Leopoldina, Halle; 1972 Mitgl. Akad. d. Wiss. u. Lit., Mainz; 1974 Chevalier de l'ordre Palme académique; 1976 Ehrenmitgl. Geolog. Soc., London; 1980-84 Präs. Intern. Union of Geological Sciences; 1980 Vize-Präs. European Science Foundation; 1981 Korr. Mitgl. Bayer. Akad. Wiss. München; 1982 Hon.-Fellow, Geological Society of America; 1984 Korresp. Mitgl. Heidelberger Akad. d. Wiss. - 1980 Med. Albert I. v. Monaco, 1983 Gr. BVK, 1985 m. Stern, 1983 Dr. h.c. (Univ. East Anglia U.K.), 1985 Hon.-Prof. Tongji-Univ., Shanghai, 1986 Ehrensenator Univ. Kiel u. Univ. Gießen, Hon.-Prof. Univ. Freiburg, 1987 Verdienstmed. Land Baden-Württ., 1988 Dr.h.c Univ. Paris 6;

SEIBOLD, Kaspar
Dr. agr., I. Bürgermeister a. D. - Gaißacher Str. 21, 8172 Lenggries/Obb. - Geb. 14. Okt. 1914 Lenggries - Landw.; 1966-84 1. Bürgerm. v. Lenggries u. stv. Landrat Bad-Tölz - Wolfratshausen (13 J.) - Mitgl. Parlam. Rat, u. Bezirkstag Oberbayern. CSU.

SEIBOLD, Wilhelm

Dr. rer. nat., Prof. - Zwischen den Bächen 43, 6990 Bad Mergentheim - Geb. 16. März 1912 Künzelsau/Württ. (Vater: Prof. Dr. W. S.; Mutter: Helene, geb. Haller), verh. I) m. Margarete, geb. Roller †, 2 Söhne (Gerhard, Peter); II) m. Hedwig, geb. Häfner - Stud. Physik u. Math. Univ. Tübingen, München, Jena, Stuttgart - 1939-45 Forsch.-Anst. Graf Zeppelin Stuttgart; 1946-59 Frankr.; 1960-64 Focke-Wulf Bremen; 1964-70 o. Prof. TH Aachen; 1970-77 Geschäftsf. VFW (jetzt MBB). Versch. Patente - Spr.: Engl., Franz.

SEIBOLDT, Ludwig
Ing. agr. (grad.), Verwaltungsangestellter, MdL Hessen (s. 1979) - Karl-Bieber-Höhe 3, 6000 Frankfurt/M. 56 - Geb. 14. Nov. 1941 Niedereschbach/Ts., verh., 2 Kd. - Volkssch.; landw. Lehre; Fachsch.; Höh. Landbausch. - 1963-66 Sachbearb. f. Agrarstrukturverbess. Baden-Württ. u. Hessen, 1966-77 Projektleit. u. Wiss. Mitarb. f. landw. u. -schaftl. Entwicklungsaufg. Süddtschl. u. Nordrh.-Westf., s. 1977 Verw.sangest. Bundesamt f. Ernährung u. Forstw. Frankfurt. 1963-70 Kreisvors. Jg. Union Friedberg. CDU (div. Funkt.).

SEIBOTH, Frank
Staatssekretär i. R. Hess. Ministerium f. Landw. u. Umwelt (1967-75) - Friedrich-Naumann-Str. 32, 6200 Wiesbaden (T. 40 12 32) - Geb. 9. Mai 1912 Proschwitz/Sudetenl., ev. - Stud. Maschinenbau Reichenberg - Industrie- u. Pressetätigk., im Krieg zul. Uffz., 1945-48 interniert (Tschechosl.), 1950-54 Redakt. bzw. Chefredakt. (1951) Wegweiser f. Heimatvertriebene u. Verlagsgeschäftsf., dann Herausg. Dt. Einheit, 1962-67 Geschäftsf. Lotterie-Treuhandges. mbH. Hessen. 1953-57 MdB (GB/BHE); 1959-66 MdL Hessen (Fraktionsvors. GDP/BHE). SPD s. 1967.

SEIBT, Ferdinand
Dr. phil., o. Prof. f. Mittelalterl. Geschichte - Haydnstr. 14, 8013 Haar (T. 46 84 22) - Geb. 9. Mai 1927 Strischowitz/Böhmen, kath., verh. s. 1953 m. Dipl.-Psych. Dr. Gertrud, geb. Haibach, 2 Kd. (Nikolaus, Johanna) - Gymn.; Univ. München. Promot. u. Habil. München - S. 1964 Lehrtätigk. Univ. München u. Bochum (1969 Ord.); 1980 1. Vors. Collegium Carolinum München - BV: Hussitica - Z. Struktur u. Revolution, 1965; Bohemica - Probleme u. Literatur, 1970; Utopica - Modelle Totaler Sozialplanung, 1972; Dtschl. u. d. Tschechen, 1974; Karl IV., 1978; Revolution in Europa, 1984; Glanz u. Elend d. Mittelalters, 1987; Handb. d. europ. Gesch., Bd. II, 1987 - 1981 Offiziers-

kreuz VO d. Großherzogtums Luxemburg; 1989 Georg-Dekio-Preis.

SEIBT, Peter
Dr., Prof. f. Politikwissenschaft Univ. Bremen - Vor Weyerdeelen 41, 2862 Worpswede 1 (T. 04792 - 22 88) - Geb. 22. Febr. 1929 Ostrau/Sachs. (Vater: Maximilian S.; Mutter: Lisa, geb. Rülcker), verh. s. 1966 m. Elke, geb. Renz, 2 Kd. (Claudia, Philipp) - 1971 Prof. f. Politikwiss. unter bes. Berücks. d. auswärt. u. intern. Bez. - Spr.: Engl.

SEIDE, Adam
Schriftsteller - Günthersburgallee 75, 6000 Frankfurt/M. 60 (T. 069 - 46 31 75) - Geb. 2. Juli 1929 Hannover, verh. m. Bildhauerin Ann, geb. Reder, S. Benjamin - Schriftsetzerlehre; Redaktionsvolont.; Werkkunstsch.; Hochsch. f. Sozialwiss. - 1968-70 Lektor f. dt. Lit. Melzer Verlag, Funktionen im VS; 1977 Redakt. d. Ztschr. Kunst u. Handwerk; 1982-83 Lehrbeauftr. Univ. Kassel - BV: ABC d. Lähmungen, 1979; Im Zustand wie gesehen, 1980; Friedensfibel, 1982; Taubenkasper, 1985; D. braunschweigische Johanna, 1986; Rebecca, 1987; Drei alte Maler, 1989. Herausg. d. Ztschr. Egoist - 1982/83 Stadtschreiber v. Unna; 1984 gr. Landesstip. Nieders.; 1987 kl. Landesstip. Hessen.

SEIDEL, Christian
Dr. oec. publ., Konsul, Vorstandsmitgl. Dresdner Bank AG., Frankfurt, Vors. Arbeitgeberverb. d. priv. Bankgewerbes, Köln (1982 ff.) - Jürgen-Ponto-Pl. 1, 6000 Frankfurt/M. 1 - Geb. 27. Aug. 1935 - Stud. Volksw. (Dipl.) - Zahlr. ARsmandate u. a. - Kgl. Norw. Honorarkonsul f. Bay. (Sitz München).

SEIDEL, Dietmar
Dr. med. habil., apl. Prof. f. Neurologie Univ. Münster, Direktor d Augustahospitals Anholt-Neurolog. Klinik, Isselburg - Albert-Stolte-Str. 25, 4290 Bocholt (T. 02874 - 13 88) - Geb. 17. Juni 1945 Marbach/Sachs. (Vater: Dr. Rudolf S., Arzt; Mutter: Margarete S.), kath., verh. s. 1978 m. Silke, geb. Petrich, 3 Söhne (Sebastian, Johannes, Tobias) - 1964-71 Stud. Med. FU Berlin; Promot. 1971 FU Berlin, Habil. 1981 Univ. Göttingen - Ab 1981 Chefarzt, s. 1987 apl. Prof. Univ. Münster. 80 Fachveröff. u. Vortr. (Schwerp.: Stoffwechselerkrank. d. Nervensyst., Rehabilitation u. Multiple Sklerose).

SEIDEL, Friedrich
Dr. phil., em. o. Prof. f. Zoologie, Vergl. Anatomie u. Entwicklungsphysiologie - v.-Harnack-Str. 22, 3550 Marburg (T. 6 73 37) - Geb. 13. Juli 1897 Lüneburg (Vater: Friedrich S., Konrektor; Mutter: Elise, geb. Bertram), verh. s. 1925 m. Charlotte, geb. Bölsch †1984, 2 Kd. (Prof. Dr. med. Wolfgang, Dr. rer. nat. Sigrid, Stud.-Dir.) - Stud. Univ. Tübingen, Hamburg, Göttingen; Promot. 1923 Göttingen. Habil. 1926 Königsberg - 1937-65 Ord. u. Inst.-Dir. Univ. Berlin u. Marburg (1954) - BV: Entwicklungsphysiol. d. Tiere, 2. A. 1972-76; Handb. Morphogenese d. Tiere, 1.-5. A. 1978-82 - Kriegsausz., dar. Dt. Kreuz in Gold; 1935 Mitgl. Königsberger Gelehrten-Ges.; 1951 wiss. Mitgl., 1957 ausw. Mitgl. Max-Planck-Ges. z. Förd. d. Wiss.; 1954 Mitgl. Wiss. Ges. Marburg; 1956 Mitgl. Dt. Akad. d. Naturforscher Leopoldina; 1960 Fellow Intern. Inst. of Embryologie; 1968 Mitgl. Fr. Akad. d. Wiss. f. Phil. u. Religion, Berlin u. Wiesbaden (1968-76 Präs., 1976 Ehrenpräs.); 1962 u. 1963 1. Vors. Dt. Zool. Ges., s. 1987 Ehrenmitgl. ebd.; 1. Ehrenmitgl. Verb. Dt. Biologen u. 1985 Ehrenmitgl. Europ. Ges. f. menschl. Reproduktion u. Embryologie, Bonn.

SEIDEL, Günter W.
Dipl.-Kfm., Bankdirektor - Hochstr. 2, 6000 Frankfurt/M. (T. 069-21 07-0) - Geb. 22. Juni 1931 - S. 1972 Landw. Rentenbank (1973 stv., 1974 o. Vorstandsmitgl.).

SEIDEL, Hinrich
Dr. rer. nat., Prof., Chemiker, Präsident Univ. Hannover - Zu erreichen üb. Univ. Hannover, Welfengarten 1, 3000 Hannover 1 - Geb. 7. Nov. 1931 Rendsburg - Promot. 1960; Habil. 1967 - 1970 Wiss. Rat u. Prof.; s. 1971 TU bzw. Univ. Hannover, 1971 Ord. u. Dir. Inst. f. Anorgan. Chemie, 1975-77 Rektor, s. 1979 Präs. Univ. Hannover - Vizepräs. (s. 1987 Präs.) Westdt. Rektorenkonfz. u. Europ. Rektorenkonfz., Mitgl. Beratungsausssch. Europ. Zentrum f. Hochschulbild. (CEPES) d. UNESCO, Kurat.-Mitgl. Dt. Inst. f. Kautschuk-Technol.; 1987 Ehrenpromot. LL.D. (Bristol).

SEIDEL, Horst-Eckart
Dipl.-Volksw., kaufm. Geschäftsführer Gebr. Buhl Papierfabriken GmbH & Co. KG - Pforzheimer Str. 74, 7505 Ettlingen (T. 07243 - 18 6-0) - Geb. 31. Mai 1941 Mainz, verh., 3 Kd. - Stud. Univ. Freiburg - Vorst. Papierind. - Spr.: Engl., Franz.

SEIDEL, Jürgen

Mitglied d. Vorstandes Iveco-Magirus AG Ulm (Ressort Vertrieb) - Am Salach 13, 7913 Senden-Aufheim (T. 07307 - 2 28 25) - Geb. 28. Okt. 1940, verh. - B. 1971 Geschäftsf. Massey-Ferguson GmbH., Kassel-Eschwege, dann Claas-Gruppe, Harsewinkel/W.; Vorst.-Mitgl. Rheinstahl AG-Hanomag, Hannover; Mitgl. Geschäftsltg. Massey-Ferguson-Hanomag Inc. & Co., Hannover - BV: Gebrauchtmasch. ABC, 1969; Market.-Fachart. u. Publ. - Spr.: Engl.

SEIDEL, Kurt-Werner
Landesbranddirektor, Chef Berliner Feuerwehr i. R. (1970-88) - Zul. Berlin - Geb. 31. Okt. 1930 Berlin, verh., 2 Kd. - TU Berlin, Wissensch. Staatsex. 1960 (Physik, Mathematik), Brandassessor-Prüfung 1963 - B. 1988 Vors. Arbeitsgem. Leit. d. Berufsfeuerwehren AGBF.

SEIDEL, Martin
Dr. jur., Prof., Ministerialrat im Bundesmin. f. Wirtschaft, Ständ. Bevollm. d. Bundesregierung in Verfahren vor d. EuGH - Zu erreichen üb. Bundesmin. f. Wirtschaft, Villemomblerstr. 76, 5300 Bonn-Duisdorf (T. 0228 - 615 37 18) - Geb. 4. Okt. 1932 Beuthen, ev., verh. s. 1965 m. Dr. jur. Ingelore, geb. Roggemann, 2 Kd. (Carola, Ronald) - 1953-56 Stud. Rechts- u. Staatswiss. Univ. München, Innsbruck, Köln; Staatsex. 1956 u. 61 NRW, Promot. 1960 Köln; Stud. Politik- u. Wirtschaftswiss. Johns Hopkins Bologna Center, School of Advanced Intern. Studies; Dipl. 1962 - S. 1962 Bundesmin. f. Wirtsch. (s. 1972 o. a. Funktionen). S. 1982 Lehrbeauftr. u. s. 1989 Hon.-Prof. f. Europarecht Univ. Münster, s. 1983 Lehrbeauftr. Univ. Saarbrücken (Subventionsrecht d. Europ. Gemeinsch.). Vorst.-, Direkt.- u. Beiratsmitgl. versch. wiss. Inst. u. Vereinig. - Zahlr. europarechtl. u. europapolit. Veröff. - 1985 Officier de l'Ordre des Arts et des Lettres Franz. Rep.

SEIDEL, Max
Dr. phil., Prof. f. Kunstgeschichte Italiens - Mittlerer Rainweg 63, 6900 Heidelberg-Ziegelhausen - Geb. 9. Febr. 1940 Basel (CH) (Vater: Alfred S., Ind.; Mutter: Julie, geb. Wagner), ev., verh. s. 1968 m. Silvana, geb. Menchi, S. Paul - Stud. Basel u. Florenz - 1975-78 Ltd. Redaktor a. Kunsthist. Inst. Florenz, 1978-82 Prof. Univ. Göttingen, 1982 ff. o. Prof. Univ. Heidelberg - Entd.: Kunstwerke d. Giovanni Pisano, d. Nicola Pisano, d. Francesco di Giorgio, d. Luca Signorelli - Zahlr. Veröff. z. ital. Kunstgesch. - Mitgl. d. wiss. Akad. v. Siena - Spr.: Ital., Engl., Franz.

SEIDEL, Norbert
Dr. jur., Verwaltungs- u. Finanzdirektor WDR, Köln (s. 1981) - Wiedenhof 72, 5064 Rösrath-Forsbach (T. 02205-8 18 19) - Geb. 31. Juli 1939 Breslau (Vater: Herrmann S., Textilkfm.; Mutter: Charlotte, geb. Stolz), ev., verh. s. 1968 m. Karin, geb. Sekula, 2 Kd. (Claudia, Thorsten) - Abit. 1959; Jurastud., Refer. 1964, 2. Staatsex. 1968 - S. 1968 Jurist WDR, s. 1973 Vors. Planungsausssch., 1974-81 Leit. Hauptabt. Verw.

SEIDEL, Otto
Geschäftsführer Fachverb. Jute-Industrie - Frauenstr. 3, 4407 Emsdetten/W. (T. 25 22) - S. 1945 FJI (1960 Gf.).

SEIDEL, Wolfgang
Dr. med., Prof. f. Allgemeinchirurgie, Chefarzt Städt. Krankenhaus Sindelfingen - Karl-Pfitzer-Str. 10, 7032 Sindelfingen (T. 07031-8 22 44) - Geb. 5. Jan. 1931 Königsberg/Pr. (Vater: Prof. Dr. Friedrich S., Zool.; Mutter: Charlotte, geb. Bölsch), verh. s. 1964 m. Dr. Roswitha, 3 Kd. (Anja, Robert, Britta) - Univ. Marburg (Med.), Staatsex. 1957, Promot. 1957, Habil. München 1967, 2. Habil. Tübingen 1975 - Chefarzt. Vors. DRK-Ortsverein Sindelfingen - Spr.: Engl.

SEIDEL, Wolfhart
Dr. rer. nat., Dipl.-Chem., o. Prof.

Univ. Gießen - Geranienweg 12, 6300 Gießen - Geb. 30. Mai 1929 Frankfurt/O. (Vater: Erich S., StudR; Mutter: Hildegard, geb. Lindner), ev., verh. s. 1958 m. Brigitte, geb. Draeger, 2 Kd. (Katja, Bele) - Stud. d. Physik u. Chem. Univ. Kiel, Würzburg, Hamburg; Dipl.ex. 1956; Promot. 1959 Hamburg; Habil. 1966 Kiel.

SEIDENATHER, Hans
Generalvikar i. R. - Germanenstr. 14, 6238 Hofheim/Ts. - Geb. 23. Sept. 1908 Frankfurt/Main (Vater: Karl S.; Mutter: Gertrude, geb. Diehl), kath. - 1927-32 Theol. Hochsch. St. Georgen Frankfurt/M. (Theol.; Abschlußex.) - 1933-43 Seelsorge, 1943-52 Diözesancaritasdir., 1952-73 Geistl. Rat u. Dezernent b. Bischöfl. Ordinariat Limburg, 1974-79 Generalvikar u. Leit. Bischöfl. Ordinariat ebd.

SEIDENFUS, Hellmuth
Dr. rer. pol., Prof. f. Volkswirtschaftslehre - Parkallee 19a, 4400 Münster - Geb. 5. Mai 1924 Mannheim - S. 1958 (Habil.) Lehrtätigk. Univ. Köln, Gießen (1960 Ord.), Münster (1964; Dir. Inst. f. Wirtschafts- u. Sozialwiss. u. Inst. f. Verkehrswiss.). Mitgl. Wissenschaftl. Beirat b. Bundesmin. f. Verkehr; 1984 Präs. Dt. Verkehrswiss.-Ges. - BV: Verkehrsmärkte, 1959; Energie u. Verkehr, 1960 (auch franz.); Gemeindefinanzreform, 1969; Ostverkehr - Das Eindringen der östlichen Staatshandelsländer i. d. Verkehrswirtschaft d. westl. Welt, 1977; Present Regional Probl. in NRW, 1980; Energieverknappung u. Strukturwandel u. d. Zukunft d. Verkehrs, 1980; Institut. Regel. in d. mod. Marktwirtsch., 1980; Energieeinsparungsbedarf u. entsprechende Umstrukt. d. EG-Transportwesens, 1981; Sektorale Wirtschaftspolitik, 1982; Möglichk. der Transportrationalisierung z. Sicherung d. intern. Wettbewerbsfähigk. d. dt. Montanind., 1985.

SEIDENSTICKER, Bernd
Dr., Prof. f. Klass. Philologie FU Berlin - Bayrische Str. 5, 1000 Berlin 15 (T. 030 - 881 58 92) - Geb. 16. Febr. 1939 Hirschberg/Riesengeb. - Stud. Hamburg u. Tübingen (Klass. Phil. u. Germ.); Promot. 1969, Habil. 1974 - 1974/75 u. 1976/77 Gastprof. in Austin (Texas); 1981 in Berkeley, 1986 Harvard - BV: D. Gesprächsverdicht. in d. Trag. d. Seneca, 1970; Palintonos Harmonia, Studien z. komisch. Elementen in d. griech. Trag., 1982; zahlr. Aufs. u. Rezens.

SEIDENSTICKER, Peter
Dr. phil., Prof. f. Germanist. Linguistik Univ. Marburg (s. 1973, 1981-85 beurl. an d. Al-Azhar-Univ. Kairo) - Thüringer Str. 10, 3550 Marburg/L. 6 - Geb. 17. Aug. 1924 Berlin/Tegel (Vater: Bruno S., Mittelschullehrer; Mutter: Aenne, geb. Voigt), ev., verh. I) 1954-80 m. Frauke, geb. Schnoor †, 2 Kd. (Tilman, Frauke), II) s. 1981 m. Christel, geb. Schauenburg - Schule Verden/Aller (Abit. 1946); 1946-52 Univ. Hamburg, Erlangen, Göttingen (German., Angl., Lat.). Staatsex. u. Promot. 1952 Göttingen - 1952-73 Schuldst. Schlesw.-Holst. u. Nieders. (zul. Oberstudienrat Göttingen); 1955-57 Wiss. Assist. Univ. Göttingen; 1962-64 Lektor Univ. Kairo - BV: Schichten u. Bewegungen in d. Wortlandschaft v. Südniedersachsen, 1964 (Ztschr. f. Mundartforsch./Beih. NF 1); Didaktik d. Grundsprache, 1978. Zahlr. Aufs. u. Rez. in Fachztschr.

SEIDER, August
Kammersänger - Freihamerstr., 8032 Gräfelfing/Obb. (T. München 85 87 39) - Geb. 11. Febr. 1905 Wiesdorf/Rh., verh. m. Dagmar, geb. Schuh, 1 Kd. - Musikhochsch. Köln - U. a. Opernbühnen Berlin, Dresden, Hamburg, Stuttgart, München (langj. Mitgl.). Auslandsgastsp. Zeitw. Vors. Genoss. Dt. Bühnen-Angeh. in Bayern - 1964 Bayer. VO. - Liebh.: Jagd.

SEIDL, Alfred
Dr. jur., Staatsminister a. D., Rechtsanw., MdL Bayern (s. 1958) - Neuhauser Str. 3, 8000 München 2 (T. 260 47 75); priv.: Gedonstr. 2, 40 - Geb. 30. Jan. 1911 München - Altes Realgymn. u. Univ. München (Rechtswiss., Volksw.). Dipl.-Volksw. 1936, Promot. 1937; Gr. jur. Staatsprüf. 1938 - 1935-38 Assist. Univ. München (Jurist. Fakultät). S. 1940 RA ebd. - 1945-49 Verteidiger b. d. Nürnberger Prozessen, u. a. Rudolf Heß. 1970 stv., 1972 Vors. CSU-Fraktion, 1974 Staatssekr. Bayer. Justiz-Min., 1977-78 Bayer. Staatsmin. d. Innern - BV: D. Beziehungen zw. Deutschl. u. d. Sowjetunion 1939-41, 1949; D. Fall Rudolf Hess 1941-84; D. verweigerte Friede, 1985 - Dokumentation d. Verteidigers, 1984 - 1968 Bayer. VO., 1976 Gr. BVK m. Stern - Liebh.: Bergsteigen (Civetta NW-Wand), Skifahren, Klass. Musik.

SEIDL, Hubert
I. Bürgermeister - Rathaus, 8591 Wiesau/Opf. - Geb. 27. Dez. 1914 Wiesau - Zul. Industriekfm. CSU.

SEIDL, Josef
I. Bürgermeister - Rathaus, 8023 Pullach i. Isartal - Geb. 24. Mai 1906 Lindau/B. - Zul. Oberamtsrat. CSU.

SEIDL, Karl
Bürgermeister Stadt Kötzting - Am Baierweg 11, 8493 Kötzting (T. 09941 - 60 20 od. 6 02-1 11) - Geb. 2. April 1924 Kleinaign - Beamtenfachsch. f. mittl. u. gehob. Dienst d. inn. Verw. - 1945 Gemeindedst., 1953 Staatsdst., 1971 Bürgerm., s. 1952 Kreisrat - 1980 kommun. Verdienst-Med. Bronze; 1982 BVK, mehr. Ausz. VDK; Landkreisverdienstmed.; Bürgerring - Mitgl. in Gold.

SEIDL, Otto
Dr. jur., Bundesverfassungsrichter (Erster Senat) - Schloßbezirk 3, 7500 Karlsruhe 1 - Geb. 11. Dez. 1931 München, kath., verh. s. 1961 m. Gertraud, geb. Ziegler, 2 S. - Jurist. Prüf. 1956 u. 1960 München; Promot. 1960 München - 1960-78 Bayer. Justizrichter; 1974-78 berufsrichterl. Mitgl. Bayer. Verfassungsgerichtshof; 1978-86 Richter Bundesgerichtshof.

SEIDL, Wolf

Dr. phil., Leiter Programmbereich Kultur u. Naturwiss. Bayer. Fernsehen - Straßbergerstr. 18, 8000 München (T. 351 01 89) - Geb. 25. Mai 1927 München (Vater: Walther S., Gend.Major; Mutter: Annemarie, geb. Krämer), kath., verh. s. 1957 m. Marita, geb. Beaucamp, 3 Kd. (Peter, Bettina, Barbara) - 1946-51 Stud. Geisteswiss. Univ. München u. Zürich (Diss. üb. neueste dt. Theaterkritik) - Journal., Verlagslekt., Publizist; s. 1957 Redakt. u. Programmbereichsleit. Bayer. Rundf./Fernseh. - BV: Bayern in Griechenland, 1965/81 (griech. 1984); Reisef. üb. Griechenl., Jugosl., Mexiko - Autor u. Regiss. kulturhist. Filme Dt. Ferns. - 1965 Offizierskreuz kgl. griech. Phönixord.; E-

Saal-Med. z. Förd. hum. Bildung - Liebh.: Lit., Theater, Bild. Kunst, Archäol., Reisen, Tennis, Skilaufen - Spr.: Engl.

SEIDLEIN, von, Peter C.
Dipl.-Ing., Architekt BDA, Regierungsbaumeister, o. Prof. Univ. Stuttgart, Gesellsch. Südd. Verlag BDA, München - Flüggenstr. 11, 8000 München 19 - Geb. 24. Juni 1925 München (Vater: Peter v. S., Arch.; Mutter: Marianne, geb. Kronenbitter), kath., verh. s. 1955 m. Karen, geb. Schöningh, 3 Kd. (Maria-Theresia, Lorenz, Rupert) - Ludwigs-Gymn. u. TH München (Dipl.-Ing. 1950). IIT Chicago (USA) - 1970-72 Vors. BDA-Bayern. Bauten: u. a. Inst. f. Physiol. Chemie Tübingen, Siemens Saarbrücken, SGS Wasserburg/Inn, Druckerei Paderborn, Süddeutscher Verlag München - Steinhausen - 1963 Förderungspreis München; 1969 u. 85 BDA Preis Bayern; 1985 Dt. Arch.-Preis - Liebh.: Freiballonfahren (Pilot s. 1971) - Spr.: Engl.

SEIDLER, Alfred
I. Bürgermeister Stadt Burgau - Rathaus, 8872 Burgau/Schw. - Geb. 26. Dez. 1927 Bautsch (Tschechosl.) - Zul. Gewerkschaftssekr. SPD.

SEIDLER, Eduard
Dr. med., o. Prof. u. Direktor Inst. f. Geschichte d. Medizin Univ. Freiburg (s. 1968) - Röteweg 1, 7800 Freiburg/Br. - Geb. 20. April 1929 Mannheim - 1947-1953 Stud. Mainz, Paris, Heidelberg - U. a. Univ. Heidelberg (Inst. f. exper. Krebsforsch., Kinderklinik, Inst. f. Gesch. d. Med.). Facharzt f. Kinderkrankheiten. Mehrere Fachmitgliedsch. Wiss. Veröff. - 1972 Chevalier franz. Orden Palmes Acad.; Mitgl. Intern. Acad. of the History of Medicine, London, Präs. Akad. f. Ethik in d. Medizin, Göttingen.

SEIDLER, Franz W.

Dr. phil., Prof. f. Sozial- u. Militärgesch. Univ. d. Bundeswehr München - Guttenbrunner Weg 28, 8000 München 82 (T. 42 35 53) - Geb. 2. März 1933 (Vater: Franz S.; Mutter: Marie, geb. Kaschuba), kath., verh. s. 1962 m. Renate, geb. Gütgemann, 4 Söhne (Martin, Stefan, Daniel, Christof) - Stud. German., Angl., Gesch. Univ. München u. Paris; Staatsex., Promot. u. Dolmetscherdipl. 1955; Studienref. Stuttgart; 2. Staatsex. 1958 - 1958-59 Studienass. Stuttgart; 1959-63 stv. Schulleit. Bundeswehrfachsch. Köln; 1963-67 Bundesmin. d. Verteid.; 1968-73 Wiss. Dir. Heeressoffz.sch. München; s. 1973 Prof. f. Sozial- u. Militärgesch. Univ. d. Bundeswehr, München - BV: D. Wehrpflicht, 1971; D. Abrüstung, 1974; Probl. d. dt. Sanitätsführ. 1939-45, 1977; Frauen z. d. Waffen, 1978; D. Gesch. d. Helferinnen d. dt. Wehrmacht, 1980; Krieg oder Frieden, 1980; D. Militär in d. Karikat., 1982; Kontrovers: Friedenssicher., 1983; Wehrpflicht u. Kriegsdienstverweig., 1984; Fritz Todt, Biogr. 1986; D. Org. Todt im Dienst d. Staat u. Wehrmacht, 1987; zahlr. wiss. Beitr. - Diplom NATO

Defense College Rom; 1988 BVK am Bde. - Liebh.: Wandern, Segeln.

SEIDSCHECK, Mark
Dr., Hauptgeschäftsführer Bundesfachverb. d. Arzneimittel-Hersteller - Ubierstr. 73, 5300 Bonn 2 - Geb. 18. Okt. 1944.

SEIER, Hellmut
Dr. phil., Prof. f. Neuere Geschichte Univ. Marburg (s. 1970) - Beethovenstr. 8, 3550 Marburg/L. - Geb. 7. Juni 1929 Berlin (Vater: Dr. Wilhelm S., Oberstudienrat; Mutter: Charlotte, geb. Jenne), ev., verh. s. 1958 m. Mechthild, geb. Haastert, 2 Kd. (Fried, Ulrike) - Stud. Gesch. u. German. Promot. 1956 Berlin; Habil. 1970 Frankfurt/M. - 1960-70 Wiss. Assist. - BV: D. Staatsidee Heinrich v. Sybels in d. Wandlungen d. Reichsgründungszeit 1862-71, 1961. Div. Einzelarb. Mithrsg.: Academia Marburgensis (1977).

SEIFART, Horst
Sonderaufgaben Sport Nordd. Rundfunk (NDR) - Rothenbaumchaussee 132-34, 2000 Hamburg 13 (T. 413 41 82-84) - 1973 Gold. Kamera Hörzu (f. Leitg. Weltprogramm u. Regie Dt. Olympia-Zentrum); 1980 Gold. Ringe v. Lousanne; IOC-Preis f. Olympiaberichterstatt. Moskau.

SEIFART, Klaus Heinrich
Dr. sc. agr., Ph. D., Prof. f. Physiol. Chemie Univ. Marburg - Schwalbenweg 28, 3550 Marburg-Cappel (T. 4 11 31) - Geb. 28. Aug. 1937 Windhoek (Deutscher) (Vater: Heinz S., Prok.; Mutter: Lisa S.), verh. s. 1963 m. Frauke, geb. Herbert, 2 Söhne (Ulf, Peter) - B. Sc. 1956 Univ. Pretoria; Promot. 1962 Göttingen u. 1966 Cornell Univ. Ithaca/N.Y.; Habil. 1969 Marburg; 1970 EMBO-Stip.; 1971 Prof. 1985-89 Dir. Inst. f. Molekularbiol. u. Tumorforsch., Univ. Marburg. Entd.: Struktur u. Funktion d. RNA Polymerasen aus Säugetierzellen; Wirk. d. Pilzgiftes Amanitin. Spez. Arbeitsgeb.: Isolierung u. Charakterisierung v. Transkriptionsfaktoren, Kontrolle d. Genexpression in eukaryonten Zellen. Ca. 80 Publ. in intern. Ztschr. u.a.: Biochemistry, Biochim. Biophys. Acta, Eur. J. Biochem., J. Biol. Chem., Mol. Cell. Endocrinology, Gene, Nucl. Acids. Res., J. Mol. Biol., EMBO-J. - Spr.: Engl., Niederl.

SEIFERT, Ansgar
Dr., Ministerialdirektor Min. f. Kultus u. Sport Baden-Württ. - Neues Schloß, 7000 Stuttgart 1 (T. 0711 - 2 19 31).

SEIFERT, Gerhard
Dr. rer. nat., Dipl.-Biol., Prof. f. Zoologie Univ. Gießen (s. 1972) - Tannenweg 17, 6310 Grünberg-Queckborn (T. 06401 - 78 68) - Geb. 7. Febr. 1929 Wittenberge (Vater: Karl S., StudR a. D.; Mutter: Elli, geb. Leisterer), ev., verh. s. 1954 m. Renate, geb. Schwarze, 3 Kd. (Susanne, Sabine, Katrin) - Kaiser-Wilhelm-Oberrealsch. Suhl/Thür. (Abit. 1946); Stud. d. Biol., Chem., Anthropol. Univ. Jena; Dipl.ex. 1953 u. Promot. 1959 ebd.; Habil. 1968 Köln - 1953-59 wiss. Assist. Phylet. Museum Jena, Inst. f. Phytopathol. Naumburg/S. (1955), Zool. Inst. Univ. Jena (1960) u. Univ. Tübingen (1962); 1966-72 Akad. Rat u. apl. Prof. Zool. Inst. Univ. Köln. Spez. Arb.geb.: Entomol., Funktionsmorphol., Ultrastrukturforsch. In- u. ausl. Fachmitgl.sch. - BV: Entomologisches Praktikum, Taschenb. 2. A. 1975 - Liebh.: Klavierspielen, mod. Graphik, Sport, Gärtnerei - Spr.: Engl.

SEIFERT, Gerhard
Dr. med., em. o. Prof. f. Allg. Pathologie u. Pathol. Anatomie - Schwarzdornweg 18a, 2000 Hamburg 67 (T. 536 12 53) - Geb. 9. Sept. 1921 Leipzig (Vater: Johannes S., Bücherrevisor; Mutter: Rosa, geb. Starke), ev.-luth., verh. s. 1951 m. Leonore, geb. Sallmann, 2 Söhne (Andreas, Christoph) - König-Albert-Gymn. Leipzig; Univ. ebd.

(Promot. 1947) u. Münster - 1955-58 Prosektor Pathol. Inst. Univ. Leipzig (Habil. 1955); 1958-65 Oberarzt Pathol. Inst. Univ. Münster (1961 apl. Prof.). Mitgl. Leopoldina u. zahlr. in- u. ausl. Fachges., Präs. Dt. Ges. Pathol. u. Präs. Europ. Soc. Pathol. - BV: D. Pathol. d. kindl. Pankreas, 1956; Pathol. u. Klinik d. Cytomegalie, 1957 (m. J. Oehme); Spez. Pathol. d. Mundhöhle u. Speicheldrüsen, 1966; Speicheldrüsenkrankh., 1984. Mithrsg.: Virchows Archiv u. a. - 1979/80 Lisec-Arzt-Preis Univ. Bonn; Präs. Joachim Jungius Ges. d. Wiss. Hamburg; Ehrenmitgl. Soc. Anatom. Paris, u.a. - Liebh.: Theater, Lit., Musik - Spr.: Engl.

SEIFERT, Günter
Dr., Oberfinanzpräsident, Leit. OFD Berlin - Kurfürstendamm 193/94, 1000 Berlin 15.

SEIFERT, Hans-Joachim
Dr., Prof. f. Anorgan. Chemie Univ. Kassel - Hohefeldtstr. 4, 3500 Kassel (T. 0561 - 40 36 24) - Geb. 9. Nov. 1930 Guben (Vater: Bernhard S., Webmstr.; Mutter: Erna, geb. Donath), ev., verh. s. 1952 m. Ottilie, geb. Müller, 3 Kd. (Ute, Bernd, Jörg) - 1950-57 Stud. Univ. Giessen; Dipl.chemiker 1955, Promot. 1957; Habil. 1963 (Anorg. Chemie) - 1977-80 Präs. Ges. f. Therm. Analyse; 1985-88 Präs. Intern. Confederation on Therm. Analysis (ICTA). Entd. auf d. Geb. d. Struktur u. Thermodynamik Salzartiger Festkörper - Spr.: Engl.

SEIFERT, Herbert
Dr. rer. techn., Dr. phil., o. Prof. f. Mathematik - Unter d. Schanz 2, 6900 Heidelberg - Geb. 27. Mai 1907 Bernstadt (Vater: August S., Justizamtm.; Mutter: geb. Kneschke), verh. 1949 m. Katharina, geb. Korn - TH Dresden, Univ. Göttingen u. Leipzig. Dr. rer. techn. 1930 Dresden, Dr. phil. 1932 Leipzig; Habil. 1934 Dresden - S. 1934 Lehrtätig. TH Dresden u. Univ. Heidelberg (1937 Ord.) - BV: Lehrb. d. Topologie, 1934 (m. William Threlfall); Variationsrechnung im Großen, 1938 (m. dems.) - Mitgl. Akad. d. Wiss. Heidelberg u. Göttingen; Accad. Mediterranea delle Scienze in Catania.

SEIFERT, Josef
Dr. Dr. phil. habil., o. Prof., Rektor Intern. Akad. f. Philosophie im Fürstentum Liechtenstein (1986ff.) - Dorfstr. 73, FL-9491 Ruggell Liechtenstein. (T. 0041 - 75 - 3 20 86 u. 2 85 48) - Geb. 6. Jan. 1945 Salzburg/Seekirchen, kath., verh. s. 1972 m. Mary K., geb. Heyne, 6 Kd. (Maria, Gabriel, Katharina, Raphaela, Johannes, Michael) - 1963-69 Stud. Phil., Psych. u. Kunstgesch. Univ. Salzburg, Paris, New York u. München; Promot. 1969 Salzburg; Habil. 1975 München - 1973-80 Inst.-Vorst. Phil. Univ. Dallas; 1980-86 Dir. IAP Dallas - BV: Erkenntnis Objektwahrh., 1972; Leib u. Seele, 1973; Was ist u.w.m. e. sittliche Handlung?, 1976; D. Leib-Seele-Problem, 1979, 2. A. 1989; Back to Things in Themselves: A Phen. Found. for Classical Realism, 1987; Essere e Persona: Verso una Fe-

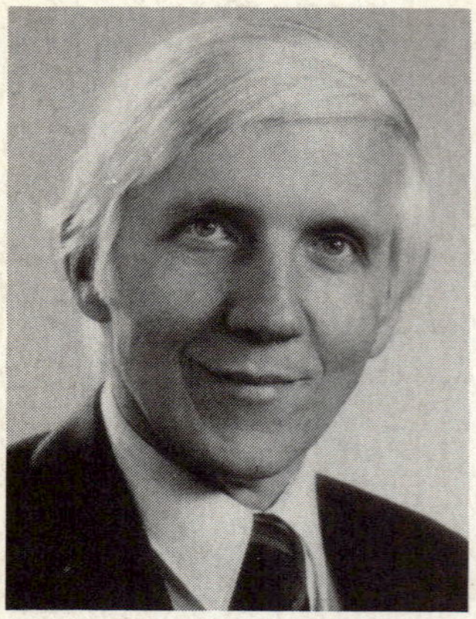

nomenologia di una Metafisica Classica e Personalistica, 1989; Schachphil., 1989 (Übers. ins Engl., Poln., Span., Ital. u. Portug.) - Versch. Preise; Forschungsstip. - Liebh.: Kunst, Musik, Schachspielen, Skifahren - Spr.: Engl., Franz., Ital., Span., Griech., Latein.

SEIFERT, Jürgen
Dr. jur., o. Prof. (Wiss. v. d. Politik) Univ. Hannover (s. 1971) - Blumenhagenstr. 5, 3000 Hannover (T. 70 92 61) - Geb. 18. April 1928 Berlin (Vater: Walter S., Min.rat; Mutter: Lotte, geb. Franke), verh. s. 1960, 3 Kd. - Rheingau Obersch. Berlin; Werkzeugmacherlehre; Stud. Univ. Münster, Bristol, Bologna - BV: Gefahr im Verzuge, 4. A. 1966; D. Spiegelaffäre, 1966; D. Notstandsaussch., 1968; Grundgesetz u. Restauration, 3. A. 1977; Kampf um Verfassungspositionen, 1974; D. Grundgesetz u. s. Veränderung, 1983. Mithrsg.: Karl Korsch. Polit. Texte (1974) - 1958 Hans-Böckler-Preis; 1983-87 Bundesvors. Humanist. Union - Spr.: Engl., Ital. - Lit.: K. Dammann: Int. Soziologenlex., Bd. 2, 2. A.

SEIFERT, Jürgen
Dr. med., Prof. f. Experimentelle Chirurgie Univ. Kiel - Arnold-Heller-Str. 7, 2300 Kiel 1 - Geb. 6. Jan. 1941 Neisse/Oberschles. (Vater: Gerhard S., Pfarrer; Mutter: Erika, geb. Scholz), ev., verh. s. 1971 m. Brigitte, geb. Meditsch, 3 Kd. (Veronika, Franz, Sebastian) - Med. Ex. 1965, Promot. 1967, Habil. 1974 - S. 1967 Hochschullehrer - BV: Enterale Resorption großmolekularer Proteine b. Tieren u. Menschen, 1976; Nomenclatura columnae vertebralis, 1977, Lymphabfluß nach Unterbind. d. Ductus thoracicus b. Hunden (Film); Diffuse Peritonitis, 1985; Infektionsprobl. auf d. Intensivstation, 1988 - 1974 Thannhauser-Preis, 1977 Jubiläumspreis - Spr.: Engl., Lit.: Jahresbibliogr. Univ. München/Kiel.

SEIFERT, Karl Heinz
Dr. phil., Dipl.-Psych., o. Prof. - Zu err. üb. Johannes-Kepler-Univ. Linz - Auhof, A-4040 Linz/Österr. - Geb. 2. Juli 1928 Ilsenburg/Harz - Habil. 1967 Heidelberg - S. 1969 Prof. Univ. Mainz, ab 1970 Prof. Univ. Linz, 1985 Forschungsaufenth. USA, Hon.-Prof. Univ. of Minnesota, Minneapolis - BV: Grundformen u. theoret. Perspektiven psychol. Kompensation, 1969; Handb. d. Berufspsychol., 1977; Lehrerverhaltenstraining in d. Wirtschaftslehrerbildung, 1979; Einstellungen zu Körperbehinderten u. ihrer berufl.-soz. Integration, 1981. Zahlr. Beitr. in wiss. Ztschr. u. Handb.

SEIFERT, Karl-Friedrich
Dr. rer. nat., Prof. f. Kristallographie - Am Wichelshof 3, 5300 Bonn - Geb. 28. April 1927 Berlin (Vater: Hans S., o. Prof.; Mutter: Eleonore, geb. Schultze), ev., verh. s. 1952 m. Dr. Ilse, geb. Klemm, 2 Kd. - Dipl.-Phys. Tübingen 1952, Promot. Münster 1957 - 1972-75 Chairman European High Pressure Research Group, 1969-72 u. 1975-76 Secretary ebd. - Spr.: Engl.

SEIFERT, Volker Robert
Dr. rer. nat., Dipl.-Geogr., Prof. Univ. Gießen - Am Kirschenberg 9, 6301 Fernwald-Annerod (T. 0641 - 4 23 73) - Geb. 25. Febr. 1940 Sondershausen (Vater: Albert S., Steuerberater; Mutter: Erika, geb. Donath), ev., verh. s. 1968 m. Jutta, geb. Göbel, 3 Kd. (Kerstin, Tilman, Sebastian) - Stud. Univ. Jena u. Gießen; Dipl.ex. u. Promot. 1967 - 1971-75 Verwaltungsdir. u. Grundsatzplaner Regionale Planungsgemeinsch. Mittelhessen; s. 1975 Prof. - BV: Sozial- u. Wirtsch.geographie, Struktur- u. Funktionsuntersuchungen im Kr. Gießen, 1968; Stadt Laubach, 1971; Raumordnungsbericht Mittelhessen, 1972; Modellstudie Stadt Grünberg, 1973; Regionaler Raumordnungsplan Mittelhessen, 1974; Neue Betriebsformen im Handel - Muß d. Staat eingreifen?, 1977; Stadtentwicklungsplanung d. Stadt Linden, 1978; Probl. b. d. Fortschreib. d. regionalen Raumordnungspläne, 1981; Giessen als Einkaufs- u. Oberzentrum (m. E. Giese), 1985; Regionalplanung, 1986; Attraktivitätsunters. d. Stadt Lich, 1988; Innenstadtentw. Wetzlars unter bes. Berücksichtigung d. Einzelhdls.

SEIFERT, Walter
Dr. phil., Prof. f. Didaktik d. Dt. Sprache u. Literatur Univ. Passau - Aprikosenweg 2a, 8900 Augsburg - Geb. 4. März 1936 Markersdorf, kath., verh. s. 1965 m. Edith, geb. Clement - 1. Staatsex. f. Lehramt an Gymn. 1964 Berlin, Promot. 1968, 2. Ex. 1969 Braunschweig, Habil. 1980 Augsburg - 1969-72 Lehramt Gymn.; 1972-80 Wiss. Assist. b. Stud.-Dir. in H. Univ. Augsburg; s. 1980 Prof. Univ. Passau - BV: D. epische Werk R. M. Rilkes, 1969; F. Dürrenmatt: D. Richter u. s. Henker. Z. Analyse u. Didaktik d. Kriminalromans, 4. A. 1980; Theorie d. Dtschunterr. (m. H. Melzer), 1976; Theorie u. Didaktik d. Erzählprosa, 1982; Lit. u. Medien in Wiss. u. Unterricht, (Hrsg.) 1987.

SEIFERTH, Leonhard
Dr. med., em. o. Prof. f. Hals-, Nasen- u. Ohrenheilkd. - Lindauer Str. 63, 5000 Köln-Lindenthal (T. 43 33 23) - Geb. 23. Juni 1899 Bad Neustadt/S. (Vater: Heinrich S., Staatsbeamter; Mutter: Josefine, geb. Stahl), ev., verh. s. 1934 m. Margot, geb. Quincke, 3 Kd. - S. 1931 (Habil.) Privatdoz., apl. (1936), ao. (1942) u. o. Prof. (1951) Univ. Köln (Klinikdir.), emerit. 1969. Spez. Arbeitsgeb.: Physiol. u. Pathol. d. Gleichgewichtsapparates, Otosklerose, Lärmschäden d. Ohres - BV: Verletzungen d. Nase, d. Nasennebenhöhlen u. d. frontobasalen Verletz., 1964, NA 1977. Div. Einzelarb.

SEIFFERT, Helmut
Dr. phil., Prof., Publizist - Weiselstr. 44, 8520 Buckenhof/Erlangen (T. 5 21 30) - Geb. 27. April 1927 Hameln/Weser, ev., verh. s. 1954 m. Helga, geb. Boehr, 2 Kd. - Promot. 1953 Göttingen - 1956-63 fr. Wirtschaft; 1963-65 Ev. Akad. Loccum; 1965-75 Univ. Erlangen-Nürnberg; s. 1975 Univ. Kassel (s. 1977 Hon.-Prof.; Wiss.- u. Planungstheorie) - BV: Information üb. d. Information, 1968; Einf. in d. Wiss.theorie, 2 Bde. 1969/70, Neubearb. 1983; 3. Bd. 1985; Marxismus u. bürgerl. Wiss., 1971; Einf. in d. Logik, 1973; Sprache heute, 1977; Handlex. z. Wiss.theorie (m. G. Radnitzky), 1989 - Liebh.: Astronomie, Musik, Reisen - Spr.: Engl. - Bek. Vorf.: Julius Wellhausen.

SEIFFERT, Johannes Ernst
Dr. phil., Prof. f. Pädgogik Univ. Kassel - Fabariusstr. 12, 3430 Witzenhausen 1 - Geb. 7. Juli 1925 Berlin, verh. s. 1985 m. Schriftst. Roswitha, geb. Ritze, T. Simone - Stud. Univ. Göttingen u. Freiburg; Promot. 1962 - Dt. Lektor (1962 Kyoto, 1965 Hirosaki); 1971 Assist. Göttingen; s. 1972 Prof. - BV: D. Erzieher. in Martin Bubers chassid. Anekdoten, 1963; Päd. d. Sensitivierung, 1975; Eberhard Köbels Entwurf, 1985; Tusk f. Erwachsene (m. R. Ritze-Seiffert), 1988. Mitarb. an Bildung u. Zukunft (1989).

SEIFFERT, Reinhard
Journalist, Schriftst. - Stuttgarter Str. 62, 7250 Leonberg/Württ. (T. 2 52 37) - Geb. 22. Mai 1930 Hameln/Weser (Vater: Kurt S., Fabrikant; Mutter: Hanna, geb. Machule), ev., verh. s. 1958 m. Judith, geb. Bubeck, 3 Kd. (Anna Bettina, Thomas Christian, Gabriele) - Obersch.; Lehre chem. Ind. - B. 1956 Großhandelskaufm., dann b. 1975 Redakt. bzw. Chefred. auto, motor u. sport - BV: Gutes Fahren - kein Geheimnis, 1959, 3. A. 1963; E. Wunder auf 4 Räder, 1965, 2. A. 1967 (engl. u. holl. 1966); V. Fahren hängt d. Leben ab, 1969, Neuaufl. 1973 - 1961 Christophorus-Preis - Liebh.: Musik (1968-75 nebenberufl. Violin-Stud. b. Prof. Max Rostal, Bern), Herausgeber „ESTA-Nachrichten" - Spr.: Engl. - Bek. Vorf.: Prof. Julius Wellhausen, Mitbegr. mod. ev. Theologie (1844-1918).

SEIFFGE-KRENKE, Inge
Dr. phil., Prof. f. Entwicklungspsychologie Univ. Bonn (s. 1989) - Kostheimer Landstr. 11, 6502 Mainz-Kostheim (T. 06134 - 6 51 51) - Geb. 28. Sept. 1948, verh. m. Dr. Dirk Seiffge, 2 Söhne (Julian David, Jakob Moritz) - Dipl.-Psych. 1972 Göttingen; Promot. (Dr. phil.) 1980; Habil. 1984 Gießen - 1976 Assist., 1981 Hochschulassist.; 1985 Priv.-Doz.; 1986 Prof.; 1987 Psychoanalytikerin - BV: Handb. Psychologieunterr., Bd. 1 u. 2, 1981; Probleme u. Ergebnisse d. Kreativitätsforschung, 1984; Psychoanalytische Therapie Jugendlicher, 1986. Rd. 40 Veröff. z. Thema Problembewältigung im Jugendalter, Didaktik d. Psych., Selbstenthüllung, Tagebuchschreiben u. Psychotherapie b. Jugendl. - Liebh.: Biogr. - Spr.: Engl., Franz.

SEIFRITZ, Walter
Dr.-Ing., apl. Prof. Univ. Hannover, Kerntechniker - Chapfstr. 4, CH-52 Windisch (T. 056 - 41 42 32) - Geb. 14. Juni 1939 Tuttlingen (Vater: Leo S., Verw.beamter †; Mutter: Luise, geb. Dangel), verh. s. 1969 m. Birgit, geb. Czichos - Dipl.-Phys. 1964 u. Promot. 1969 TU Karlsruhe, Habil. 1972 TU Hannover - 1964-69 Kernforsch.zentrum Karlsruhe; 1969-73 TU Hannover; 1971/72 OECD Halden Reactor Projekt; s. 1973 Eidg. Inst. f. Reaktorforschung Würenlingen, Paul Scherrer Inst.; s. 1979 Prof. Member of the Board of Dir. Int. Assoc. for Hydrogen Energy - BV: Introduction to Hydrogen Energy (Mithrsg.), 1975; Hydrogen Energy System, 1978; Sanfte Energietechnol. - Hoffnung od. Utopie, 1980; Nukleare Sprengkörper - Bedroh. od. Energieversorg. f. d. Menschheit?, 1984; Wachstum, Rückkopplung u. Chaos, 1987. Zahlr. Publ. auf d. Geb. Kernenergie, Wasserstoffenergie u. allg. Energieprobl. - Liebh.: Feuerwerke - Spr.: Engl., Franz.

SEIFRIZ, Adalbert
Dr. jur., Dr. med. h. c., Senator e.h. Univ. Hohenheim u. Univ. Ulm, Staatsminister a. D. - Viergiebelweg 12, 7000 Stuttgart 1 (T. 29 58 69) - Geb. 22. Aug. 1902 Neresheim/Württ. (Vater: August S., Richter; Mutter: geb. Werner), verh. s. 1939 m. Maria, geb. Spang, 3 Töcht. (Jutta, Renate, Gabriele) - Gymn. Ulm; Univ. Tübingen, Heidelberg, Kiel - Ab 1930 Leit. Arbeitsämter Schwäb. Gmünd u. Aussig (1939), 1941-45 Wehrdst., 1946-54 Ref. u. Hauptbe-richterst. Wirtschaftsmin. Stuttgart, 1955-57 Präs. Landesgewerbeamt, 1957-63 Präs. Landesarbeitsamt ebd., 1963-66 Staatssekr. u. Bevollm. d. Landes Baden-Württ. b. Bund (Bonn), 1966-72 Min. f. Bundesangelegenh. BW. 1960-63 MdL BW (CDU). Div. Ehrenstell., dar. Präs. Dt.-Ind. Ges., Ehrenpräs. Stiftg. Rehabilitation (Heidelberg), Ehrenpräs. Christl. Jugenddorfwerk Dtschl. - 1967 Ehrendoktor Univ. Heidelberg; Ehrensenator TH, jetzt Univ. Stuttgart; Ehrenvors. Berufsförderungswerk (Heidelberg); Ehrenpräs. Luftfahrtverb. BW (Stuttgart); 1972 Gr. BVK m. Stern u. Schulterbd.; 1965 ital. Orden Grande Ufficiale al Merito; Ehrenring d. Dt. Handwerks; Ehrenbürger Neresheim u. Bad Krozingen.

SEIFRIZ, Hans Stefan
Senator a. D., Journalist - Ohmstr. 3, 2800 Bremen 1 (T. 0421 - 27 02 66) - Geb. 28. Jan. 1927 Bremen (Vater: Hans S., Kapellm.; Mutter: Käthe, geb. Buckreus), kath., verh. s. 1948 m. Olitta, geb. Herberich, 2 Töcht. (Ilona, Vera) - S. 1946 Journ.; 1956-61 Ref. u. Geschäftsf. VHS Bremen; 1961-70 MdB (1967-69 Vors. Verkehrsaussch.) u. 1961-69 MdEP; 1970-79 Mitgl. Landesreg. Bremen (Senator f. Bauwesen). B. 1969 Mitgl. Dt. Unesco-Kommiss.; b. 1981 Mitgl. VR Sparkasse in Bremen; b. 1988 AR Bremer Straßenbahn AG; Mitgl. Deputation Kunst u. Wiss.; Vorst. Philh. Ges.; 1979-87 MdBB. Herausg. Bremer Kommunalpol.parlamentar-Ztg. IHR NACHBAR (A. 170.000).

SEIGFRIED, Adam
Dr. theol., Dr. phil., o. Prof. f. Syst. Theologie Univ. Regensburg, Priester - Carl-Maria-von-Weber-Str. 7a, 8400 Regensburg (T. 0941 - 7 56 46) - Geb. 30. Juli 1936 Karavukovo/Jugosl., kath., ledig - Univ. Gregoriana Rom; Inst. Catholique Paris; Yale Univ. New Haven/USA; Univ. Wien - 1967-68 Kaplan Köflach u. 1972-74 Graz; 1974-83 Univ.-Assist. Wien; 1972-83 Geistl. Assist. d. KBW-Steiermark; 1982/83 Rektor Bildungshs. Maria Trost - BV: D. Neue Sein. D. Zentralbegriff d. ontol. Theol. v. P. Tillich u. e. kath. Stellungnahme, 1974; Gott üb. Gott, 1978; Vernunft u. Offenbarung b. d. Spätaufklärer J. Salat, 1983 - 1974 Premio Intern. Malipiero; 1982 Kard.-Innitzer-Förderungspreis - Spr.: Hebr., Griech., Lat., Engl., Ital., Span.

SEILACHER, Adolf
Dr. rer. nat., o. Prof. f. Geologie u. Paläontologie - Engelfriedshalde 25, 7400 Tübingen (T. 6 31 41) - Geb. 24. Febr. 1925 Stuttgart, verh. s. 1957 m. Dr. Edith, geb. Drexler, 2 Kd. (Ulrike u. Peter) - Promot. (1951) u. Habil. (1957) Tübingen - S. 1962 Ord. Univ. Göttingen u. Tübingen (1964). Gast Univ. Baghdad, Santa Cruz, Lawrence, Kuala Lumpur, Mosul, Moskau u. Baltimore. 1987-91 Adjunct Prof., Yale Univ. Zahlr. Fachveröff. - 1980 Fellow AAAs, 1982 German National Fellow, Neuseeland, 1983 R. C. Moore Med.

SEILER, Albert
I. Bürgermeister - Rathaus, 8150 Holzkirchen/Obb.; priv. Maxbauerstr. 5 - Geb. 1. Nov. 1920 Naring - Zul. Regierungsamtm. SPD.

SEILER, Emil
Prof., Kammermusiker - Starkenstr. 53, 7800 Freiburg/Br. - Geb. 5. Febr. 1906 Nürnberg, verh. - Ausbild. Musikhochsch. Berlin - U. a. Prof. Musikhochsch. Freiburg/Br. u. Berlin (Viola, Viola d'amore u. Kammermusik). Kammermusik, insb. Musik auf alten Instrumenten, zeitgenöss. Musik; Solokonzerte.

SEILER, Gerhard
Dr. rer. pol., Dipl.-Volksw., Prof., Oberbürgermeister, Karlsruhe - Kübelkopfstr. 17, 7500 Karlsruhe (T. 57 41 42) - Geb. 21. Okt. 1930 Karlsruhe (Mutter: Mathilde Oess), ev., verh. s. 1957 m. Gertrud, geb. Schwarz, 4 Kd. (Andreas, Alexander, Annette, Angela) - Promot. Mannheim; Habil. Karlsruhe - 1963-68 Hafendir.; s. 1972 apl. Prof. Karlsruhe - BV: Ökonometr. Konjunkturmodelle, 1959; Optimierungsprobleme d. kommunalen Investitionsplanung, 1973. Fachveröff. - Spr.: Engl., Franz.

SEILER, Hans-Hermann
Dr. jur. (habil.), o. Prof. f. Röm. u. Bürgerl. Recht, Direktor Seminar f. Bürgerl. Recht u. Zivilrechtl. Grundlagenforsch. u. Sem. f. Röm. Recht u. Vergl. Rechtsgesch. Univ. Hamburg (s. 1968) - Flagredder 80, 2055 Wohltorf (T.

SEILER, Hansjakob
Dr. phil., Dr. phil. h. c., o. Prof. u. Direktor Inst. f. Sprachwissensch. Univ. Köln (s. 1959) - Zu erreichen üb.: Universität, 5000 Köln 41 - Geb. 16. Dez. 1920 München - Promot. 1947 Zürich - 1951-59 Privatdoz. u. apl. Prof. (1957) Univ. Hamburg - BV: D. primären griech. Steigerungsformen, 1950; L'aspect et le temps dans le verb neo-grec., 1952; Relativsatz, Attribut u. Apposition, 1960; Cahuilla Texts with an Introduction, 1970; Cahuilla Grammar, 1977. Herausg.: Structura, Schriftenreihe z. Linguistik; Mithrsg.: Ztschr. Glotta (1956 ff.), Intern. Journal of American Linguistics (1957 ff.); Studies in Language (1979 ff.) - S. 1972 o. Mitgl. Rhein.-Westf. Akad. d. Wiss.

SEILER, Karl O.
Dr. phil., Prof., Direktor i. R. - Harbuckweg 7, 7800 Freiburg/Br. (T. 5 38 81) - Geb. 30. Mai 1910 Schorndorf (Vater: Karl S., Kaufm.; Mutter: geb. Aichinger), verh. 1937 m. Charlotte, geb. Steuer - Promot. 1936; Habil. 1941 - Physiker Telefunken u. SEL (1948 ff.); Geschäftsf. Intermetall Ges. f. Metallurgie u. Elektronik mbH. (1956 ff.); Gf. Heräus-Schott Quarzschmelze GmbH., Hanau (1966 ff.). Honorarprof. TH bzw. Univ. Stuttgart (1953 ff.; Physik). Fachveröff.

SEILER, Robert
Dr. phil., Oberstudiendirektor, Dirigent u. Musikwissenschaftler - Guntherstr. 44, 8500 Nürnberg (T. 46 59 05) - Geb. 1. Mai 1908 Nürnberg, ev., verh. - Musikhochsch.; Stud. Musikwiss., Phil., German.; Schüler v. Knestel, Scherchen, v. Waltershausen - 1945-49 Abt.sleit. Musik u. Dirig. Bayer. Rundf.; s. 1949 Dir. Städt. Konservat. Nürnberg. Orch.- u. Kammermusik. Veröff. z. Gesch. d. fränk. Musik - Spr.: Engl. Franz.

SEILER, Thomas Bernhard
Dr. phil., Prof. f. Psychologie TH Darmstadt, Weinbergstr. 28, 6140 Bensheim-Auerbach (T. 06251 - 7 31 81) - Geb. 10. Febr. 1925 Dietikon (Vater: Eugen Joh. S., Landwirt; Mutter: Verena, geb. Grendelmeier), verh. s. 1967 m. Elisabeth, geb. Wagner, 3 Kd. (Milena Beatrice, Verena Maria, Gregor Emanuel) - Ab 1953 Stud. Phil. u. Theol.; ab 1959 Stud. Math., Botanik u. Physik (Dipl. f. Lehramt); ab 1961 Stud. Franz. Lit.; Promot. 1966 FU Berlin - Dipl.-Psych. 1964, s. 1971 Prof. FU Berlin; s. 1976 Prof. in Darmstadt - BV: D. Reversibilität in d. Entw. d. Denkens, 1968; Kognitive Strukturiertheit, 1973; Concept development and the development of word meaning, 1983; Begriffs- u. Wortbedeutungsentw., 1985.

SEILER, Wolfgang
Dr., Prof., Direktor Fraunhofer-Inst. f. Atmosphärische Umweltforsch. - Kreuzeckbahnstr. 19, 8100 Garmisch-Partenkirchen (T. 08821 - 1 83 10 od. 18 30) - Geb. 22. Jan. 1940 Remscheid, kath., verh. s. 1965 m. Hannelore, geb. Wild, 2 Kd. (Birgit, Dirk) - Stud. Naturwiss.; Promot. 1970 Mainz, Habil. 1980 Zürich - 1967-69 Wiss. Assist. Univ. Mainz; 1969-85 Wiss. Assist. u. Gruppenleit. Max-Planck-Inst. f. Chemie Mainz; s. 1986 Dir. Fraunhofer-Inst. f. Atm. Umweltforsch. S. 1987 Mitgl. Enquête-Kommiss. d. Dt. Bundestags Vorsorge z. Schutz d. Erdatmosphäre; s. 1987 Mitgl. Beirat d. BMFT f. d. Großforsch.einricht.; s. 1986 Dir. Intern. Wiss. Sekretariat (ISS) d. europ. Umweltprojekts EUROTRAC - Spr.: Engl.

SEILER-ALBRING, Ursula
Dipl.-Soziol., Bundestagsabgeordnete (s. 1983; Landesliste Baden-Württ.) - Bundeshaus, 5300 Bonn 1 - Geb. 19. Juli 1943 Saarbrücken, verh., 2 Kd. - Stud. Soziol., Polit. Wiss., Psych., Staatsrecht Univ. Göttingen, Tübingen u. Berlin (1969 Ex. Dipl.-Soziol.); 1969-72 Personal- u. Organisationsreferentin Stahlind. NRW (Thyssen Ind. GmbH, Düssel.), 1972-73 König-Brauerei, Duisburg. FDP

SEILTGEN, Ernst
Intendant, Regiss. - Wittelsbacher Str. 5, 8070 Ingolstadt. - Geb. 4. Mai 1928 Moers (Vater: Lambert S., Kaufm.; Mutter: Anne, geb. Ott), ev., verh. s. 1958 m. Emmy, geb. Lisken, T. Anette - Abit., Univ. Köln u. Bonn (Literaturgesch., Theaterwiss.), Schauspielsch.- 1954-60 Münchner Kammerspiele, 1960-62 Regiss. Städt. Bühnen Augsburg, 1963-66 Oberspielleit. Schauspiel Wuppertal, 1967-70 Int. Landestheater Tübingen, 1970-73 Int. Theater Oberhausen, s. 1973 Int. Stadtth. Ingolstadt. Gastinsz. Münchn. Kammersp., Residenztheater München, Schiller Theater Berlin, Burgtheater Wien u. a. Shakespeare, Schiller, Hebbel u. mod. Autoren, etwa 80 Insz. - Rundfunkrat d. Bayer. Rundfunks s. 1983 - 1983 Ludwig-Thoma-Med. Stadt München.

SEIMETZ, Hermann
Rektor, MdL Baden-Württ. (Wahlkr. 11, Geislingen) - Dr.-Frey-Str. 51, 7322 Donzdorf (T. 07162 - 2 16 90) - Geb. 16. Jan. 1938 Kostenbach/Trier - CDU.

SEINECKE, Andreas
Drogist, Generalbevollm. Hussel Holding AG, Hagen - Bülowstr. 31, 5800 Hagen - Geb. 4. Juli 1945 Vöcklamarkt/ Österr., verh. s. 1968, 1 Tocht. - Fachsch., Sem. in Führung, Motivation u. Strategie, Wirtsch. u. Psych. - Liebh.: Fotogr., Tennis - Spr.: Engl. Franz.

SEIP, Günter
Dipl.-Ing., Geschäftsgebietsleiter Installationsgeräte Siemens AG - Ringstr. 6, 8525 Marloffstein (T. 09131 - 5 99 59) - Geb. 20. Febr. 1935 Darmstadt (Vater: Georg S., Schlosserm.; Mutter: Christine, geb. Schmidt), ev., verh. s. 1959 m. Gudrun, geb. Nenninger, 2 Kd. (Peter, Ursula) - 1953-56 Städt. Ing.sch. Darmstadt - Mitgl. versch. Org. u. Verb. (u.a. ZVEI, IHK Regensburg) - BV: Elektrische Installationstechnik (übers. engl., span., portug.) - Spr.: Engl.

SEIPOLT, Adalbert
Benediktinerpater, Studiendirektor Gymnasium d. Abtei Metten - Abteistr. 3, 8354 Metten (T. 0991 - 38 21 23) - Geb. 11. Aug. 1929 Breslau, kath., led. - Gymn.; Stud. Phil., Theol., German., Gesch.; Staatsex. 1961 - Lehrtätig. Gymn. u. Erzieher im Internat, ingl. schriftst. tätig; Mitgl. d. Bayer. Benediktiner Akad. - BV u.a.: Alle Wege führen nach Rom, 1958; D. aufgeweckte Siebenschläfer, 1962; Zwei Hauben u. e. Posaune, 1965; Schnups, d. arme Wohlstandsknabe, 1974; D. römische Himmelfahrt, 1980; Zwölf im Netz, 1986; Und es nickte d. kopflose Bischof, 1988 - Spr.: Ital.

SEIPP, Walter
Dr. jur., Vorstandsvorsitzender Commerzbank AG. - Neue Mainzer Str. 32-36, 6000 Frankfurt (T. 13 62-1) - Geb. 13. Dez. 1925 - AR-Mandate.

SEIPT, Angelus
Dr. phil., M.A., Chefdramaturg Oper d. Stadt Köln - Norbertstr. 34, 5000 Köln 1 (T. 0221 - 13 54 57) - Geb. 15. Jan. 1950 Ludwigshafen, ev., ledig - Stud. Schulmusik, Musikwiss., Phil., German. u. Theaterwiss. Univ. Mannheim, Heidelberg, Köln u. Paris; 1. Staatsex. f. höheres Lehramt 1973 Mannheim; Magister Artium 1975 Köln; Promot. 1980 Köln - 1980-81 Dramat. Oper d. Stadt Köln, 1981-84 Dramat. Hamburg. Staatsoper, 1981-85 Lehrbeauftr. Univ. Hamburg, s. 1984 Oper Köln - BV: César Francks symphon. Dichtungen, Diss. 1981. Aufs. im Jahrb. d. Hamburg. Staatsoper, Programmheften (Hamburg, Köln, Festsp. Schwetzingen u. Salzburg) u. Ztschr. Opernwelt - Spr.: Altgriech., Lat., Engl., Franz., Ital., Span., Niederl.

SEISS (ß), Rudolf
Dr. rer. nat., Prof. f. Psychologie Päd. Hochschule Kiel - Ruhmer Weg, 2351 Rendswühren (T. 04394 - 4 74) - Geb. 29. Juli 1927.

SEITERS, Rudolf

Regierungsassessor, Bundesminister u. Chef Bundeskanzleramt (s. 1989), MdB (s. 1969, Wahlkr. 26/Emsland; 1971-76 Fraktionsgeschäftsf.) - Spiekerooger Str. 6, 2990 Papenburg - Geb. 13. Okt. 1937 Osnabrück (Vater: Adolf S., Oberpostinsp.; Mutter: Josefine, geb. Gördel), kath., verh. m. Brigitte, geb. Kolata, 3 Kd. - Gymn. Osnabrück (Carolinum); Univ. Münster (Rechtswiss.). Jurist. Staatsex. 1963 u. 1967 - 1968 ff. Ass. Reg. Osnabrück. U. a. 1968-70 Landesvors. Jg. Union Nieders. CDU s 1958 (1971 Mitgl. Bundesvorst., 1972 stv. Landesvors. Nieders.); 1971-76 u. 1982-84 Parlam. Geschäftsf., s. 1984-89 I. Parlam. Geschäftsf. CDU/CSU-Bundestagsfrakt. - 1984 Gr. BVK - Spr.: Engl.

SEITHE, Herbert
Geschäftsführer Dt. Parität. Wohlfahrtsverb./Landesverb. Rheinland-Pfalz/ Saarl. - Feldmannstr. Nr. 92, 6600 Saarbrücken 1.

SEITZ, Dieter
Dr. med., Prof., Chefarzt Neurolog. Klinik Allg. Krankenhaus St. Georg, Hamburg i. R. - Parkallee 51, 2000 Hamburg 13 (T. 44 91 21) - Geb. 20. Sept. 1922 Hamburg (Vater: Prof. Dr. med. Theodor S., Facharzt; Mutter: Annie, geb. Heyer), verh. m. Dr. med. Elisabeth, geb. Ziese - Gelehrtensch. Johanneum u. Univ. Hamburg. Promot. 1951 Hamburg; Habil. 1963 Hamburg - 1954-63 Assist. Hamburg-Eppendorf; 1963-68 Oberarzt Göttingen (Neurol. Klinik). B. 1963 Privatdozent, 1969 apl. Prof. Göttingen (Neurol.) - Bek. Vorf.: Prof. Dr. med. Theodor S. (Vater). Rund 80 Fachaufs.

SEITZ, Erich
Uhrenfabrikant (Mathias Seitz, Pforzheim), Vors. Verb. d. Taschen- u. Armbanduhrenind., Pforzheim, Vorstandsmitgl. Verb. d. Dt. Uhrenind., Bad Godesberg, Vizepräs. IHK Pforzheim - Luisenstr. 44, 7530 Pforzheim (T. 54 15) - Geb. 9. Juni 1914.

SEITZ, Erwin
Landwirt, MdL Bayern (s. 1970), Präs. Bauernverb. Schwaben, Vors. Viehverwertungsgenoss. ebd. u. a. - Westendorfer Str. 1, 8951 Germaringen/Schwaben (T. 08341 - 6 52 01) - Geb. 1928 - CSU.

SEITZ, Franz X.
Filmproduzent, Präs. Spitzenorg. d. dt. Filmwirtschaft, Vors. Verb. Dt. Spielfilmproduz. - Zu erreichen üb.: Beichstr. 8, 8000 München 40 - Filmpreise: 1979 Gold. Palme Cannes, 1980 Oscar (f. Blechtrommel), 1983 Silb. Preis 13. Intern. Filmfestival Moskau (Doktor Faustus) u.a.

SEITZ, Fritz

Prof. Hochschule f. Bild. Künste, Hamburg, Maler u. Grafiker - Alte Apotheke, 2412 Nusse (T. 04543 - 73 15) - Geb. 11. Juli 1926 Bad Kissingen (Vater: Hans S.; Mutter: Luise S.), ev., verh. s. 1953 m. Eva, geb. Simon - 1948-49 Akad. d. Bild. Künste Nürnberg, 1950-53 desgl. Stuttgart - S. 1952 Maler, Grafiker; 1953 Grafik-Designer; 1955 Schriftst.; S. 1962 Prof. Staatl. Hochsch. f. Bild. Künste Hamburg (mehrf. Vizepräs.) - BV: tractat visuell, 1960; D. Farbkontrasts, 1968; Stankowski, 1986; Rückblick auf d. Grundlehre, 1986; Farbirritationen, 1988. Herausg.: Thema Farbe (1962ff.); Berufsbild Grafik-Design (1970); Visuelle Medien (1973); Rahmenplan u. Hochschulstud. Grafik-Design (1974).

SEITZ, Georg
Dr. phil. nat. (habil.), Abteilungsvorsteher u. Prof. Inst. f. Zoologie (Abt. Neurophysiol.) sow. apl. Prof. f. Zool. Univ. Erlangen-Nürnberg (s. 1977) - Robert-Koch-Str. 4b, 8521 Uttenreuth.

SEITZ, Gunther
Dr. rer. nat., Prof. f. Pharmazeut. Chemie Univ. Marburg - Hubgraben 8, 3550 Marburg - Geb. 8. März 1936 Hamburg - Promot. (1965) u. Habil. (1968) Marburg - Zul. 1972 Ord. Tierärztl. Hochsch. Hannover. S. 1977 Dir. d. Inst. f. Pharmazeut. Chemie d. Philipps-Univ. Marburg. Facharb.

SEITZ, Hanns Martin
Dr. med., Prof. u. Direktor Inst. f. Med. Parasitol. Univ. Bonn - Sigmund-Freud-Str. 25, 5300 Bonn 1 - Geb. 7. Mai 1938 München - Stud. Humanmed. München; Promot. 1964 - 1975 Univ.-Doz. Tübingen; 1980 Prof. u. Dir. Univ. Bonn.

SEITZ, Helmut
Dipl.-Kfm., Journalist, Schriftst. - Josef-Weigl-Str. 11, 8024 Deisenhofen - Geb. 1931 Konstanz, verh. s. 1958 m. Renate, geb. Biensfeld, Malerin - Abschlußex. 1958 - Freiberufl. Tätig. - BV: 26 Titel, zul. Berühmten Leuten auf d. Spur - 1974-86 zahlr. Journalistenpreise - Spr.: Engl., Span., Ital.

SEITZ, Ingeborg
Oberstudienrätin a.D., MdL Hessen (1970-87) - Stadtring 94, 6120 Michelstadt (T. 06061 - 7 14 14) - Schule Dramburg (Abit. 1942); Arbeits- u. Kriegshilfsdst.; Stud. Philol. Jena; 1946-48 ländl. Hauswirtschaftslehre; 4 Sem. Höh. Landfrauensch.; 2 Sem. Päd. Weilburg u. München. Staatsex. 1950 u. 1953 - S. 1954 Lehrkraft versch. hess. Landw.sch. 1968-89 MdK s, stv. Kreistagsvors. CDU. Landesvors. Frauen-Union CDU Hessen, Schatzmeist. Verbraucherzentr. Hessen.

SEITZ, Josef
Dr. jur. utr., Oberbürgermeister - Hölderlinstr. 5, 8870 Günzburg/Schwaben

(T. 23 85) - Geb. 18. März 1905 Günzburg (Vater: Josef S., Buchbinderm. u. Schreibwarenhändler; Mutter: Josefine, geb. Keller), kath., verh. s. 1947 m. Herta, geb. Wendel, S. Gerhard - Gymn. Günzburg; 1924-28 Univ. München u. Würzburg (Rechtswiss.; Promot. 1932). Gr. jurist. Staatsprüf. 1931 - Ab 1932 Rechtsanw. München, 1940-45 Kriegsdst., s. 1947 Bürger- u. Oberbgm. (1949) Stadt Günzburg - 1965 Bayer. VO.

SEITZ, Karl-August

Dr. rer. nat., Prof. f. Zoologie u. Morphol. d. Evertebraten - Drosselweg 13b, 3556 Weimar 1.

SEITZ, Konrad

Dr., Prof., Inst. f. Botanik Univ. Erlangen-Nürnberg - Hasenweg 8, 8520 Erlangen - Geb. 29. Juni 1936 (Vater: Prof. Dr. Walter S. (Inn. Med.); Mutter: Dr. Eva, geb. Springer), verh. m. Regine, geb. Leitner.

SEITZ, Konrad

Dr. phil., Ministerialdirektor, Botschafter d. Bundesrep. Deutschl. in New Delhi, Indien (s. 1987) - Zu erreichen üb. Ausw. Amt, Adenauerallee 99-103, 5300 Bonn - Geb. 18. Jan. 1934 München, kath., verh. m. Eva, geb. Kautz - Gymn. Kloster Ettal; Staatsex. Univ. München in Klass. Philol., Phil. u. German., Promot. 1958 - 1956-65 Wiss. Assist. Univ. Marburg u. München; s. 1965 Ausw. Amt; 1967 M.A. Fletcher School (Harvard/Tufts); 1968-72 Wirtschaftsabt. Dt. Botsch. New Delhi; 1972-75 Dt. Vertret. b. d. Vereinten Nationen; s. 1975 Ausw. Amt, Bonn (Redenschreiber f. Außenmin. Genscher); 1981-87 Leit. Planungsstab. Veröff. üb. Europ.-amerikan. Beziehungen, Sicherheitspolitik, Nord-Süd-Fragen, Hochtechnologiefragen, SDI, Fragen d. Universitätspolitik, u.a. - BVK - Liebh.: Lit. u. Geistesgesch., westl. u. asiat. Kunst.

SEITZ, Kurt

Dipl.-Kfm., Wirtschaftsprüfer, Steuerberater, Verbandsdirektor Bayer. Genossenschaftsverb./Schulze-Delitzsch - Georgenstr. 8, 8000 München 40.

SEITZ, Manfred

Dr. theol., o. Prof. f. Prakt. Theologie - Kochstr. 6, 8520 Erlangen - S. 1966 Ord. Univ. Heidelberg u. Erlangen-Nürnberg (1972).

SEITZ, Paul

Prof., Architekt - Strandweg 83a, 2000 Hamburg 55 - Geb. 21. Okt. 1911 Nürnberg (Vater: Josef S., Musiker; Mutter: geb. Weiß) - Beigeordn. Leverkusen; I. Baudir. Hamburg; o. Prof. Kunsthochsch. Berlin (Lehrstuhl f. Entwerfen); gegenw. Vorstandsmitgl. Neue Heimat, Hamburg - Liebh.: Radierungen, Plastik, Philosophie - Rotarier.

SEITZ, Tycho

Dr. rer. pol., Prof. f. Volkswirtschaftstheorie - Auf der Heide 48, 5810 Witten-Herbede - Geb. 9. Sept. 1933 Heilbronn (Vater: Prof. Hans S., Baudir.; Mutter: Dr. Sigrid, geb. Walz), verh. s. 1961 m. Evamaria, geb. Mewes, 2 T. (Anja, Ilka) - Schule Stuttgart (Abit. 1953), Univ. München (Dipl.-Kfm. 1960), Promot. Univ. Saarbrücken 1964, Habil. Univ. Tübingen 1971 - 1972 Univ. Tübingen, s. 1972 o. Prof. Univ. Bochum - BV: Preisführerschaft im Oligopol, 1965; Zur ökonomischen Theorie d. Werbung, 1971 - Spr.: Engl.

SEITZ, Walter

Dr. med., o. Prof. f. Innere Medizin - Widenmayerstr. 36, 8000 München 22 (T. 29 50 07) - Geb. 24. Juli 1905 München (Vater: Geheimrat Prof. Dr. med. Dr. h. c. Ludwig S., Ord. f. Geburtshilfe u. Gynäk. Univ. Erlangen u. Frankfurt/M. (s. XIII. Ausg.); Mutter: Hedwig, geb. Kerschensteiner), verh. m. Lally Reinhardt, geb. Stieve, Malerin, 3 Kd. - Approb. 1931; Habil. 1939 Berlin - 1931-39 Assist. Univ. Frankfurt, Heidelberg (1933), Berlin (1934, Charité, Prof. v. Bergmann), 1939-41 wiss. Berat. Schering AG., 1942-44 Oberarzt Augusta-Hospital, 1946-47 Oberarzt I. Med. Klin. u. Doz. Humboldt-Univ. ebd., s. 1947 ao. u. o. Prof. (1959) Univ. München (Dir. Med. Poliklin.) - 1950-51 MdL Bayern (SPD) - BV: Infektionskrankheiten, 1947 (2 A.). Herausg.: Taschenb. d. Inneren Med., 1949 (8 A.) - Liebh.: Bergsteigen, Gartenbau - Bek. Vorf.: Georg Kerschensteiner, Schulreformer (Onkel).

SEITZ, Willi

Dr. phil., Prof. d. Psychologie - Am Parkfeld 2c, 6200 Wiesbaden (T. 06121 - 6 28 44) - Geb. 31. Jan. 1940 Aschaffenburg (Vater: Willi S., Elektrom.; Mutter: Margarete, geb. Maier), kath., verh. s. 1965 m. Inge, geb. Trogisch, 2 S. (Markus, Roger) - Schulen Aschaffenburg, Univ. Frankfurt u. Würzburg (Psych. u. Soziol., Lehrer Adorno), Dipl. Psych. 1964 Würzburg, Promot. 1973 ebd., Lehrbef. Köln 1975 - 1965-69 wiss. Assist. Würzburg, 1970-72 Doz. Heilpäd. Sem. Würzburg, 1973-76 Reg.-Dir. (Ref. f. Kriminol.) Hess. Justizmin. Wiesbaden, 1976-80 o. Prof. f. Psych. PH Rhld. (Abt. Bonn), 1980-83 Prof. (C4) Päd. Fak. Univ. Bonn, 1983-85 Prof. (C4) f. Psych., Fachber. Sonderpäd., Erziehungswiss. Hochsch. Rhld.-Pfalz, Mainz, s. 1985 Prof. (C4) f. Psych., Inst. f. Sonderpäd. Univ. Mainz - Spez. Arbeitsgeb.: Psych. d. Kinderpersönlichk., Verhalt.stör., Erz.probl., Krimin.- u. Sportpsych. - BV: Sportpsych., 1972 u. 1975 (Mithrsg.); Persönlichk.fragebogen f. Kinder zw. 9 u. 14 J. (psych. Testverf.), 1976 u. 1980 (zus. m. A. Rausche); Persönlichk.beurt. d. Fragebogen, 1977; Fam. - Erz. u. jugendl. Delinquenz, 1979 (zus. m. W. Götz); Kriminal- u. Rechtspsych., 1983 - Liebh.: Malerei, Theater, Konzert, Tennis - Spr.: Engl.

SEITZER, Dieter

Dr.-Ing., o. Prof. f. Techn. Elektronik Univ. Erlangen-Nürnberg (s. 1970) - Humboldtstr. 14, 8520 Erlangen/Mfr. (T. 2 72 85) - Geb. 17. April 1933 Tübingen - 1962-70 wiss. Mitarb. IBM-Forschungslabor. Rüschlikon (Schweiz); 1982/83 Präs. Europ. Ges. f. Ing. Ausb. (SEFI); 1984/85 Geschäftsf. Zentrum f. Mikroelektr. u. Informationstechnik GmbH; 1985 gf. Leiter Fraunhofer-Arbeitsgr. f. integrierte Schaltungen - 11 Patente - BV: Arbeitsspeicher f. Digitalrechner, 1975; Elektron. Analog-Digital-Umsetzer, 1977; Elektron. Analog-to-Digital Converters, 1983; Mikroelektronik, Information, Ges., 1983 - 1987 Eur.-Ing. (FEANI); 1988 BVK.

SEIWERT, Hubert

Dr., Univ.-Prof. f. Religionswiss. Univ. Hannover - Kollenrodtstr. 16, 3000 Hannover (T. 0511 - 39 14 70) - Geb. 16. Juni 1949 Saarbrücken, verh. m. Bärbel, geb. Teubert - Stud. Univ. Bonn, Paris (EPHE); M.A. 1974; Promot. 1978 Bonn; Habil. 1983 Hannover. Hauptarbeitsgeb.: Religionsgesch. Chinas, systemat. Religionswiss. - BV: Volksreligion u. nat. Tradition in Taiwan, 1985; Orakelwesen u. Zukunftsdeutung im chin. Altertum, 1979.

SEIWERT, Lothar J.

Dr. rer. pol., Dipl.-Volksw., Dipl.-Hdl., Prof. f. Personalwesen u. Unternehmensführung FH Wiesbaden (s. 1985) - Vogtlandstr. 11B, 6204 Taunusstein - Geb. 14. Dez. 1952 - 1979-84 Ind.tätigk. im Personal- u. Bildungsw., danach Personalberater. 1982-86 Mitgl. d. Bundesvorst. Ges. f. Arbeitsmethodik (GfA). S. 1988 Mithrsg. GABAL-Schr.-reihe (Ges. z. Förd. Anwendungsorient. Betriebswirtsch. u. Aktiver Lehrmeth. in FH u. Praxis); AR-Mitgl. Megerle AG, Nürnberg. Führender Zeitmanagement-Experte - BV (Ausw.): Zielwirksam arbeiten, 1984, 6. A. 1989; Mehr Zeit f. d. Wesentliche, 1984, 10. A. 1989 (holl. 1. A. 1987, amerik. 1. A. 1989, russ. 1. A. 1989/90); D. 1×1 d. Zeitmanagement, 1984, 12. A. 1989 (finn. 1. A. 1986, franz. 1. A. 1986, 2. A. 1988, holl. 1. A. 1988, schwed. 1. A. 1989, russ. 1. A. 1989, span. 1. A. 1989, griech. 1. A. 1989, engl. 1. A. 1989, ungar. 1. A. 1989/90); D. ABC d. Arbeitsfreude, 1987, 4. A. 1989, 1. TB-A. 1989; Selbstmanagement, 1988. Audio-Special-Programme: Verkaufen Sie sich an d. Spitze (m. M. Klose u. W.U. Graichen), 1987, 6. A. 1989; Mehr Zeit f. d. Wesentliche, 1988, 2. A. 1989; Mehr Zeit f. Verkaufserfolge (m. E. K. Geffroy), 1989.

SELBACH, Alfred

Dipl.-Ing. - Obermühle 1, 6741 Walsheim - Geb. 12. Febr. 1924 Haslach i. K. - S. 1966 stv. u. o. Vorst.-Mitgl. (1968) BBC, 1987 i. R.; AR Schubert & Salzer Masch.fabrik AG, Ingolstadt, u. Joseph Vögele AG, Mannheim - 1981 BVK I. Kl., 1986 Gr. BVK - Spr.: Engl., Franz. - Rotarier.

SELBACH, Josef-Wilhelm

Vizepräsident i.R. Bundesrechnungshof (s. 1983) - Zu erreichen üb. Berliner Str. 51, 6000 Frankfurt - Geb. 19. März 1915 Haslach i. K. (Vater: Josef S., Betriebsleit.; Mutter: Lina, geb. Bührer), kath., verh. s. 1941, 4 Kd. - Abit. 1935 Offenburg; Univ. Freiburg (Jura). 1. u. 2. Staatsprüf. 1939 u. 1947 - AGsrat Baden-Baden; 1950 Bundeskanzleramt (zul. Min.dir.); 1963-67 beurl. als Mitarb. v. Bundeskanzler a. D. Dr. K. Adenauer; 1969-83 stv. Vors. Bundespersonalaussch., b. 1983 stv. Vors. Aussch. f. wirtschaftl. Verw. 1974-75 Mitarb. Handb. f. Personalplan. - Gr. BVK m. Stern; div. ausl. Orden - Liebh.: Gesch., Geol., Antike Kunst, Bergwandern, Schwimmen - Spr.: Franz., Engl.

SELBERG, Werner

Dr. med., Prof. f. Allg. Pathol. u. pathol. Anat. Univ. Hamburg (s. 1964), Chefarzt Patholog. Inst. Allg. Krankenhaus Barmbek - Baron-Voght-Str. Nr. 137, 2000 Hamburg 52 (T. 82 71 20) - Geb. 5. Juli 1913 Hamburg (Vater: Eduard S., Dir. Hamb. Gaswerke, Ing.; Mutter: geb. Hemme), ev., verh. 1951 m. Gerda, geb. Jepp, 4 Kd. (Hanna, Eva, Ernst-Eduard, Oliver) - Univ. Marburg, München, Freiburg - S. 1974 Ärztl. Dir. Allg. Krkhs. Barmbek. S. 1974 Vors. Dt. Ges. f. Pathol. Spez. Arbeitsgeb.: Gerontologie, Maß u. Zahl in d. Pathol. Fachveröff. - 1950 Denecke-Med.; 1976 Silb. Med. Stadt Paris; 1981 E. v. Bergmann-Med.; 1984 Ehrenmitgl. d. Span. Ges. f. Pathol. u. d. Soc. Anat. de Paris, u. Berufsverb. Dt. Pathol.

SELBMANN, Hans-Konrad

Dr. rer. biol. hum., Dipl.-Math., o. Prof. f. medizinische Statistik u. Datenverarbeitung Univ. Tübingen, Inst. f. med. Informationsverarb. (s. 1985) - Westbahnhofstr. 55, 7400 Tübingen - Geb. 11. Dez. 1941 Stuttgart (Vater: Hans S., Jurist; Mutter: Hildegard, geb. Gerster), ev., verh. s. 1970 m. Karin, geb. Kraft, 2 Kd. - Univ. Stuttgart (Dipl.), Promot. 1972 u. Habil. 1976 Univ. Ulm, Prof. (C3) 1980 Univ. München - 1985-87 Präs. Dt. Ges. f. med. Dok., Inform. u. Statistik; s. 1988 Mitgl. d. Sachverst.rates d. Konzertierten Aktion im Gesundheitswesen. Büch. u. Art. z. Qualitätssicher. ärztl. Handelns, Therapiestud. u. Epidemiol.

SELCHERT, Friedrich Wilhelm

Dr. rer. pol., Dipl.-Kfm., Prof. Univ. Gießen (s. 1973) - Am Weinberg 14, 6301 Reiskirchen 8 - Geb. 30. Aug. 1938 Karlsruhe (Vater: Friedrich S., Kaufm.; Mutter: Friedel, geb. Riehle), verh. s. 1964 m. Brigitte, geb. Rösch, 2 Kd. (Martin, Annette) - Dipl.ex. 1962 Hamburg; Promot. 1966 u. Habil. 1970 bde. Berlin - 1970-73 Prof. FU Berlin - BV: D. Ausgliederung v. Leistungsfunktionen in betriebswirtschl. Sicht, 1971; Prüfungen anläßl. d. Gründung, Umwandlung, Fusion u. Beendigung v. Unternehmungen, 1977; D. Anhang als Instrument d. Informationspolitik, 1987; Jahresabschlußprüf. d. Kapitalges., 1988.

SELDIS, Rudolf

Kaufmann (Fa. Rudolf Seldis, Techn. Schiffsausrüstung, Drahtseile, Tauwerk u. Persenninge, Hamburg), Vors. Fachverb. d. Draht- u. Hanfseil-Großhändler, Hamburg, Handelsrichter LG ebd. - Martin-Luther-Str. 20, 2000 Hamburg 11 (T. 36 32 01) - Geb. 12. Febr. 1910.

SELEKEN, Stefanie

Dr. rer. pol., Dipl.-Kfm., Verlegerin - Knappenstiege 7, 4300 Essen 16 - Geb. 15. Juli 1950 Essen - Gymn. Essen; Univ. Berlin u. Köln - Inh. SINTON-EDITION - BV: Geld u. Plagiat - Liebh.: Reiten, Wassersport - Spr.: Engl., Franz.

SELENKA, Fidelis

Dr. med., o. Prof. f. Allg. u. Umwelthygiene - Roomersheide 73, 4630 Bochum - Geb. 9. Okt. 1930 Freiwaldau (Vater: Julius S., Kunstmaler; Mutter: Emmy, geb. Wawrosch), kath., verh. s. 1960 m. Hedwig, geb. Ernstberger, 4 Kd. (Christoph, Angelika, Kornelius, Pia) - Schule Dillingen (Donau), Abit. 1950, Univ. Erlangen (Med., Ex. 1956), Habil. 1964 - 1964-73 Oberarzt Univ. Mainz, 1973 o. Prof. f. Allg. u. Umwelthygiene Ruhr-Univ. Bochum, 1976/77 Dekan Abt. Theor. Med. - Liebh.: Bild. Kunst - Spr.: Engl.

SELG, Herbert

Dr. phil., Dipl.-Psych., Prof. f. Psychol. - Kloster-Langheim-Str. 44, 8600 Bamberg (T. 1 26 56) - Habil. 1967 Freiburg - 1969-72 PH Braunschweig, 1972-75 FU Berlin, s. 1975 Univ. Bamberg. Tests: Freiburger Persönlichkeitsinventar FPI (1970; m. J. Fahrenberg), Fragebogen z. Erfass. v. Aggressivitätsfaktoren FAF (1975; m. R. Hampel) - BV: Einf. in d. experiment. Psychol., 1966 (ital. 1975); Forschungsmethoden d. Psychol., 1971 (m. W. Bauer); Z. Aggression verdammt?, 1971 (amerik. 1975); Entwickl. u. Lernen, 1972; Menschl. Aggressivität, 1974; Verhaltensbeobacht. u. Verhaltensmodifikation (m. U. Mees), 1977; Psychologie d. Sexualverhaltens (m. Ch. Glombitza u. G. Lischke), 1979; Psychologie (m. D. Dörner), 1984; Pornographie (m. M. Bauer), 1986; Psychologie d. Aggressivität (m. U. Mees u. D. Berg), 1987.

SELIGMANN, Kurt

Hauptgeschäftsführer Hotel- u. Gaststättenverb. DEHOGA Schlesw.-Holst. e.V. - Hamburger Chausee 349, 2300 Kiel; priv.: Steinstr. 28 - Geb. 27. Febr. 1927 - Schriftl.: Schlesw.-Holst. Hotel- u. Gaststätten-Nachr.

SELL, Fred

s. Giesel, Manfred Gerhard

SELL, Freiherr von, Friedrich-Wilhelm

Rechtsanwalt - 5222 Morsbach-Appenhagen - Geb. 23. Jan. 1926 Potsdam, verh. (Ehefr.: Barbara), 2 Kd. - Univ. Erlangen u. FU Berlin (Rechtswiss., Phil.). Jurist. Staatsex. 1950 u. 55 (Berlin) - U. a. SFB u. Deutschlandfunk (Verw.dir. u. Justitiar), s. 1971 WDR Verw.- u. Finanzdir., 1978 u. 79 Vors. Arbeitsgem. öffentl.-rechtl. Rundfunkanst. d. Bundesrep. Deutschl. (ARD); 1975-85 stv. AR-Vors. Bavaria-Atelier GmbH; 1981-85 AR-Vors. Degeto-Film GmbH; 1976-85 WDR-Intendant.

SELL, Hans Joachim

Dr. phil., Schriftsteller - Schwaighofstr. 12, 7800 Freiburg/Br. (T. 0761 - 7 25 70) - Geb. 25. Juli 1920 Neustettin/Pommern (Vater: Georg S., Oberst a. D.; Mutter: Alice, geb. Steigert), ev., verh. s. 1950 m. Gertrud, geb. Freiin u. Herrin v. Werthern, 2 Söhne (Konstantin, Friedrich Leopold) - 1946-52 Stud. Ethnol., Phil., Sozialphil., Rechtswiss., German. Promot. 1952 Frankfurt a. M. - 1938-45 Soldat; 1960ff. Auslandskorresp. Iber. Halbinsel; dazw. 2 J. Mitarb. Ev. Akad.

Tutzing. 1960 Begr. Dt. Miguel-de-Unamuno-Ges. - BV: Chantal, R. 1953; D. schlimme Tod b. d. Völkern Indonesiens, ethnol. Studie 1955; partisan, R. 1961; Verlockung Spanien - Erfahrung u. Erlebnis, 1963; D. Drama Unamuno, 1965 (auch span.); An Spaniens Fell zerren Dämonen - Aufz. aus e. Lande d. begrenzten Möglichkeiten, 1968; Auf d. Fährte e. Sohnes, R. 1970 (auch poln.; span.); Zerstörung e. Parks, Erz. 1973; Thekengespräche, Dialoge, 1975; D. rote Priester, Collage 1976; Briefe e. Jüdin aus Cuzco, dokumentar. Erz. aus d. heutigen Peru, 1978; Eisfarben, Erz. 1979; D. portugies. Einlad., Dicht. 1980; Monarchie d. Armut, e. Reisetageb. aus Peru, 1983; D. Umkehrung, R. 1983; Zu Jahrmärkten u. Rennbahnen, Lyr. 1984; Äquinoktien, Dicht. 1985; D. Ende d. Wohlwollens. Spuren u. Zeichen in e. sich wandelnden Welt, 1986; D. Ehe d. Sancho Panza, Erz. 1989. Essays, Hörsp. - 1973 Kogge-Lit.preis; 1974 Förd.preis f. mod. Lit. d. Concordia, Wien; 1977 Charles Péguy-Preis; 1980 Georg-Mackensen-Literaturpreis. 1965 Mitgl. PEN-Zentrum BRD.

SELL, Werner

Dipl.-Ing., Prof., Dr. h. c., Direktor i. R., Ehrenvors. d. Arbeitsgem. D. Mod. Küche, Darmstadt, Beirat Lufthansa Service GmbH - Ilmenkuppe 3, 6340 Dillenburg - Geb. 1. Sept. 1900 Berlin (Vater: Robert S.; Mutter: Gertrud, geb. von Wallersbrunn), verh. s. 1930 m. Elly-Käthe, geb. Kante, 4 Kd. - Vereid. Sachverst. f. Küchentechnik; ehem. Vorstandsmitgl. Burger Eisenwerke AG., Burg, u. Geschäftsf. Sell-Haus u. Küchentechnik GmbH., Herborn (Ruhest.). 1970 ff. Honorarprof. Univ. Gießen (Haushaltstechnik; vorher Lehrbeauftr.) - Ehrenmitgl. IHK Dillenburg (zul. Präs.); Ehrenpräs. Arbeitsgem. Moderne Küche; 1965 Gr. BVK.

SELLE, Gerhard

Dr. med., Dr. med. dent., Prof. - Stöckachstr. 31, 7000 Stuttgart 1 (T. dstl.: 0711 - 20 34-5 42) - Geb. 14. Dez. 1932, ev., verh. s. 1962 m. Doris, geb. van Loon-Behr, 2 S. (Andreas, Lutz) - Stud. Med. u. Zahnmed. Heidelberg; Promot. 1957 u. 1959 Heidelberg; Habil. 1970 Göttingen; apl. Prof. 1974 - 1967/68 Oberarzt ZMK Klinik Mainz; 1968 ZMK Klinik Göttingen; 1980 Oberarzt Katharinenhospital Stuttgart, Kieferchir.; 1981 Prof. a. D. - BV: Kirsch, Strahlenschutz in d. zahnärztl. Praxis, 1977; Marx, Medizin. Begutachtung, 1987; Beitr. in Fachztschr. - 1956 Dt. Hochschulmeister Hockey Univ. Heidelberg - Liebh.: Briefmarken, Sport (Hockey, Ski) - Spr.: Engl., Franz., Griech., Latein.

SELLERT, Wolfgang

Dr. jur., Prof. f. Rechtsgeschichte, Zivilprozeßrecht u. Bürgerl. Recht Univ. Frankfurt (1972-77), s. 1977 Direkt. jur. Seminar Univ. Göttingen, Abt. Dt. Rechtsgesch. - Konrad-Adenauer-Str. 25, 3400 Göttingen (T. 0551 - 2 37 71) - Geb. 3. Nov. 1935 Berlin (Vater: Horst-Günther S., Schriftl.; Mutter: Else, geb. Kaiser), verh. s. 1962 m. Richterin Dr. Urte, geb. Wenger, 2 Kd. - Promot. 1964 Frankfurt; Habil. 1970 ebd. Buchveröff.: Prozeßgrunds. u. Stilus Curiae am Reichshofrat, 1973; D. Ordnungen d. Reichshofrats (Edition), 1980 - S. 1984 Mitgl. Göttinger Akad. d. Wiss. - Liebh.: Alte Handschr. u. Bücher (spätmittelalterl. Urkundenfunde).

SELLHEIM, Rudolf

Dr. phil., o. Prof. u. Direktor Oriental. Sem. Univ. Frankfurt (s. 1958), Präs. Intern. Soc. for Oriental Research, Istanbul (s. 1968) - Broßstr. 5, 6000 Frankfurt/M. 90 (T. 77 27 61) - Geb. 15. Jan. 1928 Halle/S. (Vater: Dr. phil. Rudolf S., Gymnasialprof.; Mutter: Lucie, geb. Gerhardt), ev., verh. m. Isabel, geb. v. Treuenfeld, 3 Kd. (Thessa, Dido, Rudolf) - Latina Halle/S. (Franckesche Stiftg.); Univ. Halle u. Frankfurt/M. (Altertumswiss., Oriental.). Promot. 1953; Habil. 1957 Bonn - 1966 Gastprof. Univ. Los Angeles - 1980 Senator d. Dt. Forschungsgemeinsch., Bonn - BV: D. klass.-arab. Sprichwörtersamml., insb. d. d. Abū'Ubaid, 1954 (arab. 1971, 3. A. 1984); Gelehrtenbiogr. d. Abū'Ubaidallāh al-Marzubānī I, 1964; D. 2. Bürgerkr. im Islam, 1970 (arab. 1974); Gelehrte u. Gelehrsamkeit im Reich d. Chalifen, 1961 (arab. 1972, pers. 1976); Materialien z. arab. Lit.gesch. I-II, 1976-87. Div. Einzelarb. in Dt., Engl., Franz., Arab., Pers., Urdu. Herausg.: Intern. Ztschr. Oriens (1956ff.). 1964 korr. u. 1981 o. Mitgl. Dt. Archäol. Inst., Berlin (Zentraldir.); korr. Mitgl. Real Acad. de Buenas Letras, Barcelona; 1967 o. Mitgl. Wiss. Ges. an d. Univ. Frankfurt; 1971 korr. Mitgl. Ägypt. Akad. d. Wiss., Kairo; 1974 korr. Mitgl. Arab. Akad., Aligarh; 1976 korr. u. 1985 o. Mitgl. Akad. d. Arab. Sprache, Kairo; 1979 korr. Mitgl. Iraq. Akad. d. Wiss., Bagdad; 1988 korr. Mitgl. Real Acad. de la Historia, Madrid.

SELLIEN, Helmut

Dr. rer. pol., Dipl.-Kfm., Verleger - Keplerstr. 8, 6200 Wiesbaden (T. 52 01 28) - Geb. 2. Juli 1905 Treuburg/Ostpr. (Vater: Eduard S., Verlagsleiter; Mutter: Ida, geb. Wilk), verh. s. 1933 m. Else, geb. Müller, 3 Kd. (Amone, Dorothee, Frank) - Banklehre; Univ. Königsberg, Frankfurt, Köln, Tübingen - U. a. Vorstandsmitgl. Industrie-Kredit-Finanzierungs-AG., Wien, u. Alpen-Elektro-Werke AG. ebd.; gegenw. Beirat Betriebsw. Verlag Dr. Th. Gabler KG., Wiesbaden - BV: Finanzierung u. Finanzplanung, 2. A. 1964 (jap. 1959). Herausg.: Wirtschafts-Lexikon, 9. A. 1976 - Liebh.: Sport (Tennis, Golf, Ski, Wasserski) - Spr.: Engl., Franz. - Bruder: Reinhold S.

SELLIEN, Reinhold

Dr. rer. pol., Dr. rer. pol. h. c., Dipl.-Kfm., Dipl.-Hdl., Verleger, Gesellsch. Betriebsw. Verlag Dr. Th. Gabler GmbH., Wiesbaden - Thiennstr. 6, 6200 Wiesbaden - Geb. 21. März 1904 Treuburg/Ostpr., verh. m. Hildegard, geb. Witt - S. 1928 Gabler-Vg. (mitbegr.) - Liebh.: Golf, Tennis, Ski - 1965 Ehrendoktor Univ. Köln - Eltern s. Helmut S. (Bruder).

SELLIER, Alexander

Prof., Konzertpianist - Huldstr. 14b, 6630 Saarlouis 5 (T. 66 00) - Geb. 23. Jan. 1924 Saarlouis (Vater: Heinz S., Kaufm.; Mutter: Eleonore, geb. Rupp), kath., verh. s. 1951 m. Mechthild, geb. Walter, 6 Kd. (Stephanie, Thomas, Alexander, Christian, Anselm, Marie-Theres) - N. Abitur Musikstud. b. Fritz Griem (Saarbrücken), August Leopolder (Frankfurt/M.), Edwin Fischer (Luzern), Walter Gieseking (Saarbrücken) - Konzerttätigk. Europa u. Nordafrika; s. 1950 Doz. u. Prof. (1962) Musikhochsch. Saarbrücken - Liebh.: Basteln - Spr.: Franz., Engl.

SELLIER, Karl

Dr. med., Dipl.-Phys., Prof., Rechtsmediziner Forensische Ballistik - Meßbeuel 1, 5340 Bad Honnef (T. 51 01) - Geb. 14. Nov. 1924 Chemnitz/Sa. - S. 1963 (Habil.) Lehrtätigk. Univ. Bonn (1968 apl. Prof.; 1971 Wiss. Rat u. Prof.) - BV: D. Nachweis kleinster CO-Mengen in Körperflüssigkeiten; Wünschelrute - Erdstrahlen - Wiss. (m. O. Prokop); Mechanik u. Pathomorphol. d. Hirnschäden n. stumpfer Gewalteinwirk. auf d. Schädel (m. F. Unterharnscheidt) - BV: Schußentfernungsbestimmung, 2. A. 1988; Schußwaffen u. Schußwirkungen I, Ballistik, Med., Kriminalistik, 2. A. 1982; Schußwaffen u. Schußwirkungen II, Forens. Ballistik, Wundballistik, 1977.

SELLIN, Hartmut

Prof., Hochschullehrer - Am Tegelbusch 29, 2900 Oldenburg/O. (T. 7 44 73) - Geb. 12. Juni 1926 Berlin (Vater: Arthur S., kaufm. Angest.; Mutter: Elisabeth, geb. Streich), ev., verh. s. 1948 m. Barbara, geb. Meseke, 3 Kd. (Jan Henrik, Benjamin, Nanna) - Kunsthochsch. (Künstler. Lehramt) u. Univ. Berlin (Kunstgesch.). Staatsex. 1950 - 1949-1950 Assist. Kunsthochschule Berlin; 1950-55 Schuldst. Berlin (Grund-, Realsch. u. Gymn.); s. 1955 Doz. u. o. Prof. Päd. Hochsch. Oldenburg (Didaktik d. Techn. u. Technol.). 1968-72 Lehrbeauftr. Acad. van Bouwkunst Groningen/Niederl. (Architekturgesch.); 1972ff. Lehrbeauftr. Kunsthochsch. Hamburg, s. 1974 Univ. Oldenburg. Entw. Mod. z. spannungsopt. Unters. vorgespannter Bauteile (1982); Lehrgerät f. d. exper. Ermittlung v. Kräften in Stabfachwerken (1988) - BV: Ansätze z. Werkdidaktik s. 1945, 1968 (m. Gerd Uschkereit u. Otto Mehrgardt); Beitr. zur Didaktik d. techn. Bildung, 1970 (m. Bodo Wessels); Werkunterricht - Technikunterr., 1972. Schriftl.: Oldbg. Hochschulbriefe - Beitr. z. Erziehungswiss. (1965-68).

SELLMANN, Dieter

Dr. rer. nat., Prof. f. Anorgan. Chemie - Markomanniaweg 8a, 8525 Uttenreuth-Weiher (T. 09134 - 56 30) - Geb. 12. Febr. 1941 Berlin (Vater: Dr. jur. Martin S., VG-Präs.; Mutter: Hildegard, geb. Müller), ev., verh. s. 1970 m. Dr. med. Susanne, geb. Meiser, 2 Töcht. (Bettina, Angela) - Abit. Oldenburg 1960, Univ. Tübingen, München (Dipl.-Chem. 1965), Promot. 1967 TH München, Habil. 1972 TU München - 1972 Priv.-Doz. TU München, 1976 o. Prof. GH Paderborn, 1980 o. Prof. Univ. Erlangen - Entd.: Komplexe d. molekularen Stickstoffs u. verwandter Verbindungen. 100 Publ. in: Angew. Chemie, J. Organomet. Chem., Inorg. Chim. Acta, Ztschr. f. Naturforsch., 1970-1988 - 1974 Karl-Winnacker Stip., 1975 Carl-Duisberg-Gedächtnispreis - Liebh.: Bergsteigen, Musik - Spr.: Engl.

SELLMANN, Paul

Oberkreisdirektor, 1970-75 MdL Nordrh.-Westf. - Corveyer Allee 7, 3470 Höxter/Weser (T. 6 12 10) - Geb. 29. Juli 1933 Wehrdohl/W., verh., 3 Kd. - Abit. 1954; Rechtspflegerex. 1957; Jurist. Staatsprüf. 1961 u. 1965 - 1965-68 I. Beigeordn. Neheim-Hüsten; s. 1968 Oberkreisdir. Höxter. 1961-65 Ratsherr Werdohl; 1969 Mitgl. Bundesvers. Berlin. CDU s. 1954 (div. Funktionen).

SELLNER, Gustav Rudolf

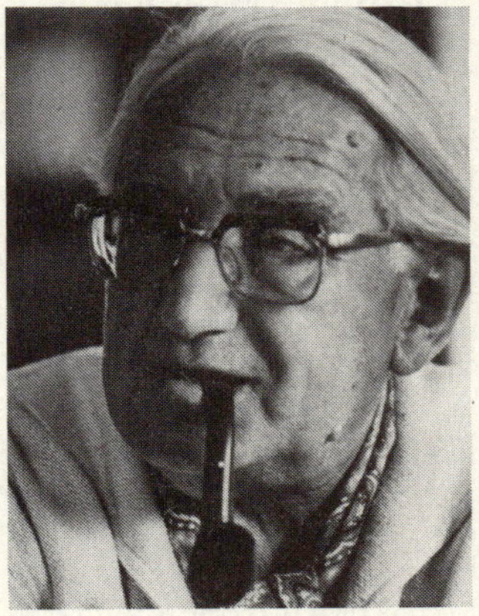

Generalintendant a. D., Ehrenpräs. Intern. Richard-Strauss-Ges. (s. 1967) - 7744 Königsfeld-Burgberg (T. 07725 - 76 74) - Geb. 25. Mai 1905 Traunstein/Obb. (Vater: Gustav S., Senatspräs.; Mutter: Frieda, geb. Elliesen), verh. s. 1951 m. Ilse, geb. Pässler, 2 Kd. - Gymn. u. Univ. München; Schauspielausbild. Arnold Marlé (Kammersp. München) - 1924-38 Schausp., Dramat., Regiss., dann stv. Int. Oldenburg, ab 1941 Int. Göttingen, Hannover, n. Kriegsende Regiss. Kiel, Essen, Hamburg, 1951-61 Int. Hess. Landestheater Darmstadt, 1961-72 Generalint. Dt. Oper Berlin. Zahlr. Insz. (z. T. Ur- u. dt. Erstauff.), darunt. 1959 Berlin: Moses u. Aron (Schönberg); D. junge Lord, D. Bassariden (bde. Henze); Orestie d. Aischylos (Darius Milhaud); Atlantida (De Falla); Montezuma (Sessions); Alkmene (G. Klebe); 200000 Taler (Blacher); Ulisse (Dallapiccola); Besuch d. alten Dame (Dürrenmatt); Danton (v. Einem); Melusine (Aribert Reimann). Fernsehregie: D. Kluge; Agnes Bernauerin; Prometheus (Carl Orff); D. Revisor (Gogol); D. seidene Schuh (Claudel); Johanna auf d. Scheiterhaufen (Honnegger); Fidelio (Beethoven). 1973 Titelrolle: D. Fußgänger (Maximilian-Schell-Film) - BV: Theatral. Landschaft, 1962 (m. Werner Wien) - 1961 Gr. Festspielpreis Théâtre de Nations Paris, 1967 Berliner Kunstpreis; Plak. Franz. Kritikerverb. (Moses u. Aron), hess. Goethe-Plak., Silberplak. Darmstadt; 1972 Gr. Gold. Ehrenz. GDBA; 1965 Ritterkreuz franz. Orden f. Kunst u. Wiss.; Gr. BVK, 1972 Stern dazu, 1965 Ordre National des Arts et Lettres (Frankr.); Mitgl. PEN-Zentrum BRD; 1972 Ehrenmitgl. Dt. Oper Berlin u. Hess. Staatsth. Darmstadt - Liebh.: Zeitgenöss. bild. Kunst, asiat. Kunst u. vergl. Religionswiss. - Lit.: H. Kaiser, V. Zeittheater z. Sellnerbühne; Georg Hensel, E. Jahrzehnt Sellner-Theater in Darmstadt; Volker Klotz, Bühnenbriefe; Rudolf Bayr, Delph. Apollon (Salzburg); Kristian Sotriffer/Fritz Wotruba, Zeichn. f. d. Theater (Wien); Gis. Huwe, D. Dt. Oper Berlin (1984).

SELLSCHOPP, Hans-Dieter

Vorstandsmitglied Münchener Rückversich.-Ges. München - Königinstr. 107, 8000 München 40 - Geb. 18. Jan. 1934 - Stv. AR-Vors. Allianz Allgem. Rechtsschutzversich.-AG München, Dt. Krankenversich. AG Köln, KRAFT Versich. AG München.

SELMAIR, Hans

Dr. med., Prof. TU München, Internist, Gastroenterologe, Chefarzt Klinik Wartenberg - Badstr. 41, 8059 Wartenberg (T. 08762 - 9 10) - Geb. 27. April 1936 - Med.-Stud. Univ. München; Promot. 1960; Habil. 1974 Marburg; Umhabil. 1977 TU München - S. 1983 apl. Prof.

SELMAYR, Gerhard

Dr. jur., Kanzler d. Univ. (TH) Karlsruhe (s. 1978) - Kaiserstr. 12, 7500 Karlsruhe 1 - Geb. 30. Mai 1935 München, ev., verh. m. Silke, geb. Gaedcke, 2 Kd. (Martin, Maike) - Jurist. Staatsprüf. 1958 u. 1962 München - 1968/69 Ref. Bundeskanzleramt, 1970-73 Abt.-leit. Verwaltung Bundesinst. f. Berufsbildungsforsch., 1973-78 Kanzler Univ. Bundesw. München - Spr.: Engl., Franz.

SELOWSKY, Rolf

Dr. rer. pol., Dipl.-Kfm., Kaufm. Direktor - Vorsfelder Str. 1, 3180 Wolfsburg 1 (Alt-Wolfsburg) - Geb. 15. Sept. 1930 - B. 1966 stv., dann o. Vorstandsmitgl. Klöckner-Humboldt-Deutz AG., Köln; s. 1982 Vorst.-Mitgl. Volkswagenwerk AG, Wolfsburg f. d. Geschäftsber. Finanz- u. Betriebswirtsch. - Liebh.: Golf.

SELTEN, Reinhard

Dr. phil. nat., o. Prof. f. Volkswirtschaftslehre - Universität, 5300 Bonn - Geb. 5. Okt. 1930 Breslau (Vater: Adolf S., Buchhändler; Mutter: Käthe, geb. Luther), verh. s. 1959 m. Elisabeth, geb. Langreiner - Univ. Frankfurt/M. (Dipl.-Math. 1957). Promot. u. Habil. Frankfurt - S. 1969 Ord. Univ. Berlin/Freie, Bielefeld u. Bonn (1984; Wirtschaftstheorie) . Spez. Arbeitsgeb.: Spieltheorie u. Exper. Wirtschaftsforsch. - BV: Preispolitik d. Mehrproduktenunternehmung in d. stat. Theorie, 1970; General Equilibrium with Price Making Firms (m. T. Marschak), 1974; Models of Strategic Rationality, 1988; A General Theory of Equilibrium Selection in Games (m. J. Harsanyi), 1988 - Fellow of the Econometric Soc.; Mitgl. d. Rheinisch-Westf. Akad. d. Wiss. - Spr.: Engl., Esperanto, Franz.

SELZER, Rolf

Geschäftsführer a.D., MdL Schlesw.-Holstein - Ripener Weg 21, 2300 Kiel 1 - Geb. 5. Dez. 1942 Hochheim. SPD.

SEMBDNER, Friedrich

Dr. jur., Erster Beigeordneter, Lehrbeauftragter, Fachschriftst. (Öfftl. Recht) - Kaiserstr. 71, 4060 Viersen/Rhld. (T. 1 69 70) - Verh. s. 1953 m. Anitta, geb. Reichert, 5 Kd. - FU Berlin. Ass.ex. 1957 Düsseldorf - 1957-67 Bezirksreg. Düsseldorf (zul. ORR); s. 1967 Stadtverw. Viersen - BV: Deine Rechte gegenüb. Behörden, 1967; Deine Rechte als Schüler, 1969; D. kommunist. Regierungssyst. in Vietnam, 1978 (zugl. Diss.); Dt. Staatsrecht, 1982. Etwa 50 Fachaufs.

SEMLER, Johannes

Dr. jur,, Rechtsanwalt, Vorstandsmitgl. Mercedes-Automobil-Holding AG, AR-Mitgl. Axel Springer Verlag AG, Berliner Handels- u. Frankfurter Bank, Daimler Benz AG, AR ADVANTA Mangement AG, Vors. Beirat LTG Lufttechnische GmbH, Stuttgart, Gütermann & Co, Gutach, stv. VR-Vors. Interfina AG, Zürich, Beirat fischerwerke Arthur Fischer GmbH & Co KG, Tumlingen/Waldachtal, Beirat TASA Consulting Partners GmbH, AGIV AG f. Industrie u. Verkehrswesen, J.P. Morgan GmbH, Vors. GesA Gebr. Happich GmbH, Wuppertal - Parkstr. 14, 6242 Kronberg/Ts. - Geb. 28. April 1923 Hamburg - BV: D. Überwachungsaufg. d. Aufsichtsrats, 1981.

SEMLER, Rudolph

Dr., Hauptgeschäftsführer Bundesverb. d. Dt. Zementind. a. D. (b. 1979) - Pferdmengesstr. 7, 5000 Köln (T. 37 10 26); priv.: Titurelstr. 2, 8000 München 81 - Geb. 18. Dez. 1913 - Zul. Geschäftsf. Hauptverb. d. Dt. Bauind.

SEMM, Kurt

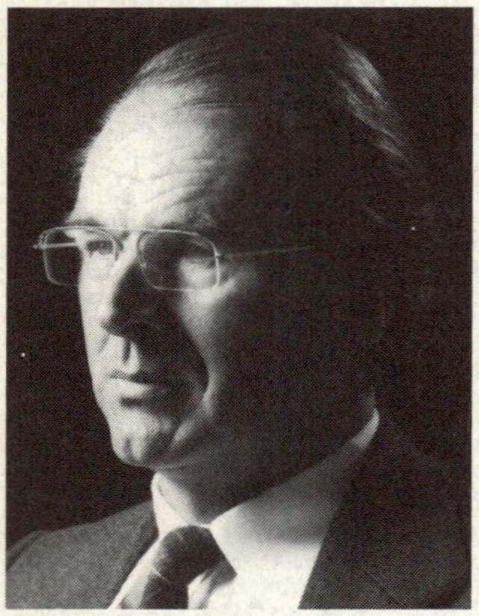

Dr. med., Dr. med. vet. h. c., o. Prof. f. Gynäkologie u. Geburtshilfe - Düsternbrooker Weg 45a, 2300 Kiel 1 - Geb. 23. März 1927 München (Vater: Karl S., Betriebsing.; Mutter: Margarete, geb. Dillmaier), kath., verh. s. 1958 m. Roswitha, geb. v. Morozowicz, †1986 - Realgymn.; Stud. Med.; Promot. 1951; Habil. 1958 - S. 1958 Lehrtätigk. Univ. München (apl. Prof.); 1966 ltd. Oberarzt II. Frauenklinik; 1970 o. Prof. u. Dir. Frauenkl. u. Michaelis-Hebammenschule Univ. Kiel. Mitgl. in 18 in- u. ausl. med.-Wiss. Ges., Entw. mehrerer med.-diagnost. u. -therapeut. Apparate u. Instrumente. 550 med. wiss. Publ.; 1127 wiss. Vorträge in 5 Sprachen; 28 Bücher üb. Gynäk., Geburtsh., Endokrinol., Biochemie; Atlas f. Pelviskopie u. Hysteroskopie, 1976 (Übers. engl., span., portug., franz.); Gesch. d. Univ.-Frauenklinik Kiel, 1980; Dia-Atlas f. Pelviskopie, Hysteroskopie u. Fetoskopie, 1980 (Übers. engl., franz., span.); Operationslehre f. endoskopische Abdominalchirurgie, 1984 (Übers. russ., jap., griech., engl., ital., chin.); Univ.-Frauenkl. Kiel - ihre Bedeutung f. d. Frauenheilkd. 1805-1985; Operative Manual for endoscopic abdominal surgery - operative pelviscopy - operative Laparoscopy, 1986. Mithrsg. bzw. wiss. Beirat v. 17 med.-wiss. Ztschr. Herstellung v. 27 med.-wiss. Filmen - 5 1. Preise u. 6 Ehrenmed. f. med.-wiss. Filme u. Ausst., Goldenes Dia 1978, intern. Awards 1980, 82, 83, 84 - 43 Ehrenmitgliedsch. in in- u. ausl. med.-wiss. Ges.: USA, Argent., Bras., Bulg., Chile, Dtschl., Frankr., Honduras, Indien, Islas Canarias, Italien, Mexico, Österr., Panpacific Soc. Gynaec Peru, Rumänien, Spanien, Türkei, Ungarn, Uruguay - 1958-75 ständ. Schriftf. d. Dt. Ges. z. Stud. d. Fertil. u. Steril., s. 1966 Generalsekr. d. Europ. Sterility Congr.-Organ. (ESCO), 1970 Präs. Europ. Endoscopy Congr., 1970-75 Generalsekr. d. Europ. Endoscopy Congr. Organ., 1975-83 Präs. d. Dt. Ges. z. Stud. d. Fertil. u. Steril., 1977-83 Secretary General of the Intern. Federat. of Fertility Soc. (IFFS), s. 1977 Vizepräs. of the Intern. Acad. of Reprod. Medicine, 1977, 1977/78 Präs. d. dt. Ges. f. Endoskopie, 1984-90 Präs. d. Dt.-Franz. Ges. f. Gynäk. u. Geburtsh. in Dtschl., 1980 Präs. of the Ist World Conf. of in vitro-Fertiliz., Instrum. Insem. a. Embryo-Transf., 1981 Präs. d. III. World Congr. of Human Reprod., s. 1982 Sachverst. u. Vertr. in d. Europ. Gemeinschaft (EG) d. Bundesrep. Dtschl. z. Hebammenausb., s. 1983 Vizepräs. ot the Int. Federation of Fertil. Soc. (IFFS), 1986 Präs.; 1984 Präs. Elect of the Inter. Fed. of Gynec. Endoscopists (IFGE); 1988 Vizepräs. Falloppius Int. Soc. S. 1984 Mitgl. Axel Munthe Preis Committee; 1986 Mitgl. Dt. Akad. d. Naturforsch. Leopoldina; 1987 BVK I. Kl.; 1987 Ernst v. Bergm.-Med. f. Verd. um d. ärztl. Fortbild. Akad. f. ärztl. Fortbild. d. Ärztekammer Schlesw.-Holst. - Liebh.: Naturwiss. u. Archäol. Reisen, Motorfliegen, Segeln.

SEMMEL, Arno

Dr. phil. nat., Prof. - Theodor-Körner-Str. 6, 6238 Hofheim (T. 06192 - 53 76) - Geb. 5. Aug. 1929 Selchow, ev., verh. s. 1959 m. Brunhilde, geb. Steffen, S. Matthias - Stud. d. Geol., Geogr. Univ. Rostock, Humboldt-Univ. u. Frankfurt; Promot. 1959 u. Habil. 1967 ebd. - 1960-69 Reg.sgeol. Hess. Landesamt f. Bodenforsch., Wiesbaden; 1969-70 Wiss. Rat u. Prof. Würzburg, s. 1970 Prof. f. Bodengeogr. u. Geomorphol. Univ. Frankfurt - BV: Geomorphol. in d. BRD, 1972; Grundzüge d. Bodengeographie, 1976 - Spr.: Engl., Russ.

SEMMELROTH, Wilhelm

Chefregisseur i. R. - Herzogplatz 17, 8011 Zorneding b. München (T. 08106 - 2 25 35) - Geb. 4. Mai 1914 Bitburg/Eifel (Vater: Otto S., Justizoberinspektor; Mutter: Margarethe, geb. Schmitz), kath. - Gymn.; Univ. Bonn u. Köln (German., Musikwiss., Kunstgesch., Theaterwiss.); Schauspielausbild. - 1936-39 Schauspieler, Regieassist., 1946-53 Leit. Hörspielabt. WDR, 1953-79 Chefregiseur Fernsehen WDR, s. 1979 i. R., aber weiter tätig. Bühneninsz.: u. a. Zeitgrenze, Of u. d. Mond, Moral. Fernsehen: Gesch. v. Soldaten, Traumspiel, D. Tod im Apfelbaum, D. Bildnis d. Dorian Gray, Um Mitternacht, Helle Nächte (n. Dostojewskij), D. höh. Schule, Herodes u. Miramne, Gideon, Nach Damaskus, D. Nibelungen, Goya (2 T.), D. Frau in Weiß (3 T.), Emigration, D. rote Schal (3 T.), D. Monddiamant (2 T.), Strick um d. Hals (3 T.), Lady Audley's Geheimnis (2 T.), Lucilla (2 T.). Montagsgesch., 4 TV-Filme nach eig. Buch. Film: Langusten, Schiffer im Strom. Bühnenst.: D. kl. a-b-c, Verwandelte Welt. Hörsp.: D. Orgel darf nicht schweigen, Verhandlung gegen Grabbe, D. Viadukt Kabarettmanuskripte - 1980 BVK - Liebh.: Musik - Spr.: Engl., Franz., Ital.

SEMMLER, Walter

Dr. phil., Regierungsbaurat a. D., Honorarprof. f. Hydrogeologie Bergakad. bzw. TU Clausthal (s. 1960) - Heierbusch 6, 4300 Essen-Bredeney - Geb. 26. März 1903 - U. a. Westf. Berggewerkschaftskasse, Bochum (1951 Leit. Inst. f. Wasserw. u. Hydrol., 1966 Geol. Inst.). Üb. 140 Fachveröff. - 1969 BVK I. Kl.; 1973 Ehrenbürger TU Clausthal.

SEMSROTH, Alfred

Gewerkschaftssekretär, MdL Nieders. (s. 1974) - Krebsgasse 9, 3011 Garbsen (T. Seelze 7 18 49) - SPD.

SENDLER, Horst

Dr. jur., Präsident Bundesverwaltungsgericht, Berlin, Honorarprof. FU Berlin (Verfassungs- u. Verw.srecht) - Hardenbergstr. 31, 1000 Berlin 12 (T. 31 97-1) - Geb. 17. Juni 1925 Kamenz/Sa. - 1966 Bundesrichter, 1971 Senatspräs., 1976 Vizepräs. BVG, 1980 Präsident. Fachaufs.

SENF, Heinz

Vorstandsmitglied Privatdiskont-AG., Geschäftsf. AKA Ausfuhrkredit GmbH. u. Ges. z. Finanzierung v. Industrieanlagen mbH., alle Frankfurt - Melsunger Str. 25, 6000 Frankfurt/M. (T. 47 21 86) - Geb. 10. April 1921 Wintersdorf.

SENF, Paul

Dr. rer. pol., Landesminister a. D., o. Prof. f. Nationalökonomie, insb. Finanzwiss. - Am Botanischen Garten 4, 6600 Saarbrücken 15 (T. 3 37 33) - Geb. 16. März 1915 Leipzig, ev., verh. s. 1941 m. Gretl, geb. Neuhaus, 3 Kd. - Univ. Tübingen, Bonn, Frankfurt/M. Promot. (1940) u. Habil. (1950) Frankfurt/M. - 1946-51 Assist. u. Privatdoz. (1950) Univ. Frankfurt/M., dann ao. u. o. Prof. (1953) Univ. Saarbrücken, dazw. 1954-55 u. 1963-65 Saarl. Min. f. Finanzen u. Forsten. S. 1959 Generalsekr. Inst. Intern. de Finances Publiques; 1961 Berat. Türk. Reg. DPS - BV: Finanzpolitik u. wirtschaftl. Wachstum, 1960 (m. Bombach u. Giersch). Zahlr. Einzelarb. - 1975 Gr. BVK - Spr.: Franz., Engl.

SENF, Ralf M.

Dr., Hauptgeschäftsführer Dt. Textilreinigungsverb. - Simrockallee 29, 5300 Bonn 2 - Geb. 17. Mai 1929.

SENFF, Wolfgang

Dipl.-Volksw., Studienrat a. D., MdL Nieders. (s. 1978; Wahlkr. 27/Münden) - Friedrichstr. 4, 3510 Hann. Münden 1 - Geb. 18. Mai 1941 Göttingen, verh., 2 Kd. - Schulen Minden, Gelsenkirchen, Kassel (Abit.); Univ. Göttingen (Volksw.; Dipl. 1971) - 1972 ff. Lehrer Berufsbild. Schule Hann. Münden. 1973 ff. Ratsherr Hann. Münden (Fraktionsf.). SPD s. 1971.

SENFT, Bodo Ernst

Dr. agr., Prof. f. Biochemische Haustiergenetik - Waldgirmeserstr. 17, 6335 Lahnau-Atzbach (T. 06441-6 16 17) - Geb. 2. Febr. 1931 Magdeburg (Vater: Ernst S., Landwirt; Mutter: Ilse, geb. Böhnstedt), ev.-luth., verh. s. 1960 m. Gisela, geb. Richter, 3 Kd. (Christiane, Peter, Rüdiger) - Univ. Halle/S. (Dipl. 1954) u. Bonn (Promot. 1958), Univ. Minnesota/USA (M.S. 1959), Habil. Gießen 1969 - 1970 Visit. Prof. Univ. Ohio/USA, dann Prof. Univ. Gießen - Lehrfilm: Aufzuchtprobl. b. Tieren - Spr.: Engl.

SENFT, Helmut

Dr. rer. pol., Hauptgeschäftsführer Hauptverb. d. dt. Maler- u. Lackiererhandwerks, Frankfurt - Sachsenhäuser Landwehrweg 177, 6000 Frankfurt 70 (T. 069-68 11 96; Büro: 73 14 10/90) - Geb. 2. Sept. 1924 Darmstadt, verh. s. 1953 m. Marianne, geb. Meister, T. Pia - Gymn. Darmstadt; TH Darmstadt, Univ. Frankfurt (Wirtschaftswiss.; Dipl.-Volksw. 1950, Promot. 1952) - S. 1952 ob. Verb. (1961 Hgf.) - 1983 BVK I. Kl.

SENFT, Peter

Rechtsanwalt, Bundesgeschäftsf. Reichsbund Bonn (s. 1986) - Marienforster Promenade 1a, 5300 Bonn 2 (T. 0228 - 35 45 39) - Geb. 21. März 1949 Bremen, ev., verh., 1 T. - Abit. 1969; 1969-71 Banklehre; 1971-79 Univ. Bremen; 1980-81 Univ. Cambridge, King's Coll. (Rechtswiss.) - S. 1979 RA Bremen, 1981-84 Lecturer Univ. Surrey, 1984 Landesgeschäftsf. Reichsbund Bremen - 1971-79 MdBB. SPD s. 1966, ÖTV s. 1970, Labour Party s. 1980, HBV s. 1984 - Spr.: Engl., Franz.

SENG, Emil

Bankdirektor i. R. - Denkendorferstr. 7, 7140 Ludwigsburg/Württ. - Geb. 30. Jan. 1914 Maitis/Württ. - B. 1976 Vorst.s-mitgl. Wüstenrot Bank AG.

SENGE, Stephan Reimund

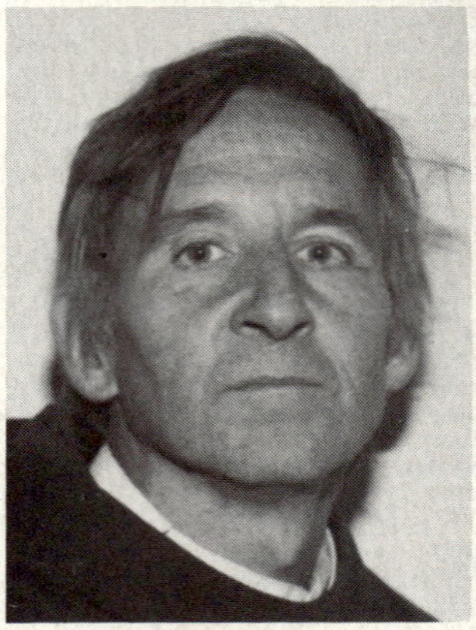

Zisterziensermönch, Schriftst. - Zu erreichen üb. Zisterzienserabtei, P. Großlittgen, 5561 Himmerod - Geb. 29. März 1934 Hannover - BV: ... u. fliegen quer in d. Himmel, 2. A. 1984; Sätze v. Himmel pflücken, 1986; V. Birke u. Wind, 4. A. 1987; ... Und kreuzte seine Spur, 1988; Gesch. v. Kleinen Mann u. d. Kleinen Frau, 1989.

SENGELEITNER, Richard

Prof., Gesangspädagoge - Ilsestr. 16a, 1000 Berlin 44 (T. 868 25 66) - Geb. 28. Juli 1903 Fürth/B. (Vater: Adolf K., Kaufm.; Mutter: Margarete, geb. Hübner), ev., verh. s. 1938 m. Else, geb. Pätzold, 2 Söhne (Jochen, Peter) - Akad. d. Tonkunst München (Gesang: Fritz Feinhals) - S. 1930 Opernsänger Hagen, Freiburg/Br., Danzig, Königsberg/Pr., Prag, Berlin (1935 Dt. Opernhaus); 1956-68 Doz. u. Prof. (1958) Musikhochsch. Berlin. Auslandsgastsp. Paris u. a. - Liebh.: Klavierspielen.

SENGER, Friedrich

Direktor u. Vorstandsmitgl. Wuppertaler Stadtwerke - Odenwaldweg 6a, 5600 Wuppertal 12 (T. 0202 - 40 03 84) - Geb. 22. Mai 1925 - verh. s. 1952, 1 Kd.

SENGER, Horst

Dr. rer. nat., Prof. f. Botanik u. Pflanzenphysiol. Univ. Marburg - Zum Neuen Hieb 45, 3550 Marburg/L. - Geb. 14. Aug. 1931 Hagen/W. - Promot. 1961 Göttingen; Habil. 1968 Marburg - S. 1971 Prof. - BV: The Blue Light Syndrome, 1980; Blue Light Effects in Biological Systems, 1984; Regulation of Chloroplast Differentiation (mit Akoyunoglou), 1986; Blue Light Responses: Phenomena and Occurence in Plants, 1987. Üb. 150 Facharb.

SENGER, Wolfgang

Regierungspräsident Bezirksreg. Hannover i. R. - Bürgermeister-Peters-Str. 34, 3410 Northeim.

SENGHAAS, Dieter

Dr. phil., Prof. - Freiligrathstr. 6, 2800 Bremen 1 (T. 23 04 36) - Geb. 27. Aug. 1940 Geislingen, verh. s. 1968 m. Ehefr. Eva, T. Tanja - Stud. d. Politikwiss., Phil., Gesch. Univ. Tübingen, Amherst/Mass., Frankfurt, Ann Arbor/Mich., Cambridge/USA; Promot. 1967 Frankfurt - 1970-78 Forsch.-gruppenleit. Hess. Stiftg. Friedens- u. Konfliktforsch., 1972-78 Prof. f. intern. Bezieh. Univ. Frankfurt/M. S. 1978 Prof. f. Sozialwiss. Univ. Bremen. Zahlr. Fachmitgl.sch. dt. u. intern. Friedens- u. Konfliktforsch. - BV u. a.: Abschreckung u. Frieden, 3. A. 1981; Aggressivität u. kollekt. Gewalt, 2. A.

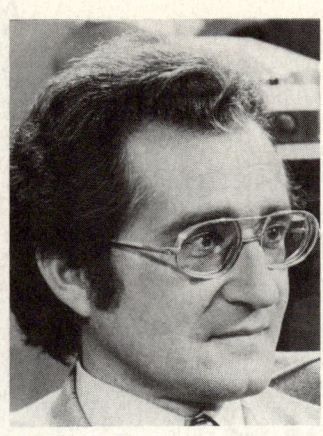

1972; Rüstung u. Militarism., 1972 (Span. 1975); Aufrüstung durch Rüstungskontrolle, 1972; Weltwirtsch.ordnung u. Entwicklungspol., 3. A. 1980; V. Europa lernen, 1982 (Engl. 1985, Span. 1985); D. Zukunft Europas, 1986; Europas Entwicklung u. d. Dritte Welt, 1986; Konfliktformationen im intern. System, 1988 - 1987 International Peace Research Award - Spr.: Engl., Franz., Span.

SENGLE, Friedrich

Dr. phil., em. Prof. f. Neuere dt. Literaturgesch. - Mittelfeld 3, 8031 Seefeld-Hechendorf (T. 08152 - 71 83) - Geb. 14. Nov. 1909 Tellicherry/Ind. (Vater: Paul S., Geistl.; Mutter: Johanna Schmid), verh. s. 1933 m. Elfriede, geb. Kurzitza - Univ. Tübingen, Berlin, Frankfurt/M. - 1934 Studienass. 1937 Assist., 1944 Doz. Univ. Tübingen, 1951 ao. Prof. Univ. Köln, 1952 o. Prof. Univ. Marburg, 1959 Univ. Heidelberg, 1965 Univ. München - BV: Wieland, 1949; D. dt. Geschichtsdrama, 1952; Arbeiten z. dt. Lit. (1750-1850), 1965; Lit. Formenlehre, 1967; Biedermeierzeit - Dt. Lit. im Spannungsfeld zw. Restauration u. Revolution 1815-48, 3. Bde. 1971-80; Literaturgeschichtsschreibung ohne Schulungsauftr., Werkstattberichte, Methodenl. Kritik, 1980; Aufs. z. Sozialgesch. d. klass. Weimar u. e. Reihe v. Goethestud. - 1965 Mitgl. Heidelbg., 1968 Bayer. (o.), 1972 Österr. (korr.) Akad. d. Wiss.

SENGLING, Dieter

Dr. phil., Prof. f. Erziehungswissenschaft Westf. Wilhelm-Univ. Münster - Staubenstr. 57, 4400 Münster - Geb. 29. Jan. 1936 Halle an der Saale, verh., 3 Kd. - Abit., Stud. d. German., Gesch., Erz.wiss.; Psych.; Promot. - Vors. Dt. Paritätischer Wohlfahrtsverb. Gesamtverb.; Vorst.-Mitgl. u. Hauptaussch.-Mitgl. Dt. Verein f. öfftl. u. priv. Fürsorge.

SENGPIEL, Ingeborg

Dr. rer. pol., Senatsdirigentin, stv. Generalsekr. Ständ. Konfz. d. Kultusminister d. Länder in d. BRD (s. 1972) - Nassestr. 8, 5300 Bonn (T. 50 11) - Geb. 13. April 1922 Berlin (Vater: August S., Studienrat; Mutter: Elsa, geb. Dröll), ev., led. - Schule u. Stud. Berlin. Dipl. Kfm. 1944; Promot. 1947 - 1944-48 Wiss. Hilfskraft u. Assist. WH u. Humboldt-Univ. Berlin; 1948-49 Wirtschaftsprüfungswesen; 1949-62 Ref. f. kulturelle u. kommunale Angelegenh. Ober- bzw. Reg. Bürgerm. Reuter, Schreiber, Suhr, Brandt; 1962-72 Leit. Abt. Wiss. u. Kunst, Hochsch. Berlin.

SENNHEISER, Fritz

Dr.-Ing., Prof., Fabrikant (Fa. Sennheiser electronic KG., Wedemark) - 3002 Wedemark 14 (T. 05130-60 02 99; Büro: 60 00) - Geb. 9. Mai 1912.

SENSE, Silke

Solo-Tänzerin - Nestorstr. 19, 1000 Berlin 31 - Geb. 25. Sept. 1963 - Berliner Tanzakad.: Schülerin v. Tatjana Gsovsky - Hauptrollen: La Sylphide, E. Volkssage, Daphne u. Cloe, Pavanne auf d. Tod e. Infantin, Sinfonie in D, Trois Gnoisiennes u. a. - Liebh.: Theater, Musik, Oper, Lit. - Spr.: Engl., Franz., Lat., Alt-Griech.

SENSEN, Wil(fried)

Prof., Maler u. Graphiker - Freiligrathstr. 112a, 5600 Wuppertal-Barmen (T. 62 64 34) - Geb. 1. April 1935 Wuppertal (Vater: Johann S., Chemigraph; Mutter: Adele, geb. Koch), verh. s. 1964 m. Grit, geb. Hofmann, 2 S. (Golo, Folko) - 1963-67 Werkkunstsch. Wuppertal (Graphik; Diplom-Designer) - S. 1964 Hochschullehrer (Dekan). Beirat Kunst- u. Museumsverein W'tal; Mitgl. Westd. Künstlerbd. Div. Ausstell. In- u. Ausl. - BV: Atoll-Details (Mappe m. 10 Prägedrucken) - 1980 Preis f. d. Gestalt. e. Mauer (Kunst in Fußgängerbereichen); 1982 grand prix awards of space 2nd intern. miniatur print exhibition, seoul, korea; 1984 grand prix 3rd intern. miniatur print exhibition, seoul, korea.

SENZ, Josef Volkmar

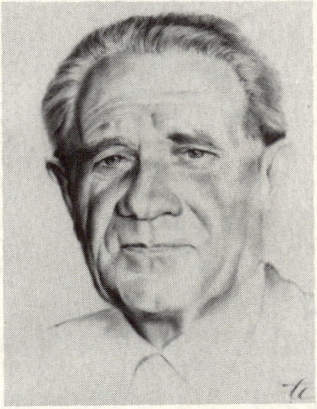

Landesschulrat a. D., Schriftsteller - Dr.-Heiß-Str. 38, 8440 Straubing (T. 09421 - 6 24 68) - Geb. 22. Febr. 1912 Apatin/Abthausen (Vater: Franz S., Handw.; Mutter: Anna, geb. Baumgartner); kath., verh. s. 1935 m. Margarethe, geb. Ams, 5 Kd. (Ingomar, Sieglinde, Elke Ortrun, Reinhard, Ingrun) - Päd.Ausb. Sombor (Dipl. 1931, Staatsprüf. 1934) - Lehrtätig.; s. 1941 Hauptabt.leit. u. Schulrat Landesschulamt. 1947 Gründ., 1952-80 gf. Vors. AG Donauschwäb. Lehrer; 1978 Gründ. Donauschwäb. Kulturstftg. - BV: Kurze Gesch. d. Donauschwaben, 1940; Volksdt. Schulerzieh. in Ungarn, 1943; Apatin u. d. Apatiner, 1949; Gesch. d. Donauschwaben, 1955; Apatiner Heimatb., 1966; D. Schulwesen d. Donauschwaben im Kgr. Jugoslawien, 1969; Wir bleiben dem Strom verbunden, 1977; Donauschwäb. Lehrer- u. Forschungsarbeit, 1973; Dt.-serb. schul. Miteinander, 1979; Donauschwäb. Siedlungsgeb., 1974; Bayer. Donauschwaben - donauschwäbische Bayern, 1979; D. Donaufischerei bei Apatin, 1976; D. Deutschen i. Batscherland, 1984; D. Apatiner Bürgerschule, 1984; Familienregister Apatin-Abthausen, 1986; Gesch. d. Donauschwaben, 1987, 4. A. 1988, 5. A. 1989; Festschr. 40 J. ADL 1947-87, 1987. 1949-88 Schriftl. Apatiner Heimatblätter, Straubing; 1955-76 Schriftl. Donauschwäb. Lehrerblätter - 1978 BVK a. Bde.; 1974 Ehrenbürger Apatiner G.; 1981 Donauschwäb. Kulturpreis Land Baden-Württ.; 1981 Ehrenvors. d. ADL München; 1982 Adam Müller-Guttenbrunn-Plak. Südostdt. Kulturwerk München; 1982 Prinz Eugen-Med. Wien; 1983 Ehrenzeichen in Gold - Donauschwaben in USA; 1987 Ehrenobm. d. Apatiner Gem.; 1988 Ehrenvors. Donauschw. Kulturstftg. - Spr.: Serbokroat., Ungar. - Lit.: Georg Wildmann; Entw. u. Erbe d. donauschwäb. Volksstammes, Festschr. f. J. V. S.

SEPPELFRICKE, Hans-Wilhelm

Dr. rer. pol., Dipl.-Kfm., Geschäftsführer - Reinersweg 20, 4650 Gelsenkirchen (T. 0209 - 3 91 19) - Geb. 15. Febr. 1933 Gelsenkirchen, kath., verh. s. 1960 m. Gertrud, geb. Tolksdorf, 3 Kd. - Stud. Univ. Marburg, München; Promot. Graz - Vizepräs. IHK Münster; Vors. Arbeitgeber-Verb. Emscher-Lippe, Gelsenkirchen - Spr.: Engl.

SEQUENZ, Claus

Dr., Hauptgeschäftsführer Bundesverb. d. Dt. Farben-Tapeten-Bodenbelagsgroßhandels e. V. - Geibelstr. 46, 4000 Düsseldorf-Grafenberg (T. 68 49 84).

SERICK, Rolf

Dr. jur., em. Prof. f. Bürgerl. Recht, Handels-, Ausl. Privatrecht, Rechtsvergl., Direktor Inst. f. ausl. u. intern. Privat- u. Wirtschaftsrecht Univ. Heidelberg - Kleingemünder Str. 71, 6900 Heidelberg-Ziegelhausen (T. Heidelberg 80 04 44) - Geb. 30. Juni 1922 Göppingen/Württ. (Vater: Willy S., Finanzbeamter; Mutter: geb. Behrends), verh. 1956 m. Dr. Lucia, geb. Schottlaender, 3 Kd. (Andrea, Barbara, Konrad) - Univ. Tübingen u. Wien - 1949-56 wiss. Ref. Max-Planck-Inst. f. ausl. u. intern. Privatrecht Tübingen; s. 1953 (Habil.) Lehrtätig. Univ. Tübingen u. Heidelberg (1956 Ord.). Honorarprof. Univ. Stuttgart - BV: Rechtsform u. Realität jurist. Personen, 1955 (auch span. u. ital.), 2. A. 1980; Durchgriffsprobleme b. Vertragsstörungen, 1959; Eigentumsvorbehalt u. Sicherungsübertrag., 6 Bde. 1963-86, Bd. II, 2. A. 1986; Mobiliarsicherheiten in Insolvenzrechtsreform, 1987; Dt. Mobiliarsicherheiten, Aufriß u. Grundgedanken: Vorl. u. Vortr. a jap. Univ. sow. f. Praktiker, 1988. Mithrsg.: Handels- u. Wirtschaftsrecht d. Länder d. Gemeins. Marktes, Bd. I 1963; Rechtsvergleichung u. -vereinheitl. - Festschr. z. 50j. Bestehen d. Inst. f. ausl. u. intern. Privatrecht d. Univ. Heidelberg, 1967; Abh. z. Arbeits- u. Wirtschaftsrecht, 1973; Herausg.beirat Ztschr. f. Wirtschaftsrecht u. Insolvenzpraxis. Zahlr. Einzelarb.

SERING, Paul
s. Löwenthal, Richard

SERNETZ, Manfred

Dr. med. vet., Prof. f. angew. Biochemie u. klin. Labor-Diagnostik Univ. Gießen - Amselweg 15, 6301 Krofdorf-Gleiberg (T. 0641 - 8 24 88) - Geb. 29. April 1936 Brünn (Vater: Alfred S., Tierarzt; Mutter: Käthe, geb. Schmeer), kath., verh. s. 1966 m. Marianne, geb. Dunsche, 2 Kd (Friedrich, Elisabeth) - Gymn. Fulda (Abit. 1957); 1957-62 Stud. Univ. Gießen, Promot. 1963 - 1963-68 Wiss. Assist. Biochemie Univ. Gießen; 1969-74 Battelle-Inst. Frankfurt; 1971 Pacific-Northwest Lab. Richland, Wash./USA; 1974 Prof. Angew. Biochemie Univ. Gießen. Üb. 50 Facharb. Forsch.geb.: Biotechnologie, Bioreaktoren, fraktale Strukturen - Spr.: Engl., Franz.

SERVAS, Erhard

Fabrikant (Servas-Schuhe) - Leiterstal 5, 6782 Rodalben/Pfalz (T. 06331-5 10 42) - Geb. 2. Nov. 1930 Rodalben (Vater: Ferdinand S., Schuhfabr.; Mutter: Elisabeth, geb. Fundstein), kath., verh. s. 1955 m. Annemarie, geb. Fischer, 3 Kd. (Michaela, Christa, Felix) - Schule Rodalben, Jesuiten Kolleg St. Blasien, Handelssch., 2 J. Amerikaaufenth. - Vorst.-Vors. Schuhunion AG, Zweibrücken, Beiratsmitgl. Dt. Bank, Mannheim - Liebh.: Segeln, Golf - Segelgruß: Gr. Küstenfahrt B-K, 1969 DHV Hansa Hamburg - Spr.: Engl., Franz.

SERVATIUS, Bernhard

Dr. jur., Prof., Rechtsanwalt - Rondeel 5, 2000 Hamburg 60 - Geb. 14. April 1932 Magdeburg, kath., verh. s. 1985 m. Ingeborg, geb. Voelter - Philosophicum 1951; 1. u. 2. jurist. Staatsex. 1954 u. 1955; Promot. 1957 - AR-Vors. Axel Springer Verlag AG; Vors. d. Testamentsvollstr. Axel Springer; Gesellsch. u. Geschäftsf. Axel Springer Ges. f. Publizistik GmbH & Co.; Prof. an d. Hochsch. f. Musik u. Darst. Kunst (Bühnenrecht); Vors. bzw. Mitgl. versch. Stiftg.-Kurat. u. -räte (u. a. Stifterverb. f. d. Dt. Wiss.) - Österr. Ehrenkreuz f. Kunst u. Wiss. I. Kl.; VO Land Salzburg in Gold; BVK I. Kl.; u. a. - Spr.: Engl.

SESAR, Klement

I. Bürgermeister - Rathaus, 8922 Peiting/Schongau; priv.: Tegelbergstr. 2 - Geb. 25. Juni 1934 Peiting - Zul. Oberstudienrat. CSU.

SESEMANN, Heinrich

Dr. phil., Prof., Erziehungswissenschaftler, FU Berlin, Lehrbeauftr. Kunsthochsch. Berlin/Abt. Kunstpäd. (s. 1950) - Olafstr. 71, 1000 Berlin 28-Hermsdorf (T. 404 72 32) - Geb. 14. Jan. 1902 Erfurt (Vater: Hermann S., Rechnungsrat; Mutter: Luise, geb. Morgenroth), ev., verh. in 3. Ehe (1958) m. Lieselotte, geb. Pfitzenreuter, 3 Kd. (Inken, geb. 1932; Karen, 1937; Hinrich, 1942) - Gymn. Erfurt; Lehrersem. ebd.; Univ. Heidelberg, München, Jena, Berlin (Phil., Gesch., Med., Psych., Erziehungswiss.). Beide Volks- u. Mittelschullehrerprüf.; Promot. 1928 (Jena) - Ab 1922 Lehrer Volkssch. u. Landerziehungsheime, Univ.sassist., 1939-45 Wehrdst. (Kriegsoffz.; Psychologe), 1945-1967 Lehrerbild. Thüringen, Hessen (1947), Berlin (1948 Päd. Hochsch.; ao. Prof.) - BV: D. Kerl- (Mutter-) u. d. Schalk- (Hetären-) Typus, 1928, 2. A. 1938; D. Vergesellschaft. v. Kindern in d. Unterrichtsarbeit, 1933; Kurzgefaßte, allg. Anleit. z. Aufstell. v. Beurt. v. Mädchen u. Frauen, 1944 (OKL); Grundsätzliches z. Kern- u. Kursunterr. im Bild.- plan d. Berliner Schule (Zs. Wege zu neuer Erz. 1), 1950; Die Auslese z. Lehrerberuf (ebd. 1), 1950; Inn. Schulreform u. Bild.plan (Päd. Bl. 4), 1953; Schulkindergarten im Berliner Schulwsen (ebd. 4), 1953; Gedanken z. Erziehungsbild. (ebd. 6), 1955; MHZ: Päd. Bl. 1953-56.

SESSAR, Klaus

Dr. jur., Prof. f. Kriminologie Univ. Hamburg - Heidenkenweg 67, 2000 Hamburg 65 - Geb. 1937, verh. m. Dr. Ellen Sessar-Karpp, 2 Kd. - Univ. München, Freiburg u. Boston; Promot. 1971 Freiburg, M.A. (Soziol.) 1972 Boston, Habil. 1980 Freiburg - 1980 Privatdoz. Univ. Freiburg; 1982 o. Prof. Univ. Hamburg (Kriminol., Jugendstrafrecht, Strafvollzugsrecht). Délégué national f. d. Bundesrep. Deutschl. b. d. Société Intern. de Criminologie (Paris) - BV: D. Freiheitsstrafe im Strafrecht Frankreichs, 1973; Rechtl. u. soz. Probl. e. Definition d. Tötungskriminalität, 1981; Wiedergutmachung od. Strafe, 1989 - Spr.: Franz., Engl.

SESSELMANN, Sabina

Schauspielerin - Heimgartenstr. 7, 8132 Tutzing - Geb. 13. Aug. 1936 München (Vater: Maximilian S., Kaufm.; Mutter:

Luise, geb. Karl), kath., gesch., 2 Töcht. (Caroline, Stephanie) - St.-Anna-Sch. München; 2 Sem. Kunstgesch.; 1956-58 Max-Reinhardt-Sch. Berlin (Diplom) - Filme (u. a. Madeleine: 13 62 11, E. Lied geht um d. Welt, Kriegsgericht, Le Bossu, Brücke d. Schicksals, On Information Received, 3 × Edgar Wallace) u. Fernsehsp. Bühnenrollen in Berlin, Basel u. München - Spr.: Engl., Franz., Ital.

SESSLER, Gerhard

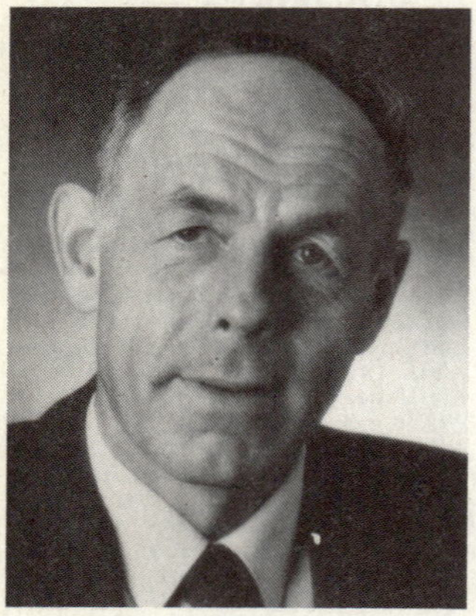

Dr. rer. nat., Prof. f. Elektroakustik TH Darmstadt (s. 1975) - Merckstr. 25, 6100 Darmstadt (T. 16 28 69) - Geb. 15. Febr. 1931 Rosenfeld (Vater: Dr. Martin S., ORegVetR; Mutter: Else, geb. Fischer), ev., verh. s. 1961 m. Renate, geb. Schulz, 3 Kd. (Cornelia, Christine, Gunther) - Stud. d. Physik Univ. Freiburg/Br., München, Göttingen; Promot. 1959 ebd. - 1959-75 Bell Laboratories (Gruppenleit. Forsch.), s. 1975 o. Prof. TH Darmstadt (1976/77 Dekan FB Elektr. Nachrichtentechnik), s. 1984 Vors. Dt. Arbeitsgemeinschaft f. Akustik. Erfind. Elektret-Kondensatormikrofon (1962). In- u. ausl. Fachmitgl.sch. - BV: Electrets, 1980, 2. A. 1987; rd. 150 Fachveröff. - 1970 Callinan Award Electrochem. Soc.; 1971 Senior Award IEEE; 1977 Fellow IEEE; 1986 Thomas W. Dakin Award/IEEE Dielectrics and Electrical Insulation Society (alle USA) - Liebh.: Astronomie, Tennis, Ski - Spr.: Engl.

SESTERHENN, Klaus

Dr. med., Prof. f. Hals-Nasen-Ohrenheilkd. St. Anna-Krkhs., Duisburg-Huckingen - Am Heidberg 52, 4100 Duisburg 25 - Geb. 31. März Köln (Vater: Joseph S., Dr. Ing., Dipl.-Ing.; Mutter: Andrea, geb. Esser), kath., verh. s. 1969 m. Dorothee, geb. Piedmont, 4 Kd. (Andreas, Christian, Eva, Bettina) - Stud. Univ. Köln (Staatsex. 1964, Promot. 1969, Habil. 1978) - 1982-87 Prof. Univ.-Krkhs. Hamburg-Eppendorf; s. 1987 Chefarzt HNO-Abt. d. St. Anna-Krkhs. Duisburg-Huckingen. Üb. 60 Fachpubl. - Spr.: Franz., Engl.

SETHE, von, Berthold

Dipl.-Volksw., kaufm. Angestellter - Hans-Sachs-Str. 9, 8033 Krailling (T. 089 - 859 99 96) - Geb. 1. März 1940 Heinrichsdorf/Pommern (Vater: Christoph S., Landw. u. Portraitist; Mutter: Gisela, geb. v. Eberhardt), ev., verh. s. 1970 m. Ingeborg, geb. Grab, T. Benita - Abit. 1959 Bad Aussee; 1962-69 Stud. Volksw. Innsbruck/Österr. (Dipl.-Volksw.) - 1969-82 DEMAG (Niederlassungsleit. f. Baumasch. München, Geschäftsf. Österr., Exportleit. Drucklufttechnik); s. 1982 Flugzeugverkauf, zun. Gulfstream Commander u. s. 1983 Dornier 228 f. Nordeuropa - 1982 Rechtsritter d. Johanniterordens - Liebh.: Fliegen, Jagd, Golf - Spr.: Engl., Franz.

SETTGAST, Jürgen

Dr. phil., Prof., Direktor Ägypt. Museum, Berlin (s. 1968) - Sophie-Charlotten-Str. 59, 1000 Berlin 19 - Geb. 21. März 1932 Wismar - 1960-68 Deutsches Archäol. Inst., Kairo - BV: Unters. z. altägypt. Bestattungsdarstell., 1963.

SETZ, Wolfram

Dr., Geschäftsführer Monumenta Germaniae Historica - Ludwigstr. 16, 8000 München 34.

SETZKE, Gerd F. G.

Grafik-Designer (BDG, ICTA), Direktor u. Dozent Kunstsch. Alsterdamm, Hamburg (s. 1946), - Leinpfad 12, 2000 Hamburg 39 (T. 47 23 96) - Geb. 3. Aug. 1912 Hamburg, verh. s. 1946 m. Anniclair, geb. Nels - Typograph. Ausbild. Broschek & Co.; Stud. Gebrauchsgrafik b. Prof. Meier-Thur - Zahlr. Veröff. u. Ausstell. im In- u. Ausl. - Zahlr. intern. Preise u. Auszeichn., u. a. v. d. Vereinten Nationen.

SEUBERT, Franz

Techn. Dipl.-Volksw., Direktor, Vorst. Bad. Gas- u. Elektrizitätsversorgung AG, Lörrach - Breslauer Str. 29, 7850 Lörrach/Baden (T. 40 23 23) - Geb. 19. Nov. 1926 Büchenau/Baden, kath., verh. s. 1953 m. Gerda, geb. Dittrich, 2 Kd. (Thomas, Ursula) - Gymn. u. TH Karlsruhe (Diplomprüf. techn.) - Vorst.-Mitgl. Bundesverb. d. dt. Gas- u. Wasserwirtsch. Bonn.

SEUFERLE, Walter

Dr., Dipl.-Volksw., Geschäftsf. Wüstenrot-Holding, u. Bausparkasse Gemeinschaft d. Freunde Wüstenrot gemeinn. GmbH - Eugen-Nägele-Str. 27, 7140 Ludwigsburg (T. 07141 - 8 94 90) - Geb. 22. Nov. 1928 Leonberg (Vater: Karl S., Präs.; Mutter: Marie, geb. Fischer), ev., verh. s. 1957 m. Johanna, geb. Flämig, 2 Kd. (Johannes, Christoph) - Gymn.; Stud. Univ. Tübingen (Wirtschaftswiss. u. Soziol.), Dipl.-Volksw. 1956 ebd. - Dipl. von versch. AR in d. Finanz- u. Wohnungswirtsch. - Spr.: Engl.

SEUFERT, Karl Rolf

Studiendirektor, Schriftst. (Ps. Charles Hallgarten) - Hallgartener Pl. 12, 6227 Oestrich-Winkel 3 (T. 06723 - 21 44) - Geb. 1. Dez. 1923 Frankfurt/M., verh. s. 1952 m. Christine Hölzer, 2 Kd. (Ilse, Rudolf) - Stud. German. u. Gesch. - BV: u.a. Pfad d. Tränen, 1980; D. Großen d. Welt, 3 Bde. 1980-84; ... ist ein feins Ländlein. E. Kulturgesch. d. Rheingaus v. d. Anfängen b. z. Gegenwart, 1983; D. Großen d. Glaubens, Biogr. 1986; D. Großen d. Bibel, Biogr. 1987; Unter d. Hügeln d. Gold, 1987; Sie kamen v. Mitternacht, 1988; insg. 22 Veröff. - 1962 Friedrich-Gerstäcker-Preis; 1965 Kurt-Lütgen-Sachb.-Preis; zweimal Buch d. Monats (Bundesrep. Dtschl., Frankr.) - Lit.: Lexikon deutschspr. Schriftst., DDR; Abenteuerlexikon.

SEUFFERT, Brigitta

Journalistin, Schriftst. (Ps.: Gitta von Cetto) - Capoliveri/Elba (Italien) - Geb. 6. Febr. 1908 Landsberg/Lech, kath., verw., 2 Kd. - Realgymn. - Feuill.: D. kl. Welt (1943), Er (1943, NA. 1953); R.: Zwei um Pitta, Wilde Ehe, Schloß mit sieben Siegeln, Stefanie (verfilmt 1958), Schwache Frau, Frauen im Zwielicht, Im Schatten der Anderen, Teresa, Denn sie haben keine Zeit, Wer liebt, hat Ärger u. a.

SEUFFERT, Otmar

Dr. rer. nat., o. Prof. f. Geographie (Bodengeographie, Geomorphologie, Geoökodynamik) TH Darmstadt (s. 1977) - Lessingstr. 19, 6140 Bensheim-Auerbach - Geb. 8. Febr. 1933 Kitzingen (Vater: Josef S., Schriftsetzer; Mutter: Elise, geb. Keller), kath., verh. s. 1958 m. Miesje, geb. Heutink, 3 Kd. (Bianca, Gabriele, Ursula) - Stud. d. Geogr. Univ. Würzburg; Promot. 1958 ebd. - 1970-1977 Wiss. Rat u. Prof. TU Braunschweig - BV: Formungsstile i. Relief d. Erde, Braunschweig, 1976. Herausg. Ztschr. Geoökodynamik. Mitherausg. Darmstädter Geograph. Stud. - Spr.: Engl., Ital., Niederl.

SEUFFERT, Walter

Vizepräsident Bundesverfassungsgericht, Karlsruhe (1967-75, Vors. 2. Senat) - Peretshofener Str. Nr. 1, 8000 München 71 (T. 79 55 50) - Geb. 4. Febr. 1907 Rahway, N. J./USA., kath., verh. - Realgymn. Darmstadt; Univ. Heidelberg, Frankfurt/M., München (Rechts- u. Staatswiss.) - 1932 Rechts- u. Fachanw. f. Steuerrecht München, 1940 vorübergeh. Schutzhaft, 1941-46 Wehrdst. u. franz. Gefangensch., 1948-49 Mitgl. Frankfurter Wirtschaftsrat, 1949-67 MdB, 1964-67 Mitgl. Europ. Parlament, SPD s. 1947 - 1963 Gr. BVK, 1968 Stern u. Schulterbd.

SEUL, Helmut

Dr. jur., Generalbevollmächtigter Hess. Pelz- u. Bekleidungs-Ges. mbH., Frankfurt, Vors. Fachverb. Pelzbekleidungsind., Präs. Akad. f. Modeforsch., stv. Vors. Arbeitgebervereinig. d. Dt. Rauchwaren- u. Pelzwirtschaft, Vorstandsmitgl. Verb. d. Dt. Rauchwaren- u. Pelzw., AR-Vors. Pelzkredit GmbH., AR-Mitgl. Frankf. Rauchwaren-Messe GmbH. ebd. - Kösliner Weg 7, 6380 Bad Homburg v.d.H. - Geb. 1. Mai 1914.

SEUL, Hermann

Dr.-Ing., Generaldirektor, Vorstandsmitgl. Gesamtverb. kunststoffverarb. Industrie, Frankfurt/M. (s. 1950) - Burg, 5351 Kommern b. Euskirchen - Geb. 20. Okt. 1907 Krefeld - S. 1944 Vorstandsmitgl. u. -vors. (1957) Isola Werke AG., Düren.

SEUREN, Günter

Schriftsteller - Grimmelshausenstr. 3, 8000 München 80 - Geb. 18. Juni 1932, kath., ledig - Abit. - Journ.; Filmkritiker; fr. Schriftst. - BV: Romane: D. Gatter (Übers. in Franz., Schwed., Poln. u. Russ.), Lebeck, D. Kannibalenfest, D. Abdecker, D. fünfte Jahreszeit; D. Asche d. Davidoff; Nov.: Abschied von e. Mörder, D. Angriff; Lyrik: Winterklavier f. Hunde, D. Jagdherr liegt im Sterben. Hörsp. u. Drehbücher f. FS-Filme - Förd.pr. f. Lit. Land NRW; 1967 Georg-Mackensen-Pr. f. d. beste Kurzgesch. - Liebh.: Kino - Spr.: Engl., Franz.

SEUSING, Johannes

Dr. med., Prof., Chefarzt Innere Abt. Henriettenstift, Hannover - Koblenzer Str. 8, 3000 Hannover (T. 80 27 02) - Geb. 20. März 1920 Westhausen/Thür. - S. 1956 (Habil.) Privatdoz. u. apl. Prof. (1962) Univ. Kiel (Inn. Med.). Facharb. - Spr.: Engl. - Rotarier.

SEUSS(ß), Wilhelm

Dr., Prof., Wirtschaftsredakteur - Zu erreichen üb.: Frankfurter Allgemeine Zeitung, Postf. 2901, 6000 Frankfurt/M. 1 - Geb. 13. Febr. 1921 Pfalz - Stud. Nationalök., Bankausbild. - S. 1958 FAZ. B. 1971 Lehrbeauftr., 1975 Honorarprof. Univ. Frankfurt (Individualversich.) - BV: Versicherung als Geldanlage, D. Buch v. Geld.

SEUSTER, Horst

Dr. agr., Dipl.-Landw., o. Prof. f. landw. Betriebslehre Univ. Gießen (s. 1971; 1976 u. 85 Dekan) - Bornhöll 15, 6304 Lollar (T. 06406 - 34 35) - Geb. 3. Jan. 1930 Rölvede/Wf. (Vater: Ernst S., Kaufm.; Mutter: Luise, geb. Kritzler), ev., verh. s. 1957 m. Luise, geb. Disselhoff, T. Dagmar - Promot. 1957 Gießen; Habil. 1965 - 1970 apl. Prof. Gießen. S. 1969 gf. Dir. Inst. f. ländl. Genoss.wesen Gießen - BV: D. funktionelle Ablauf im landw. Betrieb, 1966; Landwirtschl. Betriebslehre, 1966; D. Finanzierung d. landw. Betriebes, 1969 - Spr.: Engl.

SEVERIN, Hans

Dr. rer. nat., em. o. Prof. f. Hoch- u. Höchstfrequenztechnik, Mikrowellenphysik u. -technik, elektromagnet. Wellen, Ausbreitungsprobl. - Eicklöhken 21, 4322 Sprockhövel 1 (T. 02324 - 7 33 55) - Geb. 6. Mai 1920 Grafenwöhr/Oberpfalz (Vater: Ludwig S., Offizier, zul. Major; Mutter: Grete, geb. Hensel), verh. 1945 m. Ruth, geb. Zinke - Gymn. Amberg; Hochsch. f. Lehrerbild. Bayreuth; Univ. Göttingen (Physik, Math., Chemie). Promot. (1943) u. Habil. (1954) Göttingen - S. 1954 Lehrtätigk. Univ. Göttingen, Hamburg (1957; 1960 apl. Prof.), Bochum (1965 Ord., 1966-68 Dekan Abt. Elektrotechn.); 1985 emerit. 1980-82 Vors. Fakultätentag f. Elektrotechnik; 1952-53 Mitarb. PTT, Bern (Schweiz); 1955/56 Mitarb. RCA, Princeton (USA); 1957-65 Abt.leit. u. Prok. • Philips Zentrallabor. GmbH, Hamburg. Kriegsdst. Üb. 70 Fachveröff. - 1970 Fellow IEEE, 1973 Mitgl. Rotary International, 1983/84 Präs. RC Hattingen - Spr.: Engl.

SEWERING, Hans Joachim

Dr. med., Dr. h. c., Prof., Internist (Lungen- u. Bronchialheilkunde), Präs. Bayer. Landesärztekammer, München (s. 1955), Vors. Kassenärztl. Vereinig. Bayerns, München (s. 1972), Mitgl. Bayer. Senat, München (s. 1971) - Mühlbaurstr. 16, 8000 München 80 (T. 41 47-1); priv.: Am Oberanger Nr. 14, 8060 Dachau/Obb. (T. 7 10 77) - Geb. 30. Jan. 1916 Bochum (Vater: August S., Ing.; Mutter: geb. Zill), verh. - Univ. München u. Wien - S. 1968 Honorarprof. TU München (Sozialmed., ärztl. Rechts- u. Berufskunde) - 1975 Gr. BVK, 1981 Stern dazu, 1986 Stern u. Schulterband dazu; Gr. VO. Rep. Italien, Bayer. VO., Bayer. Staatsmed. f. soz. Verdienste, Bayer. Verfassungsmed. in Silber - Liebh.: Jagd.

SEWING, Karl-Friedrich

Dr. med., Prof. f. Pharmakologie - An der Quelle 17, 3000 Hannover 72 (T. 0511-51 35 55) - Geb. 11. Okt. 1933 Recklinghausen (Vater: Gustav S., Lehrer; Mutter: Magdalene, geb. Hinselmann), ev., verh. s. 1967 m. Barbara, geb. Meder, 2 Kd. (Annette, Axel) - Gymn. Petrinum Recklinghausen (Abit. 1954), Univ. Freiburg (Med., Staatsex. 1959, Promot. 1959), Univ. Tübingen (Habil. Pharmakol. u. Toxikol. 1968) - 1961-68 Wiss. Assist., Univ. Tübingen, 1968-72 Priv.-Doz. Univ. Tübingen, 1972-80 Prof. ebd., s. 1980 Leit. Abt. Allg. Pharmakol. Med. Hochsch. Hannover - BV: Pharmakol. Fibel (m. F. Lembeck), 1962 u. 1973 (Übers. Engl. u. Japan.); Beitr. in Sammelw. - Spr.: Engl.

SEXAUER, Kurt

Wirtschaftsjurist, Inh MMC-Unternehmensberatungsgruppe - Birkenweg 33, 5064 Rösrath (T. 02205 - 10 33) - Geb. 28. Juni 1927 Karlsruhe (Vater: Otto S., Bundesbahnpräs. a. D.; Mutter: Gertrud, geb. Henninger), ev., verh. s. 1960 m. Karin, geb. Scharrer, 2 Kd. (Monika, Bernd). Stud. Univ. Freiburg u. Heidelberg (Rechtswiss.) - 1959-64 Leit. Krupp-Zentralpersonalabt., 1964-69 Personaldir. Klöckner-Humboldt-Deutz, s. 1970 eigene Firma - Jährl. Gold. Sportabz. - Liebh.: Jagd, Tennis, Bergsteigen - Spr.: Franz., Engl.

SEXAUER, Michael

Rechtsanwalt, MdL Baden-Württ. (s. 1976) - Moserstr. 5, 7000 Stuttgart 1 - Geb. 10. Dez. 1936 Stuttgart, verh., 2 Töcht. - Stud. Rechtswiss. Gr. jurist. Staatsprüf. - Anwaltspraxis. 1975-76 Ratsmitgl. Stadt Stuttgart. Vors. Mieterverein Stuttgart. SPD s. 1961 (div. Funkt.).

SEYBOLD, Annemarie,

geb. Brunnhuber

Dr. phil., Prof. f. Sportdidaktik - Schlegelstr. 17, 8500 Nürnberg 20 (T. 59 15 52) - Geb. 18. Mai 1920 Nürnberg, kath., verh. s. 1946 m. Dr. Heinz Seybold, 3 Kd. (Ursula, Annette, Hans) - Univ. Erlangen u. München (German., Leibeserz.), 1. u. 2. Staatsprüf. - Lehrtätigk. Univ. Erlangen, Köln, München, Nürnberg u. im Ausl. (Südamerika) - BV: D. Prinzipien d. mod. Päd. in d. Leibeserz., 1973; Didakt. Prinzipien d. Leibeserz., 1974 (beide span. u. portug. Übers.); Schulgymn., I u. II, 1976 (ital. u. japan. Übers.); Sportunterricht in d.

Grundsch., 1981 - 1954 Carl-Diem-Preis, 1980 Hans-Groll-Plak. Wien.

SEYBOLD, Detlef

Dr. med., Prof., Chefarzt Med. Klinik Krankenhaus Hohe Warte, Bayreuth - Schliemannstr. 3, 8580 Bayreuth (T. 0921 - 3 03 58) - Geb. 24. Sept. 1939 Berlin - Stud. Univ. Göttingen, Heidelberg u. München - 1966-74 Tätigk. Med. Klinik Univ. Marburg; 1974-83 Klinikum Nürnberg u. Inst. f. Nephrol. Univ. Erlangen-Nürnberg.

SEYBOLD, Eberhard

Dr. phil., Redakteur (Lit.-, Film- u. Fernsehkritik) - Habsburgerallee 41, 6000 Frankfurt am Main 60 (T. 44 77 54) - Geb. 23. Febr. 1937 Frankf. (Vater: Josef S., Angest.; Mutter: Helga, geb. Radatz), ev., verh. m. Gabriele, geb. Nicol - Stud. Univ. Frankf., Mainz, Heidelb. (Lit.wiss., Kunstgesch.). Promot. 1965 - BV: D. Genrebild in d. dt. Lit., 1967 - Spr.: Engl., Franz.

SEYBOLD, Gerhard

Dr. med., Prof., Chefarzt Innere Abt. Robert-Bosch-Krankenhaus Stuttgart - Fleckenweinberg Nr. 34a, 7000 Stuttgart (T. 85 50 66) - Geb. 26. Febr. 1918 Böblingen - Promot. 1944 Freiburg; Habil. 1956 Tübingen - S. 1956 Privatdoz. u. apl. Prof. (1963) Univ. Tübingen. Hauptarbeitsgeb.: Nierenkrankh., Rheumatologie. Viele Fachveröff.

SEYBOLD, Michael

Dr. theol., Lic. phil., o. Prof. f. Dogmatik - Klostergarten 31, 8078 Eichstätt (T. 13 73) - Geb. 1. Okt. 1933 Ensdorf/Opf. (Vater: Johann S.), kath. - S. 1966 (Habil.) Lehrtätigk. Univ. München, Phil.-Theol. Hochsch. bzw. Kath. Univ. Eichstätt; 1973-78 Konsultor Sekretariat f. d. Nichtglaubenden, Rom/Vatikan - BV: Sozialtheol. Aspekte d. Sünde b. Augustinus, 1963; Glaube u. Rechtfertigung b. Thomas Stapleton, 1967; Offenbarung in d. Frühscholastik, 1971; Gnade u. Heil, 1973. Mithrsg. Handb. d. Dogmengesch.; Eichstätter Studien N.F.; Extemporalia (Fragen d. Theol. u. Seelsorge).

SEYDLITZ-KURZBACH, von, Friedrich-Wilhelm

Dr. rer. pol., Aufsichtsratsvorsitzender Paul Hartmann AG (s. 1980) - 7920 Heidenheim/Brenz (T. 07321 - 34 51) - Geb. 2. Aug. 1914 Berlin, ev., verh. s. 1942 m. Hilde, geb. Zappe - WH Mannheim. Dipl.-Kfm. 1949; Promot. 1952 - 1953-58 Dr.-Ing. Otto Bredt Wirtschaftsprüfungs-GmbH, Hannover (Prokurist); 1958-60 H. F. & Ph. F. Reemtsma, Hamburg (Mitgl. d. Geschäftsfg.); 1960-67 Telefunken AG, Berlin (Marketing; Vorst.-Mitgl.); 1968-79 Paul Hartmann AG, Heidenheim (Vorst.-Mitgl., ab 1974 Vorst.-Vors.). Versch. AR-Mandate. 1978ff. Ehrenvors. Bundesverein. Verbandstoffe u. Med. Hilfsmittel; Mitgl. d. Stiftungsrates Stiftg. Dt. Heilstätte Davos u. Agra - 1980 BVK I. Kl. - Spr.: Engl.

SEYFARTH, Constans

Dr. phil., Prof. f. Soziologie Univ. Tübingen - Doblerstr. 31, 7400 Tübingen (T. 07071 - 2 75 49) - Geb. 9. Febr. 1941 Kiel (Vater: Dr. phil. Helmut H. G. S.), verh. s. 1980 m. Dr. Elisabeth, geb. Konau, S. Felix Constantin - Promot. 1969 München; Habil. 1980 Frankfurt - S. 1981 Prof. in Tübingen.

SEYFFERT, Wilhelm

Dr. agr., o. Prof. f. Genetik - Auf d. Morgenstelle 28, 7400 Tübingen - Geb. 8. März 1924 Masserberg/Thür. (Vater: Dr. Willy S.; Mutter: Hildegard, geb. Schiller), verh. 1951 m. Doris, geb. Schmidt - Promot. (1954) u. Habil. (1959) Berlin - S. 1959 Lehrtätigk. TU Berlin, Köln (1960), Tübingen (1965 Ord.). Fachveröff.

SEYFRIED, Jürgen

Dr., Apotheker, Geschäftsführer Hans Schwarzkopf GmbH., Hamburg - Grasweg 2 b, 2055 Aumühle (T. 04104-58 42) - Geb. 3. Jan. 1931 Mannheim (Vater: Dr. Urban S., Dozent; Mutter: Ly, geb. Otterbeck), kath., verh. s. 1962 m. Karin, geb. Veldung, 2 Kd. (Patrick, Anja) - 1950-60 Univ. Mainz (Pharm., Med. u. organ. Chemie), Apotheker - 1960 Hoechst AG. Frankfurt, 1963-64 Berater Gesundheitsmin. Kabul/Afghan., 1965-68 Techn. Leit. Türk Hoechst Istanbul, 1968-70 Techn. Leit. Hoechst Pakistan Karachi u. Chittagong, 1970-72 Vorst.-Assist. (Pharma u. Kosmetik) Hoechst AG., 1972 Prok., 1972-79 Region. Betreuung d. Konzerninteressen Hoechst AG., s. 1979 Geschäftsf. Hans Schwarzkopf GmbH. Hamburg - 1953/54 Dt. Rudermeister - Spr.: Engl., Türk., Franz.

SEYL, Gustav

Dipl.-Ing., Berghauptmann, Leit. Oberbergamt f. d. Saarland u. d. Ld. Rhld.-Pfalz - Am Staden 17, 6600 Saarbrücken 3.

SEYPPEL, Joachim

Dr. phil., Schriftsteller - Spreestr. 21, 2000 Hamburg 53 (T. 040 - 83 47 05) - Geb. 3. Nov. 1919 Berlin (Vater: Friedrich S., Kaufm.; Mutter: Emma, geb. Reisner), verh. s. 1950 m. Jeannette, geb. Lander, 2 Kd. (Marcel, Tove) - Stud. German. u. Phil. Univ. Berlin, Rostock, Lausanne, Cambridge (Harvard). Promot. 1943 Rostock - 1952-61 Hochschulprof. USA; zeitw. DDR; 1979 Gastprof. Univ. Hamburg u. Lehrbeauftr. Univ. Bremen (Lit.). 1963-65 Vorstandsmitgl. Schutzverb. Dt. Schriftst. - BV: u. a. Flugsand d. Tage, R. 1947; Dekadenz oder Fortschritt?, Studie 1951; Ausdrucksformen Dt. Gesch., Studie 1952; William Faulkner, Ess. 1962; T. S. Eliot, Ess. 1963; Abendlandfahrt, R. 1963; columbus bluejeans, R. 1965; Als d. Führer d. Krieg gewann, Satiren 1965; Hellas - Geburt e. Tyrannis, Reiseb. 1968; E. Yankee in d. Mark - Wanderungen n. Fontane, 1970; Torso Conny, R. 1970; Fußballnachrichten, Erz. 1971; Wer kennt noch H. Stuhlfauth, Erz. 1972; Umwege nach Haus, Tageb. 1974; Abschied v. Europa, R. 1975; Gesang zweier Taschenkalender, Erz. 1976; D. Unperson oder Majakowskis Tod, Prosa u. Schausp., 1979; Ich bin e. kaputter Typ - Bericht üb. Autoren d. DDR, 1982; Ahnengalerie, R. 1984 - 1960 Preis American Philosophical Soc.; 1981 Kogge-Lit.preis - Spr.: Engl., Franz., - Bek. Vorf.: Carl Maria S., Maler u. Schriftst.

SEZGIN, Fuat

Dr. phil., Prof. f. Geschichte d. Naturwissenschaften - Bahnhofstr. 10a, 6242 Kronberg/Ts. (T. 47 05) - Geb. 1924 (?) Türkei - B. 1968 Privatdoz., dann apl. Prof. Univ. Frankfurt - 1980 Frankf. Goethe-Med.

SHELDRICK, William Stephen

Ph. D. Univ. Cambridge, Prof. f. Chemie Univ. Kaiserslautern (s. 1983) - Leisböhlweg 8, 6730 Neustadt-Hambach - Geb. 10. Mai 1945 Huddersfield/Engl. - 1963-66 Stud. Chemie Univ. Cambridge; Promot. 1969 Univ. Cambridge; Habil. 1976 TU Braunschweig - 1971-73 Alexander v. Humboldt Stip. TU Braunschweig; 1973-82 wiss. Mitarb. Braunschweig - Üb. 230 Fachveröff.

SHELL, Kurt L.

Ph. D., Dr. h. c., em. Prof. f. Polit. Wissenschaften - Hans-Sachs-Str. 3a, 6000 Frankfurt/M. (T. 70 13 58) - Geb. 17. Nov. 1920 Wien (Vater: Joseph S., Rechtsanw.; Mutter: Eugenie, geb. Wulkan), verh. in 2. Ehe (1965) m. Ingrid, geb. Herzog, 2 Kd. (Andreas, Karin) - Gymn. (Abit.); Columbia Univ. New York (Polit. Wiss.; M. A., Ph. D.). S. 1950 Columbia Univ. New York, State Univ. ebd. (1956), Univ. Frankfurt (s. 1967). Spez. Arbeitsgeb.: Ideologien u. polit. Praxis in demokr. Systemen - BV: The Transformation of Austrian Socialism, 1962 (New York); Bedrohung u. Bewährung - Führung u. Bevölkerung in d. Berlin-Krise, 1965; D. Polit. System d. USA, 1975; Liberal-Demokrat. Syst., 1981; D. amerikanische Konservatismus, 1986 - Liebh.: Musik (ausüb. Operngesang), Fotogr., Wandern - Spr.: Engl., Ital.

SHELLEY, Steven Marius

Area Manager Vereinigte Staaten v. Amerika AC Alpha Consulting AG, Frankfurt/M. (s. 1984) - Wiesbadener Str. 155, 6240 Königstein/Ts. (T. 06174 - 2 17 34) - Geb. 5. Okt. 1920 Budapest (Vater: Joseph S., Dipl.-Ing.; Mutter: Teresa, geb. Wollitzer), ev., verh. s. 1959 in 2. Ehe m. Eva, geb. Balogh, 2 Kd. (Peter, Eva) - Stud. in New Jersey/USA - 1964-70 Manager RCA Intern. Market.; 1970-71 Dir. Univac-IPG; 1971-73 CDC-Wien; 1973-84 Geschäftsf. Assmann GmbH-Atis-Assmann GmbH. Zahlr. Pat. - Liebh.: Klass. Musik - Spr.: Engl., Ungar., Ital.

SHORT, Leo N., Jr.

Präsident Auergesellschaft GmbH, Berlin 44 - Zu erreichen üb. Auerges. mbH, Thiemannstr. 111, 1000 Berlin 44 - Geb. 11. Aug. 1926 Pittsburg (USA).

SIBBERSEN, Christian

Kurdirektor i. R. (1946-55 Westerland/Sylt u. 1955-79 Staatsbad Norderney) u. Hotelier - Kurhotel Norderney, Weststrandstr. 4, 2982 Norderney - Geb. 26. Aug. 1914 Westerland/Sylt - Verdienstkreuz 1. Kl. Land Nieders.; Ehrenvors. Fremdenverkehrsverb. Nordsee/Nieders.-Bremen, Oldenburg, Ehrenpräs. Golfclub Norderney, Ehrenmitgl. Forschungsgemeinsch. f. Meeresheilkde. Oldenburg, Gründungspräs. Rotary Club Norderney.

SIBBING, Winfried

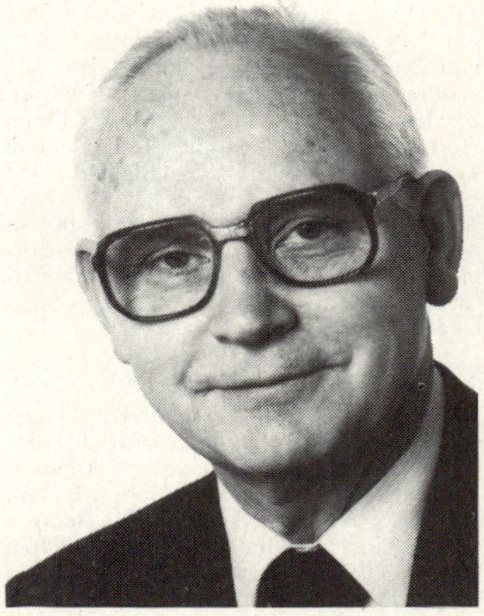

Dr. rer. nat., Biologe, o. Prof. f. Biol. u. ihre Didaktik Univ. Münster - Voßweg 14, 4710 Lüdinghausen (T. 02591 - 2 13 34) - Geb. 7. Juli 1927 Lüdinghausen i. W. (Vater: Engelbert S., Volkssch.lehrer; Mutter: Paula, geb. Mennemann), kath., verh. s. 1955 m. Dr. med. Hiltrud, geb. Nather, 3 Kd. (Wolfgang, Dorothee, Gerhard) - 1945-52 Univ. Münster (Zool., Bot., Math., Physik). Promot. 1952 u. Staatsex. f. Lehramt an Höh. Sch. - B. 1954 Wiss. Assist. Hygiene-Inst. Univ. Bonn; 1954-60 u. 1961-65 Lehrer an Gymn. in Rheydt, Düsseldorf, Bonn; 1960-61 Landesstelle MNU Recklinghausen (Fachleit. Biol.); 1965 o. Prof. f. Didaktik d. Biol. PH Rheinl., Abt. Bonn, desgl. Univ. Bonn (s. 1980) u. Univ. Münster (s. 1985) - Mitautor an Unterrichtswerken f. Grund- u. Hauptsch.; Beitr. im Weltseuchenatlas, im Handb. d. prakt. u. exper. Schulbiologie u. im Handb. d. Sexualpädagogik.

SIBYLLE

s. Friedmann, Anneliese

SICHERL, Martin

Dr. phil., em. o. Prof. f. Klass. Philologie - Weierstraßweg 8, 4400 Münster/W. (T. 86 18 12) - Geb. 14. Dez. 1914 Mirschowitz/Böhmen (Vater: Martin S., Landw. †1953; Mutter: Eva, geb. Schiller †1917), kath., verh. s. 1965 m. Käthe, geb. Kempkes, 3 Söhne (Peter, Bernhard, Thomas) - Univ. Prag (Klass. Philol.). Promot. 1937 Prag; Habil. 1955 Mainz - Lehrtätigk. Univ. Mainz (1955 Priv.-Doz., 1961 apl. Prof.), Göttingen (1961/62), Münster (1963 ao., 1964 o. Prof.). 1968/69 Mitgl. Inst. for Advanced Study, Princeton (USA) - BV: D. Handschr., Ausgaben u. Übers. v. Iamblichos De mysteriis, 1957; Beitr. z. Kritik u. Erklärung d. Favonius Eulogius, 1959; Zwei Reuchlin-Funde aus d. Pariser Nationalbibl., 1963; Handschr. Vorlagen d. Editio princeps d. Aristoteles, 1976; Johannes Cuno - e. Wegbereiter d. Griech. in Dtschl., 1978. Mithrsg. Stud. z. Gesch. u. Kultur d. Altertums.

SICHTERMANN, Hellmut

Dr., Prof., Archäologe - Habichtweg 5, 7800 Freiburg - Geb. 21. Nov. 1915 Bartschin (Vater: Franz, ev., Pfarrer; Mutter: Emma, geb. Siedler), ev. - Dt. Priv.gymn. Bromberg; Stud. Archäol., Kunstgesch. u. Phil. Berlin, Promot. 1949 - Wiss. Ref. Dt. Archäol. Inst. (1948-53 Berlin, 1953-54 Madrid, 1954-55 Berlin, 1955-80 Rom); 1971 Hon.-Prof. Univ. Freiburg - BV: Ganymed, 1953; Laokoon, 1957; Sophokles, 1959; D. griech. Vase, 1963; Griech. Vasen in Unterital., 1966; Späte Endymionsarkophage, 1966; Griech. Mythen auf röm. Sarkophagen (m. G. Koch), 1975; Funde in Span., 1977; Röm. Sarkophage (m. G. Koch), 1982 - Liebh.: Geistesgesch., Musik - Spr.: Span., Ital., Engl., Franz.

SICK, Willi-Peter

Präsident Bundesverb. d. Selbständigen Deutscher Gewerbeverb., Bonn (s. 1985), MdB (1972-83; Wahlkr. 3/Nordfriesl./Dithmarschen-Nord) - Hennstedter Str. 6, 2246 Norderheistedt - Geb. 10. Nov. 1919 Tiebensee Kr. Norderdithmarschen (Vater: Ferdinand S., Landwirtschaftsarb.; Mutter: Emma, geb. Bojens), verh. s. 1945 m. Edith, geb. Bertram, 4 Kd. (Ingolf, Harald, Uwe, Frauke) - Volkssch.; kaufm. Lehre (Ind.) - Ab 1938 kaufm. Angest., 1938-45 Arbeitsdst., Kriegsmarine (1939), Luftwaffe (1940), 1946-50 Angest. Arbeitsamt Heide (daneb. autodid. Stud. Volksw.), spät. Geschäftsf. Arbeitgeberverb. Westküste Heide (vorher prakt. Unterweis. Rechtswiss.), s. 1953 Gf. IHK Flensburg/Verbindungsst. Dithmarschen Heide (beurl.), Gf. Dithmarscher Wohnungsbauges. mbH & Co. u. Rechenzentrum Westküste GmbH & Co. KG ebd., pers. haft. Gesellsch. Dethlefsen/Sick KG - Laden- u. Bürobau, Heide. 1970ff. MdK Dithmarschen. 1947-57 DP; s. 1960 CDU; 1974-82 u. ab 1988 Landesvors. d. Wirtschafts- u. Mittelstandsvereinigung d. CDU Schlesw.-Holst. - BV: Heide - Vergangenheit u. Gegenw., 1965 - Liebh.: Segeln, Jagd - Spr.: Engl.

SICK, Wolf-Dieter

Dr. phil., o. Prof. f. Geographie u. Landeskd. - Markgrafenstr. 7, 7819 Denzlingen/Fr. (T. 21 96) - Geb. 31. Mai 1925 Neunkirchen (Österr.) - S. 1961 (Habil.) Lehrtätigk. TH Stuttgart u. Univ. Freiburg (1964 ao., 1966 o. Prof.), Vors. d. Alemannischen Inst. Freiburg - BV: Wirtschaftsgeogr. v. Ecuador, 1963; Landeskd. v. Madagaskar, 1979; Agrargeographie, 1983. Üb. 70 Einzelarb. z. Siedlungs- u. Wirtschaftsgeogr. v. Südwestdtschl., Südamerika u. Madagaskar.

SICKENBERG, Otto

Dr. phil., Prof., Geologie-Oberrat i. R. - Holscherstr. 10, 3000 Hannover (T. 2 07 40) - Geb. 10. April 1901 Wien (Vater: Otto S.; Mutter: Friedericke, geb. Koller), verh. s. 1950 m. Hilde, geb. Gericke, 2 Kd. (Gundula; Stiefs. Fritz Hartung) - Gymn. u. Univ. Wien (Geol., Paläontol., Zool.). Promot. (1924) u. Habil. (1933) Wien - U. a. Tätigk. Niedersächs. Landesamt f. Bodenforsch., Hannover (1963-66 Abt.sleit.). S. 1933 Privatdoz. u. apl. Prof. (1940; gegenw. f. Paläontol. u. Biostratigr. TU Hannover).

Mitverf.: Lagerstättenatlas v. Nieders. (1952) - o. Mitgl. Akad. f. Raumforsch. u. Landesplanung, Hannover.

SICKERT, Walter
Vorsitzender DGB Berlin a.D. (1960-82), Ehrenrat d. A.H. v. Berlin (s. 1985), Bundesarbeitsrichter (1957-87), Verwaltungsrat Sparkasse Berlin u. Walter Friedländer Bildungswerk - Brahmsstr. 3, 1000 Berlin 33 (T. 825 85 34) - Geb. 2. Febr. 1919 Hamburg (Vater: Emil S., Schlosser; Mutter: Katharina, geb. Huberthy), verh. s. 1943 m. Ingrid, geb. Hartmann, T. Heidemarie - Volkssch.; Schlosser- u. Maschinenbauerhandw. - Handels- u. Kriegsmarine (Maschinist), 1946-48 Polizeidst. Berlin, dann Gehag (zul. Betriebsratsvors.), 1954-60 Vors. IG Bau - Steine - Erden ebd., s. 13 J. AR-Vors. d. Berliner Revisions-AG. S. 1963 MdA Berlin (1964 Mitgl. SPD-Fraktionsvorst.; 1967 Präs.). Div. Mandate. SPD s. 1946 (1967-82 Beis. Landesvorst. Berlin) - Interessen: Arbeitsrecht - 1979 Gr. BVK m. Stern u. Schulterbd.; 1982 Ernst-Reuter-Plak.; 1986 Verleih. d. Würde e. Stadtältesten v. Berlin - Liebh.: Fußball.

SICKINGER, Lothar
Dr., Dipl.-Volksw., Vorstandssprecher Triumph International AG u. Triumph Investex Ges. f. Investitionen AG, bde. München, Beir. Dresdner Bank AG, Präsid.- u. Hauptaussch.-Mitgl. Gesamtverb. d. dt. Maschenind., Stuttgart - Am Schafelbach 6, 8213 Aschau - Kath., verh.

SIDOW, Kurt
Präses d. Handwerkskammer Bremen - Ansgaritorstr. 24, 2800 Bremen 1 (T. 0421 - 3 05 00-0) - Geb. 13. Juni 1933 - Bäckermeister.

SIEBALD, Manfred
Dr. phil., Akad. Oberrat Univ. Mainz - Am Mainzer Weg 12A, 6500 Mainz - Geb. 26. Okt. 1948, ev., verh. s. 1973 m. Christine, geb. Stoßberg, Ärztin, S. Benjamin - Stud. Angl. u. German.; 1. u. 2. Staatsex. 1972 u. 1977 Marburg; Promot. (Amerikan.) 1977 Marburg - BV: Auflehnung im Romanwerk Hermann Melvilles, 1979; Amerikanisierung d. Dramas u. Dramatisierung Amerikas, (m. H. Immel), 1985; Dorothy L. Sayers, 1989. Christl. Chansons; LP's: Da steh ich nun, 1972; Ich gehe weiter, 1974; D. ungedüngte Feld, 1976; Zeitpunkte, 1978; Überall hat Gott seine Leute, 1983; Kreuzschnabel, 1984; Alles auf seine Weise, 1986; Spuren, 1988.

SIEBECK, Fred C.
Schriftsteller, Ethnograph, Publizist - Waldenweiler, Landhaus Im Taele, 7154 Althütte (T. 07183 - 79 83) - Geb. 3. Sept. 1925 Magdeburg, ev., verh. m. Christine, geb. Horacek - Stånd. Mitarb. b. Presse, Funk u. Fernsehen; Hochschullehrer - BV: Irland, e. Festmahl f. 10 Finger; D. Philippinen; Letzte Paradiese; Durch d. weite Welt; u. zahlr. a. ethnol. Veröff.; Drehb. f. Bühne u. Film, u. a. Rote Steppe Mongolei; Karibu; Wolf unter Wasser; Drei Tage Irland; Heia Safari (alles Filme); Strandgut (bekanntestes Bühnenst.) - 1980 Weltpreis PATA.

SIEBECK, Hans Georg
Dr. jur. h. c., Verleger, Inh J. C. B. Mohr (Paul Siebeck), Tübingen - Wilhelmstr. 18, 7400 Tübingen - Geb. 4. Okt. 1911 Tübingen - Rotarier.

SIEBECK, Otto
Fabrikant, gf. Gesellsch. Siebeck-Metallwerk GmbH., Ratingen, u. Siebeck-Metallwerk GmbH., Hameln, Vorst.-mitgl. Gesamtverb. dt. Metallgießereien u. Arbeitgeberverb. d. Eisen- u. Metallind., Düsseldorf, Handelsrichter LG Düsseldorf - Im Rott 29, 4030 Ratingen - Geb. 30. Okt. 1919 (Vater: Dipl.-Ing. Alois S.; Mutter: Emma, geb. Schmitz), verh. m. Irmgard, geb. Raschig, 4 Söhne.

SIEBECK, Wolfram
Journalist, Schriftst. - Burg Mahlberg, 7631 Mahlberg/Schwarzw. (T. 07825 - 18 00) - Geb. 19. Sept. 1928 Duisburg - Werkkunstsch. Wuppertal - B. 1967 fr. Illustrator u. Pressezeichner, seith. Publizist - BV: Lady Chatterley's Füße, Zeichn. 1961; Gewußt wie, Sat. 1970; Klappe zu, Affe tot, Sat. 1973; Kochsch. f. Anspruchsvolle, 1976; Beste Geschichten, Sat. 1977; Kulinar. Notizen, 1980; Kochen bis aufs Messer, 1982; Aller Anfang ist leicht, 1983; E. Prise Süden, 1984; Liebe auf d. ersten Biss, 1985; Nicht nur Kraut u. Rüben, 1985; Wenn Madame d. Deckel hebt, 1986; Vorsicht, bissiger Hummer, Sat. 1986; Frisch gewürzt ist halb gewonnen, 1987; D. schönsten u. besten Bistros v. Paris, 1988; D. Feinschmecker Kochschule, 1989. Fernsehend. Essen u. Trinken (1983-87) - Liebh.: Kochen - Beherrscht 2 Fremdspr.

SIEBECKE, Horst
Leitender Redakteur Bayer. Fernsehen (ARD) Kultur - Gartenstr. 5, 8196 Eurasburg (T. 08171 - 14 54) - Geb. 1. Aug. 1921 Herzhausen, ev., verh. m. Dipl.-Ing. Hildegard, geb. Reichelt - Stud. Lit., Gesch., Kunstgesch. u. Soziol. - BV: D. Herren d. Lage, 1972; Operation Oase, 1984. Zahlr. Dokument. z. Zeitgesch. - Filmpr. Otto-Wels-Ges. - Spr.: Engl., Franz.

SIEBEL, Günter
Dr., Journalist, Chefredakteur Journal f. d. Frau - Dockenhudener Chaussee 3, 2083 Halstenbek - Geb. 9. Mai 1936, verh., 2 Kd. - Stud. German., Geogr., Psych. 1957-62 Univ. Hamburg u. Marburg; Promot. 1968 Hamburg.

SIEBEL, Henning W.
Dr.-Ing., Dipl.-Ing., Direktor, Mitgl. Geschäftsführung Krupp Medizintechnik GmbH, Essen (s. 1983) - Juistweg 34, 4300 Essen 1 (T. 71 41 38) - Geb. 20. April 1930 Wuppertal (Vater: Werner S., Fabrikant; Mutter: Hildegard, geb. van Wüllen Scholten), ev., verh. s. 1956 m. Brigitte, geb. Senkfeil, 3 Kd. (Sabine, Holger, Heike) - Stud. Maschinenbau TH Aachen; Dipl.ex. 1954; Promot. 1958 - S. 1959 Krupp Widia, s. 1983 Krupp Medizintechn. - BV: D. Hartmetallwerkzeuge in d. spanabhebenden Formung, 1961 (m. Wilthoff, Schaumann) - Liebh.: Musik, Briefmarken - Spr.: Engl., Franz., Schwed.

SIEBEN, Hermann Josef
Dr. theol., Prof. f. Alte Kirchengeschichte Theol. phil. Hochsch. St. Georgen/Frf. - Offenbacher Landstr. 224, 6000 Frankfurt 70 - Geb. 12. Jan. 1934 Boppard a. Rhein, kath., ledig - Stud. Univ. München, Lyon, Paris; Promot. 1969; Habil. 1973 - S. 1953 Mitgl. Jesuitenorden; 1965 Priesterweihe - BV: D. Konzilsidee d. Alten Kirche, 1979; Joseph Hubert Reinkens, Briefe an s. Bruder Wilhelm (1840-73), 1979; Voces. E. Bibliogr. zu Wörtern u. Begriffen aus d. Patristik, 1980; D. Konzilsidee d. lat. Mittelalters, 1984; Traktate u. Theorien z. Konzil, 1984; D. kath. Konzilsidee v. d. Reformation bis z. Aufklärung, 1988 - Spr.: u. a. Franz.

SIEBEN, Karl-Theo
Kaufmann, Geschäftsführer Mibach GmbH. u. Gladwolle Mönchengladbach - Bleichgrabenstr. 123, 4050 Mönchengladbach 1 - Geb. 16. Juni 1936 Mönchengladbach, kath., verh., S. Frank - Geschäftsf. ehem. Dt. Burlington GmbH, jetzt Mibach GmbH; Geschäftsf. Gladwolle, Gladbacher Wollind. GmbH Mönchengladbach.

SIEBEN, Otto
s. Narholz, Gerhard.

SIEBEN, Peter
Vizepräsident Handwerkskammer-Aachen - Knöpgerweg 33, 5100 Aachen (T. 0241 - 471 121 273) - Geb. 19. Febr. 1923 kath., verh. s. 1956 m. Josephine Rosinski - Dachdecker, Klempner, Blitzableiterbauer - Vorst.-Mitgl. Dt. Handwerkskammertag (DHKT) Bonn, Westd. Handwerkskammertag (WHKT) Düsseldorf, Landesgewerbeförderungsst. (LGH) NRW Düsseldorf, b. 1988 LAK/ZVK Dachdecker Wiesbaden (auch AR-Mitgl.) - 1969 Gold. Handwerkszeichen d. ZDH, Bonn; 1972 BVK I. Kl., 1983 Gr. BVK; 1989 VO Land Nordrh.-Westf.; 1989 Dr. Johann-Christian Eberle Med. (Sparkassen-Giroverb.)

SIEBENEICHER, Hans-Peter
1. Vorsitzender Gesamtverb. d. Dt. Industriemeistervereinig. - Wastl-Witt-Str. 15, 8000 München 21.

SIEBENEICHER, Joachim
Dr. rer. pol., Fabrikant, gf. Gesellsch. Arbau Bau- u. Industriebedarf v. Boddien & Dr. Siebeneicher, Heidelberg, Geschäftsf. Arbau Baugeräte GmbH. ebd. - Panoramastr. 53, 6900 Heidelberg - Geb. 22. Sept. 1910.

SIEBENEICK, Hans
Dr. rer. nat., Dipl.-Landwirt, Kreisverbandsdirektor i. R. - Stürtzstr. 17, 5160 Düren (T. 02421 - 5 36 66) - Geb. 12. Juli 1906 Erfurt-Möbisburg (Vater: Gerhard S., Obermasch.meist.; Mutter: Friederike, geb. Große), kath., verh. s. 1941 m. Franzis, geb. Heitmann, 5 Kd. (Hans-Ulrich, Rainer, Ruth, Rita, Rolf) - Dipl. 1932, Promot. 1936 Univ. Halle/S. - 1933-35 Feldmeist. u. Adjutant; 1935 Steuerberater; 1936-38 Amtl. Bodenschätzer; 1938-43 Stabsleit. Reichsnährstand; 1943-46 Militär- u. Internier.zeit; 1947-52 Geschäftsf. in Kartoffelhandelsverb. (zul. Zentralverb. Dt. Kartoffelhdl.); 1954-71 Kreisverb.dir., seitd. Landw. Sachverst. S. 1969 Kommunalpol. - BV: Üb. 40 Veröff., u. a. D. kl. Gemüsegarten, 1947; Stammtafel d. dt. Kartoffelsortiments, 1947; D. dt. u. ausl. Kartoffelsorten, 1948; Dt. Kartoffelatlas, 1950; Kl. Sortenratgeber, 1953-70; 100 Kochrezepte f. Kartoffelgerichte, 1954/55 Quer durch d. Kartoffelbau (13 Folgen), 1956; Weltkatalog d. Kartoffelsorten, 1957; Stammtafel d. niederl. Kartoffelsortiments, 1975; Stolonenzahl u. Ertrag, 1983 - 1975 BVK am Bde. - Interessen: Geneal., Züchtung, Krankheiten d. Kartoffel - Spr.: Engl., Franz. - Lit.: Fachztschr.

SIEBENHÜNER, Herbert
Dr. phil. (habil.), em. o. Prof. u. Vorst. Kunsthistor. Inst. Univ. Würzburg (1954-73) - Sonnenstr. 5, 8700 Würzburg (T. 7 33 48) - Geb. 10. März 1908 Leipzig - Lehrtätigk. Univ. Graz (1942-45) u. Bonn (1949-54; 1953 apl. Prof.) - BV: Dt. Künstler am Mailänder Dom, 1944; D. Kapitol in Rom - Idee u. Gestalt, 1953; D. Palazzo Barbarigo della Terrazza in Venedig u. s. Tizian Samml., 1981. Zahlr. Einzelarb.

SIEBENMANN, Gustav

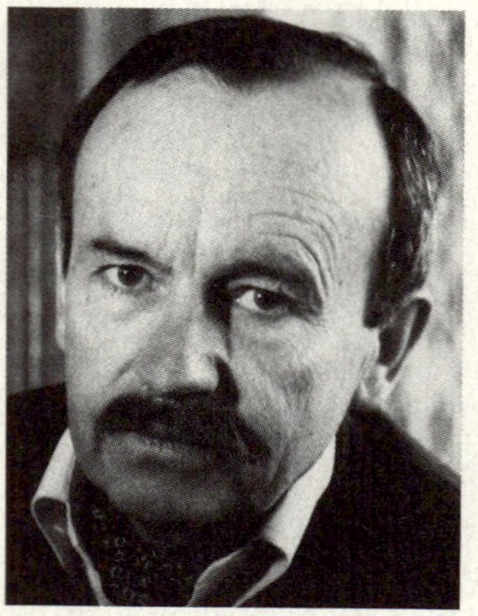

Dr. phil., Prof. Hochsch. St. Gallen i. R., Vizepräs. Asociación Intern. de Hispanistas (1986-89) - Hompelistr. 12a, CH-9008 St. Gallen - Geb. 21. Okt. 1923 Aarau/Schweiz (Vater: Robert S., Kaufm.), verh. s. 1949 m. Margrit, geb. Arnold, 3 Kd. - Schulen Lima u. Aarau; Stud. Univ. Bern, Zürich, Paris, Santander, Perugia (Roman.). Promot. (1949) u. Habil. (1965) Zürich - B. 1965 Gymnasiallehrer Winterthur, 1966-76 o. Prof. Erlangen (Roman. Philologie, Lit.wissensch.), v. a. Hispanist - BV: D. mod. Lyrik in Spanien, 1965 (span. 1973); D. neuere Lit. Lateinamerikas u. ihre Rezeption im dt. Sprachraum, 1972; Lit.wiss. Wörterb. f. Romanisten (m. R. Hess u. M. Frauenrath), 3. A. 1989; Ensayos de lit. hispanoamericana, 1988. Ess. z. span. Lit., 1989. Herausg.: Kolloquiumsakten D. latein-amerik. Hacienda (1978); Reclam Anthol. Span. Lyrik d. XX. Jh. (m. J. M. López, 1985). Rd. 250 Fachveröff. z. Lit. u. Kultur Spaniens u. Lateinamerikas, Forsch.-projekt z. Kulturtransfer zw. Hispania und Germania, Archiv d. dt. Übers. aus d. Span. u. Portug. (s. 1945); Lit. Feuilletons (NZZ s. 1948). Übersetzer (C. Alegria, D. goldene Schlange, 1971); Anekd. aus Span. u. Portug. in Manesse; Anekd. d. Weltlit., 1980; Bibliogr. d. aus d. iberischen Sprachen ins Deutsche übersetzten Literatur, 1945-83, Tübingen, 1985. Mithrsg. v. Iberoromania (Tübingen) u. v. Lateinamerika-Studien (München) - Lit.: 2 Festschr. z. 60. Geb.: Iberoamérica. Lateinamerika-Stud., Bd. 13, I u II, Fink (1983); De los romances-villancicos a Cl. Rodríguez, J. M. López ed., José Esteban, Madrid (1984).

SIEBENMARCK, Hans-Karl
Geschäftsführer J. G. Niederegger GmbH. u. Co., Lübeck - Hagenstr. 17, 2400 Lübeck - Geb. 31. Jan. 1924.

SIEBENSCHÖN, Leona
Schriftstellerin - Loogestieg 8, 2000 Hamburg 20 (T. 040 - 47 48 14) - 3 Kd. (Nina Maria, Peter, Christian) - Stud. Phil., German., Päd.; Staatsex. - Redakt.; Chefredakt. (Gruner & Jahr) - BV: Ehe zw. Trieb u. Trott, 1968; D. Unfähigkeit zu lieben, 1976; Im Kreidekreis, 1979; Nachtleben, 1983; D. Mama-Mann, 1983; Niemandskind, 1984; Wenn du d. Freiheit hast, 1986; Nichts wie weg, 1987; Sag mir, wie du heißt, 1988; D. skeptische Generation, 1989 - Spr.: Engl., Franz., Lat. - S. 1974 Mitgl. PEN.

SIEBER, Günter
Dr. rer. pol., ab 1978 Vorstandsmitglied Hoesch AG, Dortmund - Goldfasanenweg 9, 4600 Dortmund 30 - Geb. 11. Jan. 1924 Chemnitz/Sa. (Vater: Friedrich S.), verh. m. Edith, geb. Boden - B. 1961 Abt.sleit. Wirtschaftswiss. Inst. d. Gewerkschaften, Köln; ab 1961 Vorstandsmitgl. Dortmund-Hörder Hüttenunion AG, Dortmund; ab 1966 Vorstandsmitgl. Hoesch Hüttenwerke AG, Dortmund. Div. Aufsichtsräte u. Ehrenstell., dar. Vors. Verein z. Förd. v. Spiel- u. Freizeitanlagen f. Kinder u. Jugendl., Dortmund, u. Vorstandsmitgl. Hans-Böckler-Stiftg., Düsseldorf, Wirtschaftsvereinig. Eisen- u. Stahlindustrie, Düsseldorf, Pensionsvereinig. d. Eisen- u. Stahlindustrie, Essen.

SIEBER, Karl
Dr.-Ing., Direktor - Am Fichtenhang 8, 5900 Siegen/W. (T. 5 15 87) - Geb. 16. Dez. 1917 Bockwa/Sa., ev., verh. s. 1943 m. Traute, geb. Niepagen, 2 Kd. (Christine, Hans Jürgen) - Realgymn. Zwickau; TH Stuttgart u. Dresden (Maschinenbau; Dipl.-Ing. 1944). Promot. (Wirtschaftsing.) 1957 TU Berlin - U. a. Techn. Dir. Leonhardt Söhne, Crossen/Mulde, Vorstandsmitgl. Hannoversche Papierfabriken, Alfeld/Leine (1952-63), Siegener AG., Geisweid (1963-66), Dt. Babcock- & Wilcox-Werke AG., Oberhausen (1966-72), Busch-Jaeger Dürener Metallwerke AG., Lüdenscheid (1972 ff.). Patent: Holzstapler - BV: Mechanisierung v. Holzplätzen versch. Größe, 1955 (RKW) - Spr.: Engl., Franz. - Mitgl. Lions Club.

SIEBER, Kurt
Studiendirektor, MdL Bayern (1978-82) - Roßmarkt 12, 8729 Königsberg/Ufr. - Geb. 20. Juni 1936 Eger/Böhmen, ev.,

verh., 2 Kd. - Oberrealsch. Kempten, Pasing, Augsburg, Haßfurt (Abit. 1956); Univ. Würzburg (Franz., Engl.; Staatsex. 1962). Päd. Ex. 1964 - B. 1965 Schuldst. Königshofen, dann Haßfurt. 1972ff. Stadt- u. Kreisrat. FDP (1972 Kreisvors. Haßberge, 1975 stv. Bezirksvors. Unterfr.); Mitgl. Landesvorst.) - Spr.: Franz., Engl.

SIEBER, Ulrich

Dr. jur., Univ.-Prof. Univ. Bayreuth (s. 1987) - Bürgerreutherstr. 29, 8580 Bayreuth (T. 0921 - 8 13 91; Telefax 0921 - 8 13 71) - Geb. 18. Nov. 1950 Stuttgart, led. - Stud. Rechtswiss. 1969-73 Tübingen, Lausanne u. Freiburg; Promot. 1977 Freiburg, Habil. 1987 - 1977-87 Rechtsanwalt u. Wiss. Mitarb. Inst. f. Kriminol. u. Wirtsch.strafrecht Univ. Freiburg; s. 1980 wiss. Berater d. OECD, d. EG-Kommiss. u. d. Europarats; Mitgl. Legal Advisory Board for the Community Information Market d. EG-Kommiss. - BV: Computerkriminalität u. Strafrecht, 2. A. 1980 (jap. Übers. 1986); Informationstechnologie u. Strafrechtsreform, 1985 (jap. übers. 1988); The Intern. Handb. on Computer Crime, 1985 (franz. Übers. 1989) - Spr.: Engl., Franz.

SIEBERG, Herward

Dr. phil. habil., Univ.-Prof. f. Polit. Wiss. unter bes. Berücksichtig. d. Sozialkd. u. ihrer Didaktik Univ. Hildesheim - Lehmkamp 31 d, 3201 Barienrode (T. 05121 - 26 39 30) - Geb. 28. Febr. 1942 Berlin (Vater: Dr. jur. Wilhelm S.; Mutter: Irmgard S.), ev., verh. s. 1967 m. Ute, geb. Schneider, 2 Kd. (Renée, Christoph) - Stud. Gesch., Polit. Wiss. u. Angl. Univ. Berlin, Heidelberg u. Paris; Promot. 1967 Heidelberg; Habil. 1983 - 1970 Ass. d. Lehramts; 1971-73 wiss. Assist. PH Schwäbisch Gmünd; s. 1973 Akad. Rat/Oberrat Hochsch. Hildesheim; 1985 Prof., 1985-87 Dekan FB I (Erziehungs- u. Sozialwiss.) Hochsch. Hildesheim - BV: Eugène Etienne u. d. franz. Kolonialpolitik (1887-1904), 1968; Dritte Welt - Vierte Welt. Grundprobl. d. Entwicklungsländer, 1977; Colonial Development. D. Grundlegung mod. Entwicklungspolitik durch Großbritannien (1919-1949), 1985 - Spr.: Engl., Franz.

SIEBERT, Günther

Dr. med., em. o. Prof. f. experimentelle Zahnheilkunde - Pleicherwall 2, 8700 Würzburg - Geb. 28. Jan. 1920 Berlin (Vater: Dr. med. Kurt S., Arzt; Mutter: Magdalene, geb. Schuchardt), ev., verh. s. 1945 m. Hannemarie, geb. Cram, 10 Kd. (Karola, Konrad, Christa, Georg, Jürgen, Margret, Rudolf, Ruth, John-Walter, Hannemarie) - Gymn. Berlin; Univ. Freiburg/Br., München, Berlin - 1951 (Habil.) Lehrtätigk. Univ. Mainz (1957 apl. Prof.), Hohenheim (1967 o. Prof. u. Dir. Inst. f. Biol. Chemie; 1969/70 Rektor) u. Würzburg em. o. Prof. exp. Zahnheilkunde. 1965 Gastprof. Baylor Univ. Houston; 1970 Gast St. Catherine's College Oxford. 1972-74 Präs. Dt. Ges. f. Ernährung. Etwa 300 Beitr. Sammelw. u. Ztschr.

SIEBERT, Hans

Dr. rer. nat., o. Prof. f. Strukturchemie i.R. - Erlenweg Nr. 49, 6900 Heidelberg (T. 30 12 99) - Geb. 4. April 1923 Hartem/Hann. - S. 1953 (Habil.) Lehrtätigk. Bergakad. bzw. TU Clausthal (1960 apl. Prof. f. Anorgan. u. Analyt. Chemie) u. Univ. Heidelberg (o. Prof. u. Mitdir. Anorgan.-Chem. Inst.). Facharb.

SIEBERT, Horst

Dr. rer. pol., Präsident Inst. f. Weltwirtschaft, Kiel - Beethovenstr. 22, 7750 Konstanz - Geb. 1938 Neuwied/Rh. (Vater: Fritz S.; Mutter: Anna, geb. Heini), kath., verh. s. 1965 m. Christa, geb. Causemann - Univ. Köln (Dipl.-Volksw. 1963). Promot. (1965) u. Habil. (1969) Münster - S. 1969 Lehrtätigk. Univ. Münster u. Mannheim (Ord.) u. Konstanz, 1960/61 u. 1967/68 USA - BV: Ökonomische Theorie d. Umwelt, 1978; Ökonomische Theorie natürl. Ressourcen, 1983; Economics of the Resource-Exporting Country, 1985; Economics of the Environment, 2. A. 1987; Außenwirtschaft, 4. A. 1989 - Spr.: Engl., Franz.

SIEBERT, Horst

Dr. phil., Prof. f. Erwachsenenbildung Univ. Hannover - Schollweg 21, 3000 Hannover 91 - Geb. 8. Juli 1939 Iserlohn - Promot. 1965, Habil. 1969 - S. 1970 Prof. Hannover - BV: Taschenb. d. Weiterbildungsforsch., 1979; Lernen u. Lernprobl. in d. Erwachsenenbild., 1982; Erwachsenenbild. als Bildungshilfe, 1983.

SIEBERT, Kurt

Dr. rer. oec., Direktor i. R., Lehrbeauftr. Univ. München (Industriebetriebslehre) - Melchiorstr. Nr. 13, 8000 München 71 (T. 79 45 31) - Geb. 24. März 1905 Landsberg/W. - Zul. Generalbevollm. Siemens AG., Berlin/München - 1972 Bayer. VO.

SIEBERT, Manfred

Dr. rer. nat., o. Prof. u. Direktor Inst. f. Geophysik Univ. Göttingen (s. 1968) - Hohler Graben 4, 3400 Göttingen 1 (T. Göttingen 2 13 30) - Geb. 2. Juni 1925 Ribbeck (Vater: Walter S, Lehrer; Mutter: Lisbeth, geb. Rosner), verh. s. 1962 m. Bärbel, geb. Gaßmann, 2 T. (Ina u. Anja) - Univ. Göttingen (Phys., Geophys. u. Math.), Promot. 1955, Habil. 1965, Göttingen - 1980 Mitgl. New York Acad. of Sciences; 1984 Mitgl. Akad. d. Wiss. Göttingen.

SIEBERT, Rüdiger

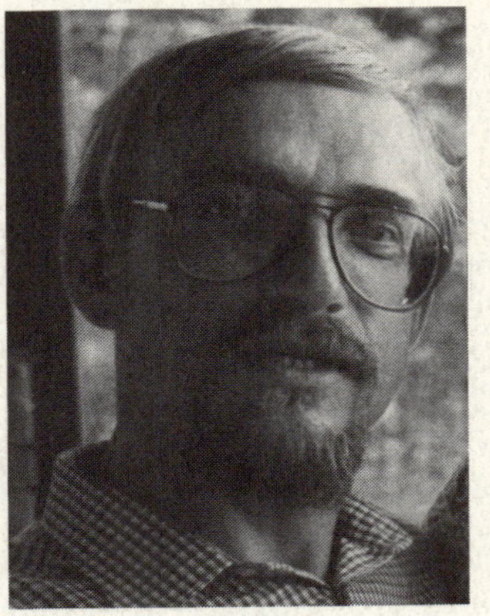

Journalist, Schriftsteller, Leiter Indones. Programm d. Dt. Welle Köln - Postf. 10 04 44, 5000 Köln 1 (T. 0221 - 389 47 31) - Geb. 17. Jan. 1944 Chemnitz - BV u.a.: Roter Reis im Paradies, 1976; Tod auf Mactan, 1982; Insel im schwarzen Fluß, 1984; 5mal Indonesien, 1987; 3mal Philippinen, 1989; D. Meer d. Träume, 1989 - 1975 Kurt-Magnus-Preis d. ARD.

SIEBERT, Walter

Dr. rer. nat., Prof. f. Anorgan. Chemie Univ. Marburg - Dresdner Str. 26, 3550 Marburg/L.

SIEBERT, Wilhelm Dieter

Komponist - Zähringer Str. 39, 1000 Berlin 21 - Geb. 22. Okt. 1931 Berlin (Vater: Heinrich S., Ing.; Mutter: Doris, geb. Rüdiger), gesch., 2 Kd. (Sebastian, Katharina) - Musikhochsch. Berlin u. Freiburg - Musikwerke: Untergang d. Titanic (Oper), James-Bond-Oratorium - 1972 Cité des Arts, 1978 P.S.I. - Liebh.: Golf - Spr.: Engl. - Lit.: Alfons Runeberg: D. tonale System d. Werke W. D. Sieberts.

SIEBERTH, Heinz-Günter

Dr. med., Prof. Medizinische Klinik II RWTH Aachen - Morillenhang 61, 5100 Aachen - Geb. 6. Mai Wasungen (Vater: Alfred S., Amtm.; Mutter: Johanna, geb. Frank), ev., verh. s. 1960 m. Dr. Gudrun, geb. Richter, 2 Kd. (Veit, Uta) - Staatsex. 1957 Berlin; Habil. 1959 Köln - 1958-59 Akad. d. Wiss. Berlin; 1959-61 Med. Univ. Poliklinik Rostock; 1962-64 Med. Univ. Poliklinik Freiburg; 1964-80 Univ. Klinik. Köln; s. 1981 Dir. Med. Klinik II RWTH Aachen - BV: (m.a.) D. Internist. Notfall (auch span., ital.), 1989; Lehrb. d. Inn. Med., Differentialdiagnose; u.a. Ca. 300 wiss. Publ. - Liebh.: Bergsteigen, Segeln - Spr.: Engl.

SIEBKE, Hans

Dr.-Ing., Dr.-Ing. E.h., Prof., Ministerialrat Hauptverw. d. Dt. Bundesbahn (Ref. f. Kunstbauten u. Bahnübergänge) - Seedammweg 46, 6380 Bad Homburg v.d.H. - Honorarprof. Univ. Hannover - 1984 Ehrendoktor TU Braunschweig.

SIEBLER, Friedrich

Bankdirektor - Hauffstr. 2, 7500 Karlsruhe - Geb. 27. Jan. 1913 - Gegenw. Vorstandsvors. Volksbank Karlsruhe eGmbH. AR-Mandate u. a.

SIEBRECHT, Valentin

Dr. rer. pol., Landesarbeitsamts-Präs. a. D. - Buschingstr. 20, 8000 München 80 (T. 91 37 09) - Geb. 5. Dez. 1907 (Vater: Theophil S., Eisenbahner; Mutter: Caroline, geb. Siebrecht), verh. m. Emmi, geb. Mohr - Univ. Wien, Berlin, Frankfurt/M. (Dipl.-Volksw.) - BV: Arbeitsmarkt u. -politik in d. Nachkriegszeit, 1956; D. Vorschr. üb. Arbeitsvermittlung, Arbeitsberatung, Berufsberatung u. -marktpolitik, letzte A. 1989; Arbeitsmarktpolitik in Dtschl. unt. d. Bedingungen d. techn. Fortschritts, 1965; Herausg.: Handb. d. Arbeitsvermittl. u. Berufsberat. (2 Bde. 1959); Rehabilitation v. Behinderten in Dtschl., 1966. Schriftenreihe: Aufgaben u. Praxis d. Bundesanstalt f. Arbeit (1971/81 16 Schriften, m. Kohl); Wege z. Chancengleichh. d. Behinderten (1974 m. and.). Zahlr. Fachaufs. - 1961 Ital. VO; 1973 Bayer. VO. u. Gr. BVK.

SIEBURG, Heinz-Otto

Dr. phil., em. Prof., Historiker - Bayernstr. 12, 6600 Saarbrücken 3 (T. 6 56 85) - Geb. 16. Dez. 1917 Herne/W. (Vater: Dr. phil. Erich S., Studienrat, Schriftst., Theaterkrit.; Mutter: Ida, geb. van Kann), kath., verh. in 2. Ehe (1962) m. Eva-Maria, geb. Norrenberg, 3 Kd. (Irene †1987, Alexander, Christina) - Univ. Münster u. Berlin (Gesch., German., Phil.). Promot. 1940 Münster; Habil. 1958 Saarbrücken - S. 1958 Privatdoz., Doz. (1961), apl. Prof. (1965), Wiss. Rat u. Prof. (1972) Univ. Saarbrücken (Neuere Gesch.), s. 1983 Prof. i. R. - BV: D. Erwachen d. polit. Bewußtseins in Dtschl. zw. 1815 u. 48 im Spiegel d. Griechenbildes, 1941 (Diss.); Dtschl. u. Frankr. in d. Geschichtsschreib. d. 19. Jh., 1954, Bd. II 1958 (Habil.schr.); Polit. Gesch. Frankr., 2. A. 1959 (m. P. R. Rohden); Grundzüge d. franz. Gesch., 1966, 3. A. 1984; D. Grubenkatastrophe v. Courrières 1906 - E. Beitrag z. Sozialgesch. d. Dritten Republik u. z. dt.-franz. Verhältnis um d. Jh.wende, 1967. Herausg.: Napoleon u. Europa (1971), Gesch. Frankreichs (1975), 3. A. 1983; Kooperation d. Historiker aus Saarbrücken u. Metz 1973-1983 (1983); 3 Biographien in: Exempla historica, Epochen d. Weltgesch. in Biographien, Bd. 32 (1985). Zahlr. Einzelarb. - 1969 o. Mitgl. Centro Naz. di Studi Napoleonici; 1975 Offc. l'Ordre des Palmes Acad. - Liebh.: Kulturhistor. Zinnfiguren - Spr.: Franz., Engl. - Bek. Vorf.: Prof. Dr. phil. Friedrich S., Schriftst. (s. XIV. Ausg.), 1893-1964 (Onkel).

SIECKMANN, Werner

Dipl.-Ing., Vorstandsmitglied HOESCH STAHL AG, 4600 Dortmund, AR-Mitgl. HOESCH Siegerlandwerke AG, 5900 Siegen - Könzgenstr. 2, 4600 Dortmund - Geb. 7. Nov. 1926.

SIEDE, Werner

Dr. med. (habil.), o. Prof. f. Innere Medizin - Briandring 4, 6000 Frankfurt/M. (T. 68 33 20) - Geb. 17. Juni 1908 Berlin (Vater: Heinrich S., Ind.kfm. (Vorst.-Mitgl.); Mutter: Marie, geb. Kunz), ev., verh. 1948-73 m. Ilse, geb. Schütt †, wiederverh. s. 1974 m. Irene, geb. Lücker, 3 Söhne (Werner, Wolfram, Stephan) - Univ. Leipzig und Kiel - Assistenz- u. Oberarzt Med. Univ.kliniken Leipzig (1942 Privatdoz.) u. Kiel (1949 apl. Prof.), Chefarzt Med. Klinik Städt. Krkhs. Husum u. Elisabethstift Darmstadt (1950; Ärztl. Dir.), s. 1953 apl. u. o. Prof. (1966) Univ. Frankfurt/M. (Dir. I. Med. Klinik). 1972/73 Präs. Dt. Ges. f. Verdauungs- u. Stoffwechselkrankh. - Med. Entd.: Virusätiol. d. Hepatitis, Prontosil-Test, Glukokortikoid-Langzeitther. d. chron. Hepatitis - BV: Hepatitis epidemica, 1951; Virus hepatitis u. Folgezustände, 1957; Atlas u. Leitf. d. Laparoskopie, 1960 (m. Schneider). Zahlr. Einzelarb.

SIEDENTOPF, Hans-Georg

Dr. med., Prof. - Danziger Str. 9, 6057 Dietzenbach (T. 06074 - 2 69 66) - Geb. 17. Sept. 1936 Leipzig (Vater: Prof. Dr. med. Heinrich S.; Mutter: Marie-Luise, geb. Bodecker), verh. s. 1967 m. Dr. med. Dörte, geb. Janssen, 2 Kd. (Friederike, Jan-Peter) - Stud. Heidelberg, München, Wien, Göttingen; Promot. 1961 Göttingen; Habil. 1971 Frankfurt - S. 1970 Oberarzt Univ.sfrauenkl. Frankfurt u. s. 1972 Prof. (Gynäkol. Geburtshilfe, Immunol.) ebd.; 1975 Landesvors. Pro Familia.

SIEDENTOPF, Heinrich

Dr. jur., Dr. h.c., Prof. - Hauptstr. 170, 6740 Landau-Godramstein (T. 6 07 57) - Geb. 5. März 1938 Leipzig (Vater: Prof. Dr. med. Heinrich S. (s. dort); Mutter: Marie-Luise, geb. v. Bodecker), ev., verh. s. 1973 m. Elisabeth, geb. Gräfin v. Ballestrem, 2 Kd. (Philipp, Johannes) - Univ. Münster (Promot. 1963). Habil. 1971 Speyer - Z. Z. Inh. Lehrstuhl f. Vergl. Verw.wiss. u. Öfftl. Recht Hochsch. f. Verw.wiss. Speyer - BV: Effizienzeffekte d. Verwaltungsreform, 1976; Kommun. Rechnungsprüf., 1976. Herausg.: Verw.wiss. (1976), Regierungspolitik u. Koordination (1976), Bewertungssyst. f. d. öfftl. Dienst (1978). Asian Civil Services (1980); Strategies for Administrative Reforms (1982); Implementation of Community legislation by the member states (1988). Schriftleit. Die Öffentliche Verwaltung.

SIEDLER, Gerold

Dr. rer. nat., Prof. f. Physikal. Ozeanographie Univ. Kiel - Projensdorfer Str. 182, 2300 Kiel 1 - Geb. 16. Aug. 1933 Olmütz - Promot. (Physik) 1960 Kiel; Habil. (Ozeanographie) 1966 Kiel - S. 1960 wiss. Mitarb. Inst. f. Meereskunde Kiel; 1967/68, 1971/72 u. 1983 Gastforscher Woods Hole Oceanographic Inst. USA; 1984 u. 85 Gastforscher Univ. Hawaii USA; 1969ff. Prof. u. Abt.-Dir. Univ. Kiel; 1976-78 gf. Dir. Inst. f. Meereskunde. Leit. zahlr. Exped. auf Forschungsschiffen - BV: Allg. Meereskunde, 1975; General Oceanography, 1980; Physical properties of sea water, 1986 - 1975-79 Vizepräs. Int. Assoc. Phys. Sci. Oceans (IAPSO); 1980-83 Vizepräs. u. 1983-88 Präs. Sci. Committee Oceanic Research (SCOR); s. 1986 Vors. Senatskommiss. Ozeanographie Dt. Forsch. Gem. - Spr.: Engl.

SIEDLER, Josef

Landwirt, MdL Baden-Württ. (1956-80) - Isnyer Str. Nr. 3, 7970 Leutkirch/Allgäu (T. 86 70) - Geb. 25. März 1913 Leutkirch, kath., verh. - Volks- u. Landw.ssch. - 1939-45 Wehrdst. u. engl. Kriegsgefangensch. 1948-84 Mitgl. Gemeinderat Leutkirch. CDU s. 1946 - 1969 BVK I. Kl., 1975 Gr. BVK.

SIEDLER, Wolf Jobst

Verleger - Falkenried 6, 1000 Berlin 33 (T. 832 80 06) - Geb. 17. Jan. 1926 Berlin (Vater: Dr. jur. Wolf Jobst S., Verbandssyndikus), ev., verh. s. 1949 m. Imke, geb. Faigle, 2 Kd. (Wolf Jobst, Sophie Elisabeth) - 1948-50 Humboldt- u. Freie Univ. Berlin (1949) - 1953-56 Generalsekr. Dt. Büro Kongreß für kulturelle Freiheit, Berlin, 1954-55 Feuilletonredakt. D. Neue Ztg., 1955-63 Feuill.chef D. Tagesspiegel ebd., 1963-79 Verlagsleit. (1967 Ullstein Verlagsgruppe), Vors. d. Direktoriums d. in d. Verlag Ullstein GmbH zus.geschloss. Verlage; Rücktr.); 1980-83 Geschäftsf. u. Mitinh. d. Verlage Severin u. Siedler u. Quadriga, Berlin, 1983 Umgründ. in Wolf Jobst Siedler Verlag GmbH, Berlin; gegenw. Zus.arb. m. Bertelsmann - BV: D. gemordete Stadt (5. A.), Behauptungen (2. A.); Weder Maas noch Memel (2. A. u. Club- u. Taschenb. Ausg.). Ess. z. Bildbd.: Die verordnete Gemütlichkeit; Auf der Pfaueninsel (4. A.); Wanderungen zw. Oder u. Nirgendwo. Mitautor: D. Mauer, Hier schreibt Berlin heute. Mithrsg.: Dichtung u. Wirklichkeit (Buchreihe; b. 1968 30 Bde.). Übers. aus dem Engl. (Jackson: The Outer Edges), Dän., Ital. - 1962-77 (Austr.) PEN-Zentrum BRD - 1984 Karl-Friedr.-Schinkel-Ring; 1987 Ernst-Robert-Curtius-Preis f. Essayistik; 1987 BVK I. Kl. - Spr.: Engl., Dän. Norw. - Bek. Vorf.: Schadow, Zelter, Adolf Stahr, Kupferstecher Schmidt.

SIEFARTH, Günter

Dr. phil., Leiter Hauptabt. Planung u. Herstellung, WDR-Fernsehen, Journalist - Kopernikusstr. 8, 5060 Bergisch-Gladbach 1 (T. 02204 - 6 55 81) - Geb. 2. Juni 1929 Düsseldorf, kath., verh. s. 1959 m. Rosemarie, geb. Clouth, 3 Kd. (Christof, Marita, Winfried) - Stud. Univ. Bonn, München, Innsbruck, Freiburg; Promot. 1954 Freiburg - 1968-72 Leit. ARD-Weltraumstudio u. Kommentator d. amerik. Mondflüge; 1973-77 Moderator FS-Magazin Bilder aus d. Wissenschaft; s. 1977 Sonderaufgaben im ARD-Ferns. - BV: Raumfahrt (Übers. in 7 Spr.); D 1 - Unser Weg ins All - Liebh.: Sammeln v. Kupferstichen (Topographien u. Landkarten), Skilauf - Spr.: Engl., Franz. - Lit.: Martin Virchow, D. 100 v. Fernsehen.

SIEFER, Gregor

Dr. phil., Prof. f. Soziologie - Dreieichenweg 7, 2050 Hamburg 80 (T. 040 - 721 33 65) - Geb. 9. Okt. 1928 Berlin (Vater: Bernhard S., Jurist; Mutter: Marta, geb. Kraus), kath., verh. s. 1953 m. Margaretha, geb. Kellinghusen, 3 Kd. (Thomas, Teresa, Birgit) - Stud. Soziol., Pol.wiss., Dt. Lit., Psych., Phil.; Promot. u. Habil. Univ. Hamburg - 1953-61 Verlagsredakt., s. 1961 Assist., Doz. u. Prof. Univ. Hamburg - BV: D. Mission d. Arbeiterpriester, 1960 (engl. 1963, franz. 1964, span. 1965); Sterben d. Priester aus?, 1973; Relig. u. Politik im 20. Jh. (Hrsg. zus. m. S. Talmon), 1978; Ehe u. Familie, 1982 - Liebh.: Reisen, Klass. Musik - Spr.: Engl., Span.

SIEFKER, Leopold

Dr. jur, Generalkonsul d. Bundesrep. Deutschl. in Los Angeles/Californien - 6222 Wilshire Blvd. Suite Nr. 500, Los Angeles, CA 90048/USA - Geb. 14. Juli 1925 Osnabrück, kath., verh. s. 1953 m. Mechthild, geb. Wegner, 5 Kd. (Birgitta, Michael, Claudia, Cornelia, Urban) - Jurastud. Univ. Münster u. Grenoble (1. u. 2. jurist. Staatsex., Promot.) - S. 1954 Ausw. Dienst (Göteborg, Rom/Hl. Stuhl, Nikosia, Beirut, Amsterdam, Ankara, Mailand) - BVK.

SIEG, Karl

Dr. jur., em. o. Prof. f. Versicherungs- u. Handelsrecht sow. Bürgerl. Recht Univ. Hamburg (s. 1973) - Im Sorenfelde 23, 2000 Hamburg 67 (T. 603 88 31) - Geb. 6. Mai 1911 Berlin (Vater: Karl S., Kaufm.; Mutter: Emma, geb. Zieseke), ev., verh. s. 1952 m. Hannelore, geb. Heinicke - Realgymn. u. Univ. Berlin (Rechtswiss.; Promot. 1936). Ass.ex. 1947 Hamburg - 1934-39 Versich.w.; 1949-50 Rechtsanw.; 1950-63 Land- u. Oberlandesgerichtsrat (1953) Hamburg. 1949-63 Privatdoz. u. apl. Prof. (1954) Univ. Hamburg, 1963-73 Ord. Univ. Berlin; 1978 emerit., Ehrenmitgl. Dt. Verein f. Versich.wiss.; Vorst. Inst. f. Berufsfortbild. d. Versich., Versich.wiss. Verein Hbg. - BV: D. Buße nach d. Arbeitsordnungsgesetz, 1936; Ausstrahlungen d. Haftpflichtversich., 1952; D. gesetzl. Forderungsübergang auf d. Binnenversicherer, 1970; Handels- u. Wertpapierrecht f. Versicherungskaufleute, 1978; Allg. Versicherungsvertragsrecht, 2. A. 1988. Mitarb.: Versich.wirtsch. Studienwerk (1962ff.); Bruck-Möller, VVG, 8. A. 1970; Handb. d. Versich., 1988. Zahlr. Einzelarb. - Liebh.: Geschichte, Theater - Spr.: Engl., Franz.

SIEGEL, Curt

Dr.-Ing., Architekt, o. Prof. f. Statik u. Konstruktives Entwerfen i.R. - Panoramastr., 7303 Neuhausen/Fildern (T. 07158 - 22 02) - Geb. 13. März 1911 Brüssel, verh. 1936 m. Marianne, geb. Schwenck, 6 Kd. - Realgymn. Dresden; TH Dresden - S. 1946 Prof. Hochsch. f. Baukunst Weimar u. TH bzw. Univ. Stuttgart (1950) - BV: Strukturformen d. Modernen Architektur, 1960 (dtsch. u. 10 Fremdspr., dar. Jap., Chin. u. Indones.).

SIEGEL, Elisabeth

Dr. phil., Prof., Hochschullehrerin i. R. - Ameldungstr. 21, 4500 Osnabrück (T. 5 10 20) - Zul. Prof. Päd. Hochsch. Osnabrück (Päd. u. Sozialpäd.).

SIEGEL, Ralph

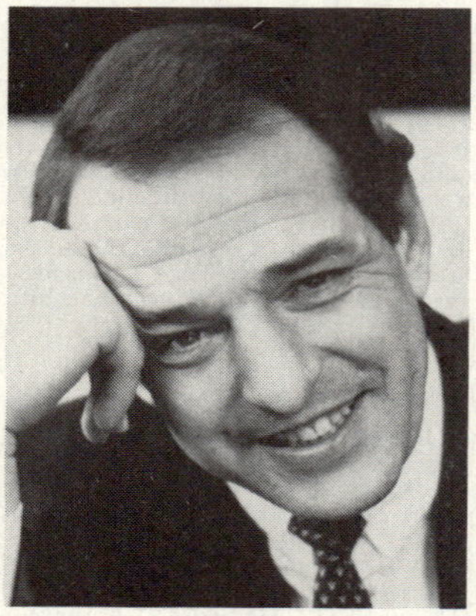

Komponist, Verleger, Produzent - Höchlstr. 2, 8000 München 80 - Geb. 30. Sept. 1945 München (Vater: Ralph Maria S., Komp., Textd., Verl. †1972 (s. XVI. Ausg.), verh. m. Dunja, geb. Kreibich, 2 Töcht. (Marcella, Julia) - Internate Schweiz u. Engl.; Musikunterr.; Verlagsausbild. Frankr. u. USA. Zahlr. Schlager, dar. Fiesta Mexicana, Du kannst nicht immer 17 sein, Dschingis Khan, Johnny Blue, Griech. Wein, Steck Dir Deine Sorgen an den Hut, E. bißchen Frieden (1982 Grand Prix de la Chanson) - 1983 Paul-Lincke-Ring Stadt Goslar - Großv.: Dr. jur. Rudolph S., Generalmusikdir. (s. X. Ausg.).

SIEGEL, Theodor

Dr., Prof. f. Betriebswirtschaftslehre TU Berlin - Fischerhüttenstr. 26, 1000 Berlin 37 (T. 030 - 801 73 18) - Geb. 21. Sept. 1940 Gelsenkirchen (Vater: Franz S., Krankenpfleger; Mutter: Sofie, geb. Szalata), verh. s. 1968 m. Ursula, geb. Szafranietz, 2 Kd. (Volker, Cordula) - B. 1959 Kaufm. Lehre; Dipl.-Kfm. 1970 TU Berlin, Promot. 1973 u. Habil. 1976 ebd. - 1976-83 Prof. Univ. Hannover, 1983-88 Univ. Essen, s. 1988 TU Berlin - BV: Arbeitsb. Steuerrecht, 1979; Steuerwirk. u. Steuerpolitik in d. Untern., 1982; Besteuerung d. Gesellschafter-Fremdfinanzierung (m. K.D. Haase u. D. Schneeloch), 1983; Strukturen d. Besteuerung, 1988.

SIEGELE, Ulrich

Dr. phil., Prof. f. Musikwissenschaft - Ursrainer Ring 101, 7400 Tübingen 1 (T. 07071 - 6 29 98) - Geb. 1. Nov. 1930 Stuttgart (Vater: Willi S., Kaufm., †; Mutter: Lore, geb. Lammfromm, †), ev., verh. s. 1971 in 2. Ehe m. Dr. theol. Leonore, geb. Wenschkewitz, 4 Kd. (Anna Barbara, Ludwig, Sebastian, Florian) - Univ. Tübingen (Promot. 1957), Habil. 1965 - Prof. f. Musikwiss. Univ. Tübingen. Spez. Arbeitsgeb.: Histor. Kompositionsverfahren, J. S. Bach - BV: D. Musiksammlung d. Stadt Heilbronn, 1967; Kompositionsweise u. Bearb.technik in d. Instrumentalmusik J. S. Bachs, 1975; Bachs theol. Formbegriff u. d. Duett F-Dur, 1978; Zwei Kommentare z. Marteau sans maître v. Pierre Boulez, 1979 - Spr.: Engl.

SIEGELE-WENSCHKEWITZ, Leonore

Dr. theol., Theologin (spez. Arbeitsgeb.: jüd.-christl. Dialog, neuere Kirchen- u. Theologiegesch. (feminist. Theol.) - Am Hasenborn, 6384 Schmitten 1 (T. 06084 - 30 44) - Geb. 27. Juni 1944 Belgard/Pommern (Vater: Prof. Dr. theol. Hans W., Superintendent; Mutter: Anita, geb. Michelsson, †), ev., verh. s. 1971 m. Prof. Dr. phil. Ulrich S. - Stud. Univ.-Tübingen; Promot. 1972; 1. theol. Dienstprüf. 1978 - 1972 wiss. Assist. Univ. Tübingen, 1979 Repetentin Ev. Stift Tübingen, 1983 Studienleit. Ev. Akad. Arnoldshain, s. 1984 als Pfarrerin; Lehrauftr. Univ. Frankfurt - BV: Nationalsozialismus u. Kirche, Religionspolitik v. Partei u. Staat b. 1935, 1974; Neutestamentliche Wiss. vor d. Judenfrage, Gerhard Kittels theol. Arbeit im Wandel dt. Gesch., 1980; D. Theol. Fak. im 3. Reich, in: Semper Apertus, 600 J. Univ. Heidelberg 1386-1986, Bd. 3, 1985, 503-542 - Spr.: Engl.

SIEGENTHALER, Peter

s. Hoffmann, Hans Peter

SIEGER, Dieter

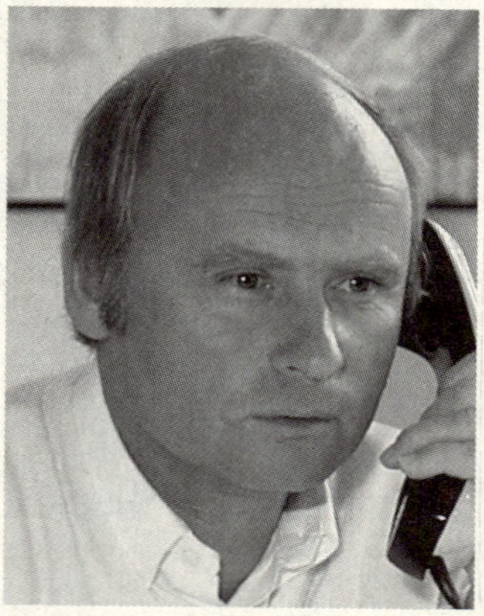

Architekt, Designer - Schloß Harkotten 1, 4414 Sassenberg - Geb. 3. Mai 1938 Münster, verh., 2 Söhne (Christian, Michael) - 1964 Staatsex. f. Arch. Werkkunstsch. Dortmund - S. 1965 Eig. Arch.büro in Münster, b. 1975 Entwurf u. Ausf. v. Ind.gebäuden, Reihen- u. Einfamilienhäusern in Griechenl., Spanien, USA u. Saudiarabien, b. 1980 Gestalt. v. Interieurs f. Segelyachten u. Motorboote, b. 1981 Ind.design f. d. Badezimmerbereich (Alape, Dornbracht, Duravit, Düker, Twick & Lehrke, Hoesch, DAL, SAM, AWS, GKS-Leuchten, Vossen, Gebhan, Ogro, Dey). Mitgl. Arch.kammer Nordrh.-Westf., Member of the American Soc. of Interior Designers New York - 9 Preise u. Ausz., u. a. 1986 u. 88 Staatspr. Japan, 1987 Staatspr. Nordrh.-Westf.

SIEGER, Hermann Walter

Kaufmann, Konsul v. Paraguay - Venusberg 32-34, 7073 Lorch - Geb. 6. April 1928 Schw. Gmünd (Vater: Hermann Ernst S. †, Kaufm.), ev., verw., 3 Kd. (Günter, Eva-Maria, Christine) - Abit. Schw. Gmünd - S. 1977 Vizekonsul v. Paraguay in Stuttgart - BV: Hausztschr. Siegerpost; div. Briefmarken-Kataloge - Hermann-Oberth-Med.; Hermann-Oberth-Ring; 1972 Goldmed. Federation Intern. Soc. Philatelistiques; FISA-Ring; Ehrenz. Dt. Rotes Kreuz; Silbernadel Dt. Sporthilfe - Spr.: Engl.

SIEGER, Robert Lutz

Dr. rer. pol., pers. haft. gf. Gesellschafter u. Geschäftsf. P. E. Hoesch GmbH & Co. KG, Düren - Sürther Str. 3, 5000 Köln 50 - Geb. 11. Mai 1943, kath., verh. s. 1976 m. Christina Maria, geb. Atzler, 2 Kd. (Robert Alexander, Christina Maria) - Stud. Univ. Berlin, Karlsruhe u. Innsbruck; Dipl. 1970, Promot. 1972 (Betriebswirtsch.) - Vors. Verb. d. Wellpappen-Ind., Vizepräs. Hauptverb. d. Papier, Pappe u. Kunststoffe verarb. Ind., europ. Wellpappenind. (FEFCO) - Spr.: Engl., Franz.

SIEGERT, Hans-Christian

Prof., Geiger, Leiter Violinklasse Folkwang-Hochschule Essen, Abt. Duisburg - Düsseldorfer Str. 272, 4100 Duisburg 1 (T. 0203 - 66 60 00) - Geb. 7. Febr. 1929 Dresden, ev., verw., S. Roland - Abit.; Konzertex. Musikhochsch. Köln - 1953-55 Konzertm. Recklinghausen; s. 1955 Geiger im Westdt. Trio; 1959-73 Doz. Städt. Konserv. Duisburg; s. 1975 Prof. - BV: Violinsch. in Reihe Wiener Instrumentalsch., 1978 - Bek. Vorf.: Grete Sammler-Siegert, Koloratursopran Duisburger Oper (Mutter).

SIEGERT, Walter

Prälat, Direktor Caritasverb. f. d. Diözese Regensburg - v.-d.-Tann-Str. 7, 8400 Regensburg (T. 502 11 11) - Geb. 7. Febr. 1926 Burgweinting/Regensburg - 1948-54 Stud. Theol. Regensburg u. Würzburg, Ordinat. 1954 - 1954-63 Kaplan in Viechtach, Weiden u. Regensburg; 1958-70 Landeskurat d. DPSG; 1963 Diözesan-Caritassekr.; 1968 Diözesan-Caritasdir.; 1974 MHD-Diözesanseelsorger; 1976 Mitgl. d. Kurat. Stiftungsfachhochsch. München - 1968 Ehrenkonventualkaplan d. Malteser-Ritterord.; 1976 Ehrenz. Dt. Caritasverb. in Gold; 1977 BVK; 1980 Verdienstplak. d. MHD in Gold; 1983 Bayer. Staatsmed. f. soz. Verd.; 1986 Bayer. VO; 1988 Orden pro piis meritis d. Malteser-Ritterordens.

SIEGERT, Wolf

Prof. f. Physik u. Didaktik d. Physik Univ. Bremen - Richard-Wagner-Str. 6-8, 2800 Bremen (T. 34 31 04).

SIEGFRIED, von, Oskar

Dr., Generalkonsul a.D. (Bonn) - Geb. 24. Jan. 1920 Vorderwalde/Ostpr. (Vater: Herbert v. S., Landw. †; Mutter: Ruth, geb. von Bolschwing), ev., verh. 1950-79 m. Marie-Elisabeth, geb. Freiin v. Canstein †, 4 Kd. - 1947-50 Stud. Landwirtsch.; Promot. 1955 - 1940-45 Soldat; 1952 Ref. Bundesst. f. Außenhandelsinform. Köln; 1959-64 Wirtschaftsref. Dt. Botsch. Colombo; 1964-69 Ausw. Amt Bonn; 1969-72 Wirtschaftsref. Dt. Botsch. Brüssel; 1972-77 Ständ. Vertr. d. Botsch. in Luxemburg; 1977-80 Leit. Geschäftsber. Ausw. Angeleg. b. Bevollm. d. Bundesreg. in Berlin; 1980-85 Generalkonsul in Chicago - Liebh.: Lit., Jagd, Golf, Wandern - Spr.: Franz., Engl.

SIEGLAFF, Walter

Dr. jur., Präsident Bundesbahn-Sozialamt (1974 i. Ruhest.), Treuhänder Allg. Priv. Krankenversich. AG - Schlehenweg 4, 6395 Weilrod-Emmershausen (T. 06083 - 16 18).

SIEGLERSCHMIDT, Hellmut

Dipl.-Kfm., Senatsrat - Delbrückstr. 14, 1000 Berlin 33 (T. 030 - 891 78 69) - Geb. 17. Okt. 1917 Berlin (Vater: Reinhold S., Stud.rat; Mutter: Helene, geb. Wyschwjanski), ev., verh. s. 1944 m. Elsa, geb. Ohst, 4 Kd. (Gisela, Uta, Jörn, Hellmut) - Abit. 1936; Stud. Wirtsch.wiss., Dipl.-Kfm. - 1945-47 Angest., 1946-47 Mitgl. mecklenburg. Landtag, 1947 Volont., 1948-49 Redakt. Hann. Presse, 1949-50 Redakt. Welt d. Arbeit, 1950-52 Reg.-Angest. Land Nieders., 1952-56 Regierungsrat, 1956-1969 Oberregierungsr. Berlin u. Senatsrat, 1969-80 MdB, 1977-84 MdEP - 1981 Offizierskreuz d. Ehrenlegion; 1983 Mérite Européen en argent; 1984 Gr. BVK - Liebh.: Wandern, Musik - Spr.: Engl., Franz.

SIEGLIN, Gunter
Dipl.-Ing., Vorstandsvorsitzender Eckardt AG, Stuttgart, Vors. Verb. d. dt. feinmechanischen u. optischen Ind. - Postfach 500347, Pragstr. 82, 7000 Stuttgart 50 - Geb. 6. Aug. 1935 Düsseldorf.

SIEGLOCH, Klaus-Peter
Leiter Hauptredaktion Innenpolitik ZDF - Wilhelminenstr. 35, 6200 Wiesbaden (T. 06121 - 52 34 67) - Geb. 15. Mai 1946 Hamburg, verh. s. 1974 m. Christiane, geb. Hammer, 2 Kd. (Christopher, Kristina) - Abit. 1966; Stud. Polit. Wiss., Soziol. u. Volkswirtsch.lehre; Dipl.-Polit. 1972 - Dienstleit. Film Tagesschau; Redaktionsleit. Hbg. Journal (NDR-FS); Moderator ARD Tagesthemen - Liebh.: Segeln, Surfen, Ski - Spr.: Eng., Franz.

SIEGMANN, Otfried
Dr. med. vet., Dr. med. vet. h.c., Prof. u. Direktor Klinik f. Geflügel Tierärztliche Hochschule Hannover (s. 1966; 1972-1974 Rektor) - Bünteweg 17a, 3000 Hannover 71 - Geb. 7. Jan. 1926 Heilbronn/N. (Vater: Hermann S., Studienrat; Mutter: Berta, geb. Kreß), ev., verh. s. 1949 m. Hiltraut, geb. Enslin, 3 Kd. (Dagmar, Harald, Praxedis) - Gymn. Stuttgart; TH Stuttgart (Biol.), Justus-Liebig-Univ. Gießen, TiHo Hannover (Veterinärmed.). Promot. Hannover; Habil. Berlin - 1956-65 Abt.sleit. Bundesforschungsanstalt f. Kleintierzucht, Celle; 1963-66 Privatdoz. FU Berlin - BV: Kompendium d. Geflügelkrankh., 1971, 3. A. 1976 - 1981 Mitgl. Albrecht Thaer-Ges.; 1981 Ehrendoktor Univ. d. Vet.med. Budapest.

SIEGMEIER, Albrecht W.
Geschäftsführer ge-ka Gerrit van der Kamp GmbH + Co. KG, Fenster- u. Türenwerk, Nordhorn-Klausheide - Klausheider Weg 53, 4460 Nordhorn-Klausheide; priv.: Kuckucksweg 15, 6233 Kelkheim/Ts. (T. 06195 - 6 45 48) - Geb. 1. Mai 1941 Nordhausen.

SIEGMUND, Georg
Dr. theol., Dr. phil., Msgr., o. Prof. f. Philosophie - Abt-Richard-Str. 28, 6400 Fulda-Neuenberg (T. 7 14 13) - Geb. 25. Juni 1903 Raumnitz/Schles. (Vater: Heinrich S., Lehrer; Mutter: geb. Dinter), kath. - Univ. Breslau (Kath. Theol., Phil., Biol.; Promot. 1927 u. 34). Priesterweihe 1928 - 1929-45 Studienrat Neiße, Oppeln, Brieg; s. 1946 o. Prof. Phil.-Theol. Hochsch. Fulda (1954-57 Rektor) - BV/Hauptw. (20 Bücher übers.): Psych. d. Gottesglaubens, 2. A. 1966; Nietzsche d. Atheist u. Antichrist, 4. A. 1946; Naturordnung als Quelle d. Gotteserkenntnis, 3. A. 1965; Jesus Christus heute, 2. A. 1948; D. kranke Mensch, 1951; D. Mensch in s. Dasein, 1953; D. Natur d. Menschen, 1955; D. Kampf um Gott, 3. A. 1976; Tier u. Mensch, 1954; Sein oder Nichtsein? D. Problem d. Selbstmordes, 2. A. 1971; Gottesglaube u. seel. Gesundheit, 1962; Nietzsches Kunde v. Tode Gottes, 1964; Rausch u. Religion, 1966; Buddhismus u. Christentum, 1968; D. Natur d. menschl. Sexualität, 4. A. 1981; Warum heiraten, 1974; D. Frage nach d. Herkunft d. Menschen - neu gestellt, 1978; D. Mensch zw. Gott u. Teufel, 1978. Etwa 2000 Aufs. Herausg.: Phil. Jahrb. (1946-50) - Grundleg. e. Phil. Anthropologie u. Theoret. Medizin.

SIEGMUND, Manfred
Dipl.-Ing., Geschäftsf. Gesellschafter IVH Industrie-Verwaltungs-GmbH + Handelskontor KG, Hildesheim - Praetoriusweg 2, 3200 Hildesheim - Geb. 19. Aug. 1920 Schweidnitz/Schles., verh. m. Sigrid, geb. Hage, 2 Kd. - Wehrdst. Luftwaffe 1938-1945 - Th. Hann. (allg. Maschinenbau, Dipl.-Prüf. 1949) - Geschf. Ges. Senkingwerk 1950-77 - Gründungsmitgl. Lions Club Hildesheim - Liebh.: Motor- u. Segelflug - Internat. Leistungsabz. Gold C - 3 Brillanten.

SIEGRIST, Johannes
Dr. phil., Prof. f. Med. Soziologie Univ. Marburg - Schlehdornweg 13, 3550 Marburg - Geb. 6. Aug. 1943 Zofingen/Schweiz (Vater: Adolf S., Lehrer, Schulleit. a. D.; Mutter: Margrit, geb. Merz), s. 1982 verh. - Univ. Basel u. Freiburg/Br. (Soziol., Phil., Gesch.). Promot. u. Habil. Freiburg; Gastprof. J. Hopkins Univ. Baltimore u. Inst. f. Höh. Studien, Wien - BV: Lehrb. d. Med. Soziol., 1974, 4. A. 1988 (ital. 1979); Arbeit u. Interaktion im Krankenhaus, 1978; Soziologie in d. Medizin, dt. u. frz., 1982. Mitautor u. Mithrsg.: Breakdown in human adaptation to stress, 2 Bde., 1984. Mithrsg. intern. Fachztschr. Social Science and Medicin, Work and Stress; üb. 100 Fachveröff. (Schwerpunkt: psychosoz. Risiken u. Herz-Kreislauf-Krankh.) - 1979 Roemer Preis Dt. Koll. psychosom. Med.; 1988-90 Präs. Europ. Ges. f. Med. Soziol. - Spr.: Franz., Engl., z. T. ital.

SIEGWARTH, Camill
Verwaltungsangestellter, MdL - Feldbergweg 8, 7505 Ettlingen (T. 1 26 52) - Geb. 31. Juli 1918 Ettlingen, kath., verh., 2 Kd. - Volkssch.; kaufm. Lehre - 1939-45 Wehrdst. (Infanterist u. Gebirgsjäger; West- u. Ostfront); s. 1945 Angest. Arbeitsamt Karlsruhe/Nebenst. Ettlingen. S. 1947 Mitgl. Gemeinderat Ettlingen; s. 1953 MdK Karlsruhe; 1956-60 u. s. 1965 MdL Baden-Württ. CDU.

SIEKMANN, Heinz
Journalist, MdL Nordrh.-Westf. (s. 1970) - Münsterstr. 176, 4700 Hamm 1 (T. 02381 - 6 08 37) - Geb. 19. Juni 1927 Münster/W., verh. - Univ. Münster, Freiburg, Mainz (Rechts-, Staatswiss., Publiz.). I. jurist. Staatsprüf. - 1956 ff. Stadtverordn. Hamm; 1969 ff. Mitgl. Landschaftsvers. Westf.-Lippe. CDU s. 1954.

SIEKMANN, Julius
Dr.-Ing., Dipl.-Ing., Prof. f. Mechanik Univ.-GH Essen - Lilienmattstr. 9, 7570 Baden-Baden - Geb. 24. Sept. 1925 Gadderbaum (Eltern: Julius u. Anna S.), ev., verh. s. 1959 m. Ingrid, geb. Wagner, 3 Kd. (Regine, Marc, Verena) - Stud. TH Karlsruhe; Dipl.ex. 1952; Promot. 1955 - Liebh.: Musik - Spr.: Engl.

SIELAFF, Hans-Jürgen
Dr. med., Prof., Chefarzt Strahlenklinik Städt. Krankenanstalten Heilbronn - Jägerhausstr. 26, 7100 Heilbronn/N. - Geb. 24. Dez. 1920 - S. 1958 (Habil.) Privatdoz. u. apl. Prof. Univ. Heidelberg (Innere Med. u. Röntgenol.). Üb. 100 Fachveröff.

SIELAFF, Horst
Pfarrdiakon, MdB (Wahlkr. 156/Frankenthal) - Kirchgrabenstr. 11, 6710 Frankenthal 3 (Pfalz) - SPD.

SIELAFF, Meinhard
Dr. rer. pol., Dipl.-Kfm., Wirtschaftsprüfer, Mitgl. Direktorium Henkel KG a.A., Düsseldorf i. R., (Abschlüsse, Steuern) - Am Hohlen Berg 14, 4000 Düsseldorf 12 (T. 0211 - 20 11 58) - Geb. 1. Juni 1925 Berlin (Vater: Max S., Wirtsch.prüf., Steuerberat.; Mutter: Esther, geb. Wolke), verh. s. 1978 m. Inge, geb. Breitgraf, 3 Kd. aus 1. Ehe (Harald, Susanne, Ellen) - Stud. Univ. Berlin. Dipl.-Kfm. 1949; Promot. 1950 - Beiratsvors. 1. Eigentümergemeinsch. An d. Himmelsleiter Westerland/Sylt (Dorint-Hotel); Beiratsmitgl. Heidelberger Getränke GmbH, Heidelberg & GEFA-Getränke GmbH, Ludwigshafen.

SIELER, Wolfgang
Gewerkschaftssekretär a.D., MdB (VIII. Wahlp./Landesl. Bayern) - Kaiser-Wilhelm-Ring 29a, 8450 Amberg/Opf. - Geb. 31. Mai 1930 Leipzig, ev., verh. - Volkssch.; Flugzeugelektriker- u. Schlosserlehre (Messerschmitt, Maxhütte); Hochsch. f. Wirtsch. u. Politik Hamburg (Volksw./grad.) - B. 1956 Betriebsschlosser; s. 1959 Gewerkschaftsangest. (u. a. I. Bevollm. IGM Amberg); AR-Mitgl. Hallberger-Hütte Saarbrücken-Brebach. SPD s. 1950 (stv. Vors. Bez. N/O, Mitgl. Landesvorst. Bayern, im Kreistag Amberg-Sulzbach u. s. 1976 im Dt. Bundestag, Vors. Unterbez. Amberg-Sulzbach-Neumarkt).

SIELING, Hans-Hermann
Dr. rer. nat., Studiendirektor i. R., Mitgl. Brem. Bürgerschaft (1963-71 Vors., 1973-79 stellv. Vors. CDU-Fraktion) - Freesenkamp 84, 2800 Bremen-Lesum (T. 63 33 93) - Geb. 24. Juni 1917 Bremen (Vater: Hermann S., Büroangest.; Mutter: Auguste, geb. Böschen), ev., verh. s. 1943, 3 Kd. (Horst, Brigitte, Heiko) - Oberrealsch. Bremen; Arbeitsdienst u. Wehrmacht (schwer verwundet; oberarmamputiert), 1945-50 Univ. Göttingen (Naturwiss.), s. 1950 Schuldst. Bremen (1967-79 z. Wahrnehmung d. Bürgerschaftsmandats freigestellt) - Spr.: Engl., Franz.

SIELMANN, Heinz
Buch- u. Fernsehautor - Am Gänsebühel 13, 8000 München-Obermenzing - Geb. 1917 Königsberg/Pr., verh. (Ehefr.: Inge), Kd. - Stud. Biologie (9 Sem.) - 1947-58 Mitarb. Inst. f. Film u. Bild in Wiss. u. Unterr.; s. 1960 eig. biol. Filmproduktion - BV: 15 Bücher (vor allem üb. Tierverh.), u. a. Lockende Wildnis, 1970; Mein Weg zu d. Tieren, 1971; D. stille Jagd m. d. Kamera, 1986. Bek. Filme: Vögel üb. Haff u. Wiesen (1939), Lied d. Wildbahn, Quick, d. Eichhörnchen, Konzert am Tümpel, D. Iltiskoppel, Zimmerleute d. Waldes (Spechtf.), Herrscher d. Urwalds (u. a. Preis Filmfestsp. Moskau), D. Jahr d. Störche, Galapagos, Verhaltensforsch. b. Tieren, Expeditionen ins Tierreich, Lockende Wildnis (1970). Autor d. Fernsehreihe Expeditionen ins Tierreich m. üb. 130 Folgen - 5 Bundesfilmpreise; Fernsehpr.: Bambi u. Gold. Bildschirm; 1977 Gold. Blume v. Rheydt; 1983 Gold. Kamera HÖRZU; 1983 Bambi Bild + Funk; 1987 BVK I. Kl.

SIEMANN, Hans-Andreas
Dipl.-Volksw., stv. Hauptgeschäftsführer Bundesverb. d. Dt. Groß- u. Außenhandels (s. 1972) - Kaiser-Friedrich-Str. 13, 5300 Bonn (T. 2 60 04-0) - Geb. 19. Juni 1929 - Stud. Bonn - S. 1964 BGA (1966 Gf.) u. Gf. Bundesverb. Dt. Exporthandel, Verbindungsst. Bonn, o. g. Anschrift.

SIEMENS, von Peter
Ind.-Kfm., Vorstandsmitglied Siemens AG - Wittelsbacherplatz 2, 8000 München 2 - Geb. 10. Aug. 1937 Rio de Janeiro/Bras. (Vater: Dr. Peter v. S.; Mutter: Julia, geb. Lienau), ev., verh. s. 1966 m. Bettina, geb. Schicht - Ausb. z. Ind.-Kaufm. - S. 1962 Siemens AG (versch. Funktionen im In- u. Ausland) - Spr.: Engl., Franz., Span. - Rotarier - Bek. Vorf.: Werner v. Siemens.

SIEMERS, Walter
Dr. jur., Rechtsanwalt, Geschäftsf. Tankschiff-Reederei J. Schindler GmbH., Hamburg, AR-Vors. Hanseat. Assekuranz-Vermittlungs-AG. u. Philippi & Co. GmbH., Pearson & Co. AG., Bau-Verein zu Hamburg AG., stv. AR-Vors. Ölwerke Julius Schindler GmbH. u. Albingia Lebensversicherungs-AG., alle Hamburg - Kaiser Wilhelm-Str. 12, 7570 Baden-Baden - Geb. 22. Juli 1902 Hamburg - U. a. Geschäftsf. Tankschiff-Reederei Julius Schindler GmbH., Hamburg.

SIEMES, Hans-Dieter
Dr. jur., Botschaftsrat I. Kl. Dt. Botschaft Jakarta - Jalan M. H. Thamrin Nr. 1, Jakarta/Indonesien - Geb. 28. März 1933 Geldern - Stud. d. Rechtswiss. Univ. Köln; 1. u. 2. jur. Staatsex. 1961 u. 65; Promot. 1964 - S. 1965 Ausw. Amt (Ausl.sposten: 1965/66 Tunis; 1967-70 Jakarta; 1973-76 Leit. Wirtsch.dst. u. Vertr. d. Botsch. Kuala Lumpur), dazw. Zentrale Bonn (polit. Abt. u. Protokoll); 1976-78 Botsch. d. BRD in Gabun; 1979-80 Zentrale Bonn; 1981-83 Jakarta, ständ. Vertreter; 1984-86 Prag, ständ. Vertreter; 1986 Zentrale Ref.-Leit.

SIEMS, Rolf
Dr. rer. nat., Prof. f. Theoretische Physik - Univ., 6600 Saarbrücken (T. 0681 - 302 34 17) - Geb. 24. Juni 1930 Bremen (Vater: Albert S., Tischlermeister; Mutter: Dora, geb. Bohlmann), ev. verh. s. 1965 mit Helgard, geb. Sindermann - Univ. Göttingen, Michigan State College (Dipl. 1957 Göttingen), Promot. TH Aachen 1963 - 1957-63 KFA Jülich, CEN Mol (Belgien), ISNSE Argonne (USA), Assist., Doz. TH Aachen 1963-1970, Habil. 1968 Aachen, 1968/69 Lehrst.-vertr. Univ. Gießen, s. 1970 o. Prof. f. Theor. Physik Univ. Saarbrücken, 1975-77 Fachber.vors. Fachveröff. - 1963 Borchers Plak. TH Aachen.

SIENKNECHT, Walter
Bauunternehmer, Gesellsch. Johannes Sienknecht GmbH. & Co. KG, Ehrenvors. Bauindustrieverb. Schlesw.-Holst., Kiel - Ripenstr. 22, 2350 Neumünster (T. Büro: 5 40 21-24, priv.: 4 49 29) - Geb. 4. März 1909 - Steinsetzm.; Bauing.

SIEP, Ludwig
Dr. phil., Prof., Direktor d. Philos. Seminars d. Univ. Münster - Soetenkamp 7, 4400 Münster - Geb. 2. Nov. 1942 Solingen (Vater: Ludwig S., Arzt; Mutter: Gerta, geb. Wieser), kath., verh. s. 1968 m. Elke, geb. Pohlendt, 2 Söhne (Georg, Johannes) - Abit. 1962 Köln; Promot. 1969 Univ. Freiburg, Habil. 1976 - 1979-86 o. Prof. Univ. Duisburg, s. 1986 Univ. Münster, Gastprof. Princeton (1976) u. Emory Atlanta, USA (1986) - BV: Hegels Fichtekritik u. d. Wiss.-Lehre v. 1804, 1970; Anerkenn. als Prinzip d. prakt. Phil., 1979. Herausg.: D. Idealismus u. s. Gegenw. (1976); Identität d. Person (1983); Sterblichkeitserfahrung u. Ethikbegründung (1988).

SIEPE, Hans Theo
Dr. phil., Prof. f. Romanistik Univ. Duisburg - Brandenberg 81, 4330 Mülheim/R. (T. 0208 - 59 16 75) - Geb. 12. März 1947 Birkenfeld/Nahe, verh. s. 1984 m. Karin, geb. Bodatsch, S. Daniel - Stud. Univ. Köln, Aix-en-Provence (Roman., German.); Staatsex. 1971 Köln; Promot. 1976 Duisburg; Habil. 1983 Duisburg - BV: D. Leser d. Surrealismus, 1977; Abenteuer u. Geheimnis. Unters. z. franz. Populärroman, 1987; versch. Fachaufs. z. romanist. u. allg. Lit.wiss.

SIEPE, Karl Heinz
Dipl.-Phys., Vorstandsvorsitzender (Finanzen) O & K Orenstein & Koppel AG. (1981 ff.) - Karl-Funke-Str. 30, 4600 Dortmund-Dorstfeld - Zul. Vors. d. Gfg. Waggon Union GmbH., Berlin/Siegen.

SIEPELMEYER, Ludwig
Rechtsanwalt u. Notar, Bürgermeister Georgsmarienhütte (1965-86) - Körnerstr. 10, 4504 Georgsmarienhütte (T. 05401-51 38) - Geb. 4. Juli 1930 Oesede (Vater: Matthias S., Postbeamter; Mutter: Maria, geb. Flach), kath., verh. s. 1954 m. Doris, geb. Bellinger, 6 Kd. (Sabina, Stefan, Georg, Axel, Frank, Jörg) - Gymn. Carolinum Osnabrück (Abit. 1950); 1950-54 Univ. Münster (Jura), Ass. Hannover 1958 - S. 1965 Bürgerm., s. 1970 Vors. Verkehrswacht Oesede, Nieders. Städte- u. Gemeindebd. (1972ff. Bezirks- u. Kreisvors., 1982ff. Landesvorst., 1986 Präs., 1986 Vizepräs. Dt. Städte- u. Gemeindebd.) - 1972 silb. Ehrenz. Dt. Verkehrswacht, 1980 Dt. Feuerwehrmed., 1981 BVK; 1985 Nieders. Verdienstkreuz I. Kl.; 1986 Ehrenbürgerm. Georgsmarienhütte - Spr.: Engl.

SIEPEN, Volker

Dipl.-Kfm., Vorstandsmitgl. IPS Industrie-Verpackungs- u. Service AG., Essen - Donaustr. 50, 4006 Erkrath 2 - Geb. 26. März 1944 Sorau (Vater: Heinz S., RA; Mutter: Ilse, geb. Kunzendorf, Lehrerin), ev., verh. s. 1971 (Ehefr.: Elke), 2 Kd. (Sven, Silja) - Stud. Univ. München u. Köln; Dipl.ex. 1969 - Liebh.: Hochseesegeln - Spr.: Engl., Franz.

SIEPENKOTHEN, Anne-Hanne

Hausfrau, MdL Nordrh.-Westf. - Grüner Weg 26, 4000 Düsseldorf 1 (T. 0211-72 63 93) - Geb. 21. April 1949 Düsseldorf, kath., verh. s. 1970 m. Hans S., 2 Kd. (Christian, Katrin) - Mittl. Reife; Ausb. im elterl. Mörtelwerk - Spr.: Engl.

SIEPER, Bernhard

Journalist, Schriftst. - Kaiserstr. 59, 5608 Radevormwald/Rhld. (T. 3 37) - Geb. 21. Jan. 1909 Radevormwald, ev., verh. m. Waltraut, geb. Baum, 1 Kd. - Volkssch.; kaufm. Lehre (Spedition) - Bank- u. Industrieangest. - BV: D. Lebensbild d. Schiffsjungen Hein, 1936; Herz überm Amboß, Lersch - Biogr. 1939; Sterne üb. d. Heimat, 1941; D. Ruf d. Strahlen, Röntgen-Biogr. 1946; E. kl. Blütenlese d. Weltlyrik, 1946; Rader Humor, 1953; Paul Verlaine, Charakterbilder, 1957; Staunen u. Mitleid, Lyr. aus Erleben Indiens, 1974; Sechs Bildbände Radevormwald, 1976-81; Heutiges Indien, Prosa 1981 - Lyrikpreise: 1975 Das betroffene Metall, 1976 Dome im Gedicht, 1977 Lyrikpreis der IGdA, 1978 Zwei Menschen, 1981 Die Rose.

SIEPMANN, Helmut

Dr. phil., Prof. f. Romanische Philologie - Baadenberger Str. 40, 5000 Köln 30 (T. 55 24 25) - Geb. 29. Aug. 1937 Essen - Stud. Roman. u. Gesch. Tübingen, Lille u. Bonn; Staatsex. Höh. Lehramt, Promot. Bonn, Habil. Köln - Wiss. Assist. Bochum u. Köln, Prof. Köln u. Aachen - BV: D. allegor. Trad. im Werk Clément Marots, 1968; D. portugies. Lyrik d. Segundo Modernismo, 1977; D. portugies. Lit. d. 19. u. 20. Jh., 1987 - Spr.: Engl., Franz., Portugies., Ital., Span.

SIERKS, Johann

Gewerkschaftssekretär i.R. (b. 1987), MdL Schlesw.-Holst. (1971-79) - Birkenweg 19b, 2055 Wohltorf (T. Aumühle 29 13) - Geb. 6. April 1924 Oesterborstel/Dithm., verh., 2 Kd. - Rundfunkrat (NDR); VR Landesbank SH, u. Wohnungsbaukreditanstalt; gf. Vorst. d. Dt. Volksheimstättenwerks.

SIES, Helmut

Dr. med., Prof. f. Physiologische Chemie Univ. Düsseldorf - Inst. f. Physiol. Chemie I, Moorenstr. 5, 4000 Düsseldorf 1 - Geb. 28. März 1942, 2 Kd. (Alexander, Caroline) - Promot. (Dr. med.) 1967 Univ. München - S. 1979 Lehrstuhlinh. Physiol. Chemie I Univ. Düsseldorf - Entd.: Wasserstoffperoxyd in Säugetierzellen; GSH-Transport; Selenstoffwechsel; Singulettsauerstoff in biol. Systemen - BV: Glutathione, 1978; Metabolic Compartmentation, 1982; Oxidative Stress, 1985 (Jap. Übers. 1987); Peroxisomes in Biol. and Med., 1987 - 1978 FEBS Anniversary Prize; 1986 Silver Medal Karolinska Inst. Stockholm; 1988 Ernst Jung-Pr. f. Med. - Liebh.: Musik - Spr.: Engl., Franz.

SIES, Walter

Dr. rer. pol., Generalbevollm. Metallgesellschaft AG, Frankfurt am Main i. R. - Oberer Reisberg 9a, 6380 Bad Homburg v.d.H. (T. 06172 - 3 17 38) - Geb. 24. Sept. 1924 Hamburg, verh. s. 1949, 6 Kd. - Stud. Nationalökon. (Promot. Prof. Stucken), 1954-88 Metallges., 5 J. Ifo-Inst. f. Wirtsch.sforsch.

SIESS, Manfred

Dr. med., o. Prof. f. Pharmakologie - Wilhelmstr. Nr. 56, 7400 Tübingen (T. 07071 - 29 22 68) - Geb. 10. Febr. 1920 Ulm/D. - S. 1956 (Habil.) Lehrtätigk. Univ. Tübingen u. Marburg (1958; 1962 apl. Prof., 1966 Wiss. Rat u. Prof., 1970 Abt.svorsteher u. Prof.) u. Tübingen (1971 o. Prof. u. Dir. Pharmak. Inst.). 1964/65 Gastprof. Univ. Chicago (USA). Fachveröff.

SIEVEKING, Friedrich

Dr. jur., Senatspräsident a. D. - Marinesteig 18, 1000 Berlin 38 (T. 803 75 76) - Geb. 16. Sept. 1907 Hamburg (Vater: Dr. jur. Ulrich S., Notar; Mutter: Katharina, geb. Roosen), ev., verh. s. 1939 m. Eva, geb. Mönckeberg, 4 Söhne (Malte, Roland, Friedrich, Johann) - Gymn. Hamburg; Univ. Lausanne, Freiburg/Br., Berlin, Hamburg, Yale (Rechtswiss.) - 1934-45 Rechtsanw. Hamburg; s. 1946 Justizdst. ebd. u. Berlin (1948 ff. Verwaltungsrichter; b. 1970 Bundesrichter, dann Senatspräs. Bundesverw.gericht) - BV: Doppelte Gerichtsbarkeit in d. Vereinigten Staaten, 1935 - Spr.: Engl., Franz. - Bek. Vorf.: Georg Heinrich S. (1751-99) - 1962 ff. Governor District 111/Nord Lions Intern. - Bruder: Johannes S.

SIEVEKING, Kai

Oberstudienrat, 1. Vors. Bundesverb. d. Lehrkräfte d. Russ. Sprache (s. 1970) - Johannes-Schult-Weg 10, 2000 Hamburg 67 (T. 040-603 40 33) - Geb. 23. Aug. 1926, ev., verh. s. 1955 m. Ursula, geb. Zander, 2 Kd. (Dirk, Claudia) - Stud. Univ. Hamburg, Mainz, Göttingen (Lat., Griech., Russ.); 1. Staatsex. 1952, 2. Staatsex. 1954.

SIEVEKING, Klaus L.

Dr. jur., Wiss. Mitarbeiter ZERP (Zentrum f. europäische Rechtspolitik) (s. 1986) - Bergiusstr. 121, 2800 Bremen 33 (T. 0421 - 27 46 57) - Geb. 23. Mai 1945 Bendestorf, ev., verh. s. 1985 m. Gundula, geb. Lösch, 3 Kd. (Nikolaus, Anna Katharina (aus 1. Ehe), Annelie) - Stud. Univ. Freiburg, Berlin Rechtswiss.; Ass. u. Promot. 1974 - 1974-75 Regierungsrat z. A. Hamburg; 1976-81 Assist.-Prof.; 1982-85 Prof. Univ. Bremen - BV: D. Entwicklung d. sozialist. Rechtsstaatsbegriffs in d. SBZ/DDR, 1975; D. Erstattung v. Rentenversich.beiträgen an Ausländer, 1988 - Spr.: Engl. - Bek. Vorf.: Georg Heinrich Sieveking (Ur-, Ur-Großv. 1751-99).

SIEVERDING, Franz

Dipl.-Ing., Vorstand Mannesmann AG, Düsseldorf - Mannesmannufer 2, Postf. 55 01, 4000 Düsseldorf 1 - Geb. 29. Mai 1927 Oberhausen - BVK am Bde.

SIEVERS, Angelika

Dr. phil., M. A., o. Prof. f. Geographie u. ihre Didaktik (emerit.) - Römerstr. 118/3308, 5300 Bonn 1 (T. 0228 - 556 33 08) - Geb. 28. Sept. 1912 Stolp/Pom. (Vater: Dr. Georg S., Kammersynd. †1935), kath. - Abitur 1932 Stolp; M. A. 1936 USA; Promot. 1939 Berlin (Geogr., Angl., Gesch., Päd.) - 1939-42 Assist. Univ. Berlin (Inst. f. Agrarwesen); 1943-49 Ref. Inst. f. Landeskd. ebd.; s. 1949 Doz. u. Prof. (1964) Päd. Hochsch. Vechta, 1973ff. Univ. Osnabrück, Abt. Vechta, 1964-66 UNESCO-Auftr. Nigeria - BV: Ceylon - Gesellschaft u. Lebensraum in d. oriental. Tropen, 1964; Nigeria - Stammeskulturlandschaften e. neuen Staates im trop. Afrika, 1970; Südasien - Beiträge ..., 1982; D. Tourismus in Sri Lanka ..., 1983. Mithrsg.: Geographia Religionum - Spr.: Engl., Franz., Ital.

SIEVERS, Heinrich

Dr. phil., Prof., Musikwissenschaftler - Holteistr. Nr. 1, 3000 Hannover-O, (T. 81 49 65) - Geb. 20. Aug. 1908 Dorum (Vater: Hugo S., Pastor; Mutter: Marie, geb. Beutnagel), ev., verh. s. 1940 m. Elske, geb. Bredlau († 1977), T. Carola - 1930-35 Stud. Musik, -wiss., Lit.- u. Kunstgesch. Würzburg u. Köln - S. 1937 Musikkrit. Presse u. Rundfunk (1953 NDR); s. 1939 Lehrtätigk. Staatl. Musikhochsch., TH bzw. TU Hannover (1946; 1958 Honorarprof. f. Musik u. -gesch.). Mitgl. Ges. f. Musikforsch. Entd.: Braunschweiger Osterspiel v. 1314 u. Wienhäuser Liederb. v. 1460 - BV: D. lat.-liturg. Osterspiele d. Stiftskirche St. Blasien zu Braunschweig, 1936; 350 J. Staatstheater Braunschweig, 1941; D. Wienhäuser Liederb., 1953; D. Musik in Hannover, 1961; Musica curiosa, 1971; Hannoversche Musikgeschichte, Bd. I, 1979, Bd. II, 1984; Kammermus. in Hann., 1980; Harrys Paganini, 1982; D. Prisma d. Musikgesch., 1983 - Verdienstkr. I. Kl. u. Gr. Verdienstkr. Nieders. VO.; Fokke Pollmann-Med. d. Sängerb. Nordwestdeutschl. - Spr.: Engl., Franz.

SIEVERS, Heinz

Vorstandsvorsitzender i.R. Westfälische Provinzialversicherungen - Eli-Marcus-Weg 26, 4400 Münster - Geb. 16. Febr. 1920 - Zuv. Vorst.-Mitgl. Concordia Feuer Versich.ges. a. G., Hannover (b. 1974). Zahlr. Vorst.-, Beiratsmitgliedsch., Ehrenvors. Verb. d. Haftpflicht-, Unfall-, Auto- u. Rechtsschutzversicherer (HUK), Hamburg.

SIEVERS, Leopold

Schriftsteller - Elbchaussee 193a, 2000 Hamburg 52 (T. 880 58 78) - Geb. 8. April 1917 Hamburg (Vater: J. Leopold S., Elektr.werks-Dir.; Mutter: Ottilie, geb. Tholl), ev.-luth., verh. m. Ilse, geb. Schoeppler - 1937 Abit.; 1948 Ing. f. Hochbau - B. 1945 Soldat, zul. Hptm.; b. 1954 Tätigk. Architekturbüros; s. 1955 Redakt. - BV: Serpentinen, N. 1955; D. Nixe, Erz. 1958; Onyx, R. 1962; Juden in Dtschl., Sachb. 1977; Revolution in Dtschl./Gesch. d. Bauernkriege, Sachb. 1978; Deutsche u. Russen, Sachb. 1980, erw. u. aktual. Neuaufl. 1988 - 1955 C.-Bertelsmann-Novellenpreis, 1961 Julius-Campe-Preis.

SIEVERS, Otto

Dr., Geschäftsführer Gasversorgung Süddeutschland GmbH. (GVS), Stuttgart (s. 1969) - Hainbuchenweg 22e, 7000 Stuttgart-Degerloch - Geb. 11. Dez. 1907 Hamburg - Zul. Ministerialdirig. Wirtschaftsmin. Baden-Württ. (Leit. Energie-Abt.).

SIEVERS, Sven

Dr. med. habil., Privatdozent, Ltd. Arzt geburtshilflich-gynäkol. Abt. Krankenhaus Hetzelstift, Neustadt a. d. Weinstr. (s. 1981) - Triftbrunnenweg 48, 6730 Neustadt 19 - Geb. 30. Juli 1938 Heidelberg, ev., verh., 1 Kd. - 1960-66 Med.-Stud. Univ. Heidelberg; Staatsex. 1966, Promot. 1967, Habil. 1976 Univ. Frauenklinik Mannheim - Wiss. Arbeitsgeb.: Familienplanung u. Onkol. - Spr.: Engl., Franz.

SIEVERS, Wilhelm

Dr. jur., Bischof d. Ev.-Luth. Kirche in Oldenburg (s. 1985) - Philosophenweg 1, 2900 Oldenburg - Geb. 1931 Kiel - Stud. Theol. u. Rechtswiss. - 1971ff. Propst v. Angeln (Sitz: Kappeln). Div. Funktionen, dar. Vors. Ev. Presseverb. Nord u. Synodalmitgl. EKD.

SIEVERT, Olaf

Dr. rer. pol., Prof. f. Nationalökonomie, insb. Regionalwirtschaft - Universität, 6600 Saarbrücken - Geb. 27. Juli 1933 Demmin/Pom. (Vater: Erich S., Bibliothekar; Mutter: Else-Dorothea, geb. Stender), ev., verh. s. 1959 m. Caritas, geb. Vontz, 3 Kd. (Andreas, Judith, Uta) - Mittel- u. Wirtschaftsobersch.; Univ. Hamburg u. Saarbrücken. Dipl.-Volksw. 1957 Hamburg; Promot. 1963 Saarbrücken - 1959-64 wiss. Assist. Univ. Saarbrücken; 1965-66 Generalsekr. Sachverständigenrat z. Begutachtung d. gesamtw. Entwicklung; 1968 Mitgl. Planungsgruppe b. saarl. Ministerpräs.; s. 1968 Ord. Univ. Dortmund (Abt. Raumplanung) u. Saarbrücken (1971; FB Wirtschaftswiss.); Dir. Inst. f. empirische Wirtschaftsforsch. Univ. d. Saarlandes; 1970-85 Mitgl. Sachverständigenrat z. Begutacht. gesamtwirtschaftl. Entwickl. (1976-85 Vors.); 1974-78 unparteiischer Vors. d. bes. Schlichtung f. d. Metallind.; s. 1985 Mitgl. Wiss. B. BMWi; s. 1988 Mitgl. Deregulierungskommiss.; s. 1988 Mitgl. Kronberger Kreis - BV: Außenw. Probleme steuerlicher Ausgleichsmaßnahmen f. d. intern. Handel, 1964; Entwicklungsaussichten d. Saarw. im dt. u. westeurop. Wirtschaftsraum (m. M. Streit), 1964; Methoden u. Möglichk. d. Erfolgskontrolle städt. Entwicklungsmaßn. (m. J. Eekhoff u. a.), 1977; D. wirtschaftl. u. soz. Entwickl. im Grenzraum Saar-Lor-Lux (m. Ch. Augustin u. a.), 1978; Bewertung wohnungspolit. Strategien (m. J. Eekhoff u. a.), 1979; Mittelstandspolitik f. d. Saarland (m. H. Naust u.a.), 1979; Kommun. Finanzausgl. f. d. Saarl. (m. G. Brenner u.a.) 1981; Probl. d. saarl. Arbeitsmarktes (m. J. Lenhof u.a.), 1982; Steuern u. Investitionen (m. H. Naust u.a.), 1989 - 1965 Preis d. Europ. Gemeinschaften (f. d. erste Buch); 1985 Ludwig-Erhard-Preis f. Wirtschaftspubl. - Spr.: Engl., Franz.

SIEVERTS, Thomas

Dipl.-Ing., Prof., Stadtplaner (eigenes Planungsbüro in Bonn) - Buschstr. 20, 5300 Bonn 1 - Geb. 8. Juni 1934 Hamburg (Vater: Prof. Dr. jur. Rudolf S., †1980; Mutter: Elisabeth, geb. Ronnefeldt), ev., verh. s. 1965 m. Heide, geb. Pawelzik, 3 Kd. (Anja, Boris, Judith) - Gymn. Hamburg; Stud.Stuttgart, Liverpool, Berlin; Dipl.-Ing. 1962 - 1963-65 Assist. TU Berlin; fr. Planer (1965-70 Partner Fr. Planungsgruppe Berlin/FPB); 1967-70 Prof. Hochsch. f. bild. Künste Berlin/Arch.abt. (Stadtpl.); 1971 Gastprof. Harvard-Univ. (USA); 1971ff. Prof. f. Städtebau TH Darmstadt; Special-Prof. Univ. of Nottingham - Mithrsg. d. Stadtbauwelt. Zahlr. Veröff. zu Stadtplanung u. Städtebau - 1962 Fritz-Schumacher-Reisestip.; 1969 Deubau-Preis (m. Kossak u. Zimmermann); 1988 Ehrenzeichen in Gold d. Stadt Wien - Spr.: Engl.

SIEWERS, Ehrfried

Generaldirektor (Ps.: Bonmotius) - Am Hang 35, 2110 Buchholz (T. 04181 - 3 83 47) - Geb. 29. Nov. 1905 Soest/Westf. (Vater: Heinrich S., Lehrer; Mutter: Louise, geb. Lüdecke), ev.-luth., verh. s. 1948 m. Melitta, geb. Greverus, S. Rainer - Bankausbild., s. 1924 Ruberoidwerke AG, Hamburg (1951 stv. Vorst.-Mitgl., 1953 Vorst.-Mitgl., 1957 Alleinvorst., 1973 Vorst.-Vors.); Handelsrichter - Erf.: transparenter Regenschirm, Säuglingsschutzvorricht, Kfz-Warnlicht - BVK 1974 - Liebh.: Schriftstellerei - Spr.: Engl., Franz.

SIEWERT, Jörg-Rüdiger

Dr. med., Prof., Ordinarius f. Chirurgie u. Dir. Chir. Abt. TU-Klinikum rechts d. Isar (1982 ff.) - 8000 München - Geb. 1940 - Zul. Univ. Göttingen. Spezialist f. Bauchchir.

SIEWERT, Jürgen

Vorstandsvorsitzender Stern-Brauerei Carl Funke AG, Essen - Rellinghauser Str. 3, 4300 Essen 1 (T. 0201 - 10 12 01) - Geb. 8. Dez. 1934 Danzig - AR-Vors. Stifts-Brauerei Carl Funke AG, Dortmund; Beirat Quellenhof Brunnenbetriebe KG, Wattenscheid; Geschäftsf. Getränke-Ind. Ruhr-West Friedr. Zeiße & Co GmbH, Mülheim.

SIGEL, Heiner

Dr. med. habil., Priv.-Doz., Chefarzt Klinik am Eichert, Göppingen - Eichertstr. 1, 7320 Göppingen - Geb. 22. Juli 1944, ev., verh. - Med.-Stud. Univ. Tübingen u. Wien; Staatsex. 1971, Promot. 1972 Tübingen, Habil. 1982 Ulm - S. 1985 Chefarzt Klinik am Eichert, Göppingen - BV: Diagnost. Strategien n. Myokardinfarkt, 1985.

SIGEL, Kurt

Maler, Schriftsteller - Fallerslebenstr. 16, 6000 Frankfurt/M. (T. 56 73 12) - Geb. 3. Aug. 1931 Frankfurt/M. (Eltern: Kurt-Georg (Angest.) u. Käthe S.), ev., S. René - Realgymn. (Mittl. Reife);

Schriftsetzerlehre - 1952-54 Schrifts.; 1954-56 Typograph u. Graphiker; 1956-67 fr. Retuscheur u. Graph.; s. 1968 Maler u. Schriftst. - BV: Traum u. Speise, Ged. 1958; Sperrzonen, Ged. 1960; Flammen u. Gelächter, Ged. 1965; Feuer de Maa brennt - Sauf-, Liebes- u. Kannibalenlieder in Frankfurter Mundart, 1968; Kurswechsel, 11 Erz. 1968; Knigge verkehrt, Satiren u. Parodien 1970; Lieder u. Anschläge, Ged. 1970; Kannibalisches. Einschlafgesch. f. sensible Leser, 1972; Uff Deiwel Kommraus, Frankfurter Mundartged., 1975; Kotilow oder Salto mortale nach hinten, R. 1977; Gegenreden/Quergebabbel, hess. Mundartsprüche, 1978, Krumm de Schnawwel - grad de Kerl, hess. Mundarttexte, 1980; Lyrik & Gitarre, LP gemeins. m. Manolo Lohnes, 1982; Verse geg. taube Ohren, Ged. zweispr. 1983; Kotilow's Verwunderungen, R. 1989; Geifer-, Gift- u. Suddelverse, Ged. u. Prosa in Frankfurter Mundart 1989 - 1966 Förderpreis z. Kogge-Literaturpreis; 1983 Arbeitsstip. d. Dt. Literaturfonds, 1988 2. Arbeitsstip. d. Dt. Lit.fonds; Mitgl. PEN-Zentr. BRD.

SIGL, Rudolf

Dr.-Ing, o. Prof. (s. 1961) u. Direktor Inst. f. Astronom. u. Physikal. Geodäsie (s. 1964) TH bzw. TU München - Prochintalstr. 10, 8000 München 50 (T. 14 24 14) - Geb. 16. März 1928 München (Vater: Gottfried S., Bäckerm.; Mutter: Walburga, geb. Schuster), kath., verh. s. 1957 m. Elisabeth, geb. Riepl, T. Angelika - 1942-44 Vermessungstechn. Lehre u. Techn. Privatsch.; 1944-46 Staatsbausch.; 1947-51 Stud. Vermessungswesen TH (Dipl.-Ing. 1951), alles München. Promot. (1954) u. Habil. (1960) München - 1954-59 Observator Bayer. Kommiss. f. d. Intern. Erdmess. (s. 1960 Mitgl.); 1959-61 Abt.leit. Dt. Geodät. Forschungsinst. , 1960ff. Mitgl. Dt. Geod. Kommiss. (s. 1973 ständ. Sekr.); S. 1975 Dir. Dt. Geod. Forschungsinst.; s. 1976 Ständ. Sekr. d. Bayer. Kommiss. f. d. Intern. Erdmessung; 1979-83 Vizepräs. Intern. Assoz. f. Geodäsie - BV: Ebene u. Sphärische Trigonometrie, 1969; Einf. in d. Potentialtheorie, 1973; Geodätische Astronomie, 1975; Introduction to Potential Theory, 1985. Zahlr. Fachveröff. - o. Mitgl. Bayer. Akad. d. Wiss. (s. 1979); Korr. Mitgl. Österr. Akad. d. Wiss. (s. 1984); 1984 Levallois-Med. Paris - Liebh.: Musik (Klavier- u. Orgelsp.) - Spr.: Engl., Franz., Russ.

SIGLE, Rolf

Industrieberater (Schuhind.) - Friedrich-Siller-Str. 36, 7014 Kornwestheim/Württemberg (T. 2 13 09) - Geb. 19. Juli 1920 Stuttgart - 1962-69 Vorstandsmitgl. Salamander AG., Kornwestheim - Spr.: Engl. - Rotarier.

SIGLE, Walter

Dr. jur., Rechtsanwalt u. Notar - Im Schellenkönig 10, 7000 Stuttgart 1 (T. 0711 - 24 19 77) - Geb. 17. Juni 1930 Urach (Vater: Karl S., Notar; Mutter: Marie, geb. Bausch), ev., verh. s. 1959 m. Rosemarie, geb. Falter, 4 Kd. (Axel, Barbara, Ralf, Marc) - AR-Vors. Schwaben Bräu Rob. Leicht AG u. Fortuna-Werke, beide Stuttgart, Kienzle Uhrenfabr. GmbH, Villingen-Schwenningen, Krone AG, Berlin, Leonberger Bausparkasse AG, Leonberg, Maschinenfabrik Müller-Weingarten AG, Weingarten, Württ. Filztuchfabr. D. Geschmay, Göppingen, u. v. a. AR-, VR- u. Beir.Mandate.

SIGLOCH, Heinrich

Dr., Bundesrichter, Vors. Richter Bundesfinanzhof i.R. - 8011 Zorneding - Geb. 18. Jan. 1920 - 1956-64 Oberlandesgerichtsrat, Referent im Bundesjustizministerium - BV: Kommentar Boruttau/Egly/Sigloch, GrEStG, 12. A. 1986.

SIGLOCH, Walter

Dipl.-Verwaltungswirt, Bürgermeister Amstetten - Distelweg 19, 7341 Amstetten (T. 07331 - 70 41) - Geb. 3. Febr. 1941 Ravensburg, ev., verh., 2 Kd. - Verw.-Fachsch., Verw.-Akad. - S. 1966 Bürgerm. - Liebh.: Verkehrswesen (Eisenbahn).

SIGMUND, Oskar Karl

Dr. phil., Musikdozent, Komponist, stv. Direktor d. Fachakademie f. kath. Kirchenmusik u. Musikerziehung, Regensburg - Roter Brachweg 81, 8400 Regensburg (T. 0941-3 33 94) - Geb. 13. Aug. 1919 Karlsbad (Vater: Dr. Oskar S., Notar; Mutter: Emilie, geb. Schröder), ev., led. - Gymn. Mähr. Schönberg, Univ. Prag, Promot. 1942, Klavierstud. b. Dr. Ed. v. Chiari, dann Meisterkl. tschech. Staatskonserv. - 1942 Archivar b. Musikverlag Breitkopf u. Härtel, Leipzig, s. 1945 Doz. Kirchenmusiksch. Regensburg, s. 1973 stv. Dir. - Musikwerke: Orgel-, Klavier- u. Kammermusik, Chor, Variat. u. Fuge f. Soloklavier u. Orch., ca. 150 Lieder m. Klavier - 1965 Kulturpreis OBAG, 1965 Preis f. Musik d. Sudentendt. Landsmannschaft, 1980 Mitgl. Sudentendt. Akad. d. Wiss. u. Künste - Liebh.: Sprachen, Botanik - Spr.: Engl., Tschech., Kroat., etwas Russ. - Lit.: Aufs. in versch. Kulturztschr.

SIGRIST, Christian

Dr. phil., Prof. - Vahlbusch 36, 4400 Münster (T. 61 58 36) - Geb. 25. März 1935 Sankt Blasien (Vater: Karl S., Oberstud.dir.; Mutter: Grete, geb. Bergmann), verh. s. 1960 m. Ute, geb. Schick, S. Ulrich - Stud. d. Gesch., Soz., Roman., Phil. Univ. Freiburg, Paris, Basel; Staatsex. 1960, Promot. 1965 - 1963-71 Wiss. Assist. Heidelberg, s. 1971 o. Prof. f. Soz. u. Dir. Inst. f. Soz. Univ. Münster (1974/75 Dekan). 1975-1977 1. Vors. Amilcar-Cabral-Ges. 1978-81 Berat. d. kapverd. Ministers f. ländl. Entwickl. Consultant d. FAO - BV: Regulierte Anarchie, 1967, 1979 (Jap. 1975); Indien - d. Gesch. e. verhinderten Entwicklung, v. 1757 b. heute, 1976 (Hindi 1979); Probleme d. demokrat. Neuaufbaus i. Guinea-Bissau u. auf d. Kapverden, Heidelberg 1977. Herausg. (m. F. Kramer): Gesellschaften ohne Staat, 2 Bde. 1978 - Spr.: Franz., Engl., Portugies.

SIGRIST, Helmut

Dr. Botschafter d. Bundesrep. Deutschl. a.D. zul. Athen/Griechenl. - Donatusstr. 21, 5300 Bonn 2 (T. 37 44 95) - Geb. 8. Sept. 1919 Frankfurt/M., kath., verh. s. 1951 m. Berthild, geb. Klein, 4 Kd. - Dipl.-Volksw. 1949, Promot. 1950 Heidelberg - S. 1951 diplomat. Dienst (dazw. 1964 ff. EG-Kommiss.; u. a. stv. Generalsekr. u. 5 J. Generaldir. f. ausw. Bezieh.); 1977-79 Ständ. dt. Vertr. b. d. EG Brüssel, 1979-84 Botsch. Athen.

SIGUSCH, Volkmar

Dr. med. (habil.), Prof., Arzt u. Sexualwissenschaftler - Theodor-Stern-Kai 7, 6000 Frankfurt/M. 70 (T. 63 01 76 14) - Geb. 11. Juni 1940 Bad Freienwalde (Vater: Herbert S.; Mutter: Gertrud, geb. Anders) - 1959-66 Stud. Phil., Med., Psych. Promot. 1966; Habil. 1972 (Sexualwiss.) - 1966-72 Assist. Psychiatr. Klinik/Inst. f. Sexualforsch. Univ. Hamburg (Doz.); s. 1973 Leit. Abt. f. Sexualwiss. u. gf. Dir. Zentrum d. Psychosoz. Grundl. d. Med./Klinikum Univ. Frankfurt (Prof.). 1978 ff. Vors. Dt. Ges. f. Sexualforsch. - BV: Z. Frage d. Vorurteils, 1967; Exzitation u. Orgasmus, 1970; Tendenzen d. Sexualforsch., 1970; Arbeiter-Sexualität, 1971; Ergebn. d. Sexualmed., 2. A. 1973; Jugendsexualität, 1973; Therapie sexueller Störungen, 2. A. 1980; Sexualität u. Med., 1979; D. sexuelle Frage, 1982; V. Trieb u. v. d. Liebe, 1984; D. Mystifikation d. Sexuellen, 1984; Sexualität konkret, 1984 - Ehrenmitgl. Intern. Acad. of Sex Research, New York (1973), Scuola Superiore Rom (1980), Univ. Washington (1982) - Bek. Vorf.: Martha Anders (Großm.), Johann Daniel Deus (Urgroßv.).

SIKORA, Jürgen

Finanzbeamter a. D., MdL Nieders. (s. 1978, Wahlkr. 34/Goslar-Stadt) - Lauenburger Str. 12, 3380 Goslar/Harz - Geb. 5. Mai 1943 Gleiwitz/OS. - Mittl. Reife 1959; Prüf. d. mittl. Finanzdst. 1962 - Ab 1959 Finanzamt Goslar u. Wolfenbüttel (1971; Steueramtsinsp.); dazw. 1963-65 Bundeswehr. 1972 ff. Ratsherr Goslar; 1974 ff. MdK ebd. CDU s. 1969.

SILBER, Alfred

Dr., Ing., Dipl.-Betriebswirt, Kaufm. Direktor i.R. Berliner Verkehrs-Betriebe/BVG, selbst. Untern.berater - Der Zwinger 6, 1000 Berlin 28 (T. 401 41 82) - Geb. 2. Okt. 1915 - Ehrenpräs. ACV Berlin - BVK.

SILBER-BONZ, Gert

Vorstandsvorsitzender Pirelli Deutschland AG, Höchst/Odenwald, Vors. d. Geschäftsfg. Dt. Pirelli Reifen Holding GmbH Breuberg, AR-Vors. Pirelli Reifenwerke Breuberg, Metzeler GmbH, München - Chemnitzer Str. 5, 6120 Michelstadt/Odenw. (T. 46 18) - Geb. 8. Juni 1930 Reutlingen/Württ. (Vater: Alfred S.-B., Industrieller (s. XIV. Ausg.); Mutter: Marie, geb. Arzt), verh. s. 1967 m. Edina-Maria, geb. Gräfin v. Roedern - AR-, VR- u. Beiratsmand., b. 1983 Vors. Wirtschaftsverb. d. Dt. Kautschuk Ind.; Vizepräs. IHK Darmstadt - Spr.: Engl., Ital. - Rotarier.

SILBERBACH, Manfred

Maschinenschlosser, Mitgl. Hbg. Bürgerschaft (s. 1976) - Georg-Wilhelm-Str. 58a, 2102 Hamburg 93 - Geb. 7. Aug. 1935 Elbing/Westpr., verh., 3 Kd. - Schulen Elbing (b. 1944), Kalißs/Meckl. (1947), Hamburg (1950); 1952-55 Maschinenschlosserlehre Hamburg - B. 1965 Privatw., dann Baubeh. Hamburg (1976 Vors. Hauptpersonalrat Senatsamt f. d. Verwaltungsdst.). 1968-70 Mitgl. Bezirksvers. Harburg. SPD s. 1953.

SILBEREISEN, Franz

Kaufm. Direktor, Aufsichtsrat Louisoder AG. Münchener Spezial-Mantelfabrik, München - Franz-Joseph-Str. 26, 8000 München 13 (T. 33 27 30) - Geb. 15. Febr. 1911 Reisbach.

SILBEREISEN, Sigmund

Dr. jur., Bürgermeister a. D. - Isarstr. 26, 8400 Regensburg - Geb. 6. Sept. 1912 Reisbach/Vils (Vater: Franz Xaver S., Kaufm.; Mutter: Anna, geb. Wintermeier), kath., verh. s. 1944 m. Hildegard, geb. Hottner, 2 Söhne (Wolf-Günther, Hans-Rainer) - Gymn.; Univ. München (Rechts-, Staatswiss., Volksw.). Jurist. Staatsex. 1938 (München) u. 41 (Berlin); Promot. 1940 München - 1947-49 Landratsamt Regensburg (Regierungsrat); 1950-1972 Stadtverw. Regensburg (Sozialdezern.; 1966 3. Bürgerm.). 1956ff. Sozialaussch. Bayer. Städteverb. CSU; s. 1972 Landesvors. Arbeitsgem. d. öfftl. u. fr. Wohlfahrtspflege in Bayern - BV: D. spätere Straffälligkeit jugendl. Rechtsbrecher, 1941 (Diss.) - Marianer Dt. Orden; DRK-Ehrenz; 1976 BVK; 1978 Bayer. VO. u. a. - Liebh.: Briefmarken - Spr.: Engl., Ital.

SILBERER, Günter

Dr. rer. pol., Prof. f. Absatzwirtschaft Univ. Bremen - Handschuhsheimer Landstr. 79, 6900 Heidelberg - Geb. 21. März 1944 Kippenheimweiler b. Lahr - 1966-70 Stud. Betriebsw. Univ. Mannheim - 1970-81 wiss. Assist. Mannheim; s. 1982 Prof. in Bremen; Mitgl. wiss. Beirat Verbraucherinst. Berlin - BV: Theorie d. kognitiven Dissonanz u. Konsumgütermarketing (m. H. Raffée u. B. Sauter), 1973; Warentest - Informationsmarket. - Verbraucherverh., 1979; Informationsverh. (m. H. Raffée), 1981; Warentest u. Konsument (m. H. Raffée), 1984; Warentest u. Unternehmen (m. H. Raffée), 1984; Werteforschung u. Werteorientierung im Unternehmen - Interessen: Wirtschaftspsych., Handel, Marketing u. Verbraucherforsch.

SILBERMANN, Alphons

Dr. jur., Prof., Soziologe - Elsenborner Str. 19, 5000 Köln 41 (T. 54 51 52) - Geb. 11. Aug. 1909 Köln (Vater: Salomon S., Kaufm.; Mutter: Bella, geb. Eichtersheimer), jüd., led. - Univ. Köln, Freiburg/Br., Grenoble; Musikhochsch. Köln (Dirigieren: Hermann Abendroth, Klavier: Lazzaro Uzielli), Kompos.: Willem Landré, Rotterdam - Staatsanw., Musikkrit. Nieuwe Rotterdamsche Courier, Musiklektor State Conservatorium of Music Sydney, Prof. u. Dir. Forschungsinst. f. Massenkommunikation Univ. Lausanne, Prof. Univ. Köln (1970ff.; Soziol. d. Massenkomm. u. Kunstsoziol.), 1975ff. Prof. Sorbonne - BV (dt.): Wovon lebt d. Musik? - D. Prinzipien d. Musiksoziol., 1957 (auch span. u. engl.); Musik, Rundfunk u. Hörer, 1959; D. imaginäre Tagebuch d. Herrn Jacques Offenbach, 1960; V. Wohnen d. Deutschen, 1963; Ketzereien e. Soziologen, 1965; Bildschirm u. Wirklichkeit, 1966; Vor- u. Nachteile d. kommerziellen Fernsehens, 1968; Soziol. d. Massenkommunikation, 1973; Empirische Kunstsoziol., 1973; Sind wir Antisemiten, 1982 - Laureat Inst. de France; Mitgl. PEN-Club; 1985 Gr. BVK - Liebh.: Musik, Golf - Spr.: Engl., Franz.

SILBERREIS, Karl W.

Kaufmann, Deutschland-Direktor British Overseas Airways (BOAC), Verkaufsdir. Dtschl. Trans World Airways (TWA), Mitinh. Media Touristik GmbH, Hannover, Geschäftsf. ATS-Aviation- & Tourism Services GmbH - Fichtenstr. 47, 6242 Kronberg 2 - Geb. 8. Febr. 1920 Frankfurt/M. (Eltern: Karl u. Anna S., geb. Preisendörfer), verh. s. 1941 m. Hildegard, geb. Köhler, T. Birgid Ilonka - Kaufm. Ausb. Farbenind. Höchst - Mehrere Jahre Vors. Executive Committ. Board of Airline Repres. in Dtschl.; Gründ.mitgl. Foreign Airlines Managers Assoc. Dtschl. (Präs.) u. Pacific Area Transl Assoc. (PATA) Dtschl. (Präs., Sekr., Schatzm.); Präs. u. Ehrenpräs. Skal Club Frankfurt; Sales Manager Europe Las Vegas Airlines; Präs. Dt. Club d. Freunde d. Freien China; Mitgl. Maison Internationale des Intellectuels (M.I.D.I) Akad. M.I.D.I; PR-Tätigk. - Ehrenmitgl. Mount Kenya Safari Club, Pioneer of the Pacific; Träger Gold. Ehrenz. Jugosl.; BVK am Bde.; Ehrenabz. Freund d. Überseechinesen; Senatspräs. d. Weisse Mützen - Liebh.: Leichtathl., Fußball, Handball, Briefmarken, Reisen - Spr.: Engl., Franz, Span.

SILJA, Anja

Kammersängerin, Opernsängerin - Zu erreichen üb. Severence Hall, Cleveland, Ohio 44106/USA - Geb. 17. April 1940 Berlin (Eltern: Schauspieler), verh. m. Christoph v. Dohnanyi (Chefdirig. Cleveland-Orchestra, s. dort), 3 Kd. (Julia, Benedikt, Olga) - Ausb. Egon Aders van Rejn (Großv.) - S. 1956 Opernbühnen Braunschweig, Frankfurt/M., Hamburg, Stuttgart (1965). 1960-67 Bayreuther Festsp. Üb. 30 Sopranpartien, dar. Senta, Salome, Isolde, Leonore, Lulu, Traviata; Bayreuth. u. Salzburger Festsp. - 1967 Kritikerpreis span. Presse; Titel Kammersängerin - Liebh.: Autofahren, Inneneinrichtung, Garten, Tennis u. Eislaufen - Lit.: Josef Heinzelmann, A. S.

SILKENBEUMER, Rainer

Dipl.-Paed., Akad. Rat a. D., MdL Nieders. (s. 1978, Wahlkr. 7a/Langenhagen) - Ilseweg 20, 3012 Langenhagen 1 - Geb. 2. Juni 1942 Schröttersburg/Ostpr., verh., 1 Kd. - Mittelsch. Hannover; 1959-63 Lehre u. Angest. Bank f. Gemeinw. ebd.; 1965 Studiumsstip. Cleveland u. San Francisco/USA (Jugend- u. Sozialarb.); 1966-69 PH Nieders./Abt. Hannover - 1963-66 Doz. Jugendbildungsstätte Naumburg; 1969-71 Grund- u. Hauptschullehrer Fridtjof-Nansen-Sch. Hannover; 1971-78 Wiss. Assist. u. Akad. Rat (1976) PH Nieders./Abt. Hannover (Fachber. Schulpäd.). 1974 ff. Ratsmitgl. Langenhagen. SPD s. 1970.

SILLESCU, Hans Manfred
Dr. phil. nat., Prof. - Carl-Orff-Str. 53, 6500 Mainz 33 - Geb. 5. Okt. 1936 Frankfurt/M. - Habil. 1968; 1971-75 Prof. Frankfurt, s. 1975 o. Prof. f. Phys. Chemie Univ. Mainz - BV: Kernmagnet. Resonanz, 1966. Fachveröff.

SILLESCU, Werner Alexander
Freier Journalist - Zu erreichen üb. Mittelweg 34, 2000 Hamburg 13 (T. 040 - 44 57 53) - Ehefr. Edith, Malerin, T. Pamela - B. 1980 Hamburger Abendblatt; b. 1985 Lokalchef Lübecker Nachr. - BV: Phoenix aus d. Asche - Hamburgs Zerstör. u. Wiederaufbau; Über d. Dächern v. Hamburg - D. Stadt aus d. Luft - Erich-Klabunde-Preis Journ.-Verb. Hamburg.

SILVESTER, Claus
s. Dörner, Claus S.

SIMADER, Christian G.
Dr. rer. nat., o. Prof. f. Mathematik Univ. Bayreuth - Am Harderbaum 4, 8581 Neunkirchen/M.

SIMITIS, Spiros
Dr. jur., o. Prof. f. Bürgerl. u. Arbeitsrecht - Röderweg 11, 6240 Königstein - Geb. 19. Okt. 1934 Athen (Vater: Prof. Dr. jur. Georg S., Rechtsanwalt; Mutter: Fanny, geb. Christopoulou), griech.-orth., verh. s. 1964 m. Ilse, geb. Grubrich - Univ. Marburg (Rechtswiss.). Promot. 1956 Marburg; Habil. 1963 Frankfurt - 1964-69 o. Prof. Univ. Gießen, ab 1969 o. Prof. Univ. Frankfurt; ständ. Gastprof. Univ. Yale;1966 Gastprof. Univ. London, 1975 Gastprof. Univ. Berkeley, 1966-81 Generalsekr. Intern. Zivilstandskommiss., s. 1975 Hess. Datenschutzbeauftr. - BV: D. fak. Vertragsverhältnisse, 1957; Grundl. d. Produzentenhaftung, 1965; Rechtl. Anwendungsmöglichk. kybernet. Systeme, 1966; Informationskrise d. Rechts, 1970; Mitbestimmung als gesetzgebungspolit. Aufgabe (m. Kübler u. Schmidt), 1978; Kommentar z. Bundesdatenschutzges. (m. Dammann, Mallmann, Reh), 1981 - Spr.: Engl., Franz., Ital.

SIMMA, Bruno
Dr. jur., Prof. f. Völkerrecht - Lärchenstr. 20, 8035 Gauting (T. 089-850 61 03) - Geb. 29. März 1941 Quierschied (Saar) (Vater: Alfred S., Arzt; Mutter: Maria, geb. Lorünser), kath., verh. s. 1964 m. Gertrud, geb. Schedle, 2 T. (Ruth, Eva) - Realgymn. Bludenz, 1962-66 Univ. Innsbruck (Promot.), 1967-72 Assist. Univ. Innsbruck - S. 1973 Ord. f. Völker- u. Europarecht Univ. München - BV: D. Reziprozitätselement in d. Entstehung d. Völkergewohnheitsrechts, 1970; D. Reziprozitätselement im Zustandekommen völkerrechtl. Verträge, 1972; Univers. Völkerrecht, 1976 (gem. m. A. Verdross, 3. A. 1984) - Spr.: Engl., Franz.

SIMMANN, Werner
Verbandsdirektor, MdL Schlesw.-Holst. (s. 1958, CDU) u. a. - Forstweg 11, 2408 Timmendorfer Strand (T. 24 34) - Geb. 8. Dez. 1916 Darkehmen/Ostpr., ev., verh., 2 Kd. - Realsch.; kaufm. Lehre; Stud. Wirtschaftswiss.- 1939-45 Kriegsteiln.; 1945-51 Kommunalverw. (1948 Gemeindedir.); s. 1951 Zweckverb. d. Ostseebäder (Dir.).

SIMMEL, Johannes Mario
Schriftsteller - Zu erreichen üb. Droemer-Verlag, Rauchstr. 9-11, 8000 München 80 - Geb. 7. April 1924 Wien (Vater: Walter S., Chemiker; Mutter: Lisa, geb. Schneider), konfessionsl., 3 x verh., verw. 1985, T. Michaela v. Treuberg (aus 2. Ehe) - Realgymn. (Abit.); Staatslehr-u. Versuchsanstalt f. Chemie Wien - Journ. u. Redakt. - BV (25 Bücher in 26 Übers.; bereits 66 Mill.): Begegnung im Nebel, N. 1947; Mich wundert, daß ich so fröhlich bin, R. 1949; D. geheime Brot, R. 1950; Ich gestehe alles, R. 1952; Gott schützt d. Liebenden, R. 1954 (verfilmt); Affäre Nina B., R. 1958 (verfilmt); Es muß nicht immer Kaviar sein, R. 1960 (verfilmt); Bis z. bitteren Neige, R. 1961; Liebe ist nur e. Wort, R. 1963 (verfilmt); Lieb' Vaterl. magst ruhig sein, R. 1965; Alle Menschen werden Brüder; R. 1967 (verfilmt); Und Jimmy ging z. Regenbogen, R. 1969 (verfilmt); D. Stoff, aus d. d. Träume sind, R. 1971 (verfilmt); D. Antwort kennt nur der Wind, R. 1973; Niemand ist eine Insel, R. 1975; Zweiundzwanzig Zentimeter Zärtlichkeit, Erz. 1978; Hurra, wir leben noch, R. 1977; Wir heißen euch hoffen, R. 1980; D. Erde bleibt noch lange jung, u.a. Gesch. aus 35 Jahren, 1981; Bitte laßt d. Blumen leben, R. 1983; D. im Dunkeln sieht m. nicht, R. 1985; Doch m. d. Clowns kamen d. Tränen, R. 1987. 3 Kinderbücher. Bühnenst.: D. Schulfreund (UA. 1959; verfilmt). Zahlr. Drehb. - 1958 Preis Stadt Mannheim (D. Schulfreund); 1980 Kulturpreis Dt. Freimaurer; 1985 Gr. Gold. Ehrenz. Stadt Wien - Liebh.: Mod. Musik, Malerei, Zuhören, Schreiben, Katzen - Spr.: Engl. - Lit.: u. a. Albrecht Weber: D. Phänomen Simmel, FS-Porträt Ich stelle mich (WDR 1985).

SIMMEN, Maria
Schriftstellerin - Rhynauer Str. 8, CH-6005 Luzern (Schweiz) - Geb. 6. Juli 1900 Zürich, verw. 1 T., 1 S. - Sekundarlehrer-Dipl. 1925 Univ. Bern - Lehrerin - BV: Um d. Heimat, N. 1945; Ich bin ganz gerne alt - Bericht aus d. Fülle später Jahre, 1980 (hierfür 1981 Wilh.-Lübke-Preis); Herbstblätter, Kurzgesch. 1980; Wohnt d. Treue in d. Milchstr., R. 1983; Und abends geh ich nach Kathaura, Ehegeschichten, 1985; So alt u. noch mitten im Leben, 1988. Hörsp. u. a. - 1955 Saffa-, 1980 Werkpreis Kulturkommiss. Kt. u. Stadt Luzern; Werkpr. Kulturkommiss. Kt. u. Stadt Luzern.

SIMMERT, Diethard B.
Dr. rer. pol., stv. Leiter d. Abt. Volkswirtschaft u. Kommunikation d. Commerzbank AG, Frankfurt/M. (s. 1987) - Neue Mainzer Str. 32-36, 6000 Frankfurt/M. 1 - Geb. 29. Febr. 1944 Breslau (Vater: Joachim S., Verwaltungsangest.; Mutter: Erna, geb. Hirschberger), kath., verh. s. 1969 m. Marga, geb. Ostholt, 2 T. (Antje, Katrin) - N. Mittl. Reife (1961) Ausbild. Bundespost (Mittl. Dienst); üb. Abit./2. Bildungsgang (1966) Univ. Münster (Volksw.) - 1971-77 DGB (Ref. WSI). Redakt.: WSI-Mitt. (1973-77) u. Kredit u. Kapital (verantw., 1978ff.). S. 1981 Lehrauftr. Univ. Bonn; Leiter d. Wirtschaftspolit. Beraterstabs Dt. Sparkassen- u. Giroverb. (1982-86), Berater d. Deutschen Girozentrale (DGZ), Frankfurt/M. - BV: Banken - Struktur/Macht/Reformen, 1976; Geldtheorie u. -politik, 3. A. 1985; Krise d. Wirtschaftspol., 1978; Wirtschaftspol. - kontrovers, 1979; Staatsverschuld. kontrovers, 1981; Geld- u. Währungspolitik in d. Bundesrep. Dtschl.; D. volkswirtsch. Sparprozeß - Liebh.: Reisen - Spr.: Engl.

SIMMLER, Franz Josef
Dr. phil., Prof. f. Dt. Philologie FU Berlin - Habelschwerdter Allee 45, 1000 Berlin 33 (T. 030 - 838 20 55) - Geb. 22. März 1942 Aussig - 1962-69 Stud. German., Gesch. u. Kath. Theol. Bonn u. München; 1. Staatsex. 1969; Promot. 1970, Habil. 1978 Münster - 1980 Prof. in Regensburg, s. 1985 Prof. in Berlin - BV: D. westgerman. Konsonantengemination, 1974; Stud. z. dt. Konsonantensystem, 1976; D. polit. Rede im Dt. Bundestag, 1978; Graphemat.-phonemat. Stud. z. Konsonantismus, 1981; Aus Benediktinerregeln d. 9.-20. Jhs., 1985.

SIMMROCK, Karl Hans
Dr. rer. nat., o. Prof. f. Techn. Chemie - Karoline-Zorwald-Str. 4, 4600 Dortmund (T. 73 31 33) - Geb. 29. April 1930 Darmstadt (Vater: Karl S., Betriebsing.; Mutter: Erna, geb. Grünig), ev., verh. m. Juliana, geb. Ottes, 3 Kd. (Andrea, Nicole, Hans-Ulrich) - Gymn. Lohr/M.; 1950-58 TH Graz u. Darmstadt (Chemie; Dipl.-Chem.). Promot. 1959 Darmstadt - 1959-69 Chem. Werke Hüls AG, Marl (Chem. Verfahrenstechnik); s. 1968 Univ. Dortmund (Ord.). Facharb. - Spr.: Engl.

SIMNACHER, Georg

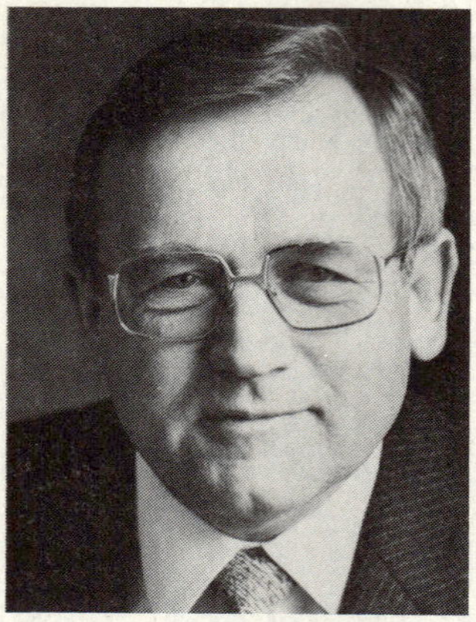

Dr., Landrat Landkr. Günzburg (s. 1967) - Stegerwaldstr. 4, 8870 Günzburg (T. 08221 - 46 55) - Geb. 10. Juni 1932 Ziemetshausen, kath., verh. s. 1960 m. Lieselotte, geb. Vogel, 4 Kd. (Klaus, Wolfgang, Ulrike, Elke) - Univ. München u. Erlangen (Rechtswiss., Volkswirtsch.); Promot. 1958 Erlangen - S. 1974 Bezirkstagspräs. Schwaben; s. 1979 Vors. Verb. d. bayer. Bez. - BV: D. Testamente d. Fugger im 16. Jh., 1960 - 1977 BVK, 1986 BVK I. Kl.; 1978 Kommunale Verdienstmed. in Silber; 1982 Bayer. Denkmalschutzmed.; 1983 Dt. Denkmalschutzpreis; 1983 Bayer. VO.; 1986 Bayer. Verfassungsmed.; 1987 Ehrensenator Univ. Ulm; 1987 Bayer. Staatsmed. f. soz. Verdienste - Spr.: Engl., Franz.

SIMON, Agnes
Hausfrau, Weltmeisterin im Tischtennis - Bernsweg 13, 4130 Moers 3 - Geb. 21 Juni 1935 Budapest, kath., verh. s. 1953 m. Dr. Bela Simon, 2 Kd. (Hajnal, Viola) - 1957 Weltmeisterin Damen Doppel; 1962 Europam. Damen Einzel; 16 × Dt. Meisterin (Mannsch.); 15 × Dt. Pokalm.; 3 × Dt. Meisterin (Einzel); 6 × Dt. Meisterin (Doppel); 2 × Dt. Meisterin (Mixed) - 1967 u. 1968 Silb. Lorbeerblatt; 1983 Sportplak. Land NRW - Liebh.: Hunde, Lesen - Spr.: Ungar. (Muttersprr.), Holl.

SIMON, Arndt
Dr., Prof., Chemiker, Direktor Max-Planck-Inst. f. Festkörperforsch. - Heisenbergstr. 1, 7000 Stuttgart 70 (T. 0711 - 686 06 40) - Geb. 14. Jan. 1940 Dresden, verh. m. Dr. med. Ursula, geb. Meese, 3 Kd. (Arnd, Regine, Falk) - Promot. 1966 Münster, Habil. 1971 - 1972 Wiss. Rat u. Prof. Münster; s. 1974 wiss. Mitgl. Max-Planck-Ges.; 1975 Hon.-Prof. Univ. Stuttgart - 1972 Chemiepreis Akad. Göttingen; 1985 Wilh.-Klemm-Preis GDCh; 1987 Otto-Bayer-Preis.

SIMON, Dieter
Dr. jur., Botschafter d. Bundesrep. Deutschl. im Sultanat Oman - Dt. Botschaft, P.O.B. 3128 Ruwi, Maskat/Oman (T. 70 24 82) - Geb. 27. April 1935 Viersen, gesch., 2 Kd. (Joachim, Dietlind) - Jurastud.; Promot. 1962 Basel - 1963 Ass. Düsseldorf, 1964 IHK Düsseldorf. S. 1965 AA: 1968-71 Konsul in Dhaka, 1974-77 Leit.Wirtsch.dst. d. Botsch. Athen, 1977-78 stv. Kabinettchef in EG-Kommiss., 1978-80 Botschaftsrat (Politik) Botsch. New Delhi, s. 1983 Botsch. in Oman - Spr.: Engl., Franz., Ital.

SIMON, Dieter
Dr. jur., o. Prof. f. Röm. u. Bürgerl. Recht Univ. Frankfurt (s. 1968) - Altkönigstr. 10, 6000 Frankfurt/M. (T. 72 76 37) - Habil. - Facharb.

SIMON, Dietrich
Dr. jur., Prof. f. Bürgerl. u. Röm. Recht Univ. Marburg, Präs. d. Philipps-Univ. (s. 1988) - Vogelsbergstr. 23, 3550 Marburg 7 - Geb. 26. Mai 1936 Rastatt, kath., verh. s. 1965 m. Dr. Elisabeth, geb. Kreuzer, 2 Kd. (Esther, Stephan) - Promot. 1964, Habil. (Röm. u. Bürgerl. Recht) 1974 - BV: Konstantin. Kaiserrecht, 1977 - BVK.

SIMON, Eckhart Heinrich
Dr. med., Prof., Physiologe, Direktor I. Physiol. Abt. u. Mitgl. Kollegium Max-Planck-Inst. f. physiol. u. klin. Forsch., W. G. Kerckhoff-Inst., Bad Nauheim (s. 1974) - Parkstr. 1, 6350 Bad Nauheim (T. 06032 - 60 15) - Geb. 16. Febr. 1933 Ernsthausen, Kr. Marburg/L. (Vater: Wilhelm S., Lehrer; Mutter: Ella, geb. Rutz), verh. s. 1971 m. Dr. med. Christa, geb. Oppermann, Ärztin - Realgymn. (Abit. 1953) Marburg; Stud. Marburg, Köln (Med.). Staatsex. u. Promot. 1959 Marburg; Habil. 1968 Univ. Gießen (Spinale Hypertonie - d. Kreislauf b. spin. Hypothermie) - S. 1961 Stip., dann Wiss. Assist. Kerckhoff-Inst. d. Max-Planck-Ges., Bad Nauheim; s. 1968 Univ. Gießen, 1971 Honorarprof.; 1973 Wiss. Mitgl. MPI f. physiol. u. klin. Forsch., Kerckhoff-Inst. - 1966 Ludwig-Schunk-Preis Univ. Gießen - Spr.: Engl.

SIMON, Erika
Dr. phil. (habil.), Prof. f. Klass. Archäologie Univ. Würzburg (s. 1964) - Buchenstr. 6, 8702 Eisingen - Geb. 27. Juni 1927 Rheingönheim (Vater: Ludwig S.) - 1957-64 Doz. Univ. Mainz u. Heidelberg - BV: Opfernde Götter, 1935; D. Portlandvase, 1957; D. Fürstenbilder v. Boscoreale, 1958; Corpus Vasorum Antiquorum, 1959 (m. R. Hampe); Griech. Leben im Spiegel d. Kunst, 1960 (m. dems.); Ara Pacis Augustae, 1967; D. Götter d. Griechen, 1969, 2. A. 1980; Meleager u. Atalante, 1970; D. antike Theater, 1972, 2. A. 1981; Pergamon u. Hesiod, 1975; Führer durch d. Antikenabt. d. M. v. Wagner Museums d. Univ. Würzburg, 1975 (m. a.); D. griech. Vasen, Photographien von Hirmer, 1976, 2. A. 1981; Tausend J. frühgriech. Kunst (m. R. Hampe), 1980; The Kurashiki Ninagawa Mus., 1982; Festivals of Attica, 1983; Augustus Kunst u. Leben in Rom um d. Zeitenwende, 1986; D. konstantin. Deckengemälde in Trier, 1986. Div. Fachaufs. - 1966 Gold. Athos-Kreuz u. Markus-Orden (Patriarchat v. Alexandrien); Ernst Hellmut Vits-Preis d. Univ. Münster; Mitgl. Dt. Archäol. Inst. Berlin; Wiss. Ges. an d. Joh. Wolfgang Goethe Univ. Frankfurt; korr. Mitgl. Heidelberger Akad. d. Wiss.; Ehrenmitgl. Archäol. Inst. America u. Istituto Stud. Italici Florenz.

SIMON, Georg
Direktor, Generalbevollm., Leiter Zentraleinkauf d. Siemens AG., München - Wittelsbacherplatz 2, 8000 München (T. 234/29 50); priv.: Gerhart-Hauptmann-Str. 10, 7505 Ettlingen (T. 40 81) - Geb. 25. Aug. 1915 Berlin (Vater: Hermann S.), verh. m. Regina, geb. Dohmen - Spr.: Engl., Franz., Span. - Rotarier.

SIMON, Gerhard
Dr. rer. nat., o. Prof. u. Direktor Inst. A f. Theoret. Physik TU Braunschweig (s. 1967) - Am Rohrbruch 14, 3300 Braunschweig (T. 35 01 79) - Geb. 23. Jan. 1930 Allendorf, verh. m. Luise, geb. Blenk, 2 Kd. - Habil. 1962 Gießen.

SIMON, Günther
Prof., Hochschullehrer - Bremersweg 2, 2900 Oldenburg/O. (T. 5 13 18) - Geb. 22. Dez. 1910 Oldenburg - S. 1945 Doz. u. Prof. (1955) Univ. Oldenburg (Didaktik d. Chemie) - BV: Praktikum d. organ. Chemie, 1975; Kl. Gesch. d. Chemie, 2. A. 1981. Üb. 40 Facharb.

SIMON, Gustav
Dr. med., Prof., ehem. Chefarzt Neurochirurg. Abt. Allg. Krankenhaus Heidberg, Hamburg 62, jetzt Diak. Krkhs. Jerusalem, Hamburg 2 - Reh-

blöcken 30, 2000 Hamburg 67 (T. 603 89 69) - Geb. 20. Juni 1920 Teplitz-Schönau, verh. m. Dr. med. Christamaria, geb. Wilke, 2 Kd. - S. 1960 (Habil.) Lehrtätigk. Würzburg (1966 apl. Prof. f. Neurochir., emerit.). Mitgl. dt. u. ausl. Ges. - BV: Neue Wege in d. Behandl. maligner Hirngeschwülste; Chemotherapie maligner Hirngeschwülste; Schädeldachgeschwülste (Handb.); Liquorzytologie; Pädiatrische Neurochir. Üb. 120 Einzelarb.

SIMON, Hans-Arno

Komponist, Schallplattenproduzent (Simon Records) - Zigeunerweg 45, 8104 Grainau/Obb. (T. 08821 - 88 71) - Geb. 19. Sept. 1919 Breslau (Vater: Josef S., Kaufm.; Mutter: Maria, geb. Perschke), kath., verh. s. 1944 m. Ingeborg, geb. v. Roth, 4 Kd. (Andreas-Ludwig, Bernd-Cornelius, Angelika-Christine (unt. Pat erfolgr. Plattensängerin), Bettina-Ingeborg) - Elisabeth-Gymn. u. Univ. Breslau (Phil.) - Lfd. Mitarb. Hörfunk, Fernsehen (u. a. 1953-58 eig. Sendereihe: Klingendes Rendezvous bei HAS), Film. Gründ. eig. Musikproduktion (1957) u. Plattenlabel Simon Records (1960). Zahlr. Kompos., dar. 15 gr. Orchesterw., Klavier- u. Violinkonzert, Tanzmusik (Anneliese, Ach sag doch nicht immer Dicker zu mir, Wodka-Fox u. a.) - 1953 Gold. Schallpl. (erster Deutscher; als Komp. u. Sänger Polka Anneliese) - Naturliebhaber - Spr.: Franz., Engl. - Rotarier.

SIMON, Hansjörg

Dr. med., Prof., Chefarzt Innere Medizin I Krankenanstalten Düren - Roonstr. 7, 5160 Düren (T. 02421 - 3 73 86) - Geb. 17. Nov. 1935 Singen, kath., verh. s. 1964 m. Ingeborg, geb. Beyer, 2 S. (Oliver, Alexander) - Staatsex. 1960; Promot. 1962; Habil. 1971 - 1974 Prof. - BV: Differentialdiagnose Kardiologie, 1982; Herzwirksame Pharmaka, 5. A. 1984 (engl. Übers.); Diagnostik in Kardiologie u. Angiologie, 1985; Therapie - Handb. (Fachherausg. Kardiologie), 2. A. 1986 - Liebh.: Lit., Malerei, Musik, Sport - Spr.: Engl., Franz.

SIMON, Heinz-Viktor

Rechtsanwalt, MdA Berlin (s. 1975, Vorst.-Mitgl. CDU-Fraktion s. 1977) - Tautenburger Str. 2g, 1000 Berlin 46 (T. 711 27 93) - Geb. 17. Juli 1943 Berlin (Vater: Heinz S., Refer.; Mutter: Gertrud, geb. Mahrd), ev., verh. s. 1966 m. Erika, geb. Ludwig, 2 S. (Roman, Frederik) - Schule (Abit. 1963); Stud. Rechtswiss., Volksw. u. Betriebsw.lehre - 1973-83 Vorst.-Vors. Erbbauverein Moabit; 1983ff. kaufm. Vorst.-Mitgl. GEHAG u. SabeBau AG. 1971-75 Bezirksverordn. Steglitz. CDU (1965-69 u. 1971-82 Mitgl. Kreisvorst. Steglitz, s. 1983 Vors. CDU Südende) - Liebh.: Theater, Sport (Berliner Vizem. im Rudern) - Spr.: Engl.

SIMON, Helmut

Dr. rer. nat., Prof. f. Organ. Chemie u. Biochemie - Egilbertstr. 31, 8050 Freising/Obb. (T. 1 35 23) - Geb. 14. April 1927 Würzburg (Vater: Georg S., Angest.; Mutter: Emma, geb. Kunz), verh. s. 1954 m. Hildegard, geb. Simon, 1 Kd. - Univ. Mainz u. Heidelberg (Chemie) - S. 1959 Lehrtätigk. TH bzw. TU München (1965 Ord.) - BV: Anwend. v. Isotopen in d. Organ. Chemie u. Biochemie, Bd. I 1967, Bd. II 1974 (Mitautor). Üb. 220 Fachveröff.

SIMON, Helmut

Dr. jur., Dr. theol. h. c., Bundesverfassungsrichter a. D. - Rittnertstr. 66, 7500 Karlsruhe 41 (T. 4 38 57) - Geb. 1. Jan. 1922 Ruh/Oberberg (Vater: Eduard S., Landw.; Mutter: Lisette, geb. Wirths), ev., verh. s. 1948 m. Eka, geb. Kruse, 2 Kd. (Beate, Andreas) - 1945-48 Univ. Bonn u. Basel (Rechtswiss., Theol.). Gr. jurist. Staatsprüf. 1953 - 1941-45 Kriegsdst. (zul. Oblt. d. R.); 1953-57 Richter LG Düsseldorf; 1958-59 Wiss. Hilfsarb. BGH Karlsruhe; 1960-65 Richter OLG Düsseldorf; 1965-70 Richter BGH; 1970-87 Richter Bundesverfassungsgericht. 1971ff. Mitgl. Präsid. Dt. Ev. Kirchentag. Veröff. üb. Rechtstheol., Naturrecht, konfessionelle Einflüsse auf d. Recht, Rechtsstaat, gewerbl. Rechtsschutz, Atomfragen, Notstandsrecht u. a. - 1977 Carl von Ossietzky-Med.; 1988 Karl-Barth-Preis - Liebh.: Theol.

SIMON, Hermann

Dr., Dipl.-Volksw., o. Prof. f. Betriebswirtschaftslehre u. Marketing Johannes Gutenberg-Univ. Mainz - Peter-Moll-Weg 6, 5330 Königswinter 41 (T. 02244 - 8 00 92) - Geb. 10. Febr. 1947 Hasborn/Eifel (Vater: Adolf S., Landw.; Mutter: Therese, geb. Nilles), kath., verh. s. 1973 m. Cäcilia, geb. Sossong, 2 Kd. (Jeannine, Patrick) - Stud. Univ. Köln u. Bonn; Promot. 1976 u. Habil. 1980 - 1973-78 Assist. Univ. Bonn; 1978/79 Visiting Fellow Massachusetts Inst. of Technology; 1980 o. Prof. Univ. Bielefeld; 1983 Visiting Prof. Keio-Univ. Tokyo; 1984 Visiting Scholar Stanford Univ.; 1985-88 Wiss. Dir. Univ.seminar d. Wirtsch. Schloß Gracht, Erftstadt/Köln; 1988/89 Gastprof. Harvard Univ.; 1989 o. Prof. Univ. Mainz - BV: Preisstrategien f. neue Produkte, 1976; Preismanagement, 1982 (span. 1989); Goodwill u. Marketingstrategie, 1985; Price Management, 1989. Herausg.: Markteintritt in Japan (1986); Marketing im technol. Umbruch (1987); Wettbewerbsvorteile u. Wettbewersfähigkeit (1988); Wettbewerbsstrategie im Pharma-Markt (1989); Herausforderung Unternehmenskultur (1989) - 1980 Preis Markenverb., 1984-86 Präs. European Marketing Acad. (EMAC). Versch. AR- u. Beiratsmand. - Spr.: Engl., Franz.

SIMON, Josef

Dr. phil., Univ.-Prof. f. Philosophie Univ. Bonn (s. 1982) - Birkenweg 29, 5307 Wachtberg b. Bonn (T. 0228 - 34 01 36) - Geb. 1. Aug. 1930 Hupperath b. Wittlich, verh. s. 1959, 1 Kd. - 1950-57 Stud. Univ. Köln; Promot. 1957 Köln; Habil. 1967 Frankfurt - 1957-60 Ref. Studienstiftg. d. dt. Volkes Bad Godesberg; 1960-67 wiss. Assist. Phil. Sem. Univ. Frankfurt; 1971 Prof. Univ. Frankfurt; 1971 o. Prof. f. Phil. Tübingen - BV: D. Problem d. Sprache b. Hegel, 1966; Sprache u. Raum, 1969; Phil. u. linguist. Theorie, 1971; Wahrheit als Freiheit, 1978; Sprachphil., 1981; Philosophie d. Zeichens, 1989.

SIMON, Karl Günter

Dr. phil., Journalist, Schriftst. - Postf. 9, 6903 Feste Dilsberg b. Heidelberg (T. 06223 - 13 51) - Geb. 9. Febr. 1933 Ludwigshafen/Rh. (Vater: Dr. Walter S., Chemiker; Mutter: Martha, geb. Schumacher), ev. - Stud. d. Romanistik u. Publizistik. Promot. FU Berlin - 1965-68 stern-Autor; seither selbst. Spez. Arbeitsgeb.: Kunst, Wirtschaft, Südamerika, Arabien - BV: Pantomime, 1960; Samy Molcho, 1968; D. Kronprinzen, 1969; Millionendiener, 1973; Islam - u. alles in Allahs Namen, 1988. Fernsehen: D. Erfolgsvermittler, Millionendiener, Simons Zeitgenossen; Theaterfilme - Liebh.: Kunstsammeln, Reiten - Spr.: Engl., Franz., Span., Portugies.

SIMON, Klaus

Dr. jur., Botschafter a. D. - Albertus-Magnus-Str. 58, 5300 Bonn 2 - Geb. 1. Nov. 1916 Delitzsch - Studium Rechts- u. Staatswiss. Jurist. Staatsprüf. 1941 u. 53 - Wehrdst. u. Kriegsgefangensch.; 1949-53 Justizdst. Nordrh.-Westf. (u. a. Richter AG Siegburg); s. 1953 Bundesmin. f. bes. Aufgaben (pers. Ref. d. Min.), d. Innern (1955; 1958 p. Ref. d. Min.) u. Äußeren (1961; Leit. Min.büro, 1966-70 Botschafter Dänemark); 1970-74 Ministerialdirig., Leit. Unterabt. West d. Polit. Abt. AA; 1974-79 Botschafter d. Bundesrep. Dtschl. in Finnland. Kurat.-Vors. Dt.-Finn. Ges.

SIMON, Klaus

Journalist, Chefredakt. Fernsehen Südwestfunk (b. 1980) - Hans-Bredow-Str. 6, 7570 Baden-Baden - Geb. 1. Mai 1925 Werl/W. - Zul. WDR.

SIMON, Kurt Georg

Dr. med., Prof. - 5603 Wülfrath-Düssel - Geb. 23. Febr. 1921 Aprath (Vater: Prof. Dr. med. Georg S.; Mutter: Martha, geb. Tillessen), kath., verh. s. 1961 m. Rosemarie, geb. Frey, 3 Kd. (Georg, Claudia, Lydia) - Stud. Univ. Köln, Bonn, Frankfurt, Würzburg, Essen, Düsseldorf; Habil. 1970 ebd. - Ämter in zahlr. wiss. Ges. u. Dt. parität. Wohlfahrtsverb. - BV: Herztonspektrographie, 1965; Lungentuberkulose, 1970. In- u. ausl. Fachveröff. - Spr.: Engl., Franz. - Rotarier.

SIMON, Manfred

Dr.-Ing., Vorstandsmitglied ABB Asea Brown Boveri AG - Zu erreichen üb. Postf. 10 03 51, 6800 Mannheim 1 (T. 0621 - 381 27 82) - Geb. 1932, ev., verh. s. 1960, 4 Kd. - TH Braunschweig u. Wien. Dipl. (1959) u. Promot. (1966) Braunschweig.

SIMON, Udo

Dr. rer. nat., Prof. f. Mathematik TU Berlin - Kreuznacher Str. 10, 1000 Berlin 33 - Geb. 31. Aug. 1938 Liegnitz - 1957-62 Stud. Math., Physik u. Phil. FU Berlin (Promot. 1965, Habil. 1969) - 1962-65 Wiss. Assist. TH Karlsruhe; 1965-69 dass. TU Berlin; ab 1970 Prof. f. Math. ebd.; 1985-87 Vizepräs. TU Berlin; 1988/89 Akad.-Stip. VW. Gastaufenth. in USA, Chile, China, Griechenland, Italien, Polen, Schweiz - BV: Beweismeth. d. Differentialgeometrie im Großen, (m. a.) 1973; D. Stud. d. Math. u. Informatik, (m. a.) 1971. Herausg.: Global Differential Geometry and Global Analysis (1981); Global Differential Geometry and Global Analysis (1985); W. Blaschke, Ges. Werke, 6 Bde. (1982-86); rd. 50 Publ. in math. Fachztschr.

SIMON, Uwe

Dr. agr., M.S., Dipl.-Landw., Regierungsdir. a. D., Prof. u. Dir. Lehrstuhl f. Grünland u. Futterbau TU München (s. 1982) - Zu erreichen üb. TU München, Lehrstuhl f. Grünland u. Futterbau, 8050 Freising-Weihenstephan - Geb. 12. Aug. 1926 München (Vater: Leonhard S., Landw.sdir.; Mutter: Maria, geb. Mohr), ev., verh. s. 1954 m. Ruth, geb. Fischer, 5 Kd. (Gunter, Ute, Wolfram, Uwe, Elke) - Obersch.; landw. Lehre; Stud.; Dipl.ex. 1951; Promot. 1956; Habil. 1968 - 1953-56 wiss. Assist. TH München; 1957-58 Postgraduate (Kellogg Fellow) USA; 1958-70 Abt.sleit. Bayer. Landessaatzuchtanst.; 1971-82 Prof. u. Dir. Inst. f. Grünlandwirtsch. u. Futterbau Univ Gießen. Ursprungszüchter zahlr. Futterpflanzensorten - Liebh.: Bergsteigen, Ski, Wassersport, Fotogr., Botanik, Garten - Spr.: Engl.

SIMON, Werner

Dr. theol., Prof. f. Religionspädagogik u. Didaktik d. kath. Religionslehre FU Berlin - Hans Böhm-Zeile 9, 1000 Berlin 37 (T. 030 - 815 85 95) - Geb. 15. März 1950 Niederwalluf, kath., verh. s. 1974 m. Eva-Maria, geb. Herrmann - Stud. Lat., Gesch., Kath. Theol. Univ. Mainz; Staatsex. Lehramt Gymnasien 1974; Dipl. Kath. Theologie 1975; Promot. 1982 Mainz - 1977ff. Wiss. Mitarb., 1984 Hochschulassist. Sem. f. Religionspäd. Fachber. Kath. Theol. Univ. Mainz; s. 1985 Prof. FU Berlin - BV: Didaktik u. Fachdidaktik Religion (m. R. Merkert), 1979; Inhaltsstrukturen d. Religionsunterr., 1983. Mithrsg.: Zw. Babylon u. Jerusalem. Beitr. zu e. Theologie d. Stadt (m. M. Theobald), 1987. Div. Beitr. in BV u. Aufs. in Ztschr. - 1982 Preis d. Johannes Gutenberg-Univ. Mainz f. wiss. Arb.

SIMONIS, Heide

geb. Steinhardt

Dipl.-Volksw., Finanzministerin Schlesw.-Holst. (s. 1988) - Klosterufer 2, 2352 Bordesholm - Geb. 4. Juli 1943 Bonn (Vater: Dr. Horst S., Ltd. Verw.-dir.; Mutter: Sophia, geb. Brück), verh. s. 1967 m. Prof. Dr. Udo E. S. - Stud. d. Volksw. u. Soz. (Dipl.ex. 1967) - Tutor f. Dt. Univ. of Zambia (1967-69), Goethe-Inst. u. National TV and Radio Serv. Tokio (1970-72). MdB (1976-88). SPD - Liebh.: Lit., Musik - Spr.: Engl., Franz.

SIMONIS, Paul

Landesminister a. D., VRsmitgl. Saarl. Rundfunk - Am Forsthaus 3, 6601 Riegelsberg - Geb. 20. April 1912 Merzig/Saar - Gymn. Merzig; Ausbild. Villeroy & Boch, Mettlach - Ab 1937 Geschäftsf. Arbeitsgem. saarl. Krankenkassen, n. deren Auflös. Landesgeschäftsf. Reichsverb. d. Betriebskrankenk., Essen, Wehrdst. u. sowjet. Kriegsgefangensch. (b. 1948), ab. 1950 2. bzw. 1. Vors. DPS bzw. FDP-Landesverb. Saar (1962), 1955-70 MdL Saarl. (1956-67 Fraktionsvors., 1957-60 I. Vizepräs.). 1961-70 Saarl. Min. f. Arbeit u. Sozialwesen - Ehrenbürger Univ. Saarbrücken.

SIMONIS, Udo Ernst

Dr. sc. pol., Prof., Direktor Intern. Inst. f. Umwelt u. Gesellschaft Wissenschaftszentrum Berlin - Reichpietschufer 50, 1000 Berlin 30 (T. 030 - 25 49 10) - Geb. 11. Okt. 1937 Hilgert (Vater: Ernst S., Töpfer; Mutter: Alma, geb. Mayer), ev., verh. s. 1967 m. Heide, geb. Steinhardt - 1959-63 Stud. Univ. Mainz, Wien u. Freiburg (Dipl.-Volksw.); Promot. 1967 Kiel - 1963-64 Redakt. in Freiburg; 1964-67 Wiss. Assist. Kiel; 1967-69 Berater in Zambia; 1970-71 Tokio-Aufenth.; s. 1973 Prof. f. Ökon. TU Berlin (s. 1981 Dir. Wiss.zentr.) - BV: u. a. Entwicklungsstrategie Chinas, 1968; Infrastrukturpolitik, 1970; Japan, Wirtschaftswachstum, 1974; Hong Kong, 1979; Stadtentw., 1980; Ökon. u. Ökol., 4. A. 1986; Entwicklungsländer in d. Finanzkrise, 1983; Mehr Technik - weniger Arbeit?, 1984; Wissen f. d. Umwelt, 1985; Ökol. Orientierungen, 1988; Präventive Umweltpolitik, 1988 - 1985 Nürnbg. Trichter (f. Mehr Techn. - weniger Arb.?).

SIMONIS, Walter

Dr. jur., Dr. theol., Prof. f. Systemat. Theologie - Andreas-Grieser-Str. 81, 8700 Würzburg (T. 0931 - 70 53 86) - Geb. 5. Nov. 1940 Hamburg (Vater: Walter S., Rechtsanw.; Mutter: Anna, geb. de Beyer), kath. - Stud. Jura (1959-62 Würzburg), Phil. (1962-64 Innsbruck, Rom), Theol. (1964-69 Rom). Promot. 1963 u. 70 - S. 1971 (Habil.) Privatdoz. u. Prof. (1977) Univ. Würzburg - BV: Ekklesiologie u. Sakramentenlehre v. Cyprian b. Augustinus, 1970; Trinität u. Vernunft, 1972; Zeit u. Existenz, 1972; D. verständ. Umgang m. d. Welt, 1974; Ursprung u. Gesch. d. Kunst, 1984; Jesus v. Nazareth, 1985; D. Reich Gottes ist mitten unter euch, 1986; Gott in Welt, 1988. Div. Fachaufs. - Liebh.: Klass. Musik, Tennis - Spr.: Engl., Franz., Ital.

SIMONIS, Wilhelm

Dr. phil., o. em. Prof. f. Botanik u. Pharmakognosie (1958) - Mittl. Dallenbergweg 43, 8700 Würzburg (T. 7 46 21) - Geb. 25. Juni 1909 Neubrandenburg/Meckl., ev., verh. s. 1938 m. Dr. Berta, geb. Döring, 3 Kd. (Barbara, Jürgen, Anette) - Gymn. Neubrandenburg; Univ. Rostock, Freiburg/Br., Göttingen (Promot. 1935). Habil. 1946 Tübingen - 1949 Dir. Botan. Inst. Tierärztl. Hochsch. Hannover; 1958 Vorst. Botan. Inst. Univ. Würzburg - BV: Praktikum d. Stoffwechselphysiol. d. Pflanzen, 1952 (m. Paech). Zahlr. Einzelarb. üb. Photosynthese, Phosphatstoffw. u. Membrantransp. d. Pflanzen.

SIMONS, Barbara

Mitglied d. Europa-Parlaments (s. 1984) - Wohnh. in Hannover; zu erreichen üb. Europ. Parlam., Europazentrum, Kirchberg, Postf. 16 01, Luxemburg (T. 00352 - 4 30 01) - SPD.

SIMONS, Kai Lennart

Dr. med., Prof., Programmkoordinator d. Zellbiologie Europ. Labor. f. Molekularbiol., Heidelberg - Kleinschmidtstr. 27-1, 6900 Heidelberg (T. 06221 - 1 55 91) - Geb. 24. Mai 1938 Helsinki, ev., verh. s. 1965 m. Carola, geb. Smeds,

3 Kd. (Mikael, Katja, Matias) - Stud. Univ. Helsinki; Promot. 1964 - 1971 Privatdoz.; 1977 Prof. Univ. Helsinki; 1975 Gruppenleit. Europ. Labor. f. Molekularbiol., Heidelberg. Rd. 100 Veröff. in d. Zell- u. Molekularbiol. - 1975 Federation of European Biochemical Soc. Prize; 1984 Hon.-Prof. Univ. Heidelberg - Spr.: Schwed., Finn., Engl.

SIMONS, Klaus
Dipl.-Ing., Prof. f. Bauwirtsch. u. Baubetrieb TU Braunschweig (s. 1971) - Kuckucksweg 7, 3300 Braunschweig (T. 0531 - 35 18 83) - Geb. 13. Aug. 1927 Nordrach/Baden (Vater: o. Prof. Hanns S.; Mutter: Ellen, geb. Weltz), ev., verh. s. 1961 m. Christa, geb. Hälbich, 3 Kd. (Alexander, Klaus, Petra) - Abitur; Maurerlehre; Stud. TH Hannover; Dipl.ex. 1954 - 1955-57 Hafenbau Samsun/Türkei; 1958-61 Oberbauleiter Stahlwerk Rourkela/Ind.; 1961-66 Baudir. Wasserkraftanlage Malaysia; 1967-71 Dir. Auslandsabt. Hochtief AG., Essen. Fachmitgl.sch. - 1965 Malayischer Friedensrichter; 1984 Consultant Prof. d. Tongji-Univ. Shanghai, Shanghai/VR China; 1983-85 Virtualprof. TU Braunschweig; 1985 Honorarprof. d. Chongqing Institut of Architecture and Engineering Chongqing, Sichuan/VR China - Liebh.: Musik, Gesch. - Spr.: Engl. - Bek. Vorf.: Hanns S., o. Prof. Dr.-Ing. (Bruder).

SIMONS, Konrad
Dr. jur., Journalist, Schriftst. - Ronheider Weg 55, 5100 Aachen (T. 6 64 94) - Geb. 10. Febr. 1913 Düsseldorf (Vater: Wilhelm S., Silberschmied; Mutter: Helene, geb. Hartstein), kath., verh. s. 1947 m. Hildegard, geb. Börner, 2 Kd. (Angela, Martin) - Lessing-Oberrealsch. D'dorf; Univ. Köln (Promot. 1938) - 1945 Landesbildst. Niederrhein; 1947 Rhein. Post (Ressortchef); 1962 Aachener Volksztg. (Chefredakt.) - BV: Am Rande d. gr. Krieges; D. Reiter, d. Tod erschlug; Besso zw. zwei Wäldern; D. verlorene Rotte; Drei gehen durch d. Nacht, Gespenster in d. Parkstr. (alles Jugendrz.); Nordrh.-Westf. - Porträt u. Chronik; D. lange Weg nach Ua Pou; Missio-Gesch. - e. Beweg.; Heinrich Hahn (auch Span., Franz., Engl.), 1983; D. älteste Tochter (alles Zeitgesch.), 1984 - Spr.: Engl., Franz.

SIMPFENDÖRFER, Hansmartin
Oberstudienrat a. D., MdB (s. 1972), Mitgl. Haushaltsaussch. d. Dt. Bundestages - Silcherstr. 30, 6992 Weikersheim/Württ. (T. 07934 - 5 01) - Geb. 22. Juni 1934 Creglingen, Main-Tauber-Kr., verh., 1 Kd. - 1940-49 Gymn. Bad Mergentheim u. Schwäb. Hall (1949)/ Abit. 1953; Ev.-theol. Sem. Maulbronn u. Blaubeuren; Univ. Tübingen (Dt., Gesch., Engl.). Staatsex. 1959 u. 61 - 1961-72 Lehrer Gymn. Weikersheim (1965 Studien-, 1969 Oberstudienrat). Mitgl. Gemeinderat u. Kreistag. SPD s. 1963.

SIMSHÄUSER, Wilhelm
Dr. jur., o. Prof. f. Bürgerl. Recht in Verbind. m. Röm. Recht Univ. Augsburg (s. 1976) - Römerweg Nr. 3, 8901 Stadtbergen/Schw.

SIMSON, Gerhard
Dr. jur., Drs. h. c., dt. Leit. Regierungsdir. i. R., Ministerialrat im schwed. Justizministerium (1963-77) - Stormästarvägen 14, 181 40 Lidingö bei Stockholm (T. Stockh. 765 09 72) - Geb. 16. März 1902 Berlin (Vater: Max S., Industrieller; Mutter: Carola, geb. Petschek), ev., verh. s. 1940 m. Sylvia, geb. Wolff †1984 - Gymn. Berlin; 1920-24 Stud. Freiburg/Br., München, Berlin. Ref.ex. Berlin 1924; Promot. 1925; Ass. 1927 - 1927-29 Richter; stv. Vors. ArbG Berlin; 1929 Ref. Statist. Reichsamt; 1932 Reg.rat, 1934 Versetz. i. R.; 1939 Wohnsitz Stockholm, Schriftst.; s. 1944 wiss. Hilfsarb. Strafgesetzkommiss., s.1947 Forsch.stip., 1957 Ref. im Justizmin., s. 1962 Erster Sekr., s. 1970

Min.rat - BV: Grundz. d. schwed. Kriminalrechtsreform, 1966; Straftaten gegen d. Person u. Sittlichkeitsdelikte in rechtsvergl. Sicht, 1969 (m. Geerds); Schicksal im Schatten, 2. A. 1970; Einer gegen Alle, 3. A. 1972; D. schwed. Kriminalgesetzb., 1976; D. Suizidtat, 1976; Genie u. Irrsinn, 1982; Bibel u. Börse, 1984. Übers.: D. schwed. Zivil- u. Strafprozeßgesetz. Zahlr. Fachveröff. - 1965 Ehrendoktor Univ. Uppsala u. 1972 Frankf.; 1967 Ehrenmitgl. Ges. f. Rechtsvergleich; 1967 Gr. Kreuz d. Bundesverdienstordens; 1967 Ritter d. schwed. Nordsternordens; 1979 Träger d. Beccaria-Med. in Gold - Liebh.: Lit., Philat. - Spr.: Schwed., Ital. - Bek. Vorf.: M. Simson, Gründer Simson-Werke Suhl/Thür. (Urgroßv.).

SIMSON, Helmut
Geschäftsführer, Oberbürgermeister - Stresemannstr. 1, 3180 Wolfsburg (T. 1 36 36) - Geb. 29. Aug. 1916 Berlin, verh., 2 Kd. - Höh. Schule (Abit.); n. 1945 Maurerhandw. (Gesellenprüf.); 1952-54 Akad. f. Gemeinwirtschaft 1936-45 Wehr- u. Kriegsdst. (zul. Ltn. Flak); 1955-62 Angest. IG Bau - Steine - Erden; s. 1962 gf. Vors. DGB-Kreisverw. Wolfsburg-Gifhorn. Ratsmitgl. Wolfsburg (1962-1968 Fraktionssprecher), 1967-74 MdL Nieders.

SIMSON, von, Otto
Dr. phil., Prof. Kunsthistoriker, Präs. Dt. Unesco-Kommiss. (1975-86) - Max-Eyth-Str. 26, 1000 Berlin 33 (T. 831 20 82) - Geb. 17. Juni 1912 Berlin - Langj. Forschungs- u. Lehrtätigk. Univ. Chicago u. FU Berlin (1964ff. Ord.) - BV: u. a. Z. Genealogie d. weltl. Apotheose im Barock, 1936; Byzantine Art and Statecraft in Ravenna, 1948; The Gothic Cathedral, 1956 (dt. 1972); D. hohe Mittelalter, 1973; D. Blick nach innen, 1986 - Ausw. Ehrenmitgl. Americ. Acad. of Arts a. Sciences; Gr. BVK; Offz. d. Ehrenlegion; Com. Ordre National de Mérite.

SIMSON, von, Werner
Dr. jur., em. o. Prof. f. Staats- u. Völkerrecht sow. Recht d. Europ. Gemeinschaften Univ. Freiburg (s. 1967) - Luisenstr. 3, 7800 Freiburg/Br. (T. 3 58 63) - Geb. 21. Febr. 1908 Kiel, verh. s. 1938, 4 Söhne - Univ. Freiburg u. Berlin (Rechtswiss.). Promot. 1935 Berlin; Habil. 1965 Freiburg - 1936-1939 Rechtsanw. Berlin (KG), 1939-53 England, s. 1953 Gerichtshof Europ. Gemeinsch. Luxemburg - BV: D. Souveränität in rechtl. Verständnis d. Gegenw., 1965; D. demokr. Prinzip im Grundgesetz, 1972; D. Verteidig. d. Friedens, 1975; D. Staat u. d. Staatengemeinsch., 1978; Kritik d. polit. Vernunft, 1983. Div. Einzelarb. - Mitgl. PEN-Zentrum BRD (Justitiar 1972-83).

SINELL, Hans-Jürgen
Dr. med. vet., o. Prof. f. Lebensmittelhygiene, Fleischbeschau u. Milchhyg. - Schillerstr. 6, 1000 Berlin 37 (T. 801 26 04) - Geb. 7. Dez. 1926 Berlin (Vater: Hugo S., Reichsbankrat; Mutter: Margarete, geb. Dubrow), ev., verh. s.

1953 m. Irmgard, geb. Mertin, 4 Kd. (Barbara, Angela, Martin, Stefan) - Humboldt- u. Freie Univ. Berlin (Veterinärmed.; Staatsex. 1952). Promot. (1954) u. Habil. (1960) Berlin - S. 1952 Wiss. Mitarb., Assist., Oberassist., Privatdoz. (1960), Ord. u. Dir. Inst. f. Lebensmittelhyg. FU Berlin. 1967 ff. Vizepräs. World Assoc. of Veterinary Food Hygienists. - BV: Einf. in d. Lebensmittelhygiene, 1980. Etwa 140 Fachveröff., dar. Beitr. Handb. d. Lebensmittelchemie u. Lehrb. d. tierärztl. Milchüberwach. - Spr.: Engl.

SING, Alfred-Hermann
Schriftsteller - Hermann-Hesse-Str. 10, 7070 Schwäb. Gmünd-Rechberg - Geb. 3. Dez. 1910 Eislingen/Fils, ev., verh. - 1929-34 Stud. Phil. u. Theol. - 1939-45 Wehrdst.; ab 1946 Verlagsleit. - W: Arator, Stud. (1933 verboten); Götzen, phil. R. 1947.

SINGELMANN, Walter
Fabrikant (Singelmann & Co. KG., Schacht-Audorf), Vors. Landesverb. d. Sägeindustrie u. verw. Betriebe in Schlesw.-Holst., Schacht-Audorf - Schacht-Audorf bb. Rendsburg (T. 04331 - 53 25) - Geb. 9. Okt. 1901 Itzehoe.

SINGER, Günter
Geschäftsführer Jüd. Gemeinde in Hamburg u. Jüd. Gemeinschaft Schlesw.-Holst. - Schäferkampsallee 29, 2000 Hamburg 6.

SINGER, Hans
Dr., Vorstandsvorsitzer Ferrostaal AG., Essen u. Vorst.-Mitgl. MAN AG, München - Franz-Fischer-Str. 8, 4330 Mülheim/Ruhr - Geb. 17. Juli 1928 Berwang/Tirol.

SINGER, Heinz
Dr. med., Chefarzt Kinderchirurg. Abt. Krankenhaus München-Schwabing (1965-82) i.R., Prof. Kinderchirurgie (s. 1974) - Hoffeldring 23, 8203 Oberaudorf (T. 08033-33 95) - Geb. 5. Aug. 1920 Berlin (Vater: Hugo S., Sprachen- u. Sprachheillehrer; Mutter: Emma, geb. Limbach), ev., verh. s. 1949 m. Lisel, geb. Machwitz, 4 Kd. (Harald, Detlef, Annette, Cornelia) - Univ. Berlin, Innsbruck, Marburg, Heidelberg. Physikum 1942 Innsbruck; Med. Staatsex. 1945 Berlin - 3 1/2 J. Arzt franz. Kriegsgefangensch.; 1948-65 Chir. Abt. Kinderheilanstalt Hannover, Städt. Krkhs. Siloah Hannover (1953), Chir. Abt. Univ.-Kinderklinik München (1955; Oberarzt), wissenschaft. Mitarb. in med. Verlag. Mitgl. in u. ausl. Fachges. 8 Buchbeiträge u. üb. 80 weitere Veröff. -Liebh.: Zeichnen, Modellieren - Spr.: Engl., Franz.

SINGER, Herbert

Vorstandsmitglied Dt. Schutzvereinig. f. Wertpapierbesitz, Düsseldorf u. Hanseat. Wertpapierbörse, Hamburg - Vor den Hegen 16, 2055 Wohltorf - Geb. 9. Aug. 1919 Stallupönen/Ostpr. - AR-Vors. Albingia Versich.-AG, Hamburg, Albingia Lebensversich.-AG, Albingia-

Rechtsschutz-Vers.-AG, Bau-Verein z. Hamburg, u. Tertia Untern.beteilig.ges. AG, Köln; AR-Mitgl. Allgem. Dt. Philips Ind. GmbH, Philips GmbH, Vereins- u. Westbank AG, Schwab AG, alle Hamburg, u. Lübecker Hypothekenbank AG, Lübeck; VR-Mitgl. Hamburg. Landesbank - Girozentrale, Hamburg, Rhein.-Westf. Elektrizitätsw. AG, Essen; Beirats-Vors. G.A. Schürfeld Verwalt. GmbH, Lachendorf; Beirat Dresdner Bank AG, Hamburg/Schlesw.-Holst., u. Polyphon Film- u. Fernseh Ges. mbH, Hamburg; Mitgl. Stiftungsrat Umweltstiftg. WWF-Dtschl., Frankfurt; Kurat.-Mitgl. Stiftg. Dt. Sporthilfe, Frankfurt, ARP-SCHNITTGER-ORGEL, D. Übersee-Club Ges. f. Weltwirtsch., Ges. d. Freunde u. Förd. d. Hochsch. d. Bundeswehr, als Hamburg; Schlesw.-Holst. Musik Festival, Kiel.

SINGER, Horst
Dr. phil., Prof. f. Germanistische Linguistik Ruhr-Univ. Bochum - Hörder Str. 144, 4630 Bochum 7 - Geb. 28. Aug. 1933 Rütte, kath., led. - BV: D. Mundarten d. Höri, 1965 (Diss.).

SINGER, Johannes

MdB, SPD-Bundestagsabgeordneter (s. 1987) - Zu erreichen üb. Bundeshaus, 5300 Bonn 1 (T. 0228 - 16 78 54) - Geb. 4. Juni 1943, verh., 1 S. - Abit. 1962 humanist. Gymn.; Jurastud. Univ. Köln u. Marburg; 1. Staatsex. 1967, 2. Staatsex. 1970 - 1970-75 Richter u. Staatsanwalt Düsseldorf u. Opladen; 1975-79 Hilfsref. u. Ref. Justizmin. Düsseldorf; 1979 Oberstaatsanwalt; s. 1981 Generalstaatsanwaltschaft Köln. SPD-MdB (Wahlkr. Leverkusen-Rhein.-Berg., Kreis II); 1969 Mitgl. Stadtrat Leverkusen (s. 1983 Frakt.-Vors.).

SINGER, Manfred Vinzenz
Dr. med., apl. Prof. f. Inn. Med. Univ. Essen, Oberarzt Klinikum Essen - Stauseebogen 110, 4300 Essen 15 (T. 0201-46 26 18) - Geb. 20. Juli 1945 Trier (Vater: Heinrich S., Kaufm.; Mutter: Margarete, geb. Hackenberger), kath., verh. s. 1969 m. Barbara, geb. Kugelmeier, 2 S. (Christoph, Oliver) - Stud. Univ. Mainz, Wien, Heidelberg; Med. Staatsex. 1971, Promot. 1971, Habil. f. d. Fach Inn. Med. 1980 - S. 1982 Oberarzt Med. Univ.-Klinik (GHS) Essen; 1985 apl. Prof. 90 Originalarb., d. sich vor allem m. d. neurohormonalen Kontrolle d. Bauchspeicheldrüsensekret. u. d. Wirkung v. Alkohol auf d. Bauchspeicheldrüsensekret. b. Menschen u. Tier befassen - 1975-77 DFG-Stip. Univ. Aix-Marseille (Frankr.); 1977-78 DFG-Stip. Univ. o. California, Los Angeles (USA); 1980 Theodor-Frerichs-Preis Dt. Ges. f. Inn. Med.; 1983 Thannhauser-Preis Dt. Ges. f. Verdauungs- u. Stoffwechselkrankh.; s. 1979 Mitgl. American Pancreatic Assoc.; s. 1983 Mitgl. New Yorker Acad. of Sciences - Spr.: Engl., Franz.

SINGEWALD, Arno
Dr.-Ing., habil., Prof., Vorstandsmitgl. Kali u. Salz AG, Kassel - Michelswiesenweg 1, 3500 Kassel (T. 30 11) - Geb.

7. Sept. 1926 Berlin (Vater: Arno S., Mutter: Gertrud), ev., verh. s. 1953 m. Dr.-Ing. Christine, geb. Wurster, 4 Kd. (Martin, Wolfram, Ludwig, Christian) - TU Berlin (Chemie), Dipl. 1951, Promot. 1957, Habil. Univ. Marburg 1963 - S. 1951 Kali u. Salz AG (bzw. Wintershall AG), 1963-72 Priv.-Doz. Univ. Marburg, S. 1984 Umhabil. TU Clausthal, 1986 apl. Prof. - Üb. 200 Pat. z. Chemie u. Verfahrenstechnik. Div. Veröff. in Fachztschr. - 1979 Dechema Forschungspreis - Spr.: Engl.

SINJEN, Frauke
s. Sinjen-Wiegand, Frauke.

SINJEN, Sabine
Schauspielerin - Zu erreichen üb.: Thalia-Theater, 2000 Hamburg - Geb. 1942, verh. I) 1963-84 m. Peter Beauvais (Regiss. s. o.), gesch.; S. Simon; II) s. 1984 m. Gunter Huber (Regieassist.).

SINJEN-WIEGAND, Frauke

Schauspielerin (Ps. Frauke Sinjen) - Straßberger Str. 20, 8000 München 40 (T. 089 – 351 55 87) - Geb. 21. März 1940, ev., verh. s. 1963 m. Dipl.-Ing. Gerd Wiegand, Sohn Markus - Fotosch. München; 3 J. Schauspielunterr.; 2 J. Gesangstud. - FS: Bali (Regie: Istran Szábá, 1984); D. Schöffin (Regie: M. Mackensoth, 1984); Kur in Travemünde (Regie: Peter Beauvais) - Liebh.: Segeln, Skifahren, Fotogr. - Spr.: Engl., Ital.

SINKOVIC, Karl
Dipl.-Kfm., Vorstandsmitglied Klöckner-Werke AG (s. 1970; Ressort: Rechnungswesen) - Klöcknerstr. 29, 4100 Duisburg 1 - Vorst.-Vors. Düsseldorfer Verb.; Vorst.-Mitgl. Essener Verb., Unfallschadenverb. f. Werkangestellte, Essen, Pensionsvereinig. d. Eisen- u. Stahlind., u. Arbeitgeberverb. d. Eisen- u. Stahlind.; stv. AR-Vors. Klöckner-Ferromatik-Desma, Malterdingen, u. Klöckner-Wilhelmsburger GmbH; AR-Mitgl. Holstein & Kappert GmbH, Dortmund, Bergbau AG Westfalen, Unterstützungsges. d. Walzstahl-Veits, Otto Hänsel GmbH, Hanover, Vereinigte Schmiedewerke GmbH, Bochum, Klöckner-Pentaplast GmbH, Montabaur, u. SEN, Worms; Beiratsvors. Klöckner Datentechnik GmbH, Bremen; Beiratsmitgl. Dolomitwerk Salzhemmendorf GmbH, Landesbeirat d. Commerzbank, Abrechnungsstelle d. Eisen- u. Stahlind. GmbH, u. ER-WE-PA Maschinenfabrik u. Eisengießerei GmbH, Erkrath; Member of Board Klöckner Capital Corp., Gordonsville/USA, Michigan Precision Ind. Inc., Detroit/USA, Klöckner Pentaplast of America, Gordonsville/USA, Holstein & Kappert Inc., Wisconsin/USA, Klöckner Ferromatik Desma Inc., Erlanger/USA, u. Windsor-India; Kurat.-Mitgl. Peter Klöckner-Fonds; Mitgl. Stromaussch. d. Ges. f. Stromwirtsch. mbH, Mülheim; Mitgl. Clearingstelle d. Betriebswirtschaftl. Inst. d. Eisenhüttenind.

SINN, Hansjörg Walter
Dr. rer. nat., Diplomchemiker, o. Prof. f. Angew. Chemie, gf. Direktor Inst. f. Techn. u. Makromolekulare Chemie, Reaktionsführung v. Polyreaktionen, Pyrolyse u. Recycling Univ. Hamburg, Senator a. D. - Poolstieg 14, 2000 Norderstedt (T. 040 - 522 23 53) - Geb. 20. Juli 1929 Ludwigshafen/Rh. (Vater: Georg S., Ing.; Mutter: Christine, geb. Reinemuth), ev., verh. s. 1956 m. Margrit, geb. Wullekopf, 2 Söhne (Hansjörg, Christian) - Stud. Chemie Mainz, Innsbruck, Bonn u. Braunschweig (Diplomchem. 1954, Dr. rer. nat. 1956 Braunschweig, Habil. f. Techn. Chemie 1963 München). S. 1963 Lehrtätigk. TU München, 1965 Univ. Hamburg (1965 ao., 1966 o. Prof., 1969 Rektor, 1970-72 Vizepräs.); 1978-84 Senator f. Wiss. u. Forsch. Hbg. 1973-76 u. s. 1986 Mitgl. d. Wissenschaftsrates, 1974-76 Vors. d. Wiss. Komm., 1987 Berufung in d. Sachverst.rat f. Umweltfragen, Mitgl. VDI (1986ff. Vors. Berufspolit. Beirat u. Mitgl. d. Präsid.), GdCh u. Dechema (1973ff. Vorst.-Mitgl.) - 1948 Schüler-Scheffel-Preis (Volksbd. f. Dichtung), 1957 Forschungsstip. d. DFG, Hrd. Mitgl. d. Akad. d. Wiss. u. d. Lit. zu Mainz; 1988 Grüne Rosette u. Förderpreis d. Europ. Wiss. - Liebh.: Bildungspolitik, Rohstofffragen, Energieversorgung, Literatur, Wandern, Wintersport - Spr.: Engl.

SINN, Richard
Dr.-Ing., Senator E. H., Prof., Direktor i. R. - Am Wingertsberg 1, 6900 Heidelberg-Ziegelhausen (T. Heidelberg 4 64 55) - Geb. 7. Aug. 1913 - Stud. Karlsruhe u. Göttingen - S. 1968 Honorarprof. Univ. (TH) Karlsruhe (Verfahrenstechnik). Mitgl. zahlr. Fachausch. u. Ausbildungsgremien.

SINOGOWITZ, Bernhard
Dr. phil., Dr. jur., Ltd. Bibliotheksdirektor - Markweg 5, 8520 Erlangen (T. 0911-76 23 09) - Geb. 22. Juni 1921 Naumburg/S., verh. s. 1954 m. Gabriele, geb. Oexle, Sohn - Realgymn.; Univ. München (Byzantinistik, Rechtswiss.) - Bibl.dst. München u. Erlangen, Dir. Univ.bibl. i. R.

SINZ, Herbert

Dr. phil., Schriftsteller - Kiebitzweg 7, 5030 Hürth (T. 02233 - 7 25 91) - Geb. 23. Febr. 1913 Dortmund (Vater: Josef S., Oberinsp.; Mutter: Olga, geb. Kortmann), kath., verh. s. 1943 m. Margot, geb. Keuter, 2 Kd. (Monika, Jürgen) - 1936-40 Stud. Phil. München (Promot. 1940) - 1952-58 Verlagsdir.; 1958-72 Versich.dir.; Schriftst. - BV: D. begnadete Rebell, 1950; Meister fallen nicht v. Himmel, 1955; D. gr. Vorbilder, 1956; D. Handwerk, 1972; Lexikon d. Sitten u. Gebräuche, 1986; D. letzte Fahrt d. Zeppelins; D. schöne Kölnerin, D. junge Overstolz - 1966 Ehrenmeister d. Handw.; 1968 Gold. Handwerkszeichen; 3 Kulturpreise; Ritter d. Lazarusordens - Liebh.: Reisen, Wandern, Musik, Theater - Spr.: Engl., Franz., Ital., Span. - Lit.: E. Herz f. d. Handwerk.

SINZ, Rainer

Dr. med., Dr. rer. nat., Privatdozent - Nordstr. 40, 4010 Hilden (T. 02103 - 4 06 16) - Geb. 10. Febr. 1940 Schönheide/Erzgeb., ev., verh. s. 1965 m. Erika, geb. Donath, 2 Töcht. (Maya, Claudia) - 1959-64 Stud. Biol. Univ. Jena; Dipl. 1964, Promot. 1965; 1961-66 Stud. Humanmed. Univ. Jena, Leipzig; Approb. 1967; Promot. 1969; Facharzt f. Physiol. 1971; Stud. Psychol. Humboldt-Univ. Berlin; Promot./Habil. 1977; Umhabil. 1983 Doz. u. Abt.-Leit. f. Psychophysiol. Humboldt-Univ. Berlin; Vertr.-Assistenz. Univ. Bern, Innsbruck, Düsseldorf, Wuppertal, Duisburg, Marburg, Gießen, Wisconsin-Univ. Milwaukee; Leit. Ber. Neuropsychol. Rehabilitationszentr. Univ. Köln, Psychotherapeut, z. Z. Facharzt-Ausb. Neurol. u. Psychiatrie. Nachweis bedingter Reaktionen (Gedächtnis) b. isolierten Neuronen, Biorhythmik, Neuropsychol. Diagnostik, Hirnleistungstraining, Gedächtnistherapie - BV: Lernen u. Gedächtnis, 1973 (engl., jap., russ. Übers.); Gehirn u. Gedächtnis, 1978; Zeitstrukturen u. organismische Regulation, 1978; Neurobiologie u. Gedächtnis, 1979; Chronopsychophysiologie, 1980 (engl. Übers.); Psychophysiologie (m. Rosenzweig), 1983 (engl.). 180 Publ. - Liebh.: Musikpsychophysiol., Ethol., Malen, Dichten - Spr.: Engl., Russ., Latein.

SIOLI, Harald
Dr. phil., em. Direktor am Max-Planck-Inst. f. Limmologie (s. 1978), Plön, Honorarprof. f. Limnologie Univ. Kiel (s. 1958) - Rautenbergstr. 56, 2320 Plön/Holst. - T. 8 02-2 04) - Geb. 25. Aug. 1910 Köthen/Anh. (Vater: Siegfried S., Intendant; Mutter: Emilie, geb. Ehrhardt), verh. 1951 m. Hilke, geb. Kremer (gesch.), 2 Kd. (Ute, Ehrhard) - Schulen Halberstadt, Aachen, Mannheim; Univ. Heidelberg, Göttingen, Kiel (Astronomie, Biol.; Promot. 1934) - 1935 Wiss. Hilfsarb. Biol. Anst. Helgoland, 1936-37 Stip. Dt. Forschungsgem., 1937-38 Assist. Rudolf-Virchow-Krkhs. Berlin, Biol. Abt. Allg. Inst. geg. d. Geschwulstkrankh., 1938-40 Austauschassist. Inst. Biológico São Paulo, 1940-42 Stip. Reichsforschungsrat Amazonasgebiet (limnol. Forsch.), 1942-45 Zivilintern. Toméassú (als solcher zeitw. Leit. Krkhs. u. Apoth). 1945-53 Assist. u. Leit. Abt. Limnol. Inst. Agronômico do Norte Belém-Pará (Brasil. Landw.min.), dann Mitarb. Servico Especial de Saúde Pública Belo Horizonte, 1955-57 Leit. Abt. Limnol. Inst. Nacional de Pesquisas da Amazônia Manáus (Brasil. Forschungsrat), 1957-66 gf. Dir. Hydrobiol. Anst. d. MPG Plön, 1966 - 1978 Dir. Abt. Tropenökologie des MPI f. Limnologie, Plön. Etwa 140 Fachveröff. Gründer: Amazoniana - Limnologia et Oecologia Regionalis Systemae Fluminis Amazonas (1965ff.) - 1967 brasil. Orden Cruzeiro do Sul (Kreuz d. Südens), 1978 Med. Ciência pela da Amazônia Inst. Nac. de Pasquisas da Amaz., Manaus, Brasil. - Spr.: Portugies., Engl.

SIPPEL, Hans
Dipl.-Ing., Vorstandsmitglied der Stierlen-Maquet AG, Rastatt, Kehler Str. - Leisberghöhe 28, 7570 Baden-Baden (T. 7 29 96) - Geb. 29. April 1924 Bochum - Mitgl. d. Vollvers. Mittlerer Oberrhein IHK Karlsruhe, Mitgl. d. Vorst. d. LVA Baden.

SIPPEL, Wilhelm
Dr. rer. nat., Prof. f. Mathematik Univ. Kassel - Goldsternweg 32, 3500 Kassel - Geb. 28. Mai 1939 Hersfeld - Stud. Math. Univ. Marburg u. Göttingen, Promot. in Erlangen - 1965-74 Assist. Univ. Clausthal u. Erlangen; 1974 Prof. Univ. Kassel.

SIRTL, Erhard
Dr. rer. nat., Prof., Chemiker - Zu erreichen üb.: Dt. Ges. f. chem. Apparatewesen, Theodor-Heuss-Allee 25, 6000 Frankfurt/M. 97; priv.: Burghausen - Geb. 19. April 1928 - Lehrtätigk. Univ. München - 1983 Dechema-Preis; 1982 Max-Buchner-Forschungsstiftg. (f. grundleg. Arbeiten auf d. Gebiet d. Silizium-Gewinnung).

SITTE, Fritz Moritz
Dipl.-Ing., Architekt, Präsident Bundesbaudirektion (s. 1975) - Postf. 12 58 60, 1000 Berlin 12 - Geb. 31. März 1927 Brilon (Vater: Fritz S., Arch.; Mutter: Grete, geb. Wiese), ev., verh. s. 1955 m. Dipl.-Ing. Anne, geb. Volkenborn, 2 Töcht. (Simone, Renate) - Gymn. Petrinum Brilon; TH Aachen u. Stuttgart - B. 1954 fr. Arch.; 1954-56 Entwurfsarch. Finanzbauverw.; s. 1956 Bundesbauverw. (Min.rat) - BV: Stein auf Stein, 1965; Kommentar z. VOB-Mauerarb., 1967. Zahlr. Fachveröff. - 1960-1971 Hauptschriftleiter Fachzeitschr. Die Bauverwaltung. Beiratsmitgl. u. a.: Finanzämter Altena, Iserlohn, Wohnhäuser. Lehrauftr. TH Aachen, Fak. Architektur - BVK I. Kl.; Vizepräs. d. Dt. Architekten- u. Ingenieurverb. DAI - Liebh.: Bild. Kunst.

SITTE, Hellmuth
Dr. phil., Prof. f. Med. Biologie Univ. d. Saarl. (s. 1966; Rektorat 1969-73), spez. Arbeitsgeb.: Technik u. Methodik d. Ultramikrotomie, Tieftemp. präparation - 6650 Homburg/Saar (T. 16 62 50/53) - Geb. 6. Mai 1928 Innsbruck (Vater: Prof. Dr. phil. Heinrich S., Ord. f. Klass. Archäol. Univ. Innsbruck, s. X. Ausg.; Mutter: Lisbeth, geb. v. Santner), kath., verh. s. 1956 m. Gerda, geb. Hüttner, 2 Kd. (Ingrid, Harald-Hans) u. Innsbruck (Physik, Chemie, Zool.) u. Heidelberg (Physik). Promot. Innsbruck; Habil. Heidelberg - 1951-58 Leitg. Labor. f. Elektronenmikroskopie Univ. Innsbruck (zus. m. Bruder Peter); 1958-63 Leitg. EM-Abt. Med. Fak. Univ. Heidelberg; 1963-66 Vorst. EM-Abt. Med. Fak. Hamburg/S. Mitgl. in- u. ausl. Fachges. Zahlr. Veröff., Buchbeitr. u. Patente; Erf.: Reichert-Ultramikrotome OmU1/2/3 sowie Ultracut u. Ultracut-E, Reichert-Kryosysteme FC4, CS-auto u. KF80, Reichert-Mikrofräse TM 60 - Saarl. VO., Orden Gr.-Ducal de la Couronne de Chêne de Luxembourg (bde. 1976) - Liebh.: Musik, Foto - Spr.: Engl. - Bruder: Peter S. (s. dort) - Bek. Vorf.: Camillo Sitte, Städtebauer (Großv.).

SITTE, Kurt
Dr. rer. nat., Prof., Physiker - Holbeinstr. 22, 7800 Freiburg i. Br. (T. 7 46 18) - Geb. 1. Dez. 1910 Reichenberg/Böhmen (Vater: Prof. Karl S., Maler; Mutter: Gisela, geb. Schicht), kath., verh. s. 1963 m. Judith Sitte-Arnon, geb. Krymolowski, S. Martin - Dt. Univ. Prag (Physik, Math.). Promot. (1932) u. Habil. (1935) Prag 1935-39 Privatdozent Univ. Prag; o. ö. Prof. (1945); 1946-48 I.C.I. Research Fellow Manchester; 1948-54 Associate und Prof. Univ. Syracuse (USA); 1954-61 Prof. Israel Inst. of Technology Haifa; 1963-71 Gastprof. Univ. Freiburg/Br.; 1964-67 Mitarb. Max-Planck-Inst. f. Kernphysik Heidelberg; s. 1971 Honorarprof. Univ. Frei-

burg/Br. U. a. Präs. Israel Physical Soc. (1959/60). Zahlr. Fachveröff. - 1953 Mitgl. New York Acad. of Sciences; s. 1970 Mitgl. wiss. Rat Labor di Cosmo-Geofisica del C.N.R., Turin. Mithrsg. Il Nuovo Cimento (1972ff.) - Spr.: Tschech., Engl., Franz., Ital. - Bek. Vorf.: Camillo S., Architekt u. Städtebauer.

SITTE, Peter

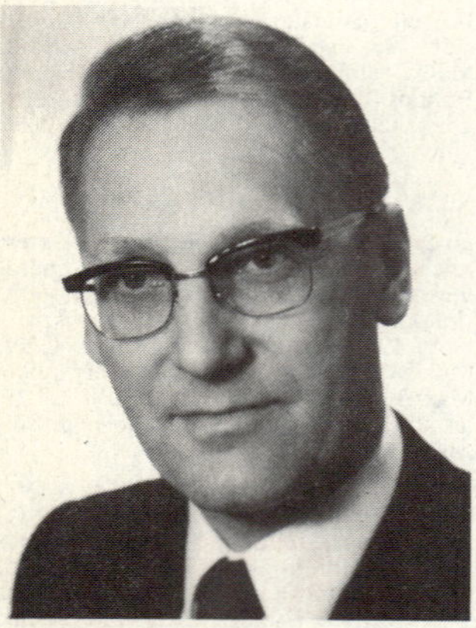

Dr. phil., Prof. f. Zellbiologie - Lerchengarten 1, 7802 Merzhausen/Br. - Geb. 8. Dez. 1929 Innsbruck, kath., verh. s. 1955 m. Eva-Maria, geb. v. Lürzer, 2 Kd. (Gerlinde, Wolfdieter) - Stud. Univ. Innsbruck, Promot. 1954, Habil. 1958 Innsbruck - S. 1958 Lehrtätigk. Univ. Heidelberg (1959 ao. Prof.) u. Freiburg (1965 pers. Ord., 1968 o. Prof.). Gastvorles.: Stockholm, Darmstadt, Austin/Texas, Salzburg - Einf. d. Begriffes d. accrustierten Zellwand. Üb. 120 Fachveröff. - 1969 Mitgl. Dt. Akad. d. Naturforscher (Leopoldina), Halle/S., 1973-83 Senator; 1984 korr. Mitgl. Akad. d. Wissensch. zu Göttingen; 1974-75 Präs. Dt. Ges. f. Elektronenmikroskopie; 1975-77 Präs. Dt. Ges. f. Zellbiol.; 1977-78 Vors. Ges. Dt. Naturforsch. Ärzte - BV: Bau u. Feinbau d. Pflanzenzelle, 1965, poln. Ausg. 1970; Molekulare Grundlagen d. Entwicklung (m. H. Mohr), 1971; Zellbiologie - e. Lehrbuch (m. H. Kleinig), 1984, 2. A. 1986 - Liebh.: Kammermusik, Fotogr. - Eltern s. Hellmuth S. (Bruder) - Bek. Vorf.: Camillo Sitte (Städtebauer; Großv.), Ferdinand (Volksdichter) u. Dr. phil. Anton Sauter (Botaniker).

SITTMANN, Manfred

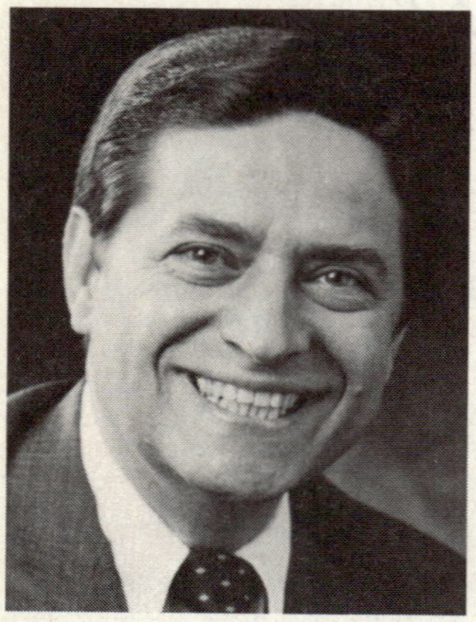

Dipl.-Kfm., Senator E. h., Wirtschaftsberater - Konradin-Kreutzer-Str. 28, 7032 Maichingen-Sindelfingen (T. 07031 - 3 20 86); Beethovenstr. 51-53, 6000 Frankfurt/M. 1 (T. 069 - 75 10 03) - Geb. 25. Dez. 1940 Heidenheim (Vater: Ludwig S., Wirtsch.prüf.; Mutter: Helene, geb. Walb), ev., verh. - Dipl.-Kfm. Betriebsw. 1967 Nürnberg - Inh. M.S.-Wirtschaftsberat. f. Personalmarketing Frankfurt, München, M.S.-Wirtschaftsberat. f. Unternehmensacquisition Maichingen, Wiesbaden, Singen, München, Düsseldorf, Hamburg, London, New York, M.S.-Wirtschaftsberat. f. Untern.- u. Unternehmens-Strategie-Berat. Maichingen, Wiesbaden, Frankfurt, München. Div. Ämter in Kurat., Beir., Aussch. u. Präsid., Div. aktive u. stille Untern.-Bet. u. Gesellschafterfunkt. - Liebh.: Lesen, Tennis, Reiten - Spr.: Engl., Franz.

SITTMANN, Tassilo

Dipl.-Ing., Architekt - Praunheimer Weg 122, 6000 Frankfurt/M. (T. 57 02 85) - 1970 Heinrich-Plett-Preis Neue Heimat (f. Pionierleistungen auf d. Gebiet neuzeitl. Städtebaus).

SITZMANN, Werner

Rundfunkkorrespondent - Nolensstraat 286, Amsterdam (Holl.) - Geb. 26. Nov. 1911 Frankfurt/M. (Vater: Michael S., Mutter: Rosa, geb. Daum), christl., verh. s. 1934 m. Barbara, geb. Berhofer, 3 Söhne (Werner, Mario, Joachim) - Oberrealsch.; Univ. Granada (Gesch., Kunstgesch.) - Ab 1938 Holland-, Spanien-, Portugal- u. Marokko-Korresp. dt. Ztg. u. dt., österr. u. Schweizer Rundfunkanstalten; gegenw. Holl.-Mitarb. HR, SWF, SR, BR, SDR, NDR, RIAS Berlin, ÖR. Verf.: Marshall-Plan-Publ. - Spr.: Engl., Span., Niederl.

SIVKOVICH, Gisela,
geb. Hennig

Journalistin, Schriftst. - Bergstr. 9, 6477 Limeshain 3 (T. 4 21) - Geb. 27. Juli 1926 Berlin (Vater: Georg Hennig, Postbeamter; Mutter: Margarete, geb. Hauptfleisch), kath., verh. s. 1951 m. Hansvolker S. (geb. 1929), 2 Kd. (Till, Florentine) - Stud. German. u. Angl. 1. u. 2. Lehrerprüf. - Schuldst. - BV: Madame u. ihr Auto, 1960; Meine bessere Hälfte, R. 1961; Agathe heißt unsere Schildkröte, 1973. Kurzgesch., Reportagen, Glossen, Features - Liebh.: Porzellan - Spr.: Engl.

SIXT, Hans-Martin

Pastor, Mitgl. Brem. Bürgerschaft (s. 1971) - Sandstr. 15, 2800 Bremen 1 - Geb. 10. März 1937 Stuttgart, ev., verh., 2 Kd. - Gymn. Stuttgart (Abit.); 1957-58 Kirchl. Hochsch. Bethel, 1958-62 Univ. Heidelberg u. Hamburg (1960) - S. 1962 Vikar u. Pastor Bremen (1964; St. Petri-Dom). SPD s. 1968.

SIXTL, Friedrich

Dr. phil., o. Prof. f. Statistik - Zu erreichen üb. Johannes Kepler-Univ. Linz/Donau (Österr.) - Geb. 14. Aug. 1935 Steyr (Österr.) - Habil. 1965 (Psych.) Hamburg - S. 1967 Prof. Univ. Saarbrücken (apl.), Konstanz (1969; o.), HfSuW Linz (1971 o. Prof.) - BV: Meßmethoden d. Psychologie, 1967; Skalierungsverfahren, 1976; D. Entd. allg. psychol. Gesetze b. variablen Organismusbed., 1980; Kritik d. verhaltenswiss. Experimentierens u. Grundzüge einer wirksamen Forschungsstrategie, 1981; Notwendigkeit u. Möglichkeit einer neuen Methodenlehre d. Psychol. 1985; Über d. Degeneration v. Gewißheiten zu Wahrscheinlichkeiten, 1987; D. Messung d. Verläßlichkeit v. Diagnosen u. Prognosen, 1988.

SIZMANN, Rudolf

Dr. rer. nat., Dipl.-Chem., o. Prof. f. Experimentalphysik - Unnützstr. 2b, 8000 München 82 (T. 42 32 92) - Geb. 16. März 1929 Holland - S. 1962 (Habil.) Lehrtätigk. TH u. Univ. München (1965 ao., 1967 o. Prof.). Zahlr. Fachveröff.

SJÖSTEDT, Urs

s. Gottwald, Björn A.

SKALITZKY, Josef (Sepp)

Oberlehrer i. R., Schriftst. - Buxheimer Str. 89, 8940 Memmingen/Schwaben (T. 6 38 46) - Geb. 30. Jan. 1901 Rothenbaum/Böhmen (Vater: Wenzel S., Lehrer; Mutter: Josefine, geb. Hetzl), kath., verh. s. 1928 m. Maria, geb. Mühlberger - Untergymn. Pilsen; 1916-20 Lehrerbildungsanst. Mies - 1934-37 Bürgerm. Markt Eisenstein/Böhmen - BV: Menschen im Walde, Erz. 1935; Wallenstein-Sommer in Memmingen, N. 1957 u. 79; D. Kind m. d. Schlüssel, N. 1960; D. Buben aus d. Böhmerwald, Erz. 1963; Die mich geliebt u. geärgert haben, päd. Erz. 1964 u. 74; Es ist so tröstl., wenn die Blätter fallen, Ged. 1971; D. gr. Ehrfurcht, Erz. 1973; Da begann d. Wald zu brausen, Rom. 1976; V. Böhmerwald ins Schwabenl., Erz. 1980 - 1963 Kulturpreis Stadt Passau, 1969 Sudetend. Kulturpr.; 1971 Adalbert-Stifter-Med.; 1976 BVK; 1981 Stadtsiegel u. 1986 Max-Unold-Medaille Memmingen - Spr.: Tschech. - Lit.: Prof. Wilhelm Formann, S. S., Sudetend. Kulturalmanach (Bd. VI).

SKALWEIT, Stephan

Dr. phil., em. o. Prof. f. Mittelalterl. u. Neuere Geschichte - Haager Weg 31, 5300 Bonn (T. 28 11 18) - Geb. 5. Febr. 1914 Gießen (Vater: Prof. Dr. phil. August S., zul. Ord. f. Wirtschaftl. Staatswiss. Univ. Frankfurt/M. †1960 (s. XIII. Ausg.)); Mutter: Erna, geb. Herter †1972), ev., verh. s. 1950 m. Else, geb. Messing - Univ. Kiel, Wien, Paris, Frankfurt/M. Promot. 1937; Staatsarchivarsprüf. 1939 - 1942 Staatsarchivrat; 1951 Privatdoz. Univ. Bonn; 1957 Ord. Univ. Saarbrücken, 1963 FU Berlin, 1964 Univ. Bonn. 1953/54 British Council Fellowship Univ. Cambridge - BV: D. Berliner Wirtschaftskrise v. 1763 u. ihre Hintergründe, 1937; Frankr. u. Friedrich d. Gr., 1952; Edmund Burke u. Frankr., 1956; Reich u. Reformation, 1967; D. Beginn d. Neuzeit, 1982 - Officier Ordre Palmes Acad., o. Mitgl. Rhein.-Westf. Akad. d. Wiss., Düsseldorf; BVK 1. Kl.

SKARPELIS-SPERK, Sigrid

Dr., Dipl.-Volksw., Bundestagsabgeordnete (Landesliste Bayern) - Hopmannstr. 6/II, 5300 Bonn 2 - SPD.

SKIBA, Ernst-Günther

Dr. phil., Dipl.-Psychologe, o. Prof. Freie Univ. Berlin (s. 1973) - Bassermannweg 11a, 1000 Berlin 45 (T. 771 17 07) - Geb. 28. Mai 1927 Gadderbaum (Vater: Johannes S., Diakon; Mutter: Luise, geb. Nobbe), ev., verh. s. 1957 m. Erika, geb. Hohage, 4 Kd. (Ulrike, Gabriele, Anne-Kathrin, Martin) - Soz.arb.ausbild. Dortmund; Stud. d. Psych. u. Soz. Univ. Hamburg; Promot. 1969 - 1957-65 wiss. Assist. Univ. Hamburg, s. 1966 FU Berlin (Akad. Rat; 1971 Prof.). Fachmitgl.sch. - BV: D. Sozialarbeiter in d. gegenw. Ges., 1969 - Spr.: Engl.

SKOLUDEK, Horst

Dr. phil nat., Sprecher d. Vorst. Carl Zeiss, Bevollm. Carl Zeiss-Stiftg. - Carl-Zeiss-Str., Postf. 1369/80, 7082 Oberkochen/Württ. - Geb. 26. Mai 1927.

SKOMROCH, Werner

Dr., o. Prof. f. Allg. landw. Betriebslehre (Wirtschaftslehre d. Landbaus) Univ. Bonn (s. 1968) - Siebengebirgsstr. 90, 5300 Bonn-Holzlar.

SKONIECZNY, Paul

Staatssekretär a. D., ehem. Vorstandsvors. Landesbank Rhld.-Pfalz Girozentrale, Mainz - Dijonstr. 16, 6500 Mainz-Gonsenheim - Geb. 17. April 1910 - Vors. d. Beirats Deutsche Kredit u. Handelsbank AG, Berlin. Mitgl. d. Gf. Präs. d. Nat. Olymp. Komitees f. Dtschld. u. d. Dt. Olymp. Ges.

SKOPP, Paulus

Dr. rer. pol., Oberbürgermeister a. D., 1959-75 MdL Rhld.-Pfalz (Vors. Aussch. f. Wirtschaft u. Verkehr) - Siegbertstr. 7, 6720 Speyer/Rh. (T. 7 11 66) - Geb. 22. Mai 1905 Chicago (USA), ev., verh., 2 Kd. - Höh. Schule (Reifepr.); kaufm. Lehre; Stud. Wirtschafts- u. Sozialwiss. - Kaufm. Angest. Ind., 1933-45 Berufs- u. Fachschuldst., dazw. 1939-41 Wehrmacht, n. Kriegsende Handelskammergeschäftsf. Mitteldtschl., Magistratsref. ebd. u. Abt.sleit. Landesreg. Sachsen-Anhalt, 1948-49 Redakt. Neuer Vorwärts (Hannover), 1949-69 (Ruhest.) Oberbürgerm. Speyer. SPD s. 1930 - Ehrensenator Hochsch. f. Verwaltungswiss. Speyer; 1969 Gr. BVK.

SKORCZEWSKI, Egon

Versicherungsdirektor i.R. - Sarreiter Weg 5, 8017 Ebersberg (T. 08092 - 2 38 70) - Geb. 1. Mai 1918 Berlin (Vater: Dr. Paul S.; Mutter: Elisabeth, geb. Hartung), ev., verh. s. 1948 m. Hildegard, geb. Meyer, S. René - 1936-39 Ausbild. Nordstern Vers. z. Vers.-Kfm.; Vers.-Akad. Hamburg, Wirtsch.-Hochsch. Berlin (1939-43) - 1945-47 Ltd. Ref. Zentralverw. f. Brennstoffind., 1947-53 fr. Vertreter v. versch. Vers.-Ges., 1953-56 Gesch.Stellenleit. Gothaer LV-AG, 1956-73 Bezirksdir. ISAR LV-AG Berlin u. Nieders., 1952-69 Vors. d. Landesverb. Dt. Camping-Club - Ehrenpräs. d. Dt. Camping-Clubs (DCC); BVK; Span. Ehrenmed. - Liebh.: M. Caravan, Zelt u. Auto d. Welt kennenlernen, Motorbootsport - Spr.: Engl., Franz.

SKORKA, Siegfried

Dr. rer. nat., o. Prof. f. Experimentalphysik u. Mitgl. Sektion Physik Univ. München (s. 1967) - Gustav-Meyrink-Str. 19b, 8000 München 60 (T. 820 22 61) - Geb. 25. Aug. 1927 Hohenreinkendorf/Pom. - Habil. 1966 Hamburg - Kern- u. Schwerionenforsch.

SKORNA, Hans-Jürgen

Dr. phil., Univ.-Prof. Seminar f. Germanistik, Erziehungswiss. Hochsch. Rheinland-Pfalz/Abt. Koblenz - Graf-Recke-Str. 40, 4000 Düsseldorf 1 - Zul. Prof. Päd. Hochsch. Kaiserslautern - BV: Z. didakt. Erschließ. polit. Dichtung, 1963; Z. Problemlage u. Praxis d. Literaturunterrichts, 1978.

SKRIVER, Ansgar

Dipl.-Volksw., Publizist - Luttersiefen 32, 5253 Lindlar-Schmitzhöhe (T. 02207 - 24 14) - Geb. 4. Juni 1934 Ockholm (Vater: Dr. phil. Carl S.; Mutter: Hildegard, geb. v. Brockdorff), ev., verh. 1964 m. Barbara, geb. Böttger (gesch.), 2 Töcht. (Almut, Anna), verh. s. 1974 m. Johanna, geb. Wehrli (Pfarrerin) - Gymn.; Buchhändlerlehre; Univ. Tübingen u. FU Berlin (Volksw., Soziol.) - 1956-63 Inh. Ansgar Skriver Verlag, Berlin; 1963-1966 Lektor Kreuz-Verlag, Stuttgart; s. 1966 Redakt. WDR, Köln (Programmber. Politik/Hörfunk), 1981-85 Hörfunkkorresp. WDR u. NDR f. UNO, New York u. Kanada, 1953-56 Mitgl. Bundesvorst. Jg. Presse. Mitgl. List-Ges. - BV: Gotteslästerung?, 1962; Aktion Sühnezeichen - Brücken üb. Blut u. Asche, 1962; Berlin u. keine Illusion, 1962 (Hrsg.); Soldaten gegen Demokraten - Militärdiktatur in Griechenl., 1968 (auch holl.); Schreiben u. schreiben lassen - Innere Pressefreiheit - Redaktionsstatute, 1970; D. Konzept d. Hilfe ist falsch. Entwickl. in Abhängigkeit, 1977; Zu viele Menschen? D. Bevölkerungskatastrophe ist vermeidbar, 1986 - 1962 Theodor-Wolff-, 1966 Dt. Journalisten-, 1968 Joseph-E.-Drexel-Preis, 1975 u. 1976 Journ.-Preis Entwickl.polit.; 1987 Global Award for Media Excellence (The Population Inst., Washington). Mitgl. PEN-Zentr. BRD - Spr.: Engl.

SKROBLIN-DORAZIL, Gislinde

Solotänzerin - Akademiestr. 15, 8000 München 40 (T. 089 - 34 14 25) - Geb. in Ballenstedt/Harz (Vater: Gustav S., Oberstudiendir.; Mutter: Gertrud, geb. Müller), ev. - Ausb. in München - Rollen: u.a. Dornröschen, Giselle, Schwanensee, Onegin, D. Widerspenstigen Zähmung, Pierrot, Lunaire, Ebony Concerto.

SKRZYPCZAK, Henryk

Dr. phil., Wiss. Oberrat a. D., Vorstandsmitgl. Histor. Kommission zu Berlin - Carstennstr. 36, 1000 Berlin 45 (T.

817 63 60) - Geb. 3. Mai 1926 Berlin (Vater: Johann S., Schlosser; Mutter: Gertrude, geb. Krawczyk), kath., verh. s. 1953 m. Dagmar, geb. Jubitz, T. Michaela - Obersch. Humboldt- u. Freie Univ. Berlin (Geschichte, German.; Promot. 1956, Diss.: Stadt u. Schriftlichkeit im Mittelalter) - 1956-58 Journ.; 1958-65 Sekr., 1974 Generalsekr. Histor. Kommiss. zu Berlin. 1947-50 CDU; s. 1958 SPD - BV: Marx - Engels - Revolution, 1968. Herausg.: Intern. wiss. Korrespondenz z. Gesch. d. dt. Arbeiterbeweg. (1966ff.).

ŠKUTINA, Vladimir

Dr. phil., Schriftsteller - Postfach A-157, CH-8045 Zürich - Geb. 16. Jan. 1931 Prag - Stud. Psych. - U.a. Chefredakt. Magazin (Zürich). Bücher vornehml. humorist. Inhalts. Zahlr. Drehb. Fernsehkom.: D. verlorene Revue, Talente zu vermieten u.a.; -serien: Das Kriminalsanatorium u. Anekdotarium; Film: D. Fahrer u. d. Tod - Ausz.: Olymp. Goldmed. f. Lit., Gold. Rose v. Montreux, Gr. Preis Intern. Filmfestival Karlsbad, 1987 Mark Twain Preis f. Humor - Lebt n. Freiheitsentzug m. s. Familie s. 1979 in d. Schweiz.

SLÁDEK, Milan

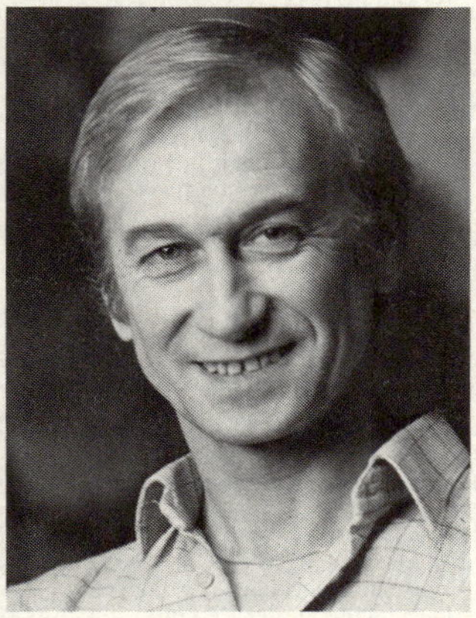

Prof., Regisseur, Leit. Milan Sládek Pantomimentheater Kefka Köln (s. 1974) - Brüsseler Platz 24, 5000 Köln 1 - Geb. 23. Febr. 1938 Strezenice/CSSR (Vater: Josef S., Schmied; Mutter: Maria, geb. Zálesáková), kath., verh. s. 1983 m. Dr. Masako Shono - Abit. 1957 Kunstgewerbesch., Abt. Holzschnitzerei Bratislava; b. 1960 Stud. Akad. d. musischen Künste, Abt. Schauspiel Bratislava u. Prag u. Theater 34 d. Nationalpreisträgers E.F. Burian Prag - 1960 Gründ. 1. Pantomimenensemble; 1962-64 Slowak. Nationaltheater Bratislava; 1965 autonomes Pantomimenensemble M. S. Pantomimentheater; 1968 Dir. Theaterstudio m. Abt. f. dramat. Theater, Kabarett u. Pantomime; s. 1968 zun. v. Schweden, später v. Köln aus intern. Gastsp.; 1976 Gründ. Intern. Pantomimenfestival Gaukler Köln, sd. dessen künstler. Leit.; s. 1987 Leit. d. Pantomimenabt. an d. Folkwang-Hochsch. Essen - Regiss.: u.a. D. Gesch. v. Soldaten (1973), D. Lumpenhändler (1975), D. böse Mütze (1975); D. Bettleroper (1976), D. kl. Pirat (1976), Milan Sládek - Pantomimen (1977), Kefka's Don Juan (1978), Biribi (1980), Masken Improvisationen (1982), Carmen (1983), König Ubu (1984), Münchhausen (1986), D. drei Weisen u. d. Knecht (1987). Hauptrollen in fast allen eig. Insz. - 1963 Pr. d. Kulturmin. Prag (f. künstl. Experimente); 1965 Gr. Pr. Festival in Nancy; 1965 1. Pr. f. Insz. in Istanbul; 1968 Orden aus Anlaß d. 50j. Bestehens d. Tschech. Rep. - Spr.: Tschech., Slowak., Russ., Engl., Deutsch - Lit.: Ursula Zeidler: Pantomime - Milan Sládek u. s. Theater; Frank Meyer (Hrsg.): Milan Sládek Pantomimentheater (1984).

SLANY, Erich

o. Prof. Staatl. Akad. d. bildenden Künste Stuttgart, Hon.-Prof. Hochsch. d.

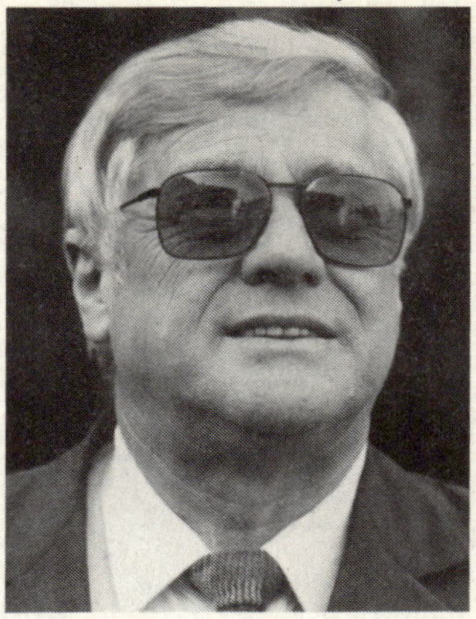

Künste Berlin FB Design, Designer DID, Dipl.-Ing. (FH) - Mülbergerstr. 90, 7300 Esslingen (T. 0711 - 37 32 22) - Geb. 12. Juni 1926 Wiesenthal b. Karlsbad - Ing.stud. Eger, Esslingen, künstler. Ausb. (Lehrer: Heinrich Löffelhardt) - Selbst. Ind.Designer, u. a. Kameras u. Wiedergabegeräte f. Studiofernsehen, Video- u. Filmgeräte, Kraftfahrz.- u. Ind.ausrüst., Verpack.masch., Wärmepumpen u. Armaturen, Elektrowerkz.; Haushaltgeräte, Büro-Ordn.- u. Einricht.syst.; Schreibgeräte; Werkzeugmasch., alles bekannte Marken. 1959 Gründungs- u. Vorst.-Mitgl. Verb. Dt. Ind.designer (VDID), 1965-68 Vorst.-Mitgl. Dt. Werkbund Baden-Württ., 1969 u. 1971 Juror Bundespr. Gute Form Bundesmin. f. Wirtsch. - 1973 Bundespr. Gute Form, 1975 2 Bundespr. Gute Form u. üb. 700 weitere nationale u. intern. Design-Auszeichn. Mitgl. Dt. Werkbund - Rotarier - Lit.: Brockhaus Enzyklopädie Bd. 22 unter Ind.-Design; Meyers Enzyklopädie, Bd. 21, S. 814 unter Slany; Propyläen Kunstgesch.: Kunst d. Gegenw., S. 286/287; Design Since 1945, Thames & Hudson Ldt., London; Hans Wichmann: D. Neue Sammlung München Kunst die sich nützlich macht.

SLARK, Dittker

s. Schlorke, Dieter

SLENCZKA, Helmut

Dipl.-Ing., Prof. f. Architektur GH Kassel - Luisenstr. 22, 3500 Kassel (T. 0561 - 77 81 22) - Geb. 1. Dez. 1932 Kassel (Vater: Hans S.; Mutter: Renate, geb. Heldmann), ev. - 1954-59 Stud. TH-Darmstadt - 1960-68 Tätigk. Büros Gutschow-Nissen, R. Schell, H. O. Vogel; s. 1968 Lehrtätigk., s. 1972 GH-Kassel.

SLENCZKA, Reinhard

Prof., Ord. f. Systemat. Theologie Univ. Erlangen (s. 1981) - Spardorfer Str. 47, 8520 Erlangen (T. 2 41 39) - Geb. 16. Febr. 1931 Kassel - Univ. Bern (Schweiz) u. Univ. Heidelberg.

SLENCZKA, Werner

Dr. med., Prof. f. Klin. Virologie Univ. Marburg (s. 1972) - Am Weinberg 3, 3550 Marburg/L. - Geb. 21. Okt. 1934 Kassel (Vater: Hans S., Pfarrer; Mutter: Renate, geb. Heldmann), ev., verh. s. 1962 m. Dr. med. Brigitte, geb. Schulz, 5 Kd. (Katja, Peter, Renate, Christian, Johannes) - Realgymn. Hofgeismar u. Staatl. Wilhelm-Sch. Kassel (Abit. 1955); Univ. Marburg, Zürich, München (Med.; Staatsex. 1961). Promot. (1961; Physiol. Chemie) u. Habil. (1971; Virol.) - Spr.: Engl., Franz. - Mitbeteiligt an d. Entdeck. u. Erstbeschreib. d. Marburg-Virus (1967).

SLESINA, Horst G.

Werbekaufmann, gf. Gesellsch. Horst Slesina & Partner Kommunikation GmbH - Bockenheimer Anlage 13, 6000 Frankfurt/M. 1; priv.: Myliusstr. 25b (T. 72 51 66) - Geb. 29. Juli 1911 Bielefeld (Vater: Leo S.; Mutter: Paula, geb. Schmalhorst), 3 Kd. - Stud. Volks- u. Betriebsw. - Vor 1945 Rundfunktätigk. (zahlr. Sportreportagen); s. 1951 Werbewesen. Div. Fachämter, dar. 6 J. Vors. GWA (Mitbegr.) - Liebh.: Golf - Spr.: Engl.

SLEUMER, Hermann

Dr. phil., Prof., Botaniker - Rapenburg 70-74, Leiden (Holl.) - Geb. 21. Febr. 1906 Saarbrücken, kath., verh. s. 1937 m. Anna, geb. Meyer, 2 Kd. (Angela, Bernhard) - Univ. Tübingen, München, Freiburg/Br. Pharmaz. Staatsex. 1929; Approb. als Apotheker, 1936; Promot. 1932; Habil. 1937 Berlin - Ab 1933 Assist. u. wiss. Beamter Botan. Garten u. Museum Berlin, 1946-49 Prof. m. Lehrauftr. f. Botanik u. Pharmakognosie Humboldt-Univ. ebd., 1949-53 ao. Prof. Univ. Tucumán (Argent.), 1953-56 Stiftg. Flora Malesiana, 1956-71 Kurator Rijksherbarium, Leiden. Üb. 170 Fachveröff.

SLEVOGT, Horst

Dr. rer. pol., Honorarprof. f. Bankbetriebslehre Univ. Kiel - Wiesenredder 2, 2330 Eckernförde (T. 04351 - 4 38 00) - Geb. 4. Juli 1922 Eckernförde, ev., verh. s. 1972 m. Elisabeth, geb. Neuhaus, S. Markus - Seeoff.hauptprüf. 1941 Flensburg; 1945-49 Stud. Wirtschaftswiss.; Dipl.-Volksw. 1949 Kiel; Promot. 1955 Frankfurt - 1939-45 Kriegsmarine (ab 1943 als Ubootkmdt.). 1951 Kreditanst. f. Wiederaufbau; 1955 Deutsche Bank; 1960-66 Filialdir. Darmstadt; 1966 KKB Kundenkreditbank KGaA; 1968-72 pers. haft. Gesellsch.; s. 1973 beratend u. wiss. tätig; s. 1985 Hon.-Prof. Univ. Kiel - Liebh.: Schlesw.-Holst. Gesch. - Spr.: Engl., Franz. - Bek. Vorf.: Max Slevogt, Maler (Großonkel).

SLIBAR, Alfred

Dipl.-Ing., Dr. techn., o. Prof. Maschinendynamik u. Meßtechnik - Karlspl. 13, A-1040 Wien - Geb. 6. Mai 1921 Wien (Vater: Jakob S.; Mutter: Viktoria, geb. Klopfer), kath., verh. s. 1952 m. Emmi, geb. Wagust, 3 Kd. (Ulrike, Gabriele, Reinhard) - TH Wien (Dipl.-Ing. 1946) u. München (Maschinenbau) - 1946-54 Assist. u. Doz. (1952) TH Wien; 1954-56 Research Fellow Cambridge u. Stanford/USA; s. 1957 o. Prof. TH Stuttgart u. Wien (1963). Etwa 80 Veröff. üb. Nichtlineare Schwingungen, Fahrmechanik, Plast. Theorie, Unfallanalyse, Schnellstraßen u. Autobahnen (Slibar-Zaun) - 1953 Caesar-v.-Bézard-Preis, 1977 Technikpreis d. Wiener Wirtschaft, 1984 Österr. Ehrenkreuz f. Wissensch. u. Kunst, 1987 Gold. Ehrenmed. d. Stadt Wien ; 1987 Hon.-Member Vehicte Systems Soc. - Liebh.: Segelfliegen, Skilaufen, Tennis - Spr.: Engl., Franz.

SLOKAR, Branimir

Prof. Musikhochschule Köln - Wangelen, CH-3413 Kaltacker (T. 034 - 22 16 24) - Geb. 7. Juni 1946 Maribor (Vater: Vladimir S., Arb.; Mutter: Hilda, geb. Fras), kath., verh. s. 1974 m. Ursula, geb. Drabert, 4 Kd. (Vladimir, Louro, Zora, Ana) - Musikakad. Ljubljana; Dipl. m. Ausz. - Solo-Posaunist in Paris, Bern u. München; Prof. Musikhochsch. Köln - BV: Einblasübungen f. Tenor-Posaune; Schule f. Alt-Posaune - Liebh.: Sport - Spr.: Deutsch, Engl., Franz.

SLOTOSCH, Walter

Dr. rer. pol., Regierungsrat a. D., Wirtschaftsjournalist - Sudelfeldstr. 12, 8022 Grünwald/Obb. (T. München 641 18 90) - Geb. 23. April 1911 Königshütte/OS. (Vater: Carl S., Industrieller; Mutter: Olga, geb. Wywiolek), kath., verh. m. Gerda, geb. Rotterdam, 3 Kd. - TH Danzig u. Berlin, Univ. Genf, Greifswald, Breslau (Promot. 1935) - 1938-42 Abt.sleit. Inst. f. Konjunkturforsch. Berlin, 1945-1951 Reg.srat Bayer. Statist. Landesamt, München, sd. Leit. Wirtschaftsredaktion Südd. Ztg. u. Wirtschaftskommentator Bayer. Rundfunk ebd. - BV: D. Geld, m. d. wir leben müssen - Panorama d. Weltinflation, 1971 - 1965 Karl-Bräuner-Preis Bund d. Steuerzahler; 1972 Bayer. VO., 1975 Staatsmed. f. bes. Verdienste um d. bayer. Wirtschaft - Liebh.: Segeln.

SMEND, Rudolf

Dr. theol., D. D. h. c. (St. Andrews Univ.), Prof. f. Altes Testament - Thomas-Dehler-Weg 6, 3400 Göttingen (T. 2 33 32) - Geb. 17. Okt. 1932 Berlin, verh. s. 1969 m. Dagmar, geb. Erlbruch - 1951-58 Stud. Univ. Tübingen, Göttingen u. Basel (Promot. 1958) - 1962 Privatdoz. Univ. Bonn; 1963 Prof. Kirchl. Hochsch. Berlin; 1965 Ord. Univ. Münster, 1971 Univ. Göttingen, o. Mitgl. Akad. d. Wiss. Göttingen, Ehrenmitgl. Soc. f. Old Testament Study; 1986 Vizepräs. d. Dt. Forschungsgemeinschaft - BV: D. Entsteh. d. Alten Testaments, 1978, 3. A. 1984; D. Mitte d. Alten Testaments, 1986; Z. ältesten Gesch. Israels, 1987; Dt. Alttestamentler in drei Jh., 1989. Weitere Facharb.

SMIDT, Diedrich

Dr. med. vet., Dr. sc. agr., Direktor u. Prof., Leiter Inst. f. Tierzucht u. Tierverhalten Mariensee Bundesforsch.anst. f. Landw. Braunschweig-Völkenrode - Höltystr. 10, 3057 Neustadt 1 (Mariensee) (T. 05034 - 87 11 80) - Geb. 14. Juli 1931 Breinermoor (Vater: Diedrich S., Landw.), verh. m. Heide, geb. v. Geldern - S. 1965 (Habil.) Lehrtätigk. Univ. Göttingen/Landw. Fak. (1969ff. apl. u. o. Prof.); 1970 u. 72 Dekan Landw. Fak. Göttingen; 1982/83 Präs. d. Bundesforschungsanst. f. Landwirtsch. Div. Fachmitgliedsch., auch USA u. Mexiko. Üb. 450 Fachveröff. u. Fachbücher.

SMIDT, Dieter

Dr. rer. nat., o. Prof. f. Reaktortechnik Universität Karlsruhe, Direktor Inst. f. Reaktorenentwickl. Kernforschungszentrum Karlsruhe-Leopoldshafen - Elbinger Str. 15, 7500 Karlsruhe-Waldstadt (T. 68 28 18) - S. 1965 Ord. TH bzw. Univ. Karlsruhe. 1981 ff. Reaktor-Sicherheitskommiss. - BV: Reaktortechnik, 2 Bde. 1971; Reaktorsicherheitstechnik, 1979.

SMIT, Will

s. Schmitt, Willi, Schriftsteller

SMITH, Lawrence (Larry)

Ph. D., Prof. f. Mathematik, gf. Direktor - Mathematisches Institut Georg August-Universität, Bunsenstr. 3/5, 3400 Göttingen - Geb. 13. Mai 1942 New York (Vater: Benjamin S., Lehrer; Mutter: Sylvia, geb. Trumer), verh. s. 1964 m. Mi-Soo, geb. Bae, gesch. s. 1980, 1 Kd. (Tong-Jin) - Brooklyn Coll. (B.S. 1962), Yale/Univ. (Ph.D. 1966) - 1965/66 u. 1972 Prof. Yale Univ., 1966-69 Princeton, 1969-72 Univ. of Virginia, 1973 Arhus, 1973-76 Indiana, 1975/76 Genf, 1976/77 Odensa, s. 1977 Göttingen - Spez. Arbeitsgeb.: Algebraische Topol. - BV: Introduction to linear Algebra, 1977; üb. 50 wiss. Arb. in math. Ztschr. - 1980 u. 1981 Dt. Senior-Meisterschaft Gewichtheben (4. Pl.) - Spr.: Amerikan., Franz., Dtsch., Dän.

SMITTEN, In der, Franz-Josef

s. In der Smitten, Franz-Josef

SMOLA, Emmerich

Prof., Dirigent - Fliegerstr. 40, 6750 Kaiserslautern (T. 6 90 77) - Geb. 8. Juli 1922 Bergreichenstein (Vater: Emmerich S., Kirchenmusiker; Mutter: Anna, geb. Alsch, Lehrerin), kath., verh. s. 1947 m. Marga, geb. Wiehn, 2 Kd. (Margarete, Rainer) - 1976 Peter-Cornelius-Med. Rheinl.-Pfalz; 1978 BVK; 1982 VO Rheinl.-Pfalz; 1985 Kulturpreis Stadt Passau, u. 1988 d. Sudetendeutschen - Liebh.: Kirchengesch., mittelalterl. Buchmalerei, Orgelbau, Gregorian. Choral - Spr.: Tschech., Engl., Franz. - Rotarier.

SMOLINSKY, Heribert

Dr. theol., o. Prof. f. Kirchengesch. d. Mittelalters u. d. Neuzeit Kath.-Theol. Fak. Univ. Freiburg (s. 1988) - Waldstr.

29, 7803 Gundelfingen im Br. - Geb. 22. Nov. 1940 Waldbreitbach/Rheinl., kath., ledig - 1957-60 Bankkaufm.; Abit. 1965; 1965-73 Stud. Kath. Theol. Trier, Tübingen, Würzburg; Promot. 1973; Habil. 1981 Würzburg - 1974-76 Kaplan Trier; 1976-82 Univ.-Assist.; 1983-88 Prof. Kath.-Theol. Fak. Univ. Bochum - BV: Domenico de' Domenichi, 1976; Alveldt u. Emser, 1984 - Spr.: Engl., Franz.

SMOLLA, Günter

Dr. phil., Prof. f. Vor- u. Frühgeschichte - Hardtgrundweg 20, 6240 Königstein-Mammolshain/Ts. - Geb. 10. Aug. 1919 Breslau, ev., verh., 2 Kd. - 1946-1955 Assist. Univ. Tübingen (Habil. 1955); s. 1956 Privatdoz. u. Prof. (1961) Univ. Frankfurt/M. - BV: Neolith. Kulturerscheinungen, 1960; Epochen d. menschl. Frühzeit, 1967. Zahlr. Einzelarb.

SMOYDZIN, Werner

Ministerialdirektor a. D., Rechtsanwalt - Am Bondenholz, 2350 Neumünster 2/Holst. - Geb. 6. Jan. 1925 Nikolaiken/Ostpr. (Vater: Karl S., Beamter †; Mutter: Elisa, geb. Wiezorreck), verh. s. 1952 m. Gisela, geb. Busse, 4 Kd. (Jörg, Astrid, Eckart, Jochen) - 1948-52 Univ. Kiel u. Bonn (Rechts- u. Staatswiss.). Jurist. Staatsprüf. 1952 u. 56 - 1956-72 Bundesamt f. Verfassungsschutz (1970 Vizepräs.); 1972-78 Bundesinnenmin. (Leit. Abt. Öfftl. Sicherheit) - BV: NPD-Geschichte u. Umwelt e. Partei, 1967 (auch niederl. u. span.) - 1945 EK I; 1978 BVK I. Kl. - Liebh.: Zeitgesch. - Spr.: Engl.

SNATZKE, Günther

Dr. phil., Dr. h. c., Prof. f. Strukturchemie - Hustadtring 26, 4630 Bochum 1 (T. 0234 - 70 45 92) - Geb. 26. Okt. 1928 Hartberg (Vater: Franz S., Beamter; Mutter: Adelheid, geb. Wendl), kath., verh. s. 1972 in 2. Ehe m. Dr. Feliksa, geb. Werner - Univ. Graz (Promot. 1953), Univ. Bonn (Habil. 1965) - 1953-65 Wiss. Assist., 1965-70 Doz., 1970-72 Wiss. Rat u. Prof., s. 1972 o. Prof. Ruhr-Univ. Bochum - Ca. 300 wiss. Publ. (Naturstoff- u. Strukturchemie) - BV: Optical Rotatory Dispersion and Circular Dichroism in Organic Chemistry, 1967 (auch übers. Russ.) - 1982 Ehrendoktor Univ. Debrecen, 1986 Ehrenmitgl. d. Ungar. Akad. d. Wissensch., 1987 Heyrovský-Med. (CSSR) - Liebh.: Etymol. - Spr.: Engl., Ungar., Poln.

SNOPKOWSKI, Simon

Dr., Dr., Präsident Landesverb. d. Israelit. Kultusgemeinden in Bayern/Körpersch. d. Öfftl. Rechts - Effnerstr. 68, 8000 München 81.

SNYDER, Willard B.

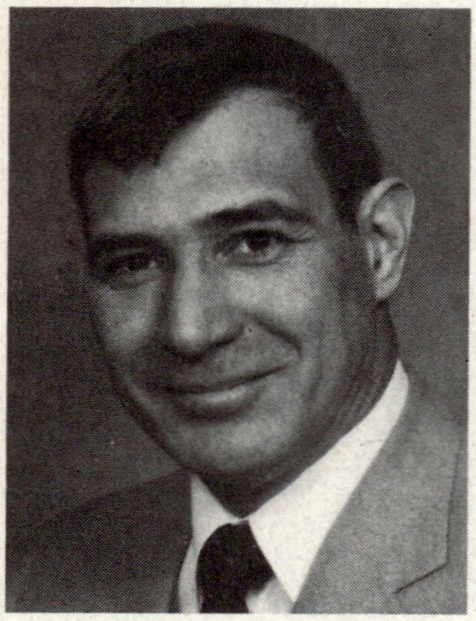

Dr. jur., Anwalt, Honorarkonsul d. Bundesrep. Deutschl., Pres. Real Estate Corp., Inc. - Security Bank of Kansas City, P.O. Box 1297, KS 66117 USA (T. 913 - 6 21-84 58) - Geb. 18. Dez. 1940 Kansas City (Vater: N. E. S., Anwalt; Mutter: Ruth, geb. Breidenthal), verh. m. Christa, geb. Wittmann; 3 Kd. - B.A. 1962, J. D. 1965 Univ. Kansas - Dir. Providence-St. Margaret Hospital, United Mo. Bankshares, Inc. Liberty Memorial of K. C., Regional Council of Boy Scouts of Am., Cmdr. Region XI MOWW, Hon. Order of Kg. Colonels - BVK, BWK (Silb.) - Liebh.: Schießen, Jagd, Notgeldsammlung - Spr.: Franz., Deutsch, Engl.

SOBICH, Gerhard

Dipl.-Kfm., Landesbankdirektor, Vorstandsmitgl. Landesbank u. Girozentrale Schlesw.-Holst. - Martensdamm 6/7, 2300 Kiel (T. 9 00-1); priv.: Schlieffenallee 9 (T. 900 21 10) - Geb. 30. Dez. 1913 Oppeln/OS. - Aufsichts- u. Beiratsmandate; Österr. Konsul - Rotarier.

SOBIREY, Horst

Dipl.-Volksw., Dipl.-Kfm., Präs. Bundesverb. Dt. Beton- u. Fertigteilindustrie, Bonn, Lehrbeauftr. Univ. Kaiserslautern u. a. - Dr.-Wirth-Str. 8, 6730 Neustadt/Weinstr. (T. 06321 - 74 61) - Geb. 6. Febr. 1920 Tammendorf/Schles. - Gf. Gesellsch. Haardter Schloß Verm.-Verw.-G.d.b.R., Neustadt/W.; Ehrenpräs. Bundesverb. Dt. Beton- u. Fertigteilind., Bonn; Vizepräs. Bundesverb. Steine u. Erden, Frankfurt; Vizepräs. BIBM, Frankfurt; Vizepräs. BIBM, Brüssel. Honorarkonsul Republik Haiti.

SOBISIAK, Günter

Dr. phil., Prof. FU Berlin - Rothenburgstr. 4, 1000 Berlin 41 (T. 792 72 40) - Geb. 10. Dez. 1924 Berlin (Vater: Franz S., Postbeamter; Mutter: Frieda S.) - 1946-51 PH, 1951-68 FU Berlin; Promot. 1968 - 1962-68 Assist.; 1969-71 Akad. Rat; s. 1971 Prof. - BV: Gesch. u. Phänomenol. d. Begriffs Bildungsarbeit, 1969; Kriterien d. Schul-Wirklichk., 1973; D. didakt. Analyse; systemat.-krit. Erziehungswiss. I/II (noch nicht ersch.) - Interessen: Kunst, Lit., Päd., Phil., Soziol.

SOBOTKA, Franz-Heinrich

Prof., Konsul, Architekt (BDA) - Spechtstr. 16, 1000 Berlin 33 (T. 831 10 96) - Geb. 24. Dez. 1907 Wien (Vater: Franz S.; Mutter: Therese, geb. Kurfürst), kath., verh. m. Hedwig, geb. Stratmann, 2 Söhne (Stefan, Axel) - S. 1934 Berlin (1951ff. Zusammenarb. m. Prof. Gustav Müller). U. v. a. Roseneck-Wohnhochhaus, Freie Univ. (m. Auditorium maximum u. Bibl.) u. IHK Berlin (m. Börse). Zahlr. Mitgliedsch. - S. 1972 Architektengemeinsch. m. Hans J. Juschkus - BV: Bauten 1947-1957, 1957 (m. G. Müller); Bauten + Projekte, 1967 (m. G. Müller) - 1961 Josef-Hoffmann-Preis Wiener Secession; 1964 Österr. Ehrenkreuz I. Kl. f. Wiss. u. Kunst; 1975 Gr. Ehrenz. Rep. Österr.; Konsul v. Malta - Liebh.: Mod. Kunst (Bilder, Plastiken), Golf - 1965 Ruf Akad. f. Angew. Kunst Wien (Ord. u. Leit. Meisterkl. f. Arch.) abgelehnt.

SOBOTSCHINSKI, Arnim

Dipl.-Volksw., Abteilungspräsident Statist. Bundesamt, Wiesbaden, Honorarprof. f. Statistik Univ. Marburg - Gustav-Stresemann-Str. 11, 6200 Wiesbaden.

SOBOTTA, Joachim

Dr. jur., Chefredakteur Rhein. Post, Düsseldorf - Hohegrabenweg 78, 4005 Meerbusch 1 (T. 02105 - 7 03 22) - Geb. 21. März 1932 Glatz (Vater: Kurt S.; Mutter: Adelheid, geb. Wabnik), ev., verh. s. 1962 m. Dr. Mechthild, geb. Becker, 2 Kd. - Abit.; Volont.; Stud. Rechtswiss.; Staatsex. u. Promot. - 1955-58 Westdt. Allg. (WAZ); 1959-63 Dt. Zeitung; s. 1963 Rhein. Post - BV: Wohin treibt d. Bundesrep.?, 1973 - BVK u. BVK I. Kl.

SOCHATZY, Klaus

Dr. phil., Prof. - Wiesenau 50, 6000 Frankfurt 1 (T. 72 28 64) - Geb. 30. Dez. 1929 Alzey (Vater: Dr. med. Konrad S.; Mutter: Helene, geb. Grundmann), verh. s. 1972 m. Ilse, geb. Weber, 3 Kd. (Stefan, Miriam, Dana) - Musik- u. Lehrerstud.; Stud. d. Soz., Päd., Phil. Univ. Frankfurt u. TH Darmstadt; Promot. 1970 - 1947ff. Konzertpianist, Privatmusikerzieher, 1958-61 Schuldst., s. 1961 Univ. Frankfurt (Wiss. Mitarb., Studienrat im Hochsch.dst. u. 1972ff. Prof.) - BV: D. Neuhumanist. Gymn. u. d. reinmenschl. Bildung; Stud. zum Wandel von Ges. u. Bildung im 19. Jahrh., 1973; Adnotationen, Gegenreden gegen Reden u. Gerede. Aphorismen, 1979; Parole: rechts! Jugend, wohin? Neofaschismus im Schülerurteil. E. empir. St., 1980, 3. A. 1981; Ost-West-Monologe, Aphorismen (m. A. Kumer) 1981; Widerworte nach d. Wende. Aphorismen 1984; Wenn ich zu bestimmen hätte... D. Welt d. Erwachsenen im Meinungsspiegel v. Kindern u. Jugendl. E. empirische Bestandsaufn., 1988. Zahlr. Beitr. f. Lexika, Fachztschr. u. Sammelw. - Liebh.: Musik, Malerei, Lit.

SODEN, Freiherr von, Wolfram

Dr. phil., em. o. Prof. f. Altsemit. Philol. u. oriental. Altertumskunde - Gluckweg 19, 4400 Münster/W. (T. 23 37 85) - Geb. 19. Juni 1908 Berlin (Vater: Prof. Dr. theol. Hans v. S., zul. Ord. f. Theologie Univ. Marburg (s. X. Ausg.); Mutter: Magdalena, geb. v. Möller), ev., verh. s. 1934 m. Margarete, geb. Conze, 6 Töcht. (Irmhild, Wiltrud, Friedrun, Hildegund, Ursula †, Sigrid) - Univ. Marburg, München, Berlin, Leipzig (Promot. 1931) - 1934-40 Doz. u. ao. Prof. (1936) Univ. Göttingen, 1940-45 o. Prof. Univ. Berlin, 1950-55 Lehrauftr. Univ. Göttingen, s. 1955 o. Prof. Univ. Wien u. Münster (1961) - BV: D. akkad. Synonymenlisten, 1933; D. Aufstieg d. Assyrerreichs als geschichtl. Problem, 1937; Arab. wehrsprachl. Ausdrücke, 1942; D. akkad. Syllabar, 1948, 3. A. 1976 (Rom); Grundriß d. akkad. Grammatik, 1952 (Rom), 2. A. m. Zusätzen 1969; Sumer. u. akkad. Hymnen u. Gebete, 1953 (m. A. Falkenstein); Herrscher im Alten Orient, 1954; Akkad. Handwörterb., 1959-81; Sprache, Denken u. Begriffsbild. im Alten Orient, 1974; Einf. in d. Altorientalistik, 1985 (span. Übers. 1988); Bibel u. Alter Orient, ges. Aufs. 1985 - 1966 o. Mitgl. Dt. Archäol. Inst., Berlin; korr. Mitgl. Finn. Oriental. Ges., Helsinki (1952), Österr. Akad. d. Wiss., Wien (1957), Akad. d. Wiss. u. d. Lit., Mainz (1969), British Academy, London (1973), Akad. d. Wiss., Heidelberg (1973), Akad. d. Wiss., Göttingen (1981) - Liebh.: Musik, Fahrpläne - Bek. Vorf. (Großv.): Prof. Hermann v. S., Pfarrer, zul. Berlin u. Theodor v. Möller, Fabrikbes., 1901-05 pr. Handelsmin. - Festschr. lišān mithurti 1968; Orientalia, Vol. 47/3 (1978).

SODEN-FRAUNHOFEN, Graf von, Heinrich

Weihbischof von München u. Freising u. Bischofsvikar Region Nord d. Erzbistums - Domberg 13, 8050 Freising (T. 48 44) - Geb. 6. Nov. 1920 Friedrichshafen/B. (Vater: Diplom-Ing., Gründ. u. Leit. Zahnradfabrik F.) - Stud. München u. Freising - S. 1951 Seelsorgsarb. in Rosenheim u. Landshut (St. Martin) - 1980 Bayer. VO.

SODOMANN, Carl-Peter

Dr. med., Prof. f. Innere Medizin Univ. Marburg (s. 1972) - Mühlenstr. 27, 4350 Recklinghausen - Geb. 23. Dez. 1939 Halle/S. (Vater: Dr. Heinrich S., Chemiker; Mutter: Ruth, geb. Kohnke), kath., verh. s. 1966 m. Marie-Theres, geb. Münnighoff, 5 Kd. (Matthias, Birgit, Jutta, Anke, Katja) - Schule Wanne-Eickel (Abit.); Univ. Bonn, Wien, Glasgow. Promot. Bonn; Habil. Marburg - 1966-72 Assist. Üb. 70 Einzelarb. - Spr.: Lat., Engl., Franz.

SÖDERBAUM, Kristina

Schauspielerin, Fotografin (s. 1966) - 8033 Krailling Post Planegg/Obb. - Geb. 5. Sept. 1912 Stockholm (Vater: Prof. Henrik S., Präs. Kgl. Schwed. Akad. d. Wiss. Stockholm u. Vors. Nobel-Preis-Komitee; Mutter: Margareta, geb. Lunddahl), ev., 1955 z. Katholizismus übergetr., verh. 1939 m. Prof. Veit Harlan (Regiss. †1964, s. XIV. Ausg.), 2 Söhne (Kristian, Caspar) - Lyz. Stockholm; Internate Frankr. u. Schweiz; 1935-36 Schauspielsch. Berlin (Ackermann) - BV: Nichts bleibt immer so - Rückblenden auf e. Leben vor u. hinter d. Kamera, Erinn. 1983 - Bek. Filme: Jugend, Verwehte Spuren, Reise n. Tilsit, D. unsterbl. Herz, Jud' Süß, D. große König, D. goldene Stadt (1942 Preis Biennale Venedig, 1943 Ehrenstudentin Univ. Upsala), Immensee, Opfergang, Kolberg, Unsterbl. Geliebte, Hanna Amon, D. blaue Stunde, Sterne üb. Colombo, D. Gefangene d. Maharadscha, Verrat an Deutschland, 2 Herzen im Mai, Ich werde Dich auf Händen tragen - Liebh.: Reiten.

SOEDING, Erich

Dr., Vorstandsmitglied Joh. Wilh. Scheidt AG., Kettwig - Gerhart-Hauptmann-Str. 3, 4307 Kettwig/Ruhr.

SOEDING, Helmut

Fabrikant - Beethovenstr. 19, 5810 Witten/Ruhr - Geb. 22. Dez. 1908 - S. 1932 KG. Lohmann & Soeding GmbH. & Co. (gegr. 1868; 1945ff. gf. Gesellsch.).

SOEFFING, Werner

Fabrikant (Werner Soeffing & Dr. M. Ehemann OHG Konservenfabrik, Kötzting), stv. Vors. Ind.- u. Handelsgremium Cham, Mitgl. Vollvers. IHK Regensburg, Arbeitgebervertr. Vorstandsch. AOK Cham - Pfingstreiterstr. 16, 8493 Kötzting/Oberpf. (T. 89 52) - Geb. 4. Nov. 1917 - s. 1972 Mitgl. Stadtrat Kötzting - 1983 BVK; 1987 Gold. Bürgermed. Stadt Kötzting.

SÖHN, Hartmut

Dr. jur., Prof. f. Rechtswissenschaften Univ. Passau - Eppanerstr. 9, 8390 Passau - Geb. 4. April 1938 Nümbrecht, verh. s. 1964 m. Ursula, geb. Wehler, 2 Kd. (Florian, Janina) - 1958-62 Stud. Rechtswiss. (1. jurist. Staatsex. 1962, Promot. 1965, 2. Ex. 1967, Habil. 1971) - 1977-84 Vors. Wiss. Beir. Dt. Steuerjuristische Ges.; Mitgl. d. Wiss. Beirats Bundesministerium d. Finanzen - BV: Steuerrechtl. Folgenbeseitig. durch Erstatt., 1973; D. Abgrenz. d. Betriebs- od. Berufssphäre v. d. Privatsphäre im Einkommensteuerrecht (Sammelbd., Hrsg., m. a.) 1980; Kommentar z. Einkommensteuergesetz (Hrsg. m. Kirchhof), 1986ff.

SÖHNE, Walter

Dr.-Ing., Dr. agr. h. c., em. Prof. u. Vorst. Inst. f. Landmaschinen TU München (s. 1965) - Meisenstr. 6, 8032 Gräfelfing/Obb. (T. München 85 57 81) - Geb. 7. Okt. 1913 Fürstenberg/Waldeck (Vater: Christian S., Lehrer †; Mutter: Auguste, geb. Kesting), ev., verh. s. 1948 m. Waltraut, geb. Riemschneider, 3 Kd. (Barbara, Gerhard, Reinhild) - Gymn. Korbach; 1933-39 TH Stuttgart (Maschinenbau, Luftfahrttechnik; Dipl.-Ing.). Promot. (1947) u. Habil. (1959) Braunschweig - 1948-65 Forschungsanst. f. Landwirtsch., Braunschweig. Facharb. - 1981 BVK; 1983 Ehrenpromot. Hohenheim.

SÖHNGEN, Heinz

Dr. rer. nat., o. Prof. f. Mathematik - Goerdelerstr. Nr. 20, 6600 Saarbrücken (T. 81 81 44) - Geb. 30. Nov. 1908 Posen - S. 1950 (Habil.) Lehrtätigk. TH Darmstadt u. Univ. Saarbrücken (1958 Ord. u. Mitdir. Math. Inst.). Facharb.

SÖLCH, Rudi

Dipl.-Volksw., Verwaltungsdirektor Zweites Dt. Fernsehen/ZDF - Postf. 4040, 6500 Mainz-Lerchenberg - Geb. 5. Nov. 1931 - Div. Mandate u. Mitgliedsch.

SÖLING, Hans-Dieter

Dr. med., Prof., Abteilungsvorsteher Med. Univ.klinik Göttingen - Hainholzweg 54, 3400 Göttingen - B. 1969

Assist. u. Privatdoz., dann Abt.svorst. u. Prof. Göttingen. Facharb.

SÖLING, Till Klaus
Kaufmann, Vizepräs. IHK Wuppertal-Solingen-Remscheid (1982ff.), Vors. Bundesfachgemeinsch. Garne/Hauptverb. Dt. Textilhandelsvertr. (CDH) (1974ff.), Mitgl. Beirat f. Fragen d. gewerbl. Mittelstandes Bundesmin. f. Wirtsch. (1978ff.), Mitgl. Bezirkssprecherteam Berg. Land amnesty intern. (1972ff.), Vors. Förderkreis d. Berg. Musikschule, Handelsrichter (1981ff.) - Kronprinzenallee 162, 5600 Wuppertal 1 - Geb. 21. Okt. 1933 Wuppertal (Vater: Gustav S., Handelsvertr.; Mutter: Maria, geb. Esters), ev., verh. s. 1956 m. Marie-Luise, geb. Stolzenberg, 4 Kd. (Elisabeth, Annette, Christine, Caspar) - N. Abit. kaufm. Lehre - Liebh.: Klass. Musik, Malerei - 1981 BVK; 1979 Gold. Ehrennadel d. CDH - Spr.: Latein, Griech., Engl., Franz., Ital. - Bruder: Prof. Dr. med. Hans-Dieter S. (s. dort).

SOELL, Hartmut
Dr., Prof., Bundestagsabgeordneter (Landesliste Baden-Württ.) - Albert-Überle-Weg 12, 6900 Heidelberg (T. 06221 - 47 13 08) - SPD.

SÖLL, Ludwig
Dr. phil., o. Prof. f. Roman. Philologie - Hochweg Nr. 11, 8400 Regensburg (T. 5 55 19) - Geb. 7. Sept. 1931 Hof/S. (Vater: Christian S.), verh. m. Ilse, geb. Burger - S. 1964 (Habil.) Lehrtätigk. Univ. München, TU Berlin (1966 Ord.), Univ. Regensburg (1967 Ord.) - BV: D. Bezeichnungen f. d. Wald in d. roman. Sprachen, 1967. Üb. 30 Einzelarb.

SÖLLE, Dorothee
Dr. phil., Prof., Theologin u. Literaturwissenschaftlerin - Roosens Weg 7, 2000 Hamburg 52 - Geb. 30. Sept. 1929 Köln, ev., verh. m. Fulbert Steffensky, 4 Kd. (Martin, Michaela, Caroline, Mirjam) - Univ. Köln, Freiburg, Göttingen (Phil., German., Theol.; Promot.) - 6 J. höh. Schuldst.; s. 1971 (Habil.) Privatdoz. Univ. Köln (Neuere d. Literaturgesch.) - BV: Stellvertretung - E. Kapitel Theol. n. d. Tode Gottes, 1965; D. Wahrheit ist konkret, 1967; Atheistisch an Gott glauben - Beitr. z. Theol., 1967; Phantasie u. Gehorsam - Überleg. z. e. künft. christl. Ethik, 1968; Meditationen u. Gebrauchstexte - Polit. Theol., 1971; D. Recht, e. anderer zu werden, 1971; Realisation. Studien z. Verhältnis v. Theol. u. Dicht. u. d. Aufklärung, 1973; Leiden. Themen d. Theol., 1973; D. revolutionäre Geduld, Ged. 1974; D. Hinreise, 1975; Sympathie. Theol.-polit. Traktate, 1978; Wählt d. Leben, 1980; Fliegen lernen, Ged. 1979; Im Hause d. Menschenfressers. Texte z. Frieden, 1981; Spiel doch v. Brot u. Rosen, Ged. 1981; Aufrüst. tötet auch ohne Krieg, 1982; Nicht nur Ja u. Amen - V. Christen im Widerst., (zus. m. Fulbert Steffensky) 1983; Verrückt nach Licht, Ged. 1984; D. Erde gehört Gott, Texte z. Bibelarb. v. Frauen (zus. m. Luise Schottroff), 1985; D. Fenster d. Verwundbarkeit, 1987; Dorothee Sölle im Gespräch, 1988 - Mitgl. PEN-Zentrum BRD; 1974 Theodor-Heuss-Med.; 1982 Droste-Preis f. Lyrik - Lit.: Heike Mundzeck: Als Frau ist es wohl leichter, Mensch zu werden - Gespr. m. D. S., Margarete v. Trotta, Heidemarie Wieczorek-Zeul (1984).

SÖLLNER, Adolf-Peter
Fabrikant, Inh. Fa. Adolf Söllner & Co., Kunstharzpresserei u. Spritzerei, Lichtenfels, Vors. Industrie- u. Handelsgremium Lichtenfels-Staffelstein - Langheimer Str. 1, 8620 Lichtenfels/Ofr. (T. 24 85) - Geb. 5. Aug. 1911 Bamberg (Vater: Friedrich S., Postamtm.; Mutter: Maria, geb. Dorn), kath., verh. s. 1938 m. Käthe, geb. Lossa, 2 Söhne (Dieter, Horst) - Gymn. (Abit.); 2 Sem. Hochsch. - 1973 BVK I. Kl. - Spr.: Engl.

SÖLLNER, Alfred
Dr. jur., o. Prof. f. Röm. u. Bürgerl. Recht, Arbeits- u. Sozialrecht, Bundesverfassungsrichter - Licher Str. 72, 6300 Gießen - Geb. 5. Febr. 1930 Frankfurt/M. - 1949-54 Univ. Frankfurt (Rechtswiss.). Promot. (1958) u. Habil. (1966) Frankfurt - S. 1966 Ord. Univ. Kiel u. Gießen (1970) - BV: u. a. Röm. Rechtsgesch., 1971, 3 A. 1984; Arbeitsrecht, 1969, 9. A. 1987 - S. 1974 Mitgl. Max-Planck-Ges. u. korr. Mitgl. Akad. d. Wiss. u. d. Lit., Mainz (1984).

SÖLLNER, Kurt
Dr. oec., Dipl.-Kfm. - Schulstr. 3, 8508 Wendelstein 2 (T. 09129 - 76 90) - Oberrealsch. Nürnberg (Abit. 1944) - 1943-45 Luftwaffenhelfer, Arbeitsdienst, Militär u. Gefangensch.; Stud. Univ. Erlangen; Dipl.ex. 1948; Promot. 1950; diss.: „Absatzbedingung u. Absatzorganisation im Lebensmittelgroßhandel" - 1950-73 Geschäftsf. Haeberelin & Metzger Lebkuchenfabrik Nürnberg; Andreas Hinterleitner, gegr. 1898, wurde als GmbH & Co KG 1974 umfunktioniert; Inzwisch. Alleingesellsch.; Geschäftstätig. Groß- u. Einzelhandel SB-Warenhäuser; Tochterfirma attracta Handels-GmbH & Co. KG; Oertel Feinkost- u. Fleischwarenfabrik GmbH & Co. KG, bde. Hauptgesellsch. 51%, 100 %. Mitgl.: Coloniale München (A.R.), HKG Köln, Landesverb. d. Bayer. Groß- u. Außenhandels, Einzelhandelsverb. - Liebh.: Samml. v. Eisenbahnen u. Holzmodelln.

SÖLM, Oly
s. Winkler-Sölm, Oly

SOÉNIUS, Heinz
Geschäftsführer, MdL Nordrh.-Westf. (s. 1970) - Rondorfer Str. 42, 5000 Köln 51 (T. 38 83 59) - Geb. 26. Sept. 1929 Köln, ev., verh., 3 Kd. - Mittelsch. - 1946-1968 Köln-Bonner-Eisenbahnen; s. 1968 Kölner Stadtwerke. 1961-68 Ratsmitgl. Köln. CDU s. 1947.

SOENNECKEN, Manfred
Dr. rer. nat., Studiendirektor - Haydnstr. 16a, 5880 Lüdenscheid/W. - Geb. 1928 - BV: D. mittelalterl. Rennfeuerverhüttung im märk. Sauerland, 1971 (Diss.) - 1969 Kulturpreis Kr. Lüdenscheid (f. archäol. Forsch. u. Ausgrab. im Kr. L.)

SOENTGERATH, Olly

Lehrerin, Schriftstellerin (Künstlername: Komenda-Soentgerath) - Malmedyer Str. 17, 5000 Köln 41 (T. 0221 - 49 25 97) - Geb. 23. Okt. 1923 Prag, kath. - Stud. German., Gesch. Karlsuniv. Prag - Veröff.: Lyrik, Prosa, Übers. BV: Mit weniger kann ich nicht leben, 1983; Unerreichbar nahe, 1986; D. schläft mir nachts unter d. Lidern, 1989 (übers. v. Nobelpreistr. Jaroslav Seifert) - 1988 Gedok-Preis - Spr.: Engl., Franz., Tschech. - Lit.: Karl Krolow Olly Komenda-Soentgerath: Neue Gedichte; Hans Bender Außerungen d. Lebens.

SOERGEL, Volker
Dr. rer. nat., o. Prof. f. Physik Univ. Heidelberg (1967ff.) (beurlaubt 1979ff.), Univ. Hamburg, Vors. Direkt. DESY Hamburg (s. 1981) - Willhöden 32, 2000 Hamburg 55 - Geb. 9. März 1931 Breslau, verh. s. 1959 m. Charlotte, geb. Fabricius, 3 Kd. - 1949-56 Stud. Physik Univ. Freiburg - 1979/80 Mitgl. CERN-Direkt.

SÖSEMANN, Bernd
Dr. phil., Univ.-Prof. FU Berlin, Historiker - Zu erreichen üb. FU, Malteserstr. 74-100, 1000 Berlin 46 (T. 030 - 77 92-4 48) - Geb. 8. Okt. 1944 Göttingen (Vater: Walter S., techn. Angest.; Mutter: Frieda, geb. Ohse), ev., verh. s. 1975 m. Britta, geb. Riemenschneider, 3 Kd. (Fabian, Benita, Pia) - Stud. Gesch., Deutsch u. Päd. (Ex. 1970 Göttingen); 1970-73 Stip. Göttinger Akad. d. Wiss. (Diss.); Ass. f. Höh. Lehramt 1975 Lüneburg - 1975 Wiss. Assist., 1982 Hochschulassist. Sem. f. mittl. u. neuere Gesch. d. Georgia Augusta Göttingen; s. 1988 Dir. d. Inst. f. Kommunikationsgesch. an d. FU - BV: D. Ende d. Weimarer Rep. in d. Kritik demokr. Publiz. (Diss.), 1976; Demokratie im Widerstreit. D. Weimarer Rep. im zeitgen. Urteil (Quellen), 1980; Th. Wolff, Tagebücher 1914-19, 1984; D. Wilhelminische Deutschl., 1989.

SÖTJE, Peter
Senatsdirektor a. D., Geschäftsf. Intern. Bund f. Sozialarbeit, Berlin (1983ff.) - Franzenbader Str. 14, 1000 Berlin 33 (T. 826 44 42) - Geb. 16. Febr. 1941 Rendsburg, verh., 2 Kd. - Schule Rendsburg (Abit. 1961); Stud. Politol. u. Rechtswiss. Freiburg u. Berlin. Dipl.-Pol. 1966 Berlin (Otto-Suhr-Inst.) - Mitarb. v. Prof. Borinski (Inst. f. Erwachsenenbild.) u. Senator Korber (1967 ff. Senatsverw. Familie, Jugend u. Sport; Pers. Ref. u. Pressechef); u. Senatskanzlei (Chef); 1981-83 Senatsdir. Bundesverw. f. Bau- u. Wohnungswesen Berlin. SPD s. 1965.

SOHL, Beate

Dipl.-Päd., Gf. Vorstandsmitglied Public Relations-Akad. - Dstl.: Neptunstr. 10, 6200 Wiesbaden (T. 06121 - 56 17 25); priv.: Dönhoffstr. 16, 5810 Witten (T. 02302 - 2 32 16) - Geb. 24. April 1961 Bochum - Stud. Päd. (m. Schwerp. Sozialpäd., Sozialpäd., Sozialpsych.) Univ. Dortmund - Vorst.-Mitgl. Vereinig. z. Förd. d. Public Relations-Forsch.; Geschäftsf. Dr. Heinz Flieger, PR-Beratung; 1986-88 Forsch.stelle Kooperationsmodelle im Bildungswerk d. DAG, Zweigst. Ruhr-Mitte (m. Schwerp. Public Relations-Berater Curriculum).

SOHL, Gerhard
Geschäftsführer d. Volkshochschule Bochum - In der Schornau 14, 4630 Bochum 7 (T. 0234 - 28 03 20) - Geb. 5. Aug. 1936 Bochum (Vater: Friedrich S., Eisenb.-Bedienst.; Mutter: Martha, geb. Bojazin), ev., verh. s. 1959 m. Inge, geb. Quellenberg, 2 Töcht. (Gabriele, Beate) - Lehre; Prüf. f. d. mittl. u. d. geh. nichttechn. Verw.dienst 1956 u. 1962 - 1951-63 Stadt Bochum (Jugendpflege u. a.); 1963-69 Stadt Witten/R. (Liegensch. u. Wirtsch.förd.); s. 1969 wieder Bochum; 1972-77 Geschäftsf. Sternwarte Bochum; 1978-82 Geschäftsf. Bochumer Symphoniker; 1983-86 Sportabt. d. Stadt Bochum u. a. S. 1955 Redakt. u. Mitarb. b. zahlr. Publ. d. Jugendpflege Gewerksch. ÖTV, Jungsozial., Kultur, Sternwarte - BV: Medienforum Bochum '77, Dok. 1977 - Liebh.: Lit., Musik, bild. Kunst, Reisen - Spr.: Engl.

SOHN, August J.

Dipl.-Ing., Aufsichtsratsvorsitzender Harms & Wende GmbH, Hamburg, stv. AR-Vors. Otto Junker GmbH, Simmerath, ELMEG GmbH Kommunikationstechnik, Peine, Masch.- u. Anlagenbau Holding AG, Linz, Simmering-Graz-Pauker AG, Wien - Siebengebirgsweg 6, 5202 Hennef 1 - Geb. 12. März 1922 - TH Wien (Maschinenbau), Stud. Schweden u. USA - U.a. Dir. Dornier GmbH, Friedrichshafen/München, Geschäftsf. Robert Bosch (France) S.A., Paris, Vorst.-Mitgl. DEMAG AG, Duisburg, b. 1982 Vors. Geschäftsfg. d. BOGE GmbH, Eitorf (Sieg) - Spr.: Engl., Franz., Schwed.

SOHN, Karl-Heinz
Dr. rer. nat., Prof., Geschäftsführender Gesellschafter ECON Management Service GmbH, Essen - Rolandstr. 13, 4300 Essen 1 (T. 23 40 71) - Geb. 19. April 1928 Barmen, ev., verh. s. 1949 m. Christine, geb. Zipfel, 2 Söhne (Wolfgang, Dieter) - 1956-66 Abt.leit. DGB, Düsseldorf; 1966-1969 Dir. Fried. Krupp, Essen; 1969-74 Staatssekretär Bundesmin. f. wirtschaftl. Zusammenarbeit. Gesellsch. Rhein.-Westf. Verlagsges. (RWV), Honorarprof. Univ. Dortmund (Internat. Unternehmensführung), Saarberg Interplan. SPD s. 1949 - BV: Jugend, Betriebsvertretungen u. Gewerkschaften, 1956; Berufsverb. u. Industriegewerksch., 1964; Entwicklungspolitik - Theorie u. Praxis ed. Entwicklungshilfe, 1972 - Liebh.: Segeln - Spr.: Engl.

SOHNS, Ernst-Otto
Dr. jur., Verbandsdirektor u. Vorstandsvors. d. Zweckverb. Ostholstein, Timmend. Strand - Weedkroog 11, 2408 Timmendorfer Strand - Geb. 18. Juli 1937 Springe (Vater: Ernst S., Kaufm.; Mutter: Anna, geb. Tutschke), ev., verh. m. Gabriele, geb. Sielski, 2 Kd. (Ann, Gwen) - Jurastud. Kiel u. München; Promot. 1972 Göttingen - 1967-75 Justitiar Elektrizitätswerk Wesertal GmbH, Hameln; 1975-77 Justitiar Vereinig. Dt. Elektrizitätswerke (VDEW) Ffm., 1977-83 Justitiar Stadtwerke Ffm. Oblt. d. Res. - BV: D. Gefangenenarb. im Jugendstrafvollzug, 1973 - Liebh.: Jagd, Reitsport - Spr.: Engl., Franz.

SOHNS, Kurt
Prof., Kunstmaler - Burgstr. 23a, 3000 Hannover (T. 1 59 73) - Geb. 1907 Barsinghausen (Vater: Christian S.; Mutter: Elsa, geb. Menk), verh. s. 1935 m. Lise, geb. Wärness, 3 Kd. (Elin, Siri, Christiane) - Kunstgewerbesch., Hannover; Kunstakad. Stuttgart - S. 1948 Lehrtätigk. TH bzw. TU Hannover (1955 o. Prof.; Lehrstuhl f. Zeichnen). Malerei, Graphik, Wandbilder, Glasfenster, Mo-

saiken - Lit.: Ferdinand Stuttmann, K. S., 1965 (Musterschmidt-Verlag, Göttingen).

SOHRE, Helmut

Schriftsteller, akad. Sportlehrer - Sonnenhalde 13, 7600 Offenburg (T. 0781 - 3 81 55) - Geb. 21. Mai 1915 Zwönitz/Erzgebirge (Vater: Georg S., Schlossermeister; Mutter: Wanda, geb. Bauer), verh. s. 1941 m. Rosemarie, geb. Kirschner - Stud. Hochsch. München, Leipzig, Prag (Sport, Philol.). Staatsex. 1942 Leipzig - BV (1948-75): Max Schmeling - 2 Fäuste erobern d. Welt, Weltmacht Fußball, D. Pferde verschworen, Auf schnellen Brettern, D. Goldene Buch v. Sport, D. großen Boxer, Gut Freund m. Pferden, Fußball f. Millionen, D. besten elf Rennfahrer, Gut Freund m. Hunden, Sporttaschenbuch, Alles üb. Fußball, D. Männer auf d. heißen Öfen, Hundelexikon, Gefahr in d. Wolken, Gespielen d. Windes, Triumph d. Technik (Werdegang e. Autos), Gefahr in d. Bergen, Fußball total, D. siegreiche Elf, 1200 Meilen m. d. Hundeschlitten durch Alaska, Soweit d. Hufe tragen, Fußball-Zauber u. v. a. - Gold. Sportabz. (20. Wiederhol.) - Liebh.: Skilauf, Jiu Jitsu (2. Meistergrad, Dan), Boxen Leichtathletik - Spr.: Engl., Franz.

SOIK, Helmut Maria

Schriftsteller (Ps.: Thomas Michael Malan) - Nordwall 58, 3100 Celle - Geb. 12. Juli 1911 Schwenningen/N. (Vater: Moritz S., Dr., Mutter: Theresia, geb. Kugler), ev., verh.s. 1939 m. Gusti, geb. Bornhöft (Choreographin), 2 Kd. (Melsene, Sven) - Univ. München (Theater- u. Lit.wiss., Phil. u. Kunstgesch.) - 1934-39 Verlagslektor u. Redakt.; 1939-49 Wehrm. u. poln. Gefangensch. - BV: Gesänge, Dicht. 1932; D. Botschaft, Ged. 1935; Oswald v. Wolkenstein, Biogr. 1935; Jean Artur Rimbaud, Biogr. 1936; D. zerbrochene Balalaika, Ged. 1950; Hommage à Arthur Rimbaud, Dicht. 1975; Eskurs üb. d. mögl. Existenz d. Hölle, 1980 - 1952 Förderungspreis nieders. Landesregierung - Liebh.: Erstausg., alte Möbel u. Kunstgegenst. - Spr.: Franz., Engl.

SOIKA, Josef-Adolf

Oberstudiendirektor, Präs. Dt. Arbeitskr. f. Werkerzieh. (s. 1955), Vorstandsmitgl. Dt. Werkbd. u. a. - Oppelner Str. 40, 1000 Berlin 36 (T. 618 42 85) - Geb. 4. Juni 1914 Bolko (Vater: Josef S.; Mutter: Pauline, geb. Posor), kath., verh. I) 1941 m. Alice, geb. Herberg, II) 1968 Irmgard, geb. Lange, 4 Töcht. (Rosy, Nicola, Angela, Ursula) - Stud. Päd., Psych., Kunstwiss., Archäol., Geogr., Biol., Bild. Kunst, Werkerzieh. Breslau, Berlin, Königsberg, Prag, Leipzig - S. 15 Jahren Doz. Diesterweg-H. (Seminarleit.). 10 J. Präs. Bund Dt. Kunsterzieher; 1963-66 Präs. Intern. Soc. for Education through Art (INSEA). Zahlr. Ausstell. In- u. Ausl. - BV (Engl., Franz., Dt.): Werken - Bilden, 1960; Bildner. Erzieh., 1964 - Ehrenmitgl. BDK - Liebh.: Kunst (u. a. Samml. v. Kinderzeichn.), Theater, Musik, Lit., Reisen.

SOINÉ, Friedrich

Bürgermeister Gemeinde Meckesheim - Luisenstr. 47, 6922 Meckesheim (T. 06226-15 24) - Geb. 6. Nov. 1919 Spechbach (Vater: Adam S., Ratschreiber; Mutter: Elisabetha, geb. Ernst), ev., verh. s. 1946 m. Hermine, geb. Reichert, 2 Kd. (Elke, Friedrich) - S. 1962 Bürgerm. Meckesheim m. Mönchzell, Vors. Gemeindeverw.-verb. Elsenztal u. Abwasserzweckverb. Meckesheimer Cent, AR-Vors. Volksbank Meckesheim eG u. Obstbaugenoss. Meckesheim - 1978 Dt. Feuerwehrmed. - Liebh.: Hugenotten.

SOLARO, Dietrich

Dipl.-Ing. (Wirtsch.-Ing.), Dr. rer. pol. h. c., Vorstandsmitgl. Standard Elektrik Lorenz AG/SEL Zentrale Kaufm. Leit. u. Controlling - Lorenzstr. 10, 7000 Stuttgart-Zuffenhausen - Geb. 27. Juli 1929 Berlin - Human. Gymn. Berlin, Stud. Betriebs-/Volkswirtsch. u. Ingenieurwesen TU Berlin. Zul. Siemens Berlin. S. 1956 Standard Elektrik Lorenz AG./SEL (1971 Generalbevollm., 1973 Vorst.-Mitgl.).

SOLAROVÁ, Světluše,

geb. Wildmann

Ph. D., o. Prof. Univ. Dortmund (s. 1977) - Baroper Str. 337a, 4600 Dortmund 50; u. Freiestr. 43, CH-8032 Zürich - Geb. 10. Mai 1933 Prag, verh. s. 1977 m. Prof. Dr. Gerhard Heese, T. Jana - Stud. Univ. Prag, Forschungsstip. A.-v.-Humboldt-Stiftg. - 1969-77 a.o., später o. Prof. PH Hannover. 1970-73 Mitgl. Dt. Bildungsrat - BV: Mehrfachbehind. Kinder, 1969 (weit. Aufl.); Gesch. d. Sonderpäd., 1983.

SOLBACH, Heinz

Vorsitzender des Vorstandes der Hoesch Werke AG, Dortmund, stellv. Vors. d. Vorstandes Hoesch-Estel NV, Nimwegen (b. 1979) - Im Dünningsbruch Nr. 18, 5800 Hagen - Geb. 4. März 1918 Eichen.

SOLBACH, Wolfgang

Kaufmann, Vors. Verb. Freier Wohnungsunternehmen/Landesgruppe Hessen/Rhld.-Pfalz/Saarl. - Zu erreichen üb.: Liliencronstr. 23, 6000 Frankfurt/M.

SOLCHER, Hanns

Dr. med., Prof. f. Neurologie u. Klin. Neuropathol. Univ. Marburg (1967 ff.) - Lindenweg 10, 3550 Marburg 1/L. - Geb. 7. April 1924 - S. 1961 (Habil.) Lehrtätigk. Facharb.

SOLDMANN, Oskar

MdL Bayern (1954-78) - Heimstättenstr. 35, 8720 Schweinfurt/M. (T. 09721 - 4 27 46) - Geb. 2. Okt. 1915 Schweinfurt (Vater: Fritz S., Arbeitersekr., Reichstagsabg.; Mutter: Dora, geb. Böhm), verh. m. Marianne, geb. Wichtermann - Oberrealsch. (Abitur), kaufm. Lehre; Außenhandelssch. Hamburg; WH Berlin - Kaufm. Angest.; 1937-45 Soldat; Abt.sltr. Arbeitsverwaltung; 1946-56 Mitgl. Stadtrat Schweinfurt. SPD (langj. Unterbez.svors., Mitgl. d. Bezirksvorst. Franken u. d. Landesaussch.) - 1965 Bayer. VO., 1978 Bayer. Verfassungsmed. in Silber, 1978 Gr. Verdienstkreuz d. VO. d. Bundesrep. Deutschl.; 1979 Bürgermed. in gold d. Stadt Schweinfurt; 1988 Bayer. Verfassungsmed. in Gold - Je 20 x Dt. u. Bayer. Sportabz. in Gold - Spr.: Engl., Franz., Lat.

SOLDWEDEL, Heinrich

Bürgermeister, Vors. Schlesw.-Holst. Gemeindetag, Kiel - 2241 Tielenhemme/Norderdithmarschen (T. Büro: Kiel 4 24 21) - Geb. 22. Febr. 1915 - Frhr.-v.-Stein-Med.

SOLINGER, Helga

Sozialarbeiterin, MdL Baden-Württ. (Wahlkr. 2, Stuttgart II) - Neugütlestr. 6, 7000 Stuttgart 75 (T. 0711 - 2 06 32 79) - Geb. 28. Nov. 1939 Eisenach - SPD.

SOLLBÖHMER, Otto

Dipl.-Kfm., Vorstandsmitglied Ruhrgas AG - Huttropstr. 60, 4300 Essen 1 (T. 0201 - 18 41) - Geb. 2. Febr. 1930, kath. - Stud. Wirtsch.wiss., Jura Univ. Köln u. München.

SOLLMANN, Hartmut

Dr. med., apl. Prof. Univ. Münster, Chefarzt Neurochirurgie Sarepta-Krankenanst. Bielefeld-Bethel - Stapenhorststr. 154, 4800 Bielefeld 1 (T. 0521 - 144 27 63) - Geb. 4. Aug. 1930 Scherneck (Eltern: Gustav u. Emmy S.), ev., verh. s. 1969 m. Holle, geb. Eichert, 3 Kd. (Jan, Julia, Philine) - Univ. Leipzig u. Rostock (Promot. 1959), Habil. 1973 Univ. Ulm - 1960 Arzt f. Physiologie Rostock; 1961-81 Arzt f. Neurochir. (Facharzt 1966) Univ. Greifswald, Berlin-Charité, Göttingen u. Ulm; s. 1980 Chefarzt Neurochir. Bielefeld-Bethel. Arbeitsgeb.: Mikrochir., periphere Nerven - Rekonstrukt. d. Cauda equina.

SOLMS, Helmut

Dipl.-Kfm., Vorstandsmitglied Kronprinz AG. - 5650 Solingen-Ohligs; priv.: Z. Blockbach 7, 4018 Langenfeld - Geb. 27. Okt. 1918 Siegen/W. (Vater: Ernst S.), verh. m. Magdalene, geb. Müller - Univ. Köln - 1949-54 AG. d. Gerresheimer Glashüttenwerke vorm. Ferd. Heye, Düsseldorf-Gerresheim (Dir.), dann Gf. Stahl- u. Röhrenwerk Reisholz GmbH. - BV: Wie gut ist m. Rechnungswesen, 1970.

SOLMS-BRAUNFELS, Prinz zu, Alexander

Botschafter a. D. - Kufsteiner Pl. 5, 8000 München 80 (T. 98 69 07); 30 Avenue de Grande Brétagne, Monte Carlo (Monaco) (T. 30 39 32) - Geb. 5. Aug. 1903 Braunfels/Lahn (Vater: Friedrich Prinz zu S.-B., Kavallerieoffz.; Mutter: Marie, geb. Gräfin v. Westphalen), kath., verh. s. 1946 (Niederstotzingen) m. Carmen, geb. Prinzessin v. Wrede - 1919-23 Gymn. Ettal; 1926-32 Univ. Paris, Wien, Göttingen (Rechts- u. Staatswiss.). Gr. jurist. Staatsprüf. 1937 - 1938-68 m. Unterbr. (1945-52) AA Berlin (Auslandsposten: Budapest, Preßburg, Bukarest, Belgrad, Wien) bzw. Bonn (1952 Legationsrat I. Kl. Bogotá; 1957 Kulturabt. Bonn; 1960-68 Botschafter San Salvador; seitd. i. Ruhestand); 1943-44 Wehrdst. (Kriegsmarine); 1950-52 freiberufl. bzw. kaufm. Tätigk. Argentinien - Kommandeur rumän. Krone, Orden Cruz de Boyaca im Kommandeursrang (Kolumbien), Großkreuz m. Stern Orden Jose Matias Delgado (El Salvador); 1969 BVK I. Kl. - Liebh.: Kunst, Literatur (Abfass. v. Kurzgesch.), Sport - Spr.: Franz., Engl., Span.

SOLMS-HOHENSOLMS-LICH, Prinz zu, Hermann-Otto

Dr., Dipl.-Ökonom, Geschäftsf., MdB (Landesliste Hessen) - Unterstadt 29, 6302 Lich 1 (T. 06404 - 20 71) - Geb. 1940 - FDP, 1985ff. stv. Fraktionsvors. (Bundestag).

SOLMS-HOHENSOLMS-LICH, Prinz zu, Wilhelm

Dr., Prof. f. neuere dt. Lit. u. Medien Univ. Marburg - Barfüßer Tor 10, 3550 Marburg - Geb. 5. Jan. 1937 Lich/Oberh. (Vater: Hermann-Otto S., Land- u. Forstw.; Mutter: Gertrud, geb. Freiin u. Herrin v. Werthern), kath., verh. s. 1964 m. Dr. med. Milicent, geb. v. Boch-Galhau, 4 Kd. (Benedikt, Cynthia, Amicie, Christian-Lucius) - 1956-63 Stud. Univ. München (German. u. Musikwiss.) u. Akad. f. Musik Wien; M. A. 1967, Promot. 1971 - 1964-70 Verw.Assist.St.; 1971/72 u. 1974-77 wiss. Assist. Univ. München; 1972/73 Leit. Planungsteam f. Hochschuldidakt. Univ. München; ab 1977 Prof. f. Kommunikationswiss. u. Mediendidakt. Univ. Marburg, Vertrauensdoz. Fr.-Naumann-Stiftg.; 1983/84 Dekan FB Neuere dt. Lit. u. Kunstwiss. - 1982 Mitgl. u. 1986 Vors. d. Jury Marburger Literaturpreis; Sprecher d. AG dt. Lit.-Ges., Berlin; Wiss. Beirat Br. Grimm-Ges., Kassel; Vors. Marburger Literaturforum - BV: Interpretat. als Textkritik. Z. Edition d. West-östl. Divans, 1974; Goethes Vorarb. z. Divan, 1977. Herausg.: D. selbstverständl. Wunder. Beitr. germanist. Märchenforsch. (1986); Gesch. aus e. ereignislosen Land. Schweizer Literaturtage in Marburg (1989); zahlr. Beitr. z. Lit.-Wiss. u. Hochschuldidaktik. Mithrsg.: Literaturwiss. heute (1979); Science-fiction. Befunde aus Marburger Tutorien (1981); D. gemütl. Selbstmörder. Österr. Autorentag in Marburg (1986) - Spr.: Engl., Latein - Bek. Vorf.: Hl. Elisabeth v. Thüringen, Dr. Georg Graf v. Werthern, Botsch. in Madrid u. Moskau (Urgroßv.).

SOLTER, Fany

Prof. f. Klavier u. Rektorin Staatl. Hochsch. f. Musik Karlsruhe - Weberstr. 8, 7500 Karlsruhe - Geb. 6. Febr. 1944 Bahia/Brasilien (Vater: Henrique S., Kaufm.; Mutter: Anna, geb. Wainchelboim) - Künstler. Reifeprüf. 1965 Staatl. Hochsch. f. Musik Freiburg - Konzerttätigk.; 1972-76 Doz. Staatl. Hochsch. f. Musik Freiburg; s. 1976 Prof. f. Klavier u. s. 1984 Rektorin Staatl. Hochsch. f. Musik Karlsruhe - Liebh.: Kunst - Spr.: Engl., Franz., Ital., Span., Portug.

SOLTERBECK, Hans-Klaus

Geschäftsführer, MdL Schlesw.-Holst. (Wahlkr. 9/Eckernförde) - Dorfstr. 33, 2331 Bistensee - Geb. 9. Nov. 1929 Bistensee - CDU.

SOLTI, Georg

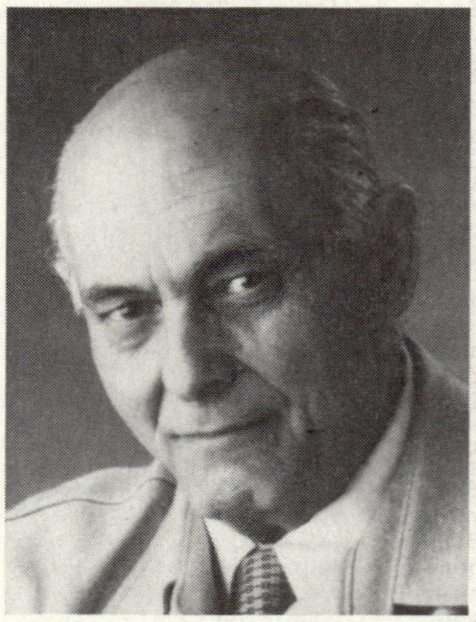

Prof. h. c., Sir, Dirigent - Wohnh. in Villars/Schweiz - Geb. 21. Okt. 1912 Budapest (Vater: Mor S., Geschäftsm.; Mutter: Therese, geb. Rosenbaum), verh. m. Hedi, geb. Oechsli (gesch. 1967) u. Valerie, geb. Pitts (1967), 2 Töchter a. 2. Ehe (Gabrielle, Claudia) - Dipl. für Klavier, Kompos. u. Dirigieren 1930 Budapest (m. Ausz.) - Ab 1930 Dirigent Staatsoper Budapest, 1937 Assist. Toscanini Salzburg, 1938 Dirigent Oslo u. London, 1939 v. Ungarn n. d. Schweiz emigriert, dort ab 1942 Dirig. u. Pianist Konzert-, Theater- u. Rundfunkveranst., 1946-52 musikal. Oberleit. Bayer. Staatsoper München u. Leit. Konzerte Musikakad. ebd., 1952-61 Generalmusikdir. Frankfurt/M., 1961-71 Musikdir. Royal Opera House Covent Garden, 1969 Musikdir. Chicago Symphony Orch., 1971 Knighthood (K.B.E.), Gastdirigent Berliner u. 1979ff. Chefdirigent Londoner Philharmon. Orch., 1985ff. Dirigent Emeritus, LPO u. a.; Dirig. Salzburger u. Edinburgher Festsp. Fernsehen: D. Entführung aus d. Serail (1970), Arabella (1977), Falstaff (1979) - 1942 I. Preis für Klavier Internationaler Musikwettbewerb Genf; 1961 Ehrenmitgl. Städt. Bühnen Frankfurt; 1961 Ehrenplak. Frankfurt; 1967 Edison-Preis; 1968 Award CBE; 1968 Ehrenkdr. Orden d. Brit. Empire; Ehrendoktor Univ. Leeds, Oxford, Yale, Harvard, London, Eastnan; Ehrenkr. d. Ehrenlegion (Frankr.); 1972 Ritter d. Britischen Empires; 1981 Goethe-Plak. Stadt Frankfurt/M.; 1985 Hon. Fellow-Royal College of Music, London; 1985 Med. de Verneil, Ville de Paris; 1986 Bayer. Maximiliansorden; 1987 Prof. (h.c.) Baden-Württ.; 1987 Knight Commander's Cross with badge and Star, Order of Merit BRD; 1987 Loyola-Mellon Humanities Award; 1987 Order of the Flag, Hungaria. People's Rep.; 1987 Medal of Merit, City of Chicago; 14 gr. Schallplattenpreise, 29 Grammy-Ehrungen (die höchste Anzahl aller Zeiten) für d. beste Aufn. d. Jahres - Lit.: Paul Robinson, G. S. (1983 [dt.]).

SOLTMANN, Otto

Dr. jur., Botschafter a. D. - Haus Siebenbirken, 5411 Neuhäusel - Geb. 23. Mai 1913 Koblenz (Vater: Otto S., Offz. †1916; Mutter: Ilse, geb. Heydweiller †1972), ev., verh. s. 1949 m. Margaret, geb. Oakleigh-Walker, 2 Töcht. (Diana, Madeleine) - Arndt-Gymn. Berlin u. Friederizianum Davos (Schweiz); Univ. Berlin u. Rostock (Promot.) - Refer. AG

Ribnitz u. LG Berlin; 1939-1945 Wehrdst.; 1947 Amt f. Fischw. Bremerhaven; 1948-49 Mitgl. Bremer Vertr. Länderrat Frankfurt/M.; 1949-52 Verbind. Senat/Militärreg. Senatskanzlei Bremen; 1952-55 AA Bonn (Protokoll); 1955-58 stv. Leit. Rechtsabt. Generalkonsulat Montreal (Kanada); 1958-61 Konsul I. Kl. Seattle (USA); 1961-63 Botschafter Kongo Brazzaville; 1963-67 Botschafter Kenya; 1967-70 Vortr. Legationsrat I. Kl. Zentrale Bonn (Ref.); 1970-74 Generalkonsul Bombay; 1974-78 Botsch. Neuseeland - Liebh.: Musik, Sport (Mitgl. Berliner Schlittschuh-Club, 1936/37 Dt. Eishockey-Meister; 1937 Gold. Meisterschaftsabz.) - Spr.: Engl., Franz.

SOLZ, Alexander
Dr. rer. pol., Dipl.-Kfm., Geschäftsführer Robert Bosch Industrieanlagen GmbH., Stuttgart - Sommerhaldenstr. 60, 7000 Stuttgart.

SOMBEEK, Peter
Dipl.-Ing. Generalbevollm. Direktor Siemens AG (Untern.Bereich Nachrichtentechnik, Fertigungsleitung) - Hofmannstr. 51, 8000 München 70 - Geb. 11. Dez. 1932 Altona - Stud. Maschinenbau TH Stuttgart.

SOMBERG, Gerd
Bekleidungskaufmann, Präs. Bundesverb. Bekleidungsind., Köln - Fürst-Bentheim-Str. 67, 4840 Rheda-Wiedenbrück/W. - Geb. 1. Febr. 1922 - Beiratsmitgl. Dresdner Bank NRW; Mitgesellsch. Wappen GmbH + Co. KG, Herford.

SOMMER, Albrecht
Dipl.-Ing., Mitglied d. Geschäftsfg. E. Heitkamp GmbH (Leit. Untern.bereich Bergbau), Herne - Berenberger Mark 16, 4300 Essen 1 - Geb. 20. März 1925.

SOMMER, Alfred
Kriminalbeamter, MdL Bayern (s. 1966) - Paumannstr. 127, 8500 Nürnberg (T. 48 22 33) - Geb. 12. Juli 1925 Nürnberg (Vater: Lorenz S., Straßenbahnschaffner; Mutter: Luise, geb. Reppich), verh., 2 Kd. - Volkssch., Maschinenschlosserlehre - B. 1945 Kriegsdst. (Freiw.), dann MAN Nürnberg (Schlosser), s. 1946 Polizei ebd. (1956 Kriminalpol./Mordkommiss.). S. 1960 Stadtratsmitgl. Nürnberg. SPD s. 1945.

SOMMER, Antonius

Dr. phil., Prof. f. Rhythmisch-musikal. Erziehung PH Heidelberg - Falkenstr. 9, 6835 Brühl-Rohrhof (T. 06202 - 7 70 55) - Geb. 28. Mai 1940 Selbitz/Oberfr. (Vater: Anton S., Bergm.; Mutter: Maria, geb. Fickinger), verh. m. Wilma, geb. Kistmacher, 4 Kd. (Corinna, Renate, Dorothea, David) - Peter-Wust-Hochsch. Saarbrücken (Lehrer); Univ. d. Saarl.; Promot. 1969 - Vorst.-Tätigk. in versch. Verb. u. Organ. - Begründung u. Entw. e. eigenständigen, umfassenden u. ganzheitl. Gesundheitspäd. - BV: Komplikationen d. musik. Rhythmus in d. Bühnenwerken Richard Wagners, 1970; Resonanzen: Rhythmik in d. Päd., 1975; Darnach, 1983; Hör auf D. Körper, 1987; Entdecke, was f. dich Gesundheit ist, 1989 ; In dir liegt ein Schatz verborgen, 1990. Aufsätze hauptsächl. z. Rhythmik, z. religiösen Fragen u. z. Fragen d. Gesundheitsbildung - Liebh.: Sportl. Aktivitäten, religiös-eth. Forsch.; Entw. u. Durchführung v. Lehrgängen - Spr.: Engl., Franz.

SOMMER, Carlheinz
Vulkaniseurmeister, Präsident Zentralverb. d. Dt. Vulkaniseur-Handwerks, Darmstadt, Geschäftsf. Reifen Darley - Münsterstr. 53-57, 4710 Lüdinghausen (T. 02591 - 50 31; Telex 89846).

SOMMER, Elke
Filmschauspielerin - Zu erreichen üb. MGM, Culver City, Cal. (USA) u. Europa: 8521 Marloffstein - Geb. 5. Nov. 1940 Berlin (Vater: Friedrich (gen. Peter) Schletz, Pfarrer; Mutter: Renate, geb. Topp), ev., verh. s. 1964 m. Joe H. - Gymn. Erlangen (7. Kl.) - S. 1959 Filme (Ital., Bundesrep., Engl., Frankr., USA). U. a. D. Totenschiff, D. Preis, D. Sieger, D. Oscar, Fernsehen; Schallpl. (u. a. Ich liebe Dich - Songs in 5 Spr.) - 1965 Golden Globe - Liebh.: Reiten, Komponieren, Malen - Spr.: Engl., Franz., Ital., Span.

SOMMER, Erhard
Dr. jur., Bankdirektor, Vorstandssprecher Ulmer Volksbank EG (s. 1973) - Olgaplatz 1, 7900 Ulm/Donau (T. 1 83-1) - Geb. 28. Febr. 1929 - AR: Genoss. Zentralbank AG, Mittelständ. Kreditbank eG, bde. Stuttgart, Wohnungsverein Ulm AG; VR Bundesverb. Volks- u. Raiffeisenbanken, Bonn; s. 1986 Präs. IHK Ulm; Mitgl. Vollvers. IHK Ulm.

SOMMER, Frank
Sprecher d. Bundesministeriums f. Jugend, Familie u. Gesundheit - Dottendorfer Str. 25, 5300 Bonn (T. 23 51 80) - Geb. 25. Mai 1940 Düsseldorf (Vater: Anton S., Prokurist, gef. 1944 Sowjetunion; Mutter: Else, geb. Gunkel) - 4 J. Höh. Schule; 3 J. kaufm. Lehre (Textilbranche); 2 J. Redaktionsvolontariat (Main-Echo) - 1963-64 Presseref. SPD-Bezirk Hessen-Süd, 1964-69 stv., dann Sprecher Vorst. d. SPD, Bonn, 1969-72 Bonner Korresp. Telegraf (Erscheinen eingestellt); 1972-79 Bonner Korresp. Hamburger Morgenpost. 1976-79 Mitgl. Dt. Presserat - BV: Heinemann - Bundespräsident, 1969 (m. Schreiber).

SOMMER, Franz
Dr. med., o. Prof. f. Med. Strahlenkunde - Lerchenstr. 21, 6650 Homburg/S. (T. 29 40) - Geb. 14. Febr. 1913 Ludwigshafen/Rh. (Vater: Franz S., Fabrikdir.; Mutter: Luise, geb. Braun), verh. 1945 m. Thea, geb. Doerr - Univ. Heidelberg, Leipzig, Saarbrücken - S. 1950 (Habil.) Privatdoz., ao. (1953) u. o. Prof. (1963) Univ. Saarbrücken (Dir. Strahleninst.). 1962 ff. Vors. Vereinig. Südwestd. Röntgenologen - BV: D. Silikose, 1953. Fachaufs.

SOMMER, Friedrich
Dr. phil., em. o. Prof. f. Mathematik - Schattbachstr. 6, 4630 Bochum-Querenburg (T. 70 14 26) - Geb. 1. Febr. 1912 Balve/W. - Oberrealsch. Dortmund; Univ. Münster u. Göttingen (Math., Physik). Promot. (1936) u. Habil. (1949) Münster - 1937-47 Mitarb. Siemens & Halske AG, Berlin/München (Zentrallabor.); s. 1949 Lehrtätigk. Univ. Münster (1956 apl. Prof.), Würzburg (1959 ao., 1962 o. Prof.), Bochum (1965) 1980 emerit. - BV: Theorie d. analyt- Funktionen e. komplexen Veränderlichen, Studienausg. 1976 (m. H. Behnke); Einf. in d. Math. f. Studenten d. Wirtschaftswiss., 2. A. 1968.

SOMMER, Gert
Dr. phil., Prof. f. Klinische Psychologie - Neuhöfe 7, 3550 Marburg (T. 06421 - 3 42 15) - Geb. 2. Febr. 1941 Dortmund (Vater: Fritz S.; Mutter: Luise, geb. Middelmann), verh. s. 1986 m. Dr. Sabine Rehahn-S., T. Anna-Sonja - Univ. Bonn (Dipl.-Psych. 1966, Promot. 1971), Habil. 1979 Univ. Heidelberg - 1966-68 wiss. Angest. Inst. f. Soz. Arbeitsmed. Heidelberg, 1968-77 wiss. Assist. Psych. Inst., s. 1977 Prof. f. Psych. Univ. Marburg - BV: Gemeindepsych. (m. Heiko Ernst), 1977; Grundbegriffe d. Psychotherapie (m. a.) 1982; Vorkrieg od. Panikmache? (m. A. Börner), 1985; Feindbilder im Dienste d. Aufrüstung (m. a.), 1987 - Liebh.: Fotograf., Wandern, Reisen - Spr.: Engl.

SOMMER, Hans Christian
Verkehrsdirektor - Potsdamer Str. 24, 3550 Marburg/Lahn - Geb. 1. Sept. 1931 Andernach (Vater: Willi S.; Mutter: Christine, geb. Maas), kath., verh. s. 1922 - Ausb. als Bankkaufm. - Bankkaufm. u. Versich.-Fachmann; s. 1969 Touristik - Erf. v. Kalender, Stadtplan u. Speisekarte in Blindenschr. - Gold. Kutsche Berlin; Gold. Helm Italien; 1987 2. Marketing-Preis Dtschl. u. a. Ehr. - Liebh.: Sport, Musik, Arbeit - Spr.: Engl.

SOMMER, Hans Peter
Journalist, Redaktionsdir. u. Chefredakt. Rhein-Zeitung Koblenz (s. 1986) - Hohenzollernstr. 94, 5400 Koblenz - Geb. 14. Juni 1940 Kolin/CSSR (Eltern: Dipl.-Ing. Gustav u. Josefine S.), ev., verh. s. 1968 m. Jutta, geb. Mende - Kant-Gymn. Rüsselsheim, Dt. Schule Rom (Abit.); Stud. Univ. Hamburg, Tübingen (Jura), Volont. Hamburger Abendblatt - 1965-75 Hamburger Abendbl. (1968 Bonner Korresp., 1971 Chef v. Dst.); 1976-85 Chefredakteur d. Saarbrücker-Zeitung, s. 1986 s.o - 1970 Ehrenbürger El Paso/ USA - Liebh.: Klass. Musik, Lit. - Spr.: Engl., Ital., Franz.

SOMMER, Heiner
Dr. med. vet., o. Prof. u. Direktor Inst. f. Anatomie, Physiol. u. Hygiene d. Haustiere Univ. Bonn (s. 1972) - Katzenburgweg 7-9, 5300 Bonn - Geb. 11. Juli 1932 Ravensburg (Vater: Otto Ambrosius S., Hochsch.lehrer; Mutter: Hanne, geb. Henze), verh. s. 1959 m. Brigitte, geb. Höss, 2 Kd (Bernd, Frank) - Stud. d. Med. u. Tiermed. Univ. Tübingen, München; Habil. 1968 - 1961-69 wiss. Assist. Univ. Hohenheim, s. 1969 Oberassist. u. Leit. Abt. Tierhygiene II. Zahlr. Fachmitgl.sch. - BV: Tierhygiene, TB 1976 - Liebh.: Darstell. Kunst, Phil., Tennis - Spr.: Engl.

SOMMER, Ingeborg
Mitgl. Lübecker Bürgerschaft (s. 1974) u. Stadtpräs. (s. 1986) - Humboldtstr. 5, 2400 Lübeck 1 (T. 79 62 49) - Geb. 14. Nov. 1923 Stentsch, ev., led. - Gymn. (Abit.); 1943-44 Medizinstud. Berlin; in 1945 journalist. Ausbild. - 1950-53 Redakt. Lübecker Fr. Presse, dann Leit. Abt. Frauen u. Jugend in Bildungswesen (1960) DGB-Landesbezirk Nordmark, 1973-85 DGB-Kreisvors. Lübeck. 1955-56 Deputierte Arbeits- u. Sozialbehörde Hamburg. SPD s. 1946; 1967-75 MdL Schlesw.-Holst.

SOMMER, Johann-Georg
Vorstandsmitglied Ytong AG. - Volkartstr. 83, 8000 München 19 (T. 18 20 01) - Geb. 15. Sept. 1912.

SOMMER, Jürgen
Dr.-Ing., Abteilungsleiter Wandel & Goltermann, Reutlingen, Honorarprof. f. Elektronik Univ. Tübingen - Beethovenstr. 18, 7412 Eningen/Achalm - Mitgl. VDE u. NTG.

SOMMER, Karl
Dr. agr., Univ.-Prof. Univ. Bonn - Kapellenstr. 27, 5300 Bonn 1 - Geb. 25. Juni 1932, verh. m. Dr. L., geb. Rauls - Dipl.-Landw.; Promot. 1963; Habil. (Pflanzenernährung) 1970 - 1966/67 Mich. State Univ.; 1970 Univ. Liberia; 1976/77 Univ. Costa Rica. Entd. d. NH4-Ernährung v. Pflanzen z. Verhinderung v. Nitratanreicherungen in Pflanzen u. Grundwasser.

SOMMER, Karl
Dr.-Ing., Prof. f. Maschinen- u. Apparatekunde TU München - Zu erreichen üb. TU München, 8050 Freising-Weihenstephan - Geb. 24. Juni 1943 Ludwigshafen - BV: Probenahme v. Pulvern u. körnigen Massengütern, 1979; Sampling of Powders and Bulk Materials, 1985.

SOMMER, Manfred
Dr. phil., Prof. f. Philosophie Univ. Münster - Domplatz 23, 4400 Münster (T. 0251 - 83 44 68) - Geb. 14. Aug. 1945 Thälmässing/Mittelfr. - Promot. 1974; Habil. 1982 - BV: D. Selbsterhaltung d. Vernunft, 1977; Husserl u. d. frühe Positivismus, 1985; Evidenz im Augenblick. E. Phänomenologie d. reinen Empfindung, 1987; Identität im Übergang: Kant, 1988; Lebenswelt u. Zeitbewußtsein, 1989.

SOMMER, Manfred
Dr. rer. nat., Prof. f. Informatik Univ. Marburg (s. 1984) - August-Rohde-Str. 22, 3550 Marburg (T. 06421 - 2 46 49) - Geb. 13. Jan. 1945 Amorbach/Odenw., verh. s. 1969 m. Uschi, geb. Kolb, 2 Kd. (Carolin, Philip) - Stud. Math. Univ. Göttingen u. München; Dipl. 1969 München; Promot. 1972 ebd. - 5 J. Assist. Inst. f. Informatik TU München; 10 J. Siemens - BV: Pascal, Einf. in d. Sprache, DIN-Norm, 1983 u. 1984; Informatik. E. PC-orientierte Einf., 1987.

SOMMER, Maria
s. Müller-Sommer, Maria.

SOMMER, Max W. F.
Verlagsbuchhändler (Fa. Max W. F. Sommer, Hamburg) - Sonnenhof, 2111 Undeloh/Nordheide (T. Undeloh 2 50; Büro: Hamburg 552 38 22) - Geb. 1. Sept. 1901 Hamburg, verh., 2 Kd. (Axel, Renate) - Verlagsausbild. - 1927-45 Prokurist u. Leit. Buchgem. Dt. Hausbücherei AG; 1948-70 Geschäftsf. Komplementär Gemeinschaft d. Buchfreunde KG - BV: Karsten Rust, R. 1942 (GA. 160 Ts.); Irene Tabarius, R. 1943; Johanna, R. 1944 - Liebh.: Segeln.

SOMMER, Peter
1. Kapellmeister Bad. Staatstheater Karlsruhe - Zu erreichen üb. Staatstheater, Baumeisterstr. 11, 7500 Karlsruhe - Geb. 25. Mai 1938 Langewiesen/Thür. - Stud. Hochsch. f. Musik Leipzig (Dirig. u. Klavier) - 1960-69 Solorepetitor Opernhaus Leipzig; 1969-81 Musikal. Oberleit. Landestheater Altenburg; 1982-84 1. Kapellm. Saarl. Staatstheater Saarbrücken; s. 1984 s. o.

SOMMER, Siegfried (Sigi)
Journalist, Schriftst. - Wurzerstr. 17, 8000 München 2 - Geb. 23. Aug. 1914 München (Eltern: Siegfried (Restaurateur) u. Therese S.), kath., gesch., 1 Kd. - Volkssch. - Wehrdst. - BV: Und keiner weint mir nach, R. 1954; Meine 99 Bräute, R. 1956 (verfilmt); München f. Anfänger, 1958; E. Jahr geht durch d. Stadt, 1962; Farbiges München, 1965;

Karussell - Münchner Kalendergesch., 1967; Meine 99 Stories, 1968; Sommersprossen - 100 gute u. böse Geschichten, 1969; D. Tage vergehen - Münchner Gesch., 1969; Bummel durch München, 1970; Wanderer kommst Du n. München, 1971; Leute v. München, 1972; Kinder wie d. Zeit vergeht, 1972; Liebe, Lenz u. kleine Luder. Herausg.: Gr. Olympia-Buch (Bildbd. 1971). Div. Blasius-Bde., dar. D. gr. Blasiusb. (1967). Bühnenst.: Marile Kosemund (UA. 1969 Kammersp. München) - 1973 Poetentaler d. Turmschreiber (München), 1955 Schillerpreis v. Weimar, 1949 Werner-Friedmann-Preis, 1956 Med. München leuchtet in Silber, 1980 in Gold, 1974 Schwabinger Lit.preis, 1976 Valentin-Orden, 1979 Bayer. VO; 1983 Ernst-Hoferichter-Preis; 1987 BVK I. Kl.

SOMMER, Theo
Dr. phil., Dr. h.c., Chefredakteur - Pressehaus, 2000 Hamburg 1 (T. 603 73 00) - Geb. 10. Juni 1930 Konstanz/B., verh. s. 1952, 4 S. (Gerald, Christoph, Florian, Daniel) - 1952-54 Lokalredakt. Remsztg., Schwäb. Gmünd; s 1958 polit. Redakt., stv. (1968) u. Chefredakt. (1973) Wochenztg. D. ZEIT, Hamburg. 1969ff. Leit. Planungsstab Bundesverteidigungsmin., Bonn. Mitarb. Hörfunk u. Fernsehen. Mitgl. Ges. f. Ausw. Politik u. Inst. for Strategic Studies - BV: Dtschl. u. Japan zw. d. Mächten 1935-40 - V. Antikomintern- z. Dreimächtepakt / E. Studie z. diplomat. Vorgesch. d. II. Weltkr., 1962; Reise in e. fernes Land - Bericht üb. Kultur, Wirtschaft u. Politik in d. DDR, 1964 (m. Marion Gräfin Dönhoff u. Rudolf Walter Leonhardt); D. Chines. Karte. Herausg.: Denken an Dtschl. (1966); Blick zurück in d. Zukunft, 1984 - 1966 Theodor-Wolff-Preis; 1982 Ehrendoktor Univ. of Maryland - Spr.: Engl., Franz., Schwed.

SOMMER, Walter
Dr. jur., Oberbürgermeister a. D. - Pfaffenbergstr. 114, 6750 Kaiserslautern - Geb. 13. Juli 1905 Leipzig (Vater: Walter S., Kaufm.; Mutter: Luise, geb. Fischer), ev., verh. s. 1940 m. Lies, geb. Bähncke, 2 Töcht. (Anke, Lise) - Univ. München, Paris, Oxford, Königsberg/Pr. (Rechts- u. Staatswiss.) - 1930-50 Justizdst., zul. Oberlandesgerichtsrat; 1950-52 Justitiar Stadtverw. Hannover; 1952-56 I. Beigeordn. (Stadtdir.) Leverkusen; 1956-68 Oberbürgerm. Kaiserslautern. ARs mandate u. a. - Ehrenmitgl. San Francisco, New Orleans, Columbus, Cincinnati (USA) - Liebh.: Reiten, Segeln, Radfahren, Wandern, Lit., Kunst - Spr.: Engl., Franz.

SOMMER, Willi
Musikpädagoge, Ensembleleit. f. Volksmusikorch. - Achenseeweg 34, 1000 Berlin 45 (T. 030 - 711 24 34) - Geb. 27. Jan. 1913 Berlin (Vater: Richard S.; Mutter: Emma, geb. Schilo), ev., verh. s. 1936 m. Charlotte, geb. Katzschke, 2 T. (Ingrid, Karin) - Musikstud. Berlin (Prof. Willy Drews) u. Dresden (Prof. Jorgo Chartofilax) - s. 1950 Doz. VHS Berlin-Steglitz. Kompos. u. Bearb. Folklore - Gold. Ehrenz. Verb. d. Musikvereine Österr. s. (VAMÖ); Verdienstmed. Bund Dt. Zupfmusiker.

SOMMER-BODENBURG, Angela
Schriftstellerin - Dorfstr. 13, 2371 Prinzenmoor - Geb. 18. Dez. 1948, verh. m. Burghardt B., T. Katja - Stud. Päd., Soziol., Psych.; Studienrätin - 12 J. im Schuldienst tätig; s. 1984 fr. Schriftst. - BV: Sarah b. d. Wölfen, Ged. 1979; D. kl. Vampir (u.) Anton d. kl. Vampir (bish. 13 Bde.), sämtl. als intern. FS-produkt. gesend. ARD 1986 sow. Hörspielprod.), 1979-89; D. Biest, d. im Regen kam, 1981; Ich lieb dich trotzdem immer, Ged. 1982; Wenn du dich grusein willst, 1984; D. Moorgeister, 1986; Co Co geht z. Geburtstag, Bilderb. 1986; Möwen u. Wölfe, Ged. 1987; Freu dich nie zu früh, ich verlass die nie, Ged. 1987; D. Unterirdischen, 1988; Julia b. d.

Lebenslichtern, Bilderb. 1989; Hubert, d. kl. Eule, Bilderb. 1989; Wenn d. Füchse Kaffee kochen, 1989 (FS-Produkt. ARD 1988). Aufführ. Theaterstück D. kl. Vampir (1988), in Finnland 1989) u. auf dt. Bühnen (1989) - FS: Frauengesch. Portrait d. Schriftst. A. Sommer-Bodenburg (ARD 1985); D. kl. Vampir hat auch e. Mutter (ARD 1986).

SOMMERAUER, Adolf
Dr. theol. h.c., Pfarrer, Schriftst. - Isegrimstr. 25, 8000 München 83 - Geb. 6. Dez. 1909 München, verh. s. 1936 (Ehefr. Gertrud), 5 Kd. (ält. S. Manfred ebenf. Pfr.) - BV: u. a. D. Bekenntnis, Erz. 1951 (auch Schwed.) - Predigtbde.; Christl. Bayer. Kochb., 2. A. 1983; Lesebuch - Gesch. m. Gott u. d. Welt, 1984; Es begab sich aber, 1984; Er ist auferstanden, 1986; Ich bin d. Weg, 1987; Damit Liebe gelingt, 1988. Hörsp.; Fernsehanspr. - Bayer. VO.

SOMMEREY, Karola
Programmdirektorin Hörfunk (1983ff.) - Radio Bremen, 2800 Bremen 33 - Zul. Journ. WDR.

SOMMERFELD, Alfred
Landwirt, MdA Berlin (s. 1967) - Spandauer Str. 18a, 1000 Berlin 20 (T. 366 14 46) - Geb. 24. Aug. 1928 Berlin, verh., 2 Kd. - 1938-46 Pfrr.-v.-Stein-Sch. Berlin (Abitur); 1947-50 Humboldt-Univ. Berlin (Veterinärmed.) - 1949 Übern. elterl. Landw. 1958-67 Bezirksverordn. Spandau (1965 Fraktionsvors.). CDU s. 1951 (mehrere J. stv. Kreisvors. Spandau).

SOMMERFELD, Horst
Gewerkschaftssekretär, MdL Nordrh.-Westf. (s. 1975) - Viktoriastr. 14, 4620 Castrop-Rauxel - Geb. 24. Aug. 1930 - SPD.

SOMMERFELD, Willy
(Künstlername: W. S. Feld) Komponist u. Kapellm. - Landhausstr. 36, 1000 Berlin 31 (T. 87 48 09) - Geb. 11. Mai 1904 Danzig, ev., verh. s. 1958 m. Doris, geb. Franke, S. Sebastian - Konservat. Danzig u. Berlin (Stern'sches) - 1928-34 Kapellm. Staatstheater Braunschweig, dann freischaffend (Rundfunk, Film, Theater), 1954-58 musikal. Oberleit. Hans-Otto-Theater Potsdam, 1965-73 mus. Oberleit. Th. d. Westens, Bln. S. 1972 b. heute Gesamtleit. Konzerte d. Bezirksamtes Bl. Charl. S. 1976 b. heute Chordir. d. Ersten Charlottenburger Senioren-Chor. Zwischenztl. freischaff. Vornehml. Bühnen- (50), Hörspiel- (80) u. Fernsehmusiken. Zahlr. Schallpl.

SOMMERLATTE, Horst
Prof. GH Kassel, Industrie-Designer - Kölnische Str. 171, 3500 Kassel - Geb. 10. März 1940 Dessau (Vater: Werner S., Kaufm.; Mutter: Helene, geb. Böhme), verh. s. 1981 m. Marlies, geb. Müller - Masch.schlosser, Dipl.-Designer - B. 1976 Chef-Designer Airbus Ind., Toulouse; s. 1977 Prof. f. Ind.design Univ. - GH Kassel - Designer d. Interior f. Airbus A300 - Spr.: Engl.

SOMMERSCHUH, Dietrich
Dr. rer. pol., Dipl.-Kfm., Landrat Kr. Fürth (s. 1972) - Landratsamt, 8510 Fürth/Bay. - Geb. 7. April 1935 Ölsnitz/Erzgeb. - Zul. Ltd. Bankangest. SPD - 1984 BVK am Bde.

SONDERMANN, Dieter Friedrich
Dr. rer. nat., Prof. f. Volkswirtschaft - Weidenweg 2, 5330 Königswinter 1 - Geb. 10. Mai 1937 Duisburg (Vater: Fritz S., Kaufm.; Mutter: Elfriede, geb. Büttgenbach), neu-apost., verh. s. 1967 m. Annemarie, geb. Boeters, 2 S. (Johannes, Matthias) - Gymn. Duisburg, 1953-56 kfm. Lehre, Univ. Bonn, Hamburg u. Erlangen (Math., Betriebs- u. Volksw.), Dipl.-Math. Hamburg 1966, Promot. Erlangen 1968, Habil. Saarbrücken 1973 - 1974-79 o. Prof. f. Volksw. Univ. Hamburg, s. 1979 Univ. Bonn - Gastprof. Leuven (1972/73), Bonn (1973), Berkeley (1974 u. 1978), Jerusalem (1980) - Ehrenmitgl. Econometric Soc. - Spr.: Engl., Franz.

SONDERMANN, Heinz
Rechtsanwalt, Hauptgeschäftsf. Dt. Braunkohlen-Industrie-Verein u. Verein Rhein. Braunkohlenwerke (s. 1979) - Laurenzplatz 1-3, 5000 Köln 1 - Geb. 17. Nov. 1925.

SONDERMANN, Heinz
Bundesbahnbeamter, MdL Rhld.-Pfalz (s. 1975) - Schießerweg 1, 5400 Koblenz 32 - Geb. 1. Aug. 1928 - SPD.

SONDERMANN, Johannes Ernst

Dipl.-Ing., Kreisvorsitzender Arbeiterwohlfahrt Heinsberg (s. 1971) - Bahnhofstr. 78, 5142 Hückelhoven-Ratheim - Geb. 4. Nov. 1930 Bottrop, verh. s 1974 m. Gertrud, geb. Rülling, 2 Kd. (Andreas, Esther) - S. 1975 Mitgl. Bezirksvorst. Heinsberg. AWO. S. 1969 SPD-Kreistagsfrakt. Heinsberg; s. 1975 Fraktionsvors.; s. 1985 Mitgl. Landschaftsverb. Rhld. u. Landtagsabgeordneter NRW - 1980 Marie-Juchacz-Med.; 1980 BVK.

SONDERMANN, Peter-Alexander
M.A., Geschäftsführer Fachverb. Schaumkunststoffe - Am Hauptbahnhof 12, 6000 Frankfurt/M. 1 (T. 069 - 2 71 05-37) - Geb. 4. Dez. 1951.

SONNABEND, Bruno
Bundesrichter - Herrenstr. 45a, 7500 Karlsruhe - Geb. 23. Juni 1920 - B. 1968 Senatsrat Bundespatentgericht, dann Richter Bundesgerichtshof.

SONNABEND, Eberhard
Dr. med. dent., o. Prof. f. Zahnerhalt. u. Parodontologie - Junkerstr. 21, 8035 Gauting - T. 089-850 23 70) - Geb. 22. Jan. 1923 Bochum - 1946-50 Univ. Göttingen. Promot. (1950) u. Habil. (1960) Göttingen - S. 1960 Lehrtätig. Göttingen (Abt.svorsteher u. Prof.) u. Mün-

chen (1969 Ord.) - BV: Üb. d. Röntgenbild in d. zahnärztl. Praxis, 1958, 2. A. 1975. 120 Einzelarb. m. Lehr- u. Handb.beitr. - 1968 Silbermed. Univ. Helsinki.

SONNE, Werner
Journalist, ARD-Fernsehkorresp. Warschau (1984ff.) - Zu erreichen üb. WDR, 5000 Köln 1 - Zul. Leit. Programmgr. Aktuelles WDR-Ferns.

SONNEMANN, Ilse
Geschäftsführerin Bremer Verein Getreide-Futtermittel-Importeure u. Großhändler, Bremer Getreide- u. Futtermittelbörse, Bundesverb. d. VO-Firmen - Wachtstr. 17-24, Postf. 10 66 26, 2800 Bremen 1.

SONNEMANN, Ulrich

Dr. phil., Dr. phil. h.c., Prof., Schriftsteller - 3505 Gudensberg 4 b. Kassel (T. 05603 - 35 44) - Geb. 3. Febr. 1912 Berlin (Vater: Leopold Veit, Verlagsltr.; Mutter: Elfriede, geb. Wiener), verh. s. 1958 m. Brigitte, geb. Geske - Stud. Sozialwiss., Phil., Psych. Promot. 1934 Basel - Ab 1933 Emigration, 1941-56 USA (Klin. Psychologe, Doz. bzw. Prof. (1949) City College u. New School for Social Research New York), danach München. Gastprof. Univ. Bremen (Soziol.). Honorarprof. f. Sozialphil. Gesamthochsch. Kassel. Spez. Arbeitsgeb.: Phil., Gesellschaftskritik, Wissenschaftstheorie - BV: D. soziale Gedanke im Werk von H. G. Wells, 1935 (Diss.); Handwriting Analysis as a Psychodiagnostic Tool - A Study in General and Clinical Graphology, 1948 (New York); Existence and Therapy - An Introduction to Phenomenological Psychology and Existential Analysis, 1954 (New York); D. Land d. unbegrenzten Zumutbarkeiten - Dt. Reflexionen, 1963, Neuausg. 1985; D. Dickichte u. d. Zeichen, R. 1963 (franz. 1966); D. Einübung d. Ungehorsams in Dtschl., 1964, Neuausg. 1984; Institutionalismus u. student. Opposition - Thesen z. Ausbreitung d. Ungehorsams in Dtschl., 1968; Negative Anthropologie - Vorstudien z. Sabotage d. Schicksals, 1969, Neuausg. 1981; Wie frei ist unsere Justiz?, 1969 (Hrsg.); D. bundesdeutsche Dreyfus-Skandal. Rechtsbruch u. Denkwirzicht in d. 10 Jahre alten Justizsache Brühne-Ferbach, 1970; D. Schulen d. Sprachlosigkeit, 1970. (Hrsg.) D. kritische Wachtraum - Dt. Revolutions-Lit., 1970. Mitautor: Subjektverleugnung als polit. Magie, 1973; (Hrsg.) D. mißhandelte Rechtsstaat, 1977; Gestaffelte Horizonte. Sonden in e. Erkund., aus e. anderen Zeit ist. Kasseler phil. Schriften V. 1982; Tunnelstiche. Reden, Aufzeichn. u. Ess., 1987; Gangarten e. nervösen Natter bei Neumond. Volten u. Weiterungen, 1988 - 1969 Ludwig-Thoma-Med. Stadt München; 1970 Mitgl. PEN-Zentrum BRD; 1986 Wilhelm-Leuschner-Med. Land Hessen; 1987 Ehrendoktor Univ. Bremen - Spr.: Engl., Franz., etwas Ital.

SONNENBICHLER, Johann Maximilian
Dr. rer. nat., Dr. med. habil., apl. Prof. - Willstätterstr. 41, 8000 München 50 (T. 089 - 812 63 33) - Geb. 4. Nov. 1932, verh., 2 Kd. (Andreas, Bernadette) - Promot. 1961 (b. Prof. Butenandt) - Wissenschaftler Max-Planck-Inst. f. Biochemie; Mitgl. Hochschulpolit. Aussch. u. Umweltaussch. München.

SONNTAG, Brunhilde
Dr. phil., Prof. f. Angew. Musiktheorie Univ.-GH Duisburg - Schloß 8-Orangerie, 4717 Nordkirchen (T. 02596 - 25 00) - Geb. 27. Sept. 1936 Kassel - 1956-59 Stud. Päd. Univ. Darmstadt (1. Lehrerex.); 1965-69 Stud. d. Kompos. Hochsch. f. Musik u. Darst. Kunst Wien (Dipl.); 1973-77 Stud. Musikwiss. Univ. Marburg (Promot. 1977) - 1975-78 Assist. PH Münster; 1978-80 Akad. Rätin; s. 1981 Prof. f. Angew. Musiktheorie in Duisburg - BV: u. a. Unters. z. Collagetechnik in d. Musik d. 20. Jh., 1977; Ästhet. Theorie u. Ästhet. Erzieh. Erwäg. z. Konzeptionen, 1981; Interview m. Hans Werner Henze, in: ZfMP, 1981 - Phil. Äußerungen üb. Musik. Adorno in s. musikal. Schriften, 1987; Zahlr. Beiträge in Fachztschr. u. -publ. Mithrsg. Kulturztschr. Klangspuren. Kompos. f. Klavier, Orgel, Gesang, Kammermusikalische Besetzung, Orchester, Chor.

SONNTAG, Franz
Dr. jur., Ministerialrat a. D., Präs.-Mitgl. d. Welt-Blinden-Union (s. 1984), Bundesvors. Bund d. Kriegsblinden Dtschl., Präs. intern. Föderation d. Blinden (1979-84) - Zu erreichen üb. Schumannstr. 35, 5300 Bonn 1 - Geb. 24. Dez. 1922.

SONNTAG, Gerhard
Dr.-Ing., Prof. f. Allg. Techn. Mechanik - Tutzinger Str. 1, 8000 München 70 (T. 760 24 83) - Geb. 12. Febr. 1919 Magdeburg - S. 1950 (Habil.) Privatdoz. u. apl. Prof. (1957) TU München (Lehrstuhl f. Mechanik u. Spannungsoptik) - BV: Tafeln u. Tabellen z. Festigkeitslehre, 1951 (m. Föppl). Üb. 50 Einzelarb.

SONNTAG, Hans-Günther
Dr. med. (habil.), o. Prof. f. Hygiene u. Med. Mikrobiol., Dir. Abt. Hygiene u. Med. Mikrobiol., gf Dir. Hygiene-Inst. Univ. Heidelberg - Mozartstr. 8, 6919 Bammental (T. 06223-4 71 28) - Geb. 25. Juni 1938 Kassel, verh. m. Ursula, geb. Marten, 3 Kd. - 1981-87 Dekan Fak. f. Theoretische Med. u. d. Med. Gesamtfak. - 1984 Hygiene-Preis (Rudolf-Schülke-Stiftg.).

SONNTAG, Kurt
Bankdirektor, Vorstandsmitgl. Bayer. Vereinsbank, München - Hubertusstr. 24a, 8022 Grünwald/Obb. (T. München 641 27 98) - Geb. 23. Dez. 1918, verh. s. 1952 - Stud. Rechtswiss. Gr. jurist. Staatsprüf. - ARsmandate.

SONNTAG, Werner
Direktor, Mitgl. Brem. Bürgerschaft (s. 1967, SPD) - An de Holtöber 9, 2800 Bremen 71 (T. 60 14 12) - Geb. 7. Jan. 1930 Christburg/Westpr., verh., 1 Kd. - Mittelsch.; 1947-50 kaufm. Lehre - 1950-56 Nordd. Steingutfabrik (Buchhalter); s. 1956 Gemeinn. Wohnungs- u. Siedlungsgenoss. Bremen-Nord (1967 gf. Vorstandsmitgl.).

SONNTAG-WOLGAST, Cornelie
Dr. phil., Journalistin, MdB (s. 1988) - Zu erreichen üb. Bundeshaus, 5300 Bonn (T. 0228 - 16 38 98) - Geb. 29. Aug. 1942 Nürnberg, verh. s. 1969 m. Thomas Wolgast (Journ.) - Stud. German., Lit.- u. Musikwiss.; Promot. 1969 Hamburg - Journ.; 1971-88 Redakt. u. Moderatorin f. polit. Sendungen b. Nordd. Rundf. Zahlr. Art. f. Ztschr. u. Ztg. Beitr. z.

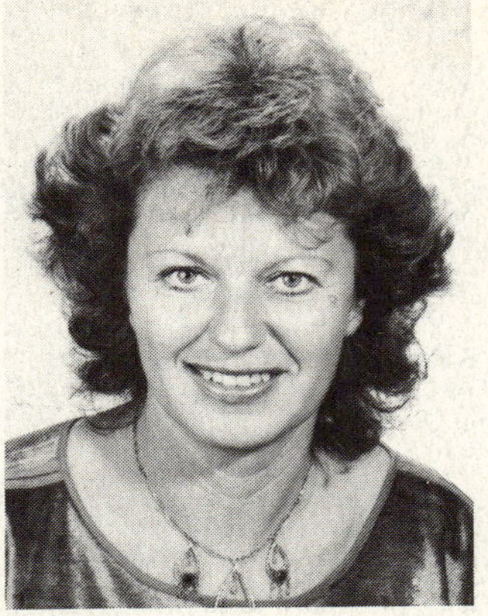

Frauenpolitik in mehreren Büchern. SPD.

SONTAG, Helmut W.
Prof., Fernsehjournalist, Chefredakt. Dt. Fernseh-Nachrichtenagentur, Lehrbeauftr. a. Inst. f. Publizistik FU Berlin, Forschungsauftr. MTC-Univ., San Francisco, Vors. Landesverband Berlin u. Mitgl. Präsidium Berufsverb. Dt. Kameramänner - Meinekestr. 11, 1000 Berlin 15 (T. 030 - 686 86 86) - Geb. 7. Nov. 1929 Bonn (Vater: Dr. med. vet. Anton S., Bakteriologe; Mutter: Josefine, geb. Schülter, Lehrerin), kath., verh. s. 1954 m. Journ. Ingeborg, geb. Hagen - Gymn. Bonn (Beethoven) u. Köln (Aposteln); Dt. Journalistensch. Aachen; Hochsch. f. Polit. Wiss. München - Volontär Köln. Rundschau, Redakt. D. Neue Ztg. u. SFB (Fernsehen), Korresp. Independent Television News (London). Zeitw. FDP (u. a. Mitgl. gf. Landesvorst. Berlin) - BV: Als d. Osten brannte, D. Schnellbootbesatzung (m. E. Wollenberg); Sidi - ein Kameramann u. Filmpionier. Etwa 100 Dokumentar- u. Fernsehfilme, dar. Mauer klagt an, Jugend im Feuer, Licht an d. Grenze, Flucht; versch. Expeditionsf. (u. a. 1958 Dt. Osterinsel) - 1983 BVK - Spr.: Engl., Franz., Span., Niederl. - Bek. Vorf.: Henriette S., Opernsängerin (Berlin).

SONTAG, Karl-Heinz
Dr. rer. nat., Dipl.-Biologe, Prof. f. Physiologie, apl. Prof. Med. Fak. Univ. Göttingen - Hermann-Rein-Str. 3, 3400 Göttingen - Geb. 19. März 1930 - Stud. Biologie u. Med.; Promot. 1966 Hamburg; Habil. 1974 Göttingen - Leit. Arbeitsgr. Neurophysiol. u. Neuropharmakol. Max-Planck-Inst. f. exper. Med. Göttingen. Gründungs- u. Vorst.-Mitgl. Ges. z. Förd. d. biomed. Forschung Bonn - 1983 Kopernikus-Med. Poln. Akad. d. Wiss.

SONTHEIMER, Heinrich
Dr. rer. nat., o. Prof. f. Wasserchemie Univ. (TH) Karlsruhe (s. 1966) - Stolper Str. 5, 7500 Karlsruhe-Waldstadt (T. 68 23 15) - Geb. 9. Sept. 1922.

SONTHEIMER, Kurt
Dr. phil., M. A., o. Prof. f. Polit. Wissenschaft - Viktor-Scheffel-Str. 2, 8000 München 40 (T. 33 17 37) - Geb. 31. Juli 1928 Gernsbach/Baden, ev., 2 Kd. (Michael, Ariane) - Stud. Soziol., Gesch., Polit. Wiss. Freiburg/Br., Erlangen, Kansas/USA (M. A. 1952). Promot. (1953) u. Habil. (1960) Freiburg - 1960-62 Prof. Päd. Hochsch. Osnabrück; 1962-69 Ord. FU Berlin; s. 1969 Ord. Univ. München. 1968-83 Mitgl. Präsid. Dt. Ev. Kirchentag, s. 1971 Mitgl. PEN-Zentrum BRD - BV: Thomas Mann u. d. Deutschen, 1961; Antidemokr. Denken in d. Weimarer Republik, 1962; Grundzüge d. polit. Systems d. BRD, 12. A. 1989; Dtschl. zw. Demokratie u. Antidemokr., 1971; D. polit. System Großbritanniens, 1972; D. DDR - Politik/Gesellschaft/Wirtschaft, 1972 (m. Wilhelm Bleek); Abschied v. Berufsbeamtentum?, 1973 (m. Bleek); D. Elend unserer Intellektuellen, 1976; D. verunsicherte Republik, 1979; Zeitenwende?, 1983. Herausg.: Israel - Politik/Gesellschaft/Wirtsch., 1968; Mithrsg.: Handb. d. dt. Parlamentarismus (1970; m. H. H. Röhring); Handb. d. pol. Systems d. BRD, 1977. Übersetzungen polit. Bücher aus d. Engl.: (B. Crick, H. Ehrmann) u. Franz.: (Duverger, Ellul, B. de Sauvigny, R. Aron) - 1985 Ernst-Robert-Curtius-Preis f. Essayistik; 1988 Ehrendoktor d. Univ. of Bredford, GB - Spr.: Engl., Franz., Ital.

SOPPER, Günter
Komponist u. Kapellmeister - Gartenstr. 49, 7400 Tübingen (T. 07071 - 5 24 52) - Geb. 27. Aug. 1948 Fürstenfeld/Österr., verh. s. 1976 m. Jill McElhanney, Übers., T. Kendra - Engagements an österr. u. dt. Theatern - Musikw.: Kompos. v. Schauspielmusik u. Chansons, Isolation f. Streichtrio (1987), Festakt f. gem. Ensemble (1988), Lieder zu Texten v. G. Trakl u. E. Lasker-Schüler (1989) - Liebh.: Bild. Kunst - Spr.: Engl.

SORBI, Pol M.
Aufsichtsrat Martini & Rossi AG, Bad Kreuznach, IGVA, Wien - Breslauer Str. 9, 6550 Bad Kreuznach/Nahe (T. 6 83 56) - Geb. 22. Mai 1921 Den Haag - Stud. Wirtschaftswiss. Univ. Tilburg (NL) - 1951 Fa. Martini & Rossi Nederland N.V. Rijswijk (1953 Vorst.-Mitgl.), 1955 Vorst.-Mitgl. Martini & Rossi AG Bad Kreuznach; 1971 Vorst.-Vors. IGVA Wien, 1972 Vorst.-Vors. Martini & Rossi AG Bad Kreuznach; s. 1976 stv. AR-Vors. M & R Bad Kreuznach u. AR-Mitgl. IGVA Wien - 1979-84 Président du Conseil d'Administration de la Société Martini & Rossi S.A.M. Casablanca - Spr.: Holl., Engl., Franz.

SORETH, Marion
Dr. phil., Prof. f. Philosophie - Krohstr. 4, 5000 Köln 51 (Bayenthal) (T. 38 69 18) - Geb. 26. Nov. 1926 Frankfurt/M. - S. 1958 (Habil.) Lehrtätigk. Univ. Köln (1965 apl. Prof.) - BV: D. platon. Dialog Hippias maior, 1953.

SORG, Herbert
Kaufmann (R. W. Grube & Co., Berlin 12), Vors. Vereinig. d. Textilind. v. Berlin, Berlin 30 - Messelstr. 7, 1000 Berlin 33 (T. 831 35 93) - Geb. 10. April 1913 - Handelsrichter.

SORG, Josef
Prof., Dozent f. Biologie Päd. Hochschule Weingarten - Oppeltshofer Weg 3, 7980 Ravensburg.

SORG, Margarete
Schriftstellerin - Rheinallee 12, 6500 Mainz 1 (T. 06131 - 61 16 02) - Geb. 4. Juli 1937 Bochum, ev., verh. m. Dr. med. Albert S., T. Margarete Sorg-Rose, Komponistin - Vors. GEDOK-Rhein-Main-Taunus, Gemeinsch. d. Künstlerinnen- u. Kunstfreunde - BV: Streiflichter, Ged. 1983, 2. A. 1984. Beitr. in Lit.ztschr. u. Anthol. - Liebh.: Lit., Musik, Malerei.

SORGE, Siegfried
Dr., Landrat Kr. Marburg-Biedenkopf - Theisenbachstr. 9, 3560 Biedenkopf/Hessen.

SORGER, Karlheinz
Dr. theol., Prof. f. Kath. Theol. u. Religionspäd. Univ. Hannover (s. 1972) - Pettenkoferstr. 9, 3014 Laatzen (T. 0511 - 82 52 80) - Geb. 12. Sept. 1930 Duisburg (Vater: Julius S., Sonderschulrektor; Mutter: Johanna, geb. Kübel), kath., ledig - 1950-55 Stud. Univ. Münster u. München; 1956 Priesterweihe; Promot. 1970 Münster - 1956-68 Seelsorgstätigk. Duisburg, Essen, Bochum; 1968 Assist., 1970 Doz. PH Ruhr Abt. Essen - BV: Gleichnisse im Unterr., 1972, 3. A. 1987; Zugänge zu bibl. Texten (m. a.), NT, 1980, 2. A. 1986. Herausg.-Direkt.: RU Ztschr. f. d. Praxis d. Religionsunterr. (s. 1983). Ca. 50 Veröff., u. a. zu rel.-päd. Fragen.

SORS, Hans-Edwin
Stadtdirektor - Jakob-Kaiser-Str. 5, 4550 Bramsche, Bez. Osnabrück (T. 39 89) - Geb. 27. Mai 1929 Duisburg, ev., verh.s. 1952 m. Wilma, geb. Breitkreuz, 2 Kd. (Jürgen, Birgit) - Verwaltungs- u. Wirtschaftsakad. - 1958-65 Pers. Ref. d. Oberbürgerm. d. Stadt Duisburg, dann Stadtdir. v. Bramsche - Spr.: Engl.

SOTTORF, Gerd K.
Direktor The Conference Board, New York, ehem. Vorst. Dt. Shell AG (Bereich Marketing) - Hammerichstr. 9, 2000 Hamburg 52 - Geb. 26. Jan. 1921 Bargteheide, verh. m. Sonny, geb. Schmidt, S. Christopher - Bayer. VO.

SOUCI, S. Walter
Dr. phil., Prof., Lebensmittelchemiker - Habsburger Platz 3, 8000 München 40 (T. 33 19 69) u. Schwaighofstr. 62, 8180 Tegernsee/Obb. (T. 28 40) - Geb. 15. Sept. 1904 München (Vater: Alfred S., Kunstmaler; Mutter: geb. Hoferichter), verh. s. 1946 m. Hildegard, geb. Nopper - Altes Realgymn. u. Univ. München (Dipl.-Chem.), Staatsprüf. f. Lebensmittelchem. Promot. (1928), Habil. (1937) München, 1939 Privatdoz., 1946 apl. Prof. Univ. München - 1947-68 Dir. Dt. Forschungsanst. f. Lebensmittelchemie, München (1951-65 zugl. Vorst. Balneolog. Inst./Chem. Abt.). Mitgl. Expert Advisory Panel WHO, Genf (1963-75) - BV: Praktikum d. qualitativen Analyse, 8. A. 1979 (m. H. Thies); Ausführung qualitativer Analysen, 9. A. 1971 (m. dems.); Chemie d. Moores, 1938; Fremdstoffe in Lebensmitteln, 1958 (m. E. Mergenthaler); Zusammensetzung d. Lebensmittel, 2 Bde. 1962/79 (m. W. Fachmann u. H. Kraut), 3. A. 1986/87 (auch engl. u. franz.); Lebensmittel-Tabellen f. d. Nährwertberechnung, 3. A. 1982 (m. H. Bosch). Herausg.: Ztschr. f. Lebensmittel-Unters. u. - Forsch. (1948-69); Mitherausg.: Handb. d. Lebensmittelchemie (1965 ff.) - Ehrenmitgl. Sociedad Española de Bromatologia, Madrid (Univ.), Sociedad Chilena de Nutrición, Bromatologia y Toxicologia, Santiago de Chile, Intern. Soc. of Medical Hydrology, Brüssel; Commandeur Ordre du Mérite pour la Recherche et l'Invention, Paris - Spr.: Engl., Franz.

SOWINSKI, Bernhard
Dr. phil., Univ.-Prof. f. deutsche Philol. Univ. Köln (s. 1982) - Mahagonipfad 35, 5000 Köln 71 - Geb. 30. März 1931 Hergisdorf/Eisleben, kath., verh. m. Roswitha, geb. Kurpioch, 4 Kd. - Banklehre; Abit.; 1951-58 Stud. German., Gesch., Phil.; Promot. 1959; 1. u. 2 Lehrerex.; Habil. 1981 - 1958-66 Gymnasiallehrer; 1966-70 Studienrat i.H.; 1970 Studien-Prof. Univ. Köln - BV: Germanistik I, 2. A. 1974; Fachdidaktik Deutsch, 2. A. 1978; Werbeanzeigen u. Werbesendungen, 1979; Textlinguistik, 1983; Darstellungsstil u. Sprachstil i. as. Heliand, 1985; Deutsche Stilistik, 3. A. 1986; Heinrich Böll, Satirische Erz. 1986; Art. Lit., Sprache in: Histor. Landeskd. Mitteldtschl. I-V, 1984-88; Heinrich Böll, Kurzgesch. 1988.

SOYKA, Dieter Paul
Dr. med., Prof., Direktor Neurol. Univ.-Klinik Kiel - Hofholzallee 266, 2300 Kiel (T. 52 48 66) - Geb. 9. Nov. 1929 Berlin (Vater: Theodor S., Vermess.-Ing.; Mutter: Alice, geb. Heller), ev., verh. s. 1957 m. Eva, geb. Blankenburg, 3 Söhne (Michael, Matthias, Martin) - Abit. 1946; 1947-53 Med.-Stud. (Staatsex. 1953 u. Promot. FU Berlin); Habil. f. Neurol. u. Psychiatrie 1966 Univ. Erlangen - 1972 Prof. in Erlangen; 1973 o. Prof. f. Neurologie, Dir. Neurol. Univ.-Klinik Kiel; 1979 Präs. Dt. Migräne-Ges.; 1987 Prorektor Univ. Kiel - BV: Kurzlehrb. d. klin. Neurol., 1970, 4. A. 1982; Tabulae Neurologicae, 2. A. 1982; Kopfschmerz, 1984. Herausg.: D. Gesichtsschmerz (1973); Migräne: Ursache - Diagnose (1978); D. Migräne (1979); Therapie d. Migräne (1985); Chronische Kopfschmerz-Syndrome (1988) - Liebh.: Musik, Lit.

SPAAR, Friedrich-Wilhelm

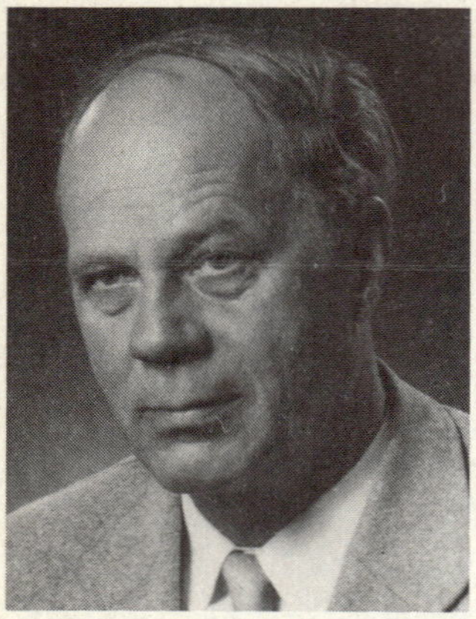

Dr. med., Prof. Univ. Göttingen, Facharzt f. Neurologie, Psychiatrie u. Neuropathologie - Robert-Koch-Str. 40, 3400 Göttingen; priv.: Leineweberstr. 6, 3412 Nörten-Hardenberg - Geb. 19. März 1921 Dresden (Vater: Dr. med. Richard S., Oberst-Arzt; Mutter: Selma, geb. Freiin Schuler v. Senden), ev., verh. s. 1963 m. Ursula, geb. Karheiding - Stud. Univ. Marburg; Staatsex. u. Promot. 1951.

SPADA, Hans

Dr. phil., o. Prof. f. Psychologie - In der Ehrenmatte 24, 7802 Merzhausen (T. 0761 - 40 62 99) - Geb. 25. Dez. 1944 Wien (Vater: Josef S., Hoteldir.; Mutter: Elisabeth, geb. Wieser), kath., verh. s. 1969 m. Dr. Verena, geb. Schweizer, 2 Kd. (Stephan, Saskia) - Univ. Wien (Psych.), Promot. 1969, Habil. 1976 (Wien), 1977 (Kiel) - Prof. Univ. Freiburg - BV: u.a.: Modelle d. Denkens u. Lernens, 1976; Developmental models of thinking, 1980 (zus. m. R. Kluwe); Wissenspsych. (zus. m. H. Mandl), 1988 - 1971 Preis d. Theodor Körner-Stiftg.-Fonds f. Sozialwiss. - Spr.: Engl.

SPAEH, Winfried H.

Generalbevollmächtigter Dresdner Bank AG., Direktor Americ. Chamber of Commerce - Nansenring 18, 6000 Franfurt 70 (T. 68 28 48) - Geb. 23. Dez. 1930 Essen, kath., verh. s. 1964 m. Waltraud, geb. Schab, 2 Kd. (Andrea, Olivier) - Gymn. (Abit.), Banklehre Dresdner Bank, s. 1961 Morgan Guaranty Trust Co., New York, s. 1972 Vice President u. General Manager Dtschl.-Filialen, ebd., s. 1975 wieder Dresd. Bk. (Generalbevollm.) - Liebh.: Ski, Tennis - Spr.: Engl., Franz.

SPÄHN, Heinz

Dr. rer. nat., Dr.-Ing. E.h., Dipl.-Ing., Prof., Abteilungsdirektor - Pariser Str. 17, 6700 Ludwigshafen/Rh. (T. 66 21 73) - Geb. 4. April 1926 Stuttgart, ev., verh. s. 1954 m. Lieselotte, geb. Hägele, 3 Söhne (Ralf, Joachim, Wolfgang) - Stud. Metallkd., Physikal. Chemie u. Elektrochemie. Promot. (1953) u. Habil. (Maschinenbau; 1961) Darmstadt - S. 1965 Leit. Materialprüfungsbetr., Prok. (1968), Abt.dir. Werkstofftechn. (1971) BASF AG, Ludwigshafen. S. 1961 Privatdoz. u. apl. Prof. (1968) TH Darmstadt (Fakultät für Maschinenbau). Fachveröff., auch Buchbeitr. - 1960 Silbermed. American Electroplaters' Soc.; 1966 Dechema-Preis Max-Buchner-Forschungsstiftg.; 1977 Erich-Siebel-Gedenkmünze d. Dtsch. Verb. f. Materialprüfg. u. DFBO; 1980 Ehrenurkunde Techn. Vereinig. d. Großkesselbetreiber; 1980 BVK, 1986 BVK I. Kl.; 1980 Frank Newman Speller Award Nat. Assoc. of Corrosion Engineers, USA; 1982 ACHEMA-Plak. in Titan - Liebh.: Klass. Musik, Skilauf - Spr.: Engl., Franz.

SPÄING, Ingo

Dr.-Ing., Dipl.-Berging., Aufsichtsratsmitglied Gebhardt & Koenig Gesteins- u. Tiefbau GmbH - Wipfelweg 13, 4600 Dortmund 30 (T. 46 40 31) - Geb. 22. Sept. 1921 Duisburg (Vater: Wilhelm S.), verh. m. Irmelind, geb. Redenz - TH Aachen - Vorst.-Vors. Ges. z. Förd. d. Forsch. u. Ausbild. auf dem Gebiet d. intern. technischen u. wirtschaftlichen Zusammenarbeit TH Aachen; Vorst.-Mitgl. Ges. Freunde Univ. Dortmund, Förderkreis Praxisnahe Ausb. FH Dortmund; Hon.-Prof. Univ. Bochum - BVK I. Kl., Ehrenmitgl. Vorst. Vereinig. Bergbau-Spezialges., Ehrennadel Stadt Dortmund - Spr.: Engl., Franz. - Rotarier.

SPAEMANN, Robert

Dr. phil., o. Prof. f. Philosophie - Umgelter Weg 10E, 6000 Stuttgart (T. 69 24 88) - Geb. 5. Mai 1927 Berlin - S. 1962 (Habil.) Lehrtätigk. Univ. Münster, TH bzw. Univ. Stuttgart (1962 Ord.), Univ. Heidelberg (1969 Ord.) u. München (1973 Ord.) - BV: D. Ursprung d. Soziologie aus d. Geist d. Restauration, 1959; Reflexion u. Spontaneität, 1963; Kritik d. polit. Utopie, 1977; Einsprüche, 1978; Rousseau, 1980; D. Frage Wozu. Gesch. u. Wiederentdeck. teleolog. Denkens, 1981; Moralische Grundbegriffe, 1983; Phil. Ess., 1983; D. Natürliche u. d. Vernünftige, 1987.

SPÄTH, Friedrich

Ass., Vorstand Ruhrgas AG., Essen - Im Heidkamp 5, 4300 Essen 1 (T. 18 41) - Geb. 9. Febr. 1936 Gilsbach (Vater: Friedrich S., Kaufm.; Mutter: Selma, geb. Müller), verh. s. 1967 m. Doris, 2 Kd. - Abit., Univ. Frankfurt u. Köln (Jura), Ass.

SPÄTH, Gerold

Schriftsteller - Sternengraben, CH-8640 Rapperswil (Schweiz) - Geb. 16. Okt. 1939 Rapperswil/Zürichsee - Kaufm. Ausbild. - BV/R.: Unschlecht, 1970 (auch USA u. Ital.); Stimmgänge, 1972; D. heile Hölle, 1974; Balzzapf od. Als ich auftauchte, 1977; Commedia, 1980; Erz.: 12 Geschichten, 1973; Phönix - D. Reise in d. Tag, 1978; Ende d. Nacht, 1979; V. Rom b. Kotzebue, Reisebilder, 1982; Sacramento, Erz. 1983; Sindbadland, 1984; Unser Wilhelm! Unser Tell, Stück 1985 (UA in Genf); Mein Besuch im Städtchen am See, Hörsp. 1986; D. See am Morgen, Hörsp. 1987; Barbarswila, R. 1988; Frühling/Sommer u. Herbst/Winter, Gesch. 1988; Pfaffenweiler Presse, 1988 - 1970 Conrad-Ferdinand-Meyer-Preis, 1979 Alfred-Döblin-Pr.; 1980 Stipendiat DAAD Berlin; 1981/82 Stip. Instituto Svizzero Roma; 1983 Intern. Pressepreis Stadt Rom (Targa d'Oro); 1984 Georg Mackensen-Literaturpr.; 1. Basler Hörspielpr. - Enstammt e. bek. Orgelbauerfamilie.

SPÄTH, Heribert

Dipl.-Ing., Bauunternehmer, Präs. Zentralverb. d. Dt. Handwerks (s. 1987), Präs. Handwerkskammer f. Oberbayern, München - Geisenhausener Str. 11, 8000 München 15 - Geb. München (Vater: Ludwig S., Bauuntern.), verh., 3 Kd. (dar. Sohn) - Zul. Oberm. Bau-Innung München; 1972 ff. Mitgl. Münch. Stadtrat (CSU), Gr. BVK - Liebh.: Musik.

SPAETH, Leopold

Gärtner, MdL Schlesw.-Holst. (s. 1971) - Winnerter Str. 13, 2251 Ostenfeld (T. 04845 - 3 64) - Geb. 30. Okt. 1928 Schaulen (Litauen), ev., verh., 3 Kd. - Realsch. Memel u. Flensburg (Mittl. Reife 1945); Gärtnerlehre - S. 1952 selbst. 1959 ff. Gemeindevertr.; 1962 ff. MdK. U. a. 3 J. Schatzm. Jg. Union SH. CDU s. 1959 (1969 Kreisvors. Husum bzw. 1970 Nordfriesl.).

SPÄTH, Lothar

Dr. rer. oec. h. c., Ministerpräsident Baden-Württ. (s. 1978) - Richard-Wagner-Str. 15, 7000 Stuttgart 1 - Geb. 16. Nov. 1937 Sigmaringen, ev., verh. (Ehefr. Ursula), 2 Kd. - Obersch. Beilstein u. Heilbronn, 1953-58 Ausbild. Verw.dienst; 1958/59 Staatl. Verwaltungssch. Stuttgart; s. 1960 Finanzverw. Bietigheim; ab 1965 Beigeordn. u. Finanzref., 1967 Bürgerm. d. Stadt Bietigheim, 1970-74 Gf. Neue Heimat Bad.-Württ., Stuttgart, u. Vorst.-Mitgl. Neue Heimat, Hamburg; 1975-77 AR- bzw. Vorst.-Mitgl. Baresel AG, Stuttgart; s. 1968 Mitgl. Landtag Bad.-Württ.; Febr. 78 bis Aug. 78 Innenmin., s. 30.8.78 Min.präs. 1979ff. Landesvors; s. 1981 stv. Vors. CDU Dtschl. - 1984 Ehrendoktor Univ. Karlsruhe - Liebh.: Tennis, Skat.

SPAETH, Maximilian

Dr. phil., Journalist, Schriftst. - Sibeliusstr. 7, 8500 Nürnberg (T. 59 14 06) - Geb. 18. Febr. 1902 Ensisheim/Els., verh. m. Annelies, geb. Sonntag, S. Michael - U. a. Neue Leipziger u. Nürnbg. Ztg. (Feuilletonleit.) - W: 's freije Elsaß, Dr. 1920; Fredegar u. Fredegundis, Leg. 1926; D. Handlung d. Räuber, Ess. 1926; Glück d. Mutter, Ged. 1949. Herausg.: Komödiantengesch. (1949), Musikanten-Gesch. (1950). Musik- u. Theaterkrit.

SPAETH, Walter

Dr. jur., Präsident Bayer. Oberster Rechnungshof (s. 1986) - Zu erreichen üb. Oberster Rechnungshof, Kaulbachstr. 9, 8000 München 22 - Geb. 1929 - Jura-Stud. - Mitarb. bayer. Staatskanzlei; ab 1982 Ministerialdir. bayer. Arbeits- u. Sozialmin.

SPAGERER, Walter

Gewerkschaftsangestellter i.R., MdL Baden-Württ. (1972-88) - Große Ausdauer 15, 6800 Mannheim 31 (T. 0621 - 74 43 95) - Geb. 2. Nov. 1918 Waldhof/Mannheim, verh., 2 Söhne - Volkssch.; Feinmechanikerlehre - 1938-45 Arbeitsu. Wehrdst., dann Betriebsmechaniker, s. 1951 Sekr., II. (1955) u. I. Bevollm. (1961) IG Metall/Verwaltungsst. Mannheim. 1968ff. Stadtratsmitgl. Mannheim. SPD.

SPAHMANN, Gerhard Martin

Rechtsanwalt, Geschäftsf. Mieder-Mode-Inst. Dessous u. Mode e.V., Teilh. Beringarus Buch- u. Antiquitätenverlag GmbH - Kanzlei: Martin-Luther-Str. 38, 7015 Korntal 1 (T. 0711 - 83 30 01 + 02); priv.: Hansenklinge 1, 7156 Wüstenrot 5 - Geb. 9. Juli 1935 Heilbronn - Landesvorst. AGS Baden-Württ.

SPAHN, Norbert

Dipl.-Kfm., Geschäftsführer Akzo Coatings GmbH Stuttgart - Zu erreichen üb. Akzo Coatings GmbH, Magirusstr. 26, 7000 Stuttgart 30 - Geb. 6. April 1939, verh. - Vorst.-Vors. Verb. d. Chem. Ind., Landesverb. Baden-Württ.; Vorst.-Mitgl. Verb. d. Lackind., u. Landesverb. d. Baden-Württ. Ind.

SPALLEK, Karlheinz Anton

Dr. rer. nat., Prof. f. Mathematik - Math. Institut Ruhr-Univ., Universitätsstr., 4630 Bochum - Geb. 9. Febr. 1934 Bergwalde (Vater: Karl S., Lehrer; Mutter: Maria, geb. Hayna), kath., verh. s. 1964 m. Ursula, geb. Berentroth, 5 T. (Karoline, Irene, Annemonika, Ulrike, Marietheres) - Univ. Heidelberg, Münster (Math., Phys., Phil., Staatsex. 1961, Promot. 1962, Habil. 1966) - 1966/67 Prof. USA, 1968 Argent., 1970 Italien (dazw. Münster), s. 1972 Univ. Bochum (Dekan 1977), 1979-81 gf. Dir. S. 1977 Kirchenvorst. - BV: Kurven u. Karten, 1980; Zahl u. Zuordnung, 1981; zahlr. Art. in Fachztschr. - Spr.: Engl., Franz. (Span.).

SPALTHOFF, Franz Josef

Dr.-Ing. E. h., Dipl.-Ing., Vorstandsmitglied Rheinisch-Westfälisches Elektrizitätswerk AG (RWE) - Kruppstr. 5, 4300 Essen - Ehrenamtl. Tätigk. (Techn. Vereinig. d. Großkraftwerksbetreiber, Dt. Nationales Komitee/Weltenergiekonfz., Vereinig. Dt. Elektrizitätsw.); versch. AR-Mand. in Ind. u. Wirtsch. - 1984 Ehrendoktor Univ. Stuttgart u. BVK I. Kl.

SPAMER, Peter

Dr. sc. pol., Dipl.-Ing., Geschäftsführer Fachgemeinschaften Gummi- u. Kunststoffmaschinen u. Pumpen u. Kompressoren u. Vakuumpumpen i. VDMA - Postfach 71 08 64, 6000 Frankfurt 71 (T. 6 60 30) - Geb. 9. Aug. 1933 Frankfurt/M. - BV: Montagehandb. - Außenmontae u. Instandhalt., Begriffe, Träger, Durchführ., 1980; Einsatz v. Montagepersonal im Inl., 1980; Preisbild. b. Außenleist., 1981; Außenleist. als Aufg. d. betriebl. Org., 1982; Techn. Regeln f. Kreiselpumpen, 1986.

SPANDAU, Hans

Dr. rer. nat., Prof., Chemiker - Liebermannstr. 10, 3300 Braunschweig (T. 33 60 87) - Geb. 5. Jan. 1913 Braunschweig (Vater: Paul S., Lehrer; Mutter: Hedwig, geb. Westphal), ev., verh. s. 1949 m. Maud-Ruth, geb. Keuck, 4 Kd. - Wilhelm-Gymn. Braunschweig; TH ebd., Univ. Göttingen u. Greifswald (Dipl.-Chem.). Promot. 1939 Greifswald; Habil. 1949 Braunschweig - S. 1936 Univ. Greifswald (Assist. Chem. Inst.), TH Berlin (1943; Obering. Metallhüttenmänn. Inst.), Bergakad. Clausthal (1946; Assist.) u. TH bzw. TU Braunschweig (1947; Assist. (Inst. f. Anorgan. Chemie), 1949 Doz., 1956 apl. Prof., 1962 Wiss. Rat u. Prof., 1963 Abt.svorsteher u. Prof. Inst. f. Anorgan. Chemie) - BV: Kurzes Lehrb. d. Anorgan. u. Allg. Chemie, 1940, 8. A. 1977 (m. G. Jander); Qualitative Nachweisverfahren d. Alkalimetalle, in: Fresenius u. Jander, Handb. d. Analyt. Chemie, 1944; Teilchengewichts-Bestimmung organ. Verbind. m. d. Dialysenmethode, 1951; D. Chemie in nichtwässr., ionisierenden Lösungsmitteln, 1960 (m. Jander u. Addison). Ztschr.aufs.

SPANEHL, Werner

Präsident a. D. Oberpostdirektion Hamburg - Überseering 30, 2000 Hamburg 60; priv.: Reichskanzlerstr. 38, -52 - Geb. 7. Febr. 1923 Gelsenkirchen, ev., verh. s. 1950 m. Ursel, geb. Lotz, 3 Kd. (Gösta, Tamara, Elmar) - Journ.; Chefredakt. u. Pressechef Dt. Post; ab 1975 Präs. OPD Kiel, ab 1980 Hamburg. AR-Mand. - 1963 u. 64 Theodor-Wolff-Preis, 1983 BVK I. Kl.

SPANG, Günter

Schriftsteller - Wendl-Dietrich-Str. 12, 8000 München 19 (T. 16 27 74) - Geb. 10. Mai 1926 Mannheim - Rd. 60 Kinder- u. Bilderb., Roman, Satire; Übers. in 13 Spr.; Spielf.: Mein Onkel Theodor; Hör- u. Fernsehsp. - 1969 Tukan-Preis Stadt München; 1974 Dt. Jugendbuchpreis; 1979 Critici in Erba; 1984 Buchpreis d. AWMM - Lit.: Karl-Heinz Klimmer, Phantasie u. Wirklichkeit - Üb. G. S., in: D. gute Jugendb., 3/1972.

SPANG, Konrad

Dr. med., Prof., Intern. - Birkenwaldstr. 161, 7000 Stuttgart - Geb. 10. Juni 1909 Möckmühl/Württ. - S. 1943 (Habil.) Lehrtätigk. Univ. Heidelberg (1949 apl. Prof. f. Inn. Med.) - BV: D. Altersulkus an Magen u. Zwölffingerdarm, 1948; Rhythmusstörungen d. Herzens, 1957 (auch span., ital.). Etwa 100 Einzelarb.

SPANG, Rudolf

Dr. jur., Dipl.-Volksw., Botschafter a.D. - Bad Schussenried - Geb. 25. April 1913 Schussenried, verh., 3 Kd. - Stud. Volksw. u. Rechtswiss. Univ. München, Hamburg, Tübingen. 1. u. 2. jurist. Staatsprüf. Staatsanwaltschaft; Finanzmin. Württ.-Baden (pers. Ref. d. Min.s; als Oberreg.srat (1951) u. Reg.sdir. (1954) Ref. f. Bundesangelegenh. u. finanz. Bezieh. zw. Bund u. Ländern); s. 1956 AA, als Vortr. Legationsrat I. Kl. Leit. Haushaltsref.; 1961-64 Generalkonsul Basel; anschl. Botschaft Santiago de Chile (Botsch.rat I. Kl. u. ständ. Vertr. d. Botsch.); 1970 Ministerialdirigent u. Leit. Unterabt. Personal AA; 1973-78 Botsch. d. BRD in Venezuela.

SPANGENBERG, Dietrich

Staatssekretär - Godesberger Allee 140,

5300 Bonn-Bad Godesberg - Geb. 25. Juni 1922 Dömitz/Elbe (Vater: Dr. med. Gerhard S.; Mutter: Gertrud, geb. Bebber), ev., verh. s. 1957 m. Gisela, geb. Jungblut - Stud. Med. Berlin (o. Abschl.) - 1942-45 Wehrdst.; 1948-50 Sekr. Student. Selbstverw.; 1950-58 Geschäftsf. Amt f. gesamtd. Studentenfragen; 1958-1963 Leit. Landeszentrale f. polit. Bildungsarbeit; 1963-67 Senatsdir. u. Chef Senatskanzlei; 1967-69 Senator f. Bundesangelegenh. u. Bevollm. b. Bund (alles West-Berlin); 1969-74 Staatssekr. Bundespräsidialamt, Bonn; 1974 Bevollm. d. Bundesreg. in Berlin; 1977 Staatssekr. Bundesmin. f. innerdt. Bezieh. SPD s. 1947 - Orden Großbritannien, Chile, Marokko, Tunesien, Niederlande, Schweden, Dänemark, Indonesien, Norwegen, Belgien, Japan, Rumänien, Italien, Vatikan; 1970 BVK - Liebh.: Bücher, Musik (bes. Tschaikowskij).

SPANIOL, Otto

Dr., Prof., Lehrstuhl f. Informatik IV, RWTH Aachen - Templergraben 64, 5100 Aachen (T. 0241 - 80 45 39/45 68) - Geb. 11. April 1945 Otzenhausen (Vater: Adolf Sp., Mutter: Hedwig, geb. Backes), kath., verh. s. 1971 m. Renate, geb. Graß, S. Marc - Dipl. 1968 Univ. Saarbrücken, Promot. 1971 - 1972 Assist. Prof. Univ. Saarbrücken; 1976 C3-Prof. Univ. Bonn; 1981 C4-Prof. Univ. Frankfurt; 1984 Lehrst. f. Informatik IV RWTH Aachen - Patent 3003009 f. Schalt. z. Realisier. v. Verknüpfungsfunktionen (m. F. J. Kauffels) - BV: Arithmetik in Rechenanl., Studienb. 1976; Computer Arithmetic: Logic and Design, 1981 (übers. Engl.) - Spr.: Engl., Franz.

SPANJER, Geerd

s. Spanjer, Gerhard

SPANJER, Gerhard

Realschullehrer i. R., Schriftst. (Ps.: Geerd Spanjer) - Gallberghöhe 13, 2380 Schleswig (T. 2 46 13) - Geb. 7. Aug. 1905 Witten/Ruhr (Vater: Carl S., Stadtrat u. Dir. Städt. Licht- u. Wasserwerke; Mutter: Marie, geb. Trog), ev., verh. s. 1939 m. Ilse, geb. Schroers, T. Sielke, verehel. Salomon - Reform-Realgymn.; TH Darmstadt, Univ. Marburg, Göttingen, Münster (German., Biol., Religionslehre). Staatsex. f. d. höh. Lehramt 1935 Münster; Mittelschullehrerex. 1951 Kiel - Mitarb. Naturkundemus. Münster, Fischereiref. Landesbauernschaft Westf., Archivpfleger Glückstadt, Lehrer Heimvolkshochsch. Leck, Doz. Dithmarscher Landessch. Lunden, Gebietspfleger f. Pflanzenkd. u. Ehrenmitgl. (1975) Arbeitsgem. Geobotanik Schlesw.-Holstein - BV: Die Leute vom Maßenhof, Erz. 1937; Heimweh nach Holstein, Ged. 1938; Steh' grade deinem Schicksal, Erz. 1939; D. Reise z. Glockenguß, N. 1944; D. Spitzenhäubchen, N. 1950; V. Heimat u. Weite, Ged. 1953; Aquarelle d. Landschaft, Ged. 1961; D. Teufel u. d. blaue Madonna, Leg. a. Schlesw.-Holst., 1976; Vom Schauen trunken (Von Malern u. ihren Bildern), Ged. 1978; Es ist d. alte Licht, Erz. u. Ged. 1980. Beitr. schöngeist. u. wiss. Art in Ztg. u. Ztschr. - 1981 Schlesw.-Holst.-Med. - Liebh.: Genealogie, Kunst-, Lit.gesch., Natur- u. Tierschutz, Geobotan. - Bek. Vorf.: Nicolaus Moritz Pflueg, Brunsbüttel, Mitgl. Preuß. Abgeordnetenhs. (Urgroßv.) - Lit.: Prof. Dr. G. Jörgensen, D. Heimat e. Lied gesungen, üb. G. S., Steinburger Jahrb., 1962; Fr. Köhncke, D. Botaniker u. Schriftst. G. S. z. 65. Geburtstag, D. Heimat, 77. Jg. 1970; Dr. Dirk Puls, G. S. 70 J. alt, Ztschr. Schlesw.-Holstein 1975; Prof. Dr. Jörgensen, Eigene Welten gebaut, G. S. 70 J., Schlesw.-Holst. Heimatkalender 38. Jg. 1976, zahlr. Veröff. z. 75. Geburtstag 1980.

SPANN, Wolfgang

Dr. med., Prof. f. Gerichtl. Medizin - Voltastr. 84, 8000 München 19 (T. 129 36 43) - Geb. 29. Aug. 1921 Spalt/Mfr. (Vater: Dr. Dr. Josef S., Prof. Ord. f. Tierzucht (s. XIII. Ausg.); Mutter: Barbara, geb. Wechsler), verh. s. 1949 m. Eldtraud, geb. Reis, 2 Kd. (Karl Wolfgang, Sabine) - Promot. 1947; Habil. 1956 - S. 1956 Lehrtätigk. Univ. München (1962 apl. Prof.), Freiburg (1966 Ord.), München (1969 Ord.) - BV: Ärztl. Rechts- u. Standeskunde, 1962; Pathologie d. Traumas, 1967. Üb. 150 Einzelarb. - 1971 Mitgl. Dt. Akad. d. Naturforscher (Leopoldina), Halle/S.; Ehrenpräs. Intern. Akad. f. Gerichtl. u. Soz. Med.; 1981 Bayer. VO; 1985 Ehrendoktor Univ. Istanbul - Liebh.: Segeln.

SPANNER, Hans

Dr. jur., em. o. Prof. f. Öfftl. Recht, insb. öfftl. Wirtschafts- u. Steuerrecht - Candidstr. 24, 8000 München 90 (T. 65 21 41) - Geb. 3. Aug. 1908 Graz/Steierm. (Österr.), kath., verh. s. 1956 m. Else, geb. Fischer - Univ. Graz u. Wien (Rechtswiss.). Habil. 1934 Graz - S. 1937 Prof. Univ. Graz (1951 Ord.), Erlangen (1956 Ord.), München (1960 Ord.); Staats-, Verw.s- u. Steuerr.); 1976 emerit. - BV: D. richterl. Prüfung v. Gesetzen u. Verordnungen, 1951; Handb. d. Österr. Verfassungsrechts, 1957 (m. Adamovich); D. Steuerbürger u. d. Bundesverfassungsgericht, 1967; D. Bundesverfassungsgericht, 1972. Zahlr. Einzelarb.

SPANNHUTH, Walter

Vorstandsmitglied Bremer Silberwaren-Fabrik AG., Bremen -Zur Deepen Wisch, 2801 Oyten üb. Bremen - Geb. 25. Febr. 1925.

SPANUTH, Jürgen

Pastor - Lütjenshöft, 2257 Bredstedt (T. 04671 - 18 48) - Geb. 5. Sept. 1907 Leoben/Steierm. (Vater: Dr. D. Paul S., Pastor; Mutter: Marie, geb. Baetz), ev.-luth., verh. s. 1933, 5 Kd. - 1933-78 Pastor i. Bordelum - BV: D. enträtselte Atlantis, 1953; ...und doch: Atlantis enträtselt!, 1955; Atlantis, Heimat, Reich u. Schicksal d. Germanen, 1965; D. Atlanter, 1976; D. Philister, 1979; D. Phönizier, e. Nordmeervolk im Libanon, 1985; D. Rückkehr d. Herakliden Europa kam aus Tyros, 1988 - Liebh.: Vorgesch., Klass. Archäol., Gesch. d. Orients, Religionsgesch. - Spr.: Holl., Franz. - Rotarier.

SPARBERG, Lothar F. W.

Prof., Senator E. h. Univ. Heidelberg u. Karlsruhe, Aufsichtsratsvorsitzender IBM Deutschl. GmbH, Stuttgart - Zu erreichen üb. IBM, Postfach 80 08 80, 7000 Stuttgart 80 - Geb. 24. Sept. 1927 Herne/W. - Mitgl. u. a.: Wirtsch.beirat Westdt. Landesbk., Düsseldorf; Beirat d. Schmalenbach-Ges. Dt. Ges. f. Betriebsw., Köln; Vorst. Stifterverb. f. d. Dt. Wiss.; Vorst. Landesverb. d. Baden-Württ. Ind.; Vizepräs. VDMA.

SPARY, Peter

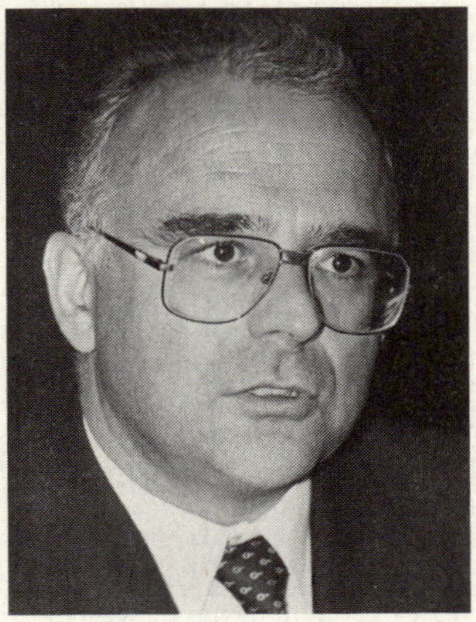

Dr., Hauptgeschäftsführer Mittelstandsvereinig. CDU/CSU - Heussallee 40, 5300 Bonn 1 (T. 0228-21 10 41) - Geb. 12. März 1940 Beuthen/OS. (Vater: Karl S., Dipl.-Berging.), kath., verh. s. 1964 m. Helga, geb. Hager, 2 Kd. - 1960-64 Stud. Wirtsch.wiss. Univ. Saarbrücken u. Innsbruck (Dipl.-Volksw. 1964) - 1967 Ref. z. Stud. Strukturpolit. Fragen e.V., Bonn; 1967ff. Geschäftsf. Diskussionskr. Mittelst. CDU/CSU-Bundestagsfrakt.; s. 1975 auch Hptgeschäftsf. Mittelstandsvereinig. S. 1976 gf. Gesellsch. Mittelst.-Verlag GmbH, Bonn; s. 1976 gf. Vorst.-Mitgl. d. Vereins z. Förderung d. Wettbewerbswirtsch., Bonn. 1974-84 Lehrbeauftr. f. Wirtschaftspolitik Kath. FHS Aachen - 1983 BVK am Bde.; 1987 Dt. Mittelstandspreis.

SPATHELF, Ernst

Dipl.-Ing., Geschäftsführer Schiele Industriewerke GmbH, Hornberg - In der Grub 485, 7625 Gutach/Schwarzwald (T. 07833 - 65 65) - Geb. 23. Juni 1930 Gutach (Vater: Friederich S., Bahnbeamter; Mutter: Margarete, geb. Wälde), ev., verh. s. 1957 m. Gertrud, geb. Moser, 4 Kd. (Ingrid, Christof, Hans-Jürgen, Andreas) - Schulen Hornberg u. Triberg, TU Karlsruhe (Hochspannungstechnik u. Elektromasch.bau, Dipl. 1957) - 1973-79 Kreistagsmitgl., Fach- u. Ehrenämter - Spr.: Engl.

SPATSCHEK, Karl-Heinz

Dr. rer. nat., Prof. f. Theoretische Physik - Dingerkusweg 19, 4300 Essen 16 (T. 0201-40 64 78) - Geb. 13. Jan. 1943 Grätz (Vater: Karl S.; Mutter: Hildegard), kath., verh. s. 1972 m. Dr. phil. Gertrud, geb. Brüggemann, 3 Kd. (Robert, Julia, Richard) - 1961 Abit. Bonn, Univ. Bonn (Dipl.-Phys. 1966), Promot. 1971 Bochum - 1975-85 Prof. f. theor. Physik Univ. Essen GH; s. 1985 Prof. f. theor. Physik Univ. Düsseldorf. Wiss. Veröff. z. theor. Physik (Plasmaphysik, Nichtlineare Wellen) - Spr.: Engl.

SPAZIER, Günther

Ministerialrat, Vorstandsvors. Dt. Zentrale f. Tourismus, Frankfurt/M. (s. 1968) - Ringstr. 2, 6084 Gernsheim/Rh. (T. 37 94) - Geb. 24. Aug. 1929 Mainz (Vater: Philipp S., Hotelier; Mutter: Mathilde, geb. Bauer), ev., verh. s. 1953 m. Irene, geb. Kaus - Realgymn.; Justizakad. (2 Ex.) - Amtsanw.; Ref. f. Fremdenverkehr Hess. Min. f. Wirtschaft u. Verkehr - BV: Ferienland Hessen - 1976 Offz.-Kreuz VO. d. Rep. Italien, gr. gold. Ehrenz. Rep. Österr., BVK I. Kl. - Liebh.: Jagd, Sportfischerei, Sport, Fotogr.

SPECHT, Albert

Direktor, Vorstandsvors. Küppersbusch AG. - Küppersbuschstr. 16, 4650 Gelsenkirchen (T.401-300) - Geb. 29. Nov. 1926 Hamburg - Vors. Fachverb. Heiz- u. Kochgeräte-Ind., Frankfurt/M.

SPECHT, Ernst Konrad

Dr. phil., Prof., Philosoph - Brohlerstr. 2, 5000 Köln 51 (T. 38 75 98) - Geb. 16. Febr. 1926 Altenkirchen/Westerw. - S. 1961 (Habil.) Lehrtätigk. Univ. Bonn (1967 apl. Prof.; 1969 Wiss. Rat u. Prof.) - BV: D. Analogiebegriff bei Kant u. Hegel, 1952; D. sprachphil. u. ontolog. Grundl. im Spätwerk Ludwig Wittgensteins, 1963; Sprache u. Sein, 1967.

SPECHT, Ernst-Dieter

Gf. Gesellschafter mano-Lederwaren Mosbach-Gruber GmbH + Co. KG, Offenbach - Sprendlinger Landstr. 180, 6050 Offenbach (T. 069-83 10 91) - Geb. 3. Febr. 1928 Zerbst, ev., verh. s. 1958 m. Marti Aue de Specht, 2 Kd. (Angela, Michael) - Abit. 1947; prakt. kaufm. Ausb. b. Fa. Mosbach, Gruber & Co., Offenbach - Außendst.; 1961 Prok., 1962 Kommanditist; 1973 Übern. d. Fa. Mosbach, Gruber GmbH & Co. KG (gf. Gesellsch.). S. 1979 Handelsrichter; Mitgl. Senat Dt. Ledermus. (1976); s. 1983 Vors. Verb. Dt. Lederwaren- u. Kofferind. - Liebh.: Sport, Musik, Theater - Spr.: Engl., Franz.

SPECHT, Friedrich

Dr. med., Prof. - Keplerstr. 3, 3400 Göttingen - Geb. 3. Dez. 1924 Emden (Vater: Franz S., Oberstud.rat; Mutter: Elisabeth, geb. Herbrechtsmeier), ev., verh.s. 1952 m. Helga, geb. Müller, 4 Kd. (Gerhard, Anne Karen, Friederike, Heiner) - Stud. Berlin, Freiburg, Prag, Göttingen; Promot. 1950; Habil. 1966, bde. Göttingen - S. 1970 Abt.vorst. Kinder- u. Jugendpsychiatrie Univ. Göttingen - BV: Sozialpsychiatr. Gegenwartsprobleme d. Jugendverwahrlosung, 1967; Soziotherapie d. Oligophrenien, Handbuchbeitr. 1972; Beanspruchung v. Schülern-Kinder- u. Jugendpsychiatr. Aspekte, 1977; Integrative Sozialtherapie, 1980; Schule u. Sozialisation, Handb.beitr. 1984; Dissozialität, Delinquenz, Verwahrlosung, Handb.beitr. 1985; Kinder- u. Jugendpsychiatrie, Buchbeitr. 1987.

SPECHT, Günter

Dr., Prof. f. Betriebswirtschaftslehre TH Darmstadt (s. 1977) - Stadtring 38, 6120 Michelstadt - Geb. 26. Juli 1940 Michelstadt, verh. s. 1965, 1 Kd. - 1961-66 Stud. Univ. Frankfurt; Promot. 1971 Mannheim; Habil. 1977 ebd. - 1979/80 Dekan; 1980/81 Vors. Wiss. Kommiss. Marketing; 1986-88 gf. Dir. Inst. f. Betriebswirtschaftslehre - BV: Preisführerschaft, 1971; Marketing-Management u. Qualität d. Lebens, 1974; Macht aktiver Konsumenten, 1979; Industrielles Beschaffungsverhalten, 1985; Distributionsmanagement, 1988.

SPECHT, Hermann

Dr. techn., Prof., Wiss. Rat Inst. f. Gärungsgewerbe u. Biotechnologie - Seestr. 13, 1000 Berlin 65 (T. 465 90 11) - S. 1956 (Habil.) Lehrtätigk. TU Berlin (1962 apl. Prof. f. Gärungsgew.).

SPECHT, Manfred

Dr.-Ing., Dipl.-Ing., Prof. f. Stahlbeton- u. Spannbetonbau TU Berlin - Egisheimer Weg 3 A, 1000 Berlin 47 - Geb. 13. Nov. 1937 Dessau - Dipl. 1961 TH Dresden, Promot. 1972 TU Hannover - 1966 Konstruktionschef Dyckerhoff & Widmann AG, Hannover; 1969 Obering.; 1975 Niederlass.leit. Dyckerhoff & Widmann AG, Koblenz; s. 1979 o. Prof. f. Stahlbeton- u. Spannbetonbau TU Berlin (1981-87 gf. Dir. Inst. f. Baukonstrukt. u. Festigk.). 1979 berat. Mitgl. Dt. Beton-Verein Berlin; 1982 Mitgl. Dt. Aussch. f. Stahlbeton - BV: D. Belast. v. Schal. u. Rüst. durch Frischbeton, 1973.

SPECHT, Rainer

Dr. phil., o. Prof. f. Philosophie Univ. Mannheim (s. 1967) - Altenbach-Neue Anlage 25, 6905 Schriesheim 2 (T. 06220 - 17 30) - Geb. 10. Jan. 1930 - Habil. 1964 Hamburg - Facharb.

SPECHT, Wilhelm

Dr. phil., o. Prof. f. Angew. Mathematik (emerit.) - Am Röthelheim 56, 8520 Erlangen - Geb. 22. Sept. 1907 Rastatt/Baden - 1938 (Habil.) -72 Lehrtätigk. Univ. Breslau u. Erlangen bzw. -Nürnberg (1948; 1950 Ord. u. Mitvorst. Math. Inst.) - BV: Gruppentheorie; Elementare Beweise d. Primzahlsätze. Fachaufs.

SPECK, Josef

Dr. phil., Prof. f. Philosophie Univ. Dortmund - Drosselweg 6, 4400 Münster-Roxel (T. 02534 - 72 20) - Geb. 11. März 1927 Grottkau (Vater: August S., Hauptlehrer; Mutter: Erna, geb. Poser), verh. s. 1960 m. Inge, geb. Martens, 2 S. (Michael, Uwe) - 1950-1959 Univ. Hamburg (Phil., Päd.; Promot. 1959) - 1964-71 Leit. Dt. Inst. f. Wiss. Päd., Münster (1965ff. nebenamtl.); s. 1965 Inh. Lehrstuhl für Phil. Päd. Hochschule Ruhr, Dortmund - BV: Heideggers Phil. in ihrem Verhältnis z. phil. Tradition, 1959 (Diss.); Karl Rahners theol. Anthropologie, 1967; D. anthropol. Fundierung erzieher. Handelns, 1968. Ztschr.aufs. Herausg.: Grundprobleme d. gr. Philosophen, 12 Bde. (1972ff.); Handb. päd. Grundbegriffe (zs. m. G. Wehle, 1970), Problemgesch. d. neueren Päd. (3 Bde. 1976); Gesch. d. Päd. d. 20. Jh. (2 Bde. 1978); Handb. Wiss.-theoret.

Begriffe (3 Bde. 1980), (jeweils auch Mitautor) - Liebh.: Musik, Fotogr.

SPECKER, Hans Eugen

Dr. phil., Honorarprof. f. Gesch. Univ. Tübingen, Leiter Stadtarchiv Ulm - Stadtarchiv Ulm, Postf. 39 40, 7900 Ulm - Geb. 31. Mai 1937 Esslingen/Neckar - Vors. AG Kommunalarchivare im Städtetag Baden-Württ.; o. Mitgl. Südwestdt. Arb.kr. f. Stadtgesch.forsch. u. d. Kommiss. f. geschichtl. Landeskd. in Baden-Württ.; Vorst.-Mitgl. Gesamtverein d. dt. Geschichts- u. Altertumsvereine u. d. Sektion Kommunalarchive im Intern. Archivrat; stv. Vors. Verein dt. Archivare u. Vors. d. Fachgr. Kommunalarchivare; Schriftleit. Ztschr. Ulm u. Oberschwaben, u. Monographienreihe Forsch. z. Gesch. d. Stadt Ulm - BV: Ulm. Stadtgesch., 1977; Ulm an d. Donau, 1985. Herausg.: Tradition u. Wagnis. Ulm 1945-72 (1974); Einstein u. Ulm (1979); Stadt u. Kultur (1983). Mithrsg.: 600 J. Ulmer Münster, Festschr. (2. A. 1984); Kirchen u. Klöster in Ulm (1979); Einf. d. Reformation in Ulm (1981).

SPECKER, Manfred

Dr. rer. nat., Generalbevollmächtigter Fresenius AG, Bad Homburg - Weilerhalde 32, 7902 Blaubeuren/Ulm (T. 07344 - 86 18) - Geb. 8. Aug. 1931 Freiburg (Vater: Edelbert Sp., Stud.Dir.; Mutter: Johanna, geb. Zirlewagen); kath., verh. s. 1959 m. Christa, geb. Bußmann, 2 Töcht. (Beate, Andrea) - Abit. 1952 Freiburg; Stud. Pharmazie u. Med. Univ. Freiburg (Promot.); Weiterbild. Pharmakol. in Freiburg u. Ulm - Apotheker; Univ.-Assist. Pharm. Inst. Frbg.; Ltg. Lentia, München; Geschäftsf. Merckle, Blaubeuren; Vorst. Fresenius AG, Bad Homburg, Vorst. Fachgruppe Infus.Lösg. im BPJ, Frankfurt; Mitgl. Dt. Ges. f. Pharmakologie u. Toxikologie (DGPT), Ges. f. Naturforscher u. Ärzte, nationale u. intern. Fachges. - Wiss. Publ.; Patente f. neue Arzneimittel - Liebh.: Texten, Grafik, Fotografie, Musik.

SPECKMANN, Klaus

Dr. med., Prof., Chefarzt Innere Abt. Johanniter-Krankenhaus Bonn - Achim-v.-Arnim-Str. 36, 5300 Bonn (T. 23 17 55) - S. 1949 (Habil.) Lehrtätigk. Univ. Kiel u. Bonn (1954 apl. Prof. f. Inn. Med.) - Rotarier.

SPECKMANN, Rolf

Senator a. D., Vorstandsmitgl. Sparkasse in Bremen (1971-84), Präs. Verb. d. Dt. Fr. Öfftl. Sparkassen (1973-84) u. a. - Trifte 8, 2802 Fischerhude-Quelkhorn - Geb. 22. April 1918 Geestemünde, ev. - Gymn.; Lehre Städt. Sparkasse Wesermünde - 1939-48 Wehrdst. u. Gefangensch., dann Städt. Sparkasse Bremerhaven u. Staatl. Kreditanstalt Oldenburg-Bremen, 1958-66 Nordd. Finanzierungsbank AG (Vorst.-Mitgl.) u. Nordd. Kreditbank AG (1960 Dir.), 1966-71 (Rücktr.) Finanzsenator Bremen, 1959-66 Mitgl. Brem. Bürgerschaft, Vors. Bremer Ges. f. Wirtschaftsforsch. Kurat.-Vors. d. Nolting-Hauff-Stiftg. z. Förd. d. Wiss. u. d. Univ.; stv. Vors. Wolfgang-Ritter-Stiftg., Bremen. FDP.

SPEER, Christian

Prof., Dozent f. Werkpädagogik Päd. Hochschule Lüneburg - An d. Ilmenau 7, 3141 Deutsch Evern (T. Lüneburg 4 16 27).

SPEER, Gotthard

Musikerzieher, o. Prof. Musik u. ihre Didaktik - Am Winkel 6, 5060 Bergisch Gladbach 1 (T. B. 8 15 45) - Geb. 27. Febr. 1915 Kuhnern/Schles. (Vater: Gregor S., Lehrer u. Kantor; Mutter: Maria, geb. Joppich), kath., verh. s. 1949 m. Maria, geb. Schürholz, 4 Kd. (Barbara, Liudgera, Bernward, Lioba) - Hochsch. f. Lehrerbild. Beuthen/OS.; Hochsch. f. Musikerzieh. Berlin; Singschullehrersem. Augsburg - 1937-39 u. 1945-47 Volksschullehrer, dazw. Wehrdst.; s. 1947 Doz. u. Prof. Päd. Akad. Paderborn u. Köln bzw. Päd. Hochsch. Rhld./Abt. Köln, 1980 Prof. em. Univ. Köln; Leit. Inst. f. Ostdt. Musik, Bergisch Gladbach. Vors. Arbeitskr. Schles. Lied u. Musik, Leit. Samml. f. Ostd. Musikpflege in NRW (b. 1972) - BV: D. frohe Schultag, Musizierb. f. d. Volkssch. 1958; D. schles. Wanderer, Singb. 1959; D. Musik d. Dt. im Osten Mitteleuropas in Verbindung m. Anthologie Ostd. Musik auf Schallpl. Herausg. Schriftenreihe, Notenreihen, Schallplatten ost. Musik - Liebh.: Dirigieren, Fotogr. - Spr.: Engl.

SPEER, Rut

s. Wuthenau, von, Rut

SPEICH, Peter

Dr.-Ing., Bergwerksdirektor, Vorstandsmitgl. Rheinische Braunkohlenwerke AG - Friedrich-Moritz-Str. 2, 5000 Köln 41 (priv.); Stüttgenweg 2, 5000 Köln 41 (dstl.) - Geb. 12. Okt. 1922 Holzweiler/Ahr - Mitgl. Fachgremien, ARs- u. VRsmandate.

SPEICH, Richard

Hauptgeschäftsführer IHK Frankfurt - Börsenstr. 10, 6000 Frankfurt/M. (T. 21 97-283) - Stud. Rechtswiss. Gr. jurist. Staatsprüf.

SPEICHER, Rudolf

Direktor - Hochholzweg 14, 7000 Stuttgart 75 - Geb. 25. April 1927 Rheinfelden/Bd. - B. 1970 stv., dann o. Vorstandsmitgl. Kodak AG., Stuttgart.

SPEIDEL, Gerhard

Dr. rer. nat., Dr. h. c., o. Prof. f. Forsteinrichtung u. Forstl. Betriebsw.slehre - Mercystr. 19, 7800 Freiburg/Br. (T. 7 36 54) - Geb. 28. Dez. 1923 Züllichau/Mark - N. Kriegsdst. Univ. Göttingen (Math., Forstwiss.). Promot. 1952 Hamburg; Habil. 1956 Göttingen - S. 1957 Ord. Univ. Göttingen u. Freiburg (1965). S. 1965 Dt. Vertr. FAO-Advisory Committee on Forest Education - BV: D. Stückmassegesetz u. s. Bedeut. f. d. intern. Leistungsvergleich in d. Forstarbeit, 1952; D. rechner. Grundl. d. Leistungskontrolle u. ihre prakt. Durchführung in d. Forsteinricht., 1957; Economia Florestal, 1965 (portugies.); Forstl. Betriebsw.slehre, 1967 (jap. 1970); Planung im Forstbetrieb, 1972. Üb. 90 Einzelarb. - Korr. Mitgl. Akad. f. Raumforsch. u. Landesplanung, Hannover.

SPEIDEL, Manfred J.

Dr.-Ing. (Japan), Prof. f. Architekturtheorie RWTH Aachen (s. 1975) - Ungarnstr. 12, 5100 Aachen (T. 0241 - 15 39 23) - Geb. 7. Mai 1938 Stuttgart, ev., ledig - Stud. Arch. TH Stuttgart (Dipl. 1965); Promot. 1973 Waseda Univ., Tokio - Lehr- u. Forschungsgeb.: Architekturtheorie m. Schwerp. Gesch. d. Arch. d. 19. u. 20. Jh., Arch.-Anthropol., Lehmbau, japan. Arch. u. Volkskd. - BV: Japan. Archit. Gesch. u. Gegenwart, 1983; D. Team Zoo, 1988 - Liebh.: Kyudo - Spr.: Engl., Japan.

SPEIDEL, Raimund

Verwaltungsbeamter, Bürgermeister St. Johann - Lerchenstr. 4, 7411 St. Johann-Göchingen - Geb. 27. April 1946 Tübingen (Vater: Otto Sp.; Mutter: Dorothea, geb. Adolf), ev., verh. s. 1967 m. Renate, geb. Rilling, 2 Kd. (Markus, Viola) - FHS-Reife, Verw.hochsch., Dipl.-Verw.wirt - B. 1972 Gemeindeoberinsp., s. 1972 Bürgerm., Kreistag, DRK - Liebh.: Sport, Kunst - Spr.: Engl., Franz.

SPEIERER, Ludwig

Dr. jur., pers. haft. Gesellsch. Otto Speierer KG. - Burg-Windeck-Str. 3, 7580 Bühl - Geb. 9. Jan. 1902.

SPELLERBERG, Gerhard

Dr. phil., Prof. f. Deutsche Philologie - Morgensternstr. 22, 1000 Berlin 45 (T. 773 63 96) - Geb. 17. Jan. 1937 Dortmund (Vater: Anton S., kfm. Angest.; Mutter: Rosa, geb. Nierhoff), verh. m. Dipl.-Verw.W. Christiane, geb. Kemnitz - Gymn. Dortmund, Univ. Münster u. FU Berlin (H. de. Boor, W. Emrich, J. Bumke); Staatsex. 1963, Promot. 1968 - 1966 Wiss. Assist. FU Berlin, 1971/72 Akad. Rat/ORat Univ. Köln, 1977 Prof. FU Berlin, 1978-81 Prodekan - BV: Verhängnis u. Gesch., 1970; Althochdeutsch - Mittelhochdeutsch (zus. m. U. Gerdes), 1972, 6. A. 1986; Johann Christian Hallmann: Sämtliche Werke, Bd. 1: 1975, Bd. 2: 1980, Bd. 3 in zwei Teilbänden: 1987; Studien z. Werk Daniel Caspers v. Lohenstein (Hrsg.), 1983.

SPELLERBERG, Heinz

Dr. rer. pol., Dr. jur., Dipl.-Kfm., Stadtdirektor a. D. - Auf der Gunst 26, 5840 Schwerte 1.

SPEMANN, Wolf

Dr. phil., Prof., Bildhauer - Schöne Aussicht 9a, 6200 Wiesbaden (T. 52 14 32) - Geb. 3. Juli 1931 Frankfurt/M. (Vater: Prof. Dr. Friedrich-Wilhelm S., Pädagoge (s. XIV. Ausg.); Mutter: Elisabeth, geb. Kliem), ev., verh. s. 1956 m. Doris, geb. Wolff-Malm, 3 Kd. (Thomas, Ruth, Alexander) - Werkkunstsch. Wiesbaden; Kunstakad. Düsseldorf (Schüler v. Prof. Mataré) - S. 1957 freischaff. Wiesbaden. S. 1959 Lehrtätigk. (1968ff. Univ. Frankfurt; 1975 Prof.). Plast. trotz zunehm. stärkerer Abstraktion durchweg themengebunden; Arbeiten Kassel, Wiesbaden, Herborn, Geisenheim u. a. Ausstell. u. Vortr. In- u. Ausl. - BV: plastisches Gestalten - anthropol. Aspekte, Hildesheim 1984; Direktkunst-Plastiken-Objekte, 1987 - Bek. Vorf.: Geheimrat Prof. Dr. phil. Hans S., Zoologe, 1935 Nobel-Preis f. Med. (Großv.).

SPENCKER, Joachim

Verleger, Carl Hanser Verlag - Memeler Str. 91, 8000 München 81 - Geb. 30. Mai 1931 Rathenow, verh. s. 1963 m. Angela, geb. Scharf, 3 Kd. (Martin, Kristian, Aglaia) - Spr.: Engl.

SPENDEL, Günter

Dr. jur., Landgerichtsrat a. D., o. Prof. f. Strafrecht u. -prozeßr. Univ. Würzburg - Josef-Bechold-Str. 9, 8702 Zell - Geb. 11. Juli 1922 Herne/W. - S. 1953 (Habil.) Lehrtätigk. Univ. Frankfurt/M. (1958 apl. Prof.) u. Würzburg (1962 Ord.) - BV: u. a. Z. Lehre v. Strafmaß, 1954; Gustav Radbruch - Lebensbild e. Juristen, 1967; Wider d. Irrationale unserer Zeit, 1973; Jurist in e. Zeitenwende, Gustav Radbruch z. 100. Geburtstag, 1979; Josef Kohler, Bild e. Universaljuristen 1983; Rechtsbeugung durch Rechtsprechung, 1984; Einleit. u. Bearb. z. G. Radbruch-Ges.-Ausg., 1. Bd.: Biograph. Schriften 1988; Mitarb. am Leipz. Komm. z. StGB, 10. A. Zahlr. Einzelarb. - 1974 Ruf Univ. Köln (abgel.).

SPENGELIN, Friedrich

Dipl.-Ing., o. Prof. Inst. f. Städtebau, Wohnungswesen u. Landesplanung Univ. Hannover (s. 1961) - Architekturbüros: Hölderlinstr. 20, 2000 Hamburg 52 (T. 82 51 51) u. Habichtshorststr. 12, 3000 Hannover 51 (T. 69 50 01) - Geb. 29. März 1925, verh. (Ehefr.: Dipl.-Ing. Ingeborg) - Rathäuser u. Verwaltungsgebäude, u. a. Verw.geb. Hamburg-Mannheimer Vers.-AG City Nord, Hamburg, Landeszentralbank Hannover, Wohnquartiere u. Stadtplanung in vielen Städten, u. a.: Steilshoop, Depenkamp u. Holsteiner Chaussee, Hamburg, Roderbruchzentrum Hannover, beteiligt am Wiederaufbau Helgoland. Spez. Arb.-geb.: Städtebaul. Berat., Kultur- u. Verw.bauten, Schul- u. Hochschulbauten u. a. Biologie Osnabrück, Fachhochsch. Eckernförde, Kunsthalle Emden, Wohnungsbau, Stadtgestaltung, -sanierung u. -entwickl. (Neue Stadt Meckenheim-Merl) - Zahlr. 1. Preise b. Wettbewerben; Heinrich-Plett-Preis f. Verdienste um d. Städte- u. Wohnungsbau; Schumacherpreis d. Freien u. Hansestadt Hamburg; Mitgl. Dt. Akad. f. Städtebau u. Landesplanung, Freie Akad. d. Künste, Hamburg; Akad. d. Künste, Berlin (Dir. d. Abt. Baukunst) - Rotarier.

SPENGLER, Alois

Dipl.-Kfm., Stv. Vorstandsvorsitzer Reemtsma GmbH, Leiter Unternehmensber. Cigarette - Zu err. üb.: Gerlindweg 1, 2000 Hamburg 56 (T. 81 38 49) - Geb. 24. April 1936 Tegernsee (Vater: Alois S., Landw.; Mutter: Maria, geb. Beitsameter), kath., verh. s. 1967 m. Anna, geb. Hambach, 2 Kd. (Stephanie, Kilian) - Oberrealsch.; Abit.; Stud. Wirtsch.swiss.; Poensgen-Stip. (Marktforsch.) - 1961-63 Leit. Marktforsch. Effem GmbH, Verden/Aller; 1963-68 Marketing Manager ebd.; 1968-70 Business Development Coordinator General Foods Europe, Brüssel; 1970-74 Geschäftsf. Marketing u. Vertrieb General Foods GmbH., Elmshorn; 1974-76 I. Gf. Haus Neuerburg GmbH., Köln - Liebh.: Bergsteigen - Spr.: Engl.

SPENGLER, Bruno

Botschafter d. Bundesrep. Deutschl. in Port Moresby/Papua-Neuguinea - 6, Karai Place, Port Moresby (T. 251 963) - Geb. 3. Aug. 1927 München, ev., verh. s. 1967 m. Karin, geb. Maentel, T. Gundula - 1949-51 Vorb.dst. u. Justizdst. München; s. 1958 AA (1961ff. in Istanbul, Izmir, Islamabad, 1970-77 Zentrale, danach Kinshasa u. Paris, s. 1984 Botsch. in Port Moresby) - Spr.: Engl., Franz.

SPENGLER, Erich

Assessor, Hauptgeschäftsf. Handwerkskammer d. Saarlandes, Saarbrücken (1958-72) - Hüttenstr. 7, 6605 Friedrichsthal/Saar (T. Sulzbach 83 73) - Geb. 9. April 1910 Neunkirchen/Saar (Vater: Karl S., Obersteiger; Mutter: Luise, geb. Weingardt), Diss., verh. s. 1951 m. Marianne, geb. Thös, 4 Kd. (Claudia, Petra, Luise, Karl) - Univ. Marburg u. Halle (Rechtswiss.). Jurist. Staatsprüf. Naumburg u. Saarbrücken - 1951-55 Arbeitsgem. d. Saarl.; 1956-72 HK d. Saarl. - BV: D. Saar-Handwerk im Wandel d. Jh.e, in: D. Saarl., 1958.

SPENGLER, Felix

s. Schmidt-Decker, Petra

SPENGLER, Helmut

Pfarrer, Präsident d. Ev. Kirche in Hessen u. Nassau - Pauluskplatz 1, 6100 Darmstadt (T. 06151 - 4 05-0) - Geb. 19. April 1931 Wetzlar, verh. - Theol.-Stud. Univ. Marburg - 1958 Pfarrer Breidenstein (Nassau), 1964 Bad Homburg; 1972 Oberkirchenrat u. Stellv. d. Kirchenpräs.

SPENGLER, Paul

Fabrikant, Geschäftsf. Manusaar Saarländische Metallwarenind. GmbH., Bübingen üb. Saarbrücken - 33, rue du Jardin Zoologique, F-68 Mulhouse/Frankr. - Geb. 7. Aug. 1905.

SPERBER, Alfred

Dipl.-Volksw., Direktor, Geschäftsf. Sparkassen-Wohnbau Baden-Pfalz Gemeinn. GmbH., Karlsruhe - Bilfinger Str. 1c, 7500 Karlsruhe-Durlach - Geb. 14. Mai 1920.

SPERBER, Edwin

Bankdirektor, Vorstandsmitgl. Südd. Holzwirtschaftsbank AG. - Prannerstr. 9, 8000 München 2 (T. 22 49 66); priv.: 8200 Rosenheim - Geb. 1. März 1920.

SPERBER, Hans

Dr. rer. nat., Gymnasialprof. ä. Ö., Prof. f. Didaktik d. Erdkd. Univ. Bayreuth/Fachber.: Erzieh.swiss. - Pestalozzistr. 30, 8580 Bayreuth (T. 4 20 84) - Geb. 15. Mai 1899 Friedenfels, ev., verh. s. 1937 m. Charlotte, geb. Feldmeyer, 3 Kd. (Manfred, Udo, Wiltraud) - Oberrealsch.; Stud. Naturwiss. u. Päd. - BV: Geol. Unters. im Bereich d. Hahnbacher Sattels (Diss.); Begegnungen m. d. Heimatlandschaft, 1962, 2. A. 1965; Erdkunde, Didaktik, Methodik, 1973; Kräfte, die mich formten, 1976; Nordbayern - einmaliges Land, 1976; Geol. u.

botan. Streifzüge durch NO-Bayern, 1979; D. Lande um d. Main, 1983 - 1967 BVK a. Bd.; 1975 Kulturpreis Sulzbach-Rosenberg; 1975 Oberfr.-Ehrenmed. Bayreuth.

SPERK, Christian F.

Dipl.-Kfm., Vorstandsmitgl. BAFAG AG. f. Finanzierungen, München - Zu erreichen üb. BAFAG, Lindwurmstr. 11, 8000 München 2 - Geb. 9. Sept. 1943 Salzburg, ev., verh. s. 1979 m. Marta Toda Fernandez - Spr.: Engl., Franz., Span.

SPERL, Georg

Dr. phil., Botschaftsrat I. Kl. u. ständ. Vertr. d. Botschafters, Botsch. d. Bundesrep. Deutschl. in Ungarn - 1440, Iszo útca 5, Budapest XI (T. 224-204) - Zul. Generalkonsul in Johannesburg (Südafrika).

SPERLICH, Diether

Dr. phil., o. Prof. f. Populationsgenetik - Gösstr. 82, 7400 Tübingen (T. 4 56 77) - Geb. 15. Jan. 1929 Wien (Vater: Karl S., Beamter; Mutter: Maria, geb. Sperlich), kath., verh. s. 1957 m. Eva, geb. Sebek, 4 Kd. (Günther, Monika, Martin, Klaus) - Human. Gymn. Wien, Univ. Wien (Lehramt Biol. u. Phys. 1951, Promot. 1952, Med./Voklinik 1958) - 1953-63 Univ.-Assist. Wien, 1964 Guest Investigator Rockefeller Inst., 1965-70 Oberassist. Univ. Wien, 1971-75 Wiss. Rat Univ. Tübingen, s. 1976 o. Prof. Tübingen; 1982 Hon.-Prof. Univ. Salzburg - BV: Populationsgenetik, 1973, 1988 (Übers. poln. 1977); Beitr. z. Evolutionstheor. (zus. m. Dobzhansky u. Boesiger); zahlr. Publ. üb. Populationsgenetik u. Evolution. Herausg.: Z. zool. Syst. Evolut.forsch. - 1960 u. 1964 Th. Körner-Preis; 1967 Kardinal Innitzer-Preis; 1983 korr. Mitgl. Finn. Akad. Wiss. - Spr.: Engl.

SPERLICH, Martin

Dr. phil., Prof., Direktor Staatl. Schlösser u. Gärten Berlin (1969-84) - Bismarckstr. 69, 1000 Berlin 39 - Geb. 1919 - Stud. Med. u. Kunstgesch. S. 1978 Mitgl. DGGL Historische Gärten, Honorarprof. d. F.U.; Vors. d. Pückler-Ges., Mitgl. ICOMOS.

SPERLICH, Volker

Dipl.-Ing., Prof. f. Thermodynamik u. Energietechnik Univ.-GH Duisburg - Lohbecker Berg 19, 4330 Mülheim/Ruhr (T. 0208 - 38 21 80) - Geb. 22. April 1937 Mülheim (Vater: Walter S., Ing.; Mutter: Gertrud, geb. Haas), verh. s. 1961 m. Inge, geb. Stamm, 2 T. (Antje, Dörte) - 1956-61 Stud. Masch.bau RWTH Aachen - 1961-64 Babcock Oberhausen (Entw. u. Forsch. Wärme-u. Strömungstechnik); 1964-68 AEG-Kernenergieanl. (Entw. u. Berechn. v. Kernkraftkomponenten, Inbetriebn. KKW Lingen, 1968); s. 1969 Doz. Ing.-Schule/FHS/GH/Univ. Duisburg. Mitgl. Landsch.-Beirat Stadt Mülheim u. Beirat f. Immissionsschutz MAGS NRW; Umweltschutz-Bürgerinitiativen. Entw.: Dampftrockner f. Siedewasserreaktoren - Liebh.: Wandern (alpin), Kammermusik (spielt selbst Bratsche im Mülh. Kammerorch.) - Spr.: Engl.

SPERLING, Dietrich

Dr. jur., Lehrer, MdB (s. 1969; Landesliste Hessen) - Reichenbachweg 26, 6243 Falkenstein/Ts. (T. 06174 - 15 72) - Geb. 1. März 1933 Sagan/Schles., verh. - Obersch. Bielefeld, Bunzlau, Oerlinghausen, Hannover; Stud. Rechtswiss., Volksw.slehre, Soziol. Göttingen u. Berlin. Studienaufenth. USA. Promot. 1965 Göttingen - 1960-1962 Tutor Frankfurter Studentenhaus; 1963-64 päd. Mitarb. DGB-Bundesjugendsch. Oberursel; s. 1964 Doz. u. Leit. (1965) Heim VHS Falkenstein/Adolf-Reichstein-Stiftg. SPD s. 1953.

SPERLING, Eckhard

Dr. med., Prof., Nervenarzt (Familientherapie) - Hohe Linde 22, 3400 Göttingen (T. 0551-27 54) - Geb. 19. Febr. 1925 Potsdam (Vater: Walter S., Stud.rat; Mutter: Gertrud, geb. Crawack), ev., verh. s. 1980 in 2. Ehe m. Anke, geb. Winkler, 2 Kd. (Daniela, Fabian) - Schule Potsdam (Abit. 1943), b. 1949 Univ. Berlin (Nervenarztausb.), dann Bonn, Bern, Göttingen (Psychotherap.-Ausb. 1961-69) - 1966 Leit. ärztl.-psych. Berat.stelle, 1971 Abt.vorst. f. Psychou. Soziotherapie, beides Univ. Göttingen - BV: D. psychosoziale Lage v. Hirnverletzten, 1967; (m. J. Jahnke): Zw. Apathie u. Protest, 1974; Mehrgenerationen - Fam.therapie, 1982 - Liebh.: Klaviermusik.

SPERLING, Walter

Dr. phil., o. Prof. f. Geographie u. Didaktik d. Geogr. - Kreuzflur 11, 5500 Trier (T. 0651 - 1 64 48) - Geb. 26. Juli 1932 Groß-Gerau (Vater: Wilhelm S., Lehrer; Mutter: Anna Eleonore, geb. Schaffnit), ev., verh. I) 1968 m. Ulrike, geb. Paulik, T. Wilma Luise, II) 1972 m. Birgitt, geb. Franken, S. Florian - Univ. Frankfurt/M. (Kulturwiss., Geogr.); Päd. Inst. Jugenheim/Bergstr. (Päd.) - 1961 Realschuldst. u. Lehrbeauftr. Päd. Inst. Jugenheim, 1963 Assist.; 1965 Lehrbeauftr. Univ. Frankfurt, 1964 Doz.; 1967 Prof. PH Neuwied, 1969 Erziehungswiss. Hochsch. Rhld.-Pfalz; 1970 o. Prof. Univ. Trier. O. Mitgl. J.-G.-Herder-Forsch.srat; o. Mitgl. Zentralaussch. f. dt. Landeskunde; Wiss. Arbeitskr. f. Mitteldtschl.; ständiger Aussch. f. d. geogr. Namen (o.) - BV: D. nördl. vord. Odenwald, 1962; Kind u. Landschaft, 2. A. 1973. Mithrsg.: Luftbildatlas Rhld.-Pfalz (2 Bde. 1970, 1972 m. E. Strunk); Topogr. Atlas Rhld.-Pfalz (1973, m. H. Liedtke u. G. Scharf); Geogr. u. Geographieunterr. in d. DDR, 1977; Geographiedidakt. Quellenkunde, 1978; Fischer Länderkunde Europa (1978 m. A. Karger u. a.), Bibliographie Landeskunde DDR, 1978; Erg.-Bd. 1984; Tschechoslowakei, Beitr. z. Landeskd. Ostmitteleuropas, 1981; Geographieunterricht u. Landschaftsl., T. 1, 2, 1981, 3, 4, 1982, 5, 1984; Formen, Typen u. Genese d. Platzdorfes in d. böhmischen Ländern, 1982.

SPERNER, Rudolf

Senator, Gewerkschaftler i.R. - Lindenweg 32, 6350 Bad Nauheim 4 (T. 06032 - 8 58 02) - Geb. 15. Jan. 1919 Böhmischdorf/Sudetenl., kath., - Mittelsch.; kaufm. Lehre (Konsumgenoss.) - B. 1938 Lehrfa., dann Baugewerbe, 1939-45 Wehrdst. (5 x verwundet), spät. Bergbau u. Baugew., 1949-51 DGB, 1951-82 IG Bau - Steine - Erden (1953 Bezirkssekr. Dortmund, 1955 Bezirksleit. Westf., 1960 Mitgl. Hauptvorst., 1963 2., 1966-82 1. Vors.). SPD s. 1946 - Ehrensenator Univ. Karlsruhe u. Tübingen; L'Accademia Tiberina: Accademico Corrispondente; 1969 Commendatore; 1982 Gr. BVK m. Stern; 1979 Gold. Ehrenplak. Stadt Frankfurt/M.; 1980 Wilh. Leuschner Med.; 1983 Handwerksabz. in Gold.

SPETH, Friedrich

Lehrer, MdL Bayern (s. 1966) - Langgasse 47, 8766 Großheubach/M. (T. 09371 - 20 30) - Geb. 25. Aug. 1937 Großheubach, kath. - Höh. Schule Miltenberg; 1959 ff. Päd. Hochsch. u. Univ. Würzburg (Päd., Psych.). Beide Staatsex. f. d. Lehramt an Volkssch. - Lehrer Würzburg, Zittenfelden, Röllfeld. Ratsmitgl. Marktgde. Großheubach. CSU (Ortsvors.).

SPETH, Josef

Dr., Univ.-Prof. f. Theoretische Physik, Direktor d. Instituts f. Kernphysik (Theorie) d. Kernforschungsanlage Jülich (s. 1982) - Fliederweg 4, 5170 Jülich (T. 02461-5 24 26) - Geb. 16. Mai 1938 Kißlegg/Allg. (Vater: Josef S., Bürgerm.; Mutter: Maria, geb. Binzer), kath., verh. s. 1965 m. Irmgard, geb. Edel, 3 Kd. (Gabriele, Michael, Christoph) - TU München (Dipl. 1964, Promot. 1968, Habil. 1971) - 1972 Prof. f. theor. Physik Univ. Bonn (s. 1979 kommiss. Leit. Inst. f. Kernphysik KFA Jülich), 1975 u. 1980 Gastprof. State Univ. New York, 1985/86 long term visiting stuff member, Los Alamos National Laboratory. Spez. Arbeitsgeb.: Kernphysik. Veröff. üb. theor. Kernphysik in Fachztschr. - Spr.: Engl.

SPEVACK, Marvin

Ph. D., B. A., M. A., o. Prof. f. Engl. Philologie u. Direktor Engl. Seminar Univ. Münster (s. 1964) - Johannisstr. 12, 4400 Münster/W. (T. 83 45 93) - Geb. 17. Dez. 1927 New York - BV: A Complete a. Systematic Concordance to the Works of Shakespeare, 9 Bde. 1968-80; Lord Byron's Werner in the Acting Version of William Charles Macready, 1970; William Shakespeare, Romeo and Juliet, 1970; The Harvard Concordance to Shakespeare, 1973. Weitere Fachveröff.

SPEYER, Eugen

Chefredakteur Dithmarscher Landeszeitung/Brunsbütteler Ztg. - Zu erreichen üb.: DL, Wulf-Isebrand-Pl., 2240 Heide/Holst.

SPICHTINGER, Josef

I. Bürgermeister Stadt Oberviechtach - Rathaus, 8474 Oberviechtach/Opf. - Geb. 8. Juli 1926 Winklarn - Zul. Landrat. CSU.

SPICKER, Heiner

Prof. f. Viola da gamba u. Aufführungspraxis Musikhochsch. Köln (s. 1980) - Herrenweg 21, 4047 Dormagen 5 (T. 02106 - 4 22 56) - Geb. 25. April 1931 Neuss, verh. m. Helene Blum-Sp. - Abit. 1952 Human. Gymn.; 1952-56 Stud. Musikwiss., Phil. u. Völkerkd. Univ. Köln; 1954-56 Sem. Aufführungspraxis alter Musik Staatl. Hochsch. f. Musik Köln; 1953, 54, 58 u. 59 Instrumentalausbild. spez. f. Viola da gamba; 1955 Leit. v. Kursen z. Weiterbild. v. Musiklehrern d. Stadt Mülheim/R.; 1956-58 Collège d'Europe, Bruges: Séminare Européen de musique ancienne (Stip. belg. Staat); 1958-64 Lehrer f. Viola da gamba Musikpäd. Arb.gemeinsch. Hagen; 1964-70 Lehrauftr. f. Viola da gamba Robert-Schumann-Konserv. Düsseldorf; s. 1965 Doz. f. Viola da gamba u. Consortmusik Rhein. Musiksch. Köln; 1966-67 Leit. Collegium musicum f. alte Musik Univ. Köln; Primarius d. Kölner Violen-Consort; s. 1972 Lehrauftr. Berg. Konserv. Wuppertal; s. 1972 Doz. Musikhochsch. Köln; s. 1980 Prof. f. Viola da gamba Musikhochsch. Rheinl. (Köln, Wuppertal, Aachen). Div. Konzerttätigk., Rundf.aufn. u. Plattenaufn. - Spr.: Engl., Franz.

SPICKERMANN, Diethart

Prof. f. Elektrotechnik Univ.-GH Wuppertal - Fichtenstr. 126, 5630 Remscheid - Geb. 22. April 1938 Beyersdorf/Pomm. (Vater: Erich S., Tischlerm.; Mutter: Margarete, geb. Kersten), ev., verh. s. 1961 m. Siegrun, geb. Koerver, 3 Kd. (Judith, Niels, David) - 1958-64 Stud. Elektrotechnik RWTH Aachen (Dipl.-Ing.) - 1964-68 Entw. v. Bauelementen Telefunken AG u. Standard Elektrik Lorenz AG Nürnberg; 1966 Laborleit.; 1969-71 Rhein.-Westf. TÜV e.V. Essen; s. 1971 Lehrtätigk. - BV: Werkstoffe u. Bauelemente d. Elektrotechnik u. Elektronik, Lehr- u. Nachschlagw., 1978; Werkstoffe d. Elektrotechnik u. Elektronik, Übungsb. 1982 - Liebh.: Angeln, Musik, Kakteen - Spr.: Engl.

SPIEGEL, Alfons

Diplom-Sportlehrer, Redakteur - Kranichweg 14-16, 6271 Engenhahn/Ts. - Geb. 18. Mai 1928 Hagen/W. (Vater: Alfons S., Steuerbevollm.; Mutter: Elisabeth, geb. Busse), kath., verh. s. 1953 m. Hannelore, geb. Beckmann - Stud. Sport, Angl. u. German. Dipl.-Sportl. 1950 Köln - 1955-62 Geschäftsf. Dt. Sportjugend; s. 1963 Redakt. bzw. Sportleit. (1981-83, Rücktr.) ZDF. 1958-62 Mitgl. Exekutiv-Komitee World Assembly of Youth - BV: D. Erlebnis e. Gemeinschaft, 1955; Via Aurelia km 8,4, 1960; Spiel- u. Sportbüchlein d. dt. Jugend, 2. A. 1961. Herausg.: Sport im Prisma (Buchreihe, 1972 ff.). Fernsehfilme (Buch u. Regie): Leibesübungen - mangelhaft!, Athlet f. 2 1/2 Gramm, Geburt e. Olympiastadt, Deutschlandflug, Olympiasieger v. morgen? (Afrika); -serie: D. Sportarzt (12 Folgen) - Spr.: Engl.

SPIEGEL, Arnold

Dr. phil., Dr. med., Dr. med. vet. h. c., Dr. phil. h. c., Prof., Institutsdirektor i. R. - Charlottenburger Str. 19, 3400 Göttingen-Geismar (T. 799 49 15) - Geb. 12. Okt. 1905 - 1958-70 Dir. Zentralinst. f. Versuchstierzucht, Hannover. S. 1963 Lehrbeauftr. u. Honorarprof. (1967) Tierärztl. Hochsch. Hannover (Versuchstierkd.). Mithrsg.: Ztschr. f. Versuchstierkd. (1961ff.). Etwa 40 Fachveröff.

SPIEGEL, Bernt

Dr. phil., o. Prof. f. Wirtschaftspsychol. - Schwabenheimer Weg 8, 6803 Edingen (T. 06203 - 8 16 72) - Geb. 20. April 1926 Heidelberg (Vater: Dr. Nico S.; Mutter: geb. Seiller) - Univ. Heidelberg - S. 1957 (Habil.) Lehrtätigk. WH Mannheim (1960 apl. Prof.), Univ. Göttingen (1963 o. Prof.) Univ.sseminar d. Wirtsch., Schloß Gracht b. Köln (1969) - Mitgl. d. Aufsichtsrats d. Rosenthal AG, Selb u. d. Rosenthal Glas u. Prozellan AG, Selb - BV: Werbepsych. Unters.-meth., 1958; D. Struktur d. Meinungsverteil. im sozialen Feld, 1960; Einf. in d. Marktpsych., 1965. Fachaufs. Mithrsg.: Psych. Colloquium (1964 ff.) - Liebh.: Bildhauerei, Bergsteigen.

SPIEGEL, Frhr. v., Hanns Ulrich

Dr. jur., Regierungsdirektor, Geschäftsführer Inst. f. d. Wiss. Film - Nonnenstieg 72, 3400 Göttingen - Geb. 13. Jan. 1950 Paderborn.

SPIEGEL, Freiherr von, Raban

Dr. jur., Aufsichtsratsvorsitzender Commerzbank AG - Neue Mainzer Str. 32-36, 6000 Frankfurt/M. (T. 1 36 21) - Geb. 9. März 1927 Wernigerode/Harz - AR-Mandate.

SPIEGEL, Richard

Dr., Dr., Richter Bundesgerichtshof, Präs. Dt. Verkehrsgerichtstag - Zweibrückener Str. 22, 7500 Karlsruhe 41 (T. 0721 - 47 33 62) - Geb. 7. Mai 1914.

SPIEHS, Carl

Filmproduzent - Zu erreichen üb.: Lisa-Film, Widenmayerstr. 48, 8000 München 22 - Geb. 1930, verh. (Ehefrau Angelika) - Üb. 125 Filme.

SPIEKER, Helmut

Dipl.-Ing., Prof., Architekt - Kurbergstr. 8, CH-8049 Zürich - BV: Totalitäre Architektur - Feststellungen u. Bekenntnisse, Programme u. Ergebnisse, Bauten u. Entwürfe, Einzel- u. Prachtobjekte, 1980 - Bauten f. d. Univ. Marburg (Marburger Bausystem).

SPIEKER, Manfred

Dr. phil., Univ.-Prof. f. Christl. Sozialwiss. Univ. Osnabrück - Südstr. 8, 4504 Georgsmarienhütte (T. 05401 - 4 51 55) - Geb. 4. April 1943 München, kath., verh. s. 1968 m. Rosemarie, geb. Raabe, 6 Kd. (Thomas, Martin, Stephan, Michael, Maria, Christoph) - Univ. Freiburg, Berlin, München (Politikwiss., Phil., Gesch.); Dipl.-Polit. 1968; Promot. 1973 München; Habil. 1982 Köln - 1971 wiss. Assist. Univ. München, 1972-82 Univ. Köln - BV: Neomarxismus u. Christentum, 2. A. 1976 (span. 1977); Legitimitätsprobl. d. Sozialstaats, 1986. Herausg.: D. Eurokommunismus - Demokratie od. Diktatur? (1979); Glauben - Bezeugen - Handeln in Kirche, Ges. u. Schule (1985); Katholikentage im Fernsehen (1987); Friedenssicherung (Bd. 1 1987, Bd. 2 1988, Bd. 3 1989).

SPIEL, Hilde

Dr. phil., Prof., Schriftstellerin - Cottagegasse 65/2/3, 1190 Wien, Österr. - Geb. 19. Okt. 1911 Wien (Vater: Dr.-Ing. Hugo S., Naturwiss.ler), kath., verh. 1936 m. Peter de Mendelssohn, Journ. u. Schriftst. (gesch.), 2 Kd. (Christine, Anthony), verh. s. 1971 m. Hans v. Flesch-Brunningen - Mädchengymn. u. Univ. Wien (Phil.; Promot. 1936 m. Ausz.) - Mitarb. Wirtschaftspsych. Forschungsstelle Univ. Wien (1933-35), Schriftst., Redakt., Übers., Londoner Korresp. f. dt., österr., schweizer. Blätter, Wiener Kulturberichterst. FAZ - BV: Kati auf d. Brücke, R. 1933; Verwirrung am Wolfgangsee, R. 1935; Flöte u. Trommeln, R. 1947 (engl. bereits 1939); D. Park u. d. Wildnis, Ess. 1953; Welt im Widerschein, Ess. 1960; The darkened Room, R. 1961 (dt.: Lisas Zimmer, 1965); Fanny Arnstein od. D. Emanzipation, Biogr. 1961; William Shakespeare u. Richard III., 1964; D. Wiener Kongreß in Augenzeugenberichten, 1965; Rückkehr n. Wien, Tageb. 1968; Wien - Spektrum e. Stadt, Monogr. 1971; Städte u. Menschen, Ess. 1972; Kleine Schritte, Ess. 1976; D. zeitgen. Lit. Österreichs, 1976; Mirko u. Franca, Erz., 1980; D. Früchte d. Wohlstands, R. 1981; In meinem Garten schlendernd, Ess. 1981; Engl. Ansichten, Ess., 1984; D. Mann m. d. Pelerine, Erz., 1985; Frühe Tage, 3 R., 1986; Vienna's Golden Autumn, Monogr., 1987, dt. Fassung Glanz u. Untergang, 1987; Anna u. Anna, Dr. 1988 - 1933 Emil-Reich-Preis Wien (f.: Kati auf d. Brücke) - Prof.-Titel Österr. Bundesreg.; 1971 Kritikerpreis Salzbg. Festsp.; Preis d. Stadt Wien, 1977; BVK I. Kl., 1985 Gr. BVK; 1972 Österr. Ehrenkreuz f. Wiss. u. Kunst u. Gold. Ehrenz. Land Wien; 1972 korr. Mitgl. Dt. Akad. f. Sprache u. Dicht.; Mitgl. Intern. PEN-Club; 1976 Preis d. Stadt Wien; 1979 Gold. Ehrenzeichen Land Salzburg; 1981 Donauland-Preis; 1981 Roswitha-Med.; 1981 Joh. Heinr. Merck-Preis; 1985 Ernst Robert Curtius Preis; 1986 Rosegger-Preis, 1986 Lit.-Preis d. dt. Industrie; 1988 Lit.-Preis Bayer. Akad. d. Künste - Liebh.: Bücher, Reisen -Spr.: Engl., Franz., Ital.

SPIELER, Josef

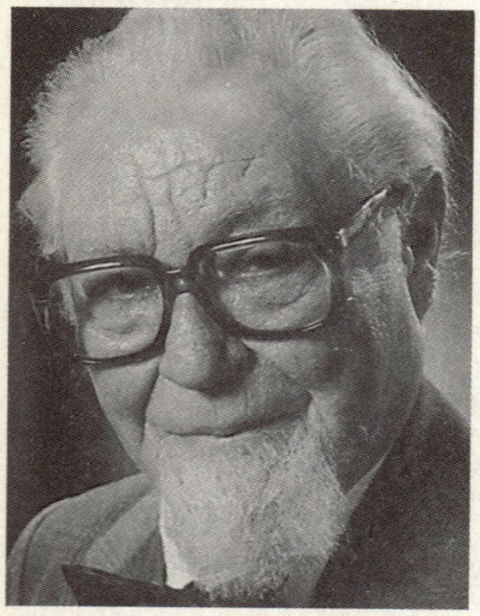

Dr. phil., Prof., Erziehungswissenschaftler, Lehrbeauftr. Univ. Freiburg/Br. - Südendstr. 6, 7500 Karlsruhe (T. 2 85 94) - Geb. 5. Aug. 1900 Walldürn/Baden, kath., verh. m. Eleonore B. Witte (Ing.), 2 Pflegekd. (Rösli Meier, Michael Skibba) - Realsch. u. Gymn.; Univ. Freiburg, Würzburg, Münster (Phil., Theol.); Promot. 1925; Habil. 1930 - Ab 1930 Privatdoz., ao. (1935), o. ö. Prof. (1943) f. Psych., Päd. u. Heilpäd. Univ. Fribourg, 1931-45 Dir. Inst. f. Heilpäd. Luzern; Gründ. Heilpäd. Sem. Univ. Fribourg; 1950-52 Prof. f. Psych. u. Heilpäd. Päd. Inst. Weilburg/L., 1952-65 o. Prof. u. Rektor Päd. Hochsch. Karlsruhe. Mitgl. Päd. Beirat DSB; Mitgl. Päd. Beirat dt. Sparkassenverb.; Mitgl. dt. Kultusministerkonfz. - BV: Jugendrechtspflege u. Anstaltserzieh., 1937; Schweigende u. sprachscheue Kinder, Thymogener Mutismus, 1944; D. Erziehungsmittel, 1944; 15 J. Inst. f. Heilpäd. in Luzern, 1944; Einf. in wiss. Arbeiten u. Denken, 1944; E. Mensch sieht sich selbst, 8. A. 1968 (auch engl. u. holl.); Elternsorgen, 1949; Kinder u. Jugendl. richtig an d. Hand nehmen, 4. A. 1963; Deines Kindes Sprache, 4. A. 1950; Wenn Kinder lügen, 5. A. 1964; Aber er näßt immer noch, 4. A. 1965; Willensschwache werden willensstark, 2. A. 1951; So lernen Kinder richtig sparen, 1957; Kinder u. Jugendl. in Gefahr, 1961; Betriebs- u. Erwachsenenbild., 1966; D. Arbeits- u. Wirtschaftswelt in d. Lehrerbild., 1967; Grundzüge e. Gefahrenpäd., 1968. Herausg.: Lexikon d. Päd. d. Gegenw. (2 Bde. 1928/32, span. 1936), Arbeiten z. Psych., Erziehungs- u. Sondererziehungswiss. (20 Bde.), Bedrohte Jugend- Drohende Jgd. (68 Bde.; 6 Übers.), Bibliogr. d. Berufsberatung (1953), Wirtschaft u. Schule - Bibliogr. z. wirtschaftskundl. Bildung u. Wirtschaftserzieh. in Familie, Schule, Heim (1966) - Verdienstmed. Baden-Württ.; Ehrenbürger Stadt Walldürn.

SPIELER-WITTE, Eleonore B., geb. Witte

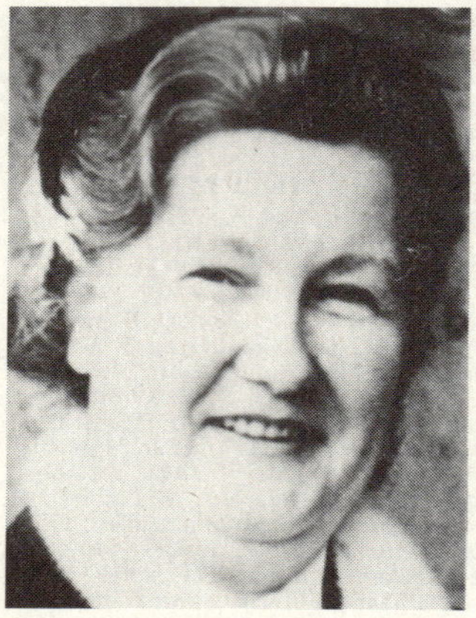

Dr. h. c., Kommiss. Leiterin Inst. f. angew. Psych. u. Heilpäd. - Südendstr. 6, 7500 Karlsruhe 1 (T. 2 85 94) - Geb. 22. Nov. 1921 Berlin, verh. m. Prof. Dr. Dr. h.c. Josef Sp. (s. dort) - Abit., Pflichtj., 1. Praktikantin f. Luftfahrt, 1. Flugmonteurin, 1. Werkstud. f. Luftfahrt, 1. Testpilotin b. Junkers; TH Braunschweig (Luftfahrt, Arch., Jura f. Ing., Arbeitspsych., Flugmed.) - Focke-Wulf, Espenlaub, Dornier, Junkers. Mitgl. Hugo Junkersges., Interessengemeinsch. Ju 52, Conferation of Chivalry, MIDI u. Weltparlament of Chivalry.

SPIELMANN, Erwein O.

Mitgl. Fernsehrat ZDF (s. 1962) u. Vors. Aussch. Spiel u. Musik Fernsehrat ZDF - Schiffbecker Höhe 19, 2000 Hamburg 74 - Geb. 4. Juli 1920 Nürnberg, ev. - Realgymn.; Univ. Hamburg (Theol., Phil.) - 1948/49 Presseref. Zentral-Justizamt f. d. Brit. Zone; 1949-51 Redakt. u. Ressortleit. Seite Zwei D. WELT; 1951-80 Pressechef DAG.

SPIELMANN, Heribert

Dr. med., Geschäftsführer Desitin-Werk Carl Klinke GmbH., - Hamburg - Bergweg 38, 2409 Sierksdorf - Geb. 21. Juli 1920.

SPIELMANN, Willi

Dr. med., o. Prof. f. Immunohämatologie u. Transfusionskd. - Feldbergweg 1, 6050 Offenbach/M. (T. 83 41 00) - Geb. 19. April 1920 Oberhausen/Rhld., kath., verh. I) m. Margarete, geb. Beck, 3 Kd., II) Margarete, geb. Huck, 2 Kd. - Univ. Jena u. Tübingen (Chemie, Diplom-Hauptprüf. 1945), Med. (Staatsex. 1945). Promot. 1945 Tübingen; Habil. 1953 Frankfurt/M. - 1947-51 Paul-Ehrlich-Inst.; s. 1951 Univ. Frankfurt (Leit. Blutspendedst.; 1953 Privatdoz., 1954 apl., 1966 o. Prof.). Mitarb. DRK-Blutspendedst. Hessen, 1975/76 Präs. Dt. Ges. f. Bluttransfusion u. Immunhämatol. - BV: Leitfaden d. Transfusionskd., 3. A. 1982; Immunhämatol., 1972, 2. A. 1979 (m. S. Seidl); Blutgruppenkd., 1981 (m. P. Kühnl). Zahlr. Einzelarb., vorwieg. z. Blutgruppenserologie u. -genetik, z. B. Genotypenbestimmung im Rhesus-, MNSs-, Duffy- u. Kidd-System sowie HLA- u. Plasmaproteingruppen - Spr.: Engl. - Rotarier.

SPIELMEYER, Günter

Bundesrichter BSG - Graf-Bernadotte-Pl. 5, 3500 Kassel-W'höhe - Geb. 19. Jan. 1925.

SPIER, Wolfgang

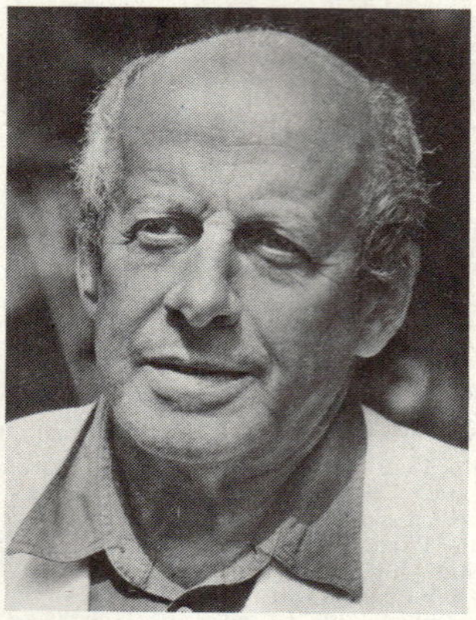

Schaupieler u. Regisseur - Kaiserdamm 98, 1000 Berlin 19 (T. 030 - 32 17 44) - Geb. 27. Sept. 1920 Frankfurt/Main (Vater: Julius S., Psychologe), ev., verh. I) mit Waltraut, geb. Schmahl (gesch.), II) Almut, geb. Eggert (gesch.), III) s. 1981 m. Christine, geb. Schild, 2 Töcht. (Sabine, Miriam-Bettina) - Schauspielausbild. Holl-Bierkowski - B. 1950 Staatstheater Wiesbaden, dann British Centre Berlin (Leit. Theater-Club) u. Schauspielhaus Düsseldorf (1955), s. 1957 freiberufl. tätig (Theater, Film, Funk u. Fernsehen). Üb. 100 Insz., dar. D. Bärenhäuter, Romanoff u. Julia, My Fair Lady, Vater - armer Vater..., Vater e. Tochter, Tschau, Max Mahnke als Mensch, D. letzte d. feurigen Liebhaber, Alle reden v. Liebe, Bleib was Du bist, Ehekarussell, Bleib doch z. Frühstück, Hotel z. guten Ton. FS: Moderator Wer dreimal lügt - 1953 Kunstpreis (Regie) Stadt Berlin; 1986 BVK; 1988 Silb. Blatt d. Dramatiker Union.

SPIERIG, Siegfried

Dr.-Ing., Prof., Inst. f. Baumechanik u. Numerische Mechanik Univ. Hannover (s. 1967) - Langer Garten 11, 3200 Hildesheim - Geb. 23. Jan. 1931 - Facharb.

SPIES, Hannelore

Hausfrau, Mitgl. Brem. Bürgerschaft (s. 1967, CDU) - Osterholzer Heerstr. 31a, 2800 Bremen 44 (T. 45 18 33) - Geb. 21. Aug. 1918 Bremen, ev., verh., 2 Kd. - Höh. Schule Bremen (Abitur 1939); Stud. Hamburg, Freiburg, Straßburg. Staatsprüf. f. d. Lehramt an höh. Schulen 1945 - 1946-52 brem. Schuldst. (zul. Studienrätin).

SPIES, Helmut

Generaldirektor i. R., Vorstandsmitglied Vereinigung von Freunden der TH Darmstadt - Frauenlobstr. 90, 6000 Frankfurt/M. (T. 77 96 14) - Geb. 30. Nov. 1909 Gießen, ev., verh. s. 1946 m. Maria, geb. Schnellbacher, 2 Söhne (Klaus, Thomas) - 1930-67 VDO Tachometer Werke Adolf Schindling GmbH., Frankfurt/M. (1945 Geschäftsf., 1963 Vors. d. Gfg.); s. 1967 Fichtel & Sachs AG., Schweinfurt (Vorstandssprecher bzw. - vors.) - 1973 Bayer. VO.

SPIES, Karl

Prof. f. Mathematik in d. Ingenieurwiss. Univ. Kassel GH - Lewaltestr. 19, 3500 Kassel (T. 2 21 53) - Geb. 6. Dez. 1925 Ratschin (Vater: Karl S.; Mutter: Anna, geb. Thuma), kath., verh. s. 1955 m. Hella, geb. Deppisch, Oberstud.rätin (†1984), T. Annette, Pharmaz. - Stud. Math., Physik, Phil., Päd., Psych.; Lehramt an Höh. Schulen; Univ. Bamberg u. Würzburg - 1958 Doz. Balthasar Neumann Polytechnikum Würzburg; Studienrat; Baurat, Oberbaurat Staatsbausch. Kassel - 1964-70 Ingeniersch. f. Masch.wesen Kassel; s. 1970 GH Kassel; s. 1968 Sprecher Arbeitskr. Fachber. Math.-Naturwiss. u. Datenverarb. (MND) an d. Fachhochsch. d. Landes Hessen; 1968-79 Leit. Fachber. MND GH Kassel; s. 1964 Fachbereitsleit. Math. Naturw. Technik Gesamt-VHS Kassel; Mitgl. d. Ad. Council d. SEFI; 1982 Sprecher Intern. Arbeitsgr. Math. in d. Ingenieurausbild. d. Europ. Ges. f. Ingenieurausbild. (SEFI) - Veröff.: Art. üb. Erwachsenenbild. im Rahmen d. Arbeit an d. VHS-Westermann Verlag. Vorträge u. Preprints z. Auf- u. Ausbau d. Fachobersch. u. d. FH 1969-75 im Rahmen d. LAK-MND; Math. in d. Ausbild. v. Ing. im Intern. Vergleich (SEFI 1980); Samml. intern. Aufg. in Math. b. d. Ing.ausbild. (SEFI 1981). Berichte üb. SEFI-Tagungen 1983; Mitarb. an d. Sondernummer d. Intern. Journal of Mathematical Education in Science and Technology VOL 16, No. 2 üb. d. 1. Intern. Seminar üb. Math. in d. Ing.ausbild. in Kassel 1984; Influence of the Computer on the Math. Education of Engineers, in European Journal of Engineering Education VOL 10, No. 3 & 4. Als Presseref. d. Nordhess. Bezirksvereins d. VDI Art. in d. VDI-Nachrichten - Spr.: Engl.

SPIES, Klaus Th.

Dr.-Ing., Leiter Büro Führungskräfte der Wirtschaft, Frankfurt/M. i. R. - Melibocusstr. 5, 6380 Bad Homburg v.d.H. 6 (T. 06172 - 4 23 67) - Geb. 2. Jan. 1923 Wuppertal (Vater: Wilhelm S., Ing.; Mutter: Margarete, geb. vom Hövel), verh. s. 1953 m. Annette, geb. Gabrisch, 2 T. (Sabine, Bettina) - Stud. TH Hannover (Masch.-Bau, Fertigungstechnik); Dipl.-Ing. 1952. Promot. 1957 ebd. - 1952-57 wiss. Ass. TH Hannover. 1957-64 Betr.-Dir. Eisenwerk Rothe Erde GmbH., Dortmund. 1965-69 Gf. Rheinmetall Schmiede- u. Presswerk Trier GmbH. 1970-74 Hauptabt.ltr. Auslandsbeteilig. Stahlwerke Südwestf. AG, Hüttental-G. - Zahlr. Fachveröff. - Spr.: Engl., Span. - Rotarier.

SPIES, Klaus W.

Dr.-Ing., Prof. u. Direktor d. Inst. f. Bergbauk. II d. RWTH Aachen - Frennetstr. 49, 5100 Aachen-Schmithof - Geb. 29. Juni 1930 Duisburg (Vater: Wilhelm S., Elektrom.; Mutter: Margarete, geb. Kolter), ev., verh. m. Hedwig, geb. Schleich, S. Erhard, T. Barbara, T. Julia- Dipl.-Ing. Masch.bau 1953, Promot. 1955; Dipl.-Ing. Bergbau 1956; Habil. 1963 - 1956-80 Forsch. u. Bergbauzulief.-Ind.; ab 1969 Geschäftsf.; 1977 apl. Prof.; s. 1980 Prof. u. Inst.dir. Zahlr. Schutzrechte auf d. Gebiet d. Bergbaumasch.

SPIES, Peter Paul

Dr.-Ing., Prof. f. Informatik Univ. Bonn - Am Schwanenmorgen 5, 5300 Bonn 1 (T. 0228 - 61 37 29) - Geb. 20. Sept. 1939 Würzburg, kath., verh. s. 1964 m. Karin, geb. Strohm, T. Katharina - 1958-64 Stud. Mathematik Univ. d. Saarlandes; Dipl.-Math.; Promot. 1969 Univ. Erlangen-Nürnberg - S. 1972 Prof. Univ. Bonn; 1979/80 Dekan Math.-Nat. Fak. - BV: Grundl. stochast. Modelle, 1982. Fachbeitr.

SPIES, Werner Emil

Dr. phil., Prof. f. Erziehungswissenschaft Univ. Dortmund - Columbusstr. 30, 4000 Düsseldorf 11 - Geb. 31. Jan. 1928 Düsseldorf (Vater: Paul S., Kellner; Mutter: Pauline, geb. Klein), verh. s. 1954 m. Ilona, geb. Goede - Promot. u. 1. Staatsex. 1953 Univ. Bonn, 2. Staatsprüf. 1955 Düsseldorf - 1955-64 Lehrer an Gymn.; 1964-69 Oberstud.dir. Dortmund; 1969-74 Ltd. Min.rat Kultusmin. NRW; 1974ff. Prof. in Dortmund - BV: Konzepte schul. Erneuer., 1971; Bildungsplan. in d. BRD, 1976; Morphol. Didaktik, 1979; stv. Schulleit., 1986;

Gestalt unserer Schule, 1987 - Spr.: Engl., Ital., Latein.

SPIES von BÜLLESHEIM, Freiherr, Adolf
Dr. jur., Rechtsanwalt u. Landwirt, Haus Hall b. Ratheim - 5142 Hückelhoven (T. 02433 - 50 66) - Geb. 4. Juni 1929 Ratheim (Vater: Egon Frhr. S. v. B.; Mutter: Maria, geb. Freiin v. Oer), kath., verh. s. 1961 (Ehefr.: geb. Gräfin Mirbach), 5 Kd. (Daisy, Mary, Antoinette, Helena, Max) - Gymn. Erkelenz (Abit. 1947); landw. Lehre Krefeld; ab 1949 Univ. Bonn u. Köln (Landw., Rechtswiss.). Dipl.-Agraring. 1952, Jurist. Staatsex. 1954 u. 60, Promot. 1956 - Ab 1954 Bewirtschaft. landw. Familienbetrieb; s. 1960 Anwaltspraxis. 1967ff. Ratsmitgl. Hückelhoven (1969-72 Bürgerm.). CDU s. 1952 (1967-69 Stadtvors., 1969-70 stv. Kreisvors.); 1972-87 MdB, Wahlkr. 55/Heinsberg; 1976-87 Mitgl. Europarat u. WEU. Mitgl. d. Verwaltungsrats Lehndorff Vermögensverwaltung u. d. Beirats d. Colonaversicherungen; s. 1987 AR-Vors. Eschweiler Bergwerksverein AG, Präs. Aktionsgemein. Christ. Ges. u. Staat. - 1956 Bundesverdienstmed.; 1979 BVK, 1986 BVK I. Kl.; 1989 Commandeur de l'Ordre de Merite du Grand-Duché de Luxembourg - Liebh.: Sport - Spr.: Engl. (1960 Aufenth. USA u. Kanada).

SPIESS, Hans Wolfgang
Dr. rer. nat., Prof., Direktor am Max-Planck-Inst. f. Polymerforschung, Mainz (s. 1984) - Grillenweg 8, 6500 Mainz - Geb. 14. Okt. 1942 Frankfurt - 1962-66 Chemie-Stud. Univ. Frankfurt (Promot. 1968); Habil. 1978 Univ. Mainz - 1970-75 Max-Planck-Inst. Heidelberg; 1975-83 Univ. Mainz; 1981-82 Prof. Univ. Münster; 1983-84 Prof. Univ. Bayreuth - BV: Dynamic NMR Spectroscopy, 1978; zahlr. Veröff. in Fachzeitschr. üb. Molekülspektroskopie u. Struktur u. Dynamik v Polymeren - 1988 Leibniz-Preis Dt. Forschungsgemeinschaft.

SPIESS, Heinz
Dr. med., o. Prof. f. Kinderheilkunde - Pettenkoferstr. 8a, 8000 München 2 (T. 516 036 78); priv.: Heilmannstr. 11, (T. 79 46 37) - Geb. 13. April 1920 Mühlhausen (Vater: Richard S., Fabrikant; Mutter: Hedwig, geb. Rossner), T. Eva - Promot. (1945) u. Habil. (1951) Göttingen - S. 1951 Lehrtätig. Univ. Göttingen (1957 apl. Prof.; zul. Oberarzt Kinderklinik) u. München (1968 o. Prof. u. Dir. Pädiatr. Poliklinik) - BV: Schutzimpfungen, 2. A. 1966; Problèmes sociopédiatriques; 1963; Impfkompendium, 3. A. 1987 - 1964 Ehrenmitgl. Chilen. Ges. f. Pädiatrie; 1980 Präs. d. Deutschen Grünen Kreuzes - Liebh.: Reit- u. Wassersport - Spr.: Engl., Franz.

SPIESSHOFER (ß), Günther
Dipl.-Kfm., Fabrikant - Zu erreichen üb.: Triumph International Holding GmbH., Marsstr. 40, 8000 München 2 (T. 51 11-1); - Geb. 3. Mai 1936 - Vorst., Gesellsch. u. Geschäftsf. zahlr. Unternehmen d. Triumph Intern. Gruppe.

SPIETH, Otto
Dipl.-Ing., Geschäftsführer Carl Metz GmbH./Feuergerätefabrik/Eisen-, Temper- u. Metall/Glocken/Kunstgießerei, Karlsruhe, Vors. Arbeitsgem. Feuerwehrfahrzeuge u. -geräte/VDMA, Frankfurt/M. - Carl-Metz-Str. 3, 7500 Karlsruhe 21.

SPIETH, Reinhard
Dipl.-Ing., Verkaufsleiter Dt. ICI GmbH, Lyriker (Ps. Baldur Spitoly) - Waldemar-Bonsels-Weg 127a, 2070 Ahrensburg (T. 04102 - 5 85 82) - Geb. 30. Nov. 1934 Göppingen, verh. s. 1961 m. Maria, geb. Hollbach, S. Darius-Alexander - Gärtnerlehre; Lehr- u. Forschungsausl. f. Gartenbau Berlin; Techniker-Ex. 1957, Inspektor-Staatsex. 1967, Dipl. 1985 - S. 1981 Mitarb. Kulturverein Romant. Kreis Hanstedt; Lesungen,

Urauff. vertonter Ged. Spez. Engagement f. d. Pflege d. dt. Sprache - BV: u. a. Silberstreifen, lyr. Ged. - Interessen: Verständl. Kunst in Wort, Bild u. Ton, Fotogr., Gesamtd. Fragen - Spr.: Engl., Span. - Bek. Vorf.: Dr. h. c. Andreas Jakob Sp., Ethnologe (Großv.); Prof. Ferdinand Ohly, Philologe (Großv.).

SPILKER, Karl-Heinz
Rechtsanwalt, MdB (s. 1969, Wahlkr. 199/Altötting), stv. Vors. CDU/CSU-Frakt., Schatzmeister CSU - Saemischstr. 2, 5300 Bonn (T. dstl.: 0228 - 16 35 41; priv.: 08671 - 61 96) - Geb. 3.Mai 1921 Bad Oeynhausen, ev., verh. - Präsid. Dt. Atomforum; Präs. Bayer. Turnverb.

SPILLER, Kurt
Dr. rer. pol., Vorsitzender Geschäftsf. Krupp Industrietechnik GmbH, Duisburg-Rheinhausen (b. 1988) - Franz-Schubert-Str. 1-3, 4100 Duisburg 14 (T. 02135 - 7 81) - Geb. 27. Aug. 1934 - Stud. Wirtschaftswiss. Stuttgart u. Hamburg - S. 1963 Demag AG., Duisburg (1970 Generalbevollm., 1971 Vorst.-Mitgl.); ab 1981 stv. Vors. u. s. 1982 Vors. d. Geschäftsfg. Krupp Industrie- u. Stahlbau, Duisburg-Rheinhausen; s. 1983 Vors. d. Gfg. Krupp Industrietechnik. Vors. Ges. d. Freunde d. Niederrh. Univ. Duisburg - Spr.: Engl., Franz. - Rotarier.

SPILLNER, Bernd
Dr. phil., o. Prof. f. Romanistik u. Allg. Sprachwiss. Univ. Duisburg - Londoner Str. 5, 5300 Bonn 1 (T. 0228 - 67 33 68) - Geb. 20. März 1941 Braunschweig - Promot. 1970 - 1972 Akad. Rat/Oberrat Univ. Bonn; 1974 o. Prof. Univ. Duisburg; 1976 Chairman Scientific Commission on Rhetoric and Stylistics Assoc. Intern. de Linguistique Appliquée; 1979-81 Dekan u. Prodekan Univ. Duisburg; 1982 2. Vors. Ges. f. Angew. Linguistik; 1985 Korresp. Mitgl. Forschungsstelle f. Mehrsprachigkeit Univ. Brüssel; 1986 1. Vors. Ges. f. Angew. Linguistik; 1987 Vorst.-Mitgl. Assoc. Intern. de Linguistique Appliquée - BV: Symmetr. u. asymmetr. Prinzip in d. Syntax Marcel Prousts, 1971; Linguistik u. Literaturwiss. Stilforsch. Rhetorik, Textlinguistik, 1974 (span. Übers. 1979); Meth. d. Stilanalyse, 1984. Üb. 100 Aufs. u. Rezensionen in Fachzeitschr. u. Kongreßakten; Herausg. mehrerer Sammelbde. u. Kongreßbde.

SPINDLER, Gert P.
Public Relations-Berater - Heinrich-Heine-Str. 31, 4006 Erkrath-Hochdahl (T. 02104 - 4 60 21) - Geb. 9. Mai 1914 Hilden (Vater: Paul S., Fabr.; Mutter: Meta, geb. Sondermann), ev., verh. s. 1942 m. Witrud, geb. Fischer, 2 Kd. (Claudia, Frank) - Oberrealsch. Hilden; 1931-33 Lehre Paul-Spindler-Werke KG. ebd. (gegr. 1832); 1933-34 Seidenwebsch. Zürich; 1934-35 Volontär London - 1943-70 Geschäftsfh. Familienuntern. - 1983 Visit. Scholar, Univ. of Texas at Austin, 1985 Researcher, Lyndon Baines Johnson Library, Austin, Texas, 1986 Fellow, Aspen Inst. f. Humanistic Studies, Aspen, Colorado, u.a. - Spr.: Engl., Span., Franz.

SPITAL, Hermann-Josef
Dr. theol., Kath. Bischof v. Trier (s. 1981) - Liebfrauenstr. 1, Postf. 34 44, 5500 Trier. - Geb. 31. Dez. 1925 Münster/W. (Vater: Arzt) - Priesterw. 1952 - S. 1973 Generalvikar u. Weihbischof Münster (1980).

SPITALER, Anton
Dr. phil., Dr. phil. h. c., em. o. Prof. f. Semit. Philologie - Veterinärstr. 2, 8000 München 22 (T. 28 51 00) - Geb. 11. Juli 1910 München (Vater: Anton S.; Mutter: geb. Sedlmair), kath., verh. m. Dr. rer. nat. Winifried, geb. Eich, 2 Kd. (Margot, Reinhard) - S. 1947 Privatdoz., ao. u. o. Prof. (1948) Univ. München (Vorst. Sem. f. Semitistik, vorderasiat. Altertumsk. u. Islamwiss.), 1978 emerit. - Bücher u. Aufs. z. Semitistik u. Arabistik - Mitgl. Bayer. Akad. d. Wiss.; Mitgl. Dt. Archäol. Inst., School of

Oriental and African Studies Univ. London, British Academy.

SPITELLER, Gerhard
Dr. phil., o. Prof. f. Organ. Chemie Univ. Bayreuth (s. 1976) - Bodenseering 71, 8580 Bayreuth (T. 0921 - 55 26 80) - Geb. 24. Sept. 1931 Wien - Promot. Innsbruck; Habil. Wien - 1965-75 Prof. Göttingen - BV: Massenspektrometr. Strukturunters. organ. Verbindungen, 1966.

SPITTLER, Hans-Joachim
Dipl.-Volksw. - Friedrich-Ebert-Ring 53, 5400 Koblenz - Geb. 16. Juni 1949 - B. 1982 Geschäftsf. Bundesverb. Dt. Leasing-Ges., Köln.

SPITZ, Arno
Verleger (Ps. Arnold Harttung) - Ehrenbergstr. 29, 1000 Berlin 33 (T. 832 62 32, 831 34 69) - Geb. 24. April 1920 Berlin (Vater: Walter S., Chemiker, Physiol.; Mutter: Christine, geb. Wilm), agnost., 2 T. (Cordelia-Friederike, Julia-Charlotte) - Stud. 1946-48 TH München (Arch.); 1956/57 Univ. München (Staatswiss.); 1957/58 UCLA Los Angeles, Cal. (Zeitungswiss.); 1958/60 IUHEI (Inst. f. Höh. Intern. Stud.) Genf. Lic. MA - 1948-55 Maurer, Baumeister Los Angeles; 1961/62 Asienreise; s. 1962 Aufbau u. Ltg. Berlin Verlag Arno Spitz - Bek. Bauw.: Dodeka-Haus in Berlin-Dahlem - Liebh.: Musik, Tiere - Spr.: Engl., Franz., Altgriech., Latein.

SPITZEDER, Jürgen
Vorstandsmitglied Milupa AG, Friedrichsdorf - Am heiligen Rain 25, 6370 Oberursel - Geb. 8. April 1925 Hamburg.

SPITZING, Günter

Schriftsteller (Freiberufler) - Stadtbahnstr. 86, 2000 Hamburg 65 (T. 040 - 601 38 81) - Geb. 19. Mai 1931 Bamberg, untr. m. Karin, geb. Maschewski, 2 Kd. (Tamara, Alexander) - Human. Gymn.; Abit., Stud. Univ. Hamburg Magister Artium Orientalistik (Indones., Ethnol., Religionsgesch.) - Vorst.-Mitgl. Dt.-Indonesische Ges. Hamburg (zust. f. Veranstaltungsdst.); Antirassist. Arbeitskr. ARA - BV: Dt. Buchveröff. (Text u. Fotos), u. a. Schulfotografie - Didaktik u. Methodik, 1975; 1 Foto = 1001 Bilder, 1976; Infrarot- u. Ultraviolett-Fotografie, 1981; D. indonesische Schattenspiel, 1981; Fotopsychologie, 1985; Porträtfotos - gewußt wie!, 7. A. 1987; D. Fotolabor, 3. A. 1987; Bali - Dumont Kunstreiseführer, 2. A. 1987; Rhodos - richtig Wandern, 1987; D. neue Lehrb. d. Fotografie, 1989; Lexikon Byzantinisch Christl. Symbole, 1989. Übers. in Engl., Holl., Franz., Ital., Span., Portug., Griech., Schwed. Eigene Fotografikauszst. photokina Köln (1976). Ausst. v. Schattenspielfiguren - Originale u. Fotogramme Stuttgart (1987) - Liebh.: Samml. v. Schattenspielfiguren, Samml. naiver Malerei aus Bali, Griech. Tänze - Spr.: Engl., Neugriech., Indon. - Lit.: Who is Who in Europe, Who is Who in the World, Intern. Writers a. Authors Who is Who.

SPITZLER, Marianne

Redakteurin (Ztschr. Plus), Schriftst. - Agnes-Bernauer-Str. 71/7, 8000 München 21 (T. 56 68 83) - Geb. 13. April 1901 München, kath., led. - Höh. Handelssch.; Ausbild. Verlagswesen - Ab 1924 Schriftl. Jugendztschr. (1936 Berufsverbot) - BV: D. Schatz in d. Höhle (1946), E. Seele redet m. Gott (1947), Unheiml. Geschichten (1948), Der Mutter e. Kranz (1949), Kreuzweg (1949), Deine Welt (1953), V. Zeit zu Ewigkeit (1954). Herausg.: Mädchenjahrb. Mariza (1952 ff.) u. Birgitt (1955 ff.), Isabell-Buch f. d. berufstät. Frau (1957), Kath. Ordenssch. (Bildbd., 1963). S. 1968 Gestalt. v. Hörbildfolgen auf Langspielpl.

SPITZMÜLLER, Kurt

Kaufmann, MdB (1957-69 u. 1971-80; 1971-76 stv. Fraktionsvors., 1976-80 parlam. Geschäftsf. FDP-Bundestagsfrakt., 1980-82 Fraktionsgeschäftsf.) - Waldstr. 1, 7618 Nordrach/Baden (T. 6 36) - Geb. 13. Mai 1921 Freiburg/Br. (Vater: Ludwig S., Hotelkfm.; Mutter: Hilda, geb. Roth), verh. s. 1958 m. Gabriele, geb. Zehnder, S. Heinzgünther - Kloster- u. Oberrealsch.; Ausbild. Hotelfach - S. 1941 Eigentümer Kurhaus Nordrach (elter. Betrieb); 1941-43 Wehrmacht; 1943-45 Rüstungsind. Div. Funktionen Bad. Leichtathletik- u. Sportbd. 1952-54 Landesvors. Dt. Jungdemokr. Baden-Württ. FDP s. 1948 (1970 Mitgl. Bundesvorst.); s. 1973 Vizepräs. Dt. Ges. f. Freizeit; Vizepräs. Bundesverb. Dt. Privatkranken-Anstalten - 1952 Gold. Ehrennadel DLV; 1972 BVK I. Kl., 1980 Gr. BVK m. Stern u. Ehrenzeichen d. Dt. Ärztesch.

SPITZNAGEL, Albert

Dr. phil., Dipl.-Psychologe, o. Prof. f. Päd. Psychologie Univ. Gießen - Zu erreichen üb.: Universität, Otto-Behaghel-Str. 10, Haus F., 6300 Gießen.

SPITZNER, Hans

Dipl.-Volksw., Staatssekretär Bayer. Staatsmin. f. Landesentwicklung u. Umweltfragen (s. 1988), MdL Bayern (s. 1974) - Zum Dallmeierkreuz 41, 8433 Parsberg (T. 09492 - 51 85; dstl.: 09492 - 4 48) - Geb. 1943 - CSU.

SPLETT, Jochen

Dr. phil., Univ.-Prof. f. Germanistik Univ. Münster - Dettenstr. 1, 4400 Münster (T. 2 28 27) - Geb. 9. Juni 1938 Magdeburg (Vater: Bruno Sp., Senatspräs.; Mutter: Elisabeth, geb. Schieb), kath., verh. s. 1966 m. Eva, geb. Dlugi, 2 Kd. (Tatjana, Marcel) - Univ. Köln, Zürich, Berlin u. Bonn (Phil., German., Gesch.), Promot. Bonn 1967, Habil. Münster 1972 - 1972 Doz. German. Inst. Univ. Münster, s. 1978 apl. Prof., s. 1980 Univ.-Prof. - BV: Rüdiger v. Bechelaren. Stud. z. 2. T. d. Nibelungenliedes, 1968; Linguist. Probl. b. d. automat. Produkt. d. dt. Blindenkurzschr., 1974; Abrogansstudien. Komment. z. ält. dt. Wörterb., 1976; Samanunga-Studien, 1979; Splett/Hundsnurscher, Semantik d. Adjektive d. Deutschen, 1982; d. hymelreich ist gleich e. verporgen schatz in e. acker... D. hochdt. Übers. v. Matth. 13, 44-52 i. ma. Hss., 1987; u.a. - 1984 1. Louis-Braille Preis, Bonn - Spr.: Engl.

SPÖNEMANN, Jürgen

Dr. rer. nat., Prof. f. Geographie Univ. Göttingen - Tilsiter Str. 24, 3406 Bovenden 1 (T. 0551 - 89 84) - Geb. 20. Febr. 1931 Dömitz, ev., verh. s. 1965 m. Martha, geb. Roes, T. Barbara - Gärtnerl.; Stud. d. Geogr., Biologie, Chemie TH Hannover, Univ. Göttingen, Würzburg - BV: Stud. z. Morphogenese u. rezenten Morphodynamik im mittl. Ostafrika, 1974; Geomorphologie - Ostafrika, 1984.

SPÖNEMANN, Kurt

Rechtsanwalt, stv. Vorst.-Vors. Bundesknappschaft, Mitgl. d. Sozialbeir. - Mainzer Str. 95, 6600 Saarbrücken (T. 40 51) - Geb. 5. März 1922 Minden - Ev., verh. m. Anneliese, geb. Rauhut, 3 Kd. (Michael, Hans-Joachim, Angela) - Gymn.; Stud. Rechts- u. Staatswiss.

SPÖRI, Dieter

Dr. rer. soc., Diplom-Volkswirt, MdL Baden-Württ. (s. 1988, Vors. SPD-Landtagsfraktion) - Robert-Stolz-Weg 36, 7100 Heilbronn/N.-Böckingen - Geb. 15. Mai 1943 Stuttgart, kath., verh. - N. Abit. 1963 Bundeswehrdst.; Univ. Tübingen (Wirtschaftswiss.; Dipl. 1969). Promot. 1973 Konstanz - 1969-70 SEL, Stuttgart; 1970-74 Inst. f. Südwestd. Wirtschaftsforsch. ebd. (stv. Leit.); 1975ff. Inst. f. Angew. Systemanalyse/Ges. f. Kernforsch., Karlsruhe (Sprecher Gruppe Energie u. Wirtsch.). B. 1975 Lehrbeauftr. Univ. Stuttgart (Wirtschaftspol.). 1976-88 MdB (Landesl. BW). SPD s. 1970 (1975 Mitgl. Landesvorst.), 1981 Mitgl. Präsidium Badenb-Württ., 1981 stv. Vors. SPD-Landesgruppe Baden-Württ. im Bundestag), 1983-88 Vors., 1983-84 Obmann d. SPD-Bundestagsfraktion im Flick-Unters.aussch., 1984-88 Vorst.-Mitgl. SPD-Bundestagsfraktion, Obmann d. SPD-Bundestagsfraktion im Finanzaussch.

SPOERRI, Helen

Malerin - Papenkamp 6, 2000 Hamburg 52 (T. 040 - 82 70 86) - Geb. 14. Dez. 1937, verh. m. Prof. F. Keck - Univ. Basel u. Zürich; Staatsex. Phil. u. Literaturwiss. 1960 - Malerin u. Aktionskünstlerin in Berlin, Hamburg u. New York; Artist in Residence Australien - Veröff.: Kataloge 1981, 84 u. 85 - Ausst. im In- u. Ausl.; Bilder in Europa u. USA - Spr.: Franz., Engl., Ital., Lat. - Lit.: Künstler in Hamburg (1984); Allg. Lexikon d. Kunstschaffenden; Künstlerhandbuch, weiblich, 1987, Allg. Verz. d. Kunstschaffenden, Bd. 7 - 1986 Kat. Paintings; Swiss Inst. New York, 1988 One woman show M.O.C.A. Brisbane, Goethe Inst. Sydney, 1988 Art Cologne 22; 1989 Gallery E.L. Stark N.Y.

SPOHN, Jürgen

Prof., Hochschullehrer, Schriftst. - Tapiauer Allee 21, 1000 Berlin 19 - Geb. 10. Juni 1934 Leipzig - Vornehml. Kinderb. - Div. Ausz., dar. Albatros-Preis Biennale f. Illustration Brünn (1972) u. Dt. Jugendb.preis (1981; f.: Drunter & drüber - Verse z. Vor-, Nach- u. Weitersagen).

SPOHN, Kurt

Dr. med., Prof., Direktor Chirurg. Klinik Städt. Klinikum Karlsruhe i. R. - Osterroder Str. 9, 7500 Karlsruhe (T. 68 23 33) - Geb. 19. Juni 1919 Urach/Württ. - S. 1955 (Habil.) Privatdoz., apl. Prof. (1962) Univ. Heidelberg (Chir.) - BV: D. experimentelle Lungenkrebs, 1955. 120 Einzelarb. Mitarb.: Stich/Bauer, Fehler u. Gefahren b. chir. Operationen (1958); Linke, Früherkennung d. Krebses (1961); Stich/Bauer, Lehrb. d. Chir. (18./19. A.) - Ehrenmitgliedsch. Intern. Med. Ges. Japan, Chilen. Chir. Ges., Chilen. Proktol. Ges.; Korr. Mitgl. Österr. Ges. f. Chir.; 1980/81 Präs. Dt. Ges. f. Chir. - Spr.: Engl. - Rotarier.

SPOHN, Ulrich

Dr., Botschaftsrat, Wirtschaftsref. Botschaft d. BRD in Portugal - CP 1046, Lissabon 1.

SPONAGEL, Klaus

Dipl.-Volksw., Vertriebsleiter - Gewerbstr. 5, 6800 Mannheim 31 (T. 72 16 90) - Geb. 18. Jan. 1942 Mannheim (Vater: Heinrich S., Kaufm.; Mutter: Anneliese, geb. Ehrbrecht), ev., verh. s. 1982 m. Renate, geb. Hennig, 3 Kd. (Frank, Katrin, Tim) - Neuspr. Gymn.; Stud. d. Volks- u. Betriebswirtsch. Univ. Saarbrücken u. Mannheim (Dipl.ex. 1966) - Liebh.: Mod. Belletristik - Spr.: Engl., Franz.

SPONSEL, Heinz

Schriftsteller - Freseniusstr. 60, 8000 München 60 (T. 811 96 15) - Geb. 25. Aug. 1913 Heimstetten/Obb. - Gymn. Nürnberg; Phil.-Theol. Hochsch. Bamberg - 1939-45 Wehrdst. u. amerik. Gefangensch. - BV: u. a. Goldner Sommer Avignon, R. 1947; Stille Insel Angelika, R. 1948; D. wunderbare Jahr, R. 1948; Deine Söhne, Europa!, Ged. 1948; Laßt uns den Menschen suchen, R. 1949; Sango u. d. Inkagötter, 1951; Fridtjof Nansen, D. Gewissen d. Welt, Biogr. 1952; Liebesbriefe an mein Auto, Erz. 1952; D. Hüter d. wilden Stiere, R. 1953; Macht Euch d. Erde untertan, D. Gesch. d. Entd. d. Welt, 1958; Verliebt in Frankr., 1962; D. Spur v. 100 000 Jahren - Archäologen aus aller Welt, 1962, NA. 1970; Dtschl. v. Flugzeug aus, 1963; D. Heilkräfte d. Natur, 1974; Fliegen - Beruf u. Hobby, 1974; D. Ärzte d. Großen, 1976; Damit d. Leben weitergeht, 1980; Heilkräuter Sammeln, 1982; Chemie, Umwelt, Zukunft, 1983; D. große Hundebuch, 1983; D. große Katzenbuch, 1985; Heilkräfte d. Natur, 1986; Ein Lob d. Weine, 1987 - 1942 Stip. Schiller-Stiftg. (f. Gedichtbd.), 1952 Lit.preis Ernst-Preczang-Stiftg.

SPOO, Eckart

Journalist, Präs. Adolph-Freiherr-v.-Knigge-Ges. - Gretchenstr. 36, 3000 Hannover 1 - Geb. 19. Dez. 1936 Mönchengladbach - Zahlr. Buchveröff., Redakt. Frankf. Rundschau.

SPOREA, Constantin (Marcel)

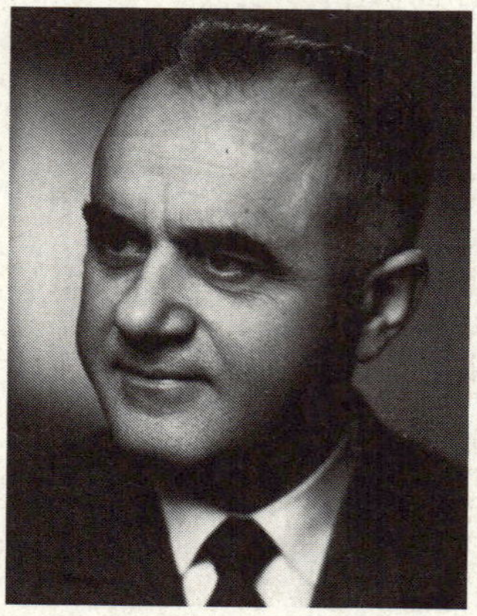

Dr. rer. pol., Dipl.-Volksw., Schriftsteller (Ps. Andreas Rohmann) - Fritz-Meyer-Weg 47/I, 8000 München 81 (T. 089 - 95 57 57) - Geb. 30. Nov. 1910 Jassy/Rumän. (Vater: Constantin S., Studienrat; Mutter: Eleonora, geb. Vasilescu), griech.-orth., verh. s. 1953 m. Adele, geb. Jakob - Stud. Handelshochsch. u. Univ. Bukarest (Dipl.-Volksw., Jurist. Ex.); Univ. Berlin u. Leipzig (Promot.) - 1933-34 Studienrat; 1934-42 Beamt. Rumän. Nationalbank; 1942-45 Wiss. Assist. Univ. Leipzig; 1952-75 Angest. Radio Freies Europa - BV: Bibliogr. d. rumän. Schrifttums im Rahmen d. Südosteuropa-Bibliogr., Bd. I 1945-50, Bd. II 1951-55, Bd. III 1956-60, Bd. IV 1961-65. Redakt. Revista Scriitorilor Români, 1962-86; zahlr. Art. in versch. Ztschr. - Liebh.: Polit., Gesch., Kultur, bes. Südosteuropa - Spr.: Deutsch, Rumän., Engl., Franz.

SPORER, Eugen

Graphiker, Künstler. Leiter Prestel-Verlag, München (s. 1953) - Lerchenauer Str. 29, 8000 München 40 (T. 089-30 96 30) - Geb. 16. Jan. 1920 München, kath., verh. s. 1945 m. Erika, geb. Schmidt, 2 Kd. (Renate, Florian) - 1946-52 Hochsch. f. bild. Künste München - Illustration (Holzschnitt), Buchgestaltung, Plakate, Aquarelle, fr. Graphik. Teiln. an Ausst.: 1952, 53, 56 München, 1962 Kairo, 1961 Beirut, 1962-64 Bund dt. Buchkünstler München, Hamburg, Stuttgart, Leipzig, u. Ausst. Klingspor-Mus. Offenbach, 1963 London. Gobelin Sitzungssaal IHK Nürnberg - 1964 Preis Akad. d. Schönen Künste München; 1972 BVK; 1973 Certificate of merit, Intern. Who's Who in Art and Antiques; 1975 Adalbert-Stifter-Med.; 1985 Med. München leuchtet - Lit.: Georg Kurt Schauer, Dt. Buchkunst 1890-1960 (1963); Gustav Stresow, E. Sp., Holzschneider u. Büchermacher, Philobiblon I, 85; Lillian Schacherl, Bunte Schwarz-Weiß-Welt in Illustration, 63, I, 85.

SPORHAN-KREMPEL, Lore

Dr. phil., Historikerin, Schriftstellerin - Stossäckerstr. 15, 7000 Stuttgart 80 (T. 0711 - 735 17 49) - Geb. 19. April 1908 Stuttgart, verw. - Promot. 1934 Univ. München - Fr. Wissenschaftlerin - BV: Bibliogr. m. rd. 900 Titeln: Romane, Jugendb., Nov., wiss. Veröff., Rundf.-send. u.a. - Wahlmitgl. Ges. f. Fränk. Gesch.

SPRANDEL, Wolfgang

Dipl.-Kfm., Geschäftsführer Hamburger Hotel-Verwaltungsges. mbH., Hamburg, u. Landesverb. Gaststätten- u. Hotelgewerbe d. Hansestadt Hamburg ebd. - Schützenstr. 30, 2085 Quickborn - Geb. 25. Juni 1929.

SPRANGER, Carl-Dieter

Rechtsanwalt, Landgerichtsrat a. D., Parlam. Staatssekr. Bundesinnenmin. (s. 1982), MdB (s. 1972) - Urlasstr. 18, 8800 Ansbach - Geb. 28. März 1939 Leipzig (Vater: Rudolf S., Landwirt; Mutter: Hertha, geb. Hürner), ev., verh. s. 1965 m. Gudrun, geb. Krapf, 3 Kd. (Karin, Jürgen, Christine) - Oberrealsch. Ansbach (Abit. 1957); Univ. Erlangen (Rechts- u. Wirtschaftswiss.). Jurist. Staatsprüf. 1962 u. 1966; Univ.assist.; s. 1967 Justizdienst Ansbach (1968 Staatsanwalt, 1969 Landgerichtsrat). 1972-76 Stadtratsmitgl. Ansbach (Fraktionsvors.). CSU s. 1968 (stv. Bezirksvors. Mittelfranken, Mitgl. Landesvorst.); 1972-76 Mitgl. Rechtsaussch., Strafrechtssonderaussch., Guilleaume-Untersuchungsaussch., Planungsgr. CDU/CSU-Fraktion; 1976-80 Obmann CDU/CSU-Fraktion Innenaussch.; stv. Vors. Arbeitskr. Rechts- u. Innenpolit. CDU/CSU-Bundestagsfrakt.; 1980-82 Vors. Arbeitsgruppe Inneres, Umwelt u. Sport, Mitgl. Fraktionsvorst. CDU/CSU-Fraktion - 1984 Bayer. VO; BVK I. Kl. - Liebh.: Lesen, Musik, Bergwandern, Skifahren, Geschichte - Spr.: Engl.

SPRANGER, Jürgen

Prof. - Sickingenstr. 1, 6501 Köngernheim - Geb. 1. Jan. 1931 Greifswald (Vater: Walter Sp., Arzt; Mutter: Hedwig, geb. Hess), ev. - Staatsex. 1956, Habil. 1968 - 1957-58 Sloan-Kettering Inst. New York; 1963-74 Univ. Kiel; 1968-69 Harvard Univ. Boston; 1971-72 Univ. of Wisconsin; 1974ff. Univ.kinderklinik Mainz. Entd. mehr. erbl. Skeletterkrank. - BV: Bone Dysplasias, 1974 - 1973 Czerny-Preis - Spr.: Engl., Franz.

SPRANZ, Bodo

Dr. phil. habil., Prof. f. Völkerkunde u. Archäologie - Hansastr. Nr. 2a, 7800 Freiburg (T. 0761 - 3 24 76) - Geb. 1. Jan. 1920 Nordhausen (Vater: Adolf S., Kulturbaumeister; Mutter: Anneliese, geb. Braess), ev., verh. s. 1945 m. Ingeborg, geb. Erdmann, S. Wolfgang - B. 1938 Realgymn.; 1938-45 Soldat, 1951-58 Stud. Völkerkd., Promot., Habil., apl. Prof. (1969) - 1951-58 Mus.Techn., 1958-61 wiss. Assist., s. 1962 Mus.-Dir., apl. Prof. - BV: u.a. Göttergestalten in d. mexik. Bilderhandschriften d. Codex Borgia-Gruppe, 1964; D. Pyramiden v. Totimehuacan, Puebla (Mexico), 1970; D. Pyramiden v. Cerro Xochitecatl, Tlaxcala (Mexico), 1978 - 1943 Ritterkreuz u. Eichenlaub dazu - Liebh.: Beruf, Orchideen - Spr.: Engl., Span.

SPRAUER, Germain

Dipl.-Kfm., Geschäftsführer Züblin Schleuderbetonrohrwerke GmbH. - Oststr. 10, 7640 Kehl/Rh. - Geb. 15. Febr. 1920.

SPRECHER, Ewald

Dr. rer. nat., em. o. Prof. f. Pharmakognosie - Sandmoorweg 31, 2000 Hamburg

56 - Geb. 17. Nov. 1922 Kupferzell - S. 1960 (Habil.) Lehrtätigk. TH bzw. Univ. Karlsruhe (1965 apl. Prof.; 1968 Abt.-vorst. u. Prof.) u. Hamburg (1969 Ord., Dir. Abt. f. Pharmakognosie/Inst. f. Angew. Botanik). Präs. Ges. f. Arzneipflanzenforschung - Div. Fachveröff.

SPRECKELSEN, Kay

Dr. rer. nat., Dipl.-Phys., Prof. f. Didaktik d. Physik GH Kassel - Leonhard-Lechner-Str. 3, 3500 Kassel (T. 0561 - 31 34 30) - Geb. 14. Febr. 1934 Kiel, verh. s. 1961, 4 Kd. - PH: 1966-68 Kiel, 1968-71 Braunschweig - S. 1971 GH Kassel. Entw. e. Elementarschulcurriculums; Erf. physik. Lehrgerät - BV: Naturwiss. Unterr. in d. Grundsch., 1971 ff.; zahlr. Ztschr.publ.

SPRENG, Manfred

Dr.-Ing., Univ.-Prof. f. Physiologie Univ. Erlangen-Nürnberg (s. 1975) - Lange Zeile 121, 8520 Erlangen - Geb. 28. Mai 1936 Mannheim (Vater: Hermann S., Kaufm.; Mutter: Luise, geb. Nonnenmacher) - Promot. 1967 Stuttgart; Habil. 1970 Erlangen - Spez. Arbeitsgeb.: Sinnesphysiol., Biokybernetik. Lärmforsch.

SPRENG, Michael H.

Chefredakteur Bild am Sonntag - Kaiser-Wilhelm-Str. 6, 2000 Hamburg 36 (T. 040 - 34 71) - Geb. 10. Juli 1948, kath., verh. s. 1981 m. Karin, geb. Buhr.

SPRENGER, Bertold

Soldat, MdL Schlesw.-Holst. (Wahlkr. 32/Oldenburg) - Klaus-Groth-Weg 2, 2447 Heiligenhafen - Geb. 2. Nov. 1939 Berlin - CDU.

SPRENGER, Gerhard

Ltd. Ministerialrat, Beauftr. d. Hess. Landesreg. f. Angelegenheiten d. Grenzgebietes z. DDR (s. 1979) - Birkenweg 13, 6430 Bad Hersfeld (T. 7 62 46) - Geb. 13. Dez. 1929 Kassel - Realgymn.; 1950-54 Stud. Rechts- u. Staatswiss. Jurist. Staatsprüf. 1954 u. 58 - 1958-73 Kreisverw. Bad Hersfeld; 1975-79 Verw.-Dir. Hess. Städte- u. Gemeindebd., Außenst. Nordhessen. Stadtverordn. Kassel (1956-58) u. Bad Hersfeld (1963 ff. Fraktionsvors.). MdL Hessen (1966-74). SPD s. 1951 (stv. Vors. Bad Hersfeld).

SPRENGER, Heinz

Dr. med., Arzt f. Allgemeinmedizin - Im Schaufsfeld 10, 4018 Langenfeld - Geb. 25. Jan. 1913 Essen, kath., verh. s. 1942 m. Gerda, geb. Wilke, T. Jutta - Med.-Stud. Univ. Köln u. Düsseldorf; Staatsex. 1939 Düsseldorf; Promot. 1941 Königsberg - Chefarzt Krankenhaus; Amtsarzt; Chefarzt Betr. Poliklinik Berlin; s. 1955 Arzt f. Allgemeinmed.; s. 1968 in d. Standespolitik auf Kreisebene tätig - Entd. in d. Seuchenbekämpfung: Fleckfieber 1945/46 Quarantäne in d. Quarantäne - 1987 Seb.-Kneipp-Med. in Silber - Spr.: Franz., Latein.

SPRENGER, Otto

Ehrenamtl. Landesarbeitsrichter u. Landessozialrichter - Geb. 4. März 1917 Hamburg - Klotzenmoor 31, 2000 Hamburg 61 (T. 040 - 51 29 00) - 1946-52 Stud. Univ. Hamburg, anschl. Marktu. Meinungsforsch., spät. Archivleit. im Fernsehen d. NDR Hamburg - Ehem. ehrenamtl. Funktionen: Präs. d. Intern. Federation of Television Archives (IFTA), Vors. d. Gewerksch. Kunst im DGB, Vors. d. Rundfunk-Fernseh-Film-Union in d. Gewerksch. Kunst, Präs. Intern. Secretariat of Entertainment Trade Unions (ISETU) u. Vors. Europ. Gewerkschaftsaussch. f. Kunst u. Unterh. (EGAKU) im Europ. Gewerkschaftsb. (EGB) - Commandeur u. Träger Goldmed. v. Ordre de l'Etoile Civique, Paris, Med. f. treue Arb. im Dienste d. Volkes d. Freien u. Hansestatdt Hamburg.

SPRENGER, Reinhard

Dr. phil., Univ.-Prof., Hochschullehrer, Landesstellenleit. NRW u. Vorst. Dt. Inst. f. Bildung u. Wissen, Paderborn - Auf der Natte 18, 4790 Paderborn-Wewer/W. - Geb. 11. Jan. 1935 Lichtenau (Vater: Anton S., Beamter; Mutter: Christine, geb. Haimann), kath., verh. s. 1960 m. Marie Luise, geb. Monzen, 3 Kd. (Markus, Stefan, Christine) - Beide Staatsex. f. d. Schuldst. Promot. 1970; Habil. 1977 (Mittelalterl. Geschichte u. ihre Didaktik) - Lehrtätigk. Univ./GH Paderborn - BV: Eruditio u. ordo discendi in Hugos v. St. Victor eruditiones didascalicae, 1971; Adel - Bürger - Bauern/D. anthropol. Hintergrund d. mittelalterl. Gesellschaftsordnung, 1978; D. Deutschlandbild in intern. Geschichtsbüchern, 1977 (Bd. VIII: Z. Sache Schulb.); Erzählung - schriftl. Quelle - lit. Beispiel/Arbeitsformen im Geschichtsunterr., 1979; Glück u. Leid - Schlüsselbegriffe menschl. Lebens (m. H. Kraft), 1983; Landwirtsch. u. Bauern d. Senneraums im 16. Jh. (m. R. Sprenger), 1986 - Liebh.: Musik, Kunst - Spr.: Lat., Griech., Engl.

SPRENGER, Werner-Till

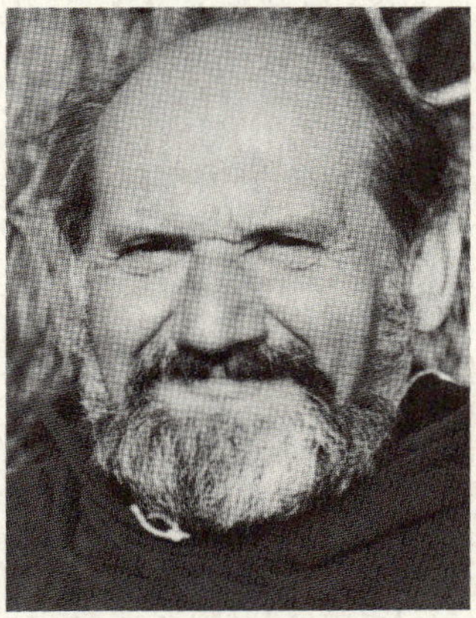

Direktor INTA-Meditations-Zentrum IMZ, St. Ulrich, Schriftst. - Haus Kaltwasser, 7801 St. Ulrich - Geb. 1923 Danzig - Stud. Psych. u. Religionssoziol., Ausb. in Gestalttherapie u. Psychodrama; lebte 3 J. in Indien (Ausb. in klass. Meditationslehren) - 1960 Leit. INTA-Meditations-Zentrum. Lehrt auch an Meditations-Colleges Mandaras u. Atjo - BV: Lehrged. u. zahlr. a. Bücher, zul. u.a. Daß das Glück ganz anders ist, 1981; Ged. z. Auswendigleben, 1982 (in 3 Spr.); Leben wir noch?, 1983; Hauch das Thermometer an, wenn du frierst, 1984; Kunst u. Meditation, 1985. Hörsp.: Teilweise heiter (SR), Tag m. ihr (SR), Muß sich Oma wirklich schämen? (BR), Drei schwere Fälle v. Nächstenliebe (BR, Hörsp. d. Monats) - Spr.: Engl., Franz., 4 ind. Spr. - Lit.: Versch. Veröff. üb. d. Meditationslehrer W.-T. Sprenger.

SPRENGLER-RUPPENTHAL, Anneliese

Dr. theol., Prof. f. Kirchengesch. u. kirchl. Rechtgesch. - Basselweg 63 a, 2000 Hamburg 54 (T. 040 - 54 57 16) - Geb. 13. Sept. 1923 Hamburg (Vater: Karl Ruppenthal, Dipl.Ing.; Mutter: Helene, geb. Jebens), ev., verw. - Gymn., Univ. Hamburg u. Göttingen (Theol.), Promot. 1950, Habil. 1965 - 1952-65 Wiss. Mitarb. Inst. f. ev. Kirchenrecht, 1966 Doz., 1970 Prof. Univ. Göttingen. Emerit. 1985. 1988/89 Lehrbeauftr. Univ. Hamburg. 1984 Mitgl. Hist. Komm. f. Niedersachs. u. Bremen - BV: Bearbeit. d. Bde. VII, 1 u. VII, 2,1 d. Ev. Kirchenordn. d. 16. Jh., 1963 u. 1980; Mysterium u. Riten nach d. Londoner Kirchenordn. d. Niederländer, 1967; Z. Rezeption d. röm. Rechts im Eherecht d. Reformatoren, in: Ztschr. d. Sav. St. f. Rechtsgesch., Kan. Abt. LXVIII (1982), S. 363-418; zahlr. Ztschr.beitr.; Lexikonartikel, u.a.: Kirchenordnungen, Ev., in: Theol. Realenzyklopädie, Bd. 18 (1989).

SPRENKMANN, Wolfgang

Dr. jur., Bundesrichter BGH - Herrenstr. 45a, 7500 Karlsruhe - Geb. 12. Juli 1908.

SPRETER von KREUDENSTEIN, Theo

Dr. med., Dr. med. dent., em. o. Prof. f. Zahn-, Mund- u. Kieferheilkunde - Schulensee-Am See 38, 2300 Molfsee (T. 6 55 02) - Geb. 5. März 1908 Freiburg/Br., ev., verh. s. 1939 m. Paula, geb. Freiin v. Erffa, 4 Kd. (Maria, Hermann, Burkhart, Peter) - Gymn.; Univ. Freiburg, Innsbruck, Berlin, Kiel, Med. Akad. Düsseldorf (Promot. 1932 u. 1935). Habil. 1939 Berlin - Assist. Westd. Kieferklinik Düsseldorf, Stomatolog. Univ.-Klinik, Bologna, Univ.-Kieferklinik Berlin (Charité), ab 1939 Privatdoz. ebd., 1940-45 ltd. Arzt d. Abt. f. Kiefer- u. Gesichtsverletzte Luftwaffenlazarett Braunschweig, 1945-1947 ltd. Arzt Kieferchir. Klinik Städt. Krkhs. ebd., s. 1948 ao. u. o. Prof. (1960) Univ. Kiel (Dir. Klinik f. ZMKkrankh.). Mitgl. Bundesgesundheitsrat - Korr. Mitgl. Königl. Belg. Akademie f. Heilkunde; Ehrenpräs. d. Schlesw.-Holst. Ges f. Zahn-Mund-Kieferheilk. - BV: Experimentelle Beitr. z. Pathol. d. Hartgewebsentwickl., 1939; Kariestherapie m. schnellhärtendem Kunststoff, 1952; D. chir. Infektionskrankh., in: Lehrb. d. Klin. ZMKheilkd., 4. A. 1968; Gesicht, Mund, Kiefer u. Nebenhöhlen in: Chirurg. Differentialdiagnostik, Hrsg. Voschulte-Zukschwerdt, 1972. Zahlr. Fachaufs. Mithrsg.: Dt. zahnärztl. Ztschr. (1952ff.) - Spr.: Ital. - Rotarier.

SPRICK-SCHÜTTE, Peter

Dipl.-Kfm., Vorstandsmitglied Bielefelder Papier- u. Wellpappenwerke E. Sprick AG., Bielefeld - Am Mühlenberg 113, 4801 Hoberge-Uerentrup - Geb. 30. Sept. 1938 Bussum (Holl.).

SPRICKMANN KERKERINCK, Detlef

Studioleiter ZDF Landesstudio Nieders. - Wiesenstr. 56, 3000 Hannover - Geb. 25. April 1938 Osnabrück, verh., 2 Töcht. - Stud. Publiz., Öfftl. Recht, Neuere Gesch., Musikwiss. Münster, FU Berlin u. Hamburg - 1972-77 stv. Leit. Hauptredakt. Innenpolitik ZDF; 1977-81 Hauptredaktionsleit. Ges.politik ZDF; 1981-85 Fernostkorresp. d. ZDF m. Sitz Tokyo. S. 1988 Vors. Pressekonfz. Nieders.

SPRINGBORN, Norbert

Offsetdrucker, Mitgl. Hbg. Bürgerschaft (s. 1978) - Zu erreichen üb. SPD-Bürgerschaftsfraktion, Rathausmarkt 1, 2000 Hamburg 1 - Geb. 9. Dez. 1945 Hamburg, verh. - Volkssch. Hamburg; Buchdruckerlehre ebd. - S. 1964 Verlags- u. Druckereigewerbe Hamburg (1971 HDV-Druckerei; Buch- bzw. 1973 Offsetdr.). Funkt. Jungsozialisten. SPD s. 1971.

SPRINGENSCHMID, Rupert

Dr. techn., Dipl.-Ing., Univ.-Prof. (Ord.) f. Baustoffkd. u. Werkstoffprüfung TU München (s. 1973) - Seinsheimstr. 4, 8000 München 60 (T. 88 16 74) - Geb. 21. Dez. 1929 Salzburg (Vater: Karl S., s. XVII. Ausg.; Mutter: Hermine, geb. v. Radinger), kath., verh. s. 1968 (Ehefr.: Irmgard), 5 Kd. (Gundula, Rainer, Hartwig, Wolfram, Barbara) - Stud. TH Wien; Dipl.ex. 1955; Promot. 1959 - 1955/56 Assist. Princeton-Univ.; 1956-58 Bauind.; 1958-62 Forschungsinst. d. Zementind. Düsseldorf; 1962-73 Leit. Zement-Forsch.inst. Wien; 1977-79 Dekan Fak. f. Bauing.- u. Vermess.wesen TU München. Zahlr. Ausschußmitgliedschaften - Liebh.: Ski, Bergsteigen (2 Erstbesteigungen Ostanatolien) - Spr.: Engl.

SPRINGENSGUTH, Jost

Chefredakteur Schlesw.-Holst. Zeitungsverlag (Flensburger Tageblatt, u. a.) - Eiderhof 4c, 2390 Flensburg (T. 31 22 51) - Geb. 23. Sept. 1945 Helfta, ev., verh. - 1969/70 Redaktionsvolont. Bocholter-Borkener Volksblatt; 1973-77 Redaktionsleit. ebd.; 1977-81 Pressespr. CDU-Landtagsfrakt. Kiel; 1981-83 Ressortleit. Landespolitik Kieler Nachr.; 1983-86 stv. Chefredakt. Westf. Nachr.; s.1986 Chefredakt. Flensburger Tageblatt - BV: Unser Grenzland (Dtschl.-Niederl.), Text-Bildbd.; Gefragt: Uwe Barschel - Liebh.: Tennis, Kochen - Spr.: Engl. - Bek. Vorf.: Dr. Otto Boelitz, Preuß. Kultusmin., Gründungsherausg. Westfalenpost (Großv.).

SPRINGER, Georg F.

Dr. med., Prof., Mikrobiologe - 20 Country Lane, Northfield, Ill. (USA) - Geb. 1. März 1924 Berlin (Vater: Dr. med. h. c., Dr. phil. h. c. Ferdinand S., Verlagsbuchh. (s. XIV. Ausg.)); Mutter: Elisabet, geb. Kalvin), ev., verh. 1951 m. Heather Margaret, geb. Bligh († 1980), 3 Kd. (Martin F. B., Elizabeth-Anne, Julia-Alice) - Kaiserin-Augusta-Gymn. Berlin; 1942-45 Kriegsdst. (Sturmgeschütze); Univ. Heidelberg (1946-47 AStA-Vors.; cand. med. 1948) u. Basel (Promot. 1951) - S. 1951 Univ. of Pennsylvania, Walter Reed Army Medical Center, Northwestern Univ. (1963 Prof. u. Dir. Department of Immunochemistry Research). Fachmitgliedsch. USA, BRD, Frankr. Entd.: Blutgruppenaktiver Substanzen in Pflanzen u. Mikroben, Präzipitation v. Antikörpern durch kl. Moleküle, Erklärung d. Ursprungs d. Isoagglutinine; erstmal. Charakterisierung u. volle Darstellung d. Blutgruppensubstanzen M u. N u. ihre Identifizierung m. Virusrezeptoren; erstmal. Isolierung d. Endotoxinrezeptors menschl. Zellen - BV: Polysachorides in Biology; 5 Bde. 1955/59; Immunochemistry in Aminosugars, 1955; Molecular Biology, Biochemistry and Biophysics, 1968. Üb. 150 wiss. Originalarb. - 1966 Oehlecker-Preis Dt. Ges. f. Bluttransfusion; 1968 Ehrenmitgl. American Soc. of Biological Chemists - Liebh.: Springreiten - Spr.: Engl., Franz. - Bek. Vorf. d. Ehefr.: Capt. Bligh (Meuterei auf d. Bounty).

SPRINGER, Joachim

Industrieberater - Bareislweg 10, 8132 Tutzing/Obb. (T. 5 79) - Geb. 2. Juni 1921 Stettin (Vater: Paul S., Amtsrat; Mutter: Margarete, geb. Recke), ev., verh. s. 1956 m. Annemarie, geb. Derigs, 2 Kd. - Stud. Maschinenbau u. Zeitungswiss. Berlin u. München - 1950-56 Versuchsing.; 1957-67 Motorjourn.; 1968-70 Rennleit. 1970-81 Sportpräs. ADAC - BV: Rallye-Sport (auch franz.), 40 Tage um die Welt, Haben wir das nötig? (Verkehrs- u. Fahrsicherheits-Fibel) - Spr.: Engl.

SPRINGER, Konrad Ferdinand

Dr. phil., Senator, Verleger - Tiergartenstr. 17, 6900 Heidelberg - Geschäftsf. Springer Verlag, Berlin-Heidelberg-New York, J. F. Bergmann Verlagsbuchhdlg., München, Lange & Springer Wissenschaftl. Buchhdlg., Berlin, Springer Verlag - Minerva Wissenschaftl. Buchhdlg., Wien - 1985 Ehrensenator Univ. Salzburg - Spr.: Engl., Franz.

SPRINGER, Rudolf

Dr. phil. nat., Prof. f. Pharmazie u. Lebensmittelchemie, Oberstapotheker a. D. - St.-Zeno-Pl. 4, 8254 Isen (T. 08083 - 2 18) - Geb. 20. Mai 1910 Mechtal/OS. (Vater: Rudolf S., Apotheker; Mutter: Angela, geb. Hadamitzky), kath., verh. s. 1972 m. Paula, geb. Ertlmaier - Gymn. Beuthen; Univ. München (Pharmazie, Botanik, Chemie, Lebensmittelchemie). Pharmaz. Staatsprüf. 1934, Promot. 1937, Lebensmittelchem. Staatsprüf. 1939 (alles München) - S. 1937 Assist., Privatdoz. (1942) u. apl. Prof. (1953) Univ. München; 1946-48 Tätigk. pharmaz.-chem. Ind.; 1948-50 hauptamtl. Mitarb. Dt. Forschungsanst. f. Lebensmittelchemie, München (jetzt ehrenamtl. Mitgl.) - BV: Anleitung z. Ausmittelung v. wicht. Alkaloiden u. organ. Arzneistoffen, 1940, 3. A. 1948 (2. u. 3. A. als Mskr. gedruckt); Grundl. u. Anwend.

mikrobiol. Verfahren - unt. Berücks. d. Arbeitsgeb. d. Apoth. u. Lebensmittelchem., 1967. Üb. 60 Einzelveröff. z. Pharmazie u. Lebensmittelchemie - Liebh.: Bergsteigen, Skilaufen, Jagd.

SPRINGER, Tasso

Dr. rer. nat., Direktor am Inst. f. Festkörperforschung Kernforschungsanlage Jülich, o. Prof. f. Experimentalphysik TH Aachen (s. 1974), Honorarprof. Univ. Bonn (s. 1967), 1977 Dir. Adjoint, 1980-82 Dir. Inst. Laue-Langevin, Grenoble - Nordstr. 15, 5170 Jülich (T. 02461 - 5 27 84) - Geb. 6. Okt. 1930 - Habil. 1961 München - 1981 o. Mitgl. Rhein.-Westf. Akad. d. Wiss.; s. 1984 Mitgl. Dt. Wissenschaftsrat; Mitgl. zahlr. Beratungsgremien d. BMFT; Fachgeb.: Neutronenphysik, Molekülkristalle. Zahlr. Publ. Langj. Mithrsg. Z. Physik u. J. de Physique - 1983 BVK - Spr.: Engl., Franz. - Rotarier.

SPRINGER, Ulrich

Fabrikant, Inh. C. U. Springer, Zwirnerei u. Färberei, Isny - Panoramastr. 28, 7972 Isny/Allgäu (T. 6 37) - Geb. 27. Okt. 1912 Isny - Langj. Vizepräs. IHK Ravensburg - Spr.: Franz., Engl. - Rotarier.

SPRINGER-ANDERSEN, Ruth

Lehrerin, MdL Schlesw.-Holst. (Wahlkr. 28/Kiel Süd) - Krummbogen 6, 2300 Kiel 1 - Geb. 23. Juli 1946 Husum - SPD.

SPRINGHOFF, Wilhelm

Kaufm. Direktor, Vorstandsmitgl. Gußstahlwerk Oberkassel AG, vorm. Stahlwerk Krieger, Düsseldorf (s. 1958) - Auf d. Gath 33, 4151 Strümp/Ndrh. - Geb. 2. Okt. 1909 - S. 1927 (Lehre) Vereinigte Stahlwerke AG., Rhein.-Westf. Eisen- u. Stahlw. AG., Gußstahlw. Oberkassel.

SPRINGHORN, Rainer

Dr. rer. nat., Dipl.-Geol., Museumsdirektor Lippisches Landesmuseum Detmold, Priv.-Doz. Univ. Freiburg - Am Rautenberg 15, 4930 Detmold (T. 05231 - 4 87 28) - Geb. 23. Sept. 1948 Düsseldorf, ev., verh. s. 1974 m. Anette, geb. Thiele, 2 Kd. (Tobias, Alexander) - 1969-76 Stud. Geol., Paläont. u. Zool. Univ. Freiburg u. Innsbruck; Promot. 1976, Habil. 1983, bde. Univ. Freiburg - S. 1977 Kustos u. s. 1986 Dir. Lipp. Landesmus. Detmold; s. 1983 Priv.-Doz. Univ. Freiburg - 1976 Gödecke-Forschungspreis Univ. Freiburg - Spr.: Engl., Franz.

SPRINGORUM, Friedrich (Fritz) A.

Dr.-Ing., Hüttendirektor i. R., Inh. F. A. Springorum & Partner Consulting-Engineering; Chairman Intern. Steel Ltd., Luxembourg - Friedrichstr. 10, 7570 Baden-Baden - Geb. 23. Nov. 1912 Esch Alzette/Luxemburg. (Vater: Dr.-Ing. Fritz S., Stahlindustrieller; Mutter: Clara, geb. Wencker), verh. m. Marieluise, geb. Durre-Ehrlich - TH Aachen u. Berlin - 1947-61 Mannesmann AG. (Vorstandsmitgl.), dann Röchlingsche Eisen- u. Stahlwerke GmbH. (Geschäftsf.), 1966-72 Salzgitter AG. (Vorstandsmitgl.). Führ. Funktionen Fachorg.

SPRINGORUM, Gerd

Dipl.-Berging., Bergass. a. D., Bergwerksdirektor, MdB (s. 1965), Mitgl. Europ. Parlament (s. 1966), Vorstandsvors. Diakoniewerk Ruhr-Witten (s. 1959), Mitgl. Sozialbeirat Bundesreg. (s. 1963) - Bonackerweg 9, 4630 Bochum-Langendreer (T. 28 71 57) - Geb. 5. Nov. 1911 Halberstadt (Vater: Dr. med. Paul S., Chefarzt; Mutter: Dorothea, geb. Bärthold), ev., verh. s. 1943 m. Hannelore, geb. Wirths, 3 Kd. (Beatrice, Gerd-Henner, Gerd-Johannes) - Gymn. Halberstadt; 1930-31 Univ. Marburg, 1931-34 TH Berlin (Bergbau; Diplomhauptprüf. 1935). Bergass.ex. 1938 - 1950-61 Bergwerksdir. Gelsenkirchener Bergwerks-AG., 1961-69 Vorstandsmitgl. Bergbau AG., s. 1970 Bergwerksdir. Ruhrkohle AG. 1939-42 u. 1944-45 Wehrdst. (zul. Oblt. u. Batteriechef). CDU s. 1959 - Liebh.: Jagd, Reitsport (Vors. Bochumer Reiterschaft e. V.) - Spr.: Franz., Engl.

SPROCKHOFF, Wolfgang

Prof., Lehrstuhl f. Math. u. ihre Didaktik Univ. Oldenburg - Max-Mehner-Str. 4, 2900 Oldenburg i. O. (T. 50 28 83) - Geb. 10. Mai 1932 Eberswalde, verh. m. Ilse, geb. Röhr, T. Maren - 1964 Prof. PH Oldenburg i. O., 1972-73 Dekan PH Niedersachsen, Abt. O., 1973-74 Übergangsrektor Univ. O., s. 1981 Bundesfachausschuß Bildung u. Wissensch. d. F.D.P. Herausg.: Welt d. Math., 1969 ff.

SPROTTE, Siegward

Kunstmaler - Postf. 25, 2285 Kampen/Sylt (T. 04651 - 4 24 13) - Geb. 20. April 1913 Potsdam (Vater: Walther S., Amtsrat; Mutter: Friedel, geb. Henning), ev., verh. m. Cosmea, geb. Ebert, S. Armin, T. Sylvia - 1931-38 Kunstakademie Berlin (Emil Orlik); s. 1945 halbjahresweise in Kampen. Portraitreihe Köpfe d. Gegenw. dar. Ortega y Gasset, Pascuat Jordan u. a. Werke in Museen u. Samml. im In- u. Ausl. - BV: Sehen u. -lernen, 1963; Veränderung d. Bewußtseins, 1970; Ateliergespräche H 1-5, 1971/82; Skizzenb. Monaco, 1965 (hg. v. Bodo Hedergott); Aquarelle, 1967 (hg. v. Herbert Read); Adieux à l'image, 1970 (hg. v. P. d'Arschot); Appell d. Kunst an d. Menschen v. heute, 1971 - Mitgl. d. Intern. Akad. f. Kunst, Lit., Wiss. Rom, div. Preise - Liebh.: Musik (Violine) - Entdeckte neue Aquarelltechniken, Lasurfarbenmalereien (Cennini-Traktat) - Lit.: H.L.C. Jaffé u. a. S. S., 1963; Franz Roh, S. S., 1965; Herbert Read, S. S., 1967; H. L. C. Jaffé - Herbert Meier, S. S., 1973, Herbert Meier, S. Sp. malt in Nordfriesl., 1984; Silvia Chicó: Sprotte-Farbige Kalligraphie, Monogr., 3-spr., 1988. Edition Cicero Art Calendars Werkverz., 1984/85/86/87/88/89.

SPRUCK, Arnold

Malermeister, MdL Hessen (s. 1976) - Radhausstr. 1, 6478 Nidda-Kohden (T. 06043 - 28 22) - Geb. 9. Sept. 1934 Gießen (Vater: August S., Malerm.; Mutter: Marie, geb. Wels), kath., verh. s. 1958 m. Rita, geb. Brück, 3 Kd. (Stefan, Adelheid, Lucia) - Malerlehre; Meisterprüf. 1957 - Präs. Handwerkskammer Wiesbaden, Mitgl. Handwerksrat Zentralverb. d. dt. Handwerks. CDU.

SPRUNG, Rudolf

Dr. rer. pol., Kaufmann, Parlam. Staatssekr. Bundeswirtschaftsmin., MdB (s. 1969) - Zu erreichen üb. BWM, Villemombler Str. 76, 5300 Bonn 1 (T. 0228 - 61 51) - Geb. 16. Sept. 1925 Wieze (Eltern: Friedrich u. Ella S.), kath., verh. 5 Kd. (Thomas, Ulrike, Anette, Markus, Friederike) - Univ. Göttingen (Promot.) - 1952-53 Fried. Krupp, Essen (Direktionsassist.); 1953-58 Bundesfinanzmin., Bonn (u. a. Dt. Delegationsmitgl. EWG u. Euratom); 1958-63 Europ. Investitionsbank, Brüssel (stv. Dir.); s. 1963 Fa. Heinrich Hottenrott, Goslar (gf. Gesellsch.). CDU s. 1960 - BV: Intern. Finanzierungseinricht., 1963. Mithrsg.: D. EWG (1960) - Spr.: Engl., Franz. - Mitgl. Lions-Club.

SPRUTE, Jürgen

Dr. phil., apl. Prof. f. Philosophie Phil. Sem. Univ. Göttingen, Studiendir. im Hochschuldienst - Platz der Göttinger Sieben 5, 3400 Göttingen - Geb. 15. Febr. 1935 Mannheim, ev., verh. s. 1963 m. Luise, geb. Pape, S. Christian - Stud. Phil., Klass. Philol., German. Univ. Heidelberg, München, Göttingen; Staatsex.; Promot. 1961; Habil. 1977 Göttingen - BV: D. Begriff d. Doxa in d. platonischen Phil.; D. Enthymemtheorie d. aristotelischen Rhetorik; Fachveröff., bes. z. Gesch. d. prakt. Phil. u. Ethik.

SPULER, Bertold

Dr. phil., Dr. theol. h. c., Dr. ès lettres h. c., em. Prof. f. Orientalistik - Mittelweg 90, 2000 Hamburg 13 (T. Sem.: 41 23/31 81) - Geb. 5. Dez. 1911 Karlsruhe (Vater: Dr. med. Rudolf S., Augenarzt; Mutter: Natalena, geb. Lindner), altkath., verh. s. 1937 m. Gerda, geb. Roehrig, 3 Kd. (Christof, Thomas, Hanna) - Gymn. Karlsruhe; Univ. Heidelberg, München, Hamburg, Breslau - 1934 wiss. Mitarb. f. Poln. Schrifttum Histor. Kommiss. Breslau, 1935 Redakt. Jahrb. f. d. Gesch. Osteuropas Berlin, 1937 Assist., 1939 Doz. Univ. Göttingen, 1942 Ord. Univ. München, 1945 Univ. Göttingen, 1948-80 Univ. Hamburg. Kriegsdst. Gastprof. Ankara, Konstantinopel, Bordeaux, Los Angeles, Bagdad, Kabul, Paris, Uppsala - BV: D. Minderheitenschulen d. europ. Türkei v. d. Reformzeit b. z. Weltkr., 1936; D. Mongolen in Iran, Politik, Verw. u. Kultur d. Ilchanzeit 1220-1350, 4. A. 1985; Idel - Ural, Völker zwischen Wolga u. Ural, 1942; D. Goldene Horde, D. Mongolen in Rußland 1223-1502, 2. A. 1965; Hinweise f. d. Stud. d. Orientalistik, 1947; D. Gegenwartslage d. Ostkirchen in ihrer nationalen u. staatl. Umwelt, 2. A. 1968; Gesch. d. islam. Länder im Überblick (I: D. Chalifenzeit; II: D. Mongolenzeit), in: Handb. d. Orientalistik, Bde. VII u. VIII 2. A. 1952/53 (engl. 2. A. 1968); Gesch. Mittelasiens, in: Bruckmanns Weltgesch., Bd. Asien 1950; Iran in frühislam. Zeit, 1952; Regenten u. Regierungen d. Welt, 2 Bde. 4. A. 1971 (engl. 1976); Wiss. Forschungsbericht 21: D. Vordere Orient in islam. Zeit, 1954 (m. L. Forrer); Gesch. Innerasiens z. Türkenzeit, Gesch. d. morgenl. Kirchen, in: Handb. d. Orientalistik, Bde. V u. VIII 1961/66; L'Europe et les Mongols, 1961 (span. 1966); D. Mongolen im Spiegel zeitgenöss. Texte, 1966 (engl. 1970); Kulturgesch. d. Islams, 1971 (m. a.); D. histor. u. geogr. Lit. Irans, 1968; D. Kunst d. Islams, 1974 (m. a.).; Ges. Aufs., 1980; Festschr.: Stud. z. Gesch. u. Kultur d. Vord. Orients, 1981, Freundesgabe, 1986. Herausg.: Handb. d. Orientalistik (1951 ff.); Ztschr. D. Islam; Mithrsg.: Histor.-polit. Buch u. Saeculum - Ehrendoktor Univ. Bern (1962, theol.) u. Bordeaux (1965, lettres); o. Mitgl. Dt. Archäol. Inst., Berlin (1970), u. Acad. Nationale des Sciences, Bordeaux (1969) - Spr.: Franz., Engl., Ital., Russ., Poln., Arab., Türk.

SPUR, Günter

Dr.-Ing., Dr.-Ing. E. h., Dr. h. c., Prof. u. Direktor Inst. f. Werkzeugmaschinen u. Fertigungstechnik TU Berlin (s. 1965) u. Leiter FhG-Inst. f. Prod.-Technik, Berlin - Zu erreichen üb. TU Berlin, 1000 Berlin 12 - Geb. 28. Okt. 1928 Braunschweig - 1948-54 TH Braunschweig (Masch.bau); Assist. u. Oberring., Promot. 1960 - 8 Bücher, üb. 300 Fachbeiträge; Herausg. ZwF, Robotics u. IPE - VDI-Ehrenz.; SME-Ehrenmitgl. For. Ass. NAE; CIRP-Mitgl.; Ehrendoktor Univ. Leuven u. TU Karl-Marx-Stadt; 1984 Gr. BVK; VO Land Berlin - Spr.: Engl. - Rotarier.

STAAB, Heinz A.

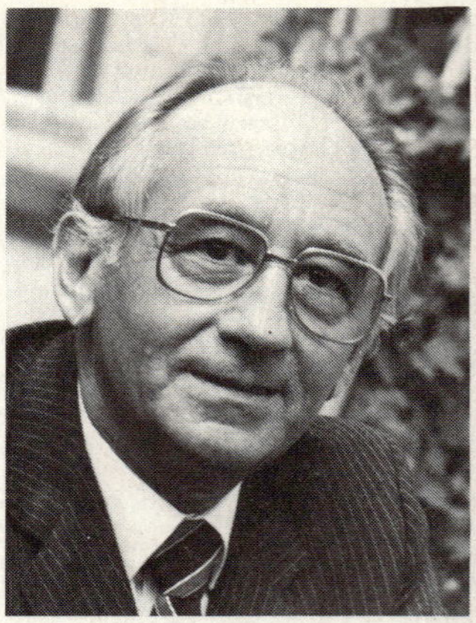

Dr. rer. nat., Dr. med., Dr. phil. h. c., o. Prof. f. Organ. Chemie, Dir. Max-Planck-Inst. med. Forsch., Abt. Organ. Chemie, Heidelberg, (s. 1974), Präs. Max-Planck-Ges., München (s. 1984) - Schloß-Wolfsbrunnenweg 43, 6900 Heidelberg (T. 80 33 30); Laplacestr. 29, 8000 München 80 (T. 98 16 77) - Geb. 26. März 1926 Darmstadt (Vater: Dipl.-Ing. August S., Dir.), verh. s. 1953 m. Dr. rer. nat. Ruth, geb. Müller, 2 Kd. (Doris, Volker) - Univ. Marburg, Tübingen (Chemie), Heidelberg (Med.) - 1951-59 Wiss. Mitarb. Max-Planck-Inst. f. med. Forsch., Heidelberg; s. 1957 (Habil.) Privatdoz., ao. (1962) u. o. Prof. (1963) Univ. Heidelberg (Dir. Inst. f. Organ. Chem.); Gastprof. (wiederh.) USA, Engl., Israel u. a.; 1984 Andrews Lecturer (Austr. Univ.); 1985 Pacific Coast Lecturer (US u. Kanad. Univ.). 1974 Dir. Abt. Organ. Chemie Max-Planck-Inst. f. med. Forsch.; 1971-76 Vors. Fachaussch. Chemie u. 1976-82 sow. 1984ff. Senator Dt. Forsch.gemeinsch.; 1976-79 Mitgl. Wiss.rat (Aussch.vors.); 1977ff. Mitgl. Board of Governors, Weizmann Inst. of Science, Rehovot (Israel); 1979ff. Vorst. Ges. Dt. Chemiker; 1981/82 Vors. Ges. Dt. Naturforscher u. Ärzte; 1984/85 Präs. Ges. Dt. Chemiker; 1985ff. Vors. Dt. Zentralaussch. Chemie; Vorst. Intern. Union of Pure and Applied Chemistry (IUPAC); Vorst. u. Beiratsmitgl. Alexander v. Humboldt-Stiftg., Stifterverb. dt. Wiss., Thyssen-Stiftg., Stiftg. Siemens-Ring u.a.; AR-Mandate Degussa AG, Bayer AG - BV: Einf. in d. theoret. Organ. Chemie, 1959, 4. A. 1964 (auch poln.). Etwa 285 Einzelarb. Mithrsg.: Liebigs Annalen d. Chemie, Synthesis, Adv. in Heterocyclic Chemistry, Tetrahedron - 1969 Wiss. Mitgl. Max-Planck-Ges., 1970 o. Mitgl. Heidelberger Akad. d. Wiss. (1973-76 Vorst.), 1974 Dt. Akad. d. Naturforscher Leopoldina (1978ff. Senator); 1979 Adolf-von-Baeyer-Denkmünze, Ges. Dt. Chemiker; 1988 korr. Mitgl. Österr. Akad. d. Wiss.; 1988 Hon. Fellow, Indian Acad. of Sciences; Mitgl. Acad. Europea (1988ff. Council Member); 1989 korr. Mitgl. Bayer. Akad. d. Wiss.; 1980 BVK I. Kl., 1987 Gr. BVK; 1984 Ph. D. h. c. Weizmann Inst. of Science, Rehovot (Israel) - Liebh.: Reisen, Musik, Zeitgesch. - Rotarier.

STAAB, Johann

Präsident a. D. OPD Frankfurt/M. - Erzbergerstr. 12, 6056 Heusenstamm (T. 26 99) - 1972 BVK I. Kl., 1979 Gr. BVK.

STAAK, Magnus G. W.

Dr., Geschäftsführer Städtebund u. Städteverband Schlesw.-Holst. - Reventlouallee 6, 2300 Kiel (T. 56 64 63).

STAAK, Michael

Dr. med., o. Prof., Direktor Inst. f. Rechtsmed. u. Prorektor Univ. Köln - Melatengürtel 60/62, 5000 Köln 30 - Geb. 22. März 1933 Conow/Kr. Ludwigslust (Mecklenburg), verh. s. 1970 m. Christa, geb. Thorban, 3 S (Jan Oliver, Florian Christoph, Kai Sebastian) - 1953-58 Med.-Stud. Univ. Hamburg (Promot.); klin. Ausb. in Hamburg, Basel u. Zürich; Habil. 1969/70 Univ. Frankfurt, Umhabil. 1970 Univ. Tübingen - S. 1980 Lehrst. f. Rechtsmed. Univ. Köln (1983/84 Dekan Med.Fakultät), 1985/86 Rektor, s. 1986 Prorektor - BV: Klin. Prüfung v. Arzneimitteln, 1978; Arzneimittel u. Verkehrssicherh., 1983 (Hrsg. v. Bundesanst. f. Straßenwesen) - Spr.: Engl., Franz.

STAAK, Werner

Betriebswirt, Innensenator - Johanniswall 4, 2000 Hamburg 1 (T. 24 82 58 00) - Geb. 29. Jan. 1933 Trittau Kr. Stormarn, verh., 3 Kd. - Volkssch.; Bau- u. Möbeltischlerlehre; Abend-, Partei- u. Gewerkschaftssch.; Akad. f. Gemeinw. (Betriebsw.) - Bau- u. Möbeltischler, Arbeiter u. Angest. Strom- u. Hafenbau, Finanzierer Neue Heimat (alles Hamburg). 1970 (März-Mai) Mitgl. Hbg. Bürgerschaft; 1970-75 MdB. SPD s. 1951 (Mitgl. Landesvorst. Hamburg, 1980 Landesvors.).

STAAKE, Erich

Dipl.-Kfm., Geschäftsführer RTL Plus Dtschl. - Aachener Str. 1036, 5000 Köln 40 (T. 0221 - 489 51 01/2) - Geb. 9. Okt. 1953 Hildesheim, ev., verh. s. 1981 m. Gisela, geb. Donath - Stud. Betriebswirtsch. Univ. Göttingen - Vorst.-Mitgl. Tarifverb. Priv. Rundfunkveranstalter - 1978 Dt. Hochschulmeister (Fußball) - Liebh.: Sport - Spr.: Engl.

STAAL, Herta
Schauspielerin - Rümannstr. 59, 8000 München 40 (T. 36 22 33) - Geb. 29. März 1930 Wien - Ballett-, Gesangsausbild. Wien - S. 1949 bühnentätig. u. a. Anna (Feuerwerk), Eliza (Pygmalion), Gigi, Perichole, Colombe, Kiss me Kate, Irma la Douce, Maria (Was ihr wollt), Frau Page (D. lustigen Weiber v. Windsor), Kopecka (Schweijk im 2. Weltkrieg). Film, Rundfunk, Fernsehen.

STAAS, Hans E. A.
Aufsichtsratsvorsitzender Schoeller Anlagen A. G., München - Brissago/Monte Sereno (Schweiz) - Geb. 30. April 1909 Elberfeld - Stud. Rechts- u. Staatswiss. - AR-Mand. - 1978 Chevalier de L'Ordre Léopold; 1981 Bayer. VO.; 1984 officier de L'Ordre de la Couronne.

STAATS, August-Friedrich
Dr.-Ing. E. h., Präsident d. Intern. Förderkr. f. Raumfahrt Hermann Oberth/Wernher v. Braun, Präs. Hermann-Oberth-Ges. ebd. (mitbegr.), Intern. Förderkr. Hermann Oberth, Vors. d. Vorst. Verein z. Förd. d. Schweißtechn. Lehr- u. Versuchsanstalt Hannover; Mitgl. d. Vorstandsrätes Dt. Verband f. Schweißtechnik - Gutenbergweg 5, 2870 Delmenhorst - Geb. 27. Okt. 1913 - 1972 Mitgl. Intern. Akad. f. Astronautik; 1971 BVK I. Kl.; Gold. Ehrenring Intern. Förderkr. f. Raumfahrt Hermann Oberth - Wernher v. Braun; Gold. Hermann-Oberth Ehrenring; Ehrenring Dt. Verb. f. Schweißtechnik; Med. D'Alambert u. Kopernikus-Med.; Mitgl. Museumsrat Dt. Mus. München; Ehrenmitgl. div. astronom. Ges. u. Dt. Verb. f. Schweißtechnik.

STAATS, Reinhart
Dr. theol., Prof. f. Kirchengesch. Univ. Kiel - Hasselkamp 104, 2300 Kronshagen - Geb. 8. Febr. 1937 Braunschweig (Vater: Walter St., Pfarrer; Mutter: Kaethe, geb. Pfister), ev., verh. s 1971 m. Dipl.-Handelslehrerin Christel, geb. Kersebaum, 2 Kd. (Josefine, Wendelin) - Stud. ev. Theol. Tübingen, Berlin, Göttingen; Kirchl. Ex. Wolfenbüttel, Promot. 1965 - 1964-69 Pfarrer in Wieda/Harz; 1973-84 Privatdoz., Prof. Heidelberg, Dir. Inst. f. Kirchengesch. u. kirchl. Archäol., 1987-89 Dekan - BV: Gregor v. Nyssa, 1968; Reichskrone, 1976; Makarios, 1984.

STABEL, Ernst
Konsul, Kaufmann - Theodor-Storm-Str. 26, 2190 Cuxhaven (T. 2 29 75) - Geb. 30. April 1906 Kiel, ev., verh. in 2. Ehe (1955) m. Anne-Lotte, geb. Schmoldt, S. Wolf-Rüdiger - Bürgersch. Kiel (Einj. 1921) - S. 1921 (Lehre) Schiffahrtsfirmen (1930 Peter Hein, Cuxhaven; 1938 Prok., 1950 Mit-, 1967 Alleininh.) - 1958 Isländ. Konsul f. Cuxhaven; 1961 Ritter-, 1966 Komturkreuz isl. Falkenorden; 1971 BVK I. Kl. - Spr.: Engl., Schwed. - Rotarier.

STABEL, Michael
Geschäftsführer Jünkerather Maschinenbau GmbH. - 5532 Jünkerath/Eifel - Kaufm. Werdegang.

STABENOW, Gerhard
Dr., Senatspräsident Bundespatentgericht, München 2 - Karolinenstr. 6, 8000 München 22 (T. 29 57 05) - Geb. 16. Juni 1910.

STABERNACK, Gustav
Dipl.-Ing., Fabrikant, Gf. Gesellsch. Fulda Verpackung GmbH u. Packaging Consult Beratungs GmbH, Gesellsch. u. Mitgl. d. Geschäftsleitg. Unternehmensgr. Gustav Stabernack GmbH, Lauterbach, Grebenhainer Kartonagen GmbH, Grebenhain, Inpack GmbH, Freisteinau, Süddt. Verlagsanst. u. Druckerei GmbH, Vors. Soz.pol. Hauptaussch. Verb. d. Papier, Pappe u. Kunststoff verarb. Ind., Hessen - 6420 Lauterbach/Hessen - Geb. 24. Juli 1938 Offenbach/M. (Vater: Richard S., Fabrikant; Mutter: Lina, geb. Helfrich), ev., verh. s 1963 m. Ingeborg, geb. Grein, 3 Kd. (Marc, Caroline, Felix) - Spr.: Engl., Franz. - Mitgl. Lions-Club Fulda.

STABERNACK, Wilhelm
Dipl.-Kfm., Fabrikant, gf. Gesellsch. Gustav Stabernack GmbH., Lauterbach, Fulda Verpackung GmbH., Fulda, Grebenhainer Kartonagen GmbH., Grebenhain, Inpack GmbH, Freisteinau - Am Eichenrasen 20, 6420 Lauterbach/Hess 1 (T. 8 12 44) - Geb. 2. Juli 1923 Frankfurt/M. (Vater: Richard S., Fabr.; Mutter: Rosa, geb. Fehse), ev., verh. s. 1954 m. Ingrid, geb. Peters, T. Kristina - Univ. Frankfurt (Betriebsw.) - Div. Ehrenstell., dar. Vors. Verein Papier u. Pappe verarb. Ind. Hessen, Präsidialmitgl. u. Schatzm. Hauptverb. Papier u. Pappe verarb. Ind, Vizepräs. IHK Gießen, Ehrenvors. Fachverb. Faltschachtel-Ind., Offenbach, Beirat Dresdner Bank Hessen - 1974 BVK, 1980 BVK I. Kl., 1988 Gr. BVK - Liebh.: Jagd, Tennis - Spr.: Engl.- Rotarier.

STABREIT, Immo F. H.

Dr. jur., Botschafter d. Bundesrep. Deutschland in d. Rep. Südafrika - Deutsche Botschaft, 180 Blackwood Street, Arcadia, Pretoria, P.O. Box 2023 - Geb. 24. Jan. 1933 Rathenow/Havel, ev., verh. s 1962 m. Barbara, geb. Philippi, 3 Kd. (Eberhard, Sophie-Charlotte, Ernst Felix) - Abit. 1951; anschl. Univ. Princeton/USA (Gesch., Sprachen), B.A. 1953; 1953-62 Stud. d. Rechte Berlin u. Heidelberg; 1. jurist. Staatsex. 1957 Berlin, 2. jurist. Staatsex. 1962 Stuttgart, Promot. (Völkerrecht) 1963 Heidelberg - S. 1962 Ausw. Amt (Auslandsverwendg. Moskau, USA); 1975-78 Intern. Energieagentur Paris; 1983-87 Bundeskanzleramt - Spr.: Engl., Franz., Span., Russ.

STABRIN, Herbert
Fabrikant, Mitinh. Die Stonsdorferei W. Koerner & Co., Norderstedt 1 - Rolfinckstr. 31, 2000 Hamburg 64 (T. 536 23 43) - Geb. 21. Juni 1909 Hirschberg (Vater: Otto S., Fabr.), verh. m. Ilse, geb. Olafske - Bruder: Otto S.

STABY, Ludger W.
Dipl.-Kfm., Vorstandsmitglied Reemtsma Cigarettenfabr. GmbH, Hamburg - Wulfsdal 10, 2000 Hamburg 55 (T. 040 - 870 38 87) - Geb. 12. Mai 1935 Köln (Vater: Dr. Werner S., Vorst.-Mitgl. i.R.; Mutter: Annelis, geb. Bachem), verh. s. 1977 in 2. Ehe m. Alice, geb. Freiin v. d. Borch, 2 Kd. (Bettina, Christian) - Stud. Univ. Köln, Berlin, München; Dipl.-Kaufm. 1960 - 1965-83 Dir. Metallges. AG, Frankfurt/M.; s 1983 Vorst. Reemtsma, Hamburg; AR-Mitgl. Bad. Tabakmanufaktur Roth-Händle GmbH, Lahr, AR Bavaria-St. Pauli-Brauerei AG, Hamburg, CINTA Compagnie Independante des Tabacs S.A., Brüssel, Massalin Particulares S.A., Buenos Aires, Hannen Brauerei GmbH, Mönchengladbach; Mitgl. VR-Beirat Dt.-Südamerik. Bank AG, Hamburg - Spr.: Engl., Franz.

STACH, Fredy
Stadtrat f. Jugend u. Sport im Bezirksamt Spandau v. Berlin - Zu erreichen üb. Bezirksamt Spandau von Berlin, 1000 Berlin 20.

STACH, Hans
Dr. rer. nat., Geschäftsführer Wacker-Chemie GmbH, München - Prinzregentenstr. 22, 8000 München 22 - Geb. 14. Okt. 1938 Preßburg, verh., 2 Kd. - Chemie-Stud. (Dipl.), Promot. TH München - 1972-81 Geschäftsf. Hoechst do Brasil; ab 1982 Wacker-Chemie GmbH - Spr.: Portugies., Engl.

STACHEL, Günter
Dr. phil., Lic. theol., Prof. - Carl-Orff-Str. 12, 6500 Mainz - Geb. 25. Juni 1922 Leipzig (Vater: Paul S.; Mutter: Theresia, geb. Simon), kath., verh. s. 1953 m. Elisabeth, geb. Mayr, 4 Kd. (Johanna, Maria, Paul, Thomas) - 1940-41 Univ. Leipzig (Phil., Philol., Gesch.), 1941 u. 1945-47 Phil.-Theol. Akad. Paderborn, 1947-51 Univ. München (Theol., Phil., Päd.) - Verlagslektor München (Kösel), Würzburg (Echter), Zürich (Benziger); 1957-61 Religionslehrer Nymphenburger-Gymn. München; s. 1961 Dozent u. Prof. (1965) Päd. Hochsch. Weingarten (Kath. Theol. u. Religionspäd.); 1970-72 Prof. Univ. Frankfurt; s. 1972 Univ. Mainz (Relig.päd., Katechetik u. Fachdidaktik d. Relig.-Unterr.); Vors. Arbeitsgem. Kath. Katechetik-Doz. (s. 1973) - BV: Weltall -bild -anschauung, 2. A. 1962 (auch ital. u. span.); Warum glauben?, 3. A. 1967 (auch ital., span., portugies.); Einübung d. Glaubens, 1975; (alle Mithrsg.) D. Bibelunterr. - Grundl. u. Beisp., 1967 (auch ital.); Bibelkatechese 68, 1968; D. neue Hermeneutik, 1968; Lernziele u. Religionspäd., 1970 (m. H. Heinemann u. S. Vierzig); Curriculum u. Relig.unterr., 1971; Aufruf z. Meditation, 2. A. 1973; Handb. d. Relig.päd., 3 Bde., 1973-75 (Mithrsg.); Erzählen in Sprechzeichn. im Bibelunt., 1975 (m. A. Riedl); Erstell. d. Mainzer Dokumentation d. hundert Religionsst., Analyse dies. Stunden (3 Bde. 1976 u. 1977); Ethisch handeln lernen (m. D. Mieth), 1978; munen-muso. Ungegenständl. Meditation, 3. A. 1987 (Herausg.); Erfahr. interpret. Beitr. z. e. konkreten Relig.päd., 1982; Übung d. Kontenplation. Christen gehen den Zen-Weg, 1988; Gebet - Meditation - Schweigen. Schritte d. Spiritualität, 1989. Mitarb. an Handb. u. Sammelwerken, Herausgeberschaft an Reihen, zahlr. Aufs. in Fachztschr. - Liebh.: Skifahren, Schwimmen, Gespräche - Spr.: Engl., Franz., Ital. - 1959 u. 63 als Typograph u. Einbandgestalter prämiiert (Wettbew. d. schönsten dt. Bücher) - Lit.: Festschr. f. G. St.: Glauben ermöglichen (E. Paul/A. Stock, Hrsg.), 1987.

STACHEL, Hans-Dietrich
Dr. phil., o. Prof. f. Pharmazie - Ammerseestr. 149, 8027 Neuried/Obb. (T. München 755 43 37) - Geb. 9. Juni 1928 Tapiau/Ostpr. (Vater: Fritz S., Mittelschullehrer; Mutter: Gertrud, geb. Ragnit), verh. s. 1957 m. Anneliese, geb. Hummel, 3 Kd. - Univ. Marburg (Pharmazie, Chemie). Promot. (1956) u. Habil. (1960) Marburg - S. 1965 Prof. Univ. München; Vorst. Inst. f. Pharmazie u. Lebensmittelchemie; 1975-86 Vizepräs. Univ. München, Fachmitgliedsch. Ztschr.aufs.

STACHOW, Hasso G.
Journalist u. Schriftst. - Wessobrunner Str. 19, 8035 Gauting/Obb. - Geb. 13. März 1924 Stettin - BV: D. kl. Quast, R. 1979; Zeitzünder, R. 1982; Neues Glück auf Seite 12, R. 1988.

STACHOWIAK, Herbert
Dr. phil., em. o. Prof. Univ. Paderborn, Hon.-Prof. Freie Univ. Berlin - Taubenweg 11, 4790 Paderborn (T. 3 30 05) - Geb. 28. Mai 1921 Berlin (Vater: Adalbert S., Ing.; Mutter: Auguste, geb. Hidding), verh. s. 1973 m. Brigitte, geb. Prästel - Abit. 1941; Stud. d. Math., Phys. u. Phil.; Promot. 1956 - 1949 Mitbegr. Rias-Funk-Univ., s. 1946 Lehrauftr. (zun. Lehrstuhlvertr., s. 1973 o. Prof.). Fachmitgl.sch., Mitgl. Ges. f. Verantw. in d. Wiss. - BV: Denken u. Erkennen im kybernet. Modell, 2. A. 1969 (Nachdruck 1975); Rationalisms im Ursprung, 1971; Allg. Modelltheorie, 1973; Werte, Ziele u. Methoden d. Bildungsplanung, 1976; Technol. u. Zukunftssicherung, 1976; Modelle u. Modelldenken im Unterricht, 1980; Modelle - Konstruktion d. Wirklichkeit, 1981; Bedürfnisse, Werte u. Normen im Wandel, (2 Bde.) 1981; Pragmatik, Bd. I 1986, Bd. II 1987; Problemlösungsoperator Sozialwiss., (2 Bde.) 1987 - Spr.: Engl.

STACKEBRANDT, Erko
Dr. rer. nat., Prof. f. Mikrobiologie Univ. Kiel - Olshausenstr. 40/60, 2300 Kiel - Geb. 9. Juni 1944 Hamburg (Vater: Herbert S., HNO-Arzt; Mutter: Lore, geb. Hiepe), verh. s. 1977 m. Jutta, geb. Tiedemann - Abit. 1965 Hamburg; Dipl. 1971, Promot. 1976, Habil. 1981, alles München - 1974-77 wiss. Angest. GSF; 1978 DFG-Stip. in USA; 1979-82 Akad. Rat TU München; 1982-83 Heisenberg Stip.; ab 1984 o. Prof. Kiel. Zahlr. Fachveröff. üb. Evolution u. Phylogenie d. Prokaryonten - 1983 Biol. Preis Akad. d. Wiss. Göttingen.

STACKELBERG, Freiherr von, Curt

Rechtsanwalt b. Bundesgerichtshof, Karlsruhe (s. 1950; 1968-85 Präs.

Rechtsanwaltskammer b. BGH, jetzt Ehrenpräs.) - Im Rosengärtle 20, 7500 Karlsruhe 41 (T. 4 32 39) - Geb. 24. Mai (n. julian./russ. Kalender 11. Mai) 1910 St. Petersburg/Leningrad (Vater: Olaf Frhr. v. S., Rittergutsbes.; Mutter: Stella, geb. Bernewitz), verh. I) m. Ellen, geb. Biddle/New York (gesch. 1942), 4 Kd. (Prof. Dr. phil. Olaf, Mathematiker; Elisabeth, Musiklehrerin; Prof. Dr. phil. Roderich; Nicholas, Stockbroker, Cowen Intern., London), II) Halina, geb. Wojciechowski, 4 Kd. (Susanne, Kauffrau; Dr. med. Stella, Doz.; Sylvia, Gymnasialrätin; Curt, Rechtsanwalt) - Realgymn. u. Studium München. Jurist. Staatsprüf. 1932 u. 35 München - Ab 1938 RA Berlin; 1940-45 Heeresdst. (Kriegs-, Militärverw.-, Heereskriegsrat/Majorsrang), dann RA Bad Reichenhall, ab 1946 Verteidiger Nürnbg. Prozesse (Wilhelmstraße u. Wirtschaftsverw.shauptamt), 1968-80 Mitgl. Grubenvorst. Eisenhütte Westfalia, Lünen. Mitgl. Gr. Strafrechtskommiss. Bundesjustizmin. (1954-1960); Vors. Estl. Ritterschaft (1966-85); 1979-85 Worldpres. World Assoc. of Lawyers; Präs. Bad. Bibliotheksges.; u. Dt.-Koreanische Jurist. Ges.; u. a. Mithrsg.: Karlsruher Kommentar z. STPO, 1. A. - Gr. BVK m. Stern; Gr. Silb. Ehrenzeichen f. Verd. um d. Rep. Österr., Verdienstmed. Univ. Karlsruhe; Ehrenmed. Korean Federal Bar Association - Liebh.: Tennis (Ehrenmitgl. Karlsruher Eislauf- u. Tennisverein) - Dt. Uradel (b. z. 12. Jh. nachweisbar).

STACKELBERG, Freiherr von, Jürgen

Dr. phil., o. Prof. u. Direktor Seminar f. Roman. Philologie Univ. Göttingen (s. 1964) - Eibenweg 1, 3406 Bovenden - Geb. 26. Dez. 1925 Tengen/Hegau (Vater: Dr. med. Traugott v. S., Arzt u. Schriftst. †1970; Mutter: Helene, geb. Lohmann), verh. s. 1951 m. Jantra, geb. Henning - Schule Salem; Univ. Zürich, Freiburg/Br., Paris, Pisa. Habil. 1959 Freiburg - Zul. Doz. Univ. Freiburg - BV: Studien z. Auseinandersetz. m. d. mod. Technik in d. franz. Lit., 1952; Ital. Geisteswelt, 1954; Humanist. Geistesw., 1956; Prosatexte aus Mittelalter u. Renaissance, 1957; Tacitus in d. Romania, 1960; V. Rabelais b. Voltaire - Z. Geschichte d. franz. Romans, 1970; Lit. Rezeptionsformen - Übersetzung/Supplement/Parodie, 1972; Weltliteratur in dt. Übers., 1978; Themen d. Aufklär., 1979; Klass. Autoren d. schwarzen Erdteils, 1981; Franz. Moralistik im europ. Kontext, 1982; Diderot, e. Einführung, 1983; Übers. aus zweiter Hand, 1984; Franz. Lit.: Renaissance u. Barock, e. Einführung, 1984; Molière, e. Einführung, 1986; Voltaire, Candide (Übers. u. Komment.), 1987 - 1974 Offc. d. Palmes Acad.

STACKMANN, Karl

Dr. phil., o. Prof. f. Dt. Philologie - Nonnenstieg 12, 3400 Göttingen (T. 5 50 02) - Geb. 21. März 1922 Buxtehude, ev., verh. s. 1954, 4 Kd. - Univ. Hamburg (German.; Promot. 1947) - 1949-51 Dt. Lektor Aarhus (Dänem.); s. 1956 (Habil.) Lehrtätigk. Univ. Hamburg (Privatdoz.), Bonn (1959 ao., 1960 o. Prof.), Göttingen (1965 o. Prof.; 1973/74 Rektor) - 1969 Mitgl. Akad. d. Wiss.; 1974-80 Mitgl. Senat u. Hauptaussch. DFG; 1977-81 Mitgl. Wissenschaftsrat; 1978 Dr. phil. h. c. (Aarhus); 1980 Vizepräs. DFG - BV: D. Spruchdichter Heinrich v. Mügeln, 1959 (Habil.sschr.); Philologie u. Lehrerausbild., 1974. Herausg.: H. v. Mügeln, D. kleineren Dichtungen, 3 Bde. 1959 ff. (Krit. Ausg.), Kudrun (1965); Frauenlob, Leichs, Sangsprüche, Lieder, 2 Bde. 1981.

STADELBAUER, Jörg

Dr. phil., Prof. Univ. Mainz - Gürtlerstr. 52, 6500 Mainz - Geb. 14. Aug. 1944 Wurzen (Vater: Hans St.; Mutter: Ellen, geb. Braune), ev. - Univ. Freiburg (1. Staatsex. f. Lehramt 1969; Promot. 1972; Habil. 1979) - 1970 Verw. e. wiss. Assist.st.; 1972 Wiss. Assist.; 1979 Privatdoz.; 1980 Prof. a. Z.; 1984 apl. Prof. Freiburg im Br.; 1987 Univ.-Prof. Mainz - BV: Bahnbau u. kulturgeograph. Wandel in Turkmenien, 1973; D. sowj. Lehrpl. Geogr., 1980; Landwirtsch. Integration in d. Subtropen d. Sowjetunion, 1983; Stud. z. Agrar-geogr. Transkaukasiens, 1983; Regionalforsch. üb. sozialist. Länder, 1984.

STADELMAIER, Wolfgang

Prof., Architekt, Dozent f. Innen-, Ausstellungsarch. u. Montagebau Kunstakad. Stuttgart - Am Wießenhof 1, 7000 Stuttgart - Geb. 2. Sept. 1927.

STADELMANN, Bernd

Journalist - Zu erreichen üb.: Stuttgarter Nachrichten, Postf. 550, 7000 Stuttgart - 1984 Wächterpreis d. Tagespresse.

STADELMANN, Li

Prof., Cembalistin u. Pianistin - Zugspitzstr. 66, 8035 Gauting 2/Obb. (T. München 850 12 69) - Geb. 2. Febr. 1900 Würzburg (Vater: Dr. med. Heinrich S., Psychiater u. Schriftst.; Mutter: Marie, geb. Berling), verh. 1929 m. Dr. Hans Penzel (Sinologe) †1966, T. Cordula - Konservat. Stuttgart (Klavier: Max v. Pauer, Kontrapunkt u. Kompos.: Joseph Haas). Dipl.-Musiklehrerin (1918) u. ausüb. Künstlerin (1919) - Konzertreisen In- u. Ausl.; s. 1921 Lehrtätigk. Musikhochsch. München (1949 Prof. u. Leit. Kl. f. Alte Musik). Kompos. Bearb. alter Musik. Schallpl. (Dt. Grammophon) - 1985 Günter Klinge Preis, Gemeinde Gauting; 1986 BVK I. Kl. - Liebh.: Wandern, Reisen, Bücher, Tiere - Spr.: Franz., Engl. - Bek. Vorf.: Prof. Dr. med. Nikolaus Friedreich, Ord. Univ. Heidelberg (F'sche Ataxie), Gr.onkel.

STADELMANN, Maria-Elisabeth

s. Stadelmann, Li

STADEN, von, Berndt

Staatssekretär a. D. - Leinfelderhof, 7143 Vaihingen/Enz - Geb. 1919 Rostock, verh. s. 1961 m. Wendelgard (Wendi), geb. Freiin von Neurath (Legationsrätin a.D., Verf.: Nacht üb. d. Tal, 1979), 3 Kd. (Christian, Inga, Georg) - Stud. Rechtswiss. Bonn (durch Kriegsdst. unterbr.) u. Hamburg. S. 1951 Ausw. Dienst (Auslandsposten: 1953-55 Botschaft Brüssel, 1958-63 EWG ebd./Kabinettschef d. Präs. 1963-68 Botschaft Washington/Botschaftsrat I. Kl.; 1970-73 wied. AA Bonn (Dir. Polit. Abt.); 1973-79 Botsch. in USA; 1979-81 Min.-Dir. Bundeskanzleramt (Leit. außenpolit. Abt.), 1981-83 Staatssekr. AA; 1982-86 Koordinator Dt.-amerik. Zusammenarb.; 1985 u. 88 William Fulbright Prof. of Diplomacy, Georgetown Univ. Washington, D. C. - Gr. BVK, 1983 Stern u. Schulterbd. dazu.

STADJE, Wolfgang

Dr., Prof. f. Mathematik Univ. Osnabrück - Bismarckstr. 36, 4500 Osnabrück - Geb. 21. Nov. 1952 Braunschweig (Vater: Walter St., Rechtsanw.; Mutter: Elvira, geb. Kemper), verh. m. Monika Reß-Stadje - Univ. Göttingen (Dipl. 1976, Promot. 1978, Habil. 1981) - 1978-81 Wiss. Assist. Univ. Göttingen; 1981/82 Vertretungsprof. Univ. Hamburg; s. 1982 Prof. Univ. Osnabrück.

STADLER, Franz

Generalvertreter (Allianz), Präs. ADAC (1972-89; 1957 Schatzm., 1964 Vizepräs.) - Altstadt 29, 8300 Landshut/Ndb. (T. 2 80 21) - Geb. 8. Okt. 1913 Untermassing (Vater: Heinrich S., Gutsbes.; Mutter: Franziska, geb. Kramml), verh. s. 1940 m. Margarethe, geb. Lang, 3 Töcht. (Christiane, Waltraud, Gabriele) - Gymn. - 1965 BVK I. Kl., 1973 Gr. BVK, spät. Stern dazu, 1985 Schulterbd. dazu; 1969 Bayer. VO.; 1969 DRK-Ehrenz.; 1978 Gold. Bürgermed. Stadt Landshut; 1986 Gold. Lenkrad Wochenztg. Bild am Sonntag. 1983 Ehrenbürger TU München.

STADLER, Heinrich

Dipl.-Landwirt, Präsident d. Landwirtschaftskammer Hannover - Masch Nr. 7 Föhrte, 3220 Alfeld/Leine - Geb. 15. Juli 1925, kath., verh. s. 1952 m. Gudrun, geb. Höcke, 3 Kd. (Martin, Thomas, Annette) - Landwirtprüfung; Stud. Landw. in Hohenheim, Bonn, Weihenstephan; Dipl. Weihenstephan (TH München); Vorstandsmitgl. DLG (Deutsche Landwirtschaftsges.), Landesverb. Nieders. Landvolk; Vorst. Leineverb. Göttingen.

STADLER, Hubert

Dr. jur., Hauptgeschäftsführer Vereinigung d. hess. Unternehmerverb. Frankfurt - Lilienthalallee 4, 6000 Frankfurt 90 (T. 069 - 79 05-0) - Geb. 3. März 1929 Höchst, verh., 2 Töcht. - Stud. Rechtswiss. Univ. Frankfurt; Promot. Mainz - Spr.: Engl.

STADLER, Irmgard

s. Stadler-Nagora, Maria Irmgard

STADLER, Michael Aurel

Dr. phil., Dipl.-Psych., Univ.-Prof. f. Psych. Univ. Bremen - Osterdeich 60, 2800 Bremen (T. 70 06 52) - Geb. 1. Dez. 1941 Berlin (Vater: Christoph S.; Mutter: Ilse, geb. Streit), 3 Kd. (Christoph Aurel, Lena, Leif) - Studium Psych., Physiol. Phil., Kunstgesch. Dipl.-Psych. 1967; Promot. 1968 u. Habil. 1973 Münster - 1967-72 Wiss. Assist., 1972-80 Wiss. Rat u. Prof., 1973-74 Dekan Fachbereich Psych. Univ. Münster., s. 1980 Univ.-Prof. Univ. Bremen. Mitgl. Künstlergruppe Rimmini (Audiovision, Abform.) - BV: Psych. d. Wahrnehm., 1975 (auch ital.); Erkenntnis oder Dogmatismus?, 1978; Arbeitsmotivation, 1980; Psychol. an Bord, 1984 (auch engl. u. ital.) - Liebh.: Bild. Kunst, Jazzmusik, Segeln - Spr.: Engl., Franz., Ital., Finn. - Bek. Vorf.: Ernst S., Express. Dichter (Großonkel).

STADLER, Peter

Dr. phil., Prof. f. Neuere Geschichte - Hegibachstr. 149, Zürich (Schweiz) - Geb. 11. Nov. 1925 Zürich (Vater: Hermann S.; Mutter: Margrit, geb. Honegger), verh. s. 1963 m. Dr. jur. Verena, geb. Labhart, 3 Töcht. - Univ. Zürich u. Göttingen. Promot. (1952) u. Habil. (1957) Zürich - 1963-67 Ass. Prof. Zürich; 1967-70 o. Prof. Univ. Gießen, s. 1970 Zürich. 1981 Mitgl. Hist. Kommiss. Bayer. Akad. d. Wiss. - BV: Genf, d. gr. Mächte u. d. eidgenöss. Glaubensparteien 1571-84, 1952; Geschichtsschreib. u. histor. Denken in Frankr. 1789-1871, 1958; Karl Marx, 1966 (ital. 1971); D. Zeitalter d. Gegenreformation, Handb. d. Schweiz. Gesch. I, 1972; D. Univ. Zürich 1933-1983, Red. 1983; D. Kulturkampf in d. Schweiz, 1984; Pestalozzi, Geschichtl. Biogr. I, 1988 - 1961 Werner-Näf-Preis (Schweiz).

STADLER-NAGORA, Maria Irmgard

Kammersängerin (Künstlername: Irmgard Stadler) - Payerstr. 10, 7000 Stuttgart (T. 24 06 31) - Geb. 28. März 1937 Michaelbeuern (Salzburg) (Vater: Konrad St., Gutsverw.; Mutter: Maria, geb. Mayr), kath., verh. s. 1965 m. Prof. Klaus Nagora, S. Rafael - 1957-63 Stud. Mozarteum Salzburg u. Musikakad. Wien - S. 1963 Festes Engagem. Württ. Staatstheater Stuttgart - Partien: u.a. Rosenkavalier (Marschallin), Jenufa, Katja Kabanowa, Rusalka, Donna Elvira, Wozzeck (Marie), Meistersinger-Eva - S. 1970 Kammersängerin - Spr.: Engl., Ital.

STADLMANN, Heinz

Verantwortl. Redakteur f. Wirtschaftsberichterstattung u. Unternehmen - Zu erreichen üb. FAZ, Postfach 10 08 08, 6000 Frankfurt/M. 1.

STADTMÜLLER, Arthur

Dr. med., Privatdozent, Chefarzt Geburtshilfl.-gynäk. Abt. u. Ärztl. Direktor Kreiskrankenhaus Osterode i.R. - Halberstädter Str. 62, 3360 Osterode/Harz (T. 25 41) - Geb. 4. Febr. 1919 Göttingen - S. 1952 (Habil.) Privatdoz. Univ. Göttingen (Geburtsh. u. Frauenheilkd.). Zahlr. Fachveröff.

STÄBLEIN, Gerhard

Dr. rer. nat., o. Prof. f. Physiogeographie u. Polargeographie, FB Geowiss. Univ. Bremen - Postfach 330440, 2800 Bremen 33 (T. 0421 - 218 25 20) - Geb. 2. April 1939 Landau/Pfalz (Vater: Alex St., Stud.rat; Mutter: Anni, geb. Welzbacher), kath. - Univ. Tübingen (b. 1960), FU Berlin (b. 1962), Würzburg (b. 1965), Promot. 1968, Habil. Univ. Würzburg - 1970 Prof. Univ. Marburg, 1975 o. Prof. FU Berlin, 1986 Prof. Univ. Bremen in Kooperation m. Alfred-Wegener-Inst. f. Polar- u. Meeresforschung Bremerhaven - S. 1967 Teiln. an versch. Exped. nach Spitzbergen, Grönland, N-Kanada u. in d. Antarktis - BV: Grobsediment-Analyse, als Arbeitsmeth. d. genet. Geomorphologie (Habil.schr.), 1970 - Spr.: Engl., Franz. - Lit.: Geograph. Tb.

STAECK, Klaus

Prof., Rechtsanwalt, Grafiker, Verleger - Ingrimstr. 3, 6900 Heidelberg 1 (T. 2 47 53; Telefax 06221 - 1 02 30) - Geb. 28. Febr. 1938 Pulsnitz, Kr. Kamenz (Vater: Georg S., Steuerbevollm.; Mutter: Liselotte, geb. Wagner), ev. - Stud. Univ. Heidelberg, Hamburg, Berlin; Refer.ex. 1962, Ass.ex. 1969 - S. 1986 Gastprof. Kunstakad. Düsseldorf - BV: D. Reichen müssen noch reicher werden, 1973; Plakate abreißen verboten, 1973; D. Kunst findet nicht im Saale statt, 1976 (m. Dieter Adelmann); Briefe z. Verteidigung d. Republik (m. Heinrich Böll u. Freimut Duve); D. Gedanken sind frei, 1980; Zuviel Pazifismus?, 1981 (m. Heinrich Böll u. Freimut Duve); Verantwortl. f. Polen?, 1982 (m. Heinrich Böll u. Freimut Duve); Staeck's Umwelt, 1984 - 1970 Zille-Pr. Berlin (f. soz.krit. Grafik), 1978 Kritikerpreis, Mitgl. Intern. Künstlergremium, s. 1982 Mitgl. PEN-Club - Liebh.: Grafik, pol. Plakate - Spr.: Engl. - Lit.: Ingeborg Karst, D. Fall Staeck, 1975.

STAECK, Lothar

Dr. phil. habil., Univ.-Prof. TU Berlin (s. 1980) - Devrientweg 2B, 1000 Berlin 45 (T. 030 - 771 22 24) - Geb. 10. Aug. 1944, verh. - 1980 Prof. TU Berlin Fachgeb. Didaktik d. Biol., s. 1987 1. Vors. d. Sektion Fachdidaktik im Verb. Dt. Biologen - BV: Zeitgemäßer Biologieunterr., 4. A. 1987. Weitere 5 Buch- u. üb. 40 Ztschr.-Veröff. - Liebh.: Naturfotogr., Tropenreisen - Spr.: Engl., Franz., Span.

STAECK, Rudolf

Dipl.-Kfm., Vorstandsmitglied Wayss & Freytag AG., Frankfurt/M. (s. 1972) - Bockelinstr. 2, 6000 Frankfurt/M. (T. 62 23 52) - Geb. 28. Juli 1929. B. 1972 (Umwandl.) pers. haft. Gesellsch. Wayss & Freytag KG.

STÄCKER, Hans-Detlef

Rechtsanwalt u. Notar, MdL Schlesw.-Holst. (s. 1968; 1970 ff. parlam. Vertr. d. Justizmin.) - Marktstr. 15, 2082 Uetersen (T. 26 32) - Geb. 22. Mai 1923 Uetersen, ev., verh., 2 Kd. - Gymn. Uetersen; 1946-49 Univ. Hamburg u. Kiel. Jurist. Staatsex. 1949 u. 53 - 1959 ff. Ratsherr Uetersen. 1959 FDP (1969 ausgetr.); 1969 CDU.

STÄCKER, Hans Georg

Geschäftsführer Fachgemeinschaft Textilmaschinen/VDMA u. Fachgemeinschaft Wäscherei- u. Chemischreinigungsmasch./VDMA - Lyoner Str. 18, 6000 Frankfurt/M. 71 - Gf. Vorst.-Mitgl. Walter-Reiners-Stiftg. d. Dt. Textilmaschinenbaues z. Förderung d. Ingenieurnachwuchses.

STÄCKER, Horst

Geschäftsführer Bremer Toto u. Lotto GmbH, Mitgl. Brem. Bürgerschaft (1963-86, davon 1968-71 stv. Fraktions-

STÄCKER - 1321 - STAHL

vors.) - Goldenstedter Weg 18, 2800 Bremen 1 - Geb. 28. April 1931 Bremen, ev., verh., 4 Kd. - Obersch. Bremen (Mittl. Reife); Lehre als Elektrowickler Lloyd-Dynamowerke ebd. - 1947-56 Lehrfa., 1956-64 SPD-Landesorg. (Sekr.), 1965-86 Arbeiterwohlf. Bremen (Gf.). SPD s. 1952.

STÄDING, Karl-Heinz

Beamter, MdA Berlin (s. 1975) -Wilhelmsruher Damm 100, 1000 Berlin 26 - Geb. 3. Mai 1928 Berlin - SPD.

STÄGLICH, Dieter

Dr. phil., Direktor Gesamthochschulbibliothek Wuppertal - Gaußstr. 20, 5600 Wuppertal 1.

STAEHELIN, Martin

Dr. phil., o. Prof. f. Musikwissenschaft Univ. Göttingen (s. 1983) - Herzberger Landstr. 71, 3400 Göttingen (T. 0551 - 39 50 72) - Geb. 25. Sept. 1937 Basel/Schweiz, ev.-ref., verh. s. 1973 m. Elisabeth, geb. Schenker, 3 Kd. (Katharina, Simon, Adrian) - Promot. (Dr. phil.) 1967 Basel, Habil. 1971 Zürich, Dipl. als Flötist 1963 Musikakad. Basel - 1976-83 Dir. Beethoven-Archiv Bonn; s. 1983 o. Prof. Univ. Göttingen f. Musikwiss. Versch. musikwiss. Publikationen - 1975 Dent Medaille Royal Musical Assoc. London; 1987 o. Mitgl. Akad. d. Wiss. Göttingen.

STAEHLER, Gerd

Dr. med., Dr. med. habil., Prof. f. Urologie - Grundstr. 39, 8027 Neuried b. München - Geb. 30. Aug. 1939 Leipzig (Vater: Prof. Dr. med. Werner St., Urologe; Mutter: Erika, geb. Defèr), verh. s. 1967 m. Mechthild, geb. Schulz, 2 S. (Michael, Thomas) - Gymn. Tübingen (Abit. 1958); Med.-Stud. Hamburg, Freiburg, München, Tübingen, Ex. 1963 - S. 1974 Oberarzt, s. 1978 ltd. Oberarzt Urol. Univ.-Klinik München . Rd. 200 Publ. - 1977 Maximilian-Nitze-Preis Dt. Ges. f. Urologie; 1984 Curd-Bohnewand-Preis.

STÄHLER, Kurt

Dipl.-Ing., Vorstandsmitglied Salzgitter AG, Salzgitter u. Vorstandsvorsitzender Stahlwerke Peine-Salzgitter AG, Peine - Am Rodenberg 26b, 3388 Bad Harzburg 1 - AR-Vors. Deumu Dt. Erz- u. Metall-Union GmbH, Hannover, Wintrans GmbH, Duisburg, Hansaport Hafenbetriebsges. mbH, Hamburg, Verkehrsbetr. Peine-Salzgitter GmbH, Salzgitter, stv. AR-Vors. Salzgitter Maschinenbau GmbH, Salzgitter, AR Salzgitter Stahl GmbH, Düsseldorf.

STÄHLER-MAY, Horst

Dr., Prof., I. Bürgermeister - Rathaus, 8012 Ottobrunn/Obb. - Geb. 5. Juni 1935 Oberweyer - Zul. Hochschullehrer. CSU.

STÄHLI, Hans

2. Kapellmeister u. Studienleiter Theater d. Stadt Heidelberg, Arrangeur - Fritz-Frey-Str. 8, 6900 Heidelberg (T. 06221-41 27 42) - Geb. 31. März 1950 Interlaken/Schweiz, ev., ledig - Bernisches Primar-Lehrerdipl. 1970; Musiktheorielehrerdiplom (Theo Hirsbrunner) 1973; Orchesterdirigentendipl. (Sylvia Caduff) 1975 (bde. Konservat. f. Musik, Bern); Gebrauchskomp. u. Arrangeur f. Theaterauff. (Schauspielmusiken, Neuinstrumentierungen, Balletteinlage usw.); Klavierbegleiter; 1970-76 Dirig. Kammerorch. Interlaken, 1972-76 Berner Bläseroktett, 1975 Klavierbegleiter d. Violin-Meisterkl. v. Prof. Max Rostal, 1977 Repetitor, s. 1981 Studienleiter u. Kapellm. Landestheater Coburg, s. 1983 2. Kapellm. in Heidelberg - Insz.: Coburg: Frau Luna (1980); Vetter aus Dingsda (1981); Kiss me Kate (eig. Big-Band-Fassung, 1982); Ball im Savoy (1983); Heidelberg: Boccaccio (1983) Anatevka (1984); Zar u. Zimmermann (1985). Nachdirigate: Verkaufte Braut; Zaubergeige, The Rake's Progress; La Bohème.

STÄHLIN, Adolf

Dr.-Ing., Dr. agr. habil., Dr. agr. h. c., Dipl.-Landw., o. Prof. f. Grünlandw. u. Futterbau (emerit.) - Bergstr. 18, 6301 Wißmar (T. 06406 - 33 94) - Geb. 13. Okt. 1901 Nürnberg (Vater: Prof. Dr. phil. D. Otto S., Ord. f. Klass. Philologie Univ. Erlangen (s. X. Ausg.); Mutter: Anna, geb. Seiler), ev., verh. I) 1935 m. Julie, geb. Fischer (†1961), S. Peter, II) 1968 Dr. agr. Lieselotte, verw. Philipp, geb. Kienitz (Regierungslandw.rätin a.D.) - Stud. TH München u. LH Hohenheim - B. 1943 Univ. Jena; 1946-1956 LH Hohenheim (1951 ao. Prof.); 1956-70 Univ. Gießen (o. Prof. u. Inst.dir.) - BV: Standorte, Pflanzenges.en u. Leistung d. Grünlandes, 1936 (m. E. Klapp); Handb. d. Samenkd., 2. A. 1975 (m. W. Brouwer); D. Beurt. d. Futtermittel, 1957; D. Acker- u. Grünlandleguminosen im blütenlosen Zustand, 1960; Verbreitete Pflanzenges.en d. Dauergrünl., d. Acker, Gärten u. Weinberge, 1960 (m. O. Schweighart); D. landw. Kulturpflanzen Mitteleuropas in d. europ. Sprachen, 1967 (m. Dr. phil. Agnes S., Schwester) - 1967 Ehrendoktor TH München - Bruder: Gustav S.

STÄHLIN, Gustav

Dr. phil., Dr. theol. h. c., o. Prof. f. Neutestamentl. Wissenschaft (emerit.) - Weidmannstr. 53, 6500 Mainz (T. 8 25 36) - Geb. 28. Febr. 1900 Nürnberg, ev., verh. I) 1930 m. Irmgard, geb. Fischer †, 3 Kd. (Anemone, Ingeburg, Otto-Traugott), II) 1954 Dr. med. Ursula, geb. Michaelis - Univ. Erlangen, Halle, Berlin, Tübingen; Pred.sem. München. Habil. 1930 Leipzig - 1927 Studieninsp. Schles. Konvikt f. Studierende d. Theol. Halle, 1930 Privatdoz. Univ. Leipzig, 1932 Doz. Ev.-Luth. Theol. Hochsch. Madras (Ind.), 1940 wied. Leipzig, 1943 stv. Ord. Univ. Wien, Kriegsdst. u. Gefangensch., 1946 o. Prof. Univ. Erlangen, 1952 Univ. Mainz - BV: Skandalon, Unters. z. Gesch. e. bibl. Begriffs. 1930; Apostelgesch. (Neues Testam. Dt. 5), 7. A. 1980. Mitarb.: Kittel-Friedrich, Theol. Wörterbuch z. Neuen Testam., Religion in Gesch. u. Gegenw., Ev. Kirchenlexikon, Bibl.-Histor. Handwörterb. - 1948 Ehrendoktor Univ. Erlangen - Bek. Vorf. ms.: Gotthilf Heinrich v. Schubert, Naturphilosoph, 1786-1860 (Ururgroßv.); Friedrich Heinrich Ranke, Theologe, 1798-1876 (Urgroßv.) - Eltern s. Adolf S. (Bruder) - Lit.: Verborum Veritas - Festschr. z. 70. Geburtstag, 1970.

STÄHLIN, Traugott

Dr. theol., Prof. f. Prakt. Theologie Kirchl. Hochsch. Bethel - Martiniweg 2, 4800 Bielefeld 13 (T. 0521 - 144 32 79) - Geb. 12. Dez. 1934 Madras/Indien (Vater: Dr. Gustav St., Prof.; Mutter: Irmgard, geb. Fischer), ev., verh. s. 1964 m. Doris, geb. Büchner, 3 T. (Antje, Esther, Ruth) - 1. theol. Ex. 1958 Hannover, 2. theol. Ex. 1964 ebd., Promot. 1963 Göttingen - 1964-69 Pfarrer Hannover; 1969/70 Forsch.arbeit New York; 1970-72 Forsch.stip. DFG; 1973-76 Wiss. Assist. Tübingen; s. 1976 o. Prof. f. Prakt. Theol. Bethel - BV: Gottfried Arnolds geistl. Dicht. Glaube u. Mystik, 1966; Theol. u. Frömmigk., 1980; Handb. d. Prakt. Theol., (Mithrsg.) s. 1981 - Liebh.: Malerei d. späten Mittelalters u. d. 17. u. 20. Jh.; Russ. Lit. d. 19. u. 20. Jh. - Spr.: Engl., Franz., Neugriech.

STAEL, A., de

s. Jungk, Robert

STAEMMLER, Hans-Joachim

Dr. med., Prof., Direktor Städt. Frauenklinik Ludwigshafen/Rh. a. D. - Heinrich-Vogl-Str. 8, 8000 München 71 (T. 089-791 43 52) - Geb. 24. April 1918 Posen - S. 1954 (Habil.) Lehrtätigk. Univ. Kiel (1959 apl. Prof.) u. Heidelberg (apl. Prof.). Vorles. üb. Geburtshilfe u. Frauenheilkd. - BV: D. gestörte Regelung d. Ovarialfunktion, 1964; Fibel d. gynäk. Endokrinologie, 1965 (2 A.). Mithrsg.: Lehrb. d. Gynäkologie (begr. von H. Martius) 5. Aufln., 13. A. 1980; Störungen d. weibl. Sexualfunktion in: Praktische Endokrinologie, 3 Aufln. (4. A. 1976); D. Wechseljahre d. Frau, 1967; Geburtenplanung, 1974; Atlas d. gynäkol. Differentialzytologie (zus. m. M. L. Schneider), 1976 (sechsspr.); Gynäkol. Hormontherapie in d. Praxis, 1976 (auch engl. u. türk.); Gynaecological Hormonetherapy in General Practice, 1979. Zahlr. Einzelarb.

STAEMMLER, Volker

Dr. rer. nat., Prof. f. Theoret. Chemie - Natorpstr. 41 b, 4630 Bochum - Geb. 16. Dez. 1940 Breslau (Vater: Prof. Dr. med. Martin St., Pathologe; Mutter: Dr. med. Käthe, geb. Biedermann), ev., verh. s. 1966 m. Margarete, geb. Wagner, 4 Kd. - Gymn. Aachen, Univ. Göttingen (Phys.), Promot. 1969, Habil. Bochum 1975 - 1980 Prof. Bochum - Ca. 60 Art. in Fachztschr. f. Physik, Chemie - Spr.: Engl., Ital., Franz., Russ.

STAEMPFLI, Edward

Komponist - Bülowstr. 10a, 1000 Berlin 37 - Geb. 1908 Bern (Schweiz) - Lebt s. 1954 West-Berlin - Opern, Symphonien, Kammermusik, Lieder.

STÄMPFLI, Jakob

Prof. Folkwang Hochsch. f. Musik Essen, Konzertsänger - Haldenweg 24c, CH-3626 Hünibach - Geb. 26. Okt. 1934 Bern (Vater: Hans S., Dr. med. dent.; Mutter: Regine, geb. Stalder), ev., verh. s. 1962 m. Susanna, geb. Zogg, 2 Kd. (Philipp Lucas, Regula Elisabeth) - 1951-53 Konservat. Bern; 1953-56 Staatl. Hochsch. f. Musik Frankfurt/M. (Konzertex. 1956) - 1960-62 Lehrer Konservat. Biel; s. 1963 Konzertausbild. klass. Konservat. Bern; 1963-69 Staatl. Hochsch. f. Musik Saarbrücken; 1969 Hochsch. f. Musik Hamburg; s. 1975 Folkwang Hochsch. f. Musik - 1965 Prof.-Titel saarländ. Reg. - Spr.: Franz., Ital., Engl.

STÄMPFLI, Robert

Dr. med., em. Prof. ehem. Direktor I. Physiol. Inst. Univ. Saarbrücken (s. 1954) - Websweiler Str. 34, 6651 Jägersburg (T. Homburg/Saar 29 35) - Geb. 9. Juni 1914 Bern (Vater: Wilhelm S., Verleger; Mutter: geb. Kammerer), ev., verh. s. 1941 m. Marie-Louise, geb. Vigne, 5 Kd. (Séverine, Marianne, Françoise, Bernard, Nicolas) - Realgymn. Bern; TH Zürich (Elektroing.), Univ. Bern u. Genf - Med. Hochalpine Forschungsstation Jungfraujoch; Physiol. Inst. Univ. Bern (1949 Privatdoz.). Entd.: Vitachrom - blau fluoreszierendes Dithiazolyl (Diss. 1942); 1954 Erf. Saccharose-Trennwand, Meth. z. Messung v. Membranpotentialen - 1959 Adolf-Fick-, 1967 Wilhelm-Feldberg-Preis; 1963 Mitgl., 1978 Senator Dt. Akad. d. Naturforscher (Leopoldina); 1964 Assoc. Member British Physiological Soc., Dr. phil. h. c. Univ. Poitiers 1966, Dr. med. h. c. Univ. Genf 1972, Dr. Sc. h. c. Aston Univ. Birmingham 1976 - Liebh.: Fliegenfischen - Spr.: Franz., Engl., Ital.

STÄUBLE, Eduard

Dr. phil., Prof., Publizist - Chalet Plein Soleil, CH-3654 Gunten BE - Geb. 12. Febr. 1924 St. Gallen, verh. s. 1959 m. Maria, geb. Bossart, Malerin - Lehrerseminar Borschach; Stud. Univ. Zürich German., Volkskunde; Promot. (Diss. üb. Albrecht v. Haller) - 1953-58 Herausg. u. Redakt. Schweiz. Republikan. Blätter (in d. Nachf. v. J. B. Rusch); 1958 Redakt. Schweizer Bücherztg. Domino; 1958-65 Redaktor d. Werkztg. u. Leit. Pressestelle AG Brown, Boveri & Cie. Baden; 1962-66 Redaktor Ztschr. Theater-Kurier, Baden; 1965-86 Leit. Abt. Kultur u. Ges. d. Schweizer FS Zürich - BV: Max Frisch, 4. A. 1971; Siena u. d. Landschaft d. Toscana, D. Böbuch, 1975. FS: Macht u. Ohnmacht/Fluch u. Segen, 1979. Erz., Bühnenstücke. Arb. üb. Leopold Ziegler, Mary Lavater-Sloman, Albert Bächtold, Albert Knoepfli, Hugo Loetscher, Otto Frei, Walter Nigg, Erwin Jaeckle u.a. Zahlr. Radio- u. FS-Sendungen sow. Filme - Verleihung d. Prof.-Titels durch d. österr. Bundespräs. R. Kirchschläger.

STAFF, Alfred

Fabrikant, Kommanditist Staff KG., Lemgo - Grevenmarsch, 4920 Lemgo - Geb. 28. Okt. 1908.

STAFF-STARKE, Werner

Fabrikant, Kommanditist Staff KG., Lemgo - Grevenmarsch, 4920 Lemgo - Geb. 24. Jan. 1922.

STAFFELT, Ditmar

Dr. rer. pol., Vorsitzender d. Fraktion d. SPD im Abgeordnetenhaus v. Berlin (s. 1989), Mitgl. d. Abgeordnetenhauses (s. 1979) - Zu erreichen üb. SPD-Fraktion im Abgeordnetenhaus, Rathaus Schöneberg, John-F.-Kennedy-Platz, 1000 Berlin 62 (T. 030 - 783-87 40) - Geb. 1. Aug. 1949 Berlin, verh. - Kurat.-Mitgl. d. Initiative Berlin - USA - Spr.: Engl., Franz.

STAGL, Justin

Dr. phil., Prof. f. Soziologie Univ. Bonn - Schumannstr. 104, 5300 Bonn 1 (T. 21 27 88) - Geb. 9. Jan. 1941 Klagenfurt (Vater: Alexander St., Oberstltn. (gef. 1944); Mutter: Anna Maria, geb. Freiin v. Klopp-Vogelsang), kath., verh. s. 1967 m. Erika, geb. Petri, 2 Kd. (Maria Natalia, Jakob) - Human. Gymn. Klagenfurt (Abit. 1960), Univ. Wien, Leiden u. Münster (Ethnol., Psych., Linguistik u. Soziol.), Promot. 1965, Habil. Salzburg 1973 - 1967-69 Assist. Graz, 1970-74 Salzburg, 1969-70 Humboldt-Stip.; s. 1974 Prof. Univ. Bonn; 1982/83 Gastprof. Univ. of Notre Dame, 1988/89 Akad.-Stip. VW-Stiftg., Visiting Fellow, Clare Hall, Cambridge - BV: D. Morphol. segmentärer Ges., 1974; Kulturanthropol. u. Ges., 2. A. 1981; A History of Curiosity, 1990. Art. in Fachztschr. u. Sammelw. - Spr.: Engl., Franz., Niederl. - Bek. Vorf.: Onno Klopp (1822-1903), Histor., Karl Frhr. v. Vogelsang (1818-90), Sozialpolitiker, (Ur-urgroßväter).

STAGUHN, Kurt

Dr.-Ing., o. Prof. u. Direktor Inst. f. Kunsterziehung Univ. Gießen (s. 1962) - Nelkenweg 78, 6300 Gießen (T. 3 37 87) - Geb. 23. Juni 1920, ev., verh. s. 1952 m. Doris, geb. Kofler, 4 Kd. (Martin, Annette, Bettina, Johannes) - Kunsthochsch. Kassel, Univ. Göttingen, TH Hannover (Kunstgesch., bild. Kunst, Päd.) - S. 1962 ao. u. o. Prof. Gießen - BV: Didaktik d. Kunsterzieh., 2. A. 1972; Expressives Malen, 1968; Kunsterzieh. im Vorschulalter, 2. A. 1971; Malfibel, 1972 (m. Ehefr., auch ital.); Didaktik d. Werkerzieh. u. d. techn. Grundbildung, 1977; Fachdidakt. Stud. in d. Lehrerbild., Kunsterzieh., 1979 (Hrsg.).

STAHL, von, Alexander

Staatssekretär a. D. Senatsverw. f. Justiz v. Berlin (b. 1989) - Salzburger Str. 21-25, 1000 Berlin 62 - FDP.

STAHL, Arne

Dr. rer. nat., Prof., Physiker - Obersteinstr. 34, 5190 Stolberg/Rhld. (T. 2 65 79) - Geb. 21. März 1931 Hermannseifen - S. 1967 (Habil.) Lehrtätigk. TH Aachen (1969 apl. Prof. u. Wiss. Rat u. Prof.). Facharb. - BV: Electrodynamics of the Semiconductor Band Edge (m. I. Balslev).

STAHL, Dieter

Dipl.-Ing., Techn. Direktor RIAS Berlin (s. 1971) - Kufsteiner Str. 69, 1000 Berlin 62 (T. 8 50 31) - Geb. 1929 Ostpreußen - TH Hannover - Ind. Weitverkehrstechnik, Inst. f. Rundfunktechnik Hamburg. Spez. Arbeitsgeb.: Hochfrequenz- u. Satellitentechnik.

STAHL, Erwin

Bergingenieur, Parlam. Staatssekr. a.D., MdB (s. 1972) - Tiefstr. 29, 4152 Kempen 1/Ndrh. - Geb. 25. Juni 1931 Eigenheim/Posen, ev., verh., 4 Kd. - Mittel-, Berg- u. -Ing.sch. Grubensteiger 1956; Berging. 1963 - S. 1949 Lehrling, Knappe (1952), Hauer (1953), Gruben- (1956), Abt.- (1960), Fahrsteiger (1965), Sachbearb. (1970) Bergbau AG. Niederrhein (Stabsst. f. Unternehmerfragen im Untertagebetrieb). 1945-49 Internierung Polen. 1970 ff. Mitgl. Stadtrat Kempen (stv. Bürgerm.); b. 1982 Parlam. Staatssekr. Bundesmin. f. Forsch. u. Technol. SPD s. 1964 (Vors. Unterbez. Viersen 1969-86).

STAHL, Francis

Vorstandsvorsitzender a. D. Deutsche Renault AG - Kölner Weg 6-10, 5040 Brühl-Vochem - S. 1982 wieder Renault Paris.

STAHL, Friedrich-Christian

Dr., Ltd. Archivdirektor a. D., Oberstleutnant a. D. - Schwarzwaldstr. 68, 7803 Gundelfingen (T. 0761 - 58 04 13) - Geb. 28. Okt. 1918 Berlin (Vater: Friedrich S., Generalleutnant a. D.; Mutter: Katharina, geb. Worzewski), ev., verh. s. 1949 m. Anna-Maria, geb. Krüger, 2 Kd. (Georg, Christa) - 1945-51 Univ. Hamburg, Promot. 1953 - 1952-55 wiss. Assist. Univ. Köln; 1955-61 Hilfsref., s. 1958 Ref. f. Militärwiss. Bundesmin. d. Verteidig.; 1961-66 Abt.leit. Militärgesch. Forschungsamt; 1966-80 Leit. Bundesarchiv - Militärarchiv; Mitgl. d. Preußischen Historischen Kommiss. - Beitr. u. Lit.berichte z. Militär- u. Kriegsgesch. d. 19. u. 20. Jh.

STAHL, Günter

Senatsdirektor a.D. - Am Rüten 31B, 2800 Bremen - Geb. 11. Jan. 1922 Wetzlar/L. (Vater: Friedrich S., Betriebsleiter; Mutter: Auguste, geb. Schmitz), ev., verh. s. 1950 m. Dr. Emilie, geb. Kruse - Gymn. Wetzlar (Abit. 1940); Päd. Hochsch.; Univ. Frankfurt/M. u. Mainz (Päd., Psych.) - 1950-52 Lehrer Odenwaldschule (Landerziehungsheim); Dezern. Regierungspräsid. Darmstadt (Jugendhilfe); 1954-56 stv. Leit. Landesjugendamt Hessen; 1956-63 Leit. Jugendamt Bremen; s. 1963 Senatsdir. Senatsverw. f. Wohlfahrt u. Jugend bzw. Soziales, Jugend u. Sport Bremen, 1976-86 Senatsdir. b. Senator f. Finanzen, Bremen. SPD - Liebh.: Lit. - Spr.: Engl.

STAHL, Günter

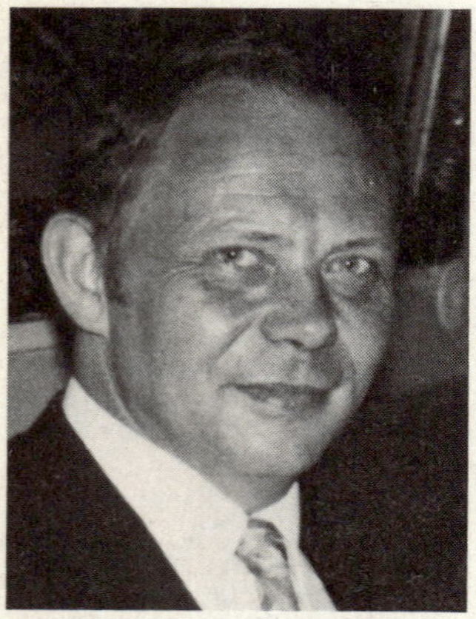

Dipl.-Ing., Bauassessor, Bauoberrat - Veilchenweg 93, 6200 Wiesbaden-Freudenberg (T. 06121 - 2 51 10; dstl.: 06121 - 36 63 19) - Geb. 25. Juni 1935 Weilburg/Lahn, ev., verh. s. 1962 m. Dr. Jutta, geb. Döhler, Ärztin f. Inn. Med., 2 Söhne (Andreas Ph., Armin) - Maurerlehre; 1952-55 FH Gießen; 1955-62 TH Darmstadt; Bauass.-Prüf. 1968 - 1962-65 U-Bahn-Bau Berlin, Prüf. f. Baustatik Berlin; Bauoberrat Hess. Landesamt f. Straßenbau. Kirchenvorst. Wiesbaden, Synode; Leit. Freudenberger Begegnung (FBB); Mitgl. Hist. Kommiss. f. Nassau Wiesbaden. Ehrenamtl. Mitarb. Arbeitskr. Netzgestaltung d. Forsch.ges. f. d. Straßenwesen Köln. Zahlr. Veröff. Herausg. Blätter um d. FBB - 1987 Silb. Bürgermed. Wiesbaden - Liebh.: Bild. Kunst, Theol., Phil., Musik, Lit., Städtebau u. Verkehr - Lit.: Eugen Caspary in: Wilinaburgia, Weilburg/L. (1984ff.).

STAHL, Hermann W.

Schriftsteller u. akad. Maler - 8918 Diessen/Ammersee (T. 3 54) - Geb. 14. April 1908 Dillenburg/Hessen (Vater: Wilhelm S., Maler; Mutter: Charlotte, geb. Schmidt), 2 S. (Peter, Tobias) - Gymn.; Kunstgewerbesch. u. -akad. - Maler u. Graphiker (1929 o. Mitgl. Münchner Künstlergruppe D. Juryfreien, 1933 v. NS zwangsaufgelöst, persönl. verboten); s. 1936 vornehml. schriftst. Tätigk. - BV: u. a. Traum d. Erde, R. 1936; D. Orgel d. Wälder, R. 1939; D. Heimkehr d. Odysseus, Erz. 1940; Gras u. Mohn, Ged. 1941; E. ganz alltägl. Stimme, N. 1947; D. Spiegeltüren, R. 1951; Wohin du gehst, R. 1954; Wolkenspur, Ged. 1954; Ewiges Echospiel, Erz. 1955; Wildtaubenruf, R. 1958; Jenseits d. Jahre, R. 1959 (auch engl. (USA) u. franz.); Tage d. Schlehen, R. 1960 (auch poln.); Genaue Uhrzeit erbeten, Erz. 1961; Strand, R. 1963; Türen aus Wind, R. 1969 (auch poln.); Das Pfauenrad, R. 1979; Ged. aus 40 Jahren, 1979. Hörspiele, Lit.kritik, Kurzgesch. - 1937 Immermann-Lit.preis Düsseldorf, 1951 Hörspielpreis München, 1968 Preis f. Epik, München, Tukan-Lit.-Pr. 1981; 1982 BVK; Gründungsmitgl. Dt. Akad. f. Spr. u. Dicht., Darmstadt, P.E.N. - Beteilig. an zahlr. gr. Kunstausstell. (b. 1933, mehrm. Glaspalast München) - Lit.: J. Schäfer, Symbol. Landsch. in d. Dicht. H. S., 1959 (Diss. Bonn).

STAHL, Karl Heinz

Dr. phil., Prof. f. Kultur u. Technikvermittl. TU Berlin - Weiherwiesenstr. 14, 8500 Nürnberg-Brunn 50 (T. 0911 - 83 14 11) - Geb. 23. Nov. 1937 Nürnberg, ev., verh. s. 1969, 2 Kd. (Irvin, Tabea) - Promot. 1968 Univ. Erlangen-Nürnberg; Habil. (Neuere dt. Lit.gesch.) RWTH Aachen - S. 1979 Prof. f. Kultur- u. Technikvermittl. TU Berlin. Verf. u. (Mit-)Herausg. v. Schr. z. Lit.-, Medien- u. Kulturwiss., Soziol. u. Phil.

STAHL, Konrad

Ph. D., Univ.-Prof. Univ. Mannheim (s. 1988) - Klosterstr. 175, 6732 Edenkoben - Geb. 30. Nov. 1941 Ludwigshafen/Rh., ev., verh. m. Barbara Dorothea, geb. Tolk, S. Julius - Dipl.-Ing. Arch. Univ. Stuttgart, M. Arch. Univ. of California, Berkeley, MCP ebd., Ph.D. ebd. - 1980-81 Fulbright Prof. Univ. of Calif., Berkeley, 1976-88 Univ.-Prof. Dortmund - BV: Math. Optimierung u. Mikroökon. Theorie (m. N. Schulz). Herausg.: Microeconomic Models of Housing Markets; U.S. and W.-German Housing Markets (m. R. Struk) - Liebh.: Musik, Kunst - Spr.: Engl., Franz., Ital.

STAHL, Rolf

Regisseur u. Schauspieler - Hans-Sachs-Str. 10, 8000 München 5, u. Hebelstr. 107, CH-4056 Basel (T. 004161 - 44 18 01) - Geb. 27. April 1939, kath., verh. s. 1968 m. Schausp. Hildburg, geb. Schmidt, S. Johannes Christof - Abit.; Stud. Univ. Frankfurt/M.; Ausb. Staatl. Musikhochsch. Frankfurt/M. - Oberspielleit. Staatstheater Darmstadt, u. Stadttheater Basel; Schauspieler u. Regiss. Zürich, D'dorf, München, Frankfurt, Hamburg, Berlin; Arb. in Hongkong, New Delhi, Bombay; zahlr. Urauff. v. Stücken v. Franz Xaver Kroetz - Spr.: Engl., Franz., Lat.

STAHL, Ulf

Dr., Dipl.-Ing., o. Prof. f. Mikrobiologie TU Berlin - Zu erreichen üb.: TU, Seestr. 13, 1000 Berlin 65 (T. 030 - 45 09/2 44) - Geb. 10. Jan. 1944 Wien (Vater: Josef S., Häusermakl.; Mutter: Elisabeth, geb. Burger), kath., verh. s. 1970 m. Anna, geb. Bartolich, 2 Töcht. (Christina, Vanessa) - Stud. Gärungstechnik u. Lebensmitteltechnol. Univ. f. Bodenkultur Wien; Dipl. 1969; Promot. 1975 Ruhr-Univ. Bochum; Habil. 1981 - 1969-82 Wiss. Assist. bzw. Wiss. Mitarb.; 1982-83 C-3 Prof., Bochum; s. 1983 Univ.-Prof. (C 4) TU Berlin, gleichz. Leit. Forsch. Inst. f. Mikrobiol. Inst. f. Gärungsgew. u. Biotechnologie; 1988 gf. Dir. Inst. f. Biotechnologie d. TU Berlin - 1981 Sandoz-Preis - Spr.: Engl.

STAHL, Werner

Dr.-Ing., Prof. f. Mechanische Verfahrenstechnik TH Karlsruhe - Stalbühlweg 8, 6740 Landau - Geb. 24. Okt. 1938 Diedorf (Vater: Hans St., Reg.-Oberamtmann; Mutter: Helene, geb. Kraus), verh. s. 1962 m. Gertraud, geb. Pfeffer, 2 Söhne (Manuel, Mario) - TU München (Masch.-Bau; Dipl.-Ing. 1962, Promot. 1965) - 1965-79 Leit. Entw. u. Prod.-Ber. Krauss-Maffei AG München; s. 1979 o. Prof. in Karlsruhe - 1976 Dechema-Preis - Spr.: Engl., Franz., Ital.

STAHL, Willy (Wilhelm)

Bürgermeister a. D., Ehrenpräs. Bund Heimat u. Volksleben, Freiburg/Br. - Jägerstr. 8, 7820 Titisee/Baden (T. Neustadt/Schwarzw. 82 78) - Geb. 10. April 1903 Neustadt/Schwarzw., verh. - N. Abitur kaufm. Lehre (Papierfabrik) - Kaufm. Angest., b. 1933 Vors. Landesverb. Bad. Jungdemokr., Mitarb. Reichsfinanzmin. Hermann Dietrich, ab 1935 Buchhalter Schwarzwald-Hotel, Titisee, 1939-45 Wehrdst., ab 1946 Bürgerm. Titisee. 1947 ff. MdK; 1947-50 MdL Baden; 1949-61 MdB. FDP.

STAHLBERG, Gerhard

Dr. jur., Generalkonsul a. D. - 7804 Glottertal/Br. - Geb. 1. Mai 1903 Berlin (Vater: Eduard S., Vorstand Berliner Hagel-Assecuranz-Ges. v. 1832; Mutter: Elise, geb. Link), ev., verh. s. 1938 m. Lilli, geb. Busse (Tochter v. Prof. Dr. A. B., Hunter College, New York), 2 Kd. (Eduard, Gisela) - Univ. Heidelberg, Berlin, Göttingen (Rechtswiss.). Ass.ex. 1929 - Rechtsanwaltsbüros Paris u. London, 1930-34 Justizdst. Berlin (1932 Amts- u. Landrichter, 1934 Landgerichtsrat), dann Ausw. Dienst, Attaché Konsulat New Orleans, Legationsrat Rechtsabt. AA Berlin, n. Kriegsende Oberreg.rat Wirtschaftsmin. Württ.-Hoh., Tübingen, 1950-68 wied. Ausw. Dienst, 1951-54 Generalkonsul San Francisco, 1954-57 Min.dirig. AA Bonn (Personalabt.), 1957-68 Generalkonsul Montreal) - Gr. BVK - Liebh.: Geschichte.

STAHLBERG, Hermann

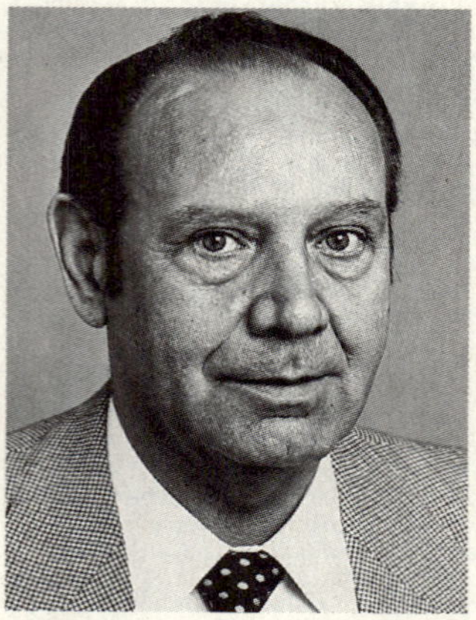

Stabsfeldwebel a. D., 1965-72 u. wieder 1974-80 MdB - Kasseler Str. 24, 3580 Fritzlar - Geb. 1. Okt. 1920 Leichlingen/Rhld., kath., verh., 3 Kd. - Volkssch.; Lehre Schneidwarenind. - B. 1940 Versandgehilfe chem. Ind., dann Arbeits- u. Kriegsdst. (Wachtm.), b. 1949 sowjet. Gefangensch., anschl. Hilfsarb. u. Betriebsratsvors., 1956-57 (n. Reaktivierung als Oberfeldw.) Kompaniefeldw. e. Fernmeldeeinheit, s. 1957 Hilfssachbearb. Bundesverteidigungsmin.; 1973-75 Abt.leit. u. Prok. Albag, Bonn. 1958 Vorst.-Mitgl. (1956 Mitbegr.; 1967 stv. Vors.) u. 1972 Ehrenvors. Dt. Bundeswehrverb. CDU s. 1950 (u.a. 1974 Kreisvors. Schwalm-Eder-Kr.). Mitgr. Bundeswehr Sozialwerk, Soldatenhilfswerk, Res.-Verb. d. Dt. Bundesw. S. 1972 Ehrenvors. DBWV, Kreisvors. Seniorenunion, Bez.-Vorst. CDU - BVK I. Kl., Gold. Ehrenkreuz d. Bundeswehr, Stadtrat Fritzlar, 1988 Ehrenvors. CDU-Schwalm-Eder.

STAHLECKER, Hans

Fabrikant, gf. Gesellsch. Spindelfabrik Süßen, Schur, Stahlecker & Grill GmbH., Süßen - Haldenstr. 20, 7334 Süßen/Württ. - Ing.

STAHLECKER, Konrad

Kanzler d. Univ. Hohenheim - Schloß, 7000 Stuttgart 70.

STAHLKNECHT, Peter

Dr. rer. nat., Dipl.-Math., o. Prof. f. Betriebswirtschaftslehre/Wirtschaftsinformatik Univ. Osnabrück - Steneltstr. 32, 3000 Hannover 51 - Geb. 5. April 1933 Leipzig, ev., verh. s. 1963 m. Hedda, geb. Grethe, S. Holger - Dipl. 1955, Promot. 1958, Habil. 1977 - 1959-76 Ltd. Tätigk. b. Math. Berat.- u. Programmierdst. Dortmund, Preussag AG Hannover, Finanzverw. NRW Düsseld.; s. 1976 Prof. FU Berlin, s. 1981 in Osnabrück - BV: Operations Res., 1965/66, 2. A. 1970; Online-Systeme im Finanz- u. Rechnungswesen (Hrsg.), 1980; Methodik d. Hardware- u. Softwareausw. in kl. u. mittl. Untern. (m. R. Nordhauß), 1981; EDV-Syst. im Finanz- u. Rechnungswesen (Hrsg.), 1982; Einf. in d. Wirtschaftsinformatik, 1983, 2. A. 1985, 3. A. 1987; zahlr. Einzelveröff.

STAHMER, Edgar

em. Prof., Dozent f. Musikerziehung Päd. Hochschule (Kant-Hochsch.) Braunschweig - Tulpenweg 37, 3300 Braunschweig.

STAHR, Karl

Dr. rer. nat., Prof. f. Bodenkunde TU Berlin - Grüntenstr. 27, 1000 Berlin 42 - Geb. 5. Mai 1945 Neumarkt (Vater: Dr. Dr. Karl St., Arzt u. Zahnarzt; Mutter: Hildegard, geb. Nippa), ev., verh. s. 1971 m. Helga, geb. Schöllhammer, 4 Kd. (Carl Christoph, Anne Caroline, Johannes Jacob, Simon Eberhard) - Dipl.-Geol. 1969; Promot. 1972 Univ. Stuttgart; 1979 Habil. Bodenkd. Univ. Freiburg - 1971-80 wiss. Assist. Univ. Hohenheim u. Freiburg; s. 1980 Prof., Region. Bodenkd. TU Berlin - BV: Böden m. Eisenbändchen, 1973; Periglaziale Deckschichten, 1979; Soilscapes of Berlin (West), 1986 - Spr.: Engl.

STAIB, Wolfgang

Dr. med., o. Prof. f. Physiol. Chemie u. Biochemie - Bergerfurthstr. 10, 4044 Kaarst - Geb. 12. Nov. 1924 Frankfurt/M. (Vater: Dr. Karl S., Chemiker, zul. Abteilungsdir. IG Farbenindustrie AG., Höchst/M. †1937; Mutter: Hilde, geb. Rentschler), kath., verh. s. 1954 m. Dr. Rosemarie, geb. Bermann, 3 Kd. (Karl Günter, Christiane, Peter) - Promot. 1951 Frankfurt/M.; Habil. 1959 Düsseldorf - S. 1959 Lehrtätigk. Med. Akad. bzw. Univ. Düsseldorf (1964 Oberarzt Inst. f. Physiol. Chemie; 1965 apl. Prof.; 1966 Wiss. Abt.svorsteher u. Prof.; 1970 o. Prof. u. Dir. Inst. f. Physiol. Chemie II). Fachmitgliedsch. - BV: Hübener/Staib, Biochemie d. Nebennierenrinden-Hormone, 1965. Üb. 80 Einzelveröff. z. Hormonforsch. u. z. Leberstoffw.

STAIGER, Willi K.

Generaldirektor i.R. - Hugo-Hoffmann-Str. 18D, 8021 Strasslach (T. 08170 - 76 71) - Geb. 9. Mai 1914 Bad Cannstatt.

STAIN, Walter

Staatsminister a. D., Publizist (Spezialgebiete Afrika u. Nahost), Präs. BV d. Sudt. Landsmannsch. (s. 1982) - 8711 Mainstockheim/Ufr. - Geb. 27. Dez. 1916 Prag (Vater: Dr. Viktor S., Justitiar; Mutter: geb. Kopitsch), ev., verh. s. 1950 m. Elisabeth, geb. Körner, 1 Kd. - Oberrealsch.; DTH Brünn - 1939-46 Wehrdst. (zul. Oblt. Fallschirmjäger) u. Gefangensch.; ab 1947 Tätigk. Baugeschäft u. Holzkaufm.; 1950-62 MdL Bayern, GB/BHE bzw. GdP, 1953-54 Staatssekr. f. Angelegenh. d. Heimatvertriebenen in Bayern; 1954-62 Bayer. Min. f. Arbeit u. soz. Fürsorge (1957-58 zugl. stv. Min.präs.) u. Mitgl. Bundesrat. Vors. d. Inst. f. afrikan. u. intern. Studien München; 1982 Rundf.rat Bayer. Rundf. - Kriegsausz.; Ehrennadel d. Photoreporter; Bayerischer VO; BVK; Gr. Silb. Ehrenzeichen d. Rep. Österr. - Liebh.: Antiquitäten. - Lit.: Bayerns vierter Stamm - d. Sudetend. (R. Ohlbaum).

STAKEMANN, Hartwig
Dr. jur., Präsident Nieders. Finanzgericht - Waterloopl. 5a, 3000 Hannover 1 - Geb. 22. Jan. 1924.

STAKS, Arno
Dr. jur., Bundesbahndirektions-Präsident a. D. - Feldbergweg 1, 3501 Fuldabrück 1 (Bergshausen) - Geb. 14. Aug. 1911 Bremen, ev., verh. s. 1937 m. Ingeborg, geb. Heinrich, 3 Kd. - Univ. Berlin, Caen (Frankreich), Greifswald (Rechts- u. Staatswiss.). Assess.ex. - S. 1936 Reichs- bzw. Bundesbahn, dazw. 1955-65 Hauptgeschäftsf. Dt. Zentrale f. Fremdenverkehr - Spr.: Engl., Franz.

STALLJOHANN, Eberhard
Dr. jur., Präsident Oberlandesgericht Oldenburg - Richard-Wagner-Platz, 2900 Oldenburg/O. - Geb. 1928 Hasbergen/Osnabrück (Vater: Eisenbahnbeamter) - Schulen Osnabrück (Realgymn.); 1949-52 Jura-Stud. Univ. Münster, Promot. - B. 1945 Flakhelfer, Arbeitsdienst, Soldat b. Pionieren; nach Stud. u. Refer. Strafu. Zivilrichter LG Osnabrück, 1960 OLG Oldenburg, 2 J. im nieders. Justizmin., 1972 LG-Präs. Verden, 1974 Präs. OLG Oldenburg. Mitgl. Dt. Richterbd., Vors. Oldenburger Univ.-Ges. SPD.

STALLKAMP, Bernhard
Dr. med., Prof., Arzt f. Chirurgie u. Gefäßchir., Chefarzt Marienhospital Osnabrück - Von Kerssenbrockallee 5, 4500 Osnabrück (T. 0541 - 12 31 10) - Geb. 26. Aug. 1940 Holsten (Vater: Franz St., Lehrer; Mutter: Änne, geb. Köhne), kath., verh. s. 1974 m. Marion, geb. Martin, 4 Kd. (Gudrun, Volker, Astrid, Ulrich) - Schule Gymn. Carolinum Osnabrück (Abit. 1960), 1960-65 Univ. Münster, Wien u. Innsbruck, Med. Staatsex. Münster 1965, Promot. 1965 Münster, Habil. 1976 FU Berlin - 1968 Chir. Klinik FU Berlin; s. 1977 Chefarzt Osnabrück.

STALLMACH, Josef
Dr. phil., Prof. f. Philosophie - Liegnitzer Str. 2, 6500 Mainz 1 - Geb. 21. Febr. 1917 Hindenburg/OS. (Vater: Karl S., Standesbeamter; Mutter: Therese, geb. Grabka), kath., verh. s. 1953 m. Elisabeth, geb. Bauer, 2 Kd. (Thomas, Irene) - Abitur 1935 Hindenburg (Kgn.-Luise-Gymn.); Promot. 1950 Göttingen (Klass. Philol.); Habil. 1956 Mainz (Phil.) - S. 1950 Univ. Mainz (1965 o. Prof., s. 1983 emerit.) - BV: Dynamis u. Energeia - Unters. am Werk d. Aristoteles z. Problemgesch. v. Möglichkeit u. Wirklichkeit, 1959; Ate - Z. Frage d. Selbst- u. Weltverständnisses d. frühgriech. Menschen, 1968; Suche nach d. Einen. Ges. Beitr. z. Problemgesch. d. Metaphysik, 1982; Ansichsein u. Seinsverstehen. Neue Wege d. Ontologie b. N. Hartmann u. M. Heidegger, 1987; Alte Fragen u. neue Wege d. Denkens - Festschr. f. J. Stallmach, hg. v. N. Fischer u. a., 1977 - Spr.: Franz.

STALLMEYER, Rolf
Dr., Dipl.-Kfm., Fabrikant, gf. Gesellsch. Industronic GmbH. & Co. KG., Wertheim, Beirat Idealspaten- u. Schaufelwalzwerke A. Bredt & Co. KG, Herdecke (Ruhr); Th. Kieserling u. Albrecht Werkzeugmaschinenfabrik, Solingen - Fuhlrottstr. 24, 5600 Wuppertal-Elberfeld - Geb. 19. April 1922 Witten/Ruhr.

STALP, Hans-Günther
Dr. rer. pol., Dipl.-Wirtschafts-Ing., o. Vorstandsmitgl. Preussag AG. - Große Heide 10 D, 3000 Hannover (T. 0511 - 65 09 65) - Geb. 17. Juni 1935 Knapsack (Vater: Wilhelm S.; Mutter: Anna, geb. Stommel), ev., verh. s. 1962 m. Ursula, geb. Unger, 2 Kd. (Michael, Anja) - TH Darmstadt - Spr.: Engl.

STAMER, Hans

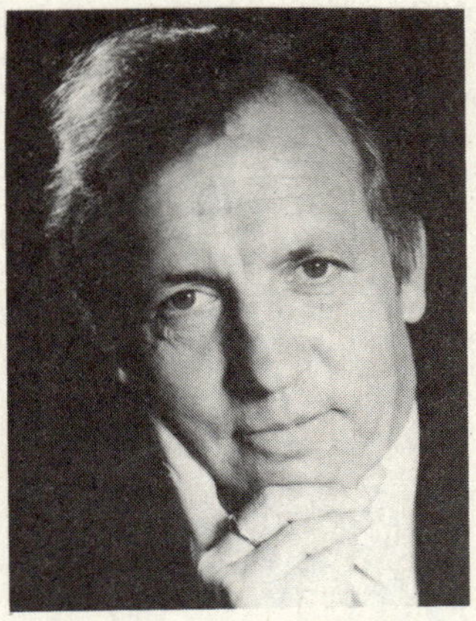

Dr. agr., Prof., Staatssekretär (1975-79), Institutsdir. Univ. Kiel - Niemannsweg 65a, 2300 Kiel (T. 80 13 42) - Geb. 14. April 1925 Hamburg (Vater: Hermann S., Bäcker- u. Konditorm.), ev., verh. s. 1955 m. Ursula, geb. Kiehn, 2 Töcht. (Ulrike, Katrin) - Univ. Kiel (Landw.; Dipl.-Landw. 1950). Promot. (1952) u. Habil. (1960) Kiel - S. 1955 Assist., Privatdoz. (1960), Ord. u. Inst.dir. (1965) Univ. Kiel - BV: D. wirtschaftl. Auswirk. d. ländl. Siedlung - Unters. üb. Produktivität u. Rentabilität d. Agrarreform in Schlesw.-Holst., Kieler Studie 32 1955; Produktionsgestalt. u. Betriebsgröße in d. Landw. unt. d. Einfluß d. wirtschaftl.-techn. Fortschritts, K. S. 44 1958 (auch poln.); D. Agrarpreisstützung als Mittel d. Einkommenspolitik, 1961; Landw. Marktlehre, T. I (Bestimmungsgründe u. Entwicklungstendenzen d. Marktes) 1966, T. II (Absatzwege u. Märkte pflanzl. Produkte) 1976; Agrarpolitik aktuell, 1983. Zahlr. Fachaufs. - Spr.: Engl.

STAMM, Barbara
Staatssekretärin im Bayer. Staatsmin. f. Arbeit u. Sozialordnung (s. 1987), MdL Bayern (s. 1976) - Frankfurter Str. 122, 8700 Würzburg/Ufr. - Geb. 29. Okt. 1944 Bad Mergentheim, kath., verh., 3 Kd. - Volkssch.; Ausb. z. Erzieherin - B. 1970 Erzieherin u. hauptamtl. Jugendarb. d. Diözese Würzburg; 1970/71 Hausfrau, 1971/72 Erzieherin in e. Heilpäd. Kinderheim, Rhönkinderdorf Riedenberg/Bad Brückenau, 1974-78 Heimleit. Schifferkinderheim Würzburg. 1972-87 Stadtratsmitgl. Würzburg; s. 1976 Mitgl. d. Bayer. Landtags; s. 1978 Mitgl. Fraktionsvorst. CSU, 1986/87 stv. Fraktionsvors. CSU s. 1969 (stv. Kreisvors. Würzburg-Stadt).

STAMM, Dankwart Ludwig
Dr. med., Dr. rer. nat., Prof. u. Leiter Abt. f. Klinische Chemie am Max-Planck-Inst. f. Psychiatrie München (s. 1966) - Kraepelinstr. 10, 8000 München 40 - Geb. 6. Okt. 1924 Kirn/Nahe (Vater: Ludwig S., Arzt; Mutter: Karoline, geb. Stroh), ev., verh. s. 1956 m. Gertraud, geb. Niepmann, 4 Kd. (Hartmuth, Burkhard, Walther, Detlev) - Stud. Frankfurt (Med.), Darmstadt, Tübingen u. München (Chemie); Promot. 1950 (Med.) u. 1962 (Chemie) - BV: Qualitätskontrolle klin.-chem. Analysen, 1972 (auch franz. u. ital.) - 1985 Scherer-Med. Dt. Ges. f. Klin. Chemie.

STAMM, Erich
Kaufmann (Viktor Wilhelm Stamm), Präsidialmitgl. IHK Schweinfurt-Würzburg, Würzburg - Rückertstr. 2, 8720 Schweinfurt (T. 12 45).

STAMM, Harald
Opern- u. Konzertsänger (Baß) - Seebargwinkel 18, 2000 Hamburg 65 (T. 040 - 608 02 19) - Geb. 29. April 1938 Frankfurt/M. (Vater: Wilhelm S.; Hauptlehrer; Mutter: Liesel, geb. Grebe), ev., verh. s. 1965 m. Ute, geb. Krähmer, 2 Söhne (Henning, Holger) - 1958-63 Stud. Naturwiss. u. Sport Univ. Mainz; 1. u. 2. Staatsex.; 1964-68 Gesangstud. b. Franz Fehringer - 5 J. Schuldst.; Berufswechsel. Bühnenstationen ab 1968: Gelsenkirchen, Kassel, Köln; s. 1973 Staatsoper Hamburg; 1979 Metropolitan Opera (Debut). Zahlr. Gastsp. In- u. Ausl. Üb. 80 Partien im seriösen Baßfach; Schallpl. m. Liedern; Rundf.aufn. u. FS-Auftr. Festspiele: Salzburg, Orange, Luzern, Bregenz, Savontinna - 1967 Preis intern. Schubert-Wettb.; 1968 Preis Opernwettb., Berlin; 1988 Ernennung z. Kammersänger durch Senat d. Hansestadt - Liebh.: Sport, Jagd - Spr.: Engl., Franz., Ital., Span.

STAMM, Helmut
Dr. rer. nat., Prof. f. Pharm. Chemie Univ. Heidelberg - Zu erreichen üb. Pharmazeut.-Chem. Inst. Univ., Neuenheimer Feld 364, 6900 Heidelberg; priv.: Tannenweg 26, 6909 Walldorf (T. 06227 - 23 01) - Geb. 8. Febr. 1924 Münster (Vater: Gustav St., Landesinsp.; Mutter: Else, geb. Deerhake), ev., verh. s. 1958 m. Margot, geb. Soehle, 2 Kd. (Birgit, Ulrich) - Pharmaziestud. Univ. Münster (Promot. 1955); Chemiestud. Marburg (Habil. 1965) - 1955-61 Ind.; 1961-63 DFG-Stip., wiss. Assist. Marburg, dann Doz. u. Prof. Karlsruhe (1972) u. Heidelberg (1975). Veröff. in wiss. Ztschr. - Spr.: Engl.

STAMM, Rudolf
Dr. phil., em. Prof. f. Engl. Philologie - Arbedostr. 18, CH-4059 Basel (Schweiz) (T. 061 - 35 57 07) - Geb. 12. April 1909 Basel (Vater: Rudolf S., Baumeister; Mutter: Renate, geb. Baatz), protest., verh. s. 1945 m. Marie, geb. Lotz, T. Renate - Gymn. Basel; Univ. Basel, München, Berlin, Princeton. Promot. (1934) u. Habil. (1938) Basel - S. 1938 Lehrtätigk. Univ. Basel (zul. ao. Prof.), Hochsch. f. Wirtschafts- u. Sozialwiss. St. Gallen (1950 o. Prof.), Univ. Bern (1956) u. Basel (1960), Emer. 1979. 1965-1976 Präs. Dt. Shakespeare-Ges. (West) - BV: D. aufgeklärte Puritanismus Daniel Defoes, 1936; D. umstrittene Ruhm Alexander Popes, 1941; Gesch. d. engl. Theaters, 1951; Engl. Lit. (Wiss. Forschungsbericht), 1957; Zwischen Vision u. Wirklichkeit, 1964; The Shaping Powers at Work, 1967. Mithrsg.: Shakespeare-Jahrb. (1950-80) u. English Studies (Amsterdam, 1962-85); Engl.-dt. Studienausgabe d. Dramen Shakespeares (Bern-Tübingen, 1976ff.).

STAMMBERGER, Albert
Kaufmann, Präs. Fachverb. f. d. Korb- u. Flechtwaren-Gewerbe - Hauptstätter Str. 129, 7000 Stuttgart (T. 60 67 20) - Geb. 16. Aug. 1906 Almerswind/Thüringen (Vater: Christian S., Schuhmacherm.; Mutter: Ida, geb. Spindler), ev., verh. s. 1938 m. Meta, geb. Höhn, 3 Kd. (Gisela, Rolf, Rita) - Handwerkslehre, Abschlußprüf. 1924; Meisterprüf. 1935; Kaufm. Prüf. 1937 IHK Stuttgart - S. 1937 selbst., Handels- u. Fabrikationsbetrieb m. Spezialanfertig. - Erfindungen - Umfangreiche lit. Tätigk. - S. 1946 viele Ehrenämter u. gf. Funktionen im Dienste d. Gemeinschaft; Würdig. u. Ehrendipl. f. d. versch. Aktivitäten; 1975 BVK - Liebh.: Sport, Lit., Reisen.

STAMMBERGER, Erich
Dr., Oberbürgermeister Kulmbach (s. 1971) - Rathaus, Marktplatz 1, 8650 Kulmbach/Ofr. - Geb. 30. Juni 1927, verh., 3 Töcht. - Abit. 1947; Stud. Tierärztl. Fak. Univ. München; Staatsex. u. Promot. 1953; 1957 amtstierärztl. Examen - Schlachthof Memmingen, 1960 Leit. d. Schlachthofes d. Stadt Kulmbach; s. 1971 Oberbürgerm. d. Stadt Kulmbach. Parteilos - Liebh.: Klavierspiel, Wiener Klassik.

STAMMEL, Heinz-J.
Dr. h. c., Gerichtl. best. Sachverständiger f. Polizei- u. Defensiv-Waffentechnik, Hochleistungs-Offensiv- u. Defensivcombatschießausbild., Personen- u. Objektschutz, Geschoß-Sicherungsanlagen, amerik. hist. Waffen; Historiker, Autor (Ps. Christopher S. Hagen, T. C. Lockhart), Herausg. u. Chefredakt. Ztschr. Intern. Waffenmagazin, Designer - 7297 Alpirsbach/Schw., Oberer Sulzberg 15 (07444 - 27 64) - Geb. 1. Jan. 1926 Köln (Eltern: Paul u. Helene S.), kath., verh. 2) m. Ingeborg, geb. Schlingmann, 3 Kd. (Norbert, Thomas, Ulla) - Stud. Chemie, Gesch. - Inh. v. 37 Patenten u. Gebrauchsm. üb. Waffen u. Zubehör, s. 1972 Lehrbeauftr. Univ. Tübingen, Gastdoz. Univ. Regensburg - BV: 41 Fach- u. Sachbücher, zahlr. Fachartikel, Waffentests u. Praxiserprobungen in Fachzeitschr. Sachbücher üb. amerik. Geschichte, Lizenzausg. in zahlr. Taschenbuch- u. Buchgemeinsch. sowie Übers. ins Engl., Franz., Span., Holl., Ital., Skandinav.-Spr., Serbokroat., Türk., Port. (Prs. German Westerners Society); zul.: Off Road durch die USA, 1982; Handb. d. hist. Heilkd. d. nordamerik. Indianer: D. Apotheke Manitou's, 1986; - 1972 Friedrich-Gerstäcker-Lit.pr., Ehrenbürger v. Texas/USA, Ehrendoktor Univ. de'l Eco-Development, Brüssel - Liebh.: Kochen, Lederarb. - Spr.: Engl., Franz. - Lit.: Kürschners Dt. Lit.-Kalender u.a. Nachschlagewerke - Mitgl. Lions-Club Kinzigtal (s. 1972).

STAMMEN, Theo(dor)
Dr. phil., o. Prof. f. Polit. Wissenschaft - Fritz-Wunderlich-Platz 2, 8000 München 60 - Geb. 11. Juli 1933 Wachtendonk (Vater: Willibrord S., Lehrer; Mutter: Sibilla, geb. Hünnekens), kath., verh. s. 1961 m. Edeltraud, geb. Bünnagel, T. Silvia - Altsprachl. Gymn.; Univ. Freiburg/Br., Bonn, Manchester (Engl.). Promot. 1961; Habil. 1969 - S. 1970 Ord. PH Rhld./Abt. Aachen u. Univ. Augsburg (1973) - BV: Goethe u. d. Franz. Revolution, 1966; Regierungssysteme d. Gegenw., 3. A. 1972; Parteien in Europa, 2. A. 1978; Einführ. in d. Politikwiss. (1974, 4. A. 1984). Herausg.: Strukturwandel d. mod. Regierung (1967) u. Vergl. Regierungslehre (1977); Deutschland u. d. Franz. Revolution 1789-1806, 1988 - Liebh.: Schöne Lit. - Spr.: Engl.

STAMMLER, Albrecht
Dr. med., em. o. Prof. f. Neurologie u. Psychiatrie - Kiefernweg 18, 5030 Hürth (T. 02233 - 6 73 11) - Geb. 19. Jan. 1918 Hamburg, verh. m. Ursula, geb. Oelze - S. 1956 (Habil.) Lehrtätigk. Univ. Köln (1963 apl., 1968 o. Prof., emerit. 1985) - BV: Klinik, Pathologie u. Probleme d. Periarteritis nodosa d. Nervensytems, 1958. Etwa 150 Einzelarb. u. Buchbeitr.

STAMMLER, Eberhard
Pfarrer, Chefredakteur Ev. Kommentare (1970-82) - Isegrimweg 3B, 7000 Stuttgart 75 (T. 44 26 86) - Geb. 14. Aug. 1915 Ulm/D. (Vater: Fritz S., Kaufm.; Mutter: Frieda, geb. Dinkel), ev., verh. s. 1941 m. Elisabeth, geb. Gerstlauer, 3 Kd. (Dieter, Barbara, Wolfgang) - Gymn. Ulm; Univ. Tübingen (1934-38 Ev. Theologie) u. Heidelberg (1957-58 Soziol.) - S. 1938 Pfr.; 1947-49 Theol. Redakt. Hambg. Sonntagsblatt; 1952-64 Chefredakt. Jg. Stimme; 1964-65 stv. Chefredakt. Christ u. Welt, 1957-71 Vors. Selbstkontrolle illustr. Ztschr.; 1958-78 Mitgl. Beirat f. Innere Führung b. BVM (zeitw. Sprecher); 1976 Mitgl. PEN-Club. 1958-72 (Austr.) CDU - BV: Protestanten ohne Kirche, 1958 (auch engl.); Verschwörung f. d. Demokratie, 1966; Kirche am Ende unseres Jahrhunderts, 1974 - 1968 BVK I. Kl. - Spr.: Engl. - Rotarier.

STAMPE, Eckart
Prof. f. Didaktik d. Mathematik u. Curriculumentw. FU Berlin - Schillerstr. 8,

1000 Berlin 45 (T. 030 - 772 54 72) - Geb. 9. März 1937 Berlin - Stud. Math. u. Physik (1. Staatsex. 1969, 2. Staatsex. 1971) FU Berlin - 1971-75 Stud.rat; 1973-75 Fachsem.leit. Math.; 1975 Prof. PH Berlin, 1980 FU Berlin, Inst. f. Didaktik d. Math. u. Informatik - BV: Repetitorium Fachdidaktik Mathematik, 1984.

STAN, Hans-Jürgen

Dr. rer. nat., Dipl.-Chem., Prof. f. Lebensmittelchemie TU Berlin (s. 1971) - Lindenallee 28, 1000 Berlin 19 (T. 302 24 07) - Geb. 24. Nov. 1937 Halle/S. (Vater: Georg S., Drogist; Mutter: Elfriede, geb. Leonhardt), ev., verh. s. 1965 m. Helga, geb. Happ, 2 Kd. (Corinna, Livia) - Stud. d. Chemie TU Berlin; Dipl.ex. 1963; Promot. 1968; Lebensmittelchemiker 1971.

STANG, Friedrich

Dr. phil., o. Prof. f. (Wirtschafts-) Geographie RWTH Aachen - Hauptstr. 533, 5330 Königswinter (T. 02223 - 2 21 56) - Geb. 12. April 1926 Königswinter/Rh., verh. m. Prof. Dr. phil. nat. Christiane, geb. Voss - Promot. 1959 Bonn; Habil. 1967 Freiburg/Br.; Ordinariat 1969 RWTH Aachen - BV: D. Wasserstraßen Oberrhein, Main u. Neckar - Häfen u. Hafenhinterland, 1963; D. ind. Stahlindustrie u. ihre Städte, 1970. Fachveröff. bes. üb. Entwicklungsländer, spez. Indien.

STANG-VOSS, Christiane

Dr. phil. nat., Prof. Dt. Sporthochsch. Köln - Zu erreichen üb.: Sporthochsch., Inst. f. exp. Morphol., 5000 Köln 40 - Geb. 27. Febr. 1938 Friedrichshafen, ev., verh. s. 1967 m. Prof. Dr. F. Stang, RWTH Aachen - Stud. Tübingen, Mainz, Freiburg, Frankfurt; Promot. 1966 (Biol.), Habil. 1972 - 1966-72 Wiss. Assist. Freiburg; 1975 Wiss. Rat u. Prof. RWTH Aachen; 1977 o. Prof. Köln.

STANGE, Günther Ludwig

Kaufmann, Geschäftsf. Wehra GmbH. (s. 1974) - Zelgstr. 4, 7867 Wehr-Öflingen - Geb. 17. Aug. 1928 Salza/Ostpr. (Vater: Rudolph S., Bauunternehmer; Mutter: Ida, geb. Kiesch), ev., verh. s. 1960 m. Liselotte, geb. Heuss, Tocht. Britta - Wirtschaftsobersch.; Kaufm. Lehre; Textil-Ing.sch.; Verw.-Wirtschaftsakad. - Vorwerk (Verkaufsleit. 1968, Vertriebsleit. 1968-71, Geschäftsf. 1972-74) - Liebh.: Alte Gesch. - Spr.: Engl.

STANGE, Luise

Dr. rer. nat., o. Prof., Arbeitsgr. Pflanzenphysiol. Gesamthochschule Kassel (s. 1973) - Hanssenstr. 10, 3400 Göttingen - Geb. 6. Mai 1926 Göttingen - S. 1957 (Habil.) Lehrtätigk. Univ. Köln (1963 apl. Prof.), TH bzw. TU Hannover (1964 Wiss. Rat u. Prof.) - Aufs. in Fachzeitschriften.

STANGEL, Walter

Dr. med., Prof., Facharzt, Leiter Blutbank-Immunhämatologie-Transfusionsmed. Med. Hochsch. Hannover - Konstanty-Gutschow-Str. 8, 3000 Hannover 61 (T. 0511 - 532 20 84) - Geb. 14. Okt. 1931 Brünn/ČSSR (Vater: Dipl.-Ing. Gustav St.; Mutter: Margarete), kath., verh. m. Dipl.-Ing. Daisy, geb. Kallos, Biochem., 2 S. (Peter, Martin) - Realgymn. m. Abit.; Staatsex. u. Promot. 1956 Brünn; Facharzt f. Innere Med.; Arzt f. Transfusionsmed.; Habil. (Innere Med. u. Transfusionsmed.) - 1978-80 Vors. Ständ. Konfz. d. ltd. Ärzte d. Univ.-Einrichtungen f. Transfusionsmed. d. BRD; 1985-86 1. Vors. Dt. Ges. f. Transfusionsmed. u. Immunhämatol.; s. 1987 Vors. ständ. Kommiss. Übertragb. Krankheiten d. Blutbestandteile d. Dt. Ges. f. Transfusionsmed. u. Immunhämatol.; Vorst.-Mitgl. Arbeitsgemeinsch. staatl. u. kommunaler Bluttransfusionsdienste; s. 1987 Sprecher Arbeitsgemeinsch. gerichtl. Blutgruppensachverst. - BV: Mitautor e. Lehrb. üb. Transfusionsmed. Zahlr. wiss. Publ. u. Vortr. üb. Probl. d. Hämatol., Immunhämatol., d. Blutkonservierung u. Blutlagerung, d. Zellgewinnung m. Hilfe v. Zellseparatoren, d. therap. Anwendung v. Zellseparatoren, d. Massiv- u. Austausch-Transfusion, d. forens. Blutgruppenkd., d. Psychosomatik. Mitbegr. u. Mithrsg. (m. V. Kretschmer) d. Reihe Transfusionsmed. akt. (1986ff.) - Liebh.: Musik (Geige, Bratsche), Fotogr. - Spr.: Engl., Tschech., Slow., Russ.

STANGENBERG, Friedhelm

Dr.-Ing. o. Prof. f. Bauingenieurwesen Univ. Bochum - Baumhofstr. 37B, 4630 Bochum 1 (T. 0234 - 77 17 97) - Geb. 13. Okt. 1942 Dortmund, ev., verh. s. 1968 m. Heidrun, geb. Jork, Sohn Heiko - Stud. Bauingenieurwesen Univ. Hannover; Dipl.-Ing. 1967; Promot. 1973 Ruhr-Univ. Bochum - 1967-69 Bauind., Düsseldorf; s. 1974 Berat. Ing.; s. 1982 Prüfing. f. Baustatik; s. 1984 Ord. Mitgl. in Normenaussch. - BV: Berechnung v. Stahlbetonbauteilen f. dynam. Beanspruch. b. z. Tragfähigkeitsgrenze, 1973 (übers. Engl. u. Franz.); Spannbetonträger, Theorie u. Berechnungsgrundlagen (zus. m. W. Zerna), 1987 - Liebh.: Tennis - Spr.: Engl., Franz., Ital.

STANITZEK, Reinhold

Richter a. D., Staatssekretär b. Hess. Minister d. Innern (s. 1987), MdL Hessen (1974-87) - Finkenweg 75, 6430 Bad Hersfeld - Geb. 1. Aug. 1939, kath., verh. m. Anni, geb. Potocnik, 2 Töcht. (Susanne, Rebekka) - CDU (s. 1971 Mitgl. Landesvorst.). Bundesvors. Landsmannsch. d. Oberschlesier; Vors. Katholikenrat d. Diözese Fulda - BVK.

STANJEK, Eberhard

Sportjournalist - Zu erreichen üb.: Bayer. Rundfunk, Rundfunkpl. 1, 8000 München 2 - Geb. 1934 Berlin, verh., 3 Kd. (dar. 2 S.) - Schulen Ansbach - B. 1960 Nürnbg. 8-Uhr-Blatt, dann BR (1964 ff. Sport; gegenw. Chef u. zugl. Moderator ARD). Vornehml. Fußballübertrag. In- u. Ausl. - Liebh.: Bayer. Geschichte; sportl. Betätigung: Volley- u. Fußball sow. Segeln.

STANKA, Peter

Dr. med., Prof. f. Histologie Ruhr-Univ. Bochum - MA 6/46, Universität, Postf. 102148, 4630 Bochum 1 (T. 0234 - 700 28 76) - Geb. 13. Febr. 1934 Karlsbad (Vater: Rudolf St., Augenarzt; Mutter: Gertrude, geb. Frisch), kath., verh. m. Lucia, geb. Modl, 3 Kd. - Promot. 1959 Univ. München; Habil. 1971 Hannover - S. 1972 Prof. Univ. Bochum. Zahlr. Beitr. in wiss. Fachztschr.

STANZEL, Franz K.

Dr. phil., Dr. h.c., Prof. f. Anglistik - Moserhofgasse 24 d/12, A-8010 Graz/Steierm. - Geb. 4. Aug. 1923 Molln/Österr. (Vater: Franz S., Beamter; Mutter: geb. Seyerlehner), verh. s. 1955 m. Dr. Traude, geb. Mühlbacher - 1947-50 Univ. Graz, 1950-51 Harvard Univ. Cambridge. Promot. (1950) u. Habil. (1955) Graz - S. 1959 Ord. Univ. Erlangen u. Graz (1962) - BV: D. typ. Erzählsituation im Roman, 5. A. 1970; Typ. Formen d. Romans, 10. A. 1981; Theorie d. Erzählens, 1979, 3. überarb. A. 1985; A Theory of Narrative, 1984. Zahlr. Einzelarb. Herausg.: D. engl. Roman (2 Bde. 1969); Mithrsg.: German.-Roman. Monatsschr. (1965ff.) - Wirkl. Mitgl. Österr. Akad. d. Wiss., Vizepräs. Ges. f. Kanadastudien (1978-83).

STAPF, Kurt-Hermann

Dr. rer. nat., Prof., Ordinarius f. Exper. Psychologie - Aspenweg 7, 7408 Wankheim/Tübingen - Geb. 17. Sept. 1939 Landsberg/W. (Vater: Kurt S., Kaufm.; Mutter: Ilse, geb. Wilke), verh. s. 1966 m. Dr. Aiga, geb. Benke - Stud. Leipzig, Mainz, Braunschweig (Psychol., Biol., Phil.). Dipl.-Psych. 1965 Braunschweig - U. a. Lehrtätigk. Univ. Marburg. Präsidialmitgl. Dt. Ges. f. Psych. (1978 ff.) - BV: Unters. z. subjekt. Landkarte, 1968; Psych. d. elterl. Erziehungsstils, 2. A. 1976 - Liebh.: Jazz, Skisport, Turnier-Skat - Spr.: Engl.

STAPP, Gustav

Volksschulrektor, Bürgermeister a. D., Landrat Kr. Dinslaken, ARsvors. Bauhütte Rhein-Ruhr u. a. - Heinestr. 44, 4103 Walsum/Rh. - Geb. 23. Juli 1926 Uslar/Hann., verh., 2 Kd. - Mittel- u. Obersch.; Abitur-Abschlußkursus f. Kriegsteiln.; 4 Sem. Päd. Hochsch. - 1958-62 MdL NRW (SPD).

STAPP, Wolfgang

Verlagsbuchhändler, Inh. Stapp Verlag, Berlin - Luisenstr. 11a, 1000 Berlin 45 - Geb. 13. Febr. 1927 Berlin, ev., verh. s. 1952 m. Helga, geb. Luther, 4 Kd. (Dorothea, Christiane, Henriette, Philine) - Human. Gymn. Berlin; 1947-49 Lehre Gebr. Weiß Verlag - S. 1953 Inh. Stapp Verlag (Gründ.); s. 1972 Vorst. Korporat. Berliner Buchhdl.; s. 1974 Geschäftsf. Berliner Buchhdl.-Zentrum KG Buchhandelshaus GmbH & Co.; s. 1984 gf. Gesellsch. Kupfergraben Verlags GmbH.

STARATZKE, Hans-Werner

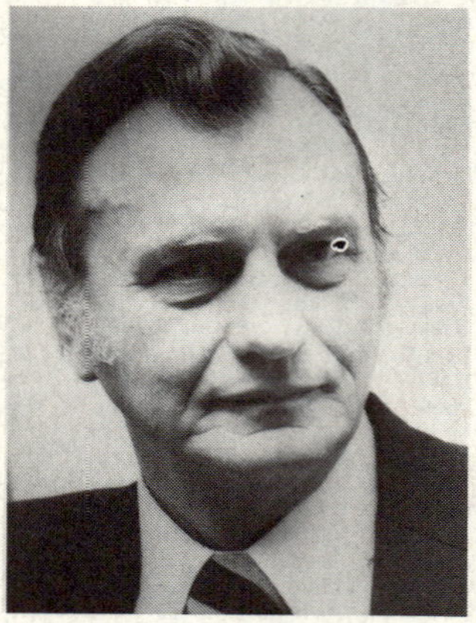

Dr. rer. oec., gf. Präsidialmitgl. Gesamtverb. d. Textilind. in d. Bundesrep. Dtschl. (b. 1979) - Gesamttextil, Frankfurt/M. - Goethestr. 28, 6232 Bad Soden/Ts. (T. 2 34 96; Büro: Brüssel 519 92 95) - Geb. 5. Aug. 1912 Breslau, ev., verh. 1947 m. Ingeborg, geb. Webeler (†1972); verh. s. 1974 m. Charlotte, geb. Gellert - Stud. Berlin u. Königsberg/Pr. - Ab 1938 Ref. Oberpräsid. Königsberg/Pr. u. Reichswirtschaftsmin., Berlin, 1946-48 Abt.leit. Verw. f. Wirtschaft d. Vereinigten Wirtschaftsgebietes, Minden bzw. Frankfurt/M., seither Hauptgeschäftsf. u. gf. Präsidialmitgl. (1964) Gesamttextil. 1965-69 MdB. FDP. 1974 Mitgl. Wirtschafts- u. Sozialaussch. d. EG; s. 1978 Präs. d. Gruppe Arbeitgeber WSA, Brüssel; s. 1988 Ehrenmitgl. d. WSA Brüssel - 1968 Gold. Sportabz.; 1973 Gr. BVK; 1980 Orden e. Kommandeurs d. Belg. Krone; 1983 Gold. Med. f. bes. Verdienste um Europa (EG); 1987 Gr. BVK m. Stern.

STARBATTY, Joachim

Dr. rer. pol., o. Prof. f. Volkswirtschaftslehre Univ. Tübingen - Mohlstr. 36, 7400 Tübingen (T. 07071 - 29-25 62) - Geb. 9. Mai 1940 Düsseldorf, kath., verh. s. 1971 m. Ute, geb. Pellengahr, 4 Kd. (Nikolaus, Sabine, Barbara, Christiane) - Stud. Volkswirtschaftsl. u. Polit. Wiss. Köln u. Freiburg/Br.; Dipl.-Volksw. 1964, Promot. 1967, Habil. 1975, alles Köln - 1977-83 Wiss. Rat u. Prof. Ruhr-Univ. Bochum; s. 1982 Vorst.-Mitgl. Aktionsgem. Soz. Marktwirtsch.; s. 1986 stv. Vors. - BV: Erfolgskontrolle d. Globalsteuerung, 1976; Stabilitätspolitik in d. freiheitlich-sozialstaatlichen Demokratie, 1977; Z. Entnationalisierung d. Geldes. E. Zwischenbilanz (m. R. Gerding), 1980; D. englischen Klassiker d. Nationalökonomie, Lehre u. Wirkung, 1985; Politische Denker. V. Plato b. Popper (m. B. Redhead), 1988 - Liebh.: Familie, alte Bücher.

STARCK, Christian

Dr. jur., Prof. f. Öffentl. Recht Univ. Göttingen (s. 1971) - Schlegelweg 10, 3400 Göttingen - Geb. 9. Jan. 1937 Breslau (Vater: Walter S., Kaufm.; Mutter: Ruth, geb. Hubrich), kath., verh. s. 1965 m. Brigitte, geb. Edelmann, 3 Kd. (Annette, Johannes, Marie-Christine) - Stud. d. Rechte, Gesch., Phil., Kiel, Freiburg, Würzburg; Promot. 1963, Ass. 1964, Habil. 1969 - 1964-67 Wiss. Hilfsarb. Bundesverfassungsgericht, 1968-69 Verw.dst., 1969-71 Lehrst.vertr., 1976/77 Rektor Univ. Göttingen, stv. Mitgl. Niedersächs. Staatsgerichtshof s. 1977, Mitgl. Fernsehrat ZDF s. 1978 (dort Ausschußvors. f. Kultur u. Wiss. s. 1986); s. 1981 Mitgl. des Executive Committee d. Intern. Assoc. of Constitutional Law; 1982 o. Mitgl. Akad. d. Wiss. Göttingen; s. 1986 Vorst.-Mitgl. Dt. Ges. f. Rechtsvergleichung; 1987 Gastprof. Univ. Paris I (Panthéon-Sorbonne) - BV (Auswahl): D. Gesetzesbegriff d. Grundgesetzes, 1970 (span. Ausg. 1979); Rundfunkfreiheit als Organisationsproblem, 1973; D. Bindung d. Richters an Gesetz u. Verfassung, 1976; Freiheit u. Org., 1976; Das BVerfG im polit. Prozeß d. BR Deutschl., 1976 (jap. Ausg. 1978); V. Grund d. Grundgesetzes 1970 (jap. Ausg. 1987); Verf. d. 3. A. d. Komment. v. Mangoldt/Klein/Starck. D. Bonner Grundgesetz (Bd. 1), 1985. Zahlr. Aufs. in Fachztschr. u. Festschr. Herausg. Festschr. zum 25jähr. Bestehen d. BVerfG (1976); Stud. u. Materialien z. Verfassungsgerichtsbarkeit (s. 1973). Mithrsg. d. Juristenzeitung - Liebh.: Architekt., Lit. - Spr.: Franz., Engl.

STARCK, Dietrich

Dr. med., Dr. phil. h. c., em. o. Prof. f. Anatomie - Balduinstr. 88, 6000 Frankfurt/M. (T. 65 24 38) - Geb. 29. Sept. 1908 Stettin (Vater: Dr. med. Julius S., Arzt; Mutter: geb. Lange), verh. - Gymn.; Univ. Jena, Wien, Frankfurt - 1932 Assist., 1936 Privatdoz., 1943 apl. Prof. Univ. Köln, 1945 ao., 1949 o. Prof. u. Inst.-Dir. Univ. Frankfurt - BV: Embryologie, 1955; Ontogenie u. Entwicklungsphysiol. d. Säugetiere, 1959; Embryologie, 3. A. 1975; Vgl. Anatomie I, II, III 1978/79/82. Etwa 90 Einzelarbeiten üb. vergl. Anatomie d. Wirbeltiere u. z. Embryol. (Kopfproblem, Schädel, Visceralmuskulatur, Primitiventwickl., Placentation, Primatol.) - 1958 Mitgl. Dt. Akad. d. Naturforscher (Leopoldina), Halle/S.; 1960 Dr. phil. h. c. Wien; 1983 Gregor Mendel Med. d. Leopoldina.

STARCK, Harry

Friseurmeister, MdL Schlesw.-Holst. (VIII. Wahlp.) - Sterleyer Str. 10, 2410 Mölln - Geb. 8. Dez. 1931 Hamburg - SPD.

STARCKE, Carl

Dipl.-Ing., Fabrikant, Kompl. Starcke KG. (Schleif- u. Putzmittelwerk) u. Starcke Zündholz KG., Geschäftsf. Rud. Starcke GmbH. u. Zündwarenfabrik Starcke & Co. GmbH., alle Melle, Vizepräs. IHK Osnabrück - 4520 Melle/Hann. (T. 25 48) - Ehrensenator TH Hannover.

STAREK, Jiri

Prof., Dirigent, Dekan Abt. Künstler. Ausb. Hochsch. f. Musik u. Darst. Kunst Frankf./M. - Brunnenweg 18, 6380 Bad Homburg v.d.H. (T. 06172 - 4 65-93) - Geb. 25. März 1923 Mocovice (Vater: Josef S., Beamter; Mutter: Marie, geb. Novak), verh. s. 1964 m. Eva, geb. Iltis, Sohn Martin - 1946-50 Stud. Akad. d. Mus. Künste Prag (Dirig.klasse); Dipl. 1950 - 1953-68 Dirig. (s. 1964 Chefdirig.) im Tschechosl. Rundfunk Prag; s. 1973 Hochsch. f. Musik u. Darst. Kunst Frankf./M. (1973 Doz., 1975 Prof., s. 1980 Dekan); 1976-80 künstler. Leit. Sinfonietta RIAS Berlin; 1981-84 Chefdirigent u. künstler. Leit. Trondheim Sinfonieorch. Norwegen; 1988 Principal Guest Conductor ABC West Australian Symphony Orchestra New Zealand. 1981 u. 82 Sem. f. Dirig. in Manila/Philippines; 1983 u. 84 Intern. Sem. in Trondheim/Norw.; 1989/90 Kommissarischer

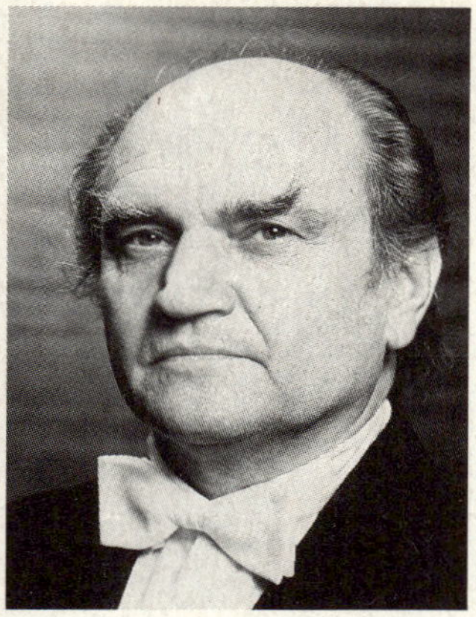

General-Musikdir. Pfalztheater Kaiserslautern. Zahlr. Festivals, Tourneen (Europa, Asien, USA u. Australien), Konzerte u. Rundf.aufn., Schallplattenaufn. - 1965 OIRT Preis f. d. Auff. d. Vokale Sinfonie d. Komp. Z. Šesták; 1966 u. 1967 Preise d. Tschechosl. Rundf. - Spr.: Engl.

STARK, Anton

Dr. jur., Rechtsanwalt, MdB (s. 1965, Wahlkr. 166/Nürtingen) - Paradiesstr. 32, 7312 Kirchheim (T. Kirchheim/Teck 07021 - 4 41 11) - Geb. 23. Aug. 1929 Dirgenheim/Württ., kath., verh., 4 Kd. - Gymn.; Stud. Phil., Theol., Rechtswiss. Tübingen u. Bonn. Promot. 1959; Ass.ex. 1960 - CDU s. 1956.

STARK, Ferdinand

Staatssekretär a.D., Geschäftsführer Arbeitsgem. d. Grundbes. in Rhld.-Pfalz, u. Verein z. Pflege u. z. Schutz v. Denkmälern in Rhld.-Pfalz - Am Marienpfad 16, 6500 Mainz-Bretzenheim (T. 3 46 80) - Geb. 30. Juni 1926 Trier (Vater: Jodok St., Stud.Rat; Mutter: Johanna, geb. Rehe), kath., verh. s. 1954 m. Eva, geb. Rohde, 3 T. (Ulrike, Christiane, Brigitte) - Abit., Jura-Stud., 1. u. 2. Staatsex. - 1964-79 Stadtrat Mainz, s. 1969 1. Vors. USC Mainz - 1976 BVK 2. Kl., 1979 Ehrenring Stadt Mainz - Liebh.: Gesch., Sport - Spr.: Engl.

STARK, Franz

Dr. phil., Chefreporter u. Leit. Auslandsredakt. FS Bayer. Rundf., Moderator Weltspiegel - Seestr. 8, 8000 München 40 (T. 39 95 44) - Geb. 25. Juli 1938 Nürnberg, ev., verh. s. 1964 m. Heidi, geb. Deyerler, 2 T. (Petra, Tanja) - 1959-64 Univ. Hamburg u. München (Phil., German., Ztg.swiss.). Promot. 1964 (Phil.) - S. 1964 polit. Redakt. Bad. Ztg. u. BR (1967) - BV: Revolution oder Reform?, 1970 (Herausg.); Verkehrsgesch. d. Oberpfalz, 1977; D. offene Recherche, 1980; D. Planeten-Temperament, 1983 - Liebh.: Gesch. u. Sprachgesch., Bootswandern auf europ. Flüssen - Spr.: Engl., Franz., Lat.

STARK, Günther

Dr. med., Prof., Chefarzt Städt. Frauenklinik Nürnberg (1967-87) - Wackenroder Str. 28, 8500 Nürnberg - Geb. 6. Mai 1922 Berlin (Vater: Alfred S., Bankbeamter; Mutter: Margarete, geb. Keup), ev., verh. s. 1953 m. Eva, geb. Verres, 2 Töcht. (Bettina, Sabine) - Univ. Berlin, Königsberg, Marburg. Promot. 1948 Marburg; Habil. 1958 Mainz - S. 1958 Lehrtätigk. Univ. Mainz (1959 I. Oberarzt, 1965 komm. Dir. Frauenklinik; 1964 apl. Prof. f. Geburtshilfe u. Gynäk.) u. Erlangen-Nürnberg (1969 apl. Prof.). Üb. 100 Facharb. - 1960 Thomas-Preis; 1988 BVK am Bde. - Spr.: Engl.

STARKE, Gerhard

Dr. phil., Journalist, Bonner Beauftr. Axel Springer Verlag, Berlin (s. 1969) - Deutschherrenstr. 7, 5300 Bonn-Bad Godesberg (T. 33 00 31) - Geb. 16. Aug. 1916 Berbersdorf/Sa. (Vater: Richard S., Gymnasiallehrer; Mutter: Elsbeth, geb. Burghaus), ev., verh. s. 1941 m. Ingeborg, geb. Baumgarten (†) - Realgymn.; Univ. Leipzig (Promot. 1939) u. Genf (Phil., Soziol., Politik, Gesch., Publizistik) - 1939-49 Redakt. Dt. Allg. Ztg., Berlin (b. 1945), Ztschr. Prisma (1946) u. Thema, München, 1949-61 Leit. Polit. Abt. NWDR (b. 1956) u. Hauptabt. Politik NDR, Hamburg, 1961-66 Int. Dtschl.funk, Köln, 1966-68 Chefredakt. D. Welt, Hamburg/Essen/Berlin/Frankfurt - BV: D. Einheit d. Publizistik u. ihre geist. Grundl., 1939 - Spr.: Engl., Franz. - Rotarier.

STARKE, Heinz

Dr. jur., Bundesminister a. D., MdB (1953-80, CDU/CSU-Fraktion), Mitgl. Europ. Parlament (1958-79) - Europastr. 6, 5300 Bonn (T. 37 50 49) - Geb. 27. Febr. 1911 Schweidnitz/Schles. (Vater: Fritz S., Kaufm.; Mutter: Margarethe, geb. Dorn), ev., verh. m. Madeleine, geb. Nuël - Gymn. Schweidnitz u. Realgymn. Reichenbach; Univ. Berlin, Breslau, Jena (Rechts- u. Staatswiss.; Promot. 1935). Ass.ex. 1940 - B. 1945 Kriegsdst. (zul. Hptm. d. R.), dann Tätigk. IHK Halle u. Wirtschaftsverw. Minden (1946), Frankfurt/M. u. Bonn (Ref. f. wirtschaftspolit. Grundsatzfragen), 1950-61 I. Synd. (Hauptgeschäftsf.) IHK Bayreuth, 1961-62 Bundesfinanzmin. B. 1970 (Austr.) FDP (Mitgl. Landes- u. Bundesvorst.); s. 1970 CSU - 1964 Bayer. VO., 1973 Gr. BVK - Liebh.: Histor. u. kunsthistor. Forschungen - Spr.: Engl., Franz. - Rotarier.

STARKE, J. Peter

Dr.-Ing., Vorstandsmitglied Philips Kommunikations Ind. AG - Auf dem Broich 12, 5068 Odenthal-Glöbusch - Geb. 18. März 1927 Mannheim (Vater: Dr.-Ing. Alfred S., Chem.; Mutter: Olga, geb. Kremer), ev., verh. s. 1953 m. Irmgard, geb. Kauffmann, 4 Kd. (Bettina, Jens, Christian, Philipp) - Oberrealsch. Celle (Abit. 1946); TH Karlsruhe; Promot. 1959 Hannover; Kaufmannsgehilfenprüf. 1960 ebd. - 1959-62 Geschäftsf. Vitrometer GmbH., 1962-64 Abt.leit. Valvo GmbH., Hamburg, 1964-71 Vertriebsdir. u. Geschäftsf. (1969) Philips Ind. Elektronik GmbH., 1971-75 Managing Dir. Pye Unicam Ltd., Cambridge; s. 1975 Vorst. Felten & Guillaume Carlswerk AG (jetzt Philips Kommunikations Ind.) - Liebh.: Musik, Gärtnern, Antiquitäten - Spr.: Engl.

STARKE, Kurt

Dr. phil. (habil.), em. o. Prof. f. Kernchemie - Am Strauch 10, 3550 Marburg-Wehrshausen (T. Marburg 3 51 66) - Geb. 20. Nov. 1911 Berlin (Vater: Hugo S., Kaufm.; Mutter: Emma, geb. Brunzel), ev., verh. s. 1951 m. Alexa, geb. Hartmann † 1983 - Schule u. Univ. Berlin (Promot.) - Kaiser-Wilhelm- bzw. Max-Planck-Inst. f. med. Forsch., Berlin bzw. Heidelberg, Univ. Hamilton (1948-50) u. Vancouver/Kanada (1950-56), Univ. Lexington/USA (1956-59 Associate Prof.) u. Marburg (1959 ao., 1967 o. Prof.; Dir. Inst. f. Kernchemie). Mitgl. GDCh - BV: Künstl. radioakt. Isotope in Physiol., Diagnostik u. Therapie, 1953. Einzelarb. z. Radiochemie u. Anorgan. Chemie.

STARKE, Matthias A.

Landesgeschäftsführer FDP Hamburg (s. 1984) - Paul-Nevermann-Platz 5, 2000 Hamburg 50 (T. dstl.: 040 - 39 13 25; Telefax 040 - 390 19 99) - Geb. 10. Jan. 1953 Leipzig - FDP s. 1972; s. 1978 hauptamtl. Funktionär; s. 1982 im Landesvorst. d. Vereinigung Lib. Kommunalpolitik Hamburg, davon 1982-84 Gründungsvors., seitd. Beisitzer u. Schatzmeister.

STARKE, O.-Ernst

Dr. Dr., Ministerialdirigent a. D., Vorstandsmitgl. Dt. Siedlungs- u. Landesrentenbank, Berlin/Bonn (b. 1980) - Welrichsweg 6, 5300 Bonn - Geb. 23. März 1925.

STARKMANN, Alfred Johannes

Redakteur, Literaturchef u. Leit. Wochenendbeilage D. WELT - Eibenweg 51, 5205 St. Augustin 1 (T. 02241 - 2 53 36) - Geb. 24. Juni 1934 Essen, kath., verh. s. 1958 m. Patricia, geb. Brennan (Britin), 5 T. (Juliet, Sylvia, Bettina, Cathrin, Sharon) - Human. Gymn. Essen; Stud. German., Angl. u. Kunstgesch. Univ. Innsbruck, Köln, Hamburg, Berlin u. London - 1967-77 Scriptwriter BBC London; Prod. v. Fernsehfilmen f. d. WDR - BV: 10 Buchübers. aus d. Engl./Amerik. (Sachb., Romane v. Francis King, Wilbur Smith u. Catherine Cookson); Ess. üb. Heinrich VIII. u. Queen Victoria (in: Kindlers Enzyklopädie D. Großen d. Weltgesch.) - Liebh.: Lit., Schach, Patience, Fußball - Spr.: Engl., Franz., Ital. - Lit.: Nachdrucke v. Aufs. in Fischers Almanach d. Lit. u. in angels. Ztschr.

STARLINGER, Peter

Dr. med., Univ.-Prof. f. Genetik u. Strahlenbiol., Inst. f. Genetik Univ. Köln - Thomas-Mann-Str. 19, 4600 Dortmund (T. 59 37 93) - Geb. 18. März 1931 Freiburg/Br. (Vater: Dr. med. Wilhelm S.; Mutter: Maria, geb. Rendulic), verh. s. 1954 m. Dr. Hilde, geb. Noll, S. Jörg Peter - Univ. Kiel u. Tübingen. Promot. 1954; Habil. 1960 - S. 1960 Lehrtätigk. Univ. Köln (1963 apl., 1965 o. Prof.), 1981 o. Mitgl. Rhein.-Westf. Akad. d. Wiss., 1982 ausw. wiss. Mitgl. Max-Planck-Inst. f. Züchtungsforschung Köln-Vogelsang, 1983 Naturwiss.-Initiative Verantwortung f. d. Frieden, 1984 Krefelder Initiative, 1987 Foreign Assoc., National Acad. of Sciences, USA, 1989 Member Acad. Europaea. Facharb. - 1979 Robert-Koch-Preis; 1985 Otto Warburg Med.; 1986 Feldberg Preis; 1986 Ernst-Hellmut-Vits-Preis Ges. z. Förderung d. Wilhelms-Univ. Münster.

STARLINGER, Ursula

Lehrerin d. landw. Haushaltskunde - Friedensstr. 73, 6737 Böhl-Iggelheim (T. 06324 - 6 44 16) - Geb. 15. Febr. 1917 Danzig, ev., verh. s. 1944 m. Prof. Dr. med. Wilhelm S., 4 Kd. - Obersekundareife 1933; Staatsex. 1941 - Berufl. Tätigk. in Ostpr., Oldenburg u. Rhld.-Pfalz. CDU s. 1948 (1967-79 MdL Rhl.-Pfalz, 1971-79 Vizepräs., 1969-84 Mitgl. d. Kreistages), versch. Vorst. u. Bd.Aussch. S. 1983 Landesvors. Dt. Multiple Sklerose Ges. Landesverb. Rhld.-Pfalz - 1972 BVK I. Kl., 1979 Gr. BVK, 1987 Stern dazu.

STARNICK, Jürgen

Dr.-Ing., Prof. f. Technische Chemie TU Berlin, Senator f. Stadtentw. u. Umweltschutz a. D. (1986-89) - Inst. f. Technische Chemie, Straße d. 17. Juni 135, 1000 Berlin 12 - Geb. 1. Dez. 1937 Zwickau, ev., verh. s. 1963 m. Renate, geb. Galle, 2 Kd. (Niels, Sabine) - Abit. 1957; 1958-62 Stud. Chemie FU Berlin; Dipl. 1963; Promot. 1967 TU Berlin - 1971-79 Prof. TU Berlin, 1979-85 Präs. ebd. S. 1984 Vizepräs. Westd. Rektorenkonfz. Parteilos - BV: Simulation chem. Reaktionen, in A. Schöne (Hrsg.): Simulation techn. Systeme, 1976 - Liebh.: Segeln, Tennis - Spr.: Engl.

STARZACHER, Karl

Rechtsanwalt, Regierungsdirektor a. D., MdL Hessen (s. 1978, Wahlkr. 19/Gießen II) - Licher Pforte 25, 6302 Lich-Langsdorf - Geb. 3. Febr. 1945 St. Veit/Glan, verh., 4 Kd. - Univ. Frankfurt/M. (Rechtswiss.). Beide jurist. Staatsex. - B. 1976 Ref. Hess. Staatskanzlei, dann Justizmin. (Presse- u. Parlamentsref.). Mitgl. Kreistag Landkreis Gießen. Vors. d. SPD-Fraktion im Kreistag Gießen. Stv. Vors. d. SPD-Landtagsfrakt. u. Parlam. Geschäftsf. d. SPD-Landtagsfrakt. SPD s. 1969, u.a. stv. Vors. Kreis Gießen.

STASIEWSKI, Bernhard

Dr. theol., Dr. phil., o. Prof. f. Neuere u. Neuste Kirchengeschichte u. Kirchengesch. Osteuropas (emerit.) - Pfarrer-Franssen-Weg 2, 5330 Königswinter 41 - Geb. 14. Nov. 1905 Berlin (Vater: Hans S., Kirchhofinsp.; Mutter: Narzissa, geb. Gosienietzki), kath. - Realgymn. Berlin (Neukölln); Univ. Breslau, München, Berlin. Priesterweihe 1929 - 1929-31 Kaplan; 1931-58 Rektor ecclesiae Berlin; 1946-54 Leit. Kath. Bildungswerk Berlin; Privatdoz. (1958) Doz. (1961) u. Ord. (1962) Univ. Bonn. (1961-84 Leit. Inst. f. Ostd. Kirchen- u. Kulturgesch.). Mitgl. Herder-Forschg.rat (1974-84 Präs., s. 1984 Ehrenpräs.), Vorst. Samml. Wiss. u. Gegenw. (1956-78), Beirat Görres-Ges. (1961), Vors. Arbeitsgem. d. Kath.-Theol. Fak. u. d. Phil.-Theol. Hochsch. Dtschl. (1965-69) - BV (Ausw.): D. hl. Bernardin v. Siena, 1931; Unters. üb. 3 Quellen z. ältesten Gesch. u. Kirchengesch. Polens, 1933; Kirchengeschichtl. Beitr. z. Entwickl. d. dt.-poln. Grenzsaumes im Hochmittelalter, 1955; Reformation u. Gegenref. in Polen, 1960. Div. Herausg., dar.: Akten dt. Bischöfe üb. d. Lage d. Kirche 1933-45 (Bd. I 1968, Bd. II 1976, Bd. III 1978), Forschungen u. Quellen zur Kirchen- u. Kulturgesch. Ostdeutschlands, 1964-88 (23 Bde.) - 1971 BVK I. Kl.; 1981 Georg-Dehio-Preis; 1986 Gr. BVK - Spr.: Lat., Engl., Franz., Poln. - Lit.: Festschr. f. B. St., Beitr. z. ostd. u. osteurop. Kirchengesch., hg. v. G. Adriányi u. J. Gottschalk 1975; Festgabe f. B. St. z. 75. Geb., hg. v. G. Adriányi 1980; Jahrb. f. Gesch. Osteuropas 28 (1980).

STATKUS, Horst

Intendant - Städt. Bühne, 6900 Heidelberg - Geb. 1929 - Dramat. u. Regiss. 1959 Schloßtheater Celle, 1961 Komödie Basel, Chefdramat. 1964 Städt. Bühne Heidelberg, 1967 Staatsth. Braunschweig (1969 Oberspiell.), 1972 Staatsth. Stuttgart, 1973 Int. Städt. Bühne Heidelb.

STATZ, Hanjörg

Fabrikant, Ehrenpräsident d. Industrie- u. Handelskammer Hanau-Gelnhausen-Schlüchtern - Gottfried-Keller-Str. 2, 6450 Hanau/M. 1.

STAUB, Hans

Dr. phil., o. Prof. f. Roman. Philologie Univ. Freiburg (s. 1967) - Röteweg 11, 7800 Freiburg/Br. (T. 5 33 62).

STAUBER, Horstmar

Dr., Vorstandsvorsitzender Flughafen Frankfurt Main AG - Zu erreichen üb. Flughafen Frankfurt Main AG, 6000 Frankfurt/M. 75 - Geb. 1931, verh., 4 Kd.

STAUBER, Manfred

Dr. med., Prof., Gynäkologe Univ.-Frauenklinik Berlin, Psychosomatiker - Lindenallee 4b, 1000 Berlin 19 - Geb. 4. Sept. 1940, kath., verh., 3 Kd. - Promot. 1968 Würzburg, Habil. 1977 FU Berlin - S. 1984 Prof. Präs. Dt. Ges. f. psychosomat. Gynäkol. u. Geburtshilfe - BV: Psychosomatik d. sterilen Ehe, 1979 - 1978 Römer-Preis (f. beste wiss. Arb. auf psychosomat. Geb.).

STAUBESAND, Jochen

Dr. med., o. Prof. f. Anatomie - Schwarzwaldstr. 22, 7812 Bad Krozingen/Br. (T. dstl.: 0761 - 203 25 61) - Geb. 23. Jan. 1921 Hammer/Mark - 1952-61 Privatdoz. u. apl. Prof. Univ. Hamburg (Oberassist. Anat. Inst.); s. 1961 ao. u. o. Prof. (1965) Univ. Freiburg (Dir. Anat. Inst.). Fachveröff. - 1963 Fellow Intern. College of Angiology, New York.

STAUDACHER, Wilhelm

Stadtkämmerer, Schriftst. - Pürckhauerstr. 9, 8803 Rothenburg/Tauber - Geb. 16. März 1928 Rothenburg (Vater: Johann S., Arbeiter; Mutter: Maria, geb. Reingruber), ev., verh. s. 1952 m. Alice, geb. Voit, 2 Söhne (Wolfram, Frank) - Volks- u. Berufssch.; VHS - S. 1942 (Lehre) Stadtverw. Rothenburg (gegenw. Oberamtsr.) - BV: Märchen, 1951; Bänkelsang d. Zigeuner, Ged. 1960; Des is aa deitsch, Mundartged. 2. A. 1971;

Liebe Menschen, Verse u. Prosa 1965; Scherenschnitte, 1965; Eckstaa u. Pfennbutze, Mundartged. 3. A. 1979; Über Nei-Bejter-e-Schroll, Mundartged., 2. A. 1971; Gejcherejd, Mundartged. 1988; s. 1972 mehrere Hörspiele, Übers. i. and Mundarten; Beitr. Rundf. u. Ferns. Versch. Anthol. (1961ff.); fränkische Volksoper Dorftheater 1984 - 1968 Literatur-Förd.spreis Stadt Nürnberg; 1974 1. Preis Mundartwettb. SDR; 1977 Förderungspreis BLVfH (Mchn.) - Mitgl. PEN, Kogge, RSG, IDI (Wien) - Lit.: W.-S. - E. fränk. Mundartdichter (SDR, 1965); Cornelius Streiter, Z. Mundartdicht. d. Franken W. S. (Klaus-Groth-Jahrb. 1970); Hoffmann/Berlinger D. neue dt. Mundartdichtung (1977); Radlmair, Beschaulichkeit u. Engagement (1981); B. Setzwein, E. fränkischer Rhapsode (1988).

STAUDE, Ulrich
Dr. rer. nat., Dipl.-Math., Wiss. Rat u. Prof. Univ. Mainz (s. 1973) - Kehlweg 37, 6500 Mainz-Gonsenheim (T. 9 98 77) - Geb. 18. März 1935 Dresden (Vater: Prof. Dr. Herbert S. (s. XVIII. A.); Mutter: Eva, geb. Pieck), ev., verh. s. 1970 m. Cordula-Christiane, geb. Foelsch, T. Angelika - Dipl.ex. 1957 Leipzig; Promot. 1962 Mainz; Habil. 1969 ebd. - Spr.: Engl.

STAUDENMAIER, Hans-Martin
Dr. rer. nat., Dipl.-Phys., Prof. Univ. Karlsruhe - Karlsdorferstr. 23, 7520 Bruchsal (T. 1 22 58) - Geb. 22. Mai 1939 Ulm - TH u. Univ. Karlsruhe (Dipl. Physik 1964, Promot. 1969, Habil. 1980) - 1965-72 Forsch.aufenth. in CERN (Genf), Dubna u. Serpuchov (UdSSR); 1972-80 Akad. Oberrat Univ. Karlsruhe; s. 1980 Prof. Univ. Karlsruhe. Rd. 25 Veröff. in wiss. Ztschr.

STAUDER, Claus

Dr. jur., Geschäftsführer Privatbrauerei Jacob Stauder, Essen, Präs. Dt. Tennis-Bund - Stauderstr. 88, 4300 Essen (T. 0201 - 3 61 60) - Geb. 16. März 1938 Essen, verh. m. Christa, geb. Hoppe - Jurastud.; 1. jurist. Staatsex. 1961 OLG Hamm, Promot. 1963 Univ. Bonn (b. Prof. Stoll) - Mitgl. d. Nat. Olymp. Komitee f. Deutschl. - 1981 u. 88 BVK - Liebh.: Sport (insb. Tennis), Jagd - Spr.: Engl.

STAUDER, Wilhelm
Dr. phil., Musikwissenschaftler, Prof. Univ. Frankfurt (s. 1952) - Buchweg 26, 6072 Dreieich-Buchschlag - Geb. 12. April 1903 Luzern (Schweiz), verh. m. Helga, geb. Rust - Habil. 1940 Ffm. - BV: D. kl. Buch d. Musikinstrumente, ab 1973 als Taschenb. d. Musikinstrumente, 8. A. 1979; D. Harfen u. Leiern d. Sumerer, 1957; D. Harfen u. Leiern Vorderasiens in babylon. u. assyr. Zeit, 1961; D. Musik d. Šumerer, Babylonier u. Assyrer, in: E. J. Brill, Handb. d. Orientalistik, Ergänzungsbd. 1970 (Leiden); Alte Musikinstrumente, 1973; Einf. in d. Instrumentenkde., 1974 (Taschenb. z. Musikwiss. 21); Einf. in d. Akustik, 1976 (Taschenb. z. Musikwiss. 22).

STAUDINGER, Hansjürgen

Dr. rer. nat., em. o. Prof. f. Physiol. Chemie - Holbeinstr. 3, 7800 Freiburg (T. 7 71 51) - Geb. 18. Nov. 1914 Zürich (Vater: Prof. Dr. phil., Drs. h. c. Hermann S., Chemiker, Nobel-Preisträger (s. XIV. Ausg.); Mutter: Dorothea, geb. Förster), kath., verh. s. 1940 m. Dr. med. Gabriele, geb. Schwarz (Tochter v. Prof. Dr. phil. Dr. h. c. Robert S., Zul. Ord. f. Anorgan. Chemie u. Elektrochemie TH Aachen), 3 Kd. (Monika, Reinhard †, Peter) - Univ. Freiburg/Br., Königsberg/Pr., Göttingen, München (Chemie). Promot. (1940) u. Habil. (1945) Freiburg - 1942-45 Leit. Chem. Abt. Pathol. Inst. Univ. Freiburg, 1946-48 Leit. Chem. Labor. Asta-Werke, Brackwede/W., 1948-59 Leit. Zentrallabor. Städt. Krankenanstalten Mannheim, 1959-75 Ord. u. Dir. Physiol.-Chem. bzw. Biochem. Inst. Univ. Gießen. Vizepräs. Dt. Forschungsgemeinsch. 1967-74, 1968-73 Kurat. Stift. Volkswagenwerk. Handb.- u. Ztschr.-beitr. (Steroide, Ascorbinsäure, Oxygenasen, mikrosomale Enzyme, Phil. Fragen, Wissenschaftspolitik, Ethik u. a.) - Mitgl. New York Acad. of Sciences, Wiss. Ges. an d. Johann-Wolfgang-Goethe-Univ. Frankfurt, u. a.; 1975 Gr. BVK; 1977 Ehrensenator Univ. Gießen; 1980 Scherer-Med. Dt. Ges. Klin. Chemie - Spr.: Engl. - Rotarier - Bek. Vorf.: Prof. Dr. Franz S., Philosoph.

STAUDINGER, Hugo

Dr. phil., Prof. (Gesch., Wissenschaftstheorie) - Fürstenweg 50, 4790 Paderborn/W. (T. 05251 - 2 49 05) - Geb. 5. Juli 1921 Dresden (Vater: Gerhard S., Kaufm.; Mutter: Margarete, geb. Werner), kath., verh. s. 1951 m. Hilde, geb. Kröger, 6 Kd. (Heribert, Maria, Margarete, Mechthild, Gisela, Hiltrud) - Gymn. Dresden; 1940 TH ebd., 1947-50 Univ. Münster (Gesch., Phil., Lat.; Promot.). Staatsex. 1950 Münster; Päd. Prüf. 1952 Bochum - 1950-62 Höh. Schuldst. NRW; s. 1962 Lehrtätig. Päd. Hochsch. bzw. Univ.-GH Paderborn (o. Prof. f. Polit. Bildung u. Didaktik d. Gesch.). 1958-66 Dir. Dt. Inst. f. Bildung u. Wissen, Berlin; s 1970 Leit. Inst. f. wiss.theoret. Grundlagenforsch., Paderborn - BV: u.a. D. histor. Glaubwürdigkeit d. Evangelien, 5. A. 1988 (engl. Übers. 1981); Mensch u. Staat im Strukturwandel d. Gegenw., 1971; Humanität u. Religion, Briefwechsel u. Gespräch m. Max Horkheimer, 1974; Chance u. Risiko d. Gegenw. - e. krit. Analyse d. wissenschaftl.-techn. Welt, 2. A. 1976 (m. a.); Wer ist der Mensch? - Entwurf e. offenen u. imperativen Anthropologie, 1981 m. a.); D. Frankfurter Schule als Monetekel d. Gegenw. u. als Herausford. an d. christl. Theol., 1982; Grundprobl. menschl. Nachdenkens - E. Einf. in mod. Philosophieren, 1984 (auch span. Übers. 1986); An Wunder glauben? - Gottes Allmacht u. mod. Welterfahrung, 1986; D. Glaubwürdigkeit d. Offenbarung u. d. Krise d. modernen Welt (m.and.), 1987 - Komturkreuz d. Silvesterordens - Spr.: Lat., Engl., Griech.

STAUDINGER, Max W.
Geschäftsführer Flabeg GmbH., Fürth - Berolzheimer Str. 35, 8510 Fürth/Bay. - Geb. 8. Febr. 1919 - Vors. Verein d. Glasind., München. - 1980 BVK 1. Kl.

STAUDINGER, Ulrich
Verleger (Franz Schneekluth Verlag, Philosophia Verlag GmbH, bde. München) - Widenmayerstr. 34, 8000 München 22 (T. 22 13 91) - Geb. 30. Mai 1935 Berlin (Vater: Dr. rer. pol. Wilhelm S.; Mutter: Elfriede, geb. Poth), ev., verh. s. 1960 m. Irmengard, geb. Ehrenwirth, 3 Kd. (Ulrike, Florian, Penelope) - Realgymn.; Lehre Verlagsbuchhandel - 1971ff. AR-Mitgl. Ausstellungs- u. Messe GmbH (Frankf. Buchmesse); Mitgl. Urheber- u. Verlagsrechtsaussch. Börsenverein d. Dt. Buchhandels; Vorst.-Mitgl. Verwertungsges. Wort - Spr.: Engl.

STAUDT, Erich
Dr. Dr. habil., Prof. f. Arbeitsökonomie - Reckmannshof 15, 4300 Essen (T. 0201-42 44 04) - Geb. 8. Nov. 1941 Miltenberg (Vater: Nikolaus St., Schreiner; Mutter: Martha, geb. Helmstetter), kath., verh. s. 1968 m. Hannelore, 2 T. (Christina, Stephanie) - Stud. Physik, Math., Wirtsch.- u. Sozialwiss., Dipl.-Phys. Univ. Mainz 1970, Promot. 1973, Habil. 1978 Univ. Erlangen-Nürnberg - 1978-86 o. Prof. f. BWL Univ. Duisburg, s. 1986 o. Prof. Univ. Bochum, s 1980 Vors. Inst. f. angew. Innovationsforsch. - BV: Planung als Stücktechnol., 1979; D. Management v. Innovationen, 1986 - Spr.: Engl.

STAUDT, Jakob
Direktor - Zu erreichen üb.: Postf. 1170, 6604 Brebach/Saarl. - Geb. 24. April 1914 - Zul. Geschäftsf. Halberger hütte GmbH. Div. Ehrenämter, dar. Vors. d. Arbeitgeberverb. d. Saarl., Saarbrücken. Stv. ARsvors. Elster AG., Mainz.

STAUDT, Klaus
Prof. Hochsch. f. Gestalt. Offenbach, Künstler - Geleitsstr. 107, 6050 Offenbach/M. (T. 069 - 88 25 37) - Geb. 14. Sept. 1932 Otterndorf/N.E. (Vater: Dr. med. Erich St.; Mutter: Erika, geb. Dorn), verh. s. 1966 m. Barbara, geb. Boidol, 2 Töcht. (Andrea, Claudia) - 1954-58 Med.-Stud. Marburg; 1959-63 Stud. Malerei Kunstakad. München, 1964-67 Assist. Kunstakad. München, Dipl. 1964 - S. 1967 Doz. u. Prof. Hochsch. f. Gestalt. Offenbach - BV: Klaus Staudt, z. meinen Arbeiten, 1973; objekte, zeichn., 1974; Klaus Staudt, Linear. Notizen zu meinen Zeichn., 1975; D. Konstrukt. u. serielle Relief, Gesch. u. Entw., 1981 - Reliefs, Objekte, Doppelreliefs, Zeichn., Druckgrafik im Ber. d. konstrukt.-konkr. Kunst - Lit.: H. M. Schmidt, Elemental/komplex-programm./frei. Z. Werk v. Klaus Staudt (1980); Klaus Staudt, Werkverz. 1960-1984 m. Beitr. v. M. Bleyl, J. Enzweiler, Z.-M. Erdmann, W. Pohl, H. P. Riese, S. Rompza, H.-M. Schmidt, W. Vitt (1985).

STAUDTE, Adelheid,
geb. Sievert

Dr. phil., Prof. f. Kunstpädagogik Univ. Frankfurt - Unterer Hardthof 9, 6300 Gießen (T. 0641 - 6 55 21) - Geb. 3. Febr. 1944 Höfen/Enz (Vater: Cornelius S., OStud.rat; Mutter: Eleonore, geb. Braun), verh. s. 1967 m. Dr. Axel Staudte - 1964-67 Univ. Bielefeld u. Hamburg, 1. Staatsex. 1967, 2. Staatsex. 1969 f. d. Lehramt an Volks- u. Realsch., Promot. 1975, Habil. 1980 - 1969-80 wiss. Assist., 1980-84 Prof. Univ. Gießen, s. 1984 o. Prof. Univ. Frankfurt - BV: Ästhetisches Verhalten v. Vorschulkindern, 1977; Ästhetische Erziehung 1-4, 1980.

STAUF, Paul
Dr. jur., Geschäftsführer Verb. d. Dt. Herren- u. Knaben-Oberbekleidungsindustrie, Köln - Heinrich-Hertz-Str. 2, 5300 Bonn-Bad Godesberg (T. Büro: Köln 23 52 60) - Geb. 4. Febr. 1922.

STAUFER, Ludwig
Dr. theol., Direktor Caritasverb. f. d. Diözese Speyer (s. 1965) - Obere Langgasse 2, 6720 Speyer/Rh. (T. 50 41-42) - Geb. 22. Dez. 1911 - U. a. Kaplan Herxheim; 1945 ff. Caritasdst. Ludwigshafen.

STAUFF, Ferdinand
Konsul, Fabrikant, gf. Gesellsch. Meisenbach Riffarth & Co. - Bruns & Stauff GmbH./Vereinigte Graph. Kunstanstalten, Berlin 62, Kompl. Reprotechnik Hannover, Stauff & Co. KG. Hannover, Ehrenvors. Verb. Berliner Druckindustrie, Berlin, Mitgl. Hauptvorst. Bundesverb. Druck, Wiesbaden, u. a. - Schellendorffstr. 20-22, 1000 Berlin 33 (T. 823 44 66) - Geb. 7. Okt. 1907 Berlin, ev., verh. m. Anneliese, geb. Riep, 2 Kd. (Wolfgang, Evelyn) - Oberrealsch.; kaufm. Lehre (Industrie); Kurse Lessing-Hochsch. (alles Berlin) - 1968 Portugies. Konsul f. West-Berlin; 1967 BVK I. Kl. - Spr.: Engl., Franz. - Rotarier.

STAUFF, Joachim
Dr. phil., o. em. Prof. f. Kolloidchemie u. Physikal. Biochemie - Am Salinensee 2, 7737 Bad Dürrheim - Geb. 10. Sept. 1911 Berlin (Vater: Paul S., Fabrikant; Mutter: Claire, geb. Labude), ev., verh. s. 1936 m. Ilse, geb. Glagow - Oberrealsch. Bielefeld; Univ. Berlin (Promot. 1936), Göttingen, München (Chemie) - S. 1941 Privatdoz., apl. (1953) ao. (1960) u. o. Prof. (1965) Univ. Frankfurt/M. (1962 Dir. Inst. f. Physikal. Biochemie u. Kolloidchemie), emerit. (1976) - BV: Kolloidchemie, 1960. Etwa 100 Einzelarb. - Spr.: Engl.

STAUFFENBERG, Schenk Graf von, Franz-Ludwig
Rechtsanwalt, MdEP (1984ff.), MdB (1972-84, CDU/CSU-Fraktion; Wahlkr. 209/München-Land) - 8601 Kirchlauter -

Geb. 4. Mai 1938 Bamberg/Ofr. (Vater: Claus Schenk Graf v. S., zul. Oberst, Widerstandskämpfer †1944 (Attentat 20. Juli 1944 auf Hitler); Mutter: Nina, geb. Freiin v. Lerchenfeld), kath., verh. s. 1965 m. Elisabeth, geb. Freiin v. u. zu Guttenberg (Tochter d. langj. Bundestagsabg. †1972; s. XVI. Ausg.), 4 Kd. (Hans-Caspar, Valerie Sophie, Karl, Nina) - Gymn. Salem (Abit. 1958); 1958-62 Univ. Erlangen, Zürich, München (Gesch., Rechtswiss.). Jurist. Staatsprüf. 1962 u. 66 - B. 1972 Angest. Krauss-Maffei AG München (5 J.), 1972-77 Synd. Alumetall GmbH, Nürnberg. 1969-73 stv. Bundesvors. Jg. Union Dtschl.; 1987 Vizepräs. Europa-Union Deutschl.; 1988 Vors. Arbeitsgem. Dt. Waldbesitzerverb. CSU s. 1962 (1972 Vorst.-Mitgl.) - 1982 BVK; 1983 Gr. Gold. Ehrenz. Rep. Österr.; 1984 Bayer. VO - Spr.: Engl., Franz.

STAUFFER, Dietrich

Dr. rer. nat., Prof. f. Theoret. Physik Univ. Köln - Unicenter 2111, Luxemburgerstr. 124, 5000 Köln 41 (T. 0221 - 470 43 04) - Geb. 6. Febr. 1943 Bonn (Vater: Ethelbert St., Prof.; Mutter: Hanna, geb. Tummeley), ev. - Univ. Saarbrücken, Dipl.-Phys. 1967, Promot. 1970 TU München, Habil. 1975 Univ. Saarbrücken - 1979-81 Vertr. Kölns im Hochsch.aussch. d. Gewerksch. Erz. u. Wiss. NRW; 1988/90 Höchstleistungsrechenzentrum Jülich - BV: Introduction to Percolation Theory, 1985; Computer Simulation and Computer Algebra, 1988; Theoretische Physik, Kurzlehrb. 1989 u. ca. 200 Veröff. in Fachztschr. - 1980 Gastprof. Univ. de Provence; 1985 Alexander-v.- Humboldt-Preis; 1987 James Chair Prof., Kanada - Liebh.: Kino - Spr.: Engl.

STAUFFER, Robert

Schriftsteller - Corneliusstr. 42/1, 8000 München 5 (T. 089 - 201 44 27) - Geb. 23. Juni 1936 Bern (Schweiz), led. - Kunstgewerbesch. Zürich - 1974-76 Sekr. Österr. Kunstsenat, Wien; 1987/88 Interims-Leit. Hörspielabt. b. Bayer. Rundfunk - BV: 2 Männer (zus. m. Kh. Barwasser), 1986; Im eigenen Schatten (zus. m. Kh. Barwasser), 1986; Im Schleier d. Nacht, 1987. 20 Hörspiele, Ess., Features - 1976 Slábbesz, Hörspielpreis, Österr. - Spr.: Engl., Franz., Ital., Ung. - Bek. Vorf.: Karl Stauffer-Bern, 1857-1891 (4. Grad); Teddy Stauffer (3. Grad).

STAUNAU, Hans Werner

Versicherungsdirektor - Wüllner Str. 113a, 5000 Köln 14 - Geb. 23. Jan. 1917 Mönchengladbach (Vater: Hans S.; Mutter: Ellen, geb. Harff), ev., verh. s. 1956 m. Dr. Ingeborg, geb. Groebe, 2 Söhne (Michael, Hans Ullrich) - Abitur - Berufssoldat (1936-45, zul. Major); Vorstandsvors. Colonia Krankenversich.s-AG., Köln.

STAUSKE, Johannes

Dipl.-Polit., Oberregierungsrat a. D., MdL Nieders. (s. 1978, Wahlkr. 15/ Schaumburg) - Suntalstr. 11, 3054 Rodenberg/Deister - Geb. 30. März 1937 Greifswald/Pom., verh., 3 Kd. - Schulen Daberkow, Wolgast, Greifswald, Gießen (Abit.); Stud. Wirtschafts- u. Sozialwiss. (Wilhelmshaven) sowie Polit. Wiss. (Berlin; Dipl.) - 1968-71 Ref. f. Polit. Bildung Schulverw. Köln; 1971-74 Wiss. Assist. CDU-Landtagsfraktion Nieders.: 1975-78 Ref. Nds. Landeszentrale f. Polit. Bild. (zul. ORR). MdK Schaumburg. CDU.

STAVENHAGEN, Lutz-Georg

Dr. rer. pol., Dipl.-Kfm., Staatsminister Bundeskanzleramt (s. 1987), MdB (s. 1972; Wahlkr. 182/Pforzheim/Karlsruhe-Land I) - Ringstr. 35, 7530 Pforzheim (T. 2 32 14) - Geb. 6. Mai 1940 Jena (Vater: Dr. Hans-Bernhard S., Chemiker; Mutter: Catharina, geb. Oberhesser), ev., verh. s. 1965 m. Christine, geb. Hofmann, 2 Töcht. (Viktoria, Franziska) - 1950-51 u. 1953-54 Progymn. Oberkirch; 1951-52 K. C. Parrish School Barranquilla (Kolumbien); 1954-56 Breeks Memorial School Ootacamund (Indien); 1957-59 Schiller-Gymn. Offenburg (Abit.); Bundeswehrdst. (Luftw.); 1960-64 Univ. Saarbrücken. Dipl.-Kfm. 1964 Saarbrücken; Promot. 1968 Tübingen - 1964-65 Direktionsassist. Georg Oest & Cie., Freudenstadt; 1965-69 Personalleit. Hobart Maschinen GmbH., Offenburg; 1969-72 Geschäftsf. Knoll & Pregizer/ Schmuck- u. Uhrenfabr., Pforzheim). VR-Mitgl. Dt. Siedlungs- u. Landesrentenbank. Stadtratsmitgl. Pforzheim. CDU s. 1965 (Mitgl. Landesaussch. f. Wirtschafts- u. Sozialpolitik Baden-Württ.). Zul. Staatsmin. Ausw. Amt Bonn - BV: Probleme d. Preisbild. auf d. intern. Mineralölmarkt, 1968 (Diss.) - Liebh.: Fotogr. - Spr.: Engl. - Bek. Vorf.: Bernhard S., Komponist.

STECH, Berthold

Dr. rer. nat., o. Prof. f. theor. Elementarteilchenphys. - Langgewann 5, 6900 Heidelberg (T. 4 98 77) - Geb. 8. Dez. 1924 Karlsruhe - S. 1956 (Habil.) Lehrtätig. Univ. Heidelberg (1958 ao., 1960 o. Prof.). Fachveröff.

STECHELE, Ulrich

Dipl.-Ing. (FH), Architekt, MdL Baden-Württ. (1976-87, Wahlkr. 18/Heilbronn), Landesgeschäftsf. Baden-Württ. - Bietigheimer Str. 35, 7100 Heilbronn/N. - Geb. 15. Okt. 1941 Heidelberg, ev., verh., 3 Kd. - Gymn. Heilbronn; Maurerlehre; Staatsbausch. Stuttgart - B. 1972 Planer Regierungspräsid. Nord-Württ.; s. 1973 Leit. Stadtplanungsamt Eppingen. 1968ff. Mitgl. Gemeinderat Heilbronn. Mehrj. Kreisvors. Jg. Union Heilbronn. CDU s. 1964 (Vors. Stadtverb. Heilbronn).

STECHER, Hans

Dr. med., Generalsekretär Dt. Sportärztebund, Präs. Sportärztebund Baden - Handschuhsheimer Landstr. 55, 6900 Heidelberg (T. 06221 - 48 09 19).

STECHER, Reinhold G.

Dipl.-Kfm., Literaturagent - Seeblickstr. 46, 8036 Herrsching 2/Ammersee - Geb. 7. März 1933 Ansbach/Mfr. - 2 J. Geschäftsf. Verlage Bertelsmann u. Blanvalet; 1979-83 pers. Bevollm. Verleger Rolf Heyne (wo bis 1977 tätig); s. 1983 gf. Gesellsch. d. Autoren- u. Verlagsagentur GmbH - BV: Olala, 1962; Vorzimmer-Geheimnisse, 1963; In allen Liebeslagen, 1966; Weisheit - tropfenweise, 1969; Er kocht f. sie, 1974; Aphorismen d. Liebe, 1977; Bühne d. Welt-Glanzvolles Salzburg (Mitverf.), 1985.

STECHER-KONSALIK, Dagmar

Verlegerin - Kreuzbergstr. 9, 8031 Weßling - Geb. 9. Dez. 1955 Elspe/Westf. (Vater: Heinz Konsalik, Schriftst.; Mutter: Elsbeth Langenbach), ev. - N. Abit. Sprachenstud. - Lektorin, Verlagsassist., Verlegerin (gf. Gesellsch. Hestia-Verlag, Bayreuth, Diana AG, Zürich, Paul Neff KG, Wien) - BV: Chines. Weisheiten, Aphor. 1978; So lerne ich reiten, 1978; Reiter-Brevier, 1979; Festspielbücher üb. Salzburg u. Bregenz.

STECK, Odil Hannes

Dr. theol., o. Prof. f. Alttestamentl. Wissenschaft Univ. Zürich (s. 1978) - Kirchgasse 9, CH-8001 Zürich (T. 01 - 34 73 30) - Geb. 26. Dez. 1935 München. Promot. 1965 Heidelberg, Habil. 1967 Heidelberg, 1968 o. Prof. Univ. Hamburg, 1976 o. Prof. Univ. Mainz - BV: Israel u. d. gewalts. Geschick d. Propheten, 1967; Überlieferung u. Zeitgesch. i. d. Elia-Erzählungen, 1968; D. Paradieserzähl., 1970; Friedensvorstellungen i. alten Jerusalem, 1972; D. Schöpfungsbericht d. Priesterschrift, 1975; Welt u. Umwelt, 1978; Exegese d. Alten Testaments, 1970, 8. A. 1978 (m. H. Barth).

STECK, Wolfgang

Dr. theol., Prof. f. Theologie Univ. München - Schellingstr. 3/Vg., 8000 München 40 (T. 089 - 21 80 - 34 83) - Geb. 20. Febr. 1940 Stuttgart - Promot. 1968 Univ. Tübingen - 1972 Privatdoz. Tübingen; 1974 Pfarrer Aistaig; 1978 Prof. Kiel, s. 1984 Prof. München - BV: D. homilet. Verfahren, 1974; D. Pfarrer zw. Beruf u. Wiss., 1974; Arbeitsb.: Prakt. Theol. (m. F. Wintzer u. a.), 2. A. 1985; D. Zukunft d. Pfarrerberufs (ThPr 20), 1985; Otto Baumgarten, Studien zu Leben u. Werk, 1986.

STECKEL, Frank-Patrick

Intendant Bochumer Schauspielhaus (s. 1986) - Zu erreichen üb. Schauspielhaus, Königsallee 15, 4630 Bochum - Geb. 1943 - Zul. fr. Regiss. in Berlin.

STECKER, Josef

Dr. jur., Oberkreisdirektor a. D., Rechtanwalt, Präsident Nieders. Sparkassen- u. Giroverb., Hannover (b. 1983) - Am Nachtigallenwald 3, 4470 Meppen - Geb. 7. Dez. 1916 Wehm/Emsl. (Vater: Franz S., Lehrer), kath., verh. s. 1950 m. Agnes, geb. Kuhlmann, 6 Kd. (Elisabeth, Franz, Maria, Magdalena, Georg, Bernhard) - Univ Münster/W. Promot. 1947; Ass.ex. 1948 - 1952-61 Oberkreisdir. Meppen. 1957-69 MdB. CDU (u. a. stv. Vors. Landesverb. Hannover). AR Fürstenberg Porzellanmanufaktur - Spr.: Engl.

STECKEWEH, Carl

Dipl.-Volksw., Geschäftsführer Bund Dt. Architekten/BDA - Ippendorfer Allee 14b, 5300 Bonn - Geb. 4. Okt. 1947.

STECKHAN, Helmut

Dr. rer. pol. habil., Prof. f. Betriebswirtschaftslehre, insbes. Unternehmensforschung, Univ. Regensburg - Lessingstr. 18, 8417 Lappersdorf (T. 0941 - 8 83 83) - Geb. 26. Aug. 1935 Bad Pyrmont - Lehre Industriekaufm. Siemens; Stud. FU Berlin (Dipl.-Kfm.), Univ. of California at Berkeley; Promot. Univ. Heidelberg, Habil. ebd. - Wiss. Rat u. Prof. Univ. Heidelberg; Ord. Univ. Regensburg - BV: Güterströme in Netzen, 1970; Proceedings in Operations Research, 1980, 84, 85.

STEDING, Gerd

Dr. med., Prof., Vorst. Abt. Embryologie Zentrum Anat. Univ. Göttingen (s. 1972) - Mühlenberg 18, 3406 Bovenden-Lenglern (T. 05593 - 6 91) - Geb. 24. Febr. 1936 Hannover - Ratsgymn. Hannover (Abit. 1956); Stud.; med. Staatsex. u. Promot. 1963 - 1968 Privatdoz.; Hon. Visiting Prof. Guangxi Med. College, Nanning, VR China.

STEEB, Günther

Dr. rer. pol., Direktor, MdL Baden-Württ. (1969-81) - Kurze Str. 7, 7064 Remshalden (T. 07151 - 7 13 96) - Geb. 23. Aug. 1931 Gerstetten Kr. Heidenheim, ev., verh. - Realgymn. Eßlingen (Abit. 1951); Ausbild. Bürgermeisteramt Gerstetten u. Landratsamt Eßlingen; 1955-56 Staatl. Verw.ssch. Stuttgart (Fachhochsch.); 1956-59 Univ. Tübingen (Rechts- u. Staatswiss.; Dipl.-Volksw. 1959). Promot. 1962 Tübingen - BV: Volkswirtschaftl. Ablauf. Struktur. Politik; Die Folgekosten kommunaler Siedlungen u. ihre Finanzierung - S. 1981 gf. Gesellsch. Schwäb. Beteiligungsges. mbH, Stuttgart, selbst. Unternehmensu. Finanzberater. CDU s. 1965 - BVK I. Kl.

STEEG, Helga

Ministerialdirektorin, Exekutivdirektorin Intern. Energie-Agentur (OECD), Paris (1984ff.), Stv. Aufsichtsratsvors. Hermes Kreditversich.s-AG., Hamburg - Klein-Villip, 5307 Wachtberg-Adendorf (T. 0225 - 70 63) - Geb. 8. Juni 1927 Bonn (Vater: Johann P. S., Verkehrsdienstleiter Stadt Bonn; Mutter: Annemarie, geb. Küper), kath., led. - Univ. Bonn u. Lausanne (Rechtswiss.). Jurist. Staatsprüf. 1950 u. 1954 - S. 1954 Bundeswirtschaftsmin. (1970 Leit. Unterabt. Entwicklungspolitik u. Ländergruppen Afrika, arab. Länder, Mittelasien, 1973 Leit. Abt. Außenwirtsch.spolit. u. Entwicklungsh.), dazw. 1965-67 Weltbank (stv. dt. Dir.) - Spr.: Engl., Franz.

STEEN, Gerhard

Bezirksgeschäftsführer SPD Rheinland/ Hessen-Nassau, MdL Rhld.-Pfalz (s. 1963), Erster Vizepräs. Landtag Rhld.-Pfalz (s. 1969) - Mayener Str. 7-9, 5400 Koblenz-Lützel (T. 8 07 35) - Geb. 17. Mai 1923 Ahrensbök Kr. Eutin (Vater: Heinrich S., Zimmermann; Mutter: Betty, geb. Wulf), ev., verh. s. 1947 m. Edelgard, geb. Schmidt, 2 Kd. (Marianne, Gerhard) - Volks- u. Handelssch.; kaufm. Lehre - 1941-45 Kriegsmarine (Freiw.), 1945-46 Minenräumdst. (Royal Navy), 1946-51 Kommunalverw., seither SPD (Gf.). SPD s. 1948 - BVK I. Kl. - Liebh.: Musik, Wandern.

STEENBOCK, Frauke

Dr., Kupferstichkabinett, Staatliche Museen PK - Arnimallee 23-27, 1000 Berlin 33.

STEER, Max

I. Bürgermeister Stadt Fürstenfeldbruck - Albrecht-Dürer-Str. 16, 8080 Fürstenfeldbruck/Obb. - Geb. 5. Mai 1931 Ingolstadt - Zul. Sonderschulrektor. CSU.

STEFANIAK, Hans

Dr. rer. nat., em. o. Prof. f. Mechanik - Klausingweg 4, 8000 München 40 (T. 089 - 300 24 77) - Geb. 6. März 1910 Halsbach/Mfr. - Stud. Physik - S. 1946 (Habil.) Privatdoz., apl. (1953), ao. (1961), o. Prof. (1969), em. 1975) TH bzw. TU München. Fachveröff.

STEFEN, Rudolf

Ltd. Regierungsdirektor, Vors. Bundesprüfstelle f. jugendgefährdende Schriften (s. 1969) - 5300 Bonn 2 - Geb. 13. Febr. 1926 Wipperfürth (Vater: Josef S., Bürgerm.; Mutter: Rosa, geb. Kircher), kath., verh. m. Dr. med. Edeltrud, geb. Strüder, 2 Töcht. (Clara, Regina) - Univ. Frankf./M. Rechtswiss.; jur. Staatsprüf. 1949 u. 53 - 1953 Richter LG Ffm., 1954-56 Ref. Landesversorgungsamt Ffm, 1956-59 Leit. Versorgungsamt Fulda, 1959-69 Ref. BMA, Bonn; 1972-76 Lehrbeauftr. f. Probl. Jugendschutz u. Sexualpäd. PH Rhld., Abt. Köln, u. s. 1975 Abt. Bonn - Herausg. u. Schriftleit. Schriftenr. Bundesprüfstelle (s. 1972) - Herausg. u. Chefredakt. Vierteljahresschr. Medien- u. Sexual-Päd. (1973-77); Autor zahlr. Fachveröff. S. 1978 Herausg. u. Schriftl. d. BPS Reports m. Newsletter-Informationsdienst f. d. Jugendmedienschutz (monatl. Aufl. 10.000 Expl.).

STEFENELLI, Arnulf

Dr. phil., o. Prof. f. Roman. Philologie Univ. Erlangen-Nürnberg (s. 1968), Univ. Passau (s. 1982) - Eppaner Str. 8, 8390 Passau - Geb. 14. Jan. 1938 Dornbirn/Österr. (Vater: Franz S., Zahnarzt; Mutter: Gertrude, geb. Rhomberg), kath., verh. s. 1962 m. Friederike, geb. Fürst, 3 Kd. (Claudia, Marko, Julian) - Univ. Wien. Promot. 1961 Wien; Habil. 1968 Basel - Zul. Privatdoz. Univ. Basel - BV: D. Volkssprache im Werk d. Petron - im Hinblick auf d. roman. Sprachen, 1962 (Wien); D. Synonymenreichtum d. altfranz. Dichtersprache, 1967 (Wien); Gesch. d. franz. Kernwortschatzes, 1981 (Berlin); D. lexikalischen Archaismen in d. Fabeln v. La Fontaine, 1987 (Passau).

STEFFAN, August Wilhelm

Dr. phil. nat., Prof. f. Zoologie, Ökologie - Dstl.: Berg. Univ. (GH S), 5600 Wuppertal 1, FB Naturwiss. II; priv.: Zur Gloria 23, 5600 Wuppertal 23 (T. 0202-61 17 67) - Geb. 23. Mai 1933 Gelnhausen (Vater: Wilhelm St., Bundesb.beamter; Mutter: Maria, geb. Köhler), ev., verh. s. 1961 m. Inge Brigitte, geb. Henke, 3 S. (Frithjof, Ingolf, Thorsten) - Gymn. Gelnhausen, Abit. 1953, Univ. Frankfurt, Promot. 1959 (Zool., Bot., Geol., Paläontol.), Habil. 1966 Univ. Mainz - S. 1974 Chief Editor

Entomologia Generalis-Journal for General and Applied Entomology, 1973/74 Vors. Dt. Entomol. Ges. - 1963/64 Post.Doct. Research Fellow, Canadian Research Council, Ottawa; 1968/69 Gastprof. Univ. Lund/Schweden; 1971/72 Gastprof. FU Berlin; 1971-76 Dir. u. Prof. im Bundesdst.; 1972 Hon.Prof. (Zool.) FU Berlin; 1980/81 Gastprof. Univ. Monterey/Mex. u. 1985/86 Univ. Dar es Salaam/Tanzania. Entd.: 1975 Gerät z. Anlockung u. Fang flieg. Insekten (Pat.) - BV: D. Stammes- u. Siedl.gesch. d. Artenkreises Sacchiphantes viridis, 1961; Z. Statik u. Dynamik im Ökosystem d. Fließgewässer, 1965; Paläobot. u. Phytosoziol. im Dste v. Zoophylogenie u. Zoogeogr., 1967; Ectosymbiosis in Aquatic Insects, 1967; Evolution u. System. d. Adelgidae, 1968; Aphidina - Blattläuse - Forstschädl. Europas, 1972; Ökol., Soziol., Parasitol. d. Tiere, 1971-75; weit. 80 wiss. Veröfftl. in Ztschr. - Spr.: Engl., Schwed., Franz., Span.

STEFFANI, Winfried

Dr. phil., Prof. f. Polit. Wissenschaft Univ. Hamburg (s. 1967) - Richterstr. 11, 2000 Hamburg 76 (T. 22 14 93) - Geb. 2. Juni 1927 Znin (Vater: Pastor Joh. St.; Mutter: Otti v. Schweinichen), ev., verh. s. 1960 m. Brigitta, geb. Courault, 3 Kd. (Ulrike, Alexander, Constanze) - 1945-48 Tischlerlehre Frankf./Oder, 1948-51 Meistersch. f. Tischler u. Innenarch. Bln-Ost; 1952-56 Stud. Politologie, Geschichte, Staatsrecht Berlin. Dipl.-Polit. 1956; Promot. 1958; Habil. 1967 (alles Berlin-West); 1963-65 Columbia Univ. New York - Spez. Arbeitsgeb.: Vergl. Regierungslehre, Pluralismus- u. Parlamentarismusforsch. - 1971-73 Vors. Dt. Vereinig. f. Polit. Wiss.; s. 1971 stv. Vors. Dt. Vereinig. f. Parlamentsfragen; Beauftr. f. Ztschr. f. Parlamentsfragen - BV: D. Untersuchungsaussch. d. Pr. Landtages, 1960; Parlamentarismus ohne Transparenz, 2. A. 1973; Pluralismus, 3. A. 1976 (m. Nuscheler); Parlam. u. präsidentielle Demokr., 1979; Pluralist. Demokr., 1980. Üb. 80 weit. Abh. z. Pol. System d. Bundesrep. u. d. Vergl. Regierungslehre.

STEFFE, Horst-Otto

Dipl.-Volksw., Dr. rer. pol., Ehren-Vizepräsident Europ. Investitionsbank - 4, Rue Nicolas Gredt, L-1641 Luxemburg - Geb. 27. Aug. 1919 Berlin, verh. m. Margarete, geb. Spangl, 3 Kd. - Realgymn. Düren, Duisburg-Meiderich, Leipzig (Abit. Friedrich-List-Sch.); 1937ff. Arbeits- u. Wehrdst.; Univ. Leipzig u. Wien (Wirtschaftswiss.); 1948-52 Wiss. Referent, Österr. Inst. f. Wirtschaftsforsch. Wien - Ab 1952 Hilfsref. u. stv. Referatsleit. Bundeswirtschaftsmin.; 1958-60 Geschäftsf. Gemeinsch. z. Schutz d. dt. Sparer; 1960-67 Dir. f. Volksw. d. Mitgliedsländer u. Konjunktur EWG-Kommiss. (u. a. Präs. Aussch. d. Konjunktursachverst.); s. 1967 Dir. Volksw. Abt. u. 1972-84 Vizepräs. Europ. Investitionsbank. Zahlr. Fachveröff. - 1984 Gr. BVK; Grande Croix Ordre De Merite, G.-H. Luxemburg; Gr. silb. Ehrenz. f. Verdienste Rep. Österreich.

STEFFEN, Bernhard

Dr., Leiter Kanzlei Brem. Ev. Kirche - Franziuseck 2-4, 2800 Bremen 1 - Geb. 14. Aug. 1927.

STEFFEN, Friedrich

Stadtkämmerer a. D. - Rathausstr. 24, 4690 Herne 2 (Wanne-Eickel) (T. 79 41 71) - Geb. 17. März 1919 Wanne, ev., verh. s. 1949 m. Luise, geb. Hagemeier, 2 T. (Brigitte, Silvia) - Abit. 1937; Arbeits-, Wehr- u. Kriegsdst.; Verw.- u. Wirtsch.akad. Bochum (Kommunaldipl. 1951); Stud. Wirtsch.- u. Polit. Wiss. Univ. Bochum - 1945-74 Stadtverw. Wanne-Eickel (1947-51 Leit. Kultur- u. Presseamt; 1947-64 Leit. VHS; 1951-74 Finanz- u. Kulturdezern.); 1975-79 Stadtverw. Herne, nach Zusammenschluß m. Wanne-Eickel (Finanzdezern.). 1956-73 Vors. Org.- u. Finanzaussch. Landesverb. d. VHS NRW. 1957-72 Mitherausg. VHS im Westen; 1967-75 (außer 1971 u. 1974) Jurymitgl. Adolf-Grimme-Preis; 1969-75 Teiln. an d. British-German Conferences on Adult Education; 1971-75 Rechnungsprüfer Dt. VHS-Verb.; 1965-76 Mitgl. Kulturaussch. Städtetag NRW; 1960-63 Landessozialrichter, 1972-84 ehrenamtl. Richter b. BSG; versch. AR-Mand. Veröff. SPD s. 1945 - 1959 Gold. Sportabz.; 1966 Eiserner Steuergroschen; 1973 BVK I. Kl. - Spr.: Engl., Franz.

STEFFEN, Günther

Dr. agr., o. Prof. f. Angew. Landw. Betriebslehre - Schmidtbonnstr. 15, 5300 Bonn (T. 21 25 92) - Geb. 19. Sept. 1924 Markendorf Kr. Melle (Vater: Dr. Heinrich S., Tierarzt u. Landw.; Mutter: Paula, geb. Welpinghaus), ev., verh. s. 1953 m. Gisela, geb. Dencker, 2 Kd. (Ulrike, Christian) - Promot. u. Habil. Bonn - 1951-64 Fachberat. u. Leit. Abt. Betriebsw.(1958) Kurat. f. Technik in d. Landw., Frankfurt/M.; s. 1960 Privatdoz. u. o. Prof. (1964) Univ. Bonn. Facharb.

STEFFEN, Hinrich

Dr. sc. pol., Leiter Marketingberatung ExperTeam GmbH Wachstums-, Innovations- u. Gründungsberatung Dortmund, Geschäftsf. u. Gesellsch. EXPERTEAM (UK) Ltd. Bourne End/England - Clausewitzstr. 30, 2800 Bremen 1 - Geb. 18. Dez. 1950 Lübeck, verh. - 1971-76 Stud. Volkswirtsch.lehre Freiburg u. Kiel; Promot. 1981 Kiel.

STEFFEN, Kurt

Dr. phil. (habil.), em. o. Prof. f. Pharmakognosie - Südweg 6, 3174 Meine (T. 05304 - 24 40) - Geb. 14. Mai 1915, verh. m. Dr. Hedwig, geb. Pyrsch (Biologin) - S. 1958 ao. u. o. Prof. (1962) TH bzw. TU Braunschweig; emerit. 1974 (ehem. Dir. Pharmakognost. Inst.). Facharb.

STEFFEN, Manfred

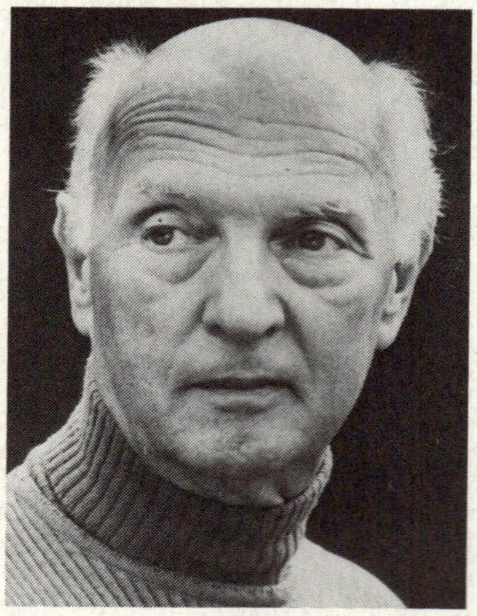

Schauspieler - Neuer Luruper Weg 8, 2083 Halstenbek (T. 04101-4 68 96) - Geb. 28. Juni 1916 Hamburg (Vater: Theodor Ludolf St.; Mutter: Marie, geb. Krumbholtz), ev.-luth., verh. s. 1943 m. Sigrid, geb. Peters - Realgymn. Hamburg, (Abit.); Schauspielstud. Thalia-Theater Hamburg - 1937-39 Thalia-Theater Hamburg, 1939-41 Stadttheater Oberhausen, 1941-43 Stadttheater Aachen, 1943-45 Staatstheater Dresden, 1946/47 Junge Bühne Hamburg, s. 1947 Thalia-Theater Hamburg - Div. Rollen b. Bühne, FS, Hörfunk, z.B. Titelr.: Hauptmann v. Köpenick, D. Hausmeister, Traumulus, D. Kandidat; Synchronisation - 1968 Bozenhard-Ring, Thalia-Theater; 1980 Silb. Maske, Volksbühne; 1983 Ernenn. z. Ehrenmitgl. d. Thalia Theaters; 1987 Biermann-Rathjen-Med. f. Verdienste um Kunst u. Kultur durch d. Senat d. Freien u. Hansestadt Hamburg - Liebh.: Wassersport - Spr.: Engl., Franz. - Lit.: Beitr. in zahlr. Theaterhandb. v. 1947-80, im intern. Filmlexikon 1961, Art. u. Interviews in d. Presse u.a.

STEFFEN, Reiner

Dr. rer. oec., Prof. f. Betriebswirtschaftslehre, insb. Produktionswirtschaft Univ. Hannover - Lisztstr. 9, 3057 Neustadt 1 (T. 05032 - 59 07) - Geb. 18. Aug. 1941 Kirchbrak (Vater: August St., Werkm.; Mutter: Luise, geb. Morich), ev., verh. s. 1969 m. Marianne, geb. Heidemann, 2 Kd. (Kai, Julia) - Wirtsch.wiss. Dipl. 1968 Univ. Göttingen; Promot. 1971 Univ. Bochum; Habil. 1975 ebd. - 1976/77 Doz. f. Betriebsw. Univ. Bochum; s. 1977 Prof. f. Betriebsw. Univ. Hannover - BV: Analyse ind. Elementarfakt. in prod.theoret. Sicht, 1973; Prod.plan. b. Fließbandfertig., 1976; Prod.- u. Kostentheorie, 1983 - Liebh.: Kunst, Musik.

STEFFEN, Uwe

Domprobst, Publizist - Domhof 35, 2418 Ratzeburg - Geb. 12. Juni 1928 Westerland (Vater: Richard St., Propst; Mutter: Anny, geb. Zufall), ev., verh. s. 1954 m. Hildegard, geb. Sager, 3 Kd. (Matthias, Hendrikje, Ulrik) - Univ. Kiel u. Göttingen (Theol.) - 1955-66 Pastor in Lütjensee; 1966-75 Propst v. Norderdithm.; s. 1976 Domprobst Ratzeburg. S. 1959 publizist. tätig f. Rundf. u. FS - BV: D. Mysterium v. Tod u. Aufersteh., Wiss. Monogr. 1963; Feuerprobe d. Glaubens, Wiss. Monogr. 1969; Jona - Sinnbild gegenw. Existenz, Anthol. 1974; Jona u. d. Fisch, Buchreihe 1982; Drachenkampf, Buchreihe 1984; D. zwei Brüder. Jeder hat noch ein anderes Ich, Buchreihe 1986; Taufe, Buchreihe 1988 - Spr.: Engl.

STEFFEN, Walter

Vorstandsmitglied Ibbenbürener Volksbank eG., Ibbenbüren - Herbartstr. 24, 4530 Ibbenbüren (T. 5 72 20) - Geb. 7. Febr. 1920 Osnabrück, ev., verh. s. 1945 m. Ilse, geb. Hoppstädter, T. Elke - S. 1936 (Lehre) Banktätigk. (1953 Handlungsbevollm., 1959 Prok., 1962 stv., 1963 Vorstandsmitgl.). ARsmitgl. Baugenossenschaft Ibbenbüren eG, Ibbenbüren, u. Mitgl. Kammeraussch. IHK zu Münster (beides s. 1968).

STEFFENHAGEN, Hartwig

Dr. rer. pol., Dipl.-Kfm., Prof., Inhaber Lehrstuhl f. Betriebswirtschaftspolitik u. Marketing TH Aachen - Preusweg 66, 5100 Aachen - Geb. 9. Juli 1943 - Promot. 1972; Habil. 1976 - Zul. Prof. GH Siegen (1977) - BV: u.a. Konflikt u. Kooperation in Absatzkanälen, 1975; Wirkungen absatzpol. Instrumente, 1978; Kommunikationswirkung, 1984; Marketing, 1988 - Mithrsg.: Unternehmensführung u. Marketing (s. 1976).

STEFFENS, Friedhelm

Dr. jur., Dipl.-Volksw., Generaldirektor u. VR-Mitgl. EUROLUX Lebensversicherung AG, EUROLUX Anlageberatungs AG, EUROLUX Dienstleistungs AG - 25a, Boulevard Prince Henri, 1724-Luxembourg; priv.: Ulmenweg 30, 5040 Brühl (T. 02232 - 3 16 03) - Geb. 7. März 1940 Jüchen, kath., verh. s. 1968 m. Eva, geb. Dannebaum, 2 Kd. (Anke, Jörn) - Gymn. Rheydt, Univ. Köln, London u. Berlin (Volks- u. Rechtswiss.), Dipl.-Volksw. 1968 Köln, Promot. 1973 Berlin - B. 1981 Vorst.-Mitgl. Europa-Versich., dann Vors. Ehrenamtl. Kurat.-Mitgl. Stift. f. d. behinderte Kind - Spr.: Engl., Franz.

STEFFENS, Gerhard

Forstbeamter a. D., MdL Rhld.-Pfalz - Gartenstr. 29, 5484 Bad Breisig - Geb. 2. Okt. 1927 - CDU.

STEFFENS, Heiko

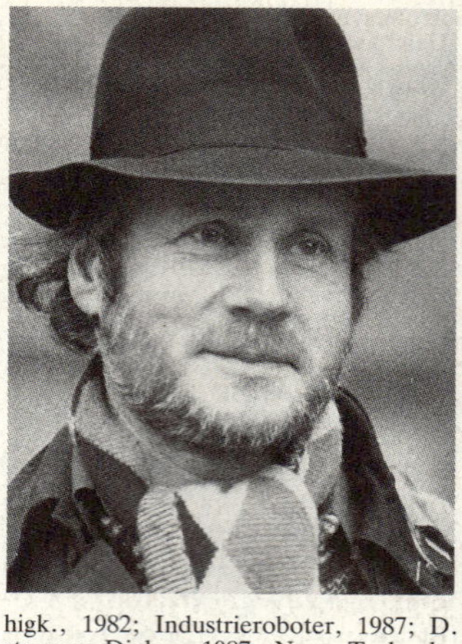

Dr. päd., Prof. f. Wirtschaft u. Arbeitslehre TU Berlin - Undinestr. 46, 1000 Berlin 45 (T. 030 - 834 97 60) - Geb. 11. April 1938 Oldenburg - Human. Gymn. Krefeld (Abit. 1958); 1959-62 Max-Reinhardt-Theaterschule Berlin; 1964-66 PH Bonn; 1970-72 Stud. Univ. Münster (Stip. Stiftg. VW-Werk), Promot. 1974 - 1967-70 Hauptsch.-Lehrer Bad Honnef; 1972-75 wiss. Assist. PH Bielefeld (Prof. F.-W. Dörge); s. 1975 Prof. PH Berlin, s. 1980 TU Berlin - BV: Berufswahl u. Berufswahlvorber., 1975; Verbrauchererzieh., 1980; Berufl. Erwart. u. Fähigk., 1982; Industrieroboter, 1987; D. stumme Dialog, 1987; Neue Technologien, 1988; Grenzfälle, 1989. Drehb. f. d. WDR-Schul-FS - Schausp.: Bruno Edelzwicker in: Funktionen d. Geldes, u. 22 Folgen and. WDR-Schul-FS-Serien; Max Mulde in: Menschen u. ihre Arbeitspl. (6 Folgen), WDR - Liebh.: Irische Lit., Reisen - Spr.: Engl., Franz., Latein.

STEFFENS, Hermann

Dr. jur., Oberstadtdirektor a. D. - Forstwaldstr. 740, 4150 Krefeld - Geb. 17. Okt. 1921 Köln (Vater: Josef S., kaufm. Betriebsleiter; Mutter: Elisabeth, geb. Tellenbach), kath., verh. s. 1949 m. Maria, geb. Krall - Promot. 1949; As-s.ex. 1949 - 1954 Beigeordn. Mönchengladbach; 1964-86 Oberstadtdir. Krefeld. Mitgl. CV u. Lions-Club - Liebh.: Astronomie - Spr.: Engl., Franz.

STEFFENS, Walter

Generalstaatsanwalt b. Oberlandesgericht Köln - Reichenspergerpl. 1, 5000 Köln.

STEFFENSKY-SÖLLE, Dorothee

s. Sölle, Dorothee

STEFFLER, Christel

Botschafterin d. Bundesrep. Deutschl. in Tansania - P. O. Box 9541, Dar es Salaam (Tanzania) - Geb. 30. Juli 1930 Neustettin/Pommern, ev., ledig - Stud. Spr. Univ. Mainz u. Polit. Wiss. Univ. Genf - S. 1957 Ausw. Dienst - Spr.: Engl., Franz.

STEFULA, György

Maler - Osternach 15, 8210 Prien/Chiemsee (T. 43 84) - Geb. 22. Jan. 1913 - Meisterprüf. Schrift- u. Dekorationsmalerei - Viele Bilder gegenständl. Art, d. durch leichte Perspektivverschiebung e. unwirkl. Wirklichkeit schafft. Wandgemälde u. a. Lenbach-Galerie, Pinakothek u. Stadtmuseum München.

STEGEMANN, Hartmut

Dr. theol., Dr. phil., Prof. f. Neues Testament (Fachbereich Theol.) - Platz der Göttinger Sieben 2, 3400 Göttingen - Geb. 18. Dez. 1933 Gummersbach - Promot. 1963 Heidelberg (ph.) u. 1965 Bonn (th.); Habil. 1969 Bonn - S. 1970 Prof. Univ. Bonn (apl.), Marburg (1971 o.) u. Göttingen (1980 o.), Leit. d. Qumran-Forsch.stelle - BV: D. Entsteh. d. Qumrangemeinde, 1971. Etwa 30 Aufs. zu Qumrantexten u. z. hist. Jesus.

STEGEMANN, Hermann

Dr. rer. nat., Prof., Direktor Inst. f. Biochemie/Biol. Bundesanstalt f. Land- u. Forstw. Berlin/Braunschweig - Am Sandkamp 15, 3300 Braunschweig (T. 37 19 77; dstl.: 39 94 01) - Geb. 23. Juni 1923 Königsberg - Stud. Chemie (Dipl.-Chem.) - S. 1969 (Habil.) apl. Prof. (1972) Univ. Göttingen (Biochemie d. Nutzpflanzen). Etwa 180 Fachveröff. auf med., pflanzenphysiol. u. biochem.-genetischen Gebiet - 1987 Scientific Merit Medal d. World Cultural Council Univ. Heidelberg.

STEGER, Günter

Dr. med. vet. Ltd. Veterinärdirektor a.D., Honorarprof. f. Vet. Umwelthyg. Univ. Erlangen-Nürnberg - Schönweißstr. 16, 8500 Nürnberg 40.

STEGER, Hanns-Albert

Dr. phil. (habil.), o. Prof. f. Roman. Sprachen u. Auslandskd. im Sozialwiss. Inst. Univ. Erlangen-Nürnberg (s. 1974) - Spardorfer Str. 55, 8520 Erlangen - Geb. 30. März 1923 - Zul. Abt.-Leiter u. Prof. Univ Bielefeld.

STEGER, Hans Alfred

Dr., Botschafter d. Bundesrep. Deutschl. in Bulgarien - Henri-Barbusse-Str. 7, 1113 Sofia/Bulgarien.

STEGER, Hugo

Dr. phil., o. Prof. f. German. Philologie, Dir. Dt. Sem. I. u. Arbeitsber. f. Gesch., Landeskunde, Bad. Wörterbuch u. Dt. als Fremdsprache (b. 1988) - Bachmättle 2, 7801 Stegen (T. 07661 - 66 08) - Geb. 18. April 1929 Stein b. Nürnb. (Vater: Georg S., Oberschulrat; Mutter: Ottilie, geb. Seybold), ev., verh. s. 1965 m. Dr. Brunhilde, geb. Reitz, 2 Kd. (Eva-Christine, Friedrich-Georg) - 1948-55 Univ. Erlangen-Nürnb. u. Würzburg (German., Gesch., Erdk., Kunstgesch., Volksw.). Staatsex. 1953; Promot. 1958; Habil. 1964 - S. 1956 Wiss. Assist., 1964 Ord. Univ. Kiel u. 1968 Freiburg; Gastprof. Basel, Sao Paulo, 1977 Brittingham-Prof., Madison/Winc., 1985 Max-Kade-Prof. Lawrence/Kans. u. 1989 Monash-Univ., Melbourne/Austr. - Verf. v. 8 Büchern u. zahlr. Aufs. zu d. Sachgeb.: Sozioling., Sprachbeschreibung, Gesprochene Sprache, Sprachnormen, Sprachgesch., Mundartforsch., Namensforsch., Dt. als Fremdsprache u. MA-Forsch., in sprachwiss. Ztschr., Sammelbde., Lex. Herausg. u. Mithrsg. mehrerer dt. u. ausl. sprachwiss. Ztschr. u. d. Reihe Handb. z. Sprach- u. Kommunikationswiss., Verf. zahlr. Vorträge im Rundf. u.a. - 1962 Kultur-Förderungspreis Stadt Nürnberg; 1982 Konrad-Duden-Preis Stadt Mannheim, Vors. wiss. Beirat Forschungsinst. f. dt. Sprache „Dt. Sprachatlas" Marburg; Mitgl. d. Gesamtvorst. d. GfdS, Wiesbaden, d. Beirats d. Instituts f. donauschwäb. Gesch. u. Landeskde., u. d. Kommiss. f. geschichtl. Landeskde. in Baden-Württ.

STEGER, Karl Heinz

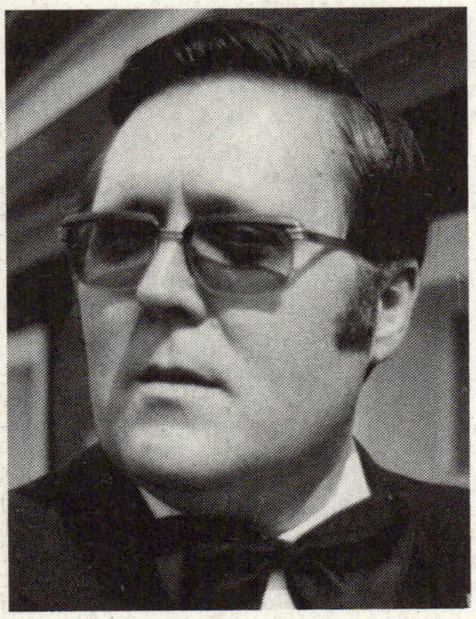

Gastronom, Kaufmann u. Großmeister - Maximilianstr. 11, 6740 Landau/Pf. - Geb. 2. Okt. 1934, kath., verh. s. 1958 m. Gisela, geb. Herbig, 3 Kd. (Michael, Petra, Iris) - Realschule; Handelsschule; Kaufmannslehre; Marketing Seminar; Kochlehre - 1969 Großmeister Cordon bleu du Saint Esprit. Präs. Stiftg. u. Verein f. seelenpflegebedürftige Menschen, Neustadt 17 - Master of culinary Arts; 1981 Prof. h.c. v. Tourin u. Namur; 1981 Commandeur Rotes Kreuz Portugal; 1982 Commandeur kaiserl. japan. Rote Kreuz Ges.; 1984 Lateran-Kreuz; 1987 Christopherusmühle; Pilgerkreuz in Gold; Großkreuz St. Lazarus-Orden u. weit. ausl. Ehrungen; Großkanzler d. Ordens Signum Fidei; 1988 Altendorf Bildpr. - Spr.: Engl., Franz.

STEGER, Max

I. Bürgermeister Stadt Vohenstrauß - Rathaus, 8483 Vohenstrauß/Opf. - Geb. 28. Okt. 1918 Waldhaus - Zul. Regierungsamtm.

STEGER, Ulrich

Dr., Dipl.-Ökonom, Prof. f. Ökologie u. Unternehmensführung European Business School Schloß Reichartshausen (s. 1987) - 6227 Oestrich-Winkel 1 - Geb. 8. Nov. 1943 Berlin, verh. s. 1964 m. Dagmar, geb. Lübbermann, 3 Kd. (Andreas, Matthias, Sandra) - Lehre als Steuergehilfe; Stud.; Dipl.ex. 1972; Promot. 1976 - Zeitoffz. Bundesw.; 1976-84 MdB (jew. Direktwahl NRW); 1984-87 Hess. Min. f. Wirtschaft u. Technik. SPD - S. 1970 zahlr. Veröff. z. Wirtschafts- u. Technologiepolitik; 5 Bücher u.a.: Umweltmanagement - Erfahrungen u. Instrumente e. umweltorientierten Unternehmensführung, 1988. Herausg.: Handlungsspielräume d. Energiepolitik (m. K. Meyer-Abich) - Spr.: Engl.

STEGH, Marlis

Dr., Chefdramaturgin - Am Hermannsberg 26, 6200 Wiesbaden-Frauenstein (T. 42 68 68) - Geb. 30. Okt. 1933 Köln (Vater: Josef S., Sonderschullehrer; Mutter: Gertrud, geb. Breibach), kath., verh. s. 1964 m. Hans-Dieter Radke - Gymn. Köln (Abit. 1954), Univ. Köln, Mainz (Theaterwiss., German., Gesch.). Promot. 1974 Köln; 1. Staatsex. 1975 Mainz; 2. Staatsex. 1977 Wiesbaden - S. 1961 Stadttheater Cuxhaven (Dramat., Schausp.), Nationaltheater Mannheim (1963; Dramat.), Staatstheater Oldenburg (1968; Chefdramat.), Städt. Bühnen Frankfurt/M. (1970; Dramat. u. Redakt.); s. 1979 Studienrätin Wiesbaden - BV: D. Theatervorhang, Ursprung - Gesch. - Funktion, in: Dt. Studien, Bd. 32, Meisenheim/Glan 1978 - Liebh.: Aufbau e. Schultheaters - Spr.: Engl., Franz.

STEGLICH, Wolfgang

Dr. phil., Prof. f. Neuere Geschichte - Prausestr. 48, 1000 Berlin 45 (T. 833 57 70) - Geb. 2. März 1927 Grimma/Sa., verh. s. 1958 m. Maria, geb. Maier, verw. s. 1970, 2 Kd. (Hans-Martin, Marguerite) - Promot. 1956 Freiburg - S. 1963 (Habil.), Priv.-Doz. Univ. Freiburg (1969 apl. Prof.), 1970 o. Prof. FU Berlin - BV: Bündnissich. od. Verständigungsfrieden - Untersuch. z. d. Friedensangebot d. Mittelmächte v. 12. Dez. 1916, 1958; D. Friedenspolitik d. Mittelmächte 1917/18, Bd. 1, 1964; D. Friedensappell Papst Benedikts XV. v. 1. Aug. 1917 u. d. Mittelmächte, 1970; Dt. Reichstagsakten unter Kaiser Karl V., Bd. VIII, T. 1-2, 1970/71; D. Verhandl. d. 2. Unteraussch. d. Parlam. Untersuchungsaussch. üb. d. päpstl. Friedensaktion v. 1917, 1974; D. Friedensversuche d. kriegführend. Mächte im Sommer u. Herbst 1917 - Quellenkrit. Untersuch., Akten u. Vernehmungsprotokolle, 1984.

STEGMANN, Carl Ulfert

Dr., Reedereidirektor, Alleinvorstand AG Reederei Norden-Frisia (s. 1975) - Am Markt 27, 2980 Norden 1 (T. 04931 - 18 02-0) - Geb. 22. Mai 1940 Norden (Vater: Walter S., Reedereidir. a. D. †; Mutter: Lieselotte, geb. Menge), ev., verh. s. 1963 m. Helga, geb. Remmers, 3 Kd. (Walter, Klaus, Carl Ulfert) - Gymn. Norden (Abit.); High school Coldwater, Mich./USA (m. Abschluß); Stud. d. Rechtswiss. u. Betriebswirtsch. Univ. Köln, München, Münster; 1. u. 2. jur. Staatsex. 1964 u. 1968; Promot. 1969 - 1968-71 Höh. Dienst Finanzverw. Nordrh.-Westf.; Präs. d. IHK f. Ostfriesland u. Papenburg; AR-Mitgl. Doornkaat-AG; Mitgl. DIHT-Etatkommiss. u. Fähr- u. Fördekommiss. b. Verb. Dt. Reeder, Hamburg - Spr.: Engl. - Lions-Club.

STEGMANN, Christel

Bürgerschaftsabgeordnete - Neumünstersche Str. 36, 2000 Hamburg 20 (T. 48 23 26) - S. 1970 Mitgl. Hbg. Bürgerschaft. B. 1973 (Austritt) FDP.

STEGMANN, Hartmut B. W.

Dr. rer. nat., Prof. Univ. Tübingen - Leopoldweg 8, 7407 Rottenburg 1 (T. 07472 - 62 08) - Geb. 16. Okt. 1931 Weißenfels (Vater: Walter St., Kaufm.; Mutter: Gertrud, geb. Vahl), verh. s. 1957 m. Margret, geb. Ott, 2 Kd. (Petra, Ekhard) - Dipl. Chemie 1959; Promot. 1963, Habil. 1970 - Zahlr. Publ. in Fachztschr. - BV: Elektronensonniresonanz. Grundl. u. Anwend. in d. org. Chemie (m. K. Scheffer), 1970.

STEGMANN, Helmut

Chefredakteur tz, Vors. Verein Münchner Sportpresse (1980 z. 10. Mal gewählt) - Pressehaus Bayerstraße, 8000 München 2.

STEGMANN, Hubert

Dr. med., Prof., Chefarzt Geburtshilfl.-gynäk. Abt. Marienhospital (s. 1965) - Oberurbach Nr. 8, 7967 Bad Waldsee (T. 07524 - 83 81) - Geb. 11. Juli 1922 Wiesensteig/Württ. - S. 1957 (Habil.) Privatdoz. u. apl. Prof. (1963) Univ. Freiburg (Geburtshilfe u. Gynäk.) - BV: D. med. Vaterschaftsbegutacht. m. biostat. Beweis, 1961 (m. a.). Div. Fachaufs.

STEGMANN, Tilbert Dídac

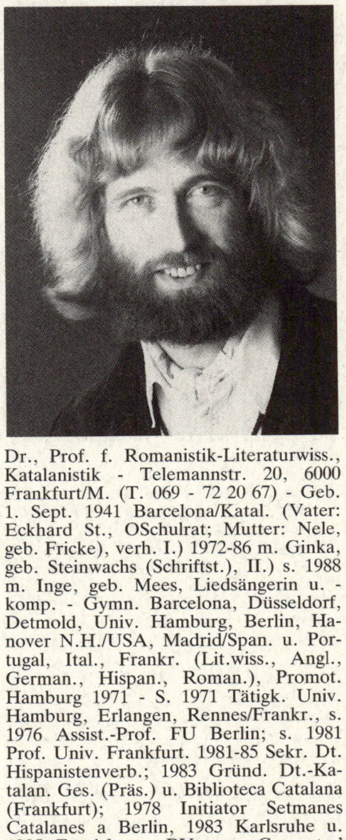

Dr., Prof. f. Romanistik-Literaturwiss., Katalanistik - Telemannstr. 20, 6000 Frankfurt/M. (T. 069 - 72 20 67) - Geb. 1. Sept. 1941 Barcelona/Katal. (Vater: Eckhard St., OSchulrat; Mutter: Nele, geb. Fricke), verh. I.) 1972-86 m. Ginka, geb. Steinwachs (Schriftst.), II.) s. 1988 m. Inge, geb. Mees, Liedsängerin u. - komp. - Gymn. Barcelona, Düsseldorf, Detmold, Univ. Hamburg, Berlin, Hanover N.H./USA, Madrid/Span. u. Portugal, Ital., Frankr. (Lit.wiss., Angl., German., Hispan., Roman.), Promot. Hamburg 1971 - S. 1971 Tätigk. Univ. Hamburg, Erlangen, Rennes/Frankr., s. 1976 Assist.-Prof. FU Berlin; s. 1981 Prof. Univ. Frankfurt. 1981-85 Sekr. Dt. Hispanistenverb.; 1983 Gründ. Dt.-Katalan. Ges. (Präs.) u. Biblioteca Catalana (Frankfurt); 1978 Initiator Setmanes Catalanes a Berlin, 1983 Karlsruhe u. 1985 Frankfurt - BV: u.a. Cervantes' Musterroman Persiles (Monogr.), 1971; Ges. Schriften Salvador Dalís (Edit. u. Übers.), 1974; Katalan. Wochen Berlin 1978 (Teilverf. u. Hrsg.), 1978; Lieder aus Katalonien (Anthol.), 1979; Barcelona - Costa Brava (Mithrsg.), 1979; Decàleg del catalanoparlant, 1982; D. dt. Beitrag z. Okzitanistik 1802-1983, Bibliogr. Hrsg. 1983; Schwerp. Mallorca (Hrsg.), 1985; Temes de biblioteconomia, 1985; Katalan. Lyrik d. 20 Jh. (Anthol.), 1987; Catalunga vista per un alemany, 1988. Herausg. Ztschr. f. Katalanistik (1988) - 1972 Intern. Cervantes-Preis Bonsoms, Barcelona, Mitgl. PEN Club Català, 1985 Creu de Sant Jordi (VO d. Autonomen Reg. Katalonien) - Liebh.: Cello, Malen, Sprachen - Spr.: Span., Engl., Katalan., Franz., Ital., Portugies., Okzitanisch, Rumän. - Lit.: Jordi Pla: Til Stegmann, el nostre home a Berlin, in: Presència, n. 522, XV (1979); Ana Colom: T. St. , in Sóller, n. 4821 (1979); Instantànies: T. St., in: Avui, 17.5.1981; J. Nonell: Personatge a l'aBast: T. St., in: Som, n. 20, (Dez. 1981); A. Gumbau: T. St. - Que el poble català i l'alemany ..., in: Presència, n. 606, XIX (1983); M. Jerzembeck: T. St., la vivacidad del concierto cultural europeo, in: La Vanguardia (1985); H. G. Klein: VO f. Prof. Stegmann, in: Uni-Report 14, Jg. 18 (1985).

STEGNER, Artur

Fabrikant - Obere Bachstr. 21, 3450 Holzminden/W. (T. 33 12) - Geb. 10. Juni 1907 Kattowitz/OS. (Vater: Alfred S.; Mutter: geb. Langner), verh. 1941 m. Gertrud, geb. Meyer, 2 Kd. - Gymn.; Stud. Naturwiss. (Werkstudent) - Chemiker Ind., Juli-Aug. 1933 Schutzhaft, s. 1936 Chemie-Fabrikant Berlin, Breslau u. Holzminden (n. 1945; Pharmus GmbH.), dazw. Kriegsdst. Mitgl. Kreistag u. Stadtrat, Nieders. Landtag u. Bundestag (1949-57; b. 1954 FDP, dann fraktionslos).

STEHKÄMPER, Hugo

Dr. phil., Honorarprof. Univ. Köln, Ltd. Stadtarchivdirektor - Am Hang 12, 5060 Bergisch-Gladbach 1 (T. 02204 - 5 46 96) - Geb. 5. April 1929 Gelsenkirchen, verh. m. Karola, geb. Stegemann, 3 S. (Ulrich, Wolfgang †, Christoph) - Promot. 1954; 1. Staatsex. 1955; archiv. Staatsprüf. 1959 - 1959-61 Staatsarchiv Münster, s. 1961 Hist. Archiv Stadt Köln, s. 1969 Dir.; Vors. Gesamtverein dt. Gesch.- u. Altertumsvereine, Vorst.- bzw. Beiratsmitgl. Ges. f. Rhein. Gesch.-Kde., Hist. Kommiss. f. Westf., Hans. Gesch. Verein, Zentral-Dombau-Verein Köln, Stiftg. Bundeskanzl.-Adenauer-Haus Rhöndorf - BV: Nachlaß d. Reichskanzlers Wilh. Marx, 4 Bde., 1968; Konr. Adenauer, Oberbürgerm. v. Köln (Hrsg.), 1976; Konr. Adenauer als Katholikentags-Präs. in München 1922, 1977; Aufs. z. rhein. u. westf. Gesch. d. 12. u. 13. Jh., Albertus Magnus, Gesch. d. dt. Widerst. 1933-45 - 1982 Ritter d. päpstl. Gregorius-Ordens.

STEHLE, Hansjakob

Dr., Journalist - Kahlenberger Str. 38, A-1190 Wien - Geb. 25. Juli 1927 Ulm/D. - Korresp. Warschau, Wien, Rom - BV: Nachbar Polen, 2. A. 1968; Nachbarn im Osten - Herausforderung zu e. neuen Politik, 1971; D. Ostpolitik d. Vatikans 1917-1975, 1975; engl. Ausg. Eastern Politics of the Vatican 1917-1979, 1981.

STEHLING, Thomas Bernd

Direktor Landesfunkhaus Niedersachsen d. NDR (s. 1987) - Rudolf-v.-Bennigsen-Ufer 22, 3000 Hannover - Geb. 5. Sept. 1950 Braunschweig, ev., verh. m. Anne-Dore, geb. Ritter, 2 Kd. (Cecilia Christina, Philip Albrecht) - Stud. Univ. Kiel (Rechtswiss. u. Polit. Wiss.); 1. jurist. Staatsprüf. 1980 Kiel; gr. jurist. Staatsprüf. 1982 Hamburg - 1972-79 Mitarb. d. früheren Bundespräs. Prof. Dr. K. Carstens; 1982-83 Reg.-Rat in d. Staatskanzlei v. Schleswig.-Holst. Kiel; 1983-85 Leit. Intendantenbüro u. ARD-Ref. NDR Hamburg; 1986/87 Programmdir. RIAS Berlin - Liebh.: Segeln, Musik - Spr.: Engl.

STEHR, Hans-Dieter

Redaktionsleiter Bad Vilbeler Anzeiger - Panoramaweg 16, 6361 Niddatal 4 (T. 06187 - 2 31 33) - Geb. 4. Dez. 1952 Driedorf/Westerwald (Vater: Ernst St., DB-Hauptsekr.; Mutter: Hilde, geb. Merkelbach), ev., verh. s. 1974 m. Kornelia, geb. Schmidt - 1967-70 Schriftsetzerlehre; 1970-72 Schrifts. Bad Vilbel; 1972-76 fr. Mitarb. u. Reporter, dann Redakt. Druck- u. Verlagshaus Bad Vilbel; s. 1976 Redaktionsleit. Bad Vilbeler Anzeiger - Liebh.: Jagd, Tischtennis, Tennis, Bergwandern, klass. Trompetenmusik.

STEHR, Klemens

Dr. med., Prof., Direktor d. Univ. Kinderklinik Erlangen-Nürnberg - Loschgestr. 15, 8520 Erlangen (T. 85 31 11) - Geb. 7. März 1930 Wattenscheid - S. 1962 (Habil.) Lehrtätigk. Univ. u. TU (1970) München (1968), apl. Prof. f. Kinderheilkunde, 1977 o. Prof. Univ. Erlangen f. Kinderheilkd. - BV: Üb. therapieresistente Enterobakterien, 1963; Schwangerschaft, Geburt, Säuglingspflege, 1977. Etwa 100 Einzelarb.

STEIBLE, Horst

Dr., Prof. f. Sumerologie - Im Breyel 3 a, 7801 Pfaffenweiler (T. 07664-66 33) - Geb. 30. April 1941 Lörrach (Vater: Josef St., Küferm.; Mutter: Emma, geb. Koßmann), kath., verh. s. 1967 m. Marianne, geb. Schimmelschmidt, 3 Kd. (Mirjam, Judith, Benjamin) - Heimschule Sasbach/Achern, Univ. Freiburg, Ecole du Louvre, Univ. Heidelberg - 1968-72 Wiss. Assist., 1973-79 Univ. Doz., 1980 Prof., alles Univ. Freiburg - BV: E. Lied an d. Gott Haja m. Bitte f. Rîmsin v. Larsa, 1967; Rîmsin mein König, 1975; D. altsumer. Bau- u. Weihinschr., 1982; Glossar zu den altsumer. Bau- u. Weihinschriften, 1983 - Spr.: Franz., Engl.

STEIDLE, Carl Theodor

Direktor i. R., Président d'honneur Union des Foires Internationales - Fontanestr. 134, 6000 Frankfurt/M. - Geb. 3. März 1909 Offenbach/M. - 1953-74 Geschäftsf. Messe- u. Ausstellungsges. m.b.H. Frankfurt/M. - 1977 Gr. BVK; vorher: Gr. Silb. Ehrenz. Rep. Österr. Comturkreuz Finn. Löwe; Offz. Italienischer VO.; Franz. VO.; Belg. Kronenorden u. Peruanischer VO; 1980 Ehrenplak. Stadt Frankfurt/M.

STEIDLE, Otto

Dipl.-Ingenieur - 8000 München - Geb. 1943 (?) - 1981 DEUBAU-Preis Stadt Essen (f.: Kommunikatives Wohnen in München-Schwabing u. Intern. Begegnungszentrum Berlin).

STEIERT, Ingeborg

Schauspielerin, Theaterinhaberin Wallgraben-Theater Freiburg - Mozartstr. 50, 7800 Freiburg - Kath. - Stud. German. (Staatsex. als Schausp.) - Zahlr. Gastsp. in Hauptrollen an Theatern im In- u. Ausland. Mitgl. Sachverst.-Beirat Kulturaussch. Stadt Freiburg - Gold. Verdienstmed. Land Baden-Württ. - Spr.: Engl., Franz., Russ. - Lit.: 25 J. Wallgraben-Theater.

STEIERWALD, Gerd

Dr.-Ing., o. Prof. f. Straßen- u. Verkehrswesen - Bopserwaldstr. 16, 7000 Stuttgart 1 (T. 24 04 83) - Geb. 20. Sept. 1929 - S. 1961 (Habil.) Lehrtätigk. TH Aachen (1967 apl. Prof.), TH Wien (1968 Ord.), Univ. Stuttgart (1972 Ord.) - BV: Verkehrsleittechnik f. d. Straßenverkehr, Bd. I u. II 1987. Facharb. - Berat. Ing., österr. Ingenieurkonsulent, Mitgl. Wiss. Beirat Bundesminist. f. Verkehr - 1970 Max-Erich-Feuchtinger-Gedenkmünze.

STEIGER, Otto

Schriftsteller - Regensdorfer Str. 179, CH-8049 Zürich (Schweiz) (T. 341 39 33) - Geb. 4. Aug. 1909 Flawil, reform., verh. m. Rosmarie, geb. Salber, 2 Kd. (Martin, Marianne) - Schulen u. Studien Bern - BV: Sie tun, als ob sie lebten, R. 1941; Und endet doch alles m. Frieden, R. 1949; Porträt e. angesehenen Mannes, R. 1952 (auch holl. u. russ.); D. Brüder Twerenbold, R. 1954; D. Reise ans Meer, R. 1959 (auch holl. u. russ.); D. Jahr m. 11 Monaten, R. 1961; Katz u. Maus, Kriminalr. 1964; D. Loch in d. Schallmauer, Erz. 1965; Nochmals beginnen können, R. 1965; Die Tote, Kriminalr. 1971; Geschichten v. Tag, 1973 (russ.); Einen Dieb fangen, Jgdb. 1975 (russ.); Keiner kommt bis Indien, Jgdb. 1976. Bühnenst.: D. Belagerung v. X (Kom. 1960), Auf d. Treppe (Sch. 1963); Sackgasse, R. 1978; Alles in Ordnung, Kurzgesch. 1978; Erkauftes Schweigen, Jgdb. 1979; Lornac ist überall, R. 1980; Spurlos vorhanden, R. 1980; E. abgekartetes Spiel, R. 1981; D. Unreifeprüf., R. 1984; Orientierungslauf, R. 1988; E. Strich durch d. Rechnung, Jgdb.; Vagabundenschule, Jgdb. Fernsehspiele: D. Haus auf d. Insel (1969), Prometheus aus d. Seitengasse (1970). Drehb. zu 13-teiliger Fernsehserie: Lornac ist überall (1987) - Wiederh. Preise b. Literaturwettbew.; 1960 Ausz. Stadt Zürich (f. d. Kom.); 1980 Schweiz. Jugendbuchpreis; 1985 Lit.preis d. Stadt Zürich u. d. Schillerstiftg.

STEIGER, Otto

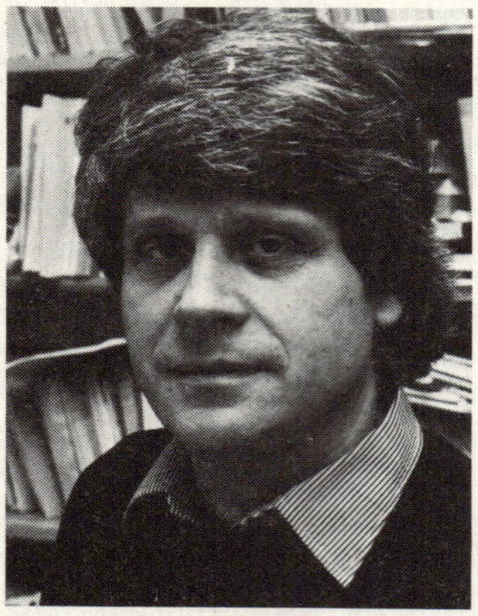

Fil. Dr., Dipl.-Volksw., o. Prof. f. Volkswirtschaftslehre Univ. Bremen (s. 1973) - Fesenfeld 32, 2800 Bremen 1 (T. 7 60 86 u. 70 43 96) - Geb. 12. Dez. 1938 Dresden (Vater: Hans S., Landw.; Mutter: Gertrud, geb. Richter), verh. m. Karin, geb. Bendt, 4 Kd. (Martin, Ferdinand, Tineke, Stephan) - Stud. d. Volkswirtsch.lehre FU Berlin u. Wirtschaftsgesch. Univ. Uppsala; Dipl.ex. 1968 Berlin; Promot. 1971 Uppsala - 1971-73 Lehrtätigk. Univ. Uppsala u. Umeaa - BV: Stud. zur Entstehung d. Neuen Wirtschaftslehre in Schweden (1971); Menschenproduktion - Allg. Bevölkerungstheorie d. Neuzeit (m. G. Heinsohn, R. Knieper), 1979 (dän. Übers. 1981, schwed. Übers. 1982); D. Vernicht. d. weisen Frauen. Beitr. z. Theorie u. Gesch. v. Bevölker. u. Kindheit (m. G. Heinsohn), 1985, 3. erw. A. 1989 (schwed. Übers. 1989). Herausg.: Keynes' General Theory n. 50 J. (1988, m. H. Hagemann) - Spr.: Engl., Schwed. - Bek. Vorf.: Dr. h. c. Karl Otto S. (1851-1935), Mitgl. Sächs. Ständehaus bzw. Landtag (Urgroßv. vs.), Friedrich Gottlob Schulze-Gävernitz (1795-1860), Geh. Hofrat, o. Prof. d. Staats- u. Kameralwiss., Gründ. d. landw. Akad. zu Jena u. Eldena (ms.).

STEIGERWALD, Fritz

Dr., Landrat Kr. Rhön-Grabfeld (s. 1976) - Landratsamt, 8740 Bad Neustadt/Saale - Geb. 5. Nov. 1937 Würzburg - Zul. Oberregierungsrat.

STEIGERWALD, Karl-Heinz

Dr. rer. nat. h. c., Physiker, gf. Gesellsch. Steigerwald Strahltechnik GmbH. (s. 1963) Prinzeneiche 15, 8135 Söcking/Obb. (T. Starnberg 40 21; Büro: 41 36) - Geb. 10. Sept. 1920 Koblenz (Vater: Lehrer), verh. s. 1943 m. Irene, geb. Höreth, 2 Töchter - TH Darmstadt u. Berlin (Dipl.-Phys.) - Tätigk. AEG u. Carl Zeiss. Div. Erfindungen, dar. Strahlenkanone (USA: Steigerwald Gun) - 1970 Ehrendoktor Univ. Tübingen.

STEIGLEDER, Gerd-Klaus

Dr. med., Univ.-Prof. f. Dermatologie, Direktor Univ.-Hautklinik Köln - Arno-Holz-Str. 29, 5000 Köln 41 (T. 40 36 63) - Geb. 25. Jan. 1925 Fulda (Vater: Dr. phil. Klaus S., Oberstudienrat; Mutter: Kathi, geb. Heckenbach), kath., verh. s. 1955 m. Inge H., geb. Krebs, 3 Kd. (Steffi, Klaus, Jochen) - Univ. Frankfurt/M. u. Marburg. Promot. 1948; Habil. 1952 - S. 1952 Lehrtätigk. Univ. Frankfurt/M. (1958 apl. Prof.), New York (Columbia; 1959-61 Assistant Prof.), Köln (1964 Ord. u. Klinikdir.), 1956-57 Gastprof. Univ. Chicago. 1980-82 Präs. Dt. Dermat. Ges. - BV: D. funktionelle Bedeutung d. Akanthose, 1952. Mitarb.: O. Gans, Histol. d. Hautkrankh. (2. A. Bde. I u. II), Handb. d. Allg. Pathol. (Bd. III), Handb. d. Haut- u. Geschlechtskrankh., Taschenb. Therapie d. Hautkrankh., Taschenb. Dermatol. u. Venerol. u. a. Schriftleit., Taschenatlas d. Dermatol. Ztschr. Hautkrankheiten - Mitgl. Leopoldina u. Ehrenmitgl. zahlr. nationaler dermatolog. Ges. - Liebh.: Wandern - Spr.: Engl.

STEILMANN, Klaus

Kaufmann, pers. haft. Gesellsch. Fa. Klaus Steilmann, Bochum, Geschäftsf. Dressmaster Bekleidungswerk GmbH & Co. KG, Herne - Herrenacker 75, 4630 Bochum 6 (T. 02327 - 5 37 04) - Geb. 12. Juni 1929 Neustrehlitz, kath., verh. s. 1965 m. Ingrid, geb. Henties, 3 Töcht. (Britta, Ute, Cornelia) - Abit. Abendsch.; kaufm. Ausb. C&A Berlin - 1984 BVK; intern. Modemarketing-Pr. - Liebh.: Sport - Spr.: Engl., Franz.

STEIM, Hugo

Dr. med., Prof., Arzt f. inn. Medizin, Radiologie u. Arbeitsmedizin - Schlehenrain 17, 7800 Freiburg/Br. (T. 5 27 72) - Geb. 12. April 1919 Stuttgart (Vater: Dr. med. Otto S., Chirurg) - Univ. München, Innsbruck, Prag, Freiburg - S. 1962 Privatdoz.; 1967 apl. Prof. Freiburg (Inn. Med.). 1950-84 Med. Univ.-Klinik Freiburg (1974 Wiss.Rat, 1978/79 Dekan Med.-Fak.). Spez. Arbeitsgeb.: Kardiologie - 1982 Vorst.-Mitgl. d. K.V. Südbaden; VR-Vors. d. Kern-Liebers-Gruppe, Schramberg. CDU-Stadtrat Freiburg - 1979 BVK.

STEIMLE, Fritz W.

Dr.-Ing., Prof. f. Angew. Thermodynamik u. Klimatechnik, Rektor (s. 1984) Univ. Essen, Vors. Landesrektorenkonfz. NRW - Bernhardstr. 14, 4300 Essen 16 (T. 0201 - 40 21 41) - Geb. 21. Mai 1938 Stuttgart (Vater: Friedrich St., Dipl.-Ing., techn. Dir.; Mutter: Finne, geb. Mohn), ev., verh. s. 1968 m. Christel, geb. Wichmann, 2 T. (Ulrike, Monika) - Dipl.-Ing. Maschinenbau 1961 Univ. Stuttgart, Promot. 1969 ebd. - 1961-65 Industrietätigk. im Ber. Klimatechnik; 1965-69 Assist.- Univ. Stuttgart (Thermodynamik, Wärmeübertrag., Klimatechnik); 1969-73 Obering. u. Abt.-Leit. f. Kälte- u. Klimatechnik Univ. Stuttgart; s. 1973 o. Prof. Essen; s. 1984 Rektor. - 1979-84 Vors. Dt. Kälte- u. Klimatechn. Verein; s. 1983 Executif Pres. Inst. Intern. du Froid, Paris. Herausg. Fachztschr. Kälte- u. Klima-Ing. (K-i) - BV: Klimakursus, 1969 u. 74 (auch engl., ital. u. poln.); Wärmepumpen (m. H.L. v. Cube), 1981 u. 84 (auch engl. u. jap.); üb. 70 Fachaufs. aus d. Geb. Wärmeübertrag., Kälte- u. Klimatechnik sowie Wärmepumpentechnik - Liebh.: Modellbahnen, Briefmarken - Spr.: Engl., Franz.

STEIN, Barthold

Rechtsanwalt, Geschäftsf. Verb. d. Dt. Keram. Fliesen- u. Spaltplattenind., Frankfurt - Friedrich-Ebert-Anlage 38, 6000 Frankfurt/M. (T. 069 - 75 60 82-15); priv.: Schmiedeberger Str. 44, 6242 Kronberg - Geb. 15. Nov. 1925 Hamburg (Vater: Willy S., Rechtsanwalt), verh. m. Ingeborg, geb. Mylius.

STEIN, Bernhard

Dr. phil., Dr. theol., Prof., Bischof v. Trier (1967-81) - Domfreihof 5, 5500 Trier/Mosel - Geb. 5. Sept. 1904 Weiler b. Cochem/Mosel (8. Kind unt. 11 Kd.; Vater: Nikolaus S., Lehrer; Mutter: Maria, geb. Keßeler), kath. - Gymn. Mayen u. Trier; Priestersem. Trier; Univ. Rom (Gregoriana) u. Münster (Phil., Theol., Bibelwiss.). Promot. Rom (phil. 1926, theol. 1930, Lic. bibl. 1935) u. Münster (theol. 1939) - 1930-32 Kaplan Trier; 1940 Prof. Priestersem. Trier; 1941-46 Pfarrer Kanzem; 1944-67 Weihbischof Trier - BV: D. Begriff Kebod Jahweh u. s. Bedeut. f. d. alttestamentl. Gotteserkenntnis, 1939. Div. Fachaufs. - 1981 Gr. BVK m. Stern u. Schulterbd.; 1986 Komtur d. Ordens d. Eichenlaubkrone Großherzogtum Luxemburg.

STEIN, Dieter J.

Dr., Vorstandsvorsitzender BASF Lacke + Farben AG (1982ff.) - Postf. 61 23, 4400 Münster/W. - Zul. BASF AG, Ludwigshafen (Leit. Zentralber. Personal).

STEIN, Ekkehart

Dr. jur., o. Prof. f. Öfftl. Recht - Jacob-Burckhardt-Str. 49, 7750 Konstanz/B. (T. 6 32 57) - Geb. 24. Sept. 1932 Breslau (Vater: Dr. phil. Dr.-Ing. E. h. Rudolf S.), verh. m. Sibylle, geb. Ockel - Schule Erfurt; Univ. Berlin (Freie) u. Frankfurt/M. (Rechtswiss.). Beide Staatsprüf. Promot. 1957; Habil. 1965 Bonn - S. 1965 Lehrtätigk. Univ. Bonn (Privatdoz.), Kiel (Ord. 1965), Konstanz (1968 Ord.) - BV: D. Mensch in d. pluralist. Demokratie - D. Freiheitsrechte in Großbritannien; D. Wirtschaftsaufsicht; Staatsrecht (11. A.); Gewissensfreiheit in d. Demokr.; Vermögenspolitik u. Grundrechte; Qualifizierte Mitbestimmung unter d. Grundgesetz; Arbeiterselbstverw. in Jugoslawien; Wir gründen e. fr. Schule; Handb. d. Schulrechts.

STEIN, Erwin

Dr. jur. utr., Prof., Staatsminister a. D., Bundesverfassungsrichter a. D. - Am Kirschenberg 6, 6301 Annerod/Hessen (T. Gießen 0641 - 4 22 40) - Geb. 7. März 1903 Grünberg/Hessen (Vater: Wilhelm S., Eisenbahning.; Mutter: geb. Ruppel), ev., verh. s. 1947 m. Charlotte, geb. Putscher (†1988) - Lessing-Gymn. Frankfurt/M.; Univ. Heidelberg, Frankfurt, Gießen (Rechtswiss., Phil.; Promot. 1928) - B. 1933 Staatsanw. u. Richter hess. Justizdst., dann Rechtsanw. u. Notar (1945) Offenbach, 1943-45 Wehrdst. u. Kriegsgefangensch., 1946-51 MdL (CDU), 1947-50 Min. f. Kultus u. Unterr. sowie d. Justiz (1949) Hessen, 1951-71 Richter Bundesverfassungsgericht, Karlsruhe - BV: u. a. Wege z. Volksbildung, 1948; Vorschläge z. Schulgesetzgebung in Hessen, 1949; Kommentar z. Hess. Verfassung, 1954; Elternrecht, 1959. Herausg.: Leopold Ziegler, Briefe (1963), Tradition u. Erneuerung; D. Institution d. Pressebeauftragten (1974); 30 Jahre Hess. Verfass. (1976); Erinnerungsb. f. Friedrich Hengst (1972). Zahlr. Einzelarb. - 1957 Ehrensenator Univ. Gießen; hess. Goethe-Plak., Wilhelm-Leuschner-Med.; 1963 Gr. BVK m. Stern u. Schulterbd., van Thienhoven-Preis (1974), Erich-Hylla-Preis (1978) - Liebh.: Gärtnern, Angeln - Spr.: Franz., Engl.

STEIN, Erwin

Dipl.-Volksw., Steuerberater, Präs. Steuerberaterkammer München (s. 1978), MdL Bayern (s. 1968) - Geschwister-Scholl-Str. 5, 8022 Grünwald/Obb. (T. München 641 52 81; Büro: 52 70 95) - Geb. 20. April 1930 Nürnberg, kath., verh. - Oberrealsch. Amberg; kaufm. Lehre; n. Externer-Abitur Hochsch. f. Wirtschafts- u. Sozialwiss. Nürnberg, Univ. Erlangen u. München (Dipl.-Volksw. 1958). Prüf. Steuerbevollm. 1962, Steuerberat. 1965 - S. 1963 freiberufl. Tätigk. München. CSU s. 1958.

STEIN, Friedrich

Dr. med., Prof., Pathologe, Chefarzt Rudolf-Virchow-Krankenhaus, Berlin 65 - Am Wildgatter 37, 1000 Berlin 39 (T. RVK/Pathol. Inst.: 46 10 51) - S. 1954 (Habil.) Lehrtätigk. FU Berlin (1962 apl. Prof. f. Allg. Pathol. u. pathol. Anat.). Facharb. - Rotarier.

STEIN, Fritz

Dipl.-Kfm., Mitglied d. Geschäftsltg. GASAG, Berlin - Geb. 25. März 1928, kath., verh. m. Dr. jur. Jutta, geb.

STEIN, Georg
Kaufmann, Vors. Fachverb. Laden- u. Schaufensterbedarf, Frankfurt/M. - Hamburger Str. 178, 2000 Hamburg 76.

STEIN, Gerd
Dr. paed., Dipl.-Päd., Privatdozent, Direktor Inst. f. Schulbuchforsch. Univ.-GH Duisburg - Schildberg 43, 4300 Essen 11 (T. 0201 - 69 15 76) - Geb. 14. Dez. 1941 Oberhausen (Vater: Karl S., Büroangest.; Mutter: Elisabeth, geb. Happel), ev., verh. s. 1965 m. Ilse, geb. Detering - Neusprachl. Gymn. Essen, PH Dortmund u. Univ. Hamburg (Lehrerstud.); 1. u. 2. Staatsex. 1964 u. 66); Stud. Päd., Politikwiss. u. Phil. Ruhr-Univ. Bochum; (Dipl. 1973 PH Ruhr, Promot. 1977, Habil. 1980 Univ. Duisburg) - S. 1977 Akad. Rat f. Politikwiss. u. Dir. Inst. f. Schulbuchforsch. Univ. Duisburg; s. 1980 dort Privatdoz. f. Erziehungswiss. - BV: Plädoyer f. e. Polit. Päd., 1973; Schulbuchkritik als Schulkritik, 1976; Schulbuchwissen, Politik u. Päd., 1977, Krit. Päd. (Hrsg.) 1979; Immer Ärger m. d. Schulbüchern, 2 Bde. 1979; Schulbuchschelte als Politikum u. Herausford. wiss. Schulbucharbeit, (Hrsg.) 1979; Ansätze u. Perspektiven krit. Erzieh.wiss., 1980; Politikdidaktik als praxisbezogene Theorie, (Hrsg.) 1981; Schriftenreihe: Z. Sache Schulb., 10 Bde. (Mithrsg.) 1973 ff. - Spr.: Engl.

STEIN, Gisela
Schauspielerin - Zu erreichen üb.: Kammerspiele, Hildegardstr. 1, 8000 München 22 - Zahlr. trag. Rollen (zul. Iphigenie, 1981.) 1983 Salzbg. Festsp. - Trägerin Tilla-Durieux-Halsschmuck; 1981 Mitgl. Akad. d. Künste Berlin.

STEIN, Freiherr von, Hans
Gesandter d. Botschaft d. Bundesrep. Deutschl. in London - Geb. 2. Nov. 1928 Berlin, ev., verh. m. Christine, geb. Butter, 4 Kd. - Univ. Marburg (1. jurist. Staatsex. 1952, 2. Ex. 1956) - 1958-63 Hauptverw.-Rat EWG-Kommiss., seitd. Ausw. Dienst (Addis Abeba, London, Bonn), 1977-81 Unter-Abt.leit. f. Wirtschaftspolitik AA Bonn, zul. 1981-84 Botsch. in Saudi-Arabien - BVK a. Bde.; Kommand. d. Ehrenlegion, u. a. Ausz.

vom STEIN, Hans-Joachim
Dr. jur., Rechtsanwalt - 5632 Wermelskirchen 1 - Geb. 11. April 1927 Langenberg/Rhld., ev., verh. s. 1954 m. Margot, geb. Meier, 2 Kd. (Jürgen, Claudia) - Gymn.; Univ. Marburg u. Köln (Rechts- u. Staatswiss.). Gr. jurist. Staatsprüf. u. Promot. 1958 - 1958-59 Anwaltsass., 1959 ff. Justitiar Bund der Kommunalbeamten u. -arbeitn. Landesverb. Nordrh.-Westf.; 1962-66 MdL NRW. CDU (s. 1960). MdK Kreistage Rhein-Wupper u. Rhein-Berg v. 1960-78, stv. Landrat Rhein.-Berg. Kr. 1975-78. VR-Mand. - BVK am Bd., 1977.

STEIN, Hans-Joachim
Dr. jur., Vorstandsmitglied Agrippina Versicherungs-/Rückversich.s-AG., beide Köln - Coburger Str. 7, 5300 Bonn - Geb. 24. Juli 1910.

STEIN, Heinz
Holzschneider - Bergmannstr. 65, 4650 Gelsenkirchen (T. 0209 - 2 51 12 od. 0209 - 14 61 61) - Geb. 27. Dez. 1934 Gelsenkirchen, verh. m. Irmgard, geb. Pape, Verlegerin, 3 Kd. (Volker, Elmar, Katja) - Folkwangsch. f. Gestalt. Essen - BV: In unserer Zeit, 1982 - Holzschnitte (Schöpfung d. Figur d. Orpheus, Mythol., neue Wege d. Drucktechnik, (spez. Farbversuche) - 1977 Förderung d. Holzschnitt-Tageb. durch d. Kultusmin. NRW. - Spr.: Engl. - Lit.: Prof. Heinz Albert Heindrichs: Sanfte Magie; Hans Jörg Loskill: E. Ästhet m. d. Stichel;

Prof. Horst Pfeiffer: Orpheus blickt zurück.

STEIN, Heinz-Gerd
Dr. oec. publ., Vorstandsmitglied Thyssen AG. vorm. August-Thyssen-Hütte, Duisburg - Kaiser-Wilhelm-Str. 100, 4100 Duisburg 11 - Ehrenstellungen u. AR-Mandate.

STEIN, Helmut
Dr., Dipl.-Volksw., Syndikus IHK Limburg, Geschäftsf. Einzelhandelsverb. Limburg-Oberlahn - Schornstr. 2, 6250 Limburg/L. - Geb. 26. März 1933 Kaiserslautern/Pf.

STEIN, Hermann
Direktor, MdL Hessen (s. 1962; 1970 ff. Fraktionsvors.) - Ginsterbusch 7, 6300 Gießen-Kleinlinden (T. 7 66 17) - Geb. 18. Juni 1919 Gießen - Realsch. (Mittl. Reife); kaufm. Lehre - 1938-45 Wehr- u. Kriegsdst. (1942 Offz.; 4 x verwundet); 1948-57 Angest. Stadtverw. Gießen (Leit. versch. Ämter); s. 1957 Geschäftsf. Gemeinn. Wohnungsbau GmbH. ebd. 1948 ff. Stadtverordn. Gießen (üb. 20 J.; Fraktionsvors.); jetzt Stadtältester. FDP (u. a. Landesvors.).

STEIN, Horst
Chefdirigent Bamberger Symphoniker, Künstlerischer Leiter d. Allg. Musikges. (AMG) Basel - 4, Chemin Vert, CH-1253 Vandoeuvres/Ge - Geb. 2. Mai 1928 Elberfeld, ev., verh. s. 1972 m. Dr. Hannelore, geb. Kaiser, Sohn aus 1. Ehe (Wolf-Thilo), a. 2. Ehe Tocht. Kristin, Sohn Johannes) - Mus. Gymn. Frankfurt/M., Hochsch. f. Musik, Köln, 1947-51 Städt. Bühnen Wuppertal, 1951-55 Kapellm. Staatsoper Hamburg, 1955-61 Staatskapellm. Dt. Staatsoper Berlin, 1961-63 stv. Generalmusikdir. Staatsoper Hamburg, 1963-70 GMD u. Operndir. Nationaltheater Mannheim, 1970-72 Erster Dirigent Staatsoper Wien, 1972-77 GMD Staatsoper Hamburg, 1980-85 Directeur Musicale Orch. de la Suisse Romande, Genève, Gastdir. Dt. Oper Berlin, Wiener Staatsoper, Grande Theatre Genève, SF-Opera, Teatro Colon BA, Bayreuther u. Salzburger Festspiele - Ehrendirigent NHK-Sinfonieorchester, Tokio - Spr.: Engl., Franz.

STEIN, Irmgard
Verlegerin (Edition Xylos) - Bergmannstr. 65, 4650 Gelsenkirchen (T. 0209 - 2 51 12 u. 14 61 61) - Geb. 14. Sept. 1934, verh. m. Heinz St., Holz-

schneider - Herausg. u. Förd. v. Lyrik - Lyrikpreis.

STEIN, von, Johann Heinrich
Dr. oec. publ., Dipl.-Kfm., o. Prof., Inh. Lehrstuhl f. Kreditwirtsch. Univ. Hohenheim, Stuttgart (Bankbetriebslehre u. Finanzierungslehre) - Schloß, 7000 Stuttgart 70 (T. 0711 - 4 59-29 00); priv.: Sonnenbühl 14, 7000 Stuttgart 70 (T. 0711 - 76 14 15) - Geb. 20. Febr. 1937 Köln (Vater: Joh. Heinrich v. S., Bankier; Mutter: Marion, geb. de Weerth), ev., verh. m. Rose, geb. Kappler, 4 Kd. (Albrecht, Georg, Ruth, Friedrich) - Gymn. Kreuzgasse, Köln; Banklehre Merck, Finck u. Co., München; Stud. Wirtsch.wiss. München - B. 1972 wiss. Assist. ebd.; 1981 Mitgl. Board of Dir. e. intern. Investmentges., 1987 VR-Vors. e. Bank - BV: Insolvenzen priv. Banken u. ihre Ursachen, 1969. Herausg.: Obst/Hintner, Geld-, Bank- u. Börsenwesen, 38. A. 1988. Zahlr. Fachveröff. in Sammelwerken, Fachzeitschr. u. a. - Liebh.: Wirtsch.gesch., Archäol. - Spr.: Engl. - Bek. Vorf.: Gustav v. Mevissen (Ururgroßv.).

STEIN, Karl
Dr. phil., Dr. rer. nat. h. c., Prof. f. Mathematik - Ulmenstr. 14, 8000 München 90 (T. 64 42 29) - Geb. 1. Jan. 1913 Hamm/W. - S. 1940 (Habil.) Lehrtätig. Univ. Münster (1948 apl. Prof.) u. München (1955 Ord. u. Inst.-Vorst.), 1981 emerit. Fachveröff. - 1962 o. Mitgl. Bayer. Akad. d. Wiss., 1970 korr. Mitgl. Akad. d. Wiss. Göttingen; 1982 korr. Mitgl. Österr. Akad. d. Wiss.

STEIN, Karl
Dipl.-Kfm., Brauereidirektor, AR-Mitgl. Dortmunder Stifts-Brauerei AG, Dortmund - Am Hittenauwer 5, 4600 Dortmund 30 (T. 02304 - 8 02 83) - Geb. 4. Sept. 1920 Steinbach - Spr.: Engl., Franz. - Rotarier.

STEIN, Michael
s. Kroll, Jens M.

STEIN, Otti
Dr., Soziologin, Gleichstellungsbeauftragte d. Saarlandes - Ludwigsplatz 14, 6600 Saarbrücken (T. 0681 - 50 06-135) - Geb. 10. Mai 1945 - Stud. Soziol., Psych., German.; M.A., Promot. Univ. d. Saarlandes - S. 1985 Leit. Leitstelle z. Durchsetzung d. Gleichberechtigung d. Frauen, Staatskanzlei Saarbrücken, vorher Tätigk. in d. sozialwiss. Forsch.

STEIN, Paul A.
Dr. jur., Aufsichtsratsmitglied Robert Bosch GmbH u. Württ. Feuerversich. AG, beide Stuttgart, Bayer. Rückversich. AG, München - Taxisvald 9 , 7022 Leinfelden-Echterdingen 1 - Geb. 13. Sept. 1919 Kassel - S. 1953 Robert Bosch GmbH, 1968-86 Mitgl. d. Geschäftsfg.

STEIN, Philipp
Dr.-Ing., o. Prof. f. Stahl- u. Ing.holzbau TH Aachen (s. 1948, emerit. 1976) - Am Blockhaus 21, 5100 Aachen-Hanbruch (T. 7 39 75).

STEIN, Reinhold
Geschäftsführer Arbeiterwohlfahrt/ Landesverb. Schlesw.-Holst. - Feldstr. 5, 2300 Kiel (T. 5 11 40).

STEIN, Rudolf
Dr. phil. (habil.), o. Prof. f. Lernpsychologie u. Verhaltensmodifikation Univ. Bremen (s. 1971) - Nebeltraustr. 13, 2800 Bremen (T. 0421 - 21 16 36) - Geb. 28. Okt. 1911 Leipzig (Vater: Oskar S., Brandmeister; Mutter: Johanna, geb. Fischer), verh. s. 1947 m. Dr. Ruth, geb. Gottbehüt, Dipl.-Psych., 3 Kd. (Sabine, Bettina, Stefan) - Abit. (1931) Humboldtsch. Leipzig; 1936 Stud. Leipzig (Psych., Päd.; Promot. 1939; Habil. 1943) - 1944 Doz. Univ. Leipzig, 1961 PH Bremen.

STEIN, Ulf
Dr. med., Prof. f. Innere Medizin - Wildstr. Nr. 11, 6520 Worms - Geb. 19. Nov. 1936 Darmstadt (Vater: Wolf-Dietrich St., Kunsterz.; Mutter: Ellen, geb. Fette), ev., verh. s. 1965 m. Dr. Gerda, geb. Welge, 3 T. (Maike, Silke, Frauke) - Staatsex. Univ. Marburg 1962, Promot. Univ. Tübingen 1964, Habil. Univ. Freiburg 1971 - S. 1978 Chefarzt II. Med. Klinik Stadtkrkhs. Worms - Entd.: Saure Carboxypeptidase, e. lysosomales Enzym d. Proteinkatabolismus (zus. m. G. Reich u. E. Buddecke) - 1971 Byk-Gulden-Preis - Liebh.: Klass. Musik, bild. Kunst, Sport (Skilauf) - Spr.: Engl. - Bek. Vorf.: Adolf Stein, Schriftst. (Großv.).

STEIN, Werner
Dr. phil., nat., Senator a. D. (Wiss. u. Kunst, 1964-1975), MdA (1955-75) - Rheinbabenallee 3, 1000 Berlin 33 (T. 823 35 56) - Geb. 14. Dez. 1913 Berlin (Vater: Erwin S., bek. Kommunalpolitiker (s. X. Ausg.); Mutter: Else, geb. Kahnert), ev., verh. s. 1939 m. Gisela, geb. Rode, 2 Söhne (Walter, Rainer) - Univ. Berlin, München, Frankfurt/M. (Promot.) - 1939-45 Wiss.ler RLM, 1945 Wehrdst. (Uffz.) u. sowjet. Gefangensch., 1946-49 Assist. Humboldt-Univ. Berlin (O), s. 1949 Assist., Privatdoz. (1956), apl. (1960), ao. (1962; Dir. Inst. f. Biophysik) in d. Univ. (Promot.) Freie Univ. Berlin (W), 1948-55 Bezirksverordn. Wilmersdorf; s. 1955 MdA Berlin (1955; 1956 Vors. Aussch. f. d. Kernforsch., 1959 Volksbild., 1960 Untersaussch. Justiz; 1959 Mitgl. Ältestenrat) SPD s. 1946 (1965-68 2. stv. Landesvors.) - BV: Kulturfahrplan D. wichtigsten Daten d. Kulturgesch. v. Anbeginn b. heute, 1946 (engl. 1975 in New York u. London; GA 1975 500 000); Daten v. Urknall z. Raumfahrt (Almanach d. n. d. Evolution), 1978 - Ehrenmitgl. Intern. Liga f. Menschenrechte Berlin; 1967 Luther-Plak.; 1975 Ernst-Reuter-Plak.; 1981 Ehrenmitgl. Neuer Berliner Kunstverein; 1983 Stadtältester v. Berlin - Liebh.: Bücher, Schallpl., Bergsport, Tennis - Spr.: Engl.

STEIN, Werner
Dipl.-Ing., Vizepräsident Dt. Patentamt, München (1966 ff.) - Zauberstr. 43b, 8000 München 80 (T. 470 17 37) - Ab 1937 Reichspatentamt, Berlin; zul. Bundespatentgericht, München (Senatspräs.) - 1970 Gr. BVK.

STEIN, Wolfgang
Dr. rer. nat., Univ.-Prof., Zoologe - Tulpenweg 43, 6300 Giessen (T. 0641 - 3 36 11) - Geb. 30. Nov. 1927 Wuppertal, verh. s. 1955 m. Sigrid, geb. Kiese, S. Ekkehard - Stud. Univ. Aachen, Marburg, Münster; Promot. 1957 Münster; Habil. 1966 Giessen - Leiter Fachgeb. Vorratsschutz - BV: Vorratsschädlinge u. Hausungeziefer, 1986 - Liebh.: Seeschiffahrt, Sport - Spr.: Engl., Niederl.

STEINACKER, Claus
Gf. Gesellsch. Pabst & Richarz GmbH - An der Weinkaje, 2887 Elsfleth (T. 04404 - 50 10) - Geb. 6. März 1922 Berlin - Vors. Wirtschaftsvereinig. d. Berliner Ernährungsind. u. Anuga-Beirat.

STEINACKER, Peter
Dr. theol., Pfarrer, Honorarprof. f. Syst. Theol. Univ. Marburg - Sanderstr. 192, 5600 Wuppertal 2 - Geb. 12. Dez. 1943 Frankfurt/M., ev., verh., T. Sonja - Stud. Univ. Frankfurt, Marburg, Tübingen; Promot. 1973 Marburg; Habil. 1980 Marburg - BV: D. Verhältnis d. Phil. Ernst Blochs z. Mystik, 1973; D. Kennzeichen d. Kirche, 1982; Ernst Blochs Vermittlungen z. Theol. (hg. m. Hermann Deuser), 1983.

STEINBACH, Bernhard
Dr. jur., Rechtsanwalt, Hauptgeschäftsf. Verb. d. Dt. Zementindustrie (s. 1979), Beiratsvors. Beton-Verlag GmbH, u. Informations Zentrum Beton GmbH, Köln - Pferdmengesstr. 7, 5000 Köln 51 - Geb. 4. April 1933 Bonn (Vater: Prof. Dr. Franz St.) - Zul. Geschäftsf. Verb. d. Dt. Feuerfest-Ind., Bonn.

STEINBACH, Christian
Landwirt, Landtagsabg. - Hesternworth 6, 3030 Walsrode 9 - Geb. 25. Juni 1921 Olbersdorf/OL., verh., 2 Kd. - Schule (Mittl. Reife 1937); 1948-50 landw. Ausbild. u. Landw.ssch. - 1938-48 Arbeits-, Kriegsdst., Gefangensch. (5 J. Nordafrika); s. 1950 selbst. Düshorn. 1956 ff. Ratsmitgl. u. 1968-74 Düshorn; 1961 ff. MdK Fallingbostel; 1974 ff. Ratsmitgl. Walsrode; 1964-68 u. 1972 ff. stv., dazw. 1968-1972 Landrat; MdL Nieders. (VI., VII., VIII., IX. Wahlp.). SPD s. 1958 (1968 Unterbezirksvors. Soltau Fallingbostel).

STEINBACH, Gunter
Schriftsteller, Landwirt - Irsengund, 8999 Oberreute - Geb. 30. Mai 1938 Allgäu - Schriftsetzerlehre, Stud. Hochsch. f. bild. Künste Hamburg - 20 J. Verlagstätigk.; dan. fr. Schriftst. u. Landw. auf eig. Hof im Allgäu - BV: u.a. D. Schöpfungskarussel, D. Pferde, D. Welt d. Eulen, D. Nährgarten, Pflanzen zeichnen, Wunderwelt d. Schmetterlinge, 6 Taschb. Besser biologisch gärtnern. Jugend- u. Sachb. Unser Bauernhof, Kinderb. Herausg. d. 24bänd. Reihe Steinbachs Naturführer, Steinbachs Biotopführer u. d. Jugendbuchreihe Aktion Ameise - 1. Vors. Förderkreis Aktion Ameise; Mitgl. Naturschutzbeirat im Landkr. Lindau.

STEINBACH, Hans-Joachim
Botschafter a. D. - Rebbergstr. 22, 7840 Müllheim 16 - Geb. 20. Febr. 1911 Berlin (Vater: Otto S., Beamter; Mutter: Carry, geb. Gärtner), ev., verh. s. 1943 m. Henny, geb. Spies, 2 Kd. (Peter, Gerald) - Jura-Stud. 1. Staatsex. Univ. Freiburg/Br. - 1961-1964 Konsul in Dacca (Bangla Desch); 1964-68 Botsch. in Kigali (Rwanda); 1969-72 Botsch. in Libreville (Gabun) u. 1972-76 in Valetta (Malta) - Liebh.: Golf - Spr.: Engl., Franz. - 1966 BVK I. Kl.; Großoffz.skreuz d. „Ordre de l'Etoile Equatoriale".

STEINBACH, Hermann
Assessor d. Bergfachs, Vorstandmitgl. Eschweiler Bergwerks-Verein AG, Herzogenrath (s. 1974) - Weststr. 124, 5120 Herzogenrath (T. 02407-51-567) - Geb. 23. März 1930 Bonn (Vater: Prof. Dr. Franz St.).

STEINBACH, Jörg
Dr. sc. agr., M. S., Dipl.-Landw., Prof. Univ. Gießen (s. 1976) - Klein-Lindener Str. 41, 6300 Gießen (T. 06403 - 41 83) - Geb. 17. Mai 1935 Neuruppin (Vater: Erwin S., Landw.; Mutter: Ursula, geb. Wolff v. Gudenberg), ev., verh. s. 1964 m. Barbara, 2 S. (Marc, Ivo) - Waldorfsch. Kassel (Abit. 1955); landw. Lehre; Landw.stud. Univ. Göttingen, TU Berlin, Cornell/USA; Dipl.ex. 1961; Promot. 1966 bde. Göttingen - 1966-76 Doz. Univ. of Ibadan, Nigeria. 1988 Hon.-Prof. Acad. Sinica, Peking. Fachmitgl.sch. - Spr.: Engl.

STEINBACH, Klaus
Dr. med., Arzt, Schwimmweltmeister, Olympiazweiter - Weinbergstr. 5, 6650 Homburg/S. - Geb. 14. Dez. 1953 Kleve (Vater: Paul St., Bauführer; Mutter: Hilde, geb. Driever), kath., verh. s. 1981 m. Barbara, geb. Köhler, 2 Kd. (Martin, Laura) - Med.-Stud. - S. 1988 Oberarzt Orthop. - 1975 Weltmeister 4 × 200 m-Kraulstaffel, 4-mal Vizeweltm., 5-mal Europam., 25-mal Dt. M., 9 Europa-Rekorde, 64 dt. Rekorde, 6 Weltbestzeiten (25 m-Bahn), 1. Schwimmer d. Welt üb. 100 m Kraul unt. 50 Sek. (25 m-Bahn) - Olymp. Sp.: 1972 Silbermed. 4 × 200 m-Kraulstaffel, 1976 Bronzemed. 4 × 100 m-Lagenstaffel, 1980 Mitgl. fikt. Olymp.mannsch.; Bundestrainer d. dt. Gehörlosen-Nationalmannsch. (Schwimmen) - Silb. Lorbeerblatt; 1981 Unesco; pers. Mitgl. NOK (Nationales Olymp. Komit.) - Fair play Preis - Spr.: Engl.

STEINBACH, Manfred
Dr. med., Prof., Ministerialdirektor, Leit. Abt. Gesundheitswesen im Bundesmin. f. Jugend, Familie, Frauen u. Gesundheit - Weissdornstr. 13, 5309 Meckenheim - Geb. 18. Aug. 1933 Sprottau - Habil. Psychiatrie Univ. Mainz - Hon.-Prof. TH Darmstadt - Ehem. bek. Leichtathlet (Weitsprung, Sprint).

STEINBACH, Meerfried
s. Reuschel, Reinhold

STEINBACH, Peter
Journalist - Auf der Röte 9b, 7840 Müllheim/Baden (T. 07631 - 1 45 29) - Geb. 26. März 1906 Mannheim (Vater: Albert S., Kaufm.; Mutter: Katharina, geb. Ballmann), verh. s. 1949 m. Renate, geb. Geissler - Human. Gymn. - Wehrdst. 1939-45; 1946-71 Redakt. Verlagshaus Frankfurter Societäts-Druckerei, s. 1971 ständ. Glossist u. Kolumnist Frankfurter Abendpost/Nachtausgabe - BVK am Bd. - Liebh.: Wandern, Gesch. d. Franz. Revolut., Klass. Lit., Schach - Spr.: Franz.

STEINBACH, Peter
Dr. phil., Prof. f. Politikwissenschaft u. ihre hist. u. theoret. Grundlagen Univ. Passau - Dr.-Ritter-von-Scheuring-Str. 19, 8390 Passau (T. 0851 - 50 92 81) - Geb. 16. April 1948 Lage, ev., verh. s. 1971 m. Dr. Renate, geb. Schneider, 3 Kd. (Ivo, Arvid, Marie-Louise) - Staatsex. 1972, Promot. 1973, Habil. 1978 - 1974-78 Assist.-Prof. Berlin; 1979 Lehrstuhlvertr.; s. 1982 Prof. Passau, s. 1983 nebenamtl. wiss. Leit. d. ständ. Ausst. Widerstand gegen NS in Gedenkstätte Dt. Widerstand d. Senats v. Berlin; s. 1986 Mitgl. Hist. Kommiss. zu Berlin - BV: Industrialisier. u. Sozialsystem, 1976; Modernisier. in Dtschl., 1978; NS-Verbrechen in d. dt. Öffentlichk., 1980; Sozialdemokr. u. Verfassungsordn., 1982; Probleme polit. Partizipation, 1982; Vergleichende europ. Wahlgeschichte, 1983; Felix Fechenbach, 1984; Vergangenheitsbewält. durch Strafverfahren, 1984; Modell Dachau, 1987; Wählerbeweg. u. polit. System, 1988; Wahlkämpfe im Bismarckreich, 1989 - 1980 Heisenberg-Stip.

STEINBECK, Wolfram
Dr. phil., Prof. f. Musikwissensch. Univ. Bonn - Rosenweg 32, 5300 Bonn 3 - Geb. 5. Okt. 1945 Hagen (Vater: Prof. Dr. Wolfram St., Philosoph; Mutter: Ursula, geb. Söding), verh. s. 1972 m. Dr. Susanne, geb. Schmidt, 4 Kd. (Frank, Barbara, Katharina, Wolfram) - 1965-72 Stud. Musikwiss., German. u. Phil. Univ. Bonn u. Freiburg, Promot. 1972; Habil. 1979 Kiel - 1972-80 wiss. Assist., 1981-85 Prof. Univ. Kiel; 1985-88 PH Kiel; s. 1988 Univ. Bonn - BV: D. Menuett in d. Instrumentalmusik J. Haydns, 1972; Struktur u. Ähnlichk. Methoden automat. Melodienanalyse, 1982.

STEINBEISSER (ß), Albert
Dr., Oberbürgermeister (b. 1977) - Fraunhoferstr. 2, 8200 Rosenheim/Obb. - CSU - Spr.: Engl. - Rotarier.

STEINBERG, Fred
Kaufmann, Geschäftsführer Kimberly-Clark GmbH, Koblenz - Zu erreichen üb. Kimberly-Clark GmbH, Carl-Spaeter-Str. 17, 5400 Koblenz - Geb. 13. Dez. 1945 Helmstedt (Vater: Rudolf St., Kaufm.; Mutter: Käthe, geb. Pfingst), ev., verh. s. 1970 m. Marion, geb. Westhoff, in 2. Ehe s. 1984 m. Barbara, geb. Petermann; 3 Kd. (Marc Oliver, Daniel, Julia) - Dipl.-Betriebswirt FHS Niederrh. - S. 1970 Posit. in Market. u. Verkauf; s. 1982 Geschäftsf. Kimberly-Clark GmbH; Landesbeiratsmitgl. Dresdner Bank, Frankfurt, Beirat Reuther Verpackung GmbH, Neuwied - Liebh.: Tennis, Schifahren - Spr.: Engl.

STEINBERG, Hans-Josef
Dr. phil., Prof. f. neuere Geschichte, Rektor Univ. Bremen (1974-77) - Weyertal 47, 5000 Köln 41 (T. 44 81 42) - Geb. 22. Okt. 1935 Köln (Vater: Christian S., Versich.kfm.; Mutter: Johanna, geb. Hagedorn), 2 Kd. (Wolfram, Christoph) - Gymn.; 1956-62 Stud. Gesch., German., Phil. Köln. Staatsex. - 1962-64 wiss. Assist.; 1964-66 Forschungsstip.; 1966-71 wiss. Mitarb. Forsch.inst. Friedr.-Ebert-Stift.; s. 1971 Prof. Univ. Bremen - BV: Sozialismus u. dt. Sozialdemokratie (Zur Ideol. d. Partei vor d. I. Weltkrieg, 1967, 5. A. 1979 (ital. 1979, jap. 1983); Widerstand u. Verfolg. in Essen, 1969, 2. A. 1972; D. dt. Sozialist. Arbeiterbewegung b. 1914. E. bibliogr. Einführung, 1979. Herausg.: Mahnruf e. dt. Mutter - Proletarierpoesie aus d. Zeit d. Sozialistenges., Bremen 1983.

STEINBERG, Heinz
Dr. phil., Bibliotheksdirektor a. D., Lehrbeauftr. FU Berlin, Univ. Marburg u. Erlangen - Hildegardstr. 13b, 1000 Berlin 31 (T. 853 29 70) - Geb. 27. Febr. 1913 Berlin, ev., verh. s. 1941 m. Renate, geb. Weiß, 2 Kd. (Irene, Thomas) - Luisengymn. Berlin; Univ. ebd., Freiburg, Göttingen (Promot. 1941) - B. 1941 Privatlehrer, dann Soldat, ab 1943 Verlagslektor, n. Kriegsende Bezirksschulrat, Verlagslektor (1946), fr. Schriftst. (1948) u. Doz. Bibliothekarsch. Berlin, 1953-73 Ref. u. Abt.leit. Senatsverw. f. Volksbild. ebd. 1957-63 stv. Vors. Dt. Büchereiverb. S. 1978 literatursoziolog. Forschungsarb. in Europa u. Amerika - BV: Schicksal u. Ethos b. F. M. Klinger, 1941; Berlins Öfftl. Büchereien, 1956; Buch u. Leser, 1967; Wer war Leibniz?, 1967; Forschungsobjekt Buch, 1971; Zur Benutzerforschung öffentl. Bibliotheken, 1973; Lesen in öffentl. Bibl./Reading in German Public Libraries, 1974. Herausg.: Klass. Literatur; Anleitung z. wiss. Arbeiten (8. A. 1973, Horst Kliemann); Bibliographie Buch u. Lesen (1979). Mithrsg.: Lexikon d. ges. Buchwesens (ab 1982). Zahlr. Beitr. Ztschr. u. Sammelw. Über St.: Buch u. Bibliothek 30 (1978) 4.

STEINBERG, Pinchas
Dirigent, Generalmusikdir. Bremen - Zu erreichen üb. Hamburg. Staatsoper, Gr. Theaterstr. 34, 2000 Hamburg - Geb. 13. Dez. 1945 Israel - Indiana Univ., Roosevelt Univ., Chicago, Julward School of Music, New York - Gastdirig. Gr. Symphony Orch. u. Oper in London, Mailand, Paris, San Francisco, München, Stockholm, Zagreb, Sydney, Bruxelles, Rom, Turin - Liebh.: Garten, Politik - Spr.: Engl., Franz., Ital., Deutsch, Hebräisch.

STEINBERG, Rudolf
Dr. jur., Prof. Univ. Frankfurt - Wingertstr. 2a, 6238 Hofheim/Ts. 1 - Geb. 23. Juni 1943 Cochem (Vater: Rudolf St., Stud.rat; Mutter: Dr. med. dent. Luise, geb. Kistner), verh. m. Angelika, geb. Schriever, 4 Kd. - Univ. Freiburg (Promot. 1970, Ass. 1973, Habil. 1978 - 1977-80 Prof. Univ. Hannover; ab 1980 Univ. Frankfurt - BV: Politik u. Verw.org., 1979; Abrüst. u. Rüst.kontrollverw. in d. Bundesrep. Deutschl., 1982; Staat u. Verbände, 1985; D. Nachbarrecht d. öfftl. Anlagen, 1988. Zahlr. Veröff. im Verfassungs- u. Verwaltungsrecht.

STEINBERGER, Helmut
Dr. jur., o. Prof. f. Öfftl. Recht u. Völkerrecht Heidelberg - Berliner Str. 48, 6900 Heidelberg 1 - Geb. 18. Dez. 1931 München - Promot. 1963; Habil. 1971 - 1961-72 Wiss. Ref. MPI f. Ausl. öfftl. Recht Heidelberg; 1972-87 o. Prof. Univ. Mannheim (Dt. u. Ausl. öfftl. Recht, Völker- u. Europarecht); b. 1987 Richter Bundesverfassungsgericht (II. Senat), Karlsruhe; gegenw. Dir. am MPI f. Völkerrecht, Heidelberg - BV: GATT u. regionale Wirtschaftszusammenschlüsse, 1963; Konzeption u. Grenzen freiheitl. Demokr., 1974. Zahlr. Einzelarb.

STEINBERGER, Josef
I. Bürgermeister - Rathaus, 8386 Reisbach/Ndb. - Geb. 14. Aug. 1943 Stieberg 11 - Zul. Flurbereinigungstechniker. CSU.

STEINBERGER, Susanne
s. Uhlen, Susanne

STEINBOECK, Rudolf
Prof., Regisseur - Dr.-Heinrich-Maier-Str. 38, Wien XVIII - Geb. 7. Aug. 1908 Baden b. Wien, verh. m. Aglaja, geb. Schmid (Schausp.) - Schule u. Ausbild. Wien - S. 1938 Schausp., Regiss. u. Dir. (1946-1954) Theater in d. Josefstadt Wien. Gastinsz. München, Berlin u. a. - 1963 Prof.-Titel; 1965 Josef-Kainz-Med.

STEINBORN, Ernst Otto H.
Dr. phil. nat., Prof. f. Theoret. u. Physikal. Chemie - Inst. f. Phys. u. Theor. Chemie Univ. Regensburg, Universitätsstr. 31, 8400 Regensburg (T. 0941 - 94 31) - Geb. 8. Mai 1932 Dresden (Vater: Heinrich St., selbst. Kaufm.; Mutter: Gertrud, geb. Thomas), ev.-luth., verh. s. 1968 m. Gudrun, geb. Mnich - S. 1959 TH Dresden (Phys.), Promot. Univ. Frankfurt/M. 1965, Habil. (Theor. u. Physikal. Chem.) Berlin 1970 - 1961-67 Wiss. Assist. Univ. Frankfurt, 1967-69 Wiss. Mitarb. Iowa State Univ. Ames/USA, 1970 Priv.-Doz. TU Berlin, 1971 Prof. ebd., 1971-78 Wiss. Rat u. Prof. Univ. Regensburg, s. 1978 ao. Prof. - Spr.: Engl.

STEINBRECHER, Michael
Sportredakteur - Jugendstr. 9, 8000 München 8 - Geb. 23. April 1915 München - Spez. Fußballberichte (Inh. e. umfangr. Fußb.-Archivs) - 1981 Ehrenmitgl. Verb. Dt. Sportpresse; Med. München leuchtet; Ehrenvors. Verein Münchner Sportpresse; Goldene Ehrennadel Stadt München f. bes. Verd. um d. Sport; Ehrenmed. d. Bayer. Fußball-Verb.

STEINBRECHER, Wolfgang Willi

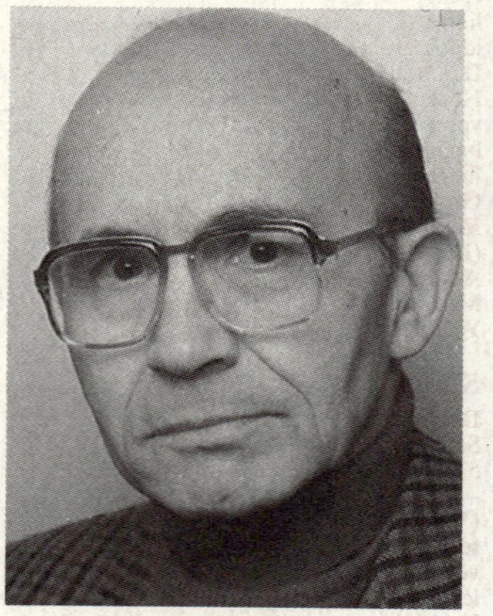

Dr. med., Prof. f. Neurologie u. Psychiatrie - Züricher Str. 40, 2800 Bremen 44 - Geb. 21. Okt. 1925 Breslau (Vater: Willi St., Hochsch.l.; Mutter: Margarete, geb. Vogt), ev., verh. s. 1988 m. Käthe, geb. Stephan, 3 Kd. aus 1. Ehe (Gabriele, Beate, Bertold) - Univ., Staatsex., Facharztausb., Habil. 1963 - Klinikdir. Neurol. Klinik ZKH Bremen-Ost, 1970 apl. Prof. Univ. Göttingen (Med. Fak.) - BV: Elektromyographie in Klinik u. Praxis, 1965; Sucht u. Mißbrauch (Hrsg., m. H. Solms), 1975 - Honorary commitee of Electromyography Brüssel - Liebh.: Jagd, Musik - Spr.: Engl., Franz.

STEINBRECHT, Rudolf Alexander

Dr. rer. nat., Prof. f. Zoologie Univ. München - Pfahlweg 12a, 8138 Andechs - Geb. 27. Okt. 1937 (Vater: Alexander St., Bildhauer), ev., verh. s. 1964 m. Barbara, geb. Strack, Kunstmalerin, 2 S. (Andreas, Tonio) - Hum. Gymn.; 1956-64 Stud. Naturwiss. München, Berlin, Kiel; Promot. 1964 München; Habil. 1972 München - Wiss. Mitarb. Max-Planck-Inst. f. Verhaltensphysiol. Seewiesen; Mithrsg. b. Tissue & Cell sow. Intern. Journal of Insect Morphol. & Embryol.; 1975-77 Gastprof. ICIPE Nairobi/Kenya. Grundl. Arb. z. Geruchssinn d. Insekten - BV: Cryotechniques in Biol. Electron Microscopy, 1987; zahlr. Originalbeitr. in Fachztschr. - Spr.: Engl., Franz., Ital., Alt- u. Neugriech., Latein, Kisuaheli - Bek. Vorf.: Alexander Steinbrecht, Kunstmaler (Großv.).

STEINBRENNER, Georg

Rechtsanwalt, Landrat i. R. - Blumenthalstr. 54, 6900 Heidelberg (T. 47 24 73) - Geb. 28. Aug. 1911 Wiesloch, ev., verh. s. 1940 m. Adelheid, geb. Hollerbach, 2 Kd. (Klaus, Edeltraud) - Gymn.; Univ. Heidelberg, München, Berlin (Rechtswiss.) - B. 1939 Gerichtsref., dann Regierungsass., -rat (1941), Oberreg.rat (1951), Reg.dir. (1953), 1954-73 Landrat Heidelberg - DRK-Ehrenkreuz; 1973 BVK I. Kl.; 1973 Ehrenzeichen dt. Feuerwehrverb.; 1980 Ehrenz. in Silber Dt. Genossenschaftsverb. - Liebh.: Lit., Musik, Wandern.

STEINBUCH, Karl W.

Dr.-Ing., o. Prof. f. Nachrichtenverarbeitung i. R. - Adalbert-Stifter-Str. 4, 7505 Ettlingen/Baden (T. 1 26 86) - Geb. 15. Juni 1917 Bad Cannstatt, konfessionsl., verh. s. 1949 m. Hannelore, geb. Leitmeyer, 2 Kd. - TH Stuttgart (Physik; Promot. 1944) - 1948-1958 Labor- u. Entwicklungsleit. Standard-Elektrik Lorenz AG, Stuttgart; 1958-80 o. Prof. u. Inst.dir. TH bzw. Univ. Karlsruhe - BV: Automat u. Mensch, 4. A. 1971; D. informierte Gesellschaft, 2. A. 1969; Nachrichtentechnik, 1967; Falsch programmiert, 9. A. 1968; Programm 2000, 1969; Mensch - Technik - Zukunft, 1971; D. humane Ges. jenseits v. Kapitalismus u. Kommunismus, 1972; Kurskorrektur, 7. A. 1973; Ja z. Wirklichkeit, 1975; Maßlos informiert, 3. A. 1979; Diese verdammte Technik, 1980; D. rechte Zukunft, 1981; Unsere manipulierte Demokratie 1985; Schluß m. d. ideologischen Verwüstung, 2. A. 1986; D. Zeitgeist in d. Hexenschaukel, 1988. Herausg.: Taschenbuch d. Nachrichtenverarbeitung (1961) - 1972 Dt. Sachbuchpreis Stadt Osnabrück; 1969 Wilhelm-Boelsche-Med. in Gold Kosmos-Ges. d. Naturfreunde Stuttgart; 1967 Mitgl. Dt. Akad. d. Naturforscher (Leopoldina), Halle/S.; 1975 Konrad-Adenauer-Preis; 1979 Jakob-Fugger-Med.; 1982 Verdienstmed. Land Baden-Württ. - Spr.: Engl., Franz.

STEINDORF, Gerhard

Dr. phil., o. Prof. f. Allg. Didaktik u. Schulpäd. - Ferdinand-Schmitz-Str. 73, 5330 Königswinter 1 (T. 02223 - 2 70 68) - Geb. 30. Juni 1929 Friedeberg/Neum. (Vater: Johannes S., Hauptlehrer; Mutter: Gertrud, geb. Ninnemann), ev., verh. s. 1962 m. Gisela, geb. Rischmüller, 2 Kd. (Arne, Karen) - Gymn. Bad Kreuznach; 1949-51 Päd. Akad. Worms; 1951-1952 u. 1955-59 Univ. Mainz (Päd., Psych., Geogr.; Promot. 1959). 1. u. 2. Lehrerprüf. - 1951-56 u. 1960 Lehrer; 1961-62 Doz. PH Worms; s. 1962 Prof. PH Bonn, s. 1980 Univ. Bonn (Dir. Sem. f. Schulpäd.). Mitgl. Dt. Ges. f. Erziehungswiss. - BV: D. Intentionen d. dt. VHSn, 1960 (Diss.); V. d. Anfängen d. VHS in Dtschl., 1968; Einf. in d. Schulpäd., 3. A. 1976; Pädagogikstudium - Plan. u. Gestalt. Hochschuldidakt. Überleg. im Bereich d. Erziehungswiss., 1975; Grundbegr. d. Lehrens u. Lernens, 2. A. 1985; Lernen u. Wissen. Theorie d. Wissens u. d. Wissensvermittlung, 1985. Fachaufs.

STEINDORFF, Ernst

Dr. jur., o. Prof. f. Bürgerl. Recht, Handels-, Wirtschafts-, Arbeits- u. internationales Privatrecht - Ludwigstr. 29/III, 8000 München 22 (T. 21 80 32 67) - Gymn. u. Univ. Frankfurt (1946-49; Rechtswiss.). Promot. (1952) u. Habil. (1957) Frankfurt; Ass.ex. 1953 - 1937-46 Wehrmacht (Offz.) u. Kriegsgefangensch.; 1950-51 Dt. Schuman-Plan-Delegation/AA Bonn (Sekr.); s. 1957 Lehrtätigk. Univ. Frankfurt (Privatdoz.), Tübingen (1959 Ord.), München (1964 Ord.). 1962 Visiting Prof. Georgetown Univ. Washington, D. C./USA u. Law School Univ. of Chicago/USA. 1971ff. Mitgl. Sachverständigenkommiss. Arbeitsgesetzb. - BV: D. Nichtigkeitsklage im Recht d. Europ. Gemeinsch. f. Kohle u. Stahl, 1952; Sachnormen im intern. Privatrecht, 1958 (Habil.sschr.); Zweckmäßigkeit im Wettbewerbsrecht, 1959; Problèmes des prix imposés dans le marché commun, 1962; Rechtsschutz u. Verfahren im Recht d. Europ. Gemeinsch., 1964 (franz. 1965); D. Gleichheitssatz im Wirtschaftsrecht d. Gemeins. Marktes, 1965; Einführung in d. Wirtschaftsrecht, 1977, 2. A. 1985; Sind Handelsgenossenschaften Kartelle?, 1978; Wettbewerbliche Einheit u. Kartellrechtliche Vermutungen, 1982. Mitherausg. u. Schriftl. Ztschr. f. d. Ges. Handelsrecht u. Wirtschaftsrecht (1961ff.) - Spr.: Franz., Engl., Ital.

STEINEBACH, Josef Gerhard

Dr. rer. nat., Prof. f. Mathematische Stochastik Univ. Hannover - Am Langacker 2, 3575 Kirchhain-Burgholz (T. 06425 - 15 92) - Geb. 21. Dez. 1949 Lank (Vater: Gerhard St., Angest.; Mutter: Sofia, geb. Wankum), kath., verh. s. 1972 m. Beate, geb. Bongers, 3 Kd. (Claudia, Silvia, Carsten) - 1968-73 Stud. Math. u. Physik Univ. Düsseldorf; Dipl.-Math. 1973, Promot. 1976, Habil. 1979, alle ebd. - 1973-79 Wiss. Assist. Univ. Düsseldorf; 1980 Visiting Scientist Ottawa/Canada; 1980-87 Prof. Marburg; s. 1987/88 Prof. Hannover.

STEINECKE, Hartmut

Dr. phil., Prof. f. neuere dt. Literatur Univ.-GH Paderborn - Sammtholzweg 13, 4790 Paderborn-Wewer (T. 05251 - 9 11 52) - Geb. 12. März 1940 Nürnberg (Vater: Dr. Erich St., Dipl.-Ing.; Mutter: Elisabeth, geb. Grimm), ev., verh. s. 1966 m. Christa, geb. Peter, 2 Kd. (Anke, Christoph) - Promot. 1966 Bonn, Habil. 1973 ebd. - 1966-67 Gastdoz. Univ. of Chicago; 1967-74 Wiss. Assist. u. Privatdoz. Univ. Bonn; 1974 o. Prof. Univ. Paderborn; Gastprof. Dartmouth Coll., 1981 u. 1985 Gastprof. Cornell Univ., 1984 Gastprof. Univ. of Kansas, 1987 Gastprof. Univ. of Michigan - BV: Hermann Broch u. d. polyhist. Roman, 1968; Romantheorie u. Romankritik in Dtschl., 2 Bde, 1975/76; Literaturkritik d. Jungen Dtschl., 1982; Romanpoetik v. Goethe b. Thomas Mann, 1987; V. d. Aufklärung z. Romantik. Bemerkungen z. dt. Gegenwartslit., 1987.

STEINECKE, Klaus-Peter

Kaufmann, Mitgl. Abgeordnetenhaus v. Berlin (s. 1979) - Zu erreichen üb.: CDU-Fraktion, Rathaus, 1000 Berlin 62.

STEINEL, Kurt

Prof., Maler u. Grafiker - Heinrich-Heine-Str. 29, 6050 Offenbach (T. 85 86 03) - Geb. 3. Febr. 1929 Freiburg/Br., kath. verh. s. 1957 m. Christa, geb. Novinsky - Prof. Staatl. Akad. d. Bild. Künste, Freiburg; s. 1975 Rektor Hochsch. f. Gestaltung, Offenbach.

STEINER, Adolf Martin

Dr. rer. nat., Prof. f. Saatgutforsch. Univ. Hohenheim - Windhalmweg 4, 7000 Stuttgart 70 - Geb. 2. Juni 1937 Stuttgart - Promot. 1964, Habil. 1972 - 1964-65 Smithsonian Inst., USA; 1966-68 Univ. Freiburg; s. 1968 Univ. Hohenheim (Stuttg.), 1975 Prof. - Mitgl. Verb. Dt. Landw. Unters. u. Forsch.anst. (VDLUFA); Mitgl. Intern. Seed Testing Assoc. (ISTA, f. d. BRD akkred.); u. a. Fachverb. Mithrsg. Fachztschr. Seed Science and Technology. 75 Publ. auf d. Geb. d. Pflanzenphysiol. u. Saatgutforsch.

STEINER, Friedrich

Kaufmann, gf. Gesellsch. IHG Gesellschaft f. Internationalen Handel GmbH, Ludwigshafen (s. 1977) - Fritz-Haber-Str. 16, 6700 Ludwigshafen - Geb. 29. Jan. 1926 Oppau.

STEINER, Gerd

Dr. phil., Prof. f. Altorientalistik Univ. Marburg (s. 1971) - Tulpenstr. 3, 3550 Marburg/L. 7 - Geb. 21. Okt. 1932 Nürnberg, verh. m. Rosemarie, geb. Komrowske, 1 Kd. - Abit. 1951 Nürnberg; Promot. 1959 Hamburg; Habil. 1969 Marburg - Facharb.

STEINER, Gerolf Karl

Dr. phil. nat., o. Prof. f. Zoologie (emerit. 1973) - Schwarzwaldhochstr. 10, 7560 Gaggenau-Freiolsheim (T. 07204 - 2 91) - Geb. 22. März 1908 Straßburg/Els. (Vater: Dr. h. c. Karl Theodor S., Ministerialrat; Mutter: Katharina, geb. Frick, Bildhauerin), ev., verh. s. 1954 m. Renate, geb. du Mesnil de Rochemont, 7 Kd. (Ursula, Friederike, Alfred, Berthold, Irmtrud, Wolfram, Dietrich) - Gymn. Karlsruhe; Univ. Heidelberg u. München (Biol.) - Ab 1931 Assist. Zool. Inst. Univ. Heidelberg, 1935-39 wiss. Mitarb. Kältetechn. Inst. TH Karlsruhe u. Reichsinst. f. Lebensmittelfrischhalt. ebd., 1939-47 Assist. u. Doz. (1942) TH Darmstadt, 1947-62 Privatdoz. u. apl. Prof. (1949) Univ. Heidelberg, seither ao. u. o. Prof. (1966) TH bzw. Univ. Karlsruhe - BV: Bau u. Leben d. Rhinogradentia, 1961 (Ps.: H. Stümpke; franz. 1962, amerikan. 1967, japan. 1976); D. zool. Laboratorium, 1963; Wie werde ich Diktator, 1968 (Ps.: Wiederumb); Nebenergebnisse aus 1001 Sitzungen, 1968 (Ps.: Andereich); Zoomorphologie in Umrissen, 1977. Tierzeichn. in Kürzeln, 1982 (japan. 1987); Zeichnen. D. Menschen andere Sprache, 1986 (japan. 1988). Einzelveröff. üb. Sinnesphysiol., Erziehungsfragen, Kältekonservierung v. Lebensmitteln, Naturschutz. Mitarb.: Plank, Handb. d. Kältetechnik (1952) - Liebh.: Kunstwiss., Malerei - Spr.: Franz., Ital., Engl.

STEINER, Hans-Georg

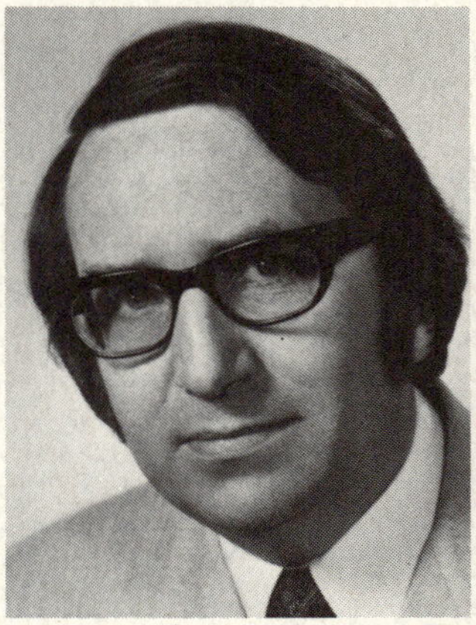

Dr. rer. nat., o. Prof. f. Didaktik d. Mathematik, Dir. Inst. f. Didaktik d. Math. Univ. Bielefeld - Marsstr. 16, 4800 Bielefeld 15 (T. 05206 - 34 87) - Geb. 21. Nov. 1928 Witten (Vater: Alfred St., Gutsbes.; Mutter: Johanna, geb. Viol), ev., verh. s. 1952 m. Erika-Luise, geb. Pächer, 3 Kd. (Johannes, Pamela, Gregor) - 1949-55 Stud. Math., Physik, Phil. u. Päd. Univ. Münster; Lehramtsprüf. f. höh. Schulen 1955 u. 57, Promot. 1969 TU Darmstadt - 1957-59 wiss. Assist. Univ. Münster; 1959-70 OStud.rat, Akad. Oberrat, Univ. Münster, TH Karlsruhe; s. 1968 Dir. Zentr. f. Didaktik d. Math. Univ. Karlsruhe; 1970-73 o. Prof. Univ. Erlangen-Nürnberg, Univ. Bayreuth; 1971-72 Vorst. PH Bayreuth; s. 1973 o. Prof. Bielefeld, Inst.-Dir. 1975 Vize-Präs. Intern. Math. Unterr.-Kommiss. (IMUK); 1973-88 Vize-Präs. Intern. Jugend-Kultur-Zentrum Bayreuth - BV: Grundl. u. Aufb. d. Geometrie, 2. A. 1975; Didaktik d. Math., 1978; Math.-Phil.-Bildung, 1982; Math. Kenntnisse - Leistungsmess. - Studierfähigk., 1984; D. math. Denken u. d. Schulmath., 1988 - S. 1987 Ehrenmitgl. Union tschechosl. Math. u. Phys. - Spr.: Engl., Franz., Ital.

STEINER, Heinz-Alfred

Hauptmann a. D., MdB (Landesliste NRW) - Feldmarkring 298, 5860 Iserlohn (T. 02371 - 4 01 08) - Geb. 2. April 1936 - SPD.

STEINER, Jacob

Dr. phil., o. Prof. f. Dt. Philologie - Universität (Inst. f. Literaturwiss.), Collegium am Schloß, 7500 Karlsruhe - Geb. 1. Okt. 1926 Bern/Schweiz (Vater: Hans S., Chemiker; Mutter: Charlotte, geb. Kramer), verh. s. 1952 m. Dr. Beatrice, geb. Bucher (Zürich), 4 Kd. (Andreas, Anna Cornelia, Walter Jakob, Max Ulrich) - Literargymn. Bern; Univ. Zürich u. Bern. Promot. 1954 Zürich; Habil. 1959 Uppsala - B. 1956 Lektor Univ. Uppsala, 1960 Extraord. Univ. Stockholm, s. 1964 Ord. Univ. Münster, Göttingen (1968), Karlsruhe (1972). Spez. Arbeitsgeb.: Goethezeit u. 20. Jh. - BV: Sprache u. Stilwandel in Goethes Wilhelm Meister, 1959; Erläuter. zu Goethes Faust I, 1959; Rilkes Duineser Elegien, 1962, 2. A. 1969; D. Bühnenanweis., 1969; Storm-Fontane, Briefwechsel, Krit. Ausg., 1981; Rilke, 1986.

STEINER, Joerg

Schriftsteller - Seevorstadt 57, CH-2500 Biel (Schweiz) - Geb. 26. Okt. 1930 Biel - Lyrikbde., Kinder- u. Jugendb., Erzählungen, Romane - 1966 Veillon-Preis; 1976 Literaturpr. Kanton Bern; 1982 Gustav-Heinemann-Friedenspr. Dt. Ges. f. Friedens- u. Konfliktforsch.

STEINER, Rudolf

Dr.-Ing., Prof., Chemiker - Rehweiherstr. 14, 8520 Erlangen - Geb. 20. Dez. 1938 Prag (Vater: Rudolf S., Postbeamt.; Mutter: Anna, geb. Sieber), kath., verh. s. 1964 m. Dr. Dagmar, geb. Liebscher, 2 Töcht. (Carola, Nicola) - Promot. 1963; Habil. 1967 Darmstadt - S. 1969 Hoechst AG, dort s. 1976 Leiter der Verfahrenstechnik/Wiss. Dir. S. 1973 Honorarprof. TH Darmstadt; s. 1988 Ord. f. Techn. Chemie Univ. Erlangen-Nürnberg. Mithrsg.: Winnacker-Küchler, Chem. Technol. - 1974 Dechema-Preis.

STEINER, Tommy

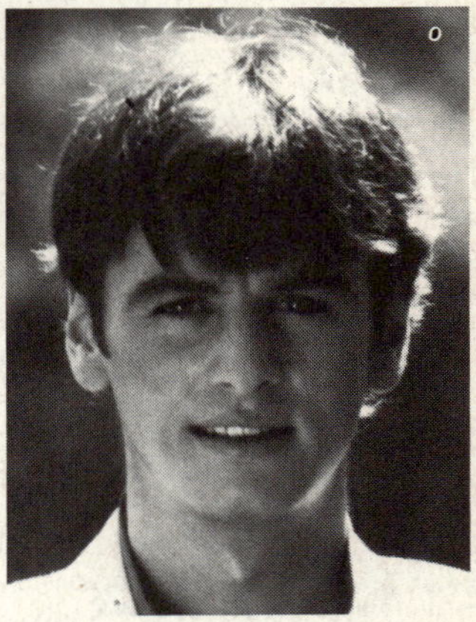

Sänger, Komponist, Verleger, Texter, Produzent - Zu erreichen üb. Wolfgang

Kaminski, Künstlermanager, Dahlienweg 2, 5804 Herdecke - Geb. 7. Okt. 1962 Aalen/Württ. (Vater: Karl St., Bauleit.; Mutter: Eleonore, geb. Schwarz), kath., gesch. - Stud. Jura u. Betriebsw.; Schlagersänger. Plattenveröff.: Tommy Steiner, Ich will frei sein f. d. Träume (LP), Sommerwind, Gedanken z. Weihnacht, Fischer v. San Juan, Märchen v. Rhodos, D. ewige Feuer, Wenn dein Herz dir nicht sagt (Singles), Der Morgen danach, Märchenland; einige Kompos. (u.a. Wenn dein Herz dir nicht sagt, D. Riesen u.a.) - Div. Ausz. v. Funk, Fernsehen u. Plattenind., u.a. Gold. Stimmgabel, Gold. Antenne - Spr.: Engl., Franz., Portug.

STEINER, Udo-Dietrich

Dr. jur., o. Prof. f. Öfftl. Recht Univ. Regensburg (s. 1979) - Am Katzenbühl 5, 8400 Regensburg-Harting (T. 70 09 13) - Geb. 16. Sept. 1939 Bayreuth (Vater: Dr. jur. Philipp S.; Mutter: Martha, geb. Adel), ev., verh. s. 1967 m. Ingeborg, geb. Kanzok, 4 Kd. (Axel, Ina, Michael, Christina) - 1958-62 Univ. Erlangen, Köln, Saarbrücken. Beide jurist. Staatsprüf.; Promot. 1965, Habil. 1972 (beides Erlangen) - 1973 Univ. Bielefeld (Wiss. Rat u. Prof. bzw. o. Prof.), 1975 Verwaltungsakad. Ostwestf.-Lippe (Studienleit.), 1976 OVG NRW (Richter im Nebenamt), 1985 Ruf an Hochsch. f. Verwaltungswiss. Speyer - BV: Verfassunggebung u. verfassunggeb. Gewalt d. Volkes, 1966; Öfftl. Verw. durch Private, 1975; Rechtl. Aspekte e. städtebaul. orientierten Verkehrsplanung in d. Gemeinden, 1980; Off. Rechtsschutzprobleme im Verhältnis von Staat u. Kirchen, 1981; Staatl. Gefahrenvorsorge u. Techn. Überwach., 1984; Möglichkeiten u. Grenzen d. wirtschaftl. Betätigung d. öfftl.-rechtl. Rundfunkanstalten, 1986. Herausg.: Besonderes Verwaltungsrecht (3. A. 1988) - 1966 Fakultätspreis Univ. Erlangen-Nürnberg - Liebh.: Sport - Spr.: Engl., Franz.

STEINERT, Jürgen

Volkswirt, Senator a.D. - Zu erreichen üb. Rathaus, 2000 Hamburg 1 - Geb. 1937, verh. s. 1962 - 1958-62 u. 1965-71 Gewerkschaftssekr.; 1971-74 Ltd. Reg.-Dir.; b. 1982 Senator f. Wirtsch., Verkehr u. Landw. Hbg. SPD (s. 1976 stv. Vors. Landesorg. Hbg.).

STEINFELD, Karl-Heinz

Komponist, Musikpäd., Dirig. - Landhausstr. 78, 7290 Freudenstadt/Schwarzw. (T. 07441 - 3261) - Geb. 17. Juli 1934 Speyer/Rh. (Vater: Karl S., Staatsbeamt.; Mutter: Adelheid, geb. Dörzapf), kath., verh. s. 1960 m. Margarete, geb. Frick, 3 T. (Annika, Simone, Katrin) - Musikhochsch. Stuttgart (Staatsex. 1957/Kompos., Orchester- u. Chorleit.) - s. 1958 Orch.- u. Chordirig.; 1977-80 Musikschulleit. Üb. 70 uraufgef. Musikwerke (Kammerm., Kantaten, Klavierst., Orch.- u. Chorw., Singsp. u. Musical) - 1953 Kompos.preis SDR - Liebh.: Lit., Malerei - Spr.: Engl., Franz., Schwed.

STEINGRÄBER, Erich

Dr. phil., Prof., Generaldirektor Bayer. Staatsgemäldesammlungen (1969-87) - Prinzenweg 22, 8180 Tegernsee (T. 08022 - 31 03) - Geb. 12. Febr. 1922 Danzig-Neuteich (Vater: Berthold S., Staatsbeamter; Mutter: Ella, geb. Melchert), ev., verh. s. 1950 m. Gabriele, geb. Henseler, 2 Söhne (Stephan, Anselm) - Univ. Leipzig u. München (Kunstgesch., Archäol., Vorgesch.). Promot. 1950 München - 1954-62 Konservator u. Oberkonserv. Bayer. Nationalmuseum München; 1962-69 Generaldir. German. Nationalmus., Nürnberg. S. 1971 Hon.-Prof. Univ. München (Mittlere u. neuere Kunstgesch.) - Veröff. z. europäischen Kunst d. Mittelalters u. d. Neuzeit. Schriftl.: Pantheon (1973-80) - 1973 Bayer. VO.; 1975 Comm. dell'Ordine al merito della Rep. ital., 1976 BVK I. Kl.; 1983 Gr. BVK; Premio internazionale arti e scienze - Spr.: Engl., Ital.

STEINGROBE, Werner

Dipl.-Volksw., Geschäftsführer Süddt. Metall-Kontor GmbH., Nürnberg - Stephanstr. 49, 8500 Nürnberg (T. 0911 - 475 24 75) - Geb. 8. April 1926 - Zuv. s. 1970 Geschäftsf. Diehl-Gruppe (Leit. Zentralverw.).

STEINGRÜBER, Hans-Joachim

Dr. phil., Dipl.-Psych., Prof. u. Direktor Institut f. Med. Psych. Univ. Düsseldorf (s. 1974) - Zu erreichen üb. Univ., Inst. f. Med. Psych., 4000 Düsseldorf - Geb. 25. April 1940 Erfurt - Promot. 1969 Düsseldorf; Habil. 1972 ebd.

STEINHÄUSER, Emil W.

Dr. med., Dr. med. dent., o. Prof. u. Direktor Klinik f. Mund-Kiefer-Gesichtschirurgie Univ. Erlangen-Nürnberg (s. 1973) - Hindenburgstr. 67, 8520 Erlangen - Geb. 24. Sept. 1926 Würzburg - Promot. 1949 (m. d.) u. 53 (m.) Würzburg; Habil. 1968 Zürich - BV: Unterkiefer-Rekonstruktion durch intraorale Knochentransplantate u. deren Beeinfluss. durch d. Funktion, 1968; 2 Bücher üb. Kieferorthopädische Chirurgie, 1988/89. Über 150 Publ. u. mehrere Buchbeitr. - 1968 Martin-Wassmund-Preis; 1984/85 Präs. Dt. Ges. f. Mund-Kiefer-Gesichtschirurgie.

STEINHÄUSER, Günter

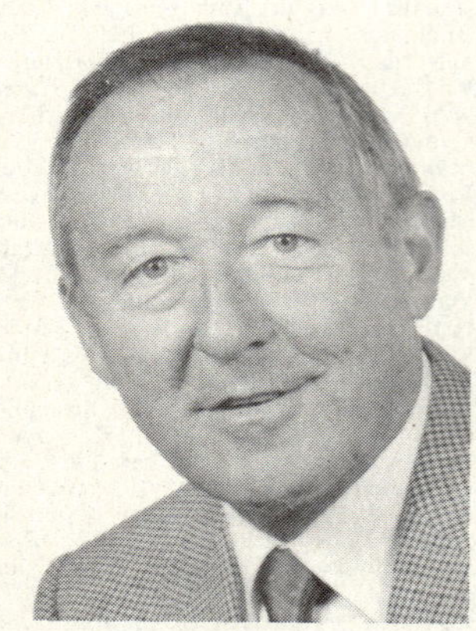

Dr. jur., Rechtsanwalt, Staatssekretär a. D. - Matterhornstr. 7, 6200 Wiesbaden (T. 06121 - 46 36 73) - Geb. 16. Febr. 1928 Kassel, ev., verh. - Stud. Rechtswiss. Göttingen u. Marburg; Promot. 1955 - 1957 Hess. Verw.gerichtshof Kassel; 1959 Hess. Sozialmin., (1970 Min.dirig., 1977-87 Staatssekr.); Vors. Hess. Arb.gemeinsch. f. Gesundheitserziehung Marburg.

STEINHÄUSER, Hanskarl

Geschäftsführer Verb. d. Korbwaren-, -möbel- u. Kinderwagenind. - Lauterburgstr. 20e, 8630 Coburg/Ofr. (T. 9 01 93) - Geb. 19. März 1921 Hof/S.

STEINHAUER, Erwin

Ökonomierat, Präs. Landwirtschaftskammer Rheinland-Pfalz, Bad Kreuznach - Hauptstr. 15, 6758 Lauterecken/Pf.

STEINHAUER, Friedrich

Arbeitsdirektor, Vorstandsmitgl. Mannesmannröhren-Werke AG., Düsseldorf (s. 1970) - Fliederweg 5, 4000 Düsseldorf 31 - Geb. 16. Sept. 1918 Dortmund - Zul. Vorstandsmitgl. Thyssen Röhrenwerke AG., Düsseldorf. Div. Mandate - Ehrenring Stadt Dortmund (f. Verdienste als Stadtrat); BVK 1. Kl.

STEINHAUER, Hans-Günter

Stadtdirektor a. D. - Schnegelskothen 13, 5620 Velbert 1 (T. 6 39 02) - Geb. 16. April 1930 Velbert (Vater: August S.; Mutter: Anna, geb. Knabe), ev., verh. s. 1956 m. Ursula, geb. Fink, 3 Kd. (Oliver, Claudia, Martina) - Gymn. Velbert; Stud. Rechtswiss. Univ. Köln u. Madison (Wisconsin). Jurist. Staatsprüf. 1956 u. 1962 - 1962 Richter LG Wuppertal; 1963-87 Stadtdir. Velbert. 1956-62 Ratsmitgl. Velbert (1959-61 Bürgerm.). SPD - Spr.: Engl.

STEINHAUER, Helmut

Geschäftsführer Landesverb. d. Oldenburg. Haus- u. Grundbesitzervereine - Wallstr. 19, 2900 Oldenburg/O..

STEINHAUER, Waltraud

Gewerkschaftssekretärin, MdB (s. 1974), stv. Bez.-Vors. Bez. WW (Landesl. NRW) - Grabenstr. 21, 5900 Siegen - Geb. 8. Febr. 1925 Velbert, ev., led. - Volkssch.; kaufm. Lehre - B. 1948 Eisengießerei, dann DGB (1965 Kreisvors. Siegen-Wittgenstein). 1956-74 Stadtverordn. (1963 Fraktionsf.) u. II. Bürgerm. Siegen; 1966 MdK Siegen. SPD s. 1951 (1972 Mitgl. Parteirat); z. Z. Vorst.-Mitgl. SPD-Bundestagsfraktion, o. Ausschußmitgl. f. Arb. u. Soziales, Sportaussch. u. stv. Arbeitskreisvors. f. Arb. u. Soziales, Vors. d. Kommiss. f. Mitarbeiterfragen d. Ältestenrates.

STEINHAUSEN, Michael

Dr. med., Prof. f. Physiologie - Im Neuenheimer Feld 326, 6900 Heidelberg - Geb. 28. Juni 1930 Greifswald (Vater: Wilhelm St., Univ.-Prof.; Mutter: Marie-Helene, geb. Colsman), ev., verh. s. 1957 m. Brigitte, geb. Holtz, 5 Kd. (Mechthild, Friedhelm, Almut, Ute, Wiltrud) - Human. Gymn.; Hochsch. f. Musik u. FU Berlin, Staatsex. 1958, Promot. 1958 Kiel, Habil. 1966 Heidelberg - S. 1972 Prof. f. Physiol., s. 1980 Vors. Gr. Senat Univ. Heidelberg - Entd.: Sichtbarmach. d. tubulären Harnstromes m. Lissaminigrün (1963) - Spez. Arbeitsgeb.: Nephrologie, Mikrozirkulation - Üb. 50 Aufs. in wiss. Ztschr., 7 Wiss. Filme. BV: Lehrb. Physiol., 2. A. 1980; (Zus. m. G.A. Tanner): Microcirculation and tubular urine flow, 1976 - 1968 Goldmed. British Medical Association, 1971 Preis Sowjetunion, 1976 Malpighi-Preis - Liebh.: Dirigent Heidelberger Ärzteorch. - Spr.: Engl. - Bek. Vorf. Wilhelm Steinhausen (1846-1924), Maler (Großv.).

STEINHAUSER, Hugo

Dr. agr., o. Prof. u. Vorstand Lehrst. f. Wirtschaftslehre d. Landbaues d. TU München, Freising-Weihenstephan - Prandtlstr. 12, 8050 Freising (T. 08161 - 1 35 31) - Geb. 21. März 1929 Ingolstadt/D. (Vater: Theodor S., Malerm.; Mutter: Franziska, geb. Maier), kath., verh. s. 1955 m. Erika, geb. Mayer, 2 Kd. (Bernhard, Angelika) - LH Hohenheim u. TH München (Dipl.-Landw. 1954), Promot. (1958) u. Habil. (1963) München - 1954-64 Wiss. Assist. u. Oberassist. TH München, 1965-71 o. Prof. u. Direktor Inst. f. Landw. Betriebs- u. Arbeitslehre Univ. Kiel, s. 1972 Mitgl. d. Wiss. Beirats b. Bundesmin. f. Ernähr., Landw. u. Forsten, 1975-87 Mitgl. d. Wiss. Beirats f. Naturschutz u. Landschaftspflege - 1984 Henneberg-Lehmann-Preis - 240 Fachveröff. - Liebh.: Skifahren - Spr.: Engl.

STEINHOFER, Adolf

Dr. phil., Drs. rer. nat. h. c., Chemiker, Honorarprof. Univ. Heidelberg (s. 1961) - Triftbrunnenweg 65, 6730 Neustadt/Weinstr.-19 - Geb. 13. Mai 1908 Knittingen - Oberrealschule Würzburg; Univ. Freiburg/Br. (Chemie; Promot. 1933) - 1935-73 BASF AG. (1951 Dir., 1957 Leitg. ges. Forsch., 1958 Vorstandsmitgl.). Div. Ehrenstell. - 1966 Ehrendoktor TH, jetzt Univ. Karlsruhe; 1969 Ehrensenator Univ. Freiburg; 1982 Ehrendoktor Univ. Kaiserslautern; 1965 Oskar-v.-Miller-Med. Dt. Museum, 1966 Carl-Engler-Med. Dt. Ges. f. Mineralöltechnik u. Kohlechemie, 1967 Silbermed. Kgl.-Schwed. Akad. d. Ingenieurwiss., 1973 Leibniz-Med. Mainzer Akad. d. Wiss. u. d. Lit.; 1973 Carl-Duisberg-Plak. Ges. Dt. Chemiker; 1988 Ehrensenator Univ. Kaiserslautern.

STEINHOFF, Johannes

General a. D. - Auf dem Reeg 15, 5307 Wachtberg-Pech - Geb. 15. Sept. 1913 Bottendorf/Thür. (Vater: Mühlenbes.), verh., 2 Kd. (S., T.) - Univ. Jena - S. 1936 m. bedingter Unterbrech. Berufsoffz. Luftwaffe (1939 Oblt., 1945 Oberst u. Kommodore Jagdgeschwader 7; 1955 als Oberst reaktiviert, 1960 Dt. Vertr. NATO-Militäraussch. Washington, 1963 Kommandeur 4. Luftwaffendiv., 1965 Chef d. Stabes NATO-Hauptquartier d. alliierten Luftstreitkräfte Europa-Mitte Fontainebleau, 1966 Inspekteur d. Luftw.), 1971-73 (Ruhest.) Vors. NATO-Militäraussch., Brüssel - BV: D. Straße n. Messina - Tageb. e. Kommodore, 3. A. 1970; Verschwörung der Jagdflieger, 1975; Wohin treibt die NATO?, 1976 - Unt. anderem 1944 Ritterkreuz m. Eichenl. u. Schwertern (anl. d. 167. Luftsieges); 1965 Trophée Pilot d. Jahres Intern. Orders of Characters (USA); 1967 Ehrenkdr. Kaktus-Staffel (Bundesstaat Arizona/USA); 1969 span. Orden; 1970 Kdr. amerik. Orden Legion of Merit; 1972 Kdr. franz. Ehrenlegion; 1972 Gr. BVK m. Stern u. Schulterbd. - Liebh.: Reiten, Malen, Kakteen - Fernsehen/ARD: Einige Tage im Leben d. J. S. (20. Nov. 1970) - B. Absturz e. Düsenjägers gegen Ende d. II. Weltkr. schwere Brandverletzungen (üb. 70 Gesichtsoperationen).

STEINHOFF, Jürgen

Rechtsanwalt, Geschäftsf. a.D. Wirtschaftsverb. Dt. Werbeagenturen, Düsseldorf 1 (b. 1982) - Brunhildenstr. 6, 4000 Düsseldorf 11 - Geb. 10. Febr. 1945.

STEINHÜSER, Ferdinand

Oberkreisdirektor Kr. Erkelenz - Lindenweg 4, 5140 Erkelenz/Rhld. - Geb. 10. Febr. 1904 Geseke - Div. Mandate - 1969 BVK I. Kl. u. Groner gold. Schild d. Rhein. Landwirtschaft; Ehrenmitgl. DRK - Landesverb. Rheinland.

STEINIGER, Fritz

Dr. phil., Prof., Museumsdirektor - Waldhausenstr. 7, 3000 Hannover (T. 83 07 12) - Geb. 23. Febr. 1908 Aschbuden (Vater: Gustav S., Bauer; Mutter: Marie, geb. Thiessen), ev., verh. s. 1952 m. Ingeborg, geb. Bertram, T. Birte-Sünne - Univ. Königsberg/Pr., Greifswald, Berlin (Biol., Med.). Promot. (1932) u. Habil. (1937) Greifswald - U. a. Doz. u. Leit. Inst. f. Vererbungswiss. Univ. Greifswald, Regierungsrat Reichsgesundheitsamt, 1942-44 Dir. Inst. f. Med. Zool. Riga-Kleistenhof, 1945-52 Leit. Außenst. Husum Robert-Koch-Inst. u. Staatl. Hyg.-Bakt. Unters.amt Flensburg, b. 1973 Dir. Naturkd.-Abt. Nieders. Landesmus., dann Vorst. Inst. f. Umweltschutz u. Sozialanthropol., Heinsen/Oberweser. Analysen (1941-68): D. embryonale Riechgrubenabschluß, 10 Jahre rattenfr. Hafen- u. Fischind.gebiet Cuxhaven, Weltweiter Transport v. Krankheitserregern durch Zugvögel, Ausprüf. d. Wühltiersicherh. v. Deichbaustoffen - BV: Warnen u. Tarnen im Tierreich, 1938; Vogelparadies Drausensee, 1938; D. Entlausung u. sonst. Entwes., 1943; Rattenbiol. u. -bekämpf., 1942; D. Photogr. freileb. Tiere, 1956; D. gr. Regenpfeifer, 1959; Mit d. Zugvögeln z. Polarkreis, 1966 - Liebh.: Ölmalerei, Freilandtierfotogr., Ornithol.

STEININGER, Hanns Karl

Dr., Ministerialdirigent, Dir. d. Bayer. Senats - Maximilianeum/Max-Planck-Str. 1, 8000 München 85 - Geb. 8. April 1938 München.

STEININGER, Hans

I. Bürgermeister - Rathaus, 8589 Bindlach/Ofr. - Geb. 26. Jan. 1933 Bayreuth - SPD.

STEININGER, Hans

Dr. phil., Prof. f. Philologie d. Fernen Ostens, Inst. f. Sinologie Univ. Würzburg - Am Hubland, 8700 Würzburg (T. 0931 - 888 55 71); priv.: Martin-Luther-Str. 7, 8700 Würzburg (T. 5 59 57) - Geb.

1. Aug. 1920 Breslau (Vater: Dr. med. Hans S., Arzt; Mutter: Maria, geb. Götz), kath., verh. s. 1945 m. Dr. Helga, geb. Schreiber, S. Dr. med. Helmuth - Obersch. Trebnitz/Schles. (Abit. 1939); 1943-51 (m. kriegsbed. Unterbrech.) Stud. Sinol., Japanol., Religionsgesch., Phil., German. Promot. 1951; Habil. 1960 - 1951 Lehrbeauftr. Univ. Erlangen, 1958 Assist., 1960 Privatdoz. ebd., 1965 Ord. u. Dir. Sem. f. Sinol. Univ. Würzburg. Mehrj. Stip. Dt. Forschungsgem. - BV: Hauch- u. Körperseele u. d. Dämon b. Kuan Yintze, 1953 (Leipzig); Sino-Japonica, 1956 (Leipzig). Zahlr. Einzelveröff., u. a. The Religions of China, in: Historia Religionum, 1971; Taoismus u. Volksreligion, in: China-Handb., 1974; D. Stellung d. Menschen im Konfuzianismus u. im Taoismus, in: Neue Anthropol. Bd. VI, 1975. Herausg. d. Reihe Würzb. Sino-Japonica (1974 ff.); Assoc. editor d. Monumenta Serica - Spr.: Lat., Chines., Jap., Engl., Franz., Türk.

STEINITZ, Hans

Dr. jur., Chefredakteur - 65 Park Terrace West, New York 34 - Geb. 9. März 1912 Berlin (Vater: Ludwig S.; Mutter: Erna, geb. Rothenberg), jüd., verh. s. 1948 m. Lore, geb. Oppenheimer, T. Lucy - Univ. Berlin, Heidelberg, Basel (Jura, Polit. Wiss.; Promot.) - S. 1936 Journalist (1947 ff. USA-Korresp.) D. Bund (Bern), D. Welt (Hamburg), Berliner Morgenpost, Rhein. Merkur (Köln); s. 1964 Redakt. u. Chefredakt. (1966) D. Aufbau (New York); s. 1985 Ruhest. Teiln. Südpol-Forschungsreise 1957 (Intern. Geophysikal. Jahr) - BV: Regierungs- u. Verfassungsformen d. Auslandes, 1948 (Baden-Baden); D. 7. Kontinent - D. unbek. Antarktis, 1958; Mississippi - Gesch. e. Stromes, 1967; Aufbau - Dokumente e. Kultur i. Exil (a. Mitautor) - 1960 BVK I. Kl.; 1977 Gr. BVK, 1985 Stern dazu; 1979 Silb. Ernst Reuter-Med. d. Berliner Senats; 1961 Ehrenmitgl. Foreign Press Assoc. (vorher Vors.); Mitgl. PEN-Club - Liebh.: Geschichtsstudien, Bergsteigen.

STEINJAN, Herbert

Dipl.-Volksw., Direktor HOECHST AG (Verkauf Landwirtschaft) Frankfurt - Postf. 800320, 6000 Frankfurt 80.

STEINKAMP, Günther

Dr. rer. pol., Prof. f. Soziologie Univ. Bielefeld - Schützenwall 8, 4420 Coesfeld (T. 02541 - 32 47) - Geb. 3. April 1935 Coesfeld, verh. s. 1964 m. Cordula, geb. Draheim, S. Philipp - Univ. Köln (Dipl.-Kfm. 1959; Promot. 1962, Habil. 1971) - 1964/65 Forsch.assist. Sozialforsch.st. Dortmund Univ. Münster; 1965-67 Assist. Hochsch. f. Wirtsch. u. Politik Hamburg; 1967-71 Ass., wiss. Rat u. wiss. Oberrat Sem. f. Sozialwiss. Univ. Hamburg; 1971 o. Prof. f. Soziol. in Bielefeld; 1984-88 Sprecher Sektion Bildung u. Erziehung in d. Dt. Ges. f. Soziol. Buchveröff. z. Mobilitätstheorie, Erziehungssoziol. u. Sozialisationsforsch.; zahlr. Aufs. z. Lehrersoziol., Sozialisationstheorie u. Forsch. - Spr.: Engl., Ital.

STEINKE, Wolfgang

Dr. jur., Abteilungspräsident im Bundeskriminalamt - Biebricher Allee 40, 6200 Wiesbaden - Geb. 17. Okt. 1933, ev., verh. - Abit.; 2. jurist. Staatsex. 1963, Promot. 1968 Mainz - 2 J. richterl. Dienst Landgericht Düsseldorf; 1965 Bundeskriminalamt; 1980-82 ltd. Kriminaldir. Fachbereichsleit. Kriminalistik/Kriminologie Polizei-Führungsakad. in Hiltrup. S. 1968 ltd. Dienst in mehreren Abt. Bundeskriminalamt, s. 1982 Abt.-präs., Abt. Kriminaltechn. Inst. im BKA - BV: Zahlr. Veröff. zu strafrechtl., strafprozessualen u. polizeirechtl. Fragen. Schriftleit. Fachztschr. Kriminalistik.

STEINKÜHLER, Franz

1. Vorsitzender IG Metall (s. 1986) - Zu erreichen üb. IG Metall, Wilhelm-Leuschner-Str. 79-85, 6000 Frankfurt/M. - Geb. 20. Mai 1937 Würzburg (Vater: Polizist), verh., Sohn - Werkzeugmacherlehre; n. Fachschulreife REFA-Ausb. - S. 1962 Gewerkschafter (hauptamtl. IG Metall: 1972 Bez.-Leit. Baden-Württ., 1983 2. Vors., 1986 1. Vors.). SPD s. 1951.

STEINKÜHLER, Manfred

Dr., Generalkonsul in Mailand (s. 1987) - Via Solferino 40, I-20121 Milano - Geb. 3. April 1929 Bielefeld, ev., verh. s. 1959 m. Anneliese, geb. Thiel, S. Christian - Stud. Roman., Rechts- u. Wirtsch.wiss. Göttingen, Münster, Paris; Promot. 1961 Paris - 1962-65 Presse- u. Informationsamt d. Bundesreg.; 1965-72 Konsul GK Mailand; 1972-75 Leg.Rat Botsch. Bukarest; 1975-78 Ständ. Vertreter GK Rio de Janeiro; 1978-80 Botsch.rat Botsch. Rom; 1980-84 Vortr. Leg.Rat. I. Kl. Ausw. Amt (Leitungsstab); 1984-87 Botschaftsrat I. Kl. Botsch. Paris - BV: Eurokommunismus im Widerspruch - Analyse u. Dok., 1977; Mithrsg. Ztschr. Recht & Psychiatrie; Autor d. Ztschr. Dtschl. Archiv, Außenpolitik 1999 - Ztschr. f. Sozialgesch. - Spr.: Engl., Franz., Ital., Port., Rum.

STEINL, Hans

I. Bürgermeister Stadt Scheinfeld - Rathaus, 8533 Scheinfeld/Mfr. - Geb. 21. Juni 1913 Kümmersbruck - Zul. Verwaltungsangest.

STEINLIN, Hansjürg

Dr. sc. techn., Prof., Director Forest Resources Division FAO, Rom (1973-76) - Eichhalde 68, 7800 Freiburg/Br. (T. 5 27 27) - Geb. 9. April 1921 St. Gallen (Schweiz) - 1952-58 Lehrtätigk. ETH Zürich; s. 1958 o. Prof. u. Dir. Inst. f. Forstbenutzung u. Forstl. Arbeitswiss. Univ. Freiburg (1970-73 Rektor). 1977-79 Präs. d. Westdt. Rektorenkonferenz, s. 1980 o. Prof. u. Dir. Inst. f. Landespflege Univ. Freiburg. Fachveröff. - 1962 korr. Mitgl. Forstw. Ges. Finnl.; 1975 Mitgl. u. 1987 Ehrenmitgl. Academia Italiana delle Scienze Forestali; 1983 korr. Mitgl. Akad. f. Raumforsch. u. Landesplanung - Spr.: Franz., Engl., Span. - Rotarier.

STEINMANN, Hanswerner

Dr. med., Prof., Wiss. Rat Neurochirurg. Univ.sklinik Köln - Dürener Str. 62, 5000 Köln 41 (T. 42 02 30) - S. 1961 (Habil.) Privatdoz., Doz., apl. Prof. (1967), Wiss. Rat u. Prof. (1971) Univ. Köln. Fachveröff.

STEINMANN, Hedi

s. Lehmann, Hedi

STEINMANN, Horst

Dr. rer. nat., Dipl.-Kfm., Prof., Ordinarius f. Betriebsw.lehre, insb. Unternehmensfhg. u. Vorst. Betriebsw. Inst. Univ. Erlangen-Nürnberg - Hubertusstr. 8, 8500 Nürnberg - Geb. 17. Juli 1934 Bad Salzuflen - Promot. 1962; Habil. 1967 - S. 1968 o. Prof. FU Berlin u. Univ. Erlangen-Nürnberg - BV: D. Großunternehmen im Interessenkonflikt, 1969; Planungsmodelle f. d. Grundstoffind. (m. M. Meyer), 1971; Unternehmensordn. u. Tarifvertragl. Mitbestimm. (m. E. Gerum), 1984; D. mitbestimmte Aufsichtsrat (m. E. Gerum u. W. Fees), 1988; Shandong, Standort f. betriebl. Kooperationen (m. B. Kunar u. J. Hettler), 1988. Herausg.: Plan u. Kontrolle (1981); Unternehmensethik (1989, m. A. Löhr). Etwa 150 Fachaufs.

STEINMANN, Othmar

Dr. sc. nat., Prof. f. Theoret. Physik Univ. Bielefeld - Wasserfuhr 12, 4800 Bielefeld 1 - Geb. 27. Nov. 1932 Solothurn/Schweiz, kath., ledig - ETH Zürich (Dipl.-Phys. 1957, Promot. 1960) - 1959-74 Forsch.posit. an versch. Univ. u. Forsch.inst. in fünf Staaten; s. 1974 Prof. f. Theor. Physik in Bielefeld - BV: Perturbation expansions in axiomatic field theory, 1971 (übers. Russ. 1974); Viele Arb. in physikal. Fachztschr.

STEINMANN, Otto

Rechtsanwalt, Ministerialdirektor a. D., vorm. ständiger Vertreter d. saarl. Wirtschaftsministers - Hanfweg 15, 6670 St. Ingbert - Geb. 1. Aug. 1924 Steinbach/Glan, kath., verh. s. 1954, 2 Kd. - 1949-53 Jura-Stud., Ass.-Ex. 1957 - 1960-62 Finanzamtsvorst.; 1967-81 Abt.leit. Haushalt Finanzmin.; s. 1981 Ständ. Vertr. d. saarl. Wirtschaftsmin.

STEINMANN, Wulf

Dr. rer. nat., o. Prof. f. Festkörperphysik Univ. München (s. 1970; 1973-78 stv. Rektor bzw. Vizepräs.; 1982 ff. Präs.) - Zu erreichen üb.: Geschwister-Scholl-Pl. 1, 8000 München 22 - Geb. 1930 Essen - Univ. München (Physik) - Zul. Wiss. Rat u. Prof. Univ. München. 1978 ff. Leit. Bayer. Staatsinst. f. Hochschulforsch. u. -plan., München.

STEINMETZ, Eberhard Georg

Dr.-Ing., Dipl.-Ing., Prof., geschäftsf. Vorstandsmitgl. im Haus d. Technik, Essen (s. 1974) - Spillenburgstr. 15, 4300 Essen 1 (T. 51 65 42) - Geb. 23. Dez. 1934 Bonn (Vater: Kurt Konrad S., Dipl.-Koloniallandw.; Mutter: Lina Edina, geb. Meyer), ev., verh. s. 1962 m. Ingrid, geb. Mannhardt, 2 Kd. (Anke, Ilona) - Carl-Duisberg-Gymn. (Abit. 1954); Stud. TH Aachen; Dipl.ex. 1959 - 1959-61 wiss. Mitarb. TH Aachen, 1961-68 wiss. Assist. TH Aachen; 1968-74 wiss. Mitarb., dann Betriebschef Fried. Krupp Hüttenwerke, Bochum, Hauptbereich Metallurgie. 11 Patentanmeldungen (metallurg. Verfahrenstechn.) - BV: Wirkungsparameter von Begleiterscheinungen flüssiger Eisenlösungen u. ihre gegenseitigen Beziehungen, 1966 (m. H. Schenck) - Spr.: Engl., Franz.

STEINMETZ, Fritz

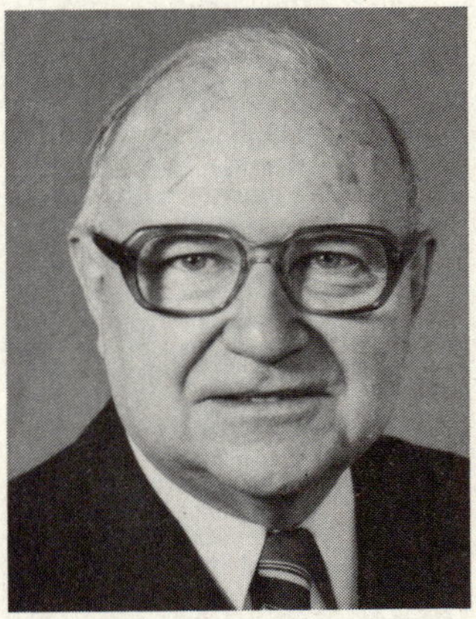

Geschäftsführer Dt. Leichtathletik-Verb. a. D., Fachjournalist Leichtathletik Berlin (s. 1950) - Teichstr. 35, 3500 Kassel (T. 0561 - 6 71 94) - Geb. 10. Mai 1917 Berlin, ev., verh. s. 1944 m. Helga, geb. Schubert - Realgymn.; kaufm. Ausbild. - 1946-51 Pressetätigk. Berlin (Sportjourn., Redakt.); 1954-80 DLV. Vorstandsmitgl. Berliner (1945-49) u. Hess. Leichtathletik-Verb. (1961ff.); ab 1979 stv. Vors., 1972-80 ehrenamtl. Generalsekr. ATFS (Association of Track and Field Stat.), ab. 1984 Ehrenmitgl., Mitgl. Gutachteraussch. Dt. Sportjugend (1961-81) - BV: Statist.-histor. Beitr. z. Gesch. d. dt. Leichtathl.; Dt. Meisterschaften 1898-1972, Bd. 2: 1973-81, Bd. 3: 1982-87; Leichtathl.-Länderkd. 1921-77; Athleten im Nationaltrikot 1896-1977; D. Dt. Leichtathl.-Verb. u. seine Landesverb. 1946-81; 90 J. Nat.Mannsch. 1896-1986; 80 J. Leichtathl. d. SCC-Bln. 1904-1984; 40 J. Hess. Leichtathl. Verb.; Mitarb. Leichtathl.-Jahrb. 1953ff. (Stat. Teil v. 1954-81) - 1981 Hanns-Braun-Preis DLV, 1982 Sportplak. Ld. Hessen - Liebh.: Sport, Auto, leichte Musik.

STEINMETZ, Otto

Versicherungsdirektor i. R. Mannheimer Versicherungen AG. u. Mannh. Lebensversicherung AG. - Titeestr. 4, 6800 Mannheim (T. 45 72 07) - Geb. 31. Dez. 1915 - Ab 1932 Tätigk. b. Mannheimer Versich. AG (1957-82 Vorst.).

STEINMETZ, Peter

Dr. phil., Prof. f. Klass. Philologie - Eulenweg 5, 6602 Dudweiler/Saar (T. 06897 - 76 11 56) - Geb. 2. März 1925 Illingen/Saar (Vater: Peter S., Schneiderm.; Mutter: Ottilie, geb. Konrad), kath., verh. s. 1954 m. Marianne, geb. Jacoby, 3 Kd. (Anne, Benedikt, Matthias) - 1936-43 u. 1945-46 Gymn.; 1946-51 Univ. Mainz u. Saarbrücken. Promot. (1957) u. Habil. (1963) Saarbrücken - 1954-61 Ludwigs-Gymn. Saarbrücken; s. 1961 Univ. Saarbrücken (1963 ff. Privatdoz., apl. Prof., Wiss. Rat u. Prof., 1972/73 Dekan, 1973-75 Vizepräs.) - BV: Theophrast - Charaktere, 2 Bde. 1960/62 (I: Textgesch. u. Text, II: Kommentar u. Übers.); D. Physik d. Theophrastos v. Eresos, 1964; Untersuchungen z. Römischen Lit. d. 2. Jh. n. Chr., 1981. Herausg. d. Reihe Palingenesia. Div. Einzelarb.

STEINMETZ, Werner

Landesgeschäftsführer, Rechtsrat a. D., DRK-Landesverb. Baden-Württ. - Badstr. 41, 7000 Stuttgart-Bad Cannstatt (T. 0711 - 5 50 50).

STEINMEYER, Fritz-Joachim

Prof., Vizepräsident Diakonisches Werk d. Evangelischen Kirche in Dtschl. u. Beauftrager am Sitz d. Bundesregierung in Bonn - Zu erreichen üb. Hauptgeschäftsstelle, Stafflenbergstr. 76, 7000 Stuttgart 10 (T. 0711 - 21 59-0); Bonner Büro: Wenzelgasse 35, 5300 Bonn 1 (T. 0228 - 65 10 03).

STEINMÜLLER, Ulrich

Dr. phil., Prof. TU Berlin - Lohmeyerstr. 23, 1000 Berlin 10 (T. 030 - 341 54 67) - Geb. 10. Nov. 1942 Gießen - Stud. Univ. Gießen, FU Berlin (German., Angl.); Staatsex. 1968 Gießen; Promot. 1974 Berlin; Habil. 1980 Berlin - 1969-75 wiss. Assist. FU Berlin; 1976-82 Assist.-Prof. FU Berlin; s. 1983 Prof. FB Erziehungs- u. Unterrichtswiss. TU Berlin f. Zweitspracherwerb u. Zweitsprachdidaktik; 1985-87 Mitgl. Akad. Senat; Leit. Arbeitsst. Interkultur. Erziehung TU Berlin. Wiss. Begleitung u. Durchf. mehr. Proj. zu Spracherw. u. Sprachunterr. ausl. Schüler u. Jugendl. an dt. Schulen - BV: Kriterien effektiver Kommunikation, 1977; Kommunikationstheorie (m. R. W. Klaus), 1977; Monemvasia, 1977. Übers. ins Engl., Franz. u. Ital. 1980, 1982 u. 1984.

STEINMÜLLER, Wilhelm

Dr. jur., Prof. f. Rechts- u. Verwaltungsinformatik Univ. Bremen, FB Math./Informatik - Univ., Postf., 2800 Bremen 33, Zentrum f. Informationstechnol. u. Informationsrecht (ZII) - Geb. 29. Mai 1934 Ludwigshafen/Rh. (Vater: Wilhelm S.) - S. 1966 (Habil.) Lehrtätigk. Univ. München u. Regensburg (1966 Ord.) - BV: Ev. Rechtstheologie, 2 Bde. 1968; ADV u. Recht, Einf. in d. Rechtsinformatik, 2. A. 1976; Grundfragen d. Datenschutzes (Bundestags-Drucks. VI/3826); Informationsrecht u. Informationspolitik, 1976; Datenschutz b. riskanten Systemen, 1978; 2 Reihen - Mehrere Bibliographien. Einzelarb.

STEINOHRT, Wolfgang

Dipl.-Ing., Geschäftsführer Westharzer Kraftwerke Osterode GmbH., Osterode u. Gasversorgung Südhannover-Nordhessen GmbH., Kassel - Freiheiter Str. 35, 3360 Osterode/Harz (T. 28 00) - Geb. 1. Juni 1914 Berlin (Vater: Dipl.-Ing. Richard S., Direktor), ev., verh. in 2. Ehe (1967) m. Edith, geb. Willer, 2 Töcht. (Jutta, Irene) - Gymn. Berlin; TH Berlin, Bergakad. Clausthal - Spr.: Engl.

STEINRUCK, Eugen

Prof., Ord. f. Didaktik d. Mathematik (emerit.) - Stettiner Str. 3, 6290 Weilburg/L. (T. 29 58) - Zul. Ord. Univ. Gießen (1967 ff.).

STEINS, Karl
Prof., Musiker - Bocksfeldstr. 1a, 1000 Berlin 20 (T. 368 61 68) - Geb. 22. Mai 1919 Hannover, ev., verh. s. 1951 m. Gerhild, geb. Zemlin, 2 Söhne (Burkhard, Christian) - Oberreal- u. Musikhochsch. Hannover - S. 1949 Solo-Oboer Berliner Philharm. Orch.; s. 1959 Dozent u. Honorarprof. (1964) Musikhochsch. Berlin - BV: Rohrbau f. Oboen. Herausg. älterer Meister - Berliner Kammervirtuose (Ehrentitel).

STEINSCHULTE, Gabriel M.
Dr. phil., Leiter Vertretung Bonn u. d. Medien- u. Öffentlichkeitsarb. Ges. f. musikal. Aufführungs- u. mech. Vervielfältigungsrechte (GEMA), Generalsekr. Spitzenverb. Dt. Musik (SPIDEM), Geschäftsf. d. Musikfonds f. Musikurheber - Adenauerallee 134, 5300 Bonn (T. 0228 - 21 93 70) - Geb. 12. Febr. 1953 Bensberg, kath., verh. s. 1984 m. Reinhild Torggler, 2 Kd. (Marianne, Cäcilie) - Oblt. d. Reserve; Stud. Musikwiss., Gesch., Phil., Kunstgesch.; Promot. 1979 Univ. Köln; s. 1977 Leit. Schola Cantorum Coloniensis, Köln; 1981-84 Red. L'Osservatore Romano, Rom; s. 1983 Verw. d. Lehrstuhls f. Musikwiss. am Pontificio Istituto di Musica Sacra, Rom - 1979 Fakultätspreis Köln; 1981 korr. Mitgl. Hist. Akad. São Paulo - Spr.: Engl., Franz., Ital., Niederl.

STEINVORTH, Ulrich
Dr. phil., Prof. f. Philosophie Univ. Hamburg - Strindbergweg 3B, 2000 Hamburg 55 - Geb. 18. Aug. 1941 Neutitschein, verh. m. Hella, geb. vom Hof, 3 Kd. - Promot. 1967 Göttingen, Habil. 1975 Mannheim - 1981 Prof. f. Phil. Univ. Mannheim; s. 1982 Prof. Hamburg - BV: E. Analyt. Interpretat. d. Marxschen Dialektik, 1977; Stationen d. Polit. Theorie, 2. A. 1983; Freiheitstheorien in d. Phil. d. Neuzeit, 1987.

STEINWACHS, Friedrich

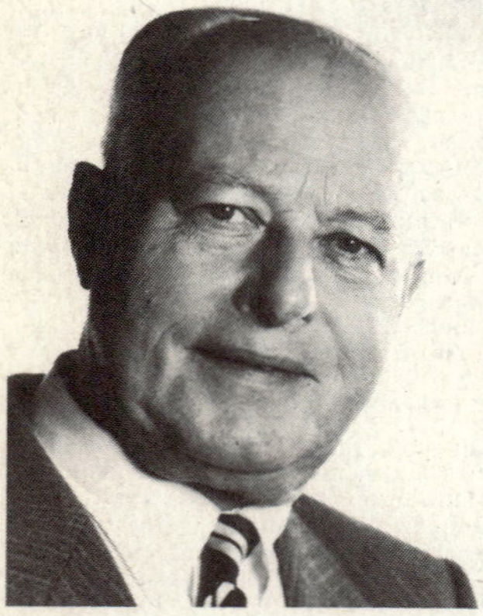

Dr. phil., em. o. Prof. f. Psychologie - Zur Halde 30, 7763 Öhningen 3-Wangen/Bodensee - Geb. 31. Jan. 1911 Hannover (Vater: August S., Kaufm.; Mutter: Karoline, geb. Wedemeyer), kath., verh. s. 1950 m. Anneliese, geb. Lewantoski, 4 Söhne (Friedrich-Karl, Michael, Klaus-Christian, Matthias) - TH Hannover, Univ. Gießen, Göttingen, Tübingen (Psych., Päd., Anthropol., Physiol.). Promot. Tübingen; Habil. Erlangen - S. 1948 Univ. Tübingen (Aufbau Psych. Labor. u. Forschungsstelle f. Konstitutions- u. Arbeitspsych.), Med. Akad. Düsseldorf (Aufbau Klin.-Psych. Labor.), Univ. Erlangen (1958 Privatdoz.), TH Aachen (1963-76 Inh. Lehrtuhl I Psychol.), 1976-80 Mikromotor. Labor Neurolog. Kliniken Gailingen-Allensbach, s. 1980 wiss. Beir. Forschungsvorhaben d. Bundesmin. - Interessen: Ausbau mikromotor. Diagnostik f. Med. in Forsch. u. Praxis, Eignungsdiagnostik f. Luftfahrtphysiol. - Spez. Arbeitsgeb.: Mikromotorische Kurvendiagnostik f. a) Klin. psychophysiol. Diagnostik, b) Eignungsdiagnost. f. Luft- u. Raumfahrt sow. Fitnessprüf.; computergestützte Schreibdruckkurvenauswertung - BV: Körperl.-seel. Wechselbeziehungen in d. Reifezeit, 1962; Mikromotor. Tonusregistrierungen u. ihre diagnost. Möglichkeiten, 1969. Beitr.: E. Kretschmer, Med. Psych. (Psychomotorik), Körperbau u. Charakter. - Spr.: Engl., Franz. - Lit.: E. Kretschmer, Gedanken u. Gestalten.

STEINWACHS, Ginka
Dr. phil., Schriftstellerin (eigentl. Dr. Gisela Stegmann, geb. Steinwachs) - Telemannstr. 20, 6000 Frankfurt 1 (T. 069-72 20 67) - Geb. 31. Okt. 1942 Göttingen, ev., verh. s. 1972 m. Prof. Dr. Tilbert Stegmann - Abit.; Stud. Phil. u. German. Univ. München, Berlin, Paris; Promot. 1971 Berlin; 1969-85 Doz. Ecole Normale Supérieure (ENSET), Paris-Cachan, Univ. Vincennes, Asnières, Sorbonne, München, Berlin, Zürich, Filmhochsch. München; 1974-76 Leit. Workshop f. Schreibende, Erlangen; 1981-82 Regieass. b. Joan Germà Schroeder am Teatre Romea, Barcelona - BV: Mythol. d. Surrealismus, 1971 u. 85; marylinparis - montageroman, 1974/75, 1978 u. 79; Tränende Herzen, 1978; Berliner Trichter, 1979; George Sand, e. Frau in Beweg., 1980 u. 83; Tàpies intim, 1983; Erzherzog-Herzherzog, 1985; D. schwimmende Österreicher, 1985; Guido Kucznierz - Ginka Steinwachs, 1985. 8 Hörspiele u. Fernsehspiele, 1 Theaterstück; Hauptrolle (Hettie) in total vereist (1980) - 1976 Literaturförderpreis Stadt Erlangen; 1980 Literaturstip. Berliner Senat; 1981 u. 84 Intern. Hörspielpreis Unterrabnitz - Liebh.: Geigespielen, Kammermusik, Gärtnern - Spr.: Franz., Katal., Engl., Griech., Lat. – Lit.: zahlr. Werke d. Sekundärlit. zu ihren Veröff.; Krit. Lex. d. Gegenwartslit., 1985; Kürschners Dt. Literaturkalender.

STEITZ, Heinrich
D. theol., Dr. phil., Prof. Univ. Mainz - Jakob-Steffan-Str. 47, 6500 Mainz 1 (T. 3 23 10) - Geb. 24. Jan. 1907 Fürfeld/Rhh., ev. - Prof. Mainz (Kirchengesch., insb. hess. Territorialkirchengesch. u. Diasporakd.) - BV: Gesch. d. Ev. Kirche in Hessen u. Nassau, 1977; Die Unionsurkunden d. Ev. Kirche in Hessen u. Nassau, 1960; Martin Luther auf d. Reichstag zu Worms 1521, 1971; D. Kreuzweg m. d. Drei Nägeln - Holzschnitte v. Karl Baumann, 1982; Armsheim in Rheinhessen u. s. ehemalige Wallfahrtskirche, 1985. Zahlr. Fachaufs.

STEITZ, Hermann
Landwirtschaftsmeister, Präs. Bauernverb. Saar (s. 1956), Vizepräs. LK Saarbrücken (s. 1958) - 6651 Websweilerhof b. Jägersburg (T. 06841 - 37 45) - Geb. 25. Okt. 1904 Mölschbacherhof b. Zweibrücken, ev., verh., 5 Kd. - Volkssch.; 1922-24 Landw.ssch. Zweibrücken - Mitarb. elterl. Hof, 1932-36 Landw.spächter Wecklingen, dann Übern. jetz. Betriebes. 1956 ff. Mitgl. Gemeinderat Jägersburg; 1960-70 MdL Saarl. CDU s. 1955.

STELAND, Dieter
Dr. phil., Prof. Romanisches Seminar Univ. Göttingen - Kleestieg 7, 3400 Göttingen (T. 0551 - 2 38 56) - Geb. 7. April 1933 Köln - Promot. 1962 Freiburg, Habil. 1979 Göttingen - BV: Dialekt. Gedanken in Stéphane Mallarmés Divagations, 1965; Moralistik u. Erzählkunst v. La Rochefoucauld u. Mme. de Lafayette b. Marivaux, 1984 - Forschungspreis Univ. Freiburg f. Roman. Literaturwiss.

STELBRINK, Rudolf
Persönl. haftender Gesellsch. Dr. August Oetker Bielefeld - Kerkebrink 2, 4800 Bielefeld 1 - Geb. 19. Sept. 1924 Gütersloh, verh. m. Gerda, geb. Wolber - Zahlr. AR- u. Beiratsmand., dar. -vors. Frankfurter Bankges., Frankfurt, Hanseatische Hochseefischerei AG, Bielefeld.

STELLJES, Günter
Techn. Angestellter, Mitgl. Brem. Bürgerschaft (s. 1975, SPD) - Reitberger Str. 3, 2820 Bremen 10 - Geb. 21. Febr. 1926 Grohn/Bremen, ev., verh., 3 Kd. - Volkssch.; 1940-43 Maschinenschlosserlehre AG. Weser; Kriegsdienst - S. 1945 US-Besatzungsmacht u. Krupp-Spinnbau (1949 Maschinenschl., 1973 Disponent).

STELLMACH, Rudolf
Dr. med., Dr. med. dent., o. Prof. f. Kieferchirurgie u. Direktor Kieferchir. Klinik/Klinikum Steglitz Freie Univ. Berlin - Schweinfurthstr. 11, 1000 Berlin 33 (T. 76 59 18) - Geb. 24. Febr. 1924 Oppeln/Os. - S. 1958 (Habil.) Lehrtätigk. Med. Akad. bzw. Univ. Düsseldorf (1964 apl. Prof.) u. FU Berlin (1967 Ord. u. Klinikdir.). In- u. ausl. Fachmitgliedsch. (USA). Wiss. Veröff. - 1959 Martin-Wassmund-Preis Dt. Ges. f. Kiefer- u. Gesichtschir.

STELLWAAG-KITTLER, Friedrich
Dr., Prof., ehem. Leiter Inst. f. Phytomed. u. Pflanzenschutz, Forschungsanst. f. Weinbau, Gartenbau, Getränketechnologie u. Landespflege - 6222 Geisenheim/Rh. (T. Rüdesheim 50 22 66); priv.: Dippehäuser Str. 50 (T. Rüdesh. 62 62) - Geb. 23. Juni 1917 Haardt/Weinstr. (Vater: Prof. Dr. Friedrich Stellwaag; Mutter: Hedwig, geb. Kittler), ev., verh. s. 1948 m. Ursula, geb. Koch, 2 Söhne (Michael, Christof) - Gymn. Neustadt/Weinstr. u. Bingen; Univ. Jena, Freiburg/Br., Göttingen (Naturwiss.; Promot. 1953) - 1950-54 Assist. Forschungsinst. f. Rebenzücht., Geilweilerhof/Pf. - Bek. Vorf.: Geheimer Rat Prof. Dr. Dr. h. c. Erasmus Kittler (Großv. ms.).

STELLWAG, Peter
Student, Dt. Meister im Tischtennis - Bruchäckerweg 39, 7410 Reutlingen 11 - Geb. 16. Sept. 1956 Stuttgart-Bad Cannstatt, ev., ledig - Stud. Zahnmed. Univ. Tübingen - Tischtennis: 1974 Vize-Europameist. im Jugend-Einzel, 1978 im Herren-Doppel, 1980 in d. Mannsch.; 1977, 79, 80 u. 81 Dt. Meist. im Herren-Einzel, 1979 u. 81 im Herren-Doppel; 1982 u. 83 Europapokalsieger. Üb. 120 Berufungen in d. Nationalmannsch., Teiln. an 7 Europameistersch. u. 5 Weltmeistersch. Zahlr. Med. b. Intern. Meistersch. - Liebh.: Sport (außer TT Tennis u. Skifahren), Musik, Reisen - Spr.: Engl., Franz.

STELTER, Horst A.
Intendant u. Regisseur, Theaterleiter - Haidplatz 7, 8400 Regensburg (T. 0941 - 56 35 91) - Geb. 16. April 1925 (Vater: Hermann S., Regiss. u. Märchenautor; Mutter: Rosina Fiala, Opernsäng.), verh. m. Brigitte, geb. Umlauf, T. Julia - Abitur, 4 Jahre Musikhochschule, 8 Sem. Univ. (Köln u. Mainz) - 1945-59 Regisseur u. Schausp., 1959-63 Intendant Stadttheater Pforzheim u. 1963-70 Städt. Bühnen Bielefeld; z. Zt. Intend. Städ. Bühnen Regensburg.

STELTER, Wolf-Joachim
Dr. med., Prof., Chefarzt Chir. Klinik, Klinikum d. Stadt Frankfurt in Frankfurt/M.-Höchst - Gotenstr. 6-8, 6230 Frankfurt/M.-Höchst (T. 069 - 31 06 23 23) - Geb. 14. Juli 1942 Bad Nauheim, ev., verh. s. 1974 m. Barbara, geb. von Vietinghoff-Scheel, 3 S. (Klaus, Philipp, Kaj-Joachim) - Stud. in Gießen u. Wien, Staatsex. 1967, Promot. 1968, Facharzt f. Chir. 1976, Habil. 1978; 1981 Prof. f. Allgemeinchir. m. d. Subspez. Thorax- u. Gefäßchir., 1. Oberarzt Chir. Klinik u. Poliklinik d. Ludwig-Maximilians-Univ. München im Klinikum Grosshadern, s. 1984 Chefarzt d. Chir. Klinik Städt. Krkhs. Frankfurt/M.-Höchst - Mitwirk. im Tumorzentrum München als Projektgruppenleit. Bronchialkarzinom, Mitgl.: Dt. Ges. f. Chir., Dt. Ges. f. Angiologie, Dt. Ges. f. Herz-Thorax- u. Gefäßchir., Dt. Ges. f. Gefäßchir., Dt. Ges. f. Exper. Chir., d. DeBakey International Surg. Soc.; (1971-72 Rotating Fellow in Cardiovascular Surgery unter Prof. M. E. DeBakey, Houston/Texas) - Mitgl. Rotary-Club Bad-Soden Königstein - Liebh.: Sportfliegerei, Segeln - Spr.: Engl., Franz., Ital.

STELZIG, Friedrich
Dr., Stadtkämmerer - Rathaus, 8520 Erlangen - Geb. 5. April 1920 Buttelstedt - Univ. Leipzig u. Bonn (Volksw., Rechtswiss.). Gr. jurist. Staatsprüf. 1953 - S. 1955 Stadtverw. Köln u. Erlangen (1961 Kämmerer). CDU bzw. CSU.

STELZL, Ingeborg
Dr. phil., Prof. f. Psychologie Univ. Marburg (s. 1973) - Gutenbergstr. 18, 3550 Marburg/L. - Geb. 9. Sept. 1944 Wien (Vater: Ado S., Journalist; Mutter: Karin, geb. Rackmann) - Univ. Graz (Psych., Phil., Phys.). Promot. 1967 Graz - B. 1971 Graz, dann Marburg. Spez. Arbeitsgeb.: Psych. Methodenlehre (Erbe/Umwelt) - BV: Einf. in d. Erbpsych., 1977 (m. F. Merz); Fehler u. Fallen d. Statistik, 1982.

STELZMANN, Gotthard
Dipl.-Volksw., Journalist - Silingenweg 5, 1000 Berlin 19 - Geb. 30. Aug. 1930 Oberfrohna (Vater: Friedrich St., Buchhalter; Mutter: Johanne, geb. Quellmalz), verh. s. 1968 m. Karin, geb. Schmalz - Stud. Publiz. u. Volksw. FU Berlin; 1952-57 Volont. Düsseldorfer Nachrichten - Redakt. D'dorf; dann Redakt. Innenpolitik SFB, s. 1978 Abt.-leit. Wirtsch. u. Sozialpolitik - Spr.: Engl., Franz.

STELZNER, Friedrich
Dr. med., Dr. rer. nat. h. c., o. Prof. f. Chirurgie (Abdominal u. Allgemein), Direktor d. Chir. Univ.Klinik - Venusberg, 5300 Bonn - Geb. 4. Nov. 1921 Oberlohma (Vater: Georg S., Bahnob.insp.; Mutter: Helene, geb. Brandner), kath., verh. s. 1957 m. Dr. med. Renate, geb. Buchborn, 3 Kd. (Matthias, Philipp, Barbara) - Gymn. Eger; Univ. Berlin, Gießen, München, Würzburg. Promot. 1945 Würzburg (m. Ausz.); Habil. 1952 Erlangen - 1949-54 Assist. u. Oberarzt (1944) Chir. Univ.sklinik Erlangen; 1955-72 I. Oberarzt u. Dir. (1968) Chir. Univ.sklinik Hamburg (1958 apl., 1968 o. Prof.); s. 1970 Dir. Chir. Zentrum Univ. Frankfurt (o. Prof.). Mitgl. Dt. u. Nordwestd. Ges. f. Chir. d. Mastdarmcarcinoms, 1955; D. anorectalen Fisteln, 3. A. 1981; D. Appendicitis, in: Klin. Chir. f. d. Praxis, 1960; Rectum u. Anus, ebd. 1961. Zahlr. Einzelarb. üb. d. Verschluß u. d. Krankh. d. Speiseröhre sow. üb. d. Kontinenzorgan - 1960 v.-Langenbeck-, 1965 Martini-, 1967 Wilhelm-Warner-Preis - Liebh.: Antiquitäten - Spr.: Engl.

STEMME, Fritz
Dr. phil., Psychologe - Nebelthaustr. 3, 2800 Bremen (T. 21 16 10) - Hochschultätigk. Bremen.

STEMMER, Axel B.
Dr. jur. utr., Geschäftsführer - Eduard-Pfeiffer-Str. 48, 7000 Stuttgart 1 - Geb. 23. April 1938, kath., verh. s. 1966 m. Roswitha, geb. Haar-Horne, 3 Kd. (Anja, Andrea, Nikolaus) - 1958-62 Stud. Univ. Freiburg (Rechtswiss.); 1. jurist. Staatsex. 1962, 2. jurist. Staatsex. 1966; Promot. 1968 - 1963/64 Assist. Univ. Padua/Ital. - Hauptgeschäftsf. d. Verbände d. Ernährungsind. Baden-Württ., Stuttgart; Verw.-Aussch. d. Landesarbeitsamtes Baden-Württ.; altern. Vors. Vertretervers. LVA Württ.; Vertretervers. AOK Stuttgart; ehrenamtl. Richter LAG Baden-Württ.; Beirat Freudenstädter Sem., Koord.-Aussch. Verpackende Wirtsch./Nahrung u. Genußmittelind. b. BMFT - Spr.: Engl., Franz., Ital.

STEMMER, Fritz
Direktor i. R. - Nußbaumweg 5, 5900 Siegen 21 (T. 0271 - 8 79 99) - Geb. 1925 - B. 1984 Vorst.-Mitgl. Krupp Stahl AG, Bochum (Verkaufschef).

STEMMLER, Dierk
Dr., Direktor Städt. Museum Abteiberg,

Mönchengladbach (s. 1985) - Weiherstr. 12, 4050 Mönchengladbach 1 (T. 02161 - 3 79 29) - B. 1985 Dir. Städt. Kunstmuseum Bonn.

STEMMLER, Johannes

Dr. rer. pol., M. Sc., Geschäftsführer Bund Kath. Unternehmer/BKU, Generalsekr. Vereinig. z. Förd. d. Christl. Sozialwiss. - Dürener Str. 387; priv.: Klosterstr. 56, 5000 Köln 41 - Geb. 18. Dez. 1927.

STEMMLER, Theo

Dr. phil. (habil.), o. Prof. f. Anglistik - Conradstr. 7a, 6905 Schriesheim/Bergstr. (T. 06203 - 6 21 82) - Geb. 3. Okt. 1936 Köln (Vater: Theodor S.), verh. m. Gunhild, geb. Bergner - S. 1968 Ord. Univ. Mannheim. Facharb. u. kulturgeschichtl. Ess.

STEMPEL, Hermann-Adolf

Dr. theol., Prof., Dekan Fachber. Religionspäd. Bochum - Kattenstr. 9a, 4630 Bochum (T. 0234 - 23 51 23) - Geb. 7. Okt. 1934 Münster/Westf., ev., verh. s. 1965 m. Gunhild, Schipulowski, 3 Kd. (Anne, Sebastian, Stephan) - Stud. Univ. Bethel, Bonn, Rom, Heidelberg; 1. u. 2. theol. Ex. Bielefeld; Promot. 1965 Heidelberg; Habil. 1977 Duisburg - Synodalvikar in Hagen; Predigerseminar in Soest; Wiss. Assist. Kirchl. Hochsch. Bethel u. PH Wuppertal; 1966 Doz. Katech. Sem. d. Ev. Kirche v. Westf.; 1971 Fachochschullehrer u. 1974 Prof. Ev. FH Rheinl.-Westf.-Lippe; Priv.-Doz. f. Kirchengesch. Univ.-GH Duisburg. Wiss. Beirat Albert-Schweitzer-Ges. - BV: D. heidnische Religion in d. Theol. Augustins, 1964; Melanchthons päd. Wirken, 1979. Ca. 30 Aufs. in Fachztschr. - Liebh.: Reiten, Schwimmen, Kanu, Schach - Bek. Vorf.: Adolf Clarenbach, Märtyrer d. Ev. Kirche, †1529.

STEMPEL, Wolf-Dieter

Dr. phil., o. Prof. f. Roman. Philologie - Kyreinstr. 8, 8000 München 70 (T. 725 49 16) - Geb. 7. Juli 1929 Landau/Pf. (Vater: Dr. theol. h. c. Hans S., Kirchenpräs. †1970 (s. XVI. Ausg.); Mutter: Hilde, geb. Panzer †1985) - S. 1962 (Habil.) Lehrtätigk. Univ. Bonn (1963 Ord.) Konstanz (1967 Ord.) Hamburg (1973 Ord.) u. München (1985 Ord.) - 1982-88 Senat DFG (wiss. Tätigk.) - BV: Unters. z. Satzverknüpfung im Altfranzösischen, 1964; Gestalt, Ganzheit, Struktur, 1978. Herausg.: Beitr. z. Textlinguistik (1971), Texte d. russ. Formalisten II (1972), Gesch.-Ereignis u. Erzählung (1973), Texte im Dialog (1983); D. Pluralität d. Welten (1987). Mithrsg.: Roman. Jahrb., Interaktion u. Lebenslauf, Romanica Monacensia - Korr. Mitgl. Joachim-Jungius-Ges. d. Wiss.; o. Mitgl. Bayer. Akad. d. Wiss.

STENBOCK-FERMOR, Graf, Friedrich

Prof., Kanzler a. D. - Eichendorffweg 1, 5100 Aachen (T. 7 45 97) - Geb. 16. Juni 1908 Dubbeln/Livl. (Vater: Wilhelm S.-F., Gutsbesitzer; Mutter: Marie, geb. Prinzessin Kropotkin), ev., verh. s. 1936 m. Leonore, geb. v. Lammerz, 3 Kd. (Brita, Dorrit, Nils) - Realgymn. Riga u. Neustrelitz; Univ. Kiel, Innsbruck, Berlin, Rostock (Rechtswiss.). Jurist. Staatsprüf. 1932 (Rostock) u. 35 (Berlin) - Ab 1933 Assist. Univ. Königsberg/Pr., 1935-36 Generallandschaftsdir. Kiel, 1936-38 Ass. AEG Berlin, anschl. Leit. Graf Henckel v. Donnersmarcksche Zentralverw. Beuthen/OS., 1942-45 Wehrdst., 1945-54 Richter LG Aachen u. OLG Köln, seither Kanzler u. Honorarprof. f. Öfftl. Recht (1965) TH Aachen - 1973 Gr. BVK - Spr.: Schwed. - Rotarier - Bek. Vorf.: Magnus Graf Stenbock, schwed., Wilhelm Graf Fermor, russ. Generalfeldmarschall.

STENDEBACH, Franz Josef

Dr. theol., Honorarprof. f. Altes Testament Univ. Frankfurt/M., Schriftleit. Gottes Wort im Kirchenjahr (s. 1979) - Drosselweg 3, 6500 Mainz 1 (T. 06131 - 3 86 10) - Geb. 24. Dez. 1934 Bonn-Bad Godesberg, kath., ledig - Stud. kath. Theol.; Promot. 1970 Bonn - 1971-78 Dir. Kath. Bibelwerk Stuttgart; Lehrauftr. Frankfurt, Saarbrücken, Darmstadt; Erwachsenenbildung - BV: Theol. Anthropol. d. Jahwisten, 1970; D. Mensch, wie ihn Israel v. 3000 Jahren sah, 1972; Glaube bringt Freude, 1983; Rufer wider d. Strom, 1985 - Liebh.: Musik, Theater, Belletristik, Wandern - Spr.: Engl., Griech., Hebr., Latein, Aram., Akkad.

STENDEL, Eberhard

Dr. jur., Bundesrichter Bundesfinanzhof, München (s. 1968) - Pelargonienweg 5, 8000 München 55 (T. 71 12 64) - Geb. 13. Jan. 1913 - Zul. Finanzgerichtsrat FG Düsseldorf.

STENDER, Hans-Stephan

Dr. med. (habil.), o. Prof. u. Direktor Inst. f. Klin. Radiologie Med. Hochsch. Hannover (s. 1965) - Konstanty-Gutschow-Str. 8, 3000 Hannover 61 - Geb. 4. Jan. 1920 Hannover - 1957-65 Privatdoz. u. apl. Prof. (1963) Univ. Marburg - BV: Strahlenpathol. d. Zelle, 1963 (m. E. Scherer); Wirbelsäule u. Nervensystem, 1970 (m. Trostdorf); Radiol. Diagnostik, 1983 (m. Frommhold u. Thurn). Üb. 200 Veröff. - 1962 Ernst-v.-Bergmann-Plak.; 1984 Hermann-Rieder-Med.

STENDER, Heinz-Dieter

Geschäftsführer Gehring & Neiweiser GmbH. & Co. KG., Bielefeld, Vors. Fachverb. d. Gewürzind., Bonn - Sudbrackstr. 43, 4800 Bielefeld/W. - Geb. 3. Sept. 1933.

STENGER, Ernst

Dr. med., Prof. f. Chirurgie (bes. Unfallchirurgie) - Ahornweg 6, 6906 Leimen (T. 06224-7 17 18) - Geb. 30. Juli 1913 Berlin (Vater: Prof. Dr. Erich St., Chemiker; Mutter: Margarethe, geb. Schmelzer), verh. s. 1944 m. Luise, geb. Baier, 2 Kd. (Christiane, Thomas) - Med.-Stud. u. Promot. 1939 Univ. Berlin - B. 1976 Leit. d. chir. Poliklinik Univ. Heidelberg - BV: Verbandlehre, 4. A. 1985.

STENGER, Horst

Dr. rer. nat. (habil.), o. Prof. f. Statistik u. Ökonometrie - Zu erreichen üb. Univ. Mannheim, A 5, Postf., 6800 Mannheim - Geb. 2. April 1935 Saarbrücken, verh. m. Christa, geb. Meister - Stud. Math. (Dipl.-Math.) - S. 1967 Ord. Univ. Göttingen u. Mannheim. Facharb.

STENGLEIN, Heinrich

Dipl.-Ing. (FH), Techn. Oberamtsrat a. D., MdL Bayern (s. 1974) - Frankenleite 26, 8650 Kulmbach (T. 09221 - 7 54 45) - Geb. 1928 - SPD - 1984 Bayer. Verfassungsmed. in Silber u. Bayer. VO.

STENGLER, Richard

Geschäftsführer Bundesverb. d. Luftfahrtzubehör- u. Raketenind. - Buscherweg 28, 2102 Hamburg 93.

STENTZLER, Friedrich

Dr. phil., Prof. f. Religionswiss. auf religionsphil. Grundlage FU Berlin - Argentinische Allee 195, 1000 Berlin 37 (T. 813 20 30) - Geb. 21. Juni 1942 Friedrichshof/Passin (Mecklenburg) (Vater: Friedrich St., Rittergutsbesitzer; Mutter: Hannah, geb. Ufer), verh. s. 1986 m. Jutta, geb. Schmidt - Abit. 1961 Bad Kreuznach; Ltn. d. Reserve 1962, Stud. Jura, Phil., Soziol. u. Religionswiss. Univ. Mainz, Berlin, Paris; beide jurist. Staatsex. 1967 u. 72, Promot. 1975 u. Habil. 1982 Berlin - BV: Versuch üb. d. Tausch, 1979; D. Verfassung d. Vernunft, 1984; D. Martyrium d. Leibes, 1985 - Bek. Vorf.: Alfred Stentzler, Leipziger Architekt u. Messehauserbauer (Großv.).

STENZEL, Alois

Dr. theol., o. Prof. f. Dogmatik u. Liturgiewiss. - Offenbacher Landstr. 224, 6000 Frankfurt/M. 70 (T. 6 06 11) - Geb. 1. Jan. 1917 Schönheide/Schles., kath. - Gymn.; Stud. Theol. Pullach (Lic. phil. 1941), Frankfurt, Rom, Innsbruck (Promot. 1952) - S. 1953 Doz., ao. (1957) u. o. Prof. (1965) Phil.-Theol. Hochsch. St. Georgen, Frankfurt - BV: D. Taufe - E. genet. Erklärung d. Taufliturgie, 1958. Fachaufs. - Spr.: Engl., Franz.

STENZEL, Arnold

Dr. phil., Prof. f. Allg. Pädagogik - Lärchenhof 4, 2390 Flensburg - Geb. 29. Okt. 1924 Stuttgart (Vater: Dr. Karl S., Archivdir.; Mutter: Martha, geb. Fuellenwarth), ev., verh. s. 1956 m. Wiltrud, geb. Lenhartz, 4 Kd. - 1951-55 Univ. Mainz u. Tübingen. Volksschullehrerprüf. 1947 u. 51; Promot. 1955 - S. 1960 Prof. PH Flensburg (1968-71 Rektor, 1975-81 Präs.). Fachveröff.

STENZEL, Hans Joachim

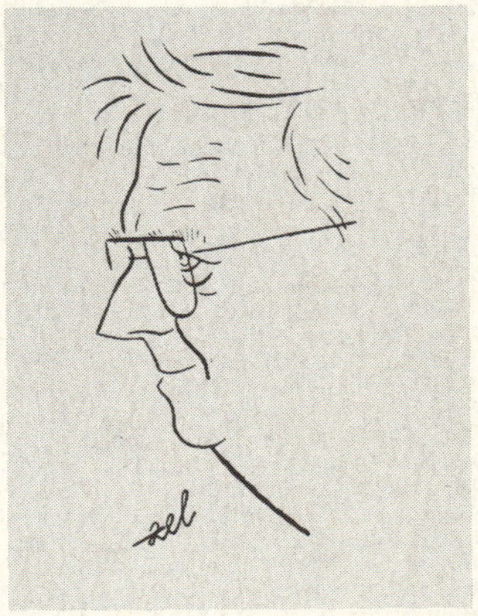

Karikaturist (Künstlern. Zelli) - Bingerstr. 33, 1000 Berlin 33 (T. 030 - 25 91 24 39) - Geb. 15. Okt. 1923 Luisville, KY/USA, verh. s. 1953 m. Ursula, geb. Zach, T. Julia - Kunstgewerbesch. Berlin - BV: V. Witzen m. Spritzen, 1979; Männchen im Hotel, 1980; E. Dreifach Hoch, 1989. Carmens Lotterleben (ORF 1987) - 1983 BVK - Spr.: Engl. - Bek. Vorf.: Johann Stenzel (1611), Hofnarr b. Kurfürst Johann Sigismund (Ur-Ur-Ur-Urgroßv.).

STENZEL, Jürgen

Dr., Prof. TU Braunschweig - Parkstr. 2e, 2000 Hamburg 52 (T. 040 - 82 11 07) - Geb. 14. April 1937 Leipzig, 2 Kd. (Cornelia, Sebastian) - Univ. Göttingen (Promot. 1966, Habil. 1972) - S. 1973 Prof. in Braunschweig - BV: Zeichensetz., 2. A. 1970; versch. Editionen.

STENZEL, Kurt

Dr. phil., Journalist, Leit. Bad. Fernsehredaktion Mannheim/Karlsruhe Südd. Rundf. - Wilhelm-Varnholt-Allee 5, Postf. 10 28 48, 6800 Mannheim 1 (T. 0621 - 4 10 40) - Geb. 21. Mai 1938 Luxemburg (Vater: Albert S. †; Mutter: Felicie, geb. Poire †), kath., verh. s. 1989 m. Ilse Bonn-St., S. Alexander - Karls-Gymn. Stuttgart; Univ. Tübingen u. München (Politikwiss., Phil., Gesch.) - S. 1966 Südfunk/Ferns., Stuttgart (Chefredakt. Report, Kompaß, Weltspiegel, ARD-Korresp. Arab.) - Liebh.: Polit. Theorie, Fußball - Spr.: Franz., Engl.

STENZEL, Vlado

Bundestrainer a.D. Dt. Handball-Nationalmannschaft - Pastor-Esser-Str. 3, 4242 Rees 4 (T. 02857 - 24 51) - Geb. 23. Juli 1934 Zagreb (Vater: Herbert St., Lehrer; Mutter: Ljubica, geb. Basariček, Lehrerin), kath., verh. I) s. 1956 m. Vera, geb. Ugarković, II) m. Mila, geb. Bozic, 4 Kd. (Vanda, Vlatko, Helena, Daniel) - Chemotechniker; Handballtrainer - BV: Handballfaszination, 1979 - Liebh.: Kochen - 1970 Bronzemed. WM m. Jugoslawien; 1972 Olymp. Spiele München Gold m. Jugoslaw.; 1978 Gold b. WM m. Bundesrep. Dtschl.

STEPF, Werner

Dr. rer. pol., Vorstandsmitglied Kohlensäure-Industrie AG., Düsseldorf (s. 1960), Geschäftsf. Lingner-Werke GmbH. ebd. (s. 1961), ARsmitgl. Lingner-Werke AG., Berlin (s. 1962) - Am Roland 5, 4033 Hösel/Rhld. (T. Ratingen 6 10 60) - Geb. 28. Dez. 1919 Essen, ev., verh. s. 1949 m. Annemarie, geb. Eich, 2 Söhne (Thomas, Axel).

STEPHAN, Bernd

Kaufmann, Inh. Fa. Bernd Stephan Stahlhandel GmbH, Bad Homburg v.d.H. - Geb. 5. Juni 1940 Dortmund (Vater: Bernhard St., Kaufm.; Mutter: Lilli, geb. Hogendorf) - S. 1972 Firmeninh. (s.o.) u. Gesellsch. Fa. Fisser KG & Co., Hamburg; s. 1978 Gesellsch. Fa. Norex - Ltd., Midland/Texas 79701 USA u. AR Fa. Norex GmbH, München. Div. Ehrenämter in Tierschutzorg.

STEPHAN, Bruno

Dr. jur., Rechtsanwalt, geschäftsführendes Vorstandsmitgl. Verb. d. Dt. Chemikalien-Groß- u. Außenhandels - Große Neugasse 6, 5000 Köln 1 - Geb. 1. Jan. 1942.

STEPHAN, Carl-Heinz

Dr.-Ing., Bergass. a. D., Bergwerksdirektor - Kolpingplatz 5, 4250 Bottrop - Geb. 27. Nov. 1904 Schomberg/OS. (Eltern: Bernhard S. (Generaldir.) u. Hedwig S.), verh. 1932 m. Gertrud, geb. Bohnekamp, 4 Kd. (Hans-Georg †, Michael, Maria-Regina, Veronika) - Bergakad. Clausthal, TH Breslau - Obergergamt Breslau; Gräfl. Schaffgotsch'sche Werke, Gleiwitz (Leitg.); Schaffgotsch'sche Bergwerks-AG., Berlin (Leitg.); 1947-1952 Rhein. Stahlwerke, Essen (1950 Vorstandsmitgl.); 1952-64 Rheinstahl Bergbau AG., Essen (Vorstandsmitgl. bzw. -vors.); ab 1964 Emschergenoss., Essen (Vorstandsvors.). Aufsichts- u. Beiratsmandate.

STEPHAN, Eberhart

Dr. med. vet., Prof., Vorstand Inst. f. Tierhygiene, Tierärztliche Hochschule Hannover - Freihorstfeld 70, 3000 Hannover-Kirchrode - Geb. 28. Jan. 1926 Berlin - S. 1964 (Habil.) Lehrtätigk. Univ. Gießen u. TiäH Hannover (1967; 1969 apl. Prof., 1970 Prof.). Fachveröff.

STEPHAN, Franz

I. Bürgermeister Stadt Gerolzhofen - Rathaus, 8723 Gerolzhofen/Ufr. - Geb. 6. Jan. 1940 Gerolzhofen - Zul. Fachoberlehrer. CSU.

STEPHAN, Günter

Vorstandsmitglied DGB, Düsseldorf (b. 1982); Präs. Internat. Bund d. Privatangest. (FIET), Genf; ARsmitgl. Hoesch AG/Estel NV; VRsmitgl. ZDF - Oststr. Nr. 2, 4044 Kaarst 1 (T. DGB: Düsseldorf 4 30 11) - Geb. 3. März 1922.

STEPHAN, Hans

Präsident Bundesverb. Dt. Gartenfreunde - Akazienstr. 11 (Haus d. Kleingärtner), 4600 Dortmund-Wambel; priv.: Stauffenbergstr. 6, 5300 Bonn - Geb. 18. Jan. 1906.

STEPHAN, Inge

Dr., Prof., Hochschullehrerin - Bergstr. 3, 2055 Aumühle - Geb. 1. Juli 1944 - Stud. Univ. Hamburg (Studienstiftg. d. Dt. Volkes); Promot. 1973 Hamburg - BV: J. G. Seume, 1973; Literarischer Jakobinismus, 1976; D. verborgene Frau, 1983; Lenz u. Lenzrezeption, 1984; D. Drama d. begabten Frau, 1989.

STEPHAN, Karl

Dr.-Ing., Prof. u. Direktor Inst. f. Thermodynamik TU Stuttgart (s. 1975) - Pfaffenwaldring 9, 7000 Stuttgart 80 (Vaihingen) - Geb. 11. Nov. 1930 Saarbrücken - Habil. 1963 Karlsruhe - Industrietätigk. (Mannesmann). 1967-70 o.

Prof. TU Berlin u. 1970-75 Ruhr-Univ. Bochum - BV: Techn. Thermodynamik, 12. A., Bd. 1 1986, Bd. 2 1987. Fachveröff. - 1965 Preis Dt. Kältetechn. Verein; 1966 Arnold-Eucken-Preis d. Verfahrenstechn. Ges.

STEPHAN, Rudolf

Dr. phil., o. Prof. f. Musikwissenschaft - Hundekehlestr. 26a, 1000 Berlin 33 (T. 823 11 11) - Geb. 3. April 1925 Bochum (Vater: Dr. phil. Gustav-Adolf S., Chemiker †1925; Mutter: Maria, geb. Oeder, Sängerin, †1982), reform., verh. s. 1947 m. Dorothea, geb. Rothe, 3 Kd. (Xenia, Marius, Viola) - Univ. Heidelberg u. Göttingen (Musikwiss., Phil., Kunstgesch.). Promot. (1950) u. Habil. 1963 Göttingen - S. 1967 Prof. Univ. Göttingen (apl.) u. Berlin/Freie (1967 Ord. u. Inst.sdir.). Mitgl. Intern. Ges. f. Musikwiss., Ges. f. Musikforsch. (s. 1980 Präs.) u. a. - BV: Neue Musik -Versuch e. krit. Einf., 1958; Gustav Mahler - 4. Symphonie G-Dur, 1966; A. Zemlinsky, 1978; Gustav Mahler - 2. Symphonie c-Moll, 1979; Gustav Mahler, Werk u. Interpretation, 1979; V. musikalischen Denken. Ges. Vorträge, 1985. Hrsg.: Musik (Fischer-Lexikon), 1957ff. (auch engl., span., ital.). Buch- u. Ztschr.beitr. - 1981 Gr. Gold. Ehrenz. d. Rep. Österr. - Rotarier.

STEPHAN, Ulrich

Dr. med., Prof. f. Kinderheilkunde - Am Wünnesberg 53, 4300 Essen 1 (T. 71 88 11) - Geb. 28. Nov. 1929 Hagen/Westf. (Vater: Dr. Walter St., Verw.-Oberrat; Mutter: Gertrud, geb. Goos), ev., verh. s. 1961 m. Elisabeth, geb. Stumptner, 4 Kd. (Jochen, Christine, Ursula, Ulrich) - Obersch., Abit.; Univ. Göttingen, FU Berlin, Frankfurt (Med.), Promot. 1955 Frankfurt, Habil. 1965 Erlangen - 1950-77 Assist., Oberarzt, Ltd. Oberarzt Univ.-Kinderklinik Erlangen, s. 1977 gf. Dir. Univ.-Kinderklinik Essen. Spez. Arbeitsgeb.: Luftwegerkrankungen - Entd.: Screening-Test auf Mucoviscidose. Üb. 180 Veröff., zahlr. Art. in Lehrb. - Spr.: Engl.

STEPHANI, Claus

Schriftsteller, Volkskundler, Journalist - Finsterwalderstr. 21, 8200 Rosenheim (T. 08031 - 4 56 71) - Geb. 25. Juli 1938 Kronstadt/Siebenbürgen (Vater: Werner Hermann St., Beamter; Mutter: Gertrud Friederike, geb. Klein, Schriftstellerin), verh. m. Brigitte Maya, geb. Nussbächer, German., Volkskundl., Journ., 2 Söhne (Kay Swen, Jens Johannes) - Stud. German. u. Ztg.wiss. Univ. Bukarest - Mitgl. Brüder Grimm-Ges., Kassel, Kommiss. f. Ostdt. Volkskunde, Kiel, Dt. Ges. f. Volkskunde, München, Arbeitsgemeinsch. f. Bildstock- u. Flurdenkmalforsch., Wien - BV: 4 Ged.bde., 2 Bde. m. Erz.; außerd. wiss. Sachbuchausg.: Oben im Wassertal. E. Zipser Chronik, 1970; Töpferkunst d. Dt. in Rumänien, 1973; Zipser Texte aus d. Südbukowina, 1975; Burzenländer sächs. Sagen u. Ortsgesch., 1977; Volkserz. aus d. Oascher u. Sathmarer Land, 1979; Zipser Ssangl aus d. Wischauer Land, 1981; Zipser Volkserz. aus d. Maramuresch, d. Südbukowina u. d. Nösner Land, 1981; Dt. Volkserz. aus Rumänien, 1982; Jüd. Hirtengesch. aus d. Wischauer Land, 1982; Sächs. Sagen u. Ortsgesch. aus d. Nösner Land, 1982; Volkserz. d. Zipser in Nordrumän., 1983; Sächs. Sagen u. Ortsgesch. aus d. Zekescher Land, 1983; Volksgut d. Sathmarschwaben, 1985; Märchen, Sagen u. Ortsgesch. aus d. Radautzer Ländchen, 1985; Zipser Frauenschicksale, Protokolle, 1986. üb. 500 Einzelarb. zu volkskundl. Themen. Zahlr. Veröff. u.a. üb. Volkskunde, bild. Kunst, Volkskunst, Volksmythologie, Gesch. d. dt. Bevölkerungsgruppen in Rumänien in zahlr. dt. u. ausl. Fachztschr. Hrsg. u. Mithrsg. geschichtl. u. volkskundl. Bde. - Spr.: Engl., Rumän., Russ., Ungar., Jidd.

STEPHANOS, Samir

Dr. med., Prof. f. Psychosomat. Med., Facharzt u. Lehrstuhlinh. Univ.-Klinik Ulm - Steinhövelstr. 9, 7900 Ulm (T. 0731 - 179-23 40 u. 23 44); priv.: Auf dem Berg 1, 7910 Neu-Ulm Reutti (T. 0731 - 7 30 00) - Geb. 28. Jan. 1932 Kairo (Vater: Fouad St., Dir. d. Wasserwerks Kairo; Mutter: Clotilde, geb. Tagher), orth., verh. m. Dr. med. Auhagen-Stephanos, geb. Krauel, Fachärzt. f. Neurol. u. Psychiatrie, 2 Kd. (Merit Ariane, Cyril Marius) - Med.-Stud. Univ. Kairo; Staatsex. u. Promot. 1955, Habil. (Psychosomat. Med.) 1972 Univ. Gießen, Dr.-Grad 1986 Med. Fak. Univ. Genf - 1960-64 Wiss. Assist. Nervenklinik Univ. Frankfurt/M.; 1965-76 Wiss. Assist. Psychosomat. Klinik Univ. Gießen; 1968 Facharzt f. Psychiatrie; Psychoanalytiker; 1976-79 Prof. f. klin. Psychosomatik Univ. Gießen, s. 1979 Prof., Lehrst.-Inh. u. Ärztl. Dir. Psychosomat. Abt. Univ.-Klinik Ulm. 1971 Lehranalytiker Dt. Psychoanalyt. Vereinig. (DPV); s. 1968 Mitgl.); 1973-76 Vorst.-Mitgl. Europ. Psychoanalyt. Föderation; s. 1975 Mitgl. Dt. Kollegium f. Psychosomat. Med. Entw. e. Konzepts z. Behandl. psychosomat. Krankh. (1973) - BV: Analyt.-psychosomat. Therapie, 1973; zahlr. wiss. Beitr. in Ztschr. u. Büchern - Spr.: Franz., Engl., Arabisch.

STEPHANY, Manfred

Dr., Dipl.-Volkswirt, Geschäftsf. Nukem GmbH - Am Möllerborn 9, 6451 Neuberg 2 - Geb. 5. Juni 1930 Münster/W.

STEPP, Christoph

Generalmusikdirektor, Chefdirig. Remscheider Symphoniker - Intzestr. 183, 5630 Remscheid (T. 02191 - 3 84 88) - Geb. 23. Okt. 1927 Breslau (Vater: Prof. Dr. Wilhelm St., Mediziner †), kath., verh. s. 1951 m. Monika, geb. Dudel, 4 Kd. (Cornelia, Thomas, Veronika, Florian) - Staatsex. u. Meisterkl. Staatl. Musikhochsch. München - 1950-56 Gründ. u. 1. Leit. Münchener Kammerorch.; Assist. v. GMD Ferenc Fricsay Bayer. Staatsoper München, Repetoirekapellm. ebd.; 1. Kapellm. Städt. Bühnen Augsburg; 1960-78 GMD u. Chefdirig. Philharm. Orch. d. Pfalz, Ludwigshafen; s. 1980 GMD Remscheid. Gastdirig. in Europa u. Übersee. Mitgl. Landesmusikrat NRW - Leit. zahlr. UA zeitgenöss. Musik; Schallpl., Rundf.- u. FS-Prod. - Liebh.: Familie, Lesen, Reisen - Spr. Engl. - Bek. Vorf.: Joh. Heinrich Voß (1751-1826), Dichter; Karl August von Hase (1800-1890), Theologe.

STEPP, Walther

Dr., Hüttendirektor i. R. - Am Egelsee 11, 6720 Speyer (T. 9 45 76) - Geb. 25. Aug. 1921 Rockenhausen (Vater: Dr. med. Theodor St.; Mutter: Helene, geb. Zahn), verh. s. 1955 m. Sigrid, geb. Christiani - 1939-45 Wehrdienst (Luftwaffe), Stud. Gesch., Soziol., Staatslehre 1946; Promot. 1950 - 1951-1979 Stahlind. - Mitgl. mehrerer AR u. Beiräte.

STEPPAN, Hans-Lothar

Dr. rer. pol., Botschafter d. Bundesrep. Deutschl. in Katar (Asien) - Zu erreichen üb. P.O.Box 3064, Doha/Qatar - Geb. 1933 Kuwertshof/Ostpr. - S. 1965 Ausw. Dienst, Auslandsposten u.a. in Conakry (Guinea), Helsinki (Finnl., Leit. d. Wirtschaftsdienstes), Belgrad (Jugosl., Leit. d. Wirtschaftsdienstes); s. 1986 Katar.

STEPPAT, Fritz

Dr. phil., o. Prof. f. Islamwissenschaft - Ortrudstr. Nr. 3, 1000 Berlin 41 (T. 851 12 03) - Geb. 24. Juni 1923 Chemnitz/Sa. (Vater: Otto S., Druckereibes.; Mutter: Gertrud, geb. Reimann), ev., verh. s. 1954 m. Gertraud, geb. Graf - Univ. Berlin, München, Montana/USA (Islamkd., Gesch.). Promot. (1954) u. Habil. (1964) Berlin - 1948-51 Redakt. D. Neue Zeitung u. Münchner Merkur (1949), beide München; 1955-59 Leit. Goethe-Inst./Zweigst. Kairo; 1963-68 Dir. Orient-Inst. d. Dt. Morgenl. Ges., Beirut; s. 1968 Privatdoz. u. Ord. (1969) FU Berlin. Mitgl. Dt. Morgenl. Ges., Dt. Ges. f. Ausw. Politik, Assoc. Langues Orientales; Middle East Studies Assoc. of North America (fellow); Inst. d'Egypte (membre assoc.) - BV: Iran zw. d. Großmächten 1941-48, 1948; Nationalismus u. Islam bei Mustafa Kamil, 1956; Gesch. d. arab. Welt, 1964 (m. Franz Taeschner; arab. Ausg. 1975). Mitverf.: Deutsch f. Araber 1 - 3, 1955 ff. (m. Helmut Klopfer) - 1969 Ritterkreuz Libanes. Zedern-Orden - Spr.: Engl., Franz., Arab.

STEPPERT, Erich

I. Bürgermeister - Rathaus, 8702 Veitshöchheim/Ufr. - Geb. 13. Nov. 1922 Bamberg - Zul. Amtsrat. CSU.

STEPPUHN, Götz

Präsident Hess. Statist. Landesamt - Rheinstr. 35-37, 6200 Wiesbaden 1 - Geb. 2. Sept.

STERCKEN, Hans

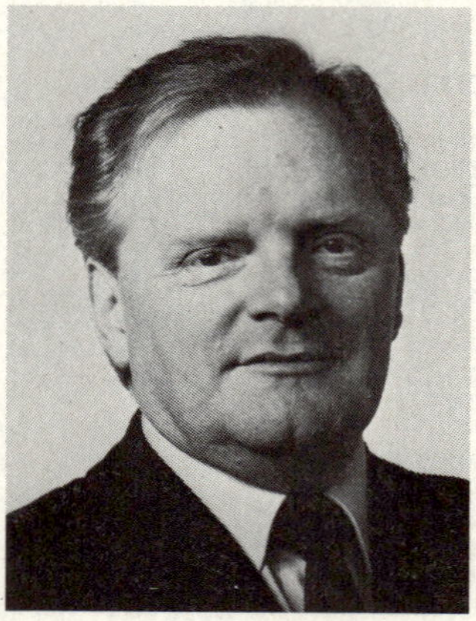

Dr. phil., Direktor i.e.R., MdB (s. 1976; Wahlkr. 53/Aachen), Präs. Interparlam. Union (1985-88) - Annastr. 36, 5100 Aachen (T. 0241 - 2 08 80) - Geb. 2. Sept. 1923 Aachen, kath., verh. s. 1953 m. Annemarie, geb. Wittelberger, 5 Kd. - Gymn. Aachen; Stud. Phil., klass. Philol., Gesch., Archäol.; Promot. 1952 Bonn - Tätigk. b. Presse- u. Informationsamt Bonn; 1966 Ministerialrat; 1969-76 gf. Dir. Bundeszentrale f. polit. Bild. S. 1983 Vors. Dt.-Franz. Parlamentariergruppe; s. 1961 Präs. Vereinig. Dt.-Griech. Ges.; s. 1983 Bundesvors. dt.-türk. Freundschaftsverein Hür Türk; s. 1985 Vors. Ausw. Aussch. d. Bundestages; 1978-86 Präs. Dt. Afrika-Stiftg. CDU - Zahlr. Veröff. (Bücher) - Gr. BVK m. Stern; Offizierskreuz d. franz. Ehrenlegion. Ausgez. v. Belgien, Frankr., Österr., Griechenl., Portugal, Ital., Guinea, Span., Kamerun - Spr.: Engl., Franz., Ital. - Rotarier.

STERLEY, Christian

Regisseur, Fernsehjourn. - Lehmweg 45, 2000 Hamburg 20 (T. 46 57 12) - Geb. 2. Mai 1943, verh. s. 1981, T. Anna-Charlotte - Stud. Gesch., Geogr. - Publiz.; Fernsehautor; Filmregiss. - Intern. Ausz. f. d. Fernsehdok. Calcutta, Benares, Maneater - Liebh.: Beruf - Spr.: Engl., Franz.

STERN, Carola

s. Zöger, Erika

STERN, Klaus

Dr. jur., Dr. h. c., Prof. f. Öffentl. Recht, Allg. Rechts- u. Verwaltungslehre - Albertus-Magnus-Platz, 5000 Köln 41 - Geb. 11. Jan. 1932 Nürnberg, ev. - Gymn. Nürnberg; Univ. Erlangen u. München (Rechtswiss., Volksw.). Jurist. Staatsprüf. 1955 u. 59; Promot. 1957, Habil. 1961 (alles München) - 1961 Privatdoz. Univ. München, 1962 o. Prof. FU Berlin u. 1966 Univ. Köln (Dir. Inst. Öfftl. Recht u. Verw.lehre, Inst. f. Rundfunkrecht, Rektor 1971-73, Prorektor 1973-75); s. 1975 Mitgl. Wiss. Beirat Bundesfinanzmin., 1971-76 Mitgl. Enquête-Kommiss. Verf.reform d. Dt. Bundest.; s. 1966 Studienleit. Verw.- u. Wirtsch.akad. Düsseldorf; 1972-84 Mitgl. Ständ. Deputation Dt. Juristentag, s. 1976 Richter Verf.gerichtshof Land NW; s. 1978 Mitgl. Rhein.-Wesf. Akad. d. Wiss.; s. 1983 Mitgl. Senat DFG (Dt. Forschungsgemeinsch.) - BV: Die öffentliche Sache, 1963; Ermessen u. unzuläss. Ermessensausüb., 1964; D. Gemeindewirtschaft - Recht u. Realität, 1965 (m. G. Püttner); D. Verfassungsgarantie d. kommunalen Selbstverw., 1967; Grundfragen z. Verw.reform im Stadtumland, 2. A. 1968; Funktionsgerechte Finanzierung d. Rundfunkanstalten durch d. Staat, 1968; Konjunktursteuerung u. kommunale Selbstverw., 1968; Grundfragen d. globalen Wirtschaftssteuerung, 1969; Öfftl.-rechtl. u. privatrechtl. Rundfunk, 1971 (m. H. Bethge); D. Rechtsstaat (Rektoratsrede 1971); Komm. z. Gesetz z. Förderung d. Stabilität u. d. Wachstum d. Wirtsch., 2. A. 1973; Verw.prozessuale Probleme, 6. A. 1987; Z. Verf.treue d. Beamten, 1974; Grundgesetz in Gefahr, 1974; D. Staatsrecht d. BRD, Bd. I 2. A. 1984; Bd. II 1980; Bd. III/1 1988; Staatsverfass. u. Unternehmensführung, 1980; Verfass.gerichtsbark. zw. Recht u. Politik, 1980; Neue Medien: Neue Aufgaben d. Rechts?, 54. DJT 1982; Normative Gestaltungsmöglichk. z. Verbess. d. Qualität d. med. Ausbild. (m. P. J. Tettinger), 1982; D. Rechtmäßigk. d. Beamteneinsatzes b. Streik d. Tarifkräfte (m. P. Badura), 1983; Grundideen europ.-amerikan. Verfassungsstaatlichk., 1984. Mithrsg. u. Mitverf. mehr. Artikel im Bonner Komm. z. Grundgesetz (1964ff.) in Festschr., Archiv f. Komm.wiss., Studien z. öfftl. Recht u. z. Verw.lehre, Schriftenreihe d. Inst. f. Rundfunkrecht a. d. Univ. Köln, Österr. Ztschr. f. öffentl. Recht u. Verwaltungsrecht, Nordrh.-Westf. Verw.blätter - 1952 silb. Sportabz.; 1981 Gr. Gold. Ehrenz. f. Verdienste um d. Rep. Österr.; 1987 BVK I. Kl. - Spr.: Engl., Ital.

STERN, Martin

Dr. phil., o. Prof. f. Dt. Philologie - Angensteinerstr. 29, CH-4052 Basel (Schweiz) (T. dstl.: 33 18 03) - Geb. 19. Febr. 1930 Zürich (Vater: Alfred S., Musiklehrer, Komp. u. Dirig.), reform., verh. s. 1953, 3 Kd. - Gymn. Zürich; Univ. Zürich, Paris, Cambridge (Harvard) - 1959-66 Gymnasiallehrer Zürich; 1966-67 Visiting Lecturer Harvard; s. 1967 Ord. Univ. Frankfurt/M. u. Basel (1968). - BV: Hugo v. Hofmannsthal, Silvia im Stern, 1959 (Neuherausg.); Expressionismus in d. Schweiz, 2 Bde., 1981; Fünf Komödien d. 16. Jh. (hrsg. m. Walter Haas), 1989 - Bek. Vorf.: Wilhelm S., Seminardir. Karlsruhe (1792-1873).

STERN, Michael

Soloposaunist Bayer. Rundfunksymphonieorchester, Honorarprof. Staatl. Hochschule München, Gastprof. Mozarteum Abt. X., Innsbruck, Kapellm. Stadtmusikk. Wilten IBK - Feldweg 9, 6161 Natters Tirol (T. 05222 - 3 11 17) o. Rosenheimer Str. 124/aI, 8000 München 80 (T. 089 - 49 75 71) - Geb. 23. Dez. 1933 Natters Tirol (Vater: Alois St., Gastw.; Mutter: Aloisia), kath., verh. s. 1961 m. Helga, geb. Haller, 2 Kd. (Manfred, Michaela) - Musiksch. Innsbruck; Staatskonservat. Würzburg - Soloposaunist Symphonieorch. Bayr. Rundf.; Hon.Prof. Staatl. Hochsch. München; Gastprof. Mozarteum, Abt. X. Innsbruck.

STERNBERG, Herbert

Bankkaufmann, Vorsitzender d. Geschäftsleitung Bankhaus Amex GmbH - Am Hasensprung 35, 6240 Königstein - Geb. 28. Mai 1942 Kolberg (Vater: Erich S., Techn. Angest.; Mutter: Hildegard, geb. Schülke), ev., verh. s. 1969 m. Christel, geb. Demel - Gymn.; Banklehre.

STERNBERGER, Dolf

Dr. phil., Dr. h. c., Dr. phil. h. c., Prof. f. Polit. Wissenschaft (emerit.), Mitarb. u. Berat. FAZ - Park Rosenhöhe 35, 6100 Darmstadt (T. 7 59 43) - Geb. 28. Juli 1907 Wiesbaden (Vater: Georg S., Bücherrevisor; Mutter: Luise, geb.

Schaus), ev., verh. s. 1931 m. Ilse, geb. Rothschild - Univ. Heidelberg, Freiburg/Br., Frankfurt (Phil., Lit., Soziol.; Promot. 1932) - 1934-1943 (Verbot) Redakt. Frankf. Ztg., dann Ind.tätigk. 1945-49 Herausg. Monatsschr. D. Wandlung, 1950-1959 Halbmonatsschr. D. Gegenwart, 1960-72 o. Prof. u. Inst.-dir. Univ. Heidelberg (vorher Honorarprof.). Zeitw. Mitgl. Dt. UNESCO-Kommiss.; gegenw. Vizepräs. Intern. Inst. f. Polit. Phil. Mitbegr.: Polit. Vierteljahresschr. (1970ff.) - BV: D. verstandene Tod - Üb. Heideggers Existentialontologie, 1934; Panorama oder Ansichten d. 19. Jh., 1938, 3. A. 1955, Taschenb. 1974; 13 polit. Reden, 1946; Figuren d. Fabel, 1950; Üb. d. Jugendstil u. a. Ess., 1956; Lebende Verfassung - Studien üb. Koalition u. Opposition, 1956; Aus d. Wörterbuch d. Unmenschen, 1957 (m. Gerhard Storz u. W. E. Süskind); Gefühl d. Fremde, 1959; Begriff d. Politischen, 1961; Grund u. Abgrund d. Macht - Kritik d. Rechtmäßigkeit heutiger Regierungen, 1962, Neuausg. 1986; Ekel vor d. Freiheit?, 1964; D. große Wahlreform, 1964; Kriterien - E. Leseb., 1965; Ich wünschte, e. Bürger zu sein, 1967; Nicht alle Staatsgewalt geht v. Volke aus, 1971; Heinrich Heine u. d. Abschaffung d. Sünde, 1972; Machiavellis ‚Principe' u. d. Begriff d. Politischen, 1974; Gerechtigkeit f. d. 19. Jh., 1975, Schr. I, Üb. d. Tod, 1977; Schr. II, Drei Wurzeln d. Politik, 1978; Schr. III, Herrschaft u. Vereinbar., 1980; Schr. IV, Staatsfreundschaft, 1980; Schr. V, Panorama, 1981; Schr. VI, Vexierbilder d. Menschen, 1981; D. Stadt u. d. Reich in d. Verfassungslehre d. Marsilius v. Padua, 1981; D. Stadt als Urbild, 1985; D. Politik u. d. Friede, 1986; Schr. VIII, Gang zw. Meistern, 1987. Herausg. Schriftenreihe: Parteien - Fraktionen - Regierungen 1954-56, Polit. Forschungen (1961-69), Heidelberger Polit. Schr. (1970ff.), Mithrsg.: Klassiker d. Politik (1965ff.), D. Wahl d. Parlamente (Handb., 1969ff.) - 1967 Hess. Goethe-Plak.; 1974 Gr. BVK, 1970-77 Ehrenpräs. PEN-Zentrum BRD (1964-70 Präs.); Ehrenpräs. Dt. Akad. f. Sprache u. Dicht. (1966ff. Vizepräs.); 1974 Kritikerpreis f. Lit.; Mitgl. Wiss. Ges. an d. Joh.-W.-Goethe-Univ. Frankfurt/M.; 1977 Lit.-Preis Bayer. Akad. d. Schönen Künste; 1980 Ehrendoktor Sorbonne; 1980 Johannes-Reuchlin-Preis; 1981 Wilhelm-Heinse-Med. d. Mainzer Akad. d. Wiss. u. d. Lit.; 1982 Ehrendoktor Univ. Trier; 1983 Gold-Med. Humboldt-Ges.; 1985 Ernst-Bloch-Preis, Ludwigshafen; korr. Mitgl. Heidelberger Akad. d. Wiss. - Rotarier.

STETTER, Hans

Staatsschauspieler - Englschalkinger Str. 203, 8000 München 81 (T. 93 24 71) - Geb. 16. Aug. 1927 Köln - 1943-44 Ausb. Staatl. Hochsch. f. Dramat. Kunst, Leipzig - 1949-59 Dt. Theater Berlin; 1959-69 Städt. Bühnen Frankfurt; s. 1969 Bayer. Staatsschausp. München.

STETTER, Hermann

Dr. rer. nat., o. Prof. f. Organ. Chemie - Am Pannhaus 10, 5100 Aachen-Laurensberg (T. Aachen 1 26 56) - Geb. 16. Mai 1917 Bonn (Vater: Oskar S., Brauer; Mutter: geb. Schub), verh. m. Elisabeth, geb. Steinhaus, 2 Kd. - Univ. Bonn u. Leipzig (Dipl.-Chem.). Promot. 1947 Bonn; Habil. 1952 Bonn - 1952 Privatdoz. Univ. Bonn, 1955 a. o. Prof. Univ. München, 1960 o. Prof. u. Inst.sdir. TH Aachen (1970/71 Dekan naturwiss. Fakultät) - BV: Enzymat. Analyse, 1951. Einzelarb. üb. Synthese langkett. Carbonsäuren, Verbind. m. Urotropin-Struktur, makrocycl. Verbind., kat. Addition v. Aldehyden u. a. - Emil-Fischer-Med. d. Ges. Dt. Chemiker (1982).

STETTER, Karl

Dr. rer. nat., o. Prof. f. Mikrobiologie Univ. Regensburg - Roter Brachweg 2D, 8400 Regensburg (T. 0941 - 3 62 42) - Geb. 16. Juli 1941 München, verh., 3 Kd. (Sabine, Claudia, Florian) - Stud. Biol. TU München; Dipl. 1969, Promot. 1973 TU München, Habil. 1977 Univ. München - S. 1980 o. Prof. f. Mikrobiol. Univ. Regensburg - BV: Lebensformen bei 110 Grad in vulkan. Quellen, 1982; The Bacteria (Bd. VIII, S. 85-170), 1985 - 1984 Preis Dt. Ges. f. Hygiene u. Mikrobiol.; 1988 Leibniz-Preis Dt. Forschungsgemeinschaft - Liebh.: Orchideen, Botanik - Spr.: Engl. - Lit.: Forum Mikrobiol. (6/85).

STETTNER, Rupert

Dr. jur., Prof. Univ. Bamberg - Jahnstr. 6, 8060 Dachau (T. 08131 - 1 32 44) - Geb. 25. Juli 1945, kath., verh., 2 Kd. (Ferdinand, Elisa) - Stud. d. Rechte; Promot. 1973 München, Habil. 1982 Augsburg - S. 1983 Prof. f. öfftl. Recht Univ. Bamberg - BV: Grundfr. e. Kompetenzlehre, 1983; Rundfunkstruktur im Wandel, 1988.

STEUBEN, von, Hans

Dr., Prof. f. Klass. Archäologie Univ. Frankfurt (s. 1973) - Im Trutz 46, 6000 Frankfurt 1 (T. 59 59 09) - Geb. 15. Juli 1929 Hamburg (Vater: Kurt v. S., Bankangest.; Mutter: Elfriede, geb. Güttler), ev., verh. s. 1963 m. Ingeburg, geb. Zander, 2 Kd. (Julie, Nina) - Stud. Univ. Tübingen, FU Berlin, Freiburg; Promot. 1960 ebd. - 1960-65 Mitarb. am Helbig: Führer durch d. öfftl. Sammlungen Klass. Altertümer in Rom (4 Bde.), 1965-71 Assist. Univ. Göttingen. Korr. Mitgl. Dt. Archäol. Inst. - BV: Frühe Sagendarstellungen in Korinth, 1968; D. Kanon d. Polyklet, 1973; Kopf e. Kuros, 1980; Parmenides, Üb. d. Sein, 1981.

STEUBER, Erika

Studiendirektorin, Präs. Dt. u. Schweizer. Schutzgemeinschaft f. Auslandsgrundbesitz, Waldshut-Tiengen - Sonnhalde 3, 7891 Horheim/Br.

STEUBER, Friedrich-Wilhelm

Dr. phil., Univ.-Prof. f. Organ. Chemie Univ. Marburg (s. 1972) - Höhenweg 48, 3550 Marburg/L. - Geb. 23. Juni 1936 Lelbach/Waldeck - Promot. 1963 - 1981-83 Vizepräs. d. Philipps-Univ. Marburg, 1988/89 Dekan ebd. - Facharb.

STEUBER, Werner

Geschäftsführer Dt. u. Schweizer. Schutzgemeinschaft f. Auslandsgrundbesitz - Gartenstr. 17, 7890 Waldshut-Tiengen 1.

STEUBING, Lore

Dr. rer. nat., o. Prof. f. Pflanzenökologie (Lehrstuhl II) - Grünberger Str. 72, 6300 Gießen (T. 4 77 26) - Geb. 1. Febr. 1922 Hamm/W. - S. 1952 (Habil.) Lehrtätigk. Gießen (1959 apl. Prof., 1967 Wiss. Rätin u. Prof., 1969 o. Prof.) - BV (1965 ff.): Pflanzenökolog. Praktikum; Pflanzenökolog. Experimente z. Umweltverschmutzung; Ökologische Botanik - 1982 Umweltschutzpreis Friedr.-Flick-Förder.-Stiftg.

STEUDEL, Andreas

Dr. rer. nat., o. Prof. f. Experimentalphysik - Hahnensteg 41c, 3000 Hannover - Geb. 17. Febr. 1925 Leipzig - S. 1957 (Habil.) Lehrtätigk. Univ. Heidelberg u. TH bzw. TU Hannover (1962 Ord. u. Dir. Inst. f. Experimentalphysik A). Etwa 80 Fachaufs. - Mitgl. Braunschweig. Wiss. Ges.

STEUER, Günther

Dr. rer. pol., Hauptgeschäftsführer IHK Mittlerer Neckar, Stuttgart, i. R., Ehrenpräs. Württ. Verw.- u. Wirtschafts-Akademie, Mitgl. Kuratorium d. Verkehrswiss. Inst. Univ. Stuttgart - Schönblick 3, 7300 Esslingen-Liebersbronn (T. Stuttgart 37 11 62) - Geb. 26. Jan. 1912 Stuttgart, verh. s. 1939 (Ehefr.: Dr. med. Dora) - Univ. München u. Tübingen - Spr.: Engl.

STEUER, Heiko

Dr., Prof., Direktor Inst. f. Ur- u. Frühgesch. Albert-Ludwigs-Univ. - Belfortstr. 22, 7800 Freiburg i. Br.

STEUER, Walter

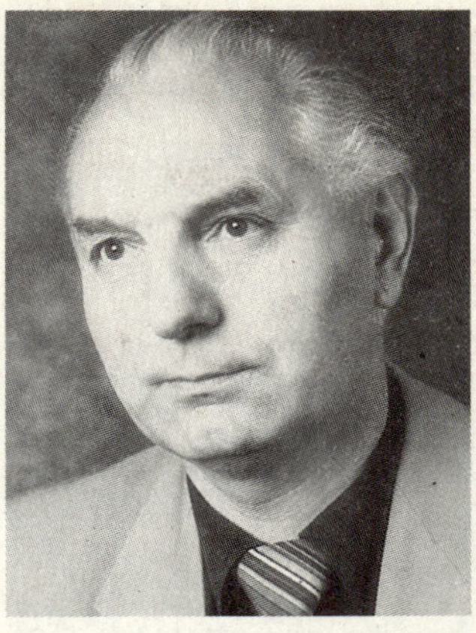

Dr. med., Prof., Leiter Med. Landesuntersuchungsamt Baden-Württemberg - Eduard-Pfeiffer-Str. 35A, 7000 Stuttgart 1 - Geb. 23. April 1927 München, verh., 1 Kd. - Medizinstud. Univ. München, Staatsmed. Prüfung in München; Allgemeinarzt; Tätigk. im Hygieneinst. Tübingen; Habil. in Tübingen; Prof. f. Sozialhygiene; Amtsarzt im Landkreis Böblingen - BV: Lehrbuch f. Sozialhyg., Leitfaden f. Krankenhaushyg.; Leitfaden f. Sterilisat., Desinfekt. u. Entwesung; Gesundheitsvorsorge - Liebh.: Malerei.

STEUER, Werner

Dr. rer. pol., Geschäftsführer Gemeinschaft z. Schutz d. dt. Sparer - Am Hofgarten 7, 5300 Bonn 1 (T. 22 30 79) - Geb. 1. Jan. 1936 Köln (Vater: Jakob S., Amtsrat a. D.; Mutter: Elisabeth, geb. Schmitz), kath., verh. s. 1965 - Nicolaus-Cusanus-Gymn. Bad Godesberg; Dipl.-Volksw. 1961 Univ. Bonn - BV: D. Aufwertungsspekulation, 1968 - Spr.: Franz., Engl.

STEUER, Wilfried

Dr. agr., Aufsichtsratsvorsitzender EVS, Verbandsvors. OEW, Landrat Kr. Saulgau (s. 1968), MdL Baden-Württ. (s. 1972), Landrat v. Biberach (s. 1973), Vizepräs. Dt. Volksmusiker-Verb., DRK-Kreisvors. - Rollinstr. 9, 7950 Biberach a. d. Riss - Geb. 20. Juni 1933 Stuttgart (Eltern: Hermann (Zollamtm.) u. Frida S.), kath., verh. s. 1968 m. Sonngard, geb. Wiedmaier, 2 S. (Tobias, Sebastian) - Gymn. Neuenburg; Studium Land-, Volksw., Rechtswiss. Hohenheim (LH), Bonn, Tübingen. Dipl.-Landw. 1957 (Bonn), Promot. 1962 (Hohenheim); jurist. Staatsprüf. 1960 (Tübingen) u. 65 (Stuttgart) - 1965-68 Min. f. Ernährung, Landw., Weinbau u. Forsten Baden-Württ. (Pers. Ref. d. Min.). 1965-68 Landesvors. Jg. Union BW. CDU s. 1961 - Liebh.: Sport, Wandern, Reiten - Spr.: Engl., Franz.

STEUERNAGEL, Friedrich

Dr. rer. pol., Hauptgeschäftsführer Handwerkskammer Kassel (s. 1961) - Fliederweg 15, 3500 Kassel (T. HK: 1 59 75) - Geb. 2. Febr. 1910 Hildesheim - S. 1933 Handwerksorg. u. Öfftl. Dienst.

STEUERWALD, Hans

Dr. jur., Senatspräsident b. KG a. D. - Dallwitzstr. 35, 1000 Berlin 37 (T. 802 80 15) - Geb. 19. Febr. 1911 Metz (Vater: Bernhard S., Amtsrat; Mutter: Anna, geb. Grub), ev., verh. s. 1937 m. Käthe, geb. Tonndorf, 4 Kd. (Katharina, Hans, Claudia, Martina) - Reform-Realgymn. Stuttgart; 1929-33 Univ. Berlin (Rechtswiss.). Ass.ex. 1937; Promot. 1938 - S. 1940 Land- (LGrat) u. Kammergericht Berlin (1952 KGrat, 1958 Senatspräs.). 1958-67 Präs. Justizprüfungsamt Berlin - BV: D. Versäumnisverfahren im ausl. Zivilprozeß, 1938; D. Rätsel um d. Bamberger Reiter, 1953; D. Reitermeister v. Bamberg u. Magdeburg, 1968. Herausg.: Berliner Gesetze; Weit war sein Weg nach Ithaka, 1978; D. Untergang v. Atlantis, 1983.

STEULER, Georg

Geschäftsführer Steuler-Industriewerke GmbH, Höhr-Grenzhausen - Parkstr. 15, 5410 Höhr-Grenzhausen - (Vater: Georg S. s. dort) - Volljurist, Stud. Bonn u. Köln - S. 1970 Rechtsanwalt.

STEURER, Hugo

Prof., Konzertpianist (u. a. Beethoven u. mod. Komp.) - Willow House The Paddocks, TN8 YHY, Cowdeu/Kent (England) - Geb. 13. Nov. 1914 München, ev., verh. s. 1941 m. Gretl, geb. Benedict, 2 Töcht. (Christiane, Bettina) - Akad. d. Tonkunst München (Klav.: Prof. Schmid-Lindner; Staatsex. 1935) - S. 1943 Lehrtätigk. Musikhochsch. Leipzig (1946-58 Prof.), Weimar (1947-50 Prof.), München (1956 ff. o. Prof.). Herausg.: Klavierw. Bach u. Beethoven - 1938 Musikpreis München, 1952 Nationalpreis II. Kl. (Ost) - Lit.: H. P. Range, D. Konzertpianisten d. Gegenw.

STEURER, Josef

Oberbürgermeister - Rathaus, 8990 Lindau/B.; priv.: Alwindstr. 10 - Geb. 24. Aug. 1927 München (Vater: Josef S.), verh. m. Ingeborg, geb. Bielefeld - Jurist. Staatsprüf. - Parteilos.

STEUSLOFF, Hartwig

Dipl.-Ing., Dr. rer. nat., Prof., Leiter Fraunhofer-Inst. f. Informations- u. Datenverarbeitung, Karlsruhe - Fraunhoferstr. 1, 7500 Karlsruhe 1 (T. 0721 - 60 91-330); priv.: Kirchfeldstr. 60 - Geb. 15. Juli 1937 Gelsenkirchen, ev., verh. m. Hannelene, geb. Kirnberger, 2 T. (Annette, Sabine) - Human. Gymn. Gelsenkirchen-Buer; Stud. Nachrichtentechnik TH Darmstadt u. TH München (Dipl.-Ing. 1963); Promot. (Informatik) 1977 Univ.-TH Karlsruhe - 1963-68 Teldix GmbH, Heidelberg; s. 1968 Fraunhofer-Ges. (s. 1984 Inst.leit.); Hon.-Prof. u. Lehrtätigk. Fak. f. Informatik Univ.-TH Karlsruhe. Fachveröff. - Liebh.: Musik, Kunst, Bergwandern - Spr.: Engl., Franz.

STEVES, Kurt

Wirtschaftsredakteur, Bundesverband d. Dt. Ind., Mitgl. Hauptgeschäftsf. (Außenwirtschaft), Köln (s. 1976) - Am Wäldchen 2, 5309 Meckenheim-Merl (T. 02225 - 68 99) - Geb. 1. Febr. 1930 Schwetzingen, ev., verh. s. 1965 in 2. Ehe m. Karola, geb. Geber, 4 Kd. - Abit. 1949; Univ. Erlangen, FU Berlin (Gesch.) - 1954-56 journ. Volont. Berlin; 1956-58 Wirtschafsredakt. Die Welt, Hamburg; 1958-75 Leit. Bonner Wirtsch.sredaktion Die Welt - 1975 Karl-Bräuer-Preis Bund d. Steuerzahler - Spr.: Engl.

STEYBE, Hans

Dr. rer. pol., Direktor - Postfach 50, 7000 Stuttgart 1 - Geb. 26. Juni 1924 - Württemberg. Metallwarenfabrik (1954-66 Marketing-Dir.), Braun AG, Frankfurt/M. (1966-72 Vorstandsmitgl.), Bosch-Siemens Hausgeräte GmbH, München (1973-78 Geschäftsf.), jetzt Abteilungsdir. Robert Bosch GmbH, Stuttgart - Spr.: Engl., Span. - Rotarier.

STIBANE, Fritz

Dr. rer. nat., Prof. f. Geologie u. Paläontologie - Burgstr. 40, 6301 Biebertal 1 (T. 06409 - 5 72) - S. 1966 (Habil.) Lehrtätigk. Univ. Gießen (1969 Wiss. Rat u. Prof.; gegenw. Prof.). Fachveröff.

STICH, Max

Lehrer, Parlam. Staatssekretär f. Jugend u. Sport Kultusministerium Land Schlesw.-Holst. (s. 1984), MdL (VIII./IX. Wahlp.) - Düsternbrooker Weg 64, 2300 Kiel; u. Treeneweg 8, 2390 Flensburg - Geb. 24. Nov. 1940 Posen (Vater: Adolf S., Berufsoffz., gef. 1943; Mutter: Agnes, geb. Brandtner, Schulleit. u. Kommunalpolitikerin), ev., verh., 1 Kd. - Schulen Bredstedt, Niebüll, Husum (Abit.); 1962-67 Stud. Berlin, Hamburg,

Kiel. Lehrerprüf. 1967 u. 71 - 1967-75 Lehrer Pestalozzisch. (Sondersch.) Flensburg. Oltn. d. R. 1970-75 Ratsherr Flensburg. Orts-, Kreis- u. stv. Landesvors. Jg. Union. CDU s. 1963 (Kreisvors. s. 1977, Mitgl. Landesvorst. s. 1979). Vors. Kreishandballverb. Flensburg.

STICHELE, Florian
s. Fischer, Richard H.

STICHMANN, Wilfried
Dr. rer. nat., Prof. f. Didaktik d. Biologie - Engernweg, 4773 Körbecke/Möhnesee - Geb. 15. Nov. 1934 Hamm/W. (Vater: August S., Dreher; Mutter: Anna, geb. Reith), kath., verh. s. 1961 m. Ursula, geb. Marny - Altsprachl. Gymn. Hamm; Univ. Münster (Zool., Botanik, Geogr., Geol., Phil., Päd.). Staatsex. u. Promot. 1960 - 1961 Ökolog. Unters. an Anatiden Finn- u. Lappl.; 1962-63 höh. Schuldst.; s. 1964 Doz. u. Prof. (1965) Päd. Hochsch. Ruhr/Abt. Hamm u. PH Ruhr/Abt. Dortmund (1970), s. 1980 Univ. Dortmund; stv. Vors. Landesgem. Naturschutz u. Umwelt NW; Kurat.-Vors. f. d. Naturschutzzentrum NRW - BV: D. Vogelwelt am Nordoststrande d. Industriereviers, 1955; Biologie - Didaktik, 1970; Audiovisuelle Medien im Biologieunterr., 1974. Arbeiten üb. heimatkdl. Biologie, Naturschutz u. -erzieh. Begr., Mithrsg. u. Verleger: Natur- u. Landschaftskd. (Viertelj.schr.); Mithrsg.: Unterr. Biol. (Monatsschr.).

STICHNOTE, Werner E.
Verleger - de-la-Fosse-Weg 28, 6100 Darmstadt-Kranichstein (T. 71 88 68) - Geb. 28. Jan. 1908 Potsdam (Vater: Eduard S., Buchdruckereibesitzer; Mutter: Anna, geb. Sinagowitz), ev., verh. 1932 m. Annemarie, geb. Mick (†), verh. s. 1973 m. Melanie, geb. Terzenbach - Realgymn.; Buchdruckerlehre - B. 1937 Inh. Druckerei u. Verlag Stichnote, Potsdam; 1951 Übersiedl. n. Darmstadt u. Neugründ. Verlag Stichnote; ab 1953 (Geschäftsf. Verlag Das Goldene Vließ (Taschenbücher), inzw. übergegangen in Ullstein Taschenbücher-Verlag; 1960-1972 Gf. Verlag Ullstein GmbH. 1961-63 Vors. Hess. Verleger- u. Buchhändlervereinig.; 1968-71 Vorsteher Börsenverein d. Dt. Buchhandels - BV: Von d. Herstellung d. Buches, 1950 (Potsdam) - 1970 BVK I. Kl.; Joh.-Heinrich-Merck-Ehrung; 1973 Perthes-Med.; 1976 Gr. BVK; 1959 Mitgl. PEN-Zentrum BRD (1962 u. 74-76 Schatzmeister, 1977 Austr.), Mitgl. Schweizer PEN; Vorstandsmitgl. Inst. f. Neue techn. Form, Darmstadt - Liebh.: Hinterglasbilder.

STICHWEH, Hermann
Lehrer, Mitgl. Brem. Bürgerschaft (s. 1971) - Eyterweg 17, 2800 Bremen 66 - Geb. 9. Okt. 1940 Bremen, verh., 2 Kd. - Gymn. (Abit.) und Päd. Hochsch. Bremen - B. 1967 Schuldst., dann Senatsverw. f. d. Bildungswesen Bremen. 1969-71 Landesvors. Jungsozialisten. SPD s. 1961.

STICKEL, Gerhard
Dr. phil., Prof. f. Germanist. Linguistik, Direktor Inst. f. dt. Sprache, Mannheim - Obere Bergstr. 32, 6905 Schriesheim (T. 06203 - 6 29 32) - Geb. 9. Mai 1937 Bochum, verh., 2 Kd. - Stud. Univ. Freiburg, Bonn, Wesleyan Univ. Connecticut, USA; Staatsex. 1963 Freiburg; Promot. 1970 Kiel - 1964-66 wiss. Mitarb. Dt. Rechenzentr. Darmstadt; 1970 wiss. Assist. Univ. Kiel; 1970-73 Gastdoz. Kyushu Univ. Japan; 1973ff. Inst. f. dt. Spr. (1973-76 Abt.-Leit., s. 1976 Dir.). 1986 Hon.-Prof. Univ. Mannheim. Buch- u. Aufsatzveröff. u. a. üb. Negation, Kontrastive Linguistik, Rechtsspr., Sprachkritik - Spr.: Engl., Franz., Jap.

STICKL, Helmut
Dr. med., Prof., Ltd. Medizinaldirektor, Leit. Inst. f. Umwelthygiene u. Impfwesen, München (Bayer. Landesimpfanst. s. 1965) - Starenweg 6, 8033 Krailling/Obb. (T. München 857 16 00) - Geb. 8. Mai 1926 Heidelberg (Vater: Prof. Dr. med. Otto S., Hygieniker u. Bakteriologe; Mutter: Ljuba, geb. Dobrewa), verh. 1959 m. Ingrid, geb. Schenk (Philologin) - Univ. Tübingen. Promot. 1950; Habil. 1960 - S. 1960 Lehrtätigk. Univ. Köln u. München (1966 apl. Prof. f. Kinderheilkd.). Entwicklung neuer Impfverf. Arb. u. Immunsystem als Bioindikator f. Umwelteinflüsse. Facharb. - Entw. neuer Impfstoffe; neue Method. Immunmodulation (m. A. Mayr), Allergie-Diagnostik u. Therapie. Mitgl. zahlr. wiss. Ges. (teilw. Vorst.).

STICKLER, Gunnar B.

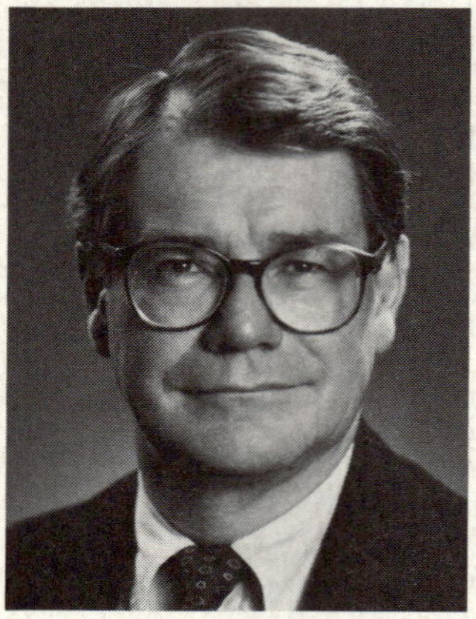

M.D., Ph. D., Prof. of Pediatrics - 2400 Crest LN SW., Rochester, MN 55 902/USA (T. 501 - 288-423) - Geb. 13. Juni 1925 Peterskirchen/Obb., verh. s. 1957 m. Duci M., geb. Kronenbitter, 2 Kd. (Katarina Anna, George David) - Med.-stud. Univ. Wien, Erlangen, München; Promot. 1949, Ph. D. 1958 Univ. of Minnesota - 1956 Chefarzt Kinderklinik US Army Hospital München; 1957 Senior Cancer Res. Scientist Roswell Park Mem. Inst.; 1957 Consult. Mayo Clinic; 1969-74 Leit. Section Kinderheilkd. Mayo Clinic; 1974-80 Chairman Dept. Kinderheilkd. Mayo Clinic. 1973-77 Americ. Board of Pediatrics - Entd. d. Stickler-Syndrome. 190 pädiatr. Veröff. - Liebh.: Regattasegeln, Tennis, Langlauf - Spr.: Engl. - Bek. Vorf.: Gunnar Wennerberg, Schweden (Urgroßonkel).

STIEBELER, Walter

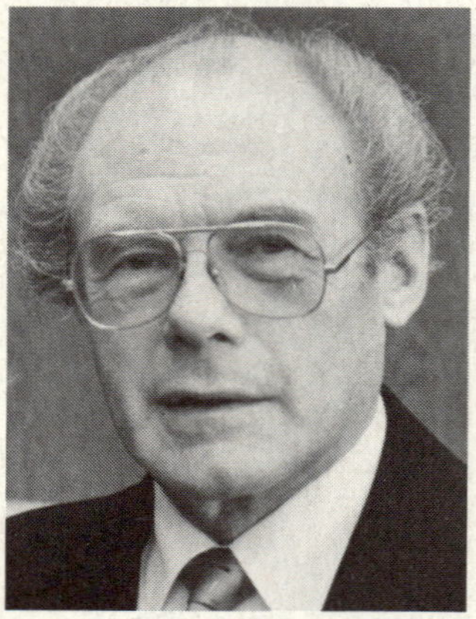

Dr. jur., Prof., Präsident Hamburg. Verfassungsgericht, Hanseat. Oberlandesgericht u. Hbg. Oberverwaltungsgericht (1969-84) - Flebbestr. 24, 2000 Hamburg 90 (T. 34 97-1) - Geb. 3. Nov. 1919 - Zul. Senatsdir. Justizbehörde Hamburg. S. 1985 Prof. Univ. Hamburg. Schiedsrichter - 1983 Titel Prof.

STIEBNER, Erhardt D.
Verleger (Herausg.: novum gebrauchsgrafik, Pantheon, D. Bergsteiger), gf. Gesellsch. F. Bruckmann KG, München, Mandruck München KG, Pantheon-Verlag GmbH, Graphika-Werbung GmbH, Ehrenvors. Verb. d. Ztschr.verlage in Bayern (VZB) u. a. - Ludwig-Thoma-Str. 22, 8022 Grünwald - Geb. 1. April 1924 - S. 1950 Bruckmann (1966 pers. haft. u. gf. Gesellsch.) - Bayer. VO.; BVK.

STIEFEL, Christian
Dr.-Ing., Aufsichtsratsmitglied DUEWAG AG, Geschäftsf. Waggonfabr. Talbot - Jülicher Str. 213-237, 5100 Aachen - Geb. 24. Sept. 1917 Berrenrath - Ehrenmitgl. d. Vorst. Verband Waggonind., Mitgl. d. Waldemar-Hellmich-Kreises, Vizepräs. Assoc. Intern. Constructeurs Matériel Roulant - BVK.

STIEFEL, Eberhard
Dr. phil., em. Prof. f. Musikerziehung u. -wiss. Päd. Hochschule Reutlingen - Stämmesäckerstr. 109, 7410 Reutlingen (T. 2 18 67) - Geb. 26. April 1916 Stuttgart.

STIEGLER, Ludwig
Rechtsanwalt, MdB (Landesliste Bayern) - Hinterm Zwinger 9, 8480 Weiden/Opf. (T. 0961 - 4 55 93; dstl.: 3 30 11) - SPD.

STIEGLITZ, Heinrich
Dr. rer. pol., Dipl.-Kfm., o. Prof. f. Soziologie - Rehfeld 30, 8401 Niedergebraching (T. 09405 - 31 63) - Geb. 14. März 1932 Hindenburg/OS. - S. 1963 Päd. Hochsch. Vechta bzw. Univ. Osnabrück - Abt. Vechta, s. 1978 Univ. Regensburg - BV: D. soziale Auftr. d. fr. Berufe; Soziologie u. Erziehungswiss. Div. Einzelarb. z. Allg., Berufs- u. Erziehungssoziol.

STIEHL, Hans Adolf
Schriftsteller u. freier Journalist (Ps. Hans Stilett) - Postf. 16 01 03, 5300 Bonn 1 (T. 0228 - 25 26 80) - Geb. 20. April 1922 Witzenhausen, ev., verh. s. 1946 m. Doris, geb. Pfannschmidt, 5 Kd. - Abit. 1941 Zeulenroda/DDR; Stud. Komparatistik, German., Phil. Univ. Bonn; 1953-83 Leit. Redakt. Presse- u. Informationsamt d. Bundesreg. in Bonn - BV: Lyrik: Dunkelgrüne Poeme, 1974; Signalrote Poeme, 1975; Hellgrüne Poeme, 1976; Nachtblaue Poeme, 1981; D. Botschaft d. Fassaden, 1983; D. Zwischenweltenkind, 1983; Prosa: Grenzüberschreitender Verkehr, 1982; Wiedergänger aus d. grünen Herzen, 1983 - 1978 Intern. Lyrikwettbewerb Stockholm: 3. Preis; 1983 Ostd. Kulturrat Bonn: 3. Preis - Spr.: Lat., Ital., Franz., Engl., Norweg. - Lit.: Philipp Rehbiersch: Lit. als Attacke auf Literaten (Neues Rheinland 14/1, 1971); ders.: D. unbekannten Ich (Neues Rheinland 15/2, 1972); ders.: E. neuer Regionalismus? (Neues Rheinland 16/10, 1973).

STIEHL, Ruth
s. Altheim-Stiehl, Ruth

STIEHL, Ulrich
Kaufmann, Vors. Zentralverb. Dt. Kreditmakler u. d. vermittelnden Bankdienstleistungsgewerbes, Vors. Dt. Finanzgilde, Vors. Bundesverb. d. Finanz- u. Immobilienkaufleute, Vors. Bundesverb. d. Gewerbebetreib. z. Förd. d. Gleichheit im Wettbewerb, Geschäftsf. Geld & Kredit Verlagsges. mbH, Gf. EMC-Consulting Dortmund GmbH u. BVG Beteilig.- u. Verwaltungsges. mbH - Zu erreichen üb.: Rosental 23, 4600 Dortmund

STIELOW, Jörn P.
Gf. Gesellschafter Stielow GmbH u. Stielow GmbH & Co. KG, bde. Norderstedt, Vorst.-Mitgl. Fachgem. Büro- u. Informationstechnik im VDMA, AR Dt. Messe AG, Hannover - Barghof 17, 2000 Norderstedt - Geb. 15. Sept. 1933.

STIENEN, Karl-Heinz
Dr. jur., Stadtdirektor, Rechtsanwalt (1961-76), MdB (1972-76; Wahlkreis 80/Krefeld) - Buddestr. Nr. 13, 4150 Krefeld-Oppum (T. 54 07 08) - Geb. 11. Juli 1932 Duisburg, verh., 4 Kd. - Gymn. Uerdingen (Abit. 1952); Univ. Köln u. Göttingen. Jurist. Staatsex. 1956 u. 1961; Promot. 1963 - SPD 1967-76 (Austritt).

STIEPELDEY, Heinz-Willi
Geschäftsführer Kolpingwerk Dt. Zentralverb. - Kolpingplatz 5-11, 5000 Köln 1 - Geb. 19. Okt. 1936.

STIER, Anton
Dr. med., Dr. rer. nat., Prof. f. Pharmakologie u. Toxikologie - Zur Akelei 34, 3400 Göttingen (T. 0551 - 20 14 26) - Geb. 10. März 1928 Stuttgart (Vater: Wilhelm St., Beamter; Mutter: Elisabeth, geb. Pfeiffer), kath., verh. s. 1959 m. Barbara, geb. Loichen, 2 Kd. (Albrecht, Babette - Gymn. Stuttgart; Univ. Würzburg (Prüf. 1952), Promot. Würzburg 1953 u. Stuttgart 1961, Chem.-Dipl. TU Stuttgart 1958 - S. 1966 Wiss. Mitarb. Max-Planck-Inst. f. biophys. Chemie, Abt. Spektroskopie, apl. Prof. med. Fak. Univ. Göttingen - Spr.: Engl., Franz., Griech., Latein.

STIER, Hans-Erhart
Dr., Prof. f. Experimentalphysik - Richard-Strauss-Str. 21, 7800 Freiburg/Br. (T. 55 15 85) - Geb. 5. Okt. 1937 Münster (Vater: Dr. Hans Erich St., Hochsch.l.; Mutter: Annelise, geb. Marten), ev., verh. s. 1963 m. Oda, geb. Schultz, 2 T. (Ina-Elisabeth, Amélie-Charlotte) - Univ. Münster u. Bonn, Promot. 1964, Habil. 1971, beid. Bonn - 1969-70 Res. Assoc. CERN, 1973 apl. Prof. Univ. Bonn, 1974 o. Prof. Univ. Freiburg - Veröff.: Phys. Letters, Ztschr. f. Physik u. f. Naturforschung, Acta Physica Austriaca - Spr.: Engl., Franz.

STIER, Kurt-Christian
Prof. f. Violine Hochschule f. Musik, München - Chiemseering 37, 8011 Heimstetten (T. 089 - 903 03 69) - Geb. 3. Febr. 1926 Gütersloh (Vater: Kurt St., Musiklehrer; Margarete, geb. Kaufmann), ev., gesch., 2 S. (Ludwig, Florian) - 1942-44 Violinstud. Braunschweig, 1948-50 Detmold, 1950-51 Köln (Reifeprüf. u. staatl. gepr. Musiklehrer) - 1951-61 Stroß-Quartett (II. Violine); 1958-68 Konzertmeist. Bayer. Staatsoper; 1968-75 Bayer. Rundf. (Sinfonie-Orch.); 1966-75 Lehrauftr., ab 1975 Prof. Hochsch. f. Musik München. 1983 1. Vors. Verb. Münchner Tonkünstler - Herausg. v. Orchesterstud. b. Musikverlag - Liebh.: Segeln, Fischen, Bergwandern, Radfahren - Spr.: Engl., Franz.

STIER, Reinhart C.
Dr.-Ing., Geschäftsführer Bosch-Siemens Hausgeräte GmbH., Giengen - Am Läutenberg 8, 7928 Giengen/Brenz (T. 07322 - 85 32) - Geb. 16. Jan. 1915 Rostock (Vater: F. F. S.; Mutter: Ida, geb. Schulz), ev., verh. s. 1942 m. Erika, geb. Link, 2 Kd. (Ulrich, Edith) - 1935-39 TH Berlin-Charl.

STIERLIN, Helm
Dr. med., Dr. phil., Prof., Psychiater u. Psychoanalytiker - Kapellenweg 19, 6900 Heidelberg (T. priv.: 06221-4 25 74, dstl.: 06221-56 58 31) - Geb. 12. März 1926 Mannheim (Vater: Paul St., Bauing.; Mutter: Elsbeth, geb. Schöningh), verh. s. 1965 m. Satuila, geb. Zanolli, 2 Töcht. (Larissa, Saskia) - 1946-53 Univ. Heidelberg, Freiburg u. Zürich (Med., Phil.) - Therapeut. u. wiss. Tätigk. an amerik. u. dt. Inst., s. 1974 Univ. Heidelberg - Entw. Delegationskonzept u. Heidelberger familiendynam. Konzept (Spez. Arbeitsgeb.: Familientherapie) - BV: D. Tun d. einen ist d. Tun d. anderen, 1972; Adolf Hitler/Familienperspektiven, 1975; V. d. Psychoanalyse z. Familientherapie, 1975; D. Erste Familiengespräch, 1977; Eltern u. Kinder, 1978; Delegation u. Familie, 1978, TB 1984; Krankheit u. Familie, 1982; D. Christen in d. Weltfamilie, 1982; Psychotherapie u. Sozialtherapie d. Schizophrenie, 1984; D. Sprache d. Familientherapie, 1984; Familiäre Wirklichkeiten, 1987; Ob sich d. Herz z. Herzen findet, 1987; In Liebe entzweit, 1989; u. a. Büch.; dazu ca. 200 wiss. Aufs., Buchübers. in 10 Spr. - Div. Ausz. u.

Mitgl.sch. - Liebh.: Theater (Verfass. e. Libretto f. Tanztheater) - Spr.: Engl., Franz. - Lit.: In: Pioniere d. Tiefenpsych., Bd. III, 1981.

STIERSTADT, W. Otto

Dr. phil. habil., Privatdozent f. Physik - Ellerstr. 17, 4800 Bielefeld 1 (T. 0521 - 12 29 75) - Geb. 11. Juli 1905 Bielefeld, ev., verh. s. 1929, 3 Kd. (Klaus, Haidi, Gerhild) - Stud. Physik, Math., Phil. u. Nebengeb. (Promot. 1928 Univ. Göttingen, Habil. 1933 Göttingen/Hannover) - S. 1933 Privatdoz. f. Physik Univ. Göttingen, Hannover, Berlin; s. 1938 Leit. Forsch.inst. f. Physik. Zahlr. Pat.; s. 1960 mehrf. UNESCO-Experte (Senior-Officer) f. Fachgeb. in vielen Teilen d. Welt (meist Übersee); div. wiss. Veröff. Mitarb. an mehr. Büchern - Mitgl. Stud.-Stiftg. d. Dt. Volkes; 1942 KVK; 1932 Aufn. in "Sigma Xi"/USA - Liebh.: Phil., Tiefenpsych., Musik, Weltreisen, Philatelie - Acht Spr. - Lit.: u. a. Europ. Profile.

STIETENCRON, Freiherr von, Heinrich

Dr. phil. habil., o. Prof. u. Direktor Seminar f. Indol. u. vergl. Religionswiss. Univ. Tübingen (s. 1973), Dekan d. Fak. f. Kulturwiss. (1981-82) - Schwabstr. 25, 7400 Tübingen - Geb. 18. Juni 1933 Ronco s/A. (Vater: Georg-Eduard v. S.; Mutter: Fides, geb. Goesch), ev., verh. s. 1965 m. Barbara, geb. Thierfelder, 3 Kd. - Stud. Univ. München, London; Promot. 1965 München; Habil. 1970 Heidelberg - 1970-1973 Abt.leit. (f. Religionsgesch. u. Phil.) Südasien-Inst. Heidelberg. S. 1980 Vors. Dt. Vereinig. f. Religionsgesch; s. 1985 2. Vors. Inst. f. Histor. Anthropologie; Schriftl. Saeculum, Jahrb. f. Universalgesch. (s. 1979) - BV: Indische Sonnenpriester: Samba u. d. Sakadvipiya Brahmana, 1966; Ganga u. Yamuna, 1972. Co-Autor: The Cult of Jagannath and the Regional Tradition of Orissa, 1978; Christentum u. Weltreligionen (Herausg. H. Küng) 1984. Herausg.: D. Name Gottes (1975); Angst u. Gewalt, Ihre Präsenz u. ihre Bewältig. in d. Religionen (1979); Dämonen u. Gegengötter. Antagonist. u. antinom. Strukturen i. d. Götterwelt (Saeculum 34/3-4, 1983); Theologen u. Theologien in versch. Kulturkr. (1986); Krieg u. Kultur (Saeculum 37/2, 1986).

STIEVE, Friedrich-Ernst

Dr. med., Prof., Erster Dir. u. Prof. i. R. Bundesgesundheitsamt, Berlin/Neuherberg (Leit. Inst. f. Strahlenhygiene a.D. (s. 1971), Gastwissensch. Ges. f. Strahlen- u. Umweltforsch. mbH, Neuherberg - Lindenschmitstr. 45, 8000 München 70 (T. 77 39 19) - Geb. 5. Nov. 1915 München (Vater: Prof. Dr. med. Dr. phil. Hermann S., Ord. f. Anatomie Univ. Halle u. Berlin (s. XI. Ausg.); Mutter: Marie, geb. Müller), verh. 1942 m. Dr. med. Eva, geb. Schubert †, s. 1978 m. Rose Marie, geb. Fritze, 2 Kd. (Angelika, Joan) - Univ. Berlin, München, Tübingen. Promot. 1939; Habil. 1953 - S. 1953 Privatdoz. u. apl. Prof. (1962) Univ. München (zul. Ltd. Oberarzt Inst. u. Poliklinik f. Physikal. Therapie u. Röntgenol.). Etwa 370 Fachveröff. Mithrsg.: Handb. d. Physikal. Therapie - 1963 Holthusen-Ring; Mitgl. Leopoldina; Ehrenmitgl. Österr. Röntgenges. u. a.; s. 1974 Mitgl. United Nations Scientific Commit. on the Effects of Atomic Radiation (UNSCEAR).

STIEVE, Hennig

Dr. rer. nat. (habil.), Prof., Direktor Inst. f. Neurobiologie Kernforschungsanlage Jülich (s. 1970) - Lemierser Berg 49, 5100 Aachen-Orsbach (T. 1 34 60) - Geb. 19. Juni 1930 Halle/S. (Vater: Prof. Dr. med. Dr. phil. Hermann S., Anatom, s. XI. Ausg.), verh. m. Dr. med. Britta, geb. Miegel - B. 1965 Doz. Univ. Hamburg, dann Ord. TH Aachen (Dir. Zool. Inst.). Facharb.

STIHL, Hans Peter

Dipl.-Ing., pers. haft. Gesellschafter u. Vors. d. Geschäftsf. Fa. Andreas Stihl, Präs. Dt. Ind. u. Handelstag Bonn (s. 1988) - Badstr. 115, 7050 Waiblingen - Geb. 18. April 1932 Stuttgart (Vater: Andreas St., Ing.; Mutter: Mia, geb. Giersch), ev., verh. - Stud. TH Stuttgart - 1960 Assist. Unternehmensleit., 1966 Mitgl. Geschäftsf., s. 1971 pers. haft. Gesellsch. Fa. Stihl - 1980-88 Vors. Verb. d. Metallind. Baden-Württ. (VMI) Stuttgart; Vizepräs. Gesamtverb. metallind. Arbeitgeberverb., Gesamtmetall Köln; s. 1981 Präs. Bezirkskammer Rems-Murr d. IHK Mittlerer Neckar, Sitz Stuttgart; Vizepräs. IHK Mittlerer Neckar; 1983-88 Vizepräs. u. Schatzm. Inst. d. dt. Wirtsch. (IW), Köln; b. 1988 Vorst.-Mitgl. Verein dt. Maschinen- u. Anlagenbau (VDMA), Fachber. Holzbearbeitungsmaschinen, Frankfurt/M., VDMA, Sektion Baden-Württ. Stuttgart; s. 1988 Präs. Dt. Ind.- u. Handelstag (DIHT) Bonn - Rotarier.

STIKSRUD, Hans Arne

Dr. phil., Dipl.-Psych., Univ.-Prof. im Kirchendst. an d. Kath. Univ. Eichstätt - Zu erreichen üb. Kath. Univ. Eichstätt, Ostenstr. 26-28, 8078 Eichstätt; priv.: Händelstr. 8, 6000 Frankfurt/M. 1 - Geb. 10. Jan. 1944, verh. m. Dr. Jutta Margraf-Stiksrud, 2 Kd. - Stud. Psych.; Dipl. 1972 Frankfurt; Promot. Frankfurt, Habil. 1988 FU Berlin - BV: Diagnose u. Bedeutung individueller Werthierarchien, 1976; Jugend u. Werte - Aspekte e. Politischen Psychologie d. Jugendalters (hg.), 1984; Entwicklungsaufgaben u. Bewältigungsprobleme d. Jugendalters (hg. m. D. Liepmann), 1985; Adoleszenz u. Postadoleszenz - Beitr. z. angewandten Jugendpsychologie (hg. m. F. Wobit), 1985. Herausg.: Klinische Psychol. Übers./Engl.-Amerik.: Rachman & Teasdale, Verhaltensstörungen u. Aversionstherapie (1975); Lazarus, Multimodale Verhaltenstherapie (1978, m. W. Stifter); Schaefer u. Millman, Kompendium d. Psychotherapie in Kindh. u. Pubertät (1984, m. F. Wobit).

STILCKEN, Rudolf

Vorsitzer Verwaltungsrat Benton & Bowles u. Partner, Werbeagentur - Zellerstr. 19, 2000 Hamburg 73 - Geb. 15. Febr. 1925 Hamburg, verh. s. 1977 m. Angelika Jahr-Stilcken, S. Andreas, S. Alexander u. T. Anna-Constanze - Senior Vice Pres. Benton & Bowles, Inc., New York (1977); AR-Mitgl. Rosenthal Glas u. Porzellan AG (1978-82); Vorst. Rat f. Formgebung (1977) u. Gestaltkr. BDI (1981).

STILETT, Hans

s. Stiehl, Hans Adolf

STILL, Carl-Otto

Dr.-Ing., Mitinhaber u. Geschäftsf. Carl Still GmbH & Co. KG, Planung u. Bau von Kokerei- u. Kohlenwertstoffanlagen sow. Anlagen f. d. Eröl-, Erdgas- u. Chem. Ind. Recklinghausen - Kaiserwall 17-23, 4350 Recklinghausen (T. 02361-58 22 42) - Geb. 2. Juni 1940 Recklinghausen (Vater: Dr.-Ing. E.h. Karl-Friedrich St.; Mutter: Marianne, geb. Remmets), ev., verh. s. 1978 m. Beate, geb. Hofmann, T. Stephanie - Humanist. Gymn. Recklinghausen; Stud. Masch.-bau TH München, Stud. Verf.technik RWTH Aachen (Hauptdipl. 1966, Promot. 1971) - Mitinh. Harry P. Will Werkzeugfabrik GmbH, Neustadt Kr. Marburg, Pres. Carl Still Corp., Pittsburgh, USA, Board Member: Davy/Still-Otto, Pittsburgh, USA, Otto-Simon Carves Ltd., Stockport Engl., Otto India Pvt. Ltd., Calcutta, Indien, Nihon Otto K.K., Tokio, Japan.

STILL, Karl-Friedrich

Dr.-Ing. E. h., Dipl.-Ing., Mitinhaber Carl Still GmbH & Co. KG (Planung u. Bau v. Kokerei- u. Kohlenwertstoffanl. sow. Anlagen f. d. Erdöl-, -gas- u. chem. Industrie), Recklinghausen - Hohenzollernstr. 5a, 4350 Recklinghausen - Geb. 10. Okt. 1911 Recklinghausen (Vater: Dr.-Ing. E. h. Carl S., Firmengründer †1951; Mutter: Hanna, geb. Gürtler †1978), verh. s. 1939 m. Marianne, geb. Remmets †1986, 3 Kd. - 1951-83 Firmenltg. - Ehrenbürger Recklinghausen; Ehrenbürger u. -doktor (1964) TH Aachen.

STILLE, Bernd

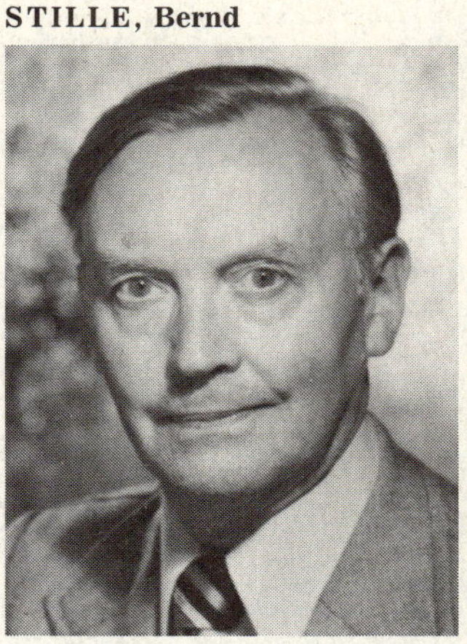

Dr. phil., Prof. f. Mikrobiologie - Meßbeuel 2, 5340 Bad Honnef (T. 55 57) - Geb. 25. Aug. 1912 Paderborn (Vater: Bernhard St., Gewerbeoberl.; Mutter: Maria, geb. Henze), kath., verh. s. 1942 m. Hildegard, geb. Leblanc, 5 Söhne (Elmar, Lothar, Reinhard, Berthold, Wolfgang) - Human. Gymn. Paderborn, Univ. Göttingen (Phys., Chem., Botanik, Zool., Mikrobiol.), Promot. 1937, Habil. 1951 Univ. Bonn - S. 1938 Abt.-leit. Reichsforsch.-Anst. f. Lebensmittelfrischhalt. Karlsruhe, 1942-45 Kriegsmarine (Reg.-Rat.), s. 1947 Univ. Bonn, s. 1951 Priv.-Doz., s. 1957 Prof. - Entd.: Erstmals mikro-chem. gesich. Nachweis d. Bakterienzellkernes - Kältetod v. Mikroorganismen (Gesetzmäßigk. d. Absterbeverlaufs). Xerotolerante Pilze - BV: Biol. d. Bodens, 4. A. 1968 - Spr.: Franz.

STILLE, Günther

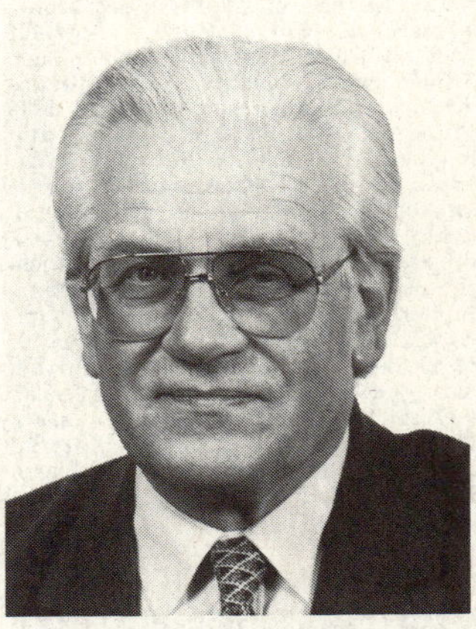

Dr. med., Direktor u. Prof. a. D. Bundesgesundheitsamt - Am Wallberg 49, 2400 Lübeck 14 - Geb. 11. Juli 1923, verh. s. 1946, S. Peter - Stud. Med. Univ. Tübingen, Strassburg u. Kiel (Promot. 1952), Habil. 1970 Bern - Arzt f. Pharmakol. u. Toxikol.; 1979 apl. Prof. FU Berlin; Leit. pharmakol. Entwicklungslaborat. d. pharmazeut. Ind. In- u. Ausl.; Leit. Abt. exper. u. klin. Pharmakol. Bundesgesundheitsamt. Entw. heute in d. Therapie benutzter Psychopharmaka. Herausg.: Handbook of Exper. Pharmacol. Psychotropic Agents (1982) - Ehrenmitgl. Ges. f. Pharmakol., Schweiz - Spr.: Engl., Franz. - Lit.: Who's who in Medicine.

STILLE, Peter

Rechtsanwalt, Hauptgeschäftsf. des Deutschen Brauer-Bundes - Annaberger Str. 28, 5300 Bonn 2 (T. 0228 - 81 51 10, Tx: 885404).

STILLER, Axel Bernd

Volkswirt, Immobilienmakler, Präs. Verb. Dt. Makler (s. 1986) - Neymayerring 40, 6710 Frankenthal - Geb. 7. Jan. 1942, verh., 1 Kd. - Graph. Ausb.; Hochsch. f. Wirtsch. u. Politik, Hamburg; grad. Volkswirt - 1968ff. selbst. Immobilienmakler. Vizepräs. Europ. Maklerverb. CEI, Sitz Paris - Goldene Ehrennadel Verb. Dt. Makler - Liebh.: Reisen, Spr., Numism. - Spr.: Engl., Franz., Span.

STILLER, Georg

Bäckermeister, AR-Mitgl. Bayer. Hausbesitzer-Versicherungs-Ges. a. G., München - Kappelgraben 6a, 8503 Altdorf b. Nürnberg (T. 26 78) - Geb. 9. Febr. 1907 Nürnberg (Vater: Ulrich S., Bäckerm.; Mutter: geb. Frank), ev., verh. 1938 m. Walburga, geb. Reinhardt, T. Uta - Realgymn.; Bäckerhandw. Meisterprüf. 1931 - 1939-45 Wehrdst.; 1949-53 Stadtrat Nürnberg. 1953-69 MdB. Ehrenvors. Hausbesitzerverein Nürnberg u. Landesverb. bayer. Haus- u. Grundbes. CSU s. 1946 (1952-69 Vors. Bezirksverb. Nürnberg-Fürth) - 1965 Bayer. VO., 1969 Gr. BVK.

STILLER, Horst

Dr. med., Prof., Direktor Chirurg. Klinik (1964-86) Akad. Lehr- u. Stadtkrankenhaus - Lortzingstr. 7, 6450 Hanau/M. 1 - Geb. 7. Jan. 1921 Hamburg (Vater: Wilhelm S., Kaufm.; Mutter: Margarethe, geb. Moschner), kath., verh. s. 1960 m. Heide, geb. Mackensen, 2 Kd. (Marlene, Peter) - 1939-45 Univ. Breslau, Gießen, Jena. Promot. (1945) u. Habil. (1957) Gießen - 1945-64 Chir. Univ.-Klinik Gießen (zul. Oberarzt; 1957 Privatdoz., 1963 apl. Prof., 1974 Honorar-Prof.). Operationsverfahren: Transsternale Embolektomie b. Lungenembolie (m. K. Voßschulte), Behandl. d. coronaren Luftembolie (mit D. Langrehr u. R. Voss), Vorgehen b. Mitralstenose m. Vorhofthromben, Transduodenale Divertikalplastik b. Duodenaldivertikeln im Papillenbereich, Handbuchbeitr. u. Fachaufs. - 1974 Ehrenzeichen d. DRK; 1978 Ehrenbrief Land Hessen; 1980 Ehrenplakette LÄK Hessen; 1986 Ernst von Bergmann Plak.; 1986 BVK I. Kl.

STILLER, Klaus

Schriftsteller, Rundfunkredakteur - Bamberger Str. 6, 1000 Berlin 30 - Geb. 15. April 1941 Augsburg (Vater: Dr. Josef St., prakt. Arzt; Mutter: Friederike, geb. Pfannmüller), verh. s. 1968 m. Dr. Maria, geb. Di Luca), 1 T. Diana - 1961-68 Stud. German., Roman. Univ. München, Grenoble u. W.-Berlin - BV: D. Absperrung, Erz. 1966; H., Protokoll, 1970; Tageb. e. Weihbischofs, 1972; D. Faschisten, N. 1976; Traumberufe, 1977; Weihnachten, R. 1980; D. heilige Jahr, R. 1986. Herausg.: Ital. Erz. d. 20. Jh., Anthol. (1982) - 1977 Hermann-Hesse-Förderpreis; Mitgl. PEN - Spr.: Engl., Franz., Ital., Latein.

STILLER, Manfred

Dr.-Ing., Gf. Vorstandsmitglied Dt. Beton-Verein, Vorst.-Mitgl. Güteschutzverband Beton BII-Baustellen, u. Gütegem. Erhaltung v. Bauwerken, Vizepräs. Euro-Intern. Beton-Komitee (CEB) - Hermann-Gitter-Str. 2, 6200 Wiesbaden - Geb. 3. Juni 1930 Berlin - TU Berlin (Bauing.wesen), Dipl.-Ing. - 1955 Dischinger-Preis; 1985 BVK am Bde. - Liebh.: Bild. Kunst - Spr.: Engl., Franz.

STILLER, Niklas

Dr. med., Arzt, Schriftst. - Schumannstr. 17, 4000 Düsseldorf 1 - Geb. 19. Sept. 1947, 2 Kd. (Barbara, Nicolas) - Medizinstud.; Promot. - S. 1988 fr. Wissenschafts-Redakt. f. d. J. Springer-Verlag Heidelberg - BV: D. Tod u. d. Flugzeug, 1978; Ordnung durch Fluktuation. E. Gespräch m. Ilya Prigogine, Nobelpreisträger f. Chemie 1977, 1979; Albert Einstein, 1981; Lehrb. d. klin. Akupunktur, 1981; D. gr. Hirnriss, (m. P. Glaser) TB 1983. FS: Lastwagenkrieg, Film, NDR 1982; Z. Ansicht - Ilya Prigogine, Feature WDR 1978; Z. Ansicht - Klaus

Traube, Feature WDR 1979. Spiegel-Ess.: D. Arzt u. d. Tod, 1977; E. Ritt üb. d. Bodensee, 1978. Herausg.: Litfasslit. Stadt Düsseldorf - 1976 Förderpreis Stadt Düsseldorf, 1978 Land NRW - Liebh.: Kunst, Naturwiss., Sport - Spr.: Franz., Engl., Ital. - Lit.: Art. in Ztg. u. Ztschr., u.a. D. Spiegel, FAZ.

STILZ, Gerhard

Dr. phil., Prof. f. Engl. Literatur Univ. Tübingen - Geb. 12. Nov. 1940 Schnait - Promot. 1967, Habil. 1977 - 1967-68 Univ. Tübingen; 1968-70 Univ. Bombay/Ind.; 1970-79 wieder Univ. Tübingen; 1981-83 Univ. Stuttgart; s. 1983 Univ. Tübingen, 1986 Northern Arizona Univ., USA - BV: D. Anglo-Ind. Kurzgesch., 1980; Drama im Commonwealth, 1981; Grundl. z. Lit. in engl. Spr.: Indien, 1982; Naturalismus in Engl., 1983.

STILZ, Walter

Dr. rer. nat., Chemiker, Direktor BASF AG Ludwigshafen - BASF, 6700 Ludwigshafen (T. 0621 - 6 01) - ev., verh. s. 1959 m. Waltraud, geb. Ludwig, 2 Kd. (Susanne, Hans-Ulrich) - Human. Gymn.; 1948-55 Stud. Chemie Univ. Tübingen; Promot. 1955.

STIMPEL, Hans-Martin

Dr. phil., Prof. f. Pädagogik - Ludwig-Beck-Str. 17, 3400 Göttingen - Geb. 26. Aug. 1926 Oybin/Sa. (Vater: Paul S., Schulleiter; Mutter: Martha, geb. Heitmann), ev., verh. s. 1949 m. Rosmarie, geb. Tielking, 3 Söhne (Burkhard, Roland, Hartmut) - Gymn. Zittau (Abit. 1946 Holzminden); Päd. Hochsch. Celle (beide Lehrerprüf.); Univ. Göttingen u. Bonn (Päd., Phil., Dt. Philol., Gesch.) - 1943-1946 Soldat u. Gefangensch.; 1949-51 Lehrer; s. 1954 Assist., Doz. (1959) u. Prof. (1961) Univ. Göttingen - BV: Erziehungswiss., Lehrerbild. u. Schule in d. Bundesrep. Dtschl. u. in Schweden, Informationen 1 - 3, 1968; Schüler, Lehrerstudenten u. Politik - E. intern. Vergleich, 1970; Studien- u. Forschungsprojekte 1967-82, zahlr. Ber. hierüber.

STIMPEL, Walter

Dr. h.c., Vizepräsident Bundesgerichtshof (s. 1978) - Herrenstr. 45a, 7500 Karlsruhe - Geb. 29. Nov. 1917 - U. a. OLG-Rat Braunschweig u. Leit. Landesjustizprüfungsamt Hannover (1961 ff.); s. 1965 Bundesrichter u. Senatspräs. (1971; 2. Zivilsenat), dann stv. Präs. BGH. - 1982 Ehrendoktor Univ. Tübingen.

STIMPFLE, Josef

Dr. theol., Dr. h. c. (Kath.-Theol. Fak. Univ. Augsburg 1985), Kath. Bischof v. Augsburg (s. 1963) - Hoher Weg 18, 8900 Augsburg (T. 51 93 08) - Geb. 25. März 1916 Maihingen/Schwaben - Stud. Gregoriana u. Germanicum Rom (Phil., Theol.). Priesterweihe 1946 - Stadtkaplan Augsburg (St. Peter u. Paul, St. Ulrich), Subregens Dillingen. Leiter d. Sekr. f. d. Nichtglaubenden in der BRD; Mitgl. Kommiss. Weltkirche Dt. BKonf.; Vors. Misereor - BV: Die Grundwerte in d. Sicht d. Kath. Kirche, Stuttgart 1978 - 1964 Friedenskreuz Dt.-Franz. Union d. Friedens in soldat. Kameradschaft; 1966 Bayer. VO.; 1978 Gr. BVK; 1970 Prior Bayerische Sektion/Ritterorden v. Hl. Grab zu Jerusalem u. Komtur m. Stern; 1981 Eintrag Gold. Buch Jüd. Nationalfonds Jerusalem; 1982 Großkreuz VO Ital. Rep.; 1984 Europa-Verdienstmed. - Liebh.: Bergsteigen (Hochalpinist) - Lit.: Konrad Lachemayr, Gespräche m. d. Bischof (1980) - Bes. Ehrung: Namensstiftg. Bar-Ilan-Univ. Tel Aviv (Israel).

STINGL, Helmut

Dr. rer. nat., o. Prof. f. Geomorphologie Univ. Bayreuth - Am Sommeracker 10, 8651 Trebgast (T. 44 94) - Geb. 6. Juni 1936 Bad Königswart (Vater: Waldemar St., Bürgerschuldir.; Mutter: Maria, geb. Hartl), kath., verh. s. 1967 m. Beate, geb. Peiffer, Ärztin, 2 Kd. (Veronika, Jörg Arnulf) - Univ. Münster, München, Göttingen (Geogr., Geol., Pedol.; Promot. 1968); Habil. 1977 Univ. Erlangen - 1968-77 wiss. Assist. Univ. Göttingen, Köln u. Erlangen; 1977-79 wiss. Rat u. Prof. Univ. Bayreuth; ab 1979 Univ. Eichstätt (Lehrst. f. Phys. Geogr., 1980-81 Dekan); s. 1982 Lehrst. f. Geomorphol. Univ. Bayreuth. Geoökol.-geomorphol. Forsch. in Hochgebirgen, Trockengeb. u. Südamerika - BV: E. periglazialmorphol. Nord-Süd-Profil durch d. Ostalpen, 1969; Strukturformen u. Fußflächen im westl. Argentinien, 1979; Südamerika-Geomorphologie u. Paläoökologie d. jüngeren Quartärs, 1985 (Mithrsg.).

STINGL, Josef

Dr. h. c., Prof., Präsident a. D. Bundesanstalt f. Arbeit - Delmondstr. 32, 5456 Rheinbrohl (T. 02635 - 53 33) - Geb. 19. März 1919 Maria-Kulm/Böhmen (Vater: Georg S., Bäckermeister; Mutter: Amalie, geb. Hüttl), kath., verh. s. 1943 m. Dorothea, geb. Behmke †, 5 Kd., in 2. Ehe m. Elvira Lougear-St., geb. Stark - Gymn. Eger; Deutsche Hochschule f. Politik, Berlin (Dipl. 1951) - 1939-45 Wehrdst. (Flugzeugführer u. Beobachter, zul. Oblt.) u. engl. Gefangensch., dann neben Stud. Angest. Wohnungsbauges., wiss. Hilfsassist. DHfP (Sozialpolitik u. intern. Bezieh.), Angest. IHK Berlin (Ref. Sozialpol.), 1953-68 (Mandatsniederleg.) MdB/Vertr. Berlins (1963 Vors. Arbeitskr. Arbeit u. Soziales CDU/CSU-Fraktion, 1965-73 Vors. CDU-Fachaussch. Sozialpolitik), 1968-84 Präs. Bundesanst. f. Arbeitsvermittl. u. -losenversich. bzw. f. Arbeit. Lehrbeauftr. Hochsch. f. Verw.-Wiss. Speyer u. Hon.prof. Univ. Bamberg. 1964-69 Vors. Landesverb. Oder/Neiße CDU/CSU. 1964-73 Mitgl. CDU-Bundesvorst. u. Vorst. Christl.-Demokr. Arbeitnehmersch.; Bundesvors. Ackermann-Gemeinde. Vizepräs. 80. Dt. Katholikentag 1964 Stuttgart. Gemeins. Syn. d. Bistümer in d. Bundesrep. Deutschl.; Mitgl. Zentralkomitee Dt. Katholiken; Leit. Sachkommiss. 2 (Wirtsch., Arbeit, Sozialordnung) Zentralkomitee dt. Katholiken; Berater Kommiss. VI Dt. Bischofskonfz. f. ges.- u. sozial-caritative Fragen. CSU (s. 1974); Mitgl. Dt. Sektion Päpstl. Hilfswerk Kirche in Not/Ostpriesterhilfe; Vorst.-Mitgl. Intern. Bund f. Sozialarbeit; Neutraler Mann im AR Vereinigte Schmiedewerke GmbH - Div. Kriegsausz., dar. Dt. Kreuz in Gold; 1971 Bayer. VO.; Gr. BVK m. Stern; Komtur m. Stern d. Gregorius-Ord.; Großoffz.-kreuz d. VO. d. ital. Rep.; 1976 Ehrensenator Univ. Mannheim; 1979 Ehrendoktor (rer. publ.) Hochsch. f. Verwaltungswiss., Speyer; 1984 Heinrich-Brauns-Preis Bistum Essen, Hermann-Lindrath-Preis, Großkreuz päpstl. Gregoriusorden; 1984 Rehabilitationspreis d. Reichsbund.; BVK, Stern u. Schulterbd. dazu; 1984 Europ. Karls-Preis d. Sudetendt. Landsmannsch.; Ehrensenator Univ. Mannheim; Kolping Ehrenz.; Handwerksehrennadel; Paul Klinger-Preis d. DAG - Spr.: Tschech. - Rotarier.

STINGL, Josef

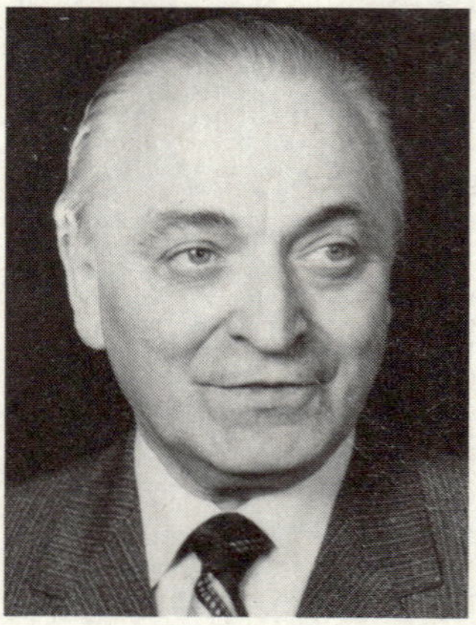

Dipl.-Pol., Vorstandsmitglied u. Hauptgeschäftsf. Dt. Arbeitgeber-Verb., Dozent f. Arbeits- u. Sozialrecht sowie f. polit. Bild., Vizepräs. EUROPMI, gf. Vorst. Verb. d. Selbständigen in Berlin, Vors. BdS-Europaaussch. - Leydenallee 53a, 1000 Berlin 41 (T. 791 56 22) - Geb. 31. Dez. 1922 Rothof (Vater: Josef Stingl; Mutter: Theres, geb. Binder), verh. m. Maria, geb. Heiser - Stud. Polit. Wiss. u. Rechtswiss. Univ. München, Bonn u. Berlin - Hochschulassist., wiss. Mitarb.; Geschäftsf. Berliner Anwaltsverein, Verb. d. fr. Berufe in Berlin u. Dramatiker Union. Stv. Vors. Wirtsch.- u. Mittelstandsvereinig. Berlin. Ehrenamtl. Finanzrichter. Schriftleit. bzw. Redaktionsmitgl. v. Verb.ztschr.; u.a. Abh. in Personal-Enzyklop. - Zahlr. Ausz., Ehrenmitgl. u. sonst. Ehrungen, dar. BVK I. Kl., Preis aus d. Theodor-Heuss-Stiftg., Ehrenmitgl. Mittelstandsvereinig. d. CDU/CSU.

STINGL, Manfred

Dr. rer. nat., Prof. f. Theoretische Physik - Institut f. Theoret. Physik I Univ. Münster, Wilhelm-Klemm-Str. 9, 4400 Münster - Geb. 20. März 1939 München (Vater: Eduard St., Dipl.-Ing.; Mutter: Berta, geb. Wutz), kath., verh. s. 1968 m. Dr. Elisabeth, geb. Elendt, 2 T. (Bettina, Susanne) - 1960-66 Univ. Stuttgart u. Freiburg (Phys., Math.), Promot. Freiburg 1968 - 1972 Priv.-Doz. f. Physik Univ. Freiburg, s. 1973 Prof. Univ. Münster - Versch. Beitr. z. Quantentheorie d. Stoßproz. u. Theoret. Kernphysik - Spr.: Engl.

STIRN-FASCHON, Susanne

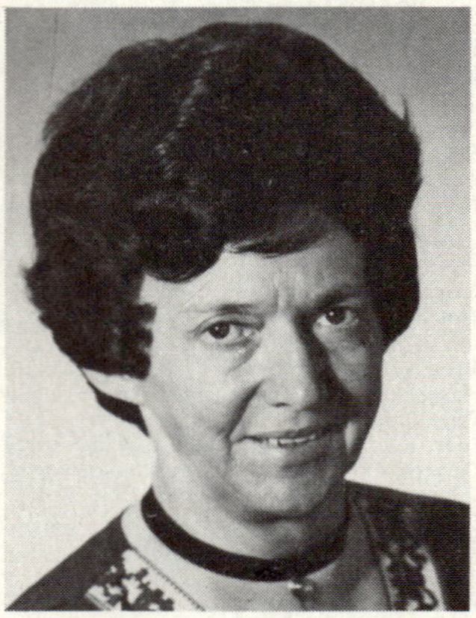

Bibliothekarin, Schriftstellerin (Ps. Susanne Faschon) - Danziger Allee 89, 6203 Hochheim (T. 06146 - 33 37) - Geb. 3. Mai 1925 Kaiserslautern (Vater: Josef Reuter, Steueramtm.; Mutter: Maria, geb. Demuth), kath., verh. s. 1974 in 3. Ehe m. Prof. Dr. Hans Stirn, T. Viola - Abit. 1944 Kaiserslautern - Sachbearb. Südwestfunk, Landesstudio Mainz; Vorst. VS Rheinl.-Pfalz - BV: D. Blumenjahr, Ged. 1953; Kein Spiel f. Träumer, 1959; V. Meer z. d. Flüssen, Ged. 1974; Korn v. d. Lippen, Ged. 1976; D. Dorf d. Winde, Erz. 1976; D. Traum v. Jakobsweiler, Erz. 1980; Sachb. Anthol. II u. III, Lit. aus Rheinl.-Pfalz (Mithrsg.), 1981 u. 86; D. Land um d. Donnersberg, 1982; Vogelzug, 1984; D. alte Stadt Moguntia kommt immer mehr zu Ehr', 1986; Mei Gedicht is mei Wohret, Ged. 1988 - 1963 Förderpreis Land Rheinl.-Pfalz; 1963 Ehrengabe Dt. Schiller-Stiftg., 1967 Reisestip. Ausw. Amt; 1978 Pfalzpreis f. Lit.

STITZ-ULRICI, Rolf

Schriftsteller - Haus Ursula, 8214 Bernau/Chiemsee (T. Prien 73 17) - Geb. 7. März 1922 Berlin (Vater: Leonhard S.-U., Bankdir. † 1982 (s. XIV. Ausg.); Mutter: Erika, geb. Ulrici), ev., verh. s. 1946 m. Ingeborg, geb. Thom, Sohn Manuel - Fichte-Gymn. (Abit. 1941) u. Friedr.-Wilh.-Univ. Berlin - Ständ. Redakt.-Mitgl. Wassersportmagazin Skipper - BV (z. T. in Übers.): u. a. Käpt'n Konny, Jugendb. 4 Bde. 1954 (GA. etwa 5 Mill.; auch Schallpl.); Kai erobert Brixholm, Jgdb. (verfilmt) 1960; D. Oder gluckste vor Vergnügen, heit. R. 1960 (im ZDF verfilmt 1971); D. schöne Fräulein u. d. Herren Primaner, Erz. 1961; Wien, Wien - nur du allein ..., R. 1965; D. Mädchen u. d. Millionär, R. 1969; 8 Bde. Monitor, Science fiction f. Jugendl., 1972-75; neue Käpt'n Konny-Serie 1974 (auch verfilmt ZDF, 13 Teile); Griganto-Serie, 1975; Schallpl. Monitor, Käpt'n Konny, 1974/75; Reiterserie, 1981; Superhirn, Science-fiction-Serie 1982/83; Fußballer Konny, 1982; u. weit. rd. 50 Jugendb. - 1953 Dt. Jugendb.preis (Käpt'n Konny); 1965 Ehrenmed. Bayer. Rotes Kreuz; Würdig. durch Papst Paul VI.; 1974 Buchhandelsmed. Ao Servico da Cultura, Lissabon; 1974 Bona fide - Ehrencowboy v. Big Wyoming, USA durch Gouverneur Hathawey; 1968 Gold. Buch Franz-Schneider-Verl. - Stifter d. Rolf-Ulrici-Preises (Premio Rolf Ulrici 1974) f. Portugal.

STOBBE, Alfred

Dr. sc. pol., Dipl.-Volksw., o. Prof. i. R. f. Volkswirtschaftslehre u. Ökonometrie - Andreas-Hofer-Str. 50, 6800 Mannheim (T. 79 53 84) - Geb. 10. Okt. 1924 Königsberg/Preußen - Seit 1961 (Habil.) Lehrtätigk. Univ. Kiel, FU Berlin (1963 o. Prof.), WH bzw. Univ. Mannheim (o. Prof.), Univ. Hamburg, Heidelberg, Saarbrücken - BV: Unters. z. makroökonom. Theorie d. Einkommensverteilung, 1962; Volksw. Rechnungswesen, 1966, 7. A. 1989; Volksw.lehre II - Mikroökonomik, 1983; Volksw.lehre III - Makroökonomik, 1975, 2. A. 1987.

STOBBE, Dietrich

Reg. Bürgermeister a. D., MdB/Vertr. Berlins (s. 1983) - Bundeshaus, 5300 Bonn 1 - Geb. 25. März 1938 Weepers/Ostpr., verh., 2 Söhne - Abitur 1958 Stade; Dipl.-Polit. 1962 Berlin (FU) - 1963-66 Pers. Ref. u. Presseref. Senator f. Jugend u. Sport; 1966-1967 Direktionsassist. Berliner Kindl Brauerei AG.; 1967-73 Fraktionsgeschäftsf. Abgeordnetenhaus; 1973-77 Senator f. Bundesangelegenh.; 1977-81 (Rücktr.) Reg. Bürgerm. (alles Berlin); 1981-83 Leit. Büro Friedr.-Ebert-Stiftg. New York. 1967-81 MdA. SPD s. 1960 (1977 Mitgl. Bundesvorst., 1979 Landesvors. Berlin). 1979 Bundesratspräs.

STOBBE, Hanna,

geb. Kleist

Dipl. sc. pol., 1. Vors. TSV Mannheim v. 1846 (s. 1980) - Andreas-Hofer-Str. 50, 6800 Mannheim 51 - Geb. 23. Mai 1930 Freiburg i. Br., verh. s. 1954 m. Alfred St., 3 Kd. (Tania, Julia, Xenia) - Volkswirtschaftsstud. Univ. Kiel; Ex. 1956 - 1956-64 fr. wiss. Mitarb. Inst. f. Weltwirtschaft Kiel; s. 1986 Mitgl. wiss. Beirat Dt. Sportbund - BV: Volkswirtschaftl. Gesamtrechnung, 1960; Einkommensverteilung als theoretisches u. statistisches Problem, 1964.

STOBER, Rolf

Dr. jur., Prof. f. Öfftl. Recht Univ. Münster, Richter am Landessozialgericht NW - Am Blütenhain 33, 4400 Münster - Geb. 11. Juni 1943 Baden-Baden, verh. s. 1973, 2 Kd. - 1. jurist. Staatsex. 1970, Promot. u. 2. jurist. Staatsex. 1972, Habil. 1979 Mannheim (Staats- u. Verw.recht, Verfass.- u. Verw.prozeßrecht) - 1970 Wiss. Hilfskraft; 1973 Wiss. Mitarb. OVG Koblenz, Richter Verw.gericht; 1975 Prof. f. Staats- u. Verw.recht FHS f. öfftl. Verw. Stuttgart; 1977 FHS f. öfftl. Verw. NRW, Abt. Köln; 1979 Privatdoz. Univ. Mannheim; 1979/80 Lehrstuhlvertr. Univ. Tübingen u. München; s. 1981 Univ.-Prof. Münster - BV: Schüler als Amtshelfer, 1972; Kommunalrecht, 1975 u. 1987; Verw.-prozeßrecht, 1976; Grundges. m. Anmerk., 1978; Grundpflichten u. Grundges., 1979; Wirtschaftsverw.recht, 6. A. 1989; D. Ehrenbeamte in Verfass. u. Verw., 1981; Rechtsfragen z. Massentierhaltg., 1982; Kommunale Ämterverfass. u. Staatsverfass., 1982; Quellen z. Gesch. d. Wirtsch.rechts, 1986; Rechtsfragen b. Mitgliederklagen, 1985;

Kommentar Ladenschlußg, 2. A. 1988; Wolff/Bachof/Stober, Verwaltungsrecht II, 5. A. 1987; InS mit Jux, 1987; Handb. Wirtschaftsverw.- u. Umweltrecht, 1989. Mitverf. mehr. Art. im Bonner Kommentar z. GG, 1983ff., Kommentar z. Sozialgesetzbuch u. Kommentar z. Gewerbeordnung. Herausg.: Taschenkommentare u. Studien z. öffent. Wirtsch.recht; Eigentumsschutz sozialrechtl. Positionen, (1986); Praktikerschriften z. öffentl. Recht; Textausg. Wichtige Wirtschaftsverw.- u. Gewerbegesetze, 3. A. 1988; Wichtige Umweltgesetze f. d. Wirtschaft, 1989; Entscheidungssammlung z. Gewerberecht, 1989. Mithrsg.: Lexikon d. Rechts. Zahlr. Aufs. in den wichtigsten Fachztschr. d. öfftl. Rechts.

STOCHDORPH, Otto

Dr. med., em. o. Prof. f. Neuropathol. - Untertaxetweg 79, 8035 Gauting/Obb. (T. München 850 32 06) - Geb. 1. April 1914 Stuttgart, ev., verh. s. 1951 m. Dr. med. Brigitte, geb. Rössler, 2 Töcht. (Catharine, Barbara) - S. 1955 (Habil.) Med. Akad. Düsseldorf (Privatdoz.), Univ. Frankfurt/M. (1961 apl. Prof.) u. München (1965 ao., 1969 o. Prof.); emerit. 1982. Mitgl. Dt. Ges. f. Pathol., Vereinig. Dt. Neuropathol., American Assoc. of Neuropathol. - BV: Gewebsbilder d. Hirngewächse, 1955. Div. Einzelarb.

STOCK, Hans

Dr. phil., Dr. theol. h. c., Prof. f. Religionspädagogik (entpfl.) Univ. Göttingen - Münchhausenstr. 12, 3400 Göttingen (T. 4 13 27) - Geb. 26. Febr. 1904 Berlin (Vater: Dr. phil. Max S., Gymnasialdir.; Mutter: Helene, geb. Symons), ev., verh. s. 1929 m. Luise, geb. Kocks, 4 Kd. - Univ. Berlin u. Marburg (Theol., German., Phil.; Promot. 1930) - 1930-37 Studienrat; 1937-45 Doz. f. Katechetik; 1946-69 Päd. Hochsch. Göttingen bzw. PH Nieders./Abt. Göttingen (1953-55 Dir.). S. 1954 Lehrbeauftr. Univ. Göttingen. B. 1968 Präs. Päd. Hochschultag - BV: Studien z. Ausleg. d. synopt. Evangelien im Unterr., 2. A. 1960; Religionsunterr. in d. krit. Schule, 1968; Beiträge z. Religionspäd., 1969; Evangelientexte in elementarer Ausleg., 1981 - Ehrendoktor Univ. Bern.

STOCK, Heinrich

Landwirt, MdL Schlesw.-Holst. (Wahlkr. 22/Segeberg Ost) - An den Tannen 1, 2361 Seedorf-Weiterwelt - Geb. 26. Okt. 1930 Marnitz/Mecklenburg - CDU.

STOCK, Josef

Kaufmann, Nieders. Minister d. Innern u. stv. Ministerpräs. (s. 1988), MdL Nieders. (s. 1974) - Am Ring 5, 4520 Melle 9 (T. 05429 - 3 90) - Geb. 11. Juli 1938 Wellingholzhausen, kath., verh. s. 1972 m. Gisela, geb. Wulbusch, 2 Kd. - S. 1974 Landt.-Abgeordn. (1976-88 Wirtschaftspolit. Sprecher CDU-Frakt., 1982-86 stv. Fraktionsvors., 1986-88 Fraktionsvors. d. CDU im Nieders. Landtag). CDU.

STOCK, Karin,

geb. Meißner

Dipl.-Volksw., Geschäftsführerin Verbraucherzentrale Rheinland-Pfalz - Gr. Langgasse 16, 6500 Mainz - Geb. 21. Juli 1942 Berlin - Gymn.; Stud. Volksw. (Dipl.) u. Europ. Integr. (Nachdipl. Amsterdam) - Tätigk. Bankwesen, Ind., Versich. - Spr.: Engl.

STOCK, Kurt

Dipl.-Kfm., Vorstandsmitglied Rhenus AG., Mannheim - Rheinkaistr. 2, 6800 Mannheim 1.

STOCK, Martin

Dr. jur., Prof. f. Staats- u. Verwaltungsrecht Univ. Bielefeld - Zu erreichen üb. Univ., Fak. f. Rechtswiss., 4800 Bielefeld 1 - Geb. 18. Okt. 1933 Drossen (Vater: Hans St., Prof.; Mutter: Luise, geb. Kocks), ev. - Promot. 1970 Univ. Göttingen; Habil. 1974 Univ. München - BV: Päd. Freiheit u. polit. Auftrag d. Schule, 1971; Z. Theorie d. Koordinationsrundf., 1981; Koordinationsrundf. im Modellversuch, 1981; Medienfreiheit als Funktionsgrundrecht, 1985; Landesmedienrecht im Wandel, 1986; Neues Privatrundfunkrecht, 1987.

STOCK, Mechtilde

Dipl.-Volksw., Geschäftsführerin Verbraucher-Zentrale Hessen - Berliner Str. 27, 6000 Frankfurt/M. 1.

STOCK, Reinhard

Dr. rer. nat., Physiker, Prof. f. Experimentalphysik Univ. Frankfurt, Inst. f. Kernphysik - August Euler Str. 6, 6000 Frankfurt - Geb. 31. Juli 1938 Bielefeld.

STOCKBAUER, Berthold

Dipl.-Ing., Geschäftsführer Metallwerk Olsberg GmbH., Essen-Katernberg - Ruhrland 23, 4300 Essen-Werden - Geb. 21. Mai 1913.

STOCKER, Karl

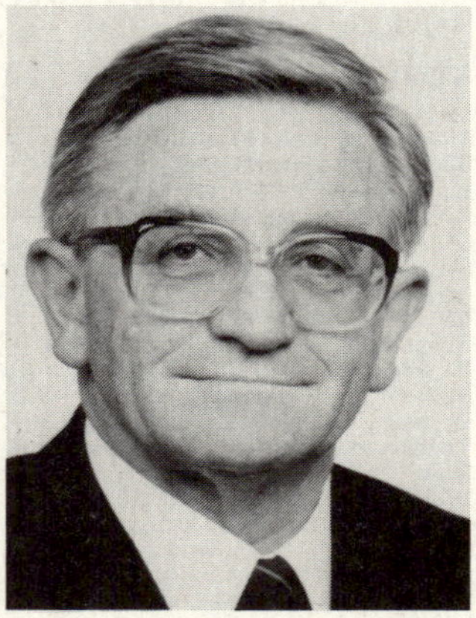

Dr. phil., o.ö. Prof. f. Didaktik d. Deutschen Sprache u. Literatur/Schwerp. Lit./Medien, Inst. f. Deutsche Philol. Univ. München - Schrämelstr. 110, 8000 München 60 (T. 089 - 88 27 02) - Geb. 11. Juli 1929 Bärnau/Obpf., kath., verh. s. 1962 m. Ute, geb. Gebhardt, 2 Söhne (Richard, Leo) - Volkssch. Bärnau u. Bogen/Donau; Oberrealsch. Straubing; Stud. Univ. Regensburg, St. Louis/USA, München; Promot. 1956 München; Staatsex. I u. II f. d. Lehramt an Höh. Schulen - Stud.-Ass., -Rat, OStR, Sem.-Lehrer, Gymnas.-Prof., 1970 o. Prof. PH München; o. Prof. Univ. München; 1959-70 nebenamtl. Ausb.-L. Goethe-Inst. München; Lehrerfortbildung Inland; Vortr. u. Intensivsem. in europ. Ländern, Afrika, Ostasien, Südostasien, Indien, Nord- u. Südamerika - BV: Dt. Aufs., 1970; Dramat. Formen in did. Sicht, 2. A. 1977; Praxis d. Arb. m. Texten, 3. A. 1977; Praxis d. Lit.unterr. im Gymn., 1979; V. Lesen z. Interpretieren, 1988. Herausg.: Taschenlexikon d. Lit.- u. Sprachdidaktik, 2 Bde. (1976, Nachdr. 1984, 2. A. 1987); Lit. d. Mod. im Deutschunterr. (1981). Mithrsg.: Handb. d. Deutschdidaktik, 2 Bde.; Hirschgraben-Leseb., 5 Bde. (1986ff.); DFG-Proj. Interesse an Lit. b. Jugendl. (1987, m. H. Schiefele). Ca. 140 Beitr. f. Fachztschr.; Filmgutachten (LB/München); Schulferns., Schulfunk, Unterrichtsmitschau; Lehrplan-Ber.; Inst. Jugend, Film, Ferns.; Beirat Ztschr. Päd. Welt.

STOCKER, Wilhelm

Dr. rer. nat., Prof. f. theoret. Physik Univ. München - Im Wismat 28, 8000 München 60 - Geb. 27. Mai 1940 Wangen (Vater: Wilhelm St., Oberlandw.rat; Mutter: Maria, geb. Sommer), verh. m. Elke, geb. Staud, 2 Kd. (Manfred, Michaela) - Dipl. 1965 Univ. München, Promot. 1967 Univ. Köln, Habil. 1973 wieder München - 1974-80 Univ.-Doz. München; 1980ff. Prof. ebd. Forsch.aufenth. in Orsay, Montreal, Santa Barbara, Los Alamos - Fachveröff. z. theoret. Kernphysik - Spr.: Engl., Franz.

STOCKHAUSEN, von, Hans-Gottfried

Prof., Lehrstuhlinh. f. Glasgestalt. Kunstakad. Stuttgart - Ed.-Hiller-Str. 24, 7064 Remshalden-Buoch/Württ. (T. 07151 - 7 12 75) - Geb. 12. Mai 1920.

STOCKHAUSEN, von, Hans-Ludwig

Hotelier - Steinweg 3, 3526 Trendelburg - Geb. 12. Mai 1920 Trendelburg, verh. s. 1950, 3 Kd. - Gründg. Hotelberat.-Firma Stockhausen & Partner; Beirat: F. V. Weser/Diemel/Fulda u. Weserbergland, FV. Landesverb. Weserbergl.-Mittelweser, Arb.kreis f. Kommunalpolitik, Hofgeismar, Ev. Landeskirche Kurhessen-Waldeck, Kassel, Arb.kreis Freizeit u. Erholung - 1987 VO Bundesrep. Deutschl.

STOCKHAUSEN, Josef

Dr. med., Prof., Internist, Sozialmediziner, Publizist, Hauptgeschäftsführer Bundesärztekammer u. d. Dt. Ärztetages a. D. - Clarenbachstr. 239a, 5000 Köln 41 Lindenthal (T. 40 47 19) - Geb. 1. Febr. 1918 Elspe/Sauerland (Vater: Emil S.; Mutter: Elisabeth, geb. Biermann), kath., verh. m. Dr. med. Anneliese, geb. Gutmann, 5 Kd. - Gymn. Dortmund; Univ. Gießen, Jena, Frankfurt/M., Düsseldorf, Innsbruck, Freiburg - Kriegsteiln., Truppenarzt (heute Oberstarzt d.R.); 1949-74 Vorst., gf. Arzt u. Hgf. Bundesärztek. u. Ärztetag; Honorarprof. Univ. Marburg (s. 1968). Mitgl. zahlr. wiss. Vereinig. u. öfftl. Ehrenämter. Mitbegr. Verb. d. angest. Ärzte Dtschl. (Marburger Bund). CDU (Rheinl.-Westf. Gesundheitspol. Aussch.). Zahlr. Veröff. in med. Fachpresse, Rundfunk u. Fernsehen, Autor mehr. Bücher - 1968 BVK I. Kl.; 1978 Gr. BVK; Komturkreuz; ital. VO.; Gr. Ehrenz. d. Rep. Österr.; Paracelsus-Med. Dt. Ärztesch.; Ehrenz. d. dt. Zahnärzte u. d. dt. Apotheker; Ehrenz. f. Verd. um d. ärztl. Fortbildung; E.-v.-Bergmann-Plak.; Budelmann-Med. f. Verd. um d. Innere Med.; EK I u. II; Gold. Sportabz.; Wilh.-v. Humboldt-Plak. Bundesverb. Freier Berufe; Ehrenmitgl. Präs. d. Dt. Ärztetages; Ehrenmitgl. Berufsverb. Dt. Internisten; Ehrenmitgl. Dt. Med. Ges. v. Chicago; Ehrenmitgl. Marburger Bund, Verb. d. angest. Ärzte Dtschl.

STOCKHAUSEN, Karl

Landwirtschaftsmeister, MdB (s. 1983, Landesliste Hessen) - Schulstr. 2, 3549 Twistetal-Berndorf - Geb. 4. Jan. 1928 Berndorf, ev., verh., 1 Kd. - Landwirtsch. Fachsch.; Landwirtsch. Meisterprüf. 1955 - 1944-45 Wehrdst., anschl. russ. Gefangensch. Mitgl. Vorst. VEW Kr. Waldeck. MdK Waldeck (s. 1974 Vors. CDU-Frakt.). CDU s. 1957 - BVK.

STOCKHAUSEN, Karlheinz

Prof., Komponist, Dirigent (Interpret eig. Werke) - Zu erreichen üb. Westd. Rundfunk - Studio f. Elektron. Musik, Wallrafpl. 5, 5000 Köln - Geb. 22. Aug. 1928 Mödrath (Vater: Simon S., Volksschullehrer; Mutter: Gertrud, geb. Stupp), verh. I) 1951 m. Doris, geb. Andreae, 4 Kd. (Suja, Christel, Markus, Majella), II) 1967 Mary, geb. Bauermeister, 2 Kd. (Julika, Simon) - Gymn.; Musikhochsch. Köln (Klavier, Schulmusik), Univ. Köln (Musikwissensch., Phil., German.) u. Bonn (Phonetik, Kommunikationsforsch.). Staatsex. 1951 - S. 1953 ständ. Mitarb. u. Studioleit. (1963) WDR. S. 1971 o. Prof. f. Kompos. Musikhochsch. Köln. Doz. Intern. Ferienkurse f. Neue Musik Darmstadt (1955ff.) u. Kölner Kurse f. Neue Musik (1963ff.); Lehrauftr. USA u. Kompositionsauftr. Japan. Repräsentant dt. Musik Weltausstellung 1970 Osaka (Kugelbau/Dt. Pavillon). Üb. 200 selbständig aufführbare Kompos., u.a. Donnerstag aus Licht (Oper), Welt-UA 1981 Mailänder Scala, Samstag aus Licht (Oper), Welt-UA 1984 Mailänder Scala, Montag aus Licht (Oper), Welt-UA 1988 Mailänder Scala, 6 Bde. seiner Texte z. Musik (DuMONT-Buchverlag), üb. 100 Schallplatten m. eig. W. - 1964 Preis d. dt. Schallplattenkritik; 1966 u. 72 I. Pr. f. Orch.w. SIMC (Ital.); 1968 Grand Prix du Disque; 1968 Gr. Kunstpr. Nordrh.-Westf.; 1968, 69 u. 71 Edison-Pr.; 1974 BVK I. Kl.; 1968 Mitgl. Fr. Akad. d. Künste Hamburg, 1970 d. Schwed. Königl. Akad., 1973 Akad. d. Künste, Berlin, 1977 Acad. Filharmonia Romana, 1979 American Acad. and Inst. of Arts and Letters, 1980 Acad. Européenne d. Sciences, d. arts et d. Lettres, 1981 Pr. ital. Musikkritik, 1982 Dt. Schallplattenpr. (Dt. Phono-Akad.), 1983 Diapaison d'or f. Donnerstag aus Licht, 1985 Commandeur dans l'Ordre des Arts et des Lettres, 1986 Ernst v. Siemens Musik-Preis, 1988 Ehrenbürger v. Kürten - Spr.: Engl., Franz., Ital. - Lit.: J. Cott, St. - Conservations with the composer; Wörner/Hopkins, St., the Life and Work; J. Harvey, The music of St.; R. Maconie, St.; Barry Sullivan/Fritz Weiland: Stockhausen in Den Haag; Herman Sabbe: D. Einheit d. Stockhausen-Zeit; Seagull Books Nagel/Bose: Stockhausen in Calcutta; Cardew: Stockhausen; Mya Tannenbaum: Stockhausen; Fred Ritzel: Musik f. e. Haus (Kompositionsstudio Stockhausen); Rolf Gehlhaar: Ensemble (Kompositionsstudio Stockhausen); Jerome Joseph Kohl: Serial and non-serial techniques in the music of Karlheinz Stockhausen.

STOCKLEBEN, Adolf

Schlosser, MdB (VIII. Wahlp./Landesl. Nieders.) - Hüttenweg 7, 3150 Peine - Geb. 28. Okt. 1933 Handorf Kr. Peine, ev., verh., 5 Kd. - Volkssch.; Schlosserlehre - S. 1953 Peiner Maschinen- u. Schraubenwerke AG (u. a. Kranbauschlosser, Betriebsratsvors., ARsmitgl.). 1969 ff. Landessozialrichter. 1963 ff. MdK. SPD s. 1955 (div. Funkt.).

STOCKMAR, Jürgen

Dipl.-Ing., Vorstandsmitglied AUDI AG, Geschäftsber. Techn. Entwicklung (s. 1988) - Zu erreichen üb. Postf. 2 20, 8070 Ingolstadt - Geb. 29. Dez. 1941, verh. s. 1972 m. Dr. med. Doris, geb. Mücke, 1 Kd. - S. 1985 Vorst.-Mitgl. Steyr-Daimler-Puch AG.

STOCKMEIER, Wolfgang

Dr. phil., Prof. f. Orgel, Improvisation u. Theorie Musikhochsch. Köln (s. 1960), Leiter Inst. f. ev. Kirchenmusik - Obere Heeg 4, 5620 Velbert-Langenberg (T. 02052 - 17 14) - Geb. 13. Dez. 1931 Essen (Vater: Julius S., kaufm. Angest.; Mutter: Wilhelmine, geb. Welsch), ev., verh. s. 1962 m. Ingrid, geb. Pack, 3 Kd. (Uwe, Elke, Detlev) - 1961-73 Lehrauftrag Univ. Köln, 1969-72 Landeskirchenmusiksch. Herford - BV: Musikal. Formprinzipien, 1967; D. Programmusik, 1970 (engl. 1970). Aufs. - W.: Chor-, Orgel-, Orch.-, Kammermusik-, Klavierwerke; Oratorien Jona, Historien. Schallplatten, Rundfunkaufn.

STODIEK, Dieter

Direktor, Vorst. H. Stodiek & Co. AG. - Bismarckstr. 6, 4800 Bielefeld - Geb. 23. Jan. 1934.

STODTMEISTER, Richard

Dr. med., Prof., Ltd. Oberarzt Univ.-Augenklinik Ulm - Weizenweg 14, 7910 Neu-Ulm (Burlafingen) (T. 0731 - 71 05 45) - Geb. 2. Jan. 1940 St. Gallen (Vater: Dr. Dr. med. Rudolf St., Prof.; Mutter: Hedwig, geb. Hartmann), ev., verh. s. 1969 m. Nelda, geb. Rava, 3 Kd. (Anne, Maike, Nils) - 1962-69 Med.-Stud. Univ. Kiel u. Heidelberg, Promot. 1969; Habil. 1979 Bonn - 1970-72 Mitarb. Max Planck-Inst. Bad Nauheim; 1973-80 Assist. Univ.-Augenkliniken Frankfurt u. Bonn; s. 1980 Ltd. Oberarzt Univ.-Augenklinik Ulm. Zahlr. Art. in wiss. Ztschr. - Spr.: Engl.

STODTMEISTER, Rudolf

Dr. med., Dr. phil., Prof., Internist -

Humboldtstr. Nr. 55, 7530 Pforzheim (T. 3 19 61) - Geb. 19. Jan. 1908 Detmold (Vater: Paul S.; Mutter: Ella, geb. Gaedke), ev., verh. s. 1936 m. Hedwig, geb. Hartmann, 5 Kd. (Walther, Richard, Gertrud, Martin, Herta) - 1934-46 Assist. Med. Univ.skliniken Berlin (Charite, Prof. Siebeck) u. Heidelberg (Ludolf-Krehl-Klinik; 1938 Privatdoz., 1944 apl. Prof.); 1947-50 Chefarzt Inn. Abt. Elisabethen-Stift Darmstadt; 1950-73 Chefarzt Med. Klinik Städt. Krkhs. Pforzheim - BV: Moderne Eisentherapie, 1943 (m. Prof. Büchmann); Osteosklerose u. Knochenmarkfibrose, 1953 (m. Dr. Sandkühler u. Dr. Laur); Experimentelle u. klin. Strahlenhämatologie, 1961 (m. Prof. Fliedner).

STOEBE, Hans-Joachim

Dr. theol., em. o. Prof. f. Altes Testament Univ. Basel (s. 1961) - Postfach, Gundeldingerrain 110, CH-4024 Basel (T. 061 - 35 52 01) - Geb. 24. Febr. 1909 Berlin (Vater: Robert S., Beamter; Mutter: Elvira, geb. Schneider), ev., verh. s. 1943 m. Ilse, geb. Rengel - Gymn. Berlin; Univ. Tübingen u. Berlin (Theol.); 1951-61 Dozent Kirchl. Hochsch. Bethel (Hebräisch u. alttestamentl. Hilfswiss.) - BV: D. erste Buch Samuelis. KAT VIII, 1 1973. Zahlr. Fachveröff.

STOEBER, Elisabeth

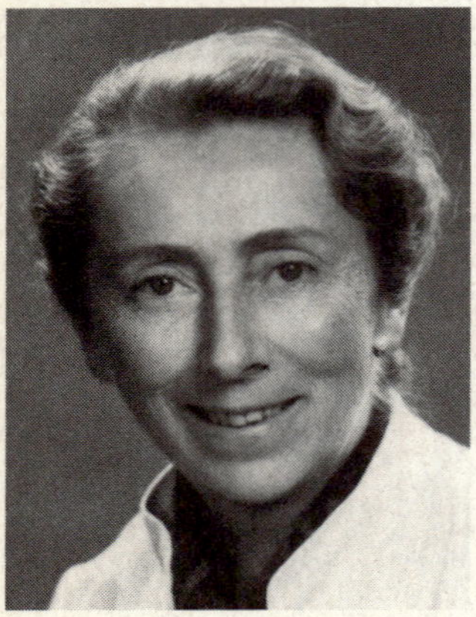

Dr. med., Prof., langjähr. Chefärztin d. Rheumakinderklinik Garmisch-Partenkirchen (mitbegr.) - Pitzaustr. 8, 8100 Garmisch-Partenk./Obb. (T. 33 32) - Geb. 5. Mai 1909 - S. 1951 (Habil.) Privatdoz. u. apl. Prof. (1961) Univ. München (Kinderheilkd.). Fachveröff., dar. Beitr. Opitz/Schmid, Handb. d. Kinderheilkd. (1964) u. Keller/Wiskott, Lehrb. d. Kinderheilkd. (1977); Handb. Inn. Med./Rheumatologie, 1984 - 1974 Bayer. VO.; 1979 Ehrenplak. Garmisch-Partenk.; 1978 Ehrenmitgl. d. Dt. Ges. f. Pädiatrie u. Rheumatologie.

STÖBER, Kurt

Regierungsdirektor - Krokusstraße 13, 8039 Puchheim - Geb. 29. Aug. 1928 Rothenburg o.d.T. (Eltern: Fritz u. Marie St.), verh. s. 1950 m. Agnes, geb. Kullmann, 3 T. (Rita, Margit, Barbara) - BV: Forderungspfändung, 8. A. 1987; Vereinsrecht, 5. A. 1988; Handb. z. ZVG, 5. A. 1988; Zwangsversteigerungsges. (m. Zeller), 12. A. 1987; Grundbuchrecht (m. Schöner), 8. A. 1986; Registerrecht (m. Keidel), 4. A. 1985. Mitautor: Zöller, Zivilprozeßordn., 15. A. 1987, u.a.

STÖBER, Matthaeus

Dr. med. vet., Dr. med. vet. h.c., Prof., Vorsteher Klinik f. Rinderkrankheiten Tierärztl. Hochsch. Hannover - Aachener Str. 26, 3000 Hannover 1 (T. 88 11 12) - Geb. 13. Mai 1927 Hirschberg/Schles. - S. 1965 (Habil.) Privatdoz. u. Abt.vorst. u. Prof. (1966) TiäH Hannover (Rinderkrankh.). 1967-73 Sekr. Comité de Liaison des Vétérinaires de la Communauté Economique Européenne; 1977-88 Sekr. Welt-Ges. f. Buiatrik - Erfind.: Käfig-Magnet (z. Verhüt. d. Reticuloperitonitis traumatica, 1963). Etwa 140 Fachveröff. - Akad. Med. Univ. Liège (Belgien), Hon.Ass. Royal Coll. Vet. Surgeons (London), Membre Hon. Soc. Française Buiatrie, Socio Hon. Soc. ital. Buiatria; Hon. Assoc. of the Israel Assoc. for Buiatrics; Acad. Corresponsal de la Acad. die Ciències Veterinàries de Catalunya; Correspondant de l'Académie Royale de Médecine de Belgique - Spr.: Engl., Franz., Ital., Span.

STÖBER, Werner

Dr. rer. nat., Prof., Dir. Fraunhofer-Inst. f. Toxikol. u. Aerosolforsch., Hannover - Potstiege 34, 4400 Münster - Geb. 8. Mai 1925 - Stud. physikal. Chemie Univ. Göttingen (Dipl. 1953, Promot. 1955, Habil. 1965) - 1955 wiss. Assist. Med. Forsch.-Anst. Max-Planck-Ges., Göttingen; 1961 Res. Fellow Calif. Inst. f. Technol., Pasadena/Calif., USA; 1963 wiss. Assist. Univ. Münster; 1966 Assoc.-Prof. Univ. Rochester, N.Y./USA; 1968 apl. Prof. (Vorst. Abt. Med. Aerosolforsch.) Univ. Münster; 1970 Prof. f. Biophys. Univ. Rochester, N.Y./USA; 1973 Dir. Inst. f. Aerobiol., Schmallenberg u. Prof. Univ. Münster; 1978-82 Präs. Ges. f. Aerosolforsch.; 1982 Prof. f. Med. Physik Med. Hochsch. Hannover. Facharb. z. Silikoseforsch., Physik u. Chemie d. Aerosole, Wirk. v. Luftschadstoffen, Umweltschutz.

STOECK, Wolfgang

Dr. jur., Syndikus - Im Klingenfeld 75a, 6000 Frankfurt/M.-Berkersheim (T. 54 36 72) - Geb. 13. Jan. 1921 Bad Kreuznach/N. (Vater: Lothar S., Gutsbesitzer; Mutter: Gertrud, geb. Andreae), kath., verh. s. 1956 m. Jutta, geb. Beusch, 2 Söhne (Christian, Martin) - Gymn. Bad Kreuznach; 1940 Univ. Münster u. München, 1945-48 Univ. Bonn (Rechtswiss.). Jurist. Staatsprüf. 1949 u. 53; Promot. 1953 - B. 1955 Frankfurter Bank, dann Frankf. Wertpapierbörse (I. Synd., s. 1985 i.R.) - Kriegsausz.

STOECKEL, Bernhard

Rechtsanwalt, Geschäftsf. Verein Dt. Handarbeitsgarn-Fabrikanten, Verb. d. Zwirner u. Veredler halb- u. vollsynthet. Garne, Zwirnerverb. d. Dt. Bundesgebietes - Zu erreichen üb. Verband Wollfilzfabr., Schaumainkai 87, 6000 Frankfurt 70.

STOECKER, Dietrich

Dr., Botschafter d. Bundesrep. Dtschl. a. D. - Hobsweg 45, 5300 Bonn 1 - Geb. 11. Nov. 1915 Köln (Vater: Otto S., Vors. Dt.-Atlant. Telegrafenges.; Mutter: Ina, geb. Rottenburg), ev., verh. s. 1942 m. Ingrid, geb. Bergemann, 4 Söhne - Abit. Berlin; Stud. Marburg/L., Lausanne (Rechts- u. Staatswiss.). 2. Staatsex. 1943 - 1946-1948 Richter Hanseat. OLG Hamburg; 1948-49 Oberreg.srat Dt. Obergericht f. d. Vereinigte Wirtsch.sgeb. Köln; 1949-52 Oberreg.srat Bundesjustizmin.; s. 1953 Ausw. Dienst; 1972-76 Botschafter in Schweden; 1976-79 Botschafter in Bulgarien - BV: Kommentar z. Gesetz üb. Ordnungswidrigkeiten; D. Dt. Obergericht f. d. Vereinigte Wirtsch.sgebiet, in: Gedächtnisschr. f. Herbert Ruscheweyh, 1966 - 1975 Gr. BVK.

STÖCKER, Hans Jürgen

Dr. jur., Rechtsanwalt, Vorsitzender Verb. Dt. Küstenschiffseigner - Bredenbergsweg 24 C, 2104 Hamburg 92 (T. 040 - 796 39 39 u. 796 02 41) - Geb. 11. Nov. 1928, verh.

STÖCKER, Kurt

Dipl.-Volksw., Geschäftsführer Stabziehereien-Vereinig. u. Arbeitsgem. Blankstahlhandel - Meliesallee 44, 4000 Düsseldorf-Benrath (T. Büro: 1 37 53) - Geb. 2. Aug. 1925 - Zul. Hauptgeschäftsf. Wirtschaftsvereinig. Ziehereien u. Kaltwalzwerke.

STÖCKER, Michael

Dr. jur., Oberbürgermeister (s. 1977) - Rathaus, 8200 Rosenheim/Obb. - Geb. 25. Juli 1937 Steinwiesen, verh. (Ehefr.: Sigrid), 2 Kd. (Anja, Kai) - Zul. I. Staatsanw. CSU - 1982 Gold. Sportabz.

STÖCKL, Rudolf

Dr. phil., Redakteur, ständ. Mitarbeiter d. Bayer. Rundfunks und mehrerer Musikzeitschriften - Dreihöhenstr. 28, 8501 Schwaig b. Nürnberg (T. 0911 - 50 89 30) - Geb. 10. Nov. 1920 Nürnberg (Eltern: Emil u. Marie S., geb. Höfling); ev.-luth., verh. s. 1950 m. Dr. Hermine, geb. Sammetreuther - Stud. Musikwiss., Germanistik, Geschichte.

STÖCKL, Wilhelm

Stadtschuldirektor a. D., MdB (VIII. Wahlp./Landesl. Bay.) - Kattowitzer Str. 13, 8400 Regensburg - Geb. 30. Dez. 1925 Regensburg, ev., verh., 1 Kd. - Obersch. Regensburg (durch Kriegseins. kein Abschl.; schwerbesch./Oberschenkelamput.); Lehrerstud. (Abiturientenkurs). Ex. 1947 u. 50 - 1947-56 Schuldst. (1969 Stadtschulrat). 1966-72 Mitgl. Stadtrat Regensburg. SPD s. 1964.

STOECKLE, Bernhard

Dr. theol., Dr. h.c., Prof. h.c., Prof. f. Moraltheologie - Ibenbachstr. 2, 7801 Buchenbach-Unteribental (T. 07661 - 15 66) - Geb. 10. Jan. 1927 München, kath. - Wittelsbacher Gymn. München (Abit.); Wehrdst.; 1947-54 Phil.-Theol. Hochsch. Eichstätt u. Univ. München (1949; Phil., Theol.). Promot. 1954 München; Habil. 1962 Salzburg - 6 J. Religionslehrer u. Erzieher Heimsch. d. Benediktiner Ettal; 4 J. Doz. Päpstl. Kolleg Rom (Fundamenttheol.); 1963-70 Privatdoz. u. ao. Prof. (1967) Univ. Salzburg (Christl. Phil.); s. 1970 o. Prof. Univ. Freiburg, 1975-77 Prorektor; s. 1977 Rektor Univ. Freiburg - BV: Gratia supponit naturam - Analyse u. Geschichte e. theol. Axioms, 1962; Gottgesegneter Eros, 1963; Ich glaube an d. Schöpfung, 1966; Strafe als Erziehungshilfe, 1969; Erlöst - Grundkonzept christl. Daseins, 1974; Grenzen autonomer Moral, 1974; Wörterbuch Christl. Ethik (Hrsg.), 1975; Handeln aus dem Glauben, 1977. Div. Einzelarb. - Ehrendoktor u. Prof.-Titel Staatsuniv. Curitiba/Brasilien.

STÖCKLEIN, Paul

Dr. phil., em. Prof. f. Neuere dt. Philologie - Schützenstr. 34, 8600 Bamberg - Geb. 29. Juni 1909 Weiden/Opf. (Vater: Johann S., Gymnasiallehrer; Mutter: geb. Schonath), kath., verh. s. 1957 m. Erika, geb. Heerdegen - 1951 Privatdoz. Univ. München, 1957 ao. Prof. Univ. Saarbrücken, 1961 o. Prof. Univ. Frankfurt, 1975 Hon.-Prof. Univ. Salzburg - BV: Wege z. späten Goethe, 4. A. 1984; Lit. als Vergnügen u. Erkenntnis, 1974. Schr. üb. Platon, Carus, Eichendorff - 1977 Eichendorff-Med.

STÖCKLIN, Gerhard

Dr. rer. nat., Chemiker, o. Prof. f. Nuklearchemie Univ. Köln (s. 1970) - 5177 Titz-Kalrath (T. 02463 - 85 25) - Geb. 7. Juli 1930 Leverkusen (Vater: Dr. Paul S., Chemiker; Mutter: Ruth, geb. Endreß), verh. s. 1961 m. Angelita, geb. Freiin v. Ketelhodt, 3 Kd. (Marcus, Kristina, Tobias) - Stud. Chemie. Promot. 1960 Univ. Mainz; Habil. 1965 Univ. Köln - 1959-61 Max-Planck-Inst. (Otto-Hahn-Inst.) f. Chemie, Mainz; 1961-63 Research Associate Brookhaven National Laboratory, USA; 1963 Abt.sleit., 1970 Dir. KFA Jülich GmbH.; 1977-79 Vors. Wiss.-Techn. Rat KFA Jülich GmbH - BV: Zahlr. Fachveröff. in Radiochemie u. radiopharmazeut. Chemie,dar. Chemie heißer Atome, 1969, franz. Übers. 1972.

STÖCKMANN, Fritz

Dr. rer. nat., o. Prof. f. Angew. Physik - Stettiner Str. 14, 7500 Karlsruhe (T. 68 32 10) - Geb. 19. Okt. 1918 Fallingbostel, ev., verh. s. 1943 m. Hildegard, geb. Brandt, 2 Kd. (Hans-Jürgen, Ursula) - Promot. (1942) u. Habil. (1950) Göttingen - 1950 Privatdoz. Univ. Göttingen; 1955 apl. Prof. TH Darmstadt; 1959 o. Prof. TH, jetzt Univ. Karlsruhe (Dir. Inst. f. Angew. Physik). Zahlr. Veröff. üb. Festkörperphysik (spez. Photoleitg. u. verw. Gebiete).

STÖCKMANN, Hans-Jürgen

Dr. rer. nat., Prof. f. Festkörperphysik - Hahnbergstr. 14, 3550 Marburg - Geb. 8. Jan. 1945 Göttingen (Vater: Fritz St., Physiker; Mutter: Hildegard), ev., verh. s. 1972 m. Eva, geb. Bäetz - Schulen Karlsruhe (Abit. 1964), Univ. Heidelberg (Dipl.-Phys. 1969, Promot. 1972, Habil. 1978) - 1971-79 wiss. Angest. Univ. Heidelberg, s. 1979 Prof. Univ. Marburg.

STÖCKMANN, Paul

Dipl.-Ing., Prof., Vorstandsmitglied Pittler Maschinenfabrik AG., Langen - Elisabethenstr. 8, 6070 Langen/Hessen (T. 2 24 33) - Geb. 22. Aug. 1923 Oberhausen/Rhld. - S. 1971 Honorarprof. TH Darmstadt (Sonderprobleme d. Automatisierung in d. Fertigung).

STÖDTER, Rolf C. W.

Dr. jur., Prof., Reeder, Hamburg - Golfstr. 7, 2057 Wentorf (T. Hamburg 720 26 46) - Geb. 22. April 1909 Hamburg (Vater: Dr. med. vet. Wilhelm S., Tierarzt; Mutter: geb. Keim), ev., verh. s. 1964 m. Legationsrätin a. D. Dr. Helga, geb. Kloninger, 3 Töcht. - Univ. Freiburg, Genf, München, Hamburg, Ref. Ex. 1931 (Promot. 1933). Gr. jurist. Staatsprüf. 1935 Hamburg - S. 1936 (Habil.) Privatdoz. u. apl. Prof. (1943) Univ. Hamburg (Staats-, Verwaltungs- u. Völkerrecht). Div. Ehrenstell., dar. Präs. Intern. Handelskammer, Paris (1977); Handelskammer Hamburg (1964-69 Präs., 1969-78 Vizepräs.) Verb. Dt. Reeder ebd. (1961-64, 1969-70 Präs.) u. Intern. Law Assoc., London (1960-62 Präs., sd. Vicepräs.), Vicepräs. Intertanko-Oslo (1974-83). AR-, Beirats- u. VR-Mand. - BV: u. a. Dtschl. Rechtslage, 1948; Gesch. d. Konnossementsklauseln, 1953; Am Tor z. Welt, Reden u. Aufs. 1979; Schicksalsjahre Dt. Seeschiffahrt 1945-55, 1982 - 1979 Gr. BVK m. Stern u. Schulterbd.; Ehrenpräs. Übersee-Club Hamburg.

STÖGER, August K.

Prof., Lehrer u. Schriftsteller - Tänzlgasse 15, A-4820 Bad Ischl (Österr.) - Geb. 19. Jan. 1905 Bad Ischl (Vater: August S., Salinenarb.; Mutter: Katharina, geb. Kitzmüller), kath., verh. s. 1936 m. Hilde, geb. Neubauer, S. Klaus - Lehrerbildungsanst. Linz/Donau - U. a. Hauptschullehrer Bad Ischl - BV: D. Kranewittbrüder, R. 1938 (auch holl. u. tschech.); D. Knecht Tobias, Erz. 1942; Der Schäfer d. Costa bianca, N. 1944; Gefährl. Sommer, R. 1951; D. Reise n. Hallstatt, Erz. 1952; Jg. Blut in kalter Welt, R. 1953; In d. dunklen Nächten ..., Erz. 1953; Urlaub n. d. Süden, R. 1954; Wenn e. Engel v. Himmel kommt, Erz. 1956; D. unheiml. Haus. Erz. 1957; D. Mann vom Schattwald, R. 1957; Marsch ins Ungewisse, Tatsachenbericht, 1972; Es ist schon alles gut gerichtet, Erz. 1974; Verschollen ..., Tatsachenber. 1974; Wüste in Flammen, Tatsachenbericht 1977. Hörsp.: Unser Bruder Istvan (1964; Bayerischer, Österreichischer u. Schweiz. Rundfunk), Gericht am Abend (1966; Ö. R.) - 1953 Prof.-Titel; 1942 Novellenpreis d. XX. Jh., 1951 Adalbert-Stifter-Preis, 1961 Erzählerpreis Unsere Kirche - Spr.: Engl. - Lit.: N. Langer, Dichter aus Österr., 1958; Adalbert Schmidt, Dichter u. Dicht. Österr.s im 19. u. 20. Jh., 1964.

STÖGER, Markus

I. Bürgermeister Stadt Osterhofen - Rathaus, 8353 Osterhofen/Ndb. - Geb. 18. Aug. 1920 Osterhofen - Kaufm.

STÖGER, Peter

1. Bürgermeister v. Übersee/Chiemsee - Westerbuchberg 1, 8212 Übersee/Chiemsee (T. 08642-17 01) - Geb. 25.

Febr. 1954 Übersee (Vater: Mathias St., Süßmoster; Mutter: Anna, geb. Leeb), kath., verh. s. 1978 m. Irmgard, geb. Lindlacher - 1978 jüngster Bürgerm. Dtschl.s(24 J.).

STÖHR, Jochen

Vorstandsmitglied Alte Leipziger Lebensversicherungsges. a.G., Oberursel, Rechtsschutz Union Versicherungs-AG, München - Geb. 1935 - Univ. Frankfurt/M., München u. Hamburg, 2. jur. Staatsprüf. Hamburg - 1964-70 Bundesaufsichtsamt f. d. Versich.wesen, s. 1971 Versich.wirtsch.

STÖHR, Johannes

Dr. theol., o. Prof. f. Dogmatik - Kettenbrücke 2, 8600 Bamberg/Ofr. (T. 2 80 50) - Geb. 19. Febr. 1931 Berlin (Vater: Dr. Maximilian S.), kath. - 1963ff. Doz. Univ. Freiburg; 1966ff. ao. u. o. Prof. (1973) Phil.-Theol. Hochsch. bzw. Univ. Bamberg. 1988 visit. Prof. Univ. de Navarra. Fachveröff. - 1969 Magisterwürde span. Raimundus-Lullus-Akad.; 1982 ord. Mitgl. d. Pontificia Accademia Romana; 1985 o. Mitgl. Academia Mariana Internationalis.

STÖHR, Jürgen

Inhaber u. gf. Gesellschafter Stöhr/Kreuz Werbeagentur GmbH - Humboldtstr. 10, 4000 Düsseldorf 1 (T. 68 04 40); Wildenbruchstr. 23, 4000 Düsseldorf 11 (T. 57 53 88) - Geb. 25. Nov. 1936 Frankfurt/M.

STÖHR, Martin

Dozent Univ. Siegen, Pfarrer, Akademiedirektor - Rosterstr. 71, 5900 Siegen (T. 0271 - 33 51 73) - Geb. 30. Aug. 1932 Singhofen (Vater: Werner St., Pfarrer; Mutter: Hildegard, geb. Meckel), ev., verh. s. 1959 m. Marie-Luise, geb. Schmidt - Stud. Soziol. u. Theol. Univ. Mainz, Bonn u. Basel - S. 1963 Vors. Studium in Israel - BV: Disputation zw. Christen u. Marxisten, 1966; Antijudaismus im Neuen Testament? 1967; Zionismus, 1980; Jüd. Existenz u. d. Erneuer. d. christl. Glaubens, 1982 - 1983 Ehrenpromot. Heidelberg; 1984 Hedwig-Burheim-Med. Gießen.

STÖHR-HILLEBRECHT, Hildegard

s. Hillebrecht, Hildegard

STÖKL, Günther

Dr. phil., o. Prof. f. Osteurop. Geschichte - Arnulfstr. 6, 5000 Köln 41 (T. 41 62 02) - Geb. 16. Jan. 1916 Wien, ev. - S. 1949 (Habil.) Lehrtätigk. Univ. Wien u. Köln (1956 Ord.) - BV: Russische Geschichte, 4. A. 1983; D. Bild d. Abendl. in d. altruss. Chroniken, 1965; Osteuropa u. d. Deutschen - Gesch. u. Gegenw. e. spannungsreichen Nachbarschaft, 3. A. 1982; Testament u. Siegel Ivans IV., 1972; D. russ. Staat in Mittelalter u. früher Neuzeit (ausgew. Aufs.), 1981. Herausg.: Jahrb. f. Gesch. Osteuropas (Vierteljh.ztschr., s. 1966), Slavische Geschichtsschreiber (11 Bde. 1958-88) - Rhein.-Westf. Akad. d. Wiss., Düsseldorf, 1978 BVK I. Kl. - Lit.: Osteuropa in Gesch. u. Gegenw., Festschr. 1976; Gesch. Altrußlands in d. Begriffswelt ihrer Quellen, Festschr. 1986.

STÖPPEL, Heinz

Vorstandsmitglied Alte Leipziger Versich.-Gruppe, Hauptbevollm. The Continental Ins. Comp. New-York, Zweigniederl. f. Deutschl. - Drei Linden-Str. 28, 6232 Bad Soden - Geb. 4. Mai 1929, kath., verh. s. 1956 m. Hildegard, geb. van Bevern, 2 Kd. (Guido, Martina) - Lehre Versicherungskaufm., Dipl.-Betriebswirt 1956 - BV: Feuer-Betriebsunterbrechungsversich., 1982 - Spr.: Engl. - Mitgl. Lions-Club.

STÖPPLER, Siegmar

Dr. rer. pol., Prof. f. Wirtschaftswissenschaften (Produktionswirtschaft u. Betriebsinformatik) Univ. Bremen - Bismarckstr. 129, 2800 Bremen 1 - Geb. 7. Juni 1939 Korbach (Vater: Helmut St., Landwirt; Mutter: Marie, geb. Traum), verh. s. 1977 m. Annelie, geb. Hermschulte, 3 Kd. (Ingmar, Henning, Annika) - Univ. Frankfurt (1965 Dipl.-Math., Promot. 1972, Habil. Betriebswirtsch. 1980) - 1966-73 wiss. Assist.; 1973-80 Doz. f. Betriebsw. Univ. Frankfurt; s. 1980 Prof. Univ. Bremen; 1988 Berufung auf d. Lehrstuhl f. Produktionswirtschaft u. Betriebsinformatik - BV: Dynam. Produktionstheorie, 1975; Math. f. Wirtschaftswiss., 1972, 3. A. 1982; Nachfrageprognose u. Produktionsplan. b. saisonalen u. konjunkt. Schwankungen, 1984. Herausg.: Dynam. ökon. Modelle-Analyse u. Steuer. (1979, 2. A. 1980); Information u. Produktion (1986) - 1985 Wolfgang-Ritter-Preis - Spr.: Engl., Franz.

STÖRIG, Hans-Joachim

Dr. phil., Dr. jur., Prof Univ. München, Schriftst. - Osterwaldstr. 59, 8000 München 40 (T. 361 32 23) - Geb. 25. Juli 1915 Quenstadt/Harz (Vater: Friedrich S., Direktor; Mutter: Hedwig, geb. Popendiker), ev., verh. s. 1948 m. Lieselotte, geb. Ehlert, 2 Töcht. (Andrea, Petra) - Stud. Phil., Gesch., Rechtswiss. Freiburg, Königsberg/Pr., Basel, Hamburg, Berlin - 1956-63 Leit. Cotta-Verlag, Stuttgart; 1963-83 Leit. Lexikogr. Inst. München. 1962ff. Vors. Verb. d. Verleger u. Buchhändler in Baden-Württ. - BV: Kl. Weltgesch. d. Phil., 1949, 13. A. 1985 (auch niederl., span., ital., jap.); Kl. Weltgesch. d. Wiss., 1952, 3. A. 1965 (auch ital., jap., niederl.); Knaurs mod. Astronomie, 1972, 6. A. 1985; Abenteuer Sprache, 1987. Herausg.: D. Gr. Knaur, Knaurs Rechtschreibung, D. Problem d. Übersetzens u. a. - Liebh.: Musik - Spr.: Engl., Franz., Ital.

STÖRMER, Horand

Dr. rer. nat., Prof. f. Mathematik - Hohbergstr. 36, 6941 Abtsteinach - Geb. 9. Jan. 1926 Lüdenscheid (Vater: Hans St., Pfarrer; Mutter: Elisabeth, geb. Koch), ev., verh. s. 1952 m. Margarete, geb. Rabestein, 2 T. (Katrin, Cornelia) - 1946-52 Stud. Math., Promot. 1952, Habil. 1968 - 1952-72 wiss. Mitarb. Siemens, s. 1972 o. Prof. Univ. Mannheim - BV: Verkehrstheorie, 1966; Math. Theorie d. Zuverlässigkeit, 1970; Semi-Markoff-Prozesse, 1970 - Spr.: Engl., Franz.

STOERMER, Joachim

Dr. med., o. Prof. f. Kinderkardiol. - Univ.-Klinikum, Hufelandstr. 55, 4300 Essen - Geb. 29. Febr. 1924 Bremen - S. 1960 (Habil.) Lehrtätigk. Univ. Göttingen (1966 apl. Prof.), zul. Dir. Abt. f. Pädiatr. Kardiologie Univ.-Klinik f. Kinder- u. Jugendmed. (1973 Ord. u. Klinikdir.). 220 Fachveröff.

STOERMER, Monika

Ltd. Regierungsdirektorin, Geschäftsf. Bayer. Akademie d. Wissenschaften - Marstallpl. 8, 8000 München 22.

STÖRMER, Wilhelm

Dr. phil., Prof f. mittelalterl. u. neuere Geschichte - Pappelstr. 40, 8014 Neubiberg b. München - Geb. 13. Sept. 1928 Faulbach/M. - Univ. München, Marburg, Würzburg (Gesch., German., Geogr.), Promot. 1957, Habil. Univ. München 1971 - S. 1974 Mitgl. Inst.leitg. bayer. Gesch. Univ. München - BV: Früher Adel - Stud. z. polit. Führungsschicht im fränk.-dt. Reich v. 8. - 11. Jh., 1973; Adelsgruppen im früh- u. hochmittelalterl. Bayern, 1972; Marktheidenfeld, 1962; Miltenberg - D. Ämter Amorbach u. Miltenberg d. Mainzer Oberstifts als Modelle geistl. Territorialität u. Herrschaftsintens., 1979; Hartmann von Aue. Epoche - Werk - Wirkung (m. Christoph Cormeau), 1985; zahlr. Aufs. z. mittelalterl. u. frühneuzeitl. Adels-, Stadt-, Agrar-, Klostergesch.

STÖRRING, Gustav E.

Dr. med., o. Prof. f. Psychiatrie u. Neurologie (emerit.) - Schlieffenallee 11, 2300 Kiel (T. 33 26 46) - Geb. 3. April 1903 Zürich/Schweiz (Vater: Prof. Dr. phil. et med. Gustav S., bek. Philosoph u. Psychologe, zul. Ord. Univ. Bonn; s. X. Ausg.), ev., verh. m. Lisa, geb. Hauer, 2 Kd. (Bärbel, Rolf) - Univ. Bonn (Promot.), Kiel, Königsberg. Habil. 1933 München - 1936 Doz. Univ. Göttingen, 1939 apl. Prof., 1950 Ord. u. Klinikdir. Med. Akad. Düsseldorf, 1954 Univ. Kiel - BV: u. a. Z. Psychopathol. u. Klinik d. Angstzustände, 1934; Gedächtnisverlust durch Gasvergiftung, 1936; Üb. Grundfragen d. med. Psych., 1948; Besinnung u. Bewußtsein, 1953; Reichardt, Allg. u. spez. Psychiatrie, 1955 (m. E. Grünthal); Reichardt, Unfall-Lehrbuch z. Einf. in d. nervenärztl. Unfall-, Versorgungs- u. Invaliditätsbegutachtung, 1958.

STÖSSER, Rudolf

Dr., Prof. Univ. Hohenheim (s. 1973) - Daimlerstr. Nr. 55, 7303 Neuhausen (T. 07158 - 88 64) - Geb. 10. Jan. 1938 Schorndorf (Vater: Gottlieb S., Obstbauamtmann; Mutter: Berta, geb. Kneule), ev., verh. s. 1976 m. Gerlinde, geb. Schumann, 2 Kd. (Silke, Birte) - Abit.; Gartenbaulehre; Stud. TU Hannover; Promot. 1966; Habil. 1971 - Übers.: Mouselise, Citrusfrüchte f. d. Herstell. v. Säften u. anderen Erzeugnissen, 1973 - Spr.: Engl., Franz.

STÖTER, Jochen

Dr.-Ing., Geschäftsführer Gerlach-Werke GmbH., Homburg - Websweilerstr. 50, 6651 Jägersburg (T. Büro: Homburg 10 73 11) - Geb. 24. Juli 1926 Hannover (Vater: Friedrich S.), verh. m. Elfriede, geb. Sickbert - Spr.: Engl. - Rotarier.

STÖTZEL, Berthold

Dipl.-Psych., Dr. rer. nat., Univ.-Prof. Univ.-GH Siegen - Eiserntalstr. 127A, 5900 Siegen (T. 0271 - 38 58 98) - Geb. 13. Nov. 1938 Eiserfeld - Univ. Köln (Staatsex. Lehramt 1967, Dipl.-Psych. 1971, Promot. 1978) - BV: D. Fach Psychol. im Stud. d. Sozialarb./Sozialpäd., 1980; Demokr. am Arbeitspl. (m. K. Hoppmann), 1981.

STÖTZEL, Georg

Dr. phil., Prof. f. Dt. Philologie u. Linguistik Univ. Düsseldorf (s. 1968) - Merianweg 2, 4010 Hilden - Geb. 2. Juni 1936 Dortmund - Univ. Marburg, Bonn, Aberdeen (German., Angl., Psych.) - 1962-66 wiss. Assist.; 1966-68 Stip. DFG. 1969ff. Mitgl. Wiss. Rat Inst. f. dt. Sprache Mannheim; Ruf Univ. Münster u. Saarbrücken (1972) u. Heidelberg (1975) abgel.; 1982-84 Präs. Dt. Germanisten-Verb. - BV: D. Bezeichnungen zeitl. Nähe, 1963 (Diss.); Ausdrucksseite u. Inhaltsseite d. Sprache, 1970; Schulbezogene Sprachwiss., 1982 - Liebh.: Sport.

STÖVER, Hans Dieter

Schriftsteller - Rathenaustr. 22, 5354 Weilerswist - Geb. 1937 Wissen/Sieg, verh. s. 1960 m. Brunhild, geb. Stakemeier, 2 Kd. - Stud. Alte Gesch. u. Altertumskunde, Gesch. u. Kunstgesch. - BV: D. Römer - Taktiker d. Macht, 1976; Spartacus, 1977; Catilina, 1979; Christenverfolg. im röm. Reich, 1982; Quintus geht n. Rom, Jugendb. 1987; Drei Tage in Rom - Land- u. Stadtleben z. Zt. Caesars, 1988; Agon - od. d. Ring d. Demetrios, Hist. R. 1989; Macht u. Geld im alten Rom, Sachb. 1989; Große Gegener Roms, Jugendb. 1989; Report aus d. Römerzeit, Sachb. 1989; Röm. Kriminalgesch.: C.V.T. im Dienste d. Caesaren (z.Z. 10 Bde.) - Liebh.: Musik u. Musizieren - Spr.: Engl., Franz., Lat.

STÖVER, Ulla

Dr., Geschäftsführerin Gesellschaft f. Goldschmiedekunst - Loogepl. 3, 2000 Hamburg 20 - Geb. 24. Juli 1918.

STOEVESANDT, Hermann

Dipl.-Kfm., Vorstandsmitglied Gebr. Stoevesandt AG. - Hafenstr. 21, 3260 Rinteln 1 (T. 05751-54 16) - Geb. 5. Juni 1944 Lemgo.

STOFFEL, Wilhelm

Dr. rer. nat., Dr. med., o. Prof. f. Physiol. Chemie - Kornelimünsterstr. 14, 5000 Köln 41 (T. 49 54 35) - Geb. 30. April 1928 Köln (Vater: Wilhelm S., Lehrer; Mutter: Margarete, geb. Wolff), kath., verh. s. 1958 m. Gisela, geb. Voss, 4 Kd. (Thomas, Jeanette, Markus, Boris) - Gymn. Köln; Univ. Köln (Med.) u. Bonn (Chemie). Promot. 1952 (med.) u. 59 (rer. nat.); Habil. 1962 (alles Köln) - Rockefeller-Stip.; Assist. Rockefeller Inst. New York (1957-59) u. ETH Zürich (1959-60); s. 1962 Privatdoz. u. Ord. (1967) Univ. Köln. 1965 Visiting Prof. Rockefeller Inst. New York. Üb. 180 Fachveröff. (Chemie u. Stoffwechsel d. Lipide, Membranstrukturen u. -biosynthese, Molekulare Neurobiologie, Lipoproteine). Mithrsg.: G. Schettler, Lipids and Lipidoses (1967; in engl. Spr.), Hoppe-Seyler's Ztschr. f. Physiol. Chemie (1962ff.); Biological Chemistry Hoppe-Seyler - 1965 Heinrich-Wieland-Preis; 1969 Mitgl. Dt. Akad. d. Naturforscher/Leopoldina, Halle/S.; 1978 Otto-Warburg-Med.; Preis d. Therapiewoche.

STOFFELS, Hans

Rechtsanwalt, Geschäftsf. Bundesverb. Dt. Rolladenhersteller - Alte Jülicher Str. 105, 5160 Düren/Rhld.; priv.: Schweringstr. 13 - Geb. 15. Mai 1935.

STOFFREGEN, Heinz

Dr. rer. pol., Honorarprof. f. Betriebsw.slehre d. Genoss. Univ. Marburg - Erfurter Str. 12, 3550 Marburg/L.

STOFFREGEN, Jürgen

Dr. med., Prof., Facharzt f. Anaesthesie - Am Teich Nr. 11, 5800 Hagen-Haßley - Geb. 29. Sept. 1925 Braunschweig (Vater: Dr. med. Erich S., prakt. Arzt; Mutter: Friedel, geb. Köhler), ev., verh. s. 1958 m. Regine, geb. Jung, 3 Kd. (Jürgen, Heiko, Antje) - Univ. Göttingen u. Hamburg (Med. Staatsex. 1951). Promot. 1952 Hamburg; Habil. 1958 Göttingen - S. 1958 Lehrtätigk. Göttingen (1963 ao., 1970 o. Prof.). 1957 Prof. Univ. Chicago (USA). S. 1974 Chefarzt Zentralinst. f. Anaesthesie u. Intensivbehandl. d. Kath. Krkhs. Stadt Hagen. Erf.: Apparat z. Erzeugung v. künstl. Hustenstößen „Tussomat" 1955). In- u. ausl. Fachmitgliedsch. - BV: Atmung u. Beatmung, 1961. Üb. 100 Einzelarb. (vornehml. Anaesth.) - 1961 Ehrenmitgl. bolivian. Ges. f. Anaesth.; Mitgl. American Soc. of Anaesth. (1957) u. Royal Brit. Soc. of Med. (1968) - Liebh.: Segeln, Fliegen - Spr.: Engl., Franz.

STOFFREGEN-BÜLLER, Michael

Journalist, Leit. WDR-Landesstudio Münster/Westf. - Mondstr. 144-146, 4400 Münster; priv.: Wolteringstr. 27 (T. 0251 - 61 53 53) - Geb. 12. Juli 1939 Göttingen, verh. s. 1965 m. Hilke, geb. Schramm, 2 S. (Daniel, Arne) - 1965-72 Autor/Redakt. zeitkr. Magazin Monitor, WDR Köln; 1972-74 Leit. Redaktion Weltspiegel; 1974-82 Chefredakt. Fernsehen d. Hess. Rundf. Frankfurt, Moderator, ARD-Kommentator - BV: Himmelfahrten - d. Anfänge d. Aeronautik, 1983.

STOIBER, Edmund

Dr. jur., Staatsminister - Zu erreichen üb. Bayer. Staatsmin. d. Innern, Odeonspl. 3, 8000 München 22 - Geb. 1941, verh. (Ehefr.: Karin), 3 Kd. - Stud. Rechtswiss. Univ. München u. Hochsch. f. Polit. Wiss. München; Rechtsrefer. 1967, Regierungsrat 1971 - 1972-74 Persönl. Ref. d. Bayer. Staatsmin. f. Landesentw. u. Umweltfragen, 1974 Leit. d. Min.büros; MdL (Bayern) s. 1974; 1978 Zulassung als Rechtsanw.; 1978-83 Generalsekr. d. CSU; 1982-86 Staatssekr. u. Leit. Bayer. Staatskanzlei; 1986-88 Staatsmin. u. Leit. Bayer. Staatskanzlei; s. 1988 Bayer. Staatsmin. d. Innern. CSU - BV: Politik aus Bayern, 1976; D.

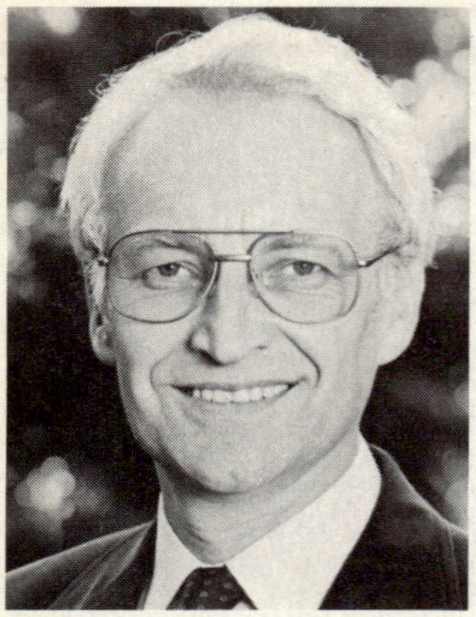

Hausfriedensbruch im Licht akt. Probl. - 1984 Bayer. VO - Liebh.: Ski, Fußball.

STOJAN, Ernst-Wilhelm

Rektor, MdL Schlesw.-Holst. - Kampstr. 39, 2280 Westerland/Sylt (T. 2 45 44) - Geb. 13. Mai 1926 Oels/Schles., ev., verh., 3 Kd. - Mitgl. Stadtvertr. Westerland.

STOKES, Timothy John

B. Ed., Solotänzer Theater Hagen - Stresemannstr. 18, 5800 Hagen 1 - Geb. 17. Juli 1952 Birmingham (Engl.), prot., ledig - 1971-74 King Alfred's College, Winchester u. Southampton Univ.; 1974-77 Sport-Stud. u. Rambert School of Ballet, London - 1978-79 Reggio Emilia Ballett Classico, Italien; 1979 Solotänzer Städt. Bühne Hagen; 1980-88 Hess. Staatstheater. 1977 Teiln. Nureyev Festival, London - Zahlr. Tanzrollen - Liebh.: Musik, Lit., Windsurfing, Theater - Spr.: Deutsch, Franz., Ital., Engl. (Mutterspr.).

STOLL, Andreas (André)

Dr. phil., o. Prof. f. Roman. Literaturwissenschaft Univ. Bielefeld (s. 1979) - Humboldtstr. 28, 4800 Bielefeld 1 (T. 12 15 41) - Geb. 31. Mai 1941, kath., led. - Kaiser-Karls-Gymn. Aachen; Univ. Bonn, Köln, Lüttich, Paris (Roman., Klass. Philol., Kunstgesch.). Promot. 1968 Köln - 1969 Wiss. Assist. Univ. Frankfurt, 1972 Prof. ebd., 1975 Gastprof. Ecole Pratique des Hautes Etudes Paris, 1988/89 Lyon II, 1989 Alicante, Neapel - BV: Scarron als Übers. Quevedos, 1970 (Diss.); Wege z. Soziol. d. pikaresken Romans, in: Span. Lit. im Gold. Zeitalter, 1973; Asterix, d. Trivialepos Frankr., 1974, 3. A. 1977 (franz. 1978); Komm. zu Teresa v. Avila, V. d. Liebe Gottes, 1984. Herausg.: Flauberts Werke (1979ff.); D. Rückkehr d. Barbaren - Europäer u. Wilde in d. Karikatur H. Daumiers, Ausstellungskat. (1985, ital. 1987); La bande dessinée en question: Astérix (m. C. v. Kleffens) (1986) - Spr.: Engl., Franz., Ital., Span.

STOLL, Brigitte

Hauswirtschaftsmeisterin, MdL Nieders. (s. 1978, Schriftf.) - Friedrich-Naumann-Str. 17, 2970 Emden - Geb. 4. Aug. 1927 Breslau, verh., 4 Kd. - König-Wilhelm-Gymn. Breslau u. Schule Emden (Abit. 1948); Ausbild. ländl. Hausw. (Gehilfinnen- 1950, Meisterprüfung 1973) - 1951-54 Sekr. Betonwerk Wolf KG., Emden. 1972 ff. Ratsmitgl. Emden. CDU (Mitgl. Landesvorst.).

STOLL, Hans

Dr. jur., o. Prof. f. Bürgerl. Recht, Intern. Privatrecht u. Rechtsvergleichung - Alemannensteige 9, 7800 Freiburg/Br. (T. 6 95 63) - Geb. 4. Aug. 1926 Freiburg/Br. (Vater: Prof. Dr. jur. Heinrich S., o. Prof. d. Rechte Univ. Tübingen †1937 (s. X. Ausg.); Mutter: Doris, geb. Eberle), ev., verh. 1957 m. Elisabeth, geb. Schneider, 5 Kd. (Andreas, Georg-Heinrich, Veit, Eva, Angela) - Uhland-Gymn. Tübingen; Univ. ebd. u. Freiburg (Rechtswiss.). Promot. Tübingen; Habil. Hamburg - 1953 Rechtsanw. Stuttgart; 1954 Tätigk. Bundeswirtschaftsmin.; 1955 Ref. Max-Planck-Inst. f. ausl. u. intern. Privatrecht; 1959 Privatdoz. Univ. Hamburg; 1960 o. Prof. Univ. Bonn; 1965 o. Prof. Univ. Freiburg - BV: D. Handeln auf eig. Gefahr - E. rechtsvergl. Unters., 1961; Empfiehlt sich e. Neuregelung d. Verpflichtung z. Geldersatz f. immateriellen Schaden?, 1964; Consequences of Liability; Remedies = Ch. 8, Vol. XI (Torts), Intern. Encyclop. of Comparative Law, 1972; Internationales Sachenrecht (in: v. Staudinger, Kommentar z. BGB, 12. A.), 1985 - 1987 Präs. Dt. Rat f. IPR - Liebh.: Entomologie - Spr.: Engl., Franz.

STOLL, Karl-Heinz

Dr. phil., Prof. f. Anglistik u. Amerikanistik Univ. Mainz (1984-86 Senator, 1985-87 Dekan FB Angew. Sprachwiss.) - Berliner Str. 10, 6740 Landau (T. 06341 - 5 07 05) - Geb. 1. Okt. 1942 Neunkirchen (Vater: Karl St.; Mutter: Martha, geb. Busch) - Univ. Saarbrücken (Ex. 1967, Promot. 1970), Habil. Univ. Mainz 1975 - 1967/68 Visit. Instructor Dubuque, Iowa, 1968/69 u. 1971 Visit. Prof. Youngstown, Ohio, s. 1970 Univ. Mainz, 1978ff. Prof. auf Lebenszeit. 1980 Fulbright Prof. Univ. of North Carolina - BV: D. Charakterisierungsmittel in Th. Dreisers Romanen, 1970; The New British Drama, 1975; Harold Pinter, 1977; zus. m. Drescher u. Ahrens: Lexikon d. Engl. Lit., 1980 - 1975 Reise- u. Forsch.-stip. DAAD, 1980 Fulbright Prof. - Spr.: Engl., Franz.

STOLL, Karlheinz

D., Ev. Bischof f. Schleswig (s. 1979) - Plessenstr. 5, 2380 Schleswig - Ltd. Bischof Vereinigte Ev.-Luth. Kirche Deutschlands (VELKD).

STOLL, Ludwig

Dr. med. vet., Prof. u. Leit. Abt. f. Zoonosenforschung, gf. Dir. d. Zentrums d. Hygiene Univ. Frankfurt/M. - Meisenstr. 22, 6078 Neu Isenburg 2 (T. 5 16 24) - Geb. 16. März 1927 Berlin - Habil. 1969 - Mitgl. Dt. Ges. f. Hygiene u. Mikrobiol., Dt. Ges. f. Arbeitsmed. u. Memb. N.Y. Acad. of Sciences - 1969 Franz-Redeker-Preis.

STOLL, Manfred

Dipl.-Volksw., Vorstandsmitglied Lebens-Versich.-AG, Feuer-Versich.-AG, bde. Berlin (s. 1983) - Victoriapl. 1, 4000 Düsseldorf 1 - 1963-76 Allianz Vers. AG (zun. Außendienst; 1970 Filialdir.); 1976-83 Vorstandsmitgl. Nordstern Allg. Versich. AG, Nordstern Lebensversich. AG, Köln.

STOLL, Peter

Dr. med., Prof. f. Gynäkologie u. Geburtshilfe - Collini Center, 6800 Mannheim (T. 2 86 04) - Geb. 13. Jan. 1916 Neu-Isenburg, verh. s. 1946 m. Margot, geb. Freundlieb, 6 Kd. (Eva, Dr. Walter, Margret, Dr. Peter, Dr. Christian, Georg) - S. 1953 (Habil.) Lehrtätigk. Univ. Heidelberg (1965 Ord. u. Dir. Frauenklinik/Klinikum Mannheim). 1965-66 Präs. Dt. Ges. f. Angew. Cytologie; 1974-78 Präs. Intern. Akad. f. Cytologie - BV: Schwangeren-Vorsorge in d. Praxis, 1967; Gynäk. Cytologie, 1968; Gynäkol. Vitalcytologie in d. Praxis, Citologia vital gynecologia, 1970; Arzt u. Autorität, 1972; Teamwork - Ärztl. Verantwortung, 1975; Gyn. Erkrank. im Klimakterium u. Senium, 1977; D. kinderlose Ehe, 1980. Üb. 250 Einzelarb. - 1976 Maurice Goldblatt Award Cytol; 1980 hon. Member ob Chilen. Ges. Obstr. Gyn. u. ital. Ges. Gyn. Onkol.; 1983 Ehrenmitgl. Dt. Ges. f. Kindergynäkologie; Ehrenmitgl. Dt. Ges. f. Balneogynologie; Korr. Mitgl. Dt. Ges. f. Kinderheilkunde u. Dt. Ges. Allgemeinmed., emerit. 1984; 1986 Ernst-von-Bergmann-Plak. BÄK.

STOLL, Stephan

s. Hinterholzer, Peter A.

STOLLBERG, Dietrich

Dr. theol., Prof. f. prakt. Theol. Univ. Marburg, Pfarrer, Konzertsänger, Psychotherapeut - Zu erreichen üb. Alte Univ., Zi. 102, Lahntor 3, 3550 Marburg 1 - Geb. 14. April 1937 Nürnberg (Vater: Dr. Oskar St., Kirchenmusikdir.; Mutter: Irmgard, geb. Herold), ev., verh. s. 1966 m. Elfi, geb. Leykauff, 4 Kd. (Hildegund, Heidrun, Almut, Martin) - Beide theol. Ex. 1962 u. 1965 Ansbach; Promot. (1968) u. Habil. (1971) Erlangen - 1971-79 Prof. f. Prakt. Theol. u. Dir. Seelsorgeinst. Kirchl. Hochsch. Bethel; 1979 Prof. f. Prakt. Theol. u. Univ.-Prediger Marburg. Zahlr. Konz. u. Liederabende - BV: Therapeut. Seelsorge, 1969; Seelsorge prakt., 1970; Seelsorge durch d. Gruppe, 1971; Mein Auftrag - Deine Freiheit, 1972; Nach d. Trennung, 1974; Wahrnehmen u. Annehmen, 1978; Wenn Gott menschlich wäre, 1978; Predigt prakt., 1979; Lernen, weil es Freude macht, 1982 - Liebh.: Gesang (Bariton). Bek. Interpret romant. Balladen (Schubert, Loewe, Schumann, Wolf) - Bek. Vorf.: D. Max Herold (Urgroßv.), Wilhelm Herold (Großv.); Oskar St. (Vater).

STOLLBRINK, Otmar

Dipl.-Kfm., Generaldirektor - Keltenstr. 17, 4200 Oberhausen/Rhld. - Geb. 18. Dez. 1929 Oberhausen - Vorst.-Vors. Deutsche Babcock Anlagen AG u. Vorst.-Mitgl. Deutsche Babcock, bde. Oberhausen/Rhld.

STOLLE, F. Ulrich

Hotelkaufmann, gf. Gesellsch. Stolle Service GmbH, Hotelmanagement KG, Bonn, u. a. - Heussallee 2-10, 5300 Bonn 1 - Geb. 27. Febr. 1940 Brunsholm (Vater: Fritz St., Dipl.-Ing.; Mutter: Marlis, geb. Hennig), ev., verh. s. 1965 m. Kathryn, geb. Heidenreich, 3 Kd. (Karin Lee, Kristina, Fritz-Ulrich) - 1956-60 Hotelausb. St. Moritz u. Montreux - 1961-66 Militärdst. (Artillerieoffz. USA); 1966-67 Food & Beverage Comptroller, The Greenbrier/USA; 1967-68 General Manager Hunt Valley Inn, Baltimore, Md./USA; 1968-70 General Manager Hilton, Lancaster PA./USA; 1970-71 Hoteldir. Holiday Inn, Region V/USA; 1972-75 Geschäftsf. Dorint Hotelges. mbH Mönchengladbach; s. 1975 gf. Gesellsch. Stolle Service GmbH Hotelmanagement KG, Bonn; s. 1980 Geschäftsf. Hotel Haus Lyskirchen Betriebsges. mbH, Köln; s. 1982 gf. Gesellsch. Colonius Turmrestaurants GmbH & Co KG, Köln; s. 1987 Geschäftsf. Dorint Hotels GmbH, Mönchengladbach - 1963 Certificate of Merit US Army; 1977 Timone Dore.

STOLLENWERK, Christoph

Dr., Hauptgeschäftsführer Landesvereinig. rheinl.-pfälz. Unternehmerverb., Hauptgeschäftsf. Verb. d. pfälz. Metallind., Neustadt/Weinstr. - Zu erreichen üb. Hölderlinstr. 1, 6500 Mainz (T. 5 57 50) - Geb. 30. Juni 1935 - Volljurist - 1962-64 Bau- u. Wasserrechtsref. Bezirksreg. Koblenz; 1964-73 Ministerium d. Innern Mainz; 1973-76 Landrat Kr. Ahrweiler; 1976-84 Staatssekr. im Kultusmin., 1984-88 Staatssekr. im Min. f. Wirtschaft u. Verkehr Mainz.

STOLLFUSS(ß), Michael Christian

Dipl.-Kfm., Verleger - Braunscheidtstr. 6, 5300 Bonn 1 - Geb. 4. Nov. 1956 Bonn (Vater: Erich S., Verleger; Mutter: Hildegard, geb. Löchner), ev. - Stud. Betriebsw. Nürnberg u. Köln (Dipl. 1982) - S. 1975 Wilhelm Stollfuß Verlag, Univ.-Buchdruckerei u. Rechenzentrum Dataprint, alles Bonn.

STOLLREITHER, Konrad

Dr. jur., Dipl.-Volksw., Landesbeauftragter f. d. Bayer. Datenschutz (1978-87) - Hohenlohestr. 47, 8000 München 19 - Geb. 6. Juli 1922 Aying/Lkrs. München, verh. m. Inge Wolter - Fachveröff. aus Öffentl. Verw., Neue Medien, Datenschutz. Mitarb. b. Fachztschr.

STOLP, Heinz

Dr. rer. nat., em. o. Prof. f. Mikrobiologie Univ. Bayreuth - Elbering 7, 8580 Bayreuth - Geb. 15. Aug. 1921 Silberborn, ev., verh. s. 1959 m. Ursula, geb. Hechel, Tocht. Claudia Sabine - S. 1945 Stud. Mikrobiol. Univ. Göttingen, Promot. 1951 - 1953-70 Biol. Bundesanst. f. Land- u. Forstwirtsch. (zul. Ltd. Dir. u. Prof.); 1962-64 USA; 1970-75 Univ. Hamburg (Ord.); ab 1975 Univ. Bayreuth - BV: The Prokaryotes: A Handbook on Habitats, Isolation, and Identification of Bacteria (m. and.), 1981; Microbial Ecology: Organismus Habitats, Activities, 1988 - 1968 Robert-Koch-Preis - Spr.: Engl., Franz.

STOLTE, Dieter

Prof., Intendant ZDF (s. 1982) - Essenheimer Str., 6500 Mainz-Lerchenberg - Geb. 1934 - Stud. Univ. Tübingen u. Mainz - Fernsehdir. u. stv. Int. SWF, s. 1976 Programmdir. ZDF, s. 1980 Prof. Hochsch. f. Musik u. darstellende Kunst Hamburg - BV: Publikum u. Südwest 3. E. Beitr. z. Analyse, Konzeption u. Struktur e. FS-Programms (m. Matthias F. Steinmann), 1975. Herausg.: Integritas (m. Richard Wisser, 1966); D. ges.-krit. Funktion d. Fernsehens (1970); D. FS u. s. Publikum (m. Anna-Luise Heygster, 1974); FS: E. Medium sieht sich selbst (m. Werner Brussau u. Richard Wisser, 1976); Wirklichkeit u. Fiktion im FS-Spiel (m. Anna-Luise Heygster, 1980); Zw. Pflicht u. Neigung (m. Günter Diehl, 1988) - 1983 Gutenberg-plak. Stadt Mainz, 1983 BVK I. Kl., 1983 Bambi d. Ztschr. Bild u. Funk; 1984 Goldherz Aktion E. Herz f. Kinder; 1984 Spidem-Preis d. Spitzenverb. d. Dt. Musik; 1985 Bayer. VO; 1986 Gold. Kamera d. HÖRZU; 1987 Silb. Hermes, Jury neue medien; 1988 Gr. Gold. Ehrenz. f. Verd. um d. Rep. Österr. - Mitgl. Intern. Acad. of Television Arts and Sciences New York; AR-Vors. Trans Tel GmbH, Köln; AR-Mitgl. dpa Hamburg, MGK Münchner Ges. f. Kabelkommunikation mbH, Unterföhring; VR-Mitgl. Europ. Rundfunkunion (EBU) Genf; Mitgl. Intern. Broadcast Inst. London.

STOLTE, Heinz

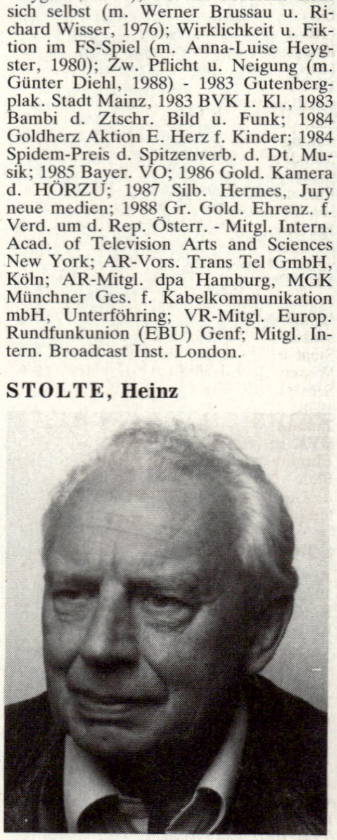

Dr. phil., Prof., Philologe u. Pädagoge - Vietinghoffweg 5, 2000 Hamburg 61 (T. 551 52 58) - Geb. 22. März 1914 Großenbaum/Rhld. - Univ. Königsberg, Halle, Jena. Promot. (1936) u. Habil. (1941) Jena - 1936 Assist. Univ. Jena (Deutsches Sem.), 1941 Privatdoz., 1946 ao., 1948 o. Prof., 1949 Humboldt-Univ. Berlin, 1955 Lehrbeauftr. Univ. Hamburg, 1957 Doz., 1961 Studienleit. Päd. Inst. ebd.; 1970 Prof. d. Univ.; 1962-83 Präs., dann Ehrenmitgl. Hebbel-Ges.; Vorst.- u. Ehrenmitgl. Karl-May-Ges.; 2. Vors. Dän.-Dt. Akad. Hamburg; Vors. Constantin-Branner-Stiftg. Hamburg - BV: D. Volksschriftst. Karl May, Dtschl. wider Sizilien - E. Empörung Heinrichs VII. v. Hohenstaufen, Eilhart u. Gottfried - Studie üb. Motivreim u. Aufbaustil, Kultur u. Dichtung (4 Reden), D. goldene Kalb, Gottfried Keller u. s. Grüner Heinrich, 3 Dichter v. 1848 (Hoffmann v. Fallersleben/Herwegh/

Freiligrath), Hölderlin u. d. soz. Welt, Kurze dt. Grammatik (auf Grund d. 5bänd. Dt. Grammatik v. Hermann Paul eingerichtet), Kl. Lehrb. d. dt. Lit.gesch. (mehrere Aufl.); Friedr. Hebbel (Leben u. Werk), Hermann Hesse - Weltscheu u. Lebensliebe, D. Philosoph Constantin Brunner, Detlev v. Liliencron - Leben u. Werk; Matthias Claudius (Leben u. Werk); D. schwierige Karl May - 12 Ess. Zahlr. Forschungsbeitr. im Hebbel-Jahrb. u. im Jahrb. d. Karl-May-Ges. Div. Herausg.

STOLTEN, Inge

Autorin, Schauspielerin - Maria-Louisen-Stieg 15, 2000 Hamburg 60 (T. 040 - 47 37 43) - Geb. 23. März 1921 Hamburg - BV: D. Tageb. d. Jutta S., R. 1970; Kinderlos aus Verantw., Sachb. 1978 (m. Thomas Ayck); D. alltägl. Exil, Autobiogr. 1982; Keine Lust auf Kinder?, Sachb. 1988. Herausg.: D. Hunger n. Erfahrung Frauen n. '45 (Sachb., 1981).

STOLTENBERG, Gerhard

Dr. phil., Bundesminister d. Verteidigung - Postfach 13 28, 5300 Bonn 1 - Geb. 29. Sept. 1928 Kiel (Vater: Gustav S., Pfarrer; Mutter: Christine), ev., verh. s. 1958 m. Margot, geb. Rann, 2 Kd. (Susanne, Klaus) - Univ. Kiel (Neue Gesch., Sozialwiss., Phil.). Promot. (1954) u. Habil. (1960) Kiel - 1944-45 Kriegsdst.; ab 1954 Assist. u. Privatdoz. (1960) Univ. Kiel; 1965 (April-Okt.) u. 1969-70 Dir. u. Leit. Stabsabt. Wirtschaftspolitik Fried. Krupp GmbH, Essen; 1965-69 Bundesmin. f. wiss. Forschung. 1954-57 u. ab 1971 MdL (1957-71 Mandatsniederl.); 1971-82 Ministerpräs. Schlesw.-Holst., 1982-89 Bundesmin. d. Finanzen; 1957-71 u. ab 1982 MdB (1969 stv. Fraktionsvors.) 1955-61 Bundesvors. Jg. Union. CDU s. 1947 (1956 stv., 1971-89 Landesvors. SH; 1969 stv. Bundesvors.), Bundesmin. d. Verteidigung (s. 1989) - BV: D. Dt. Reichstag 1871-73; Polit. Strömungen im schlesw.-holst. Landvolk, 1919-33; Hochschule - Wissenschaft - Politik/Reden u. Aufs., 1968; Staat u. Wissenschaft - Zukunftsaufg. d. Wissenschafts- u. Bildungspolitik, 1969; Schleswig-Holst. - heute u. morgen, 1978; Unsere Verantwortung f. e. gute Zukunft, Ausgew. Reden 1986 - 1969 Gr. BVK m. Stern, 1973 Schulterbd. dazu; Ehrenbürger Gemeinde Stoltenberg/Kr. Plön - Liebh.: Bücher (vor allem Politik u. Gesch.), Ostasiat. Kunst, Klass. Malerei.

STOLTZ, Dieter

Abteilungsleiter, MdL Baden-Württ. (s. 1976) - Josef-Schmitt-Str. 26, 7500 Karlsruhe 21 - Geb. 24. Nov. 1938 Karlsruhe, verh., 1 S., 1 T. - Volkssch.; 1953-56 kaufm. Lehre Stadtwerke Karlsruhe - S. 1968 Stadtw. Karlsruhe (Leit. Abt. Betriebsw. u. Org.). SPD s. 1962 (1966ff. Mitgl. Kreisvorst. Karlsruhe, 1978-81 Vors., s. 1978 Kreisvors.)

STOLTZENBERG, Peter

Dr. phil., Generalintendant - Theater d. Fr. Hansestadt, 2800 Bremen; priv.: Richard-Dehmel-Str. 13 - Geb. 16. Juni 1932 Berlin (Eltern: Hugo u. Lotte S.), ev., verh. m. Renate, geb. Watzger, T. Katharina - Volksbühne Berlin (Chefdramat.), Städt. Bühne Heidelberg (1968 Int.), Theater Bremen (1973 Generalint.).

STOLTZENBURG, Joachim

Dr. jur., Bibliotheksdirektor Univ. Konstanz - Schützenstr. 19, CH-8280 Kreuzlingen (Schweiz) (T. 72 35 55) - Geb. 16. Febr. 1921 Schwerin/Meckl., verh. m. Eva, geb. Lehnhoff - 1931-39 Schule Schwerin; 1946-49 Univ. Heidelberg. Promot. u. Ass.ex. 1953 - S. 1954 Bibl.sdst. Stuttgart u. Konstanz (1964; Univ.). 1974-75 Vors. Bibliotheksaussch. DFG - BV: D. Bibliothek d. Univ. Konstanz 1965-74. Erfahrungen u. Probleme, 1975.

STOLZ, Artur

Journalist - Onkel-Bräsig-Str. 80, 1000 Berlin 47 (T. 606 32 80) - Geb. 17. Juli 1932 Berlin (Vater: Walter S., Kaufm.; Mutter: Hedwig, geb. Lehrig), ev., verh. s. 1958 m. Marianne, geb. Metz, 2 Kd. (Elke, Torsten) - Obersch.; 2 J. Ztg.volontariat - Zeitw. Sportchef Telegraf, Berlin - Liebh.: Handwerken, Theater - Spr.: Engl., Franz. - Bek. Basketballspieler (u. a. 52 Länderspiele m. d. dt. Nationalmannsch.; Gold. Ehrennadel DBB).

STOLZ, Wolfgang

Bankdirektor, Geschäftsführer NF-Leasing GmbH (s. 1984), Vorstandsmitglied der NordFinanz Konsumenten- u. Investitions-Kreditbank AG - Martinistr. 48, 2800 Bremen 1 - Geb. 24. Sept. 1920 Magdeburg (Vater: Wilhelm S.), verh. - Schule u. Bankausbild. Magdeburg - 1939-48 Wehrdst. u. Gefangensch.; s. 1949 Bankwesen Duisburg u. Düsseldorf u. ab 1978 Bremen u. a. Beirat- u. Ausschußmitgl. Bankenfachverb. Konsumenten- u. gewerbl. Spezialkredite (BKG), stv. Vors. Arbeitsgem. Kundenkredit-Ges.

STOLZE, Diether

Journalist, Verleger a.D., Staatssekr. d. Bundesregierung a. D., Geschäftsf. Gesellsch. AV Euromedia Ges. f. Audiovision mbH - Sonnenstr. 17, 8000 München 2 (T. 089 - 55 15 06-0; Telefax 55 47 65) - Geb. 5. Febr. 1929 Starnberg/Obb. (Vater: Gustav S., Journ.; Mutter: Elisabeth, geb. Erlenmeyer) - 1963-82 Wochenztg. D. ZEIT, 1963 Chef Wirtschaftsress., 1970 Geschäftsf., spät. Generalbevollmächt., 1977 Verleger, 1979 Mitherausg.; 1982-83 Regierungsspr. u. Chef d. Presse- u. Informationsamtes d. Bundesreg.; 1970-84 Mitgl. Kurat. ZEIT-Stiftg.; 1977-80 AR-Mitgl. Bertelsmann AG, u. SAT 1 SatellitenFernsehen GmbH, Mainz; s. 1983 Berat. d. Bundeskanzlers zu wirtschaftspolit. Fragen; s. 1984 Berat. d. niedersächs. Landesreg. f. Medienpolitik - BV: Den Göttern gleich - Unser Leben von morgen, 1959; Mercator: Mach mehr aus deinem Geld, 1961; D. dritte Weltmacht - Industrie u. Wirtschaft bauen e. neues Europa, 1962; Mercator: Bleiben wir reich?, 1963; Mercator: Inflation - Furcht u. Wirklichkeit, 1963; Mercator: D. Wunder läßt sich wiederholen, 1984; Herausg.: Perspektive 1980 - Deutschland Industriestaat ohne Zukunft, 1967; Mithrsg.: Kapitalismus - V. Manchester b. Wall Street, 1969 (m. Michael Jungblut); D. Zukunft wartet nicht - Aufbruch in d. neunziger Jahre, 1984 - 1972 Theodor-Wolff-Preis (f. Zeit-Beitrag); 1977 Ludwig-Erhard-Preis; 1983 Kommandeur Ehrenlegion - Spr.: Engl.

STOLZMANN, von, Paulus

Botschafter a. D. - Buchtallee 8a, 2057 Reinbek (T. Hamburg 22 47 54) - Geb. 18. Aug. 1901 Straßburg/Els. (Vater: Paulus v. S., General; Mutter: Mathilde, geb. Bühring), verh. s. 1937 m. Jutta, geb. v. Hase - Univ. Tübingen u. Göttingen (Rechtswiss.) - 1923-66 ausw. Dienst Konstantinopel, Kowno, Belgrad, Warschau, Washington, Chikago, Riga, Montevideo, Valparaiso (Generalkonsul), La Paz (Botschafter), Addis Abeba (Botsch.), Luxemburg (Botsch.) - Spr.: Franz., Engl., Ital., Span. - Rotarier.

STOMBERG, Rolf

Dr. rer. pol., Vorstandsvorsitzender Dt. BP AG - Überseering 2, 2000 Hamburg 60 (T. 040 - 63 50) - Geb. 10. April 1940 Emden (Vater: Friedrich S.; Mutter: Johanna, geb. Meiners) - Univ. Hamburg (Betriebsw.; Dipl. 1966, Promot. 1969).

STOMMEL, Heinz

Kaufmann, Vors. Fachverb. Laden- u. Schaufensterbedarf, Frankfurt/M. - An d. Egge 10, 5800 Hagen/W. - Geb. 19. Dez. 1929.

STOMMEL, Maria,

geb. Furtmann

Hausfrau, MdB (1964-76) - Alsenstr. 1, 5090 Leverkusen - Geb. 17. März 1914 Leverkusen, kath., verh., 2 Söhne - Oberlyzeum, Höh. Handelssch. - 1932-35 Schulsekr., 1951 ff. Stadtverordn. Leverkusen. Vizepräs. Familienbund dt. Katholiken, Vorst. Kommunalpolit. Vereinig. Nordrh.-Westf., CDU, Vorstandsmitgl. Bundesfrauenvereinig., Mitgl. Zentralkomit. d. dt. Katholiken.

STOMMEL, Wilhelm Peter

Dipl.-Volksw., Vorstandsmitglied Aachen-Münchener Versicherungsgruppe, MdB (1976-80 u. s. 1985/Landesliste Wahlkr. Hamm) - Schnepfenweg 24, 5205 St. Augustin 1 - Geb. 9. Febr. 1938 Bad Godesberg, kath., verh., 3 Kd. - Stud. d. Rechts- u. Staatswiss. Univ. Bonn u. Köln; Dipl.ex 1963 - Zun. fr. Journ.; 1964-66 Hilfsref. Bundespresseamt; 1966-69 Ref. Bundespresseamt; 1967-69 pers. Ref. Altbundeskanzler Erhard ; 1970-73 Vorstandsmitgl. Europa Lebensversich. u. s. 1973 Aachener u. Münchener Versich. AG. CDU s. 1965.

STOOB, Heinz

Dr. phil., Prof. f. Westf. Landesgeschichte u. Direktor Histor. Sem. Univ. Münster (1964-85), Präs. Arbeitsgem. Histor. Kommiss. (1975-87), Dir. Inst. f. vergl. Städtegesch. Münster (1969-79), Ratsvors. Kurat. f. vergl. Städtegesch. (s. 1979) - Besselweg 10, 4400 Münster/W. (T. 8 65 73) - Geb. 3. Dez. 1919, verh. s. 1942 m. Alice, geb. Altenburg, 5 Kd. - 1958-64 Doz. Univ. Hamburg. Mitgl. Histor. Kommiss. f. Westf. (s. 1964), Histor. Komiss. Berlin (s. 1976), Österr. Arbeitskr. für Stadtgesch. (s. 1979), Histor. Kommiss. f. Nieders. (s. 1980), Hist. Kommiss. f. Schlesien (s. 1983), Herder Forsch.rat (s. 1983) - BV: u. a. D. dithmars. Geschlechterverb., 1951; Hamburgs hohe Türme, 1957; D. Gesch. Dithmarschens im Regentenzeitalter, 1959; Helmold, Chron. Slav. 1963; Forschungen z. Städtewesen in Europa, 1970. Herausg.: Dt. Städtebuch (1970ff.), Dt. Städteatlas (1973ff.); Westf. Städteatlas (1975ff.); Städteforschung (1976ff.).

STOPE, Herbert

Dr. med., Chefarzt u. Ärztl. Direktor i. R. Orthopäd. Klinik Waldkrankenhaus, Berlin 20 - Reichhardtstr. 8, 3590 Bad Wildungen - Geb. 27. Juli 1914 Kunzendorf/NL., ev., verh. s. 1941 m. Annemarie, geb. Günther, T. Karin - Gymn. Sorau, Obersch. Gassen u. Freiwaldau/Schles., 1929-31 kaufm. Lehre, Berliner Abendgymn. (Abit. 1939), Staatl. Krankengymnastiksch. Dresden (Staatsex.), Univ. Berlin (Med. Staatsex. u. Promot. 1944) u. Erlangen - 1931-45 Soldat (daneb. Vorb. auf Reifeprüf. u. Stud.), n. Kriegsende prakt. Arzt Bestensee/Kr. Teltow, 1946-54 Assistenz- u. Oberarzt (1951) Oskar-Helene-Heim, Berlin. S. 1960 Mitgl. World Commission on Cerebral Palsy. Div. Fachveröff. - 1953 Ehrenmitgl. Brasilian. Militärärztl. Akad.; Mitgl. Intern. Ges. f. Orthop. u. Traumatol. (1957) u. Ges. f. Natur- u. Heilkd. (1960); korr. Mitgl. Amerik. Ges. f. infantile Cerebralparesen - Liebh.: Wassersport, Golf - Spr.: Engl. - Rotarier.

STOPFKUCHEN, Karl

Dr.-Ing., Mitglied d. Geschäftsltg. u. Leiter d. Geschäftsber. Systeme Diehl GmbH & Co., Nürnberg (s. 1987) - Von-Eichendorff-Str. 13, 8152 Feldkirchen-Westerham (T. 08063 - 72 58) - Geb. 22. Sept. 1936 Pritschap 1/Komotau (Vater: Ferdinand S. †; Mutter Berta, geb. Poppek †), kath., verh. s. 1963 m. R. M. Elisabeth, geb. Fröhlich, 2 S. (Thomas, Matthias) - Abit. 1957; 1957-63 Stud. Maschinenbau m. Schwerp. Luftfahrttechnik TH Darmstadt, Dipl.-Ing., Promot. 1971 TU Karlsruhe; 1963-69 Entwicklungsing. Firma Dornier GmbH; 1965-67 Doz. Ingenieursch. Konstanz; 1969-72 Leit. Abt. Regelungstechnik Dornier System GmbH; S. 1971 Leit. Hauptabt. Flug- u. Fahrzeugführung Firma Dornier GmbH; 1972-83 Leit. Systementwickl. ESG, Elektronik-System GmbH; s. 1973 Prokura. S. 1983 Mitgl. d. Geschäftsleitung u. Leit. Bereich Technik Contraves GmbH; 1984-87 Geschäftsf. Contraves GmbH Dtschl.; s. 1987 s. o. - BV: On the Stability of the Steady State Angular Motion of Passive Magnetically Stabilized Satellites, 1971; Neue Technologien z. Frühwarnung u. Führung v. Luftoperationen. Führungs- u. Informationssyst. (S. 243-280), 1982.

STOPP, Hugo

Dr. phil., o. Prof. f. Dt. Spr. u. Lit. d. Mittelalters Univ. Augsburg - Konrad-Adenauer-Allee 51, 8900 Augsburg (T. 51 41 70) - Geb. 13. Sept. 1931 Blieskastel/Saar - BV: Untersuchungen z. St. Galler Passionsspiel, 1960; Grammatik d. Frühneuhochdeutschen I. 2, 1973 u. I. 3 1978; Schreibsprachwandel, 1976 u. a.

STOPP, Klaus

Dr. rer. nat., Prof., Botaniker u. Pharmazeut - Draiser Str. 108, 6500 Mainz-Bretzenheim (T. 3 44 66) - Geb. 11. Juli 1926 (Vater: Fritz S., Lehrer; Mutter: geb. Heinrich) - Promot. u. Habil. Mainz - S. 1948 Univ. Mainz (1962 Prof. Fachbereich Chemie u. Pharmazie). Exped.: Südafrika (1950-51), Kongo (1954), Angola (1959-60), Neu-Guinea (1961) - BV: D. verbreitungshemm. Einrichtungen in d. südafrik. Flora, 1958; Katalog alter Landkarten in d. Bad. Landesbibl., 1974; Selbst. Publik. Züricher Handwerkskundschaften, Männersdorf, 1978; D. Handwerkskundsch. d. Schweiz, Weißenhorn, 1978; Landkarten d. Pfalz a. Rhein, 1984; D. Handwerkskundschaften m. Ortsansichten. 17 Bände. Bd. 1-14 Stuttgart 1982-89. Zahlr. Einzelarb.

STORATH, Josef

I. Bürgermeiter - Rathaus, 8621 Ebensfeld/Ofr. - Geb. 24. Sept. 1929 Kleukheim - Landw. CSU.

STORCH, Günter W.

Dr. rer. pol., Mitgl. d. Direktoriums d. Dt. Bundesbank, Frankfurt/M. (s. 1987) - Auf d. Albansberg 2, 6500 Mainz (T. 8 26 68) - Geb. 2. Febr. 1926 Oberhausen/Rhld.

STORCH, Volker

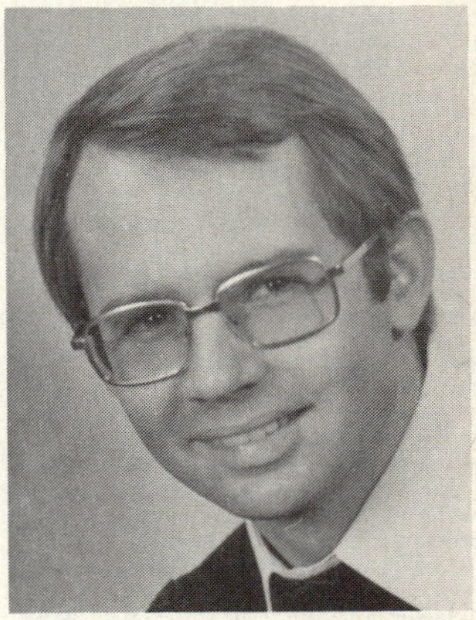

Dr. rer. nat., o. Prof. f. Zoologie Univ. Heidelberg - Am Pferchelhang 2/5, 6900 Heidelberg - Geb. 4. Dez. 1943 Neumünster (Vater: Dr. Werner St., Stud.-Dir.; M.: Anneliese, geb. Börstinghaus), ev., verh. s. 1969 m. Dr. Renate, 2 Kd. (Sönke, Sabine) - Promot. 1968 Univ. Kiel - 1975-78 apl. Prof. Univ. Kiel; 1979 o. Prof. Univ. Heidelberg - BV: Comparative Animal Cytology and Histol., 1976; Evolution, 6. A. 1989; Systemat. Zool., 3. A. 1986; Umweltpädagogik, 1988; Kurzes Lehrb. d. Zool., 6. A. 1989; etwa 160 Fachpubl. - Spr.: Engl., Franz., Lat.

STORCK, Gerhard

Dr., Museumsdirektor, Leiter Kaiser Wilhelm Museum u. Museum Haus Lange (s. 1976) - Karlspl. Nr. 35, 4150 Krefeld 1 (T. 63 22 69) - Geb. 22. Aug. 1940 Essen (Vater: Ludwig S., Ing.; Mutter: Charlotte, geb. Hassenpflug), ev., verh. s. 1965 m. Hildegard, geb.

Lichtenschlag, 2 Kd. (Christopher, Julia) - Stud. d. Arch., Kunstgesch., Archäol., Theaterwiss. TH Aachen, Univ. Berlin (Freie), Bonn, Köln; Promot. 1969 ebd. - 1969-75 Dir.sassist. u. 1973 Leit. Abt. Mod. Kunst Kunstmuseum Düsseldorf.

STORCK, Hans

Dr. theol., Superintendent v. Berlin-Charlottenburg (s. 1978) - Pacelliallee 53, 1000 Berlin 33 (T. 030 - 832 64 88 u. 342 40 03) - Geb. 1. Dez. 1925 Schwarz, Krs. Alsfeld, ev., verh. s. 1953 m. Helga, geb. Leue, 3 Kd. (Martin, Peter, Karin) - 1960 Landessozialpfarrer f. Kurhessen u. Waldeck. 1972 Direktor Ev. Akad. Loccum. - BV: Die Zeit drängt - D. Ev. Kirche stellt sich den Fragen d. Industrieges., 1957; Kirche im Neuland d. Industrie, 1959; Gott in unserer Zeit - Situationen u. Schicksale, 1967; Mut zur Verständigung, 1977; D. Kraft d. Volkskirche in d. Großstadt, 1988 - Spr.: Engl., Schwed. - Rotarier.

STORCK, Harmen

Dr. rer. hort., Prof. Inst. f. Gartenbauökonomie Univ. Hannover - Freihorstfeld 19, 3000 Hannover - Geb. 10. Aug. 1929 Lübeck, verh., 3 Kd. - BV: D. Risiko im Gartenbau, 1966; Investitionsentscheidungen i. Gartenbau, 1977; Gartenbau-Betriebsführung, Produktion (Hrsg.), 2. A. 1982 - Spr.: Engl., Franz.

STORCK, Joachim Wolfgang

Dr. phil., Wiss. Mitarbeiter Dt. Literaturarchiv Marbach/N., Lehrbeauftr. Univ. Mannheim - Theodor-Heuss-Str. 9, 7142 Marbach/N. (T. 07144 - 49 65) - Geb. 29. Dez. 1922 Karlsruhe (Vater: Dr. Willy St., Kunsthistoriker), kath., verh. s. 1986 m. Evelyn Grill, geb. Holzapfel, 3 Kd. (Daniel, Miriam, Tobias) aus 1. Ehe m. Mary Hartrodt († 1984) - 1944-52 Stud. Sinol., Gesch., German., Angl. Univ. Göttingen, Zürich, Freiburg; C.P.F. 1954 Univ. of Cambridge; Promot. 1957 Freiburg - 1952-54 Lektor Univ. of Cambridge; 1960-64 wiss. Assist. Freiburg; 1965-68 DFG; 1970/71 Univ. Marburg; s. 1971 Lehrbeauftr. Univ. Mannheim; s. 1971 wiss. Mitarb. Dt. Lit.archiv Marbach/N.; s. 1976 Leit. Martin-Heidegger-Archiv; s. 1974 Vizepräs. Rilkeges.; s. 1985 Aussch. Dt. Schillerges.; s. 1986 Membre du Conseil Fondation R.M. Rilke (Sierre) - BV: R.M. Rilke als Briefschreiber, 1957; Als d. Krieg zu Ende war, 1973; Rilke heute, 1975; R.M. Rilke. 1875.1975, 1975; Max Kommerell, 1985; R.M. Rilke u. Österr., 1986 - Liebh.: Politik, Sprachen - Spr.: Engl., Franz., Lat., Griech., Russ.

STORCK, Klaus

Prof., Cellist - Siebertstr. 1, 8000 München 80 (T. 089 - 98 48 06) - Geb. 11. Febr. 1928 Berlin (Eltern: Prof. Dr. med. Hans (Orthopäde) u. Elisabeth S.), ev., verh. s. 1960 m. Helga, geb. Wittek, 2 Kd. (Martin, Vera) - Gymn.; Musikhochsch. Detmold (Konzertdiplom u. Privatmusiklehrerprüf. 1951 m. Ausz.) - 1953-58 Doz. Musik-Inst. Mainz; s. 1958 Prof. Folkwang-Hochsch. Essen u. Musikhochsch. Köln (1964); s. 1972 Prof. Staatl. Hochsch. f. Musik, Hannover. Konzerte In- u. Ausl. (mehrere USA-Tourneen). Schallpl. Herausg.: Cello-Lit. (Schott, Mainz u. Bärenreiter, Kassel) - Liebh.: Fotogr. - Spr.: Engl.

STORCK, Louis

Dr., Staatssekretär a. D., Vors. d. Geschäftsfg. BHW-Bausparkasse (Beamtenheimstättenwerk) Hameln - Lubahnstr. 2, 3250 Hameln 1 (T. 05151 - 1 81) - Geb. 3. Dez. 1928 Melle/Hann. (Vater: Friedrich S., Kaufm.; Mutter: Elise-Johanne, geb. Bräke), ev., verh. s. 1956 m. Ilse, geb. Vortmeyer, 3 Kd. (Marietta, Peter, Joachim) - 1938-48 (unterbr. durch Kriegsdst. u. Gefangensch.) Obersch. Osnabrück; 1949-52 Univ. Münster u. Freiburg (Rechts- u. Staatswiss.). Jurist. Staatsprüf. 1952 (Hamm) u. 1956 (Hannover); Promot. 1955 (Diss.: D. Verbot d. Doppelveranlagung d. Beteiligten d. Emscher-Genoss. durch d. Gemeinden) - 1956ff. nieders. Finanzverw. (1959 Reg.rat); 1963ff. Stadtverw. Gronau/W. (Stadtdir.); 1965ff. Stadtverw. Hameln/Weser (Oberstadtdir.); 1968ff. Bundesmin. f. Wohnungswesen u. Städtebau (Min.dir., 1969 Staatssekr.). SPD - Brosch.: Durchbruch z. sozialen Rechtsstaat - Eigentum u. Sozialdemokr., 1969 (m. Herbert Ehrenberg) - Liebh.: Alte Stiche, Bücher, Jagd - Spr.: Engl., Franz. - Rotarier - Früher bek. Leichtathlet (Sprinter).

STORCK, Volker

Geschäftsführer Bundesverb. d. Dt. Foto-Fachhandels - Volmerswerther Str. 20, 4000 Düsseldorf 1 (T. 0211 - 390 09 10).

STORK, Friedrich-Konrad

Landwirt u. Weinbauer, MdL Baden-Württ. (1956-1976) - Winzerstr. 17, 7801 Schallstadt; priv.: Im Bopser 2 (T. 07664-63 24) - Geb. 30. Dez. 1914 Schallstadt (Kriegsvollwaise), ev., verh., 4 Kd. - Volks- u. Landw.ssch., Bäuerl. Werkprüf. 1935 - S. 1936 selbst. 1936-37 u. 1939-45 Wehrdst. 1948-79 MdK Freiburg bzw. Breisgau-Hochschwarzwald (1953 Fraktionsf.) u. 1948-71 stv. Bürgerm. Schallstadt. DVP/FDP s. 1947 - Staatsmed. in Gold f. hervorrag. Leistungen im Weinbau; 1969 BVK I. Kl.; 1974 Gr. Bundesverdienstkreuz d. VO. d. BRD.; 1980 Verdienstmed. Land Baden-Württ.; 1985 Ehrenbürger Gem. Schallstadt.

STORK, Walter Wilhelm

Schiffahrtskaufmann, gf. Gesellschafter NAVIS Schiffahrts- u. Speditionsges. mbH, Hamburg - Marienhöhe 6a, 2000 Hamburg 55 (T. 7 89 48-2 12) - Geb. 20. Jan. 1935 Hamburg, ev., verh. s. 1957 m. Greta Emma, geb. Malchau, 2 Kd. (Schuschia, Remo) - AR-Mitgl. HHLA, Dakosy GmbH, VR-Vors. DIHS-DAKOSY GmbH, alle Hamburg - BV: Roll on-Roll off in Europe (jährl.).

STORM, Peter-Christoph

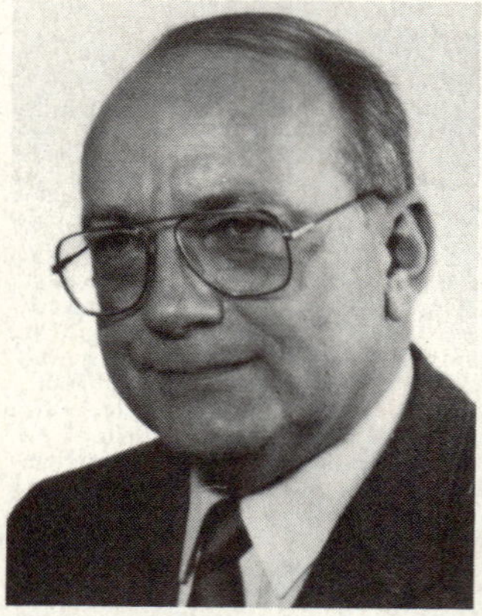

Dr. jur., Direktor u. Prof. - Emser Str. 46, 1000 Berlin 15, Wilmersdorf (T. 883 32 41) - Geb. 8. Sept. 1936 Wustrow Kr. Rostock (Vater: Prof. Dr. rer. pol. Ernst S. (s. XVII. Ausg.); Mutter: Ruth, geb. Siwinna), ev., verh. s. 1969 m. Christa, geb. Schenke, 2 Kd. (Bertine, Axel) - 1947-56 Ratssch. Peine; 1956-59 Bundeswehr (1976 Oberstlt. d. R.); 1959-64 Univ. Tübingen u. Genf (Rechtswiss.). Jurist. Staatsprüf. 1964 u. 69, Promot. 1972 Tübingen - 1965-66 u. 1969-72 Wiss. Assist. Univ. Tübingen, 1972-76 Akad. Oberrat Univ. Hohenheim (Abt. f. Öfftl. Recht, Agrar- u. Umweltr.), s. 1977 Wiss. Dir. bzw. Dir. u. Prof. (1979) Umweltbundesamt Berlin (1978 Gruppe Rechts-, wirtschafts- u. sozialwiss. Umweltfragen). 1974ff. Lehrbeauftr., 1983 Hon.-Prof. Univ. Tübingen. Mitgl. UNEP-Arbeitsgr. Umweltr., Intern. Council of Environmental Law u. a. - BV: D. Schwäb. Kreis als Feldherr - Unters. z. Wehrverfass. d. Schwäb. Reichskr. 1648-1732, 1974; Umweltr. - Einf. in e. neues Rechtsgeb., 3. A. 1988; Umwelt-R. - dtv-Rechtstexte Nr. 5533, 5. A. 1989; Mithrsg.: Handwörterb. d. Umweltr. (1986/88); Handb. d. Umweltverträglichkeitsprüfung (1988ff.). Div. Einzelarb.

STORM, Ruth,

geb. Siwinna

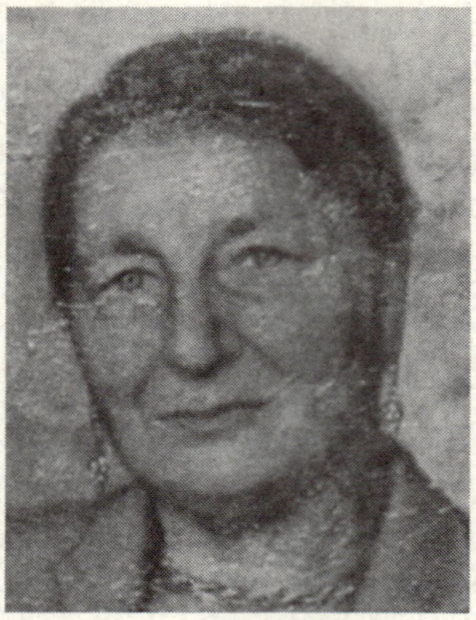

Schriftstellerin - Masurenstr. 1, 7988 Wangen/Allgäu - Geb. 1. Juni 1905 Kattowitz O/S (Vater: Carl S., Verlagsbuchhändler), ev., verh. s. 1926 m. Prof. Dr. rer. pol. Ernst S. †1980), S. Prof. Dr. jur. Peter-Christoph - Höh. Töchtersch. Brüdergemeine Gnadenfrei/ Schles.; LH Berlin - BV: u. a. D. vorletzte Gericht, R. 1953, Neuaufl. 1989; Tausend Jahre - e. Tag, R. 1956; Ich schrieb es auf, Tageb. 1961; Der Verkleidete, R. 1963; E. Stückchen Erde, R. 1965; ...und wurden nicht gefragt - Zeitgeschehen aus d. Perspektive e. Kindes, 1972; Odersaga, R. 1978; Wieder war d. Erde verdorben v. Gottes Augen, Erz. 1979; D. Zeitenuhr unentrinnbarer Sand, Lyr. 1983; D. geheime Brot, Erlebtes u. Bewahrtes, Erz. 1985; Fern geboren u. doch heimatbewußt, Erz. 1988 - 1970 Ehrengabe Wangener Kreis/Ges. f. Lit. u. Kunst Dt. Osten, 1978 Preisträg. Ostdt. Kulturrat Erzählerwettbew.; 1983 Eichendorff-Preis Wagener Kr.; 1984 Sonderpreis z. Schles. Kulturpr. Land Nieders.; 1986 BVK am Bde.; 1988 Ehrenmed. d. Stadt Alfeld/ Leine z. 700 Jahrfeier d. Patenstadt Hirschberg.

STORR, Peter

Dr. jur., Prof. - Franz-Senn-Str. 9, 8000 München 70 (T. 089 - 714 95 74) - Geb. 5. Juli 1941 Niederaschau, kath., verh. s. 1965 m. Dr. Annette, geb. Bader, 3 S. (Stefan, Martin, Oliver) - Stud. Univ. München; 1. u. 2. jurist. Staatsprüf.; Promot. 1975 - Rechtsanwalt; 1975 Prof. Kath. Univ. Eichstätt; s. 1981 Prof. Landshut - BV: Eherecht u. eheliche Sorge, 1982; Sozialgesetzbuch, 1985; Gesetze f. Sozialwesen u. Wirtschaft, 10. A. 1987.

STORZ, Hans-Ulrich

Dr., Delegierter Resident Delegate of German Industry and Trade - P.O. Box 11683, 50754 Kuala Lumpur/Malaysia.

STORZ, Oliver

Schriftsteller - Bergstr. 10, 8021 Deining b. München (T. 08170 - 4 08) - Geb. 30. April 1929 Mannheim (Vater: Prof. Dr. Gerhard S.; Mutter: Martha, geb. Rothweiler), ev., verh. s. 1953 m. Jutta, geb. Bosse, 2 Töchter (Sylvia, Susanne) - Univ. Tübingen (German., Anglist., Roman.). Staatsex. 1955 u. 1956 - 1955-57 Refer. Gymn.; 1957-60 Redakt., Theater- u. Lit.kritiker Stuttg. Ztg.; 1960-74 Produzent, Dramaturg, Autor Bavaria Atelier-GmbH., München - BV: Lokaltermin, Erz. 1962. Zahlr. zeitkrit. Originalfernsehspiele; Dramenbearb. f. FS (u. a. Schiller, Hofmannsthal, Anouilh); Filmdrehb.; Erz., Lyrik, Feuill. in Presse u. Funk; Roman Nachbeben, 1977 - 1963 FS-Preis Berliner Filmfestspiele (z. Thema Freiheit u. Gerechtigk.), 1978 3. Preis DAG-Wettbewerb f. Fernsehsp. D. Tod d. Camilo Towes. Mitgl. Dt. PEN-Zentrum - Liebh.: Musik, Sport - Spr.: Engl., Franz.

STORZ, Werner

Dozent f. Musik Hamburger Konservatorium, Landesleit. Dt. Akkordeon-Lehrerverb. Schlesw.-Holst. - Stippelhörn 4e, 2218 Wrist (T. 04822 - 75 61) - Geb. 25. Mai 1951 Villingen - Musik-Stud. Trossingen (Ex. 1973), Musikschulleiterprüf. 1983 - Leiter d. Instrumentalunterr. u. d. Jugend-Akkordeon-Ensembles Musikschule an d. VHS Kiel; s. 1977 Doz. u. Seminarleit. Hamburger Konservat. (Studiengänge Diplommusiklehrer u. Künstler. Reifeprüf. m. d. Hauptf. Konzertakkordeon, Zusatzfächer Methodik, Lehrproben, Instrumenten- u. Literaturkd., Dirig., Kammermusik). Landesleit. Dt. Akkordeonlehrer-Verb. Schlesw.-Holst.; Mitgl. Landesmusikrat SH; Fortbildungsdoz. Verb. dt. Musiksch.; Kuratoriumsmitgl. VHS Kiel.

STOTZ, Hermann

Direktor a. D. - Schlenkerbrink 19, 4973 Vlotho - Geb. 9. Febr. 1910 Rodheim/ H., ev., verh., 2 Kd. - Ludwig-Georgs-Gymn. Darmstadt; Univ. Marburg u. Gießen (Altphilol., Musik, Rechtswiss.). Gr. jurist. Staatsprüf. - Justizdst.; Verw.; Ind., 1956-75 Gf. a. D. Dt. Eisenbahn-Reklame GmbH.; Vizepräs. Fédération Europ. de la Publicité Extérieur, Zürich, Präs.smitgl. Zentralaussch. d. Werbewirtsch., Vors. Fachverb. Außenwerbung, 2. Vors. Dt. Plakat-Forum, Essen - Oskar-v.-Miller-Med. Dt. Museum, München.

STOWITSCH, Agno

s. Riha, Karl

STRAATMANN, Victor

Geschäftsführer Stratex Handelsges. mbH, Hamburg (s. 1983) - Loogestieg 10, 2000 Hamburg 20 - Geb. 23. April 1928 Hamburg, ev., verh. s. 1959, Tocht. Yvonne - 1959 Geschäftsf. Gilbert J. McCaul & Co., 1969 Dir. Hongkong & Shanghai Banking Corp., 1972 Vorst. Bankhaus Otto Wieckhorst u. 1974 Asien-Pazifik-Bank AG, 1976-83 Geschäftsf. Strato GmbH (alle Hamburg) - Chévalier de la Confrérie des Chévaliers du Tastevin - Liebh.: Golf - Spr.: Engl.

STRACHE, Wolf

Dr. rer. pol., Bildjournalist - Landhausstr. 59, 7000 Stuttgart (T. 262 39 83) - Geb. 5. Okt. 1910 Greifswald, ev., verh. s. 1960 m. Carla, geb. Schneider - Realgymn. Erfurt; Univ. Köln u. München - Bildbücher m. eig. Textteil: D. Weserbuch, D. Moselbuch, Kl. Liebe zu Columbus, Auf allen Autobahnen, Donnernde Motoren, Was uns blieb, Ästhetik d. Bildgestaltung, Verwandeltes Antlitz, Schöpfer. Kamera, D. Golf v. Neapel, Reihe: D. Schönen Bücher (Kunst, Natur, dt. Städte u. Landsch., Europa; bish. üb. 110 Titel), m. eig. u. teilw. fremdem Text: Bildw. alter dt. Meister, Forms and Patterns in Nature, Steinhausen - e. Juwel unt. d. Dorfkirchen; Deutschl. - Gestern u. heute, Kalender 1961ff.; Fotograf. Stationen, 1981; Stuttgart - m. meinen Augen, 1983; Mallorca, Menorca, Ibiza, Formentera, 1984; Vor fünfzig Jahren, 1986. Herausg.: Jb. D. Dt. Lichtbild (1955-79), The German Photographic Annual (1956-79), Akt International, Japan - Fernes Land, Geboren in Feuer: Stahl, D. Gr. Ernte, 100 Jahre Porsche im Spiegel der Zeitgeschichte - 1979 Kulturpreis Dt. Ges. f. Photogr. u. BVK.

STRACHWITZ, Rupert, Graf

M.A., Vorsitzender d. Gesellschafterrates d. Hansa-Tresor GmbH (s. 1987), Matuschka-Gruppe (s. 1987) - Kurfürstenstr. 18, 8000 München 40 - Geb. 30. April 1947 Luzern/Schw. (Vater: Rudolf Gr. St., Botschafter; Mutter: Barbara, geb. Greene), kath., 2 Kd. (Victoria, Benedikt) - 1952-65 Schule in Rom, Salem u. Berg/Starnberger See, 1965-74 Colgate Univ./USA, Univ. München (pol. Wiss., Gesch. Kunstgesch.), Magisterprüf. 1974, Wehrdst. m. Offz.ausb. 1966-68 Ingolstadt - 1974/75 Pers. Ref. Hospitalier des Souver. Malteser-Ritterordens, Rom, 1976-80 Landesgeschäftsf. MHD Bayern, 1980-87 Präs. Verw. d. Herzogs v. Bayern, 1981-85 Landesbeauftr. d. MHD Bayern (e.a.), 1984/85 Vizepräs. Dt. Caritasverb. (e.a.) - 1971 Ehren- u. Devotionsritter des Souveränen Malteser-Ritterordens, 1979 VK d. VO Rep. Italien - Spr.: Engl., Franz., Ital.

STRACK, Günter

Schauspieler - 8531 Münchsteinach/Mfr. - Theater, Film, Fernsehen (u.a. ZDF-Serie: Ein Fall f. Zwei).

STRACK, Herbert Heinrich

Dr.-Ing., Prof. f. Städtebau u. Verkehrsplanung - Zu erreichen üb. Inst. f. Städtbau, Univ. Bonn, Nußallee 1, 5300 Bonn - Geb. 24. Jan. 1935 Bad Godesberg (Vater: Johannes St., Schreinerm.; Mutter: Margarethe, geb. Schneider), kath., verh. s. 1960 m. Berthy, geb. van der Burg, 2 T. (Christiane, Caroline) - Aloisiuskolleg Bad Godesberg (Abit. 1955), TH Aachen (Dipl.-Ing. 1960), Univ. Bonn (Promot. 1965, Habil. 1970), Prof. 1972 - 1960-67 Wiss. Assist. u. Obering., 1968-1972 Akad. Rat, s. 1972 Prof. Univ. Bonn - BV: u.a. Sanierungs- u. Entw.-Maßnahmen im Rahmen d. Dorferneuerung, 1971; Planung u. Erschließ. v. Ind.-geb., 1973; Ind. im Städtebau, (Dok: m. and.), 1979 - Spr.: Engl., Franz., Niederl.

STRACKE, Achim

Rechtsanwalt - Tannenallee 8, 5300 Bonn 2 - Geb. 3. Okt. 1945 Paderborn (Vater: Ludwig S., Forstmann; Mutter: Ella, geb. Leufgens), verh. - 1956-65 Max-Planck Gymn. Bielefeld; 1968-1973 Stud. Rechtswiss. Freiburg u. Bonn, Gr. jurist. Staatsprüf. 1976 Düsseldorf - 1977 Rechtsanw. u. wiss. Mitarb. v. Bundestagsabg. 1980-86 DIHT, AHK Johannesburg - Spr.: Engl., Franz., Span.

STRACKE, Hans

Dr. jur., Rechtsanwalt - Esplanade 39, 2000 Hamburg 36 - Geb. 12. März 1928 Schwelm/W., verh. m. Ulrike, geb. Beindorff - Univ. Tübingen - 1955-68 Standard Elektrik Lorenz/SEL AG, Stuttgart; 1968-73 Vizepräs. ITT Europe, Brüssel; 1972-88 pers. haft. Gesellsch. Bankhaus M. M. Warburg-Brinckmann, Wirtz & Co., Hamburg; AR-Vors. Schmalbach-Lubeca AG, Braunschweig; AR-Mitgl. Alfred Teves GmbH, Frankfurt/M., BATIG Ges. für Beteilig., Hamburg, ITT Ges. f. Beteilig. mbH, Frankfurt; Beiratsvors. Hema Beteilig.-Ges. mbH & Co. Verwaltungs KG.

STRACKE, Wilhelm

Dr. phil., Industrieberater - Alt-Schürkesfeld 7, 4005 Meerbusch 1 (T. 63 01) - Geb. 4. Nov. 1910 Wuppertal (Vater: Wilhelm S.), verh. m. Ursula, geb. Richaels - Zul. Vorstandsmitgl. Europa Carton AG., Hamburg/Düsseldorf. Zeitw. Vors. Verb. d. Wellpappen-Ind., Frankfurt.

STRÄHLE, Joachim

Dr. rer. nat., o. Prof. f. Anorganische Chemie - Institut f. Anorgan. Chemie, Auf der Morgenstelle 18, 7400 Tübingen (T. 07071-29 61 02) - Geb. 14. April 1937 Dresden (Vater: Erwin St., Ing.; Mutter: Hildegard, geb. Wörsdörfer), ev., verh. s. 1965 m. Barbara, geb. Schies, 2 Kd. (Stefan, Christine) - Schule Stuttgart (Abit. 1958); 1958-63 Univ. Stuttgart (Chem.), Dipl. 1963, Promot. 1965, Habil. Karlsruhe 1973 Wiss. Assist. Univ. Freiburg u. Univ. Karlsruhe; Wiss. Rat, 1976 o. Prof., Lehrst. f. anorgan. Chem. Univ. Tübingen - Spr.: Engl.

STRÄSSER, Manfred

Dr., Prof. Univ.-GH Dusiburg - Am Pferdskamp 9, 4030 Ratingen 8 - Geb. 15. Nov. 1934 Hammermühle (Vater: Karl St., Arch.; Mutter: Elfriede, geb. Peitgen), ev., verh. s. 1963 m. Helga, geb. Seeger, 2 Kd. (Kathrin, Stefan) - 1955-63 Univ. Bonn; Promot. 1963, Habil. 1970 - S. 1970 Prof. in Duisburg - BV: D. Bewässerungslandsch. d. Wasatch-Oase in Utah, 1972 - 1980 Gold. Sportabz. - Spr.: Engl.

STRAETEN, Jo

Ltd. Regisseur Schauspiel Theater Kaiserslautern, Publizist (Ps. Joachim Alexander) - Komturgasse 13, Haus z. Grünen Baum, 6303 Hungen 11 (Obbornhofen) (T. 06036 - 36 84) - Geb. 13. Juli 1949 Coburg (Vater: Herbert St., stv. Chefredakt.; Mutter: Marlis, geb. Dötschel), verh. m. Caro Dai - Gymn. Coburg, Essen; 1967-74 Stud. German., Theaterwiss. u. Publiz. Univ. Bochum u. FU Berlin - Fr. Mitarb. SFB Berlin, Kulturredakt. u. Kritiker Westf. Rundschau u. Neue Ruhr Ztg. (NRZ) - BV: 75 J. Stadttheater, 1982; Stuttgarter Theaterplakate, 1984; Stuttg. Theaterarb., 1985 - Insz. (wichtige): Revuen, Erzbischof, W.-Allen-Erstauff.; Neuübers. Arsenic & Old Lace, Aikona, Molière, Savary, Shakespeare, Strindberg - Liebh.: Musik, Antiquitäten, Schwimmen, Reisen - Spr.: Engl., Niederl., Serbokroat., Franz. - Bek. Vorf.: Medici-Hofmaler Stradanus (dir. väterl. Linie).

STRÄTLING, Wolf

Dr. rer. nat., Prof. f. Biochemie Univ. Hamburg - Heilholtkamp 57, 2000 Hamburg 60 - Geb. 12. März 1940 Paderborn (Vater: Wolf S., Chemiker; Mutter: Lisa, geb. Oeding), gesch., 3 Kd. (Regine, Susanne, Merle) - 1960-66 Stud. Biochemie Univ. München u. Tübingen; Dipl. in Physiol. Chemie u. Biochemie 1966 Tübingen; Promot. 1969; 1969-73 Assist. Friedrich-Miescher Laboratorium d. Max-Planck-Ges. Tübingen; 1973-74 Postdoc am Baylor College of Med., Houston/USA; 1975-76 Assist. Physiol.-Chem. Inst. Hamburg; s. 1982 Prof.

STRAHL, Erwin

Schauspieler, Sänger, Regisseur u. Schriftsteller - Künigbergg. 45, A-1130 Wien (T. 222 - 804 83 44) - Geb. 12. Febr. Wien (Vater: Friedrich St., Bankvorst.; Mutter: Henriette St.), ev., verh. m. Waltraut Haas, Schausp., S. Marcus - 1944 Handelsakad.; 1947 Staatsakad. f. darst. Kunst/Max Reinhardt-Sem. - Fr. Schausp. u. Regiss. - BV: D. beiden Herren d. gnädigen Frau, 1980; D. Zauberreise in d. Ritterzeit (v. Nestroy), 1981; Es war d. Lerche (v. E. Kishon), 1979 u.v.a. Film: Keine Angst, Liebling (Buch u. Regie). Rd. 40 Theaterinsz. (George in: Käfig voller Narren, Regie u. Hauptrolle in: D. Fee v. Molnar im Theater in d. Josefstadt, Graf Durante in: Bürger als Edelmann v. Moliere b. d. Festsp. in Melb b. Wien), üb. 420 Vorstellg. Tournee-Theater (u.a. O. Wilde, D. ideale Gatte, 1988/89 BRD u. Schweiz, USA, m. Ged. v. Walter v. d. Vogelweide b. Kästner, Showtournee m. G'sch. aus d. Wienerwald u. versch. Showauftritte mit dieser Show in Berlin) - 60 Hauptrollen in Filmen (BRD, Österr., Dänemark, Frankr. u. Italien), Fernsehen (u.a. Regie u. Titelrolle v. Nestroy's Lupazivagabundus, Text, Buch u. Regie f. TV Kunterbuntes m. Musik) - Liebh.: Lesen, Sport - Spr.: Engl., Ital., Franz.

STRAHLENFELD, zum, Bogs

s. Bogs, Dieter

STRAHM, Christian Niklaus

Dr. phil., Prof. f. Archäologie - Kaiser-Joseph-Str. 225, 7800 Freiburg (T. 2 46 93) - Geb. 1. Okt. 1937 Niederwichtrach (Kt. Bern, Schweiz) (Vater: Hans St., Dir. Stadt- u. Univ. Bibl.; Mutter: Paula, geb. Urweider) - Schulen Bern, Univ. Bern, Zürich, Fribourg u. Saarbrücken, Promot. 1961, Habil. 1973, 1974 Univ.-Doz., 1978 Prof. (C 3) - 1962-64 Assist. Bern (Hist. Museum), 1962-63 Lektor Univ. Bern, 1964-74 Wiss. Assist. Univ. Freiburg/Br., s. 1971 Lehrauftrag Univ. Bern - Spez. Arbeitsgeb.: Neolithikum u. frühe Bronzezeit - BV: D. Gliederung d. Schnurkeramischen Kultur in d. Schweiz, 1971.

STRAKA, Gerald A.

Dr. phil., Prof. f. Erziehungswissenschaften Univ. Bremen - Brinkmannstr. 12, 2807 Achim (T. 04202 - 8 29 23) - Geb. 23. April 1944 Troppau (Vater: Albert St., Oberstudienrat †; Mutter: Waltraud, geb. Tomala), kath., verh. s. 1980 m. Christine, geb. Oldenburg, 2 Kd. (Elisabeth, Henrike) - Dipl.-Handelslehrerex. 1968 Univ. Mannheim; Promot. 1973 Univ. Göttingen - 1973-76 Akad. Rat Univ. Freiburg; 1976-77 Prof. f. Erziehungswiss. Univ. Münster; ab 1977 Prof. Univ. Bremen - BV: Forschungsstrat. z. Evaluation v. Schulversuchen, 1974; Lehren u. Lernen in d. Schule, 1979, 2. A. 1981 (m. and.); Lehren - Lernen - Bewerten, 1983 - Liebh.: Reisen, Briefmarken - Spr.: Engl., Franz.

STRAKA, Herbert

Dr. rer. nat., Dr. h. c., Prof., Botaniker - Forstweg 47, 2300 Kiel (T. 8 34 32) - Geb. 14. Juli 1920 Brünn/Mähren - Promot. 1951 Bonn; Habil. 1954 Kiel - S. 1954 Doz., Prof. (1961) Univ. Kiel. Arbeitsgeb.: Pollenforschung, Geobotanik, Blüten- u. Ausbreitungsökol., Anat. u. Morphol. d. Blüte u. Frucht - BV: Spätquartäre Vegetationsgesch. d. Vulkaneifel, 1952 (Bonn); Früchte paraspermer Mesembryanthemen, 1955 (Leipzig); Pollenanalyse u. Vegetationsgesch., 1970 (Wittenberg); Arealkd. - Florist. Geobotanik, 1970; Pollen- u. Sporenkd., 1975; D. spätquartäre Vegetationsgesch. d. Vulkaneifel, 1975; Vegetations- u. Klimagesch. in Mexiko, 1983; Palynologia Madagassica et Mascarenica, 1964 - 1963 Ehrendoktor Rennes; 1963 korr. Mitgl. Schwed. Pflanzengeogr. Ges. u. 1981 Madagass. Akad.; 1987 Ritter d. madagass. Nationalordens; o. Mitgl. Sudetendt. Akad., München.

STRALAU, Josef

Dr. med., Prof., Ministerialdirektor a. D. - Max-Scheler-Str. 20, 5000 Köln 41 (T. 43 26 38) - Geb. 5. Juni 1908 Trier/Mosel, kath., verh., 3 Kd. - U. a. Bundesmin. d. Innern (Leit. Abt. IV), f. Gesundheitswesen, u. f. Jugend, Familie u. Gesundheit (Abt. I/Humanmedizin, Arzneimittel, Apothekenwesen). Herausg.: Schriftenreihe aus d. Gebiet d. öfftl. Gesundheitswesens (Thieme-Verlag) - 1969 Prof.-Titel Landesreg. Baden-Württ.; 1954 DRK-Ehrenz., 1964 Offz.skreuz Franz. Orden f. Öfftl. Gesundheitswesen, 1965 Ehrenplak. Dt. Zahnärzteschaft; 1968 Kommandeur Orden d. Belg. Krone; 1970 Gr. BVK, 1973 Stern dazu; 1974 Joh.-Peter-Frank-Med.; 1974 Ehrenmitgl. Rob.-Koch-Stiftg.; Beiratsmitgl. Univ. Bonn.

STRANGEMANN, Heinrich

Kaufmann, Geschäftsf. Gesellschafter Kaufhäuser Gebr. Leffers Bremen, Minden, Delmenhorst, Meppen, Cloppenburg, Lemgo u. Stade, Lestra-Kaufhaus GmbH, Bremen, Norddt. Wäschefabr. GmbH, Delmenhorst; Ehrenpräs. Bundesarbeitsgem. Mittel- u. Großbetr. d. Einzelh., Köln, Ehrenvors. Landesarbeitsgem. Bremen, Ehrenmitgl. Vorst. Krankenh. St. Joseph-Stift, Bremen, Vorst.smitgl. Altenheim St. Hildegard, Delmenhorst - Blumenthalstr. 17, 2800 Bremen 1 (T. 0421 -34 50 12) - Geb. 16. Aug. 1906 Buer i. W. (Vater: Hermann S., Kaufm.; Mutter: Elisabeth, geb. Komans), kath., verh. s. 1933 m. Hildegard, geb. Leffers †1951, 5 Kd. (Günter, Angela, Rolf, Georg, Ruth) - Ehrenritter d. Dt. Ordens.

STRASOLDO, Graf, Nikolaus

Dr., Bankier, pers. haft. Gesellsch. Bankhaus Sal. Oppenheim jr. & Cie., Köln - Burg Gudenau, 5307 Wachtberg-Villip/Rhld. - Geb. 1. Juli 1914 - ARsmandate (überwieg. Vors.).

STRASSBURG (ß), Manfred

Dr. med. dent., o. Prof. u. Direktor Univ.klinik f. Zahn-, Mund- u. Kieferkrankheiten/Westd. Kieferklinik Düsseldorf - Moorenstr. 5, 4000 Düsseldorf (T. 311 81 40); priv.: Im Diepental 40 - Geb. 30. Aug. 1930 - S. 1962 (Habil.) Lehrtätigk. Univ. Saarbrücken u. Düsseldorf (1963; 1967 apl. Prof., 1972 o. Prof.); 1974-81 stv. Vors. Akad. Praxis u. Wiss. in d. DGZMK; 1980/81 Dekan Med. Fak. Univ. Düsseldorf; 1981-85 Präs. Dt. Ges. f. ZMK-heilkd. - BV: Zahnverlust u. Trigeminusganglion, 1964; Farbatlas d. Mundschleimhauterkrankungen, 1968. Üb. 90 Einzelarb. - 1963 Miller-Preis, 1969 Jahresbestpreis, 1986 Gold. Ehrennadel (sämtl. Dt. Ges. f. ZMKheilkd.).

STRASSEN, zur, Heinrich

Dr. phil. nat., Chemiker, Honorarprof. f. Physikal. Chemie d. Silikate Univ. Frankfurt/M. (s. 1965) - Höhenstr. 36, 6242 Kronberg-Schönberg (T. 06173 - 6 55 11) - Geb. 24. Nov. 1905 Leipzig (Vater: Otto z. S., Zoologe; Mutter: Annie, geb. Chun), verh. 1935 m. Annemarie, geb. Rosenblath - Univ. Frankfurt u. München - B. 1937 Kaiser-Wilhelm-Inst. f. Silikatforsch., Berlin, dann IG Farbenind. AG., Wolfen, 1947-70 Dyckerhoff Zementwerke AG., Wiesbaden-Amöneburg, s. 1948 redakt. Mitarb. Ztschr. Zement-Kalk-Gips. Fachveröff. - Michaelis-Gedenkmünze Verein Dt. Zementwerke; Georg-Agricola-Med. Mineral. Ges.

STRASSER, Helmut

Dr. phil., o. Prof. f. Mathematik - Eckenerstr. 9, 8580 Bayreuth - Geb. 21. Juni 1948 Sierning/Österr. (Vater: Prof. Dr. jur. Rudolf S., Rechtswissenschaftler; Mutter: Margarete, geb. Losert), kath., verh. s. 1971 m. Erika, geb. Lehner, 4 Kd. (Mathias, Kathrin, Eva, Christoph) - Univ. Wien (Promot. 1970) - 1973 Assist. Akad. d. Wiss. Wien; 1975 Prof. Univ. Gießen; 1977 Ord. Univ. Bayreuth - Spr.: Engl.

STRASSER, Hermann

Dipl.-Volksw., Dr. rer. oec., Ph.D., Prof. f. Soziologie Univ. Duisburg - Forsthaus 9, 4030 Ratingen 6 (T. 02102 - 6 77 49) - Geb. 28. Nov. 1941 Altenmarkt/Österr. (Vater: Franz St., Gastw.; Mutter: Elisabeth, geb. Pichler), kath., verh. s. 1968 m. Gudrun B., geb. Hinz, 2 Kd. (Sandra, Mark) - Stud. Volkswirtsch. Univ. Innsbruck, FU Berlin; Dipl.-Volksw., Promot. in Soziol. Fordham Univ., New York, Ph.D., Habil. Univ. Klagenfurt - 1968-71 Teaching Fellow Fordham Univ.; 1971/72 Visit. Prof. Univ. of Oklahoma; 1972-77 Assist.-Prof. Inst. f. Höh. Studien, Wien; s. 1978 o. Prof. Univ. Duisburg - BV: The Normative Structure of Sociology, 1976 (portug. 1978); Einf. in d. Theor. d. soz. Wandels, 1979 (engl. 1981); D. ges. Konstrukt. d. Entfremd., 1977; Determinants and Controls of Scientific Development, 1975 (dt. 1976); D. Analyse soz. Ungleichheit, 1985; Probleme d. Industriegesellschaft, 1985; Soziale Ungleichheit u. Sozialpolitik: Legitimation, Wirkung u. Programmatik, 1987; Change and Strain in Social Hierarchies, 1989 - Spr.: Engl., Franz. - Mitgl. Rotary Club Ratingen.

STRASSER, Hugo

Bandleader, Komponist - Bussardstr. 9, 8011 Grasbrunn 1 (T. 089 - 46 73 47) - Geb. 7. April 1922 München (Vater: Simon St., Staatsbeamter; Mutter: Afra, geb. Seemüller), kath., verh. s. 1945 m. Ilse, geb. Becker, S. Thomas - Akad. d. Tonkunst München (8 Sem.) - Zahlr. Kompos. (Pop- u. Tanzmusik) - 2 Gold. Langspielpl., Gold. Tanzschuh, div. Ehrungen Welttanzverb. - Liebh.:

Schwimmen, Wandern, Lesen (gehob. Lit.) - Spr.: Engl.

STRASSER, Karl
Direktor i. R. - 4722 Ennigerloh/W. - Geb. 21. Febr. 1913 - B. 1973 Vorst.s-mitgl. Anneliese Portland-Cement- u. Wasserkalkwerk AG.

STRASSER (ß), Lorenz
Dipl.-Volksw., Abteilungsdirektor Daimler Benz AG - Stöckenbergweg 30, 7300 Esslingen (T. 0711 - 37 24 78) - Geb. 16. Juli 1926, kath., verh. s. 1952 m. Elfi, geb. Schönauer, 2 Kd. (Cornelia, Kay) - Dipl. 1950 München - 1974 Gründ. u. Ehrenvors. Verb. f. Textverarbeitung u. Bürokommunikation - 1984 BVK am Bde.

STRASSERT, Günter
Dr. rer. pol., Prof. f. Regionalwissenschaft Univ. Karlsruhe (s. 1976) - Kaiserstr. 97, 7500 Karlsruhe 1 - Geb. 8. Mai 1938 Berlin, verh. m. Snežana, geb. Milojević, T. Sandra - Stud. Volkswirtschaftslehre; Promot. 1968 Freiburg - 1968/69 u. 1971-74 Mitgl. Planungsgr. b. Ministerpräs. d. Saarl.; 1974-76 Res. Fellow Wiss.zentrum Berlin (IIMV); 1976-80 Vors. Ges. f. Regionalforsch. 1985 u. 88 Gastprof. Univ. Mexiko (UNAM) - Korr. Mitgl. Dt. Akad. f. Raumforsch. u. Landesplanung - Spr.: Engl., Franz., Span., Serbokroat.

STRASSL (ß), Hans
Dr. phil., em. o. Prof. f. Astronomie - Ochtrupweg Nr. 39, 4400 Münster/W. (T. 86 24 63) - Geb. 10. Jan. 1907 Rauischholzhausen b. Marburg/L. (Vater: Ludwig S., Kraftfahrer; Mutter: Elisabeth, geb. Oster), kath., verh. s. 1940 m. Josefa, geb. Schlüter († 1981)- Lateinsch. Amöneburg u. Gymn. Fulda; Univ. Marburg u. Göttingen (Astron., Physik, math. Statistik; Promot. 1932). Habil. 1948 Göttingen - 1929-1937 u. 1945-48 Wiss. Hilfsarb. u. Assist. Univ.-Sternwarte Göttingen; 1937-45 wiss. Mitarb. Aerodynam. Versuchsanst. ebd.; 1948-58 Observator Univ.-Sternw. Bonn (1948 Privatdoz., 1954 apl. Prof.); s. 1958 ao. u. o. Prof. (1964) Univ. Münster (Dir. Astronom. Inst.), em 1975. 1970-75 Mitgl. Wiss. Beirat MPI f. Radioastr. Spez. Arbeitsgeb.: Spektralphotometrie, Dynamik d. Sternsystems, Nomographie. Fachveröff. Mithrsg.: Ztschr. Himmelswelt (1946-49), Sterne (1948 ff.) - 1984 Ritter päpstl. Gregorius-Orden - Spr.: Engl.; z. Lekt. wiss. Veröff. ausreichend: Franz., Ital., Russ., Span.

STRASSMEIR (ß), Günther
Bezirksstadtrat a. D., MdB/Vertr. Berlins (s. 1972) - Nassauische Str. 60, 1000 Berlin 31 (T. 87 84 60) - Geb. 20. Juni 1929 Röthenbach (Vater: Carl S., kaufm. Direktor †1935; Mutter: Elisabeth, geb. v. Lips), ev., verh. s. 1956 m. Edeltrud, geb. Wenzel, 3 Söhne (Andreas, Robert, Alexander) - Höh. Schule Berlin (Abit. 1947); Dt. Hochsch. f. Politik ebd. (Dipl.-Pol. 1954) - 1955-64 Senatsverw. f. Inneres u. -kanzlei v. Berlin (1960 Ref.); 1965-72 Bezirksamt Wilmersdorf (b. 1971

Stadtrat f. Finanzen u. Wirtsch., b. 1972 f. Volksbild.). B. 1964 Bezirksverordn. W'dorf (stv. Fraktionsvors.). CDU s. 1956 (1969-79 Vors. CDU-Kreisverb. Wilmersdorf, 1981-85 Gen.sekr. CDU-Landesverb. Berlin, 1985-88 stv. Landesvors.) - Liebh.: Lesen, Waldspaziergänge, Jagd - Spr.: Engl.

STRASSNER (ß), Ernst
Prof., Kunsterzieher - Fallersleber-Tor-Wall 15, 3300 Braunschweig - Geb. 19. Juni 1905 - 1938 ao. Prof. Päd. Hochsch. Cottbus; 1957 o. Prof. PH Braunschweig (entpfl.) - BV: Bildner. Erziehung - Zeichnen u. Malen, 1960.

STRATE, Herbert
Kaufmann, Präs. Hauptverb. Dt. Filmtheater, u. d. UNIC (Union Internationale des Cinemas), VR-Vors. u. Präsid. d. Filmförderungsanst. - Zu erreichen üb. Langenbeckstr. 9, Postf. 29 27, 6200 Wiesbaden.

STRATENWERTH, Günter
Dr. jur., o. Prof. f. Strafrecht u. Rechtsphil. - Thiersteinerrain 48, CH-4053 Basel (Schweiz) (T. 50 22 41) - Geb. 31. Jan. 1924 Naumurg/S. (Vater: Dietrich S.; Mutter: geb. Knehans), ev., 3 Kd. (Christoph, Irene, Peter) - 1945-50 Univ. Göttingen (Rechtswiss.). Promot. 1950 Göttingen; Habil. 1956 Bonn - S. 1960 Ord. Univ. Erlangen u. s. Basel (1961) - BV: D. Naturrechtslehre d. Johannes Duns Scotus, 1951; D. rechtstheoret. Problem d. Natur d. Sache, 1957; Verantw. u. Gehorsam, 1958; Publizist. Landesverrat, 1965; Leitprinzipien d. Strafrechtsreform, 1970; Strafrecht, Allg. Teil, 3. A. 1981; Tatschuld u. Strafzumessung, 1972; Schweizer Strafrecht, Allg. T. I, 1982, Allg. T. II 1989, Bes. T., 3. A. 1983/84; D. Zukunft d. strafrechtl. Schuldprinzips, 1977.

STRATMANN, Heinrich
Dr. rer. nat., Prof., Dipl.-Chem., Präsident Landesanst. f. Immissionsschutz, Essen (1970-88) - Am Buchenhain 3, 4300 Essen 16 - Geb. 14. Sept. 1923 Bochum, verh. - Stud. TH Aachen; Promot. 1955 - 1956-63 Leit. Kohlenstoffbiol. Forschungsinst. (KOFO) Essen; 1963-70 Abt.-Leit. Landesanst. f. Immissionsschutz (LIS), 1970-88 Präs. ebd. 1972 Hon.-Prof. Univ. Bochum; stv. Vors. VDI-Kommiss. Reinhaltung d. Luft; Lehrauftr. Univ. Bochum üb. Luftüberwachung - BV: Farbtafelatlas üb. Schwefeldioxidwirkungen an Pflanzen - 1976 Intern. Rheinlandpreis f. Umweltschutz.

STRATMANN, K.-Peter
Publizist - Zu erreichen üb.: Nomos-Verlag, Waldseestr. 3, 7570 Baden-Baden - BV: NATO-Strategie in d. Krise?, 1981.

STRATMANN, Karlwilhelm
Dr. phil., Prof. f. Berufs- u. Wirtschaftspädagogik - Unterstr. 37a, 5632 Wermelskirchen - Geb. 9. Nov. 1930 Kelzenberg - Berufsausb. Baugew., Gewerbelehrerstud. - 1957-62 Berufsssch.dst., 1962-70 Stud.rat i. Hochsch.dst., 1970 Prof., s. 1972 Ruhr-Univ. Bochum - BV: D. Krise d. Berufserziehung, 1967; Hauptsch. u. Arbeitslehre, 1968; Quellen z. Gesch. d. Berufserziehung, 1969; Berufspäd.; 1975; D. Berufsvorb.jahr, 1981; Quellen u. Dokumente z. Berufsbildung 1794-1869, 1982; D. betriebl. Berufsbildung 1869-1918, 1985; Handb. d. dt. Bildungsgesch., 1987ff.; üb. 100 Aufs. in wiss. Ztschr. Mithrsg.: Ztschr. f. Berufs- u. Wirtschaftspäd.

STRATMANN, Walter
Kaufmann, Geschäftsf. Walter Stratmann GmbH, Hagen, Vizepräs. Südwestf. IHK ebd., Vorstandsmitgl. Verb. d. Elektro- u. Rundfunk-Großhandels, Dortmund - Am Ossenbrink 78, 5804 Herdecke-Ahlenberg (T. Büro: Hagen 3 11 51) - Geb. 28. Sept. 1911 Duisburg.

STRAUB, Eberhard

Dr. med., Prof. f. Kinderheilkunde, Chefarzt u. Direktor Kinderklinik Städt. Krankenhaus Frankfurt-Höchst - (s. 1981) - Am Schnittelberg 36, 6232 Bad Soden 2 (T. 06196 - 2 44 17) - Geb. 12. April 1935 Dietersweiler (Vater: Otto St., Mutter: Gretel, geb. Jaggy), ev., verh. s. 1963 m. Marietta, geb. v. Haendel, 4 Kd. (Christiane, Christoph, Eva, Ursula) - Gymn. Ebingen (Abit. 1954); Stud.-stiftg. d. dt. Volkes, Univ. Tübingen u. München (Med. Staatsex. 1960, Promot. 1961), Max-Planck-Inst. f. Biochemie, Kinderklinik Univ. d. Saarl. (Kinderarzt 1967), Habil. 1970 Univ. Mainz - 1970 Oberarzt Univ.-Kinderklinik Mainz, 1972 Prof., 1975-79 Dekan Fachber. Konserv. Med., Wiss. Veröff., vorw. z. pädiatr. Nephrol. u. Urol. - Liebh.: Segeln - Spr.: Engl., Franz.

STRAUB, Eberhard
Journalist, Schriftst. - Zu erreichen üb.: Frankfurter Allg. Zeitung, Postf. 2901, 6000 Frankfurt/M. - BV: Pax et Imperium - Spaniens Kampf um s. Friedensordnung in Europa zw. 1617 u. 1635, 1980.

STRAUB, Enrico Bernardo
Dr. phil., Prof. f. Romanische Philologie FU Berlin - Im Gestell 36, 1000 Berlin 37 (T. 030-813 16 16) - Geb. 3. Aug. 1935 Rom (Vater: Hans St., Dipl.-Ing.; Mutter: Klara, geb. Schmidt), ev., verh. s. 1965 m. Anna, geb. Multhaupt.

STRAUB, Gerhard
Dipl.-Kaufm., gf. Gesellschafter Südd. Etna-Werk GmbH, München - Einsteinstr. 104, 8000 München - Geb. 11. Aug. 1936 München, verh. s. 1963 m. Gisela, geb. Ganzlin, 3 S. (Stefan, Oliver, Florian) - Univ. München; Dipl. 1964 - 1964-66 Mannesmann AG, Hüttenwerk Huckingen; 1966ff. Südd. Etna-Werk GmbH, München (s. 1973 Hauptgeschäftsf.); s. 1982 Vollvers. IHK München; s. 1984 Präs. Walter-Lehmann-Stiftg., Bonn; s. 1985 Vors. Mittelstandsaussch. Landesverb. d. Bayer. Ind., München; s. 1979 Handelsrichter LG München I; 1980-84 Vorst. Bundesverb. Heizung, Klima, Sanitär, s. 1984 Präs., 1975-79 Vorst. Heizung, Klima u. Sanitärtechn. Bay., 1979-85 2. Vors., s. 1985 1. Vors. - Liebh.: Malerei, Hockey - Rotarier.

STRAUB, Heinrich
Dr. iur. can., Apostol. Protonotar, Generalvikar, Domkapitular Bamberg - Domstr. 7, 8600 Bamberg - Geb. 12. Sept. 1917 Nürnberg (Vater: Dr. phil. Adolf St.; Mutter: Maria, geb. v. Kramer), kath., ledig - Abit. Nürnberg; Stud. München, Frankfurt, Erlangen, Bamberg, Rom-Gregoriana - S. 1956 Dompred., Bamberg; 1959 Erzb. Offizial; 1967 Generalvikar u. Domkapitular, Bamberg - BV: D. geistl. Gerichtsbarkeit d. Domdekans in den alten Bistum Bamberg v. d. Anfängen b. z. Ende d. 16 Jh., 1957 - 1979 Bayer. VO; 1982 Komtur d. Rit-

STRAUB, Johannes

terordens v. Heiligen Grab zu Jerusalem - Spr.: Engl., Franz., Ital., Latein.

Dr. phil., Dr. h. c., o. Prof. f. Alte Geschichte - Auf d. Hügel 14, 5300 Bonn-Endenich (T. 62 15 33) - Geb. 18. Okt. 1912 Ulm/D. (Vater: Josef S., Postsekr.; Mutter: Barbara, geb. Stükle), kath., verh. s. 1938 m. Hanni, geb. Lielich, 3 Kd. (Hannemarie, Eberhard, Veronika) - Gymn. Ulm; Univ. Tübingen u. Berlin (Klass. Philol., Gesch.). Promot. u. Habil. Berlin - 1943 Doz. Univ. Berlin, 1944 ao., 1948 o. Prof. Univ. Erlangen, 1953 Univ. Bonn, 1971-81 Mitgl. Zentraldirektion Dt. Archäol. Inst., Berlin - BV: V. Herrscherideal in d. Spätantike, 1939; Stud. z. Historia Augusta, 1952; Heidn. Geschichtsapologetik in d. christl. Spätantike, 1963; Regeneratio Imperii, I/II 1972/86. Herausg.: Acta Conciliorum Oecumenicorum IV 1/ACO (1971). Buchbeitr. u. Ztschr.aufs. - 1965 Ehrendoktor Pantios-Hochsch. f. Polit. Wiss., Athen. 1975 Mitgl. Rhein.-Westf. Akad. d. Wiss., Düsseldorf; 1977 Auswärt. Mitgl. Accademia Nazionale dei Lincei, Rom.

STRAUB, Wolfgang
Dr. med., Dr. med. h. c., o. Prof. f. Augenheilkunde - v.-Harnack-Str. 1, 3550 Marburg/Lahn - Geb. 29. Dez. 1920 Möttlingen/Württ. (Vater: Wilhelm S., Lehrer; Mutter: Hildegard, geb. Stükle), ev., verh. s. 1949 m. Sybil, geb. Dollfus, 3 Kd. (Stephanie, Philip, Axel) - S. 1954 (Habil.) Lehrtätig. Univ. Hamburg (1960 apl. Prof.) u. Marburg (1961 Ord. u. Klinikdir.). Mitgl. Dt. u. Franz. Ophthalmolog. Ges.; s 1982 Vizepräs. d. intern. Opathalmol.-Rat, s. 1985 Mitgl. Acad. Nationale de Med. v. Frankr., s. 1986 stv. Vors. Wiss. Beirat d. Bundesärztekammer - BV: Toxoplasmose d. Auges, 1956; D. Elektroretinogramm, 1960; Atlas d. Erkrank. d. vord. Augenabschnittes, 1962 (m. H. Roßmann); D. photographierte Augenhintergrund, 1963 (m. H. Sautter); D. ophthalmolog. Untersuchungsmeth., 1970; Augenspiegelkurs, 1975. Zahlr. Einzelarb. - 1961 Martini-Preis Hamburg; 1972 Dr. h. c. Univ. Clermont-Ferrand; 1979 Médaille d'or Chibret d. franz. Ophthalmol. Ges.

STRAUBEL, Harald
Dr. phil. nat., Prof., Physiker, Wiss. Beirat Battelle-Inst. Frankfurt/M. (1960), Honorarprof. Univ. Mainz (s. 1966) - Hubertusstr. 5, 6232 Neuenhain/Ts.; ab Ende 1976: Bergweg 7, 8973 Vorderhindelang/Allgäu - Geb. 3. Okt. 1905 Jena (Vater: Prof. Dr. Rudolf, 1903-33 Geschäftsl. u. Bevollm. Carl-Zeiss-Stiftg., Jena; Mutter: Marie, geb. Kern), ev., verh. s. 1956 m. Edith, geb. Fischer, T. Renate - Gymn. Jena; TH München, Univ. Jena. Promot. (1930) u. Habil. (1953) Jena - B. 1945 eig. Labor., dann Leit. Kristall-Labor. Zeiss Jena, 1946-52 UdSSR, 1952-58 Univ. Jena (1954 Prof. m. vollem Lehrauftr.) u. Bergakad. Freiberg/Sa. (1956 Prof. m. Lehrstuhl). Spez. Arbeitsgeb.: Elektrostatik, Aerosole. Entd.: Einheitl. schwingender Piezoquarz, Piezoquarze m. Tempera-

turkoeffizient Null. Div. Fachveröff. m. E. Straubel; 1985 Chem. Reakt. freischwebender Tropfen im Laserlicht, 1987 direkte Beobachtung d. Molekülstruktur v. Flüssigkeitsoberflächen im Laserlicht (Vergrößerung 10 6). Mitgl. Dt. Physikal. Ges. u. Dechema; 1960-70 Battelle-Inst. Frankf./M.; 1972-76 Generalsekr. Ges. f. Aerosolforsch., Bad Soden/Ts., 1977 Ehrenmitgl. - Liebh.: Eigenbau physikal. Geräte, Garten - Spr.: Engl., Franz.

STRAUCH, Dieter

Dr. med. vet., Prof. f. Tierhygiene - Garbenstr. 30, 7000 Stuttgart 70 (T. 0711 - 459 24 27) - Geb. 19. Okt. 1928 Gießen - Promot. u. Habil. Gießen - S. 1962 Lehrtätigk. Univ. Gießen (1967 apl. Prof.) u. 1970 o. Prof. Univ. Hohenheim, 1981 Honorarprof. Univ. Stuttgart, 1984 Ehrenmitgl. Österr. Ges. f. Hygiene, Mikrobiol. u. Präventivmed. Zahlr. Fachveröff., dar. Veterinärhyg. Unters. b. d. Verwertung fester u. flüss. Siedlungsabfälle, 1964; Lehrb. d. Veterinärhyg., 1972; Abfälle a. d. Tierhaltung, 1977 (tschech. übers. 1980); Desinfektion in d. Tierhalt., Fleisch- u. Milchwirtsch., 1981; Animal Production and Environmental-Health Management, 1987 - 1989 BVK - Spr.: Engl.

STRAUCH, Dieter

Dr. jur., Prof. f. Rechtswissenschaft Univ. Köln - Clemensstr. 2a, 5303 Bornheim 4 - Geb. 29. Okt. 1933 Brandenburg (Vater: Kornelius St., Beamter; Mutter: Herta, geb. Schoof), ev., verh. s. 1959 m. Ruth, geb. Weinbrenner, 3 Kd. (Christoph, Florian, Solveig) - Abit. 1954; Bde jurist. Staatsprüf. 1958 u. 1963, Promot. 1959 f. Bürgerl. Recht, Dt. u. Nord. Rechtsgesch. 1970, alles Köln - S. 1974 apl. Prof.; s. 1980 Prof. Univ. Köln. Zahlr. Fachveröff. - Spr.: Engl., Franz., Schwed., Arab.

STRAUCH, Friedrich

Dr. rer. nat., o. Prof. f. Paläontologie - Südostring 26, 4409 Havixbeck/W. (Vater: Friedrich S.; Mutter: Auguste, geb. Grümmer), kath., verh. s. 1964 m. Monika, geb. Lücke (Ärztin), 3 S. (Konrad, Severin, Gereon) - Univ. Köln (Dipl.-Geol. 1961) u. München. Promot. (1962) u. Habil. (1971) Köln - S. 1971 Lehrtätigk. Univ. Köln (1973 apl. Prof.) u. Münster (1980 Ord. u. Dir. Inst./Mus. f. Geol. u. Paläontol.). 1971 Gastdoz. Univ. Aarhus/Dänem. Div. Facharb. Herausg.: Kayser/Brinkmann/Krömmelbein, Histor. Geol. (1982) - 1972 Credner-Preis Dt. Geol. Ges. - Entd.: Aut- u. Synökol. foss. Gruppen u. a. - CDU.

STRAUCH, Monika

Schauspielerin - 8000 München - Geb. Wien, verh. s. 1978 m. Peter Machac - Ballettschule Prof. Rudi Fränzl; Schauspielschule Prof. Helmut Krauss u. Prof. Polly Kögler; Chansongesang Prof. Else Dornberger - Theater in d. Josefstadt, Volkstheater, Kammerspiele (Wien), Kammerspiele (Hamburg), Kl. Komödie u. Kl. Freiheit (München), u.a.; Film, FS-Spiele u. -Serien (ORF, ZDF, ARD, RAI); div. Moderationen - Spr.: Engl.

STRAUCH, Rudi

M. A., Theaterwissenschaftler, Wiss. Mitarb. Theatermuseum Univ. Köln - In der Hohl 5, 5453 Horhausen (T. 02687 - 15 18) - Geb. 23. Sept. 1954 Stolberg, verh. s. 1983 m. Dagmar, geb. Paul - Stud. Theater-, Film- u. Fernsehwiss., German., Soziol.; M. A. 1983 Köln; Stud. Erwachsenenbild. GH Hagen - 1979-83 Mitarb. Theatermus. Univ. Köln, 1983-86 Chefdramat. u. PR-Leit. Theater Stadt Koblenz - Liebh.: Vergangenh., Gegenw. u. Zukunft v. Kultur - Spr.: Engl.

STRAUCH, Rudolf

Dr. phil., Journalist, stv. Chefredakteur Hannoversche Allg. Zeitung (s. 1989) - Borchersstr. 2, 3000 Hannover 71 (T. 52 39 62; Büro: 518 18 02) - Geb. 16. Sept. 1929 Birkesdorf, kath., verh. s. 1958 m. Ursula, geb. Pels, 3 Kd. (Barbara, Robert, Ulrike) - Stud. d. Gesch. u. German. Bonn; Promot. 1957 - S. 1950 Journ. Ruhr-Nachr., Dortmund, u. d. Welt Hamburg (1964-66); 1966-72 Bonner Korresp. D. Welt; b. 1989 Hannoversche Allg. Ztg. u. 1986-89 D. Tagesspiegel. 1981-89 Vors. Bundes-Pressekonfz. - BV: Sir Nevile Henderson - Brit. Botschafter in Berlin 1937-39, 1959; D. Deutschen an Hollands Thron - D. Gesch. d. Hauses Oranien-Nassau, 1966; Bonn macht's möglich - Idee u. Wirklichkeit im polit. Leben d. Bundesrep., 1969 - 1984 Theodor-Wolff-Preis; s. 1988 Mitgl. Jury Th.-Wolff-Preis.

STRAUER, Bodo-Eckehard

Dr. med., Prof., Direktor Med. Klinik u. Poliklinik B (Kardiologie, Pneumologie, Angiologie) Univ. Düsseldorf - Moorenstr. 5, 4000 Düsseldorf - Verh. m. Elisabeth, geb. Alves, 3 Kd. - Habil. 1973 Univ. Göttingen - 1979 apl. Prof. f. inn. Med. München; s. 1980 Extraord.; 1984 Leit. Abt. f. inn. Med., Univ. Marburg - BV: Dynamik u. Koronardurchblut. d. Herzens, 1975; Hypertensive Heart Disease, 1979; The Heart in Hypertension, 1981 - 1976 Paul-Martini-Preis; 1978 Theodor-Frerichs-Preis; 1985 Preis Dt. Therapiewoche; 1987 Franz Groß-Wiss.preis.

STRAUF, Hubert

Betriebswirt, Inh. Strauf u. Weiß gemeinsam (Absatzw. Beratung). Beirat Die Werbe Euro-Advertising GmbH & Co. Düsseldorf, Sekretariat Essen - Elsaßstr. 27, 4300 Essen 15 (T. 46 12 50) - Geb. 7. April 1904 Essen (Vater: Hubert S.; Mutter: Therese, geb. Stemmer), kath., verh. 1934 m. Hilde, geb. Helf †, 3 Kd. (Burkard, Veronika, Hans Georg) - Realsch.; Höh. Handelsfachkl.; Univ. - S. 1934 selbst. u. a. - Ehrenring BDW, Ehrenmitgl. WVW, GWA, Presseclub Essen, Marketing-Club Essen u. German Chapter IAA; Medal for Merit IAA; Ritter päpstl. Orden v. Hl. Sylvester; Gold. Ehrenz. IHK Essen; Dr. Nevan-Dumot-Med.

STRAUMANN, Roland

Dr. med., Arzt i. R. - Hauptstr. 20, CH-4437 Waldenburg - Geb. 3. Okt. 1899 Waldenburg (Vater: Hermann St.; Mutter: Fanny, geb. Thommen), ref., verh. m. Emma, geb. Beck †), 6 Kd. (2 verst.) - Promot. 1924 Basel - 1935-42 Gemeindepräs. Waldenburg, 1951 Präs. d. Landrates Kanton Baselland, Präs. M.S.R. Biel, Revue Thommen AG; VR Phénix Watch Co. SA, Pruntrut, Gebr. Buser & Co. AG, Niederdorf - 1952-60 Präs. Ärzteges. Kanton Baselland, s. 1970 Ehrenmitgl., 1980 Ehrenpräs. Waldenburger Bahn; 1982 Ehrenbürger Waldenburg.

STRAUSS(ß), Botho

Schriftsteller - Keithstr. 8, 1000 Berlin 30 - Geb. 2. Dez. 1944 Naumburg/S. - BV: Marlenes Schwester, Erz. 1975; D. Widmung, Erz. 1977; Rumor, R. 1980; Paare, Passanten, Prosa 1981. Bühnenst.: D. Hypochonder (1971), Bekannte Gesichter - gemischte Gefühle (1973), Groß u. Klein (1978), Kalldewey, Farce (1982, UA Hamburger Operettenhaus); D. jg. Mann, R. 1984 - 1974 Hannoverscher Dramatikerpreis, 1981 Literaturpr. Bayer. Akad. d. Schönen Künste, 1982 Mülheimer Dramatikerpreis.

STRAUSS, Herbert A.

Dr. phil., Prof., Hochschullehrer, Leit. Zentrum f. Antisemitismus-Forsch./TU Berlin - Fasanenstr. 35a, 1000 Berlin 15; 90 Lasalle St., New York (USA) 10027 - Geb. 1. Juni 1918 Würzburg (Vater: Benno S., Kaufm.; Mutter: Magdalena, geb. Hinterneder), jüd., verh. s. 1944 m. Lotte, geb. Schloss, T. Jane - 1936-42 Lehranst. f. d. Wiss. d. Judentums, Berlin, 1942-43 im Untergrund Berlin, 1943-46 Univ. Bern, 1946 Dr. phil. (s. c. l.). 1948-82 Prof. Neuere Gesch., City College u. City Univ., New York; 1962 Exec. Vice-Pres. Am. Fed. Jews Central Europe New York; s. 1972 Generaldir. Forschungsleit. Research Fdtn. Jewish Immigration, New York, Fellow Leo Baeck Inst. New York. VR-Mitgl. zahlr. amer. Wohlfahrtsorg.; 1982 Prof. FB 1, TUB, Leit. Zentr. f. Antisemitismusforsch. - Zahlr. Veröff. u. a. Forsch. in dt.-jüd. u. int. Wanderungsgesch. u. Akkulturation. Mithrsg.: Handb. d. dt.-sprach-Emigration, 1980-83. Herausg.: Jewish Immigrant of Nazi Period in USA, N. Y. 1978; Stud. z. Antisemitismusforsch., 1984.

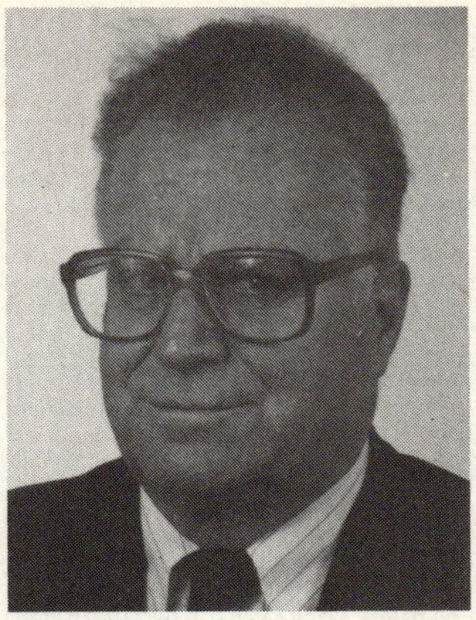

STREB, Walter

Dr. rer. nat., Prof. f. Mathematik - Auf der Egge 69, 5620 Velbert 11 (T. 25 52) - Geb. 1. April 1941, kath., verh. s. 1966 m. Heidi, geb. Berger, S. Michael - Human. Gymn. (Abit. 1960); 1960-66 Univ. Erlangen (Math., Phys.), Promot. 1970 Univ. Erlangen, Habil. 1975 Univ. Essen - 1966-72 Gymn.lehrer, Stud.rat, 1972-78 Doz. Univ. Essen, s. 1978 Prof.

STREBEL, Heinz

Dr. rer. pol., Prof. f. Betriebswirtschaftslehre Univ. Oldenburg - Süderdiek 15, 2900 Oldenburg - Geb. 23. Sept. 1939 München (Vater: Heinrich St., Bankkfm.; Mutter: Sofie, geb. Geymeier), ev., verh. s. 1965 m. Sigrun, geb. Briesen, 3 Kd. - Univ. Karlsruhe Dipl. rer. pol. (techn.) 1963, Promot. 1967, Habil. 1977 Berlin - BV: D. Bedeutung v. Forsch. u. Entw. f. d. Wachstum ind. Unternehmungen, 1968; Forsch.planung m. Scoring-Modellen, 1975; Innovation u. ihre Organisation in d. mittelständ. Ind., 1979; Umwelt u. Betriebsw., 1980; Industriebetriebslehre, 1984.

STREBLOW, Lothar

Schriftsteller - Im Greutle 4, 7050 Waiblingen-Hegnach (T. 07151 - 5 24 92) - Geb. 10. Okt. 1929 Gera/Thür. (Vater: Fritz St., Kaufm.; Mutter: Gertrud, geb. Bein), verh. s. 1955 m. Rosemarie, geb. Heinemann, †1983, S. Nicolas - 1951-54 Stud. Regie, Dramat., Ästhetik Hochsch. f. Musik Weimar - BV: D. Andere, Nov. 1961 (franz. 1964); D. Fisch, Hörsp. 1972 (USA, Canada 1982); Drollis Abenteuer, 3 Bd. 1973/75/76; Raumschiff Pollux, 5 Bd. 1974/76/77/78/79; Geheimnis im Steinbruch, Jugendr. 1977; D. Planet d. bunten Damen, R. 1977; E. Eierkuchen aus Blech, Jugendb. 2 Bd. 1978/80 (span. 1982); Schnüffi, Tiermonogr. 1975, Neuausg. 1982; Raumkreuzer Runa, 5 Bd. 1982/83/84/85/86; Spuren e. Sommers, Tierserz. 1983; Sundera, Erz. u. Hörsp. 1984; Anja, Tiermonogr. 1985; Maxi, Tiermonogr. 1985 - 1972 Hörspielpreis ARD; 1978 Umweltschutz-Med.; 1979 Studienpreis z. Kogge-Lit.; Preis Stadt Minden; 1980 Landeskundl. Jugendbuchpreis - Spr.: Engl., Franz.

STRECKER, Alwin

Kommandeur im Bundesgrenzschutz - Zu erreichen üb. Grenzschutzkommando Süd, Infanteriestr. 6, 8000 München 40 - Geb. 8. April 1934.

STRECKER, Georg

Dr. theol., o. Prof. f. Neues Testament - Platz der Göttinger Sieben 2, 3400 Göttingen; priv.: Wilhelm-Raabe-Str. 6, 3406 Bovenden (T. dstl.: 0551-39 71 31; priv. 88 38) - Geb. 15. März 1929 Oldendorf/Kr. Melle, ev., verh. s. 1960 m. Gisela, geb. Schaare - Promot. 1955, Habil. 1959 Bonn - S. 1959 Lehrtätigk. Univ. Bonn (1964 apl. Prof.) u. Göttingen (1968 Ord.) - Mitgl. Synode d. ev.-luth. Landeskirche Hannovers, d. Studiorum Novi Testamenti Societas, Gastprof.: 1964/65 Southern Methodist Univ. Dallas, USA, 1977 Unisa Pretoria, 1980 Queens College Melbourne, 1986 Seoul (Südkorea) u. Tohuku Gakuin Univ. Sendai (Japan), 1989 USA, Toronto (Kanada) - BV: D. Judenchristentum in d. Pseudoklementinen, TU 1970, 2. A. 1981; D. Weg d. Gerechtigkeit. Unters. z. Theol. d. Matthäus, 3. A. 1971; Handlungsorientierter Glaube, 1972; Evangelium u. Kirche nach ev. u. kath. Verständnis, 1972; Eschaton u. Historie, Aufs. 1979; Einf. in d. ntl. Exegese (m. U. Schnelle), 3. A. 1989; D. Bergpredigt, 2. A. 1985; Konkordanz zu d. Pseudoklementinen I, 1986; Neues Testament - Antikes Judentum (m. J. Maier), Grundkurs Theologie, Bd. 2 1989. Herausg.: Göttinger Theologische Arb. (s. 1975, bish. 40 Bde.); W. Bauer, Rechtgläubigkeit u. Ketzerei im ältesten Christentum, (2. A. 1964); W. Bauer, Aufs. u. Kleine Schriften (1967); H. Windisch, D. 2. Korintherbrief (1970); D. Problem d. Theol. d. NT (1975); Jesus Christus in Historie u. Theol. (Festschr. f. H. Conzelmann) (1975); Kirche (Festschr. f. G. Bornkamm m. D. Lührmann) (1980); D. Land Israel in biblischer Zeit (1983); Theol. im 20. Jh. (1983); Grundkurs Theologie (s. 1989, bish. 2 Bde.). Mithrsg.: Dictionary of Biblical Interpretation (Atlanta). Zahlr. Art. u. Aufs. in intern. Fachztschr., Enzyklop. u. Lexika.

STRECKER, Heinrich

Dr. rer. nat., em. o. Prof. f. Statistik, Math. f. Wirtschaftswiss. Univ. Tübingen - Rosenstr. 11, 8130 Starnberg (T. 2 18 20) - Geb. 13. Sept. 1922 Coburg/Bayern (Vater: Dr. phil. Heinrich S., Stud.-Prof.; Mutter: Elise, geb. Ramsthaler), ev., verh. s. 1962 m. Dr. rer. pol. Rosemarie, geb. Bassenge - Gymn. Casimirianum Coburg - Stud. Univ. München. Dipl.-Math. (1947), Promot. (1949) u. Habil. (1956) München - 1948-57 Ref. Bayer. Statist. Landesamt München, 1956-57 Privatdoz. Univ. ebd.; 1957-59 ao. Prof. Univ. Mannheim (WH), 1959-88 o. Prof. Univ. Tübingen (Dir. Abt. Statist. u. Math. Wirtsch.wiss. Seminar), 1964 Gastprof. Univ. Wien - BV: Mod. Methoden in d. Agrarstatistik, 1957 (auch span., franz., chines.); New Results in the Variate Difference Method (Mitverfasser G. Tintner u. J. N. K. Rao), 1978; Mess. d. Antwortvariabilität auf Grund v. Erhebungsmodellen m. Wiederholungszähl. (Mitverf. R. Wiegert, J. Peeters, K. Kafka), 1983; Heinrich Strecker, Statist. Erhebungen: Methoden u. Ergebnisse, Ausgew. Schriften (Herausg. Martin J. Beckmann u. Rolf Wiegert), 1987 - A. Zahlr. Einzelarb. Mithrsg.: Jahrb. f. Nationalökonomie u. Statistik, Angew. Stat. u. Ökonometrie (dt., engl. u. franz.) - 1971 Offz.kreuz d. Ordens Leopold II (Belg.); BVK I. Kl.; Mitgl. Intern. Statist. Inst.

STRECKER, Otto

Dr. agr., Prof., Geschäftsf. Gesellschafter AFC Agriculture and Food GmbH Intern. Consulting & Co. KG, AFC Unternehmensberat. GmbH, DLG-Agriservice GmbH, ASA Inst. for Agricultural Sector Analysis, alle Bonn - Glückstr. 9, 5300 Bonn 1 - Geb. 4. Febr. 1931 Oldendorf Kr. Melle, verh. s. 1958 - S. 1963 (Habil.) Privatdoz., Ord. (1967) u. Honorarprof. (1973) Univ. Bonn (b. 1973 Dir. Inst. f. Agrarpolitik u. Marktforsch.), 1965-67 Dir. Inst. f. Landw. Marktforsch. Forschungsanstalt f. Landw. Braunschweig, Veröff. üb. Marktforsch., Marketing, Agrarpolitik, Entwicklungspolitik. Mithrsg.: Agribusiness - Intern. Journal (Verlag Wiley & Sons, New York).

STRECKER, Siegbert
Dipl.-Volkswirt, geschäftsf. Direktor Energieversorgung Mittelrhein GmbH - Karthäuserhofweg 69, 5400 Koblenz-Karthause (T. 0261 - 40 22 50) - Geb. 22. Juni 1943 Henkenhagen/Kolberg, verh. s. 1970 m. Angelika, geb. Gassert, 2 Kd. (Jens, Sonja) - Stud. Univ. Bonn u. Köln (Volkswirtsch.); Dipl-Volkswirt - AR-Mitgl. Koblenzer Gemeinn. Wohnungs- u. Siedlungs GmbH, Gasversorgung Westerwald GmbH; ständ. AR-Gastmitgl. Vereinigte Wasserwerke Mittelrhein GmbH, Koblenz; VR-Mitgl. Gasversorgung Westerwald GmbH, Höhr-Grenzhausen, Propan Rheingas GmbH & Co. KG, Brühl, Sparkasse Koblenz; Beiratsmitgl. TÜV Rheinl., Landesbank Rheinl.-Pfalz, Mainz - Spr.: Engl., Franz.

STRECKERT, Liese-Lotte
Prof., Dozentin f. Deutsch u. Didaktik d. Deutschunterr. Päd. Hochschule Bremen - Wörther Str. 46, 2800 Bremen (T. 44 31 80).

STREE, Walter
Dr. jur., Univ.-Prof. f. Straf- u. Prozeßrecht - Schneidemühler Str. 31, 4400 Münster/W. (T. 24 98 93) - Geb. 4. Mai 1923 Hohn Kr. Rendsburg, ev., verh. s. 1956 m. Lina, geb. Kühl - 1948-52 Univ. Kiel (Rechtswiss.). Jurist. Staatsprüf. 1952 u. 55. Promot. 1953 Kiel; Habil. 1959 Tübingen - S. 1959 Lehrtätigk. Univ. Tübingen u. Münster (1962 Ord.). Emerit. 1988 - BV: Deliktsfolgen u. Grundgesetz, 1960; In dubio pro reo, 1962; Mitarb.: Schönke-Schröder, Komm. z. StGB, 23. A. 1988. Div. Fachaufs.

STREGER, Hasso
Geschäftsführer Mensa in Deutschland - Wiemelhauser Str. 211, 4630 Bochum 1 - Geb. 7. Okt. 1942 Berlin, ev., verh. s. 1974 m. Monika, geb. Immeln - Stud. Univ. Kiel, Erlangen, Bochum (Soziol., Psychol., Jura, Geol., Gesch., Geogr.); jurist. Ex. 1973; Dipl. (Geogr.) 1979 - Geschäftsf. Inst. f. Intelligenztests - BV: Mensa-Rätsel f. Hochbegabte; Mensa Quadrat - Div. Sportabz. - Liebh.: Sport, Natur, Kultur - Spr.: Engl., Franz., Latein, Ital., Span., Russ.

STREHL, Hans
Dipl.-Verwaltungswirt, MdL Nordrh.-Westf. - Siegfriedstr. 68, 4250 Bottrop (T. 02041-9 25 93) - Geb. 27. Juli 1943 kath., verh. m. Hedwig, geb. Gebauer, 2 Kd. - Verw.- u. Wirtschaftsakad. - Rat Stadt Bottrop (s. 1975; stv. Fraktionsvors.) - Spr.: Engl., Franz.

STREHLE, Franz Josef
Fabrikant, pers. haft. Gesellsch. Günzburger Nahrungsmittelfabrik Gebr. Strehle GmbH., Günzburg, Vors. Fachverb. d. Kaffeemittelind., Bonn - Eisenlauerstr. 4, 8870 Günzburg/Schw. - Geb. 23. Sept. 1934.

STREHLE, Hans M.
Dipl.-Ing., Generalbevollm. Direktor Siemens AG - Zu erreichen üb. Siemens AG, Werner-von-Siemens-Str. 50, 8520 Erlangen - Geb. 12. Sept. 1937, verh. - Stud. Elektrotechnik - Leit. Geschäftsber. Handel u. Anlagentechnik im Unternehmensber. Installations- u. Automobiltechnik d. Siemens AG.

STREHLOW, Hans
Dr. rer. nat., Prof., Abteilungsleiter Max-Planck-Inst. f. Biophysikal. Chemie - Am Faßberg, 3400 Göttingen-Nikolausberg - Geb. 29. Juli 1919 Oberhausen - S. 1954 Abt.leit. MPI f. Physikal. Chemie u. Biophysikal. Chemie Göttingen; s. 1956 (Habil.) Privatdoz. u. apl. Prof. (1956) Univ. Göttingen (Physikal. Chemie). Mitgl. Dt. Bunsen-Ges. (1951), Faraday Soc. (1957), MPG (1958) - BV: Magnet. Kernresonanz u. chem. Struktur, 1962; Fundamentals of Chemical Relaxation, 1977. Üb. 100 Einzelarb.

STREIBL, Max
Dr. h. c., Bayer. Ministerpräsident, MdL Bayern (s. 1962) - Prinzregentenstr. 7, 8000 München 22 (T. 2 16 50) - Geb. 6. Jan. 1932 Oberammergau/Obb. (Vater: Max S., Hotelier †; Mutter: Irene, geb. Oswald), kath., verh. s. 1960 m. Irmingard, geb. Junghans, 3 Kd. (Martin, Florian, Monika) - Gymn. Ettal; Univ. München (Rechtswiss., Volksw.). Jurist. Staatsprüf. 1955 u. 59 - S. 1955 Landratsamt Garmisch-Partenk., Bundesrat Bonn, Reg. v. Oberbayern (1960 Ass.), Bayer. Staatskanzlei (1961; zul. Ministerialrat). V. 1970-77 Bayer. Staatsmin. f. Landesentwickl. u. Umweltschutz (Min.), 1972-77 Vors. Min.konfz. f. Raumordnung, 1977-88 bayer. Staatsminister d. Finanzen, s. 1988 Bayer. Ministerpräs.; stv. Vors. d. Fernsehrats d. ZDF; AR-Mitgl. Bayernwerk AG, Messerschmidt-Bölkow-Blohm GmbH, Bayer. Vereinsbank, Dt. Lufthansa AG, Flughafen München GmbH, Rhein-Main-Donau AG, Fernsehstudio München GmbH; VR-Mitgl. Kreditanst. f. Wiederaufbau. Mitgl. Gemeinderat Oberammergau (1960), Kreis- (1957 Garmisch-Partenk.), Bezirks- (1960 Oberbayern) - Landesvors. (1961 Bayern) Jg. Union. CSU (1961 Mitgl. Landesvorst.; 1967 Generalsekr.; 1970 Bezirksvors. Oberbayern). - BV: Verantwortung f. Alle, Sachb., 1980; Schlösserland Bayern Bd. I, II u. III, 1982, 85 u. 86; Modell Bayern, Sachb. 1985 - 1971 Bayer. VO., 1974 Ehrung m. Orden u. Urk. d. ital. Region Emilia Romagna f. bes. Verd. im Umweltsch., 1975 Gr. BVK, 1977 Stern, 1983 Schulterbd. dazu; 1975 Grande Ufficiale; 1980 Gold. Ehrenz. Land Oberösterr.; 1985 Dr. h.c. Univ. Passau; 1989 Gran Croce d. Rep. Ital. - Liebh.: Fischen, Bergsteigen - Spr.: Engl., Franz.

STREICHARDT, Heinz
Ltd. Bundesbahndirektor, Sprecher d. Geschäftsfg. Dt. Service-Ges. d. Bahn mbH (vorm. DSG Dt. Schlafwagen- u. Speisewagen-Ges. mbH, s. 1971) - Guiollettstr. 18-22, 6000 Frankfurt/M. (T. 069 - 71 64-211) - Geb. 7. Febr. 1930 Göttingen - S. 1972 stv. AR-Vors. Rhein. Hotel-Ges. mbH; s. 1973 AR-Vors. Euro-Motel Ges. mbH, Frankfurt/M.; s. 1985 AR-Mitgl. Ges. f. Nebenbetriebe d. Bundesautobahnen (GfN).

STREICHER, Hans-Joachim
Dr. med., Prof., Direktor Chirurg. Klinik (1968) - Ferdinand-Sauerbruch-Klinikum, 5600 Wuppertal-Elberfeld; priv. Am Elisabethheim 93 - Geb. 16. Mai 1924 Wolfratshausen/Obb. (Vater: Dipl.-Landw. E. S.; Mutter: Otti, geb. Zürn), ev., verh. s. 1971 m. Marlies, geb. Fuchs, 3 Kd. (Christoph, Barbara, Marko) - Univ. Berlin, Freiburg, Prag, Heidelberg (Med. Staatsex. 1948). Promot. (1949) u. Habil. (1959) Heidelberg - S. 1959 Lehrtätigk. Univ. Heidelberg, Marburg u. Düsseldorf (1965 apl. Prof.). In- u. ausl. Fachmitgliedsch. (u. a. Royal Society of Medicine, 1958; Präs. Dt. Ges. f. Chirurgie, 1985/86) - BV: Klin. Cytologie, 1953 (m. S. Sandkühler); Chirurgie d. Milz, 1961; Grundriß chir. Indikationen, 1968. Zahlr. Fachaufs. - Spr.: Engl., Franz. - Rotarier.

STREIER, Joseph
Dr. jur., Präsident Bundesbahndirektion Köln (b. 1979) - Landgrafenstr. 106, 5000 Köln 41 - Geb. 2. Sept. 1914.

STREIM, Alfred
Ltd. Oberstaatsanwalt Zentrale Stelle d. Landesjustizverw. z. Aufklärung v. NS-Verbrechen - Schorndorfer Str. 58, 7140 Ludwigsburg (T. 07141-141 2032) - Geb. 1. Jan. 1932 Neu-Isenburg - BV: D. Behandlung sowjet. Kriegsgefangener im Fall Barbarossa, 1981; Sowjet. Gefangene in Hitlers Vernichtungskrieg, 1982; div. Mitveröff.

STREISSLER (ß), Erich
Dr. jur., o. Prof. f. Volkswirtschaftslehre, Ökonometrie u. Wirtschaftsgesch. Univ. Wien - Khevenhüllerstr. 15, A-1180 Wien - Geb. 8. April 1933 Wien - S. 1959 (Habil.) Lehrtätigk. Wien u. Freiburg (1962 Ord. Freiburg, 1968 Wien). Fachveröff.

STREIT, Ludwig
Dr. phil., Prof., Leiter Stochastik-Forsch.-Zentrum BiBoS (s. 1984) - Univ. Bielefeld, Universitätsstr., 4800 Bielefeld 1 - Geb. 26. Juni 1938 Leipzig (Vater: August St., Steuerberat.; Mutter: Marie-Theres, geb. Adolph), 2 Kd. (Clara, Jan) - 1957-62 Stud. Univ. Göttingen, Graz u. Hamburg; Promot. 1962 - 1962-68 Univ. Assist. Graz, Hamburg, Zürich, Syracuse; 1968/69 Member of Tech. Staff, Bell Labor.; 1969 Prof. Syracuse Bielefeld; 1978/79 Dekan. Mitgl. div. intern. wiss. Gremien. Herausg.: 14 Bücher Math. - Physik; ca. 70 Art. in Fachztschr. - Spr.: Engl., Franz., Portug.

STREIT, Monica (Marianna)

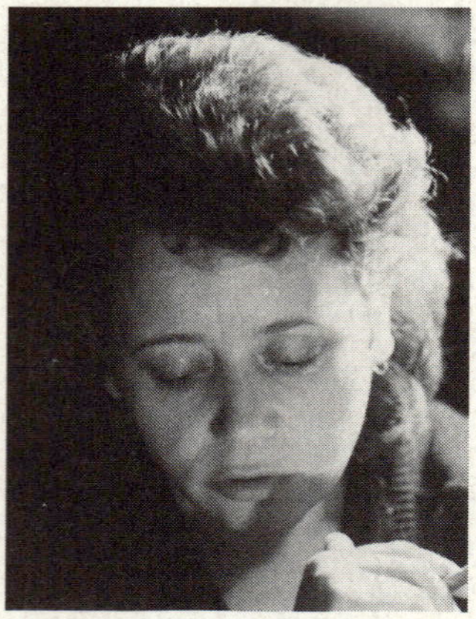

Schriftstellerin, Psychotherapeutin - 1000 Berlin - Geb. 3. Jan. 1948 Hilbringen/Saarl. - 1972-78 Stud. Politol. u. Psych. FU Berlin; Dipl. (Psych.) 1978; Gesprächspsychotherapie (GwG); Klin. Psychologin (BdP) - S. 1978 Schriftstellerin. 1982 Mitgl. VS Berlin, 1985 Gedok Berlin. 1978 Gründg. Therapiepraxis THEFFRA; s. 1986 in eig. Praxis freiberufl. tätig - BV: Issi Marocco, Erz. 1982; Busy to be free, Ged. 1983; Joschi - E. Kindheit nach d. Krieg, R. 1984; D. Kopfdromedar u. Fließpunkte, Ged. - 1985 Stip. d. Kultursenators v. Berlin; 1988 Schriftstellerstip. Ld. Nieders.; 1988 Aufenthalt in d. Künstlerkolonie Worpswede; 1989 Reisestip. d. Berliner Kultursenators; 1989 Aufenthalt im Intern. Atelierhaus, Toya-Lake, Japan - Liebh.: Reisen u. Notieren in China, Austral., Israel, Ägypten, Marokko, Cuba, etc.

STRELETZ, Haidi
Dr. med. dent., Zahnärztin, MdL Hessen (s. 1974) - Kolpingstr. 3, 6056 Heusenstamm (T. 36 96) - Geb. 24. Sept. 1931 - SPD.

STRELITZ, Johannes E.
Dr. jur., Staatsminister a. D. - Lessingstr. 11, 6200 Wiesbaden (T. 30 16 88) - Geb. 20. Nov. 1912 Berlin - Franz. Gymn. u. Univ. Berlin (Rechts- u. Staatswiss.; Promot. 1936) - Jurist u. Dolmetscher Berlin, ab 1942 Wehrdst., n. Kriegsende Jurist, Dolmetscher u. Publizist, s. 1952 hess. Staatsdst. (b. 1966 Reg.sdir.; 1967-69 Min. d. Justiz u. f. Bundesangelegenh., 1969-70 Min. d. Inneren). 1956-67 Stadtverordn. Wiesbaden; 1958-74 MdL Hessen (1964-66 Vors. SPD-Fraktion). S. 1975 Mitgl. Hess. Staatsgerichtshof - 1973 Gr. BVK, 1978 m. Stern.

STREMME, Helmut E.
Dr. rer. nat., Prof., Dir. Geol. Landesamt - Bartelsallee 14, 2300 Kiel (T. 8 49 68) - Geb. 26. Febr. 1916 Danzig (Vater: Prof. Dr. phil. Hermann S., ut. Ord. f. Mineralogie u. Geol. TH Danzig (s. X. Ausg.); Mutter: Dr. phil. Antonie, geb. Täuber), ev., verh. s. 1942 m. Dr. med. Johanna, geb. Benning, 4 Kd. (Heinrich, Gundula, Dietmar, Wilfried) - Oberrealsch. Danzig (Conradinum); Univ. Freiburg, TH Danzig, Univ. Münster. Promot. 1939) u. Habil. (1951) Münster - 1945-51 Assist. Univ. Heidelberg; s. 1951 Wiss. Angest., Bezirks-, Landes- bzw. Oberlandesgeol., Dir. Geol. Landesamt Schlesw.-Holst. Kiel. S. 1951 Lehrtätigk. Univ. Münster u. Kiel (1961; 1964 apl. Prof. f. Bodenkd.) - BV: Bodenentsteh. u. Mineralbild. im Neckarschwemmlehm, 1955; Bodentypen u. -arten in SH, 1955 (m. Karte 1 : 500 000); Insel Fehmarn - Bodenkarte 1 : 50 000 m. Erläut., 1958; Bodenkarten 1 : 25 000 Holtdorf u. Hennstedt, 1966 - Spr.: Engl., Franz.

STRENG, Josef
Bankdirektor (Bayer. Vereinsbank, Filiale Bad Kissingen) - Martin-Luther-Str. 7, 8730 Bad Kissingen (T. 0971 - 50 61; priv.: 0971 - 6 18 25) - Vors. Ind.- u. Handelsgremium Bad Kissingen d. IHK Würzburg-Schweinfurt, Vors. Prüfungsaussch. Bkfm. (IHK Würzburg-Schweinfurt), Vorstandsmitgl. Lions-Club, ARGE Ufr. Grenzland u. Forbach-Stiftg.

STRENGER, Hermann-Josef
Vorstandsvorsitender Bayer AG, Leverkusen - Domblick 3, 5674 Bergisch Neukirchen - Geb. 26. Sept. 1928 Köln - S. 1972 Vorst.-Mitgl. bzw. Vors. (1984) Bayer AG - Ab 1987 Vors. Carl Duisberg Ges. (CDG).

STRESEMANN, Ernst
Dr. med., Prof., Internist, Allergologe, Arbeitsmediziner, Ärztl. Dir. Asthma- u. Allergieklinik u. Inst. f. Arbeits- u. Sozialmed. Allergiediagnostik - 4902 Bad Salzuflen (T. 05222 - 6 12 96) - Geb. 11. Juni 1924 München - S. 1958 Univ.-Asthma-Poliklinik FU Berlin (1963 Habil.). Lehrtätigk. FU Berlin (1969 apl. Prof.) u. Univ. Münster (1971 Inn. Med.). Zeitw. Dir. u. Prof. Bundesgesundheitsamt Berlin. 1966-1967 Forsch.aufenth. USA. 1970-74 Allergie-Forsch.inst. u. Asthmaklinik Bad Lippspringe. Zahlr. Fachveröff.

STRESEMANN, Wolfgang
Dr. jur., Intendant Berliner Philharmonisches Orchester (1959-78), Kommissar. Int. (1984-86) - Bitterstr. 21, 1000 Berlin 33 (T. 832 71 77) - Geb. 20. Juli 1904 Dresden (Vater: Dr. phil. Gustav S., 1923-29 (†) Reichskanzler u. Außenmin. (s. IX. Ausg.); Mutter: Käte, geb. Kleefeld †1970), ev., verh. s. 1953 m. Jean, geb. Athay, 2 Kd. (Walter, Christina) - Univ. Berlin, Heidelberg, Erlangen (Rechtswiss.); Ausbild. Klavier, Musik-Theorie, Kompos., Instrumentation - 1944-55 Dirig. Westminster- (Princeton) u. Toledo-Orch. (1949), s. 1956 Int. Radio-Sinfonie- u. Berliner Philharmon. Orch. (1959) - BV: Philharmonie u. Philharmoniker, 1977; . . . und abends in d. Philharmonie . . . - Erinn. an gr. Dirigenten, 1981; D. Zwölf - V. Siegeszug d. 12 Cellisten d. Berl. Philh., 1982; E. Lanze f. Mendelssohn, 1984. Kompos.: Sinfonien, Kammermusik, Lieder u. a. - BV: Mein Vater G. S., 1979 - 1970 Gr. BVK - Spr.: Engl. - Amerik. Staatsbürger (1961 bestätigt).

STRESOW, Gustav
Verleger - Klementinenstr. 18, 8000 München 40 (T. 089 - 361 26 01) - Geb. 22. Aug. 1910 Frankfurt (Vater: Heinrich St., Bankbeamter; Mutter: Auguste, geb. Zeh), ev., verh. s. 1962 m. Eva-Maria, geb. Czakó - Oberrealsch., Schriftsetzerlehre - S. 1947 Gesellsch. d. Prestel-Verlags, München - Spez. Arbeitsgeb.: Kunstbücher - S. 1950 zahlr. Ausz. f. buchkünstl. Leist. - Liebh.: Buch- u. Schriftgesch. - Spr.: Engl., Franz.

STREUBEL, Wolfgang
Geschäftsleiter Ullstein Bilderdienst, Berlin - Rheinbabenallee 31 b, 1000 Berlin 33 (T. 030 - 823 11 23) - Geb. 20. Febr. 1935, ev., verh. s. 1967 m. Gabriele, geb. Loichinger, 2 Kd. (Anja, Bo-

ris) - Stud. FU Berlin, Univ. München (Publiz., Gesch., Politik) - 1. Vors. Bundesverb. d. Pressebildagenturen u. Bildarchive, Berlin.

STREUL, Eberhard

Dipl. Phil., Prof., Autor u. Regisseur, Fernsehredakt. Südf. Stuttgart (s. 1985) - Azenbergstr. 5, 7000 Stuttgart 1 - Geb. 29. Okt. 1941 Radebeul b. Dresden - Stud. Theaterwiss. u. Musikwiss. in Leipzig; Dipl.; Lehrauftr. f. Opernregie Musikhochsch. Berlin; 1971-77 Dramat. Dt. Staatsoper Berlin-Ost; 1978-81 Regiss. u. Dramat. Theater d. Stadt Essen; 1981-85 Nationaltheater Mannheim; Lehrauftr. Hochsch. f. Musik Mannheim - Stücke: Papageno spielt auf d. Zauberflöte, 1982 (Engl., Franz., Finn.); D. Leiche im Sack (Opernparodie), 1983; D. Sternstunde d. Joseph Bieder, 1985; E. seltsamer Tag (Kinderoper), 1988 - 1983 Günter-Neumann-Preis.

STRICH, Hermann

Dr., Regierungspräsident a. D. - Kalkstr. 20 A, 4000 Düsseldorf 31 - Geb. 1. Dez. 1921 Cottbus - 1983-86 Regierungspräs. Düsseldorf, dann Ruhest.

STRICKER, Herbert

Dr. rer. nat., Prof. f. pharmazeut. Technologie u. Biopharmazie - Richard-Lenel-Weg 13a, 6903 Neckargemünd - Geb. 26. Okt. 1931 Braunsdorf (Vater: Josef St., Werkm.; Mutter: Emilie, geb. Hackenberg), verh. s. 1965 m. Ingrid, geb. Gartner, 3 Kd. (Angelika, Hans Peter, Florian) - TH München (Chemie); Promot. 1962, Habil. 1976 Univ. Bonn - 1964-80 Galenische Forsch. Fa. Ch. Böhringer, Ingelheim, s. 1980 Leit. Inst. f. pharmaz. Techn. u. Biopharm. Univ. Heidelberg - Spr.: Engl.

STRICKER, Paul H.

Kaufmann (Gummi-Stricker Paul H. Stricker KG.), Vizepräs. IHK Münster, Vors. Wirtschaftsvereinig. Groß- u. Außenhandel/Bezirksvereinig. Münster - Alter Steinweg 21, 4400 Münster/W. (T. 4 31 54).

STRICKRODT, Johannes

Dipl.-Ing., Vorstandsmitglied Stadtwerke Wolfsburg AG, Geschäftsführer Wolfsburger Verkehrs-GmbH u. Forschungsges. Wolfsburg mbH, Vors. Fernwärme-Forsch.inst. Hannover - Heßlinger Str. 1-5, 3180 Wolfsburg 1; priv.: Ahornweg 28 - Geb. 18. März 1935 Kassel (Vater: Prof. Dr. Georg St., Staatsmin. a.D.; Mutter: Kora, geb. Friedrich) - TU Darmstadt, Dipl.-Ing. - Mitgl. Landesgruppenvorst. d. BGW u. DVGW; Vors. VFTW Wolfenbüttel, Verein z. Förd. d. praxisbezog. wiss. Forsch. u. d. Technol.transfers im Bereich d. öfftl. Versorgung; Vollvers. IHK Lüneburg-Wolfsburg; Obmann d. AVO - BV: Kooperations-Handb.; VKU-Handb. Praxis d. Kooperation. Div. fachwiss. Aufs. üb. Energie-, Wasser- u. Verkehrswirtsch. - Spr.: Engl., Franz.

STRIEFLER, Hanns

Leiter ND-Bundesarchiv Bund Neudeutschland - Gabelsbergerstr. 19, 5000 Köln (T. 0221 - 41 24 00).

STRIEK, Heinz

Senator a. D., Steuerberater, Berlin - Ernst-Ring-Str. 4, 1000 Berlin 38 (T. 030 - 803 43 67) - Geb. 27. Juli 1918 Berlin, verh. s. 1938, 3 Kd. - 1967-75 Senator f. Finanzen v. Berlin; 1954-85 MdA Berlin. 1957-72 u. 1980ff. AR Zool. Garten Berlin AG; 1978ff. Gesellsch. Steigenberger Hotel Berlin KG, u. 1979ff. Mega Petrol (Canada) KG, u. 1986ff. Conti-Reederei; 1979ff. Vizepräs. Dt.-Israelische Ges. -

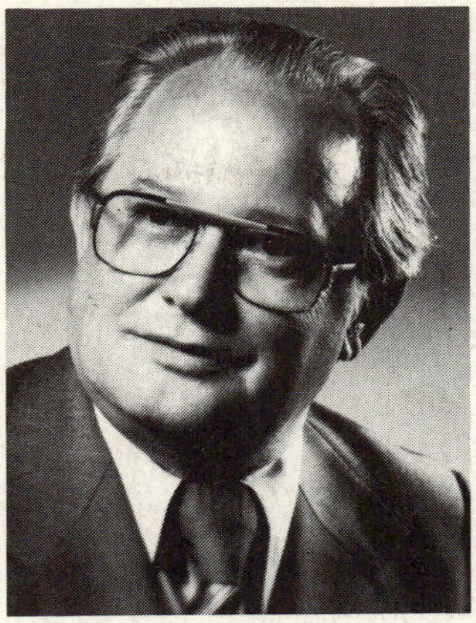

1984 Med. Abgeordnetenhaus (f. 20 j. Zugehörigkeit); Gr. BVK.

STRIFFLER, Helmut

Dipl.-Ing., Prof., Architekt - Hochfirststr. 5, 6800 Mannheim - Geb. 1. Febr. 1927 Ludwigshafen/Rh. (Vater: Albert S.), verh. m. Mathilde, geb. Kreiselmaier - S. 1969 Ord. f. Entwerfen u. Gebäudekd. TU Hannover, s. 1974 Prof. f. Entw. u. Gebäudekd. TH Darmstadt.

STRIGL, Günter

Assessor, Dipl.-Volksw., Bürgermeister v. Saulgau - Lindenstr. 23, 7968 Saulgau (T. 07581 - 2 07-13) - Geb. 11. Mai 1934 Oberndorf/N., kath., verh. s. 1961 m. Bergit, geb. Selg, 2 Kd. (Matthias, Bettina) - Human. Gymn., Univ. Freiburg, 1. jur. Staatsex. 1959, Ass. u. Dipl. 1965 - S. 1967 Bürgerm. - 1965 u. 1974 Gold. Sportabz. - Spr.: Franz., Engl.

STRITTMATTER, Peter

Dr. phil., Prof. Univ. d. Saarlandes - Leberstr. 15, 6600 Saarbrücken (T. 0681 - 81 35 06) - Geb. 6. Aug. 1937 Karlsruhe - Vorst.-Mitgl. d. Landesanst. f. d. Rundfunkwesen (LAR) - BV: Präsentationsmodi v. Lehrprogr., 1970; Lernzielorient. Leistungsmessung, 1972; D. schulängstl. Schüler, 1979 (m. Jacobs); Lernen in e. Ganztagsschule (m. Eigler, Schönwälder, Straka, Weiss), 1977; Modellversuche z. Schulfernsehen, 1979; Curriculumentwicklung als Problemlöseprozeß (m. Schäfer), 1980. Mithrsg.: Unterrichtswiss.; Grundlag. d. Sozialwissenschaften (1980).

STRITTMATTER, Thomas

Autor u. Maler - Leonrodstr. 45, 8000 München 19 (T. 089 - 123 54 51) - Geb. 18. Dez. 1961 St. Georgen, led. - Stud. Malerei u. Grafik Kunstakad. Karlsruhe - BV: 3 Bildgesch. u. 2 and., erste Stücke - Theaterstücke: Viehjud Levi (Urauff. 1983 Stuttgart), Brach (UA. 1984 Stuttgart), Polenweiher (UA. 1984 Konstanz), Kaiserwalzer (UA. 1986 Bielefeld), D. Liebe zu d. 3 Orangen (UA. 1987 Groningen/Niederl.). Filme: Polenweiher (1985/86 ZDF); Drachenfutter (Drehb. m. Jan Schütte); D. Königsstechen (Drehb. m. Fanny Morweiser, ZDF) - 1981 u. 83 Landespreis f. Volkstheaterstücke; 1984 E. Willner Pr. b. Bachmann Wettbew., Klagenfurt; 1985 Preis b. Prosawettbew. d. BR; 1987 Stip. Kunststiftg. Baden-Württ.; 1988 Stip. Dt. Lit.-fonds; 1988 Lit.förd.preis Stadt München - Spr.: Engl., Franz.

STRITZL, Marius Karl

Kaufmann, Honorarkonsul d. Republ. Niger - Maria-Louisen-Str. 37, 2000 Hamburg 60 (T. 47 33 31) - Geb. 26. Juli 1921 Wien (Vater: Dr. jur. Fritz St., Gutsbes.; Mutter: Hilde, geb. v. Gunesch), kath., verh. s. 1970 in 2. Ehe m. Ute Irene, geb. Schwarz, 2 S. (Roman, Thomas) - Reifeprüf. Wien 1939 - 1945-47 Ausb. z. Export-Kaufm. - 1939-45 Seeoffz. - 1969 Officier de l'ordre de la Rép. du Niger; 1970 Honorarkonsul Rep. Niger - Liebh.: Sportschiffahrt, Ski - Spr.: Engl., Franz.

STRIXNER, Hans

I. Bürgermeister - Rathaus, 8062 Markt Indersdorf/Obb. - Geb. 12. Juni 1922 Walkertshofen.

STRIZIC, Zdenko

Dipl.-Ing., Prof., Architekt - Eichenkamp 8, 3300 Braunschweig (T. 05307 - 18 53) - Geb. 19. Sept. 1902 Bjelovar/Jugosl. (Vater: Miroslav St., Rechtsanw. u. Notar; Mutter: Irena, geb. Spun), kath., verh. s. 1928 m. Margrit, geb. Weseloh, S. Mark - Dipl. 1926 TU Berlin - 1946-56 Univ. Zagreb; 1956-62 Univ. Melbourne, 1962-72 Braunschweig; 1960 Gastprof. Mass. Inst. of Technol./USA - BV: Lichter u. Schatten, 1955; Flugempfangsgebäude, e. Forsch.ber., 1965; Wohnbauten, Forsch.ber., 1966; Islam. Stadtstruktur, 1978 - Bauwerke: Hotel Excelsior Dubrovnik (Jugosl.); Opernhaus Chatkow (Rußl.); Ferienhaus am Südozean (Austral.); Inst. f. Stahlbau TU Braunschweig; Wohnhausgr. Am Kanzlerfeld, Braunschweig; - Wettbewerbspreise in Bundesrep., Rußl., Jugoslawien, Schweden - Spr.: Franz., Engl., Jugoslaw.

STRNAD, Helmut Frithjof

Dr. rer. pol., Dipl.-Ing., Univ.-Prof. f. Sicherheitstechnik/Entwicklungs- u. Konstruktionstechn. (s. 1977), spez. Konstr.systematik; Sicherheitsanalysen - Jägerhofstr. 63, 5600 Wuppertal 1 (T. 43 33 48) - Geb. 30. Juni 1930 Prag (Vater: Ernst S., Angest.; Mutter: Elsa, geb. Wildt), verh. s. 1966 m. Dora, geb. Merkel, 2 S. (Oliver, Gero) - Elektrikerlehre; Stud. Elektrotechnik u. Betriebsw. TH Aachen u. TH Darmstadt - 1956-69 Industrietätigk.; 1969-77 o. Prof. f. Feinwerktechnik a. d. RWTH Aachen; 1969-77 gleichzeitig Dir. u. Gf. Vorst. Techn. Akad. Wuppertal; s. 1977 Prof. Univ. Wuppertal; 1972-74 Vorstandssprecher Landesverb. NRW f. Weiterbild. i. Technik u. Wirtschaft; 1978-83 Vorst.-Mitgl. d. Ges. f. Sicherheitswiss.; Öff. Best. u. vereid. Sachverständiger d. IHK Remscheid-Solingen-Wuppertal. Zahlr. Patente (Regelungstechnik) - BV: Die Steuerung industrieller Fertigung in kybernet. Sicht unt. bes. Berücks. v. Störeinflüssen (Diss.); Diplomingenieur Feinwerktechnik, 1974; Sicherheitsgerechtes Konstruieren, 1983; Sicherheitstechn. Eigenschaften u. Einsatzbedingungen v. Niederspannungs-Schaltgeräten, 1984; Entwickeln u. Konstruieren gefahrenfreier techn. Arbeitsmittel, 1985. Beitr. zu mehreren Handb. - Liebh.: Geschichte, Fotogr. - Spr.: Engl., Franz.

STROBACH, Lothar

M.A., Chefredakteur Bunte u. HOLIDAY - Zu erreichen üb. Chefredakt. Bunte, Burda-Verlag, Postf., 8000 München 81 - Geb. 30. Okt. 1940, verh. s. 1975 m. Viola, geb. Zander - Stud. Univ. München (German., Gesch.) - Liebh.: Oper, Golf - Spr.: Engl., Franz., Ital.

STROBEL, August

Dr. theol., Prof., Pfarrer, Hochschullehrer, Ltd. Direktor Dt. Ev. Inst. f. Altertumswiss. d. Hl. Landes, Jerusalem/Amman (s. 1984) - Föhrenstr. 15, 8806 Neuendettelsau/Mfr. - Geb. 4. März 1930 Schwarzenbach/S., ev., verh. s. 1956 m. Brigitte, geb. Ecker, 4 Söhne (Volker, Jochen, Rolf-Peter, Gerold) - Oberrealsch. Hof/S.; Augustana-Hochsch. Neuendettelsau, Univ. Heidelberg u. Erlangen. Promot. (1956) u. Habil. (1960) Erlangen - S. 1960 Lehrtätigk. Univ. Erlangen (1962 Doz.), Univ. Bonn (1963-64 Vertr. Lehrstuhl f. Neues Testament), Augustana-Hochsch. (1965 o. Prof. f. NT). Entd.: Archäol. Palästina-Beitr. (u. a. erstmal. Beschreib. d. röm. Circumvallation v. Machärus). Ausgrabungen in ez-Zara/Kallirrhoe (Jordanien) - BV: u. a. Unters. z. eschatolog. Verzögerungsproblem, 1961; Begründung u. Gebrauch d. hl. Taufe, 1961 (m. O. Perels); D. mod. Jesusforsch., 1966; D. Anfänge d. Kirche, 1966 (m. E. Schweizer u. F. Hahn); Kerygma u. Apokalyptik, 1967; D. Gottesgeheimnis d. Kreuzes, 1968; Erkenntnis u. Bekenntnis d. Sünde, 1968; Jesus in Nazareth (m. W. Eltester u. a.), 1972; Wer war Jesus? Wer ist Jesus?, 1973; Der Tod - ungelöstes Rätsel oder überwundener Feind, 1974 (Hrsg.); D. Brief an d. Hebräer (NTD 9), 1975; D. spätbronzezeitl. Seevölkersturm (BZAW 145), 1976; Ursprung u. Gesch. d. frühchristl. Osterkalenders, 1977; D. hl. Land d. Montanisten, 1980; D. Stunde d. Wahrheit. D. Strafverf. gegen Jesus, 1980; D. Stern v. Bethlehem. E. Licht in uns. Zeit?, 1985; Weltenjahr, gr. Konjunktion u. Messiasstern (ANRW 20,2), 1987. Mitarb. in: Macht u. Gewalt, 1978; Weihnachten neu überlegt (Herrenalber Texte 14), 1979.

STROBEL, Beate,

geb. Bartel

Dipl.-Psychologin - Schässburger Str. 33, 8000 München 82 - Geb. 15. März 1951 Frankfurt/M. (Vater: Hans B., Prof.; Mutter: Ruth, geb. Weber), kath., verh. s. 1973 m. Ottmar Strobel, 2 T. (Anja Maraike; Elisa Christina) - 1969-72 Univ. Tübingen, dann München (Dipl. 1975); Max-Planck-Inst. f. Psychiatrie München - 1975-79 Aufbau erste mobile Hausfrühförd. Lebenshilfe f. geistig Behinderte e.V., München - Buch: Diskriminier. od. Integration behinderter Kinder? (Dipl.-Arbeit) 1974 - Spr.: Engl., Niederl., Franz.

STROBEL, Eberhard

Dr. med., Prof., Chefarzt Frauenklinik Städt. Krankenanstalten Aschaffenburg (s. 1970) - 8750 Aschaffenburg; priv.: Liegnitzer Str. 13, 8520 Erlangen - Geb. 11. Aug. 1925 Fürth/Bay. - Promot. 1951; Habil. 1960 - 1954-69 Univ. Frauenklinik Erlangen, 1967 apl. Prof. f. Geburtshilfe u. Frauenheilkd.; 1988 Leit. Med.dir. Facharb. u. Handb.beitr.

STROBEL, Georg-Waldemar

Dr. phil., Prof. TH Darmstadt - Auf der Beine 7, 6114 Groß-Umstadt/Raibach (T. 06078 - 46 81) - Geb. 23. Jan. 1923 Lwow (Vater: Alfons St., Weber; Mutter: Regina, geb. Mater), kath., verh. s. 1952 m. Evelyn, geb. Bockmann, 2 S. (Martin, Tobias) - Promot. 1955 Univ. Kiel; Habil. 1970 Univ. Mainz - 1955-61 wiss. Mitarb. Inst. f. Weltwirtsch., Kiel; 1957 NATO-Generalsekr. Paris; 1961-75 wiss. Oberrat Bundesinst. f. ostwiss. u. intern. Stud. Köln; 1975 ff. TH Darmstadt u. 1978 ff. Honorarprof. Univ. Mainz; 1972 ff. German Editor East Europe in German Books, Kansas City - BV: Quellen z. Gesch. d. Kommunismus in Polen 1878-1918, 1968; D. Partei Rosa Luxemburgs, Lenin u. d. SPD, 1974 - Spr.: Poln., Russ., Engl., Franz., Tschech., Ukrain., Jidd. - Lit.: Who's who in the world.

STROBEL, Hans

Geschäftsführer Vorwerk & Co. Möbelstoffwerke GmbH & Co. KG - E.C.-Baumannstr. 30-33, 8650 Kulmbach (T. 09221 - 50 80) - Geb. 15. Aug. 1940.

STROBEL, Käte,

geb. Müller

Bundesministerin a. D. - Erlachweiherstr. 3, 8500 Nürnberg 60 (T. 88 49 88) - Geb. 23. Juli 1907 Nürnberg (Vater: Friedrich Müller, Schuhmacher u. Sekr. Zentralverb. d. Schuhm.; Mutter: Anna, geb. Breit), verh. s. 1928 m. Hans S., 2 Töcht. (Ilse, Traudel) - Volks- u. Handelssch. Nürnberg - 1923-1938 u. 1945-47 kaufm. u. organisator. Tätigk., b. 1933 Vors. Kinderfreundebeweg. in Bayern u. Mitgl. Reichsvorst. (1932), s. 1946 Frauenvors. SPD Franken, Mitgl. Bezirksvorst., Landes- u. Parteiaussch., 1949-72 MdB, 1958-66 Mitgl. Europ. Parlament (1962-64 Vizepräs.), 1964-66 Vors. Sozialist. Fraktion), 1966-72 Bundesmin. f. Gesundheitswesen bzw. Jugend, Familie u. Gesundheit (1969), 1974-86 Mitgl. Wirtsch.- u. Sozialaussch. EG. SPD s. 1925 (Mitgl. Parteivorst. u. -

präsid.) - 1962 Bayer. VO., 1969 Gr. BVK m. Stern, 1972 Schulterbd. dazu, 1965 Isabella d'Este (Intern. Preis); 1968 Gold. Leinwand (Filmpreis f. d. Unterstütz. v. „Helga"); 1986 Gustav Heinemann Bürgerpreis, 1986 Georg von Vollmar-Preis; Ehrenbürgerin Stadt Nürnberg; Vors. Seniorenrat d. SPD.

STROBEL, Manfred

Dr., Ministerialdirigent a.D., Geschäftsf. abr - amtl. bayer. Reisebüro GmbH - Im Hauptbahnhof, 8000 München 2 - Zul. Leit. FB Absatz/Dt. Bundesbahn, Frankfurt/M. AR-Vors. Transfracht Dt. Transport GmbH, Frankf.

STROBEL, Robert

1. Bürgermeister Stadt Naila - Rathaus, 8674 Naila/Ofr. - Geb. 22. Dez. 1939 Naila - Mitgl. Kreistag Hof, Mitgl. Bezirkstag v. Oberfranken.

STROBEL, Wolfgang

Kaufmann, Vorsitzender Bundesfachverb. Fleischereibedarf-Großhandel - Gutleutstr. (Schlachthof), 6600 Saarbrücken 3 (T. 0681 - 63 17-18-19) - Geb. 22. März 1940 - Geschäftsf. Saarl. Metzgereibedarf B. Strobel GmbH, Saarbrücken, Strobel Sàrl, Strassen/Luxembourg, Strobel S. A. Forbach/ Frankr.

STROBELT, Manfred

Präsident Landesarbeitsgericht i. R. Saarland (1968-84) - Zur Kirchenmühle 12, 6610 Lebach - Geb. 5. Febr. 1922 - S. 1965 LAG-Dir. u. -Präs.

STROBL, Gottlieb M.

Aufsichtsratsmitglied der Audi NSU Auto Union AG (b. 1978 Vorstandsmitgl. VW AG u. Vorstandsvors. Audi NSU Auto Union AG) - Gärtnerstr. 12, 8070 Ingolstadt - Geb. 14. Okt. 1916 München - 1978 Bayer. VO; 1980 Gr. BVK.

STROBL, Lothar

Redakteur, Ressortleit. Sport Heilbronner Stimme (Ps. Lostro) - Rauchstr. 57, 7100 Heilbronn (T. 07131 - 7 27 85) - Geb. 1. Aug. 1928 Heilbronn (Vater: verst.; Mutter: Friedl, geb. Schmoll), ev., verh. s. 1953 m. Irene, geb. Deecke, 2 Kd. (Thomas, Heike) - Gymn. (Abit. 1949); 1949-51 Volont. - 1951-63 Redakt. Neckar-Echo; ab 1963 Ressortleit. Sport Heilbr. Stimme, Redakt. Wiss. u. Technik - ADAC-Verdienstplak. in Silber; Sportkreis-Ehrenbrief; Turngau-Ehrenbecher in Silber - Liebh.: Tennis, Aktienmarkt - Gold. Sportabz., mehrf. baden-württ. u. dt. Pressemeister in Tennis u. Sportschießen - Spr.: Engl., Latein.

STROBL, Max

Dipl.-Kfm., Geschäftsführer Isarwerke GmbH., München - Blumenstr. 7a, 8034 Unterpfaffenhofen b. München.

STROCKA, Volker Michael

Dr. phil., o. Prof. f. Klass. Archäologie Univ. Freiburg - Goethestr. 37, 7800 Freiburg (T. 0761 - 7 83 88) - Geb. 26. Febr. 1940 Frankfurt/M. (Vater: Dr. med. Gerhard St., Arzt; Mutter: Mathilde, geb. Dafeldecker), kath., verh. s. 1974 m. Brigitte, geb. Auchter, 3 Kd. - Stud. Univ. München, Basel, Freiburg, Paris; Promot. 1965 Freiburg/Br., Habil. 1973 Bochum - 1965-73 wiss. Assist. Univ. Bochum; 1974 Doz. Göttingen; 1975-81 1. Dir. Dt. Archäol. Inst. Berlin; s. 1981 Ord. f. Klass. Archäologie Univ. Freiburg/Br. - BV: Piräusreliefs u. Parthenosschild, 1967; D. Wandmalerei d. Hanghäuser in Ephesos, 1977; D. Markttor v. Milet, 1981; Häuser in Pompeji, Bd. 1 1984 - Mitgl. Dt. Archäol. Inst.; korr. Mitgl. Österr. Archäol. Inst. - Spr.: Engl., Franz., Ital., Griech., Türk.

STRÖBELE, Hans-Christian

Rechtsanwalt, MdB (1985ff.; AL-Vertr. Berlin) - Holsteiner Ufer 22, 1000 Berlin 21 (T. 030 - 391 60 51) - Geb. 1940.

STRÖBELE, Roland

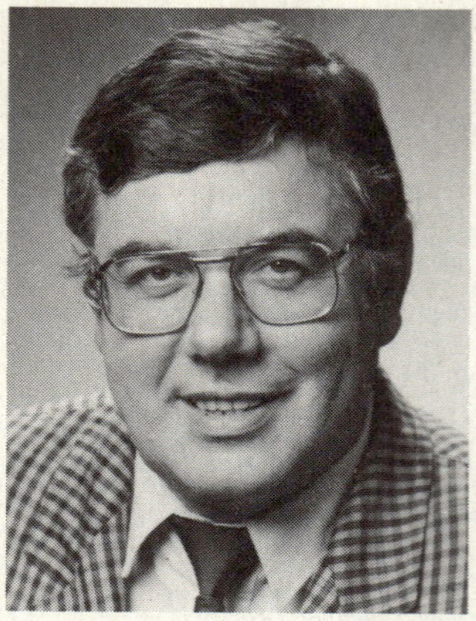

Bürgermeister, MdL Baden-Württ. (Wahlkr. 55, Tuttlingen-Donaueschingen) - Am Täle 4, 7203 Fridingen (T. 07463 - 10 11) - Geb. 14. Aug. 1943 Stuttgart - Sicherheitspolit. Sprecher d. CDU-Landtagsfraktion. CDU.

STRÖDER, Josef

Dr. med., Dr. med. h. c., Prof. f. Kinderheilkunde - Schlesierstr. 22, 8700 Würzburg - Geb. 6. März 1912 Mömerzheim/Rhld. (Vater: Josef S.; Mutter: geb. Joist), kath., verh. s. 1938 m. Luise, geb. Steves, 2 Töcht. (Luise, Christel) - Beethoven-Gymn. Bonn; Univ. Bonn u. Freiburg (Med. Staatsex. 1935). Promot. 1936 Freiburg; Habil. 1941 Düsseldorf - 1941-48 Doz. u. apl. Prof. (1947) Med. Akad., Düsseldorf (1946 Oberarzt Kinderklinik); s. 1948 Ord. u. Klinikdir. Univ. Würzburg - BV: Pädiatr. Fortbild. f. Ärzte u. Studierende, 1961; Probleme d. Verhüt. v. Viruserkrank., 1967; Unser Kind ist krank - was tun? Überleg. u. Ratschläge f. Eltern, 1981. Zahlr. Beitr. in Fachztschr. - Ehrenmitgl. Soc. de Biologia Pernambuco, Poln. (erster Deutscher), Tschechosl., Span. Pädiatr. Ges., Tschechosl. ärztl. Ges. J. E. Purkynie, Jap. Pädiatr. Ges.; korr. Mitgl. Ges. f. Nuclearmed., London, Schweizer, Franz., Ital. Pädiatr. Ges. u. Österr. Ges. f. Kinderheilkd.; Offc. dans l'ordre des palmes acad.; VO. in Gold Volksrep. Polen; Inh. Ehrenschild Univ. Helsinki u. Univ. Tokyo; 1980 Bayer. VO.

STRÖDTER, Wolfgang

Bundestrainer - Rheydter Str. 38, 4050 Mönchengladbach 1 - Geb. 5. April 1948 Bad Homburg v. d. Höhe, ev., T. Eva - S. 1981 Bundestrainer b. Dt. Sportbund - 1972 Olympiasieger München (Hockey); 1972 Silb. Lorbeerblatt - Liebh.: Briefmarken - Spr.: Engl.

STRÖHER, Manfred

Möbelkaufmann, Präs. Dt. Basketball-Bund (DBB, s. 1984) - Winzenheimer Str. 24, 6550 Bad Kreuznach (T. 0671 - 6 40 61) - Geb. 25. März 1937 Bad Kreuznach, ev., verh. s. 1960 m. Liselotte, geb. Diemer, 3 Töcht. (Anke, Sibylle, Karen) - Handelssch.; Schreinerlehre; Fachsch. d. dt. Möbelhandels - Inh. e. Möbelhauses. Präs. Werbegem. Wohnbären-Gruppe. 1963-73 Vorst. DBB (Schiedsrichterwart), 1980-84 DBB-Vizepräs., 1984 Präs.; 1964 Intern. Schiedsrichter; 1964 Mitgl. techn. Kommiss. FIBA (intern. Basketball-Verb.); s. 1980 Präs. d. Finanzen u. Mitgl. Central-Boards d. FIBA; techn. Kommiss. d. FIBA b. d. Olymp. Spielen 1968, 1972, 1976, 1980, 1984, 1988 - BV: Technik d. Schiedsrichterns im BB, 1977 (in 15 Spr., auch in arab. u. chin.) - 1973 Gold. Ehrennadel d. DBB - Liebh.: Philatelie, Fotos - Spr.: Engl. - Lit.: Zeitung Basketball (4. Mai 1983); 16. Mai 1984.

STRÖHLEIN, Gerhard

Dr. phil., Prof. Univ. Göttingen - Fichtenweg 1, 3400 Göttingen (T. 0551 - 3 53 95) - Geb. 29. März 1937 Ansbach/ Mfr., ev., verh. s. 1967 m. Helga, geb. Zacher, 2 S. (Bernd-Friedrich, Arne Gert) - Stud. German., Gesch. u. Geogr. (Lehramtsprüf. Realsch. 1963, Lehramtsprüf. Gymn. 1964 u. 1966, Promot. 1974) - 1964-66 Stud.refer.; 1966/67 Stud.ass.; 1967-74 wiss. Assist.; 1975-79 Doz.; ab 1980 Prof. - BV: Rohstoff Öl - Mod. e. integr. Unterr.einheit, 1973; Politik, Geogr. u. Ges., Vorschläge z. e. interdisz. Unterr., 1976; Wald u. Randgäu im westl. Mittelfranken. D. Entw. untersch. Agrarlandsch., 1976.

STRÖHM, Carl Gustaf

Dr. phil., Journ. - Zu err. üb.: Strehlgasse 5, A-1190 Wien - Geb. 8. März 1930 Reval (Vater: Dr. Carl Gustaf S.; Mutter: Vera, geb. Levitzky) - Univ. Tübingen (Osteurop. Gesch., Polit., Wiss.; Promot. 1959) - B. 1954 Geschäftsf. Dt. Ges. f. Osteuropakd., Stuttgart, dann Stud., s. 1958 Osteuropa-Experte Wochenztg. Christ u. Welt, Stuttgart, Leit. Zone Südosteuropa Dt. Welle, Köln (1966), Osteuropa-Korresp. Die Welt (1972) - BV: Zwischen Mao u. Chruschtschow - Wandlungen d. Kommunismus, 1964; V. Zarenreich z. Sowjetmacht - Rußl. 1917-67, 1967; Ohne Tito kann Jugoslawien überleben, 1977 - Spr.: Russ., Engl., Serbokroat., Franz.

STRÖKER, Elisabeth

Dr. phil., o. Prof. f. Philosophie, Dir. d. Phil. Sem. u. d. Husserl Archivs Univ. Köln - Univ. Köln, Albertus Magnusplatz, 5000 Köln 41 - Geb. 17. Aug. 1928, ledig - Stud.; 2 Staatsex.; Promot.; Habil. 1963 - Lehrtätigkeit Univ. Hamburg, TU Braunschweig (1965 Ord., 1968-70 Dekan), Univ. Köln (1971, 1976-77 Dekan), div. Gastprof. USA, Canada, europ. Ausland - BV: Phil. Unters. z. Raum, 2. A. 1977 (amerikan. Übers. 1986); Denkwege d. Chemie, 1967; Einf. in d. Wissenschaftstheorie, 3. A. 1988 (japan. 1978 u. 1980); Wissenschaftsgesch. als Herausforderung, 1976 (japan. 1980); Theoriewandel in d. Wissenschaftsgesch., 1982; Husserlian Foundations of Science, 1986; Phänomenologische Studien, 1987; Husserls transzendentale Phänomenologie, 1987; Wissenschaftsphil. Studien, 1989; Phänomenologische Phil. (m. P. Janssen), 1989. Div. Einzelarb. auch z. Sprachphil., Phänomenologie u. Geschichtsphil.

STROETMANN, Clemens

Staatssekretär Bundesministerium f. Umwelt, Naturschutz u. Reaktorsicherheit - Kennedyallee 5, 5300 Bonn 2 (T. 0228 - 3 05-20 20 - Geb. 10. Mai 1946, kath., verh. s. 1979 m. Lieselotte, geb. Fischer, 2 Kd. (Antonia, Hubertus) - Abit. 1966; nach Bundeswehr (1966-68) 1968-72 Stud. Rechtswiss. Univ. Göttingen; 1. Ex. 1973, Ass. 1975 - 1976-80 Leiter Ministerbüro nieders. Sozialmin.; 1981-84 Referatsleit. im Min., 1984 zugl. stv. Abteilungsleit. Gesundheitsabt.; 1985 Vizepräs. Bundesgesundheitsamt in Berlin; s. 1987 Staatssekretär s.o. - Liebh.: Lit. (Lyrik), Schwimmen, Musik (Barock) - Spr.: Engl.

STROETMANN, Karl A.

Dr., Geschäftsführer Informationszentrum Sozialwiss., Arbeitsgemeinschaft sozialwiss. Inst. (ASI) - Lennestr. 30, 5300 Bonn 1 (T. 0228 - 22 81-0) - 1968 Dipl.-Kaufm. FU Berlin; 1974 Ph.D. Univ. of British Columbia, Vancouver, B.C. Kanada - Vorst.-Mitgl. Ges. Sozialwiss. Infrastruktureinrichtungen (GESIS).

STROH, Günter

Dipl.-Volksw., Geschäftsführer Medical Tribune GmbH. (Intern. Wochenztg. f. Ärzte/Ausg. f. Dtschl., Schweiz, Österr.; Sexualmed.; mtv. - Fernsehztschr. f. d. Arzt; Apotheken-Praxis) - Am Birnbaum 14, 6200 Wiesbaden-Sonnenberg (T. Büro: 396 55-59) - Geb. 29. Jan. 1929 Wiesbaden.

STROH, Wilfried (Valahfridus)

Dr. phil., Prof. f. Klassische Philologie - Camerloherstr. 13, 8050 Freising - Geb. 26. Dez. 1939 Stuttgart (Vater: Hans St., Pfarrer; Mutter: Rosemarie, geb. Wendel), ev., verh. s. 1972 m. Elisabeth, geb. Weber, 3 Kd. (Kassian, Valentin, Fanny) - Promot. Heidelberg 1967, Habil. Heidelberg 1972 - 1967-72 wiss. Assist., 1972-76 Univ.-Doz., s. 1976 Ord. Univ. München - BV: Ovid im Urteil d. Nachwelt, 1969; D. röm. Liebeselegie als werbende Dichtung, 1971; Taxis u. Taktik: D. advokatische Dispositionskunst in Ciceros Gerichtsreden, 1975; Proben latein. Verskunst (m. Tonkassette), 1981; Erotomachia, 1985; Amor in Monte Docto, 1987; Ludi Latini, Musikal. Lateinfestival in Ellwangen/Jagst (m. Jan Novák), 1983, wiederholt in Augsburg 1985, Freising 1986 - S. 1988 Scholae Frisingenses (Lat. Sommerakad.); Mitgl. Acad. Latinitati fovendae (Rom).

STROH, Wolfgang Martin

Dr., Prof. f. Musikwissenschaft Univ. Oldenburg - Saarstr. 22, 2900 Oldenburg (T. 0441 - 8 36 45) - Geb. 1. Juli 1941 Stuttgart - Staatsex. Math. 1966 u. 1968, Promot. 1972 - S. 1978 Prof. f. Musikwiss. - BV: Anton Webern, 1973; Anton Webern: Symph. op. 21, 1975; Z. Soziol. d. Elektron. Musik, 1975; Musikkonsum u. Kaufverh., 1978; Z. Psychol. musikal. Tätigkeit, 1984.

STROHBACH, Siegfried

Prof. Musikhochschule Hannover, Komponist, Kapellmeister Landesbühne Hannover - Uhlhornstr. 12, 3000 Hannover 61 (T. 0511 - 55 20 78) - Geb. 27. Nov. 1929 Schirgiswalde (Oberlausitz), kath., verh. s. 1953 m. Ilse, geb. Bartels, 3 Kd. (Tilo, Mira, Ingo) - 1939-45 Mus. Gymn. Frankfurt; b. 1949 Stud. Kompos. u. Dirig. b. Kurt Thomas, Klavier b. A. Leopolder; 1949-51 Stud. Gesang b. P. Gümmer - 1951-53 Schauspielkapellm. Landestheater Hannover; s. 1953 Chorleiter (u.a. Collegium Cantorum, Propsteichor Hannover); s. 1966 Doz. Musikhochsch. Hannover (1973 Prof.); s. 1968 Kapellm. (Oper, Konz.) Landesbühne Hannover - Musikw.: geistl. u. weltl. Chormusik aller Gatt. u. Besetz., Kammeroper, Orchesterwerke, Kammermusik, Lieder u.a.

STROHBUSCH, Frank

Dr. rer. nat., apl. Prof. f. Physikal. Chemie Univ. Freiburg u. Prof. f. Phys. Chemie, FH Weihenstephan - Ricarda-Huch-Str. 13, 7819 Denzlingen - Geb. 6. Mai 1940 Schneidemühl, ev., verh. s. 1967 m. Monika, geb. Roßmann, 3 Kd. (Stefan, Barbara, Julia) - 1959-65 Chemiestud. Univ. München; Dipl. 1965; Promot. 1969; Habil. 1979 Freiburg - 1981 Prof. Univ. Freiburg; 1983-87 Industrieentwicklung Umweltmeßgeräte - 1986 Entw. e. Spektrometers f. Rauchgasmessung - 26 Fachveröff., bes. z. Kinetik schneller chem. Reaktionen.

STROHBUSCH, Udo

Dr. phil. nat., Prof. f. Physik (insb. Kern- u. Elementarteilchen-Physik) Univ. Hamburg - Schwentinestr. 40, 2000 Norderstedt (T. 040-524 17 12).

STROHEKER, Tina

Schriftstellerin - Heckenweg 2, 7332 Eislingen - Geb. 13. Juni 1948 - BV: Ged.: Provinz od. d. zufällige Wiederentd. d. Mondsichel, 1982; D. zweite Horizontlinie, 1983; Hinter d. Stirn d. Tod, 1987; D. Meer ist e. Gerücht, 1989 - 1981 Leonce- u. Lena-Förderpreis; 1985 Stip. Villa Massimo.

STROHMAYER, Julius

I. Bürgermeister Stadt Mindelheim - Rathaus, 8948 Mindelheim/Schw. - Geb. 6. Nov. 1919 Mindelheim - Zul. Stadtamtm.

STROHMAYER, Max

Amtsinspektor a. D. (1950-58 u. 1972-74 MdL Bayern) - Georgenstr. 44, 8948

Mindelheim/Schw. - Geb. 24. Febr. 1919 Markt-Rettenbach - 1974 Bayer. VO.

STROHMAYR, Alois

Architekt (BDA) - Am Graben 15, 8901 Stadtbergen/Schwaben (T. Augsburg 3 61 43) - Geb. 30. Aug. 1908 Stadtbergen, kath., verh. s. 1932, 2 Kd. - Gymn. St. Stephan u. Höh. Techn. Lehranst. Augsburg - S. 1930 Arch. Spanien u. Stadtbergen (1936), m. Kriegsbeginn Polizeidst., ab 1942 KZ, 1944-45 Strafbatl. S. 1946 Mitgl. Gemeinderat Stadtbergen (Fraktionsvors.) u. Kreistag Augsburg; 1954-61 MdL Bayern; 1961-72 MdB. 1948-52 u. 1956-60 stv. Landrat Kr. Augsburg. S. 1949 Ehren-Bezirksvors. Arbeiterwohlfahrt Schwaben - Gr. BVK m. Stern; Bayer. Verdienstkreuz.

STROHMEIER, Walter

Dr. rer. nat., o. Prof. f. Physikal. Chemie - Mittlerer Dallenbergweg 21a, 8700 Würzburg (T. Inst.: 3 15 16) - Geb. 13. Dez. 1919 Würzburg - S. 1955 (Habil.) Privatdoz., apl. (1961), ao. (1964) u. o. Prof. (1968) Univ. Würzburg (Vors. Inst. f. Physikal. Chemie). Üb. 230 Facharb.

STROHMEIER, Wolfgang

Dr. rer. nat., Prof., Direktor Remeis-Sternwarte Bamberg (s. 1954) - Sternwartstr. 7, 8600 Bamberg/Ofr. (T. 2 37 08) - Geb. 16. Jan. 1913 Kassel (Vater: Friedrich S., Stadtobering.; Mutter: Maria, geb. Wellerdick), kath., verh. s. 1939 m. Käthe, geb. Beck, 2 Töcht. (Margot, Angelika) - Wilhelms-Gymn. Kassel; Univ. Berlin (Math., Physik, Astron.; Promot. 1938) - 1942-47 Assist. Univ.s-Sternw. Göttingen; 1948-53 Observator Bayer. Erdmessungskommiss. München. S. 1962 (Habil.) Lehrtätigk. Univ. Erlangen bzw. Erlangen-Nürnberg (1968 apl. Prof. f. Astronomie). Veröff. in- u. ausl. Fachztschr. - Spr.: Engl., Franz.

STROHMEYER, Georg

Dr. med., Prof., Arzt u. Klinikdirektor, Ordinarius f. Innere Med. Univ. Düsseldorf (s. 1973), Ärztlicher Direktor, Internist (spez. Magen/Darm/Leber/Pankreas-Krankheiten) - Zu erreichen üb. Moorenstr. 5, 4000 Düsseldorf 2 - Geb. 6. Nov. 1928 Freden/Leine (Vater: Gustav S.; Mutter: Lea, geb. Wallenstein), ev., verh. s. 1956 m. Sibylle, geb. Colpe, 3 Kd. (Torsten, Silke, Henning) - Gymn. Bremerhaven; Stud. Göttingen, Innsbruck, Hamburg (Staatsex., Promot.). Habil. Marburg - 1965-73 Oberarzt Marburg; 1960/61 Harvard Univ. Boston; Präs. u. Councillor German, European and Intern. Assoc. for the Study of the Liver (1978/79 Präs.); Präs. d. Dt. Ges. f. Verdauungs- u. Stoffwechselkrankheiten (1980/81). Mitarb. versch. dt. u. intern. med.-wiss. gastroenterolog. Werke - Liebh.: Musik, Malerei, Sport - Spr.: Engl.

STROHMEYER, Klaus

Dr. phil, Schriftsteller - Laubacher Str. 37, 1000 Berlin 33 - Geb. 8. Juli 1947 Hannover - BV: Warenhäuser-Geschichte, Blüte u. Untergang im Warenmeer, 1980; Berlin in Bewegung. Lit. Spaziergang, 2 Bde., 1987; Zu Hitler fällt mir noch ein ... Sat. als Widerstand, 1989.

STROHSCHNEIDER-KOHRS, Ingrid, geb. Kohrs

Dr. phil., em. o. Prof. f. Neuere dt. Literaturgeschichte - Pippinstr. 28, 8035 Gauting (T. 089 - 850 20 56) - Geb. 26. Aug. 1922 Hamburg (Vater: Heinrich Kohrs; Mutter: Magda, geb. Ohl), verh. s. 1958 m. Dr. phil. Gottfried Strohschneider - 1942-48 Stud. Lit., German., Phil., Gesch. Promot. Hamburg; Habil. München - S. 1959 Lehrtätigk. Univ. München u. Bochum (1964 o. Prof.) - BV: D. romant. Ironie in Theorie u. Gestaltung, 1960, 2. A. 1977; Vom Prinzip d. Maßen in Lessings Kritik, 1969; Literar. Struktur u. geschichtl. Wandel, 1971.

STROLZ, Walter

Dr. phil., Prof., Schriftsteller - Kaiser-Josef-Str. 1, 6020 Innsbruck/Österr. (T. 05222 - 56 13 45) - Geb. 17. Nov. 1927 Schoppernau (Österr.), kath., verh. s. 1958 m. Leopoldine, geb. Mayr, 2 Kd. (Christoph, Odilia) - 1949-54 Univ. Innsbruck (German., Phil., Gesch.; Promot.) - 1954-65 Verlagslektor Innsbruck u. Freiburg, dann wiss. Leit. Stiftg. Oratio Dominica z. Förd. d. christl. Dialogs m. d. Weltreligionen - BV: D. vergessene Ursprung, 1959; Menschsein als Gottesfrage, 1965; Widerspruch u. Hoffnung d. Daseins, 1965 (engl./USA 1967); Schöpfung u. Selbstbesinnung, 1973; Heidegger als meditativer Denker, 1974; Du gibst weiten Raum meinen Schritten - Bibl. Textinterpret., 1980; Goethes versteckte Sprachphil., 1981; Heilswege d. Weltreligionen, 3 Bde., Bd. 1: Christl. Begegnung m. Judentum u. Islam, 1984; Bd. 2: Christl. Begegnung m. Hinduismus, Buddhismus u. Taoismus, 1986; Bd. 3: Quellentexte, 1987 - 1981 österr. Prof.Titel; 1971 Theodor-Körner-Preis Wien; Mitgl. Österr. PEN-Club - Spr.: Engl., Franz. - Urenkel Franz Michael Felders, Vorarlbg. Dichter (1839-69).

STROMBACH, Werner

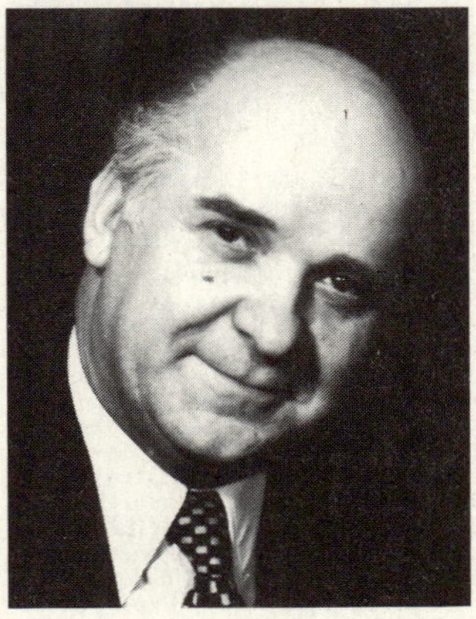

Dr. phil., Prof. f. Philosoph. Grenzfragen d. Math., Physik u. Informatik Fachhochsch. Dortmund (1972-78 Rektor) u. Univ. Dortmund - Hessenbank 16, 4600 Dortmund 50 (T. 71 77 91) - Geb. 9. April 1923 Dresden (Vater: Feodor S., Werkm.; Mutter: Elisabeth, geb. Günther), kath., verh. s. 1946 m. Antonia, geb. Stutzmann, Tocht. Christiane - Stud. Univ. Münster (Phil., Psychol., Physik); Promot. 1958; Habil. 1975 - Fachmitgl.sch. - BV: Natur u. Ordnung, 1968; D. Gesetze uns. Denkens, 3. A. 1975; Mathematische Logik, 1972 (m. a.). Herausg. m. and.: D. Intelligenzbegriff in d. versch. Wiss. (1985). Ca. 80 weitere Fachveröff. - 1983 BVK I. Kl.; 1988 Ehrennadel d. Stadt Dortmund; 1985/86 Gastprof. Ruhr-Univ. Bochum; s. 1987 ao. Prof. Intern. Akad. d. Wiss. San Marino; Vors. Arbeitskr. Mensch u. Technik d. Intern. Ges. f. Ing.päd.; Scientific Member Intern. Assoc. for Cybernetics - Rotarier.

STROMBERG, Rudolf

Intendant - Städt. Bühnen, 5500 Trier/Mosel - Geb. 1925 - S. 1972 Int. Städt. Bühnen Augsburg u. Trier (1981) - Spr.: Engl. - Rotarier.

STROMBERGER, Carl

Dr.-Ing., o. Prof. f. Mechan. Technologie, einschl. Betriebswiss. (emerit.) - Brahmsweg 5, 6100 Darmstadt - Geb. 12. März 1901 Oberursel/Ts. - 1944-68 Ord. TH Darmstadt. Herausg.: Werkstatt u. Betrieb/Ztschr. f. Maschinenbau, Konstruktion u. Fertigung (1949-70).

STROMBERGER, Robert

Schriftsteller, Regisseur, Schauspieler - Schumannstr., 6100 Darmstadt - Geb. 13. Sept. 1930 Darmstadt (Vater: Georg S., Kaufm. Angest.; Mutter: Margarethe, geb. Schneider), ev., verh. s. 1958 m. Irmgard, geb. Stapp, T. Iris - Realgymn.; Schauspielausbild. - BV: PS, R. 1976 (FS-Serie 1973-78). Kom.: D. Unverbesserlichen (1956; FS-Serie 1964-71) u. Biedermänner (1973). Regie: Datterich (auch Hauptrolle), Biedermänner, Fröhl. Weinberg, Tod e. Schülers (FS-Serie 1981), Mein Bruder u. ich (1982), Katharina Knie (auch Hauptrolle), Diese Drombuschs (FS-Serie s. 1983) - 1975 Bronz. Verdienstplak. Darmstadt, Gold. Bildschirm, Lothar-Danner-Med., 1981 Bambi, Gold. Rosenstrauß; 1982 Gold. Kamera - Liebh.: Musik, Schach - Bek. Vorf.: Robert Schneider, Mundartdichter, Denkmal u. Str. Darmstadt (Großv. ms.).

STROMER v. REICHENBACH, Freiherr von STROMER, Wolfgang

Dr., Dr. rer. pol. habil., Prof. f. Wirtschafts-, Sozial- u. Technikgeschichte (Ps. v. Stromer, Stromboli) - Zu erreichen üb. Univ. Erlangen-Nürnberg, Findelgasse 7, 8500 Nürnberg (T. 0911 - 530 26 08); priv.: Burg Grünsberg, 8503 Altdorf (T. 09187 - 4 11 21) - Geb. 28. April 1922 München (Vater: Prof. Dr. Ernst Frhr. St. v. R., Paläontol. u. Geol.; Mutter: Hathor Elisabet, geb. Rennebaum) - Univ. u. TH München, Univ. Erlangen, Wirtsch.-Hochsch. Nürnberg (Naturwiss., Jura, Staatswiss., Geschichte), 1. u. 2. jur. Staatsex., Promot. 1962, Habil. Wirtsch.gesch. 1967, Technikgesch. 1977 - 1959 Gerichtsass., 1962 Prüfer Dt. Patentamt, 1967 Priv.-Doz., 1973 apl. Prof., 1978 o. Prof., s. 1969 Stud.zentrum Venedig - BV: D. Ges. Gruber-Stromer im 15. Jh., 1963; D. Erfind. d. Nadelwaldsaat, 1969; Oberdt. Hochfinanz 1350-1450, 3 Bde., 1970; Gründ. d. mitteleurop. Baumwollind., 1978; D. Sophienquelle 1724-1728, 1979; Technik d. Kunsthandwerks im 12. Jh., 1984 - 1975 Willibald-Pirkheimer-Med. - Lit.: Hochfinanz, Wirtschaftsräume, Innovationen, Festschr. f. W. v. Stromer (hg. v. U. Bestmann, F. Irsigler, J. Schneider), 1987.

STROMEYER, Albrecht

Dr., Fabrikant, Mitinh. L. Stromeyer & Co., Kreuzlingen (Schweiz), Gf. Honegger & Co., Rüti (Schweiz), Ehrenvors. Bundesverb. d. Sportartikel-Ind. - Haus im Roten Gatter, Ermatingen/Thurgau (Schweiz) - Geb. 23. Febr. 1927 (Vater: Kommerzienrat Manfred S., Fabr. (s. dort); Mutter: Elisabeth, geb. v. Michel-Raulino).

STROMEYER, Rainald

Dr. phil., Bibliotheksdirektor - Hochbaumstr. 79, 1000 Berlin 37 (T. 817 30 79) - Geb. 16. Juli 1923 Jena (Vater: Dr. med. Kurt S., Chirurg; Mutter: Asta, geb. v. Dassel), ev., verh. s. 1957 m. Aleit, geb. Hambrock - Gymn. Jena; Univ. Jena u. Heidelberg (Geschichte, Staatswiss.). Promot. 1950; Bibl.sass. 1956 - 1956-62 Univ.s-Bibl. (FU), s. 1962 Senatsbibl. Berlin (1963 Dir.) Mitgl. Verein f. d. Gesch. Berlins, Verein d. Freunde u. Förderer d. Berlin-Museums, Stifterverb. f. d. Dt. Wiss. - BV: Moderne Probleme d. Magazinbaues in Dtschl. u. s. Nachbarländern, 1958; Europ. Bibl.sbauten s. 1930, 1962.

STRONK, Detlef

Dr. jur., Chef d. Senatskanzlei Berlin (1985-89), Staatssekr. - 1000 Berlin 62 - Geb. 17. Jan. 1945 Sellin (Vater: Wolfram S.; Mutter: Irmgard, geb. Sels), verh. s. 1971 m. Adelaide S., 3 Kd. (Florian, Carolin, Benedikt) - Abit. 1964 München; nach Wehrdst. (Bad Reichenhall) 1966-71 Stud. Univ. München u. Bonn (Refer.-Ex. 1972, Ass. 1976) - U. a. Angest. CDU/CSU-Bundestagsfrakt. (Ref. Arbeitsgr. f. wirtschaftl. Zusammenarb.); 1981-85 Senatsdir. Senatsverw. f. Wirtsch. u. Verkehr, Berlin. CDU - Liebh.: Sport, Lesen, Musik.

STROTH, Gernot

Dr. rer. nat., Prof. f. Mathematik FU Berlin - Bayernallee 18, 1000 Berlin 19 - Geb. 26. Mai 1949 Wiesbaden (Vater: Fritz St.; Mutter: Ingeborg, geb. Schmidt), ev., verh. s. 1971 m. Anni, geb. Schlitzer, 3 T. (Natascha, Kerstin, Nicole) - Dipl.-Math. 1973, Promot. 1973, Habil. 1976 - 1973 Assist. Univ. Mainz; 1977 Doz. Univ. Heidelberg; s. 1979 Prof. f. Math. FU Berlin. Mithrsg. Journal of Algebra.

STROTHMANN, Karl-Heinz

Dr., Techn. Dipl.-Volksw., Prof. f. Investitionsgüter-Marketing FU Berlin, Ges. Inst. f. ind. Markt- u. Werbeforschung - Goernestr. 27, 2000 Hamburg 20; priv.: Liether Feldstr. 18, 2200 Elmshorn - Geb. 7. Sept. 1930 Bielefeld (Vater: Karl S.; Mutter: Anna, geb. Schürmann), verh. m. Lieselotte, geb. Schulze.

STROTHMANN, Werner

Dr. phil., Lic. theol., Prof., Kirchenrat Univ. Göttingen (b. 1972; Vorles. üb. Syr. Kirchengesch.) - Im Hasenwinkel 17, 3400 Göttingen (T. Göttingen 9 21 30) - Geb. 23. Febr. 1907 Dortmund (Vater: Wilhelm S., Pastor), verh. m. Gertrud, geb. Hessel - BV: D. Anfänge d. syr. Studien in Europa, 1971; D. Wolfenbütteler Tetraevangelium Syriacum, 1971; Johannes v. Apamea, 1972; Konkordanz d. syr. Koheletbuches, 1973; Jakob von Sarug, D. Prophet Hosea, 1973; Moses bar Kepha, Myron-Weihe, 1973; Makarios/Symeon, D. arab. Sondergut, 1975; Jakob v. Sarug, Drei Gedichte üb. d. Apostel Thomas in Indien, 1976; Codex Syriacus Secundus, 1977; D. Sakrament d. Myron-Weihe in d. Schrift De ecclesiastica Hierarchia d. Pseudo-Dionysios Areopagita, I, 1977, II, 1978; Syrische Hymnen z. Myron-Weihe, 1978; Syr. Überliefer. d. Schr. d. Makarios, 1981; Schr. d. Makarios/Symeon unt. d. Namen d. Ephraem, 1981; Textkrit. Anmerk. zu d. Geistl. Homilien d. Makarios, 1981; Konkordanz z. syrischen Bibel, 8 Bd. 1984-86 - Ehrendoktor theol. Fak. Åbo-Finnland; Mitgl. Akad. Bagdad.

STROUX, Thomas

Schauspieler - Lammgasse 10/8, A-1080 Wien, u. Burgtheater, Dr.-Karl-Lueger-Ring 2, A-1014 Wien - 1981 Gr. Hersfeld-Preis (f.: Mephisto, in Faust II) - Vater: Prof. Karlheinz S., Generalint. a. D. (s. dort).

STRUBE, Hans-Gerd

Bundestagsabgeordneter (s. 1983; Wahlkr. 26/Mittelems) - Bundeshaus, 5300 Bonn 1 - Geb. 6. Juli 1933 Castrop-Rauxel, verh., 4 Kd. - Päd. Hochsch. (Päd., Gesch., Politik). Rektor an Grund- u. Hauptsch. CDU.

STRUBECKER, Karl

Dr. phil., Dr. rer. nat. h.c., o. Prof. f. Mathematik (emerit.) - Hansjakobstr. 8, 7500 Karlsruhe 1 (T. 69 71 20) - Geb. 8. Aug. 1904 Hollenstein/Österr. (Vater: Karl S.; Mutter: Katharina, geb. Wels), verh. 1941 m. Hildegard, geb. Salewsky - Univ. u. TH Wien. Promot. u. Habil. Wien - S. 1931 Lehrtätigk. TH u. Univ. Wien. Univ. Straßburg (1942, Ord.), TH bzw. Univ. Karlsruhe (1947) - BV: Differentialgeometrie, 3 Bde. (I: Kurventheorie d. Ebene u. d. Raumes, II: Theorie d. Flächenmetrik, III: Theorie d. Flächenkrümmung) 2 A. 1968/69; Einf. in d. Höh. Math., 4 Bde. (I: Grundlagen, 2. A. 1966, II: Differentialrechnung, 1967, III: Integralrechn., 1979, IV: Lineare Algebra, Differential- u. Integralrechn. mehrerer Veränderlicher, 1984); Vorles. üb. Darstellende Geometrie, 2. A. 1967 (serbokroat. 1970). Herausg.: Geometrie (1972). Zahlr. Buch- u. Ztschr.beitr. - 1939 korr. Mitgl. Österr. Akad. d. Wiss., Wien; 1979 korr. Mitgl. Yugolslaw. Akad. d. Wiss. u. Künste. Zagreb.

STRUBELT, Otfried

Dr. med., o. Prof. u. Direktor Inst. f. Toxikologie Med. Univ. zu Lübeck - Heinrich-Mann-Ring 45, 2400 Lübeck (T. 0451 - 62 47 87) - Geb. 9. Sept.

1933, ev., verh. s. 1957 m. Ute, geb. Friese, 3 Kd. (Süster, Florian, Antrin) - Med. Stud.; Promot. 1959 Erlangen, Habil. 1967 Lübeck - 1982 o. Prof. Lübeck - BV: Elementare Pharmakol. u. Toxikol., 3. A. 1989; Gifte in unserer Umwelt, 1989 - Spr.: Engl., Ital., Russ.

STRUBELT, Wendelin

Dr., Prof., Direktor Bundesforschungsanstalt f. Landeskunde u. Raumordnung - Am Michaelshof 8, Postf. 20 01 30, 5300 Bonn 2 - Geb. 5. Dez. 1943.

STRUCK, Eberhard

Dr. med., Prof. f. Chirurgie Univ. München, Honorarprof. Univ. Marburg, Chirurg f. Thorax-, Herz- u. Gefäßchirurgie im Zentralklinikum Augsburg, Stenglinstr. 2, 8900 Augsburg - Am Osthang 11a, 8902 Neusäß (ab 1985) - Geb. 26. April 1937 (Vater: Dr. Wilhelm S., Chirurg; Mutter: Renate, geb. Haberland), ev., verh. s. 1961 m. Frauke, geb. Wenzel, 3 Kd. (Christine, Michael, Rainer) - Schulbes. Neubrandenburg, Gütersloh, Parchim und Nordhausen; 1965-61 Univ. Jena, Münster u. München; Lehrer: O. Wieland, J. Ashmore (1963-65), R. Zenker, W. Klinner, F. Sebening (München 1965-68, H. Hamelmann (Marburg 1969-72), N.E. Shumway (Stanford, USA, 1973), F. Sebening (München 1972-85). 1972 Allgemeinchirurgie, s. 1973 spezialisiert in Herz-, Thorax- u. Gefäßchirurgie; zus. m. F. Sebening 1981 erste erfolgreiche Herztransplantation in Deutschland; 1985 Leiter d. Herzchirurg. Klinik am Zentralklinikum Augsburg - Zahlr. Buchbeitr. u. Einzelpubl. auf d. Gebieten d. Biochemie, experimentell. Chirurgie, Allgemeinchir., Thorax-, Herz- u. Gefäßchir. sow. d. Transplantationschirurgie.

STRUCK, Gustav

Kaufmann, Inh. Friedrich Werdier/Leihhaus, Hamburg, Vors. Zentralverb. d. Dt. Pfandkreditgewerbes, Stuttgart - Schubertstr. 21, 4300 Essen - Geb. 27. Febr. 1926 - Univ. Hamburg - Sachverst. - BVK am Bde.

STRUCK, Peter

Dr. jur., Rechtsanwalt, MdB (s. 1980, Landesliste Nieders.) - Immenweg 47, 3110 Uelzen 1 - Geb. 24. Jan. 1943 Göttingen, verh., 3 Kd. - Abit. 1962; Stud. Rechtswiss. (Promot. 1971); 1973 Stadtrat u. stv. Stadtdir. Uelzen. SPD s. 1964.

STRUCKSBERG, Michael

Dr. jur., Rechtsanwalt, Direktor Bayer AG - Hans-Sachs-Str. 49 A, 4000 Düsseldorf - Geb. 20. Sept. 1936 Berlin - Jurist. Staatsprüf. 1960 u. 1964 Düsseldorf; Promot. 1966 Köln - Leit. Abt. Recht in d. Konzernverwalt. Bayer AG; Mitgl. Rechtsaussch. Bundesverb. d. Pharmazeut. Ind.; Generalsekr. Theodor Bilharz Stiftg. - BV: Kündigung d. Betriebsvereinbarung, 1965 - Liebh.: Golf - Spr.: Engl.

STRÜBING, Hildegard

Dr. rer. nat., Prof. f. Zoologie FU Berlin - Kruseweg 5, 1000 Berlin 48 (T. 711 41 02) - Geb. 8. Mai 1922 Berlin - Promot. 1945 Berlin - S. 1972 Prof. f. Zool. in Berlin. Wiss. Publ. auf entomol. Geb., insb. Lautäußer. v. Zikaden.

STRUECKER, Hans-Erich

Dipl. rer. pol., Vorstandsmitglied Mittelstandskreditbank AG, Hamburg - Husarenweg 8, 3167 Burgdorf-Ehlershausen - Geb. 6. Juni 1924 - B. 1970 Vorst.-Mitgl., dann stv. u. Vorst.-Vors. NVZ-Bank (1973-82).

STRÜMPEL, Burkhard

Dr. rer. pol., Prof. f. Wirtschaftswissenschaft - Potsdamer Str. 8, 1000 Berlin 45 (T. 030-833 74 75) - Geb. 1. Juni 1935 Frankfurt/O. (Vater: Wilhelm St., Arzt; Mutter: Charlotte, geb. Eberlein), ev., verh. s. 1963 m. Marianna, geb. Katona, 2 T. (Charlotte, Gabriella) - Schulen Frankfurt/O. (Abit. 1952); 1953-56 kfm. Lehre Bayer AG., 1954-59 Univ. Köln (Wirtsch.wiss.), Dipl.-Kfm. 1959, Promot. 1962, Habil. 1968, alles Köln - 1968-71 Assoc. Prof. Univ. of Michigan, 1971-76 o. Prof. ebd., 1976 Fellow Wiss.zentr. Berlin, 1977 o. Prof. FU Berlin - BV: Steuersystem u. wirtsch. Entw., 1968; Zwei Wege z. Prosperität (m. and.), 1971 (übers. engl., ital., japan., niederl.); D. Krise d. Wohlstands, 1977; Energieeinsatz alternativ, 1979; D. Überdruß am Überfluß (m. and.), 1984; Macht Arbeit krank - macht Arbeit glücklich? (m. E. Noelle-Neumann), 1984; u.a. Büch. (in engl. Spr.) - 1985 Nürnbg. Trichter (f. Macht Arb. krank - macht Arb. glücklich?) - Liebh.: Hausmusik, Architektur - Spr.: Engl., Span., Franz., Ungar.

STRUFE, Reimer

Dr. rer. nat., Leiter institut f. medizinische information, Ottobrunn-Riemerling - Zu erreichen üb. Münchener Str. 3, 8012 Ottobrunn-Riemerling - Geb. 21. Febr. 1928 Kiel (Vater: Hans St., Amtmann; Mutter: Anne St., geb. Wrede), kath., verh. s. 1958 m. Elisabeth, geb. Mühlenkamp, 2 Kd. (Christiane, Bernd) - Dipl. Chem. 1952; Promot. 1953; Stud. Univ. Göttingen u. Würzburg - Tätigk. als Biochemiker in d. Pharma-Industrie (ab 1984 selbst. (IMED) - Veröff. auf wiss. Gebieten u. z. Patienten-Information.

STRUMANN, Werner

Fabrikant - Nordwalder Str. 80, 4407 Emsdetten - Geb. 25. Nov. 1925 Münster/Westf. (Vater: Dr. Paul Str., Zahnarzt; Mutter: Therese, geb. Gröter), kath., verh. s. 1965 m. Edith, geb. Stratmann, 2 Kd. (Ansgar, Elena) - Gymn., Höh. Handelssch., kaufm. Lehre, Textiltechnikum, Volontärtätigk. im In- u. Ausland - 1943-45 Wehrdst. - 1952-62 gf. Gesellsch. Fa. Engelbert Gröter, Jutespinnerei u. -weberei. S. 1962 alleiniger gf. Gesellsch. Egeplast Werner Strumann GmbH & Co., Kunststoffrohrfabr., Emsdetten; Handelsrichter LG Münster, 1. Vors. Arbeitsgem. dt. Stenographie-Syst.; Bundesvorst.-Mitgl. türk.-dt. Freundschaftsverein Hür Türk, Bonn; Mitgl. d. Senats d. Theodor-Storm-Ges., Husum - Gold. Sportabz.; Gold. Stolze-Gedenkmünze d. Stenografenverb. Stolze-Schrey - Liebh.: Geschichte d. Luftschiffahrt, Gesch. allgem., Stenographie, Niederwildjagd, Skilanglauf - Spr.: Engl., Niederl.

STRUMPF, Edith

Stv. Vorsitzende d. Rundfunkrates b. HR, stv. Vors. Büro f. staatsbürgerl. Frauenarbeit, Wiesbaden, Schirmherrin WIZO, Frankfurt/M. - Burnitzstr. 5, 6000 Frankfurt/M. 70 - Geb. 30. Juli 1938 Frankfurt/M., verh., 2 Kd. - Realsch., kaufm. Lehre - Zeitw. Banktätigk. Mitgl. Landesvorst. hess. FDP.

STRUNK, Klaus

Dr. phil., o. Prof. f. Allgem. u. Indogerman. Sprachwissenschaft Univ. München - Ringbergstr. 11, 8182 Bad Wiessee (T. 08022 - 8 21 98) - Geb. 22. Aug. 1930 Düsseldorf - S. 1965 (Habil.) Lehrtätigk. Univ. Köln, Saarbrücken (1967 Ord.) u. München. Vors. Indogerman. Ges. (s. 1983); o. Mitgl. Phil.-histor. Kl. Bayer. Akad. d. Wiss. (s. 1979), Sekr. (s. 1989) - BV: D. sog. Äolismen d. hom. Sprache, 1957; Nasalpräsentien u. Aoriste, 1967; Lachmanns Regel f. d. Lateinische, 1976; Generative Versuche zu ... Probl. in d. hist. Grammatik indogermanischer Sprachen, 1976; Typische Merkmale v. Fragesätzen u. d. ai. Pluti, 1983. Herausg.: Probleme d. lat. Grammatik (1973); Glotta (1974ff.); Kratylos (1969-83); Unters. z. indogerman. Sprach- u. Kulturwiss. (1985ff.).

STRUNK, Peter

Dr. med., o. Prof. f. Kinder- u. Jugendpsychiatrie Univ. Freiburg - Zu erreichen üb. Univ. Freiburg - Geb. 24. Dez. 1929 Wuppertal - S. 1966 (Habil.) Lehrtätigk. Freiburg - BV (Mitverf.): Lehrb. d. Kinder- u. Jugendpsych., 5. A. 1989. Üb. 50 Einzelarb.

STRUNZ, Dieter

Redakteur Feuilleton-Ressortleiter Berliner Morgenpost (Zeichen: -nz) - Manfred-v.-Richthofen-Str. 118, 1000 Berlin 42 (T. 786 15 44) - Geb. 3. Juni 1933 Berlin (Vater: Dr. Johann Paul St., Oberstud.rat; Mutter: Charlotte, geb. Lionnet), ev., verh. s. 1964 m. Jane-Monika, geb. Faber, 2 Kd. (Jeanette, Tobias) - Abit. 1951; 1951-55 Stud. FU Berlin (Publiz., Angl., German.) - 1971-79 Vors. Club d. Filmjourn. - BV: Friedrich Gustav Robert Faber, in: Dt. Presseverleger d. 18. b. 20. Jh., 1975; D. Jubiläum in Berlin '87, 1988 - Sammelt Briefmarken - Spr.: Engl.

STRUNZ, Horst

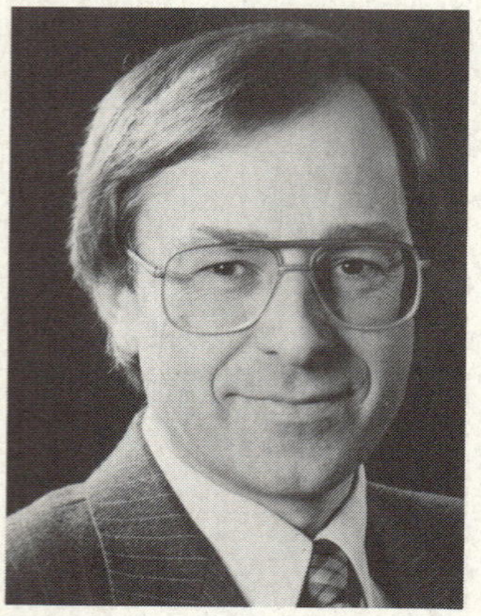

Dr. rer. pol., Honorarprof. f. Informatik Univ. Köln, Geschäftsf. u. Hauptgesellsch. ExperTeam-Gruppe - Zu erreichen üb. ExperTeam GmbH, Eupener Str. 150, 5000 Köln 41 (T. 0221 - 497 07 41) - Geb. 19. Sept. 1941 Pforzheim, kath., verh. s. 1966 m. Eveline, geb. Thelen, 2 Kd. (Sandra, Frederik) - Augenoptiker-Lehre; Abit. 1963; Stud. Betriebswirtschaftslehre Univ. Köln u. Karlsruhe; Dipl.-Kfm. 1968 Köln, Promot. 1975 Köln - 1969-84 Angest. u. zul. Geschäftsf. in e. Untern. d. dt. Softwareind.; 1985 Gründung v. ExperTeam; s. 1970 Lehrbeauftr. f. Informatik Univ. Köln; 1984-87 Vizepräs. Ges. f. Informatik - BV: Entscheidungstabellentechnik, 1975. Mithrsg.: Springer-Compass-Reihe; Springer-Reihe Betriebs- u. Wirtschaftsinformatik; Informatik-Spektrum.

STRUNZ, Hugo

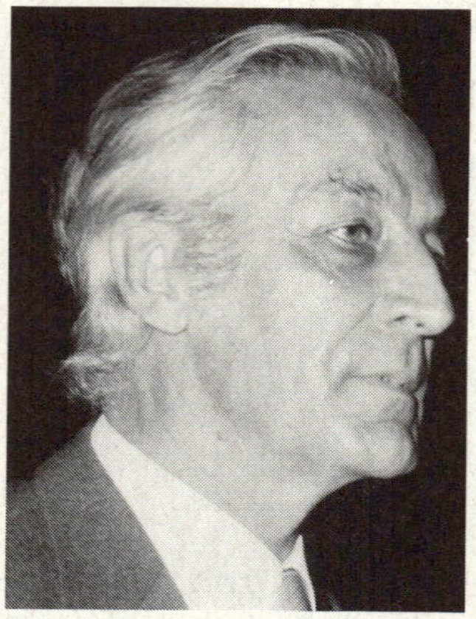

Dr. phil. habil., Dr. sc. techn., em. o. Prof. f. Mineralogie TU Berlin (s. 1951) - Priv.: Abergerstr. 33A, 8218 Unterwössen - Geb. 24. Febr. 1910 Weiden (Vater: Kuno S.; Mutter: Bertha, geb. Sachs), ev., verh. s. 1939 - Oberrealschule Weiden u. Regensburg (Abit.); Univ. München, Manchester, Zürich (Naturwiss., Mineral.) - Lehrtätigk. Univ. Berlin u. Cambridge (Harvard). 1970-74 Präs. (1965-70 Vizepräs.) Intern. Mineralogical Assoc. Forschungsreisen: Afrika, Madagaskar, Nord- u. Südamerika, Ostasien, Entd.: Mineralarten Laueit, Pseudolaueit, Carobbiit, Scholzit, Hagendorfit, Stottit, Gallit, Chudobait, Fleischerit, Stranskiit, Redledgeit, Söhngeit, Schauerteit, Petscheckit, Liandratit; Isotypie zahlr. Phosphate - Silikate - Germanate etc.; Beitr. z. Diadochie d. chem. Elemente - BV: Mineralog. Tabellen, 1941, 7. A. 1978; Mineralien u. Lagerstätten in Bayern, 1952; Johannes Kepler, Über d. hexagonalen Schnee, 1958; D. Uranfunde in Bay. v. 1804 b. 1962, 1962. Herausg.: Klockmann's Lehrb. d. Mineral. (17. A. 1989). Üb. 220 Einzelarb. - 1970 Boricky-Med. Univ. Prag; Ehrenmitgl. Amerikan. Bulgar., Dtsch. Engl., Franz., Österr., Russ., Ungar. Mineralog. Ges., Dt. Gemmolog. Ges., Gemmological Assoc. of All Japan u. a.; 1968 Mitgl. Dt. Akad. d. Naturforscher (Leopoldina), Halle/S. (1970/80 Senator); korr. Mitgl. Münchener, Heidelbg., Wiener Akad. d. Wiss.; Mitgl. Accad. Naz. d. Lincei, Rom.; 1986 BVK; Plinius-Med. Florenz.

STRUNZ, Volker

Dr. med., Dr. med. dent., Privatdozent f. Mund-, Kiefer- u. Gesichtschirurgie FU Berlin - Muthesiustr. 3, 1000 Berlin 41 - Geb. 20. April 1944, verh. s. 1966 m. Dr. med. Gabriele Neiser, 4 Kd. - 1983 Wassmund-Preis Dt. Ges. f. Mund-, Kiefer- u. Gesichtschir.

STRUPP, Christoph

Jurist, Direktor ARD-Büro, Arbeitsgemeinsch. d. öfftl.-rechtl. Rundfunkanstalten d. Bundesrep. Deutschl. (ARD) - Bertramstr. 8, 6000 Frankfurt 1.

STRUPPLER, Albrecht

Dr. med., o. Prof. f. Neurologie u. Klin. Neurophysiologie - Maffeistr. 6, 8133 Feldafing/Obb. (T. 3 40) - Geb. 7. März 1919 München (Vater: Geheimrat Dr. med. Theodor S., Internist †1971, 99j.; Mutter: Lili, geb. Hutschenreuter †)? verh., Kd. - S. 1954 (Habil.) Lehrtätigk. Univ. (1963 apl. Prof.) u. TH bzw. TU München (1968 o. Prof.). Üb. 60 Fachveröff.

STRUVE, Günter

Dr. phil., Programmdirektor WDR-Fernsehen - Geb. 6. März 1940, verh., 2 Kd. - Abit.; Stud. Politikwiss., Volkswirtsch. u. Gesch. FU Berlin; Austauschstip. Knox College, Galesburg/USA (Promot. 1971 b. Kurt Sontheimer) - 1958-60 Mitarb. Schleswig-Holst. Landesztg. (Sport u. Lokales); 1964/65 Mitarb. Büro Willy Brandt; 1966 Pressesprecher Berlin-Vertret., Bonn; 1966/67 Leiter Ref. Inland b. Ausw. Amt; 1967-72 Leit. Büro Reg. Bürgerm. Berlin; 1970/71 Verhandlungskommiss. Senat v. Berlin, Viermächteabkommen; 1971/72 1. Beauftr. d. Senats f. d. Reise- u. Besucherverkehr; 1973-77 Sprecher d. Senats v. Berlin u. Leit. Presse- u. Informationsamt (Chefredakt. Landespressedst.), Fachaufsicht üb. Informationszentrum Berlin u. Verkehrsamt Berlin; 1977-79 Beauftr. d. Senats f. Filmförderung - Entw. d. Berliner Modells; 1979-81 Senatsdir. f. kulturelle Angelegenh.; 1982-84 Geschäftsf. Firmengr. Berliner Synchron Wenzel Lüdecke; s. 1984 Geschäftsf. Westfilm Medien GmbH (neue Medien-Tochter Gruppe WAZ); ab 1985 Programmdir. WDR-Fernsehen, Köln. 1979-81 Vors. Kurat. Dt. Film- u. Fernsehakad., AR-Vors. Theater d. Westens GmbH, Rechtsaufsicht über den SFB u.a. 1973-81 Mitgl. Fernsehrat ZDF (Aussch. Politik u. Zeitgeschehen sow. Spiel u. Musik) - BV: Kampf um d. Mehrheit, 1971; Perspektiven d. Stadtentw., 1974 (Hrsg.). Herausg.: Brandt, Willy, Draußen, Schriften während d. Emigration, (1966, neu aufgelegt 1976, übers. in mehrere Spr.). Mitherausg.: Periodical Transfer, (1975-1978). Aufs. in Büchern, Art., Kritiken in versch. Ztschr. u. Ztg.

STRUVE, Hinrich

Ing., Landwirt, Präsident Dt. Feuerwehrverband - 2257 Sönke-Nissen-Koog/Bredstedt (T. 04671 - 6 51) - Geb. 27. Febr. 1929 Cecilienkoog (Vater: Otto

St., Landw.; Mutter: Mathilde, geb. Wulff), ev., verh. s. 1953 m. Änne, geb. Bauroth, S. Wolf-Hinrich - 1968 Gemeinderat (stv. Bürgerm.); 1969 stv. Deichgraf; 1979 Landesbrandmeister - 1968-82 in- u. ausl. Ausz.; 1981 BVK - Liebh.: Musik (Oper, Operette), Schmalfilm - Spr.: Engl.

STRUVE, Tilman

Dr. phil., Univ.-Prof. f. Mittlere u. Neuere Geschichte - Einbrunger Str. 34a, 4000 Düsseldorf 31 - Geb. 5. April 1938 Dresden (Vater: Irmfrid St., Kaufm.; Mutter: Hertha, geb. Heinze) - Promot. 1968 Univ. Tübingen; Habil. 1976 Univ. Stuttgart - 1969-78 Wiss. Assist.; 1976 Privatdoz.; 1982 apl. Prof. Univ. Stuttgart; 1982 Lehrst.vertretg. Univ. Mainz, 1983/84 Univ. Tübingen; s. 1984 Prof. Bergische Univ. Wuppertal - BV: Lampert v. Hersfeld. Persönlichk. u. Weltbild e. Gesch.schreibers am Beginn d. Investiturstreits, 1969/70; D. Entw. d. organol. Staatsauff. im Mittelalter, 1978; D. Regesten d. Kaiserreiches unt. Heinrich IV., 1984; Beitr. in wiss. Fachztschr. - Dt. Kommiss. f. d. Bearb. d. Regesta Imperii.

STRUVE, Wolfgang

Dr. phil., Prof., Philosoph - Jägerhäusleweg 23, 7800 Freiburg/Br. - Geb. 14. Juli 1917 Hamburg (Vater: Emil S., Fabrikant; Mutter: Frieda, geb. Bethke), ev. - Promot. (1943; b. Prof. Martin Heidegger) u. Habil. (1948) Freiburg, Prof. (1979) - S. 1948 Privatdoz. u. apl. Prof. (1955), Prof. i. R. (1981), Univ. Freiburg - BV: Wir und Es - Gedankengruppen, 1957 (Zürich); D. andere Zug - Gedanken u. Aufz. z. Mystik, 5 T. 1967-68 (Salzburg/München); Philosophie u. Transzendenz - E. propädeut. Vorlesung, 1969; Übergehn z. Wirklichkeit - Phil. u. a. Reisenotizen, 1970 (Salzburg); Unglaubl. Wirklichkeit - Phil. u. a. Reisenotizen, 1972 (Salzburg); West-östl. Mystik u. d. Problem absoluter Transzendenz in Initiative 42, 1981; Homo Mysticus - Zwei Vorträge, 1983 (Wies). Div. Einzelarb.

STUBBE, Heinrich

Journalist, stv. Chefredakt. Rhein. Merkur/Christ u. Welt - Godesberger Allee 157, 5300 Bonn 2.

STUBBE, Helmut

Dipl.-Volksw., Verbandsdirektor a.D. - Sthamerstr. 48, 2000 Hamburg 65 - Geb. 25. Sept. 1932 - S. 1963 Edeka-Verb. (b. 1986 Sprecher d. Vorst. Edeka Verb. kaufm. Genoss. e.V., Hamburg); Vorst. Immobilien u. Treuhand AG, Hamburg, Geschäftsf. mehr. Tochterges. AR Iduna Vereinigte Lebensversich. aG u. Edekabank AG.

STUBBE, Wolfgang

Rechtsanwalt, Geschäftsf. Verb. d. Dt. Feuerfest-Industrie - An d. Elisabethkirche 27, 5300 Bonn 1 (T. 0228 - 21 10 51).

STUBENVOLL, Hans

Dr. phil., Museumsdirektor - Dillingstr. 60, 6382 Friedrichsdorf/Ts. (T. Bad Homburg v.d.H. 06172 - 56 84) - Geb. 18. Febr. 1917 Untermantel/Opf., kath., verh. s. 1943 m. Maria, geb. Waldschmidt, 2 Kd. (Willi, Philippine) - 1946-53 Univ. Frankfurt/M. (Kunstgesch., Archäol., Gesch.) - B. 1960 Kustos, dann Dir. Histor. Museum Frankfurt/M. - BV: Frankfurt/M. - Ansichten aus alter Zeit, 1959.

STUBER, Helmut

Dr. jur., Oberfinanzpräsident, Leit. OFD Stuttgart - Rotebühlpl. 30, 7000 Stuttgart 1 - Geb. 9. Nov. 1925 Ulm/Donau - Stud. Rechts- u. Staatswiss. Univ. Tübingen u. Erlangen; Ass. 1956; Promot. 1957 Univ. Tübingen - Ab 1956 Höh. Dienst Finanzverwaltung Baden-Württ., Bundesfinanzakad., s. 1981 Oberfinanzpräs. OFD Stuttgart, vorh. Finanzpräs. (Steuer) u.a.

STUBY, Gerhard

Dr., Prof. f. Öfftl. Recht u. wiss. Politik Univ. Bremen (s. 1972; b. 1976 Konrektor) - Richard Dehmelstr. 10, 2800 Bremen - Geb. 13. Juni 1934 Saarbrücken (Vater: Rudolf S., Bankdir.; Mutter: Elisabeth, geb. Gansen), 2 Kd. (Stefan, Fabian) - Stud. d. Rechtswiss. Univ. Freiburg/Br. - Mitgl. Dir. Intern. Vereinig. Demokr. Juristen - Mitgl. Weltfriedensrat - BV: Recht u. Solidarität im Denken v. Albert Camus, 1965; Disziplinierung d. Wiss., 1970; Gesch. d. Sozialdemokratie 1861-1975, 1975 (m. a.); Entstehung d. Grundgesetzes (m. a.); Gesch. d. BRD (m. a.); D. gefesselte Souveränität d. Bundesrep., 1987. Mithrsg.: Ztschr. Blätter f. dt. u. intern. Politik, Demokratie u. Recht - Liebh.: Bergsteigen, Ski - Spr.: Engl., Franz.

STUCHLIK, Marlis

Gewerkschaftsangestellte, Mitgl. Brem. Bürgerschaft (s. 1971) - Gust.-Radbruch-Str. 72 - Geb. 17. Okt. 1938 Wolfenbüttel, verh. - Mittel- u. Handelssch. - S. 1956 Sekr. IG Metall Bremen. SPD s. 1959.

STUCHTEY, Peter H.

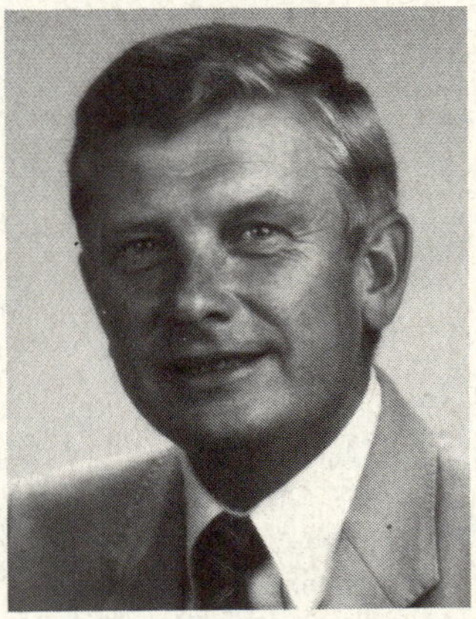

Dr. rer. pol., Dipl.-Kfm., Geschäftsführer & Mitgesellschafter Burg-Möbel-Verwaltungs GmbH, Schmallenberg - Im Goseborn 7, 5880 Lüdenscheid (T. 02351 - 4 53 51) - Geb. 18. Jan. 1938, kath., verh. s. 1964 m. Heide, geb. Casel-Barthelmes, 2 Kd. (Catharina, Martin) - Stud. Betriebswirtsch. Univ. Paris, München, Köln u. Würzburg; Dipl.-Kfm., Promot. 1964 Würzburg - Div. Mand. (Vorst. Vereinig. Dt. Sanitärwirtsch., Präs. ASU). Div. AR- u. Beiräte - BV: Betriebswirtschaftl. Planung, 1964 - Liebh.: Jagd, Segeln, Tierzucht - Spr.: Engl., Franz.

STUCHTEY, Rolf W.

Dr. rer. pol., Prof. - Elsa-Brandström-Str. 4, 2800 Bremen 1 (T. 0421 - 23 64 79) - Geb. 23. Jan. 1940, kath., verh. s. 1968 m. Christa, geb. Brechler, 1 Kd. - Dipl.-Volksw.; Promot. 1968 Münster u. Hamburg - 1987 o. Prof. - Direktoriumsvors. u. Univ.-Prof. Inst. f. Seeverkehrswirtsch. u. Logistik; Vorst.-Mitgl. dt. verkehrswiss. Ges. Bremen; Vorst.-Vors. Bremer Ges. f. Wirtschaftsforschung - Div. Veröff. üb. Seeverkehr, Logistik u. Verkehrspolitik sow. Außenwirtsch.politik - Liebh.: Jagd, Wassersport, Tennis - Spr.: Engl., Franz.

STUCK, Hans-Joachim

(eigentl. Strietzel), Rennfahrer - Zierwaldweg 16, 8104 Grainau/Obb. - Geb. 1. Jan. 1951 Garmisch-P. (Vater: Hans St., Rennf.; Mutter: Christa-Maria, geb. Thielmann), verh. s. 1986 m. Regina, geb. Schnagl, S. Johannes-Emanuel - Mittl. Reife, Handelssch. - 1972 Dt. Automobil-Rennsportm., 1973 Tourenwageneuropam. (BMW Werksteam), 1974 Jüngster u. erfolgr. Formel 1-Pilot, Vize-Europam. Formel 2, 1975 3. d. amerik. IMSA-Rennserie, 1976 Formel 1-Weltmeistersch. 12. Platz, 1977 8. Platz, 1979 Sieger PROCAR-Serie, 1980 Vizem. Dt. Automobil-Rennsportmeistersch., 3. PROCAR-Serie, 1985 Langstreckenweltm., 1986 Vize-Langstreckenweltm. (auf Porsche 962 C), 1986 Le Mans Sieger - Spr.: Engl., Franz.

STUCKE, Kurt

Dr. med., Prof., Abteilungsvorsteher Chirurg. Univ.klinik Würzburg i.R. - Mittl. Dallenbergweg 14, 8700 Würzburg (T. 7 29 01) - Geb. 28. April 1911 (Vater: Sanitätsrat Dr. med. Carl S.; Mutter: Anna, geb. Harting), ev., verh. s. 1944 m. Dr. med. Lotte, geb. Resow, 2 Kd. - Abit. 1929 Ratsgymn. Osnabrück; Med. Staatsex. 1934 Univ. Rostock; Habil. 1948 Univ. Göttingen - S. 1951 Oberarzt Chir. Univ.kliniken Göttingen u. Würzburg (1952; 1954 apl. Prof.). Mitgl. zahlr. wiss. Ges. - BV: D. Chir. d. Säugeunfalls, 1955 (m. Bayreuther); D. Fersenschmerz, 1956; Syndaktylie, m. Helbig, in: Schwalbe-Gruber, D. Morphologie d. Mißbildungen d. Menschen u. Tiere, 1958; Leberchir., 1959; Atlas d. per- u. postoperativen Cholangiographie, 1967 (m. B. Kourias; auch ital. u. span.); Les traumatismes du foie, in: La vie medicale - Specialites de la Chirurgie. Hepatique, 1968 (Paris); Leber-Tumoren u. Endokrinium, in: L. Wannagat, Leber, Endokrinium u. Wasserhaushalt, 1968; Chir. Lebererkrankungen/HD. traumatisierte Abdomen/Anomalien u. Mißbildungen d. Leber/Lebertumoren/Hernien u. klin. Gastroenterologie, in: L. Demling, Klin. Gastroenterologie, 1972; Tumeurs du foie. Padova: Piccin Editore 1978. Herausg.: Echinokokkose d. Leber. Epidemiol u. Klin d. Lebertumoren, in: Klin Hepatol. (1979, m. Kühn, Wernze). Mitverf.: Traumatologie in d. chir. Praxis, 1965. Zahlr. Fachaufs. - 1963 I. Preis Vereinig. Nordwestd. Chirurgen (f. d. Arbeit: D. exper. Grundl. d. Leberchir.); 1968 Purkinje-Med.; 1966 Ehrenmitgl. Fläm. Ges. f. Gastroenterologie u. Röm. Accad. Lancisiana; 1969 Med. de Alta Distincao, Bras.; 1970 Fellow of Amer. Coll. of Surgeons; Ehrenmitgl. Griech. Ges. Chirurgie, 1974; Soc. Med. Chir. Portogruaro-Venedig, 1975 - Spr.: Franz., Engl. - Lit.: Akt Probl. d alvenol. Echinokokkose d. Leber. Festbd. z. 70. Geb. v. Dr. Sapkas Athen (1979).

STUCKE, Sigismund

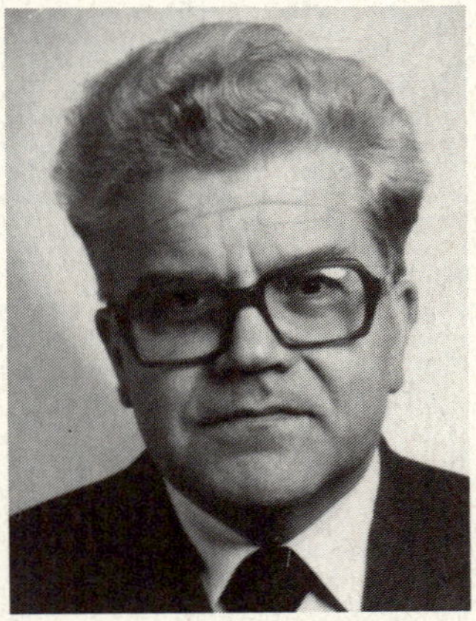

Schriftsteller, Historiker - Krokusstr. 14, 8950 Kaufbeuren - Geb. 15. Jan. 1933 Lipianki/Polen (Vater: Ludwig St.; Mutter: Helene, geb. Sadowski), ev. - Handwerksberuf u. Stud. Elektron. Datenverarb. - BV: D. Reußen u. ihr Land - D. Gesch. e. südd. Dynastie, 1984; Orlamünde u. Schwarzburg - Zwei ehemalige Herrschaftsbereiche in Thüringen, ersch. 1990 - Liebh.: Geneal., Numismatik, Heraldik.

STUCKE, Werner

Dr. med., Prof., Chefarzt Hannoversche Nervenklinik Langenhagen - 3012 Langenhagen - Geb. 1921 - S. 1979 Honorarprof. Med. Hochsch. Hannover. Div. Ehrenämter, dar. Vizepräs. Ärztekammer Nieders., Vors. Landesverb. Nieders./Marbg. Bund (1962 ff.), Vorst. Kassenärztl. Vereinig. Nieders. - 1981 Ernst-v.-Bergmann-Plak.

STUCKENHOFF, Wolfgang

Dr., Prof. f. Spielpädagogik Univ. Dortmund, Sänger, Regisseur - Gärtnereiweg 6, 5860 Iserlohn (T. 02304 - 53 70), u. Univ. Dortmund, Abt. 16, Emil-Figge-Str., 4600 Dortmund - Geb. 12. April 1936 Dortmund (Vater: Herbert St., Rechtsanw. u. Notar; Mutter: Josefine, geb. Ross), ev., verh. s. 1968 m. Karin, geb. Rittershaus, 2 Kd. (Bettina, Achim) - 1958-66 Stud. Theaterwiss., German., Phil., Musik (Gesang), Schausp. Köln, München u. Wien (Promot. 1966); 1966-67 Regie-Volont. österr. Fernsehen, Musiktheater-Prod. - 1964-67 Konz.-Tätigk. (klass. u. mod. Liedgut) u. a. München u. Wien; 1967-69 Regiss. Musiktheater Städt. Bühnen Dortmund, dazw. Bayreuther Festsp. (1968/69 Insz. D. Ring d. Nibelungen, Tetralogie); s. 1969 PH Ruhr (Aufbau Lehrber. Spielpäd.), jetzt Univ. Dortmund. 1976 wiss. Beirat Modellversuch Künstler u. Schüler b. Bundesmin. f. Bild. u. Wiss., 1977 Leit. u. wiss. Begleiter d. Modellvers. NRW - BV: Spiel, Persönlichk. u. Intelligenz, 1975; Rollenspiel in Kindergarten u. Schule, 1978 - Liebh.: Musik, Theater, Lit., Sport - Spr.: Engl., Franz.

STUCKY, Wolffried

Dr. rer. nat., Dipl.-Math., o. Prof. f. Angew. Informatik Univ. Karlsruhe (s. 1976) - Klarastr. 11, 6520 Worms (T. 06241 - 7 82 14) - Geb. 5. Nov. 1939 Bad Kreuznach (Vater: Karl S., Lehrer; Mutter: Auguste, geb. Schweitzer), ev., verh. s. 1966 m. Ingrid, geb. Koch, T. Alexandra - Stud. d. Math. Univ. Saarbrücken; Dipl.ex. 1965; Promot. 1970, bde. Saarbrücken - 1965-70 wiss. Assist. u. Mitarb. Univ. Saarbrücken (Inst. f. Angew. Math.); 1970-71 wiss. Mitarb. Boehringer, Mannheim; 1971-75 wiss Mitarb. E. Merck, Darmstadt; gleichz. Inh. Stiftg.lehrstuhl f. Organisationstheorie u. Datenverarb. Univ. Karlsruhe. Lehrauftr. WU Wien (s. 1987). Mitgl. d. Editorial Board Journ. of Microcomputer Applications u. Biometrie u. Informatik in Med. u. Biologie, Mitgl. ACM, ACM-German Ch., APL-Club Germany (1981-85 Schatzm.), Biom. Ges., DMV, EATCS, GAMM, GI, GMDS, GMÖOR - BV: Programmierung m. ALGOL 60, 1971, 2. A. 1978 (m. W. Heinrich). Datenbanksysteme: Konzepte u. Modelle, 1977, 2. A. 1983 (m. G. Schlageter); BASIC-Programmieren f. Anfänger, 1977 (m. V. Haase); Datenverarbeitung heute - Menschen, Maschinen, Daten, Programme, 1981, 2. A. 1984 (m. V. Haase, L. Wegner). Mithrsg.: Buchr. Leitfäden d. angew. Informatik u. Mikrocomputer-Praxis.

STUDDERS, Hans-Wilhelm

Fabrikant, Inh. Noga-Werk Anders & Bargmann, Stade, Präs. U.E.I.L., Paris, Vorstand UNITI, Hamburg - Bremervörder Str. 79, 2160 Stade/Elbe - Geb. 25. Okt. 1923.

STUDNICZKA, Ingeborg

Schriftstellerin (Ps. Ingeborg Hecht) - Dreikönigstr. 11, 7800 Freiburg/Brsg. - Geb. 1. April 1921, ev., verw., 1 Tochter † - Fr. Schriftst., Mitarb. b. Funk, Ztg., Ztschr. - BV: In tausend Teufels Namen - Hexenwahn am Oberrhein, 1977; Aus d. Welt d. Herren v. Zimmern, 1981; D. Siechen Wandel. D. Aussätzigen im Mittelalter u. heute, 1982; St. Peter im Schwarzwald, 1980; D. Bilderb. v. Badenweiler, 1983; Begegnungen mit Bacchus, 1982; Frauen im Wehrdienst: Schanzen am Westwall, 1982; Als unsichtbare Mauern wuchsen - E. dt. Familie unter d. Nürnberger Rassengesetzen, 1984 (übers. engl. u. dän.). Reihe: Heimat im Bild: Staufen, 1984; St. Märgen im Schwarzwald, 1985; Sulzburg, 1985; Ehrenkirchen, 1985; Müllheim, 1985; Freiburg, 1986; Mess-

kirch, 1989 - 1985 Anne Frank Anerkennungspreis.

STUDNITZ, von, Gotthilft

Dr. phil., Prof., Museumsdirektor a. D. - Haus Windeck, Hamburger Str. 2a, 2407 Bad Schwartau - Geb. 3. Jan. 1908 Kiel (Vater: Oswald v. S., Kapitän z. See; Mutter: Johanna, geb. v. Bulmerincq), ev., verh. s. 1950 m. Sylvia, geb. v. Studnitz, T. Alexandra - Oberrealsch. Kiel; Univ. Breslau u. Kiel (Promot. 1930). Habil. 1935 Kiel - 1935-45 Lehrtätigk. Univ. Kiel u. Halle/S. (1942 o. Prof. u. Dir. Zool. Inst. u. Museum); 1951-73 Dir. Naturhistor. Museum Lübeck. Erf.: Adaptinol (Bayer-Präparat z. Hebung d. Dämmersichtigkeit, Behebung d. Nachtblindheit u. Verkürzung v. Blendungseffekten); 1952-65 Dir. VHS Lübeck - BV: Was ich sah, 1928; Vergl.-physiol. Praktikum, 1936 (m. W. v. Buddenbrock); Physiol. d. Sehens Retinale Primärprozesse, 2. A. 1952; V. Sein u. Werden e. Organs, 1945; Biol. Brevier, 1948; Einf. in d. Zool., 2 Bde. 1950-53; Naturwiss. u. Bildung, 1954; Wahn oder Wirklichkeit? - E. Gesch. d. Erforschung d. Natur, 1955; E. Jagdhaus in Schweden, 1963; Naturhist. Museum Lübeck, 200 J. museale Naturkd.; D. Studnitze im 20. Jh., 1979; Mein Jagdbuch, 1982 - Liebh.: Genealogie - Rechtsritter Johanniter-Orden - Spr.: Engl., Franz.; Rotarier; Paul Harris Fellow.

STUDNITZ, von, Hans-Georg

Publizist - 8219 Otterkring/Chiemsee (T. Prien 17 11) - Geb. 31. Aug. 1907 Potsdam (Vater: Thassilo v. S., Offz.; Mutter: Anna-Maria, geb. v. Schinckel), ev., verh. I) Eveline, geb. Baronesse Behr (gesch.), II) Marietta, geb. Freiin v. Mengersen (gesch.), T. Georgine, III) 1950 Vera, geb. Schuler, S. Andreas, T. Allegra - Realgymn. Potsdam; Banklehre - B. 1931 Angest. Nordd. Bank, Hamburg, Banco de Chile y Alemania, Valparaiso, A. M. Delfino & Cia., Buenos Aires, Hamburg-Amerika Linie, New York u. Berlin, dann außenpolit. Mitarb. Neue Pr. Kreuzztg.; 1932-40 Schriftl. u. Ztg.skorresp. f. Scherl Wien, Rom, Salamanca, New Delhi, London, Kairo, Den Haag, 1940-45 Ref. Presseabt. AA Berlin, 1948 Vertreter Wochenztg. D. Zeit b. d. Nürnberger Prozessen, 1949-50 Chefredakt. Hbg. Allg. Ztg., Begr. u. Herausg. Monatsschr. Außenpolitik, ab 1953 Chefredakt. Hbg. Anzeiger, b. 1961 Pressechef u. Public Relations-Dir. Dt. Lufthansa AG, Köln, ständ. Mitarb. Zeitbühne, Deutschland-Magazin, Criticon, Konservativ Heute, Dt. Adelsblatt, Welt am Sonntag - BV: Als Berlin brannte - Diarium d. J. 1943-45, 1963; Bismarck in Bonn - Bemerkungen z. Außenpolitik, 1964; Glanz u. keine Gloria, 1965; Rettet d. Bundeswehr!, 1967; Ist Gott Mitläufer?, 1969; Menschen aus meiner Welt, 1985; Seitensprünge, Memoiren 1975 - 1966 Heinrich-von-Kleist-Preis Bund der Vertriebenen; Medailla de las Jons (Span. Bürgerkr.); Ritterkreuz Isabella la Catolica (Spanien); Kriegsverdienstkreuz II. u. I. Kl., BVK - Liebh.: Kunst, Golf, Reisen - Bek. Vorf.: D. Max v. Schinckel, Bankier u. Wirtschaftsführer, Hamburg (Großv. ms.).

STUDNITZ, von, Wilfried C. J.

Dr. Dr. med., Prof. - Zu erreichen üb. Med. Diagn. Inst., Nussbaumstr. 14, 8000 München 2 (T. 089 - 53 67 04) - Geb. 12. April 1927 Berlin, verh. s. 1958 m. Theodora Adriana Gräfin Pückler, 2 Kd. (Katharina Henriette, Carl-Philipp) - Med. Stud. Göttingen; Promot. 1953 Göttingen; Promot. 1960 Lund - 1960-63 Visit. Scient. Bethesda, NIH, Doz. f. Klin. Chemie Univ. Lund; Ausbild. Klin. Chemie u. Innere Med. Univ. Lund; b. 1969 Oberarzt Inst. Klin. Chemie Malmö; 1970-72 Prof. Univ. Göteborg; s. 1972 Lehrtätigk. München. Rd. 75 Aufs. auf d. Geb. d. klin. Chemie u. exp. Med. - 1966 Warner Chilcott Award - Liebh.: Gesch. - Spr.: Engl., Schwed.

STÜBEN, Johannes

Dr. med. dent., Dr. med., o. Prof. f. Zahn-, Mund- u. Kieferheilkunde - Universitätsklinikum, 6650 Homburg/Saar (T. 16 49 60); priv.: Röntgenstr. 3 - Geb. 17. Febr. 1925 Heide - Promot. Dr. med. dent. (1950) u. Dr. med. (1958) - 1957 Priv.-Doz., 1963 apl. Prof., 1966 o. Prof. Univ. Saarbrücken.

STÜBEN, Paul

Unternehmer, Präs. Bundesverb. Gerüstbau, Düsseldorf; AR-Vors. Zusatzversorgungskasse d. Gerüstbaugew., Vorst. Sozialkasse d. Gerüstbaugew. - Wiesbaden - Vogelsang 144, 5600 Wuppertal 1.

STÜBIG, Hermann

Dipl.-Ing., Vorstandsmitglied AUDI AG (1981ff.); Geschäftsbereich: Produktion; Vorst.-Vors. DGfL (Dt. Ges. f. Logistik) - Auto-Union-Str., 8070 Ingolstadt - Geb. 2. Dez. 1933.

STÜBINGER, Karl

Bäckermeister, Präs. Handwerkskammer d. Saarl., Saarbrücken (s. 1960) - Dudweiler Str. 45, 6600 Saarbrücken (T. 2 97 92) - Geb. 16. Mai 1908.

STÜBLER, Elfriede

Dr. agr., Prof., Ltd. Direktorin Inst. f. Hauswirtschaft d. Bundesforschungsanst. f. Ernährung - Garbenstr. 13, 7000 Stuttgart 70 (T. 45 50 63); priv.: Römerstr. 64 - Geb. 5. April 1916 - Vorlesungstätigk. Univ. Hohenheim (Arbeitslehre d. Haushalts) - Max-Eyth-Med.; Refa-Med.

STUEBS, Albin

Schriftsteller (Ps.: Albin Stuebs) - Oderfelder Str. Nr. 13, 2000 Hamburg 13 (T. 47 41 31) - Geb. 20. Febr. 1900 Berlin, ev., verh.s 1942 (Oxford) m. Margaret Graham, geb. Irving, 5 Kd. (Margaret, Martin, Nicolas, Andreas, Gabriele) - Univ. Berlin - Redakt.; ab 1945 Mitarb. NWDR bzw. NDR - BV: Milly 1930, R. 1933; Span. Tod, Requiem 1942; Romant. Vorspiel, R. 1946; D. wahre Jakob, R. 1948; Whisky Johnny - Songs/Shanties, 1958. Bühnenst.: D. Glücksrad (UA. 1937 Prag), Bei d. Schildbürgern (UA. 1939 Reichenberg), Wir armen dt. Brüder (UA. 1951 Bonn), E. Tag im 7. Himmel (UA. 1954 Hamburg), Alle werden reich (UA. 1956 Hamburg), Biegen od. Brechen (UA. 1956 Hamburg), 2 Herren im Haus (UA. 1957 Hamburg). Übers.: McCarthy, Jack Anderson u. Ronald May, 1953; Laurence Thompson, Und singen in d. Wildnis, 1955 - Spr.: Engl.

STÜCKLEN, Heinz

Dr. med., Urologe, Bezirksbürgermeister - Augustastr. 35, 1000 Berlin 45 (T. 834 80 10; Rathaus: 68 09 23 00) - Geb. 23. Dez. 1921 Berlin (Vater: Georg S., zul. Bezirksstadtrat; Mutter: Marie, geb. Pfaff), ev., verh. s. 1955 m. Lucie, geb. Uchtenhagen, 2 Kd. (Marion, Stefan) - Realgymn. (Lichterfelde), Friedrich-Wilhelm- bzw. Humboldt-Univ. (Stud. durch Kriegsdst. unterbr.) u. Freie Univ. Berlin (Med. Staatsex. 1951; Promot. 1952) - 1951-1959 Städt. Krkhs. Westend Berlin (Urol. u. Chir. Abt.); s. 1959 Bezirksamt Neukölln (1959 Bezirksstadtrat f. Gesundheitswesen, 1965 zusätzl. stv. Bürgerm., 1971 Bgm. u. Leit. Abt. Personal u. Verw.). 1948-59 Bezirksverordn. Steglitz; 1964-70 Vors. DRK Neukölln u. 1961-66 Bund gewerkschaftl. Ärzte; 1971-81 Bez. Bürgerm., 1982-87 Ärztl. Leit. d. Lore-Lipschitz-Krankenh., s. 1982 DRK Vizepräs. Landesverb. Berlin. SPD - Liebh.: Fachlit., Briefm. - Bek. Vorf.: Daniel S., Reichskommissar (Großv.).

STÜCKLEN, Richard

Bundesminister a. D., MdB, Vizepräsident des Deutschen Bundestages (s. 1983) - Eichstätter Str. 27, 8832 Weißenburg/Bayern (T. 27 20) - Geb. 20. Aug. 1916 Heideck/Mfr. (Vater: Georg S., Schlosserm., Altersprä̈s. erster Bayer. Landtag n. 1945; Mutter: Mathilde, geb. Bach), kath., verh. s. 1943 m. Ruth, geb. Geißler, 2 Kd. (Rosemarie, Hans-Peter) - Volkssch.; Elektrohandwerk; Ingschule (Elektroing.) - Abt.sleit. Industrie, 1940-44 Wehrdst., danach Geschäftsf. elterl. Betrieb, s 1949 MdB (1953-57 u. s. 1967 stv. Vors. CDU/CSU-Fraktion, 1976-79 Vizepräs. d. Dt. Bundestages. Vorsitzender Ausschuß für Sonderfragen des Mittelstandes, Mitgl. Ältestenrat und Wirtschaftsausschuß; 1967ff. Vors. CSU-Landesgruppe), 1957-66 Bundesmin. f. d. Post- u. Fernmeldewesen, 1979-83 Präs. d. Dt. Bundestages. CSU s. 1945 (Mitbegr. Kr. Hilpoltstein/Mfr.) - BV: Die neue dt. Handwerksordnung (Kommentar), Reden u. Aufs. als Postmin. - Gold. Ring d. Handwerks; Großkreuz VO. Bundesrep. Deutschl. (1963); 1979 Orden Wider d. tier. Ernst; 1981 Europ. Karlspreis Sudetend. Landsmannsch.; Ehrenbürger Heideck, Gunzenhausen, Weißenburg u. Les Sables d'Olonne (Frankr.); Ehrenmitgl. Kath. Studentenverbind. Gothia, Erlangen - Liebh.: Tennis, Fußball, Schach, Skat - Onkel: 28 J. MdR vor 1933 (SPD).

STÜCKMANN, Werner

Kammersänger Staatstheater am Gärtnerplatz, München - Ganghoferstr. 19, 8031 Eichenau (T. 08141 - 75 46) - Geb. 13. Aug. 1936 Dortmund, kath., verh. s. 1964 m. Doris, geb. Biermann, T. Christine - Ausb. Speditionskaufm.; Opernschule - Engagem. an versch. Theatern, Rundf., Fernsehen; Schallpl., Konz. - 1985 Kammersänger-Titel.

STÜHFF, Hans-Georg

Vorstandssprecher Nord-Deutsche Versicherungs-AG - Maria-Louisen-Str. 45a, 2000 Hamburg 60 - Geb. 8. Febr. 1923.

STÜHLER, Waldemar

Dr.-Ing., Dipl.-Ing., Prof. TU Berlin - Ostpreußendamm 179a, 1000 Berlin 45 (T. 771 18 45); dstl.: Einsteinufer 5-7, 10 (T. 314 27 15) - Geb. 1. Okt. 1938 Berlin (Vater: Walter S., Ing.; Mutter: Hildegard, geb. Igel), ev., verh. s. 1963 m. Birgit, geb. Heinze, 2 Söhne (Harald, Carsten) - Gymn.; Stud. Maschinenbau u. Fertigungstechn. TU Berlin; Dipl.ex. 1962; Promot. 1965; Habil. 1971 - VDI, GAMM, FANAK.

STÜHLER, Walter

Fabrikant, Inh. Zigarrenfabrik Franz Stühler, München (s. 1932), Vorst. Gebr. Bernard AG., Regensburg (s. 1961) - Isoldenstr. 1, 8000 München 40 (T. 36 65 63) - Geb. 20. April 1909 München (Vater: Franz S., Fabr.; Mutter: Marie, geb. Rattenhuber), verh. s 1935 m. Vera, geb. Rijs, 2 Kd. - Gymn.; kaufm. Lehre - Tätigk. Tabakimport Bremen u. Amsterdam. 1939-45 Wehrdst. - Liebh.: Malerei (Sammler Münchner Schule), Skilaufen, Bergsteigen, Fotogr., Hundezucht.

STÜHLMEYER, Reinhold

Bezirksvorsitzender Dt. Postgewerkschaft (Preetz) - Sonderburger Str. 14b, 2308 Preetz/Holst. - Geb. 22. Dez. 1934 Osnabrück.

STÜLPNAGEL, von, Paul-Joachim

Dr., Botschafter, Leiter d. Delegation d. Bundesrep. Deutschl. b. d. Abrüstungskonf. in Genf - Postf. 171, CH-1211 Genf 19.

STÜMPERT, Hermann

Programmdirektor u. Geschäftsführer Radio Schlesw.-Holst. - RSH, Funkhaus Wittland, 2300 Kiel 1 (T. 0431 - 587 02 01) - Geb. 24. Mai 1949, ev., verh. m. Annelie, geb. Frank, 2 Kd. (Lena, Jan).

STÜMPFLER, Hermann

Dr. jur., Generalstaatsanwalt b. Bayer. Obersten Landesgericht (b. 1982) - Zu erreichen üb.: Schleißheimer Str. 139, 8000 München 40 - Geb. 2. Aug. 1917.

STÜMPKE

s. Steiner, Gerolf Karl

STÜPER, Karl-Heinz

Dr. rer. pol., Vorstandsmitglied Energieversorgung Oberfranken AG, Bayreuth - Riedelsgut 3, 8580 Bayreuth/Ofr. - Geb. 22. Okt. 1928 Essen - Vorst.-Rat Vereinig. Dt. Elektrizitätsw., Frankf.; AR-Vors. Weißmain Kraftwerk Röhrenhof AG, Bad Berneck; stv. AR-Vors. Gasversorgung Wunsiedel GmbH, Wunsiedel; AR-Mitgl. Regnitzstromverwertung AG, Erlangen; VR-Vors. Fränk. Gaslieferungs-Ges. mbH, Bayreuth; Vizepräs. IHK f. Oberfranken; u. a. Mand.

STÜRCKEN, Martin

Generalkonsul a. D., Kaufmann - Marcusallee 65, 2800 Bremen (T. 23 60 49) - Geb. 2. Jan. 1916 - Gf. Ges. Martin Stürcken & Co. GmbH u. Martin Stürcken Consult GmbH, bde. Bremen, Vorst.-Mitgl. Ostasiatischer Verein, Hamburg; Vizepräs. Dt. Zimbabwische Ges., Bonn; Mitgl. Ostaussch. d. dt. Wirtsch./Arbeitskr. China, Köln; stv. Vors. Verein Bremer Exporteure, Bremen.

STÜRMER, Hans-Dieter

Dipl.-Chemiker, MdL Baden-Württ. (1984-88; Wahlkr. 46, Freiburg I), Leit. Freiburger Inst. f. Umweltchemie - Schauinslandstr. 43, 7801 Stegen - Geb. 30. Okt. 1950 Eberbach/Neckar - Die Grünen.

STÜRMER, Kurt

Dr. med., em. Prof., Chefarzt a. D. Geburtshilflich-Gynäkol. Abt. St.-Josefs-Hospital Beuel - Brentanostr. 18, 5300 Bonn (T. 63 59 39) - Geb. 28. Febr. 1912 Bonn - Promot. u. Habil. Bonn - S. 1944 Lehrtätigk. Univ. Bonn (1951 apl. Prof. f. Frauenheilkd.). Zahlr. Fachveröff. - Spr.: Engl., Franz. - Rotarier.

STÜRMER, Michael

Dr. phil., Prof. f. Mittlere u. Neuere Geschichte Univ. Erlangen (s. 1973) -

Kochstr. 4, 8520 Erlangen (T. 85 23 55) - Geb. 29. Sept. 1938 Kassel (Vater: Bruno S., Komponist; Mutter: Ursula, geb. Scherbening), ev., verh. - Stud. London, Berlin, Marburg; Promot. 1965 - 1966-70 wiss. Assist., 1970-71 Dozent Univ. of Sussex, 1971 Habil., 1971-1973 Prof. TH Darmstadt, 1976-77 Res. Fellow Harvard-Univ., 1977/78 Inst. for Advanced Study, 1982/83 u. 1985/86 Gastprof. Sorbonne. Dir. Forschungsinst. SWP, Ebenhausen - BV: Koalition u. Opposition in d. Weimarer Rep., 1967; Bismarck u. d. preußisch-dt. Politik, 3. A. 1978; D. kaiserl. Dtschl., 3. A. 1977; Reg. u. Reichstag im Bismarckstaat, 1974; D. Weimarer Rep. - Belagerte Civitas, 1980; Handwerk u. höf. Kultur, 1981; D. ruhelose Reich - Deutschl. 1866-1918, 1983; Dissonanzen d. Fortschritts, 1986; Bismarck - D. Grenzen d. Politik, 1987.

STÜRNER, Rolf

Dr., o. Prof. Univ. Konstanz - Talstr. 31, 7705 Steißlingen (T. 07738 - 2 98) - Geb. 11. April 1943 Stuttgart, ev., verh. s. 1972 m. Ursula, geb. Zeyer, 3 Kd. (Ferdinand, Johannes, Elisabeth) - Stud. Univ. Tübingen, Promot. 1966, Habil. 1976 ebd. - Lehrst. f. Bürgerl. Recht u. Zivilprozeßr. Univ. Konst., 1986-88 Prof. Univ. Genf, Richter OLG Stuttgart, Mithrsg. Juristenztg. u. Ztschr. f. Zivilprozeß - Vorst.-Mitgl. d. Vereinig. dt. Zivilprozeßrechtslehrer; Mitgl. d. Wiss. Beirats d. Vereinig. f. Verfahrensrechtsvergleichung, d. Intern. Vereinig. f. Prozeßrecht - BV: D. Aufklärungspflicht d. Parteien d. Zivilprozesses, 1976; D. richterl. Aufklär. im Zivilprozeß, 1981 (jap. 1986); Baur/Stürner, Zwangsvollstreckungs-, Konkurs- u. Vergleichsrecht, 11. A. 1983; Kommentierungen d. BGB in Janernig, 6. A. 1989 u. Soergel, 12. A. 1989 - Liebh.: Musik, Dichtung - Spr.: Engl., Franz.

STÜRTZEBECHER, Fritz

Dr. med., Chefarzt Chirurg. Abt., ärztl. Geschäftsf. u. ärztl. Dir. Ev. Krankenhaus Bethesda, Mönchengladbach - Bergstr. 133, 4050 Mönchengladbach (T. 1 07 88) - Geb. 11. Febr. 1917 Königsberg/Pr. (Vater: Dr. med. vet. Max S.; Mutter: Elisabeth, geb. Lohrentz), ev., verh. s. 1942 m. Hildegard, geb. Schulz, 3 Kd. (Manuela, Uta, Klaus) - Univ. Königsberg (Promot. 1942), Freiburg/Br., Jena; Facharzt f. Anaesthesie, Chirurgie u. Unfallchir. - B. 1953 Leit. Thorax-Chir. Abt. Univ.sklinik Hamburg-Eppendorf. Einf. d. mod. Kreislaufnarkose in Dtschl.; Entwickl. neuer Spezialtracheal-Katheter f. Lungenoperationen u. e. spez. Technik für Segmentresektionen d. Lunge; Mitarb. an d. Entwickl. d. Draegerschen Narkosegeräte s. Fachveröff. - Spr.: Engl.

STÜRZBECHER, Klaus

Apotheker, Präsident Bundesvereinig. Dt. Apothekerverb. Frankfurt - Siegener Str. 57-59, 1000 Berlin 20 - Geb. 23. Sept. 1933 Berlin, ev., 2 Kd. - Pharmaziestud. FU Berlin; Staatsex. 1959 - Präs. Apothekerkammer Berlin - BVK; Ehrenvors. Berliner Apotherverein.

STÜRZE, Wilhelm

Fabrikant - 3424 St. Andreasberg/H. - Geb. 20. März 1908 - Inh. Holzwerke Wilhelm Stürze, St. Andreasberg/Harz, Ehrenvors. Landesverb. d. Sägeind. e. V. Nieders., Langenhagen, Holzfachschule, Bad Wildungen, Vertreterversamml. d. AOK-Nordharz, Goslar; Vorst. Vereinig. Dt. Sägewerksverbände e. V., Wiesbaden; Beirat Verb. Kisten- u. Palettenind. e. V., Frankfurt/M. - Arbeitsrichter Arbeitsgericht Braunschweig - Verdienstkreuz a. Bde. d. VO. d. Bundesrep. Dtschld.

STÜTING, Johannes

Generalvikar Bistum Essen (1981ff.) - Zu erreichen üb. Bistum Essen, Zwölfling 16, 4300 Essen 1 - 1977-81 Stadtdechant Bochum (Propst).

STÜTTGEN, Albert

Dr. phil., Prof. - Eimermacherweg 25a, 4400 Münster/W. - Geb. 14. Febr. 1932 Aachen (Vater: Josef S., Polizeirat; Mutter: Anna, geb. Goedecker), kath., verh. s. 1959 m. Dorothee, geb. Lauter, 3 Kd. (Odo, Monica, Benjamin) - Univ. Bonn u. Freiburg (Phil., German., Gesch.). Staatsex. 1956 (Bonn) u. 59 (Aachen) - Prof. f. Phil. Univ. Münster - BV: Offenheit u. Perspektive - Z. Problematik phil. Standpunkte, 1966; Kriterien e. Ideologiekritik - Ihre Anwend. auf Christentum u. Marxismus, 1972; Kindererzieh. - Praktische Wege f. Eltern, 1975; D. Dilemma d. Erziehungswiss., 1975; Ende d. Humanismus - Anfang d. Religion, 1979; Ufer u. Horizont. Neues Leben aus d. Psalmen, 1985; Heimkehr z. Rhythmus. D. Abschied v. Machbarkeitswahn, 1988.

STÜTTGEN, Günter

Dr. med., o. Prof. f. Dermatologie u. Venerol. - Augustenburger Pl. 1, 1000 Berlin 65 (T. 455 30 51) - Geb. 23. Jan. 1919 Düsseldorf, kath., verh. s. 1944 m. Dr. Ruth, geb. Kanderske, 2 Kd. (Thomas, Uli) - Med.stud. Marburg, Freiburg/Br., Düsseldorf - S. 1952 (Habil.) Lehrtätigk. Med. Akad. bzw. Univ. Düsseldorf (1958 apl. Prof.), Univ. Frankfurt/M. (1965 apl. Prof.), Berlin/Freie (1969 Ord. u. Klinikdir.) - BV: D. normale u. pathol. Physiol. d. Haut, 1965; Allergie u. Haut, 1969; Funktionelle Dermatologie, 1974; Skin Permeability, 1982; Umweltdermatosen, 1983; Dermatological Thermography, 1985 - Korr. bzw. Ehrenmitgl. Brasilian., Ital., Poln., Schwed., Franz., Bulgar., Brit. u. Amerikan. Dermatol. Ges.; 1987 Präs. Weltkongress Dermatologie Berlin.

STÜTZ, Gisela

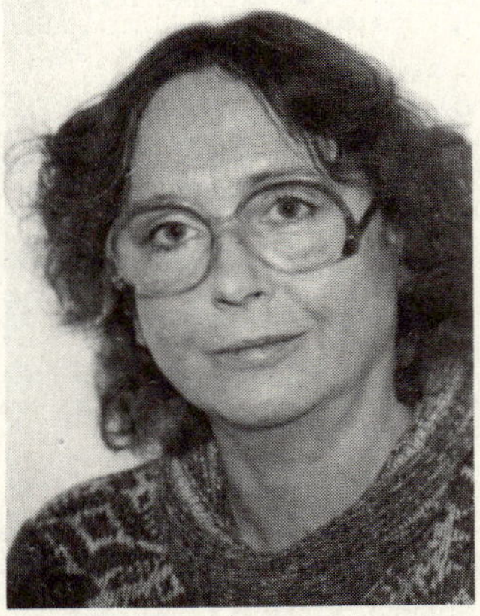

Dr. rer. pol., Prof. f. Berufspädagogik u. allg. Erziehungswissenschaft Univ. Hamburg - Hochweg 8, 2057 Wentorf (T. 720 86 99) - FU Berlin (Sozialwiss.) - 1970-76 Assist., dann Assist.-Prof. Inst. f. Wirtsch.päd. FU Berlin, s. 1976 Prof. Univ. Hamburg - BV: Berufspäd. unter ideol. Aspekt, 1970; D. Handwerk als Leitbild d. dt. Berufserziehung, 1969.

STÜTZEL, Werner

Journalist, Chefredakteur AOK-Magazin bleib gesund - Zu erreichen üb. wdv - Wirtschaftsdienst, Lange Str. 13, 6000 Frankfurt/M. 1 (T. 069 - 29 90 71 34) - Geb. 11. Dez. 1943 Bad Kreuznach, kath., verh. s. 1971 m. Monika, geb. Klaus, S. Peter - Abit., Volontariat Allg. Ztg. Mainz - S. 1967 Redakt., Ressortleit. Wirtsch. AZ - Ztg. f. Mannheim, Politikredakt. Neue Presse Hannover, Pressespr. Hannover-Messe, stv. Zentralbereichsleit. Presse u. PR d. Messe Frankfurt - Vier-Jahreszeiten-Kur m. üb. 200.000 Teilnehmern, 1987/89 - 1983 Franz-Anton-Mai-Preis; 1986 Silb. Ehrenz. Dt. Verkehrswacht - Spr.: Franz.

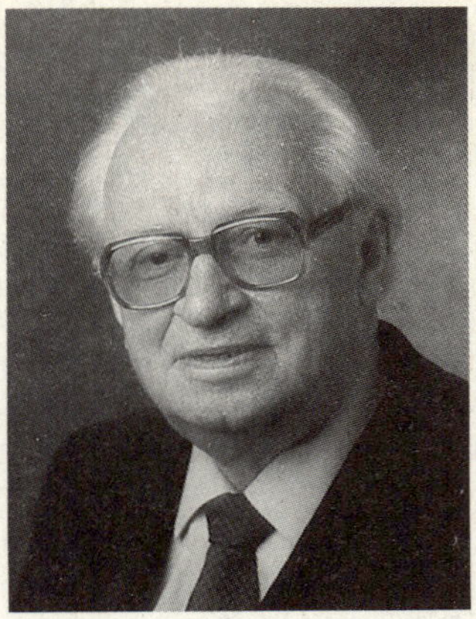

STÜTZER, Herbert-Alexander

Dr. phil., Schriftsteller (Ps. Herbert Alexander) u. Kunsthistoriker - Braystr. 22, 8000 München 80 (T. 47 85 81) - Geb. 28. Jan. 1909 Berlin, kath., verh. 1935 m. Aenne, geb. Bäumer, Schriftst. (†1968) - Promot. 1931 Bonn - W: Fritze u. s. Zirkus, Jugendb. 1932; Achtung, Achtung! Hier ist d. kl. Muck, Jgdb. 1934 (auch holl. (u. Schulausg.) u. jap.); Sommer e. jg. Mannes, R. 1934; Mensch aus Schatten, R. 1936; Lucia, N. 1939; Erwin Brummlatschen, Jgdb. 1939 (auch holl. Schulausg.); D. Rotkopf, R. 1940; D. umbrische Narr, Laiensp. 1946; Nation - Abendl. - Welt, histor.-polit. Abh. 1946; Einer v. jenen, Jgdb. 1950 (auch jap.); Michelangelo, kunstgeschichtl. Abh. 1951; D. Kunst d. Griechen, 1955; D. Kunst d. Etrusker u. d. Röm. Rep., 1956; D. Kunst d. Röm. Kaiserreiches b. z. Sieg d. Christentums, 1957; Röm. Kunst d. Spätantike im Reich d. christl. Kaiser, 1962; Aus d. Frühzeit Italiens; D. Etrusker, 1965; D. alte Rom, 1971; Röm. Kunstgesch., 1973; D. Etrusker u. ihre Welt, 1975; D. ital. Renaissance, 1977; Florenz (m. Heidi Weidner), 1978; D. antike Rom, 1979; Malerei d. ital. Renaissance, 1979; D. Kunst d. röm. Katakomben, 1983; Kleine Gesch. d. röm. Kunst, 1984; Ravenna u. seine Mosaiken, 1989. Je 13 Sendungen D. Etrusker (1965) u. Kunst in Bayern (1966; beide III. Fernsehprogramm Bayer. Rundfunk); Brunelleschi (1977; I. Fernsehprogr. Bayer. Rundf.); So lebten d. Etrusker (1980; III. Fernsehprogr. Bayer. Rundf.); V. Guten Hirten z. Weltherrscher - Christusbilder im antiken Rom (1983; III. Fernsehprogr. Bayer. Rundf.) - 1958 Ritterkreuz VO. Rep. Ital.; Mitgl. Soc. Dante Alighieri - Spr.: Ital.

STÜWE, Hein-Peter

Dr. rer. nat., o. Prof. Inst. f. Metallphysik Mont. Univ. Leoben, Inst.-Dir. Inst. f. Festkörperphysik d. Österr. Akad. d. Wissensch. Leoben (Plastizität, Bruch) - Jahnstr. 12, A-8700 Leoben (T. 03842 - 4 55 11) - Geb. 14. Sept. 1930 Königsberg/Pr. (Vater: Kurt S., Prof.; Mutter: Gertraude, geb. Werner), verh. s. 1957 m. Ursula, geb. Biermann, 3 Kd. (Kurt, Barbara, Klaus) - Dr. rer. nat. Göttingen, o. Prof. u. Dir. Inst. f. Werkstoffkd. u. Herstellungsverf. TU Braunschweig (1967-71), 1978-84 Rektor u. Prorektor Montanuniv. Leoben - BV: Introducción a las texturas de los materiales metálicos, 1969 (Span.); Mechan. Anisotropie, 1974; Feinstrukturunters. i. d. Werkstoffkunde, 1974; Einführung in d. Werkstoffkunde, 2. A. 1978. Herausg.: Verformung u. Bruch (1981) - Korr. Mitgl. Österr. Akad. d. Wissensch., 1985 Dr. h.c. Univ. f. Schwerind. Miskolc (Ungarn) - Spr.: Engl., Franz., Span.

STUHLINGER, Ernst

Dr. rer. nat., Dr.-Ing. E.h., Physiker - 3106 Rowe Drive, Huntsville, Ala./USA (T. 534 - 9828) - Geb. 19. Dez. 1913 Niederrimbach (Vater: Ernst S., Lehrer; Mutter: Pauline, geb. Werner), ev., verh. s. 1950 m. Irmgard, geb. Lotze, 3 Kd. (Susanne, Tilman, Hans-Christoph) - Univ. Tübingen (Physik, Zool.; Promot. 1936) - 1936-41 TH Berlin, 1941-43 Kriegseinsatz Rußl. (Infanterie), 1943-45 Raketenversuchsanst. Peenemünde, 1946-50 Guided Missile Division Fort Bliss, 1950-60 Army Ballistic Missile Agency Huntsville, 1960-76 George C. Marshall Space Flight Center; Mitgl. dt. u. amerik. Fachges. Beitr. z. elektr. Raketen, s. 1976 Univ. Alabama in Huntsville (Adjunct Prof. f. Physik), Amerik. Satelliten-Programm - BV: Handbook of Astronautical Engineering, 1961 (Co-Editor); Astronautical Engineering and Science, 1963 (Co-Author u. -Editor); Space Science and Engineering, 1965 (Co-Editor); Ion Propulsion f. Space Flight, 1964; Skylab, 1973 (Co-Aut.) - 1959 Award Departm. of the Army Except. Civilian Service (USA), 1962 Galabert-Preis (Paris), 1960 Propulsion Award (American Rocket Soc.), 1962 Hermann Oberth Award (dies.); 1962 Ehrenbürger Niederrimbach; 1964 Exceptional Scient. Achievem. Award (NASA); 1964 Hermann-Oberth-Med. (Dt. Ges. f. Raketentechnik u. Raumfahrt); 1970 Ehrenring Intern. Förderkr. Hermann Oberth; 1970 Röntgenpreis; 1973 Ehrendoktor TU Berlin; 1976 Hon. Dr. of Sc. Univ. of Alabama, Huntsville; 1981 Wernher v. Braun-Preis DGLR; 1978/83/84/85 Visiting-Prof. TU München u. Max Planck Inst. f. Kernphysik, Heidelberg; 1984 Senior Research Assoc. Teledyne Brown Engineering Comp., Huntsville u. Korr. Mitgl. Heidelberger Akad. d. Wiss. - Liebh.: Fliegen, Bergsteigen.

STUHLMACHER, Peter Otto

Dr. theol., o. Prof. Univ. Tübingen (s. 1972) - Untere Schillerstr. 4, 7400 Tübingen 1 (T. 52 54 9) - Geb. 18. Jan. 1932 Leipzig (Vater: Dr. Johannes S., Filmkfm.; Mutter: Elise, geb. Hoffmann), ev., verh. s. 1960 m. Irmgard, geb. Kühl, 5 Kd. (Walther, Mechthild, Reinhart, Konrad, Gertraud) - Promot. 1962; Habil. 1967 - 1968-72 o. Prof. Erlangen. Fachmitgl.sch. - BV: Gerechtigkeit Gottes b. Paulus, 2. A. 1966; D. paulin. Evangelium, 1968; D. Brief an Philemon, 2. A. 1981; Schriftauslegung, 1975; Vom Verstehen d. NT., 2. A. 1986; Versöhnung, Gesetz u. Gerechtigkeit, 1981. Herausg.: D. Evangelium u. d. Evangelien (1983); Neues Testament Dt. - Spr.: Engl.

STUKE, Bernward

Dr. rer. nat., Prof. f. Physikal. Chemie Univ. München - Eichthalstr. 4, 8122 Penzberg (T. 08856 - 30 93) - Geb. 6. Juni 1921 Bremen - S. 1954 (Habil.) Lehrtätigk. München. Facharb.

STUKE, Josef

Dr. rer. nat., em. o. Prof. f. Experimentalphysik Universität Marburg (s. 1967) - An der Haustatt 17, 3550 Marburg/L. (T. 6 72 06) - Geb. 26. Mai 1918 Lastrup/Hann. - Realgymn. Cloppenburg (Abit. 1937); Arbeits- u. Wehrdst.; 1941-43 TH Hannover (Dipl.-Phys.). Promot. 1947; Habil. 1964 - 1947-61 Industrietätigk.; 1962-66 Wiss. Rat TH Karlsruhe. Facharb.

STULOFF, Nikolaus

Dr. rer. nat., Prof., Abteilungsvorsteher Math. Inst. Univ. Mainz - Rheinstr. 90, 6200 Wiesbaden (T. 37 36 91) - Geb. 20. Nov. 1914 Moskau - S. 1955 Lehrtätigk. Univ. Mainz (1957 Diätendoz., 1960 apl. Prof., 1964 Wiss. Rat u. Prof., 1969 Abt.svorst. u. Prof.). Vorles. üb. Math., insb. Gesch. d. Math. u. exakten Naturwiss. Facharb.

STUMMEL, Friedrich

Dr. rer. nat., o. Prof. u. Direktor f. Angew. Mathematik Univ. Frankfurt/M. (s. 1964) - Fasanenweg 6, 6070 Langen/Hessen - Geb. 1929 Berlin - Stud. Math., Physik, Phil. Göttingen, Tübingen, Paris. Promot. 1955 Göttingen; Habil. 1961 Berlin (TU) - Tätigk. Max-Planck-Inst. f. Physik (Reaktorgruppe), Kernforschungszentrum Karlsruhe. Hahn-Meitner-Inst. 1961-64 Privatdoz. TU Berlin. Fachveröff.

STUMP, Berthold
Geschäftsführer Burlington-Schappe GmbH., Breisach - Joseph-Rupp-Weg 5, 7850 Lörrach/Baden (T. 07621 - 4 61 23) - Geb. 26. Juli 1917 Lörrach - S. 1946 Schappe.

STUMPE, Klaus Otto
Dr. med., Internist, Wiss. Rat u. Prof. Univ. Bonn (s. 1976) - Berliner Ring 73, 5300 Bonn 2 (T. 0228 - 35 12 11) - Geb. 26. Jan. 1938 Dortmund (Vater: Benno S., Kaufm.; Mutter: Elly, geb. Siepmann), ev., verh. s. 1965 m. Dr. med. Irmhild, geb. Wegner, 2 Kd. (Volker, Katrin) - Gymn. Dortmund (Abit. 1958); Stud. d. Med. Univ. Erlangen, Göttingen, Berlin (Freie), Hamburg; Staatsex. u. Promot. 1964 Hamburg; Habil. 1972 Saarbrücken - 1964-65 Assist. Hamburg; 1965-66 Cornell Univ. u. Orange Memorial Hospital USA; 1966-68 Max-Planck-Inst. Göttingen; 1969-73 Med. Univ.s-klinik Homburg/Saar; s. 1973 Univ. Bonn (Oberarzt Med. Poliklinik). Spez. Arbeitsgeb.: Hochdruckforsch., Herz u. Kreislauf, Elektrolyt- u. Wasserhaushalt, Endokrinol. Mitgl. Europ. Soc. for Clinical Investigation, Dt. u. Intern. Ges. f. Nephrol., New York Acad. of Sciences, Intern. Soc. of Hypertension. Üb. 150 Veröff. in wiss. Ztschr. - 1970 Karl-Thomas-Preis; 1971 Claude-Bernard-Preis - Spr.: Engl., Franz., Span.

STUMPENHAUSEN, Gerhard
Dipl.-Ing. agr., Direktor Landwirtschaftskammer Hannover - Zu erreichen üb. Johannssenstr. 10, 3000 Hannover (T. 0511 - 1 66 50) - Geb. 9. Juli 1928.

STUMPF, Harald
Dr. rer. nat., Prof. f. Theoret. Physik - Auf d. Morgenstelle 14, 7400 Tübingen - Univ. Heidelberg, TH Stuttgart (Dipl.-Math. 1952). Promot. (1955) u. Habil. (1960) Stuttgart - S. 1960 Lehrtätigk. TH Stuttgart, Univ. München (1963) u. Tübingen (1967 Ord.) - BV: Quantentheorie d. Ionenrealkristalle, 1961; Elektrodynamik, 1973 (m. W. Schuler); Thermodynamik I, 1975, II, 1977 (m. A. Rieckers); Quantum Processes in Polar Semiconductors and Insulators I, II, 1983. Fachaufs.

STUMPF, Hermann
Dr. jur., Vizepräsident Bundesarbeitsgericht a. D., Honorarprof. f. Arbeits- u. Bürgerl. Recht Univ. Köln (s. 1964) - Auenweg 63, 5000 Köln 50 (Rodenkirchen) (T. 0221 - 39 22 13) - Geb. 9. Okt. 1912 - B. 1957 Bundesrichter, 1964 Senatspräs., 1977 Vizepräs. Bundesarbeitsger. Kassel - BV: Kommentar z. Tarifvertragsgesetz (m. H. Wiedemann), 5. A. 1977 - 1980 Gr. BVK m. Stern.

STUMPF, Manfred
Kaufm. Angestellter, MdL Rhld.-Pfalz (s. 1975) - Oberhaide 7, 6719 Hettenleidelheim - Geb. 30. März 1930 - SPD.

STUMPF-RODENSTOCK, Michael
Rechtsanwalt, Brauereidirektor, Vorstand Brauereiges. Vorm. Meyer & Söhne AG., Riegel/Kaiserstuhl - Hauptstr. 1, 7839 Riegel (T. 07642 - 6 71 16) - Geb. 9. Sept. 1945 Endingen (Vater: Dr. Wilhelm St., Arzt; Mutter: Anneliese, geb. Brucker), kath., verh. s. 1978 m. Margarit - Univ. Freiburg, 1. jur. Staatsex. 1972, 2. Ex. 1975 - 1975-79 Rechtsanwalt, s. 1979 Vorst.-Mitgl. s.o.

STUMPP, K. Friedrich (Fritz)
Dr.-Ing., Fabrikant (Stumpp, Schuele & Somappa, Bangalore/Ind.), Ehrenpräs. IHK Nürtingen, Ehrenkreisjägerm. - Duttenhofer Str. 50, 7440 Nürtingen/N. (T. 23 48) - Geb. 22. Aug. 1907 Stuttgart (Vater: Bernhard S., Gastwirt; Mutter: Rosa, geb. Haug), ev., verh. s. 1935 m. Hanne, geb. Schellmann, 3 Kd. (Hans-Peter, Inge, Wilhelm-Wolfgang) - TH Stuttgart (Maschinenbau) - BV: Abh. üb. kaltgeformte Federn (m. Dr. Gustav Wagner) - Gold. Sportabz. - Spr.: Franz., Engl., Ital., Portugies. - Bek. Leichtathlet (1928-32 mehrf. württ. Meister üb. 100 u. 200 m, 1932 südd. M. üb. 100 m).

STUNA, Günther
Kaufmann, Inh. wsd Wach- u. Sicherheitsuntern. m. Schule, Cham - Weiherweg 7, 8490 Cham (T. 09971 - 50 05) - Geb. 9. Okt. 1948 Cham (Vater: Franz St., Kaufm.; Mutter: Emilie, geb. Bejwl), kath., verh. s. 1972 m. Elfriede, geb. Gruber, S. Günther - S. 1974 Aufbau u. Führung d. Wach- u. Sicherheitsuntern. wsd in Süddeutschl.; s. 1979 Aufbau u. Führung d. ersten priv. Werkschutz- u. Sicherheitsschule; Alleininh. bd. Untern. (rd. 1500 hauptberufl. Beschäft.); 1979 Gründg. d. Fa. elect-safety Wach- u. Sicherheitsuntern. GmbH; 1985 Gründg. d. Fa. MEKA Medizinisch-elektronische Apparate GmbH; 1985 Beteilig. an d. Fa. Handelsges. f. Medizin u. Technik mbH Sitz Dachau; Gründungsmitgl. Forschungsges. f. Anthroposkopie - hochfrequente Feldstärkenmessung in d. Humanmedizin München; Mitgl. Ges. f. Militärökonomie Koblenz; 1987 Zulassung z. staatl. anerkannten Fernlehrgang d. wsd Werkschutz- u. Sicherheitsschule - 1986 Mitautor Handb. z. Ökonomie d. Verteidigungspolitik.

STUPP, Wilhelm
Dr. rer. nat., Direktor i. R. Staatl. Materialprüfungsamt Nordrh.-Westf. - Ginsterweg 7, 4600 Dortmund 30 (T. 02304 - 8 06 32) - Geb. 20. März 1916 Köln, verh. s. 1942, 2 Kd. - B. 1947 Ind.tätigk., dann Ref. u. Gr.leiter Wirtschaftsminist. NRW; b. 1982 Vors. Verb. d. Materialprüfungsämter; Rhein.-Westf. Ind.-Club Dortmund; s. 1986 fr. Mitarb. in d. Technologie-Zentrum Dortmund GmbH - Spr.: Engl., Franz.

STUPPERICH, Robert
Dr. phil., D., o. Prof. f. Kirchengeschichte (emerit.) - Möllmannsweg 12, 4400 Münster/W. (T. 86 13 07) - Geb. 13. Sept. 1904 Moskau (Vater: Robert S., Apotheker; Mutter: Mary, geb. Krüger), ev., verh. s. 1938 m. Erna, geb. Everts, 7 Kd. - Univ. Berlin (Theol., Gesch., Slav.; Promot.). Lic. theol. Leipzig, Dr. phil. Berlin - Pfarrer, 1942 Doz. Univ. Berlin, 1946 Ord. Univ. Münster. Dir. Ostkirchen-Inst. Münster (s. 1957) u. Inst. f. Westf. Kirchengesch. (s. 1958) - BV: Humanismus u. d. Wiedervereinig. d. Konfessionen, 1936; Staatsgedanke u. Religionspolitik Peters d. Gr., 1936; Anfänge d. Bauernbefreiung in Rußland, 1939, 2. A. 1969; Russ. Sekten, 1938; Martin Bucer, 1941; Münster. Täufertum, 1958; Melanchthon, 1960 (engl. 1965, jap. 1971); D. unbek. Melanchthon, 1961; D. Russ.-Orthodoxe Kirche in Lehre u. Leben, 1965; Unters. z. Kirchengesch., 14 Bde. 1965ff.; Gesch. d. Reformation, 1967; D. Reformation in Dtschl., 1972, 3. A. 1988; D. Herforder Fraterhaus u. d. Devotio moderna, 1975; Erasmus v. Rotterdam u. s. Welt, 1977; Herausg.: Verantw. u. Zuversicht (Festschr. f. Bischof Dibelius, 1950); Kirchengeschichtliche Quellenhefte (1949ff.); Quellenh. z. ostd. u. -europ. Kirchengesch. (1958ff.); Melanchthons Werke (8 Bde., 1951ff.); Kirche im Osten - Stud. z. osteurop. Kirchengesch. (20 Bde., 1958ff.); Karl Holl, Kl. Schriften, 1966; Martin Bucers dt. Schr. (7 Bde., 1960ff.); Jahrb. f. Westf. Kirchengesch. (1968ff.); Münster. Täuferschr. (Bd. I 1970, Bd. II 1980, Bd. III 1983); Reformatorenlexikon (1984); H. Cremer. Briefwechsel (1988) - 1953 D. theol. h. c. Humboldt-Univ., Berlin; Mitgl. J.-G.-Herder-Forschungsrat u. Ehrenmitgl. Histor. Kommiss. f. Westf., Münster; ausl. Mitgl. Kgl. Niederl. Akad. d. Wiss., Amsterdam (1964) - Spr.: Russ., Franz. - Lit.: Reformation u. Humanismus (Festschr. 1969), Bucer u. s. Zeit, 1976.

STURM, Alexander
Dr. med., Prof. f. Innere Medizin, Direktor Med. Univ.-Klinik RUB Bochum - Hölkeskampring 40, Marien-Hospital, 4690 Herne 1 - Geb. 3. Febr. 1930 Jena (Vater: Prof. Dr. med. Alexander St.; Mutter: Marion), kath., verh. s. 1961 m. Anneliese, geb. Raudenbusch, 4 Kd. (Alexander, Anja, Andreas, Rita) - Univ. München, Innsbruck, Freiburg (Med.) - S. 1970 Dir. Med. Univ.-Klinik (s.o.). Vorst.-Mitgl. Dt. Ges. f. Internistische Intensivmed. u. d. DIVI; Beiratsmitgl. versch. med. Ges. - Hauptarbeitsgeb.: Kreisl.erkr. - BV: Ca. 150 Publ., davon 6 Buchbeitr. u. 3 Monogr.: D. arteriellen Hochdruckerkrankungen, 1971; Grundbegriffe d. Inn. Med., 1969, 1981 u. 1985. Herausg. d. Checklisten d. aktuellen Med. - Ehrenmitgl. Argent. Ges. f. Inn. Med.

STURM, Berthold
Dr. phil., Dr. sc. techn. h. c., ETH, Physiker, Automatisierungstechnik - Niederwihl 31, 7883 Görwihl (T. 07754 - 10 31) - Hrsg. Handb. Messen, Steuern, Regeln in d. Chem. Technik.

STURM, Dieter
Dramaturg Schaubühne Berlin - Nikolsburger Str. 11, 1000 Berlin 31 - Geb. 24. Mai 1936 Frankfurt/M. - Stud. Ethnol., German. u. Alte Gesch. Univ. Erlangen u. FU Berlin - 1962-68 u. s. 1970 Schaubühne Berlin.

STURM, Gerhard
Geschäftsführer Backwarenfabrik Wilhelm Weber GmbH (1981ff.), Nur Hier, Hamburg, Stefansbäck GmbH, Freiberg/Neckar, Großbäckerei Nuschelberg GmbH, Lauf a.d. P.-Nuschelberg - Ostendstr. 8, 6102 Pfungstadt/Hessen.

STURM, Gerhard
Dr. rer. nat., Prof., Klinischer Chemiker u. Leit. d. Klin.-chem. u. Hormonlaboratorien Univ.-Frauenklinik - Pilgrimstein 3, 3550 Marburg; priv.: Baumgarten 11, 3550 Marburg - Geb. 31. Okt. 1937.

STURM, Hermann
Dipl.-Ing., Vorstandsvorsitzender Arbeitgeberverband freier Berufe (AFB), München (s. 1986) - Edelsbergstr. 8, 8000 München 21 (T. 089 - 57 00 72 45) - Geb. 14. Juli 1944 Neckarrems, verh. m. Sabine, geb. Kammermeier - Stud. Elektrotechnik, Ex. 1968 - S. 1969 Vizepräs. Zentralverb. Dt. Ingenieure (ZDI); Vorst.-Vors. Union Beratender Ingenieure (UBI), München, s. 1982 Union freier Berufe (UFB).

STURM, Hertha
Dr. phil., Prof. f. Kommunikationspsychologie, Psychologie u. Medienpädagogik Erziehungswiss. Hochsch. Rheinl.-Pfalz (s. 1982) - Westring 10a, 6740 Landau - Geb. 22. Jan. 1925 Nürnberg (Vater: Wieland S.; Mutter: Maria, geb. Albrecht), ev., led. - Univ. Erlangen (Dipl.-Psych. 1945) u. Freiburg (Psych.). Promot. (1947) u. Habil. (1967) Freiburg. 1946-63 Südwestfunk (Leit. Abt. Schul- u. Jugendfunk); 1963-68 ZDF (Leit. Abt. Bildung u. Erziehung). 1968-74 Doz. u. Prof. f. Psychologie Univ. Freiburg; 1974-81 Prof. f. Psych. u. Kommunikationswiss. Univ. München; 1974-79 Wiss. Leit. Intern. Zentralinst. f. d. Jugend- u. Bildungsfernsehen; b. 1982 Projektgruppe Sturm/Grewe am Bayer. Rundf.; 1983-86 Fortführung d. Unters. zu formalen medienspezif. Angebotsweisen; Entw. u. Erprobung d. Studienganges Kommunikationspsychol./Medienpäd. - BV: Masse - Bildung - Kommunikation, 1968; Sturm et al. Medienspezif. Lerneffekte, 1972; Emotionale Wirkungen d. Fernsehens - Jugendl. als Rezipienten, 1978; Grundl. e. Medienpäd., 1979; Informationsverarb. durch Kinder-Piagets Entwicklungstheorie auf Hörfunk u. Fernsehen angewandt, 1980 (auch engl. übers.). Herausg.: Methoden d. Medienwirkungsforsch., 1976; Mithrsg.: Fernsehen u. Bildung, Intern. Ztschr. f. Medienpsych. u. Medienpraxis (s. 1975); Wie Kinder m. d. Fernsehen umgehen, 1979; D. rezipienten-orient. Ansatz in d. Medienforsch., 1981 u. 82; Emotion u. Erreg. - Kinder als Fernsehzuschauer, 1982; Wahrnehmung u. Fernsehen: D. fehlende Halbsekunde, 1984; Medienwirkungen - e. Produkt d. Beziehungen zw. Rezipient u. Medium, 1988; D. Defizite d. Fernsehens, 1989 - 1987 Media-Preis d. Südd. Rundf.

STURM, Klaus
Dr. theol., Prof. f. Theologiegeschichte u. Syst. Theol. Univ. Siegen - Buchenhain 34, 5912 Hilchenbach (T. 0271 - 740 45 15) - Geb. 13. Nov. 1934 Gummersbach (Vater: Otto St., Landw.; Mutter: Elise, geb. Bimberg), ev., verh. s. 1963 m. Erika, geb. Bubenzer, 3 S. (Christoph, Stephan, Philipp) - Stud. Ev. Theol. Univ. Marburg, Göttingen u. Bonn (1. theol. Ex. 1962, Promot. 1969), Habil. 1977 Siegen - 1965 Verw. e. Assist.st.; 1969 Wiss. Assist.; s. 1977 Lehrtätigk. Univ. Siegen. Spez. Arbeitsgeb.: Theol.gesch. u. Syst. Theol.; 1983-87 Prorektor - BV: Theodor Beza, De iure magistratuum, 1965; D. Theol. Peter Martyr Vermiglis, 1971; D. Luther.-konfess. Dogmatik d. Erlanger Kreises, 1983.

STURM, Paul

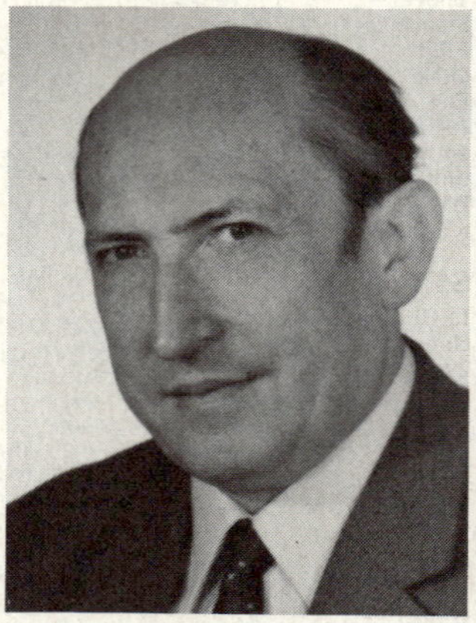

Kaufmann, Inhaber e. Buch- u. Offsetdruckerei - Kapellenstr. 17A, 6500 Mainz-Gonsenheim (T. 06131 - 4 61 95) - Geb. 2. Jan. 1924, ev., verh. s. 1950 m. Leni, geb. Wagner - Realgymn. Mainz; 1940-42 kaufm. Lehre - 1946 Prokurist; s. 1949 selbst. Druckereikaufm. - 1946-64 Gründer u. Vors. Rheinhess. TT-Verb., s. 1964 Ehrenvors.; s. 1968 Gründer u. Vors. Südwestd. TT-Verb.; 1959-61 Beisitzer DTTB, 1965-81 Vizepräs., s. 1985 Ehrenmitgl. ebd.; 1970-82 DSB-Gutachteraussch. - Div. Musterschutzrecht auf d. Sektor Weinverpackungen - Goldene Ehrennadel RTTV, DTTB, SWV Sportbund Rhh.; Goldene Sportplak. LSB; 1984 BVK - Liebh.: Sport, Lit., Musik.

STURM, Wilhelm
Dr. theol., Prof., Lehrstuhlinh. f. Ev. Theologie Univ. Regensburg (s. 1973), Lehrbeauftragter f. Religionspäd. Univ. Erlangen-Nürnberg - Geberichstr. 8, 8401 Hohengebraching üb. Regensburg - Geb. 19. Dez. 1932 Feuchtwangen - Promot. 1971 - 1967-73 Katechet. Amt Heilbronn (Theol. Ref.) - BV: Religionsunterr., gestern/heute/morgen, 1971.

STURM zu VEHLINGEN, von, Ferdinand
Dr. rer. nat., Prof. f. Chemie, Forschungsleit. SIGRI GmbH - Jahnstr. 26, 8901 Biberbach (T. 08271 - 38 21) - Geb. 21. April 1927 Lichtenberg, verh. s. 1956 m. Ursula, geb. Gube, 3 Kd. - 1946-54 Stud. Univ. Bonn; Habil. 1974 Univ. Erlangen - 1955-79 Forschungslab. Siemens AG; s.1979 Forschungsleit. - BV: Elektrochem. Stromerzeug., 1969 - 1976 Honorarprof. Univ. Erlangen-Nürnberg.

STURMOWSKI, Georg
Kaufm. Angestellter, MdL Hessen (s. 1970), Vizepräs. Hess. Landtag (s. 1988) - Elisabethenstr. 60, 6080 Groß-Gerau (T. 21 30) - Geb. 23. Mai 1923 Danzig, kath. - B. 1939 Obersch. Danzig, dann

kaufm. Ausbild., 1941-46 Arbeits-, Wehrdst. u. Kriegsgefangensch. - 1954-64 MdK Groß-Gerau (s. 1964 Kreisbeigeordn.). Kolpingfam. CDU s. 1948 (1964 Kreisvors.).

STURSBERG, Rüdiger

Dr. rer. pol., Dipl.-Kfm. - Schauinslandstr. 2, 7200 Tuttlingen 14 (Möhringen) - Geb. 8. Sept. 1927 Niederbieber-Segendorf - B. 1981 Präs. IHK Schwarzwald - Baar-Heuberg, Villingen; Ehrenpräs. IHK Schwarzwald-Baar-Heuberg - Rotarier.

STUT, Wolfgang

Direktor, Geschäftsf. Sparkassen- u. Giroverb. f. Schlesw.-Holst. - Holstenstr. 98, 2300 Kiel 1 - Geb. 5. März 1937.

STUTZ, Ernst

Dr. med. (habil.), o. Prof. f. Med. Strahlenkunde (emerit.) - Höllentalstr. 66, 7800 Freiburg/Br. (T. 6 75 74) - Geb. 27. Aug. 1905 Hindenburg/OS., ev., verh. s. 1939 m. Hildegard, geb. Thoenes, 2 Kd. (Jürgen, Monika) - Med. Staatsex. 1935 Berlin - 1936-70 Univ. Freiburg (Assist. Med. Klinik, Oberarzt (1945) u. Leit. Röntgeninst. Chir. Klinik, Dir. Klin. Strahleninst.; 1949 Privatdoz., 1955 apl., 1961 ao., 1969 o. Prof., 1970 em.). Spez. Arbeitsgeb.: Norm. u. pathol. Physiol. d. Lunge, Krebsforsch. - BV: D. Bronchographie, 1955 (m. Vieten; auch span.). Üb. 60 Einzelarb.

STUTZ, Hans

I. Bürgermeister - Rathaus, 8072 Manching/Obb.; priv.: Lindenstr. 6 1/2 - Geb. 29. April 1918 Kelheim - Zul. Maschinenbautechniker. CSU.

STUTZER, Hans-Jürgen

Amtsrat a. D., MdB (VIII. Wahlp./ Landesl. Schlesw.-Holst.) - Heidweg 2a, 2374 Fockbek - Geb. 25. Jan. 1926 Berlin, ev., verh. - Schule Berlin (Abit.) - Wehrdst. u. sowjet. Kriegsgefangenschaft; s. 1946 (m. kurzer Unterbrech.) Arbeitsverw. (1960 Rendsburg). CDU s. 1972 (stv. Landesvors. d. Christl. Demokr. Arbeitnehmerschaft).

STUTZER, Volker

Redakteur, Schriftsteller (Ps. Stefan Volkert) - Ficht 3, 8391 Untergriesbach (T. 08593 - 13 86) - Geb. 9. Dez. 1927 Ficht (Vater: Paul St., Dipl.-Landw.; Mutter: Berta, geb. Gier), ev., verh. s. 1952 m. Lilian, geb. Kahl, T. Dagmar - Schulen Passau u. Deggendorf (m. Unterbr. durch Kriegseins. u. Gefangensch.); Zollinspektorex. 1955 - Fr. Schriftst.; 1950-63 Bundeszollverw.; s. 1964 Redakt. - Schuf 1982 priv. Hilfswerk: Freunde Indiens f. Entw.-Projekte - BV: Schlehreuther Gesch., Erz. 1968, 2. A. 1975; Land an drei Flüssen, Bildbd. 1971; Bunte Blätter, Reiseber., Kurzgesch., Fotos, 1983 - 1979 BVK a. Bde.; 1981 Theodor-Wolff-Preis - Spr.: Engl. - Bek. Vorf.: Gustav St., Mitbegr. v. Blumenau in Brasilien, Schriftst. (Großonkel).

SUBJETZKI, Klaus

Bankier, Geschäftsinh. Berliner Handelsu. Frankfurter Bank, Frankfurt/Berlin - August-Siebert-Str. 21, 6000 Frankfurt/ M. (T. 59 69 90) - Geb. 18. Febr. 1931 - B. 1971 Dir., dann Generalbevollm. BHG bzw. BHF-Bank. B. 1981 Vors. Bankenverb. Hessen, Frankfurt.

SUCHENWIRTH, Richard Mathias

Dr. med., apl. Prof. Univ. Erlangen-Nürnberg (s. 1972), Neurologe - Seestr. 12, 8036 Herrsching-Breitbrunn - Geb. 1. Nov. 1927 Wien (Vater: Prof. Dr. Richard S., Historiker; Mutter: Else, geb. Kutsch), kath., verh. I) Dr. Gertrud, geb. Meyer zu Hörste (†), 4 Kd. (Richard, Gertrud, Dietlinde, Roland), II) Barbara, geb. von Fürstenberg, 2 Kd. (Lioba, Leonhard) - Theresiengymn., Univ. München; Staatsex. u. Promot. 1950; Habil. 1965 Univ. Kiel (2. Fak. Lübeck) - 1970-81 Chefarzt Neurol. Klinik Akad. Lehrkrkhs. Kassel - BV: Abbau der graphischen Leistung, 1967; Taschenb. d. klin. Neurologie, 4. A. 1989 (auch engl. u. portugies.); Neurolog. Begutachtung, 1977; Neurol. Diagnostik (m. G. Wolf), 1977; An d. letzten Türe, 1979 (Ps. R. Lachner); Neurolog. Unters. (m. R. Büngeler), 1982; Warum krank?, 1982; Handb. Neurol. Begutachtung (m. G. Wolf), 1987; Therapie neurolog. Krankheiten (m. J. Sayk u.a.), 1988. Übers.: Schade: Einf. in d. Neurologie, 5. A. 1989. Üb. 200 Ztschr.- u. Buchbeitr.

SUCHNER, Barbara,

geb. Prudix

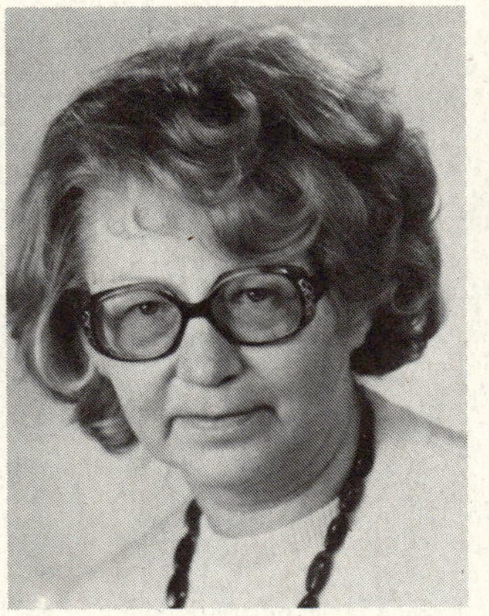

Apothekerin, Apothekeninhaberin, Schriftst. - Hauptstr. 16, 8394 Griesbach i. R. (T. 08532 - 88 66) - Geb. 31. Juli 1922 Breslau/Schles., ev., verh. s. 1949 m. Werner S., 5 Kd. (Christel-Beate, Ines-Ulrike, Birgit-Donata, Ingolf-Mathias, Katrin-Bianca) - Pharmazie-Stud.; Staatsex. 1950 Erlangen - 1966-75 Stadträtin Stadt Günzburg; s. 1988 Repräsentantin f. Bayern d. Ges. f. Lyrikfreunde, Innsbruck - BV: Wegwarte, 1981; Kein Engel fällt v. Himmel, 1982; Und wenn d. tausend Jahre vollendet sind, 1985; Lauschen-schauen-Brücken bauen, 1987; E. Blühen - e. Leuchten, 1988; Tod, wo ist dein Stachel?, 1989. Herausg.: Lyr. Flugblätter (s. 1985) - 1981 Lyrikpreis Unsterbliche Rose; 1984 Lyrikpreis Soli deo gloria - Spr.: Engl., Franz. - Lit.: Heinz Piontek, Nachwort zu Kein Engel fällt v. Himmel.

SUCHY, Kurt

Dr. rer. nat., Prof. f. Theoret. Physik (Lehrstuhl II) Univ. Düsseldorf - Eichenwand 14, 4000 Düsseldorf 12 (T. 20 34 10) - Geb. 13. Nov. 1926 Dessau (Vater: Franz S., Ingenieur; Mutter: Melanie, geb. Krause), ev., verh. s. 1964 m. Barbara, geb. Cropp, 2 Kd. (Melanie, Bernhard) - Goethe-Gymn. Dessau, Univ. Halle u. Greifswald; Dipl. 1950 Greifswald; Promot. 1951 ebd. - 1951-55 Franz. Ionosphärenforschungsinst. Neubreisach; 1955-58 Industrietätigk. Zürich, 1958-71 Univ. Marburg, s. 1971 Univ. Düsseldorf (1971 Ord.; 1975/76 Dekan Math.-Naturwiss. Fak. 1976/78 Rektor, 1978-80 Prorektor). - BV: Radio-Observations of the Ionosphere, (m. K. Rawer) 1967; Transport Coefficients and Collision Frequencies for Aeronomic Plasmas, 1984 - Liebh.: Kammermusik - Spr.: Engl.

SUCK, Walter

Geschäftsführer, MdB (1969-76; Wahlkr. 1/Flensburg) - Schwalbenstr. 22, 2390 Flensburg (T. 4 23 07) - Geb. 21. Sept. 1912 Flensburg, ev., verh., 2 Kd. - Oberrealsch. Flensburg; Maschinenbaulehre ebd. - 1934-45 Wehrmacht (Waffentechn. Laufbahn/HTL); 1945-52 Stadtwerke Flensburg (techn. Angest.); 1962-69 Gewerksch. ÖTV/Kreisverw. Flensburg (b. 1953 Vors., dann Geschäftsf.). 1959-69 Ratsherr u. Stadtrat Flensburg. SPD s. 1958 (1967 Kreisvors., 1971 stv. Kreisvors. Flensburg).

SUCKALE, Robert

Dr., Prof. f. Kunstgeschichte Univ. Bamberg - Greiffenbergstr. 39, 8600 Bamberg - Geb. 30. Okt. 1943 Königsberg/Pr. - Stud. Univ. Berlin, Bonn, Paris, München (Promot. 1970) - 1971 Wiss. Assist. Univ. München; 1980 Prof. Bamberg.

SUCKFÜLL, Hubert

Dipl.-Ing., Generalbevollm. Direktor Siemens AG - Hofmannstr. 51, 8000 München 70 (T. 089 - 72 26 15 42) - Geb. 25. Febr. 1932 Schweinfurt, kath., verh. s. 1961 m. Christine, geb. Keilwerth, 2 S. (Markus, Hanns) - Stud. TU München (Nachrichtentechnik); Dipl. 1956 - 1956 Siemens Zentrallabor; 1961 General Electric, Computer Dept.; 1964 Siemens AG; 1985 Geschäftsber. Öffentl. Vermittlungssysteme Siemens AG - Ca. 20 Patente. Fachveröff. Vermittlungstechnik - Spr.: Engl., Franz.

SUDECK, Kai

Prof., Dozent Staatl. Hochschule f. bild. Künste - Lerchenfeld 2, 2000 Hamburg 22.

SUDER, Alexander L.

Dr. phil., Prof., Musikhistoriker, Präs. Bayer. Musikrat (1977ff.), Mitgl. Rundfunkrat BR (1974ff.) - Altenburgstr. 10, 8000 München 60 (T. 87 30 30) - Geb. 6. Nov. 1927 Stuttgart (Eltern: Joseph (Komp.) u. Hilde S.), kath., verh. s. 1963 m. Ilse, geb. Pitschmann, S. Daniel - Gymn.; Stud. Musikwiss., Kunstgesch., Ztg.swiss. - 1971 ff. Prof. Fachhochsch. München. 1969 ff. Vorst. Verb. Münch. Tonkünstler; 1977-82 Vors. Landesverb. Bayer. Tonkünstler/VDMK - BV: Musikerporträts, 1959; Dt. Malerei 1400-1550, 1959; Carl Spitzweg, 1959; Und Wagner schuf d. Arie ab, 1967; Beethoven gehört zu den Singsp., 1975; Beethoven - 1. Sinf./Anmerk. u. Erläut. z. Partiturausg., 1986; Monographienr.: Komponisten in Bayern - Dokumente musikal. Schaffens im 20. Jh. (Herausg.), 1983ff. - 1980 BVK; 1986 Bayer. VO - Liebh.: Bild. Kunst, Gesch.

SUDHAUS, Walter

Dr. rer. nat., Prof. f. Evolutionsbiologie FU Berlin - Brauerstr. 14, 1000 Berlin 45 (T. 772 48 38) - Geb. 25. April 1943 Kiel (Vater: Wilhelm S., Ing.; Mutter: Lotte, geb. Prahl), ev., verh. s. 1972 m. Karin, geb. Hust, 3 Kd. (Martina, Dirk, Arnika) - Univ. Freiburg (Staatsex. 1969, Promot. 1974, Habil. 1980) - 1975-81 wiss. Assist. Univ. Freiburg, ab 1981 Prof. Berlin - 1976 Gödecke-Forsch.preis - Liebh.: Umweltschutz, Musik, Kleingarten - Spr.: Engl. - Bek. Vorf.: Dr. Peter Prahl u. Georg Howaldt (Urgroßv.).

SUDHOFF, Jürgen

Dr. jur., Staatssekretär Ausw. Amt (s. 1987) - Auswärtiges Amt, Adenauerallee 99-103, 5300 Bonn 1 - Geb. 1935 (Vater: Rechtsanw., † 1945), verh. m. Dr. phil. Heinke S., 1 Sohn - Gerichtsass. LG Essen; Master of Laws, Harvard Univ.; s. 1965 Ausw. Dienst in Niederl., Großbrit., Israel; 1977-81 Sprecher Ausw. Amt; 1981/82 Botschafter Mexico, 1982-85 stv. Sprecher d. Bundesreg., zul. Leit. Pol. Abt. im Ausw. Amt.

SUDMANN, Heinrich

Leiter Referat f. Allgem. u. Grundsatzfragen d. Familienpolitik im Bundesmin. f. Jugend, Familie, Frauen u. Gesundheit - Postfach 20 02 20, 5300 Bonn 2 (T. 0228 - 308 - 23 89); priv.: Stationsweg 8, 5300 Bonn 1 (T. 0228 - 28 41 38) - Geb. 29. Sept. 1939 Warendorf-Einen - Dipl.-Volksw. 1967 Univ. Münster - 1975-78 Bundesvors. Bund d. Dt. Kath. Jugend (BDKJ), 1978-83 Bundesgeschäftsf. Familienbund d. Dt. Katholiken.

SÜCHTING, Joachim

Dr. rer. pol., o. Prof. f. Wirtschaftslehre, insb. Finanzierung u. Kreditw., Univ. Bochum (s. 1970) - Behringweg 1, 4630 Bochum-Querenburg (T. 70 18 57) - Geb. 27. März 1933 Wismar/Meckl. - Banklehre; Stud. Wirtschaftswiss. Promot. 1962 Köln; Habil. 1969 Frankfurt/ M. - Banktätigk. In- u. Ausl. Fachveröff.

SÜFKE, Hans-Peter

Dipl.-Kfm., Vorstandsmitglied L. Possehl & Co. mbH - Postfach 1684, 2400 Lübeck 1 - Geb. 28. Febr. 1942 Lübeck, ev., verh. - Abit., Univ. Hamburg u. Berlin (Betriebsw.), Dipl. 1966 Univ. Hamburg.

SÜHLER, Gustav

Landwirt, Bürgermeister, Mitgl. Bayer. Senat, 1. Vizepräs. Dt. Bauernverb. e.V. (s. 1982), Präs. Bayer. Bauernverb. u. Bezirksverb. Oberfranken - 8581 Waldau/Ofr. (T. 09203 - 2 92) - Geb. 17. März 1922 Lindau/Ofr., ev., verh., 3 Kd. - Volks- u. Landw.sch. - 1939-45 Wehrdst. (Flugzeugf.). 1957-65 MdB. 1949-53 Vors. Bund d. Dt. Landjugend. CSU - Versch. Studienreisen, auch USA - 1968 Bayer. VO., 1972 BVK I. Kl.; 1983 Gr. BVK m. Stern.

SÜHNEL, Rudolf

Dr. phil., o. Prof. f. Anglistik (emerit.) - Hölderlinweg 14, 6900 Heidelberg (T. 06221 - 4 98 76) - Geb. 10. März 1907 Nottingham/Engl. (Vater: Richard S., Kaufm.; Mutter: Ida, geb. Schmelzer), ev., led. - Kreuz-Gymn. Dresden; Univ. Leipzig u. Heidelberg - 1934-39 Lektor London, 1939-43 Lektor Univ. Leipzig, 1946-47 Assist. ebd., 1947-55 Oberassist. u. Privatdoz. Univ. Bonn, 1955-60 ao. Prof. FU Berlin, 1960-72 o. Prof. Univ. Heidelberg - BV: D. Götter Griechenl. u. d. dt. Klassik, 1936; Homer u. d. engl. Humanität, 1958; Lebende Antike, 1967; Engl. Dichter d. Moderne, 1971; Make it new, 1987 - 1966 o. Mitgl. Heidelbg. Akad. d. Wiss.; 1968 Mitgl. PEN-Zentrum BRD.

SÜLE, Tibor

Dr. phil., Dipl.-Bibl., Prof. FHBD Köln (s. 1982) - Siebengebirgsallee 159, 5000 Köln 41 - Geb. 15. Aug. 1933 Budapest, verh. m. Dr. Gisela, geb. Prenzel - Stud. PH Budapest; Dipl.-Bibl. 1955; Stud. Univ. Tübingen; Promot. 1965 Tübingen; Laufbahnprüf. f. d. höh. Staatsdst. 1972 - Bibliotheksleit.; wiss. Assist.; Journalist; 1972 Doz. Bibliothekar-Lehrinst. Köln - BV: Sozialdemokratie in Ungarn. Z. Rolle d. Intelligenz in d. Arbeiterbewegung 1899-1910, 1967; Bücherei u. Ideologie. Polit. Aspekte im Richtungsstreit dt. Volksbibliothekare 1910-33, 1972; Mangelfächer f. d. höh. Dienst an wiss. Bibl. Zu e. Problem bibliothekarischer Berufsrekrutierung in d. Bundesrep. Deutschl., 1974; Preußische Bürokratietradition. Z. Entw. v. Verwaltung u. Beamtenschaft in Dtschl. 1871-1918, 1988. Herausg.: D. gesellschaftl. Rolle d. dt. Öffentl. Bibliothek im Wandel 1945-75 (1976, 2. A. 1979); Organisation u. Bibliotheksarbeit. Sozialwissenschaftl. u. betriebswirtschaftl. Perspektiven in ausgew. Beitr. (1977, 2. A. 1978) - Spr.: Engl., Franz., Ungar.

SÜLLWOLD, Fritz

Dr. rer. nat., o. Prof. f. Psychologie - Guiollettstr. 53, 6000 Frankfurt/M. (T. 72 52 96) - Geb. 6. Aug. 1927 Herne/W. (Vater: Friedrich S., Bundesbahnsekr.; Mutter: Luise, geb. Johannmeier), ev., verh. s. 1963 m. Prof. Dr. Lilo, geb. Strötzel (s. dort) - Univ. Göttingen (Dipl.-Psych. 1952). Promot. 1953 Göttingen; Habil. 1963 Saarbrücken - 1954 Forschungsassist. Univ. Göttingen, 1957 Leit. Statist. Abt. Hochsch. f. Intern. Päd. Forsch. Frankfurt/M., 1963 Privatdoz. Univ. Saarbrücken, ao. Prof. HIPF (Statistik), 1965 o. Prof. Univ. Frankfurt. Mitgl. Dt. Ges. f. Psych., Dt. Ges. f. Erziehungswiss., Biometr. Ges., Psychometric Soc. - BV: D. unmittelbare Behalten u. s. denkpsych. Bedeutung, 1964; Begabung u. Leistung, 1976. Zahlr. Einzelveröff. - Spr.: Engl.

SÜLLWOLD, Lilo

Dr. phil., Prof. f. Klin. u. Med. Psychologie Univ. Frankfurt (s. 1973) - Guiollettstr. 53, 6000 Frankfurt (T. 72 52 96) -

Geb. 19. Nov. 1930 Chemnitz (Vater: Johannes Strötzel, Ind.kfm.; Mutter: Erna St.), ev., verh. s. 1963 m. Prof. Dr. Fritz S. (s. d.) - Promot. 1960 Freiburg; Habil. 1975 Frankfurt - BV: Symptome schizophr. Erkrankungen, 1977; Verhaltenstherapie in Klinik, Beratung u. Pädagogik, 1977; Schizophrenie, 1983.

SÜNDERMANN, Jürgen

Dr. rer. nat., o. Prof. f. Ozeanographie Univ. Hamburg - Haselweg 6, 2083 Halstenbek (T. 04101 - 4 42 73) - Geb. 9. März 1938 Oppeln (Vater: Rudolf S., Prof.; Mutter: Ilse, geb. Döring), ev., verh. s. 1962 m. Gerda, geb Grünwald, 3 Kd. (Anja, Ute, Marc) - Dipl.-Math. 1962, Promot. 1966, Habil. 1971 - 1962-67 Wiss. Angest.; 1967-69 Wiss. Assist.; 1970/71 Wiss. Rat/Oberrat; 1971 Prof. C3; 1978 Prof. C4 - BV: Tidal Friction and The Earth's Rotation, (m. a.) 1978 u. 1982; North Sea Dynamics, (m. a.) 1982; Oceanography, 1986 - Spr.: Engl., Russ.

SÜNKEL, Wolfgang

Dr. phil., o. Prof. f. Päd. (Lehrstuhl I) u. Inst.vorst. Univ. Erlangen-Nürnberg (s. 1972) - In der Reuth Nr. 66, 8520 Erlangen (T. 4 43 16) - Geb. 22. Jan. 1934 Detmold (Vater: Wilhelm S., Reg.dir.; Mutter: Elisabeth, geb. Keiner), verh. s. 1962 m. Käthe, geb. Coring, T. Anne †1987 - Gymn. Leopoldinum Detmold (Abit. 1954); Stud. d. Phil., German., Päd., Theol. Univ. Marburg, Hamburg, Basel, Münster; Promot. 1962 Münster; Habil. 1970 - 1971 Doz. u. apl. Prof. Univ. Münster. Fachmitgl.sch.

SUERBAUM, Ulrich

Dr. phil., Prof. f. Engl. Philologie - Voßkuhlstr. Nr. 16b, 4630 Bochum-Stiepel (T. 79 77 38) - Geb. 2. Nov. 1926 Osnabrück (Vater: August S.), verh. m. Margret, geb. Niemeyer, 2 Söhne (Sebastian, Joachim) - Stud. Münster, Sheffield, Baltimore - S. 1961 (Habil.) Lehrtätigk. Univ. Münster u. Bochum (1963 Ord.). Facharb. u.a. Science Fiction, 1978; Shakespeares Dramen, 1980 - Liebh.: Musik.

SUERBAUM, Werner

Dr. phil., Univ.-Prof. f. Klassische Philologie - Amalienstr. 81, 8000 München 40 (T. 28 33 74) - Geb. 14. Juli 1933 Osnabrück, verh. mit Renate, geb. Heim, 4 Kd. (Andreas, Clemens, Eva, Ulrich) - Gymn. Osnabrück (Carolinum); Univ. Münster, Würzburg, München. Promot. 1959 Münster; Habil. 1965 Würzburg - 1959 Assist. Univ. Würzburg, 1965 Privatdoz. ebd., 1965 ao., 1970 o. Prof. Univ. München (Inst.-vorst.) - BV: V. antiken z. frühmittelalterl. Staatsbegriff, 1961, 3. A. 1977 (Orbis antiquus 16/17); Unters. z. Selbstdarstell. älterer röm. Dichter, 1968 (Spudasmata 19); Vergils Aeneis, 1981 (Auxilia 3); Festschr. f. F. Egermann (hg. m. F. Maier), 1985; Et scholae et vitae (hg. m. F. Maier), 1985; Riflessioni in margine alla moderna critica dell'Eneide, 1985; Textausg. Vergil Aeneis VII-XII, 1986.

SUERMANN, Walter

Dr. jur., Stadtdirektor a.D., Oberbürgermeister Stadt Offenbach (s. 1980) - Rathaus, Berliner Str. 100, 6050 Offenbach - Geb. 2. Aug. 1939 Kassel (Vater: Dr. Hans-Georg, Reg.Präs.), kath., verh. s. 1970 m. Renate, geb. Bobbert, 2 T. (Andrea, Maja) - Univ. Göttingen, München, Berlin (Rechts- u. Staatswiss.), Promot. b. Prof. Werner Weber Univ. Göttingen - 1970-74 Regierungspräs. Braunschweig u. Hildesheim; 1974-80 Stadtdir. Lehrte (Nieders.), s. 1980 OB Offenbach - Liebh.: Sportl. Betätig. (Tennis u. Fußball).

SUESELBECK, Heinrich

Lederkaufmann (Fa. Diedrich Sueselbeck, Bochum) - Huestr. 14, 4630 Bochum - Alterpräs. Unicuir Intern. Lederhandelsverb.; Ehrenvors. Bundesverb. Dt. Leder-, Orthop.- u. Schuhbedarf-Großhdl. sowie Lederhandelsverb. Westf.-Lippe; Mitgl. Häute- u. Lederbörse sowie Sozialpolitik; Aussch. u. Tarifkomm. - 1970-83 Gold. Sportabz.

SÜSS (ß), Christian

Generalmusikdirektor Theater Solingen - Konrad-Adenauer-Str. 71, 5650 Solingen 1 - Zul. GMD Heidelberg.

SÜSS, Gustav A.

Studiendirektor, Fachleit. f. *Geschichte Stud.-Seminar f. Gymnasien (b. 1987) - Heidesheimer Str. 65 D, 6500 Mainz 1 (T. 06131 - 47 42 55) - Geb. 15. Jan. 1927 Hettenleidelheim, ev., verh. s. 1953 m. Edith, geb. Schmitz, 2 Kd. (Angelika, Martin) - 1946-50 Stud. Univ. Mainz u. Tübingen (Gesch., Dtsch., Latein; Staatsex. 1950), Promot. Mainz 1952 - 1950 Gymnasiallehrer; s. 1963 Fachleit. f. Gesch. am Stud.-Sem. f. Gymn. Mainz - BV: Grundzüge d. Sozialkd. s. 1964 (in vielen Aufl.); Curriculum Gesch., b. 1988 (4 Bde.) - Spr.: Franz., Latein, Griech.

SUESS, Hans E.

Dr. phil., Prof. f. Chemie - Zu erreichen üb.: University of California, San Diego, La Jolla (USA) - Geb. 16. Dez. 1909 Wien (Vater: Prof. Dr. phil. Franz E. S., Ord. f. Geologie Univ. Wien (s. X. Ausg.); Mutter: Olga, geb. Frenzl), verh., 2 Kd. - Univ. Wien (Chemie). Habil. 1940 Hamburg - Üb. 100 Veröff. aus d. Gebiet d. physikal. Chemie, Isotopensystematik, Elementhäufigkeit u. -entsteh. im Kosmos, Schalenmodell d. Atomkerne, Geolog. Altersbestimmungen - Gastprof. Univ. Bonn, Bern u. Wien; Mitgl. Heidelberger Akad. d. Wiss.; Österr. Akad. d. Wiss.; American National Acad. of Sciences; Max-Planck-Ges.; Humboldt Preisträger; Guggenheim Fellow; Goldschmidt Med. d. Geological Society, Lennard; Med. d. Meteoritical Society.

SÜSSE, Peter

Dr. phil., Prof. f. Mineralogie - Kurze Str. 3, 3400 Göttingen (T. 0551-4 36 28) - Geb. 24. Febr. 1939 Kahla/Thür. (Vater: Erich S., Gärtnerm.; Mutter: Ursula, geb. Liebermann), kath., verh. s. 1969 m. Sandra, geb. Slone, S. Toby Jonathan - Abit. Jena 1957, Univ. Marburg, Göttingen, Cambridge/Mass., Promot. Marburg 1963, Habil. Göttingen 1971 - 1967-69 Res. Assoc. M.I.T. Cambridge/Mass., Priv.doz. 1971, Prof. 1978 Univ. Göttingen - Autor v. MINABS, e. weltweit benutzten Mineraldatenbank f. PC (1988), 3. A. 1989 - Spr.: Engl.

SÜSSENBERGER, ERICH

Dr. phil. nat., Präsid. a. D. (Deutscher Wetterdst.) - Tempelseestr. 61, 6050 Offenbach/M. - Geb. 13. Febr. 1911 Undenheim (Vater: Martin S.; Mutter: Maria, geb. Ruckelshausen), ev., verh. s. 1943 m. Maria, geb. Refardt, 3 Kd. (Ulrike, Jochen, Wolfgang) - 1930-35 Univ. Frankfurt/M. (Meteorol., Geophysik, Physik, Math., Geogr.; Promot. 1935) - 1935-45 Meteorologe Marineobservat. Wilhelmshaven; 1948-52 Meteorol. Meteorol. Amt f. Nordwestdeutschl., Hamburg; 1952-66 Hilfs- u. Ref. (1956) f. Wetterdst. Bundesverkehrsmin., Bonn; 1966-77 wie oben. Versch. Veröff. üb. angew. Meteorologie - Liebh.: Musik, Lit. - Spr.: Engl., Franz.

SÜSSENGUTH, Hans

Dipl.-Ing., Prof., Aufsichtsratsmitgl. Dt. Lufthansa - Lufhansa-Basis, 6000 Frankfurt-Flughafen (T. 696 22 00); priv.: Taunusstr. 2, 6420 Kronberg (T. 7 95 38) - VRsvors. Berliner Hotelges. Bubis & Co, Berlin, Ausstellungs-Messe-Kongreß-GmbH, Berlin, Hon.Prof. TU Berlin - Ehrenmitgl. Dt. Club Buenos Aires; Komturkreuz VO. d. ital. Rep.; 1978 Gr. BVK - Spr.: Engl., Franz. - Rotarier.

SÜSSMANN (ß), Georg

Dr. rer. nat., o. Prof. f. Theoret. Physik - Fichtenstr. Nr. 21, 8011 Baldham/Obb. (T. Zorneding 19 74) - Geb. 1. Jan. 1928 Lodz/Polen (Vater: Robert S., Textiling.; Mutter: Hedwig, geb. Schiller), ev., verh. s. 1954 m. Renate, geb. Ulrich, 4 Kd. (Reinhard, Margit, Joachim, Peter) - Univ. Göttingen u. FU Berlin (Physik; Promot. 1951) - 1951 wiss. Mitarb. Max-Planck-Inst. f. Physik Göttingen; 1957 Assist. Univ. München; 1958 ao. Prof. Univ. Hamburg; 1961 o. Prof. Univ. Frankfurt, 1967 Univ. München - BV: Glaube u. Naturwiss., 1957; Einf. in d. Quantenmechanik, 1963; Theoret. Mechanik, 1966; Einheit u. Vielheit, 1973. Mithrsg.: Atome - Kerne - Elementarteilchen (1968), Areopag - Mainzer Hefte f. intern. Kultur - Liebh.: Go-Spiel - Spr.: Engl.

SÜSSMANN, Walter

Dr. rer. nat., Direktor - Haus am Bruch, 4005 Meerbusch-Strümp - Geb. 29. Juni 1926 - Bis 1972 Dir. Dt. Edelstahlwerke AG., Krefeld, dann Vorstandsmitgl. (1973) Böhler AG., Düsseldorf.

SÜSSMUTH, Hans

Dr., Univ.-Prof. f. Neuere Gesch. u. Didaktik d. Gesch. Univ. Düsseldorf (s. 1980) - Droste-Hülshoff-Str. 1, 4040 Neuss 1 (T. 02101 - 4 24 15) - Geb. 4. März 1935 Emsdetten, kath., verh. s. 1964 m. Univ.-Prof. Rita, geb. Kickuth, Bundesmin. f. Fam., Jugend, Frauen u. Gesundh., T. Claudia - 1965 Studienass.; 1965-68 wiss. Assist. Univ. Osnabrück; 1968/69 Akad. Rat Osnabrück; 1969 o. Prof. PH Rheinl.; 1974-76 Rektor PH Rheinl. (Köln, Aachen, Bonn, Neuss); 1984 u. 1985 Dekan Phil.-Fak. Univ. Düsseldorf - 15 Bücher als Verf. od. Herausg.; 40 Aufs. z. Geschichtstheorie, Geschichtsdidaktik, DDR u. Deutschlandforsch. - Liebh.: Tennis, Kunstgesch. - Spr.: Engl., Franz.

SÜSSMUTH (ß), Rita

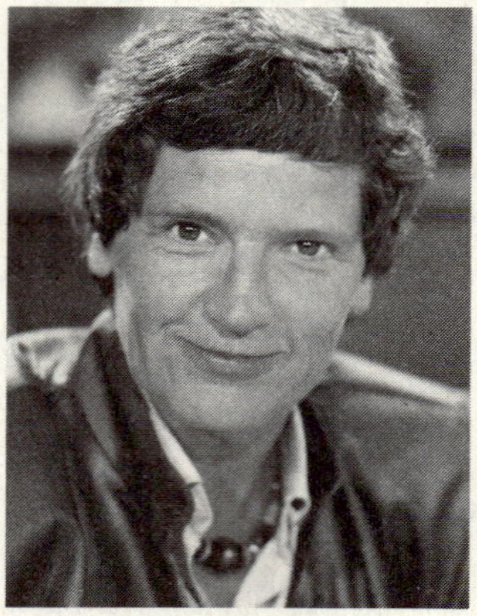

Dr. phil., Prof. f. Erziehungswiss. Univ. Dortmund, Bundestagspräsidentin (s. 1988), MdB (s. 1987) - Bundeshaus, 5300 Bonn 1 - Geb. 1937, kath., verh. m. Univ.-Prof. Dr. Hans S., Historiker, T. Claudia - Stv. Leit. Inst. f. Sozialpäd. Univ. Dortmund. 1971ff. wiss. Beirat Bundesfamilienmin. 1985-88 Bundesmin. f. Familie, Jugend, Frauen u. Gesundheit. CDU s. 1981 (s. 1988 stv. Vors. CDU Nieders.) - Liebh.: Tennis.

SÜVERKRÜP, Fritz

Dr., Geschäftsführender Gesellsch. Fa. Süverkrüp Automobile GmbH - Klausdorfer Weg 169, 2300 Kiel 14 Geb. 17. März 1941 - Präs. IHK zu Kiel, Lorentzendamm 24, 2400 Kiel (T. 0431-5904-219).

SUHL, Alfred Wilhelm

Dr., Prof. f. Neues Testament Univ. Münster (s. 1972) - Im Mühlenfeld 20, 4400 Münster (T. 02501 - 52 00) - Geb. 27. Jan. 1934 Baekken/Dänem., ev., verh. s. 1959 m. Ursula, geb. Gebler, 3 Kd. (Ulrike, Michael, Ute) - Katharineum zu Lübeck (Abit. 1954); Stud. d. Theol., German.; Promot. 1962; Habil. 1969 - BV: Paulus u. s. Briefe, 1975; D. Philemonbrief, 1981. Herausg.: D. Wunderbegriff im Neuen Testament, 1980 - Liebh.: Hausmusik, Chorsingen, Wandern - Spr.: Engl., Franz., Dän.

SUHLE, Günter

Dr. jur., Rechtsanwalt, Vors. Hannoversche Hochschulgemeinschaft - Wilhelmstr. 12, 3000 Hannover 1 (T. 85 48 64) - Geb. 1. Juli 1913 Köslin (Vater: Hermann S., Generaldir.; Mutter: Margarete, geb. Hennig), ev., verh. s. 1940 m. Elsbeth, geb. Brandes, 2 Töcht. (Viola, Rita) - Gymn.; kaufm. Volontär Engl.; Univ. Heidelberg, München, Berlin (Rechts- u. Staatswiss.). Promot. 1936 - Ab 1940 Gerichtsass. u. Landgerichtsrat (1943) Stettin, 1945 pers. Ref. nieders. Ministerpräs., 1946-55 Hauptgeschäftsf. Gesamtverb. Kunststoffverarb. Ind., Geschäftsf. Forschungsges. Kunststoffe u. Arbeitsgem. Dt. Kunststoffind., 1955-80 (Haupt-)Geschäftsf. zahlr. Fachvereinig. - 30 x Gold. Sportabz. - Spr.: Engl., Franz.

SUHLRIE, Helmut

Pfarrer, Leit. Diakon. Werk an d. Saar - Deutschherrenstr. 12, 6600 Saarbrücken 1 - Ev.

SUHR, Dieter

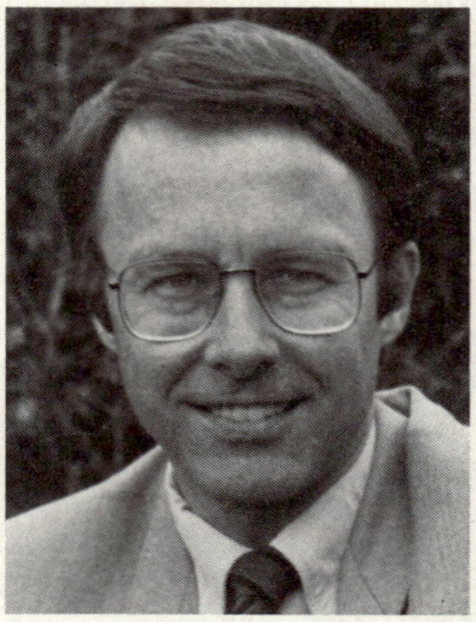

Dr. jur., Prof. f. Öfftl. Recht, Rechtsphil. u. -informatik - Birkenstr. 37, 8900 Augsburg 22 - Geb. 7. Mai 1939 Windhuk/Südwestafrika (Vater: Robert S., Oberstudiendir.; Mutter: Gertrud, geb. Kulenkampff), verh. s. 1968 m. Marianne, geb. Schneider, 3 Töcht. (Gesche, Katharina, Helen) - Altes Gymn. Bremen. Dt. Privatsch. Windhuk, Gymn. Ettlingen (Abit. 1958); Stud. Physik Marburg, Rechtswiss. ebd., Wien, Hamburg. Gr. jurist. Staatsprüf. 1968 Hamburg. Promot. 1966 Hamburg; Habil. 1973 Berlin (FU) - S. 1976 Wiss. Rat u. Prof. u. Prof. (1978) Univ. Augsburg; 1983-86 Mitgl. Bayer. Verfassungsgerichtshof - BV: Eigentumsinstitut u. Aktieneigentum, 1966; Bewußtseinsverfass. u. Gesellschaftsverfass., 1975; Entfalt. d. Menschen durch d. Menschen, 1976; D. kognitiv-prakt. Situation, 1977; Rechtsfragen d. raumbeeinflussenden Bundesplan., 1980 (m. A. Anderl); Geld ohne Mehrwert, 1983; Optimale Liquidität, 1986 (m. Hugo Godschalk); Befreiung d. Marktwirtsch. v. Kapitalismus, 1986; Immissionsschäden vor Gericht, 1986; D. Kapitalismus als monetäres Syndrom, 1988; Alterndes Geld, 1988; The Capitalistic Cost-Benefit Structure of Money, 1989 - Spr.: Afrikaans, Engl.

SUHR, Heinz

Publizist - Zu erreichen üb. Bonner Pressebüro Heinz Suhr, Welckerstr. 5, 5300 Bonn 1 (T. 0228 - 225 99 07); priv.: Hauptstr. 525, 5330 Königswinter - Geb. 30. Okt. 1951 Augsburg - 1985-87 MdB. Vorst.-Mitgl. Bundesverb. Bürgerinitiativen/Umweltschutz; Pressesprecher Bundestagsfraktion D. Grünen (med.-polit. Sprecher).

SUHR, Robert

Oberstudiendirektor a. D., Ehrenvors. Bad. Sportbd. - Bulacher Str. 57, 7505

Ettlingen/Baden, ev., verh. m. Gerda, geb. Findeisen, 4 Kd. (Dieter, Giselher (aus 1. E.), Else, Günter) - Stud. Physik, Math., Chemie, Geol. TH Karlsruhe u. Univ. Heidelberg. Staats- 1928, Ass.ex. 1930 - 1935 Prof. im Bad. Landesschuldienst, 1937-1939 Dir. Dt. Obersch. Windhuk (Südwestafrika) - SPD - Spr.: Engl., Franz., Norw. - Bek. Leichtathlet (1926 Dt. Staffelmeister üb. 4 x 100 m, 1928 Goldmed. b. Olymp. Spielen d. Studenten in Paris üb. 4 x 100 m, dt. Rekorde 4 x u. 10 x 100 m) - BVK I. Kl. 1975.

SUIN de BOUTEMARD, Bernhard

Dr. soz. wiss., Dipl.-Päd., Prof. f. Soziolog. u. Religionspäd., Pfarrer u. Verleger - Kappstr. 29, 6145 Lindenfels 1/ Odenw. (T. 06255 - 26 57) - Geb. 10. Febr. 1930 Berlin (Vater: Dr. med. Günther S. de B., Arzt; Mutter: Louise, geb. Loeffler), ev., verw., 3 Kd. (Christoph-Amand, Cordula, Dorothee) - 1951-56 Stud. Ev. Theol. Neuendettelsau, Basel, Zürich, Göttingen; 1969-75 Soziol. u. Päd. Osnabrück u. Bielefeld; 1. theol. Ex. 1956, 2. theol. Ex. 1958, Dipl.-Päd. 1973, Promot. 1974 - 1958-69 ev. Pfarrer; 1969 Leit. biafranisches Kinderdorf in Libreville (Gabun/Afrika); 1969-75 Wiss. Assist. Ev. Theologie; s. 1975 Prof. f. Soziol. u. Religionspäd.; 1981-86 Rektor; 1966-72 Mitgl. Synode EKD, 1966-76 Mitgl. Landessynode Hannover, s. 1986 Mitgl. d. 7. Kirchensynode d. Ev. Kirche in Hessen u. Nassau, Mitgl. d. Dt. Ges. f. Soziol. - Erfind. d. Alternativ. Vorlesungsverz. - BV: Projektunterr.: Beisp. Religion, 1973; Oeser Passionen, 1975; Schule, Projektunterr., 1975; Projektarb. in Gemeinden, 1979 - Liebh.: Mail-Art, Gartenarbeit - Spr.: Engl.

SUKOWA, Barbara

Schauspielerin - Zu erreichen üb. Bayer Staatsschauspiel/Residenztheater, Max-Josef-Pl. 2, 8000 München 22 - Geb. 1950 Bremen - Verh. m. Hans-Michael Rehberg (Schausp.), S. Hans - Ausb. Max-Reinhardt-Sem. Berlin - Bühnen Darmstadt (1971), Bremen, Frankfurt/M., Hamburg (1976-80), München (1981) - U. a. FS-Serie Berlin Alexanderplatz (Mieze), Film Lola (1981), Death Game (1982), D. bleierne Zeit u. Rosa Luxemburg (v. Margarethe v. Trotta) - 1981 Dt. Darstellerpreis (Bundesverb. d. Fernseh- u. Filmregiss.); 1982 Bundesfilmpreis/Filmband in Gold (f.: D. bleierne Zeit u. Lola); 1986 Palme Cannes als beste weibl. Darst. (f.: Rosa Luxemburg).

SUKROW, Joachim

Hauptgeschäftsführer Bundesinnungsverb. d. Dt. Steinmetz-, Stein- u. Holzbildhauerhandwerks, Frankfurt, Geschäftsf. Berufsbildungswerk d. Steinmetz- u. Bildhauerhandw., Wiesbaden, gf. Vorstandsmitgl. Zusatzversorgungskasse d. Steinmetz- u. Bildhauerhandw. V.V.a.G. ebd. - Praunheimer Landstr. 210, 6000 Frankfurt/M. 90 (T. 069 - 76 41 75) - Geb. 27. Febr. 1936 - 1979-86 Richter Hess. Verw.-Gerichtshof. Mitgl. Vertretervers. AOK, Verb.rat Zweckverb. Fortb.-Zentrum Wunsiedel f. d. Steinmetz- u. Bildhauerhandwerk, Mitgl. Fachbeirat (NMA) Nürnberger Messe- u. Ausstellungsges.

SULKE, Stephan

Schlagerkomponist, Sänger - Chemin des Ages 22, CH-2533 Evilard - Langspielpl.: Kekse, 1982; Liebe gibt's im Kino, 1983 - Schallplattenpreis - 1982 Künstler d. Jahres.

SULZER, Alain Claude

Schriftsteller - Zu erreichen üb. Klett-Cotta Verlag, Rothebühlstr. 77, 7000 Stuttgart 1 - Geb. Schweiz - BV: D. Erwachsenengerüst, R. 1983; Bergelson, E. 1985; D. Künstlerzimmer, E. 1988 - 1985 Kölner Förderpreis f. Lit.

SUMP, Richard

Kaufmann, Ehrenvors. Bund Dt. Wild- u. Geflügel-Importeure, Frankfurt/M. - Brauerknechtgraben 43, 2000 Hamburg 11 (T. 040 - 37 19 56) - Geb. 11. Sept. 1899.

SUND, Horst

Dr. rer. nat., Prof., Rektor Univ. Konstanz (s. 1976) - Universitätsstr. 10, 7750 Konstanz - Geb. 16. Okt. 1926, 2 Töcht. (Gabi, Eva) - 1947-53 Stud. Univ. München; Promot. 1957 Freiburg; Habil. (Biochemie) 1964 - 1966 Lehrst. f. Biochemie Univ. Kiel, 1967 Lehrst. f. Biochemie Univ. Konstanz; Auslandsaufenth. Schweiz, Schweden, Holl., Österr., Jerusalem; mehrf. Dekan u. Prorektor Univ. Konstanz - 168 Originalpubl., dar. 17 Buchveröff. Herausg.: Konstanzer Blätter f. Hochschulfragen, Konstanzer Univ.reden, Konstanzer Bibl., Mosbacher Kolloquien - 1986 BVK I. Kl.; Ehrenprof. Fudan-Univ. u. Jiao-Tong-Univ., Shanghai, VR China - Liebh.: Kunst - Spr.: Engl.

SUND, Olaf

Dipl.-Volksw., Präsident Landesarbeitsamt NRW, D'dorf - zu erreichen üb. Landesarbeitsamt, Josef-Gockeln-Str. 7, 4000 Düsseldorf - Geb. 31. Aug. 1931 Heide/Dithm., verh., Sohn - B. 1948 Schule Heide (o. Abschl.); vorübergeh. Tätigk. Tiefbau u. Landw.; 1949-51 Verwaltungslehre AOK Heide; 1952-54 Hochsch. f. Arbeit, Politik u. Wirtschaft Wilhelmshaven; n. Abitur (1954) Stud. Sozialwiss. u. Volksw. Wilhelmshaven, Tübingen, Hamburg (Dipl.-Volksw. 1957). 1957-61 Chemiefaserind.; s. 1962 Erwachsenenbild. (Heim VHS Hustedt; 1969 Leit.). 1970-72 MdL Nieders.; 1972-76 MdB; 1977-81 Senator f. Arbeit u. Soziales Berlin; s. 1979 MdA. SPD s. 1961 (s. 1981 stv. Vors. SPD-Fraktion im Abgeordnetenhs. Berlin).

SUNDER-PLASSMANN, Reinhard

Dr. jur., Richter Bundesfinanzhof - Ismaninger Str. 109, - 8000 München 80 - Geb. 25. Okt. 1936 Münster (Vater: Prof. Dr. med. Paul S.-P.; Mutter: Rose, geb. Bierschenk), kath., verh. s. 1973 m. Gabriele, geb. Stratkötter, 2 Kd. - Human. Gymn.; Stud. Rechtswiss. Univ. Freiburg, Lausanne u. Münster; Promot. 1964 Münster, Staatsex. 1961 u. 1966 - Tätigk. in Wirtsch., Finanzverw. u. als Rechtsanw.; ab 1973 Richter Finanzgericht, zul. in Münster; ab 1981 Richter Bundesfinanzhof.

SUNDERMANN, Hans

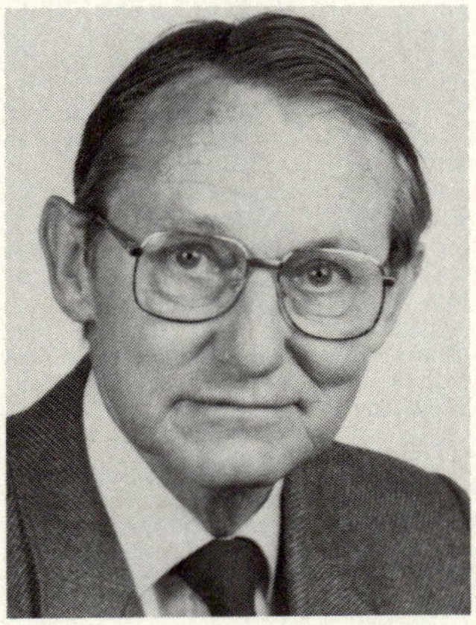

Dr. rer. nat., Prof., Hochschullehrer - Am Nordpark 7, 5600 Wuppertal-Barmen (T. 50 22 23) - Geb. 14. Dez. 1924 Detmold (Vater: Wilhelm S., Kaufm.; Mutter: Elisabeth, geb. Kettelhake), verh. s. 1952 m. Margot, geb. Hoffmann, 2 Kd. (Ingrid, Wolfgang) - Univ. Mainz (Biologie, Chemie, Physik). Promot. (Zool.) 1953 Mainz - 1953-54 Chemiker; 1954-65 höh. Schuldst.; 1965-68 Dir. Naturwiss. u. Stadthistor. Museum Wuppertal; s. 1967 o. Prof. Päd. Hochsch. Rhld./Abt. Wuppertal u. Univ./GH Wuppertal (Didaktik d. Biol.). Mitgl. naturwiss. Vereinig. - BV: Europ. u. mediterrane Orchideen, 1970, 3. A. 1980. Fachaufs. - 1986 BVK - Liebh.: Photographie, Eidechsen u. Schlangen.

SUNDERMEIER, Theo

Dr. theol., Prof. f. Religionsgeschichte u. Missionswiss. Univ. Heidelberg - Feilgasse 10, 6906 Leimen 2 - Geb. 12. Aug. 1935 Bünde/Westf. (Vater: Fritz S., Fabrikant; Mutter: Paula, geb. Knollmann), ev., verh. s. 1964 m. Renate, geb. Wellmer, 3 Kd. (Wolfram, Oda, Erdmute) - Gymn. Bünde, Univ. Bethel u. Heidelberg - 1964-75 Doz. Afrika, 1975-82 Prof. Ruhr-Univ. Bochum, ab 1983 Prof. Univ. Heidelberg, s. 1978 Vors. Kammer f. kirchl. Entw.dst. Ev. Kirche in Dtschl. - BV: Mission, Bekenntnis u. Kirche, 1963; Kirchwerdung u. Kirchentrennung in Südwestafrika, 1973; D. Mbandern, 1977 - Liebh.: Malen, Musizieren - Spr.: Engl., Afrikaans.

SUNDERMEYER, Wolfgang

Dr. rer. nat., o. Prof. f. Anorgan. Chemie - Peter-Schnellbach-Str. 49, 6903 Neckargemünd (T. 15 48) - Geb. 4. Okt. 1928 Aachen - S. 1966 (Habil.) Univ. Göttingen u. Heidelberg (1967 Ord.). Fachaufs.

SUNDHOFF, Edmund

Dr. rer. pol., Dipl.-Kfm., o. Prof., Direktor Seminar f. Allg. Betriebswirtschaftslehre u. Inst. f. Handelsforsch. Univ. Köln (s. 1962) - Im Spürkergarten 36, 5042 Erfstadt-Liblar - Geb. 1. April 1912 Dortmund - Promot. (1940) u. Habil. (1949) Köln - 1954-1962 o. Prof. Univ. Göttingen - BV: D. Handelsspanne, 1953; Grundlagen u. Technik d. Beschaffung, 1958; Absatzorganisation, 1958; D. Lieferantenstruktur industrieller Unternehmungen, 1963 (m. G. Pietsch); Handwerksbetriebe als Lieferanten d. Industrieunternehmungen, 1964 (m. A. Ihle); D. Werbekosten als Determinante d. Wirtsch.swerb., 1976; 300 Jahre Handelswissensch., 1979. Herausg.: Distributionswirtsch., 1968; Wirtsch.sl. d. Handels (v. R. Seyffert; 5. A. 1972). Mithrsg.: Betriebsw. u. Marktpolitik - Festschr. f. Rudolf Seyffert (1968).

SUNDSTRÖM, Lars

Dipl.-Ing., Vorstandsmitglied i. R. PWA Papierwerke Waldhof-Aschaffenburg AG (s. 1970) - Weinheimer Str. 3, 6945 Hirschberg-Leutershausen - Geb. 4. Sept. 1918.

SUNTUM, van, Ulrich

Dr. rer. oec., Prof. f. Volkswirtschaftslehre Univ. Bochum - Frankfurter Str. 20, 6200 Wiesbaden (T. 06121 - 31 68 68) - Geb. 6. Jan. 1954 Hamm, kath. - 1987/88 Generalsekr. Sachverständigenrat z. Begutachtung d. gesamtwirtschaftl. Entw. - BV: Regionalpolitik in d. Marktwirtschaft, 1981; Konsumentenrente u. Verkehrssektor, 1986; Verkehrspolitik, 1986. Mithrsg.: Grundl. u. Erneuerung d. Marktwirtsch. (1988).

SURHOLT, Josef

Chefredakteur Westf. Anzeiger - Gutenbergstr. 1, 4700 Hamm - Geb. 1. April 1935, kath., verh. s. 1963 m. Maria, geb. Breuner, 2 Kd. (Frank, Britta) - Stud. Univ. München, Berlin, Münster (Gesch., Publiz.) - 1960-68 Volont. u. polit. Redakt. Ruhr-Nachr. Dortmund; 1968-81 Leit. Nachr.redakt. Frankf. Neue Presse; s. 1981 Chefredakt. Westf. Anzeiger u. Arbeitsgemeinsch. Westf. Tageszg.

SURKAMP, Alwin

Kaufmann (Fa. Alwin Surkamp, Damen- u. Herrenmoden, Remscheid), Vors. Berg. Einzelhandelsverb., Remscheid, Vizepräs. IHK Remscheid (s. 1962) - Alleestr. 74-88, 5630 Remscheid - Geb. 13. Okt. 1912.

SURKAU, Hans-Werner

Dr. theol., o. Prof. f. Prakt. Theologie - Am Richtsberg 60, 3550 Marburg/L. (T. 4 69 33) - Geb. 21. März 1910 Allenburg/Ostpr. (Vater: Paul S., Oberschullehrer; Mutter: Helene, geb. Klatt), ev., verh. I) 1936 m. Thea, geb. Mittasch, 4 Kd. (Dorothee, Gabriele, Christiane, Hans-Christoph), II) Karin, geb. Aye, 3 Kd. (Hermann Reinhard, Angela, Uta) - Gymn.; Univ. Heidelberg, Berlin, Königsberg (Theol., Phil., Psych.). Theol. Ex. 1932 u. 35 Königsberg; Promot. 1934 Heidelberg - B. 1937 Pfarrer Ostpr. Bekenn. Kirche, dann Wehrmachtspfr., n. 1945 Pastor Hamburg, 1951-61 Doz. u. Prof. Päd. Inst. Weilburg, s. 1954 Lehrauftr. f. Prakt. Theol. Marburg, 1957-58 Vertretung Bonn, s. 1961 Ord. Univ. Bonn u. Marburg (1964) - BV: Martyrien in jüd. u. frühchristl. Zeit, 1938; V. Text z. Unterrichtsentwurf, 1965, 2. A. 1969. Mithrsg.: Handbücherei f. Gemeindearbeit; D. Ev. Erzieher (b. 1971). Mitarb.: Ev. Kirchenlex., D. Religion in Gesch. u. Gegenw., Bibl.-theol. Handwörterb. z. Luther-Bibel, Göttinger Predigtmeditationen, TRE. Fachaufs. u. Buchbespr. - Liebh.: Fotogr. - Spr.: Engl., Franz., Dän.

SURMINSKI, Arno

Schriftsteller, Journalist - Schwalbenstr. 33, 2000 Hamburg 60 - Geb. 20. Aug. 1934 Jäglack/Ostpr. (Vater: Max S., Schneidermstr.; Mutter: Erna, geb. Riemann), ev.-luth., verh. s. 1962 m. Traute, geb. Bern, 3 Kd. (Marc, Katja, Swenja) - Rechtsanw. u. Notargehilfe - 1950-55 u. 1957-62 Anwaltsbüro, 1955-57 Kanada, 1962-72 Versich.untern., s. 1972 freiber. - BV: Jokehnen o. Wie lange fährt man v. Ostpreußen nach Dtschl., R. 1974; Aus d. Nest gefallen, Erz. 1976; Kudenow o. An fremden Wassern weinen, R. 1978; Fremdes Land o. Als d. Freih. noch z. haben war, R. 1980; Wie Königsberg im Winter, Erz. 1981; Damals in Poggenwalde, Kinderb. 1983; Polninken od. E. Dt. Liebe, R. 1984; Gewitter im Januar, Erz. 1986; Am dunklen Ende d. Regenbogens, R. 1988; Malojawind, Erz. 1988 - Spr.: Engl.

SUSCHOWK, Dietrich

Dr. rer. nat., Prof., Mathematiker - Zul. 8032 Lochham/Obb. - Geb. 28. April 1923 Forst/L. - S. 1959 (Habil.) Lehrtätigk. TH bzw. TU München (1967 Wiss. Rat u. Prof.). Facharb.

SUSSET, Egon

Landwirt, Bürgermeister a. D., MdB (s. 1969) - Abt-Knittel-Str. 4, 7102 Weinsberg-Wimmental (T. 07134 - 68 39) - Geb. 3. Juni 1929 Wimmental, kath., verh., 4 Kd. - Volkssch.; Ausbild. Landw. u. Weinbau; Landw.sch. Heilbronn - S. 1960 eig. Landw.betrieb m. Weinbau. Mitgl. Kreistag (1965ff.); Vizepräs. Bauernverb. Baden-Württ., Vors. CDU-Landesagrarausch. Baden-Württ., agrarpolitischer Sprecher CDU/CSU-Bundestagsfraktion. CDU s. 1952.

SUTER, Ludwig

Dr. med., Prof., Hautarzt - In der Stroth Nr. 37, 4400 Münster-Handorf (T. 0251-32 57 78) - Geb. 24. Mai 1938 Berlin (Vater: Hermann S., Apoth.; Mutter: Margarete, geb. Paul), ev., verh. s. 1971 m. Jacoba, geb. Braaksma, 2 T. (Margrit, Elke) - Gymn. Berlin, Abit. 1957, FU Berlin, Univ. Würzburg, Vordipl. Chemie 1961, Med. Staatsex. 1964 - 1966-70 Max Planck-Inst. Göttingen, 1970-72 Albert Einstein College of Medicine, New York; 1972-80 Univ.-Hautklinik Münster, s. 1980 Fachklinik Hornheide, Münster-Handorf, 1981 apl. Prof. - Spr.: Engl.

SUTER, Lukas B.

Schriftsteller - Zu erreichen üb.: Theater am Neumarkt, CH-8000 Zürich - Geb. 1937 Schweiz - Theaterst.: Schrebers Garten (UA. 1983) - 1984 Mülheimer Dramatikerpreis.

SUTERMEISTER, Heinrich

Prof., Komponist, Dozent Hochsch. f. Musik u. Theater Hannover (1963-75), Präs. Schweizer. Ges. f. Mechanlizenz -

Vaux-sur-Morges/Waadt (Schweiz) - Geb. 12. Aug. 1910 Feuerthalen b. Schaffhausen (Vater: Friedrich S., Pastor; Mutter: Marie, geb. Hunziker), ev., verh. s. 1948 m. Verena, geb. Renker, T. Anna-Katharina (geb. 1968) - Gymn. Basel; Univ. Paris (Sorbonne); Akad. d. Tonkunst München (Courvoisier, Geierhaas, Röhr, Pfitzner, Orff) - Zahlr. Werke, dar. d. Opern: D. schwarze Spinne, Romeo u. Julia, D. Zauberinsel, Niobe, Raskolnikoff, D. rote Stiefel, Titus Feuerfuchs, Seraphine, Madame Bovary, Le Roi Berenger; 2 Fernsehopern: Gespenst v. Canterville, D. Flaschenteufel; 2 Cellokonzerte, 3 Klavierkonzerte, 8 Kantaten, Missa de Requiem, Te Deum 1975 - 1965 Opernpreis Stadt Salzburg, 1967 Preis Schweizer. Tonkünstlerverein; s. 1977 Korr. Mitgl. Bayer. Akad. d. schönen Künste - Liebh.: Hundezucht - Spr.: Franz., Ital., Engl. - Großv.: Prof. Otto S., Ord. Univ. Bern (Herausg. d. Werke Jeremia Gotthelfs); Urgroßv.: Cornelius S., Pfarrer u. Komp.

SUTOR, Bernhard Heinrich
Dr. phil., Prof. f. Didaktik d. Sozialkunde u. Christl. Sozialllehre - Speckmühle 8, 8079 Nassenfels (T. 08424 - 4 25) - Geb. 11. April 1930 Waldböckelheim (Vater: Jakob S., Arbeiter; Mutter: Christine, geb. Kirchhof), kath., verh. s. 1956 m. Therese, geb. Göbel - 1950-55 Stud. f. d. höh. Lehramt, bde Staatsex. in Gesch., Latein, Phil. u. Theol.; Promot. 1965 (Polit. Wiss.) - 1955-78 Schuldienst Rhld.-Pfalz; 1978 o. Prof. Kath. Univ. Eichstätt - BV: Politik u. Phil., 1966; Didaktik d. polit. Unterr., 1971; Politik. Lehr- u. Arbeitsb., 1979, 2. A. 1987; Neue Grundlegung polit. Bildung, 1984; Politik, Arbeitsbücher 1-4, 1984/86.

SUTTER, Gerd Henning
Dipl.-Kfm., Direktor, Vorstand Cosmos Lebensversicherung AG, Saarbrücken (s. 1981) - Pfaffenkopfstr. 40, 6602 Saarbrücken-Dudweiler - Geb. 12. Jan. 1939 Saarbrücken, ev. - 1965-76 Doz. versich.wirtsch. Fachsem. Saarbrücken - Spr.: Franz., Engl.

SUTTER, Hans Friedrich
Dr. h. c., Verleger u. Druckunternehmer (Fa. A. Sutter GmbH) - Brunnenstr. 61-65, 4300 Essen 1 (T. 7 99 01) - Geb. 5. März 1928 Essen (Vater: August S., Verleger; Mutter: Elisabeth, geb. Grimm), ev., verh. s. 1951 m. Christel, geb. Schlingschroeder, 6 Kd. (Christian, Isa, Martin, Andreas, Anne, Anja) - Abit., Schriftsetzermeister - 1965-75 stv. Vors. VDN; 1975-78 Vors. VDN; 1977-78 Vizepräs. BVD; 1978-84 Präs. BVD; 1979-82 Präs. Eurograf Brüssel; 1978-80 Mitgl. d. Präs. BDI - 1983 BVK I. Kl. - Liebh.: Reitsport, franz. Malerei d. 19. Jh. - Spr.: Engl.

SWART, Bernhard

Dr. med., Prof., ehem. Chefarzt Radiolog. Klinik u. Strahleninst. Krankenanstalten Neuss - Sauerbruchstr. 9, 4040 Neuss/Rh. (T. 8 00 39) - Geb. 4. Sept. 1919 Kevelaer - S. 1959 (Habil.) Lehrtätigk. Univ. Hamburg (1966 apl. Prof.; Radiol.) u. Düsseldorf (apl. Prof.; Med. Strahlenkd.). 50 Fachveröff., 10 Buchbeiträge - 1965 korr. Mitgl. d. Chilen. Rö.-Gesellsch., 1969 Ehrenmitgl. Soc. Arequipeña de Radiologia, Peru, 1972 Ehrenmitgl. Indones. Rö.-Ges., 1972 Schleussnerpreis d. Dt. Rö.-Ges.; 1973 Agfa-Gevaert-Preis d. Berliner Rö.-Ges.; 1978/79 1. Vors. d. Rhein.-Westf. Rö.-Ges.; 1985 Ehrenmitgl. Rhein.westf. Röntgenges. - Liebh.: Liedgesang, Fotogr., Fechten, Bergsteigen.

SWIECA, Hans Joachim

Freier Journalist, Schriftsteller (Ps. Rolf Lasa u. Joachim Lehnhoff) - Bergmilerstr. 8, 8918 Diessen am Ammersee (T. 08807 - 72 50) - Geb. 4. Sept. 1926 Breslau, verh. s. 1950 m. Gerda E., geb. Müller (als Schriftst. Ps. Yvonne Thomas), Sohn Stefan-Andreas - S. 1945 Journ., 1946-53 Redakt. D. Tagesspiegel Berlin, s. 1953 fr. Journ., Reporter u. Schriftst. f. versch. Ztschr. (u.a. PAN u. GEO) - BV: D. Heimfahrt d. U 720, 1956, TB 1985; Regen im Sommer, 1957; Verlorene Jahre, 1967; Quecksilber, 1982; Karibik Fieber, 1983; Motu Tabu, 1985; Inseln in Gottes Hand, 1988; versch. Sachb. - Liebh.: Fotogr., Südseeforschung - Spr.: Engl., Franz.

SWINNE, Axel Hilmar

Dr. phil., Wirtschaftsberater, Geschäftsf. SIGMA Holding & Management GmbH, Dr. Swinne + Partner Wirtschaftsberat. GmbH, Dr. Swinne Haus- u. Vermögensverw. GmbH, alle Bad Rappenau, ALTERNATIVE Management Consultants GmbH, Frankfurt/M. - Finkenstr. 1, 6927 Bad Rappenau - Geb. 2. Juni 1933 (Vater: Richard S., Physikochem., Labor.vorst. u. Schriftleit.; Mutter: Hildegard, geb. Botsch), ev., verh. s. 1966 m. Zahnärztin Ingrid, geb. Stammeyer, T. Agnes Bettina - Ind.- u. Bankprakt.; kaufm. Lehre; Stud. d. Wirtsch.-, Sozial- u. Religionswiss. Univ. Berlin, Heidelberg, Frankfurt, Bochum - 1969-71 Mitgl. Geschäftsf. Fa. Wildfang Metallwerk GmbH, Gelsenkirchen, 1971-77 Controller, Finanzdir. Union Carbide Dtsch. GmbH, Düsseldorf, 1977-81 Vorst. Pittler Maschinenfabrik AG, Langen. Mitgl. Dt. Ges. f. Betriebswirtsch., Aussch. f. Unternehmensf.; zahlr. Beiratsmand.; Lehrbeauftr. Univ. Frankfurt - BV: John Cameron, Phil. u. Theol., 1968; Von d. Oekumenik z. Irenik, 1969; Bibliographia Irenica, 1977; M. Amyraut u. frz. Irenik im 17. Jhdt. 1978. Herausg.: studia irenica (1969ff.), Internat. Finanzmanagement, s. 1980. Verf.: D. finanz. Führung u. Kontrolle v. Auslandsges., 1983; Intern. Kreditmanagement, 1981 - Spr.: Engl., Franz.

SWINNE, Edgar
Gesamtschulrektor - Im Heidewinkel 9, 1000 Berlin 13 - Geb. 24. Dez. 1936, verh. s. 1961 m. Ellen, geb. Hoffmann, 5 Kd. - 1967-79 Bezirksverordneter, 1972-79 Fraktionsvors. in Bln.-Spandau, 1979-85 MdA Bln., 1983/85 stv. Fraktionsvors., 1985-88 Mitgl. FDP-Landesvorst. Bln. - BV: Georg Gehlhoff-Gründer d. Dt. Ges. f. techn. Physik, 1986; Hans Geiger - Spuren aus e. Leben f. d. Physik, 1988. Mithrsg.: Berliner Beiträge z. Gesch. d. Naturwiss. u. d. Technik.

SWITALLA, Bernd
Dr. phil., Prof. f. Sprachwissenschaft u. -didaktik Univ. Bielefeld (s. 1981) - Zu erreichen üb.: Univ./Fakultät f. Linguistik u. Literaturwiss., 4800 Bielefeld 1 (T. 106 36 95) - Geb. 5. Okt. 1938 Nenterhausen/Hessen (Vater: Hans S.; Mutter: Helene, geb. Heinen), kath., verh. s. 1964 m. Hedwig, geb. Bornemann, T. Silke - Lehrerausbild.; Stud. Köln, Bonn, Aachen. Lehrerprüf. 1961 u. 64; Promot. 1971 (Linguist., Lit.wiss., Psych.) Aachen - 1972-81 TH Aachen (zul. Akad. Oberrat German. Inst.) - BV: Sprachl. Handeln im Unterr., 1977; Sprache, E. Handb. (zus. m. W. Boettcher, W. Herrlitz, Ernst Nündel), 1983. Zahlr. Einzelarb. - Liebh.: Musik, Lit., Wiss.stheorie.

SWOBODA, Michael
Ass., Hauptgeschäftsführer IHK Lippe zu Detmold - Willi-Hofmann-Str. 5, 4930 Detmold - Geb. 11. Okt. 1947 - Ehrenamtl. stv. Vors. Dt. Inst. f. Schiedsgerichtswesen.

SWOBODA, Walter
Dipl.-Kfm., Vorstandsvorsitzender Akad. Dt. Genossenschaften - Schloß Montabaur, 5430 Montabaur - Vorst.mitgl. Dt. Genossensch.- u. Raiffeisenverb., Bonn - Geb. 6. März 1930.

SWODENK, Wolfgang
Dr. rer. nat., Prof., Chemiker, Leiter Zentrale Forsch. u. Entw. Bayer AG - Auf dem Broich 5, 5068 Odenthal-Globusch - Geb. 18. Nov. 1930 Dresden - Chemiestud. in Berlin - Leit. Zentr. Forsch. u. Entw. Bayer AG; Honorarprof. in Bonn.

SYASSEN, Onno
Dr.-Ing. E. h., Dipl.-Ing., Vorstandsvors. (Ressorts: F & E u. Arbeitsdir., AR-Mitgl. Süddeutsche Bremsen AG, München - Carl-Benz-Str. 5, 6800 Mannheim - 1981 Ehrendoktor Univ. Hannover.

SYBEN, Wilhelm
Dr., Hauptgeschäftsführer Handwerkskammer Osnabrück-Emsland - Bramscher Str. 134-36, 4500 Osnabrück; priv.: Gerhart-Hauptmann-Str. 9, 4512 Wallenhorst.

SYBERBERG, Hans-Jürgen
Dr. phil., Filmregisseur - Genter Str. 15a, 8000 München 23 - Geb. 8. Dez. 1935 Nossendorf/Pom., verh. - Stud. German. - Filme: u.a. Sex-Business - made in Pasing (1969), San Domingo (1970), Ludwig II. - Requiem auf e. jungfräul. König (1972), Karl May (1974), Winfried Wagner u. d. Gesch. d. Hauses Wahnfried 1914-75 (1975), Hitler - E. Film aus Dtschl. (1977), Parsifal (1981), D. Nacht (1984), Edith Clever liest Joyce - Molly (1985), Fräulein Else (1987) - BV: Syberbergs Filmb., 1976; Hitler - E. Film aus Dtschl., 1978 (franz. 1980); D. freundl. Ges. - Notizen aus d. letzten Jahr, 1981; Parsifal, 1982; D. Wald steht schwarz u. schweiget, 1984 - 1983 Kritikerpreis Berlin (Parsifal).

SYBERTZ, Manfred
Betriebsdirektor, MdB (VIII. Wahlp./Landesl. NRW) - Heidberg 31, 5132 Ubach-Palenberg - Geb. 31. Jan. 1930 Ubach, verh., 3 Kd. - Volkssch.; 1949-1951 Bergvorsch.; 1951-53 u. 1957-58 Bergsch., beide Aachen - 1945-62 Hauer, Revier- u. Fahrsteiger Grube Carolus-Magnus, Ubach-Palenberg, 1962-1969 Dezern. f. Arbeitnehmerfragen Landesoberbergamt, Bonn, dann Betriebsdir. f. Personal- u. Sozialfr. Grube Anna, Alsdorf. Mitgl. Stadtrat Ubach-Palenberg u. Kreistag Heinsberg. 1969 ff. stv. Landrat; 1972 ff. Bürgerm. SPD s. 1964 (1972 Ortsvors.).

SYDOW, Jürgen
Dr. phil., Honorarprof. f. Geschichte d. Städtewesens, Stadtarchivdirektor Tübingen a. D. - Jürgensenstr. 32, 7400 Tübingen 1 (T. 8 24 14) - Geb. 30. April 1921 Dresden (Vater: Bruno S., Journ.; Mutter: Dora, geb. Hansen), kath., verh. s. 1947 m. Brunhilde, geb. Markert, 2 Kd. (Wolfgang, Angelika) - Gymn. Dresden (Abit. 1939); Univ. München (Promot. 1942). Staatsex. - Wiss. Archivdst.; s. 1947 Landeshptarchiv Dresden, 1950-1951 Ref. Doz. Berlin/Potsdam, 1953-59 Stadtarchivar Regensburg, 1959-62 Landesarchivrat Münster, 1962-83 Stadtarchivdir. Tübingen. 1963-82 Geschäftsf. Südwestdt. Arbeitskr. Stadtgesch. - BV: D. Tübinger Rathaus, 1969 u. 1976; Minnesänger, 1970; Z. Problem kaiserl. Schiedsverfahren unter Maximilian I., 1973; Gesch. d. Stadt Tübingen, I. T. 1974; Universitätsstadt Tübingen, 1976; Tendenzen u. Formen d. Stadtgesch.forsch. in d. BRD, 1979; Bilder z. Gesch. d. Stadt Tübingen, 1980; D. Zisterzienserabtei Bebenhausen, 1984; Städte im dt. Südwesten, 1987; Alt Tübingen, 1987. Herausg. d. Reihe: Stadt in d. Gesch. (Bd. 1-9, 1977-82) - Spr.: Engl., Franz., Ital., Poln.

SYDOW, von, Rolf
Regisseur, Autor - Stresemannstr. 14, 7570 Baden-Baden (T. 07221 - 2 99 25) - Geb. 18. Juni 1924 Wiesbaden (Vater: Ernst v. S., Farmer; Mutter: Ilse, geb. Bayerthal), verh. s. 1983 m. Susanne, geb. Hart, T. Ruth - Zahlr. Bühneninsz., Filme, Fernsehspiele - Spr.: Engl.

SYKOSCH, Heinz-Joachim
Dr. med., Prof. f. Chirurgie, Chefarzt - Rheinallee 53, 4000 Düsseldorf (T. 50 22 26) - Geb. 20. Febr. 1926 Gutentag, Eltern verst., kath., verh. s. 1961 m. Elisabeth, geb. Wild, 2 Kd. (Nicolai, Katharina) - 1945/46 Kriegsgefang.sch., Abit.; 1946-52 Univ. Würzburg, Bonn (Promot. 1952) - 1959 Univ.Klinik Würzburg, Intern. Elisabeth-Hosp., New Jersey/USA, 1954-58 Fellow of Surgery Mayo-Klinik, Rochester, 1958-69 Assist. u. Oberarzt Chir. Klinik Univ. Düsseldorf, s. 1969 Chefarzt Chir. Klinikum Dominikus-Krkhs. D'dorf - Entw. d. Demand-Schrittmacher-Systems (Erster Demand-Schrittm. d. Welt, 1963) - Gründungsmitgl. u. 1. Präs. Dt. Ges. f. Herzschrittmacher, Gründungs- u. Präsid.mitgl. d. Europ. Ges. f. Herzschrittm. (European Cardiac Pacings Society) sowie d. Intern. Ges. f. Herzschrittm. (Intern. Cardiac Pacing Society). Ca. 70 Veröff. z. Thema Chir., insb. Schrittmacherweiterentw. u. -techn. - Spr.: Engl. - Lit.: Dt. Chirurgenverz.

SYMANNEK, Werner
Dipl.-Kfm., Vorstandsvorsitzender Ges. d. Freunde d. Med. Hochsch. Hannover - Asplundweg 9, 3000 Hannover 71 (T. 51 19 45) - Geb. 1. März 1922 Farienen - Spr.: Engl., Norw. - Rotarier.

SYMPHER, Peter
Dr., Generalkonsul d. BRD in São Paulo

- Avenida Brigadeiro Faria Lima 1383, São Paulo 01451 (Brasilien).

SYRING, Hans-Willi

Dr. jur., Oberverwaltungsdirektor a. D., MdL Bayern (1966-74) - Elbestr. 12, 7910 Neu-Ulm (T. 8 13 96) - Geb. 31. Aug. 1918 Landau/Pfalz, verh., 2 Kd. - Oberrealsch. Ludwigshafen (Abit. 1937); n. 1945 Univ. Erlangen (Rechtswiss.; Promot. 1950). Gr. jurist. Staatsprüf. 1952 - Akt. Offz. (mehrf., z. T. schwerverwundet; u. a. I. Ordonnanzoffz. d. Generalquartierm. b. Generalstab d. Heeres); 1952-57 Reg.Rat bei Reg. v. Schwaben u. versch. Landratsämter, zul. Neu-Ulm; 1957-70 Rechtsrat u. rechtskd. Verw.Dir. Stadtverw. Neu-Ulm (Wirtschaftsref.). B. 1972 (Austr.) SPD; s. 1973 FDP.

SYWOTTEK, Arnold

Dr. phil., Prof. f. Geschichte Univ. Hamburg - Georg-Gröning-Str. 47, 2800 Bremen (T. 0421 - 34 21 15) - Geb. 1. Febr. 1942 Insterburg (Ostpr.), ev., verh. s. 1970 - 1962-70 Stud. Gesch., German., Politikwiss. u. Päd. Univ. Hamburg - 1970-74 wiss. Mitarb. Friedrich-Ebert-Stiftg. Bonn - BV: Volksdemokratie. Stud. z. polit. Konzeption d. KPD, 1971. Herausg.: Arbeiter in Hamburg (1983); Massenwohnung u. Eigenheim (1988) - Spr.: Engl.

SZADKOWSKI, Dieter

Dr. med., Prof. f. Arbeitsmedizin, ltd. Oberarzt Zentralinst. f. Arbeitsmed. Hamburg - Zu erreichen üb.: Zentralinst. f. Arbeitsmed., Adolph-Schönfelder-Str. 5 XI, 2000 Hamburg 76 - Geb. 21. Juni 1933 Breslau (Vater: Hans S.; Mutter: Hilde, geb. Oczko), kath., verh. s. 1961 m. Dr. Elsbeth, geb. Neyses, T. Karin - Abit. 1953 Köln; Med. Staatsex. 1958, Promot. 1963, Habil. 1972 Hamburg - S. 1965 Facharzt f. inn. Krankh.; s. 1973 Prof. f. Arb.-Med. Hamburg; 1959-63 Univ.-Klinik Köln; 1963-66 Oberarzt Klinik f. Berufskrankh. Bad Reichenhall; 1966-71 Inst. f. Arb.- u. Sozialmed. Univ. Erlangen; s. 1971 Zentralinst. f. Arb.-Med. Hamburg; Vorstandsmitgl. d. Dt. Ges. f. Arbeitsmedizin E.V., 1985 - BV: Spätfolgen nach extremen Lebensverh., 1970; Physikal. Umwelteinflüsse, 1971; Feindiagnost. Meth. z. Früherk. best. berufl. bedingt. Gesundheitsschäden, 1972; Ökol. Kurs, T. Arb.-Med., 1976; Vinylchlorid als Krankheitsurs., 1982; D. Bleibelast. d. Menschen, 1982 - Spr.: Engl., Franz.

SZAJAK, Stefan

Dipl.-Kfm., Verwaltungsdirektor Jüdische Gemeinde Frankfurt, Vorst.-Mitgl. H. u. E. Budge Stiftg., Frankfurt, Rothschild'sche Stiftung Frankfurt/M. - Westendstr. 43, 6000 Frankfurt/M. 1 (T. 74 07 21) - Geb. 1. Mai 1948 Krakau (Vater: Baruch S., Kürschner; Mutter: Esther, geb. Künstlinger); jüd., verh. s. 1971 m. Alisa, geb. Plaut), 2 Söhne (David, Rafael) - Abit. Schuldorf Bergstraße; Dipl. Univ. Frankfurt/M.

SZCZESNY, Ches

Photograph, Maler, Graphiker, Kunstakteur - Stahltwiete 20, 2000 Hamburg 50 - Geb. 27. April 1946 Kreuzen/Österr., verh. m. Elisabeth, geb. Dieckvosz, T. Lea Helena - Malermeister, Dipl.-Graphiker 1966 Düsseldorf, 1968 Den Haag - Generalmanager Black Panel World Foundation u. Decan Akad. EFIA. Leit. Kunstlabor Szczesny Hamburg - 1986/87 Gründg. d. Visuellen Konkreten Erotik (Photos), d. Black-Panel-World-Foundation, d. 1. fr. interplanetaren Akad. m. Dr. Klaus Groh - 1988 H. E. Chevalier Grand Commander (Confederation of Chevalry Australien) - Liebh.: Oldtimer - Spr.: Engl. - Bek. Vorf.: Joh. Egon v. Szczesny, Fürst zu Hollberg S.E. von Hungaria.

SZCZESNY, Gerhard

Dr. phil., Schriftsteller - Irmgardstr. 7, 8000 München 71 (T. 79 48 27) - Geb. 31. Juli 1918 Sallewen/Ostpr. (Vater: Ernst S., Kaufm.; Mutter: Margarethe, geb. Behrendt), verh. in 3. Ehe m. Anemone, geb. Friedmann, 3 Kd. (Alexander, Stefan, Claudia) - Univ. Königsberg, Berlin, München (Phil., Lit.gesch., Publizistik) - B. 1962 Bayer. Rundfunk (Leit. Sonderprogramm), dann eig. Verlag, s. 1968 Herausg. Rowohlt Taschenbuch-Verlag. Gründer Humanist. Union (1961; b. 1969 Vors.). - BV: Europa u. d. Anarchie d. Seele, 1946; D. Zukunft d. Unglaubens, 1958 (auch amerik., engl., finn., holl., span.); D. Leben d. Galilei u. d. Fall Bertolt Brecht, 1966 (auch amerik.); D. sog. Gute, 1971 (auch ital, holl.); D. Disziplinier. d. Demokr. o. d. vierte Stufe d. Freiheit, 1974; E. Buddha f. d. Abendl., 1976; Mögen alle Sorben glücklich sein - Tageb. e. Machtergreif., 1980; V. Unheil d. totalen Demokr., 1983. Herausg.: D. Zeitg. u. s. Vaterl. (1956); Vorgänge - Kulturpolit. Korrespondenz (1962ff.); Club Voltaire - Jahrb. f. Krit. Aufklärung (1963ff.); D. Antwort d. Religionen (1963); Marxismus - ernst genommen (1975) - 1959 Mitgl. PEN-Zentrum BRD; 1957 Heinrich-Droste-Lit.preis (f. D. Zuk. d. Unglaubens).

SZCZESNY, Stefan

Maler - Neusserstr. 27, 5000 Köln 1 (T. 0221 - 72 99 76) - Geb. 9. April 1951 (Vater: Dr. Gerhard S., Schriftst. u. Philosoph), verh., 3 Kd. (David, Sahrah, Roman) - 1969-75 Stud. Akad. d. bild. Künste München; 1975-76 DAAD-Stip. Paris - 1969-82 Gast- u. Arbeitsaufenth. in New York, London, Florenz, Croix-Valmer/Südfr.; 1982-83 Villa Massimo Rom. Herausg. Ztschr. Malerei/painting/peinture - Zahlr. Einzel- u. Gruppenausstellungen, u. a. 1979 Städt. Galerie im Lenbachhaus München, 1983 Villa Massimo Rom, 1984 Glyptothek u. Staatl. Antikensamml. München, 1985 Kunstverein Pforzheim Reuchlinhaus, 1988 Rhein. Landesmuseum Bonn - 1981 Villa Massimo Preis - Lit.: Üb. 70 Beitr. in Katalogen, Ztschr. u. Ztg.

SZÉKESSY, Bernd-Géza

Dr. phil., Dipl.-Ing., Architekt - Am Vogelsang 9, 4000 Düsseldorf (T. 43 67 90) - Geb. 17. Jan. 1930 Düsseldorf (Vater: Prof. Zoltán S., Bildhauer; Mutter: Else, geb. Röcken), verh. s. 1960 m. Heidi, geb. Möbs, 3 Kd. (Béla, Luca, Tibor) - Abit. 1951; Univ. München (Phil., Archäol., Theaterwiss., Lit.wiss.), TH Karlsruhe (Arch.). Dr. phil. 1955 München; Dipl.-Ing. 1964 Karlsruhe - S. 1967 fr. Arch.; 1973-76 Lehrauftr. f. Baugesch. Hochsch. f. Techn., Bremen - W.: Doppelgymn. Rückertstr. Düsseldorf, Wohneinheiten Manderscheid/Eifel, Forschungsaufträge - Spr.: Engl.

SZEMERÉNYI, Oswald

Dr. phil., em. o. Prof. f. Allg. u. Indogerman. Sprachwissenschaft Univ. Freiburg (1965-81) - Caspar-Schrenk-Weg 14, 7800 Freiburg - Geb. 7. Sept. 1913 London - 1931-35 Univ. Budapest (Klass. Phil., German.). Promot. (1936; Summa cum laude) u. Habil. (1944) Budapest - Gymnasial- u. Hochschullehrer Budapest (1942; 1947 o. Prof.), 1948 Übersiedl. Engl., 1952-65 Hochschullehrer London (1960 o. Prof.)- BV: Studies in the Indo-European System of Numerals, 1960; Syncope in Greek and Indo-European and the Nature of Indo-European Accent, 1964; Einf. in d. Vergl. Sprachwiss., 1970 (span. 1978, russ. 1980, ital. 1985); Richtungen d. mod. Sprachwiss. I, 1971 (span. 1979); II, 1982; Comparative Linguistics, in: Current Trends in Linguistics, Vol. 9,1 1972; Studies in the Kinship Terminology of IE languages, in: Acta Iranica 16, 1978. Four Old Iranian ethnic names: Scythian - Skudra-Sogdian-Saka, 1980; Scripta Minora - Selected ess., I-III, 1987. Mehr als 240 Fachaufs. u. Besprech. - S. 1982 Fellow of the British Acad. - Lit.: Festschr. f. O. Sz. (hs. v. Bela Brogyanyi), 1980.

SZENKAR, Claudio

Komponist, Musikprod. - Utrechter Str. 2, 5024 Pulheim-Stommeln/Rhld. (T. 02238 - 1 48 48) - Geb. 1. Jan. 1943 Rio de Janeiro/Brasil. (Vater: Prof. Eugen S., Dirigent, †1977 (s. XVII. Ausg.); Mutter: Hermine, geb. Zeitschel, Sängerin), ev. - Schulen Rio, New York, San Francisco, Düsseldorf; Konservat. D'dorf (abgeschl. Musikstud.). Unterweis. Vater - Üb. 350 aufgef. Musikw., Eig. elektron. Musikstudio, Kompos.-Ps. Song Team, zus. m. Sandra Haas (s. dort) - Ehrenbürger New Orleans/USA - Liebh.: Fotogr.,Sportschießen - Spr.: Portug., Engl., Ital., Franz., Span. - Bek. Vorf./Onkel: Alexander (Dirig.) u. Dezsö S. (Komp.) - Galt m. 18 J. als bester dt. Jazzpianist u. Vibrafonist.

SZILARD, Rudolph

Dr.-Ing., Prof. f. Baumechanik u. Statik Univ. Dortmund - Driverweg 48, 4600 Dortmund 50 (T. 0231 - 77 80 89) - Geb. 26. Aug. 1921 Güns (Vater: Rudolf S., Dipl.-Ing.; Mutter: Anna, geb. Sterbinszky), ev., verh. s. 1975 m. Ute, geb. Roßbach - 1939-45 Stud. Univ. Budapest (Dipl.-Bauing.), Prüf.-Ing. New York, Promot. 1961-62 Univ. Stuttgart - 1943-45 Berat. Ing. f. Brücken- u. Hochbau (Jun.-Partner Szilard & Sohn); 1945-49 Statiker in Österr.; 1949-57 Chefing.-Assist. (Abt. f. Spezialkonstr., Brücken usw.) Fa. Amman & Whitney, New York; 1958-67 Prof. Univ. in USA; 1967-78 o. Prof. f. Baumechanik u. Statik Univ. Hawaii; s. 1978 o. Prof. Univ. Dortmund - BV: 4 Fachb. in engl. u. dt. Spr., 1973-83 - Stat. Berechn.: Pittsburgh Amphitheater, TWA-Hangar (Chicago), M.I.T. Auditorium, City Hall of Milwaukee, Lunar Housing f. NASA-Weltraumbeh. - 1972 u. 73 Humboldt-Preis Bonn-Bad Godesberg; 1975 ACI Fellow American Concrete Inst.; 1961 Engineer of the Year (Soc. of Prof. Engineers, Seattle/USA) - Liebh.: Lit., Sport, Fotogr. - Spr.: Engl., Ungar., Span.

SZKLENAR, Hans

Dr. phil., Prof. f. Deutsche Philologie - Neckarhangweg 3, 6900 Heidelberg (T. 06221 - 80 36 24) - Geb. 2. Aug. 1932 Berlin (Vater: Franz S., Schneider; Mutter: Frieda, geb. Krüger), ev., led. - Gymn. Berlin; 1951-57 FU Berlin (Dt. u. Klass. Philol., Promot. 1964), Habil. Göttingen 1975 - 1957-62 Höh. Schuldst. Berlin, s. 1962 Univ. Göttingen; s. 1982 Univ. Heidelberg - BV: Stud. z. Bild d. Orients in vorhöfischen dt. Epen, 1966; Magister Nicolaus de Dybin, 1981; Georg Trakl, Dichtungen u. Briefe, 1969 (hg. m. W. Killy), 2. erg. A. 1987 - 1971 Österr. Ehrenkreuz f. Wiss. u. Kunst - Liebh.: Kunst, Musik - Spr.: Engl., Franz.

SZYBOWICZ, Wolfgang

Dipl.-Ing., Sprecher d. Geschäftsfg. Case Vibromax GmbH (s. 1983) - Lindenstr. 2, 4006 Erkrath (T. 4 09 77) - Geb. 30. Sept. 1935 Triebs (Vater: Alfons S., Molkereidir.); Mutter: Hildegard, geb. Ritter), ev., verh. s. 1977 m. Rita, geb. Schwarzmann - Obersch. Berlin; Lehre Feinmech. u. Dreher; Stud. Staatl. Ing.-Akad. Beuth, Berlin - 1959-70 Askania-Werke, Berlin; 1970 Losenhausen Maschinenbau AG, Düsseldorf (1971 stv., 1972 o. Vorst.-Mitgl., 1982-83 Vorst.-Vors., dann Umwandlung d. Ges. in Case Vibromax GmbH); 1973 Geschäftsf. Wilhelm Weller GmbH; 1975 Geschäftsf. J. I. Case Beteiligungsges. mbH (1982 Umwandlung d. Ges. in Tenneco Beteiligungs GmbH); s. 1986 AR J. I. Case GmbH, Neuss; Vorst.-Mitgl. VDMA, IRF; s. 1987 Mitgl. Geschäftsfg. Case-Poclain GmbH, Düsseldorf (fr. Groß-Gerau) - Ehrenbürger Staat Wiconsin (USA); Chevalier du Tastevin - Liebh.: Judo, Ski - Spr.: Engl., Serbo-Kroat.

SZYMANSKI, Rolf

Bildhauer - Bayernallee 44, 1000 Berlin 19 - Geb. 22. Okt. 1928 Leipzig (Vater: Harry S., Architekt; Mutter: Elise, geb. Fischer), verh. s. 1961 m. Gisela, geb. Rieffert - 1945-50 Kunstgewerbesch. Leipzig; 1950-55 Kunsthochsch. Berlin - U. a. Warschauer Nixe/Bronzearb. (1960 Nationalgalerie Berlin), Fräulein in Algier (1961 Stadt Wolfsburg), D. öfftl. Rose/Eisenguß-Monumentalskulptur (1971 Stadt Hannover) - 1961 Preis Verb. d. dt. Kritiker u. Kunstpreis Stadt Wolfsburg, 1962 Rom-Preis (Villa Massimo), 1963 Berliner Kunstpreis (Jg. Generation), 1964 Villa-Romana-Preis; 1970 o. Mitgl. Akad. d. Künste Berlin (1983 Vizepräs.).

SZYMCZAK, Heinz

Rektor i.R., Major d. R., MdL Nordrh.-Westf. (1966-80) - Andreasstr. 26, 5300 Bonn-Bad Godesberg (T. 35 25 96) - Geb. 6. Febr. 1921 Duisburg-Hamborn, kath., verh. s. 1950 m. Marianne, geb. Essers, 4 Kd. - Gehob. Klassen Hamborn (Mittl. Reife); 2 J. Praktikant; Ingenieursch. Duisburg (1 Sem.); 6 J. Soldat; Päd. Akad. Oberhausen - 1947-80 Volksschuldst. (1962 Konrektor, 1964 Rektor); s. 1961 Doz. f. Kommunalpolit. Kath. Soziales Inst. Bad Honnef. 1956-58 Stadtverordn. Mülheim/Ruhr; 1960-64 MdK Bonn-Land; 1964-69 Mitgl. Gemeinderat Bad Godesberg. CDU s. 1950 (1960-65 Mitgl. Kreisvorst. Bad Godesberg, 1970-76 Bonn) - BV: Schwanenspiegeleien (Parlamentssplitter), 1970, 75 u. 80 - 1975 Gold. Offz.-Kreuz d. VO v. Brabant (Belgien); 1979 BVK am Bde.; 1981 Ritter d. Silvesterordens.

SZYMCZAK, Klaus

Dipl.-Kfm., stv. Geschäftsführer Henkel & Cie. GmbH. (s. 1972), Geschäftsf. Henkel-Khasana GmbH. (s. 1969) u. Thera GmbH., kosmet. u. therapeut. Erzeugnisse (s. 1974), stv. ARsvors. Therachemie GmbH. (s. 1970), alle Düsseldorf, Präs. GfK-Nürnberg, Ges. f. Konsum-, Markt- u. Absatzforsch. (s. 1974) - Raabestr. 6, 4040 Neuss-Norf - Geb. 22. April 1920.

SZYPERSKI, Norbert

Dr. rer. pol., Prof., Vorsitzender d. Geschäftsfg. Mannesmann Kienzle GmbH - Zu erreichen üb. Mannesmann Kienzle, Postf. 16 40, 7730 VS-Villingen - Langj. Ord. Univ. Köln (Dir. Inst. f. Betriebsw. Org. u. Automat.); zul. Vorstandsvors. Ges. f. Math. u. Datenverarb. mbH (1981ff.).

T

TABORI, George

Regisseur, Autor - Riglergasse 8/9, A-1180 Wien - Geb. 25. Mai 1914 Budapest, verh. m. Ursula, geb. Höpfner, 3 Kd. (Lena, Christopher, John) - 1932-37 Stud. - Journ., Übers., Auslandskorresp. Brit. Armee, BBC; 1947 Amerika (Hollywood, New York) - Zahlr. Romane, Bühnenstücke, Filmdrehb. u. Insz. (New York, Tübingen, Bonn, Bremen, München, Bochum, Berlin, Wien) - BVK; Prix Italia; Brit. Acad. Award; Mann d. Jahres - Liebh.: Menschen, Theater, Liebe, Schach - Spr.: Engl., Franz., Ungar.

TACKE, Bernhard

Gewerkschafter - Stromstr. 8, 4000 Düsseldorf - Geb. 11. April 1907 Bocholt/W. (Vater: Anton T., Textilarbeiter (Weber); Mutter: Maria, geb. Fresen), verh. 1932 m. Edith, geb. Werner, 3 Kd. - Volkssch.; Weberlehre - Textiling., b. 1933 Angest. Zentralverb. christl. Textilarbeiter, dann jahrelang erwerbslos, Wehrdst. u. engl. Gefangensch., ab 1945 Aufbau CDU Nordrh.-Westf. u. Gewerksch., 1956-72 stv. Vors. DGB. AR-Mandate, 1946-49 Mitgl. Stadtrat Mönchengladbach. Brosch.: Textil- u. Bekleidungsarb. sahen Amerika, Textilw. am Scheidewege - 1969 Ehrenbürger Univ. Frankfurt/M.; 1968 Gr. BVK, 1972 Stern dazu; 1983 Hans-Böckler-Preis.

TACKE, Karl

Dr. phil., Drs. h. c., Prof., Inh. Karl H. W. Tacke KG, Strickwaren, Jerseystoffe

- Dickmannstr. 70, 5600 Wuppertal 2 - Geb. 22. Sept. 1910 Wuppertal - verh. s. 1936 m. Lisa, geb. Meuer, 2 S. (Klaus, Volker) - Gymn.; Stud. Phil. Univ. Wien (Promot.) - Prof. F. Ind. Management u. Sozialwiss. in Japan u. Südkorea. Zahlr. Mand., Mitgl.sch. u. Ehrenst. - Komtur Gregoriusorden; Großkreuzritter Ritterorden v. Hl. Grabe zu Jerusalem; Ehrendoktor Univ. Nagoya (Japan), Univ. Seoul (Südkorea) - Rotary-Altpräs.

TACKE, Walter

Geschäftsführer EMNID GmbH. & Co./ Inst. f. Markt- Meinungs- u. Sozialforsch. - Bodelschwinghstr. 21-25a, 4800 Bielefeld/W. 1.

TACKENBERG, Anny

Verwaltungsratsvorsitzende Verbraucher-Zentrale Nordrh.-Westf./Landesarbeitsgem. d. Verbraucherverb. - Mintropstr. 27, 4000 Düsseldorf 1.

TAEGEN, Frank

Dr.-Ing., Prof. f. Elektr. Masch. u. Antriebe Hochsch. d. Bundeswehr Hamburg (s. 1974) - Wulfsdorfer Weg 106b, 2000 Hamburg 67 (T. 603 03 38) - Geb. 5. Jan. 1932 Heilsberg (Vater: Gerhard T., Justitiar; Mutter: Elisabeth, geb. Lischewsky), ev., verh. s. 1962 m. Barbara, geb. Giesecke, 2 Kd. (Dirk, Thomas) - Dipl.ex. 1959; Promot. 1961; Habil. 1964 - Zul. o. Prof. TH Delft/Niederl. (s. 1966) - BV: Einf. in d. Theorie d. elektr. Maschinen I u. II, 1971.

TAFEL, Hans Jörg

Dr.-Ing., o. Prof. u. Direktor Inst. f. Nachrichtengeräte u. Datenverarb. TH Aachen (s. 1964) - Raschlgründe 1, A-5412 Puch/Hallein (T. 06245 - 57 79) - Geb. 11. April 1922 Stuttgart (Vater: Prof. Georg T.; Mutter: Gertrud, geb. Wanner), ev., verh. s. 1959 m. Ursula, geb. Rieth, S. Cornelius - Gymn. Eßlingen; TH Stuttgart (Physik; Dipl.-Phys. 1949). Promot. 1952 - 1952-63 Siemens & Halske AG., München (Nachrichtentechn. Entwickl.). 1968-72 NTG-Vorst.; 1969-70 Beiratsmitgl. VDI/VDE-Ges. f. Feinwerktechn. u. Meß- u. Regeltechn. 1969/70 Dekan Elektrotechn. Fak. TH Aachen. Erf.: Siemens-Drucker f. Datenverarbeitungsanlagen - BV: Passive Bauelemente d. Nachrichtentechn., 1969; Einf. in d. Digitale Datenverarbeitung, 1971. Beitr. zu Rohrbach, Handb. d. fluid. Meßtechn., 1976; Datentechnik, 1978; Ein- u. Ausgabegeräte d. Datentechnik, 1982 - Spr.: Engl. - Bek. Vorf.: Dr. phil. h. c. Karl Mayer, Lyriker, Freund u. Biograph Uhlands (1786-1870); Karl Friedrich Mayer, Demokrat, 1848 Abg. Frankfurter Parlament (1819-89); Gottlob T., Gründer Dt. Volkspartei Stuttgart (1891-1974).

TAKANO, Kohsi

Dr. med., Prof. f. Neurophysiologie Univ. Göttingen - Hölleweg 13, 3400 Göttingen (T. 0551 - 2 19 15) - Geb. 7. Febr. 1931 in Japan (Vater: Tadashi T., Seidenfabrikdir.; Mutter: Fumi, geb. Okayama), Buddhist, verh. s. 1962 m. Kyoko, geb. Mori (Germanistin), 2 Kd. (Yayoi, Erika) - Doz. (1965), assoc. Prof. (1969) Chiba Univ. Japan - S. 1971 Leit. d. Abt. Pathoneurophysiol. Univ. Göttingen. Fachinteresse: Neurophysiol. d. Motorik, Tetanustoxin. BV: Wiss. d. Musik (1981, jap.) - Liebh.: Akupunktur, Musik - Spr.: Jap., Engl., Deutsch.

TALKE, Kurt

Dr.-Ing., o. Prof. em. Univ. Stuttgart (1961-77) - Am Wald 16, 7590 Achern-Mösbach - Geb. 24. Jan. 1912 Zschachwitz/Sa., verh. m. Irmgard, geb. Weichold - 1937-41 TH Dresden. Zul. Dir. Inst. f. Maschinenelemente. Vorh. Geschäftsf. Demag Zug GmbH Wetter/Ruhr; AR-Mitgl. Barmag Barmer Maschinenfabr. AG, Remscheid-Lennep, b. 1978 Mitgl. Wiss. Ges. f. Masch.elemente u. Konstruktionsforschung.

TALLERT, Alfons

Stadtverordnetenvorsteher Bremerhaven - Jakob-Kaiser-Str. 35, 2850 Bremerhaven - Geb. 18. Mai 1916 Bremerhaven (Vater: Alfons T., Kaufm.; Mutter: Antonie, geb. Peters), ev., verh. s. 1946 m. Ursula, geb. Meyer, T. Angelika - Realsch.; seemäß. (naut.) Ausbild. - S. 1945 Verw.tätig. 1951 Stadtverordn., 1955 Vors. SPD-Fraktion, 1958-83 Magistrat (1958-65 Stadtrat, 1965-83 Bürgerm.) Bremerhaven, s. 1983 Stadtverordnetenvorsteher. Mitgl. VR Städt. Sparkasse Bremerhaven, Mitgl. Hauptvers. Dt. Städtetag - Spr.: Engl., Franz.

TALLERT, Harry

Redakteur - Claussenstr. 12, 2850 Bremerhaven (T. 4 11 21) - Geb. 11. Juli 1927 Beuthen/OS. (Vater: Alfons T.), ev., verh. m. Brigitte, geb. Hornickel - B. 1944 Schulbesuch (Mittl. Reife) - S. 1948 (Ausbild.) journalist. Tätigk. 1944-45 Gestapohaft. 1955-65 Mitgl. Brem. Bürgerschaft; 1965-72 MdB. SPD s. 1953.

TALSKY, Gerhard

Dr. rer. nat., Univ.-Prof. TU München - Sulzemooser Str. 3a, 8000 München 60 (T. 863 13 76) - Geb. 6. Juli 1927 Mähr. Ostrau, kath. - Dipl. 1957 Univ. München, Promot. 1959 ebd.; Habil. 1969 TU München - 1959 Chemiker Pharmaind.; 1963 Techn. Dir.; 1964 Wiss. Assist.; 1969 Privatdoz.; 1978 Univ.-Doz.; s. 1980 Prof. - 5 Patentanmeld. 116 wiss. Veröff. (z. Biotechnol., Enzymmodifizierung, Analytik, Kinetik, Derivativspektroskopie).

TAMASCHKE, Olaf

Dr. rer. nat., Prof., Mathematiker - Ernst-Bloch-Str. 35, 7400 Tübingen (T. 2 68 16) - Geb. 13. Aug. 1927 Beuthen/OS. - S. 1962 (Habil.) Lehrtätigk. Univ. Tübingen (Prof.). Fachaufs.

TAMM, Jürgen

Dr. med., Prof., Ltd. Oberarzt II. Med. Univ.sklinik Hamburg - Schrammsweg 8, 2000 Hamburg 20 (T. 47 63 15) - Geb. 24. April 1924 Todenbüttel/Holst. (Vater: Heinrich T., Pfarrer; Mutter: Hedwig, geb. Witt), verh. s. 1953 m. Renate, geb. Bentfeldt - Univ. Hamburg. Promot. (1951) u. Habil. (1960) Hamburg - S. 1960 Lehrtätigk. Hamburg (1966 apl. Prof. f. Innere Med.). Spez. Arbeitsgeb.: Endokrinologie, Facharb.

TAMM, Peter

Verlagskaufmann, Vorstandsvorsitzender Axel Springer Verlag AG, Berlin (s. 1982) - Kochstr. 50, 1000 Berlin 61 (T. 25 91 22 20) - Geb. 12. Mai 1928 Hamburg (Vater: Emil T.), verh. s. 1958 m. Ursula, geb. Weisshun, 5 Kd. - Univ.-stud. (5 Sem. Wirtschaftswiss.) - 1960-62 Geschäftsf. Ullstein; 1962-64 Verlagsleit. Bild-Ztg.; 1964-68 Vors. d. Geschäftsltg. der Verlagshäuser Ullstein u. Axel Springer Berlin; 1968-69 all. Geschäftsf. Axel Springer Verlag GmbH; 1970-82 Alleinvorst. d. Axel Springer AG u. Geschäftsf. d. Axel Springer Ges. f. Publizistik KG, s. 1982 Vorst.-Vors.; 1980 Präsidialmitgl. Bundesverb. Dt. Zeitungsverleger - Liebh.: Schiffsmodelle u. Marinebücher - 1987 BVK I. Kl.

TAMMANN, Gustav Andreas

Dr. phil., Dr. h. c., M.A., Prof. f. Astronomie - St. Albanring 172, CH-4052 Basel (T. 061 - 42 63 65) - Geb. 24. Juli 1932 Göttingen (Vater: Prof. Dr. Heinrich Linus T., Chirurg; Mutter: Verena, geb. Bertholet, Antiquarin), ev., verh. s. 1965 m. Yvetta, geb. Jundt, Physiotherapeutin, 2 Kd. (Tatjana Anna, Heinrich Thomas) - Univ. Göttingen, Freiburg, Basel (Promot. 1961) - S. 1961 Astronom. Inst. Univ. Basel (s. 1977 o. Prof. u. Vorsteher) u. Mount Wilson and Palomar Observatories (s. 1976 Visiting Assoc.), s. 1975 Assoc. European Southern Observatory (ESO, Garching-München), 1979-87 Präs. Schweiz. Kommiss. f. Weltraumforsch., 1981-84 Vors. Astronom. Ges., Mitgl. versch. Kommiss. European Space Agency (ESA, Paris) - BV: (m. A. Sandage): The Revised Shapley - Ames Catalog, 1981 u. 1987; (m. P. Véron): Halleys Komet, 1985 - Fellow American Association for the Advancement of Science; 1984 Mitgl. Akad. d. dt. Naturforscher Leopoldina; 1985 Ehrendoktor Istanbul - Liebh.: Sammeln v. Orden - Bek. Vorf.: Geheimrat Prof. Dr. h.c. Gustav T., Physikochemiker; Geheimrat Prof. Dr. h.c. Alfred Bertholet, Theologe (Großv.).

TANDLER, Gerold

Bayer. Staatsminister d. Finanzen (s. 1988), MdL Bayern (1970; 1982-88 Fraktionsvors. CSU) - Maximilianeum, Hotel Zur Post, 8262 Altötting/Obb. - Geb. 12. Aug. 1936 Reichenberg/Sudetenl. (Eltern: Josef u. Emma T.), verh. m. Gabriele, geb. Hiermaier, 5 Kd. - 1953-71 Bayer. Vereinsbank; s. 1976 Hotelier; 1971-78 u. 1983-88 Generalsekr.; 1978-82 Bayer. Innenminister; 1988 Bayer. Wirtschaftsmin. CSU s. 1956. 1985ff. Vizepräs. Europ. Volkspartei (EVP), Brüssel - 1984 Gr. BVK m. Stern u. Bayer. VO - Judoka (brauner Gürtel).

TANK, Max Otto

Dr. rer. pol., Geschäftsführer i. R. - Diezelweg 41, 4000 Düsseldorf - Geb. 27. Aug. 1911 Neukarbe/Neumark, ev., verh. s. 1941 m. Ursula, geb. Schultze, 4 Kd. - Vorm. Geschäftsf. u. Vorst. Verb. nordwestdt. Lederwarenind.

TANNER, Widmar

Dr. rer. nat., Prof. Univ. Regensburg - Holbeinweg 21, 8400 Regensburg - Geb. 3. Mai 1938 Wagstadt (Vater: Otto T.; Mutter: Gisela, geb. Lech), verh. s. 1961 m. Bärbel, geb. Schlotmann, 4 Kd. (Gregor, Robert, Burkhard, Susanne) - 1957-61 Univ. München; 1961-64 Purdue Univ./USA; Promot. 1964 Univ. München - 1970ff. o. Prof. Univ. Regensburg.

TANNERT, Gerhard

Bürgerschaftsabgeordneter - Seehofweg 4a, 2000 Hamburg 96 (T. 745 86 44) - 1970-74 Mitgl. Hbg. Bürgerschaft. SPD.

TANTAU, Hans Jürgen

Dr. Ing. agr., Dr. rer. hort., Prof. - Unter den Eichen 12, 3000 Hannover - Geb. 11. Sept. 1945 Neuendeich (Vater: Hans-Joachim T., Gärtner; Mutter: Hilda, geb. Vietze), ev., verh. s. 1987 m. Regine, geb. Erler - Dipl. 1970, Promot. 1975, Habil. 1979 - S. 1971 Univ. Hannover - Erf.: Klimaregel. v. Gewächshäusern - BV: Heizungssyst., 1974; Doppelbedach., 1976; Heizungsanl. im Gartenbau, 1983 - Liebh.: Fliegerei - Spr.: Engl.

TANZBERG, Kris

s. Kranz, Gisbert

TAPHORN, Hans-Joachim

Kaufmann, Geschäftsf. Bramlage & Co. (Kunststoffverarb.), Lohne, Präs. IHK Oldenburg - Zu erreichen üb. Bramlage GmbH, Postf. 11 49, 2842 Lohne/Oldbg. (T. 30 84) - Geb. 19. Juli 1922 - 1973 BVK I. Kl. - Rotarier.

TAPPE, Karl-Friedrich

Bankdirektor, Vorstandsmitgl. Allgemeine Deutsche Credit-Anstalt, Frankfurt - Lindenstr. 27, 6000 Frankfurt/M. - Geb. 23. Jan. 1931 Stettin, verh. s. 1965 m. Rosemarie, geb. Wenzel, 3 Kd. - 1965-75 Kreditdir. Nordd. Landesbank, Hannover - Spr.: Engl.

TAPPER, Werner

Verleger - Bei der Pilzbuche 7, 7900 Ulm/D. (T. 26 86 80) - Geb. 4. Jan. 1918 Berlin (Vater: Hermann T., techn. Leiter; Mutter: Johanna, geb. Salzmann), verh. s. 1943 m. Ingeborg, geb. Schaffer, 2 T. (Ingrid, Marion) - Kaufm. Lehre - Kaufm. Angest.; Wehrdst.; s. 1946 Herausg. Sport-Kurier, München/ Augsburg/Ulm.

TAPPERT, Hans

Dr.-Ing., Direktor, Vorstandssprecher Hbg. Hochbahn AG., Hamburg - Grasredder 3a, 2000 Hamburg 80 (T. 721 68 38) - Geb. 26. Nov. 1911 Mülheim/Ruhr - S. 1957 HH-Vorst. 1970 ff. Präs. Verb. öfftl. Verkehrsbetriebe, Köln; 1971 ff. Vizepräs. Intern. Verb. f. öfftl. Verkehrswesen, Brüssel.

TAPPERT, Horst

Schauspieler, Regisseur - Geigerstr. 21, 8032 Gräfelfing/Obb. (T. München 85 54 83) - Geb. 26. Mai 1923 Elberfeld (Vater: Julius T., Beamter; Mutter: Ewaldine, geb. Röll), verh. in 3. Ehe (1957) m. Ursula, geb. Pistor, 3 Kd. (Karin, Ralph, Gary) - Grund- u. Handelssch.; kaufm. Lehre - S. 1945 Schausp. Bühnen: Tübingen, Göttingen, Kassel, Bonn, Wuppertal, Münchener Kammerspiele u. Bayer. Staatsschauspiel. Neben unzähl. Bühnenrollen ca. 25 Spielfilme, ca. 200 Fernsehsp. (Gentlemen bitten zur Kasse; 1974ff., Derrick - 1982 100. Folge) - 1979 Gold. Bambi; 1980 Kriminalhauptkommissar; 1981 Gold. Superkamera; 1983 ETMA-Preis (Vereinig. Europ. Programmztschr.) f. Derrick; 1984 Gold. Kamera Österr.; 1985 Ercolo f'Oro; 1985 Primo Capo Circeo; 1986 Tele Gato Ital. Ausz. f. Darst. d. Derrick, 1987 2. Tele Gato (f. besten dt. Darst.); 1988 BVK; 1989 Bul-le-merite v. Bund dt. Kriminalbeamter f. glaubhafteste Art d. Darst. ihrer Berufssparte; 1989 Ehrenmitgl. d. Intern. Police Assoc. IPA - Liebh.: Popul. Naturwissenschaft.

TAPROGGE, Rainer

Dr.-Ing., Dipl.-Ing., Dipl.-Wirtsch.-Ing., Prof., Industrieberater - Stockkamp 10, 2000 Hamburg 52 (T. 82 06 55) - Geb. 14. Okt. 1937 Schwerte (Vater: Paul T.; Mutter: Sophia, geb. Betten), kath., verh. s. 1968 m. Ingrid, geb. Gelück, 2 Kd. (Carsten, Birga) - Stud. Maschinenbau u. Wirtschaftsing.wesen TH Aachen; Promot. 1966; Habil. 1970 - 1962-70 Inst. f. Kunststoffverarb. TH Aachen (zun. wiss. Assist.; 1966 Obering. u. stv. Leit.); 1974 ff. apl. Prof. f. Konstruieren m. Kunstst. ebd.; 1970-73 Leit. Inst. z. Erforsch. technol. Entwicklungslinien, s. 1973 beratender Ing. Kunststofftechnik. Üb. 60 Fachveröff. - 1966 Borchers-Plak. TH Aachen - Liebh.: Hochseesegeln - Spr.: Engl., Franz.

TARGONSKI, György

Ph. D., Prof. f. Angew. Mathematik Univ. Marburg (s. 1974) - Inheidener Str. 71, 6000 Frankfurt/M. 60 - Geb. 27. März 1928 Budapest/Ung. (Vater: Dr. Anton T., Physiker; Mutter: Rózsa, geb. Simonovits), kath., verh. s. 1956 m. Joián, geb. Horváth - Abit. 1947 Budapest; Mathematikerdipl. 1952 ebd.; Promot. 1963 Cambridge - 1951-56 Assist. u. Lehrbeauftr. TH Budapest; 1959-60 Assist. Lecturer Univ. London; 1960-61 attaché de recherche CERN, Genf; 1961-63 dass. Univ. ebd.; 1963-74 Assoc. u. Full Prof. (1966) Fordham Univ. New York. Fachaufs., Bücher - Liebh.: science fiction - Spr.: Ung., Dt., Engl., Franz.

TARNOW, Gerd

Dr. med., Psychiater u. Neurologe, Honorarprof. Univ. Marburg (s. 1972) - Frankenhainer Weg 79, 3578 Schwalmstadt-Treysa - Geb. 22. Jan. 1929 Garwitz/Meckl. - Promot. 1954; Habil. 1965 - U. a. Privatdoz. Univ. Kiel u. Chefarzt Nervenklin. Hepheta, Treysa. Facharb.

TARNOWSKI, Wolfgang

Dr. med., Prof. f. Physiol. Chemie Univ. Hamburg, Senator d. Fr. u. Hansestadt Hamburg a. D. - Eckerkamp 25, 2000 Hamburg 65 - Geb. 25. Febr. 1931 Seeburg/Ostpr. (Vater: Dr. med. vet. Otto T., Tierarzt; Mutter: Maria-Magdalena, geb. Labotzki), kath., verh. s. 1960 m. Dr. med. Katrin, geb. Rittich, 3. Kd. (Nikolai, Andrej, Natascha) - 1951-53 Lehre u. Abschl. als Groß- u. Ind.kfm.; 1953-58 Stud. Med. u. Kunstgesch. Univ. Hamburg; Promot. 1961 Hamburg, Approb. 1961; Habil. 1966 - 1963 wiss. Assist. Inst. f. Physiol. Chemie Univ. Hamburg; s. 1971 Prof. u. Leit. Abt. f. Biochem. Endokrinol. Inst. f. Physiol. Chemie d. Univ.klinik Hbg.-Eppendorf -

SPD s. 1966. 1970-74 Deputierter d. Hbg. Gesundheitsbehörde; 1974-78 MdHB, gesundh.- u. kulturpolit. Sprecher d. SPD-Fraktion; 1978-83 Kultursenator d. Fr. u. Hansestadt Hamburg - Veröff. in dtsch. u. intern. Fachztschr., Handb. u. ä. (dtsch. u. engl.); div. Jugendsachb. (Unser Körper, Seeräuber, Gladiatoren, Mumien) - Spr.: Engl. Franz., Ital.

TARTTER, Günther
Hauptgeschäftsführer Handwerkskammer Rheinhessen - Ernst-Ludwig-Str. 6-8, 6500 Mainz.

TARTTER, Rudolf Erich
Landrat, Ehrenpräsident Landesmusikverband Rhld.-Pfalz - Lauterstr. 8, 6750 Kaiserslautern (T. 0631-7105-300) - Geb. 2. Aug. 1938 Landau/Pfalz (Vater: Hermann T., Kaufm.; Mutter: Irmgard, geb. Kronacher), ev., verh. s. 1965 m. Heidemarie, geb. Bergner - Univ. Heidelberg, Kiel, Freiburg, 1. u. 2. jurist. Staatsex. - Mitgl. Rundfunkrat SWF Baden-Baden, Vorst.-Mitgl. Sparkassenu. Giroverb. RLP, Landkreistag RLP.

TASCHAU, Hannelies
Schriftstellerin - Zentral 8, 3250 Hameln/Weser - Geb. 26. April 1937 Hamburg - BV: Verworrene Route, Ged. 1959; D. Kinderei, R. 1960; D. Taube auf d. Dach, R. 1967; Gedichte, 1969; Strip, Erz. 1974; Landfriede, R. 1978; Doppelleben, Ged. 1979; Erfinder d. Glücks, R. 1981; Gefährdung d. Leidensch., Ged. 1984; Nahe Ziele, Erz. 1985; Wundern entgehen, Ged. 1957-84, 1986 - 1980 Künstlerstipendium Nieders.

TAU, Theo
s. Tauchel, Theodor

TAUBE, Werner
Dr. jur., Versicherungsdirektor i. R. - Amselweg 18, 2107 Rosengarten 7 (T. Büro: Hamburg 339 57 -1) - Geb. 29. Okt. 1919 Hamburg - B. 1969 stv., dann o. Vorstandsmitgl. Albingia Versich.s-AG., Hamburg.

TAUBE, Werner
Prof. Staatl. Hochsch. f. Musik, Stuttgart, Cellist - Heumadener Str. 78, 7302 Ostfildern 4 (T. 0711 - 45 17 03) - Geb. 12. Mai 1930 Leipzig.

TAUBER, Hans
Bauer, Bürgermeister, MdL Bayern (s. 1970) - Burgstallstr. 5, 8501 Obermichelbach b. Nürnberg (T. 76 11 64) - Geb. 22. Febr. 1921, ev., verh., 3 Kd. - CSU 1980 Bayer. VO.

TAUBER, Peter Fritz
Dr. med., Prof., Arzt f. Gynäkologie u. Geburtshilfe - Wittgenbusch 37, 4300 Essen 14 (T. 0201-58 13 64) - Geb. 9. Dez. 1939 München (Vater: Dr. Fritz T., Rechtsanw.; Mutter: Elisabeth, geb. Ketterl), kath., verh. s. 1966 m. Beate, geb. Strom, 3 Kd. (Michael, Stefan, Konstanze) - Gymn. München (Abit. 1959); Univ. München, Würzburg, Chicago, Ulm u. Essen, Promot. München 1970, Habil. Essen 1979 - 1970/72 u. 1974-1975 Assist. Univ.-Frauenklinik Ulm, s. 1975 Klinikum Essen (dazw. Aufenth. in USA), s. 1976 Facharzt (Oberarzt) Essen, 1979 ff. Priv.doz., s. 1982 Prof. Univ. Essen. - Spez. Arbeitsgeb.: Biol., Biochemie u. Immunol. d. Fortpflanzung; Vorsorge, Empfängnisverhütung - Mitgl. in zahlr. wiss. Ges. - BV: Human Fertilization Workshop Proceedings, 1978 (in engl. Spr.; zus. m. H. Ludwig) - Liebh.: Klass. Musik/Oper, Med.gesch. - Spr.: Engl.

TAUBERT, Hans-Dieter
Dr. med., o. Prof. f. Gynäkolog. Endokrinologie u. Leit. Abt. f. Gynäk. Endokrinol. Univ.s-Frauenklinik Frankfurt - Theodor-Stern-Kai 7, 6000 Frankfurt/M. (T. 63 01 - 57 08) - Geb. 10. Aug. 1931 Kötzschenbroda/Sa. (Vater: Dr. med. Rudolf T., Sanitätsrat; Mutter: Käthe, geb. Müller), ev., verh. s. 1960 m. Judith, geb. Owens, S. Philip - Obersch. Radebeul/Sa.; Univ. Marburg u. München (Med.) - 1963-65 Univ. of Maryland, Baltimore (Instructor in Obstetrics and Gynaecology); 1965-66 Rockefeller Univ. New York (Research Associate); s. 1967 Univ. Frankfurt (ao. u. o. Prof.). Mitgl. Dt. u. amerik. Facheinricht. - BV: Ärztl. Rat f. kinderlose Ehepaare, 1972; Gynäkologie u. Geburtshilfe, 1972 (m. H. Schmidt-Matthiesen); Kontrazeption m. Hormonen, 1981 (m. H. Kuhl). Fachaufs. - Liebh.: Musik, Reiten - Spr.: Engl.

TAUBERT, Karl-Heinz
Prof., Pianist u. Komponist, Dozent Hochsch. d. Künste Berlin - Geb. 16. Dez. 1912 Stettin (Vater: Karl T., Kriminalrat; Mutter: Anna, geb. Rabinsky), ev. - Schiller-Realgymn. Stettin (Abit.); Musikhochsch. Berlin (Klavier, Rhythmik, Gehörbildung) - S. 1934 Hochschuldoz. Kammermusik, Klavier u. Lieder, Chöre, Liedanthol. (u. a. Europ. Weihnachtslieder u. D. gr. Buch d. Kinderlied) - BV: W. A. Mozart - Musikal. Würfelspiel, 1956; C. F. Zelter, Biogr. 1958; Höfische Tänze - Geschichte u. Choreogr., 1968. Fernsehfilmreihe: Aufforder. z. Tanz, 1975 (Renaissance, Barock, V. Reigen z. Hofball); D. Anglaise, 1983; Barock-Tänze, 1987. Div. Schallplatten: Histor.-Höf.-Folklore-Tänze - Liebh.: Alte Tänze in Musik, Tanzform u. Bild - 1983 Österr. Staatspr. Schönstes Jugendbuch; 1987 BVK (f. Forsch. Histor. Tänze) - Bek. Vorf.: Wilhelm T., Hofkapellm. Berlin.

TAUBERT, Sigfred

Schriftsteller - Am Felsenkeller 26, 6457 Maintal-Hochstadt (T. 06181 - 43 17 74) - Geb. 8. Sept. 1914 Stavanger/Norw. (Vater: Paul T., Buchdrucker; Mutter: Gertrud, geb. Trödler), verh. s. 1942 m. Ingeborg, geb. Fuchs, 2 Kd. (Heiner, Barbara) - Oberrealsch.; Lehre Otto Harrassowitz, Leipzig; Buchhändler-Lehranstalt u. Akad. f. graph. Künste Leipzig - 1932-51 m. Kriegsunterbr. intern. Buchhandel; 1951-58 Pressechef, dann Geschäftsf. Auslands- u. Messebüro bzw. Ausstellungs- u. Messe-GmbH. (1964) Börsenverein d. Dt. Buchhand.; b. 1974 Dir. Frankf. Buchmesse; 1974-1978 Vors. Intern. Buchkomitee Unesco, Paris - BV: Grundriß des Buchhandels in der Welt, 1953; Bibliopola, 1966; The book trade of the world, Bd. I 1972, Bd. II 1975, Bd. III 1981, Bd. IV 1984; Wege u. Irrwege, Erinner. 1984. Buchübersetzungen aus dem Englischen, Französischen, Skandinav. - 1974 Ehrenplak. Stadt Frankfurt, Dem Förderer des Buches (Preis d. Börsenvereins), Ehrenplak. Österr. Verlegerverb., Goldmed. Cercle de Librairie, Ehrenmitgl. PEN Kolumbien, Trevi-Preis Stockholm, Amico do Livro São Paulo, 1987 Ehrenplak. Dt. Bücherei, Leipzig; Mitgl. Jury Noma Award for Publishing in Africa - Liebh.: Bibliophilie, Ornithol., Fotogr., Gärtnerei - Spr.: Engl., Franz., Finn., Schwed. - Rotarier.

TAUBITZ, Monika
Lehrerin, Schriftstellerin - Lehrenweg 23,

7758 Meersburg/Bodensee - Geb. 2. Sept. 1937 Breslau (Vater: Josef T., Lehrer; Mutter: Elisabeth, geb. Zenker), röm.-kath. - Präsid.mitgl. intern Bodenseeklub, Mitgl. Wangener Kreis, Ges. f. Kunst u. Lit.; gewähltes Mitgl. Kulturwerk Schlesien (Würzburg) u. Ostdt. Kulturrat (Bonn); Künstlergilde Esslingen, Ackermann-Gemeinde, Droste-Ges. u. a. - BV: Fallende Sterne, Ged. 1968; Schatten üb. d. Brunnen, N. 1971; Schlesien - Tageb. e. Reise, 1973; Probeflug, Ged. 1974; Durch Lücken im Zaun, R. 1977; Netze werfend, Ged. 1978; Gestörte Befragung, Hörsp. 1982; Treibgut, R. 1983; Dir. Spinnweb Zeit ins Netz gegangen, Ged. 1983; Dort geht Katharina, Erz. 1984; Schlesien - Blick ins Land, Bildbd. 1988. Herausg.: Schön wie d. Mond - E. Meersburger Leseb. (1988). Herausg./Mithrsg. vieler Anthologien - Div. Ehrungen, dar. 1976 Päpstl. VO in Gold am Bde. Benemerenti; 1978 Eichendorff-Preis; 1980 Förderpreis z. Kulturpr. Schlesien d. Land Nieders.; 1981 Hörspiel- u. Erzählerpr. d. Ostdt. Kulturrates; 1983 Preis Bad Harzburger Lit.tage - Lit.: u. a. Ztschr. Schlesien (Kunst, Wirtsch., Kultur); 1981 Laudatio Dr. Herbert Hupka (MdB); 1979 Jochen Hoffbauer; 1988 Voith: Schriftstellerportrait, Bodenseehefte u. a.

TAUCHEL, Theodor
Schriftsteller - Konrad-Broßwitz-Str. 10, 6000 Frankfurt/M. (T. 77 16 32) - Geb. 22. Jan. 1908 Soginten/Ostpr., ev., verh. m. Marlis, geb. Gefe († 1972) - Univ. Marburg, München (Rechts- u. Staatswissensch., Publizistik, Theaterwissensch.) - Journalist u. Bildredakteur Scherl-Verlag; Redakt. Archiv f. Weltw.; Geschäftsf. Ufa-Filmproduktion. 1958-71 Vors. Schutzverb. Dt. Schriftst. Hessen; Vorst.-Mitgl. Vereinig. Dt. Schriftst.-Verb. - BV: D. Rominter Heide, Plaudereien 1932; Masuren, Heimatb. 1932. Reisef. (1957-1959); D. Ital. Riviera, D. Tschechosl., Südtirol, Korsika-Sardinien-Elba, Oberital. Seen, Bulgarien, Ital. Adria; Herausg./Chefredakt.: D. Literat (Monatsschr. f. Literatur u. Kunst) - 1982 BVK - Spr.: Engl., Franz.

TAUPITZ, Artur
Dr. med., Prof., Chefarzt Urolog. Klinik Städt. Krankenhaus Kaiserslautern (s. 1964) - Dansenbergerstr. 102, 6750 Kaiserslautern - Verh. m. Dr. Dr. Eva, geb. Stahn, 2 Kd.

TAURIT, Rudolf
Dipl.-Ing., Prof. M. S., Rektor Fachhochschule Lübeck - Heinrich-Mann-Ring 14, 2400 Lübeck (T. 0451 - 6 45 17) - Geb. 31. Okt. 1934 Zossen, ev., verh. s. 1966 m. Aloisia, geb. Zweschper, 3 Söhne (Matthias, Diethmar, Thiemo) - Human. Gymn. Katharineum Lübeck; Abit. 1955; Dipl.-Ing. Elektrotechnik 1960 TH Hannover; M.S. Nuclear Engineering 1963 Univ. Cincinnati/Ohio, USA - 1963-69 Ing.-Tätig. auf d. Kernenergiesektor (AEG bzw. KWU Frankfurt). S. 1970 Doz. f. Energie- u. Kerntechnik/Strahlenschutz FH Lübeck - Spr.: Engl.

TAUSCH, Reinhard

Dr. rer. nat., o. Prof., f. Psychologie - Sorenfeldring Nr. 27, 2000 Hamburg 67 (T. 603 89 75) - Geb. 6. Nov. 1921 Braunschweig (Vater: Hans T., Bankkfm.; Mutter: Else, geb. Zitzlaff), ev., verh. s. 1954 m. Dr. Annemarie, geb. Habeck, 3 Töcht. (Cornelia, Angelika, Daniela) - Päd. Hochsch. Hannover (I. Lehrex. 1946); Univ. Göttingen (Dipl.-Psych. 1950). Promot. 1951 Göttingen; Habil. 1960 Marburg - 1960 Privatdoz. Univ. Marburg; 1961 Prof. PH Kettwig/Duisburg (Dir. Forschungsinst. f. Psych.); 1964 Wiss. Rat u. Prof. Univ. Köln; s. 1965 o. Prof. Univ. Hamburg (Dir. Psych. Inst.) - BV: D. psychotherapeut. Gespräch, 1960, 8. A. 1981 unt. d. Titel: Gesprächspsychotherapie; Erziehungspsych., 1963, 9. A. 1979; Wege zu uns, 1983; Sanftes Sterben, 1985; Lebensschritte, 1989. Div. Fachaufs. - Spr.: Engl.

TAUSCH, Siegfried-Eberhard
Journalist, Pressesprecher d. Vorst. DEKRA-Dt. Kraftfahrzeug-Überwachungsverein e.V. (s. 1982) - Bergstr. 15, 8761 Röllfeld (T. 09372 - 31 59 u. 0711 - 78 61 - 3 13) - Geb. 3. Okt. 1924 Stargard/Pom. (Vater: Friedrich T., Pfarrer †; Mutter: Elfriede, geb. Welz), ev., verh. s. 1966 in 2. Ehe m. Christa, geb. Villhauer, 4 T. (Sabine, Solveigh, Tanja, Cordula) - Human. Leibniz-Gymn. Berlin - 1952 Pressechef Real-Film Hamburg, 1956 PR u. Pressechef Opal Strumpfwerke, 1971-82 PR-Chef Volvo Dtschl., 1978-83 Präs. DPRG (Deutsche Public Relations-Ges.); 1978-83 Vorstandsvors. DIPR (Dt. Inst. f. Public Relations); s. 1982 Vors. Öffentlichkeitsaussch. DVR (Dt. Verkehrssicherheitsrat); s. 1983 Ehrenmitgl. DPRG + DIPR; s. 1987 Vorstandsmitgl. DRF (Dt. Rettungsflugwacht); 1985 BVK I. Kl. - Liebh.: Gesch. - Spr.: Engl.

TAUSCHER, Bernhard
Dr. habil., Dipl.-Chem., Prof., Direktor, Leit. Inst. f. Chemie u. Biologie d. BFE - Richard-Kuhn-Str. 9, 6900 Heidelberg (T. 06221 - 83 38 43) - Geb. 16. Juni 1943 Singen am Hohentwiel, verh., 2 Kd. - Stud. Botanik u. Chemie Univ. Heidelberg; Dipl. u. Promot (Naturstoffchemie); Habil. 1982; Venia legendi f. Org. Chemie 1983 Heidelberg - Mehrj. Tätigk. in ltd. Positionen d. Chem. Ind.; stv. Leit. Bundesforschungsanst. f. Ernährung - BV: Atencion Primaria de Salud (Mitautor), 1987 - Spr.: Engl., Franz., Span.

TAUSIG, Otto
Schauspieler - Iglaseegasse 9, A-1190 Wien - Geb. 13. Febr. 1922 Wien (Vater: Dr. Aladar T.; Mutter: Franziska, geb. Gatner), verh. s. 1958 m. Lilly, geb. Schmuck, S. Wolfgang - Max-Reinhardt-Sem. Wien - Zahlr. Bühnen, dar. Burgtheater Wien, Volksbühne Berlin (beide Teile), Schauspielhs. Zürich, Hamburg, Städt. Bühnen Frankf., Köln, Bonn, Wiesbaden, Münchner Volkstheater. U.a. Nestroy, Raimund, Goldoni, Sha-

kespeare. Div. Insz., auch Fernsehen - BV: V. Paradies z. Weltuntergang - D. dramat. Werke Jura Soyfers, 1947.

TAVERNIER, Pierre
Ballettänzer, Ballettsolist u. Choreograph. Assist. Badisches Staatstheater, Karlsruhe - Kaiserallee 73, 7500 Karlsruhe 21 (T. 0721 - 85 69 98) - Geb. 29. Juli 1956 Chatillon-Coligny/Frankreich, ledig - Schule d. Opera Paris; Mudra (Schule Maurice Bejart/Brüssel); Dipl.: Mudra (Kurse: klass. u. mod. Tanz, Schauspiel, Gesang) - Rollen: Solist-Hauptrollen in Balletten, Choreographien v. Germinal Casado Madeleine Bart (Adam: Jardin des Delices; Tchaikowsky: P.I.T. - Bilder; Vivaldi: Viva Vivaldi; D'Artagnan: Drei Musketiere, Orion: Sylvia, Don Ottavio: Namouna, Dali: Lorca) - Spr.: Dt., Engl.

TAYLOR, Anthony Simon
Choreograph u. Ballettm. Theater Stadt Koblenz - Kurfürstenstr. 10, 5400 Koblenz (T. 0261 - 1 72 58) - Geb. 28. Dez. 1944 Wokingham/Großbrit.; ledig - Rambert School of Ballet, London - Solotänzer in Bremen u. Kiel; s. 1983 Ballettm. Koblenz. Gastdoz, London.

TAYLOR, David Marshall
Ph.D., D.Sc., Prof. f. Biochemie (Strahlentoxikologie) - Kinzigring 34, 7525 Bad Schönborn 2 (T. 07253 - 3 22 26) - Geb. 5. Febr. 1927 London (Vater: Frederick T., Beamter; Mutter: Violet F., geb. Beazley), anglican., verh. s. 1952 m. Mary P., geb. Williamson, 2 Töcht. (Carolyn, Sarah) - Schule London, Univ. Liverpool u. London (Biochemie, Promot. 1959) - 1952/53 Biochem. Forsch. pharmaz. Ind., 1953-79 Inst. f. Krebsforsch. Univ. London (Abt.-Leit. Biochemie u. Strahlenpharmakol., Vize-Dekan 1970-71), s. 1979 o. Prof. f. Strahlentoxikol. Univ. Heidelberg, Dir. Inst. f. Genetik u. Toxikol. v. Spaltstoffen, Kernforsch.-Zentr. Karlsruhe; s. 1989 Hon.-Prof. f. Chemie, Univ. Wales, Cardiff, UK. Beitr. z. wiss. Strahlenbiol., Strahlentoxikol., Biochemie u. Krebsforsch. Ca. 250 Veröff. - BV: Basic Science of Nuclear Medicine (m. R. P. Parker u. P.H.S. Smith), 1978; Risks from Radium and Thorotrast (m. C. W. Mays, G. B. Gerber, R. G. Thomas), 1989 - Liebh.: Lit., Wandern, Segeln - Spr.: Engl. (Mutterspr.), Franz., Deutsch.

TAYLOR, Richard
Dr. phil. (Ph.D.), Prof. f. Anglistik Univ. Bayreuth - Postfach 10 12 51, 8580 Bayreuth (T. 0921 - 60 82 06) - Geb. 24. Dez. 1935 Cambridge N.Y./USA (Vater: Floyd T., Bankvorst.; Mutter: Lillian, geb. Frémont), verh. s. 1963 m. Aina, geb. Pavolini, 2 Kd. (Olu, Oba) - A.B. 1957 Brown Univ. RI/USA, M.A. 1964 Manchester Univ. UK, Ph.D. 1966 Durham Univ. UK - 1963-65 Doz Fourah Bay College (Durham Univ., UK) Freetown, Sierra Leone; 1965-66 Gast-Doz. Reading Univ., UK; 1966-71 Assist.-Prof. Dartmouth College, NH/USA; 1971-76 Doz. Univ. of Ife, Nigeria; 1976-79 Prof. Univ. of Ife, Nigeria; s. 1979 Prof. f. Angl. u. Komparatist. Univ. Bayreuth - BV: Frank Pearce Sturm, 1969; The Drama of W.B. Yeats, 1976; Herausg.: Background Lectures in Eng. Lit., 1978; Understanding the Elements of Literature, 1982; A Reader's Guide to the Plays of W.B. Yeats, 1984 - Spr.: Engl. (Mutterspr.), Franz., Ital., Deutsch.

TEBARTH, Klaus
Niedersächsischer Datenschutzbeauftragter - Schwarzer Bär 2, 3000 Hannover.

TEBBE, Karl-Friedrich
Dr. rer. nat., Prof. f. Anorganische Chemie Univ. Köln - Niederste Feldweg 89, 4600 Dortmund 1 (T. 0231-51 05 32) - Geb. 29. Nov. 1941 Dortmund (Vater: Wilhelm T., Realschull.; Mutter: Wilhelmine, geb. Schäfer), ev., verh. s. 1969 m. Helga, geb. Kubisch, 2 S. (Karl Dirk, Friedrich Ludger) - Gymn. (Abit. 1961); Univ. Münster, Dipl. Chemie 1967, Promot. 1970, Habil. 1975 - 1972 Akad. Rat Münster, 1974 Akad. Oberrat, 1978 Wiss. Rat Univ. Köln - Spr.: Engl.

TECHNAU, Hans-Jürgen
Senatspräsident a. D., Vorstand Seppeler-Stiftg. f. Flug-Fahrwesen, Berlin (s. 1971), Mitgl. Kurat. Lucie-Loeser-Stiftg., ebd. - Lorenzstr. 66, 1000 Berlin 45 (T. 772 50 11) - Geb. 5. Juni 1903 Thorn/Westpr. (Vater: Ernst T., Landgerichtsdir. † 1916; Mutter: Elisabeth, geb. Feige † 1939), ev., verh. s. 1948 m. Dr. med. Marion, geb. Schmidt, Kinderärztin (Tochter v. Prof. Dr. Dr. h. c. S. Wuppertal), 3 Kd. (Jürgen, Silke, Michael) - Gymn. Tilsit u. Berlin; kaufm. Lehre (Cedenta-Werke); Stud. Volksw. u. Rechtswiss. Berlin u. Greifswald. Jurist. Staatsprüf. 1928 u. 32 - S. 1932 Tätigk. Amts-, Land- (1937 LGsrat, 1952 -dir.) u. Kammergericht Berlin (1960 Senatspräs. u. Vors. Senat f. d. ges. gewerbl. Rechtsschutz). Wehrdst. (zul. Ltn. d. R.) - Liebh.: Musik, Literatur, Sport (Vors. Tennis-Club Grün Weiß Linkwitz).

TECHTMEIER, Eberhard
Dipl.-Kfm., Direktor, MdL Nordrh.-Westf. (1966-1975; Wahlkr. 118/Soest) - Meßbergstr. 29, 5757 Wickede/Ruhr (T. 8 12 05) - Geb. 19. Mai 1913 Schwäb. Gmünd, verh., 2 Kd. - Oberrealsch.; Univ. Münster u. Köln (Wirtschaftswiss.; Dipl.-Kfm.) - Tätigk. Ind. u. Wirtschaftsprüf., Kriegsdst. u. Gefangensch., s. Jahren kaufm. Dir. 1952-56 Gemeindevertr. Wickede; 1960-69 MdK Soest. CDU s. 1952.

TECKENTRUP, Karl-Heinz
Dipl.-Math., Vorstandsmitglied Barmenia Allgemeine Versich.-AG, Barmenia Lebensversich. a.G., Barmenia Krankenversich. a.G., alle Wuppertal - Kronprinzenallee 12-18, 5600 Wuppertal 1 - Geb. 15. Nov. 1938.

TEGELER, Josef
Kaufmann, MdL Nieders. (1963-74) - Am Zuckerhut 13, 4504 Georgsmarienhütte (T. 22 30) - Geb. 8. Dez. 1926 Malbergen Kr. Osnabrück, kath., verh. s. 1967, S. Jens - Gymn. Carolinum Osnabrück - Ab 1943 Wehrdst. (Luftw.; schwerkriegsversehrt); s. 1959 Mitinh. u. Gf. VAG-Kraftfahrzeugbetrieb Hülsmann & Tegeler. 1964 ff. Landrat Kr. Osnabrück. Mitgl. Kreistag Osnabrück u. Gemeinderat Georgsmarienhütte. 1956-59 Bezirksvors. Jg. Union. CDU s. 1954 (1959 Kreisvors. Osnabrück-Land) - BVK - Liebh.: Jagd, Reisen, Musik, Lesen.

TEGETHOFF, Walter
Dipl.-Landw., Geschäftsführer Howard Rotavator Maschinenfabrik GmbH., Michelstadt - 6125 Zell/Odenw. - Geb. 16. Juni 1929 Warburg.

TEGETHOFF, Wilm
Dr. jur., Vorstandssprecher Berliner Kraft- u. Licht (Bewag) AG, Berlin - Stauffenbergstr. 26, 1000 Berlin 30 (T. 030 - 267 27 21) - Geb. 24. März 1927 Warburg - Stud. d. Rechtswiss. Promot. 1952; Ass.ex. 1953 - 1953-57 Rechtsabt. VDEW, 1957-71 Prok. u. Abt.dir. Energieversorg. Ostbayern AG., Regensburg, 1971-74 Geschäftsf. Arbeitsgem. region. Energieversorg.untern., Hannover; 1975-78 Geschäftsf. Vereinig. Dt. Elektrizitätswerke (VDEW) - BV: D. Recht d. öfftl. Energieversorg., Kommentar (m. Büdenbender u. Klinger). Zahlr. Aufs. in Fachztschr.

TEGETTHOFF, Folke
Märchenerzähler, Märchendichter - Schwarzaumühle, A-8421 Wolfsberg - Geb. 13. Febr. 1954, verh., 3 Töcht. (Tessa, Sophie, Kira) - Abit. - Folke Tegetthoff Collection, weltweit einziges Archiv an d. Murray State Univ. Kentucky, USA. 1988 Begründer u. Organisator v. 1. Intern. Märchenerzählerfestival. Teilnahme an: Storytellerfestival Toronto (1983); 1. Intern. Erzählerkongreß Tel Aviv (1987); Berliner Festtage (1989). 1982-84 Welttournee (33 Länder) - BV: u.a. Liebesmärchen, 1981; Pan Tau, 1985; V. meinem Zwerg, 1986; Kräutermärchen, 1988; Dorf im Kopf, 1988; Tegetthoffs Fairy Tales, 1989 (engl.) - Steirischer Landespreis f. Kinder- u. Jugendlit. - Spr.: Engl. - Bek. Vorf.: Wilhelm von Tegetthoff, Admiral (Ururgroßv.) - Lit.: 3 Diplomarb. (Univ. Klagenfurt, Innsbruck, Wien).

TEGTMEIER, Georg
Dipl.-Ing., Techn. Beigeordneter i.R., Arch., Stadtplaner u. Städtebauer - Sennehof 74, 4800 Bielefeld 12 (T. 0521 - 49 34 47) - Geb. 26. Dez. 1920 Bielefeld (Vater: Wilhelm T., Desinfekt.; Mutter: Elisabeth, geb. Röder), verh. s. 1945 m. Elfriede, geb. Lippold, 2 Söhne (Harald, Frank) - 1940-41 Stud. TH Hannover, 1943-45 TH Dresden; Dipl.-Hauptprüf. 1951 - 1953-55 Dt. Bauakad. Ostberlin, Forschungsinst. f. Städtebau - 1945-51 Stadtbaum. in Leisnig; 1952-53 Min. f. Aufbau Berlin; 1955 Nordkorea (Wiederaufb. Ham-Hung); 1955-58 Beir. f. Bauwesen b. Min. DDR; 1958-59 Stadtbaudir. Magdeburg; nach Flucht in d. Westen 1960-70 Stadtbaurat Brackwede; 1970-80 Techn. Beigeordn. Bünde; s. 1980 Ruhest. - Zahlr. Ehrungen - Liebh.: Ökol. Probl., Wandern, Radfahren, Fotogr., Versehrtensport - Spr.: Engl., Franz.

TEGTMEIER, Werner
Dr. rer. pol., Dipl.-Kfm., Staatssekretär Bundesmin. f. Arbeit u. Sozialordnung (s. 1987) - Rochusstr. 1, 5300 Bonn-Duisdorf; priv.: Am Park 85, 5205 St. Augustin 1 - Geb. 27. Sept. 1940 Hannover (Vater: Heinz T., Feinmechaniker; Mutter: Hildegard, geb. Herrmanns), ev., verh. s. 1968 m. Annegret, geb. Bonse, 2 S. (Jens, Jörn) - 1957-60 kaufm. Ausbild. Ind. Hannover; 1961-63 Akad. f. Wirtschaft u. Politik Hamburg; 1963-67 Univ. ebd. (Wirtschafts- u. Sozialwiss.; Dipl.-Kfm. 1967). Promot. (Volksw.) 1972 Hamburg - 1967-70 Geschäftsf. Stab d. Mitbestimmungskommiss. d. Bundesreg.; 1970-76 Ref. Sozialpolit. Gruppe/Polit. Planung Bundeskanzleramt; 1977-87 Ministerialdir. Leit. d. Grundsatz- u. Planungsabtlg. im BMA - BV: Wirkungen d. Mitbestimmung d. Arbeitnehmer, 1973 - Spr.: Engl.

TEICH, Gerd-Hermann
Geschäftsführer Vermögensverwaltungsges. Dr. Joachim Schmidt GmbH., Ilsede - Gartenstr. 3, 3152 Ilsede 1 - Geb. 17. Okt. 1922.

TEICHLER, Ulrich

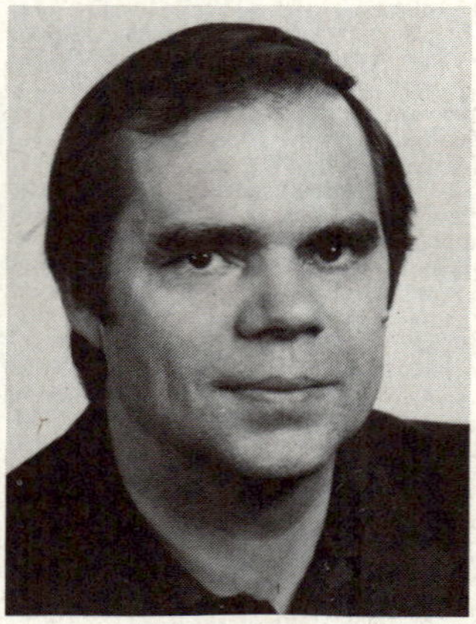

Dr. phil., Prof. - Haroldstr. 11, 3500 Kassel (T. 0561 - 6 53 42) - Geb. 23. Juli 1942 Stettin (Vater: Johannes T., Pfarrer; Mutter: Erika, geb. Petersen), ev., verh. s. 1966 m. Yoko, geb. Urata, 2 Kd. (Nils-Erik Shinichiro, Matthias Tim Yoshio) - 1962-68 Stud. Soziol. FU Berlin; Dipl.-Soz. 1968; Promot. 1975 Univ. Bremen - 1968-78 wiss. Mitarb. Max-Planck-Inst. f. Bildungsforsch.; 1970-72 Gastwissensch. National Inst. f. Educational Res. Tokyo; 1978ff. Prof. GH Kassel (gf. Dir. Wiss. Zentrum f. Berufs- u. Hochschulforsch., 1980-82 Vizepräs. GH); 1985/86 Fellow, Netherlands Inst. for Advanced Studies; 1986ff. Gastprof. Northwestern Univ., Evanston/Illinois - BV: D. Arbeitsmarkt f. Akademiker in Japan, 1975; D. Dilemma d. mod. Bildungsges., 1976; Hochschulexpansion u. Bedarf d. Ges., 1976 (engl. 1980); Probl. d. Hochschulzul. in d. Vereinigt. Staaten, 1978 (engl. 1978); Gesamthochsch. - Erfahr., Hemmnisse, Zielwandel, 1981; D. Arbeitsmarkt f. Hochschulabsolv., 1981 (engl. 1982); Hochschulzertifikate u. betriebl. Einstellungspraxis, 1984; Studium u. Beruf, 1986; Higher Education in the Federal Rep. of Germany, 1986; Hochschule - Stud. - Berufsvorstellungen, 1987. Herausg.: Hochsch. u. Beruf (1979); Praxisorient. d. Stud. (1979); Integrierte Hochschulmod. (1982; engl. 1983); Hochsch. u. Beruf in Polen u. d. Bundesrep. Deutschl. (1983); Berufstätigk. v. Hochschulabsolventen (1983); Higher Education and Employment in the USSR and the Federal Republic of Germany (1984); Forschungsgegenstand Hochsch. (1984); Hochschulentw. s. d. sechziger Jahren (1986); Hochschule - Studium - Berufsvorstellungen (1987); Auslandsstud.programme im Vergleich (1988); Erträge d. Auslandsstud. f. Studierende u. Absolventen (1988); Changing Patterns of the Higher Education System (1988); u. a. Veröff.

TEICHMANIS, Atis
Prof., Cellist - Mettackerweg 36, 7800 Freiburg/Br. (T. 4 35 63) - Geb. 15. Juni 1907 Libau/Lett. (Vater: Karlis T., Orgelbaum.; Mutter: Luise, geb. Baumanis), verh. s. 1949 m. Edite-Anna, geb. Vidzirkste, 5 Kd. (Atis, Guna, Anda, Maruta, Juris) - Gymn.; Musikstud. Riga, Paris, Salzburg (Mozarteum). Diplom 1930 Riga - S. 1947 Prof. Musikhochsch. Freiburg (Violoncello) - Spr.: Lett., Russ.

TEICHMANN, Arndt
Dr. jur., o. Prof. f. Bürgerl. Recht, Handels- u. Wirtschaftsrecht Univ. Mainz (s. 1972); Richter OLG Koblenz (s. 1974) - Bahnhofstr. 71, 6501 Harxheim (T. 06138 - 68 65) - Geb. 3. Dez. 1934 Dresden (Vater: Herbert T., Offz.; Mutter: Erika, geb. Siebdrat), ev., verh. s. 1962 m. Uta, geb. Reineke, 3 Kd. (Merten, Heinke, Helge) - Stud. Univ. München, Göttingen; Promot. (1961) u. Habil. (1969) ebd. - 1971 Prof. Kiel. Fachmitgl.sch. - BV: D. Gesetzesumgehung, 1962; Gestaltungsfreiheit in Ges.-verträgen, 1970; Texte u. Fälle z. Ges.-recht, 2. A. 1976; Leistungsstörungen u. Gewährleistung, 3. A. 1988; Gutachten z. 55. Dt. Juristentag 1984 (Reform d. Werkvertragsrechts) - Liebh.: Bild. Kunst - Spr.: Engl., Franz.

TEICHMANN, Gerhard
Dipl.-Kfm., Referatsleiter Bayer. Rotes Kreuz, Kreisverb. München - Zennerstr. 38, 8000 München 70 - Geb. 26. März 1932 M.-Ostrau (Vater: Josef T., Beamter; Mutter: Marie), verh. s. 1958 m. Gisela, geb. Mayer, S. Raimund - Univ. München (Wirtschaftsw.), Dipl.-Kfm. - 1958-65 Ref. IHK München, 1965-68 ltd. Tätigk. in d. Privatwirtsch., 1968-76 Ref. im Verbandsbereich, 1976-83 Dir. Bundesverb. Dt. Privatkrankenanst. u. Verein ltd. Ärzte Dt. Privatkrankenanst., München, sow. Chefredakt. d. Verbandsztschr. - Spr.: Engl.

TEICHMANN, Knud M.
Dr., Vorstandsmitglied DBV + Partner Versich. - Zu erreichen üb. DBV + Partner Versich., Berliner Str. 170/172, 6050 Offenbach, u. Frankfurter Str. 50, 6200 Wiesbaden.

TEICHMANN, Peter
Dr. phil., Publizist - Havelmatensteig 21, 1000 Berlin 22 (T. 369 84 96) - Geb. 17. Nov. 1902 Bunderneuland/Ostfriesl. (Vater: Robert T.; Mutter: Klara, geb. Gruhn), ev., verh. s. 1929 (Ehefr.: Magdalena), 2 Töcht. (Bärbel, Antje) - Stud. German., Gesch., Kunstgesch., Theol., Phil. Promot. 1928 Halle/S.; As-

s.ex. 1931 Berlin - Journ.; Gymnasiallehrer; s. 1946 Rundfunkmitarb. (u. a. stv. Programmdir. Hörfunk SFB). Rundfunkmskr.; Hörspielbearb. Regie - Spr.: Engl., Franz., Ital.

TEICHMÜLLER, Marlies,
geb. Köster

Dr. rer. nat., Direktorin a.D. Geol. Landesamt Nordrh.-Westf. - Am Hohen Haus 15, 4150 Krefeld (T. 02151 - 2 47 90) - Geb. 11. Nov. 1914, verh. 1938-83 m. Dr. phil. Rolf T. † - 1934/35 Stud. Geol., Geogr., Mineral. Univ. Freiburg, 1936/37 Berlin, 1937/38 Worcester, Mass. (USA) u. Pittsburgh, Pa (USA), 1938/39 Berlin; Promot. 1939 Berlin - 1940-45 Wiss. Mitarb. Reichsamt f. Bodenforsch.; s. 1947 Geol. Landesamt Nordrh.-Westf. (1961 Landesgeologin, 1964 Oberlandesgeologin, 1970 Geologie-Dir. u. Leit. Dez. Kohlenpetrol. u. Kohlenchemie, 1979 Ruhest.) - 170 Wiss. Veröff., dar. Beitr. zu Büchern: Textbook of Coal Petrology (1975 u. 82), Inkohlung i. Erdöl (1974), Inkohlung u. Geothermik (1979), D. niederrh. Braunkohlenformation (1958), Fluoreszenz v. Vitriniten u. Liptiniten (1982), Coal and Coal Bearing Strata (1987), Low Temperature Metamorphism (1987); Peat and Coal: Origin, Facies and Depositional Models (1989) - 1969 Hans Stille Med. Dt. Geol. Ges.; 1971 Reinhard Thiessen Med. Intern. Kommiss. f. Kohlenpetrol.; 1978 Carl Engler Med. Dt. Ges. f. Mineralölwiss. u. Kohlechemie; 1979 BVK; 1987 Waterschoot v.d.Gracht Med.Roy.Geol.-Min.Soc. Netherlands - Spr.: Engl., Franz.

TEICHS, Adolf
s. Teichs, Alf

TEICHS, Alf
Film- u. Fernsehproduzent - Elbchaussee 204, 2000 Hamburg 52 (T. 880 35 35) - Geb. 18. Dez. 1904 Dresden (Vater: Eugen T., Kunstmaler; Mutter: Gertrud, geb. Fahnert), verh. in 2. Ehe (1956) m. Katharina Mayberg, geb. Neb (Schausp.), S. Jan - Gymn. Dresden; Univ. Leipzig, Freiburg, Berlin - 1928-34 Chef-Dramt. u. Theater-Regiss. Weimar, München u. Berlin, 1935-40 Chefdramt., 1941-47 Prod.chef Terra-Film, 1947-52 Prod. Comedia-Film, 1953-62 Prod.chef Dt. London-Film, 1963 ff. FS-Prod. Üb. 200 Spielfilme, 30 Fernsehfilme. Übers. vieler Bühnenst. v. Pagnol, Priestley usw. - Viele Novellen, z. B. D. Heiligenmaler Preis Biennale Venedig (Berliner Ballade), Selznick-Preis Berlin (Herrl. Zeiten); BVK; Gold. Europa - Liebh.: Bücher, Autographen - Spr.: Engl., Franz. - Bek. Vorf.: Adolf T., Historienmaler (1812-1860).

TEICHTWEIER, Georg
Dr. theol., em. o. Prof. f. Moraltheologie - Frühlingstr. Nr. 46, 8700 Würzburg 25 - Geb. 8. Mai 1913 Rohr/Niederbayern (Vater: Georg T.; Mutter: Helene, geb. Lang), kath. - Phil.-Theol. Hochsch. Passau, Univ. München u. Tübingen. Priesterw. 1937. Promot. (1951) u. Habil. (1956) Tübingen - Seelsorge; s. 1956 Lehrtätig. Univ. Tübingen, Phil.-Theol. Hochsch. Passau (1958 Ord.; 1962 Rektor), Univ. Bochum (1965 Ord.) u. Würzburg (1968 Ord.); 1976 Päpstl. Ehrenprälat; 1980 emerit. - BV: D. Sündenlehre d. Origenes, 1958; Ehel. Leben heute, 3. A. 1966; Moral - wieder gefragt, 1976; Moral in aktueller Diskussion, 1983; Was Gott verbunden hat. Glück in Liebe u. Ehe, 1988. Mithrsg.: Herausforderung u. Kritik d. Moraltheologie (1971, m. W. Dreier).

TEIGELER, Peter
Dr. phil., Dipl.-Psych. u. Altphilologe, Prof. TU Berlin - Milinowskistr. 34, 1000 Berlin 37 (T. 030 - 813 53 29) - Geb. 11. Mai 1936 Berlin - Stud in Berlin (Dipl.-Psych. 1962, Staatsex. 1965, Promot. 1971) - BV: Verständlichk. u. Wirksamk. v. Sprache u. Text, 1968; Satzstruktur u. Lernverhalten, 1972; Verständlich sprechen, schreiben, informieren, 1982.

TEILMANS, Ewa
Intendantin, Regisseurin, Schauspielerin - Röntgenstr. 8, 7410 Eningen (T. 07121 - 8 85 37) - Geb. 3. Aug. 1955 - Hochsch. d. Künste Berlin (Dipl. 1983) - Z. Z. Intendanz d. Reutlinger Theaters in d. Tonne - Künstl. Arb. (zul.): Extremities - W. Mastrosimone (Wien); E. Hungerkünstler; Brief an d. Vater - F. Kafka (München); Bettleroper - J. Gay; Leonce u. Lena - Büchner (Reutlingen) - Spr.: Engl., Franz., Ital.

TEIN, von, Dieter
Assessor, Hauptgeschäftsführer Hauptverb. d. Papier, Pappe u. Kunststoffe verarb. Industrie (HPV); Verb. Papier, Pappe u. Kunststoff verarb. Industrie, Hessen u. d. Verb. Lampenschirm-, Wohnraumleuchten- u. Zubeh.- Ind. (VLWZ) - Arndtstr. 47, 6000 Frankfurt/M. - Geb. 25. Aug. 1934 Bamberg.

TEISSIER, Elizabeth

Astrologin, Vizepräsidentin Franz. Astrologen-Verb. - 2, chemin de Beau-Soleil, CH-1206 Genf - Geb. 6. Jan. 1941 Algier, gesch., 2 Töcht. (Isabelle, Marianne) - Stud. Sorbonne (Prof. Franz.) Agregation Grammatik u. Philol. 1965 - 1 J. Unterr. an Gymn. 1966-75 Mannequin (b. Coco Chanel) u. Filmrollen m. Burt Lancaster, Jean-Paul Belmondo, Shirley McLaine (unter d. Regie v. De Sica, Marcel Carné, Sydney Pollack). 1975 1. FS-Horoskop in Europa (im franz. FS Antenne 2). Regelmäßige Rubriken in 7 Ländern - BV: Ne brulez-pas la sorcière, 1976 (Dt. 1981: U. d. Sterne haben doch recht); Astralement Votre, 1980; Verbrennt d. Hexe nicht, 1982; Astrologie, Science du XXIeme Siecle, 1988 (Dt. 1989: Astrologie, d. Wiederkehr e. Wiss.) - 1989 Guinness des Records (meistgelesene Astrol. Europas, 60 Mill. Leser pro Monat) - Liebh.: Yoga, Lesen - Spr.: Franz. (Mutterspr.), Deutsch, Engl.

TEITZEL, Helmut
Schuhmacher, Mitglied gf. DGB-Bundesvorst. (s. 1983) - Zu erreichen üb. DGB-Bundesvorstand, Hans-Böckler-Str. 39, 4000 Düsseldorf - Geb. 4. Juli 1934 Göttingen (Vater: August T., Schuhmacher; Mutter: Anne, geb. Semmelrodt), ev., verh. s. 1956 m. Inge, geb. Jarczewski, 2 Kd. (Sylvia, Marco-Percy) - Schuhmacherlehre; Weiterbild. in Abendsch. - 1976 2. Vors. Gewerksch. Leder, 1980 1. Vors.

TELLENBACH, Gerd
Dr. phil., Drs. h. c., Prof., Direktor Dt. Histor. Institut, Rom (1962-72) - Hintere Steige 4, 7800 Freiburg/Br. (T. 5 64 97) - Geb. 17. Sept. 1903 Berlin (Vater: Leo T.; Mutter: Margarete, geb. Eberty), verh. s. 1945 m. Marie-Elisabeth, geb. Gerken - Univ. Freiburg u. München - 1928-33 Mitarb. Pr. Histor. Inst., Rom, dann Privatdoz. Univ. Heidelberg, ab 1938 Ord. Univ. Gießen, Münster (1942) u. Freiburg (1944; 1949/50 u. 1957/58 Rektor). 1957/58 Präs. Westd. Rektorenkonfz. - BV (1933-81): u. a. Repertorium Germanicum, Röm. u. christl. Reichsgedanke in d. Liturgie d. frühen Mittelalters, Libertas - Kirche u. Weltordnung im Zeitalter d. Investiturstreites (auch engl.), D. Entstehung d. Dt. Reiches, Königtum u. Stämme, Goethes geschichtl. Sinn, Studien u. Vorarb. z. Gesch. d. großfränk. u. frühdt. Adels, Z. Bedeutung d. Personenforschung d. frühen Mittelalters (auch ital.), Europa im Zeitalter d. Karolinger, Kaisertum, Papsttum u. Europa (Hist. Mundi V u. VI), Neue Forschung üb. Cluny u. Cluniacenser, D. Sibyllin. Preis - Reden u. Schriften z. Hochschulpolitik, D. Germanen u. d. Abendl. b. z. Beginn d. 13. Jh.s (Saeculum-Weltgesch. (IV), D. Grundleg. d. späteren Weltstell. d. Abendlands (ebd. V), Liber memorialis v. Remiremont (Mon. Germ. Hist.), Aus erinnerter Zeitgesch.; D. westl. Kirche v. 10. bis zum 12. Jh., 1988. Ausgew. Abh. u. Aufs., 4 Bde. 1988 u. 89; Zahlr. Fachaufs. - 1960 Ehrendoktor Univ. Löwen (Dr. phil. et litt.) u. Glasgow (D. litt.), 1987 Univ. Pisa; Mitgl. Bayer. Akad. d. Wiss., Zentraldir. Monumenta Germaniae historica, Histor. Kommiss. München, Kommiss. f. Landesgesch. Baden-Württ., Österr. Inst. f. Geschichtsforsch.; Società Storica Pisana The Bristish Acad., Accad. Naz. dei Lincei; 1968 Gr. BVK m. Stern; 1973 Komturkreuz ital. VO. - Lit./Festschr.: Josef Fleckenstein/Karl Schmid, Adel u. Kirche (1968); Reinhard Mielitz, D. Lehren d. Gesch. (1968); J. Fleckenstein, G. T. (Quellen u. Forsch. aus ital. Archiven u. Bibl. 53, 1973); K. Schmid, Der Freiburger Arbeitskreis, G. T. z. 70. Geburtstag (Ztschr. f. d. Gesch. d. Oberrheins 121, 1974); Festgabe z. 80. Geburtstag (Ztschr. f. d. Gesch. d. Oberrheins 131, 1983).

TELLENBACH, Hubertus
Dr. phil., Dr. med., Psychiater u. Neurologe - Rungestr. 43, 8000 München 71 (T. 7 91 55 45) - Geb. 15. März 1914 Köln (Vater: Heinrich T., Kaufm.; Mutter: Christine, geb. Sons), kath., verh. s. 1939 m. Dr. Ingeborg, geb. Goose, 3 Söhne (Kurt, Reinhard, Michael) - S. 1952 (Habil.) Privatdoz. u. apl. Prof. Univ. München u. Heidelberg (emerit. Vorsteher Abt. f. Psychopathologie Psychiatr. Klinik) - BV: Melancholie, 4. A. 1983 (auch jap., ital., span., franz., engl.); Geschmack u. Atmosphäre, 1968 u 1976 (auch span., jap., franz.) - Miembro honorario Med. Fak. Univ. Santiago/Chile; Ehrenmitgl. Ges. f. Psychiatrie: Peru, Chile, Port., Griechenl., Spanien; Ges. Logother. u. Existenzanalyse; Academ. corresp. extr. Real Acad. Nac. Med. Madrid. Memb. assoc. Socmedico-Psych. Paris; Ehrenpräs. Dt. Ges. Anthropol., Daseinsanal. Med., Psychol. Psychoth. - Spr.: Engl., Franz., Span.

TELLER, Heinrich
Dr. med., Prof., Dermatologe - Bayernallee 15, 1000 Berlin 19 (T. 304 55 55) - Geb. 23. Juli 1910 Niedersalzbronn/Schles. - S. 1951 (Habil.) Privatdoz. u. apl. Prof. (1959) FU Berlin; b 1975 Chefarzt Städt. Krkhs. Brit. Div. Mitgliedsch. Etwa 50 Fachaufs. - 1976 BVK a. Bd.

TELLER, Walter
Dr. med., o. Prof. f. Kinderheilkunde (s.1969) u. Prorektor Univ. Ulm (1979-81), - Weichselstr. 4, 7900 Neu-Ulm - Geb. 10. Okt. 1928 Essen (Vater: Dr. Paul T., Reg.baum.; Mutter: Edith, geb. Schumacher), ev., verh. s. 1958 m. Ursula, geb. Heidenhain, 3 Kd. (Susanne, Marc, Jan) - Stud. Univ. Würzburg, Freiburg, Heidelberg, Mayo Clinic, Harvard, 1965 Habil. Marburg - 1966-67 Oberarzt Univ. Kinderklinik Marburg, 1967-69 Oberarzt Univ.-Kinderklinik Heidelberg. Mitgliedsch.: Europ. Soc. Ped. Res., Europ. Soc. Ped. Endocrinol., N. Y. Acad. Sci., Intl. Coll. Pediatr., Sigma Xi, Korr. Mitgl. Schweizer u. Öster. Ges. f. Kinderheilkd., American Acad. Pediatrics - 1961 Jones Award, Mayo Clinic; 1966 Czerny-Preis, Dt. Ges. f. Kinderheilkd. - Spr.: Engl., Lions-Club.

TELTSCHIK, Horst
Dipl.-Politologe, Ministerialdirektor, Leiter Abt. 2 Bundeskanzleramt - 5330 Königswinter 1 - Geb. 14. Juni 1940 Klantendorf (Eltern: Richard u. Anna T.), kath., verh. s. 1967 m. Gerhild, geb. Ruff, 2 Kd. (Richard Alexander, Anja Katharina) - Abit. Gymn. Tegernsee; 1962-69 Stud. Polit. Wiss., Gesch. u. Völkerrecht FU Berlin; Dipl. Polit. Wiss. 1967 - 1967-69 Hochschulassist. FU (b. Prof. Richard Löwenthal); 1970 Leit. Gruppe Außen- u. Dtschl.politik in d. CDU-Bundesgeschäftsst.; 1972 Ref. Staatskanzlei Mainz (Min.Rat); 1977 Leit. Büro d. Vors. d. CDU/CSU-Bundestags-Frakt., Kohl; 1982 Bundeskanzleramt. Außenpolit. Aufs. in div. Büchern u. Fachztschr. - 1983 Orden Kommandeur d. franz. Ehrenlegion; BVK.

TEMBRINK, Heinz
Dipl.-Kfm., Geschäftsführer Arbeitsgem. Außenhandel d. Dt. Wirtschaft - Gustav-Heinemann-Ufer 84-88, 5000 Köln 51.

TEMMING, Peter K.

Fabrikant, Aufsichtsratmitgl. Peter Temming AG, Glückstadt (s. 1971), Vors. Unternehmensverb. Südholst., Itzehoe, Ehrenvors. Verb. Nordt. Papierfabriken, Hannover, Vereinig. d. Arbeitg.-Verb. d. Dt. Papierind., Bonn, Förderverein d. Papiermacherschule, Gernsbach; Ehrenvorsts.-Mitgl. Verb. Dt. Papierfabriken, Bonn, Vereinig. d. Schlesw.-Holst. Unternehmensverb., Rendsburg; Ehrenmitgl. Vereinig. Gernsbacher Papiermacher (s. 1982) - Bei d. Papiermühle, 2351 Sarlhusen (T. 04324 - 2 70) - Geb. 1. Jan. 1916 Hamburg, ev., verh. s. 1939 m. Hilde, geb. Hubert, 2 Kd. - Wilhelm-Gymn. Hamburg - 1951-71 Vorstandsmitgl. Temming - 1974 BVK II. Kl., 1979 BVK I. Kl., 1985 Gr. BVK - Liebh.: Garten - Spr.: Engl. - Rotarier.

TEMPELMEIER, Horst
Dr. rer. pol. habil., Prof. f. Betriebs-

wirtschaftslehre TH Darmstadt (s. 1984) - Angelstr. 19a, 6112 Groß-Zimmern (T. 06071 - 4 32 99) - Geb. 1. Jan. 1952, verh. s. 1984 m. Barbara, geb. Kubli - Industriekaufm.; 1972-77 Stud. Univ. Gießen; Promot. 1979; Habil. 1982 - 1977 wiss. Mitarb. Univ. Trier - BV: Standort-Optimierung in d. Marketing-Logistik, 1980; Lieferzeit-orientierte Lagerungs- u. Auslieferungsplanung, 1983; Quantitative Marketing-Logistik, 1983; Simulation m. GPSS (m. Weber u. Trzebiner), 1983; weit. Fachveröff. z. Lagerhaltung u. z. Simulation v. Produktionssystemen - Spr.: Engl., Franz., Latein.

TEMPLIN, Rainer
Konzertsänger, Harfenist - Nordstr. 11, 4000 Düsseldorf 30 (T. 0211 - 49 25 50) - Geb. 15. Jan. 1957 Viersen (Vater: Günther T.; Mutter: Rosel, geb. Vieten), kath. - Gesangsstud. b. Ingeborg Reichelt u. Werner Lechte; Ausb. Harfe b. Magdalene Schäk, Cembalo b. Werner Smigelski; Staatl. Gesanglehrerex. 1981 - Gesangslehrer in Düsseldorf. Konz. als Bariton in Oratorien u. kammermusikal. Auff. In- u. Ausl. - Erste Preise b. Gesangwettb.

TENBRINK, Walter
Dr. rer. pol., Dipl.-Kfm., Geschäftsführer Rhein-Chemie GmbH., Heidelberg, ARsvors. Rhein-Pharma Arzneimittel GmbH. ebd. - Wilckensstr. Nr. 14, 6900 Heidelberg - Geb. 28. März 1916.

TENBRUCK, Friedrich H.
Dr. phil. (habil.), o. Prof. f. Soziologie - Maienfeldstr. 29, 7400 Tübingen 9 (T. 8 23 70) - Geb. 22. Sept. 1919 Essen (Vater: Fritz T.; Mutter: Gertrud, geb. Meßmann), verh. m. Kora, geb. Schröner - Univ. Freiburg/Br., Berlin, Greifswald, Köln, Marburg (Phil. Gesch., German.; Promot. 1944) - S. 1957 Lehrtätig. USA, Freiburg (1963), Frankfurt/M. (1963 Ord. u. Seminardir.), Tübingen (1967 Ord. u. Seminardir.) - BV: Jugend u. Gesellschaft - Soziol. Perspektiven, 1962, 2. A. 1965; Soziale Verflechtung u. Gliederung im Raum Karlsruhe, 1965; Z. Kritik d. planenden Vernunft, 1972; D. unbewält. Sozialwiss. od. D. Abschaff. d. Menschen, 1984; Geschichte u. Gesellschaft, 1986; D. kulturellen Grundlagen d. Gesellschaft. D. Fall d. Moderne, 1989.

TENCKHOFF, Jörg
Dr. jur., utr., Prof. f. Straf-, -prozeß- u. Jugendstrafrecht Univ. Augsburg - Richard-Wagner-Str. 12, 8900 Augsburg - Geb. 18. März 1940 Mannheim - Stud. Rechtswiss. Freiburg u. Heidelberg, 1. Jurist. Staatsprüf. 1964 Heidelberg, 2. Jurist. Staatsprüf. 1968 Stuttgart, Promot. 1974, Habil. 1977 Univ. Heidelberg - BV: D. Bedeut. d. Ehrbegriffs f. d. Systematik d. Beleidigungstatbestände, 1974; D. Wahrunterstell. im Strafprozeß, 1980. Veröff. auf d. Geb. d. Strafrechts, Strafprozeßrechts, Jugendstrafrechts u. d. Kriminol. - 1974 Akad. Preis Univ. Heidelberg.

TENDAS, Paula
Solotänzerin Staatstheater am Gärtnerplatz, München - Voßstr. 16, 8000 München 90 (T. 089-65 27 47) - Geb. 19. Juni 1964 Landsberg/Lech - Mittl. Reife; Fachsch. f. Tanz Leipzig, 1966 Abgeschl. m. Auszeichn. - 1966/67 Landestheater Dessau; 1967/69 Dt. Nationaltheater Weimar; 1969/71 Dt. Staatsoper Berlin; s. 1971 München - Solotänzerin: Umele in Gajaneh; Feuervogel; Giselle in Abraxas Schlange; Beatrice in Undine; Coppelia; Aschenbrödel - 1967 Wettb. f. Tänzer u. Choreographen u. 1970 je m. d. Förderungspreis d. DDR - Bek. Vorf.: Carl Suckfüll, Theater-Dir. Residenztheater Dresden (Großv.).

TENGELMANN, Wolfgang
Fabrikant, Kompl. Geschäftsführer Herbert F. W. Tengelmann GmbH & Co. KG, Herford - Wittekindstr. 18, 4900 Herford - Geb. 17. April 1923 Essen (Vater: Herbert T., Fabr. † 1959, s.

XIII. Ausg.) - Textiling.sch. Mönchengladbach.

TENNSTEDT, Klaus
Dirigent, Chef NDR-Sinfonie-Orchester (1979-81) - Rothenbaumchaussee 132-34, 2000 Hamburg 13 - Geb. 6. Juni 1926 - Konzerttätig., 1981 Leit. London Philharmonie Orchestra - 1980 Preis f. d. beste Mahler-Interpretation 1979.

TENNYSON, Christel
Dr. rer. nat., Prof. f. Mineralogie u. Kristallographie TU Berlin - Hardenbergstr. 42, 1000 Berlin 12 - Geb. 15. Dez. 1925 - Habil. 1963 TU Berlin - S. 1967 Prof. TU Berlin. Üb. 30 Fachveröff.

TENT, Lothar

Dr. phil., o. Prof. f. Psychologie Univ. Marburg (s. 1973) - Tilsiter Str. 9, 3550 Marburg 7 (T. 06421 - 4 12 38) - Geb. 17. Sept. 1928 Essen (Vater: Heinrich T., Ingenieur; Mutter: Ernestine, geb. Figge), verh. s. 1951 m. Paula, geb. Kesper - 1948-51 Lehrerausbild.; 1951-52 Studienaufenth. USA; 1955-60 Stud. Psych. (Dipl.-Psych. 1958). Promot. 1962; Habil. 1968 - 1952-62 Volks- u. Realschullehrer; 1962-68 Assist. u. Privatdoz. (1968) Univ. Marburg; 1968-69 o. Prof. Univ. Gießen; 1969-73 o. Prof. Univ. Marburg (Dir. Inst. f. Sonderschulpäd.; 1970/71 Rektor). 1964-68 MdK Marburg, 1974-1977 Stadtverordneter Marburg; SPD s. 1960 - BV: Weilburger Testaufgaben f. Schulanfänger (m. H. Hetzer), 1951ff.; D. Schulreifetest - Auslesemittel oder Erziehungshilfe? (m. Hetzer), 1958, 3. A. 1968; D. Auslese v. Schülern f. weiterführende Schulen - Möglichkeiten u. Grenzen, 1969, 2. A. 1970; Schätzen u. Messen in d. Unterrichtsforsch. (m. K. Ingenkamp u. E. Parey), 1973; Quellen d. Lehrerurteils (m. W. Fingerhut u. H. P. Langfeldt), 1976. Herausg.: Erkennen - Wollen - Handeln (1981); D. Rechts-Links-Problem (1985; Pseudonym: Dr. Kleine-Moritz) - Liebh.: Bild. Kunst - Spr.: Engl.

TEPE, Walter
Dr. rer. hort., Prof., Dozent Hess. Forschungsanstalt f. Wein-, Obst- u. Gartenbau, Geisenheim (Geologie, Bodenkd., Pflanzenernährung - düng.) - Rebenweg 4, 6222 Geisenheim/Rhg. - Geb. 22. März 1914 Kiel (Vater: Friedrich T., Zollbeamter; Mutter: Auguste, geb. Runge), ev., verh. s. 1941 m. Frieda, geb. Schubert, 2 Söhne (Wolfgang, Detlef) - Oberrealsch.: Gärtnerlehre; Stud. Berlin u. Hannover (Dipl.-Gärtn.). Promot. 1952 TH Hannover. M. 1952 Wiss. Assist. u. Inst.sleit. (1962; Inst. f. Bodenkd. Hess. Forschungsanst.). Entd. bzw. Erf.: Ionenaustauschermethode, Geisenheimer Wasserzange, Aktivitätsmessungen im Boden, dielektr. Ionentransport. Mitgl. Bodenkdl. Ges. u. Dipl.-Gärtnerbd. - BV: Pflanzenernährung im Gartenbau, 1966 (Handb. d. Erwerbsgärtners, Bd. IV) - Spr.: Engl., Franz.

TEPPERWIEN, Fritz
Rechtspfleger, Mitgl. Brem. Bürger-

schaft (s. 1971) - Contrescarpe 122a, 2800 Bremen 1 - Geb. 20. April 1937 Bremen, verh., 2 Kd. - Gymn. Bremen (Abit.); Rechtspflegerausbild.; Rechtspfleger-Akad. Schwetzingen (Prüf.) - Vors. Arbeiter-Samariter-Bund/Landesverb. Bremen, langj. Rechtspfleger AG Bremen. SPD s. 1966.

TERBORG, Margitta
Sozialpädagogin, MdB (Wahlkr. 23/ Delmenhorst-Wesermarsch) - Magdalenenstr. 39, 2890 Nordenham (T. 04731 - 8 87 04) - SPD.

TERFLOTH, Klaus

Dr. iur., Botschafter d. Bundesrep. Deutschl. in Bukarest/Rumänien - Zu erreichen üb. Botschaft Bukarest, Postfach 15 00, 5300 Bonn 1 - Geb. 20. Mai 1929 Düsseldorf (Vater: Hans T., Rechtsanw. u. Notar; Mutter: Agathe, geb. Potthoff, Künstlerin), ev., verh. s. 1955 m. Elisabeth, geb. Bley, 3 Kd. - Stud. Rechtswiss. Staatsex. u. Promot. Bonn - Versch. Ämter im Ausw. Dienst (In- u. Ausl., u. a. Kabinettschef in d. Europ. Kommiss., Brüssel (1970-73) u. Botsch. Birma, Tunesien, Pakistan, Helsinki - Zahlr. Veröff. üb. Asiatica - Versch. Orden - Liebh.: Phil., Asiat. Kulturen - Spr.: Engl., Franz., Portug., Indones.

TERHEYDEN, Rolf
Rechtsanwalt u. Notar, Verleger - Dürerstr. 35, 4290 Bocholt (T. 02871 - 955-101) - Geb. 29. Jan. 1926 Osnabrück, kath., verh. m. Beate, geb. Temming, 5 Kd. (Pia, Katja, Claudia, Jörg, Nicola) - Stud. Rechts. u. Staatswiss. - 1957 AR-Mitgl. ZENO-Zeitungsverlagsges. mbH, Münster; 1964 AR-Mitgl. d. Standortpresse, u. b. 1984 zeitw. AR-Vors.; s. 1974 Vorst.-Mitgl. VRWZ, Verein Rhein.-Westf. Zeitungsverl., Düsseldorf; 1978 Vizepräs. Bundesverb. Dt. Zeitungsverleger, Bonn, s. 1984 Präs. - 1985 Gr. BVK - Liebh.: Golf, Segeln - Spr.: Engl.

TERJUNG, Knut

Redakteur, Leiter ZDF-Studio Athen -

Eleftherias 5, 15301 Athen (T. 00301 - 639 70 54) - Geb. 21. April 1940 Wuppertal, 2 Kd. (Vera, Frank) - Rias Berlin, WDR, ZDF-Magazin, Bonner Korresp. ZDF; 8 J. Sprecher SPD-Bundestagsfraktion (unt. H. Wehner); s. 1981 Heute-Journal - BV: D. Onkel - Herbert Wehner in Gesprächen u. Interviews, 1986 - Liebh.: Türk. Teppiche - Spr.: Engl., Franz., Span.

TERLINDEN, Hans
Geschäftsführer CDU Landesverb. Rheinland-Pfalz - Rheinallee 1a-d, 6500 Mainz (T. 23 38 71-4).

TERNES, Elmar
Dr. phil., Prof. f. Phonetik, allg. Sprachwissensch., Keltologie - Papenmoorweg 36 E, 2083 Halstenbek/Hamburg (T. 04101-4 59 74) - Geb. 24. Nov. 1941 Trier (Vater: Johann T., Mutter: Marta, geb. Sauerteig), verh. m. Sabine, geb. Demski, S. Philipp - Univ. Saarbrücken (Promot. 1970, Habil. 1977) - S. 1977 o. Prof. Univ. Hamburg - Gf. Dir. Phonet. Inst. Univ. Hamburg - BV: Grammaire structurale du Breton de l'Ile de Groix, 1970; The Phonemic Analysis of Scottish Gaelic, 1973, Probleme d. kontrastiven Phonetik, 1976; Einf. in d. Phonologie, 1987.

TERPLAN, Gerhard
Dr. med. vet., o. Prof. f. Hygiene u. Technologie d. Milch - Possartstr. 6, 8000 München 80 (T. 47 29 20) - Geb. 16. März 1924 Mediasch/Siebenbürgen - Univ. München (Tiermed.). Promot. (1953) u. Habil. (1962) München. 1962 Privatdoz. Univ. München; 1965 Ord. u. Inst.dir. Tierärztl. Hochsch. Hannover; 1971 Ord. u. Inst.vorst. Univ. München, 1981-83; Dekan; wiss. Betreuer Milchwirtschaftl. Unters. u. Versuchsanst. Kempten. Div. Mitgliedsch. Kriegsdst. Ca. 200 Fachveröff. (dar. 4 Bücher). Schriftl.: Archiv f. Lebensmittelhyg.

de TERRA, Hans-Adolf

Präsident Nieders. Heimatbund (s. 1986) - Helmstr. 10, 3200 Hildesheim (T. 3 42 40) - Geb. 10. April 1921 Schleswig (Vater: Adolf de T., Regierungsdir.; Mutter: Hilde, geb. Müller), ev., verh. m. Adelheid, geb. Prinz, (S. Michael) - Staatl. Gymn. Minden (Abit. 1939); 1939-41 Univ. Göttingen (Rechts- u. Staatswiss.). Jurist. Staatsex. 1941 u. 46 - 1941-45 Kriegsdst. (zul. Obergefr.), spät. Tätigk. Landkr. Hameln-Pyrmont u. Schaumburg-Lippe, 1949-54 Reg. Hildesheim (Polizei- u. Kommunaldezern., Reg.rat), 1954-55 Nieders. Staatskanzlei Hannover (Oberreg.rat), 1955-65 Nieders. Innenmin. (Verteidigungsref.; Reg.dir.), 1965-66 Nds. Min. f. Wirtschaft u. Verkehr (Leit. Verkehrsabt.; Min.rat), 1966-72 Reg.präs. Hannover. 1972-80 MdB; 1983-86 Präs. d. Nieders. Landesverwaltungsamtes Hannover. CDU s. 1962 - Liebh.: Lit., Musik.

TERRAHE, Jürgen
Dr. jur., Vorstandsmitgl. Commerzbank AG - Neue Mainzer Str. 32-36, 6000 Frankfurt/M. (T. 1 36 21) - Geb. 26.

Aug. 1933 Rheine - B. 1970 Generalbevollm., 1971 stv., 1972 o. Vorst.-Mitgl., AR-Mandate.

TERRAHE, Klaus

Dr. med., Prof. - Kriegsbergstr. 60, 7000 Stuttgart 1 (T. 203 44 10) - Geb. 4. Jan. 1935 Rheine/W. (Vater: Josef, Facharzt; Mutter: Toni, geb. Tacke), kath., verh. s. 1956 m. Ursula, geb. Wattendorff, 2 Kd. (Sybille, Mathis) - Stud. Univ. München; Habil. 1968 Münster - 1969-71 Oberarzt HNO-Univ.skl. Münster, s. 1971 apl. Prof., s. 1974 ärztl. Dir. HNO-Klinik städt. Katharinenhosp., Stuttgart - BV: D. Drüsen d. respirator. Nasenschleimhaut, 1970 - Spr.: Engl., Franz.

TERSTIEGE, Heinz

Dr.-Ing., Prof., Direktor Bundesanst. f. Materialprüf. (BAM) Berlin - Wiesbadener Str. 58c, 1000 Berlin 33 (T. priv. 030 - 823 10 23; dstl. 030 - 810 454 00) - Geb. 18. Juni 1934 Münster (Vater: Heinrich T., Kaufm.; Mutter: Käte, geb. Kalisch), kath., verh. s. 1975 m. Joyce, geb. Pimenta, 4 Kd. (Sabine, Birgit, Kai, Jörg) - Abit. 1954 Münster; Dipl.-Ing. 1962 TU Berlin; Promot. 1966 ebd. - 1979 Vors. Normenaussch. Farbe, 1979 Vorst. Commiss. Intern. de l'Eclairage, 1981 Vizepräs., 1985 Präs. Assoc. Intern. de la Couleur, 1982 Präs. dt. farbwiss. Ges. - Ca. 80 Veröff. in wiss. Ztschr. - 1980 Ehrenmitgl. Grupo Argentino del Color - Spr.: Engl., Franz., Span.

TERZAKIS, Dimitri

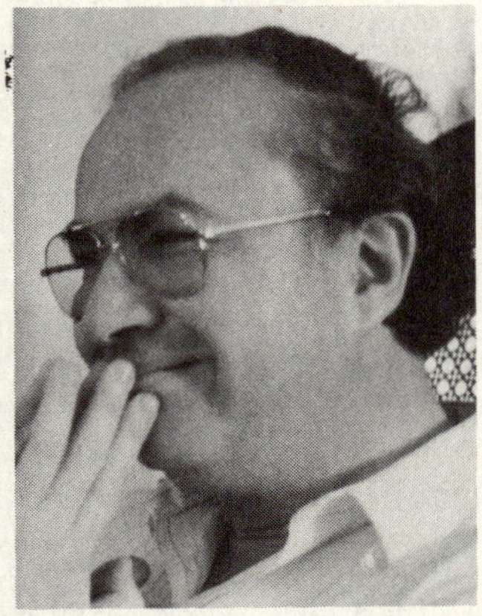

Komponist - Berndorffstr. 6, 5000 Köln 51 - Geb. 12. März 1938 Athen (Vater: Angelos T., Schriftst.), griech.-orth., verh. s. 1974 m. Magdalena, geb. Bröckel, T. Louisa - Stud. Komposition in Athen u. Köln b. B.A. Zimmermann; Stud. Politikwiss. Athen; Dipl. - Doz. f. Komposition Musikhochsch. Düsseldorf; 1985/86 Gastprof. f. Komp. an HDK Berlin, u. am Konservatorium Athen - Kammermusikw.; Orch.-Werke, Bühnenmusik zu antiken Trägodien; 2 Opern; 2 Oratorien - Spr.: Deutsch, Franz. - Bek. Vorf.: Dimitrios Terzakis (Großv.) - Lit.: J. Papaioannou, griech. Komponisten EMIAL (1973); Detlef Gojowy, Zw. Gefühlen u. Ordnungsvorstellungen. Werkstattgespräch m. D. Terzakis, in: Musica 31 (1977); Wolfgang Burde, D. Terzakis. Komponistenportrait in: Neue Ztschr. f. Musik 5 (1980); Rudolf Lück, Komponieren heute. D. Terzakis, in: Neue Ztschr. f. Musik 6 (1984). Lexikonart.: Riemann Musiklexikon, Ergänzungsband Personenteil L-Z (1975); D. Musik in Gesch. u. Gegenwart, Bd. 16 (1979); Who's Who in Griechenland (1979); The New Grove Dictionary of Music and Musicians, Bd. 18 (1980).

TESCHEMACHER, August-Friedrich

Journalist - Brandestr. 4, 3000 Hannover 81 (T. 83 67 43) - Geb. 3. April 1908 Elberfeld, verh. m. Marlene, geb. Cremer, 2 S. (Thomas, Christoph) - U. a. Studioleit. NDR - Veröff.: Monogr. u. Erz., Feuilletons, Theaterstücke, Filmdrehb., Übers. Bild. Kunst.

TESCHEMACHER, Hansjörg

Dr. med., Prof. f. Pharmakologie Univ. Gießen - Hagstr. 3, 6300 Gießen - Geb. 18. Dez. 1938 Augsburg (Vater: Hans T.; Mutter: Else, geb. Gruber), 2 T. (Anja Gabriele, Gudrun Jennifer) - Promot. 1966 Univ. München - Mehr. Entd. auf d. Geb. d. körpereigenen Opioide - 1980 Wilhelm-Stepp-Preis.

TESCHENDORFF, Lutz

Dr. phil., Dirigent - Ringstr. 14, 8333 Linden - Geb. 28. Sept. 1927 Fraustadt/Schles., ev., verh. s. 1961 in 2. Ehe m. Colette, geb. Bickel, 3 Kd. (Andreas, Sylvia, Gabriele) - Promot. 1957 FU Berlin, Kirchenmusiker-A-Ex. 1958 Staatl. Hochsch. f. Musik Frankfurt/M. - S. 1958 Theaterkapellmeister; jetzt Musikal. Leit. Theater an d. Rott, Eggenfelden.

TESCHKE, Gerhard

Generalstaatsanwalt der Staatsanwaltschaft Schlesw.-Holst. Oberlandesgericht i. R. (b. 1988) - August-Sach-Str. 18, 2380 Schleswig - Geb. 13. Nov. 1923.

TESCHKE, Rolf

Dr. med., Prof. Univ. Düsseldorf, Dir. Med. Klinik II Stadtkrkhs. Hanau (s. 1987) - Philippsruher Allee 25, 6450 Hanau 1 (T. 06181 - 2 18 59) - Geb. 15. April 1944 Gera/Thür. (Vater: Dr. Günther T., Apoth.; Mutter: Helga, geb. Rabbow), ev., verh. s. 1971 m. Maria, geb. Schneider, 3 Kd. (Peter, Volker, Sabine) - 1963-65 Med.-Stud München, 1965-68 Marburg; Med. Staatsex. 1968, Promot. 1971, Habil. 1979 - 1969-70 Med.-Assist. Stuttgart u. Marburg; 1970-71 Wiss. Assist. Pathol. Inst. Univ. Marburg; 1972-75 Wiss. Assist. Bronx Veterans Administration Hosp. New York u. Mount Sinai Hosp. New York; 1972-73 Stip. Dt. Forschungsgem.; 1975-81 Wiss. Assist. Med. Klinik Univ. Düsseldorf; 1981-87 Oberarzt Med. Klinik ebd.; s. 1982 Prof. - BV: Leberschäden durch Alkohol, 1980; Alkohol u. Organschäden, 1981 (m. C.S. Lieber); zahlr. wiss. Beitr. - 1980 Hörlein-Preis Düsseldorf - Spr.: Engl.

TESCHNER, Manfred

Dr. phil., o. Prof. f. Soziologie TH Darmstadt (s. 1967) - Mozartweg 12, 6100 Darmstadt (T. 7 46 47) - Geb. 3. Okt. 1928 Danzig - 1958-67 Mitarb. Inst. f. Sozialforsch., Frankfurt - BV: u. a. Z. Verhältnis v. Betriebsklima u. Arbeitsorg., 1961; Politik u. Ges. im Unterr., 1968.

TESKE, Karl W. E.

Dr.-Ing., Dr.-Ing. E.h., Prof. - Stechinellistr. 8, 3108 Winsen/Aller - Geb. 2. Jan. 1916 Kl. Glienicke, verh. m. Eva, geb. Chmielecki, 3 Kd. (Michael, Ulrich, Stephan) - TH Berlin; Dipl. 1945; Promot. 1955 Berlin - 1955-61 FG-Leit. BAM; 1961-73 Forschungsleit. MG Frankfurt; 1973-77 Dir. SLV Berlin; s. 1978 fr. Wissenschaftler; ISO-Chairman; NAS-Vors. - Erf.: Außenmischbrenner, Laserstrahlpreßschweißen, Mehrstrahldüse, u.v.a. - BV: Gefügerichtreihe, 1979; Zeitgem. Metallschweißen, 1983; Handb. d. Fertigungstechnik, 1986/87 (4 Beitr.) - DVS-Ehrenring; DIN-Ehrennadel; 1980 Dr.-Ing. E.h.; 1984 Hon.-Prof. - Liebh.: Malerei, Musik, Sport - Spr.: Engl., Franz.

TESMANN, Rudolf

Direktor, Generalbevollm. Horten AG., Düsseldorf, Geschäftsf. Allg. Dt. Inkasso GmbH. ebd. - Simrockstr. 40, 4000 Düsseldorf - Geb. 29. März 1910 Stettin - Stud. Rechtswiss. (Staatsex. Köln) - S. 1948 Horten. Ämter Fachorg.

TESSENDORFF, Heinz

Dr.-Ing., Direktor Berliner Wasser-Betriebe (s. 1971) - Hohenzollerndamm 45, 1000 Berlin 31; priv.: Ilsensteinweg 58, 1000 Berlin 38 - Geb. 26. April 1931 - S. 1961 BW.

TESSIN, Baronin von, Brigitte

Schriftstellerin - Seestr. 23, 8133 Feldafing/Starnberger See (T. 3 50) - Geb. 29. Aug. 1917 Stuttgart, christl., verh. 1949 m. Peter Kugelmüller (Bootsbauer) † 1958, Tochter - Gymn. Schweiz u. Stuttgart; Kunstakad. München (Bühnenkl.: Prof. Emil Preetorius) - BV: D. Bastard, R. 1954, 4. A. 1960 (auch holl. u. engl.); D. Parvenü, R. 1967 (auch ital.). Mitgl. Tukan-Kr. München - Liebh.: Alte Puppenstuben, klass. Literatur (früher Reiten u. Segeln) - Bek. Vorf.: Gustav Siegle, Stuttgart.

TESSMER (ß), Gerd

Realschullehrer, MdL Baden-Württ. (Wahlkr. 38, Neckar-Odenwald) - Lindauer Str. 20, 6951 Binau (T. 06263 - 84 25) - Geb. 21. Jan. 1945 Pelplin/Westpr. - SPD.

TESSMER, Manfred

Dr. phil., Prof. f. Musikwiss., Musiktheorie u. Orgelspiel Musikhochsch. Lübeck - Huusbarg 63, 2000 Hamburg 67 (T. 603 85 58) - Geb. 25. Okt. 1931 Eilenburg (Vater: Artur T.; Mutter: Elisabeth, geb. Kroek), ev., verh. m. Else, geb. Reiff, 2 Kd. (Ekkehart, Ulrike) - Stud. Musikhochsch. Leipzig u. Lübeck, Univ. Hamburg; Promot. 1967 - 1953-85 Organist Hamburg; s. 1960 Lehrtätigk. Musikhochsch. Lübeck (1978 Prof.; s. 1976 Leit. Inst. f. Kirchenmusik; 1976-88 Präs. bzw. Rektor); 1978 Kirchenmusikdir. - Mithrsg.: Neue Bach-Ausg., Musik u. Kirche.

TESSNER, Norbert sen.

Verleger i.R. - Lilienmattstr. 6, Postf. 7 13, 7570 Baden-Baden (T. 07221 - 2 61 76) - Geb. 6. Juli 1901 Teplitz/Böhmen, kath., verw. (Ehefr.: Louise, geb. Dehn †), 1 Kd. - Akad. Ausbild. - 61 J. Redakt. u. Chefredakt. TU - Intern. Nachr.dst. GmbH, Berlin, Ostsee-Ztg., Stettin, Marienbader Abendpost, Charlottenburger Ztg., Berlin, Bad. Tagbl. u. Bad. Neueste Nachr., bde. Baden-Baden - Liebh.: Darstell. Kunst, Musik.

TETSCH, Peter

Dr. med., Dr. med. dent., Prof. Univ. Mainz, Arzt f. Mund-, Kiefer- u. Gesichtschirurgie, Leiter Poliklinik f. zahnärztl. Chirurgie - Augustusplatz 2, 6500 Mainz (T. 06131 - 17 30 22) - Geb. 31. Okt. 1941 Essen (Vater: Dr. Werner T., Zahnarzt; Mutter: Ingeborg, geb. Kleinholz), ev., verh. s. 1965 m. Dr. Barbara, geb. Meinken, 2 Kd. (Karin, Jan) - Univ. Münster (Med. Staatsex. 1968, Zahnmed. Ex. 1969, Promot. 1969 u. 1970, Habil. 1976) - 1973 Facharzt; 1975 Vors. Westf. Arbeitsgem. f. Zahnärztl. Implantol.; 1978 Abt.vorst. u. Prof.; 1978 Leit. Poliklinik f. zahnärztl. Chir. Univ. Mainz. 1982 Leit. Arbeitskr. Implantol. Dt. Ges. f. Zahn-, Mund- u. Kieferheilkd. - BV: Implantate z. Aufn. v. Zahnersatz, 1980; D. operative Weisheitszahnentfern., Lehrb. 1982; Wurzelspitzenresektionen, Lehrb. 1986; 150 wiss. Publ. z. Probl. d. Implantol., präprothet. Chir., Traumatol., Lokalanästhesie, Regeneration v. Knochendefekten u. a. Schriftleitg. d. Ztschr. f. Zahnärztl. Implantol.

TETTENBORN, Joachim

Dr. phil., Schriftsteller - Rheinblick 35, 6501 Wackernheim (T. 06132 - 5 71 89) - Geb. 26. Nov. 1918 Ottendorf/Thür., ev., verh. s. 1947 m. Gisela, geb. Kayser-Petersen, 2 Kd. (Alexander, Sabine) - Gymn. u. Univ. Jena (Dt., Phil., Theaterwiss.); Schauspielsch. Weimar. Promot. 1950 (Diss.: D. Tragische b. Gerhart Hauptmann) - N. Kriegsende Chefdramat., Spiell. u. Schausp. Stadttheater Jena u. Städt. Bühnen Erfurt (1948), ab 1952 Dramat. u. Lektor Schiller-Theater Berlin, b. 1980 Redaktionsleit. ZDF, Mainz - BV: Nur e. einziger Tag, R. 1972; D. Anstalt bedauert, R. 1977;

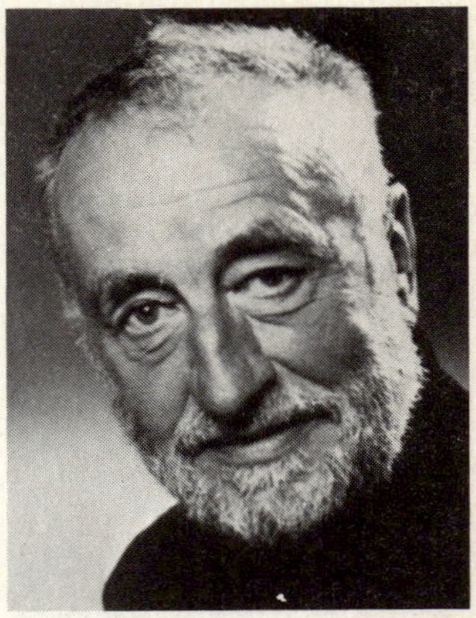

Korruption, R.; U. es geschah in dieser Zeit, Erz. Bal. Westerhever Balladen Bühnenst. (1951-81): Perspektiven, D. gr. Verhör, D. Mann auf d. Sockel (1981), Tilman Riemenschneider (1981), Hunger, D. Dornenkrone hab' ich mir geflochten. Hörsp.: Beim Teufel abonniert (1952), Übermorgen Regen (1957), D. schwarze Schwan (1958), Gedanken im Kreise (1963) - Spr.: Engl. - Rotarier.

TETTINGER, Peter J.

Dr. jur., Prof. f. Öfftl. Recht Ruhr-Univ. Bochum - Lehrst. f. Öffentl. Recht, Universitätsstr. 150, GC 8/155, 4630 Bochum 1 - Geb. 1. März 1947 Köln - 1. jurist. Staatsex. 1970; Promot. 1972; 2. Staatsex. 1974, Habil. 1979 - Privatdoz. Univ. Köln; 1980 Ruhr-Univ. Bochum - BV: Ingerenzprobl. staatl. Konjunktursteuer. auf kommun. Ebene, 1973; Rechtsanw. u. gerichtl. Kontrolle im Wirtschaftsverw.recht, 1980; Fairneß u. Waffengleichheit - Rechtsstaatl. Direktiven f. Prozeß u. Verw.verfahren, 1984; Besonderes Verw.recht (Kommunalrecht, Polizei- u. Ordnungsrecht), 1986; Gewerbeordnung, Kommentar 1988.

TETZ, Martin

Dr. theol., o. Prof. f. Kirchengeschichte (Patristik) - Burggrafenstr. 2, 4630 Bochum (T. 5 18 40) - Geb. 22. Mai 1925 Dölitz/Pom. - Groeningianum Stargard (Abit. 1943); n. Kriegsdst. u. Gefangensch. Univ. Bonn, Göttingen, Basel (Ev. Theologie). Promot. (1956) u. Habil. (1961) Bonn - 1955 Assist. Univ. Göttingen; 1961 Privatdoz. Univ. Bonn; 1965 Ord. Univ. Bochum. Hauptarbeitsgeb.: Theologie- u. Dogmengesch. d. Alten Kirche (insb. 4. Jh.). Div. Schr.

TETZLAFF, Dieter

Dr. med., Arzt, Vors. Berufsverb. d. Prakt. Ärzte u. Ärzte f. Allgemeinmed. Dtschlands - Landesverb. Westf.-Lippe e. V. - Schillerstr. 41, 4600 Dortmund 1.

TETZLAFF, Frank Rainer

Dr. phil., Prof. f. Internationale Politik - Grindelhof 62, 2000 Hamburg 13 - Geb. 5. Okt. 1940 Bad Salzbrunn (Vater: Günter T., Kurdir.; Mutter: Lotte, geb. Ludwig), verh. s. 1986 m. Margrit, geb. Wantoch v. Rekowski, 2 Kd. (Janina, Markus) - Gymn. Bad Salzuflen, Univ. Bonn u. Berlin - 1968-74 Doz. Otto-Suhr-Inst. Berlin, 1974ff. Inst. f. Polit. Wiss. Univ. Hamburg, s. 1977 Vorst.-Mitgl. Dt. Inst. f. Afrika-Kunde Hamburg, Mitgl. Dt. Vereinig. f. Polit. Wiss., August-Bebel-Kreis, Vereinig. v. Afrikanisten in Dtschl. - BV: Koloniale Entw. u. Ausbeutung. Deutsch-Ostafrika 1885-1914, 1970; Afrika u. Bonn. Versäumnisse u. Zwänge dt. Afrika-Politik, 1978 (m. H. Bley), D. Weltbank: Machtinstrument d. USA o. Hilfe f. Entw.länder?, 1980; D. Sudan. Probleme u. Perspektiven e. Entw.landes, 1980 (m. K. Wohlmuth); Staat u. Entwickl. Stud. z. Verhältnis v. Herrschaft u. Ges. in Entw.ländern, 1981 (m. R. Hanisch); Strukturelemente d. Weltges., 1981 (m. T. Siebold); Gibt es in Afrika e. Staatsklasse? in: Afrikan. Eliten, 1983; Schriften VAD, Bd. 9; ImTeufelskr. d. Verschuldung. D. IWF u. d. Dritte Welt (m. P. Körner u.a.), 1984; Multis u. Menschenrechte in d. Dritten Welt (m. V. Kasch u.a.), 1985; Afrika u. d. dt. Kolonialismus (m. R. Nestvogel), 1987.

TETZNER, Bruno

Kirchenmusiker, Dozent, Prof. f. Musik u. darst. Kunst Hamburg, Direktor a.D. d. Akademie Remscheid f. musische Bildung u. Medienerziehung - Wiechertweg 17, 5630 Remscheid (T. 02191 - 79 06 03) - Geb. 6. Febr. 1922 Remscheid (Vater: Bruno T., Druckereileit.; Mutter: Mathilde, geb. Schaub), ev., verh. s. 1951 m. Ilse, geb. Goebel, 2 Söhne (Christoph, Ulrich) - Gymn., 1939-41 Ausb. z. Exportkfm., 1945-48 Stud. d. Kirchenmusik, 1948-51 Ausb. Beamtenlaufb. - B. 1956 stv. Leit. Kulturamt Stadt Remscheid, b. 1968 stv. Dir. Akad. Remscheid, 1968-87 Dir. - 1. Vors. Bundesvereinig. Kultur. Jugendbild. e.V., d. IJAB-Intern. Jugendaust.- u. Besucherdst. d. BRD, Landesarbeitsgem. Musik NRW, 1. Vors. d. Inst. f. Bildung u. Kultur, Vizepräs. Landesmusikrat NRW - 1985 BVK I. Kl. - Liebh.: Musik machen (Orgel spielen, Chorleiter sein, Chorsätze schreiben), Segeln - Spr.: Engl., Franz.

TETZNER, Karl

Prof., Chefredakteur a.D. Funkschau (b. 1980), Leiter Redaktionsbüro f. Elektronik - Kammerlbreite 12, 8021 Icking/Isartal - T. 08178 - 56 41; Telex 526 300; Telefax 08178 - 58 48) - Geb. 26. Okt. 1914 Duisburg (Vater: Paul T., Techn. Dir.; Mutter: Anna, geb. Kriegel), verh. s. 1941 m. Annemarie, geb. Hoßbach, T. Andrea - Oberrealsch. Leipzig - Großhandelskfm.; s. 1946 fr. Journ.; Honorarprof. FU Berlin; Präs. Union Intern. de la Presse Radiotechnique et Electronique - Ehrenmed. Syndicat de la Presse Radio Electronique Française; Ehrenmitgl. nieders. Einzelhandelsverb.; Gold. Med. Bayer. Rundf. - Liebh.: Funkamateur - Spr.: Engl.

TETZNER-HALLARD, Ruth, geb. Wodick

Schriftstellerin (Ps. Ruth Hallard) - Fehlingstr. 45, 2400 Lübeck-Travemünde (T. 04502-64 97) - Geb. 25. Nov. 1917 Flensburg (Vater: Kapt. Werner W.; Mutter: Agnes Marie geb. Hach, Lehrerin), ev., verh. s. 1948 m. Rudolf T., Sohn Ernst-Otto - Höh. Handelssch. Lübeck; Angest. Stadt Kiel; Modeberaterin/Schneiderin; 1969-78 kaufm. Angest. Hochtief AG - BV: Lyr., Erz. u. Romane, u.a. Blüten im Sturm, 1958; Greta-Bücher, 1969-81; Signale ..., Ged. 1974; Kreuzungen, Erz. 1978; Neue Wege u. Straßen - lit. u. priv. Tagebuch-Notizen 1983; Schlangenbeschwörer - Ind. Impress., ausgew. Erz. 1985; E. Trip ins Paradies...? Anti-Drogenroman, Dok. 1986; Einsatz f. neue realist.-überrealist. Lit., 1956-86; u. a. 1. Öfftl. Autorengespr. in Essen ab 1964. Verbindg.: Autoren, Verlage, Bibl., Univ., in- u. ausl. - Ab 1987-89 Angebote u. fachwiss. Bearb. z. Absicherung o.a. lit. Anregungen u. Beobacht. üb. 2.000 S. (Veröff., Vortr., Schriftw., lit. Diskuss.). Persönl. u. lit. Belege als wichtig befunden. Ergänzung geg. and. Interpretationen u. sog. Realismus-Debatte. Beisp.lit. u. demokr. Ausw. Lyrik, Erzählungen u. Romane - Liebh.: Schreiben, Lesen, Musik, Natur, Med. - Spr.: Engl., Franz. - Lit.: Kürschners Literaturkalender, u.a.m.

TEUBER, Hans-Joachim

Dr. med., Dr. rer. nat., Prof., Chemiker - Fichtenstr. 13, 6242 Kronberg 2/Ts. - Geb. 26. Okt. 1918 Berlin (Vater: Paul T., Minist.-Rat, Mutter: Johanna, geb. Teige), ev. - Stud. Berlin, Graz, Heidelberg, Oxford (H. Leuchs, W. Heubner, E. Thilo, Sir R. Robinson) - S. 1953 Lehrtätigk. Univ. Heidelberg, Chicago, Frankfurt/M. (1960 apl. Prof.; nachf. Prof. f. Organ. Chemie) - Arbeitsgeb.: Alkaloide (auch Pharmakol.), Biogenese (Modellreaktionen), neue Methoden (Oxidation, Chinone, Teuber-Reaktion), Heteroaroxyle u. -helicene, Aminosäuren u. Peptide (Spin-Markierung), Propellane, Stereochem. - Mitgl. versch. in- u. ausl. wiss. Ges. Üb. 100 Fachveröff.

TEUBER, Heinrich

o. Prof. em. - Carl-Heise-Str. 17, 3220 Alfeld/Leine (T. 55 15) - B. 1978 Lehrstuhlinh. Sport u. Sportwissensch. (Schwerp. Sportpädagogik) Päd. Hochsch. Nieders., Abt. Hildesheim - Gegenw. em. o. Prof. Hochsch. Hildesheim.

TEUBER, Michael

Dr. rer. nat., Prof. f. Mikrobiologie - Geb. 11. Juli 1937 Sorau/Lausitz (Vater: Johannes T., Apotheker; Mutter: Eva-Maria, geb. Moshamer), ev., verh. s. 1962 m. Renate, geb. Drechsler, 2 Söhne (Roland, Ralph) - Human. Gymn. Passau (Abit. 1956); Univ. München (Botanik, Fachr. Mikrobiol., Chemie u. Bakteriol.), Promot. 1962, TU München (Habil. 1971, Priv.doz.) - 1962-1964 wiss. Mitarb. Bayer. Landesanst. f. Bodenkultur, München, 1964-66 wiss. Assist. Max-v.-Pettenkofer-Inst. f. Hygiene u. med. Mikrobiol. Univ. München, 1966-68 Postdoct. Res. Fellow A. Einstein College of Medicine, New York (USA), 1968-1971 wiss. Assist. Inst. f. Botanik TU München, 1972-76 wiss. Rat, 1974 komm. Leit. Lehrst. f. Mikrobiol. TU München, 1976 Dir. u. Prof., Leit. Inst. f. Mikrobiol. Bundesanst. f. Milchforsch. Kiel, 1982-84 Leit. Bundesanst. f. Milchforsch. Kiel, 1984-86 Vors. Dt. Ges. f. Milchwiss.; Präs. Komm. Wiss. d. Erziehung Int. Milchwiss.-Verb. Brüssel - Entd.: Pneumat. Wirbelbett-Bioreaktor f. d. alkohol. Gärung (gem. m. O. Moebus u. H. Reuter), Wirkungsmech. d. Antibiotikums Polymyxin B, Konjugation b. Milchsäurestreptokokken (gem. m. A. Geis), Plasmide b. Essigbakterien - BV: Grundriß d. prakt. Mikrobiol. f. d. Molkereifach, Lehrb. 1983, 2. A. 1987; Fachberater f. Milchwirtsch., VDMF, 1985 - 1977 apl. Prof. TU München, 1978 Hon.-Prof. Univ. Kiel - Liebh.: Musik, bild. Kunst - Spr.: Engl. - Bek. Vorf.: Ludwig Moshamer, Architekt (Großv.).

TEUBNER, Gunther

Dr. jur., M.A., Prof. f. Privat- u. Gesellschaftsrecht u. Rechtssoziol. Univ. Bremen (s. 1977) u. Europ. Hochschulinst. Florenz (s. 1981) - Via de Ferraglia 4, I-50010 Pratolino-Firenze (T. 055 - 40 96 39) - Geb. 30. April 1944 Herrnhut (Vater: Walter T., Amtsgerichtsrat; Mutter: Renate, geb. Schmidt), verh. m. Enrica Mazza-Teubner, 3 Kd. (Jonas, Nicola, Daniel) - 1963-67 Univ. Göttingen u. Tübingen (Rechtswiss.); 1967 I., 1970 II. Statsprüf.; 1972-74 Univ. Berkeley/USA (1974 M. A. in Law and Soc.). Promot. (1971) u. Habil. (1977) Tübingen - 1980/81 Gastdoz. Law School, Berkeley; 1987/88 Law School Ann Arbor u. Stanford - BV: Standards u. Direktiven in Generalklauseln, 1971; Public Status of Private Associations, 1974 (Berkeley); Organisationsdemokratie u. Verbandsverfass., 1978; Recht als autopietisches System, 1989. Herausg.: Corporate Governance (1984); Dilemmas of Law in the Welfare State (1985); Contract and Organization (1986); Juridification of Soc. Sphere (1987); Autopoietic Law (1988). Einzelarb. - 1982 Leon Petrazycki Intern. Scientific Prize; 1989 Acad. Europaea - Spr.: Engl., Franz., Ital.

TEUFEL, Erwin

Staatssekretär a. D., Dipl.-Verwaltungswirt FH, MdL Bad.-Württ. (Vors. CDU-Fraktion) - Dreifaltigkeitsbergstr. 44, 7208 Spaichingen (T. 0711 - 20 63-8 31) - Geb. 4. Sept. 1939 Rottweil, verh., 4 Kd. - 1964-72 Bürgermeister Stadt Spaichingen, 1972-74 Staatssekr. Innenminist. Bad.-Württ., 1974-78 Staatssekr. f. Umweltschutz u. Mitgl. d. Landesreg. Bad.-Württ.; s. 1978 Vors. CDU-Fraktion, Bezirksvors. CDU-Südbaden, stv. Landesvors. d. CDU Bad.-Württ.; Mitgl. d. Bundesvorst. d. CDU.

TEUFFENBACH, Ingeborg

s. Capra, Ingeborg

TEUTSCH, Gotthard Martin

Dr. phil., Prof., Soziologe, Sozialethik, Sozialbeziehungen zw. Mensch u. Tier - Lisztstr. 5, 8580 Bayreuth - Geb. 13. Dez. 1918 Leutershausen (Baden) - Stud. München, Freiburg, Erlangen. 1962-84 Päd. Hochsch. Karlsruhe, (1965-70 Rektor), 1971 Gründ. u. bis 1984 Leit. d. Hodeget. Inst., 1977-79 Ökumen. Initiative Ethik d. Schöpfung, Mitgl. in kirchl. berat. Umweltgremien u. d. Kommiss. f. d. geistige Werk Albert Schweitzers - BV: Soziol. u. Ethik d. Lebewesen, 1975, 2. A. 1978; D. Mensch als Mitgeschöpf: Aspekt einer neuen Ethik. Festschr. Hans-Wolfg. Heidland, 1977 (m. a.); D. Frage d. Zulässigkeit d. wiss. Versuches an u. mit lebenden Tieren, 1979; Zulässigk. d. Intensivhaltung v. Nutztieren, 1979; Erziehen z. ethischen Verantwortung, 1980 (m. a.); Tierversuche u. Tierschutz, 1983; Lexikon d. Umweltethik, 1985; Da Tiere eine Seele haben..., 1987; Mensch u. Tier, Lexikon d. Tierschutzethik, 1987; Tierschutz - Texte z. Ethik d. Beziehung zw. Mensch u. Tier, 1988.

TEWES, Ernst

Dr. theol. h. c., Weihbischof i. R. (1968-84), Titularbischof v. Villamagna in Proconsulari - Maxburgstr. 2, 8000 München 33 (T. 213 73 63) - Geb. 4. Dez. 1908 Essen - Priesterweihe 1934 Köln - Kaplan (Wandernde Kirche), 1940-1950 Wehrdst. in sowjet. Kriegsgefangensch. (1945), dann Weltpriestergem. d. Oratorianer München, s. 1954 Pfarrer St. Laurentius, Seelsorgeref. Ordinariat u. Domkapitular, Dompropst Metropolitenkapitel (1972) ebd.; b. 1984 Weihbischof Erzbistum München u. Freising.

TEWES, Rolf

Architekt, Landrat Kreis Unna - Steinstr. 138, 4670 Lünen - Geb. 24. Sept. 1935, verh. - AR-Vors. Wirtschaftsförd.ges. mbH f. d. Kreis Unna.

TEWORDT, Ludwig

Dr. rer. nat. (habil.), o. Prof. f. Theoret. Physik - Lenaustr. 13, 2085 Quickborn - S. 1964 ao. u. o. Prof. (1966) Univ. Hamburg (Dir. Abt. f. Theoret. Festkörperphysik/Inst. f. Angew. Physik). Facharb.

TEYSSEN, Anton

Studiendirektor a. D., MdL Nieders. (s. 1974) - Hohnsen 20, 3200 Hildesheim - Geb. 6. Nov. 1922 Emden (Vater: Anton T., Arbeitsamtsdir.; Mutter: Anna, geb. Wittkamp), kath., verh. s. 1954 m. Mechthild, geb. Rohleder, 2 Kd. (Georg, Stephan) - Schule (Abit.); Zimmermannslehre; Univ. Göttingen (German., Gesch., Geogr.) - Mitarb. an Richtlinien u. Handreichungen f. nieders. Gymn. S. 1958 Ratsherr Hildesheim; s. 1981 Abg. Kreistag Hildesheim; s. 1982 Vors. Landesausch. f. Wiss. u. Kunst.

THADDEN, von, Adolf

Immobilienkaufmann, Herausgeber Dt. Wochenztg. f. Politik, Kultur u. Wirtschaft, Rosenheim - Kiefernweg 6, 3003 Ronnenberg 2 (T. Gehrden 25 57) - Geb. 7. Juli 1921 Trieglaff/Pom. (Vater: Adolf v. T., Landrat u. Gutsbes.), verh., 2 Töcht. (Ulrike, Christine) - Gymn. Greifenberg, Baltensch. Misdroy (Abit.) - Arbeits-, Wehrdst. (Zul. Oblt. u. Adj. e. Sturmgeschützbrig.; mehrm. verwundet) u. Kriegsgefangensch.; b. 1964 Chefredakt. Reichsruf; s. 1965 Chefredakt. u. Herausg. Dt. Nachr. 1948-60 Ratsmitgl. Göttingen; 1949-53 MdB; 1955-59 u. 1967-70 MdL Nieders. 1947-64 DRP (1961 Vors.); s. 1964 NPD (1967-71 (Rücktr.) Vors.) - Groß- u. Urgroßv. Landtagsabg.

THADDEN, von, Rudolf

Dr. phil., o. Prof. f. Mittlere u. Neuere Geschichte - Grotefendstr. 30, 3400 Göttingen (T. 4 16 32) - Geb. 20. Juni 1932 Trieglaff/Pom. (Vater: Dr. jur. Drs. h. c. Reinold v. Thadden-Trieglaff, Ehrenpräs. Dt. Ev. Kirchentag; Mutter: Elisabeth, geb. v. Thüngen zu Heilsberg),

THALACKER, Rudolf
Dr. rer. nat., Prof., Hon.-Prof. (s. 1982), Leitender Chemiedirektor i. R. - Jahnstr. 37, 6302 Lich (T. 06404 - 71 39) - Geb. 22. Sept. 1928, ev. - Stud. Lebensmittelchemie, Biochemie u. Botanik Univ. Gießen; Promot. 1961 Gießen, Habil. 1975 ebd. - 1970-84 Leit. Staatl. Chem. Untersuchungsamt Gießen; 1984-88 Leit. Staatl. Medizinal-, Lebensmittel- u. Veterinäruntersuchungsamt Mittelhessen in Gießen. Publ. zu Lebensmittelchemie u. Biersektor. - 1987 Bayer. Bierorden; 1988 BVK am Bde.

THALER, Fritz
Fabrikant, Verbandsvors. - Zu erreichen üb.: Verb. d. nord- u. westd. Bürsten- u. Pinselmacher-Handwerks, Kleinberger Str. 16, 5650 Solingen.

THALER, Helmut
Dr. phil., o. Prof. f. Lebensmittelchemie (emerit.) - Eitelbrodstr. 3a, 3300 Braunschweig (T. 37 43 57) - Geb. 9. Dez. 1904 Dieuze/Loth. (Vater: Otto T., Offizier; Mutter: Else, geb. Gröschner), ev., verh. s 1938 m. Ilse, geb. Klug, 2 Töcht. (Helga, Gabriele) - Realgym. u. Univ. München (Chemie u. Lebensmittelchemie; Dipl.-Chem.). Staatl. gepr. Lebensmittelchem. Promot. (1930) u. Habil. (1936) München - Privatassist. Bayer. Staatslabor. u. Univ. München, plm. Assist. (1936), ab 1938 Privatdoz. u. apl. Prof. (1952), stv. Dir. Dt. Forschungsanstalt f. Lebensmittelchemie ebd., 1946-48 Industrietätig.; 1961-73 ao. u. o. Prof. (1967) TH bzw. TU Braunschweig (1964 Dir. Inst. f. Lebensmittelchemie). Mitgl. Bundesausssch. f. Weinforsch. (1949-1973). Veröff. üb. Chemie d. Fette, d. Weines u. Kaffees, Biochemie u. Analytik d. Lebensmittel.

THALER, Horst
Kaufmann, Vorstandsmitglied Feldmühle AG, Düsseldorf - Hindenburgstr. 21, 4005 Meerbusch 1 (T. 02105 - 56 98) - Geb. 19. April 1939 Mönchengladbach, verh. s. 1962 m. Ingeborg, geb. v. Kaldenkerken, 2 Töcht. (Silke, Anja).

THALER, Johannes
s. Gärtner, Hans

THALER, Klaus Peter
Radrennprofi - Bremmenstr. 10, 5820 Gevelsberg - Geb. 14. Mai 1949 Eckmannshausen (Vater: Erich T., Arzt; Mutter: Luise, geb. Weber) ev., verh. s. 1978 m. Jutta, geb. Gößling, 2 Kd. (Christian Caspar, Julia) - Stud. PH Siegen (Ex. 1973); Dipl.-Trainer 1976 - Radrennprofi - Silb. Lorbeerblatt Liebh.: Anitquitäten, alte Autos, Trickskilauf - 15 Dt. Meistertitel, 4 Westmeistertitel (1973, 76, 85, 87), 3 Vizeweltmeitertitel (1974, 75, 80) - Spr.: Engl., Franz., Span.

THALHAMMER, Beatrice
s. Ferolli, Beatrice.

THALHAMMER, Georg
I. Bürgermeister - Rathaus, 8261 Garching/Alz - Geb. 7. Juni 1930 Garching - Zul. Heizer.

THALHEIM, Karl C.

Dr. rer. pol., Prof. f. Volkswirtschaft - Münchener Str. 24, 1000 Berlin 30 (T. 030 - 24 27 93) - Geb. 26. Mai 1900 Reval/Estl. (Vater: Edmund T., kaufm. Angest.; Mutter: Elisabeth, geb. Johannson), ev., verw. S. Dr. Holger - Stud. Wirtschaftswiss. Univ. Leipzig; Promot. 1925 - 1928 Privatdoz. Leipzig; 1932 apl. ao. Prof.; 1938 Leit. Wirtwirtsch.-Inst.; 1949 stv. Leit. Volkswirtsch. Abt. Berliner Zentralbank; 1950 Leit. Volkswirtsch. Abt. IHK Berlin; 1951 o. Prof. f. Volkswirtsch. FU Berlin, 1968 emerit., 1951 Leit. Wirtschaftswiss. Abt. Osteuropa-Inst. FU Berlin; 1961-69 Mitgl. Direkt. Bundesinst. f. ostwiss. u. intern. Studien - Zahlr. Buchveröff. - 1968 Brüder-Murhard-Preis, Kassel - Liebh.: Buchsamml., Reisen in Hellas - Spr.: Engl., Franz. - Lit.: Beitr. z. Theorie u. Praxis v. Wirtschaftssyst. (Festg. 70. Geb. 1970).

THALLMAIR, Heribert
Rechtsanwalt, I. Bürgermeister Stadt Starnberg (s. 1969), Vors. Bayer. Gemeindetag, Mitgl. Bayer. Senat - Rathaus, 8130 Starnberg/Obb. - Geb. 23. Mai 1936 Roth/Mfr., verh., 3 Kd. - CSU.

THAPE, Moritz

Bürgermeister u. Senator a. D., MdBB - Borchershof 20, 2800 Bremen 66 (T. 58 03 00) - Geb. 19. Febr. 1920 Zürich, verh. m. Gerda, geb. Meinecke - Obersch. Magdeburg. Maschinenschlosserlehre; Staatl. Ing.sch. (1940 Verhaft. durch Gestapo u. Studiumsverbot) - 1940-44 Wehrdst. (schwerbesch.), n. 1945 polit. Redakt. Halle/S., Berlin, Hagen/W., 1955-65 Chefredakt. Bremer Bürgerztg., 1965-79 Senator f. Bildungswesen bzw. Bildung, Kunst u. Wiss. (1975) Bremen, 1979-85 Bürgerm. u. Senator f. Finanzen, 1959ff. Mitgl. Brem. Bürgerschaft. 1965-80 stv. Vors. Rundfunkrat Radio Bremen. SPD (1962-72) (Rücktr.) Landesvors. Bremen).

THAUER, Rolf
s. Thauer, Rudolf K.

THAUER, Rudolf K.
Dr. rer. nat., o. Prof. f. Mikrobiologie Univ. Marburg (s. 1976) - Vogelsberg Str. 47, 3550 Marburg-Cappel - Geb. 5. Okt. 1939 Frankfurt/M. (Vater: Dr. med., Dr. h. c. Rudolf T., emerit. o. Prof. f. Physiol. †; Mutter: Charlotte, geb. Kalberlah), ev., verh. s. 1968 m. Helga, geb. Krebel, 3 Kd. (Kattrin, Jenny, Christian) - Dipl.-Chem. (Biochemie) 1966 Tübingen; Promot. (1968) u. Habil. (1971) Freiburg - 1972-76 Wiss. Rat u. Prof. Univ. Bochum; 1983-87 Vizepräs. Dt. Forschungsgemeinsch. Üb. 190 Fachveröff. (In- u. Ausl.) - 1984 Otto-Warburg-Med. Ges. f. Biol. Chemie 1986 Leibniz-Preis Dt. Forschungsgemeinsch. u. Dannie-Heineman-Preis Akad. d. Wiss. Göttingen (f. Entd. d. Rolle v. Nickel als an d. Methanbildung beteiligtes Spurenelement); Mitgl. d. Leopoldina, u. d. Acad. Europaea; korr. Mitgl. Akad. d. Wiss. Göttingen.

THAYSEN, Uwe

Dr. phil., Univ.-Prof. f. Politikwissenschaft - Brunsberg 13, 2000 Hamburg 54 - Geb. 9. Sept. 1940 Scherrebek, verh. m. Maleen, geb. Reinshagen, 2 Kd. (Arne, Morten) - Stud. Jura, Gesch., Phil., Soziol., Politol. Univ. Tübingen, Berlin u. Hamburg; Dipl.-Politol. 1967; Promot. 1972; Habil. 1974 - S. 1969 Redakt.-Mitgl. u. s. 1972 Chefredakt. Ztschr. f. Parlamentsfragen; s. 1980 Chairman Committee for the Cooperation of European Parliamentary Studies; 1979-81 Rektor Hochsch. Lüneburg; s. 1987 Sprecher Sektion Regierungssysteme u. Vergleichende Politikwiss. Dt. Vereinig. f. Polit. Wiss. - BV: Parlamentsreform, 1972; Parlament. Regierungssystem, 1976; Politische Planung, 1976; Bürger-, Staats- u. Verwaltungsinitiativen, 1982; Bundesländer in EG, 1986; Unters.aussch., 1987; US-Kongreß u. Dt. Bundestag, 1988.

THEBIS, Hansgünter
Schriftsteller u. Fachjournalist - Drakestr. 33, 1000 Berlin 45 (T. 030 - 833 44 11) - Geb. 29. Dez. 1925 Plauen/Vogtl. (Vater: Reinhold T., Schriftst. u. Redakt.; Mutter: Hildegard, geb. Frick), ev., verh. s 1970 m. Hildegard, geb. Kantel - Abit. - BV: Jugendb., Kriminal- u. Unterhalt.romane, Jugendfunksend., Fernsehdrehb. u. a. (s. 1946) - Liebh.: Tennis, Skilauf, Foto - Spr.: Engl. - Lit.: Kürschner's Lit.-Kal.

THEDERING, Franz-Josef
Dr. med., Prof., Ärztl. Direktor u. Chefarzt Innere Abt. Pius-Hospital (b. 1978) - Danziger Str. 6, 2900 Oldenburg/O. - Geb. 10. Mai 1913 - S. 1952 (Habil.) Doz. u. apl. Prof. (1959) Univ. Tübingen. Forsch. üb. Eisenstoffwechsel u. Vitaminmangelzustände. Fachveröff.

THEDIECK, Franz
Staatssekretär a. D., Intendant i. R. - Am Kümpel 14, 5300 Bonn-Ippendorf (T. 28 45 70) - Geb. 26. Sept. 1900 Hagen/W. (Vater: Geh. Justizrat Josef T., Landgerichtsdir.; Mutter: Johanna, geb. Hasse), verh. s. 1941 m. Hilde, geb. Börner - Realgym.; Univ. Bonn u. Köln (Land-, Volksw., Rechtswiss.) - Ab 1923 Leit. Stelle Köln Innenmin. z. Abwehr d. Separatismus im Rhld.; 1929-31 Hilfsarb. Landratsamt Mülheim, 1931-40 Regierungs- u. Oberreg.srat Reg. Köln, 1940-43 (Entlass. auf Anordnung Himmlers) Generalref. Militärverw. Brüssel, n. Rückkehr aus amerik. Kriegsgefangensch. wied. Reg. Köln, 1949-64 (Rücktr.) Staatssekr. Bundesmin. f. gesamtdt. Fragen, 1966-72 Int. Deutschlandfunk (1961ff. VR-Vors.). 1964-68 (Rücktr.) Vors. Konrad-Adenauer-Stiftg. f. polit. Bildung u. Studienförd. e. V. - 1957 Gr. BVK m. Stern u. Schulterbd.; 1960 Lodgman-Plak. Sudetend. Landsmannschaft, 1964 Ehrenplak. BdV, 1973 Hans-Bredow-Med.

THEEDE, Hans Johannes
Dr. rer. nat., Vertr. Prof. f. Meereszoologie Univ. Bremen, FB 2, apl. Prof. f. Zoologie Univ. Kiel - Brückenstr. 1, 2302 Flintbek - Geb. 17. Dez. 1934 Lohe/Kr. Rendsburg (Vater: Johannes T., techn. Angest.; Mutter: Marie, geb. Lichtenstein), ev., verh. s 1967 m. Gisela, geb. Glüsing, T. Edda - Abit. 1955 Rendsburg; Stud. Naturwiss. Univ. Kiel; Promot. 1962, Habil. 1971 - 1974 apl. Prof. (Abt. f. Meereszool. Inst. f. Meereskd. Univ. Kiel); 1987 Präs. Balt. Meeresbiol. (BMB) - Mithrsg.: D. Ostsee, Natur u. Kulturraum (1985). Üb. 70 Publ. z. Ökol. u. Physiol. d. Meerestiere in Büchern u. Fachztschr. - Spr.: Engl.

THEENHAUS, Rolf
Dr.-Ing., Vorsitzender Direktorium Ludwig Kronne GmbH & Co. Kg, Duisburg (s. 1985), Vorst.smitgl. Kernforschungsanlage Jülich GmbH. (s. 1974), Lehrbeauftragter Univ. Siegen (s. 1982) - Hamicher Str. 80, 5163 Langerwehe (T. 02423 - 21 77) - Geb. 17. Dez. 1936 Delmenhorst (Vater: Werner T.; Mutter: Auguste, geb. Hollmann), ev., verh. s. 1961 m. Irmgard, geb. Sous, 3 Kd. (Heike, Olaf, Britta) - Stud. Elektrotechn. TH Aachen; Promot. 1965 - Entwicklungsleit. ITT (1965), Mitgl. Geschäftsleit. Fa. L. Krohne (1967), Fachbereichsleit. BBC; Mitgl. d. Direkt. d. Ludwig Krohne GmbH & Co KG, Duisburg (s. 1979); Mitgl. d. techn.-wiss. Beirats Ges. f. Kernenergieverw. in Schiffbau u. Schiffahrt (GKSS) s. 1975. Patentinh. - 1961 Springorum Denkmünze - Liebh.: Musik - Spr.: Engl., Franz., Span.

THEILE, Ursel

Dr. med., Prof. f. Inn. Med. Univ. Mainz, Leiterin Genet. Beratungsst. Land Rhld.-Pfalz (s. 1975) - Oechsnerstr. 6, 6500 Mainz (T. 06131 - 5 10 55) - Geb. 17. April 1938 Weiden b. Köln, ev.-luth., ledig - Med. Staatsex. 1964, Promot. 1964, Habil. 1975, Fachärztin f. Inn. Med. 1972 (Zusatzbezeichn. Med.

Genetik) - B. 1983 Oberärztin II. Med. Univ.-Klinik Mainz - BV: m. a.: Genet. Beratung, 1973; Genetik u. Moral, 1985 - 1975 Hufelandpreis; 1983 Soemmering-Plak. - Liebh.: Musik (aktiv), mod. Lit., Bergwandern, Reisen, Geol. - Spr.: Engl., Franz.

THEILEN, Bernd
Postoberinspektor, MdL Nieders. (s. 1974) - Trakehner Str. 6, 2942 Jever (T. 34 35) - SPD.

THEILEN, Hermann
Dipl.-Volksw., Vorstandsmitglied Preussag AG i. R. - Harrenhorst 21, 3052 Bad Nenndorf (T. 05723 - 31 82) - Geb. 1. März 1915 Schleswig - Univ. Heidelberg - ARmandate u. a.: Vorst.-Mitgl. Fördererkreis d. Carl-Duisberg Ges. Köln, Fördererkreis Nieders. d. Carl Duisberg Ges. Hannover; Mitgl. Gr. Senat Christl. Jugenddorfwerk Dtschl. Göppingen.

THEILER, Karl
I. Bürgermeister Ebermannstadt - Rathaus, 8553 Ebermannstadt/Ofr. - Geb. 3. Dez. 1926 Ebermannstadt Kaufm.

THEILMANN, Friedrich
Vorsitzender Verbraucherzentrale Niedersachsen, Hannover - Leonidengasse 20, 3008 Garbsen 1 - Geb. 10. Jan. 1930 - Hauptamtl. Vorst.-Mitgl. DGB-Landesbez. Niedersachsen; AR-Mitgl. BKB Helmstedt.

THEIS, Adolf

Dr. h.c. mult., Prof. e.h. Univ. Heilongjian, Präsident Univ. Tübingen - Wilhelmstr. 5, 7400 Tübingen 1 - AR-Mitgl. Vereinigte Papierwerke; VR-Mitgl. Quelle; Vors. Gesellschaftervers. Attempto-Verlag Tübingen.

THEIS, Edgar
Dr. rer. pol., Dipl.-Wirtsch.-Ing., Ing. (grad.), Hauptgeschäftsführer REFA-Verband f. Arbeitsstudien u. Betriebsorganisation - Greinstr. 5b, 6100 Darmstadt (T. 06151 - 37 55 20) - Geb. 30. März 1946 Althornbach (Vater: Helmut T., Bundesbahnbeamter; Mutter: Liane, geb. Bast), kath., verh. s 1970 m. Christa, geb. Blessing, 2 Kd. (Kerstin, Jochen) - 1961-1964 Masch.schlosserlehre Fa. DEMAG AG, Zweibrücken, 1965/66 Berufsaufbausch. Kaiserslautern, 1966-70 Ingenieursch. Kaiserslautern (Masch.bau, Ing. grad.), 1974-77 Univ. Karlsruhe (Dipl.-Wirtsch.-Ing.); Promot. 1982 - 1964-65 Werkzeugmacher, 1970-74 Assist. Werkleit. u. Gruppenleit. Fertigungspl. Fa. Robert Bosch GmbH, Homburg, 1978-80 wiss. Mitarb. u. Verb.-Ing. Geschäftsf. Gesamtverb. metallind. Arbeitgeberverb. (Gesamtmetall), s. 1981 Hptgf. REFA-Verb. f. Arbeitsstud. u. Betriebsorgan. Darmstadt, 1982 Vorst.-Mitgl. European Federation of Productivity Services (efps).

THEIS, Ernst Fr.
Beiratsmitgl. Foseco, Ges. f. chem.-metallurg. Erzeugnisse m.b.H., Borken, Steibe GmbH, Euskirchen, Stutz GmbH,

Bochum, Dt. Bank AG, Bez. Bielefeld, Hermanns & Co GmbH, Radevormwa.d, Gelsenkirchener Str. 10, 4280 Borken - Geb. 8. Jan. 1917.

THEIS, Hermann
Dr. jur., Ass., Verbandsgeschäftsführer - Am alten Berg 35, 6072 Dreieich (T. 8 46 63) - Geb. 7. Sept. 1926 Wuppertal-Elberfeld (Vater: Friedrich T.; Mutter: Ella, geb. Weidemann), ev., verh. s 1957 m. Gertrud, geb. Hünerkopf, T. Annette - Stud. Rechts- u. Staatswiss. Bonn, Frankfurt - Geschäftsf. VDMA (Fachgemeinsch. Holzbearbeit.maschinen) u. VSMA (Versicherungsstelle Masch.bau GmbH, Frankfurt-Niederrad - Liebh.: Musik, Phil., Malen - 1982 Gr. Verdienstkreuz d. VO. d. Landes Nieders. - Spr.: Engl.

THEIS, Werner
Dr. rer. nat. (habil.), o. Prof. f. Theoret. Physik Freie Univ. Berlin (s. 1963) - Marienbader Str. 12, 1000 Berlin 33 (T. 826 18 06) - Geb. 3. Okt. 1926 Hamburg - 1959-63 Privatdoz. Univ. Hamburg - BV: Grundzüge d. Quantentheorie, 1985. Facharb.

THEISEN, Angela
Musikdramaturgin Pfalztheater Kaiserslautern - Davenportplatz 9, 6750 Kaiserslautern (T. 0631 - 1 75 86) - Geb. 19. April 1954 (Vater: Anton T., Kapellm. u. Musikkonsulent), ledig - Stud. German., Phil., Gesch., Kunstgesch. u. Politik; 1962-72 Ballettausb. - 1977-79 Regie- u. Dramturgieassist. Stadttheater Würzburg; 1979-81 Schauspieldramat. u. Disponentin Theater Baden-Baden; 1981-84 Dramat. (Schwerp. Musik) Schlesw.-Holst. Landestheater; s. 1984 s.o. - Spez. Arbeitsgeb.: Valentiniaden in Baden-Baden; Matineen versch. Art; Schwerp. Spanien u. Südamerika in Hinblick auf Politik u. Kultur - Liebh.: Musik, span. u. südamerik. Kultur - Spr.: Engl., Span.

THEISEN, Günther
Dr. rer. pol., Dipl.-Kfm., Geschäftsführer Schnell-Brüter-Kernkraft-Werksges. mbH Essen (s. 1977) - Am Mühlenbach 110, 4300 Essen 1 (T. 0201-70 16 56) - Geb. 31. Aug. 1936 Andernach, kath., verh. s. 1962 m. Gisela, geb. Kleff, 2 Kd. (Gaby, Jörg) - Gymn. - Univ. Köln (Dipl.-Kfm. 1967, Promot. 1970).

THEISEN, Helmut
Dr. phil., Kaufmann (Theisen-Gruppe), stv. Vors. Ausstellerbeirat Bauma München, Geschäftsf. Gesellsch. Theisen KG-GmbH & Co, München/Nürnberg/Wien - Pfättendorferstr. 21, 8000 München 60 (T. 811 28 29) - Geb. 21. Nov. 1922 Nürnberg, gesch. - Univ. Basel u. München (Phil., Soziol., Polit. Wiss.) - Promot. 1950 Basel - S. 1952 Familienuntern. (geb. Theisen, gegr. 1886). Handelsrichter - Liebh.: Jagd, Fischen - Spr.: Engl., Franz., Ital., Serbo-kroat.

THEISEN, Karl
Dr. med. habil., Prof. f. Innere Medizin u. Kardiologie - Bayrischerstr. 15, 8000 München 90 (T. 089-69 47 23) - Geb. 20. Febr. 1941 Bochum (Vater: Franz T.; Mutter: Ruth, geb. Fischer), ev. - Gymn. Wattenscheid, Univ. Münster, Freiburg, Wien u. München (Med.).

THEISEN, Otto
Dr. jur. h.c., Rechtsanwalt, Staatsminister a. D., MdL Rhld.-Pfalz (1959-83) - Heinrich-Weitz-Str. 1, 5500 Trier/Mosel (T. 3 15 52) - Geb. 13. Okt. 1924 Beuren Kr. Saarburg, kath., verh., 3 Kd. - Gymn. (b. 1943) 1943-46 Kriegsdst. (Jagdflieger; mehrm. verwundet) u. Gefangensch. - n. Externer-Abit. (1946) Univ. Bonn (Rechts- u. Staatswiss.). Jurist. Staatsprüf. 1949 u. 52 - 1953-67 Rechtsanw. Trier; 1967-71 Staatssekr. im Justizmin., 1971-79 Justizmin. v. Rhld.-Pfalz.; Präs. Ges. f. Rechtspolitik s 1973 (Leit. Inst. f. Weinr. d. Ges.). CDU s. 1953, s. 1964 Landesschatzm.

THEISEN, Paul
Dr. rer. oec., o. Prof. f. Betriebswirtschaftslehre, insb. Handelsbetriebslehre u. Marketing - Seminar f. Handel u. Marktwesen, Von-Melle-Park 5, 2000 Hamburg 13 (T. 41 23/47 05); priv.: Zum Meeschensee 15, 2359 Henstedt-Ulzburg 3 (T. 7 85 67) - Geb. 29. Dez. 1929 Berg. Gladbach (Vater: Peter T., Kaufmann; Mutter: Therese, geb. Nöthen), verh. s. 1959 m. Charlotte, geb. Kolb, 2 Kd. (Axel, Hanno) - Diplom 1955 Köln; Promot. 1958 u. Habil. 1967 Saarbrücken - S. 1969 Ord. Univ. Hamburg - BV: Betriebl. Preispolitik im Einzelhandel, 1960; Grundzüge e. Theorie d. Beschaffungspolitik, 1970 - Liebh.: Malerei, Architektur - Spr.: Engl., Franz.

THEISEN, Werner
Dr. jur., Rechtsanwalt, gf. Vors. Verb. d. Zeitungsverleger in Rheinland-Pfalz u. Saarl., Vors. Pressevereinig. f. neue Publikationsmittel, Bad Nauheim - Zu erreichen üb.: August-Horch-Str., 5400 Koblenz.

THEISSEN, Gerd
Dr. theol., Prof. f. Neues Testament - Kleinschmidtstr. 52, 6900 Heidelberg - Geb. 24. April 1943 Rheydt, ev. - Univ. Bonn (Ev. Theol., German.) - 1972-79 Priv.doz. Bonn, 1978-80 Prof. Kopenhagen, s. 1980 Heidelberg - BV: Unters. z. Hebräerbrief, 1969; Urchristl. Wundergeschichten, 1974; Soziol. d. Jesusbewegung, 1977; Argumente f. e. krit. Glauben, 1978; Stud. z. Soziol. d. Urchristentums, 1979; Psychol. Aspekte paulin. Theol., 1983; Bibl. Glaube in evolutionärer Sicht, 1984; D. Schatten d. Galiläers, 1986; Lokalkolorit u. Zeitgesch. in d. Evangelien, 1989.

THEISSING, Gerhard
Dr. jur, Vorstandsmitglied Münchener Rückversicherungs-Ges., München - Königinstr. 107, 8000 München 40 (T. 95 21 14) - Geb. 11. Nov. 1922 München (Vater: Dr. Hermann T., Bankdir.; Mutter: geb. Aschenbrenner), verh. m. Dipl.-Ing. Elisabeth, geb. Schwend (Architektin) - ARsmandate.

THEISSING, Ludmilla
s. Arseniew, von, Ludmilla

THELEN, Vigoleis
s. Thelen, Albert Vigoleis

THEMANN, Hermann
Dr. rer. nat., Univ.-Prof., Direktor Inst. f. Med. Cytobiologie - Domagkstr. 3, 4400 Münster; priv.: Finkenstr. 67, 4400 Münster (T. 2 83 32) - Geb. 17. Nov. 1927 Friesoythe/Oldbg. - Stud. Univ. München u. Münster (Biol., Med.) - Habil. 1962, Lehrtätig. Münster (1966 apl. Prof. f. Med. Physik u. Elektronenmikroskopie, 1974 o. Prof. f. Med. Cytobiologie) - BV: Untersuchungen üb. Glykogen im Zellstoffwechsel, 1963. Ca. 200 Fachveröff. - 1983 BVK.

THEOBALD, Adolf
Dipl.-Kfm., Journalist, Geschäftsf. Spiegelverlag Rudolf Augstein GmbH & Co. KG, Hamburg (s. 1987) - Harvestehuder Weg 47, 2000 Hamburg 13 - Chefredakt. twen, Capital (1961); Vorst. Gruner + Jahr (1971); Mitgl. Unternehmensltg. Ringier & Co. AG, Zürich (1978); Chefredakt. natur, München (1983) u. GEO, Hamburg (1985-87) - BV: D. Macher, 1977; D. Ökosozialprodukt, 1986.

THEOBALD, Jürgen Peter
Dr. rer. nat., Dipl.-Phys., Prof. TH Darmstadt (s. 1973) - Graupnerweg 42, 6100 Darmstadt (T. 71 23 85) - Geb. 6. Nov. 1933 Weidenau/Sieg (Vater: Walter T., Ing.; Mutter: Frieda, geb. Dietrich), ev., verh. m. Dörte, geb. Prühs, 3 Kd. (Dirk, Jörn, Marc) - Stud. Univ. Göttingen, Bonn, Mainz - 1964-73 wiss. Ref.

BCMN, Geel/Belg. Fachmitgl.sch. - Spr.: Engl., Franz., Holl.

THEOBALD, Michael
Dr. theol., Prof. f. Bibl. Theol. FU Berlin - Katteweg 34, 1000 Berlin 38 (T. 030 - 803 21 76) - Geb. 7. März 1948 Köln, kath., verh. - Prof. f. Bibl. Theol. (insbes. Exegese d. NT) FU Berlin - BV: D. Überströmende Gnade, 1982; Im Anfang war d. Wort, 1983; D. Fleischwerdung d. Logos, 1988; Zw. Babylon u. Jerusalem, 1988.

THEOPOLD, Wilhelm

Dr. med., Prof. em., Direktor Kinderklinik Städt. Krankenhaus Frankfurt/M.-Höchst - Herrnwaldstr. 11, 6240 Königstein/Ts. (T. 31 69) - Geb. 12. Dez. 1915 Lage/Lippe (Vater: Dr. med. Wilhelm Th.; Mutter: Eugenie, geb. Wolff), verh. s. 1949 m. Dr. med. Johanna, geb. Sonntag, 2 Kd. (Petra, Rolf) - Stud. Med., Psych., Gesch., Univ. Marburg, Jena, Graz u. Tübingen, s. 1952 (Habil.) Lehrtätig. Univ. Marburg u. Frankfurt (1967 apl. Prof. f. Kinderheilkd.) - 1956-64 Vizepräs. Landesärztekammer Hessen, (1964-68 Präs.), 1956-68 Vorst.-Mitgl. Bundesärztekammer. Begründer d. Vorsorgeprogramms f. Kinder in d. Bundesrep. s. 1958 Schriftl. Hess. Ärzteblatt, s 1982 Präs. Bundesverb. Dt. Schriftstellerärzte - BV: D. Kind u. d. Zivilisation, 1959; Schiller - S. Leben u. d. Medizin im 18. Jh., 1964; D. Medizin an d. Hohen Carlsschule zu Stuttgart, 1967; Hab e. kostbar Gut erflehet. E. Ess. üb. Votivmalerei, 1977; Votivmalerei u. Medizin, 1978; D. Kind in d. Votivmalerei, 1981; Mirakel, 1983; Doktor u. Poet dazu. Arztdichter aus 5 Jh., 1986. Herausg.: Präventive Medizin (1970); Medizinisch-lit. Almanach f. d. Jahr 1986 - Kriegsausz., Verwundetenausz., BVK 1. Kl.; Adolf-Grimme-Preis. Ernst v. Bergmann-Plak. d. Bundesärztekammer; Gold. Ehrenplak. d. Landesärztekammer Hessen; Bernhard Christoph Faust-Med. Land Hessen; 1988 Lit.-Preis d. Bundesärztekammer; 1988 Ehrenpräs. d. Dt. Ärztetages.

THESING, Jan

Dr. rer. nat., Prof., Chemiker - Lossenweg 35, 6100 Darmstadt (T. 4 81 36) - Geb. 15. Mai 1924 Darmstadt (Vater: Paul T., Maler; Mutter: Irene, geb. Wiskott), verh. s. 1947 m. Anne, geb. Nanz, 3 Kd. - Oberrealsch. Heppenheim/Bergstr.; TH Darmstadt (Chemie). Promot. (1952) u. Habil. (1955) Darmstadt - 1966-84 stv. Vorst.-Vors. E. Merck AG. bzw. n. Umwandlung stv. Vors. d. Geschäftsltg. E. Merck, Darmstadt (Leitg. Forschung). S. 1955 Privatdoz., apl. Prof. (1963), Honorarprof. (1971) TH Darmstadt (Organ. Chemie). Fachveröff. 1972-88 pers. haft. Gesellschafter d. E. Merck, Darmstadt; 1986/87 Präs. Ges. Dt. Chemiker - 1988 Dr. rer. nat. h. c. Univ. Dortmund; 1989 Carl-Duisberg-Plak. Ges. Dt. Chemiker.

THEUERKAUF, Gerhard

Dr. phil., Prof. f. Mittelalterl. Geschichte Univ. Hamburg - Hagedornstr. 49, 2000 Hamburg 13 (T. 040 - 45 72 50) - Geb. 6. März 1933 Magdeburg - Promot. 1960 Univ. Münster - 1966 Privatdoz., 1971 Wiss. Rat u. Prof. Univ. Münster; 1974 Prof. Univ. Hamburg - BV: Land u. Lehnswesen v. 14. b. z. 16. Jh., 1961; Lex, Speculum, Compendium iuris, 1968.

THEUERKAUF, Walter E.

Dr.-Ing., o. Prof. f. Allgem. Technologie u. Technikdidaktik TU Braunschweig - Am Hasengarten 25, 3300 Braunschweig (T. 0531 - 69 09 88) - Geb. 7. Juni 1935 Hildesheim (Vater: Walter T., Dir.; Mutter: Magdalena, geb. Deckmann), ev., verh. s. 1965 m. Eva-Karola, geb. Hinz, Sohn Jörg - Stud. Elektrotechnik TH Hannover, Dipl.-Ing. 1964, Promot. 1970 TU Clausthal - 1964-67 Wiss. Ass. TU Clausthal; 1967-70 Obering. TU Clausthal; 1970-71 Industrietätigk.; 1971-77 Doz. PH Nieders.; s. 1977 o. Prof. f. Allg. Techniklehre u. ihre Didaktik TU Braunschweig; 1977-81 Lehrbeauftr. Univ. Göttingen; 1979-83 Dekan FB Erziehungswiss. TU Braunschweig. Mehr. Buch- u. zahlr. Ztschr.veröff. z. Allg. Technol., z. Technikunterr. u. z. Berufsorientier. - Spr.: Engl., Franz.

THEUERMEISTER, Käthe

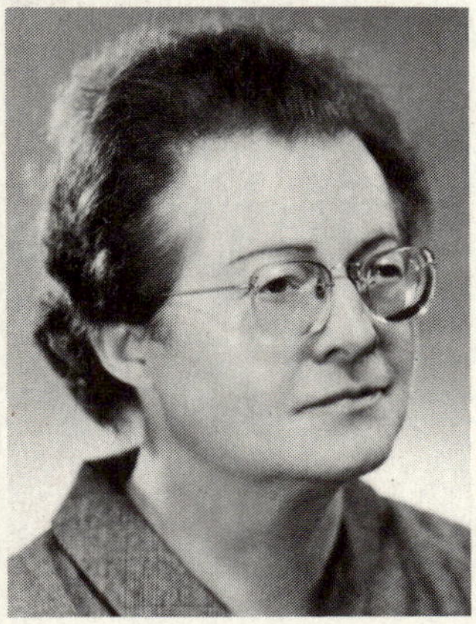

Kinderbuchautorin - Waldstr. 18, 6301 Pohlheim (T. 0641 - 4 51 71) - Geb. 21. Jan. 1912 Leipzig, ev., verh. s. 1941 m. Herbert T., 5 Kd. - BV: 47 Kinderbücher (einige franz., span. u. holl. übers.), zul. Acht Tage m. Jenny, 1976; Hänschen geht auf Wandersch., 1976; E. fröhl. Woche m. Stefanie, 1977; Sommerfest in d. Waldschule, 1977; Thomas u. Inge spielen Kaufm., 1977; Maxi, d. freche Fohlen, 1978; Niko ist Klasse, 1978; Ferien m. Pferd u. Wagen, 1980.

THEUNISSEN, Michael

Dr. phil., Prof. f. Philosophie - Beerenstr. Nr. 50, 1000 Berlin 37 - Geb. 11. Okt. 1932 Berlin (Vater: Gert H., Schriftst.; Mutter: Elfriede, geb. Thoss), ev., verh. s. 1962 m. Anneliese, geb. Stolz, 2 Kd. (Viola, Oliver) - Univ. Bonn u. Freiburg (German. u. Phil.), Promot. 1955 - 1959-64 wiss. Assist. FU Berlin, 1964-67 Doz. FU Berlin, 1967-71 o. Prof. Univ. Bern, 1971-80 o. Prof. Heidelberg, s. 1980 FU Berlin - BV: D. Andere, 1965 u. 1977; Hegels Lehre v. absolutem Geist als theol.-polit. Traktat, 1970; Sein u. Schein, 1978.

THEURER, Else

Personalberaterin, Inh. Personalberatung E. Theurer - Herderstr. 2, 6140 Bensheim 1/Bergstr. (T. 7 35 54) - Geb. 1924 Ebersbach/Fils - S. 1953 selbst. (Personalsuche, -auswahl u. -beurt.).

THEURER, Hermann

Schriftsteller, Fachbeamter i. R., Editor (Künstlername: Hermann Theurer-Samek) - Haydngasse 20, A-2340 Mödling b. Wien (T. 02236 - 88 80 92) - Geb. 7. Juli 1928 Mödling b. Wien, verh. s. 1946 m. Johanna, geb. Fink, T. Margit - Volks-, Haupt-, Handelssch.; Abendmaturasch. - Vizepräs. Lit. Ges. Mödling; Vorst.-Mitgl. in einigen lit. Vereinen - BV: Bergfahrt, Lyr. 1969; Ecce Homo, Lyr. 1970-72; D. Duden sagt, Lyr. 1974; Widerwärtigkeiten-Wieder Wertigkeiten, Lyr. 1975; Näher Dir, Lyr. 1976; Sa-Tierisches, Lyr. 1980; Florent. Impressionen, Lyr. 1981; Weihnacht d. Ringstraßenhäuser, Erz. 1982; Immer wieder tönt Olifant, Lyr. 1983; D. neue Narrenschiff, Erz. 1983; Sonette an Gott, Lyr. 1986; D. Traumschloß, Erz. 1987. Herausg.: Lit. Ztschr. Jetzt (s. 1971). Prod. v. 2 Platten - 1971 1. Lyrikpreis Verlag Arndt; 1980 Gold. Ehrenz. f. Kultur Stadt Mödling - Liebh.: Lesen, Bergwandern - Spr.: Engl. - Lit.: Kreativ-Lex. Österr. Dramat. d. Gegenw. (1976); Brennpunkte - Gesch. d. spirit. Poesie (1976); Bortenschläger: Dt. Lit.-gesch. II u. III; Kürschner: Dichtung aus Niederösterr. III-IV.

THEWS, Gerhard

Dr. med., Dr. rer. nat., o. Prof. f. Physiologie - Weidmannstr. 29, 6500 Mainz - Geb. 22. Juli 1926 Königsberg/Pr. - S. 1959 (Habil.) Lehrtätigk. Univ. Kiel (1962 apl. Prof.) u. Mainz (1964 Ord. u. Inst.sdir.). 1967 ff. Vors. Dt. Physiol. Ges. Etwa 100 Fachveröff. - 1961 Wolfgang-Heubner-, 1964 Feldberg-, 1964 Carl-Diem-, 1969 Adolf-Fick-Preis; 1970 o. Mitgl. Akad. d. Wiss. u. d. Lit., Mainz (1985 Präs.).

THEYSSEN, Hansjosef

Journalist u. Schriftsteller - Adele-Weidtmann-Str. 32, 5100 Aachen - Geb. 1. April 1924 in Solingen, kath. - Vors. d. Vereins Union-Presse; Gründungsmitgl. u. Präs. d. Adam-Schall-Ges. f. dt.-chines. Zusammenarb.; Beiratsmitgl. d. Ges. f. dt.-chines. Freundsch.; Vors. Radio EURAC - BV: Joe, d. Reporter. China auf d. Marsch gen Westen; Wie junger Bambus im Frühlingswind; D. Rad d. Lebens; Lichter im Schwarzen Kontinent; Kinderschicksale in d. Dritten Welt - 1984 Kath. Journalistenpreis (Dt. Bischofskonfz.).

THIE, Antonius

Bankier, Grundstücksmakler (s. 1936) - St.-Annen-Str. 2, 4573 Löningen (T. 05432 - 23 06) - Geb. 7. Juni 1906 Löningen (Vater: Agaton T., Bankier; Mutter: Maria, geb. Elsken), kath., verh. s. 1934 m. Magda, geb. Bolte, 6 Kd. (Marianne, Günter, Rita, Brigitte, Alfred, Aloys) - Nöllesch., Handelssch. Osnabrück; 1923-26 Banklehre - B. 1927 Darmstädter u. Nationalbank AG., Hamburg, dann Münsterland. Bank Thie & Co., Löningen (1941-83 Inh.) - Ehrenvors. KKV Löningen - Liebh.: Jagd.

THIEDE, Carsten Peter

Lektor (Abteilungsleiter) R. Brockhaus Verlag, Präs. d. Reinhold-Schneider-Ges. (s. 1988), Vorst.-Mitgl. Dt. Inst. f. Bildung u. Wissen, Autor, Regiss. - Schmachtenbergweg 4, 5600 Wuppertal 1 - Geb. 8. Aug. 1952 Berlin (Vater: Wilhelm F. R., Leit. Beamter; Mutter: Margarete, geb. Kögler), ev., verh. s. 1982 m. Franziska, geb. Campbell - Stud. Vergl. Lit.-Gesch., Anglist., Gesch., Mittellat. Lit. Univ. Berlin, Genf, Oxford, Paderborn; Stip. d. Studienstiftg. d. dt. Volkes; MA. Drs; 1976-77 Research Fellow, Oxford; 1977-82 wiss. Assist. Genf; s. 1982 Member of the Inst. of Germanic Stud., London; 1985-87 Dir. Christl. Medien-Akad. Wetzlar; s. 1984 Liturg (Reader) d. Church of England; s. 1988 Europe & Middle East Production Manager d. Christian History Inst. - BV: D. älteste Ev.-Handschr., 1986 (ital. 1987, holl. 1988, span. 1989); Simon Peter: From Galilee to Rome, 1986. Herausg.: Üb. Reinhold Schneider (1980); Reinhold Schneider, D. lebendigen Geist (1980); Stendhal, Gesammelte Werke (1978-82); Christl. Stud. heute (1984); Jahre m. Luise v. Mecklenburg-Strelitz. Aus Aufz. u. Briefen d. Salomé v. Gélieu (m. E. G. Franz, 1985); Christl. Lit. d. 20. Jh. (1985); Wie Segel üb. d. Meer (1986); D. Petrusbild in d. neueren Forsch. (1987); Christlicher Glaube u. Lit., Bd. 1 (1987), Bd. 2 (1988), Bd. 3 (1989), R. Brockhaus Bildbiogr. (s. 1989); Redaktion D. Gr. Bibellexikon (1988-89); Consulting Editor Jesus 2000 (1988-89). Hörfunk: Redakteur Glaube u. Denken, ERF (s. 1988). Filme (Autor, Regiss.): Zu hoffen wider d. Hoffnung - D. Dichter Reinhold Schneider (1983); Auferstanden v. d. Toten (1983); Render Unto Caesar - Christians in Nazi Germany (1984); Und er weinte bitterlich - Gedanken z. Buß- u. Bettag (1984); Rufer in d. Wüste - Christl. Dichter im Dritten Reich (1985); Het ontstaan van het christendom (1985/86); Auch d. ist Luthers Erbe (1986); Wenn d. Herr nicht d. Haus baut, od. Wie d. Gemeinden wieder wachsen lernen (1987); M. Gott reden - Alltag in evang. Kommunitäten (1987) - 1977 Silbermed. Brit. Intern. Volleyball-Meistersch. - Mitgl. Intern. PEN (s. 1982), Ritter d. Johanniter-Ord.; Club: United Oxford and Cambridge.

THIEDE, Günther

Dr. agr., Ministerialrat - Avenue de la Faiencerie 197, L-1511 Luxemburg (T. 2 06 15) - Geb. 28. Febr. 1921 Flensburg, ev., verh. s. 1944 m. Lieselotte, geb. Paul, 3 Töcht. (Ursula, Gisela, Gabriele) - Stud. Kiel - 1952-58 Bundesernährungsmin.; 1958-62 EWG bzw. EG (Aufbau agrarstatist. Dst., Abt.-Leit u. Berat. d. EG-Kommiss.). 1966 Mitgl. Akad. f. Raumforsch. u. Landesplanung, Freiberufl. Journ., Zukunftsforsch. - BV: Standorte d. EWG-Agrarerzeugung, 1972 (auch Franz., Ital.); Europas Grüne Zukunft (auch Franz.), 1975; Landwirt im Jahr 2000, 1988 - Spr.: Engl., Franz.

THIEDE, Jörn

Dr. rer. nat., Prof. f. Paläo-Ozeanographie Univ. Kiel, Dir. GEOMAR Forsch.zentrum f. marine Geowiss., Kiel - Bartelsallee 8, 2300 Kiel (T. 49 431 - 80 16 35) - Geb. 14. April 1941 Berlin (Vater: Prof. Dr. Klaus T., Regierungsdir.; Mutter: Dr. Clotildis, geb. Fieber), ev., verh. s. 1970 m. Sigrid, geb. Dietrich, 4 Kd. (Rasmus C., Hannes K., C. Fridtjof, Morten L.) - Stud.: 1962, 1963-65, 1966-67 Univ. Kiel, 1966 Univ. Wien; Dipl.-Geol. 1967 Kiel, Promot. 1971 Kiel - 1967-73 Tätigk. Aarhus/Dänemark; 1973-74 Lektor Bergen; 1975-77 Assist. u. Assoc.-Prof. Oregon State Univ.; 1977-82 Prof. Univ. Oslo; s. 1982 Prof. Univ. Kiel. 3 Bücher in engl. Spr. - 1984 Steno-Med. - Spr.: Engl., Span., Norweg., Dän.

THIEDE, Walther

Dr. rer. nat., Apotheker u. Zoologe, Vertriebsleit. Weimer Pharma-Gruppe, Rastatt, Schriftst., Redakt. Orn. Mitt. (1984ff.) - An der Ronne 184, 5000 Köln 40 (T. 02234 - 7 05 84) - Geb. 18. Dez. 1931 Berlin-Schmargendorf (Vater: Walther T., Rechtsanw. u. Notar; Mutter: Elisabeth, geb. Nickel, Apoth.), ev., verh. m. Dr. Dr. Ulrike, geb. Schumacher (Zool., Japanol.) - Stud. Univ. Bonn, Frankfurt/M. u. Hamburg; Pharmazeut. Staatsex. 1959, Approb. 1960, Promot. 1964 - 1960-66 Apoth.; 1966-73 Asta-Werke Bielefeld (dazw. 5 J. Wiss. Deleg. Fernost, Kobe/Japan); 1973-75 Geschäftsf., Wiss., Prod., Lipha Arzneim. GmbH, Essen; 1976-79 Marketing- u. Vertriebsleit. Kettelhack Riker Pharma GmbH, Borken/W., 1979-87 Geschäftsf. UCB-Chemie GmbH, Kerpen, s. 1988 Vertriebsleit. Weimer Pharma-Gruppe, Rastatt - BV: D. Verbreit. d. Rotschenkels, 1964; Salomonsen: D. Vogelzug (aus d. Dän.), 1969; Vogelwelt im Oberberg., 1965; BLV-Naturführer Vögel 1976-89, 9 dt. u. mehrere ausl. Aufl.; BLV-Naturführer Wasservögel-Strandvögel, 1979-89, 3 dt., mehrere ausl. Aufl.; BLV-Vogelführer (aus d. Engl.), 2. A. 1982; Greifvögel (aus d. Dän.), 1986 - Liebh.: Ornithol., Wandern - Spr.: Engl., Schwed.

THIEDEMANN, Fritz

Landwirt - Ostroherweg 28-32, 2240 Heide/Schlesw. - Geb. 3. März 1918 Weddinghusen/Holst. (Vater: Klaus T., Landw.; Mutter: geb. Hausen), ev., verh. s. 1950 m. Anneliese, geb. Groth, 3 Kd. (Anke, Zwillinge Claus u. Hartwig) - Oberrealsch. Heide (b. 1934); landw. Ausbild. - 1938-45 Soldat (zul. Oblt. u. Schwadronschef; 1940-43 Kavallerieschule Potsdam-Krampnitz). S. 1938 üb. 500 Turniererfolge, dar. 150 auf Meteor: 5f. Sieg im Dt. Springderby (1950, 51, 54, 58, 59), 3 × Sieger im Gr. Preis v. Aachen (1951, 53, 55), 1953 Zweiter b. d. Pariser Weltmeisterschaft, 1954 Gewinner d. Country-Life- u. d. King-Georg-V.-Cup in London, 1958 Europameister, 1952, 56, 60 Olympia-Teiln. (Helsinki: 2 Bronzemed., Stockholm u. Rom: Goldmed. in d. Mannschaftswertung) - 1950 Gold. Reiterabzeichen m. Brillanten (erster), 5 × Silb. Lorbeerbl. d. Bundespräs. (1950, 51, 52, 56, 60), 1958 Sportler d. J., 1959 Gold. Band d. Vereins Dt. Sportpresse, 1964 Silb. Ehrennadel Intern. Reiterl. Vereinig. (Brüssel) f. 27 Nationenpreise; 1956 Ehrenbürger v. Elmshorn; 1974 Gr. BVK; 1984 ISPO-Pokal München - BV: Mein Freund Meteor, 1957; Meine Pferde - mein Leben, 1961; D. Springpferd, 1979 - Lit.: Schönerstedt, Meisterreiter F. T.

THIEKÖTTER, Friedel

Dr. phil., Schriftsteller, Lehrer - Wiener Str. 32, 4400 Münster (T. 0251 - 39 33 93) - Geb. 3. Juni 1944 Neheim-Hüsten, ledig - Stud. German. u. Roman.; 1. u. 2. Staatsex., Promot. 1970 Münster - BV: Reisebekanntschaft, 1974; Schulzeit e. Prokuristen, 1978; Jeden Tag Schule, 1981; Jans Reifezeugnis, 1983; Kopfschatten, 1984. Veröff. in zahlr. Anthol. u. Ztschr. - Div. Lit. Ausz.

THIEL, Eckhard

Dr. med., Dr. med. habil., Univ.-Prof., Leiter Abt. Hämatologie u. Onkologie Med. Klinik Innenstadt Univ. München (s. 1981) - Schuchstr. 8 A, 8000 München 71 - Geb. 30. April 1944, verh. m. Dr. med. Antonia, geb. Pawlowa, 2 T. (Julia, Mira) - Med.-Stud. Univ. Tübingen u. Wien; Promot. 1969 Tübingen; Habil. (Innere Med.) 1979 München; 1970-80 Spezialausb. in Immunologie - Entd. d. Immundiagnostik v. Leukaemien. Üb. 200 wiss. Veröff., 4 Bücher z. d. Themen: Leukaemieforschung, Leukaemietherapie, Immundiagnostik v. Leukaemie m. Lymphomien - 1979 Vincenc Gzerny Preis f. Onkologie d. Dt. Ges. f. Hämatologie u. Onkologie; 1981 Albert Knochl Preis.

THIEL, Günter

Unternehmens- u. Finanzberater - Artur-Sommer-Str. 12, 5630 Remscheid-Lennep - Geb. 8. Aug. 1919 Mannheim, verh. - Ausbild. Dt. Bank, Remscheid - B. 1969 Vorstandsvors. Gemeinn. Wohnungs-AG., Remscheid, dann Geschäftsf. Entwicklungsges. Hochdahl mbH, Düsseldorf; zul. Geschäftsf. mod. stadt GmbH u. mod. Köln GmbH, beide Köln.

THIEL, Harald

Dr. med., Prof., Internist, Chefarzt Marienhospital Gelsenkirchen - Am Wiesenpfad 7, 4630 Bochum 6-Wattenscheid (T. 02327 - 3 11 26) - Geb. 18. Juni 1939 Magdeburg (Vater: Ludwig Th., verst.

Staatssekr. d. Finanzen, NRW; Mutter: Marianne, geb. Becker), kath., verh. m. Gisela, geb. Flohr, 3 Kd. (Anneke, Johannes, Sebastian) - Med.-Stud. Univ. Bonn u. Düsseldorf; Staatsex. u. Promot. 1964 Düsseldorf; Habil. 1976 Würzburg - 1981 apl. Prof. Univ. Bochum - BV: Hämodynamische Unters. u. Leberdurchblutung, 1975; Respirationsallergien b. Bäckern (m. W. T. Ulmer), 1982; Bakers' Asthma: A classical occupational allergy, in: Current Treatment of Ambulatory Asthma (ed. by G. A. Settipane), 1986 - Spr.: Engl.

THIEL, Heinz-Dietrich

Direktor, Leit. Dt. Caritasverb./Hauptvertr. Berlin u. Kath. Kommissariat Berlin d. Dt. Bischofskonfz. - Ahornallee 49, 1000 Berlin 19 - Stud. German. u. Gesch. Göttingen, Freiburg, Indiana (USA) - 1956-1959 Generalsekr. Kath. Dt. Studenten-Einig.; 1962 ff. Leit. Bildungszentrum Berlin/KDST - 1978 Komtur Gregorius-Orden.

THIEL, Johannes Christian

Dr. phil., Prof. f. Philosophie u. Wissenschaftstheorie Univ. Erlangen - Spardorfer Str. 45, 8520 Erlangen - Geb. 12. Juni 1937 Neusalz (Vater: Hermann Otto T., Dipl.-Bibl.; Mutter: Anna Katharina, geb. Graetz), kath., verh. s. 1974 m. Anna Barbara, geb. Weippert - Stud. Phil., Math., Soziol., Psych. u. Kunsterz. Univ. Erlangen u. München; Promot. 1965 Erlangen, Habil. 1970 - 1965 Wiss. Assist. Staatswiss. Sem.; 1966 Postdoctoral Fellow Austin/Texas; 1967 Assist.-Prof. ebd.; 1967 Wiss. Assist.; 1972 o. Prof. RWTH Aachen, 1974/75 Dekan; 1982 o. Prof. Erlangen - BV: Sinn u. Bedeut. in d. Logik Gottlob Freges, 1965 (engl. 1968, span. 1972); Grundlagenkrise u. Grundlagensteit, 1972. Herausg.: Frege u. d. mod. Grundlagenforsch. (1975), Erkenntnistheor. Grundl. d. Math. (1982). Mithrsg.: G. Frege, Wiss. Briefwechsel (1976, engl. 1980, ital. 1983).

THIEL, Josef Franz

Dr., Prof. f. Ethnologie (m. Schwerpkt. Afrika) - Kastellstr. 14, 6000 Frankfurt 50 - Geb. 18. Sept. 1932 Filipovo (Vater: Balthasar T., Tischler; Mutter: Eva, geb. Zollitsch), kath., S. Benjamin - 1953-60 Univ. Wien (Phil., Ethnol., Theol.), 1964-69 Univ. Paris (Soziol.), Dipl.-Soziol. Paris 1966, Promot. Paris (Sorbonne) 1970, Habil. Bonn 1974 - 1969-77 Chefredakt. Ztschr. Anthropos, 1977-84 wiss. Leit. v. Haus Völker u. Kulturen, s. 1976 apl. Prof. Univ. Bonn, s. 1987 apl. Prof. Univ. Mainz. S. 1985 Dir. d. Museums f. Völkerkunde Frankfurt am Main - BV: La situation religieuse des Mbiim, 1972; Heil u. Macht. Approches du sacré, 1975; Ahnen, Geister, Höchste Wesen, 1978; Grundbegriffe d. Ethnologie, 1980; Christl. Kunst in Afrika, 1984; Religionsethnol., 1984 - Spr.: Engl., Franz., Kikongo, Ungar.

THIEL, Karl-Heinz

Direktor Bundesarbeitsgemeinschaft d. Freien Wohlfahrtspflege - Franz-Lohe-Str. 17, 5300 Bonn (T. 0228 - 226-226) - Geb. 4. Mai 1921 Herten/W., verh., 2 Kd. - Stud. Volkswirtsch. u. Sozialpäd. - Geschäftsf. d. Dt. Behindertenhilfe Aktion Sorgenkind u. Rundfunkhilfe. AR Bank f. Sozialwirtsch., stv. Vors. Stiftungsrat d. Stiftg. Hilfswerk f. behinderte Kinder, Mitgl. Nationalkomitee Dt. Welthungerhilfe, Ständ. Beirat Bundesausgleichsamt, Präsidiumsmitgl. BAG Werkstätten f. Behinderte, Beiratsmitgl. d. BAG f. Rehabilitation, Hauptaussch. Dt. Verein f. öfftl. u. priv. Fürsorge - 1975 BVK.

THIEL, Winfried

Dr. theol., Prof. f. Altes Testament Univ. Marburg - Tilsiter Str. 8, 3550 Marburg/L. 7 (T. 06421 - 48 11 51) - Geb. 29. Juni 1940 Cottbus, ev., verh. s. 1965 m. Elfriede, geb. Schmidt, 3 Töcht. - Stud. Ev. Sprachenkonvikt u. Humboldt-Univ. Ost-Berlin; Promot. 1970; Habil. 1976 Humboldt-Univ. - BV: D. deuteronomistische Redaktion v. Jeremia 1-25, 1973; D. deuteronomistische Redaktion v. Jeremia 26-45, 1981; D. soz. Entw. Israels in vorstaatl. Zeit, 2. A. 1985; Biblische Zeittafeln (m. K. Matthiae), 1985; Altes Testament (m. W. H. Schmidt u. R. Hanhart), 1989.

THIELCKE, Gerhard

Dr. rer. nat., apl. Professor, Zoologe, stv. Vors. Bund f. Umwelt u. Naturschutz Deutschl. - Storchenweg 1, 7760 Radolfzell-Möggingen - Geb. 14. Febr. 1931 Köthen - 1954-59 Stud.; Promot. 1959 Univ. Freiburg, Habil. 1970 Univ. Konstanz - S. 1962 wiss. Mitarb. Max-Planck-Inst. f. Verhaltensphysiol. Vogelwarte Radolfzell; 1977-89 Vors. Bd. f. Umwelt u. Naturschutz - BV: Vogelstimmen, 1970 (übers. Engl.); Rettet d. Vögel (m. and.), 1978; Arche Noah 2000 (m. and.), 1982; Rettet d. Frösche (m. and.), 1983; Naturschutz in d. Gemeinde (m. and.), 1985.

THIELE, Bernhard

Präsident Dt. Handball-Bund - Westfalendamm 77, 4600 Dortmund (T. 43 39 24), u. Wangerländer Str. 54, 2800 Bremen (T. 51 39 79) - Geb. 11. Jan. 1928 Bremerhaven - Dipl. Kommunalbeamter.

THIELE, Erich

Kaufmann, Vors. Verb. d. Dt. Backbedarf- u. Mehlgroßhandels - Zu erreichen üb. Verb. d. Dt. Backbedarf- u. Mehlgroßhandels, Bismarckstr. 12, 5000 Köln 1.

THIELE, Friedrich

Dr. theol., Landespfarrer f. Diakonie, Geschäftsf. Diakon. Werk Kurhessen-Waldeck - Seidlerstr. 4, 3500 Kassel (s. 1969) - Geb. 23. Jan. 1926 Wisconsin/USA (Vater: Pfarrer Karl T.; Mutter: Elisabeth, geb. Garschagen), ev., verh. s. 1953 m. Marga geb. Münchmeyer, 5 Kd. (Joachim, Bettina, Michael, Christoph, Verena) - N. Marine-Dst. Univ. Bethel, Uppsala, Heidelberg, Münster, Amsterdam, Promot. 1954 Münster. - 1953-68 Gemeindepfarrer u. Diakonissenhauspf. - BV: Diakonissenhäuser im Umbruch d. Zeit, 1962; Wir beten, 1967ff.; Bibl. (Er)Kenntnis, 1978; Diakonie-Lexikon, Ev. Ethik, 1984 u. a. sowie Übers. - Spr.: Engl., Franz., Holl.

THIELE, Günter

Rechtsanwalt, Staatssekretär a.D. Nordrh.-Westf. - Bachemer Str. 267, 5000 Köln-Lindenthal - Geb. 9. Nov. 1927 - Vors. Sektion Bundesrep. Dtschl. im IAKS u. stv. Vors. Stiftungsrat Preuß. Kulturbes. Berlin (b. 1982); Vorstandsmitgl. im intern. Vorst. d. IAKS; Kurat. Mitgl. Ges. d. Freunde d. Sporthochsch. Köln; Mitgl. Messerat boot, Düsseldorf; Sachverst. in d. Bundesfachaussch. f. Bild.-Wissensch., Kultur u. Sport. FDP.

THIELE, Heinrich

Dr. phil. (habil.), Prof. f. Kolloidchemie (emerit.) - Kirchenweg 22, 2321 Niederkleveez/Plön (T. 13 13) - Geb. 30. Aug. 1902 Berlin, ev., verh. - Realgymn. u. Univ. Berlin - S. 1923 Tätigk. Kaiser-Wilhelm-Inst. f. Physikal.-Chemie Berlin (Fritz-Haber-Inst.), TH Danzig, Univ. Heidelberg u. Kiel (1950 apl. Prof., 1962 Wiss. Rat u. Prof.), Ionotropie, Schutzkolloide, E.-Dialyse, Isoporenmembranen, Hautimplantat, Feinstruktur v. Augenlinse, Kornea u. Glaskörper. Mitgl. Kolloid-Ges., Dt. Ophthalmol. Ges., Dt. Bunsen-Ges., Ges. Dt. Naturf. u. Ärzte, Ges. Dt. Chem., Faraday-Ges., Gutacht. Akad. Mainz - BV: Praktikum d. Kolloidchemie, 1950; Kunststoffe - E. Überblick, 1960; Histolyse u. -genese, 1967. Mithrsg.: Biomed.-Math. Research. Fachaufs.

THIELE, Jürgen

Dipl.-Ing., berat. Ingenieur VBI (Büro f. Projektüberwach. u. EDV-Org.) - Groten Diek 3, 2070 Großhansdorf - Geb. 22. Dez. 1939 - Zul. Vorstandsvors. Paul Thiele AG. f. Hoch- u. Tiefbau, Hamburg.

THIELE, Rolf

Filmproduzent, -autor u. -regisseur - Zu erreichen üb.: Agentur Jäger, Oberholz 8, 8130 Starnberg/Obb. - Geb. 7. März 1918 Böhmen - Univ. Prag u. Berlin (Phil.) - Filmregie: Primanerinnen, D. Tag vor d. Hochzeit, Sie, Mamitschka, Geliebtes Leben, Skandal in Ischl, D. Mädchen Rosemarie, D. Halbzarte, Labyrinth, D. lb. Augustin, Auf Engel schießt man nicht, Man nennt es Amore, Lulu, D. schwarz-weiß-rote Himmelbett, Venusberg, Moral 63, Wälsungen-Blut, Tonio Kröger, DM-Killer, Opernliebe, Grieche sucht Griechin, D. Lügner u. d. Nonne, Ohrfeigen, Gelobt sei, was hart macht, Versuchung im Sommerwind u. a. - Mitregie: D. Liebeskarussell, D. Herren - 1963 Ernst-Lubitsch-Preis Club d. Filmjournalisten Berlin.

THIELE, Rose-Marie,

geb. Bender

Dr. med., Fachärztin f. Neurologie u. Psychiatrie, Med.-Direktorin i. R. - Schoettlestr. 44, 7100 Heilbronn - Geb. 26. Dez. 1922 Karlsruhe (Vater: Dr. Ludwig Bender; Mutter: Adele, geb. Hartmann), ev., verh. m. Prof. Dr. med. Wolfgang T. († 1973; s. XVII. Ausg.) - Schule Gießen (Abit. 1941); Univ. Gießen u. Frankfurt. Promot. 1950 Marburg - 1949-53 Max-Planck-Inst. f. Hirnforschg. u. Med. Univ.-Klinik (1951-52) Gießen; 1953-57 Univ.-Nervenklinik Würzburg; 1957-1959 Wiss. Abt. Farbwerke Hoechst; 1959-64 Anatom. Inst., 1964-66 Nervenklinik Univ. Würzburg; 1966-88 Leit. Neurolog. u. Neuroradiolog. Abt. Psychiatr. Landeskrkhs. Weinsberg. 1960-66 Lehrbeauftragte Univ. Würzburg; Mitgl. Fachges. Fachveröff. - 1988 BVK am Bde. - Liebh.: Kunst, German., Gesch. - Spr.: Engl.

THIELE, Wilhelm H.

Dr. med., Chefarzt Geburtshilfl.-gynäk. Abt. Kreiskrkhs. Alzey (s. 1951) - Kreuznacher Str. 24, 6508 Alzey/Rh. (T. 4 14) - Geb. 12. Juli 1917 Königsberg/Pr. (Vater: Hermann T.; Mutter: Marie, geb. Steinhoff), ev., verh. s. 1942 m. Ilse, geb. Gruhler, 3 Kd. (Lutz-Jürgen, Jörg-Peter, Ines Katrin) - Hufengymn. Königsberg; Univ. ebd., Berlin, München, Hamburg, Wien (Med. Staatsex. 1940) - N. Kriegseins. fach. Ausbild. Univ.s-Frauenklinik Gießen (Prof. v. Jaschke) - Liebh.: Gartenbau - Spr.: Franz.

THIELE, Willi

Dr. jur., Ministerialdirigent a. D., Generalsekr. Lessing-Acad. (s. 1980), Honorarprof. f. Wirtschaftsverwaltungsrecht TU Braunschweig (s. 1968), Präs. Volksbund Dt. Kriegsgräberfürsorge (1970-78) - Habichtweg 12a, 3300 Braunschweig - Geb. 3. Okt. 1915 Königslutter/Elm (Vater: Willi T., Stadtinsp.; Mutter: Emmy, geb. Lambrecht), verh. s. 1942 m. Gretl (Margarethe), geb. Kindler, 2 Kd. (Dirk, Susanne) - Univ. Freiburg u. Köln (Rechtswiss.). Beide jurist. Staatsprüf. - U. a. Abt.sleit. Senatsverw. f. Volksbild. v. Berlin (1956; Allg. Verw.) u. Nieders. Innenmin. (1959; Personal, Verfass., Verw.). 1940-45 Wehrdst. Zul. Präs. Nieders. Verw.-Bez. Braunschweig. AR-Mandate u. a. - BV (1952 ff.): Völkerstrafrecht; D. Sozialrichter; Pressefreiheit - Theorie u. Wirklichkeit; Wirtschaftsverfassungsrecht, 2. A.; D. Gestalt. unserer Wirtsch.ordn.; D. Entwickl. d. Dt. Berufsbeamtentums. Üb. 250 Fachaufs. - Ehrenz. DRK u. Rumän. Rotes Kreuz, Ehrenring Stadt Bad Gandersheim u. Landkr. Blankenburg; Gr. Verdienstkreuz m. Stern Rep. Ital.; 1973 BVK I. Kl.; 1975 Gr. BVK; 1975 Croix de Cdr. de l'ordre du Mérite; 1975 Ehrenbürger Bad Gandersheim u. Königslutter.

THIELE, Otto Wolfgang

Dr. med., Dipl.-Chem., Prof. f. Biochemie u. klin. Chemie - Ludwig-Beck-Str. 13, 3400 Göttingen (T. 2 26 09) - Geb. 25. Jan. 1917 Köln (Vater: Dr. phil. Otto T., Oberstudiendir.; Mutter: Mathilde, geb. Kneip), verh. s. 1952 m. Christa, geb. Jäger, 2 Kd. (Lothar, Jutta) - Gymn. Köln-Kalk - Stud. Med. Köln u. Jena, Chemie Gießen u. Göttingen (Dipl.-Chem.). Promot. Köln. 1940-44 Wehrdst. (San.-Offz., Truppenarzt), 1944-48 Kriegsgef. - Habil. Göttingen - 1958-64 Privatdoz., s. 1964 Prof. Univ. Göttingen. 1968/69 USA-Aufenth. Spez. Arbeitsgeb.: Biochemie d. Lipide. Etwa 200 Veröff. üb. Biochemie; Monogr.: Lipide, Isoprenoide, Steroide. 3 wiss. Lehrfilme - Spr.: Engl. (Dolmetscherex.), Franz. - Bek. Vorf.: Dr. iur. Hugo Holthöfer, Senator (Berlin), Fachm. f. Lebensmittelrecht (Onkel).

THIELE, Wolfram

Dr. oec., Vorstandsmitglied MAN-GHH - Bahnhofstr. 66, 4200 Oberhausen - Geb. 2. Nov. 1922 Rastatt - Dipl.-Kfm. - Ab 1948 MAN - Div. Ehrenposten, dar. Ehrenpräs. Gesamtmetall - 1979 Bayer. VO; 1982 Gr. BVK.

THIELEMANN, Edgar

Dipl.-Soziologe, Sprecher d. Hess. Landesregierung (b. 1987) - Geb. 9. Febr. 1942 Hanau.

THIELEMANN, Wilhelm

Dr.-Ing., o. Prof. f. Flugzeug- u. Leichtbau TH bzw. TU Braunschweig (s. 1960), Direktor Inst. f. Flugzeugbau Dt. Forschungsanstalt f. Luft- u. Raumfahrt e. V. ebd. - Walter-Schrader-Str. 4, 3340 Wolfenbüttel (T. 7 16 49) - Geb. 20. Aug. 1908 Laibach, verh. s. 1963 m. Eva, geb. Klitzing, 1 Kd. - Hohenzollern-Oberrealsch. u. TH Berlin (Flugzeugbau; Dipl.-Ing. 1935). Promot. 1946 - 1936-37 Assist. TH Berlin; 1937-53 Industrietätigk.; 1954-60 stv. Inst.sdir. Dt. Versuchsanstalt f. Luftfahrt, Mülheim/Ruhr. Facharb.

THIELEN, Peter G.

Dr. phil., Prof. f. Mittlere u. Neuere Geschichte, Didaktik d. Geschichte u. Polit. Bildung Univ. Bonn - Sohlehdornweg 3, 5210 Troisdorf-Spich (T. 4 27 88) - Geb. 12. Dez. 1924 Berlin (Vater: Dr. med. Hanspeter T., prakt. Arzt; Mutter: Frieda, geb. Erdmann), ev., verh. s. 1956 m. Gisela, geb. Freiin v. Bischoffshausen, 2 S. (Peter-Christian, Askan) - B. 1942 Gymn. Berlin; 1947-48 u. 1952 Univ. Göttingen, 1948-52 Univ. Zürich (Gesch., Dt. u. Lat. Philol., Kunstgesch.). Promot. 1952 Göttingen; Habil. 1959 Bonn - 1961-65 Studienass. u. -rat Gymn. Troisdorf, 1956-57 Lehrbeauftr. Bergakad. Clausthal (Neueste Gesch.); 1960-65 Privatdoz. Univ. Bonn (Histor. Hilfswiss.); 1965-80 o. Prof. Päd. Hochsch. Rhld./Abt. Bonn - BV: D. Kultur am Hofe Herzog Albrechts v. Preußen (1525-68), 1953; D. Gr. Zinsbuch d. Dt. Ritterordens (1414-48), 1958; Frhr. v. Stein, Briefe u. amtl. Schr., Bde. II/1 u. 2 1959/60; D. Verw. d. Ordensstaates Preußen, 1966; Karl August v. Hardenberg (1750-1822), Biogr. 1967; D. Mensch u. s. Welt - Gesch./Politik f. d. Sekundarstufe I, 1973 - Liebh.: Orgelspiel - Spr.: Engl. - Bek. Vorf.: D. Peter T., Feldpropst d. preuß. Armee (1806-87).

THIELHEIM, K. O.

Dr. rer. nat., Prof., Direktor Inst. f. Reine u. Angew. Kernphysik Univ. Kiel - Zu erreichen üb. Inst. f. Kernphysik, Olshausenstr. 40, 2300 Kiel (T. 0431 - 880 32 16) - Geb. 27. Febr. 1932 Danzig, verh. m. Waltraut, geb. Borowczak, T. Gabriele - Stud. München, Hamburg u. Kiel - BV: Kernenergie-Technik (m. H. Engel); Primary Energy (Hrsg.).

THIELKE, Charlotte

Dr. rer. nat., Prof., Botanikerin - Königin-Luise-Str. 12-16a, 1000 Berlin 33; priv.: 37, Kösterstr. 3a - Geb. 16. Dez. 1918 Bevensen, ev. - Univ. Rostock u. Jena (Promot. 1944) - S. 1954 (Habil.) Privatdoz. u. apl. Prof. (1960) Freie Univ. Berlin. Etwa 70 Fachveröff.

THIELMANN, Fritz Otto

Kaufmann, MdL Nordrh.-Westf. (s.

1975) - Am Waldesrand 10c, 5800 Hagen - Geb. 16. Aug. 1937 - FDP.

THIELMANN, Georg

Dr. iur., Prof. f. Römisches Recht u. Zivilrecht - Sodener Str. 38, 1000 Berlin 33 (T. 823 72 86) - Geb. 14. Nov. 1930 Berlin (Vater: Dr. Paul T., Arzt; Mutter: Maria-Magdalena, geb. Amstein), kath., verh. s. 1972 m. Giesela, geb. Gehricke - 1949-53 Stud. Rechtswiss., Ass. 1957, Promot. 1961, Habil. 1971 - 1961 wiss. Assist., 1963 Akad. Rat, 1972 Prof. Univ. Berlin - BV: D. röm. Privatauktion, 1961; Sittenwidrige Verfügungen v. Todes wegen, 1973.

THIELS, Rudolf

Dipl.-Kfm., Präsident IHK Offenbach, gf. Gesellsch. Thiels & Partner, Personal- u. Unternehmensberatung GmbH (s. 1987) - Königsberger Str. 70, 6056 Heusenstamm (T. 06104 - 6 13 37) - Geb. 12. April 1924 Frankfurt (Vater: Theodor T.), verh. m. Lieselotte, geb. Krämer - Spr.: Engl., Franz. - Rotarier.

THIEMANN, Bernd

Dr. jur., Vorstandsvorsitzer Nordd. Landesbank/Girozentrale, Hannover (1981 ff.) - Habichtshorststr. 22, 3000 Hannover 51 - Geb. 5. Juli 1943 Münster/W. - Stud. Rechtswiss. u. Staatswiss.; Div. Mandate.

THIEMANN, Franz

Kaufmann (Schmelz GmbH & Co. KG, Hannover), Ehrenpräs. IHK Hannover, Hildesheim, u. Bundesfachverb. Dt. Reformhäuser - Zu erreichen üb. Schmelz GmbH & Co. KG, Zeißstr. 63, 3000 Hannover 81 - Geb. 6. Jan. 1906 Hannover - Gf. Gesellsch. Schmelz GmbH & Co. KG Reformhaus Filialbetr. (31 Filialen u. Großhdl., gilt unter d. europ. Reformhäusern als d. größte) - 1967 Gr. Verdienstkreuz Nieders. VO; 1976 Gr. BVK, 1982 Gr. BVK m. Stern f. bes. Leistungen in d. Berufsbild.; Gold. Sportzabzeichen - Liebh.: Garten, Sport (Laufen, Ski) - Spr.: Engl.

THIEMANN, Friedrich

Dr. paed., o. Prof. f. Unterrichtsforschung Univ. Köln - Arenbergstr. 3, 4358 Haltern 4 (T. 02364 - 46 28) - Geb. 22. Juli 1940 Bonn (Vater: Hermann T.; Mutter: Katharina), verh. s. 1965 m. Hedwig T., 4 Kd. (Marcus, Uwe, Oliver, Kirsten) - Stud. Univ. Münster, Berlin u. Bochum; Promot. 1973; Wiss. Rat 1974, s. 1977 o. Prof. - BV: Beitrag empir. Unterr.-Forsch. f. d. Konzeption v. Unterr., 1973; Versuche zu e. Entstörung d. Schule, 1976; Krit. Unterrichtsbeurt., 1979; Konturen d. Alltäglichen, 1980; Praxisforsch., 1981; Schulszenen. V. Herrschen u. v. Leiden, 1985; Kinder in d. Städten, 1988 - Liebh.: Sport, Gitarrenspiel.

THIEMANN, Wolfram

Dr. rer. nat., Prof. f. Physikal. Chemie Univ. Bremen - Brauereiweg 18, 2804 Lilienthal b. Bremen (T. 04298 - 48 36) - Geb. 29. Jan. 1938 Oppeln (Vater: Max T., Volksw.; Mutter: Margot, geb. Glatzel), verh. s. 1965 m. Isabella, geb. Paul, 2 Töcht. (Corinna, Sonja) - Dipl. Chemie 1963 FU Berlin, Promot. 1966 TU Berlin - 1964-68 wiss. Assist. u. Oberassist.; 1968-76 Gruppenleit. Forsch. KFA; 1976ff. Prof.; Gastprof. am Yunnan Inst. f. Technologie Kunming, Techn. Univ. Changsha, Hunau; TU Harbin, VR China; Univ. Pune, Indien; Ruhuna Univ., Platava, Sri Lanka. Forsch.: Experiment. Überprüf. v. Asymmetrien in Chemie, chlorierte Verbind. in Trinkwasser, Theorien üb. Ursprung lebender Systeme, Umweltchemie, Metabolismus v. Xenobiotika. Probleme d. Technol.-Transfers in 3-Welt-Länder. 2 Bücher u. 100 wiss. Aufs. in Fachztschr. - 1958 Honorary Scholar Wesleyan Univ./USA; Officer Int. Soc. Study orisins of Life - Liebh.: Sport, Foto, Bergwandern, Reisen. Bes. Interesse f. Kinder - Spr.: Engl., Franz., Portugies., Ital., Holl., Schwed.

THIEME, Ekkehard

Prof., Graphiker - Moordamm 6, 2390 Flensburg (T. 5 19 42) - Geb. 14. Jan. 1936 Berlin (Vater: Waldemar T., Jurist; Mutter: Maria, geb. Derday), verh. s. 1958 m. Christa, geb. Rokitta, 2 Kd. (Joachim, Wiebke) - Werkkunstsch. Hannover; Kunsthochsch. Hamburg (Prof.en Alfred Mahlau u. Georg Gresko) - Prof. f. fr. Graphik Fachhochsch. Kiel/Abt. Gestaltung. Vorwieg. Druckgraphik (meist zyklisch) - 1962 Reisestip. (Labrador) Kunstkreis Hameln, 1963 Villa-Massimo-Preis Rom, 1964 Kunstpreis Böttcherstr. Bremen, 1965 Stip. Kulturkr. Bundesverb. d. Dt. Industrie, 1976 Kulturpreis Stadt Flensburg - Liebh.: Musik, Lit.

THIEME, Hans Wilhelm

Dr. jur., Dr. jur. h. c., em. Prof. f. Dt. Rechtsgesch., Bürgerliches Recht u. Handelsrecht - Rehhagweg 19, 7800 Freiburg-Günterstal (T. 0761 - 29 05 27) - Geb. 10. Aug. 1906 Naunhof/Sa. (Vater: Prof. D. theol. Dr. phil. Karl T., Theologe (s. IX. Ausg.); Mutter: Jenny, geb. Respinger), ev., verh. m. Ursel, geb. Rauch, 5 Kd. (Christian, Gottfried, Ricarda, Jenny, Ursula) - Gymn. Leipzig u. Basel; Univ. Basel, München, Berlin, Leipzig (Promot. 1929) - 1931 Privatdoz. Univ. Frankfurt, 1935 ao., 1938 o. Prof. Univ. Breslau, 1940 Univ. Leipzig, 1946 Univ. Göttingen, 1953 Univ. Freiburg (1960/61 Rektor). 1961 Vizepräs. Intern. Vereinig. f. Rechts- u. Verfassungsgesch. (b. 1970). Div. Fachmitgliedsch. - BV: Ideengesch. u. Rechtsgesch. Ges. Schriften, 2 Bde., 1986. Herausg.: Ztschr. d. Savigny-Stiftg. f. Rechtsgesch./German. Abt. (1954) - 1977 Ehrendoktor Univ. Granada, Montpellier, Basel, Paris 2; o. Mitgl. Akad. d. Wiss. Heidelberg, korr. Mitgl. Österr. Akad. d. Wiss., Mitgl. Soc. d'Histoire du Droit, Paris u. Soc. Jean Bodin, Brüssel; 1971 Gr. BVK; Orden vom Heiligen Schatz, 2. Kl.; Ehrenmitgl. Portug. Akad. f. Gesch. - Bek- Vorf.: Peter Ochs, Präs. Helvet. Republik - Lit.: Festschr. Rechtshistor. Stud. Hans Th. z. 70. Geb. v. seinen Schülern (1977); Gerichtslauben-Vortr., Freiburger Festkolloquium z. 75. Geb. v. H. Th. (1983); Festschr. f. H. Th. z. 80. Geb. (hg. v. K. Kroeschel, 1986).

THIEME, Helga

Dr. med., Ärztin, stv. Landrätin, Vorsitzende Dt. Frauenrat, Bonn (1980-83, s. 1984 Vorst.-Mitgl.) - K. Balderstr. 17, 3380 Goslar/Harz - Geb. 25. Aug. 1915 Stettin (Vater: Reichsgerichtrat Dr. Hoffmann; Mutter: geb. Piper), verh. m. Dr. Wolfgang Th., Radiologe, 4 Kd. - Vizepräs. Dt. Ärztinnenbund; Past-President Intern. Ärztinnen (MWIA); stv. AR-Vors. Inst. Frau u. Ges., Hannover; Vors. Ethikkomiss. Landesärztekammer Nieders. FDP (Kreisabg. Kr. Goslar).

THIEME, Hermann

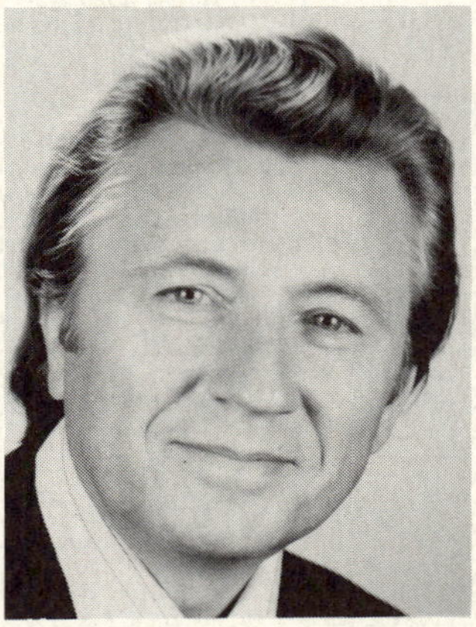

Komponist, Dirigent - Dufourstr. 108, CH-8008 Zürich (T. 0041-1 - 383 64 32) - Geb. 18. Jan. 1924 Dresden (Vater: Ernst T., Maler u. Kunsthistoriker; Mutter: Maria T., Konzert- u. Oratoriensängerin), ev., verh. s. 1959 m. Inge, geb. Walter, T. Nicole - Frhr.-v.-Fletscher-Sch. Dresden; Musikhochsch. Weimar (1942; Prof. Karl Weiss) u. München (1946-50; Prof. Hans Rosbaud, Prof. Joseph Haas, Prof. Joseph Pembaur, u. a.; Staatsex. Dirigieren, Komponieren, Klavier) - Einige 1000 Komp. in üb. 90 Bühnen- u. üb. 900 TV-Prod.: Musik zu Shakespeare, Molière, T. Williams, Frisch u. a., zu Krimis (Tatort, D. Alte, Derrick, zu Serien (Abenteuer d. Maus auf d. Mars, D. Jesusgesch.); Polish Concerto, Barock-Stud., Ballett-Suite, Nachtlieder, Kindermusical Räuber Brumbubu, Kinderlieder u. mus. Märchen; Musicals: Candid, Kongress tanzt, DELTA-Stern ohne Liebe; Sprachfilmserien Avanti! Avanti! (1985 m. 21. Adolf-Grimme-Preis ausgez.), Les Gammas! Les Gammas!, Guten Tag (Goethe-Inst. m. 25 Stunden Musik, in 30 Spr., 150 Ländern, üb. 100.000 TV-Sendungen). Sem. Komp.-Werkstatt (1984) Landesbildungszentrum Vorarlberg, Schloss Hofen, Schul-FS (S3), Gastkurse Komp.-Workshop, H. Thieme (1985/86) Mozarteum, Salzburg - Mitgl. IMZ, Wien; Dramatiker Union, Berlin; Vertr. nmz-neue musikprod., zürich, nmz-edition - Lit.: Who's Who in the World, Chicago, Who's Who in Music and Musicians, London, Komponisten d. Gegenwart (1985), Handb. Dt. Komp.-Verb., Berlin.

THIEME, Jörg H.

Dr. rer. pol., Univ.-Prof. f. Wirtschaftswissenschaften - Riesweg 89, 4300 Essen 1 (T. 0201 - 47 02 71) - Geb. 29. Aug. 1941 Leipzig - Schulen Leipzig u. Erlangen (Abit. 1959); 1960-64 Univ. Erlangen/Nürnberg, Marburg (Volksw.), Dipl.-Volksw. Marburg 1964, Promot. Marburg 1968 - 1972-77 Lehrst. f. Wirtschaftswiss. Univ. Essen, s. 1977 Lehrst. f. Theor. Volksw. Ruhr-Univ. Bochum - BV: u.a. D. sozialist. Agrarverfassung, 1969; 25 J. Marktwirtschaft in d. BRD - Konzeption u. Wirklichk., 1972 (Mithrsg.); Wirtsch.politik in d. Soz. Marktwirtsch., 1974; Einkommensverteil. im Systemvergl., 1976 (Mithrsg.); Einkommenspolitik, 1977 (Mitverf.), Gesamtwirtsch. Instabilitäten im Systemvergl., 1979 (Hrsg.); Vahlens Komp. d. Wirtsch.theorie u. -politik, 1980 u. 1981 (Mitverf.); Geldtheorie, 1985, 2. A. 1987 (Hrsg.); Ordnungspolitik (Mithrsg.), 1988.

THIEME, Paul

Dr. phil., o. Prof. f. Indologie u. vergl. Religionswissenschaft (emerit.) - Spemannstr. 14, 7400 Tübingen: (T. 6 41 44) - Geb. 18. März 1905 Berlin - Promot. (1928) u. Habil. (1932) Göttingen - 1940-70 Prof. Univ. Breslau, Halle (1941 ao., 46 o.), Frankfurt/M. (1953 o.), New Haven (Yale)/USA (1954), Tübingen (1960 o.) - BV: Panini and the Veda, 1935; D. Fremdling im Rigveda, 1938; Unters. z. Wortkunde u. Ausleg. d. Rigveda, 1949; Studien z. indogerman. Wortkd. u. Religionsgesch., 1952; D. Heimat d. indogerman. Gemeinsprache, 1953; Mitra and Aryaman, 1957. Div. Einzelarb. Mithrsg.: Ztschr. f. vergl. Sprachforsch. (1946 ff.) - Ausw. Mitgl. Sächs. Akad. d. Wiss., Leipzig.

THIEME, Werner

Dr. jur., em. o. Prof. f. Öffentl. Recht Univ. Hamburg (s. 1962) - Am Karpfenteich 58, 2000 Hamburg 63 (T. 538 49 92) - Geb. 13. Okt. 1923 Celle (Vater: Dr. jur. Paul T., Senatspräsident; Mutter: Marie, geb. Benöhr), ev., verh. s. 1952 m. Viva-Renata, geb. Jung, 3 Kd. - 1945-48 Univ. Göttingen (Rechts- u. Staatswiss.). Gr. jurist. Staatsprüf. 1952. Promot. 1951 Göttingen; Habil. 1955 Hamburg - 1952-56 Geschäftsf. Hochschulverb.; 1956-62 ao. u. o. Prof. (1958) Univ. Saarbrücken. 1959-62 Mitgl. Verfassungsgerichtshof d. Saarl. u. 1987 Hamburg, s. 1988 Rechtsanwalt in Celle - BV: Dt. Hochschulrecht, 2. A. 1986; D. Öfftl. Dienst in d. Verfassungsordnung, 1961; Entscheidungen in d. öfftl. Verw., 1981; Verw.lehre, 4. A. 1984; Privathochschulen in Deutschl., 1988. Zahlr. Einzelarb.

THIEMEYER, Theodor Heinrich

Dr. rer. pol., o. Prof. f. Sozialpolitik u. öfftl. Wirtschaft Univ. Bochum (s. 1973) - Universitätsstr. Nr. 150, Geb. GC 04/307, 4630 Bochum (T. 700 29 71); priv.: Knipscherhof, 5204 Lohmar 21 - Geb. 22. April 1929 Köln (Vater: Theodor T., Kaufm.; Mutter: Marie Luise, geb. Rosenbaum), kath., verh. s. 1965 m. Mechthild, geb. Borowski, 3 Kd. (Guido, René, Ulrike) - Obersch. u. Gymn.; Stud. d. Betriebswirtsch.lehre (Seyffert) u. Sozialpolitik (Weisser); Dipl.ex. (1954), Promot. (1963) u. Habil. (1968) Köln - 1969 Privatdoz. Univ. Köln; 1970-73 o. Prof. f. öfftl. Verw. u. öfftl. Dienste Univ. Linz/Österr. 1970-76 Mitgl. Sachverst.kommiss. f. Fortentwickl. d. gesetzl. Krankenversicher. Bundesmin. f. Arb. u. Sozialordn., Bonn, u. 1972-73 österr. Verw.reformkommiss., Wien; s. 1977 Vors. Wiss. Beirat Ges. f. öfftl. Wirtsch. u. Gemeinwirtsch.; 1983 Beratergr. z. Reform d. Krankenhausfinanzierung b. Bundesmin. f. Arb. u. Sozialordn. Bonn. Weitere Fachmitgliedsch. - BV: Grenzkostenpreise f. öfftl. Unternehmen, 1964; Gemeinwirtsch. als Ordnungsprinzip, 1970; Wirtschaftslehre öfftl. Betriebe, 1975. Herausg.: Finanzierung öfftl. Untern. (m. B. Eichhorn, 1979); Öfftl. Bind. v. Untern. (1983).

THIENEN-ADLERFLYCHT, Freiherr von, Christoph

Dr. phil., Historiker u. Publizist - 8229 Ainring-Perach 84 (T. 08654 - 6 28 08) - Geb. 5. April 1924 Salzburg, kath., verh. s. 1950 m. Isabelle Gräfin Serényi von Kis-Sereny, 3 Kd. (Wolfgang, Anna-Maria, Franz) - Stud. Rechtswiss., Phil., Theol. u. Gesch. Univ. München, Salzburg u. Graz; Promot. 1964 Graz - 1948-50 Mitarb. österr. Forschungsinst. f. Wirtsch. u. Politik; 1951 Pressechef b. Bundespräsidentenwahl f. Prof. Dr. Burghard Breitner; 1953-70 Hotel-Inh. in Wasserburg/Bodensee; s. 1978 Mitgl. Redaktionskollegium v. (Europa-)Zeitbühne - BV: Graf Leo Thun im Vormärz, Grundlagen d. böhmischen Konservativismus im Kaisertum Österr., Hermann Böhlaus Nachf., 1967; div. hist. polit. Ess. in Zeitbühne, Festschr., wiss. Ztschr. - Spr.: Engl., Franz. - Bek. Vorf.: Marie v. Ebner-Eschenbach (Schwester d. Urgroßv.), Fürst Franz v. Thun u. Hohenstein, 1898 österr. Ministerpräs. u. langjähr. Statthalter d. Königreichs Böhmen (Großv.).

THIERBACH, Dieter

Dr. rer. nat., Dipl.-Chemiker, Ressortleiter Wissenschaft u. Technik, Die Welt, Bonn - Am Jesuitenhof 12, 5300 Bonn 1 - Geb. 5. Juni 1951 Schwerte, kath., ledig - Stud. Chem. Univ. Bochum u. Dortmund; Dipl. 1976; Promot. 1980; 1981-83 Betriebsleit. Dynamit Nobel, Würgendorf. S. 1986 Lehrbeauftr. FU Berlin; Gründungsmitgl. Wiss.-Pressekonferenz, Bonn - Fachveröff. Übers. d. Standardwerks z. Ultraschalltiefenbestimmung in landnahen Fjorden (m. Dr. Rainer Nolden), 1984 - Spr.: Engl., Norweg.

THIERFELDER, Rudolf

Dr. jur., Botschafter i. R. - Lommerwiese 19a, 5330 Königswinter 1/Rh. - Geb. 31. Dez. 1905 Berlin (Vater: Geheimrat Prof. Dr. Hans T., Ord. f. Physiol. Chemie Univ. Tübingen † 1930 (x. IX. Ausg.); Mutter: Luise, geb. v. Beseler † 1945), ev., verh. s. 1938 m. Annemarie, geb. Burk, 2 Kd. - Gymn. Tübingen; Univ. München u. Tübingen (Rechtswiss.). Ass.ex. 1930; Promot. 1932 - 1930-45 Justizdst. (m. Kriegsbeginn Wehrdst.), Verw. Württ.-Hoh. (1946) u. AA (1950; Generalkonsul u. Gesandter Genf, Gesandter Botschaft London, 1964 Ministerialdir. u. Leit. Rechtsabt. Bonn, 1968 Botschafter Türkei) - 1970 Gr. BVK m. Stern.

THIERSCH, Hans

Dr. phil., o. Prof. f. Sozialpädagogik Univ. Tübingen - Beethovenweg 14, 7400 Tübingen (T. 6 15 95) - Zul. Prof. f. Pädagogik Päd. Hochsch. Kiel - BV:

Kritik u. Handeln, 1977; D. Entwicklung d. Erziehungswissenschaft, 1978; D. Erfahrung d. Wirklichkeit, 1986; Dt. Lebensläufe in Autobiogr. u. Briefen (m. Walter Jens), 1987. Herausg.: Handb. d. Sozialarbeit/Sozialpäd. (1984, m. Hanns Eyferth, Hans-Uwe Otto) - 1978-82 Vors. d. Dt. Ges. f. Erziehungswiss.

THIES, Alfred

Dr. jur., Vorstandsmitglied i.R. Deutsche BP AG, Hamburg 60 - Parkstr. 10, 2000 Hamburg 52 (T. 82 92 16) - Geb. 30. Mai 1919 Sittensen - Stud. Rechtswiss. Ass.ex.

THIES, Arnold

s. Thies, Heinrich-Arnold

THIES, Claus-Jürgen

Geschäftsführer AR WO BAU, Arbeitnehmer-Wohnheimbauges. mbH, gemeinn. Wohnungsuntern. u. GSG-Wohnen Gewerbesiedlungs-Ges. mbH, Berlin - Kadettenweg 82A, 1000 Berlin 45 (T. 833 70 16) - Geb. 17. Mai 1931 Hamburg, verh. - Schule Hamburg (Mittl. Reife); Lehre Holzkfm. (m. Praktikum Schweden); 1958-60 Akad. f. Gemeinw. Hamburg (Dipl.-Sozialwirt) - Angest. Hbg. Holzw. (5 J.), Fraktionsref. Berlin (1 J.), Verlagsprok. (1966-71), Handelsvertr. (1971-73), Bezirksstadtrat f. Wirtsch. u. Gesundheitswesen (1973-75), u. f. Sozialwesen (1975-88). 1967-71 Bezirksverordn. Steglitz, 1971-73 MdA Berlin. CDU s. 1961.

THIES, Erhard

Vorsitzender des Vorstandes Nordwest Eisen- u. Metallwaren eG. - Bungstockstr. 25, 5800 Hagen-Halden.

THIES, Erich

Dr. phil., Prof. f. Philosophie PH Heidelberg - Brunnengasse 20/24, 6900 Heidelberg - S. 1978 Rektor, 1978-82 Vors. d. Landesrektorenkonferenz - Herausg. v. Schriften aus d. Nachlaß Ludwig Feuerbachs sow. e. Theorie Werkausgabe.

THIES, Heinrich

Dr. rer. nat., Prof., Pharmazeut u. Lebensmittelchemiker - Böhlaustr. 22, 8000 München 60 (T. 811 26 44) - Geb. 6. Mai 1905 Klein-Siemz/Meckl. (Vater: Hans T., Mühlenbes.; Mutter: Anna, geb. Freitag), ev., verh. s. 1938 m. Franziska, geb. Becker, 2 Kd. - Reform-Realgymn. Johanneum Lübeck; Univ. München. Apotheker; Dipl.-Chem.; Lebensmittelchem. - S. 1941 (Habil.) Privatdoz. u. apl. Prof. (1951) Univ. München (b. 1969 Leit. Pharmaz.-Chem. Abt./Inst. f. Pharmazie u. Lebensm.-chemie), 1969-75 Leit. Zentr. Prüf.Labor. Kommiss. Dt. Arzneim.-Codex (DAC) - BV: Ausführung qualitativer Analysen, 9. A. 1966 (m. Souci); Praktikum d. qualitativen Analyse, 8. A. 1979 (m. Souci) Anleit. u. Harnunters., 5. A. 1966 (m. Schlemmer); Dt. Arzneimittelcodex, 1975 (m. Wehle u. Fresenius). Üb. 50 Fachaufs. Mitherausg.: Ztschr. f. Lebensmittelunters. u. -forsch. (1947-62) - 1983 Hermann Thoms-Med. (Dt. Pharm. Ges.).

THIES, Heinrich-Arnold

Dr. med., Prof., Chefarzt f. Chirurgie i. R. Univ. Heidelberg - Buchendorfer Str. 39, 8000 München 71 (T. 089 - 755 53 52) - Geb. 10. Okt. 1919 Jever/O. (Vater: Arnold T., Ing., zul. Reichsbahn-Bauinsp.; Mutter: Elisabeth, geb. Lucke), verh. s. 1948 m. Marianne, geb. Kümmelschuh, 2 Töcht. (Marianne, Annelie) - Gymn. Lohne, Handrup, Sittard (Holl.), Vechta (Abit. 1939); 1939-45 Kriegsdst. (Luftw., Heer); Univ. Hamburg (Med. Staatsex. 1948). Promot. (1948) u. Habil (1958) Hamburg - 1948-55 Assist. div. Kliniken Hamburg, 1963 wiss. Rat, 1964 Abt.-Vorst.; 1965-67 Leit. d. Chir. Univ. Poliklinik; 1958ff. Lehrtätigk. Univ. Hamburg (1964 apl. Prof.) u. Heidelberg (1971 apl. Prof.). 1967-84 Chefarzt Städt. Chir. Klinik Heilbronn (Akad. Lehrkrkhs. Univ. Heidelberg). 386 Vorträge im In- u. Ausland. Ltg. v. 41 med. Tagungen. Vergabe v. 110 unter eig. Ltg. beendeten Dr.-Arb. - BV: 247 Buchveröff. bzw. Buchbeiträge (allg. Chir., Unfallchir. Hämostaseol., Thromboseprophylaxe), 122 Ztschr.-Publ. - Entd.: Aktivitätsdifferenzen menschl. u. tier. Gewebsthrombokinasen, Thrombophilie durch Carcinom-Thromboplastin, erworbener F.XIII-Mangel in d. Chir., Blutströmungsverlangsamung p.op., hämatol. Kontrollen d. Frakturheilung, Effekte u. Inkorporation Seltener Erden, Verhüt. v. Cumarin-Nekrosen, Heparin-Rückflusss-Effekte n. Herzop., generelle antikoagul. Thromboseprophylaxe in d. Chir., Plasma-Thrombin-Spray, Sauerstoffbrille, Tiefenknoter - 1958 Dr.-Martini-Preis, Hamburg; 1960 Einlad. Nobelfeier (Stockholm); 1967 Vesalius-Gedenkmünze, Augsburg; Rudolf-Jürgens-Gedenkmünze in Bronze, Hamburg; 1968 korr. Mitgl. Brasilian. Angiologenges., Sao Paulo; 1977 Rudolf-Jürgens-Gedenkmed. in Silber, Hamburg; 1982 Rudolf-Jürgens-Gedenkmed. in Gold, Hamburg - Liebh.: Reisen - Spr.: Engl., Franz., Latein, Griech.

THIESS, Alfred M.

Dr. med., Prof. i. R. - Weimarer Str. 73, 6700 Ludwigshafen/Rh. - Geb. 3. Okt. 1921 Großau/Rumänien (Vater: Michael T., Hauptlehrer; Mutter: Sophia, geb. Thiess), ev., verh. s. 1949 m. Dr. med. Gisela, geb. Helwert, 2 Kd. (Andrea, Michael) - Stud. d. Med. Univ. Frankfurt/M.; Promot. 1951 ebd.; Habil. 1969 Heidelberg - S. 1954 BASF AG. (Werksarzt; 1963 Ltd. Werksarzt; 1976 Arbeitsmed. Direktor); s. 1967 Lehrauftr. u. apl. Prof. (1973) f. Arbeitsmed. Univ. Heidelberg, s. 1986 i. R. 1972 Gründ. Medichem (1972-86 Chairman, s. 1986 Hon. Pres.). Üb. 350 wiss. Veröff. in in- u. ausl. Ztschr. - 1975 BVK a. Bd.; 1982 BVK I. Kl.; 1986 Gr. BVK - Spr.: Engl., Rumän.

THIMIG, Hans

Schauspieler u. Regisseur - Friedrich-Schmidt-Pl. Nr. 4, A-1080 Wien - Geb. 23. Juli 1900 Wien (Vater: Hofrat Hugo T., Schausp., Regiss. u. Dir. Hofburgbzw. Burgtheater, 1854-1944 (s. X. Ausg.); Mutter: Fanny, geb. Hummel), verh. m. Helene, geb. Rauch - S. 1918 bühnentätig, u. a. Burgtheater (b. 1924 u. wied. ab 1949) u. Theater in d. Josefstadt Wien; s. 1959 Lehrer u. zeitw. Leit. Reinhardt-Sem. ebd. Film - 1963 Kammerschausp.; 1978 Prof. - Geschw.: Helene († 1974, s. XVII. Ausg.) u. Hermann T. - Lit.: Prof. Franz Hadamovsky, Hugo Thimig erzählt - Briefe u. Tagebuchnotizen (1963); Neugierig wie ich bin. Erinn.

THIMM, Heinz-Ulrich

Dr. agr., o. Prof. (s. 1967) Univ. Gießen - Ringallee 88, 6300 Gießen (T. 3 18 58) - Geb. 25. April 1927 - 1970-74 Univ. of Nairobi, s. 1974 Prof. Welternährungswirtschaft, 1975-78 gf. Dir. Zentrum f. regionale Entwicklungsforsch. Univ. Gießen - BV: D. volksw. Verflechtung d. Landwirtsch., 1964; Koordination f. d. landw. Absatz, 1967; D. Nahrungsw., 1970. Div. Einzelarb., Handbuchart. u. Gutachten zu Entwicklungsländerproblemen; Schwerp. Afrika.

THIMM, Walter

Dr. phil., Prof. f. Allg. Behindertenpädagogik Univ. Oldenburg (s. 1980) - Pirschweg 17, 2903 Petersfehn (T. 04486 - 26 18) - Geb. 24. Mai 1936 Dortmund, kath., verh. m. Marianne, geb. Heisig, 3 Kd. - Stud. Univ. Dortmund, Hamburg, Hannover (Erziehungswiss., Sonderpäd., Soziol., Psychopathol.); Lehrämter f. Volkssch., Blinden- u. Sehbehindertensch.; Promot. (Soziol.) 1970 - 1957-70 Lehrer, Blindenpäd.; 1972-80 Prof. f. Soziol. d. Behinderten in Heidelberg. Mitgl. in nationalen u. intern. Fachgremien - BV: Blinde in d. Ges. v. heute, 1971; M. Behinderten leben, 1977; E. Leben so normal wie möglich führen (m. Ch. v. Ferber), 1985. Herausg.: Soziol. d. Behinderten (1972). Zahlr. Veröff. in Ztschr., Handb., Sammelbd., insbes. zu soziol., sozialpolitischen Fragestellungen u. z. Theoriebildung in d. Behindertenpäd. u. Rehabilitation.

THIMM, Walter

Dr. rer. nat., em. Prof. f. Math. Univ. Kaiserslautern (s. 1971) - Rousseaustr. 6, 6750 Kaiserslautern - Geb. 22. Juni 1913 Königsberg/Pr. (Vater: Anton T., Reichsbahnrottenm.; Mutter: Maria, geb. Schulz), kath., verh. s. 1948 m. Anna, geb. Poeplau, 2 Kd. (Rita, Anton), verw. 1968, verh. 1969 m. Maria, geb. Schulte) - Oberrealsch. u. Univ. Königsberg (Math., Physik, Chemie; Promot. 1939). Habil. 1949 Bonn - 1937-39 Assist. Univ. Königsberg; 1945-48 Assist. TH Braunschweig; 1949-71 Doz. u. apl. Prof. (1956) Univ. Bonn (zul. Vorsteher Histor. Abt./Math. Inst.); 1970 o. Prof. u. 1982 em. Prof. Univ. Kaiserslautern. Spezialgeb.: Funktionentheorie v. mehreren komplexen Variablen. Üb. 50 Fachveröff.

THIMME, Hans

D., Präses Ev. Kirche v. Westfalen (1968-77) - Deppendorfer Str. 79, 4800 Bielefeld 1 (T. 10 42 02) - Geb. 6. Juni 1909 Fallersleben (Vater: Prof. D. Wilhelm T., Pastor; Mutter: Auguste, geb. Capelle), ev., verh. s. 1935 m. Gertrud, geb. Ruhfus, 4 Kd. (2 S., 2 T.) - Archi-Gymn. Soest; Univ. München, Berlin, Marburg, Münster (Theol.) - Pastor Bad Oeynhausen u. Spenge, Ephorus Predigersem. Kupferhammer u. Soest, 1957-68 Oberkirchenrat u. Vizepräs. Landeskirchenamt Ev. Kirche v. Westf. - Vorf.: Theologen (Hannover).

THIMME, Jürgen

Dr., Prof., Hauptkonservator a. D. - Beethovenstr. 5, 7500 Karlsruhe (T. 0721 - 84 22 27) - Geb. 26. Sept. 1917 Berlin (Vater: Dr. phil. Friedrich T., Historiker), verh. s. 1954 m. Dr. Ulrike, geb. Schauer, 3 Söhne (Clemens, Johannes, Christian) - Stud. Klass. Archäol., Griech. u. Kunstgesch. Göttingen, Promot. 1954 - 1959-82 Leit. Antikenabt. Bad. Landesmuseum Karlsruhe - BV: Picasso u. d. Antike, 1974; Kunst d. Sarden, 1983; Antike Meisterwerke im Karlsruher Schloß, 1986. Herausg.: Kunst u. Kultur d. Kykladeninseln im 3. Jahrtausend (1976); Kunst u. Kultur Sardiniens (1980). Zahlr. Aufs. z. Archäol. u. z. Kunst d. 20 Jh. - 1985 Verleihung d. Professortitels - Lit.: Antidoron J. T., Festschr. z. 65. Geb. (1982).

THOBEN, Christa

Dipl.-Volksw., MdL Nordrh.-Westf. - Gertrudenhof 4, 4630 Bochum-Wattenscheid - Geb. 1. Aug. 1941, kath. - Stud. Volksw. Univ. Münster, Wien u. Innsbruck, Ex. 1966 Münster - 1966-77 Wiss. Ref. Rhein.-Westf. Inst. f. Wirtschaftsforsch. Essen; 1978-80 Geschäftsf. IHK Münster. Im Landtag stv. Vors. CDU-Fraktion. CDU s. 1970 (s. 1985 Mitgl. Bundesvorst., s. 1986 stv. Landesvors. CDU Nordrh.-Westf.).

THODEN, Uwe

Dr. med., Prof. f. Neurologie u. Neurophysiologie Univ. Freiburg - Hansastr. 9, 7800 Freiburg (T. 0761 - 27 07 42 10) - Geb. 26. Sept. 1942 Insterburg (Vater: Dr. Wilhelm Th., Dipl.-Volksw.; Mutter: Anneliese, geb. Wesa), ev., verh. s. 1972 m. Birgitta, geb. Schilp, 2 S. (Jan, Tim) - Univ. Köln, Bonn, Freiburg, Stockholm u. Pisa; Promot. 1969, Habil. 1975 - 1980 Prof. Univ. Freiburg. Veröff. in Fachztschr. - Liebh.: Lit., Musik, Grafik - Spr.: Engl., Franz., Schwed., Ital., Latein.

THOELKE, Horst-Günther

Präsident i. R. Landgericht Hannover (1974-85) - Mars-la-Tour-Str. 24, 3000 Hannover (T. 81 78 89) - Geb. 14. Nov. 1920 Ilfeld, Kr. Hohnstein (Vater: Arnold T., Oberstud.rat; Mutter: Selma, geb. Rombach), verh. s. 1945 m. Gerda, geb. Götz - 1945-48 Rechtswiss. Univ. Göttingen. Staatsex. 1948 Oldenburg i. O., 1952 Hannover - 1952-53 Staatsanwaltschaft Hannover, 1953-62 LG ebd., 1962-63 OLG Celle, 1963-68 Nieders. Justizmin., s. 1968 ständ. Vertr. d. Landgerichtspräs., 1974-86 Präs. LG Hannover.

THÖLKE, Jürgen

Dipl.-Kfm., MdL Nieders. (s. 1974) - Gneisenauweg 30, 2870 Delmenhorst (T. 2 10 17) - SPD.

THOELKE, Wim

Fernseh-Journalist ZDF, Moderator - Parkstr. 91, 6200 Wiesbaden (T. 06121 - 56 21 22) - Geb. 9. Mai 1927 Mülheim/R. (Vater: Dr. Wilhelm T., Oberstud.-dir. †; Mutter: Martha, geb. Stiepermann †) - 1948-52 Stud. Rechts- u. Staatswiss. Univ. Köln - 1952-60 Geschäftsf. Dt. Handballbd.; 1960-63 kaufm. Leit. Bavaria-Flugges.; s. 1963 ZDF (b. 1970 Abt.-Leit. Sport, Präsentator Aktuelles Sportstudio; 1963 Send. heute; 1970-74 Drei mal Neun; s. 1974 D. gr. Preis m. Fernseh-Lotterie f. d. Aktion Sorgenkind, erfolgreichste Send. ihrer Art d. Welt [Lotterie-Einnahme in 100 Send.: üb. 1 Milliarde DM]) - BV: Vor allem Sport, 1969 - Gold. Bambi; Gold. Kamera - Liebh.: Aktives Fliegen.

THÖMING, Jürgen C.

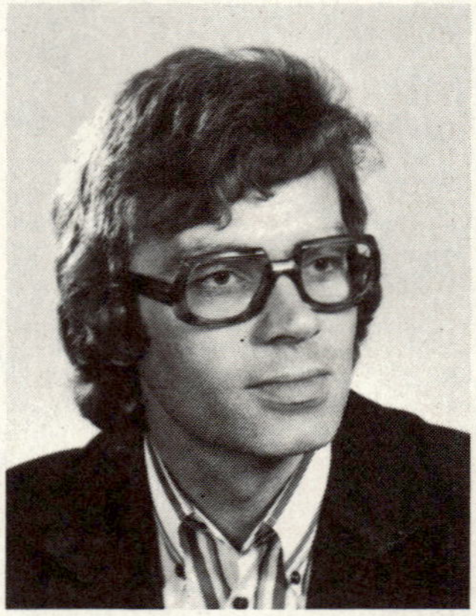

Dr. phil., Prof. f. Neuere dt. Literatur u. Allg. Literaturwiss. Univ. Osnabrück - Philosophenweg 16, 2848 Vechta - Verh. m. Frauken, geb. Peters-Poppenbüll, 2 Kd. (Anja-Rosa, Lilja Nadeshda) - Nordsee-Gymn. St. Peter-Ording; Stud. Philol. Univ. Tübingen, Hamburg, Straßburg u. Berlin (Staatsex. 1967, Promot. 1971), Habil. 1976 Saarbrücken - 1966 Wiss. Angest. TU Berlin; 1969 dass. Herzog-August-Bibl. Wolfenbüttel; 1971 Assist. f. Lit.wiss. Bielefeld; 1977 o. Prof. Univ. Osnabrück - BV: Robert-Musil-Bibliogr., 1968; Bibliogr. Dtschunterr. (m. Dietrich Boueke u. a.), 1973; Z. Rezeption v. Musil- u. Goethe-Texten, 1974; Sozialgesch. d. dt. Lit. v. 1918 b. z. Gegenw. (m. Jan Berg u. a.), 1981. Schriftleit. Musil-Forum.

THÖNE, Ernst

Hauptgeschäftsführer Industrie- u. Handelskammer f. Rheinhessen - Schillerplatz 7, 6500 Mainz (T. 06131 - 2 62-0) - Geb. 22. April 1932 Anröchte/Westf.

THOENEN, Hans

Dr. med., Prof., Direktor Abt. Neurochemie Max-Planck-Inst. f. Psychiatrie, Martinsried - Zu erreichen üb. MPI f. Psychiatrie, Am Klopferspitz 18 A, 8033 Planegg-Martinsried - Geb. 5. Mai 1928 Zweisimmen/Schweiz, verh., 2 Kd. - Abit. 1947; Med.-Stud. Univ. Bern u. Insbruck; Staatsex. 1953, Promot. 1957 Bern, Habil. 1970 - 1954-55 Assist. Pathol. Anatom. Inst. Univ. Bern; 1955-59 Med. Univ.-Klinik Basel; 1960 Inst. f. Exper. Gerontol., Basel; 1960-62 div. Auslandsaufenthalte; 1962-71 Abt. f. Exper. Med. Hoffmann-La Roche & Co. AG, Basel; 1968/69 National Inst. of Mental Health, Bethesda, USA; 1972-78 Forschungsgruppenleit. Abt. Pharmakol. Univ. Basel; s. 1979 s.o.; 1981 Hon.-Prof. Univ. München - BV: Molekulare

THOENES, Hans Willi
Dr. rer. nat., Prof., Gf. Vorstandsmitgl. Rhein.-Westf. TÜV, Essen - Priv.: Auf'm Kampe 39, 5600 Wuppertal 2 (T. 0202 - 52 35 39); dstl.: Rhein.-Westf. TÜV, Steubenstr. 53, 4300 Essen 1 (T. 0201 - 825 22 84) - Geb. 8. Nov. 1923 Wuppertal (Vater: Wilhelm T., Kaufm.; Mutter: Erna, geb. Mary), ev., verh. s. 1947 m. Hannelore, geb. Meermann, 2 T. (Ulrike, Monika) - Dipl. 1950 TH Aachen, Promot. 1953 ebd. - 1970 Dir.; 1978 Gf. Vorst.-Mitgl. Rhein.-Westf. TÜV. 1974 Honorarprof. TH Aachen - 1976 gold. Ehrenmünze VDI; 1979 BVK, 1983 BVK I. Kl., 1987 Gr. BVK - Liebh.: Briefmarken - Spr.: Engl., Franz.

THOENES, Wolfgang
Dr. med., o. Prof. f. Allg. Pathologie u. Pathol. Anatomie - Fort Weisenau 17, 6500 Mainz (T. 83 20 49) - Geb. 10. März 1929 Köln (Vater: Prof. Dr. med. Fritz T., Kinderarzt (s. XIII. Ausg.); Mutter: Margarete, geb. Zielaskowski), ev., verh. s. 1958 m. Dr. med. Gertraude, geb. Quentin, 3 Kd. (Christiane, Martin, Carola) - Dom- u. Klostergymn. Magdeburg; 1947-53 Univ. Mainz. Promot. 1953 Mainz; Habil. 1963 Würzburg - 1953-60 Assist. Pathol. Inst. Hannover, Med. Univ.-Poliklinik Heidelberg (1955), Inst. f. Biophysik u. Elektronenmikroskopie Düsseldorf (1959), 1960-69 Oberarzt Pathol. Inst. Univ. Würzburg; 1970-74 o. Prof. u. Inst.dir. Univ. Marburg; s. 1974 o. Prof. u. Inst.dir. Univ. Mainz - BV: Mikromorphologie d. Nephron nach temporärer Ischämie, 1964. Fachaufs. - 1984/85 Präs. Ges. Nephrologie; s. 1987 o. Mitgl. Akad. d. Wiss. u. Lit. (math.-naturwiss. Klasse) Mainz; 1988/89 Vors. Dt. Ges. Pathologie.

THÖNI, Hanspeter
Dr. phil., Prof. f. Biometrie Univ. Hohenheim (s. 1974) - Hundersinger Str. 23, 7000 Stuttgart 70 (T. 45 14 79) - Geb. 14. Mai 1934 Basel (Vater: Ernst Paul T., Techn.; Mutter: Alice, geb. Schmid), ref., verh. s. 1961 m. Ruth, geb. Lobsiger, 2 Kd. (Sabine, Barbara) - Stud. Univ. Basel, Bern, Iowa State Univ., Ames, Iowa/USA; Promot. 1963 Bern - 1966-1969 Lektor Univ. Bern; 1969-73 Oberassist. ETH Zürich. 1969-75 Generalsektr. Intern. Biometr. Ges. - Spr.: Franz., Engl.

THOENIES, Hans
Generalintendant - Bühnen d. Hansestadt, 2400 Lübeck - Geb. 19. Sept. 1932 - Schauspielhaus Bochum u. Regensburg, 1970 Int. Rendsburg, 1975 Int. Memmingen, 1979 Generalint. Lübeck.

THÖNNESSEN, Werner
Dr. phil., stv. Generalsekretär Intern. Metallgewerkschaftsbund (s. 1972), AR Krupp-Stahl AG u. Standard-Elektrik-Lorenz AG (SEL) - Zu erreichen üb. IMB, Genf, 54 bis, Route des Acaciaz - Geb. 21. Okt. 1929 (Vater: bek. Industriemann) - Promot. b. Prof. Adorno - Zul. Pressechef IG Metall.

THOFERN, Edgar
Dr. med., o. Prof. f. Hygiene - Sigmund-Freud-Str. 25, Klinikgelände 37, 5300 Bonn 1 (T. 28 01) - Geb. 6. Mai 1925 Bovenden - S. 1959 (Habil.) Lehrtätig. Univ. Göttingen (apl. Prof.) u. Bonn (1971 o. Prof. u. Dir. Hyg.-Inst.). Facharb.

THOL, Alfons
Vorstand Ifa Hotel & Touristik AG, Duisburg - Steinsche Gasse 29, 4100 Duisburg 1 - Geb. 25. Aug. 1927.

THOLE, Alfred
Dipl.-Landw., Angestellter, MdL Nieders. (s. 1970) - Ahlhorner Str. 19, 2901 Großenkneten/Oldbg. (T. Ahlhorn 7 41) - CDU.

THOLEY, Paul

Dr. phil. nat., Prof. f. Sportwissenschaft u. Leiter Abt. Sportpsych. TU Braunschweig (s. 1982) - Kapellenweg 31, 6690 St. Wendel (T. 06851 - 66 70) - Geb. 14. März 1937 St. Wendel - Abit. 1956 St. Wendel; Stud. versch. Fächer Univ. München; s. 1958 Univ. Frankfurt; Sportlehrerex. 1960 Frankfurt; Dipl. (Psych.) 1964 Frankfurt; Promot. 1973 Frankfurt - S. 1974 Doz. u. 1980-82 Prof. f. Psych. Univ. Frankfurt; s. 1982 Lehrbeauftr. f. Psych. Univ. Frankfurt. 1987 Mitbegründer European Assoc. for the Study of Dreams; 1989 Mitbegründer u. Vors. d. Intern. Assoc. Consciousness Res. And Its Applications CORA - 1976 Entwicklung d. Klartraumtechnik - BV: Z. Einzel- u. Gruppenleistung unter eingeschränkten Kommunikationsbedingungen, 1973; Schöpferisch Träumen (m. K. Utecht), 1987. Herausg.: Intern. Ztschr. Bewusst-Sein (s. 1989). Mithrsg.: Intern. Ztschr. Gestalt Theory (s. 1979). Forsch.- u. Publ. auf versch. Geb. d. Statistik, Psych., Sport- u. Traumwiss. - 1974 Preis d. Förderer u. Freunde d. Joh. Wolfg. Goethe-Univ. Frankfurt - Spr.: Engl., Franz., Griech., Latein.

THOMA, Alfons
Dr.-Ing., Senator e. h., Berater in Baufragen - Richelstr. 14, 8000 München 19 (T. 089 - 16 96 63) - Geb. 13. März 1917 München, kath., verh. s. 1951 m. Eleonore, geb. Winkler - Human. Gymn.; TH München; Dipl. 1936; Promot. 1956 Darmstadt - Präs. u. e. Bundesbahndir. a. D.; Vorst. Ges. f. rationale Verkehrspolitik, Düsseldorf, u. Bezirksvereinig. Südbayern d. Dt. Verkehrswiss. Ges. (DVWG); Leit. Fachbeirat Spurgeführter Verkehr im Dt. Museum - BV: D. Fahrkarte, 1985 - Bayer. VO.; Gr. gold. VO. d. Rep. Österr.

THOMA, Dieter
Journalist, Chefredakteur WDR-Hörfunk - Stadtwaldgürtel 85, 5000 Köln 41 (T. 40 92 01) - Geb. 11. April 1927 Paderborn (Vater: Gustav T., OStud.-Dir.; Mutter: Käthe, geb. Bruun), kath., verh. m. Ruth, geb. Rehn, S. Oliver - Gymn., Univ. Münster - 1953 Lokalredakt., 1957 Chefreporter, 1962 Korresp., 1963 Abt.-Leit. WDR Köln - BV: Köln f. Anfänger, 1964; Westfalen, 1975.

THOMA, Elmar
Dr. phil. nat., o. Prof. f. Höh. Mathematik u. Analyt. Mechanik - Lustheimstr. 2, 8000 München 60 (T. 811 50 07) - Geb. 10. Sept. 1926 Baden-Baden (Vater: Hubert T., Fabrikdir.; Mutter: Frieda, geb. Meyer), ev., verh. s. 1952 m. Helga, geb. Hagemann, 2 Söhne (Markus, Sebastian) - 1946-47 Phil.-Theol. Hochsch. Regensburg. 1947-52 Univ. Erlangen (Math., Physik). Promot. 1952 Erlangen; Habil. 1957 München - Ab 1957 Privatdoz. Univ. München; 1963-64 Wiss. Rat Univ. Heidelberg (Math. Inst.); s. 1964 Ord. Univ. Münster u. TU München (1969). 1959-61 Gastprof. Univ. of Washington, Seattle. Fachveröff. - Spr.: Engl.

THOMA, Ernst
Dipl.-Ing., Vorstandsvorsitzender Leonische Drahtwerke AG., Nürnberg, Vors. Verein d. Bayer. Metallverarb. Industrie - Kiebitzweg 9, 8500 Nürnberg (T. 57 22 46) - Geb. 31. Mai 1934 Nürnberg - Spr.: Engl. - Rotarier.

THOMA, Franz
Dr., Wirtschaftsjournalist, Chefkommentator f. Wirtschaftspolitik Südd. Zeitung - Sendlinger Str. 80, 8000 München 2.

THOMA, Hans C
Dr. rer. oec., Vorstandsvorsitzender Uni-Cardan AG - Postf. 19 51, 5200 Siegburg/Rhld. - Geb. 3. Jan. 1939 Saarbrücken - Stud. Wirtschaftswiss. München u. Berlin; Promot. München - 1968-70 DEMAG Belgien u. Frankr.; s. 1971 Uni-Cardan (auch Tochterges. Frankr.) - Spr.: Engl., Franz.

THOMA, Helge
Regisseur, Intendant Städt. Bühnen Augsburg - Völkstr. 27, 8900 Augsburg - Geb. 30. Okt. 1936 Mannheim (Vater: Helmuth T., Arch.; Mutter: Ruth, geb. Vögele), ev., led. - Gymn. Tegernsee u. Mannheim, Musikhochsch. Mannheim, Univ. Wien - 1959/60 Schauspieler Wien, 1962-68 Regieassist. u. Regiss. Schillertheater Berlin, 1968-70 Spielleit. Dt. Theater Göttingen, 1971-75 OSpiell. Wiesbaden, 1976-81 OSpiell. Staatsoper Wien - Bearbeit. u.a.: Gans v. Kairo (Mozart), Viktoria u. ihr Husar (f. Schausp.; Wiesbaden u. Burgtheater Wien) - Regie: u.a. Don Juan (Horvath) Berlin, Sonnenuntergang (Gorki) Wiesbaden, Frau ohne Schatten u. Figaro Wien. Zahlr. Auslandsinsz., bes. Richard Strauss u. Wagner, u.a. Ring d. Nibelungen am Grand Theatre Bordeaux - 1987 BVK - Liebh.: Klavier, Kammermusik, bild. Kunst, Reisen, Pferderennen - Spr.: Engl., Franz. - Bek. Vorf.: Johannes Hus.

THOMA, Helmut
Maler u. Graphiker, em. Prof. Hochsch. f. bild. Künste Berlin (s. 1948) - Regensburger Str. 29, 1000 Berlin 30 (T. 24 89 72) - Geb. 17. Aug. 1909 Lugnian/OS. (Vater: Paul T., Postschaffner; Mutter: Emma, geb. Kluß), kath., verh. m. Ellen Cornelia, geb. Wechselberg - 1930-34 Kunsthochsch. Breslau u. Berlin, 1. Staatsprüf. f. d. künstler. Lehramt 1934 - 1948-74 Lehrtätig. Hochsch. f. bild. Künste Berlin, 1958-65 Leit. Abt. Kunstpäd. Hochsch. f. bild. Künste Berlin - Lit.: Helmut Th., D. Insel Cres (autobiogr. Notizen).

THOMA, Helmut
Dr., Programmdirektor u. Sprecher d. Geschäftsführung v. RTL plus - Aachener Str. 1036, 5000 Köln 40 (T. 0221 - 48 95-1 10) - Geb. 3. Mai 1939 Wien - Abendgymn.; Matura; Stud. Jura; Promot. 1962 - Tätig. in Anwaltskanzleien Wien; 1966-73 Leit. ORF-Rechtsabt.; ab 1973 IPA Frankfurt (zun. Prok., ab 1975 Alleingeschäftsf.); 1982 Dir. Dt. Programm; s. 1984 Dir. dt. Programme RTL u. RTL plus; s. 1986 Sprecher d. Geschäftsf. v. RTL plus Dtschl. FS GmbH & Co. KG - Div. Publ. - 1986 Bronzener Hermes v. Neue Medien; 1987 Orden Officier d L'orde de mérite d. Luxemburger Staates - Liebh.: Radiohören, Ferns., Zeitunglesen, Antiquitäten, Medienpolitik.

THOMA, Josef
Vizepräsident Landeszentralbank in Nordrh.-Westf. a. D. - Robert-Reinick-Str. 7, 4000 Düsseldorf - Geb. 11. Febr. 1913 Viersen - S. 1949 LZB in NRW (1953 Leit. Volksw. Abt., 1959 Hauptref. Bankenaufs. u. Volksw., 1965 Vorstandsmitgl., 1967 Vizepräs.) - 1972 BVK I. Kl., 1978 Gr. BVK.

THOMA, Karl
Dr. rer. nat., o. Prof. f. Pharmaz. Technologie - Sophienstr. 10, 8000 München 2 (T. 59 02-1) - Geb. 6. Mai 1931 Rehau/Oberfranken (Vater: Karl T., Kaufm.; Mutter: Margarete, geb. Scherzer), ev., verh. s. 1961 m. Krista, geb. Pillhöfer, 2 Kd. (Eva, Markus) - 1952-55 Univ. München (Pharmazie). Promot. 1959, Habil. 1964 München - S. 1967 ao. Prof. (1967) u. Dir. Inst. f. galen. Pharmazie Univ. Frankfurt; s. 1980 o. Prof. u. Vorst. Inst. f. Pharmazie u. Lebensmittelchemie Univ. München. Spez. Arbeitsgeb.: Pharmaz. Technologie, Arzneimittelstabilität, Biopharmazie u. Arzneimittelanalyse - Etwa 300 Einzelarb - 1989 BVK am Bde.

THOMA, Kathleen
Schriftstellerin (Pseud. Dalila Thomas-Roos) - Im Eulenwinkel 1, 2999 Walchum 1 - Geb. 26. Jan. 1945 Wiesbaden - Leit. intern. Autorengemeinsch. Kreis d. Freunde um Peter Coryllis - BV: ... aus d. Eulen-Nest, Ged.; zahlr. Einzelveröff. im In- u. Ausl., u.a. auch holl., engl., span., rumän., poln., ungar., schwed., luxemb., franz., hebräisch, russ. u. japan. - 1981 Zenta-Maurina-Lit.preis; versch. kl. Lit.preise.

THOMA, Manfred
Dr.-Ing., Prof., Direktor Inst. f. Regelungstechnik Univ. Hannover (s. 1967) - Westermannweg 7, 3000 Hannover 21 (T. 79 21 75) - Geb. 24. Febr. 1929 Neumarkt/Opf. (Vater: Hubert T., Fabrikdir.; Mutter: Frieda, geb. Meyer), ev., verh. m. Elisabeth, geb. Franczok, 3 Kd. (Robert, Eberhard, Susanne) - Dipl.-Ing. 1975 TH Darmstadt, Promot. 1963 - 1957-64 Wiss. Assist., 1964/65 Gastprof. USA, 1967ff. Prof. u. Dir. Inst. f. Regelungstechnik Univ. Hannover, 1977 u. 1985 Gastprof. Japan. Mitgl. Braunschweig.-Wissenschaftl. Ges. - BV: Theorie linearer Regelungssysteme, 1973. Fachveröff. - Spr.: Engl.

THOMA, Richard
Dr. phil., Direktor Goethe-Inst. Hong Kong - 141, Des Voeux Road C, Hong Kong/BCC - Geb. 1. Dez. 1926 Ingolstadt (Vater: Georg T., Postbeamter; Mutter: Barbara, geb. Dunz), kath., verh. s. 1960 m. Barbara, geb. Klüglein, 2 Kd. (Jörg-Andreas, Bettina) - Stud. Univ. München; Promot. 1953 - S. 1956 Goethe-Inst. (1957 Leit. Zweigst. Kalkutta; 1961 Lagos; 1964 Brilon; 1967 Lahore/Pak.; 1972 Hong Kong).

THOMA, Werner
Dr., Hauptgeschäftsführer IHK f. Essen, Mülheim a. d. Ruhr u. Oberhausen zu Essen - Am Waldthausenpark 2, 4300 Essen 1.

THOMAE, Adolf
Dr., Geschäftsführer i. R. - Alte Landstr. 172, 4000 Düsseldorf 31 - Kaiserswerth (T. 0211 - 40 37 81) - Geb. 26. April 1916 - Kriegsdst. (5× verw.); Wirtschaftsprüfer; 1954 Mitgl. d. Ge-

schäftsfg. Pfaff u. 1957 Flick, bde. Düsseldorf. Div. AR- u. Beiratsmand. Vorst. Schmalenbach-Stiftung, Köln, Diakoniewerk Kaiserswerth u. a. - Rechtsritter Johanniter-Orden - Spr.: Engl., Franz. - Rotarier.

THOMAE, Hans

Dr. phil., Dr. phil. h. c., em. o. Prof. f. Psychologie - Langemarstr. 87, 5300 Bonn 3 (T. Inst.: 723, App. 661) - Geb. 31. Juli 1915 Winkl/Obb. (Vater: Georg T., Zollbeamter; Mutter: geb. Fraas), verw. - Univ. Bonn u. Berlin. Habil. 1942 Leipzig - 1949 Privatdoz. Univ. Bonn, 1953 o. Prof. Univ. Erlangen, 1960 Univ. Bonn (b. 1983 em.). 1969 Chairman Intern. Soc. of Study Behavioral Development (b. 1975), 1977-83 Präs. Dt. Ges. f. Gerontologie, 1981-83 Pres. Intern. Assoc. of Gerontology - BV: u. a. D. Wesen d. menschl. Antriebsstruktur, 1944; Persönlichkeit - E. dynam. Interpretation, 2. A. 1955; Beobachtung u. Beurteilung von Kindern, 12. A. 1976; D. Mensch in d. Entscheidung, 1960; Konflikt, seel. Belastung u. Lebensalter, 1965 (m. U. Lehr); D. Individuum u. s. Welt, 1968; Konflikt, Entscheidung, Verantwortung, 1974; Psychologie u. Gesellschaft, 1977; Alternsstile u. Alterssschicksale, 1983. Üb. 150 Einzelarbeiten. Mithrsg.: Handb. d. Psychol. (12 Bde. 1958ff.), Patterns of Aging (1976) - Max-Bürger-Preis f. Gerontol. Forsch.; 1970 Ehrendoktor Univ. Loewen; 1971 korr. Mitgl. Bayer. Akad. d. Wiss. - Lit.: D. Coletti, psicol. Umanistica. Metodo e. valore antropol. della psicol. dinamica di H. Th., 1974; H. Wahl, Phil. Probleme d. psychol. Konzeption v. H. Th., Diss., Ges. wissenschaftl. Fak. d. Humboldt-Univ. Berlin, 1983.

THOMÄ, Helmut

Dr. med., o. Prof. f. Psychotherapie - Am Hochsträss 8, 7900 Ulm/Donau (T. 176-29 70/71) - Geb. 6. Mai 1921 Stuttgart, ev., verh. s. 1957 m. Dr. med. Brigitte, geb. Hase, 2 Kd. - Ärztl. Approb. 1945 - S. 1961 (Habil.) Lehrtätigk. Univ. Heidelberg (1967 apl. Prof.; Oberarzt u. Abt.vorst. Psychosomat. Klinik) u. Ulm (1967 Ord.). 1955-56 Assist. Yale Univ. New Haven (USA). Zeitw. Vors. Dt. Psychoanalyt. Vereinig. (1968ff.) - BV: Anorexia nervosa, 1961 (engl. 1967 New York); Vom spiegelnden zum aktiven Psychoanalytiker, 1981; Lehrb. d. psychoanalyt. Therapie. Bd. 1: Grundlagen (m. H. Kächele), 1985; Bd. 2: Praxis (m. H. Kächele), 1988; Self, Symptoms and Psychotherapy (m. N. Cheshire), 1987 - Spr.: Engl.

THOMALLA, Georg

Schauspieler (Komiker) - Haus Nefer, A-5640 Badgastein/Salzburg (Österr.) (T. 20 46) - Geb. 14. Febr. 1915 Kattowitz/OS. (Vollwaise), verh. s. 1957 m. Margit, geb. Mayrl, S. Thino - Volkssch.; Kochlehre - S. 1932 Bühnentätigk. Film (viele Rollen); Fernsehen - 1976 Gold. Vorhang Theaterverein Berlin; 1977 Oberschles. Kulturpreis; 1984 Bundesfilmpreis/Filmband in Gold - Liebh.: Astrologie, Ikone, alte Münzen.

THOMALSKE, R. E. Günther

Dr. med., Prof., Vizepräsident Ges. z. Stud. d. Schmerzes f. Deutschl., Österr. u. d. Schweiz (s. 1978) - Schleusenweg 2-16, 6000 Frankfurt 71 (T. 63 01 59 39) - Geb. 8. Juni 1925 Hohkirch (Vater: Paul T., Pfarrer; Mutter: Eleonore, geb. Pletz), ev., verh. s. 1958 m. Anne, geb. This, 2 Töcht. (Christine, Catherine) - S. 1973 Prof. u. Leit. Abt. f. Funktionelle Neurochir. Univ. Frankfurt. In- u. ausl. Fachmitgl.sch. - BV: Schmerzkonferenz (m. D. Gross u. E. Schmitt), 1984; Beinschmerz (m. K.J. Münzenberg), 1986; Rücken- u. Kreuzschmerz (m. H. Tilscher), 1989. Herausg. d. Buchreihe: Schmerzen (s. 1984) - Spr.: Engl., Franz.

THOMANN, Heinz

Dr. med., Prof. f. Augenheilkunde Univ. Witten/Herdecke, Chefarzt Augenklinik St. Josefs-Hospital Hagen - Im Sonnenwinkel 2, 5800 Hagen 5 (T. 02334 - 5 19 60) - Geb. 1. April 1924 Frankenthal (Vater: Dipl.-Ing. Ernst T., Dir.; Mutter: Johanna, geb. Baumeister), verh. s. 1952 m. Anneliese, geb. Heinz, 2 S. (Henning, Ulrich) - S. 1961 (Habil.) Lehrtätigk. Univ. Mainz u. Köln (1967 apl. Prof.; zeitw. Wiss. Rat u. Oberarzt Augenklinik). Fachaufs. u. Buchbeitr. (Augenheilkd., Biochemie, Arbeits- u. Sozialmed.) - Lions.

THOMANN-STHAL, Marianne

Dipl.-Volksw., Mitgl. d. Landtags Nordrh.-Westf. - Geroldstr. 39, 4790 Paderborn (T. 05251 - 2 69 83) - Geb. 23. März 1954 Oberkochen, verh. - 1973-78 Stud. Freiburg - FDP (Landesvorst. NRW).

THOMAS, Alexander Friedrich

Dr. phil., Dipl.-Psych., Prof. f. Psychologie Univ. Regensburg - Rüdigerstr. 8, 8400 Regensburg - Geb. 4. Nov. 1939 Köln (Vater: Hubert T.; Mutter: Anna T.), kath., verh. s. 1968 m. Marianne, geb. Decker - Dipl.-Psych. 1968 Univ. Münster, Promot. 1970 ebd. - 1974-79 Prof. FU Berlin; 1979ff. Prof. Univ. Regensburg - Bes. Geb.: Kulturvergleichende Psych., Sozialpsych., Angew. Psych. - BV: Einf. in d. Sozialpsych., 1974; Einf. in d. Sportpsych., 1978 (span. 1982, portugies. 1983); Psych. d. Handl. u. Beweg., 1976; Erforschung interkultureller Beziehungen, 1983/84/85/88 - Liebh.: Reisen, Kunst u. Kunstgesch., Ethnologie - Spr.: Engl.

THOMAS, Berthold

Dr. phil., Prof. f. Technol. u. Nährwert von Getreide TU Berlin - Rolandstr. 12, 1000 Berlin 38 (T. 803 80 90) - Geb. 1. Juni 1910 Berlin (Vater: Paul T., Physiker; Mutter: Lili, geb. Pfankuch), ev., verh. s. 1946 m. Edith, geb. Franke, 2 Kd. (Angelika, Andreas) - Realgymn. Berlin; Univ. Bonn, Innsbruck, Berlin (Naturwiss., Biol., Geogr., Chemie) - Ab 1936 Assist. Inst. f. Müllerei, Berlin; 1945 Dir. Versuchsanst. f. Getreideverwert. ebd.; 1946-61 Leit. Abt. Getreideforsch. Inst. f. Ernährung, Potsdam; s. 1962 (Habil. TU Berlin Inst. f. Lebensmittel- u. Getreidetechnol.) Mitbegr. u. Wiss. Leit. Staatl. Fachsch. f. Lebensmitteltechnik Berlin u. Dozent Techn. Fachhochsch. ebd. Mitgl. Intern. Ges. f. Getreidechemie - BV: Die Nähr- u. Ballaststoffe d. Getreidemehle, 1964; Ernährung u. Getreidemahlprodukte, 1966; Handb. d. Lebensmittelchemie, Bd. V (Getreide- u. -mahlprod.) 1967; Ernährung ohne Brot?, 1983; Vollkorn bietet mehr, 1986; ca. 400 wiss. Aufs. üb. Nährwert v. Getreide, Brot, Ballaststoffen, Rohkost - 1970 Ehrenmitgl. D. Lebensmitteltechniker; 1979 Pelshenke Med. d. DLG - Liebh.: Musik, Phil. - Bek. Vorf.: Prof. Dr. Friedrich T. (Botaniker).

THOMAS, Bodo

Wiss. Berater, MdA Berlin (s. 1971) - Ollenhauerstr. 60, 1000 Berlin 52 (T. 412 81 89) - Geb. 1. Febr. 1932 Berlin, verh., 3 Kd. - Gymn. Baden (Österr.), Rosenheim, Berlin; Stud. Rechtswiss., spät. nebenberufl. Geschichte u. Zeitgesch. - B. 1964 Tätigk. Sozialversich., dann Geschäftsf. Ring Polit. Jugend, s. 1965 Aufg. Erwachsenenbild. 1957-71 Bezirksverordn. Reinickendorf (1967 stv. Fraktionsf.). SPD s. 1954.

THOMAS, Carl-Heiner

Industriekaufmann, Vorstandsmitgl. Siemens AG (Kaufm. Ltg. Unternehmensber. Energie u. Automatisier.technik) - Werner-v.-Siemens-Str. 50, 8520 Erlangen (T. 09131 - 72 14 00) - Geb. 17. Aug. 1930 Düsseldorf (Vater: Carl T., Kinderarzt; Mutter: Grete, geb. Köddermann), ev., verh. s. 1960 m. Eva, geb. Wulff, 2 Kd. (Frank, Jens) - Rethelgymn. Düsseldorf, Abit., kaufm. Lehre Siemens AG - Spr.: Engl.

THOMAS, Carmen

Journalistin - Zu erreichen üb. WDR, Appelhofplatz 1, 5000 Köln - Geb. 7. Mai 1946 Düsseldorf - Stud. German. u. Angl. - S. 1968 WDR; 1973 u. 74 1. Sportmoderatorin d. dt. FS (ZDF); s. 1974 Hallo Ü-Wagen WDR. S. 1983 Lehrbeauftr. Univ. Dortmund, Fort- u. Weiterbild. f. Journalisten - BV: D. Hausfrauengruppe, 1988; Hallo Ü-Wagen, Rundf. z. Mitmachen, 1984 - 1975 Gold. Mikrophon; 1986 Wilhelmine Lübke Preis; 1987 Prix Medial.

THOMAS, Ekkehard

Dr. med., Prof. Univ. Frankfurt - Deutschordenstr. 46, 6000 Frankfurt (T. 6 70 4-1) - Geb. 14. Juni 1929 Plauen/Vogtl. (Vater: Dr. Erich T., OMed.rat; Mutter: Marianne, geb. Wolf), ev., verh. s. 1959 m. H., geb. Wilatus, 2 Kd. (Sebastian, Caroline) - BV: Histotopochemie u. Histopathochemie d. peripheren Nervensystems b. Verletzungen u. Tumoren, 1969; Histochemie d. Enzyme im Peripheren Nervensystem, 1977.

THOMAS, Erhard

Korrespondent ARD-Studio Bonn - Am Lappenweiher 10, 5300 Bonn 1 - Geb. 7. Sept. 1940, ev., verh., T. Julia - Stud. German., Theaterwiss., vergl. Religionswiss.

THOMAS, Erhard Peter

Dr. rer. nat., Prof. f. Zoologie (Verhaltensforschung) - Schillerstr. 10, 6501 Budenheim (T. 06139-67 62) - Geb. 3. Aug. 1928 Ahrweiler/Rhld. (Vater: Matthias T., Stadtinsp.; Mutter: Anna, geb. Peters), kath., verh. s. 1974 m. Gertrud, geb. Grande, 2 S. (Stefan, Christoph) - Realgymn. Ahrweiler/Rhld., Univ. Mainz, Promot. 1954, Habil. 1963 - 1964 Oberassist., 1971 apl. Prof., 1971 wiss. Rat, 1974 Abt.vorst. u. Prof. Zool. Inst. Mainz - 1964-80 Vorst.-Mitgl. Dt. Ges. f. Herpetologie u. Terrarienkd., 1964-70 Schriftl. Salamandra (Ztschr. f. Herp. u. Terr.kd.), s. 1976 Mitgl. Redakt.beir. Salamandra, s. 1975 Hochsch.-filmref. Univ. Mainz. Beitr. in: Evolution of Play Behavior, 1978; zahlr. Einzelarb. - 10 Forsch.filme (vorw. üb. Verhalten v. Amphibien u. Reptilien) - Liebh.: Bild. Kunst, Orchideen, Reiten - Spr.: Engl.

THOMAS, Ernst

Direktor Intern. Musikinstitut, Darmstadt (1962-81) - Nieder-Ramstädter-Str. 215, 6100 Darmstadt (T. 4 82 44) - Geb. 21. Febr. 1916 Darmstadt (Vater: Albert T., Bankkfm.; Mutter: Lina, geb. Vorbach), ev., verh. s. 1944 m. Lore, geb.-Gerlt, 2 Söhne (Eberhard, Georg) - Gymn. Darmstadt; 1934-39 Musikstud. Musikhochsch. Leipzig (Staatsex. Klaviersp. 1937); 1939 Dirigieren Mozarteum Salzburg - 1940-41 Theaterkapellm. Freiburg/Br. u. Görlitz, dann Wehrdst., 1947-56 Musikkrit. Darmstädter Echo, 1956-62 Musikredakt. Frankfurter Allg. Ztg. 1960-70 Kommentator Westd. Rundfunk; 1962-80 Leit. Intern. Ferienkurse f. Neue Musik Darmstadt - BV: D. neue Musikbericht, 1967. Herausg.: Darmstädter Beitr. z. Neuen Musik, Neue Musik in d. BRD; Mithrsg.: Neue Ztschr. f. Musik (1958-78) - Bek. Vorf.: Georg Sebastian Thomas, Hofkapellm. Ludwigs I. v. Hessen (Urgroßv.).

THOMAS, Frank

Dr. rer. pol., Vorstand Gerling-Konzern Versich.-Beteiligungs-AG - Gereonshof, 5000 Köln 1 (T. 0221 - 144 57 77) - Geb. 9. April 1934 Duisburg, verh. s. 1961, 2 Kd. - AR-Mitgl. versch. Ges. d. Gerling-Konzerns, d. Frankona Rückversich.-AG u. d. Dt.-Atlant. Telegraphen-AG - Spr.: Engl., Franz., Span.

THOMAS, Fred

Dr.-Ing., Prof., Vorstandsmitglied Dt. Forschungsanst. f. Luft- u. Raumfahrt (DLR) (s. 1975) - Dahlienweg 15, 3300 Braunschweig (T. 0531 - 35 23 22) - Geb. 13. Okt. 1932 Prüm/Eifel (Vater: Alfred T., Studienrat; Mutter: Maria, geb. Meermann), verh. in 2. Ehe s. 1973 m. Heidemarie, geb. Herrmann, 4 Töcht. (Ilse, Friederike, Bettina, Katrin) - Gymn. Trier; 1952-57 Univ. Mainz u. TH Braunschweig (1957; Dipl.-Physiker). Promot. (1961) u. Habil. (1966) Braunschweig - 1957-63 wiss. Mitarb. u. stv. Abt.sleit. (1961) Dt. Forschungsanst. f. Luftfahrt, Braunschweig; 1963-66 Leit. Abt. Aerodynamik Dornier-Werke, Friedrichshafen/B.; 1966-71 Wiss. Rat u. Prof., s. 1972 apl. Prof. TU Braunschweig, Dir. Inst. f. Aerodynamik (1971), Ltr. Forsch.szentr. Braunschweig d. DFVLR (1972) - BV.: Grundlagen f. d. Entwurf von Segelflugzeugen, Fachlit., 1979 - Liebh.: Flugsport (Pilotenlizenz f. Motor- u. Segelflug), Ski - Spr.: Engl., Franz.

THOMAS, Gerhard

Ing., Geschäftsführer Zenith-Maschinenfabrik GmbH., Neunkirchen Kr. Siegen - Reckenstr. 35, 5880 Lüdenscheid - Geb. 2. Mai 1921.

THOMAS, Hans-Joachim

Dr.-Ing., o. Prof. f. Thermische Kraftanlagen - Möwestr. 8, 8000 München 82 (T. 430 70 06) - Geb. 24. Okt. 1920 Berlin - B. 1961 Dir. AEG, Essen, 1966 Ord. TH bzw. TU München (vorh. Lehrbeauftr.) - BV: Thermische Kraftanlagen, Berlin, Heidelberg, New York, 2. A. 1985. 35 Fachaufs. insbes. üb. Turbomaschinen.

THOMAS, Heinz

Dr. jur., Prof., Vors. Richter i.R. Oberlandesgericht München - Hillernweg 5, 8132 Tutzing - Geb. 7. Juni 1920 München, ev., verh. - Promot. 1949, jurist. Staatsex. 1950 - BV: Thomas-Putzo, Komment. z. ZPO (m.a.) - 1974 Honorarprof. Univ. München - Spr.: Ital., Franz., Engl.

THOMAS, Heinz

Dr. phil., Prof. f. Geschichte Univ. Bonn - Drachenfelsweg 11, 5300 Bonn 3 - Geb. 28. Nov. 1935 Gotha - Promot. 1966 Univ. Bonn, Habil. 1972 - 1962 Wiss. Assist.; 1971 Doz.; 1973 apl. Prof., 1980 Prof. Lehrauftr. u. Lehrstuhlvertr. Univ. Düsseldorf, Saarbrücken u. Bochum - BV: Stud. z. Trierer Gesch.schreib. d. 11. Jh., 1968; Zw. Regnum u. Imperium, 1973; Kaiser Otto III, 1980; Dt. Gesch. d. Spätmittelalters, 1983. 40 Aufs. in wiss. Ztschr. z. polit. u. Lit.-Gesch. d. Mittelalters.

THOMAS, Helga,

geb. Adamovsky

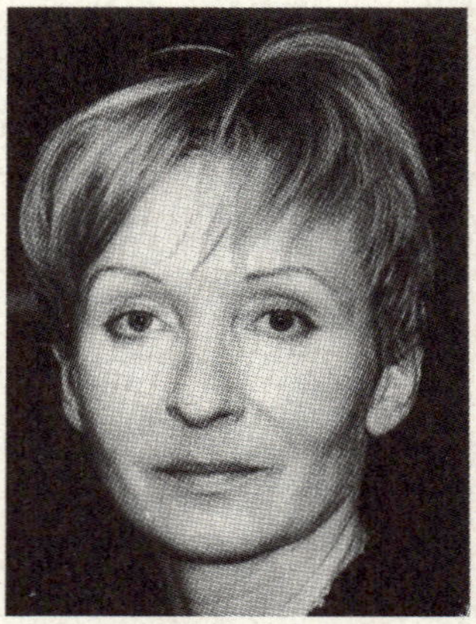

Dr. phil., Prof. f. Erziehungswiss. TU Berlin (s. 1974) - Pfalzburger Str. 82, 1000 Berlin 15 (T. 030 - 881 72 47) - Geb. 4. Okt. 1937, T. Judith - Stud. Roman., Klass. Philol., Phil., Päd. Univ. Frankfurt, Paris, Marburg, Graz, Hamburg; Promot. 1961 - 1961-64 wiss. Assist. f. Erziehungswiss. Univ. Hamburg; 1964-72 wiss. Mitarb. Max-Planck-Inst. f. Bildungsforsch. Berlin; 1972-74 o. Prof. PH Berlin - BV: Schulorganisation u. Unterr. (m. W. Schulz), 1967; Differenzierung im Sekundarschulwesen (m. S.B.

Robinsohn), 1968; Innovation in Education: Germany, 1971; Schulreform u. Ges. in England u. Wales 1944-70, 1975; Modellversuch „Integration ausländischer Schüler in Gesamtschulen", 1987 - Mitgl. Akad. d. Wiss. Berlin - Liebh.: Ballett, Malerei, Musik - Spr.: Engl., Franz.

THOMAS, Helmut

Dr. med., o. Prof. f. Physiologische Chemie Univ. Ulm - Ruländerweg 60, 7900 Ulm (T. 0731 - 5 78 38) - Geb. 20. Aug. 1929 Ahrweiler (Vater: Matthias T., Stadtinsp.; Mutter: Anna, geb. Peters), kath., verh. s. 1981 m. Elke, geb. Möhler - Univ. Köln u. Bonn; Promot. 1959, Habil. 1966 - 1970 apl. Prof. Univ. Bonn, 1970 wiss. Rat Univ. Ulm, s. 1976 o. Prof. ebd. (Leit. Abt. Physiol. Chemie, 1972-73 Dekan Fak. f. Theoret. Med., 1976-80 Prorektor). 1970-78 Mitgl. Advisory Panel Ztschr. Acta endocrinologica. Beitr. in: Methoden d. Hormonbestimmung, 1975, u. Fermente, Hormone, Vitamine, Bd. III, 1981; zahlr. Einzelarb. - Liebh.: Bild. Kunst, Musik - Spr.: Engl.

THOMAS, Klaus

Dr. med., Dr. phil., D. D., Oberstudienrat, Arzt, Psychotherapeut, Pfarrer, Vizepräs. Ökumen. St.-Lukas-Orden (s. 1964), Vorstandsmitgl. Intern. Ges. f. Religionspsych. u. a. - Glockenstr. 17, 1000 Berlin 37 (T. 801 58 48) - Geb. 1915, ev. - Stud. Theol., Neuphilol., Volkskd., Psych., Med. Promot. Berlin (phil. 1941) u. Marburg (med. 1947) - 1940-51 Pfarrer, bes. Studenten- u. Klinikpfr.; s. 1951 prakt. Arzt u. Psychotherapeut; s. 1954 Studien- u. Oberstudienrat. S. 1950 Leit. Lukas-Orden f. Dtschl., s. 1973 f. d. Welt; 1950-61 Doz. Predigersem. Paulinum (Psych., Seels.); 1964/65 Prof. Gettysburg Lutheran Seminary u. Wesley Theological Sem. Washington (Seels.). Initiator Dt. Telefonseels. u. Lebensmüdenbetreuung; Leit. Ärztl. Lebensmüdenbetreuung Berlin; s. 1971 Leit. d. I.H. Schultz-Inst. f. Autog. Training, ärztl. Hypnose u. Psychother.; s. 1980 Präs. Europ. Ges. f. Ärztl. Hypnose - BV: Konstitution u. Entwickl., 1966; Praxis d. Selbsthypnose d. Autogenen Trainings, 7. A. 1985 (Ital. 1976); D. künstl. gesteuerte Seele, 1970; Sexualerziehung, 3. A. 1973 (ital. 1972); Menschen vor d. Abgrund, 1970 (span. 1971); Seelsorge u. Psychother., Bd. 1 1973; Träume - selbst verstehen, 4. A. 1983; Selbstanalyse, 2. A. 1976 (span. 1974); Wirksam helfen - aber wie, 1976; Konzentration f. Lebensgestaltung u. geistige Arb., 1976; Abriß d. Entwicklungspsych., 1979; Warum Angst vor d. Sterben?, 1980 (GA: 200 000). Herausg.: Monatsschr. Wege zu Menschen (eig. Gründ., 1949-57); Handb. d. Selbstmordverhüt. (1964); W. Zeller, Konstitution u. Entwickl. (neubearb., 1964) - 1964 Ehrendoktor Hartwick College Oneonta (USA); Ehrenmitgl. mehrerer wiss. Ges., bes. USA - Liebh.: Weltreisen, Fliegen - Spr.: Engl., Franz., Ital.

THOMAS, Konrad

Dr. theol., Prof. f. Soziologie - Eschenweg Nr. 5, 3407 Gleichen Weißenborn (T. 05508-80 44) - Geb. 9. Juni 1930 Bremke/Göttingen (Vater: Wilhelm T., Pfarrer; Mutter: Edith, geb. Gebhardt), ev., verh. s. 1956 m. Renate, geb. Brandenburg, 2 S. (Philipp, David) - Gymn. Hannover u. Hildesheim, Univ. Göttingen, Erlangen u. Bonn (ev. Theol.), Fak.ex. 1955, Promot. Marburg 1964, Habil (Soziol.) Göttingen 1968 - 1955-59 Fabrikarbeiter, 1962-68 Assist., Priv.doz., Univ.doz., apl. Prof. (1974), 1969-71 Gastprof. Hyderabad/Indien - BV: Betriebl. Situation d. Arbeiter, 1964; Analyse d. Arbeit, 1969; Probl. schneller Industrialisierung in Entw.-ländern - Indien, 1976 - Liebh.: Musik, Poesie, Altbaurenovierung - Spr.: Engl.

THOMAS, Ludwig

Dr.-Ing., Prof., Metallphysik, Inst. f. Metallforschung TU Berlin (s. 1967) - Kadettenweg 15, 1000 Berlin 45.

THOMAS, Peter

Stahlhändler, Geschäftsf. Herzog Coilex GmbH, Stuttgart, u. Hoesch Coilex GmbH, Dortmund (s. 1987) - Mandarinenweg 16, 7000 Stuttgart 75 (T. 0711 - 47 21 88) - Geb. 9. Okt. 1940 Nürnberg, T. Martina - Stahlhandelslehre; 1982-85 Geschäftsf. Walter Herzog GmbH & Co., Stuttgart; 1983-85 Geschäftsf. Hövelmann & Co, Duisburg - Liebh.: Segeln, Tennis, Skifahren, klass. Musik, mod. Kunst - Spr.: Engl.

THOMAS, Ulrich

Assessor, Geschäftsführer Fachverb. d. Sitzmöbel u. Tischindustrie - Allee 11, 4930 Detmold/Lippe.

THOMAS, Uwe

Staatssekretär b. Min. f. Wirtsch., Technik u. Verkehr Schlesw.-Holst. - Zu erreichen üb. Ministerium f. Wirtsch., Technik u. Verkehr, Landeshaus, Düsternbrooker Weg 94, 2300 Kiel - Geb. 26. Juni 1938 Dresden, ev., verh. s. 1964 m. Marie-Mand, geb. Boisette, 2 Kd. (Patrick, Magali Ann) - Physikdipl. 1964 München - Forsch.inst. AEG; Projektleit. Studiengr. f. Systemforsch.; Consultant OECD; wiss. Mitarb. im Bundeskanzleramt; Unterabt.leit. BMFT - Spr.: Engl., Franz.

THOMAS, Werner

Dr. phil., Prof. f. Indogerman. Sprachwissenschaft - Weinbergsweg 64, 6380 Bad Homburg v. d. H. (T. 4 18 13) - Geb. 14. Nov. 1923 Neugersdorf/Sa. (Vater: Ernst T., Fabrikant; Mutter: Martha, geb. Hensel), ev., verh. s. 1954 m. Dr. Ingeborg, geb. Freiberger - Univ. Leipzig u. Göttingen (Indogerman., Indol., Keltol.; Promot. 1951) - 1956 Privatdoz. Univ. Göttingen; 1960 Ord. Univ. Frankfurt/M. - BV: D. tochar. Verbaladjektive auf -l, 1952; Tochar. Sprachreste, 1953 (aus Nachlaß hg.); D. Gebrauch d. Vergangenheitstempora im Tocharischen, 1957; Tochar. Elementarb., 2 Bde. 1960/64 (m. W. Krause); Bilinguale Udānavarga-Texte d. Sammlung Hoernle, 1971; Histor. Präsens oder Konjunktionsreduktion?, 1974; Z. Problem d. Prohibitivs im Indogerman., 1975; Z. Problem d. Übersetzung buddh. Sanskrittexte im Tocharischen, 1977; D. tochar. Übers. u. seine Zweifel an d. eigenen Leistung, 1977; Z. sog. erzählenden Futur im Deutschen, 1977; Indogerman. in d. Syntax d. Tochar.: Z. Ausdruck e. Gebotes u. Verbotes, 1981; D. Erforschung d. Tocharischen 1960-84, 1985; E. neues Pätayantika-Fragment in toch. B, 1987 - 1964 korr. Mitgl. Akad. d. Wiss. u. d. Lit. Mainz, 1971 o. Mitgl. Wiss. Ges. Frankfurt/M. (s. 1984 Präs.) - Liebh.: Zauberei - Spr.: Engl., Franz.

THOMAS, Wolfgang

Dipl.-Ing., Prof. f. Stadtplanung - Radhoff-Str. 21, 4300 Essen 12 - Geb. 15. Aug. 1935 Lüdenscheid (Vater: Robert Otto T.; Mutter: Emmi, geb. Weiß), ev., verh. s. 1958 m. Inge, geb. Wittenhans, 3 T. (Julia, Konstanze, Caroline).

THOMASCHKE, Thomas M.

Kammersänger, Konzert- u. Opernsänger - Fliederweg 108, 5000 Köln 40 - Geb. 1946 Pirna (Vater: Kirchenmusiker), verh. s. 1964 m. Ivana, geb. Vondráková, 2 Kd. (Sophia, Philipp) - Stud. Musikhochsch. Dresden (Gesang) - Oper: Dresden, Leipzig, Köln, Debüt Mailänder Scala (1974); 1976 Bayer. Staatsoper; 1981 Covent Garden Opera - Partien: u.a. Sarastro (Zauberflöte), Don Giovanni, Rocco (Fidelio), Gurnemanz (Parsifal) - 1974 Kammersängertitel.

THOME, Alfons

Dr. theol., o. Prof. f. Religionspädagogik u. Katechetik Theol. Fakultät Trier (s. 1967) - Jesuitenstr. Nr. 13, 5500 Trier/Mosel (T. 7 98 59) - Geb. 21. Juni 1915 Oberlöstern/Saar (Vater: Johann T., Bergmann u. Landw.; Mutter: Maria, geb. Feid), kath. - Gymn.; Theol. Fak. Trier (Theol., Phil.) - 1953-59 Religionslehrer (Berufssch.); 1959-67 Doz. u. Prof. Päd. Hochsch. Trier - BV: Berufsschulkatechese als personale Glaubens- u. Gewissensbildung, 1960; Unser Heil in Gottes Wort - Z. Theol. d. Bibelkatechese, 1964; Dichter u. Propheten, 1973; Moderne Problemliteratur im Religionsunterr., 1976.

THOMÉ-KOZMIENSKY, Karl Joachim

Dr.-Ing., Prof. TU Berlin, Inhaber d. Ing.-Büros f. Abfalltechnologie - Im Schwarzen Grund 20, 1000 Berlin 33 - Geb. 30. Okt. 1926, kath., T. Sophie - Stud. Bergfach RWTH Aachen, Bergakad. Clausthal, TU Berlin; Promot. 1967; Habil. 1971 - 1972 Prof. TU Berlin f. d. Fachgeb. Abfallwirtschaft, langj. Dir. Inst. f. Techn. Umweltschutz; Organisator Intern. Recycling Congress. Zahlr. Bücher üb. versch. Themen d. Abfallwirtsch., insbes. üb. Verbrennung u. Deponie - Spr.: Engl., Franz.

THOMÉE, Friedrich

Dr. rer. pol., Aufsichtsratsvorsitzender Haftpflichtverb. d. Dt. Ind. V.a.G. (HDI) - Riethorst 2, 3000 Hannover 51; priv.: Planckstr. 17, 3180 Wolfsburg - Geb. 1. Mai 1920 - AR-Mitgl. Dt. Warentreuhand AG, Hamburg, Löwenbräu AG, München. Zul. Vorst.-Mitgl. Volkswagen AG f. Finanzen. 1974ff. Honorarprof. Univ. Gießen.

THOMMES, Susanne

M.A., Schriftstellerin - Schlüterstr. 5, 2000 Hamburg 13 (T. 040 - 41 80 32) - Geb. 23. April 1944 Celle, verh. s. 1976 m. Jürgen Th., geb. Dillmann - Stud. German.; M.A. 1968 Frankfurt/M. - BV: Altweibersommer, Kriminalr. 1984; D. falsche Freund (m. Roland Kramp), R. 1985; Brüderchen u. Schwesterchen, R. 1986; Totensonntag, R. 1986; Unter Krokodilen, R. 1987; D. dritte Position, R. 1989.

THOMPSON, Carlos

Schauspieler, Schriftst., Arch. - Goldingen, Kt. St. Gallen (Schweiz) - Geb. 7. Juli 1923 Buenos Aires, verh. 1957-86 m. Lilli Palmer (Schausp.) † 1986 - Filme Argent., USA, Dtschl. - Spr.: Dt., Portugies., Span., Franz., Engl.

THOMSEN, Klaus

Dr. med., o. Prof. f. Geburtshilfe u. Gynäk. - Martinistr. 52, 2000 Hamburg 20 (T. 4 68 -1) - Geb. 22. Juli 1915 Hamburg (Vater: Dr. med. Christoph T., Arzt; Mutter: Helene, geb. Brandenburg) - Promot. 1942; Habil. 1952 - S. 1952 Lehrtätigk. Univ. Hamburg (1956 apl. Prof.; 1965 Ord. u. Klinikdir.) u. Mainz (1960 Ord. u. Klinikdir.); s. 1965 Univ. Hamburg, Ord. u. Klinikdir. Spez. Arbeitsgeb.: Funktionelle Morphologie d. Placenta, d. Eihäute u. d. Nabelschnur - BV: D. Adenocarcinom d. Collum uteri, 1949 u. 54 (m. H. Limburg). Üb. 80 Einzelarb. Mithrsg.: Gynäk. u. Geburtsh. (3 Bde.). 25 Arb. üb. Diagnostik u. Therap. d. Mammacarcinoms (3 in Buchbeitr.) - Ehrenmitgl. Dt. Ges. f. Gynäk., Finn. Ges., Rumän. Ges., Span. Ges. f. Gynäkol. sow. zahlr. regionale Ges.; 1985 Präs. XI. Weltkongress f. Gynäk. u. Geburtshilfe in Berlin.

THOMSEN, Peter

Wissenschaftsjournalist, Redakteur Zeitschr. Stern, (Ps. Jo Sailer) - Ratiborweg 26, 2000 Hamburg 70 (T. dstl. 040 - 41 18 36 50; priv.: 653 99 66) - Geb. 21. Nov. 1937 Kiel (Vater: Harro T., Rechtsanw.; Mutter: Gerda, geb. Sailer), verh. s. 1975 m. Ilske, geb. Schmieder - 1960-65 Masch.bau-Stud. TH Aachen; 1965-67 journ. Volont. Aachener Nachr. - 1967-69 Redakt. Aachener Nachr., 1969-75 Ztschr. hobby; s. 1975 Redakt. Ztschr. Stern - BV: D. unsichtbare Tod (Mitverf.), 1979 - Liebh.: Modellbau - Spr.: Engl.

THOMSSEN, Reiner

Dr. med., o. Prof. f. Medizinische Mikrobiologie (s. 1968) - Wilhelm-Weber-Str. 29, 3400 Göttingen (T. 4 27 46) - Zul. Privatdoz. Univ. Freiburg.

THOMSSEN, Wolfdietrich

s. Gugl, Wolfgang Dietrich

THONET, Georg

Dipl.-Ing., Fabrikant, geschäftsf. Gesellschfter Gebr. Thonet GmbH, Frankenberg - Michael-Thonet-Str. 3, 3558 Frankenberg/Eder (T. 50 81 80) - Geb. 12. April 1909 Bystritz/Tschechosl. (Vater: Dr. Richard T.; Mutter: geb. Schmitt), verh. 1942 m. Joy, geb. Momberger - TH Wien (Dipl.-Ing. 1935) - S. 1942 Dir. Thonet. Vorst.-Mitgl. Verb. d. Dt. Möbelind. - Spr.: Engl., Franz. - Rotarier.

THOR, Erich

Kaufmann - Postf. 761 109, 2000 Hamburg 76 - Geb. 27. Juni 1906 - Eig. Wohnungsuntern.

THORMANN, Eduard

Rechtsanwalt - Knochenhauertwiete 5, 2000 Hamburg 1 (T. 040 - 33 02 61); priv.: 52, Büngerweg 6a - Geb. 15. Aug. 1921.

THORMANN, Gundel

Schauspielerin - Hauensteinstr. 10 A, 8000 München 90 (T. 64 73 57) - Geb. 15. März Lübeck (Vater: Dr. Heinrich Müller-Thormann, Oberstud.rat; Mutter: Anne-Grete, geb. Thormann), verw. s. 1974 - Lyz. Lübeck; Schauspielausbild. Berlin - 1937-43 Kammersp. München, dann abwechselnd Berlin, München, Hamburg, Wien. Hauptrollen (z. T. an mehreren Bühnen): u. a. Baumeister Solness, Don Gil v. d. grünen Hosen, D. Dame ist nicht für's Feuer, Rebecca, Schmutzige Hände, Geisterkomödie, D. Launen d. Doña Beliza, Dantons Tod, Frl. Julie, Pygmalion, D. Fee, D. Himmelbett, Geliebte Hexe, Spiel zu Zweit, Intimitäten, Old Times, Towarisch - Liebh.: Reisen.

THORMANN, Heinz

Dipl.-Kfm., Geschäftsführer H. Bahlsens Keksfabrik KG, Hannover, Bahlsen TET Ein- u. Verkaufs-GmbH, Hannover - Im Eichholz 19, 3000 Hannover 51 (T. 0511 - 6 58 73; Büro: 608 22 60) - Geb. 6. März 1924 Hannover - Vors. Bundesverb. d. Dt. Süßwarenind., Bonn, u. Forschungskr. d. Ernährungsind., Hannover; Präsidialmitgl. Arbeitsgem. industrieller Forsch.-Vereinig. (AIF), Bundesvereinig. Dt. Ernährungsind.; VR-Mitgl. Centrale Marketingges. d. Dt. Agrarwirtsch.; Schatzm. Kestner-Ges. - 1984 Gr. BVK.

THORN, Friedrich (Fritz)

Übersetzer, Journalist - 8, Teignmouth Court, Mapesbury Road, London NW2 4HL (T. 01 - 452 7771) - Geb. 16. Nov. 1908 Wien, verh. s. 1956 in 2. Ehe m. Elvira, geb. Bork (†1983) - Chemiestud. in Wien (Ing.) - S. 1963 Kulturkorresp. Süddt. Ztg.; s. 1975 Theaterkorresp. Neue Zürcher Ztg. - Spr.: Engl., Franz., Ital., Portug.

THORN, Werner

Dr. med., o. Prof. f. Biochemie - Am Langenzug 9, 2000 Hamburg 76 (T. 040 - 22 33 09, dstl. 040 - 41 23 28 42) - Geb. 4. Juli 1922 Groß-Buchwald, verh. I) m. Ursula, geb. Nagel (†1976), 2 Kd. (Claudia, Armin) II) m. Prof. Dr.-Ing. Emmy, geb. Csanyi, S. Rudolf - S. 1955 (Habil.) Lehrtätigk. Univ. Köln, 1961 apl. Prof. u. Hamburg 1962 - Mitgl. Ges. dt. Chemiker, dt. physiol. Ges., Ges. biol. Chem., dt. Ges. f. Kreislauff., Abwassertechnische Vereinig., Fachveröff., Aufs., Ergebnisartikel. Herausg.: Funktionelle Biol. u. Medizin (m. a.) - 1955 Hochhaus-Preis, Köln.

THOROE, Carsten

Dr. agr., Prof. f. Volkswirtschaftslehre u. Agrarökonomie Univ. Göttingen - Wolfskamp 12, 2300 Molfsee - Geb. 10. Juni 1944 Bredstedt (Vater: Sören T., Landwirt; Mutter: Mathilde, geb. Jensen), ev., verh. s. 1967 m. Erika, geb. Nickelsen, 3 Kd. (Kerstin, Meike, Lars) - Stud. Volkswirtsch. Univ. Göttingen u.

Kiel (Dipl.-Volksw. 1970, Promot. 1974) - S. 1981 Prof. f. Volkswirtsch. u. Agrarpolitik Inst. f. Agrarökon. Göttingen - BV: The Second Enlargement of the European Community (Mitautor), 1982; Rgionales Wirtschaftswachstum u. sektoraler Strukturwandel in d. Europ. Gemeinsch. (Mitautor), 1985. Zahlr. Art. z. Agrar- u. Regionalpolitik - Spr.: Engl.

THORWALD, Achim

Generalintendant Städt. Bühnen Münster - Beckenwengert 3, 8701 Eibelstadt (T. 09303 - 82 06) - Geb. 23. Sept. 1943 Stuttgart (Vater: Prof. Josef Dünnwald, Staatskapellmeister; Mutter: Anny, geb. Frische), verh. s. 1966 m. Marlies, geb. Heppe, 2 Kd. (Anja, Bastian) - Human. Abit.; Ausb. als Schausp., Stud. Kunst-, Lit.-, Musik- u. Theatergesch. Mozartteum Salzburg - 1965-67 Schausp. Hamburg, 1967-71 Nürnberg; 1971-76 Regiss. u. Schausp. Freiburg (1975/76 Oberspielleiter); 1976-85 Intendant Württ. Landesbühne Esslingen, 1985-88 Int. Stadttheater Würzburg - Liebh.: Musik, Sport, Reisen - Spr.: Engl., Franz.

THORWALD, Jürgen

(Ps. f. Heinz Bongartz) Schriftsteller - Via Bellavista 8, CH-6977 Suvigliana (Schweiz) (T. Lugano 51 74 80) - Geb. 28. Okt. 1915 Solingen (Vater: Jakob B., Gewerbeoberlehrer; Mutter: Auguste, geb. Hartmann), ev., verh. s. 1985 m. Hannelore, geb. Rosner, 2 Kd. (Brigitte, Kim) - Univ. Köln (Med., Phil., Gesch.) - Wehrdst. (Marine; 1940-45), 1948-51 Redakt. Wochenztg. Christ u. Welt - BV (alle in Übers.): u. a. Es begann an d. Weichsel, 1949; D. Ende an d. Elbe, 1952; Wen sie verderben wollen, 1954, NA. 1974 unt. d. Titel: D. Illusion; D. Jahrhundert d. Chirurgen, 1956 (Fernsehreihe); D. Weltreich d. Chirurgen, 1957; D. Entlassung (Sauerbruch), 1960; Macht u. Geheimnis d. frühen Ärzte - Ägypten/Babylonien/Indien/China/Mexico/Peru, 1962; D. Jahrhundert d. Detektive, 1964 (Fernsehserie 1989); D. Stunde d. Detektive, 1966; D. Traum-Oase (Beverly Hills), 1968; Die Patienten, 1971; D. gnadenlose Jagd - Neube-

arb. v. D. Jahrhundert d. Detektive u. d. Stunde d. Detektive i. einem Band, 1973; Blut d. Könige, 1975; D. Gewürz - D. Saga d. Juden in Amerika, 1978; D. Große Flucht, Neubearb. v. Es begann an d. Weichsel u. D. Ende an d. Elbe in einem Band, 1979; D. Mann auf d. Kliff, R. 1980; D. Monteverdi-Mission, R. 1982; Tödliche Umarmung, 1984; Im zerbrechlichen Haus d. Seele - D. große Odyssee d. Gehirnchirurgie, 1986 - 1966 Edgar-Allan-Poe-Preis New York; 1984 BVK I. Kl. - Spr.: Engl., Franz., Ital.

THORWIRTH, Karl

Direktor, MdL Rhld.-Pfalz (s. 1963; 1975 Vors. SPD-Fraktion), Vorstandsmitgl. Stadtwerke Mainz AG (s. 1972) - Südring 98, 6500 Mainz-Bretzenheim (T. 3 50 61) - Geb. 23. Aug. 1923 Pirmasens, ev., verh., 3 Kd. - Volkssch.; kaufm. Lehre - 1941-45 Arbeits-, Militär- u. Kriegsdst., 1946-51 Angest. Arbeitsverw., 1951-65 Angest. DGB Rhld.-Pfalz (1958 Vorstandsmitgl., 1960 Vors.), 1965-72 parlam. Geschäftsf. SPD-Landtagsfrakt.; s. 1960 Mitgl. Stadtrat Mainz. Zeitw. Vors. Landesjugendring Rhld.-Pfalz. SPD s. 1946 (Mitgl. Landesvorst.), Vorst.smitgl. Stadtwerke Mainz AG (s. 1972) - 1969 BVK.

THOSS, Elke
s. Hümpel, Elke

THRAEDE, Klaus
Dr. phil., Dr. theol., o. Prof. f. Klass. Philologie Univ. Regensburg (s. 1968) - Zu erreichen üb. Univ., 8400 Regensburg - Geb. 6. März 1930 Lüneburg (Vater: Erich T., Pastor) - Stud. Theologie, Klass. Philol., Soziologie Göttingen, Innsbruck, Zürich; 1958-60 Gymnasiallehr., Habil. 1964 Köln - BV: Stud. zu Sprache u. Stil d. Prudentius, 1965; Grundzüge griech.-röm. Brieftopik, 1970; D. Hexameter in Rom, 1978. Mithrsg. RAC, JbAC. Div. Einzelarb. zu ant. Sozialgesch. u. -theorie, altchr. Dichtung, Liturgie.

THRÄNHARDT, Dietrich
Dr., Prof. f. Politikwiss. Univ. Münster - Am Linnenkamp 2, 4400 Münster - Geb. 31. Mai 1941 Breslau (Vater: Günter T., Pfarrer; Mutter: Siegtraud, geb. Weigelt), verh. s. 1969 m. Dr. Anna-Maria, geb. Hesse, 3 T. (Angela, Bettina, Fumiko-Susanne) - Promot. 1971 Konstanz, Habil. 1975 Münster - 1969-74 wiss. Assist.; 1975-80 Doz., s. 1980 Prof. - BV: Parteien u. Wahlen in Bayern 1848-1953, 1973; D. Bundesrep. Dtschl., 2. A. 1974; Funktionalreform, 1977; Schule, 1979; Alternativen lokaler Demokratie, 1979; Kommunikationstechnol. u. kommunale Entsch., 1982; Gesch. d. Bundesrep. Deutschl., 1986 - Spr.: Engl., Franz.

THRAN, Peter
Dr. phil., Prof., Abteilungspräsident i. R. - Müllenhoffweg 8, 2000 Hamburg 52 (T. 89 29 22) - Geb. 8. April 1910 Königsberg/Pr. - Zul. Leit. Allg. Abt./Zentralamt Dt. Wetterdienst, Offenbach. S. 1953 Lehrbeauftr. u. Honorarprof. (1966) Univ. Kiel (Agrarmeteorol.) - BV: Agro-climatic-atlas of Europe, 1965 (dreispr.).

THROLL, Manfred
Dr. disc. pol., o. Univ.-Prof., Dipl.-Ing. Architekt/Stadtplaner, TU Berlin - Apostel-Paulus-Str. 12, 1000 Berlin 62 (T. 030 - 782 18 17) - Geb. 23. März 1935 Frankfurt/M. (Vater: Franz C. Th., Architekt; Mutter: geb. Koppehl), kath., verh. s. 1985 m. Dr. phil. Mechthild, geb. Schumpp (Stadtsoziologin), 2 Kd. (Frank, Kerstin) - Dipl.-Ing. 1960 TH Karlsruhe; Dr. disc. pol. (Soziol., Raumwirtschaftspolitik, Bau- u. Planungsrecht) 1971 Göttingen - S. 1972 o. Prof. FB Architektur TU Berlin (Fachgeb.: Entwerfen, Soziol. Grundl. d. Stadt- u. Objektplanung). Schul- u. Sportbauten, kommunale Bauten, Univ.-Planungen. 1987 Gastprof. an d. Zhejiang Univ. in Hangzhon/VR China - BV: D. Architekt zw. Staat, Wirtschaft u. humanem Anspruch, 1980; Human living

- spaces in future postind. Societies (übers. ins Chines.) - Preise in Architektenwettbew. - Liebh.: Reisen - Spr.: Engl., Franz.

THROLL, Wolfgang
Stadtkämmerer a. D., Oberstudienrat a. D. - Brüder-Grimm-Str. 23, 6370 Oberursel (T. 06171 - 2 47 17) - Geb. 18. April 1930 Offenbach/M., kath., verh. m. Marianne, geb. Clemm, 4 Kd. - Stud. Klass. Phil., Wirtsch.wiss. - 1956-74 Gymnasiallehr; 1974-82 MdL Hessen; 1983-89 Stadtkämmerer Oberursel (Taunus) - S. 1978 stv. Vorst.-Vors. d. Oberurseler Gemeinn. Wohnungsgenossenschaft e.G. CDU - BVK am Bde.

THROM, Günther
Dr. rer. nat., Prof. f. Botanik u. Pflanzenphysiol. Univ. Marburg - Zwickauer Str. 11, 3575 Kirchhain/Hessen.

THÜMEN, von, Achaz
Kanzler a.D. Univ. Frankfurt, Präsident Eintracht Frankfurt a. D. - Mühlebachstr. 41/36, CH-8008 Zürich (T. 251 24 21) - Geb. 17. Sept. 1911 Dessau (Vater: Joachim v. T., Offz.; Mutter: Marie, geb. v. Bonin), ev., verh. s. 1939 m. Frauke, geb. Magnussen, 2 Töcht. (Annette, Bettina) - Human. Gymn., Abit. 1931; Jura-Stud., Refer. 1935, Reg.-Ass. 1939 - Liebh.: Sport, Phil. - Gold. Sportabz. - Spr.: Engl., Franz.

THÜMLER, Heinz
1. Bürgermeister a. D. Rehau - 8673 Rehau/Ofr. - Geb. 26. Mai 1929 Münchberg - Stv. Landesvors. Gewerksch. d. Kommun. Beamten u. Arbeitnehmer, Versichertenältester, Mitgl. Vertr. Vers. d. Gemeindeunfallversich. - Verb. - BVK; Silb. Ehrenmed. v. Oberfranken; Silb. Wasserwachtmed.; Silb. Weinbergermed. d. Arbeiterwohlfahrt; Ehrenbürgermed. d. Stadt Rehau, Ehrenkreuz d. Präs. Merite et Devouement Francais.

THÜMMEL, Hans
Dr. jur., Prof. Univ. Hohenheim, Rechtsanwalt u. Notar - Landhausstr. 90, 7000 Stuttgart 1 (T. 0711 - 28 32 82) - Geb. 1. Mai 1921 Luckenwalde (Vater: Alwin T., Geschäftsf.; Mutter: Helene, geb. Bader), ev., verh. s. 1952 m. Vera, geb. Koebe, 2 Kd. (Heidrun, Roderich) - Stud. TH Stuttgart, Univ. Tübingen (Refer. 1950, Dr. jur. 1952, Ass. 1954); Univ. of Virgina Law School USA - Rechtsanwalt u. Notar in eig. Kanzlei; zahlr. Mandate. AR- u. Beiratspositionen - Spr.: Engl.

THÜMMLER, Fritz
Dr.-Ing., o. Prof. f. Werkstoffkunde (Lehrstuhl II) - Hohenwettersbacher Str. 17, 7500 Karlsruhe 41 (T. 4 55 77) - Geb. 22. Mai 1924 Dresden (Vater: Dr.-Ing. Fritz T. † 1939; Mutter: Elsa, geb. Stach † 1978), ev., verh. s. 1957 m. Dr. Ursula, geb. Tschepe, 3 Kd. (Sabine, Christoph, Ulrich) - Staatsgymn. u. TH Dresden (Chemie; Dipl.-Chem. 1947). Promot. (1953) u. Habil. (1958) Dresden - 1948-54 Assist. u. Oberassist. (1952) TH Dresden (Lehrbeauftr., 1958 Dozent); 1955-57 Forschungsgruppenleit. Hartmetallwerk Immelborn; 1957-61 Bereichsleit. Zentralinst. f. Kernphysik Rossendorf/Sa.; 1961-64 Wiss. Mitarb. Max-Planck-Inst. f. Metallforsch. Stuttgart; s. 1964 Ord. TH bzw. Univ. Karlsruhe u. 1965-87 Leit. Inst. f. Material- u. Festkörperforsch. KFK Karlsruhe, s. 1985 gl. Dir. Inst. f. Keramik im Maschinenbau Univ. Karlsruhe. Vors. Aussch. f. Pulvermetallurgie Düsseldorf (1973-80). 1966-84 Präs. Plansee-Ges. f. Pulvermetallurgie. Mithrsg.: J. Nuclear Mat. (1966-85) - BV: D. neuere Entwickl. d. Pulvermetallurgie, Dresden 1955 (m. F. Eisenkolb; russ. 1957); Fortschr. d. Pulvermetall., Berlin 1963 (m. dems.); Reaktorwerkstoffe, Stuttgart 1964 (m. E. Gebhardt u. D. Seghezzi); Produkte d. Pulvermetallurgie (m. R. Oberacker) in: Chemische Technologie, 1986. Ca. 200 Veröff. in Fachztschr. - 1969 Fellow Inst. of Metallurgists, Lon-

don; 1980 Med. Inst. Jozef Stefan, Ljubljana; 1985 BVK I. Kl. - Spr.: Engl.

THÜMMLER, Heinz
Direktor i.R., Ehrenpräsident Oldenburgische IHK, Ehrenvors. Arbeitgeberverb. Oldenbg., Wirtschaftl. Vereinig. D. Kleine Kreis, Vors. OLB-Beirat - Roggemannstr. Nr. 16 A, 2900 Oldenburg/O. - Geb. 26. Juni 1915 - Mandate - BVK I. Kl., Gr. BVK.

THÜNKEN, Werner
Dr. rer. pol., Dipl.-Kfm., Fabrikant (Thünken & Co. KG., Hagen-Haspe) - Schützenstr. 26, 5800 Hagen-Haspe/W. - Geb. 10. Mai 1924 Hagen (Vater: Wilhelm T., Fabr.; Mutter: Hedwig, geb. Bendt), ev., verh. s. 1952 m. Gisela, geb. Vitt, 2 Kd. (Martin, Gabriele) - Univ. Köln (Dipl.-Kfm. 1950; Promot. 1954) - Div. Ehrenstell., dar. Vors. Fachverb. Oberflächenveredlung u. Härtung, Hagen.

THÜR, Gerhard
Dr. jur., o. Prof. f. Antike Rechtsgeschichte u. Dt. Bürgerl. Recht - Holbeinstr. 5, 8000 München 80 - Geb. 3. Juni 1941 Golling (Vater: Hans T., Chefredakt.; Mutter: Gertrude, geb. Schmidt), kath., verh. s. 1964 m. Hilke, geb. Raske, 3 T. (Janna, Gesa, Wilma) - Human. Gymn. Salzburg (Abit. 1959), Univ. Wien u. Freiburg (Rechtswiss.), Promot. Wien 1965, Habil. 1973 - 1964-78 Univ.-Assist. Wien, s. 1978 o. Prof. München - BV: Beweisführung v. d. Schwurgerichtshöfen Athens, 1977.

THÜRAUF, Jobst R. E.
Dr. med. habil., Privatdozent, Reg. Medizinaldir. - Zu erreichen üb. Inst. f. prakt. Arbeitsmedizin, Postf. 60 42, Elsässer Str. 2, 7800 Freiburg - Geb. 9. Febr. 1944 Halle/S. - Human. Gymn. Neustadt/A.; Univ. Tübingen, Göteborg, Erlangen; Promot. 1970, Habil. 1982 Erlangen u. Freiburg/Br. Mitgl. nat. u. intern. Fachgremien. Arbeitsmediziner, Allergologe, Med. Informatiker. Zahlr. Publ. in Fachztschr. u. Mongr. - 1981 Franz-Koelsch-Preis - Spr.: Engl., Schwed., Franz.

THÜRER, Georg

Dr. phil., Prof. i. R., Schriftsteller - CH-9053 Teufen Kt. Appenzell (Schweiz) - Geb. 26. Juli 1908 Tamins/Graub. (Vater: Dr. h. c. Paul T., Pfarrer u. Historiker; Mutter: Nina, geb. Accola), ev., verh. s. 1941 m. Maria-Elisabeth, geb. Tobler, 4 Kd. (Barbara, Daniel, Andreas, Annina) - Lehrersem. Kreuzlingen; Stud. Zürich, Genf, Paris - Mittelschullehrer Gymn. Biel u. Kantonssch. St. Gallen; 1940-78 o. Hochschulprof. St. Gallen. U. a. Präs. Histor. Verein d. Kt. St. Gallen (1954-58) u. Schweiz. Ges. f. Theaterkultur (1955-57); Präs. Intern. Kongreß d. Schriftst. dt. Sprache 1957; Mitgl. Nationale UNESCO-Kommiss. (1957-64) u. Stiftg. Pro Helvetia (zul. Vizepräs.), Präs. Vereinig. schweiz. Hochschuldoz. (1970-72) - BV: Kultur des alten Landes Glarus, 1936; Stammbuch, Ged. 1937; Mein blauer Kalender, Ged. 1941; Vrinelis Gärtli, Ged. 1946; Unsere Landsgemeinden, 1950; D. Rosenkanzel, ep. Dicht. 1951; St. Galler Geschichte, 2 Bde. 1953/72; D. Ahorn, Ged. 1955; Gloggestube, Ged. 1960; Hermann Hesse als Maler, 1957; Rund ume Blattetisch, Erz. 1966; Bim Brunnemeischter, Erz. 1975; Johannes u. Arnold Roth, 1981; Johanna Spyri u. ihr Heidi, 1982; Froh u. fry, Ged., 1985; Grüezi mitenand, Erz. 1987; Tanz ohne Musik, Erz. 1988; Eidgenössische Erinnerungen, 1989. Herausg.: Holderbluescht - Alemannisches Leseb. (1962). Dr.: D. Spiel v. St. Gotthard, Beresina, Meischter Zwingli, Frau Musika, St. Galler Bundesspiel, D. verlorene Sohn, Brot über Bord, Rousseaus Tochter fordert Rechenschaft, Menschen im Feuer - 1940 Gottfried-Keller-Preis (m. a.), 1957 Radiopreis d. Ostschweiz, 1966 Kulturpreis St. Gallen; Hebeldank (Schatzkästl. Lörrach 1978); Glarner Kulturpr. 1978; Ausz. Schweiz. Schiller-Stiftg., Ehrengabe Bundespräs. Prof. Dr. Theodor Heuss - Lit.: Dino Larese, G. T. - Lebensskizze, 1968; Erker (Festschr. 70. Geb.) m. Bibliogr. 1978; H. Siegwart: Zwischen d. Kulturen (1978); H. Wahlen, G. T. Mahner, Historiker, Dichter (1983).

THÜRING, Bruno

Dr. phil., rer. nat., Prof. f. Astronomie - Marstallstr. 22, 7500 Karlsruhe 41 (T. 0721 - 4 26 28) - Geb. 7. Sept. 1905 Warmensteinach (Vater: Hans T., Reichsbahn-Beamt.; Mutter: Anna, geb. Troppmann), verh. s. 1936 m. Marga, geb. Sulzer, 3 Kd. (Norbert, Eckart, Sigrid) - Stud.: 1924 Bamberg, 1925 Erlangen, 1925-28 München; Promot. 1928 München, Habil. 1935 Heidelberg - 1937-40 Doz. f. Astronomie Univ. München; 1940-45 o. Prof. u. Dir. Univ.-Sternwarte Wien - BV: Einf. in d. Meth. d. Programmier. kaufm. u wiss. Probl. f. elektron. Rechenanl., 4 Bd., 1957-66; D. Gravitation u. d. phil. Grundl. d. Physik, 1967; Einf. in d. Protophys. d. Welle (Kymometrie), 1978; Methodische Kosmologie (Alternativen z. Expansion d. Weltalls u. z. Urknall), 1985 - Liebh.: Musik, Kompos. - Bek. Vorf.: Johann Adam Troppmann, Päd., Ehrenbürger v. Tirschenreuth (1827-1903 Großv.).

THÜRK, Kurt L. F. W.

Präsident Verwaltungsgericht Saarland, Vizepräs. Verfassungsgerichtshof Saarland, Bundestagsabgeordn. (1972-76) - Spichererbergstr. 72, 6600 Saarbrücken - Geb. 3. Sept. 1926 Saarbrücken (Vater: Kurt T., Landgerichtsdirektor; Mutter: Luise, geb. Kiefer), ev., verh. s. 1948 m. Ruth, geb. Müller, 2 Kd. (Dr. rer. nat. Jürgen-Hans T., Monika Gabriele) - Ludwigs-Gymn. Saarbrücken (Kriegsabit. 1943); Luftwaffenhelfer, Arbeitsdst., Kriegsmarine (1944), -gefangensch. (1945); 1947-51 Univ. Mainz u. Saarbrücken (Rechts-, Staats- u. Wirtschaftswiss.). Jurist. Staatsex. 1950 u. 54 - S. 1954 saarl. Justizdst. (1954 Staatsanw., 1959 LG-Rat, 1964 OVGsrat, 1968 Richter Verfassungsgericht, 1976 Vors. Richter OLG, alles Saarbrücken). CDU s. 1960 (div. Funktionen).

THÜRNAU, Volker

Dr.-Ing., stv. Hauptgeschäftsführer i. R. Verein Dt. Maschinenbau-Anstalten - Kirschblütenweg Nr. 9, 6380 Bad Homburg (T. 2 62 41; Büro: Frankfurt/M. 6 06 81) - Geb. 27. Jan. 1913 Berlin (Vater: Dr. Karl T., Lehrer; Mutter: Melitta, geb. Weber), ev., verh. s. 1941 m. Irmgard, geb. Strauchenbruch, T. Claudia - TH Karlsruhe (Maschinenbau) - B. 1945 techn. Leit., dann Geschäftsf. mehrerer Verb. d. eisen- u. metallverarb. Ind., 1952-57 Dt. Konsul USA, 1957-60 Gf. Reimers Getriebe KG., Bad Homburg, anschl. Gf. Fachgem. Lufttechnik u. Trocknungs-Anlagen u. Pumpen u. Verdichter, gegenw. wie oben. Mitgl. Intern. Lions-Club - Spr.: Engl.

THÜSING, Klaus

Sozialwissenschaftler, MdB a.D. (1977-83) - Bahnhofstr. 32, 4790 Paderborn - Geb. 22. Febr. 1940 Balve/Sauerl., kath. - Schule Menden (Abit.); 1960-61 Bundeswehrdst.; 1961-69 Stud. Päd. u. Sozialwiss. Univ. Paderborn, Erlangen, Konstanz u. Jerusalem (lic. rer. soc.) - SPD (s. 1971).

THÜSING, Wilhelm

Dr. theol., o. Prof. f. Neutestamentl. Exegese - Breite Gasse 27, 4400 Münster/W. (T. 5 47 61) - Geb. 18. Mai 1921, kath. - Habil. 1964 Würzburg - S. 1965 Ord. Theol. Fak. Trier u. Univ. Münster (1968). Div. Veröff., auch Bücher.

THUL, Heribert

Dipl.-Ing., Dr.-Ing. E. h., Ministrialdirektor, Ing. f. Straßen- u. Brückenbau - Kennedyallee 72 BVM, 5300 Bonn 2 - Geb. 31. Aug. 1921 St. Wendel (Vater: Leo, Beamter; Mutter: Veronika, geb. Recktenwald), kath., verh. s. 1949 m. Marthe, geb. Becker - Hum. Gymn.; Techn. Hochsch. Darmstadt, Bauingenieurwesen (Dipl.-Ing. 1949, Bauassessor 1954) - 1949-52 Statiker Industrie, 1952-59 Dezernent Eisenbahn, ab 1959 Referent-Abteilungsleiter Bundesverkehrsmin., 1980 Lehrauftr. TH Aachen - BV: Hochstraßen-Planung/Ausführung/Beispiele (span.), 1967; Bauen gestaltet d. Zukunft, 1984 - Dr.-Ing. E. h. 1973 f. Entwickl. im Brückenbau, 1981 Ehrenzeichen d. Vereins Dt. Ing. (VDI); Gr. Ehrenzeichen in Silber m. Stern d. Bundesrep. Österr.

THULKE, Jürgen

Ingenieur d. Nachrichtentechnik, MdL Nordrh.-Westf. - An der Bergkuhle 26, 4300 Essen 11 (T. 0201 - 60 10 11) - Geb. 14. Nov. 1938 Essen, ev., verh. s. 1983 m. Angelika, geb. Limberg, 2 S. (Jürgen, Peter) - 1960-85 techn. Beamter Fernmeldeamt Essen; s. 1981 Personalratsvors. - Liebh.: Pflege trop. Pflanzen, Fotogr. - Spr.: Engl., Franz.

THULL, Roger

Dr.-Ing., Dr. rer. nat. habil., Prof. f. Biomedizinische Technik - Habichtweg 9, 8551 Hemhofen (T. 09195 - 6 23) - Geb. 19. Juli 1941 Berlin (Vater: Dr. med. Josef T., Arzt; Mutter: Hildegard, geb. Klinge), ev., verh. s. 1965 m. Heike, geb. Friederichs, T. Ulrike - TU Berlin (Physik); Dipl.-Ing. 1967, Promot. 1971, Habil. 1977 - 1971 Assist. Univ. Erlangen-Nürnberg (Biomed. Technik), 1980 Prof. Univ. Erlangen-Nürnberg. Arbeitsgeb.: Werkstofftechnologien u. Implantatwerkstoffe - BV: Elektrolyte, in: Lehrb. Bergmann-Schäfer, Bd. 4, 1989; Implantatwerkstoffe f. d. Endoprothetik, 1978.

THULLEN, Alfred

Dr. med., Prof., Hals-Nasen-Ohren-Arzt - Lortzingstr. 5, 7920 Heidenheim/Brenz (T. 4 39 71) - Geb. 27. Okt. 1911 Saarbrücken (Vater: Johann T., Beamter; Mutter: Anna, geb. Konrad), verh. 1940 m. Irmgard, geb. Koehlau - Univ. Jena, München, Königsberg, Freiburg - S. 1954 Lehrtätigk. Univ. Freiburg/Br. (1965 apl. Prof. f. HNOheilkd.). Fachveröff.

THUMFART, Walter Franz

Dr. med., Univ.-Prof. f. HNO-Heilkunde, Ltd. Oberarzt Univ. HNO-Klinik Köln - Neuenhöfer Allee 47, 5000 Köln 41 (T. 0221 - 464 43 75) - Geb. 16. Jan. 1947 Oberviechtach (Vater: Franz T., Rektor; Mutter: Rosa, geb. Petter), gesch., 3 Kd. (Gregor, Saskia, Lucas) - Stud. Univ. Erlangen; Promot. 1972, Habil. 1981 Erlangen - 1981 Priv.-Doz. f. HNO-Heilkunde Erlangen, 1985 Zusatzbez. plast. Operationen; 1985 Univ.-Prof. (C 3) Univ. Köln. Entd. d. Elektrodiagnostik caudaler Hirnnervenstörungen (Stimmstörungen, Schluckstörungen) - BV: The Cranial Nerves, 1981; Disorders of the Facial Nerve, 1982; Traumatology of the Skull Base, 1982; Facial Nerve, 1984. Üb. 100 wiss. Publ. einschl. Film u. Video, bes. z. endoskopischen u. Elektrodiagnostik im HNO- u. Hirnnervenbereich u. üb. endoskopische Operationen einschl. Laserchir., plast. u. Rehabilitationschir. d. Faches - 1982

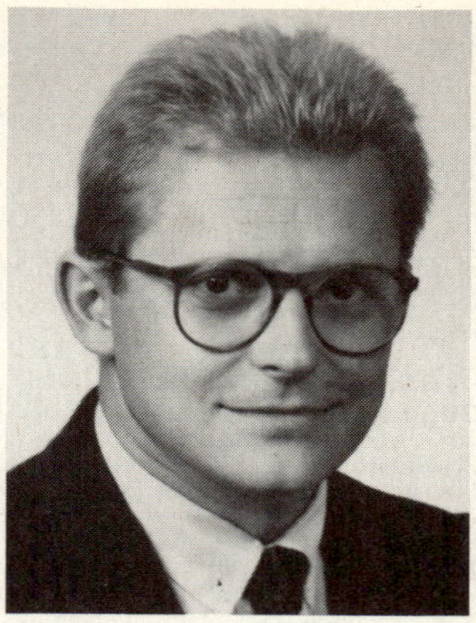

President's Award Scientific Exhibit, American Acad. of Otolaryngology Head and Neck Surgery; Meeting, New Orleans; 1985 Gerstner-Med. f. Verd. in Wiss. u. Kunst - Liebh.: Bildende Kunst, Sport - Spr.: Engl., Franz., Latein.

THUN, Alfred H.

Fabrikant (Alfred Thun & Co. GmbH., Ennepetal-Altenvoerde), Vors. Fachverb. Fahrrad- u. Kraftradteile-Industrie, Wuppertal - Neuenloher Weg Nr. 14, 5828 Ennepetal - Geb. 30. Sept. 1924.

THUN, Hans Jens

Dipl.-Ing., Direktor Krauss-Maffei AG., München - Menzinger Str. 74, 8000 München 50 (T. 811 25 60) - Geb. 27. Mai 1931 Husum (Vater: Hans T., Ing.; Mutter: Jenny, geb. Howold), ev., verh. s. 1958 m. Marianne, geb. Grünwaldt, 4 Kd. - Ehem. Gf. GLS Ges. f logist. Service mbH, München; Vorst.-Mitgl. Dt.-Niederl. Handelskammer; Mitgl. div. Außenwirtsch.-Aussch. - Spr.: Engl., Franz., Span.

THUNECKE, Hans-Heinrich

Dr. jur., Oberlandesgerichtspräsident i.R. - Schorlemer Str. 102, 4000 Düsseldorf 11 - Geb. 21. Aug. 1913 - 1963-78 Präs. OLG Düsseldorf.

THUNERT, Werner

Verlagsbevollmächtigter Gesamtbereich Medien (Print u. Hörf.), Chefredakteur Heilbronner Stimme, Hohenloher Ztg. - Rosenbergstr. 44, 7100 Heilbronn - Geb. 18. März 1928 Friedrichshafen, kath. - Präs. Verkehrsverein Heilbronn; Lionsclub Heilbronn-Franken; stv. Vors. Sporthilfe Unterland; Vors. Verein f. heimatl. Brauchtum Heilbronn; Kurator Verein d. Freunde d. städt. Museen Heilbronn - 1978 BVK u. gold. Ehrenmed. Stadt Heilbronn, 1987 Gold. Verdienstnadel VdK Baden-Württ.; 1988 BVK I. Kl.

THURAU, Klaus

Dr. med., Dr. h. c., o. Prof. f. Physiologie - Josef-Vötter-Str. Nr. 6, 8000 München 90 (T. 64 89 32) - Geb. 14. Juni 1928 Bautzen/Sa. (Vater: Walther, T., Orgelbaum.; Mutter: Helene, geb. Engel), ev., verh. s. 1957 m. Antje, geb. Wiese, 2 Söhne (Stephan, Matthias) - Gymn. Norden; Univ. Kiel. Promot. Kiel; Habil. Göttingen - S. 1961 Lehrtätigk. Univ. Göttingen u. München (1968 Ord.). 1973 ff. Mitgl. Exekutiv-Komitee mehr. intern. wiss. Gesellschaften; Präs. Intern. Soc. of Nephrology; Vors. Forsch.rat Rauchen u. Gesundh.; Treasurer Intern. Council Scientific Unions; Coordin. Ed. Pflügers Archiv/Europ. Journ. of Physiol. Fachveröff. - Liebh.: Musik - Spr.: Engl.

THURAU, Rudi (Rudolf)

Dr. med., Prof., Chefarzt Kinderklinik Städt. Krankenanstalten Darmstadt - Sieboldstr. 25, 6100 Darmstadt (T. 7 00 81) - Geb. 22. Jan. 1920 Ilgenbeil/Ostpr. - S. 1956 (Habil.) Lehrtätigk. Univ. Erlangen bzw. -Nürnberg (1963 apl. Prof.) u. Frankfurt/M. (1966 apl. Prof.). Vorles. üb. Kinderheilkd. - BV: Üb. Aminosäurehaushalt b. Säuglings-Dystrophie, 1957. Div. Einzelarb.

THURL, Walter

Dipl.-Ing., Vorsitzender Fachverb. Empfangsantennen/ZVEI - Zu erreichen üb. Fachverb. Empfangsantennen, Blumenstr. 6, 8500 Nürnberg.

THURM, Ulrich

Dr. rer. nat., Prof. f. Zoologie - Erlengrund 9 b, 4400 Münster (T. 02536 - 7 67) - Geb. 8. Juli 1931 Sorau/Lausitz (Vater: Walter T., Betriebsf.; Mutter: Gertrud, geb. Steiner), ev., verh. s. 1974 in 2. Ehe m. Barbara, geb. Althoff, 5 Kd. (Rüdiger, Agnes, Frauke, Henrike, Gundolf) - Obersch., Tischlerlehre, Univ. Göttingen, Freiburg, Würzburg u. München (Biol., Physik, Chemie, Physik.-Chemie), Promot. Würzburg 1962 - 1962-70 wiss. Assist. Max-Planck-Inst. Tübingen, 1970-74 wiss. Rat u. Prof. Ruhr-Univ. Bochum, s. 1974 Lehrst. f. Neurophysiol. Univ. Münster - Entd. in d. Physiol. u. Morphol. d. Sinneszellen - Zahlr. Veröff. in wiss. Ztschr. - Mitgl. Rhein.-Westf. Akad. d. Wiss. - Spr.: Engl.

THURMAIR-MUMELTER, Maria-Luise

Dr. phil., Schriftstellerin - Am Waldrand 17, 8000 München 70 - Geb. 27. Sept. 1912 Bozen/Südtirol, kath., verh. s. 1941 m. Georg Thurmair, Schriftst. †1984 (s. XXII. Ausg.), 6 Kd. - Univ. Innsbruck (Promot. 1936) - 1939-45 Bibliothekarin. 1963ff. Mitgl. Kommiss. f. d. Kath. Einheitsgesangb. - BV: D. Brautfahrt d. Jungfrau Engratis, Leg. 1948; Im Glanz d. Liebe, Erz. 1949; Sieg d. Liebe, Erz. 1954; Gabe Gottes, Erz. 1954; D. hl. Hedwig, Erz. 1954; Liebesgespräch, Ged. 1956; 5 Paar Kinderschuhe, Erz. 1957; Lieder d. Tröstung, Ged. 1957; Boten d. Lichts, Ged. 1987. Laiensp. Herausg.: Sonnenland/Jahresgabe f. Mädchen (1948ff.), Was dein Herz bewegt - Erz. u. Ess. (1962), M. Kdn. singen (1976), Wie Weihn. feiern (1977), Wie Ostern feiern (1978).

THURN, Hans Peter

Dr. phil., Prof. f. Soziologie, Autor - Nixhütter Weg 149, 4040 Neuss (T. 02101 - 46 66 98) - Geb. 5. Aug. 1943 Krefeld - Stud. Phil., Soziol., Lit.wiss. u. Kunstgesch.; Promot. 1970, Habil. 1977 - 1973 Hochschuldoz.; 1977 Privatdoz.; 1978 Prof. Kunstakad. Düsseldorf - BV: D. Roman d. unaufgeklärten Ges., 1973; Soziol. d. Kunst, 1974; Kritik d. marxist. Kunsttheorie, 1976; Soziol. d. Kultur, 1976; Sociologia della cultura, 1979; D. Mensch im Alltag, 1980; Soziol. in weltbürgerl. Absicht, 1981; D. Kultur d. Sparsamkeit, 1982.

THURN, Hans-Jürgen

Geschf. Gesellschafter Köbig-Gruppe, Baustoffe, Fliesen, Sanitär, Mainz, Vorst. VSI Bundesverb. Handelsrichter, AR-Vors. Sanitär-Union - Rheinallee 161, 6500 Mainz.

THURN, Peter

Dr. med. (habil.), Prof. f. Röntgenologie u. Strahlenheilkunde Univ. Bonn (s. 1965) u. Dir. Radiol. Klinik ebd. - Zedernweg 18, 5300 Bonn-Röttgen (T. Klinik 280 28 70) - Geb. 15. Juni 1920 Marmagen, kath., verh. m. Christa, geb. Gercken, T. Ulli - 1941-45 Univ. Münster, Bonn, München. Med. Staatsex. 1946 Bonn - BV: Haemodynamik d. Herzens, 1956; Diagnose u. Differentialdiagnose d. Herzerkrank., 1958; Einf. in d. Radiol. Diagnostik, 8. A. 1986 (auch span. u. ital.); Selektive Laevokardiogr., 1964; Herzerkrankungen im Röntgenbild, in: Schinz, Lehrb. d. Röntgendiagnostik, 6. A. 1968; Röntgenol. Diff. Diagn. Bd. I, Teil 1 u. 2 Thorax-Organe, 5. A. 1977 (m. a.); Ganzkörper-Computertomogr., 1981 (m. a.); Schunz, Radiol. Diganostik, 7. A. 1983-88 (m.a.); Computertomographie d. Wirbelsäule, 2. A. 1986. Herausg. d. Fortschritte auf d. Gebiet d. Röntgenstrahlen u. d. Nuklearmedizin. Etwa 270 Einzelarb. Mithrsg.: Ergebnisse d. med. Radiologie - 1956 Intern. Schleussner-Preis f. Röntgenol.; 1963 Fellow Intern. Council of Angiologiae New York; 1978 Präs. d. Dt. Röntgen-Kongr.; 1986 Albers-Schönberg-Med. Dt. Ges. f. Klin. Radiol. u. Neklearmed. - Liebh.: Mod. Malerei u. Lit., Sport - Spr.: Engl.

THURN und TAXIS, Fürst von, Johannes

Großgrundbesitzer, Industrieller, Bankier - Schloß St. Emmeram, 8400 Regensburg - Geb. 5. Juni 1926 Regensburg (Vater: Karl August Fürst v. T. u. T. († 1982); Mutter: Maria Anna, geb. Prinzessin v. Braganca, Infantin v. Portugal), verh. s. 1980 m. Gloria Gräfin v. Schönburg zu Glauchau u. Waldenburg, 3 Kd. (Maria Theresia, Elisabeth, Albert) - AR-Mand. u. a. - Ehrenritter Souv. Malteser-Orden; BVK - Lit.: Karl Günther Simon, D. Kronprinzen, 1969.

THURNER, Franz

Dr. phil., Prof. f. Psychologie Univ. Göttingen - Calsowstr. 24, 3400 Göttingen (T. 4 23 26) - Geb. 10. Sept. 1928 Innsbruck (Vater: Johann T.), verh. m. Gudrun, geb. Diesner - Promot. u. Habil. Innsbruck - BV: Kurzzeit. Nacheffekte unserer Wahrnehmungen, 1961; Sprachsystemkompetenz, 1977; Lehren-Lernen-Beurteilen, 1981.

THURNER, Herbert

Ing., Fabrikant, gf. Gesellsch. Bayer. Druckguß-Werk Thurner KG, Markt Schwaben, Vors. Verb. Dt. Druckgießereien (VDD), Düsseldorf - Poinger Str. 11, 8015 Markt Schwaben/Obb. (T. 60 01) - Geb. 12. Febr. 1928 München (Vater: Franz T., Werkzeugmacherm.; Mutter: Franziska, geb. Veitl), kath., verh. s. 1954 m. Luise, geb. Karl, S. Franz - Polytechnikum München (Ing. 1950).

THUROW, Norbert

Dr. rer. pol., Dr. jur., Geschäftsführer Bundesverb. Phonograf. Wirtschaft, Ges. z. Verwertung v. Leistungsschutzrechten (GVL) u. Intern. Federation of Phonogram and Videogram Producers (IFPI) - Grelckstr. 36, 2000 Hamburg 54 (T. 040 - 58 02 58) - Geb. 16. Sept. 1934 - 1970-78 Bürgerschaftsabgeordn. - CDU.

THUROW, Werner

Vorstandsvorsitzender Aral AG - Hahnenfußweg 64, 4630 Bochum - Geb. 6. März 1929 Flensburg - S. 1951 Aral (1971 stv., 1972 o. Vorst.-Mitgl., 1980 stv. Vorst.-Vors.) - Spr.: Engl. - Rotarier.

THYEN, Hartwig

Dr., theol., Prof. f. Neues Testament Univ. Heidelberg - Alemannenweg 3, 6901 Dossenheim (T. 06221-8 57 46) - Geb. 21. April 1927 Varel/Friesland (Vater: Dr. Hermann T., Prof. f. Math.; Mutter: Traute, geb. Reichenbach), ev., verh. s. 1949 m. Gisela, geb. Wragge, 4 Kd. (Olaf, Maike, Ulrike, Gerburg) - Realgymn. Darmstadt, Univ. Mainz u. Marburg (Theol.), Promot. Marburg 1953, Habil. 1966 Heidelberg - 1951-63 Pfarrer in Brake/Unterweser u. Oldenburg, 1966 Priv.doz., s. 1971 Prof. in Heidelberg - BV: D. Stil d. jüd.-hellenist. Homilie, 1955; Studien z. Sündenvergebung, 1970; Als Mann u. Frau geschaffen (m. F. Crüsemann), 1978.

THYEN, Johann-Dietrich

Dr. theol., Univ.-Prof. f. Ev. Theologie u. ihre Didaktik (Schwerp.: Ökumen. Theol.) Univ.-GH Siegen - Hochstr. 8, 5905 Freudenberg-Alchen (T. 0271 - 37 11 05) - Geb. 9. Sept. 1934 Oldenburg, 4 Kd. (Susanne, Katja, Elmar, Dagmar) - Stud. Ev. Theol. Univ. Marburg, Göttingen, Heidelberg.

THYEN, Rainer

Dr., Dipl.-Ing., Prof. f. Physik Fachhochsch. Lübeck - Am Steilhang 7, 2400 Lübeck (T. 0451 - 89 16 32) - Geb. 28. Dez. 1930 Oldenburg, 5 Kd. (Anke, Ute, Enno, Henning, Peter) - Stud. TH Darmstadt.

THYSELIUS, Thora

Schriftstellerin - Rönnelstr. 8, 2880 Brake/Weser (T. 4 39) - Geb. 19. Juni 1911 Brake (Vater: Justus T., schwed. Konsul u. Reeder; Mutter: Grete, geb. Arnold), verw. (Ehem.: Edo Behrens), 2 Söhne - Abit. - Journ. - W: u. a. Zw. Himmel u. Hölle, R. 1949; Heink Stüur, Sch. 1949; Deerns ower 40, Lsp. 1949; Möhl, Sch. 1952; Fischer Hartjen, Sch. 1953; Schneekönigin, Sch. 1953; Tant van't Siel, Erz. 1962; Dat Sunnenhuus, Erz. 1965; Kleine Herrlichkeit, histor. Erz. 1966; Wille u. Werk, R. 1968; Dandruppen, Erz. 1972; De gode Partie, Lustsp. 1982; Ebbe u. Flut, Sachb. üb. Reederei, 1987; Zwei von d. Venus, Dreiakter. Div. Hörsp. - 1965 Fritz-Reuter-Lit.preis (Frhr.-v.-Stein-Stiftg. Hamburg) - Spr.: Engl., Schwed. - Bek. Vorf.: Schwed. Staatsmin. Johann T. (um 1850), schwed. Nobelpreisträger Arne T. (Chemie 1948).

THYSSEN, Eberhard

Dipl.-Ing. agr., Gutsbesitzer - Gut Lichtenberg, 8911 Scheuring ü. Landsberg - Geb. 12. Dez. 1919, kath., verh. s. 1977 m. Maximiliane-Maria, geb. v. Einem - Dipl. 1952 landw. Fakultät TH in Weihenstephan - ehrenamtl. Vors. versch. Tierzüchter-Vereinigungen: s. 1958 Vors. d. Fleckvieh-Zuchtverb. in Weilheim, s. 1974 Arb.Gem. bayer. Besamungsstationen, s. 1978 Arb.Gem. dt. Rinderzüchter, Abt. C, Bonn; s. 1983 Präs. Arb.Gem. dt. Tierzüchter, Bonn - 1980 BVK - Spr.: Engl., Franz.

THYSSEN-BORNEMISZA, Baron de Kaszon, Hans Heinrich

Industrieller - Daylesford House, Moreton-in-Marsh (Glos.), Großbrit. - Geb. 13. April 1921 Den Haag (Vater: Dr. Heinrich Baron Thyssen, Industrieller; Mutter: Margit, geb. Baronin Bornemisza), 4 Kd. (Georg Heinrich, Francesca, Lorne, Wilfrid Alexander) - Zahlr. ARsmand. (z. T. Vors.) - 1950 Silb. Lorbeerbl. - Liebh.: Kunstslg. T.-B. - Bek. Vorf.: August T., Industrieller (1842-1926; Großv.).

TIBI, Bassam

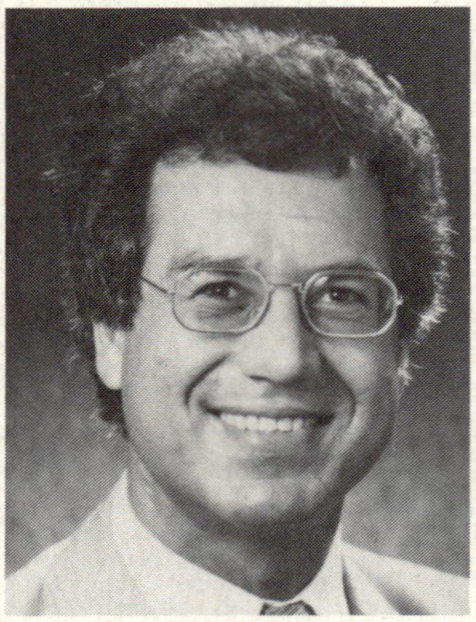

Dr. phil. habil., Prof. Univ. Göttingen - Heinz Hilpert Str. 6, 3400 Göttingen (T. 4 20 64) - Geb. 4. April 1944 Damaskus (Vater: Taisier T., Bauunternehmer; Mutter: Nahida, geb. Khayat), verh. in 2. Ehe s. 1976 m. Ursula, geb. Helwig, S. Fabian Fuad - Stud. (Phil., Sozialwiss., Gesch.) Univ. Frankfurt; Promot. ebd.; Habil. Univ. Hamburg - Wiss. Assist. u. Doz. Univ. Frankfurt, Lehrstuhlvertr. Univ. Heidelberg, s. 1973 Prof. f. Intern. Politik Univ. Göttingen. 1982 Spring Term Visit. Scholar Harvard Univ., Fall Term Univ. of Michigan/Ann Arbor u. Georgetown Univ. Washington; 1986 Gastprof. Inst. d. Relations Intern. du Cameroun/Univ. de Yaounde; 1986/87 Visiting Res. Fellow Princeton Univ./ USA; 1987 Visiting Prof. (postgraduate) Inst. for Asian and African Studies/Univ. of Khartoum/Sudan; 1988 (spring term) Rockefeller Fellow, Univ. Michigan Ann Arbor; 1988 Berufung auf d. Lehrst. Comp. Politics Univ. Bergen abgelehnt (durch Einsatz Univ.-Präs. Prof. Kamp), (s. 1976 Dt. Staatsbürger). Zahlr. Fachverb. - BV: D. arab. Linke, 1969; Nationalismus in d. Dritten Welt am arab. Beispiel, 1971; Militär u. Sozialism. in d. Dritten Welt, 1973; Z. Soziologie d. Dekolonisation i. Afrika, 1973; Unterentwicklung, Handb. Bd. 2 (Polit. Ökonomie) 1975; Internat. Politik u. Entwicklungsländerforsch., 1979; Arab Nationalism. A Critical Enquiry, 1981 (erw. brit. u. amerik 2. A. 1990); D. Krise d. modernen Islam, 1981 (Crisis of Modern Islam. Amerik. Ausg. Utah UP, 1988); D. Islam u. d. kulturelle Bewältig. sozialen Wandels, 1985 (amerik. Ausg. 1990); Maxime Rodinson, d. Islam u. d. westl. Islam-Studien, Einl. zu Maxime Rodinson: Islam u. Kapitalismus, 1986; V. Gottesreich z. Nationalstaat, 1987; Konfliktregion Naher Osten. Regionale Eigendynamik u. Großmachtinteressen, 1989. Mitautor: S. Farsoun, Arab Society Continuity and Change, 1985; Fred Scholz, D. Golfstaaten, 1985; Barbara Stowasser, The Islamic Impulse, 1987, sow. Deutschl., Portrait e. Nation (Bd. 1, 1985 u. Bd. 10, 1986); The Arab-Israeli Conflict Two Decades of Change (Y. Lukacs, A. Battah, 1988); Arab Civilization. Challenges and Responses (G. Atiyeh, I. Oweiss, 1988) - Liebh.: Reisen, Musik, Lit., Ästhetik - Spr.: Arab., Engl., Franz. - Bek. Vorf.: Sadik T., General in d. Osman. Armee sow. d. Stadt-Erbrechtler v. Damaskus Selim Tibi u. Ali Tibi Ober-Kadi v. Damaskus auch Afif Tibi Doyen d. Presse v. Beirut.

TICHY, Franz

Dr. phil. (habil.), em. Univ.-Prof. f. Geographie - Spardorfer Str. 51, 8520 Erlangen (T. 2 37 95) - Geb. 16. Juli 1921 Marburg (Vater: Prof. Dr. med. Hans T.), verh. m. Dr. phil. Cornelie, geb. Tuczek - 1960 Privatdoz. Univ. Heidelberg; 1964-86 Ord. u. Inst.-Vorst. Univ. Erlangen-Nürnberg - BV: D. Lahn, 1951; D. Land- u. Waldwirtschaftsformationen d. Kl. Odenwaldes, 1958; D. Wälder d. Basilicata u. d. Entwaldung im 19. Jh., 1962; Italien, wiss. Länderkunde, 1985. Div. Einzelarb. (u. a. z. Kulturlandschaftsgesch. Mexikos, z. Orientierung u. Raumordn. in Altmexiko u. z. mesoamerik. Kalender) im Mexiko-Projekt d. DFG.

TIDICK, Marianne

Ministerin f. Bundesangelegenheiten u. stv. Ministerpräs. Schlew.-Holst (s. 1988) - Düsternbrooker Weg 70, Landeshaus, 2300 Kiel (T. 0431 - 59 61) u. Kurt-Schumacher-Str. 17/18, 5300 Bonn 1 (T. 0228 - 26 00 30) - Geb. 1. Nov. 1942 Hamburg, verh. s. 1969 - Stud. German., Angl., Amerik. - Zul. Generalsekretärin BLK.

TIEDEKEN, Hans

Dr. jur., Oberkreisdirektor a. D., gf. Präsidialmitgl. Dt. Landkreistag - Adenauerallee 136, 5300 Bonn 1 (T. 0228 - 21 10 35-36) - Geb. 6. Dez. 1925 Papenburg/Ems (Vater: Dr. Johannes T., Kaufm.), verh. m. Hiltrud, geb. Roenspies, 4 Kd. - Vorstand DSGV, Verw.srat DGZ - Spr.: Engl. - Rotarier.

TIEDEMANN, Claus

Dr. phil., Prof. f. Sportwiss. Univ. Hamburg - Alsterkrugchaussee 130, 2000 Hamburg 60 (T. 040 - 511 33 11 u. 511 33 22) - Geb. 6. Okt. 1941 Stade (Vater: Dr. Claus T., Studienrat; Mutter: Sieglind, geb. Schmidt), verh. s. 1971 m. Dr. Petra, geb. Moldtmann, 3 Kd. (Sonja, Lars, Claus Gerhard) - 1. Staatsex. f. d. Höh. Lehramt (Gesch., Latein, Leibeserzieh.) 1968 Univ. Hamburg, Promot. 1970 - 1969-78 Wiss. Angest. u. Assist. Inst. f. Leibesüb. Univ. Hamburg; s. 1979 Prof. FB Sportwiss. Hamburg (1970 Kommiss. gf. Dir. Inst. f. Leibesüb., 1981-83 stv. FB-Sprecher, s. 1987 FB-Sprecher). 1974-75 Vorst.-Mitgl. Allg. Dt. Hochschulsportverb. (ADH), s. 1976 Disziplinchef Segeln das.; 1969-73 Mitgl. Kurat. Dt. Olymp. Ges. u. a. - BV: D. Schiffahrt d. Herzogtums Bremen z. Schwedenzeit (1645-1712), 1970; Reform d. Sportlehrerausb. (m. Hans-Gert Artus u. a.), 1973 - 1979 Dt. Meister d. 505-Jolle; 1985 Intern. Belg. Meister d. 505-Jolle - Spr.: Engl., Franz. - Bek. Vorf.: Prof. Dr. Karl-Friedrich Schmidt, Papyrologe (Großv.).

TIEDEMANN, Dieter

Dipl.-Verwaltungsw., Senator a. D., MdBB - Bederkesaer Weg 25, 2850 Bremerhaven (T. 0471 - 6 29 78) - Geb. 13. März 1935 Bremerhaven (Vater: Johann T.; Mutter: Adelheid, geb. Katt), ev., verh. s. 1958 m. Ortrud, geb. Sandersfeld, S. Ralf - Wirtsch.gymn.; (Abit.) - 1954-71 Verw.beamter Bremerhaven, 1971-75 Mitgl. Brem. Bürgersch., 1975-79 Senator f. Wirtsch. u. Außenhandel; s. 1979 Wirtsch.- u. Projektberater - SPD (s. 1960; Mitgl. Landesvorst.; Vors. Jungsozial. Bremerhaven, Unterbez.-vors., stv. Fraktionsvors. SPD-Bürgersch. Land Bremen) - Liebh.: Jagd, Segeln, Angeln, Tennis - Spr.: Engl.

TIEDEMANN, von, Heinrich

Journalist, Schriftst. - Untere Kate, 2432 Sievershagen (T. 04363-28 76) - Geb. 9. Juli 1924 Bad Tölz/Obb. (Vater: Konsul a. D. Helmuth v. T.; Mutter: Ada, geb. Gräfin v. Kalnein), ev., verh. in 2. Ehe (1952) m. Maria-Josefa, geb. Lopez, 2 Kd. (Esther, Florian) - Ritter-Akad. Brandenburg/H. (Gymn.); Univ. Hamburg (Lit.wiss.) - 1949-61 fr. Schriftst. u. Journ., dann Mitarb. NDR, 1963-66 Westafrika-Korresp. ARD, 1966-69 u. 1976-82 Skandinavien-Korresp. NDR/WDR - BV: D. Haut d. Maske, R. 1949; Schritte nach drüben, R. 1950; Abenteuer im Pazifik, Kinderb. 1955, u.a.m. - Sammelt afrikan. Kunst - Spr.: Engl., Franz., Schwed.

TIEDEMANN, Heinz

Dr. med., Dr. rer. nat., Prof. f. Physiol. Chemie - Gütlingstr. 13, 1000 Berlin 37 - Geb. 16. Febr. 1923, verh. s. 1953 m. Hildegard, geb. Waechter, 2 Kd. (Karl-Heinz, Christiane) - 1965-67 Wiss. Mitgl. u. Abt.leit. Max-Planck-Inst. f. Meeresbiol., Wilhelmshaven; s. 1957 (Habil.) Lehrtätigk. Univ. Freiburg (1965 apl. Prof. f. Biochemie) u. FU Berlin (1967 o. Prof. u. Inst.dir.). Spez. Arbeitsgeb.: Biochemie d. Differenzierung höh. Organismen. Fachveröff. (u. a. in: The Biochemistry of Animal Development II/III, Biochemical Development of the fetus and neonate u. Cellular Endocrinology: Hormonal control of embryonic and cellular differentiation).

TIEDEMANN, Joachim

Dr. rer. nat., Prof. f. Pädagogische Psychologie Univ. Hannover (s. 1986) - Drosselweg 9, 2082 Uetersen (T. 04122 - 4 21 96) - Geb. 4. Juni 1942 Wormditt/Ostpr., verh. m. Herma, geb. Nagel, 2 Kd. (Tobias, Tonia) - 1962-69 Stud. Psych. Univ. Hamburg; Promot. 1971 Braunschweig - 1971 wiss. Assist.; 1973 Akad. Rat - BV: Leistungsversagen in d. Schule, 1977; Sozial-emotionales Schülerverhalten, 1980. Rd. 30 Fachveröff., bes. z. Thema Päd.-psych. Diagnostik, kognitive Stile, Lernschwierigkeiten, Verhaltensauffälligkeiten.

TIEDEMANN, Klaus

Dr. jur., Dr. h. c., o. Prof. f. Strafrecht - Universität, 7800 Freiburg/Br.; priv.: Am Schießrain 52, 7813 Staufen - Geb. 1. April 1938 Unna/W. (Vater: Walter T., Oberstudienrat; Mutter: Sofie, geb. Burghardt), ev., verh. s. 1963 m. Inge, geb. Hoffmann, 2 Söhne (Michael, Philip) - Univ. Göttingen, Freiburg, Münster, Paris (Rechtswiss.). Jurist. Staatsex. 1961 Hamm u. 66 Stuttgart; Promot. 1962 Münster (Summa cum laude), Habil 1968 Tübingen - S. 1968 Lehrtätigk. Univ. Tübingen, Gießen (1968 o. Prof.), Freiburg (1973 o. Prof.) - BV: D. Rechtsstellung d. Strafgefangenen, 1963; Tatbestandsfunktionen im Nebenstrafrecht, 1969; D. Verbrechen in d.

Wirtsch., 1970, 2. A. 1972; Strafrechtl. Mittel f. e. wirksamere Bekämpfung d. Wirtschaftskriminalität, 1972 (Gutachten z. 49. Dt. Juristentag); Straftaten u. -recht im Bank- u. Kreditwesen, 1973; Subventionskriminalität in d. BRD, 1974; Kartellr.verstöße u. Strafr., 1976; Wettb. u. Strafr., 1976; Wirtschaftsstrafrecht u. -kriminalität, 2 Bde. 1976; Multinationale Unternehmen u. Strafr., 1980; Kommentar z. GmbH-Strafrecht, 1981, 2. A. 1988; Einf. in d. Strafrecht u. Strafprozeßrecht (m. Roxin u. Arzt), 1983, 2. A. 1988 (span. Übers. 1989); D. gesetzl. Milderung im Steuerstrafrecht, 1985; Poder económico y delito, 1985; Konkurs-Strafrecht, 1985. Mithrsg.: Festschr. f. Karl Peters (1974); Festschr. f. Gerd Pfeiffer (1988); Handwörterb. d. Wirtsch. u. Steuerstrafrecht (1985ff.) - 1963 Rektorenpreis Univ. Münster, 1973 Bremer Kriminalistenpreis, 1981 Prof. Honorario Univ. del Rosario, Bogotá (Kolumbien), 1983 Ehrendoktor Univ. Lima (Peru) - Liebh.: Musik, Literatur - Spr.: Engl., Franz., Ital., Span.

TIEDEMANN, Rudolf

Dr. med., Prof., Chefarzt Hals-, Nasen- u. Ohrenabt. Allg. Krankenhaus Barmbek - Aalheitengraben 4, 2000 Hamburg 67 (T. 603 58 88) - Geb. 21. April 1922 Berlin (Vater: Dr. phil. Ernst T.; Mutter: Helene, geb. Böllert), verh. m. Susanne, geb. Naasner - FU Berlin. Promot. u. Habil. - S. 1967 apl. Prof. Univ. Hamburg (HNOheilkd.). Facharb.

TIEDT, Peter

Diplom-Politologe, MdA Berlin (s. 1985) - Zu erreichen üb. Deutsches Institut f. Urbanistik, Str. d. 17. Juni 110, 1000 Berlin 12 - Geb. 24. Aug. 1945 - U.a. ltd. Mitarb. ob. Inst. FDP.

TIEFEL, Karl-Heinz

Geschäftsführer Verb. d. Dt. Drechslerhandwerks, Fürth - Laubenweg 25, 8510 Fürth/Bay. - Geb. 26. Febr. 1944.

TIEFENBACH, Heinrich

Dr. phil., Prof. f. Deutsche Philologie (Sprachwiss.) Univ. Regensburg (s. 1985) - Kösliner Str. 35, 4400 Münster (T. 0251 - 23 46 40) - Geb. 17. Sept. 1944 Orsoy, ev., verh. - Promot. 1970 Bonn; Habil. 1983 Münster - 1969-85 Lehrtätigk. Münster - BV: Studien zu Wörtern volkssprachlicher Herkunft in karolingischen Königsurkunden, 1973; Althochdeutsche Aratorglossen, 1977; Xanten, Essen, Köln. Unters. z. Nordgrenze d. Althochd., 1984. Mithrsg.: D. Handwerk in vor- u. frühgeschichtlicher Zeit. Abh. Akad. d. Wiss. Göttingen (2 Bde. 1981 u. 83); Althochd. (2 Bde. 1987) - 1985 Preis d. Henning-Kaufmann-Stiftg. z. Förderung d. westd. Namenforschung auf sprachgesch. Grundlage.

TIEFENBACHER, Herbert

Kaufmann, Aufsichtsratsvorsitzender Oelmühle Hamburg AG - Köhlbrandstr. 1, 2102 Hamburg 93 (T. 75 19 41) - Geb. 3. Dez. 1919.

TIEFENBACHER, Max P.

Direktor, Vors. Bundesverb. d. Pharmazeut. Industrie (b. 1981) - Zu erreichen üb.: Karlstr. 21, 6000 Frankfurt/M. 1 - Tätigk. Hoechst AG.

TIEGEL, Giselher

Dr. phil., Univ.-Prof. f. Sportwissenschaft Univ.-GH Duisburg - Am Marienfeld 28, 5013 Heppendorf - Geb. 22. Juni 1943 Münsterberg (Vater: Dr. Gerhard T., Studiendir.; Mutter: Inge, geb. Lux), verh. s. 1976 m. Ursula, geb. Brenner - Dipl.-Sportlehrer-Ex. 1968 Köln, 1. Staatsex. Lehramt an Gymn. (Englisch, Sport) 1970, 2. Staatsex. 1971, Promot. (Engl., Päd., Phil.) 1973 Univ. Köln - S. 1976 als Prof. f. Sportpäd. Univ. Duisburg. Rd. 50 sportwiss. Veröff. (6 Bücher), Herausg. v. 2 Büch. in engl. Spr.

TIELEBIER-LANGENSCHEIDT, Karl-Ernst

Verleger, Geschäftsf. Gesellsch. Langenscheidt KG., Berlin/München - Neusser Str. 3, 8000 München 40 (T. 36 09 60) - Geb. 27. Juli 1921 Berlin, ev., verh. s. 1951 m. Renate, geb. Bolte, 3 Kd. - Spr.: Engl., Franz. - Rotarier.

TIELSCH, Ilse,

geb. Felzmann

Schriftstellerin - St.-Michael-Gasse 68, A-1210 Wien - Geb. 20. März 1929 Auspitz (Tschechosl.) (Vater: Dr. Fritz Felzmann, Arzt; Mutter: Marianne F., geb. Zemanek) - Univ. Wien, Dr. phil., 1953 - BV.: In meinem Orangengarten, Ged.; Herbst mein Segel, Ged.; Anrufung d. Mondes, Ged.; Begegnung in e. steir. Jausenstation, Erz.; Regenzeit, Ged.; Ein Elefant in uns. Straße, satir. Erz.; Erinnerung m. Bäumen, Erz.; D. Ahnenpyramide, R.; Heimatsuchen, R.; Nicht beweisbar, Ged.; Fremder Strand, Erz., u. a. Div. Hörsp. etc. - Div. Förderungspreise; 1971 Boga-Tinti-Lyrikpreis, 1975 Erzählerpreis d. Autorenkolloquiums Neheim-Hüsten, 1980 N. Ö. Landeskulturpreis, 1983 Sudetendt. Kulturpreis - Lit.: u. a. Österr. Lit. s. 1945; Sprache: Traum u. Wirklichk., österr. Kurzprosa d. 20. Jh.; Heimat- Kurswert steigend? Z. Werk v. I. T., Kurt Adel, Ztschr. Morgen 33/84.

TIELSCH-FELZMANN, Ilse

s. Tielsch, Ilse

TIEMANN, Burkhard

Dr. jur., Rechtsanwalt, Hauptgeschäftsführer Kassenzahnärztl. Bundesvereinigung - Universitätsstr. 73, 5000 Köln 41 (T. 0221 - 40 01-0) - Geb. 15. Jan. 1945 Wenden/Westf. (Vater: Eugen T., Apoth.; Mutter: Margarete, geb. Schulte), kath., verh. s. 1969 m. Dr. Susanne, geb. Bamberg, 3 Kd. (Julia, Konstantin, Sophia) - Univ. Bonn u. München (Rechtswiss. u. Volksw.), 1. jur. Staatsprüf. Köln, 2. jur. Staatsprüf. München - 1970 Wiss. Assist. Univ. München, Rechtsanw. 1975, Wiss. Dir. München, s. 1979 Hptgf. kassenzahnärztl. Bundesvereinig., s. 1987 gf. Dir. d. Inst. d. Dt. Zahnärzte, stv. Vors. Ges. f. Versich.-wiss. u. -gestaltung, Mitgl. Konzertierte Aktion im Gesundheitswesen - BV: Gemeinschaftsaufg. v. Bund u. Ländern in verfassungsrechtl. Sicht, 1970; Versorgungsausgl. u. steuerl. Folgen d. Ehescheidung, 1977; Verfassungsprobl. d. Krankenversich.-Kostendämpfungsges., 1977; System d. zahnärztl. Versorg. in d. BRD, 1980 (auch engl. u. franz.); Kassenarztrecht im Wandel, 1983; Beck'sches Formularbuch z. Bürgerl., Handels- u. Wirtschaftsrecht, 4. A. 1987.

TIEMANN, Eberhard

Dr. rer. nat., Prof. - Hägewiesen 6, 3004 Isernhagen - Geb. 9. Febr. 1942, ev., verh. s. 1969 m. Ingeborg, geb. Kessel, T. Christine - 1964-68 Physikstud. Univ. Hannover, Berlin; Promot. 1970 Berlin; Habil. 1972 ebd. - 1969-76 Assist. u. Assist.-Prof. FU Berlin; 1976-78 TU Hannover; 1978 apl. Prof. TU Hannover; 1982 Prof. Univ. Hannover (1988/89 Dekan FB Physik). 1973 Gastwissenschaftler NBS Washington DC, USA; 1986/87 Gastprof. Inst. f. Molecular Science, Japan. 95 Publ. z. Molekülphysik in intern. Ztschr.

TIEMANN, Walter

Stadtrat, MdL Schlesw.-Holst. (s. 1962) - Klaus-Groth-Str. 10, 2350 Neumünster (T. 4 35 93) - Geb. 12. März 1926 Kiel, verh., 2 Kd. - Mittelsch.; Laborantenausbild.; Höh. Abendsch.; Akad. f. Wirtschaft u. Politik - Laborant; Berufsberater; Angest. DGB (b. 1958 Sekr. Kiel, dann gf. Vors. Neumünster-Segeberg); s. 1967 Stadtrat u. Dezern. Neumünster. SPD s. 1948 (Kreisvors. Neumünster u. Mitgl. Landesvorst. SH).

TIEMANN, Walter

Geschäftsf. Gesellschafter Joh. Achelis & Söhne GmbH & Co., Bremen - Vehrels 1, 2800 Bremen 66 - Geb. 18. Aug. 1926 - Vorst. Bundesverb. d. dt. Exporthandels, Verein Bremer Exporteure; Beirat Arbeitsgemeinsch. Entwicklungsländer; Mitgl. Außenhandelsaussch. Verb. dt. Maschinen u. Anlagenbau (VDMA), Außenwirtsch.aussch. Handelskammer Bremen, Außenwirtsch.- u. Integrationsaussch. DIHT, Länderaussch. Taiwan Ostasiatischer Verein, Hamburg.

TIEMEYER, Clauss

Betriebswirt, Hauptgeschäftsführer Hotel- u. Gaststättenverb. Hessen e.V., Geschäftsf. Kreditgarantiegem. d. Hotel- u. Gaststättegewerbes u. verw. Betriebe Hessens GmbH, Prokurist HOGA, Förder- u. Betriebsberat.-Ges. f. d. Hotel- u. Gaststättengewerbe - Auguste-Viktoria-Str. 6200 Wiesbaden.

TIESENHAUSEN, Freiherr von, Wolter

Journalist (Ps.: Matthias Erlaa), Leit. Studio Bonn Dt. Welle - Pressehaus I/513, 5300 Bonn 1 (T. 0228 - 21 90 55) - Geb. 30. Sept. 1940 Athen (Vater: Berend Frhr. v. T., Journ.; Mutter: Elisabeth, geb. Koch-Grünberg), ev., verh. s. 1966 m. Waltraut, geb. Glasenapp, 3 Kd. (Elisabeth, Matthias, Cyrill) - Mittl. Reife, Höh. Handelssch. Gießen - 1960-65 Redakt. AP, 1963-80 Parlamentskorresp. Bonn; 1965-80 Mannheimer Morgen, u. a.; 1980/81 Staatskanzlei Schlesw.-Holst.; 1981-85 CDU-Sprecher Bonn - Rechtsritter Johanniterorden.

TIESLER, Ekkehard

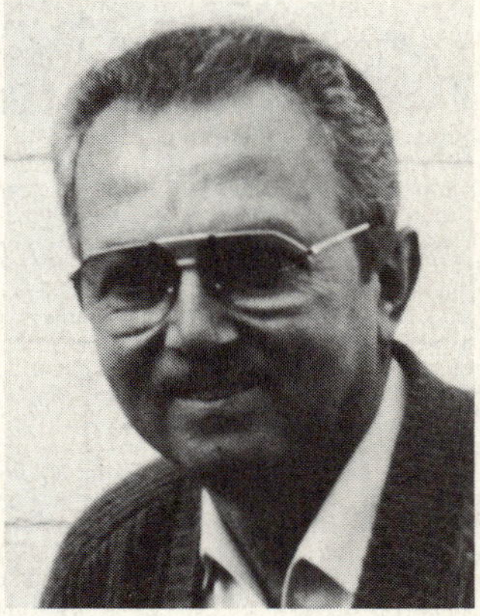

Dr. med., Prof. f. Medizinische Mikrobiologie - Ziegelhütte 40, 6650 Homburg/S. (T. 06841 - 53 76) - Geb. 28. Okt. 1934 Rabishau (Vater: Hermann T., Pfarrer; Mutter: Meta, geb. Greth), ev., verh. s. 1954 m. Gunda, geb. Blos, 2 Töcht. (Vera, Andrea) - Univ. Frankfurt (Med.), Facharzt f. Laboratoriumsmed. Homburg/Saar, wiss. Rat - S. 1971 Hochschullehrer. Ca. 90 wiss. Publ. in naturwiss. u. med. Ztschr., Buchbeitr. - Liebh.: Fotografie - Spr.: Engl., Franz.

TIETJEN, Günther

Kriminalpolizeibeamter a. D., MdB (Landesliste Nieders.) - Ringstr. 8, 2950 Leer - SPD.

TIETMEYER, Hans

Dr. rer. pol., Staatssekretär Bundesfinanzmin. (s. Okt. 1982) - 5300 Bonn-Bad Godesberg - Geb. 18. Aug. 1931 Metelen/W. (Vater: Bernhard T., Gemeinderentm.; Mutter: Helene, geb. Pieper), kath., verh. m. Marie-Therese, geb. Kalff, 2 Kd. (Monika, Markus) - Gymn. Paulinum Münster (Abit.); Univ. Münster, Bonn, Köln (Volksw., Sozialwiss.; Dipl.-Volksw. 1958). Promot. 1961 Köln - 1958-62 Cusanuswerk (Geschäftsf. Studienförd.); 1962-82 Bundeswirtschaftsmin. (1973 Ministerialdir. u. Leit. Abt. Wirtschaftspolitik). Lehrbeauftr. f. Europ. Wirtschaftspol. Univ. Bochum (1968-71) u. Köln (1971/72) - Div. Orden - Liebh.: Sport, Wandern - Spr.: Engl.

TIETZ, Bruno

Dr. rer. oec., Dipl.-Kfm., Prof. f. Betriebswirtschaftslehre - Kobenhüttenweg 45, 6600 Saarbrücken (T. 6 78 22) - Geb. 2. Febr. 1933 Bischofsburg/Ostpr. (Vater: Hubert T., Rektor; Mutter: Luzia, geb. Huhn), verh. m. Erna, geb. Wolfensperger - Univ. Köln, Promot. u. Habil. Saarbrücken - S. 1969 Prof. Univ. Saarbrücken (apl. Prof., Wiss. Rat u. Prof., Prof. auf Lebenszeit; Dir. Handelsinst.), Fachveröff. - Liebh.: Segeln, Skilaufen, Fliegen.

TIETZ, Georg

Ministerialdirigent a. D. - Beethovenstr. 1, 5300 Bonn - Geb. 23. Sept. 1904 Berlin (Vater: Georg T., Postbeamter; Mutter: Bertha, geb. Koch), ev., led. - Univ. Berlin (Math., Physik) - 1934-69 Reichsversicherungsamt, -arbeitsmin. (1940), Zentralamt f. Arbeit, Verw. f. Arbeit d. Vereinigten Wirtschaftsgebiete (1948), Bundesarbeitsmin. (1950; zul. Chefmathematiker f. Dt. Sozialversich.). Herausg.: Zahlenwerk z. Sozialversich. in d. BRD (Loseblatt-Samml. 1963 ff.) - 1969 Gr. BVK.

TIETZ, Horst

Dr. phil., o. Prof. f. Mathematik - Röddinger Str. Nr. 31, 3008 Garbsen 1/Hann. - Geb. 11. März 1921 Hamburg (Vater: Willy T., Kaufm.; Mutter: Amanda, geb. Cornils), ev., verh. s. 1948 m. Lieselotte, geb. Wiese, 2 Töcht. (Anna-Cornelia, Ingeborg) - 1940 u. 1945-47 Univ. Hamburg u. Marburg (Math., Physik). Habil. Braunschweig - 1948-51 Hilfsassist. Univ. Marburg, 1951-56 Assist. u. Privatdoz. TH Braunschweig, 1956-62 Doz. Univ. Münster (1961 apl. Prof.), s. 1962 ao. u. o. Prof. (1966) TH bzw. TU bzw. Univ. Hannover - BV: Lineare Geometrie, Lehrb. 1966, 2. A. 1973; Einführung in d. Math. f. Ingenieure, Lehrb. Bd. I, 1979, Bd. II 1980. Üb. 20 Einzelarb. Mithrsg.: Studia Mathematica, Math. Sem.berichte. Mitarb.: Fischer Lexikon f. Math. (2 Bde.), Handb. d. Physik, Grundzüge d. Math., Math. Hilfsmittel d. Ing.s - Orden: Légion d'Honneur (Chevalier), 1973 - Liebh.: Musik - Spr.: Engl., Franz.

TIETZ, Reinhard

Dr. rer. pol., Dipl.-Kfm., Prof. f. Volkswirtschaftsl. Univ. Frankfurt (s. 1974) - Steinhausenstr. 23, 6000 Frankfurt (T. 61 30 00) - Geb. 28. Juli 1928 Frankfurt (Vater: Edwin T., Obermagistratsrat), ev., verh. s. 1964, 2 Kd. - Promot. 1971 - 1982 Vors. Ges. f. experimentelle Wirtschaftsforsch. - BV: E. anspruchsanpassungsorientiertes Wachstums- u. Konjunkturmodell. Herausg.: Wert- u. Präferenzprobleme in d. Sozialwiss., Aspiration Levels in Bargaining and Economic Decision Making. Mithrsg.: Sozialwiss. im Stud. d. Rechts; Bounded Rational Behavior in Experimental Games and Markets.

TIETZE, Hans-Ulrich

Dr. med., Chefarzt Cnopf'sche Kinderklinik e. V., Nürnberg, Privatdoz. f. Kinderheilkd. Univ. Erlangen-Nürnberg (s. 1973) - Kieler Str. 29, 8500 Nürnberg.

TIETZE, Jürgen

Jurist, Mitgl. Abgeordnetenhaus v. Berlin (s. 1979) - Zu erreichen üb.: CDU-Fraktion, Rathaus, 1000 Berlin 62.

TIETZE, Lutz-Friedjan

Dr., o. Prof., Institutsdirektor Fachber. Chemie Univ. Göttingen - Stumpfe Eiche 73, 3400 Göttingen - Geb. 14. März 1942 Berlin (Vater: Dr. Friedrich T., Landgerichtsdir.), ev., verh. s. 1966 m. Karin, geb. Krautschneider, 4 Kd. (Martin, Maja, Andrea, Julia) - 1961-66 Stud. Chemie u. Volkswirtsch. Univ. Kiel u. Freiburg; Dipl. 1966 Kiel; Promot. 1968 Kiel; Habil. f. Org. Chemie 1975 Univ. Münster - 1975 Doz. Univ. Münster; 1977 wiss. Rat u. Prof. Univ. Dortmund;

s. 1978 s.o.; 1982 Gastprof. Univ. Madison, Wisconsin, USA; 1983-85 Dekan Fachber. Chemie - BV: Reaktionen u. Synthesen im org. chem. Praktikum, 1981 (jap. 1983) - Karl Winnacker Preis, Literaturpreis d. Fonds d. Chem. Ind. - Liebh.: Segeln, Skilaufen - Spr.: Engl.

TIETZE, Werner

Dr. jur., Ass., Dipl.-Kfm., stv. Aufsichtsratsvorsitzender Wilhelm Wippermann AG, AR-Mitgl. Wippermann Jr. GmbH, bde. Hagen - Heierbusch 54, 4300 Essen-Bredeney - Geb. 25. Juli 1920 Hamburg - U. a. Vorst.-Mitgl. National-Bank AG, Essen, u. Rhein. Bank AG, Düsseldorf, Generalbevollm. BHF-Bank, Frankfurt/M.

TIETZE-LUDWIG, Karin

Fernsehansagerin Hess. Rundfunk - Hessischer Rundfunk, Bertramstr. 8, 6000 Frankfurt/M. - Geb. 31. Mai 1941 Siegen (Vater: Walter L.; Mutter: Gine, geb. Schmidt), ev., verh. s. 1966 m. Hans Jürgen Tietze, S. Tim - Gymn. u. Höh. Handelssch. - Bek. als Ansagerin d. Lottozahlen - BV: Zusatzzahl 13, 1976 - Liebh.: Lesen - Spr.: Engl., Franz., Span.

TIEWS, Klaus

Dr. rer. nat., Prof., Ltd. Direktor, gf. Sekr. Dt. Wissenschaftl. Kommission f. Meeresforschung - Palmaille 9, 2000 Hamburg 50 - Geb. 17. Jan. 1928 Stettin - 1953ff. Inst. f. Küsten- u. Binnenfischerei Hamburg (1968 Dir.); 1956-58 Bureau of Fisheries Manila (Philipp.) - Herausg. Arch. Fischereiwiss., s. 1975 Schr. Bundesforsch.anstalt f. Fischerei u. 2 weit. Ztschr. Mehrere hundert Aufs. - S. 1961 380 Ölgemälde - 1976-82 Präs. Europ. Binnenfischereiberat. Kommiss. d. FAO; zahlr. Ämter (Vors.) in nat. u. intern. Org. d. Fischereiforsch. - 1973 Weißer Elefantenorden d. Königs v. Thailand.

TIGGES, Hans

Dr. jur., Oberstadtdirektor - Knappenstr. 46, 4700 Hamm/W. (T. 2 40 61) - Geb. 2. Nov. 1911 (Vater: Dr. med. Wilhelm T., Arzt; Mutter: Friedel, geb. Wurm), verh. m. Gretel, geb. Aschoff - Stud. Rechts- u. Staatswiss. - 1947 Stadtdir. Remscheid; 1958 Oberstadtdir. Hamm - Liebh.: Psychologie - Rotarier.

TILGER, Willi

Ministerialrat a.D., Vorsitzender Dt. Beamtenbund/Landesbd. Rhld.-Pfalz (s. 1971) - Adam-Karrillon-Str. 62, 6500 Mainz 1; priv.: Brahmsstr. 8, 6700 Ludwigshafen (T. 0621 - 56 79 54) - Geb. 19. Jan. 1922 - Mitgl. Rundf.rat SWF Baden-Baden; Vors. Beamtenrechtskommiss. DBB Bonn.

TILING, Klaus

Dipl.-Ing., Techn. Vorstand Garbe, Lahmeyer & Co., AG., Aachen - Zu erreichen üb. Fa. Garbe, Lahmeyer & Co., AG, Jülicher Str. 191, 5100 Aachen (T. 02407 - 47 46) - Geb. 6. Mai 1928 Osnabrück, ev. - Abit., Elektrikerlehre, TH Braunschweig (Elektrotechnik),, Dipl. 1955 - B. 1961 Wiss. Assist., b. 1972 Prod.leit. Transformatoren BBC, b. 1979 Techn. Leit. Ritz Meßwandler Hamburg, s. 1979 Techn. Vorst. Garbe Lahmeyer Aachen.

TILK, Günther

Dipl.-Kfm., Konsul, Vorstandsmitglied Kali-Chemie AG - Postf. 2 20, 3000 Hannover - Geb. 22. Juni 1930 St. Barbara/Saar - Div. AR- u. Beiratsmand.; Mitgl. d. Geschäftsfg. Dt. Solvay-Werke GmbH, Solingen-Ohligs; AR-Vors. Engelhard Kali-Chemie GmbH, Hannover; AR: ARTUS Mineralquellen GmbH & Co KG, Bad Hönningen, Kali-Chemie Stauffer GmbH, Hannover, MSW-Chemie GmbH, Langelsheim, Biogena A/S, Aarhus, Biolac GmbH, Harbarnsen, Daehan Specialty Chemicals Co. Ltd., Onsan-Myun; VR: Società Bario e Derivati SpA, Massa, Kali-Chemie Iberia, S.A. Barcelona, Barytine de Chaillac, Chaillac, Chairman Board of Directors: Kali-Chemie Corporation, Greenwich, USA; Mitgl. Handelspolit. Aussch. Verb. d. Chem. Ind., Frankfurt, Mitgl. Vollvers. d. IHK; Beirat Ind.-Club Hannover u. Zulassungsst. d. Nieders. Börse zu Hannover, alle Hannover - 1983 Belg. Honorarkonsul f. Hannover.

TILL, Franz

Dipl.-Ing., Verbandsgeschäftsführer - Limburger Str. 55, 6057 Dietzenbach/Hessen - Geb. 12. Mai 1926 - Gf. Fachverb. Elektroschweißgeräte u. -wärmeanlagen, beide Frankfurt/M.

TILLEN, Walter

Präsident Finanzgericht Köln - Adolf-Fischer-Str. 12-16, 5000 Köln 1 (T. 0221 - 13 50 25); priv.: Brucknerallee 131, 4050 Mönchengladbach 2 - Geb. 18. Jan. 1927 Rheydt, ev., verh. s. 1956 m. Inge, geb. Roelen - Stud. Rechtswiss. Gr. jurist. Staatsprüf.

TILLER, Nadja

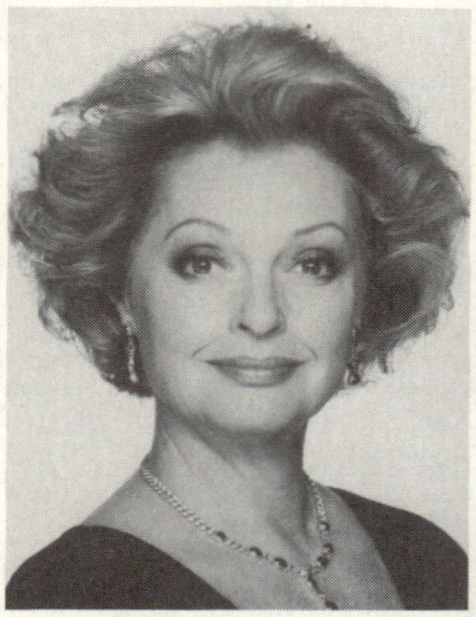

Schauspielerin - Via Tamporiva 26, CH-6976 Castagnola b. Lugano (Schweiz) - Geb. 16. März 1929 Wien (Vater: Schauspieler; Mutter: Operettensängerin), verh. s. 1956 m. Walter Giller (Schausp.), 2 Kd. (Natascha, Jan-Claudius) - Modistinausbild.; Akad. f. Musik u. Darstellende Kunst Wien - Filme: u. a. Hotel Adlon, D. Barrings, Ich suche dich, 3 Mann auf e. Pferd, Banktresor 713, El Hakim, Des Königs bester Mann, D. Mädchen Rosemarie, D. Mantel d. Nacht, Rififi b. d. Frauen, Labyrinth d. Leidenschaften (1960 Berlin; Filmband in Silber), D. Buddenbrooks, D. Botschafterin, Geliebte Hochstaplerin, Affäre Nina B., An e. Freitag um 1/2 12, D. brennende Gericht, Lulu, Moral 63, Schloß Gripsholm, D. gr. Liebesreigen, Tonio Kröger, Rififi in Paris, d. Feuerzangenbowle, Ohrfeigen; Fernsehen: Waterloo (1969), Serie: Hotel z. schönen Marianne, 1978 u. a. 1968 Salzburger Festsp. (Buhlschaft in: Jedermann), 1979 Bundesfilmpreis/Filmband in Gold (f. langj. u. hervorrag. Wirken im dt. Film) - Spr.: Engl., Franz., Ital.

TILLEWEID, Lutz

s. Zillich, Heinrich

TILLINGER, Klaus

Leitender Postdirektor Versorgungsanstalt d. Dt. Bundespost - Postfach 10 50 43, 7000 Stuttgart 10 - Geb. 12. Aug. 1933.

TILLMANN, Bernhard

Dr.med., Univ.-Prof., Lehrst. f. Anatomie Univ. Kiel (s. 1977) - Muhliusstr. 65, 2300 Kiel (T. 0431 - 55 29 88) - Geb. 1. Mai 1939 Dörnholthausen/Sundern (Vater: Ferdinand T.; Mutter: Anna, geb. Specht) - Human. Gymn. Laurentianum Arnsberg, Abit. 1960; Stud. Med. Univ. Köln, Graz, München; Habil. 1973 (Anatomie u. Entw.gesch.) Köln, 1974 Prof. (H3) - Einzelveröff. vorw. auf d. Gebiet d. Biomechanik d. Bewegungsapparates. Handbuchbeitr. Pathol., Hals-Nasen-Ohrenheilkd.; Lehrb. u. Atlas d. Anatomie - 1975 Biesalski Preis d. DGOT - Mitgl.sch.: Anatomische Ges., Anatomen d. Bundesrep. Dtschl., Dt. Ges. f. Orthop. u. Traumatologie - Liebh.: Musik, Malerei.

TILLMANN, Ferdinand

Dipl.-Kfm., selbst. Unternehmer, MdB s. 1972 (Wahlkr. 119/Hochsauerlandkr.), Vors. Sportaussch. - 5768 Sundern-Dörnholthausen (T. 02933 - 20 00) - Geb. 27. Juni 1932 Dörnholthausen, kath., verh., 1 Tochter - Gymn. (Abit. 1952); Univ. Frankfurt/M. u. Köln (Betriebs- u. Volksw.), Dipl.-Kfm. 1955 - 1969-72 Landrat Krs. Arnsberg. CDU s. 1957 (Ortsvors., Mitgl. gf. Kreisvorst., Stadtverbandsvors.) - Gf. Gesellsch. Tillmann Kaltprofilwalzwerk GmbH & Co KG, Sundern; Gesellsch. Tillmann Werkzeugbau GmbH & Co. KG, Arnsberg; ehrenamtl. Vorst.-Vors. Volksbank Neheim-Hüsten eG, Arnsberg; Mitgl. Vollversamml. IHK f. d. Südöstl. Westf. zu Arnsberg; Vorst.-Mitgl. Wirtsch.vereinig. Ziehereien u. Kaltwalzwerke u. d. Fachvereinig. Kaltwalzwerke; Mitgl. Verbandsaussch. Westf. Genossenschaftsverb.; Vizepräs. Dt. Bob- u. Schlittensportverb.; Präs. Nordrh.-Westf. Bob- u. Schlittensportverb.; Mitgl. Kurat. Sepp-Herberger-Stiftg.; 1975/79 Mitgl. Rat d. Stadt Sundern - Liebh.: Bergsteigen.

TILLMANN, Friedrich

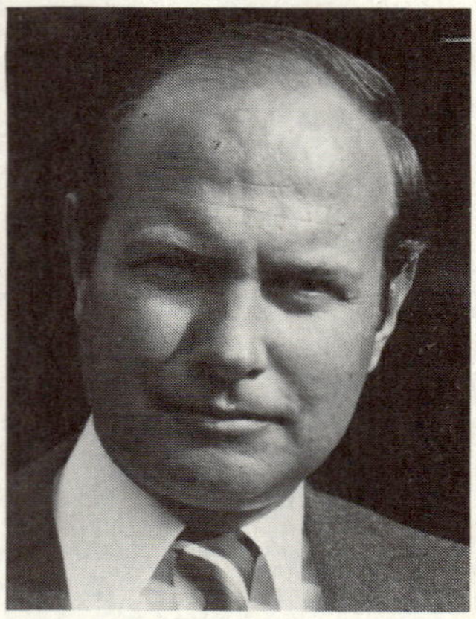

Dr.-Ing., Oberleutnant zur See d. R., Geschäftsführer Bundesvereinig. d. Firmen im Gas- u. Wasserfach, Verb. d. Dt. Gaszählerind., Verb. d. Dt. Hersteller v. Gasdruck-Regelgeräten, Gasmeß- u. Gasregelanlagen, Verb. d. Hersteller v. Bauelementen f. wärmetechn. Anlagen, Verb. d. Dt. Wasserzähler-Ind., alle Köln - Marienburger Str. 15, 5000 Köln 51 (T. 0221 - 38 16 17) - Geb. 25. April 1937 Siegen (Vater: Helmut T., Dipl.-Ing., Stahlwerkschef; Mutter: Elisabeth, geb. Düsberg), ev., verh. s. 1963 m. Barbara, geb. Tewes - Univ. Clausthal; Dipl. 1962; 1963 Wiss. Mitarb.; 1964 Indugas Versuchs-Ing.; Promot. 1966 - 1967 Vorst.-Assist. Ruhrgas AG Essen; 1970 Prok. NGT; 1972 Geschäftsf. s.o.; 1982 Generalsekr. Europ. Verb. Gasmeß- u. Gasregel-Geräte-Ind.; Beirat GWF, Gaswärme Intern.; Herausg. Gas; Vorst. Verein d. Freunde Univ. Clausthal (1983); Beirat Gaswärme-Inst., Essen, D. Gas- u. Wasserfach, München, D. Bundesmin. f. Arbeit u. Soz.-Ordnung, Bonn, Rohre, Rohrleitungen, Bauteile, Essen, Gaswärme Intern., Essen; Vorst. Dt. Verein d. Gas- u. Wasserfaches, Eschborn; Generalsekr. Faregaz, Paris; Mitgl. Energie-Aussch. BDI, Köln, Dt.-Franz. Ges., Bonn u. Düsseldorf, Wehrtechn. Ges. Bonn, Folkwang Mus., Essen; Vorst.-Vors. Preußenhaus Clausthal. Veröff. üb. Erdgas u. Stahl (dar. in Engl. u. Franz.) - Mitgl. Clausewitz Ges. - Liebh.: Friedrich d. Gr., Napoléon, Preuß. Gesch., Röm. Gesch., Kaiserl. Marine im Dt. Reich u. im Kaiser-Reich Japan - Spr.: Engl., Franz., Latein - Bek. Vorf.: Ludwig T., Gewerke Eisenerz-Bergbau Siegerland (Urgroßv.) - Rotarier.

TILLMANN, Heinz-Günther

Dr. rer. nat., o. Prof. f. Mathematik Univ. Münster (s. 1976) - Von-der-Tinnen-Str. 32, 4400 Münter (T. 0251-37 43 02) - Geb. 30. Sept. 1924 Massen/W. - S. 1957 (Habil.) Lehrtätigk. Univ. Mainz (1962 ao., 1964 o. Prof.). 1962/63 Gastprof. Univ. of Maryland. Fachaufs.

TILLMANN, Karl-Heinz

Dr. rer. pol., Dipl.-Kfm., Direktor BASF AG, Ludwigshafen, Leit. Untern.bereich Düngemittel - Weinbietstr. 23, 6703 Limburgerhof/Pf. - Geb. 24. Juni 1925 Mannheim - AR-Mandate, dar. Vors. Guano-Werke AG, Castrop-Rauxel, BASF Düngemittelwerke Victor GmbH, Castrop-Rauxel u. CNO N.V., Ostende, Vors. Fachverb. Stickstoffind. im Verb. d. Chem. Ind., Frankfurt - Präs. FIAC - FAO Rom - Spr.: Engl., Franz., Niederl., Ital.

TILLMANN, Klaus-Jürgen

Dr. paed., Prof. f. Erziehungswissenschaft (Schulpädagogik) - Zu erreichen üb. Univ. Hamburg, FB Erziehungswiss., Von-Melle-Park 8, 2000 Hamburg 13 - Geb. 17. Sept. 1944 Bochum (Vater: Klaus T., Bergmann; Mutter: Wilma, geb. Wieditz), verh. in 2. Ehe m. Marianne Horstkemper, T. Katja - Lehre Ind.-Kfm.; Univ. Dortmund, Dipl.-Päd. 1972, Promot. 1974, 1979 Prof. f. Erz.wiss. Univ. Hamburg (1987-89 Dekan) - 1974-78 stv. Bundesvors. Gemeinnützigen Ges. Gesamtsch.; s. 1984 Vertrauensdoz. Hans-Böckler-Stiftg. - BV: Polit. Sozialisation in d. Gesamtsch., 1972; Unterr. als soz. Erfahrungsfeld, 1976; Sozialpäd. in d. Schule, 1976; Jahrb. d. Schulentw., 1980/82/84; Bildung f. d. Jahr 2000, 1985; Sozialisationstheorien, 1989.

TILLMANN, Wilfried

Dr. med., Prof., Chefarzt Kinderklinik Klinikum Minden (s. 1984) - Am Kohlgraben 19, 4950 Minden/Westf. (T. 0571 - 5 21 33) - Geb. 15. Dez. 1943 Unna/Westf., verh. s. 1969 m. Karin, geb. Köppen, 3 Kd. (Susanne, Martin, Stefanie) - Med.-Stud. Univ. Göttingen, Hamburg; Promot. 1969 Hamburg; Habil. 1977 Göttingen - 1970-72 wiss. Assist. Univ.-Kinderkl. Hamburg; 1974-77 Univ.-Kinderkl. Göttingen; 1977-84 Oberarzt Univ.-Kinderkl. Göttingen; 1982 apl. Prof. - Rd. 130 Fachveröff., bes. z. Thema Hämatologie, klin. Hämorheologie, Infektionskrankh. - 1978 Preis d. Dt. Ges. f. Hämatologie u. Onkologie - Liebh.: Phil., Sport - Spr.: Engl., Latein.

TILLMANN, Wolfgang

Dr. jur., Ass., Direktor Dt. Bank AG Filiale Essen - Lindenallee 29-45, 4300 Essen 1; priv.: Berenberger Mark 12, 4300 Essen 1 - Geb. 9. Juni 1932 Essen - AR- u. Beiratsmand.

TILLMANNS, Karl-Adolf

Kaufmann, pers. haft. Gesellschafter F. C. Tillmanns, Remscheid - Elberfelder Str., 5630 Remscheid.

TILLY, Richard H.

Ph. D., o. Prof. u. Direktor Inst. f. Wirtschafts- u. Sozialgeschichte Univ. Münster (s. 1966) - Adlerhorst 18, 4400 Münster-Mauritz (T. 24 71 27) - Geb. 17. Okt. 1932 - 1963-66 Assist. Prof. u. WS. 1969/70 Gastprof. Univ. of Wisconsin, Madison (USA). Fachveröff.

TIMM, Curt

Intendant - Schloßgang 13, 2250 Husum - Geb. 29. Jan. 1926 Hamburg (Vater: Carl T., Ing.; Mutter: Anna T.), ev., verh. s. 1950 m. Marga, geb. Dingler - Schule f. Musik u. Theater - Regiss. f. Schausp. u. Oper, Hörsp.-Regiss., Oberspielleit., Chefdramat., Int. - Feature f. d. Hörfunk.

TIMM, Helga

Dr. phil., Dozentin, MdB (s. 1969) - Am Hopfengarten 16, 6100 Darmstadt (T. 06151 - 31 33 56) - Geb. 11. Juli 1924

Hamburg - Volks-, Aufbau-, Oberschule Hamburg (Kriegsabit.); 1946-52 Univ. ebd. (Gesch., Lat., Päd.; Promot. 1952 m. d. Diss.: D. dt. Sozialpolitik u. d. Bruch d. Gr. Koalition im März 1930, Neuaufl. Herbst 1982) - 1953-65 wiss. Ref. Unesco-Inst. d. Jugend Gauting/Obb.; s. 1965 Doz. u. Mitleit. Akad. d. Arbeit in d. Univ. Frankfurt/M. SPD s. 1946 - 1986 Gr. BVK m. Stern.

TIMM, Johannes-Peter

Dr., Prof. f. Engl. (Sprachwiss., Sprachlernforsch., Sprachdid.) PH Heidelberg (s. 1974) - Lilienweg 7, 6903 Neckargemünd-Waldhilsbach (T. 06223 - 13 61) - Geb. 7. Nov. 1942 Baden-Baden, kath., verw., 2 Söhne (Hans Christoph, Florian) - Stud. Angl., Roman., Freiburg im Br., Bristol; 1. Staatsex. Lehramt an Gymn. 1968 Freiburg, 2. Staatsex. Lehramt an Gymn. 1969 Rottweil; Promot. 1979 Essen - 1981-85 Fachbereichsleit. PH Heidelberg; Leit. u. Mitgl. versch. Planungskommiss. im Schul- u. Hochschulber.; Beirat Dt. Ges. f. Fremdsprachenforsch. - BV: Pragmatisch-kommunikative Grammatik im engl. Unterr., 1979. Herausg.: Fremdsprachenunterr. im Wandel (m. G. Bach), 1989. Vortr. u. Ztschr.-Veröff. im In- u. Ausl. z. Sprachdid. (Operationelle Regeln) u. Sprachlernforsch. - Liebh.: Ski, Tennis - Spr.: Engl., Franz.

TIMM, Jürgen

Dr. rer. nat., Dr. h. c., Prof., Mathematiker - Feldhausen 33, 2804 Lilienthal b. Bremen - Geb. 18. Febr. 1941 Hamburg (Vater: Ernst T., Kaufm.; Mutter: Marianne, geb. Sumfleth), verh. s. 1965 m. Ursula, geb. Helbing, 3 Kd. (Andreas, Olaf, Ingo) - Promot. (1967) u. Habil. (1969) Hamburg - S. 1971 Prof. Univ. Bremen (gegenw. Rektor).

TIMM, Uwe

Dr. phil., Schriftsteller - Rezensried 16, 8036 Herrsching/Ammersee (T. 08152 - 89 86) - Geb. 30. März 1940 Hamburg, verh. s. 1969 m. Dagmar, geb. Ploetz, 3 Kd. (Tobias, Bettina, Johanna) - BV: Widersprüche, Ged. 1971; Heißer Sommer, R. 1974; Wolfenbüttler Str. 53, Ged. 1977; Morenga, R. 1978; Kerbels Flucht, R. 1980; Dt. Kolonien, Photobd. 1981; D. Zugmaus, Kinderb. 1981; D. Piratenamsel, Kinderb. 1983; D. Mann auf d. Hochrad, R. 1984; Vogel, friß d. Feige nicht, Ess. 1989; Rennschwein Rudi Rüssel, Kinderb. 1989 - 1979 Kl. Bremer Literaturpreis; 1981 Mitgl. Intern. PEN (Dt. Zentrum).

TIMMERMANN, Hans

Schauspieler u. Regisseur Ohnsorg Theater u. Ernst-Deutsch-Theater, Hamburg - Schottmüllerstr. 36, 2000 Hamburg 20 (T. 040 - 47 58 09) - Geb. 20. Febr. 1926 Flensburg.

TIMMERMANN, Klaus

Dr. phil., Botschafter in Sambia (s. 1984) - Botschaft Lusaka, Postfach 1500, 5300 Bonn 1 - Geb. 6. Sept. 1926 Lübeck (Vater: Johannes T., Lehrer; Mutter: Martha, geb. Meins), ev., verh. s. 1956 m. Margot, geb. Nordschild, 3 Kd. (Ralph, Stephan, Thomas) - Stud. d. Philol. Univ. Hamburg u. Cambridge/Engl.; Promot. 1952 - Zun. Journalist. (1953); s. 1956 Ausw. Amt, Bonn (Ausl.posten: 1960-63 Presseref. Botsch. Buenos Aires; 1964-68 Kulturref. Handelsvertret. Helsinki; 1968-72 Botsch.rat Daressalaam), 1972-75 wied. Zentrale Bonn (Kulturabt.); 1975-80 Botsch. in Jamaika; 1980-84 Botsch.rat I. Kl. Ständige Vertretung d. BRD b. Europarat, Straßburg; s. 1984 s.o. - 1954 Fullbright-Stip. - Liebh.: Tennis, Segeln, Wasserski, Ski, Lit., Gesch. - Spr.: Engl., Franz., Span.

TIMMERMANN, Manfred

Dr. sc. pol., Dipl.-Volksw., o. Prof. f. Verwaltungswiss., Staatssekretär b. Bundesmin. d. Verteidigung, Bonn (b.1989) - Geb. 19. Okt. 1936 Bremen (Vater: Johann T., Grundstücksmakler; Mutter: Meta, geb. Glander), ev., verh., s. 1961 m. Roswitha, geb. Bratke, 2 Kd. (Kirsten, Lars-Olaf) - 1959-64 wiss. Assist. Univ. Kiel, Berlin (Freie), Mannheim; 1966-70 Geschäftsbereichsleit. Drägerwerk AG, Lübeck; 1970-73 Mitgl. Geschäftsleit. Prognos AG, Basel; 1973ff. Prof. f. Verwaltungswiss. Univ. Konstanz. Mitgl. Verein f. Socialpolitik u. Intern. Inst. f. Verw.wiss. Herausg.: Management in d. öfftl. Verw. (1976), Strategien d. Personalführung (1976), Sozialwissenschaften (1978); Mithrsg.: D. Keynesianismus (1976) - Spr.: Engl.

TIMMERMANN, Otto-Friedrich

Dr. phil., o. Prof. f. Geographie - Mörikestr. 3, 5000 Köln 51 (T. 0221 - 37 46 77) - Geb. 29. Sept. 1910 Ostönnen/W. - Habil. 1941 Hamburg - S. 1960 Prof. Univ. Münster (apl.) u. Köln (1963 o.). Zahlr. Fachveröff.

TIMMERMANN, Vincenz Engelbert

o. Prof. f. Volkswirtschaftslehre Univ. Hamburg (s. 1971) - Richterstr. 11, 2000 Hamburg 76 (T. 040 - 220 07 06) - Geb. 16. Febr. 1935 Herne (Vater: Vincenz Urban, Kaufmann; Mutter: Meta, geb. Uffmann), kath., verh. s. 1963 m. Renate, geb. Keitel, 2 Kd. (Andreas, Beate) - 1957-61 Stud. Volkswirtsch. Univ. Münster; Dipl. 1961; Promot. 1965 Mannheim; Habil 1969 Mannheim - BV: Probleme u. Möglichk. d. Entwicklungsplanung, 1967; Lieferantenkredit u. Geldpolitik, 1971; Entwicklungstheorie u. Entwicklungspolitik, 1982; Wachstums- u. Produktionsstruktur in Entw.-ländern, 1987 - Spr.: Engl., Franz., Ital.

TIMMERS, Josef

Dr.-Ing., Vorstandsmitglied Gebr. Dickertmann, Hebezeug-Fabrik AG, Bielefeld - Bruchweg 12, 4442 Salzbergen (T. 05976 - 4 49) - Geb. 3. Juni 1937 Epe, kath., verh. s. 1970, 2 Kd. - Gymn. Gronau (Abit. 1957); 1957-61 TH Aachen (Dipl.-Ing., Promot. 1965) - B. 1986 Vorst.-Sprecher Dorstener Maschinenfabrik AG - Spr.: Engl.

TIMMLER, Markus

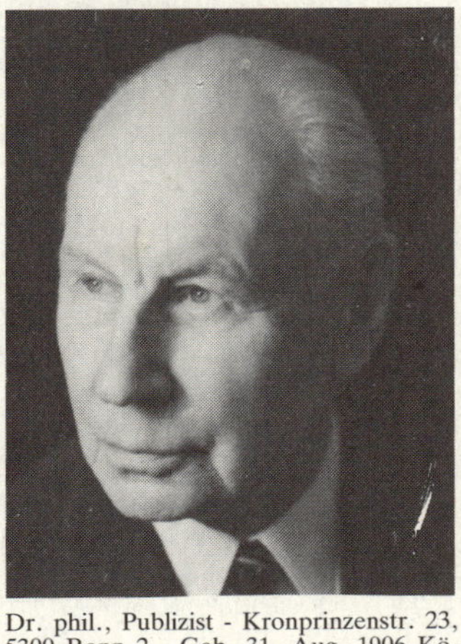

Dr. phil., Publizist - Kronprinzenstr. 23, 5300 Bonn 2 - Geb. 31. Aug. 1906 Königsberg/Pr., ev., verh. s. 1954 - 1925-31 Stud. Neuere Sprachen, Volksw. u. Gesch. Univ. Königsberg, Jena u. München - 1933-39 Doz. Engl. u. Südafrika; 1954-57 Chefredakt. Volksw.; 1957-75 Korresp. Bundesst. f. Außenhdl.information Köln; 1962 Mitbegr. d. ständ. Verkaufsmesse Partner d. Fortschritts, Berlin - BV: Hunger ist kein Schicksal; D. Welthdlskonfz. in Genf; Können u. Wollen, d. Strategie f. d. zweite Jahrzehnt d. Entw.; u. a. - 1931 Kant-Preis Univ. Königsberg; 1967 Ritterkreuz Nationalorden d. Elfenbeinküste - 1928 Zehnkampf-Meister v. Ostpreußen; 1954 Gold. Sportabz. - Spr.: Engl., Franz., Afrikaans.

TIMOFIEWITSCH, Wladimir

Dr. phil., Kunsthistoriker, Univ.-Prof. i.R. f. Mittlere u. Neuere Kunstgesch. Univ. Erlangen-Nürnberg - Höhenkircherstr. 23, 8000 München 60 - Geb. 2. Aug. 1922 Djurdjewo (Jugosl.) - Promot. 1960; Habil. 1970 - Bücher u. Aufs.

TIMPE, Dieter

Dr. phil., o. Prof. f. Alte Geschichte - Keesburgstr. 28, 8700 Würzburg (T. 7 31 43) - Promot. 1956; Habil. 1963 - 1963 Privatdoz. Univ. Freiburg/Br.; 1964 apl. Prof. Univ. Kiel; 1964 o. Prof. Univ. Würzburg - BV: Unters. z. Kontinuität d. frühen Prinzipats, 1962; D. Triumph d. Germanicus, 1968; Arminiusstudien, 1970.

TINSCHERT, Julius

Dr. med., Internist, Chefarzt i. R. Privatklinik u. Sanatorium Der Westerhof, Tegernsee (s. 1959) - Klosterwachtstr. 47, 8180 Tegernsee/Obb. (T. 31 06) - Geb. 2. Sept. 1918 Otterndorf/Elbe (Vater: Dr. med. Otto T., Amtsarzt; Mutter: Dora, geb. Hottendorff), ev., verh. s. 1951 m. Dr. Inge, geb. Warnekros, 4 Kd. (Sabine, Christine, Ullrich, Jens) - N. Abit. (1937) Stud. Med. Staatsex. u. Promot. 1943 Freiburg/Br. - 1948-51 I. Med. Univ.sklinik Hamburg; 1951-58 Sanat. u. Kurhaus Bühlerhöhe; 1958 Städt. Krkhs. Dortmund (Oberarzt Med. Klinik) - Liebh.: Literatur, bild. Künste - Spr.: Franz., Engl.

TINTI, Hansjörg

Chefredakteur Ring Nordbayer. Tageszeitungen (b. 1985) - Postfach 3160, 8580 Bayreuth; priv.: Liegnitzer Str. 19, 8580 Bayreuth (T. 0921-2 20 75/6 u. priv.: 0921-2 68 00) - Geb. 10. Febr. 1937 Kaiserslautern (Vater: Hans T., Stadbaudir.; Mutter: Hedwig T.) - Stud. Rechtswiss. - 1960-62 dpa Frankfurt; 1962-79 Rhein-Zeitung Koblenz; 1979 Hörzu; 1980-85 Chefredakt. RNT.

TIPKE, Klaus

Dr. jur., Prof. f. Steuerrecht - Klerschweg 11, 5000 Köln 51 - Geb. 8. Nov. 1925, ev., verh. s. 1952, m. Ursula, geb. Boening, 2 Kd. - 1964 Lehrbeauftr. Univ. Hamburg, b. 1966 Senatspräs. Finanzgericht Hamburg, dann o. Prof. Univ. Köln; s. 1988 Stiftungsprof. Stifterverb. f. d. Dt. Wiss. 1976-81 Vorst.-Vors. Dt. Steuerjurist. Ges. - BV: Komm. z. Abgabenordn. u. Finanzgerichtsordn., 3 Bde. (13. A. [Losebl.]; m. Kruse); Betriebsprüf. im Rechtsstaat, 1968; Lehrb. d. Steuerrechts (m. Lang), 12. A. 1989; Steuergerechtigkeit, 1981; Grenzen d. Rechtsfortbild. im Steuerrecht, 1982. Etwa 200 Einzelarb. Herausg. 1973-88: Steuer u. Wirtsch. - Ztschr. f. d. ges. Steuerwiss.

TIPPELSKIRCH, von, Alexander

Dr. rer. pol., Dipl.-Kfm., Bankvorstand - An den Linden 13, 4005 Meerbusch 1 - Geb. 16. Jan. 1941 Berlin - S. Jahren Industriekreditbank AG/Dt. Industriebank, Düsseldorf/Berlin (1984ff. Vorst.-Mitgl.).

TISCHENDORF, Friedrich

Dr. med., Univ.-Prof., Anatom - Petersbergstr. 73, 5000 Köln 41 (Klettenberg) (T. 44 53 17) - Geb. 1. April 1915 Gera/Thür. (Vater: Carl T., Bankdir.; Mutter: Charlotte, geb. Müller), verh. s. 1946 m. Irmgard, geb. Arndt, 2 S. (Werner, Klaus) - 1925-34 Gymn. Zittaviense; 1934-39 Univ. Leipzig; 1939 (Bestallg.) Arzt, 1942 (Promot. Leipzig) Dr. med.; 1939-45 Kriegsdst. (Stabsarzt d. R. u. Truppenarzt; hohe Ausz.); 1948 (Habil. Köln) Privatdoz., apl. Prof (1955), Wiss. Rat u. Prof. (1959), Wiss. Abt.-Vorst. (1969), Leit. Abt. f. Angioanat. u. Gewebezücht./Anat. Inst., Prof. C4 (1980), em. (1980) Univ. Köln. Mitgl. in- u. ausl. Fachges., u. a. Mitgl. Anatom. Ges., Ehrenmitgl. Società Italiana di Microcircolazione, u. Bd. Dt. Fallschirmjäger, Korr. Mitgl. Accad. Patavina, Padua. Fellow of the Royal Microscopical Society - BV: Makroskop.-anat. Kurs, 5. A. 1986 - Beitrag: D. Milz, in: v. Möllendorff/Bargmann, Handb. d.

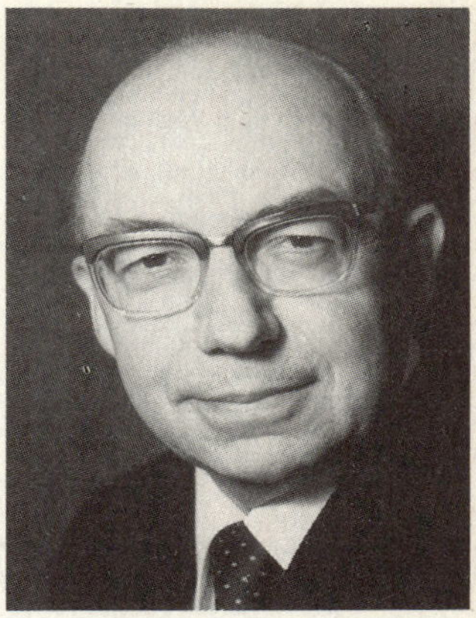

mikroskop. Anat. d. Menschen, Bd. VI/6, 1969. Zahlr. Aufs. z. Arbeitsgeb. Mithrsg.: Biochemistry and Experimental Biology - 1960 HOCHHAUS-Preis d. Med. Fak. d. Univ. Köln - Liebh.: Gesch., Lit., Fechten, Schießen - Spr.: Engl.

TISCHER, Heinz

Dr. phil., Prof. f. Didaktik d. dt. Sprache u. Literatur Univ. Bayreuth - Klinikumallee 47, 8580 Bayreuth (T. 0921 - 4 28 35) - Geb. 20. März 1930 Coburg (Vater: Carl Otto T., Bücherrevisor; Mutter: Alma, geb. Neidiger), ev., 2 Kd. - Lehramtsprüf. 1953, Promot. 1969 - S. 1980 Prof. - Stadtrat Bayreuth - BV: Gesch. d. dt. Volksschulleseb., 1969; Ironie u. Resignation in d. Lyrik Heinrich Heines, 1973; Rechtschreibunterr., 1981; D. Prinzip Sisyphos: Z. Kritik d. demokrat. Leistungssch. (in: DDS), 1980.

TISCHER, Rudi (Rudolf)

Dr. jur., Präsident d. Verwaltungsrates Allianz Versicherung (Schweiz) AG - Wilhelm-Leuschner-Str. 49, 6078 Neu-Isenburg - Geb. 15. Mai 1925 Nürnberg - N. Kriegsdst. (Marine) Stud. Rechtswiss. - Stv. Synd. IHK Bayreuth; s. 1958 verantw. Tätigk. FV. Präs. Frobenius-Ges./Dt. Ges. f. Kulturmorphol., Frankfurt - Kenner afrikan. Felsmalereien.

TISCHERT, Hans

Chefredakteur Europa-Pressedienst (s. 1945), Motor Echo (s. 1954), Kraftverkehr u. Wirtschaft (s. 1956) - Pariser Gärten 9, 6712 Bobenheim-Roxheim 2 (T. 06239 - 72 72) - Geb. 9. Dez. 1904 Berlin (Vater: Dr. phil. Georg T., Börsenjourn.; Mutter: Clara, geb. Nagel), verh. I) 1947 m. Charlotte, geb. Weirich († 1972), II) 1973 Gustel, geb. Roethe - Werner-Siemens-Realgymn. u. Humboldt-Akad. Berlin; Ausbild. Bergmann Elektricitäts-Werke u. Ullstein-Verlag (Voss. Ztg.) ebd. - 1923 Gründ. Ztg.s-Nachr.dst. Mitbegr. Verb. d. Motorjourn. - BV: Es interessiert Europa, 1927; 5000 km Südlandfahrt, 1929; Stätten d. Arbeit, 15 Bde. 1929/36, 2. A. 1950ff. (GA. üb. 250 Ts.); Dt. Industrie, 1929, 1951, 1964/68. Etwa 1500 Wirtschaftsmonogr. u. Jubiläumsschr. dt. Industrieunternehmungen, Rundfunk- u. Fernsehreportagen, Touristfilme - Liebh.: Philatelie, Schmalfilm - Spr.: Engl., Franz., Ital., Span.

TISCHLER, Karl-Felix

Geschäftsführer Colonia Feinleder GmbH & Co. KG, Burscheid, Vors. Arbeitgeberverb. nord- u. westdt. Lederind. u. a. - Pastor-Löh-Str. 74, 5093 Burscheid/Rhld. - Geb. 18. Sept. 1926.

TISCHLER, Wolfgang

Dr. phil., em. o. Prof. f. Ökologie - Flensburger Str. Nr. 99, 2300 Kiel (T. 33 10 68) - Geb. 2. Aug. 1912 Heidelberg (Vater: Prof. Dr. phil. Dr. med. h. c. Dr. agr. h. c. Georg T., zul. Ord. f. Botanik Univ. Kiel (s. XII. Ausg.); Mutter: Gisela, geb. v. Funck), verh. s. 1938 m. Ursula, geb. Wendig, 4 Kd.

(Ragna, Wolf-Hermann, Ulrik, Björn) - Gymn. Kiel; Univ. ebd. (Naturwiss.) u. Cornell-Univ. (USA). Promot. 1936 - 1936-39 Assist. Biol. Reichsanst. f. Land- u. Forstw. Kitzeberg b. Kiel, sd. Assist., Doz. (1941), apl. Prof. (1947), Wiss. Rat u. Prof. (1957), ao. (1963) u. o. Prof. (1966) Univ. Kiel. Mitgl. Dt. Zool. u. Entomol. Ges., Ehrenmitgl. Ges. f. Ökol., ausl. Mitgl. Entomol. Ges. d. Akad. d. Wiss. d. UdSSR - BV: Agrarökol., 1965 (russ. u. poln. 1971); Grundriß d. Humanparasitol., 3. A. 1982; Wörterb. d. Biol.: Ökol., 2. A. 1983; Einführ. in d. Ökol., 3. A. 1984; Biologie d. Kulturlandsch., 1980 - Bruder: Prof. Dr. phil. Fritz T., Museumsdir. Duisburg † 1967 (s. XV. Ausg.).

TITS, Jacques

Dr., o. Prof., Collège de France, Paris - 12, rue du Moulin-des-Prés, F-75013 Paris - 1965 Belg. Regierungspreis f. Reine Math. (wird nur alle 10 J. verliehen); Mitgl. Dt. Akad. d. Naturforscher Leopoldina (1977) u. Acad. d. Sciences de Paris (1979).

TITTEL, Klaus

Dr. rer. nat., Prof. f. Physik - Uferstr. 56, 6900 Heidelberg (T. 06221-47 27 29) - Geb. 8. Juli 1932 Chemnitz (Vater: Dr. Rudolf T., Arzt; Mutter: Leonore, geb. Trübenbach), verh. s. 1964 m. Dr. Ulrike, geb. Meissner, 2 Kd. (Jakob, Juliane) - Human. Gymn. Chemnitz (Abit. 1951); Univ. Leipzig, Heidelberg, Tübingen (Dipl.-Phys. 1958, Promot. 1965) - 1965-68 Wiss. Assist. TH Aachen, 1968-73 Physiker am Europ. Kernforsch.zentr. CERN Genf/Schw., s. 1974 o. Prof. f. Physik Univ. Heidelberg u. Dir. Inst. f. Hochenergiephysik - Spr.: Engl., Franz.

TITTELBACH, Ernst

Dipl. oec., Vorstandssprecher Eisen- u. Drahtwerk Erlau AG., Aalen - Schubertstr. 17, 7080 Aalen/Württ. - Geb. 7. April 1920 Lipine/OS. - Stud.

TITZCK, Rudolf

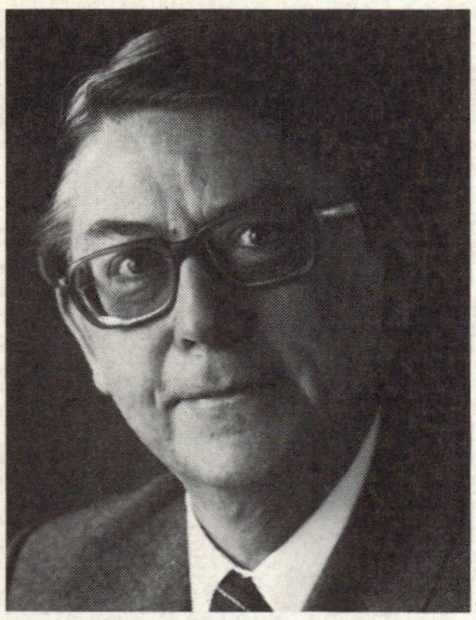

Landesminister a.D. - Rehbenitzwinkel 16, 2300 Kiel 1 - Geb. 21. Febr. 1925 Neukirchen (Vater: Karl T., Pastor; Mutter: Magdalena, geb. Janell), ev., verh. s. 1951 m. Inge, geb. Reinhardt, 3 Söhne (Hans-Jürgen, Klaus-Peter, Karl-Reinhard) - Gymn. Flensburg; Univ. Freiburg u. Kiel (Rechts- u. Staatswiss.). Gr. jurist. Staatsprüf. 1952 - 1952-54 OVG Lüneburg, dann Innere Verw. Schlesw.-Holst. (zul. Reg.dir. Innenmin. u. Staatskanzlei), 1963-69 Bürgerm. u. Stadtkämmerer Kiel, 1970-71 Staatssekr. u. Chef Staatskanzlei, 1971-79 Innenmin. SH, 1979-83 Finanzmin., b. 1987 Landtagspräs. CDU - 1984 Gr. BVK m. Stern u. Schulterbd. - Spr.: Engl. - Rotarier.

TITZE, Klaus

Dr. rer. pol., Dipl.-Wirtschaftsing., Vorsitzender d. Geschäftsf. SP Reifenwerke GmbH - Dunlopstr. 2, 6450 Hanau/M. - Geb. 29. Dez. 1930 - Spr.: Engl., Franz.

TIWISINA, Theodor

Dr. med., Prof., Chefarzt i.R. Chir. u. Neurochir. Abt. Clemenshospital Münster - Schlüterstr. 18, 4400 Münster - Geb. 4. Febr. 1919 Münster/W. (Vater: Bernhard T.), verh. m. Marianne, geb. Hefter - S. 1954 (Habil.) Doz. u. apl. Prof. (1966) Univ. Münster (Chir. u. Neurochir.) - BV: D. Vertebralis-Angiographie, 1954. Fachaufs. - 1954 Preis Niederr.-Westf. Chirurgen-Vereinig.

TOBEI, Johannes

Dr., Generalvikar Bistum Berlin - Wundtstr. 48-50, 1000 Berlin 19 - Geb. 1930, kath. - U. a. Pfr. St. Bonifatius-Gde. Kreuzberg u. Dir. Caritasverb. Berlin - 1976 Päpstl. Hausprälat.

TOBIASCH, Viktor

Dr. med., Prof., Mitglied Kuratorium sozial- u. arbeitsmed. Akad. Univ. Ulm, Leit. Institut zur Erforschung präventivmed. Fragen v. 1972-83; jetzt Ehrenvors. Ärztl. Dir. d. Waldburg-Zeil-Kliniken (1964-78) - 7972 Isny-Neutrauchburg/Allgäu (T. 22 19) - Geb. 1. Aug. 1912 Prag (Vater: Viktor T., Beamter; Mutter: Anna, geb. Dallendörfer), kath., verh. s. 1959 m. Anneliese, geb. Maas, 2 Töcht. (Edda, Christina) - Dt. Univ. Prag. Promot. Prag; Habil. Münster - Assist. Univ. Prag, Heidelberg, Frankfurt/M.; 1955-65 Oberarzt Med. Univ.sklinik Münster/W. (b. 1963 Privatdoz., dann apl. Prof. f. Inn. Med.) - BV: Übergewicht - Was tun?, 1974; D. Vermeidung d. Risikofaktoren, 1977; D. psycho-phys. Erschöpfung, 1977; Stress - biolog. Erbe, Segen oder Fluch, 1979; Rheuna-Fibel, 1981. Mitarb.: Handbuch der Blutkrankh. (1960; Kap.: Haemolyt. Icterus), Taschenb. d. Inn. Med. (1963; Kap.: Stoffwechsel, Endocrinol., Ernährung, Diätetik, Vitaminmangelkrankh.), Tb. d. ges. Med. (1968; dies. Kap.), Lehrb. d. Inn. Med. (1973). Üb. 100 Fachaufs. - Liebh.: Kammermusik, Schach, Tennis, Tischtennis - Spr.: Engl., Franz., Russ. - Akt. Sportler: 1934 Vizeweltmeistermannschaft Tischtennis, 1940 Dt. Hochschulmeistermannsch. Säbelfechten - Rotarier (Gründungspräs. Rotary-Club Isny-Wangen).

TOBIEN, Heinz

Dr. phil. nat., em. o. Prof. f. Paläontologie - Schillerstr. Nr. 1, 6507 Ingelheim/Rh. (T. 26 21) - Geb. 8. April 1911 Braunschweig (Vater: Max T., Theaterint.; Mutter: Emmy, geb. Baumann), verh. s. 1939 m. Edith, geb. Freiin v. Gleichenstein, 3 Söhne (Wolfgang, Rainer, Josef) - Univ. Berlin, München, Freiburg/Br. (Geol., Paläontol.). Promot. (1935) u. Habil. (1941) Freiburg - S. 1945 Lehrtätigk. Univ. Freiburg (1949 apl. Prof.), TH Darmstadt (1950 apl. Prof.), Univ. Mainz (1955 ao., 1966 o. Prof.); 1967 Dir. Paläontol. Inst.; 1978 emerit.; 1950-68 Hess. Landesmuseum Darmstadt (b. 1955 Kustos, dann Abt.sleit.). 1963/64 Gastprof. Univ. of California, Berkeley. Fachveröff. - 1973 korr. Mitgl. Österr. Akad. d. Wiss.; 1981 korr. Mitgl. Bayer. Akad. d. Wiss.; 1981 BVK I. Kl.

TOBIESEN, von, Fred

Geschäftsführer d. Schwedischen Handelskammer in d. Bundesrep. Deutschl. (s. 1972) - Nietzschestr. 39, 4020 Mettmann (T. 02104 - 5 33 05) - Geb. 18. Dez. 1930, ev., verh. s. 1969 m. Heidrun v. Blacha, 2 Kd. (Antonia, Moritz) - Schwed. Dipl. Volkswirt 1957 Stockholm - 1984 D. Med. Seiner Majestät König Carl XVI Gustaf 8. Grösse - Spr.: Deutsch, Engl., Franz.

TOBISCH, Lotte

(eigtl. Lotte Tobisch v. Labotýn) Burgschauspielerin - Zu erreichen üb. Bundestheaterverband, A-1010 Wien - 1981ff. Leit. Wiener Opernball - Ehrenkreuz f. Wiss. u. Kunst; Gr. Ehrenzeichen f. Verdienste um d. Rep. Österr.; Commander of the Order of Independence of Jordan - Entstammt e. altösterr. Patrizierfamilie (Vorf. b. 1229 nachweisb.).

TODENHÖFER, Jürgen

Dr. jur., Richter, MdB (s. 1972) - Bundeshaus, 5300 Bonn 1; priv.: Bergwiesenweg 2, 7454 Bodelshausen - Geb. 12. Nov. 1940 Offenburg/Baden (Vater: Werner T., Senatspräs. OLG; Mutter: Edith, geb. Leonhardt), ev., verh. (Ehefr.: Francoise), 3 Kd. (Valérie, Frédéric, Nathalie) - Univ. München, Paris, Bonn, Freiburg (Rechts- u. Staatswiss.). Jurist. Staatsprüf. 1964 u. 67; Promot. 1969 - 1970-71 Pers. Ref. CDU-Generalsekr.; 1972 Wiss. Assist. Univ. Freiburg; 1972ff. Richter LG Kaiserslautern; s. 1981 Mitgl. Ausw. Aussch. d. Dt. Bundestages; s. 1987 stv. Vors. d. Geschäftsfg. Burda-GmbH. CDU s. 1970 - BV: Wachstum für alle, 1976 - Liebh.: Dt. Literatur, Geschichte u. Philosophie, Skilaufen, Tennis - Spr.: Engl., Franz.

TODT, Dietmar J.

Dr. rer. nat., o. Prof. Freie Univ. Berlin - Haderslebener Str. 9, 1000 Berlin 41 (T. 838 38 48) - Geb. 4. April 1935 Castrop-Rauxel (Vater: John D. T., Arch.; Mutter: Hede, geb. Kappelhoff), ev., verh. s. 1962 m. Waltraut, geb. Kemnate, 2 Kd. (Jens Oliver, Tilman Jörn) - Promot. 1961 Tübingen; Habil. 1970 Freiburg/Br. - 1972-74 wiss. Organisator u. Leit. Funkkolleg Biol.; 1975 apl. Prof. Freiburg; 1976 Lehrstuhl f. Verhaltensbiologie FU - BV: D. Leben, 1972; D. Welt d. Tiere, 1973; Biol.-Systeme d. Lebendigen, I u. II 1976; D. Zeichenverhalten d. Tiere, 1986; Primate Vocal Communication, 1988. Zahlr. wiss. Veröff. in Fachztschr. - Spr.: Engl.

TODT, Eberhard

Dr. rer. nat., Prof. f. Pädagogische Psychologie - Am Sonnenhang 13, 6301 Pohlheim (T. 0641-4 53 86) - Geb. 1. Mai 1935 Worms (Vater: Dr. phil. Wilhelm T., Stud.rat; Mutter: Hildegard, geb. Bickelhaupt), ev., verh. s. 1976 m. Heidi, geb. Zeuch, 2 Kd. (Ingrid, Jochen) - Univ. Marburg, Göttingen u. Gießen (Psych., ev. Theol.; Dipl.-Psych. Göttingen 1960, Promot. Dr. rer. nat. Gießen 1965) - 1973/74 u. 1979/80 Dekan Fachber. Psych. Univ. Gießen, s. 1978 Leit. zentr. Stud.ber. d. Univ. - BV: D. Interesse, 1978; Motivation, 1977; Beitr. z. Päd. Psych. d. Sek.stufe, 1976 - Liebh.: Musik, Kunst - Spr.: Engl.

TODT, Hans

Dipl.-Ing., I. Bürgermeister Großgemeinde Lappersdorf, Landkr. Regensburg - Zu erreichen üb. Rathaus, Rathausstr. 3, 8417 Lappersdorf - Geb. 5. Sept. 1939 Walderbach - CSU.

TOEBELMANN, Peter

Dr., Geschäftsführer d. Deutsch-Brasilianischen Industrie- u. Handelkammer São Paulo, Câmara de Comércio e Indústria Brasil-Alemanha São Paulo (s. 1983) - Caixa Postal 30426, BR-01051 São Paulo-SP - Geb. 17. Okt. 1936.

TÖDT, Heinz Eduard

Dr. theol., Prof. f. Systemat. Theologie (Sozialethik) Univ. Heidelberg (s. 1963), Mitgl. d. Forschungsstätte d. Evang. Studiengemeinsch. (FEST), Heidelberg (s. 1961) - Schloßwolfsbrunnenweg 20, 6900 Heidelberg (T. 06221 - 2 37 00) - Geb. 4. Mai 1918 Wester Bordelum (Vater: Anton T., Propst; Mutter: Gudrun, geb. Husfeldt), ev., verh. s. 1957 m. Dr. Ilse, geb. Loges - Gymn. Husum; Univ. Basel, Göttingen, Heidelberg (Promot. 1957) - 1957-61 Theol. Leitg. Ev. Studienwerk Villigst - BV: D. Menschensohn in d. synopt. Überlieferung, 5. A. 1984 (engl. Ausg. London u. Philadelphia 1965); Frieden im wiss.-techn. Zeitalter, 1966 (m. Günter Howe); Theologie d. Revolution, 1968 (m. Trutz Rendtorff); Theol. u. Völkerrecht, in: Georg Picht, Frieden u. Völkerrecht, 1973 (S. 13 b. 169); Menschenrechte - Perspektiven e. menschl. Welt (m. Wolfgang Huber), Neu-A. 1988 (jap. Ausg., 3. A. 1984); Rudolf Bultmanns Ethik d. Existenztheologie, 1978; D. Bedeutung v. Luthers Reichs- u. Regimentenlehre f. heutige Theol. u. Ethik in: Niels Hasselmann, Gottes Wirken in s. Welt, 2. Bde., 1980; Perspektiven theol. Ethik, 1988. Sprecher d. Herausgeberkreises d. Edition Dietrich Bonhoeffer Werke Bd. 1-16 (1986ff.).

TÖLG, Arnold

Geschäftsführer, MdL Baden-Württ. (s. 1977) - Im Vogelsang 11, 7263 Bad-Liebenzell-Möttlingen - Geb. 30. Sept. 1934 Königswalde/Schles., kath., verh., 3 Kd. - Schule (Mittl. Reife); kaufm. Lehre Großhdl. Braunschweig; 1964-67 Fachhochsch. f. Wirtsch. Pforzheim (Betriebsw./grad.) - 1956-57 Angest. DAK Stuttgart; 1957-64 Sekr. e. CDU-Bundestagsabg.; 1967-69 stv. Kurdir. Bad Liebenzell; s. 1969 Geschäftsf. Pforzheimer Reise- u. Verkehrsbüro GmbH. u. Verkehrsbüro Pforzheim (1973 Verkehrsdir.), Vors. d. TurngaUS Nordschwarzwald. CDU s. 1956 (1969 Kreisvors. Calw u. Mitgl. Bezirksvorst. Nordbaden).

TÖLG, Günther

Dr., Prof., Dipl.-Chem., Direktor Institut f. Spektrochemie u. Angewandte Spektroskopie - Postfach 778, 4600 Dortmund (T. 0231-13 92-101) - Geb. 5. Dez. 1929, verh., 1 Kd. - Wiss. Mitgl. am MPI f. Metallforsch. Stuttgart; Prof. Univ. Dortmund; Honorar-Prof. Univ. Tübingen - Forschungsarb.: Analyt. Chemie, Spurenanalyse d. Elemente, Reinststoff-Forsch. - 3 Patente; 170 wiss. Veröff. - 1980 Fritz-Pregl-Med.; 1981 Fresenius-Preis.

TÖLKE, Friedrich

Dr.-Ing. (habil.), Dr. ès Sc. h. c., o. Prof. f. Bodenmechanik u. Wasserkraftanlagen (emerit.) - Kep-lerstr. 11, 7000 Stuttgart (T. 29 55 18) - Geb. 7. Mai 1901 Hannover, ev., verh. s. 1926 m. Emilie, geb. Kapp, 5 Kd. (Edith-Helga, Jürgen-Friedrich, Heinrich-Hermann, Friedrich-Wilhelm, Hedwig-Isolde) - Realgymn. Hannover; TH Karlsruhe (Dipl.-Ing. 1922) - 1922-27 Konstrukteur u. Chefkonstr. Demag AG., Duisburg, dann Ziviling., 1927-45 Privatdoz. u. o. Prof. (1934) TH Karlsruhe (Techn. Mechanik) u. Berlin (1937; Techn. Mech. u. wasserbaul. Strömungslehre), wied. Ziviling., s. 1952 o. Prof. TH bzw. Univ. Stuttgart (Dir. Otto-Graf-Inst. u. Amtl. Forschungs- u. Materialprüfungsanstalt f. d. Bauwesen) - BV: D. stat. Behandl. d. ebenen zykl. Ringes auf vielen Stützen, 1927 (Diss.); Über Stabilitätsprobleme dünner kreiszylindr. Schalen, 1932; Üb. Spannungszustände in dünnen Rechtecksplatten, 1934; Bessel'sche u. Hankel'sche Zylinderfunktionen, 1936; Talsperren, 1938 (Handbibl. f. Bauing., 3 T. Bd. 9); D. geophysikal. Baugrunduntersuchungen, 1938; Z. Integration Differentialgleichungen d. drehsymmetr. belasteten Rotationsschale bei beliebigen Wandstärke, 1938; Üb. Rotationsschalen gleicher Festigkeit f. konstanten Druck, 1939; D. Torsion d. Rechtecksstabes als räuml. Problem, 1943; Prakt. Funktionslehre, Bd. I 2. A. 1951; Mechanik starrer Körper, 1943; Mech. deformierbarer Körper, Bd. I 1949; Baustatik, 1950; Talsperren, 1953 (Samml. Göschen); Prakt. Funktionslehre, Bd. II 1966, III, IV 1967, V 1968, I i. V. - 1953 Ehrendoktor L'Ecole Polytechnique de l'Universite de Lausanne - Liebh.: Entwerfen v. Talsperren u. Wasserkraftanlagen, Math.

TÖLKES, Hans

Ausbildungsleiter, MdL Rhld.-Pfalz - Tannenweg 4, 5540 Prüm - Geb. 10. Febr. 1935 - CDU.

TÖLLE, Engelbert

Geschäftsführer Dt. Kornbranntwein-Verwertungsstelle GmbH - Kaiser-Wilhelm-Ring 14, 4400 Münster - Geschäftsf. Dt. Kornbranntwein-Verwert.st., Spirei - Spiritus-Reinig.w. Lüdinghausen GmbH, DEKO Verw.- u. Beteil.ges. mbH, u. Versuchsbrennerei August Hölscher GmbH, alle Münster; Klindtworth GmbH, Buxtehude. Vorst.-Vors. Bundesverb. d. Spiritus-Reinig.w. e.V., Münster; Mitgl. d. Präsid. Arbeitsgem. Dt. Agraralkoholerz. u. -bearb., Dortmund; AR-Vors. Guttenberg'sche Hausverwaltungsges. mbH, Bad Neustadt/Saale; Mitgl. Landesbeirat NRW Commerzbank AG, Düsseldorf, Beiratsvors. DAA Dt. Agrar-Alkoholversuchsanlagen GmbH, Ahausen-Eversen, u. a.

TOELLE, Tom

Regisseur - Cosimastr. 4, 8000 München 81 (T. 91 18 34) - Geb. 19. Mai 1931 Berlin (Eltern: Karl u. Helma T., Fotogr.) - Franz. Gymn. u. Freie Univ. Berlin - Zeitw. Regieassist. Bühneninsz.: u. a. Prinz v. Homburg (1972, Bad Hersfeld), P in Kölle, 1971; Macbeth, 1974; Ernst-Deutsch-Theater; E. Eremit wird entdeckt, 1975 Thalia Theater, etc. Fernsehf.: D. wahre Geschichte v. geschändeten u. wiederhergestellten Kreuz (auch Drehb. u. Buch), D. Versetzung, Der eine u. d. andere, Im Kreis, D. Millionenspiel, Ich töte, Reichstagsbrandprozeß, D. Witwen, E. Bräutigam f. Marcella, Herlemanns Traum, Victor oder Die Kinder an der Macht, Rückfahrt von Venedig u. a. - 1964 Unda-Preis Monte Carlo, 1970 Stern d. Jahres Münchner Abendztg., 1971 Bambi u. Prix Italia - Spr.: Engl., Franz.

TÖNNIS, Dietrich

Dr. med., Prof., Direktor Orthopäd. Klinik Städt. Klinik Dortmund (s. 1970) - Beurhausstr. 40, 4600 Dortmund 1 (T. 54 22 18 50) - Geb. 10. Aug. 1927 Würzburg (Vater: Prof. Dr. Wilhelm T., s. XVII. Ausg.; Mutter: Herma, geb. Köster), ev., verh. s. 1963 m. Margret, geb. Beckmann, 3 Töcht. (Anja, Delia, Nora) - Stud. Münster, Freiburg, München - BV: Rückenmarkstrauma u. Mangeldurchblutung; D. angeborene Hüftdysplasie u. Hüftluxation im Kindes- u. Erwachsenenalter, 1984; Congenital Dysplasia and Dislocation of the Hip in Children and Adults, 1987. Zahlr. wiss. Einzelarb. - 1963 Preis Dt. Ges. f. Unfallheilkde. - Spr.: Engl.

TÖNSHOFF, Ernst

Kaufmann, Präs. Zentralverb. d. dt. Milchhandels, Bonn - Elisabethstr. 97, 4300 Essen (T. 21 01 81).

TÖNSHOFF, Hans Kurt

Dr.-Ing., Prof. f. Fertigungstechnik u. spanende Werkzeugmaschinen Univ. Hannover; Landesbeauftr. f. Forschung u. Techn. (s. 1985) - Bruchholzwiesen 10, 3006 Burgwedel 1 (T. 0511 - 34 83) - Geb. 14. Mai 1934 Bochum (Vater: Dipl.-Ing. Kurt T., Fabrikant; Mutter: Margarete, geb. Maas), kath., verh. s. 1961 m. Mareyle, geb. Specht, 3 Kd. (Roman, Silke, Till) - TH Hannover (Dipl. Maschinenbau 1960, Promot. 1965) - 1960/61 Konstrukteur USA; 1961/65 wiss. Assist. TH Hannover; 1965-70 Konstruktionsleit./Techn. Leit. im Werkzeugmaschinenbau; 1970 o. Prof. Univ. Hannover. S. 1975 o. Mitgl. Intern. Forsch.gem. CIRP; 1980-84 Mitgl. Wissenschaftsrat; s. 1982 Mitgl. Kurat. Stiftg. Volkswagenwerk; s. 1985 Landesbeauftr. f. Forsch. u. Technol. d. Nieders. Landesregier. Veröff. üb. Fertigungsverf., Werkzeugmasch. u. Fertigungsorg. - Spr.: Engl.

TOENZ, Kurt

Kaufmann, Geschäftsf. Pitney Bowes Deutschl. GmbH u. Adrema Maschinenbau GmbH - Tiergartenstr. 7, 6148 Heppenheim; priv.: Höhenstr. 40, 6242 Kronsberg/Ts. - Geb. 23. Febr. 1937.

TOEPEL, Tim H.

Dr. rer. nat., Prof., Chemiker - Köhlerwaldweg 6, 6916 Wilhelmsfeld - Geb. 2. Febr. 1915 Jena, ev., verh. s. 1939 m. Hildegard, geb. Koch, 2 Kd. (Monika, Hans) - Oberrealsch. Jena; Univ. ebd. u. Heidelberg (Chemie). Promot. 1939 Jena - 1939-40 IG Farbenindustrie AG, Frankfurt/M.-Höchst (Zentrallabor.), 1940-59 IG Farben bzw. Bad. Anilin- & Soda-Fabrik, Ludwigshafen, 1959 b. 1961 Dow Bad. Chemical Co., Freeport, Tex./USA (Vice President u. General Manager), 1961-66 Dir. BASF AG (Leit. Ammoniak-Lab. u. Auslandskoordination); 1966-71 Dow Badische Comp. Williamsburg, VA./USA (Executive Vice Pres. and General Manager); 1971-76 Dir. BASF AG Forschung (Koord. u. Dokument.); 1965ff. Honorarprof. Univ. Mainz (Organ.-chem. Technol.).

TOEPFER, Alfred

Dr. h. c. mult., Prof. E. h., Kaufmann, Landwirt, AR-Vors. Alfred C. Toepfer Verw.-Ges. m.b.H. - Ballindamm 2-3, 2000 Hamburg 1 (T. 3 01 30) - Geb. 13. Juli 1894 Hamburg-Altona (Vater: Carl T., Kaufm.; Mutter: Marie, geb. Volkmer), ev., verh. s. 1922 m. Emmele, geb. Klima, 5 Kd. (Gerda, Helmuth, Hermann, Heinrich, Lore) - Mittl. Reife - Ehrendoktor Univ. Kiel, München, Basel - 1941 Gold. Sportabz.; 1984 Europarat-Med. (pro merito); 1984 Hbg. Ehrengedenkmünze in Gold; Commander of the British Empire - Spr.: Engl., Franz.

TÖPFER, Armin

Dr. rer. pol., Dipl.-Volkswirt, Univ.-Prof. f. Management u. Marketing Univ.-GH Kassel - Wiederholdstr. 11, 3500 Kassel (T. 40 37 50) - Geb. 1. April 1944 Lörrach - Hptm. d. R.; Stud. u. wiss. Assist. Univ. Freiburg; 1981/82 Leit. Fachber. Organisat. u. Personalwesen, E.A.P. Europ. Wirtschaftshochsch. Düsseldorf; s. 1983 Univ.-GHS Kassel; Herausg.-Beirat Ztschr. Personalwirtsch. - BV: Planungs- u. Kontrollsyst., 1976; Mitarb. führen, 1981; Personalführung, 1982; Führungsgrundsätze u. -instrumente, 1982; Strateg. Unternehmensplanung, 1983, Strateg. Marketing, 1984; Krisenmanagement u. Sanierungsstrat, 1985; Mitarb.-Befragungen, 1985; Direktmarketing m. neuen Medien, 1987; Bürokommunikation, 1987. Herausg.: Schriftenreihe Management u. Marketing; Schriftenreihe Schr. z. Personalwirtsch. - Spr.: Engl., Franz., Lat.

TÖPFER, Hans-Joachim

Dr. rer. nat., Prof., Mathematiker (Approximationstheorie/Informatik) - Rehwinkel 6, 8901 Diedorf - Geb. 26. Okt. 1933 Meseritz/Grenzm. (Vater: Erich T., ltd. Angest.; Mutter: Gertrud, geb. Weber), ev., verh. s. 1959 m. Annemarie, geb. Illner, 3 Kd. (Barbara, Klaus, Jochen) - Schule Salzgitter (Abit. 1954); TH Braunschweig, TU Berlin (Math.; Dipl.-Math. 1960). Promot. (TU, 1965) u. Habil. (FU, 1972) Berlin - S. 1960 Hahn-Meitner-Inst. f. Kernforsch. Berlin (1964 Abt.leit. Sektor Math., 1970 komm. Leit. Sekt. Math., 1973 Leit. Bereich Datenverarb. u. Elektronik); s. 1974 zusätzl. FU ebd. (o. Prof. f. Math.); s. 1983 Lehrst. f. Informatik Univ. Augsburg; 1989 Vizepräs. Univ. Augsburg. Fachveröff. Mithrsg.: Applicable Analysis. Übers.: B. S. Walker, Einf. in d. Computer-Technik (1969).

TOEPFER, Helmuth

Dr., Prof. f. Wirtschaftsgeographie Univ. Bonn - Meckenheimer Allee 166, 5300 Bonn 1 (T. 0228 - 73 75 19) - Geb. 11. Okt. 1943 Erkelenz - Stud. Univ. Bonn u. Köln (Geogr., Gesch., Wirtschaftswiss., Päd.); Promot. 1967 u. Habil. 1975 Bonn - 1970-72 Doz. Univ. Kabul/Afghanistan; 1978-80 Doz. GH Paderborn; s. 1982 Prof. Bonn - BV: Ländliche Gebiete Afghanistans, 1972; Sozialstrukt. Afghanistan, 1976; Mobilit- u. Investitionsverh. türk. Gastarb., 1980 (engl. 1982); Länderneuordn., 1980; Türk. Remigranten, 1984 (franz. 1986) - Liebh.: Musik, Sport.

TÖPFER, Jürgen

Angestellter, Mitgl. Hbg. Bürgerschaft (s. 1978) - Langbehnstr. 17, 2000 Hamburg 50 - Geb. 19. Dez. 1946 Hamburg - Christianeum Hamburg (Abit. 1966); Banklehre; Stud. Rechtswiss. ebd. - 1976-77 Wiss. Assist. Dt. Bundestag, Bonn; s. 1977 Angest. Landesverb. Hbg. Haus-, Wohnungs- u. Grundeigentümer-Vereine, Hamburg. 1974-78 Mitgl. Bezirksvers. Altona (Deputierter Baubeh.). CDU (1971 Vors. Bahrenfeld).

TÖPFER, Klaus

Dr. rer. pol., Prof., Bundesminister f. Umwelt, Naturschutz u. Reaktorsicherheit (s. 1987) - Kennedyallee 5, 5300 Bonn 2 - Geb. 1938 Waldenburg/Niederschles., verh., 3 Kd. - Schule Höxter (Westf.) - Stud. Wirtschaftswiss. Mainz, Frankfurt, Münster - 1971 u. Mitte d. 70er J. Lehrtätigk. Univ. Hannover (Lehrstuhl f. Raumforsch. u. Landesplan.). 1971-77 Staatskanzlei Saarbrücken (Leit. Abt. Planung u. Information); b. 1985 Staatssekr. Min. f. Soziales, Gesundheit u. Umwelt; b. 1987 Min. f. Umwelt u. Gesundh. Rhld.-Pfalz. CDU.

TOEPFER, Rolf

Dr. rer. pol., Bankdirektor, Generalbevollm. Industriekreditbank AG Dt. Industriebank - Zeppelinallee 38, 6000 Frankfurt/M. 90 (T. 069-7914-244/245) - Geb. 25. Jan. 1929 Hamburg, verh. s. 1962 m. Dr. Eva, geb. Doepner, 2 Kd. (Ariane, Olaf) - Beirats- u. AR-Mitgl. v. mittelst. Firmen.

TÖPFER, Rudolf

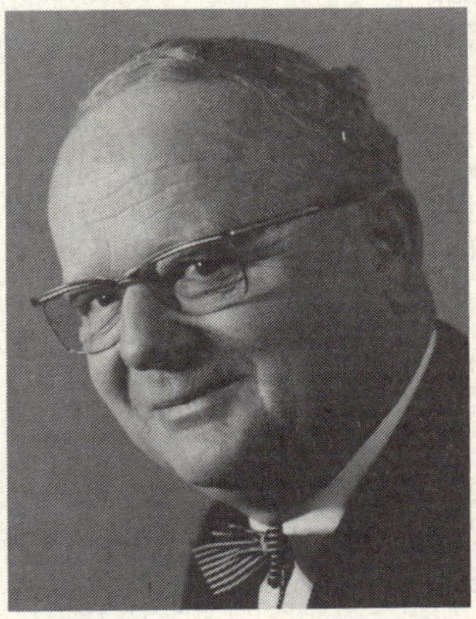

Senator h.c. - Fritz-Gressard-Platz 3, 4010 Hilden/Rhld. - Geb. 25. Dez. 1913 Hilden/Rhld. (Vater: Arthur T., Landmesser; Mutter: Hedwig, geb. Breidenbach), ev. - Oberrealsch. Hilden; 1930-40 Drogistenlehre - Drogist; Industriekaufm. Lackfabrik Wiederhold, Hilden, u. Klebstoffwerk Henkel, Düsseldorf; 1940-46 Kriegsdst. u. Gefangensch.; 1947-55 Großhändler in Lacken, Farben u. Chemikalien; 1955-72 Gründer u. Geschäftsf. Dosierkieswerk Hilden - Elbsee - Pionier f. industriell betriebene Kies- u. Sandproduktion (Schöpfer u. Namensgeber d. Elbsee in Hilden) - 1971 Mitgliedsch. (auf Lebenszeit) Verein Naturschutz u. Naturschutzpark; 1972 Ehrung f. bes. Verd. (um d. Erhol.gebiet Elbsee) Landschaftsverb. Rhld.; 1973 Ehrensenator Ben Gurion Univ. of the Negev; 1973 Ehrenbürger Ettiswil/Schweiz; 1974 Ehrenmitgl. Schweizer Vogelwarte Sempach; 1975 Ehrenmitgl. Schweizer Bund f. Naturschutz; 1975 Ehrenmitgl. Intern. Stiftg. Mozarteum Salzburg; 1976 Ehrenmitgl. Schweiz. Lebensrettungs-Ges.; 1977 Mitgl. Dt.-Türkische Sozietät f. Wirtsch., Kultur u. Politik; 1969 Honorary Citizen Boystown/USA; 1979 Ehrenmitgl. Philharm. Orch. Bad Reichenhall; 1980 Honorary Citizen of the Great State of Nebraska/USA; 1980 Mitgl. Förderkr. Ges. f. Dt. Sprache; 1982 Mitgl. German-American Soc. Inc. Omaha/USA; 1985 Ehrenmitgl. Aufbauwerk d. Jugend Innsbruck - Liebh.: Geol., Mineral., Musik (Mozart), Modelleisenbahn - Lit.: Veröff. in Fach- u. Tagespresse, Rundf. u. Ferns.

TÖPFER, Wilfried

Verwaltungsbeamter, Mitgl. Brem. Bürgerschaft (s. 1975) - Muskauer Str. 13, 2850 Bremerhaven - Geb. 23. Aug. 1945 Wesermünde, ev., verh., 2 Kd. - Realsch. (Mittl. Reife); 1962-64 Lehre IHK Bremerhaven; Wehrdst. Verwaltungsprüf. 1970 u. 73 - S. 1964 IHK u. Magistrat Bremerhaven (1967; b. 1973 Angest., dann Beamt.). SPD s. 1967.

TÖPFL, Gerhard

I. Bürgermeister Stadt Grafenau (s. 1984) - Rathaus, 8352 Grafenau/Ndb. - Geb. 1952 - Zul. Finanzamtm. SPD.

TÖPPE, Frank

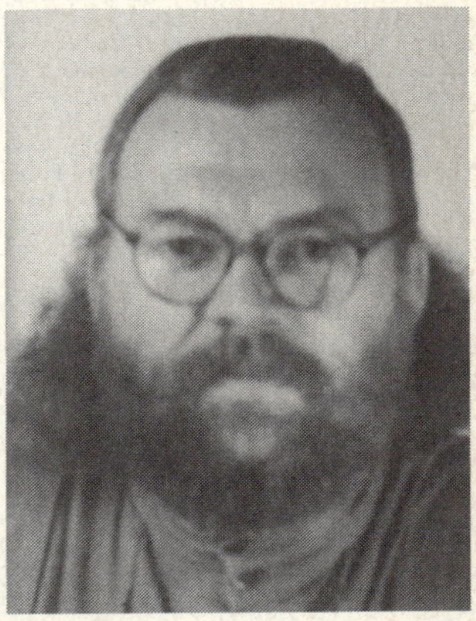

Dr., Schriftsteller - Friedenstr. 2, 4005 Meerbusch 1 (T. 02105 - 44 84) - Geb. 2. Juni 1947 Bleicherode/Südharz, verh. s. 1979 m. Gisela, geb. Churs, 2 Kd. (Li, Eno) - Stud. Wirtsch.-Wiss.; Dipl. 1970 u. Promot. 1975 Berlin - S. 1979 Tätigk. als wiss. Mitarb., Lektor, Schriftst.; 1985 Mitbegründ. Edition Vogelmann - BV: Regen auf Tyche, Erz. 1978 u. 79; D. grüne Tuul, Kinderb. 1980; Tiefe d. Ortes, Erz. 1984; D. Geheimnis d. Brunnens (Versuch e. Mythol. d. Märchen), 1985; E. Gastmahl Goethes, 1986.

TÖPPER, Hertha

Prof., Kammersängerin - Aidenbachstr. 207, 8000 München 71 (T. 79 86 41) - Geb. 19. April 1924 Graz/Steiermark (Vater: Rudolf T., Musiklehrer; Mutter: Josefine, geb. Ibounig), kath., verh. s. 1949 m. Prof. Dr. phil. Franz Mixa (Musikwiss.ler u. Komp.) - Schule (Abit.), Konservat. u. Opernsch. Graz - S. 1945 Altistin Opernhaus Graz u. Staatsoper München (1952), Bayreuther Festsp. Operngastsp.: Europa (Berlin, Dresden, Wien, London, Mailand), Ferner Osten (Tokyo, Osaka), Nord- u. Südamerika (Metropolitan, San Francisco, Buenos Aires); Bach-Tourneen: Ital., USA, Finnl., Schweiz, UdSSR, Japan. Schallpl.; 1971-81 Prof. Musikhochsch. München - 1955 Bayer. Kammers.; 1962 Bayer. VO.; 1963 Richard-Wagner-Gedenkmed.; 1965 Förderungspreis d. Kulturellen Ehrenpreises d. Stadt München; 1985 BVK I. Kl. u. Joseph Marx Preis Steiermark - Liebh.: Bücher, Autofahren.

TÖRNER, Günter

Dr. rer. nat., Prof. f. Mathematik Univ.-GH Duisburg - Bachstr. 10, 4250 Bottrop - Geb. 29. Juli 1947 Gießen (Vater: Otto T., kaufm. Angest.; Mutter: Emmi T.), neuapost., verh. m. Annegret, geb. Meinerzhagen, 2 S. (Daniel, Johann) - Dipl. Math. 1972 Univ. Gießen, Promot. 1974; Habil. 1977 TH Darmstadt - 1972-75 wiss. Assist. Math. Inst. Univ. Gießen; 1975-78 Doz. TH Darmstadt; 1978ff. wiss. Rat u. Prof. Univ. Paderborn; dann o. Prof. Univ.-GH Duisburg - BV: Lineare Algebra, Kolleg-Text (m. and.) 1981; Fachdidaktik d. Analysis (m. and.) 1983 - 1975 Diss. Ausz. Univ. Gießen.

TÖRÖK, Alexander

Dr. rer. pol., Botschafter d. BRD im Senegal u. zugl. f. Gambia (s. 1973) - 43, Avenue Albert Sarraut, B.P. 2100, Dakar (T. 2 61 63) - Geb. 2. Nov. 1914 Wien - Univ. Budapest (Rechts- u. Staatswiss.; Promot.) - S. 1950 (Erwerb d. dt. Staatsangehörigkeit) Ausw. Dienst Bonn (u. a. 1966-68 Botschaftsrat I. Kl. Tel-Aviv, 1968-73 Botschafter Nikosia) - 1969 BVK I. Kl.

TÖRRING, Thoms

Dr. rer. nat., Dipl.-Phys., Prof. f. Experimentalphysik FU Berlin - Lefèvrestr. 10, 1000 Berlin 41 (T. 851 86 10) - Geb. 5. April 1933 Kiel (Vater: Fritz T., Berufsschuldir.; Mutter: Anni, geb. Zachow), verh. s. 1983 in 2. Ehe m. Gerda, geb. Fey, 4 Kd. aus 1. Ehe (Jens Thomas, Christoph, Annette, Elisabeth) - 1952-58 Phys.-Stud. Univ. Göttingen u. Berlin; Dipl.-Phys. 1958, Promot. 1961, Habil. 1968 - S. 1971 Prof. FU Berlin; 1975-76 Sprecher FB Physik; 1974-65 Gastprof. Univ. Nijmegen. Zahlr. Publ. in wiss. Fachztschr. z. Molekülspektroskopie - Liebh.: Musik (Viola da Gamba) - Spr.: Engl.

TOETEMEYER, Hans-Günther

Bundestagsabgeordneter (s. 1983; Wahlkr. 108/Hagen) - Bundeshaus, 5300 Bonn 1 - SPD.

TØGESEN, Vibber

s. Rosendorfer, Herbert

TOLKEMITT, Georg

Dr. rer. pol., o. Prof. f. Finanzwissenschaft Univ. Hamburg - Rögenfeld 21e, 2000 Hamburg 67 (T. 603 96 81) - Geb. 28. April 1930 Freiort/Ostpr., verh. s. 1958 m. Waltraud, geb. Staben, 3 Kd. (Brigitte, Johannes, Till) - Dipl.-Volksw. 1956 Univ. Kiel, Promot. 1960 Heidelberg, Habil. 1972 ebd. - 1957-73 Wiss. Assist, Akad. Rat, Oberrat; 1973-75 Wiss. Rat u. Prof. Univ. Dortmunt; s. 1975 o. Prof. Univ. Hamburg - BV: Z. Theorie d. langfrist. Wirk. öfftl. Verschuld., 1975. Mitherausg.: Wirtschaftswiss. als Grundlage staatl. Handelns (1979).

TOLKMITT, Hans Bodo

Dr. iur., Rechtsanwalt, Fachschriftst., ehem. Chefjurist Dt. Unilever GmbH - Schwanenwik 33, 2000 Hamburg 76 (T. 22 32 82) - Geb. 3. Nov. 1914 Wilhelmshaven - Stud. Rechts- u. Volkswirtsch. Göttingen, Berlin, Glasgow u. London - 1978-83 AR-Mitgl. Elida Gibbs GmbH; 1967-76 Landesvors. Europa-Union Hamburg, 1968-72 Vizepräs. Europa Union Deutschl.; 1978-81 Lehrbeauftr. Univ. Hamburg; Redaktionsmitgl. e. Fachztschr. f. Export. 1956-67 Ratsherr d. Stadt Peine, 1962-70 Deputierter d. Hamburger Wirtsch.- bzw. Gesundheitsbehörde, 1970-74 Mitgl. d. Hamburger Bürgersch. (CDU), s. 1970 Mitgl. d. Bundesvorst. Vereinig. z. Förd. d. Ltd. Angestellten, s. 1978 d. Beirats d. Bundesmittelstandsvereinig. d. CDU - S. 1962 Berat. dtsch. Reg.Deleg. zu d. Rechtsangleichg. Sitzung d. Codex Kommission d. UNO - BV: Komment. z. Intern. Lebensmittelrechtsnormen d. UNO; Komment. z. Lebensmittelrecht d. EWG; Komment. z. Lebensmittelrecht außereurop. Länder; Mitarb. am Werk Lebensmittelrecht europ. Länder - 1975 BVK a. Bde. - Spr.: Engl., Franz., Ital., Span.

TOLLE, Adolf

Dr. med. vet. (habil.), Prof., Ltd. Direktor Inst. f. Hygiene/Bundesanstalt f. Milchforschung, Kiel - Drosseleck 4, 2305 Kiel-Kitzeberg (T. Kiel 2 35 60) - Geb. 25. April 1927 Großbodungen/Thür., verh. m. Dr. rer. nat. Rosel, geb. Knobloch - S. 1959 (Habil.) Lehrtätigk. Univ. Göttingen (1965 apl. Prof.) u. Kiel (apl. Prof. f. Hygiene u. Tierseuchenlehre). Vorstandsmitgl. versch. wiss. Ges.

TOLLE, Henning

Dr. rer. nat., Dipl.-Ing., Prof. TH Darmstadt (s. 1973) - Heinrich-Heine-Str. 8, 6101 Roßdorf (T. 06154 - 8 12 10) - Geb. 23. Mai 1932 Berlin, ev., verh. s. 1963 m. Gertraude, geb. Schäfer, 3 Kd. - Stud. TU Berlin; Dipl.-Ing. 1955; Promot. 1956 - 1955-58 wiss. Assist. TU Braunschweig; 1959-61 Ref. BVA Berlin; 1961-73 ERNO Raumfahrt - BV: Optimierungsverfahren, 1971 (engl. 1975); Mehrgrößenregelkreissynthese, Bd. I 1983, Bd. II 1985.

TOMADA, Hermann

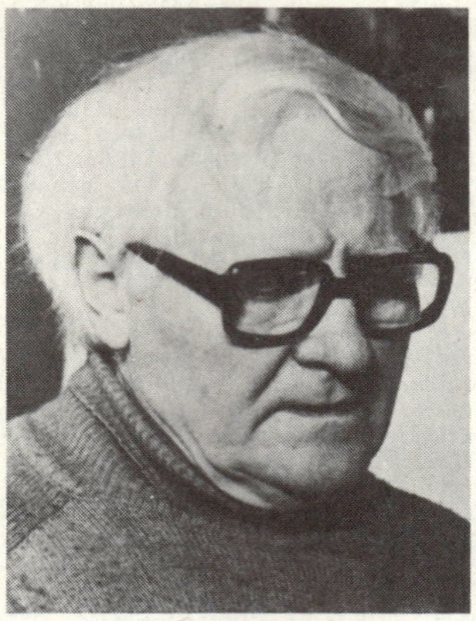

Maler u. Bildhauer - Gervinusstr. 58, 6100 Darmstadt - Geb. 22. Febr. 1907 Höchst, verh. s. 1946 m. Aenne, geb. Dubitzky, 2 Kd. (Enrico, Anita) - Stud. Malerei u. Bildhauerei Werkkunstsch. Köln - Assist. TU Darmstadt (Lehrst. f. Freihandzeichnen u. Angew. Plastik). Mitgl. d. Neuen Darmst. Sezession - BV: Ich wünsche ich könnte nachts auf Tonband denken, 1989 - Zahlr. Arb. an privaten, städt. u. staatl. Gebäuden sow. an Kirchen (Metall, Beton, Schiefer, Mosaik u. Graffito). Bilder u. Plastiken in Privatbesitz im In- u. Ausl. - 1972 Johann-Heinrich-Merck-Ehrung Darmstadt; 1974 Silb. Palme, Intern. Arts Guild, Monte Carlo; 1975 u. 76 Mention Speciale, Intern. Arts Guild; 1977 Bronze-Med. Intern. Arts Guild Sektion USA; 1978 Jean-Arp-Prix Intern. Arts Guild, Sektion Frankr.; 1980 Freundsch. Plakette (Städteverschwisterung Darmstadt) - Liebh.: Musik, Gesang - Lit.: Max Peter Maass: Hermann Tomada, Monogr. (1973).

TOMAN, Walter

Dr. phil., o. Prof. u. Vorst. Inst. f. Psychologie Univ. Erlangen-Nürnberg (s. 1962) - Hedenusstr. Nr. 15, 8520 Erlangen (T. 4 70 85) - Geb. 15. März 1920 Wien - U. a. Doz. Univ. Wien (1951), Lecturer Harvard Univ. (1952), Associate Prof. Brandeis Univ./USA (1957) - BV: Einf. in d. mod. Psych., 1951, 2. A. 1968; Dynamik d. Motive, 1954, 2. A. 1970; Psychoanalytic Theory of Motivation, 1960; Family Constellation, 1961, 3. A. 1976, dt. (Familienkonstellationen) 1965, 4. A. 1987; Motivation - Persönlichkeit - Umwelt, 1968; Einf. in d. allg. Psych., 1973; Tiefenpsych., 1978; Familientherapie, 1979; Family Therapy and Sibling Position, 1988 - 1953 Förderungspreis Stadt Wien, 1980 Preis d. Georgetown University, Washington, D.C.

TOMBY, G.N.

s. Boschke, Friedrich Libertus.

TOMEI, Annemarie,

geb. Mohrmann

Verlagslektorin, Leit. d. Landesbildstelle Nieders., Leit. d. Landesmedienstelle, MdL Nieders. (1974-78) - Hindenburgstr. 10, 3032 Fallingbostel (T. 05162 - 22 49) - Geb. 22. April 1928 Fallingbostel (Vater: Karl M.; Mutter: Elfriede, geb. Kilian), ev., verh. s. 1956 m. Ernst T., 4 Kd. (Petra-Susanne, Jan, Oliver, Saskia) - FDP.

TOMICIC, Stefan

s. Dalma, Alfons

TOMUSCHAT, Christian

Dr. jur., Prof. Univ. Bonn (s. 1972), Direktor Inst. f. Völkerrecht - Kautexstr. 43, 5300 Bonn 3 - Geb. 23. Juli 1936 Stettin (Vater: Dr. Ernst T., Apotheker; Mutter: Erika, geb. Schoder), ev., 2 Kd. (Julia, Philipp) - Stud. d. Rechtswiss. Univ. Heidelberg, Montpellier - 1977/86 Mitgl. Aussch. f. Menschenrechte Vereinte Nationen; s. 1981 Mitgl. Intern. Juristenkommiss.; 1985-91 Mitgl. Völkerrechtskomm. Vereinte Nationen; 1986/87 Vorst. Vereinig. Dt. Staatsrechtslehrer - BV: D. gerichtl. Vorabentscheidung n. d. Verträgen üb d. europ. Gemeinschaften, 1964; Verfassungsgewohnheitsrecht?, 1972; Extremisten u. öffentl. Dienst, 1981 - 1964 Preis Legatum Visserianum Leiden/NL - Spr.: Franz., Engl., Ital., Span.

TOPF, Hans-Gerhard

Kaufmann (Johannes Baubeschlag-Union GmbH) - Siemensstr. 17, 2250 Husum (T. 60 51); priv. Ludwig-Nissen-Str. 18 - Geb. 4. Aug. 1923 Husum, ev., verh. s. 1954 m. Frauke, geb. Bischoff, 2 Kd. (Maren, Rickmer) - Lehre Einzelhandel.

TOPITSCH, Ernst

Dr. phil., o. Prof. f. Philosophie - Gaußg. 4/31, A-8010 Graz - Geb. 20. März 1919 Wien (Eltern: Franz u. Johanna T., geb. Huppmann), verh. s. 1976 m. Gertrude, geb. Nowotny-Glanwehr - Promot. u. Habil. Wien - S. 1951 Lehrtätigk. Univ. Wien (1956 Prof.), Heidelberg (1962 Ord. f. Soziol.), Graz (1969 Ord.) - BV: V. Ursprung u. Ende d. Metaphysik, 1958; Sozialphil. zw. Ideologie u. Wiss., 1961; D. Sozialphil. Hegels, 1967; Gottwerdung u. Revolution, 1973; D. Voraussetz. d. Transzendentalphil., 1975; Erkenntnis u. Illusion/Grundstrukt. uns. Weltauffassung, 1979; Stalins Krieg, 1985.

TOPMANN, Günter

Kriminaloberkommissar a. D., MdB (s. 1976, Wahlkr. 123/Märkischer Kreis II) - Graf-Engelbert-Str. 24, 5990 Altena - Geb. 7. Mai 1934 Bielefeld, verh., 2 Kd. - Schuhmacherlehre. S. 1953 Polizeibeamter, Kriminaloberkommissar. AR-Mitgl. Elektromark AG Hagen. VR-Vors. Sparkasse Altena-Nachrodt. S. 1970 ff. Bürgerm. Altena. SPD s. 1961.

TOPP, Gerd

Arbeitsdirektor, Vorstandsmitglied Thyssen Edelstahlwerke AG, Krefeld (s. 1987) - Zu erreichen üb. Thyssen Edelstahlwerke, Oberschlesienstr. 16, 4150 Krefeld - Zul. Arbeitsdir. im Vorst. Hoesch Stahl AG, Dortmund.

TOPSCH, Wilhelm

Dr. phil., Prof. f. Erziehungswiss. Univ. Oldenburg - Kurt-Schumacher-Str. 37, 2900 Oldenburg - Geb. 8. Juli 1941 Dauba (CSSR) - Lehre Elektro- u. Fernmeldehandw. Düsseldorf (Abschl. 1959); 1. u. 2. Staatsprüf. f. d. Lehramt an Grund- u. Hauptsch. 1967 u. 69 Essen; Promot. 1975 Bochum (Päd., Psych., Publiz.) - 1959-63 Fernmeldehandw.; 1967-70 Lehrer; 1970-77 Wiss. Assist. Dt. Bild.rat u. Inst. f. Päd. Ruhr-Univ. Bochum; 1977-80 Prof. GH Kassel; s. 1980 Prof. Univ. Oldenburg - BV: Grundschulversagen u. Lernbehinder., 1975; Lesenlernen/Erstleseunterr., 1979, 3. A. 1988; Lernbehindertendidaktik: Lesen lernen u. Lesen lehren (Stud.brief Fernuniv. Hagen), 1981. Herausg.: Standardw. d. Lehrers. Reihe: Grundsch. (1982 u. 85); Schulbuchveröff., zahlr. Kinderb., Beitr. z. Kinderfernsehen, Buch- u. Ztschr.beitr.

TORBRÜGGE, Walter

Dr. phil., o. Prof. f. Geschichte Univ. Regensburg (s. 1968) - Regensburger Str. 48, 8404 Wörth/Donau - Geb. 16. Aug. 1923 Wittingen/Hann. - Zul. Doz. Univ. München (Vor- u. Frühgesch.) - BV: u. a. Europ. Vorzeit, 1968.

TORGE, Reimund

Dr.-Ing., Dipl.-Physiker, wiss. Mitarbeiter Fa. Carl Zeiss - Geierweg 24, 7080 Aalen 8 (T. 07361 - 4 21 00) - Geb. 24. Aug. 1934, verh. s. 1966 m. Karin, geb. Mumelter, 3 Kd. - Stud. Physik, Math. u. Chemie TH Hannover; Dipl. 1960, Promot. 1970 TU Stuttgart - Abteilungsleit. Fa. Carl Zeiss. Vors. Verein z. Förderung d. Techn. Optik. Schriftf. u. Schatzm. Dt. Ges. f. angew. Optik; Mitgl. Vorstandsrat Dt. Physikal. Ges. Zahlr. Veröff. u. Pat. (vorw. Interferometrie) - Spr.: Engl., Franz.

TORGE, Wolfgang

Dr.-Ing., Prof. f. Geodäsie Univ. Hannover (s. 1968) - Geb. 4. Juni 1931 Laubusch (Vater: Alfred T., Lehrer; Mutter: Gertrud, geb. Klose), ev., verh. s. 1959 m. Renate, geb. Keil - Obersch. Lauban u. Nienburg; 1951-55 TH Hannover (Vermessungswesen; Dipl.-Ing.). Promot. 1966 Hannover - Zul. Vermessungsrat Nieders. Landverm. 1967/68 Experte Entwicklungshilfeprojekt Zentralamerika u. Panama, s. 1971 Schriftl. Ztschr. f. Vermessungswesen; 1979-83 Vors. Nat. Kommiss. f. Geodäsie u. Geophysik; 1987 Vors. D. Geod. Kommiss. b. d. Bayer. Akad. d. Wiss.; 1987 1. Vizepräs. Intern. Ass. f. Geod. - BV: Geodäsie, Slg. Göschen 1975; Geodesy, 1980; Gravimetry, 1989 - Spr.: Engl., Span.

TORKE, Hans-Joachim

Dr. phil., Prof. f. Osteurop. Geschichte - Tietzenweg 112, 1000 Berlin 45 (T. 030-833 34 52) - Geb. 9. Juni 1938 Breslau, verh. s. 1969 m. Karin, geb. Fischer, 2 Kd. (Tobias, Anna) - Neue Obersch. Braunschweig (Abit. 1959); FU Berlin (Promot. 1965, Habil. 1973) - 1976 o. Prof. u. Abt.-Dir., 1979-81 Sprecher Osteuropa-Inst. FU - BV: D. russ. Beamtentum in d. ersten Hälfte d. 19. Jhs., in: Forsch. z. osteurop. Gesch. 13, 1967; D. staatsbedingte Ges. im Moskauer Reich, 1974 - Spr.: Engl., Russ., Franz.

TORNIEPORTH, Carl

Dr. rer. pol., Vorstandsmitglied Lübecker Hypothekenbank AG., Lübeck - Parkstr. 46, 2400 Lübeck - Geb. 6. Nov. 1912 - Stv. ARsvors. Adler Lebensversich.s-AG., Berlin.

TORRIANI, Vico

Sänger u. Schauspieler - Villa Solaria, Agno/Ticino (Schweiz) - Geb. 21. Sept. 1920 Genf, protest., verh. s. 1951 m. Evelyne, geb. Guentert, 2 Kd. (Nicole, Reto) - Ausbild. Hotelfach - Versch. Berufe (u. a. Kellner, Koch, Skilehrer) - Filme: Straßenserenade, D. bunte Traum, Gitarren d. Liebe, E. Herz voll Musik, D. Fremdenführer v. Lissabon, Santa Lucia, Träume v. d. Südsee, D. Stern v. Santa Clara, Robert u. Bertram, Hotel Victoria u.a.; Fernsehen (u. a. 1967-70 ZDF: D. goldene Schuß). Schallpl. - Verf. e. Kochbuches m. eig. Rezepten.

TOSCHEK, Peter E.

Dr. rer. nat., Prof. f. Physik (Optik u. Atomphysik) Univ. Hamburg 1. Inst. f. Exper.-Physik - Dstl.: Jungiusstr. 9; priv.: Klosterstieg 9, 2000 Hamburg 13 - Geb. 18. April 1933 Hindenburg/OS. (Vater: Ernst T., Fleischerm.; Mutter: Maria, geb. Koj), kath., led. - 1951-54 Univ. Göttingen, 1954-57 Univ. Bonn (Dipl.-Phys. 1957, Promot. 1961) - 1977-82 Vorst.-Mitgl. Arbeitsgem. Quantenoptik Dt. Phys. Ges., 1980-89 Assoc. Editor Optics Communications, u. 1987 J. de Physique - Entd.: Sättigungsspektroskopie (m. 1 and. Forscher); erstm. einzelne Atome (Ionen) sichtbar gemacht (m. 3 and. Forschern) - Spr.: Engl.

TOSSE, Paul

Dipl.-Kfm., Geschäftsführer Gas-Union GmbH, Frankfurt - Dettweilerstr. 12a, 6240 Königstein 2 (T. 06174 - 42 08) - Geb. 4. Nov. 1935 Berlin (Mutter: Emilie, geb. Weindler), kath., verh. s. 1970 m. Margarete, geb. Zimmer, 2 Kd. (Corinna, Pascale) - Gymn. Krefeld (Abit. 1956), Univ. Köln (Dipl.-Kfm. 1960) - 1961-70 Geschäftf. Dr. Helle & Co., Krefeld, 1971-74 Ruhrgas AG, Essen, s. 1974 Gas-Union GmbH, Frankfurt - Liebh.: Lit., Musik - Spr.: Engl., Franz.

TOTH, Imre

Dr. phil., Prof. f. Phil. u. Geschichte d. Math. Univ. Regensburg (s. 1972) -

Eichbühl 7, 8301 Langquaid - Geb. 26. Dez. 1921 Satumare (Vater: Abraham Roth, Buchh. † 1944; Mutter: Serena, geb. Epstein † 1944), jüd., verh. s. 1974 m. Siegrid, geb. Schmidt; 4 Kd. (Pierre, Anne, Anais, Vanessa) - Promot. 1968 Bukarest - 1969-72 Gastprof. Frankfurt, Bochum u. 1975 Ecole Normale Supérieure Paris, 1976 Visiting Fellow Princeton N.J./USA, 1978 Enschede/Holland, 1980-81 Inst. f. Advanced Study Princeton N.J./USA - BV: Achilles. D. Paradoxien d. Eleaten, 1968; D. Parallelprobl. i. Corpus Aristotelicum, 1968 ; Non-Euclid, Geometr. bef. Euclid, 1969; D. nichteuklid. Geometr. in d. Phänomenol. d. Geistes, 1972; Geometria more ethico. Aristoteles u. d. axiomat. Grundleg. d. eukl. Geometrie, 1977; La révolution non-euclid., 1977; Un probl. de logique et de linguistique concernant la géom. eucl. et la géom. non-eucl., 1978; An Absolute-Geometric Model of the Hyperbolic Plane a. Relat. Metamath. Probl., 1979; Genetic structure of Non-Euclid Geom., 1979; Aristote et les paradoxes de Zénon d' Elée, 1979; Spekulationen üb. d. Möglichkeit e. nicht euklidischen Raumes vor Einstein, 1979; Wann u. von wem wurde d. nicht-euklid. Geometrie begründet? 1980; Gott u. Geometrie. E. viktorianische Kontroverse, 1982; Three Errors in Frege's Grundlagen, 1984; Wiss. u. Wissenschaftler im postmodernen Zeitalter, 1986; Math. Philosophie u. hegelsche Dialektik, 1986; I Paradossi di Zenone nel Parmenide di Platone, 1988 - Liebh.: Unt. Pseudonym Jacques stellt surrealist. Collagen aus - Spr.: Franz., Engl., Ital., Ung., Rumän.

TOTOK, Wilhelm

Dr. phil., Prof., Bibliotheksdirektor i. R. - Buchweizenfeld 8, 3000 Hannover 51 (T. 604 14 81) - Geb. 12. Sept. 1921 Groß-St.-Nikolaus (Vater: Andreas T., Kaufm.; Mutter: Luise, geb. Loch), kath., verh. m. Ursula, geb. Fricke - Gymn. Temeschwar; Univ. Marburg u. Wien. Staatsex. u. Promot. 1948 Marburg - 1951 Bibl. Dt. Bibl. Frankf./M.; 1957 Bibl.rat Univ.-Bibl. Marburg; 1962-86 Dir. Nieders. Landesbibl. Hannover. Herausg.: Handb. d. bibliogr. Nachschlagewerke (6. A. 1985; ital. Übers. 1979-80), Handb. d. Gesch. d. Phil. (Bd. I 1964, II 1970, III 1979, IV 1981, V 1986). Mitherausg.: Ztschr. Studia Leibnitiana - Liebh.: Reisen - Spr.: Ung., Rumän., Franz.

TOUSSAINT, Friedrich

Dipl.-Ing., Geschäftsführer Berg Stahl-Ind. Edelstahlwerk Lindenberg s. 1983; 1975-78 stellv. Vors. d. Vorst. DFBO (Dt. Forsch.Ges. f. Blech u. Oberfl.bearb.); s. 1975 Mitgl. d. Vorst. Verein Dt. Eisenhüttenleute; 1978 aus Vorst. Stahlw. Bochum u. Gesch. f. Elektroblechges. ausgesch.; s. 1979 Vorstandsvors. (Presidente) Thyssen Fundicoes S.A. in Barra do Pirai RJ, Brasilien - Kuhlendahler Str. Nr. 299, Haus Fischerkotten, 5620 Velbert 15 (Neviges) - Geb. 7. Juni 1933 Duisburg, verh. s. 1961 m. Ingeborg, geb. Hagenburger, 2 Kd. (Guido, Matthias) - Stud. Eisenhüttenkd. TH Aachen u. TU Berlin - 1958-64 Phoenix Rheinrohr AG., Düsseldorf; 1964-67 Obering., 1967-70 Gf. Walzwerk Neviges GmbH., Neviges; s. 1967 Stahlwerke Bochum AG. (Betriebsdir., 1973 stv. Vorstandsmitgl.) - Spr: Engl., Franz., Span., Ital., Port.

TOVAR, Antonio

Dr. phil., Dr. phil. h. c., Dr. phil. h. c., Prof. u. Direktor Seminar f. Vergl. Sprachwissenschaft Univ. Tübingen (s. 1967) - Sindelfinger Str. 77, 7400 Tübingen 1 - Geb. 17. Mai 1911 Valladolid/Span. (Vater: Antonio T., Notar; Mutter: Anselma, geb. Llorente), kath., verh. s. 1943 m. Consuelo, geb. Larrucea, 5 Kd. (José, Juan, Consuelo, Maria, Santiago) - Univ. Murcia, Madrid, Valladolid. Promot. 1941 Madrid - 1942-63 Ord. f. Lat. Univ. Salamanca (1951-56 Rektor); 1963-67 Prof. of Classics Univ. Illinois. Vors. Kurat. f. d. Zuerkenn. d. Montaigne-Preises - BV: Vida dé Socrates, 1947, 3. A. 1967; Un libro sobre Platón, 1956; The Ancient Languages of Spain and Portugal, 1961 - Ehrendoktor Univ. München (1953), Buenos Aires (1954) Dublin (1979) u. Sevilla (1980); Ehrenmitgl. Accad. de la lengu vasca (1947); Mitgl. Acad. delle Science dim Bologna (1956), R. Acad. Espanola (1968), Acad. de Artes y Ciencias de Puerto Rico (1971), Heidelberger Akad. d. Wiss. (1975) u. Acad. d. Inscriphions et Belles Lettres de Paris (1977); Goethe-Preis (1981) - Liebh.: Musik - Spr.: Span., Dt., Franz., Engl., Ital., Neugriech.

TRABALSKI, Karl

Dipl.-Kfm., MdL Nordrh.-Westf. (1966-90 im Wahlkr. 45/Düsseldorf II), Vorsitzender Aussch. f. Städtebau u. Wohnungswesen d. Landtags NRW (1980-87) - Lambert-Backer-Str. 13, 4000 Düsseldorf 12 (T. 27 37 55) - Geb. 16. Mai 1923 Leipzig, verh., 1 Kd. - Obersch. Leipzig; Kriegsdst. (schwerversehrt); Univ. Leipzig u. Köln (Phil., Staatswiss., Betriebsw., Soziol.) - 1952-74 wiss. Ref., 1960-88 Vorst.-Mitgl. Wohnungsgenoss. SPD s. 1951 (1958-87 Mitgl. gf. Vorst. Unterbez. Düsseldorf), s. 1971 Landesvors. Nordrhein-Westf., 1972-80 Bezirksvorst. Niederrhein, 1976-80 stv. Vors., 1973-80 u. 1982 Landesaussch. NRW, 1977-85 stv. Vors. Bundesarbeitsgem. f. Städtebau- u. Wohnungspolitik d. SPD.

TRABANT, Jürgen

Dr. phil., Prof. f. Sprachwissenschaft - Krampasplatz 4b, 1000 Berlin 33 - Geb. 25. Okt. 1942 Frankfurt - Gymn. Frankfurt; Univ. Frankfurt, Tübingen, Paris (Promot. 1969) - 1969-1971 Lektor (Bari, Rom), 1972-75 Doz. Hamburg, s. 1975 o. Prof. Berlin. 1988/89 Visiting Prof. Stanford - BV: Z. Semiol. d. lit. Kunstwerks, 1970 (übers. Span.); Elemente d. Semiotik, 1976 (übers. Japan., Ital.); Apeliotes oder D. Sinn d. Sprache, 1986; Mithrsg. KODIKAS/CODE (Intern. Ztschr. f. Semiotik).

TRÄGER, Ernst

Richter Bundesverfassungsgericht (II. Senat) - Schloßbezirk 3, 7500 Karlsruhe 1.

TRAEGER, Jörg

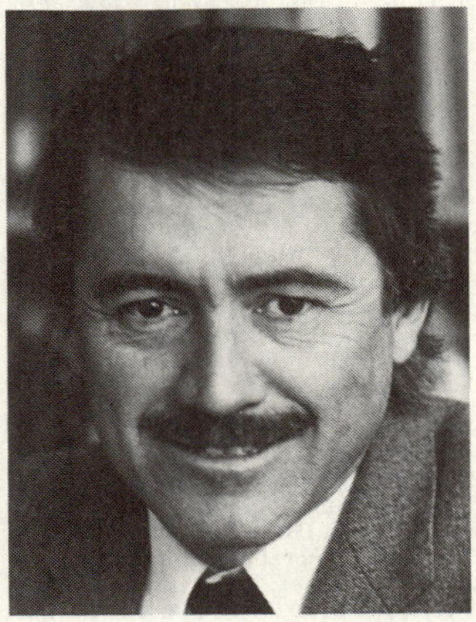

Dr. phil., Prof. f. Kunstgesch. - Rennweg 33c, 8400 Regensburg - Geb. 21. Jan. 1942 Rosenheim (Vater: Dr. med. Heinz T., Arzt; Mutter: Ruth, geb. Kunze), ev., verh. s. 1969 m. Eva, geb. v. Seubert, 2 Kd. (Tobias, Friederike) - Schulen Rosenheim (Abit. 1961); 1961-68 Univ. München (Kunstgesch.), Promot. 1968, Habil. 1973 - 1969/70 Wiss. Assist. Inst. f. Kunstgesch. Univ. München, 1973-76 Priv.doz. München, s. 1976 Ord. f. Kunstgesch. Univ. Regensburg, 1985 Ruf an d. Univ. Bonn (abgelehnt), 1986-88 Vizepräs. Univ. Regensburg - Entd.: 2 Hauptw. v. Philipp Otto Runge - BV: D. reitende Papst, 1970; Philipp Otto Runge u. sein Werk, 1975; Mittelalterl. Architekturfiktion, 1980; D. Tod d. Marat, 1986; D. Weg n. Walhalla, 1987 - Liebh.: Musik, Theater, Reisen, Wandern - Spr.: Engl., Franz., Ital. - Lit.: Kürschners Dt. Gelehrtenkal. 1976 (12. Ausg.), 1983 (14. Ausg.).

TRÄGER, Otto

Dipl.-Kfm., Präsident Oberpostdirektion Stuttgart - Zu erreichen üb. Oberpostdirektion, Friedrichstr. 11, 7000 Stuttgart 1 - Geb. 14. April.

TRAENKLE, Carl August

Dr.-Ing., o. Prof. f. Flugmechanik u. Regelung - Am Berg 1, 8024 Oberhaching/Obb. (T. München 613 18 64) - Geb. 25. Juli 1905 Stuttgart - S. 1948 (Habil.) Lehrtätigk. TH Braunschweig u. TH bzw. TU München (1963 Ord. u. Inst.sdir.). Prof. US-Air Univ. (1960-63). Etwa 40 Fachveröff. (dar. Lehrb. üb. Flug- u. Raummechanik).

TRÄNKLE, Hans

Direktor Theaterakademie - Eugenstr. 8, 7000 Stuttgart (T. 0711 - 23 30 48) - Geb. 8. Febr. 1943 Heidenheim.

TRÄNKLE, Hermann

Dr. phil., o. Prof. u. Leiter Klass.-Philol. Sem. Univ. Zürich (s. 1971) - Meierwis 5, 8606 Greifensee - Geb. 18. März 1930 Augsburg - 1962-63 Privatdoz. Univ. München, 1963-71 o. Prof. Univ. Münster - BV: D. Sprachkunst d. Properz u. d. Tradition d. lat. Dichterspr., 1960; Livius und Polybios, 1977. Herausg.: Q. S. F. Tertullianus, Adversus Iudaeos, 1964 (eingeleitet u. kommentiert) - Rufe Univ. Hamburg (1969) u. München (1974).

TRÄNKMANN, Gert Joachim

Dr. med. dent., Prof. f. Kieferorthopädie - Alb.-Schweitzer-Hof 5, 3000 Hannover (T. 0511-52 46 56) - Geb. 23. Okt. 1935 Chemnitz (Vater: Gert T., RA; Mutter: Irma, geb. Seyfarth), ev.-luth., verh. s. 1962 m. Maria, geb. v. Lilienfeld-Toal, 3 S. (Konstantin, Christopher, Alexander) - Obersch. Chemnitz, Gymn. Heidelberg (Abit. 1954); 1954-58 Univ. Heidelberg (Zahnmed.), Promot. 1960, Habil. 1969 - 1966 Fachzahnarzt f. Kieferorthop., 1968 Lehrbeauftr. u. Leit. Abt. f. Kieferorthop., 1971 Kommiss. Leit. Abt. f. Kieferorthop. Univ. d. Saarl., 1971/72 Prof. u. wiss. Rat, 1973 o. Prof. f. Kieferorthop. Med. Hochsch. Hannover - Versch. Ämter Hochsch.-Selbstverw. - Entd.: Hilfsebenen-Gerät (Gebrauchsmuster), Operationsmethode, Behandlungsmethoden. Ca. 80 wiss. Veröff. in Fachztschr., Übers. ins Engl., Span., Ital. u. Japan. Monograph.: D. Plattenapparatur in d. Kieferorthopädie. Buchbeitr.: Kieferorthopäd. Betreuung Behinderter.

TRÄNKNER, Erhard

Dipl.-Ing., Architekt, Präsident Bund Deutscher Architekten, Bonn (s. 1987) - Gorch-Fock-Str. 30, 7000 Stuttgart 75 - Geb. 1. Jan. 1929 Halle/Saale, verh. s. 1956 m. Gisela, geb. Labrenz, 2 Kd. (Corinna, Jens) - 1950-55 Hochsch. f. Arch. Weimar - 1977-86 Landesvors. Bund Dt. Arch (BDA) Baden-Württ. - BV: Behnisch & Partner, Arbeiten aus d. J. 1952-87 (ital./engl.) - Bauwerke: Olympiapark München (Stadion, Sporthallen, Schwimmhalle, Dach), Neu- u. Umbau Bundestag Bonn (Behnisch & Partner) - Etwa 60 Arch.ausz. m. Behnisch & Partner.

TRÄUTLEIN, Willy

I. Bürgermeister - Rathaus, 8013 Haar/Obb. - Geb. 31. Okt. 1916 Hockenheim/Baden - Zul. Verwaltungsangest.

TRAGESER, Karl Heinrich

Hess. Sozialminister (s. 1987) - Dostojewskistr. 4, 6200 Wiesbaden - Geb. 2. Febr. 1932 Frankfurt/M., kath., Volkssch., Elektromechanikerlehre - B. 1960 Voigt u. Haeffner AG. Frankfurt (techn. Sachbearb., 1957 Betriebsrat), dann Sozialaussch. Christl.-Demokr. Arbeitnehmersch. in Hessen (Sozialsekr.), s. 1967 Inst. Christl.-Soz. Arbeitnehmer f. polit. Bildung ebd. (Angest.); 1970-79 Sekr. Kath. Arbeitnehmer-Beweg.; 1979-87 Hauptamtl. Stadtrat (Dezern. f. Soziales, Jugend u. Wohnungswesen), Frankfurt. CDU s. 1957. 1966-79 MdL Hessen.

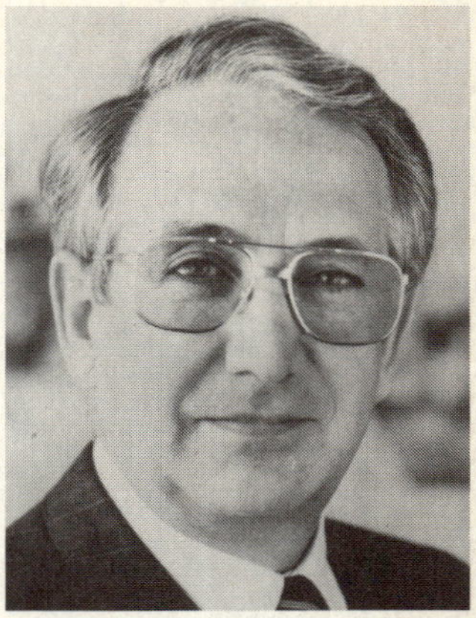

TRAGESER, Martin

Dipl.-Ing., Oberstudienrat, MdL Hessen (1976-78) - Herderstr. 5, 6463 Freigericht 1 (Somborn) (T. 06055 - 24 15) - Geb. 30. Sept. 1943 Somborn/Hessen (Vater: Josef T.; Mutter: Anna, geb. Horn), kath., verh. s. 1976 m. Christa, geb. Schreiber, 2 Kd. (Johannes, Astrid) - Ing.sch. Frankfurt/M. (Ing.ex. 1969); Stud. d. Politik, Gesch., Psychol. Berufspäd. TH Darmstadt (1. Staatsex. 1976, 2. Staatsex. 1977) - 1969-71 Ing. Kernenergie, dann Berufssch.lehrer. CDU (1973-75 Mitgl. Landesvorst. d. JU, 1977-86 Bezirksvors. d. Sozialaussch. d. CDA, Mitgl. Landesvorst.); s. 1983 Fraktionsvors. d. CDU Freigericht.

TRAINER, Eckard

Dipl.-Kfm., Geschäftsführer STILL GmbH (1981ff.; Ber.: Finanzen, Controlling, Recht, Personal, Organisation, Einkauf) - Berzeliusstr. 10, 2000 Hamburg 74 (T. 040 - 7 31 12-400).

TRAINER-GRAUMANN, von, Thea

Schriftstellerin - Gieseweg 22, 3056 Rehburg-Loccum 1 (T. 05037-12 87) - Geb. 12. Jan. 1928 Chemnitz, ev., verw., 4 Kd. (Kerstin, Ute, Wolfgang, Martin) - 1942-45 Buchhändlerlehre, 1950-60 Weiterbild. in Lit. u. Sprachen; 1945/46 Kulturref. in Oschersleben/Bode; 1966-68 Bibliothekarin in Loccum - BV: Perlen im Tau, Lyr. 1978; Nessel u. Seide, Lyr., Fotografie u. Kurzprosa, 1980; Zärtlichkeiten, Lyr. 1980; Anatol. Tage (Impress.), Lyr., Kurzprosa, Fotogr., 1985. Mitautorin an 21 Anthol. - Liebh.: Bücher, Gesch., Natur, Tiere - Spr.: Engl.

TRAITTEUR, Edle von, Irmgard Elisabeth,

geb. Klein

Hausfrau, MdL Bayern (s. 1982) - John-F.-Kennedy-Ring 41, 8550 Forchheim (T. 09191 - 28 22) - Geb. 15. April 1926 Nürnberg (Vater: Karl Klein, Bauing.; Mutter: Johanna Margarethe, geb. Hess), kath., verh. s. 1961 in 2. Ehe m. K. H. Ritter u. Edler v. T., Tocht. Johanna Barbara - Realgymn., Abit. 1944 - S. 1979 Mitgl. Caritas-Zentralrat - Liebh.: Sammelt Fingerhüte - Spr.: Engl., Franz. - Bek. Vorf.: Dr. Hans Hess, Gletscherforscher (Großv.).

TRAITTEUR, Ritter und Edler von, Karlheinz (Karl Heinrich)

Oberbürgermeister Stadt Forchheim (s. 1961) - John-F.-Kennedyring 41, 8550 Forchheim/Ofr. (T. 28 22) - Geb. 27. März 1925 Waldsassen/Opf. (Vater: Carl Wilhelm Ritter u. Edler v. T., Notar; Mutter: Berta, geb. Keusch), kath., verh. s. 1961 m. Irmgard, geb. Klein

(MdL) - Gymn. Bamberg; Univ. Erlangen (Rechtswiss.). Gr. jurist. Staatsprüf. - B. 1945 Kriegsdst. (zul. Ltn.), dann Stud. u. Referendarzeit, 1952-61 Regierungsrat u. jurist. Staatsbeamter Landratsamt Forchheim. CSU - 1961 Gratial- u. Devotionsritter Souv. Malteser-Ritterorden; Gold. Ehrenz. Bund Dt. Kriegsopfer; Gold. Ehrenring Stadt Forchheim; BVK; Kommun. Verdienstmed. in Silber; Oberfrankenmed.; Ehrenbürger Le Perreux sur Marne u. a. - Liebh.: Briefmarken - Rotarier - Bek. Vorf.: Johann Andreas u. Carl Theodor v. T., um 1790 Mannheim (Traitteurstr.), Wilhelm v. T., um 1840 Erbauer d. ersten Newa-Brücke St. Petersburg (Leningrad).

TRAMER, Erwin

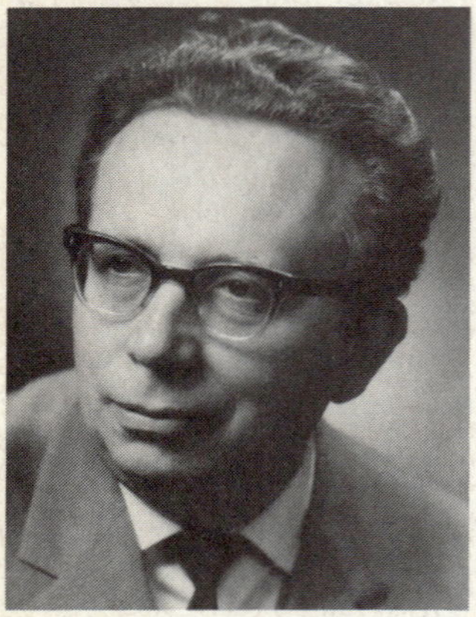

Dr. phil., Schriftsteller u. Journalist - Ritter v. Schuhplatz 11, 8500 Nürnberg 40 - Geb. 4. April 1921 Karlsbad (Vater: Prof. Friedrich T., Privatgelehrter u. Schriftst. Wien u. Karlsbad), kath. - Abit. Karlsbad; Stud. Naturwiss., Psych., Gesch., Lit.-Wiss. Univ. Mainz u. Erlangen; Promot. 1969 Erlangen - S. 1965 Doz. Erwachsenenbild. in Erlangen u. Nürnberg. Als Journ. f. div. Redakt. tätig. Text-Dichter d. Fränk. Kabarett-Bühne - BV: Damals in Karlsbad, R. 1957; E. lieber guter Mensch, Kom. 1960; D. Republikanische Schutzbund, hist. Diss. 1969; In d. Höhle d. Löwen, Schausp. 1980; Gesch. aus Prag u. Wien, Erz. 1986. Filmautor: D. Gastromat. Filmexposées: Milena, Kafkas Geliebte, E. König f. 3 Tage, 1987 - 1965 u. 69 Theodor Körner-Preis Wien; s. 1988 Mitgl. Intern. P.E.N. London - Lit.: Rezens. d. Werkes E. T.; Beitr. in d. dt., niederl. u. amerik. Presse.

TRAMM, Heinrich

Dr. phil., Dr. rer. nat. h. c., berat. Chemiker - Platanenstr. 53, 4330 Mülheim/Ruhr-Speldorf - Geb. 2. Febr. 1900 Hannover (Vater: Dr.-Ing. E. h. Heinrich T., Stadtdir.; Mutter: Olga, geb. Pollak), verh. I) 1925-31 m. Elisabeth, geb. Lange †, II) s. 1933 m. Hildegard, geb. Meininghaus, 2 T. (Ursula, Ingemarie), gesch. 1954, III) m. Annelene, geb. Köster, T. Sabine - Univ. Göttingen (Promot.) - Kaiser-Wilhelm-Institut für Physikalische Chemie, Berlin; 1928-59 Ruhrchemie AG., Oberhausen-Holten (über 12 Jahre Vorstandsvors.). Zahlr. Patente u. wiss. Veröff. Div. Ehrenämter u. Mitgliedsch. - 1952 Ehrendoktor TH, jetzt TU Hannover - Liebh.: Golf.

TRAMNITZ, Helmut Paulus

Prof., Organist - Im Vogelsang 13, 5300 Bonn 2 (T. 34 24 15) - Geb. 7. Mai 1917 Dresden (Vater: Paul T., kaufm. Dir.; Mutter: Doris, geb. Wetzel), ev., verh. s. 1944 m. Edeltraut, geb. Richter, 3 Kd. (Christine, Wolfgang, Michael) - Kreuzgymn. Dresden; Staatl. Orch.- u. Musikhochsch. ebd., Hochsch. f. Schul- u. Kirchenmusik Berlin - 1937-45 Organist u. Kantor Reichenau/Sa.; 1946-50 Org. u. Kant. Heidelberg (Heiliggeistkirche) u. Doz. Kirchenmusikal. Inst. ebd., 1950-59 Org. u. Kant. Hamburg (Hauptkirche St. Petri) u. Doz. Musikhochsch. ebd., 1959-82 Prof. f. künstler. Orgelsp. Staatl. Hochsch. f. Musik Detmold (em. Leit. Abt. Kirchenmusik). Schallpl. (Metronome Records, Dt. Grammophon, Christophorus). Kompos.: Orgelw., geistl. Chormusik (u. a. Johannes-Passion), Suite f. Orch. - Mitgl. Dt. Bach-Ges., Coadjutor d. Hochkirchl. Apostolates St. Ansgar - Liebh.: Zeichnen, Aquarellmalerei, Schnitzen - Spr. Engl.

TRAMPE, Gustav

Dr., Leiter ZDF-Studio Berlin (s. 1988), Chefkorrespondent d. ZDF - Zu erreichen üb. ZDF, Postf. 40 40, 6500 Mainz - Geb. 1. März 1932 - B. 1981 Auslandskorresp. New York, dann Brüssel.

TRANCHIRER, Raoul

s. Wolf, Ror

TRANTOW, Cordula

Schauspielerin - 8131 Allmannshausen/Obb. (T. 08151 - 5 11 49) - Geb. 29. Dez. 1942 Berlin (Vater: Herbert T., Komponist u. Dirigent (s. dort); Mutter: Edith, geb. Kirchhoff), ev., verh. s. 1963 m. Rudolf Noelte, Regiss. (s. dort), 2 S. (Jens, Jan) - Schule (Abit.) u. Schauspielausbild. Berlin (Marliese Ludwig) - Staatstheater München u. Stuttgart. Ruhrfestsp. Film (u. a. D. Schloß), Fernsehen (D. Herz aller Dinge u. a.), Rundfunk - 1960 Bundesfilmpreis - Spr.: Engl., Franz.

TRANTOW, Herbert

Komponist u. Dirigent - Gerkrathstr. 8, 1000 Berlin 38 (T. 803 50 05) - Geb. 19. Sept. 1903 Dresden, verh. s. 1934 m. Edith, geb. Kirchhoff (Leit. Studio f. tänzer.-musikal. Gymnastik), 2 Kd. (Steffen, Soloflötist; Cordula, verehel. Noelte, 1960 Bundesfilmpreis als beste Nachwuchsschausp., s. dort) - Musikausbild. (Kompos.: Max Butting, Berlin, Klavier: Paul Aron, Dresden, Dirigieren: Kurt Striegler ebd. (Staatsoper)) - 1924-31 ständ. Begleiter Tänzerin Palucca, dann versch. Theaterengagements u. Musikschriftl. Sozialist. Monatshefte, 1933-45 Städt. Opernhaus u. Staatsoper (1935) Berlin, 1946-47 Dramat. Staatsoper Dresden, sd. fr. Komp. Opern: Odysseus bei Circe (UA. 1938 Braunschweig, spät. verboten), Antje (UA. 1941 Chemnitz), Liane u. d. Räuber, E. Risiko geht jeder ein (n. Grétry); Musicalette: Lolotte (UA Dresden); Orchesterw.: Kammermusik: Duo f. Bratsche u. Klavier, Sonatine f. Klav.; Chöre, dar. Hölderlin-Madrigale. Musik f. Bühne, Film (u. a. Wozzeck, Affäre Blum, Sünd. Grenze, Pünktchen u. Anton, D. Schloß). Fernsehen.

TRANTOW, Rüdiger

Komponist - Eitel-Fritz-Str. 25, 1000 Berlin 38 (T. 801 72 33) - Geb. 21. Jan. 1926 Frankfurt/M. (Vater: Johannes T., Oberstud.dir.; Mutter: Helene, geb. Knoche), verh. m. Johanna, geb. Brock - Dir. Musiksch. Berlin-Steglitz; Tätigk. f. SFB u. ZDF.

TRAPMANN, Margret

Pressechefin Presse- u. Information/Dt. Fernsehen (ARD) - Arnulfstr. 42, 8000 München 2.

TRAPP, Erich

Dr. Prof. f. Byzantinistik - Fliederweg 33, 5205 St. Augustin 1 (T. 02241 - 33 86 06) - Geb. 5. Juni 1942 Klosterneuburg/b. Wien (Vater: Dr. Erich T., Geophys.; Mutter: Elisabeth, geb. Kreindl), ev., verh. s. 1968 m. Hilda, T. Monika - Gymn. Wien (Abit. 1960); 1960-64 Univ. Wien - 1965-73 wiss. Angest. Österr. Akad. d. Wiss., s. 1973 Prof. Univ. Bonn - BV: Manuel II., Dialoge m. e. Perser, 1966; Digenes Akrites, Synoptische Ausg., 1971; Prosopographisches Lexikon d. Palaiologenzeit, 1976ff.; Militärs u. Höflinge (Übers. d. Zonaras), 1986.

TRAPP, Karl

Dr. phil., Dipl.-Psych., Prof. f. Psychologie - Auf Feiser 37, 5500 Trier-Ruwer (T. 5 23 15) - Geb. 16. Sept. 1925, kath., verh. s. 1960 m. Marianne, geb. Cramer, 1 Tocht. - Langj. Lehrtätigk. Päd. Hochsch. Trier bzw. Erziehungswiss. Hochsch. Rheinl.-Pfalz/Abt. Koblenz.

TRAPP, Klaus

Dr. phil., Prof. f. Musikdidaktik Hochschule f. Musik u. Darstellende Kunst, Frankfurt - Bäumerweg 1, 6100 Darmstadt 13 - Geb. 3. Juni 1931 Friedberg/Hessen - 1950-56 Univ. u. Musikhochschule Frankfurt/Main, Staatsex. f. d. Künstl. Lehramt an Gymn., Promot. 1958; 1958-81 Schulmusiker in Darmstadt, s. 1970 auch Fachleit. f. Musik am Studiensem. - BV: D. Fuge in d. dt. Romantik, 1958; zahlr. Fachveröff. u. Musikkritiken - Orchester-, Kammer-, Klaviermusik.

TRAPPE, Hans-Jürgen

Dr. rer. nat., Dipl.-Geophys., Vorstandsvorsitzender Prakla-Seismos AG - Rimpaustr. 7, 3000 Hannover (T. 85 43 67) - Geb. 17. Febr. 1930 Lingen (Ems) (Vater: Johann T., Oberstudienrat a. D.; Mutter: Hedwig, geb. Wiegmink), ev., verh. s. 1955 m. Marie-Luise, geb. Schmidt, Sohn Henning.

TRAPPE, Paul

Dr. phil., o. Prof. f. Soziologie - Haus Hohliebi, CH-3127 Mühleturnen (Schweiz) (T. Seminar: Basel 22 55 51) - Geb. 12. Dez. 1931 Trier/Mosel (Vater: Dr. jur. Johannes T., Ministerialdirigent; Mutter: Ottilie, geb. Kaess), ev., verh. s. 1966 m. Margrith, geb. Diemand, 3 Kd. (Luzius, Simon, Elisabeth) - Gymn. Berlin, Meißen, Traben-Trarbach; Univ. Innsbruck, Paris, Freiburg, Frankfurt, Mainz. Promot. Mainz; Habil. Bern - S. 1966 Ord. Univ. Kiel u. Basel (1969). Lehrbeauftr. ETH Zürich. 1961-67 Generalsekr., s. 1979 Präs. Intern. Vereinig. f. Rechts- u. Sozialphil. (IVR); 1967-80 Vors. Sozialwiss. Studienkr. f. Intern. Probleme (SSIP) - BV: D. Rechtssoziol. Theodor Geigers, 1960; D. Entwicklungsfunktion d. Genossenschaftswesens, 1966; Warum Genoss. in Entwicklungsländern?, 1966; Z. Situation d. Rechtssoziol., 1968; Sozialer Wandel in Afrika südl. d. Sahara, 1968 (m. a.); Development from Below as an Alternative, 1971 (2. A. 1978); Entwicklungsproblematik u. Bericht d. Nord-Süd-Kommission, 1980. Hrsg.: D. Beitrag d. Entwicklungsländerforsch. z. sozialwiss. Theorie (s. A. 1974), Strategien gesamtgesellschaftl. Mobilisierung, Social Strategies; Mithrsg.: Rechtssoziol. u. -praxis (2. A. 1970, m. Wolfgang Naucke). Üb. 80 Fachaufs. - 1970 Triennial Jubilee Price Intern. Coop. Alliance London - Liebh.: Numismatik - Spr.: Ital., Span., Engl., Franz. (jeweils Abschlußex. im Ausl.) - Bek. Vorf.: Friedrich Wilhelm T., 25 J. Direktor Rhein.-Westf. u. Belg. Kohlensyndikat (Großv.).

TRAPPL, Wilhelm

Dr. phil., Chefredakteur Polyglott-Verlag, München - Burgstr. 22c, 8011 Pöring/Obb. (T. 08106 - 2 91 23) - Geb. 13. April 1944 Wien (Vater: Prof. Dr. Wilhelm T.; Mutter: Hermine, geb. Hornstein), verh. s. 1966 m. Gabriele, geb. Schumann, T. Katharina - Univ. Wien (German., Theaterwiss.) - BV: D. wilde Westen im Bild, 1977 - Liebh.: Bücher, Reisen - Spr.: Engl. - Versch. Bühnenrollen (Jedermann, E. Glas Wasser, Tartuffe).

TRASSL (ß), Werner

Dr.-Ing. E.h., Vorstandsmitglied Siemens AG - Wiesenstr. 35, 4330 Mülheim a. d. Ruhr - Geb. 14. Dez. 1924 Warmensteinach - Stv. Vors. Forschungsvereinig. Verbrennungskraftmaschinen, Frankfurt; AR-Mitgl. Vereinigte Schmiedewerke GmbH Bochum.

TRASTL, Rudolf

I. Bürgermeister Stadt Erbendorf - Rathaus, 8488 Erbendorf/Opf. - Geb. 18. Dez. 1932 Altenstadt - Zul. Stadtkämmerer. SPD.

TRATZSCH, Werner

Dr., Vizepräsident Landeszentralbank in Berlin (s. 1971) - Am Hirschsprung 22, 1000 Berlin 33 (T. 831 38 74).

TRAUB, Norbert

Dr. sc. pol., Dipl.-Volksw., Geschäftsführer Verb. Dt. Schiffsausrüster, Fachverb. Seile u. Anschlagmittel, u. Fachverb. Seenot-Rettungsmittel u. Marine Credit Inform. - Raboisen 101, 2000 Hamburg 1 (T. 32 40 82); priv.: Treptower Weg 10, 2057 Reinbek (T. Hamburg 32 40 82) - Geb. 23. Juli 1930 Wilhelmshaven (Vater: Friedrich T.; Mutter: Else, geb. Struck), ev., verh. s. 1958 m. Lisa, geb. Thiess, 2 Kd. (Anja-Bettina, Marcus) - Univ. Kiel (Dipl.-Volksw. 1955; Promot. 1957) - S. 1957 Gf. Verb. Dt. Schiffsausrüster - Spr.: Engl.

TRAUB, Peter

Dr. rer. nat., Prof., Chemiker, Direktor Max-Planck-Inst. f. Zellbiologie, Ladenburg/Heidelberg - Rosenhof, 6802 Ladenburg (T. 06203 - 50 97) - Geb. 27. Juni 1935 Stuttgart, verh. s. 1963 m. Ulrike, geb. Drechsler - 1954-58 Stud. Chemie TH Stuttgart, Univ. München; Promot. 1963 München - S. 1970 wiss. Mitgl. Max-Planck-Ges. - BV: Intermediate Filaments. A Review, 1985 - Spr.: Engl.

TRAUB, Robert

Bürgermeister, Kurdirektor, Präs. Fremdenverkehrsverb. Schwarzwald - Am Mayenberg 16, 7506 Bad Herrenalb/Schwarzw. (T. 07083 - 7 41 10) - Geb. 8. Aug. 1933 Stuttgart (Vater: Heinrich T., Postbeamt.; Mutter: Hermine, geb. Ziegler), ev., verh. s. 1981 m. Margarete (Gretel), geb. Mundle, S. Thilo - Dipl.-Verwaltungsw. (FH) - Württ. gehob. Verw.dst.; dzt. Bürgerm. u. Kurdir. Bad Herrenalb - Gold Sportabz. (1974-80) - Spr.: Engl., Franz.

TRAUGOTT, Edgar

Dr. phil., Chefredakteur Nürnberger Ztg. (1963-77) - An d. Schwedenschanze 35, 8501 Weiherhaus/Mfr. (T. NZ: Nürnberg 4 95 11) - Geb. 23. Juli 1912 Straßwalchen/Salzburg, kath., verh. - Univ. Wien (German., Archäol.). Promot. 1939 Wien - B. 1955 polit. Redakt. Oberösterr. Nachr., dann Christ u. Welt - BV: u. a. Media Terra, 1964; D. Herrschaft d. Meinung, 1970; Tief in Deutschland, 1970; Auf der Adamsbrücke, 1974, Schlagwörterbuch, 1980; D. magnetische Welt, 1983; Sicherheit im Ungewissen, 1986; Don Quijote de Strasswalchen, 1988 - 1971 Bayer. VO.

TRAUPE, Brigitte,

geb. Brewitz

Lehrerin, MdB (s. 1976; 1976-80 Wahlkr. 41/Hameln-Springe, s. 1980 Wahlkr. 41/Hameln-Holzminden) - Zu erreichen üb.: Wahlkreisbüro, Heiligeiststr. 2, 3250 Hameln - Geb. 26. Sept. 1943 Treuburg/Ostpr., ev. - N. Abit. 1963-66 PH Lüneburg. Lererinnenex. 1966 (Theol., Politikwiss., Allg. Päd.) u. 69 - Ab 1966 Schuldst. Eimbeckhausen u. Gehrden; 1973-76 Vorklassenberat. Regierungspräsid. Hannover. Stadtratsmitgl. u. Kreistagsabg. SPD s. 1970 (div. Funkt.).

TRAUPE, Karl

Jurist, Hauptgeschäftsführer Handwerkskammer Braunschweig (s. 1975) - Heinrichstr. 45, 3300 Braunschweig; Büro: Burgplatz 2 (T. 48 01 30) - Geb. 20. Mai 1930 Braunschweig (Vater: Karl T., Beamter; Mutter: Martha, geb. Salomon), ev., verh. s. 1958 m. Irmtraud, geb. Stecher, 2 Töcht. (Marion, Bianca) - Univ. Göttingen. 1. u. 2. Jurist. Staatsprüf. - 1958-60 Rechtsabt. Mecklenb. Versich., Hannover; 1967-75 Geschäftsf. HK Braunschweig - BV: Johannes Selenka im Kampf f. d. Handwerkerprogramm v. 1848, 1983; D. dt. Handwerkerbewegung 1848/49 im Herzogtum

Braunschweig, 1986 - 1982 Med. de la Reconnaissance Artisanale française.

TRAUT, Horst
Dr. rer. nat., Prof., Biologe, Direktor Inst. f. Strahlenbiologie Univ. Münster - Eimermacherweg 120, 4400 Münster - Geb. 18. Mai 1932 Ludwigshafen/Rh., kath., verh. s. 1959 m. Anneliese, geb. Peter - Stud. Biol., Physik, Chemie. Promot. (1958) u. Habil. (1962) Heidelberg. S. 1962 Lehrtätig. Univ. Heidelberg u. Münster (1967 apl. Prof., 1970 Prof.). Spez. Arbeitsgeb.: biolog. Strahlenwirk. Veröff. z. Strahlenbiologie - Versch. Fachmitgliedsch. - Liebh.: Musik - Spr.: Engl., Franz.

TRAUTMANN, Christel
Hausfrau, MdL Hessen (s. 1976) - Schloßgartenstr. Nr. 55, 6100 Darmstadt - Geb. 23. Okt. 1936 Weiterstadt/Hessen, verh., 2 Kd. - Volkssch.; Lehre - B. 1967 Angest. Bank, Versich., Verb. 1977 ff. Stadtverordn. Darmstadt. SPD s. 1964.

TRAUTMANN, Dietmar
Dr. rer. pol., Studienrat, Dipl.-Hdl., 1. Bürgermeister Winkelhaid (s. 1978), Kreisrat Nürnberger Land - Fichtenstr. 13, 8501 Winkelhaid (T. 09187-25 81) - Geb. 31. Dez. 1939 Langenöls (Vater: Martin T., Tischlerm.; Mutter: Käthe, geb. Milde), ev., verh. s. 1981 m. Karin, T. - Volkssch., kfm. Lehr, Fachschulreife, Abendgymn., Univ. Köln (Wirtsch.- u. Sozialwiss.), Dipl. 1971, Promot. 1978 - S. 1977 St.rat, s. 1978 Doz.-Univ. - BV: D. wirtsch. u. soz. Entw. d. Stadt Hof, Bd. I, 1979 (Bd. 2 1984); Die Imhoffs - Liebh.: Politik, Phil., Sport - Spr.: Engl.

TRAUTMANN, Friedrich P. O.
Dr. med., Prof., Internist - Sembritzkistr. 31a, 1000 Berlin 41 (T. 976 11 92) - Geb. 12. April 1910 St. Petersburg/Leningrad (Vater: Oskar T., b. 1939 Dt. Botschafter China; Mutter: Hedwig, geb. Schultz), ev., verh. s. 1950 m. Dr. med. Maria L., geb. Noack, 3 Kd. (Matthias, Korinna, Johann-Christoph) - Herdersch. Berlin (Reifeprüf.). Habil. 1949 Berlin - Arzt Palästina u. China, 1939-45 Kriegsmarine, 1945-46 Oberarzt Med. Univ.sklinik Halle, 1946-53 I. Med. Univ.sklinik Berlin/Charité (1949 Doz.), 1953-57 I. Med. Univ.sklinik (Freie)/Westend-Krkhs. Charlottenburg (1956 apl. Prof.), 1957-75 Dirig. Arzt II. Innere Abt. Krkhs. Neukölln, Buckow. Spez. Arbeitsgeb.: Klin. Lymphologie - BV: Infektionskrankh., Lehrb. 4. A. 1957 (m. W. Schultz). Div. Einzelarb. - Liebh.: Geigensp. - Spr.: Engl.

TRAUTMANN, Herbert
Ingenieur, MdL Rhld.-Pfalz (s. 1971) - Mannheimer Str. 20b, 6702 Bad Dürkheim - Geb. 29. Nov. 1948 Ludwigshafen, ev. - Volkssch. Ludwigshafen; Bauzeichnerlehre; 1967 Berufsaufbausch.; 1968-71 Staatl. Ing.sch. ebd. (Hochbau) - CDU s. 1966.

TRAUTMANN, Werner
Dr. rer. nat., Prof., Ltd. Direktor Bundesforschungsanst. f. Naturschutz u. Landschaftsökologie - Konstanstr. 110, 5300 Bonn 2 - Geb. 27. Jan. 1924 Hagen/W. - Üb. 50 Fachveröff. Herausg.: Schriftenreihe f. Vegetationskd. (1966 ff.).

TRAUTNER, Hanns Martin
Dr., Prof. Univ. Münster (s. 1981) - Westring Nr. 127, 6500 Mainz 25 (T. 68 42 28) - Geb. 15. März 1943 Wiesbaden (Vater: Hans T., Schriftst.; Mutter: Else, geb. Nickel), ev., verh. s. 1971 m. Marianne, geb. Beginn, 3 Kd. (Moritz, Karoline, Jonas) - Stud. d. Psychol. Univ. Mainz; Dipl.ex. 1962; Promot. 1969 - 1966-74 wiss. Assist. u. Assist.-prof. (1972) Univ. Bochum u. Mainz; 1974-81 Prof. Univ. Frankfurt; s. 1981 Prof. Psychol. Inst. Univ. Münster. Fachmitgl.sch. - BV: Lehrb. d. Entwicklungspsychol., 1978; Geschlechtstypisches Verhalten, 1979 (m. A. Degenhardt) - Spr.: Engl.

TRAUTNITZ, Hans
Dipl.-Kfm., Vorstandsmitglied IBH-Holding AG, Mainz-Nieder - Zu erreichen üb. IBH Holding AG, Erthalstr. 1, Hochhaus B, 6500 Mainz 1 - Geb. 3. Mai 1929 Schwabach, kath., verh. s. 1961 m. Roswitha, geb. Rettig, 3 Kd. (Christian, Michael, Georg) - Stud. d. Wirtsch.swiss. Nürnberg; Dipl.ex. ebd. - S. 1961 Ind.tätig. (Datenverarbeitung, Kostenrechnung, Finanz- u. Rechnungswesen, 1973-76 Marketing u. Verkauf; s. 1977 Finanzwesen u. Informationssysteme) - Liebh.: Klass. Musik, Lit., Kunstgesch., Segelflug - Spr.: Engl.

TRAUTWEIN, Alfred Xaver
Dr. rer. nat., Prof. f. Physik u. Inst.-Direktor Med. Univ. Lübeck - Hundestr. 24, 2400 Lübeck (T. 0451 - 7 33 10) - Geb. 5. Nov. 1940 Neu-Ulm, kath. - 1961-67 Stud. Physik TU München; Dipl. 1967 TU München, Promot. 1969 ebd., Habil. 1973 Univ. d. Saarlandes - 1976-78 Senator Univ. d. Saarlandes; 1985-87 Senator u. s. 1989 Dekan Med. Univ. Lübeck. Forsch.schwerp.: Biophysik d. Übergangsmetalle - BV: Physik f. Mediziner, 4. A. 1987; Mössbauer Spectroscopy, 1978 - 1984 Universitätsmedaille Univ. du Maine, Le Mans/Frankr. - Liebh.: Lit., Gesang, Sport, Holzhandwerk - Spr.: Engl., Franz.

TRAUTWEIN, Fritz
Dipl.-Ing., Architekt, Prof. f. Hochbau Staatl. Hochsch. f. bild. Künste Hamburg - Elbchaussee Nr. 423, 2000 Hamburg 52 (T. 82 06 03) - Geb. 19. März 1911 Berlin (Vater: Dr. med. Eduard T., Arzt; Mutter: geb. Schor), verh. s. 1942 m. Gisela, geb. Heinemann - Liebh.: Mod. Kunst.

TRAUTWEIN, Gerhard
Dr. med. vet., Prof., Abteilungsvorsteher Inst. f. Pathologie Tierärztl. Hochsch. Hannover - v.-Graevemeyer-Weg 16a, 3011 Bemerode - Geb. 18. April 1929 Greifswald - S. 1963 (Habil.) Lehrtätig. TiäH Hannover (1966 Wiss. Rat u. Prof., 1970 Abt.-Vorst. u. Prof.). Vorles. üb. Allg. Pathol. u. pathol. Anat. d. Haustiere. Zahlr. Fachaufs.

TRAUTWEIN, Herbert
Dr. med., Prof., Obermedizinaldirektor a. D. - Otto-Weiß-Str. 6, 6350 Bad Nauheim (T. 23 69) - Geb. 17. Jan. 1907 Leipzig (Vater: Max T., Justiz-insp.; Mutter: geb. Grieshammer), verh. 1934 m. Käthe, geb. Voigt - 1953-72 Chefarzt Beobachtungskrkhs. Hainerberg Königstein u. Sanat. Hassia Bad Nauheim (1956). S. 1950 (Habil.) Doz., apl. Prof. (1958), Honorarprof. (1971) Univ. Marburg. Zahlr. Fachveröff., dar. Buch: Organtuberkulose u. Gesamtorganismus (1950).

TRAUTWEIN, Wolfgang
Direktor, Schausp., Regiss. Theater d. Keller, Köln, Schauspielschuldirektor - Geb. 26. Sept. 1942 Marienberg (Vater: Erwin T., Apoth.; Mutter: Luise, geb. Schroeder) - Schausp.-Dipl. 1968 - 1973-77 Oberspielleit.; s. 1978 Dir. - Insz. u. a. Geschwister (v. Klaus Mann), D. Laden d. Goldschmieds, D. Spielverderber (v. Michael Ende). Rollen: Beckmann (Draußen vor d. Tür), Caligula (Caligula), Martin (Fremdenführerin), Verrückter (Zufälliger Tod e. Anarchisten), Feuerbach (Ich, Feuerbach). Schausp.-

Gastverträge: Dt. Oper Berlin, Staatsoper Hamburg. Fernseh-Filmrollen.

TRAVIS, Francis
Dr. phil., Prof., Dirigent, Mitgl. Lehrkörper Staatl. Hochsch. f. Musik Freiburg/Br. (s. 1965) - Zu erreichen üb. Staatl. Hochsch. f. Musik, Münsterplatz 30, 7800 Freiburg/Br. - Geb. 9. Juli 1921 Michigan (USA), konfessionsl., verh. s. 1957 m. Brigitta, geb. Schneebeli - Bachelor of Music 1943, Master of Music 1948, Promot. 1953 (Musikwiss.) - Dirig. Radio Lugano (1957 ff.), Stadttheater Basel (1962-64) u. Trier (1968 ff.; Musikal. Oberleit.).

TRAXEL, Werner
Dr. phil., Prof. f. Psychologie - Deubzerstr. 3, 8580 Bayreuth (T. 3 15 39) - Geb. 6. Dez. 1924 Hanau/M. (Vater: Dipl.-Kfm. Carl T.; Mutter: Elisabeth, geb. Siegl), ev., verh. s. 1953 m. Rosemarie, geb. Heirich, T. Irene - Luitpold-Gymn. u. Univ. München (1946-52; Psych., Phil., Anthropol.; Dipl.-Psych. 1949). Promot. 1952 München; Habil. 1962 Marburg - 1954-62 Assist. u. Privatdoz. Univ. Marburg; 1962-64 ao. Prof. Päd. Hochsch. Bayreuth; 1964-71 o. Prof. u. Dir. Inst. f. Psych. Univ. Kiel; 1971 o. Prof. Univ. Erlangen-Nürnberg; 1975 o. Prof. Univ. Bayreuth; s. 1981 Prof. u. Dir. Inst. f. Gesch. d. Neueren Psych. Univ. Passau - BV: Krit. Unters. z. Eidetik, 1962; Üb. Gegenstand u. Methode d. Psych., 1968; Grundlagen u. Methoden d. Psych., 2. A. 1974 (span. 1970); Geschichte f. d. Gegenwart, 1985. Mitherausg.: Psych. in Selbstdarstell. (1972, 1979).

TREBCHEN, Alfred
Oberbürgermeister, MdL Nieders. (1963-70) - Lüner Weg 71, 3140 Lüneburg (T. 5 11 64) - Geb. 20. Nov. 1915 Dölzig/Sa. - Volkssch.; Maurerlehre - 1936-47 Luftwaffe (Flieg. Personal) u. franz. Kriegsgefangensch. (1945); 1947-53 Angest. Arbeitsverw.; s. 1953 Geschäftsf. Gewerksch. ÖTV Lüneburg. S. 1961 Ratsmitgl., Bürger- u. Oberbgm. Lüneburg (1964). SPD s. 1931 (u. a. Vors. Unterbez. Lüneburg/Harburg).

TREBESS, Manfred
Redakteur, Moderator, Abteilungsleiter Wirtschaft-Fernsehen Südwestfunk - Südwestfunk Postfach 820, 7570 Baden-Baden; priv.: Baden-Badener-Str. 71, 7560 Gaggenau - Geb. 12. Febr. 1928 Berlin (Vater: Otto T., Grafiker; Mutter: Erna, geb. Nemitz), ev., verh. s. 1953 m. Margot, geb. Schade, 2 Kd. (Ralph, Martina) - Obersch., Abit.; 1949-53 FU Berlin (Publiz., Phil., Soziol.), 1948-50 Redakt.-Volont. D. Tag - 1948-62 Redakt. D. Tag, Berlin; 1963 RIAS-Berlin; s. 1964 Abt.leit. Wirtschaft-Fernsehen, Südwestfunk B.-Baden; Moderator ARD-Wirtsch.-Magazin Plusminus, Kommentator, Kurat.-Mitgl. Stiftg. Warentest Berlin; Mitgl. Verbraucher-Beirat Bundeswirtsch.min. - 1975 Ernst-Schneider-Preis, 1979, Silb. Preis Intern. Verbraucherfilmwettb., Sonderpr. d. Bundeswirtsch.min. Intern. Verbraucherfilmwettb., Ehrenz. DRK - Spr.: Engl.

TREBITSCH, Gyula

Prof., Film- u. Fernsehproduzent, Vors. d. Geschäftsführung Trebitsch Produktion Holding GmbH & Co. KG, Hamburg, Präs. Kuratorium d. Dt. Phono-Akad., Ehrenpräs. Verb. Techn. Betriebe f. Film u. Fernsehen, Berlin (VTFF) - Rondeel 41, 2000 Hamburg 60 (T. 279 83 48) - Geb. 3. Nov. 1914 Budapest (Vater: Markus T.; Mutter: Melanie, geb. Rosenbaum), verh. m. Erna, geb. Sander (Filmkostümbildnerin), 4 Kd. - Handelsakad. Budapest; Volontär Ufa - Filmverleiher u. -produzent Budapest, währ. d. Krieges 1 J. KZ, n. d. Zusammenbruch Kinopächter Itzehoe u. Gesellsch. Real-Film GmbH, Hamburg. Produktionschef zahlr. Spiel- u. Kulturfilme. Lehrtätig. Hochsch. f. Musik u. darst. Kunst Hamburg. 1984 Gold. Kamera Hör zu (TV-Prod.: D. Geschw. Oppermann) - Ehrenmitgl. Verb. Dt. Tonmeister u. -ingenieure - Liebh.: mod. Kunst - Spr.: Ung., Engl. - Rotarier.

TREBST, Achim
Dr. rer. nat., o. Prof. f. Biochemie d. Pflanzen Univ. Bochum (s. 1967) - Schattbachstr. 24, 4630 Bochum (T. 70 16 96) - Geb. 9. Juni 1929 - Habil. München - Zul. 1963-67 ao. Prof. Univ. Göttingen. Facharb.

TREDE, Michael

Dr. med., Prof. f. Allg. Thorax- u. Gefäßchirurgie - Nadlerstr. 1A, 6800 Mannheim 51 (T. 0621 - 79 63 01) - Geb. 10. Okt. 1928 Hamburg (Vater: Hilmar T., Musikwiss.; Mutter: Gertrud, geb. Daus), ev., verh. s. 1956 m. Ursula, geb. Boettcher, 5 Kd. (Katharina, Nikolaus, Franziska, Melanie, Tanja) - 1947-53 Cambridge Univ. Engl. - Dir. Chir. Univ.-Klinik Mannheim (Univ. Heidelberg). Üb. 200 Fachart. - Liebh.: Musik, Malerei, Alpinismus - Spr.: Engl.

TREDE, Walter
Fabrikant, pers. haft. Gesellsch. Tapetenfabrik Hansa Iven & Co., Hamburg

50, Vors. Arbeitgeberverb. d. dt. Tapetenind., Frankf./M. - Windmühlenweg 52, 2000 Hamburg 52 (T. 82 55 90) - Geb. 10. Okt. 1912 Hamburg.

TREES, Wolfgang

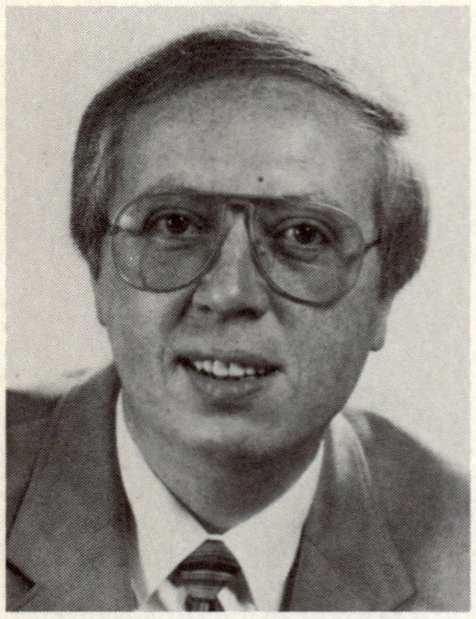

M.A., Handlungsbevollmächtigter f. innerbetriebliche Information, Rheinische Braunkohlenwerke AG, Köln, freiberufl. Schriftst. - Fuchserde 44, 5100 Aachen (T. 0241 - 6 99 00) - Geb. 16. Okt. 1942 Koblenz (Vater: Dr. med. Rudolf T.; Mutter: Irmgard, geb. Artz), kath., verh. s. 1969 m. Elske, geb. van Gils, 2 Söhne (Martin, Stefan) - Stud. Politik, Soziol., Psych. Univ. Freiburg u. RWTH Aachen; M.A. 1972 - 1965-67 Volont. Aachener Volksztg. Vors. Bezirksverein Aachener Presse im DJV; Vorst.-Mitgl. Ges. f. innerbetriebl. Publiz. - BV: (insg. 23) u.a.: Schlachtfeld Rheinland; Hölle im Hürtgenwald; Drei Jahre n. Null/ Gesch. d. brit. Besatzungszone; Krieg ohne Sieg; D. Amis sind da - Aachen 1944; Kaffee, Krähenfüße u. Kontrollen, d. gr. Schmuggeljahre an d. dt. Westgrenze; Van dolle dinsdag tot bevrijding, ons langste oorlogsjaar (Niederl.) - Ridder in de orde van Oranje Nassau; Rheinlandstaler Landschaftsverb. Rhld.; Europapreis Stadt Lüttich; Jahrb. Stadt Maastricht - Spr.: Engl., Niederl.

TREFF, Alice

Schauspielerin - Bonner Str. 1, 1000 Berlin 31 (T. 821 58 83) - Geb. 4. Juni Berlin (Vater: I. Cellist Berliner Staatsoper), ev., verw., 2 Kd. (S., T.) - Lyz. u. Reinhardt-Sch. Berlin - Bühnen Hamburg, München, Berlin u. a. Film; Fernsehen - Liebh.: Bücher (bes. üb. ind Weisheitslehre), Reiten.

TREFFERT, Diethild Maria, geb. Pohl

Dipl.-Volksw., Journalistin - Ahornweg 43, 8056 Neufahrn (T. 08165 - 6 16 04) - Geb. 6. Mai 1921 Görlitz, kath., verh. m. Wilhelm T., Rechtsanw. (†1974), 5 Kd. - Stud. Zeitungswiss. u. Volkswirtsch. Univ. Berlin u. Marburg; Diss. üb. J.M. Keynes, Promot. nicht abgeschl. - S. 1960 fr. Journ. m. Fachgeb. Osteuropa; 1974-76 Presseref. f. Dtschl. f. Glaube in d. 2 Welt, Zürich; 1976-86 Redakt. Kath. Nachr.-Agentur Bonn. Dan. Publ. in Ztg. u. Ztschr., sow. b. zahlr. Rundfunkanst.; Vorst.-Mitgl. Glaube in d. 2. Welt-Deutschl. - BV: Appartement 704, R. 1962 - 1986 Kath. Journalistenpreis - Spr.: Engl., Franz., Russ.

TREFZ, Heinz

Kaufmann, Geschäftsf. Dt. Tanzsportverb. e.V. (s. 1978) - Im Geiger 57, 7000 Stuttgart 50 (T. 0711 - 56 64 54) - Geb. 3. Febr. 1933 Stuttgart (Vater: Karl T., Kaufm.; Mutter: Hede, geb. Müller), verh. s. 1959 m. Wally, geb. Roller, S. Oliver Frank - Liebh.: Tanzsport (6 J. Nationalmannsch.), Tiere, Umwelt - Spr.: Engl.

TREIBEL, Werner

Dr.-Ing., Prof. - Waldenbucher Str. 35, 7022 Leinfelden-Echterdingen 2 - Geb. 29. März 1913 Berlin, verh. 1940 m. Ruth, geb. Kitzinger, 3 Kd. - TH Berlin - 1937-45 Lufthansa, 1950-78 Geschäftsf. Arbeitsgem. Dt. Verkehrsflughäfen (ADV). Div. Ehrenstell., dar. Ehrenmitgl. Western European Airports Association (WEAA), Mitgl. Verwaltungsrat ADV, Mitgl. Kuratorium Lilienthalstiftung, stv. AR-Vors. Versorgungskasse f. d. Dt. Luftfahrt - Zahlr. Fachveröff. - Mitgl. Luftfahrt Presseclub (LPC); 1978 Ehrenring d. ADV Nr. 1, 1981 AOCI - Award - USA.

TREIBER, Helmuth

Dr. jur., Assessor, Hauptgeschäftsführer Dt. Handelskammer f. Spanien, Madrid/ Barcelona (1988ff.) - Paseo de la Castellana, 18-3, Edificio Cuspide, 28046 Madrid (T. 275 40 00) - Geb. 25. Juni 1934 Mannheim, verh. s. 1960 - Stud. Heidelberg u. Basel (Rechts- u. Staatswiss.), 2. jurist. Staatsex. 1964, Dr. jur. 1962 - 1964-67 IHK Karlsruhe, 1967-72 Gf. Dt.-Bras. IHK, Rio de Janeiro/Brasil., 1972-74 DIHT, Bonn, 1974-76 Gf. Dt.-Amerik. IHK. Los Angeles/Kalif. (USA), 1976-88 Hauptgf. Dt.-Mexikan. IHK, Mexico City - BV: Investieren in Brasilien, 1974 (m. Henkel u. Moebius).

TREIBER, Hubert Paul

Dr. rer. soc., Lic.MA, Prof. f. Verwaltungswiss. Univ. Hannover - Im Moore 25, 3000 Hannover 1 (T. 0511 - 70 35 90) - Geb. 30. Juli 1942 Geislingen/St. (Vater: Dr. Hugo T., Studiendir.; Mutter: Elisabeth, geb. Grün), kath., verh. s. 1970 m. Ulrike, geb. Hildbrand - Stud. Univ. Freiburg (Soziol.) u. Konstanz (Politik-/Verwaltungswiss.); MA 1969, Lic. 1972, Promot. 1973 - S. 1976 Lehrst.-Inh. f. Verwaltungswiss. Univ. Hannover. 1981/82 Honorary Fellow Law School, Univ. of Wisconsin/Madison; 1986/87 Jean-Monnet-Fellowship, Europ. Hochsch. Florenz. 11 Buchpubl.; 50 Aufs. - 4 Fernsehfilme - Spr.: Engl., Franz.

TREITZ, Norbert

Dr. rer. nat., Dipl.-Physiker, Univ.-Prof. f. Didaktik d. Physik Univ.-GH Duisburg (s. 1985) - Düsseldorfer Str. 23, 4100 Duisburg 1 (T. 0203 - 2 28 83) - Geb. 1. April 1944 Blumberg/Bad. - 1963-69 Stud. Physik Univ. Köln; Promot. 1974 Köln; Habil. (Didaktik d. Physik) 1985 Duisburg - 1969-73 wiss. Angest. Univ. Köln; 1973-77 Phys. Techn. Bundesanst. (Inst. Berlin); 1977-85 wiss. Assist. Univ.-GH Duisburg - BV: Spiele m. Physik, 1983; Spiele m. Computergrafik, 1984 (finn. Übers.); Farben, 1985; Deduktive Programme auf d. Bildschirmcomputer u. and. Mediennutzungen im Physikunterr., 1984; u. a. - Liebh.: Kl. Computer, Spielzeuge in Verb. m. Physikdidaktik - Spr.: Engl.

TREML, Karl

Dr. iur., Staatssekretär a. D. - Amalienweg 8, 2300 Kronshagen b. Kiel - Geb. 4. Jan. 1934 Groß-Tschernitz/Sud., kath., verh., 2 Töcht. - Staatssekr. Schlesw.-Holst. Sozialmin., Kiel (b. 1988).

TRENDELENBURG, Friedrich

Dr. med., Prof., Abt. f. Pneumonologie/ Med. Univ.-Klinik Saarbrücken - Klinikum, 6650 Homburg/Saar - Geb. 26. Aug. 1916 - S. 1964 (Habil.) Lehrtätigk. Univ. Saarbrücken (1969 Prof. auf Lebenszeit; Inn. Med., insb. Lungenkrankh.). Fachveröff.

TRENKER, Luis

Regisseur, Schauspieler, Schriftsteller - Fagenstr. 16, Gries b. Bozen (Ital.) (T. B. 3 07 54); Ottostr. 9, 8000 München 2 (T. 55 48 26) - Geb. 4. Okt. 1892 St. Ulrich, jetzt Ortisei/Grödnertal (Vater: Schnitzer u. Bildhauer), kath., verh. s. 1928 m. Hilde, geb. v. Bleichert, 4 Kd. (Florian, Ferdinand, Barbara, Josef) - TH Wien (Arch.; Dipl.-Ing.) - Bergführer u. Skilehrer Dolomiten, Architekt, fr. Schriftst., Schausp. u. Filmregiss. (1940 v. Reichspropagandamin. gesperrt) - BV: Kameraden d. Berge, 1931 (in 5 Spr. übers.); Berge in Flammen, 1932; D. Rebell, 1932; D. verlorene Sohn, 1934; Heimat aus Gotteshand, 1948; Duell in d. Bergen, 1951; Glocken üb. d. Bergen, 1952; Sonne üb. Sorasass, 1953; Schicksal am Matterhorn, 1956; Sohn ohne Heimat, 1958; Berge u. Heimat, 1960; D. Wunder v. Oberammergau, 1960; Berge im Schnee, 1961; D. Kaiser v. Kalifornien, 1961; Meine Berge, 1962; Mein Südtirol, 1964; Helden d. Berge, 1964; Alles gut gegangen, Biogr. 1965 (Fernsehreihe); Bergwelt - Wunderwelt, 1972; D. große Luis-Trenker-Buch, Anthol. 1974; D. Feuerteufel, NA 1975; Gröden - Herzstück d. Dolomiten, 1975; Leuchtendes Land, 1985. Filme (Hauptdarsteller, Autor, Regiss.): D. Berg d. Schicksals, D. hl. Berg, D. hl. 3 Brunnen, D. Sohn d. weißen Berge, Berge in Flammen, D. Rebell, D. verlorene Sohn, D. Kaiser v. Kalifornien, Condottieri, D. Berg ruft, Liebesbriefe aus d. Engadin, D. Feuerteufel, Im Banne d. Monte Miracolo, Duell in d. Bergen, Flucht in d. Dolomiten, Schicksal am Matterhorn, Wetterleuchten um Maria, Sein bester Freund (1962). Fernsehserien - 1914-18 Tapferkeitsmed. u. Offiz.ausz., 1935 Preis Minist. f. Kultur Rom (f. Film D. verlorene Sohn), 1936 Gold. Ehrenz. Dt. Skiverb., 1937 Offz.skr. Orden d. Ital. Krone, 1937 Goldpokal f. d. besten Film d. J. Kaiser v. Kalifornien Biennale Venedig, 1955 Gr. Goldmed. Bergfestival Trient, 1962 Gold Ehrenring St. Ulrich, 1966 Komturkreuz Rep. Ital., 1970 Ehrenmitgl. Walliser Bergführervereine, Zermatt, 1971 Ehrenbürger St. Ulrich, 1971 Ehrenmitgl. Europ. Bildungsgem., Stuttgart, 1973 Ehrenbürger Sexten (Südtirol), 1977 Gold. Verdienstkreuz Land Tirol, 1978 Valentin-Orden München, 1978 Dokumentar. Filmber. Heimat aus Gottes Hand, 1979 Bayr. Verdienstorden, 1982 Filmband in Gold, 1982 Gr. BVK in Gold - Liebh.: Skilaufen, Klettern, Musik (spielt Geige), Malen.

TRENKLER, Götz

Dr. rer. pol., o. Prof. f. Oekonometrie u. Statistik Univ. Dortmund - Stortsweg 25, 4600 Dortmund 50 (T. 0231 - 75 34 59) - Geb. 14. Juli 1943 Dresden (Vater: Gotthard T., Lehrer; Mutter: Marianne, geb. Frauendorf), ev., verh. s. 1979 m. Birgit, geb. Heinrich - 1962-69 Stud. Chemie u. Math. FU Berlin (Dipl., Promot. 1973) - 1969-73 wiss. Assist. FU Berlin; 1974-82 Akad. Rat; s. 1982 Prof. - BV: Nichtparametr. Statist. Meth., (m. H. Büning) 1978, Biased Estimators in the Linear Regression Model, 1981 - Liebh.: Sport, Briefmarken, Schach - Spr.: Engl., Russ., Lat., Ital.

TRENSCHEL, Hans-Peter

Dr. phil., Hauptkonservator Mainfränk. Museum Würzburg - Weg zur Zeller Waldspitze 34, 8700 Würzburg (T. 0931 - 4 39 16) - Geb. 3. Okt. 1938 Berlin, ev., verh., 2 Kd. - Univ. Marburg, München u. Würzburg; Promot. 1966 Würzburg - 1966-69 Hist. Museum Bern, s. 1969 Mainfränk. Museum Würzburg - BV: D. kirchl. Werke d. Würzburger Hofbildhers Johann Peter Wagner, 1968; Ausgewählte Kostbarkeiten aus d. Samml. d. Mainfränk. Mus. Würzburg, 1974; D. Würzburger Hofbildhauer Johann Peter Wagner, 1980; Fränk. Kleinplastik d. Rokoko - Joh. Benedikt Witz, 1980; Uhren fränk. Meister d. 18. u. 19. Jh., 1982; Meisterwerke fränk. Möbelkunst - Carl Maximilian Mattern, 1982; Würzburger Porzellan, 1986; D. Bozzetti-Samml. d. Mainfränk. Mus. Würzburg, 1987.

TREPTOW, Werner

Kaufmann, Handelsvertr., Präs. Central-Vereinig. Dt. Handelsvertr. u. Handelsmaklerverb. (1980-84) - Bayernallee 6, 1000 Berlin 19 (T. 304 48 84) - Geb. 14. Sept. 1917 Berlin, ev., verh. 1945-81 m. Käthe, geb. Hannig †, T. Barbara - Gymn.; Drogistenausb., Fachex. 1936 - Ab 1939 Wehrdienst; 1945 journ. Tätigk.; ab 1946 kaufm. Tätigk. (Firmengründ. als Großhandl.); ab 1950 Handelsvertr., 1953 Handelsrichter, div. Verb.tätigk. - 1977 BVK a. Bde.; 1982 BVK I. Kl. - Liebh.: Klass. Musik, Sammeln alter Gläser.

TRESCHER, Karl

Dr. jur., Rechtsanwalt, Vorst. a. D. coop Rhein-Main Handels AG (b. 1981) - Sonneneck 2, 6104 Seeheim-Jugenheim (T. 06151 - 5 77 18) - Geb. 24. Dez. 1923 Wasserburg/Inn, verh. s. 1949 m. Isolde, geb. Ziegler, 2 Kd. - Stud. Rechtswiss. u. Betriebsw., Promot. 1951, Ass. 1952 - 1957-67 Vorst.-Mitgl. Zentralverb. dt. Konsumgenoss., 1967-73 Bund dt. Konsumgenoss., 1976-81 Vorst. coop Rhein-Main Handels AG; s. 1981 Rechtsanw.

TRETER, Uwe

Dr. rer. nat., Prof. f. Physische Geogr. Univ. Erlangen-Nürnberg - Espenweg 8, 8520 Erlangen (T. 09131 - 6 59 38) - Geb. 22. April 1940 Cuxhaven, verh. s. 1971 - Promot. 1969 Kiel, Habil. 1979 FU Berlin - S. 1979 Priv.-Doz.; s. 1986 Ord. u. Inst.-Vorst. Univ. Erlangen-Nürnberg - BV: Z. Wasserhaushalt Schlew.-Holst. Seengebiete, 1981; D. Baumgrenzen Skandinaviens, 1984.

TRETTNER, Heinz

General a. D. - Robert-Koch-Str. 52, 5300 Bonn 1 - Geb. 19. Sept. 1907 Minden (Vater: Offizier), verh. m. Lotte, geb. Sterkel - Gymn. (Abit.); 1953-56 Univ. Bonn (Rechtswiss., Volksw.; Dipl.-Volksw.) - 1925-66 m. bedingter Unterbrech. Berufssoldat (im Krieg u. a. Generalstabschef XI. Fliegerkorps u. Kommandeur e. Fallschirmjägerdivision, 1956 b. 1959 Leit. Abt. Logistik NATO-Hauptquartier Roquencourt bei Paris, dann Kdr. General I. Bundeswehr-Korps, 1964-66 (Rücktr.) Generalinspekteur d. Bundeswehr); n. 1945 kaufm. Tätigk. - Zahlr. Ausz., darunt. Ritterkreuz m. Eichenlaub (1944), Kommandeurskreuz d. amerik. VO. (1964). Gr. BVK m. Stern u. Schulterbd. (1967).

TRETZEL, Erwin

Dr. phil. nat., em. o. Prof. f. Zoologie - Pascalstr. 4, 6750 Kaiserslautern/Pf. (T. 2 44 64) - Geb. 28. Mai 1920 Kaltenbrunn/Opf. (Vater: Julius T., Oberforstm.; Mutter: Josephine, geb. Bogner), verh. 1949 m. Hedy, geb. Ziegler - S. 1961 (Habil.) Lehrtätigk. Univ. Erlangen (1967 apl. Prof.) u. Kaiserslautern (1970 o. Prof.). Emerit. 1988. Fachveröff. (Ökologie, Ethologie, Bioakustik).

TREUE, Wilhelm

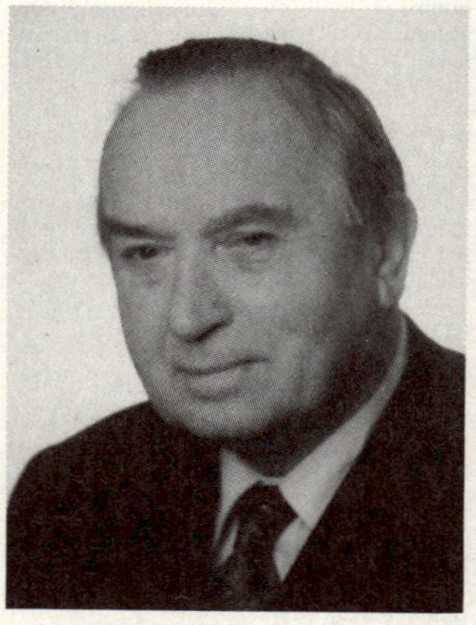

Dr. phil. habil., Dr. phil. h.c., em. Prof. f. Geschichte - Otto-Wallach-Weg 13, 3400 Göttingen (T. 5 94 63) - Geb. 18. Juli 1909 Berlin (Vater: Wilhelm T., Beamter; Mutter: Margarete, geb. Schuppe), ev., verh. s. 1935 m. Hildegard, geb. Dartsch †1987, T. Vilma - S. 1935 (Habil.) Lehrtätigk. Univ. Berlin, Göttingen, Würzburg, Oxford, Südafrika, Paris, TU Hannover (1948 ao., 1954 o. Prof.; Dir. Hist. Sem.). 1978 Hon.-Prof. Salzburg. 1965ff. Vorst. Hist. Kommiss. Berlin, Hist. Kommiss. Nieders., Schlesien. Ehrenmitgl. Kurat. Ges.

f. Unternehmensgesch., Ehrenvors. Dt. Ges. f. Schiffahrts- u. Marinegesch., Kurat. Georg-Agricola-Ges., Ehrenvors. Studienkreis Rundf. u. Gesch., Mitgl. Wiss. Beirat Dt. Schiffahrtmus., Vizepräs. Dt. Marine-Akad. Gründer Göttinger Kunstverein - BV: D. Eroberung d. Erde; Kulturgesch. d. dt. Alltags; Politik u. Wirtsch.; D. Krimkrieg u. d. Entsteh. d. modernen Flotten; Kulturgesch. d. Schraube (m. Rudolf Kellermann); Gummi in Dtschl.; D. Gesch. d. Ilseder Hütte; Dt. Gesch. v. d. Anfängen b. 1989; M. d. Augen ihrer Leibärzte; Kunstraub; Wirtschaftsgesch. d. Neuzeit; Achse, Rad u. Wagen - 5000 J. e. kultur- u. technikgeschichtl. Entwickl., 2. A. 1986; Geschichte d. August-Thyssen-Hütte; Herbert Quandt, e. Unternehmer d. dritten Generation, 1980; Entwurf zu meinem Nekrolog, 1982; Wirtsch.- u. Technikgesch. Preußens, 1984; Gesch. e. Hamburg. Anwaltssozietät, 1986; Gesch. d. Bankhauses Oppenheim, 1989; Karl Maybach, 1989. Herausg.: Ztschr. f. Unternehmensgesch., Zs. Technikgesch., Quellensamml. z. Kulturgesch., Dtschl. in d. Weltw.krise in Augenzeugenberichten, Technik, Naturwiss. u. Medizin im 19. Jh., Gesch. d. franz. Marine (1982), Acta Borussica-Reprint (38 Bde., 1986/87) - 1979 BVK I. Kl.; K.-Sudhoff-Med.; VDJ-Ehrenz.; 1984 Ehrendoktor Univ. Salzburg - Spr.: Engl., Franz.

TREUHEIT, Werner

Dr., Dipl.-Ing., Dipl.-Wirtschaftsing., Dipl.-Polit., Prof. - Hohn 31, 5469 Windhagen/Ww. (T. 02645 - 30 65) - Geb. 16. April 1934 Plauen/Vogtl. (Vater: Max T., Arb.; Mutter: Gertrud, geb. Frieser), verh. s. 1985 m. Gisela, geb. Preuß - Dipl.-Ing. 1962 u. Dipl.-Wirtsch.-Ing. 1964 Aachen, Dipl.-Politologe 1967 Berlin - 1968-71 Bundestutor f. polit. Bildung, s. 1972 Prof. - BV: Sozialismus in Entwicklungsländern, 1971; Modelle z. Bildungsurlaub I, 1977 (m. a.); Bildungsurlaub II: Evaluationsprobleme, 1979 (m. a.); Polit. Didaktik u. Krit. Theorie: Entscheidungsspiel, 1981; Akkulturation junger Ausländer in d. Bundesrep., 1986 (m. a.) - Liebh.: Bildende Künste, Sport - Spr.: Engl., Schwed.

TREUNER, Peter Hermann

Dr. sc. pol., Prof., Direktor Inst. f. Raumordnung u. Entwicklungsplanung Univ. Stuttgart - Friedenstr. 62, 7530 Pforzheim (T. 07231 - 2 42 12) - Geb. 11. Febr. 1938 Hirschberg - Cert. d'Et. Politiques 1962 Paris; Dipl.-Volksw. 1965, Promot. 1968, Habil. 1972, alles Kiel - S. 1972 o. Prof. u. Dir. Inst. f. Raumordn. u. Entw.plan. Univ. Stuttgart - 1983-85 Secretaire General d. Freizone Inga, Kinshasa/Zaire - 1979 o. Mitgl. Akad. f. Raumforsch. u. Landesplan., 1989 Vizepräs. - Interesse: Raumplan. in d. Dritten Welt - Spr.: Engl., Franz.

TREUTLEIN, Freda, Baronin von,

geb. Baronesse von Stackelberg

Schriftstellerin u. Unternehmerin, Konsul d. Republik Gambia f. d. Freistaat Bayern - Widenmayerstr. 18, 8000 München 22 - Geb. 29. Juli 1929, kath., verh. m. Gerhard Constantin T., ltd. Ministerialrat - Schriftst. u. Publ., geschäftsf. Gesellsch. Bayer. Monatsspiegel Verlagsges. GmbH u. Vorst.-Vors. Peutinger-Inst. f. angew. Wiss. GmbH - Zahlr. Unterhaltungsromane (Freda v. Stackelberg) - 1967 Goldmann Preis f. d. besten dt.-spr. Kriminalr.; BVK; Mitgl. Crime Writers Assoc. London - Lit.: Kindlers Lit. Lexikon.

TREUTLEIN, Gerhard Constantin

Leitender Ministerialrat, Leiter Außenwirtschaft im Bayer. Staatsmin. f. Wirtschaft - Pienzenauerstr. 5, 8000 München 80 (T. 98 66 52) - Geb. 24. Mai 1931 München (Vater: Georg-Otto T., Dipl.-Ing.; Mutter: Anny Helene, geb. Zeller-Neunheim), kath., verh. s. 1960 m. Freda, geb. Baronesse v. Stackelberg-Abja - Maximiliansgymn. München (Abit.), Rechts- u. Staatswiss., Nationalökon. - 1960 Bayer. Staatsmin. d. Finanzen; s. 1965 Staatsmin. f. Wirtsch. u. Verkehr. 1967 Präs. Peutinger-Collegium; 1972 Vorst. Donaueurop. Inst. - Herausg.: Jurist. Fachkommentare, Bayer. Monatsspiegel (Ztschr., 25. Jg.) - BVK, Gr. Gold. Ehrenz. d. Rep. Österreich; Großoffz. VO. d. Rep. Italien u. zahlr. andere ausl. Orden - Spr.: Engl., Franz. - Bek. Vorf.: Johann Adam T., erster Gouverneur v. Georgia/USA (unmittelb. Vorfahr).

TRIEBEL, Wolfgang

Dr.-Ing., Oberregierungsrat a. D., Honorarprof. f. Techn. Bauforsch. TU Hannover (s. 1960) - Max-Eyth-Str. 48, 3000 Hannover 1 (T. 0511 - 81 72 54) - Geb. 30. Sept. 1900 Zetzsch (Vater: Georg T., Landgerichtsdir.; Mutter: Elsbeth, geb. Wolff), verh. s. 1978 m. Hildegard, geb. Kricheldorf, 6 Kd. (York, Barbara, 4 Stiefkd.) - Gymn.; TH Hannover (Dipl.-Ing. 1923; Promot. 1927) - 1927-31 Abt.leit. Reichsforsch.-Ges. f. Wirtsch.lichk. im Bau- u. Wohnungsw., Berlin (Reg.baum.); 1931-38 Stadtbaurat Stendal; 1938-45 Oberreg.rat Reichsarbeitsmin., Berlin (zugl. techn. Geschäftsf. Dt. Akad. f. Bauforsch.); 1946-73 Dir. Inst. f. Bauforsch. Hannover. Rd. 800 Publ. (dav. 80 im Ausl.), u. a. Wirtschaftl. bauen - aber wie? (1955), Elemente u. Maßstäbe d. Produktivität (1964), Rationalisierung im Hoch- u. Wohnungsbau (1966), Voraussetzungen f. wirtschaftl. Bauen m. Fertigteilen (1966), Energieersparnis durch Verbesserung d. baul. Wärmeschutzes (1966), Rationelles Bauen m. Fertigteilen (1968), Großformat. Betonfertigteile in Tafelbauart (1968), Rationalisierungsfibel (1972), Kleine Stahlkunde f. d. Wohnungsbau (1975), Gesch. d. Bauforschung, (1983) - 1966 Heinrich-Plett-Preis Neue Heimat; 1964 Gr. Verdienstkreuz Nieders. VO., 1971 Gr. BVK - Spr.: Franz. - Bek. Vorf.: Paul Gerhardt, Friedrich Gottlieb Klopstock.

TRIEBOLD, Karl

Dr. med., M.A., Prof., Kinderarzt - Dionysiusstr. 23, 4600 Dortmund 14 (T. 0231-8 98 08) - Geb. 3. Apr. 1920 Senne, ev., verh. s. 1963 m. Gertrud, geb. Anhäuser (Apothekerin), 2 Kd. (Carolina, Jochen) - Stud. Med., Zahnmed., Psychol. u. Päd. Univ. Münster u. Würzburg; Promot. 1946; M.A. 1967; Habil. 1972; 1975 apl. Prof.; 1952-83 Leit. Dir. Städt. Kinderklinik Dortmund-Derne; s. 1975 Vizepräs. Bundesvereinig. f. Gesundheitserziehung Bonn; s. 1980 Berater Intern. Union f. Gesundheitserziehung Paris - Zahlr. Veröff. im med.-päd. Grenzber. (auch in franz. bzw. Übers. aus d. Franz.) - 1962 Korresp. Mitgl. Schweizer. Ges. f. Sozialmed.; 1973 Goldmed. d. Franz. Nationalakad. f. Med.; 1982 BVK I. Kl. - Spr.: Franz., Engl.

TRIEBOLD, Karl Friedrich

Dr.-Ing., Dipl.-Ing., Prof., Vorsitzender d. Geschäftsfg. Krupp Atlas-Eletronik Bremen, Vorst.-Mitgl. Fried. Krupp GmbH - Zu erreichen üb. Krupp Atlas-Elektronik, 2800 Bremen - Geb. 15. April 1938 Bremen, verh. - Dipl.-Ing. 1964, Promot. 1968.

TRIEBOLD, Klaus

Dr., Kanzler d. Univ. Münster - Schloßpl. 2, 4400 Münster/W.; priv.: Scharnhorststr. 99.

TRIER, Eduard

Dr. phil., em. o. Prof. f. Kunstgeschichte - Hoffmann-von-Fallersleben-Str. 6, 5000 Köln 51 (T. 38 51 08) - Geb. 4. Jan. 1920 Köln (Vater: Hans T., Telegrapheninsp.; Mutter: Helene, geb. Hager), kath., verh. s. 1953 m. Edith, geb. Brabender, 3 Kd. (Michael, Marcus, Alice) - B. 1938 Gymn. Köln (Kreuzg.); 1946-52 Univ. Bonn (Promot. 1952) u. Köln - Ab 1948 Kunstkrit. D. Neue Ztg., FAZ (1953), D. Zeit u. NDR; 1949 Redakt. Kunstztschr. D. Cicerone; 1958-64 Sachbearb. f. Bild. Kunst Kulturkr. BDI u. Redakt. Serie Jg. Künstler; 1964-72 o. Prof. Kunstakad. Düsseldorf (1966-72 Dir.); 1972-85 o. Prof. u. Dir. Kunsthist. Inst. Univ. Bonn. 1964 u. 66 Kommissar d. BRD f. d. Biennale Venedig. 1959, 64 u. 68 Mitgl. documenta-Rat - BV: Marino Marini, 1954; Moderne Plastik, 1954; Wilhelm Lehmbruck - Zeichnungen und Radierungen, 1955; Ewald Mataré, 2. A. 1958; Lehmbruck - D. Kniende, 1958; Zeichner d. XX. Jh.s, 1956; Athenäum-Kunstreisef. Belgien, 1957 (auch schwed.); Max Ernst, 1959; D. Bergbau in d. Kunst, 1958 (Ko-Autor); Figur u. Raum, 1960 (auch engl. u. ital.); Marino Marini, Plastik, 1961 (auch engl., franz., ital.); Norbert Kricke, 1963; Hans Arp, Skulpturen, 1968 (auch engl. u. franz.); Günter Ferdinand Ris, 1970; Bildhauertheorien im 20. Jh., 1971, 3. A. 1984; 200 J. Kunstakad. Düsseldorf, 1973 (Hrsg. u. Mitautor); Jahresring (Mithrsg. s. 1961); Kunst als Bedeutungsträger, 1978 (Mithrsg. u. Mitautor); Kunst d. 19. Jrh. im Rheinland, 5 Bände, 1979ff. (Mithrsg. u. Mitautor); Arp, 1985 - Mitgl. ICOM; 1970 BVK I. Kl.; 1979 Ehrenmitgl. Staatl. Kunstakad. Düsseldorf - Liebh.: Alte u. neue Kunst - Spr.: Engl., Franz. - Rotarier - Bruder: Hann T. – Lit.: Justus Müller Hofstede u. Werner Spies (hg.), Festschr. f. Eduard T. z. 60. Geburtstag (Berlin 1981); Arta Valstar u. Dieter C. Schütz (hg.), V. Hildebrand b. Kricke. Schülergabe f. Eduard T. z. 7. Febr. 1985 (Bonn 1985).

TRIER, Hann

Maler u. Graphiker, em. Prof. Hochsch. d. Künste, Berlin (s. 1957) - 5353 Mechernich/Vollem (T. 02484 - 15 25) und Caesarstr. 27, 5000 Köln (T. 38 11 69) - Geb. 1. Aug. 1915 Kaiserswerth/Rhld., kath., verh. s. 1962 m. Prof. Dr. phil. Renate, geb. Pflaum (s. unt. Mayntz-Trier) - Gymn. Köln (Kreuzgasse); 1934-38 Kunstakad. Düsseldorf - 1952-55 Südamerika - Abstrakte Malerei; Bilder in dt. u. ausl. Museen (Amsterdam, Seattle, Pittsburgh). 1972 Deckenbild Weißer Saal, 1974 Treppenhaus Schloß Charlottenburg (Berlin), 1978 Deckenbild Bibliothek philosoph. Sem. Univ. Heidelberg, 1980 Freischweb. Baldachin Rathaushalle Köln; 1984 Deckenbild Residenz d. Dt. Botschaft b. Hl. Stuhl, Rom; 1986 Supraporte im Parlament (Wasserwerk), Bonn; 1986 Wandbild (6x18m) Museum Ludwig, Köln - 1961 Darmstädter Kunstpreis, 1962 Gr. Kunstpreis Nordrh.-Westf., 1966 Berliner, 1967 Kölner Kunstpreis; 1975 Gr. BVK - Spr.: Ital., Span., Engl., Franz. - Eltern s. Eduard T. (Bruder) - Lit.: E. Roters: Hann Trier, D. Deckengemälde, (1981); P.A. Riedl, Kat. Ausst. Saarl.-Mus. (1985).

TRIESCH, Ernst-Günter

Hauptgeschäftsführer u. gf. Präsidialmitgl. d. Bundesarbeitsgem. d. Mittel- u. Großbetr. d. Einzelh., Köln, VR Westdt. Rundfunk (WDR), u. Urbanicom, Beirat Patria Versich. AG, Kurat. Dt. Einzelhandelsinst. f. Öffentlichkeitsarbeit (DEFÖ) - Auf d. Berg 14, 5200 Siegburg-Seligenthal (T. 02242 - 31 31) - Geb. 17. Jan. 1926 Siegburg (Vater: Karl T.; Mutter: Henriette, geb. Weber), ev., verh. s. 1955 m. Erika, geb. Wagner, 3 Töcht. (Regine, Susanne, Sabine) - Stud. Gesch., Soziol., Volksw. - 1948-52 fr. Journalist (Westd. Rundschau, D. Welt); 1952-74 Assist., Leit. Sozialwiss. Abt. u. Geschäftsf. Dt. Industrieinst. Köln; Vorst. Inst. f. Ges.wiss. Walberberg, Bonn; Kurat. Heinrich-Hertz-Stiftg., u. Friedrich u. Isabel-Vogel-Stiftg. - BV: u. a. D. Macht d. Funktionäre, 1956; D. Gewerksch. in d. Bundesrep., 2. A. 1959; Mitbestimmung in d. Diskussion, 1968; Gewerkschaftsstaat o. Soz. Rechtsstaat, 1975 - Liebh.: Garten - Spr.: Engl., Franz.

TRIESCH, Günter

s. Triesch, Ernst-Günter

TRIFTSHÄUSER, Werner

Dr. rer. nat., o. Prof. f. Physik Hochsch. d. Bundeswehr München - Rotkäppchenstr. 89, 8000 München 83 (T. 089-60 49 46) - Geb. 22. März 1938 Selb/Bayern, verh. s. 1981 m. Eva Lucia, geb. Hrncirik, 2 Kd. (Germar, Caroline) - 1957-62 Stud. Phys. TU München, Dipl. 1962; Promot. 1965; 1965-67 wiss. Ass. TU München; 1967-68 Res. Assoc., Univ. North Carolina, Chapel Hill, USA; 1968-70 Res. Assoc., Queen's Univ. Kingston, Kanada; 1970-75 Leit. wiss. Forschungsgr. Kernforschungsanlage Jülich u. gleichz. Lehrbeauftr. TH Aachen; s. 1980 Mitgl. im Intern. Advisory Committee on Positron Annihilation - Üb. 60 Veröff. in wiss. Ztschr. - Spr.: Engl., Franz.

TRILLHAAS, Wolfgang

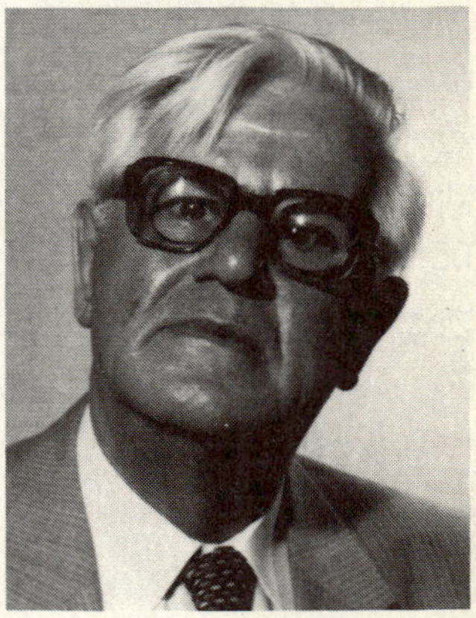

Dr. theol., Dr. phil., Dr. theol. h. c., Dr. theol. h. c., Prof. f. Systemat. Theologie (emerit.) - Tuckermannweg 19, 3400 Göttingen (T. 5 65 30) - Geb. 31. Okt. 1903 Nürnberg (Vater: Friedrich T., Pfarrer; Mutter: Elisabeth, geb. Hagen), ev., verh. s. 1975 m. Ilse, geb. Rudert - Gymn. Nürnberg; Univ. München, Erlangen, Göttingen - 1926-45 Stadtvikar u. -pfarrer Regensburg u. Erlangen (1928), 1933-46 Privatdoz., Lehrstuhlvertr. u. o. Prof. (1945) Univ. Erlangen, 1946-72 o. Prof. Univ. Göttingen (1950-52 Rektor), 1961-67 Honorarprof. TH Hannover. 1965 Carnahan-Vorl. Buenos-Aires, Fac. di Teol. - BV: u. a. Schleiermachers Predigt, 2. A. 1975; Ev. Predigtlehre, 5. A. 1964; V. Leben d. Kirche, Pred. 1938; Studien z. Religionssoziol., 1949; V. Wesen d. Menschen - Christl. Anthropol., 1949; D. Dienst d. Kirche am Menschen - Pastoraltheol., 2. A. 1958; D. apostol. Glaubensbekenntnis, 1953; D. innere Welt - Religionspsych., 1953; V. d. Geheimnissen Gottes, Pred. 1956; Ethik, 3. A. 1970; Dogmatik, 4. A. 1980; D. Evangelium u. d. Zwang d. Wohlstandskultur, 1966; Predigten aus d. J. 1956-66, 1967; Sexualethik, 2. A. 1970; Religionsphil., 1972; Einf. in d. Predigtlehre, 4. A. 1989; Aufgehobene Vergangenheit, Aus meinem Leben, 1976. Mithrsg.: D. Mitarbeit/Ztschr. z. Gesellschafts- u. Kulturpolitik - Ev. Kommentare - 1967 Ehrendoktor Univ. Helsinki, 1972 Univ. Wien - Lit.: H.J. Birkner/D. Rössler: Beiträge z. Theorie d. neuzeitl. Christentums, W. Tr. z. 65. Geb. (1968); H.W. Schütte/F. Wintzer: Theol. u. Wirklichk., Festschr. z. 70. Geb. (1973).

TRINCKER, Dietrich E. W.

Dr. med., o. Prof. f. Physiologie - Hattinger Str. Nr. 374, 4630 Bochum (T. 4 57 94) - Geb. 1. Okt. 1923 Insterburg/Ostpr. (Vater: Johannes T., Studienrat; Mutter: Helene, geb. Obgartel), verh. 1948 m. Dr. Ingeborg, geb. Comolle - 1942-48 Univ. Königsberg, TH Danzig, Univ. Hamburg u. Greifswald (Med. Staatsex. 1948). Promot. (1959) u. Habil. (1953) Greifswald - S. 1953 Lehrtätigk. Univ. Greifswald, Erlangen (1957; 1959 apl. Prof.), Kiel (1964 Wiss. Rat u. Prof.), Bochum (1969 o. Prof.) - BV: Informationsspeicherung bei Lebewesen, in: Kybernetik - Brücke zwischen d. Wiss., 6. A. 1966; Taschenb. d. Physiol.,

3 Bde. 1968 ff. (mans. H. Lullies). Üb. 50 Fachaufs.

TRINIUS, Reinhold

Oberstudienrat a. D., MdL Nordrh.-Westf. (s. 1970) - Stresemannstr. 3, 4952 Porta Westfalica (T. 5 85 62) - Geb. 10. Juni 1934 Langendorf/Zeitz, verh., 3 Kd. - Stud. Dt. u. Gesch. Univ. Halle/S., Münster, Tübingen - S. 1960 Schuldst. 1969-85 Ratsmitgl. Barkhausen bzw. Porta Westfalica (1973). SPD s. 1961 (s. 1978 stv. Bezirksvors. Ostwestf.-Lippe, s. 1985 stv. Vors. SPD-Landtagsfraktion).

TRIPATHI, Chandrabhal

Dr. phil., Prof. f. Indologie, Buddhismus u. Jaina Literatur - Gardeschützenweg 106, 1000 Berlin 45 (T. 833 67 33) - Geb. 19. Sept. 1929 Cambay/Indien (Vater: Bhailalbhai T., RA; Mutter: Parsanbahen, geb. Gor), Hindu, gesch., 2 T. (Maya, Gita) - S. 1958 Univ. Bombay (M.A. Gujarat Univ.), Promot. Univ. Göttingen, Habil. FU Berlin 1971 - Lektor u. akad. Oberrat, s. 1971 Prof. Berlin - Entd.: Gilgit Fragmente in Ujjain - BV: 25 Sūtras d. Nidānasamyukta, 1962; Catalogue of the Jaina Manuscripts at Strasbourg, 1975; Ekôttarāgama-Fragmente d. Gilgit-Handschr., 1981 - Liebh.: Klass. Musik (Ind. u. Europ.) - Spr.: Sanskrit, Pali, Prakrit; Hindi, Gujarati; Engl., Deutsch.

TRIPPE, Wolfgang

Direktor, Vors. Radsatzverband - Zu erreichen üb. Breite Str. 69, 4000 Düsseldorf 1.

TRIPPEN, Ludwig

Dr. jur., stv. Vorstandsvors. Westd. Landesbk. Girozentrale Düsseldorf/ Münster (s. 1978) - Zu erreichen üb.: WestLB, Friedrichstr. 1, 4400 Münster - Geb. 20. Nov. 1927 - 1948-51 Stud. Rechts- u. Staatswiss. Univ. Bonn u. Marburg (1. jurist. Staatsex.), Promot. 1953 Univ. Marburg, 1954-55 Volontär Dt. Girozentrale - Dt. Kommunalbk., 2. jur. Staatsex. 1956 - 1956-65 Dt. Girozentrale - Dt. Kommunalbk. (Leit. Rechtsabt., danach Leit. Direktionssekr.); 1956 Bevollm.; 1958 Prokurist; 1962 Abt.dir.; 1958 Rechtsanwalt OLG Düsseldorf; 1962 Fachanwalt f. Steuerrecht; 1965 stv. Vorst.-Mitgl. Landesbk. f. Westf. (heute WestLB); 1966 Vorst.-Mitgl.

TRIPPS, Manfred Wolfram

Dr. phil., Prof., Stadtrat, Kunsthistoriker - Konradweg 10-12, 7100 Heilbronn; Im Chrüzli 3, CH-3852 Ringgenberg - Geb. 9. Sept. 1925 Böckingen (Vater: Hans T., Meister Metallflugzeugbau, spät. Elektrom.; Mutter: Mathilde Caroline, geb. Geiger), ev., verh. s. 1961 m. Gertrud, geb. Seitz, 3 Kd. (Johannes, Christine, Wolf-Kersten) - Univ. Heidelberg (Kunstgesch., Gesch., Archäol., German. alter u. neuer Zweig, mittelalt. Wirtsch.gesch. u. Soziol.) - 1967/68 Dir. Werkkunstsch. (FHS) Mannheim, 1968-71 Museumsdir. Stadt Düren, 1971ff. Prof. PH Ludwigsburg, Mitgl. d. Senats u. gr. Senats, Leit. Fachber. V u. 2. Stv. d. Rektors (1974/75, 1979-81 u. 1985-87). S. WS. 1981/82 zusätzl. Lehrauftr. Univ. Stuttgart - BV: Hans Multscher, Seine Ulmer Schaffenszeit 1427-1467; Düren; Baden-Württ. im Wandel d. Gesch.; 54 Aufs. in Sammelw. u. wiss. Ztschr. - Film üb. Bildhauer Hans Multscher (III. Bayer. FS (m. Prof. Dr. Th. Müller u. Dr. A. Schädler v. Bayer. National Museum München) - 1969 Ausz. v. A.A. f. Multscherbuch; 1972 Certificat of Merit for distinguished Work in Art History, Cambridge; 1975 Silb. Med. d. Rep. Italien (f. Verd. um Ital. Kunst u. Kultur im Ausl.); 1979 Ausz. d. Baden-Württ. Buches vom Staatsmin. Baden-Württ.; 1985 Ehrennadel Land Baden-Württ. - Spr.: Engl., Franz., Ital., Lat. - Bek. Vorf.: Georg Friedr. Thill, Geheimer Legat.rat Herzog Karl Eugens v. Württ. - Lit.: L. Schacherl u. H. Schindler: M. T., d. Dedektiv d. Madonna in: Ztschr. EPOCA, Juni 1970.

TRISTRAM, Hildegard L.C.,
geb. Paul

Apl. Prof. (s. 1988) - Walhdhofstr. 50, 7800 Freiburg (T. 0761 - 6 50 06) - Geb. 6. Sept. 1941 Kassel, kath., verh. s. 1970 m. Dr. Konrad J. T., 2 Söhne (Konrad Robert, Engelbert Johannes) - Stud. Angl., Roman., Keltologie; StPr LA Gymn. 1967; Promot. 1970; Habil. 1981 - 1970 wiss. Assist.; 1974 Akad.-Rat; 1981 Akad.-Oberrat; 1988 apl. Prof. (Lehrf.: Angl., Keltol.). Gastprof. Univ. Massachusetts u. Univ. Brest - BV: Linguistik u. d. Interpret. engl. lit. Texte, 1978; Altengl. Lit., 1979; Tense and Time, 1983; Sex aetates mundi - D. Weltzeitalter b. d. Angelsachsen u. d. Iren, 1985. Herausg.: Sound, Sense and System (1987) - Liebh.: Klaviersp., Schwimmen, Skilaufen, Wandern, Garten, Vorlesen - Spr.: Engl., Franz., Ital., Span., Irisch, Breton., Kymrisch.

TRITSCHLER, Heinrich

Kaufmann - Schepplerweg 4, 8750 Aschaffenburg (T. 9 13 15) - Geb. 23. Juli 1920 Krozingen, kath., verh. s. 1959 m. Maria, geb. Endress, 3 Kd. (Eva, Ralf, Doris) - Rotarier.

TROBE, de la, John H.

Dr., Reeder, Geschäftsf. Südamerik. Dampfschiffahrts-Ges. Egger & Amsinck, Hamburg, Vors. Verb. Dt. Reeder, u. a. - Brabantstr. 55, 2000 Hamburg 20 (T. 51 66 25) - Geb. 27. Okt. 1923 Berlin (Vater: Journ. u. Diplomat, zul. Presseattaché Dt. Botsch. Tokio) - Nach Wehrdst. u. Gefangensch. Jurastud. München - S. 1950 Oetker-Konzern; 1972ff. Mitgl. Präsid. Verb. Dt. Reeder, Hamburg.

TROBISCH, Heiner

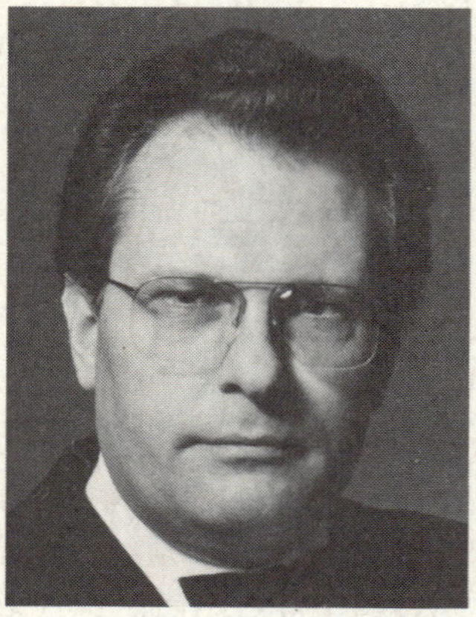

Dr. med. habil., Prof., Arzt f. Laboratoriumsmed., Leiter Inst. f. Laboratoriumsmed. Duisburg - Tiergartenstr. 32, 4000 Düsseldorf 1 (T. 0211-67 87 90) - Geb. 17. Jan. 1940 Hamburg, ev., verh. s. 1980 m. Sybille, geb. Bleike, 2 Kd. (Michael, Gesine) - Stud. Med., Staatsex. 1965 Hamburg, Promot. 1967 Hamburg, Habil. 1977 Düsseldorf - Lehrtätigk. klin. Chemie u. Hämatol. Univ. Marburg (1968-73) u. Düsseldorf (s. 1973); s. 1981 apl. Prof. Univ. Düsseldorf - S. 1968 Forschungsarb. auf d. Geb. d. Biochemie, d. menschl. Blutgerinnung - Üb. 70 Fachpubl., 3 Monogr. - Liebh.: Musik d. Renaissance u. d. Barock, Cembalospielen - Spr.: Engl.

TROBITZSCH, Jörg

Buchautor, Fotograf - Harkefelder Weg 3, 2941 Ochtersum (T. 04975-12 22) - Geb. 15. Jan. 1940, ev., verh. s. 1976 m. Päivi, geb. Pahtaja - Arktisexped. n. Spitzbergen, Grönland u. Kanada; 1960 Arbeiter in e. Fischfabr.; 1963 Robbenfänger; 1961 Rentierhirt; VHS-Dozent; Fotograf; Buchautor; Veranstalter v. Multivisionsveranstalt. - BV: Jugendb., Bildbde. u. Reisehandb. u.a. Norweg. Abenteuer-Almanach, 1977; Finn. Abenteuer-Almanach, 1980; Bildband Norwegen, 1981; Bildband Dt. Nordseeinseln, 1980 - Spr.: Norweg., Dän., Schwed., Engl.

TROCHE, Horst

Dipl.-Ing., Direktor Zentralstelle f. d. Werkstättendienst/DB - Kaiserstr. 3, 6500 Mainz.

TROCKEL, Walter

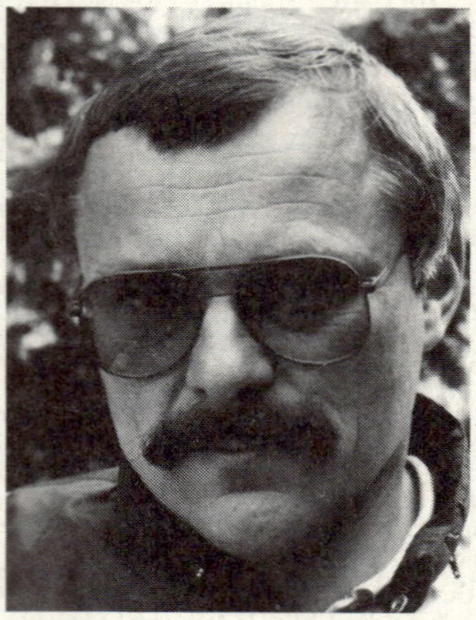

Dr. rer. pol., Prof. f. Mathematische Wirtschaftstheorie Inst. f. Math. Wirtschaftstheorie (IMW) Univ. Bielefeld - Am Brinkhof 12, 4811 Oerlinghausen (T. 05202 - 7 23 54) - Geb. 18. März 1944 Essen, kath., verh. s. 1970 m. Monika, geb. Krämer, 4 Söhne (Stefan, Jan, Tobias, Daniel) - Stud. Univ. Münster u. Bonn (Math., Physik, Wirtschaftstheorie); Dipl. (Math.) 1971; Promot. 1974; Habil. 1983 Bonn - 1971-81 u. 1982/83 wiss. Mitarb. SFB 21 Univ. Bonn; 1981/82 Habil.-Stip. d. DFG. 1973/74 u. 1981 Gast Univ. of Calif., Berkeley; 1988/89 Gastprof. Univ. of California, San Diego - BV: Market Demand, 1984. Veröff. in intern. Fachztschr. Mithrsg.: Journal of Mathematical Economics.

TROCKELS, Friedrich

Dr.-Ing., Geschäftsführer Elektrizitätswerk Minden-Ravensberg GmbH., Herford, Herforder Kleinbahnen GmbH. ebd., Straßenbahn Minden GmbH., Minden - Hoffmannsweg 6, 4900 Herford/W. - Geb. 19. Sept. 1908 - Div. Ehrenstell. u. ARsmandate.

TRÖBLIGER, Alfred

Dr. rer. pol., Prof., Generaldirektor i. R. - Am sonnigen Hang 22, 6800 Mannheim-Feudenheim - Geb. 29. Mai 1912 - B. 1980 Vorst.-Vors. Öfftl. Versicherungsanst. d. Bad. Sparkassen, Mannheim (fast 30 J.) - Ehrensenator Univ. Karlsruhe; 1981 Gr. BVK.

TROEBST, Cord Christian

Journalist - Zul. Nonnenstieg 14, 2000 Hamburg 13 (T. 48 44 03) - Geb. 4. Aug. 1933 Bukarest/Rumänien (Vater: Hans T., Auslandskorresp.; Mutter: Octavia, geb. Sylver), verh. s. 1956 m. Ingrid, geb. Klein - Ev. Paedagogium Bad Godesberg u. Gymn. Josephineum Hildesheim (Abit. 1954) - 1954-56 Jungredakt. Kristall, 1957/58 PR-Writer McGraw-Hill Verlag New York, fr. Journ. u. Schriftst. (1959), Korresp. Springer-Auslandsdst. ebd. (1965), s. 1967 Chefredakt. Springer-Auslandsdst. (SAD) Hamburg - BV (b. zu 7 Übers.): D. Griff n. d. Mond, 1959; D. Griff n. d. Meer, 1961; Auf Wunder ist kein Verlaß, 1963 - Liebh.: Studienreisen - Spr.: Engl. - Bek. Vorf.: Prof. Christian Gottlob T., Weimar, Prinzenerzieher Moskau, 1. Puschkinübersetzer (Die Hauptmannstochter), pers. Freund v. Leo Tolstoi. Verf. div. Bücher (Urgroßv.), Dir. Realgymn. Weimar.

TRÖGER, Hans Dieter

Dr. med., Prof., Direktor Institut f. Rechtsmedizin d. Med. Hochsch. Hannover - Konstanty-Gutschow-Str. 8, 3000 Hannover 61 (T. 0511-532 45 70) - Geb. 15. Mai 1941 Bamberg, ev., verh. s. 1967 m. Dorothea, geb. Weegmann, 2 Kd. (Ingrid, Markus) - Abit. 1962 Bamberg; 1962-68 Stud. Med. Univ. Erlangen, Nürnberg, München, Promot. 1971, 1977 Priv. Doz. f. Rechtsmed., Prof. 1980, o. Prof. 1983; 1970-83 Univ. München; s. 1983 Med. Hochsch. Hannover. Sachverst. f. Blutgruppenuntersuch. - Fachveröff. - Spr.: Engl.

TRÖGER, Rudi Christian

Prof., Kunstmaler - Schleißheimerstr. Nr. 102, 8000 München 40 - Geb. 12. Okt. 1929 Marktleuthen (Vater: Adolf T., Porzellanmaler; Mutter: Frieda, geb. Benker), ev., verh. s. 1957 m. Klara, geb. Weghofer - 1949-57 Akad. d. Bild. Künste München - S. 1967 Prof. Akad. d. Bild. Künste München - Werke: Malerei u. Graphik - S. 1977 Mitgl. Bayer. Akad. d. Schönen Künste.

TRÖGER, Walter

Dr. phil., o. Prof. f. Pädagogik Univ. Regensburg (s. 1972) - Utastr. 62, 8400 Regensburg - Geb. 2. Mai 1926 Vohenstrauß/Opf. (Vater: Josef T., Lehrer; Mutter: Maria, geb. Seibert), kath., verh. s. 1961 m. Gertraud, geb. Schuller, 2 Kd. (Monika, Wolfgang) - 1952-58 Univ. München (Dipl.-Psych. 1956). Promot. (1959) u. Habil. (1965) München - 1947-55 Volks- u. Berufsschullehrer (1954); 1957-65 Wiss. Assist. (dav. 1962-64 Stip. Dt. Forschungsgem.); s. 1965 ao. u. o. Prof. (1968) PH Regensburg, s. 1972 Univ. Regensburg - BV: D. Film u. d. Antwort d. Erziehung, 1963; Elitenbildung, 1968; Jugend rebelliert, 1968; Chancen d. Schulreform heute, 1968; Erziehungsziele, 1974; Lernziel Frieden, in: Chr. Küpper (Hrsg.); Friedenserziehung. E. Einführung, m. Beiträgen v. B. Claußen, W. Maser, W. Tröger, 1979.

TRÖGER, Walther

Geschäftsführer, Generalsekr. Nationales Olymp. Komitee f. Deutschl. (s. 1961) - Staufenstr. 32, 6000 Frankfurt/M. (T. 72 24 34) - Geb. 4. Febr. 1929 Wunsiedel (Vater: Karl T., Regierungsrat; Mutter: Gertrud, geb. Ruffs), ev., verh. s. 1957 m. Almuth, geb. Ruffs, 2 Kd. (Sabine, Wolfram) - Oberrealsch. Breslau, Marktredwitz, Wunsiedel; Univ. Erlangen (Rechtswiss.). I. jurist. Staatsprüf. 1951 Erlangen - 1953-61 Geschäftsf. Allg. Dt. Hochschulsport-Verb. Bürgerm. Olymp. Dorf München (1972), Mitgl. d. Vorst. d. Stift. Dt. Sporthilfe (s. 1974), Vizepräs. Dt. Basketball-Bd. (s. 1976), Mitgl. mehr. Kommiss. d. Intern. Olymp. Komitees (s. 1967), Sportdir. IOC - Ritter VO. Franz. Rep. - Liebh.: Fotogr., Briefm., Gesch., Tennis, Skilaufen - 1970 Gold. Sportabzeichen - Spr.: Engl., teilw. Franz. - Bek. Vorf.: Philipp Jacob Spener, luth. Theologe (Wegbereiter d. Pietismus).

TRÖHLER, Ulrich H.

Dr. med., Ph.D. (Univ. London); Prof. Inst. f. Geschichte d. Med. Univ. Göttingen (s. 1983) - Humboldtallee 11, 3400 Göttingen (T. 0551 - 39 90 06) - Geb. 24. Jan. 1943 Bern, ev., verh. s. 1969 m. Maria Claudia, geb. Pedotti, 3 Kd. (Michel, Nicolas, Anne-Sophie) - Stud. Univ. Neuenburg, Lausanne, Wien u. Bern (Med.); Staatsex.; Approb. als Arzt 1970 Bern; Promot. 1973 Zürich; 1976-78 Stud. Univ. London (Wissenschafts- u. Medizingesch.); Ph.D. 1979 London - 1970-75 Ass. Arzt Inst. Pathophysiologie Univ. Bern; 1979-83 Oberarzt, zugl. Lehrbeauftr. f. Gesch. d. Med. Univ. Basel - BV: D. Schweizer Chirurg J.F. de Quervain, 1973; Quantification in British Medicine 1750-1830, 1978; Auf d. Weg z. physiol. Chirurgie, 1984; Armamentarium obstetricium gottingense (dt., engl., franz. m. W. Kuhn), 1987; D. Tierversuchsgegner Richard Wagner: Seine Zeitkritik u. die Reaktion seiner Zeit (m. J. Thiery), 1987 - 1974 Henry E. Sigerist Preis - Liebh.: Oper, Architektur - Spr.: Engl., Franz., Ital., Span. - Lit.: Bull Hist. Med.

TRÖKES, Heinz

Prof., Kunstmaler - Landhausstr. 13,

1000 Berlin 31 (T. 87 55 64) - Geb. 15. Aug. 1913 Hamborn, verh. m. Renata, geb. Severin, S. Jan-Manuel - N. Abitur Schüler v. Johannes Itten (1933-36) u. Georg Muche (1940). Studienreisen Europa, Afrika, Amerika, Asien, Australien, Süd-Pazifik - Prof. Kunsthochsch. Weimar (1947-48), Hamburg (1956-58), Stuttgart (1961-65), Berlin (1965-78). Zahlr. Ölbilder, darunt.: Mondkanone (1946) u. Eroberte Stadt (1953). Entwürfe f. Textil, Gobelin, Mosaik, Glasfenster u. a. Preisträger Dt. Kunstwettbewerb (1950) u. Hallmark-Wettbew. New York (1952) - BV: Singhales, Miniaturen, 1959; Tage-Nacht-Buch, 1963; Eldorado - E. Bilderb. v. Amerika, 1965 - 1955 Dt. Kritikerpreis, 1956 Berliner Kunstpreis; 1961 o. Mitgl. Akad. d. Künste Berlin - Lit.: Will Grohmann, H. T., 1959.

TROELTSCH, Walter

Rechtsanwalt, Regierungsoberrat a. D., MdL Hessen (s. 1970; Wahlkr. 12/Marburg-Biedenkopf) - Rotenberg 16, 3550 Marburg/L. (T. 06421 - 2 77 00) - Geb. 29. Juli 1928 Kiel - 1949ff. Univ. Marburg, Frankfurt/M., Syracuse/New York (Volksw.; M. A.); 1956ff. Univ. Marburg (Rechtswiss.). Beide jurist. Staatsprüf. - Zeitw. Textilind. (1953ff.; Angest.); s. 1966 hess. Landeskulturverw. (zul. Dezern. Landeskulturamt Hessen). Vors. Petitionsaussch. b. 1976, Vors. Aussch. f. Landwirtsch. u. Forsten b. 1978. Agrarpolit. Sprecher CDU-Landtagsfraktion, b. 1982 Vors. Hauptaussch. Hess Landtag. Vors. Stadtverordnetenfrakt. CDU Marburg (b. 1987), Vors. d. Kreistages Marburg-Biedenkopf (1974-85) - CDU s. 1964, stv. Vors. CDU - Kreisverb. Marburg-Biedenkopf - 1978 BVK, 1987 BVK I. Kl.

TRÖMEL, Thomas

Gesandter, Ständiger Vertreter, Botschaft d. Bundesrep. Dtschl. Teheran (Iran) - Zu erreichen üb. Ausw. Amt, Adenauerallee 99-103, 5300 Bonn 1 - Geb. 18. Aug. 1931 Berlin, verh., 1 Sohn - Gymn. (Abit. 1951), 1951-56 Stud. d. Rechte Frankfurt; 1952-53 Stud. Aix-en-Provence, 1956 1. jur. Staatsprüf. 1956-57 Dt. Bank AG, Frankfurt. S. 1957 Ausw. Dienst; 1957-60 Attaché Bonn, Luxemburg u. Straßburg; 1960-61 Legationssekr. Accra, Ghana; 1961-64 Legationssekr., spät. Legationsrat Monrovia, Liberia; 1964-68 Legationsrat Athen; 1968-73 Vortr. Legationsrat Ausw. Amt, 1973 Botschafter Burundi; 1978-81 Botschafter in Liberia; 1981-84 Vortr. Legationsrat 1. Kl. Ausw. Amt; 1984-87 Botschafter Abu Dhabi, V.A.E.

TROEMER, Klaus

Intendant Fränk.-Schwäb. Städtetheater Dinkelsbühl, Regisseur, Schausp. - Max-Neeser-Str. 2, 8804 Dinkelsbühl (T. 09841 - 21 78) - Geb. 24. Juli 1934 Wiesbaden, kath., verh. s. 1965 m. Helga, geb. Wahrlich, Schausp., T. Barbara - S. 1971 Int. d. Fränk.-Schwäb. Städtetheaters Dinkelsbühl - Rd. 50 Bühneninsz.; üb. 100 Rollen an versch. Theatern.

TRÖNDLE, Herbert Rudolf

Dr. jur., Honorarprof., Landgerichtspräsident a.D. - Obere Haspelstr. 10, 7890 Waldshut-Tiengen 1 (T. 07751 - 34 66) - Geb. 24. Aug. 1919 Kiesenbach, verh. m. Ilse, geb. Dosse, 4 Kd. - Promot. 1948 Göttingen - 1950 Richter, 1966 Oberstaatsanwalt, 1968-84 LG-Präs., 1973-88 Pers. Mitgl. d. Kurat. u. Fachbeirat MPI f. ausl. u. intern. Strafrecht, s. 1980 Hon.prof. Univ. Freiburg, s. 1982 stv. Mitgl. Staatsgerichtshof Baden-Württ. - BV: Strafgesetzb., Komment. 38.-44. A., 1978-88; Leipziger Kommentar z. Strafgesetzb. 9./10. A. 1970/82 (m. a.). Mithrsg.: Jur. Rundschau, 1973ff. - 1984 Gr. BVK - Rotarier.

TRÖNDLE, Karlheinz

Dr.-Ing., Prof. Univ. d. Bundeswehr München - Schneewittchenstr. 12b, 8000 München 83 - Geb. 26. Aug. 1939 Säckingen - Ing.-Stud. Ohm-Polytechnikum Nürnberg u. TU München (Dipl.); Stud. ETH-Zürich (Promot. 1972, Habil. 1975) - 1977 Prof. TU München; s. 1978 Prof. Univ. d. Bundeswehr. Erf. Signalkorrektor, Meth. d. Jitterkompansation - BV: Math. Meth. d. Codierungstheorie; Systemtheorie d. opt. Nachrichtentechnik; Theorie u. Optimier. digitaler Nachrichtensyst. - 1963 VDE-Preis; 1982 Silb. Ehrennadel Intern. Ges. f. Ing.-Päd.

TRÖSCHER, Tassilo

Dr. agr., Dr. agr. h. c., Landesminister a. D. - Johann-Sebastian-Bach-Str. 2, 6200 Wiesbaden (T. 52 09 74) - Geb. 25. Dez. 1902 Atzenbach/Baden (Vater: Oskar T., Fabrikdir. u. Hofbes.; Mutter: Emma, geb. Ebner), ev., verh. I) 1928-65 m. Lydia, geb. Schäfer, 5 Kd., II) m. Edith, geb. Hartmann - Mittl. Reife, spät. Begabtenprüf. Landw. Praxis, Hochschulstud. Landw. u. Agrarpol. Hohenheim (Diplomlandw.) USA u. Berlin, Promot.; 1928-38 Ref. f. Betriebswirtsch. u. Abt.Leiter i. Reichskuratorium f. Technik in d. Landwirtsch., 1938-45 Mitgl. Geschäftsf. d. Wirtschaftsgr. Chem. Ind., 1946-52 Verbandsgeschäftsf., 1953-70 Min.Dir., Staatssekr. u. Hess. Minister f. Landw. u. Forsten. 4 x in d. Hess. Landtag gewählt, Mitgl. bis 1974. Mitbegr. d. Agrarsoz. Ges. Göttingen. Vors. b. 1977, SPD s. 1946, Mitgl. u. zeitw. Vors. d. Agraraussch. b. Parteivorst. Zahlr. Publikationen - 1964 Ehrendoktor d. Univ. Gießen. 1968 Gr. BVK m. Stern u. Schulterbd., 1971 Alexander v. Humboldt-Med. F.V.S. Hamburg, 1968 Max-Sering-Med. d. Ges. zur Förd. d. Inn. Kolonisation, 1973 Frhr.-v.-Stein-Plak. Land Hessen, 1978 Tilo-Frhr.-von-Wilmowsky-Med., Kurator f. Technik u. Bauwesen in d. Landw. u. zahlr. ausländ. Auszeichn.

TROESTER, Arthur

Prof., Cellist - Papenkamp 31, 2000 Hamburg 52 (T. 82 70 78) - Geb. 11. Juni 1906 Rostow (Rußl.), reform., verh. s. 1935 m. Alice, geb. Fritzsche-Singler, 2 Kd. (Regina, Alexander) - Schule Hamburg (Abit.); Handelssch. Lüttich (Dipl.-Ing. Commercial et Industriel 1927); Ecole Normale de Musique Paris (Kl. Casals; Konzertlizenz 1930) - S. 1934 Solo-Cellist Reichssender Hamburg, Berliner Philharmon. Orch. (1935, I.) u. Symphonie-Orch. NWDR Hamburg (1946, Konzertm.); Prof. Musikhochsch. Hamburg; s. 1978 Doz. Musikhochsch. Lübeck. Konzertierte unt. Furtwängler, v. Karajan, Fricsay, Celibidache, de Sabata, Guy u. a. Erstauff.: 1948 Cellokonzert v. Chatschaturian; Urauff.: 1958 Cellokonzert v. Giselher Klebe (A. T. gewidmet), 1962 Dialoge f. Cello u. Klavier v. Jürg Baur, 1964 Zyklen f. Cello u. Klav. v. Wolfgang Fortner - 1942 Bulg. Zivilverdienstkreuz; 1956 Ritter libanes. Zedernorden - Liebh.: Hochfrequenztechnik, Hi-Fi-Aquarianer - Spr.: Russ., Franz., Engl., Span.

TRÖSTER, Klaus

Dr. jur., Wirtschaftsjurist, Geschäftsführer Alfred Teves GmbH., Frankfurt - Im Fasanengarten 14, 6240 Königstein/Ts. (T. 06174-76 39) - Geb. 30. Dez. 1937 Rinnthal/Pf., verh. s. 1964 m. Ingrid, geb. Merz, 2 T. (Uta, Mirjam) - 1956-1964 Univ. Heidelberg, Mainz, Freiburg (Jura u. Wirtschaftswiss.) - 1964-73 Stand. Elektrik Lorenz AG, Stuttgart (zul. Abt.-Dir. Personalwesen), 1973-1978 Geschäftsf. SWF-Spezialfabrik f. Autozubehör GmbH, Bietigheim, s. 1978 Teves GmbH, Frankfurt - Spr.: Engl.

TROITZSCH, Klaus G.

Dr. phil., Dipl.-Politologe, Prof. f. Sozialwissenschaftliche Informatik - Schenkendorfstr. 16, 5400 Koblenz - Geb. 28. Nov. 1946 Lahstedt (Vater: Helmut T., Konsul Burkina Faso (ehem. Obervolta); Mutter: Margarete, geb. Haslböck), verh. s. 1972 m. Ingrid, geb. Kalab (Apothekerin) - Diplom 1972 Hamburg, Promot. 1979 ebd., Habil. 1985 Koblenz - 1974-78 Mitgl. Bürgersch. d. Freien u. Hansestadt Hamburg - BV: Sozialstruktur u. Wählerverhalten, 1976; Volksbegehren u. Volksentscheid, 1979; Bürgerperzeptionen u. Legitimierung, 1987; Modellbildung u. Simulation in d. Sozialwiss., 1989.

TROJAHN, Manfred

Komponist - 44 rue Dauphine, 75006 Paris/Frankr. - Geb. 22. Okt. 1949 Cremlingen/b. Braunschweig - 1966-70 Niedersächs. Musikschule Braunschweig (Flöte, Orch.musik), Orch.dipl. 1970, Stud. Hochsch. f. Musik Hamburg (Flöte, Komposition) Lehrer: u.a. Zoeller, de la Motte - 1977 u. 1979/80 Stud.Aufenth. in Villa Massimo, Rom, 1978/79 Stud.Aufenth. Paris. Vortr. u. Aufs. - Musikwerke: 3 Sinfonien, 3 Streichquartette, Orch.- u. Kammermusik - 1974 Kompos.-Preis Stadt Stuttgart, 1975 Bachpreisstip. Hamburg u. Stip. Stud.-stiftg. d. Dt. Volkes, 1976 Preis Kompos. Wettbewerb Hitzacker, 1978 1. Preis im Intern. Rostrum of Composers (UNESCO), Paris, 1980 Sprengelpreis - Lit.: Vortr., Interviews, Veröff. üb. M.T.

TROJAN, Eva

s. Boesche-Zacharow, Tilly

TROJE, Hans Erich

Dr. jur., Prof., Richter am OLG Frankfurt (Familiensenat, s. 1983) - Am Berg 1, 6233 Kelkheim - Geb. 28. April 1934 Göttingen (Vater: Kurt T., Pfarrer; Mutter: Emmy, geb. Weiß), ev., verh. s. 1959 m. Elisabeth, geb. Heimpel, 4 Kd. (Nikolaus, Christian, Dorothee, Konstantin) - 1964-71 Max-Planck-Inst. f. Europ. Rechtsgesch., Frankfurt, dann Doz. u. Prof. f. Rechtsgesch., Rechtstheorie u. bürgerl. Recht (Familienrecht) Univ. Frankfurt; 1982 Univ. of Calif. at Berkeley; 1984 Gastprof. Univ. Straßburg III u. Chuo-Univ. Tokyo. Spez. Arb.geb.: Entstehung v. Moral u. Recht, Europ. Jurisprudenz unt. d. Einfluß v. Renaissance u. Humanismus (Identifizierung u. Wirkung byzantin. Texte), Probleme der Juristenausbild., Problematik d. Ehescheid. - BV: Graeca leguntur, 1971; Europa u. griech. Recht, 1971; D. Literatur d. gemeinen Rechts unter d. Einfluß d. Humanismus, 1977; Juristenausbild. heute, 1979; Gestohlene Liebe - Z. Problem d. Rettung d. Ehe, 1986 - Liebh.: Klavier- u. Orgelsp., Bergsteigen (1975 Matterhorn) - Spr.: Engl., Franz., Griech., Ital., Lat.

TROLLER, Georg Stefan

Journalist - 4 Rue Goethe, F-75116 Paris (T. 47 20-47 77) - Geb. 10. Dez. 1921 Wien (Vater: Karl T., Kaufm.; Mutter: Vilma, geb. Pick), jüd., verh. m. Kirsten, geb. Lerche, 2 Töcht. (Fenn, Tonka) - Gymn. Wien; 1946-51 Univ. of California (Anglistik; B. A.), Columbia Univ. (1949; Theaterwiss.; M. A.), Sorbonne (1951; Vergl. Literaturwiss.) - Ab 1938 Emigration; 1941-43 Buchbinder; 1943-46 US-Soldat; s. 1952 Pariser Korresp. f. USA, Kanada, Österr., BRD (Rundfunk/Fernsehen (v. 1971 ARD, s. 1972 Sonderkorresp. ZDF), Presse). Fernsehend. Pariser Journal, Personenbeschreibung (üb. 60 Folgen), Dokumentarspiele üb. d. Jugend v. Hitler u. Freud, eig. Emigration (Trilogie: Wohin u. zurück) - BV: Pariser Journal - Ein unkonventioneller Parisführer, 1966; Pariser Gespräche - Prominenteninterviews, 1967; D. Abenteuer - Jack-London-Biogr., 1968; Mein Paris, Bildbd. 1970; Pariser Geschichten, 1972; Selbstbeschreibung - Autobiogr., 1988 - 1966 Gold. Kamera v. Hör zu f. hervorrag. Fernseharbeit; 1967 Adolf-Grimme-Preis in Gold f. d. WDR-Dokumentation Paris 1925 - Shakespeare & Co. u. NDR-Prod. Cinq Colonnes à la Une, 1967 Gold. Nymphe Monte Carlo, 1968 Berliner Kunstpreis f. Fernsehen, 1969 Sonderpreis Landesreg. v. Nordrh.-Westf. (f. d. Fernsehsend.: Wolf ohne Halsband - Bilder aus d. Leben d. Paul Gauguin), 1973 Österr. Volksbildungspreis (f. d. Dokumentarsp.: Jg. Mann aus d. Innviertel - Adolf Hitler), 1975 Erich-Salomon-Preis (Dt. Ges. f. Photogr.), Adolf Grimme-Preis u.v.a. (f. Drehbücher zu Emigranten-Trilogie: Wohin u. zurück, verfilmt v. A. Corti), 1986 Eduard Rhein-Preis - Liebh.: Fotogr., Kino, Graphik (sammelt Plakate) - Spr.: Engl., Franz.

TROMETER, Leonhard

Ministerialdirektor, Leit. Abt. VI (Kriegsopferversorg.) Bundesmin. f. Arbeit u. Sozialordnung - Rochusstr. 1, 5300 Bonn-Duisdorf.

TROMMER, Wolfgang

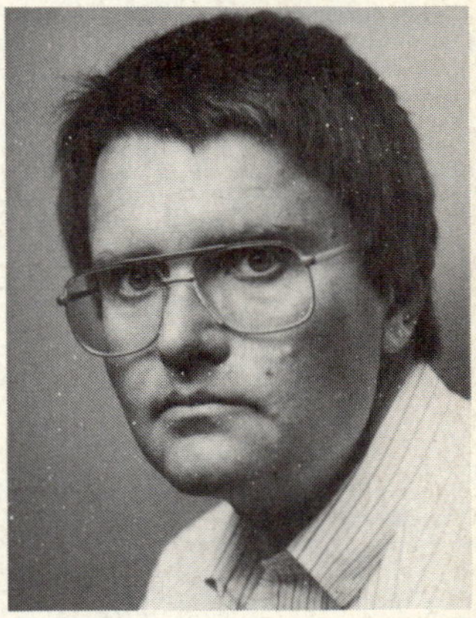

Dr. phil. nat., Prof. f. Biochemie Univ. Kaiserslautern - Brunnenstr. 41, 6750 Kaiserslautern 31 (T. 0631 - 5 65 57) - Geb. 11. Juni 1943 Frankfurt (Vater: Walter T.; Mutter: Herta, geb. Evers), verh. s. 1969 m. Jutta, geb. Fricke, T. Tanya - Stud. Univ. Frankfurt, Dipl.-Chem. 1966, Promot. 1968, Habil. 1976 Stuttgart - 1980-81 Prof. Univ. Stuttgart; s. 1981 Prof. K'lautern. Rd. 70 Publ. in intern. Ztschr.

TROMMER, Wolfgang

Prof. f. Dirig. Musikhochschule Rheinl. Düsseldorf, Dirigent - Am Sonnenlehen 9, 5100 Aachen (T. 0241 - 1 44 74) - Geb. 10. Juli 1927 Wuppertal (Vater: Hermann T., Kaufm.; Mutter: Frieda, geb. Seibert), ev., verh. s. 1955 m. Ruth, geb. Lennartz, S. Michael - Stud. Frankfurt/M., Köln, Detmold u. Salzburg - Dirig.-Ex. 1949 - Kapellmeister; 1949 Oper Dortmund, 1955 Hannover; 1962-74 GMD f. Oper u. Konz. Aachen; s. 1976 Prof. f. Dirig.; 1980 Leit. Düsseld. Ensemble, s. 1984 künstl. Leit. Westdeutsches Kammeroper. Regelm. Gastdirig.-Tätigk. - Liebh.: Segeln - Spr.: Engl.

TROMMSDORFF, Gisela

Dr. phil., Prof. Sozialwiss. Fak. Univ. Konstanz - Postf. 55 60, 7750 Konstanz - Univ. Göttingen, Berlin, Köln, Univ. of North Carolina, Promot. Mannheim, Habil. ebd. - 1978-87 Prof. TH Aachen - BV: Gruppeneinflüsse auf Zukunftsbeurteilungen, 1978; Erziehung f. d. Zukunft, 1978; Erziehungsziele. Jahrb. f. empir. Erziehungswiss., 1984; Sozialisation im Kulturvergleich, 1989; Wörterb. d. Soziologie (m. Endenweit u. Lutz), 3 Bde. Aufs. üb. Gruppeneinflüsse, Zukunftsorient., Werte, Persönlichkeitsentwicklung, Kulturvergleich in intern. Ztschr. - 1985 Research Fellow Japan. Society for the Promotion of Science; 1986 Research Fellow japan. Erziehungsmin.; 1988/89 Visiting Prof. Keio Univ., Tokio - Spr.: Engl., Franz.

TROMMSDORFF, Volker

Dr. rer. oec., Dipl.-Ing., Prof. d. Betriebswirtschaftslehre (Marketing) TU Berlin - Inst. f. Betriebswirtsch.- Straße d. 17. Juni 135, 1000 Berlin 12 - Geb. 18. Okt. 1943 Höxter (Vater: Prof. Dr. F. T., Math.; Mutter: Irmgard, geb. Eckert) - Wirtschaftsing. (Dipl.-Ing.) 1969 Berlin; Promot. 1974 Saarbrücken - 1978 o. Prof. TU Berlin; 1983 Wiss. Dir. Forschungsst. f. d. Handel, Berlin, 1988 Präs. Dt. Werbewiss. Ges. - BV: D. Messung v. Images f. d. Market., 1975. Herausg.: D. Internationalis. d. Untern.

(m. Wolfgang Lück, 1982); Innovative Marktforsch. (m. and., 1982); Handelsforsch. (1986ff.); Konsumentenverhalten (1989); Innovationsmanagement (1989).

TROMNAU, Gernot

Dr. phil., Leiter Museum d. Dt. Binnenschiffahrt - Dammstr. 11, 4100 Duisburg 13.

TRONNIER, Hagen

Dr. med., Prof., Direktor Städt. Hautklinik Dortmund - Füssmannstr. 12, 4600 Dortmund 30 (T. 46 07 24) - Geb. 4. März 1925 Bad Kreuznach, verh. s. 1958 m. Eveline, geb. Steinert - S. 1963 (Habil.) Lehrtätigk. Tübingen (gegenw. apl. Prof.; zul. Oberarzt Hautklinik). Mitgl. bzw. Ehrenmitgl. div. in- u. ausl. Fachges. Üb. 600 Fachveröff. - 1967 Willmar-Schwabe-Preis; Preis d. Hanauer UV-Stiftg.: Felix-Haffner-Preis; Wilhelm Ritter-Preis; Ehrenmitgl. Poln., Türk., Tchechosl. u. Ung. Dermatol. Ges.

TROOGER, Margot

Schauspielerin - 8268 Mauerberg/Obb. - Geb. 2. Juni 1923 Gorma/Thür. (Eltern: Alfred (Unternehmer) u. Hedwig T.), gesch. v. Jörg Zimmermann (Bühnenbildner), T. Sabina (Schauspielerin u. Graphikerin) - Lyz.; Handels- u. Schauspielsch. - Direktionssekr. Innsbruck. S. 1947 Theater Bremen, Wuppertal, Dt. Schauspielhaus Hamburg, Kammersp. u. Staatstheater München, Schiller- u. Schloßparktheater Berlin, Schauspielhs. Zürich, Ruhr-Festsp. Recklinghausen (4 mal), Grillparzerfestsp., Theatertourneen u. a. Theatre Sarah Bernard Paris, Burgtheater Wien, Weltausstell. Brüssel. Ca. 40 Filme im In- u. Ausl., s. 1955 üb. 140 Fernsehrollen - 1961 Gold. Bildschirm, Otto (2 mal), Gold. Rose, Nominierung als weltbeste Fernsehschauspielerin Barcelona - Liebh.: Musik, Literatur, Antiquitäten, antike Dosen, Sport im u. auf d. Meer, Reiten - Spr.: Engl., Span., Franz.

TROOGER, Sabina

Schauspielerin, Regisseurin - An der Isarau 7, 8045 Ismaning (089 - 96 53 94) - (Vater: Jörg Zimmermann, Bühnenbildner; Mutter: Margot Trooger, Schauspielerin) - Graphikerausb., 1973 Werbegrafikerin (eig. Firma). Ab 1974 Schauspielausb. b. Prof. Margret Langen u. Lina Carstens, München - S. 1976 freiberufl. Schauspielerin; 1979-81 Engagem. Nieders. Staatstheater Hannover; ab 1981 wieder freiberufl. in München. S. 1983 Mitgl. Theatergr. Zauberflöte (Andreas Fricsay), München. Regie: Protest (v. Vaclav Havel), Hannover 1981, Memories Mod. Th. München 1984; Kuss d. Spinnenfrau, 1989. Rollen: Eboli (Don Carlos), Lavinia (Trauer muß Elektra tragen), Jo (Bitterer Honig), Anne Frank, u.v.a. Wichtigste Filme: Dormire v. Niklaus Schilling, E. Stück v. Glück v. Hans Schmid, Mathilde Möhring v. Wolfgang Schleif u.v.a. FS: zul. Anna in: E. Stück v. Glück, Mathilde Möhring, Väter u. Söhne, zahlr. a. Rollen. - Liebh.: Schreiben - Spr.: Engl., Franz.

TROOST, Alex

Dr.-Ing., Prof. f. Werkstoffkunde - Nizzaallee 57, 5100 Aachen - Geb. 12. Dez. 1922 - S. 1956 (Habil.) Lehrtätigk. RWTH Aachen (1963 apl., 1968 o. Prof.; Dir. Inst. f. Werkstoffkd.), emerit. 1988. Etwa 200 Fachveröff.

TROOST, Hubert

Gf. Gesellsch. Troost Werbeagentur (1953-75) - Heinrichstr. Nr. 85, 4000 Düsseldorf - Geb. 15. Febr. 1910 Barmen, kath., verh. s. 1935 m. Grete, geb. Schumacher - Schule (Mittl. Reife); Stud. Arch., Malerei, Graphik - 1935-39 fr. Maler u. Graphiker, 1940-47 Wehrdst., 1935-53 eig. Atelier f. Werbegraphik, s. 1953 gf. Gesellsch. Troost Werbeagentur, D'dorf - BV: Berufe in d. Werbeagentur, 1962; D. statist. Mitmensch, 1965 - 1954 Grand Prix Triennale Mailand.

TROSCHKA, Thorsten

Betriebspädagoge, Vors. Zentralverb. dt. Kosmetikfachschulen e.V. (ZdK) - Stephanienstr. 30, 7500 Karlsruhe 1 (T. 0721 - 2 81 43) - Geb. 5. Okt. 1951 Darmstadt (Vater: Alfred T., Kaufm.; Mutter: Elisabeth, geb. Spiegel), ev., verh. - Wirtschaftsabit. 1973 Heidelberg; 1973-77 Stud. Rechtswiss. Univ. Heidelberg - S. 1978 Inh. u. Leit. d. staatl. anerkannten Berufsfachsch. f. Kosmetik Karlsruhe. 1979-81 Geschäftsf. ZdK u. s. 1981 Vors.; s. 1982 Präs. Dt. Ges. intern. Förd. d. Kosmetol.; s. 1987 Vorst. Wirtschaftsunion IHK Karlsruhe. S. 1989 Doz. f. Marketing an d. Berufsakad. Karlsruhe. Zahlr. Art. in d. Fachpresse - Liebh.: Tennis - Spr.: Engl., Franz.

TROSCHKE, Freiherr von, Harald

Journalist - Paul-Klee-Str. 4, 8000 München 71 (T. 089 - 791 35 06) - Geb. 22. März 1924 Ludwigslust/Meckl. (Vater: Dr. rer. pol. Paul Frhr. v. T., Oberst; Mutter: Alice, geb. Mensing), ev., verh. s. 1952 m. Eva, geb. Bühling, 3 Kd. (Andrea, Bettina, Hasso) - Internat Schnepfenthal; Schauspielsch.; Univ. München (Wirtschaftsw.) - 1942-45 Kriegsdst.; Volontär u. Assist. b. Bühne, Film, Funk; s. 1950 fr. Journ. (Autor, Reporter, Produzent, Korresp., Kommentator f. Rundfunk u. Fernsehen). Auslandstätigk. Dokumentar-, Feature- u. Porträtsendungen aus Politik, Wirtsch., Kunst, Wiss. u. Forsch. (Europa Report/Gespräch d. Monats, Zur Sache/Zur Person u. a.) - Spez. Arb.s-geb.: Friedens-, Konflikt- u. Zukunftsforsch.

TROSCHKE, Freiherr von, Jürgen

Dr. med., Prof. f. Med. Soziologie Univ. Freiburg (Ps. Joschka Knopfauge) - Hölderlinstr. 34, 7830 Emmendingen (T. 07641 - 5 19 07); dstl.: Abt. f. Med. Soziol. d. Univ., Stefan-Meier-Str. 17, 7800 Freiburg (T. 0761 - 203 41 46) - Geb. 19. März 1941 Gladbeck (Vater: Heinrich, Frhr. v. T., Dir.; Mutter: Doris, geb. Lübbers), ev., verh. s. 1970 m. Frauke, geb. Risse, 2 Kd. (Juju, Jonas) - Med. Staatsex. 1969, Promot. 1970, Habil. 1975 - S. 1971 Arzt - BV: D. Kind als Patient im Krkhs., 1974; Möglichk. u. Grenzen ärztl. Gesundheitsberat., (m. U. Stössel), 1981; Information u. Berat. durch d. Apotheker, (m. K. Küpper) 1982; Ärztl. Entscheidungskonflikte, (m. H. Schmidt) 1982; Soz. Umwelt u. Genußmittelkons. (m. W. v. Stünzner u. a.); Gesundheit ist lernbar, 1978. Film: Sozialanamnese (ärztl. Fortb.) - 1983 Hufelandpreisträger; 1985 Niedickpreis - Liebh.: Lyrik, Joggen, Spielen, Reisen - Spr.: Engl.

TROSSMANN (ß), Hans

Bundestagsdirektor a. D. - Kolumbusring 21, 5300 Bonn 2 - Geb. 18. April 1906 Nürnberg (Vater: Karl T., bis 1933 Kreisgeschäftsführer BVP, 1919-23 MdL Bayern, 1923-33 MdR (s. IX. Ausg.); Mutter: Dorothea, geb. Grau), kath., verh. s. 1933 m. Gertrud, geb. Esch, 4 Kd. (Ingeborg, verehel. Pittomvils; Gisela, vereh. Swincicki; Dr. med. Gerhard; Christa, verehel. Kittner) - Univ. Berlin, München, Erlangen (Jura, Vw.). Ass.ex. - 1932-40 bayer. inn. Verw. (1934 RR); 1940-45 Reichskommissar f. d. Preisbild. (abgeordnet; 1942 ORR); ab 1947 stv. Generalsekr. CSU, anschl. Fraktionssekr. Bayer. Landtag; 1948-49 Sekr. Parlamentar. Rat; 1949-70 (Ruhest.) Dir. Dt. Bundestag. CDU - BV: Parlamentsrecht u. Praxis d. Dt. Bundestages, 1967; D. Dt. Bundestag - Vorgeschichte/Leistungen/Organisation/ Arbeitsweise, 6. A. 1971; Parlamentsrecht d. Dt. Bundestages, Kommentar z. Geschäftsordn. d. Dt. Bundestages unt. Berücks. d. Verfassungsrechts, 1977, Ergänzungsbd. 1981; D. Bundestag, Verfassungsrecht u. Verfassungswirklichkeit in JöR NF. Bd. 28; Bundestag u. Vermittlungsaussch., JZ 1983; D. Aktenanforderungsrecht d. Untersuchungsaussch. d. Dt. Bundestages in: Parlam. Demokratie, Bewährung u. Verteidig., 1984 - 1965 Gr. BVK, 1969 Stern dazu; ausl. Orden - Spr.: Engl.

TROST, Heinrich

Dr.-Ing., o. Prof. f. Massivbau - Diemstr. 28, 5100 Aachen (T. 2 39 86) - S. 1963 TH bzw. TU Hannover (Wiss. Rat u. Prof.) u. TH Aachen (1971 Ord. u. Inst.sdir.).

TROST, Klaus

Dr. phil., Prof. f. Slavische Philologie Univ. Regensburg, Inst.-Direktor - Universitätsstr. 31, Postfach 397, 8400 Regensburg 1 (T. 0941 - 943-3360/3361) - Geb. 20. Juli 1934 Kaiserslautern - Promot. 1965 Univ. Saarbrücken, Habil. 1973 Univ. Würzburg - 1965 Wiss. Assist. Univ. Saarbrücken; 1972 Univ. Würzburg; 1973 Privatdoz. u. Oberassist., 1975 Univ.-Doz.; s. 1977 o. Prof. u. Inst.dir. Univ. Regensburg; 1983-85 Dekan Phil. Fak. IV Univ. Regensburg - BV: Perfekt u. Konditional im Altkirchenslav., 1972; Unters. z. Übers.theorie u. -praxis im spät. Kirchenslav., 1978. Zahlr. Fachaufs. u. Rezensionen.

TROST, Otto J.

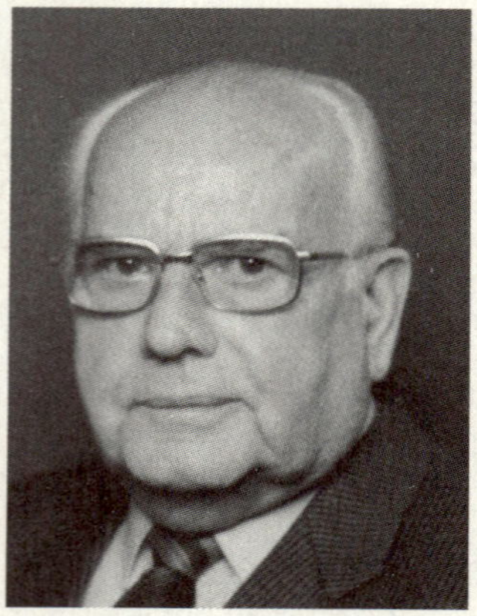

Dr. rer. oec. h. c., Wirtschaftsing., Unternehmer - Lipper Hellweg 43 a, 4800 Bielefeld 1 (T. 0521 - 2 15 33) - Geb. 8. Jan. 1911 Weidenau - S. 1945 Teilh.Prok. Otto J. Trost KG Ing.-Büro, 1964-87 gf. Ges. ERA Elektronik-Regelautomatik GmbH u. Co. KG; 1971-86 1. Vors. Wirtschaftsverb. d. Handelsvertr. u. Handelsmakler in Ostwestf.-Lippe (CDH), s. 1986 Ehrenvors.; 1973-82 Mitgl. Vollvers. d. IHK Ostwestf. u. 1973-85 Handelsrichter, alles Bielefeld - Div. Kriegsausz.; 1974 gold. Herz d. Verkehrsw.; 1976 gold. CDH Ehrennadel u. gold. VDI-Ehrennadel; 1983 BVK; 1987 gold. Lorbeerblatt d. Verkehrsw.

TROST, Wilhelm

Dr. jur., Stadtrat - Klopstockstr. 20, 4690 Herne 1 (T. 5 02 75) - Geb. 6. Juni 1925 Paderborn/W., kath., verh. s. 1952 m. Bettina, geb. Montag, 3 Kd. (Dr. med. Adelheid, Dr. med. Michael, Dr. med. dent. Ulrich) - Theodorianum Paderborn (Reifeprüf. 1943); 1945-48 Univ. Münster (Rechtswiss.). Jurist. Staatsprüf. 1948 (Hamm) u. 51 (Düsseldorf); Promot. 1949 Münster - 1952 Bundesinnenmin. (zul. Reg.rat); 1955-87 Stadtverw. Herne (Beigeordn.); s. 1987 Geschäftsf. CURA GmbH, Herne.

TROSTEL, Rudolf

Dr.-Ing., o. Prof. f. Mechanik - Laurinsteig 27, 1000 Berlin 28 (T. 401 72 27) - Geb. 26. Dez. 1928 Berlin - S. 1957 (Habil.) Lehrtätigk. TU Berlin (1963 Ord.) - BV: Zugbeanspr. Konstruktionen, 1962 (m. Otto). Fachaufs.

TROTHA, von, Klaus-Dietrich

Akad. Oberrat, MdL Baden-Württ. (s. 1976) - Lorettosteig 32A, 7750 Konstanz (T. 07531 - 4 48 44) - Geb. 7. Okt. 1938 Berlin (Vater: Dr. Carl-Dietrich v. T.; Mutter: Dr. Margarete, geb. Bartelt), ev., verh. s. 1969 m. Almuth, geb. Redeker, Sohn (Jan Thilo) - Stud. d. Rechts- u. Politikwiss. Univ. Berlin (Freie), Bonn, München; 1. u. 2. jurist. Staatsex. 1962 u. 67 - 1967-73 Verw.leit. u. wiss. Mitarb. (1970) Zentrum f. Bildungsforsch. Univ. Konstanz, s. 1974 Mitgl. Lehrkörper ebd. - 1970ff. Lehrbeauftr. PH Weingarten. Mitgl. Bundesaussch. CDU u. Rundfunkrat SWF - 1980 BVK, 1987 BVK I. Kl. - Spr.: Engl. - Lions-Club.

TROTTA, von, Margarethe

Schauspielerin, Regiss. - (Adresse ist d. Verlag bekannt) - Geb. 1942, verh. s. 1971 m. Regiss. Volker Schlöndorff, S. Felix aus 1. Ehe - Stud. German. u. Roman. sow. Schauspielunterr. München. - Theaterengagem. Dinkelsbühl, Stuttgart, Frankfurt/M.; s. 1968 ausschl. Film (Rollen unt. Schlöndorff, Fassbinder, Hauff); 1978ff. Regie: D. 2. Erwachen d. Christa Klages, Schwestern oder D. Balance d. Glücks, D. bleierne Zeit, Heller Wahn, 1983; Drehbuch u. Regie: Rosa Luxemburg, 1985, Fürchten u. Lieben, 1988 - 1981 Gold. Löwe Venedig; 1982 David-di-Donatello-Preis Rom; 1982 Bundesfilmpreis (f.: D. bleierne Zeit); 1986 Dt. Filmpreis in Gold (f.: Rosa Luxemburg).

TROTTENBERG, Ulrich

Dr. rer. nat., Univ.-Prof. f. Angewandte Mathematik - Königstr. 53, 5300 Bonn 1 (T. 0228 - 22 96 48) - Geb. 19. Jan. 1945 Düsseldorf (Vater: Heinrich T., Kaufm.; Mutter: Elfriede, geb. Keidel), verh. m. Adelinde Schlief-T., 6 Kd. (Kristian, Filipp, Lukas, Sophia, Eva, Katharina) - Gymn. Düsseldorf (Abit. 1964); 1964-69 Stud. Univ. Köln (Math. u. Physik); 1969 Dipl.-Math.; 1972 Promot.; 1976 Habil. (Math.) Köln - 1977 Prof. f. Angew. Math. Univ. Bonn; 1982 Lehrst. f. Ingenieurmath. Univ. Essen; 1985 Lehrst. f. Angew. Math. Univ. Köln; s. 1983 Leit. Inst. f. Method. Grundlagen d. Ges. f. Math. u. Datenverarb. mbH (GMD); s. 1984 Leit. d. nationalen Verbundprojekts SUPRENUM; s. 1986 Geschäftsf. SUPRENUM GmbH. Ca. 70 Publ. in Fachztschr. Herausg. Tagungsbände; Mithrsg. mehrerer Fachztschr. - 1987 Alexander-von-Humboldt-Preis f. d. wissenschaftl. Zusammenarb. zw. Frankr. u. Deutschl. - Spr.: Engl.

TROUWBORST, Rolf

Chefdramaturg Dt. Oper am Rhein, Düsseldorf-Duisburg (s. 1964) - Brehmstr. 82, 4000 Düsseldorf (T. 63 29 48) - Geb. 12. Juli 1921 Halver (Vater: Adrian T., Gastw.; Mutter: Helene, geb. Rüping), ev., verh. s. 1947 m. Hedy, geb. Neukirchen, 3 Kd. (Axel, Bärbel, Bettina) - Realgymn. Ratingen; Univ. Köln (Theaterwiss., German., Ztg.swiss.) - Theaterkrit. (u. a. D. Neue Ztg., München); 1955 ff. Chefdramat. Wuppertaler Bühnen. U. a. Buchbeitr., Vorworte u. Texte zu Dramenausg. - Spr.: Engl.

TROWE, Gisela

Schauspielerin - Grandweg 107, 2000 Hamburg 54 (T. 560 21 94) - Geb. 3. Sept. Dortmund (Vater: Heinrich T., Kaufm.; Mutter: Lina, geb. Vieler), verh. 1944-64 m. Thomas Engel, Regiss. (gesch.), 2 Töcht. (Angelika, Barbara) - Oberlyz., Schauspielausbild. - Bühne, Film, Fernsehen, Rundfunk, Synchronisation (u. a. G. Lollobrigida, M. Mercurie, S. Signoret, M. Vitti, D. Darrieux) - Liebh.: Bücher, Ikone, Musik, Schach, Politik - Spr.: Engl., Franz.

TRUBE-BECKER, Elisabeth, geb. Becker

Dr. med., Prof., f. Gerichtl. u. Soziale Medizin - Am Strauchbusch 27, 4040 Neuss/Rh. - Geb. 4. Jan. 1919 Düsseldorf (Vater: Dr. jur. Adolf Becker; Mutter: Elisabeth, geb. Wiebels), kath., verh. s. 1954, 2 Kd. (Sabine, Christiane) - S. 1951 (Habil.) Privatdoz. u. Oberärztin Inst. f. Gerichtl. Med., apl. Prof. (1958) u. Wiss.

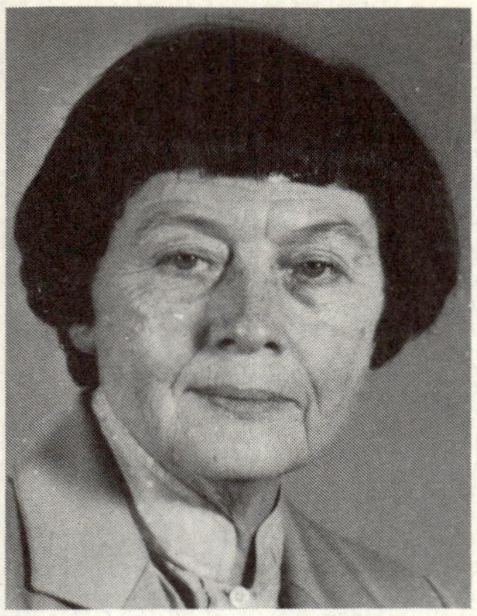

Rätin u. Prof. (1971) Med. Akad. bzw. Univ. Düsseldorf. Zahlr. Arb. auf d. Geb. d. Rechtsmed. Mitarb. an Fachb. u. Anthol. - BV: Frauen als Mörder, 1974; Gewalt gegen d. Kind, 1982, 87; Mit d. Herzen sehen, 1986 - Liebh.: Reisen, Lit., Oper - Spr.: Engl., Franz., Russ.

TRUCHSESS von und zu WETZHAUSEN, Volker, Freiherr

Regierungsdirektor, MdL Bayern (1970-86) - Am Kurgarten 5, 8730 Bad Kissingen (T. 0971 - 54 38) - Geb. 28. Feb. 1936 - Bezirksvors. Arbeiterwohlfahrt Ufr., 1982-86 stv. Vors. Landesdenkmalrat, Mitgl. Landesvorst. AW. Bayern. SPD - 1981 Bayer. VO.; 1985 BVK am Bde.

TRUCKENBRODT, Erich Andreas

Dr.-Ing. habil., Dr.-Ing. E. h., o. Prof. f. Strömungsmechanik - Josef-Würth-Str. 12, 8022 Grünwald/Obb. (T. München 641 21 21) - Geb. 1. Febr. 1917 Hermsdorf b. Magdeburg (Vater: Walter T., Bauer; Mutter: Frieda, geb. Benn), ev., verh. s. 1943 m. Barbara, geb. Peters, 2 Kd. - Realgymn. Magdeburg; TH Braunschweig (Luftfahrt; Dipl.-Ing. 1940). Promot. (1945) u. Habil. (1953) - Industrietätigk. (1940 Junkers Flugzeug- u. Motorenwerke, Dessau, 1945 Flugzeugw. S.N.C.A.S.E., Südfrankr., 1954 Heinkel Flugzeugw., Stuttgart); s. 1953 Hochschullehrer (Privatdoz. TH Braunschweig u. Stuttgart, 1957 Ord. u. Dir. Inst. f. Strömungsmechanik TH bzw. TU München). Mitgl. GAMM, DGLR, FhG, AIAA, Sprachen- u. Dolmetscher-Inst. - BV: Aerodynamik d. Flugzeuges, 2 Bde. 2. A. 1967/68 (m. H. Schlichting); Fluidmechanik, 2 Bde. 3. A. 1989; Mechanik d. Fluide, 1972; Lehrbuch d. angew. Fluidmechanik, 2. A. 1988 - 1977 Ludwig-Prandtl-Ring; 1981 Ehrendoktor TH Aachen; 1982 Fellow Amer. Inst. Aero-Astronautics; 1986 Ehrenmitgl. Dt. Ges. f. Luft- u. Raumfahrt (DGLR); 1986 Bayer. VO - Spr.: Engl., Franz.

TRUCKENBRODT, Hans

Dr. med., Prof., Kinderarzt, Chefarzt d. Kinder- u. Rheumakinderklinik Garmisch-Partenkirchen (einzige Rheumakinderklinik) - Gehfeldstr. 23, 8100 Garmisch-Partenkirchen - Geb. 4. Jan. 1932 Coburg (Vater: Albert T., Lehrer; Mutter: Gerda, geb Diezel), ev., verh. s. 1961 (Ehefr.: Lisei), 3 Kd. (Hubert, Klaus, Lisei) - Stud. Univ. Erlangen u. Freiburg/Br., Fachausbild. Univ.-Kinderklinik Erlangen, s. 1979 wie oben - BV: Pädiatr. Notfallfibel, 9. A. 1976 (auch franz., ital., span.) - Spr.: Engl.

TRÜBESTEIN, Hermann

Dr. med., Prof., Röntgenologe (1967-73 Chefarzt Zentralröntgen-Abt. Kreiskrkh. Böblingen) - Am Wald 1, 6270 Idstein-Nieder-Oberrod - Geb. 12. Dez. 1911 Lischeid/Oh. (Vater: Heinrich T., Pfr.; Mutter: Gertrud, geb. Lehnebach), ev., verh. s. 1950 m. Irmgard, geb. Eucker - Univ. Kiel, Heidelberg, Tübingen, Göttingen. Promot. 1938; Habil. 1957 - S. 1957 Privatdoz. u. apl. Prof. (1963) Univ. Frankfurt/M. (u. a. Oberarzt Klinik f. Strahlentherapie u. Nuklearmed.). Fachmitgliedsch. u. -veröff. - 1936 Fakultätspreis Univ. Göttingen.

TRÜCK, Klaus

Dipl.-Kaufm., Leiter Finanzabteilung REWE-Zentralorganisation, Köln - An der alten Post 24, 5000 Köln 40 (T. 02234-7 84 90) - Geb. 16. Sept. 1943 Bonn, kath., ledig, Tochter Cecilia - Abit. in Wuppertal, Banklehre, Stud. Betriebswirtsch. Univ. Köln; Konsortialgeschäft Zentrale Dt. Bank; Doz. Bankakad., Prüfer IHK Düsseldorf f. Volkswirtschaftslehre u. Außenhandel. - Liebh.: Gesch. - Spr.: Engl.

TRUEMPER, Heinrich

Dipl.-Ing., o. Prof f. Heizung, Lüftung u. Klimatechnik Univ. Dortmund, Hon.-Prof. RWTH Aachen - Teichwinkel 7, 5100 Aachen - Geb. 11. Juli 1924.

TRÜMPER, Joachim

Dr. rer. nat., Prof. f. Astrophysik, Direktor Max-Planck-Inst. f. Extraterrestr. Physik - Zu erreichen üb. MPI f. Extraterrestr. Physik, Karl-Schwarzschild-Str. 1, 8046 Garching (T. 089 - 2 29 95 59) - Geb. 27. Mai 1933 Haldensleben, verh. s. 1960 m. Jutta Blunck, 3 Kd. (Brigitte, Michael, Ulrich) - Stud. Univ. Halle (1952-55), Hamburg (1955-57), Kiel (1957-59); Promot. 1959, Habil. 1966, Kiel - 1970 Prof. Univ. Kiel, 1971 o. Prof. Univ. Tübingen; s. 1975 Dir. MPI, bde. Univ. - Präs. Dt. Physikal. Ges. Erf.: Messung d. Magnetfeldstärke v. Neutronensternen - 1979 Röntgenmed. Stadt Würzburg; 1985 BVK; 1986-88 Präs. Dt. Physikal. Ges.; 1987 Ziolkowskimed. Kosmonaut. Föderation USSR - Lieb.: Segeln - Spr.: Engl.

TRÜPER, Hans Georg

Dr. rer. nat., o. Prof f. Mikrobiol. Univ. Bonn (s. 1972; 1976/77 Dekan) - Am Draitschbusch 19, 5300 Bonn 2 (T. 36 28 88) - Geb. 16. März 1936 Bremen (Vater: Johannes D. T., Bauing.; Mutter: Helga A., geb. Harms), ev., verh. s. 1962 m. Erika, geb. Bengs, 2 Kd. (Jan, Keno) - Stud. Univ. Marburg u. Göttingen; Promot. (1964) u. Habil. (1971) Göttingen - 1966-68 wiss. Assist. Woods Hole Oceanographic Inst. USA. In- u. ausl. Fachmitgl.sch. Üb. 100 Fachveröff. - Spr.: Engl., Franz., Span.

TRUHART, Peter

Dr. jur., Leiter d. Kulturreferats d. Botschaft d. Bundesrep. Deutschl. in Paris - Postf. 15 00, 5300 Bonn 1 - Geb. 25. Juli 1936 Hamburg, ev., verh. s. 1970 m. Almute, geb. Ruthe, Sohn Konstantin - 1955-61 Stud. Osteurop. Gesch. u. Jura FU Berlin; 1961-62 Gerichtsrefer.; 1962-65 Stud. Chines. Sprache; Sprachdipl. 1965 Univ. Bonn; Promot. 1970 Univ. Bonn; s. 1965 Ausw. Dienst (Auslandsposten: 1966-67 UN-Beobachtermiss. New York; Botsch. 1968/69 Saigon, 1970/73 Moskau, 1976 Hanoi, 1976-79 Peking, 1984-87 Botsch. Conakry/Guinea) - BV: Regents of Nations/Regenten d. Nationen I-III, 1984/85, I-III/2, 1984/87 - 1976 BVK - Spr.: Engl., Franz., Russ., Chines.

TRUM, Rudolf

Rechtsanwalt, Hauptgeschäftsführer BDE (Bundesverb. Dt. Entsorgungswirtsch.), VPS, Köln - In der Rosenau 22a, 5000 Köln 90 (T. 02203 - 8 31 00) - Geb. 26. März 1927 Porz am Rh., verh., T. Gabriele - Stud. Rechtswiss. Univ. Köln; Ass.-Ex. D'dorf - 1960-75 Stadtdir.

TRUMMER, Hans

Schriftsteller - Fleischmarkt 20, A-1010 Wien - Geb. 17. Mai 1947 Bruck/Mur - BV (1974-81): Seine Verblüffung üb. die Veränderung in ihrem Wesen (Erz.), Versuch, sich am Eis zu wärmen (R.), Luises Auffahrt (N.) - U. a. Theodor-Körner-Preis.

TRUNZ, Erich

Dr. phil., o. Prof. f. Neuere dt. Sprache u. Literatur (emerit. 1970) - Struckbrook 18, 2300 Kiel 17 (T. 32 36 02) - Geb. 13. Juni 1905 Königsberg/Pr. (Vater: Dr. August T.; Mutter: Helene, geb. Fähser), ev., verw., S. Hermann - Gymnasialabit. 1925 Allenstein; Promot. 1932 Berlin; Habil. 1938 Freiburg - 1931 Assist. Univ. Berlin, 1933 Lektor Univ. Amsterdam, 1935 Assist., 1938 Doz. Univ. Freiburg, 1940 o. Prof. Dt. Univ. Prag, 1950 Univ. Münster/W., 1957 Univ. Kiel (emerit. 1970). Herausg.: Goethes Werke/Hbg. Ausg. (m. Kommentar, 14 Bde. 1948/60, umgearb. NA 1981), Kieler Studien z. dt. Lit.-gesch. (1963ff.), Dt. Neudrucke/Reihe Barock (1965-80); Goethe u. d. Kreis v. Münster (1971), Studien zu Goethes Alterswerken (1971), Martin Opitz, Geistl. u. weltl. Poemata (3 Bde. 1975), Weimarer Goethestud. (1980).

TRURNIT (gen. Berkenhoff), Hansgeorg

Verleger u. Herausgeber - Stefanistr. 43, 8024 Deisenhofen/Obb. (T. München 613 19 73) - Geb. 27. Juni 1912 Döbeln/Sa. (Vater: Ernst T.; Mutter: Margot, geb. Jung), verh. in 2. Ehe (1965) m. Candida, geb. Wenz, 5 Kd. (Hanno, Heiko, Rolf, Renate aus 1., Sven aus 2. Ehe) - Leibniz-Oberrealsch.; 1931-33 Stud. Volksw. u. Ztg.wiss.; 1932-34 Volontariat u. Redakt. Dt. Ztg. (alles Berlin) - 1934-36 fr. Journ., dann Presseleit. Reichsarbeitsgem. Schadenverhütung, 1938-39 Chefredakt. Ztschr.dst., 1940-45 Pressechef Tobis Filmkunst u. Wehrdst. (1941), ab 1945 Dolmetscher u. Personalchef bei US War Department. 1949-54 Redakt. Die Neue Ztg., München, 1954-77 Gründer, Herausg. u. Chefr. ZfK/Ztg. f. kommunale Wirtschaft, s. 1962 Verleger u. Herausg. Kundenztschr. tag + nacht u. a. (6 Mill.) - BV: Friedrich Friesen, R. 1934, Herausg.: Energie v. A - Z (Lexikon, 1954) - Liebh.: Bridge, Tennis, Skilaufen, Schwimmen, Golf - Spr.: Engl.

TRUSEN, Winfried

Dr. jur., Dr. phil., o. Prof. f. Dt. u. vergl. Rechtsgeschichte, Kirchen- u. Zivilrecht - Albert-Hoffa-Str. Nr. 14a, 8700 Würzburg - Geb. 24. Mai 1924 Danzig - S. 1963 (Habil.) Lehrtätigk. Univ. Mainz u. Würzburg (1966 Ord.). Bücher u. Aufs.

TRUSS, Friedrich

Dr. med., Prof., Direktor Klinik u. Poliklinik f. Urologie Univ. Göttingen - Am Weendelsgraben 7, 3400 Göttingen (T. 3 14 62) - Geb. 15. Nov. 1921 Kassel, ev., verh. s. 1948 m. Hildegard, geb. Ritter, 1 Kd. - S. 1960 (Habil.) Privatdoz., apl. (1966) u. o. Prof. (Ord. f. Urol.) u. Klinikdir. (1972). Fachveröff. Mithrsg. dt.- u. engl.spr. Fachztschr.

TRUTE, Friedrich

Geschäftsführer i. R. - Schulstr. 4, 2409 Scharbeutz (T. 04503 - 7 34 54) - Geb. 4. April 1913 Gersfeld - Vors. Verein z. Förderung d. Elbstromgebiets, Hamburg, zul. Geschäftsf. Rhenus-WTAG AG, Zweigniederl. Berlin.

TRUX, Walter Rudolf

Dr. rer. pol. h. c., Vorstandsvorsitzender Flachglas AG, Gelsenkirchen (s. 1981) - Eifelhang 2, 4300 Essen 1 - Geb. 20. April 1928 Jägerndorf/CSR (Vater: Rudolf T., Bankdir.; Mutter: Martha, geb. Sperlich), kath., verh. s. 1953 m. Ellen, geb. Hurt, 2 S. (Michael, Martin) - Stud. Betriebswirtsch. u. Naturwiss. Berlin - 1956-75 IBM (zun. Sindelfingen u. München, 1971 Groupdir. Paris); 1975-80 Vorst.-Vors. Fichtel & Sachs AG; Präs. Dt. Marketing-Vereinig.; Vorst.-Mitgl. Stiftg. Dt. Sporthilfe, Vorst.-Vors. u. Mitgl. in div. AR - BV: Einkauf u. Lagerdisposition m. Datenverarbeitung, 2. A. 1972 - Liebh.: Reisen, Fotografieren, Musik - Spr.: Engl., Franz.

TSCHAUNER, Franz

Ingenieur, Bundes- u. Landesinnungsmeister d. Landmaschinen-Mechanikerhandwerks, Bonn bzw. Frankfurt - Deuil-La-Barre-Str. 80, 6000 Frankfurt/M. 56 - Geb. 6. April 1907.

TSCHECHNE, Wolfgang

Redakteur, Feuilletonchef Lübecker Nachrichten (Ps. Wolfgang Martin, Walter Osten) - Vermehrenring 2A, 2400 Lübeck 1 - Geb. 26. Dez. 1924 Schweidnitz (Vater: Walter T., Bundesbahnamtm.; Mutter: Hildegard, geb. Springer), ev., verh. s. 1953 m. Gertrude, geb. Keckstein, S. Martin - S. 1952 Redaktionsleit. Braunschweiger Presse; s. 1960 Feuilletonchef Hannoversche Rundsch.; s. 1971 Feuilletonchef Hannoversche Presse; s. 1977 Feuilletonchef Lübecker Nachr. - BV: Sachb.: Schles. Panorama, 1966; Ich hab' noch meine Schnauze in Berlin, 1967; Geliebte Städte, 1967; Gr. Dt. aus Schlesien, 1969; D. angebissene Apfel, 1969; Hofkonzert im Hinterhaus, 1976; Lübeck u. s. Künstler, 1987 - 1956 Ehrenplak. Stadt Braunschweig - Liebh.: Lit., Theater - Spr.: Engl.

TSCHESCHE, Harald

Dr. rer. nat., Prof. f. Chemie Univ. Bielefeld - Cranachstr. 18, 4800 Bielefeld 1 (T. 0521 - 88 98 25; dstl.: 106 20 93) - Geb. 7. Juni 1935 Göttingen (Vater: Rudolf T., Univ.-Prof. u. Chemiker; Mutter: Annemarie, geb. Hirsche), ev., verh. 1969-77 m. Wulfhild, geb. Natorp †, 2 Kd. (Frank, Anja) - Dipl. 1960 Univ. Bonn; Promot. 1962 Univ. Heidelberg; Habil. 1970 München - 1972 Univ.-Doz., 1973 Wiss. Rat, 1974 Abt.-vorst., 1976 apl. Prof., 1977 o. Prof. Rufe TU Braunschweig, Univ. Essen u. Bielefeld. 200 wiss. Originalveröff. - BV: Proteinase Inhibitors, 1971; Proteinase Inhibitors, 1974; Biological Functions of Proteinases, 1979; Modern Methods in Protein Chemistry Vol. 1, 1983, Vol. 2, 1985, Vol. 3, 1988; Proteinases in Inflammation and Tumor Invasion, 1986 - Spr.: Engl.

TSCHIEDEL, Hans Jürgen

Dr. phil., o. Univ.-Prof. f. Klass. Philologie Kath. Univ. Eichstätt (s. 1982) - Richard-Strauß-Str. 5, 8078 Eichstätt - Geb. 19. April 1941 Warnsdorf, kath., verh. s. 1967 - Stud. Klass. Philol. u. German. Univ. Erlangen u. Wien; Promot. 1969 Erlangen; Habil. 1976 ebd. - 1977 Priv.-Doz. - BV: Phaedra u. Hippolytus. Variationen e. tragischen Konflikts, 1970; Caesars Anticato, 1981.

TSCHIERSCHWITZ, Gerhard

Direktor - Waldschmidtstr. 16, 8132 Tutzing - Geb. 23. April 1920 Berlin (Vater: Oswald T., kaufm. Angest.; Mutter: Else, geb. Seeliger), ev., verh. s. 1943 m. Eva-Charlotte, geb. Echt, 3 Kd. (Antje, Ingke, Rainer) - Abit. 1938 - 1938-45 Berufssoldat (zul. Hptm.); 1945-53 sowjet. Kriegsgefangensch.; 1954-60 Allianz Lebensversicherungs-AG., Köln u. Essen; 1960 Filialdir. Allianz Lebensversicherungs-AG., Wien; 1961-65 stv. Vorstandsmitgl. Wr. Allianz Versicherungs-AG. ebd.; 1966-82 stv. bzw. o. Vorstandsmitgl. (1968) TELA Versicherung Aktienges. Berlin/München; ab 1985 Hauptbev. Wiener Allianz Vers. AG f. d. BRD. Mitgl. Export-Club München u. Dt.-Franz. Ges. München - 1944 Ritterkreuz - Liebh.: Foto, Musik - Spr.: Franz., Engl., Russ.

TSCHIRREN, Jürg

Dr. rer. pol., Aufsichtsratsvorsitzender Bull AG, Köln, Vors. Bundesverb. Vertriebsuntern. Büro-, Informations- u. Kommunikationstechnik, Bad Homburg - Fauthstr. 55, 5060 Bergisch Gladbach 2 - Geb. 6. Jan. 1925 - B. 1982 Vorst.-Vors.

TSCHOELTSCH, Hagen

Ingenieur, Unternehmer, Parlamentarischer Geschäftsf. d. FDP-Fraktion (s. 1988), MdL NRW (s. 1985) - Malscheider Weg 27, 5908 Neunkirchen (T. 02735 - 50 06) - Geb. 26. Febr. 1941 Breslau, ev., verh. s. 1967 m. Gudrun, geb. Schütz, 2 Söhne (Martin Alexander, Götz Christian) - Mittl. Reife, Lehre als Elektro-Installateur im Bergbau. Ingenieursch. Siegerland (Abschluß 1965); Wirtschaftspolit. Sprecher FDP-Fraktion.

TSCHÖNHENS, Boni

Dr.-Ing., Prof., Bauingenieur - Tintorettostr. 18, 8000 München 19 (T. 15 38 28) - Geb. 30. Jan. 1913 Lechbruck, verh. s. 1942 m. Anni, geb. Berkmann, S. Udo - TH München (Diplomhauptprüf. 1945). Promot. (1949) u. Habil. (1955) - S. 1955 Privatdoz. u. apl. Prof. (1963) TU München (Abwasserwesen). Fachveröff. - U. a. EK I.

TSCHORN, Clemens R.

Dipl.-Ing., Direktor - Nordring 99, 6000 Bergen-Enkheim - Techn. Bevollm. Robert Bosch GmbH, Stuttgart. Stv. Vorstandsvors. Verb. d. Fahrrad- u. Motorrad-Ind.

TSCHUKEWITSCH, Viktor

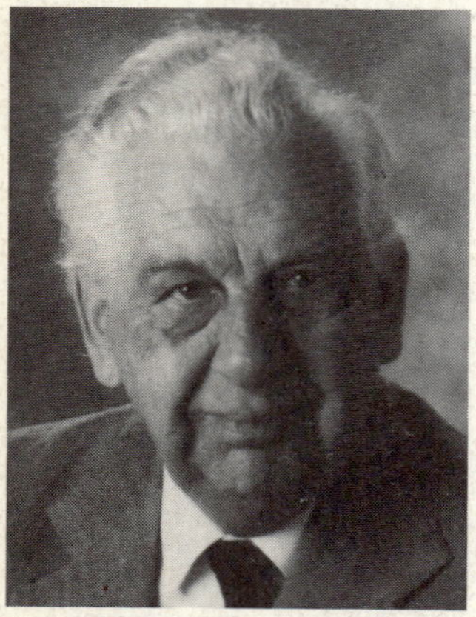

Unternehmer, Inhaber e. intern. Spedition - Kriegsstr. 129, 7500 Karlsruhe - Geb. 12. Juni 1920 Memel, verh. s. 1955 m. Charlotte, geb. Benke, 3 Töcht. (Alexandra, Irene, Iris) - 1936-39 Ausb. Speditionskfm.; Arbeitsdst. u. Militär - B. 1965 Angest. u. Prokurist Spedition Aschaffenburg; s. 1965 selbst. Untern. CDU/CSU s. 1948. Div. Ehrenämter - Dt. Ritterorden St. Georg Gouverneur Baden-Württ. u. Bayern.

TSCHUPP, Räto

Dirigent - Bergstr. 67, CH-8032 Zürich (T. 0041 - 1 - 251 19 81) - Geb. 30. Juli 1929 Thusis/Schweiz (Vater: Armin T., Handelslehrer; Mutter: Clara, geb. Bertschmann), verh. s. 1959 m. Els, geb. van Gastel - Stud. Univ. Zürich; theoret. Prüf. 1953, Kontrabaß 1954, Klavier 1958; 1954-57 Dirig.-Stud. b. Erich Schmid, 1957/58 b. Willem van Otersloo - 1957ff. Dirig. Camerata Zürich; 1969-71 Südwestd. Kammerorch. Pforzheim; s. 1975 Dirig. Gemischt. Chor Zürich (Oratorien); 1976-83 Leit. Berner Musikstudio; Gastdirig. b. in- u. ausl. Orch.; 1976-88 Prof. Staatl. Hochsch. f. Musik, Karlsruhe (Dirig. u. Orchesterltg.) - BV: Hugo Pfister, e. Schweizer Komp. d. mittl. Generation, 1973 - 1974 Nägeli-Med. Stadt Zürich; 1979 Janáček-Med. Tschech. Kultur-Min. - Spr.: Engl., Franz.

TUBBESING, Ilse

Journalistin u. Reiseschriftstellerin - Am Schloßgarten 1, 6945 Leutershausen (T. 06201 - 5 16 12) - Geb. in Dortmund (Vater: Heinrich T.; Mutter: Erna, geb. Jäger), ev., verh. 1956-69 m. Harald Jänecke, verw. - Abit. 1947; Univ. Heidelberg, ab 1952 Oxford-Univ. - 1952-86 Redakt. Mannheimer Morgen - BV: USA, Reisef. 1972; Elsaß, Reisef. 1976; Schwarzwald u. Bodensee, 1978; Reiseführer Korsika, 1985 - 1971 Silb. Ehrenz. f. Verd. um d. Rep. Österr. - Spr.: Engl., Franz.

TUCHELT, Klaus

Dr. phil., Direktor u. Prof. Dt. Archäologisches Inst., Zentrale Berlin - Podbielskiallee 69, 1000 Berlin 33 - Geb. 25. April 1931 Dessau (Vater: Franz T., Kaufm.; Mutter: Erna, geb. Dietze), kath., verh. s. 1966 m. Antje, geb. Gallwitz, 2 Kd. (Boris, Sophie Amélie) - 1949-51 Stud. Univ. Halle-Wittenberg, 1951-53 FU Berlin, 1953-56 Univ. München, Studienstiftg. d. Dt. Volkes (Klass. Archäol.); Promot. 1956 München; Habil. 1969 Mainz - 1969-81 wiss. Dir. Abt. Istanbul d. DAI; s. 1981 Vertr. d. Präs. d. DAI, Berlin; s. 1978 Leit. d. Ausgrabungen v. Didyma (Türkei) - BV: Tiergefäße in Kopf- u. Protomengestalt, 1961; Türkische Gewänder u. Osmanische Ges. im 18. Jh., 1966; D. arch. Skulpturen v. Didyma, 1970; Vorarb. zu e. Topographie v. Didyma, 1973; Frühe Denkmäler Roms in Kleinasien, 1979. Veröff. u. Ber. z. griech.-röm. Altertum in Kleinasien - S. 1962 KM u. s. 1976 OM b. Dt. Archäol. Inst.; KM b. österr. Archäol. Inst. - Spr.: Engl., Türk.

TUCHER, Freiin von, Leonore

Verlagsbuchhändlerin, Vizepräs. Bayer. Rotes Kreuz (s. 1969) - Elisabethstr. 17, 8000 München 40 (T. 271 11 49) - Geb. 28. Febr. 1916 München (Vater: Heinrich Frhr. v. T., Diplomat; Mutter: Cäcilie, geb. Freiin v. Nostitz), ev. - Hum. Gymn. (Abit.); Verlagsbuchhdl.lehre - 1942-47 Verlagsleit. Wiking Verlag, Berlin/Regensburg; 1948/49 Bibl. Amerika-Haus ebd.; 1949/50 Org.leit. Akad. d. Schönen Künste; 1950-53 Werbeleit. Richard Pflaum Verlag, Wiking Verlag GmbH. (1951) u. R. Oldenbourg (1952), alle München; 1953-68 Gf. Ev. Presseverb. f. Bayern, München (einschl. Tochterges.: 1957-66 Lucas Cranach-, 1960-68 Claudius Verlag u. 1962-68 Ev. Digest). Präs.-mitgl. (1976ff.) DRK, 1981-85 Mitgl. d. Bay. Senates - 1976 Bayer. VO. - Spr.: Engl., Franz. - Entstammt bek. Nürnberger Patrizier-Geschlecht.

TUCHOLSKI, Barbara Camilla

Malerin - Torhaus, 2430 Oevelgönne - Geb. 7. Sept. 1947 Loitz/Mecklenburg, ev., verh. s. 1983 m. Dr. K.-H. Däke - Stud. 1970-76 Kunstakad. Düsseldorf, 1975-80 Kunstgesch., Phil., German. Univ. Bonn; Promot. 1980 - 1981-89 Lehrauftr. Univ. Kiel - BV: Fr. W. v. Schadow, 1984; Langer Schlag, 1987; Vangerin-Zyklus, 1989. Werke: Langer Schlag, Malerei, Tomellila, Schweden; Vangerin-Zyklus, Zeichn., Kunsthalle Kiel; Schwimmende Bilder, Künstler. Aktion auf d. Gr. Eutiner See (1988) - 1980 Paul-Clemen-Stip. Bonn; 1980 Univ.-Preis Bonn - Lit.: Lars Olof Larsson: Langer Schlag; Ulrich Bischoff u. Anna Peters: Vangerin-Zyklus.

TÜLLMANN, Adolf

Dr. phil., Schriftsteller - Wittekindstr. 27, 1000 Berlin 42 (T. 751 79 24) - Geb. 19. Nov. 1922 Essen (Vater: Paul T., Prokurist; Mutter: Theresia, geb. Schnelle), kath., verh. s. 1945 m. Christine, geb. Uffelmann, 3 Kd. (Astrid, Carola, Stephan) - Realgymn. Tempelhof (Abit. 1940); 1953-57 FU Berlin (Ethnol., Amerik., Psych., Kunstgesch.; Promot. 1957) - S. 1946 Lehrer u. Taubstummenoberl. (1953) - BV: Lebensmöglichk. d. Taubstummen b. Natur- u. Kulturvölkern, 1957 (Diss.); D. Liebesleben d. Naturvölker, 1960 (auch ital. u. span.); D. Liebesl. d. Kulturvölker, 1961 (auch ital. u. span.); Studienreiseführer USA, 1966.

TÜMMLER, Hans

Dr. phil. (habil.), Oberstudiendirektor a. D., Honorarprof. f. Geschichte Univ. Köln (s. 1962), fr. Vizepräs. Goethe-Ges. Weimar (1971-75; 1964ff. Vorst.-Mitgl.), Mitgl. wiss. Arbeitskreis f. Mitteldeutschl. - Sundernholz 90, 4300 Essen 1 (T. 44 06 23) - Geb. 12. März 1906 Wernshausen/Th. (Vater: Wilhelm T., Reichsbahninsp.; Mutter: Ida, geb. Hoffmann), ev., verh. 1934 m. Edith, geb. Bauermeister †1987 - Gymn. Jena; Univ. ebd., Berlin, München. Promot. 1928; Habil. 1944 - Studienrat u. Oberstudiendir. Erfurt u. Essen (1954 Staatl. Studiensem.), 1957 - 1969 Oberstudiendir. Essen (Staatl. Burggymn.) - BV: Briefwechsel Goethes m. Christian Gottlob Voigt, 4 Bde. 1949/62 (Weimar); Polit. Briefw. d. Herzogs/Großh. v. Weimar, 1954ff. (Bd. I 1954, II 1958, III 1973); Goethe in Staat u. Politik, 1964; Goethe, d. Kollege - S. Leben u. Wirken m. Christian Gottlob v. Voigt, 1970; Essen - so wie es war, 1973; Freiherr vom Stein u. Carl August v. Weimar, 1974; D. klass. Weimar u. d. gr. Zeitgeschehen, 1975; Goethe als Staatsmann, 1976; Carl August v. Weimar, Goethes Freund. E. vorwieg. polit. Biogr., 1978; Erfurt, so wie es war, 1978; Deutschland, Deutschland über alles. Zur Gesch. u. Problematik uns. Nationalhymne, 1979. Ernst August von Gersdorff, Reformminister im klass. Weimar. E. Schüler Steins, 1980; Essener Miniaturen, Gesammelte Aufs., 1981; König Ludwig I. von Bayern u. Caroline von Heÿgendorf in ihren Briefen; 1981; Essen, so wie es war, Bd. 2, 1981; U. d. Gelegenh. schaff' e. Ged., Ged. Goethes an u. üb. polit. Persönlichk. s. Zeit, 1984; Kultur u. Gesch. Vorträge z. Klassik u. z. neueren dt. Gesch., 1986; Wartburg u. Weimar. Amtl. Zeugnisse z. Gesch. d. Urburschenschaft, 1988; Johann Wolfgang Goethe u. Christian Gottlob Voigt - e. Briefwechsel, 1989 - 1976 Gold. Med. Goethe-Ges.; 1976 BVK I. Kl.; Ehrenvors. Essener Goethe-Ges. - Rotarier - Lit.: Staat u. Ges. im Zeitalter Goethes, Festschr. 1977; Im Bannkreis d. klass. Weimar, Festschr. 1981.

TUENGERTHAL, Hansjürgen

Rechtsanwalt, Syndikus Fachverb. d. Dt. Großschlächter u. Fleischgroßhändler e.V., Heidelberg - Schloßwolfsbrunnenweg 21, 6900 Heidelberg (T. 06221 - 2 36 44/5) - Geb. 8. März 1936 Waltershausen (Vater: Hans Hermann T., Pfarrer; Mutter: Ilse, geb. Metzel), ev., verw., 3 Kd. (Nina, Tim, Miora) - 1960-69 Jura-Stud. u. Refer.zeit in Heidelberg - S. 1970 Rechtsanw. Heidelberg, Mannheim u. Karlsruhe (1976); seitd. Syndikus u. teilw. Mitbegründ. versch. Institutionen d. Großschlächter u. Fleischgroßhändler, Inst.-Dir. f. Volponie, fast alle Heidelberg; AR-Vors. Genoss. Sparen u. Vorsorgen, Mainz. Zahlr. Veröff. in d. Vieh- u. Fleischwirtsch. Fachpresse - Liebh.: Alte Bauernhäuser u. Burgen, Musik - Spr.: Engl.

TÜRK, Helmut

Dr. jur., Botschafter, Botschaft d. Bundesrep. Deutschl. Rangun/Birma (POB 12 GPO) - Adenauerallee 99-103, 5300 Bonn - Zul. Dt. Generalkonsul Sidney.

TÜRK, Hubert

Dr. med. vet., Tierarzt, MdL Nordrh.-Westf. (s. 1975) - Am Zuckerberg 14, 5070 Bergisch Gladbach (T. 5 19 73) - Geb. 31. Jan. 1925 - CDU.

TÜRKE, Joachim

Dr. jur., Rechtsanwalt, Beigeordneter (Schul- u. Kulturdezernent) a. D. Stadt Leverkusen - Halenseestr. 7, 5090 Leverkusen 1 (T. 9 14 00) - Geb. 3. Juni 1929.

TÜRKLITZ, Arno

Honorarkonsul a.D. - Heydenstr. 30, 1000 Berlin 33 (T. 26 92 11) - Geb. 12. Febr. 1911 Brandenburg/H. (Vater: Emil T.; Mutter: geb. Bruns), verh. s. 1935 m. Gertrud, geb. Hübner, Kd. (Rita, verehel. Reiche † 1972; Achim) - Realgymn. Brandenburg (Abit.) - S. 1929 Möbelind. - 1960 Ehrensenator TU Berlin; 1962-70 Konsul v. Guatemala (wegen d. Spreti-Falls zurückgetr.); 1971-87 Honorarkonsul v. Malaysia; 1970 BVK I. Kl., 1975 Gr. BVK, 1986 Stern dazu - Liebh.: Segeln, Jagd, Malerei (bes. holl. Meister) - Spr.: Engl., Franz. - Rotarier.

TÜRMER, Tobias

s. Goldmann, Rudolf A.

TÜRNAU, Georg

Dr. rer. pol., Dipl.-Kfm., Personalchef u. Controller Bertelsmann AG. - Bülowstr. 19, 4830 Gütersloh 1 (T. 05241 - 3 74 94) - Geb. 25. Sept. 1931 Gütersloh (Vater: Rudolf T., Realschullehrer; Mutter: Irmgard, geb. Bode), ev., verh. s. 1959 m. Irmgard, geb. Depenbrock - Gymn.; Betriebsw. Univ. Köln u. St. Gallen; Dipl.-Kfm. 1955 Köln - 1956 Betriebsabrechner, 1958 Leit. Bilanzabt., 1960 Assist. d. Generalbevollm., 1961 Controller, 1971 Personalchef - Liebh.: Tennis, Jagd, Bücher - Spr.: Engl.

TÜSCHEN, Wilhelm

Vorstandsmitglied Hess. Berg- u. Hüttenwerke AG., Wetzlar (s. 1972; Kaufm. Leitg.) - Auf dem Hauserberg 14, 6330 Wetzlar/Lahn (T. 4 51 40) - Geb. 24. Okt. 1914 - Zul. Dir. HBuH - Spr.: Engl., Franz. - Rotarier.

TÜTKEN, Hans

Dr. phil., Prof. f. Curriculumforschung - F.-v.-Bodelschwingh-Str. 1, 3400 Göttingen - Geb. 19. März 1928 Driefel, verh. s. 1950 m. Gisela, geb. Ulrich, 4 Kd. (Sibylle, Tania, Tilman, Thomas) - S. 1948 PH Oldenburg u. Univ. Göttingen (Gesch., Frühgesch. u. Päd.), Ex. 1965 - 1965 Assist., 1968 Leit. Arbeitsgr. f. Unterr.forsch., 1975 Prof. Univ. Göttingen. Hist. u. päd. Veröff.

TÜTTENBERG, Hans Paul

Dr. jur., Landgerichtspräsident Landgericht Mainz (s. 1986) - Diether-von-Isenburg-Str., 6500 Mainz - Geb. 1. Juli 1938.

TÜTTENBERG, Peter

Dipl.-Volksw., Geschäftsführer Bundesverb. d. Baumaschinen-, Baugeräte- u. Industriemasch.-Firmen e. V. - Adenauerallee 45, 5300 Bonn (T. 22 34 69) - Geb. 18. Nov. 1942.

TUGENDHAT, Ernst

Dr. phil., Prof., f. Philosophie - Schopenhauerstr. 62, 1000 Berlin 38 (T. 803 51 72) - Geb. 8. März 1930 Brünn - Habil. 1966 Tübingen - 1966-75 o. Prof. f. Phil. Univ. Heidelberg, s. 1980 FU Berlin - BV: u. a. D. Wahrheitsbegriff b. Husserl u. Heidegger, 1968. Vorles. z. Einführ. in d. sprachanalyt. Philosophie, 1976; Selbstbewußtsein u. Selbstbestimmung, 1979; Probleme d. Ethik, 1984.

TULODZIECKI, Gerhard

Dr. phil., Prof. f. Erziehungswiss. Univ.-GH Paderborn - Erwin-Rommel-Str. 52, 4790 Paderborn (T. 05251 - 4 83 24) - Geb. 5. Jan. 1941 Bochum (Vater: Franz T., Formermeister; Mutter: Anna, geb. Olivo), kath., verh. s. 1964 m. Anna, geb. Schoppe, 3 Kd. (Stefan, Katja, Eva) - Staatsex. f. Lehramt berufsb. Sch. 1967 u. 1971; Promot. 1970, Habil. 1972 - 1975-80 Dir. FEoLL-Inst. f. Medienverbund/Mediendidaktik; s. 1975 Prof. in Paderborn - BV: Schulfernsehen in d. Bundesrep. Dtschl., 1977; Unterrichtsplan. u. Medienentw., 1979; Einf. in d. Medienforsch., 1982; Einf. in d. Mediendidaktik, 1978; Konzepte f. d. berufl. Lehren u. Lernen, 1984; Unterrichtskonzepte f. d. Medienerziehung, 1985 - Spr.: Engl.

TUMLER, Franz

Prof., Schriftsteller - Stifterstr. 23, A-4020 Linz/D. (Österr.) (T. 25 25 45); Karlsruher Str. 7, 1000 Berlin 31 (T. 891 15 64) - Geb. 16. Jan. 1912 Gries b. Bozen (Vater: Dr. Franz T.; Mutter: geb. Fridrich), kath., gesch., 4 Kd. - Lehrerbildungsanstalt - 1930 b. 1938 Volksschullehrer - BV (1935-73): D. Tal v. Lausa u. Duron (Erz.), D. erste Tag (Erz.), D. alte Herr Lorenz (Erz.), Lieblobpreisung (Ged.), Heimfahrt (R.), E. Schloß in Österr. (R.), Menschen in Berlin (Aufz.), D. Schritt hinüber (R.), D. Mantel (Erz.), Nachprüfung e. Abschieds (Erz.), Volterra (Erz.), Aufschreibung aus Trient (R.), D. Land Südtirol - Menschen/Landschaft/Geschichte (Sachb.), Welche Sprache ich lernte (Ged.), Sätze v. d. Donau (Ged.), Pia Faller (Erz.), Landschaften u. Erzählungen (Sammelbd.) - 1956 Charles-Veillon-Preis (f. d. letzten R.), 1967 Literaturpreis Bayer. Akad. d. Schönen Künste, 1967 Ehrengabe Kulturkr. Bundesverb. d. Dt. Industrie, 1971 Adalbert-Stifter-Preis Land Oberösterr.; Mitgl. Akad. d. Künste Berlin (o.) u. Bayer. Akad. d. Schönen Künste (korr.); 1969 Adalbert-Stifter-Med.; 1972 Mitgl. PEN-Zentrum BRD; 1982 Andreas-Gryphius-Pr.

TURBAN, Dietlinde

Schauspielerin - Wohnhaft in Monaco - Geb. 27. Aug. 1957 Reutlingen, verh. s. 1986 m. Lorin Maazel, Dirigent, S. Orson - Abit., Violin- u. Schauspielausb. München - Hauptrollen: Debut als Gretchen in M. Degens Faust-Insz. am Residenttheater München (1977), Desdemona, Minna v. Barnhelm, Luise (Kabale u. Liebe). Zahlr. Fernseh- u. Kinofilme in Deutschl., Italien, Frankr. u. USA - 1982 Festspielpreis Bad Hersfeld; 1983 Bambi - Liebh.: Musik, Schreiben, Phil. - Spr.: Engl. Franz., Ital.

TURCZYNSKI, Emanuel

Dr. phil., em. Prof. f. Geschichte Ost- u. Südosteuropas - Fasangartenstr. 132, 8000 München 90 - Geb. 18. Juli 1919 Czernowitz, ev.-ref., verh. s. 1944 m. Barbara, geb. Faulbaum, 4 Kd. (Janne, Margret, Barbara, Matthias) - Univ. Berlin, Königsberg/Pr. u. München - BV: Ca. 50 Aufs. in Fachztschr.; D. dt.-griech. Kulturbez., 1959; Konfession u. Nation, 1976; Rumän. Sagen (Herausg. zus. m. F. Karlinger), 1981; Von d. Aufklärung zum Frühliberalismus, 1985 - Spr.: Engl., Franz., Rumän., Serbokroat., Neugriech.

TURNER, George

Dr. jur., Prof., Senator f. Wissenschaft u. Forschung v. Berlin a. D. - Bredtschneiderstr. 5, 1000 Berlin 19 - Geb. 28. Mai 1935 Insterburg/Ostpr., verh. s 1963 m. Edda, geb. Horstmann, 3 Söhne (Nikolaus, Sebastian, Cornelius) - Abit. 1955 Uelzen; 1. jurist. Staatsex. 1959 u. Promot. 1960 Univ. Göttingen, 2. jurist. Ex. 1963 OLG Hamburg, Habil. 1966 Clausthal-Zellerfeld - 1968-70 Wiss. Rat u. Prof. TU Clausthal; 1970-86 Präs. Univ. Stuttgart-Hohenheim. 1976 stv. u. 1979-83 Präs. Westd. Rektorenkonfz. - BV: D. bergbaul. Berechtsamswesen, 1966; Grundriß d. Bergrechts, 1970; Massenuniv. u. Ausbildungsnotstand, 1984; Univ. in d. Konkurrenz, 1986; Freiheit d. Forsch., 1986 - Liebh.: Sport (s. 1975 jährl. Gold Sportabz.) - Spr.: Engl.

TURNOVSKY, Martin

Dirigent - Grinzinger Allee 39, A-1190 Wien 19 - Geb. 29. Sept. 1928 Prag (Vater: Dr. Jan. T., Rechtsanw.; Mutter: Ilse, geb. Schwarz), ev., verh. s. 1952 m. Zdenka, geb. Vozenilkova, 2 Söhne (Michael, Stephan) - Abit. 1952; Akad. d. mus. Künste Prag - 1959-63 Dirig. Staatl. Philharm. Brünn; 1963-66 Chefdirig. Radio-Sinfonieorch. Pilsen; 1967-68 Generalmusikdir. Dresdner Staatsoper u. Staatskap.; 1975 GMD Staatsoper Oslo, 1979 Chefdirigent Oper Bonn - 1959 1. Preis Intern. Dirigentenwettb. Besançon (Frankr.) - Liebh.: Lit. - Spr.: Deutsch, Tschech., Engl., Norweg.

TUSCHHOFF, Fried

Generalbevollmächtigter Westd. Landesbank/Girozentrale, Düsseldorf/Münster (Bereich: Finanz- und Rechnungswesen) - Herzogstr. 15, 4000 Düsseldorf 1.

TUTTER, Vinzenz

Dr. rer. nat., Vorstandsmitglied Gisela Allg. Lebens- u. Aussteuer-Versicherungs-AG, 8000 München 8 - Possartstr. 3, 8000 München 80 (T. 470 23 05) - Geb. 19. Dez. 1924 - Dipl.-Math.

TWEHLE, Manfred

Chemiegraph, MdA Berlin (s. 1971) - Onkel-Bräsig-Str. 1, 1000 Berlin 47 (T. 606 64 51) - Geb. 19. Febr. 1941 Berlin - SPD.

TWELLMANN, Walter

Dr. phil., o. Prof. f. Pädagogik Univ. Essen - Neudorfer Str. 170, 4100 Duisburg - Geb. 1. Jan. 1927 - BV: Schule u. Unterricht, Handb., 8 Bde., s. 1981; Pädagogische Praxis, Handb., 2 Bde., 1989.

TWENHÖVEN, Jörg

Dr. iur. utr., Oberbürgermeister (s. 1984) - Rathaus, 4400 Münster/W. - Geb. 18. Juli 1941, verh., 4 Kd. - Mitgl. Landesvorst. CDU Rheinl.-Westf.

TWORUSCHKA, Udo

Dr. phil., apl. Prof., Direktor Interdisz. Inst. f. Religionsgesch., Bad Münstereifel (s. 1982) - Blumenweg 2, 5358 Bad Münstereifel-Arloff (T. 02253 - 40 81; Telefax 02253 - 25 40) - Geb. 12. Febr. 1949 Seesen am Harz (Vater: Alfred T.; Mutter: Charlotte T.), ev., verh. s 1975 m. Dr. phil. Monika, geb. Funke (Islamwissenschaftlerin, Publizistin), 3 Kd. (Miriam, Christopher, Sarah)- Stud. Vergl. Religionswiss., ev. Theol. u. Angl. Univ. Bonn u. Köln; Promot. 1972 Bonn, Habil. 1979 Köln - 1979 Doz., 1984 apl. Prof.; s. 1982 Dir. s.o. - Publiz. Tätigk. im Hörfunk, Fernsehen u. Presse; Präs. Bund f. fr. Christentum; Intern. Forsch.proj. Islam in d. Schulbüchern d. Bundesrep. Dtschl., Intern. Forsch.proj. Islam in Textbooks - BV: Meth. Zugänge zu d. Weltrelig., 1982; D. vielen Namen Gottes, 1985; Analyse d. evang. Religionsbücher z. Thema Islam 1986. Herausg.: Vorlesebuch Fremde Religionen (m. Monika Tworuschka, 2 Bde. 1988). Mithrsg.: Ethik d. Religionen - Lehre u. Leben, 5 Bde. (1984-86), Kölner Veröff. z. Religionsgesch. (1983ff.); Forum Freies Christentum (s. 1984) - Liebh.: Schwimmen, Film, englischspr. Lit., Familie - Spr.: Engl., Latein, Griech.

TYMISTER, Hans Josef

Dr. päd., Prof. f. Erziehungswissenschaft - Hasselkamp 31, 2070 Großhansdorf (T. 04102 - 6 10 10) - Geb. 19. Febr. 1937 Aachen (Vater: Joseph T., Angest.; Mutter: Berta, geb. Jenzen), kath., verh. s. 1963 m. Elfriede, 2 S. (Markus, Karl) - Realsch., Sparkassenlehre; Päd. Hochsch. u. RWTH Aachen, Stud. Linguistik u. Erz.wiss., Dipl. 1972, Promot. 1974 - Volksschullehrer, Schulleit. Dtsch, 1978 o. Prof. Univ. Hamburg - BV: Schulaufs. - Texte f. Leser (m. and.), 1973 u. 1978; Konstruktion fachdidakt. Curricula, 1974; Projektorientierter Dtschunterr., 1975 u 1980; Lehrer u. Schüler machen Unterr. (m. and.), 1976 u. 1980; Didaktik: Sprechen, Handeln, Lernen, 1978; Deutschunterr. 5-10 (m. and.), 1980 - Liebh.: Individualpsych., Wandern - Spr.: Engl. - Lit.: van d. Kerkhoff, Lothar: Z. Verhältnis v. Sprachtheorie u. Sprachdidaktik, 1983.

TYRELL, Werner

Gutsbesitzer (Weinbau/Landw./Trakehner Gestüt), Ehrenpräs. Dt. Weinbauverb. (s. 1980) - Karthäuserhof, 5500 Trier-Eitelsbach (T. 0651 - 51 31) - Geb. 19. April 1916 Berlin (Vater: Albert T., Amtsgerichtsdir.; Mutter: Hedwig, geb. Pünder), kath., verh. s. 1947 m. Maria, geb. Rautenstrauch, 7 Kd. (Christoph, Constanze, Stephan, Clemens, Marcel, Markus, Wenemar) - Gymn. (Abit. 1934); Offz.- u. Generalstabsausbild.; 1947-49 Ausbild. Weinbau; 1949-50 Weinbaustud. Geisenheim - 1936-45 Berufsoffz. (berittl. Artl.; 1943 Major i. G.); 1945-47 engl. Kriegsgefangensch.; s. 1951 Betriebsf. u. Mitinh. (1955) Gutsverw. Karthäuserhof, 1950-64 Ehrenvors. Weinbauverb. Mosel-Saar-Ruwer, 1964-80 Präs. Dt. Weinbauverb., u. a. - Zahlr. Veröff. (Agrarpolitik, Weingesetz) - 1976 v.-Bassermann-Jordan-Med. DLG u. Gold. Med. Landw.kam. Rhld.-Pfalz; 1980 Gr. BVK; 1980 Müller-Thurgau-Preis Geisenheim; 1981 Prof.-Wilh.-Niklas-Med. - Liebh.: Musik, Pferde (eig. Trakehnerzucht) - Rotarier - Spr.: Engl., Franz., Ital. - Bek. Vorf.: Engelbert Humperdinck, Komp. (vs.); Onkel (ms.): Staatssekr. u. Oberdir. a. D. Dr. jur. Dr. jur. h. c. Hermann Pünder (s. dort); Bruder: Heribert T., Fabr. † 1970 (s. XVI. Ausg.).

TZSCHASCHEL, Gerta E., geb. Pütter

Public Affairs-Beraterin, Präs. Dt.-Thailänd. Ges., Vors. Kuratorium d. Aktion Gemeinsinn - Koblenzer Str. 89, 5300 Bonn 2 (Bad Godesberg) (T. 0228 - 36 47 55; Telefax: 0049-228-361894) - Geb. 22. Sept. 1914 Bonn (Vater: Prof. Dr. med. et phil. August Pütter; Mutter: Gisela, geb. Zitelmann), ev., verh. s. 1938, 4 Kd. (Monika, Timm, Inge, Sabine) - Beratung Management-Berat. Bonn; Ehrenämter - BV: Erste Wahl d. Bundespräs. in Berlin, 1954 - 1982 BVK 1. Kl.; 1984 Komturkreuz d. Ordens d. Krone v. Thailand - Spr.: Engl., Franz. Bek. Vorf.: Geheimrat Prof. Dr. Ernst Zitelmann (Großv. ms.).

U

UBER, Giesbert

Dr. jur., em. o. Prof. f. Öffftl. Recht - Roseneck 5, 4400 Münster/W. (T. 02501 - 31 59) - Geb. 20. Okt. 1921 Halle/S. - Univ. Hamburg (Rechtswiss.). Ass.ex., Promot. u. Habil. Hamburg. 1960-64 Privatdoz. Univ. Hamburg; 1964-87 o. Prof. Univ. Münster - BV: Freiheit d. Berufs, 1952; Wirtschaftsverf.- u. Wirtschaftsverw.recht, 1978.

UCKRO, von, Hanns-Detlef

Ministerialdirigent, Leiter Abt. Staatsvermögen, Hess. Min. d. Finanzen, Wiesbaden - Philipp-Holl-Str. 7, 6200 Wiesbaden (T. 06121 - 40 13 72) - Geb. 30. Okt. 1935 Uckro, ev., verw., 2 T. (Stefanie, Henriette) - AR-Vors. Lotterietreuhandges. mbH Hessen; stv. AR-Vors. Main-Gaswerke AG; stv. AR-Vors. Hess.-Nass. Versich. Anst.; Mitgl. Staatslotterieausch. Südd. Klassenlotterie; AR-Mitgl. Reinhardsquelle GmbH - Spr.: Engl., Franz.

UDE, Karl

Chefredakteur i. R., Schriftst., Redaktionsmitgl. Südd. Ztg. - Bauerstr. 9, 8000 München 40 - Geb. 14. Jan. 1906 Düsseldorf (Vater: Karl U., Angest.; Mutter: Ottilie, geb. Hahn), ev., verh. s. 1938 m. Renée, geb. Guggisberg, 2 Kd. (Karin, Christian) - Univ. Bonn, Marburg, München, Paris (Theol., Phil., German., Theaterwiss., Kunst- u. Musikgesch.) - Literatur- u. Theaterkrit., u. a. München-Augsbg. Abendztg., Berliner Neueste Nachr., Berliner Börsen-Ztg., Südd. Ztg. - BV: D. Ringen um d. Franziskus-Legende, N. 1932; Hier Quack!, Froschr. 1933; Schelme u. Hagestolze, Gesch. 1940; D. Pferde auf Elsenhöhe, N. 1942 (I. Preis Wettbew. D. Novelle d. XX. Jh.); D. Rettung, N. 1943; 14 Tännlein zuviel, Erz. 1948; D. Rollschuhlaufbüchlein, 1949; Abenteuer im Dezember, Erz. 1955; Damals, als wir Rollschuh liefen, Erz. 1956; Frank Wedekind, Biogr. 1966; Lothar Dietz, Monogr. 1966; Schwabing u. s. Kunstpreise, Ess. 1970; Malerdylles, Ess. 1975; Malerpoeten, Ess. 1976; Bauernromantik, Ess. 1978; Alltagsidylle, Ess. 1978; Künstlerromantik, Ess. 1979; München leuchtet, Bildband 1979; Friedrich Reiner, Biogr. 1980; Begegn. m. Bildhauern, Ess. 1982; Gold. München 1983, 1986. Hörsp. Albr. Magnus, Bismarck u. Virchow, D. Pferde auf Elsenhöhe, Bilderstürmer, Stützen d. Gesellschaft, Gyges u. s. Ring, Stadtbummel. Herausg.: Schriftenreihe Geist. München (1946-48); Welt u. Wort, Lit. Monatsschr. (1946-73, 28 Jahresbde.). Hier schreibt München (1962); Bes. Kennzeichen, Selbstporträts zeitgenöss. Autoren (1964); Denk ich an München (1966, m. Hermann Proebst); D. Ernst Hoferichter Buch (1977); Bearb.: Artur Kutscher, Wedekind (1964) - 1966 Med. „München leuchtet"; 1967 Tukan-Preis Stadt München, 1970 Essay-Preis Stiftg. z. Förd. d. Schrifttums München, 1976 Ernst-Hoferichter-Preis Stadt München, Schwabinger Literaturpr. - 1977 BVK; 1986 Med. München leuchtet in Gold; Ehrentukan - Liebh.: Kammermusik (Geige), Bücher.

UEBE, Ingrid, geb. Theissen

Autorin, freie Journalistin (s. 1982) - Hinter dem Heckelsberg 3, 5000 Köln 90 (T. 02203 - 8 58 85) - Geb. 7. Okt. 1936 Essen, ev., verw., T. Katja - Abit. - Redakt.-Volont. - Kulturredakt. NRZ Essen - BV: Bettina aus d. Windmühlenweg Nr. 7, 1977; D. kleine Brüllbär, 1984; D. Monsterchen, 1987; Pommi, Paula & Söhnchen (in Vorb.), 1990 -

Liebh.: Lesen - Spr.: Engl., Franz., Ital., Lat.

UEBEL, Erich

Fabrikant (Adoros Teppichwerke Uebel KG.) - Am Juliusturm 13-31, 1000 Berlin 20 (T. 334 10 44) - Geb. 17. Sept. 1912 Roßbach/Böhmen (Vater: Friedrich U., Fabr.), verh., 2 Kd. (Wolf-Dieter, Ursula) - Staatl. Lehranstalt f. Textilind., Asch.

UEBELACKER, Karl

Dr., Vorsitzender d. Geschätsfg. Schenker & Co GmbH - Hainer Weg 13-15, 6000 Frankfurt/M. 70 - Zul. Präs. Bundesbahndir. Essen.

UEBERHORST, Horst

Dr. phil., Prof. f. Sportwissenschaft - Drachenfelsstr. 23, 5307 Wachtberg-Niederbachem (T. 0228 - 34 41 19) - Geb. 25. Okt. 1925 Bochum, ev. - Stud. Dt., Gesch., Leibesüb. - 1952-56 Assist. Inst. f. Leibesüb. Univ. Bonn; 1956-65 Studien- u. Oberstudienrat Bonn; s. 1965 Leit. bzw. Dir. (1967) Inst. f. Leibesüb. u. o. Prof. (1970) Univ. Bochum; 1969-1970 Sportref. Kultusmin. NRW. 1974 Gastprof. Amherst, Mass. Mitgl. Intern. Olymp. Akad. u. American Acad. of Phys. Ed. - BV: Elite f. d. Diktatur, 1969; Zurück zu Jahn?, 1969; V. Athen b. München, 1969; Edmund Neuendorff - Turnführer ins III. Reich, 1970; Frei, Stark u. Treu. Die Arbeitersportbeweg. in Deutschland 1893-1933, 1973; Carl Krümmel u. die nationalsozialist. Leibeserzieh., 1976; Turner unterm Sternenbanner. D. Kampf d. dt.-amerik. Turner f. Einheit, Freiheit u. soz. Gerechtigkeit (1848-1918), 1979; Gesch. d. Leibesübungen, 7 Bde. 1972-88; F. W. v. Steuben, 1982; 100 J. Dt. Ruderverb., 1983; 125 J. Rhein.-Westf. Turnerbund, 1983; Wattenscheid: D. Freiheit verloren? E. Sozialgesch. 1986; Ausst. im Rahmen d. Ruhrfestsp. Recklinghausen: Sport im nat.soz. Dtschl., 1983; Olympia - d. Fest u. s. Bedrohung, 1984; Sport im Ruhrgeb. - s. Sozialgesch., 1986 - 1972 Ausz. Intern. Carl-Diem-Wettbewerb.

UEBERHORST, Reinhard

Freiberufl. Planer, MdA Berlin (1981-85) - Marktstr. 18, 2200 Elmshorn - Geb. 24. April 1948 Elmshorn - Stud. Rechts-, Sozialwiss. u. Sprachen Hamburg, Tübingen, Amsterdam. I. jurist. Staatsex. 1972; Politikwiss. Dipl. 1973 (Amsterdam) - Mitarb. Beratungsfirmen; 1974 ff. selbst. Auslandsaufenth. (u. a. 3 Mon. Westafrika). SPD s. 1966 (1976-81 MdB, 1981 Senator f. Gesundheit u. Umweltschutz, Berlin). Vors. Enquete-Kommiss. Zukünftige Kernenergiepolitik im 8. Dt. Bundestag.

ÜBERLA, Karl

Dr. med., Prof. f. Informationsverarbeit., Biometrie u. Epidemiologie, Institutsdir. Univ. München - Klinikum Großhadern, Marchioninistr. 15, 8000 München 70 (T. 70 95 44 91); priv.: Seeleiten 18, 8021 Icking - Geb. 29. Jan. 1935 Leitmeritz/Elbe (Vater: Dr. med. Karl U., Arzt; Mutter: Anni, geb. Wechtersbach), kath., verh. s. 1964 m. Heidi, geb. Bernhardt, 2 Söhne (Klaus, Jörg) - Stud. Med. Heidelberg, München, Innsbruck, Psych. Freiburg (Dipl.-Psych.). Promot. 1960 Freiburg; Habil. 1967 Mainz - S. 1967 Lehrtätigk. Univ. Mainz, Ulm (1968 Ord.) u. München (s. 1974). 1963 Gast Univ. Illinois (USA); 1981-85 Präs. Bundesgesundheitsamt, Berlin - BV: Faktorenanalyse, 1968 - Spr.: Engl.

UEBERSCHÄR, Kurt

Dr. jur., Rechtsanwalt, gf. Gesellschafter IBS-International Business Service-Dr. Ueberschär GmbH - Sozietätskanzlei: Fürther Str. 51, 8500 Nürnberg (T. 0911 - 28 84 44 od. 28 85 05); Am Bergwaldtheater 12, 8832 Weißenburg/Bay. (T. 09141 - 24 45) - Geb. 31. Okt. 1939 Brieg, verh. s. 1964 m. Med.-Dir. Dr. med. Wilfriede, 2 T. - Leit. Angest., selbst. Rechtsanwalt, MdB, Kreisrat - Spr:: Engl., Franz.

UEBING, Dietrich

Dr.-Ing. habil., Prof., Geschäftsführungsmitglied - Gartenstr. 15, 5206 Neunkirchen-Seelscheid 1 (T. 02247 - 25 96) - Geb. 16. Mai 1931 Düsseldorf, ev., verh. s. 1958 m. Anna Susanne, geb. Schneider, 2 T. (Brigitta, Ulrike) - Gymn. Ratingen; Stud. Ing.wiss. TH Stuttgart; Promot. 1959; Habil. 1966 - apl. Prof. 1971 Univ. Stuttgart; Staatl. Materialprüfungsanst. Stuttgart (10 J. Forsch. u. Lehre); TÜV Rheinl. (20 J. Mitgl. d. Geschäftsf.); AR Uni-Cardan AG, Siegburg; VR-Vors. G. Schneider, Metallwerk u. Verzinkerei GmbH & Co., Stuttgart; Mitgl., z. T. Vors. in nationalen u. intern. Aussch. - BV: Werkstoffprüfung d. Metalle, 1960; Werkstoffverhalten b. ruhender u. schwellender Innendruckbeanspruchung, 1967; Prognose d. Gefahr, 1969; Fortschritt d. Technk - m. Umsicht bedacht, 1973; Handb. d. Qualitätssicherung, 1980; Einflußgrößen d. Zeitsicherh. b. techn. Anlagen (m. D. Schlegel), 1985; Brockhaus Enzyklopädie. Herausg.: Kraftwerktechnik, Symposium üb. Zuverlässigkeitssteigerung u. Betriebsoptimierung (1974); Rohrfernleitungstechnik (1975); Angew. Bruchmechanik - Probl. aus d. Sicht d. Herst., Betreiber u. Überwacher (1976); Instandhaltungs-Symp. (1977); Intern. Symp. Qualitätssicherung (1978); The Quality of Nuclear Power Stations from American and German Viewpoints (1978); Entwicklungstendenzen b. Gefahrguttransport (1982); Wirbelschichtfeuerung (1982); Feuerungstechnik u. Umweltschutz (1985); Qualitätssicherung (1986). Rd. 75 Aufs. üb. Werkstoffragen, Bauteilfestigkeit, Anlagenzuverlässigkeit u. Qualitätssicherung - 1986 Don Bosco Med. d. Salesianerorden; 1986 BVK - Spr.: Engl., Franz. - Lit.: Kürschners Dt. Gelehrten-Kalender; Europ. Who is Who Enzyklop. - Who is Who in Westdeutschl.; Leitende Männer u. Frauen d. Wirtsch.

UEBLER, Emil-Georg

Dr. rer. techn., Dipl.-Volksw., Hauptgeschäftsführer Verb. d. Dt. Bleistiftindustrie, Geschäftsf. Wirtschaftsverb. Eisen, Blech u. Metall verarb. Industrie/Landesvertr. Bayern u. Metallguß Bayern - Schmausenbuckstr. 39, 8500 Nürnberg (T. 59 06 85; Büro: 20 44 41) - Geb. 26. März 1904 Nürnberg (Vater: Bernhard U.; Mutter: Neunsinger), verh. 1936 m. Elisabeth, geb. Neidhardt - Univ. München u. Berlin, TH München - Zeitw. Staatsdst. - Bayer. VO.; 1975 BVK I. Kl. - Liebh.: Sport, Fotogr. - Spr.: Engl., Franz.

ÜCKER, Bernhard

Journalist - Arcisstr. 52, 8000 München 40 (T. 272 28 06) - Geb. 29. Mai 1921 München (Vater: Hans Ü., Dipl.-Ing.; Mutter: Else, geb. Steinberger), kath., verh. s. 1950 m. Irmelin, geb. Hagspiel - Hum. Gymn.; Univ. München (German.) - S. 1945 Reporter, s. 1953 Kommentator, 1970-86 Abt.leit. Bayer. Rundf. Spez.: Arbeitsgeb.: Landespolitik - BV: Bayern - d. widerspenstige Freistaat, 1968; Löwen f. jedes Wetter, 1969; Wie Bayern unter d. Pickelhaube kam, 1970; D. Hohe Haus in Augenhöhe, 1971; Endstation 1920, 1972; Weißblaues Contra, 1974; Schwarz-Rot-Liberal, 1976; D. III. Königreich Bayern, 1979; Weißblaue Malaisen, 1985; D. Bayer. Eisenbahn, 1985 - 1968 Bayer. VO, 1974 Gold. Verfass.med., 1982 Ludwig Thoma-Med. - Spr.: Franz., Engl.

UECKER, Dietrich

Oberstadtdirektor v. Oberhausen - Schwartzstr. 72, 4200 Oberhausen/Rhld. - Geb. 13. April 1934.

UECKER, Gerd

Künstlerischer Betriebsdirektor Staatsoper München - Zu erreichen üb. Staatsoper München, Max Josephplatz 2, 8000 München 22 (T. 089 - 2 18 51) - Geb. 15. Sept. 1946, verh. s. 1970 m. Ingrid, geb. Müller - Hochschulstud. Musik; 1973 Musikdir. Passau-Landshut; 1979 Musikdir. u. Leit. Intendanzbüro Staatsoper München; schriftst. Tätigk. - Insz.: Opernlibretto Marat v. Walter Haupt, 1984 (Kassel), Pasolini; Übers. Ormindo v. Cavalli, 1984 - Spr.: Engl., Ital.

UECKER, Günther

Prof., Bildhauer, Lehrst. f. Bildh. Kunstakad. Düsseldorf - Düsseldorfer Str. 29a, 4000 Düsseldorf 11 (T. 0211 - 55 54 38) - Geb. 13. März 1930 Wendorf/Meckl. (Vater: Walter U., Bauer; Mutter: Charlotte, geb. Röglin), 3 Kd. (Marcel, Laura, Jacob) - 1951-55 Hochsch. f. angew. Kunst Berlin (O) u. Kunstakad. D'dorf (1953), 1951-58 angew. Kunst Wismar, Berlin/O. u. Kunstakad. Düsseldorf - S. 1955 freischaff. Nagelstrukturen. Entd. neuer bildner. Mittel (Experimente m. Lichterscheinungen u. Strukturmedien als Reflektionskörper). Arbeiten in- u. ausl. Museen (darunt. USA u. Japan), 1958 freischaffend. S. 1974 Lehrst. f. Freie Kunst Staatl. Kunstakad. D'dorf - BV: Weißstrukturen, 1962 - 1963 Beteiligung am Gr. Preis IV. Biennale San Marino, 1964 Förderungspreis d. Gr. Kunstpreises v. Nordrh.-Westf., 1965 Anerkennungspreis Jg. Biennale Paris; 1970 Biennale Venice; 1971 Biennale Sao Paulo; 1983 Kaiserring Stadt Goslar - Liebh.: Fliegen.

ÜCKER, Josef

I. Bürgermeister - Rathaus, 8137 Berg 1 - Geb. 13. Jan. 1922 Farchbach - Landw.

UEDING, Gert

Dr. phil., o. Prof. f. Allg. Rhetorik Univ. Tübingen (s. 1983, s. 1988 Dir. d. Seminars) - Rosenauer Weg 11, 7400 Tübingen 1 - Geb. 22. Nov. 1942 Bunzlau/Schles., verh. s. 1970 m. Cornelie, geb. Wähner - Stud. d. German., Phil., Kunstgesch. Univ. Köln, Tübingen; Promot. 1970; Habil. 1974 - 1968-70 Assist. Prof. E. Bloch; 1970-74 Assist. u. wiss. Rat (1973) TU Hannover; 1974-83 Prof. Univ. Oldenburg. Fachmitgl.sch. - BV: Schillers Rhetorik, 1971; Glanzvolles Elend, 1973; Ernst Bloch - Ästhetik d. Vor-Scheins, 1974; Einf. in d. Rhetorik, 1976; Lit. u. Utopie, 1977; Wilhelm Busch. D. 19. Jh. en miniature, 1977; Friedrich Maximilian Klinger - E. verbannter Göttersohn, 1981; Hoffmann und Campe, e. dt. Verlag, 1981; Rhetorik d. Schreibens, 1986; Grundriß d. Rhetorik, 1987; D. anderen Klassiker, 1987; Klassik u. Romantik. Dt. Lit. im Zeitalter d. Franz. Revolution, 1988.

UEHLEKE, Hartmut

Dr. med., Dipl.-Chem., Prof. f. Pharmakologie-Toxikologie, Ltd. Direktor Bundesgesundheitsamt a. D. - Karwendelstr. 13, 1000 Berlin 45 - Geb. 17. Aug. 1924 Holzminden (Vater: Dr. Rudolf U., Oberstud.rat; Mutter: Paula, geb. Reinking), ev., verh. s. 1955 m. Inge, geb. Patzke, 3 Kd. (Bernhard, Marianne, Rainer) - Med.-Stud. Univ. Marburg; Promot. 1953; Dipl.-Chem. 1958 München - 1955-58 Wiss. Assist. Max-Planck-Inst. f. Psychiatrie u. f. Biochemie München; 1958-74 Pharmakol. Inst. Tübingen; 1975 Bundesgesundheitsamt Berlin. 200 wiss. Publ.; Mithrsg. u. Wiss. Beirat v. 7 wiss. Ztschr. - 1969 E. Merck-Preis; 1970 Gold. Verdienstmed. Ital. Ges. f. Toxikol., New York Acad. of Sciences - Spr.: Engl.

UEKERMANN, Ulrich

Landwirt, Vorstandsmitgl. Lippe-Weser Zucker AG., Lage - 4912 Hölsen/Lippe - Geb. 10. März 1911.

UELHOFF, Klaus-Dieter

Dr. jur., Staatssekretär a. D., MdB (s. 1987) - Bundeshaus, 5300 Bonn 1 - Geb. 9. Jan. 1936 Finnentrop/Sauerl. - B. 1979 Landrat Pirmasens; b. 1985 Staatssekr. Min. d. Innern u. f. Sport; b. 1987 Staatssekr. Min. f. Umwelt u. Gesundheit Rhld.-Pfalz.

UELLENDAHL, Erich

Vorstandsmitglied Carl Prinz AG., Geschäftsführer Fr. Burberg & Co. GmbH., bde. Solingen - Sanatoriumsstr. 3, 7891 Ühlingen - Geb. 15. Nov. 1908.

UELNER, Adalbert

Dr. jur., Ministerialdirektor im Bundesmin. d. Finanzen - Im Erlengrund 23, 5205 St. Augustin 2 - Geb. 27. Okt. 1927 Olpe/Westf., ev., verh. s. 1953 m. Christel, geb. Fröning - AR-Mitgl. d. Industriekreditbank AG, Dt. Industriebank, Düsseldorf; Vorst.-Mitgl. d. Dt. Steuerjuristischen Ges., u. d. Dt. Vereinig. f. intern. Steuerrecht. Mithrsg. d. Dt. Steuerztg.

UELTZEN, Klaus-Jochen

Autor, Regisseur - Casparigasse 20, 8701 Sommerhausen/Ufr. (T. 09333 - 3 54) - Geb. 3. Dez. 1919 Berlin (Vater: Gerhard U., Bankier; Mutter: Charlotte, geb. Bluhmenthal), verh. s. 1981 m. Doris, geb. Müller, Zwill. Jean-Pierre u. Jean-Claude - Univ. Genf (Lit., Kunstgesch.) - Vornehmlich Fernsehdrehb. Festsp. z. Kulturgesch. (1981 Tilman Riemenschneider Würzburg). S. 1977 Sommerhäuser Impressionen - 1980 Rubens-Med. Lukas-Gilde Antwerpen - Spr.: Engl., Franz. - Großv. bek. Arzt Berlin.

UERLINGS, Hubert

Prof., - Eynattener Str. 80, 5100 Aachen (T. 6 36 62) - Gegenw. em. o. Prof. f. Didaktik d. Physik TH Aachen.

UETER, Carl

Dirigent, Prof. f. Orchesterdirigieren u. Kontrapunkt Staatl. Hochsch. f. Musik Freiburg - Möhlinstr. 11, 7801 Ehrenkirchen (T. Staufen 57 21).

UFFHAUSEN, Horst

Präsident a. D. OLG Oldenburg - Postenweg 37, 2900 Oldenburg/O. (T. 7 34 05) - Geb. 7. April 1909 Liep/Ostpr. (Vater: Valdemar U., Landwirt; Mutter: Clara, geb. Elmenthaler), ev., verh. m. Loren, geb. Zimmermann, 3 Kd. (Sabine, Karsten, Gisela) - Gymn.; Stud. Rechts- u. Staatswiss. Jurist. Staatsprüf. 1931 u. 34 - 1938 Landgerichtsrat Königsberg, 1949 Göttingen, 1950 Oberlandesgerichtsrat Celle, 1955 Regierungsdir. Nieders. Justizmin., 1959 Bundesrichter Bundesverw.gericht, 1966 Vizepräs., 1968-74 Präs. OLG Oldenburg u. Nieders. Staatsgerichtshof; 1971-77 Stud.leit. Verw.- u. Wirtsch.-Akad. Oldenburg, 1973 Vors. Schlichtungsst. f. Tarifstreitigk. d. nordw. Nieders. - 1974 Gr. BVK m. Stern - Spr.: Engl., Franz.

UGI, Ivar

Dr. rer. nat. (habil.), Prof., Inh. Lehrstuhl I f. Org. Chemie TU München - 8046 Garching (T. 089 - 32 09 33 30) - Geb. 5. Sept. 1930 - 1960 Privatdoz. Univ. München; 1967 Honorarprof. Univ. Köln; 1968-71 Prof. of Chemistry Univ. of Southern Calif., Los Angeles. Fachveröff.

UHDE, Hans

Dipl.-Ing., Aufsichtsrat Uhde GmbH., Dortmund - Toblacher Str. 9, 4600 Dortmund 50 (T. 73 20 67) - Geb. 29. Juli 1920 Bochum/Gerthe (Vater: Dr.-Ing. E. h. Friedrich U. † 1966; s. XIV. Ausg.) - Spr.: Engl. - Rotarier.

UHDE, Jürgen

Konzertpianist, Prof. Staatl. Hochsch. f. Musik Stuttgart - Sonnenhalde 15, 7120 Bietigheim/Württ. (T. 4 42 93) - Geb. 24. Sept. 1913 Hamburg (Vater: Landgerichtspräs.), ev., verh. m. Karoline, geb. Vocke - Musikhochsch. Berlin - Pianist; Lehrer; Musikschriftst. - BV: Bartóks Mikrokosmos, Béla Bartók; Beethovens Klaviermusik, 3 Bde. (1968/70/73) - Rotarier.

UHDE, Reinhard

Chefredakteur - Bgm.-Reuter-Str. 34, 2800 Bremen 41 (T. 467 32 18) - Geb. 30. Juli 1929 Bremen, verh. s. 1958 m. Ursula, geb. de Beek, 2 Töcht. (Corinna, Nicola) - Obersch. u. Schriftsetzerlehre (1946 ff.) Bremen - Schrifts.; s. 1960

Redakt. u. 1968-75 Chefredakt. Bremer Bürgerztg.; s. 1976 Ref. f. Presse- u. Öffentlichk.sarb. Bremer Bürgersch. 1965-71 MdBB. SPD - Spr.: Esperanto.

UHE, Ernst

Dr. phil., Prof. f. Berufspädagogik Univ. Hamburg - Zu erreichen üb. Univ., Sedanstr. 19, 2000 Hamburg 13 - Geb. 1939 - 1. Staatsex. 1965, 2. Staatsex. 1967, Promot. 1972 RWTH Aachen - Tätigk. als Zimmermann, Ing. u. Studienrat an e. berufsbild. Schule, Akad. Rat; s. 1980 Prof. in Hamburg - BV: D. Nationalsozialismus in d. dt. Schulbüchern, 1972, 2. A. 1975; Jugendarbeitslosigkeit u. Berufsvorbereitungsjahr, 1979.

UHE, Günter

Vorstandsmitglied d. B.A.T Cigaretten-Fabriken GmbH - Alsterufer 4, 2000 Hamburg 36; priv.: Sonnenberg 2, 2106 Bendestorf - Geb. 30. Jan. 1923 Stade - Spez. Arbeitsgeb.: Marketing.

UHEN, Leo

Dr. rer. pol., Partner Krüger & Uhen, Königstein, Associate Hill Samuel & Co. Limited, London - Kronberger Str. 9, 6240 Königstein - Geb. 29. März 1934 Aachen - Vors. Beir. Ems-Inventa Anlagenbau GmbH, Köln.

UHL, Alfred

Prof., Komponist, Präs. AKM (s. 1970) - Langackergasse 28, Wien XIX - Geb. 5. Juni 1909 Wien (Vater: Alfred U., Amtsdirektor; Mutter: Vilma, geb. Schipek), kath., verh. m. Friederike, geb. Widor, S. Peter - Realsch. u. Musikhochsch. Wien (Franz Schmidt). Diplom 1931 (m. Ausz.) - Lehrtätigk. Musikakad. Wien (o. Prof.). Orchester- u. Kammermusikw.; abendfüll. Kompos.: Oper: D. mysteriöse Herr X, Orat. Gilgamesch (n. d. Dichtung d. Sumerer), heit. Kantate Wer einsam ist, d. hat es gut (n. Texten v. Busch, Morgenstern u. Ringelnatz) - 1943 Schubert-Preis Wien, 1960 Gr. Österr. Staatspreis, 1961 Musikpreis Stadt Wien - Mitgl. Österr. Kunstsenat (1964); Direktoriumsmitgl. Ges. d. Musikfreunde Wien (1965) - Lit.: Alexander Witeschnik, A. U. (Bundesverlag, Wien).

UHL, Fritz

Kammersänger (Heldentenor) - Lindauer Str. 9, 8000 München 83 (T. 40 06 42) - Geb. 2. April 1928 Wien (Vater: Friedrich U., Versicherungsbeamter; Mutter: Käthe, geb. Lammel), kath., verh. s. 1953 m. Erika, geb. Stari †1988, S. Michael - Realgymn. u. Musikakad. Wien - S. 1952 Opernbühnen Graz, Luzern, Oberhausen, Wuppertal, München (1956), Wien (1961). Mitwirk. Bayreuther (1957ff.) u. Salzburger Festsp. (1968ff.). Gastsp. Europa, Nord-, Südamerika, Kanada, Japan, Korea. 85 Hauptpartien (spez. Richard Wagner u. Richard Strauss). Div. Schallplattenaufn. - 1962 Bayer. Kammers.; Silb. Franz-Schmidt-Med. Ges. d. Musikfreunde Wien, Richard-Wagner-Med. Bayreuther Festsp. - Liebh.: Schallpl. (Symphon. Musik), Bücher, Sport - Spr.: Ital., Engl.

UHL, Hugo

Bildhauer, Vizepräs. Zentralverb. d. Dt. Handwerks, Präs. Europ. Naturstein-Union, Bundesinnungsmeister Dt. Steinmetz-, Stein- u. Holzbildhauerhandw., AR-Vors. Zusatzversorgungskasse d. Steinmetz- u. Bildhauerhandw., Vorst.-Mitgl. Handw.kammer Rhein-Main, Arbeitsgem. Friedhof u. Denkmal, Präs. d. Zentralverb. d. dt. Naturwerksteinwirtsch. - Harheimer Weg 82, 6000 Frankfurt 56 (T. 50 10 61) - Geb. 19. Sept. 1918 Frankfurt/M., kath., verh., 2 Kd. (Reiner-Maria, Anna-Maria) - Bek. Arbeit: Weltmonument Flughafen Frankfurt. Planung u. Gestaltung div. Freizeit- u. Erholungszentren - Hess-Ehrenplak., Römer-Plak. Frankfurt in Bronze, Silber u. Gold, Dr.-Franz-Gurk-Med. Baden-Württ.; versch. Gold. Ehrennadeln; 1969 BVK I. Kl., 1979 Gr. BVK.

UHL, Ottokar

Mag. Arch., Architekt, o. Prof. f. Bauplanung u. Entwerfen Univ. Karlsruhe (s. 1973; 1976-79 Dekan Fakultät f. Arch.) - Hübschstr. 23, 7500 Karlsruhe (T. 81 51 80) - Geb. 2. März 1931 Wolfsberg/Kärnten (Mutter: Luise U.), kath., verh. s. 1955 m. Gertrude, geb. Mundsperger, 5 Kd. (Karin, Jakob, Clemens, Leonhard, Anna) - Stud. Akademie d. bild. Künste in Wien (Meistersch. Prof. Lois Welzenbacher); Dipl.-ex. 1953 - S. 1959 fr. Arch.; 1969-70 Gastprof. Washington Univ./USA; 1965-75 Lehrauftr. Akad. Wien - Bek. Bauw.: Studentenkapellen (1957-64), demontable Kirchen Wien (1960-63 u. 1964-67), Kirche Taegu/ Korea (1965), Kapelle u. Aufenthaltsraum (1966) u. Erweiterungsbau Gymn. (1969) Stift Melk, Gymn. Völkermarkt/Kärnten (1974), Wohnen morgen, Hollabrunn/Niederösterr. (1977), Wohnhaus Stadt Wien (1981), Wohnen m. Kindern, Wien (1984) - BV: Architektur in Wien von Otto Wagner b. heute, 1966; Lois Welzenbacher 1889-1955, Monogr. 1968 (m. F. Achleitner) - 1963 Österr. Staatspreis f. Arch.; 1973 Preis Stadt Wien f. Arch.; 1976 Kardinal-Innitzer-Würdigungspreis f. Naturwiss. - Spr.: Engl.

UHL, Sabine

Sozialpädagogin (grad.), Mitgl. Brem. Bürgerschaft (s. 1975) - Himmelskamp 23, 2820 Bremen 71 - Geb. 25. März 1945 Bremen, ev., verh., 3 Kd. - Gymn. Bremen; 1970-74 Hochsch. f. Sozialpäd. u. -ök. ebd. - Zul. Gruppenleit. Kindertagesheim Bremen.

UHLE, Hans-Joachim

Dr. agr. (habil.), Prof. - Ostpreußenstr. 81, 6238 Hofheim/Ts. (T. 06192 - 32 37) - Geb. 3. Nov. 1926 - Stud. Land- u. Volkswirtsch. - Mitarb. div. Forschungsinst. 1973 ff. Honorarprof. Univ. Gießen - BV: Branchenökonomik. Fachveröff.

UHLEN, Gisela

Schauspielerin - Prediger Platz 18, CH-8001 Zürich - Geb. 16. Mai Leipzig (Vater: August U., Opernsänger), verh. s. 1975 m. Beat Hodel, 2 T. (Barbara Bertram, Susanne Uhlen (s. dort) - Schauspiel- u. Ballettausb. - Div. Rollen b. Theater, Film u. Fernsehen; ab 1982 eig. TourneeTheater Wanderbühne Gisela Uhlen - BV: D. Glashaus, Roman e. Lebens, 1978 - 1979 Bundesfilmpreis in Gold (f.: D. Ehe d. Maria Braun) - Spr.: Franz., Engl.

UHLEN, Susanne,

geb. Kieling

Schauspielerin (eigentl. Susanne Steinberger) - Zu erreichen üb. Management Baumbauer, Keplerstr. 2, 8000 München 80 - Geb. 17. Jan. 1955 Potsdam (Vater: Wolfgang Kieling, Schauspieler (†); Mutter: Gisela Uhlen, Schauspielerin, s. dort), verh. s. 1978 m. Charly St., Kameramann, S. Florian - Gymn. (abgebr.); Ballett b. Tatjana Gsovsky - Rollen: u.a. Romeo u. Julia, Tartuffe, Schule d. Frauen, Armer Mörder (Theater); Wenn süß d. Mondlicht ..., Birdie, Engel, d. ihre Flügel verbrennen, B. z. bitteren Neige, D. Netz (Film); E. aufregende kl. Frau, D. Fall Angelika Kurtz, Wunnigel, Stella, D. Verhaftung, Stadt im Tal.; div. Gastrollen in: D. Kommissar, Derrick, D. Alte u. Tatort (Ferns.) - 1976 Bambi; 1980 Gr. Darstellerpreis Hersfelder Festsp. - Liebh.: Landleben, Reiten, Lesen, Innenarchitektur - Spr.: Engl.

UHLENBRUCK, Wilhelm

Dr. iur., Hon.-Prof. Univ. Köln, Richter am Amtsgericht Köln - Friedrich-Schmidt-Str. 39, 5000 Köln 41 (T. 0221 - 40 27 47) - Geb. 30. Okt. 1930 Köln (Vater: Prof. Dr. med. Paul U., Köln), kath., verh. s. 1962 m. Mechthild, geb. Ebeler, 3 Kd. (Antje, Jan, Tom) - Kaufm. Lehre Rheinbraun; Stud. Univ. München u. Köln (Rechtswiss.); jurist. Staatsprüf. 1958 Köln u. 1963 Düsseldorf - Richter am LG Bonn, Aachen u. AG Köln; s. 1968 Vors. d. Arbeitskr. f. Insolvenz- u. Schiedsgerichtswesen, Köln; 1978-85 Mitgl. d. Kommiss. f. Insolvenzrecht; 1979-83 Beirat Schmalenbach-Ges./Dt. Ges. f. Betriebswirtsch.; Vergleichsrichter im Verf. Herstatt-Bank, Köln. Lehrauftr. Jurist.- u. Wirtschaftswiss. Fak. Univ. Köln - BV: Abschreibungsges., 1974; Handb. d. Rechtspraxis, 1977; D. GmbH & Co KG in Krise, Konkurs u. Vergl., 1977/1988; Kommentar z. Konkursordnung, 1979/1986; Insolvenzrecht, 1979; Gläubigerberatung in d. Insolvenz, 1983; Sterbehilfe u. Patiententestament, 1983. Mithrsg.: Ztschr. Medizinrecht u. Konkurs-, Treuhand-, Schiedsgerichtswesen - Liebh.: Lit., Sport - Spr.: Engl., Franz.

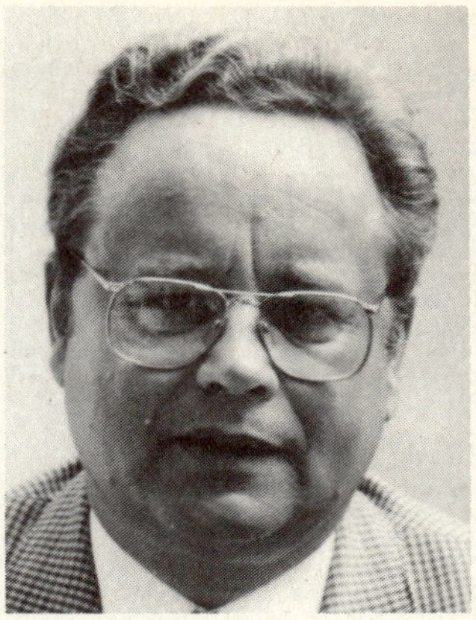

UHLENBUSCH, Jürgen

Dr. rer. nat., Prof. Univ. Düsseldorf - Ruhrstr. 30, 4006 Erkrath 2 (T. 02104 - 4 20 79) - Geb.: 2. Febr. 1935 Eitorf-Harmonie (Vater: Friedrich U., Lehrer; Mutter: Luise, geb. Frede), kath., verh. m. Dr. Leonore, geb. Detloff, T. Ingrid - Dipl. (Physik) 1960 TH Aachen, Promot. 1962 TH Aachen; Habil. 1966 ebd. - Lehrtätigk. TH Aachen (1969 apl. Prof., 1971 wiss. Rat u. Prof.); 1972ff. Prof. Univ. Düsseldorf; 1980/81 Dekan Math.-Naturwiss. Fak. Düsseldorf; 1982-85 zugl. Extraord. TH Eindhoven; 1982ff. Kurat.-Mitgl. d. Ständ. Arbeitsaussch. f. d. Tagungen d. Nobelpreisträger, Lindau; 1985ff. Prorektor f. Forsch. u. Wiss. Nachwuchs. Patente auf d. Geb. d. Lasertechnol. 130 Publ. üb. Plasma- u. Laserphysik - Liebh.: Klaviersp. - Spr.: Engl.

UHLIG, Anneliese

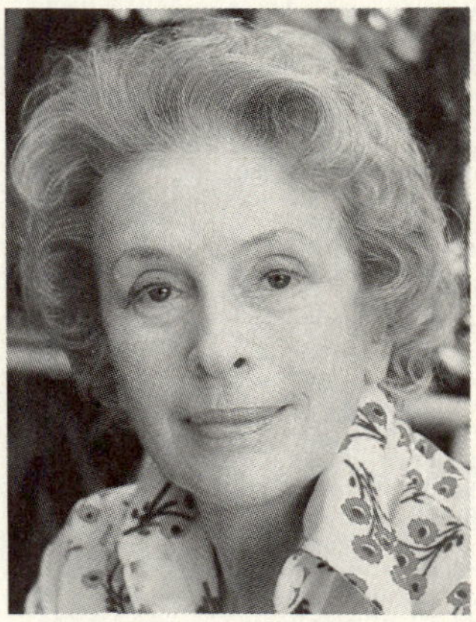

Schauspielerin, Autorin - 1519 Escalona Drive, Santa Cruz, CA 95060 U.S.A. - Geb. 27. Aug. Essen (Vater: Kurt U., Schausp.; Mutter: Margarete, geb. Maschmann, Operns.), verh. in 2. Ehe (1948) m. Douglas B. Tucker, S. Peter - Reimann-Sch. Berlin (Schauspielausbild.) - 1938-45 Schausp., Bühne, Funk, bes. Film (Hauptrollen: Manege, D. Stimme aus d. Äther, D. Vorhang fällt, D. Recht auf Liebe, Herz ohne Heimat, Verdacht auf Ursula, Golowin geht durch d. Stadt, Kriminalkommissar Eyck, Blutsbrüderschaft, Um 9 Uhr kommt Harald, D. Majoratsherr, Solistin Anna Alt, Ruf an d. Gewissen, Frau üb. Bord), 1941-43 Dreharb. in Ital., 1946-70 vornehml. journalist. Tätigk. Europa, USA (Weißes Haus, Wash.), Asien. 1963-65 Doz. f. Drama, Thammasat Univ.., Bangkok. 1971-82 Schausp. (u. a. Fernsehserie: Okay S.I.R., 32 Folgen; D. Klavier; D. Kommissar; Monddiamant; Der Winter der ein Sommer war; Der Haselnußstrauch - BV: Rosenkavaliers Kind, Erinn. 1977; Einlad. n. Kalifornien, 1981 - 1989 BVK I. Kl.; PEN Women, USA - Liebh.: Malerei, Fotogr., Reisen - Spr.: Engl., Ital., Franz. - Großeltern (Karl u. Anna U.) ebenf. Schausp. - V. Thea v. Harbou entdeckt.

UHLIG, Claus

Dr. phil., Prof. f. Anglistik u. Amerikanistik Univ. Marburg - Lindenweg 13, 3550 Marburg/L. - Geb. 5. Nov. 1936 Berlin (Vater: Heinz U., Kaufm. Angest.; Mutter: Käthe, geb. Loges), ev., verh. s. 1969 m. Lucette, geb. Christou, 2 Kd. (Roland, Olivia) - Bismarck-Obersch. Hamburg (Abit. 1957); 1957-62 Univ. Hamburg, Freiburg, Montpellier (Angl., Roman., Phil.). Staatsex. (Unterrichtsf. Engl. u. Franz.) 1962 Hamburg; Promot. 1966, Habil. (Engl. Philol.) 1972 ebd. - S. 1973 Ord. Univ. Hamburg u. Marburg (1978) - BV: Traditionelle Denkformen in Shakespeares trag. Kunst, 1967; Hofkritik im England d. Mittelalters u. d. Renaissance, 1973; Chaucer u. d. Armut, 1974; Lit. d. Renaissance, 1975 (m. Ludwig Borinski; Studienreihe Engl., 23); Theorie d. Literarhistorie: Prinzipien u. Paradigmen, 1982 - Liebh.: Bild. Kunst, bes. Malerei - Spr.: Engl., Franz.

UHLIG, Harald

Dr. phil., em. Prof. f. Geographie - Hofäckerweg 4, 6301 Krofdorf-Gleiberg (T. Gießen 8 27 15) - Geb. 1. März 1922 Dresden (Vater: Herbert U., Kaufm.; Mutter: Elisabeth, geb. Siebert), ev., verh. I) s. 1944 m. Sieglinde, geb. Eichhorn (†), II) s. 1979 m. Irmgard geb. Jüsten, 2 Kd. (Christine, Bernd) - TH Dresden u. Univ. Heidelberg (Geogr., Geol., Gesch., Wirtschaftswiss.; Promot. 1950). Habil. 1955 Köln - 1950-51 Mitarb. Bundesanstalt f. Landeskd.; 1951-52 Forschungsstip. Engl.; 1952-1960 Assist. u. Privatdoz. (1957 Diätendoz.) Univ. Köln; s. 1960 Ord. u. Inst.sdir. Univ. Gießen. 1973-1975 1., 1975-77 2. Vors. Zentr.verb. d. Dt. Geogr. Spez. Arbeitsgeb.: Süd- u. Ostasien Vors. Intern. Arbeitsgr. f. d. Terminologie d. Agrarlandsch. Intern. Geographen-Union; Mitgl. Standing Committee on Geogr. Pacific Science Congress; Mitgl. Leopoldina, Akad. Dt. Naturforscher; korr. Mitgl. Akad. f. Raumforsch. u. Landesplan. - BV: D. Altformen d. Wettersteingebirges m. vergl. Unters. in d. Allgäuer u. Lechtaler Alpen, in: Forsch. z. dt. Landeskd., 1954; D. Landkr. Kreuznach, in: D. dt. Landkr., Reihe Rhld.-Pfalz, Bd. 1 1954; D. Kulturlandschaft - Meth. d. Forsch. u. d. Beisp. Nordostengl., in: Kölner Geogr. Arbeiten, Bd. 9/10 1956; Indonesien, 1973; Fischer, Länderkd. SO-Asien, 1975, Neubearb. 1987; Geogr. Exkurs. Führer Mittleres Hessen, 3 Bde. 1980 (m. W. Schulze); Z. Entwicklung d. Vergl. Geogr. d. Hochgebirge, Wege d. Forschung, Bd. CCXXIII, 1984 (m. W. Haffner). Zahlr. Fachaufs. - Lit.: Festschr. z. 60. Geb. v. H. Uhlig, 2 Bde.; Geogr. Zeitschr., Beih. 58/59, 1982.

UHLIG, Helmut

Volkshochschuldirektor a. D., Schriftst. - Hessenallee 12, 1000 Berlin 19 (T. 304 42 22) - Geb. 18. Mai 1922 Chemnitz/Sa., ev., verh. s. 1944 m. Margitta, geb. Müller, 3 Kd. (Kirstin-Sylva, Wolf-Rüdiger, Christian-Alexander) - Univ. Wien (German., Phil., Kunstgesch.) - BV: André Gide oder Die Abenteuer d. Geistes, 1948; Adalbert Stifter, 1950; Amerik. Lit., in: Handb. d. Amerikakd., 1952; Ess. üb. Heym, Trakl, Stadler, Goll, Benn, Becher, in: Expressionismus - Gestalten e. lit. Beweg., 1956; Gott-

UHLIG, Horst
Dr. med. dent., Prof., Zahnarzt - Osterstr. 1, 2262 Leck Kr. Südtondern (T. 3 68) - Geb. 16. März 1912 Leipzig - S. 1951 (Habil.) Privatdoz. u. apl. Prof. (1959) Univ. Kiel (Pathol. Inst.).

UHLIG, Siegbert
Dr. theol., Dr. phil., Privatdozent Univ. Osnabrück - Bahnhofstr. 104, 2000 Norderstedt 1 (T. 040 - 522 51 37) - Geb. 16. Febr. 1939 Königsberg, verh. s. 1962 m. Waltraud, geb. Lippert, 2 Söhne (Hilmar, Sven) - Stud. Ev. Theol., Promot. (Dr. theol.) 1969 Rostock; Stud. Semitistik, Promot. (Dr. phil.) 1983 - Mitarb. in Forschungsstelle f. Hist. Paläsinakado. (Univ. Osnabrück). Spez. Arbeitsgeb.: Äthiop. Paläographie u. Handschriftenkde., Evaluierung d. äthiop. Handschr. d. Neuen Testaments, äthiop. Textkritik - BV: Hiob Ludolfs Theologia Aethiopica, 1983; D. äthiop. Henochb. - Jüd. Schr. aus hellenist.-röm. Zeit, 1984; Äthiop. Paläographie, 1988. Herausg.: Africa aktuell (1989). Mithrsg.: Collectanea Aethiopica.

UHLIG, Sigmar
Dr. jur., Oberstaatsanwalt b. Bundesgerichtshof - Neuenburger Str. 15, 1000 Berlin 61 (T. 030 - 2 59 61) - Geb. 3. Dez. 1936 Altenburg/Thür. - Promot. Bonn - Richter in Bonn; Ref.-Leit. Bundesmin. d. Justiz; Leit. Dienstst. Bundeszentralreg. - BV: BZRG (m. Rebmann); IRG (m. Schomburg).

UHLMANN, Günther
Dr. med., Prof., Gynäkologe - Peter-Nonnenmühlen-Allee 46, 4050 Mönchengladbach (T. 1 44 88) - Geb. 4. Nov. 1918 Oschatz/Sa. - S. 1959 (Habil.) Lehrtätig. Univ. Hamburg (1965 apl. Prof. f. Geburtshilfe u. Frauenheilkd.); zul. Chefarzt Ev. Krkhs. Bethesda. Fachveröff. - Spr.: Engl. - Rotarier.

UHLMANN, Werner
Dr. rer. nat., o. Prof. f. Statistik - Rottendorfer Str. Nr. 11, 8708 Gerbrunn (T. Würzburg 70 72 06) - Geb. 30. Sept. 1928 Hamburg, verh. s. 1950 m. Erika, geb. Kirchner - 1948-52 Univ. Hamburg (Math.; Dipl.-Math.). Promot. 1955; Habil. 1961 - 1956-61 Assist. Univ. Hamburg; 1961-65 Dozent TH Braunschweig (Angew. Math.); 1962-63 Lehrstuhlvertr. TH Karlsruhe; s. 1965 Ord. Univ. Würzburg (Vorst. Inst. f. Statistik; 1969-71 Rektor). 7 Fachmitgliedsch. - BV: Statist. Qualitätskontrolle, 1982; Kostenoptimale Prüfpläne, 1969. Üb. 20 Einzelarb. Herausg.: Ztschr. Metrika (1966ff.), 1973 Bayer. VO.; 1982 VK am Band VO d. Bundesrep. Deutschl.- Spr.: Engl.

UHRENBACHER, Werner
Dr. rer. pol., Botschaftsrat I. Kl. - Groot Hertoginnelaan 18-20, Den Haag/Niederlande - Kath., verh. s. 1951, 4 Kd. (Christina, Ingeborg, Rainer, Michael) - Gymn. Lörrach (Abit. 1940); 1945-50 Univ. Salzburg, Basel (1946), Lausanne (1950). Promot. 1950 Basel - Industrietätigk. Schweiz; s. 1952 AA Bonn (Auslandsposten: Ankara, Rangun, Karachi/Wirtschaftsref., Ottawa/Botschaftsrat, New Delhi/Leit. Wirtschaftsabt.) - BV: Türkei, 1957; Pakistan-Studie z. Entwicklungshilfe, 1972.

UHRIG, Karl-Theodor
Oberstudiendirektor a.D., MdL Baden-Württ. (s. 1967) - Am Schießrain 12, 7630 Lahr/Schwarzw. (T. 2 43 28) - Geb. 14. Juni 1923 Mannheim, ev., verh., 4 Kd. - Gymn. Lahr (Abit. 1940); 1945-49 Univ. Freiburg (Gesch., German.). Staatsex. 1949 u. 50 - 1940-1945 Wehrdst. (zul. Oblt.); s. 1951 Schultätigk. Lahr (ehem. Leit. berufl. Gymn., Kaufm. Berufsfach- u. Berufssch., s. 1980 a. D.). 1962 ff. Mitgl. Stadtrat Lahr; 1965 ff. MdK ebd. CDU (1956 stv. Kreisvors.); Vors. Kulturpolit. Aussch. Landt. BW - 1974 BVK, 1978 BVK I. Kl.; 1983 Gr. BVK.

UHRMANN, Hans-Günter
Betriebswirt, Geschäftsf. Black & Decker GmbH, Idstein - Zu erreichen üb. Black & Decker-Str. 40, 6270 Idstein (T. 06126 - 2 13 30) - Geb. 16. Febr. 1930 Krefeld, kath., verh. s. 1972 m. Regina, geb. Radestock - AR-Vors. Black & Decker Jugoslavija; Dir. Band Intern. Ltd., Slough b. London - Spr.: Engl.

UIHLEIN, Kurt Heinz
Konsul, Kaufmann, Geschäftsführer u. all. Inh. Tapetenhaus Uihlein GmbH & Co KG, Hannover - Ludwig-Barnay-Str. 2, 3000 Hannover (T. 0511 - 1 20 46) - Geb. 14. Nov. 1919 Bad Harzburg (Vater: Heinrich U., Kaufm.; Mutter: Martha, geb. Wörmcke), verh. s. 1951 (Ehefr. Brigitte), 2 Kd. (Klaus-Peter, Jürgen) - Obersch. u. Internat; Ausb. Bankkfm. - Versch. Fachmitgliedsch. - BV: Hollands Beitrag zum Bau der Vereinten Europa, 1970 + Orden Al Isticlal II. Kl. u. Orden Independence III. Kl. d. Hashemit. Königr. v. Jordanien u. BVK I. Kl.; Königl. jordan. Konsul f. Nieders. - Spr.: Engl., Franz. - Bek. Vorf.: Heinrich Peter Uihlein, Studienrat - Einführung d. Volksschulen in Dtschld. (Urgroßv.).

ULBERT, Günter
Dr. phil., Prof., Archäologe - Primelweg 5, 8137 Berg 3-Allmannshausen (T. 08151 - 5 19 91) - Geb. 20. Juni 1930 Augsburg, verh. s. 1957 m. Dr. Ute, geb. Schede, 3 Kd. (Cornelius, Corinna, Caroline) - S. 1964 (Habil.) Lehrtätig. Univ. München (1969 apl. Prof., 1970 Prof.; Provinzialarchäol. Archäol.). 1968ff. Leit. Ausgrab. Auerberg. Zahlr. Fachveröff., auch Bücher - 1968 Mitgl. DAI.

ULBERT, Walter
Geschäftsführer Arbeiterwohlfahrt/Bezirksverb. Südwürtt./Bezirksverb. Südwürtt.-Hohenzollern - Neuhauser Str. 9, 7200 Tuttlingen.

ULBRICH, Rolf
Dr. phil., Prof. f. tschech. Sprache u. Literatur FU Berlin - Corneliusstr. 3,

1000 Berlin 46 (T. 030 - 771 32 55) - Geb. 26. Dez. 1920 Gablonz (Sudetenland) (Vater: Rudolf U., Lithograph; Mutter: Elfriede, geb. Wildner), kath., verh. s. 1969 m. Jutta, geb. Pannhorst, selbst. Apothekerin) - Gymn. (Abit. 1940); Stud. (dazw. b. 1945 Soldat), Staatsex. 1949, Promot. 1953 (Slavistik u. Roman.) Univ. Leipzig - 1949/50 Volont.assist. u. Übers., s. 1952 Lehrbeauftr. Slav. Inst. Univ. Leipzig, 1953 Lektor, Gastdoz. Univ. Jena, 1959 Lehrbeauftr. FU Berlin, 1960 Lektor, 1970 Prof. Berlin - BV: Polyglott-Sprachf. Tschech. 1964ff.; Langenscheidts Taschenwörterb., Tschech., 1978; D. alttschech. Tkadleček u. d. and. Weber - Waldenserlit. in Böhmen um 1400, 1980; Themen u. Wesenszüge d. tschech. Phil., 1984; Tkadleček u. Ackermann - Waldenserlit., Humanismus, Theol. u. Politik um 1400 in Böhmen, 1985; D. zeitlose Zeit, eig. Ged. 1988; Russ. Phil. u. Marxismus, in: Festschr. f. R. Olesch, 1989; Tschech. Erzähler. Ausgew., übers. u. eingeleitet, 1958; Übers.: L.S. Berg: Gesch. d. russ. geogr. Entd., 1954; N. Tscherkassow: In Indien, (aus d. Russ.), 1955; B. Machulka: Auf Wildpfaden in Afrika, 1957 u. 1959 (a. d. Tsch.); W. Bykow: D. Toten haben keine Schmerzen (R. a. d. Russ.), 1967; J. Karásek ze Lvovic: La conversión de Raimundo Lulio (Nov. aus d. Tschech. ins Span.), 1971; H. Bento de Gouveia: Stille Wasser v. Madeira (R. aus d. Portug.), 1976; u.a. - Ständ. Mitarb. Verlag Brockhaus (Tschech., Slowak., Weißruss., Sorbisch) - Liebh.: Fremdspr., bes. Chinesisch, Gesch., Geogr., Reisen in alle Welt - Spr.: Tschech., Russ., Franz., Span., Portugies.

ULBRICHT, Dieter
Rechtsanwalt, gf. Vorstandsmitgl. Bundesverb. d. Kaffeemittelindustrie, Bonn - Gartenstr. 2, 6080 Groß-Gerau/Hessen - Geb. 21. Febr. 1927 - Tätigk. Generalbevollm. u. Chefjustitiar Nestlé Dtschl. AG, Frankfurt/M.

ULBRICHT, Günther
Dr.-Ing., Prof., Physiker - Anton-Ferstl-Str. 23, 8031 Wessling/Obb. (T. 16 07) - Geb. 12. Mai 1905 Leipzig, ev., verh., 3 Kd. (Dr. Wolfgang; Dr. Klaus; Barbara) - TH Dresden (Dipl.-Ing. 1929) u. Hannover (Promot. 1931) - 1934-56 Telefunken AG. (Abt.sleit. Geräteentwickl.); 1956-70 Dt. Versuchsanst. f. Luft- u. Raumfahrt (Leit. Inst. f. Flugfunk u. Mikrowellen. B. 1966 Lehrbeauftr., dann Honorarprof. TU Berlin (Funkortung). Zahlr. Mitgliedsch. Fachveröff. - Spr.: Engl.

ULDALL, Gunnar
Dipl.-Volksw., Unternehmensberater, MdB (s. 1983, Landesliste Hamburg) - Bundeshaus, 5300 Bonn 1 - Geb. 17. Nov. 1940 Hamburg (Vater: Dr. Hans U., Komponist; Mutter: Ruth, geb. König), ev., verh. s. 1968 m. Lore, geb. Lampe - Walddörfersch. u. Univ. Hamburg (1962-1966; Volksw.) - 1960-62 Militärdst. Luftw. (Flugmeldeoffz., zul. Oblt. d. R.); s. 1967 Unternehmensberater, Geschäftsf. Uldall Unterneh-

mensberat. u. Hansa Marketing u. Werb., Hamburg; s. 1984 Partner Mummert u. Partner; 1966-83 MdHB. CDU - Liebh.: Musizieren - Spr.: Engl., Franz., Dän.

ULDERUP, Jürgen
Dr.-Ing., Fabrikant, Lemförder Metallwaren AG., Lemförde - Haldem 290, 4995 Stemwede 2 (T. 05474 - 6 02 45) - Geb. 11. Okt. 1910 Cuxhaven - Vors. BR Lemförder Metallwaren Jürgen Ulderup AG & Co; stv. AR-Vors. Lemförder Metallwaren AG, Lemförde; AR-Vors. Lemförder Metal France SA, AR-Vors. Compagnie Financiere d. Cardans SA, France; Vors. AR Ansa Lemförder S.A., Espana - Rotarier.

ULE, Carl-Hermann
Dr. jur., Dr. h. c. (Keio), o. Prof. f. Öffntl. Recht (emerit.) - Oberer Gaisbergweg 9, 6900 Heidelberg (T. 2 78 32) - Geb. 26. Febr. 1907 Stettin (Vater: Alfred U., Kaufm.; Mutter: Emma, geb. Vollbrecht), ev., verh. s. 1934 m. Ursula, geb. Bosert, 2 Söhne (Wolfgang, Hans Michael) - Schiller-Realgymn. Stettin; Univ. Freiburg/Br., Berlin, Jena (Promot. 1930). Habil. 1940 München - 1933-43 Landgerichtsrat Kiel u. München (1938), 1943-48 LGsdir. Bonn, 1948-49 Reg.sdir. Zentraljustizamt Hamburg, 1949-55 Senats- u. Vizepräs. (1951) OVG Lüneburg, 1951-55 Honorarprof. Univ. Göttingen, 1955-72 o. Prof. Hochsch. f. Verwaltungswiss. Speyer (zeitw. Rektor). 1956-72 Studienleit. Verwaltungs- u. Wirtschaftsakad. Rhein-Neckar - BV: D. Verwaltungsgerichtsbarkeit u. d. Verhältnis v. Justiz u. Verwaltung, 1949; D. Bonner Grundgesetz u. d. Verwaltungsgerichtsbarkeit, 1950; Gerichtl. Rechtsschutz im Beamtenrecht, 1951; Gesetz üb. d. Bundesverwaltungsverf. (Handkommentar), 1952; Verwaltungsgerichtsbarkeit (Komm.), 2. A. 1962; Öffntl. Dienst, 1962; Verwaltungsprozeßrecht - E. Studienbuch, 9. A. 1987; Verwaltungsverf. im Rechtsstaat, 1964 (m. F. Becker); Allg. Polizei- u. Ordnungsrecht (Komm.), 1965 (m. E. Rasch); Beamtenrecht, 1970; Bundes-Immissionsschutzgesetz, 1974ff.; Verwaltungsverfahrensrecht, 3. A. 1986 (m. H.-W. Laubinger). Mithrsg.: Dt. Verwaltungs-Blatt, Verwaltungs-Archiv u. Ztschr. f. Beamtenrecht - 1973 Ehrenmitgl. Japan Public Law Assoc; Ehrenmitgl. Ges. f. deutsche Sprache; Gr. BVK; Japan. Orden v. Heiligen Schatz, Stern m. gold. u. silb. Strahlen.

ULE, Günter
Dr. med., o. Prof. f. Neuropathologie - Landfriedstr. 5, 6900 Heidelberg (T. 2 02 35) - Geb. 28. Nov. 1920 Tilsit - S. 1957 (Habil.) Lehrtätig. Univ. Kiel (1963 apl. Prof.) u. Heidelberg (1964 ao., 1965 o. Prof.; Dir. Inst. f. Neuropathol.). Div. Fachveröff.

ULEER, Hans Christoph
Dr. jur., gf. Vorstandsmitglied, Verb.-Direktor Verb. d. priv. Krankenversicherung (s. 1971) - Bayenthalgürtel 26, 5000 Köln 51 (T. 0221 - 376 62-0) - Geb. 24. Jan. 1937 Merschwitz/Sachsen - Veröff. u. a.: 100 Fragen z. priv. Krankenversich.

ULEER, Nikolaus
Dipl.-Volksw., Geschäftsführer Dr. Otto Suwelack Nachf. GmbH & Co (Zuständigk.: Marketing, Vertrieb, Verwaltung, s. 1986) - Josef-Suwelack-Str., 4425 Billerbeck/Westf. - Geb. 25. Sept. 1941 Merschwitz/Sa., verh. s. 1969 - Dipl.-Volksw. Univ. Frankfurt; wiss. Assist. ebd. 1983-86 Vorstandsvors. Fischwirtsch. Marketing-Inst., Bremerhaven.

ULICH, Klaus
Dr. oec. publ., Dr. phil. habil., Prof. f. Schulpsychologie Univ. München (s. 1980) - Winzererstr. 98, 8000 München 40 - Geb. 27. Juli 1943 Kassel, ev., verh. s. 1969 m. Christa, geb. Drechsel, 2 S. (Marcus, Michael) - Stud. Univ. München; Dipl.-Soz. 1968; Promot. 1971; Habil. 1975 - Lehrerfortbildung, El-

ternbeiräte - BV: Sozialisation in d. Schule, 1976; Lehrerberuf u. Schulsystem, 1978; Schüler u. Lehrer im Schulalltag, 1983; Schule als Familienproblem?, 1989. Herausg.: Wenn Schüler stören (1980). 20 wiss. Beitr. in Fachztschr. u. Sammelw. - Liebh.: Politik, Sport, Schach.

ULLERICH, Fritz-Helmut

Dr. rer. nat., o. Prof. f. Allg. Zoologie - Albert-Einstein-Str. 3, 2308 Preetz (T. 04342 - 8 33 03) - Geb. 10. Sept. 1933 Gr.-Brütz/Meckl. (Vater: Hans U., Pastor; Mutter: Elisabeth, geb. v. Fumetti), ev., verh. s. 1962 m. Rosemarie, geb. Borck, 2 S. (Hansjörg, Stefan) - Oberschule Schwerin; Univ. Tübingen u. Göttingen (Zool., Botanik, Chemie), Promot. Göttingen 1962, Habil. Würzburg 1970 - 1962-66 Wiss. Assist. Max-Planck-Inst. f. Zellbiol. Tübingen, 1966-70 Zool. Inst. Würzburg, 1970 Priv.doz. f. Zool. u. Cytogenetik Univ. Würzburg, 1971 Abt.vorst. u. Prof. Zool. Inst. Würzburg, 1975 apl. Prof., s. 1977 o. Prof. f. Allg. Zool. Univ. Kiel (Dir. Zool. Inst.). Spez. Arbeitsgeb.: Genetik - Spr.: Engl.

ULLERICH, Klaus

Dr. med., Prof., Direktor Augenklinik Städt. Kliniken Dortmund (s. 1960) - Beurhausstr. 40, 4600 Dortmund (T. 542 21 400) - Geb. 26. Juni 1919 (Vater: Otto U., Reg.svermessungsrat; Mutter: Meta, geb. Bergen), verh. s. 1967 m. Eva, geb. Schmieder - Promot. 1944; Habil. 1955 - S. 1955 Privatdoz. u. apl. Prof. (1961) Univ. Hamburg (u. a. Oberarzt Augenklinik). 1973 ff. Vors. Dt. Ophthalmolog. Ges. - BV: Hypophysen - Schilddrüsenerkrankungen u. endokrine Ophthalmopatie, 1958 (m. W. Horst; Probleme entzündl. Augenaffektionen, 1974 (m. G. Meyer-Schwickerath); Fortschritte in d. Diagn. u. Ther. d. primären Glaucoms, 1976 (m. Meyer-Schwickerath); Mod. Diag. raumfordernder Prozesse d. Orbita, 1976 (m. Tänzer u. a.). Etwa 140 Fachveröff. - 1957 Curt-Adam-Preis; 1974 Ernst-v.-Bergmann-Plak.

ULLMAIER, Hans

Dr. techn., Prof. f. Physik RWTH Aachen - Berliner Str. 79, 5170 Jülich (T. 02461 - 61 31 60) - Geb. 8. Aug. 1936 Stockerau/Österr. (Vater: Josef U.; Mutter: Hedwig, geb. Hodik), verh. m. Brigitte, geb. Grädigk, S. Johannes - Stud. TH Wien; Promot. 1963; Habil. 1974 Aachen - 1964-66 Oak Ridge Nat. Labor.; 1967-73 KFA Jülich; 1974 Oak Ridge Nat. Labor.; 1975-84 KFA Jülich; 1985 Univ. Innsbruck; s. 1986 KFA Jülich. Gastprof. Bombay, Sao Paulo, Triest, Wien - BV: Irrev. Prop. of Type II Superconductors, 1975; rd. 75 Fachveröff.

ULLMANN, Elsa

Dr. rer. nat., ao. Prof. f. Pharmazeut. Technologie i. R. - Sambergerstr. 6, 8000 München 71 (T. 79 57 50) - Geb. 20. Febr. 1911 - S. 1953 (Habil.) Privatdoz., apl. (1961) u. ao. Prof. (1964) Univ. München (Vorst. Pharmaz.-Technol. Abt./Inst. f. Pharmazie u. Lebensmittelchemie) - BV: Chem. Unters. v. Arzneigemischen, Spezialitäten u. Giftstoffen, 2. A. 1960 (m. Eugen Bamann). Üb. 100 Einzelarb.

ULLMANN, Klaus

Dr. jur., Ministerialrat a. D., Vorstandsmitgl. Frankfurter Hypothekenbank (s. 1973) - Junghofstr. 5-7, 6000 Frankfurt/M. (T. 2 98 98-0) - Geb. 7. April 1925 Gleiwitz/OS. (Vater: Otto U., Landgerichtsrat; Mutter: Christa, geb. Schweitzer), verh. m. Olga, geb. Leder, 3 Kd. (Christian, Gebhard, Bettina) - Gymn.; Stud. Rechtswiss. - U. a. Bundesfinanzmin., Bonn (zul. Min.rat) u. Dt. Siedlungs- u. Landesrentenbank, Berlin/Bonn (1969-1973 Vorstandsmitgl.) - BV: Schlesien-Lexikon, 1979 - Liebh.: Literatur, Musik - Spr.: Franz., Engl.

ULLMANN, Uwe

Dr. med., Prof., Arzt f. Med. Mikrobiologie u. f. Hygiene, Direktor d. Abt. Med. Mikrobiologie Klinikum d. Univ. Kiel, Leiter d. MUA Schl.-H. - Brunswiker Str. 4, 2300 Kiel - Geb. 10. Nov. 1939 Ludwigshafen (Vater: Dr. jur. Heinz U., Ltd. Reg.dir.; Mutter: Marianne, geb. Nieser), ev., verh. s. 1965 m. Anneliese, geb. Gentz, 2 S. (Sven, Arne) - Univ. Saarbrücken, Homburg u. Heidelberg - 1968 wiss. Assist. Hygiene-Inst. Univ. Tübingen, 1974 Doz. u. 1978 apl. Prof. ebd. - S. 1980 Lehrst. Univ. Kiel, Leit. FB Mikrobiol., Normenaussch. Med. DIN Berlin, Beirat DGHM, Wiss. Beirat PEI d. BMJFG, WHO. 190 Veröff., dar. Buchbeitr., 2 Monogr. - Spr.: Engl.

ULLRICH, Christian

Dr. rer. nat., o. Prof. f. Didaktik d. Biologie Päd. Hochschule Ruhr/Abt. Hagen - Buschstr. 83, 5800 Hagen-Helfe (T. 6 35 25) - Geb. 27. Okt. 1932 Duisburg - S. 1964 Lehrtätigk. PH Hagen bzw. Ruhr/Abt. Hagen (1966 Ord.).

ULLRICH, Erich

Dr. jur., Dipl.-Kfm., Rechtsanwalt u. Fachanw. f. Steuerrecht, Präs. IHK Würzburg-Schweinfurt (1967-71, Vizepräs. 1967 u. 1971-78), Ehrenvorsitzender Motorflug-Club Haßfurt, Mitgl. Rundfunkrat Bayer. Rundf. (1973-84), Vorstand AOK Schweinfurt (1953-80, Vorst.-Vors. 1976-80), Steueraussch. u. Etatkommiss. DIHT - Amonshöhe 10, 8728 Haßfurt/Sylbach (T. 2 31) - Geb. 10. Juli 1913, ev., verh. I) Lilo, geb. Schuck (durch Fliegerangriff †), T. Brita, II) Roswitha, verw. Schmid, geb. Knörl (Enkelin d. Kommerzienrats Nikolaus Mölter), T. Doris, Stiefs. Klaus-Georg - Oberrealsch. Fulda; Univ. Halle u. Frankfurt (Rechtswiss., Betriebsw.; Dipl.-Kfm. 1938, Promot. 1939). Jurist. Staatsprüf. 1937 u. 40 - Wehrdst. u. sowjet. Kriegsgefangensch. (1945-49) - Ehrenvors. Adac-Ortsclub Haßfurt (Gründungsvors.); 1971 Bayer. VO.; 1975 Gr. BVK; 1979 Ehrenmitgl. Vollvers. IHK Würzburg-Schweinfurt.

ULLRICH, Helmut

Dipl.-Volksw., Präsident Wohnungsbaukreditanstalt d. Landes Schleswig-Holstein, Kiel (s. 1973) - Zu den Eichen 4, 2300 Kronshagen (T. Kiel 58 24 41) - Geb. 14. Sept. 1921 Heinersdorf/Isergebirge (Vater: Karl U., Landwirt; Mutter: Martha, geb. Baier), verh. s. 1949 m. Gertrud, geb. Hausmann, 2 S. (Eckhard, Wolfgang) - Obersch. Reichenberg; Univ. Kiel (Volksw.; Diplom 1951) - S. 1955 WdLSH, 1968-73 Vizepräs. Wobaukreditanst. Schlesw.-Holst., Vorst.-Mitgl. Verb. öfftl. Banken u. d. vhw, beide Bonn; weitere AR- u. Beiratsmand. - Spr.: Engl.

ULLRICH, Johannes Hermann

Dr. rer. nat., Prof. f. Biochemie Biochem. Institut Univ. Freiburg/Br. - Hermann-Herder Str. Nr. 7, 7800 Freiburg/Br. (T. 0761-203 32 15); priv.: Rehmatten 4, 7800 Freiburg-Ebnet (T. 0761-6 42 30) - Geb. 21. Aug. 1931 Leipzig (Vater: Hermann U., Prof. d. Botanik; Mutter: Susanne, geb. Schönfelder), ev., verh. s. 1962 m. Dr. Etta, geb. Greve, 3 Kd. (Silke, Karin, Volker) - Gymn. Landau/Pf. (Abit.); TH Stuttgart (Chemie, Vordipl.) u. Univ. Bonn (b. z. Dipl.), Promot. 1958 (b. B. Helferich) Bonn, Habil. 1970 (Biochemie) Med. Fak. Freiburg - 1961/62 Res. Assoc. Berkeley/USA, anschl. wiss. Assist., Akad. Rat u. Oberrat, Prof. Biochem. Inst. Univ. Freiburg - Entd.: Lipophilie d. aktiven Zentrums d. Hefe-Pyruvat-Decarboxylase, Bedeut. d. Tryptophans darin f. d. Thiamindiphosphat-Bindung - BV: Handb.-Art. in: Methods in Enzymology - Liebh.: Naturwiss., Schach - Spr.: Engl., Franz.

ULLRICH, Karl J.

Dr. med., Dr. human biol. h.c., Prof., Direktor Max-Planck-Inst. f. Biophysik (s. 1967) - Kennedy-Allee 70, 6000 Frankfurt/M. (T. 6 30 31) - Geb. 18. Nov. 1925 Würzburg, kath., verh. s. 1953, 3 Kd. - Gymn. Schweinfurt; Univ. Erlangen u. Würzburg (Biol., Med.; Promot. 1951). Habil. 1959 - 1952-55 Assist. Univ. Marburg - 1952-62 Assist. Univ. Göttingen (1959 Privatdoz.); 1962-67 o. Prof. u. Dir. Physiol. Inst. FU Berlin; s. 1968 Honorarprof. Univ. Frankfurt - BV: D. Nierenmark, in: Ergebnisse d. Physiol., 1959 - BV: Renal tubular mechanisms of organic solute transport, 1976. Fachaufs. - 1962 Preis Feldberg-Stiftg., 1975 Homer W. Smith Award, New York, Heart Assoc.; 1982 Purkinje-Med. Tschechoslow. Akad. d. Wiss.; 1985 Honorary Member d. American Physiol. Society; 1985 Franz Volhard-Med. d. Ges. f. Nephrol.; 1986 Robert Pfleger-Preis; 1987 Ernst Jung-Preis f. Med. - Spr.: Engl.

ULLRICH, Karl V.

Dr. rer. pol., Dipl.-Volksw., Hauptgeschäftsführer Wirtschaftsverb. Industrieller Untern. Baden, Freiburg - Holbeinstr. 16, 7800 Freiburg (T. 0761 - 70 86 80) - Geb. 6. Dez. 1939 Baden-Baden, verh. - Banklehre; Betriebswirt (Grad.); Dipl.-Volksw.; Promot. 1974 Freiburg - DIHT (Auslandshandelskammer), Bonn - BV: D. gesellschaftl. Verantwortung mittelständ. Untern., 1979 - Spr.: Engl., Franz., Span.

ULLRICH, Konrad

Dr. med. vet., Dr. med. vet. h. c., o. Prof. f. Spez. Pathologie u. Therapie d. Haustiere (emerit.) - Deikestr. 42, 8000 München 82 (T. 42 17 98) - Geb. 11. Juni 1903 Fasangarten/Böhmen (Vater: Hans U., Oberförster; Mutter: geb. Welz), kath., verh. in 2. Ehe (1947) m. Hilde, geb. Möller, 2 Kd. (Marleni, Wolfgang) - Gymn.; Stud. Tiermed. - B. 1932 Hochschulassist. Berlin u. Brünn, dann Privatpraxis, ab 1942 Wehrdst., 1945-46 Schlachthofdir. Arnstadt/Thür., 1946-71 Ord. Humboldt-Univ. Berlin, Freie Univ. Berlin (1951) u. Univ. München (1955) - BV: Tierärztl. Arzneiverordnungen; Grundriß d. spez. Pathol. u. Therapie d. Haustiere. Etwa 100 Fachveröff. Schriftl.: Fachztschr. Kleintier-Praxis - 1968 Ehrendoktor Tierärztl. Hochsch. Hannover; 1969 Pessina-Med., Brünn; 1976 Rich. Völkermed., Hannover; 1978 Paul-Niehansplak. - Liebh.: Jagd, Fischen, Ornithologie.

ULLRICH, Wolfgang Carl

Dr. jur., Prof., Publizist (Bau- u. Wohnungsrecht, Architektenrecht, Arztrecht, Kriminologie) - Postf. 30 55 66, 2000 Hamburg 36 - Geb. 4. Aug. 1927 Bremen (Vater: G. R. J. Ullrich; Mutter: Ruth, geb. Rodenbeck), ev. - Ausb.: Univ. Göttingen, Paris, Bonn, Bern u. Saarbrücken. Lektor f. Schulrecht, Ltd. Lektor f. Bau- u. Wohnungsrecht Luchterhand-Verlag (1959-80); Lehrbeauftr. f. Bauordnungsrecht TU Berlin, M. of the British Institute of Internat. and Comp. Law; Gouvernor of the Royal Human Soc. Vors. Legal Dept. of the European Commiss. on Crime and Delinquency (ECCD); versch. Forschungsauftr. auf d. Geb. d. Kriminologie; Rechtsber. Berufsverb. d. prakt. Ärzte - BV: Verbrechensbekämpfung, 1961; Kindesmißhandlung, 1964; Schicksal d. Lebenslänglichen, 1965; Entscheidungen d. OLG i. Strafsachen OLGSt (m. Max Kohlhaas); Städtebauförderung, 4. A. 1979; Landesbauordnungen (Bad.-Württ., 3. A. 1981; Hamburg, 5. A. 1978; Nieders., 3. A. 1978; Nordrh.-Westf., 6. A. 1981; Hessen, 2. A. 1979; Rheinl.-Pfalz, 4. A. 1980); Entscheidungssammlg. z. ges. Boden- u. Baurecht; Entscheidungssammlg. z. ges. Miet- u. Wohnungsrecht, Landespl. u. Raumordnung (D. ges. Miet- u. Wohnungsrecht; D. Umlegungsverf. n. d. BBauG, 2. A. 1975; Mietberechn., 6. A. 1980; Rechts- u. Steuerhandb. f. Haus-, Grund- u. Wohnungseigent., NA 1974 (m. Linden); Wohnungseigentumsges., 3. A. 1979); Rechtslex. f. d. Arch., 3. A. 1979 (m. Drevermann u. Koch); Rechtslex. f. d. Immobilienmakler, 3. A. 1975; Red. Blätter f. Grundstücks-, Bau- u. Wohnungsrecht (1962-79); Nachbarrechtliche Streitfragen, 1981; Gebührenordn. f. Ärzte, 1982. Verf. zahlr. Zeitschr.aufs. auf d. Geb. Kriminologie, Polizeirecht, Strafvollzugsrecht. Untersuchg. im Strafvollzugsanst. z. Kriminalität von Pers. minimaler Struktur, Tausf. durch Frauen, Gutachten z. Frage d. Vorverurteil. v. Beschuldigten, Thesen z. Beilegung d. Nordirland-Konflikts, Bericht z. Kriminalität d. Ausl. auf d. Balearen, Verbrechensbekämpf. auf Malta. Mitgl. zahlr. in- u. ausl. Ges., Club Wig and Pen, London - Liebh.: Tennis - Spr.: Engl.

ULMANN, von, Elisabeth

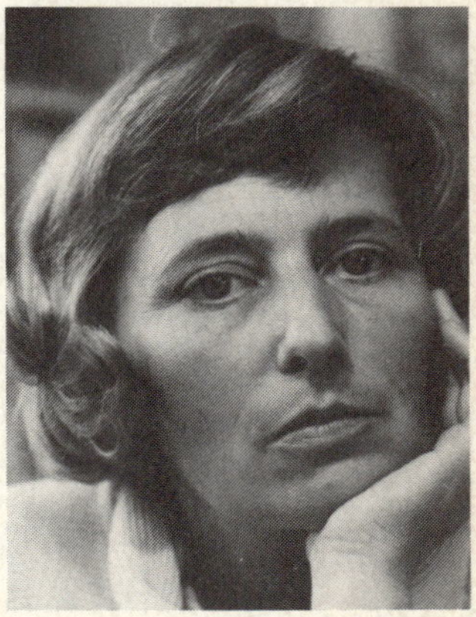

Poetin, Schriftstellerin, Referentin f. Kulturkreise (Ps. Elisabeth Meyer-Runge) - Neue Anlage 4, 2240 Heide (T. 0481 - 6 14 75) - Geb. 21. April 1929 Kiel, ev., verw. (Ehemann Hellmuth v. Ulmann, Schriftst., Komp. u. Dirig. †1987), S. Alexander Runge (aus d. Ehe m. d. Maler Jürgen Runge) - 1978-81 Vors. d. niederd. Autoren- u. Wissenschaftler Tagung; derz. Beirat in versch. Landeskulturorg. - BV: Einsichtig, 1979; Wenn Kassandra wiederkehrte, 1981; D. Jahr gehört allen, 1984; Heimat haben wir zu werden (m. H. v. Ulmann), 1984; Een Fru von Föfftig, 1988; u.a. 1988 Hebbel-Epos Mutter u. Kind f. Szenische Lesung im Auftrag d. Hebbelges. - 1978 Freudenthal-Preis; 1982 Hamburger Lit.-preis f. Kurzprosa; 1983 Lyrikpreis AWMM lux. abgelehnt - Lit.: Kürschners Dt. Lit.-Kalender (1988).

ULMCKE, Reiner

Jurist, Oberbürgermeister Stadt Homburg/Saar (s. 1977) - Rathaus, 6650 Homburg (T. 06841 - 10 12 13) - Geb. 26. März 1937 Saarlouis (Vater: Leopold U., Betriebsleit.; Mutter: Luise, geb. Eisenbeis), ev., verh. m. Helga, geb. Pilz, 2 Kd. (Vera, Christian) - Gymn. Homburg, Univ. Berlin u. Saarbrücken, 2. jur. Staatsex. 1967 Saarbrücken - 1967-77 Höh. Dienst saarl. Finanzverw., s. 1977 hptamtl. OB Homburg/Saar (wiedergew. b. 1997); s. 1981 Vors. Stiftg. Römermuseum Homburg; 1984-86 Präs. Saarl. Städte- u. Gemeindetag.

ULMEN, Wilhelm

Landtagsabgeordneter - Verhülsdonkstr. 15, 5450 Neuwied - Geb. 29. Okt. 1914 - S. 1972 MdL Rhld.-Pfalz. FDP. Richter a. D. OLG (Vors.).

ULMER, Hans-Volkhart

Dr. med., Prof. - Curt-Goetz-Str. 93, 6500 Mainz-Drais (T. 06131 - 47 67 03) - Geb. 22. Mai 1939 Danzig, ev., verh. s. 1966 m. Gisela, geb. Fernau, T. Franziska Mara - Leit. Sportphysiol. Abt. Univ. Mainz.

ULMER, Hermann

Sozialgerichtspräsident a. D., Lehrbeauftr. f. Sozialversicherungsrecht Univ. Würzburg (1972-77) - Jauerstr. 8, 8500 Nürnberg (T. 80 90 09) - Geb. 26. Mai 1909 Ansbach (Vater: Karl U., Oberregierungsrat), ev., verh. s. 1937 m. Ursula, geb. Schall, 3 Kd. - Gymn. Würzburg,

Univ. Würzburg, Wien, Erlangen (Rechts- u. Staatswiss.). Gr. jurist. Staatsprüf. 1935. 1935-38 u. 1946-53 Rechtsanw. Würzburg u. Nürnberg, dazw. Luftwaffenbeamter u. -richter, ab 1953 Richter Sozialgericht Nürnberg u. Würzburg (ab 1959 Dir., 1964-74 Präs.), 1948-53 AR, ab 1951 Vors. Neue Baumwollenspinnerei Bayreuth, 1956-59 Mitgl. Stadtrat Nürnberg. 1974-79 ehrenamtl. Richter a. Bayer. Ld.Soz.Gericht, 1975-77 Wehrkreisverw. VI, s. 1978 Notarvertr. u. Publikat., 1979-81 ehrenamtl. Richter Bayer. VG Ansbach - 1975 BVK am Bde.

ULMER, Jürgen

Rechtsanwalt, Hauptgeschäftsführer Wirtschaftsvereinig. Metalle (s. 1975), Geschäftsf. Stifterverb. Metalle (s. 1975), Geschäftsfg. WV (s. 1967), Geschäftsf. Gesamtverb. Dt. Aluminiumind., Gesamtverb. Dt. Buntmetallind. (s. 1985) u. Verb. d. Aluminium verarb. Ind., Frankfurt (s. 1987) - Tersteegenstr. 28, 4000 Düsseldorf 30 (T. 4 54 71-0); priv.: Köhlstr. 5 - Geb. 12. Mai 1936 Köln (Vater: Georg U., Kaufm.; Mutter: Anna, geb. Waldmann), ev., verh. s. 1965 m. Dr. med. Irmgard, geb. Schultze - Univ. Freiburg, Bonn, Köln. Ass.ex. 1966.

ULMER, Peter

Dr. jur., Prof. f. Handels- u. Wirtsch.-recht, Bürgerl. Recht u. Rechtsvergleichung Univ. Heidelberg (s. 1975) - Albert-Überle-Str. 21, 6900 Heidelberg (T. 06221 - 4 61 91) - Geb. 2. Jan. 1933 Heidelberg (Vater: Prof. Dr. jur. Dr. h. c. Eugen U. (s. dort); Mutter: Elisabeth, geb. Linser), ev., verh. s. 1959 m. Jorinde, geb. Heygster, 4 Kd. (Hans-Georg, Marianne, Sybille, Almut) - Stud. Rechtswiss. Univ. Tübingen, Genf u. Heidelberg, 1. u. 2. Jur. Staatsex. 1956 u. 1960, Master of Comparative Law 1959 Ann Arbor/USA, Promot. 1959 u. Habil. 1968 Heidelberg - 1961-64 Wirtschaftsprüfungsges.; 1964-65 EWG-Kommiss.; 1966-69 Univ. Heidelberg; 1969-75 o. Prof. Univ. Hamburg - BV: D. Unternehmensbegriff im Vertrag d. Europ. Gemeinschaft f. Kohle u. Stahl, 1960; D. Vertragshändler - Tatsachen u. Rechtsfragen kaufm. Geschäftsbesorgung, 1969; Großkomm. z. HGB, 4. A. ab 1983; Hachenburg, Komm. z. GmbHG, 8. A. ab 1989; U.-Brandner-Hensen, AGBG, 6. A. 1989; D. Ges. bürgerl. Rechts, 2. A. 1986; Hanau/U., Kommentar z. Mitbestimm.gesetz, 1980 - Liebh.: Kammermusik - Spr.: Engl., Franz.

ULMER, Roland

Verleger - Parasolstr. 3, 7000 Stuttgart 70 (T. 0711-47 40 62) - Geb. 26. April 1937 Heidelberg (Vater: Eugen U., Prof.; Mutter: Elisabeth, geb. Linser), ev., verh. s. 1961 m. Ingeborg, geb. Baur, 3 Kd. (Constanze, Christoph, Matthias) - Gymn. Heidelberg (Abit. 1956), s. 1959 Buchhandelslehre Carl Hanser-Verlag, München - S. 1960 Gf. Gesellsch. Verlag Eugen Ulmer, Stuttgart - Spez. Arbeitsgeb.: Biol. u. landw. Fachbücher u. - ztschr. - 1979 Ehrensenator Univ. Hohenheim - Liebh.: Mod. Kunst, Münzen, Fotografie, Garten - Spr.: Engl.

ULMER, Wolfgang T.

Dr. med., Dr. med. h.c., Prof., Direktor d. Mediz. Universitätsklinik u. Polikl. d. Berufsgenossenschaftl. Krankenanst. „Bergmannsheil Bochum" (s. 1978) - Gilsingstr. 14, 4630 Bochum 1 (T. 0234 - 3 02-64 00) - Geb. 7. Sept. 1924 Dinkelsbühl (Vater: Professor D. Dr. phil. Friedrich U., Ordinarius f. Praktische Theologie Univ. Erlangen; Mutter: Margarete, geb. Kappes), ev., verh. s. 1952 m. Eva, geb. Specht, 3 Kd. (Albrecht, Ursula, Dietrich) - Gymn.; Stud. Med. Studienreisen Holl., Schweden, USA - S. 1958 (Habil.) Privatdoz. u. apl. Prof. (1964) Univ. Münster (Inn. Med.) - BV: D. Lungenfunktion b. Kehlkopflosen, 1958 (m. W. Schwab u. W. Ey); Cor pulmonale (m. K. Matthes u. D. Wittekind), in: Handb. d. Inn. Med., 1960; D. obstruktiven Atemwegserkrankungen, 1966 (m. E. Reif u. W. Weller); D. Lungenfunktion, 1970 (m. G. Reichel u. D. Nolte); Pneumokoniosen (m. G. Reichel; i. Handb. d. Inn. Med.), 1976; Bronchitis, Emphysem u. obstruktive Atemwegserkr., Handb. d. Inn. Med., Bd. IV/2, 1979; Husten, 1987. Üb. 400 Einzelarb. - Spr.: Engl.

ULMSCHNEIDER, Peter

Dr., Prof. f. Astrophysik - Turnerstr. 3, 6900 Heidelberg (T. 06221 - 37 37 76) - Geb. 2. Sept. 1938 Mannheim (Vater: Dr. Walter U., Geschäftsf.; Mutter: Hilde, geb. Dostmann), kath., verh. s. 1967 m. Dr. Helgard, geb. Schättler, 3 Kd. (Katharina, Jakob, Martin) - Stud. Univ. Göttingen u. München, Promot. Yale Univ. New Haven, Conn. (USA), Habil. Univ. Würzburg - 1966-67 Wiss. Assist. Univ. Tübingen; 1967-74 Wiss. Assist., 1974-79 Doz., 1979/80 apl. Prof. Univ. Würzburg, s. 1980 Prof. Univ. Heidelberg - Ca. 60 Aufs. in intern. Ztschr. - Liebh.: Gesch., Relig., Naturwiss. - Spr.: Engl., Franz.

ULRICH, Bernhard

Dr. agr., o. Prof. am Inst. f. Bodenkunde u. Waldernährung Univ. Göttingen (Forstl. Fak.), gf. Leit. Forsch.zentrum Waldökosysteme-Waldsterben Univ. Göttingen - Am Hirtenberg 16, 3401 Bösinghausen (T. 05507 - 8 56) - Geb. 17. März 1926 Herrenberg/Württ. (Vater: Alfred U., Ingenieur; Mutter: Eugenie, geb. Schiler), ev., verh. s. 1950 m. Dr. Margarete, geb. Merkle, 3 Kd. (Wolfgang, Heide, Bärbel) - LH Hohenheim (Dipl.-Landw. 1950) - Promot. 1953; Habil. 1960 - S. 1960 Lehrtätigk. Univ. Göttingen (1966 Ord.) - BV: Biologie, Chemie u. Dynamik d. Humus, 1960 (m. F. Scheffer); D. Wechselbeziehungen v. Boden u. Pflanze in physikal.-chem. Betrachtung, 1961; Deposition von Luftverunreinigungen u. ihre Auswirkungen in Waldökosystemen im Solling, 1979. Zahlr. Einzelarb. - Fellow of the American Soil Science Soc.; 1987 Dr. h. c. ETH Zürich; 1988 Markus-Wallenberg-Preis - Spr.: Engl.

ULRICH, Bernward

Dr. med., Prof., Chefarzt Chirurgische Kliniken d. Landeshauptstadt Düsseldorf - Rotthäuser Weg 7, 4000 Düsseldorf 12 (T. 0211 - 28 83 85) - Geb. 16. Dez. 1940 Düsseldorf, verh. s. 1967 m. Helga, geb. Kölsch, 2 Kd. (Katja, Alexis) - 1961-67 Stud. Univ. Köln u. Düsseldorf; Ex. u. Promot. 1967 Düsseldorf, Habil. 1976 - S. 1979 apl. Prof., Chefarzt Chir. Klinik Juliusspital, 1984-86 Akad. Lehrkrkhs. Univ. Würzburg - BV: D. peptische Oesophagus-Stenose, 1984; Chir. d. Zwerchfells, 1986; Klammernaht in Thorax u. Abdomen, 1986; Drainagen in d. Bauchchir., 1986 - Liebh.: Jagd, Surfen - Spr.: Engl., Franz.

ULRICH, Ferdinand

Dr. phil., o. Prof. f. Philosophie - Brittingstr. 32, 8400 Regensburg - Geb. 23. Febr. 1931 Odrau/Mähren - Habil. 1959 Salzburg - S. 1960 Päd. Hochsch. Regensburg/Univ. München (1961 ao., 1967 o. Prof.) u. Univ. Regensburg (1972 o. Prof.). Wiss. Veröff. z. Phil. Anthropol., Sozialontol., Sprachphil. u. phil.-theol. Grenzfragen u. a.

ULRICH, Hans-Joachim

Dr. jur., Generalstaatsanwalt, Leit. Generalstaatsanwaltsch. Koblenz - Karmeliterstr. 14, 5400 Koblenz.

ULRICH, Martin

Filmregisseur - Moselstr. 74, 2800 Bremen 1 (0421 - 59 45 05) - Geb. 22. Okt. 1948 Nienburg/Weser, verh. s. 1984 m. Monika Glomski, Sohn Fabian Niklas - 1981, 82, 83, 84 Dt. Wirtschaftsfilmpreis; zahlr. Ausz. auf in- u. ausl. Filmfestivals - Spr.: Engl.

ULRICH, Peter

Senator a. D. - Buggestr. 4, 1000 Berlin 41 (T. 822 43 34) - Geb. 13. Juli 1928 Stuttgart - Stud. Berlin (Dipl.-Polit.) - Langj. Verwaltungstätigk. Berlin (1968 Stellv. v. Innensenator Neubauer, 1976 Senatsdir. Bau- u. Wohnungswesen), 1977-81 Senator f. Inneres; 1981ff. Senator f. Bau- u. Wohnungswesen. SPD s. 1949 (1983ff. Fraktionsvors. Abg.haus) b. 1985 MdA Berlin u. SPD-Landesvors.

ULRICH, Utz Wilhelm

Rechtsanwalt - Lorenzer Str. 22, 8500 Nürnberg 1 - 2. Staatsex. 1967 - Spr.: Engl.

ULRICHS, Timm

Prof. Kunstakademie Münster, Künstler - Sodenstr. 6, Postf. 6043, 3000 Hannover 1 (T. 0511 - 31 28 23) - Geb. 31. März 1940 Berlin (Vater: Carl R. U., Kaufm. †; Mutter: Anneliese, geb. Goerze †), ledig - 1959-66 Arch.-Stud. TH Hannover (ohne Abschl.) - S. 1972 Prof. Inst. f. Kunsterzieher Münster d. Staatl. Kunstakad. Düsseldorf - Totalkünstler, Panartistik (alle Medien) - 1977 Kritikerpreis f. Bild. Kunst, 1985 Karl-Ernst-Osthaus-Preis Stadt Hagen; Will-Grohmann-Preis Akad. d. Künste Berlin; 1988 Konrad-von-Soest-Preis, Münster - Spr.: Engl., Franz., Span. - Lit.: Totalkunst, Kat. Mus. Haus Lange, Krefeld, 1970; T.U., Stil d. Stillosigk., Kat. Kunstverein Celle, 1973; T.U. Retrospektive 1960-1975, Kat. Kunstverein Braunschweig, 1975; Totalkunst, Kat. Städt. Galerie Lüdenscheid, 1980; Karl Riha, T.U. in: Krit. Lex. z. dt.spr. Gegenw.lit., 1982; Bernhard Holeczek, T.U., 1982; T.U., Kat. Nord/LB, 1984; T.U., Totalkunst: Angesammelte Werke, Kat. Wilhelm-Hack-Museum, Ludwigshafen/Rh. 1984.

ULRICI, Rolf

s. Stitz-Ulrici, Rolf

ULSAMER, Gerhard

Dr. jur., Richter am BGH (1. Strafsenat, Anwaltssenat) - Herrenstr. 45a, 7500 Karlsruhe 1 - Geb. 24. Juli 1935 Freiburg i. Br. (Vater: Pirmin U., Lehrer; Mutter: Elisabeth, geb. Braun, Lehrerin), kath., verh. s. 1962 m. Christa, geb. Würthner, 2 Kd. (Andrea, Georg) - Humanist. Gymn. Tauberbischofsheim, Donaueschingen, Konstanz; Abit. 1954 Konstanz; 1954-58 Univ. Freiburg, Bonn u. Berlin (Jura); 1. Jur. Staatsex. 1958 Freiburg; 2. Jur. Staatsex. 1962 Stuttgart; Promot. 1962 Freiburg - 1962-66 Richter AG u. LG (Südbaden u. Berlin), 1966-69 Landgerichtsrat u. wiss. Mitarb. Bundesverfassungsgericht, 1969-71 als Landgerichtsrat, Erster Staatsanwalt (1970) u. Regierungsdir. (1971) wiss. Mitarb. d. Präs. d. Bundesverfassungsgerichts, ab 1970 zugl. Präsidialrat 1. Senat, 1972-78 Ministerialrat Bundesverfassungsgericht, Präsidialrat 2. Senat. S. 1978 Richter am BGH - Mitautor Kommentar z. Bundesverfassungsgerichtsgesetz v. Maunz, Schmidt-Bleibtreu, Klein, U. Herausg.: Lexikon d. Rechts/Strafrecht. Mithrsg. Europäische Grundrechte Ztschr. u. Human Rights Law Journal.

ULSAMER, Julius

Dr.-Ing., Direktor i. R. - RKB Sen.-Ruhesitz Westpark, App. 2001, Westendstr. 174, 8000 München 21 - Geb. 17. Febr. 1904 München (Vater: Georg U., Mathematiker; Mutter: Julie, geb. Krafft), kath., verh. s. 1934 m. Elisabeth, geb. Müller, 2 Tōcht. (Helga, Sybille) - Gymn. u. TH München (Maschinenbau) - 1928-31 Assist. TH München u. Mitarb. Notgem. d. Dt. Wiss., 1932-37 Entwicklungsing. Friedrich Deckel, München, 1938-45 Abt.s-, Hauptabt.sleit., Leit. Konzernaußendst. Bayer. Motoren Werke AG., ebd., Dir. BMW-Flugmotorenwerke Brandenburg, Vorstandsbevollm. u. Oberleit. Berliner BMW-Werke, 1945-50 Dir. Verkehrsbetriebe München, 1950-60 Techn. Dir. u. Vorstandsmitgl. Vereinigte Westd. Waggonfabriken AG., Köln, 1961-69 Dir. Klöckner-Humboldt-Deutz AG. ebd. 1963 ff. Präs. DNA. Div. Fachveröff. - Liebh.: Alpinistik, Fotogr., Musik.

ULSHÖFER, Robert

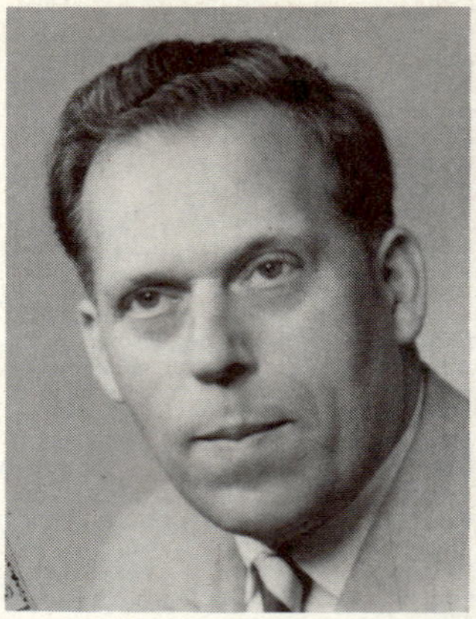

Dr. phil., Prof., Direktor a.D. Seminar f. Studienrefer., Autor u. Herausg. - Raichbergstr. 11, 7408 Kusterdingen-Wankheim (T. 07071 - 3 79 61) - Geb. 29. April 1910 Bad Mergentheim-Edelfingen (Vater: Georg U., Bauer; Mutter: Sophie U.), ev., verh. m. Ingrid, geb. Matthes, 2 Töcht. (Christine, Ulrike) - 1929-33 Univ. München u. Tübingen; Promot. 1934 Tübingen, Studienass. 1934 Stuttgart - 1934-38 Lektor Hochsch. Ankara; 1941-44 Hilfsoffz. Militärattaché Ankara; 1948-75 Dir. Sem. f. Studienrefer. Tübingen; Mitbegr. u. 2. Vors. Dt. Germanistenverb., Begr. u. Herausg.: D. Deutschunterr. (1948-80) - BV: Methodik d. Deutschunterr., 3 Bde., 1952, 11. A. 1982; Theorie u. Praxis d. kooperativen Unterr., 1972ff.; Polit. Bild. im Deutschunterr., 1976; D. päd. Ausb. d. Lehrer an Gymn., 1958. Herausg.: Arbeitsb. Deutsch (1972ff.); Arbeit m. Texten (3 Bde. 1979ff.); u.a. - 1944 Kriegsverdienstkreuz I. Kl., 1978 BVK I. Kl. - Liebh.: Sport - Spr.: Engl., Franz., Türk. - Lit.: Harro Müller-Michaels, Posit. d. Deutschdidaktik s. 1949, 1980.

ULSHÖFER, Waltraud

Studienassessorin, MdL Baden-Württ. (Wahlkr. 14, Bietigheim-Bissingen) - Hauptstr. 83, 7146 Tamm (T. 07141 - 60 41 68) - Geb. 20. Sept. 1956 Bad Mergentheim - DIE GRÜNEN.

UMBACH, Hans

Dr.-Ing., Direktor - Narzissenweg 23, 4010 Hilden/Rhld. - S. 1930 Henkel u. Thompson-Siegel GmbH., Düsseldorf (Geschäftsf.).

UMLAND, Fritz

Dr. rer. nat., o. Prof. f. Anorgan.-analyt. Chemie - Weststraßweg 13, 4400 Münster/W. (T. 86 18 11) - Geb. 22. Jan. 1922 Gauensiek Kr. Stade (Vater: Peter U., Schutenschiffer; Mutter: Meta, geb. Juls), ev., verh. s. 1949 m. Else, geb. Garbers, 2 Kd. (Peter, Birgit) - Athenäum Stade; TH Hannover (Chemie; Dipl.-Chem. 1949). Promot. (1953) u. Habil. (1957) Hannover - 1957 Privatdoz. TH Hannover (Obering.); 1963 ao., 1967 o. Prof. Univ. Münster (Leit. Abt. Anorgan.-analyt. Chemie, 1974-75 Dekan, 1981 gf. Dir. Anorgan.-Chem. Inst. - BV: Übungsspiele aus d. anorgan. Experimentalchemie, Lehrb. 1968 (m. Adam); Theorie u. prakt. Anwendung v. Komplexbildnern, Handb. 1971 (m. Janssen, Thierig, Wünsch; auch russisch); Handb. d. Analyt. Chemie, Teil Bor, 1971 (m. G. Wünsch); Charakteristische Reaktionen anorg. Stoffe, 1975. Etwa 170 Fachaufs. - 1981 Ehrenmitgl. d. Japan. Ges. f. Analyt. Chemie - Liebh.: Aquaristik - Spr.: Engl.

UNBEHAUEN, Heinz

Dr.-Ing., Dipl.-Ing., o. Prof. f. Regelungstechnik Univ. Bochum (s. 1975) - Girondelle 27, 4630 Bochum (T. 38 28 34) - Geb. 7. Okt. 1935 Stuttgart (Vater: Leonhard U., Kaufm.; Mutter: Margarete, geb. Scheerer), ev., verh. s. 1967 m. Elke, geb. Erbele, 3 Kd. (Andreas, Regine, Manfred) - Stud. Univ. Stuttgart; Promot. 1964; Habil. 1969 - 1961-1969 wiss. Mitarb. u. Assist., 1970 Doz., 1971 Wiss. Rat u. Prof., 1974 apl. Prof. Univ. Stuttgart. Üb. 180 Fachveröff., dar. Bücher - Liebh.: Musik - Spr.: Engl., Franz.

UNBEHAUEN, Rolf

Dr.-Ing., o. Prof. , Lehrstuhl f. Allg. u. Theoret. Elektrotechnik Univ. Erlangen-Nürnberg/Techn. Fak. (s. 1966) - Würzburger Ring 8, 8520 Erlangen (T. 4 38 74) - Geb. 23. April 1930 Stuttgart (Vater: Leonhard U., Kaufm.; Mutter: Margarete, geb. Scheerer), verh. s. 1960 m. Johanna, geb. Schmidt, 3 Kd. - Gymn. u. Univ. Stuttgart (Math., Phys.; Dipl.-Math. 1954). Promot. (1957) u. Habil. (1964) Stuttgart - Wiss. Assist. u. Rat Univ. Stuttgart. Mitgl. IEEE (USA), VDE, NTG, URSI, Comm. C. - BV: Einf. in d. Systemtheorie, 4. A. 1983; Synthese elektr. Netzwerke, 3. A. 1988; Elektr. Netzwerke, 3. A. 1987. Etwa 130 Einzelarb. - 1959 Preis NTG - Spr.: Engl.

UNDERBERG, Christiane

Sozialarbeiterin, Aufsichtsrat Semper idem-Underberg AG - Kalkarer Str. 2, 4232 Xanten 2 - Geb. 10. Dez. 1939 Frankfurt/O., kath., verh. s. 1962, 4 Kd. (Hubertine, Emil, Christiane, Juliane) - Ausb. Sozialarb. Westf. Wohlfahrtssch. Dortmund - VR Underberg AG, Zürich. Vorst. Inst. f. Gesellschaftswiss. Walberberg; Mitgl. Diözesanpastoralrat Münster - Spr.: Engl., Franz.

UNDEUTSCH, Udo

Dr. rer. nat., Dipl.-Psych., o. Prof. f. Psychologie - Farnweg 1, 5020 Frechen (T. 02234 - 6 18 28) - Geb. 22. Dez. 1917 Weimar/Thür. (Vater: Paul U., Architekt; Mutter: Maria, geb. Niggemeyer), kath., verh. s. 1946 m. Hanna, geb. Bierfreund, 5 Kd. - Univ. Jena (Promot.) - S. 1946 Lehrtätigk. Univ. Mainz u. Köln (1951 ao., 1962 o. Prof.) - BV: u. a. Entwicklung u. Wachstum, D. Verhältnis v. körperl. u. seel. Entwicklung, in: Handb. d. Psych., Bd. III 1959; Ergebnisse psych. Unters. am Unfallort, 1962; Sicherheit im Betrieb, 1970; Psychologische Impulse f. d. Verkehrssicherh., 1977. Zahlr. Einzelarb. Herausg.: Handb. Psych./Bd. XI: Forens. Psych. (1967) - 1983 BVK I. Kl.; 1984 Gold. Diesel-Ring; 1984 Ernenn. Offizier d. Ordens Leopold II.

UNGAR, Thomas

Prof. Musikhochsch. Stuttgart, Generalmusikdir., Dirig. - Leibnizstr. 22, 7000 Stuttgart 1 (T. 0711 - 63 49 57) - Geb. 16. Mai 1931 Budapest (Vater: Gyula U., Kaufm.; Mutter: Erzsebet, geb. Friedmann), kath., verh. s. 1958 m. Barbara, geb. Fritz (Künstlername Fry), 2 T. (Elisabeth, Daniela) - Musikhochsch. Budapest (Dipl. 1956); Conservatorio G. Verdi Milano, Musikhochsch. Wien (Dipl. 1959) - 1957 Dirig. Philharmonia Hungarica; 1959 Chefdirig. Siegerland-Orch.; 1961 Städt. Musikdir. Remscheid; 1966 GMD Regensburg; 1969 GMD Freiburg; 1973 Prof. Musikhochsch. Stuttgart. Gastdirig. Europa u. USA, Rundf.-, Fernseh- u. Schallpl.aufn. - Spr.: Ung., Engl., Ital., Franz.

UNGEHEUER, Edgar

Dr. med., Prof., ehem. Direktor Chirurg. Klinik/Krankenhaus Nordwest, Frankfurt (s. 1963) - Steinbacher Hohl 28, 6000 Frankfurt/M. (T. 76 21 36) - Geb. 6. Jan. 1920 Rimbach/Odenw. (Vater: Dr. med. Heinrich U., Landarzt; Mutter: Amalie, geb. Schmitt), kath., verh. s. 1953 m. Rosemarie, geb. Kallenbach, 4 Söhne (Jörg, Hanno, Steffen, Andreas) - Abit. 1938; Promot. 1944; Habil. 1953 - Chir. Univ.-Kliniken Heidelberg (Assist.) u. Frankfurt (1950 Oberarzt; 1953 Privatdoz., 1958 apl. Prof.), 1979/80 Präs. Dt. Ges. f. Chir. Spez. Arb.sgeb.: Abdominal-, Thorax-, Herz- u. Gefäßchir. Handbuch- u. Zeitschr.beitr. - 1965 Visneskij-Med. Moskau; 1969 Ernst-v.-Bergmann-Plak. Bundesärztekammer; Marianer Dt. Orden; Commodore Ritterorden v. Hl. Grabe zu Jerusalem; 1980 Ehrenplak. Stadt Frankfurt/M.; 1981 BVK I. Kl.; Ehrenmitgl. in- u. ausl. wiss. Fachges.; s. 1988 Generalsekr. Dt. Ges. f. Chirurgie - Liebh.: Wandern, Lesen, klass. Musik - Rotarier.

UNGEHEUER, Günther

Schauspieler - Destouchesstr. 57, 8000 München 40 (T. 089 - 300 20 80); u. Prien/Chiemsee - Geb. 15. Dez. 1925 Köln, kath., verh. s. 1952 m. Roswitha, geb. Kraemer - 1942/43 Schauspielschule Städt. Bühnen Köln - Nach Kriegsentl. Okt. 1945 Bühnenengagem. Köln; 1945-66 unterbr. Theaterengagem. (dav. 8 J. b. H. Hilpert Dt. Theater Göttingen); danach Filme, Fernsehen, Hörf., Märchenpl. Rd. 100 FS-Spiele, Serien, Filme; 200 Bühnen-Rollen, quer durch d. klass. u. mod. Lit., u.a. Hamlet, Jedermann, Mackie Messer, Petruchio, Teufelsschüler. Festsp. Ettlingen u. Hersfeld, später Tourneetheater. Film: Polizeirevier Davidswache (Bundesfilmpreis 1965) - Liebh.: Auto u. Waffen - Spr.: Engl. - Bek. Vorf.: Johannes U., gen. Hettelin, 1407-1419, Abt v. Blaubeuren.

UNGER, Alfred H.

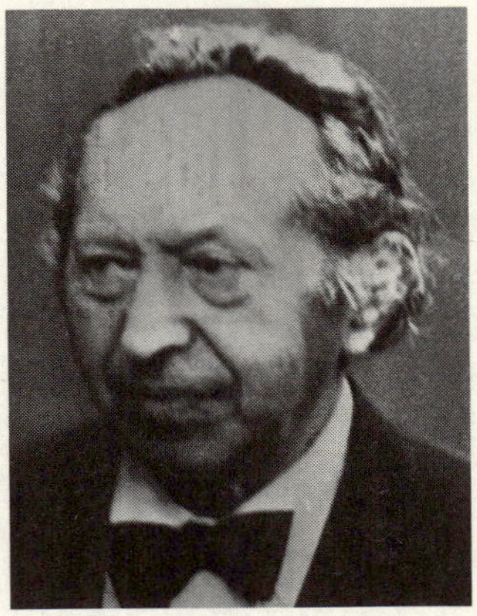

Dr. phil., Schriftsteller, Londoner Theaterref. Schweiz., Westd., Saarl. Rundfunk, Deutschlandfunk, SFB, Mitarb. BBC World Service u. Ztschr. Theatre World, Vizepräs. Intern. Writers' Guild, Ehren- u. Vorst.-Mitgl. Dramatiker-Union u. PEN-Club Deutschspr. Autoren im Ausl., Vors. Zentrum Deutschspr. Autoren im Ausl. Verb. Dt. Schriftst. VS - 16 Daleham Gardens, London NW 3 (T. 435 18 87); Myliusstr. 29, 5000 Köln 30 (T. 51 88 68) - Geb. 20. Jan. 1898 Hohensalza (Vater: Samuel U., Arzt; Mutter: Flora, geb. Bottstein), verh. s. 1922 m. Ernina, geb. Schoenmann, T. Sylvia Ury - Mitgl. Dt.-Britische Ges., Verwert.-Ges. WORT, Dramatiker-Union, VS, Verb. Dt. Übers. - BV (R.): D. Gesch. um d. gr. Nazarener, In His own Image, Ferdinand Lassalle and the foundation of the General German Workers (Teilwerk v. In Tyraunos). Bühnenstücke (1927-58): Die Buhlerin von Babylon (Schauspiel), Flucht in d. Ehe (Kom.), Menschen wie du u. ich (Sch.), Vorabend (Sch.), Disraeli (Sch.), American Invasion (Kom.), Contemptible Sex (Sch.), Phryne, the Courtesan (Kom.), D. notorische Gräfin Hatzfeld (Sch.), Kurz wie e. Traum (Sch.), Schwanengesang (Madame Claire), Wozu dies Alles (Erlebtes u. Ersonnenes), Erz.; Nach seinem Ebenbild, R. 1989. Hörsp.: u. a. Candide, D. Bettler-Oper, Passion Flower Hotel, Oh was für'n entzückender Krieg, Sperrt eure Töchter ein; Fernsehsp. Sigmund Freud (Trilogie), D. Hunger u. d. Liebe (Trilogie). Übersetzungen u. Bearbeitungen: Terence Rattigan (u. a. D. Fall Winslow, D. Abschiedsgeschenk, Harlekinade, Gesch. e. Abenteurers, Parlez-vous Francais!, D. lockende Tiefe, Olivia), Charles Morgan (D. unsichtbare Kette, D. Brennglas), Peter Ustinov (E. Augenblick d. Wahrheit, Hafen d. Illusion, D. leere Stuhl), Benjamin Britten (Billy Budd, Oper), N. C. Hunter (E. Tag am Meer), Denis Cannan (Capitain Carvallo), Mary Lumsden (Dr. Crosley, Augenarzt), B. G. Bellini (Sylvia im Mondschein). Filme: D. Kurier d. Zaren, D. letzte Walzer, D. Frau m. d. schlechten Ruf, D. lust. Kleeblatt, D. Spieler, Abschiedswalzer, Safety Curtain, Paris goes wild u. a. - 1929 Dt. Dramatikerpreis, Schiller-Preis, 1930 Preis Dt. Bühnenverein; Mitgl. PEN-Zentrum dt. Autoren im Ausl., Soc. of British Authors, League of Brit. Dramatists, Writers' Guild of Great Britain, Intern. Theatre Assoc., Intern. Writers Guild, V. f. Christl. Jüd. Zusammenarb., Dt. Rotes Kreuz; 1967 BVK I. Kl.; 1983 Gr. BVK; Gold. Nadel d. Dramatiker-Union; Schiller-Preis; Orden d. Kölner Bürgeraussch.; Gold. Plak. Intern. Writers' Guild; 1983 Commander's Cross of the Order of Merit.

UNGER, Gerhard

s. Unger, Gert F.

UNGER, Gert F.

Romanschriftsteller - Eichendorffweg 8, 6290 Weilburg/L. (T. 06471 - 74 04) - Geb. 23. März 1921 Breslau, ev., verh. s. 1947 m. Adeline, geb. Frimuth, 2 Kd. (Klaus, Jürgen) - Realsch.; Kunstschlosserlehre; Maschinenbau- u. Marinesch. - Kriegsdst. (U-Bootwaffe); 1946-50 Bauwesen (Bauleit. Weltfa.); 1. Pr. Kriminalhörsp. Fortsetzung folgt, Nordd. Rundf. 1949. 1950 fr. Schriftst. Mehr als 500 R. (zahlr. Übers.; GA. üb. 170 Mill.), dar. D. Tombstone-Legende, D. Chisholm-Leg., Union Pacific, Sycamore, Fort Phil Kearny, D. Canons. G. F. Unger-Taschenb. (bish. üb. 400 Tabu-Bde.) - Liebh.: Angeln, Autosport, Ski, Schwimmen (1938 Jugend, 1943 Marinemeister 100 m Kraul) - Spr.: Engl.

UNGER, Hanns-Hellmuth

Dr. med., Prof., Augenarzt - Günterstalstr. 9, 7800 Freiburg/Br. (T. 7 45 75) - Geb. 23. Aug. 1919 Leipzig - S. 1957 (Habil.) Privatdoz. u. apl. Prof. (1962) Univ. Freiburg (zeitw. Oberarzt Augenklinik).Facharb.

UNGER, Hans-Georg

Dr.-Ing., Prof. f. Hochfrequenztechnik - Wöhlerstr. 10, 3300 Braunschweig (T. 5 19 46) - Geb. 14. Sept. 1926 Braunschweig (Vater: Ludwig U., Kaufm.; Mutter: Emma, geb. Ewald), verh. s. 1955 m. Gunda, geb. Schneider, 2 Kd. (Barbara, Klaus) - 1951-55 Entwicklungsing. u. Labor.-Leit. Siemens & Halske AG (Zentrallabor.); 1956-60 Mitgl. Techn. Stab u. Abt.leit. Bell Telephone Laboratories Inc. (USA); s. 1960 Ord. u. Inst.-Dir. TU Braunschweig, 1964/65 Gastprof. Univ. of Wisconsin (USA). 18 Lehrb. u. Monogr. Üb. 110 Fachaufs. (Elektronik, Hochfrequenz- u. opt. Nachrichtentechnik) - Fellow IEEE, Dr.-Ing. E.h. TU München, Heinrich Hertz Medal IEEE - Spr.: Engl.

UNGER, von, Hanskarl

Dipl.-Ing., MdL Nordrh.-Westf. (s. 1980), Geschäftsführer Krupp Stahltechnik GmbH Friedrich-Ebert-Str. 134, 4100 Duisburg-Rheinhausen (T. Büro: 79 21 00) - Geb. 5. Dez. 1930 Wunstorf (Vater: Dipl.-Ing. Karl v. U., Oberst d. R. a. D.; Mutter: Lore, geb. v. Wick), ev., verh. s. 1961 m. Karin-Friederike, geb. v. Kretschmann, 4 Kd. (Jobst, Max, Hans-Ulrich, Asta) - Stud. allg. Maschinenbau TH Hannover - CDU - Spr.: Engl. - Lions-Club.

UNGER, Heinz

Dr.-Ing., em. o. Prof. f. Angew. Mathematik - Falkenweg 6, 5300 Bonn-Röttgen (T. 25 14 17) - Geb. 10. Juni 1914 Nordhausen/Harz (Vater: Max U., Direktor; Mutter: geb. Bornemann), verh. s. 1944 m. Gisela, geb. Weber - TH Darmstadt. Promot. (1944) u. Habil. (1948) Darmstadt - S. 1948 Lehrtätigk. TH Darmstadt (1954 apl. Prof.), TH Hannover (1955 Ord.), Univ. Bonn (1958 Ord.), emerit. 1979. 1958-68 Leit. Rhein-Westf. Inst. f. instrumentelle Math., Bonn. Zahlr. Fachveröff.

UNGER, Hermann

Dr.-Ing., Prof., Lehrstuhl f. Nukleare u. Neue Energiesysteme, FB Maschinenbau Univ. Bochum (s. 1987) - Universitätsstr. 150, 4630 Bochum 1 - Geb. 8. Mai 1934 Beilstein (Vater: Ernst U., Wirtschaftsprüf.; Mutter: Rosa, geb. Zillhardt), ev., verh. s. 1970 m. Hilma, geb. Schleehauf, 2 Kd. (Hiie-Mai, Jaan) - Dipl.-Phys. 1961, Promot. 1967, Habil. - B. 1987 Hochschullehrer f. Energietechnik, Vorst. Inst. f. Kernenergetik u. Energiesysteme Univ. Stuttgart.

UNGER, Ulrich

Dr. phil., o. Prof. f. Sinologie u. Direktor Ostasiat. Seminat Univ. Münster (s. 1966) - Lohöfenerweg Nr. 11, 4400 Münster/W. (T. 7 24 86) - Geb. 1930 Leipzig - 1948-52 Univ. Leipzig (Oriental.). Promot. Leipzig; Habil. Freiburg - 1962-66 Univ. Freiburg. Facharb.

UNGERECHT, Kurt

Dr. med., Prof., Hals-Nase-Ohrenarzt - Schulangerweg 4, 8033 Planegg/Obb. (T. München 859 54 04) - Geb. 4. Okt. 1911 Mannheim - Habil. 1954, apl. Prof. 1961. Facharb. - 1966 Ludwig-Haymann-Preis.

UNGERER, Werner

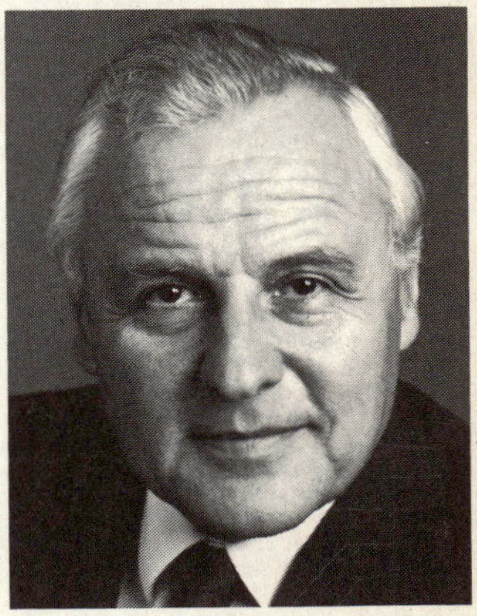

Dr. rer. pol., Botschafter, Ständ. Vertr. d. Bundesrep. Deutschl. b. d. EG Brüssel - Zu erreichen üb. Ausw. Amt, Adenauerallee 99-103, 5300 Bonn 1 - Geb. 22. April 1927 Stuttgart (Vater: Max U., Kaufm.; Mutter: Elisabeth, geb. Mezger), ev., verh. s. 1959 m. Irmgard, geb. Drenckhahn, 3 Kd. (Bettina, Patricia, Wolfgang) - Dipl. rer. pol. 1949 TH Stuttgart; 1950-52 Europa-Kolleg Brügge; Promot. 1952 Tübingen - 1952-54 Attaché Ausw. Amt; 1954-56 Vizekonsul Boston, 1956-58 Konsul Bombay, 1958-64 Euratom-Kommiss., 1964-70 AA, 1970-75 Ständ. Vertr. d. Bundesrep. Dtschl. b. d. Intern. Org. Wien; 1975-79 Generalkonsul New York; 1979-85 Ministerialdir. AA - 1981 BVK I. Kl. - Liebh.: Musik (Pianist, Komponist), Polit. Wiss. - Spr.: Engl, Franz.

UNGERN-STERNBERG, Freiherr von, Axel Hermann

Dr. med., Prof., Internist, Chefarzt Weserbergland-Klinik Höxter - Bödexer Weg 17, 3470 Höxter - Geb. 30. Sept. 1937 Reval (Vater: Bernd, Frhr. v. U.-St., Landwirt; Mutter: Helga, geb. v. U.-St., adopt.), ev., verh. s. 1962 m. Sybille, geb. v. Steegen, 3 Kd. (Cathrin, Andreas, Jan) - 1949-58 Gymn.; 1958-64 Univ. Köln u. Marburg, 1967-78 Wiss. Assist. Univ.-Klin. Mainz, Promot. 1968, Internist 1975, Habil. 1977 - S. 1978 Oberarzt II. Med. Univ.-Klinik Mainz, s. 1981 Chefarzt II. Inn. Abt. Weserbergl.-Klinik Höxter - 1978 Max-Bürger-Preis - Liebh.: Lit., Musik, Pferdesport - Spr.: Engl. - Bek. Vorf.: Alexander v. U.-St., Roman v. U.-St.

UNGERN-STERNBERG, von, Sven

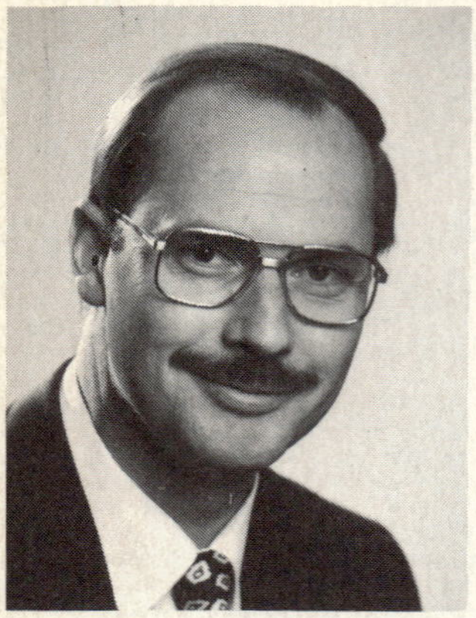

Dr. jur., Dipl.-Volksw., Erster Bürgermeister Stadt Freiburg - Im Rebstall 2, 7800 Freiburg - Geb. 7. Febr. 1942 Berlin, ev., verh. s. 1973 m. Dr. Birgit, geb. Möller, 8 Kd. (Antje, Kai, Jan, Heike, Silke, Achim, Handirk, Kirsten) - Stud. Volksw. u. Rechtswiss.; Promot. 1971 Freiburg - S. 1978 Vors. Abwasserzweckverb. Breisgauer Bucht; s. 1982 Vors. Regionalverb. Südl. Oberrhein; s. 1986 Vors. Arbeitsgem. d. Regionalverb. in Baden-Württ.; s. 1987 Vors. Bad. Gemeindeverw.schulen. CDU (1973-78 Fraktionsvors. Freiburg); s. 1978 Bürgerm., s. 1982 Erster Bürgerm., s. 1985 Mitgl. Bezirksvorst. CDU-Südbaden.

UNGERS, Oswald M.

Dipl.-Ing., Prof., Architekt - Belvederestr. 60, 5000 Köln 41 (T. 0221 - 49 23 43) - Geb. 12. Juli 1926, verh. m. Liselotte, 3 Kd. (Simon, Sibylle, Sophia) - Arch.-Stud. TH Karlsruhe, Dipl. 1950 - Prof. TU Berlin; Dekan Fak. f. Arch. TU Berlin; Chairman Department of Arch. Cornell Univ., Ithaca New York; Prof. of Arch. Cornell Univ.; Visiting Prof. Univ. of Southern California Los Angeles (UCLA); Prof. Staatl. Kunstakad. Düsseldorf. Arch.-Büros in Köln, Frankfurt, Berlin und New York - BV: Optimale Wohngeb.-Plan. (m. Prof. Albach); Kommunen in d. Neuen Welt (m. Liselotte Ungers); Arch. as Theme; The Urban block; The Urban villa; The Urban garden; O. M. Ungers 1951-84 Bauten u. Projekte - Bauwerke: Oberhausener Inst. z. Erlang. d. Hochschulreife, Messehaus 9 Frankfurt, Galleria u. Torhaus Frankfurt, Alfred-Wegener-Inst. f. Polar- u. Meeresforsch. Bremerhaven, Dt. Arch.-Mus. Frankfurt, Bad. Landesbibl. Karlsruhe, zahlr. Wohn.-Brauten in Köln u. Berlin - Mitgl. Acad. di San Luca, Rom, Mitgl. Akad. d. Wiss. zu Berlin; Gr. BDA-Preis.

UNGETHÜM, Michael

Dr. med. habil., Dr.-Ing., Prof., Sprecher d. Vorst. Aesculap AG, Tuttlingen - Hattinger Weg 7, 7200 Tuttlingen; Aesculap AG, Postfach 40, 7200 Tuttlingen - Geb. 8. Sept. 1943 München - Spez. Arbeitsgeb.: Med.-Technik - BV: Technol. u. biomech. Aspekte d. Hüft- u. Kniealloarthroplastik, Monogr., 1978; Metall. Werkstoffe in d. Orthopädie u. Unfallchir., 1984 - Heine-Preis Dt. Ges. f. Orthopädie u. Traumatologie; 1988 Wirtschaftsmed. Baden-Württ.

UNGEWITTER, Inge

Akademische Malerin - Grillparzerstr. 53, 8000 München 80 (T. 470 37 39) - Geb. München (Vater: Max-Josef U., Oberst a. D.; Mutter: Eugenie, geb. Bogner, Pianistin), kath., ledig - 1942-51 Kunsthochsch. Berlin u. -akad. München (1944) - Menschen- u. Tierporträts, insb. Pferdeporträts, Jagdbilder, Rennpferde, Rennbahnszenen, figürl. Kompos.; Buchillustr. Werke in priv. u. öfftl. Besitz. Zeichentrickfilm (üb. 24 000 Einstellungen): Doppelter Saldo (UA. 1962 Kulturfilmfestsp. Mannheim). Fernsehfilm: Zwischen Staffelei u. Koppel im Bayer. Rundf.; Ausstell. in Deutschl., England, Italien, Schweiz u. USA - BV: Darf ich mal Ihr Pferd halten?, 1969 (m. 17 Farbreproduktionen eig. Bilder, zugl. Fernsehfilm) - Kunstpreis Freunde d. bild. Kunst München; 1983 Pygmalion Med., Kunstpreis Dt. Kunststiftg. d. Wirtsch., 1984 Gold. Ehrennadel f. Verdienste ums Pferd Verein f. Reit- u. Fahrsport München, 1985 Hausorden Landwirtsch.min. Dr. H. Eisenmann (Freistaat Bayern), Ehrenmitgl. Cappenberger Schleppjagdverein, Mitgl. Reitakad. München - Liebh.: Leistungssport/Reiten (Springen, Gelände, Dressur) - Spr.: Engl., Franz., Span. - Gilt als d. dt. Pferdemalerin.

UNGLAUB, Walter

Dr. jur., Bankdirektor - Kardinal-Faulhaber-Str. Nr. 10, 8000 München 2 (T. 23 66 -1); - Geb. 16. Juli 1925 Würzburg - Jurist. Staatsprüf. 1952 u. 55; Promot. 1955 - S. 1955 Bayer. Hypotheken- u. Wechsel-Bank AG. (1968 stv., 1977 o. Vorstandsmitgl.). Versch. Mandate.

UNGUREIT, Heinz

Journalist, Hauptredaktionsleiter Fernsehspiel u. Film ZDF (s. 1976), 1985ff. zugl. stv. Programmdir. (ZDF) - Raimundstr. 100, 6000 Frankfurt/M. (T. 56 54 95) - Geb. 24. Aug. 1931 Bockum-Hövel (Vater: Heinrich U.; Mutter: Johanna, geb. Unger), verh. s. 1960, 2 Kd. (Dagmar, David) - Stud. d. Publizistik, German., Gesch. - 1957-59 Redakt. Westf. Anzeiger u. Kurier; 1959-66 Feuillet.redakt. Frankf. Rundschau; 1966-76 Redakt. ARD (Film; zul. Leit.).

UNIKOWER, Franz

Dr. jur., Rechtsanwalt, Justitiar Landesverb. d. Jüd. Gem. in Hessen, Vors. Auschwitz-Gruppe in Hessen - Anemonenweg 21, 6070 Langen (T. 7 13 81) - Geb. 11. Mai 1901 Breslau, verh. s. 1949 m. Ursula, geb. Bosselmann, Tocht. Eva - Jurist. Staatsex. 1922 (Breslau) u. 27 (Berlin); Promot. 1922 (Breslau) - Richter; Anwalt; Justitiar. Fachveröff. - 1966 Gr. BVK; 1981 Ehrenbrief Land Hessen - Liebh.: Briefmarkenkd.

UNLAND, Hermann Josef

Dr. jur., Dipl.-Volkswirt, MdB (s. 1969; Wahlkr. 96/Borken; 1983ff. Vors. Wirtschaftsaussch.), Mitgl. Parlamentar. Vers. d. Europarates u. d. Westeurop. Union - Up de Welle 12, 4290 Bocholt (T. 02871 - 3 22 00) - Geb. 5. Juni 1929 Bocholt (Vater: Heinr. U., Feintäschnermeister; Mutter: Luise, geb. Schröer), kath., verh. s. 1959 m. Dr. med. Hildegard, geb. Pirlet, 6 Kd. (Matthias, Georg, Susanne, Robert, Barbara, Beate) - Obersch. Bocholt; Univ. Köln (Rechts-, Wirtschafts-, Politikwiss.; Promot. 1955, Dipl.-Volksw. 1957) - 1954-1958 Wiss. Assist. Univ. Köln (Reichskanzler a. D. Prof. Dr. phil. Heinrich Brüning), dann Wirtschaftstätigk., 1962-66 Leit. Abt. Polit. Sachreferate u. stv. Bundesgf. CDU (1966), 1967-78 Hauptgf. Bundesverb. Bekleidungsind. CDU s. 1946 - Komtur d. Ordens v. Oranien-Nasau; Gr. BVK - Liebh.: Foto, Film.

UNRUH, von, Georg-Christoph

Dr. jur., em. Prof. f. Öfftl. Recht Univ. Kiel (s. 1967) u. Richter am OVG (s. 1968) - Steenkamp 2, 2305 Kiel-Kitzeberg (T. 23 14 59) - Geb. 28. Sept. 1913 Posen - Habil. 1964 Münster - Vors. Kurat. Inst. f. Regionalforsch. Flensburg, korr. Mitgl. L. v. Stein-Inst. f. Verw.-Wiss. - BV: D. Dorf einst u. jetzt, 2. A. 1964; D. Kreis, 1964; D. Landrat, 1966; Führ. u. Org. d. Streitkr. im demokr.-parlam. Staat, 1968; Subj. Rechtschutz u. polit. Freiheit in d. vorkonstitutionellen Staatslehre Dtschl., 1969; Richteramt u. polit. Mandat, 1971; Öffentliches Recht, 3. A. 1982; Gemeinderecht, 6. A. 1981 (in Bes. Verw.recht; Hrsg.: I. v. Münch); Eidsvoll, 1977; D. goldene Ring (D. Deich als Sinnbild d. Staates), 1981; Verwaltungsgerichtsbarkeit im Verfassungsstaat, 1984; D. Staat, 1985; Rechtsstaatl. Verw. durch Gesetzgebung, 1987. Zahlr. Einzelarb. Herausg.: Dt. Verw.-Gesch. (DVA) (6 Bde. 1982ff). Mithrsg.: D. Verw. - BVK; Ritter d. Johanniter-Ord.; Gr. Verdienstkreuz Land Steiermark - Lit.: Festschr. z. 70. Geb.: Selbstverwaltung im Staat d. Industrieges. (1983, Hg. A. V. Mutins).

UNRUH, Hartmut

Dipl.-Ing., Geschäftsführer Unruh-Sicherheitsplanungs-GmbH - Schulstr. 3, 6791 Dittweiler - Geb. 21. Sept. 1943 Königsberg (Vater: Ernst U., Drogist; Mutter: Charlotte, geb. Wolff), ev., verh. s. 1971 m. Marianne, geb. Paetschke, 3 S. (Volker, Carsten, Rainer) - Ausb. z. Radio- u. Fernsehtechniker (Abschl. 1964) u. Stud. d. Nachrichtentechnik Köln (Dipl.-Ing. 1967) - 1967 Feuerwehr Bonn; 1970 Verb. d. Sachversich. Köln; s. 1978 eig. Fa. (s. o.). Vorst.-Vors. Bundesverb. d. Hersteller- u. Errichterfirmen v. Schutz-, Melde- u. Überwachungsanl. f. Personen u. Sachwerte e.V. Patente: Ladegerät f. mehrere Akkumulatoren, Ortungseinricht. f. unbefugt mitgeführte Objekte, Einricht. z. Ermittl. unbefugt mitgeführter Gegenstände.

UNRUH, von, Heinz-Hugo

Oberstleutnant a. D., Geschäftsführer Schutzgemeinschaft Dt. Wald, Bundesverb. - Meckenheimer Allee 79, 5300 Bonn 1 - Geb. 19. Mai 1925.

UNRUH, Trude

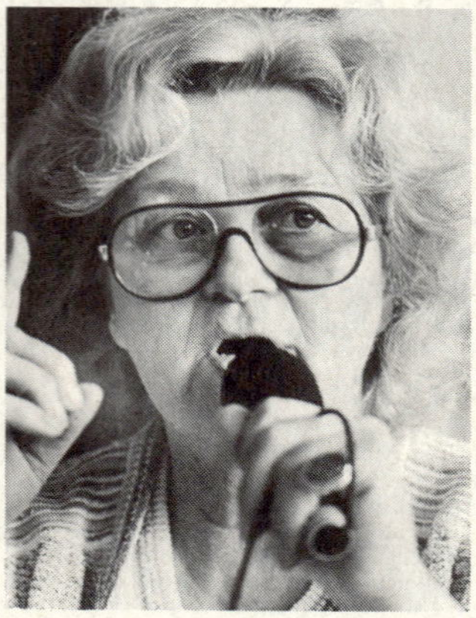

Gründerin u. Bundesvorsitzende Graue Panther (s. 1975), MdB - Rathenaustr. 2, 5600 Wuppertal 2 (T. 0202 - 66 55 43) - Geb. 7. März 1925, verh. s. 1944 m. Helmut U., 2 Söhne (Helmut, Ingbert) - Betriebswirtschafterin u. Chefsekr.; 1983 Gründ. Graue Panther-Ztschr.; 1984 Gründ. Graue Panther Bundesakad. f. Selbstverw. - BV: Aufruf z. Rebellion, 1984; Trümmerfrauen, 1987; Tatort Pflegeheim, 1989.

UNSELD, Joachim

Dr. phil., Verleger, geschäftsf. Gesellsch. Suhrkamp Verlag, Insel Verlag, Dt. Klassiker Verlag - Zu erreichen üb. Suhrkamp Haus, Lindenstr. 29-35, 6000 Frankfurt 1 (T. 069 - 7 56 01-0) - Geb. 20. Sept. 1953 - BV: Franz Kafka, 1982; Franz Kafkas Brief an d. Vater, 1986 - Spr.: Engl., Franz., Span.

UNSELD, Siegfried

Dr. phil., Dr. h. c. mult., Verleger, gf. Gesellsch. Suhrkamp Verlag KG u. Insel Verlag KG - Lindenstr. 29, 6000 Frankfurt/M. (T. 74 02 31) - Geb. 28. Sept. 1924 Ulm/D., verh., S. Joachim - Univ. Tübingen (German., Phil., Völkerrecht, Sinol.) u. Harvard Univ. Cambridge (USA) - S. 1952 Suhrkamp (1958 Gesellsch., 1959 Inh.) - BV: D. Werk v. Hermann Hesse, 1952, erw. A. 1973 u. 1985; Begegnungen m. Hermann Hesse, 1975; Peter Suhrkamp, Z. Biogr. e. Verlegers, 1975; D. Marienbader Korb. Üb. d. Buchgest. im S.-V. Willy Fleckhaus z. e., 1976; D. Autor u. s. Verleger, 1978; D. Tagebuch Goethes u. Rilkes Sieben Gedichte, 1978; Hermann Hesse, Werk u. Wirkungsgesch., 1987. Herausg.: Schröder, Fülle d. Daseins (1958); Brecht, Schriften z. Theater (1957); Bertolt Brechts Dreigroschenb. (1960); Peter Suhrkamp, Briefe an d. Autoren (1961); Walter Benjamin, Illuminationen (1961); Bloch zu Ehren - Beitr. zu s. Werk (1965); Weerth, Fragment e. Romans (1965); Aus aufgegebenen Werken (1968); Hermann Hesse - Peter Suhrkamp Briefwechsel (1969); Hermann Hesse. Polit. Betrachtungen (1970); Hermann Hesse. Mein Glaube (1971); Hermann Hesse. Eigensinn (1972); Wie, warum u. zu welchem Ende wurde ich Literaturhistoriker? (1972); Dt. Mosaik (1972); Günter Eich z. Gedächtnis (1973) - 1961 Mitgl. PEN-Zentrum BRD (1968 Mitgl. Präsid.); 1967 Hermann-Hesse-Med.; 1973 BVK I. Kl.; 1975 Johann-Heinrich-Merck-Ehrung; 1977 Goethe-Plakette Stadt Frankfurt; 1978 L'Ordre du Merite Culturel Volksrep. Polen; 1979 Gr. BVK; 1980 Ehrendoktor Washington Univ. St. Louis/USA; Wilhelm Leuschner-Med. Ld. Hessen; 1984 Ricarda-Huch-Preis; Ehrendoktor J. W. Goethe-Univ. Frankfurt - Spr.: Engl., Franz. - Rotarier.

UNSHELM, Jürgen

Dr. med. vet., o. Prof., Lehrstuhl f. Tierhygiene u. Verhaltenskunde Univ. München - Schwere-Reiter-Str. 9, 8000 München 40 (T. 089 - 15 56 40) - Geb. 1. Nov. 1933 Dortmund (Vater: Dr. Erich U., Syndikus; Mutter: Margarete, geb. Schmachtenberg), ev., verh. s. 1961 m. Leena-Liisa, geb. Lehtinen, 2 Kd. (Anja, Peter) - Human. Gymn. Dortmund (Abit. 1954); 1954-59 Stud. Tiermed. München (Promot. 1959), Habil. 1970 Göttingen, apl. Prof. Göttingen 1973, o. Prof. Kiel 1982 - 1959/60 Inst. f. Konstitutionsforsch. Grub b. München; 1961-74 Max-Planck-Inst. f. Tierzucht u. Tierernähr.; 1974-81 Inst. f. Tierzucht u. Tierverhalten FAL; 1982-85 Lehrstuhl f. Tierhaltung Univ. Kiel - Präs. d. Kommiss. Tierhaltung u. Tiergesundheit d. Europ. Vereinig. f. Tierproduktion.

UNSÖLD, Albrecht

Dr. phil., Drs. h. c., o. Prof. f. Theoret. Physik - Sternwartenweg 17, 2300 Kiel (T. 8 42 05) - Geb. 20. April 1905 Bolheim/Württ. (Vater: Johannes U., Pfarrer; Mutter: Clara geb. Müller), ev., verh. s. 1934 m. Dr. Liselotte, geb. Kühnert, 4 Kd. (Hans-Jürgen, Eberhard, Wolfgang, Annelotte) - Realgymn. Heidenheim; Univ. Tübingen u. München (Physik) - 1929 Privatdoz. Univ. München, 1930 Univ. Hamburg, 1932 Ord. Univ. Kiel - BV: Physik d. Sternatmosphären, 1938, 2. A. 1955; D. neue Kosmos, 1966; 3. A. 1981 u. 4. A. 1988 (m. B. Baschek); Sterne u. Menschen, Aufs. u. Vortr., 1972; Evolution kosm., biolog. u. geist. Strukturen, 1981, 2. A. 1983. Herausg.: Ztschr. f. Astrophysik (b. 1968) - 1943 Kopernikus-Preis Univ. Königsberg, 1956 Bruce-Goldmedaille Astronomical Soc. of the Pacific, 1957 Goldmed. Royal Astron. Soc. London, 1969 Med. Univ. Liège, 1973 Cothenius-Med. Dt. Akad. d. Naturforscher/Leopoldina, Halle/S., Ehrendoktor Universität Utrecht (1961, Dr. rer. nat.), Edinburgh (1970, D. Sc.), München (1972, Dr. rer. nat.); 1956 Ehrenmitgl. Astronomical Soc. of Canada, 1968 American Assoc. for the Advancement of Science Washington; 1946 Mitgl. Braunschweig. Wiss. Ges., 1951 Akad. d. Wiss. München, 1953 Assoc. Royal Astron. Soc., 1955 Akad. d. Wiss. Göttingen, 1961 Intern. Acad. of Astron., 1962 Dt. Akad. d. Naturforscher/Leopoldina, 1965 Kungl. Fysiografiska Sällskapet Lund; 1982 Ehrensenator Univ. Kiel - Spr.: Engl., Franz. - Biogr., in: Encyclopedia of Science and Technology (McGraw-Hill/USA).

UNTERBERGER, Richard

Dr. techn., Ing., em. Prof. u. Direktor Inst. f. Feingerätebau u. Getriebelehre TH bzw. TU München (1955 b. 79), Beratg. f. Diamod Turning Machinery - Gellertstr. 20, 8000 München 81 (T. 98 00 53) - Geb. 4. Nov. 1905 Linz/D. (Vater: Hans U., Oberst; Mutter: Maria, geb. Wagner), verh. s. 1936 m. Gertraud, geb. Holter, 2 Kd. (Hans, Ingrid) - 1926-30 TH Graz (Dipl.-Ing.). Promot. 1934 Graz - 1936-45 Carl Zeiss, Jena; 1945-53 Carl Zeiss, Oberkochen; 1953-55 Anschütz & Co. GmbH., Kiel (Konstruktionschef). Üb. 57 Fachveröff.

UNTERHALT, Bernard

Dr. phil., Prof. f. Pharmazeut. Chemie - Feldbergstr. 48, 3550 Marburg 7 - Geb. 10. Dez. 1933 Düsseldorf (Vater: Bernard U., Apotheker †; Mutter: Hildegard, geb. Krall), kath., verh. s. 1966 m. Dr. rer. nat. Ingeburg, geb. Schüler (Apothekerin), 2 Kd. - Gymn. Wesel u. Bad Salzuflen; Apothekerprakt. Herford; 1956-60 Univ. Marburg. Staatsex. Pharmaz. u. Lebensmittelchem.; Dipl.-Chem.; Promot. 1963; Habil. 1968 (alles Marburg) - 1968-82 Lehrtätigk. Univ. Marburg. 1970 Carl Mannich-Forsch.stip. S. 1982 Univ. Münster (Inst.-Dir.). Arbeitsgeb.: Ungesätt. Oxime, Nitramine, künstl. Süßstoffe, Analytik - BV: Organ.-Chem. Praktikum f. Pharmazeuten, 1986. Buchbeitr. u. Ztschr.aufs.

UNTERHITZENBERGER, Konrad

Diözesan-Caritasdirektor - Steinweg 8, 8390 Passau - Geb. 20. April 1938 Wissersdorf, kath., ledig - Stud. Theol. in Passau.

UNTERMANN, Jürgen

Dr. phil., o. Prof. f. Vergl. Sprachwissenschaft - Pfalzgrafenstr. 11, 5024 Pulheim-2, Erftkreis (T. 02234 - 8 22 74) - Geb. 24. Okt. 1928 Rheinfelden - Promot. (1954) u. Habil. (1959) Tübingen - 1960 Privatdoz. Univ. Tübingen; 1965 Ord. Univ. Köln - BV: Sprachräume u. -bewegungen im vorröm. Hispanien, 1961 (portugies. 1962, span. 1963); D. venet. Personennamen, 1961; Elementos de un Atlas antroponimico de la Hisp. antigua, 1965; Monumenta Linguarum Hispanicarum I., 1975; II., 1980; Einf. in d. Sprache Homers, 1987 - 1977 o. Mitgl. Rhein.-Westfäl. Akad. d. Wiss.; 1978 Premio Javier Conde Garriga Asoc. Numismática Española; 1979 o. Mitgl. Dt. Archäol. Inst.; 1982 Socio straniero dell' Istituto di Studi Etruschi, Firenze.

UNTERSEH, Hans

Vorstandsmitglied Manufaktur Koechlin, Baumgartner & Cie. AG. (Stoffdruckerei), Lörrach - Lettenweg 23, 7850 Lörrach/Baden - Geb. 15. Aug. 1930 Eimeldingen/Baden (Vater: Josef U.), verh. m. Lore, geb. Stoll.

UNTERSTE, Herbert

Dr. theol., Lic. phil., Seelsorger, Psychotherapeut, Lehrbeauftr. TH Aachen - Augustinergasse 2, 5100 Aachen (T. 0241 - 3 64 24) - Geb. 22. Nov. 1933 Dortmund (Vater: Norbert U., Beamter; Mutter: Maria, geb. Schmidts), kath. - Stud. Phil. u. Theol., Psych. u. Psychotherapie (phil. u. theol. Ex. 1961 Rio de Janeiro, Promot. 1972 Univ. München, Dipl.-Analytiker 1973 C.G.Jung-Inst. Zürich, Lic. phil. 1981 [Psych.] Univ. Zürich) - 1962-64 Seelsorge in Brasilien; 1964-65 Lehr- u. Vortragstätigk. in Belgien u. Dtschl.; 1965-67 Doz. f. Phil. Kath. Univ. Curitiba/Brasil., 1975-79 Leit. Telefonseelsorge Aachen; s. 1973 psychotherap. Praxis Aachen; s. 1977 Lehrbeauftr. f. Religionspsych. PH/TH Aachen - BV: Theol. Aspekte d. Tiefenpsych. v. C. G. Jung, 1977; Telefonseelsorge. D. Motivation ihrer Mitarb., 1982; zahlr. Art. in in- u. ausl. Büchern u. Ztschr. - Interessen: Religionswiss. u. -psych., Tiefenpsych., Phil., ostasiat. Kunst u. Symbolik, südamerik. Mythol. - Spr.: Portugies., Span., Engl., Franz., (Latein, Griech.).

UNTERSTENHÖFER, Günter

Dr., Prof., Prokurist u. Institutsleit. i. R. Bayer AG - Leichlinger Str. 13, 5090 Leverkusen (T. 26 03; dstl.: Leverkusen 3 19 61) - Geb. 8. Juli 1914 Wipperfürth - Gymn.; Univ. Bonn u. Jena. Promot. 1940; Habil. 1949; S. 1949 Privatdoz. u. apl. Prof. (1955) Univ. Bonn (Pflanzenkrankh.). Üb. 100 Fachveröff. - Liebh.: Malerei d. 17. Jh.s.

UNTIEDT, Jürgen

Dr. rer. nat., Prof. f. Geophysik - Corrensstr. 24, 4400 Münster/W. (T. 83 35 91); priv.: Gustav-Freytag-Str. 19, 4400 Münster-Nienberge (T. 02533/ 15 02) - S. 1968 (Habil.) Lehrtätigk. TU Braunschweig, Univ. Göttingen (Abt.s-vorst. u. Prof.), Münster (1970 Ord. u. Inst.sdir.). Facharb.

UPPENDAHL, Herbert

Dr., Prof. f. Politikwissenschaft Univ. Oldenburg - Osterbergstr. 34, 2902 Rastede-Loy - Geb. 9. Febr. 1944 Wehrendorf (Vater: Albrecht U., Schneider; Mutter: Minna, geb. Bergmeier), ev., verh. s. 1970 m. Maria Luise, geb. Bollmann, 2 Töcht. (Kristin, Annika) - 1970 Staatsex., 1970 u. 1971 in Marburg u. Freiburg, (Promot. 1975), Habil. 1980 Münster - 1970/71 Refer.; 1972-81 Akad. Rat/Oberrat; 1981/82 Lehrst.vertr. Univ. Erlangen-Nürnberg; s. 1982 Prof. in Oldenburg. 1986-88 Vizepräs. d. Univ. Oldenburg. 1987 Gastprof. Univ. of Washington in Seattle - BV: Parlamentarismus im polit. Roman, 1976; Anatomie e. Kommunalreform, 1981 - Spr.: Engl., Franz., Latein.

URBACH, Hans Walter

Dr. rer. nat., Generalbevollm. Direktor Siemens AG (Prozeßleittechnik, Meß- u. Prüftechnik) - Siemensallee 84, 7500 Karlsruhe 21 (T. 0721 - 595 29 50) - Geb. 16. Mai 1933 Regensburg (Vater: Karl U., Bundesbahnamtm.; Mutter: Karoline, geb. Zizler), verh. s. 1962 m. Maria Elisabeth, geb. Summa, 2 Söhne (Hans Ulrich, Hans Martin) - Oberrealsch. (Abit.); Stud. Philosoph.-Theol. Hochsch. Regensburg, TH München (Experimentalphysik), Dipl.-Phys. Promot. 1960.

URBACH, Reinhard

Dr. phil., Schriftsteller, Direktor Theater d. Jugend Wien - Wallrißstr. 80, A-1180 Wien - Geb. 12. Nov. 1939 Weimar (Vater: Ottomar U., Prok.; Mutter: Alma, geb. Schröter), ev., verh. s. 1975 in 2. Ehe m. Katharina v. Eicke u. Polwitz, Sohn Ferdinand - Univ. Köln, Bonn u. Wien (German., Gesch., Theaterwiss.) - S. 1977 Mitgl., 1979-86 Leit. Dramat. Burgtheater - BV: Arthur Schnitzler, 1968 (engl. 1973); D. Wiener Kom. u. ihr Publikum, 1973; Schnitzler-Komment., 1974. Herausg.: Arthur Schnitzler. S. Leben - s. Werk - s. Zeit (m. H. Schnitzler u. Ch. Brandstätter, 1981); Österr. z. Beisp. (m. O. Breicha, 1982); Burgtheater Wien (m. Achim Benning, 1986) - Spr.: Engl.

URBAN, Anna-Magdalena

Dr. phil., o. Prof. f. Englisch (entpfl.) - Adalgerstr. Nr. 6, 6551 Norheim (T. 0671 - 3 03 74) - Zul. Päd. Hochsch. Berlin. Facharb.

URBAN, Georg

Angestellter, Mitgl. Brem. Bürgerschaft (s. 1971) - Mittelwiese 14, 2800 Bremen 1 - Geb. 1. Jan. 1925 Bremen, kath., verh., 2 Kd. - Volkssch.; 1939-42 Schiffsmaklerlehre. 1953 9mon. USA-Aufenth. (Stud. d. Gewerksch.) - 1943-46 Wehrdst. (Kriegsmarine) u. Gefangensch., dann versch. Tätigk. (Arbeiter), ab 1949 Schiffsmakler, 1960-70 Bezirksvors. Kath. Arbeiterbeweg. Bremen-Unterweser. S. 1954 Sozial- u. Landessozialrichter (1963). CDU s. 1949.

URBAN, Hans-Georg

Dr., Senatsdirektor i. R. - Clayallee 254, 1000 Berlin 37 (T. 811 39 55) - Geb. 31. Dez. 1910 Berlin (Vater: Dipl.-Ing. Georg U., Dir. Berufsgenoss.), ev. - Stud. Rechtswiss. u. Volksw. Gr. jurist. Staatsprüf. 1936 - 1936-40 jurist. Mitarb. Markenschutzverb. (Verb. d. Fabrikanten v. Markenart.); 1948-59 Polizeivizepräs. Berlin; 1959-71 Senatsdir. Senatsverw. f. Verkehr u. Betriebe u. 1971-77 Protokollchef Berliner Senat - 1977 Gr. BVK - Liebh.: Bergsteigen, Schwimmen, Musik (Verdi-Opern) - Spr.: Engl., Franz. - Rotarier - Parteilos.

URBAN, Horst W.

Vorstandsvorsitzender Continental AG (s. 1987) - Wietzendiek 20, 3000 Hannover 51 - Geb. 1. Juni 1936 Lauban/Schles., verh. m. Dorothea, geb. Kiffer - S. 1956 IBM, s. 1962 Ford, dann BMW (1971-74 Generalbevollm.); 1974-87 Vorst.-Mitgl. Continental-Gummiwerke AG (Finanz- u. Beteiligungen).

URBAN, Martin

Dr. phil., Prof., Museumsdirektor - Nolde-Museum, 2268 Seebüll Kr. Südtondern (T. 04664 - 3 64) - Geb. 16. Dez. 1913 Liebemühl (Vater: Julius U., Lehrer), ev., verh. s. 1942 m. Ruth, geb. Henneberg, 4 Töcht. (Agnes, Dagmar, Petra, Gabriele) - Univ. Königsberg, Bonn, Kiel (Kunstgesch.; Promot. 1950) - 1950-62 Assist. u. Kustos Schlesw.-Holst. Landesmuseum, Schleswig (Schloß Gottorf); s. 1963 Dir. Stiftg. Ada u. Emil Nolde, Seebüll - BV: Veröff. z. Kunst d. Mittelalters u. dtsch., Expressionismus, u. a.: Emil Nolde - Landschaften / Aquarelle u. Zeichnungen, 1969 (New York/Washington, 1970); Emil Nolde - Blumen u. Tiere / Aquar. u. Zeichn. 1972 (New York u. London, 1966); Emil Nolde - Südseeskizzen, 1980; Emil Nolde. Werkverz. d. Gemälde. London/München, Bd. I 1987, II 1990. Herausg.: Welt u. Heimat (1971); Emil Nolde - Mein Leben (1976); Reisen, Ächtung, Befreiung (1978). Zahlr. Ausstellungskataloge.

URBAN, Martin

Dipl.-Phys., Journalist, Verantw. Redakteur Südd. Zeitung, München, Ress. Forschung, Wiss., Technik - 1972 Theodor-Wolff-Preis (Gebiet: Wissenschaft).

URBAN, Norbert

Dr. med., Prof., Facharzt f. Kinderkrankheiten - Sauerbruchstr. 10, 4040 Neuß/Rh. - Geb. 22. April 1914 Bielschowitz/OS. (Vater: Hermann U., Lehrer; Mutter: Martha, geb. Stiller), kath., verh. s. 1949 m. Dr. med. Irmgard, geb. Greber - Gymn.; Univ. Köln (Promot.) - 1938-42 Assist. Univ.s-Kinderklinik Köln, 1942-45 Wehrdst., 1946 internist. Tätigk., dann Assist. u. Oberarzt (1955) Kinderklinik Med. Akad. (1966 Univ.) Düsseldorf (1953 Privatdoz., 1959 apl. Prof.). S. 1961 Chefarzt Kinderklinik Neuss. Zahlr. Fachveröff. Zahlr. Vorträge u. Referate In- u. Ausl.

URBAN, Philipp

Hauptgeschäftsführer Hauptverb. d. Dt. Schuhindustrie - Waldstr. 44, 6050 Offenbach/M. (T. 069 - 81 62 72; Telex: 4 152 695 hds; Telefax: 069 - 81 28 10).

URBAN, Ralf

Dr., Prof. f. Alte Geschichte Univ. Trier - Peter-Wust-Str. 15, 5500 Trier - Geb. 6. Okt. 1943 Wegscheid (Vater: Hans U., Kaufm.; Mutter: Anneliese, geb. Sahm), ev., verh. s. 1969 m. Inès, geb. Michard, 2 Kd. (Rainer, Eva) - Burggymn. Essen; Univ. Bochum u. München (Promot. 1971, Habil. 1977) - 1978ff. Prof. Univ. Trier - BV: Hist. Unters. z. Domitianbild d. Tacitus; Wachstum u. Krise d. Achäischen Bundes; D. Bataveraufstand u. d. Erhebung d. Julius Classicus.

URBAN, Thomas

s. Köhler, Oskar

URBAN, Wolfgang

Redakteur, Ressortleit. Politik Tageszgt. D. Glocke - Lortzingstr. 25a, 4740 Oelde - Geb. 6. Okt. 1942 Chemnitz (Vater: Walter U., Presseref.; Mutter: Erika, geb. Jacob), ev., verh. m. Beatrix, geb. Söhnchen, 2 Kd. (Annette, Christian) - 1. jurist. Staatsex. - Spr.: Engl., Franz.

URBANEK, Axel

Verleger, Journalist, Energieberater Sonnenenergie Verlags-GmbH - Hindenburgallee 1, 8017 Ebersberg (T. 08092-2 29 39) - Geb. 15. April 1944 Prag/CSR (Vater: Dr. Walter U., Stud.-Prof., Germanist, Publizist; Mutter: Elisabeth, geb. Jaschke †1986), verh. s. 1969 m. Christine, geb. Scheinost, 2 Kd. (Markus, Susanne) - Oberrealsch. Landshut u. Wasserburg/Inn; Hochsch. f. polit. Wiss. München - B. 1972 Redakt. Tageszgt. Regensburg; 1972 Ltd. Redakt. Fachztschr. Gräfelfing; Hrsg. u. Chefredakt. Fachztschr. Sonnenenergie & Wärmepumpe, 1975 Initiator, Mitbegr./Geschäftsf. u. Vorst.-Mitgl. Dt. Ges. f. Sonnenenergie (DGS) München, 1979 Dt. Energie-Ges. (DEG) München, u. 1987 Dt. Fachverb. Solarenergie (DFS) Ebersberg - BV: Verkehrsplanung, Städtebau u. Raumordnung als Gesellschaftspolitik, 1974; Fünfzig dt. Sonnenhäuser, 1979 - Spr.: Engl., Franz.

URBANEK, Ferdinand

Ph.D., Dr. habil., Dr. phil., Priv.-Doz., apl. Prof. - Überanger 14, 4000 Düsseldorf 31 (T. 0203 - 74 04 94) - Geb. 21. Dez. 1926 Oppeln, kath., gesch., T. Julia - Stud. German., Angl., Phil.; Promot. (Dr. phil.) 1952 Bonn; Ph.D. 1955 London; Staatsex. 1957 Hildesheim; Habil. 1977 Duisburg - 10 J. im Höh. Schuldst.; 10 J. Doz. bzw. Assoc. Prof. Univ. London, Bombay, New Orleans; s. 1974 Hochschullehrer Univ. Duisburg f. germanist. Mediävistik - BV: Indien hinter d. Fassade, 1969; Kaiser, Grafen u. Mäzene im König Rother, 1976. Ztschr.publ. z. lit. Rhetorik u. z. sozial- u. zeitgeschichtl. Lit.wiss. d. Mittelalters - Liebh.: Reisen, fremde Kulturen, Mittelalter, Sport, Photogr. - Spr.: Engl., Franz.

URBANEK, Helmut

Dr., Generalkonsul d. Bundesrep. Deutschl. in Recife/Brasilien - C. P. 1604, Av. Dantas Barreto 191, Edf. Sto. Antonio, 50000 Recife (Pernambuco), Brasilien (T. 005581 - 224 35 30) - Zul. Generalkonsul in Lyon/Frankr.

URBANEK, Johann W.

Fabrikant, Geschäftsf. u. Mitinh. Fa. Joh. Urbanek GmbH & Co., KG., Frankfurt/Nürnberg/Wien (s. 1945) - Eysseneckstr. Nr. 11, 6000 Frankfurt/M. (T. 55 18 88) - Geb. 27. Jan. 1918 Frankfurt (Vater: Johann Carl U., Fabrik. (†); Mutter: Lucie, geb. Clermont †), kath., verh. s. 1952 m. Marianne, geb. Erftemeier, S. Christian - Abit. 1936 - Vors. Fachabt. Hartmetalle, Hartmetallwerkzeuge u. Diamantwerkzeuge im Fachverb. Werkzeugind., alle Remscheid; Vors. Commiss. V Europ. Schleifmittelverb., Paris; Beirat Normenaussch. Werkz. u. Spannzeuge im DIN (Dt. Inst. f. Norm.) - DIN-Ehrennadel, BVK a. Bde. - Spr.: Engl., Franz.

URBANIAK, Hans-Eberhard

Gewerkschaftssekretär, MdB (s. 1972; Wahlkr. 115/Dortmund II) - Alfred-Nobel-Str. 10, 4600 Dortmund-Dorstfeld (T. 17 18 58) - Geb. 9. April 1929 Dorstfeld, verh., 1 Kd. - Volkssch.; Bergbaulehre; n. DGB-Lehrg. 1955-56 Sozialakad. - U. a. Hauer (Betriebsratsvors.); s. 1961 Sekr. IG Bergbau u. Energie Bochum; AR-Mitgl. Orenstein & Koppel, Berlin/Lübeck/Dortmund; s. 1984 AR-Mitgl. Hoesch, Rothe Erde Schmiedag AG, Dortmund. 1964-70 Ratsmitgl. Dortmund. SPD s. 1951.

URBANUS

s. Luft, Friedrich

URBANUS, Martin

Landrat a. D., Geschäftsf. Nürburgring GmbH. - Zur Sternwarte 19, 5569 Schalkenmehren - 1950-53 Rechtsanwalt, 1953-56 Leit. Abt. Wirtsch. u. Techn. Bez.sreg., 1956-73 Landrat Kr. Daun. ARs- u. Beiratsmand.; Verb.stätigk. dar.

Vorst.smitgl. kommunaler Spitzenverb. - Spr.: Franz.

URBÓN, Héctor

Opern- u. Konzertdirigent - Arminiusstr. 5, 8000 München 90 - Geb. 24. Jan. 1940 Buenos Aires -1950-58 Hochsch. f. Musik Buenos Aires (Klavier u. Kompos., Staatsex.); 1959-62 Kunstinst. Colon Theater B. A. (Hauptf. Dirig.); 1963-66 Staatl. Hochsch. f Musik München (Dirig., Staatsex.) - 1966-68 Kapellmeister Stadttheater St. Gallen (Schweiz), 1968-70 Städt. Bühnen Freiburg/Br.; 1970-71 Künstler. Dir. Theater-Auditor. Palma de Mallorca; ab 1972 Gastdirig. Opernh. Graz, Stuttgart, Teheran, Frankfurt, Zürich, Düsseldorf, Duisburg, Staatsoper München, Wien u. Hamburg, Dt. Oper Berlin; 1975-77 1. Kapellm. u. Musikal. Oberleit. (1976/77) Bad. Staatstheater Karlsruhe; 1977-79 Ständ. Dirig. Dt. Oper Berlin; 1979-87 GMD d. Schleswig-Holst. Landestheaters u. Sinfonieorch. - Sinf.konz. in Buenos Aires, Mar del Plata, Teheran; Abonnement u. Sonderkonz. m. Bad. Staatskap., Philharmonia Hungarica, Schlesw.-Holst. Sinf.orch. (Chefdirig.). Außerdem Konz. in Augsburg, Wuppertal, Tours, Heidelberg, Varna, Stockholm, Stavanger, u.a. FS: Aufz. Don Pasquale (Wiener Staatsoper, ORF). Rundf.: Orpheus u. Eurydike Steir. Herbst, Graz (ORF); m. d. Sønderjyllands Symfoniorkester, Dänemark; m. d. Sinf.orch. NDR, Hamburg, u. d. Bulg. Rundf. Sofia - 1966 Richard-Strauss-Preis Stadt München - Spr.: Deutsch, Engl., Franz., Ital., Span.

URICH, Klaus

Dr. rer. nat., Dipl.-Biol., Univ.-Prof. f. Zoologie - Niklas-Vogt-Str. 25, 6500 Mainz (T. 8 24 50) - Geb. 30. März 1926 Berlin, ev., verh. m. Dr. Charlotte, geb. Perschmann, 3 Kd. - Univ. Marburg u. Berlin (Humboldt- u. Freie) - S. 1958 (Habil.) Privatdoz., ao. (1960) u. o. Prof. (1966) Freie Univ. Berlin - BV: Vergl. Physiologie d. Tiere, 3. A. 1976; Chem. Arbeitsb. f. Biologen (m. W. Maurer), 1980; Vergleichende Biochemie d. Tiere, 1989. Etwa 60 Einzelarb.

URY, Sylvia,
geb. Unger

B.A., Schriftstellerin, Übersetzerin, Rundfunk-Kommentatorin - Myliusstr. 29, 5000 Köln 30 (T. 0221-51 88 68) - Geb. 23. Dez. Berlin (Vater: Dr. Alfred H. Unger, Autor, s. dort), jüd., verw., (Ehemann: Komponist Peter Ury †), 3 Kd. (Tanya, Ninette, David) - Stud. Musik, Lit. Sprachen Univ. London, B.A.; Musik-Ref. d. BBC, London; Londoner Kulturref. d. Südd. Rundfunks, anderer dt. Sender, u. d. Schweiz. Rundspruchs; Übers. v. engl. Opern u. Musicals - Zeitw. Mitherausg. (m. Prof. Dr. Leuwerys, London): World Year Book of Philosophy, London - Liebh.: Reisen, Musik, Theater - Spr.: Engl., Franz., Span., Ital.

USCHKOREIT, Klaus R.

Dipl.-Kfm., Vorsitzender d. Vorstandes Provinzial Versicherungsgr., Kiel - Sophienblatt 33, 2300 Kiel 1; priv.: Bahnhofstr. 13, 2303 Neuwittenbek (T. 6 03 - 20 01) - Geb. 15. Juni 1935 Gumbinnen/Ostpr. (Vater: Wilhelm U., Kaufmann; Mutter: Gretel, geb. Filz), ev., verh. s. 1961 m. Kirsten, geb. Reichardt, T. Kyra - 1973-75 Hauptbevollm. Gerling-Konzern, Wien.

USLAR, von, Rafael

Dr. phil., em. o. Prof. f. Vor- u. Frühgeschichte - Georg-Büchner-Str. 27, 6500 Mainz 42 (T. 5 96 15) - Geb. 15. Nov. 1908 Kyritz/Ostprignitz (Vater: Adolf v. U., Landrat † 1960; Mutter: Emmy, geb. v. Wilke † 1978), ev., verh. s. 1936 m. Gerda, geb. Engelmann, 2 Kd. (Gesine, Werner) - Gymn.; Univ. Kiel, Göttingen, München, Wien, Marburg. Promot. 1932 Marburg - 1935-60 Rhein. Landesmuseum, Bonn (zul. -obermuseumsrat); s. 1960 Univ. Mainz (b. 1962 ao., dann o. Prof. u. Inst.sdir.) - BV: Westgerman. Bodenfunde d. 1.-3. Jh.s n. Chr. aus Mittel- u. Westdtschl., 1938; D. vor- u. frühgeschichtl. Besiedlung d. Berg. Landes, 1954 (m. A. Marschall u. K. J. Narr); Eiszeitmenschen am Rhein, 1957; Studien z. frühgeschichtl. Befestigungen zwischen Nordsee u. Alpen, 1964; Germ. Sachkultur i. d. ersten Jahrh. n. Chr., 1975. Zahlr. Fachaufs. - 1961 Ehrenmitgl. Verein v. Altertumsfreunden im Rhld.; o. Mitgl. Dt. Archäol. Inst.

UTHEMANN, Wolfgang

Dipl.-Ing., Geschäftsführer Rosenkaimer GmbH, Leichlingen - Im Rottfeld 13, 5672 Leichlingen/Rhld. (T. 42 64) - Geb. 20. Juni 1919 Herford - Spr.: Engl. - Rotarier.

UTHMANN, von, Jörg

Dr. jur., Diplomat u. Journalist - 333 East 56 Street, New York, N. Y. 10022 USA (T. 838 - 36 75) - Geb. 18. Juli 1936 Düsseldorf (Vater: Hans-Friedrich v. U., Exportkfm.; Mutter: Helga, geb. Loytved) - Stud. d. Rechtswiss. Univ. Berlin (Freie), Frankfurt, Wien, München - S. 1962 Ausw. Amt (Auslandsposten: 1965-69 Tel Aviv; 1971-73 Saigon; 1973-76 Uno-Vertret. New York). 1979-84 Kulturattaché Dt. Botsch. Paris; s. 1985 Korresp. FAZ in New York - BV: D. Ring d. Nibelungen im Lichte d. dt. Strafrechts, 1968; Doppelgänger, du bleicher Geselle - Z. Pathol. d. dt.-jüd. Verhältnisses, 1976; Es steht ein Wirtshaus an d. Lahn - E. Deutschlandführer f. Neugierige, 1979; Paris f. Fortgeschrittene, 1981; Le Diable est-il allemand?, 1984; D. Diplomaten, 1985; D. Sehnsucht n. d. Paradies - Zeitgemäße Anmerkungen z. dt. Neurose, 1986; Volk ohne Eigenschaften - Amerika u. s. Widersprüche, 1988 - Liebh.: Musik, Gesch., Theater, Lit. - Spr.: Engl., Franz.

UTHOFF, Detlef

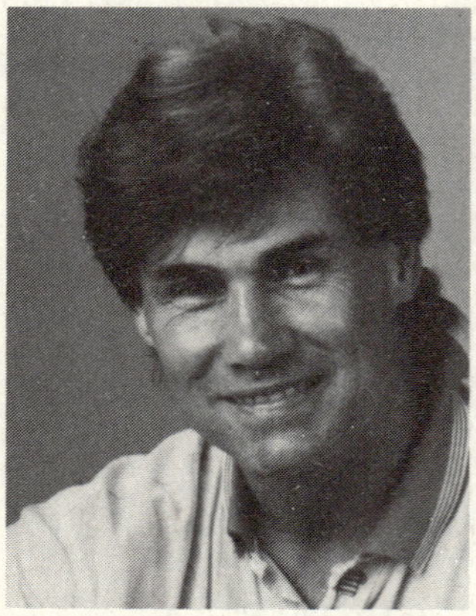

Dr. med., Ärztlicher Direktor - Lindenallee 21, 2300 Kiel 1 - Geb. 7. Mai 1942 Mühlheim/Ruhr, verh. m. Anke, geb. Thormählen, 4 Söhne (Philipp, Nicolas, Daniel, Moritz) - Stud. Med.; Staatsex. 1967 u. Promot. 1971 Kiel - AR-Mitgl. versch. wiss. u. wirtschaftl. Inst. Entd.: Neue Operationstechniken in d. Katarakt-Chir. - BV: Immunologie d. Auges (in Druck); Therapie in d. Augenheilkd. (in Druck) - F.S.E.S., New York Acad. Ocular Surgeons - Liebh.: Musik, Tennis, Ski - Spr.: Engl., Franz., Russ. - Bek. Vorf.: Prof. Uthoff, Ord. f. Augenheilkd. in Breslau (Großonkel).

UTSCH, Wolf-Rüdiger

Dipl.-Kfm., Geschäftsführer Arbeitsgemeinsch. Dt. Rohstoffgroßhandel, Bundesverb. Dt. Rohstoffwirtsch., Dt. Schrottverband (DSV), Köln, Landesverb. d. bayr. Rohstoffwirtschaft, u. Rohstoffverb., NRW, Rohstoff-Verb. Hessen, Köln, Bundesverb. Baustoff-Aufbereiter, Köln, Reseg-Recycling-Service-Ges. mbH, Köln, Verb. d. Rohstoffwirtschaft Rheinl./Rheinhessen - Zu erreichen üb. Dt. Schrottverb., 5000 Köln - Abit.; Bundeswehr (Lt. d. Res.); Berufspraktika; Stud. Univ. Köln - Liebh.: Musik, Malerei, Antiquitäten, Sport.

UTTER, Werner

Flugkapitän a. D., Vorstandsmitgl. Dt. Lufthansa AG (1972-85; Ressort Verkehr) - Amselweg 2, 6368 Bad Vilbel - Geb. 14. Febr. 1921 Crailsheim (Vater: Willy U., Notar; Mutter: Elsa, geb. Kuhn), verh. s. 1945 m. Margret, geb.-Weik, 3 S. (Tilman, Thomas, Tobias) - Gymn. Kirchheim/Teck, Abit. - S. 1954 Lufthansa, 1960 Flottenchef B 707, 1971 Chefpilot, 1. Landung in Nepal mit B 707, 1967 - BV: Sonne, Wolken, Staatsvisite, 1968; ... und wünsche einen guten Flug, 1969 - 1967 hoher nepal. Orden, 1968 BVK I. Kl., 1977 Gr. BVK - Liebh.: Kiwifrucht-Anbau, Imkerei, Wandern, Musik - Spr.: Engl. - Lions.

UTZ, Arthur-Fridolin

Dr. theol., Dr. phil. h. c., Prof. em., Direktor Union de Fribourg Intern. Inst. f. Sozial- u. Politikwiss., Präs. Inst. f. Gesellschaftswiss. Walberberg, Präs. Intern. Stiftung Humanum, Präs. Scientia Humana Inst. Bonn, Ehren-Präs. Intern. Vereinig. f. Rechts- u. Sozialphilos. - CH-1783 Pensier/Fribourg (Schweiz) (T. 037 - 34 22 94) - Geb. 15. April 1908 Basel (Vater: August U.; Mutter: Elisabeth, geb. Fitz), kath. - Gymn.; Stud. Phil. u. Theol., Promot. 1937 - 1937-46 Prof. Albertus-Magnus-Akad., Walberberg; s. 1946 ao. u. o. Prof. (1952) Univ. Fribourg - BV (Hauptwerke): Recht u. Gerechtigkeit, 1953; Formen u. Grenzen d. Subsidiaritätsprinzips, 1956; Sozialethik, 3 Bde. (I: Prinzipien d. Gesellschaftslehre, II: Rechtsphil., D. soziale Ordnung) 1958/1963/87 (auch franz. u. span.); Ethik, 1970 (auch franz. u. span.); Bibliogr. d. Sozialethik Bd. I-XI (1960-80); Zw. Neoliberalismus u. Neomarxismus, 1975 (auch franz., span., portug., japan., chines.); D. marxistische Wirtschaftsphilosophie, 1982; Weder Streik noch Aussperrung, 1987; Thomas v. Aquin, Recht u. Gerechtigkeit, 1987 - Liebh.: Skilaufen, Schwimmen, Windsurf - Spr.: Franz., Engl., Span., Ital.

UTZERATH, Hansjörg

Schauspieldirektor Städt. Bühnen Nürnberg (s. 1977) - Zu erreichen üb. Städt Bühnen Schausp., Richard-Wagner-Platz 2-10, 8500 Nürnberg 1 - Geb. 20. März 1926 Schorndorf, verh. s. 1957 m. Renate, geb. Ziegfeld, 3 Kd. (Gabriele, Benjamin, Anna) - Abit. 1944 - U. a. Int. Freie Volksbühne Berlin (1967-73) Düsseldorfer Kammersp. (Dir.) u. Schiller-Theater Berlin (Regiss.). Div. Insz., Rose Bernd (Hauptmann), Straßenecke (Jahnn), Wilhelm Tell (Schiller) u. a. Fernsehen: Viele heißen Kain; Jud Süss (Paul Kornfeld); Hitlerjunge Quex - Mythos e. Jugend (Utzerath/Missbach).

V

VACANO, Hans Karl

Dr. jur., Generalkonsul a. D. - Hof Dillsperg, 8217 Staudach-Egerndach/Chiemgau - Geb. 22. Juni 1920 Bielefeld (Vater: Peter Paul V., preuss. höh. Beamter; Mutter: Margarethe, geb. Lehmann), kath., verh. s. 1955 in 2. Ehe m. Susanne, geb. Voss, 2 Söhne (Hans Marcus, Hans Tagino) - Gymn. Lietzensee (Berlin, Abit. 1939-44 Wehrdst. Luftwaffe: Me 110, Do 217. Stud. Rechtswiss. Univ. München, Göttingen u. Tübingen; 1. jurist. Staatsprüf. 1947, Promot. 1949 Tübingen - 1949-50 Redakt. Rhein. Merkur; 1950 Bundespresseamt; 1951 Auslandstätigk. (nach Prüf. f. d. höh. ausw. Dienst) in Rio de Janeiro, Genf, Mailand, Damaskus, Lissabon, Göteborg, Lourenço Marques (Mosambik), Pretoria, Innsbruck; 1977 Ruhest. (Vermögensverw.); Rotary 1971-77 - BV: Kaiserl. u. Dt. Konsulat Innsbruck 1896-1973, 1974; Arch. f. Sippenforsch. 1974, 1980 - BVK I. Kl.; Offz.

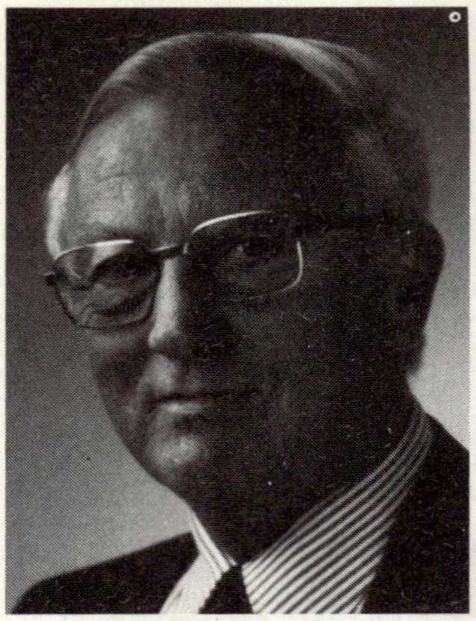

portug. Orden Militar de Cristo; Gr. Tiroler Adlerorden, militär. Auszeichn. - Abst. vom Comer See (Lenno).

VACANO, von, Johannes (Hans)

Botschafter Bundesrep. Deutschl. in Peru (s. 1986) - Zu erreichen üb. Dt. Botschaft, Apartado 18-0504, Av. Arequipa 4202-4210, Lima 18 (Peru) - Geb. 26. März 1926 Köln (Vater: Franz Johannes v. V., LGpräs. †; Mutter: Margarethe, geb. Freiin v. Feilitzsch †), kath., verh. s. 1959 m. Francesca, geb. Gräfin Pietromarchi, 2 Kd. (Paul Lucas, Stefanie Gabriella) - Jurastud. Univ. Tübingen; Diplomatensch. Speyer - Auslandsposten in Baghdad, Moskau, Madrid, Rom (Nato-Defense-College); wiederh. Tätigk. im AA Bonn (zul. 1971-73 stv. Chef Protok.), 1973-79 Botsch. Buenos Aires (Gesandter); 1979-82 Botschafter in La Paz/Bolivien, 1982-86 in Kenya u. den Seychellen. Ständ. Vertr. b. UNEP u. HABITAT (Nairobi) - Spr.: Engl., Franz., Span., Ital.

VACANO, von, Otto-Wilhelm

Dr. habil., Akad. Oberrat i. R., Archäologe - Schlachthausstr. 26, 7400 Tübingen 1 (T. 07071 - 2 26 18) - Geb. 5. Mai 1910 Erstein (Vater: Franz-Johannes, Landgerichtspräs.; Mutter: Gretchen Rosalie, Freiin v. Feilitzsch), verh. I) 1936-50 m. Erna, geb. Bohlmann, 6 Kd.; II) s. 1951 m. Juliane, geb. Engelhardt, 1 Sohn - Abit. Köln; Stud. Klass. Archäol., Altphilol., Alte Gesch. Univ. Köln u. Wien; Promot. 1936 Köln; Habil. 1944 Graz; 1951-61 Heimleit. u. Leit. Mitarb. i. Intern. Bund f. Kultur u. Sozialarb.; 1958-75 Lehrbeauftr. f. etrusk. Archäol. Archäol. Inst. Univ. Tübingen; 1962-75 Kustos d. Archäol. Samml. d. Archäol. Inst. Univ. Tübingen - BV: D. Problem d. alten Zeustempels v. Olympia, 1937; Im Zeichen d. Sphinx - Griechenland i. VII. Jh., 1952; D. Etrusker, Werden u. geistige Welt, 1955; D. Etrusker in d. Welt d. Antike, 1957; Italien, 3. A. 1982; Talamone - Il mito dei Sette a Tebe, 1982; Gli Etruschi a Talamone - La Baia di Talamone dalla preistoria ai giorni nostri, 1985; D. Talamonazzio, Alte u. Neue Probleme, 1988 - 1973 Membro straniero dell'Ist. di Studi Etruschi ed Italici; 1976 Membro corrispondente dell'Accademia dei Sepolti, Volterra.

VAERST, Wolfgang

Dr. jur., Rechtsanwalt, ehem. Präs. Deutsche Bundesbahn (1972-82) - Oskar-Sommer-Str. 15, 6000 Frankfurt/M. (T. 631 23 63) - Geb. 1. Aug. 1931 Essen, verh., 3 Kd. (Andreas, Markus, Susanne) - Stud. Rechtswiss. Promot. 1961 - 1960-65 Finanzverw. Nordrh.-Westf. (zul. Regierungsrat), dann Bundesverb. Werksverkehr (Geschäftsf.), 1968-72 Bundesverkehrsmin. (Leit. Abt. Eisenbahnen; 1969 Min.dir.) - 1981 Großkr. d. zivilen VO d. span. Königreichs; 1982 BVK I. Kl.; 1983 Gr. Gold. Ehrenz. m.

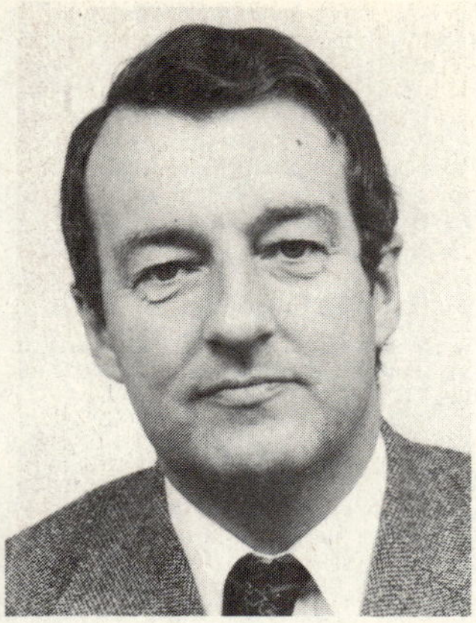

Stern f. Verdienste um d. Rep. Österr. - Liebh.: Zeitgesch., Tennis, Radfahren.

VÄTH, Werner

Dr. rer. soc., Prof. f. Politikwiss. FU Berlin, Dekan (s. 1989) - Zu erreichen üb. FU Berlin, FB Polit. Wiss., Ihnestr. 21, 1000 Berlin 33 (T. 030 - 838 37 39) - Geb. 9. Sept. 1945 Mittelsinn/Ufr. (Vater: Karl V., Bb.-Beamter; Mutter: Dora, geb. Sachs), verh. s. 1971 m. Dr. Roswith, geb. Szusdziara, Dipl.-Psych., 2 Kd. - 1964-69 Univ. Wien u. Berlin (Dipl.-Polit. 1969), Promot. 1976 Konstanz - 1970 Projektmitarb.; 1973 Wiss. Mitarb., 1976 Wiss. Assist., s. 1981 Prof. FU - BV: Ges.plan., 1972; Polit. Plan., 1973; Raumplan., 1980; Krisenregulierung, 1983 - Liebh.: Klass. Musik.

VAHLBERG, Jürgen

Dipl.-Soz., Bundestagsabgeordneter (Landesliste Bayern) - Teutonenstr. 1, 8011 Kirchheim b. München (T. 089 - 903 80 70) - Geb. 12. Febr. 1939 Braunschweig, verh., 1 Kd. - Volkssch.; Schriftsetzerlehre; 1961-62 Bundeswehrdst.; n. Ableg. Abit. (1967 Bayer. Kultusmin.) Univ. München (Soziol., Volksw.) - 10 J. Schrifts. versch. Druckereien u. Ztg.betriebe; s. 1977 sozialwiss. Tätigk. TU München; s. 1979 Geschäftsf. Softing GmbH. SPD s. 1966 (Schatzmeister d. Bayer. SPD), Bundesvors. Arbeitsgem. Selbständige in d. SPD). 1972-76 u. 83 MdB.

VAHLBRUCH, Günther

Dr. jur., Bankdirektor i. R. - Waldheimstr. 7a, 3000 Hannover 81 - Geb. 20. Juni 1912 Bockenem Kr. Hildesheim (Vater: Dr. Paul V.), verh. m. Doris, geb. Thieße - Fr. Vorst.smitgl. Niedersächs. Landesbank, Hannover, bzw. Nordd. Landesbank, Hannover/Braunschweig (b. 1974).

VAHLDIECK, Heino

Oberregierungsrat, Mitgl. d. Hamburg. Bürgerschaft (s. 1986) - Schrötteringksweg 11, 2000 Hamburg 76 (T. 040 - 220 70 83) - Geb. 17. Febr. 1955 Hamburg, ev., verh. s. 1986 m. Susanne, geb. Rahardt, MdHB, T. Harriet - Volljurist. CDU - Spr.: Engl., Franz.

VAHLEFELD, Hans-Wilhelm

Dr. phil., Journalist - Iroldstieg 6, 2000 Hamburg 56 (T. 81 42 08) - Geb. 1928 Lüdenscheid/W. - Univ. Freiburg, Hamburg, München (Phil., Rechtswiss.) - 1960-68 Fernostkorresp. f. Funk u. Fernsehen Tokio u. Hongkong (1964), spät. Intern. Korresp. D. Welt, b. 1982 stv. Chefredakt. NDR-Fernsehen, dann ARD-Korresp. Tokio; NDR Korresp. Rundf. Washington - BV: 100 Millionen Außenseiter - D. neue Weltmacht Japan, 1968; Weltrevolution aus Fernost - D. neue China, 1970; Fernost fordert heraus - E. Auslandskorr. erlebt Indien, China u. Japan; Länder d. Hoffnung - E. Auslandskorr. erlebt Südamerika, d. Südsee u. Australien.

VAHLENSIECK, Winfried

Dr. med., o. Prof. f. Urologie - Auf d. Freibogen 2b, 5300 Bonn-Lengsdorf (T. 27 37 10) - Geb. 16. April 1929 Salzkotten (Vater: Dr. med. Karl V.; Mutter: Elisabeth, geb. Kohler), kath., verh. s. 1956 m. Marianne, geb. Pöppinghaus, 3 Kd. (Winfried, Martin, Ute) - S. 1965 (Habil.) Lehrtätigk. Bonn (1969 apl. Prof., 1970 Abt.svorst., 1971 Ord. u. Klinikdir., 1975/76 Dekan Med. Fak.) - BV: Exper. Beitrag zu Fragen d. Nierentransplantation, 1965; Pathogenese u. Klinik d. Harnsteine II, III, IV, 1974/75 (m. G. Gasser). Etwa 200 Einzelarb. - Spr.: Engl., Franz., Ital.

VAHRENHOLT, Fritz

Dr. rer. nat., Staatsrat Hamburger Umweltbehörde - Steindamm 22, 2000 Hamburg 1 (T. 040 - 248 25 32 02) - Geb. 8. Mai 1949 Gelsenkirchen-Buer, verh. s. 1976 m. Maria Müller-Vahrenholt, 2 Söhne (Volker, Oliver) - Stud. Chemie u. Sozialwiss.; Dipl.-Chem. 1971, Promot. 1974 Univ. Münster - 1976-81 Ref. f. Chem. Ind. Umweltbundesamt Berlin; 1981-84 Ltd. Ministerialrat Hess. Umweltmin. Wiesbaden; 1984ff. Staatsrat - BV: Seveso ist überall, 1978; Im Ernstfall hilflos, 1980; D. Lage d. Nation (m. E. R. Koch), 1983; Tempo 100 - Soforthilfe f. d. Wald, 1984; Formaldehyd - e. Nation wird geleimt (m. R. Grieshammer), 1984; Vernunft riskieren (m. Peter Glotz), 1988 - Liebh.: Pflege u. Vermehrung subtrop. Pflanzen, Briefmarken (BRD) - Spr.: Engl.

VAHS, Wilfried

Dr. phil., Prof., Zoolog. Inst. Univ. Köln - Weyertal 119, 5000 Köln 41 (T. 470-31 16) - Geb. 13. Dez. 1924 Essen (Vater: Hans V., Feinmechanikerm.; Mutter: Änne, geb. Regeniter), ev., verh. s. 1953 m. Erika, geb. Klingner, 2 Töcht. (Brigitte, Elke) - Univ. Köln (Biol., Chemie). Promot. (1953) u. Habil. (1960) Köln - S. 1960 Lehrtätigk. Köln (1966 Wiss. Rat u. Prof.). Spez. Arbeitsgeb.: Entwicklungs- u. Zellphysiol. d. Wirbeltiere. Facharb. - Liebh.: Floristik (bes. Orchideen) - Spr.: Engl.

VAJDA, Ladislaus

Dr. phil., Prof., Inst. f. Völkerkunde Univ. München - Clemensstr. 28, 8000 München 40 (T. 3 11 13) - Geb. 3. Febr. 1923 Budapest - S. 1962 (Habil.) Lehrtätigk. München (1969 Wiss. Rat u. Prof., 1978 Prof.). Völkerkundl. Veröff.

VAJEN, Kurt

Landwirt, MdL Nieders. (s. 1978, Wahlkr. 60/Rotenburg) - Wensebrock 5, 2135 Brockel - Geb. 15. Mai 1936 Ahausen, verh. - Volkssch.; landw. Ausbild. Meisterprüf. 1960 - S. 1960 selbst Wensebrock. Ehrenämter u. a. 1974 ff. Bürgerm. Brockel u. Bothel; 1972 ff. MdK; 1975-77 Landrat. CDU (1966 ff. Ortsvors.).

VALENCAK, Hannelore

(eigtl. Hannelore Mayer) Dr. phil., Schriftstellerin - Schwarzspanierstr. 15, A-1090 Wien - Geb. 23. Jan. 1929 Donawitz - BV: Morgen werden wir es wissen, Erz. 1961; D. Höhlen Noahs, R. 1961; E. fremder Garten, R. 1964; Nur dieses e. Leben, Lyrik, 1966 - Zuflucht hinter d. Zeit, R. 1967 (NA. 1977 unt. d. Titel: D. Fenster z. Sommer); Montagfrüh ist nicht d. Leben, R. 1970; Vorhof d. Wirklichk., R. 1972; Ich bin Barbara, R. 1974; Meine schwererziehb. Tante, R. 1975; D. mag. Tageb., R. 1981; Mein Tag - mein Jahr, Lyrikbd. m. eigenen Fotos 1983; Meine unbezahlbare Schwester, Mädchenr. 1984. Lyrik; Jugendb. - Außer Ehrengaben u. Förderungspreisen Steir. Peter-Rosegger-Lit.preis (1966), Wiener Jugendb.pr. (1975), Österr. u. Wr. Kinderb.pr. (1977); Mitgl. PEN.

VALENTE, Caterina

Sängerin, Tänzerin u. Schauspielerin - CH-6816 Bissone - Geb. 14. Jan. 1931 Paris (Eltern: Giuseppe u. Maria Valente, Artisten), kath., verh. I) 1952 m. Eric van Aro (eigtl. Gerd Scholz; Jongleur; gesch. 1971), S. Eric, II) 1972 Roy Budd (Komponist; brit. Staatsbürger; gesch. 1979), S. Alessandro - Filme: Große Starparade, Ball im Savoy, Liebe, Tanz und 1000 Schlager, Bonjour - Katrin!, Du bist Musik, Das einfache Mädchen, Casino de Paris, ...und abends in d. Scala, Hier bin ich, hier bleib ich, Du bist wunderbar, Schneewittchen u. d. 7 Gaukler. Fernsehen (zahlr. Shows USA); Schallpl. - 3 x Gold. Bildschirm (zul. 1961), 1964 Europremio (Fernsehpreis Venedig), 1965 Fame Award (Amerik. Fernseh-Oscar) u. Gold. Kamera; 1968 BVK I. Kl., 1985 Gr. BVK - Liebh.: Kochen, Stricken, Fotogr. - Beherrscht 6 Sprachen.

VALENTIEN, Christoph Christian

Dipl.-Ing., Prof. f. Landschaftsarchitektur - Fischerweg 7, 8031 Wessling b. München - Geb. 4. Aug. 1939 Stuttgart (Vater: Dr. phil. Fritz V., Kunsthändler; Mutter: Alwine, geb. Beck), verh. s. 1971 m. Donata, geb. Seifert - Fr. Walddorfschule Stuttgart (Abit. 1958); 1958-60 Lehre Landsch.gartenbau, 1960-64 TU München (Gartenarchit.), Dipl. 1964; 1965-67 Städtebaul. Aufbaustud. TU Aachen - 1967-72 wiss. Assist. TU Stuttgart, freiberufl. Landsch.arch., ab 1980 o. Prof. f. Landsch.arch. u. Entwerfen TU München - Architektur: Rosenthal-Park Selb/Ofr., Strandbad Bad Waldsee, Fußgängerzone Gaggenau - Planungen: u.a. Landsch.entwickl.plan Vier- u. Marschlande, Hamburg, Landsch.pläne Oberstdorf, Würzburg, Pforzheim - Mitgl. Dt. Werkbund, Dt. Akad. f. Städtebau u. Landesplanung, Gründungsmitgl. Fr. Akad. d. Künste Mannheim - Liebh.: Mod. Kunst.

VALENTIN, Erich

Dr. phil., Prof., Musikwissenschaftler - Maillingerstr. 8, 8202 Bad Aibling (T. 08061 - 79 91) - Geb. 27. Nov. 1906 Straßburg/Els. (Vater: Karl V., Postbeamter; Mutter: Claire, geb. Diedrich), ev., verh. s. 1937 m. Edith, geb. Dettmeyer †1988, 4 Kd. (Kläreliese, Hannedore, Hans-Erich, Michael) - Univ. München (Musikwiss., German., Päd.) - Lehrtätigk. u. a. Mozarteum, Salzburg, Nordwestd. Musik-Akad., Detmold, u. Staatl. Hochsch. f. Musik, München (1953; Prof., 1964 Dir.). Begr. u. Präs. Dt. Mozart-Ges.; Präs. Beethoven-Ges. - BV (1952-75): Georg Philipp Telemann; Kl. Bilder gr. Meister (auch türk.); Mozart - Wesen u. Wandlung; Handb. d. Chormusik; Handb. d. Instrumentenkd. (auch engl. u. franz.); Cello u. Hoelscher; Mozart (Bildbiogr.; auch engl., schwed., franz.); Beethoven (Bildbd.; auch engl., franz., span., dän., schwed.); Telemann in s. Zeit; Goethes Musikanschauung; Musica Domestica; Handb. d. Schulmusik; Mozart - Sinnbild d. Mitte; Handb. ev. Kirchenmusik; Zeitgenosse Mozart; D. schönsten Mozart-Briefe; D. schönsten Beethoven-Briefe; D. schönsten Schubert-Briefe; Neues Handb. d. Schulmusik; E. Freund Mozarts: J. Chr. v. Zabuesnig; D. Wittelsbacher u. ihre Künstler; Mozart. Weg u. Welt; Leopold Mozart. Herausg.: Lübbes Mozart-Lexikon (1983); Don Juan-Reflexionen (1988, auch span. 1988). Fernsehreihe: Welt d. Musik - 1956 Silb. Mozart-Med. Salzburg; 1971 Bayer. VO.; 1987 goldenes Ehrenz. Land Salzburg; BVK I. Kl.; Ehrenmitgl. Hochsch. f. Musik München, Mozartgem. München, Bayer. Sängerbund, Intern. Stiftg. Mozarteum Salzburg; Mozartges. Schwetzingen - Liebh.: Reisen, Wandern, Lesen - Lit.: Festschr. z. 70. Geburtstag, herausg. v. G. Weiß.

VALENTIN, Franz

Dr.-Ing., Univ.-Prof. f. Hydraulik u. Gewässerkunde TU München - Kerschensteinerstr. 246, 8034 Germering (T. 089 - 841 61 09) - Geb. 16. Dez. 1938 Ochsenfurt, kath., verh. s. 1968 m. Ulrike, geb. Schwab, 2 Kd. (Birgit, Bernhard) - TH München (Dipl.-Ing. Bau 1963, Promot. 1968), Habil. 1972 TU München - 1978 Extraord.; 1981-86 Sprecher Sonderforschungsber. 81 TU München; 1987 Ord. f. Hydraulik u. Gewässerkd.

VALENTIN, Hans E.

Dipl. Bibliothekar, Leitung Stadtbibliothek Heidenheim - Hauptstr. 83, 7920 Heidenheim (T. 07321 - 2 32 21) - Geb. 4. Aug. 1942 Salzburg, ev., verh. s. 1969 m. Karin, geb. Kastner, 3 Kd. (Annette, Ulrike, Tobias) - Waldorfsch.; Buchhandelslehre; FH f. Bibliothekswesen Stuttgart - BV: Klöster u. Stifte im bayer. Oberland, 1978; Brezen, Kletzen, Dampedei. Brot im süddt. u. österr. Volksbrauchtum, 1978. Herausg.: Bayernbuch (1975). Co-Autor: D. Wittelsbacher u. ihre Künstler in 8 Jh. (1980); Verfasser zahlr. kulturhist. Aufs.

VALENTIN, Helmut

Dr. med. (habil.), em. o. Prof., Direktor Inst. f. Arbeits- u. Sozialmed. d. Poliklinik f. Berufskrankheiten Univ. Erlangen-Nürnberg (1965-89), Facharzt f. Inn. Med. u. Arbeitsmed. - Schillerstr. 29, 8520 Erlangen (T. 85 23 13-15) - Geb. 1. Nov. 1919 Bochum - Med. Notstaatsex. 1945 München; Approb. 1946 Köln - 1945-65 Assist. u. Oberarzt (1956) Med. Univ.klinik Köln (1956 Privatdoz., 1962 apl. Prof.). 1967-73 u. 1982-85 Präs. Dt. Ges. f. Arbeitsmed.; 1971-85 Vors. Med. Fakultäten-Tag; s. 1973 Präs. Bayer. Akad. f. Arbeits- u. Sozialmed. München; Mitgl. Sachverständigenbeirat Bundesmin. f. Arbeits- u. Sozialordnung - BV: Unters. u. Beurt. v. Herzkranken (m. H. W. Knipping, W. Bolt, H. Venrath), 1955, 2. A. 1960; Lehrb. d. Arbeitsmed., 1971, 79 u. 85; D. Analyse d. Stress aus arbeitsmed. Sicht (m. K. Gossler, K. H. Schaller u. Mitarb.), 1977; Funktionsprüfungen v. Herz u. Kreislauf (m. K. P. Holzhauser), 1976; Arbeitsmed. aktuell (m. W. Brenner, H.J. Florian, E. Stollenz), Standardw. s. 1977. Üb. 100 Buch- u. Ztschr.beitr.; zahlr. Vorträge, Schriftl.: Ztschr. Arbeits-, Sozialmed., Arbeitshyg. - Liebh.: Sport (Skilaufen, Schwimmen) - Spr.: Engl., Franz.

VALÉRIEN, Harry

Journalist, TV-Reporter u. Moderator - Zu erreichen üb. ZDF, Postf. 4040, 6500 Mainz-Lerchenberg (T. 06131 - 7 01) - Geb. 4. Nov. 1923 München (Vater: Pressefotograf), verh., 2 T. - Mechanikerlehre; Kriegsdst.; Journalistensch.; Zeitungsvolont. - S. 1951 Rundf. (BR) u. Ferns. (ZDF); 1977-86 Leit. u. Moderator d. Sendung TELEMOTOR; 1963-88 Moderator d. Aktuellen Sportstudios; Interviewer d. Reihe Sonntagsgespräch, bde. ZDF. Viele Reportagen v. gr. sportl. Ereignissen. Div. Sportb.: Fußball '82 - WM Spanien - Bundesliga; EM '84 Fußball; Olympia 84 u. a. - Pokale, Bildbd. 1982 - 1965 u. 76 Gold. Kamera Hör zu, 1972 u. 79 Bambi in Gold; 1983 Gold. Ehrennadel Stadt München - Liebh.: Golf, Schwimmen, Ski, Radfahren.

VALET, Günter

Dr. med., Prof., Leiter Mildred-Scheel Labor f. Krebszellenforschung (s. 1981) - Max-Planck-Inst. f. Biochemie, 8033 Martinsried - Geb. 25. April 1941 München, ev., verh. m. Annie, geb. Saramite, 3 Kd. (Michael, Christoph, Veronique) - 1961-68 Medizinstud. Univ. München, Freiburg, Montpellier; Promot. 1968 München; Habil. (exper. Med.) 1974 München - 1981 apl. Prof. München; 1972/73 Scripps Clinic and Res. Foundation, La Jolla, USA - Versch. Pat. Reagentien f. Durchflußcytometrie. 90 wiss. Veröff. in 26 intern. Ztschr. - Spr.: Engl., Franz.

VALETON, Ida,

geb. Meggendorfer

Dr. rer. nat., Prof., Leiterin Sedimentpetrogr. Labor. Geolog. Paläontol. Inst. Hamburg i. R. - Auf dem Heinberg 56, 2094 Brackel 2 (T. Marxen 41 77) - Geb. 26. Mai 1922 Hamburg (Vater: Prof. Dr. med. Friedrich Meggendorfer, Ord. f. Psychiatrie (s. X. Ausg.); Mutter: Jakobine, geb. Krebs), verh. s. 1952 m. Dr. med. Johannes V., 2 Kd. (Barbara, Bernard) - Promot. 1944; Habil. 1957 - S. 1957 Lehrtätigk. Univ. Hamburg (1964

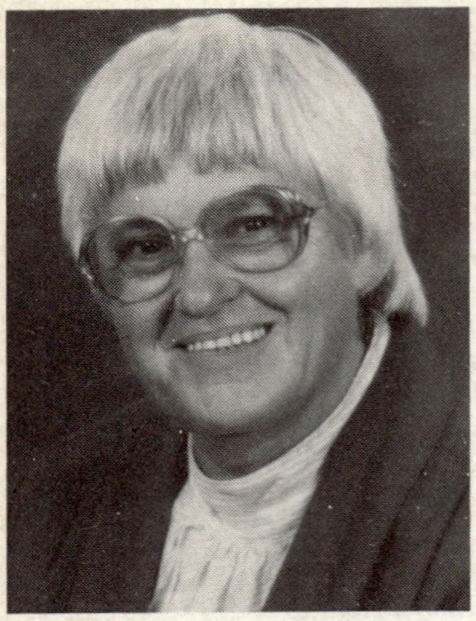

apl. Prof. f. Mineral. u. Petrogr.; 1966 Wiss. Rätin u. Prof.; 1970 Abt.Dir. u. Prof.). 1963/64 Austauschprof. Bordeaux. 1979 Gastprof. (Lagerstätten) Ben Gurion Univ. of the Negev, Beer Sheva, Israel; 1983 Gastprof. (Lagerstätten) Univ. Ife, Nigeria, u. 1988 Univ. Dar es Salam, Tanzania - BV: Bauxitlagerstätten (engl.), Sedimentpetrogr. Einzelarb.; Lateritische Lagerstätten, Tonmineralogie, Pleistozänpetrographie, Umweltschutz Alster, Elbe. Co-Autor v. Hans Füchtbauer (ed.): Sedimente u. Sedimentgesteine, Lehrb. 1988 - 1977 Gold. Sportabz.; Partnership research projects with the Univ. of Porto Alegre and São Paulo, Brazil; 1986 Verleihung d. Portugaleser in Gold (40. Dienstjubiläum) durch d. Stadt Hamburg - Spr.: Engl., Franz.

VALLENTHIN, Wilhelm

Dr. jur., Vorstandsmitglied Deutsche Bank AG, i. R.; - Elbchaussee 474, 2000 Hamburg 55 - Geb. 24. Juli 1909 Hamburg, verh. m. Friedel, geb. Festersen, 3 Kd. - Univ. Hamburg, München, Freiburg (Rechts- u. Staatswiss.). Ass.ex. - Staatsdst. (Landgericht Hamburg; Reichsarbeitsmin.); n. 1945 Bankwesen - Liebh.: Musik, Golf.

VALMY, Marcel

Freier Schriftsteller u. Regiss. - Schmiedweg 2, 8031 Seefeld/Hechendorf (T. 08152 - 76 42) - Geb. 13. Nov. 1922 Berlin, ev., verh. s. 1950 m. Lore, geb. Hager, T. Beatrix - Abit. 1941; Stud. 2 Sem. Jura - B. 1945 Wehrdienst; seith. fr. Autor f. Film, Funk, FS, Verlage. Liedertextdichter, Romanautor, Drehbuchautor (D. grüne Bogenschütze, D. Bande d. Schreckens u.a.) - BV: D. Mann, d. d. Geld nachlief; D. wundersamen Nächte; D. verzauberte Tag; D. lieben Draculas; D. Freimaurer. Musicals: Dreimal dürfen Sie raten (Graz 1959, Wien 1963, Parchim 1974); Heuchlerserenade (Staatsoperette Dresden 1970); Candide (Rostock 1974). Üb. 500 Dialogfassungen amerik., franz. u. ital. Filme. FS-Serien: Verdi, D. seidene Schuh, D. Sklavin Isaura, D. Unsichtbare u.a. 300 Feuill. in d. europ. Presse - 1964 Kulturfilmprämie f. d. Bethel-Film Leben m. d. Leiden (Buch, Musik, Regie) - Liebh.: Hist. Studien - Spr.: Engl., Franz., Ital., Span. - Lit.: Glenzdorfs Intern. Filmlex.; Kürschner Dt. Lit.-Kalender; Who's Who in Europa?; Who is Who in Lit.?.

VALTIN, Renate

Dr. phil., Prof. f. Erziehungswiss. FU Berlin - Winkler Str. 22, 1000 Berlin 33 (T. 030 - 826 46 65) - Geb. 20. Sept. 1943 Winterberg (Vater: Karl V., Elektrokaufm.; Mutter: Emmy, geb. Biederbeck), verh. s. 1973 m. W. E. Braun - Univ. Hamburg (Ex. f. d. Lehramt an Volks- u. Realsch. 1966, Promot. 1969) - 1969-75 wiss. Assist. Univ. Hamburg; 1975-81 Prof. PH Berlin; ab 1981 Prof. FU Berlin. S. 1984 Vors. Arbeitskreis Grundschule - BV: Legasthenie - Theorien u. Unters., 1970, 3. A. 1974; Empir. Unters. z. Legasthenie, 1972; Legasthenie in Wiss. u. Unterr. (m. and.), 1981. Herausg.: Einf. in d. Legasthenieforsch. (1973); Förd. legasthen. Kinder in d. Schule (m. Malmquist, 1975); Language awareness and learning to read (m. Downing), 1984; Gemeinsam leben, gemeinsam lernen, (m. and., 1984); Frauen machen Schule (m. Warm, 1985); LRS in den Kl. 1-10. Handb. d. Lese-Rechtschreibschwierigkeiten (m. Naegele, 1989) - 1974 Reading Res. Award Intern. Reading Assoc.

VÀMOS, Youri

Tänzer, Choreograph Bayer. Staatsoper - Zu erreichen üb. Bayer. Staatsoper, 8000 München - Geb. 21. Nov. 1946 Budapest, kath. - Staatl. Ballett-Inst. Budapest; Tanzkünstler-Dipl. 1967 - 1967-72 Solotänzer Opernhaus Budapest; 1972-84 1. Solotänzer Bayer. Staatsoper - Bühneninsz.: Ballette: Coppelia, D. zweite Gesicht, Ariadne u.a. - Als Tänzer sämtl. Hauptrollen d. Klass. Balletts u. d. Choreogr. Cranko, Bèjart, Neumeier - 1981 Künstler d. Jahres, München - Spr.: Deutsch, Franz., Engl.

VAN LIERDE, Cyril

Vorstandsvorsitzender Kali-Chemie AG - Hans-Böckler-Allee 20, 3000 Hannover 1 - Vors. d. Geschäftsfg. Dt. Solvay-Werke GmbH, Solingen-Öhligs; AR-Vors.: Peroxid-Chemie GmbH, Höllriegelskreuth, Kali-Chemie Pharma GmbH, Hannover, Kali-Chemie Stauffer GmbH, Hannover; stv. AR-Vors. Ellettrochimica Solfuri e Cloroderivati SpA, Mailand; AR: Biogena A/S, Aarhus, Biolac GmbH, Harbarnsen, Engelhard Kali-Chemie GmbH, Hannover, Artus Mineralquellen GmbH & Co. KG, Bad Hönningen, Danmark Protein A/S, Aarhus, Alkor GmbH, Solingen, Daehan Specialty Chemicals Co. Ltd., Onsan-Myun; Beiratsvors.: SOLTRONIC Chemikalien f. d. Elektronik GmbH, Hannover; Beirat: Desowag-Bayer Materialschutz GmbH, D'dorf, Gerling-Konzern Versich.-Beteilig.-Ges., Frankfurt, Allianz Versich.-AG, Zweigniederl. Hamburg, Dt. Bank AG, Wuppertal, Westdt. Landesbk., D'dorf; VR-Vors.: Kali-Chemie Iberia S.A., Barcelona, Soc. Bario e Derivati S.p.A., Massa/Ital., Unione Chimica Medicamenti - DIFME - S.p.A., Grugliasco, Kali-Chemie Ricerca Farmaceutica S.p.A., Turin, Laboratoires de Thérapeutique Moderne LTM, S.A., Suresnes, L'Européenne de Soufres Industriels, S.A., Marseille/Frankr.; VR: Barytine de Chaillac, Caillac, Kali-Farma, S.A., Barcelona, Spanien, Nezel S.A., Barcelona, Dt.-Belg.-Luxemb. HK, D'dorf; Chairman Board: Kalipharma Inc., Elizabeth, N.J., Solkatronic Chemicals Inc., Greenwich; Member Board: Kali-Duphar K.K., Tokyo, Reid-Rowell, Inc., Marietta, Solvay Pharmaceuticals Inc., ebd.; Vorst. VCI, Landesverb. Nordrh.-Westf., Kaliverein, Hannover; Präsid.: VCI, Frankfurt - Hon.-Konsul Königreich Belgien in Solingen.

VANDENBERG, Philipp

Autor - 8157 Baiernrain/Obb. - Geb. 20. Sept. 1941 Breslau, gesch., S. Sascha - Abit. Humanist. Gymn. Burghausen/Salzach, Stud. Kunst u. German. München; Zeitungsvolontär Passau - B. 1973 Zeitungs- u. Zeitschriftenredakt. München, dann Schriftst. - BV (Gesamtaufl. üb. 10 Mill., Übers. in 25 Spr.): u. a. D. Fluch d. Pharaonen, Nofretete, Ramses d. Gr., D. vergessene Pharao, D. Geheimnis d. Orakel (1979), Nero - Kaiser u. Gott, Künstler u. Narr, 1981, D. versunkene Hellas, 1984 - Liebh.: Alte Autos, Antiquitäten.

VARAIN, Heinz-Josef

Dr. phil. (habil.), o. Prof. f. Wissenschaft v. d. Politik Univ. Gießen - Gartenstr. 11, 6300 Gießen (T. 3 49 33) - S. 1966 Ord. - Facharb.

VARGA, Gilbert

Chefdirigent Philharmonia Hungarica - Weg zur Platte 88, 4300 Essen 1 (T. 0201 - 42 33 10) - Geb. 17. Jan. 1952 London (Vater: Tibor V., Geiger; Mutter: Judith, geb. Száva), verh. s. 1979 m. Delia, geb. Bogátilá - Nordwestd. Musikakad. Detmold (Reifeprüf. 1970 Violine); Dirig.-Stud. Rom, Siena, Venedig, USA - 1980-85 Chefdirig. Hofer Symph. - Spr.: Engl., Franz., Ital., Ung. - Bek. Vorf.: Tibor V., Geiger (Vater).

VARGA, Tibor

Violinvirtuose, em. Prof. Nordwestd. Musik-Akad. (1949-1986) - Postf. 528, 4930 Detmold/Lippe - Geb. 4. Juli 1921 Györ/Ung. - Gymn., Univ. (Phil.) u. Musikakad. Budapest (J. Hubay, C. Flesch) - S. 1931 Konzerttätigk. Gründ. Kammerorch. Tibor Varga (1959) u. Festival Tibor Varga (Wettbewerb u. Meisterkurse) Sion/Schweiz (1964).

VARJÚ, Dezsö

Dr. rer. nat., o. Prof. f. Biokybernetik Univ. Tübingen (s. 1968) - Weißdornweg 4, 7400 Tübingen (T. 6 14 25) - Geb. 22. Mai 1932 Gasztony (Ung.), verh. s. 1962 - Dipl.-Phys. 1956 Budapest; Promot. 1958 Göttingen; Habil. 1967 Tübingen - Zul. Wiss. Assist. Max-Planck-Inst. f. Biol. Tübingen (1959/60 postdoctoral fellow Caltech, Pasadena/USA - BV: Systemtheorie f. Biol. u. Mediziner, 1977. Fachveröff. - Spr.: Ung., Engl.

VARNAY, Astrid

Kammersängerin (Sopranistin) - Portiastr. 8, 8000 München 90 - Langj. Gast Bayer. Staatsoper u. Bayreuther Festsp. - 1967 Bayer. VO.; 1968 Ehrenring Stadt Bayreuth; 1982 Bayer. Maximiliansorden f. Kunst.

VARNHOLT, Theo

Dr. rer. pol., Dipl.-Kfm., Vorstandsmitglied Bonnfinanz AG, Bonn - Auf dem Essig 23, 5300 Bonn 1 (T. 0228 - 28 28 64) - Geb. 18. Dez. 1940 Duisburg (Vater: Theo V., Bauleit.; Martha, geb. Linkenbach), kath., verh. s. 1965 m. Karin, geb. Markwart, Sohn Markus - Betriebswirtschaftslehre; 1960-64 Univ. Köln (Dipl.-Kfm.), Promot. 1970 - B. 1978 Vertriebsleit.; b. 1980 Geschäftsf., s. 1980 Vorst.-Mitgl. - Liebh.: Musik, Politik, Bergwandern - Spr.: Engl., Franz.

VASATA, Vilim

Prof. f. Kommunikationsdesign Univ.-GH Essen, Chairman der TEAM/BBDO GmbH Werbeagentur, Düsseldorf, Mitbegr. d. Agentur Mitgl. d. Board of Directors, BBDO Worldwide Inc., New York - Königsallee 92, 4000 Düsseldorf.

VASKOVICS, A. Laszlo

Dr. phil., o. Prof. f. Soziologie Univ. Bamberg - Feldkirchenstr. 21, 8600 Bamberg (T. 0951 - 86 38-3 22) - Geb. 19. Juni 1936, kath., verh. s. 1962 m. Jutta, geb. Wittmann, 3 Kd. (Veronika, Matthias, Stefan) - Stud. Soziol., Phil. u. Psych. Univ. Wien; Promot. 1962; Habil. 1970 Wirtschaftsuniv. Linz/Österr. - 1970/71 Privatdoz. Wirtschaftsuniv. Linz; 1971-76 Prof. f. Soziol. Univ. Trier; s. 1976 o. Prof. f. Soziol. Univ. Bamberg (1980-83 Vizepräs. d. Univ.) - BV: Familie u. relig. Sozialisation, 1970; Segregierte Armut, 1976; Stand d. Forschung üb. Obdachlose u. Hilfen f. Obdachlose, 1979; Umweltbedingungen familialer Sozialisation, 1982; Raumbezogenheit soz. Probl., 1982 (m. K.D. Keim); Wandel d. Familie - Zukunft d. Familie, 1982 (m. V. Eid); Randgruppenbildung im ländl. Raum/Armut u. Obdachlosigkeit, 1983 (m. W. Weins); Wege z. Sozialplanung, 1985; Soziale Lage v. Verwitweten, 1988. Mithrsg. d. Buchreihe D. Mensch als soziales u. personales Wesen (m. K.A. Schneewind, G. Wurzbacher). S. 1989 Gf. Herausg. d. Ztschr. Soziologische Revue.

VASOVEC, Ernst

Prof., Schriftsteller - Alfred-Nobel-Str. 47, A-1210 Wien - Geb. 21. Sept. 1917 Müglitz/Mähren - Geb. D. Weg hinab, N. 1949; D. Unbegreifliche, N. 1953; Heimweg zu Agathe, Erz. 1953; D. verwunschene Weiher, Erz. 1953; D. silb. Leuchter, Ged. 1954; D. Fahnenflucht, N. 1956; D. Göttliche Gelegenheit, N. 1966; D. Stein d. Sisyphus, R. 1969; Sodom od. D. Vorbestimmte u. d. Zugefügte, R. 1978; Vom Ende d. Welt, R. 1981; Über den Rand hinaus, N. 1982 - Neben Förderungspreisen Sudetend. Kulturpreis (1977) u. Andreas Gryphius-Preis/Ostd. Lit.pr. (1981); Mitgl. PEN.

VASSEL, Giovanni

s. Lehmann, Hans M.

VATER, Eberhard

Geschäftsführer DRK-Landesverb. Hamburg - Behrmannpl. 3, 2000 Hamburg 54 (T. 5 54 20-0).

VATER, Heinz

Dr. phil., o. Prof. f. Dt. Sprachwissenschaft - Nikolausstr. 48, 5000 Köln 90 - Geb. 29. Juli 1932 Frankfurt/Oder - Promot. 1962 Univ. Hamburg, Habil. 1969 ebd.; 1969-72 Assoc. Prof. Indiana Univ.; s. 1972 o. Prof. Univ. Köln - BV: D. System d. Artikelformen im gegenw. Dt., 2. A. 1979; Dän. Subj.- u. Obj.sätze, 1973; Z. aktuellen dt. Wortschatz, 1974 (m. Gertr. Harlass); Aspekte d. Modalität, 1975 (m. J. Calbert); Strukturalismus u. generative Transformationsgrammatik, 1982; Einf. in d. Nominalphrasensyntax d. Dt., 1985. Herausg.: KLAGE (= Kölner Linguist. Arbeiten, Germanistik). Mithrsg. d. Ztschr. Germanistik/Ling. Arbeiten u. Stud. z. dt. Grammatik.

VATER, Karlheinz

Journalist, Chefredakteur Nürnberger Nachrichten - Marienplatz 1, 8500 Nürnberg 1 - Geb. 5. Dez. 1929 Minden (Vater: Dr. med. Friedrich V.; Mutter: Dr. med. Thusnelda, geb. Wünsch), ev., verh. s. 1954 m. Marianne, 2 T. (Susanne, Sigrid) - Kreuzschule Dresden (Abit. 1948), 1949-53 Univ. Münster (Gesch., German., Publizistik) - S. 1954 Redakt. D. Mittag, Düsseldorf (b. 1958), D. Welt, Hamburg (b. 1960), D. Spiegel, Hamburg u. Berlin (b. 1979), 1979-84 Chefredakt. Wirtschaftswoche, Düsseldorf - BV: Herbert Wehner - E. Leben m. d. dt. Frage, Biogr. (m. A. Freudenhammer), 1979 - Liebh.: Archäologie.

VATER, Maria

Hausfrau, MdL Hessen (s. 1970) - Mörikestr. 25a, 3500 Kassel (T. 8 55 54) - Geb. 10. Okt. 1924 Thalwenden, verh., 2 Kd. - Volkssch.; Handelssch.; Verwaltungsausbild.; Abendgymn. (Mittl. Reife); REFA-Unterweis. - Verw.sangest.; s. 1965 Leit. Verbraucherberat. Kassel. SPD - 1978 BVK.

VEELKEN, Ludger

Dr. paed., Dipl. theol., Prof. f. Soziale Gerontologie u. Sozialgeragogik Univ. Dortmund - Fröbelstr. 1, 5810 Witten (T. 02302 - 69 00 29) - Geb. 3. Sept. 1938, kath., ledig - 1957-64 Stud. Rechtswiss., Phil., Theol. Univ. Münster, Würzburg, München; 1972-76 Stud. Erziehungswiss., Soziol., Sozialpäd. Univ. Dortmund; Dipl. 1964; Promot. (Soziol., Erziehungswiss. d. Jugendalters) 1976; Habil. (Geront./Sozialgeragog.) 1982 - Vors. Sektion Altenhilfe/Altenarb. Dt. Ges. f. Gerontol.; Vors. Akad. Rat Dt. Aslanges. - BV: Einf. in d. Identitätstherapie, 1978; Soz. Geragogik, 1981. Herausg.: Seniorenstudium (1985).

VEEN, Hans-Joachim

Dr. phil., M.A., Institutsleiter Forschungsinstitut d. Konrad-Adenauer-Stiftung - Zu erreichen üb. Forschungsinst. d. Konrad-Adenauer-Stiftg., Rathausallee 12, 5202 St. Augustin 1 - Geb. 29. Aug. 1944 Straßburg/Elsaß, ev., verh. m. Marliese, geb. Schmidt, 2 Söhne (Stephan, Ulrich) - Abit.; Soldat auf Zeit; Stud. Polit. Wiss., Öfftl. Recht, Gesch. Univ. Hamburg u. Freiburg, M.A. 1971, Promot. 1976; b. 1976 Wiss. Ass. Univ. Freiburg; 1978 stv. Institutsleit.; s. 1983 Leit. s.o.; Oberstleutnant d. Reserve - BV: Opposition im Bundestag, 1976; Wandel im Kommunismus?, 1979. Herausg.: Christl.-Demokr. u. Konserv. Parteien in Westeuropa, 2 Bde. (1984);

Gewerkschaften in d. Demokr. Westeuropas (1983); Wohin entw. sich d. Sowjetunion? (1984); From Brezhnev to Gorbachev. Dominictic Affairs and Soviet Foreign Policy (1987); in letzten Jahren empir. Beitr. zu Grünen-Wählern u. polit. Kultur Jugendl. - Liebh.: Lesen, Wandern.

VEENKER, Gerd
Dr. rer. nat., Prof. f. Informatik Univ. Bonn - Wülscheider Str. 15, 5330 Königswinter 21 (T. 02244 - 31 38) - Geb. 9. Dez. 1936 Lüneburg (Vater: Franz V., Schneiderm.; Mutter: Erna, geb. Köster), verh. s. 1970 m. Ulrike, geb. Lemke) - Univ. Tübingen (Dipl.-Math. 1963, Promot. 1967, Habil. 1971) - S. 1972 Prof. Univ. Bonn. Fachveröff.

VEENKER, Wolfgang
Dr. phil., Prof. f. Uralistik - Lindenstr. 12, 2120 Lüneburg (T. 04131-4 43 42) - Geb. 4. Jan. 1940 Lüneburg (Vater: Franz V., Schneiderm.; Mutter: Erna, geb. Köster), ev., verh. s. 1965 m. Hildegard, geb. Stubbe, T. Sandra - Johanneum Lüneburg (Abit. 1959), 1959-66 Univ. Hamburg, Promot. 1966 (Finnougristik, Slavistik, Phonetik) - 1966-69 wiss. Assist., 1969-77 Doz., 1977ff. Prof Univ. Hamburg (Dir. Finn.-Ugr. Sem.) 1979ff. gf. Präs. Societas Uralo-Altaica - BV: D. Frage d. fiugr. Substrats in d. russ. Sprache, 1967; Materialien zu e. onomasiolog.-semasiolog. Vergleich, Wörterb. d. ural. Sprachen, 1975 - Spr.: Engl., uralische u. slavische Sprachen.

VEHAR, Max
Speditionskaufmann - Maxstr. 38, 4330 Mülheim/Ruhr (T. 42 47 79) - Geb. 1. Okt. 1910 Wien (Vater: Johann V., Gerber), kath., verh. s. 1938 m. Johanna, geb. Schrumpf, 2 Töcht. (Hannelore, Monika) - Mittelsch.; Kaufm. Lehre (Großhandel) - 1929-35 kaufm. Angest., s. 1936 Speditions- u. Transportunternehmer. Mitgl. Verkehrsausssch. IHK Essen. 1952-75 Ratsmitgl. Mülheim (1956 Fraktionsvors.); 1957-61 u. 1969-76 MdB. Mitbegr. u. Vors. CDU Mülheim (1945 Stadt, 1960 Kreis) - 1973 Gr. BVK - Spr.: Engl., Franz.

VEHLING, Werner
Dipl.-Volksw., Hauptgeschäftsführer Industrie- u. Handelskammer Braunschweig - Brabandtstr. 11, 3300 Braunschweig.

VEIGEL, Günter
Dr., Vorstandsmitglied Pfalzwerke AG. (s. 1972) - Schillerstr. 33, 6901 Leutershausen - Geb. 24. Juli 1930.

VEIGEL, Werner

Chefsprecher Tagesschau ARD - Rehwinkel 3, 2084 Rellingen 2 (T. 04101 - 3 16 46) - Geb. 9. Nov. 1928 Den Haag, ev., ledig - Abit. - Liebh.: Reisen, Gastronomie - Spr.: Engl., Franz., Niederl., Neugriech.

VEITER, Theodor
Dr. jur., Honorarprof. f. Allg. Staatslehre, Flüchtlings- u. Volksgruppenrecht

Univ. Innsbruck (s. 1976) - Schloßgraben 16, A-6800 Feldkirch/Vorarlberg (Österr.) (T. 2 20 43) - Geb. 22. Sept. 1907 München (Vater: Prof. August V.; Mutter: Angela, geb. Pesl), kath., verh. s. 1935 m. Annie, geb. Stecher (Wien), S. Wolfgang - Volkssch. Klagenfurt; Gymn. Feldkirch, Univ. München, Wien, Grenoble (Rechtswiss.). Promot. Wien - 1929-34 Sekr. Österr. Bundesrat, Wien; 1933-38 Redakt Amtl. Nachrichtenstelle, Wien; 1940-45 Jurist Wr. Lokomotivfabrik AG, Wien; 1945-47 Prok. S. Pümpel & Söhne, Feldkirch; 1947-49 Sachbearb. Österr. Forschungsinst. f. Wirtschaft u. Politik, Salzburg; 1949-81 RA Feldkirch. 1986ff. Vizepräs. Wiss. Beirat AWR (Forschungsges. f. d. Weltflüchtlingsproblem; Vaduz ÖVP s. 1945 - BV: D. Slowenen in Kärnten, 1936 (Wien); Nationale Autonomie, 1938 (Wien); Gesetz als Unrecht, 1949 (Wien); D. Recht d. fremden, insb. dt. Privateigentums in Österr., 1958 (Wien); D. Italiener in d. österr.-ungar. Monarchie, 1965; Asylrecht als Menschenrecht, 1969; D. Recht d. Volksgruppen u. Sprachminderh. in Österr., 1970; System d. intern. Volksgruppenrechts I-III, 1970-76; Nationalitätenkonflikt u. Volksgruppenrecht im 20. Jh., 2. A. 1984; D. österr. Volksgruppenrecht s. d. Volksgruppengesetz v. 1976, 1979; Kärntner Ortstafelkommiss., 1980; Bibliogr. z. Südtirolfrage, 1984; D. 1934er J., 1984; D. Identität Vorarlbergs u. d. Vorarlberger, 1985; D. Entw. e. mod. Volksgruppenrechts 1947-1987 als Sicherung d. Friedens zw. d. Völkern, 1987. Herausg.: Festschr. Guy Héraud, Fédéralisme, Régionalisme, et Droit des Groupes Ethniques en Europe (1989) - 1937 Ritterkr. päpstl. St.-Gregor-Ord.; 1961 Th.-Körnerpr. Wien; 1972 Gr. Ehrenz. Österr.; 1983 Liechtenst. Komturkreuz; 1986 Preis d. österr. Volksgruppen - Liebh.: Alpinism. - Spr.: Franz. (Gerichtsdolm.), Ital., Engl., Serbokroat. - Lit.: Humanitas Ethnica (Festschr. z. 60. Geburtstag); Volk, Volksgruppe, Region (Festgabe z. 75. Geburtstag).

VEITH, Hans-Joachim
Dr. jur., Rechtsanwalt, gf. Gesellsch. Veith & Co. GmbH., Wuppertal - Düsseldorfer Str. 53, 4000 Düsseldorf - Geb. 25. April 1907 Naumburg/S. - Aufsichts- u. Verw.sratsmandate.

VEITH, Werner Heinrich
Dr. phil., Prof. f. Deskript. Sprachwissenschaft Univ. Mainz (s. 1975) - Am Taubertsberg 4, 6500 Mainz (T. 38 71 77); dstl.: Postf. 3980, 6500 Mainz (T. 39 27 61) - Geb. 28. Aug. 1940 Neuwied - Stud. Univ. Marburg (German., Geogr., Volkskde.). Promot. 1966 Marburg; Habil. 1971 - 1966-68 Assist. - Prof. Georgetown-Univ., 1968-69 Lecturer Howard-Univ., bde. Washington/USA, 1969-72 Assist. u. Projektleit. Dt. Sprachatlas Univ. Marburg; 1972/73 Prof. f. Linguistik d. Dt. ebd.; 1973/74 Univ. München - BV: D. lexikal. Stellung d. Nordschlesischen, 1971; Intersystemare Phonol., 1972; Materialien z. Rechtschreibung u. ihrer Reform, 1973; D. Kl. Dt. Sprachatlas als Arbeitsmittel, 1982; Kl. Dt. Sprachatlas (Mitbearb.) Bd. 1.1, 1.2 1984/87; Kartenthemen d. Lautatlanten (Mitautor), 1989. Mithrsg.: Ztschr. f. Dialektologie u. Linguistik (1972-79); Spr.-Atlanten d. Deutschen (1989); Dialektgeogr. u. Dialektologie (1989) - Spr.: Engl., Franz., Niederl., Ital., Span.

VEITHEN, Irma

Schauspielerin, Theater, Film, Fernsehen - Grünwalderstr. 117, 8000 München 90 (T. 64 05 84) - Geb. 28. April 1943 Bonn (Vater: Otto, Musiklehrer; Mutter: Antonie (Schwedin), kath., verh. s. 1965 m. Christian V., Konzertsänger, gesch., 2 S. (Michael, Christopherus) - Mittl. Reife, Ausb. Schausp.; Musical u. Pantomime (Schule v. Marcel Marceau, Paris) - Bühnenrollen: Thekla in Wallenstein (Schiller), Ingeborg (K. Goetz), D. Nacht d. Mörder (J. Triana), Ehekarussell (L. Stevens), E. Rose z. Frühstück (Barilett u. Gredy), Il Bondoir del Marchese de Sarde (v. Roberto Lerici, Companie Antonio Salines, im Teatro Belli, Rom). Fernsehen: Ehen vor Gericht, Tatort, D. lebenslängliche Frau, D. Monddiamant. Film: La Vita continua (Regie Dino Risi), Amici miei (Regie Nanny Loy), Il Croce delle 7 Pietre (Regie Antonio Andolfi, Rom) - Liebh.: Wassersport, Tanz (Step), Pantomime - 1983 Premio Capo Circeo u. Premio Turisme Sport; 1984 Dt. Filmclub; 1985 Regiore Lazio-Latina - Spr.: Engl., Ital. - Bek. Vorf.: Schauspielerin Louise Breuer (Großm.).

VELDTRUP, Dirk
Richter am Amtsgericht (Vormundschafts- u. Familienrichter) - Luth. Kirchenamt, Rich.-Wagner-Str. 26, 3000 Hannover 51; u. Sonnenweg 33, 3000 Hannover 1 (T. 0511 -6 26 11) - Geb. 24. April 1948 Hannover, ev., verh. s. 1973, 2 Kd. - 1967-73 Stud. Univ. Göttingen (Rechtswiss.); 1. Ex. 1971 Oldenburg, 2. Ex. 1975 Hannover. S. 1973 Mitgl. Generalsynode d. Vereinigten Ev.-Luth. Kirche Deutschl. (VELKD) u. deren Finanzaussch.; 1979-85 2. Vizepräs., s. 1985 Präs. Generalsynode u. Mitgl. Kirchenltg.

VELLGUTH, Friedrich
Dipl.-Ing., Architekt, Honorarprof. i. R., Hochschule d. Künste Berlin - Altonaer Str. 9, 1000 Berlin 21 (T. 391 31 06) - Geb. 28. Juli 1905 Hamburg (Vater: Carl V., Mutter: Anna, geb. Schröck), verh. in 2. Ehe (1947) m. Hildegard, geb. Tonn, S. Hinrich - Dipl.-Ing. 1931 Berlin - BV: D. Turm d. Freiburger Münsters. Versuch e. Darstell. seiner Formzus., 1983; D. Straßburger Frauenhausrisse 21 R u. 21 V sowie d. Chöre ihrer Vor- u. Nachbildbauten, 1988 - Spr.: Engl., Franz.

VELLMANN, Karlheinz
Dr., Dipl.-Kfm., Management Consultant, vorm. Mitglied d. Geschäftsleitung d. Henkel KGaA, Düsseldorf - Im Sonnenschein 2, 4006 Erkrath II (Hochdahl)

(T. 02104 - 4 25 98) - Geb. 8. Mai 1926 Düsseldorf.

VELLMER, Erich
D., Bischof i. R. - Saaleweg 4, 3500 Kassel-W'höhe (T. 0561 - 3 35 33) - Geb. 24. Jan. 1910 Hoheneiche Kr. Eschwege, ev., verh. m. Elisabeth, geb. Hartmann, 2 T. (Lenore, Irene) - Gymn. Eschwege; Univ. Göttingen u. Marburg (Theol.). Ex. 1934 u. 36 - 1936-57 Pfarrer Kassel-Unterneustadt, Solz Kr. Rotenburg/F. (1937), Kassel-W'höhe (1955), 1957-78 Geistl. Vertr. d. Bischofs u. Bischof (1963) Ev. Kirche u. Kurhessen-Waldeck - 1963 Ehrendoktor Univ. Marburg - Spr.: Altgriech., Lat., Hebr., Franz.

VELSINGER, Paul
Dr. rer. pol., Prof., Rektor Univ. Dortmund - Postf. 50 05 00, 4600 Dortmund 50 (T. 0231 - 7 55-22 00) - Geb. 17. Sept. 1939 Haldern/Ndrh., kath., verh. s. 1968 m. Elke, geb. Nottenkämper, T. Judith - Abit. 1959; Stud. Wirtschaftswiss. u. Math. Univ. Münster; Dipl. 1966; Promot. 1969 (Ausz. d. Diss. m. d. Preis d. Univ. Münster) - 1966-70 Wiss. Assist. b. Prof. H.K. Schneider; 1970/71 Lehrbeauftr. Univ. Bielefeld; 1971/72 Lehrstuhlvertr. Univ. Bielefeld; 1972 o. Prof. (Volkswirtsch.lehre insbes. Raumwirtsch.politik) Univ. Dortmund, s. 1978 Rektor; s. 1980 Mitgl. d. Senates d. Westd. Rektorenkonfz. Zählr. Veröff. - Spr.: Engl., Niederl.

VELTE, Joachim
Sprecher Geschäftsfg. Angermann-Gruppe - Zu erreichen üb. Horst F.G. Angermann GmbH, Mattentwiete 5, 2000 Hamburg 11 - Geb. 7. Aug. 1930 Bad Oeynhausen, ev., verh., 3 Kd.

VELTEN, Bernhard
Arbeitsdirektor, Vorstandsmitglied VEBA-Glas AG., Essen, stv. ARsvors. VEBA-Wohnungsbau gemeinn. Ges. mbH., Gladbeck - Westring 47, 4250 Bottrop/W. - Zul. Steinkohlenbergwerke Mathias Stinnes AG., Essen. (Arbeitsdir. u. Vorstandsmitgl.).

VELTEN, Werner
Dr. rer. pol., Dipl.-Kfm., Vorstandsmitglied i. R., Unternehmensberatungen - Weinbergsweg 7, 6380 Bad Homburg v.d.H. (T. 4 15 28) - Geb. 17. Febr. 1931 Burgbrohl (Reg.-Bez. Koblenz) (Vater: Josef V., Bankvorst. i. R. †; Mutter: Else, geb. Terheggen †), kath., verh. s. 1961 m. Renate, geb. Sürzebecher-Werf, 2 Kd. (Uschi, Michael) - Abitur; Bankausbild.; Stud. Jura u. Betriebswirtsch.; Dipl.Ex. 1954 Köln; Promot. 1959 ebd. 9 J. Wirtschaftsprüfung, Konzern-Revision u. -Organisation, 25 J. Vorst.- u. AR-Mitgl. - BV: D. Anteilshaftung b. Genossenschaften, 1960 - Spr.: Engl., Franz.

VELTINS, Rosemarie
Brauereibesitzerin - Arpestr. 36, 5778 Meschede-Grevenstein (T. 02934 - 7 10) - Geb. 14. Febr. 1938 Essen (Vater: Carl V., Brauereibes.; Mutter: Paula, geb. Hendrix), kath., verh. s. 1977 m. Theodor A. Kramer-Veltins, 3 Kd. (Susanne, Frauke, Carl Clemens) - Spr.: Engl.

VELTRUP, Anton
Fabrikant - Wangenheimstr. 3, 3000 Hannover-Kleefeld (T. 55 10 02) - Geb. 24. Sept. 1907 Meppen/Ems (Vater: Franz V.; Mutter: Gesina, geb. Wessling), kath., verh. s. 1936 m. Christel, geb. Hannappel, 4 Kd. - Verwaltungsakad. - B. 1929 Leit. Finanz- u. Wirtschaftsabt. Kr. Meppen; Initiator u. 1929 Mitbegr. Freiwill. Arbeitsdst. Emsland; 1933-1934 Geschäftsf. Ind.; 1934 Begr. Veltrup-Werke KG. (zuweilen 3500 Mann Belegschaft); währ. d. Krieges Luftwaffenauftr. Wehrkr. VI. B. 1960 Vors. Fachverb. Ind. versch. Eisen- u. Stahlwaren. Vor 1933 Zentrum - BV: Produktive Arbeitslosenfürsorge durch freiw. Arbeitsdst.

VELZ, Wilhelm
Dr. jur., Ltd. Regierungsdirektor, Finanzamtsvorsteher Aachen - Lousbergstr. 8, 5100 Aachen (T. 0241 - 2 67 26) - Geb. 6. Febr. 1922 Aachen.

van de VENN, Herbert
Dipl.-Ing. (F.H.), Geschäftsf. Papierfabrik Meldorf GmbH., Meldorf - Grenzweg 32, 2223 Meldorf/Holst. - Geb. 26. April 1926 Süchteln (Vater: Johannes v. d. V., Kaufm.), verh. m. Maria, geb. Knopf.

VENNEMANN (gen. Nierfeld), Theo
Ph.D., o. Prof. f. Germanist. u. Theoret. Linguistik Univ. München (s. 1974) - Tannenstr. 28, 8901 Ried - Geb. 27. Mai 1937 Oberhausen-Sterkrade (Vater: Theodor V.; Mutter: Therese Josephine, geb. Eykeln), 1 Kd. - Stud. d. Math., Physik, Phil., German. Univ. Göttingen, Marburg u. Los Angeles (Kalif.); Promot. 1968 Los Angeles - 1964-65 Forschungsassist. University of Texas, Austin; 1968-74 Assist., Assoc. (1972) u. Full Prof. (1973) Univ. von Kalifornien, Irvine, u. Los Angeles (1969) - BV: D. Anredeformen in d. Dramen d. Andreas Gryphius, 1970 (m. H. Wagener); Semantic Structures, 2. A. 1973 (m. Renate Bartsch); Schuchardt, the Neogrammarians and the Transformational Theory of Phonological Change, 1972 (m. Terence H. Wilbur); Linguistik u. Nachbarwiss., 1973 (m. R. Bartsch; engl. 1975); Grundzüge d. Sprachtheorie, 1982 (m. R. Bartsch); Spr. u. Grammatik, 1982 (m. Joachim Jacobs); Silben, Segmente, Akzente, 1982 (Hg.); Neuere Entw. in d. Phonologie, 1986; Preference Laws for Syllable Structure and the Explanation of Sound Change, 1988.

VENSKE, Regula

Dr. phil., Publizistin, Referentin f. berufl. Bildung im Medienbereich - Zu erreichen üb. Bertelsmann Stiftg., Moltkestr. 10, 4830 Gütersloh - Geb. 12. Juni 1955 - Stud. Jura, engl. u. dt. Philol. Heidelberg u. Hamburg; 1. Staatsex. 1981, Promot. 1987 - 1984/85 Lehrbeauftr. Lit.wiss. Sem. Univ. Hamburg; John F. Kennedy-Inst. f. Nordamerikastud. FU Berlin; 1985/86 Lektorin Queen Mary Coll., Univ. of London - BV: Frauenlit. ohne Tradition (m. I. Stephan u. S. Weigel), 1987; Ach Fanny! V. jüd. Mädchen z. preußischen Schriftstellerin: Fanny Lewald, 1988; Mannsbilder - Männerbilder. Konstruktion u. Kritik d. Männl. in zeitgenöss. deutschspr. Lit. v. Frauen, 1988 - 1987 Oldenburger Jugendbuchpreis.

VENZLAFF, Helga,
geb. Schröder
Dr. phil., Prof. f. Islamkunde u. Islam. Philologie Univ. Mainz - Tucholskyweg 13, 6500 Mainz 31 (T. 7 18 76) - Geb. 27. April 1935 Jacobshagen, ev., verh. 2) m. Dr. Volkmar V., 5 Kd. (aus 1. E.: Christine, Ditte (Uplegger); aus 2. E.: Jan, Frank, Kim) - Stud. Ethnol.,

Oriental., Afrikanis; Promot. 1960; Habil. 1973 Mainz.

VENZLAFF, Ulrich

Dr. med., Prof., Ltd. Medizinaldirektor i.R., Dir. Nieders. Landeskrkhs., Göttingen (1969-86) - Tuckermannweg 3, 3400 Göttingen - Geb. 8. Dez. 1921 Luckenwalde (Vater: Dr. Wilhelm V., Studienrat; Mutter: Elise, geb. Stein), ev., verh. s. 1945 m. Ingeborg, geb. Specht - Promot. 1945; Habil. 1956 - 1951-68 Assist. u. Oberarzt (1958) Univ.-Nervenklinik Göttingen (1956 Privatdoz., 1962 apl. Prof.). Gastvorles. Wayne State Univ. Detroit, State Univ., Columbia Univ. u. Albert Einstein Univ. New York - BV: D. psychoreaktiven Störungen nach entschädigungspflicht. Ereignissen - D. sog. Unfallneurosen, 1958; Erlebnishintergrund u. Dynamik seel. Verfolgungsschäden, in: Paul/Herberg, Psych. Spätschäden u. polit. Verfolgung, 1963 (Basel/New York); Neurol. Erkrankungen, in: Südhof/Tischendorf/Klostermann, D. diagnost. Blick, 1964; D. Wirbelsäule als Projektionsfeld psych. Krankheiten, in: Trostdorf/Stender, Wirbelsäule u. Nervensystem, 1970; Psychiatr. Krankheiten, D. unruh. Kranke, Psychopharmaka, in: Südhoff, Therapie - E. kurzes Handb., 2. A. 1978; Mitarb. Psychiatrie d. Gegenw. Bd. III, 2. A. 1975; Psychiatr. Begutacht., 1986; Ca. 80 Fachaufs. - 1970 korr. Mitgl. Australian Acad. of Forensic Sciences; 1987 BVK; 1987 Ehrenplak. d. Ärztekammer Nieders.; 1989 Ehrenpräs. d. 92. Dt. Ärztetages Berlin - Spr.: Engl. - Lit.: Forensische Psych.; Festschr. z. 65. Geb. (1986).

VERBEEK, Paul
Dr. jur., Botschafter d. Bundesrep. Deutschl. b. Heiligen Stuhl, Rom - Via di Villa Sacchetti 4-6, Rom - Geb. 1. Juni 1925 Köln (Vater: Heinrich V., Baurat; Mutter: Paula, geb. Heidermanns), kath., verh. s. 1966 m. Gisela, geb. Lehmann, 2 Töcht. (Gabriele, Christina) - Dreikönigsgymn. (Abit. 1943) Köln; Jurist. Refer. 1951, Ass. 1955 Köln - 1957 Eintritt Ausw. Dienst; 1960-65 Botsch. Paris; 1966 Forsch.auftr. Harvard-Univ.; 1968-70 Bundeskanzleramt Bonn; 1970/72 Presse- u. Informationsamt; 1972-76 Botsch. Elfenbeinküste; 1976-80 stv. Leiter Rechtsabt. Ausw. Amt; 1980-84 Botsch. in Argentinien; 1984-87 Chefinspekteur d. Ausw. Amts - Offz.kreuz d. franz. VO.; Kommandeur Orden v. Oranien u. Nassau; Kommandeur VO. d. Elfenbeinküste; Kommandeur VO. v. Brasilien; Kommandeur Orden d. arg. Rep. (Libertador); BVK I. Kl. - Liebh.: Alte Gesch., Golf, Tennis - Spr.: Engl., Franz., Span.

VERGAU, Hans-Joachim
Dr. jur., M. A., Botschafter UNO-Vertretung New York (s. 1988) - Zu erreichen üb. Ausw. Amt, Adenauerallee 99-103, 5300 Bonn - Geb. 3. Jan. 1935 Liegnitz, kath., verh. m. Gesa, geb. Altenburg, 2 Töcht. (Jutta, Christine) - Jura, Volksw. Bonn, Fletscher School of Law and Diplomacy (Harvard) - 1964-65 Vizekonsul in Boston (USA); 1967-70

Legationsrat in Budapest, 1970-73 pers. Ref. d. Staatssekr.s AA; 1974-76 Botschafter in Obervolta; 1976-80 Deleg. UNO; 1981-85 zuständig. f. Afrikapolitik im AA; 1985-87 Gesandter Botschaft Paris - Liebh.: Reitsport, Samml. bibliophil. Werke 16./17. Jh. - Spr.: Franz., Engl.

VERHEUGEN, Günter

Bundestagsabgeordneter (s. 1983; Landesliste Bayern) - Bundeshaus, 5300 Bonn 1 - Geb. 28. April 1944 Bad Kreuznach (Vater: Leo V.; Mutter: Leni, geb. Holzhäuser), ev., verh. m. Gabriele, geb. Schäfer - B. Ende 1982 (Rücktr., 1977-78 Bundesgeschäftsf., 1978-82 Generalsekr.) FDP, Wechsel z. SPD; Vors. d. Unterbez. Kulmbach d. SPD; Vors.-Mitgl. SPD-Landesverb. Bayern u. SPD-Bez. Franken; Mitgl. Grundwertekommiss. d. SPD-Parteivorst.; Mitgl. d. Parteirates; 1986/87 SPD-Vorst.-Sprecher; s. 1987 Chefredakteur Vorwärts; Mitgl. Dt. Unesco-Kommiss. - BV: E. Zukunft f. Dtschl., 1980; D. Programm d. Liberalen Baden-Baden, 1980; D. Ausverkauf-Macht u. Verfall d. FDP, 1984; Apartheid - Südafrika u. d. dt. Interessen am Kap, 1986. Herausg.: D. Liberale Gewissen (1982; m. Helga Schuchardt); Halbzeit in Bonn (1985; m. K. Schröder) - 1982 Komturkreuz VO d. Ital. Rep. - Liebh.: Antikes (Spieluhren, Kaffeemühlen), Bücher, Graphik (mod.).

VERHOEVEN, Heinrich
Dr. jur., Dipl.-Kfm., Bankdirektor - Morsdorfer Hof 7, 5000 Köln 41 (T. 49 46 52) - Geb. 5. Mai 1920 Dortmund, kath., verh. s. 1941 m. Lore, geb. Kramer, 2 S. (Andreas, Thomas) - Gymn. Dortmund; Univ. Berlin (Rechts- u. Staatswiss.) u. Köln (Betriebsw.). Jurist. Staatsprüf. 1941 u. 47 Berlin; Promot. 1945 Berlin; Dipl.-Kfm. 1956 Köln - B. 1956 Anwalts- dann Banktätigk. (u. a. Vorstandsmitgl. Dt. Hypothekenbank (AG.), Berlin/Hannover, 1968 ff. Dir. u. Mitleit. Dresdner Bank AG., Köln) - Liebh.: Kunst, Theater, Sport, Reisen - Spr.: Engl., Franz. - Rotarier.

VERHOEVEN, Lis
Regisseurin, Schauspielerin - Sternstr. 17, 8000 München 22 (T. 089 - 29 55 92) - Geb. 11. März 1931 Frankfurt/M. (Vater: Paul Verhoeven), T. Stella Adorf (Abit.); Otto Falkenberg-Schauspielsch. - Schausp. an ersten dt. Bühnen. Üb. 60 Fernsehrollen; 17 Insz. u.a.: Krankheit d. Jugend, Vatermord, Hexenjagd, Extremeties, Weibsteufel, Sommer (v. Bond) - Preis f. d. beste Regie d. Münchener Theaterztg. (f. d. Insz.: Krankheit d. Jugend) - Spr.: Engl., Ital.

VERHOEVEN, Michael
Dr. med., Filmregisseur - Robert-Koch-Str. 10, 8022 Grünwald/Obb. - Geb. 1938 (Vater: Paul V., Schausp. u. Regiss. †1975 (s. XVII. Ausg.); Mutter: Doris, geb. Kiesow †1973), verh. s. 1966 m. Senta, geb. Berger (Schausp.), S. Simon (geb. 1972), S. Luca (geb. 1979) - Filme (1968ff.): Paarungen (Bundesfilmpr.), o. k. (2 Bundesfilmpr.), Wer im Glashaus liebt, Tische (1971 Gold. Ähre XVI. In-

tern. Filmwoche d. relig. Films Valladolid), E. unheimlich starker Abgang, Mitgift (1975), Gefundenes Fressen (1976), Sonntagskd. (Quinzaine d. les Réalisateurs Cannes 1980, Kritikerpreis Alès), D. weiße Rose (Scholl-Widerstand). Fernsehs.: Krempoli (1973), Rest d. Lebens (1974), D. Ursache (1980), D. Mutprobe (1982), Liebe Melanie (1983) - 1975 Gold. Kamera; 1983 DAG-Fernsehpreis (f.: D. Mutprobe); 1983 Bundesfilmpreis/Filmband in Silber (f.: D. weiße Rose).

VERHÜLSDONK, Eduard
Journalist - Kurfürstenstr. 91, 5400 Koblenz (T. 1 46 65) - Geb. 23. Juni 1914 Neuwied (Vater: Eduard V., Chefredakteur, Reichstags- u. Landtagsabg. (Straße in Neuwied n. ihm benannt); Mutter: Maria, geb. Neiß), kath., verh. s. 1949 m Roswitha, geb. Woll (MdB/CDU; s. dort), 2 Kd. (lebend: Rolf-Michael) - Gymn.; 2 Sem. Rechtswiss.; kaufm. Lehre - 1934-39 Paulinus-Druckerei, Trier (Geschäftsstellenleit. Koblenz); 1939-46 Musikverlag B. Schott's Söhne, Mainz (Konzertvertrieb); s. 1946 Rhein. Merkur, Koblenz (1962 Leit. Ressort Natur u. Technik, 1969 zugl. Chef v. Dienst). CDU s. Mitte d. 50er Jahre - BV: D. kosmische Abenteuer, 1964, 2. A. 1966 (auch span.); Signale aus d. Mediokosmos, 1970; Logenplatz im Universum - E. kosm. Standortbestimmung, 1971 - 1969 Theodor-Wolff-Preis (f.: Wenn d. Erde am Himmel steht, RM Nr. 50, 1968) Liebh.: Cello- u. Orgelspiel - Spr.: Ital. u. Franz. (Militär. Dolmetscherprüf.).

VERHÜLSDONK, Roswitha, geb. Woll
Hausfrau, stv. Vorsitzende d. CDU/CSU-Bundestagsfrakt., MdB (s. 1972) - Kurfürstenstr. 91, 5400 Koblenz (T. 1 46 65) - Geb. 26. April 1927 Spay Kr. St. Goar (Vater: Rudolf W.; Mutter: Josefine, geb. Henkel), kath., verh. s. 1949 m. Eduard V., Journalist (s. dort), 2 Kd. (leb.: Rolf-Michael) - Gymn. (Abit. 1947); 1947-49 (Eheschließ.) Univ. Mainz (German., Angl., Roman.) - S. 1966 Tätigk. Jugend- u. Erwachsenenbild. 1972 ff. Diözesanvors. Kath. Frauengem. Bistum Trier. 1969 ff. Mitgl. Stadtrat Koblenz. CDU s. 1964 (1969 Landes-, s. 1977 stellv. Bundesvors. d. Frauenvereinig. - Gr. BVK - Liebh.: Musik, Lit. - Spr.: Engl., Franz.

VERJANS, Heinz G.
Geschäftsführer Scana Rheinfrucht GmbH. (s. 1971) - Elsener Haus 5, 4048 Grevenbroich - Geb. 19. April 1931 Mönchengladbach - Zul. 1969-71 Gf. Grönland GmbH., Grevenbroich.

VERMANDER, Eduard
Dr. iur., Präsident d. Landesamts f. Verfassungsschutz Baden-Württ. - Taubenheimstr. 85 A, 7000 Stuttgart 50 (T. 0711 - 56 61 01) - Geb. 26. Juni 1937 Berlin, ev., verh., 2 Kd. - 1956-60 Stud. Rechtswiss. Berlin u. Tübingen; 1. u. 2 jurist. Staatsprüf. 1960 Berlin u. 1964 Stuttgart, Promot. 1967 Tübingen - 1962-67 wiss. Assist. Univ. Tübingen; 1967-68 Richter LG Hechingen; 1968-70 Staatsanw. Stuttgart; 1970-77 Abteilungsleit. Landeskriminalamt Baden-Württ.; 1977-80 Polizeipräs. Karlsruhe; 1980-87 Polizeipräs. Stuttgart; 1987/88 Rektor d. FH f. Polizei, Villingen-Schwenningen, s. 1988 Präs. Landesamt f. Verfassungsschutz Baden-Württ. - BV: Unfallsituation u. Hilfspflicht im Rahmen d. §330c StGB, 1969 - Spr.: Engl., Franz., Niederl. (flämisch).

VERMEER, Hans Josef
Dr. phil., Dipl.-Dolm., Prof. f. Allg. Übersetzungs- u. Dolmetschwiss. m. Schwerpunkt Portugiesisch Univ. Heidelberg - Bothestr. 138, 6900 Heidelberg - Geb. 24. Sept. 1930 - Stud. Univ. Heidelberg; Promot. 1962, Habil. 1968 ebd. - BV: Allg. Sprachwiss., ind. Sprachen, Kreol.-Portug., Translationstheorie, MA. Fachlit.

VERMEHREN, Michael
Auslandskorrespondent (Madrid) - Zu erreichen üb. ZDF, Postf. 4040, 6500 Mainz 1.

VERNON(-HOFFMANN), Konstanze, geb. Herzfeld
Prof., Tänzerin u. Ballett-Pädagogin - Ballettzentrum, Wilhelmstr. 19b, 8000 München 40 (T. 089 - 33 77 63) - Geb. 2. Jan. 1939 Berlin (Vater: Friedrich H., Musikschriftst. †1967 (s. XV. Ausg.); Mutter: Thea Eckstein/-Vernon), ev., verh. s. 1968 m. Fred G. Hoffmann - Tanzausbild. Berlin (Tatjana Gsovsky) u. Paris (Nora Kiss) - 1963-81 Primaballerina Bayer. Staatsoper München; gegenw. Dir. Ballett-Akad. ebd. 1978 Gründ. Heinz-Bosl-Stiftg. z. Förd. jg. Ballett-Talente - Berliner Kunstpreis; 1982 Bayer. VO; 1989 v. d. Bayer. Staatsregierung als Dir. m. d. Aufbau d. Bayer. Staatsballetts beauftragt - Liebh.: Malerei, Musik, Skifahren - Spr.: Engl., Franz.

VERNUNFT, Verena,
geb. Lippe
Kunstmalerin - Rothestr. 26 a, 2000 Hamburg 50 (T. 040 - 390 09 67) - Geb. 13. März 1945 Rehhorst (Vater: Hermann L., Ing.; Mutter: Lottemaria, geb. Meinschien), verh. s. 1967 m. Burkhard V., 2 S. (Sebastian, Daniel) - Abit. 1964; 1964-69 Staatl. Hochsch. f. Bild. Künste Hamburg, Staatsex. f. künstler. Lehramt (Kunstgesch.) - 1972 Stud.refer. (Abbruch), s. 1972 freiberufl. Malerin; s. 1987 Prof. FSH Hannover - BV: Werkverzeichnis d. Radierungen b. 1978, 1978; V.V.-Kunstverein Celle, 1984 - Zahlr. Zeichn., Radierungen, Gemälde - 1976 Förderpreis Erwdin-Amsinck-Stiftg., Hamburg, 1978/79 Villa Massimo, Rom, 1978 1. Preis f. Malerei Corciano (Italien); 1983 Barkenhoff-Stip. Worpswede, 3. Preis art-Wettbew. Dt. Landschaft heute, 1985/86 Arbeitsstip. d. Kunstfonds Bonn - Liebh.: Klavier - Spr.: Engl., Ital., Franz.

VERREET, Elisabeth,
geb. Declercq
Fabrikantin, gf. Gesellsch. Drahtseilwerk Saar GmbH., Limbach, u. Geschäftsf. (Gerante) Soc. Casar France, Forbach - Forsthausweg 1, 4005 Meerbusch 1 - Geb. 22. März 1925 Izegem (Belg.), verw. (Ehem.: Konsul Dr.-Ing. Joseph V., Fabrikant; s. XIV. Ausg.), Kd.

VERSÉ, Horst
Dr. med. (habil.), Prof., Kinderarzt - Abeggstr. 60, 6200 Wiesbaden (T. 52 16 91) - B. 1967 Privatdoz., dann apl. Prof. Univ. Köln (Kinderheilkd.).

VERSMOLD, Hans T.
Dr. med., Prof. f. Kinderheilkunde u. Leit. Neugeborenenabt. Klinikum Großhadern Univ. München - Reischlweg 5, 8000 München 45 (T. 089 - 32 55 30) - Geb. 18. Mai 1937 Gotha (Vater: Dr. med. Heinrich V., Arzt; Mutter: Dorothea, geb. Tolsdorff), verh. s. 1966 m. Christa, geb. Tenschert, 2 T. (Maren, Julia) - Med. Staatsex. 1962 Univ. München, Habil. 1975 Univ.-Kinderklinik München - 1965-67 Forsch.-stip. DFG Biochemie; 1967-80 Wiss. Assist., Facharzt (1971) u. Oberarzt Univ.-Kinderklinik München; 1977-78 Gastprof. Cardiovascular Res. Inst., San Francisco; s. 1980 Leit. Neugeborenenabt. Klinikum Großhadern Univ. München; 1984 Präsidium Dt. Ges. Perinatalmedizin; 1985 Vors. Dt. Österr. Ges. Neonatolog. u. Pädiatr. Intensivmed. - BV: Perinatal Physiol., 1978 - 1979 Council Europ. Soc. of Pediatric Res., 1977 Neonatal Soc. of U.K. - Spr.: Engl., Franz.

VERSMOLD, Heinrich
Dr. rer. nat., Univ.-Prof. f. Physikal. Chemie RWTH Aachen (s. 1986) - Soerser Weg 15a, 5100 Aachen - Promot. 1970 Karlsruhe; Habil. 1977 ebd. - 1977 Univ.-Doz. Würzburg; 1980 Prof. Univ. Dortmund.

VERSTEGEN, Margarete
Verwaltungsangestellte, MdL Nordrh.-Westf. (s. 1969) - Spinlingscherweg 18, 4240 Emmerich/Rhld. (T. 5 15 38) - Geb. 12. Juni 1929 Emmerich, led. - Obersch. - S. 1948 Stadtverw. Emmerich (Sozialamt). CDU s. 1956 (1964ff. Mitgl. Landesparteivorst. Rhld.).

VERWEYEN, Hansjürgen
Dr. theol., o. Prof. f. Fundamentaltheologie Univ. Freiburg - Zu erreichen üb. Universität, 7800 Freiburg - Geb. 15. Febr. 1936 Bonn - Promot. 1967, Habil. 1974 - 1967-70 u. 1972-75 Assist.-Prof. Univ. Notre Dame, Ind./USA; 1975-84 o. Prof. Univ./GH Essen, s. 1984 Univ. Freiburg - BV: Ontol. Voraussetz. d. Glaubensaktes, 1969; Recht u. Sittlichk. in J.G.Fichtes Gesellschaftslehre, 1975; Christol. Brennpunkte, 1977, 2. A. 1985; Nach Gott fragen, 1978; Ehe heute, 1981; Anselm v. C.: Wahrheit u. Freiheit, 1982.

VERWEYEN, Theodor
Dr. phil., o. Prof. f. Neuere dt. Literaturwiss. Univ. Erlangen-Nürnberg - Rathenaustr. 9, 8520 Erlangen (T. 09131 - 1 64 30) - Geb. 13. Nov. 1937 Ahaus/W., verh. - 1958-64 Phil.-Stud. Univ. Bonn u. Münster (Wiss. Staatsprüf. 1964), Promot. 1967 Münster, Päd. Staatsprüf. 1969 Hamm, Habil. 1974 Univ. Konstanz - 1964-67 Verw. e. Assist.-Stelle Münster; 1967-69 Studienrefer.; 1969-74 Wiss. Assist. Univ. Konstanz; 1975-77 Univ.-Doz.; s. 1977 apl. u. o. Prof. (1981) Univ. Erlangen. Vorst. Dt. Sem. - BV: Apophthegma u. Scherzrede, 1970; E. Theorie d. Parodie, 1973; J. W. Zincgref: Facetiae Pennalium (m. D. Mertens), 1978; Dicht. u. Wahrheit, 1979; D. Parodie in d. neueren dt. Lit. (m. G. Witting), 1979; Dt. Lyrik-Parodien aus drei Jh. (m. G. Witting), 1983; D. Kontrafaktur in Lit., bildender Kunst u. pol. Plakat (m. G. Witting), 1987.

VESELY, Sergio

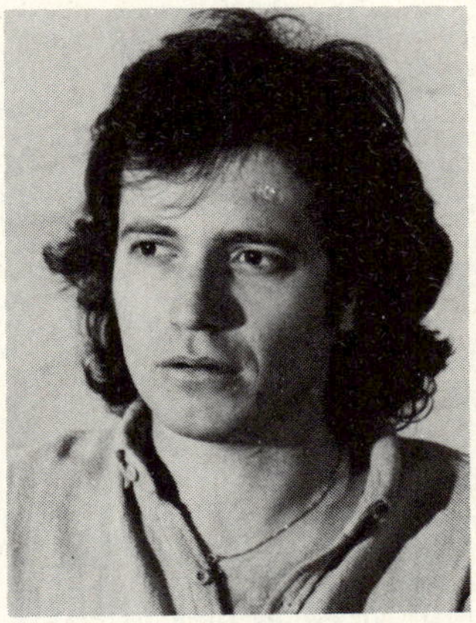

Schriftsteller, Liedermacher, Graphiker - Jakobstr. 51/1, 7300 Esslingen (T. 0711 - 345 03 45) - Geb. 13. Nov. 1952 Santiago/Chile, gesch., 3 Kd. (Manuel, Mara, Pablo) - Gymn. Chile; Abit. - Freischaff. Künstler - BV: an-klagen, 1977; Puchuncavi, 1978; Jenseits d. Mauern, 1979; Auch wenn es Tage wie Nächte gibt, 1980; Gesang f. América, 1985; Erwachen in d. Neuen Welt, 1988. Musikautor in versch. Theater- u. Filmproduktionen: Paris 1980, Ulm 1981, Berlin 1983 - Liebh.: Musik, Malen, Reisen - Spr.: Engl., Franz., Span.

VESENMAYER, Hans
Dr. agr., Dipl.-Brauing., AR Brauereigruppe Thurn u. Taxis Regensburg GmbH., Regensburg (b.1981) - Regerstr. 4, 8400 Regensburg - Geb. 11. Okt. 1917 - Vors. Dt. Brauereimus., München, Vorstandsvors. Dt. Ges. f. Hopfenforsch., Wolnzach, VR Essenzenfabrik Dr. Pieper-Flemming GmbH. & Co. KG., Wallenstein/Nördlingen.

VESPER, Ekkehart
Dr. phil., Generaldirektor Staatsbibliothek Preuß. Kulturbesitz a.D. - Hanstedter Weg 6, 1000 Berlin 41 - Geb. 26. Febr. 1924 Leipzig - Oberrealgymn. u. Univ. Leipzig (Dt., Gesch., Altnord., Slav.) - 1951-1957 Dt. Bibl. Leipzig u. Univ.bibl. ebd., 1958-65 Univ.bibl. Saarbrücken (Bibl.oberrat), 1965-72 Bibl. TH bzw. TU u. Techn. Informationsbibl. Hannover (Dir.), 1972-87 Staatsbibl. Berlin.

VESPER, Guntram
Schriftsteller, Privatgelehrter - Herzberger Landstr. 34 A, 3400 Göttingen - Geb. 28. Mai 1941 Frohburg/Sa. (Vater: Dr. med. Wolfram V., Arzt; Mutter: Erika, geb. Kreil), verh. s. 1970 m. Heidrun, geb. Aulenbach, S. Börries Friedrich Wolfram - Stud. German. u. Med. - 1957-59 Ind.-, Land- u. Bauarb. - BV: Polit. Flugschrift, Ged. 1964; Fahrplan, Ged. 1965; Gedichte, 1966; Kriegerdenkmal ganz hinten, Prosa 1970 (Buch d. Monats), erw. Neuausg. TB 1985; Nördlich d. Liebe u. südlich des Hasses, R. 1979 (Weinpr. f. Lit. Ztschr. text + kritik), TB 1981, schwed. Übers. 1982; D. Illusion d. Unglücks, Ged. 1980, TB 1982; Nordwestpassage, E. Poem, 1980, erw. Neuausg. 1986; D. Inseln im Landmeer, Ged. 1982, TB erw. 1984; Landeinwärts, Texte 1984; Frohburg, Ged. 1985; Laterna magica, Erz. 1985; Dunkelkammer, Erzn. 1988; D. Leuchtfeult auf d. Festland, Ged. 1989 - Zahlr. Hörsp. (Hörsp. d. Mon.), Radioess. u. Forsch.-Arb. zur Soz.- u. Kriminalgesch. d. 19. Jh. - 1968 Förd.preis d. Nieders. Kunstpr.; 1970 Kurt-Magnus-Preis ARD (f. Hörfunkarb.); 1973 PEN-Zentr. BRD; 1983 Märkischer Kulturpr.; 1984 Förderpr. Lit. d. Berliner Kunstpr.; 1985 Mitgl. Dt. Akad. f. Sprache u. Dichtung; Peter-Huchel-Preis; Niedersachsenpreis; 1986 Poetikdoz. d. Akad. d. Wiss. u. d. Lit. in Mainz; 1986/87 Gastprof. Univ. Essen; 1987 intern. Hörspielpreis Prix Italia - Liebh.: Antiquariate - Spr.: Russ., Engl. - Bek. Vorf.: Dr. Ernst J. V. (1866-1956), Tierarzt u. Erf. d. Bornaischen Krankh. b. Pferd (Großv.).

VESPERMANN, Gerd
Schauspieler, Regisseur - Uhlandstr. 135a, 1000 Berlin 31 (T. 87 53 35) - Geb. 24. Juli 1926 Berlin (Vater: Kurt V., Schausp. †; Mutter: Lia Eibenschütz, Schausp. †), ev., verh. - 1942-45 Musikhochsch. Weimar (Klavier).

VESTER, Frederic
Dr. rer. nat., Prof., Biochemiker, Publizist - Weltistr. 13b, 8000 München 71 - Geb. 23. Nov. 1925 Saarbrücken - Promot. 1953; Habil. 1969 - Forschungstätigk. In- u. Ausl. (USA); Geschäftsf. Studiengruppe f. Biologie u. Umwelt (1970 selbstbegr.); s. 1982 Lehrstuhlinh. u. Ordinarius f. Interdependenz v. techn. u. soz. Wandel, Univ. d. Bundeswehr, München. Präs. Bayer. VHS-Verb. (1974-78) - BV: u.a. (1968-85), z.T. in 11 Spr. übers.: Bausteine d. Zukunft, Überlebensprogramm, Krebs-fehlgesteuertes Leben, Denken Lernen Vergessen, Phänomen Stress, Neuland d. Denkens, D. Ei d. Kolumbus, D. Wert e. Vogels, E. Baum ist mehr als e. Baum, Januskopf Landwirtsch., Unsere Welt, - ein vernetztes System (mit gleichnam. internat. Wanderausst. - s. 1978), Wasser = Leben. Spiel: Ökolopoly - e. Umweltsimulationsspiel. Zahlr. Fernsehfilme u. Rundfunksend. - Adolf-Grimme-Preis, Philip Morris Forschungspr. u.a.

VESTNER, Hans
Prof. (emerit.), Hochschullehrer - Am Sportplatz 2 C, 8502 Zirndorf (T. 60 39 99) - Gegenw. em. Prof. f. Allg. Didaktik u. Schulpäd. Päd. Hochsch. Westf.-Lippe/Abt. Bielefeld.

VESTRING, Alfred B.
Botschafter, Ständ. Vertreter d. Bundesrep. Dtschl. bei d. UNESCO (s. 1981) - 13/15, Ab.v.D.Roosevelt, F-75008 Paris - Geb. 2. Jan. 1930 Castrop, verh. s. 1961 m. Ulrike, geb. Weber, 3 Kd. - 1950-56 Univ. Münster, Bonn, Paris (Rechtswiss. u. Volkswirtsch.), 1957 Ausw. Dienst, 1969-71 Botschafter in Nordjemen, 1971-75 Botschafter in Madagaskar u. Mauritius, 1975-79 AA (Polit. Abt.), 1979-81 Botsch. in Saudi-Arabien.

VETTEN, Horst
Journalist, Schriftsteller - 8101 Unterammergau/Obb. - Geb. 19. Okt. 1933 Düsseldorf - 1972 Theodor-Wolff-Preis (Sport), 4 x Gr. Preis d. Dt. Sportpresse, 1976 Österr. Olympiamed. - Preis d. Dt. Fußballbundes.

VETTER, Eberhard
Dr. jur., Rechtsanwalt - Gr. Bäckerstr. 3 I, 2000 Hamburg 1 (T. 040 - 36 69 55/56; priv.: Pikartenkamp 28, 55 (T. 86 46 46) - Geb. 12. Mai 1915 Breslau, ev. - Schulpforta; Univ. Breslau, Freiburg/Br., Berlin, Hamburg (Rechts- u. Staatswiss.; Promot. 1948). Ass.ex. - 1949-61 80 versch. Tätigk. Mineralölw., dann Geschäftsf. Bundesverb. priv. Alten- u. Pflegeheime (BPA), Mitgl. Präsidialrat Aktionsgem. Wirtschaftl. Mittelstand (AWM).

VETTER, Ernst Günter
Dr., Geschäftsführer d. Fazit-Stiftung Gemeinn. Verlagsges. mbH - Hellerhofstr. 2-4, 6000 Frankfurt/M. 1 - 1982 Ludwig-Erhard-Preis f. Wirtsch.-Publiz.

VETTER, Erwin
Dr., Minister f. Umwelt Baden-Württ. (s. 1987) - Kernerplatz 9, 7000 Stuttgart 1 - Geb. 23. Jan. 1937 Mannheim (Vater: Karl V., Bahnbeamter; Mutter: Else, geb. Tresch), kath., verh. s. 1962 m. Rosmarie, geb. Fischer, 2 Söhne (Sigrid, Winfried) - 1956-60 Jurastud. Univ. Heidelberg u. Würzburg (1. Staatsex. 1960), 2. Staatsex. 1964 Heidelberg; 1962 Stud. Hochsch. f. Verw.wiss. Speyer (Promot. 1965) - 1964-72 höh. Verw.-dienst Land Baden-Württ. (zul. Regierungsdir.), 1972-74 Erster Beigeordn. Ettlingen, 1974-87 Oberbürgerm. Stadt Ettlingen; 1984 Vors. d. Kommission Neue Strukturen in d. öfftl. Verw. - BV: Nachbarrecht in Baden-Württ. (Mitverf.).

VETTER, Heinz

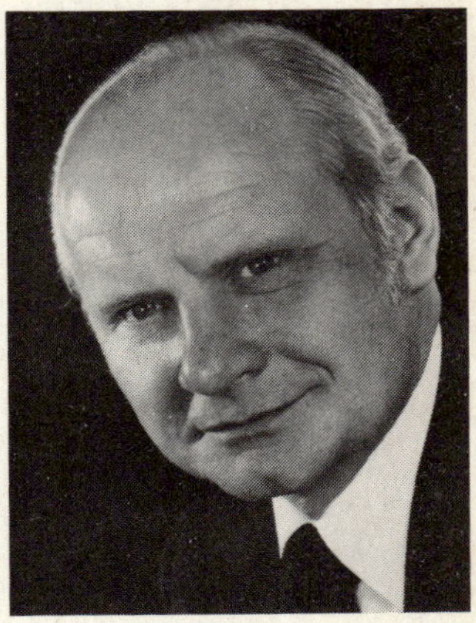

Dr. agr., Prof., Direktor Landw. Unters.- u. Forschungsanstalt LK Weser-Ems - Fliednerstr. 32, 2900 Oldenburg/O. (T. 3 95 84), evang. - Geb. 24. Dez. 1924 Mothalen/Ostpr. (Vater: Wilhelm V., Landw.; Mutter: Lydia, geb. Utich), ev., verh. s. 1952 m. Edith, geb. Meyer, 3 Kd. (Klaus, Gundula, Diemut) - Obersch. Riesenburg; 1945-47 landw. Lehre Wesermarsch; Univ. Kiel (Dipl.-Landw. 1950). Promot. (1952) u. Habil. (1958) - Apl. Prof. (1964), Dir. Landw. Untersuchungs- u. Forschungsanst. Landwirtschaftskammer Weser-Ems, 1976-88 Präs. Verb. Dt. Landwirtschaftl. Untersuchungs- u. Forschungsanst. - BV: Ernterückstände u. Wurzelbild., 1953

(m. J. Köhnlein); Strohverwert. u. Humusversorg., 1958; Leistungsfähige Fruchtfolgen trotz Rationalisierung?, 1967; Mist u. Gülle, 1973; Wieviel düngen?, 1977; Umwelt u. Nahrungsqualität, 1980; Bewirtschaftung u. Düng. v. Sandmischkulturen, 1981; Wirtschaftseigene Düngung, 1986. Zahlr. Fachaufs. - 1983 Mitgl. d. Königl. Schwed. Akad. f. Land- u. Forstw.; 1986 Max-Eyth-Denkmünze DLG; BVK am Bde.

VETTER, Heinz O.

Dr. h. c., Gewerkschafter, Mitgl. Europ. Parlament (s. 1979) - v.-Behring-Str. 2, 4330 Mülheim/Ruhr (T. DGB: Düsseldorf 4 30 11) - Geb. 21. Okt. 1917 Bochum (Vater: Oskar V., zul. Stadtoberinsp.; Mutter: Martha, geb. Berge), ev., verh. s. 1947 m. Lieselotte, geb. Bleil, T. Cornelie - Volkssch.; Maschinenschlosserlehre; Vorb. Abitur (bestanden 1939); 1949-52 Akad. f. Wirtschaft u. Politik - 1940-45 Kriegsdst. (Luftw., Panzeraufklärer; zul. Oblt.), dann Grubenschlosser, 1952-82 Gewerkschaftstätigk. (1960 Mitgl. gf. Vorst., 1964 2. Vors. IG Bergbau u. Energie, 1969 1. Vors. DGB), 1970-79 Präs. Europ. Bund Fr. Gewerksch. ARsmandate u. a. SPD s. 1982 - BV: Gleichberechtigung oder Klassenkampf, 1980 - 1973 Gr. BVK, 1975 Stern u. Schulterbd. dazu, 1976 Ehrendoktorwürde Univ. Haifa - Liebh.: Musik.

VETTER, Horst

Kaufmann, Senator a.D. - Maarerstr. 10, 1000 Berlin 26 - Geb. 28. Aug. 1927 Berlin - Schule Berlin (Mittl. Reife); n. Arbeits- u. Wehrdst. kaufm. Volontär - B. 1952 Handelsvertr., dann Großhandelskfm. (Vetter & Huffert, Horst Vetter, Berliner Glückwunschkarten-Vertrieb, Horst Vetter Papier u. Bürobedarf). 1965-71 Bezirksverordn. Reinickendorf; 1971-83 (Mandatsniederleg.) MdA, 1983-86 Senator f. Stadtentw. u. Umweltschutz Berlin. FDP s. 1961 (1965 Bezirksvors. Reinickendorf, 1973-75 stellv. Landesvors.; 1975-83 Fraktionsvors. d. FDP im Abgeordnetenh. v. Berlin; s. 1987 Mitgl. d. Landesvorst. d. FDP Berlin) - Gr. BVK.

VETTER, Horst

Journalist, Vors. Bremer Journalistenvereinig. - Zu erreichen üb.: Schnoor 27/28, 2800 Bremen.

VETTER, Lothar

Journalist - Nonnenpfad 30, 6000 Frankfurt/M. 70 (T. 65 25 84) - Geb. 6. Juni 1931 Sonneberg/Thür. (Vater: Robert V., Angest.; Mutter: Martha, geb. Lenk), kath., verh. s. 1956 m. Irene, geb. Schuller, 2 Kd. (Ute, Tilbert) - Oberrealsch.; Stud. German., Dt., Gesch., Erdkd. - 1957-59 Fränkisches Volksblatt (b. 1959 Volontär Würzburg, dann Redakt. Aschaffenburg); s. 1959 Frankfurter Rundschau (Lokalredakt. u. stv. Ressortleit.) - 1969 Theodor-Wolff- u. Wilhelmine-Lübke-Preis - Spr.: Engl.

VETTER, Roland

Dr., Publizist, freier Schriftsteller, Lyriker - An der alten Synagoge 1, 6200 Wiesbaden (T. 06121 - 52 76 31) - Geb. 24. Juni 1928 Tscherwenka/Batschka, ev. - Promot. 1955 Erlangen - Landesvors. Künstlergilde in Hessen; Presseref. Fr. Dt. Autorenverb. in Hessen; Redakt. Quartalsschrift D. Bote; fr. Mitarb. versch. Ztschr. - BV: Herz d. Batschka, 1976; D. pannonische Mensch, 1978; Unser Tscherwenka, 1980, 2. A. 1983; Donauschwaben in Brasilien, 1982; D. Zwischenreim, Gedichtsamml. 1982, 2. A. 1984. Herausg.: Mit siebzehn Stimmen (Lyrik-Anthol. 1986); Unvergängliche Pannonien (1987) - 1983 Georg-Dehio-Preis d. Künstlergilde Esslingen - Spr.: Serbokroat., Ungar.

VETTER, Udo

Dr. rer. nat., Prof. f. Mathematik Univ. Osnabrück - Bussardstr. 21, 2842 Lohne - Geb. 6. Okt. 1938 Braunschweig - 1957-63 Math.-Stud. Univ. Münster (Promot. 1963); Habil. 1968 Univ. Hannover - 1963-68 wiss. Assist.; 1969-71 Doz.; 1971-77 wiss. Rat u. Prof.; s. 1977 o. Prof. - BV: Algebra (m. and.), 1969; Determinantal Rings (m. and.), 1988. Veröff. in Ztschr.

VETTERLEIN, Pascal

Dr.-Ing., Prof. f. Geophysik Univ. Hannover - Am Hechtgraben 6, 2890 Nordenham (T. 04731 - 10 75) - Geb. 27. Juli 1910 Darmstadt (Vater: Prof. Ernst V., Arch.; Mutter: Milla, geb. David), kath., verh. s. 1938 m. Hildegard, geb. Hermann, 3 Kd. (Gisela, Ingrid, Friedrich) - TH Hannover (Dipl. 1936, Promot. 1939, Habil. 1941) - S. 1938 Hochsch.-Tätigk.; 1942 während d. Krieges Elektro-Ind.; 1954 geophysik. Forsch. u. Lehre TU Clausthal u. TH Hannover; 1970 apl. Prof. Clausthal; s. 1972 Hon.-Prof. Univ. Hannover. Div. Pat. in Elektronik u. Geophysik - Liebh.: Musik (Klavier u. Orgel), Aquarellmalerei - Spr.: Engl.

VETTERMANN, Günther

Dipl.-Ing., Dipl.-Volksw., stv. Hauptgeschäftsführer VDMA (Bereich Techn. u. Forsch.) - Lyoner Str. 18, 6000 Frankfurt/M.-Niederrad 71 (T. 6 60 30) - 1982 Ehrenbürger Univ. Hannover.

VEY, Anno

Oberbürgermeister d. Stadt Ingelheim (s. 1976) - Postfach 16 60, 6507 Ingelheim am Rhein (T. 06132 - 78 22 15) - Geb. 17. Nov. 1934 Remagen, kath., verh., 2 Kd. - Rechtsrat Kreisverw. Cochem; 1969-76 Bürgerm. v. Cochem. Vorst.-Mitgl. Freundschaftskr. Rhld.-Pfalz/Burgund; AR-Vors. Rhh. Energie- u. Wasservers. GmbH.

VEY, Horst

Dr. phil., Prof., Direktor Staatl. Kunsthalle Karlsruhe (s. 1973), Prof. Staatl. Akad. d. bild. Künste, Stuttgart - Hans-Thoma-Str. 2, 7500 Karlsruhe - Geb. 1930 - Zul. Hauptkustos Wallraf-Richartz-Museum Köln.

VĚŽNIK, Václav

Opernregisseur I. Staatstheater Braunschweig - Břenkova 3, 61300 BRNO/ČSSR (T. 67 66 54); u. I. Staatstheater, Am Theater, 3300 Braunschweig - Geb. 1. Aug. 1930 Brünn/Tschech. (Vater: František V., Beamter; Mutter: Marie, geb. Kořinková), kath., verh. s. 1957 m. Helena, geb. Rozsypalová, 2 Kd. (Milada, Michal) - 2 Sem. Phil.-Stud. Brünn; 1950-54 Regie-Stud. u. Hohe Schule f. Musik ebd. (Ex. 1954) - S. 1954 Staatsoper Brünn (Assist., s. 1955 Regiss.). Gastsp. im In- u. Ausl. 120 Insz. - Hohe Ausz. - Liebh.: Sammelt Schallpl. - Spr.: Deutsch, Ital.

VIALON, Friedrich-Karl

Dr. jur., Prof., Staatssekretär a. D. - Am Buchenhang 15, 5300 Bonn - Geb. 10. Juli 1905 Frankfurt/M. - Ab 1927 bad. Justizdst. (Staatsanw.), 1933-35 Bad. Landesjustizmin. (Reg.srat), anschl. OLG Karlsruhe (LGsrat), ab 1937 Reichsfinanzmin., im Kriege Wehr- u. Zivildst. Inl. u. besetzte Gebiete, 1950-58 Bundesfinanzmin. (zul. Min.dir./Haushalt), 1958-62 Bundeskanzleramt (Wirtsch.-, Finanz- u. Sozialpolitik), 1962-66 Bundesmin. f. wirtschaftl. Zusammenarb. (Staatssekr.). S. 1959 Lehrbeauftr. u. Honorarprof. (1961) Univ. Saarbrücken (Haushaltsrecht). Versch. Bücher (u. a. Kommentar z. Haushaltsrecht, Öfftl. Finanzw.); zahlr. Fachaufs.

VIBRANS, Gerwig

Dr.-Ing., Prof., Abteilungsvorsteher Inst. f. Werkstoffkunde u. Herstellungsverfahren TH bzw. TU Braunschweig (s. 1965) - 3307 Vahlberg.

VICKERS, Catherine

Pianistin, Prof. Folkwang Hochschule Essen - Waldsaum 72, 4300 Essen 16 - Geb. 24. Juli 1952 Regina Saskatchewan (Kanada) - Stud. b. H. Brauss, Kanada, H. Leygraf u. B. Ebert Hannover - 1979 Busoni-Preis; 1981 Preisträgerin Sydney Intern. Piano Comp.

VIDAL, Helmut

Dr. rer. nat., Prof. - Germeringer Str. Nr. 5, 8035 Gauting 1 (T. München 850 15 05) - Geb. 21. Jan. 1919 München (Vater: Adalbert V., Oberingenieur; Mutter: Maria, geb. Hochholzer), kath., led. - Realgymn. München (Abit. 1938); 1946-53 Univ. München (Allg. Naturwiss., Geologie, Geophysik; Dipl.-Geol. 1951, Promot. 1953) - 1954-62 Bayer. Landesanstalt f. Landkultur u. Moorwirtsch., München (1959 Abt.sdir., 1962 Dir.); 1963-66 Bayer. Landesanst. f. Bodenkultur, Pflanzenbau u. -schutz ebd. (Dir.), 1966-84 Bayer. Geolog. Landesamt München (Präs.), 1976 Honorarprof. Univ. München - 1984 BVK I. Kl.; 1983 Ehrenmitgl. d. Dt. Geol. Ges. - Spr.: Engl., Franz. (b. beiden Sprachmittlerdiplom), Ital.

VIDAL, Oscar

Kaufmann, Inh. Fa. Vidal + Sohn (Automobilhandel u. -Reparatur) - Angerstr. 22, 2000 Hamburg 76 (T. 25 79 01); priv.: Badestr. 42, 13 (T. 44 38 44) - Geb. 6. Nov. 1904 Hamburg (Vater: Max V., Kaufm.; Mutter: geb. Zwickwolff), ev., verh. s. 1930 m. Ilse, geb. Rath, 5 Kd. - Realgymn.; 1921-24 kaufm. Lehre; 1924-25 Volontär Hull u. Glasgow - 1925-36 Kohlen-Import in Fa. O Vidal; 1928-65 Vidal & Sohn Tempo-Werk GmbH. (Fabrikation v. Kleinlastwagen).

VIEBAHN, von, Dietrich

Dipl.-Volksw., Verbandsdirektor a. D. - Alsterkehre 6, 2000 Hamburg 65.

VIEBAHN, Fred

Schriftsteller - 631 W. 15th St., Tempe, Arizona 85281, USA u. Alte Burgstr. 3, 5270 Gummersbach - Geb. 16. April 1947 Gummersbach, verh. s. 1979 m. Rita Dove, Tochter Aviva - Abit., 1966-71 Stud. Psych., German., Phil., Theaterwiss. Univ. Köln (kein Abschluß); 1974-76 Bundesvorst. Verb. dt. Schriftst.; 1977 Writer-in-Residence, Univ. of Texas at Austin; 1977-79 Visiting Assoc. Prof. of German, Oberlin College, Ohio/USA; s. 1981 Adjunct Prof., Arizona State Univ., Tempe, Arizona/USA; s. 1986 USA-Korresp. d. Zeitschr. TRIBÜNE - BV: D. schwarzen Tauben, R. 1969; D. Haus Che, R. 1973; Larissa, R. 1976/82; D. Fesseln d. Freiheit, R. 1979/81; The Stain, R. 1988; Blutschwestern, Theaterst. (Uraufführung 1976, Regie Veit Relin) - 1973 Förderpreis f. Lit. Stadt Köln; 1976 Villa Massimo Stip.; 1976 Honorary Fellow in Writing, Univ. of Iowa; 1979 Mishkenot Sha'ananim-Gast d. Stadt Jerusalem, Israel, 1980 Förderstip. d. Landes Berlin, s. 1981 Mitgl. PEN-Club - Lit.: Krit. Lex. z. dt. Spr. Gegenwartslit. (KLG).

VIEBIG, Hasso

Brigadegeneral a. D. - Prielstr. 35, 7776 Owingen - Geb. 21. Mai 1914 Mecklenburg (Vater: Landwirt) - Abitur - Ab 1934 Berufssoldat (Artl., zul. Major i. G.); 1944-46 engl. Gefangensch.; freiberufl. Tätigk. (Militär- u. Kriegswiss.); 1957-66 Bundesverteidigungsmin. (1963 Oberst i. G. u. Pressechef); 1966-1967 Kommandeur Panzergrenadier-Brigade 13 (Wetzlar), 1967-70 stv. Kdr. 10. Panzergrenadier-Division (Sigmaringen). 1971ff. fr. Mitarb. Südkurier, Konstanz, 1972ff. Geschf. Vorst. d. Ges. f. Wehrkd. - 1984 Gr. BVK - Liebh.: Bücher (bes. angels. Romane), Reit- u. Wassersport.

VIEBIG, Johannes

Oberkirchenrat, Pfarrer, Kreisdekan Nürnberg - Pirckheimer Str. 10, 8500 Nürnberg 10 (T. 0911 - 35 87 38) - Geb. 26. Dez. 1919 (Vater: Paul V.; Mutter: Anny, geb. Buchwald), ev., verh. s. 1950 m. Elisabeth, geb. Kluftinger, 3 Kd. - Univ. Zürich, Erlangen, Breslau, Berlin (Theol., Phil.) - Pfarrer, Studentenpf., Prodekan, Akad.-Dir. Tutzing, Rundfunkprediger, Vizepräs. Bay. Landessynode (b. 1976) - BV: Fruchtbare Einsamkeit; Wir brauchen einander; Gestalteter Glaube; D. Lorenzkirche Nürnberg - 1980 Bayer. VO.

VIEBROCK, Helmut

Dr. phil. (habil.), Dr. h.c., FRSA, em. o. Prof. f. Engl. Philologie - Hinter den Rahmen 3, 6380 Bad Homburg (T. 2 56 29) - Geb. 1. Aug. 1912 Hameln/Weser (Vater: Johann V., Mittelsch.lehrer; Mutter: Marie, geb. Möller), ev., verh. s. 1948 m. Rosi, geb. v. Ferenczy, 3 Kd. (Anna, Jan, Katharina) - Univ. Marburg u. München (Engl., roman. u. klass. Philol.) - S. 1955 Ord. u. Dir. Engl. Sem. u. Amerika-Inst. Univ. Frankfurt (1958/59 Rektor) - BV: D. Anschauungen v. John Keats üb. Dichter u. Dichtung, 1946; John Keats, 1977; Theorie u. Praxis d. Stilanalyse, 1977; Arb. üb. Shakespeare, die engl. rom. Dichtung, T.S. Eliot (Hrsg. d. dt. Essays), engl. Lit. u. Kunst um 1910, u.v.a.

VIEDEBANTT, Klaus

Dr., Journalist, Ressortleiter Frankfurter Allgemeine Zeitung (s. 1986) - Zu erreichen üb. Frankfurter Allgemeine Zeitung, Hellerhofstr. 2-4, 6000 Frankfurt/M. 1 (T. 069 - 75 91-768) - Geb. 12. Jan. 1943 Krefeld (Vater: Joachim V., Rechtsanw.), verh. m. Pamela, geb. Auden - Promot. 1973 Univ. Frankfurt - 1967 Sprecher Univ. Frankfurt; 1970 fr. Journ.; 1974 Redakt. FAZ; 1977 Ressortleit. D. ZEIT; s. 1986 Ressortleit. FAZ - BV: D. Volkstheater im Fernsehen, 1974; 30mal Australien, 1981; 33mal Neuseeland u. Polynesien, 1986; Unsere kleinen Städte, 1987; Hamburg, 1987; Frankfurt, 1988; Irland, 1988.

VIEFHUES, Herbert

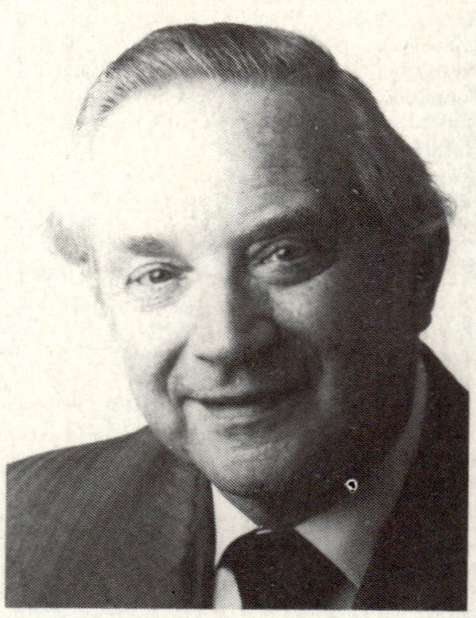

Dr. med., D.M.S.A. (Edin.), Sozialmediziner u. Medizinsoziologe, Neurologe, Psychiater u. Psychotherapeut, Medizinethiker, em. Prof. f. Sozialmed. Ruhr-Univ. Bochum (1973-85), Dir. Zentrum f. Medizin. Ethik, Bochum - Surkenstr. 35, 4630 Bochum-Stiepel (T. 0234 - 79 79 17) - Geb. 26. Jan. 1920 Dorsten/W., verh. s. 1960 m. Dr. Margot, geb. Peusquens, 2 Söhne (Gereon, Ludger) - Hum. Gymn., Stud. Med. u. Sozialwiss. In- u. Ausl. (Schottland, USA), 1946-59 Tätigk. als Kliniker, 1961-70 Dir. Krankenanstalten Köln, Präs. d. Internat. Kurat. f. Fortbildung in d. Psychiatrie (s. 1976), Vorstandsmitgl. d. Dt. Ges. f. Sozialmed. (s. 1978), Vors. d. Dt. Ges. f. Sozialarbeit i. Krankenhaus (1963-71), Vorstandsmitgl. (s. 1973). Sachverst. b. Inst. f. med. Prüfungen Mainz (1974-80); Präs. Dt. Ges. f. Sozialmed. (1981-90); Vorst.-Mitgl. Akad. f. Ethik in d. Medizin; Ehrenmitgl. Österr. Wiss. Ges. f. Sozialmed. u. Dt. Verein F. Sozialdienst im Krankenhaus - BV: Medizinsoziologie, 1978; Medizin - Gesellschaft - Revolution, 1978; Sozialmedizin, 1979; D. ärztl. Gutachten, 1984; Primary Health Care in the Making, 1985; Medical Manpower in The European Community, 1988 - BVK I. Kl. - Lit.: Festschr. z. 65. Geb., Deneke u. a., Aktuelle Fragen d. Sozialmed.

VIEGENER, Elmar
Fabrikant Mitinh. Franz Viegener II Armaturenfabrik u. Metallgießerei - 5962 Attendorn/W. - Geb. 6. April 1926.

VIEHBACHER, Friedrich
Oberbürgermeister - Rathauspl. 1, 8400 Regensburg - Geb. 30. Aug. 1933 Regenstauf - Zul. Abteilungsdir. Reg. d. Oberpfalz. CSU.

VIEHE, Heinz-Günter
Dr. rer. nat., o. Prof. f. Organ. Chemie Univ. Löwen (s. 1969) - B-1348 Louvain-La-Neuve/Belgien (T. 010 - 47 27 83) - Geb. 17. Juni 1929 Bielefeld, protest., verh. s. 1956 (USA) m. Helga, geb. Ebeling, 3 Kd. (Johannes, Axel, Carola) - Stud. Bundesrep., Frankr., USA. Promot. 1955; Habil. 1965 - 1956-57 Assist. Harvard Univ., Cambridge; 1958-69 Forschungstätigk. Union Carbid, Brüssel. 1965-69 Privatdoz. Univ. Erlangen-Nürnberg. Versch. Fachmitgliedsch. Entd.: Chemie d. Nitroacetylene, Fluoracetylene u. Inamine, Phosgenimoniumsalze - BV: Chemistry of Acetylenes, 1969; Iminium Salts in Organic Chemistry, Vol. I 1976, Vol. II 1979; Substituent Effects in Radical Chemistry (H. G. Viehe, Z. Janusek and R. Merényi, Reidel, Dordrecht), 1986 - Mitgl. Akad. d. Naturforscher Leopoldina, Halle - Spr.: Engl., Franz.

VIEHWEBER, Günter
Dr. med. (habil.), Prof., Röntgenologe - Am Mühlenhang 10, 8702 Lengfeld (T. 5 97 66) - B. 1964 Privatdoz., dann apl. Prof. Univ. Würzburg (Vorsteher Röntgenol. Abt./Chir. Klinik). Facharb.

VIELHAUER, Heidrun
Tänzerin, Choreographin, Leit. Bremer Tanz-Theater - Ostertorsteinweg 90, 2800 Bremen 1 - Geb. 8. Mai 1954 Letmathe - Lola-Mogge-Schule Hamburg, Folkwanghochsch. Essen - Tanztheaterstücke: Tanzfabrik Berlin: Träume v. e. schönen Haut, Wunschkonzert; Schauspielh. Hamburg: D. letzte Schrei, Zwei Weiber (m. R. de Neve); Bremer Tanz-Theater: Gezeiten, IO (m. R. de Neve), Rituale (m. R. de Neve).

VIELLIEBER, Hermann
Metzgermeister, Präsident Dt. Fleischer-Verb., Landesinnungsm. Baden-Württ., Vorstandsmitgl. Fleischerei - Berufsgenoss., Präsidiumsmitgl. Zentralverb. Dt. Handwerk - Eichhornstr. 46, 7750 Konstanz (T. 6 29 92) - Geb. 9. Jan. 1917 Konstanz, kath., verh., 6 Kd. - Gymn. Konstanz (Obersekundareife); Metzgerlehre - 1937-45 Arbeitsdst. u. Wehrmacht (zul. Hptm.); 1948 Übern. e. elterl. Geschäfts. CDU s. 1946 (Gründungsmitgl. Konstanz) - 1970 BVK I. Kl.; 1976 Gr. BVK.

VIELMETTER, Joachim
Honorarkonsul von Portugal, Geschäftsführer Martellus, Ges. f. ind. Zusammenarbeit mbH & Co. KG, Dt.-Afrikanische Handelsges. mbH - Thomas-Wimmer-Ring 9, 8000 München 22 - Geb. 4. Aug. 1919, verh. m. Rita-Maria, geb. Kirschbaum-Springer - Abit.; Hauptges. JHR Vielmetter GmbH & Co. KG Berlin - Gr. BVK; Bayer. VO; Rechtsritter Johanniterorden Ordem do Infante Dom Henrique f. Verd. um d. Rep. Portugal; Isabel la Católica f. Verd. u. d. Königr. Spanien; Gr. silb. Ehrenz. f. Verd. u. d. Rep. Österr.; Ordem de Merito do Estado da Bahia f. Verd. um Bahia/Brasilien - Rechnungsprüfer d. Bundesverb. Dt. Ind., Köln; Ehrensenator TH Karlsruhe; Vorst.-Mitgl. Dt. weltwirtschaftl. Ges., Berlin; Mitgl. Verwaltungsrat u. Kurat. Dt. Museums, München; Mitgl. Kurat. Inst. Finanzen u. Steuern, Bonn; Mitgl. Verwaltungsrat offiziellen Dt.-Franz. HK, Paris; Senior Council Dt.-Südafrik. HK Johannesburg; Schatzmeister d. Ges. Freunde v. Bayreuth, Bayreuth.

VIELMETTER, Walter
Dr. rer. nat., o. Prof. f. Genetik u. Mikrobiologie Univ. Köln (s. 1967) - Beuthener Str. 26, 5000 Köln 80 (T. 69 67 28).

VIELSTICH, Wolf
Dr. rer. nat., Prof., Direktor Physikal.-Chem. Inst. Univ. Bonn (s. 1972) - Wegelerstr. 12, 5300 Bonn - Geb. 18. Juni 1923 München -S. 1962 (Habil.) Lehrtätigk. Univ. Bonn (1965 apl. Prof.). Fachmitgliedsch. - BV: Brennstoffelemente, 1964; Elektrochemie I, 1975; Kinetik elektrochem. Systeme, 1975; Elektrochemie II, 1981. Zahlr. Fachveröff.

VIEMANN, Helmut
Dipl.-Ing., Vors. d. Geschäftsfg. VDO Meß- u. Regeltechnik GmbH (s. 1981) - Hackethalstr. 7, 3000 Hannover 1 (T. 0511-67 82-281) - Geb. 21. Juli 1930 Haan/Rheinland (Vater: Paul V., Kaufmann; Mutter: Hildegard, geb. Hessmann), ev., verh. s. 1957 m. Christa, geb. Reihn, 5 Kd. (Gerhard, Barbara, Peter, Matthias, Anja) - Helmholtz-Gymn. Hilden; TH Stuttgart (Dipl.-Ing. 1956) - 1956-61 RWE; 1962-1966 Abt.sleit AEG, Duisburg; 1966-68 Felten & Guilleaume Carlswerk AG. (Leit. Niederlass. Stuttgart), 1970-74 Vertriebsdir. u. Geschäftsbereichsleit.; 1968-70 Vertriebsleit. Hartmann & Braun AG. - Liebh.: Musik - Spr.: Engl.

VIERA, Joe
Dipl.-Ing., Prof., Musiker, Komponist, Dozent, Autor - Klementinenstr. 17, 8000 München 40 - Geb. 4. Sept. 1932 München (Vater: Josef V., Schriftst.; Mutter: Rose, geb. Zimmermann), ev., verh. s. 1973 m. Therese, geb. Kopp, Tochter Christine - Stud. Techn. Physik TH München, priv. Musikstud.; s. 1955 zahlr. Konzerte; 1978 Tournee durch 9 afrikan. Länder; s. 1963 Doz. d. Sommerkurse f. Jazz Akad. Remscheid; 1969-80 Leit. Education Center d. Int. Jazzföderation; s. 1970 künstl. Leit. d. Int. Jazz-Woche Burghausen, s. 1972 Leit. Studienzentrum f. zeitgenöss. Musik Burghausen; Lehrbeauftr. Univ. Duisburg u. Hochsch. f. Musik Hannover; s. 1975 Gastdoz. Stiftg. Alte Kirche (Boswil/Schweiz) - BV: Grundl. d. Jazzrhythmik, 1970; Grundl. d. Jazzharmonik, 1970; Arrangement u. Improvisat., 1971; Neue Formen - Freies Spiel, 1971; Der Free Jazz, 1974; D. Saxophon im Jazz, 1977; 20 J. Jazz in Burghausen, 1989. Schallplatten: Essay in Jazz, 1973; Kontraste, 1978. Kompos.: Segmente 1-6, 1973; Segmente 7-16, 1979 - 1974 silb. Ehrennadel Stadt Burghausen - Liebh.: Karl Valentin, Denkspiele - Spr.: Engl.

VIERECK, Hans-Joachim
Dr. med., Prof., Chirurg - Nikolaus-Fey-Str. 38, 8700 Würzburg-Heidingsfeld (T. 70 54 33) - Geb. 27. Dez. 1920 Wächtersbach, ev., verh. s. 1949 m. Hedwig, geb. Orlik, 3 Kd. (Achim, Thomas, Doris) - Univ. Berlin u. Würzburg. Promot. (1944) u. Habil. (1956) Würzburg; Facharzt f. Lungenkrankh. (1952), Anaesthesie (1954), Chir. (1958); Privatdoz. (1956); apl. Prof. (1962) - Ärztl. Dir. Klinik Michelsberg, Fachkrankenh. Bez. Unterfranken, 8732 Münnerstadt - BV: Traumatologie in d. chir. Praxis, 1965 (Mitautor). Zahlr. Einzelarb. - Spr.: Engl.

VIERECK, Wolfgang
Dr. phil. habil., Dr. h.c., o. Univ.-Prof. f. Englische Sprachwiss. u. Mediävistik Univ. Bamberg (s. 1978) - Obere Dorotheenstr. 5a, 8600 Bamberg (T. 0951 - 5 82 88) - Geb. 4. Sept. 1937 Berlin, verh. s. 1973 m. Dr. Karin, geb. Dittschuneit, T. Nina - Stud. Univ. Marburg, Newcastle/Tyne (Engl.), Montpellier (Frankr.); Staatsex. 1963 Marburg; Promot. 1966 Hamburg; Habil. 1970 Mainz - 1971 apl. Prof. Univ. Mainz; 1973-78 o. Univ.-Prof. Graz; s. 1978 Univ. Bamberg (1984-86 Dekan). 1980 Gastprof. Univ. Haifa, Israel; 1987 Gastprof. Univ. Poznań, Polen - BV: 10 Bücher; 100 weit. Fachveröff; üb. 100 Buchbesprechungen, bes. z. historischen, regionalen u. sozialen Dimension d. engl. Sprache - 1965/66 American Council of

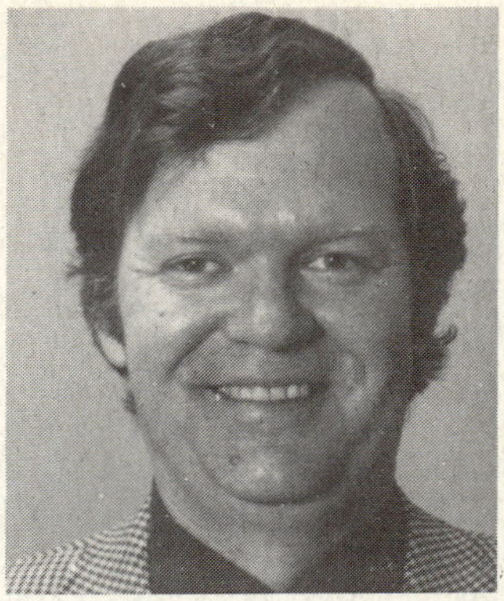

Learned Soc. Fellow, New York; 1987 Med. Univ. Poznań; 1988 Med. Univ. Helsinki, Finnland; 1989 Ehrendoktor Univ. Budapest, Ungarn.

VIEREGGE, von, Henning
Dr. phil., Geschäftsführer (Kommunikation, Presse) Vereinigung d. hess. Unternehmerverb. (VHU), u. Arbeitgeberverb. Hessen Metall - Fuchstanzweg 10, 6236 Eschlohe 2 (T. 06173 - 6 89 21) - Geb. 28. Dez. 1946 Lübeck, ev., verh. m. Karla, geb. Sattinger, 4 Kd. (Amelie, Viktoria, Constantin, Antonia) - M.A. 1972; Promot. 1975 Bonn - BV: Parteistiftungen, 1977.

VIERHAUS, Rudolf
Dr. phil., Prof., Direktor Max-Planck-Inst. f. Geschichte - Hermann-Föge-Weg 11, 3400 Göttingen (T. 5 89 53); priv.: Zur Akelei 35 - Geb. 29. Okt. 1922 Wanne-Eickel - S. 1961 (Habil.) Lehrtätigk. Univ. Münster, Bochum u. Göttingen (1964 Ord., gegenw. Honorarprof.; Neuere Gesch.), 1966/67 Gastprof. Oxford, 1972-76 Mitgl. d. Wissenschaftsrats. Vors. Ges. f. d. Erforsch. d. 18 Jh., Wolfenbüttel - BV: Ranke u. d. soziale Welt; Deutschland i. Zeitalter d. Absolutismus; Sozial-, Verfassungs- u. Geistesgesch. d. 18. b. 20. Jh.; D. Tageb. d. Baronin Spitzemberg (3 A.). Herausg.: Eigentum u. Verfass.

VIERNEISEL, Klaus
Dr. phil., Direktor d. Staatl. Antikensammlungen u. Glyptothek München (s. 1978) - Ainmillerstr. 20, 8000 München 40 - Geb. 23. J[illegible] 1929 Heidelberg - Univ. München - 1956-63 Dt. Archäol. Inst. Athen; 1963-71 Staatl. Antikensamml. u. Glyptothek München (zul. Oberkonservator); 1971-78 Direktor Antikenmus. Berlin Stiftung Preuß. Kulturbesitz. Div. Ausgrab., dar. Samos u. Athen-Kerameikos.

VIERNSTEIN, Karl
Dr. med. (habil.), Prof., Oberarzt Orthopäd. Klinik München-Harlaching - Dr.-Max-Str. 72, 8022 Grünwald/Obb. (T. München 64 96 22) - Geb.23. Febr. 1920 Straubing, verh. (Ehefr.: Ute), 4 Kd. - B. 1966 Privatdoz., dann apl. Prof. Univ. München (Orthop.). Facharb.

VIEROCK, Frithjof
Schauspieler - Wilhelm-Riehl-Str. 28, 8000 München 21 (T. 089 - 57 19 85) - Geb. 28. Aug. 1943 Eisenach (Vater: Henry V., Maler; Mutter: Franziska, geb. Pistorius), verh. s. 1974 m. Branka, geb. Pesusic - Schauspielabschl.-Prüf. 1962 München - Theater-Gastvertr. Stuttgart, Berlin u. München; Theatertourneen; 10 Spielfilme; üb. 100 Fernsehspiele - Bek. Vorf.: Jessie Vihrog, Schausp. (Großtante).

VIERTLER, Günther
Verlagsleiter - Waldtruderinger Str. 48, 8000 München 82 (T. 430 49 78) - S. 1971 Geschäftsf. Südd. Verlag GmbH., München.

VIESER, Dolores
s. Aichbichler, Dolores

VIESER-AICHBICHLER, Dolores
Schriftstellerin (Ps. Dolores Vieser) - Krassniggstr. 36, A-9020 Klagenfurt (Österr.) (T. 0463 - 51 44 50) - Geb. 18. Sept. 1904 Hüttenberg/Kärnten, kath., verh. s. 1934 m. Otto A. (Landw. u. Schriftst.), 3 Kd. - BV: u. a. D. Singerlein, histor. R. 1928; der Gurnitzer, hist. R. 1931; Der Märtyrer u. Lilotte, R. 1934; Hemma v. Gurk, hist. R. 1938; An d. Eisenwurzen, ges. Erz. 1948; Aelia, e. Frau aus Rom, hist. R. 1952; Licht im Fenster, Bauernr. 1953; D. Trauermesse, R. 1961; Kl. Bruder, R. 1964; Nachtquartier, R. 1973; Katzen in Venedig, N. 1975 - 1955 Handel-Mazetti-Preis, Ad. Stifterpreis, 1975 Gr. Kulturpreis d. Landes Kärnten; 1984 Gold. Ehrenkreuz f. Kunst u. Wiss. d. Rep. Österr. - Liebh.: Musik.

VIESSMANN, Hans
Dr. h. c., Ing., Fabrikant, Inh. Viessmann Werke KG., Allendorf - Im Hain, 3559 Battenberg/Eder (T. 06452 - 4 48) - Geb. 15. Nov. 1917 Hof/S. (Vater: Johann V., Handwerksm.; Mutter: Auguste, geb. Doss), ev., verh. s. 1946 m. Martha, geb. Laute, 5 Kd. (Annegret, Ulrich, Karl-Johann, Martin, Thomas) - Gymn.; Metallhandw.; Stud. Maschinenbau - N. Stud. Familienuntern. Zweigw.: Battenberg, Oberkotzau, Hof, Faulquemont/Frankr., Berlin, Waterloo/Kanada, Schwandorf/Bay. u. Homberg/Efze (gegenw. 4500 Beschäftigte). Mehr als 300 dt. u. intern. Patente (haupts. Heizungstechnik). Präs. Dt. Stahlheizkessel-Verb. (1957-69), Europ. Verb. d. Hersteller v. Stahlheizkesseln (1967-1969), Vereinig. v. Verb. d. Dt. Zentralheizungswirtsch. (1967-69). Mitgl. VDI, American Soc. of Heating, Refrigerating and Air Conditioning Engineers (New York). 1974-79 Vizepräs. IHK Kassel - 1967 BVK I. Kl.; 1968 Philipps-Med. Univ. Marburg, 1979 Bayer. VO; 1983 Ehrendoktor Univ. Marburg - Liebh.: Literatur, Alte Kunst, Fliegen, Wasserski, Schwimmen - Spr.: Engl. - Rotarier.

VIET, Ursula
Prof., Lehrstuhlinh. f. Didaktik d. Mathematik Univ. Osnabrück - Universität, 4500 Osnabrück - Geb. 23.07.1926 Bremen - 1978 u. 86 Dekan d. FB Math. - BV: Lehrprogramme f. Schulen (8 Titel), 1965-72; Leist.differenzier. im Mathematikunterr. d. Sekundarstufe I, 1981 (mit N. Sommer); Mathematikunterr. 5-10, 1982.

VIETEN, Rolf
Dipl.-Kfm., Oberstadtdirektor Göttingen - Neues Rathaus, 3400 Göttingen - Geb. 4. Sept. 1940 St. Tönis - Dipl.-Kfm. 1969 TU Berlin.

VIETH, Jürgen
Dr., Prof., Leit. Abt. f. exper. Neuropsychiatrie Neurol. Univ.-Klinik Erlangen - Schwabachanlage 6, 8520 Erlangen; priv.: Kellerstr. 3, 8551 Schlammersdorf (T. 09545 - 18 03).

VIETH, Thomas
Verleger, geschäftf. Gesellschafter Urban-Verlag Hamburg/Wien GmbH, Herausg. u. Chefredakt. Ztschr. Erdöl Erdgas Kohle, Oil-Gas Europ. Magazine u. ANEP-Jahrb. Europ. Erdölind. - Im Wiesengrund 7, 2000 Hamburg 73 (T. 645 10 07) - Geb. 16. Febr. 1946.

VIETINGHOFF, von, Eckhart
Dr. jur., Präsident Landeskirchenamt, Mitgl. Rat d. EKD, Hannover (1984ff.) - Zu erreichen üb. Landeskirchenamt, Rote Reihe 6, 3000 Hannover - Geb. 7. Okt. 1944 Göttingen - Stud. Rechtswiss. - Ab 1980 Oberstadtdir. Hildesheim; Vorst.-Vors. d. Gemeinschaftswerks d. Ev. Publizistik, Frankfurt.

VIETTA, Silvio
Dr. phil. habil., Prof. f. deutsche Sprache u. Literatur u. ihre Didaktik Hochsch. Hildesheim (s. 1982) - Erlbrunnenweg 18, 6916 Wilhelmsfeld - Geb. 7. Aug. 1941 (Vater: Dr. Egon V., Schriftst.), kath., verh. m. Dr. Susanne, 2 Kd. (Isabel, Claudio) - Abit.; Promot. 1969 Würzburg; Habil. 1979 Mannheim - B. 1982 Prof. f. Neuere Dt. Philol. Univ. Mannheim - BV: Expressionismus, 1975; Neuzeitl. Rationalität u. mod. lit. Sprachkritik, 1981; Literarische Phantasie. Gesch. u. Theorie, 1986. Herausg.: Lit. Frühromantik (1983); Historisch-kritische Ausgabe Wackenroder (1988) - Liebh.: Kultur, Sport - Spr.: Engl., Franz., Ital., Latein.

VIKTOR, Herbert
Filmregisseur - Königsweg 80, 1000 Berlin 37 (T. 030 - 802 55 28) - Geb. 16. April 1921 Berlin, ev., verh. s. 1966 - Liebig-Oberrealsch. Berlin; kaufm. Ausbild. ebd. (Ind.) - S. 1945 Rundfunk- u. Fernsehreporter, Filmautor u. -regiss. Bek. Dokumentarfilme: Hongkong - Insel im roten Meer (1958), Paradies im Feuerofen - Israel (1959), Zwei Sonnen üb. Japan (1960), Jenseits v. Oder u. Neiße - heute (1965). Preise: Dt. Fernsehpreis (1957), Bundesfilmpreis/Filmband in Silber (1958; Hongkong) u. Gold (1959; Paradies u. Feuerofen), Gold. Feder Österr., Jugendfilmpreis Stadt Berlin, Filmpreis Office Catholique Intern. du Cinema, Goldmed. Venedig (1974; Forschen f. d. Leben), Kurzfilmpries HDF (1976; Zw. Gestern u. Morgen), Kurzfilmpr. HDF (1981; . . . sicherer sein u. schneller).

VILAR, Esther
Dr. med., Ärztin, Schriftst. - Zu erreichen üb.: Herbig-Verlag, Hubertusstr. 4, 8000 München 19 - Geb. 16. Sept. 1935 Buenos Aires (Argent.) - BV/R.: Mann u. Puppe, 1969; Ess.: D. dressierte Mann, 1971; D. polygame Geschlecht, 1975; D. Ende d. Dressur, 1977; 5 Std. Gesellschaft, 1978; Alt-Manifest geg. d. Herrschaft d. Jungen, 1980; D. Antrittsrede d. amerik. Päpstin, 1982.

VILLIGER, Heinrich
Zigarrenfabrikant (Villiger Söhne GmbH., Waldshut-Tiengen/Br.), Vorstandsmitgl. Bundesverb. d. Zigarrenind., Bonn - CH-4354 Full-Reuenthal (Schweiz).

VILLINGER, Claus
Regisseur Theater Stuttgart - Löwenstr. 81, 7000 Stuttgart 70 - Geb. 1941 Breslau, verh. s. 1965 - Stud. Essen, Theater Mannheim; Funk Frankfurt, s. 1968 Stuttgart. - Insz.: Straßenbahn, 1972; Mein Großvater u. d. Weltgesch., 1980; Ach Heidelberg, 1981; u.a. - 1971 Kurt-Magnus-Preis - Liebh.: Mod. Kunst.

VILLWOCK, Wolfgang
Dr. rer. nat., Prof. f. Zoologie - An d. Schulkoppel Nr. 21, 2000 Norderstedt 1 - Geb. 15. Nov. 1930 Cottbus, verh. m. Dr. Ingeborg, geb. Augstein - S. 1964 (Habil.) Lehrtätigk. Univ. Hamburg (1969 Prof.; 1970-76 gf. Dir. Zool. Inst. u. Zool. Museum). Etwa 80 Fachaufs.

VILMAR, Fritz
Dr., Prof. f. Politikwiss. FU Berlin (s. 1975) - Bülowstr. 4, 1000 Berlin 30 (T. 216 87 50) - Geb. 28. Juli 1929 Insterburg (Vater: Fritz V., AG-Dir.; Mutter: Minna, geb. Andresen), verh. s. 1967 m. Johanne, geb. Bührmann, S. Christian - Stud. Rechtswiss. u Soziol. - 1960-70 Ref. Vorst. IG Metall; s. 1977 Mitgl. d. Grundwerte-Komm. b. Vorst. d. SPD - BV u. a.: Rüstung u. Abrüstung im Spätkapitalismus, 6. A. 1972; Mitbestimm. a. Arb.pl., 1971; Strategien d. Demokratisierung, 2 Bde. 1973; Ind. Demokr. in Westeuropa, 1975 (auch Herausg.); Wirtschaftsdemokratie u. Humanisierung der Arbeit, 1978; Arbeitswelt: Grundriß e. Soziol. d. Arbeit, 1982 (m. L. Kißler); Arbeitszeitverkürzung - e. Weg z. Vollbeschäftigung? (m. Th. Kutsch, auch Herausg.), 1983; Ökosozialismus (m. K.-J. Scherer, auch Herausg.), 1985; Auf d. Weg z. Selbsthilfeges.? (m. B. Runge), 1986 - Liebh.: Jugendstil - Spr.: Engl., Franz.

VILMAR, Karsten
Dr. med., Chirurg (Oberarzt), Präs. d. Bundesärztekammer/Arbeitsgem. d. Westd. Ärztekammern, Köln (s. 1978; vorh. (1975) Vizepräs.), u. d. Dt. Ärztetages, Vors. Marburger Bund/Verb. d. angest. u. beamt. Ärzte Dtschl. ebd. (1975-79) - Zentralkrankenhaus St. Jürgen (Unfallchir. Klinik), 2800 Bremen - Geb. 1930 Bremen (Vater: Arzt) - Bek. Vorf.: Prof. August V., Theologe u. Literaturhistoriker (u. a. Geschichte d. dt. Nationallit.), 1800-68.

VILSMEIER, Franz
Dr. phil., Prof., Hochschuldir. a. D., Honorarprof. f. Päd. Univ. München (s. 1959) - Alpspitzstr. 8c, 8104 Grainau (T. 08821 - 85 37) - BV: Gesamtunterricht, 1967. Ztschr.aufs. z. geschichtl. Wandel u. gegenw. Stand d. Lehrerbildung. Mitherausg. Ztschr. f. Päd. (1958-68).

VINCENTZ, Kurt-Wolfgang
Senator E. h., Verleger, Gesellsch. Th. Schäfer Druckerei GmbH u. Curt R. Vincentz Verlag, bde. Hannover, AR-Vors. Bundesausschreib.blatt GmbH Düsseldorf - Haarstr. 12, 3000 Hannover - Geb. 5. Febr. 1917.

VINCENZ, de, A.
Docteur ès Lettres, o. Prof. f. Slavistik, Univ. Göttingen - Landfriedstr. 3, 6900 Heidelberg (T. 2 75 22) - 1967-73 o. Prof. Univ. Heidelberg - BV: Traité d'anthroponymie houtzoule, 1970; Disparition et survivances du franco-provencal, 1974; U. Weinreich, Sprachen i. Kontakt, 1977; Probeheft z. Wörterb. d. dt. Lehnwörter im Polnischen, 1985 - 1974 assoz. Mitgl. Acad. Delphinale, Grenoble; 1979 akt. Mitgl. Soc. Historique Polonaise, Paris.

VINKE, Hermann
Redakteur, Schriftst. - Zu erreichen üb. NDR, Rothenbaumchaussee 132-34, 2000 Hamburg 13 - BV/Herausg.: u. a. Als d. erste Atombombe fiel - Kinder aus Hiroshima berichten, 1982 - 1981 Dt. Jugendbuchpreis d. Buxtehuder Bulle (f. d. Biogr.: D. kurze Leben d. Sophie Scholl).

VINZENT, Otwin
Dr., Bibliotheksdirektor, Leit. Universitätsbibl. Saarbrücken - Im Stadtwald, 6600 Saarbrücken.

VISSE, Rainer
Bürgermeister Stadt Lauterbach (s. 1981) - Rathaus, 6420 Lauterbach 1 (T. 06641 - 184-16) - Geb. 5. Aug. 1946 Münchweiler (Vater: Heinz V., Buchhalter; Mutter: Marianne, geb. Burger), kath., verh. s. 1970 m. Hannelore, geb. Rauch, 2 T. (Kerstin, Katrin) - Verw.-Prüf. I u. II, Kommunal-Dipl. VWA 1972 - 1975-80 Prüfer Rechnungshof Rheinl.-Pfalz; 1980-81 Werkleit. Verb.-Gde. Bad Bergzabern.

VITALI, Christoph Johannes
Lic. iur., Rechtsanwalt - Geb. 28. Sept. 1940 Zürich, verh., 3 Kd. - Jura-Stud. Univ. Zürich; Stud.jahre in Granada/Spanien u. Princeton/USA; Promot. 1968 (Lic. iur.) u. Anwaltsex. - 1966-68 Rechtsanw.; 1969 Mitarb., ab 1971 Leit. Kulturamt Stadt Zürich; 1979-84 Verw.-dir. Bühnen Frankfurt am Main; s. 1985 Dir. Theater am Turm u. Kunsthalle Frankfurt am Main.

VITT, Walter
Rundfunkjournalist, Kunstschriftsteller - Maternusstr. 29, 5000 Köln 1 (T. 0221 - 31 46 41) - Geb. 2. Okt. 1936 Gera/Thür. (Vater: Rudolf V., Dipl.-Ing.; Mutter: Grete, geb. Buchmeyer), kath., verh. s. 1962 m. Luiza, geb. Aschenbrenner, 3 Kd. (Andrea, Alexandra, Christian), Abit. 1957 Braunschweiger Wilhelm-Gymnas. - 1957-63 Univ. Münster (German., Publiz., Gesch., Phil.) - 1958-61 verantw. Redakt. Studentenztg. Semesterspiegel, Münster, s. 1963 Redakt. WDR Köln, 1972-79 Kölner Korresp. Kunstztschr. Magazin Kunst, Mainz, s. 1978 Lehrauftr. f. Rundfunkkd. Inst. f. Publiz. Univ. Münster. Lehrauftr.: 1981 Inst. f. Publiz. Univ. Bochum, 1984-88 Studieng. Journalist. Univ. Dortmund, 1985/86 Inst. f. German. Univ. Siegen. 1981-84 Ausb.beauftr. WDR f. Programmber. Hörf. u. FS; 1983-87 Mitgl. d. Personalrates im WDR; s. 1986 Sekr. d. Sektion BRD d. Intern. Kunst-Kritikerverb. AICA - BV: Oskar - d. Meckerbuch e. Durchschnittsschülers, Jugendb. 1961; Werkverz. d. Druckgrafik v. Walter Dexel, 1971; Hoerle u. Seiwert - D. Progressiven, 1975; Walter Dexel, D. Bauhausstil - ein Mythos (Hrsg.), 1976; Auf d. Suche nach d. Biogr. d. Kölner Dadaisten Johannes Theodor Baargeld, Monogr. 1977; Walter Dexels Köpfe, 1979; Hommage à Dexel, Festschr. 1980; Michael Ennepers Landschafts-Eingriffe, Monogr. 1981; V. strengen Gestaltern, Ess. z. konstr. Kunst, 1982; Bagage de Baargeld, Neues üb. d. Kölner Zentrodada, 1985; D. Maler Bruno Erdmann, 1986; Jean Leppien, 1986; Gerd Winner, 1989. Herausg.: Joh. Th. Baargeld, Texte v. Zentrodada (1987). Fernsehfilm: Auf d. Suche n. Baargeld, 1983 (Regie: Claus-Ferdinand Siegfried), Westd. Fernsehen, Köln - 1982 Publikationsstip. d. Dt. Kunstfonds Bonn - Liebh.: Lesen (Lyrik, Biogr., theol. Lit.) - Spr.: Engl.

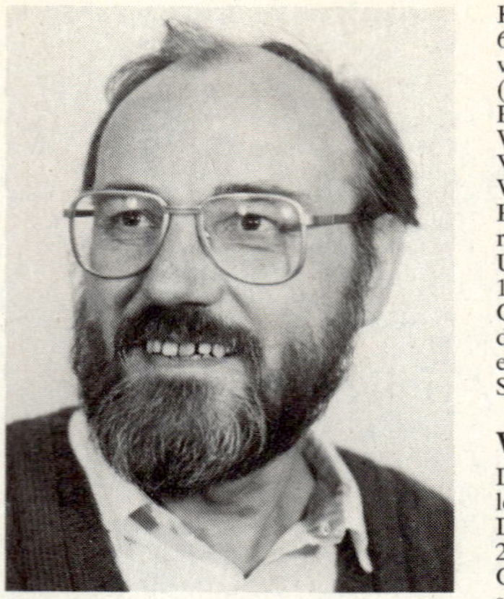

VITTING, Wilhelm
Konsul, Kaufmann - Altenhagener Str. 89-91, 5800 Hagen/W. (T. 2 88 36) - Geb. 25. Jan. 1922 - Vors. Fachverein. Spedition u. Lagerei im Verb. f. Verkehrsgewerbe Westf./Lippe, Bochum. Peruan. Konsul f. Teile Westfalens.

VITTINGHOFF, Friedrich
Dr. phil., em. o. Prof. f. Alte Geschichte - Krähenhüttenweg 2, 5064 Rösrath-Hoffnungsthal (T. 02205 - 40 36) - Geb. 19. Mai 1910 Essen (Vater: Bergmann), ev., verh. s. 1940 m. Gertrud, geb. Schulz, 3 Kd. (Dirk-Rainald, Helmolt, Swantje) - Univ. Bonn (Promot. 1935) u. Berlin (Gesch., Klass. Philol., Theol.) - S. 1940 (Habil.) Lehrtätigkeit. Univ. Kiel, Posen (1943 ao. Prof.), Marburg (1950), Kiel (1955 o. Prof.), Erlangen-Nürnberg (1962), Köln (1966); emerit. (1978) - BV: D. Staatsfeind in d. röm. Kaiserzeit, 1936; Röm. Kolonisation u. Bürgerrechtspolitik, 1951; Kaiser Augustus, 1959 (auch niederl.). Div. Einzelarb. - Mitgl. Dt. Archäol. Inst.

VITTINGHOFF, Kurt
Mitglied d. Europa-Parlaments (s. 1984) - Wohnh. in Bad Kreuznach; zu erreichen üb. Europ. Parlam., Europazentrum, Kirchberg, Postf. 16 01, Luxemburg (T. 00352 - 4 30 01) - SPD.

VITTINGHOFF-SCHELL, Freiherr von, Felix
Dr. jur., Land- u. Forstwirt - Haus Kalbeck, 4180 Goch/Rhld. (T. 02823 - 60 14) - Geb. 3. Okt. 1910 Weeze, kath., verh. - Univ. München, Fribourg (Schweiz), Köln (Rechtswiss., Sprachen). Promot. 1933; 1939-41 u. 1944-45 Wehrdst.; 1941-44 Ref. AA; s. 1945 Verw. Familienbesitz, 1947-69 Bürgerm. Weeze; 1953-61 Mitgl. Landschaftsvers. Rhld.; 1961-69 MdB; 1965-69 Mitgl. Berat. Vers. Europarat u. Vers. Westeurop. Union; 1966-72 Präs. Dt. Gemeindetag; 1972-76 Präs. Rhein.-Westf. Malteser-Genossenschaft; 1972-82 Konsul d. Niederl., Kleve; 1976-86 Vors. Dombauverein Xanten; Mitbegr. CDU Geldern - Spr.: Engl., Franz. - Rotarier.

VITZTHUM, Otto G.
Dr. rer. nat., Dipl.-Chemiker, Bereichsleit. Jacobs Suchard Corp. Res. and Developm. Bremen - Upper Borg 170, 2800 Bremen 33 (T. 0421 - 27 05 59) - Geb. 27. Sept. 1934 Nürnberg, ev., verh. s. 1965 m. Doris, geb. Griesel, 3 Kd. (Michael, Matthias, Anabel) - Stud. Erlangen u. Madrid; Promot. 1964 Erlangen - S. 1968 Ltd. Position in Kaffeeforsch. u. -entw. S. 1980 Wiss. Sekr. d. intern. Kaffeevereinig. ASIC (Association Scientifique Intern. du Café), Vizepräs. Verb. d. Europ. Entcoffeinierer. 23 Patente u. zahlr. Veröff. Lehrbeauftr. TU Braunschweig - Liebh.: Sport (Faustball), Musik (Kontrabaß) - Spr.: Engl., Franz., Span.

VLADAR, Horst
Opernregisseur u. -sänger Neuburger Kammeroper, Ingolstadt - Heiligengeiststr. 27, 2120 Lüneburg (T. 04131 - 4 76 96) - Geb. 28. Dez. 1941, verh. s. 1969 m. Annette, geb. van Gent - Künstlerreifeprüfung am Leopold Mozart-Konservat., Augsburg; Opernregiss. u. -sänger u.a. in Wien, Ulm, Dortmund, Coburg, Pforzheim; 1978-82 Oberspielleit. in Trier; s. 1986 Regiss., Sänger u. Schausp. am Stadttheater Lüneburg; s. 1969 Mitbegründ. u. künst. Leit. Neuburger Kammeroper (m. Anton Sprenzel u. Heinrich Wladarsch); s. 1969 m. Annette Vladar Übers., Bearbeit. u. Insz. vergessener Opern, u.a.: v. Mehul, Halevy, Cimarosa, Martin y Soler, Himmel, Salieri.

VLASMAN, Robert
Vorsitzender d. Geschäftsführung Bols Strothmann Brennereien GmbH & Co. KG - Zu erreichen üb. Heerdter Landstr. 191, 4000 Düsseldorf 11; u. Sollingweg 41, 4950 Minden (T. 0571 - 40 40-1 11 o. 40 40-0) - Geb. 22. Jan. 1931 Amsterdam - 1982 Ausz. Offizier Orde Oranje Nassau - Liebh.: Rudern, Segeln, Photographie, Musik, Malen - Spr.: Dt., Engl., Franz. (Holl. Muttersprache).

VLODROP, van, Peter
Vorstandsvors. Sparkasse Krefeld, Vorst. Gemeinn. Wohnungsges. f. d. Kreis Viersen AG., Krefeld - An der Bleiche 22, 4060 Viersen 12 (T. priv.: 02162 - 63 27; dstl.: 02151 - 630 20 11) - Geb. 9. Juli 1928 Süchteln.

VOCKE, Curt Claus
Kaufmann, Pers. haft. Gesellsch. Wilh. Ranck, Sulingen - Hindenburgstr. 17, 2838 Sulingen (T. 04271-83-212) - Geb. 3. Juni 1932 Plauen/Vogtl., ev., verh. s. 1955 m. Gertrud, geb. Ranck, 3 S. (Claus Wilhelm, Thomas, Stephan) - 1941-45 Wirtschaftsobersch., 1945-48 Wirtschaftssch. Plauen; 1948-50 Fachsch. f. Wirtsch. u. Verw.; Kaufmannsgehilfenprüf. 1951; 1951-52 Eisenwarensch. Wuppertal - S. 1968 AR Nürnberger Bd. Großeinkauf eG; s. 1975 AR-Vors. Nürnberger Bd. eG; s. 1965 Vollvers. IHK Hannover-Hildesheim; s. 1981 Präsid.-Mitgl. Bundesarbeitsgem. d. Mittel- u. Großbetriebe d. Einzelhandels u. Vorst.-Vors. Landesverb. d. Mittel- u. Großbetriebe d. Einzelhandels Nieders.; zahlr. weit. Ehrenstell. CDU (s. 1958 Mitgl. Kreisverb.) - BVK - Rotarier.

VOCKERODT, Karl-Joachim
Hauptgeschäftsführer Verb. Dt. Rund-

funk- u. Fernseh-Fachgroßhändler - Luxemburger Str. 124, 5000 Köln 41.

VODOSEK, Peter

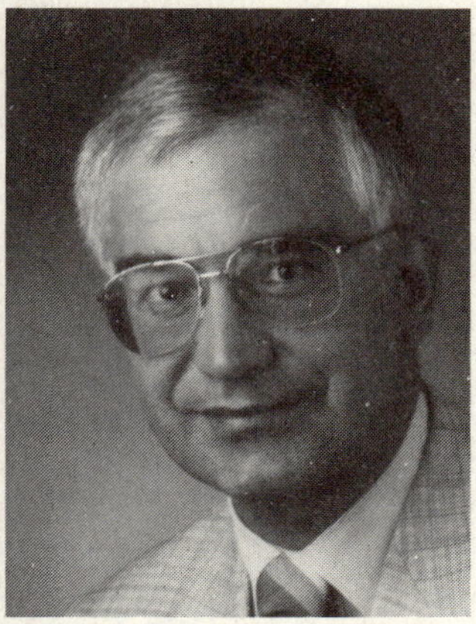

Dr. et. Mag. phil., Dipl.-Bibl., Prof. - Seestr. 89, 7000 Stuttgart 1 (T. 0711 - 22 57 33) - Geb. 20. Okt. 1939 Linz (Vater: Alfons V., Geiger), kath., verh. s. 1964 m. Irmgard, geb. Juchasch, 2 Kd. (Markus, Christina) - Staatsex. 1963 Graz; Promot. 1963 ebd.; Dipl.-Bibl. 1965 Stuttgart - 1965-69 stv. Bibl.-Dir. Linz; 1969 Doz. Stuttgart; 1975 Prof. FH f. Bibl.wesen Stuttgart (Fachbereichsleit., Prorektor, 1986-90 Rektor) - BV: Arbeiterbibl. u. Öffentl. Bibl., 1975; Eduard Reyer, 1976; Vorformen d. Öffentl. Bibl., 1978; Auf d. Weg z. öffentl. Literaturversorgung, 1985; Gesch. d. öffentl. Bücherei in Deutschl. (m. W. Thauer), 2. A. 1989. Herausg. u. Autor: Bibliotheksgesch. als wiss. Disziplin (1979); Bibliotheken u. Aufklärung (1988); Bibliotheken während d. Nationalsozialismus (1989) - Liebh.: Musik, bildende Kunst - Spr.: Engl., Latein, Dän.

VODRAZKA, Karl

Dr. rer. comm., Dipl.-Kfm., Prof. f. Betriebswirtschaftslehre - Bachlbergweg 73, A-4040 Linz/Österr. (T. 233 40 02) - Geb. 29. Aug. 1931 Wien (Vater: Franz V., Ministerialrat; Mutter: Emma, geb. Falb), kath., verh. s. 1960 m. Hertha, geb. Vodarek, T. Johanna - Realgymn. u. Hochsch. f. Welthandel Wien. Dipl.-Kfm. 1952, Promot. (Handelswiss.) 1954, Habil. 1964 (alles Wien) - 1956-66 Treuhandwesen Wien; 1955-65 HfW Wien, TH Aachen (1965 beamt. Dozent), Univ. Regensburg (1967 Ord.). 1956-57 Studienaufenth. USA; s. 1971 Univ. Linz - BV: D. Besteuerung d. Werbung als betriebsw. Problem, 1965 (Wien); Betriebsvergleich, 1967 (Stuttgart); D. Vergütungsfähigkeit v. Abgaben n. d. Bestimm. d. GATT, d. EWG- u. d. EFTA-Vertrages unt. bes. Ber. d. Realsteuern, 1972 (Wien); Genoss. u. Schachtelbegünstig., 1974 (Wien). Div. Herausg. - 1964 Kardinal-Innitzer-Preis Wien - Spr.: Engl.

VÖBEL, Friedrich Wilhelm

Rechtsanwalt, Vorstandmitglied BSV Bank Frankfurt - Ben-Gurion-Ring 62, 6000 Frankfurt 56 (T. 069 - 50 08-2 75) - Geb. 20. Juni 1936 Siegen (Eltern: Wilhelm u. Marie V.), ev., verh. s. 1962 m. Ingrid, geb. Kreutz, T. Carola - Ausb. Großhandelskfm.; 1959-64 Jurastud. (1. Staatsex.); 1965-68 Refer. (2. jurist. Staatsprüf.) - 1968-69 Richter AG Offenbach; 1970 Rechtsanw.; 1969 Bank f. Gemeinwirtsch., 1970 Prok., 1973 Dir., 1974 Prok. BSV Bank, 1975 Generalsekr BGAG; s. 1977 Vorst. BSV Bank; s. 1979 ehrenamtl. Vorst. Stiftg. f. d. behinderte Kind; AR Saarbergwerke AG, Saarbrücken, BSW Beamten-Selbsthilfewerk GmbH, Bayreuth, BG Immobilienges. mbH, Hamburg; Beirat acon Ges. f. Werb. u. Kommunikation mbH, Köln - Liebh.: Film, Lit. - Spr.: Engl., Franz.

VÖGELE, Josef

Dipl.-Ing. FH, Gesellschafter u. Geschäftsführer Hebel-Gruppe (Gasbetonwerke u. Bauges.) - Emmering-Fürstenfeldbruck (T. 98-1) - Geb. 19. Mai 1919.

VÖGTLE, Anton

Dr. theol., o. Prof. f. Neutestamentl. Literatur - Johann-v.-Weerth-Str. 12, 7800 Freiburg/Br. (T. 40 34 20) - Geb. 17. Dez. 1910 Vilsingen/Hoh., kath. - Univ. Freiburg, Bonn, Berlin, Tübingen, Rom. Habil. 1949 Freiburg - Seelsorge; s. 1951 Ord. Univ. Freiburg (1958/59 Rektor) - BV: D. Neue Testament u. d. Zukunft d. Kosmos, 1969; D. Evangelium u. d. Evangelien, 1971; Messias u. Gottessohn, 1971; Wie kam es z. Osterglauben?, 1975; D. Buch m. d. sieben Siegeln, 1981; Was ist Frieden? Orietierungshilfen aus d. NT, 1983; Offenbarungsgeschehen u. Wirkungsgesch., 1985; D. Dynamik d. Anfangs. Leben u. Fragen d. jungen Kirche, 1988. Herausg.: Herders Theol. Kommentar zum NT - Mitgl. Heidelberger Akad. d. Wiss.

VÖGTLE, Fritz

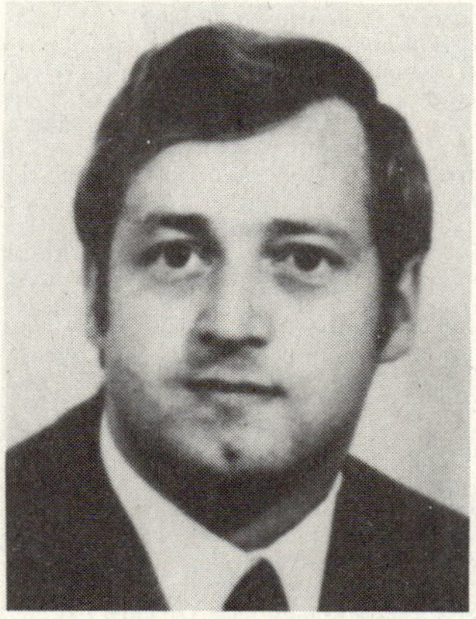

Dr. rer. nat., Prof. f. organ. Chemie Univ. Bonn - In der Asbach 10, 5305 Alfter-Impekoven (T. 0228 - 64 39 19) - Geb. 8. März 1939 Ehingen, kath., verh. s. 1970 m. Dr. med. Ute Dietlind, geb. Junkert - Ab 1959 Stud. Chemie Univ. Freiburg; Promot. 1965 Univ. Heidelberg, Habil. 1969 ebd. - Wiss. Assist., Privatdoz., s. 1970 Prof. (C4 1975); Dir. Inst. f. Organ. Chemie u. Biochemie Bonn. 24 Pat./Gebrauchsmuster auf versch. Geb. (Chemie, Technik); zahlr. Veröff. z. Stereochemie, Komplexchemie, Pyrolyse, Organische Chemie, Grundl. d. Organischen Chemie, Supramolekulare Chemie - BV: Edison, 1982; Nobel, 1983; Stereochemie in Stereobildern, 1987; Topics in Current Chemistry, (Hrsg.) Bde. 99, 101, 113, 121; Zeichenschablone Stereochemie, 1975; Zeichenschablone 3D, 1983; Zeichenschablone Geräte u. Apparate, 1984; Stereoskope, 1983 - Dozentenpreis Fonds d. Chem. Ind.; Gastprof. Barcelona - Liebh.: Bild. Kunst, Fotogr. - Spr.: Engl., Franz.

VÖHRINGER, Otmar

Dr. rer. nat., Dipl.-Phys., Prof. Univ. Karlsruhe (Werkstoffkunde) - Nordring 16a, 7552 Durmersheim (T. 07245 - 51 41) - Geb. 26. März 1938 Stuttgart (Vater: Otto V., Mechaniker; Mutter: Maria, geb. Meiswinkel), ev., verh. s. 1966 m. Eva, geb. Dignus, 2 Söhne (Achim, Micha) - Stud. (Phys.) TH Stuttgart; Dipl. 1963 u. Promot. 1966 ebd.; Habil. 1972 Karlsruhe - B. 1989 etwa 120 Fachveröff. - 1976 Tammann-Gedenkmünze Dt. Ges. f. Metallkd. - Liebh.: Musik, Sport - Spr.: Engl.

VÖLCKER, Hans Eberhard

Dr. med., Prof. f. Augenheilkunde, Lehrstuhlinhaber u. Direktor Univ.-Augenklinik Heidelberg - Im Neuenheimer Feld 400, 6900 Heidelberg - Geb. 5. Okt. 1943 Königsberg/Pr. (Vater: Alfons V., Kaufm.; Mutter: Anna-Maria, geb. Splanemann), kath., verh. s. 1971 m. Dr. med. Christine, geb. Kimmig, 3 Kd. - Univ. Hamburg (Promot. 1971), Habil. Univ. Tübingen 1979 - 1980 a. o. Prof. Univ. Erlangen-Nürnberg; 1986 o. Prof. Univ. Heidelberg - BV: Mitarb. in G.O.H. Naumann: Pathol. d. Auges, 1980.

VÖLCKER, Helmut

Dr. rer. nat., Dipl.-Phys., Vorstandsmitglied STEAG AG (s. 1974), AR-Mitgl. Walsum Energie- u. Bergwerksges. AG - Bismarckstr. 54, 4300 Essen - Geb. 30. März 1934 Halle/S. (Vater: Fritz V., Landw.; Mutter: Dora, geb. Stoye), ev., verh. s. 1960 m. Helga, geb. Wilde, 3 Kd. (Almuth, Beate, Christian) - Stud. Univ. Göttingen, Hamburg, Kiel; Dipl.ex. 1958; Promot. 1960 - B. 1962 wiss. Mitarb. Univ. Kiel u. gleichz. GKSS Hamburg; 1962-67 Abt.sleit. Reaktortechnik GHH Sterkrade; s. 1967 Steag, s. 1974 Vorst. Technik. Fachmitgl.sch. - BV: Brennelemente f. Kernreaktoren, 1969. Übers.: Glasstone-Lovberg, Thermonukleare Reaktionen, 1964 - Liebh.: Tennis, Jagd - Spr.: Engl.

VÖLGER, Gisela

Dr., Prof., Direktorin Rautenstrauch-Joest-Museum (Mus. f. Völkerkd.) - Ubierring 45, 5000 Köln 1 - Geb. 28. April 1937 - BV: Rausch u. Realität-Drogen im Kulturvergleich (Herausg. zus. m. K. v. Welck), Materialienbd. zu e. Ausstellung, 1981, 2. A. 1982; D. Braut - geliebt, verkauft, getauscht, geraubt; Z. Rolle d. Frau im Kulturvergl. (Herausg. zus. m. K. v. Welck), Materialienbd. zu e. Ausstellung, 1985; Auf d. and. Seite d. Erde. Geschichte u. Geschichten d. Südsee. Illustrat. v. Gabriele Hafermaas. E. ethnol. Kinderb., 1987; Pracht u. Geheimnis. Kleid. u. Schmuck aus Palästina u. Jordanien (m. Karin v. Weld u. Katharina Hackstein), 1987.

VÖLKEL, Heinrich

Dr. med., Prof., Psychiater u. Neurologe - Waffenschmiede 19, 2300 Kiel-Holtenau (T. 36 21 39) - Geb. 23. Juli 1916, kath., verh. s. 1958 m. Katja, geb. Erichson, 2 Kd. (Thomas, Daniela) - S. 1958 (Habil.) Lehrtätigk. Univ. Kiel, 1964 Prof.; Leit. Abt. Psychotherapie/Psychosomatik (Univ.-Zentr. f. Nervenheilk.).

VOELKER, Alexander

Direktor i. R., MdA Berlin (1951-78), 1958 Vors. SPD-Fraktion) - Grethe-Weiser-Weg 9c, 1000 Berlin 19 - Geb. 1. Aug. 1913 Berlin (Vater: Kurt V.; Mutter: Martha, geb. Rathenow), verh. s. 1939 (Ehefr.: Ilse), T. Gisela - Volkssch.; kaufm. Lehre; Staatl. Fachsch. f. Wirtsch. u. Verw. Berlin (1932) - Industrietätigk.; s. 1950 Bewag (b. 1963 stv., dann o. Vorstandsmitgl.). 1971ff. Vors. Landeskurat. Unteilb. Dtschl. 1946-50 Bezirks- (T'hof) u. Stadtverordn. (1948). SPD s. 1931 - Ernst Reuter Plakette, Stadtältester v. Berlin.

VÖLKER, Franz

I. Bürgermeister - Rathaus, 8759 Hösbach/Ufr. - Geb. 3. Nov. 1919 Hösbach - Zul. Kriminalbeamter.

VÖLKER, Günter

Dipl.-Volksw., Generaldirektor, Vorst.-Vors. Barmenia Allg. Versich.-AG, Barmenia Krankenversich. a.G., Barmenia Lebensversich. a.G., AR-Vors. Barmenia Rückversich.-AG, alle Wuppertal, AR-Mitgl. Frankona Rückversich.-AG, München - Kronprinzenallee 12-18, 5600 Wuppertal 1 - Geb. 6. Okt. 1935.

VÖLKER, Helmut

Dr. rer. pol., Diplom-Kaufmann, Vorstandsvors. Vedag AG. Vereinigte Bauchemische Werke, Frankfurt/M. u. A. F. Malchow AG., München, Geschäftsf. Bauges. Malchow mbH., Frankfurt, u. Banit Straßenbaustoffe GmbH., Köln - Lerchesberg ring 42, 6000 Frankfurt/M.-S (T. 61 66 88) - Geb. 21. April 1917 Worms/Th., verh. m. Dr. Hildegard, geb. Fuchs, 3 Kd. - S. 1948 Vedag (1952 Vorstandsmitgl., 1963 -vors.). Div. Ehrenstell., dar. zeitw. Vors. Verb. d. Bautenschutzmittel-Ind. u. gegenw. Vizepräs. Assoc. Intern. de l'Etanchéité.

VÖLKER, Klaus

Rechtsanwalt, Geschäftsf. Landesverb. Großhandel Rheinland-Pfalz, Arbeitgeberverb. ebd. u. a. - Josef-Görres-Platz 11, 5400 Koblenz.

VÖLKER, Klaus

Dramaturg u. Autor - Innsbrucker Str. 56, 1000 Berlin 62 - Geb. 27. Sept. 1938 Frankfurt - Stud. German., Phil. u. Kunstgesch. - S. 1969 Dramat. (Schauspielhs. Zürich, Theater am Neumarkt, Zürich, Basler Theater, Bremer Theater, Schiller-Theater Berlin); Autor, Herausg., Übers. - BV: Frank Wedekind, 1965; Irisches Theater I/II, 1967-68; Brecht-Chronik, 1971 (engl. u. span.); Faust - E. dt. Mann. Leseb., 1975; Bertolt Brecht - E. Biogr., 1976 (engl., franz., ital., chin., holl.); Päpstin Johanna. Leseb., 1977; Brecht-Komment., 1983; Beckett in Berlin, 1986; Fritz Kortner, 1987; Edition d. Werke v. Max Herrmann-Neiße in 10 Bd., 1986-88; Boris Vian, 1989; Übers. v. Jarry, Roussel, Sartre, Roché, Vian, Genet, Copi - Spr.: Engl., Franz.

VÖLKER, Kurt

I. Bürgermeister Stadt Gemünden/Main - Rathaus, 8780 Gemünden/Ufr. - Geb. 17. Mai 1921 Gemünden - Zul. Postbetriebsinsp. CSU.

VÖLKER, Rudolf

Dr. med., Prof. - Bahnhofstr. 10, 4970 Bad Oeynhausen - Geb. 1. Juli 1913 (Vater: Heinrich V., Lehrer; Mutter: Lina, geb. Windus), verh. 1936 - Stud. Theol. u. Med. - S. 1949 (Habil.) Privatdoz. u. apl. Prof. (1956) Univ. Göttingen (Innere Med.) - BV: Kreislaufwirkungen d. Insulins, 1950; Herz- u. Gefäßerkrankungen - Neue Wege e. Funktionellen Differentialdiagnose, 1957; Cardiac a. Vascular Disorders, 1965; Therapie angiolog. Erkrankungen, 1971; D. Herz im arteriellen Kreislauf, 1975; Menschen - Briefe Aids-infizierter, Aidsinform. 1988 - 1963 Mitgl. New York Acad. of Sciences, F. C. S., Coll. intern. Angiologiae u. a.

VÖLKERT-MARTEN, Jürgen

Schriftsteller, Systemadministrator VEBA Wohnen - Im Busche 58, 4650 Gelsenkirchen - Geb. 23. Mai 1949, verh., Tochter Michelle - Diploma di Merito 1982 Univ. delle Arti, Salsomaggiore Terme/Italien - Betreiben d. edition prima vista - BV: insges. 10, u. a. Keine Zeit f. Träumer, 1974; Hoffnung wie Schnee, 1978 - 1976 Künstlerstip. Stadt Gelsenkirchen; 1978 Arbeitsstip. Land NRW; 1979 Förderpreis z. Joseph-Dietzgen-Preis; 1980 Auslandsreisestip. Ausw. Amt; 1987 Kogge-Förderpreis d. Stadt Minden - Liebh.: Zeitgen. Lyrik, Schach - Spr.: Engl.

VÖLKL, Carl

Journalist, Redaktionsleiter Rieser Nachrichten Nördlingen (Lokalausg. d. Augsburger Allg.) - Oskar-Mayer-Str. 5, 8860 Nördlingen (T. 09081 - 8 65 17) - Geb. 14. Dez. 1949 München, kath., verh. m. Dr. Claudia, geb. Lazar, 2 S. (Christian, Sebastian) - Volontariat; Ausb. z. Redakt. - Mitgl. Projektteam Lokaljournalisten in Verb. m. d. Bundeszentr. f. polit. Bildung Bonn; Seminarleitg.; Vorträge - BV: D. dunklen Jahre - d. Dritte Reich im Ries, 1984; Rieser Leben, 1984; ABC d. Lokaljournalismus (ständige Reihe) - 1977 Wächterpreis; 1981 Lokaljournalisten-Preis d. Konrad-Adenauer-Stiftg.; 1984 Lebenshilfe-Preis - Liebh.: Dt. Gesch.

VÖLKL, Gerhard

Dr. phil., Prof. Hochsch. f. Musik München, Diözesanmusikdirektor -

Germersheimer Str. 18, 8900 Augsburg - Geb. 29. Dez. 1939 Krumbach/Schw., kath., verh. s. 1967 m. Stephanie, geb. Englmann - Reifeprüf. Kath. Kirchenmusik 1961, Orgel-Prüf. 1962, Promot. 1969 Univ. München - 1961-71 Chordir. St. Thaddäus Augsburg; 1966-76 Lehrbeauftr. f. Klavier u. Orgel Univ. Augsburg; s. 1970 Diözesanmusikdir. Augsburg, s. 1973 Lehrbeauftr. f. Orgelbaukd. u. Orgellit.kd. Hochsch. f. Musik München, s. 1982 Prof.

VÖLKL, Richard

Dr. theol., em. o. Prof. u. Direktor Inst. f. Caritaswissenschaft u. Christl. Sozialarb. Univ. Freiburg (s. 1964) - Hermannstr. 5, 7800 Freiburg/Br. (T. 3 55 56) - Geb. 4. Dez. 1921 Weiden/Opf. (Vater: Peter V., Buchdruckmeister; Mutter: Rosa, geb. Kapfelsperger), kath. - Gymn. Metten u. Weiden; 1946-51 Phil.-Theol. Hochschule Regensburg (Phil., Theol.), 1952-55 Univ. München - 1959-61 Privatdoz. Univ. München; emerit. 1987 - BV: D. Selbstliebe in d. Hl. Schrift u. b. Thomas v. Aquin, 1956 (Diss.); Christ u. Welt n. d. Neuen Testament, 1961 (Habil.schr.); Frühchristl. Zeugnisse zu Wesen u. Gestalt d. christl. Liebe, 1963; Botschaft u. Gebot d. Liebe n. d. Bibel, 1964; Dienende Kirche - Kirche d. Liebe, 1969; Caritas d. Gemeinde, 1976; Caritative Diakonie der Kirche, 1976; Diakonie u. Caritas in d. Dokumenten d. dt.spr. Synoden, 1977; Diaconia e carità, Bologna 1978; (m. R. Pesch) Diaconia e carità nelle comunità del Nuovo Testamento, Bologna 1979; Nächstenliebe - D. Summe d. christl. Religion?, 1987 - 1984 Päpstl. Ehrenprälat.

VÖLLING, Johannes

Dr. jur., Bankdirektor a. D. - Friedrichstr. 56, 4000 Düsseldorf (T. 826 40 01); priv.: Am Litzgraben 30, 4000 Düsseldorf 31 (T. 0203 - 74 60 15) - Geb. 27. Juli 1922 Duisburg, kath., verh. m. Dorothee, geb. Dannbeck - Steinbart-Gymn. Duisburg; Univ. Köln (Promot. 1949). Gr. jurist. Staatsprüf. 1950 - 1955-81 Vorstandsmitgl. Städt. Sparkasse, Bremerhaven, Stadtsparkasse, Duisburg (1957), Rhein. Girozentrale u. Provinzialbank, Düsseldorf (1965), Westd. Landesbank/Girozentrale, Düsseldorf/Münster (1969; Vorst.-Vors. 1978-81). AR-Mandate - Spr.: Engl., Franz. - Rotarier.

VOELTER, Wolfgang

Dr. rer. nat., Dipl.-Chem., cand. med., Prof. f. Organ. Chemie u. Biochemie - Panoramostr. 71, 7400 Tübingen-Hageloch - Geb. 20. Okt. 1936 Ludwigsburg (Eltern: Theodor (Kaufm.) u. Henriette V.), ev., verh. s. 1966 m. Dr. Heide, geb. Schiedlich, 2 Söhne (Joachim, Rolf) - Friedrich-Schiller-Gymn. Ludwigsburg (Abit. 1956); Univ. Tübingen (Dipl.-Chem. 1963) u. Erlangen-Nürnberg. Promot. (1966) u. Habil. (1969) Tübingen - 1966-67 Research Associate Univ. Stanford/Cal. (USA); s. 1970 Lehrtätigk. Univ. Karachi, Pakistan (Leit. Aufbau d. Postagraduate Inst., 1975) u. Univ. Tübingen (1973 Prof.; 1976 stv. Dir. Chem. Zentralinst.) 1979 Leit. Abt. f. Physik Biochemie); 1985 Vorst.-Vors. Inst. f. wiss. Zus.arb. in Entw.ländern. Div. Mitgliedsch. Fach- u. Kunstges. - BV (Mitverf.): Organ. Experimentalchem., 1960/73 (m. H. Schiedlich); 13 C NMR Spectroscopy, 1974/86; Atlas of Carbon-13 NMR Data, 1975/1978; Hypothalamic Hormones, 2 Bde. 1975/78; O-(ß-Hydroxyehtlyl)rutoside, 2 Bde. 1978/83; German Institutions Dealing with Problems in the Third World, 1979; Structure and Activity of Natural Peptides. Selected Topics, 1980; Chemistry of Peptides and Proteins, 3 Bde. 1982/84/86; Peptides, 6 Bde. 1983; Zwanzig J. Biochemiestud. an d. Univ. Tübingen, 1983; Biologically Active Principles of Natural Products, 1984; High Performance Liquid Chromatography in Biochemistry, 1984; Carbon-13 NMR Spectroscopy, 3. A. 1986; Chemistry of Peptides and Proteins, 1986; D. Naturwiss. in Pakistan, Dt.-Pakist. Forum, 1986. 600 wiss. Publ., dar. Handbuchbeitr. üb. Bestimmungsmeth. f. Tryptophan durch MCD, Entwickl. e. Zuckeranalysators, Aminosäureschutzgruppen, neue chromogene Substrate, Kohlenhydratsynthesen - Mitgl. Kurat. Inst. f. wiss. Zusammenarb.; Kurat. Kunststiftg. Baden-Württ.; Kurat. Dt.-Pakistan. Forum; 1983 Kneipp-Preis; 1983 Ehrenmitgl. Pakistan. Akad. d. Wiss.; 1984 Erich-Krieg-Preis; 1986 Special Award and Gold Medal d. pakist. Staatspräs. u. Japan Soc. f. the Promotion of Science Fellowship - Liebh.: Mod. Kunst, Lit., Theater, Musik, Sport - Spr.: Engl., Franz. - Bek. Vorf.: Gerd Gaiser; verwandt m. d. Familien Hallwachs, Zeller u. Sigwarth.

VÖTH, Reinhold

Staatssekretär a. D., Intendant Bayer. Rundfunk (s. 1972; 1965-72 Rundfunkratsvors.) - Rundfunkplatz 1, 8000 München 2 (T. 59 00-1) - Geb. 23. März 1930 Würzburg, kath. - Neues Gymn. u. Univ. Würzburg (Rechts- u. Staatswiss.). Gr. jurist. Staatsprüf. 1957 - 1957-59 Rechtsanwalt u. Justitiar (Fränk. Wohnungsgenoss. St.-Bruno-Werk, Würzburg), dann Staats- bzw. Kommunaldst. (Versorgungsamt Würzburg; zul. Regierungsdir.); 1970-72 Bayer. Min. f. Arbeit u. Sozialordnung (Staatssekr.) 1958-72 MdL Bayern (Vors. Aussch. f. kulturelle Fragen). CSU s. 1950 (1967 Bezirksvors. Unterfranken) - 1968 Bayer. VO.; 1979 DRK-Ehrenz.; 1980 Ehrenmitgl. Presse; 1983 Med. Bene Merenti Univ. Würzburg; 1984 Bayer. Verfassungsmed. in Silb.

VOETMANN, Heinz

Studiendirektor a. D., MdL Nordrh.-Westf. (s. 1975) - Kenkhauser Str. 5c, 5678 Wermelskirchen (T. 02196 - 45 78) - Geb. 2. Aug. 1928 - CDU.

VOETZ, Lothar

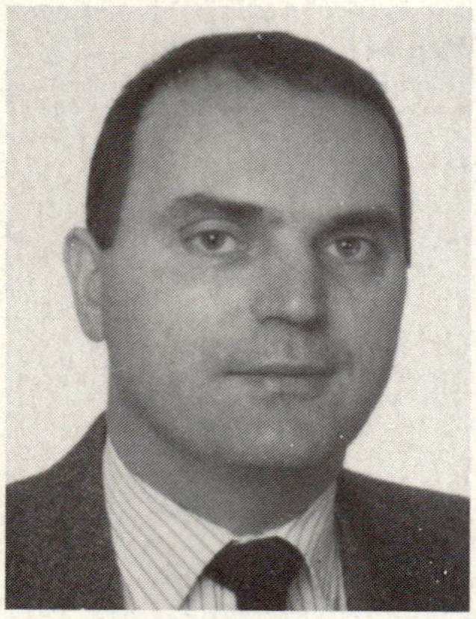

Dr. phil., Prof. f. Deutsche Philologie Univ. Heidelberg (s. 1982) - Eichendorffstr. 38, 6800 Mannheim 1 (T. 0621 - 3 54 17) - Geb. 12. Dez. 1945 Kempen/Niederrh., kath. - Stud. Univ. Bonn u. Münster; Staatsex. M.A. 1971 u. Promot. 1975 Münster; Habil. 1982 ebd. - 1973-82 Lehrtätigk. Univ. Münster - BV: Karl Simrocks Bonner Idioticon, 1973; Komposita auf -man im Althochd., Altsächsischen u. Altniederfränkischen, 1977; D. St. Pauler Lukasglossen, 1985. Div. Einzelbeitr. u. Rezensionen (üb. 30) in Sammelwerken, Ztschr. usw. Mithrsg.: Althochd. (2 Bde., 1987).

VOGEL, Alois

Prof., Schriftsteller - Bahnstr. 17, A-3741 Pulkau - Geb. 1. Jan. 1922 Wien - BV: 17 Bücher, u. a. Schlagschatten, R. 1977 u. 88; Totale Verdunkel., R. 1980; D. Fischgericht, Erz. 1982; Beobachtungen am Manhartsberg, Ged. 1985; Pulkauer Aufz., Prosa 1986; Erosionsspuren, Ged. 1987; Übers. in 12 Spr. - Versch. Preise, u. a. 1977 Kulturpreis Land Niederösterr.

VOGEL, Anton

I. Bürgermeister Stadt Miltenberg - Rathaus, 8760 Miltenberg/Ufr. - Geb. 26. April 1924 Biberehren - Zul. Regierungsdir.

VOGEL, Axel

Bürokaufmann, MdB (s. 1985; Landesliste Bayern) - Elilandstr. 4, 8000 München 90 - Geb. 3. Juni 1956 Bochum, ev., ledig - 1975 Fachhochschulreife Traunstein; 1975-79 Bundeswehr; Ausb. z. Bürokaufm.; s. 1979 Stud. Wirtschaftswiss. Fernuniv. Hagen - 1981-83 Tätigk. Landesgeschäftsst. Partei D. Grünen - Mitgl. Bd. Naturschutz Bayern; Fördermitgl. Netzwerk Selbsthilfe München; 1973-74 kath. Jugendarb. Traunreut, Mitarb. Friedensinitiative Traunreut-Trostberg. Junge Union (1972); D. Grünen s. 1979 (Mitaufbau Kreisverb. Traunstein u. Ortsverb. Traunreut, 1981-82 Mitgl. Bundeshauptaussch.).

VOGEL, Bernhard

Dr. phil., Ministerpräsident Rhld.-Pfalz (1976-88), Vors. Adenauer-Stiftung (s. 1989) - Landauer Warte 16, 6720 Speyer/Rh. - Geb. 19. Dez. 1932 Göttingen (Vater: Prof. Dr. rer. techn. Dipl.-Landw. Hermann V., emerit. Ord. f. Tierzucht u. Milchw. Univ. Gießen; Mutter: Caroline, geb. Brinz), kath., led. - Gymn. Gießen u. München; Univ. München u. Heidelberg (Polit. Wiss., Gesch., Soziol., Volksw.). Promot. 1960 - 1961-64 Lehrbeauftr. Univ. Heidelberg (Inst. f. Polit. Wiss.); 1965-67 MdB (Wahlkr. 160/Neustadt/Speyer); 1967-76 Kultusmin. Rhld.-Pfalz. 1970 Präs. Ständ. Konfz. d. Kultusmin. d. Länder; s. 1976 Vors. Rundf.kommiss. d. Ministerpräs.; 1976-77 Präs. d. Bundesrates; s. 1979 VR-Vors. ZDF; 1981-82 Vors. d. Minsterpräs.konf.; Präs. Zentralkomittee d. dt. Katholiken (1972-76); 1980-84 Präs. Schutzgem. Dt. Wald; 1984ff. Präs. Maximilian-Kolbe-Werk. CDU (s. 1971 MdL; s. 1974 Landesvors.; s. 1975 Mitgl. Bundesvorst.); s. 1984 Vorst.-Vors. Stiftg. Wald in Not - Gemeinsch.werk z. Rettung d. Waldes - BV: Wahlen u. Wahlsysteme, 1961; Kontrolliert d. Bundestag d. Regierung?, 1964; Wahlkampf u. Wählertradition - E. Studie z. Bundestagswahl v. 1961, 1965. Zahlr. Aufs. u. Besprech. Herausg.: Wie wir leben wollen, Grundsätze e. Politik v. morgen (1986). Schriftl.: Civitas/Wiss. Jahrb. f. Christl. Gesellschaftsordnung u. a. - 1970 BVK a. Bd.; 1974 BVK I. Kl.; 1976 Gr. BVK; 1975 Großkreuz St. Gregorius-Orden; 1980 Gr. BVK m. Stern u. Schulterbd.; 1982 Straßburg-Goldmed.; 1983 Orden wider d. tier. Ernst Aachen; 1984 Großkreuz d. VO. d. BRD - Liebh.: Schwimmen, Bergsteigen - Spr.: Engl. - Bruder: Hans-Jochen V., MdB/Vertr. Berlins (s. dort).

VOGEL, Carl

Dr. phil., Prof., Präsident Hochsch. f. bild. Künste Hamburg (s. 1976), Vors. Konferenz d. Präs. d. Kunsthochsch. (s. 1983) - Zu erreichen üb. Hochsch. f. bild. Künste Hamburg, 2000 Hamburg 76 (T. 040 - 291883750/51); priv.: Werderstr. 52, 2000 Hamburg 13 - Vertr. d. Kunsthochsch. im Senat d. Westd. Rektoren-Konfz. (WRK) - BV: Werkverz. (H. Janssen, F. E. Walther, S. Polke, G. Richter); Lexikon d. zeitgenöss. Druckgrafik, 1982.

VOGEL, Christian

Dr. rer. nat., o. Prof. f. Anthropologie Univ. Göttingen - Jendelstr. 45, 3407 Gleichen (T. 05508 - 82 30) - Geb. 16. Sept. 1933 Berlin (Vater: Prof. Dr. Klaus-Anton V., Arzt; Mutter: Bianca, geb. Strebel), verh. s. 1972 in 2. Ehe m. Ellen, geb. Koltze, 5 Kd. (Ulrike, Andreas, Marius, Sebastian, Anna-Carolina) - 1954-60 Biol.-Stud. Univ. Kiel u. Basel; Promot. 1960 u. Habil. 1964 Kiel - 1960-72 wiss. Assist., Doz. u. apl. Prof. Univ. Kiel; s. 1972 o. Prof. f. Anthropol. Univ. Göttingen (1978 Gastprof. Kyoto Univ., Inuyama, Japan). 1980-81 gf. Vors. Ges. f. Anthropol. u. Humangenetik - BV: Beitr. z. menschl. Typenkd. (m. H.W. Jürgens), 1965; Morphol. Stud. am Gesichtsschädel catarrhiner Primaten, 1966; Biol. in Stichworten, Bd. V: Humanbiol., menschl. Stammesgesch., Populationsdifferenz., 1974; Ökol., Lebensweise u. Sozialverh. d. Grauen Languren in versch. Biotopen Indiens, 1976; Vom Töten z. Mord, 1989. Mitgl. Wiss. Team u. Autor d. Funkkollegs Psychobiologie, 1986/87. Herausg.: Sociobiology of Sexual and Reproductive Strategies (1989, m. A. O. Rasa u. E. Voland); Z. Morph. Anthropol.; zahlr. weit. wiss. Publ. u. Vortr. - 1978 o. Mitgl. Dt. Akad. d. Naturforscher Leopoldina; 1981 o. Mitgl. Akad. d. Wiss. Göttingen; 1988/89 Fellow am Wiss.kolleg Berlin - Liebh.: Musik, Skilaufen - Spr.: Engl., Latein.

VOGEL, Christian

Textilkaufmann, Vorstand der Spinnerei u. Weberei Momm AG, Kaufbeuren - Am Sonneneck 8, 8950 Kaufbeuren/Allgäu (T. 86 11) - Geb. 19. Aug. 1919 Dresden, ev., verh. s. 1945 m. Wally, geb. Zoller, 3 Töcht. (Brigitte, Barbara, Jutta).

VOGEL, Claus

Dr. phil., o. Prof. Univ. Bonn, Hon.-Prof. Univ. Göttingen - Regina-Pacis-Weg 7, 5300 Bonn (T. 73 74 63) - Geb. 6. Juli 1933 Saarbrücken (Vater: Ernst-August V., Realschullehrer; Mutter: Annelise, geb. Lührs), ev., verh. s. 1960 m. Dr. Anneliese, geb. Brauer, S. Bernhard - Stud. Klass. u. ind. Philol. Univ. Marburg; Promot. 1956; Habil. 1964 - 1964-69 Doz. Univ. Marburg, 1969-71 apl. Prof., 1971-76 Prof., s. 1976 o. Prof. Univ. Bonn; s. 1989 Hon.-Prof. Univ. Göttingen. Mitgl. Dt. Morgenländ. Ges. u. Royal Asiatic Soc. - BV: Vagbhata's Astangahrdayasamhita, 1965; The Teachings of the 6 Heretics, 1970; Indian Lexicography, 1979 - Spr.: Engl.

VOGEL, Dieter

Dr., Ministerialdirektor Innenmin. Baden-Württ. (s. 1984) - Unterhäuser Str. 15, 7000 Stuttgart 70 - Zul. Min.dir. Min. f. Bundesangelegenh. u. Vertr. d. Landes Baden-Württ.

VOGEL, Dieter H.

Dr.-Ing., Vorstandsvorsitzer Thyssen Handelsunion AG, Düsseldorf (s. 1986), Vorstandsmitgl. Thyssen AG, Düsseldorf (s. 1986) - August-Thyssen-Str. 1, 4000 Düsseldorf 1 (T. 0211 - 824-3 66 46) - Geb. 14. Nov. 1941 Eger/CSSR, kath., verh. s. 1970 m. Ursula, geb. Groß - Gagern-Gymn. Frankfurt/M.; 1961-66 TU Darmstadt (Masch.bau); Promot. München - 1970-74 Bertelsmann AG, Gütersloh (zul. GF Technik), 1975-85 Pegulan-Werke AG, Frankenthal (Vorst.-Vors.) i. PU, 1981-86 Vorst.-Mitgl. Batig Ges. f. Beteiligungen mbH, Hamburg (zul. stv. Vorst.-Vors.). S. 1987 AR-Mitgl. Bertelsmann AG - Liebh.: Ski.

VOGEL, Emanuel

Dr. rer. nat. (habil.), o. Prof. f. Organ. Chemie - Raschdorffstr. 7, 5000 Köln 41 (T. 49 47 26) - Geb. 2. Dez. 1927 Ettlingen/Baden - 1957 Privatdoz. TH Karlsruhe; 1961 Ord. u. Inst.sdir. Univ. Köln. Fachveröff. - 1970 Mitgl. Rhein. Akad. d. Wissensch., 1975 Emil-Fischer-Med.; 1984 Mitgl. Dt. Akad. d. Naturforscher/Leopoldina, Halle/S.

VOGEL, Friedrich

Dr. med., Dr. h.c., o. Prof. f. Anthropologie u. Humangenetik - Im Bubenwingert 19, 6906 Leimen/Baden (T. 06224 - 7 27 11) - Geb. 6. März 1925 Berlin (Vater: Reinhold V.), verh. m. Adelheid, geb. Kurth - S. 1957 (Habil.) Lehrtätigk. FU Berlin u. Univ. Heidelberg (1962 Ord. u. Inst.-Dir.) - BV: Lehrb. d. Allg. Humangenetik, 1961; Genet. Familienberatung, 1968, 1975, 1981 (m. W. Fuhrmann; auch engl., span., jap., ital., port. poln.); Chemical mutagenesis in mannuals and man, 1970 (m. G. Röhnborn); Human Genetics. Problems and approaches, 1979, 1982, 1986 (m. A. G. Motulsky); Ist unser Schicksal mitgeboren?, 1981 (m. P. Propping). Zahlr. Einzelarb. - 1971

Gastprof. Delhi Univ., 1974 Mitgl. dt. Akad. d. Naturforscher/Leopoldina, Halle/S., 1976/77 Fellow Center for Advanced Studies in the Behavioral Sciences, Stanford, 1983/84 Fellow Wiss.kolleg Berlin, 1985 BVK I. Kl.

VOGEL, Friedrich

Staatsminister a.D., MdB - Allensteiner Str. 37, 4410 Warendorf/W. (T. 27 26) - Geb. 2. Juni 1929 Hahnenknoop Kr. Wesermünde (Vater: Friedrich V., Landwirt; Mutter: Elfriede, geb. Wagner), ev., verh. s. 1953 m. Erika, geb. Schmittdiel, 5 Kd. (Adelheid, Burghild, Friedhelm, Christian, Martin) - Gymn. Laurentianum Warendorf; Univ. Münster (Rechts- u. Staatswiss.). Jurist. Staatsprüf. 1952 u. 56 - S. 1956 Justizdst. (1960 LGrat Münster, s. 1977 Rechtsanw., s. 1980 Notar); Okt.-Dez. 1966 Justizmin. Nordrh.-Westf. (Kabinett Meyers). 1956-1972 Ratsmitgl. Warendorf (Fraktionsvors., Vors. Bauaussch.); 1965-66 (Mandatsniederleg.) u. s. 1969 MdB (1971-77 Vors. Arbeitskr. I/Innen- u. Rechtspolitik CDU/CSU-Fraktion; s. 1977 Vors. d. Vermittlungsaussch. Bundestag u. Bundesrat); 1982-87 Staatsmin. f. Bundesratsangelegenh. b. Bundeskanzler; Vors. Unteraussch. Menschenrechte u. humanitäre Hilfe d. Ausw. Aussch. - 1963-67 stv. Bundesvors. Jg. Union. CDU s. 1953 (u. a. Mitgl. Bundes- u. Landesvorst., Vors. Bundesarbeitskr. Christl.-Demokr. Juristen, Vors. Europ. Arbeitskreis Christl.-Demokr. Juristen, stv. Vors. Evang. Arbeitskr. d. CDU/CSU; Vors. Bez.-Verb. Westfäl. Industriegebiet d. CDU) - Liebh.: Bücher, Skat, Wein - Spr.: Engl., Franz. - Rotarier.

VOGEL, Gisbert

Dr. agr., Prof., Ministerialdirigent Ministerium f. Umwelt, Raumordnung u. Landwirtschaft Nordrh.-Westf., Düsseldorf - Goethestr. 20, 4005 Meerbusch 2 (T. 24 33) - Geb. 21. Nov. 1926 Weimar/Thür. (Vater: Paul V., Beamter, Offz.; Mutter: Elisabeth, geb. Elster), ev., verh. s. 1952 m. Dr. med. Anneliese, geb. Buschmann, 3 Kd. (Ulrich, Henning, Anja) - Univ. Halle (Landw.; Dipl.-Landw. 1951). Promot. (1952) u. Habil. (1957) Kiel - 1958 Ref. LK Kiel, 1966 MfELuF NW Düsseldorf. S. 1957 Lehrtätigk. Univ. Kiel u. Bonn (1966; apl. Prof. f. Landw. Betriebslehre u. -beratung). SPD s. 1967 - BV: Arbeitsleistung u. -kalkulation, 2. A. 1956 (m. G. Blohm u. K. Riebe); Landw. Richtzahlen u. Hinweise (Faustzahlen), 3. A. 1956; E. Beitrag z. Ermittlung d. Rentabilität in d. Landw., 1957; Grundsätze d. landw. Betriebsführung - Betriebsw. Grenzen u. Gleichgewichte, 1958 - 1978 BVK am Bde. - Spr.: Engl.

VOGEL, Günter

Dr. rer. nat. habil., Prof. f. Biochemie Bergische Univ. GH Wuppertal (s. 1982) - Kronprinzenallee 98, 5600 Wuppertal 1 (T. 0202 - 42 73 32) - Geb. 27. Okt. 1942 Breslau, verh. s. 1967 m. Monika, geb. Schneller, 2 Töcht. (Nicola, Jana) - Stud. Chemie Univ. Berlin u. München; Dipl. 1968 u. Promot. 1971 München; Habil. (Mikrobiol.) 1980 Tübingen - 1969-73 wiss. Assist. Univ. München; 1973-80 wiss. Assist. Max-Planck-Inst. f. Biol., Tübingen; 1981/82 Leit. e. Nachwuchsgruppe Max-Planck-Inst. f. Biochemie, Martinsried - 1980 Doz.-Stip. Winnacker-Stiftg.

VOGEL, Günther

Dr. med. (habil.), Prof., Facharzt f. Pharmakologie, Leiter Ref. wiss. Sonderaufg. Firma Dr. Madaus & Co. i. R. - Kempershäuschen 26, 5060 Bensberg-Refrath (T. 02204 - 6 56 55) - Geb. 20. Jan. 1922 Gautzsch/Sa. - S. 1953 Lehrtätigk. Univ. Berlin (1956 Prof. m. Lehrstuhl f. Veterinärphysiol.) u. Köln (1960 apl. Prof. f. Physiol.) - Mitgl. e. Zulass.-u. Aufbereit.kommiss. b. Bundesgesundheitsamt; Leit. d. Kooperation Phytopharmaka, e. Arb.gemeinsch. v. Phytopharmaka prod. Arzneimittelherstellern - BV: Beitr. z. Kenntnis d. Nierenphysiol. einiger Haustiere, 1962. Handbuchbeitr.: Harnbildung u. Harn (Lenkeit/Breirem, Hb. d. Tierernährung, Bd. I); The Parmacology of the Lymph a. the Lymphatic System (Altmann et al., Handb. allg. Pathol.); Nierenfunktion (Spörri/Stünzi, Pathophysiol. d. Haustiere); Physiol. d. Niere (Scheunert/Trautmann, Lehrb. d. Vet.-Physiol.). Aufs. z. Physiol. d. Niere u. d. Darms sow. Pharmak. von Naturstoffen.

VOGEL, H. Gerhard

Dr. med., Prof. f. Pharmakologie u. Toxikologie Univ. Marburg u. Frankfurt - Mainzer Str. 40, 6238 Hofheim/Ts. - Geb. 9. Sept. 1927 Bukarest/Rumän., ev. - Promot. 1955 Univ. Tübingen, Habil. 1967 Univ. Marburg - S. 1952 Apotheker in München; s. 1956 Arzt in Stuttgart; s. 1967 Doz. f. Pharmakol. u. Toxikol. Univ. Marburg; s. 1972 Hon.-Prof. ebd.; s. 1978 Hon.-Prof. Univ. Frankfurt. Leit. Präklinische Auswertung u. Entw. Pharma-Forschung Hoechst AG, Frankfurt/M. Arb. üb. Pharmakol. v. Peptid- u. Steroidhormonen, Biomechanik u. Biochemie d. Binde- u. Stützgewebes, insbes. unter d. Einfluß v. Reifung u. Alterung sowie v. Therapeutika.

VOGEL, Hanns

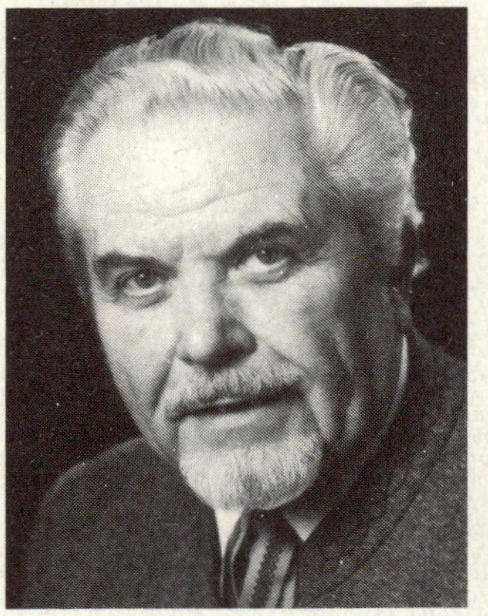

Spielleiter, Schriftsteller - Friedenheimer Str. 43/0, 8000 München 21 (T. 57 59 48) - Geb. 13. Aug. 1912 München, kath., verh., S. Hans-Jörg - 1931-33 Stud. Theaterwiss. - 1931-35 Regie-Assist. Bayer. Staatsschausp.; s. 1935 Regie-Tätigk.; 1939-75 künstler.-wiss. Angest. Stadt München. Gründ. u. Ehrenvors. Münchner Autorenvereinig. D. Turmschreiber - BV: Bayer. Gesch. u. Ged.: Zeit lassn, Leut, 1960; Net auslassn, Leut, 1972; Lebn u. lebn lassn, 1978; V. Niklo b. Dreikini, 1982; Herent u. Drent, 1983; O Heiliger Sankt Kastulus, 1984; Weihnachten m. Hanns Vogel, 1985; E. wenig staad, e. wenig lustig, 1986; 12 Münchner Stadtteil-Brosch. Zahlr. Insz.: u. a. Kleist, Goldoni, Holberg, Thoma u. eig. Stücke (Mysterien-Spiele u. Sketche). Rezitator: Vortr. (Alpenländ. Dicht.) b. VHS u. Bildungsw. - 1979 Bayer. VO; 1962 Bayer. Poetentaler; 1979 Münchner Krug Ges. Alt-Monachia; 1982 Med. München leuchtet; 1984 Dachauer Lit.-Med.; u. a.

VOGEL, Hans

Präsident d. Finanzgerichts Baden-Württ. (m. Außensenaten in Stuttgart u. Freiburg) - Grenadierstr. 5, 7500 Karlsruhe 1 (T. 135 36 93); priv.: Am Hagmättle 9, 7800 Freiburg - Geb. 27. Dez. 1923 - Mitgl. d. Steuerjurist. Ges. u. d. Dt. Juristentages.

VOGEL, Hans-Jochen

Dr. jur., Bundesminister a.D., Parteivors., MdB/Vertr. Berlins (s. 1983; Fraktionsvors. SPD) - Erich-Ollenhauer-Haus, 5300 Bonn 1 - Geb. 3. Febr. 1926 Göttingen (Eltern: s. Bernhard V., Bruder), kath., verh. I) 1951 m. Ilse, geb. Leisnering, ev. (gesch. 1972), 3 Kd. (Bernd, Sabine, Bärbel), II) 1972 Liselotte Sonnenholzer, geb. Biersack - Gymn.; n. 1945 Stud. Rechtswiss. München u. Marburg. Jurist. Staatsprüf. 1948 u. 51; Promot. 1950 (magna cum laude; Diss.: Strafrechtl. Probleme d. Widerstandes gegen d. Staatsgewalt) - 1943-45 Wehrdst. (zul. Uffz.); 1952-54 Ass. u. Regierungsrat Bayer. Justizmin.; 1954-55 Amtsgerichtsrat Traunstein; 1955-58 Tätigk. Bayer. Staatskanzlei (Leit. Arbeitskr. f. d. Samml. d. Bayer. Landesrechts); 1958-60 berufsm. Stadtrat (Leit. Rechtsref.), 1960-72 Oberbürgerm. München; 1972-81 Bundesmin. f. Raumordnung, Bauwesen, Städtebau u. Justiz (1974); 1981ff. MdA Berlin (u. a. Vors. Petitionsaussch.) u. kurzfrist. Reg. Bürgerm.; 1983 Kanzlerkandidat d. SPD. 1971-72 Präs. Dt. Städtetag; Vizepräs. Organisationskomitee f. d. Olymp. Spiele 1972 München u. a. SPD s. 1950 (1967 stv., 1972-77 Landesvors. Bayern, 1971-72 Vors. Unterbez. München, 1970 Mitgl. Bundesvorst., 1972 Bundespräsid., 1984 stv., 1987 Parteivors.); Beiratsmitgl. Karlsruher Lebensversich. - Ehrenbürger München (1972) - BV: Städte im Wandel, 1971; D. Amtskette - M. 12 Münchner Jahre, 1972; Reale Reformen - Beitr. zu e. Gesellschaftspolitik d. Neuen Mitte, 1973 - Liebh.: Bergwanderungen, Geschichte - Spr.: Engl. - Bruder: Bernhard V., Min.präs. Rhld.-Pfalz (s. dort).

VOGEL, Hans-Rüdiger

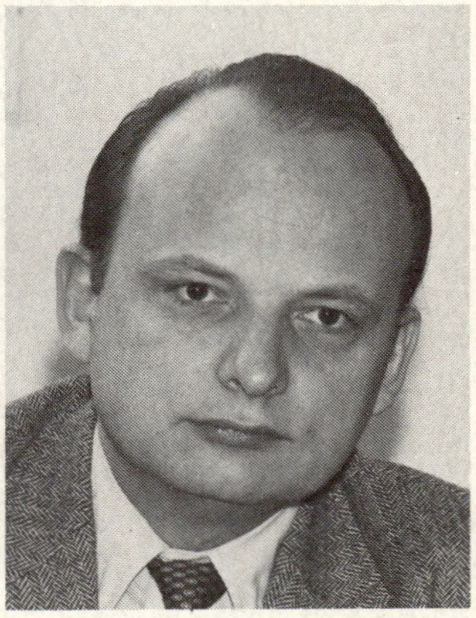

Dr. med., Prof., Ministerialdirigent a. D., Hauptgeschäftsf. Bundesverb. d. Pharmaz. Ind. e. V., Frankfurt/M. (s. 1981) - Weidmannstr. 17, 6500 Mainz 1 (T. 06131 - 8 21 81) - Geb. 15. Mai 1935 Worms/Rh. (Vater: Dr. med. dent. Hans V., Zahnarzt; Mutter: Gerda, geb. Niebergall), ev., verh.s. 1962 m. Ruth, geb. Müller, 3 Töcht. (Petra, Kristin, Katja) - Altsprachl. Gymn. Worms; Univ. Freiburg u. Mainz (Med. Staatsex. 1960). Promot. (1964) u. Habil. (1968) Mainz - Klin. Tätigk. Mainz, Überlingen, Lübeck; s. 1963 Assist. (b. 1968 Physiol. Inst.) u. Privatdoz. (1968ff.) Univ. Mainz; s. 1968 Leit. Sportphysiol. Abt. Staatl. Hochschulinst. f. Leibeserzieh., Mainz; 1970 Leit. Gesundheitsabt. Min. f. Soziales, Gesundheit u. Sport Rhld.-Pfalz (Ern. z. Min.-Dirig.); 1975 Hauptgf. Med. Pharmaz. Stud.-Ges. u. Paul-Martini-Ges. Frankfurt. 1967-70 Ärztl. Gf. d. Landesärztekammer Rhld.-Pfalz. Spez. Arbeitsgeb.: Sauerstoffversorg. menschl. Organe - 1969 Boehringer-Ingelheim-Preis; 1971 Ernst-v.-Bergmann-Plak.; 1983 Gold. Ehrenplak. Bund Diabetischer Kinder u. Jugendl. (BDKJ); 1983 Leibniz-Med. Akad. d. Wiss. u. d. Lit. Mainz; 1984 Samuel-Thomas-v.-Soemmering-Med. d. Landesärztekammer Rhld.-Pfalz - Liebh.: Literatur, Klass. Musik - Spr.: Engl., Franz. - Bek. Vorf.: Ernst Elias Niebergall, hess. Mundartdichter (u. a. Lustsp.: D. tolle Hund, Datterich), 1815-43 (ms.).

VOGEL, Heinrich

Dr., Prof., Theologe - Gertraudstr. 20, 1000 Berlin 37 (T. 801 80 10) - Geb. 9. April 1902 Pröttlin/Westpriegnitz (Vater: Ferdinand V., Geistlicher; Mutter: geb. Kühne), ev., verh. s. 1928 m. Irmgard, geb. Vogel († 1980), 7 Kd. (Ilse, Konrad, Brigitte, Maria, Martin, Christa, Traugott) - Gymn. Berlin (Z. Grauen Kloster); Univ. Berlin u. Jena (Theol.) - Pastor Oderberg (1927), Dobbrikow (1932), 1933 Mitgl. Reichs- u. Preuß. Synode d. Bekennenden Kirche, wiederh. inhaftiert (März 1935, Sept. 1937, Mai-Dez. 1941), 1941 Schreibverbot, b. 1944 Doz. u. Leit. illegale Kirchl. Hochsch. Berlin, s. 1946 Prof. m. vollem Lehrauftr. bzw. Lehrstuhl f. Systemat. Theol. (1948) Humboldt-Univ. Berlin (O) u. Doz. bzw. Lehrstuhlinh. KH Berlin (W). Verf. theol. u. ästhet. Schriften. Kirchenlieder in Text u. Melodie, Motetten, Kammermusik - 1947 Ehrendoktor Univ. Göttingen; 1960 Vaterl. VO. in Silber (DDR); 1973 Gr. BVK - Liebh.: Musik.

VOGEL, Heinrich

Dr. oec. publ., Direktor Bundesinstitut f. ostwiss. u. intern. Studien - Lindenbornstr. 22, 5000 Köln 30.

VOGEL, Helmut

Prof. Musikhochsch. Heidelberg-Mannheim, Komponist u. Pianist - Mollstr. 36, 6800 Mannheim 1 - Geb. 4. Febr. 1925 Aachen (Vater: Wilhelm V.; Mutter: Gertrud, geb. Dohmen), verh. s. 1973 in 2. Ehe m. Julia V., 2 Söhne (Berndt, Frédéric) - Abit.; Musikhochsch. Heidelberg u. Mannheim - Ab 1945 Konz.-Tätigk.; 1946-47 Leit. Musica Nova Mannheim; 1951 Doz. Städt. Musikhochsch. Mannheim; 1966/67 Prof. San José State Univ./USA; 1972 Prof. Mannheim. Pianist. Tätigk., Rundf., Fernsehen - Kompos.: Solo u. Kammermusikw., Opern, Ballette, Orchestermusiken, Kompos. f. Synthesizer, u.a. Mephisto, Ballett 1955; Nachtwege, Ballett 1964; Concerto grosse f. Hr. Trp. Pos. u. Orch., 1966; Sieben Black outs f. gr. Orch., 1982; Robby, Ballett f. Synthesizer, 1974; Prisma, Klavierzyklus 1982; Rhapsodia Iberica f. Streichorch. u. Perc., 1984; Traffic Rockjazz-Classical (f. Symph.-Orch.); Misterium fidei, Oratorium f. Knaben- u. Männerchor, Tenor u. Orchester - Freinsheimer Klavierbüchlein, 5 Dialoge f. 2 Violinen, u.v.m. - 1966 Fulbright-Preis, Washington; 1983 Mitgl. Comité d' Honneur intern. Assoc. des Arts et de la Culture, Paris; Mitgl. d. Freien Akad. d. Künste Mannheim - Spr.: Engl., Franz., Lat.

VOGEL, Helmut

Dipl.-Kfm., Fabrikant, gf. Gesellsch. BEW-Umformtechnik Westheim GmbH - Flurstr. 15, 7172 Rosengarten-Westheim - Geb. 15. Nov. 1930 - Vorst.-Mitgl. in div. Fachverb., Gemeinderat - BVK am Bde.

VOGEL, Helmut

Dr. rer. nat., Prof. f. Physik, Biophysik, Molekularbiologie - Wippenhauser Str. 8, 8050 Freising (T. 08161-72 27) - Geb. 5. April 1929 Stargard/Pomm. (Vater: Heinrich V., Lehrer; Mutter: Johanna, geb. Neumann), verh. s. 1953 m. Carla, geb. Ristow, 2 S. (Wolfgang, Stephan) - Obersch. Neustrelitz/Meckl., Univ. Berlin (Dipl.-Phys. 1955), TU München (Promot. 1960, Habil. 1964) - 1955-57 Dt. Akad. d. Wiss. Berlin, 1958-66 TU München, 1966-68 Univ. of Southern Calif., 1968-78 Centre Nat. de la Rech. Scient., s. 1978 wieder TU München - Entd.: Automat. Bestimm. d. Schmutzanteils an Feldfrüchten (Pat. angem. 1980), Zellseparation nach spektroskop. Kriterien (Pat. angem. 1976), Frischwasserversorg. arider Gebiete durch Eisbergtransport mit Polfluchtkraft - BV: Physik-Aufg., 1985; Physik, Lehrb. 1986 (übers. Span.); Probl. aus d. Physik, 1986; Skriptum Physik, 1987; 53 wiss. Veröff. - Liebh.: Naturwiss., Musik, Wandern, Bergsteigen, Zeitsatiren, Ged. - Spr.: Engl., Franz., Russ. (passiv: Span., Ital., Holl.) - Bek. Vorf: Hermann Vogel (wiss. Fotograf, Großonkel).

VOGEL, Helmut

I. Bürgermeister Stadt Wassertrüdingen - Rathaus, 8822 Wassertrüdingen/Mfr. - Geb. 1. Okt. 1945 Volkersgau - Zul. Stadtoberinsp. SPD.

VOGEL, Joachim-Richard
Dt. Generalkonsul in Houston/Texas (USA) - 1900 Yorktown, Suite 405, Houston/Texas 77056 (T. 713 627 - 77 70) - Zul. Generalkonsul in Recife (Brasilien).

VOGEL, Johann Peter
Dr. jur., Rechtsanwalt, Hon.-Prof. Univ. Marburg, gf. Vorstandsmitgl. Arbeitsgem. Fr. Schulen/Verb. gemeinn. Schulen in fr. Trägerschaft, Berlin, Geschäftsf. Vereinig. Dt. Landerziehungsheime ebd., Doz. Univ. Marburg - Am Schlachtensee 2, 1000 Berlin 37 (T. 030 - 801 20 79) - Geb. 13. Okt. 1932 Heidelberg (Vater: Prof. Dr. med. Paul V., Ord. f. Neurol. Univ. Heidelberg †1979 (s. XX. Ausg.); Mutter: Annemarie, geb. Trautmann), ev., verh., 2 Kd. - Univ. Heidelberg u. München (Rechtswiss.). Beide jurist. Staatsex.; Promot. 1961 - U.a. Geschäftsf. u. Vors. Privatschulverb. - BV: Bildung u. Erzieh. in fr. Trägersch., 1984; Hans Pfitzner, 1989.

VOGEL, Karl Theodor
Verleger, Mitinhaber u. Komplementär Vogel-Verlag, Würzburg - Judenbühlweg 17, 8700 Würzburg (T. 0931 - 7 72 77) - Geb. 22. Nov. 1914 Pößneck/Thür. (Vater: Arthur Gustav V., Verleger; Mutter: Elly, geb. Böhner), ev., verh. s. 1940 m. Gisela, geb. Bormann, 3 Töchter (Kathrin, Gabriele, Jutta) - Stud. Cornell University u. Empire State School of Printing, beide Ithaca, N. Y. (USA) - Mitgl. Verb. d. Ztschr.-Verlage in Bayern, München, u. Verb. Dt. Ztschr.-Verleger, Bonn; Börsenverein d. Dt. Buchhandels, Frankfurt - Liebh.: Reiten, Fischen, Fotografieren - Spr.: Engl.

VOGEL, Karlheinz
Sportjournalist - Zu erreichen üb.: Frankfurter Allgemeine Zeitung, Hellerhofstr. 2-4, 6000 Frankfurt/M. 1 (T. 75 91-1) - Geb. 22. März 1913 Hannover - S. 1950 FAZ (Sportchef). Reportagen v. 10 Olymp. Sommer- u. Winterspielen.

VOGEL, Klaus
Dr. jur., Univ.-Prof., Leiter d. Forschungsstelle f. ausländ. u. intern. Finanz- u. Steuerrecht Univ. München - Prof.-Huber-Platz 2, 8000 München 22 (T. 089 - 21 80 27 18) - Geb. 9. Dez. 1930 Hamburg, verh. s. 1955, 5 Kd. - Promot. 1955; Habil. 1963; gr. jurist. Staatsex. 1957, alles Hamburg - 1964-66 o. Prof. Nürnberg, 1966-77 Heidelberg, s. 1977 München. 1970-77 Richter im Nebenamt am Verwaltungsgerichtshof Baden-Württ.; s. 1974 Permanent Scientific Committ. Intern. Fiscal Assoc. - BV: Öffentl. Wirtschaftseinheiten in priv. Hand, 1959; D. Verwaltungsrechtsfall, 1960, 8. A. 1980; Verfassungsentsch. d. Grundgesetzes f. e. intern. Zsammenarb., 1964; D. räuml. Anwendungsbereich d. Verwaltungsrechtsnorm, 1965; Gefahrenabwehr (vorm. v. Drews u. Wacke, m. W. Martens), 8. A. 1975, 9. A. 1985; Doppelbesteuerungsabkommen, Komment. 1983 - Spr.: Engl., Franz.

VOGEL, Klaus-Peter
Dr. rer. nat., o. Prof. f. Paläontologie - Helbighainer Weg 1a, 6240 Königstein 2 - Geb. 2. Juli 1931 Berlin (Vater: Prof. Dr. med. Klaus V., Hals-, Nasen-, Ohrenarzt (s. dort); Mutter: Blanka, geb. Strebel), verh. m. Hildegard, geb. Rendtorff - Univ. Tübingen, Promot. (1957) u. Habil. (1962) Tübingen - S. 1962 Lehrtätigk. Univ. Tübingen u. Frankfurt/M. (1963; 1968 apl., 1969 o. Prof.). Zeitw. Partnerschafts-Doz. Univ. Kabul (Afghanistan). 1971/72 u. 1982/83 Dekan, 1973 o. Mitgl. Wiss. Ges. an d. J. W. Goethe-Univ., 1980-82 Vors. Paläont. Ges. - BV: Lebensweise u. Umwelt fossiler Tiere, 1984. Fachaufs. - Liebh.: Musik (Cellist).

VOGEL, Martin
Dr. med., Prof. f. Allg. u. Spez. Pathologie, Paidopathol. u. Placentol. FU Berlin - Spanische Allee 38, 1000 Berlin 38 (T. 030 - 30 35 25 07 u. 801 25 14) - Geb. 13. Sept. 1938 Berlin (Vater: Heinrich V., Theol.-Prof.; Mutter: Irmgard V.), ev., verh. s. 1964 m. Heide, geb. Steenbock, 5 Kd. (Martina, Christoph, Claudia, Heidrun, Markus) - Univ. d. Saarl. u. FU Berlin (Staatsex. u. Promot. 1964, Habil. 1975) - 1972-75 städt. Oberarzt; s. 1976 Prof. FU Berlin (1977 Abt.leit.) - BV: Pathol. d. Perinatalperiode, Monogr. 1974 (auch Span.); Mißbild. u. Anomalien d. Lunge, 1982; Pathol. d. Schwangersch., Buchbeitr. 1984; Mehrlingsplacenta, Buchbeitr. 1984; Klin. Pathol. d. Embryonal-Fetal- u. Perinatalperiode, Buchbeitr., 1984 u. 87; Beurteilung makroskopischer Plazentaveränderungen, 1987 - Bek. Vorf.: Prof. Dr. theol. Heinrich V. (Vater).

VOGEL, Martin
Dr. phil., Prof. f. Musikwissenschaft - Eduard-Otto-Str. 41, 5300 Bonn 1 (T. 21 49 81) - Geb. 23. März 1923 Frankfurt/O. (Vater: Dr. Walter V., Kaufm.; Mutter: Margarete, geb. Maess), ev., verh. s. 1960 m. Dr. Hannelore, geb. Schlemmer, 4 Kd. (Markus, Peter, Bettina, Robert) - Univ. Bonn (Musikwiss.), Promot. 1954, Habil. 1959 - Bau v. enharmon. Hörnern, Tuben u. Trompeten, v. Tasteninstr. u. Gitarren in reiner Stimmung - BV: Zahlr. Veröff. u.a. Bücher: D. Intonation d. Blechbläser, 1961; D. Enharmonik d. Griechen, 1963; Apollinisch u. Dionysisch, 1966; D. Zukunft d. Musik, 1968; Onos Lyras. D. Esel m. d. Leier, 1973; D. Lehre v. d. Tonbez., 1975; Chiron, d. Kentaur m. d. Kithara, 1978; Musiktheater, T. 1: D. Krise d. Theaters u. ihre Überwindung; T. 2: Lehrst., 1980/81; Anleitung z. harmonischen Analyse. Schönberg u. d. Folgen, 1982; Nietzsche u. Wagner, 1984; Musiktheater III: Vier weit. Lehrstücke, 1985; D. enharmon. Gitarre, 1985; Musiktheater IV: Mozarts Aufstieg u. Fall, 1987; Musiktheater V: Stücke f. Salzburg, 1988 - Musiktheater: D. Jahr d. Frau Müller, 1978; Fanny, d. Braut v. Schwabing, 1978; Cyranos Nase, 1978; David Triumphans, 1980. Sprechtheater: Molière, Tragödie e. Spaßmachers, 1979; Klytaimestra, 1981; Doria Manfredi, 1984; Christine v. Schweden, 1986; Konstanze, 1987; D. Zauberflöte II. Teil, 1988; Figaro u. sein Tartuffe.

VOGEL, Martin-Rudolf
Dr. phil., Prof. f. Soziologie d. Erziehung Univ. Frankfurt/M. / Fachbereich Gesellschaftswiss. (s. 1965) - Kolbenbergweg 2, 6370 Oberursel/Ts. (T. 2 57 48) - Geb. 30. Aug. 1922 Hohndorf/Sa. (Vater: Martin V., Reichsbahnoberinsp.; Mutter: Martha, geb. Jäckel), verh. s. 1951 m. Gisela, geb. Schmidt, 2 Töcht. (Alexandra, Adrian) - Fürstl.-Schönburg. Obersch. Lichtenstein-Callnberg, Reform-Realgymn. Chemnitz; Univ. Frankfurt/M. (Phil., Soziol., Päd., Musikwiss.; Promot. 1958) - 1958-65 Empir. Sozialforschung. 1970-71 Austausch-Prof. USA - BV: Volksbild im ausgeh. 19. Jahrhundert (Institutionen- u. Theoriengesch.), 1959; D. Jugendamt im gesellschaftl. Wirkungszusammenhang (Empir.-soziol. Behördenanalyse), 1960; D. kommunale Apparatur d. öfftl. Hilfe (Organisationssoziol. Untersuchung), 1966; Gemeinde u. Gemeinschaftshandeln (Sozialwiss. Analyse d. amerik. community-Begriffs, m. P. Oel), 1966; Erziehung im Gesellschaftssystem, 2. A. 1974; Kindeswohl (Interdisziplinärempir. Unters. gerichtl. Praxis, m. S. Simitis u. a.) 1979; Gesellschaftl. Subjektivitätsformen (Problemgesch. u. Kategoriale Analyse), 1983; Leben als Subjekt u. Prozeß (allg. u. individuelle Reproduktion b. Hegel u. Marx), 1987.

VOGEL, Paul-Otto
Senatsbeauftragter f. d. 800. Hafengeburtstag (s. 1989) - Behörde f. Wirtschaft, Verkehr u. Landwirtschaft, Alter Steinweg 4, 2000 Hamburg 11 (T. 040 - 3 49 12-6 93/4); priv.: Düpenautal 6d, 2000 Hamburg 55 (T. 040 - 87 78 35) - Geb. 3. Sept. 1923 Baden b. Wien (Vater: Julius V., Dir. Hoesch AG.), ev, verh. s. 1955 m. Grete, geb. Sackmann, T. Carola - Abit.; Dt. Journalistensch. Aachen; Volont. Hoesch AG. u. Westf. Rundschau - Journalist Dortmund, Ressortleit. Politik, stv. Chefredakt.; 1964-78 Dir. Staatl. Pressestelle Hamburg, 1978-79 Leit. Büro Hamburg-Werbung, 1979-82 stv. Leit. Abt. III (Inland), Presse- u. Informationsamt d. Bundesreg., s. 1983 Beauftr. z. Pflege u. Förderung d. Medienwirtschaft in Hamburg - BV: 50 J. Miebach, 1955; Israel - E. Volk will leben, 1959; V. Freiheit u. Pflicht, 1969; Hamburg - d. Freie u. Hansestadt, 1972, 1976 - Spr.: Engl., Franz.

VOGEL, Peter
Dr. paed., Prof. f. Allg. Pädagogik Univ. Duisburg (s. 1984) - Trakehnenstr. 15, 4130 Moers 1 - Geb. 31. Aug. 1947 Berlin, ev., verh. s. 1969 m. Karin, geb. Klier, T. Katharina - 1968-75 Stud. Erziehungswiss., Soziol. u. Phil. Univ. Erlangen-Nürnberg u. Duisburg; Staatsprüf. f. d. Lehramt an Volkssch. 1971; Promot. 1975; Habil. 1983 - 1975-84 wiss. Assist. Univ. Duisburg - BV: bürokratische Schule, 1977; Bibliograph. Handb. z. Philosophieunterr. (m. I. Stiegler), 1980; D. Phil. im Rahmen d. Bildungsaufg. d. Sekundarstufe II (m. W. Fischer); Kausalität u. Freiheit in d. Päd., 1989.

VOGEL, Rudolf
s. Vogel, Martin-Rudolf

VOGEL, von, Volker
Rechtsanwalt, Geschäftsführer u. Direktor Thalia Theater GmbH Hamburg - Ernst-August-Str. 10, 2000 Hamburg 52 - Geb. 21. Jan. 1944 Freiburg, kath., verh. s. 1971 m. Ingeborg Biebrach, Sohn Alexander Nikolaus - Abit.; Stud. Soziol., Phil., Rechts- u. Staatswiss.; 1. jurist. Staatsex. 1969; 2. jurist. Staatsex. 1973; 1973 Rechtsanw. in Düsseldorf; 1974-79 Vorstandsmitgl. Dt. Bühnenverein (Bundesverb. dt. Theater) in Köln; s. 1980 s. o.; VR-Mitgl. Versorgungsanst. Dt. Bühnen u. Orch.; Mitgl. Tarif- u. Urheberrechtsaussch. Dt. Bühnenverein; ehrenamtl. Richter Arbeitsgericht Hamburg - Liebh.: Theater, Musik, Tennis - Spr.: Engl., Portug.

VOGEL, Walter

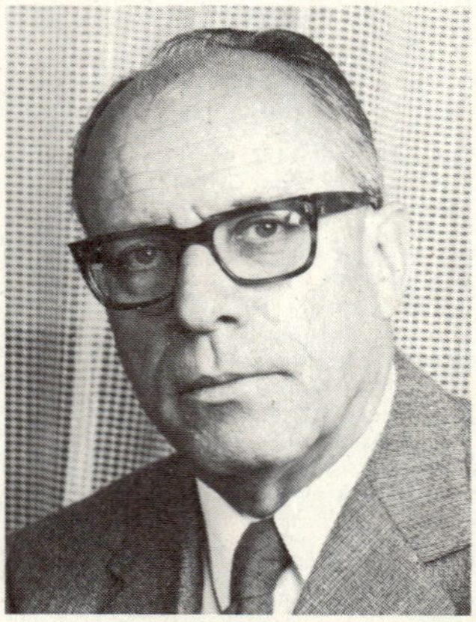

Dr. jur., Ehren-Präs. Dt. Reisebüro-Verb., Frankfurt - Aribostr. 29, 8032 Gräfelfing/Obb. (T. München 85 53 39) - Geb. 2. Juni 1911 Mannheim (Vater: Carl V., Kaufm.; Mutter: Else, geb. Marsteller), kath., verh. s. 1938 m. Ingeborg, geb. van Venrooy, T. Renate - Univ. Frankfurt/M. u. München (Rechtswiss.). Promot. 1935 Gießen - Gerichtsass. Frankfurt/M.; 1938-61 Reichs- bzw. Bundesbahndst. (zul. Min.-rat Hauptverw.); Vorst. Touristik Union Intern. Hannover (b. 1974), Handelsrichter - BV: D. Staats- u. beamtenrechtl. Stellung d. Generaldir. d. Dt. Reichsbahn-Ges., 1935. Zahlr. verkehrswiss. Veröff. - Komturkreuz m. Stern span. Orden Isabel la Católica, Komturkreuz d.ital. VO.; Gr. Silb. Ehrenz. d. Rep. Österr.; Ritter d. päpstl. Ordens St. Gregor d. Gr.; span. Orden f. Tourismus; Bayer. VO.; BVK I. Kl.; 1983 Gr. BVK - Spr.: Engl., Franz., Ital. - Rotarier.

VOGEL, Walter
Dr. rer. nat., o. Prof. f. Angew. Mathematik - Lutfridstr. 8, 5300 Bonn - Geb. 22. Juni 1923 Krefeld - Stud. Math. - S. 1962 (Habil.) Lehrtätigk. Univ. Tübingen u. Bonn (1964 Ord.). Zahlr. Fachveröff.

VOGEL, Werner
1. Beigeordneter u. Kurdirektor Bad Endbach - Berliner Str. 24, 3551 Bad Endbach (T. 02776 - 8 01 10) - Geb. 25. Juli 1939 Fronhausen/L. (Vater: Johann V., Bundesbahnbeamter; Mutter: Margarete, geb. Hormel), ev., verh. s. 1965 m. Sigrid, geb. Bodenbender, 2 Kd. (Martina, Frank Peter) - Höh. Schule, Finanzakad.

VOGEL, Werner
Dr. phil., Archivdirektor Geheimes Staatsarchiv Preuß. Kulturbesitz (s. 1971) - Elsenpfuhlstr. 46, 1000 Berlin 26 (T. 030 - 414 12 05) - Geb. 28. Nov. 1930 Berlin, verh. s. 1952 m. Inge, geb. Fähling, 2 Kd. (Dagmar, Harald) - Stud. FU Berlin; Promot. 1957; 1960/61 Archivsch. Marburg - 1960-65 Landesarchiv Berlin; s. 1976 1. Vors. Landesgesch. Vgg f. d. Mark Brandenburg - BV: Verbleib d. wendischen Bevölkerung in d. Mark Brandenburg, 1960; Führer durch d. Gesch. Berlins, 1966, 3. A. 1985; Prignitz-Kataster 1686/87, 1986; Berlin u. seine Wappen, 1987 - Liebh.: Amateurfunk - Spr.: Engl., Franz., Latein.

VOGEL, Wolfdietrich
Botschafter d. Bundesrep. Dtschl. in Ghana (1984ff.) - POB 1757, Accra - Geb. 1936 - Div. Auslandsposten, dar. Monrovia, Warschau, Bujumbura.

VOGEL, Wolfgang Ernst
Dipl.-Volkswirt, Hauptbevollmächtigter Erste Allg. Versicherung AG, Direktion f. Deutschl. - Dahlienstr. 20a, 8000 München 45 - Geb. 19. Mai 1937 Karlsruhe, neuapost., verh. s. 1968 m. Ingeborg, geb. Voss, 3 Kd. (Oliver, Sascha, Tobias) - Liebh.: Klass. Musik - Spr.: Engl., Franz.

VOGEL-ARNOLDI, Dieter
Kanzler d. Univ. Mainz - Zu erreichen üb.: Universitätsverwaltung, Saarstr. 21, 6500 Mainz.

VOGELBACHER, Alfred
Dr. rer. nat., Univ.-Prof., Dipl.-Meteorologe - Engelmatte 9, 7801 Wittnau (T. 0761 - 40 88 30) - Geb. 7. Jan. 1922 Freiburg (Vater: Otto V.; Mutter: Wilhelmine, geb. Schumacher), ev., verh. s. 1944 m. Ursula, geb. Villwock †1988, 2 Söhne (Rainer, Dipl.-Ing, Michael, RA) - Realgymn. Freiburg (Abit. 1939), TH Breslau u. Univ. Berlin (Dipl.-Meteorol. 1943), Stud. Math. (1. u. 2. Lehrerprüf. 1951 u. 1952, Realschullehrerprüf. 1956 Freiburg, Promot. 1971 TU Karlsruhe) - 1949-58 Lehrer, 1958-64 Doz. PH Karlsruhe, 1964-66 Saarbrücken, 1966-76 Prof. PH Lörrach (1969-76 Rektor) - 1971-1976 Vors. Landesrektorenkonfz. Bad.-Württ., 1976-1980 Prof. PH Berlin, s. 1980 FU Berlin - BV: Unser Kopfrechenb., 1966; D. Abhängigk. d. Windstruktur v. d. Wetterlage, 1971 (Diss.) - Liebh.: Schiffahrt - Spr.: Franz.

VOGELBACHER, Michael O.
Rechtsanwalt, Gründer u. Hauptgesellsch. Rosche Finanz GmbH (Investitionsberatung f. U.S.-Immob.), Freiburg, Special Counsel f. div. U.S.-Ges., Repräsentant Europa Corpus Christi Area Economic Development Corp. - Kaiser-Joseph-Str. 255, 7800 Freiburg (T. 0761 - 3 50 40) - Geb. 31. Aug. 1949 Freiburg, ev., led. - Stud. Rechtswiss. Univ. Basel, München u. Freiburg; 1. jurist. Staatsex. 1974 Freiburg; 2. jurist. Staatsex. 1978 Stuttgart - Tätigk. als Rechtsanw. (spezialisiert auf U.S. Immobilienrecht) - Ehrenbürger Stadt Corpus Christi, Te-

xas, USA - Liebh.: Oper, Tennis - Spr.: Engl., Franz.

VOGELE, Karl
Realschulkonrektor, MdL Bayern (s. 1975) - Schauwiesstr. 18, 8930 Schwabmünchen (T. 08232 - 48 79) - Geb. 1940 - CSU.

VOGELER, Wilfried
Gesandter d. Dt. Botschaft in New Dehli (st. Vertr. d. Botsch.) - POB 613, New Dehli 110001/India - Geb. 18. Febr. 1930 - Stud. Rechts- u. Staatswiss. Univ. Göttingen, Heidelberg, Bonn, Paris u. Columbus (USA). Bachelor of Art 1952; 1. jurist. Staatsprüf. - S. 1955 im Ausw. Dienst; Legationssekr. 1958; Konsul 1961, Legationsrat I. Kl. 1966, Botschaftsrat 1969; 1958 Vizekonsul in Kalkutta; 1967 Botsch. Bangkok (st. Vertr. d. Botsch.); 1971 Botschaft Kairo (st. Vertr. d. Botsch.); 1974 Botsch. in Port-of-Spain; 1978 Vortragender Leg.Rat I. Kl. AA.

VOGELEY, Hans-Wilhelm
Fabrikant, Vors. Fachverb. d. Back- u. Puddingpulverind. - Zu erreichen üb.: V.-d.-Heydt-Str. 9, 5300 Bonn 1.

VOGELL, Wolrad
Dr. phil., o. Prof. f. Biophysik u. Elektronenmikr. - Hans-Sachs-Weg 21, 4006 Erkrath 2 - Geb. 11. Juli 1922 - Habil. 1964 Marburg - S. 1967 Ord. Univ. Marburg, Konstanz (1969) u. Düsseldorf (1976). Facharb.

VOGELLEHNER, Dieter
Dr. rer. nat., Prof. f. Botanik u. Direktor Botan. Garten Univ. Freiburg - Alte Lindenstr. 17, 7801 Ehrenkirchen - Geb. 31. Dez. 1937 Ellwangen/Jagst (Vater: Eugen V., Rektor; Mutter: Mathilde, geb. Gobs), kath., verh. s. 1969 m. Liane, geb. Arendt, T. Daniela - Promot. 1964 Univ. Tübingen, Habil. 1968 Freiburg - 1968 Privatdoz.; 1975 apl. Prof.; 1978 Prof. 1969 Dir. Botan. Garten Univ. Freiburg - BV: Botan. Terminol. u. Nomenklatur, 1972, 2. A. 1983; Paläontol., 1972, 6. A. 1981; Baupläne d. Pflanzen, 1981; Lexikon d. Vorzeit (Herausg.), 1981; Telekolleg I, Biol., 2 Bde., 1983/84 (Coautor); Pflanzendarstell. in Wiss. u. Kunst, 1984.

VOGELPOHL, Alfons
Dr.-Ing., Dipl.-Ing., Prof. f. Therm. Verfahrenstechn. TU Clausthal (s. 1978) - Am Kunstgraben 8, 3392 Clausthal-Zellerfeld (T. 05323 - 37 57) - Geb. 7. Mai 1932 Osnabrück (Vater: Heinrich V., Holzkfm.; Mutter: Theresia, geb. Tellkamp), verh. s. 1959 m. Anneliese, geb. Pfestorf, 3 Kd. (Jens, Jörg, Anja) - Stud. TH Hannover; Dipl.ex. 1959; Promot. 1964; Habil. 1968 - 1965-70 Forschungsing. DuPont/USA, 1970-78 Univ. Karlsruhe - Liebh.: Hochseesegeln - Spr.: Engl.

VOGELS, Elmar
Dr., RA, Oberbürgermeister a. D. Stadt Mayen - Nachtigallenweg 21, 5440 Mayen (T. 23 33) - Spr.: Engl., Franz. - Rotarier.

VOGELSANG, Günter
Diplom-Kaufmann - Kaiser-Friedrich-Ring 84, 4000 Düsseldorf-Oberkassel - Geb. 20. Jan. 1920 Krefeld (Vater: Robert V.), verh. m. Ingelinde, geb. Halbach - S. 1946 Vorst.-Mitgl. Bochumer Verein f. Gußstahlfabrikation AG, dann Mannesmann AG, 1967-72 Vors. d. Geschäftsfg. Fried. Krupp GmbH. Funktionen: AR-Vors. Gerling-Konzern Versicherungs-Beteiligungs-AG, Köln; Gerling-Konzern Allgemeine Versicherungs-AG, Köln; Thyssen AG, Duisburg; VEBA AG, Düsseldorf; AR-Mitgl. Daimler-Benz AG, Stuttgart, Deutsche Bank AG, Frankfurt, Frankona Rückversich.-AG, München, Hapag-Lloyd AG, Hamburg; stv. VR-Vors. Kommanditges. Diehl, Nürnberg.

VOGELSANG, Kurd
Dr. med., Prof., Augenarzt - Hohenzollerndamm Nr. 84, 1000 Berlin 33 (T. 826 27 21) - Geb. 22. Okt. 1901 Staßfurt/Sa. (Vater: Bergrat Dr. Ing. E. h. Karl V. †1920 Eisleben), ev., verh. s. 1927 m. Annemarie, geb. Schniewind, 5 Kd. (Konrad, Marion, Ullrich, Dorothee †, Barbara) - Luther-Gymn. Eisleben; Univ. Freiburg/Br., Berlin, Halle, Leipzig, Bonn. Promot. (1926) u. Habil. (1930) Bonn - S. 1930 Privatdoz. u. apl. Prof. (1937) Univ. Bonn u. Berliner/ Freie (Augenheilkd.); langj. Chefarzt Augenabt. Rudolf-Virchow-Krkhs. Berlin - BV: Gewebsmechanik u. Augenheilkd., 1960; Medicine of the Whole Person a. Ophthalmol., 1973 - Rotarier - Bek. Vorf.: Prof. Hermann V., Geologe †1874 Delft (Großv.).

VOGELSANG, Kurt
Werkzeugmacher, MdB (1972-87) - An der Wesebreede 28, 4800 Bielefeld 18 - Geb. 4. August 1925 Gadderbaum/W., verh., 2 Söhne - Volkssch.; Werkzeugmacherlehre - 1943-50 Kriegsdst. u. -gefangensch.; s. 1952 IG Metall (b. 1963 Sekr., dann I. Bevollm. Bielefeld. b. 1980); Vors. Bundestagsaussch. f. Bild. u. Wiss. SPD s. 1950.

VOGELSANG, Roland
Dr. rer. nat., Prof. f. Regionale Geographie Kanadas, Univ. Augsburg (Inst. f. Kanada-Stud.) - Engernweg 26, 4790 Paderborn (T. 05251-5 53 47) - Geb. 10. Okt. 1939 Gießen (Vater: Erich V., o. Prof. f. Kirchengesch.; Mutter: Gertrud, geb. Bodenstein), ev., verh. s. 1970 m. Petra, geb. Rosenfeld, 2 Kd. (Ingo, Felix) - 1960-62 Wehrdienst i. d. Marine, Ltn. z. See. 1962-68 Stud. Geogr. u. German. Univ. Freiburg, München, Münster; 1968-71 Stud. Geogr., Soziol., Geol. Univ. Münster; Promot. 1972 Münster; Wiss. Ass. u. Habil. 1980 Paderborn; 1982 Prof. a. Z. 1983 Gastprof. in Regina, Kanada; 1984 apl. Prof.; Gastprof. in Salt Lake City, USA - BV: Stadtlandsch. u. Verstädterte Zone, 1972; Nichtagrar. Pioniersiedl. in Kanada, 1980. Wiss. Beitr. üb. Siedlungs- u. Bevölkerungsprobleme, Kanada, USA, ethn. Minoritäten - Liebh.: Klass. Musik - Spr.: Engl.

VOGELWIESCHE, Heinz
Kaufmann, gf. Gesellsch. Teppichhaus Steffensmeyer Essen, Vors. Fachverb. d. Dt. Teppich- u. Gardinenhandels, Köln (s. 1978) - 4300 Essen - Geb. 1918 (?).

VOGES, Wolfgang Otto
Ministerialdirigent - Welckerstr. 11, 5300 Bonn - Geb. 17. Sept. 1925 Berlin (Vater: Wilhelm V., Beamter; Mutter: Charlotte, geb. Gärtner), ev., verh. s. 1952 m. Jutta, geb. Ihlenburg, 2 Töcht. (Dagmar, Birgit) - 1947-51 Humboldt-Univ. Berlin (Gesch., German., Soziol., Phil.) - 1947-50 Volontär, Hilfs- u. Redakt. D. Morgen (LPD-Organ), Berlin (Ost), 1952-53 Redakt. D. neue Ztg. Frankfurt/M., dann fr. Journ. Bonn, dazw. 1953-54 Dimitag-Korresp., ab 1956 stv. u. Chefredakt. (1960) Politik u. Wirtschaft, Bonn, 1965-68 Chefredakt. Westf. Rundschau, s. 1969 Presse- u. Informationsamt d. Bundesreg. (Leit. d. Nachrichten-Abtlg. u. d. Zentralredakt.) - Spr.: Engl.

VOGL, Josef
Dr., Ministerialdirigent Bayer. Staatsmin. f. Landesentwicklung u. Umweltfragen - 8000 München.

VOGL, Ludwig
Verleger, Mithrsg. Münchner Merkur, Mitinh. Münchener Zeitungsverlag KG. u. Bruckmann KG., Geschäftsf. Verlag Bayer. Staatszeitg. GmbH., alle München - Bavariaring 35, 8000 München 15 (T. 76 42 21; Büro: 53 06-1) - Geb. 18. Dez. 1922, verh. s. 1953 m. Anna, geb. Steinberger - 1971 Bayer VO.; 1972 israel. Staatsmed. - Spr.: Engl. - Rotarier.

VOGLER, Karl-Michael
Schauspieler - Villa Seehof, 8110 See-

hausen/Staffelsee (T. Murnau 95 12) - Geb. 28. Aug. 1928 Remscheid (Vater: Schlosser- u. Schmiedemeister), kath., verh. s. 1953 - Stud. Germanistik, Psychol. Innsbruck - Bühne (u. a. Max Piccolomini, Posa, Hamlet), Film (Bekenntnisse e. möblierten Herrn, Those magnificent men in their flying machines, The blue Max, Paarungen, How I won the war u. a.), Fernsehen (u. a. Zeit d. halben Herzen, Affäre Dreyfus, Feldw. Schmidt, Schach von Wuthenow, Don Carlos, Umbruch München 1945, Trauer muß Elektra tragen, D. Heirat, Christoph Columbus od. D. Entdeckung Amerikas, Alpha - Alpha (Serie), Tapetenwechsel - 1962/63 Preis d. Dt. Filmkritik.

VOGLER, Reinfried
Rechtsanwalt, Hauptgeschäftsf. Arbeitsgem. Keram. Industrie - Friedrich-Ebert-Anlage 38, 6000 Frankfurt/M.

VOGLER, Theo
Dr. jur., Prof. f. Straf- u. Strafprozeßrecht u. Intern. Strafrecht, Strafrechtsvergleich. Univ. Gießen (s. 1974) - Am Schloßpark 1, 7801 Stegen (T. 07661 - 6 13 84) - Geb. 23. April 1929 Gladbeck (Vater: Anton V., Beamter; Mutter: Anna, geb. Emmerich), kath., verh. m. Agathe, geb. Fecht - Stud. d. Rechtswiss. Univ. Münster u. Freiburg/Br.; Promot. 1959; Staatsanwalt 1962; Habil. 1968; Univ.doz. Wiss. Rat u. Prof. (1969) Univ. Freiburg/Br.; 1971-74 o. Prof. FU Berlin. Ausw. wissenschaftl. Mitgl. Max-Planck-Inst. f. ausl. u. intern. Strafrecht Freiburg/Br.; Vorst.-Mitgl. Ges. f. Rechtsvergl.; stv. Vors. dt. Landesgr. d. Assoc. Intern. de Droit pénal; Mitgl. d. Strafrechtskomit. d. Intern. Law Assoc., d. dt. Sektion d. Intern. Juristenkommiss. u. d. Advisory Council of Interights - BV: D. Rechtskraft d. Strafbefehls, 1959; Auslieferungsrecht u. Grundgesetz, 1970; Leipziger Kommentar z. StGB, 10. A., §§ 52-55 (1978), 234-238 (1979), 22-24 (1983); Kommentar z. Ges üb. Intern. Rechtshilfe in Strafsachen (Loseblattausg. 1983); Intern. Kommentar z. Europ. Menschenrechtskonvention (Loseblattausg. 1986). Div. Einzelarb. - Spr.: Engl., Franz.

VOGLER, Toni
Kurdirektor u. 1. Bürgermeister Gemeinde Fischen i. Allgäu - Hauptstr. 2, 8975 Fischen (T. 08326 - 78 33) - Geb. 25. Jan. 1940 Fischen, kath., verh.

VOGLSAMER, Günter
Maler u. Grafiker, em. Prof. - Liebigstr. 41, 8000 München 22 - Geb. 13. Nov. 1918 Kirchen/Sieg (Vater: Peter V., Kaufm.; Mutter: Hulda, geb. Helmert), verh. m. Irene, geb. Gailling (Malerin), T. Ninon - Fachsch. f. Foto u. Chemigraphen Kunstakad. München - 1951-67 freiberufl.; 1967 Berufung an Akad. d. Bild. Künste Nürnberg; 1975-84 Präs. d. Akad. Gründungsmitgl. d. Freien Münchner u. Dt. Künstlerschaft, u. Herbstsalon Haus d. Kunst (1961-76 Präs.). Div. Wettbewerbspreise - Bay.

VO., Oskar-v.-Müller-Med., Offizierskreuz Alfonso 14, El Sabio, BVK I. Kl.

VOGT, Alfred H.
s. Voigt, Alfred

VOGT, Andreas
Dr. rer. pol., Konsul - Edvard-Grieg-Str. 2, 7032 Sindelfingen/Württ. - Geb. 11. Febr. 1922 Berlichingen/Württ., verh. m. Irene, geb. Belloni - N. Kriegsdst. (1940-45 Luftw.) Univ. Tübingen (Promot. 1949) - 1962ff. Geschäftsf., 1965-86 Vors. d. Gfg. Kohlenscheidungs-GmbH, Stuttgart (1970 umformiert in EVT). S. 1970 Honorarkonsul d. Rep. Südafrika f. Baden-Württ.

VOGT, Armin
Werbekaufmann, geschäftsf. Gesellsch. Adressen-Archiv Otto Conrad GmbH & Co., KG vorm. Robert Tessmer AG, Frankfurt, ad-con Adressen GmbH & Co. Direktwerbe KG, Essen - Postfach 90 01 21, 6000 Frankfurt 90 - Geb. 1. Jan. 1921 Berlin (Vater: Alfred V., akadem. Maler; Mutter: Maria, geb. Griepentrog), ev., verh. I) m. Elisabeth, geb. Tölle († 1963), II) s. 1964 m. Jutta, geb. Herrmann, S. Klaus Armin (aus 1. Ehe) - Höh. Handelssch., Abit., Reichswerbesch. Berlin (Lehrausweis) - Gastdoz. an versch. Akademien. Mitgl. ZAW Bonn f. werbefachl. Bildung - Veröff. in Werbefachtschr. - Liebh.: Klass. Musik - Bek. Vorf.: Richard Vogt, 1. Konzertm. Königl. Oper Dresden (Großv.).

VOGT, Dieter
Maler u. Grafiker, Freiberuflich (Ps. Dieter Tyspe) - Schützenstr. 21, 1000 Berlin 41 (T. 030 - 792 11 34) - Geb. 16. Juni 1937 Berlin, verh. s. 1985 m. Edelgard, geb. Braun, S. Philipp - Lithograph; 1956-64 Stud. Grafik u. Malerei Hochsch. d. Künste Berlin - Doz. VHS.

VOGT, Ernst
Dr. phil., o. Prof. f. Klass. Philologie - Montsalvatstr. 4, 8000 München 40 (T. 36 49 85) - Geb. 6. Nov. 1930 Duisburg - S. 1960 (Habil.) Lehrtätig. Univ. Bonn, Mannheim (1967 Ord.) u. München (s. 1975). Ord. Mitgl. Bayer. Akad. d. Wiss. (s. 1977); korr. Mitgl. Dt. Archäol. Inst. (s. 1979). Wiss. Veröff.

VOGT, Franz
Kaufmann, Geschäftsltg. VOKO - Franz Vogt & Co. (Büromöbel), Pohlheim b. Gießen - Postf. 20 00, 6301 Pohlheim - Geb. 23. Sept. 1920 Gießen - Präs. IHK Gießen; Vors. Verb. Dt. Büromöbelind. Wiesbaden; Ehrenpräs. Verb. d. europ. Büromöbelhersteller (FEMB).

VOGT, Fritz
Dr. jur., Rechtsanwalt u. Notar, Landtagsvizepräs. - Nachtigallenweg 37, 5880 Lüdenscheid (T. 2 36 66) - Geb. 5. Juli 1916 Hagen-Vorhalle, verw., 1 Kd. - Realgymn. - Stud. RA u. Nt. (1956) Lüdenscheid. 1961ff. Ratsmitgl. Lüdenscheid (stv. Fraktionsf.); 1969ff. MdK ebd. (stv. Fraktionsvors.); 1970ff. MdL Nordrh.-

Westf. (1970 Vizepräs.). FDP s. 1960 (1969 Schatzm. Bezirksverb. Westf.-West, 1961-70 Ratsmitgl. Lüd., 1969-70 MdK, 1970 stv. Bez.-Vors., 1970-80 MdL alle Ämter in d. FDP b. 1980, 1971 Kreisvors., 1972 Mitgl. Landesvorst.) - 1973 BVK I. Kl.; 1979 Gr. BVK.

VOGT, Gerd (Gerhard)

I. Bürgermeister Stadt Erding - Rathaus, 8058 Erding/Obb.; priv.: Almfeldstr. 2 - Geb. 1. Okt. 1929 Dürnkrut (Österr.) - Zul. Regierungsamtm. CSU.

VOGT, Gert

Dr., Vorstandsmitglied Kreditanstalt f. Wiederaufbau, Frankfurt - Palmengartenstr. 5-9, 6000 Frankfurt/M. (T. 069 - 7 43 10) - Geb. 29. Febr. 1932 - VR: Landwirtschaftl. Rentenbank, Frankfurt; Beirat GESAT, München, Verbindungsstelle Landwirtsch. Ind. Essen; AR: BIB Berliner Industriebank AG, Berlin, Linke-Hofmann-Busch GmbH, Salzgitter.

VOGT, Guntram

Dr. phil., Prof. f. Didaktik d. Deutschunterrichts Univ. Marburg - Robert-Blum-Str. 22, 6367 Karben 6.

VOGT, Hannah

Dr. rer. pol., Schriftstellerin - Hainholzweg 25, 3400 Göttingen (T. 5 90 89) - Geb. 3. März 1910 Berlin (Vater: Wilhelm V., Bibliotheksrat; Mutter: Emma, geb. Puwelle), ev., led. - Oberlyz.; Univ. Göttingen u. Marburg (Volksw.). Dipl.-Volksw. 1944 Marburg; Promot. 1945 Göttingen; 1945-54 fr. Journ.; 1954-65 Ref. Hess. Landeszentrale f. polit. Bildung (Wiesbaden); s. 1965 fr. Schriftst. 1948-54 u. s. 1968 Ratsherrin Göttingen. Vors. Intern. Ges. f. Heimerzieh. (1962-69) u. Dt. Vereinig. f. polit. Bildung/Landesgr. Nieders. (1969-74); Vorst.-Mitgl. Dt. Frauenring (1952-56) u. Deutscher Koordinierungsrat der Ges. f. christl.-jüd. Zusammenarb. (1965ff.). 1948-1961 FDP; s. 1962 SPD - BV: Der Arbeiter - Wesen u. Probleme b. Friedrich Naumann, August Winnig u. Ernst Jünger, 1945 (Diss.); D. Zweite Reiter, Ged. 1947; D. Regenbogen, Ged. 1948; D. Fibel d. Staatsbürgerin, 1952 (hg. v. Büro f. Frauenfragen); Wer die Wahl hat ..., 1957; Gerechtigkeit erhöhet e. Volk, 1959; Schuld oder Verhängnis?, 1961 (engl. (Oxford) 1964); Joch u. Krone, 1963 (engl. (New York) 1967); Nationalismus gestern u. heute, 1966; Verachtet - gehetzt - verstoßen - 1968; Demokratie = Mitdenken + mitentscheiden, 1969; Parlamentar. u. außerparlam. Opposition, 1972; Georg Diederichs, 1978. Herausg.: Friedrich Naumann - Ausgew. Schriften (1949); Heinz Rosenberg, Jahre d. Schreckens (1985) - 1978 BVK I. Kl.; 1987 Ehrenbürgerin d. Stadt Göttingen - Liebh.: Theater - Spr.: Engl., Franz.

VOGT, Hans

Prof., Komponist, Dirigent - Hollmuthstr. 22, 6903 Neckargemünd (T. 25 82) - Geb. 14. Mai 1911 Danzig, ev., verh. s. 1940 m. Erna, geb. Ankermann, 2 Kd. (Marianne, Sebastian) - Preuß. Akad. d. Künste (Meisterkl. f. Kompos. Prof. Dr. h. c. Georg Schumann), u. Akad. f. Kirchen- u. Schulmusik Berlin (Staatsex.) - Ab 1934 Theater- u. Konzertdirig., 1938-44 städt. Musikdir. Stralsund, Wehrdst. u. b. 1949 sowjet. Gefangensch., s. 1951 Doz. u. Prof. Musikhochsch. Mannheim (Leit. Kl. f. Kompos.) - BV: Neue Musik s. 1945, 3. A. 1982; J. S. Bachs Kammermusik, 1981 (amerik. 1988) - Opern: Die Stadt hinter dem Strom (Text: Hermann Kasack, UA. 1955 Wiesbaden) u. Athenerkomödie (Text: Christopher Middleton, UA. 1964 Mannheim), Orchesterw., Vokal-, Kammer-, Kirchenmusik - 1933 Mendelssohn-Preis Berlin, 1955 Robert-Schumann-Preis Düsseldorf, 1959 Kulturpreis, 1961 u. 69 Prix Reine Elisabeth Brüssel, 1961 Rainer III. Monaco, 1967 Johann-Wenzel-Stamitz-Preis (Ostd. Musikpreis), 1968 Premio Città di Trieste; 1978-79 Ehrengast Villa Massimo Rom - Spr.: Engl.

VOGT, Hans

Dr. rer. nat., em. o. Prof. f. Pharmaz. Verfahrenstechnik - Heckenrosenweg 10, 7500 Karlsruhe 31 (T. 75 36 89) - Geb. 11. Sept. 1913 Striegau/Schles. - S. 1947 (Habil.) Lehrtätigk. Univ. Kiel (1954 apl. Prof.). u. TH bzw. Univ. Karlsruhe (1958; Leit. Abt. f. Pharmazeut. Verfahrenstechnik/Pharmaz.-chem. Inst.; 1963 ao., 1967 o. Prof.); s. 1974 Leit. Inst. f. Pharmaz. Technol. Univ. Heidelberg; emerit. 1978 - BV: Kl. Einf. in d. pharmaz. u. med. Chemie, 1947 (m. Rosenmund); Grundzüge d. pharmaz. u. med. Chemie, 1953ff. (bish. 4 Bde.). Fachaufs.

VOGT, Hartmut

Dr. phil., Prof. f. allg. u. vergleichende Erziehungswiss. Univ. Dortmund - Markbauernstr. 3, 4600 Dortmund 30 - Geb. 18. Okt. 1923 Berlin (Vater: Alfred V., Wirtschaftsprüf.; Mutter: Luise, geb. Thiele), ev., verh. s. 1952 m. Helga, geb. Hellebrand - Stud. German., Slavist., Päd. u. Psych.; Staatsex. 1952, Promot. 1956 Berlin - 1945-52 Lehrer; s. 1952 Lehrtätigk. Univ. Berlin, Tübingen, Marburg u. Dortmund. Üb. 350 Veröff. (49 Bücher) - 1941-45 Kriegsausz. - Hat dt. u. amerik. Privatpilotenschein - Spr.: Engl., Russ.

VOGT, Heinrich

Dr. jur., o. Prof. f. Röm. u. Dt. Bürgerl. Recht - Elbestr. 1, 5300 Bonn (T. 28 32 28) - Geb. 19. Nov. 1910 Bonn - S. 1942 (Habil.) Privatdoz., apl. (1949) u. o. Prof. (1956) Univ. Bonn. Fachveröff.

VOGT, Heinrich

Dr. phil., em. Prof. f. Anglistik, Didaktik der Englischen Sprache u. Lit. Univ. Oldenburg - Jürgen-Christian-Findorff-Str. 32, 2804 Lilienthal-Butendiek (T. 86 96).

VOGT, Heinz-Josef

Oberstadtdirektor Stadt Krefeld (s. 1989) - Rathaus, 4150 Krefeld - Geb. 17. Febr. 1937 Krefeld, kath., verh. - Jurist - S. 1966 Landes- u. Kommunalverw., 1984-89 Oberkreisdir. Kr. Viersen - Spr.: Engl.

VOGT, Helmut

Dr. med. (habil.), Prof., Chefarzt - Liliencronweg 6, 2390 Flensburg: (T. 5 11 61) - Geb. 2. Mai 1909 Wehlau/Ostpr., ev., verh. s. 1948 m. Ursula, geb. Heigl, 4 Kd. (Gabriele, Hans-Heinz, Daniela, Arne) - Univ. Königsberg, Bonn, Innsbruck, München, Wien - 1934-41 Assist. Med. Univ.sklinik Königsberg (1940 Doz.), 1947-48 Oberarzt Med. Univ.sklinik Kiel (1948 apl. Prof.), sd. ltd. Arzt Innere Abt. Diakonissen-Krkhs. Flensburg, 1941 Klärung d. Krankheitsbildes d. Haffkrankh. u. Aufdeckung d. Natur d. dabei ausgeschiedenen Farbstoffes - BV: Blutdrucksteigernde Stoffe im Blut u. deren Herkunft, 1938; Grundzüge d. pathol. Physiol., 1953; D. inkretor. Regulationen u. ihre Störungen, 1956; Med. Karikaturen v. 1800 b. z. Gegenw., 1960, 3. A. 1968; D. Bild d. Kranken - D. Abbildungen innerer Leiden v. d. Renaissance b. z. Jetztzeit, 1968; Grenzarzt (Autobiogr.) 1978 - 1938 I. Preis Königsberger Gelehrten-Ges.; 1964 E. v. Bergmann-Plak. - Liebh.: Bergsport, Fotogr.

VOGT, Helmut

Direktor d. Nieders. Staats- u. Universitätsbibliothek Göttingen - Prinzenstr. 1, 3400 Göttingen (T. 0551 - 39 52 10); priv. Schlözerweg 1 (T. 0551 - 5 71 56) - Bibliotheksrat 1962, Bibliotheksoberrat 1968, Bibliotheksdir. 1969, Ltd. Bibliotheksdir. 1974, Direktor 1975.

VOGT, Karl Ernst

Dr. med., Internist, Chefarzt a. D., Ehrenvors. Naturwiss.-Med. Ges., Kassel (s. 1966; Gründ.) - Stahlbergstr. 7, 3500 Kassel (T. 6 63 99) - Geb. 30 Nov. 1910 Kassel (Vater: Heinrich V., Obering., techn. Lehrer u. Erfinder; Mutter: Maria, geb. Klute), ev., verh. s. 1944 m. Magdalene, geb. Heyng, 3 Kd. (Brigitte, Jürgen, Hans-Georg) - Realgymn. Kassel; Univ. Göttingen, Rostock, Leipzig (Promot. 1937) - 1936-38 Assist. Med. Abt. Hess. Diakonissenhaus Kassel, 1938-39 Pathol. Univ.-Inst. Leipzig, 1939-41 Med. Univ.klinik Marburg, 1941 Konitzki-Stift Bad Nauheim, 1941-45 Truppenarzt (zul. Chef Sanitätskomp.), 1946-48 Assist. Strahlenabt. Univ.-Frauenklinik Marburg, anschl. ärztl. Praxis Kassel, s. 1950 Chefarzt Med. Klin. u. Ärztl. Dir. (1962) Rot-Kreuz-Krkhs. ebd., emer. 1978. Förd. Mitgl. MPG. Div. Fachveröff. - KVK I. Kl., EK II, Med. Winterschlacht im Osten 1941-42, Verwundetenabz. in Schwarz; 1975 BVK I. Kl. u. Richard-Hammer-Med.; Stadtmed. Kassel; Ehrenz. DRK - Liebh.: Musik, Jagd, Fischerei - Spr.: Engl.

VOGT, Paul

Dr. phil., Prof., Direktor Museen d. Stadt Essen u. Folkwang-Museum a. D., gf. Vorst.-Mitgl. Kulturstiftg. Ruhr - Hügel 15, 4300 Essen 1 (T. 42 25 59); priv.: Küppersheide 9 - Geb. 29. Mai 1926 - BV: Geschichte d. dt. Malerei im 20. Jh., 1972. Zahlr. Veröff. z. Kunst d. 19. u. 20 Jh. (dar. 18 Bücher) - 1976 BVK; Orden f. Verdienste um d. poln. Kultur.

VOGT, Roland

Bundestagsabgeordneter (s. 1983; Landesliste Rhld.-Pfalz) - Bundeshaus, 5300 Bonn 1 - Grüne.

VOGT, Siegfried H.

Ministerialrat - Laufenbergstr. 9, 5300 Bonn 2 - Geb. 17. Dez. 1943 Schmallenberg, kath., verh. s. 1971, 3 Kd. (Christina, Carolin, Andreas) - Stud. Rechtswiss. - 1971-82 Bundeswirtschaftsmin.; 1982-87 Pressespr. Bundesverkehrsmin.; s. 1987 zuständig f. bilaterale Verkehrsbezieh. u. Koordinierung d. alpenquerenden Verkehrs - Liebh.: Aquarellmalerei - Spr.: Engl., Franz.

VOGT, Walther

Dr. med., em. Prof., Pharmakologe - Holundersteg 18, 3400 Göttingen (T. 2 38 18) - Geb. 5. Juli 1918 Dessau (Vater: Dr. phil. Wolfram V., Chemiker; Mutter: Adelheid, geb. Külz), ev., verh. s. 1946 m. Erika, geb. Pfersdorff, 2 Söhne (Albrecht, Reinhard) - Univ. München u. Marburg. Promot. 1942 München; Habil. 1954 Göttingen - 1945-53 Assist. Univ. Frankfurt/M.; s. 1953 Assist. u. Wiss. Mitgl. (1965) Max-Planck-Inst. f. Exper. Med. Göttingen (1968 Dir. Abt. Biochem. Pharmak.). S. 1954 Privatdoz., apl. Prof (1960), Hon.-Prof. (1969) Univ. ebd., emerit. 1986. Mitgl. Dt. Pharmak. Ges., Ges. f. Biol. Chemie, Ges. Dt. Naturforscher u. Ärzte. Arbeiten auf d. Gebiet d. körpereig. Wirkstoffe - Liebh.: Pflanzenfotogr. - Spr.: Engl., Franz.

VOGT, Winfried

Dr. sc. pol., o. Prof. f. Wirtschaftl. Staatswissenschaften - Sonnenstr. 13, 8411 Nittendorf - Geb. 1935 München (Vater: Josef V., Eisenbahnbediensteter), verh. s. 1961 m. Waltraut, geb. Strack, 2 Kd. - Univ. München u. Kiel (Wirtschaftswiss., Rechtswiss., Math.). Promot. (1960) u. Habil. (1964) Kiel - S. 1964 Ord. Univ. Kiel u. Regensburg (1967). Facharb.

VOGT, Wolfgang

Dr. oec., Hauptgeschäftsführer IHK Pforzheim (s. 1956) - Friedrich-Naumann-Weg 38, 7530 Pforzheim (T. 8 87 90; Büro: 3 60 11) - Geb. 25. April 1913 Waldesch b. Koblenz (Vater: Förster), verh. - Stud. Rechts- u. Staatswiss. Refer.ex. - Ab 1937 Ausw. Amt, 1942-45 Kriegsdst. (zul. Offz. Panzerwaffe), spät. Rechts- u. Sozialberat. Intern. Flüchtlingsorg. (UN) u. Rechtsref. IHK Eßlingen, 1964-72 MdL Baden-Württ. (u. a. stv. Fraktionsvors. FDP/DVP - Spr.: Engl., Franz. - Rotarier.

VOGT, Wolfgang

Dr. jur., Senatspräsident Bundesgerichtshof, Karlsruhe - Lauschiger Weg 2, 7500 Karlsruhe 61 - Geb. 22. Mai 1914 - Zul. Bundesrichter BGH.

VOGT, Wolfgang

Dipl.-Volksw., Chefredakteur a.D., Parlam. Staatssekr. Bundesmin. f. Arbeit u. Sozialordn. (s. 1983), MdB (s. 1969; Wahlkr. 56/Düren) - Oststr. 93, 5160 Düren/Rhld. (T. 7 38 27) - Geb. 1. Dez. 1929 Schirgiswalde/Sa. (Vater: Josef V., Schuhmachermeister; Mutter: Hedwig, geb. Löbmann), kath., verh. s. 1967 m. Gabriele, geb. Geyer, T. Isabelle - Obersch. Bautzen (Abit. 1949); 1950-56 Univ. Köln (Wirtschafts- u. Sozialwiss.; Dipl.-Volksw.) - S. 1959 Chefredakt. KAB-Ztg. (früher Ketteler Wacht, jetzt Gemeins. Ztg.). 1972 ff. Ratsmitgl. Düren. CDU s. 1946 (erst Ost, dann West) - BV: D. Staat in d. Soziallehre d. Kirche, 1967 - Spr.: Engl.

VOGTMANN, Hartmut

Dr. sc. techn., Dipl.-Ing. Agr. ETH, Prof. f. Methoden d. Alternativen Landbaus Univ.-GH Kassel - An der Wegelänge 17, 3430 Witzenhausen 1 (T. 05542 - 51 00) - Geb. 16. Okt. 1942 Essen (Vater: Karl-Heinz V., Arch.; Mutter: Eva, geb. Börder), ref., gesch. - 1963-67 Stud. Landwirtsch. ETH Zürich; Dipl. (Lebensmittelwiss.) 1967, Promot. 1970 - 1967-71 wiss. Mitarb. Inst. f. Tierernähr. ETH Zürich; 1971-74 Doz. Univ. Alberta, Edmonton/Kanada; 1974-81 Leit. Forsch.inst. f. Biol. Anbau, Oberwil/Schweiz; 1981 ff. Prof. GH Kassel (FB Landwirtsch. Witzenhausen) - BV: Umweltschutz im Garten, Prakt. Anleit., 1981; Kompostieren, Prakt. Anleit., 1982; Oekol. Landbau -Landwirtsch. m. Zukunft, 1985; Oekol. Landbau - eine weltweite Notwendigkeit, 1986; The Importance of Biol. Agriculture in a world of Diminishing Resources, 1986 - Liebh.: Sport, Theater - Spr.: Engl.

VOGTS, Berti

Juniorentrainer Dt. Fußball-Bund (s. 1979) - Otto-Fleck-Schneise 6, 6000 Frankfurt/M. 71 - Geb. 1947 (?) (Eltern früh verst.; Vater Schuhmacher), verh. (Ehefr.: Monika) - Volkssch.; Handwerkslehre - S. d. 18. Lebensj. FC Borussia-Mönchengladbach (b. 1979 Mannschaftskapt.; 5 x Dt. Meister, 1 x DFB- 2 x UEFA-Pokalgewinner). 96 Ländersp. (1974 Weltm.) - 1971 u. 79 Fußballer d. Jahres; 1980 DFB-Ehrenschild; 1982 Gold. Ehrennadel VfR Büttgen.

VOHLER, Otto

Dr. rer. nat., Sprecher Geschäftsf. SIGRI GmbH, Meitingen - Kornfeldstr. 6, 8851 Nordendorf (T. 08273 - 24 73) - Geb. 3. März 1929. - AR-Vors. Ringsdorffwerke GmbH, Bonn; AR-Mitgl. Elektrodenwerk Steeg Ges. mbH & Co., Österr.; VR Härnösands Grafit AB, Schweden, u. Elettrocarbonium S.p.A., Italien. Chairman of the Board of Directors: Sigri Carbon Corp., Somerville/USA u. Sigri Corp., Somerville/USA.

VOIGDT, Klaus

Journalist - Friedensstr. 44, 5205 St. Augustin 1 - Geb. 7. März 1925 Berlin (Vater: Walter V., Kaufm.; Mutter: Maria, geb. Jonas), ev., verh. s. 1946 m. Alma, geb. Benker, T. Eva-Maria - Kaiserin-Augusta-Gymn. Berlin (Abit. 1943); Redaktionsvolontär Berlin - 1946-48 fr. Journ. Oberfranken, dann Redakt. regionaler Zeitungen Kulmbach u. Hof, 1951-57 Parteigeschäftsf. Aschaffenburg u. Bielefeld (1955), anschl. polit. Redakt. Fr. Presse, Bielefeld, 1961 Presseref. Büro Willy Brandt, Berlin, 1962-66 Polit. Redakt. Deutschlandfunk, Köln, 1966-73 stv. Chefredakt. Vorwärts, Bad Godesberg, seith. stellv. Studioltr. Bonn d. Deutschlandfunk. SPD s. 1947. Redaktion Willy-Brandt-Buch: Plädoyer f. d. Zukunft (1961).

VOIGT, Alfred
Schriftsteller (Ps.: Alfred H. Vogt) - Karl-Schurz-Str. 24, 5040 Brühl, Bez. Köln (T. 4 82 24) - Geb. 8. Mai 1914 Stargard/Pom. (Vater: Gustav V., Kommunalbeamter; Mutter: Emmy, geb. Hackbarth), ev., verh. s. 1939 m. Lieselotte, geb. Berg, 2 Töcht. (Johanna, Christiane) - Oberrealsch. Stargard (Abitur 1934); Univ. Köln (Gasthörer German.) - 1934-68 Verkehrsw.; dazw. 1943-45 Kriegsdst. - BV: D. verborgene Johannes, R. 1968; Licht im Schatten, Ged. 1972; Der Widerruf, Ged. 1979 - Liebh.: Theologie, bild. Kunst.

VOIGT, Bernd W.
Dipl.-Kfm., Geschäftsführer Firmengruppe Robert Kraemer, Bremen - Parkstr. 13, 2875 Ganderkesee 1 - Geb. 14. Nov. 1937 Dresden (Vater: Heinz L., Kaufm./Fabrikant), verh. m. Ingrid, geb. Großkord, 1 S. - Betriebsw. Stud. Hamburg 1959-64.

VOIGT, Dieter
Dr. phil., Prof. f. Soziologie Ruhr-Univ. Bochum - Am Birkfeld 6, 6301 Biebertal 6 (T. 06409-75 83) - Geb. 29. Juni 1936 Tsingtan/China (Vater: Dr. phil. Erich V., Dozent; Mutter: Henny), gesch. - 1954-58 Univ. Leipzig u. Dresden (Psych., Sport, Soziol.), 3 J. Elektrikerlehre; s. 1969 in d. BRD (Promot. 1971, Prof. f. Soziol. 1973 Univ. Gießen) - B. 1962 Doz. Ing.sch. Wiesenfels/Saale, s. 1962 wiss. Assist. Inst. f. Psych. Dt. Hochsch. f. Körperkultur Leipzig, s. 1975 Prof. f. Soziol. Bochum - 1974-78 Mitgl. Arbeitskr. f. vgl. Dtschl.forsch. b. Bundesmin. f. innerdt. Beziehungen; Wiss. Beirat u. stv. Vors. Dt. Ges. f. Gesundheitsforsch. - Herausg. (m. M. Messing) Sportsoziol. Arbeiten - BV: Abtreibung (m. H. Pross), 1971; Montagearbeiter in d. DDR, 1973; Soziol. in d. DDR, 1975; Gesundheitsverhalten, 1978; Soz. Schichtung im Sport, 1978; Beiträge z. Dtschl.-Forsch. (m. M. Messing), 1982; D. Ges. d. DDR, 1984; Leistungsprinzip u. Gesellschaftssystem (m. S. Meck), 1984; Schichtarb. u. Sozialsystem, 1986; Z. Bildungsniveau d. Eltern v. Promovierten (m. H. Belitz), 1986; Sozialstruktur d. DDR (m. W. Voß u. S. Meck), 1987; Soziale Schichtung - Arbeitswelt - Hist. Bewußtsein (m. L. Mertens), 1987; Kindesmißhandlung in Deutschl. (m. S. Gries), 1988. Üb. 100 Beitr. in wiss. Ztschr. (auch Ausl.) - Liebh.: Sport, Gartenbau.

VOIGT, Ehrhard
Dr. sc. nat., Dr. h. c., Prof. f. Geologie u. Paläontologie (emerit. 1970) - Parkallee 7, 2000 Hamburg 13 (T. 45 32 60) - Geb. 28. Juli 1905 Schönebeck/Elbe (Vater: Adolf V., Chemiker; Mutter: Mira, geb. Stadelmann), verh. s. 1947 m. Ellinor, geb. Bucerius, 3 Kd. (Werner, Wolfgang, Irmgard) - Gymn. Dessau; Univ. Halle (Promot. 1929), Greifswald, München - B. 1939 Assist. u. Privatdoz. (1936) Univ. Halle, dann E.-Ord., 1942 Ord. Univ. Hamburg (Dir. Geol. Staatsinst.), dazw. Wehrdst. Zahlr. Arbeiten üb. Kreide u. Tertiär, pleistozäne Geschiebe, fossile Oktokorallen, Bryozoen, Phoronidea u. Fische, Paläohistolog. Untersuchungen an Weichteilen fossiler Tiere aus Braunkohle, Entwickl. d. Lackfilmmeth. u. Konservierung geol. u. bodenkundl. Profile, Bergung paläontol. Objekte, frühdiagenetische Gesteinsbeformation, Feuerstein, Randtröge von Schollenrändern, Temperaturkurve d. Oberkreide, fossile Lebensspuren, Bioimmuration nicht erhaltungsfähiger Organismen, u. a. - 1939 Mitgl. Dt. Akad. d. Naturforscher (Leopoldina); 1960 Hans-Stille-Med.; 1961 Ehrendoktor Univ. Bordeaux; 1966 o. Mitgl. Göttinger Akad. d. Wiss.; 1969 Ehrenmitgl. Soc. Geogr. de Lima u. 1973 Paläontologische Ges.; 1969 Associé d. Soc. Géol. de France; 1972 ausw. Mitgl. Kgl.-Dän. Akad. d. Wiss.; 1975 Ehrenmitgl. Naturwiss. Verein Hamburg; 1982 Mitgl. Accad. mediterranea delle science in Catania, 1984 Kungl. Fysiografisk Sällskapet in Lund, 1984 Joachim Jungius-Ges. d. Wiss. in Hamburg - Spr.: Engl.,

Franz. V.; Hillmer: D. Forscher u. Lehrer E. Voigt, Festbd. E. V., Mitt. Geol. Paläontol. Inst. Univ. Hamburg H. 44, 1975.

VOIGT, Ekkehard
Oberstleutnant a. D., MdB (Bayern, Landesliste) - Jahnstr. 5, 8972 Sonthofen - Geb. 5. Nov. 1939 Hälse/O., kath., verh., 4 Kd. - Abit. 1961 Oberstdorf; Bundeswehr - Kompanie-Offz., Hörsaalleit., Dienstkomm.-Führer/Feldjägertruppe, Insp.-Chef U.-Offz.lehrinsp., Kompanie-Chef, Stabsoffz. f. Org.fragen. CSU 1964-83 (Austr.; u. a. Kreisvors. JU Oberallg., Bez.-Vors. wehrpolit. Arbeitskr. Schwaben, Schatzm. desselb. Bayern, Ortsvors. Sonthofen, Mitgl. Bez.-Vorst. Schwaben, s. 1979 Landesvors. Wehrpolit. Arbeitskr., 1982/83 Mitgl. Landesvorst.). S. 1972 Stadtrat Sonthofen (Jugendref.), Mitgl. Bundeswehrverb. u. Bundessozialwerk; 1978-80 u. ab Mai 1982 MdB (Austr. CSU 1983 Parteiaustr. CSU, sd. fraktionslos.

VOIGT, Erwin
Direktor Pädagogisches Zentrum Berlin - Geb. 4. Jan. 1931 Berlin (Vater: Gustav V., Schlosser; Mutter: Else, geb. Kalisch), verh. m. Jutta, geb. Lauer - 2 Kd. (Clemens, Annette) - 2 Staatsprüf. f. Lehramt - Assist. d. Didaktikers Paul Heimann; Lehrer; Doz. f. Grundschuldidaktik PH Berlin; Leit. Fritz-Karsen-Gesamtsch. Neukölln; Oberschulrat f. Lehrplanfragen b. Senator f. Schulwesen Berlin; Vors. AG Modellversuche d. BLK; s. 1974 Dir. PZ Berlin - BV: Darstellung d. Arbeitswelt in Leseb. d. Nachkriegszeit, 1959; D. Muttersprache als Medium u. Gegenstand d. Unterr., 1963; Üb. d. Notwendigkeit d. wiss. Stud. d. Grundschullehrer, 1969; Unbemerkte Ungleichheit - D. Darstellung v. Frauen u. Mädchen in Grundschulb., 1986.

VOIGT, Fritz
Dr. rer. pol., Dr. jur., Drs. h. c., o. Prof. f. Wirtschaftliche Staatswissenschaften - Zum kl. Ölberg Nr. 44, 5330 Königswinter 41 (T. 02244 - 22 13) - Geb. 16. Jan. 1910 Cranzahl/Erzgeb. (Vater: Max V., Kantor; Mutter: geb. Otto), ev., verh. s. 1957 m. Dr. oec. Rotraut, geb. Ruscher, 2 Kd. (Norbert, Dimut) - Ab 1941 Privatdoz. Univ. Leipzig, 1947 Univ. Erlangen, 1948 Lehrstuhlvertr. TH Braunschweig, s. 1949 o. Prof. Wilhelmshaven, TH Braunschweig, Nürnberg (1954), Univ. Hamburg (1957) u. Bonn (1964; wiss. Leit. Ges. f. wirtsch-u. verkehrswiss. Forsch. (V. (z. T. in Übers.): u. a. Verkehr (4 Bde.); Unters. z. Finanzsystem d. dt. gemeindl. Selbstverw., D. Selbstverw. als Rechtsbegriff u. jurist. Erschein., Wandl. d. Marktord.verb., D. volkswirtsch. Sparprozeß, D. gestalt. Kraft d. Verkehrsm. in wirtsch. Wachstumsprozessen, D. volksw. Bedeutung d. Verkehrssystems, D. Mitbestimmung d. Arbeitnehmer, Beitr. z. Finanzwiss. u. Geldtheorie, D. öfftl. Haush. i. Wirtsch.krl., D. Einw. d. Verkehrsm. a. d. wirtschl. Struktur d. Raumes, Wirtschaftsverfassung u. -entwicklung d. BRD, Unternehmenszusammenschlüsse, The German Experience with Cartels and their Control during the Pre-War and Post-War Periods (Amsterdam), D. Eingliederung d. Rohrleitung als Ferntransportmittel in d. dt. Verkehrssystem, Theorie d. regionalen Verkehrsplanung, Theorie d. Wirtsch.politik, D. Formung d. staatl. Wirtsch.politik, Grenzen d. staatl. Wirtsch.politik. Herausg.: Unters. üb. d. Spar-, Giro- u. Kreditwesen (1956ff.) D. industrielle Entwicklung (1958ff.), Verkehrswiss. Forschungen (1960ff.), Schriftenreihe z. Industrie- u. Entwicklungspolitik (1970ff.).

VOIGT, Gerhard E.
Dr. med., M. D. h. c., Prof., Gerichtsmediziner - Weibulls väg 8, Lund (Schweden) (T. 12 22 46) - Geb. 7. März 1922 Auerbach/Vogtl. (Vater: Dr. phil. Erich V.), ev., verh. s. 1958 m. Dr. Ann-Britt, geb. Grönlund, 2 Kd. (Christina, Henrik) - Univ. Freiburg/Br., Breslau, Erlangen. Med. Staatsex. 1945

Berlin - 1951-54 Doz. u. Prof. m. vollem Lehrauftr. (1953) Univ. Jena (Dir. Inst. f. Gerichtl. Med. u. Kriminalistik), 1954-55 Leit. Serol. Abt. Blutspendedienst DRK Düsseldorf, s. 1956 Doz. u. o. Prof. (1965) Med. Univ. Lund (Vorst. Inst. f. Gerichtl. Med.).

VOIGT, Gerhart
Rechtsanwalt, Direktor a. D. Feuerversicherungsanst. d. Fr. Hansestadt Bremen - Barbarossastr. 2B, 2800 Bremen - Geb. 14. Okt. 1930 Bremen, verh. m. Karin, geb. Winkler, 3 Kd.

VOIGT, Hans-Heinrich
Dr. rer. nat., em. o. Prof. f. Astronomie - Geismarlandstr. 11, 3400 Göttingen (T. 39 50 42); priv.: Nikolauberger Weg 74 (T. 5 58 79) - Geb. 18. April 1921 Eitzendorf (Vater: Wilhelm V., Pastor; Mutter: Thea, geb. Zietz), ev., verh. s. 1949 m. Margarete, geb. Moericke (†1979), 2 Töcht. (Barbara, Christiane) - Ernestinum Celle; Univ. Göttingen (Math., Physik, Astronomie). Promot. (1949) u. Habil. (1956) Göttingen - 1949-51 Stip. Dt. Forschungsgem.; 1951-52 Research Associate Lick Observatory (USA); 1953-58 Assist. Univ.-Sternwarte Göttingen (1956 Privatdoz.); 1958-63 Observator u. Hauptobserv. (1962) Sternw. Hamburg (1959 Wiss. Rat); 1963-86 Ord. u. Dir. Univ.-Sternw. Göttingen (1969/70 Rektor). Mitgl. Intern. Astronomical Union, Astronom. Ges., Gauß-Ges. - BV: Landolt-Börnstein, Zahlenwerte u. Funktionen aus Naturwiss. u. Technik/Neue Serie, Gruppe VI, Bd. I (Astronomie) 1965, Bd. IIa, IIb 1981, Bd. IIc 1982 (Astronomy and Astrophysics); Abriß d. Astronomie, 2 Bde. 1969, 4. A. 1988; Outline of Astronomy, 2. Bd. 1974. Zahlr. Fachveröff. - 1967 o. Mitgl. Akad. d. Wiss. Göttingen (1976 Vizepräs., 1978 Präs.); 1974 Mitgl. Dt. Akad. d. Naturforscher Leopoldina, Halle - Spr.: Engl. - Rotarier.

VOIGT, Hans-Peter
Dr., Apotheker, MdB (s. 1983, Landesliste Nieders.) - Falkenstr. 4, 3410 Northeim - Geb. 12. Nov. 1936 Winsen/Luhe, ev.-luth., verh., 3 Kd. - Abit. 1958 Northeim; Univ. Tübingen u. Göttingen (Staatsex. Pharmazie 1963, Promot. Biochemie 1967) - S. 1968 selbst. Apotheker; s. 1981 Landrat Landkr. Northeim. 1976-81 Ratsmitgl. Stadt Northeim, s. 1977 MdK CDU s. 1970.

VOIGT, Heinz
Dr. jur., Botschafter d. Bundesrep. Deutschl. a. D., zul. Schweden - Deutschherrnstr. 73, 5300 Bonn 2 - Geb. 15. Sept. 1913 Hamburg (Vater: Hans F. W. V., Kaufm.; Mutter: Frieda, geb. Vockerodt), ev., verh. s. 1948 m. Helga, geb. Schroeder - Gymn. Hamburg, Rendsburg Meldorf (Abit. 1930); Univ. Marburg, Bonn, Göttingen, Hamburg (Rechtswiss., Promot. 1934), Jurist. Staatsprüf. 1933 u. 37 Hamburg. Ab 1937 Amts- u. Landgericht Hamburg; 1939-45 Wehr- u. Kriegsdst.; s. 1951 Ausw. Amt Bonn (1953 Leit. Ref. Staats- u. Verw.srecht), 1955 Vortr. Legationsrat, 1955 NATO-Tätigkeit Paris, 1957 stv. Exekutivsekr. ebd., 1960 AA Bonn (stv. Leit. Polit. Abt. West I, 1963 Unterabt. I A (Europa) 1963 Ministerialdirig.); 1965 Botschafter Rabat, 1970 Canberra, 1974 Bagdad, 1976 Stockholm. Mitgl. Dt. Ges. f. Ausw. Politik. 1978 i. R. - Div. Orden - Spr.: Engl., Franz., Span., Schwed.

VOIGT, Helmut
Generalbevollmächtigter Bankhaus Merck, Finck & Co., München-Düsseldorf-Frankfurt am M. (s. 1977), AR-Mitgl. DSK-Bank Dt. Spar- u. Kreditbank AG, München-Düsseldorf (s. 1981), Beirat P. Dussmann Unternehmensgr., München - Geb. 1939.

VOIGT, Johannes H.
Dr. phil., D. Phil. (Oxon) Prof. f. Neuere Geschichte Univ. Stuttgart - Schwabstr. 113, 7142 Marbach/N. (T.

07144 - 1 42 90) - Geb. 13. Okt. 1929 Groß-Wittensee/Kr. Eckernförde, ev.-luth., verh. s. 1966 m. Ingrid, geb. Schneider, 3 Kd. (Carmen, Rebecca, Sebastian) - Abit. 1950 Eckernförde; Stud. Univ. Kiel, Marburg, London u. Oxford; Promot. u. Staatsex. 1959 Kiel, Promot. 1968 Oxford; 1972-73 Habil.-Stip. DFG, Habil. 1973 Stuttgart - 1959-61 Lektor in Deutsch u. Gesch. Benares Hindu Univ., Benares; 1961/62 Lektor f. Gesch. Panjab Univ., Chandigarh, Indien; 1968-71 Res. Fellow Australian National Univ., Canberra; s. 1977 apl. Prof., 1979 Prof.; 1987 Leit. Abt. Überseegesch., Histor. Inst. Gastprof. N.S.W. Univ. Sydney (1981) - BV: Indien im Zweiten Weltkrieg, 1978 (engl. 1987); Festschrift z. 150j. Bestehen d. Univ. Stuttgart, 1979 (Hrsg.); Univ. Stuttgart, 1981; New Beginnings. Germans in New South Wales and Queensland, 1983 (Hrsg.); Australien in Dtschl. - 200 J. Begegnungen, Beziehungen, Verbindungen, 1988 (engl. 1987); Gesch. Australiens, 1988.

VOIGT, Jürgen
Autor u. Regisseur - Langer Kamp 122a, 2000 Norderstedt - Geb. 22. Juli 1926, verh. s. 1957 m. Esther, geb. Jackowski, 2 S. (Holger, Harald) - Abit.; Werkkunstsch.; Verlagsbuchhandel s. 1953-60 Werbeleit. in Fachverlagen; s. 1960 Autor u. Dokumentarfilmregiss. - BV: D. Große Gleichgewicht, 1969; D. Sprache d. Zeichen, 1974; V. Urkrümel z. Atompilz, 1984; Neues Denken Alte Geister (Mitverf.), 1987; D. Rätsel d. Gefühle, 1989 - Liebh.: Verhalten v. Tier u. Mensch, Fotogr. - Spr.: Engl. - Bek. Vorf.: F.W. Voigt, Gen. Musikdirektor/ Komp. (Urgroßv.).

VOIGT, Karsten
Dr. med., Prof. f. Neuroradiologie, Ärztl. Direktor - Bohnenbergerstr. 28, 7400 Tübingen (T. 07071-6 52 79) - Geb. 9. März 1941 Königsberg/Ostpr. (Vater: Christian V., Architekt; Mutter: Karin, geb. Derlath), ev., verh. s. 1966 m. Edna, geb. Schulze-Eckardt, 4 Kd. (Maja-Caroline, Hubertus-Christopher, Felix-Constantin, Eva-Charlotte) - Ratsgymn. Wolfsburg, Univ. Kiel u. München (Promot. 1966), Univ. Freiburg (Habil. 1974), - 1975 wiss. Rat u. Prof. Freiburg, 1977 ärztl. Dir. Univ. Tübingen, 1980/81 Prodekan Fak. Klin. Med. u. 1981/82 Dekan Fak. Klin. Med. ebd. - 1980/81 Vors. dt. Ges. f. Neuroradiologie - BV: Neuroradiologie d. embryonalen Hirnentw. (m. P. Stoeter), 1980 - S. 1980 Ehrenritter Johanniterorden - Spr.: Engl.

VOIGT, Karsten
Volkshochschuldirektor, MdB (s. 1976; Wahlkr. 138) - Eysseneckstr. 40, 6000 Frankfurt/M. 1 (T. 59 24 57) - Geb. 11. April 1941 Elmshorn (Vater: Theodor V., Kunstverleger; Mutter: Margarethe, geb. Diedrichsen, Ärztin), verh. s. 1974 m. Inge, geb. Krebs (Stadtplanerin) - Stud. d. Gesch., German., Skandinavistik Univ. Hamburg, Kopenhagen, Frankfurt - SPD Frankfurt; 1969-72 Bundesvors. Jungsozialisten; 1972/73 stv., 1971-73 Vizepräs. u. 1973-75 Vors. Kontrollkommiss. Intern. Union of Soc. Youth. Obmann d. SPD im Ausw. Aussch. d. Bundestages; Mitgl. d. Bundesvorstandes d. SPD; Vorst.-Mitgl. der SPD-Bundestagsfraktion - BV: Wege z. Abrüst., 1981; Nuclear Weapons in Europe, 1983 - Spr.: Engl., Dän., Franz.

VOIGT, Klaus-Dieter
Dr. med., o. Prof. f. Klin. Chemie - Horstlooge 22a, 2000 Hamburg 67 (T. 603 44 33) - Geb. 18. Nov. 1921 Dahlhausen/Rhld. (Vater: Adalbert V., Direktor; Mutter: Hendrika, geb. van Wahden), verh. s. 1960 m. Inge, geb. Beckmann - Univ. Kiel u. Hamburg (Med. Staatsex. 1948). Promot. (1948) u. Habil. (1955) Hamburg - S. 1955 Privatdoz., apl. (1962) u. o. Prof. (1973) Univ. Hamburg (1965 Dir. Abt. f. Klin. Chemie/Med. Kliniken). Fachmitgliedsch. - BV: D. Gonadotropine, 1964 (m. Apostolakis). Üb. 100 Einzelarb.

VOIGT, Peter
Prof., Maler, Kunsterzieher - Karl-Steinacker-Str. Nr. 17, 3300 Braunschweig (T. 37 39 13) - Geb. 19. Febr. 1925 Braunschweig, ev., verh. s. 1954 m. Brigitte, geb. Liebold, 2 Kd. (Annette, Jessica) - Kunsthochsch. Hamburg (1946-48; Fr. Graphik) u. Berlin (1948-52; Malerei, Kunstpäd.; Staatsex. - S. 1963 o. Prof. f. Fr. Malerei Kunsthochsch. Braunschweig (1967-72 Rektor; 1972 ff. Prorektor). Mitgl. Dt. Künstlerbd.

VOIGT, Rüdiger
Dr. jur., Prof. f. Politikwissenschaft Univ.-GH Siegen - Hilchenbacher Str. 90, 5902 Netphen 1-Herzhausen (T. 02733 - 21 19) - Geb. 7. April 1941 Flensburg (Vater Kurt V., Marineoffz.; Mutter: Erika, geb. Berg), verh. s. 1968 m. Konstanze, geb. Berner, 3 Kd. (Karsten, Marten, Eike) - 1965-71 Stud. Rechts-, Wirtschafts- u. Politikwiss. Univ. Kiel u. Tübingen; jurist. Staatsex. 1969, Promot. 1973 Kiel - 1963-65 Off-z.anw. Bundesmarine; 1971/72 Rechtsrefer. Kiel; 1972-81 Wiss. Mitarb. Siegen u. Berlin; s. 1981 Prof. in Siegen; s. 1982 Vors. Forsch.schwerp. Historische Mobilität u. Normenwandel - BV: D. Auswirk. d. Finanzausgl., Monogr. 1975; Kommunale Partizipation am staatl. Entscheidungsproz., Monogr. 1976; D. System d. kommunalen Finanzausgl., Monogr. 1984; Verrechtlich., Sammelb. 1980; Handwörterb. z. Kommunalpolitik, wiss. Lex. 1984; Gegentendenz z. Verrechtlich., Sammelb. 1984; Abschied v. Recht?, Sammelb. 1984; Rechtspolitol., Monogr. (m. A. Görlitz) 1985; Recht als Instrument d. Politik, Sammelbd. 1986; Neue Wege z. Recht, Sammelbd. 1986; Krise ländl. Lebenswelten (m. K. M. Schmals), Sammelbd. 1986; Implementation v. Gerichtsentscheidungen (m. E. Blankenburg), Sammelbd. 1987; Gastarbeiter zw. Integration u. Remigration, Sammelbd. 1988; Limits of legal Regulation, Sammelbd. 1989. Herausg. Schriftenreihe: Beitr. z. Kommunalwiss.; Innenpolitik in Theorie u. Praxis (m. L.-R. Reuter); Rechtspolitologische Texte (m. A. Görlitz); Jahresschr. f. Rechtspolitologie (m. A. Görlitz) - Spr.: Engl. - Bek. Vorf.: Friedr. Wilh. V., Generalmusikinspizient (Urgroßv.).

VOIGT, Wilfried
Dr. Ing., Dipl.-Phys., Wirtschaftsberater - Im Fasanengarten 11c, 6240 Königstein (T. 06174 - 40 29) - Geb. 19. März 1928 Kassel, ev., verh. s. 1955 m. Margot, geb. Franke, 2 T. (Kirsten, Karen) - Dipl.-Phys. 1952 Univ. Mainz, Betriebswirt 1955 Freiburg, Promot. 1966 Aachen - 1957-67 Geschäftsf. chem. u. Maschinenbau-Ind.; 1967-71 Geschäftsf. Papierveredl.; s. 1972 selbst. Wirtschaftsberat.; 1974 Gf. Gesellsch. Tradass GmbH, 1976 Präs. Tradass Cons. Com. Intern. SA. u. Globass Inc., USA. VR-Vors. Rational Versich. Kontor GmbH & Co., Mitgl. American Inst. of Management, Repräs. Inst. de Desenvolvimento (IDEG), Rio de Janeiro - Liebh.: Bergtouren, Skilauf, Tennis, Segeln - Spr.: Engl.

VOIGT, Wolfgang
Dr., Geschäftsführer Industrieverb. Garne e. V. u. Verein Dt. Kammgarnspinner i. R. - Lessingstr. 8, 6000 Frankfurt/M. (T. 72 63 03) - Geb. 9. Okt. 1925 Vierraden/Uckermark (Vater: Dr. med. Rudolf V., Arzt; Mutter: Elfriede, geb. Sommer), verh. s. 1957 m. Edith, geb. Weinert, 3 Söhne (Burkhard, Rüdiger, Ronald) - Marienstift-Gymn. Stettin (Abit. 1943); Univ. Kiel (Wirtschaftswiss.; Dipl.-Volksw. 1952), TU Berlin (Wirtschaftsing.wesen). Promot. 1952 Kiel (Staatswiss.) - Liebh.: Geogr. - Spr.: Engl. - Bek. Vorf.: Wilhelm Busch (ms.).

VOIGTLÄNDER, Gerhard
Dr. agr., o. Prof. f. Grünlandlehre - Prandtlstr. 27, 8050 Freising/Obb. (T. 16 05) - Geb. 25. Nov. 1912 Ströbeck (Vater: Oskar V., Landw.; Mutter: Frida, geb. Klietz), ev., verh. s. 1941 m. Ilse, geb. Schiller, 3 Kd. (Volker, Wolfram, Susanne) - Domgymn. Halberstadt (Abit. 1932); 1932-34 Landw.slehre; 1934-37 TH München u. Univ. Halle (Dipl.-Landw.), 1948-50 LH Hohenheim (Promot.) - 1950-1957 Industrieberater; 1958-63 Wiss. Assist. u. Doz. (1962) LH Hohenheim; s. 1963 ao. u. o. Prof. TH bzw. TU München (Inst.dir.). Spez. Arbeitsgeb.: Futterqualität Landw. Ökologie - BV: Futterwerb. u. -konservier, 1973; Methoden d. Grünlandunters. u. -bewert., 1979 - 1984 BVK - Spr.: Engl.

VOISARD, Otto
Dipl.-Ing., Vorstandsvorsitzer MAN Maschinenfabrik Augsburg-Nürnberg AG. (s. 1979), Präsid.-Mitgl. Landesverb. Bayer. Ind. München, Vorst.-Mitgl. Verb. d. Automobilind. Frankfurt/M. - Postf., 8900 Augsburg - Geb. 18. Mai 1927 Wien - Stud. Maschinenbau Wien - S. 1954 MAN (zul. Nutzfahrzeugbereich) - 1981 Bayer. VO.

VOITEL, Gottfried
Volkswirt, MdL Hessen (1966-75; 1970-73 Vizepräs.) - Habsburger Allee 16, 6000 Frankfurt/M. (T. 44 83 06) - Geb. 12. Mai 1926 Dresden - Obersch. Dresden; TH Dresden (b. 1948, Flucht), Univ. Frankfurt (1954-58; Dipl.-Volksw.) - U. a. 1960-68 Ref. Seminar f. Politik u. Doz. Verwaltungssem. Frankfurt. 1956 ff. Stadtverordn. Frankfurt; 1973 ff. stv. Landrat. Hochtaunuskr. B. 1948 LPD, dann FDP.

VOITH von VOITHENBERG, Freiherr Günter
Photograph (freischaffend) - Denninger Str. 110, 8000 München 81 (T. 089 - 91 37 70) - Geb. 21. April 1936 München, kath., verh. s. 1965 m. Eva, geb. Stumpf, freischaff. Photogr., 2 Kd. (Alexandra, Stephan) - Human. Gymn.; Stud. Bayer. Staatslehranst. f. Photogr. München - BV: Burgen, Schlösser u. Ansitze in Südtirol, 1978; Irische Häuser, 1982; Passionsspiele Oberammergau, 1980 u. 1984. Zahlr. Veröff. üb Kunst, Arch., Päd. u. techn. Photogr.

VOITL, Herbert
Dr. phil., o. Prof. f. Engl. Philologie Univ. Erlangen-Nürnberg (s. 1965) - Wolfsäckerweg 11, 8520 Erlangen (T. 5 80 52) - Geb. 11. Juli 1925 Saaz/Böhmen, verh. m. Evelyn, geb. Brunner.

VOITLÄNDER, Jürgen
Dr. rer. nat., o. Prof., Vorst. Inst. f. Physikal. Chemie Univ. München - Pienzenauer Str. 154, 8000 München 81 (T. 98 61 30) - S. 1964 (Habil.) Lehrtätigk. München (1969 apl. Prof. f. Physik).

VOLK, Eberhard
Dr. rer. pol., Dipl.-Soz., Direktor Verwaltungsakademie Berlin - Kurfürstendamm 207/208, 1000 Berlin 15 (T. 31 83 - 450) - Geb. 3. Febr. 1938 Frankfurt/O. - Lehrbeauftr. FU Berlin f. Verwaltungswissensch., 1965 wissenschaftl. Assist. Inst. f. Soziologie, FU Berlin; 1968 Deutscher Bildungsrat; Mitgl. Dt. Sektion intern. Inst. f. Verwaltungswissensch. Verwaltungswissenschaftl. Veröffentl.

VOLK, Klaus Wolfgang
Dirigent, Direktor d. Musikakad. Augsburg - Maximilianstr. 59, 8900 Augsburg - Geb. 21. Mai 1934, verh. s. 1963 m. d. franz. Cellistin Marcelle Vérignon (Casals-Preis 1961), 4 Kd. (Claudia, Ilia, Celia, Saskia) - Human. Gymnasium (Abit. 1952 Karlsruhe), Univ. Heidelberg u. Göttingen. Musikakad. Wien, Accad. Chigiana Siena - 1962 Kapellm. Bayer. Staatstheater München; 1963-66 K. Hess. Staatstheater Kassel; 1970-72 stv. Generalmusikdir. Lübeck; 1973 Lehrauftr. f. Dirig. a. d. Staatl. Musikhochsch.; GMD d. Hofer Symphoniker, gleichz. Dir. Stift. Dr. Hoch's Konservat. Frankfurt (1973-77) - BV: Joseph Hoch z. 100. Geburtstag, 1974 - 1955 Kulturpreis Stadt Karlsruhe; 1956 Ausz. b. intern. Musikwettb. ARD München - Jugendmeister Abfahrtslauf (Ski) Nordbaden - Liebh.: Reisen, Sport - Spr.: Franz., Ital. - Bek. Vorf.: Jos. Friedr. Enderlin (gest. 1806), markgräfl.-bad. Hof- u. Kammerrat, Reformer d. Weinbaus am Oberrhein; Balthasar Merklin, 1529-1531 Bischof von Konstanz, 1519 Vizekanzler Karl V.

VOLK, Otto Heinrich
Dr. phil. nat., o. Prof. f. Pharmakognosie (emerit.) - Friedrich-Ebert-Ring 16, 8700 Würzburg - Geb. 6. Dez. 1903 Richen/Baden, verh. s. 1950 m. Irene, geb. Rubow - Univ. München, Wien, Heidelberg (Promot. 1930) - S. 1936 (Habil.) Lehrtätigk. Univ. Würzburg (1949 apl., 1957 ao., 1967 o. Prof.; Inst.svorst.). Gastprof. Univ. Kabul. Reisen Südwestafrika u. Afghanistan - BV: u. a. Ökologie d. Heilpflanzen; Vegetation u. Flora v. Afghanistan u. Südwestafrika, Gräser d. Farmgebietes von SWAfr; Hepaticae d. südl. Afrika.

VOLKART, Karlheinz
Dipl.-Ing., Verbandsdirektor, Geschäftsf. Bundesverb. d. Gips- u. Gipsbauplattenindustrie, Güteschutzgem. f. Gips u. Gipsbauelemente, Forschungsvereinig. d. Gipsind. - Mittermayerweg 33, 6100 Darmstadt (T. 7 68 22) - Geb. 26. April 1924 Hannover (Vater: Alfred V., Postamtm.; Mutter: geb. Haasemann), ev., verh. s. 1954 m. Elisabeth, geb. Garleff, 3 Kd. (Bettina, Mathias, Asmus) - TH Hannover.

VOLKE, Hans Georg
Direktor, Vorstandsmitgl. Augsburger Kammgarn-Spinnerei AG - Nördlinger Str. Nr. 140, 8901 Königsbrunn - Geb. 13. Mai 1928.

VOLKER, Gisela
s. Sivkovich, Gisela

VOLKERT, Heinz Peter
Dr. jur., Rechtsanwalt, Ltd. Regierungsdir. a. D., Landtagspräs. Rhld.-Pfalz, MdL (s. 1975) - Zu erreichen üb. Landtag, Deutschhauspl. 12, 6500 Mainz (T. 06131 - 20 82 00); priv.: Weimarer Str. 56, 5400 Koblenz (T. 0261 - 5 41 41) - Geb. 22. Okt. 1933 Koblenz (Vater: Heinz V.; Mutter: Karin, geb. Altmeier), kath., verh. s. 1960 m. Irmgard, geb. Alken, 1 Kd. (Frank Adrian) - Human. Gymn.; Stud. Rechtswiss., Gesch., Franz. Univ. Bonn, Freiburg, Mainz, Aix en Provence, Speyer, Luxemburg; 1. u. 2. jur. Staatsex.; Promot. 1963 Mainz - Ref. Bundesamt f. Wehrtechn. u. Beschaff. (b. 1979); 1969-85 Mitgl. d. Rates d. Stadt Koblenz; 1972-79 stv. Vors. CDU-Stadtratsfrakt.; 1979-85 stv. Vors. CDU-Landtagsfrakt.; 1985 Präs. d. Landtags Rhld.-Pfalz. CDU (div. Parteiämter). Vors. TuS Rot-Weiß Koblenz, Vors. d. Bildungsw. d. Landessportb. Rhld.-Pfalz, Präsid.-Mitgl. Sportbund Rhld. u. LSB Rhld.-Pfalz, Präs. Freundschaftskreis Rhld.-Pfalz/Burgund, Vors. Kuratorium Unteilbares Dtschl. Rhld.-Pfalz - Goldn. Ehrennadel Sportbund Rhld.; goldn. Ehrennadel Landessportbd. Rhld.-Pfalz; Sportplakette Land Rhld.-Pfalz; Gr. BVK - Liebh.: Gesch., heimatl. Brauchtum, Sport - 1952 2. Dt. Jun.Meister 3 x 100 m-Staffel - Spr.: Engl., Franz.

VOLKERT, Wilhelm
Dr. phil., Prof. f. Geschichte (Bayer. Landesgesch.) Univ. Regensburg - Universitätsstr. 31, 8400 Regensburg - Geb. 26. Febr. 1928 München - BV: Regesten d. Bischöfe u. d. Domkapitels v. Augsburg, I 1985; Handb. d. bayer. Ämter, Gemeinden u. Gerichte, 1983. Herausg.: Ludwig Thomas Beiträge im Miesbacher Anzeiger (1989). Mithrsg.: Regensb. Histor. Forsch.

VOLKHEIMER, Gerhard
Dr. med. habil., Prof. f. Gastroenterologie Univ. Berlin - Bayerischer Platz 9, 1000 Berlin 62 (T. 030-781 53 53) - Geb. 11. Juli 1921 Kempten/Allg. - BV: Persorption, Monogr., 1972.

VOLKHOLZ, Sybille
Senatorin f. Schule, Berufsbildung u. Sport in Berlin - Bredtschneider Str. 5, 1000 Berlin 19 - Geb. 17. März 1944 Dramburg/Pommern, gesch. - Dipl.-Soziol. 1967 Münster; 1. Staatsex. als Lehrerin 1972; 2. Staatsex. 1974 - 1972 Lehrerin an e. Hauptsch.; 1979 Lehrerin an d. Berufsfachsch./Fachsch. f. Erzieher Charlottenburg. S. 1979 stv. Vors. Gewerkschaft Erziehung u. Wiss. Berlin.

VOLKMANN, Bodo

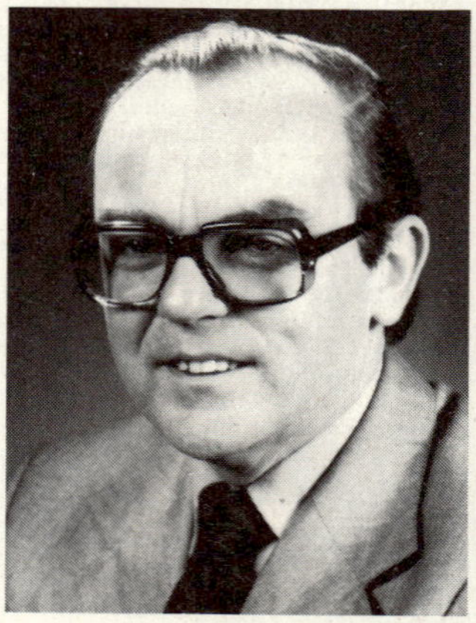

Dr. rer. nat., o. Prof. f. Mathematik (Zahlentheoret.) - Kirchgartenstr. 40, 7141 Möglingen/Württ. - Geb. 16. April 1929 Berlin (Vater: Walter V., Beamter; Mutter: Hedwig, geb. Heyer), verh. s. 1956 m. Waltraut, geb. Rohrbach, 4 Töcht. (Angelika, Cordula, Evelina, Gesina) - 1946-50 Univ. Göttingen (Math., Physik, Phil.). Promot. (1951) u. Habil. (1955) Mainz - S. 1955 Lehrtätigk. Univ. Mainz (1960 apl. Prof.) u. Univ. Stuttgart (1964 ao., 1966 o. Prof.). Wiederh. Gastprof. USA. Vortragsreisen, Naher, Mittlerer u. Ferner Osten, Afrika; Präsid.-Mitgl. Christl. Jugenddorfwerk Dtschl. (dort aktiv f. Förderung v. Spitzenbegabten); Baden-Württ. Landesvors. Hochschulverb. (1978-83). Zahlr. math. Fachveröff.; Bücher u. Aufs. üb. christl. Themen.

VOLKMANN, Hans-Erich
Dr., Prof. Univ. Freiburg, Leitender Wiss. Direktor Militärgeschichtl. Forschungsamt Freiburg - Wiesneckstr. 15, 7801 Buchenbach (T. 07661 - 31 24) - Geb. 15. März 1938 Montabaur, ev. - Stud. Gesch., German.; Promot. (Osteurop. Gesch.) 1963 Mainz; Habil. (Neuere u. Neueste Gesch.) 1971 - BV: D. russische Emigration in Deutschl. 1919-29, 1966; Deutsche Baltikumpolitik zw. Brest-Litovsk u. Compiègne, 1970; Wirtschaft im Dritten Reich, Bibliogr., 2 Bde., 1980/84.

VOLKMANN, Harald
Dr. phil., Prof., Physiker - Zeppelinstr. 23, 7920 Heidenheim/Brenz (T. 4 34 39) - Geb. 25. Sept. 1905 Baldenburg Kr. Schlochau (Eltern: Albert (Lehrer, zul. Konrektor) u. Selma V.), verh. s. 1942 m. Ursula, geb. Schuchardt (Wien), S. Dietmar - Univ. Göttingen, Heidelberg, Jena, Königsberg (Physik, Math., Chemie, Mineral.). Promot. (1930) u. Habil. (1935) Königsberg - Univ. Königsberg (1930 Assist., 1935 Privatdoz.) u. TH Karlsruhe (1938 Doz., 1943 apl. Prof.); 1948-71 Zeiss-Werke (1955 Leit. Elektronenopt. Abt., 1956 Leit. Physikal. Labor., 1963 Techn.-Wiss. Zentralst., 1969 Leit. Techn.-Wiss. Informationszentrale, wiss. Leit. Opt. Mus. Oberkochen. Fachfunktionen u. -mitgliedsch. Üb. 100 Handbuch- u. Ztschr.beitr. - 1977 Siegfried-Hartmann-Med. in Gold d. Techn. Literar. Ges. - Liebh.: Kulturgesch., Reiten, Schwimmen, Wandern - Spr.: Engl., Franz. - 1922 Mitteld. Jugendmeistersch. Olymp. Staffel.

VOLKMANN, Karl Heinz
Dipl.-Ing., freischaffender Architekt, Präs. Bundesarchitektenkammer, Bonn, Vizepräs. Architektenkammer Nordrh.-Westf., Ehrenpräs. Vereinig. Freischaff. Architekten Dtschl.s ebd. - Marktpl. 9, 4000 Düsseldorf 1 - Geb. 17. Febr. 1925 - BVK I. Kl.

VOLKMAR, Günter
Gewerkschaftssekretär, Vorsitzender Gewerksch. Handel, Banken u. Versicherungen (1980-88) - Mörsenbroicher Weg 173, 4000 Düsseldorf 30 - Geb. 28. Febr. 1923 Essen, ev., verh. s. 1946 m. Erna, geb. Grabow, 2 S. (Heinz, Peter) - Abit., Univ. Marburg (Jura) - Arbeits- u. Kriegsdst., Rechtsschutzsekr. DGB Essen (1949 v. Vors. Hans Böckler zur HBV deleg.), Sachbearb. f. Arbeitsrecht u. f. Banken u. Versich. b. HBV-Hpt.vorst., s. 1955 Gf. Hpt.vorst. (verantw. auch f. Tarifpolitik), s. 1976 stv. Vors. HBV, 1980 Vors.

VOLL, Gerhard
Dr. rer. pol., Prof., Wiss. Rat Inst. f. Mineralogie Univ. Münster (s. 1969) - Lipschitzstr. 4, 5300 Bonn - Zul. Oberassist. Vorles. üb. Petrographie u. Lagerstättenkd. - 1969 Viktor-Moritz-Goldschmidt-Preis.

VOLL, Otto
Dr. jur., Vorstandsmitglied Europäische Reisevers. AG, München - Lamontstr. 11, 8000 München 80 - Geb. 19. Febr. 1920 Gefäll b. Bad Kissingen.

VOLLAND, Hans
Dr. rer. nat., Dipl.-Geophys., Prof., Radioastron. Inst. Univ. Bonn (s. 1969) - Auf dem Hügel 71, 5300 Bonn - Geb. 8. Dez. 1925 Harzgerode - S. 1963 (Habil.) Lehrtätig. TU Berlin, Univ. Bonn, Univ. Köln u. Univ. of Kyoto - BV: D. Ausbreitung langer Wellen, 1968. Handb. of Atmospherics, 1982; Atmospheric Electrodynamics, 1984; Atmospheric Tidal and Planetary Waves, 1988. Zahlr. Fachveröff.

VOLLAND, Heinz
Oberst a. D., Ehrenvors. Dt. Bundeswehr-Verb. (DBwV) - Iltisweg 21, 5205 St. Augustin 1 - Geb. 31. März 1921 - 1982 Gr. BVK.

VOLLBERG, Johannes Wilhelm
Dr.-Ing., Dipl.-Ing., Prof., Direktor Unternehmensbereich Nachrichten- u. Sicherungstechnik Siemens AG - Kirschäckerweg 18, 8000 München 60 - Geb. 8. Aug. 1926 Berlin (Vater: Willi V., vereid. Buchprüfer u. Steuerberater; Mutter: Martha, geb. Taube), verh. s. 1954 m. Anneliese, geb. Best - Abit. 1946 Berlin; Stud. TU Berlin; Dipl.ex. 1950; Promot. 1960 Berlin - 1951-61 Siemens-Schuckertwerke AG. Berlin (Einführung d. Datenverarb.), s. 1961 Siemens AG., Nürnberg u. München (1969); s. 1969 Lehrtätig. TU Hannover. Umfangr. Vortragstätig. Europa (üb. 200 Referate, Seminare); zahlr. Fachveröff. - Liebh.: Tennis, Jazz, Leichtathletik (1946-50 wiederholt Berliner Meister) - Spr.: Engl.

VOLLBRECHT, Fritz
Uhrmachermeister, Präsident Handwerkskammer Hildesheim - Braunschweiger Str. 53, 3200 Hildesheim; priv.: Breite Str. 65, 3410 Northeim (T. 05551 - 6 12 77) - Geb. 21. Mai 1921 Northeim.

VOLLE, Hans
Landrat Kr. Tuttlingen - Zeisigweg 9, 7204 Wurmlingen - Geb. 8. Juli 1939 Pforzheim (Vater: Hermann V., Landwirt; Mutter: Anna, geb. Bossert), ev., verh. s. 1961 m. Adelheid, geb. Leske, 3 Kd. (Jochen, Steffen, Christoph) - Ausb. gehob. Verw.dienst, Staatsex. 1961 - B. 1967 Verw.-Beamter; 1967-74 Bürgerm. Alpirsbach; 1974-79 Vors. Regionalverb. Schwarzwald-Baar-Heuberg; ab 1979 Landrat Kr. Tuttlingen.

VOLLE, Klaus
Dr. jur., Universitätskanzler - Wilhelmsplatz 1, 3400 Göttingen; priv.: Tegelheide 51, 4505 Bad Iburg - Geb. 16. Okt. 1935 Bochum (Vater: Karl V.; Mutter: Hedwig, geb. Bucker), ev., verh. m. Ingeborg, geb. Rosenbaum, 2 Kd. (Peter, Uta) - Abit. 1956; jurist. Staatsex. 1960 u. 64; Promot. 1966 - 1964 Wiss. Assist., 1967 Stellv. d. Kanzlers Univ. Regensburg, 1970 ltd. Verwaltungsbeamter Univ. Kaiserslautern, 1974 Kanzler Univ. Osnabrück, 1988 Kanzler Georg-August-Univ. Göttingen - Spr.: Engl.; Franz.

VOLLENSCHIER, Fritz Walter
Direktor i. R., Obering., Leiter Standard Elektrik Lorenz (SEL) AG, Geschäftsstellenbereich Berlin-Hamburg-Kiel - Siegrunweg 43, 2000 Hamburg 56 (T. 81 48 88) - Geb. 21. Jan. 1920 Rathenow, ev., verh. m. Gisela, geb. Holm - b. 1945 Kriegsmarine, Berufsschullehrer, Berufsschuldir., Entwickl.-Ing. Fernmeldetechnik SEL Stuttgart, Vertriebsleit. SEL Essen, Geschäftsf. SEL Hannover. SEL-Bereich Nord. 25 Patente. Fachveröff.

VOLLER, Hellmut
Dr. jur., Rechtsanwalt - Limburger Str. 33, 6242 Königstein (T. 33 34) - Geb. 17. März 1921 Frankfurt/M. - Stud. Rechtswiss. Gr. jurist. Staatsprüf. - B. 1966 stv., dann o. Vorstandsmitgl. Hartmann & Braun AG, Frankfurt (b. 1977).

VOLLES, Erwin
Dr. med., Prof. Univ. Göttingen, Ltd. Arzt f. Neurol. u. Neuropsychiatrie - Klinik Schildautal, Karl-Herold-Str. 1, 3370 Seesen am Harz.

VOLLHARDT, Jürgen-J.
Rechtsanwalt, Bankier - Tillmannsweg 7a, 1000 Berlin 39 - Geb. 13. Aug. 1928, verh., 2 Kd. - VR-Mitgl. Schamoni Medien GmbH, Berlin; Sprecher d. Vorst. Dt. Kredit- u. Handelsbank AG; AR-Vors. DeGeWo Berlin; stv. AR-Vors. Bolle Handels AG, Berlin; Mitgl. Steuerausssch. u. Aussch. Hdl. m. d. DDR d. IHK Berlin; Mitgl. Zulass.-Stelle Berliner Wertpapierbörse, American Chamber of Commerce in Germany u. British Chamber of Commerce in Germany; Mitgl. The Overseas Bankers Club London; Mitgl. Verein Berliner Kaufl. u. Industrieller, Berlin; Vorst.-Mitgl. Karl Hofer Ges. Freundskr. d. Hochsch. d. Künste Berlin, Theodor Wiegand Ges., Ges. d. Freunde d. Dt. Archäol. Inst., Bonn; Schatzm. Förderkr. Ferdinand Sauerbruch, Berlin, u. Arbeitskr. f. europ. Zusammenarbeit Polit. Club, Berlin; Beiratsmitgl. Treuhandelsges. AG, Berlin, Herausg.beiratsmitgl. Ost-West-Commerz, Hamburg, Mitgl. Verein f. d. Gesch. Berlins, Berlin, u. Förderkr. d. Dt. Oper Berlin, Berlin - 9 Veröff. in d. Ind.- u. Handelsrevue - BVK I. Kl.

VOLLKOMMER, Max

Dr. jur., Prof. f. Bürgerl. Recht, Zivil-

prozeßrecht u. Arbeitsrecht Univ. Erlangen-Nürnberg (s. 1980) - Lindenweg 2, 8525 Weiher Post Uttenreuth - Geb. 23. Sept. 1931 Kaiserslautern (Vater: Leo V., Studienprof.; Mutter: Helene, geb. Jacob), kath., verh. s. 1967 m. Ingeborg, geb. Mantel, S. Gregor Anselm - Abit. 1951, Univ. München u. Oxford (Rechtswiss.); I. jur. Staatsprüf. 1956, II. jur. Staatsprüf. 1961; Prom. 1960; Habil. 1971, alle München - 1963-73 Richter in München (zul. LG-Dir.), 1973-80 Prof. Univ. Marburg - BV: Formestrenge u. prozessuale Billigkeit, 1973; D. Stellung d. Anwalts im Zivilprozeß, 1984; Anwaltshaftungsrecht, 1989. Mitautor: Zöller, Zivilprozeßordn., 15. A. 1987; Jauernig, BGB, 4. A. 1987. Herausg.: Datenverarbeitung u. Persönlichkeitsschutz (1986) - Spr.: Engl.; Latein.

VOLLKOMMER, Philipp

Kaufmann, MdL Bayern (s. 1970) - Bahnhofstr. 1, 8608 Memmelsdorf/Ofr. (T. 0951 - 4 30 78) - Geb. 1928 - Mitgl. Haushalt- u. Finanzaussch. Bayer. Landtag u. Altestenrat. CSU - 1980 Bayer. VO, 1984 Bayer. Verfassungsmed. in Silb.

VOLLMAR, Harro
Freiberufl. Ing., Ehrenamtl. Beautragter f. Denkmalpflege in Haan (s. 1981) - 5657 Haan 1 - Geb. 1929 Düsseldorf-Ludenberg - B. 1981 Hauptabteilungsleit. (Prokura) in techn. Produktionsind. u. Projektleit. Ind.anlagenbau. S. 1983 Vorst.-Mitgl. Ges. f. Vor- u. Frühgesch. Bonn; s. 1981 1. Vors. Bergischer Gesch.verein Abt. Haan - Entd. b. Durchführung archäol. Grabungen - BV: u.a. Emil Barth. E. Haaner Dichter 1900-1958, 1984; D. histor. berg. Kaffeetafel, 1985 u. 1986; Gesch. v. Haan u. Gruiten, 1987. Div. Veröff. - 1986 Rheinlandthaler d. Landschaftsverb. Rhld.; 1988 BVK.

VOLLMAR, Jörg-Friedrich
Dr. med., Prof., Chirurg, Ärztlicher Direktor Abteilung f. Gefäß-, Thorax- u. Herzchirurgie Universität Ulm - Zu erreichen ab. Univ. Ulm, Steinhövelstr. 9, 7900 Ulm/Donau (T. 0731 - 179 22 11) - Geb. 22. Sept. 1923 Plüderhausen/Württ., ev., ledig - Staatsex. u. Promot. 1948; 1948-70 Chir. Ausbild. an d. Chirurg. Universitätsklinik Heidelberg, 1957/58 St. Mary's u. Brompton-Hospital London, 1965 in USA (Prof. DeBakey, Houston/Texas); 1970 Lehrstuhl f. Chir. Univ. Ulm; 1974 Vors. Dt. Ges. f. Angiol.; 1977-84 Leit. Sektion Gefäßchir. in d. Dt. Ges. f. Chir.; 1986-88 Präs. European Soc. f. Cardiovascular Surgery - BV: Stadieneinteilung d. zerebro-vaskulären Durchblutungsinsuffizienz (Stadium I-IV), 1967; Optimierte Technik d. halbgeschlossenen Thrombendarteriektomie (spiralförmige Ringeobliteration), 1959; Entwicklung d. Gefäßendoskopie, 1959; Skelettierungsoperation als Behandlungsprinzip b. kongenitalen a. v. Fisteln, Typ II, 1963; Rekonstruktive Chirurgie d. Arterien (2. A. 1975, 3. A. 1982) Thieme Stuttgart, 1967 (ital. A. 1970, span. A. 1977, engl. A. 1980); Ar-

terio-Venose Fisteln-Dilatierende Arteriopathien (Aneurysmen), 1976 (m. F. P. Nobbe) - 385 Veröff., 450 wiss. Vorträge - 1972 Ehrenmitgl. d. Kolumbianischen Ges. f. Angiologie, 1974 d. Peruanischen Ges. f. Angiologie, 1972 Korresp. Mitgl. Brasilian. Ges. f. Angiologie, 1976 Kardiovaskular. Ges. Honduras, 1974 d. Ehrenmitgl. d. Kardiovaskulären Ges. Chile, 1970 Union Intern. d'Angiologie, 1971 d. Langobard. Chirurgenges. Milano, 1979 Erich-Lexer-Preis Dt. Ges. f. Chir. München, 1983 Orden do Merito Angiologica Bras. Ges. f. Angiol. - Liebh.: Archäol., Kunstgesch., Spr.: Engl., Span., Franz.

VOLLMAR, Karl Emil
Direktor, ehrenamtl. Präsident DLRG Landesverb. Baden (1965-71 u. s. 1977) - Königsberger Str. 2, 7512 Rheinstetten 3 (T. 07242 - 62 67) - Geb. 17. Juli 1928 Marburg/Lahn, ev., verh. s. 1955 m. Hedwig, geb. Kutterer, 3 S. (Rüdiger, Thomas, Jürgen) - Prüfungen z. mittl. u. gehob. berufsgenoss. Verwaltungsdst.; Verw.-Dipl. Verw.- u. Wirtsch.-Akad. Karlsruhe - BV: Eigenunfallversich. d. öfftl. Dienstes, 1965; Unfallversich. f. Schüler u. Studenten sow. Kinder in Kindergärten, 1971; Fragen u. Antworten z. Schülerunfallversich., 1980, 2. A. 1985 - 1970 DLRG-Verdienstz. in Gold; 1980 BVK am Bde.; 1985 Citation of Merit d. World Life Saving; 1986 Dt. Verkehrssicherheitspreis in Silber - Liebh.: Schwimmen, Tennis, Briefmarken, Graphol. - Spr.: Engl.

VOLLMAR, Roland
Dr.-Ing., Dipl.-Math., o. Prof. f. Informatik Univ. Karlsruhe (s. 1989) - Adolfstr. 14, 3300 Braunschweig - Geb. 1. Nov. 1939 Braubach/Rh., verh. s. 1964 m. Ute, geb. Heil, S. Jens- Stud. d. Math. Univ. Heidelberg u. Saarbrücken 1965-69 TU Hannover u. Univ. Erlangen-Nürnberg (u. wied. 1972-74); 1970/71 Buderus'sche Eisenwerke Wetzlar; 1981-87 Prof. TU Braunschweig; 1981-87 Vors. d. Fak.tages Informatik; s 1987 Präsid.-Mitgl. Ges. f. Informatik (GI). S. 1986 Mitgl. Braunschweig. Wiss. Ges. - BV: Algorithmen i. Zellularautomaten, 1979 (Übers. Ungar., 1982).

VOLLMER, Antje

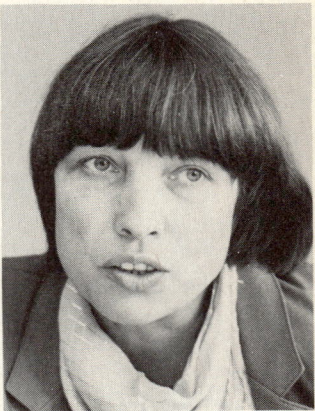

Dr. phil., Theologin, Erwachsenenbildnerin, Bundestagsabgeordnete (1983-85); Landesliste NRW; 1984/85 u. s. 1989 Sprecherin d. Fraktion D. Grünen im Bundestag) - Bundeshaus, 5300 Bonn 1 - Geb. 31. Mai 1943, led., 1 Kd. - 1. u. 2. theol. Examen; Dipl. in Erwachsenenbild.; Promot. 1973 Berlin - 1972-75 Pastorin in Berlin-Wedding, 1976-84 Doz. Lindenhof Bethel - BV: D. Neuwerkbeweg., e. Beitrag z. Gesch. d. Jugendbeweg., d. religiösen Sozialismus u. d. Arbeiterbild., 1973; Clara Zetkin, 1975; U. wehret euch tägl. E. grünes Tageb., 1984; Kein Wunderland f. Alice - Frauenutopien, 1986.

VOLLMER, Gerhard
Dr. rer. nat., Dr. phil., Prof. f. Philosophie Univ. Gießen - Zaunkönigweg 5, Schloß-Ricklingen, 3008 Garbsen 5 (T.

05031 - 7 15 64) - Geb. 17. Nov. 1943 Speyer (Vater: Hermann V., VG-Rat; Mutter: Helen, geb. Jaeger), verh. s. 1969 m. Ulrike, geb. Rusche, 4 Kd. (Urs, Sirka, Timo, Florian) - Human. Gymn. Speyer (Abit. 1963); 1963-73 Stud. Jura, Math., Physik, Chemie, allg. Sprachwiss. u. Phil. Univ. München, Berlin, Hamburg (DESY), Freiburg u. Montreal (Dipl.-Phys. 1968, Promot. Phys. 1971, Promot. Phil. 1974, alles Freiburg) - 1971-74 Wiss. Assist. Physik Freiburg; 1975-81 Akad. Rat/Oberrat Phil. Hannover; 1981ff. Prof. f. Phil. (insbes. Grundl. d. Biowiss.) Gießen - BV: Evolutionäre Erkenntnistheorie, 4. A. 1987; Was können wir wissen? Bd. 1: D. Natur d. Erkenntnis - Beitr. z. Ev. Erkenntnistheorie, 1985; Bd. 2: D. Erkenntnis d. Natur - Beitr. z. mod. Naturphil., 1986 - Liebh.: Sport - S. 1977 Erste Plätze in leichtathlet. Disz. b. Stadtmeistersch. - Spr.: Altgriech., Latein, Engl., Franz., Russ., Ital., Neugr., Türk., Neupersisch.

VOLLMER, Günter

Dr. rer. nat., Prof. f. Chemie u. ihre Didaktik - Buchholzstr. 25, 5300 Bonn (T. 0228-28 10 25) - Geb. 10. März 1940 Engelskirchen (Vater: Paul V., Redakt.; Mutter: Helene V.), kath., verh. s. 1973 m. Renate, geb. Goertz - Univ. Bonn (Chemie), Dipl. 1965, Promot. 1969, Habil. 1978, alles Bonn - Prof. f. Chemie u. ihre Didaktik Univ. Düsseldorf. Spez. Arbeitsgeb.: Lernmedien u.a. Experimentiersets: D. Geheimnis d. weißen Pulvers (Chemie), Alarm im Kratermoor (Physik), Markus mit d. drei Augen (Fotografie), 1980 - BV: Erfahren u. erforschen, 1977 (m. G. Klemmer); Pillen, Pflanzen u. Patienten, 1980; Sprache u. Begriffsbild. im Chemieunterr., 1980; aufgeweckt, (m. G. Hoberg), 1983; Lernwege, (m. dems.), 1985; Chem. Produkte im Alltag, (m. M. Franz), 1985; Lern- u. Arbeitsstrategien (m. G. Hoberg), 1986; D. Stress-Paket (m. G. Hoberg), 1987. Konzeption, Drehbuch u. Moderation zahlr. Fernseh- u. Videofilme.

VOLLMER, Lothar

Dr. jur., Prof. f. Bürgerl. Recht, Arbeits-, Wirtschafts- u. Zivilprozeßrecht Univ. Stuttgart-Hohenheim - Ingwerweg 14, 7000 Stuttgart 75 - Geb. 8. Aug. 1936 Detmold (Vater: Ernst V., Realschuldir.; Mutter: Fridel V.), ev., verh. s. 1969 m. Wiebke, geb. Dünnebier, 2 Kd. - Univ. Münster (Promot. 1969, Habil. 1976). Veröff. z. Verb.recht u. a. satzungsmäßige Schiedsklauseln, zugl. e. Beitr. z. Rechtsschutz in inn. Verb.angel., 1969; z. Energiewirtschaftsrecht, z. B. Grundprobl. d. atomrechtl. Genehmigungsverf., 1974; u. z. Arbeits-, Ges.- u. Unternehmensrecht, wie D. Entw. partnersch. Untern.verfass., 1976.

VOLLMER, Rainer

Bonner Korresp. u. fr. Fachjourn. f. Gesundheit, Soziales u. Versich., Herausgeber der gelbe dienst - Rheinweg 31, 5300 Bonn (T. 0228 - 23 90 48-49), priv.: Senefelder Str. 4a, 5060 Bergisch Gladbach 2 (T. 02202 - 3 85 99) - Geb. 1. Okt. 1940 Lüdenscheid - Mittl. Reife, Schriftsetzer-Lehre, Ztgs.-Volont. - Redakt. b. versch. Tagesztg.; b. 1972 Recklingh. Ztg. (Ressort-Leit. Nachr., dann stv. Leit. Politik); b. 1983 Leit. Ref. Öfftl.-Arbeit Bundesverb. Innungskrankenk., Verb. d. priv. Krankenvers., Doz.; MdK Rhein.-Berg. Kr. FDP (Mitgl. in sozialpolit. Gremien) - Publ. üb. PR-Aktionen, Sozialmarket. u. - plan.

VOLLMER, Wilfried

Dr. rer. nat., Direktor - Kurpfalzring 41, 6830 Schwetzingen (T. 06202 - 47 05) - Geb. 14. Jan. 1923 Bremen - Stud. Physik (Dipl.-Phys.) - Spr.: Engl. - Rotarier.

VOLLMER, Wolfgang

Staatssekretär Ministerium f. Wirtschaft, Mittelstand u. Technologie v. Nordrh.-Westf. - Haroldstr. 4, 4000 Düsseldorf - Geb. 22. Febr. 1925 Bochum - 1948-53 Univ. Münster u. Köln (Rechts- u. Staatswiss.) - Zul. Regierungsvizepräs. Düsseldorf (1973-75) u. Ministerialdirig. Innenmin. ebd. (1975-1978); AR: VAW, IKB, Köln Messe, NOWEA, Zenit.

VOLLMERHAUS, Bernd

Dr. med. vet. (habil.), o. Prof. u. Vorst. Inst. f. Makroskop. Anatomie d. Tiere Univ. München (s. 1967) - Greimelstr. 22, 8045 Ismaning - Zul. Doz. Univ. Gießen.

VOLLMERT, Bruno

Dr. rer. nat., o. Prof. f. Makromolekulare Chemie - Käthe-Kollwitz-Str. 14, 7500 Karlsruhe-Durlach - Geb. 12. Dez. 1920 Rönkhausen, kath., verh., 2 Kd. - Gymn. Attendorn; Univ. Bonn, Freiburg, TH Karlsruhe (Dipl.-Chem. 1944). Promot. (1946) u. Habil. (1950) Karlsruhe - 1951-65 Industrietätigk.; s. 1950 Privatdoz., apl. (1961) u. o. Prof. (1965) TH bzw. Univ. Karlsruhe (Dir. Polymer-Inst.). Div. Patente - BV: Grundriß d. Makromolek. Chemie, Lehrb. 1962 (auch ung., tschech., engl.). Üb. 50 Einzelveröff.

VOLLRATH, Hans-Joachim

Dr. rer. nat., o. Prof. f. Didaktik d. Math. Univ. Würzburg (s. 1970) - Lissabonner Str. 15, 8700 Würzburg - Geb. 24. Nov. 1934 Berlin (Vater: Hermann V., Pred.; Mutter: Rita, geb. Brüggmann), Adv., verh. s. 1960 m. Ruth, geb. Steudel, 2 Kd. (Mark, Jörg) - Stud. d. Math. u. Phys. FU Berlin; Promot. 1963 Darmstadt; Habil. 1969 ebd. - BV: Didakt. u. Algebra, 1974; Meth. d. Begriffslehrens im Mathematikunterr., 1984.

VOLLRATH, Heinrich

Dr. rer. nat., Prof. u. Leiter Inst. f. Grünlandsoziol. d. Hess. Lehr- u. Forschungsanst. Eichhof, Bad Hersfeld - Ligusterweg 16, 6430 Bad Hersfeld (T. 06621 - 6 25 65) - Geb. 11. Juli 1929 Wunsiedel (Vater: Georg V., Rektor; Mutter: Rosa, geb. Hohenner), luth., verh. s. 1964 m. Ella, geb. Sommer, 3 Kd. (Hendrik, Birgit, Sibylle) - Oberrealsch. Wunsiedel; Univ. Erlangen (Naturwiss.: Botanik, Zool., Geol., Chemie). Promot. 1957 (Geobotanik); Habil. 1975 - 1957 Bundesanstalt f. Vegetationskartierung, Stolzenau; 1958 Bayer. Landesst. f. Gewässerkunde, München; 1964 TH bzw. TU München (Lehrst. f. Grünlandlehre u. Landschaftsökolog.); 1977 Forschungsanst. Eichhof; 1982 Hon.-Prof. GH Kassel; 1985 Lehrbeauftr. Univ. Gießen. Spez. Arbeitsgeb.: Geobotanik, Grünlandsoziologie, Floristik, Flußmorphologie in Bayern u. Hessen - BV: Erosionsformen d. Granits in Nordostbayern, 1984 - 1968 Ludwig-Gebhard-Pr. Bayreuth - Liebh.: Granitverwitterungsformen, Klimatologie.

VOLLRATH, Horst

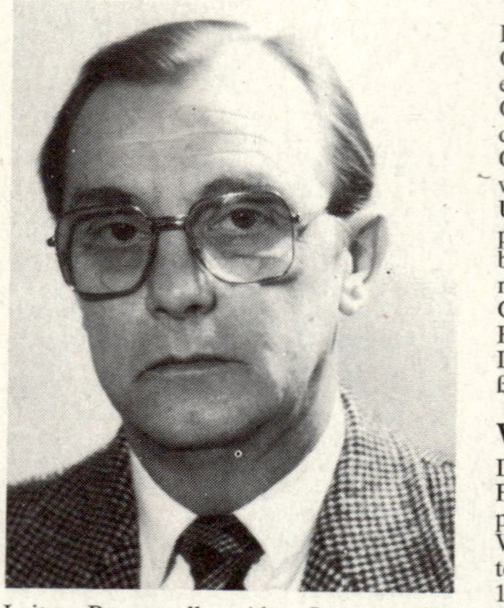

Leiter Pressestelle, Abt. Innerdt. Beziehungen b. Bevollm. d. Bundesreg. in Berlin (s. 1973) - Bundeshaus, Rüdesheimer Platz 4, 1000 Berlin 33 (T. 822 77 40) - Geb. 18. Jan. 1928 Berlin (Vater: Rudolf V., Betriebsleit.; Mutter: Erna, geb. Bauer), ev., verh. s. 1958 m. Helga, geb. Kniehase, T. Stefanie - Gymn.; Redakt.ausbild. - 1948-49 Redakt. Tagesztg. Sozialdemokrat, Berlin; 1949-57 polit. Haft in d. DDR; 1957-58 Redakt. Sender Freies Berlin; 1959-64 wiss. Angest. Landesbildstelle B.; 1964-70 Presseref. SPD-Landesverb. B.; 1970-73 Presseref. Bundesmin. f. innerdt. Bezieh., Abt. Berlin - BV: Entscheidung in Berlin - Chronik -, 1966 - 1982 BVK - Spr.: Engl.

VOLLRATH, Lutz

Dr. med., o. Prof. f. Anatomie Univ. Mainz (s. 1974) - Draiser Str. 136, 6500 Mainz (T. 3 51 25) - Geb. 2. Sept. 1936 Berlin (Eltern s. u. Bruder Hans-Joachim), Adv., verh. s. 1963 m. Gisela, geb. Dialer, 3 Kd. (Anja, Ilka, Edna) - Stud. FU Berlin, Kiel, Tübingen - 1971-74 Reader u. Prof. King's College, London. - BV: The Pineal Organ, 1981. Hrsg.: Cell and Tissue Research; Hdb. d. mikrosk. Anatomie d. Menschen, ab 1978. Mithrsg.: Neurosecretion (1974) - Spr.: Engl., Franz.

VOLMER, Carl-Alex

Dr. rer. pol. h. c., Vorstandsmitglied i. R. Rhein. Braunkohlenwerke AG., Köln - Hahnwaldweg 23, 5000 Köln 50 (T. 02236 - 6 46 56) - Geb. 19. Aug. 1912 Köln (Vater: Dr. M. J. V., Gerichtspräs.; Mutter: Marcelle, geb. Schwartz), verh. s. 1939 m. Barbara, geb. Seippel, Kd. - N. Abitur Banklehre - S. 1932 RB (1947 Kaufm. Vorstandsmitgl.). Div. Ehrenstellungen, Ehrenmitgl. IHK, Köln, Vizepräs. Debelux-Handelsk. - Ehrensenator Univ. Köln; 1973 Gr. BVK; Ehrendoktor - Liebh.: Jagd - Spr.: Franz. - Rotarier.

VOLMER, Günter

Dipl.-Ing., stv. Vorsitzender Innenaussch. MdB (1969-83) - Im Rosenhag 18, 4650 Gelsenkirchen (T. 14 16 78) - Geb. 17. Juli 1922 Gelsenkirchen (Vater: Peter V., Vorarbeiter; Mutter: Gertrud, geb. Kwasnitza), kath., verh. s. 1950 m. Maria-Theresia, geb. Saager, 4 Kd. (Ludger, Wolfgang, Hildegard, Gabriele) - Volkssch. Gelsenkirchen; Industrielehre (Laborant) Fachhochsch. Essen - S. 1949 Ing. Chem. Unters.amt, Essen, 1973-86 Bundesvors. Christl. Gewerkschaftsbd., s. 1986 Ehrenvors.; 1959-69 Redakt. Kreuz u. Hammer an d. Ruhr (KAB-Organ Bistum Essen). 1952-89 Ratsmitgl. Gelsenkirchen (1963-89 Fraktionsvors.); 1966-1969 MdL NRW. CDU s. 1950 (1968-83 Kreisvors. Gelsenkirchen, s. 1983 Ehrenvors., 1976-86 CDA-Bundesvorst.) - 1962 Ehrenring Stadt Gelsenkirchen; 1973 BVK I. Kl., 1982 Gr. BVK, 1988 Stern dazu; 1974 Ritterkreuz d. Gregoriusordens; 1986 Ritter d. Ordens v. Heiligen Grab - Liebh.: Musik, Schmalfilm, Foto - 1966 Vizepräs. 81. Dt. Katholikentag Bamberg.

VOLMER, Ludger

Dipl.-Sozialwissenschaftler, MdB Die Grünen (s. 1985; Landesliste NRW) - Zu erreichen üb. Werdstr. 4a, 5300 Bonn 3 - Geb. 17. Febr. 1952, ledig - Kriegsdienstverweigerer; Zivildst. im Krkhs., Obdachlosenarb.; Jugendzentrumsbewegung, Hochschulpolitik, u.a. Asta Univ. Bochum. Tätigk. f. Wohnumfeldplanung (anschl. Langzeitarbeitslosigk. b. z. Bundestagswahl 1983). Als Nachrücker ab. 1985 MdB (Fraktion D. Grünen) - 1986 Fraktionsvors. (erstes Halbj.) - ÖTV-Mitgl.; Gründungsmitgl. D. Grünen; Zuständigk.: 3. Welt-, Außen- u. Außenwirtsch.politik.

VOLP, Rainer

Dr. theol., Prof., Theologe - Saarstr. 21 FB 02, 6500 Mainz (T. 06131-39 26 53 priv. 06138-64 92) - Geb. 11. Okt. 1931 Worms (Vater: Carlo V., Pfarrer; Mutter: Anna, geb. Storck), ev., verh. s. 1964 m. Hildegard, geb. Starke, 3 Kd. (Annette, Hans-Henrich, Clemens-Ulrich) - Gymn. Worms; Stud. Theol. u. Phil. Bethel, Heidelberg, Marburg, Mainz, Paris. Promot. 1964; Habil. 1970 - 1960-68 Pfr. Dillenburg u. Mainz; s. 1970 Doz. u. Prof. (1971) Univ. Marburg (Prakt. Theol.), zugl. Dir. EKD-Inst. Kirchenbau; 1975 o. Prof. Kirchl. Hochsch. Berlin; 1979 o. Prof. Univ. Mainz. Vors. Dt. Ev. Kirchbautag (1971 ff.) u. a. - BV: D. Kunstwerk als Symbol - Theol. Beitrag z. Interpretation d. bild. Kunst, 1966; Sichtbare Kirche, 1973; Ökumen. planen, 1973; renovation - nicht restauration, 1974; Chancen d. Religion, 1975; Gemeinden im Bildungsprozeß, 1976; Zeichen im Gottesdienst, 1976; D. Schrift d. öffentl. Bilder, 1978; Zeichen-Semiotik in Theol. u. Gottesdienst, 1982; D. Kunst u. d. Kirchen (m. R. Beck u. a. hrsg.), 1984. Schriftl. Kunst u. Kirche 1971ff. Versch. Herausg. - 1975 Gr. Preis BDA - Liebh.: Bild. Kunst - Spr.: Hebr., Lat., Altgriech., Engl., Franz.

VOLPERT, Walter

Dr., Dipl.-Psych., Prof. f. Arbeitspsych. u. Arbeitspäd. TU Berlin (s. 1975) - Kaiserstr. 18, 1000 Berlin 49 (T. 744 45 40) - Geb. 27. Aug. 1942 München - Dipl.ex. 1966 München; Promot. 1969 Berlin - 1972-75 Prof. PH Berlin - BV: u. a. Sensumotorisches Lernen, 1971; Lohnarbeitspsychologie, 1975 (auch ital. u. dän.); Beiträge zur Psych. Handlungstheorie, 1980; Zauberlehrlinge, 1985.

VOLXEM, Van, Otto

Staatsminister a. D., Weingutsbesitzer - 5503 Konz-Oberemmel (T. 1 53 93) - Geb. 18. Aug. 1913 Hamm/W., kath., verh. s. 1948 m. Maria, geb. Reiter, 4 Kd. - 1957-59 Innen- u. Sozialmin. Rhld.-Pfalz, 1951-71 MdL Rhld.-Pfalz (1959-1971 Landtagspräs.). CDU s. 1946 - 1963 Großkreuz VO. BRD.

VOLZ, Eckart

Fabrikant, pers. haft. Gesellsch. Heinr. Jung & Sohn, Halver, Vizepräs. Wirtschaftsverb. Stahlverformung, Hagen, Vors. Industrieverb. Dt. Schmieden ebd. - Herpiner Weg 11, 5884 Halver/W. - Geb. 17. Aug. 1919.

VOLZ, Eugen

Dr. jur., Staatssekretär Justizministerium Baden-Württ. (s. 1978), MdL (s. 1972) - Kottenwiesen 18, 7090 Ellwangen/Jagst (T. 73 22) - Geb. 2. März 1932 Tübingen, kath. - Gymn. Bad Mergentheim; Univ. Würzburg, München, Tübingen. Jurist. Staatsprüf. 1956 u. 60; Promot. 1958 - 1965-69 Pers. Ref. Wehrbeauftr. Heye u. Hoogen (1967 Regierungsdir.); 1969-72 Tätigk. Parlam. Beratungsdst. Landtag BW (zul. Min.rat). CDU s. 1954.

VOLZ, Friedrich

Geschäftsführer CDU Nordwürtt., MdL Bad.-Württ. (s. 1980), Sicherheitspolitischer Sprecher CDU-Fraktion - Kirchstr. 19/3, 7441 Grafenberg (T. 07123 - 3 12 89) - Geb. 27. April 1944 Metzingen (Vater: Gottlieb V., Glaser; Mutter: Gertrud, geb. Fischer), ev., verh. s. 1977 m. Veronika Tschofen-V., 2 Kd. (Martina, Matthias) - Höh. Handelssch. (Mittl. Reife), Ausb. z. gehob. Verw.-dienst, Staatsex. - 1968-79 Pressesprecher d. bad.-württ. Finanzmin.

VOLZ, Heinrich Jakob

Dr., Dipl.-Chem., Prof. f. Organische Chemie Univ. Karlsruhe - Rolandstr. 52a, 7500 Karlsruhe (T. 86 36 57) - Geb. 25. Juli 1928 Frankfurt/M. (Vater: Karl August V.; Mutter: Katharina, geb. Frasch), kath., verh. s. 1958 m. Dr. Maria, geb. de Lecea, 2 Kd. (Margarita, Henriette) - Stud. d. Chemie u. Biol. Univ. Frankfurt/M.; Dipl.ex. 1956; Promot. 1957; Habil. 1965 Karlsruhe - 1957-58 Assist. Univ. Frankfurt/M., 1958/59 Res. Fellow Harvard Univ./USA, s. 1965 Doz. (1971 apl. u. 1973 Wiss. Rat u. Prof.). Spez. Arb.sgeb.: Klass. u. Nichtklass. Carbeniumionen, Aromatischer Charakter nichtbenzoider Heterocyclen, Heterocyclische Ferrocene, Reaktionsmechanismen, Mechanismus d. biolog. Aminoxidation, Porphyrine u. Alkaloide - Mitgl. Ges. Dt. Chem. u. Americ. Chem. Soc. - Liebh.: Musik, Kunst, Gesch., Völkerkd., Ski - Spr.: Engl., Span., Franz.

VOLZE, Harald

Dr. jur., Rechtsanwalt, Fachautor - Büro: Börsenplatz 1, 6000 Frankfurt 1 (T. 28 78 50); priv.: Am Weidenwörth 1, 6000 Frankfurt 71 (T. 35 89 93) - Geb. 21. Sept. 1946 Frankfurt (Vater: Hans V., berat. Bauing.; Mutter: Ilse, geb. Haak), ev., verh. s. 1972 m. Christin, geb. Kubisch, Sohn Maximilian - Univ. Frankfurt (2 jurist. Staatsex. 1972 u. 75, Promot. 1975) - S. 1975 Rechtsanw., überw. im Wirtsch.- u. Baurecht. 1981 Vorst.-Mitgl. DRK, Bez.verb. Frankfurt; Mitgl. Redaktionsbeir. Ztschr. D. Sachverst. (1980), d. Zulassungsaussch. d. Ingenieurkammer Hessen - BV: u. a. D. Fautfrachtsystem u. d. Klauseln d. Seefrachtvertrages, 1975; D. Abfass. v. Verträgen, d. Auftragsbestätig. u. d. Einwirk. d. Gesetzes z. Regel. d. Allg. Geschäftsbeding. auf Ing.- u. Arch.verträge, 1978; Sachverständigenfragen, 1986; zahlr. Aufs. in: D. Sachverständige, Transportrecht - Spr.: Engl., Franz.

VONDANO, Theodor

Oberbürgermeister Kaiserslautern (s. 1979) - Ludwig-Erhard-Str. 9, 6750 Kaiserslautern (T. 852 22 00) - Geb. 14. Nov. 1926 Kaiserslautern, kath., verh., Tochter - Volkssch.; Elektromechanikerlehre; Fachsch. f. Maschinenbau u. Elektrotechnik (alles Kaiserslautern) - Wehrdst. u. Kriegsgefangensch. (b. 1948); Bundesbahn (Ausbesserungswerk Kaiserslautern). S. 1952 Stadtratsmitgl. Kaiserslautern (1962 Fraktionsvors.); 1963-75 MdL Rhld.-Pfalz (Parlamentar. Gf. 1971-75); 1975-79 Beigeordn. Kaiserslautern.

VONDRAN, Ruprecht

Dr. jur., Präsident Wirtschaftsvereinig. Stahl (s. 1988), MdB (s. 1987) - Urdenbacher Allee 63, 4000 Düsseldorf-Benrath - Geb. 31. Dez. 1935 Göttingen (Vater: Rudolf V., Abt.präs.; Mutter: Anneliese, geb. Unterberg), ev., verh. s. 1970 m. Jutta, geb. Paul, 4 Kd. (Nikolaus Akira, Caroline Barbara, Rudolf Florian, Anne Friederike) - Abit. 1955; Stud. d. Rechts- u. Staatswiss. 1955-57 Univ. Göttingen, 1957-58 Bonn, 1958-60 Würzburg - 1966 Ass. München; 1967 Direkt.assist., 1969 Leit. Büro Brüssel, Leit. Büro Tokio, 1973 Dir. Abt. Wirtsch.politik, alles Wirtsch.vereinig. Eisen- u. Stahlind. CDU - Liebh.: Moderne Grafik, jap. Porzellan - Spr.: Engl., Franz., Ital., Japan.

VONDUNG, Klaus

Dr. phil., Prof. f. Germanistik Univ.-GH Siegen - Rosa-Achenbach-Str. 9, 5900 Siegen 21 (T. 0271 - 7 89 20) - Geb. 16. Juli 1941 Ulm - Stud. German., Gesch., Polit. Wiss. u. Phil. Univ. Tübingen u. München (Staatsex. 1965, Promot. 1969) - S. 1976 Prof. in Siegen - BV: Magie u. Manipulation, 1971; Völkischnat. u. nat.-sozialist. Lit.theorie, 1973; D. wilhelmin. Bildungsbürgertum (Hrsg.), 1976; Kriegserlebnis (Hrsg.), 1980; Dt. Lit.-gesch. 19. Jh. (m. K. Riha), 1980; D. Apokalypse in Deutschl., 1988.

VONESSEN, Alexander

s. Essen, von, Alexander

VONHOFF, Hans-Peter

Dipl.-Volksw., Geschäftsführer Verb. d. Schulbuchverlage (s. 1960) u. Verb. d. Kartogr. Verlage u. Institute (s. 1964), Vorst. Inst. f. Bildungsmedien (s. 1971), Schriftl. Ztschr. Blickpunkt Schulbuch - Zeppelinallee 33, 6000 Frankfurt/M. (T. 70 30 75); priv.: Neuberg 1a, 6200 Wiesbaden (T. 5 17 27) - Geb. 27. April 1925 Gotha, verh. s. 1956 m. Jutta, geb. v. Uechtritz - Univ. Hamburg (Staatsex. 1957) - Spr.: Engl.

VONTOBEL, Hans

Dr., Bankier, Präs. Vontobel Holding, J. Vontobel & Co. AG, VR Schweiz. Bankiervereinigung - Voltastr. 31, CH-8044 Zürich (T. 252 42 75) - Geb. 4. Dez. 1916 Zürich, verh. s. 1943 m. Margrit, geb. Gut, 3 Kd. (Hans-Dieter, Regula, Kathrin) - Inh. versch. Ausz.; Gr. BVK; Verdienstmed. Land Baden-Württ.; Bayer. VO.; Ehrenpräs. Handelskammer Dtschl.-Schweiz.

VOPPEL, Götz

Dr. rer. pol., Dipl.-Volksw., Univ.-Prof. Univ. Köln (s. 1976) - Neckarstr. 58, 5000 Köln 90 (T. 02203 - 1 23 59) - Geb. 1930 Leipzig, verh., 2 Kd. - Dipl.-Volksw. 1955; Promot. 1958; Habil. 1963 Köln - 1963-67 Privatdoz. Köln; 1964-66 Doz. Kabul; 1965 apl. Prof. Univ. Köln; 1967 Prof. Hannover; 1970-76 o. Prof. Univ. Hannover; s. 1976 Univ. Köln (Dir. Wirtsch.- u. Sozialgeogr. Inst.); s. 1981 1. Vors. Ges. f. Erdkunde, Köln - BV: Aktiv- u. Passivräume, 1961; Wirtschaftsgeogr., 1970, 2. A. 1975; Verkehrsgeogr., 1980; Wandel industr. Strukturen in NW-Europa, 1980.

VORBACH, Walter

Dr. jur., Dipl. sc. pol., Syndikus, Geschäftsf. Ind.verb. d. Füllhalter u. Kugelschreiber (s. 1950) - Sofienstr. 7a, 6900 Heidelberg (T. 2 20 57) - Geb. 19. Juni 1911 Gablonz/Neisse (Eltern: Emil u. Auguste V.), kath., verh. s. 1943 m. Helene, geb. Henek - Univ. u. Fr. Schule d. polit. Wiss. - 1935-39 Anwaltspraxis; 1939-45 Staatsdst.; 1946-49 Steuerberat. - Liebh.: Bergsteigen, Wassersport, Briefmarken - Spr.: Franz., Engl.

VORBECK, Dorothee,

geb. Wiebel

Staatssekretärin a. D. - Kurzröderstr. 27, 6000 Frankfurt/M. 50 (T. 54 54 52) - Geb. 13. April 1936 Gerolstein (Eifel), verw. - Schule Düsseldorf; Stud. Gesch., Politik, Latein Univ. Göttingen, Freiburg, Frankfurt/M.; Staatsex. 1962 u. 1964 - 1970-78 MdL Hessen, SPD; 1970-84 Vors. Landesjugendwohlfahrtaussch. Hessen; 1979-84 Leit. Abendgymn. Frankfurt/M.; 1981-84 ehrenamtl. Stadträtin Magistrat Frankfurt/M.; 1984-87 Staatsekr. im Hess. Kultusmin.; Mitgl. d. Grundwerte-Kommiss. b. Parteivorst. d. SPD (s. 1984); stv. Leit. d. SPD-Parteischule Bonn, Stiftungsvorst. Feminist. Archiv Köln, Vors. pro familia Frankfurt (s. 1988).

VORDEMFELDE, Friedrich-Wilhelm

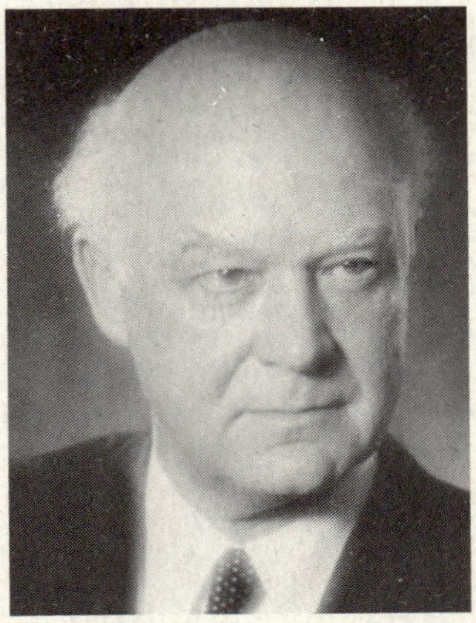

Fabrikant, Alt-Bürgermeister, Inhaber Herrenkleiderfabrik Wilhelm Vordemfelde KG, Northeim, Geschäftsf. Wilvorst Herrenmoden GmbH, Vors. Landesverb. d. Bekleidungsind. Nieders. u. Bremen, Hannover; Vorst.-Mitgl. Verb. d. Herren- u. Knabenbekleidungsind., Köln, Vorst. Univ.-Bund Göttingen, Handelsrichter LG Göttingen - Wieterallee 22, 3410 Northeim (T. 05551 - 26 83) - Geb. 2. Juli 1923 Westerhausen (Vater: Karl V., Innenarchit.; Mutter: Emma, geb. Geisler), ev., verh. m. Elisabeth, geb. Lübker-Suhre, 3 Kd. (Karin, Karl-Wilhelm, Astrid) - Liebh.: Antiquitäten - 1967ff. Gold. Sportabz., Bundes-VO.; Ehrenbürger Stadt Northeim - Spr.: Engl., Franz., Span. - Mitgl. Lions-Club.

VORDERWÜLBECKE, Manfred

Sportjournalist - Geranienstr. 8, 8022 Grünwald/Obb. - Geb. 3. Jan. 1940 Jüterbog, verh. (Ehefr.: Heidi. Lehrerin), 2 Kd. (Florian, Nina) - Domgymn. Regensburg, Karls-Gymn. Pasing (Abit.); Univ. München (German., Sport, Zeitungswiss.). Staatl. gepr. Skilehrer - Schuldst. (Studienrat); s. 1966 Bayer. Rundfunk/Fernsehen. Viele Reportagen Alpiner Konkurrenzen In- u. Ausl. - Liebh.: Sport (Ski, Kajak, Tennis).

VORETZSCH, Adalbert

Dr. phil., Dr. theol., emerit. o. Prof. f. Christl. Archäologie - Membacher Weg 40, 8520 Erlangen (T. 4 16 23) - Geb. 27. Juni 1908 Hamburg (Vater: Dr. med. Oskar V.; Mutter: Elisabeth, geb. Schulze), ev., verh. I) Renate, geb. v. Schaewen (gesch.), S. Alexander, II) 1962 Hannelore, geb. Helb - Gymn. Altenburg; Univ. Göttingen, Leipzig, Kiel, Berlin. Promot. Berlin (phil. 1945) u. Tübingen (theol. 1952); Habil. 1958 Greifswald - Assist. Univ. Berlin (b. 1943) u. Tübingen (1947-52); wiss. Mitarb. Dt. Archäol. Inst. Rom; s. 1961 Ord. Univ. Erlangen (Vorst. Sem. f. Christl. Archäol. u. Kirchl. Kunst). Unters. d. Grundl. d. Raumakustik in d. Spätantike u. im Mittelalter - BV: D. Baptisterium San Giovanni in Fonte zu Neapel, 1958. Übers.: R. Pettazzoni, D. Allwissende Gott (Fischer-Bücherei) - Liebh.: Asiat. Kunst - Spr.: Engl., Ital. - Mitgl. d. Koldewey-Ges. - Bek. Verwandte: Prof. Dr. phil. Karl V., Romanist.

VORLÄNDER, Herwart

Dr. phil. habil., Hochschul-Prof. - Stettiner Str. 40, 7144 Asperg/Württ. (T. 07141 - 6 25 47) - Geb. 4. April 1931, ev., verh. s. 1960 m. Erika, geb. Fülling, 3 Kd. (Gerald, Burkhard, Wiltrud) - Stud. Gesch., Theol. (Kirchengesch., Musik); Promot. 1963 Köln; Habil. 1967 Bonn - 1971 Prof. f. Gesch. Ludwigsburg - Bücher, Art. u. Aufs. z. Gesch., Zeitgesch. u. Gesch.didaktik

VORLAENDER, Karl-Otto

Dr. med., Prof., Immunpathologische Laboratorien (s. 1973) - Karlsbader Str. 1, 1000 Berlin 33 - Geb. 13. Juni 1919 Leopoldshöhe/W. (Vater: Dr. med. Karl V., Arzt; Mutter: Helene, geb. Stein), verh. s. 1951 m. Dr. med. Sigrid, geb. Hofmann - Promot. 1943; Habil. 1953 - S. 1953 Lehrtätigk. Univ. Bonn (1958 ff. apl. Prof.; b. 1968 Oberarzt Med. Klinik) u. Berlin/Freie (1970 ff. apl. Prof.). 1970-73 Dir. Inn. Abt. Schloßpark-Klinik Berlin, s. 1973 Leit. Immunol. Labor., Berlin - BV: Immunopathol. in Klinik u. Forschung, 2. A. 1960 (m. P. Miescher); D. Serumeiweißbild d. entzündl. Nierenerkrankungen, 1962; Diagnostik unt. Verwend. immunolog. Methoden, 1980. Etwa 200 Einzelarb. Herausg.: Praxis d. Immunol. (1976); Immunol., Grundl.-Klinik-Praxis, (2. A. 1983).

VORLAUFER, Karl

Dr. phil. nat., Prof. f. Geographie, Geogr. Inst. Univ. Düsseldorf, Lehrst. Kulturgeogr. u. Entwicklungsforsch. (s. 1987) - Heidenfeldstr. 11, 6232 Bad Soden 3 - Geb. 15. Sept. 1937 Bremen (Vater: Karl V., Schlachterm.; Mutter: Hilde, geb. Warnke), kath., verh. s. 1984 m. Renate, geb. Görlich, 2 Kd. (Miriam, Tobias) - Stud. Geogr., Gesch., Pol. Frankfurt, Kampala/Uganda; Promot. 1967; Habil. 1972 - 1972-87 Prof. Univ. Frankfurt/M.; 1978-80 Dekan Fachber. 18 d. Univ. Frankfurt - Herausg.: Ztschr. f. Wirtschaftsgeogr. (s. 1983). Fachveröff.

VORMBAUM, Herbert

Dr. rer. pol., o. Prof. f. Betriebswirtschaftslehre u. Direktor Inst. f. Wirtschaftswiss. TH Aachen (s. 1961) - Zur Scheidmühle 310, 5100 Verlautenheide b. Aachen (T. 02405 - 45 02) - Geb. 28. März 1925 Borgholzhausen/W. (Vater: Wilhelm V., Elektrom.; Mutter: Wilhelmine, geb. Hammersmeier), verh. s. 1972 m. Karla, geb. Meister - Univ. Hamburg. Dipl.-Kaufm. (1950), Promot. (1951) u. Habil. (1958) Hamburg - 1945-50 Tätigk. Industrie u. Handelsmühle; 1951-61 Assist. u. Privatdoz. (1959) Univ. Hamburg. AR-Vors. Aachener Bank eG - BV: Außenhandelskalkulation, 1955; Differenzierte Preise, 1960; Finanzierung d. Betriebe, 7. A. 1986; Kalkulationsarten u. -verfahren, 1966, 4. A. 1977; Grundlagen d. betriebl. Rechnungswesens, 1977.

VORMWEG, Heinrich

Dr. phil., Journalist, Literatur- u. Theaterkritiker - Johann-Dech-Str. 20, 5000 Köln 60 (T. 599 23 07) - Geb. 20. März 1928 Geisweid (Vater: Friedrich V., Werkmeister; Mutter: Maria, geb. Stening), kath., verh. s. 1956 m. Edith, geb. Bockisch, 2 Söhne (Thomas, Christoph) - Gymn. Weidenau/Sieg; Univ. Bonn (German., Phil., Psych.; Promot.) - 1955-58 Dramat. u. Regiss. Theater Contra-Kr. Bonn; 1958-59 Feuilletonredakt. General-Anz. ebd.; 1959-64 Feuill.redakt. u. -chef Dt. Ztg., Köln; s. 1964 freiberufl. Tätigk. - BV: D. Wörter u. d. Welt - Ess. üb. neue Lit., 1968; Briefw. üb. Lit., 1969 (m. Helmut Heissenbüttel; auch ital.); E. andere Lesart - Üb. neue Lit., Ess. 1971; D. Lit. d. BRD (Abschn.: Prosa), 1973; Peter Weiss, Monogr. 1981; D. Elend d. Aufklärung, Ess. 1984; Weil d. Stadt so fremd geworden ist. Gespräche m. Heinrich Böll, 1985; Günter Grass, Monogr. 1986 - Honory Prof. Univ. of Warwick, Coventry, o. Mitgl. Akad. d. Wiss. u. Lit. Mainz; 1970 Mitgl. PEN-Zentrum BRD; 1986 Merck-Preis f. Essay u. Kritik d. Dt. Akad. f. Sprache u. Dichtung Darmstadt - Spr.: Engl.

VORNDRAN, Wilhelm

Dr. jur., Staatssekretär a. D., Leiter d. Bayer. Staatskanzlei - Prinzregentenstr. 7, 8000 München 22 (T. 21 65-0); priv.: Saranstr. 9, 8520 Erlangen (T. 5 57 77) - Geb. 7. Aug. 1924 Sondernau b. Bad Neustadt/Saale, kath., verh. s. 1959 m. Marlene, geb. Rauh, 3 Söhne (Martin, Thomas, Stefan) - Gymn. Würzburg (b. z. Einberuf.; Abit. nachgeh. 1950 Ansbach); Univ. Würzburg, Köln, Erlangen (Rechts- u. Staatswiss.). Promot. 1956; Ass.ex. 1957; 1942-49 Wehrm. u. sowjet. Gefangensch. (1945); jahrel. Postdst. (zul. Oberpostrat). S. 1958 MdL Bayern, Vors. Kreisverb. Erlangen d. CSU, Landesvors. Arbeitskr. Juristen d. CSU (AKJ), 1972-78 Staatssekr. Bayer. Staatsminist. f. Arbeit u. Sozialordn., 1978-88 Staatssekr im Bayer. Staatsminist. d. Justiz - Bayer. Verfassungsmed. in Gold; Gr. BVK m. Stern u. Schulterbd.; 1984 Bayer. Staatsmed. f. soz. Verdienste; Bayer. VO.

VORNDRAN, Wolfram

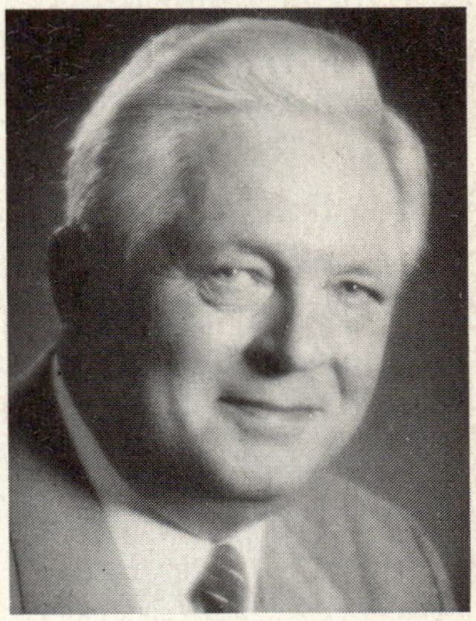

Dr. rer. pol., Dipl.-Volksw., Gf. Gesellschafter Philipp Vorndran Holzwerke GmbH & Co KG, Bad Brückenau - Bahnhofstr. 36, 8788 Bad Brückenau 1 (T. 09741 - 7 67) - Geb. 25. Dez. 1925 Zeitlofs (Vater: Philipp V.; Mutter: Frieda, geb. Roth), ev., verh. s. 1960 m. Heidrun, geb. Gerhäuser, 4 Kd. (Philipp,

Walter, Peter, Wolfram) - 1947-52 Stud. Volkswirtsch. Univ. Würzburg; s. 1965 Gastmitgl. Vollversamml. d. Ind.- u. Handelskammer Würzburg-Schweinfurt; s. 1968 Mitgl. d. Vollversamml. IHK Würzburg-Schweinfurt, s. 1975 Präsid.-Mitgl. IHK; s. 1968 Mitgl. Holzmarktaussch. d. Fachverb. bayer. Säge- u. Holzverarbeitungsind.; s. 1973 Beiratsmitgl. Fachverband bayer. Säge- u. Holzbearbeitungsind.; s. 1981 Mitgl. Laub-Holzmarktaussch. d. Vereinig. Dt. Sägewerksverb. Wiesbaden; s. 1984 VR-Mitgl. Kreissparkasse Bad Kissingen; 1956-60 u. s. 1964 Stadtrat Bad Brückenau; 1966-72 MdK Landkr. Bad Brückenau, Mitgl. d. Kreisaussch.; s. 1972 MdK Landkr. Bad Kissingen Mitgl. d. Kreisaussch. - 1972 Verdienstmed. Landkr. Bad Brückenau; 1967 Gold. Verdienstplakette d. ADAC Gau Nordbayern; 1976 Gold. ADAC Gau-Nadel m. Kranz; 1969 silb. Ehrenzeichen d. Bayer. Fußball-Verb.; 1980 Gold. Ehrenring Stadt Bad Brückenau; 1983 BVK I. Kl.; 1985 Gold. Stadtplakette Stadt Bad Brückenau; 1986 Vizepräs. IHK Würzburg-Schweinfurt; u.a. - Liebh.: Politik, Sport - Spr.: Engl., Franz.

VORSMANN, Norbert

Dr. phil., o. Prof. f. Pädagogik Univ. Dortmund - Hohenfriedberger Str. 17 A, 4600 Dortmund 1 (T. 0231 - 41 65 47) - Geb. 27. April 1936 Dortmund - 1957-59 Lehramtsstud. Dortmund; 1. u. 2. Lehrerprüf. (Volkssch.); 1963-67 Zweitstud. Univ. Münster; Promot. 1967, Habil. 1971 - 1959-64 Lehrer; 1964-67 Förderassist. PH Dortmund; 1967-69 wiss. Assist.; 1969-71 Doz. PH Westf.-Lippe (Münster); 1971-73 Wiss. Rat u. Prof. PH Ruhr (Essen, 1973-76 o. Prof. GH Duisburg; ab 1976 o. Prof. Univ. Dortmund. Veröff. z. Bild.- u. Schulgesch., Unterrichtsforsch. u. Unterrichtsmeth.

VOSBERG, Henning Richard

Dr. med., Prof. f. Klinische Nuklearmedizin - Volmerswertherstr. 7, 4040 Neuss 1 - Geb. 6. Febr. 1938 Stettin (Vater: Dr. med. Joachim V., Reg.-Med.-Dir. a. D., Beigeordn. i. R.; Mutter: Eva-Maria, geb. Kasten), ev., verh. s. 1965 m. Dr. med. Helga, geb. Jagemann, 3 Kd. (Volker, Eva, Heiko) - 1958-1963 Univ. Münster, Mainz u. Graz, Staatsex. 1964, Promot. 1965, Habil. 1975, alles Münster - 1966-71 Med. Klinik Münster, s. 1971 Facharzt f. inn. Med., 1972 Inst. f. Med. d. Kernforschungsanlage Jülich, 1973-78 Oberarzt Med. Klinik Münster, s. 1979 Arzt f. Nuklearmed., s. 1979 Prof. Nuklearmed. Klinik Univ. Düsseldorf. Ca. 200 Vortr. u. Aufs. üb. nuklearmed. Meßtechnik u. d. diagnost. Nutzung radioimmunol. Meßwerte - Spr.: Engl.

VOSCHERAU, Henning

Dr., Jurist, Erster Bürgermeister Fr. u. Hansestadt Hamburg (s. 1988), Bürgerschaftsabg. (s. 1974) u. Vors. SPD-Fraktion (b. 1987) - Schauenburger Str. 44, 2000 Hamburg 1.

VOSEN, Josef

Volksw., Ing. (grad.), Bundestagsabgeordneter (Landesliste NRW) - Irisweg 3, 5160 Düren (T. 02421 - 8 24 56 u. 4 30 26) - SPD.

VOSGERAU, Hans-Jürgen

Dr. rer. pol., o. Prof. Univ. Konstanz (s. 1969) - Rainwiesenweg 1, 7750 Konstanz (T. 4 42 62) - Geb. 13. Mai 1931 Neunkirchen/Saar (Vater: Dr. Hans-Hero V., s. XVI. Ausg.; Mutter: Marianne, geb. Langguth), ev., verh. s. 1959 m. Marina, geb. Proussianou, 3 Kd. (Irina, Monika, Jan) - Stud. d. Wirtsch.wiss. Univ. Bonn, München, Paris, Heidelberg; Promot. 1956; Habil. 1964 - 1956 Volont. Commerzbank AG.; 1957-64 Univ. Heidelberg (wiss. Assist.; Privatdozent),1964-65 USA (Visiting Scholar am MIT), 1965-69 Univ. Tübingen (LSt-Vertr., o. Prof. 1966). In- u. ausl. Fachmitgl.sch. - BV: Üb. optimales wirtschaftliches Wachstum, 1965 - Spr.: Engl., Franz.

VOSS, Dieter

Dr. med., Chefarzt/Internist (Marienkrkhs. Kassel), Honorarprof. f. Inn. Med. Univ. Marburg - Kurhausstr. 20, 3500 Kassel.

VOSS, E. Theodor

Dr. phil., Prof. f. Neuere Dt. Literatur Univ. Marburg (s. 1975) - Wilh.-Röpke-Str. 6/A (Inst.), 3550 Marburg/L. - Geb. 25. Dez. 1928 Hilden/Rhld. (Vater: Oskar V., Lehrer; Mutter: Johanna, geb. Altenburg), verh. s. 1958 m. Priv.-Doz. Dr. Lieselotte, geb. Hauser, T. Andrea - Univ. Bonn (Promot. 1958) - 1958-59 Wiss. Mitarb. Schiller-Nationalmuseum, Marbach; 1959-65 Lektor J. B. Metzlersche Verlagsbuchh., Stuttgart (Mitbegr. u. -hrsg. Samml. Metzler); 1965-75 Assist. bzw. Assoc. Prof. f. Deutsch Univ. Wisconsin, Minnesota (1967) u. Columbia/New York (1969) - BV: Erzählprobleme d. Briefromans, 1960 (Diss.). Herausg.: Johann Jakob Engel, Üb. Handlung, Gespräch u. Erz. (1965), Johann Heinrich Voss, Idyllen (1968), Salomon Geßner, Idyllen (1973). Fachaufs. (Klopstock, Geßner, Voss, Kleist, Büchner) - Liebh.: Bibliophilie (Alte Drucke, frühe Ausg. dt. u. engl. Lit.) - Bek. Vorf.: Johann Heinrich V., Dichter, 1751-1826 (Ururur-); Theodor Hildebrandt, Maler, 1804-74 (Urururgroßv.).

VOSS, Friedrich

Komponist - Postf. 14 21, 7260 Calw/Schwarzw. (T. 27 37) - Geb. 12. Dez. 1930 Halberstadt (Vater: Walter V., Baumeister; Mutter: Elise, geb. Gelbke), ev., verh. s. 1965 m. Erna, geb. Lewann, S. Marc - Gymn. Halberstadt; 1949-54 Musikhochsch. Berlin - Üb. 60 musikal. Werke (zahlr. Auff. In- u. Ausl., u. a. durch d. Berliner Philharmoniker unt. Herbert v. Karajan), dar. 4 Symphonien, Trag. Ouvertüre (In Memoriam Dag Hammarskjöld), Hamlet-Ouv. (Berliner UA. unt. Lorin Maazel), Dithyrambus üb. ein Motiv v. Beethoven (Auftrag d. Stadt Bonn z. Beethovenjahr), Metamorphose (Tokioter UA. unt. J. Loughran), 2 Violinkonzerte, Cello-Konzert, Cello-Concertino, Orgel-Concertino, Ballett D. Nachtigall u. d. Rose (n. Oscar Wilde), Chorzyklus Noch aber rauchen d. Ruinen d. Tage, Psalm 100, Psalm-Kantate, 3 Streichquartette, Oper Leonce u. Lena (n. Georg Büchner) - 1955 I. Preis Komponistenwettb. Münchner Kammerorch., 1960 Stuttgarter Musikpreis, 1961 Berliner Kunstpreis (Jg. Generation), 1962 Robert-Schumann-Preis Düsseldorf, 1964 Rom-Preis d. Bundesreg. (Villa Massimo), 1985 Johann-Wenzel-Stamitz-Preis Künstlergilde Esslingen - Liebh.: Fotogr.

VOSS, Friedrich

Dr., Steuerberater, Parlam. Staatssekr. Bundesmin. d. Finanzen (s. 1982), MdB (CSU-Landesl. Bay.) - 5300 Bonn - Geb. 1. Febr. 1931 Düsseldorf - Gymn.; Stud. Rechts- u. Staatswiss. - 1961-68 Finanzverw. NRW (zul. Richter Finanzgericht Düsseldorf); 1968-69 Bundesfinanzmin. (Ref. v. Min. Strauß); 1969-76 Pers. Ref. u. Leit. Bonner Büro v. Strauß; AR-Mitgl. Salzgitter-Stahl; VR-Mitgl. Deutsche Welle. Schatzmeister CSU, Mitgl. Präsid. u. Vorst. CSU - Bayer. VO.

VOSS, Frithjof

Dr. rer. nat., o. Prof. f. Geographie TU Berlin - Budapester Str. 44-46, 1000 Berlin 30 (T. 030 - 314-2 21 48/2 21 51) - Geb. 13. Febr. 1936 Gelting (Vater: Heinrich V., Lehrer; Mutter: Anna, geb. Jensen), ev. - 1956-63 Stud. Geogr., Geol. u. Nebenf. Univ. Kiel, Bonn, Oxford u. Hamburg (Promot. 1965, Habil. 1971) - 1963-65 Wiss. Assist. Univ. Hamburg; 1966-68 u. 1973-76 Prof. Univ. d. Philippinen in Quezon City; dazw. (1969-73) u. 1976-80 Prof. Univ. Hamburg; s. 1980 o. Prof. f. Geogr. TU Berlin u. Dir. of Techn. Operations and Res. Dt. Air-Survey, Hamburg; 1985/87 Dekan, Geowiss. TU Berlin. Üb. 50 wiss. Bücher u. Publ. in dt. u. in fremden Spr. (Arb. in folg. Ländern: Angola, Australien, Argentinien, Brasilien, Indien, Hongkong, Indonesien, Kambodscha, Japan, Neuseel., Nigeria, Süd-Afrika, Sudan, Taiwan, Thail., Philippinen, Singapore, Ägypten, USA) - 1974 Ehrenmitgl. Philippine Soc. of Photogrammetry - Spr.: Engl., Franz., Span.

VOSS, Gerhard

Oberfinanzpräsident a. D. - Moltkestr. 10, 7500 Karlsruhe (T. 13 51) - Geb. 23. Nov. 1909 Aschendorf, verh., 3 Kd. - 1968-74 Präs. Oberfinanzdirektion Karlsruhe - 1973 Gr. BVK.

VOSS (ß), Gerhard Julius

Dipl.-Ing., Univ.-Prof. u. Institutsdirektor Univ. Hannover - Leineweg 5, 3008 Garbsen 1 (T. 05137 - 7 61 73) - Geb. 19. Mai 1931 Schleswig, ev., verh. s. 1964 m. Edith, geb. Schelm, S. Jens - 1952-58 Stud. Maschinenbau TH Hannover - 1960-64 wiss. Assist. Inst. f. Schienenfahrzeuge TU Hannover; 1958-60 u. 1965-69 versch. Tätigk. Fried. Krupp Maschinenfabrik Essen, zul. Leit. Abt. Berechnung u. Versuch; 1970 o. Prof. u. Dir. Inst. f. Schienenfahrz. Univ. Hannover; 1971-80 Sprecher d. Beirates Studienges. Leichtbau d. Verkehrsfahrzeuge; 1972 Mitgl. wiss. Aussch. f. Bau u. Betrieb d. DB; 1978-82 Dekan FB Maschinenbau Univ. Hannover; 1985 Mitgl. wiss. Beirat Bundesmin. f. Verkehr - BV: Lexikon d. Technik (Mitarb.), 1986 - Liebh.: Gesch., Fotogr. - Spr.: Engl.

VOSS (ß), Heinz

Prof., Dipl.-Ing., Präsident Bundesanstalt f. Flugsicherung a. D. (s. 1969) - Opernpl. 14, 6000 Frankfurt/M. (T. 2 10 81); priv.: Sperberstr. 57, 6232 Bad Soden/Ts. (T. 06196 - 2 32 29) - Geb. 6. Sept. 1920 Berlin (Vater: Wilhelm V.; Mutter: Martha, geb. Pallmann), verh. m. Gertrud, geb. Friemel - TU Berlin; Lehrauftr. Techn. Hochsch. Darmstadt (Vorl. üb. Verfahren u. Mittel d. Flugsicherung) - Industrietätigk.

VOSS, Jürgen

Dr. rer. nat., Prof. f. Organische Chemie - Marmorweg 4, 2000 Hamburg 65 (T. 602 31 54) - Geb. 19. Febr. 1936 Hamburg, ev., verh. s. 1965, 2 Kd. - Univ. Hamburg, Promot. 1965, Habil. 1973 - Liebh.: Naturschutz.

VOSS, Lieselotte,

geb. Hauser

Dr. phil., Privatdozentin f. Neuere dt. Literatur Univ. Freiburg - Lorettostr. 28, 7800 Freiburg - Geb. 23. Juni 1936 Hannover (Vater: Heinrich H., Dipl.-Hdlslehrer; Mutter: Lina, geb. Zimmermann), ev., verh. s. 1958 m. Prof. E. Theodor V., T. Andrea - Univ. Göttingen, Freiburg, Bonn u. Tübingen (Promot. 1970), Habil. 1981 Freiburg - 1972 Wiss. Assist.; 1981 Privatdoz. Univ. Freiburg - BV: D. Entst. v. Thomas Manns Roman Doktor Faustus, 1975; Lit. Präfiguration dargestellter Wirklichk. b. Fontane, 1985; Rezens.

VOSS, Peter

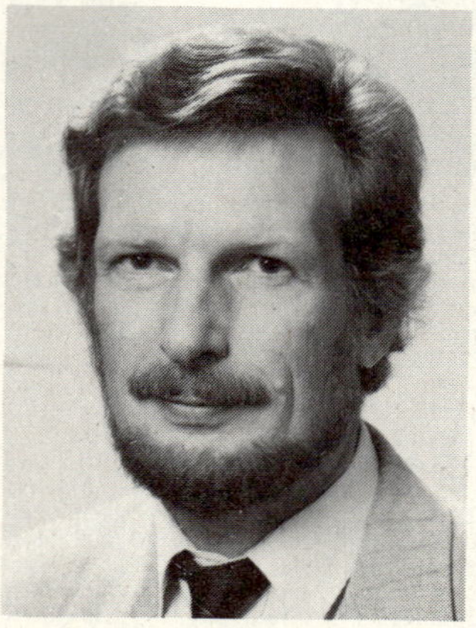

Journalist, Leiter Hauptredaktion Aktuelles (umfaßt Sende-Redaktionen heute, heute-journal, Tele-Illustrierte) - Postfach 4040 (ZDF), 6500 Mainz 31 - Geb. 28. Jan. 1941 Hamburg, verh. s. 1967 m. Margarete, geb. Bornemann, 3 Söhne (Jan Peter, Jens Uwe, Jörg Michael) - Abit. 1961 Lübeck, 1961-63 Stud. Dt. u. Engl., 1963-67 Stud. Soziopl., Jura, Ethnol. in Göttingen, M.A. 1967 Univ. Göttingen; 1968-71 Göttinger Tageblatt; 1971-77 Nachrichtenred. ZDF; 1977/78 Korresp. ZDF Studio Berlin, 1978-81 ARD; stv. Leit. Report München; s. 1981 ZDF heute-journal (zun. stv. Leit, s. 1983 Redaktionsleit. heute-journal, s. 1985 Hauptredaktionsleit. Aktuelles) - Liebh.: mod. Lyrik, Bergwandern, Skilaufen, Kanufahren - Spr.: Engl., Franz.

VOSS (ß), Reimer

Präsident d. Finanzgerichts - Oberstr. 18d, 2000 Hamburg 13 - Geb. 27. Juni 1927.

VOSS (ß), Rudolf

Dr. med. dent., o. Prof. f. Zahnärztl. Prothetik - Raschdorffstr. 4a, 5000 Köln 41 (T. 49 23 00) - Geb. 1926 Köln (Vater: Fritz V., Direktor; Mutter: geb. Berneisen), verh. m. Helga, geb. Scheyer, 2 Söhne (Axel, Rainer) - S. 1960 (Habil.) Lehrtätigk. Univ. Köln (1966 apl., 1970 o. Prof.) - 1979/80 Dekan. 1985-89 Präs. Dt. Ges. f. Zahn-, Mund- u. Kieferheilkunde - Üb. 80 Fachaufs. - 1974 Hermann-Euler-Med.

VOSS (ß), Rudolf

Dr. phil., Univ.-Prof. f. ältere dt. Philologie Univ. Mainz (s. 1978) - Alicestr. 19, 6501 Budenheim b. Mainz (T. 06139 - 86 54) - Geb. 9. Jan. 1941 Mainz, kath., verh. s. 1968 m. Eleonora, geb. Beinhauer, T. Beatrice - Stud. Dt. Philol., Gesch., Phil.; Staatsex. 1966; Promot. 1968; Habil. 1978 Mainz. Publ., insbes. z. dt. Artusepik, z. Prosa-Lancelot (1970), z. d. Artusromanen Hartmanns v. Aue (1983) - Spr.: Engl., Franz.

VOSS, von, Rüdiger

Rechtsanwalt, Bundesgeschäftsführer Wirtschaftsrat d. CDU - Fritz-Schäffer-Str. 28, 5300 Bonn 1 - Geb. 14. Okt. 1939 Potsdam, ev., verh. - Stud. Rechtswiss. Univ. München, Grenoble (Frankr.) u. Göttingen - 1970-74 wiss. Mitarb. Wirtschaftsrat CDU; 1974-76 Abt.-Leit. Büro d. Generalsekr. d. CDU, Prof. Biedenkopf; 1976-78 Leit. Abt. Verb., Gewerksch., Parteien Bundesgeschäftsst. d. CDU; 1978-83 Referatsleit. b. d. Hauptgeschäftsfg. Bundesvereinig. d. Dt. Arbeitgeberverb., Köln; Vors. Forschungsgemeinsch. 20. Juli - Rechtsritter Johanniterorden; BVK.

VOSSBEIN, Reinhard

Dr. sc. pol., Dipl.-Kfm., Prof. f. Betriebswirtschaft Univ. Essen, Dipl.-Kfm. - Moltkestr. 19, 5600 Wuppertal 1 (T. 0202 - 31 12 62) - Geb. 1. Okt. 1934 Wuppertal (Vater: Carl V.; Mutter: Else, geb. Brinken), ev., verh. s. 1958 m. Ehrentraut, geb. Klaucke, 2 Söhne (Marc Arne, Jörn Carsten) - Abit. 1953; 1953-57 Univ. Köln (Wirtschaftswiss.), Promot. Kiel - B. 1972 Marketing-Dir. Rank Xerox Dtschl., s. 1972 Prof., Vorst. Ges. Datenschutz u. -sicherung (GDD), Vorstand Marketing-Club Essen - BV: Unternehmensplanung, 1974; Führungssystem u. Unternehmensorganisation, 1979; Organisation 3. A. 1989; Org. u. Datenverarbeit., 1989 - Spr.: Engl., Franz., Ital.

VOSSCHULTE (ß), Alfred

Dr. jur., gf. Gesellschafter A & P Voßschulte, Dortmund/Bochum, Appelrath Cüpper, Bonn, Erwin Huchtemeier, Dortmund, Präs. Bundesverb. Papierrohstoffe, Köln, Präs. IHK Dortmund (1984ff.; vorher Vizepräs.) - Schwerter Str. 388, 4600 Dortmund 41- Geb. 1. Nov. 1925.

VOSSIUS, Gerhard

Dr. med., o. Prof. u. Leiter Inst. f. Biokybernetik u. Biomed. Technik Univ. Karlsruhe (s. 1970) - Sebastian-Kneipp-

Str. 18, 7517 Waldbronn - Geb. 30. Jan. 1926 Darmstadt - 1962 Privatdoz., 1967 apl. Prof., 1969 Wiss. Rat u. Prof. Univ. Frankfurt.

VOSSLOH, Hans
Dr., Fabrikant, gf. Gesellsch. Vossloh-Werke GmbH., Werdohl - Nordstr. 11, 5980 Werdohl/W.

VOSSMEIER (ß), Reinhard
Hauptbrandmeister, Bundesgeschäftsf. Deutscher Feuerwehrverb. (DFV) - Koblenzer Str. 133, 5300 Bonn 2 (T. 0228 - 33 10 93).

VOSSMERBÄUMER, Herbert
Dr., Prof. f. Geologie Univ. Würzburg (s. 1980) - Pleicherwall 1, 8700 Würzburg - Geb. 20. April 1940 Kiel (Vater: Hugo V., Berufsoffz.; Mutter: Edith, geb. Hahn) - Abit. Hamm/Westf.; Promot. 1966 (Univ. Kiel), Habil. 1974 (Univ. Würzburg) - BV: Allgem. Geologie, 1976; Geol. Karten, 1983.

VOSSNACK, Lieselotte
Dr. phil., Prof., Kunst- u. Bauhistorikerin - Bischofsholer Damm 59, 3000 Hannover (T. 81 65 59) - Geb. 27. Jan. 1908 Remscheid - S. 1951 (Habil.) Privatdoz. u. apl. Prof. (1960) TH Hannover (1966 Wiss. Rätin Inst. f. Bau- u. Kunstgesch.). Facharb.

VOSSSCHULTE (ß), Karl
Dr. med., Dr. med. h. c., Prof. f. Chirurgie Univ. Gießen (s. 1951), Präs. Dt. Ges. f. Chirurgie (1969, em. 1976) - Wartweg 5, 6300 Gießen (T. 7 23 91) - Geb. 1. Juni 1907 Beckum/W. (Vater: Dr. med. Alfred V.; Mutter: geb. Schulze-Lohoff), kath., verh. s. 1940 m. Lissy Stein, 2 Töcht. (Vera, Christa) - Med.stud. Düsseldorf, München, Freiburg/Br., Wien. Habil. 1941 D'dorf 1941-51 Lehrtätigk. Med. Akad. Düsseldorf (Doz.) u. Univ. München (1948 apl. Prof.). Spez. Arbeitsgeb.: Thorax-, Herz-, Pankreaschir. - BV: Grundl. d. Schmerzbekämpf. durch Sympathikusausschalt., 1949 (span. 1956); Lehrb. d. Chir., 2.-7. A. 1958-82 m. a.; auch span. u. serbokroat.); Chir. Differentialdiagnostik, 1972 (m. Zukschwerdt); Lehrb. d. Inn. Med. u. Chir. 1979, 2. A. 1982 (m. H.G. Lasch u. Fr. Heinrich). Zahlr. Einzelarb. u. Handb.beitr. - 1958 Mitgl. Dt. Akad. d. Naturforscher (Leopoldina); Ehrenmitgl. Soc. Hellenique de Chirurgie, Athen, Soc. de Chir., Lyon u. Tschechosl. Med. Ges.; J. E. Purkyne, Ehrenmitgl. Assoc. Franc. de Chirurgie, Dt. Ges. f. Chir., Dt. Ges. f. Thorax-, Herz- u. Gefäßchir., u. Ulusal Cerrahi Derneği (Türk. Chir. Ges.) - Spr.: Engl. - Rotarier.

VOSTEEN, Karl-Heinz
Dr. med., Arzt, Prof. f. Hals-, Nasen- u. Ohrenheilkunde, Direktor Univ.-HNO-Klinik Düsseldorf - Moorenstr. 5, 4000 Düsseldorf 1 (T. 0211 - 311 75 70) - Geb. 25. Jan. 1925 Hamburg, ev., verh. - Präs. Arbeitsgemeinsch. d. Wiss. Med. Fachges.

VOSWINCKEL, Klaus
Dr. phil., Schriftsteller u. Filmemacher - Siegfriedstr. 10, 8000 München 40 - Geb. 23. Mai 1943 Hamburg (Vater: Dr. Hans-Ulrich V.; Mutter: Ingeborg V., geb. Cornelsen), verh. m. Ulrike, geb. Müller, T. Esther - Stud. German. u. Phil., Promot. 1972 München; s. 1977 Klaus Voswinckel Filmprod., München - BV: Paul Celan. Verweigerte Poetisierung d. Welt, 1974; Lapidu. D. Geschichte e. Reise, 1979; D. Buch aus d. Ebene, 1981; Sonntag, Paris 1985; Stein u. Meer, 1989. Fernsehfilme u.a.: Landpartie, 1977; Drei Tage im Sommer, 1978; Bootleute, 1979; Piazza, 1981; Sonne, Mond (zus. m. Ulrike W.), 1984; D. Leben jenseits d. Salzsees, 1985; La Banda, 1987 - Literaturpr. Stadt München, 1980.

VOTH, Helmut
Dr. med., Prof., ehem. Chefarzt d. Radiologischen Zentralinst. Ev. Krankenhaus, Oldenburg (s. 1964) - Hoyersgang 52, 2900 Oldenburg/O. - Geb. 21. Febr. 1921 Salzwedel/Altm. (Vater: Dr. jur. Walther V., Amtsgerichtsrat; Mutter: Elise, geb. Tammen), ev., verh. s. 1949 m. Dr. med. Hiltrud, geb. Hemmer, 2 Kd. (Eberhard, Bettina) - Gymn. Stendal (Abit. 1939); Univ. Göttingen (Med. Staatsex. 1947). Promot. (1947) u. Habil. (1960) Göttingen - S. 1960 Lehrtätigk. Univ. Göttingen (1965 apl. Prof. f. Röntgenol. u. Strahlenheilk.). Div. Mitgliedsch. Üb. 40 Fachveröff.

VRIES, de, Jost
Dipl.-Volksw., Geschäftsführer Verb. Hamburg u. Schlesw.-Holst. d. Holzindustrie u. Kunstverarb., u. Industrieverb. Techn. Gebäudeausrüstung Schleswig-Holstein - Andreas-Gayk-Str. 13, 2300 Kiel 1 (T. 9 62 11).

VRING, von der, Thomas
Dr. phil., Prof., Institutsdirektor Univ. Bremen - Meißener Str. 7, 2800 Bremen (T. Büro: 2 18-1) - Geb. 27. Mai 1937 Stuttgart (Vater: Georg v. d. V., Schriftsteller u. Maler †1968; s. XIV. Ausg.), verh. s. 1968 (Ehefr.: Erika), T. Johanna - Gymn. Calw (Abit. 1957); Univ. München u. Frankfurt/M. (Gesch., Soziol., Politikwiss.; Promot. 1964) - 1963-1970 Assist. u. Doz. (1968) TH bzw. TU Hannover; s. 1970 Prof. Univ. Bremen. Zeitw. stv. Bundesvors. Jungsozialisten. B. 1961 (Austr.) u. s. 1967 SPD - BV: D. Verb. d. Dt. Buchdrucker im I. Weltkr., in d. Revolution u. Inflation - 1914-24, 1965 (Diss.); Reform oder Manipulation? - Z. Diskussion e. neuen Wahlrechts, 1968. Div. Einzelarb. - 1979 Mitgl. Europ. Parlament.

VYE, John
Solotänzer Opernhaus Kiel - Gorch-Fock-Str. 30, 2301 Strande (Kiel) (T. 04349 - 2 19) - Geb. 2. Nov. 1955 Sydney (Vater: Dudley V., Buchhalter; Mutter: Vinetta, geb. Wilson), ev., ledig - June Brisbane Acad. Sydney/Austr.; Stip. Stuttg. Ballettsch. (John Cranko); Stip. Royal Ballett-Schule London - 1975 Royal Ballett Londen, 1977 Bayer. Staatsoper, 1979 Norw. Nat. Ballett, 1980 Holländ. Ballett, 1981 Austral. Nat. Ballett, 1982 Kieler Ballett; versch. Gastsp.; Päd. in London, Sydney, Deutschl. - Hauptrolle im Spielfilm: Nußknacker (Partner v. Joan Collins) - Liebh.: Malerei - Spr.: Deutsch.

W

WAAS, Anna-Luise,
geb. Caesar

Künstlerin - 4970 Bad Oeynhausen-Südstadt - Geb. 12. Febr. 1916 Allmannsdorf (Vater: Prof. Ing. Gustavo C., Esperanza/Argent.) - Linolschnitt, Wandbehang, Glasmalerei, Puppen, Collagen, Porträts (u. a. Papst Pius XII./Vatikan, Archiv; Ausz. durch Papst Paul VI.). Div. Ausstell., dar. 1982 Klosterpromenade Bad Oeynhausen (Collagen) u. Gr. Fossilien-Dauer-Ausst. Bad Oeynhausen - BV: Steinbrüche... d. Gesch.buch d. Erde, Begleitschr. z. Ausst. - Liebh.: Mineralogie (Fossiliensamml.) - Entd.: Manganknollen Wiehengebirge - Bek. Vorf.: Juan C., Ministerpräs. Prov. Santa Fé/ Argent. (Onkel).

WAAS, Heinrich

Dr.-Ing. E. h., Ministerialdirigent a. D. - Am Stadtwald 50, 5300 Bonn-Bad Godesberg (T. 31 38 17) - Geb. 14. Jan. 1906 Mainz (Vater: Prof. Dr. Christian W., Oberstudienrat; Mutter: Mathilde, geb. Rappolt), ev., verh. s. 1934 m. Gerda, geb. Heerhaber, 6 Kd. (Manfred, Sigrid, Helga, Günter, Ulrich, Helmut) - Altes Gymn. Mainz; TH Darmstadt (Maschinenbau; Dipl.-Ing. 1929). II. Staatsprüf. 1939 Kriegsmarine - 1929-34 Hauptassist. Abt. Mechanik Heinrich-Hertz-Inst. f. Schwingungsforsch. Berlin; 1934-45 Angest. u. Beamt. Konstruktionsamt OKM (Dieselmotoren, Gasturbinen-Entwickl., Sonder-U-Boote); 1946-1963 Ref. f. Maschinenbau Abt. Wasserbau Verkehrsverw. d. brit. Zone, brit. u. amerik. Z. u. Bundesverkehrsmin. (1950); 1963-70 Leit. Unterabt. Wehrtechnik See Bundesverteidigungsmin., 1970-74 Hambg. Schiffb.-Versuchsanst., s. 1974 freiberufl. Schiffbau-Forschung. Erf.: Mech. Schwingungsmeßgeräte u. Verbesserungen in d. Schiffstechnik, neuart. Eisbrecher. Div. Fachveröff. 1987 Erfolgreiche Erprobung d. Thyssen-Waas Eisbrechsystems in d. sowjetischen Arktis - 1960 Ehrendoktor TH Hannover; 1969 Gr. BVK; 1983 Gold. Denkmünze d. Schiffbautechn. Ges.

WAAS, Johannes Baptist
Schriftsteller - Albert-Rusch-Str. 14, 4970 Bad Oeynhausen, Geb. 1. April 1904 München, kath., verh. I) m. Edith, geb. Rank (†1935), II) Anna-Luise, geb. Caesar - W: D. ewige Werden, Ged. 1929; Davoser Elegien, Ged. 1931; Ge-

sänge v. d. Tiefen d. Seele, Ged. 1932; Ecce Homo, Ged. 1933; D. wandernde Seele, Ged. 1933; Musik d. Dinge u. d. Kräfte, Ged. 1934; Requiem f. e. Frühvollendete, Ged. 1936; Sinnbild d. Landschaft, Ged. 1937, NA. 1955; Johannes u. Michael, Dr. 1938; Dt. Requiem, Ged. 1942; Gesänge v. Himmel u. Erde - dem Unendlichen u. All-Einen, Ged. 1953; D. kosm. Psalter, Ged. 1954; Valbella V. - Davos-Elegien, Ged. 1958; Im Hain d. tönenden Tafeln, Prosa 1961; Requiem f. John F. Kennedy, 1963 - D. Manuskript (Jacqueline Kennedy zu eigen) ließ d. Reg. Bürgermeister Will Brandt d. Witwe d. ermordeten Präsidenten im Namen Berlins als Weihnachtsgabe überreichen).; Am Fenster d. gr. Promenade, Ged. 1980; D. drei Bücher d. Jahrtausendwende, Ged. Bd. I 1989. Kugelfischer-Herausg.: D. Einsamkeit d. Alters, Gold gegen Krebs - Vortrag; Jugend u. Staat im elektronischen Zeitalter, Vortr. 1988. Herausg.: Schaefer-Kugellager A. G., Schweinfurt, f. d. internat. Krebsforsch.-Zentren - Ausst.: 1982 Klosterpromenade Bad Oeynhausen (Spachtelmalerei u. Oelgemälde) - 1932 Fastenrath-Preis Stadt Köln; 1935 Ehrengabe Dichterakad. - Liebh.: Landschafts- u. Blumenmalerei (Entwickl. d. reinen Spachtelmalerei); Ausstell. Staatsbäder Oeynhausen (1964) u. Salzuflen (1966) u. 5 gr. Kollektivausst. J. B. Waas-Werke d. reinen Spachtelmalerei, 1978, sow. Galerie d. Lipp. Landes Lemgo (1969).

WAASEN, van, Günter
Chefredakteur BURDA Verlag - Waldschmidstr. 12 a, 8132 Tutzing (T. 08158 - 68 58) - Geb. 19. Sept. 1925 Mülheim/R., verh. s. 1977 m. Brigitte, geb. Blobel, Schriftst. - Chefredakt. Neue Welt Düsseldorf; stv. Chefredakt. Bild am Sonntag u. Hörzu, bde. Hamburg; Chefredakt. BILD + FUNK München.

WABBEL, Gustav
Präsident a. D. Landesverwaltungsgericht Düsseldorf (1970-74) - Margaretenweg 3, 4000 Düsseldorf 31-Wittlaer - Geb. 29. Okt. 1908 Düsseldorf - Zul. VGsdir. Düsseldorf.

WABNER, Dietrich
Dr. rer. nat., Prof. f. Chemie TU München - Lichtenbergstr. 4, 8046 Garching - Geb. 30. Sept. 1935 Breslau, gesch. - Leit. Arbeitsgr. Angew. Elektrochemie TU München (techn. Umweltschutz; el. chem. Ozonprod., Wasserreinig., elektrochem. Kinetik). Sprecher amnesty intern. München u. Oberbayern (1978 u. 79) - Entd./Erf.: Reinig. v. Wasser u. Abwasser m. elektrolyt. Oxidation, Prod. v. hochkonzentr. Ozon d. Elektrolyse, glasförmiges Bleidioxid.

WABRO, Gustav
Staatssekretär, Bevollm. d. Landes Baden-Württemberg b. Bund (s. 1984) - Schlegelstr. 2, 5300 Bonn 1 (T. 0228 - 503-221) - Geb. 14. Mai 1933 Neudorf, kath., verh. s. 1959 m. Mechthild, geb. Zeifang, 2 Kd. (Markus, Birgit) - Abit. 1954; 1954-58 Stud. Rechtswiss. Univ.

München u. Tübingen; 1. jurist. Staatsex. 1958; 2. jurist. Staatsex. 1962; 1962-64 Regierungsass. Landratsamt Biberach; 1964 Verwaltungsger. Sigmaringen; danach b. 1967 Bundesinnenmin.; 1967-70 b. d. Vertretung d. Landes Baden-Württ. b. Bund in Bonn, pers. Ref. v. Min. Dr. Dr. h.c. Adalbert Seifriz; 1965 Regierungsrat; 1968 Oberregierungsrat; 1970-80 Landrat (Aalen, dann Ostalbkr.); 1980-84 Ministerialdir. u. Amtschef im Staatsmin. Baden-Württ. - 1981 BVK - Liebh.: Musik, Bildende Kunst - Spr.: Engl.

WACHENDORFF, Rolf
Inhaber d. Fa. Wachendorff Prozeßtechnik KG - Haus am Schwarzenstein, 6225 Geisenheim-Johannisberg/Rhg. (T. 06722 - 85 51) - Geb. 27. Febr. 1925 Wiesbaden (Vater: Alfred W.; 1965 Vorstands-, dann AR-Mitgl. Koepp (s. XIV. Ausg.); Mutter: Lene, geb. Martius), ev., verh. m. Claudia, geb. Hoffmann, 4 Kd. b. 1975 Vorst.-Mitgl. R. Koepp & Co. Chem. Fabrik AG. bzw. Koepp AG. Div. Ehrenstell., Vors. Landesauftragsstell. Hessen, Vorst.-Mitgl. Lebenshilfe f. Geistigbehinderte ebd. - 1986 BVK am Bde. - Bek. Vorf. (Großv.): Kommerzienrat Hermann W. (pers. haft. Gesellsch. Rudolph Koepp & Co.; s. X. A.).

WACHER, Gerhard

Staatssekretär a. D. - Silberbacherstr. 43, 8684 Wohltorf/Ofr. (T. 09292 - 3 12) - Geb. 29. Nov. 1916 Wien (Vater: Dr. jur. Leo W., Rechtsanw.; Mutter: Menta, geb. Jarmer), ev., verh. s. 1945 m. Gerda, geb. Hawerland, Sohn Michael, RA - Oberrealsch. Jägerndorf; Dt. TH Prag (Dipl.-Ing., Dipl.-Landw.), 1946-48 Wirtschaftsberat., dann Landw.amt Hof (OLR a. D.), 1953-62 MdB; parlam. Geschäftsf. d. Landesgruppe d. CSU u. d. CDU/CSU-Fraktion; 1962-66 Staatssekr. Bayer. Staatsmin. f. Wirtschaft u. Verkehr; 1966-82 Vorst.-Mitgl. u. -Vorst.-Vors. d. Bayer. Berg-, Hütten- u. Salzwerke AG BHS München; s. 1982 VR-Vors. TÜV Bayern; AR-Vors. Zeh/Scherzer - Porzellanfabrik Rehau; Beiratsmitgl. Bayer. Vereinsbank; nichtberufl. Mitgl. Bayer. Verfassungsgerichtshof; Mitgl. d. Landesvorst. d. CSU; stv. Bezirksvors. CSU Ofr.; 1966-74 Mitgl. d. Bayer. Landtags - Bayer. VO.; 1969 Gr. BVK, 1986 Stern dazu.

WACHINGER, Burghart
Dr. phil., Prof. Univ. Tübingen - Engelfriedshalde 15, 7400 Tübingen 1 - Geb. 10. Juni 1932 München - S. 1969 Prof. in Tübingen - BV: Studien z. Nibelungenlied, 1960; Oswald v. Wolkenstein, 1964; Sängerkrieg, 1973; Repertorium d. Sangsprüche u. Meisterlieder (zus. m. F. Schanze), Bd. 3, 1986, Bd. 4, 1988; D. Mönch v. Salzburg, 1989.

WACHMANN, Arthur-Arno
Dr. phil., Prof., Astronom - Billtal 10, 2055 Wohltorf (T. 04104 - 44 84) - Geb. 8. März 1902 Harburg (Vater: Johannes W., Malerm.; Mutter: Agnes, geb. Radtke), kath., verh. s. 1933 m. Wilhelmine, geb. Steffen, 2 Kd. (Prof. Dr.

Ekkehard W.; Dr. Inge, verehel. Wezler) - Oberrealsch. Hamburg; Univ. ebd., Göttingen, Kiel (Promot. 1926) - 1926 Assist. Remeis-Sternwarte Bamburg; s. 1927 Assist., Observator (1941), Hauptobserv. u. Abt.sleit. (1950) Hbg. Sternwarte (Bergedorf). 1958-59 Assistant Prof. Fordham Univ. New York; 1961 Visiting Prof. Columbia Univ. ebd.; s. 1962 Honorarprof. Univ. Hamburg. Mitgl. in- u. ausl. Ges. Entd.: 4 neue Kometen - 1927, 29, 30 (2), Kometenmed. (James A. Donnohoe Medals), 60 Fachveröff., dar. Buchbeitr.: Mech. Daten d. Kometen (Landolt/Börnstein, Zahlenwerte u. Funktionen, Bd. III 1952) u. Photographie u. Astronomie (Schober, Photogr. u. Kinematogr., 1957) - Spr.: Engl., Franz.

WACHSMANN, Felix
Dr.-Ing., Prof., Röntgenphysiker - Pienzenauerstr. 11, 8000 München 80 (T. 98 78 32) - Geb. 20. Dez. 1904 Banjaluka/Bosnien (Vater: Wilhelm W., Offizier; Mutter: geb. Kollmann), verh. s. 1932 m. Eugenie, geb. Besold - Industrie-, Krankenhaus- u. Hochschultätig. (1951 Privatdoz. Univ. Erlangen, 1957 apl. Prof. ebd., 1965-75 TU München; zul. 1964-73 Leit. Inst. f. Strahlenschutz a.D. Ges. f. Strahlen- u. Umweltforsch. mbH., Neuherberg). Div. Fachmitgliedsch. - BV: Kurven u. Tabellen f. d. Radiologie (m. Drexler); Strahlenschutz geht alle an, Strahlenschutz-Belehrungen. Üb. 300 Einzelveröff. - Ehrenmitgl. zahlr. Ges.; 1973 Gr. BVK u. a. - Spr.: Engl., Franz., Ital., Span., Ung., Rumän.

WACHSMUTH, Werner

Dr. med., Dr. jur. h. c., o. Prof. für Chirurgie (emerit. 1969) - Nikolausstr. 20, 8700 Würzburg (T. 7 10 33) - Geb. 29. März 1900 Rostock (Vater: Geheimrat Prof. Dr. phil. Richard W., Ord. f. Physik Univ. Frankfurt/M.; s. X. Ausg.), verh. s. 1932 m. Dagmar, geb. Poensgen, 3 Kd. (Ernst Dieter; Hans-Joachim; Barbara, verehel. Giehl) - Univ. Tübingen, Würzburg, Frankfurt/M. Promot. 1923 Frankfurt; Habil. 1930 Bonn - Assist. Univ. München, Heidelberg, Bonn.

1930 Privatdoz. (Bonn), 1936 ao. Prof. Univ. München, 1946 Ord. u. Dir. Chir. Univ.klinik Würzburg. 1966/67 Präs. Dt. Ges. f. Chir. - BV: Prakt. Anatomie, 4 Bde. 1935/56, zul. 1981 (m. Lanz, spät. Lang); Sportunfälle u. -schäden, 1935 (m. Wölck), D. chir. Indikation, 1947; D. Operationen an d. Extremitäten, 2 Bde. 1956; D. Operationen an d. Hand, 1972 (m. Wilhelm); E. Leben m. d. Jahrhundert, Erinn. 1985; Reden u. Aufsätze, 1985. Zahlreiche Einzelarb. - Ehrenmitgl. Dt. Ges. f. Chir., Nat. Ges. f. Chir. Kuba, Span., Griech. Chirurgenges., Bayer., mittelrh., nordwestd. u. niederrh.-westf. Chir.-Vereinig. u. a.; 1959 Mitgl. Dt. Akad. d. Naturforscher (Leopoldina); Komturkreuz schwed. Nordstern-Orden, Offz. kuban. VO. Carlos J. Finlay, Bayer. VO. (1965), Offz. Belg. Kronenorden, 1975 Gr. BVK, 1978 Gold. Ernst-v.-Bergmann-Gedenkmünze; 1985 Gr. BVK m. Stern - Bek. Vorf.: Geh. Hofrat Curt W., Ord. f. Klass. Philol. (Groß-); Geheimrat Friedrich Ritschl, Ord. f. Klass. Philol. (Urgroßv.).

WACHTER, Emil

Prof., Maler u. Bildhauer - Pillauer Str. 9, 7500 Karlsruhe - Geb. 29. April 1921 Neuburgweier (Vater: Gottfried W., Landw.; Mutter: Anna, geb. Schindele), kath., verh. s. 1956 m. Pia, geb. Ruf, 4 Kd. (Felix, Angela, Dorothee, Simone) - 1941-42 u. 1946-48 Univ. Freiburg; 1948-52 Kunstakad. München u. Karlsruhe (u.a. b. K. Hubbuch u. Erich Heckel) - 1958-62 Leit. e. Malklasse Kunstakad. Karlsruhe - BV: Genesis, 101 Lithogr., 1970; E. schöne Welt, 1976; Höri, Porträt e. Landsch., 1977; Betonbildwerk Schloßbergsteg Freiburg, 1979; Autobahnkirche B.-Baden, 1980; Essen Dom, Adveniatkrypta, 1981-83; Bibl. Porträts, 1982 u.a. Mehrere FS-Filme u. Rundf.send. v. Arb. - Betonbildwerk St. Kilian Osterburken (1971-74); Betonbildwerk Autobahnkirche B.-Baden (1976-78) u.a.; Einzelausst. In- u. Ausl., Malerei in Öl, Graf. Zyklen u. Mappenwerke - 1966 Hans Thoma-Staatspreis Baden-Württ.; 1975 u. 77 Staatspr. Kunst am Bau Rhld.-Pfalz u.a. - Lit.: H. Schade, in: Geist u. Leben (1978); Stimmen d. Zeit (1979); Chr. Schneider u. Fr. Weinreg, in: Bibl. Porträts (1982); Alf. Deissler, O. Knoch, Hub. Morgenthaler in: Singener Trilogie (1982); Ang. Kästner, Mag.arb. üb. apokalypt. Motive b. E. W. (1986); Erika Rödiger-Diruf, in: Katalog Glasfenster (1986); G. Presler, in: Katalog E. Wachter, Malerei (1986); Helmut Büchler in: Freiburger Almanach (1987); Gerd Presler u. Heinr. Spaemann in: Heilsgesch. in Bildern, Katalog zu Rickenbach (1987); Bernh. Rupprecht in: Jörg Dantscher in: Saul u. David, Katalog Pirckheimerhaus Nürnberg (1987); H.-G. Gadamer u. Bernh. Rupprecht in: Landtagsbilder, Katalog Stuttgart (1988); H. Morgenthaler u. J. Glocker in: E. Wachter, Malerei, Katalog Bonndorf (1988); Christian Schneider in: E. Wachter, Tuschezeichnungen, Stuttgart (1988); Hanno Hafner in: E. Wachter, SOS, Ettlingen (1989).

WACHTER, Winfried
Vereidigter Buchprüfer, Steuerberater, MdL Bayern (1962-66 u. 1970-78), stv. Vors. d. Bundesfachaussch. Finanz- u. Steuerpolitik d. FDP - Sandstr. 6, 8940 Memmingen (T. 08331 - 25 70) - Geb. 1921 - FDP.

WACK, Hans Joachim

Geschäftsführer DEGETO-FILM GMBH i. R. - Duisbergstr. 17, 6000 Frankfurt/M. (T. 069 - 56 42 12) - Geb. 17. April 1925 Frankfurt/M., ev., verh. s. 1962 m. Ursula, geb. Schmid, 2 Kd. (Claudia, Andreas) - 1946-49 Stud. Rechtswiss. Univ. Frankfurt; Ass.-Ex. - 1953/54 Direkt.-Assist. d. Justitiars u. stv. Int. b. Hess. Rundf.; 1954-59 kaufm. Leit. d. Werbung im Rundf. (Werbef.- u. Werbefernsehges. HR); 1954-88 zugl. Geschäftsf. DEGETO-FILM GMBH - Liebh.: Klass. Musik, Golf - Spr.: Engl.

WACKER, Ali
Dr. phil., Prof. f. Psychologie Univ. Hannover - Lärchenstr. 14, 3000 Hannover 1 (T. 0511 - 34 42 21) - Geb. 7. Mai 1942 Ratingen (Vater: Willi W., Papierarbeiter; Mutter: Maria, geb. Ortner), verh. s. 1968 m. Gertraud, geb. Hein, 2 Kd. (Daniel, Meike) - Univ. Köln, Berlin u. Bochum, Dipl.-Psych. 1969, Promot. 1976, Habil. 1977 - 1982 Vertr.-Prof. Univ. Bremen; s. 1983 Prof. f. Sozialpsych. Hannover - BV: Entw. d. Gesellschaftsverständn. v. Kindern, 1976; V. Schock z. Fatalismus, 1981; Arbeitslosigk., 1983; Individuelle u. gesellschaftl. Kosten d. Massenarbeitslosigk. (zus. m. Th. Kieselbach), 2. A. 1987.

WACKER, Hans
I. Bürgermeister Stadt Hofheim - Rathaus, 8729 Hofheim/Ufr. - Geb. 26. März 1917 Altershausen - Kinobes.

WACKER, Heinz

Journalist, Präs. Bund Deutscher Karneval, Köln - Röntgenweg 16, 5102 Würselen (T. 02405 - 9 28 09) - Geb. 21. Okt. 1919 Kellersberg, kath., verw., 2 Kd. (Roswitha, Wilfried) - 1937-40

Verw.-Volont.; Journ.-Ausb. - S. 1948 Journ.; b. 1983 ltd. Redakt. (Tagesztg.). S. üb. 25 J. Gf. Präsid.-Mitgl. Bund Dt. Karneval, s. 1975 Präs.; Vors. Kurat. Dt. Fastnachtsmus., Kitzingen/M. - 1979 BVK - Liebh.: Brauchtumspflege (Karneval, Fasnet, Folklore), Heimatpflege.

WACKER, Karl-Heinz

Dr. rer. oec., Prof., Rechtsanwalt, Wirtschaftsberater - Sonnenstr. 15/VI, 8000 München 2 (T. 59 23 45) - Geb. 30. Okt. 1918 München - Beide jurist. Staatsprüf. - B. 1971 Geschäftsf. Wacker-Chemie GmbH., München. S. 1964 Lehrbeauftr., dann Honorarprof. Univ. München (Chemiewirtsch. u. Betriebswirtsch.). Beiratsmandate u. VR-Mandate im In- u. Ausland - Ehrensenator Univ. München.

WACKER, Richard

Dipl.-Ing., Abteilungspräsident Dt. Bundesbahn, Köln, Vors. Vereinig. d. Beamten d. höh. Dienstes d. DB ebd. - Belfortstr. 12, 5000 Köln 1 - Geb. 22. Febr. 1932 Heidelberg (Vater: Jakob W., Lokführer; Mutter: Rosina, geb. Lukan), ev., verh. s. 1957 m. Gerharda, geb. Hoon, 3 Kd. (Bettina, Susanne, Hendrik) - 1952-57 TH Karlsruhe (Maschinenbau). 1959 Bauass. Eisenbahnwesen - Spr.: Franz., Engl., Niederl.

WACKER, Wilhelm Hermann

Dr. rer. pol., Dipl.-Kfm., Prof. f. Betriebswirtschaftslehre Univ. Göttingen (s. 1971), Vorst. im Inst. f. Untern.Führg., Besteuerung u. Wirtsch.informatik (Leit. d. Abt. Betriebswirtschaftl. Steuerlehre) - Platz der Göttinger Sieben 3, 3400 Göttingen (T. 39 73 08); priv.: Am Winterberg 52 (T. 9 56 66) - Geb. 15. März 1931 Bad Herrenalb-Neusatz (Vater: August W., Bürgerm. †1973), ev., verh. s. 1961 mit Helga, geb. Reinus, 3 Kd. (Joachim Dierk, Ascan René, Sven Gerald) - Stud. d. Wirtsch.- u. Sozialwiss. Univ. Stuttgart, Heidelberg, Erlangen-Nürnberg; Dipl.ex. 1961; Promot. 1963; Habil. 1969 Erlangen - 1952-58 Revisions- u. Treuhandtätigk.; 1969 Priv.- u. Univ.doz.; 1969 Lehrstuhlvertr. Univ. Göttingen u. 1970 München; s. 1973 Prüfer f. Wirtsch.prüferex. 1979-81 Dekan Fachbereich Wirtschaftswiss. Univ. Göttingen; s. 1981 Aussch. Intern. Steuerrecht d. Bundessteuerberaterkammer - BV: Üb. Entwicklung, Prinzipien u. Erfordernisse e. europ. Kontenrahmens, 1963; D. Studium d. Betriebswirtschaftslehre, 1967; Weiterbildung von Management-Doz. in Skandinavien, 1969; Betriebswirtschaftliche Informationstheorie, 1971; Steuerplanung im nationalen u. transnationalen Unternehmen, 1979. Herausg.: Schriftenr. Steuerberatg. - Betriebsprüfg. - Unternehmensbesteuerg., Schriften zur betriebsw. Steuerlehre, s. 1974; Lexikon d. dt. u. intern. Besteuerung (2. A. 1982). Mitherausg.: Intern. Unternehmensführ., Managementprobleme intern. tätiger Unternehmen (Festschr. E. H. Sieber, 1981) - Spr.: Engl., Franz.

WACKERBECK, Wilhelm

Vorstandsvorsitzender WertGarantie Technische Versicherung AG, Hannover, Generalbevollm. Generalagentur Kurt Jodexnis, Berlin u. hygoletRent GmbH & Co. - Reiherstieg 1 B, 3167 Burgdorf 2 - Geb. 8. Juni 1946 Ahaus (Vater: Dr. jur. Wilhelm W., Dipl.-Kfm.; Mutter: Ursula, geb. Bonk, Dipl.-Volksw.), kath., verh. s. 1976 m. Ursula, geb. Manstein, 2 S. (Nicolas, Philipp) - Ausb. als Versicherungsfachwirt - AR-Vors. electroRent GmbH & Co., OWS GmbH; Geschäftsf. EDG Grundstücksges. GmbH, microcapital Beteiligungs GmbH; Beirat GFL Ges. f. Fachhandels Leasing GmbH. Verwaltungsrichter Hannover.

WACKERMANN, Peter

Generalsekretär Dt. Keglerbund - Wilhelmsaue Nr. 23, 1000 Berlin 31 - Sekr. Nine Pin Assoc. in d. Fédération Intern. d. Quilleurs (FIQ); Geschäftsf. DKB-Sport- u. Freizeit-GmbH.

WACKWITZ, Peter

Prof., Kirchenmusiker - Dernburgstr. 17, 1000 Berlin 19 (T. 3 06 65 73) - Geb. 26. März 1930 Anhalt Kr. Pless, verh. m. Rita, geb. Dietrich, 2 Töcht. (Ulrike, Henriette) - Musikhochsch. u. FU Berlin - S. 1958 Lehrtätigk. Musikhochsch. Berlin (1966 o. Prof. f. Orgelspiel).

WADLE, Hans

Fabrikant, gf. Gesellsch. Westland-Schuhfabrik Josef Wadle KG - Fabrikstr. 4, 6785 Münchweiler/Rodalb - Geb. 22. Okt. 1914.

WÄCHTER, Erich

1. Kapellmeister Nationaltheater Mannheim - Schubertstr. 5, 7514 Eggenstein (T. 0721 - 78 67 96) - Geb. 3. Juli 1945 Niederjöllenbeck/Bielefeld, ev. - Abit. 1966 Bielefeld; Stud. Dirig., Klavier, Liedbegleit. Staatl. Hochsch. f. Musik, Berlin - 1969-74 Dirig. Pfalztheater Kaiserslautern; 1974-77 Staatstheater Saarbrücken; 1977-85 Staatstheater Karlsruhe; 1985-87 1. Kapellm. Hess. Staatstheater Darmstadt; 1987-90 1. Kapellm. Nationaltheater Mannheim; Gast: Staatstheater Wiesbaden, Opernhaus Zürich, Augsburger Philh. Orch., Orch. d. Hansestadt Lübeck, Berliner Symph. Orch., Konzertverein S. Gallen. S. 1980 Lehrtätigk. (Dirig.) Staatl. Hochsch. f. Musik, Karlsruhe - Spr.: Engl., Franz.

WAECHTER, Friedrich Karl

Graphiker, Schriftsteller - Oberlindau 83, 6000 Frankfurt/M. 1 (T. 72 12 88) - Geb. 3. Nov. 1937 Danzig (Vater: Hans-Georg W., Lehrer; Mutter: Herta, geb. Schwirtz), gesch., 3 Söhne (Moritz, Robert, Philip) - Kunstsch. Alsterdamm Hamburg - Mitarb. v. Pardon, Twen, Konkret (s. 1963), Zeit-Magazin (s. 1975), Titanic u. div. Verlage - BV/Cartoons u. Satiren: Ich bin d. Größte (1966), D. Wahrheit üb. Arnold Hau (1966), D. kl. Zweckermann (1969), So dumm waren d. Hebräer (1973), Wahrscheinl. guckt wieder k. Schwein (1978), Es lebe d. Freiheit (1981); D. Grundgesetz (1982), Männer auf verlorenem Posten (1983), Nur d. Kopf nicht hängen lassen (1983), Glückliche Stunde (1986); Kinderb.: Der Anti-Struwwelpeter (1970), Tischlein deck dich (1972), D. Kronenklauer (1972), Brülle ich zum Fenster raus (1973), Wir können noch viel zusammen machen (1973), 3 Wandgeschichten (1974), D. Ungeheuerspiel (1975), Opa Huckes Mitmachkabinett (1977), D. Bauern i. Brunnen (1978), Spiele (1979), D. Reise (1980), Wer kommt m. auf d. Lofoten (1981); D. Mondtücher (1988). Theaterst.: Pustekuchen (1974), Schule mit Clowns (1975), Kiebich u. Dutz (1979), Nach Aschenfeld (1984), D. Teufel m. d. drei gold. Haaren (1986); Hans Schweinehirt (1989). Film: Kiebich u. Dutz (1987) - 1975 Dt. Jugendbuchpreis; 1983 Brüder-Grimm-Preis.

WÄCHTER, Klaus

Dipl.-Kaufmann, Sprecher d. Vorstandes d. Frankfurter Sparkasse (s. 1989), Vorstandsmitglied Frankfurter Sparkasse von 1822 (s. 1985) - Neue Mainzer Str. 49-53, 6000 Frankfurt (T. 069 - 2 64 10) - Geb. 30. Sept. 1941 - S. 1989 2. stv. Verbandsvorsteher Verb. d. Dt. Freien Öffentl. Sparkassen.

WÄDEKIN, Karl-Eugen

Dr. phil., Prof. i. R. Universität Gießen - Bahnhofstr. 29, 7245 Starzach 1 (T. 07483 - 2 35) - Geb. 21. Mai 1921 Bad Wörishofen (Vater: Carl A. F. W., Kaufm.; Mutter: Ilse Heilwig, geb. v. Harder), verh. s. 1945 m. Irmingard, geb. Haugg, 3 Kd. (Bernhard, Martina, Till Sebastian) - Oberrealsch.; 1940 Stud. Heidelberg u. 1946-50 Leipzig; Staatsex. 1949 Leipzig, Promot. 1950, Habil. 1968 Aachen - 1949-52 Assist., zul. Doz. Univ. Leipzig; 1953-65 Assist. Stuttgart (b. Klaus Mehnert) u. TH Aachen; 1969-71 Privatdoz., seitd. Prof. Univ. Gießen (b. 1986); 1987 Gastprof. Univ. of California at Berkeley/USA. Co-Redakt. Monatsschr. Osteuropa - BV: 5 Bücher (2 auch in engl.-amerik. Ausg.) u. zahlr. wiss. Art. z. Agrarpolitik, Landwirtsch. u. Landbevölkerung Osteuropas u. d. Sowjetunion. Herausg. v. Sammelbd., u.a. VIIIth Intern. Conference on Soviet and East Europ. Agrarian Affairs - Liebh.: Reisen, Garten - Spr.: Engl., Russ., Franz.

WÄFFLER, Hermann

Dr. rer. nat., em. Prof., Direktor Kernphysikal. Abt. Max-Planck-Inst. f. Chemie (Otto-Hahn-Inst.), Honorarprof. f. Atomphysik Univ. Mainz - Zu erreichen üb. Otto-Hahn-Inst. f. Atomphysik, Mülligerstr. 16, CH-5200 Windisch - Geb. 9. Febr. 1910 St. Petersburg/Leningrad (Vater: Hermann W., Bankdir.; Mutter: Hermine, geb. Wäffler), ev., verh. m. Constanze, geb. v. Monakow, 4 Kd. (Andreas, Rudi, Ruth, Miriam) - TH Zürich (Physik; Promot.) - 1949-50 Privatdoz. TH Zürich; 1950-57 ao. Prof. Univ. ebd. Wiss. Mitgl. MPG (s. 1957). Üb. 50 Fachveröff. - Liebh.: Bergwanderungen - Spr.: Dt., Franz., Engl.

WÄGER, Gerd

Vorstandsvorsitzender a.D. u. Aufsichtsratsvors. NOVA Krankenversicherung a. G., NOVA Unfallversich. AG., NOVA Lebensversich. AG, d. Iduna Vereinigte Lebensversich. aG f. Handwerk, Handel u. Gewerbe u. der Iduna Allgem Vers. AG, alle Hamburg - Schloßgarten 72, 2000 Hamburg 70 (T. 68 64 54) - Geb. 29. Dez. 1919 Hamburg.

WÄLDELE, Walther

Erster Bürgermeister a. D., Senator E. h. - Liebigstr. 11, 7500 Karlsruhe - Geb. 3. April 1921 Dortmund, ev., verh., 2 Kd. - Volks- u. Handelssch., Lehre, Vers.-Kfm. 1939 RAD; 1939-46 Wehrdienst u. Kriegsgef. als Art.Offz. - 1947 Umschul. i. Baugewerbe m. Ges-Prüfg., 1951-64 Gewerksch.-Sekr. - Geschäftsf. u. Vors. d. ÖTV Karlsruhe; 1956 Stadtrat; 1961-66 MdL. (Vors. Wirtschaftsaussch. Landtag Baden-Württ.). SPD; 1964 Bürgermstr., 1966 Erster Bürgermstr. in Karlsruhe; 1966 Präs. Kurat. d. Jugendfreizeit- u. Bildungsstätte Baerenthal Dep. Moselle, Frankreich - 1961 Ehrenzeichen d. Dt. Verkehrswacht; 1973 BVK I. Kl.; 1976 Ehrenzeichen d. DRK; 1978 Dt. Feuerwehr-Ehrenkreuz; 1979 Chevalier d. Palmes Academiques; 1982 Verdienst-Med. Land Baden-Württ.; 1983 Ehrenmed. Stadt Karlsruhe; 1986 Gold. Sportabz. m. d. Zahl 20.

WÄLTER, Fritz

Dipl.-Kfm., Vorst.mitgl. Thyssen AG, Vorst.sprecher Thyssen Handelsunion AG, Düsseldorf - Ruhrland 16, 4300 Essen 16 - Geb. 23. März 1923 Mescheде.

WÄLZHOLZ-JUNIUS, Hans-Martin

Fabrikant, Mitinh. C. D. Wälzholz, Kaltwalzwerke, Hohenlimburg, Vors. Wirtschaftsvereinig. Ziehereien u. Kaltwalzwerke (1966ff.) u.a. - Mühlenteichstr. 38, 5800 Hagen 5 - Geb. 20. April 1922 (Vater: Dr. jur. Hans J., Fabr. †1968 (s. XV. Ausg.); Mutter: Margret, geb. Wälzholz † 1983), ev. - Mitgl. d. Präsid. u. Vors. Mittelstandsaussch. BDI.

WÄNKE, Heinrich

Dr. phil., Prof., Wiss. Mitglied u. Direktor Max-Planck-Inst. f. Chemie (Otto-Hahn-Inst. Mainz (Leit. Abt. Kosmochemie) - Pfälzerwaldstr. 1, 6500 Mainz 42 - Geb. 5. Sept. 1928 Linz/D. (Österr.) - S. 1961 (Habil.) Lehrtätigk. Univ. Mainz (apl. Prof.). - 200 Fachveröff. Leonard Medal Meteoritical Soc.

WÄSCHLE, Karl

Oberbürgermeister, Vorsitzender Regionalverb. Bodensee/Oberschw. - Banneggstr. 57, 7980 Ravensburg (T. 2 42 44).

WÄSSLE, Heinz

Dr. rer. nat., Prof., Direktor Max-Planck-Inst. f. Hirnforsch. - Deutschordenstr. 46, 6000 Frankfurt 71 (T. 069 - 670 42 11) - Geb. 11. Okt. 1943 Salzburg - Stud. Physik Univ. München; Dipl. 1968; Promot. 1972; Habil. 1978 Konstanz - 1982 Hon.-Prof. f. Biol. Univ. Mainz.

WAETZOLDT, Hartmut

Dr. phil., Prof. f. Assyriologie Univ. Heidelberg - Batzenhäuselweg 11, 6903 Neckargemünd (T. 06223 - 7 18 77) - Geb. 17. März 1941 Berlin (Vater: Dr. med. Gustav-Adolf W., Ärztl. Dir.; Mutter: Dr. med. Toni, geb. Oehler, Ärztin), ev., verh. s. 1982 in 2. Ehe m. Anneke, geb. Ziegler, 4 Kd. (Andreas, Gesa, Hanno, Ilka) - Univ. Heidelberg (Promot. 1970, Habil. 1975) - 1971-73 Assist. Univ. Torino/Italien; 1973-75 Lehrbeauftr. Univ. Heidelberg; 1977 Doz. u. apl. Prof., ab 1979 Univ.-Prof. - BV: Unters. z. neusumer. Textilind., 1972; Materiali per il Vocabolario Neosumerico I, 1974, VI 1977, VII 1978, VIII 1979, XIV 1988, Studi per il Vocabolario Sumerico, Vol. I/1 Testi, I/3 Glossario, Roma 1986 - Liebh.: Alte Techniken u. Werkzeuge - Spr.: Engl., Ital.

WAETZOLDT, Stephan

Dr. phil., Prof., Generaldirektor i.R. Staatl. Museen Berlin / Stiftg. Preuß. Kulturbesitz (1965-83) - Wasgenstr. 37, 1000 Berlin 38 (T. 8 01 86 59) - Geb. 18. Jan. 1920 Halle/S. (Vater: Geheimrat Prof. Dr. phil. Wilhelm W., 1927-33 Generaldir. Staatl. Museen Berlin (s. X. Ausg.); Mutter: Margarete, geb. Noack), ev., verh. s. 1948 m. Ingeborg, geb. Lübcke, 3 Tocht. (Susanne, Dorothea, Stephanie) - Univ. Marburg u. Hamburg (Kunstgesch., Archäol., Neuere Gesch.; Promot. 1951). Staatsex. f. d. höh. Dienst an wiss. Bibl.en 1958 München - 1951-53 Stip. Zentralinst. f. Kunstgesch. München; 1953 Assist. Univ. Hamburg; 1954-56 Assist. Bibliotheca Hertziana (Max-Planck-Inst.) Rom; 1956-61 Leit. Bibl. German. National-Museum Nürnberg; 1961-1973 Dir. Kunstbibl. Staatl. Museen Berlin. S. 1969 Honorarprof. FU Berlin (Kunstgesch.). Wiss. Beirat Thyssen-Stiftg. - BV: D. Kopien d. 17. Jh.s nach Mosaiken u. Wandmalereien in Rom, 1964; Meisterwerke dt. Malerei d. 19. Jh., 1981 (Hrsg. u. Verf.). Mithrsg.: Neue Propyläen-Kunstgesch. (18 Bde. 1966 ff.) - 1967 Luther-Med. in Gold, 1973 BVK I. Kl.; 1978 Gr. BVK; 1983 Stern dazu; 1975 Korr. Mitgl. Akad. d. Wiss. Mainz; Dt. Archäol. Inst. Berlin - Spr.: Ital., Engl., Franz.

WAFFENSCHMIDT, Horst

Dr. jur., Stadtdirektor a.D., Parlam. Staatssekr. Bundesinnenmin. (s. 1982), MdB (seit 1972; Wahlkr. 66/Oberberg. Kreis), 1. Vizepräs. Dt. Städte- u. Gemeindebund, Mitgl. Ev. Landessynode Rhld. (s. 1972) - Weidenfeld 2, 5220 Waldbröl Bez. Köln (T. 22 47) - Geb. 10. Mai 1933 Düsseldorf (Vater: Johannes W., Oberregierungsrat; Mutter: Elisabeth, geb. Jacobs), ev., verh. s. 1958 m. Ilse, geb. Reitmeister, 4 Kd. (Ute, Elke, Susanne, Christoph) - Hollenberg-Gymn. Waldbröl, Univ. Bonn u. Köln (Rechts- u. Staatswiss.). Promot. 1962 - 1963-64 Leit. Abt. Verwaltung u. Recht Landesstraßenbauamt Köln; 1964-1971 Gemeindedir. Gde. bzw. Großgde. (1969) Wiehl; 1971-72 Stadtdir. Stadt Wiehl. 1962-72 MdL Nordrh.-Westf. (1970 stv. Fraktionsvors.). 1973-79 Vizepräs. Städte- u. Gemeindebund, Düsseldorf, zul. Präs. Dt. Städte- u. Gemeindebund. Zeitw. Vorst.-Mitgl. Jg. Union Rhld. CDU s. 1954 (1967 stv. Landesvors. Rhld.) - BV: D. äußere Trennung u. innere Selbständigkeit d. Bundesexekutive u. -legislative in d. BRD, 1962 (Diss.) - Liebh.: Neue Lit., Gartenbau, Schwimmen - Spr.: Engl., Franz. - Rotarier.

WAGELS, Hans-Heinz

Bankier - Tiergartenstr. 12, 4000 Düsseldorf - Geb. 25. Januar 1911 Herzogenrath (Vater: Wilhelm W.; Mutter: Elisabeth, geb. Krusenbaum), verh. s. 1949 m. Margarete, geb. Speckamp - S. 1931 (Lehre) Bankwesen.

WAGENBACH, Klaus

Dr. phil., Verlagsbuchhändler - Ahornstr. 4, 1000 Berlin 30 (T. 211 50 69)- Geb. 11. Juli 1930 Berlin (Vater: Dr. phil. Joseph W., Landrat a. D. (s. XV. Ausg.); Mutter: Margarete, geb. Weißbäcker), verh. v. 1954-83 m. Katharina, geb. Wolff, 3 Töcht. (Tatiana, Yvonne, Nina), s. 1987 m. Barbara, geb. Herzbruch - Abitur 1949; Buchhändlerex. 1951; Promot. 1957 - 1958-59 Lektor Mod. Buch-Club, Darmstadt, dann f. Dt. Literatur S. Fischer Verlag, Frankfurt/M., s. 1964 Inh. Verlag Klaus Wagenbach GmbH, Berlin - BV: Franz Kafka - E. Biogr. s. Jugend, 1958 (Bern); Franz Kafka in Selbstzeugnissen u. Bilddokumenten, 1964; Tintenfisch/Jahrb. f. Lit., 1968ff.; Dt. Lit. d. 60er Jahre, 1968/72; Dt. Lit. zw. 1945 u. 59, 1980; Eintritt frei - Beitr. z. öfftl. Meinung, 1982; Franz Kafka. Bilder a. seinem Leben, 1983 - S. 1969 Mitgl. PEN-Zentrum BRD; 1980 Kritikerpreis f. Lit.; 1985 Montecchio-Preis f. Verd. um ital. Kultur - Spr.: Engl., Franz., Ital.

WAGENER, Gerhard

Fabrikant, Inhaber Fa. Heinmöller & Dieckershoff, Wuppertal-B., Vors. Fachverb. Hosenträger- u. Gürtelind., Wuppertal-Elberfeld, Vors. Indstrieverb. Bekleidung Bergisch-Land - Hinsbergstr. 23, 5600 Wuppertal-Barmen - Geb. 11. Nov. 1930 - Handelsrichter Landgericht Wuppertal.

WAGENER, Hans-Henrich

Dr. med., Prof. f. Pharmakologie u. Toxikologie - Breslauer Str. 76, 5309 Meckenheim (T. 02225-49 74) - Geb. 17. Sept. 1926 Göttingen (Vater: Prof. Dr. med. Oskar W.; Mutter: Gustava, geb. Focke), ev., verh. s. 1955 m. Barbara, geb. Koebe, 2 Kd. (Christoph, Karin) - Gymn. Göttingen, Univ. Göttingen (Med.; Staatsex. 1951) - B. 1956 klin. Tätigk., s. 1956 pharmaz. Ind. (Schweiz u. BRD), Leiter Gesch.-Ber. Wiss. Fa. Dolorgiet, St. Augustin b. Bonn.

WAGENER, Hans-Joachim

Allein. Geschäftsf. Lippische Eisenindustrie GmbH., 4930 Detmold 19 - Hornsche Str. 340 Haus Hohenbuchen, 4930 Detmold 19 (T. Detmold 54 72) - Geb. 29. Aug. 1919 Berlin (Eltern: Johannes (Kaufm.) und Magdalene W.), ev., verh. s. 1943 m. Ursula, geb. John, 2 Kd. (Hans-Joachim, Petra) - Stud. Volks- u. Betriebsw. - Spr.: Engl., Franz.

WAGENER, Raimond

Gewerkschaftsangestellter, Mitgl. Hbg. Bürgerschaft (s. 1966) - Haanbalken 5, 2000 Hamburg 90 (T. 7 60 47 45) - Geb. 25. Sept. 1932 Hamburg, verh., 1 Kd. - Volkssch.; Elektromechanikerlehre - S. 1958 Gewerksch. ÖTV. SPD s. 1953.

WAGENFELD, Wilhelm

Dr.-Ing. e.h., Prof., Formgestalter - Heidehofstr. 2, 7000 Stuttgart 1 (T. 24 05 05) - Geb. 15. April 1900 Bremen - Lehre Bremer Silberwarenfabrik (Zeichenbüro); Staatl. Zeichenakad. Hanau (7 Sem.); 1923-25 Bauhaus Weimar (Metallwerkstatt unter Moholy-Nagy); 1926-30 Assist., spät. Leit. Metallwerkstatt Staatl. Bauhochsch. Weimar (Leit. O. Bartning); ab 1930 freiberufl. Tätigk.; 1931-35 Doz. u. ao. Prof. Kunsthochsch. Berlin, zugl. Mitarb. im Jenaer Glaswerk Schott & Gen.; 1935-42 künstler. Leit. Vereinigte Lausitzer Glaswerke, Weißwasser; 1942-45 Kriegsdst.; 1946-47 Lehrer Werkakad. Dresden; 1947-49 Prof. Kunsthochsch. Berlin (Klasse f. industrielle Formgeb.), zugl. Inst. f. Bauwesen dt. Akad. d. Wiss., Berlin, Abt. Typisierung u. Normung; 1949-50 Referatsleit. Landesgewerbeamt Baden-Württ., Stuttgart; s. 1954 eig. Werkstatt Stuttgart (Versuchs- u. Entwicklungswerkst. f. Ind.modelle) - BV: Wesen u. Gestalt d. Dinge um uns, 1948 (Potsdam); Dt. Inst. f. ind.lle Standardform - E. Vorschlag, 1950 z. Diskussion gestellt, 1950 (Stuttgart). Zahlr. Fachaufs. Mithrsg.: Ztschr. form (1958ff.) - 1962 Ehrenmitgl. Staatl. Akad. d. Künste, Stuttgart, 1964 Ehrensenator TU Stuttgart, 1965 Mitgl. Akad. d. Künste, Berlin, 1968 Berliner Kunstpreis (bild. Künste); 1968 Heinrich-Tessenow-Med.; 1968 Ehrengast Dt. Akad. Rom (Villa Massimo); 1981 Verleih. d. Dr. Ing. e.h. Univ. Stuttgart; div. intern. Aussstellungspreise (Glas, Porzellan, Metall).

WAGENFÜHR, Horst

Dr. rer. pol., Prof., Leiter Inst. f. wirtschaftl. Zukunftsforschung, Tübingen (eig. Gründ.) - 8919 Schondorf/Ammersee (T. 3 15) - Geb. 15. Mai 1903 Langewiesen/Thür., ev. - Univ. Innsbruck, Jena, Wien, Kiel, Leipzig - 1929-33 Assist. HH Nürnberg u. Univ. Berlin, 1934-44 Lehrtätigk. Univ. Erlangen (ao. Prof.). N. Kriegsende Forschungsauftr. u. Gutachtertätigk. - BV (Auswahl): Systemgedanke in d. Nationalök., 1933; Schöpfer. Wirtschaft, 1953; Wie d. Wirtschaft funktioniert, 7 A. 1960; Handelsfürsten d. Renaissance, 1957; D. goldene Kompaß, 1959; Großmarkt Europa, 1960; Beziehungen muß man haben - E. Handb. prakt. Kontaktpflege, 2 A. 1974; Morgen leben wir anders, 1964; Kunst als Kapitalanlage, 1965; V. Wesen d. Zeit, 1968; Zukunft in Wort u. Zahl, 2. A. 1972; Ind.elle Zukunftforsch., 1972. Herausg.: Wirtschafts-Digest (1958 ff.); Mithrsg.: Ztschr. f. Markt-, Meinungs- u. Zukunftsforsch.

WAGENHÄUSER, Ludwig

Dipl.-Ing., Vorstand Innwerk AG, München-Töging - Hauptstr. 60, 8266 Töging/Inn - Geb. 29. Juli 1928.

WAGENHEIMER, Hans

Aufsichtsratsvors. Fritz Homann Lebensmittelwerke GmbH & Co. KG, Dissen T. W. - Frauenlobstr. 4, 6000 Frankfurt/M. (T. 77 46 07) - Geb. 11. April 1911 Frankfurt/M., verh. m. Luise, geb. Krämer.

WAGENHÖFER, Carl

Bankpräsident i.R. - Hermine-Bland-Str. 1, 8000 München 90 (T. 64 89 64) - Geb. 24. Febr. 1910 Nürnberg (Vater: Karl W., Staatsbankamtm.; Mutter: geb. Bauer), ev., verh. s. 1937 m. Gretl, geb. Hofmann, 2 Kd. (Erika, Gert) - Altes Gymn. Nürnberg; Univ. Erlangen, Wien, Kiel, München (Rechts-, Staats-, Wirtschaftswissensch., Phil.). Diplom-Volkswirt (1932) und Gr. jurist. Staatsprüfung (1936) München - Assessor Regierung Ansbach (Wirtschaftsreferat) und Landratsamt Lichtenfels, ab 1937 Reg.ass. u. -rat (1939) Bayer. Finanzmin., 1939-45 Wehrdst. (Einsatz Westen u. Osten, Geschütz-, Batterief. u. Regt.adjudant (Oblt. d. R.)), ab 1947 Ref. Bayer. Finanzmin., Finanzexperte Stuttgarter, Frankfurter Länder- u. Bundesrat (8 1/2 J. f. Finanzmin.konfz. d. Länder tätig) 1950 Min.rat, 1952-56 Staatsrat Hamburg (Finanzbehörde), b. 1977 Präsident Landeszentralbank in Bayern, München, u. Mitgl. Zentralbankrat Dt. Bundesbank, Frankfurt/M. Mitgl. im Vorst. bzw. Kurat. zahlr. kultureller Inst., insbes. Vors. Ges. z. Förd. d. Münchner Opernfestsp. u. stv. Vors. Fördererkreis Germ. Nationalmuseum Nürnberg - BV: D. Föderalismus u. d. Notenbankverfass., 1957 - Sport- u. Kriegsausz. (EK 1); 1962 Bayer. VO., 1970 Gr. BVK, 1973 Stern u. 1976 Schulterbd. dazu; 1987 Gold. Ehrennadel Bayer. Staatsoper - Liebh.: Phil.-theol. u. kunstgeschichtl. Literatur, Fotogr. - Spr.: Engl. - Rotarier.

WAGENITZ, Gerhard

Dr. rer. nat., o. Prof. f. Botanik (Pflanzensystematik) - Ewaldstr. 73, 3400 Göttingen (T. 4 22 53) - Geb. 31. Mai 1927 Potsdam - S. 1962 (Habil.) Lehrtätigk. FU Berlin (1966 apl. Prof.) u. Univ. Göttingen (1969 Ord.). Fachveröff.

WAGENLEHNER, Günther

Dr. phil., Publizist, Präs. Vereinig. Europ. Journalisten, dt. Gruppe - Kastanienweg 26, 5300 Bonn 2 (T. 0228 - 32 17 12) - Geb. 19. Nov. 1923 Oederan (Vater: Walter W., Industriekfm.; Mutter: Gertraude, geb. Heinert), ev.-luth., verh. s. 1980 in 2. Ehe m. Anna-Luise, geb. Schluck - 1956-61 Stud. Polit. Wiss. Univ. Hamburg, Promot. 1961 - Publizist, Journ. S. 1962 Präs. Vereinig. Europ. Journ., dt. Gruppe; intern. Ehrenpräs. - BV: D. sowjet. Wirtschaftssyst. u. Karl Marx, 1960; Kommunismus ohne Zukunft, Text u. Parteiprogramm d. KPdSU, 1962; Eskalation im Nahen Osten, 1968; Staat od. Kommunismus, 1970; Abschied v. Kommunismus, 1987; D. dt. Frage u. d. intern. Sicherheit, 1988 - Europ. Ehrenkreuz; Europ. Journ.preis - Liebh.: Reisen, Filmen - Spr.: Engl., Russ.

WAGENSEIL, Kurt L.

Lektor u. Übersetzer - Heinrich-Vogl-Str. 12, 8132 Tutzing/Starnberger See (T. 4 46) - Geb. 26. April 1904 München, kath., verh. m. Ellen, geb. Neumann, 2 Kd. (Dr. med. Andreas, Christian, Verlagsbuchhändl.) - Übers.: Prinzessin Paley (Erinnerungen aus Rußland), Henry Miller, Virginia Woolf, V. Sackville-West, George Orwell (1984) Irwin Shaw u.a.

WAGLECHNER, Erich

Dirigent, Komponist, Musikalischer Oberleiter Hof - Trappenbergweg 4, 8670 Hof (T. 09281-8 55 70) - Geb. 6. März 1934 Wien, kath., ledig, T. Karin - Hochsch. f. Musik Wien, Stud. b. Hans Swarowsky u. Alfred Uhl; Dirig. in St. Gallen, Flensburg, Osnabrück, Berlin, Hof; Gastdirig. Wiener Symphoniker u. Niederösterr. Tonkünstlerorch., Eutiner Sommerspiele u. Jugendfestspieltreffen Bayreuth - Übers.: Offenbach, Blaubart - Liebh.: Gesch., Geogr. - Spr.: Engl., Lat.

WAGNER, Adolf

Dr. rer. pol., Dipl.-Volksw., o. Prof. f. Volkswirtschaftslehre - Burglehenweg 7, 7407 Rottenburg 1 (T. 07472 - 2 22 17) - Geb. 25. Febr. 1939 Falkenau (CSSR) (Vater: Josef W., kfm. Angest.; Mutter: Marie, geb. Stock), kath., verh. s. 1965 m. Ursula, geb. Schönecker, 2 Söhne (Alexander, Stefan) - 1958-61 Lehre Bankkfm., Abit. Münchenkolleg 1964, Dipl.-Volksw. Univ. München 1968, Promot. Univ. Tübingen 1972, Habil. 1976 - 1958-68 Kreditgeschäft, Revision, 1968-75 Forsch.assist., 1975-78 Prof. FHS Reutlingen, 1979 Prof. f. Statistik Univ. Marburg, 1980 o. Prof. f. Wirtschaftstheorie, ebd., s. 1986 o. Prof. Univ. Tübingen, s. 1989 stv. Dir. d. Inst. f. Angew. Wirtschaftsforsch. (IAW) Tübingen - BV: D. Wachtumszyklen in d. BRD, 1972; D. Wicksell-Effekt, 1978; Mikroökonomik, 1988; Mitverf. b. 8 weit. wirtsch.wiss. Büchern; 60 Aufs. in Fachztschr. - Liebh.: Tennis, mod. Literatur, Bayerisch - Spr.: Engl., Franz.

WAGNER, Angelika C.

Ph. D., M.A., Prof. f. Erziehungswiss. Univ. Hamburg - Auf der Koppel 43, 2055 Aumühle - Geb. 15. Juli Radeburg - Stud. Math., Psychol. u. Päd.; Staatsex. 1967 Hamburg; M.A. (Psychol.) 1968 Southern Illinois Univ./USA; Promot. 1971 Univ. of Michigan, Ann Arbor/USA - 1971-75 Doz. PH Reutlingen; 1975-85 Prof. f. Päd. Psychol. PH Reutlingen; s. 1985 Univ.-Prof. Univ. Hamburg; s. 1988 Vizepräs. Univ. Hamburg - BV u.a.: Schülerzentrierter Unterr., 1976; Mann - Frau - Rollenklischees im Unterr., 1978; Unterrichtspsychogramme, 1981; Bewußtseinskonflikte im Schulalltag, 1984.

WAGNER, Arno

Dr. jur., Geschäftsführer Fachverb. d. Reprografie-Betriebe u. Lichtpausereien - Richard-Wagner-Str. 11, 5600 Wuppertal-E. (T. 30 62 83) - Geb. 17. Nov. 1906 München, ev., verh. I) m. Margret, geb. Diergarten †, II) 1952 Anna-Elisabeth, geb. Stunz, S. Siegfried - Univ. Göttingen u. München (Rechtswiss.). Promot. 1937 Köln - 1937-45 Versich.s-jurist; 1946-52 Rechtsbeistand; s. 1953 Verbandsgeschäftsf.

WAGNER, August

Dr. jur., Präsident Bundesakad. f. Wehrverw. u. Wehrtechnik Düsseldorf - Gräulinger Str. 76, 4000 Düsseldorf 30 (T. 0211 - 28 52 55) - Geb. 15. Okt. 1919 Landshut, kath., verh. s. 1956 m. Herta, geb. Meyer, 2 Kd. (Reiner, Brunhilde) - Abit. 1937; Jura-Stud. (1. jurist. Staatsprüf. 1950, Promot. 1951, 2. jurist. Staatsprüf. 1957) - 1958 Personaldez. WBV III, Düsseldorf; 1974 Vizepräs. u. ab 1981 Präs. Bundesakad. f. Wehrverw. - EK II u. EK I; 1969 BVK u. 1975 BVK I. Kl. - Liebh.: Bergsteigen, Skifahren - Spr.: Engl., Franz.

WAGNER, Carl-Ludwig

Dr. jur., Ministerpräsident Rheinl.-Pfalz (s. 1989) - Hermeskeiler Str. 24, 5500 Trier (T. 5 24 89) - Geb. 9. Jan. 1930 Düsseldorf (Vater: Georg W., Verlagsleiter †1956; Mutter: Käthe, geb. Weiskirchen), kath., verh. s. 1958 m. Lore, geb. Kretschmer, 3 Kd. - Abit. 1949 Trier; Univ. Mainz (Rechtswiss.). Jurist. Staatsex. 1953 u. 57; Promot. 1960 - 1959-69 Beamter Europ. Parlament, Luxemburg. CDU s. 1951; 1969-76 MdB, 1976-79 Oberbürgermeister Trier, 1979-81 Min. d. Justiz, 1981-88 Finanzmin. Rhld.-Pfalz - Liebh.: Bücher (bes. Gesch.), Tennis - Spr.: Franz., Engl., Ital.

WAGNER, Christean

s. Wagner, Günther Christean.

WAGNER, Christian

Verwaltungsdirektor u. Justitiar RIAS Berlin - Elvirasteig 9, 1000 Berlin 37 (T. 802 87 09) - Geb. 6. Nov. 1932 Dresden, verh. m. Dr. Lucie Schauer-W., Kunstpublizistin - Stud. Rechtswiss., Betriebsw., Germ., Theaterwiss. - Vorstandsmitgl. Neuer Berliner Kunstverein; Jugend im Mus., Berlin hilft - Spr.: Engl.

WAGNER, Erich

Dr. med., Prof., Chirurg. Chefarzt Ev. Krankenhaus Gießen (s. 1969) - Finkenweg 26, 6307 Linden-Leihgestern (T. 06403 - 6 10 26) - Geb. 27. April 1926 Lang-Göns (Vater: Heinrich W., Landw.; Mutter: Ottilie, geb. Schmidt), ev., verh. s. 1962 m. Jutta, geb. Bobsien, 2 Kd. (Annette, Stefan) - Stud. d. Med. Univ. Marburg, Mainz, Gießen, Staatsex. 1953; Promot. 1955 Gießen; Habil. 1967, Hon.Prof. 1975 - 1960-61 Stud.aufenth. USA. Mitgl. Dt. Ges. f. Chir., Dt. Ges. f. Verdauungs- u. Stoffwechselkrankh., Colleg. Intern. Chirurgia Digestivae - Üb. 80 wiss. Veröff. z. Herz-, Abdominal- u. Unfallchir. - Liebh.: Golf, Schwimmen, Musik, mod. Lit. - Spr.: Engl.

WAGNER, Erich

Direktor u. Chefredakt. i. R., Kurator Theodor-Wolff-Preis Berlin u. Bonn - Am Büchel 108, 5300 Bonn-Bad Godesberg (T. 36 31 11) - Geb. 29. Juni 1906 Lippstadt/W. (Eltern: Bruno u. Amalie W.), ev., verh. s. 1933 m. Lucy, geb. Thies (†1981), 2 Kd. (Dipl.-Volksw. Joachim Reginald; Dipl.-Volksw. Ursula Behrends-Wagner) - Realgymn.; Volontär; Univ. Münster u. Köln - U. a. Chefredakt. Herne u. Dimitag-Dst. mittl. Tageszig. (eigene Gründ. 1938 Berlin; s. 1949 Bonn), Gründer, Dir. u. Chefredakt. Standortpresse u. 1960 Mitbegr. Presseplan, Bonn - BV: Etwas ratlos u. dennoch erfolgreich, wie Jefferson sagte (Amerik. Cavalcade), 1952; Zakuskis oder D. eingeplante Guckloch, 1955 (Moskau); Pizarro darf nicht mehr erobern, 1956 (Privatdr.); D. Anatomie d. Leserschaft, 1957 (Intern. Veröff.); Marx gestern - Moskau heute, 1959; Lok ma chau, Ostasien - Enthüllung u. bleibendes Rätsel, 1960; Geist u. Pointe Traktat üb. d. franz. Moralisten, 1964; D. Zeitung muß medienspezif.sein, 1969; D. Ztg. d. Zukunft in Hufen: Politik u.

Massenmedien, 1970; Ist denn d. Presse Teil d. Verfassungswirklichkeit?, 1977; In „Hundert Jahre Ullstein" zwei gr. Arb. (Vom Wagnis d. Zwischentöne, BZ am Mittag), 1977; Unverzichtbar, diese standortgeb. lokale Tageszt., 1978; D. Ztg. kann überhaupt nicht v. gestern sein, 1983 - 1968 Gr. BVK, 1986 Stern dazu; Mitgl. Lions (2 x Clubpräs.) - Liebh.: Reisen - Spr.: Franz., Engl.

WAGNER, Erika

Dr. phil., em. o. Prof. - Neue Str. 5, 6577 Weitersborn (T. 06754 - 6 18) - Geb. 10. Jän. 1920 - S. 1947 Päd. Akad. Lüdenscheid (Doz.), Päd. Hochsch. Kettwig (Prof.), PH Ruhr/Abt. Duisburg (o. Prof.), Univ. Duisburg-GH (o. Prof.). Vorles. üb. Geographie u. ihre Didaktik. Fachveröff. bes. Westaustralien - Spr.: Engl., Franz.

WAGNER, Erika

Hausfrau, MdL Hessen (s. 1978, Wahlkr. 7/Hersfeld-Rotenburg-Nordost/Werra-Meißner-Kr. Süd) - Westring 64, 3440 Eschwege - Geb. 13. Aug. 1933 Wanfried, verh., Sohn - Realsch. - 1950-1958 Facharb. Druckind.; 1962-67 Verkäuferin Einzelhdl. 1960 ff. MdK Eschwege (stv. Vors.); 1974 ff. MdK Werra-Meißner-Kr. (Fraktionsvors.). SPD s. 1959 (1970 ff. Mitgl. Bezirksvorst. Hessen Nord, s. 1973 Ortsvors. Eschwege), s. 1979 Mitgl. Bundesvorst.

WAGNER, Ernst-Ludwig

Maschinenbautechniker, Abgeordneter Hess. Landtag - Bottenhorner Str. 10, 6347 Angelburg-Frechenhausen - Geb. 20. Juli 1950, ev., verh. s. 1973, 3 Töcht. - 1965-68 Maschinenschlosserlehre; 1973-75 Maschinenbautechnikerausb. - S. 1985 Parlamentsvors. Angelburg; s. 1987 Landtagsabgeordn. SPD-Frakt. - Liebh.: Astronomie.

WAGNER, Eugen

Senator d. Baubehörde Fr. u. Hansestadt Hamburg (s. 1983) - Alte Aue 11, 2103 Hamburg 95 - Geb. 4. Febr. 1942 Hamburg (Vater: Eugen W., techn. Angest.; Mutter: Annagrethe, geb. Fock), verh. s. 1979 m. Cornelia, geb. Meusel - N. Mittl. Reife 3j. kaufm. Lehre Reederei - S. 1965 Angest. BASF Farben + Fasern AG., Hamburg (Verteilungsleit. Werk Hamburg II). 1978 Mitgl. Hbg. Bürgerschaft (Frakt.-Vorst.) SPD (stv. Kreisvors. Hbg.-Mitte, Vors. Ortsausschußfraktion Finkenwerder 1970-78 Mitgl. Bezirksvers. Hamburg-Mitte).

WAGNER, Ewald

Dr. phil., Prof. f. Sprachen u. Kulturen Nordafrikas - Eichendorffring 2, 6300 Gießen (T. 4 11 93) - Geb. 8. Aug. 1927 Hamburg (Vater: Karl W., Oberschulrat a.D.; Mutter: Leni, geb. Ewald), ev., verh. s. 1974 m. Ida, geb. Patilla, 3 Kd. (Georg, Elisabeth, Angelica) - Univ. Hamburg (Semitistik, Islamkunde, Phonetik). Promot. Hamburg; Habil. Mainz - 1955-64 Bibl.sass. u. -rat (1960) Univ.sbibl. Mainz; 1959-63 Lehrbeauftr. (Islamsprachen) Univ. Würzburg; 1960-64 Lehrbeauftr. (Arab. Lit.) u. Privatdoz. (1962; Semit. u. Islamkd.) Univ. Mainz; s. 1964 Prof. Univ. Gießen. Fachmitgliedsch. - BV: u. a. Syntax d. Mehrisprache, 1953; D. Diwan d. Abū Nuwās, 3 Bde. 1958-88 (Kairo u. Beirut); Abū Nuwās - E. Studie z. Lit. d. frühen Abbasidenzeit, 1965; Arab. Handschriften, 1, 1976; Legende u. Gesch., 1978; Harari-Texte in arab. Schrift, 1983; Grundzüge d. klass. arab. Dichtung, 2 Bde. 1987-88. Herausg.: Ztschr. d. Dt. Morgenländ. Ges. (s. 1972).

WAGNER, Falk

Dr. theol., o. Univ.-Prof. f. Systematische Theologie Univ. Wien - Kaiserstr. 32, A-1070 Wien - Geb. 25. Febr. 1939 Wien (Vater: Robert W., Geschäftsf.; Mutter: Friedel, geb. Gerke), ev., verh. s. 1968 m. Inamaria, geb. Winnefeld, 2 Töcht. (Christiane, Katharina) - 1960-68 Stud. ev. Theol., Phil. u. Soziol. Univ. Frankfurt u. Mainz; 1. theol. Ex. 1968, Promot. 1969 Univ. München, Habil. 1972 ebd. - 1968/69 Wiss. Mitarb. f. Erwachsenenbild. u. Wirtschaftsethik; 1969-72 Wiss. fr. Mitarb. b. DIPF Frankfurt/M.; s. 1970 Univ. München (wiss. Assist., Rat u. Prof. s. 1978) - BV: Üb. d. Legitimität d. Mission, 1968; D. Gedanke d. Persönlichkeit Gottes b. Fichte u. Hegel, 1971; Schleiermachers Dialektik, 1974; Friedenserzieh. als Problem v. Theol. u. Religionspäd. (m. Ch. Bäumler u. a.), 1981; D. Flucht in d. Begriff, (Hg. m. F. W. Graf) 1982; Geld od. Gott?, 1985; Was ist Religion?, 1986; Was ist Theologie?, 1989.

WAGNER, Franz W.

Dr. oec. publ., Dr. rer. pol. habil., Prof. f. Betriebswirtschaftslehre - Univ. Tübingen, Mohlstr. 36, 7400 Tübingen - Geb. 21. Mai 1944, verh. s. 1971, 2 Kd. - Dipl.-Kfm. 1969, Promot. 1971, Habil. 1976 - BV: Kapitalerhaltung, Geldentwertung u. Gewinnbesteuerung, 1978; D. Steuerplanung d. Unternehmung, 1980; Zero-Bonds, 1986.

WAGNER, Friedrich

Dr. agr., Geschäftsf. Vorstandsmitgl. Bäuerl. Bezugs- u. Absatzgenoss. e. G., Minden, Vors. Bundesverb. d. Mischfutterhersteller, Bonn - Hundegrund 8, 4950 Minden - Geb. 16. April 1929.

WAGNER, Friedrich

Dr. med., Prof., ehem. Chefarzt Augenheilanst. Wiesbaden - Herzogsweg 4, 6200 Wiesbaden (T. 52 99 37) - Geb. 14. Febr. 1910 Alfeld/Leine - Habil. 1944 Leipzig - S. 1947 Privatdoz. u. apl. Prof. (1952) Univ. Mainz. Zahlr. Fachveröff.

WAGNER, Friedrich A.

Dr. phil., Journalist, Reiseschriftsteller - Gerhart-Hauptmann-Ring 252, 6000 Frankfurt/M. (T. 57 65 85) - Geb. 24.Jan. 1914 Breslau (Vater: Paul W., Oberstadtinsp.; Mutter: Emmi, geb. Hönisch), kath., verh. s. 1939 m. Dr. phil. Eva-Maria, geb. Zenker (Kunsthistorikerin) †1985 - Friedrichs-Gymn. Breslau; Univ. Wien u. Breslau (German., Kunstgesch., Volkskd., Musik, Phil.). Promot. 1938 - 1939-45 Wehrdst.; 1945-50 Mitarb. Hess. Rundfunk; s. 1950 Feuill.redakt. Fuldaer Volksztg. u. Frankfurter Allg. Ztg. (1953-79) - BV: D. Urlaubswelt v. morgen - Erfahrungen u. Prognosen, 1970. Herausg./Anthol.: Liebe, gute Mutter, 3. A. 1960, Lob d. Freundschaft, 1957; Lob d. Berge, 1959; Bildbde.: Sizilien, 1958; Costa Brava, 1959; Ferienliebh., 1975; D. Maler Ferd. Lammeyer, 1979; Ferienarch.-D. gebaute Urlaubswelt, 1984 - 1966 Cavaliere ufficiale ital. Verdienstorden, 1971 Al merito turistico span. Verdienstmed., 1976 Ehrenplakette d. Dt. Fremdenverk.-Verb. 1980 BVK; Päpst. St. Gregorius-Orden - Spr.: Engl.

WAGNER, Friedrich-Ludwig

Landrat a. D. - Morlauterer Str. 71, 6750 Kaiserslautern (T. 7 03 07) - Geb. 12. April 1910 Bacharach, ev., verh. in 2. Ehe s. 1974 m. Ruth, geb. Radke, 3 Kd. (Wolf-Manfred, Gislint, Gunhilt †) - Realgymn. Koblenz; Univ. Bonn, Graz, Berlin (Rechts- u. Staatswiss.). Ass.ex. 1937 - Regierungsrat Landratsamt Tilsit, Bezirksreg. Stettin, Polizeiamt Remscheid, Landratsamt Simmern, 1941-45 Kriegseins., 1953-59 Oberreg.srat Bezirksreg. Koblenz u. Trier, 1959-75 Landrat Kaiserslautern. Div. Ehrenstell., dar. 1968 ff. Präs. Pfälz. Ges. z. Förd. d. Wiss. Landgeschichtl. u. kulturpolit. Abh. - BV: Stadt Bacharach u. Samtgde. d. Viertäler, 1966 - 1975 BVK I. Kl. - Spr.: Engl., Franz. - Würdigung z. 60. Geburtstag (K. Baumann, in: Pfälzer Heimat 1970, S. 77 ff.; K. Becker, in: Rhein. Heimatpflege 1970, S. 190 ff.). - Rotarier.

WAGNER, Fritz

Dr. phil., emerit. o. Prof. f. Neuere Geschichte - Seniorenheim Haus Bruneck, 8185 Kreuth b. Tegernsee (T. 08029 - 83 15) - Geb. 5. Dez. 1908 Ludwigsburg/Württ. (Vater: Dr. med. Theodor W., Arzt; Mutter: geb. Bickel), ev., verh. s. 1931 m. Auguste, geb. Würz, 2 Söhne (Klaus, Hermann) - Univ. Tübingen, Paris, Berlin, München. Promot. (1932) u. Habil. (1939) München - S. 1939 Lehrtätigk. Univ. München, Innsbruck, Marburg (1947 o. Prof.; 1956-58 Rektor) u. München (1966). 1969-82 Sekr. Histor. Kommiss. Bayer. Akad. d. Wiss., München - BV: Kaiser Karl VII. u. d. gr. Mächte, 1938; Cavour u. d. Aufstieg Italiens, 2. A. 1942; USA - Geburt u. Aufstieg d. Neuen Welt, 1947; Europa im Zeitalter d. Absolutismus, 2 A. 1959; Geschichtswiss., 1951 (span. (Mexiko) 1958); Moderne Geschichtsschreibung, 1960; D. Historiker u. d. Weltgesch., 1965; Schieders Handb. d. Europ. Gesch. Bd. IV, 1969; J. Newton im Zwielicht von Mythos u. Forschung, 1976. Herausg.: Orbis Academicus (1951ff.), Archiv. f. Kulturgesch. (1949-81), Neue Deutsche Biographie (1970-87) - 1967 o. Mitgl. d. Bayer. Akad. d. Wiss.; 1978 Gr. BVK.

WAGNER, Fritz

Dr. phil., o. Prof. f. Mittellat. Philol., Mediäristik, Bildungs- u. Unterrichtswesen d. Mittelalters Zentralinst. f. Unterrichtswiss. u. Curriculumentwickl. FU Berlin (s. 1970) u. Direktor Mittellat. Seminar (s. 1970) Joh.-Sigismund-Str. Nr. 8, 1000 Berlin 31 (T. 891 55 28) - Geb. 14. Juli 1934 Aachen (Vater: August W., Polizeibeamt.; Mutter: Änne-Alwyne, geb. Surmeier), ev., verh. s. 1965 m. Helga, geb. Franken (Malerin) - Stud. Klass. Philol., Mittellat., German., Gesch., Phil., Päd.; Promot. 1960; Habil. 1967 (alle Köln) - 1967 Privatdoz. u. 1970 apl. Prof. Univ. Köln; 1966-70 Lehrauftr. f. Kodikologie u. Paläographie Bibl.-lehrinst. Nordrh.-Westf., Köln. O. Mitgl. Berliner Wiss. Ges. Mediaeval Acad. of America, Accad. Tiberina, Goethe-Ges., Connecticut Acad. of Arts and Sciences (Yale) u. a. - BV: J. G. Herders Homerbild, 1960; Caesarius v. Heisterbach, Libri VIII Miraculorum 1962, Festschr. f. Karl Langosch (m. P. Klopsch) 1965; Lit. u. Sprache im europ. Mittelalter (m. A. Önnerfors u. J. Rathofer), 1973. Mithrsg.: Mittellateinisches Jahrb. (s. 1973); Mitarb.: Enzyklopädie d. Märchens. Üb. 200 Aufs., Miszellen u. Art. z. Mittellat. Philol., German. u. Erzählforsch. - Liebh.: Pferdesport - Spr.: Engl.

WAGNER, Gábor

Dipl.-Ing., Fernseh-Regisseur ARD (BR) - Osterwaldstr. 73, 8000 München 40 (T. 089-36 94 87) - Geb. 7. Mai 1937, kath., led. - Stud. TU (Dipl.-Ing. 1964); Hochsch. f. Fernsehen u. Film - FS-Regiss. 1970.

WAGNER, Günter

Lehrer a.D., Schriftsteller - Schiffweiler Str. 12, 3300 Braunschweig - Geb. 27. Dez. 1925, ev., verh. s. 1968 m. Wally, geb. Jacobs, 2 Töcht. (Julia, Sophie) - 1950-52 Päd. Hochsch. Hannover, 1. Ex. 1952, 2. Ex. 1956 - BV: u.a. D. Fahne ist mehr als d. Tod, R. 1959; Wolle wird Chefred., 1979; Drei jagen d. Phantom, 1980; Verdammte Rasselbande, 1980; Mit Oma in Indien, 1981; Mohrchen soll leben, 1982; Vier gegen e. ganze Bande, 1984; Flucht aus d. Hölle v. Vietnam, 1984; Pferde ... Pferde ..., 1985; Extrablatt! Extrablatt!, 1985 (alles Jugendb.); Old Barney u. s. Siebte, 1986; Fatma u. Franzi, 1986; Empfänger unbekannt verzogen, Erz.; Aussaat, 1988; Spiele draußen, Sachb. 1989. Erz. u. Hörspiele - Spr.: Engl.

WAGNER, Günther-Christean

Dr. jur., Hess. Kultusminister (s. 1987) - Zu erreichen üb. Luisenplatz 10, 6200 Wiesbaden - Geb. 12. März 1943 Königsberg/Pr. (Vater: Hans-Günther W., kfm. Angest.; Mutter: Ursula, geb. Meyer), ev., verh. s. 1970 m. Roswitha, geb. Grychtolik, 3 Kd. (Cosima, Friederike, Hans-Christian) - Univ. Marburg u. Heidelberg (Rechtswiss.). Jurist. Staatsprüf. 1966 u. 71; Promot. 1972 - 1972-75 Stadtdir. Holzminden; 1975-81 I. Kreisbeigeordn. Marburg-Biedenkopf; 1981-85 Landrat Kr. Marburg-Biedenkopf; 1986-87 Staatssekr. d. Bundesmin. f. Umwelt, Naturschutz u. Reaktorsicherheit. CDU (stv. Vors. Kommunalpolit. Vereinig. Hessen u. Mitgl. Bundesvorst. Kommunalpolit. Vereinig. CDU/CSU Dtschl.).

WAGNER, Gustav

Dr. med., Dermatologe, Prof. f. Med. Dokumentation u. Statistik Univ. Heidelberg (s. 1964), ehem. Direktor Inst. f. Dokumentation, Information u. Statistik Dt. Krebsforschungszentrum ebd. - Blütenweg 64, 6905 Schriesheim - Geb. 10. Jan. 1918 Hannover, ev., verh. s. 1941 m. Inge, geb. Winiarz, S. Klaus-Dieter - Realgymn. Hannover; Univ. Leipzig u. Berlin (Promot. 1945) - 1946-51 Assist. Städt. Hautklinik Hannover-Linden; 1951-64 Assist., Oberarzt (1955), Wiss. Rat u. Prof. (1963) Univ.-Hautklinik Kiel (1954 Privatdoz., 1959 apl. Prof.). 1965-73 Vors. Dt. Ges. f. Med. Dokumentation u. Stat. - BV: (s. XXIII. Ausg.); Dokumentation, Datenverarb. u. Statistik in d. Med., 1975 (m. R. Thome), 2. A. 1983; Handb. d. med. Dokumentation u. Datenverarb. (m. S. Koller); Interakt. Datenverarb. in d. Med. (m. C. O. Köhler), 1976; Dokumentation u. Information i. Dienste d. Gesundheitspfl. (m O. Nacke), 1976; Directory of On-going Research in Cancer Epidemiology (jährl. m. C. S. Muir), 1976 ff.; Laboratory Information Syst. - Hospital Pharm. Syst., 1978, Tumor-Lokalisationsschlüssel, 2. A. 1979; Krebsatlas d. BRD (m. R. Frentzel-Beyme, R. Leutner u. H. Wiebelt) 1979; Med. Ökol. (m. M. Blohmke u. H. Schippersges) 1979; Basisdokumentation f. Tumorkranke, 1979; Krebsnachsorge (m. O. Scheibe u. D. Bockelmann), 1980; Effektivität u. Effizienz in d. Med., 1981 (m. H. Schipperges); TNM-Atlas (m. B. Spießl u. O. Scheibe), 1982 (2. A. 1985); Basisdokument. f. Tumorkranke (m. E. Grundmann), 1983; D. Beitrag d. Informationsverarb. z. Fortschr. d. Med. (m. C. O. Köhler u. P. Tautu), 1984; Krebsatlas f. d. Bundesrep. Dtschl., 2. A. (m. N. Becker u. R. Frentzel-Beyme), 1985; Spielräume (m. H. J. Bochnik), 1985; weit. Handb.beitr.: Die Epilationsbestrahlung (Handbuch der Haut- und Geschlechtskrankh., Ergänzungsbd. V), Altersveränderungen d. Haut, - dermatosen (Gottron/Schönfeld, Dermatol. u. Venerol., Bd. IV), Tuberkulose d. Haut, Sarkoidose, Lepra (Bode/Korting, Lehrb. d. Haut- u. Geschlechtskrankh.), Statistik d. Geschlechtskrankh. (Gottron/Schönfeld, Dermatol. u. Venerol., Bd. V/2). Üb. 300 Ztschr.beitr. Herausg.: Schriftenreihe d. Nwd. Dermatol. Ges. (1951ff.), Methods of Information in Medicine/Intern. Ztschr. f. d. Methodenlehre d. med. Forsch. (1962ff.) - 1968 korr. Mitgl. Finn. u. Dän. Dermatol. Ges. - Philatelist - Spr.: Engl., Franz.

WAGNER, Gustav Friedrich

Dr. rer. nat., Sennator E. h., Geschäftsführer i. R. Robert Bosch GmbH, Stuttgart - Grünewaldstr. 4, 7000 Stuttgart 1 (T. 85 95 95) - Geb. 18. Okt. 1916 - AR-Mand., dar. -vors. Zinser Textilmasch. GmbH.

WAGNER, Hans

Dr. jur., Landrat Kr. Amberg-Sulzbach - Heldmannstr. 3, 8450 Amberg/Opf. - Geb. 1935 - Vors. Regional. Planungsverb. Oberpfalz-Nord. CSU.

WAGNER, Hans

Sozialarbeiter, MdL Nordrh.-Westf. (s. 1970) - Droste-Hülshoff-Str. 22, 4200 Oberhausen (T. 6 42 08) - Geb. 24. April 1934 Osterfeld/Oberhausen, verh., 3 Kd. - Volkssch.; Schlosserlehre; 1959-62 Höh. Fachsch. f. Sozialarb. - S. 1963 Sozialarb. 1961 ff. Ratsmitgl. Oberhausen (1969 Fraktionsf.). CDU.

WAGNER, Hans

Dr. phil., Ltd. Regierungsdirektor a. D., MdL Hessen (1950-82; 1958-66 stv., 1966-70 u. 1972 Fraktionsvors. CDU, 1970-72 I. Vizepräs., 1974-82 Präs.) - Walther-Rathenau-Str. 27, 6148 Heppenheim/Bergstr. (T. 22 38) - Geb. 5. Mai 1915 Nieder-Liebersbach/Hessen

(Vater: Nikolaus W., Volksschullehrer; Mutter: Katharina, geb. Arnold), kath., verh. s. 1945 m. Maria, geb. Schulz, 5 Kd. (Klaus, Thomas, Angelika, Andreas, Clemens) - Gymn.; Univ. Heidelberg u. Berlin (Alte Spr., Gesch., Archäol.). Promot. 1938 - 1945-66 Schuldst. B. 1933 Windt orstbd. u. Kolpingfamilie; n. 1945 CDU (u. a. 1966 stv. Landesvors. u. Mitgl. Bundesparteiaussch.). Mitbegr. Jg. Union (mehrere Jahre stv. Landesvors.) - 1975 Wilhelm-Leuschner-Med.; 1982 Europa-Union-Med.; 1982 Großkreuz d. VO. d. Bundesrep. Deutschl. - Liebh.: Mod. Kirchenbau, klass. Musik - Spr.: Franz.

WAGNER, Hans

Dr. phil., o. Prof. f. Philosophie - Flemingstr. 12, 5300 Bonn 1 (T. 62 31 64) - Geb. 10. Jan. 1917 Plattling/Ndb., kath., verh. s. 1947 m. Alexa, geb. Schnoes, S. Hans-Rainer - Stud. Regensburg, Tübingen, Würzburg. Promot. (1946) u. Habil. (1948) Würzburg - S. 1949 Lehrtätigk. Univ. Würzburg (1955 ao. Prof.) u. Bonn (1961 o. Prof. u. Dir. Phil. Sem./Abt. A). 1968 Gastprof. Yale Univ. - BV: Existenz, Analogie u. Dialektik, 1953; Phil. u. Reflexion, 3. A. 1980; Aristoteles, Physikvorlesung (übers., eingel. u. komment.), 3. A. 1979; Krit. Phil., 1980 - Spr.: Engl., Franz., Ital.

WAGNER, Hans-Georg

Regierungsbauamtmann, MdL Saarland (s. 1975) - Zum Mühlenberg 8, 6689 Eppelborn-Dirmingen - Geb. 26. Nov. 1938 Niederlinxweiler - SPD.

WAGNER, Hans-Joachim

Dr. med., o. Prof. f. Gerichtl. Medizin (Rechtsmedizin) - Kraepelinstr. 8, 6650 Homburg/Saar (T. 42 22) - Geb. 9. März 1924 Gera/Thür. (Vater: Armin W., Prokurist; Mutter: Margarete, geb. Bergner), verh. m. Hildegard, geb. Staschick - Univ. Frankfurt/M. u. Mainz. Promot. (1951) u. Habil. (1960) Mainz - S. 1960 Lehrtätigk. Univ. Mainz u. Saarbrücken (1968 Ord. u. Inst.dir.). Vors. Dt. Ges. f. Verkehrsmed. e. V. - Etwa 150 Fachveröff. Herausg. Handb. u. Lehrb. d. Verkehrsmed. bzw. d. Verkehrswiss.

WAGNER, Harald

Dr.-Ing., Prof., Inst. f. Unterirdisches Bauen Univ. Hannover (s. 1967) - Schubertstr. 30, 3100 Celle (T. 5 32 83).

WAGNER, Hardy

Dr. rer. pol., Prof. f. Controlling u. Führung FH Rheinland-Pfalz, Abt. Ludwigshafen/Worms - Dudenhofer Str. 46, 6720 Speyer - Geb. 1932 Opladen/Rhld., verh. m. Ingrid, geb. Poetschki, 4 Kd. - Lehre als Industrie-Kaufm.; Ext. Abit.; Stud. Wirtschaftspäd., Sozialpolitik u. Betriebswirtschaft Univ. Köln u. Bonn; Dipl.-Hdl. 1958 Köln; Dipl.-Kfm. 1959 Köln; Promot. 1966 Köln - Wiss. Assist.; Forschungsbeauftr.; 1958-61 Untersuchungsleit.; Direkt.-Assist.; 1961-70 Geschäftsf.; s. 1970 Doz. bzw. Prof. Geschäftsf. Dir. Forschungsinst. f. Angew. Betriebswirtsch. FH d. Landes Rhld.-Pfalz; wiss. Leit. Dt. Struktogramm-Zentr. Speyer; 1982-87 Projektleit. BLK-Modellversuch Praxisverbundenes Stud. - Gründungsmitgl. u. s. 1976 Vorst.-Vors. gemeinn. Ges. z. Förd. Anwendungsorientierter Betriebswirtsch. u. Aktiver Lehrmeth. in FH u. Praxis, Speyer - BV: Erfahrungen m. d. Betriebsverfassungsgesetz, 1960; Praxisverbundenes Stud., 1983; Persönliche Arbeitstechniken, 1984; Struktogramm-Analyse, 1984, 2. A. 1987. Ca. 50 Ztschr.-Aufs., insb. zu d. Themen Selbst-Management u. Erfolgs-Verursachung, Unternehmensführung; mehrere Monogr. Gf. Herausg.: Gabal-Schriftenr. Speyer (s. 1978).

WAGNER, Heinz

Dr. med. (habil.), Prof., Chefarzt Orthopäd. Klinik Wichernhaus, Altdorf (s. 1969) - Wichernhaus, 8503 Altdorf/Mfr. - S. 1965 Privatdoz. u. apl. Prof. (1970) Univ. Erlangen-Nürnberg (Orthop.). Facharb.

WAGNER, Heinz

Dr. jur. (habil.), Univ.-Prof. f. Staats- u. Verwaltungsrecht - Tietzenweg 54, 1000 Berlin 45 (T. 833 21 67) - Geb. 25. Mai 1926 Mainz - Stud. Mod. Sprachen u. Rechtswiss. - 1957 Wirtschaftsvereinig. Eisen- u. Stahlind., Düsseldorf; 1958 Univ. Köln (Assist., 1963 Privatdoz.); 1966 Univ. Saarbrücken (Ord.); 1970 FU Berlin (Ord.) - BV: D. Grundbegriffe d. Beschlußrechts d. Europ. Gemeinschaften, 1965; D. Vorstellung d. Eigenständigkeit in d. Rechtswiss., 1967; D. mod. Logik d. Rechtswiss., 1970 (m. Haag); D. arab.-israel. Konflikt im Völkerrecht, 1971; Recht als Widerspiegelung u. Handlungsinstrument, 1976; Normenbegründ., 1982; Polizeirecht, 1985; D. Polit. Pandektistik, 1985; Komm. z. PolG v. NW, 1987 - Spr.: Engl., Franz.

WAGNER, Heinz-Georg

Dr. rer. nat., o. Prof. f. Physikal. Chemie - Senderstr. Nr. 51, 3400 Göttingen-Nikolausberg - Geb. 20. Sept. 1928 Hof/S. - 1939-48 Obersch. Hof (dazw. 1944-45 Kriegsdst.); 1948-53 TH Darmstadt (Physik, Chemie, Math.). Promot. 1956; Habil. 1960 - 1962 Doz. Univ. Göttingen; 1964 Ord. Univ. Bochum; 1970 Ord. Univ. Göttingen. 1961 Stip. National Foundation USA. 1970 Mitgl. MPG, Mitgl. Intern. Acad. of Astronautics Leopoldina Halle u. Akad. d. Wiss. Göttingen, 1983ff. Vizepräs. DFG. Fachveröff. - 1963 Fritz-Haber-Preis; 1972 Bernard-Lewis-Med. in Gold; 1982 Achema-Plak.; 1987 Numa Manson Med.; BVK.

WAGNER, Hellmut

Dr. jur., stv. Vorsitzer d. Vorstands Kernforschungszentrum Karlsruhe GmbH - Graf-Eberstein-Str. 49, 7500 Karlsruhe 51 - Geb. 9. Jan. 1933.

WAGNER, Helmut

Bankkaufmann, Mitgl. d. Geschäftsleitg. Bankhaus Gebr. Bethmann - Bethmannstr. 7, 6000 Frankfurt/M. - Geb. 11. Dez. 1923.

WAGNER, Hildebert

Dr. rer. nat., o. Prof. f. Phytochemie - Nelkenweg 9, 8211 Breitbrunn/Chiemsee (T. 4 41) - Geb. 28. Aug. 1929 Laufen (Eltern: Dr. jur. Karl (Regierungsdir.) u. Kreszenz W.), verh. (Ehefr.: Ursula), 3 Kd. (Christine, Thomas, Michael) - Promot. 1956; Habil. 1960 - S. 1960 Lehrtätigk. Univ. München (1965 Ord. u. Direktor Inst. f. Pharmaz. Biologie). 1971/72 Gastprof. Ohio Univ. Columbus (USA). Etwa 500 Fachveröff.; Lehrb.: Drogen u. Drogeninhaltsstoffe - Liebh.: Musik (klass.), Lit., Malen.

WAGNER, Ingeborg

Dr. phil., Prof. f. Psychologie (Spez. Aufmerksamkeitsforschung, Berat.) - Astridstr. 41, 4830 Gütersloh (T. 05241 - 7 80 36) - Geb. 4. Mai 1934 Kohlfurt (Vater: Hans W., Stadtrevierförster; Mutter: Ella, geb. Held) - Gymn. Gütersloh, Univ. Münster (Dipl. Psych. 1961 b. W. Metzger), Promot. Bochum 1969 - 1963-70 wiss. Assist. Münster u. Bochum, 1970-75 Akad. Rätin Bochum, 1975 o. Prof. f. Psych. Bonn, s. 1986 Bielefeld - BV: Aufmerksamkeitstraining mit impulsiven Kindern (Monogr.), 1976, 81 u. 89; Psych. E. Einf. (Monogr.), 1983; Aufmerksamkeitsförd. im Unterr. Hilfen durch Lehrertraining (Monogr.), 1984 - Liebh.: Musik, Geige, Lit., Golf - Spr.: Engl., Franz.

WAGNER, Joachim

Dr., stv. Chefredakteur NDR Fernsehen u. Panorama-Leiter - Zu erreichen üb. NDR, Gazellenkamp 57, 2000 Hamburg 54.

WAGNER, Josef

Dr. iur., Oberregierungsrat a. D., Reeder, Mitinh. Reederei Schulte & Bruns, Emden/Bremen/Hamburg, Schiffswerft Schulte & Bruns, Emden, W. Bruns, Leer/Bremen, Geschäftsf. Schulte & Bruns Schiffahrtsges. mbH., Emden/Dortmund/Duisburg-Ruhrort (3), Dollart-Reederei GmbH., Emden, Mundy Schiffahrtsagentur GmbH., Emden - Bollwerkstr. 35, 2790 Emden (T. 2 28 50) - Geb. 18. Jan. 1911 Dillingen/Saar (Vater: Carl W., Bürgermeister; Mutter: Constanze, geb. Böminghaus), verh. s. 1941 m. Ursula, geb. Schulte, 3 Kd. (Ursula, Carola, Hermann) - Univ. Bonn u. Berlin - B. 1949 Justitiar Wasserstraßendir. Magdeburg; s. 1955 Reeder. Vorst.smitgl. Dt. Arb.-geberverb., Köln, Landesverein. nieders. Arb.geberverb., Hann., Bundesverb. Dt. Binnenschiff., Duisburg; Mitgl. Vertr.-vers. See-Berufs-Genn., Hamburg, EG, Brüssel (ber. Aussch. f. soz. Fragen d. Binnenschiff.). Div. Ehrenst., dar. Vors. Arb.geberverb. Dt. Binnenschiff., Tarifkomm. u. Vertr.versl. Dt. Binnenschiff., sämtl. Duisburg, Arb.geberverb. f. Ostfriesl. u. Papenburg, Vertr.verslg. AOK, bde. Emden, Klub z. guten Endzweck, ARsmandate - Spr.: Franz. - Rotarier.

WAGNER, Jürgen

Verwaltungsleiter d. Bundeslehr- u. Forschungsstätte d. DLRG-Berlin, MdA - Arnulfstr. 93, 1000 Berlin 42 (T. 030 - 753 21 80) - Geb. 19. Sept. 1934 Bromberg/Westpr., ev., verh. s. 1980 m. Doris, geb. Rochow, T. Jeanine - Abit.; Staatl. gepr. Fototechn.; Stud. Wirtsch.-Wiss., German., Publiz. Univ. Berlin u. München - 1967-85 Mitgl. Bezirksverordn.-Vers. Berlin-Tempelhof (1975-85 stv. Vorst.). S. 1985 MdA (Wiss.polit. Sprecher d. SPD-Frakt.) - 1984 BVK am Bde. - Liebh.: Sporttauchen, Hochseeangeln, Skilauf - Spr.: Engl., Franz. u. Russ. (Grundkenntnisse).

WAGNER, Karl-Heinz

Dr. med., em. Prof. f. Ernährungswissenschaften - Thaerstr. 20, 6300 Gießen (T. 2 13 30) - Geb. 26. Febr. 1911 Groß-Deuben/Sa. (Vater: Karl W., Techniker; Mutter: Elsa, geb. Hauschild), ev., verh. s. 1939 m. Dr. med. Erika, geb. Hering, 2 Kd. (Barbara, Klaus) - Univ. Leipzig (Med. Staatsex. 1935). Promot. 1936; Habil. 1939 - Reichsanstalt f. Vitaminprüf. u. -forsch. (1942 Abt.sleit. u. Prof.), Univ. Frankfurt (1946 Lehrbeauftr.) u. Gießen (1951 komm. Leit. Inst. f. Ernährungswiss., 1967 Dir. Inst. f. Ernährungsw. II; 1963 ao., 1971 Prof.). Entd.: Bildungsmechanismus d. Vitamin A im tier. Organismus, Umwandlung d. ß-Carotin in Vitamin A, Bestimmung d. Tagesbedarfs v. Vitamin A b. Menschen - BV: D. Vorkommen v. Vitamin A u. ß-Carotin b. Finn-, Blau- u. Spermwal, 1939; D. Pathophysiol. d. Cyclamatverbindungen d. Saccharins u. a. Süßstoffe, 1972; D. tox. Inhaltsstoffe in Siedlungsabfällen u. der. Aufbereitungsprodukten - Müll, Müllkompost, Müllklärschlammkompost u. Klärschlamm; Nachweis v. polyzyklischen aromatischen Kohlenwasserstoffen, Cadmium u. Blei im Krebsgewebe d. Menschen. Funktion d. links- u. rechtsdrehenden Milchsäure im Stoffwechsel d. Menschen - Spr.: Engl., Franz.

WAGNER, Klaus

Rechtsanwalt, Geschäftsführer Süddeutscher Verlag GmbH., München - Seitnerstr. 51, 8023 Pullach/Isartal (T. München 7 93 15 34) - Geb. 8. Okt. 1929 Berlin (Vater: Dr.-Ing. Georg W., Techn. Direktor Siemens; Mutter: Anna, geb. Kuhn), ev., verh. in 2. Ehe (1966) m. Dorothee, geb. Schaar, 4 Kd. (Gabriele, Reiner-Mathias (aus 1. E.), Sebastian, Susanne) - 1952-60 Justitiar Verlag Th. Martens & Co. GmbH. (Quick); s. 1958 Rechtsanw.; 1960-65 stv. Verlagsleit. Kindler & Schiermeyer AG.; s. 1965 Verlagsdir. u. Geschäftsf. (1971) Südd. Verlag (Südd. Ztg.) - Liebh.: Landw., Jagd - Spr.: Engl.

WAGNER, Klaus

Dr. phil., Prof., Mathematiker - Wodanstr. 57, 5000 Köln-Rath (T. 86 34 58) - Geb. 31. März 1910 Köln - S. 1949 (Habil.) Lehrtätigk. Univ. Köln (1956 apl. Prof., 1971 Honorarprof.; 1960 Wiss. Rat Math. Inst.) u. Gesamthochsch. Duisburg (1970 o. Prof.) - BV: Graphentheorie, 1970, Mitverf.: Differential- u. Integralrechnung, 1948. Zahlr. Einzelarb.

WAGNER, Klaus

Intendant u. Regisseur - Turmstr. 16, 7100 Heilbronn (T. 07131 - 6 93 98) - Geb. 5. Mai 1930 (Vater: Karl Johann W., Kaufm.; Mutter: Martha, geb. Harslem), kath., verh. s. 1975 m. Madeleine, geb. Lienhard - Stud. Theaterwiss. - Freiberufl. Regiss. f. Theater u. Fernsehen; Int. Stadttheater Heilbronn - Rd. 300 Theaterinsz. u. 30 Fernseh-Insz. - Adolf-Grimme-Preis f. FS-Spiel: Das Betriebsfest.

WAGNER, Klaus F.

Zeitungsverleger, Herausg. u. Chefredakt. Heimatztg. Usinger Anzeiger - Zu erreichen üb. Usinger Anzeiger, Postf., 6390 Usingen - Geb. 2. Dez. 1921 (Vater: Verleger), verh., 2 S. (Hans, Klaus) - Lehre Bankkaufm. - Ab 1945 väterl. Verlags- u. Druckereiuntern., ab 1949 Ausbau d. Familienuntern. zus. m. Bruder Reinhold; 1963 Gründ. Camberger Anzeiger, 1969 Gründ. Kronberger Ztg. AR-Vors. Standortpresse GmbH, Bonn; Vors. Verein pro lokalzeitung, ebd; Vizepräs. IHK.

WAGNER, Kurt-Dieter

Dr., Ministerialdirektor, Leit. Abt. I (Grundsatzfragen d. Finanzpol.) Bundesfinanzmin. - Graurheindorferstr. 108, 5300 Bonn.

WAGNER, Manfred

Gewerkschaftsangestellter, MdL Saarl. (1970; stv. Fraktionsvors.) - Finkenweg 30, 6604 Brebach-Fechingen (T. 06893 - 27 86) - Geb. 14. Jan. 1934 Hassel/Saar, verh., 1 Kd. - Volkssch.; Handelssch.; kaufm. Lehre Ind.; Akad. d. Arbeit - B. 1972 Betriebsratsvors. Halberger Hütte GmbH., dann Vors. DGB-Landesbez. Saar. 1968 ff. MdK Saarbrücken-Land, 1979 Mitgl. Europ. Parlament. SPD.

WAGNER, Marita

Krankengymnastin, MdB (s. 1985; Landesliste NRW) - Bonhoeffer Ring 4, 4432 Gronau - Geb. 31. März 1952 Gronau, ledig - Mittl. Reife; Arzthelferin; selbst. Krankengymn. - S. 1976 Frauenbewegung; 1978 Mitgl. Bürgerinitiative geg. d. Urananreicherungsanlage Gronau; 1979 Gründungsmitgl. Frauengruppe Gronau u. Kreisverb. Borken. Partei D. Grünen (b. 1982 Kreisvorst.).

WAGNER, Max

I. Bürgermeister - Rathaus, 8383 Eichendorf/Ndb. - Geb. 2. Okt. 1941 Eichendorf - Bundesbahnbeamter. SPD.

WAGNER, Max

Dr. rer. nat., o. Prof. f. Theoretische Physik Univ. Stuttgart - Schwenninger Str. 13, 7032 Sindelfingen 6 (T. 07031 - 3 43 45) - Geb. 21. Mai 1931 Sekitsch/Jugosl. (Vater: Nikolaus W., Schneiderm.; Mutter: Katharina, geb. Niedan), ev., verh. s. 1962 m. Ingeborg, geb. Michaelis, 2 Kd. (Tanja, Thomas) - 1952-59 Stud. Physik Stuttgart u. München; Dipl.-Phys. 1959, Promot. 1960, Habil. 1965 - 1959-62 wiss. Assist. Stuttgart; 1962-63 Cornell Univ./USA; 1963-64 IBM-Forschungszentr. Yorktown Heights/USA; 1965-69 Wiss. Rat Stuttgart; s. 1969 Prof. Univ. Stuttgart (1979/80 Dekan Fak. Physik) - BV z.T. Hrsg. u. m.a.: Cooperative Phenomena; Elemente d. Theoret. Physik, 2 Bde. 2. A. 1980; The Dynamical Jahn-Teller Effect for Localized Systems, 1984; Unitary Transformations in Solid State Physics, 1986; 80 Fachveröff. - Liebh.: Musik, Wandern - Spr.: Engl., Franz., Ital.

WAGNER, Norbert

Direktor, Vorsitzender d. Geschäftsfg. Varta-Plastic, Wächtersbach (s. 1974) - von-Dalberg-Str. 58, 6482 Bad Orb (T.

06052 - 35 76) - Geb. 8. Juni 1927 Offenbach/Main (Vater: Albert W., Geschäftsf.; Mutter: Emilie, geb. Crönlein), verh. m. Ilse, geb. Klement, 2 Kd. (Bettina, Nadja) - Gymn. (Abit.) - 1948-56 Verkaufsleit. Varta-Plastic; 1957-59 Verkaufsleit. Dr. Herberts, Wuppertal; 1959-74 Verkaufsdir. Resart-Ihm AG., Mainz; s. 1978 AR-Mitgl. Volksbank Wächtersbach; s. 1986 Vors. Fachverb. Techn. Teile im GKV u. Vorst.-Mitgl. im GKV; s. 1986 Vors. Fachbeir. FH Darmstadt - Liebh.: Klass. Musik, Mikroskop., Kochen - Spr.: Engl., Latein.

WAGNER, Norbert

Dr. phil., Prof. f. Germanische Philologie u. Altertumskunde - Uhlandstr. 6, 8700 Würzburg (T. 7 42 87) - Geb. 12. Febr. 1929 Straubing (Vater: Josef W., Buchdruckereibesitzer; Mutter: Maria, geb. Ecklreiter), kath. - Stud., Promot. 1955, Habil. 1965 - Univ.-Prof. Würzburg.

WAGNER, Otto

Ing., Geschäftsführer O. & K. Geißler GmbH., München - Prinzeneiche 2, 8135 Söcking/Starnberger See (T. Starnberg 62 70) - Geb. 30. Sept. 1919.

WAGNER, Paul-Robert

Dr. rer. pol., Dipl.-Kfm., Vorstandsmitglied Gerling-Konzern Versich.-Beteilig.-AG u. in allen weit. Ges. d. Konzerns - Am Gleueler Bach 13, 5000 Köln 41 (T. 43 53 58) - Geb. 11. Jan. 1929 Straßburg, verh. m. Gisela, geb. Pelz - Univ. Köln - B. 1963 Klöckner-Humboldt-Deutz AG, dann Gerling; Vorst.-Sprecher Gerling-Konzern Lebensversich.-AG, Gerling Konzern Speziale Kreditversich.-AG, bde. Köln; AR: Gerling-Konzern Rechtsschutz-Versich.-AG, Köln, GERLING INVESTMENT Kapitalanlageges. mbH, Köln, Carl Spaeter GmbH, Düsseldorf, Dt. Centralbodenkredit-AG, Köln, Rhein.-Westf. Kreditgarantiebank AG, Dortmund, H. Albert de Bary + Co. N.V. Amsterdam.

WAGNER, René

Journalist, Auslandskorresp. Tokio - Zu erreichen üb.: FAZ, Postf. 2901, 6000 Frankfurt/M. 1.

WAGNER, Richard

Dr. rer. nat., Prof., Wiss. Rat Math. Inst. Univ. Würzburg - Schneewittchenweg 22, 8700 Würzburg - Geb. 21. Juli 1927 Chemnitz - S. 1960 (Habil.) Lehrtätigk. TH Karlsruhe u. Univ. Würzburg (1966 apl. Prof.). Fachveröff.

WAGNER, Richard

Botschafter a.D. - Am Tiergarten 21, 8399 Neuburg/Inn - Geb. 15. Okt. 1922, kath., verh. m. Gertraud, geb. Graf, 2 Kd. (Ulrich, Doris) - Abit. 1942, Jura-Stud. Univ. Erlangen, I. jur. Staatsex. 1949, II. jur. Staatsex. 1952, s. 1953 Ausw. Amt (Generalkonsulat Amsterdam, Antwerpen; Botschaft Moskau, Bogotá, Jamaika) - 1983 BVK.

WAGNER, Robert

Regierungsoberamtsrat, MdL Saarland (s. 1975) - Auf der Lay 12, 6690 St. Wendel-Urweiler - Geb. 20. Juli 1928 Urweiler - CDU.

WAGNER, Ruth

Studiendirektorin a. D., MdL Hessen (1978-82 u. s. 1983) - Martinstr. 64, 6100 Darmstadt - Geb. 18. Okt. 1940 Wolfskehlen - Realsch. Goddelau, Abit. 1960 Gernsheim am Rh.; Stud. German., Gesch. u. Politikwiss. Frankfurt/M. - 1968-76 Gymnasiallehrerin Darmstadt, s. 1976 Hess. Inst. f. Bildungsplanung u. Schulentw., 1969-75 stv. Vors. Hess. Philologenverb. u. Dt. Lehrerverb. Hessen, 1970-76 Mitgl. Hauptpersonalrat d. Lehrer b. Hess. Kultusmin. S. 1971 Mitgl. FDP, s. 1977 Kreisvors. Darmstadt, stv. Landesvors. d. Hess. FDP. Mitgl. in zahlr. kulturfördernden Vereinig. u. Verb., 1978 Stadtverordn. Darmstadt, 1978-82 als Landtagsabgeordn. bildungspolit. Sprecherin FDP-Fraktion, 1978-82 u. s. 1983 MdL Hessen, Vizepräs. d. Hess. Landtages.

WAGNER, Siegfried

Dr.-Ing., Prof. f. Luftfahrttechnik Univ. d. Bundeswehr München - Hohenbrunner Str. 25a, 8014 Neubiberg - Geb. 6. Mai 1937 Mißlitz (Vater: Richard W; Mutter: Wilhelmine W.), kath., verh. s. 1963 m. Elfriede, geb. Jopp, 2 Kd. (Astrid, Birgit) - 1956-60 Stud. Maschinenbau TU München, Dipl. 1961; Promot. 1967 TU München; 1967-70 Postdoctoral Res. Assoc., NASA Ames; 1970-75 Abteilungsleit.; s. 1975 Prof.; 1981/82 Dekan Fak. f. Luft- u. Raumfahrttechnik, 1983/84 Prodekan - Spr.: Engl.

WAGNER, Stephan

Heilpraktiker, Präsident Bund Deutscher Heilpraktiker - Morgenstr. 71, 4750 Unna - Geb. 16. Juni 1919 Euskirchen, verh., 2 Kd. (Gundel, Dagmar) - Verwaltungsleit., Personalleit., Geschäftsf. Heilpraktiker Berufs-Ausb. Unna GmbH.

WAGNER, Ulrich

Dipl.-Volksw., Unternehmer (DEWA-Kraftfutterwerk Georg Wagner GmbH & Co. KG), Vors. Fachverb. d. Futtermittelind., Bonn - Am Bahnhof 10, 8535 Emskirchen/Mfr. - Geb. 8. Febr. 1930.

WAGNER, Werner

Dr. rer. nat., Geschäftsführer J. H. Benecke GmbH. (s. 1968) - Harrenhorststr. 25, 3052 Bad Nenndorf - Geb. 5. Nov. 1928.

WAGNER, Wilfried

Dr. phil., Prof. f. Politik Univ. Bremen - Vagtstr. 43, 2800 Bremen 1 (T. 0421 - 7 44 50) - Geb. 10. Sept. 1935 Tarutung (Sumatra/Indonesien) (Vater: Heintz W., Pfarrer; Mutter: Erna, geb. Michel), ev., verh. s. 1968 m. Sigrun, geb. Fischer - 1957-59 u. 1960-64 Univ. Frankfurt; 1959 Univ. Oxford/Engl. (Promot. 1968) - 1968-71 Wiss. Assist. Frankfurt/M.; 1971-74 Akad. Rat PH Ruhr, Dortmund; s. 1974 Prof. Univ. Bremen (1981-82 FB-Sprecher); s. 1974 regelm. längere Forschungsaufenth. u. Gastdozenturen in Südost Asien - BV: Belgien in d. dt. Politik während d. Zweiten Weltkrieges, 1974; Strukturwandel im Pazifischen Raum, 1988; Mentawai - Identität im Wandel auf indonesischen Außeninseln, 1989; Social Change and Macroplaning, 1987 - Liebh.: Wandern, Gärtnern - Spr.: Engl., Niederl., Indones.

WAGNER, Wolfgang

Opernregisseur u. Festspielleiter - Festspielhügel 3, 8580 Bayreuth (T. 2 02 21) - Geb. 30. Aug. 1919 Bayreuth (Vater: Siegfried W., Komponist; Mutter: Winifried, geb. Williams), verh. - S. 1951 Gesamtltg. Bayreuther Festsp. (b. 1966 (†) m. Bruder Wieland; s. XIV. Ausg.). Insz. Bayreuth (u. a. 1955 D. flieg. Holländer, 1957 Tristan, 1960 u. 70 Neuinsz. D. Ring d. Nibelungen, 1953, 1967 u. 71 Lohengrin, 1968 u. 1981 D. Meistersinger, 1975 Parsifal, 1985 Tannhäuser). Gastinsz. Venedig, Rom, Palermo, Bologna, auch Bühnenbildner Dresden - Zahlr. Ehrungen - Bek. Vorf.: Richard W., Komp. (Großv.) u. Cosima v. Bülow, Tocht. Franz Liszts (Großm.).

WAGNER, Wolfgang

Dr. phil., Publizist - Brabeckstr. 125A, 3000 Hannover 72 (T. 518 19 50) - Geb. 23. Aug. 1925 Aachen (Vater: Georg W., Kaufmann; Mutter: Änne, geb. Cames), verh. s. 1947 m. Marianne, geb. Wieczorek, 3 Kd. (Ute, Axel, Astrid) - Kaiser-Karls-Gymn. Aachen; Univ. Frankfurt/M. u. Bonn. Promot. (Gesch.) 1953 - 1946-48 Redakt. DENA, dann fr. Journ. in Bonn, 1971-88 Chefredakt. Hannoversche Allg. Ztg. AR-Vors. Mecklenburg. Leben; AR-Mitgl. Verlagsges. Madsack, Mecklenburg, Versich. - BV: Die Entstehung der Oder-Neiße-Linie, 1953, 3. A. 1964 (auch engl., franz. span.); D. Teilung Europas, 1959, 2. A. 1960 (auch engl.); Europa zw. Aufbruch u. Restauration, 1968; D. Bundespräsidentenwahl 1959, 1972. Herausg.: Europa-Archiv - Gr. BVK - Spr.: Engl. - Rotarier.

WAGNER, Wolfgang

Dr. jur., Dr. med. h. c., Universitätskurator a.D., gf. Vorst.-Mitgl. Verein d. Freunde u. Förderer d. Univ. Köln, gf. Kurat.-Mitgl. Max-Frhr.-v.-Oppenheim-Stiftg. - Albertus-Magnus-Pl., 5000 Köln 41, Univ. Köln - Geb. 3. Febr. 1921 Stuttgart, ev., verh. s. 1944 m. Ingeburg, geb. Fröhlich, 2 Kd. (Eberhard, Christiane) - Dillmann-Realgymn. Stuttgart; 1939-45 akt. Offz.; 1945-48 Univ. Tübingen (Rechtswiss.). Ass.ex. 1951 - 1952-58 Univ.-Rat Tübingen; 1958-86 Kanzler Univ. Köln - 1985 Gr. BVK, 1986 Ehrensenator Univ. Köln - Rotarier.

WAGNER, Wolfgang

Dr.-Ing., Prof. f. Thermodynamik Ruhr-Univ. Bochum - Virchowstr. 7, 4630 Bochum 1 (T. 0234 - 70 12 80) - Geb. 4. Juni 1940 Berlin, ev., verh. s. 1966 m. Anneliese, geb. Flückart, T. Katrin - 1959-66 Stud. allg. Maschinenbau (Fachricht. Verfahrenstechnik) TU Berlin; Dipl.-Ing. 1966; Promot. 1970 TU Braunschweig, Habil. 1974 ebd. - 1966-68 wiss. Assist. TU Berlin; 1968-72 wiss. Assist. TU Braunschweig; 1972-75 Akad. Rat, Oberrat, Dir. TU Braunschweig; s. 1975 Prof. Ruhr-Univ. Bochum; 1982-83 Dekan Abt. f. Maschinenbau - BV: Int. Tables of the Fluid State - Oxygen 9, 1987 (m. A.). Üb. 40 Fachaufs. in nat. u. intern. Ztschr., 2 Monogr. 1974 u. 84 - Liebh.: Fußball u. Radsport, Fotogr., Politik - Spr.: Engl.

WAGNER-BÜSCH, Ursula

Verwaltungsangestellte, MdL Saarl. (VII. Wahlp.) - Zur Baumschule 28, 6692 Oberthal/Saar - Geb. 26. Febr. 1942 Oberthal, kath., 2 Kd. - Volkssch. Oberthal, Kreishandelssch. St. Wendel - SPD (1974 Mitgl. Landesvorst. Saar).

WAGNER-PÄTZHOLD, Daniela

MdL Hessen (s. 1987) - Heinrich-Fuhr-Str. 51, 6100 Darmstadt - Geb. 4. April 1957 Darmstadt, T. Caroline - B. 1987 Stud. Politik-, Rechts- u. Wirtschaftswiss. Univ. Oldenburg, Mainz u. TH Darmstadt - Fraktionsgeschäftsf. d. Grünen im Kreistag Darmstadt-Dieburg währ. d. Stud.; 1985-87 Stadtverordn. Darmstadt.

WAGNER-PASQUIER, Eva

Direktorin Royal Opera House London - Floralstreet, London W.C. 2 (T. 0041-240 12 00) - Geb. 14. April Oberwarmensteinach, ev., verh. s. 1977 m. Yves Pasquier, Sohn Antoine Amadeus - Mus. Gymn. - 1967 Künstleragentur Robert Schulz; Assist. v. Wolfgang Wagner f. Bayreuther Festspiele; 1970 Assist. in Covent Garden (Salome-Insz. v. Georg Soli);Assist. Wiener Staatsoper (Don Carlos, D. Besuch d. alten Dame, insz. v. Otto Schenk); 1972 Wiener Staatsoper; s. 1973 Leit. Künstler. Abt. Unitel Film und Television Prod. München - Opernfilme, Konzertfilme u. a. Salome, Elektra, D. fliegende Holländer, Arabella, Hänsel u. Gretel, Falstaff, Orfeo, Rigoletto, Tannhäuser-Bayreuther Festspiele - Spr.: Engl., Ital., Franz. - Bek. Vorf.: Richard Wagner, Komp. (Urgroßv.), Franz Liszt, Komp. (Urgroßv.).

WAGNERBERGER, Fritz

Diplomkaufmann, Vizepräs. Dt. Skiverband u. NOK, Vorstandsmitgl. Intern. Skiverband (FIS) - Zu erreichen üb. Dt. Skiverband, Postfach 20 18 27, 8000 München 2 - Sportl. Erfolge: 7facher Studenten-Weltmeister 1956/58/61, Dt. Meister i. Abfahrtslauf, 1962 u. 64 im Riesenslalom.

WAGNEROVA-KÖHLER, Alena

Schriftstellerin - Neugrabenweg 44, 6600 Saarbrücken - Geb. 18. Mai 1936 Brno (CSSR), verh. - Prom. Biol. u. Päd. - Vors. Verb. dt. Schriftst. (VS), Landesbez. Saar, Saarbrücken - BV: D. Doppelkapelle; Scheiden aus d. Ehe; Mutter, Kind, Beruf, Frau im Sozialismus; Wir adoptieren e. Kind.

WAHL, Arvid

Journalist u. Redakteur - Am Großen Wannsee 51a, 1000 Berlin 39 (T. 8 05 10 56) - Geb. 22. Dez. 1936 - Redakteur u. Moderator (Abendschau) SFB-Fernsehen; spez. Arbeitsgebiet: Wiss., Technik, Medizin.

WAHL, Ernst

Oberstudiendirektor, Leiter Sportzentrum (s. 1968) u. Lehrbeauftr. f. Sporttheorie (s. 1957) Univ. Erlangen-Nürnberg - Sophienstr. 99a, 8520 Erlangen - Geb. 9. Jan. 1925.

WAHL, Manfred P.

Dr. rer. pol., Unternehmensberater - 7032 Sindelfingen/Württ. - Geb. 20. Dez. 1925 Stuttgart - 1946-1950 TH Stuttgart (Wirtschaftswiss.; Dipl.-Volksw.), Promot. 1952 Univ. Tübingen - S. 1952 IBM-Bereich (Paris, Genf, New York, Sindelfingen), 1963 stv., 1964 Geschäftsf. IBM Dtschl. GmbH., 1972 Vizepräs. IBM Europa. S. 1975 selbst. AR in versch. Firmen - BV: Grundlagen e. Informationssystems, 1969 - Spr.: Engl., Franz.

WAHL, Otto

Dr. theol., Prof. f. atl. Exegese, Rektor Phil.-Theol. Hochschule d. Salesianer Don Boscos - Don-Bosco-Str. 1, 8174 Benediktbeuern/Obb. - Kath.

WAHL, Rainer

Dr. jur., Prof. f. Öffentl. Recht - Sundgauallee 68, 7800 Freiburg (T. 0761-8 58 71) - Geb. 4. Juli 1941 Heilbronn - Univ. Heidelberg u. Bonn, Promot. 1969 Heidelberg, Habil. 1976 Bielefeld - 1977 Prof. Univ. Bonn, 1978 Prof. Univ. Freiburg - BV: Stellvertretung im Verfass.recht, 1971; Rechtsfragen d. Landesplanung u. Landesentw., 2 Bd., 1978.

WAHL, von, Siegfried

Dr.-Ing., Dipl.-Berging., Prof. f. Bergwirtschaftslehre TU Clausthal (1972/73 Dekan) - Berliner Str. 58, 3392 Clausthal-Zellerfeld (T. 05323 - 7 89 84) - Geb. 18. Dez. 1928 Berlin (Vater: Ernest. v. W., Offz. u. Landw.; Mutter: Elfriede, geb. Grupe), verh. s. 1951 m. Irmgard, geb. Runne. S. Thure - BV: D. Bewertung von Bergwerksunternehmungen auf d. Grundlage d. Investitionsrechnung, 1966; D. optimale Betriebsgröße, 1970; Fakten u. Tendenzen d. Rohstoff- u. Energiewirtsch., 1975; Investment Appraisal and Economic Evaluation of Mining Enterprise, 1983 - Spr.: Engl.

WAHL, von, Wolf

Dr. rer. nat., Dipl.-Math., o. Prof. f. Angew. Mathematik Univ. Bayreuth - Sterntalerring 13, 8580 Bayreuth - Zul. Ord. Univ. Bochum.

WAHL, Wolfgang

Dipl.-Volksw., Vorstandsmglied Goetze AG, Burscheid, ARsvors. Goetze Friedberg GmbH. - 8904 Friedberg b. Augsburg.

WAHLEN, Heinrich

MdL Saarl. (1970-75) - Mörikestr. 7, 6620 Völklingen-Ludweiler (T. 06898 - 73 48) - Geb. 9. Juni 1930 Ludweiler-Warndt, verh., 3 Kd. - Volkssch.; Dreherlehre - Tätigk. Lehrfa. Röchling. S. 1956 Mitgl. Gemeinderat u. ehrenamtl. Bürgerm. (1964-74) Ludweiler; 1964 ff. MdK Saarbrücken; s. 1974 hauptamtl. Stadtverb.sbeig. SPD.

WAHLERS, Wilhelm

Dr., Kanzler Univ. Bonn - Regina-Pacis-Weg 3, 5300 Bonn 1.

WAHMANN, Ernst
Vorstandsmitglied Nürnberger Allg. Versicherungs AG., Nürnberg (1970-83) - Geb. 30. Juni 1919 Witten/Ruhr (Vater: Ernst W.), verh. m. Marianne, geb. Müller - S. 1965 Vorstandsmitgl. Nürnberger Lebensversich.s-AG.

WAHN, Winfried H.
Industrie-Kaufmann, Geschäftsführer ANCO Elektrogeräte GmbH, Lüdenscheid - Waldesruh 69, 5885 Schalksmühle (T. 02355 - 14 07) - Geb. 15. April 1931 Hamburg (Vater: Karl W., Kaufm.; Mutter: Charlotte, geb. Poppe), verh. s. 1957 m. Ingeborg, geb. Below, 2 Kd. (Michael, Sylvia) - Obersch.; Staatl. Handelssch. Hamburg; Lehre Ind.-Kfm. - 1965-75 Gf. Byk-Mallinckrodt, 1975-81 Gf. Gerrit van Delden, 1981-84 Vorst. Grefrath Velour AG, Grefrath, 1984-86 Geschäftsf. Adoros Teppichwerke, Berlin, 1986-89 Vorst.-Vors. Westf. Kupfer- u. Messingwerke AG, Lüdenscheid - Liebh.: Reiten, Tennis, Schießen - Spr.: Engl.

WAHREN, Karl Heinz

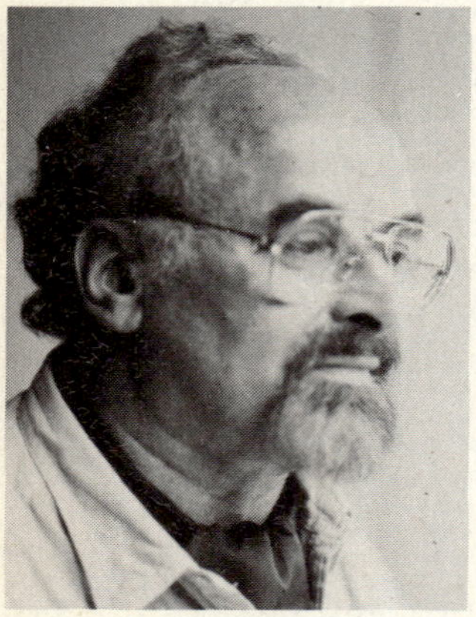

Komponist - Jenaer Str. 12, 1000 Berlin 31 (T. 854 42 60) - Geb. 28. April 1933 Bonn (Vater: Waldemar W., Gastronom; Mutter: Martha, geb. Dix), ev., verh. in 2. Ehe m. Jutta, geb. Diez, 3 Kd. (Benjamin, Lucie Helen, Sophie Charlotte) - Stud. Städt. Konservat. Berlin (Klavier- u. Kompositionsex. 1961, Weiterstud. bei Josef Rufer u. Karl Amadeus Hartmann) - 1965 Mitbegründer Gruppe Neue Musik Berlin. 1980 AR-Mitgl. GEMA, 1981 Lehrauftr. HdK Berlin, 1981 Mitgl. Rundfunkrat SFB; 1988 Vorst.-Mitgl. Landesmusikrat Berlin - Werke: Du sollst nicht töten, Kantate (UA 1974 Berliner Philharmoniker); At this moment, Circulus virtuosus, Orchesterkonz. (UA Radio Smphonie Orch. Berlin 1976); Fettklößchen, Oper (UA 1976 Dt. Oper Berlin); Der Unterhaltungskünstler, Satir. Musikszene (UA Festwochen Berlin 1978); Auf d. Suche n. d. verlorenen Tango (UA Radio Symphonie Orch. Berlin 1979); Brandenburgische Revue (UA Festwochen Berlin 1981); Magnificat mundus pacem Wacht auf, Ihr Menschen f. 4 Solisten, gr. Chor u. Orchester (UA 1984 Berliner Philh.); Byebye, Bayreuth, Sinf.Dicht. (UA SFB 1985); Goldelse, Satir. Oper (UA 750 Jahrfeier Berlin 1987). Zahlr. Solisten- u. Orchesterkonzerte, Kammer- u. Filmmusiken - 1969/70 Rom-Preis Villa Massimo, 1974 Gold. Sportabz. 1978 Förderungspreis Akad. d. Künste Berlin - Liebh.: Gesch., Lit. - Spr.: Engl. - Bek. Vorf. (ms.) Prof. Otto Dix, Maler †1969 (s. XV. Ausg.).

WAHREN, Waldemar
Dr. med., Prof., Neurologe u. Psychiater, Chefarzt Neurol. Klinik Nordwestkrkhs. - 2945 Sande - Geb. 17. März 1921 Gera (Vater: Waldemar W.; Mutter: Martha, geb. Dix), ev., verh. (1962) m. Sieglinde, geb. Deller, 4 Kd. (Annette, Susette, Tobias, Daniel) - Univ. Jena - Promot. 1945 Jena; Habil. 1957 Würzburg - S. 1948 Hirnforschungsinst. Neustadt/Schwarzw. u. Neurol.), Univ.sklinik Würzburg (1952; 1957 Privatdoz., 1965 apl. Prof. f. Neurol., Atlas for Stereotaxy of the Human Brain (1977, m. Schaltenbrand) u. a. Fachveröff. - Bek. Vorf. (ms.): Prof. Otto Dix, Maler †1969 (s. XV. Ausg.).

WAHRLICH, Helga
Schauspielerin, Regisseurin, Dramaturgin Fränk. Schwäb. Städtetheater Dinkelsbühl - Zu erreichen üb. Fränk. Schwäb. Städtetheater, 8804 Dinkelsbühl - Verh. m. Klaus Troemer, Int., T. Barbara - Üb. 100 Rollen an versch. Theatern.

WAHRLICH, Horst
Kaufmann, Gf. Gesellsch., stv. Verbandspräsident AGA, Vorstandsbeirat Uniti - Borchlingweg 38, 2000 Hamburg 52 (T. 880 51 76) - Geb. 31. Jan. 1925 Hamburg (Vater: Robert W., Kfm.; Mutter: Flora, geb. Schwartau), verh. s. 1956 m. Renate, geb. Ritz, 3 Kd. (Andrea, Corinna, Alexander) - Gymn., Kfm. Lehre, Jura-Stud. - Plenumsmitgl. Handelskammer Hamburg, Vorst.-Mitgl. Landesvereinig. d. Arbeitgeberverb. in Hamburg - Liebh.: Sport, Sammlungen.

WAHSNER, Roderich
Dr. jur., Prof. f. Arbeits- u. Sozialrecht Univ. Bremen (s. 1974) - Delbrückstr. 2, 2800 Bremen (T. 34 75 20) - Geb. 24. Febr. 1938 Freiburg/Schl. (Eltern: Erich u. Marta W.), verh. s. 1969 m. Edith, geb. Hohnemann, S. Stefan, T. Lena - Stud. Göttingen, Freiburg; Promot. 1971 Gießen; 1972 Doz. Gießen - BV: Erfassung u. Integration, 1972; D. Kampf um d. Grundgesetz (Abendroth u. a.), 1977; Streikfreiheit u. Aussperrungsverbot (Bieback u. a.), 1979; Bildungsurlaub in Bremen (Geil), 1979; Der Unrechtsstaat (Blanke u. a.), 1979; Datenschutz u. Betriebsratsarb. (Borgaes Poppen), 1980; D. Recht d. Unrechtsstaates (Reifner u.a.), 1981; D. folgenlose Rechtsbruch (Borgaes), 1982; Widerstand b. hin z. Generalstreik (Bayh), 1983; Heuern u. Feuern - Arb.recht n. d. Wende, 1985; D. Arbeitnehmerweiterbildungsgesetz v. NRW (Wichert), 1987.

WAIDELICH, Jürgen-Dieter
Dr. phil., Generalintendant der Bühnen d. Stadt Essen - Grüne Harfe 3, 4300 Essen 16 - Geb. 23. Mai 1931 Berlin (Vater: Richard W., Bankkfm.; Mutter: Hildegard, geb. Kersten), ev., verh. s. 1960 m. Marianne, geb. Gerstlauer, 4 Kd. (Frauke-Ruth, Till-Gerrit, Heike-Myriam, Binke-Ariane) - Stud. (Theaterwiss., dt. Philol. u. Volkskde., Publizist.) - Assist. Univ. München, Dramat., Regiss. bzw. Int. Württ. Staatstheater, Stadttheater Bremerhaven. S. 1979 Bundesgeschäftsf. Bundesverb. d. dt. Volksbühnenvereine. Mitgl. Dt. UNESCO-Kommiss.; Jury-Mitgl. Nordd. Theatertreffen; Sprecher Sekt. Darst. Künste im Dt. Kulturrat Bonn (s. 1982) u. d. Dt. Kulturrates Bonn (s. 1983); 1983 Vors. Landesverb. d. dt. Volksbühnenvereine Nordrh.-Westf. u. Mitgl. Kurat. d. Kulturforums (1983); Präs. d. Intern. Arbeitsgem. d. Theaterbesucherorg. (IATO) (1985); Vors. d. Fonds Darstellende Künste (1985) - BV: Vom Stuttgarter Hoftheater z. Württ. Staatstheater, 1957; D. Württ. Staatsorch. 1908-65, 1967; 100 J. Stadttheater Bremerhaven, 1967; 100 J. Oper a. Stadttheater Bremerhv., 1972; Durch Volksbühne u. Theater z. kulturellen Demokr., 1981; Künstler. Freiheit - für wen?, 1982; u. a. Fachveröff. - 1979 Gold. Sportabz. - Spr.: Engl.- Lit.: Herbert Hauck, Theater in Essen - e. Dok., 1978.

WAIDELICH, Wilhelm
Dr. rer. nat., o. Prof. f. Med. Optik Univ. München (s. 1976) - Barbarastr. 16, 8000 München 40 - Geb. 13. Juni 1922 Stuttgart (Vater: Dr. Ernst W., Rechtsanw.; Mutter: Johanna, geb. Keppler), verh. s. 1960 m. Gerda, geb. v. Linde, S. Ludwig-Marco - 1940-41 TH Stuttgart (Chemie), 1946-50 TH München (Physik). Promot. (1954) u. Habil. (1958) München - S. 1958 Lehrtätigk. TH München (Privatdoz.) u. Darmstadt (1963 Ord. u. Dir. I. Physikal. Inst.). Üb. 40 Fachveröff. z. Festkörperphysik m. wiss. Photogr. Mithrsg.: Ztschr. f. Angew. Physik (1952ff.) - Liebh.: Segeln.

WAIDER, Franz
Bürgermeister, MdL Nordrh.-Westf. (1970-75) Rehmannsweg 8, 5620 Velbert (T. 5 19 97) - Geb. 9. Jan. 1931 Velbert, verh., 2 Kd. - Volkssch.; Werkzeugmacherlehre - B. 1962 Werkzeugm., dann Geschäftsf. (Bau- u. Siedlungsgenoss. Niederberg). 1956 ff. Ratsmitgl. Velbert (1961 stv. Bürgerm., 1963 Fraktionsf., 1964 stv., 1967 Bürgerm., 1969 Fraktionsf.). SDP s. 1953 (1968 Mitgl. Unterbezirksvorst.).

WAIDER, Josef
Dipl.-Kaufm., Vorstandsvorsitzender Val. Mehler AG., Fulda - Petersberger Str. 184, 6400 Fulda (T. Büro: Fulda 30 31) - Geb. 18. Febr. 1919 Fulda, kath., verh. - Div. Ehrenstell., dar. Vors. Landesvereinig. Hessen d. dt. Textilind., Mitgl. Hauptaussch. Gesamttextil; Vors. d. Vorst. AOK Fulda; Mitgl. Vollversamml. IHK Fulda; Mitgl. Präsid. Vereinig. Hess. Arbeitgeber- u. Wirtschaftsverb.

WAIGEL, Theodor
Dr. jur., Bundesminister d. Finanzen (s. 1989), Vorsitzender d. CSU (s. Nov. 1988), MdB (s. 1972) - Graurheindorfer Str. 108, 5300 Bonn 1 - Geb. 22. April 1939 Oberrohr (Vater: August W., Landwirt; Mutter: Genoveva, geb. Konrad), kath., verh. s. 1966 m. Karin, geb. Hönig, 2 Kd. (Christian, Birgit) - Schule Krumbach (Abit. 1959); Univ. München u. Würzburg (Rechts- u. Staatswiss.). Jurist. Staatsprüf. 1963 u. 67; Promot. 1967 - 1969-72 Bayer. Min. d. Finanzen (Pers. Ref. Staatssekr.) u. f. Wirtschaft u. Verkehr (1970). 1966-72 MdK Krumbach. 1971-75 Landesvors. Jg. Union Bayern (CSU s. 1960, Mitgl. Landesvorst.); 1980-82 wirtschaftspolit. Sprecher CDU/CSU Bundestagsfraktion; 1982-89 Vors. CSU-Landesgruppe im Dt. Bundestag, Mitgl. Präsid. u. Landesvorst. CSU; s. 1987 CSU-Bezirksvors. Schwaben - BV: D. verfassungsmäß. Ordnung d. dt., insb. d. bayer. Landw., 1967 (Diss.) - 1984 Bayer. VO - Liebh.: Bergwandern, Theater - Spr.: Engl.

WAIS, Kurt
Dr. phil., o. Prof. f. Roman. Philologie u. Vergl. Literaturwiss. - Melanchthonstr. 38, 7400 Tübingen (T. 2 42 51) - Geb. 9. Jan. 1907 Stuttgart (Vater: Prof. Gustav W., Verlagsdirektor; Mutter: Elisabeth, geb. Witte), ev., verh. I) 1932 m. Dr. Martha, geb. Holl (†1959), II) 1960 Dr. Karin, geb. Bergeder, 5 Kd. (Silvia, Roland, Ulrich †1987, Wolfgang, Rotraut) - Univ. Tübingen, Berlin, München. Promot. (1930) u. Habil. (1933) Tübingen - S. 1933 Lehrtätigk. Univ. Tübingen (1939 ao. Prof.), Halle, Straßburg (1941 o. Prof.), Tübingen (1946 Gast-, 1954 o. Prof.). 1952-60 stv. Vors. Intern. Federation for Modern Language and Literature (UNESCO) - BV: u. a. Mallarmé, 1952; Zwei Dichter Südamerikas, 1956; Franz. Marksteine v. Racine b. St. John Perse, 1958; An d. Grenzen d. Nationalliteraturen, 1958; Doppelfassungen franz. Lyrik, 1964; D. arthur. Roman, 1970; Europ. Romantik, 1973; Stendhals Lucien Leuwen, 1979; Europ. Literatur im Vergleich, 1982. Zahlr. Einzelarb. Div. Herausg.

WAIZENHÖFER, Udo
Kaufmann, Präs. Dt. Metaphysische Akademie (Ps. Peter van Dyke) - Postf. 2911, 8070 Ingolstadt (T. 0841 - 3 50 86) - Geb. 16. April 1955 Treuchtlingen (Vater: Otto W., Kaufm.; Mutter: Hedwig, geb. Sterr), kath., verh. s. 1976 m. Marie, geb. Kiss, S. Marcus - S. 1979 Privatdoz.; s. 1981 Präs. Dt. Metaphys. Akad. - Interessen: Ausl.- Handels- Investment- u. Wirtschaftsanalysen - Spr.: Engl.

WAKENHUT, Roland
Dr. phil., Dr. rer. pol. habil., o. Prof. f. Wirtschafts- u. Sozialpsychologie Kath. Univ. Eichstätt (s. 1987) - Straßberger Str. 95, 8000 München 40 - (T.089 - 351 84 17) - Geb. 16. April 1944 Burghausen, verh. s. 1970 m. Sabine, geb. Pfeifer, 2 Kd. (Godehard, Ruth) - Stud. Psych. u. Biometrie Univ. Freiburg/Br. (Dipl. 1971, Promot. 1972), Habil. 1977 Univ. Augsburg - 1973-75 Doz. Univ. Gießen; 1975-80 Wiss. Dir. Sozialwiss. Inst. München; 1980-87 Prof. Univ. Augsburg, Dir. Inst. f. Sozioökonomie. Zahlr. Fachveröff. z. Polit. Psych. u. z. Sozialisationsforsch.

WALBRÖL, Werner
Hauptgeschäftsführer Deutsch-Amerikanische Handelskammer/German American Chamber of Commerce, Inc. - 666 Fifth Avenue, New York N. Y. 10103 (USA) (T. 212 974.8830).

WALCHA, Helmut
Prof., Organist u. Cembalist - Hasselhorstweg 27, 6000 Frankfurt/M. - Geb. 27. Okt. 1907 Leipzig (Vater: Emil W.; Mutter: Anna, geb. Ficker), ev., verh. s. 1939 m. Ursula, geb. Koch - Schule u. Ausbild. Leipzig (Prof. Günther Ramin) - 1946-72 (Ruhest.) Prof. Musikhochsch. Frankfurt (Leitg. Kirchenmusik, Orgel, Cembalo); Organist Dreikönigskirche ebd. Schallpl.: J. S. Bach, Orgel- u. Cembalowerke. Kompos.: Choralvorsp. (4 Bde.) - Frankfurter Goethe-Plak., 1967 BVK I. Kl. - In früher Jugend erblindet.

WALCHER, Wilhelm
Dr.-Ing., Dr. rer. nat. h. c., Univ.-Prof. - Landgraf-Philipp-Str. 3, 3550 Marburg (T. 2 32 14) - Geb. 7. Juli 1910 Kaufbeuren/Allgäu (Vater: Jacob W., Betriebsleiter; Mutter: geb. Grees), ev., verh. s. 1940 m. Erika, geb. Büchner †, 2 Söhne (Thomas, Stephan) - TH München u. Berlin (Diplomprüf. 1933). Promot. 1937 Berlin; Habil. 1942 Kiel - Doz. Univ. Kiel u. Göttingen; s. 1947 o. Prof. u. Inst.dir. Univ. Marburg. Zeitw. Vizepräs. Dt. Forschungsgem. (1961ff.), s. 1978 emerit. Spez. Arbeitsgeb.: Atom- u. Kernphysik - BV: Kerntechnik, 1958; Electromagnetic Separation of Isotopes, 1958 (m. a.); Praktikum d. Physik, 1967; Physik f. Med. u. Biologen (m. D. Kamke), 1982. Herausg.: Theorie u. Praxis d. Vakuumtechnik (1982). Redaktion (BRD): Annalen d. Physik, Leipzig. Zahlr. Einzelarb. - 1974 Gr.BVK - Spr.: Engl., Franz. - Rotarier.

WALCHSHÖFER, Alfred
Dr. jur., Prof., Richter am Bundesgerichtshof (s. 1982) - Hubstr. 3, 7500 Karlsruhe 41 (T. 0721 - 49 34 86) - Geb. 28. Jan. 1936 Nürnberg, ev., verh. s. 1963 m. Margarete, geb. Biesinger, 2 Kd. (Karin, Eckart) - Stud. Rechtswiss. Univ. München, Freiburg, Erlangen; Promot. 1962; 2. jurist. Staatsprüf. 1964 - B. 1967 wiss. Assist. Univ. Erlangen-Nürnberg; dann höh. Justizdst. (zul. Ministerialrat Bayer. Justizmin.) - 1984 Honorarprof. f. Bürgerl. Recht, Zivilprozeßrecht u. Freiwill. Gerichtsbarkeit Univ. Erlangen-Nürnberg - BV: Neuregelung d. Zwangsvollstreckungsrechts, 1979; Mitarb. Münchener Kommentar z. BGB, 2. A. 1985.

WALCHSHÖFER, Jürgen Dietrich
Dr. rer. pol., Prof., 1. Bürgermeister Stadt Dinkelsbühl - Matthäus-Krafft-Str. 6, 8804 Dinkelsbühl (T. 09851-28 01) - Geb. 25. April 1942 Marburg/Drau (Vater: Rudolf W., Zollbeamter; Mutter: Else, geb. Wirthwein), ev.-luth., verh. s. 1968 m. Gundula, geb. Schröter, 2 T. (Jutta, Annette) - Abit. 1961 Forchheim, Univ. Erlangen-Nürnberg (Dipl.-Volksw. 1966, Promot. 1974), Prof. 1976 Univ. Bamberg - S. 1979 1. Bürgerm. Stadt Dinkelsbühl - BV: Gebietsreform u. bürgerschaftl. Partizipation, 1974; D. häßliche Beamte (zus. m. Udo Rödel u. Franz Ronneberger), 1975; Politik u. Kommunikation (hrsg. m. Manfred

Rühl), 1978 - Liebh.: Musik, Bergwandern - Spr.: Engl., Franz.

WALD, Hans
s. Riha, Karl

WALDBURG-ZEIL, Graf von, Alois
Land- u. Forstwirt, MdB - 7989 Argenbühl/Ratzenried (T. 07522 - 2 11 01; dstl. 0228 - 16 32 12) - Geb. 20. Sept. 1933 Schloß Zeil (Vater: Erich, Fürst v. W.-Z., Land- u. Forstw.; Mutter: Monika, Prinzessin z. Löwenstein-Wertheim-Rosenberg), kath., verh. s. 1956 m. Clarissa, geb. Gräfin v. Schönborn-Wiesenteid, 5 Kd. (Monika, Clemens, Georg, Theresa, Franz-Anton †), 5 Enkel - Human. Gymn. Salvatorkolleg Bad Wurzach u. Jesuitenkolleg St. Blasien (Abit. 1953), Univ. Rom, München u. Bonn (Volkswirtsch. u. polit. Wiss. b. 1960), polit. Prakt. Bonn (Bundesratsmin.) - 1964 Gründ. Weltforum-Verlag München (1964-80 Geschäftsf.), Chefred. Intern. Afrika-Forum, Mithrsg. Intern. Asien-Forum, Hrsg. entw.polit. Buchreihen, 1970-75 Tätigk. im kirchl. Bereich (Gemeinde-, Dekanats- u. Diözesanrat), 1972-81 Vors. Landeselternbeirat Bad.-Württ., 1977-81 Vors. Bundeselternrat, 1972-80 Mitgl. Gemeinderat Argenbühl - CDU s. 1962 (u.a. Kreis-, Bezirks- u. Landesvorst.), MdB s. 1980; Direktmand. Wahlkr. Biberach; Aussch. Bild. u. Wiss. u. wirtsch. Zus.arb.) - BV: D. Kind muß sich in d. Schule wohlfühlen, steht d. Schule noch im Dienste d. Kindes?, 1975; Art. in Ztschr. Intern. Afrika-Forum, Schule im Blickpunkt, Eltern-Forum u.a. - Liebh.: Jagd.

WALDBURG zu ZEIL und TRAUCHBURG, Fürst von, Georg
Dipl.-Volksw., Gutsbesitzer u. Unternehmer - Schloß, 7971 Zeil üb. Leutkirch/Württ. - Geb. 5. Juni 1928 Würzburg (Vater: Erich Fürst v. W. zu Z. u. T.; Mutter: Monika, geb. Prinzessin zu Löwenstein-Wertheim-Rosenberg), kath., verh. s. 1957 m. Gabriele, geb. Prinzessin v. Bayern, 6 Kd. (dar. Sohn) - S. 1953 Chef d. Hauses Waldburg (Linie Zeil). Zeitw. Präs. Dt. Aero-Club u. a.

WALDE, Eberhard Matthias
Bundesgeschäftsführer Partei Die Grünen (s. 1982) - Colmantstr. 36, 5300 Bonn 1 (T. 0228 - 69 20 21) - Geb. 27. März 1949, ledig, T. Lea - Kfz-Handwerker - 1979 Gründ.-Mitgl. D. Grünen Nieders.; 1980-82 Vorst. Inst. f. Ökol. Forsch. u. Bild. Hannover; 1981/82 Vorst. Bundesverb. Bürgerinitiativen Umweltschutz.

WALDE, Hermann
Dr.-Ing., Chemiker - Osterwaldstr. 55, 8000 München 40 (T. 3 61 33 33) - Geb. 12. März 1900 Dresden (Vater: Paul W., Reichsbahninsp.; Mutter: Marie, geb. Braborec), ev., verh. s. 1927 m. Lisa, geb. Zestermann, 5 Kd. (Günther, Hans, Volker, Erika, Annelies) - TH Dresden (Promot. 1923) - 1923-65 Siemens- u. Demag-Konzern (1950; Geschäftsf. DEMAG, Elektrometallurgie GmbH, Duisburg) - BV: D. Auslandsgeschäft m. Industrieanlagen (anbahnen, projektieren, finanzieren, abwickeln), 1967 (m. Gert Berlinghoff); Elektr. Stoffumsetzungen in Chemie u. Metallurgie in energiew. Sicht. 1968 - Spr.: Span., Engl., Franz.

WALDEGG, Michael
s. Scheibenpflug, Heinz

WALDENBERGER, Herbert
Geschäftsführer, MdL Rhld.-Pfalz (s. 1970), Vors. Landesarbeitsgemeinsch. d. Werkstätten f. Behinderte Rhld.-Pfalz, stv. Vors. d. Bundesarb.Gemeinsch. d. Werkst. f. Behindert - Im Vogelsang 32, 6740 Landau-Queichheim (T. 06341 - 5 04 50) - Geb. 27. Febr. 1935 Ludwigshafen (Vater: Franz W., kfm. Angest.; Mutter: Margarete, geb. Brauner), kath., verh. s. 1960 m. Gertrud, geb. Lelle, 6 Kd. (Franz, Beate, Ingrid, Ursula, Monika, Eva) - Altspr. Gymn. (mittl. Reife 1952); kfm. Lehre; Kaufm.-gehilfenbr. 1955 als Ind.kfm. - 1955-75 Lohn- u. Bilanzbuchh. (1969 Prokura), dann Geschäftsf. Südpfalzwerkst. f. Behinderte Offenbach/Queich. 1964-84 Stadtrat Landau. 1956 CDU (div. Funktionen a. Kreis-, Bezirks- u. Landesebene) - 1977 BVK; 1983 BVK I. Kl.

WALDENFELS, Bernhard
Dr. phil., Prof. f. Philosophie - Isabellastr. 23, 8000 München 40 (T. 089 - 271 77 46) - Geb. 17. März 1934 Essen (Vater: Bernhard W., Beamter; Mutter: Therese, geb. Schröder), kath., verh. s. 1961 m. Christin, geb. Goes, 2 S. (Titus, Aurel) - Univ. Bonn, Innsbruck, München, Paris (Promot. Phil. 1959, Staatsex. Griech., Lat., Gesch. 1960/61, Habil. Phil. 1967), alles München - S. 1968 Doz. u. apl. Prof. Univ. München, s. 1976 o. Prof. Univ. Bochum - BV: D. sokratische Fragen, 1961; D. Zwischenreich d. Dialogs, 1971; D. Spielraum d. Verhaltens, 1980; Phänomenologie in Frankreich, 1983; In d. Netzen d. Lebenswelt, 1985; Ordnung im Zwielicht, 1987. Herausg.: Phänomenologie u. Marxismus 1 - 4 (1977-79). Mithrsg. Phil. Rundschau (s. 1975) - Spr.: Engl., Franz.

WALDENFELS, Freiherr von, Georg
Dr., Rechtsanwalt, Bayer. Staatsminister f. Bundes- u. Europaangelegenheiten (s. 1987), MdL Bayern (s. 1974) - Poststr. 17, 8670 Hof - Geb. 1944 - CSU. 1978-87 Staatssekr. Bayer. Staatsmin. f. Wirtsch. u. Verkehr; 1983ff. Präs. Bayer. Tennis-Verb.

WALDENFELS, Hans

Lic. phil., Dr. theol., Dr. habil., Prof. f. Fundamentaltheologie - Univ. Bonn, Kath.-theol. Fak., 5300 Bonn (T. 0228 - 73 77 09); priv.: Grenzweg 2, 4000 Düsseldorf 31 (T. 0211 - 40 70 77) - Geb. 20. Okt. 1931 Essen (Vater: Bernhard W., Stadtinsp.; Mutter: Therese, geb. Schröder), kath. - 1953-56 Phil. Hochsch. Pullach, 1957-64 Univ. Tokio, 1964/65 Univ. Kyoto (Rel.-Phil.), 1965-68 PUG Gregoriana Rom, Univ. Münster (Theol.), Habil. 1976 Univ. Bonn - BV: Offenbarung, 1969; Glauben hat Zukunft, 1970; Meditation, Ost u. West, 1975 (franz., ital., poln.); Absolutes Nichts, 1976, 3. A. 1980 (engl., jap.); Offenbarung (m. L. Scheffczyk), 1977; Faszination d. Buddhismus, 1982; D. Gekreuzigte u. d. Weltrelig., 1983 (poln., ital.); Kontextuelle Fundamentaltheol., 1985, 2. A. 1988 (ital.); Fernöstl. Weisheit u. christl. Glaube (m. T. Immoos), 1985. Herausg.: . . . denn Ich bin bei Euch (1978); Theol. - Grund u. Grenzen (1982); Lexikon d. Religionen (2. A. 1988) - Spr.: Engl., Japan., Ital. - Rotarier.

WALDENFELS, Freiherr von, Wilhelm
Dr. rer. nat., o. Prof. f. Angew. Mathematik - Im Neuenheimer Feld 294, 6900 Heidelberg (T. 56 27 73) - Geb. 22. Febr. 1932 - S. 1966 (Habil.) Lehrtätig. Univ. Saarbrücken (1968 apl. Prof.) u. Heidelberg (1969 o. Prof.). Fachaufs.

WALDERSEE, Gräfin von, Gisela
Präsidentin Gedok/Verb. d. Gemeinschaften d. Künstlerinnen u. Kunstfreunde, Hamburg (s. 1978) - Lindenweg 5, 2322 Stöfs Post Lütjenburg.

WALDHERR, Rüdiger
Dr. med., Prof. f. Pathologie Univ. Heidelberg - Friedrich-Weinbrenner-Str. 16, 6900 Heidelberg (T. 06221 - 30 22 30) - Geb. 24. Febr. 1949 Frankenthal, kath., verh. s. 1980 m. Maike, geb. Hehl, 2 Kd. (Sina Katharina, Philipp) - Stud. Humanmed. Univ. Heidelberg; Staatsex. 1974; Promot. 1975; Facharztausb. in Paris u. Heidelberg; Habil. 1981 - Oberassist. Pathol. Inst. Univ. Heidelberg. Wiss. Hauptarbeitsgeb.: Pathol. d. Niere u. d. ableitenden Harnwege sow. d. Verdauungstraktes, Immunhistochemie, Elektronenmikroskopie - 1982 Rudolf-Virchow-Preis Dt. Ges. f. Pathol. - Spr.: Engl., Franz.

WALDHÜTER, Werner
Ing., Geschäftsführer Glacier GmbH-Deva Werke - Memelstr. 4, 3570 Stadt Allendorf 1 - Geb. 1. Okt. 1928 Hannover, verh. m. Renate, geb. Fuchs - 1980 Verdienstmed. Stadt Allendorf; 1981 Ehrenbrief Land Hessen; 1982 BVK a. Bde.

WALDMANN, Bernt Gregor

Dr. jur., Rechtsanwalt, Stadtrat, Vorst.-Mitgl. d. Dt.-Sowjet. Ges., Kreisvors. DRK - Basler Str. 4, 7800 Freiburg - Geb. 19. Okt. 1930 Berlin (Vater: Dr. Kurt W., Rechtsanw.; Mutter: Elisabeth, geb. v. Prusinowski), gesch., T. Myriam - Abit. 1948 Hof; 1. jurist. Staatsprüf. 1951, 2. jurist. Staatsprüf. Stuttgart 1955, Promot. 1952 - S. 1957 Rechtsanw.; s. 1968 Stadtrat. S. 1982 Vors. DKR - Liebh.: Lit., Sprechtheater - Spr.: Engl.

WALDMANN, Günter
Dr. phil., Prof. PH Freiburg (s. 1987) - Albert-Schweitzer-Weg 10, 7412 Eningen u. A. (T. 07121 - 8 16 68) - Geb. 26. Okt. 1926 Oberhausen/Rhld., ev., verh. s. 1953 m. Hildegard, geb. Lis, T. Gisa - 1947-53 Stud. Univ. Heidelberg; Staatsex. (Deutsch, Phil., Gesch.) 1952; Promot. (Phil. b. Karl Löwith) 1954 - 1953-71 Schuldst. Gymn. Moers; s. 1971 Prof. f. dt. Sprache u. Lit. u. ihre Didaktik PH Reutlingen - BV: Christl. Glauben u. christl. Glaubenslosigkeit, 1968; Theorie u. Didaktik d. Trivialilit., 1973, 2. A. 1977; Kommunikationsästhetik 1: D. Ideologie d. Erzählform, 1976; Lit. u. Unterhaltung, 2 Bde., 1980; Produktiver Umgang m. Lyrik, 1987.

WALDMANN, Peter Klaus
Dr. jur., Prof. f. Soziologie u. Sozialkunde Univ. Augsburg (s. 1975) - Leustr. 15c, 8900 Augsburg 21 (T. 81 39 68) - Geb. 22. März 1937 Meiningen, ev., verh. s. 1963 m. Monique, geb. Delacre, 2 Kd. (Adrian, Lucas) - Stud. d. Rechte u. Soz.wiss. München u. Paris - BV: Zielkonflikte in e. Strafanst., 1968; D. Peronismus 1943-76, 1974; Strategien politischer Gewalt, 1977; Ethnischer Radikalismus, 1989. Herausg.: Politisches Lexikon Lateinamerika, 2. A. 1982; Pipers Wörterb. z. Politik Dritte Welt, Bd. 6 1987 - Spr.: Engl., Franz., Span.

WALDNER, Wolfgang Friedrich
Dr.-Ing., Bergassessor, Präsident Bayer. Oberbergamt - Waldhornstr. 94, 8034 Germering (T. 089 - 84 37 35; Büro: 21 62 25 34) - Geb. 11. Dez. 1928 Brünn/CSR (Vater: Friedrich W., Bankkfm.; Mutter: Josefine, geb. Svanda), kath., verh. s. 1954 m. Lisa, geb. Bross, 2 Kd. (Lisette, Yvonne) - Stud. Bergakad. Clausthal; Dipl.ex. 1954; Promot. 1959 - 1958-67 Ref., 1968-73 Bergamtsleit., s. 1973 Präs. Div. Mand. u. a. Vors. Arbeitskr. Personal- u. Ausbild.-fragen Länderausch. Bergbau, Beirat Dt. Wiss. Ges. f. Erdöl, Erdgas u. Kohle, Mitgl. Dt. National-Komit. (DNK) d. Welt-Energie-Konfz. - 1981 BVK am Bde. - Liebh.: Mineralien, Bergbaugesch. - Spr.: Engl., Franz., Tschech.

WALDRICH, Otto
Fabrikant, Vors. d. Geschäftsfg. Werkzeugmaschinenfabrik Adolf Waldrich, Coburg (s. 1950) - Löbelsteiner Str. 2, 8630 Coburg (T. 09561 - 1 08 70) - Geb. 11. Sept. 1923 Coburg (Vater: Adolf W., Fabrikant; Mutter: Cläre, geb. Weyel), ev., verh. s. 1955 m. Margret, geb. Sauermann, 3 Kd. (Christiane, Joachim, Ulrike) - Vorst. Verein Dt. Masch.- u. Anlagenbau u. Bayer. Metallind. S. 1960 Stadtrat - 1980 Gold. Ehrenring Stadt Coburg; 1980 Bayer. Staatsmed. (f. Verdienste um Gewerbl. Wirtsch. in Bayern); 1984 BVK I. Kl. - Liebh.: Mod. Glas u. Keramik - Spr.: Engl., Ital.

WALDSCHMIDT, Ernst Helmut
Dr. rer. nat., Dipl.-Math., Prof. f. Systemprogrammierung TH Darmstadt (s. 1973) - Frankenstr. 47, 6057 Dietzenbach 2 (T. 06074 - 2 30 57) - Geb. 4. März 1938 Duisburg (Vater: Ernst W., Ing.; Mutter: Erna, geb. Keim), ev., verh. m. Barbara, geb. Glöckler, 1 T. - Dipl.ex. 1965; Promot. 1969; Habil. 1971 (alle Darmstadt) - 1965-1971 Wiss. Mitarb. u. Betriebsleit. (1969) Rechenzentrum u. s. 1971 Prof. f. Angew. Math. TH Darmstadt, s. 1973 Prof. f. Betriebssysteme (Systemprogrammierung) i. FB Informatik d. TH Darmstadt - BV: Optimierungsfragen im Compilerbau, 1974; Einführ. in d. Informatik f. Ing., 1980; Koautor v. Grundzüge d. Informatik I, 1984, II, 1986 - Spr.: Engl., Franz.

WALDSCHMIDT, Klaus
Dr.-Ing., Prof. f. Technische Informatik Univ. Frankfurt - Zu erreichen üb. Johann-Wolfgang-Goethe-Univ., Robert-Mayer-Str. 6-10, 6000 Frankfurt (T. 069 - 798 82 48) - Geb. 29. Dez. 1939 Leipzig, ev., verh. s. 1966 m. Heidemarie, geb. Rodrian, 2 T. (Sabine, Annika) - Dipl. Nachrichtentechnik, 1967 TU Berlin, Promot. 1970 bed. - 1970-73 Univ. Abt.leit.; 1973-82 Prof. Univ. Dortmund; s. 1982 Prof. in Frankfurt - BV: Schalt. d. Datenverarb., Lehrb. 1978; zahlr. wiss. Veröff. - Liebh.: Radsport - Spr.: Engl., Franz.

WALDTHAUSEN, von, Wolfgang
Bankier, pers. haft. Gesellsch. Trinkaus & Burkhardt, Düsseldorf/Essen (s. 1972) - Ulenbroich 18, 4030 Ratingen 4 - Geb. 12. Mai 1930 - Zul. p. h. Gesellsch. Bankhaus Waldthausen & Co. KG., Essen.

WALENTA, Albert H.
Dr., Prof. f. Physik Univ.-GH Siegen - Ludwigstr. 34, 5900 Siegen (T. 0271 - 7 23 01) - Geb. 2. Okt. 1943 Naugard (Vater: Helmut W., Richter; Mutter: Käthe, geb. Genz), verh. s. 1968 m. Nicole, geb. Julien, 2 Kd. (Frank, Katrin) - Ab 1963 FU-Berlin (Physik); ab 1967 Univ. Heidelberg (Dipl. 1969); Promot. 1972, Habil. 1975 - B. 1976 Assist. in Heidelberg; 1976-81 Brookhaven National Labor./USA; s. 1981 Prof. in Siegen. Erf.: Vieldraht Driftkammer - 1973 Physikpreis Dt. Physikal. Ges.; 1986 Förderpreis im Gottfried Wilhelm Leibniz-Prog. - Spr.: Franz., Engl.

WALK, Ansgar
Dr. rer. nat., Dipl.-Chem., Apotheker, Generalbevollmächtigter ASTA Pharma AG, Frankfurt a. M. (s. 1987), gf. Vorst. Ges. Gesundheit u. Forsch., Frankfurt (s. 1988) - Cranachstr. 12, 4800 Bielefeld 1 (T. Büro: Bielefeld 14 52-658) - Geb. 20. Aug. 1929 Stuttgart (Vater: Oskar W., Dipl.-Ing.; Mutter: Hildegard, geb. Goetz), kath., verh. s. 1983 m. Dr. med. Ulrike, geb. Günther - Abit. 1949 Böblingen, Univ. Tübingen (Pharm. Staatsex. 1955), TH Karlsruhe (Chemiedipl. 1958, Promot. 1961) - 1955-62 Hochsch.assist., 1963 wiss. Mitarb. Degussa, Frankfurt, 1968 Abt.Leit., 1975 Personaldir. ebd., 1978 Vorst.-Mitgl. ASTA-Werke AG, Bielefeld - BV: Div. wiss. Publ. - Liebh.: Lit., bild. Kunst - Spr.: Engl., Franz.

WALK, Harro
Dr. rer. nat., Dipl.-Math., Prof. f. Mathematik Univ. Stuttgart - Sombartstr. 14, 7000 Stuttgart 80 (T. 0711 - 74 25 60) - Geb. 4. Juni 1939 Stuttgart (Vater: Oskar W., Dipl.-Ing.; Mutter: Hildegard, geb. Goetz), kath. - Abit. 1958 Stuttgart; Dipl. 1964, Promot. 1966, Habil. 1970 Univ. Stuttgart - 1964 Hochschulassist.; 1971 Wiss. Rat u. Prof. Univ. Stuttgart; 1975 o. Prof. Univ. Essen; 1979 Prof. Univ. Gießen; s. 1982 Ord. Univ. Stuttgart. Fachaufs. - Spr.: Engl.

WALK, Lorenz
I. Bürgermeister - Rathaus, 8431 Berg/Opf. - Geb. 10. Aug. 1931 Berg - Zul. Angest. CSU.

WALKHOFF, Karl-Heinz

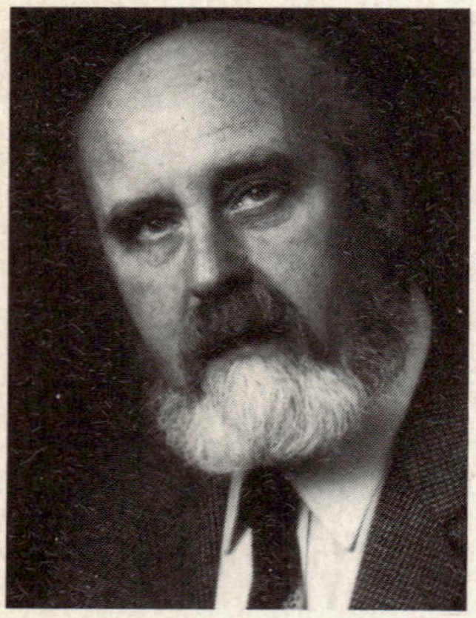

Oberstudienrat, Politiker - Calle del Cerro, 33, Urbanizacion Santo Domingo, Algete/Madrid, Spanien (T. 00341 - 622 13 98) - Geb. 26. Febr. 1936 Habighorst b. Celle (Vater: Horst W., Kaufm.; Mutter: Hildegard, geb. Domes), ev., verh. s. 1964 m. Emmi, geb. Hintelmann - Obersch. (Abit.), Univ. u. FU Berlin, Münster (Gesch., German., Slav.) - Wiss. Staatsex. 1964, Assessorex. 1967 - 1969-76 u. 1978ff. MdB; 1973-77 MdEP. 1969-72 Ratsmitgl. Münster, SPD s. 1965 (1971-75 Vors. Stadtverb. Münster) - Spr.: Russ., Engl.

WALL, Fritz
Dr. rer. pol., Wirtschaftsprüfer, apl. Prof. f. Betriebswirtschaftslehre Univ. Hamburg (s. 1956) - Schuhmacherstr. 31-33, 2300 Kiel (T. 9 80 30) - Geb. 25. Juni 1911 Stralsund - Habil. 1944 Greifswald - BV: Grundsätzl. Erwägungen z. Handels- u. Steuerbilanz, 1952. Zahlr. Fachaufs.

WALL, von der, Heinz

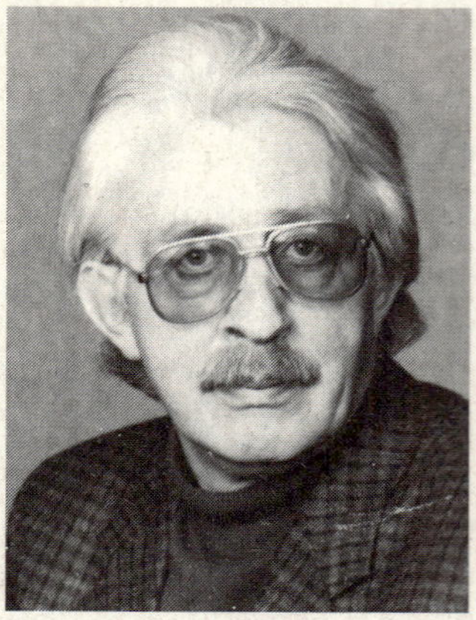

Pädagoge, Schriftst. - Druchhorner Str. 18, 4554 Ankum Kr. Bersenbrück (T. 7 92) - Geb. 12. Mai 1923 Oldenburg/O. (Vater: Heinrich v. d. W., Postschaffn.; Mutter: Gesine, geb. Grote), kath., verh. s. 1960 m. Elsbeth, geb. Mählmeyer, 3 Kd. (Monika, Ursula, Thomas) - Gymn. Cloppenburg (Abit.), Univ. Münster; 1959 Inst. f. d. Ausbild. v. Mittelschullehr. Göttingen (Ex.). 1982 Vors. d. Schrieverkrings - BV: De Straten geiht liekut, Vertellsel, 1971; Blaumen för Kottmann, 1972; ... dann kunnst du di fragen, Beller un Blöer, 1976; De Wartesaal, 1980; Dat Spill van den Jungen, den Clown un de Deerte in'n Wald, 1980; Noch schmetterten Siegesfanfaren, Tageb. Aufzeichn., 1981; D. Projekt-D. Historie e. Literaten-Wochenendes, 1982; Dat Schrieverkring-Book (hg. m. Hermann Lüdken), 1983; Avend ahne Krimi, 1983; Dor was mal een Hüürmann in Vahren, 1985; Ollernschnackdag, Wiehnachtslüe, De Deefsbank, 1985; Dat Leßde, Pingstossen, Ut de Provinz, Ömtuuschen, 1986; Hey Enrico - Hoch- u. plattdt. Lyrik u. Prosa 1988; Auch außer d. Vaterlande ist e. schöne Welt - H. A. Rattesmann, dt.-amerik. Hist. u. Autor, 1989. Hörsp.: Van den Avend un van de Nacht, 1969; De Frau an 'n Tuun, 1977; Dat stille Kind, 1978; Judenskaat, 1979; Dat Zimmer (m. Susanne M. Neuhoff), 1980; De Freestunn', 1980; De Stadtrat un de Stadtsuldat (n. Heinrich v. Kleist), 1981; So een Dag, 1982 - 1976 Freudenthal-Literaturpreis f. niederd. Dicht., 1977 Hans-Böttcher-Preis FVS-Stiftg. Hamburg; 1979 Wappenteller d. Landkreises Cloppenburg; 1980 Preis im Wettbewerb niederd. Kindertheaterst. Oldenbg.-Stiftg., Oldenbg.; 1981 Stadtschreiber in Soltau; 1982 6. Preis im Wettbewerb Plattdt. Theater d. Schlesw.-Holst. Heimatbundes; 1984 2. u. 3. Preis im Autorenwettbew. d. Ostfries. Landschaft Plattdt. Theater - alle Spielformen; 1984 2. u. 3. Preis im Autoren-Preisausschreiben d. Spieker (Heimatbund f. niederdt. Kultur) Plattdt. Kortjans - Lit.: Willi Eggers: En Dichter van uns Tiet, 1976; Friedrich W. Michelsen: H.v.d.W., Erzähler, Hörspielautor u. Lyriker, 1978; Rüdiger Herbst/Margret Schmidt: D. Auseinandersetzung m. d. NS-Zeit, in: H.v.d.W. Hörsp. Judenskaat, 1979; Heinrich Schmidt-Barrien: Laudatio z. Verleih. d. Hans-Böttcher-Pr., 1979; Edeltraud Tüting: Interview m. H.v.d.W., 1983; Cornelia Ficker: D. Hörsp. H.v.d.W., 1985; Bernd Rachuth: H.v.d.W. u. d. Wartesaal als poetische Welt, 1986.

WALLAT, Hans
Generalmusikdirektor d. Stadt Dortmund - Overbeckstr. 7, 4600 Dortmund - Geb. 18. Okt. 1929 (Vater: Eduard W.; Mutter: Klara, geb. Haffner), verh. m. Beatrix, geb. Frick, 2 Kd. (Andreas, Franziska) - 1945-50 Dirig.-Ausb.; 1965-70 Generalmusikdir. Bremen, 1970-80 GMD Mannheim, ab 1979 Dortmund - Schallplatten - Spr.: Engl., Ital.

WALLBERG, Heinz
Prof., Generalmusikdirektor - Theaterpl. 11, 4300 Essen - Geb. 1923 - Kapellm. (z. T. I.) München, Trier, Flensburg, Hagen, Wuppertal, Augsburg, Bremen (Chefdirig. Staatsorch.), GMD Wiesbaden (1961-74). Mitwirk. Salzbg. Festsp. Gastdirig. aller bek. Opernhäuser (Europa, Nord-, Südamerika, Japan, Südafrika) - 1965 Prof.-Titel f. Verd. um d. österr. Musikleben; 1969 BVK I. Kl.

WALLBRECHER, Eckard
Dr. rer. nat., Prof. f. Geologie u. Paläontologie Univ. Graz (s. 1986) - Carnerigasse 11, A-8010 Graz - Geb. 6. Aug. 1940 Bielefeld (Vater: Ernst W., Verw.-Angest.; Mutter: Herta, geb. Rottmann), ev., verh. s. 1967 m. Barbara, geb. Hofman, 2 Kd. (Kathrin, Arne) - Dipl.-Geol. 1968, Promot. 1974, Habil. 1979 - 1971-81 Assist. FU Berlin; 1981-85 Prof. f. Allg. Geologie FU Berlin; Forschungsschwerp.: Kristallingeologie, Tektonik; Regionale Forschungsschwerp.: NW-Afrika, Ägäis. Lehrb.: Tektonische u. gefügeanalytische Arbeitsweisen - Spr.: Engl., Franz., Pers.

WALLBRECHT, Ferdinand
Dipl.-Volksw., Direktor, - Prinzenstr. 10, 3000 Hannover (T. 32 43 58) - Geb. 9. März 1916 Hannover, ev., verh., 3 Kd. (2 Töcht., Sohn) - Rats- u. Realgymn. Hannover; TH Hannover u. Univ. Göttingen - Arbeits-, Militär- u. Wehrdst. (b. Kriegsbeginn Uffz., 1942 Oblt.; 80 Proz. kriegsbesch.); AR-Vors. Fr. Mehmel GmbH; AR-Mitgl. Lindner Gilde AG; AR Friedrich Mehmel AG. Langj. MdL Nieders. u. Brauergilde Hannover AG - Gr. BVK; Gr. Verdienstkreuz z. nieders. Verdienstkreuz.

WALLENFELS, Kurt
Dr. phil., o. Prof. f. Biochemie - Vordere Steige 7, 7800 Freiburg/Br. (T. 5 34 15) - Geb. 30. Juni 1910 Marburg/L., verh., 4 Kd. - Habil. 1943 Heidelberg - S. 1953 ao. u. o. Prof. (1961) Univ. Freiburg. Facharb. Mithrsg.: Biochem. Ztschr.

WALLER, Hans Dierck
Dr. med., o. Prof. f. Innere Medizin Univ. Tübingen - Waldhäuser Str. 31, 7400 Tübingen - Geb. 29. Mai 1926 Kiel - Promot. 1951 Kiel; Habil. 1960 Marburg - 1960-62 Lehrtätigk. Marburg, s. 1963 Tübingen (1966 apl., 1970 o. Prof.). Spez. Arb.sgeb. Hämatol. u. Onkol. Dir. Univ.-Klinik II. Zahlr. Fachveröff. - 1959 Oehlecker-, 1960 Frerichs-, 1964 Homburg-, 1965 Hufeland-Preis, Dr. med. h.c. Univ. Freiburg, Mitgl. Dt. Akad. Naturforscher Leopoldina, Korr. Mitgl. Österr. Akad. d. Wiss. Math. Naturwiss. Klasse.

WALLER, Hellmut
Generalstaatsanwalt Stuttgart i. R. - Ulrichstr. 10, 7000 Stuttgart 1 - Geb. 14. Mai 1924 Tübingen (Vater: Max W.; Mutter: Erna v. Arand-Ackerfeld), kath., verh. s. 1953 m. Elisabeth, geb. Schach, 2 Kd. - Univ. Tübingen (1. jurist. Staatsex. 1949; 2. Staatsex. 1952) - S. 1953 Justizdienst; s. 1967 Ltd. Oberstaatsanw. in Tübingen; s. 1972 Ltd. Ministerialrat in Stuttgart; 1975 Präs. LG Tübingen; 1980-88 Generalstaatsanw. Stuttgart. - Spr.: Franz. (zahlr. literar. Übers).

WALLER, Peter Paul
Dr. oec. publ., Prof. f. Geographie, Geschäftsführer - Akazienallee 52, 1000 Berlin 19 (T. 030-304 76 36) - Geb. 12. April 1935 Neuburg/Do. (Vater: Ferdinand W., O.stud.dir.; Mutter: Elisabeth, geb. Schlosser), kath., verh. s. 1967 m. Brigitte, 2 S. (Christof, Stefan) - Abit. 1953, Univ. München (Dipl.-Kfm.), Univ. of Brit. Columbia, Habil. FU Berlin (Geogr.) - 1972-80 Dt. Inst. f. Entw.-politik (Abt.ltr. Afrika), stv. Gesch.f., 1979-81 MdA Berlin, President Society for International Development (SID) Berlin-Chapter - BV: Action Oriented Approaches to Regional Development Planning (m. a.), 1975; Periodic Markets, Urbanisation and Regional Planning, Greenwood Press (m. a.), 1976; Grundbedürfnisorientierte Regionalentwickl., 1984 - Spr.: Engl., Franz.

WALLER, Siegfried
Dr.-Ing. E.h., Dipl.-Ing., Generalbevollm. Direktor Siemens AG (Gesch.-Ber. Produktionsautomatisierung u. Automatisierungssysteme) - Gleiwitzer Str. 555, 8500 Nürnberg (T. 0911 - 8 95-31 31) - Geb. 20. Jan. 1925 Schramberg (Vater: Josef W., Schuhmacherm. u. Kfm.; Mutter: Anna, geb. Lutz), kath., verh. s. 1954 m. Gisela, geb. Clemm, 3 Kd. (Ulrike, Rainer, Jutta) - Abit., TU Karlsruhe, Dipl.-Ing. 1951 - S. 1970 Techn. Vorst. Zweigniederl. Stg. d. Siemens AG, 1976 Lt. Gesch.-Verarb. Ind., 1983 Lt. Gesch.-Ber. Produktionsautomatisierung u. Automatisierungssysteme; Vorst. EXAPT-Verein f. Programmiersprachen (s. 1967) - Spr.: Engl.

WALLERANG, Elmar
Dipl.-Ing., Redakteur VDI-Nachrichten - Oberkasseler Str. 57, 4000 Düsseldorf 11 (T. 57 95 41) - Geb. 1. Mai 1939 Düsseldorf (Vater: Bernhard W., Bauing.; Mutter: Marianne, geb. Hoppe), verh. s. 1963 m. Helga, geb. Starbatty, 2 S. (Falk, Lars) - Bauing.-Ex. 1963 Köln - Ab 1963 Leit. v. Baustellen in Dtschl. u. d. Schweiz; ab 1966 Redakt. VDI-Nachrichten - BV: Wo Wohnen, wie Bauen?, Sachb. 1978 - 1980 3. Preis Baufachjourn.-Wettbew. München - Liebh.: Klass. Musik (Schwerp. Bach u. Wagner) - Spr.: Engl.

WALLHÄUSSER, Hermann
Dr.-Ing., Hon.-Prof. TH Darmstadt, Betriebsstättenleiter Hoechst AG - Seelbacher Weg 3, 6204 Taunusstein 4 (T. 06128 - 82 09) - Geb. 30. Jan. 1928 Waldböckelheim (Vater: Philipp Jakob W., Schmiedemeist.; Mutter: Ottilie, geb. Karsch), ev., verh. s. 1955 m. Dr. med. Helga, geb. Meyer, 3 Kd. (Elisabeth, Ulrike, Wolfgang) - 1949-50 Ing.-Schule Bingen; 1950-55 TH Darmstadt (Dipl.-Ing. Masch.Bau); Promot. 1960, Habil. 1965 - 1955-61 MPA Darmstadt; 1962-64 H. Römmler GmbH; Abt.-Leit. 1965-66 MPA Darmstadt, 1967-74 Chem. Werke Albert, Wiesbaden, 1975-82 Hoechst AG; 1982ff. Betriebsstättenleit. Hoechst AG. 8 Patente üb. Duropl. Kunstst. - BV: Kunststoffprüf., 1966 (auch holländ.); Bewert. v. Formteilen, 1967; Konstruieren m. Kunststoffen, 1972 (m.a.) - 1967 VDI-Ehrenring; 1972 DIN-Ehrennadel - Spr.: Engl., Franz.

WALLIS, Hedwig
Dr. med. (habil.), Prof., Abteilungsvorsteherin Univ.s-Kinderklinik Hamburg, Mitgl. Hbg. Bürgerschaft (s. 1970, CDU) - Parkstr. 22, 2000 Hamburg 52 (T. 82 88 77) - Geb. 20. Mai 1921 Hamburg (Vater: Heinrich v. Häfen, Juwelier) - B. 1965 Privatdoz., dann apl. Prof. Hamburg (Kinderheilkd.). Facharb.

WALLIS, von, Hugo
Dr. jur., Präsident Bundesfinanzhof a. D., München, Honorarprof. f. Finanz- u. Steuerrecht TH Aachen (s. 1958), - Gebelestr. 26a, 8000 München 80 (T. 98 56 90) - Geb. 12. April 1910 Köln (Vater: Hugo. v. W., Postbediensteter; Mutter: Sofia, geb. Körfgen), verh. s. 1938 m. Magda, geb. Hitze - Promot. (1933) u. Habil. (1952) Köln - U. a. Regierungsdir.; s. 1957 Bundesrichter, u. Präs. BFH - BV (z. T. mehrere A.): Steuerbilanz d. Kaufmanns, D. Umsatzsteuer, Vermögensteuer u. Bewertungsgesetz, D. Steuern d. Kaufm., Verkehrssteuern, Einspruch u. Beschwerde, D. Arbeitsgemeinschaft, Besteuerung d. Unternehmenszusammenfassungen, Besteuerung d. Gesellschaften; m. a.: Kommentar z. Reichsabgabenordnung, Abgabenordnung u. Finanzgerichtsordnung u. Umsatzsteuer-

gesetz, Grundzüge d. steuerl. Gewinnermittlung - Rotarier - Ruf Univ. Köln (Lehrstuhl f. Steuerrecht) 1965 abgelehnt.

WALLISER, Otto H.

Dr. rer. nat., Diplom-Geologe, o. Prof. f. Paläontologie u. Direktor Geolog.-Paläontolog. Inst. u. Museum Univ. Göttingen (s. 1965) - Thomas-Dehler-Weg 7, 3400 Göttingen (T. 2 24 12) - Geb. 3. März 1928 Krettenbach/Württ. (Vater: Wilhelm W., Lehrer; Mutter: Martha, geb. Fahr), verh. s. 1954 m. Edith, geb. Grill, 2 Kd. - Promot. (1954) Tübingen, Habil. (1961) Marburg - Zeitw. Vors. Paläontol. Ges., Gen.Sekr. Intern. Palaeontol. Assoc., Leit. div. Intern. Forsch.Progr. - Zahlr. Fachveröff. z. Geol., Stratigr. u. Paläontol., insb. d. Paläozoikums - 1982 Mitgl. Akad. d. Wiss. Göttingen, u. 1988 USSR.

WALLMANN, Johannes Christian

Dr. theol., Prof. f. Kirchengeschichte - Buchenweg 2, 5810 Witten-Buchholz (T. 02324 - 3 13 19) - Geb. 21. Mai 1930 Erfurt/Thür. (Vater: Erich W., Sort.-buchh.; Mutter: Maria, geb. Plath), ev., verh. s. 1964 m. Dr. Ingeborg, geb. Posselt, 2. Kd. (Georg, Ursula) - Promot. Zürich 1961, Habil. Bochum 1968, o. Prof. f. Kirchengesch. (Reformat.-gesch. u. neuere Kirchengesch.) Bochum 1971 - Hrsg. Beitr. z. Hist. Theol., Ztschr. f. Theol. u. Kirche, Jahrb. z. Gesch. d. neueren Protestantismus - BV: D. Theol.begriff b. Johann Gerhard u. Georg Calixt, 1961; Philipp Jakob Spener u. d. Anf. d. Pietismus, 1970, 2. A. 1986; Kirchengesch. Dtschl. s. d. Reformation, 3. A. 1988 - 1984 o. Mitgl. Rh.-Westf. Akad. d. Wiss.

WALLMANN, Jürgen P.

Publizist u. Literaturkritiker - Eugen-Müller-Str. 20, 4400 Münster - Geb. 15. Juli 1939 Essen, ev., gesch., S. Johannes - Stud. German., Phil. u. ev. Theol. - BV: Gottfried Benn, Biogr.; Else Lasker-Schüler, Biogr.; Argumente, Aufs. u. Kritiken; Z. Beispiel, Ess. u. Rezens.; D. Autor ist immer noch versteckt, Gespräch m. Heinrich Böll - Lit.: F. Lennartz: Dt. Schriftst. d. Gegenwart.

WALLMANN, Walter

Dr. jur., Ministerpräsident Land Hessen (s. 1987) - Bierstadter Str. 2, 6200 Wiesbaden - Geb. 24. Sept. 1932 Uelzen (Vater: Walter W., Realschullehrer; Mutter: Anni, geb. Riebesehl), ev., verh. s. 1960 m. Margarethe, geb. Höhle, S. Walter - Univ. Marburg (Rechts- u. Staatswiss.; Promot.). I. u. II., jurist. Staatsprüf. Frankfurt/M. - Richtertätigk. Kassel (LG), Rotenburg/F. (AG), Gießen (LG). 1966-72 MdL Hessen (zul. stv. Fraktionsvors.); 1972-77 MdB (s. 1973 Mitgl. Vorst. CDU/CSU-Fraktion, 1974-75 Vors. Guillaume-Untersuchungsaussch.); 1977-86 Oberbürgerm. Frankfurt/M.; 1986-87 Bundesmin. f. Umwelt, Naturschutz u. Reaktorsicherheit; 1984-86 Präs. Dt. Städtetag; Präs. Dt. Turnerbund. B. 1974 Bezirksvors. Junge Union Mittelhessen. CDU s. 1960 (1966 Kreisvors. Marburg-Stadt, 1967 Bezirksvors. Mittelhessen, 1982 Landesvors. Hessen, 1985 stv. Bundesvors.) - BV: D. Preis d. Fortschritts - Beitr. z. polit. Kultur, 1983 - 1982 Frhr.- v.-Stein-Preis; Gr. BVK - Liebh.: Klass. Musik - Spr.: Engl.

WALLNER, Christian

Autor, Kabarettist - Alpenstr. 159, A-5020 Salzburg (T. 0662-2 41 16) - Geb. 30. März 1948 Gmunden (Oberösterr.), verh. s. 1974 m. Dr. med. Mag. rer. nat. Annemarie W. - Stud. Gesch., Päd., Publiz. Univ. Salzburg; 1975 Dramat., Landestheater Salzburg; 1976 Writer in residence Univ. Texas, Austin; 1984 Lehrbeauftr. German. Univ. Klagenfurt; Künstl. Ltg. d. Mozart-Woche (Int. Kabarett-Festival, Salzburg 1983 ff) - BV: Freund u. Feind, 1978/79; Mozart-Kabarett-Texte, 1980; Schatten üb. Herrenstein, 1984; D. Nacht d. Schicksals, 1984 (Parodien); D. Glück ist e. Suchen (Parodie), 1985 (2 Bde.); Schweigen ist Blei (Parodie), 1987 (5 Bde.). Kabarettprogr. - Texte u. Darsteller (Gr. Motzart u. Solo). Ca. 400 Gastsp. in Österr., BRD, Schweiz. Hörfunk u. FS-Aufnahmen; Hörspielserien u. FS-Filme - Liebh.: Kochen, Ski, Malerei - Spr.: Engl. - Lit.: Christine Falkensammer, Chr. W. - e. Monogr. (1980).

WALLNER, Ernst M.

Dr. phil., Prof. - Maria-Theresia-Str. 16, 7815 Kirchzarten/Br. (T. 55 53) - Geb. 12. März 1912 Mettersdorf (Vater: Johann W., Pfarrer; Mutter: Getrud, geb. Falk), ev., verh. s. 1941 m. Else, geb. Zotz, S. Emeran - Gymn. Bistritz; Univ. Klausenburg, Halle, Berlin, Bonn (German., Phil., Soziol., Volkskd., Gesch., Theol.). Promot. 1935 Bonn; Ass.ex. f. d. höh. Lehramt 1937 Klausenburg - 1937-40 Schulratsref., dann Lektor, 1943-45 Univ.assist., anschl. Privatgelehrter, 1947-1962 Studien- u. Oberstudienrat, seither Prof. Päd. Hochsch. Heidelberg (Soziologie u. Politik) - BV: D. Herkunft d. Nordsiebenbürger Deutschen im Lichte d. Flurnamengeogr., 1936 (Diss.); Zastler, e. Holzhauergemeinde im Schwarzw., 1953; D. Reichs- u. Bundestagswahlen im Landkr. Freiburg s. d. Jh.wende (1903-61), 1965; V. d. Herberge z. Grandhotel - Wirtshäuser u. Gastlichkeit / Gesch. - Namen - Schilder, 2. A. 1970; Soziologie - Einf. in Grundbegriffe u. Probleme, 6. A. 1979; Sociologia. Conceptos y problemas, 2. A. 1980; Vorurteil u. Völkerverständig., 1970; D. Entwicklungsländer, 1974; (m. M. Pohler-Funke) Soziolog. Hauptströmungen d. Gegenwart, 1977; Soziologie d., Familie, 1977; Soz. d. Kindheit, 1978; Soz. d. Freizeit, 1978; Soz. d. Erziehung, 1979; Soz. Schicht. u. soz. Mobilität, 1980; Polit. Soziol., 1980; Fischereiwesen u. Fischerbevölker. in Sizilien. Bestand - Besonderheiten - Bedeut. heute, 1981; D. Fischerpopulation Siziliens. Interethn. Gemeinsamkeiten - Sizilianität, 1982; Hochrhein-Fibel, 1984; Dreieckland-Fibel, 1985. Übers. aus d. Rumän.: Ew. Acker, N. 1943; M. Sadoveanu, D. Nächte um Johanni, R. 1944. Ztschr.-Beitr. - Spr.: Rumän., Franz., Ital. - Lit.: I. Tzschaschel, E. Mitbegr. d. Heidelberger PH, z. 65. Geb., 1977; H. Bergel, Abbau v. Vorurteilen. D. Pädag. u. Wissensch. E.M.W., 1977.

WALLNER, Franz

Dr.-Ing., Geschäftsführer BMT Meßtechnik GmbH Berlin (s. 1975) - Argentinische Allee 32 a, 1000 Berlin 37 (Zehlendorf) - Geb. 24. März 1937 Berlin (Vater: Dr. phil. Franz W.-Basté, Musik- u. Theaterwiss.; Mutter: Kundry Siewert, Schauspielerin), ev. - Human. Arndt-Gymn. Berlin, Casimirianum Coburg, Max-Gymn. München; TU Berlin (Theor. Maschinenbau), Dipl. 1964, Promot. 1970 TU Berlin - 1964-69 wiss. Assist. TU Berlin, 1969-75 Forsch.leit., Chir. Univ.-Klinik FU Berlin, 1974 Ruf Inst. f. Kfz TU Berlin (nicht gefolgt) - Liebh.: Reiten (Dressur), Musik - Spr.: Engl. - Bek. Vorf.: Franz W. (Wallner-Theater, Berlin, Urgroßv.).

WALLNER, Otto

Botschafter d. Bundesrep. Dtschl. in Burgundi - B.P. 480, 22, Rue du 18 Septembre, Bujumbura/Burundi - Geb. 23. Aug. 1919 Neuburg/Donau, verh. - Nach Kriegsdst. Justizdst. Nordrh.-Westf.; s. 1950 Ausw. Amt (Auslandsp.: Kapstadt, Paris, Generalkonsul Guayaquil/Ecuador; Botschafter Libreville/Gabun; Generalkonsul Genua/Ital.; s. 1981 Botsch. Bujumbura).

WALLNÖFER, Heinrich

Dr. med., Arzt, Med. Rat, Univ.-Lektor, Visiting Prof. Carrier Foundation, Psychotherapeut, Schriftst., Gründer österr. College f. Autogenes Training u. allg. Psychotherapie, Gründer u. Ehrenpräs. österr. Ges. f. ärztl. Hypnose u. autogenes Training, Lehrbeauftr. Univ. Fribourg, Innsbruck u. Wien - Pyrker-

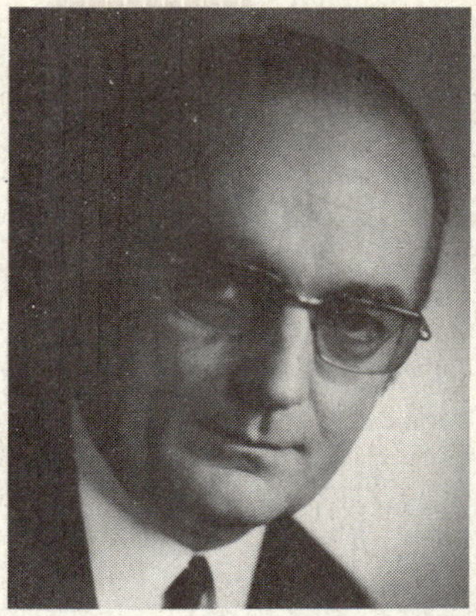

gasse 23, A-1190 Wien (T. 36 23 66) - Geb. 27. Juni 1920 Klagenfurt/Kärnten (Vater: Franz W., Korvettenkapitän; Mutter: Auguste, geb. Scherrl), altkath., verh. seit 1943 (Ehefr.: Dr. Lorenza), 3 Kd. (Dr. Peter, Anton, Dr. Maria-Donata) - Stud. Med. u. Psych. Promot. 1948 - BV: Von ungefähr, 1948 (Ged.); Bunte Scherben, 1949 (Ged.); Deine Gesundheit, 1951 (1,5 Mio.); Ehe - Familie - Heim, 1952 (m. Heinz Scheibenpflug); Hallo, Dein Körper, 1955 (m. Scheibenpflug); 1x1 d. Gesundheit, 1958 (m. Scheibenpflug); D. kl. Babybuch, 1958; Autofahren m. Herz. u. Verstand, 1959; D. Kräuterbuch, 1959; D. goldene Schatz d. chines. Med., 1959 (auch engl., franz., schwed.); Ihm zuliebe, 1962 (100 Ts.); Helfen u. Heilen, 1962; Heilendes Wasser - Kneipp-Lexikon, 1963; E. Arzt spricht z. Frau, 1964; Heilkräuter schützen d. Gesundheit, 1964; Gesundheit f. alle Tage, 1965; Ihre Nerven - Ihre Seele, 1965; Besser als tausend Pillen, 1967 u. 88; Zauberdrogen - Ärzte - Menschenopfer, 1967; Gesund m. autogenem Training, 1983; D. Arzt in d. Ind. Kultur, 1986; Seele ohne Angst, 1986 (ital. 1988). Üb. 90 wiss. Arb. Zahlr. Beitr. Frauenztschr. Für Sie - Liebh.: Chines. Kultur, Musik, Dichtung - Spr.: Engl., Franz., Ital.

WALLOW, Hans

Regierungsdirektor, MdB - Bonner Str. 62, 5480 Remagen-Rolandseck - Geb. 25. Dez. 1939 Göttingen, S. Alexander - BV: Bitte einsteigen, Ber. aus d. polit. Alltag, 1982.

WALLRAFF, H. Günter

Schriftsteller - Thebäerstr. 20, 5000 Köln 30 - Geb. 1. Okt. 1942 Burscheid (Vater: Josef, W., Angest.; Mutter: Johanna, geb. Pannier), verh. s. 1966 m. Birgit, geb. Böll, 2 Töcht. (Ruth, Ines) - Gymn.; Buchhändlerlehre - 1957-61 Buchhändler; 1963-66 Fabrikarb.; 1966-67 Redakt. - W: Wir brauchen Dich - Fabrikreportagen, 1966 (auch ung.); Nachspiele, Theaterst. 1968; 13 unerwünschte Reportagen, 1969; Von einem, d. auszog u. d. Fürchten lernte, 1970; Neue Reportagen, Unters. u. Lehrbeisp., 1972; Was wollt ihr denn, ihr lebt ja noch, 1973; Ihr da oben - wir da unten, 1973 (m. B. Engelmann); Unser Faschismus nebenan - Griechenland gestern, ein Lehrstück für morgen, 1975 (m. E. Spoo); 13 unerwünschte Reportagen, 1975; Aufdeckung e. Verschwörung, 1976; Berichte z. Gesinnungslage d. Staatsschutzes (m. H. Böll), 1977; D. Aufmacher - D. Mann, d. bei 'Bild' Hans Esser war, 1977; Zeugen d. Anklage - D. Bild-Beschreib. wird fortgesetzt, 1979; D. BILD-Handb., b. z. Bildausfall, 1981; Mein Lesebuch, 1984; Bericht v. Mittelpunkt d. Welt, 1984; Befehlsverweig., 1984; Enthüllungen, 1985; Ganz unten, 1985; Reportagen 1963-1974, 1987; V. Ende d. Eiszeit u. wie man Feuer macht - Aufs., Kritiken, Reden (m. e. Vorwort v. Prof. Dr. Mayer), 1987; Akteneinsicht, 1987; U. macht euch d. Erde untertan - E. Widerrede, 1987 - Fernsehf.: Flucht vor d. Heimen (1971), Ermittlung gegen Unbekannt (1974). Hörsp.: D. Kraftwerk (m. Jens Hagen), Hess. Rundf. - 1968 Förderungspreis f. Literatur d. Ld. Nordrh.-Westf. (zurückgegeben); 1970 Mitgl. PEN-Zentrum Bundesrep. Dtschl.; 1979 Gerrit-Engelke-Literaturpreis Hannover; 1984 Carl-v.-Ossietzky-Med. u. Preis Monismanien-Stiftg. Uppsala (Schweden); 1987 franz. Fernsehpr. Prix Jean d'Arcy f. Film Ganz unten; 1988 Pr. f. beste ausl. Fernsehprod. d. Brit. Acad. of film and television arts f. Ganz unten - Lit.: R. Dithmar, G. Wallraffs Industriereportagen, 1973; Ch. Linder (Hrsg.), In Sachen Wallraff, 1975; U. Hahn/M. Töteberg, G. W., 1979.

WALLRAFF, Hermann-Josef S.J.

Dr. rer. pol., Lic. theol., o. Prof. f. Wirtschafts- u. Gesellschaftsethik Phil.-Theol. Hochsch. St. Georgen, Mitgl. Wiss. Beirat Bundesmin. f. Wirtschaft - Offenbacher Landstr. 224, 6000 Frankfurt/M. 70 (T. 0611 - 60 61 -1) - Geb. 13. Okt. 1913 Frauwüllesheim/Rhld., kath. - 1940-52 Stud. Phil., Theol., Nationalök. Univ. München, Bonn, Köln u. Jesuiten-Hochsch. - BV: Z. Kartellproblem, 1954; Kirche u. Wirtschaft, 1959, Eigentumsbildung, 1965; Eigentumspolitik, Arbeit u. Mitbestimmung, 1968; Sozialethik im Wandel d. Ges., 1974. Div. Einzelarb.

WALLRAFF, Josef

Dr. med., emerit. ao. Prof., Anatom - Stahlstr. 28, 8000 München 60 (T.8 11 28 73) - Geb. 11. April 1904 Golzheim/Rhld. - 1939-45 Privatdoz. u. ao. Prof. (1944) Univ. Breslau; s. 1947 apl. Prof. u. Prosektor Univ. Köln; 1949-69 apl. Prof. u. Konservator Inst. f. Histol. u. Biol. Univ. München, 1969 ao. Prof., 1972 Emerit. - BV: Organe m. innerer Sekretion, Lehrb. 1953; Leitf. d. Histol. d. Menschen, 8. A. 1972. Fachaufs.

WALPER, Karl Heinz

Dr. rer. pol., Gf. Vorstandsmitglied Dt. Straßenliga - Bergstr. 29, 5330 Königswinter 1; dstl.: Kaiserplatz 14, 5300 Bonn 1 (T. 0228 - 63 57 92) - Geb. 23. Juni 1934 Kassel (Vater: Heinrich W., Regierungsamtmann; Mutter: Anne Marie, geb. Braun), freikirchl. ev, verh. m. Monika, geb. Winder, 2 Kd. (Roland, Sonja) - Bauing. 1955; Dipl.-Polit. 1960; Promot. 1963 - 1963-66 Wiss. Ref. Dt. Bundestag; 1967-70 Wiss. Ref. d. 1. Vors. IG Bau, Steine Erden; 1971-78 Bundesgeschäftsf. Bundesarch.kammer; s. 1979 gf. Vorst.-Mitgl. Dt. Straßenliga u. Vorst.-Mitgl. IRF Genf; Ref. IVCG u. VCK (Verb. christl. Kaufleute) in deutschspr. Staaten. 14 Bücher u. Brosch. üb. Staatsrecht, Baurecht, Raumordn., Wirtschaftspolitik, Verkehrspolitik u. Phil.; rd. 150 Art. - Liebh.: Evangelium, Relig.wiss., Phil., Malen, Entwerfen - Spr.: Engl., Latein - Bek. Vorf.: Prof. Walper, Mitgründ. Univ. Marburg.

WALSER, Martin

Dr. phil., Dr. phil. h. c., Schriftsteller - Zum Hecht 36, 7770 Überlingen/Bodensee - Geb. 24. März 1927 Wasserburg/B. (Vater: Martin W., Gastwirt; Mutter: geb. Schmid), kath., verh. s. 1950 m. Käthe, geb. Jehle, 4 Töcht. (Franziska, Katharina-Johanna, Alissa, Theresia) - Obersch. Lindau/B.; 1944-45 Wehrdst. 1948-51 Univ. Tübingen (Lit.wiss., Phil., Gesch.) - BV: Ein Flugzeug über d. Haus, Erz. 1955; Ehen in Philippsburg, R. 1957; Halbzeit, R. 1960; Beschreibung e. Form, Ess. 1961; D. Einhorn, R. 1966; Heimatkunde - Aufs. u. Reden, 1968; Theater! Theater!, 1968 (m. Chargesheimer); D. Gallistl'sche Krankheit, R. 1972; D. Sturz, R. 1973; Jenseits d. Liebe, R. 1976; E. fliehendes Pferd, R. 1978; Seelenarbeit, R. 1979; D. Schwanenhaus, R. 1980; Brief an Lord Liszt, R. 1982; Meßmers Gedanken, Erz. 1985; Brandung, R. 1985; Dorle u. Wolf, R. 1987; Jagd, R. 1988. Bühnenst.: D. Abstecher (1961), Eiche u. Angora (1962), Überlebensgroß Herr Krott! (1963), D. schwarze Schwan (1964), D.

Zimmerschlacht (1967; UA. durch Fritz Kortner), E. Kinderspiel (1970), D. Sauspiel (1975), In Goethes Hand (1982), D. Ohrfeige (1986). Herausg.: Vorzeichen (1963) - 1955 Preis Gruppe 47, 1957 Hermann-Hesse-Preis, 1962 Gerhard-Hauptmann-Preis, 1965 Schiller-Förderpreis Baden-Württ., 1967 Bodensee-Lit.preis, 1980 Heinrich-Heine-Plak. Düsseldorf, 1980 Schiller-Gedächtnispreis Baden-Württ.; 1981 Georg-Büchner-Preis Dt. Akad. f. Spr. u. Dicht. - 1973 Gastdoz. Middlebury College Vermont u. Univ. Austin (USA), 1976 Gastdoz. West-Virginia, Morgantown; Ehrendoktor Univ. Konstanz - Lit.: Antony Waine, M. W., 1980; Klaus Siblewski, üb. M.W., 1981.

WALTEMATHE, Ernst
Oberregierungsrat i. e. R., MdB (s. 1972; Wahlkr. 50/Bremen-Ost) Hützelstr. 53, 2800 Bremen 41 (T. 46 37 61) - Geb. 2. Febr. 1935 Bremen, verh., 4 Kd. - 1941-48 Schulen Amsterdam (1947 Gymn.; weg. nationalsozialist. Verfolgung ab 1938 Holland), 1949-54 Obersch. (in Aufbauform) Bremen (Abit.); 1954-55 Univ. Hamburg (3 Sem.; Stud. aus finanz. Gründen aufgegeb.); 1956-59 Verwaltungsbeamter Bremen. II. Verw.prüf. 1959 - 1959-72 Stadtverw. Bremen (1971 Leit. Liegenschaftsamt). SPD s. 1956 (u. a. Mitgl. Kommiss. f. Bodenrechtsreform Parteivorst.).

WALTENBAUER, Klaus-J.
Dipl.-Ing., Architekt, Geschäftsführer Baumeister-Haus GmbH, Frankfurt - Lyoner Str. 44-48, 6000 Frankfurt 71; priv.: Schinkelstr. 39, 8000 München 40 (T. 089 - 361 79 05) - Geb. 7. Mai 1939, verh. s. 1967, 2 Kd. (Jan, Sandra) - Architekturstud. Univ. München; Dipl. 1967 - 1969-80 fr. Architekt München; Projektleit. IWS-Bauträger; Ressortleit. Technik Baumeister-Haus GmbH - Erf.: Fertigteil Bausystem (Patent) - Liebh.: Hochseesegeln - Spr.: Engl., Ital.

WALTER, Adolf
Dr., Vorstandsmitglied Wirtschaftl. Vereinig. dt. Versorgungsunternehmen AG, Frankfurt/M. - Fasanenstr. 19, 6223 Kelkheim/Ts. - Geb. 29. Okt. 1913 Obernitz (Vater: Adolf W.), verh. m. Irmentraut, geb. Runge - U. a. Geschäftsf. Isermann & Meyer GmbH., Hamburg, u. Wilhelm Worm GmbH., Frankfurt.

WALTER, Alfred
Generalmusikdirektor, Chefdirig. Radio-Symphonieorchester d. belg. Rundf. (s. 1984) - Friesenring 46, 4400 Münster/W. - Geb. 1929 Böhmen - B. 1970 Reykjavik (Chefdirig. Isländ. Radio-Symphonieorch.), bis 1985 Münster (GMD Städt. Orch.). 1961ff. Studienleit. Bayreuther Festsp., b. 1965 Opernhaus Graz, b. 1969 Chefdirig. Symphonieorch. Durban/Südafrika, Festival Seoul, Festival Montreux, Hamburger Staatsoper, Wiener Staatsoper, Konzerte Wien, Brüssel, Kopenhagen, Stuttgart, Johannesburg, Dublin u. a. 1981 Goldene Gustav-Mahler-Med. - Spr.: Engl., Ital. - Rotarier.

WALTER, Arno
Dr., Justizminister d. Saarlands - Zu erreichen üb. Zähringer Str. 12, 6600 Saarbrücken (T. 50 51).

WALTER, Franz Josef
Dr., Dipl.-Kfm., Unternehmensberater - Klosterweg 131, 8500 Nürnberg 60 (T. 0911 - 88 32 31) - Geb. 7. Aug. 1930 Haßfurt/M., kath. - 1954-60 Stud. Wirtschaftswiss. Univ. Welthandel Wien - 1960-65 Unilever; 1965-70 Dunlop, Hanau; b. 1973 Finanzdir. Fichtel & Sachs; 1979 kfm. Geschäftsf. Hercules-Werke Nürnberg; 1981 kfm. Geschäftsf. Deprag Amberg; zul. Mitgl. Geschäftsltg. Grundig AG, Fürth, dann selbständig.

WALTER, Fried
Komponist, Kapellm. a. D. RIAS Berlin (1947-72) - Kuckuckweg 6a, 1000 Berlin 33 - Geb. 19. Dez. 1907 Ottendorf/Sa., ev., verh., 2 Kd. - Orchesterschule Sächsische Staatsoper und Pr. Akad. d. Künste - Opern: Königin Elisabeth (UA. 1939 Stockholm), Andreas Wolfius (UA. 1940 Berlin), Singsp.: Dorfmusik (UA. 1940 Wiesbaden), Ballett: Kleopatra (UA. 1943 Prag), Sinfonien, Suiten, Konzerte, Kammer-, Unterhaltungs-, Blas-, Schulmusik.

WALTER, Friedrich
s. Birnbaum, Walter

WALTER, Fritz
Kaufmann, Fußballer (Mitgl. 1. FC Kaiserslautern, Dt. Meister 1951 u. 53) - Leinigerstr. 104, 6753 Enkenbach-Alsenborn/Pfalz - Geb. 31. Okt. 1920 Kaiserslautern, ev., verh. m. Italia, geb. Bortoluzzi - Banklehre 1940-58 61 Länderlsp. (33x Torschütze); Mannschaftskapitän u. a. Weltmeisterschaft 1954 Bern, Teiln. Fußball-Weltmeistersch. 1958 Schweden - BV: 3:2 - Die Spiele der Weltmeisterschaft, 1954 (erfolgr. Sportband der Welt); Spiele, die ich nicht vergesse, 1955; So war es - Fußballweltmeisterschaft in Schweden, 1958; 11 rote Jäger, 1959; D. Spiele in Chile - Fußball-Weltmeisterschaft 1962, 1962; So hab' ich's gemacht, 1962; D. Chef, 1966; Wie ich sie sah - Spiele d. Weltmeistersch. 1966 in England, 1967; SV Alsenborn - Aufstieg e. Dorfmannschaft, 1963 - 1953 Gold. Ehrennadel DFB, 1954 Sportplak. Stadt München, Silb. Lorbeerbl. Bundespräs., Ehrenspielführer DFB (Ehrenschild), 1962 Gold. Band Sportpresse Berlin. DFB-Ehrennadel m. gold. Kranz u. a. - 1970 Gr. BVK; 1970 Gold. Plak. Stadt Kaiserslautern; 1974 Gold. Rat d. Osnabrücker Sportpresse - Liebh.: Malerei, Musik.

WALTER, Gerd
Dipl.-Polit., Dozent, Mitgl. Europ. Parlament (I. Wahlp.), SPD-Landesvors. Schlesw.-Holst. (s. 1987) - SPD.

WALTER, Hans-Albert
Literaturkritiker, Schriftst. - Kreuzweg 9, 6238 Hofheim/Ts (T. 06192 - 62 83) - Geb. 3. Juni 1935 Hofheim - Kaufm. Ausbild. - BV: Dt. Exillit. 1933-50, Bd. I u. II 1972, Bd. 7 1974. Herausg.: Oskar Maria Graf, Reise in d. Sowjet-Union 1934 (1974); Dt. Exilliteratur 1933/50, 2 Bde. - Mitgl. PEN-Zentrum BRD.

WALTER, Harry

Konsul a.h. v. Costa Rica, Geschäftsführender Gesellschafter ARE Kommunikation GmbH, Geschäftsführer ISAP, Inst. f. Strategie, Analyse u. Planung GmbH, Geschäftsf. filmmakers Produktions- u. Vertr. GmbH, Krefeld, Polit. Berat. (IAPC) - Am Roettgen 48, 4040 Neuss 1 (T. 02101 - 3 54 42) - Geb. 20. März 1929 Berlin (Vater: Alfred W., Dir. d. Verkehrsreklame Berlin) - Gymn. Berlin; Lehre gehobenes Gewerbe; 1950-57 Journalist, TELEGRAF/Berlin; 1957-59 Stud. Kommunikation Berlin; s. 1959 Werbeagenturen Troost, R.W. Eggert (1963 Mitgl. Geschäftsltg., Leit. Abt. Gestaltung), 1969 Gesellsch. u. Geschäftsf. ARE; beauftr. m. Wahlkampfkampagne f. Willy Brandt SPD 1969 u. 1972, Bruno Kreisky 1970 u. 1972 SPÖ, Helmut Schmidt 1976 u. 1980; s. 1976 Intern. Beratung Latein-Amerika; ; 1982 Präsid.schaftswahl Costa Rica f. Luis Alberto Monge, 1986 Präsid.schaftswahl Portugal f. Mario Soares; 1983 Weltpräs. IAPC (Intern. Assoc. of Political Consultants - Mitgl. ADC (Art Directors Club Dtschl.; Konsul a.h. Costa Rica. SPD s. 1946 - Liebh.: Jagd.

WALTER, Helmut
Dr. rer. pol., Prof. f. Volkswirtschaftslehre (Lehrstuhl f. Wirtschaftstheorie) Univ. Hohenheim - Franziskaweg 25, 7000 Stuttgart 70 (T. 457 90 83) - Geb. 6. Febr. 1926 Magdeburg - Promot. 1962; Habil. 1968 - 1970 Wiss. Rat u. Prof. Univ. Köln; 1970/71 o. Prof., 1974-77 Dekan Wirtsch. u. Soz.wiss. Fak., 1983-88 Vizepräs. Univ. Hohenheim. Spez. Arbeitsgeb.: Ökonom. Theorie, Wachstum u. techn. Fortschr. - Spr.: Engl., Franz.

WALTER, Helmut
Dr. rer. pol., Dipl. rer. pol., Vorsitzer Badenia Verlag u. Druckerei GmbH, Karlsruhe (s. 1963) - Johann-Peter-Hebel-Str. 9, 7745 Schonach/Schwarzw. (T. 07722 - 53 81) - Geb. 16. März 1934 Triberg/Schwarzw. (Vater: Franz W., Werkm.; Mutter: Paula, geb. Hettich), kath., verh. s. 1962 m. Ursula, geb. Schwalling, 2 Kd. (Michaela, Christoph) - Gymn. Triberg (Abit.); Stud. d. Rechts-, Staats- u. Wirtsch.wiss. Univ. Freiburg/Br. - 1971 ff. ARs-vors. Konpress-Anzeigen eG, Frankfurt/ Recklinghausen - BV: Machtzusammenballung u. Vermögensbildung durch Investmentges., 1962 - Liebh.: Bergsteigen, Ski, Bob- u. Rodelsport, klass. Musik - Spr.: Engl., Franz. - Bek. Vorf.: Nikolaus Hettich, Erfinder (Großv.).

WALTER, Holger
Amtsrat, Verwaltungsleiter Bühnen d. Hansestadt Lübeck - Fischergrube 5-21, 2400 Lübeck 1 (T. 0451-122 42 30) - Geb. 6. Okt. 1945 Lübeck-Travemünde, verh. s. 1972 m. Ingrid, geb. Bothe, Sohn Lars-Arne - 1962-64 Verwaltungslehre Hansestadt Lübeck, I. (Beamten)-Verwaltungsprüf. 1965 Kiel; II. (Beamten)-Verwaltungs- u. Sparkassensch. 1971 FH Kiel; s. 1977 Verwaltungsleiter Bühnen d. Hansestadt Lübeck; Mitgl. Aussch. d. dt. Bühnenvereins - Liebh.: Eisenbahnen, Gartenbau - Spr.: Engl.

WALTER, Hubert
Dr. rer. nat., Prof., Anthropologe - Wilde Rodung Nr. 14, 2820 Bremen-Schönebeck - Geb. 14. April. 1930 Berlin (Vater: Helmut W., Maler; Mutter: Mathilde, geb. Prill), verh. s. 1954 m. Heide, geb. Krueger, 4 Kd. (Erk, Kai, Jörn, Vibeke) - Promot. 1953; Habil. 1959 - S. 1959 Lehrtätig. Univ. Mainz. 1974 o. Prof. f. Humanbiologie/Anthropol. Univ. Bremen - BV: Grundriß d. Anthropologie, 1970; Sexual- u. Entwicklungsbiol. d. Menschen, 1978 (japan. 1981, ital. 1982) - Foreign Fellowship d. Indian Anthropological Assoc. - Spr.: Engl.

WALTER, Josef
Dr. med., Prof. Univ. Würzburg, Internist, Kardiologe - Gieshügler Str. 38a, 8708 Gerbrunn - Geb. 24. Febr. 1937 Prag - Staatsex. 1964, Promot. 1966, Habil. 1974 - Chefarzt Med. Klinik, Kardiologie, Juliushospital, Würzburg. Publ. z. klin. Kardiol. (einschl. 3 Monogr.).

WALTER, Karl
I. Bürgermeister Stadt Wunsiedel - Rathaus, 8592 Wunsiedel/Ofr. - Geb. 8. April 1933 Vreden - Zul. Verwaltungsdir.

WALTER, Karlheinz
I. Bürgermeister Stadt Abenberg - Zu

erreichen üb. 8549 Abenberg/Mfr. - Geb. 28. Aug. 1941 - Zul. Techn. Postbeamter FA Nbg.; Kreisrat Landkreis Roth - 1972-84 Fraktionssprecher; 1969-77 Dirig. Blaskapelle Abenberg; Vors. Obst- u. Gartenbauverein Abenberg; Vorst.-Mitgl. BRK-Kreisverb. Roth-Schwabach; 1. Vors. Förderkr. Hist. Burg Abenberg; stv. Vors. Zweckverb. Burg Abenberg. SPD.

WALTER, Kurt
Dr. phil., Prof., Astronom - Haussterr. 90, 7400 Tübingen - Geb. 22. Sept. 1905 Reutlingen (Vater: Lehrer), verh. s. 1934 m. Gerda, geb. Kolitz - TH Stuttgart, Univ. Königsberg. Promot. (1928) u. Habil. (1932) Königsberg - S. 1932 Lehrtätig. Univ. Königsberg, Berlin (1941 apl. Prof.), Tübingen (1962; gegenw. Wiss. Rat i. R. u. Prof. Astronom. Inst.). Zahlr. Fachveröff.

WALTER, Maja,
geb. Angstenberger
Kunsthändlerin Kunsthandel Art Advice - Hauptmannsreute 91, 7000 Stuttgart 1 (T. 4 97 11 u. 22 02 46) - Geb. 4. Mai 1935, kath., verh. s. 1960 m. Prof. Dr. K. B. Walter, 2 Kd. (Nicola Theresia Alice, Alexander Anthony Albert) - 1951-54 kaufm. Ausb. in e. Maschinenfabrik - 1954-62 Exp.abt.leit. Export in e. Maschinenfabrik; s. 1974 Tätigk. als Art Consultant, hauptsächl. in d. USA. Kauf u. Verkauf v. Kunstwerken (insbes. im gehobenen Genre) im Auftrag e. intern. Klientel (treuhänd.) u. im eigenen Namen; Beratungen in Fragen d. profess. Kunsthandels sow. d. Expertisenerstellung, Finanzierung u. Möglichkeiten e. Wertschöpfung. Gründ.-Mitgl. World Research Foundation in Europa - BV: Mithrsg.: Martin Knoller, seine Ölskizzen in d. Kuppeln d. Abteikirch Neresheim; Bildnerische Botschaft aus Baden-Württ. 14 herausragender Künstler: Georg Karl Pfahler, Leonhard Schmidt, Walter Wörn, Anton Stankowski, Kurt R. H. Sonderborg, Günter Schöllkopf, Hans Schreiner, Moritz Baumgartl, Ben Willikens, Ursula Stock, Franz Sequenz, Renate Bienzle, Rolf Altena, Hermann Schenkel - Liebh.: D. Malerei d. franz. Impressionismus - Spr.: Engl., Franz. - Bek. Vorf.: Zwei Jugendstilarch. Angstenberger.

WALTER, Melitta
Bundesvorsitzende Pro Familia (1983-86), Past-Präsidentin - Schillerstr. 44, 7800 Freiburg (T. 0761-7 22 14) - Geb. 4. Mai 1949 Berlin, verh. s. 1985 m. Wolfgang Friederich, 2 Kd. (Nessim, Jannis) - Kinderkrankenschw., Erzieherin, Sexualpäd. - Engagem. Bereich Frauenpol., Gesundheitspol., Jury-Mitgl. Kampagne gegen sexuelle Gewalt (1987), Kuratoriumsmitgl. ahs, Mitinitiatorin Aktion Muttertag (1984 u. 85); Pro Familia: Aufbau v. sexualpäd. Fortbild. in Berlin (1979-82) - BV: Schwangerer Mann - was nun? Eine Gratwanderung, 1985; Ach wär's doch bloß ein böser Traum - Frauen und AIDS, 1987 - Liebh.: Medienarb., Zeichnen, Lesen.

WALTER, Michael

Dr. jur., o. Prof. f. Kriminologie u. Strafrecht Univ. Köln - Albertus-Magnus-Platz, 5000 Köln 41 (T. 0221 - 470 42 81) - Geb. 18. April 1944 Lübeck - Univ. München u. Hamburg (1963-67 Stud. Rechtswiss., Promot. 1970, Habil. 1980) - 1971 Ass. u. wiss. Assist. B. 1984 Prof. Univ. Hamburg.

WALTER, Norbert

Dipl.-Kfm., Vorstandsvorsitzender Saartal-Linien AG, Dir. Stadtwerke Saarbrücken AG - Im Kasental 27, 6601 Saarbrücken 6 - Geb. 19. Okt. 1946 Saarbrücken, verh. m. Marianne, geb. Raphael, T. Sabine - Stud. Betriebsw., Volksw., Öfftl. Recht u. Marketing; Dipl. f. Kaufleute 1973 Univ. Saarbrücken - 1973-75 Inst. f. Sozialforsch. u. -wirtsch., Saarbrücken; 1976-82 Kreisspark. Saarbrücken; Vorst.-Sekr. Marketing; s. 1982 Dir. Stadtwerke Saarbrücken AG.

WALTER, Norbert

Dr., Prof., Wirtschaftswissenschaftler, Direktor in d. Volkswirtschaftl. Abt. d. Deutschen Bank AG, Frankfurt - Bismarckstr. 28, 6232 Bad Soden (T. 06196 - 2 64 39) - Geb. 23. Sept. 1944 Weckbach/Unterfranken, kath., verh. s. 1967 m. Christa, geb. Bayer, 2 Kd. (Christine, Jeanette) - 1963-68 Stud. Johann-Wolfgang-Goethe-Univ. Frankfurt a.M.; 1968-71 Angest. Inst. f. Kapitalmarktforschung ebd.; Promot. 1971; 1971-73 Doz. Christian-Albrechts-Univ. Kiel; 1971-86 Inst. für Weltwirtsch. Kiel; 1975-85 Leit. Konjunkturabt., s. 1978 Prof. u. Dir., 1986 Leit. Abt. Ressourcenökonomik; 1986/87 John J. McCloy Res. Fellow am Americ. Inst. f. Contemporary German Studies, Johns Hopkins Univ. Washington - Spr.: Engl., Franz.

WALTER, Otto F.

Schriftsteller - Alte Bernstr. 41, CH-4500 Solothurn - Geb. 5. Juni 1928 Rickenbach (Schweiz), 3 Söhne (Daniel, Kuno, Otto) - U. a. 1967-73 Geschäftsf. Verlagsleiter Luchterhand-Verlag, Neuwied/Darmstadt - BV: Der Stumme, R. 1959 (Übers.: Frankr., Engl., USA, Dänem., Schweden, Polen, u. a.); Herr Tourel, R. 1962 (Übers.: Frankr., Ung., u. a.); D. ersten Unruhen, R. 1972; D. Verwilderung, R. 1977; Wie wird Beton zu Gras, R. 1979; D. Staunen d. Schlafwandler am Ende d. Nacht, R. 1983; Zeit d. Fasans, R. 1988; Gegenwort, Aufs. u. Reden 1988. Bühnenstücke: Elio oder Eine fröhliche Gesellschaft (UA. 1965 Zürich), D. Katze (UA. 1967 Zürich) - Intern. Charles-Veillon-Preis (f.: D. Stumme), 1980 SFW-Literaturpreis (f.: Lesung aus e. Manuskript); Mitgl. PEN-Zentrum BRD - Spr.: Engl., Franz.

WALTER, Paul J.

Dr. med., Thorax-, Herz- u. Gefäßchirurg, Prof. Univ. Antwerpen, Belgien (s. 1983) - Auf d. Falkenberg 12, 6301 Wettenberg (T. 0641 - 8 26 67); dstl.: Wilrijkstraat 10, B-2520 Antwerpen (T. 00323 - 829 11 11) - Geb. 30. Sept. 1935 Hamm/W., kath., verh. m. Dr. med. dent. Sigrid Seeger-W. - 1955 Kürschnergesellenprüf. - Stud. d. Med. u. Psychol.; Staatsex. 1965 Berlin; Promot. 1967 München; Habil. 1971 Hannover - 1967-68 wiss. Assist. Physiol. Lehrstuhl München; 1968-73 wiss. Assist. chir. Klinik MH Hannover; 1973-83 Prof. Univ. Gießen; s. 1983 Dir. Klinik f. Herz- u. Gefäßchir. Univ. Antwerpen. In- u. ausl. Fachmitgl.sch. - 1970 Hermann-Kümmel-Preis Vereinig. Nordwestd. Chir. - Liebh.: Malerei.

WALTER, Peter

Bürgermeister Stadt Geesthacht (s. 1988) - Rathaus, Postf. 13 20, 2054 Geesthacht (T. 04152 - 1 30) - Geb. 7. Dez. 1943 Klein-Satspe/Pomm., ev.-luth., verh. s. 1982 m. Margrit, geb. Weigt, Sohn Sebastian - 1964-68 Verwaltungsausb. z. Regierungsinsp. - 1971-73 stv. Landesvors. Bund Dt. Kommunalbeamten Hamburg; 1973-79 Mitarb. u. Pers. Ref. Bundeskanzler Helmut Schmidt; zul. ltd. Landesgeschäftsf. SPD Hamburg.

WALTER, Rolf

Dr. rer. nat., Prof. f. Mathematik Univ. Dortmund - Paul-Sattler-Weg 24, 4600 Dortmund 50 - Geb. 1. Febr. 1937 Karlsruhe - Dipl.-Math. 1960 TH Karlsruhe, Promot. 1963 Univ. Freiburg, Habil. 1968 ebd. - 1962-70 Assist. TH Karlsruhe u. Univ. Freiburg; 1968-72 Privatdoz. u. apl. Prof. Freiburg; s. 1972 o. Prof. Univ. Dortmund - BV: Differentialgeometrie, 1978; Einf. in d. lineare Algebra, 1982; Lineare Algebra u. analyt. Geometrie, 1985. 17 Aufs. in wiss. Ztschr. z. Differentialgeometrie - Spr.: Engl.

WALTER, Rudolf

s. Leonhardt, Rudolf Walter

WALTER, Rudolf

Dr. phil., em. o. Prof., Hon.-Prof. Univ. Mainz, Lehrbeauftr. Univ. Heidelberg - Lessingstr. 3, 6904 Heidelberg-Eppelheim - Geb. 24. Jan. 1918 Groß-Wierau (Vater: Heinrich W., Lehrer u. Kantor; Mutter: Cäcilie, geb. Jakobowsky), kath., verh. s. 1946 m. Marianne, geb. Marx, 3 Töcht. (Barbara, Mechthild, Brigitte) - Univ. Breslau u. Mainz (Phil., German., Musikwiss.; Promot. 1949) - 1942-43 Chorleit. u. Organist Breslau, 1945-48 Organist Weiden, Lehrer u. Konzertorg. Regensburger Domspatzen, 1948 Kirchenmusikdir. Bad Kissingen (Gründer u. Leit. Kissinger Kantorei), 1961 Heidelberg (Gründer u. Leit. Cappella Palatina). 1971 Honorarprof. Univ. Mainz., 1981 o. Mitgl. J. G. Herder-Forschungsrat. Schallpl. m. Orgel- u. Chorwerken. Fachaufs. Herausg.: Klavier-, Orgel- u. Chorw. Vortragsreihe: Kirchenmus. e. geist.-geistl. Disziplin; Vespermusik u. Lit. J.C.F. Fischers in: Erbe dt. Musik; Vespermusik F.X.A. Murschhausers in: Denkmäler d. Tonkunst in Bayern; Konzertante Offertorien in: Gesamtausg. (GA) J.J. Fux - 1987 Interpretenpreis z. J.W. Stamitz-Preis d. Künstlergilde.

WALTER, Wilhelm

Dr. phil., Prof., Hochschullehrer - Goethestr. 22, 7141 Beilstein/Württ. (T. 56 14) - Geb. 16. Juli 1926 - S. 1962 Doz. u. Prof. (1968) Päd. Hochsch. Ludwigsburg (Soziologie u. Politik) - BV: D. sozialeth. Definition d. Demokratie, 1962.

WALTER, Wolfgang

Dr. rer. nat., o. Prof. f. Theoret.-organ. Chemie - Elbchaussee 478, 2000 Hamburg 55 (T. 86 51 38) - Geb. 19. Nov. 1919 Hamburg (Vater: Dr. Friedrich W., Chemiker; Mutter: Lizzie, geb. Thielebar), verh. s. 1951 m. Ingeborg, geb. Scheidt, 3 Kd. (Renata, Felix, Ulrich) - Kirchenpauer-Realgymn. (Abit. 1938) u. Univ. Hamburg (1945-50 Chemie; Dipl.-Chem. 1950). Promot. (1953) u. Habil. (1959) Hamburg - S. 1951 Assist., Privatdoz. (1959), ao. (1964) u. o. Prof. (1966) Univ. Hamburg (Dir. Abt. f. Theoret.-organ. Chemie). Associate Editor Ztschr. Phosphorus and Sulfur - BV: Lehrb. d. Organ. Chemie (m. Beyer), 21. A. Fachveröff. - Liebh.: Chemiegesch. - Spr.: Engl.

WALTER, Wolfgang

Dr. rer. nat., o. Prof. f. Mathematik - Breslauer Str. Nr. 66g, 7500 Karlsruhe-Waldstadt (T. 68 18 39) - Geb. 2. Mai 1927 Schwäb. Gmünd (Vater: Eugen W., Direktor Landeswaisenhaus; Mutter: Hildegard, geb. Reich), kath., verh. s. 1957 m. Irmgard, geb. Scheu, 3 Kd. (Wolfgang, Susanne, Katrin) - Gymn. Schwäb. Gmünd (Parler); 1947-52 Univ. Tübingen (Math., Physik). Promot. 1956 Tübingen; Habil. 1960 Karlsruhe - 1953-55 Schuldst., dann Stip. Dt. Forschungsgem., s. 1957 TH bzw. Univ. Karlsruhe (1960 Doz., 1961 Wiss. Rat, 1963 Ord. u. Institutsdir.). Wiederh. Gastprof. USA, 1986 Präs. Ges. f. Angew. Math. u. Mechanik - BV: Differential- u. Integral-Ungleichungen u. ihre Anwendung b. Abschätzungs- u. Eindeutigkeitsproblemen, 1964; Differential and Integral Inequalitics. 1970; Einf. in d. Theorie d. Distributionen, 2. A. 1974; Einf. in d. Potentialtheorie, 1971; Gewöhnl. Differentialgleichungen, 3. A. 1985; Analysis I, 1985. Zahlr. Fachaufs. - 1960 Dozentenpreis Karl-Freudenberg-Stiftg. - Liebh.: Musik (insb. Grenzgebiet zw. Math., Akustik u. Musik) - Spr.: Engl.

WALTERS, Ralph M.

s. Ilmer, Walter.

WALTERSCHEID-MÜLLER, Bernhard

Fabrikant, AR-Vors. Jean Walterscheid GmbH, Lohmar, Ehren-AR-Vors. AR Uni-Cardan AG., Siegburg - 5704 Lohmar/Siegkr. - Geb. 5. April 1918 Lohmar - U. a. Vorst.-Vors. Uni-Cardan u. Geschäftsf. Walterscheid.

WALTERSHAUSEN, Freiherr von, Wolfgang

Geschäftsführer Dt. Auslandsdienst f. Rundfunk u. Fernsehen Frhr. v. Waltershausen KG. - Heerstr. 59, 5300 Bonn-Bad Godesberg.

WALTERSPIEL, Karl-Theodor

Hotelier, Vorstandsmitglied Kempinski AG, Berlin (s. 1968) - An d. Alster 73, 2000 Hamburg 1 (T. 040 - 28 88-0) - Geb. 5. Mai 1933 München 1957-68 - Intercontinental-Manager Caracas, Beirut, London, Frankfurt/M. - Spr.: Engl., Franz., Span. - Rotarier.

WALTERSPIEL, Otto

Dr., Vorstandsvorsitzender Kali u. Salz AG, Kassel - Friedrich-Ebert-Str. 160, Postf. 10 20 29, Kassel - Geb. 7. Sept. 1927 München (Vater: Otto W., Hotelbesitzer; Mutter: Paula W.), kath., verh. s. 1957, 4 Kd. - Vors. Kaliverein Hannover.

WALTERT, Bruno

Chefredakteur Berliner Morgenpost - Kochstr. 50, 1000 Berlin 61 (T. 030 - 25 91-36 60) - Geb. 18. Juli 1937 - Jura-Stud.; Ex. 1963.

WALTHER, Alois

Dr. jur., Rechtsanwalt, AR-Vors. Sanatorium St. Blasien GmbH, St. Blasien - Wintererstr. 11, 7800 Freiburg/Br.; u. Seebachstr. 50, 7820 Titisee-Neustadt - Geb. 2. Aug. 1911 Rauenberg/Baden.

WALTHER, Carl Kurt

Fabrikant, gf. Gesellsch. Carl Kurt Walther GmbH & Co. KG., Wuppertal - Ehrenhainstr. 83, 5600 Wuppertal-Vohwinkel - Geb. 1911.

WALTHER, Christian

Dr. theol., Univ.-Prof. - Herkenkrug 25, 2000 Hamburg 67 (T. 040 - 603 05 35) - Geb. 21. Febr. 1927 Insterburg/Ostpr., verh., 4 Söhne (Christoph, Matthias, Jörg-Tilmann, Marc-André) - Stud. Univ. Heidelberg, Kiel; Promot. 1956 Kiel; Habil. 1966 Zürich - Wiss. Assist.; Sozialpfarrer d. Ev. Kirche im Rheinl.; Exekutivsekr. im Luth. Weltbund in Genf; Oberkirchenrat im Luth. Kirchenamt Hannover; apl. Prof. Göttingen - BV: Typen d. Reich-Gottes-Verständnisses, 1961; Theol. u. Ges., 1967; Verantwortung z. Freiheit, 1985, 2. A. 1989 - Spr.: Engl.

WALTHER, Franz Erhard

Prof. f. Kunst Hochsch. f. Bild. Künste Hamburg - Am Bahndamm 30, 2083 Halstenbek (T. 04101 - 4 48 11) - Geb. 22. Juli 1939 Fulda (Vater: Ludwig W.; Mutter: Maria, geb. Schädel), gesch., 2 Kd. (Moritz, Lehmann) - Kunststud. in Offenbach, Frankfurt u. Düsseldorf - S. 1970 Prof. f. Kunst an d. Hochsch. f. Bild. Künste Hamburg - BV: Objekte benutzen, 1968; Werkmonogr., 1972; Arbeiten 1969-76, 1977; Arbeiten 1959-63, 1980; Handlung Werk, 1981; Werkzeichn., 1982; 40 Sockel, 1982; Organon, 1983; Zw. Kern u. Mantel, 1985; Ort u. Richtung angeben, 1985; Noch immer bin ich d. Skulptur, 1985; Wortwerke, 1987; Gelenke im Raum, 1987 - Plast. Arbeiten, Bilder, Zeichn., Handl. - Spr.: Engl.

WALTHER, Fritz

s. Bischoff, Friedrich

WALTHER, Gerhard

Dr. phil., Prof., Hochschullehrer - Franzensbader Str. 33, 1000 Berlin 33 (T. 8 26 18 74) - Geb. 18. Juni 1923 Berlin (Vater: Rudolf W., Lehrer; Mutter: Erna, geb. Koselowski), verh. s. 1952 m. Hildegard, geb. Hitzemann, S. Andreas - Obersch. (Abit. 1942) u. FU Berlin (Theaterwiss., Publizistik, Kunstgesch., German.; Promot. 1953) - Wehrdst. u. jugosl. Kriegsgefangensch. (b. Dez. 1948); Stud.; fr. Journ.; Rundfunktätigk. (RIAS Berlin). 1958-63 u. s. 1967 Bezirksverordn. Wilmersdorf (1976 ff. Vorsteher); 1963-67 MdA Berlin. Reisen: Asien, Afrika, Südamerika. SPD - BV: Rundfunk in d. SBZ (Studie); B. Berliner Theater in d. Berliner Presse (1968) - 1970 BVK II. Kl.

WALTHER, Gert-Ulrich

Dr.-Ing., Generaldirektor BBC Brown Boveri AG, Baden/Schweiz, AR-Präs. Österr. Brown Boveri-Werke AG, Wien - Längernblick 2, CH-5300 Turgi - Geb. 12. Juni 1929 Berlin - Vorm. stv. Vors. d. Geschäftsfg. Alfred Teves GmbH. u. Vorst.smitgl. Dt. Babcock u. Wilcox AG, Oberhausen.

WALTHER, Gotfried

Dr. med., Prof. - Hinter den Wiesen 12, 6500 Mainz 32 (T. 06131 - 3 43 30) - Geb. 1. Dez. 1933 Görlitz/Schles., verh. s. 1958 m. Helga, geb. Kretschmer, 2 Kd. (Udo, Sonnwill) - Stud. Leipzig, Dresden; Promot. 1959 ebd.; Habil. 1972 Mainz - S. 1973 Wiss. Rat u. Prof. (Rechtsmed.) Univ. Mainz. Fachmitgl.sch. Fachveröff. - Spr.: Engl., Russ.

WALTHER, Helmut

Dr. med., Bundesvors. Dt. Kassenarztverb., Präs.-Mitgl. Dt. Ärztetag - Mainzer Str. 112, 6081 Büttelborn - Geb. 27. Febr. 1914.

WALTHER, Helmut G.

Dr. phil., Prof. f. Mittlere u. Neuere Geschichte Univ. Kiel - Hiddenseer Weg 32, 2300 Kiel (T. 31 31 89) - Geb. 4. Juli 1944 Bayreuth (Vater: Kurt W., Reg.-Dir.; Mutter: Erna, geb. Hoyer), ev., verh. s. 1975 m. Gisela, geb. Maassen - 1954-63 Oberrealschule Bayreuth; 1963-70 Stud. Gesch., Deutsch, Sozialkd. u. Phil. Univ. Erlangen-Nürnberg, FU Berlin, Konstanz; Staatsex. 1968, Promot. 1970, Habil. 1978 - 1970 wiss. Angest., 1972 wiss. Assist.; 1978 Privatdoz. in Konstanz; s. 1981 Prof. in Kiel - BV: Herrschaft u. Staat im Mittelalter/Imperium u. Sacerdotium, 1972; Imperiales Königtum, Konziliarismus u. Volkssouveränität, 1976; Hus in Konstanz, 1978; Im Mittelalter, 1978; Grundriß d. Gesch., 1984; Bündnissysteme u. Außenpolitik im späteren Mittelalter, 1988 - Spr.: Engl., Franz., Ital., Span.

WALTHER, Herbert

Dr. rer. nat., Prof., Ordinarius f. Experimentalphysik Univ. München, Dir. Max-Planck-Inst. f. Quantenoptik, 8046 Garching/Obb. - Geb. 19. Jan. 1935 Ludwigshafen/Rh., verh. s. 1962 m. Margot, geb. Gröschel, 2 Kd. (Thomas, Ulrike) - Stud. Physik. Promot. 1962 Heidelberg; Habil. 1968 Hannover - S. 1971 o. Prof. Köln u. München (1975). Zahlr. Fachveröff., dar. 4 Bücher - 1978 Max-Born-Preis Dt. Physikal Ges. u. Inst. of Physics London; 1983 Mitgl. Bayer. Akad. d. Wiss. München; 1986 Mitgl. Akad. d. Naturforscher Leopoldina; 1988 Ehrenmitgl. Ung. Physikal. Ges.; 1988 Einstein-Preis; 1989 Carl-Friedrich-Gauß-Med. Braunschweig. Wiss. Ges.

WALTHER, René
Dr.-Ing., Bauingenieur, o. Prof. Ecole Polytechn. Féd. de Lausanne, Honorarprof. Univ. Stuttgart (Abt. Bauingenieur- u. Vermessungswesen) - Aeschenvorstadt 21, Basel (Schweiz) - Vorles. üb. Gestaltung v. Brücken u. Spannbeton.

WALTHER, Rudi
Bürgermeister, MdB (s. 1972; Wahlkr. 124/Waldeck) - Dörnbergstr. 12, 3501 Zierenberg (T. 05606 - 2 85) - Geb. 22. Okt. 1928 Kassel, ev., verh., 2 Kd. - Volks- u. Städt. Handelssch. Kassel; 1944-45 Arbeits- u. Wehrdst. (Panzergren.); Verwaltungssem. Kassel. Beide Verw.prüf. - S. 1946 (Lehre) Stadtverw. Kassel (zul. Stadtinsp.) u. Zierenberg (1957 Bürgerm.). MdK Kassel. Mitgl. Postverw.rat. SPD s. 1946 (1972 Schatzm. Bez. Hessen-Nord. Mitgl. Fraktionsvorst. u. Vors. Haushaltaussch. d. Bundestages).

WALTHER, Wilhelm-Dietrich
Dr. med., Prof., Chefarzt Pathol. Inst. St. Markus-Krankenhaus Frankfurt/M. (s. 1971) - Rebgärten 11, 6000 Frankfurt/M. (T. 53 12 88) - Geb. 20. Aug. 1930 Naumburg/S. (Vater: Dipl.-Landw. Dr. Dr. Georg W.; Mutter: Margarete, geb. Pasie), ev., verh. s. 1957 m. Karin, geb. Braudorn, T. Iris - Domgymn. Naumburg, Klostersch. Roßleben, Alte Landessch. Korbach (Abit. 1951); Stud. Med. Univ. Marburg, Frankfurt, Gießen; Promot. 1956 ebd.; Habil. 1966 - 1966-71 Oberarzt Pathol. Inst. Univ. Frankfurt/M., s. 1971 Prof. ebd. Mitgl. Dt. Ges. f. Pathol., Dt. Ges. f. Cytol. u. Ges. f. Nephrol. - BV: Tierexperimentelle intravitale u. postmortale Untersuchung d. normalen Niere, d. postischämischen Nephrose u. d. Crushniere, 1968 (in: Allg. Pathol. u. patholog. Anatomie) - 1969 Senckenberg-Preis - Liebh.: Jagd - Spr.: Engl.

WALTON, Robert Cutler
Prof., Dr. phil. f. Kirchengeschichte Univ. Münster - Kapellenkamp 3, 4412 Ostbevern (T. 02532 - 55 25) - Geb. 18. Dez. 1932 New Jersey/USA (Vater: Dr. h. c. Donald J. W., Pfarrer; Mutter: Elizabeth, geb. Reed), ev., verh. s. 1966 m. Charlotte, geb. Kollegger, 3 Kd. (Alexander, Deborah, Christina) - 1950 Mt Hermon School; 1954 B. A. Swarthmore College; 1956-57 Univ. Göttingen; 1958 B. D. Harvard Univ.; A.M. 1961 Yale Univ. (Promot. 1964) - 1961-64 Tätigk. Duke Univ.; 1964-71 Univ. of British Columbia; 1971-78 Wayne State Univ.; 1978 ff. Univ. Münster - BV: D. Theokratie Zwinglis, 1967; D. europ. Ansichten üb. d. Amerikaner 1914-1918, 1972. Herausg.: Studies in the Reformation (1977-78) - Mitgl. Detroit Committee on Foreign Relations-Council on Foreign Relations; Johanniter-Orden - Liebh.: Wandern, Schießen, Lesen (Röm. u. Militärgesch.), Antike Möbel - Spr.: Deutsch, Franz., Latein, Griech. (Engl. Mutterspr.) - Bek. Vorf.: Brigadegeneral Charles G. Dawes, Botsch. am Hof von St. James, Vize-Präs. d. USA.

WALTZ, Till
Geschäftsführer Berliner Verleger- u. Buchhändlerverband - Lützowstr. 105, 1000 Berlin 30 - Geb. 3. März 1942, ledig - Geschäftsf. Friedrich-Bödecker-Kr. Berlin; Handelsrichter am Landgericht Berlin; ehrenamtl. Richter am Arbeitsgericht Berlin; stv. Vors. d. sozialpol. Länderaussch.; Mitgl. in zahlr. Gremien u. Fachaussch.

WALTZINGER, Karl
Dr. jur. utr., Präsident i. R. Rechnungshof d. Saarl. (1968-73) - Eduard-Mörike-Weg 1a, 6601 Saarbrücken-Scheidt (T. 0681 - 81 27 60) - Geb. 11 Nov. 1908 Ottweiler/Saar, ev., verh. s. 1938 m. Margret, geb. Hengst, 2 Söhne (Peter, Jochen) - Univ. Würzburg u. Frankfurt/M. (Rechtswiss.). Promot. 1933; Ass.ex. 1936 - Reichsfinanzverw.; Wehrdst. u. sowjet. Kriegsgefangensch. (b. Dez. 1949); 1950-56 Ref. saarl. Finanzmin., 1956-68 Bevollm. d. Saarl. b. Bund - Kriegsausz.; 1969 Gr. BVK.

WALZ, Alfred
Dr.-Ing., o. Prof. f. Überschalltechn. (emerit. 1975) - Müller-Breslau-Str. 12, 1000 Berlin 12; priv.: Am Kurzarm 7, 7830 Emmendingen/Baden - Geb. 11. Mai 1907 Mülhausen/Els., verh. m. Elfriede, geb. Reiss, T. Gabriele - S. 1957 (Habil.) Lehrtätigk. TH bzw. Univ. Karlsruhe (1962 apl. Prof.; 1968 Honorarprof.) u. TU Berlin (1967 o. Prof.) - BV: Strömungs- u. Temperatur-Grenzschichten, 1966. Div. Einzelarb. - 1987 Dr. Ing. E.h. Univ. Siegen - Liebh.: Malen, Porträtieren, Musik (spielt Klavier).

WALZ, Hanna,
geb. Kegel
Dr. jur., Hausfrau, MdB (1969-80), Mitgl. Europ. Parlament (1972-84), Vors. Aussch. Energie u. Forschung EP (1977-84) - Magdeburger Str. 72, 6400 Fulda (T. 60 32 91) - Geb. 28. Nov. 1918 Templin/Uckermark (Vater: D. Dr. Martin K.; Mutter: Wilhelmine, geb. Schönbach), ev., verh. s. 1941 m. D. Dr. theol. Hans Hermann W., 3 Kd. (Rainer, Sibylle, Stefan) - Gymn.; Univ. Tübingen u. Berlin (Rechtswiss.). Staatsex. 1940 - Assist. Univ. Berlin; n. Kriegsende Redakt. Sonntagsblatt (Bischof Lilje); Promot. 1948 Tübingen; 1951-54 Bibliothekarin Weltrat d. Kirchen, Genf. S. 1956 Stadtverordn. Fulda; 1958-69 MdL Hessen. CDU s. 1955 (1958 Mitgl. Landesvorst., 1967-79 stv. Landesvors. - BV: Protestant. Kulturpolitik, 1964. Mitarb.: Weltkirchen-Lexikon (1960), Protestant. Positionen (1972) - 1973 BVK I. Kl.; 1974 Goldmed. Dt. Fernlehrwesen; 1978 Gr. BVK, 1984 Stern dazu; 1983 Wilhelm-Leuschner-Med. Land Hessen - Liebh.: Mod. Lyrik, Literatur, Musik - Spr.: Engl., Franz. - Bek. Vorf.: Philipp Kegel (Luther's Tischgespräche).

WALZ, Hans-Hermann
D. Dr. theol., Generalsekretär i. R. Dt. Ev. Kirchentag - Magdeburger Str. 72, 6400 Fulda (T. 60 32 91) - Geb. 3. Aug. 1914 Essingen (Vater: Hermann W., Pastor; Mutter: geb. Keeser), verh. s. 1941 m. Dr. jur. Johanna, geb. Kegel, Bundestagsabg. (s. unt. Hanna W.), 3 Kd. (Rainer, Sibylle, Stefan) - Stud. Theol., Phil., Jura - U. a. württ. Pfarrdst., n. 1945 Ev. Akad. Bad Boll, Weltkirchenrat Genf (1949), Okumen. Inst. Bossey/Schweiz (1952), 1954ff. Dt. Ev. Kirchentag - BV: Mod. Phil. u. Christentum, Gerechte Ordnung, D. polit. Auftrag d. Protestantismus in Europa, Gerechtigkeit in bibl. Sicht (Mitverf.), D. protest. Wagnis (1958) u. a. Mithrsg.: Weltkirchen-Lexikon (1960), Entwicklungspolitik/Handb. u. Lex. (1966), D. Mitarbeit/Ztschr. f. Gesellschafts- u. Kulturpolitik - Spr.: Engl., Franz. - Rotarier.

WALZ, Herbert
Dr. phil., apl. Prof. f. Germanistik TH Darmstadt - Zu erreichen üb. TH Darmstadt, Hochschulstr. 1, 6100 Darmstadt (T. 06151 - 16 29 64) - Geb. 21. April 1934 Pegnitz/Ofr. - Stud. German., Gesch., Hispanistik, Geogr.; Promot. 1965 Erlangen; Habil. 1983 Darmstadt - BV: D. dt. Lit. im Mittelalter, 1976; Kirchen- u. Theologiegesch. in Quellen, Bd. MA (m. R. Mokrosch), 1980; D. Moralist im Dienste d. Hofes, 1984; Dt. Lit. d. Reformationszeit, 1988. Herausg.: Europ. Lehrdichtung (1981).

WALZ, Ingrid
Parlam. Beraterin, MdL Baden-Württ. (1964-76) - Marquardtstr. 42, 7000 Stuttgart 1 - Geb. 11. Juni 1936 Stuttgart, verh., 1 Kd. - Kaufm. Lehre Industrie - S. 1958 Tätigk. FDP-Landtagsfraktion BW (1969 wie oben). FDP.

WALZ, W. Rainer
Dr., o. Prof. f. Handels- u. Wirtschaftsrecht, Bürgerliches Recht, Steuerrecht Univ. Hamburg - Susettestr. 4, 2000 Hamburg 50 - Geb. 23. Juni 1942 Berlin, ev., ledig - L.L.M. 1969 in Berkeley USA; Promot. 1972 Tübingen - BV: D. Schutzinhalt d. Patentrechts im Recht d. Wettbewerbsbeschränkungen, 1972; Steuergerechtigk. u. Rechtsanwendung, 1980. Herausg.: Sozialwiss. im Zivilrecht, 1983.

WALZER, Gottfried
Vizepräsident Bezirkregierung Weser-Ems/Oldenburg, Osnabrück - Geb. 1934 Berlin - Stud. Rechtswiss. Heidelbg., Berlin, Göttingen - Ass. ex. 1963 - 1964-81 nieders. Landesdst., Leit. Abt. III Bezirksreg. Braunschweig (1979), Polizeipräs. v. Hannover (1981-83).

WAMHOFF, Heinrich
Dr. rer. nat., Dipl.-Chem., Univ.-Prof. f. Organische Chemie - Brahmsstr. 9, 5205 St. Augustin 2 (T. 02241 - 20 44 43) - Geb. 3. März 1937 Bonn (Vater: Ferdinand W., Kaufm.; Mutter: Elisabeth, geb. Schink), kath., verh. s. 1970 m. Ingrid, geb. Nalbach - Aloisiuskolleg, Univ. Bonn, Dipl. 1961, Promot. 1963, Habil. 1971 - 1972 apl. Prof., 1974 Prof. - Spez. Arbeitsgeb.: Synth. organ. Chemie, unter bes. Berücks. v. Heterocyclen. Photochemie; Photoabbau heterocyclischer Wirkstoffe (Pharma u. Pflanzenschutz) - BV: Üb. 170 wiss. Veröff. in Fachztschr. u. Art. in Handbüchern - Ritter d. Ordens v. hl. Grabe zu Jerusalem - Liebh.: Musik, Philatelie, Oenologie - Spr.: Engl., Franz. (Schrift), klass. Sprachen - Bek. Vorf.: Heinrich Koppers (Essen), Onkel 2. Gr. - Lit.: Kürschners Gelehrten-Kal. - Rotarier.

WAMSLER, Karl
Dr., Vorstandsvorsitzer Süd-Chemie AG., München, ARsvors. Wamsler Herde & Öfen GmbH. ebd. u. a. - Schulweg 8, 8134 Pöcking/Obb. - Geb. 7. Mai 1928 München, verh. m. Bertha, geb. Thorne - Univ. München u. Chikago (Chemie) - S. 1962 Süd-Chemie (b. 1983 Vorst.-Mitgl., dann -Vors.); 1983ff. Vors. Bayer. Chemieverb.

WAND, Karl
Dr. phil., Botschafter a.D., zul. Luanda (Angola) - 1956/57 Presseref. Bundeskanzler Dr. Adenauer. 1957ff. Ausw. Dienst (1957-60 Stockholm, 1960-65 Lagos); 1965-70 AA Bonn (Kulturabt.); 1971-75 Dt. Botsch. Cotonou/Benin; 1975-79 Botsch. Oslo; 1979-82 Botsch. in Lilongwe (Malawi); 1982-85 Botsch. in Luanda (Angola), Sao Tomé u. Principe - BV: Albrecht Roscher, e. Afrika-Expedition in d. Tod, 1986; Auf Zehenspitzen durch Afrika. D. Diplomat u. d. Tänzerin, 1989.

WANDER, Fabian E.
Schauspieler, Regisseur - Isekai 20, 2000 Hamburg 20 (T. 040 - 47 47 73) - Geb. 13. Jan. 1927 Berlin (Vater: Eugen W., Konzertmeister; Mutter: Margarete, geb. Schmidt), ev., verh. s. 1957 m. Manon, geb. Damann, T. Saskia - Hochsch. f. Musik u. Theater Dresden - Tätig bei ARD (Nordd. Rundf.). Rd. 50 Fernsehspiele; Hörfunkregie - Spr.: Engl., Franz. - Lit.: Friedr. Luft, 25 J. Theater in Berlin.

WANDREY, Uwe
Dr. phil., Schiffbaukonstrukteur, Lektor, Schriftsteller, Journalist, Literaturredakt. u. -moderator - Lastropsweg 30, 2000 Hamburg 20 - Geb. 10. Mai 1939, gesch., 2 Kd. (Bork Henrik, Claas Inger) - Schiffbauerlehre, Maschinenbaupraktika, Abendgymn., Stud. German., Phil., Gesch., Biol., Promot. Univ. Hamburg; 1966-73 eigener literar. Verlag (Quer-Verlag); 1971-81 Herausg. Kinder- u. Jugendbuchreihe rororo-rotfuchs; 1979-81 Taschenbuchreihe rororo panther - BV: Reizreime, 1966; Kampfreime, 1968; Lehrzeitgesch., 1973; Auffällig ist immer d. Stille, R. 1979; Alles gelogen, Kinderb. 1975; D. Zauberbäcker Balthasar, Kinderb. 1982; Pariser Nummern, 1986; E. Gummibär hat's schwer, Kinderb. 1989. Herausg. zahlr. Anthologien (1971-89). Erzählungen im Funk - Liebh.: Überlebenstechn. - Spr.: Engl., Franz., Ital.

WANDRUSZKA, Adam
Dr. phil., o. Prof. f. Mittlere u. neuere Geschichte - Universität, Wien (Österr.) - Geb. 6. Aug. 1914 Lemberg (Vater: Alois W., k. u. k. Major, gef. 1916; Mutter: Ninette, geb. v. Steindl), kath., verh. s. 1949 m. Lina, geb. Fessia, 3 Kd. (Maria Luisa, Marina, Alexander) - Promot. (1936) u. Habil. (1955) Wien - 1939-44 Wiss. Angest. Dt. Histor. Inst. Rom; 1946-59 Journ. u. außenpolit. Redakt. Wien (ab 1955 zugl. Univ.s-doz.); s. 1959 Ord. Univ. Köln u. Wien. - BV: Nuntiarberichte aus Dtschl., 1953; Österr.s polit. Struktur, 1954; Reichspatriotismus u. -politik z. Z. d. Prager Friedens v. 1635, 1955; D. Haus Habsburg, 2. A. 1959 (engl. u. amerik. 1964); Gesch. e. Zeitung, 1958; Österr. u. Italien im 18. Jh., 1963; Leopold II., 2 Bde. 1963/65 (ital. 1968); Schicksalsjahr 1866, 1966. Herausg.: Oskar Frhr. v. Mitis, D. Leben d. Kronprinzen Rudolf (1971) - Spr.: Engl., Franz., Ital. - Bruder: Mario W.

WANGENHEIM, Freiherr von, Adolf
Land- u. Forstwirt, MdL Nieders. (s. 1975, CDU) - Burgstr. 2, 3401 Waake - Geb. 8. Febr. 1927 Waake, ev., verh., 2 Töcht. - Gymn. Göttingen; n. Arbeits- u. Kriegsdst. Ausbild. Land- u. Forstw.; Höh. Landbausch. Witzenhausen (staatl. gepr. Landw.) - S. 1950 auf väterl. Besitz selbst. 1955 ff. Gemeinderatsmitgl. Waake u. 1973-76 Radolfshausen. Ehrenämter u. a.

WANGENHEIM, Freiherr von, Hans Wilhelm
Dipl.-Ing., Verbandsdirektor, gf. Vorst.-Mitgl. Bundesvereinig. Dt. Heimstätten (s. 1979) - Poppelsdorfer Allee 28, 5300 Bonn - Geb. 22. März 1931 - Zul. Stadtbaurat (Beigeordn.) Offenbach/M.

WANGENHEIM, Volker

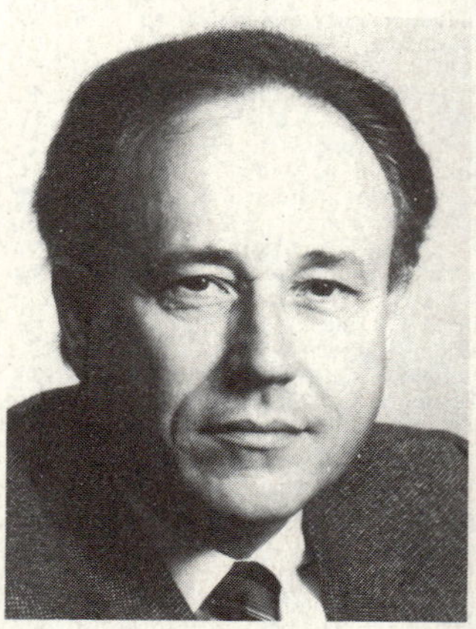

Prof., Generalmusikdirektor - Hasenweg 7, 5205 St. Augustin 1 (T. 02241 - 33 83 11) - Geb. 1. Juli 1928 Berlin (Vater: Herbert W., Kaufm.), T. Andrea - Oberrealsch. u. Musikhochsch. Berlin (Oboe, Violine, Klavier, Kompos., Dirigieren) - 1950-59 Chefdirig. Berliner Mozart-Orch., 1951-52 Kapellm. Meckl. Staatstheater, Schwerin, 1954-57 Dirig. Akad. Orch. Berlin, 1954-60 Leit. Dirigentenkurse Lindau/B., Mozarteum Salzburg, Valencia und Mexico-City, 1957-78 städtischer Musik- bzw. Generalmusikdir. Bonn, 1969-84 Mitbegründ. u. künstler. Leit. Bundes-Jugendorch., s. 1972 Prof. Musikhochsch. Köln (Leit. Dirigentenkl. u. Hochschulorch.), Gastdirig. In- u. Ausl., Schallplattenaufn. f. EMI. Kompos.: u. a. Sonatina per orchestra, Sinfonietta concertante, Sinfonia notturna, Concerto per archi, Stabat mater, Hymnus choralis, 150. Psalm, Sinfonie 1966, Messe f. gemischten Chor a capella, Nicodemos Iesum nocte visitat, Klangspiel I u. II, Psalm 70, 123 u. 130, Dt. Volkslieder in Bearb. f. gem. Chor -

1944 I. Preis Mus. Wettbewerb f. Kompos., 1954 Kunstpreis Berlin; 1972 BVK; 1978 Staatl. Verdienstorden f. poln. Kultur - Liebh.: Astronomie, Aquaristik, Gartenbau - Spr.: Engl., Franz., Span.

WANHOFF, Erhard
Geschäftsführer Zentralverb. Uhren, Schmuck u. Zeitmeßtechnik, Bundesverb. d. Juweliere, Förderungswerk Königstein (Int. Fortbildungszentrum Uhren + Schmuck) - Altkönigstr. 6, 6240 Königstein/Ts. - Chefredakt. d. Fachztschr. UHREN JUWELEN SCHMUCK. Fachb.autor.

WANK, Rolf
Dr. jur., Prof., Lehrstuhl f. Bürgerliches Recht, Handels-, Wirtschafts- u. Arbeitsrecht Univ. Bochum (s. 1985) - Dabringhauser Str. 129, 5000 Köln 80 (T. 0221 - 68 85 95) - Geb. 16. April 1943 Kettwig, ev., verh. s. 1969 m. Christel, 1 Tocht. - Stud. Univ. Marburg, Köln; jurist. Staatsprüf. 1968 Köln u. 1974 Düsseldorf; Promot. 1977 Köln; Habil. 1983 ebd. - 1983 Prof. Univ. Münster - BV: Grenzen richterl. Rechtsfortbildung, 1978; D. Recht auf Arbeit, 1980; D. jurist. Begriffsbildung, 1985; Arbeitnehmer u. Selbständige, 1988 - Spr.: Engl., Franz.

WANKE, Gunther
Dr. theol., Prof., Alttestamentler, Vizepräs. Univ. Erlangen-Nürnberg (1979-86) Am Röthelheim 58, 8520 Erlangen - Geb. 9. Aug. 1939 Salzburg/Österr. (Vater: Adalbert W., Arzt; Mutter Ilse, geb. Lehn), ev., verh. s. 1962 m. Ulrike, geb. Fliegenschnee, 3 Kd. (Michael, Daniel, Susanna) - 1957-62 Univ. Wien u. Bonn. Promot. 1964 Wien; Habil. 1970 Erlangen - S. 1970 Lehrtätig. Erlangen (1972 Doz., 1976 apl. Prof., 1978 Extraord.) - BV: Unters. u. sog. Baruch-Schrift, 1971; Exegese d. Alten Testaments, 4. A. 1983 (Mitautor). Mithrsg.: Ztschr. f. alttestamentl. Wiss.

WANKE, Klaus

Dr. med., Univ.-Prof., Psychiater, Psychotherapeut u. Neurol., Univ.-Nervenklinik - 6650 Homburg/Saar (T. 06841 - 16 42 01-02) - Geb. 18. Nov. 1933 Kiel (Vater: Claus W., Oberstud.dir.; Mutter: Ella, geb. Heuer), ev., verh. s. 1985 m. Sieghild, geb. Kootz, T. Miriam - Stud. Heidelberg, Hamburg - 1961-67 Assist. b. Prof. Bürger-Prinz, 1967-78 Klinikum Univ. Frankfurt a. M., zul. Geschäftsf. Dir. Zentrum d. Psychiatrie, s. 1978 Dir. Univ.-Nervenklinik Homburg/Saar u. o. Prof. Univ. d. Saarl. Mitgl. Dt. Ges. f. Psychiatrie u. Nervenheilkde., Dt. Ges. f. Neurologie, AGNP, Präs. Dt. Ges. f. Suchtforschg. u. Suchttherapie, Wiss. Kuratorium Dt. Hauptstelle geg. d. Suchtgefahren - BV: Alkoholismus b. Frauen, 1970 (m. Battegay, Bochnik u. a.); Soziale Dienste u. Suchtkranke u. delinquente Kinder u. Jugendl., 1976; Rauschmittel: Drogen-Medikamente-Alkohol, 1985; Z. Psychologie d. Sucht, In: Psychiatrie d. Gegenwart, Bd. 3 1987. Zahlr. Veröff. in wiss. Handb. u. Ztschr. - Liebh.: Gesch., Zinnfiguren - Spr.: Engl.

WANNAGAT, Georg

Dr. jur., Präsident Bundessozialgericht a. D. (1969-84), Honorarprof. f. Sozialversich.recht Univ. Tübingen (s. 1965) u. Univ. Frankfurt/M. (s. 1967) - Firnsbachstr. 12, 3500 Kassel-W'höhe (T. 3 78 83) - Geb. 26. Juni 1916 Wartheland (Vater: Pfarrer) - 1952-54 Württ. Oberversich.amt (Kammervors.); 1954-57 Ref. Baden-Württ. Arbeitsmin., 1957 Senatspräs. am LSG Stuttgart u. Hess. LSG (1962 Präs.), Vors. Dt. Sozialrechtsverb. (1965-87) u. Ehrenvors. (s. 1987), Wiss. Mitgl. Sozialbeirat (s. 1979), Vors. d. b. BMA gebildeten Beraterkommiss. z. Neuordnung d. Krankenhausfinanz. (1983), Vors. Kurat. u. Fachbeirat Inst. f. Ausländ. u. Intern. Sozialrecht d. Max-Planck-Gesellschaft (s. 1980), Vors. Kurat. Ev. Akad. Hofgeismar (1975-88); Synodaler - BV: Lehrb. d. Sozialversicherungsrechts, 2 Bde. 1965ff.; D. vernachlässigte Sozialrecht in d. jurist. Ausb., 1980. Schriftleit. u. Mithrsg.: Ztschr. D. Sozialgerichtsbarkeit, Jahrb. d. Sozialrecht d. Gegenw., 10 Bde. Herausg: Kommentar z. Sozialgesetzbuch. Rd. 140 Veröff. - Gr. Gold. Ehrenz. m. Stern d. österr. Bundesrep.; Gr. BVK m. Stern u. Schulterband; Wappenring d. Stadt Kassel; gold. Ehrenmed. d. Bundes d. Kriegsblinden Dt.; gold. Ehrennadel d. VDK Dt.; Ehrenschild d. Reichsbundes - Spr.: Poln., Russ., Engl. - Lit.: Festschr. z. 65. Geb. f. G. W. - Rotarier.

WANNAGAT, Leo
Dr. med., Prof., Internist, Honorarprof. f. Innere Medizin Univ. Erlangen-Nürnberg (s. 1971) - Bismarckstr. Nr. 31, 6990 Bad Mergentheim - Geb. 25. März 1912 Lodz (Vater: Pastor) - Med.-Stud. Warschau; Promot.; Habil. - 1945 Arzt in Schönebeck (b. Magdeburg); 1951 Flucht in d. Westen, 1962 Arzt in neueingericht. Stoffwechselklinik Bad Mergentheim (b. 1977 Chefarzt); 1978 ltd. Arzt u. Gründer Bad Mergentheimer Leberklinik (einzige d. BRD); s. 1959 Begründer Lebertagungen ebd. - BV: Milzsegmentautonomie. Üb. 80 Fachaufs. - 1971 Ernst-v.-Bergmann-Plak.

WANNAGAT, Ulrich
Dr. rer. nat. Dr. h.c., o. Prof. f. Anorgan. Chemie - Antoinettenweg 9, 3340 Wolfenbüttel (T. 7 32 27) - Geb. 31. Mai 1923 Königsberg/Pr. (Vater: Richard W., Lehrer; Mutter: Helene, geb. Riemann), ev., verh. s. 1952 m. Inge, geb. Carduck, 4 Kd. (Antje, Elke, Ute, Gernot) - 1939-41 u. 1947-49 Stud. Chemie (Königsberg, Berlin, Frankfurt). Dipl.-Chem. 1948; Promot. 1949; Habil. 1952 - 1941-46 Wehrdst. u. Kriegsgefangensch.; 1952 Hochschullehrer (Privatdoz.), 1958 apl. 1959 ao. Prof. TH Aachen, 1961 o. Prof. TH Graz, 1966 o. Prof. TH, jetzt TU Braunschweig (Inst. f. Anorgan. Chemie). Herausg.: Fischer-Lexikon Chemie, 1980 wiss. Artikel - BV: Chemiedozentenpreis Verb. Chem. Industrie; 1968 Frederic-Stanley-Kipping-Preis American Chemical Soc.; 1972 Prechtl-Med. TH Wien; 1979 Alfred-Stock-Gedächtnispreis Ges. Dt. Chemiker; 1980 Ehrendoktor TU Graz; korr. Mitgl. Österr. Akad. d. Wiss. u. Rhein.-Westf. Akad. d. Wiss., o. Mitgl. Braunschweig. Wiss. Ges., Akad. d. Wiss. Göttingen, Dt. Akad. Naturforscher Leopoldina (Halle/S.), Acad. of Sciences New York - Spr.: Engl., Franz. - Rotarier.

WANNENWETSCH, Eugen
Dr. med., Chirurg, Honorarprof. f. med. Rehabilitation TU München - Thanellerstr. 5, 8900 Augsburg - Geb. 9. Okt. 1919 Gingen/Fils (Vater: Wilhelm W., Schreinermeister.; Mutter: Katharina, geb. Mindler), ev., verh. s. 1954 m. Elvira, geb. Tresenreiter, 3 Kd. (Axel, Bernd, Jörg) - Vors. Aussch. f. präventive Med. u. Rehabilitation Dt. Bäderverb., Mitgl. Forchungsbeirat Unesco, Fachmitgl.sch. Üb. 200 Fachveröff. - 1977 Preis d. Stadt Bad Kissingen; 1984 Kneipp-Preis; Ehrenmitgl. d. Österr. Kurärzte.

WANNER, Herbert
Dr. oec. publ., Dipl.-Kaufm., Vorstandsmitgl. i. R., Unternehmensberat. - Eichenstr. 23, 8134 Pöcking/Starnberger See (T. 08157 - 85 21) - Geb. 30. Juni 1925.

WANNER, Otto
I. Bürgermeister Stadt Füssen - Rathaus, 8958 Füssen/Allg. - Geb. 26. Juni 1919 Kempten/Allg. - Zul. Kreiskämmerer. Präs. Dt. Eishockeybd. (s. 1964); AR-Vors. Füssener Textil AG (s. 1978).

WANNER, Reiner
Kanzler Erziehungswiss. Hochschule Rheinland-Pfalz in Mainz - Alicestr. 21, 6501 Budenheim.

WANNINGER, Karl
Journalist, ehem. Chefredakteur tz München - Connollystr. 29, 8000 München 40 - Geb. 11. Juli 1922 München (Vater: Karl W., Vertreter; Mutter: Therese, geb. Franz), kath., verh. s. 1954 m. Elisabeth, geb. Haberstock, 2 S. (Anton, Florian) - Facharb.lehre, Sprachensch., Redakt.volunt. - 1947 Übers. u. Hrsg., 1959 Reporter, 1951 Redakt., 1972 Chefred. - BV: Münchner Bummelbuch, 1968; Munich Life, 1972; A la Carte, 1976; Küchenbayrisch, 1976; E. Münchner Paradies, 1987, u. weit. Bücher - Liebh.: Samml. kulinar. Bücher u. alte Menükarten - Spr.: Engl.

WANSER, Gerhard
Dr.-Ing., Direktor - Emil-v.-Behring-Str. 32, 3012 Langenhagen - Geb. 21. Juni 1924 Hamburg - B. 1972 stv., dann o. Vorstandsmitgl. Kabel- u. Metallwerke Gutehoffnungshütte AG. (Kabelmetall), Hannover.

WAPNEWSKI, Peter
Dr. phil., Prof. f. Dt. Philologie - Wallotstr. 19, 1000 Berlin 33 - Geb. 7. Sept. 1922 Kiel (Vater: Harald W., Offizier; Mutter: geb. Hennings), ev. - Univ. Berlin, Freiburg/Br., Jena, Hamburg (German., Archäol.). Promot. 1949 Hamburg; Habil. 1954 Heidelberg (s. 1959 o. Prof. Heidelberg, Berlin/FU (1966), Karlsruhe (1969); 1981-86 Rektor Wissenschaftskolleg Berlin (Gründungsrektor), jetzt Ständ. Wiss. Mitgl. ebd. Gastprof. USA, Engl., Dänem., Neuseel. - BV: Wolframs Parzival - Studien z. Religiosität u. Form, 1955; Dt. Lit. d. Mittelalters, 3. A. 1975; Walther v. d. Vogelweide, 8. A. 1972; Hartmann v. Aue, 6. A. 1976; Waz ist minne, Stud. z. M Mittelhochdt. Lyrik, 2. A. 1979; Richard Wagner - D. Szene u. ihr Meister, 1978; D. Traurige Gott. Richard Wagner in s. Helden, 2. A. 1980; Zumutungen. Ess. z. Lit. d. 20. Jh., 1979; Tristan d. Held Richard Wagners, 1981. Zahlr. Einzelarb. Herausg.: D. Lyrik Wolframs v. Eschenbach (1972), Peter Huchel, Ausgew. Ged. (1973). Mithrsg.: Euphorion (1962 ff.) - 1971 Mitgl. PEN-Zentrum BRD (1976 Präs.mitgl.); Vizepräs. Dt. Akad. Austauschdienst (DAAD) (s. 1972). 1977 Vizepräs. Goethe-Inst.; 1977-80 Mitgl. Wiss.rat; 1982 Mitgl. Medieval Acad. of Amerika; 1986 Mitgl. Dt. Akad. f. Sprache u. Dichtung Darmstadt; 1986 Gr. BVK.

WARBURG, Eric M.
Bankier, Kommanditist Bankhaus M. M. Warburg-Brinckmann, Wirtz & Co., Hamburg - Ferdinandstr. 75, 2000 Hamburg 1 - Geb. 15. April 1900 Hamburg (Vater: Max M. W., Bankier), verh. m. Dorothea, geb. Thorsch, 3 Kd. - Gymn., Bankausbild. (auch i. Engl. u. USA) - 1929-1938 pers. haft. Ges. Bankhaus M. M. Warburg & Co., Hamburg; 1956-81 pers. haft. Gesellsch. M. M. Warburg-Brinckmann, Wirtz & Co., Hamburg; Ferrostaal Overseas Corporation, New York; Hon. Chairman E. M. Warburg, Pincus & Co., New York - Weiße Rose (Finnl.), Croix de Guerre (Frank.), Order British Empire (Großbrit.), Legion of Merit (USA), BVK.

WARBURG, Justus R. G.

Dr. jur., Rechtsanwalt - Rothenbaumchaussee 60, 2000 Hamburg 13 (T. 040 - 44 87 10, Telefax 040 - 44 22 21) - Geb. 21. Nov. 1924 Hamburg (Vater: Dr. Ferdinand W., Richter u. Industr.), ev., verh. s. 1962 m. Maria-Luisa, geb. Glöckle, 2 Töcht. (Alexandra, Josefa) - 1946-51 Stud. Univ. Hamburg (Rechts- u. Staatswiss.); 1. jurist. Ex. 1952; 2. jurist. Ex. 1955 Hamburg; Promot. 1966 - 1956-58 Geschäftsf. Hochschulverb. Univ. Hamburg; s. 1959 Einz.-Anwalt; 1969-85 Vorst.-Mitgl. Hanseat. Rechtsanw. Kammer Hamburg; 1969-71 Mitgl. d. Reformkommiss. Juristenausbildg. b. d. Oberl.Ger.; s. 1970 Vors. Gutachterausschuß b. d. Ärztekammer Hamburg; Mitgl. Kommiss. f. Refer.angeleg. b. OLG; s. 1971 Mitgl. Ausbildungs- u. Prüfungsaussch. b. Hamburg; 1974-88 Mitgl. Kommiss. f. Aus- u. Fortbildungsfragen u. d. Bundesrechtsanwaltskammer u. d. Dt. Anwaltvereins; s. 1987 Vorst.-Mitgl. u. Justitiar d. Inst. f. interdiszipl. Kultur u. Med.forsch. (IKM) Hamburg; 1989 Vizepräs. Dt.-Schweiz. Ges. Hamburg; Vizepräs. Gustav Mahler Vereinig. Hamburg - BV: Buch- u. sonst. Publ. u. Vortr. - 1986 Ehrenmitgl. Vereinig. d. Wirtschaftskonsuln in Hamburg - Liebh.: Reisen, Lit., Kunst, Musik, Theater - Spr.: Engl. - Bek. Vorf.: Prof. Otto Warburg, Nobelpreisträger.

WARBURG, Max A.
Bankier, pers. haft. Gesellsch. M. M. Warburg-Brinckmann, Wirtz & Co., Hamburg - Ferdinandstr. 75, 2000 Hamburg 1 (T. 3 28 21) - Geb. 11. März 1948 New York (Vater: Eric M. W., Bankier; Mutter: Dorothea, geb. Thorsch) - 1966-75 Stud. Volksw. u. Jura Univ. Hamburg, Freiburg, Heidelberg. 1976-78 Bankausb. in USA u. Dtschl. - 1978 Dir., 1979 Generalbevollm., 1982 Pers. haft. Gesellsch. M. M. Warburg-Brinckmann, Wirtz & Co. Hamburg. VR Bank M. M. Warburg-Brinckmann, Wirtz Intern. S.A., Luxemburg, AR DWS-Dt. Ges f. Wertpapiersparen mbH, Frankfurt, Hansabel Corp., New York, USA, Petroleum Heat & Power INC.,

Stamford, USA., Atalanta Ltd., British Vergin Islands.

WARDA, Heinz Günter

Dr. jur., o. Prof. f. Straf- u. -prozeßrecht - Im Brauke 17, 4630 Bochum (T. 38 11 40) - Geb. 22. Febr. 1926 Gr. Rominten/Ostpr., ev., verh. s. 1955 m. Wera, geb. Schürholz, S. Axel - 1946-49 Univ. Marburg (Rechtswiss.). Promot. (1954) u. Habil. (1961) Köln - S. 1956 Landgerichtsrat Düsseldorf, 1961-62 Privatdoz. Univ. Köln, seither Ord. Univ. Erlangen-Nürnberg u. Bochum (1965) - BV: D. Abgrenzung v. Tatbestands- u. Verbotsirrtum b. Blankettstrafgesetzen, 1955; Dogmat. Grundl. d. richterl. Ermessens im Strafrecht, 1962.

WARECKA, Krystyna

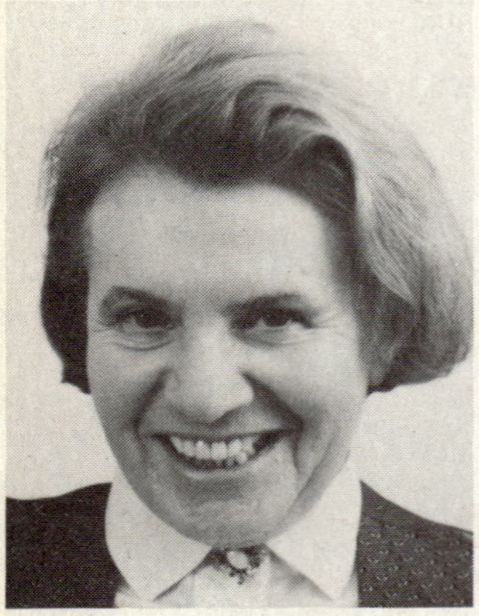

Dr. med., Prof., Neurologin, Medizin. Univ. zu Lübeck - Ratzeburger Allee 160, 2400 Lübeck 1 - Geb. 5. Okt. 1925 Warschau (Vater: Apotheker), verh. s. 1950 m. RA Josef W. †1982, T. Alexandra, Ärztin - Med.stud.; Promot. Warschau; Habil. 1969 Kiel - 1959-64 Oberärztin Neurolog. Univ.klinik Warschau; dann wiss. Tätigk. Amsterdam, Newcastle, Paris, Göttingen; 1973ff. apl. Prof. Kiel - Spez. Arbeitsgeb.: Degenerat. Erkrank. d. zentr. Nervensyst., insb. Multiple Sklerose, Neuroimmunologie - In- u. ausl. Fachmitgl.sch. - Zahlr. Einzelarb. u. Buchbeitr.

WARK, Karl Hermann

Dipl.-Ing., Vorsitzender d. Geschäftsfg. Lloyd Dynamowerke GmbH - Oberneulander Landstr. 183, 2800 Bremen-Oberneuland (T. 0421-25 18 36) - Geb. 9. Febr. 1926 Bremen (Vater: Karl W., Untern.; Mutter: Anna, geb. Hogrefe), verh. s. 1955 m. Margarete W., 2 S. (Eric, Sven) - Hochsch. f. Technik Bremen, Dipl.-Ing. - S. 1952 Elektro-Ing. Lloyd Dynamowerke GmbH, s. 1966 Geschäftsf., s. 1984 s.o. - Mitgl. d. VDE s. 1969. Mitgl. Beirat Vereinig. d. Arbeitg.-Verb. im Lande Bremen; Vorst.-Mitgl. u. Mitgl. im Tarifaussch. Arbeitg.-Verb. d. Metallind. im Unterwesergebiet; Pers. Mitgl. Landeskurat. Bremen d. Stifterverb. f. d. Dt. Wiss.; Plenumsmitgl. Handelskammer Bremen - Div. Pat. auf d. Geb. d. Elektromasch.baus - BV: Mitverf. techn. Bücher - Liebh.: Kunst- u. Antiquitäten - Spr.: Engl.

WARLICH, Manfred

Dipl.-Ing., Direktor, Geschäftsführer Zenker Hausbau GmbH + Co., Michelstadt, Zenker-Häuser Ges.m.b.H. & Co. KG, Veitsch, (Steiermark) - Relystr. 20, Postf. 33 20, 6120 Michelstadt/Odenw. (T. 06061 - 75-0) - Geb. 12. Mai 1935 Glogau - Stud. Hochsch. f. Arch. u. Bauwesen Weimar (Dipl.-Ing. 1959).

WARNACH, Walter

Dr. phil., Prof. f. Philosophie - Sigmaringer Str. 13, 5000 Köln 41 - Geb. 14.Sept. 1910 Metz (Vater: Paul W.; Mutter: Elise, geb. Schoppmann), verh. m. Elisabeth, geb. Hahn, 4 Kd. - Univ. Bonn, München, Köln (Phil., German., Roman.) - Hochschul- u. Verlagslektor; fr. Schriftst.; s. 1960 Doz. u. Prof. Kunstakad. Düsseldorf - BV: u. a. Welt d. Schmerzes, 1952; D. Morgen - Weltl. Sequenz, 1954; Wege im Labyrinth, Schr. z. Zeit, 1982. Übers.: Pascal. u. a.; Herausg.: Eugen-Gottlob Winkler - Ehrengabe BDI - Liebh.: Bild. Kunst.

WARNATZ, Hermut

Dr. med. (habil.), Ltd. Arzt Innere Abteilung (Schwerpunkt Rheumatol. u. Klin. Immunol.) Kath. Krankenhaus Essen-Werden, apl. Prof. f. Inn. Med. Univ. Erlangen-Nürnberg (s. 1973) - Hildegrimstr. 81, 4300 Essen 16.

WARNECKE, Hans-Jürgen

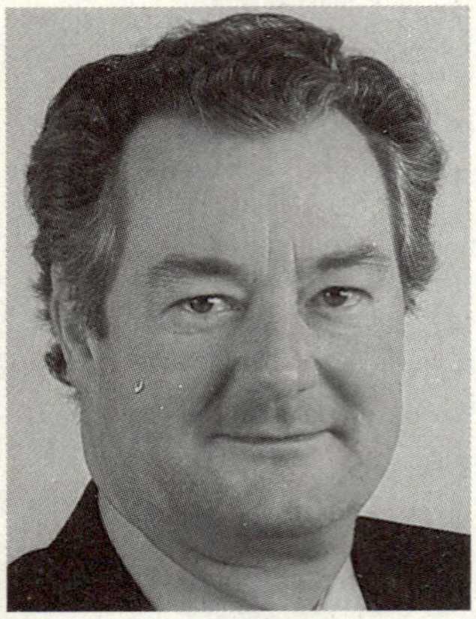

Dr.-Ing., Dipl.-Ing., Prof. Univ. Stuttgart (s. 1970), Leit. Fraunhofer-Inst. f. Produktionstechn. u. Automatisierung, Stuttgart u. Dir. Fraunhofer-Inst. f. Arbeitsw. u. Org., Stuttgart - Max-Caspar-Str. 77, 7252 Weil der Stadt (T. 07033 - 73 04) - Geb. 2. April 1934 Braunschweig, verh. s. 1961 m. Hiltrud, geb. Kiemann, 2 Tocht. (Esther, Mirjam) - Stud. Maschinenbau TH Braunschweig - 1959-65 Assist. u. Oberassist. TH Braunschweig; 1965-70 Hauptabt.Leit. Rollei-Werke; AR Mahle GmbH, Stuttgart; Barmag, Remscheid; Brose, Coburg; Südrad, Ebersbach - BV: Industrieroboter, 1979; Montagetechnik, 1976. Herausg.: Produktionstechnik, Instandhalt. (Buchreihen) - 1965 Taylor-Med.; 1973 VDI-Ehrenring; 1982 Joe F. Engelberger-Med.; 1983 Alb. M. Sargent-Med., SME; 1985 BVK - Liebh.: Schiffbau, Segeln - Spr.: Engl., Franz.

WARNECKE, Heinrich

Landwirt, Landrat Kr. Gifhorn, MdL (s. 1970) u. Vizepräs. Niedersächsischer Landtag, Vors. Nieders. Landkreistag - 3101 Sprakensehl-Masel 7 (T. 05837 - 12 02; Büro: 05371 - 8 22 01) - Geb. 24. April 1923, verh. s. 1955 m. Waltraut, geb. Niemann, 4 Kd. (Dorothea, Christine, Freya, Heinrich) - CDU.

WARNECKE, Klaus

Rechtsanwalt, MdL Bayern (s. 1974) - Plinganserstr. 24, 8000 München 70 (T. 77 24 94) - Geb. 1943 - SPD.

WARNER, Alfred

Dr.-Ing., Honorarprof., Leiter d. VDE-Prüfstelle u. Geschäftsf. Verb. Dt. Elektrotechniker - Carl-Ulrich-Str. 56, 6100 Darmstadt-Eberst. (T. 06151 - 5 21 69) - Geb. 5. Juli 1931 Bromberg, ev., verh. m. Heiderun, geb. Sack, 2 Kd. (Torsten, Imke) - Dipl.-Ing. 1957 Hannover; Dr.-Ing. 1966 Berlin - 1974-83 Vors. Normenaussch. Terminologie im DIN; 1975-89 Komit.-Vors. Zertifizierungsstellen (CCB) d. IEC (Intern. Elektrotechn. Kommiss.). S. 1975 stv. Vors. Ges. f. dt. Sprache, s. 1979 CISPER (Intern. Sonderaussch. f. Funkstörungen) - BV: Tb. Funk-Entstörung, 1965; Einf. VDE-Vorschriftenwerk, 1983; Lex. d. Elektrotechnik, 1984; Tabellen u. Diagramme f. d. Elektrotechnik, 1987; Jahrb. z. VDE-Vorschriftenwerk (s. 1984) - 1975 DIN-Ehrennadel; 1986 Hon.-Prof. TH Darmstadt - Liebh.: Gesch. - Spr.: Engl., Franz., Ital., Esperanto.

WARNER, Jürgen F.

Journalist - Gotenstr. 15, 6507 Ingelheim/Rh. (T. 29 23) - Geb. 16. Okt. 1913 Berlin (Vater: Wilhelm W., Reichsbeamter; Mutter: Elisabeth, geb. Wessel), ev., verh. in 2. Ehe (1955) m. Trude, geb. Friedrichs, 2 Söhne (Michael, Thomas) - 1933-35 Univ. Berlin u. Paris (Ztg.skunde, Rechtswiss.) - Journ.; 1935-48 Sachverst. f. Engl. Recht u. Vermögensverwaltungen; 1948-49 Redakt. Vorwärts (Ressortchef Innen- u. Kulturpolitik); 1949-62 Ref. Funk/Film/Fernsehen SPD-Vorst.; 1962-71 stv. Chefredakt./Leit. Hauptabt. Dokumentation; 1971-75 Ständ. Vertr. d. Chefredakt. u. Leit. Koordination ZDF Mainz - Liebh.: Briefm., Talleyrand-Forsch. - Spr.: Engl., Franz., Niederl.

WARNICKE, Sigrid

Fraktionsgeschäftsführerin, MdL Schlesw.-Holst. (Wahlkr. 35/Lübeck Ost) - Goerdelerstr. 5b, 2400 Lübeck 1 - Geb. 27. März 1937 Namslau/Schles. - SPD.

WARNING, Wolf-Elmar

Kaufmann, gf. Gesellschafter Hamburger Außenhandelskontor Warning + Partner GmbH & Co. KG, Hamburg (s. 1988) - Bernadottestr. 197, 2000 Hamburg 52 - Geb. 20. April 1935 Berlin, ev., verh. s. 1960 m. Christiane, geb. Baronesse v. Brockdorff, 2 Kd. - Banklehre; Assessorex. 1965 - 1965-66 Bay. Treuhand AG, München, 1966-69 Frankfurter Bank, Frankfurt/M., 1969-75 Westfalenbank AG, Bochum; b. 1985 Sprecher d. Vorst. Coutinho, Caro & Co. AG, Hamburg (davor persönl. haftender Gesellsch.) - Spr.: Engl.

WARNKE, Detlef Andreas

Ph. D., Prof. f. Geologie - Zu erreichen üb. Calif. State Univ. Hayward, Hayward/Calif. 94542, USA - Geb. 29. Jan. 1928 Berlin (Vater: Aloysius W., Ing.; Mutter: Martha, geb. Konetzky), verh. s. 1964 m. Holly, geb. Menkel, 2 S. (Erik, Detlef Christian) - Lauenburg. Landessch. Ratzeburg (Abit. 1947); Dipl.-Geol. 1953 Univ. Freiburg/Br., Promot. (Ph. D.) 1964, Univ. of Southern California, Los Angeles - 1963-71 Res. Assist. u. Assist. - Prof. Florida State Univ.; 1971ff. Assist.-Prof. u. Prof. California State Univ. Hayward, dazw. Prof., Inst. f. Geol. FU Berlin, 1987-88 Fulbright Prof. FU Berlin. Veröff. in Fachztschr. z. Erdwiss. - Forsch.stip. National Science Foundation - Spr.: Engl. - Lit.: Who's Who in the West u. and. Nachschlagew.

WARNKE, Herbert

Dipl.-Volksw., Hauptgeschäftsführer Dt. Verkehrssicherheitsrat - Obere Wilhelmstr. 32, 5300 Bonn 3; priv.: Am Domstein 9, 5330 Königswinter - Geb. 28. Aug. 1930 Mogilno/Posen.

WARNKE, Jürgen

Dr. jur., Bundesminister f. wirtschaftl. Zusammenarbeit (s. 1989), MdB (s. 1969, CDU/CSU-Fraktion) - Karl-Marx-Str. 4-6, 5300 Bonn - Geb. 20. März 1932 Berlin (Vater: Dr. jur. Franz W., zul. Hauptgeschäftsf. Verband d. Keram. Ind.; Mutter: Marianne, geb. Gensel), ev., verh. (Ehefr. Elke), 6 Kd. - Jean-Paul-Gymn. Hof (Abit. 1950); Stud. Rechtswiss. u. Volksw. München, Würzburg u. Genf. Gr. jurist. Staatsprüf. 1962 - 1962-64 Geschäftsf. Verb. d. Chem. Ind./Landesverb. Bayern, München; 1964-82 Hauptgeschäftsf. Verb. d. Keram. Ind., Selb. 1962-69 MdL Bayern. CSU s. 1958 (1987 stv. Landesvors., 1982-87 Bundesmin. f. wirtschaftl. Zusammenarb., 1987-89 Bundesmin. f. Verkehr) - 1971 Bayer. VO.; 1980 BVK; 1986 Gr. BVK - Spr.: Engl., Franz. - Rotarier.

WARNKE, Martin

Dr. phil., Prof. f. Kunstgeschichte Univ. Hamburg (s. 1978) - Mittelweg 26, 2000 Hamburg 13 - Geb. 12. Okt. 1937 Ijui/Brasil. (Vater: Kurt W., Pfarrer; Mutter: Hilka, geb. Schomerus), ev., verh. s. 1963 m. Freya, geb. Grolle - Stud. München u. Berlin. Promot. 1964 Berlin (FU); Habil. 1970 Münster - Volontär Berliner Museen; Stip. Florenz; 1971-78 Wiss. Rat u. Prof. Univ. Marburg - BV: Kommentare zu Rubens, 1965; Bau u. Überbau, 1976; Peter Paul Rubens, 1977; Polit. Architektur in Europa, 1984; Hofkünstler - Vorgesch. d. mod. Künstlers, 1985. Herausg.: D. Kunstw. zw. Wissenschaft u. Weltanschauung (1970), Bildersturm (1973).

WARNKE, Rudolf

Dipl.-Psych., Publizist, Herausgeber Bonn intern - Im Herrengarten 5, 5330 Königswinter 21 (T. 02223 - 2 36 20) - Geb. 1. Jan. 1927 Hannover (Vater: Rudolf W., Arbeiter; Mutter: Agnes, geb. Göbhard), kath., verh. s. 1954 m. Rosemarie, geb. Neuwerth, 3 S. (Thomas, Martin, Stefan) - Lehre Ind.-Kaufm.; 1950-53 Univ. Münster (Psych.); Dipl. 1954 Göttingen - 1954-58 Hauptabt.leit.; 1958-62 Finanzdir.; 1962-75 Berater Verteidig.min.; s. 1973 Herausg. Bonn intern - BV: Dt. Firmen v. d. Röntgenschirm, 1969 - Interessen: Politik, Wirtschaft - Spr.: Engl., Franz. - Lit.: 100 Köpfe.

WARNS, Karl H.

Geschäftsführer Rank Xerox GmbH., Düsseldorf - Zu erreichen üb. Rank Xerox GmbH, Emanuell-Leutze-Str. 20, 4000 Düsseldorf 11.

WARNSTORFF, Herbert

Direktor - Haiderfeldstr. 31, 4050 Mönchengladbach (T. 3 32 17) - Geb. 17. März 1913 Allenstein/Ostpr. (Eltern: Otto u. Dora W.), ev., verh. s. 1949 m. Thea, geb. Peltzer, 3 Kd. - Kaufm. Ausbild. - B. 1968 stv. dann o. Vorstandsmitgl. Kühn, Vierhaus & Cie. AG., Rheydt.

WARRIKOFF, Alexander

Dr., Geschäftsführer, MdB (s. 1983; Wahlkr. 144/Hessen) - Erbacher Str. 49, 6120 Michelstadt - Geb. 14. Mai 1934 Lodz/Polen, ev., verh., 2 Kd. - Gymn. (Abit.); Stud. Rechts- u. Staatswiss. Univ. Marburg u. Frankfurt; 1963 gr. jurist. Staatsprüf. - Geschäftsf. d. GKD Ges. f. Kommunikations- u. Datentechnik mbH, Offenbach/M.; gf. Vorst.-Mitgl. Wirtschaftsverb. Kernbrennstoff-Kreislauf, Bonn u. VR-Vors. NVD-Nuklear Versicherungsdst., Hanau; Vors. Landesverb. Hessen d. Wirtschaftsrats d. CDU; Mitgl. d. Bundespräsid.

WARSINSKY, Werner

Schriftsteller - Coerdestr. 51, 4400 Münster - Geb. 6. Aug. 1910 Barlo/W. (Vater: Max W.; Mutter: Margarethe, geb. Bornemann), o. B., verh. I) 1940 m. Helene, geb. Pillhofer (gesch.), 2 Kd. (Dagmar, Holger), II) 1965 Irmgard, geb. Capelle - Oberrealsch. Dortmund; Buchhändlerlehre ebd. - Buchhändler, kaufm. Angest., Reisender, Opernsänger, n. Kriegsdst. Hilfsarb. Hoch-, Tief- u. Gleisbau, Ofenhausarb. Aluminiumfabrik, Bibliothekar - BV: Kimmerische Fahrt, R. 1953 (auch franz. u. jap.); Lunatique, Lyrik 1958; Legende vom Salz d. Tränen, 1970 - 1953 Europ. Lit.-preis.

WARTENBERG, Arnold

Dr. rer. nat., Prof., Botaniker, Mikrobiologe - Lessingstr. 56, 6600 Saarbrücken - Geb. 21. Dez. 1931 Berlin - Promot. Jena; Habil. Jena - S. 1961 Lehrtätigk. Univ. Saarbrücken (1968 apl. Prof., 1971 Wiss. Rat, gegenw. Univ.-Prof.). Fachaufs., Lehrb.: System. d. Niederen Pflanzen, Thieme-Verlag Stuttg., 2. A. 1979; Einf. in d. Biotechnologie, 1989.

WARTENBERG, Gerd

Redakteur, MdB/Vertr. Berlins - Muskauer Str. 5, 1000 Berlin 36 (T. 030 - 618 33 37) - SPD.

WARTENBERG, Hubert

Dr. med., o. Prof. f. Anatomie Univ.

Bonn - Nußallee 10, 5300 Bonn - Geb. 28. Juli 1930 Stade (Vater: Prof. Hans W.; Mutter: Elfriede, geb. Jacobi), ev., verh. s. 1959 m. Hannelore, geb. Herzog, 2 Kd. - Promot. 1955 Jena; Habil. 1961 Hamburg - S. 1961 Lehrtätigk. Hamburg (1968 Prof.), Basel (1969 ao. Prof.) u. Bonn (1972 o. Prof.). Fachaufs.

WARTENBERG, von, Ludolf-Georg

Dr. rer. pol., Dipl.-Volksw., Parlamentarischer Staatssekr. b. Bundesmin. f. Wirtschaft, MdB (s. 1976) - Beekestr. 138, 3000 Hannover 91 (T. 41 10 72) - Geb. 22. Sept. 1941 Fürstenwalde/Spree, ev., verh., 2 Kd. - 1963 Abit.; Stud. Volkswirtsch. u. Gesch. Univ. Göttingen, Belfast/Nordirl.; 1967 Diplom; 1971 Promot. 1967-76 Betriebsberat. Handwerkskammer Hannover; Dir. Hannover-Rückversich. AG, Hannover; b. 1987 Beiratsmitgl. Hanse-Merkur Krankenversich. AG, Hamburg. CDU (1970-76 MdL Nieders.) - BV: D. Koop. im Handwerk, 1972.

WARYNSKI, Stanislaw

s. Kofler, Leo

WASCHKO, Hans Joachim

Geschäftsführer Bundesinnungsverb. d. Gebäudereiniger-Handwerks - Dottendorfer Str. 86, 5300 Bonn - Geb. 24. Sept. 1959 Bochum, ev., verh. m. Yvonne, geb. Schoen, fr. Journalistin - Stud. Politikwiss. u. Berufspäd. - 1982-85 Mitarb. Univ. Bochum; Sekr. FIDEN Intern. Gemeinsch. d. Gebäudereinigungs-Gewerbes; Geschäftsf. d. REFA Fachaussch. Gebäudereinigung, Chefredakt. d. Rheinbacher Stadtanzeigers - Zahlr. Veröff. z. Berufspäd. u. Erwachsenenbildung sow. z. Betriebsführung im Handwerk.

WASEM, Erich

Dr. phil., o. Prof. f. Pädagogik - Gündinger Str. 6, 8000 München 60 (T. 814 11 30) - Geb. 30. Sept. 1923 Puttenhausen (Vater: Peter W., Unternehmer; Mutter: Marie, geb. Schmidbauer), kath., verh. s. 1951 m. Erika, geb. Weigert, T. Eva-Maria - Promot. (1951) u. Habil. (1958) München - Seit 1960 Prof., Fak. Psychol. u. Päd., Univ. München - BV: Jugend u. Filmerleben, 1957; Presse, Rundfunk, Fernsehen, Reklame - päd. gesehen, 1959; Jugend u. Bildschirm, 3. A. 1964; D. audiovisuelle Wohlstand, 1968; Medien d. Öffentlichkeit, 1969; Berufskunde im Schulfernsehen, 1971 (m. Kopp); Medien d. Schule, 1971; Medien in d. Schulpraxis, 1974; Helft Kindern leben, 1975; Herausg.: V. d. Theorie zum Schulalltag (1978); Päd. im Grundstud. (1980); Sammeln v. Serienbildchen (1981); Studienfach Päd. (1986); D. Serienbild - Medium d. Werbung u. Alltagskultur (1988).

WASIELEWSKI, von, Eberhard

Dr. med., Prof., Direktor Pharma-Forschung Hoechst AG., Frankfurt/M.-Höchst - Annabergstr.28, 6500 Mainz (T. 57 36 90) - Geb. 11. Dez. 1920 Erfurt (Vater: Dr. phil. habil. Waldemar v. W.; Mutter: Maria, geb. v. Bloedau), verh. s. 1950 m. Dr. med. Inge, geb. Els, 2 Söhne (Wolfgang, Michael) - Gymn. Sondershausen; Univ. Halle, Freiburg, Prag, Bonn. Promot. 1948; Habil. 1956 - B. 1950 Klinik, dann Mikrobiol. u. Hyg., s. 1965 Allg. med. Forsch. S. 1956 Lehrtätigk. Univ. Mainz (1962 apl. Prof. f. Hyg. u. Bakt.). Fachveröff. - Spr.: Engl., Franz. - Rotarier - Bek. Vorf.: Wilhelm Joseph v. W., Musikschriftst., u. a. D. Violine u. ihre Meister, Schumann-Biogr. (1822-96).

WASILJEFF, Alexander

Dr. rer. nat., o. Prof. FB Physik-Elektrotechnik (Fachgeb. Nachrichtentechnik) Univ. Bremen - Ortelsburger Str. 3, 2800 Bremen 41 (T. 0421 - 49 47 42) - Geb. 28. April 1936 Posen (Vater: Prof. Gregor W.; Mutter: Anna, geb. Rutzewitz), kath., verh. s. 1962 m. Dr. med. Marianne, geb. Huckert, Ärztin f. Arbeitsmed., 2 Söhne (Peter, Johannes) - Gymn. Hann. Münden; Abit. 1956; 1956-59 Stud. Physik Göttingen; 1959 Stud. Elektrotechnik Darmstadt; 1959-62 Stud. Angew. Physik u. Elektrotechnik Univ. Saarbrücken (Dipl.-Phys. 1962, Promot. 1966) - 1966-71 Gruppenleit. u. Scientific Advisor to the Dir., Forschungsinst. f. Hochfrequenzphysik Werthhoven; 1971-75 Senior Scientist SACLANTCEN La Spezia; ab 1975 Univ. Bremen. Zahlr. Aufs. in wiss. Ztschr. u. Vortr. auf intern. Fachtag. - S. 1970 Mitgl. d. westdt. URSI-Landesaussch. (Union Radio Scientific Intern.) - Spr.: Engl., Ital.

WASMER, Otmar

Dr., Prof., Senator, Generaldirektor, Vorstandsvors. BayWa AG, München (s. 1972) - Zu erreichen üb. BayWa AG, 8000 München - 1984 Ehrensenator Univ. Hohenheim.

WASMUND, Reinhard

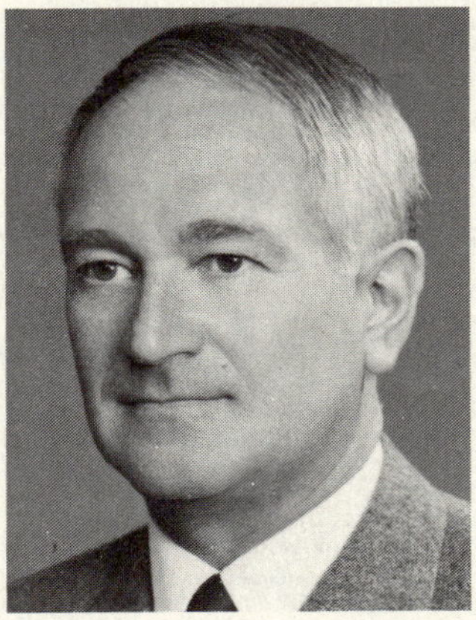

Dr.-Ing., em. o. Prof. f. Anlagen- u. Verfahrenstechnik/Fachbereich Lebensmittel- u. Biotechnologie TU Berlin (s. 1969) - Angerburger Allee 5, 1000 Berlin 19 (T. 3 05 49 08) - Geb. 4. März 1913 Fürstenberg/Oder (Vater: Dr. jur. Waldemar W., Amtsgerichtsrat; Mutter: Frida, geb. Schiemann), ev., verh. s. 1959 m. Irene, geb. Beythien - Realgymn. Zoppot u. Frankfurt/O.; 1931-36 TH München u. Berlin (Allg. Maschinenbau; Dipl.-Ing.). Promot. 1938 Berlin - 1938-56 Techn. Angest. Pintsch Bamag AG., Berlin; 1956-64 Abt.sleit. Borsig AG., Berlin; 1964-66 Geschäftsf. Ruhrstahl Apparatebau GmbH., Hattingen; 1966-68 Gf. Alois Lauer Stahl- u. Rohrleitungsbau GmbH., Dillingen. Üb. 100 Fachveröff.

WASMUND-BODENSTEDT, Ute

Dr. rer. nat., Prof. f. Sportwissenschaft Univ. Gießen - Hopfenacker 35, 6305 Alten-Buseck - Geb. 2. Febr. 1935 Kiel (Vater: Prof. Dr. Erich W.; Mutter: Herta-Lotte, geb. Türcke), verh. s. 1980 m. Prof. Dr. A. Andreas B. - Univ. Köln, Innsbruck u. Kiel, Dt. Sporthochsch. Köln (Dipl.).

WASMUTH, Lutz-Pieter

Kaufmann, gf. Gesellschafter Sturm u. Wasmuth GmbH Management u. Personalberatung - Im Brunnenweg 26, 6242 Kronberg (T. 06173 - 6 38 79) - Geb. 23. Okt. 1935 Hamburg (Vater: Dr. Ludwig Ferdinant W., Fabrikant; Mutter: Ursula, geb. Paschen), ev., verh. s. 1962 m. Eva, geb. Balg, 3 Söhne (Stefan, Pieter, Felix) - Oberprimareife; Kaufm. Lehre - 1958-73 Werbeagentur H. K. Mc.Cann (s. 1969 Geschäftsf.); 1973-82 Geschäftsf. Wasa GmbH Celle; 1982-86 Geschäftsf. Marketing/Verkauf Kraft GmbH, Eschborn - Liebh.: Sport, Kunst - Spr.: Engl., Franz.

WASSENER, Albert

Leiter Deutsches Kulturinstitut Istanbul - Zu erreichen üb. Dt. Kulturinst., Istiklal Cad. 286, 80050 Beyoglu-Istanbul (T. 149 20 09) - Geb. 25. April 1936 Essen (Vater: Albert W., Lehrer; Mutter: Gertrud, geb. Forstbauer), verh. s. 1962 m. Renate, geb. Schäfer, 2 Kd. (Dietmar, Bettina) - 1955/56 Stud. German., Gesch., Lat. Univ. Bonn; 1956-61 München; Staatsex. - 1963-64 Doz. Goethe-Inst. Tripolis/Libyen; 1964-66 Leit. G.I. Tripolis; 1966-74 Programmref. G.I. Rom; 1974-78 Ref.-Leit. G.I. München; 1978-84 Leit. G.I. Tel Aviv; 1984-89 Leit. G.I. Kopenhagen - Spr.: Engl., Franz., Ital.

WASSERMANN, Eberhard

Dr. rer. nat., Univ.-Prof. Univ. Duisburg - Beckstadtstr. 33, 4330 Mülheim/R. - Geb. 8. Juli 1937 Frankfurt/M. (Vater: Prof. Dr. phil. Dr.-Ing. E. h. Günter W. †), verh. - Physikstud. Univ. Göttingen; Promot. 1965 Göttingen; Habil. 1979 Aachen - 1965-67 Res. Assist. Northwestern Univ., Evanston Ill., USA; 1970-76 Prof. RWTH Aachen; s. 1976 Prof. f. Experimentalphysik Univ. Duisburg; 1975-79 Sprecher d. Sonderforsch.-Bereich 125 Aachen-Jülich Köln; s. 1984 Sprecher d. Sonderforsch.-Bereich 166 Duisburg-Bochum. 76 Einzelveröff.

WASSERMANN, Heinrich

Dr. agr., Diplom-Volkswirt, Hauptgeschäftsführer IHK Friedberg - Goethepl. 3, 6360 Friedberg/Hessen; priv.: Steinkopfweg 20, 6364 Florstadt - Geb. 9. März 1942.

WASSERMANN, Ludwig

Dr. rer. nat., Prof., Lebensmitteltechnologe, Leit. Forsch. u. Entw. Fa. Ulmer Spatz, Neu-Ulm - Am Bahndamm 6, 7910 Neu-Ulm-Gerlenhofen (T. 07307 - 56 52) - Geb. 11. März 1929 Althirschstein, verh. s. 1958 m. Irmgard, geb. Salomon, 2 Kd. (Andreas, Christine) - Ing.-Schule Altenburg, Univ. Tübingen; Promot. 1959 - 1959 Wiss. Mitarb.; 1969 Prok. Ulmer Spatz, Neu-Ulm; 1963 Lehrbeauftr. Univ. Tübingen, 1970 Univ. Hohenheim, 1978 Hon.-Prof. (Getreidetechnol.) ebd. - BV: Hülsenfrüchte, 1967; Getreide u. Getreideprodukte, 1976; Structure and rheol. properties of Bread cromb, 1979; Technol. d. Leguminosenverarb., 1983 - Liebh.: Gesch. d. Naturwiss. u. Technol. - Spr.: Engl.

WASSERMANN, Martin

Dr. rer. nat., Delegierter d. Verwaltungsrates d. Reichhold Chemie AG, Hausen/Schweiz. u. Vorst.vors. d. Reichhold Chemie AG, Wien/Österreich - Heidweg 1, 6380 Bad Homburg (T. 06172 - 8 11 33) - Geb. 29. Sept. 1940 Frankfurt - Univ. Göttingen u. TU-Clausthal (Chemie) - Zul. techn. Geschäftsf. Synthomer Chemie GmbH, Frankfurt/M.

WASSERMANN, Rudolf

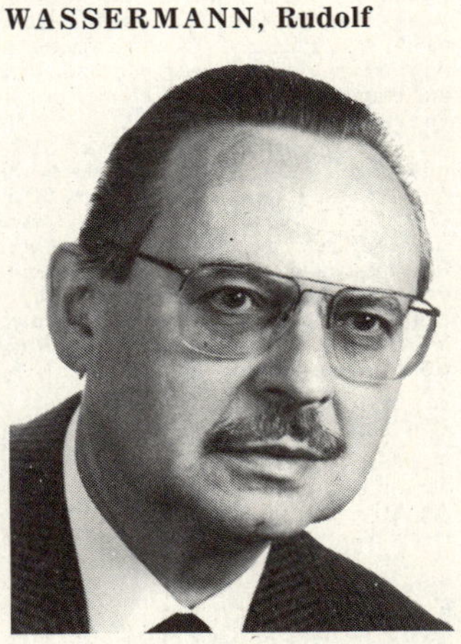

Dr. jur. h.c., Oberlandesgerichtspräsident - Bankplatz 6, 3300 Braunschweig (T. 48 81) - Geb. 5. Jan. 1925 Letzlingen/Altm., ev., verh. s. 1953 m. Ursula, geb. Praast, 2 Kd. (Susanne, Jan Hendrik) - 1946-50 Univ. Halle u. Berlin (Rechtswiss., Phil., Soziol.). Jurist. Staatsprüf. 1950 u. 55 - 1956-67 Richter Land- u. Kammergericht Berlin (1963 KGsrat); 1967-68 Sprecher d. Bundesjustizmin., Bonn (Min.rat); 1968-71 Präs. LG Frankfurt; s. 1971 Präs. OLG Braunschweig. 1965-67 Vorstandsmitgl. Dt. Richterbd.; 1969 stv., 1974-80 Vors. Arbeitsgem. sozialdemokr. Juristen; 1975 zugl. Präs. Landesjustizprüfungsamt. Mitgl. Nieders. Staatsgerichtshof. SPD - BV u.a.: Erziehung z. Establishment, 1969; Richter - Reform - Gesellschaft, 1970; Justizreform, 1970; D. polit. Richter, 1972; Justiz im soz. Rechtsstaat, 1974; Terrorismus contra Rechtsstaat, 1976; D. soz. Zivilprozeß, 1978; Menschen vor Gericht, 1979; Justiz u. Medien 1980; Justiz f. d. Bürger 1981; Ist Bonn doch Weimar?, 1983; D. richterl. Gewalt, 1985; Recht, Gewalt, Widerstand, 1985; D. Zuschauerdemokr., 1986; Rechtsstaat ohne Rechtsbewußtsein?, 1988. Herausg. d. Reihe Alternativkomment. u. d. Ztschr. Recht u. Politik - 1984 Gr. Silb. Ehrenz. m. Stern f. Verdienste um d. Rep. Österr.; 1985 Ehrendoktor Univ. Hannover - Lit.: E. Kininger, R. W. als Richter, Rechtssoziologie u. Rechtsreformer, ÖAnwBl. 1980; Chr. Broda u.a. (Hrsg.), Festschr. f. R. W., 1985.

WASSERMEYER, Franz

Dr. jur., Prof., Richter am Bundesfinanzhof München - Zur erreichen üb. Bundesfinanzhof, 8000 München - Verh. - BV: Kommentar z. Außensteuerrecht (m. Flick u. Becker), 1973/85; Kommentar z. DBA Deutschl.-Schweiz (m. Flick, Wingert u. Kempermann), 1981/86.

WASSERRAB, Theodor

Dr. techn., em. Prof. Inst. f. Stromrichtertechnik u. Elektr. Antriebe TH Aachen (s. 1965) - Damianstr. 4, CH-5430 Wettingen (Schweiz) (T. 26 63 01) - Geb. 5. Okt. 1907 Skrochowitz/Tschechosl. (Vater: Theodor W., Oberlehrer Mutter: Maria, geb. Kurek), kath., verh. s. 1936 m. Gustl, geb. Fischbach, 5 Kd. (Ingrid, Wolf, Birgit, Helga, Doris) - Dt. TH Brünn (Dipl.-Ing. 1931, Promot. 1935) - 1935-45 Siemens-Schuckertwerke AG., Berlin (Abt.leit.); 1947-51 Brown, Boveri & Cie. AG., Mannheim (Abt.-leit.); 1951-65 AG. Brown, Boveri & Cie., Baden/Schweiz (Dir.assist.). 1953-65 Honorarprof. TH Karlsruhe (Stromrichter). U. a. Halbleiter, Gaselektronik, Autonome elektr. Antriebe - BV: Schaltungslehre d. Stromrichtertechnik, 1961. Zahlr. Fachaufs. - 1971 o. Mitgl. Rhein-Westf. Akad. d. Wiss.; 1976 VDE-Ehrenring; Exner-Med.; 1982 Ehrenmitgl. Dt. Ges. f. elektr. Straßenfahrzeuge - Liebh.: Musik - Spr.: Engl., Franz.

WASSERTHAL, Lutz Thilo

Dr. rer. nat., o. Prof., Vorstand Zoologisches Inst. 1 Univ. Erlangen (s. 1986) - Staudtstr. 5, 8520 Erlangen (T. 09131 - 85 80 61) - Geb. 22. Aug. 1940 Stettin (Vater: Dipl.-Ing. Eberhard W.; Mutter: Dr. med. Frieda Meta), verh. s. 1968 m. Dr. rer. nat. Wiltrud, geb. Bräcker, S. Lennard - Stud. Univ. Marburg, Gießen (Biol., Geol., Kunstgesch.); Promot. 1969 Gießen; Habil. 1979 Bochum - 1983-86 Prof. Univ. Düsseldorf. Arbeitsgeb.: Funktionsmorphologie b. Insekten; Biol. d. Schmetterlinge; Koordination v. pendelndem Kreislauf u. Tracheenventilation b. Insekten - Wichtige Fachveröff. in: Z. vergl. Physiol., B 139, 145, 147; Verh. Dtsch. Zool. Ges., 1982 - Liebh.: Naturfilmen, -fotografie, Malen, Design - Spr.: Engl., Franz.

WASSERTHEURER, Grete

Autorin - Jahnstr. 22, Postfach 22 27, 7056 Weinstadt (T. 07151 - 6 11 14) - Geb. 1939 Graz/Steiermark, verh. Weber, 2 Kd. (Fraisa, Frank) - Initiatorin d. Bücherschau Autorentage - Veröff. v. 13 Büchern (Kinderb., Jugendb., Gedichtbd.) u.a.: Stille Stunde lang; Baumlandschaften, 1987; Gugi u. d. Bewohner d. Waldwiese; Krimitime;

Verhängnisvolle Reise. Herausg. v. Anthol. u. Lyrikztschr. D. BOOT.

WASSMANN, Günther

Dipl.-Volksw., Hauptgeschäftsführer Hauptgemeinsch. d. Dt. Einzelhandels - Sachsenring 89, 5000 Köln 1 (T. 0221 - 3 39 80) - Geb. 1. Mai 1940 Bevensen (Vater: Hans W., Oberförster; Mutter: Maria), kath., verh. s. 1968 m. Hella, geb. Franke - Wirtsch.gymn.; 1961-67 Univ. Bonn (Volksw. u. Wirtsch.gesch.).

WASSMER, Gernold

Bürgermeister Gemeinde Vogt - Birkenwies 14, 7981 Vogt (T. 07529-15 15) - Geb. 17. Dez. 1948 Bad Waldsee (Vater: Anton W., Gärtnerm.; Mutter: Marianne, geb. Hartmann), kath., verh. s. 1975 m. Christa, geb. Kaiser, 2 Kd. (Claus, Beate) - Ausb. Gehob. Verw.dst. (Prüf. 1971) - S. 1978 Bürgerm.

WASSMUTH (ß), Heinz-Werner

Dr. rer. nat, Prof. f. Experimentalphysik Univ. Marburg (Angewandte Festkörperphysik, Angew. Oberflächenphysik, aktuelle Forsch.geb.: Einzelschritte katalyt. Reaktionen an Festkörperoberflächen, Oberflächendiffusion, Anwendungen v. Oberflächenprozessen in d. Kernphysik) - Frhr.-v.-Stein-Str. 61, 3550 Marburg/Lahn 6 (T. 06421 - 8-21-17) - Geb. 19. Juli 1935 Kassel.

WASSMUTH (ß), Rudolf

Dr. agr., o. Prof. f. Tierzucht u. Haustiergenetik - Nelkenweg 73, 6300 Gießen (T. 3 53 73) - Geb. 9. März 1928 Belgard/Pom. - S. 1962 (Habil.) Lehrtätigk. Univ. Gießen (1968 apl. Prof.), Kiel (1968 Wiss. Rat u. Prof.), Gießen (1969 Prof. u. Inst.sdir.). 1963 Gastdoz. Univ. Izmir. Fachveröff.

WASSNER, Hermann

Dr., Prof., Rektor Fachhochschule f. Bibliothekswesen Stuttgart - Lenzhalde 96, 7000 Stuttgart 1 - Geb. 2. Sept. 1922 Ludwigshafen (Vater: Philipp W.; Mutter: Johanna, geb. Sauter), kath., verh. s. 1957 m. Inge, geb. Knab, 2 Kd. (Bettina, Arnold) - Stud. German., Phil. u. Musikwiss.; Promot. 1953 Univ. Heidelberg, Dipl.-Bibl. 1954, Prof. 1967 - 1961-71 Dir. Südd. Bibl. Lehrinst.; s. 1971 Rektor FHS f. Bibl.wesen, 1976-82 Präs. Intern. Vereinig. d. Musikbibl. (IVMB) Gr. Bundesrep. Dtschl. - BV: Musikleben u. Musikbibl., (Hrsg.) 1979; Bibl. Arbeit zw. Theorie u. Praxis, (Hrsg.) 1976; Blätter z. Berufskd.: Dipl.-Bibliothekar f. d. Dienst an Öfftl. Bibl., 1976 (7. A.) - Spr.: Engl.

WASSNER, Uwe-Jens

Dr. med. (habil.), Dr. phil., Prof., Direktor Chirurg. Klinik - Zentralkrankenhaus, 2800 Bremen-Nord - Geb. 12. Okt. 1919 Nordstrand, ev., verh. s. 1945 m. Gisela, geb. Kummerow, 3 Kd., (Fernando, Konstanze, Sibylle) - Stud. Med. u. Phil. Königsberg, Straßburg, Freiburg - S. 1945 Hafenkrkhs. Hamburg, Chir. Univ.sklinik Gießen (1955; 1960 Privatdoz., 1967 apl. Prof.) Zentralkrkhs. Bremen-N. (1963 Klinikdir.). Entd.: Pingranliquose - BV: D. untere Leistungsgrenze d. Lunge, 1963. Zahlr. Einzelveröff. - 1963 I. Preis Nordd. Ges. f. Chir. - Liebh.: Musik, Malerei.

WATERKOTT, Heinz

Vorstandsmitglied Warenhaus-Liegenschaften AG., Düsseldorf - Leuchtenberger Kirchweg 8, 4000 Düsseldorf - Geb. 24. Jan. 1922.

WATERMANN, Friedrich

Dr., Hauptgeschäftsführer Hauptverb. d. gewerbl. Berufsgenossenschaften, Bonn - Behringstr. 9, 5300 Bonn 2 - Geb. 16. Febr. 1921.

WATRIN, Christian

Dr. rer. pol., o. Prof. f. Wirtschaftl. Staatswissenschaften - Arndtstr. 9, 5000 Köln 50 (Rodenkirchen) (T. Köln 39 12 69) - Geb. 29. Juli 1930 Köln - Schule u. Univ. Köln (Volks- u. Betriebsw.). Promot. (1957) u. Habil. (1963) Köln - 1963 Privatdoz. Univ. Köln; 1965 Ord. Univ. Bochum; gegenw. Ord. Univ. Köln. Vors. Wiss. Beirat Bundesminist. f. Wirtschaft. List-Ges., Verein f. Sozialpolitik - BV: Z. Entwicklungspolitik in SüdItalien, 1960; Macht u. ökonomisches Gesetz, 2 Bde. 1973. Hrsg. m. E. Streissler, Z. Theorie marktwirtschaftl. Ordnungen. Zahlr. Einzelarb.

WATZINGER, Carl Hans

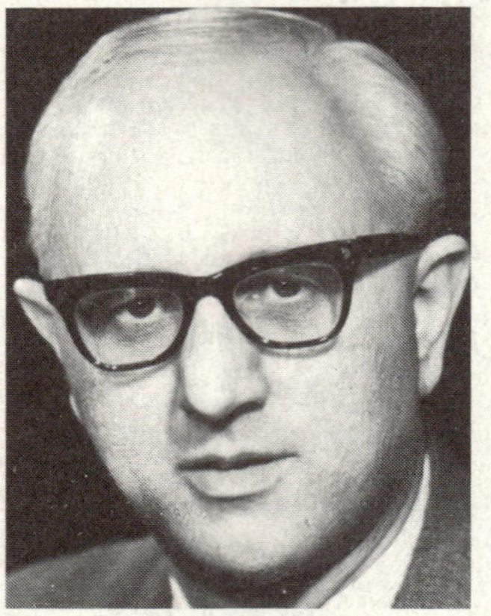

Prof., Schriftsteller - Tungassingerstr. 38, A-4020 Linz/Donau (Österr.) - Geb. 7. Sept. 1908 Steyr (Vater: Johann W., Polizeiinsp.), ev. A. B., verh. s. 1947 m. Ulrika, geb. v. Benkiser, 3 Kd. (Daniela, Ulrike, Ernst-Christian) - Realsch., Bundesgewerbesch. f. Elektrotechnik; Sem. f. Dramat. Univ. Jena - 1938-45 Rundfunkref. (Landfunk) u. Hauptschriftl. e. landw. Fachbl.; 1947-48 Filmdramat. u. Lehrer f. Lit.wiss., Theatergesch. u. Dramat. - BV: u. a. Spiel in St. Agathen, R. 1937; D. Pfandherrschaft, Erz. 1938; Mensch aus Gottes Hand, Luther-R. 1938 u. 83 (auch schwed., holl.); D. Heimkehr aus d. Stadt, Erz., 1940; D. Bauernhochzeit, R. 1941; Kaiser, Kurfürst, Herr u. Bauer, R. 1952; D. Chronik d. Vincent van Gogh, Erz. 1953; Ich bleibe in d. Eisenstadt, Blümelhuber-Monogr. 1965; D. Glanz v. innen, Erz. 1967; Erdseele, Ged. 1973; Hanns Wallner - Papierschnitte, Künstler-Monogr., 1974; D. Nikolospiel, Erz. 1978; Steyr, Porträt e. 1000jähr. Stadt, 1979; Ihre Heimat ist Steyr, 32 Ess.; E. Leben lang geliebte Kunst (Prof. H. Gerstmayr), Monogr. 1982; Mein Freund, d. Feuerwehrhauptmann v. Schwaz, 1984; Steyrer G'schichten, Erz. 1987; Hermann Kuprian, Monogr. 1988. Bühnenw. (Martin, Elefanten sind gutmüt. Menschen, Wanderung zu Gott, D. zweite Arche Noah, D. Lauen u. d. Ohnmächtigen, D. unhl. Turm, D. Ennser Chronik, D. unbekannte Meister v. Kefermarkt, e. Spiel in d. Kirche u. a.) u. Hörsp. - Prof. h. c. (Österr. Bundesreg.), Österr. Ehrenkreuz f. Wissenschaft u. Kunst; Ehrenmed. Stadt Steyr; Kulturmed. Stadt Linz; Gold. Verdienstz. Land Oberösterr., Ehrenmitgliedschaften - Liebh.: Kunstgeschichte - Lit.: H. Kindermann, Wegweiser durch d. mod. Lit. in Österr. (1954); A. Schmidt, Dichtung u. Dichter im 19. u. 20. Jh. (1964); Jahrb. d. Innviertler Künstlergilde (1987/88).

WATZKA, Max

Dr. med., o. Prof. f. Histologie u. Entwicklungsgeschichte (emerit.) - Liegnitzer Str. 7, 6500 Mainz (T. 8 66 94) - Geb. 30. April 1905 Martnau/Böhmen (Vater: Josef W., Landwirt; Mutter: geb. Fischbach), kath., verh. s. 1937 m. Friederike, geb. Schneider, 4 Kd. (Anneliese,Ursula, Ulrike, Max) - Promot. u. Habil. Prag - S. 1937 Lehrtätigk. Dt. Univ. Prag (1940 ao. Prof. u. Dir. Histol. Inst.) u. Univ. Mainz (1946 o. Prof. u. Dir. Anat. Inst.) - BV: D. Ovarium, 1957; Kurzlehrb. d. Histol. u. mikroskop. Anat. d. Menschen, 1957, 5. A. 1974. Etwa 80 Einzelarb. - 1952 Mitgl., Dt. Akad. d. Naturforscher (Leopoldina), Halle/S.; Ehrenmitgl. Jugosl. Anatom. Ges. u. Anatom. Soc. of Great Britain a. Ireld. - Liebh.: Jagd.

WATZKE, Hans

Bauingenieur, MdL Nordrh.-Westf. (s. 1975) - Auf der Wallmai 2, 3539 Marsberg-Erlinghausen - Geb. 4. März 1932 - CDU.

WAWRZIK, Kurt

Former, MdB (1969-80), Mitgl. Europäisches Parlament (s. 1977) - Am Wildpark 9, 6800 Mannheim (T. 74 16 00) - Geb. 15. Febr. 1929 Meiningen/Thür. (Vater: Josef W., Braumeister; Mutter: Elli, geb. Heyder), kath., verh. s. 1956 m. Marianne, geb. Hoger, 2 Kd. (Eva-Maria, Stephan) - Schule (Mittl. Reife) u. Formerlehre Meiningen - U. a. Daimler-Benz AG., Mannheim (1951 ff. Betriebsrat). 1955-1969 Mitgl. Gemeinderat Mannheim. CDU s. 1951 - Spr.: Engl.

WAWRZYN, Lienhard

Dr. phil., M.A., Filmregisseur - Bogotastr. 27, 1000 Berlin 37 (T. 030 - 801 68 05) - Geb. 2. April 1941 Berlin - Stud. Phil., German., Psych., Kunstgesch. (Berlin, Kiel, Hamburg, Heidelberg) u. Film (DFFB) - Fr. Autor u. Regiss. Drehbuchautor. Doz. Kunsthochsch. Berlin (Film, Video). U.a. Menschen wie aus Glas (1982), Leichter als Luft (1984), German Dreams, Spielfilm (1985). Spielfilm-Drehb., u.a. Albatros (1986); Scharze Sonne (1989) - BV: Walter Benjamins Kunsttheorie, 1973; Methodenkritik d. Literaturunterr., 1975; D. Automaten-Mensch, 1977 - 1982 Intern. Kritikerpreis Fipresci; 1983 Bundesfilmpreis.

WAXLAX, Lorne R.

Aufsichtsratsvorsitzender Braun AG, Kronberg - Zu ereichen üb. Braun AG, Frankfurter Str. 145, 6242 Kronberg - Geb. 15. Sept. 1933 Two Harbors (Vater: Rudolph W.; Mutter: Ebba W.), verh. m. Jacqueline, 3 Kd. (John, Carol, Paul) - High School Grad. 1951; Univ. Minnesota u. Northwest. Univ. (Master of Business Admin. 1967) - S. 1971 Braun AG (1980 Vorst.-Vors.) - Liebh.: Golf, Schwimmen, Lesen - Spr.: Span., Deutsch, Engl. (Mutterspr.).

WAZELT, Friedrich

Diplom-Ingenieur, o. Prof. f. Flugantriebe TH Darmstadt (s. 1966) - Am Herrenberg 10c, 6114 Groß-Umstadt.

WEBER, Adolf

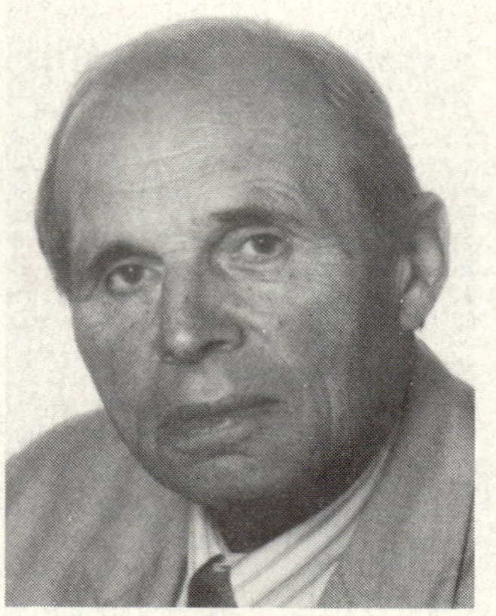

Dr. sc. agr., Univ.-Prof. Univ. Kiel i. R. - Kopenhagener Allee 4, 2300 Kiel 1 (T. 52 16 26) - Geb. 17. Juli 1922 Bucha Kr. Eckartsberga (Vater: Alfred W., Landw.; Mutter: Gertrud, geb. Hille), ev., verh. s. 1949 m. Gisela, geb. Steiling, 2 Töcht. (Reglindis, Ruthild) - 1932-37 Reform-Realgymn.; 1954-59 Univ. Göttingen (Landw.). Promot. (1960) u. Habil. (1965) Göttingen - 1945-53 landw. Betriebsleit.; 1959-65 Wiss. Assist.; 1965-68 Privatdoz., 1968 Prof. Univ. Kiel; 1970/71 u. 1986 Gastprof. USA; 1974-76 u. 1980/81 Prof. Univ. Nairobi/Kenia - BV: Struktur u. Dynamik d. Fleischverbrauchs i. d. EWG, 1961; Absatzwerbung f. landw. Erzeugnisse, 1965; Langfristige Energiebilanz in d. Landwirtsch., 1979; Instability in World Food Production, 1985; Assessment of the Food Production Potential, 1988. Mithrsg.: Quarterly Journal of Intern. Agriculture - 1962 Henneberg-Lehmann-Preis - Spr.: Engl., Franz., Ital.

WEBER, Albert E.

Dipl.-Kfm., Geschäftsführer Alcan Aluminiumwerke GmbH., Frankfurt (s. 1980) - Teutonenstr. 82c, 5880 Lüdenscheid - Geb. 14. Sept. 1927 Nürnberg (Vater: Karl W., Bankkfm.; Mutter: Ida, geb. Herzig), ev., verh. s. 1957 m. Ursula, geb. Berringer, 2 Kd. (Michael, Gabriele) - Stud. Betriebsw. Nürnberg. Spez. Arbeitsgeb.: Finanz- u. Rechnungswesen - Spr.: Engl.

WEBER, Albrecht

Dr. phil., em. Univ.-Prof. f. Didaktik d. Dt. Sprache u. Literatur - Am Nervenheil 3, 8901 Stadtbergen - Geb. 28. Febr. 1922 Bayreuth (Vater: Gustav W., Amtsrat; Mutter: Aline, geb. Schultheiß), ev., verh. s. 1944 m. Marianne, geb. Genzer, 2 Söhne (Albrecht, Rainer) - Gymn. Bayreuth, Augsburg, München; 1943-44 u. 1948-52 Univ. München (Rechtswiss., Dt., Gesch., Geogr.; Promot. 1952) - 1953-63 Studienass., -rat u. -prof. München; s. 1963 ao., s. 1970 o. Prof. Univ. Frankfurt u. Augsburg (1971 o.). 1969/70 Gastprof. USA - BV: Wege zu Goethes Faust, 1958; Stefan Andres - Wir sind Utopia, 1960; D. Problem d. Aufsatzbeurteilung, 1971; Weltgesch., 1966 (Reclam), 2. A. 1980 (Droemer); Joseph Roth, D. falsche Gewicht, 1968; Siegfried Lenz, Deutschstunde, 1971; Dialektik d. Aufsatzbeurteilung, 1973; Dt. Nov. d. Realismus; Grundl. d. Lit.-didaktik, 1975; D. Phänomen Simmel, 1977; Dt. Literatur in ihrer Zeit, Bd. I 750-1880, 1978; Bd. II 1880 - Gegenw., 1979. Herausg.: Dt. Lyrik (m. R. Hirschenauer, 4 Bde., 1955); Wege z. Ged. (2 Bde., 1956/63); D. Balladen (1962); Reihe Interpr. z. DLL (1960-75); Lit. did. Analysen (m. W. Seifert, 1980); Sprachdid. Analysen (m. H. Melzer, 1981); E. Roman in d. HS, Andersch Sansibar (1974); Lit. in Bayern (1987). Zahlr. Aufs., Lexikonart., Interpretationen. Div. Herausg. - Spr.: Engl.

WEBER, Albrecht

Dr. phil., stv. Leiter Presse- u. Informationsbüro Bonn d. Kommission d. EG-Kommission Europ. Gemeinschaften - Drosselweg 4, 5307 Wachtberg-Niederbachem (T. Bonn 34 78 74) - Geb. 26. Juli 1922 Neuhof b. Fulda, kath., verh. s. 1950 m. Angela, geb. Jaeger, S. Thomas - Winfried-Sch. Fulda; Univ. Breslau (Gasthörer), Göttingen (1945-47), Marburg (1947-49) - 1950-56 Redakt. f. Politik u. Wirtsch. Ruhrgeb. u. Bonn (1952); zul. Presseref. Bundesmin. f. wiss. Forsch. Mithrsg.: Taschenb. f. Atomfragen - Spr.: Franz., Engl.

WEBER, Angelika

M.A., Autorin u. Regisseurin - Kaiserpl. 7, 8000 München 40 - Aufgew. Regensburg - Univ. München (Gesch., Angl.) - Film: Maria Ward - Zw. Galgen u. Glorie (1985). Div. Kurzf. u. Dokument.

WEBER, Antonius

Bürgermeister Stadt Königstein/Taunus - Rathaus, Hauptstr. 15, 6240 Königstein/Taunus (T. 06174 - 2 02-2 00) - Geb. 19. Mai 1930 Köln - Bürgerm. Königstein - Mitgl. Präs. Hess. Städtetag u. Dt. Städte- u. Gemeindebd., Rat d. Gemeinden Europas (Dt. Sekt.), Vors. Verb. Hess. Heilbäder; Vorst. Wirtsch.-verb. Dt. Heilbäder u. Kurorte. CDU - Liebh.: Garten, Lesen, Wandern - Spr.: Engl.

WEBER, Axel

Stv. Vorstandsvorsitzender Bremer

Landesbank Kreditanstalt Oldenburg - Domshof 26, 2800 Bremen 1 - Zul. Sparkasse der Stadt Berlin W.

WEBER, Beate

Lehrerin, MdEP (s. 1979) - Sickingenstr. 1, 6900 Heidelberg 1 - Geb. 12. Dez. 1943 Reichenberg - 1963-68 Stud. Dolmetscher-Inst. Univ. Heidelberg u. PH Heidelberg - 1968-79 Lehrerin Grundschule u. Intern. Gesamtschule) - 1975 stv. Vors. Parteirat d. SPD; 1975-85 Ratsmitgl. Heidelberg; s. 1984 Vors. Aussch. f. Umweltfragen, Volksgesundh. u. Verbraucherschutz im Europ. Parlament - Spez. Arbeitsgeb.: Umweltpolitik.

WEBER, Christoph

Dr. phil., Prof. f. neuere Geschichte Univ. Düsseldorf - Florastr. 52, 4000 Düsseldorf (T. 33 31 07) - Geb. 7. Juni 1943 Graz (Vater: Theodor W., Redakt.; Mutter: Dr. Edina v. Zambaur), kath. - 1963-69 Univ. Bonn u. Trier (M.A. 1968, Promot. 1970); Habil. 1975 Düsseldorf; 1970-72 u. 1979-80 Forsch.inst. Rom; 1982 Prof. Düsseldorf - BV: 9 Bücher z. Kultur- u. Kirchengesch., u. a.: Kirchengesch., Zensur u. Selbstzensur, 1984 - Spr.: Ital.

WEBER, Clemens

Dipl.-Ing., Ministerialdirigent a. D., Honorarprof. f. Baukunst TU München (s. 1964) - Sophie-Stehle-Str. 10, 8000 München 19 (T. 57 07 22) - Zul. Oberste Baubehörde, München.

WEBER, Dierk

Dipl.-Ing., geschäftsf. Gesellschafter Dipl.-Ing. H. Weber GmbH & Co., Rohrleitungsbau u. Industrieanlagen, Köln, Gesellsch. Dipl.-Ing. H. Weber GmbH, Hattersheim, Cöln-Optik Brillenmode GmbH, Senscheid, Dipl.-Ing. Paul Mertens GmbH, Köln, IEC Rohrleitungsbau GmbH, Köln u. Maschinen- u. Apparatebau A. J. Köllemann GmbH, Adenau - Ährenweg 15, 5000 Köln 41 - Geb. 28. Febr. 1943.

WEBER, Dietrich

Dr. phil., Prof. f. Allg. Literaturwiss. Univ.-GH Wuppertal - Kerpener Str. 2, 5000 Köln 41 - Geb. 26. Juli 1935 Rathenow/Havel - Promot. 1963 Hamburg, Habil. 1974 Köln - S. 1975 o. Prof. f. Allg. Lit.wiss., einschl. neuerer dt. Lit.-Gesch. in Wuppertal - BV: Heimito v. Doderer - Stud. z. s. Romanwerk, 1963; Dt. Lit. d. Gegenw. in Einzeldarst., (Hrsg.) 1968ff.; Theorie d. analyt. Erz., 1975; Heimito v. Doderer-Autorenbuch, 1987.

WEBER, Doris

Dr. med., Prof. f. Kinder- u. Jugendpsychiatrie - Hans-Sachs-Str. 8, 3550 Marburg/L.; priv.: Am Schützenpl. 2a - Geb. 16. Juli 1916 Siegen/W. (Vater: Dipl.-Ing. Otto W.; Mutter: Elfriede, geb. Klauke), ev. - Med. Staatsex. u. Promot. 1947, fachärztl. Prüf. Psychiatrie u. Neurol. 1952, Kinder- u. Jugendpsych. 1970 (zusätzl. Psychotherapie 1974); Habil. 1970 (alles Marburg) - S. 1970 Prof. Univ. Marburg (ehem. Leit. Inst. f. ärztl.-päd. Jugendhilfe Univ. u. Erziehungsberatungsstelle Verein f. Erziehungshilfe) - BV: D. frühkindl. Autismus unt. d. Aspekt d. Entwickl., 1970. E. Monogr. Üb. 38 Fachaufs., Lehr- u. Handbuchbeitr.

WEBER, Eckhard

Dr., Dipl.-Volksw., Geschäftsführer Bristol Arzneimittel, Neu-Isenburg - Friedrich-Stoltze-Str. 8b, 6240 Königstein/Ts. (T. 06174 - 2 33 24) - Geb. 18. Okt. 1941, ev., verh. s. 1966 m. Marlis, geb. Heumann, 3 Kd. (Timm, Antje, Lars) - Stud. Volkswirtsch. Univ. Freiburg, Berlin u. Münster; Dipl. 1966 Univ. Münster; Promot. 1970 ebd. - 1984-88 Vorst. Prof. Dr. med. Much AG, Bad Soden; Vorst.-Mitgl. Bundesfachverb. d. Arzneimittelhersteller, Bonn-Bad Godesberg, Verein f. lautere Heilmittelwerbung, ebd, u. Ges. f. Phytotherapie, Köln; Präsidialratsmitgl. Zentralaussch. d. Werbewirtsch., Bonn - BV: Stadien d. Außenhandelsverflechtung Ostmittel- u. Südosteuropa, 1971; D. Transitverkehr d. Comecon-Länder üb. Hamburg nach Übersee, 1972 - Preis d. Südeuropa-Ges. München (f. Diss.) - Liebh.: Gesch., Barockmusik, Schwimmen, Skilanglauf - Spr.: Engl., Franz., Niederl.

WEBER, Ellen

Dr. med., Prof. f. Klinische Pharmakologie - Hausackerweg 21, 6900 Heidelberg (T. 06221-2 62 96) - Geb. 14. Juli 1929 Freiburg/Br. (Vater: Otto W., Kfm.; Mutter: Mathilde, geb. Gérard), kath. - Realgymn. Heidelberg (Abit. 1949), 1949-55 Univ. Löwen, Heidelberg u. Innsbruck (Med.), Ex. u. Promot. 1955 Heidelberg, Habil. (Pharmakol. u. Toxikol.) 1965 ebd., Ärztin f. Pharmakol. 1970 - 1956-68 wiss. Assist. Univ. Heidelberg, s. 1968 Leit. Abt. klin. Pharmakol. Med. Univ.Klin. Heidelberg (Dekan 1974-77), 1975-79 Leit. Sekt. Klin. Pharmakol. Dt. Pharmakol. Ges. (stv. 1979-81), Mitgl. Arzneimittelkommiss. Dt. Ärzteschaft u.a. Fachvereinig. - BV: Zahlr. Veröff. in wiss. Ztschr. u. Büchern - Spr.: Franz., Engl.

WEBER, Erich

Dr. phil., Dipl.-Psychol., o. Prof. f. Pädagogik - Bergstr. 8, 8901 Diedorf-Hausen (T. 08238 - 22 58) - Geb. 25. März 1927 Dingolfing, ev., verh. seit 1951 mit Edeltraut, geb. Wolff, 2 Kd. (Thomas, Marianne) - 1952-56 Univ. München (Päd., Psych., Anthropol.); Dipl.-Psych. 1956; Promot. 1956 u. Habil. 1963 München - S. 1963 ao. u. o. Prof. (1967) Päd. Hochsch. bzw. II. Erziehungswiss. Fak./Univ. Erlangen-Nürnberg (1964-66 Vorst.), s. 1973 Phil. Fachber. I Univ. Augsburg - BV: D. Freizeitproblem, 1963 (auch span.); D. Freizeitgesellschaft u. d. Buch, 1967; D. Verbrauchererziehung in d. Konsumges., 2. A. 1969; Erziehungsstile, 8. A. 1986; Wirtschaftspäd. Aspekte, 4. A. 1974; D. Erziehungs- u. Bildungsbegriff im 20. Jh., 3. A. 1976; Päd. Grundfragen u. -begriffe, 7. A. 1975; Z. moral. Erziehung im Unterr. u. Schule, 2. A. 1974; Kl. soz. wiss. Wörterb. f. Päd., 2. A. 1976 (m. H. Domke u. S. Gehlert); Autorität im Wandel. Autorit., antiaurit., emanzipator. Erz., 1974. Mithrsg.: D. Aspekt d. Emotionalen in Unterr. u. Erz. (2. A. 1975); Erziehungsprobleme in d. mod. Ges. (Päd. IV. Bd./Teil 1), 3. A. 1982; D. Erziehungsauftrag d. Schule, 1978 (Mithrsg.); D. Schulleben u. seine erzieher. Bedeutung, 1979; Generationenkonflikte u. Jugendprobl. aus erwachsenen-päd. Sicht, 1987. Zahlr. Beitr. f. Fachztschr.

WEBER, Ernst

Dipl.-Ing., Geschäftsführer Frankiphal Bauges. mbH., Düsseldorf - Achenbachstr. 36, 4000 Düsseldorf - Geb. 10. Aug. 1908 - S. 1933 Frankiphal.

WEBER, Ernst

Oberbürgermeister - Rathaus, 4500 Osnabrück - B. 1972 Beigeordn., dann Oberbürgerm. Osnabrück. SPD.

WEBER, Franz

Dr. rer. pol., Dipl.-Kfm., Vorstand Jute-Spinnerei u. Weberei Bremen AG - Hölderlinstr. 27, 2085 Quickborn (T. 04106-6 85 80) - Geb. 29. Juli 1935, kath., verh. s. 1972 m. Evelyn, geb. Wellach - Abit., kfm. Lehre, Stud. Betriebsw., Ex. 1961, Promot. 1963 - Tätigk. Metallind., s. 1966 selbst. Untern.-berater, s. 1972 Vorst. Jute-Spinnerei (s.o.).

WEBER, Friedrich

Dr. jur., o. Prof. f. Bürgerl. Recht u. Zivilprozeß (emerit. 1973) - Neuenheimer Landstr. 44, 6900 Heidelberg (T. 4 32 38) - Geb. 19. Mai 1905 München - Gymn., Univ. Erlangen u. München (Promot. 1932) - 1934 Amts-, 1937 Landgers.rat München, 1941 Privatdoz. Univ. Gießen, 1942 a.o., 1947 o. Prof. Univ. Heidelberg. Spez. Arbeitsgeb.: Konkursrecht - BV: u. a. Sachaufklärung u. Offenbarungseid in d. Zwangsvollstreckung, 1939. Bearb.: E. Jaeger, Kommentar z. Konkursordnung, Bd. II, 8. A. 1973. Mithrsg.: Konkurs-, Treuhand- u. Schiedsgerichtswesen (1955 ff.).

WEBER, Fritz

Fabrikant, Inhaber Miltenberger Industriewerk P. & B. Weber, Geschäftsführer Mikro-Technik GmbH - Postf. 1640, 8760 Miltenberg - 1971 Gr. BVK.

WEBER, Georg

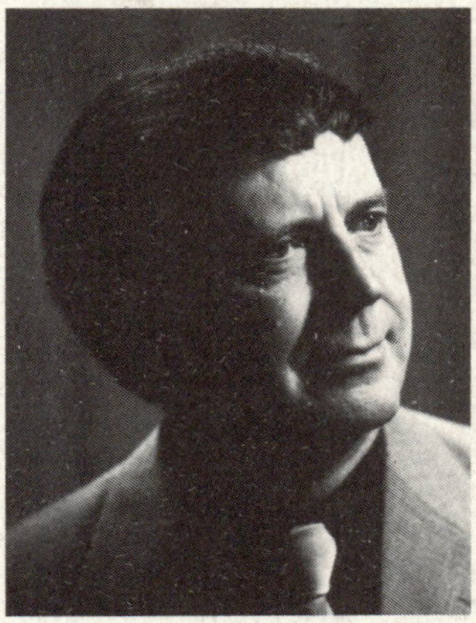

Dr. theol., S.T.M., Prof. f. Soziologie u. Sozialpädagogik Univ. Münster - Coesfeldweg 39, 4400 Münster (T. 0251 - 86 29 57) - Geb. 22. Okt. 1931 Zendersch/Siebenbürgen (Vater: Georg W., Landwirt; Mutter: Sara, geb. Bürger), ev., verh. s. 1962 m. Renate, geb. Schlenther, 3 Kd. (Cornelius, Marcus, Ricarda) - Abit. 1952 Uffenheim/Mfr.; 1952-57 Stud. ev. Theol. u. Phil. Neuendettelsau, Heidelberg, Basel, Göttingen u. Erlangen (1. theol. Ex. 1957); 1957-58 Stud. in Springfield/Ohio (Stip., Abschl. S.T.M. 1958); 2. theol. Ex. 1962, Promot. 1965 Univ. Münster; 1965-70 Zweitstud. Soziol., Päd. u. Phil. Univ. Münster, Habil. 1971 - S. 1961/62 Forsch.-Tätigk. (auch stv. Dir. Comenius-Inst. Münster); 1964ff. Relig.-Lehrer; 1970ff. wiss. Assist., Doz., Lehrbeauftr.; s. 1973 o. Prof. PH, s. 1980 Univ. Münster - BV: Beharr. u. Einfüg. - e. empir.-soziol. Analyse, 1968; Devianztheorien u. Strafgefangene - e. empir.-soziol. Studie (m. F.-W. Meyer), 1981; Zendersch - e. siebenbürg. Gemeinde im Wandel (m. R. Weber), 1985; Luther u. Siebenbürgen (Hrsg. m. R. Weber); Tod, Modernität u. Ges. - Entwurf e. Theorie d. Todesverdrängung (m. A. Nassehi), 1989 - Spr.: Engl., Griech., Latein, Hebr., Rumän.

WEBER, Gerd

Dr.-Ing., Vorsitzender d. Geschäftsleitung Krupp Maschinentechnik, Essen - Hohe Buchen 7, 4300 Essen 1 - Geb. 22. Juli 1935 Wuppertal - Abit. 1955; ab 1960 Stud. Maschinenbau RWTH Aachen (Promot. 1965).

WEBER, Gerd Wolfgang

Dr. phil., Prof. f. Skandinavistik Univ. Frankfurt - Oranienstr. 41, 6232 Bad Soden (T. 06196 - 2 56 98) - Geb. 19. März 1942 Offenbach (Vater: Helmut W., Ing.; Mutter: Felicitas, geb. Schwimmbeck, Lehrerin), verh. s. 1965 m. Gudrun, geb. Goering - Stud. Univ. Frankfurt, Salamanca, Oxford (Promot. 1968 Frankfurt) - 1966 wiss. Assist. Frankfurt; 1968 Lektor Uppsala; 1972 Prof. Univ. Frankfurt. 1978 Gastprof. Stanford/USA, 1979 Saarbrücken, 1983 Berkeley/USA, 1985ff. Marburg.

WEBER, Gerhard

Dr. med., Prof., Direktor Hautklinik Klinikum Nürnberg - Flurstr. 17, 8500 Nürnberg (T. 398 24 60) - Geb. 26. Okt. 1923 Tübingen (Vater: Prof. Dr. phil. Wilhelm W., Althistoriker (s. X. Ausg.); Mutter: Elisabeth, geb. Nietner) - 1943-49 Univ. Berlin u. Mainz. Promot. u. Habil. Mainz - S. 1956 Lehrtätigk. Univ. Mainz (1962 Prof.) u. Erlangen-Nürnberg (1968 Prof.) - BV: Vergl.Unters. üb. d. quantitative Verhalten proteingebundener Kohlehydrate im Blutserum b. Dermatosen, 1958. Etwa 300 Einzelveröff., dar. d. Buchbeitr.: Fehlbild. d. Haut (Handb. d. Dermatol. u. Venerol., Bd. IV 1960), Bezieh. zw. Erkrank. d. Hautorgans u. d. Zentralnervensystems (m. K. Schiffer; ebd.), Chron. Erytheme (Rieckes Lehrb. d. Haut- u. Geschlechtskrankh. 1962), zahlr. wiss. Publ. - Ehrenmitgl. Austral. (1966), Mexikan. (1970) u. Brasilian. Dermatol. Ges. (1971); 1967 korr. Mitgl. Australasian College of Dermatology., Bulgar. Dermatol. Ges. (1975), Oesterr. Dermatol. Ges. (1975), Italien. Dermatol. Ges. (1975), Franz. Dermatol. Ges. (1977), Poln. Dermatol. Ges. (1978), Niederländ. Vereinig. f. Dermatol. u. Vener. (1979), American Ass. Dermatol. (1983), Norweg. Dermatol. Ges. (1988).

WEBER, Gerhard Walter

Geschäftsführer CVJM-Hamburg Reisedienst GmbH., Mitgl. Hbg. Bürgerschaft (b. 1978) - Schäferkampsallee 39, 2000 Hamburg 6 (T. 4 10 31 76; CVJM: 24 90 74) - FDP. Vizepräs. Arbeitsgem. Ges. BRD/UdSSR f. Hbg., Vors. Ges. BRD/UdSSR, Hamburg, Synodaler Kirchenkr. Hamburg.

WEBER, Günther

Dr. rer. nat., Prof. f. Techn. Physik - Kleiststr. 40, 6100 Darmstadt (T. 3 52 02) - Geb. 14. Sept. 1929 Zschopau/Sa. - S. 1964 Lehrtätigk. TH Darmstadt (1967 Prof.). Zahlr. Fachaufs.

WEBER, Gustav

Dr. rer. nat., o. Prof. f. Elementarteilchenphysik II. Inst. f. Experimentalphysik Univ. Hamburg (s. 1967) - Tinsdaler Kirchenweg 273a, 2000 Hamburg 56 (T. 81 64 45) - Geb. 7. Dez. 1925 Wolfersheim/Saar - Mitgl. Direkt. Dt. Elektronen-Synchroton, Hamburg, Fachveröff.

WEBER, Hans

Bürgermeister - 8400 Regensburg, Rathaus; priv.: Eichenstr. 24 - Geb. 8. Okt. 1912 - SPD.

WEBER, Hans

Dr. med., Prof., Kinderarzt - Am Rotbusch 4, 5205 St. Augustin - Geb. 19. Aug. 1914 Basel - S. 1957 (Habil.) Lehrtätigk. Univ. Gießen u. Bonn (1963 apl. Prof., 1971 Wiss. Rat u. Prof.); Ärztl. Dir. Kinderkrhs. Siegkr. Buchbeitr. u. üb. 50 Fachaufs.

WEBER, Hans

Dr. rer. nat., em. o. Prof. f. Botanik u. Pharmakognosie - Oechsnerstr. 10, 6500 Mainz - Geb. 6. Okt. 1911 Delitzsch/S.-Anh. (Vater: Friedrich W.; Mutter: Margarete, geb. Biehl), verh. m. Gerda, geb. Boettcher, 2 Kd. - Oberrealsch. Delitzsch; Univ. Halle (Promot. 1936). Habil. 1939 Königsberg/Pr. -S. 1946 Prof. Univ. Mainz, Dir. Inst. f. Spez. Botanik u. Bot. Garten. Forschungsreisen Süd- u. Mittelamerika - BV: Gestalt. u. Org. d. höheren Pflanzen, 1949; D. Bewurzelungsverhältnisse d. Pflanzen, 1953; D. Páramos v. Costa Rica, 1958 (span. 1959). Zahlr. Einzelarb.

WEBER, Hans-Georg

Dr. rer. nat., Privatdozent, Physiker - Ladenburgerstr. 93, 6900 Heidelberg (T. 06221 - 4 48 97) - Geb. 30. Dez. 1940 Troppau (Vater: Heinz W., Zollrat; Mutter: Helene, geb. Schneider) - Univ. Marburg (Promot. 1971), Univ. Heidelberg (Habil. 1976) - BV: Üb. 50 Veröff. in intern. Ztschr. - S. 1985 Heinrich-Hertz-Inst., Berlin.

WEBER, Hans-Günther

Dr. h. c., Oberstadtdirektor i. R., Ehrenpräs. Dt. Ges. f. d. Badewesen, Ehrenbürger v. Bandung (Indonesien) - Margaretenhöhe 9, 3300 Braunschweig (T. 351 11 85) - Geb. 27. Juni 1916 Merseburg (Vater: Dr. Hans B. W.;

Mutter: Else, geb. Günther), ev., verh. s. 1955 m. Lore, geb. Küster, 2 Kd. (Sybille, Hans-Wilhelm) - Univ. Mainz, Frankfurt/M., Bandung - 1952 Oberregierungsrat im Hess. Innenmin.; 1954-60 Landrat Wetzlar; 1960-80 Oberstadtdir. Braunschweig - Herausg. Nachrichtenmagazin Europabrücke - Vorst.vors. Ludwig-Frank-Stiftg. f. e. freiheitl. Europa e. V. München; Vizepräs. Dt. Indones. Ges.; Vors. Kommunalaussch. Paneuropa Union Dtschl. - Ehrendoktor Univ. Bandung; 1980 Gr. BVK - 1967 Gold. Sportabz. - SPD b. 1976 (Austritt wegen Ostpolitik) - Spr.: Engl., Franz.

WEBER, Hans-Oskar

Dr. theol., Ltd. Bibliotheksdirektor a. D. - Pommerneck 12, 3400 Göttingen - Geb. 2. Dez. 1919 Kassel (Vater: Bruno W., Oberinsp.; Mutter: Henny, geb. Merle), ev., verh. s. 1958 m. Hannelore, geb. Schönborn, 2 Töcht. (Elisabeth, Susanne) - Stud. Theol. Göttingen; 1952 1. Theol. Ex.; Promot. 1952 - 1952 Bibl.rat Univ.-Bibl. Göttingen, 1965 Bibl.oberrat Nieders. Landesbibl., Hannover, 1971-84 Dir. Univ.-Bibl. TU Clausthal - Liebh.: Musik - Rotarier.

WEBER, Hans-Otto

Ministerialdirigent a. D. - Kleiststr. 23, 6436 Schenklengsfeld 1 (T. 06629 - 62 78) - Geb. 14. Juni 1926 - S. 1987 Präs. d. Volksbundes Dt. Kriegsgräberfürsorge.

WEBER, Hanspeter

Staatssekretär im Min. f. Arbeit, Gesundheit u. Sozialordnung, Saarland - Franz-Josef-Röder-Str. 23, 6600 Saarbrücken (T. 0681 - 5 01-31 76).

WEBER, Harm

Angestellter, MdL Nieders. (s. 1974) - Königstr. 6, 2956 Moormerland-Warsingfehn (T. Neermoor 47 08) - SPD.

WEBER, Hartwig

Dr. theol., Prof. f. Theologie u. Religionspädagogik PH Heidelberg - Am Kastanienhain 8, 6741 Gleisweiler - Geb. 13. Juni 1944, verh. s. 1981 m. Carmenza, geb. Herrera, 4 Kd. (Mirjam, Tobias, Jonas, Gabriel) - Stud. Ev. Theol.; Promot. 1972 Heidelberg - BV: Schalom - Schalom, 1972; Projektgruppen im Rel.unterr., 1973; Schülerinitiative groß geschrieben, 1973; Sprechen v. Gott in sprachloser Zeit, 1974; Relig. Erziehung, 1978; Mut z. Phantasie, 1979; Kinder in Lateinamerika, 1979; D. Opfer d. Kolumbus, 1982; Jugendlexikon Religion, 1986.

WEBER, Heinrich

Dr. phil. habil., Privatdozent, Akademischer Oberrat Dt. Seminar Univ. Tübingen (Linguistische Abt.) - Paulinenstr. 23, 7402 Kirchentellinsfurt (T. 07121 - 6 84 56) - Geb. 10. Dez. 1940 Kaiserslautern, verh. s. 1972 m. Friederike, geb. Fischle, S. Ulrich - Stud. German., Gesch. u. polit. Wiss. Univ. Saarbrücken, Wien u. Heidelberg; 1. Staatsex. 1966; 2. Staatsex. 1969; Promot. 1968 Heidelberg; Habil. (Fachgeb. Dt. Philol. Sprachwiss.) 1989 Tübingen - BV: D. erweiterte Adjektiv- u. Partizipialattribut im Deutschen, 1971; Kl. generative Syntax d. Deutschen I., 1977. Bearb. u. Herausg.: Eugenio Coseriu: Sprachkompetenz (1988). Mithrsg.: Akten d. 10. u. d. 22. Ling. Koll. (1976 u. 88).

WEBER, Heinrich E.

Dr. rer. nat., Dr. phil., Prof. f. Biologie (Botanik) Univ. Osnabrück, Abt. Vechta - Zu erreichen üb. Univ., Driverstr. 22, 2848 Vechta - Geb. 1932 Osnabrück, verh. s. 1969 m. Elisabeth, geb. Dreyer, 2 Kd. - Staatsex. f. Höheres Lehramt 1960, Promotion (Dr. phil.) 1961 Univ. Hamburg, Promot. (Dr. rer. nat.) 1966 Univ. Kiel - S. 1974 o. Prof. Univ. Osnabrück, Abt. Vechta - BV: D. Gattung Rubus (Rosaceae) im nordwestl. Europa (Botan. Systematik), 1972; u. a. Buchpubl.

WEBER, Heinz C.

Werbeberater BDW, Geschäftsf. CONTURA GmbH, u. Inh. wbr-STUDIO f. Werbefotogr. u. -gestaltung - Allersdorf 19 a, 8589 Bindlach (T. 09208 - 7 33) - Geb. 29. Jan. 1926 Blankenhain (Vater: Ernst W., Bankbeamter; Mutter: Anne, geb. Petersen), verh. s. 1956 m. Valerie, geb. Hesse, 3 Kd. (Jörg, Kirsten, Haike) - Obersch., Werbefachsch. Hamburg - S. 1948 Ind.tätigk., s. 1970 CONTURA, s. 1978 wbr-STUDIO - Liebh.: Fotogr., Schallplatten, Schwimmen.

WEBER, Heinz (Heinrich)

Dipl.-Kfm., Geschäftsführer i.R. Thompson-Siegel GmbH., Düsseldorf - Paul-Finger-Str. 24, 5000 Köln 40 - Geb. 10. Juli 1917 - Zul. Gf. Coca-Cola GmbH., Essen; Handelsrichter u. Arbeitsrichter Köln.

WEBER, Helmut

Dr. theol., o. Prof. f. Moraltheologie - Weberbach 18, 5500 Trier - Geb. 27. Aug. 1930 Oberwinter (Vater: Josef Weber; Mutter: Maria, geb. Weiler), kath. - 1951-60 Theol. Fak. Trier u. Gregoriana Rom (1951; Theol.). Promot. 1960 Rom; Habil. 1965 Würzburg - 1960-61 Kaplan; 1962-65 Assist. Univ. Würzburg (Moraltheol. Sem.); s. 1965 Doz. u. Ord. (1966) Theol. Fak. Trier (1979-87 Rektor) - BV: Sakrament u. Sittlichkeit, 1966. Herausg.: Anspruch d. Wirklichkeit u. christl. Glaube, 1980 (m. D. Mieth).

WEBER, Helmut

Dr.-Ing., Dr. h. c., Prof., Architekt - Postfach 21 05 60, 3000 Hannover 21 (T. 79 60 88) - Geb. 14. Sept. 1923 Weimar/Thür., ev., verh. s. 1944 m. Hildegard, geb. Fleischhauer, 2 Kd. (Walther, Angelika) - Univ. Hannover; Ecole des Beaux-Arts Sorbonne Paris - S. 1955 Assist., Privatdoz. (1961), Prof. (1965) Univ. Hannover (Industrialisierung d. Bauens), Vorst.-Vors. d. Stud.gemeinsch. f. Fertigbau u. Beirat RG-Bau im RKW; Beirat Dt. Ges. f. Sonnenenergie. Neckermann-Eigenheime u. OKAL-Häuser - BV: Wechselwirkung v. Konstruktion u. Formung, 1957; Walter Gropius u. d. Fagus-Werk, 1961; G. F. L. Laves als Bau-Ing., 1964; Ausbauhandb., 1976; Dach u. Wand, 1982; Energiebewußt planen, 1984; Systembau international, 1985 (auch russ. u. engl.) - 1973 Ehrendoktor Univ. Cordoba.

WEBER, Helmut Kurt

Dr. rer. pol., Dipl.-Kfm., o. Prof. f. Betriebswirtschaftsl. Univ. Göttingen (s. 1969) - Ludwig-Beck-Str. 5, 3400 Göttingen (T. 2 28 22) - Geb. 22. Nov. 1933 Roth (Vater: Josef W., kfm. Angest.; Mutter: Wilhelmine, geb. Haas), kath., verh. s. 1962 m. Ulrike, geb. Schmidt - Obersch. Weißenburg (Abit. 1953); Stud. d. Betriebswirtsch.lehre Florida South. Coll., Lakeland/Flor./USA, Univ. München, Hochsch. f. Wirtsch.- u. Soz.wiss. Nürnberg, Dipl.-Kfm. (1958); Promot. (1962) u. Habil. (1967) Nürnberg - 1967-69 Doz. Univ. Erlangen-Nürnberg - BV: D. Planung in d. Unternehmung, 1963; D. Absatzmarkt d. ind. Unternehmung, 1969; Betriebswirtsch. Rechnungswesen, 2. A. 1978, Wertschöpfungsrechn., 1980; Rentabilität, Produktivität, Liquidität d. Unternehmung, 1983; Ind.betriebslehre, 1985; Betriebswirtsch. Rechnungswesen, Bd. 1: Bilanz u. Erfolgsrechnung, 3. A. 1988 - Spr.: Engl.

WEBER, Herbert

Dr.-Ing., Dipl.-Ing., Vorsitzender d. Geschäftsfg. ANT Nachrichtentechnik GmbH - John-Mott-Str. 1, 7150 Backnang (T. 07191 - 6 02 27) - Geb. 13. März 1933 Regensburg (Vater: Leo W.; Mutter: Gertrud, geb. Hanche), ev., 2 Töcht. (Claudia, Monika) - Oberrealsch. (Abit. 1952); Stud. TH München; Promot. 1963 - S. 1962 AEG-Telefunken (Entwicklungsleit. Fachgebietsleit. Kabelanlagen, Geschäftsbereichsleit. Weitverkehr und Kabeltechn., stv. Vorst.-Mitgl. Unternehmensbereich Kommunikationstechnik). S. 1982 Vors. d. Geschäftsfg. AEG-Telefunken Nachrichtentechnik GmbH (s. Umfirmierung 1983 ANT Nachrichtentechnik GmbH); s. 1989 Geschäftsf. Robert Bosch GmbH, Stuttgart - Liebh.: Segeln, Bergsteigen - Spr.: Engl., Span. - Lions-Club.

WEBER, Herbert

Vorstandsvorsitzender Landesbank Saar Girozentrale, Saarbrücken - Am Klosterhang 9, 6670 St. Ingbert (T. 06894 - 85 38) - Geb. 13. Nov. 1925 St. Ingbert - Rotarier.

WEBER, Hermann

Dr. phil., em. o. Prof. f. Mittlere u. Neuere Geschichte - Weidmannstr. 16, 6500 Mainz (T. 8 21 24) - Geb. 17. Febr. 1922 Bad Kreuznach/Nahe, kath., verh. s. 1954 m. Ursula, geb. Ploenes, 4 Kd. (Martin, Christoph, Anne, Catherine) - Promot. 1954 Bonn; Habil. 1966 Saarbrücken - 1954-55 Assist. Univ. Bonn (Histor. Sem.); 1958-68 Assist. u. stv. Leit. Dt. Histor. Inst. Paris; 1968-87 Ord. Univ. Mainz - BV: D. Politik d. Kurfürsten Karl Theodor v. d. Pfalz währ. d. Österr. Erbfolgekrieges, 1956; Frankreich, Kurtrier, d. Rhein u. d. Reich, 1969; Avers. Aus Gesch. u. Leben e. Bündner Hochtals, 1985 - Spr.: Franz., Engl.

WEBER, Hermann

Dr. phil., o. Prof. f. politische Wissenschaften u. Zeitgeschichte - Neckarpromenade 2, 6800 Mannheim 1 (T. 37 74 76) - Geb. 23. Aug. 1928 Mannheim (Vater: Hermann W., Former; Mutter: Maria, geb. Rutz), verh. s. 1951 m. Gerda, geb. Röder - 1947-49 SED-Parteihochsch., 1964-68 Univ. Marburg u. Mannheim (Polit. Wiss., Soziol., osteurop. Gesch.), 1968 Promot., 1970 Habil. - 1954-64 Publizist, 1970 Univ.-Doz., 1973 apl. Prof., 1975 o. Prof. - O. Mitgl. d. Historischen Kommiss. zu Berlin, Mitgl. Wiss. Beir. Inst. f. Zeitgesch. - BV: V. R. Luxemburg z. W. Ulbricht, 1961 (4. A. 1970); Konflikte im Weltkommunismus, 1964; V. d. SBZ z. DDR, 1968; D. Wandlung d. dt. Kommunismus; D. Stalinisierung d. KPD in d. Weimarer Rep., 2 Bde., 1969 (ital. 1979); Demokr. Kommunismus? Z. Theorie, Gesch. u. Politik d. kommunist. Bewegung, 1969 (2. A. 1979); Lenin, 1970 (12. A. 1988); Ansätze e. Politikwiss. in d. DDR, 1971; D. SED 1946-71, 1971; D. SED nach Ulbricht, 1974; Lenin-Chronik (m. Gerda Weber), 1974 (span. 1974, engl. 1981); DDR. Grundriß d. Gesch. 1976; Kl. Gesch. d. DDR, 1980, 2. A. 1988; Hauptfeind Sozialdemokr. Strategie u. Taktik d. KPD 1929-1933, 1982; Kommunismus in Dtschl. 1918-45, 1983; Gesch. d. DDR, 1985, 2. A. 1986; D. DDR 1945-86, 1988; Weiße Flecken in d. Gesch. D. KPD-Opfer d. Stalinschen Säuberungen u. ihre Rehabilitierung, 1989; u. a. Herausg.: D. dt. Kommunismus. (3. A. 1973); Lenin, Ausgew. Schriften (1963); D. Kommunist. Internationale (1966); Lenin. Aus d. Schriften (2. A. 1980); D. Gründ.parteitag d. KPD (1969); Unabhängige Kommunisten (1981); D. Generallinie. Rundschreiben d. ZK d. KPD an d. Bezirke 1929-1933 (1981); Parteiensystem zw. Demokr. u. Volksdemokr. (1982); Widerstand gegen d. Nationalsozialismus in Mannheim (1984); DDR. Dok. z. Gesch. d. Deutschen Demokr. Rep. 1945-1985 (1986, 3. A. 1987); u. a.

WEBER, Hermann

Dr. jur., Prof., Rechtsanwalt - Palmengartenstr. 14, 6000 Frankfurt 1 (T. 069 - 75 60 91-0) - Geb. 10. Nov. 1936 Münster (Vater: Hermann W., Zoologe), ev., verh. m. Edith, geb. Hummel, 2 Söhne (Michael, Christian) - Abit. Tübingen; 1955-59 Stud. Rechtswiss. Univ. Tübingen, Frankfurt, Hamburg; 1. u. 2. jurist. Staatsprüf. 1959 u. 1964 Tübingen bzw. Stuttgart; Promot. 1965 Tübingen - S. 1965 verantwortl. Schriftleit. Juristische Schulung; s. 1974 zusätzl. Leit. Frankfurter Ndrl. C.H. Beck'sche Verlagsbuchhandl. u. verantwortl. Schriftleit. Neue Juristische Wochenschrift; 1973-75 Lehrbeauftr. Univ. Marburg; s. 1975 Lehrbeauftr. u. s. 1984 Hon.-Prof. Univ. Frankfurt. 1972-89 Mitgl. Stadtverordnetenvers. Stadt Bad Vilbel (FDP); s. 1977 dort Vors. d. FDP-Frakt.; 1977-81 zugl. Mitgl. Verbandstag d. Umlandverb. Frankfurt; s. 1975 Mitgl. Justizprüfungsamt b. Hess. Min. d. Justiz - BV: D. Religionsgemeinschaften als Körperschaften d. öfftl. Rechts im System d. Grundgesetzes, 1966; Grundprobleme d. Staatskirchenrechts, 1970; Rechtsprechung z. Verfassungsrecht, 2 Bde. 1977; D. rechtsgeschichtl. Exegese (m. H. Schlosser u. F. Sturm), 1972. Herausg.: Einf. in d. bes. Steuerrecht, 3 Bde. (1975-77); Neue Ztschr. f. Verwaltungsrecht (auch Schriftl., s. 1982) - Spr.: Engl., Franz., Griech., Latein.

WEBER, Hildegard

Musikkritikerin u. Feuilletonistin - Zu erreichen üb.: Frankfurter Allgemeine Zeitung, Postf. 2901, 6000 Frankfurt/M. 1 - Geb. 1911 Hagen/W. - N. Abit. Ausbild. Buchhandel; Stud. Musik - Tätigk. Musikverlage (Breitkopf & Härtel, B. Schott's Söhne); 1940-43 (Verbot) Frankf. Ztg.; 1950 ff. FAZ - BV: D. Museum (Herausg.). Übers. aus d. Engl. (Musikerbiogr.).

WEBER, Horst

Dr. rer. nat. (habil.), Prof. f. Landeskultur (emerit.) - Lärchenwäldchen 2, 6300 Gießen (T. 7 02 83 20) - Geb. 29. Juni 1911 Reichenbach/Schles. - 1955-72 Privatdoz. u. Prof. (1957) Univ. Gießen (Dir. Inst. f. Landeskultur). Facharb.

WEBER, Horst

Stadtdirektor Burscheid - Rosenkranz 26, 5093 Burscheid (T. 02174 - 89 22 24 u. 02174 - 24 28 (p)) - Geb. 29. Sept. 1935 Hürth (Vater: Paul W., Beamter; Mutter: Aenne, geb. Velten), kath., verh. s. 1957 m. Lieselotte, geb. Ottow, S. Jörg - Lehrabschlußprüf. 1955, Prüf. f. d. mittl. u. gehob. nichttechn. Verw.dienst 1958 u. 61 Stud.inst. f. kommun. Verw. Bonn u. Köln - 1967 Gemeindedir. Gustorf/Grevenbroich, 1975 Beigeordn. Stadt Grevenbroich; ab 1976 Stadtdir. Burscheid. Veröff. in Fachztschr. - 1971 Willi Brandt-Silbermed.; 1976 Bundes-Förderer-Med. a. Bde. in Gold Dt. Volksmusikerbund e.V.; 1978 silb. Ehrennadel Gewerksch. ÖTV; 1979 silb. Ehrennadel Volksbd. Dt. Kriegsgräberfürsorge e.V.; 1981 silb. Ehrennadel Landesjagdverb. NW - Liebh.: bild. Kunst, Keramik, Briefmarken, Münzen, Politik, Sport - Spr.: Engl.

WEBER, Hubert

Dr. jur. Rechtsanwalt, MdB (s. 1969; Wahlkr. 61/Köln III) - An der Ling 44, 5000 Köln 60 (T. 21 24 96) - Geb. 10. Mai 1929 Bad Kissingen, kath., verh., 5 Kd. (Michael, Christian, Susanne, Hans, Max) - Gymn.; Univ. Würzburg u. Köln (Rechtswiss.). Jurist. Staatsprüf. 1953 u. 57; Promot. 1963 (alles Köln) - 1960-69 Richter Verwaltungsgericht Nordrh.-Westf. 1956-61 Stadtratsmitgl. Köln. SPD.

WEBER, Josef

Polizeiobermeister a. D., MdL Hessen (s. 1970) - Augezder Str. 2, 6419 Burghaun (T. 06652 - 26 71) - Geb. 5. Aug. 1935 Burghaun, verh., 3 Kd. - Volksschule; Tischlerhandwerk - Bis 1955 Tischler, dann Polizist. 1964 ff. Gemeindevertr. Burghaun (1968 I. Beigeordn.); 1968ff. MdK Hünfeld (stv. Fraktionsf.); s. 1972 Vors d. CDU-Kreistagsfraktion. CDU s. 1962.

WEBER, Jürgen

Prof., Bildhauer - Syltweg 11a, 3300 Braunschweig (T. 35 13 38) - Geb. 14. Jan. 1928 Münster/W. (Vater: Prof. Dr. med., Drs. h. c. Hans-Hermann W., Physiologe (s. dort); Mutter: Marga, geb. Oltmanns), ev., wiederverh. m. Renate Heidersberger, geb. Krüger, 3 Kd. (Doina-Esther, Saskia-Rahel, Constantin) - Gymn.; Lehre als Bronzegießer (Gesellenprüf.); Stud. Med. (3), Kunstgesch. (5), Bildhauerei (8 Sem.; Kunstakad. Stuttgart) - S. 1961 ao. u. o. Prof. TH bzw. TU Braunschweig (Lehrstuhl f. Elementares Formen). Zahlr. Plastiken in Stein u. Bronze (Hauptw.: Portal St. Jacobi-Kirche Hamburg, Krieg oder Frieden u. America/Kennedy-Center Washington, Ringerbrunnen Braunschweig), Rathausportal Göttingen, Ehebrunnen Nürnberg - BV: Gestalt, Bewegung, Farbe - Kritik d. reinen Anschauung, 3. A. 1984; Entmündigung d. Künstler, 2. A. 1981; Das Ehekarussell, 1985 - 1956 I. Preis Kunstpreis d. Jugend v. Baden-Württ., 1960 Rom-Preis (Villa Massimo).

WEBER, Karl

Oberpostrat, MdL (s. 1980) - Fichtestr. 14, 6900 Heidelberg (T. 3 35 00) - Geb. 26. Febr. 1936 Heidelberg (Vater: Karl W., Postbetriebsinsp.; Mutter: Käthe, geb. Hummel), kath., verh. s. 1970 m. Hildegard, geb. Redweik, 2 S. (Thomas, Michael) - Studium Rechtswissensch. u. Neuere Gesch. Refer.- u. Ass.ex. - S. 1967 Post- u. Oberpostrat OPD Karlsruhe. S. 1965 Stadtrat Heidelberg. Zeitw. Landesvors. Jg. Union Nordbaden (1965ff.) u. stv. Vors. JU Baden-Württ. (1966ff.). CDU s. 1956 (1965 Mitgl. Bezirksvorst. Nordbaden; 1969-80 MdB) Verw.ratsmitgl. Bezirksspark. Heidelberg - Liebh.: Bücher (bes. Gesch.), Sport (viele J. akt. Fußballer), Wandern - Spr.: Engl.

WEBER, Karl

Dr. oec. publ., M. S., Prof. f. Betriebswirtschaftsl. Univ. Gießen (s. 1968) - Licher Str. 74, 6300 Gießen - Geb. 2. Mai 1926 Zug/Schweiz - Promot. 1955 Zürich - 1956-63 Wiss. Mitarb. ETH, 1964-69 Assist. u. Assoc. Prof. Univ. of Ill., Urbana/USA - BV: Dividendenpolitik, 1955; Amerik. Standardkostenrechnung, 1960; Planung u. Planungsrechnung in Schweizer Unternehmen, 1965; The Evolution of Direct Costing, 1970; Planspiel Elektrizitätswirtsch., 1975 (m. F. Steiger); BASIC, 3 Bde., 2. A., 1981/83; FOSBIC, 1977 (bde. m. C. W. Türschmann); Elektron. Datenverarbeitung, 1978; Simulation m. GPSS, 1983 (m. R. Trzebiner u. H. Tempelmeier) - 1966 Fellow of Accountancy Univ. of. Ill. - Spr.: Engl., Franz., Ital.

WEBER, Karsten

Aufsichtsratsvorsitzender Rowntree Mackintosh GmbH, Hamburg - Kielmannseggstieg 6, 2000 Hamburg 70 - Geb. 4. Febr. 1923 - Vorher Geschäftsf. Rowntree Mackintosh GmbH, Hamburg.

WEBER, Klaus

Dr., Prof., Wiss. Mitgl. Max-Planck-Inst. f. Biophysikal. Chemie (Dir.), Göttingen - Am Faßberg 11, 3400 Göttingen-Nikolausberg - 1984 Ernst-Jung-Preis f. Med.

WEBER, Klaus Dieter

Präsident Landesarbeitsgericht Düsseldorf - Zu erreichen üb. Landesarbeitsgericht, Ludwig-Erhard-Allee 21, Postf. 51 08, 4000 Düsseldorf 1.

WEBER, Klaus Karl

Dr. rer. nat., Dipl.-Geol., Prof. f. Strukturgeologie - Thomas Dehler Weg 18, 3400 Göttingen - Geb. 4. Dez. 1936 Finsterwalde (Vater: Kurt W., Ing.; Mutter: Elfriede, geb. Wiegand), ev., verh. s. 1962 m. Helga, geb. Foerster, 3 Kd. - 1957-63 FU Berlin (Geol.), Promot. 1966, Habil. 1973 Ruhr-Univ. Bochum - 1973 Credner-Preis Dt. Geol. Ges.

WEBER, Kurt

Dr. phil., M.A., Prof., Fachberater Min. f. Kultus u. Sport, Baden-Württ. - Insterburger Weg 4, 6900 Heidelberg 1 (T. 06221 - 7 12 41) - Geb. 1. Jan. 1934 Mannheim (Vater: Konrad W., Fabrikant; Mutter: Marie, geb. Stengel), ev., verh. s. 1970 m. Hedi, geb. Dammaschke - Univ. Heidelberg (Stud. Lehramt an Gymn.: 1963 Franz. u. Engl., 1968 Span., 1973 Päd./Erziehungswiss., 1974 Phil., 1975 Psych., 1976 German., 1979 Ital., 1980 Hebr., 1983 Ev. Theol.); Ass.-Ex. 1964 - S. 1974 Gymnasial-Prof., Fachberat. Min. f. Kultus u. Sport, Stuttgart u. Oberschulamt Karlsruhe. 1971-74 1. Vors. Neuphilologenverb. Nordbaden - Liebh.: Segeln, Tennis, Schwimmen - Spr.: Latein, Altgriech., Portugies., Arab., Neugriech.

WEBER, Ludwig

Handwerksmeister, Präs. HK Trier - Im Reutersweg, 5500 Trier/Mosel - Geb. 14. Mai 1920.

WEBER, Maria

Gewerkschafterin i.R. - Zu erreichen üb. DGB, Hans-Böckler-Str. 39, 4000 Düsseldorf (T. 4 30 12 86) - Geb. 27. Dez. 1919 Gelsenkirchen-Horst, kath. - Lyceum; Schneiderlehre - Telefonistin, Werkstoffprüf. Gelsenberg-Benzin (n. 1945 stv. Betriebsratsvors.); 1947/48 Akademie d. Arbeit; s. 1950 Gewerkschaftssekr. DGB-Bundesvorst., s. 1956 Mitgl. gf. Bundesvorst., Ressorts Bild., Beruf. Bild. u. Tarifpolitik; 1972-83 stv. Vors. DGB; s. 1979 VR CEDEFOP, Vors. Arbeitsgem. Christl.-Demokr. DGB-Gewerkschafter (s. 1973) - 1975 BVK I. Kl.

WEBER, Michael

Städt. Verkehrsdirektor Nürnberg - Zu erreichen üb. Verkehrsverein Nürnberg, Frauentorgraben 3, 8500 Nürnberg (T. 0911 - 2 33 60) - Geb. 31. Mai 1945 Rothenburg o.d.T. - Stud. Univ. Erlangen (Roman., Angl.); Staatsex. 1970 - 1967/68 Ausld.-Aufenth. Frankr., 1969 Engl.; 1981-86 Verb.-dir. Fremdenverkehrsverb. Franken; s. 1986 Präs. Verb. Dt. Kur- u. Tourismusfachleute - Liebh.: Fotografie, Zaubern - Spr.: Engl., Franz.

WEBER, Norbert

Dipl.-Kfm., Steuerberater - Frankfurter Str. 223, 3300 Braunschweig - Geb. 17. Jan 1932 Saarbrücken (Vater: Friedrich W.; Mutter: Klara, geb. Hauth), gesch., verh. in 2. Ehe m. Margrit, 3 Kd. (Sabine, Agnes, Marion) - Stud. Betriebsw. Univ. Göttingen, Hamburg - 1960-67 Vorstandsassist.; 1967-74 Prokurist; 1974-82 Kaufm. Vorstandsmitgl. Peiner AG - Liebh.: Musik, Fotogr., Tennis - Spr.: Engl.

WEBER, Norbert

Landwirt, Vors. Bund d. Dt. Landjugend/Dt. Bauernverb., Bergstr. 23, 7801 Bischoffingen/Br.

WEBER, Norbert H.

Dr. phil., Prof. f. Erziehungswiss. u. Allg. Didaktik TU Berlin - Zu erreichen üb. TU, Inst. f. Erz., Unterr. u. Ausb., Franklinstr. 28/29, 1000 Berlin 10 (T. 030 - 31 47 32 17) - Geb. 1. Aug. 1941 Odrau/CSSR, ev. - 1961-65 Stud. PH Wuppertal u. Berlin; 1. Staatsex. 1965, 2. Staatsex. 1967; 1968-72 Stud. FU Berlin (Erzieh.wiss., Soziol. u. Gesch.); Promot. 1974 - 1972-75 wiss. Assist. PH Berlin; 1975-80 Prof. ebd.; s. 1980 Prof. f. Erzieh.wiss. u. Allg. Didaktik TU Berlin - Leit. Arbeitsst. zu Suchtprobl. in päd. Feldern TU Berlin; Vors. Notdienst f. Suchtmittelgefährdete u. abhängige Berlin - BV: Arbeitslehre u. Berufsgrundbild., 1974; Medien z. Drogenprobl. (m. S. Kretschmer u. a.), 1980; Unterrichtswerk z. Drogenprobl. (m. K.-A. Noack u. a.), 1980; Frieden, (Hrsg.) 1982; Unterr. im Dienste d. Friedens (m. B. Reich), 1984; D. drogengefährdete Schüler (m. K. Kollehn), 1985; Auschwitz - mehr als e. Ort in Polen (m. H.-F. Rathenow), 1986; Alkohol u. Erziehung (m. K. Kollehn), 1988; Erziehung n. Auschwitz (m. H.-F. Rathenow), 1989.

WEBER, Oskar

Schriftsteller - Zul. Lindwurmstr. 68, 8000 München 15 - Geb. 17. Febr. 1913 - S. 1955 Autor Bayer. Rundfunk (vierzehntäg. Ausstrahlung/I. Programm: D. bair. Herz) - BV: u. a. Grüß Gott - Herr Nachbar, Erz. u. Ged.1973; Herausg.: Bayer. Blütenlesen; Neubearb.: Nestroy-Stücke. Div. Bühnenw., dar.: Fahr'm ma-Euer Gnaden (üb. 2000 Auff.) - 1970 Bayer. Poetentaler.

WEBER, Paul

Dr. rer. oec., Dipl.-Kfm., Brauereibesitzer, pers. haft. Gesellsch. Karlsberg-Brauerei KG. Weber, Homburg - Karlsbergstr., 6650 Homburg/Saar (T. 10 51); priv.: Karlsberger Hof, 6650 Homburg-Sanddorf - Geb. 16. Dez. 1915 Homburg (Vater: Richard W.), verh. m. Liselotte, geb. Korn - Präs. Saarländischer Industriellenverb., Saarbrücken - 1977 Gr. BVK; 1980 Ehrenbürger Kr.- u. Univ.-Stadt Homburg (Saar).

WEBER, Paul

Dr. Ing., Vorstand Krupp Polysius AG. Neubeckum - Stromberger Str. 72, 4740 Oelde (T. 02522-41 17) - Geb. 12. Nov. 1927 Osnabrück (Vater: Albert W., Ing.; Mutter: Marga, geb. Lauth), ev. - TH Clausthal, Dipl.Ing., Promot. Fachricht. Steine u. Erden - BV: Wärmeübertrag. im Drehofen, 1960 (auch Engl., Japan., Franz., Span., Ital.) - Spr.: Engl.

WEBER, Reinhold

Dr. jur., Vors. Richter am BGH a. D. - Herrenstr. 45a, 7500 Karlsruhe - Geb. 13. Nov. 1914 Krefeld, ev., verh. s. 1952 - Gymn.; Stud. Rechtswiss. - 1943 Land-, 1956 Oberlandesgerichtsrat Düsseldorf, 1961 Bundesrichter Karlsruhe, 1972-82 Senatspräs. am BGH.

WEBER, Renatus

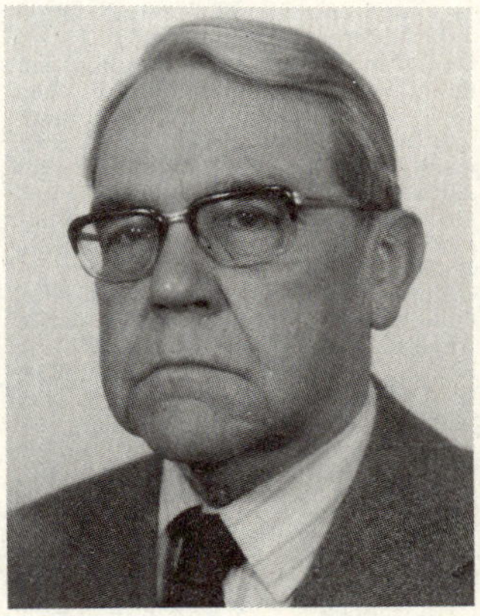

Dr. jur., Senator a. D., Ministerialdirektor a. D. - Friedr.-Kirstenstr. 14, 2000 Hamburg 65 (T. 5 36 67 59) u. 8211 Breitbrunn a. Chiemsee (T. 4 40) - Geb. 4. März 1908 Annemasse, ev., verh. I) 1949 m. Rechtsanw. Sibylle, geb. Fischer (gesch. 1961), S. Michael René, II) 1965 m. Irmgard, geb. Kaisenberg - Oberrealschule Hamburg-Eppendorf; Univ. Heidelberg, Hamburg (Promot. 1934), Denver/USA (M. A. 1932), Lausanne - 1930-1948 Hbg. Justizdst., dazw. 1940-45 Kriegseins. (zul. Oblt. d. R.), 1948-59 u. 1967-83 Rechtsanw. Hamburg, 1953-57 Senator, Bevollm. d. Fr. u. Hansestadt Hamburg b. d. Bundesreg. u. Mitgl. Bundesrat (Vors. Rechtsaussch.), 1959-67 Min.dir. Bundesmin. f. Angelegenh. d. Bundesrates u. d. Länder (Vertr. d. Min.). 1949-54 u. 1957-59 Mitgl. Hbg. Bürgerschaft (stv. Vors. CDU-Fraktion) - BV: D. Rechtsstell. d. gemeinn. Betriebe in d. Ver. Staaten v. Amerika, 1934 (Diss.); D. Verfass. d. Fr. u. Hansestadt Hamburg, Komm. 1953, 2. A. 1972 (m. W. Drexelius); Hbg. Reden im Bundesrat, 1957; Bürgerm. Dr. Kurt Sieveking z. 70. Geburtstag, 1967 (m.C.-G. Schultze-Schlutius u. W. Güssefeld) - 1967 Gr. BVK m. Stern - Spr.: Engl., Franz., Span. - Bek. Vorf.: Georg Michael Ritter v. W., Rechtslehrer, Präs. Kgl. Bayer. Appellationsgerichte Würzburg u. Neuburg (1768-1845); Friedrich Stein, fränk. Historiker (1820-1905).

WEBER, Richard

Dr. rer. oec., gf. Gesellschafter Karlsberg Brauerei KG Weber, Vors. Verb. d. Brauereien d. Saarlandes, Saarbrücken, Vorstandsmitgl. Dt. Brauer-Bund, Bonn-Bad Godesberg - Karlsbergstr. 62, 6650 Homburg/Saar (T. 06841 - 10 50) - Geb. 27. März 1944 Zweibrücken - Dipl.-Volksw. 1969 u. Promot. 1972 Innsbruck - S. 1974 Karlsberg; 1982ff. Präs. Saarl. Fremdenverkehrsverb. Saarbrücken - Spr.: Engl., Franz., Ital.

WEBER, Rolf

Assessor, Vorstandsvors. Bundesarbeitsgem. f. Rehabilitation - Dachsweg 12, 5204 Lohmar 21 (T. 02206 - 14 85) - Geb. 2 Juni 1919 Duisburg, verh. s. 1955, 5 Kd. - Stud. Rechtswiss. Univ. Wien u. Köln - 1955-81 Geschäftsf. Bundesvereinig. Dt. Arbeitgeberverb. - BV: Komment. z.: Arbeitsförderungsges., 1971; Berufsbildungsges., 1971; Schwerbehindertenges., 1973 - Gold. Sportabz. (20 mal).

WEBER, Rudolf

Komplementär Rudolf Weber KG, Gebäudereinigung u. Gebäudedienste, Essen, u. Hygienic Service, Gebäudereinigung u. Gebäudedienste KG, Wuppertal - Severinstr. 42/44, 4300 Essen 1 (T. 0201 - 23 72 61); u. Am Diek 52, 5600 Wuppertal 2 (T. 0202 - 6 47 77-0) - Geb. 26. Juni 1935.

WEBER, Rüdiger

Dr. jur., Bankdirektor Deutsche Bank AG, Düsseldorf - Sachsenstr. 23, 4030 Ratingen 6 - Hösel (T. 02102 - 6 81 88) - Geb. 8. April 1932 Marburg (Vater: Prof. Dr. Hans W., Oberstud.rat; Mutter: Anna, geb. Melde), ev., verh. s. 1957 m. Dr. med. Heide, geb. Eikermann, 3 Kd. (Sebastian, Matthias, Bettina) - Ass.ex. 1960 - Ab 1960 Tätigk. Dt. Bank AG, jetzt Düsseldorf.

WEBER, Rüdiger

Dr. Ing., Prof. f. Kraftfahrwesen Univ. Hannover - Zu erreichen üb.: Univ., Nienburger Str. 1, 3000 Hannover 1 - Geb. 31. Juli 1938 Lübeck.

WEBER, Sigurd

Gymnastiklehrer, Leit. u. Schulträger staatl. gen. Berufsfachschule f. Gymnastik Frankfurt, Bielefeld, Düsseldorf; Vors. Dt. Gymnastikbund (s. 1981) - Stephanienstr. 36, 4000 Düsseldorf - Geb. 5. Sept. 1940, verh. s. 1971 m. Barbara, geb. Wießmeier, 4 Kd. (Abigail, Linus, Simon, Lasse) - Staatl. geprüft. Gymnastiklehrer; Stud. Univ. Münster, Wien, Bochum, Düsseldorf - 1981-85 Vors. VDSG.

WEBER, Ulrich

Dr. jur., Prof. f. Straf- u. Strafprozeßrecht Univ. Würzburg - Kister Str. 7a, 8702 Waldbrunn (T. 09306 - 84 50) - Geb. 18. Sept. 1934 Stuttgart (Vater: Karl W., Arch.; Mutter: Paula, geb. Widmaier), ev., verh. s. 1960 m. Isolde, geb. Sinn, 3 S. (Friedrich Karl, Stefan, Wolfram) - Gymn. Stuttgart (Abit. 1954); 1954-58 Univ. München u. Tübingen (Rechtswiss.); Promot. 1962, 2. jurist. Staatsex. 1963, Habil. 1975 - 1960-63 Wiss.-Assist. Univ. Tübingen; 1963-75 Schriftleit. Juristenztg. Tübingen; 1976-80 Prof. FU Berlin; s. 1980 Prof. in Würzburg - BV: D. strafrechtl. Schutz d. Urheberrechts, 1976; Strafrechtsfälle u. Lös. (m. Arzt u. Baumann), 6. A. 1986; Strafrecht, Bes. Teil (m. Arzt), 1980ff.; Strafrecht, Allg. Teil (m. Baumann), 9. A. 1985; Alternativentw. e. StGB, Straftaten gegen d. Wirtsch. (m. Lampe u. a.), 1977; Strafrechtl. Verantwortlichkeit v. Bürgermeistern u. leitenden Verwaltungsbeamten im Umweltrecht, 1988. Mithrsg.: Juristenztg.; Würzburger Vorträge z. Rechtsphil., Rechtstheorie u. Rechtssoziol.

WEBER, Ursula

Prof., Klavierpädagogin - St.-Benedict-Str. 7, 2000 Hamburg (T. 48 91 15) - Lehrtätig. Musikhochsch. Hamburg (Prof.).

WEBER, Ursula
s. Scholz, Eva-Ingeborg

WEBER, Walter
Geschäftsführer Deutsche Gasrußwerke GmbH., Dortmund - Schützengrund 19, 4600 Dortmund - Geb. 13. Jan. 1915 Hannover.

WEBER, Werner
Architekt, Prof. Hochsch. f. bild. Künste Berlin - Hammersteinstr. 9, 1000 Berlin 33 (T. 8 23 26 88) - Geb. 1. Juni 1912 (Vater: Rudolf W., Kaufm.), ev. verh. s. 1940 m. Charlotte, geb. Reche, 2 S. (Winfried, Frank) - Kunsthochsch. Berlin. U. a. Siedlungen Britz, Tegel, Charlottenburg. Versch. Wettbewerbserfolge.

WEBER, Werner
Fabrikant, gf. Gesellsch. Philipp Weber GmbH & Co. KG (Uhrenfabrik), u. A. Steudler GmbH & Co. KG (Feinwerktechn.), Pforzheim, Präsident IHK Nordschwarzwald ebd. - Durlacher Str. 35, 7530 Pforzheim (T. 3 50 35) - Geb. 7. Juli 1929.

WEBER, Werner
Dr. phil., o. Prof. f. Literaturkritik Univ. Zürich (s. 1973) - Neptunstr. 31, CH-8032 Zürich (Schweiz) (T. 32 26 97) - Geb. 13. Nov. 1919 Huttwil/Emmental, protest., verh. s. 1948 m. Marie-Louise, geb. Bachem, 3 Kd. (Beate, Christoph, Barbara) - Gymn. Winterthur; Univ. Zürich (German., Gesch., Päd., Phil.; Promot. 1945) - 1945-46 Lehrer Gymn. Winterthur; 1946-73 Redaktor Neue Zürcher Ztg. (1951 Chef d. Feuill.) - BV: Unter Dach u. Himmel, Ged. 1942; Im Hof. d. Herbstes, Ged. 1944; D. Terminologie d. Weinbaues in d. Ostschweiz, Abh. 1945; Freundschaften Gottfried Kellers, Ess. 1952; Auf d. Höhe d. Menschen, Ess. 1956; Figuren u. Fahrten, Ess. 1956; Augenblicke, Ess. 1957; Zeit ohne Zeit, Ess. 1959; Wissenschaft u. Gestaltung, Ess. 1959; Kultur als Gerücht, Ess. 1960; D. Reise n. Sancheville, Prosa 1960; D. Rest ist Dank - Rede auf Friedrich Dürrenmatt u. s. Antwort, 1961; Tageb. e. Lesers - Bemerk. u. Aufs. z. Lit., 1965; Forderungen - Bemerk. u. Aufs., 1970. Herausg.: Claudius, D. Wandsbeker Bote, 1947; Hebel, Schatzkästlein d. Rhein. Hausfreundes, 1950; Fontane, Schriften u. Glossen z. europ. Lit., 1965-67 - 1956 Conrad-Ferdinand-Meyer-Preis, 1967 Johann-Heinrich-Merck-Preis f. lit. Kritik Dt. Akad. f. Sprache u. Dichtung, 1980 Züricher Goethe-Preis; 1960 korr. Mitgl. Dt. Akad. f. Spr. u. Dicht., 1964 Mainz. Akad. d. Wiss. u. d. Lit. u. 1967 Bayer. Akad. d. Schönen Künste; Mitgl. PEN-Club - Spr.: Engl., Franz., Ital.

WEBER, Werner
Ministerialdirigent - Dahlmannstr. 2, 5300 Bonn - Geb. 16. Aug. 1929 - Stv. Min. f. Bundesangelegenh. v. Nordrh.-Westf.

WEBER, Wilhelm

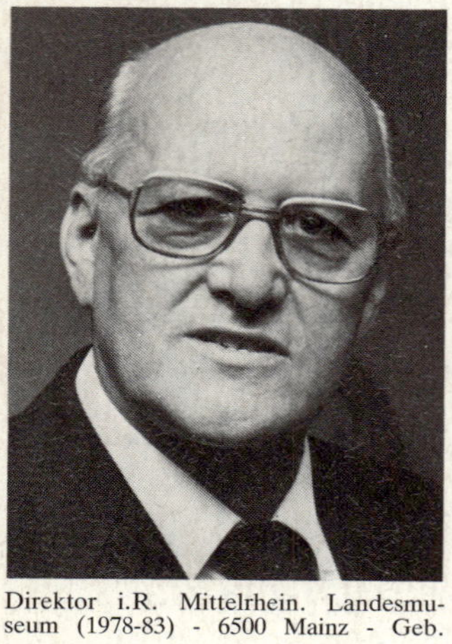

Direktor i.R. Mittelrhein. Landesmuseum (1978-83) - 6500 Mainz - Geb. 1918, verh. m. Ursula, geb. Karius, 3 Kd. - Zul. Leit. Pfalzgalerie Kaiserslautern - Honorarprof. Univ. Kaiserslautern; Vors. Beirat d. Intern. Senefelder Stiftg. Zahlr. kunstgeschichtl. Veröff., u. a. Gesch. d. Lithografie (auch engl. u. franz. Übers.), sowie Schloß Karlsberg; Werksverz. d. Gemälde A. Weisgerber u. d. Druckgraphik H. Purrmann; Biogr. u. Monogr. Chr. Voll; Lutherdenkmäler d. 19. Jh.; Auswirkungen d. Franz. Revolution auf d. Herzogtum Pfalz-Zweibrücken. Herausg.: D. H. Kahnweiler: D. Gegenstand d. Ästhetik. Beiträge zu Kindlers Lexikon d. Malerei u. zu Festschr. Mitarb. b. Ztg. u. Ztschr. - J. Chr. Frhr. v. Hohenfels-Med. München; silb. Verdienstmed. Stadt Kaiserslautern; Max-Slevogt-Med. Land Rhld.-Pfalz.

WEBER, Wolfgang
Vorsitzender des Vorstands Südmilch AG, Stuttgart (s. 1970) - Mozartstr. 61, 7118 Künzelsau - Geb. 22. April 1935 Heilbronn/N.

WEBER, Wolfgang
Dr. med., Prof., Chirurg u. Urologe, Leiter d. Urolog. Abteilg. d. Univ. Kliniken, Frankfurt (s. 1958) - Holzhecke 19, 6000 Frankfurt/M. - Geb. 19. Juli 1919 Kamelow/Pom., ev., verh. s. 1961 m. Maria, geb. Matschke - Univ. Berlin (Med.). Promot. 1944 Berlin; Habil. 1960 Frankfurt (Chir., Urologie).

WEBER, Wolfgang Hans
Dr.-Ing., Dr. phil. h.c., Dipl.-Ing., Prof. f. Datenverarbtg. Univ. Bochum (s. 1973; 1974ff. Dekan, 1977-1979 Prorektor) - Am Gebrannten 3, 4630 Bochum 1 (T. 0234 - 79 70 59) - Geb. 12. Dez. 1937 Berlin (Vater: Hans W., Hauptschriftl.; Mutter: Luise, geb. Heckmann), ev., verh. s. 1961 m. Liz, geb. Aumüller, 3 Kd. (Ralf, Dirk, Lars) - Stud. d. Elektrotechn. TH Darmstadt; Promot. 1966 Karlsruhe; Habil. 1969 ebd. - 1961-66 Entwicklungsing. (1964 Gruppenleit.) Inst. f. Automation AEG, Frankfurt/M.; 1966-70 wiss. Assist., Akad. Rat Univ. Karlsruhe; 1970-73 o. Prof. f. Nachrichtentechn. Univ. Trier-Kaiserslautern (1971/72 Dekan). 1974 Mitgl. Gründungsaussch. Fernuniv. Hagen. Lehrtätigk. Telekolleg II (SWF; 13 Send.), Digitaltechn. (WDR; 13 Send.), Mikrocomputer (SWF/ZDF, 13 Send.). Mehrfacher Patentinh. - BV: Methoden d. Schaltalgebra. 1967 (m. O. Föllinger); Einf. in d. Methoden d. Digitaltechn., 5. A. 1979 (auch ungar., span.); Digitaltechn. I, 1968 (m. H. Groh); Adaptive Regelungssysteme I u. II, 1971; Programmierte Propädeutik d. Digitaltechn., 1972 (m. H. Jacob); Informatik I, 16 Studienbriefe f. d. Fernunterr. (m. a.); Automatisierung in d. Stahlind., 1976 (m. P. Schiefer); Keine Angst v. d. Mikrocomputer, 1986 (m. L. Graf u. a.). Herausg.: VDI-TB Digitaltechn. (b. 1976 10 Bde.). Mithrsg.: Taschenb. d. Informatik (1973; m. K. Steinbuch). Zahlr. Ztschr.aufs., Ferns.-Drehb. - 1982 Theodor Vogelmed.; 1985 Albert-Einstein-Med.; 1985 Dr. phil. h.c., USA; Hon.-prof. Mapua Inst. of Technology, Manila, Philippinen u. Cebu Central Colleges, Cebu City, Philippinen - Spr.: Engl., Franz.

WEBER, Wolfhard
Dr. phil., Prof. f. Wirtschafts- u. Technikgeschichte Univ. Bochum (s. 1976) - Zu erreichen üb. Univ. Bochum, Universitätsstr. 150, 4630 Bochum - Geb. 1940, verh. s. 1965, 2 Kd. - Promot. 1966, Staatsex. 1966, Habil. 1974 - 1966 Refer.; 1967 Wiss. Assist. - BV: Erdölhandel u. Erdölverarbeit. 1860-90, 1968; Innovationen im frühind. Bergbau, 1976; Fabrik, Familie, Feierabend, 1978; D. Technik, 1982; Industrialisier. - d. Ruhrgeb., 1982; Arbeitssicherheit, 1988.

WEBER-BLEYLE, Erich
Dipl.-Kfm., Fabrikant, pers. haft. Gesellsch. Wilhelm Bleyle oHG., Stuttgart (s. 1948), VR-Vors. Wilh. Bleyle KG ebd. (1983ff.) - Rotenwaldstr. 35, 7000 Stuttgart 1 (T. 6 66 41) - Geb. 2. Febr. 1911 Stuttgart (Vater: Weber, Möbelfabr.; Mutter: Bleyle, Tochter d. Firmengründers), verh. s. 1949 m. Anneliese, geb. Steffen (Schülerin v. Mary Wigman), 3 Kd. - Gymn.; kaufm. Lehre; HH Berlin (Dipl.-Prüf. 1934) - S. 1937 Bleyle. Wehrdst. (Ltn. d. R.). - Liebh.: Ballett, Reiten (1963 württ. Meister in d. Vielseitigk.), Skilaufen - Spr.: Engl., Franz., Span. - Rotarier.

WEBER-DIEFENBACH, Klaus
Dr. rer. nat., Prof. f. Geochem., Inst. f. Allg. u. Angew. Geologie Univ. München - Kreittmayrstr. 33, 8000 München 2 (T. 18 59 29) - Geb. 27. Okt. 1941 München (Vater: J. N. W., Bibl.; Mutter: Gertrud, geb. Diefenbach), verh. s. 1981 in 2. Ehe m. Gabriele, geb. Graßmann, S. Philipp Boris - Dipl.-Geol. 1968, Promot. 1970, Habil. 1976 - 1976 Privatdoz.; 1980 Prof.; ab 1982 Mitgl. d. Leitg. Inst. f. Allg. u. Angew. Geol. - BV: Röntgenfluoreszenzanalyse, Lehrb. (m. and.) 1983 - Spr.: Engl., Ital., Franz. - Bek. Vorf.: Karl Wilhelm D. (Urgroßv.), Lucidus D. (Großv.).

WEBER-FAS, Rudolf
Dr. jur., Master of Laws (Harvard), o. Prof. f. Öfftl. Recht, Bundesrichter a. D. - Titurelstr. 2, 8000 München 81 - Geb. 15. April 1933 Trier - Human. Gymn. Trier; Stud. Rechts- u. Wirtschaftswiss. Univ. Bonn, Köln, Hamburg, Berlin, Princeton, Harvard; Promot. 1956 Bonn, LL.M. 1967 Harvard - S. 1960 Rechtsanw. Hamburg; anschl. Staatsdst. in Verw. (OFD Hamburg u. Bundesfinanzmin. Bonn, zul. Reg.-Dir.) u. Justiz (zul. Richter an oberstem Bundesgericht/ BFH München); s. 1975 Ord. Univ. Mannheim (o. Lehrst. f. Öfftl. Recht u. Staatslehre sow. Dt. u. Internat. Steuerrecht), 1979/80 Dekan jur. Fak.; Ehrenmitgl. ausl. wiss. Inst. - BV: Corporate Residence Rules for Internat. Tax Jurisdiction. A Study of American and German Law, 1968 (Harvard); Internat. Steuerrechtssprechung, 1970; Verfassungsrechtsprechung z. Steuerrecht, 4 Bde. 1971-82; Goethe als Jurist u. Staatsmann, 1974; Freiheitl. Verfassung u. sozialer Rechtsstaat, 1976; D. Staat. Dokumente d. Staatsdenkens v. d. Antike b. z. Gegenwart, 2 Bde. 1977; Rechtsstaat u. Grundgesetz, 1977; Höchstrichterl. Rechtsprech. zu internat. Doppelbesteuerungsabkommen, 2 Bde. 1978; Jurisprudenz. D. Rechtsdisziplinen in Einzeldarstellungen (Hg.), 1978; Institutionen d. Finanzgerichtsbark. im dt. u. amerik. Recht, 1979; Grundzüge d. allg. Steuerrechts d. Bundesrep. Deutschl., 1979; Staatsverträge im internat. Steuerrecht, 1982; D. Grundgesetz. Einf. in d. Verfassungsrecht d. Bundesrep. Deutschl., 1983 - Liebh.: Klass. u. mod. Lit., Kunst, Golf - Spr.: Lat., Griech., Franz., Engl. - Lit.: Kürschners Dt. Gelehrten-Kalender: Who's Who in Europe, Who's Who in the World.

WEBER-KELLERMANN, Ingeborg

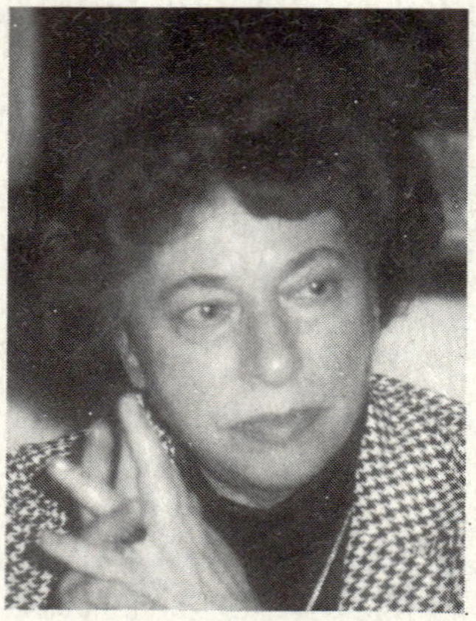

Dr. phil., Prof. f. Europ. Ethnologie - Wilhelmstr. 19, 3550 Marburg (T. 2 61 54) - Geb. 26. Juni 1918 Berlin (Vater: Friedrich-Carl Kellermann, Oberpostinsp. u. Schriftst.; Mutter: Gustel, geb. Polte), gesch., S. Heinrich (geb. 1948) - Obersch. Berlin; Stud. Volkskd., Gesch., Anthropol. Promot. 1940 Berlin; Habil. 1963 Marburg - B. 1960 wiss. Mitarb. Dt. Akad. d. Wiss. Berlin; s. 1963 Doz. Univ. Marburg (1968 Prof.) - BV: Erntebrauch in d. ländl. Arbeitswelt d. 19. Jh., 1965; Dt. Volkskd. zw. German. u. Sozialwiss., 1969, 2. A. 1985; Volksleben in Hessen, 1971; D. dt. Familie, 1974, 9. A. 1987; Die Familie, 1977; 3. A. 1984; D. Weihnachtsfest, 1978; 2. A. 1987; Zur Interethnik, 1978; D. Kindheit, 1979; Was wir gespielt haben, 1981; Frauenleben im 19. Jh., 1983, 2. A. 1988; D. Kinder neue Kleider, 1985; Saure Wochen, Frohe Feste, 1985; Landleben im 19. Jh., 1987, 2. A. 1988. Fernsehserie: Dt. Volkskunde (1968-69, 13 Folgen), Tradition u. Ges. in Hessen (1970-71, 13 F.) u. weitere Filme z. Europäischen Ethnologie - 1967 Premio intern. di Folklore Giuseppe Pitrè (f.: Erntebrauch . . .); 1985 Wilhelm-Leuschner-Med. - Liebh.: Volkstüml. Spielzeug (Samml.) - Spr.: Franz., Engl.

WEBER-SCHÄFER, Peter
Dr. phil., o. Prof. f. Polit. Wissenschaft unt. bes. Berücks. d. Politik Ostasiens Univ. Bochum - Äskulapweg 24, 4630 Bochum (T. 70 17 06) - Geb. 28. April 1935 Bernburg/S. (Vater: Albert W.-S., Patenting.; Mutter: Lotte, geb. Wolff), verh. s. 1962 m. Myrto, geb. Akrita, 2 Kd. (Alexis, Miriam) - Stud. Phil., Sinol., Jap., Ethnol. Promot. 1958; Habil. 1966 - 1958-68 Assist., Privatdoz. (1966) u. Wiss. Rat. (1967) Univ. München. 1964 Research Associate Harvard Univ. Cambridge (USA) - BV: Ono no Komachi - Gestalt u. Legende im No-Spiel, 1960; 24 Nō-Spiele, 1961; Der Edle u. d. Weise, 1963; Zen, 1964; Altchines. Hymne, 1967; Oikumene u. Imperium, 1968; D. polit. Denken d. Griechen, 1969; Einf. in d. antike polit. Theorie, 2 Bde. 1976 - Liebh.: Kybernetik, Sprachphil., Kochen - Spr.: Engl., Franz., Span., Ital., Neugriech., Jap., Chines. - Bek. Vorf.: Max u. Alfred Weber (Großonkel).

WEBERLING, Focko
Dr. rer. nat., Botaniker, o. Prof. Univ. Ulm (s. 1975) - Buchenstr. 3, 7904 Erbach - Geb. 6. März 1926 Goslar/Harz (Vater: Ernst W., Kaufm.), verh. m. Dorothea, geb. Bauer †1988, 3 Kd. - S. 1961 (Habil.) Lehrtätigk. Univ. Mainz, 1963 Univ. Gießen (1966 apl. Prof., 1969 Wiss. Rat, 1971 Prof. f. Morphologie u. Systemat. Botanik, 1973-75 Vizepräs.) - BV: Pflanzensystematik, 5. A. 1987 (auch span., portug.) (m. H. O. Schwantes); Morphologie d. Blüten u. d. Blütenstände, 1981 (auch engl. 1989); Infloreszenzuntersuchungen an monotelen Familien (m. W. Troll †), 1989. Üb. 100 Fachveröff. - 1964 Preis d. Akad. d. Wiss. u. Lit. Mainz; korr. Mitgl. Akad. d. Wiss. u. Lit. Mainz (1978) - Spr.: Engl., Span., Niederl.

WECH, Ursula,
geb. Bohner
Redakteurin - Scheidtbachstr. 23-31, 5060 Bergisch-Gladbach - Geb. 22. Juni Karlsruhe (Vater: Bertold Bohner, Geschäftsmann; Mutter: Irmgard, geb. Möller), ev., verh. 1970-73 m. Hans Wech, Dir., verw. - 1964 Ztschr. Quick Bonn (b. Mainhard Graf Nayhauss u. Paul Limbach); s. 1970 Redakt. Ztschr. D. Gold. Blatt - Interviews: u. a. m. Kaiserin Farah, Madame Sadat, m. intern. Stars wie Lilli Palmer, Modeschöpfer Karl Lagerfeld od. Rudolf Nurejew - Liebh.: Sport (Skilaufen, Golf), Biogr., Archäol. - Spr.: Franz., Engl.

WECHMAR, Freiherr von, Rüdiger
Botschafter a. D., MdEP, Deutschland-Repräsent d. World USO - Hiltenspergerstr. 15, 8000 München 40 - Geb. 15.

Nov. 1923 Berlin (Vater: Irnfried v. W., Berufsoffizier, zuletzt Oberst; Mutter: Ilse, geb. v. Binzer), ev., verh. seit 1961 mit Dina-Susanne (Susi), geb. Woldenga, 3 Kd. (Stephanie, Alexander aus 1., Yvonne-Katrin aus 2. Ehe) - Oberrealsch. Berlin - Wehrdst. (zul. Ltn. Afrika-Korps) u. Kriegsgefangensch., 1946-47 Reporter dpa Hamburg, Nürnberg, Frankfurt/M., 1947-48 Redakt. UP Frankfurt, 1949-58 Leit. Bonner Büro UP, 1958-63 Presseattaché Generalkonsulat New York, 1963-68 Leit. Studio Wien/Osteuropa ZDF, 1969 Leit. German Inform. Center New York, s. 1969 stv. (1970 Ministerialdir.) u. Leit. Presse- u. Informationsamt d. Bundesreg. (1973-74 Staatssekr.); 1974-81 Botsch. u. Ständ. Vertr. d. BRD b. d. Vereinten Nationen (1977/78 Präs. Weltsicherheitsrat, 1980/81 Präs. d. 35. Generalvers.), 1981-83 Botsch. in Italien. Senior Fellow d. Aspen Inst. f. Humanistik Stud., Aspen, Co. 1971ff; Vorst. Aspen Inst. Italien, Stiftg. Entwickl. u. Frieden; Mitgl. Mc Cloy Intern. Center. Mitgl. North-South Round Table, Dt. Ges. f. Ausw. Politik; Vorst. Aspen-Ital.; Beirat Friedrich-Naumann-Stiftg. FDP - BV: Rumänien, 1967 - Gr. BVK; Hohe Orden (Schweden, Norwegen, Japan, Niederl., Ägypten, Mexiko, Italien, Rumänien, Großbrit.); 1973 Paul-Klinger-Preis DAG; 1980 UN-Friedensmed. in Gold - Liebh.: Briefmarken, Skifahren - Spr.: Engl., Franz., Ital.

WECHSEL, Hans

Vorstandsmitglied i. R. Deutsche Bank Berlin AG., Berlin 10 - Wolzogenstr. 16, 1000 Berlin 37 (T. 8 01 63 39) - Geb. 23. April 1913 Hamburg - S. 1933 (Lehre) Dt. Bank, Dt.-Asiat. Bank (u. a. Shanghai u. Peking), Dt. Bank Berlin AG (1962 Vorst.) - Spr.: Engl. - Rotarier.

WECHSELBERG, Klaus

Dr. med., Prof., Leiter Abt. f. Kinderklin. Ambulanz u. Soziale Pädiatrie Univ.s.-Kinderklinik Köln - Südallee 5, 5000 Köln 40 (T. Köln 48 60 83) - Geb. 24. Sept. 1920 Berlin - S. 1957 (Habil.) Lehrtätigk. Köln (1963 apl. Prof.); 1968 Wiss. Rat u. Prof.; 1980 C4-Prof.; s. 1985 im Ruhestand). Buchbeitr. u. Fachaufs.

WECHSLER, Ulrich

Dr. rer. pol., Vorstandsmitglied Bertelsmann AG, Gütersloh, u. Leit. Verlagsgruppe Bertelsmann, Inter-Neumarkter Str. 18, 8000 München 80 - Geb. 13. Nov. 1935, kath., verh. - 1954-57 Stud. Wirtschaftswiss. Univ. München; Promot. 1966 - S. 1975 Vorst. Bertelsmann AG - Spr.: Engl., Franz., Span.

WECK, Manfred

Dr.-Ing., Dipl.-Ing., Prof. TH Aachen, Geschäftsf. Direktor d. Laboratoriums f. Werkzeugmasch. u. Betriebslehre TH Aachen u. Mitdir. Fraunhofer-Inst. f. Prod.technol., Aachen - Im Weingarten 16, 5100 Aachen (T. 1 45 64) - Geb. 20. Nov. 1937 Solingen (Vater: Franz W., Fabrikant; Mutter: Hella, geb. Halbach), ev., verh. s 1962 m. Waltraud, geb. Hagenkötter, 2 Kd. (Stephan, Sabine) - Lehre; Höh. Handelssch.; Ing.sch.; Stud. Maschinenbau TH Dipl.ex. 1966; Promot. 1969; Habil. 1972 - In- u. ausl. Fachmitgl.sch. (dar. Aussch.vors. u. Chairman) - 1974 Taylor-Med. (Intern. Inst. for Production Engeneering Res.) - Spr.: Engl.

WECK, Peter

Prof., Schauspieler, Regisseur, Generalintendant d. Vereinigten Bühnen Wien - Zu erreichen üb. Agentur Baumbauer, Keplerstr. 2, 8000 München 80; priv.: Lehargasse 6, A-1060 Wien - Geb. 1930 Wien, verh. (Ehefr.: Ingrid), 2 Kd. (Barbara, Philipp) - Bühne, Film (u. a. Regie: Hauptsache Ferien), Fernsehen; (zul. Darstell. u. Regie Ich heirate e. Familie) - 3 Gold. Kameras, 1 Bambi, 1988 Telestar - Liebh.: Jagd.

WECKER, Christoph

Dr., Leiter Goethe House New York i. R. - Tulpenstr. 8, 8035 Gauting - Geb. 9. Dez. 1921 Heilbronn (Vater: Martin W., Fabrikant; Mutter: Maria, geb. Bartelmäs), ev., verh. s. 1951 m. Inke, geb. Paschmann, Sohn Thomas - 1949-54 Stud. Rechts- u. Wirtsch.wiss. Univ. Tübingen, Dipl. 1953, Promot. 1954; 1957-60 Leit. Goethe Inst. Damaskus (Syrien); 1961-75 Abt.-Leit., stv. Generalsekr., Vorstandsmitgl. Goethe Inst. München; s. 1975 New York - BVK - Liebh.: Photogr. - Spr.: Engl., Franz.

WECKER, Eberhard

Dr. med., em. Prof. f. Virologie u. Immunbiologie - Holzbühlweg 4, 8700 Würzburg (T. 7 55 35) - Geb. 4. Juni 1923 Heilbronn/N. (Vater: Martin W., Fabrikant; Mutter: Maria, geb. Bartelmäs), ev., verh. s. 1952 m. Ilse, geb. Drucker, 3 Kd. (Claudia, Andreas, Karin) - Promot. 1952 Tübingen - 1953-54 Assist. Max-Planck-Inst. f. Biochemie Tübingen, Inst. f. Mikrobiol. u. Hyg. Düsseldorf (1954; Gast), MPI f. Virusforsch. Tübingen (1955); 1958-64 Associate Prof. Wistar Inst. f. Anat. u. Biol. Philadelphia, s. 1964 Ord. u. Inst.vorst. Univ. Würzburg. Emerit. 1989. 1956-57 Stip. DFG (USA) - BV: Infektiöse Virusnukleinsäuren, in: Haas/Vivell, Virus- u. Rickettsieninfektionen d. Menschen, 1965. Fachaufs. - Mitgl. New York Acad. of Sciences; 1980 Aronson-Preis; 1984 Mitgl. Dt. Akad. d. Naturforscher/Leopoldina, Halle/S.; 1988 Mitgl. Bayer. Akad. d. Wiss. - Liebh.: Musik, Kochen - Spr.: Engl.

WECKER, Fritz

Dr. jur., Direktor i. R. - Geb. 22. Mai 1906 Brüssel (Vater: Alfred W., Kaufm.; Mutter: geb. Müser), verh. s. 1940 m. Margot Fudickar - Univ. München u. Bonn. Gr. jurist. Staatsprüf. - S. 1938 Vereinigte Stahlwerke AG., August-Thyssen-Hütte (1952), Thyssen AG. (1955) bzw. Thyssen Vermögensverw. GmbH. (Geschäftsf. b. 1974).

WECKER, Konstantin

Liedersänger, Schriftst., Komponist - Bergstr. 5, 8000 München 90 - Geb. 1. Juni 1947 München, gesch. - BV (1978ff.): Ich will noch e. ganze Menge leben, Man muß d. Flüssen trauen, Und d. Seele n. außen kehren - Ketzerbriefe e. Süchtigen, Lieder u. Gedichte; Im Namen d. Wahnsinns, 1983; Jetzt e. Insel finden; Das macht mir Mut (DDR). Filmmusiken/Theatermusik f. D. Liebeskonzil - 1977 Dt. Kleinkunstpreis; 1985 Südwestfunk-Liederpreis (f. Chanson: Renn lieber, renn).

WECKERLE, Konrad

Dr. jur., Ass., Dipl.-Kfm., Vorstandsmitglied RHEIN-MAIN-DONAU AG - Hofgartenweg 1a, 8400 Regensburg - Geb. 28. Nov. 1941 Stuttgart - 1961-65 Stud. Betriebsw. Univ. Stuttgart u. Mannheim (Dipl.-Kfm.); 1966-72 Stud. Rechtswiss. Univ. Mannheim u. Heidelberg (Staatsex., Ass.; Promot. 1971) - 1972-77 versch. ltd. Pos.; 1977-87 Vorst.-Mitgl. Bayer. Lloyd AG, Regensburg; 1987ff. Vorst.-Mitgl. Rhein-Main-Donau AG, Obere Donau Kraftwerke AG, Donau-Wasserkraft AG, Mittlere Donau Kraftwerke AG, alle München; AR-Mitgl. Donau Kraftwerk Jochenstein AG, DLM Donau-Lloyd-MAT GmbH, Passau, Mainkraftwerk Schweinfurt GmbH, München; Mitgl. d. Bez.-Vorst. d. CSU Oberpfalz; Präsid.-Mitgl. Wirtschaftsbeirat d. Union Bayern; Präs. Vereinig. d. AG-Verbände in Bayern, Bez. Niederbay./Oberpfalz; AG-Vereinig. Bayer. Energievers.untern.; Beirat Bayer. Vereinsbk., München, Dresdner Bank, Bayer. Versicherungsbank Frankfurt; Mitgl. d. Verkehrsaussch. IHK f. München u. Oberbayern, München; Vorst.-Mitgl. Dt. Kanal u. Schiffahrtsverein Rhein-Main-Donau, Nürnberg - BV: D. Rechte d. Treugebers im Konkurs d. Treuhänders, 1971 - Gr. Ehrenz. f. Verdienste um d. Rep. Österr.; BVK am Bde.

WECKESSER, August

Dr. rer. nat., Dipl.-Ing., Geschäftsführer Kernkraftwerk RWE-Bayernwerk GmbH., Gundremmingen - Max-Planck-Str. 12, 8871 Gundremmingen üb. Günzburg (T. 08224 - 3 19) - Geb. 1. Juni 1909 Mannheim - 1974 Otto-Hahn-Preis - Spr.: Engl. - Rotarier.

WECKESSER, Ernst

Geschäftsführer VAW Industriebau GmbH., VAW Elbewerk GmbH., Aluminium Oxid Stade GmbH - 2162 Stade-Bützfleth - Zul. Gf. Aluminium Norf GmbH., Norf-Stüttgen.

WECKESSER, Jürgen

Dr. rer. nat., Prof. f. Mikrobiologie Univ. Freiburg - Zu erreichen üb. Inst. f. Mikrobiologie, Schänzlestr. 1, 7800 Freiburg/Br. - Geb. 10. April 1941 Oberkirch, verh. s. 1972, 2 Töcht. (Anke, Steffi) - Stud. Biol. u. Chemie Univ. Freiburg (Promot. 1970, Habil. 1977) - S. 1980 Prof. Univ. Freiburg - Üb. 100 Veröff. in Fachztschr. - Ehrenmitgl. Chilen. Ges. f. Mikrobiol.

WECKS, Helmut

Dr. rer. pol., Rechtsanwalt, Vorst. Stumm AG (1974-77) Neunkirchen (Saar)/Essen - Birkenweg 3, 4670 Lünen (T. 02306 - 1 20 47) - Geb. 17. Nov. 1908 Oppeln, kath., verh. s 1970 m. Ingeborg, geb. Brokate (OStR a D.), 3 Kd. (Friederike, Almut, Brigitte) - Stud. Univ. Innsbruck, Berlin, Münster; 1. u. 2. jur. Staatsex. 1931 u. 34; Promot. 1932 - 1935-45 Justitiar u. Prokurist Schaffgotsch Bergw.ges., Gleiwitz/OS; 1945-69 Justitiar u. Prokurist Gebr. Stumm GmbH., Neunkirchen/S.; 1969-72 Justitiar u. Prokurist Bergbau AG, Dortmund. 1949-73 Landesarbeitsrichter. Fachveröff. - BVK.

WEDEGÄRTNER, Karl

Dr. phil., o. Prof. d. Physik u. d. Didakt. d. Phys. - Auf d. Egge 44, 4800 Bielefeld 1 - Geb. 14. Dez. 1926 Ehrentrup/Lippe, ev., verh. s. 1958 m. Dr. Marianne, geb. Pierchalla, 2 Töcht. (Marianne, Carla) - Schule Detmold; Stud. Physik, Math., Chemie. Promot. 1950 (Köln); Staatsex. 1951 u. 53 - S. 1966 o. Prof. Münster; 1980 Univ. Bielefeld. Zahlr. Fachveröff.

WEDEKIND, Benno

Dr. rer. nat., Fabrikant, Komplementär Denso-Chemie Wedekind KG., Geschäftsf. Denso-Chemie GmbH, Denso-Export GmbH., Dekoba Denso Korrosions- u. Bautenschutz GmbH., alle Leverkusen - Karl-Huschens-Str. 21, 5653 Leichlingen 1 - Geb. 10. Nov. 1928 Berlin.

WEDEKIND, Frank

Vorstandssprecher Dortmunder Union-Schultheiss Brauerei AG Berlin u. Dortmund i.e.R. (aus gesundh. Gründen) - Württembergallee 12, 1000 Berlin 19 - Geb. 10. Febr. 1928 Magdeburg, ev., verh. - AR-Vors. Dortm. Union-Brauerei AG Dortmund sow. Schultheiss Brauerei AG Berlin, Dortm. Ritterbrauerei AG, Dortmund, Elbschlossbrauerei AG, Hamburg, Engelhardt-Brauerei AG, Berlin ; Apollinaris Brunnen AG, Bad Neuenahr; AR-Mitgl. Aktien-Verein Zoolog. Garten zu Berlin, Allianz Vers.-AG (Beirat), Geschäftsf. Lichterfelder Getränke Herst. u. Vertrieb GmbH, Berlin; Präsidiumsmitgl. Dt. Brauer Bund, Bonn. Vors. Wirtschaftsverb. Berliner Brauereien, Berliner Schutzaussch. Wirtschaftsverb. Berliner Brauereien; Beirat Bank bf. Handel u. Ind. AG, Berlin u. a.

WEDEKIND, Hermann

Prof., Generalintendant - Kulturscheune, 5511 Kirf-Beuren (T. 06 58 33 76) - Geb. 18. Nov. 1910 Coesfeld/W., kath., verh. m. Margarete, geb. Schaun (Schausp.), 3 Kd. (Michael, Oberspiell. Heidelberg; Claudia, Schausp. München; Andreas, Tierarzt) - Gymn. Witten/Ruhr; Volontär Stadttheat. Hagen - ASb. 1932 Schausp. Hagen, Bielefeld, Berlin (Regieassist. v. Hilpert), Königsberg, Tenor Staatsopern Danzig (1943) u. Dresden (1944), Oberspiell. d. Oper u. Leit. Schauspielsch. Bonn (1946), 1951-54 Int. Städt. Bühnen Münster/W., 1954-60 Dir. Stadttheater Basel, s. 1960 Generalint., 1960-76 Generalint. Staatstheater Saarbrücken; Intern. Theatertage: Kunst kennt keine Grenzen. Gründ. d. 1. dtsch-sowj. Städtepartnersch. Tiflis-Saarbrücken (jährl. Freundsch.begegn.). Gastregiss. Amerika, Frankr., Schweiz, Österr., Polen, Rumän., Jugosl., Span., Persien, Georgien (UdSSR), Niederl. Insz. in Georgien: Paliaschwili, Oper (1973), Lohengrin (1975), D. Zauberflöte (1976, EA), D. flieg. Holländer (1977), Margarete (1979), Draußen vor d. Tür (W. Borchert, EA 1981), Kathrina v. Georgien (Andreas Gryphius, dtsch. u. georgisch); Austauschgastsp. Nathan d. Weise, Besuch d. alten Dame; Georg. Opern: Daissi, Mindia; Pensionär s. 1976. Aufbau Kulturscheune, Georgisches Museum. Gastregiss. Theater: D. Insel, Karlsruhe (Int. Werner Wedekind-Tage). 1968 Russische Theatertage Saarbrücken. Insz. BRD: Aachen, Bielefeld, Fulda, Dortmund, Gelsenkirchen, Oberhausen, Gandersheim, Balve,

Bonn, Münster, Hannover, Köln, Wiesbaden, Karlsruhe, Mainz, Saarbrücken, Oldenburg; Ausl.: Basel, Zürich, Wien, Mörbisch, Linz, Nancy, Bukarest, Graiova, Constanza, Pittsbourgh, Barcelona, Teheran, Enschede, Danzig, Tbilissi, Kutaissi, Telawi, Moskau. Gastsp.: D. Fliegende Holländer, Zürich; UA: D. Reichtagsbrand v. F. Gerk, 1983; Kabale u. Liebe, Telawi; D. Physiker v. Dürrenmatt, Kutaissi. 1984 künstl. Leit. d. Höhlenfestspiele im Balver Felsendom. Insz.: Katharina v. Georgien v. A. Gryphius, Neue Bearb. v. Hermann Wedekind. UA: Tbilissi (UdSSR), 1982. Schauspielrollen: Melchtal, Rudenz; Don Manuel/Philipp, Schiller; Ruprecht, Kleist; Othello, Zettel, Shakesp.; Mauler, Brecht; Negerpfarrer, Weill. Gesangsrollen: Bajazzo, Ganio, Tonio, Romeo, Alvaro, Des Grieux; Staatsoper Danzig, Dresden, Bonn, Münster, Basel, Saarbrücken. Film: Richter v. Zalamea - Puppenspieler. Konzerte: Joseph Haydn, Arien u. Lieder - 1970 Prof.-Titel; 1983 Albert-Schweitzer-Friedens-Preis; 1984 BVK I. Kl.

WEDEKIND, Rudolf

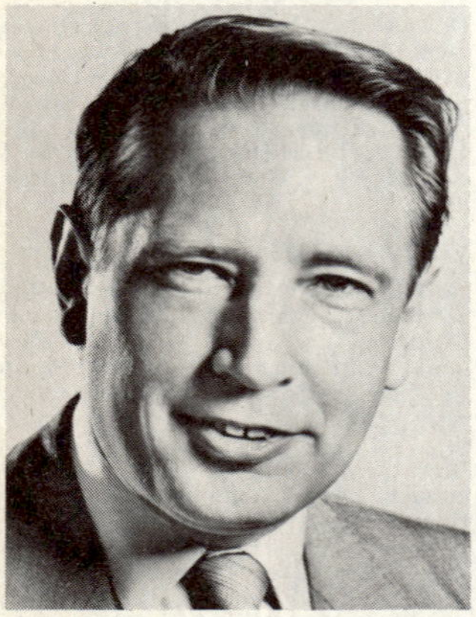

Dr. h. c., Schriftsteller (Ps.: Felix Unbürger), MdL Nieders. (1974-82), Mitgl. Europ. Parlam. (s. 1981) - Kl. Pfahlstr. 16, 3000 Hannover (T. 31 46 74) - Geb. 4. Aug. 1938 Hannover (Vater: Alois W., Kaufm.; Mutter: Franziska, geb. Böhme), kath., led. - Volkssch.; Textilgroßhandelslehre; Übersetzerausb. - S. 1964 Ratsherr Hannover. CDU - BV: Kl. Wahrheiten, 1968; Rosenblätter, 1972; Plädoyer f. e. Europ. Fernsehen, 1983; D. Türk. Verfassung, 1984. Übers. aus d. Franz. u. Engl. - 1974 Ehrenring Stadt Hannover; 1981 Mitgl. Europ. Parlament; 1987 Ehrendoktor Hacettepe Univ. Ankara, Türkei - Spr.: Engl., Franz., Span., Ital., Portugies., Niederl.

WEDEKIND, Werner

Opernsänger, Schauspieler, Intendant u. Dir. Bad. Schauspielschule, Doz. Staatl. Musikhochsch. Karlsruhe - Luisenstr. 4-6, 7500 Karlsruhe 1 (T. 0721 - 3 69 42) - Geb. 29. Okt. 1924 Witten/Ruhr, kath., verh. s. 1970 m. Brigitte, geb. Fortenbacher, S. Thomas - Gymn.; Hochsch. f. Bühnenkunst Bonn u. Essen; Opern- u. Schauspielabschl. (Lehrer G. Gründgens) - Ltn. d. Res.; Engagements Bonn u. Karlsruhe - 1970 Friedlandpreis; 1980 Verdienstmed. Baden-Württ. - Spr.: Engl.

WEDEL, Dieter

Dr. phil., Regisseur, Schriftsteller, Produzent Thalia Theater Hamburg - Tonndorfer Stand 2, 2000 Hamburg 70 - Geb. 12. Nov. 1942 Frankfurt/M., ledig, Sohn Dominik - Stud. Theaterwiss., Gesch., Publiz. FU Berlin, Promot. 1965; 1968-74 NDR-Fernsehspiele-Redakt.; s. 1977 Inh. active-film, München; Insz. Thalia Theater Hamburg; Fernsehfilme f. ARD u. ZDF - Filme: Einmal im Leben, Mittags auf d. Roten Platz, D. Komplott, Kampf d. Tiger, Schwarz-Rot-Gold, Wer d. Schaden hat, Alles inclusive. Insz.: Freund Horney, Macbeth, Frau d. Bäckers - Adolph Grimme-Preis; DAG-Preis; Gold. Kamera; Gold. Bildschirm; Goldener Gong - Spr.: Engl., Franz.

WEDEL, Erwin

Dr. phil., o. Prof. f. Slav. Philologie Univ. Regensburg (s. 1968) - Weiherweg 26, 8400 Regensburg - Geb. 9. April 1926 Neuliebenthal (Vater: Reinhold W., Fuhrunternehmer; Mutter: Hilda, geb. Prieb), ev., verh. s. 1952 m. Hanna, geb. Riedel, 3 Kd. (Michael, Gabriele, Bettina) - Univ. Leipzig (Phil., Slav., Angl., Roman.; Staatsex. 1952). Promot. (1957) u. Habil. (1968) München, 1956-68 Assist. u. Lektor Univ. München - BV: D. Entstehungsgesch. v. L. N. Tolstojs 'Krieg und Frieden', 1961. Herausg.: Russ.-engl. Taschenwörterb. (1964, 2. A. 1969; Langenscheidt), P. Kovalevsky Bildatlas d. Kultur u. Gesch. d. slav. Welt (dt. A. 1964), B. Unbegaun, Russ. Grammatik (1969) - Liebh.: Bücher, Sport - Spr.: Russ., Ukrain., Poln., Tschech., Serbokroat., Engl., Franz., Span., Ital.

WEDEL, Graf von, Peter

Dr. jur., Dipl.-Kfm., Generalbevollmächtigter Kurverw. Caspar Graf von Oeynhausen, Bad Driburg (s. 1979) - Kurdirektion, Am Bad, Postf. 1140, 3490 Bad Driburg (T. 05253-84 25 19) - Geb. 22. März 1926 Dresden - 1968-74 Hess. Min. f. Wirtsch. u. Technik, s. 1971 Abt.leit., 1974-79 Gf. Messe- u. Ausst.-ges. mbH, Frankfurt.

WEDEMEIER, Klaus

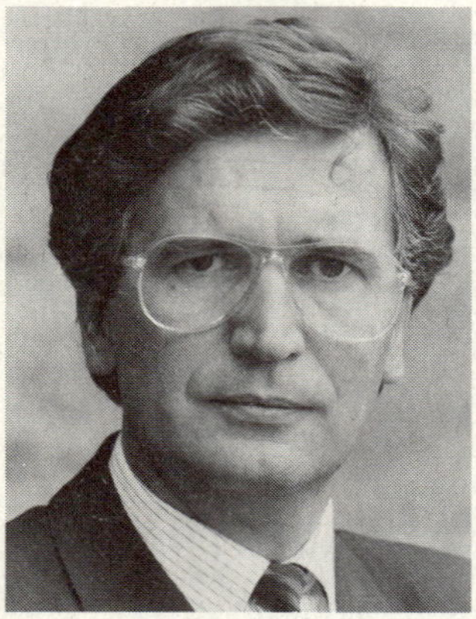

Präsident d. Senats u. Bürgermeister d. Fr. Hansestadt Bremen (s. 1985), Senator f. Arbeit - Zu erreichen üb. Contrescarpe 73, 2800 Bremen - Geb. 12. Jan. 1944 Hof/S., ev., verh., 1 Kd. - Volkssch.; 1958-61 kaufm. Lehre; Kaufm. Angest. (Elektro-Großhandel, Wohnungsbauges. u. Einzelhandel), Handlungsbevollm. u. Prokurist. Mitgl. Gewerkschaft Handel, Banken u. Versich. - SPD s. 1964, 1970-76 Landesvors. Jusos, 1976-80 Unterbezirksvors. SPD, 1978/79 Vors. Haushaltsaussch. u. Sprecher Finanzdeputation Bremen, 1971-85 MdBB, 1979-85 Vors. SPD-Bürgersch.-Frakt.; s. 1985 Bürgerm. u. Präs. d. Senats d. Fr. Hansestadt Bremen, 1987 Wiederwahl - Spr.: Engl.

WEDEMEYER, von, Inge

Schriftstellerin - Martinstr. 75, 6100 Darmstadt - Geb. 1921 Eldagsen b. Hannover - Meditationsseminare u. Schriftstellerei - BV: D. sausende Weltmaschine, 1968; Am Ufer d. Rio Rimac, 1969; Sonnengott u. Sonnenmenschen, Kunst u. Kult, Mythos u. Magie im alten Peru, 1970; Noch immer ist sein Poncho bunt, 1975; D. Pfad d. Meditation im Spiegel e. universalen Kunst, 1977; E. Buch üb. Bücher, 1978; Gesundh. u. Meditat., Reihe s. 1982; D. Gold. Verse d. Pythagoras, 1983; ... nie verweht d. Duft d. Rose, 1983; Konfuzius, Meister d. Güte u. Mitmenschlichk., 1986; Friedr. Rückert, Weltbürger, Dichter u. Gelehrter, 1989. Herausg.: Pythagoras - Weisheitslehrer d. Abendlandes (1988). Übers. u. Herausg.: Idries Shah: D. Geheimnis d. Derwische (1982); Idries Shah: D. fabelhaften Heldentaten d. vollendeten Narren u. Meisters Mulla Nasrudin (1984); Sufi Hazrat Inayat Khan: Musik u. kosm. Harmonie (1984); Sufi Hazrat Inayat Khan: D. Lied in allen Dingen (1985); Dt.: Irdisches Glück u. Himmlische Glückseligkeit (1986) - Spr. Engl., Span.

WEDEMEYER, Manfred

Dr. rer. oec., Diplom-Volkswirt, Schriftst. - Haus Utlucht, 2281 Morsum auf Sylt (T. 04654 - 5 61) - Geb. 2. Juli 1931 Nortorf (Vater: Heinrich W., Kaufm.; Mutter: Martha, geb. Marten), ev., verh. s. 1965 m. Hanna, geb. Heckel - Stud. d. Volkswirtsch. Univ. Kiel u. Innsbruck; Promot. 1957 ebd. - S. 1971 Leit. Volkshochsch. Klappholttal - BV: Sylter Lit.gesch. in 1 Stunde, 1972; D. Vogelkoje Kampen, 1974; Westerland in alten Ansichten, 1976; Grüße von Sylt, 1977; Sylt, Abenteuer e. Insel, 1980; Westerland, Bad u. Stadt im Wandel d. Zeit, 1980; C. P. Hansen d. Lehrer v. Sylt, 1982; D. schönsten Sagen d. Insel Sylt, 1984; Fidus u. Magnus Weidemann, 1984; Käuze, Künstler, Kenner - kaum gekanntes Sylt, 1986; Grüße aus Helgoland, 1988. Herausg.: Sylter Beiträge (1971/72), Henry Koehn, Sylt (5. A. 1975), Julius Rodenberg, Stilleben Sylt (1972) u. Verschollene Inseln (1974), Jens Booysen, Beschreib. d. Insel Sylt in geogr., statist. u. histor. Sicht (1976), Heimreich, Nordfries. Chronik (1982).

WEDER, Hans

Dr. theol., Prof. f. Neues Testament Univ. Zürich - Zürichbergstr. 102, CH-8044 Zürich (s. 1989) - Geb. 27. Dez. 1946 Diepoldsau, ev., verh. s. 1969 m. Veronika, geb. Altherr, 2 Töcht. (Christine, Katharina) - Gymn. St. Gallen; Stud. Univ. Zürich u. St. Andrews (Scotland); B. Phil.; Promot. 1977 Zürich; Habil. 1979 Zürich - Ord. Univ. Zürich. Mitgl. d. S.N.T.S. (1987-89 Editorial Board); s. 1989 Mitgl. Theol. Kammer d. EKD - BV: Gleichnisse Jesu, 1978, 4. A. 1990; Taschen-Tutor NT, 1980, 3. A. 1989; Kreuz Jesu b. Paulus, 1981; Rede d. Reden, 1985, 2. A. 1987; Neutestamentliche Hermeneutik, 1986, 2. A. 1989 - Liebh.: Elektronik, Computerprogrammierung.

WEDEWER, Rolf

Direktor Städt. Museum Leverkusen - Schloß Morsbroich, 5090 Leverkusen/Rhld. (T. 7 07 70); priv.: -Schlebusch, Gregor-Mendel-Str. 1 (T. 5 37 87) - B. 1970 Sekr. Dt. Sektion/Assoc. Intern. des Critiques d'Art (AILA) - BV: Üb. Beuys, 1972 (m. Lothar Romain - Spr.: Engl., Franz., Ital. - Rotarier.

WEDLER, Gerd

Dr. rer. nat., o. Prof. f. Physikal. Chemie - Zanderstr. 6, 8520 Erlangen (T. 5 52 29) - Geb. 19. Aug. 1929 Braunschweig (Vater: Ernst W., Rektor; Mutter: Martha, geb. Zellmann), ev., verh. s. 1956 m. Gerhild, geb. Feldner, 3 Kd. (Hartmut, Gunhild, Harald) - Martino-Katharineum (Abit. 1949) u. TH Braunschweig (Studienstift. d. Dt. Volkes), (Dipl.-Chem. 1954). Promot. 1955 Braunschweig; Habil. 1960 Hannover - S. 1960 Lehrtätigk. TH Hannover (1964 Abt.vorsteher u. Prof.) u. Univ. Erlangen-Nürnberg (1966 Ord.). Spez. Arbeitsgeb.: Physik u. Chemie d. Grenzflächen, Adsorption, heterogene Katalyse, dünne Metallfilme. Mitgl. Ges. Dt. Chem., Dt. Bunsen-Ges., Dechema, Royal Society of Chemistry, Faraday Div., Dt. Physikal. Ges., Intern. Soc. for Solid-State Ionics - BV: Adsorption, 1970 (engl. 1976); Lehrbuch d. Physikal. Chemie, 1982, 1985, 1987. Etwa 150 Einzelveröff. - Liebh.: Bibliophilie, Philatelie - Spr.: Engl., Franz.

WEDLER, Wilfried

Dr. jur., Wirtschaftsjurist (Ass.), Vorstandsmitgl. Barmenia Allg. Versich.-AG, Barmenia Krankenversich. a. G., Barmenia Lebensversich. a. G., Barmenia Rückversich.-AG, alle Wuppertal - Kronprinzenallee 12-18, 5600 Wuppertal 1 - Geb. 18. Dez. 1937 Suhl/Thür.

WEEGEN, Lorenz

Dipl.-Ing., Vorstandsvorsitzender A. Friedr. Flender AG, Bocholt - Hessenspoor 54, 4280 Borken 1 - Geb. 14. Okt. 1928.

WEERDA, Albert

Oberdeich- u. Obersielrichter, Vors. Landesverb. d. Niedersachsen, d. Wasser- u. Bodenverb. u. Vors. Arbeitsgemeinsch. d. Landes- u. Bezirksverb. d. Wasser- u. Bodenverb. - Leeraner Str. 85, 2970 Emden.

WEERS, Gerd E.

Generaldirektor, Chefberater United Technologies Corp., Hartford, Conn., USA, Geschäftsf. ITCO Intern. Business Consult GmbH - Poppenreuther Str. 3, 8510 Fürth/Bayern; priv.: Langenbergweg 16, 8506 Langenzenn (T. 09102 - 12 07) - Geb. 4. Sept. 1927 Friesland, ev., verh. s. 1966 m. Ellen, geb. Dodel - Asien- u. USA-Erfahrung - 1976 Staatsmed. f. bes. Verdienste um d. bayer. Wirtsch.

WEFELSCHEID, Heinrich

Dr. rer. nat., Prof. f. Mathematik Univ.-GH Duisburg - Wolfsbachweg 8, 4300 Essen 1 - Geb. 16. April 1941 (Vater: Dr. Heinrich W., Oberstud.dir.) - Promot. 1966 Univ. Hamburg, Habil. 1972 ebd. - 1968-75 Wiss. Rat Hamburg; s. 1975 Prof. Univ. Duisburg. 1972-76 Vors. Math. Ges. Hamburg. Veröff. üb. Fastkörper, Permutationsgr. u. Minkowski-Geometrien. Gründer u. Herausg. Ztschr. Results in Mathematics (m. H. J. Arnold). Herausg. d. Gesammelten Werke v. Edmund Landau (10 Bde., Thales-Verlag).

WEFERS, Dieter

Dr., Direktor Deutsche Bank AG., Hannover, Vorst. Nieders. Börse - Süßeroder Str. 15, 3001 Anderten - Geb. 19. Juni 1927 ARsmand.

WEFERS, Wilhelm

Dipl.-Kfm., Ltd. Ministerialrat a. D., Hauptgeschäftsf. Niederrhein. Industrie- u. Handelskammer zu Duisburg i. R. - Wildfängerweg 15, 4100 Duisburg (T. 76 53 00) - Geb. 1. Okt. 1915 Kettwig/Ruhr, ev., verh. s. 1940 m. Hertha, geb. Prieß, 2 Söhne (Timm, Dirk) - Max-Planck-Gymn. Duisburg-Meiderich; Univ. Köln, TH u. Univ. München (Wirtschaftswiss.; Dipl.-Kfm. 1945) - 1947-65 Bayer. Wirtschaftsmin. u. Min. f. Wirtschaft, Mittelstand u. Verkehr NRW (1952) - Spr.: Engl., Franz. - Rotarier.

WEGEHAUPT, Herbert

Dr.-Ing., Vorstandsmitglied Bergbau AG. Herne-Recklinghausen, Herne - Arenfelsstr. 22, 4660 Gelsenkirchen-Buer (T. 3 88 25 01) - Geb. 30. Aug. 1911 - Spr.: Engl., Franz., Russ. - Rotarier.

WEGELEBEN, Gottfried

Autor, Produzent - Grafstr. 13, 8137 Berg 1/Obb. (T. 08151 - 5 15 89) - Geb. 14. Jan. 1928 Erfurt - Univ. Berlin u. Göttingen (Rechtswiss.) - Tätigk. Filmaufbau Göttingen, Bavaria-Filmkunst München, Schorcht-Film, ebd. - Filme, TV-Serien, Theaterst. - Liebh.: Golf, Segeln.

WEGELER, Hanns-Christof

Fabrikant, pers. haft. Gesellsch. Deinhard & Co. KG a. A., Sektkellerei, Koblenz, Geschäftsf. Epikur GmbH, Koblenz - Rheinhöhe 20, 5417 Urbar/b. Koblenz - Geb. 25. Dez. 1934 - Vorst.-Mitgl. Verb. Dt. Sektkellereien, AR-Mitgl. Stabilisierungsfonds f. Wein, Mitgl. EG-Weinkomitee, stv. Vors. Arbeitgeberverb. Nahrung u. Genuß ebd. 1973ff. Dir. Deinhard & Co., London, Président FIVS, Paris - Spr.: Engl., Franz., Span.

WEGELER, Rolf
Fabrikant, pers. haft. Gesellsch. Deinhard & Co. KG. a. A., Sektkellerei, Koblenz, Geschäftsf. Epikur GmbH., Koblenz, Schloßkellerei Lichtenthäler GmbH., Koblenz - Simrockstr. 7, 5400 Koblenz (T. 3 13 16) - Geb. 2. Okt. 1934 Koblenz (Vater: Gerhard W.), verh. m. Helga, geb. Schniewind - Spr.: Engl., Franz. - Rotarier.

WEGELT, Hermann
Rechtsanwalt, Hauptgeschäftsf. Verb. d. Dt. Parkettind. u. Fachverb. Holzpflaster, Gf. Fachverb. Grubenholz - Füllenbachstr. 6, 4000 Düsseldorf 30.

WEGENAST, Klaus
Dr. theol., o. Prof. f. Prakt. Theologie - Hohstalenweg 30, CH-3047 Bremgarten (T. 031 - 24 03 95) - Geb. 8. Dez. 1929 - 1962-72 Prof. Päd. Hochsch. Lüneburg, s. 1972 Prof. Univ. Bern (Prakt. Theol. - Religionspäd.), 1987/88 Rektor - BV: D. Verständnis d. Tradition b. Paulus u. in d. Deuteropaulinen, 1962; Jesus u. d. Evangelien, 5. A. 1972; D. biblische Unterr., 3. A. 1969; Glaube - Schule - Wirklichk., 1970; Curriculumtheorie u. Rel.sunterr., 1972; Orientierungsrahmen Religion, 1979; Religionsunterricht in d. Sekundarstufe I, 1980; Religionsdidaktik Grundsch., 1983. Hrsg. mehr. Sammelbde. u. Mitarb. an mehr. theol. u. päd. Lexika. 200 Aufs. in vielen wichtigen theol. u. kirchl. Publ.organen.

WEGENER, Angelica
Dr. med., Ärztin, Vors. Verein d. Versicherungsgeschädigten u. Verein Therapeutisches Reiten, bde. Bonn - Am Herrengarten 66, 5300 Bonn 3 (T. 0228 - 43 04 56 u. 43 03 39) - Geb. 22. Jan 1953, Sohn Jörg - Med.-Stud.; Ex. 1979, Promot. 1981 - 1979/80 Tätigk. Univ. Köln (Inst. f. Arbeits- u. Sozialmed.); 1980-83 Reha-Zentrum Godeshöhe; 1981-83 Univ. Bonn; 1983 Niederlass. als prakt. Ärztin (Duchführung v. Hippotherapie); Ärztin f. Arbeits- u. Sozialmed. - Liebh.: Med.-therap. Reitsport - Spr.: Engl., Franz.

WEGENER, Gerhard
Dr., Prof. u. Abteilungsvorsteher Univ. Mainz (s. 1975) - Kerschensteiner Str. 3, 6500 Mainz (T. 38 77 17) - Geb. 13. Juni 1941 Lindau (Vater: Wilhelm W., Ang.; Mutter: Elfriede, geb. Simoleit), kath., verh. s. 1967 m. Monika, geb. Lutynski, 2 Kd. (Britta, Claudia) - Stud. d. Biol., Math., Physiol. Chemie Univ. Münster; Promot. 1969 ebd. - 1969 Assist. Münster; 1970/71 Stip. DFG, dann Assist., Akad. Rat u. Lehrbeauftr. Univ. Heidelberg. Fachmitgl.sch. Wiss. Ztschr.aufs. - 1969 Fakultätenpreis Univ. Münster - Spr.: Engl.

WEGENER, Hans Th.
Dipl.-Kfm., Geschäftsführer R + M Wegener GmbH + Co Hut- + Mützenfabrik - Vogelsbergstr. 172, 6420 Lauterbach 1 - Geb. 21. Juni 1949.

WEGENER, Hans-Joachim
Studiendirektor a. D., Erster Bürgermeister (s. 1968), MdL Nieders. (s. 1970) - Neue Reihe 16, 2190 Cuxhaven (T. 3 77 56) - Geb. 18. Mai 1911 Vessin

WEGENER, Heinz
Lehrer, Landrat, MdL Nordrh.-Westf. (s. 1966) - Am Vietberg 24, 4931 Detmold 1 (T. 6 88 89) - Geb. 15. Sept. 1920 Hiddesen/Lippe, verh., 2 Kd. - Aufbausch. (Abit.); Stud. Lehrerprüf. 1947 u. 50 - 1938-45 Militär- u. Wehrdst. (schwerkriegsbeschädigt); s. 1947 Lehrer. S. 1970 Landrat. S. 1950 Ratsmitgl. Heidenoldendorf u. MdK Detmold (Fraktionsvors.); 1957-65 MdB. SPD s. 1946.

WEGENER, Hermann
Dr. phil., Dr. med., o. Prof. f. Psychologie u. Pädagogik am Inst. f. Psychol. Univ. Kiel (s. 1963) - Wiesenweg 4, 2300 Kiel-Wik (T. 33 18 23) - Geb. 6. Juni 1921 Kiel (Vater: Heinrich W., Marineoffz. (Ing.); Mutter: Wally, geb. Dorau), verh. s. 1949 m. Dr. med. Gisela, geb. Wiedemann, 2 Kd. (Horst-Detlef, Rosemarie) - Stud. Psych. u. Med. Promot. (1949 phil., 51 med.) u. Habil. (1957) Kiel - 1954-63 Doz. u. Prof. f. heilpäd. Psych. (1960). 5 Buchbeitr. u. etwa 50 Fachaufs. - Spr.: Engl., Franz.

WEGENER, Horst
Dr. phil. nat., o. Prof. f. Physik - Dompfaffstr. 84, 8520 Erlangen (T. 4 14 92) - Geb. 16. Aug. 1926 Altkloster (Vater: Hans W., Kaufm.; Mutter: Frida, geb. Klinger), ev., verh. s. 1952 m. Heide-Barbara, geb. Prahl, 3 Kd. (Susanne, Jens, Dirk) - Univ. Hamburg u. Erlangen (Physik). Promot. (1954) u. Habil. (1959) Erlangen - S. 1954 Assist., Privatdoz. (1959), ao. (1961) u. o. Prof. (1966) Univ. Erlangen bzw. Nürnberg, dazw. 1959-61 u. 1966-67 Wiss.ler USA - BV: D. Mößbauer-Effekt u. s. Anwendung in Physik u. Chemie, 1965. Div. Einzelarb. - 1963 Ehrenbürger Staat Tennessee - Spr.: Engl.

WEGENER, Ingo
Dr. math., Prof. f. Informatik Univ. Dortmund - Lessingstr. 58 a, 4800 Bielefeld 1 (T. 0521 - 6 02 82), u. FB Informatik, Univ. Dortmund, Postf. 50 05 00, 4600 Dortmund 50 - Geb. 4. Dez. 1950 Bremen (Vater: Werner W., Speditionskaufm.; Mutter: Gisa, geb. Lübsin), verh. s. 1975 m. Christa Wegener-Mürbe - Univ. Bielefeld (Dipl.-Math. 1976, Promot. 1978, Habil. 1981) - 1976-80 Wiss. Assist. Bielefeld; 1980-82 Gastprof., Vertr. e. Prof. in Frankfurt; 1982-87 C3-Prof. f. Informatik Univ. Frankfurt; s. 1987 C4-Prof. f. Informatik Univ. Dortmund - BV: Suchprobleme (m. R. Ahlswede), 1979 (russ. Übers. 1982, engl. Übers. 1987); The complexity of Boolean functions, 1987; Effiziente Algorithmen f. grundlegende Funktionen, 1989 - Spez. Interessen: Forsch.geb. Schaltkreistheorie, Effiziente Algorithmen, Optimierung.

WEGENER, Ulrich
Kommandeur im Bundesgrenzschutz - Zu erreichen üb.: Grenzschutzkommando West, Villemombler Str. 80, 5300 Bonn 1 - Geb. 22. Aug. 1929.

WEGENER, Walther
Dr.-Ing. habil, Dr.-Ing. E. h., em. o. Prof. f. Textiltechnik - II. Rote-Haag-Weg 7a, 5100 Aachen (T. 6 12 29) - Geb. 14. April 1901 Hamburg (Vater: Wilhelm W.; Mutter: Minna, geb. Weber), ev., verh. s. 1943 m. Anni, geb. Hartmann, 3 Kd. (Wolfgang, Volker, Verena) - Oberrealsch.; TH Danzig u. Braunschweig (Maschinenbau; Dipl.-Ing. 1929). Promot. 1936 Aachen; Habil. 1948 Braunschweig - 1936-52 Dir. Textilind., 1948-52 Privatdoz. TH Braunschweig, 1952-69 Ord. u. Dir. Inst. f. Textiltechnik TH Aachen. Div. Patente - BV: Syrien - Irak - Iran, 1943; Festigkeits- u. Formänderungseigenschaften, in: H. Sommer, Handbuch der Werkstoffprüfung, Band V 1959; D. Streckwerke d. Spinnereimaschinen, 1965; Verkürzte Baumwollspinnerei - Faserband-Spinnverf., 1965. Herausg.: Kl. Lexikon f. Textilprüf. (1965); Mitarb.: Lueger, Lex. d. Technik (Bd. III 1961), Gr. Textil-Lex. (1965), Optimale Verarbeitungsbedingungen f. Filamentgarne (1974), Grundlagen d. Faserlängen- u. Feinheitsbestimmungen (1974), Meßgeräte u. Verfahren z. Bestimmung d. Ungleichmäßigk. von Faserverbänden (1975). Etwa 500 Fachaufs. 1965 Ehrendoktor TU Dresden; Mitgl. Geographical Soc. Washington (USA) u. F.T.J. Textile Inst. Manchester (Engl.); 1969 Gr. BVK; 1984 Inst. Med. Textile Inst. Manchester (Engl.).

WEGENER, Wilhelm
Dr. jur., Dipl.-Volksw., em. o. Prof. f. Dt. u. vergl. Rechtsgeschichte, Handels- u. Arbeitsrecht - Kiesseestr. 35 b, 3400 Göttingen - Geb. 2. Nov. 1911 Bad Lippspringe/W. (Vater: Paul W., Dr. med., Facharzt f. Lungenkrankh.; Mutter: Luise, geb. Juckenack), ev., verh. seit 1942 mit Marta, geb. Grimm - Gymn. Paderborn; Univ. Marburg, Göttingen, München, Bonn (Rechts- u. Staatswiss.). Dipl.-Volksw. 1935 Bonn; jurist. Staatsprüf. 1937; Promot. (1939) u. Habil. (1954) Göttingen - 1940-45 Wirtschaftsjurist Berlin, 1945-55 wiss. Assist. Univ. Göttingen, s. 1956 ao. u. o. Prof. (1958) Univ. Saarbrücken - BV: D. neuen dt. Verfass., 1947; D. intern. Donau, 1951 (Gött. Rechtswiss. Stud. 2); Böhmen, Mähren u. d. Reich im Hochmittelalter, 1959 (Ostmitteleuropa in Gesch. u. Gegenw. 5). Herausg.: Festschr. Karl G. Hugelmann (2 Bde. 1959), Genealog. Tafeln z. mitteleurop. Gesch. (1962-69). Mithrsg.: Unters. z. dt. Staats- u. Rechtsgesch. N.F. (1962ff.) - Mitgl. Histor. Kommiss. d. Sudentenländer (1956 korr., 1970 o.) u. d. Saarl. (1960 o., 68 korr., 1970-75 o. u. stv. Vors.).

WEGENER, Wolf
Dr. jur., Rechtsanwalt u. Notar, stv. Aufsichtsratsvors. ADAC Verlag GmbH - Bundesallee 25, 1000 Berlin 31 (T. 030 - 868 62 13) - Geb. 20. März 1933 Berlin, ev., verh. s. 1971 m. Ilse, geb. Niemeyer, 3 Kd. (Siegfried, Roderich, Diane) - Stud. Rechtswiss. Univ. Berlin, Freiburg, Genf, Paris; Ass.-Ex.; Promot. Kiel - S. 1978 Vorst.-Vors. ADAC Berlin; s. 1987 Generalsyndikus ADAC; Beiratsmitgl. Dt. Bank Berlin AG - BVK I. Kl. - Liebh.: Golf, Ski - Spr.: Engl., Franz.

WEGENER, Wolfgang

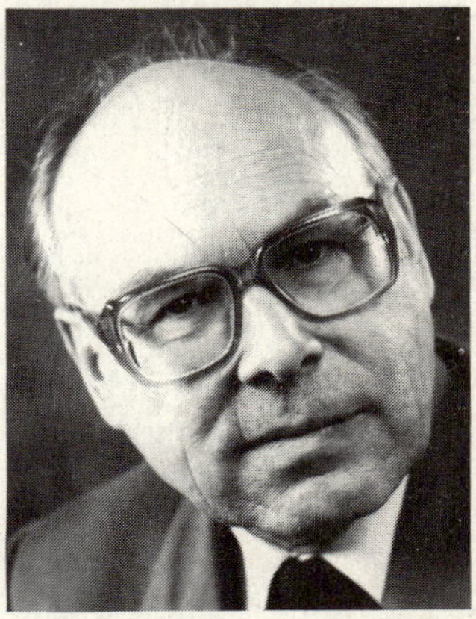

Dr. rer. nat., Dipl.-Chemiker, Berater u. Sachverst. f. Baustoffkunde u. Bauchemie, Schiedsrichter - Kittlerstr. 25, 6100 Darmstadt (T. 06151 - 7 76 36) - Geb. 25. Okt. 1926 Lage/Lippe b. Detmold (Vater: Dr.-Ing. Walther W., Prof.; Mutter: Ilse, geb. Cordes), ev., verh. s. 1954 m. Eva-Marie, geb. Croseck, 2 Kd. (Petra, Andreas) - Schulen Krefeld, Hamburg, Seesen u. Osterode (Abit. 1946); nach Militärdienst Praktikanten-Tätigk.; ab 1946 TH Braunschweig (Chemie u. Botanik), Univ. Cambridge (Chemie u. Engl.); Dipl.-Chem. 1953 TH Braunschweig, Promot. 1955 - 1952-56 wiss. Assist. TH Braunschweig u. Leit. Abt. Baustoffchemie Nieders. Materialprüfamt; 1956-71 Ind.tätigk. (Leit. Entw.- u. Betriebslab. Organa-Bautenschutz GmbH Bochum, ab 1961 Leit. wiss. u. Dok.-Abt. ebd., ab 1964 Prok. u. Techn. Leit. L.H. Bauchemie, Lügde, ab 1968 Techn. Dir. Woermann GmbH, Chem. Baustoffe, Darmstadt); ab 1971 selbst. als Gutachter, Schiedsrichter u. Berater f. Baustoffkd., Bauchemie, Bautenschutz usw.; Sachverst. IHK Darmstadt, Dt. Beton-Verein e.V., Wiesbaden u. Dt. Ges. f. Baurecht e.V., Frankf., u. a. Fachmitgl.sch., Patente, Veröff. in Fachpresse, Forsch.ber. - Liebh.: Wassersport, Fotografie - Spr.: Engl. - Bek. Vorf.: Prof. Walther W. (Vater) - Lit.: Kürschners Dt. Gelehrten-Kal.

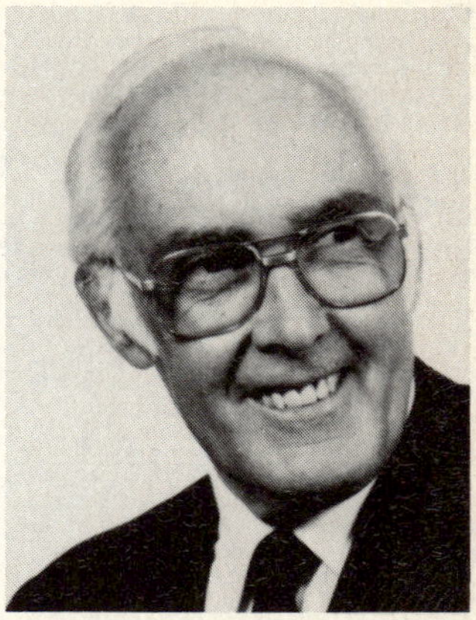

WEGENSTEIN, Willy
Dipl.-Ing., Unternehmensberater - Schulhausstr. 9, CH-6373 Ennetbürgen (T. 041 - 64 69 41) u. Springsiedelgasse 16, A-1190 Wien - Geb. 31. Dez. 1914 (Vater: Otto W., Kaufm.; Mutter: Marguerite, geb. Staehlin), prot., verh. s. 1957 m. Elisabeth, geb. Habietineck, 8 Kd. (Annelies, Martin, Monika, Angelina, Johannes, Joachim, Florian, Bernadette) - Dipl. 1937 ETH Zürich - S. 1947 selbst. Untern.berater, teilw. m. Führungsaufg. (Tätigk. in rd. 600 Firmen auf intern. Basis) - Oberstltn. Schweizer Armee - BV: Management-Taschenb. - Liebh.: Sportfliegen, Wasserski, Reiten - Spr.: Engl., Franz., Ital.

WEGER, Hans-Dieter
Dr. rer. pol., Geschäftsführer Bertelsmann Stiftung (s. 1979) - Möwenweg 20, 4837 Verl - Geb. 17. April 1942 Kirchen/Sieg, kath., verh. s. 1972 m. Magda, geb. Jahn, 3 Kd. - Stud. Volksw. sozialwiss. Richtung Univ. Köln; Dipl.-Volksw.; Promot. 1972 - 1970-74 wiss. Assist. Univ. Köln; 1974-78 Abt.-Leit. Gesamtverb. Dt. Versich.-Wirtsch. - Liebh.: Klass. Musik - Spr.: Engl.

WEGER, Hugo
Generaldirektor i. R. August-Bolten-Weg 8, 2000 Hamburg 55 (T. 870 25 45) - Geb. 14. Nov. 1902 Hamburg - B. 1962 Vorstandsvors. Thuringia Versicherungs-AG., München, dann Nordstern Versicherungs-/Lebens-/Rückversicherungs-AG. (3), Köln (1970 Ruhest.). AR-Mandate u. a. - 1970 Gr. BVK - Rotarier.

WEGER, Karl-Heinz
Dr. theol., Prof., Priester d. Gesellschaft Jesu - Kaulbachstr. 33, 8000 München 22 (T. 089 - 238 63 26) - Geb. 17. Juli 1932 Schweinfurt, kath. - Promot. Theol. Fak. Maastricht, Niederl. - Prof. f. Grundlegung d. Theol. und Phil. Anthropol.; Leit. Inst. f. Fragen d. Religionskritik - BV: Theologie d. Erbsünde, 1970; Karl Rahner. E. Einf. in s. theol. Denken, 1978 (übers. in versch. Spr.); Was sollen wir noch glauben?, 1979 (m. K. Rahner, übers. in versch. Spr.); Religionskritik. Proj. f. Religionsunterr. u. Erwachsenenbildung, 1979 (m. Bieger u. Marlet); Vom Elend d. krit. Rationalismus, 1981; D. Mensch v. d. Anspruch Gottes, 1981; Gott hat sich offenbart, 1982; Wege z. theol. Denken. Wie kann man Glaubensaussagen aus Erfahrung klären?, 1984; Wozu sind wir auf Erden?, 1989. Herausg.: Religionskritik v. d. Aufklärung b. z. Gegenwart (1979, 4. A. 1988, übers. in versch. Spr.); Argumente f. Gott (1987). Zahlr. Art. in Ztschr.

WEGHORN, Eberhard
Rechtsanwalt, MdL Hessen (s. 1975), Vizepräsident Hess. Landtag - Schloßplatz 2, 6200 Wiesbaden u. Hansaallee 7, 6000 Frankfurt 1 - Geb. 1. Aug. 1947 Frankfurt (Vater: Dr. Erwin W., Journalist; Mutter: Anne Liese, geb. Kaul) - Abit. 1966 Schlüchtern; 1. jur. Staatsex. 1974 Frankfurt, 2. jur. Staatsex. 1977 Frankfurt - 1971/72 Landesvors. Dt. Jungdemokraten, Hessen, 1975 Kreisvors. FDP Main-Kinzig-Kreis, s. 1971 Mitgl. Landesvorst. FDP-Hessen. 1975 Bundesschatzm. Dt. Jungdemokraten; s. 1978 Mitgl.-Präsid.; s. 1978 Parlamentar.

Geschäftsf. F.D.P.-Landtagsfraktion, s. 1981 Vizepräs. Hess. Landtag - Interessen: Rechtspolitik, Justizvollzug, Haushaltspolitik, Reform d. öfftl. Dienstes - Spr.: Engl., Franz.

WEGLER, Richard

Dr. Ing., Direktor i. R., Honorarprof. f. Org. Chemie TH Aachen (s. 1969) - Auf dem Forst 2, 5090 Leverkusen 1 (T. 0214 - 5 64 56) - Geb. 8. Juli 1906 Beilstein (Eltern: Robert W., Volksschullehrer; Mutter: Berta W.), ev., verh. I) s. 1938 m. Annelotte, geb. Pompe († 1962), 3 Kd. (Günter, Dieter, Monika); II) s. 1963 m. Gerda, geb. Möller - TH Stuttgart (Dipl.-Chem.; Promot.). Habil. 1931 - 1938 IG Farbenind. Werk Leverkusen (1959 Leit. Chem. Pflanzenschutzforsch.). Div. Mitgliedsch. - BV: Mitarb. am Houben-Weyl. Herausg.: Chemie d. Pflanzenschutz u. Schädlingsbekämpfungsmittel (8 Bde. m. a.). Zahlr. Publ. - Spr.: Engl.

WEGMANN, Herbert

Dr. rer. pol., Dipl.-Kfm., Vorstandsvorsitzender Hamborner Bergbau AG., Duisburg-Hamborn (s. 1970) - Bismarckstr. 31, 4200 Oberhausen/Rhld. - Geb. 31. Jan. 1916 Köln - U. a. Vorstandsmitgl. Concordia Bergbau AG., Oberhausen. Div. Mandate.

WEGMANN, Rudolf

Dr. phil., Dr. med, Oberstudiendirektor a. D., Honorarprof. Univ. München (Allg. Didaktik, Erziehungswiss.) - Klosterweg 32, 8137 Berg 3 (T. 08151 - 55 98) - Geb. 31. Mai 1905 München (Vater: Josef W.; Mutter: Maria, geb. Duna), verh. s. 1937 m. Erna, geb. Miller - Stud. Päd., Psych., Theaterwiss., Med. München u. Berlin - 1926-29 u. 1936-40 Volksschullehrer, 1929-35 u. 1948-70 Lehrerbildner, 1940-43 Heerespsychologe (Reg.srat). 1943-45 Feldunterarzt - BV: u. a. Unterricht in der Menschenkunde, 1952; Urfeind der Erziehung, 1962 (spanisch 1964); Theorie d. Unterrichts, 1964; D. gesunde Schule, 1966; Gesundheitserzieh. in d. Schule, 1968; Spiel als Lebenshilfe, 1980; Päd. Ketzereien, 1984 - 1962 Ehrenz. Johanniter-Unfallhilfe; Gold. Sportab.; 1976 B.-Chr.-Faust-Med.; 1977 Tholuck-Plakette u. BVK; 1983 Bayer. VO.; 1985 Hildeg.-v.-Bingen-Med. - Liebh.: Pilzkunde - Spr.: Engl.

WEGMANN, Wolfgang

Dr. rer. pol., Dipl.-Kfm., Verlagsleiter Wila Verlag f. Wirtschaftswerbung Wilhelm Lampl KG - Landsberger Str. 191 A, 8000 München 21 - Geb. 25. Dez. 1937 Bielefeld-Brackwede - Univ. Köln (Wirtschafts- u. Sozialwiss.) - Tätigk. Bertelsmann AG, Gütersloh u. Ariola Eurodisc GmbH, München (10J.); AMK Berlin Ausstellungs-, Mess-, Kongreß GmbH, Berlin.

WEGMANN, Wolfgang J.

Dr. rer. pol., Management Consulting - Am Markt 7, 2251 Süderstapel - Geb. 22. Aug. 1928 Köln (Vater: Dr. med. Hans W.; Mutter: Ernestine, geb. Rübhausen), verh. s. 1955 m. Elke, geb. Weseloh, 4 Kd. (Joachim, Roger, Cathlen, Francesca) - 1955-62 Revisor u. Com. Mgr. Dt. Lufthansa - 1963-76 Geschäftsf. Glaswerk Schuller, Wertheim; 1977-81 Gf. Gesellsch. G. Kuntze GmbH & Co. Röhrenwerk, Behälterbau, Sauerstoffwerk, Süssen. S. 1982 Management Consultant.

WEGNER, Elmar

Dr. jur., Dipl.-Kfm., Geschäftsführer Fränk. Gesellschaftsdruckerei u. Echter-Verlag GmbH., beide Würzburg - Winterhauser Str. Nr. 20a, 8700 Würzburg (T. Echterhaus: 5 02 58) - Geb. 7. Dez. 1930 Würzburg (Vater: Franz W.; b. 1967 Geschäftsf. ob. Untern.; s. XV. Ausg.), kath., verh. s. 1960 m. Rose-Marie, geb. Schmitz, 2 Söhne (Bertram, Markus) - Stud. Betriebsw. u. Rechtswiss.

WEGNER, Gerhard

Dr., Prof., Direktor Max-Planck-Institut f. Polymerforschung Mainz - Zu erreichen üb. Max-Planck-Inst. f. Polymerforsch., Jakob-Welder-Weg 11, 6500 Mainz - Geb. 3. Jan. 1940 Berlin - 1959 Stud. Chemie Univ. Mainz, Promot. 1965; 1965-67 Mitarb. Yale Univ.; 1968 Ass. am Inst. f. Physikal. Chemie Univ. Mainz; 1969 Gründungsmitgl. Sonderforschungsber. (SFB) 41 (1971-74 Schatzmeister); 1971 Doz.; 1972 apl. Prof. Univ. Mainz; 1974 o. Prof. f. Makromolekulare Chemie Univ. Freiburg, Dir. Inst. f. Makromol. Chemie ebd.; 1983 Prof. MPI f. Polymerforsch., s. 1984 Dir. - 1979 Preis d. Amherst Univ., Mass.; 1984 Otto-Bayer-Preis (1. Preistr.); 1986 Marvel-Monsanto-Lectureship Univ. of Arizona, Tucson, Arizona/USA.

WEGNER, Klaus

Dr. rer. pol., Prof., Diplom-Psychologe - Ludwig-Beck-Str. 21, 3400 Göttingen (T. 5 58 88) - U. a. Prof. Päd. Hochsch. Göttingen.

WEGNER, Max

Dr. phil., o. Prof. f. Klass. Archäologie (emerit. 1970) - Fliednerstr. 7, 4400 Münster/W. (T. 8 26 14) - Geb. 8. Aug. 1902 Wozinkel/Meckl. (Vater: Paul W., Landwirt; Mutter: Elisabeth, geb. Hagemeister), ev., verh. s. 1936 m. Lotte, geb. Brunk, 3 Kd. (Clemens, Leonore, Christiane) - Realgymn. (Gymn.) Lübeck; Univ. Freiburg/Br., Leipzig, München, Berlin (Archäol., Kunstwiss., Sinol., Phil., Dt.). Promot. (1928) u. Habil. (1939) Berlin - Ref. u. Assist. Dt. Archäol. Inst., Berlin (auch Ausl.), 1939 Privatdoz. Univ. ebd., 1942 Ord. Univ. Münster (Dir. Archäol. Sem. u. Mus.) - BV: D. röm. Herrscherbild in antonin. Zeit, 1939; D. Land d. Griechen, 1941; Goethes Anschauung antiker Kunst, 1943; D. Musikleben d. Griechen, 1949; D. Musikinstrumente d. alten Orients, 1949; Altertumskd. 1951; Meisterw. d. Griechen, 1954; Hadrian, Plotina, Marciana, Matidia Sabina, 1956; Ornamente kaiserzeitl. Bauten Roms - Soffitten, 1957; Griechenl., 1963; Sizilien - Charakterstudie e. Weltinsel, 1963; Musensarkophage, 1964; D. Herrscherbild in flav. Zeit, 1964; Schmuckwaren d. antiken Rom, 1965; Archaeologia Homerica - Tanz u. Musik, 1968; Duris - E. künstlermonogr. Versuch, 1968; Musikgesch. in Bildern - Griechenl., 1969; Röm. Herrscherbild - V. Marcrinus b. Balbinus, 1971; D. Brygosmaler, 1973; Röm. Herrscherbild. Traianus Decius b. Carinus, 1979; Euthymides u. Euphronios, 1979. Hersg.: Orbis Antiquus (1950 ff.). Zahlr. Veröff. in Festschriften u. Ztschr.

WEGNER, Michael

Dr. phil., Vorstandsmitglied Bibliographisches Institut & F. A. Brockhaus AG - Dudenstr. 6, 6800 Mannheim 1; priv.: Medicusstr. 6.

WEGNER, Rose-Marie

Dr. agr., Prof., Dir. u. Prof., Leiterin Inst. f. Kleintierzucht Celle/Bundesforschungsanst. f. Landwirtschaft Braunschweig-Völkenrode, Haltung u. Verhalten v. Geflügel u. Kleintieren - Dörnbergstr. 25/27, 3100 Celle (T. 05141 - 3 10 31/32) - Geb. 16. März 1924 Ragnit/Ostpr. (Vater: Kurt W., Obering.; Mutter: Lisbeth, geb. Faulbaum), ev. - Stud. Landw. Univ. Halle u. Bonn (Diplom 1950, Promot. 1952). Habil. 1961 Bonn - S. 1966 apl. Prof. Bonn, Wiss. Rat; 1976 Leiterin Inst. f. Kleintierz. Celle, weiterh. apl. Prof. Univ. Bonn u. Vorlesung i. SS.

WEGNER, Wilhelm

Dr. vet. med., Prof. Tierärztl. Hochsch. Hannover, Tierarzt, Tierzüchter - Holzweg 22, 3101 Großmoor (T. 05085 - 3 63) - Geb. 3. Sept. 1932 Hamburg (Vater: Wilhelm W.; Mutter: Hedwig W.), luth., verh. s. 1962 m. Elke, geb. Buggenthin, 2 Kd. (Antje, Axel) - Stud. Tiermed.; Promot. u. Habil. - BV: Kl. Kynol., 1979; Vererb. u. Krankh. b. Haustieren, 1973; Defekte u. Disposit., 1983 - Liebh.: Hobbygärtnern - Spr.: Engl.

WEGSCHEIDER, Thomas

Vorstandsvorsitzender Bank f. Gemeinwirtschaft AG, Frankfurt - Theaterplatz 2, 6000 Frankfurt/M. 1 (T. 25 80) - Geb. 27. Febr. 1933 - AR-Vors. Aktienges. f. Grundbesitz u. Handel, Berlin, Hotel Berlin AG, ebd., stv. AR-Vors., Braunschw.-Hannov. Hypothekenbank, Hannover; AR-Mitgl. ASEA Brown, Boveri AG, Mannheim, Salzgitter AG, Salzgitter, RWE Rhein. Westf. Elektrizitätswerke AG, Essen.

WEH, Herbert

Dr.-Ing., o. Prof. u. Direktor Inst. f. Elektr. Maschinen, Antriebe u. Bahnen TH bzw. TU Braunschweig (s. 1961) - Wöhlerstr. 20, 3300 Braunschweig (T. 51 14 83) - Geb. 1. März 1928 Lindau/B. - Zul. TH Karlsruhe. Fachveröff.

WEHDEKING, Volker

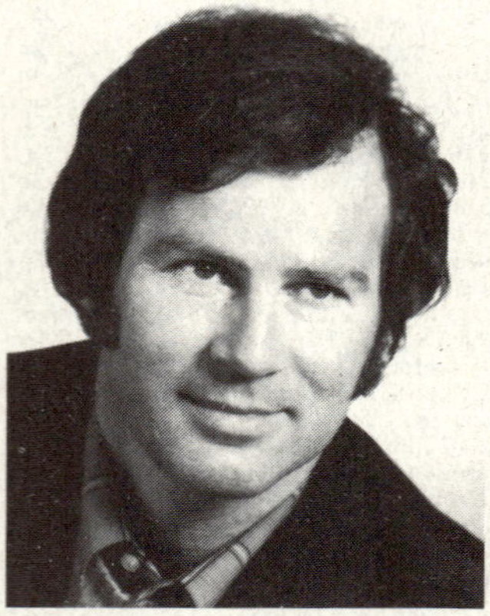

Dr. phil., Prof. f. Literaturwiss., Germanistik u. Anglistik FHB Stuttgart - Gustav-Mahler-Str. 5, 7000 Stuttgart 1 (T. 0711 - 69 23 82) - Geb. 23. Okt. 1941 Garmisch-Partenkirchen (Vater: Hermann W., Kaufm.; Mutter: Christa W., geb. Müller), ev., verh. s. 1980 m. Roswitha, geb. Schrapp - Univ. München Hofstra (USA); B.A. Yale Univ. (USA), M.A. 1965, Ph.D. 1970 - 1970 - 1970 Assist.-Prof. f. German. Univ. of Kansas, Lawrence; 1973 Forsch.-Assist. Univ. Konstanz; 1976 Bibl.-Rat, Doz. f. Angl. Univ. Augsburg; 1984 Prof. f. Literaturwiss. Stuttgart - BV: D. Nullpunkt, dt. Nachkriegslit., 1971; Alfred Andersch, 1983; Zu Alfred Andersch, Interpret. 1983; Anfänge westdt. Nachkriegslit., 1989; Erzähllit. d. frühen Nachkriegszeit, 1990. Übers.: Bibl. v. Babel, Bd. 26, herausg. v. Borges, n. R. Burton (1984) - 1960 Jugendaufsatzpreis Europ. Schultag; 1960 Vorschlag f. Maximilianeum; Stip. Univ. Nelson u. Fulbright, Yale Univ., Yale Club of Germany - Liebh.: Tennis, Segeln, Klavier, Filmstudien - Spr.: Engl., Franz., Latein, Span. - Bek. Vorf.: Malcolm Mc Gregor, Konsul; Elisabeth Gräfin Vitzthum (Urgroßm.) - Lit.: Neues Handb. d. Literaturwiss. Bd. 21 (1979); Kulturpolit. Wörterb. (1983); Arbitrium, 1 (1986); Germanistik (1988).

WEHEFRITZ, Valentin

Dr. rer. nat., Dipl.-Physiker, Ltd. Bibliotheksdirektor Univ.-Bibl. Dortmund (s. 1970) - Heunerstr. 34, 4600 Dortmund - Geb. 2. Jan. 1933 Göttingen, ev., verh. s. 1966 m. Karin, geb. Meister - Stud. d. Physik Univ. Göttingen; Dipl.ex. 1957; Promot. 1960; Bibl.ex. 1962 Köln - Zun. Bibl. Staats- u. Univ.s-Bibl. Hamburg, dann stv. Dir. Univ.-Bibl. Bochum - BV: Naturwiss. - Med. - Techn. Wissenschaftskd., 1967; Physikal. Fachlit., 1969. Herausg.: Intern. Loan Services a. Union Catalogues (1974, 2. A. 1980), 10 J. Univ.sbibl. Dortmund (1975).

WEHKING, Heinrich

Landwirt, Mitgl. Synode d. Ev. Kirche d. Union (s. 1965) - 4951 Friedewalde-Wegholm b. Minden/W. (T. 2 50) - Geb. 2. Febr. 1899 Friedewald-Wegholm (Vater: Friedrich W., Landw.; Mutter: Karoline, geb. Kruse), ev., verh. s. 1934 m. Marie, geb. Stelze, 4 Kd. (Heinrich, Annemarie, Friedrich, Wilhelm) - Volks-u. Landw.ssch. - S. 1913 elterl. Hof (Saatbauw.), Geschäftsf. Zuchtgenoss. Friedewalde u. Westf. Prov.-Feuersozietät (1922), Gutachter u. Sachverst. f. d. dt. Kartoffelw. (1932), n. Kriegsende MdK Minden, 1946-48 u. 1952-56 Landrat, 1947-54 MdL Nordrh.-Westf., 1953-65 MdB. 1961-67 Mitgl. Syn. d. Ev. Kirche in Dtschl. CDU - 1965 Gr. BVK.

WEHLE, Gerhard

Dr. phil., o. Prof. f. Erziehungswiss. - Bislicher Str. 7, 4230 Wesel-Flüren (T. 7 00 74) - Geb. 8. Sept. 1924 Reichenberg/Böhmen, kath., verh. s. 1957 m. Ruth, geb. Eikeln, 1 S. (Klaus) - Pädagogischer Ausbildungslehrgang Kassel; Studium Päd., Psych., Dt. Philol. Göttingen. Promot. 1955 - 1946 Volksschullehrer; 1955 Assist. Univ. Göttingen (Päd. Sem.); 1957 Doz. Päd. Hochsch. Braunschweig; 1961 Prof. PH Neuss, 1974 Univ. Düsseldorf - BV: Theorie und Praxis im Lebenswerk Georg Kerschensteiners, 1956, 2. Aufl. 1964; Bildungsplanung - Begriff / Tendenzen / Methoden, 1968; Georg Kerschensteiner - Impulse d. Reformpädagog. f. d. Schule v. heute, 1986; Bibliographie Georg Kerschensteiner, Bd. 1 1987. Herausg.: Gg. Kerschensteiner, Ausgew. päd. Schriften (2 Bde. 1966/68); Handb. päd. Grundbegriffe (2 Bde. 1969/70, m. Josef Speck); Päd. aktuell (3 Bde. 1973); Kerschensteiner. Wege d. Forschung. (Bd. 199, 1979).

WEHLE, Winfried

Dr., Prof. f. Literaturwissenschaft Kath. Univ. Eichstätt - Schneebeerenweg 7, 8078 Eichstätt (T. 08421 - 41 76) - Geb. 14. Febr. 1940 Sindelfingen - Stud. Univ. Tübingen, Paris, Urbino; Promot. 1971; Habil. 1978 Bonn - S. 1978 o. Prof. Univ. Eichstätt - BV: Franz. Roman d. Gegenw., 1972; Nov. erzählen, 2. A. 1984; Nouveau Roman, 1980; Lyrik u. Malerei d. Avantgarde (m. R. Warning), 1982; Dichtung üb. Dichtung, 1986 - 1972 Straßburg-Preis-

WEHLER, Hans-Ulrich

Dr., Prof. f. Geschichtswiss. Univ. Bielefeld (s. 1971) - An der Krebskuhle 15, 4800 Bielefeld - Geb. 11. Sept. 1931 Freudenberg (Vater: Theodor W., Kaufm.; Mutter: Elisabeth, geb. Siebel), ev., verh. s. 1958 m. Renate, geb. Pflitsch, 3 S. (Markus, Fabian, Dominik) - Gymn.; 1952-1958 Univ. Köln, Bonn, Athens, Ohio - 1970-71 o. Prof. FU Berlin - BV: Sozialdemokratie u. Nationalstaat. Nationalitätenfragen in Dtschl., 1840-1914, 1962, 2. A. 1971; Bismarck u. d. Imperialismus, 1969, 5. A. 1984; Krisenherde d. Kaiserreichs, 1871-1918. Studien z. dt. Sozial- u. Verfass.sgesch., 1970, 2. A. 1979; Gesch. als Histor. Sozialwiss., 3. A. 1980; D. Dt. Kaiserreich 1871-1918, 1973, 7. A. 1988; D. Aufstieg d. amerik. Imperialismus. Stud. z. Entwickl. d. Imperium Americanum 1865-1900, 2. A. 1987; Modernisierungstheorie u. Gesch., 1975; Nationalitätenpolitik in Jugoslawien 1918-78, 1980; Histor. Sozialwiss. u. Geschichtsschreib., 1980; Grundzüge d. amerik. Außenpolitik, 2. A. 1984; Preußen ist wieder chic, 1983; Dt. Gesellschaftsgeschichte I: 1700-1815, II: 1815-49, 1987 (III u. IV demn.); Entsorgung d. deutschen Vergangenheit? E. polemisches Essay z. "Historikerstreit", 2. A. 1988; Aus d. Gesch. lernen?, 1988. Herausg.: Mod. Dt. Sozialgesch. (1966, 7. A. 1986), Dt. Historiker (9 Bde. 1971-82) u. zahlr. andere - Spr.: Engl., Franz., Span., Poln., Lat.

WEHLING, Hans-Georg

Dr. phil., Prof. f. Politikwissenschaft - Vochezenholzstr. 62/1, 7410 Reutlingen (T. 07121-24 04 24) - Geb. 4. Jan. 1938 Essen (Vater: Aloys W., Kaufm.; Mutter: Ida, geb. Schneegans), kath., verh. s. 1965 m. Rosemarie, geb. Müller, T.

Susanne - Univ. Münster, Freiburg, Heidelberg u. Tübingen (Politikwiss., Soziol., Gesch., German.) - S. 1969 Referatsleit. Landeszentr. f. polit. Bild., s. 1969 Schriftl. Ztschr. D. Bürger im Staat, s. 1970 Lehrbeauftr. f. Politikwiss. Univ. Tübingen, s. 1979 Hon.Prof. Univ. Tübingen - BV: D. polit. Willensbild. auf d. Gebiet d. Weinw., 1971; Unterrichtsprakt. Handb. z. polit. Bild., 1971; Jugend zw. Auflehnung u. Anpassung, 1973; Kommunalpolitik, 1975; Dorfpolitik, 1978; Zw. Persönlichkeitswahl u. Parteientscheidung (Mitverf.), 1978; Politik. E. einführendes Studienb. (Mitverf.), 1980; D. Bürgermeister in Baden-Württ., 1984; Kommunalpolitik in Baden-Württ., 1985; Kommunalpolitik in der Bundesrep., 1986 - Liebh.: Wandern - Spr.: Engl., Franz.

WEHLING, Heinz

Bankdirektor, Vorstandsmitglied Braunschweig-Hannoversche Hypothekenbank AG Hannover - Im Rothen 7, 3004 Isernhagen 4 - Geb. 25. April 1936 - AR-Mand.

WEHMEIER, Jörg

Chefdramaturg - Bleichstr. 1, 4000 Düsseldorf (T. 36 30 11) - Geb. 28. Sept. 1924 Bochum (Vater: Paul W., Rechtsanw.; Mutter: Gertrud, geb. Böhm) - Univ. Mainz u. Köln (Theater-, Literaturwiss., Philol.) - 1946-47 Regie- u. Dramaturgieassist. Städt. Theater Mainz; 1954-59 Leit. Theaterverlag Kiepenheuer & Witsch, Köln; 1959-62 Intendantstellv. u. Dramaturg Städt. Bühne Ulm; 1962-66 Chefdramat. u. künstler. Berater (1965) Bühnen d. Stadt Köln; 1966-72 Chefdramat. Württ. Staatstheater, Stuttgart. Neufass. d. shakespearschen Königsdramen (D. Krieg d. Rosen; Richard III., m. Peter Palitzsch). 1972-73 Dramaturg Städt. Bühnen Frankfurt/M.; s. 1973 Chefdramat. Düsseldorfer Schauspielhaus. Übers.: Bühnenst. v. Sean O'Casey, Paul Vincent Carroll, John Hopkins - Spr.: Engl.

WEHMEYER, Otto

Fabrikant (WECO Wehmeyer & Co., WECONA Wehmeyer & Co. GmbH., beide Werther) - Schloßstr. 16, 4806 Werther b. Bielefeld/W. - Geb. 30. Nov. 1909 - S. 1932 Firmenchef.

WEHNELT, Christoph

Leiter Wirtschaftsfunk Hessischer Rundfunk (s. 1986) - Zu erreichen üb. Bertramstr. 8, 6000 Frankfurt (T. 069 - 155 25 86); priv.: Am Ritterhof 6, 6236 Eschborn (T. 06196 - 4 15 22) - Geb. 11. Febr. 1938 Köln - Verlagskaufm. 1959; Dipl. Politol. 1963 München - 1963-67 Presseref. Wirtschaftspolit. Abt. Telefunken AG, Berlin/Ulm (Assist. d. Marketing-Vorst.); 1968-70 Redakt. Vereinigter Wirtschaftsdienst u. Agence Economique & Financière, Frankfurt, 1971-79 Frankfurter Rundschau u. D. Spiegel, 1980-86 D. Wirtschaftswoche - 1988 Quandt-Preis.

WEHNER, Friedrich

Dr. jur., Präsident a. D. - Marbachweg 53E, 6000 Frankfurt/M. (T. 54 31 26) - Geb. 13. Sept. 1909 Marienheide (Vater: Friedrich W., Landw. u. Handw.), ev., verh. s. 1939 m. Gertrud, geb. Dorow, 5 Kd. (Klaus, Marita, Friedrich, Ulrich, Sabine) - Univ. Berlin u. Frankfurt (Rechtswisss.). Promot. 1935; Ass.ex. 1937 - B. 1939 Reg.sass., 1940-48 Reg.rat, Ref., Arbeitsamtsdir. Landesarbeitsämter Sudentenl. u. Nordrh.-Westf. 1949-52 Abt.sleit. LAA NRW, 1952-54 Vizepräs. LAA Hamburg, 1954-57 Oberdir. Bundesanst. f. Arbeit, Nürnberg, 1957-74 Präs. Landesarbeitsamt Hessen, Beiratsmitgl. d. Fusionierten Frankfurter Sparkasse - 1973 Gr. BVK, 1979 Stern dazu, 1974 Ehrenplak. d. St. Frankf. u. Ehrenbrief Land Hessen - Spr.: Engl., Franz.

WEHNER, Herbert

Dr. h. c., Redakteur, MdB (1949-83, Wahlkr. 19/Harburg) u. Vors. SPD-Bundestagsfrakt. (1969-83) - Zu erreichen üb. Bundeshaus, 5300 Bonn 1 - Geb. 11. Juli 1906 Dresden (Vater: Richard W., Schuhmacher; Mutter: Antonie, geb. Diener), ev., verh. m. Charlotte, geb. Clausen (†1979), Stieft. Greta Burmester, verh. in 2. Ehe (1983) m. d. Stieft. - Seminarvor- u. Realsch.; kaufm. Lehre; Volks- u. betriebsw. Studien - Journ., 1930-31 MdL Sachsen, ab 1933 Widerstandsbeweg., 1935-46 Emigration, u. a. Sowjetunion, zul. Viskose- u. wiss. Hilfsarb. Schweden, s. Rückkehr Redakt. Hamburg, Vorstandsmitgl. Landesverb. Hamburg SPD, s. 1949 MdB (b. 1966 stv. Fraktionsvors. u. Vors. Aussch. f. gesamtd. u. Berliner Fragen; 1969ff. Fraktionsvors.), b. 1957 Mitgl. Gemeins. Vers. Europ. Gemeinsch. f. Kohle u. Stahl (Montanunion), 1958-73 (Verzicht) stv. Parteivors. 1966-69 Bundesmin. f. gesamtd. Fragen. 1923 SPD; 1927 KPD; 1946 SPD - BV: Sozialdemokratie in Europa, 1965; Wandel u. Bewährung, 1968; Zeugnis, 1982. Hrsg.: Frau Abgeordnete, Sie haben das Wort (1980) - 1973 Großkreuz VO; BRD; 1979 Wenzel-Jaksch-Gedächtnis-Preis; 1982 u. 84 Ehrendoktor Univ. Jerusalem; 1984 Poln. VO m. Stern; 1986 Ehrenbürger Stadt Hamburg - Liebh.: Bücher, Musik, Garten, Pfeifensamml. (üb. 150 Einzelst.).

WEHNER, Karl-Heinz

Dipl.-Berging., Geschäftsführer Klöckner-Becorit GmbH, Castrop-Rauxel (s. 1957) - Victorstr. 130, 4620 Castrop-Rauxel - Geb. 8. Juli 1922 (Vater: Christian W., Angest.; Mutter: Emilie, geb. Lang), ev., verh. s. 1967 m. Josefine, geb. Overmeyer, 2 Kd. (Eckhart, Marie-Luise) aus. 1. Ehe - Bergakad. Clausthal (Diplom-Hauptprüf. 1951) - 1952-57 Salzgitter Maschinen AG. (Leitg. Techn. Kundendienst u. Verkauf Bergbaumaschinen), Klöckner-Becorit GmbH, Castrop-Rauxel (s. 1957) - Spr.: Franz., Egl.

WEHNER, Martin

Gemeindeamtmann a. D., MdL Nieders. (s. 1978, Wahlkr. 25/Einbeck) - Karl-Maria-von-Weber-Str. 8, 3352 Einbeck - Geb. 3. Okt. 1945 Einbeck, ev., verh., Tochter - Gymn. Einbeck (Abit. 1965); 2 J. Bundeswehrdst. Hannover; 1968-71 Ausbild. f. d. gehob. Verwaltungslaufbahn - 1971-1978 Beamter Stadt Hannover u. Gde. Katlenburg-Lindau (1974 Amtm. u. Kämmerer). 1971 ff. Ratsherr Einbeck. SPD s. 1963.

WEHNES, Franz-Josef

Dr. phil., Prof., Hochschullehrer - Theodor-Fontane-Weg 34, 4300 Essen 18 (T. 42 43) - Geb. 22. Juli 1926 Recklinghausen (Vater: Josef W., Pensionär; Mutter: Auguste, geb. Middeldorf), kath., verh. s. 1954 m. Renate, geb. Lentz, 4 Kd. (Hartmut, Birgit, Bärbel, Mechthild) - 1949-53 Univ. Freiburg/Br. u. Bonn (Päd., Phil., Psych.); 1953-54 Päd. Akad. Bonn - 1954-58 Volksschullehrer Urfeld Kr. Bonn; 1958-60 Assist. PA Bonn; s. 1960 ao. Prof. Päd. Hochsch. Essen bzw. Ruhr/Abt. Essen (allg. Päd.), s. 1972 o. Prof. Univ. u. Gesamthochsch. Essen - BV: Pestalozzis Elementarmethode im Urteil d. mod. Kinderpsych., 1955; Schule u. Technik in Ost u. West - Polytechn. Bildung oder techn. Elementarerzieh., Schule u. Arbeitswelt - Aufgaben, Probleme, Lösungsversuche, 1964; D. Erzieh. z. Arbeit als Grundl. kommunist. Päd., 1967; Mensch u. Arbeit, 1969; Schule in freier Trägerschaft, 1969; D. Mensch in d. schul. Mitbestimmung, 1972; Mitbestimmung im Schulwesen, 1973; Erzieh. v. heute - Erzieh. f. morgen, 1980; Anthroposophie u. Waldorfpäd., Information/Kritik (m. Krämer u. Scherer), 1987.

WEHR, Wolfhorst

Dipl.-Holzw., Geschäftsführer Bundesverb. d. Dt. Bürsten- u. Pinselindustrie, Verb. d. Dt. Büromöbelind., Verb. d. Sitzmöbel- u. Tischind., Verbändegemeinsch. Wiesbaden, Adelheidstr. 23 (T. 06121 - 30 02 92) - Rudolf-Vogt-Str. 9a, 6200 Wiesbaden - Geb. 16. Nov. 1930.

WEHRENALP, von, Erwin Barth

Verleger - A-5026 Salzburg-Aigen - Geb. 25. Sept. 1911 Dresden (Vater: Dr. med. Burkhard B. v. W., Arzt, Präs. Österr. Alpenverein; Mutter: Elisabeth, geb. Schaale), ev., verh. s. 1949 m. Thea, geb. Hohmann, 2 Kd. (Renate, Uwe) - Gymn. - 1927-28 Herausg. Ztschr. Der neuen Jugend, Wien, 1930-32 Lektor u. Dramat. Dt. Volkstheater Wien, 1932-33 Dramat. Dt. Theater, Berlin (Berufsverbot), 1935-45 Tätigk. Wirtschaftsgruppe Chem. Industrie, Berlin, fr. Mitarb. Ztschr. u. Ztg., 1949-81 Mithersg. Ztschr. Chem. Ind. u. Verlagsleit. Ztschr. D. Atom, D. Absatzw., 1950-82 Inhaber u. Geschäftsf. Econ-Verlag GmbH., D'dorf/Wien, Claassen- u. Marion-v.-Schröder-Vlg., bde. D'dorf - BV: Farbe aus Kohle, 1937; Lebensfragen d. Mittelbetriebes, 1937; Europa blickt n. Afrika, 1939 - Ehrenkreuz f. Wiss. u. Kunst I. Kl. Rep. Österr., Gr. Ehrenzeichen f. Verd. um d. Rep. Österr., Gr. BVK, 1982 Siegfried-Hartmann-Med. in Gold Techn.-Lit.-Ges. (TELI) - Liebh.: Mod. Kunst, bibliophile Drucke, Briefmarken - Spr.: Engl., Franz. - Rotarier.

WEHRHAHN, Erich

Dr.-Ing. habil., Prof. f. Rechnergestützt. Entwurf in der Elektrotechnik - Anna-Goes-Str. 9b, 8520 Erlangen - Geb. 15. Juli 1939 Viña del Mar/Chile (Vater: Dr. Cesar W., Arzt; Mutter: Ursula, geb. Renz), kath., verh. s. 1964 m. Liliana, geb. Zbinden, 3 Kd. (Karin, Alexander, Alfred) - Dt. Schule Valparaiso (Abit. 1957), Univ. T. F. Santa Maria (Dipl. 1963, Promot. 1969), Habil. Univ. Erlangen-Nürnberg 1978 - 1965-70 Doz. Univ. T. F. Santa Maria, 1971-72 Univ. Catolica de Chile u. Dir. Esc. Ing. Electrica, 1972 Stip. Alexander v. Humboldt-Stift., s. 1972 Prof. Univ. Erlangen-Nürnberg - Spr.: Span., Engl.

WEHRL, Hans-Lothar

Richter am BVerwG - Strahlenfelserstr. 3, 8000 München 60 - Geb. 4. April 1930 München (Vater: Heinrich W., Senatspräs. i. R.; Mutter: Anna, geb. Schuegraf), kath., verh. s. 1961 m. Marianne, geb. Hein, 2 Kd. (Monika, Martin) - Gymn. u. Univ. München (Rechtswiss.). Jurist. Staatsex. 1953 u. 57 - 1958 Eintr. Höh. Verw.dst., zul. Präs. Verwaltungsgericht München. 1970-77 Richter Bayer. VerfGH. Mithrsg. NVwZ - Liebh.: Jagd, Sport.

WEHRLE, Karl R.

Geschäftsführer Wehrle Uhrenfabrik GmbH. Schönwald - Haldenweg 1, 7741 Schönwald/Schwarzw. - Geb. 23. Dez. 1911 Schönwald (Vater: Carl Joseph W., Fabrikant; Mutter: Klara, geb. Schandelmaier), verh. s. 1947 m. Hedi, geb. Lanninger, 4 Kd. - Wirtsch.soberschule Freiburg/Br. (Abit.); Ausl.saufenth. (Engl., Frankr., Span.) - 1938-75 Gemeinderat, Handelsrichter (1972-80) - 1975 BVK a. Bd.

WEHRLE, Paul

Gymnasialprofessor a.D. - Sonnenbergstr. 20, 7500 Karlsruhe 41 (T. 47 26 47) - Geb. 14. Aug. 1923, verh. m. Ute, geb, Schweitzer, S. Peter - Stud. Univ. Freiburg u. Heidelberg, Musikhochsch. Karlsruhe - Chorleit. Karlsruher Kammerchor/Philharm. Chor Karlsruhe; Mitgl. Dt. Musikrat, Chairman d. Dt. Chorwettbew., langj. Präs. Landesmusikrat Baden-Württ. u. Landeswettbewerb JUGEND MUSIZIERT Baden-Württ.; Initiator u. Vizepräs. Europ. Föderation Junger Chöre (Europa Cantat); Initiator u. Vizepräs. Intern. Federation f. Choral Music; langj. Vors. Arbeitskr. Musik in d. Jugend; Mitgl. Bundesjugendkurat. - BVK am

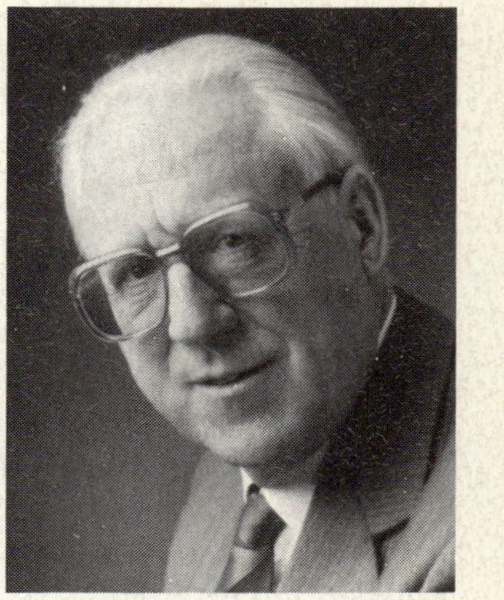

Bde., BVK I. Kl.; Verdienstmed. Land Baden-Württ.

WEHRLE, Paul

Dr. theol., Prof., Weihbischof in Freiburg (1981 ff.) - Herrenstr. 35, 7800 Freiburg/Br. - Zul. Prof. Kath. Univ. Eichstätt (Pastoraltheol.).

WEHRMANN, Jürgen

Dr. agr., o. Prof. f. Pflanzenernährung - Am Bergfeld 60, 3001 Everloh (T. Gehrden 28 96) - Habil. München - S. 1965 Prof. Univ. München (apl.) u. TU Hannover (1967 o.; 1970-72 Rektor). Facharb.

WEHRMEYER, Günter

Dr. rer. nat., Dipl.-Chem., Vorstand Kali-Chemie AG, Hannover - Zu erreichen üb. Kali-Chemie, Hans-Böckler-Allee 20, 3000 Hannover 1 - Geschäftsf. Dt. Solvay-Werke GmbH, Solingen-Ohligs; Gesellsch. Peroxid-Chemie GmbH, Höllriegelskreuth. AR Kali-Chemie Stauffer GmbH, Hannover, Danmark Protein A/S, Viby, Artus Mineralquellen GmbH & Co. KG, Bad Hönningen, Biogena A/S, Viby, Solkatronic Chemicals Inc., Fairfield, USA, Biolac, Harbarnsen; Beirat Miles Kali-Chemie GmbH & Co. KG Biochem. Werk, Nienburg, Tonwerke Erpel E. Gäbler GmbH, Erpel/Rh., Soltronik Chemikalien f. d. Elektronik GmbH, Hannover, Europepta GmbH, Hannover; VR Kali-Chemie Ibera S.A., Madrid, Società Bario e Derivati S.p.A., Livorno; Vorst. Kaliverein Hannover, Arbeitgeberverb. Chem. Ind. Nieders. u. VCI Landesverb. Nord, Hamburg.

WEHRMEYER, Werner

Dr. rer. nat., Prof. f. Botanik - Auf d. Eichhänzchen 1, 3575 Kirchhain (T. 06422 - 21 56) - Geb. 10. März 1931 Rheine/W. - S. 1967 (Habil.) TH Hannover u. Univ. Marburg (1968 ff. Prof., C3 1971, C4 1981). Facharb.

WEICHARDT, Heinz

Dr. med., em. o. Prof. f. Arbeitsmedizin Univ. Tübingen (s. 1965) - Enno-Littmann-Str. 15, 7400 Tübingen (T. 6 13 87) - Geb. 14. Nov. 1915 Erlangen (Vater: Prof. Dr. med. Wolfgang W., Hygieniker (s. X. Ausg.); Mutter: Gertraude, geb. Haaszengier), ev., verh. s. 1951 m. Erika, geb. Gürten, 3 Kd. (Gertraude, Ulrike, Helmut) - Univ. Frankfurt/M., Hamburg, Rom, München (Med.). Promot. 1942 Heidelberg - 1941-51 Fachausbild. (Hygiene u. Dermatol.); 1951-64 Industrietätigk. (Gewerbehygieniker Hoechst AG Frankf./M.-Hoechst). Zahlr. Veröff. z. Arbeitsmed. u. Berufsdermatol. - Spr.: Engl., Franz., Ital.

WEICHERT, Lothar

Dr.-Ing., Prof. f. elektr. Meßtechnik Univ. d. Bundeswehr München - Struwelpeterstr. 18A, 8000 München 83 (T. 089-60 51 52) - Geb. 20. Juni 1930 Trebnitz, ev., verh. s. 1958 m. Uta, geb. Rohloff, 3 Kd. (Joachim, Eva, Martin) - 1949-52 Stud. Theol. Erlangen, 1953-58 Stud. Techn. Physik TU München, Dipl.

WEICHERT, Thilo
Jurist, ehem. MdL Baden-Württ. (Wahlkr. 47, Freiburg II) - Günterstalstr. 33, 7800 Freiburg (T. 0761 - 70 21 02) - Geb. 30. Okt. 1955 Marbach - Vorst. Dt. Vereinig. f. Datenschutz. Die Grünen.

WEICHERT, Willibald
Dr. phil., Prof. f. Erziehungswissenschaft u. Sportdidaktik Univ. Hamburg - Billwerder Billdeich 241, 2050 Hamburg 80 (T. 040 - 730 20 23) - Geb. 28. Juni 1944 Tarnowitz.

WEICHNER, Mathilde
s. Berghofer-Weichner, Mathilde

WEICHSELBERGER, Kurt
Dr. phil., o. Prof. f. Statistik Univ. Bochau, 8018 Grafing/Obb. (T. 98 20) - Geb. 13. April 1929 Wien - Promot. 1953 - S. 1962 (Habil.) Lehrtätig. Univ. Köln (Privatdoz.), TU Berlin (1963 Ord., Dir. Inst. f. Statistik u. Wirtschaftsmath. u. Inst. f. Wirtschaftswiss.) 1967/68 Rektor (wegen Studentenunruhen zurückgetr.; anschl. Wiederwahl), Univ. München (1969 Ord.). 1968 ff. Mitgl. Intern. Stat. Inst. - BV: Preisindices f. nichtkommerzielle Forschung in d. BRD 1968-77 (m. A. R. Wulsten), 1978. Div. Einzelarb.

WEICHSLER, Hans
Vorstandsmitglied Landschaftl. Brandkasse Hannover u. Provinzial-Lebensversich. Hannover (s. 1973) - Postfach 3709, 3000 Hannover - Geb. 7. März 1927 - 1972-73 stv. Vorstandsmitgl. Brandkasse u. Provinzial.

WEICKER, Helmut
Dr. med., Prof., Vorsteher Abt. f. Stoffwechselforsch. med. Univ.s-Poliklinik Heidelberg - Humboldtstr. 26a, 6900 Heidelberg - Geb. 6. März 1920 Mombach (Mainz) - S. 1957 (Habil.) Privatdoz. u. apl. Prof. (1962) Heidelberg (b. 1966 Wiss. Rat, dann Abt.svorst.). Zahlr. Fachveröff.

WEIDEMANN, Ehrenfried
Steuerrat a. D., Steuerberater, MdL Schlesw.-Holst. (b. 1979) - Danziger Str. 44, 2400 Lübeck - Geb. 2. Febr. 1914 Schwetz/Westpr., ev., verh., 2 Kd. - Hermann-Löns-Gymn. Dt.-Krone; 1933-35 Landw.ssch. ebd.; Lehre elterl. Betrieb; 1935-37 Wehrpfl. Stargard; Finanzsch. Wöllershof u. Bodenbach-Tetschen. Inspektorpfrüf. 1939 - Ab 1938 Reichsfinanzverw.; 1941-50 Kriegsdst. u. -gefangensch.; ab 1950 Finanzamt Lübeck/Betriebsprüf. (durch Erkrank. d. Landtagsmand. i. R.) 1957 ff. ARsmitgl. Schlesw.-Holst. Baugenoss. eG., Lübeck. Div. Ehrenämter, u. a. Landesschatzm. Dt.-Israel. Ges. SH. CDU s. 1950 (20 J. Vors.mitbegr. Ortsverb. Marli-Brandenbaum-Eichholz) - 1970 Frhr.-v.-Stein-Med.; Gold. Ehrennadel Dt. Jagdverb. (f. 50jähr. Zugehörigk.); 1976 Senatsplak. Hansestadt Lübeck; 1981 BVK am Bde.

WEIDEMANN, Volker
Dr. rer. nat., o. Prof. f. Astrophysik u. Astronomie - Poeler Weg 3, 2300 Kiel 1 (T. 31 16 23) - Geb. 3. Okt. 1924 Kiel (Vater: Dr. Carl W., Oberstudienrat; Mutter: Carla, geb. Clausen), ev., verh. s. 1954 m. Helga, geb. Kindt, 2 Kd (Karen, Martin) - 1947-52 Univ. Kiel u. Freiburg. Dipl.-Math. 1952 Kiel; Promot. (Theoret. Astrophysik) 1954 ebd.; Habil. 1963 Braunschweig - 1954-65 Wiss. Angest. u. Beamt. Physikal.-Techn. Bundesanstalt, Braunschweig (zul. Oberreg.srat); 1960-65 Lehrbeauftr. u. Privatdoz. (1963) TH Braunschweig; s. 1965 Ord. Univ. Kiel. 1957/58, 1961/62, 1971/72 u. 1981/82 Forschungstätig. California Inst. of Technology, Pasadena (USA). Mitgl. Astronom. Ges. Dt. Physikal. Ges., Astron. Soc. of Pacific, Braunschw. Kreis. Div. Fachveröff. Schriftl.: Physikal. Berichte (1963-77) - Mitgl. Dt. Akad. Naturf. Leopoldina, Jungius Ges. d. Wiss. Hamburg - Spr.: Engl.

WEIDEMANN, Willi H.
Dr. rer. pol., Dipl.-Kfm., Geschäftsführer AUGUST REINERS BAU GmbH & Co, DETLEF HEGEMANN GmbH & Co., DETLEF HEGEMANN Rolandwerft GmbH, AUGUST REINERS Bauunternehmung GmbH u. Dt. Ind.-Werke GmbH, Berlin - Deliusweg 14c, 2800 Bremen - Geb. 7. Febr. 1933 Bottrop.

WEIDENBACH, Heinrich
Dr. rer. pol., Vorstandsmitglied Haller-Meurer-Werke AG., Hamburg, Geschäftsf. Hermann Wuppermann GmbH., Pinneberg - Voßmoorweg 27, 2084 Rellingen/Holst. - Geb. 6. Jan. 1914.

WEIDENDORFER, Jakob
Caritasdirektor f. d. Diözese Eichstätt e.V. - Residenzplatz 14, 8078 Eichstätt (T. 08421-5 02 60).

WEIDENFELD, Werner

Dr. phil., Prof. f. Politikwissensch. Univ. Mainz (s. 1975), Koordinator d. Bundesregierung f. d. dt.-amerik. Zusammenarbeit - Layerstr. 42, 5400 Koblenz 1 - Geb. 2. Juli 1947 Cochem, kath. - Stud. d. Politikwiss., Gesch., Phil. Univ. Bonn; Promot. 1971 ebd.; Habil. 1975 Mainz - BV: Jalta u. d. Teilung Dtschls., 1969; D. Englandpol. Gustav Stresemanns, 1972; Europa - Bilanz u. Perspektive, 1973; Adenauer u. Europa, 1976; Europa 2000, 1980; Die Frage n. d. Einheit d. Nation, 1981; Jahrb. d. Europ. Integration, 1981ff.; Europ. Zeitzeichen, 1982; D. Idendität d. Deutschen, 1983; D. Bilanz d. Europ. Integration; Ratl. Normalität, 1984; D. Identität Europas, 1984; Nachdenken üb. Deutschland, 1985; Wege z. Europ. Union, 1986; 30 J. EG, 1987; Geschichtsbewußtsein d. Deutschen, 1987; Europ. Defizite, europ. Perspektiven, 1988; Polit. Kultur u. dt. Frage, 1989; Deutschl.-Handb., 1989.

WEIDENHAMMER, Fritz
Dr. rer. nat., em. o. Prof. f. Mechanik - Bismarckstr. 11, 7500 Karlsruhe - Geb. 11. Jan. 1921 Mainz (Vater: Kurt W., Schiffbauing.; Mutter: Erna, geb. Deike), ev., verh. s. 1943 m. Hella, geb. Bodenstein, 2 Söhne (Jörg, Dirk) - TH Danzig u. Hannover (Dipl.-Math. 1947). Promot. (1950) u. Habil. (1952) Clausthal - S. 1952 Lehrtätig. Bergakad. Clausthal u. TH bzw. Univ. Karlsruhe (1958; 1960 Ord. u. Inst.sdir.). Etwa 50 Fachveröff.

WEIDENHAUPT, Hugo
Dr. phil., Prof., Direktor Stadtarchiv Düsseldorf i. R. - Markgrafenstr. 6, 4000 Düsseldorf 11 (T. 57 57 48) - Geb. 15. Juni 1923 Düsseldorf - S. 1958 Stadtarchiv D'dorf - BV: Kl. Gesch. d. Stadt Düsseldorf, 1962, 9. A. 1983; Aus Düsseldorfs Vergangenheit, 1988. Herausg.: Gerresheim 870-1970. Beitr. z. Orts- u. Kunstgeschichte (1970, 2. A. 1971); E. nichtarischer Deutscher. D. Tageb. d. Alb. Herzfeld 1935-1939 (1982); Düsseldorf. Gesch. v. d. Ursprüngen b. ins 20. Jh. (4 Bde., 2 Bde. 1988 ersch.).

WEIDENMÜLLER, Hans A.
Dr. rer. nat., Prof., gf. Direktor Max-Planck-Inst. f. Kernphysik in Heidelberg - Karl-Christ-Str. 30, 6900 Heidelberg-Ziegelhausen/N. - Geb. 26. Juli 1933 Dresden - Promot. 1957 - S. 1963 o. Prof. f. Kernphysik Univ. Heidelberg - BV: Mithrsg.: Ztschr. f. Physik (1973 ff.) - 1974 Mitgl. Heidelbg. Akad. d. Wiss.

WEIDER, Wolfgang
Weihbischof d. Bischofs v. Berlin - Wundtstr. 48, 1000 Berlin 19 - Geb. 29. Okt. 1932 Berlin (Vater: Johannes W., Dipl.-Ing.; Mutter: Katharina, geb. Klammt), kath., ledig - Theol.-Stud. 1951-53 Fulda, 1953-56 Erfurt, 1956-57 Neuzelle - 1958-66 Kaplan in Berlin; 1966-76 Pfarrer; s. 1976 Ordinariatsrat; s. 1982 Weihbischof - Spr.: Engl.

WEIDHAAS, Peter
Geschäftsführer Ausstellungs- u. Messe-GmbH. d. Börsenvereins d. Dt. Buchhandels u. Direktor Frankfurter Buchmesse - Reineckstr. 3, 6000 Frankfurt/M. 1.

WEIDLE, Richard Gottlob
Dipl.-Ing., Vorsitzender d. Geschäftsfg. Weidleplan Consulting GmbH - Maybachstr. 33, 7000 Stuttgart 30 (T. 0711 - 8 10 70) - Geb. 10. Aug. 1922 Gerlingen (Vater: Gottlob W., Bauuntern.; Mutter: Maria W.), verh. s. 1948 m. Susanne, geb. Meuser, 2 Kd. (Bettina, Stefan) - 1945 Univ. Stuttgart (Dipl.-Bauing.) - 1948 Gründ. e. Ing.büros; 1967 Umwandl. in Weidleplan GmbH (Vors. d. Geschäftsfg.). 1964-78 Vors. VUBI Bonn; Chairman of the Board: Urbahn Assoc. Inc. New York/USA; VR Imar-Weidleplan Ltd., Istanbul/Türkei, Mitgl. d. Außenwirtsch.-Beirat b. Bundeswirtschaftsmin. Fachpubl. in deutsch u. engl. - Bauwerke: neues Olympiastadion Athen - Liebh.: Golf, Mod. Kunst - Spr.: Engl.

WEIDLICH, Wolfgang
Dr. rer. nat., Dr. h. c., o. Prof. f. Theoret. Physik - Stitzenburgstr. 7, 7000 Stuttgart (T. 23 32 74) - Geb. 14. April 1931 Dresden (Vater: Walther W., Lehrer; Mutter: Margarete, geb. Otto), ev., verh. s. 1958 m. Evelyn, geb. Sievers, 2 Töcht. (Sophia, Irene) - Stud. Physik FU Berlin (Dipl.-Phys. u. Promot.) S. 1963 (Habil.) Lehrtätig. TH bzw. Univ. Stuttgart. Facharb. (Quantenstatistik offener Systeme u. a.) - BV: Thermodynamik u. statistische Mechanik, 1975; Quantitative Sociology (with G. Haag), 1983; Interregional Migration (with G. Haag), 1988 - 1985 Ehrendoktor Univ. Umea - Liebh.: Musik, Phil. - Spr.: Engl.

WEIDMANN, Walter
Dr. jur., Landgerichtsdirektor, Vors. Bundesakad. Trossingen (s. 1980), Präs. Arbeitsgem. Europ. Chorverbä./AGEC (1981ff.), Vizepräs. Dt. Musikrat - Hauptstr. 12a, 8901 Gablingen/Schwaben (T. 08230 - 77 40) - Geb. 12. Okt. 1921 Zusmarshausen/Schwaben (Eltern: Karl u. Maria W.), verh. s. 1953 m. Berta, geb. Kühn - Univ. München (Promot. 1949) - S. 1951 I. Staats-, Oberstaatsanw., Landgerichtsdir. Augsburg - Spr.: Engl. - Rotarier.

WEIDNER, Herbert
Dr. sc. nat., Prof., Entomologe - Uhlandstr. 6, 2000 Hamburg 76 (T. 220 66 74) - Geb. 9. Mai 1911 Hof/S. (Vater: Albrecht W., Beamter; Mutter: Marie, geb. Klug), verh. s. 1938 m. Dr. Erna, geb. Rauh - Promot. 1933; Habil. 1950 - S. 1934 Kustos, Hauptkustos (1955), Abt.svorsteher (1965) u. -dir. (1967) Zool. Inst. u. Museum Univ. Hamburg. 1950-76 Privatdoz. u. apl. Prof. (1955) Univ. Hamburg (Zool., insb. angew. Entomol.) - BV: Bestimmungstabellen d. Vorratsschädlinge u. d. Hausungeziefers Mitteleuropas, 1937, 4. A. 1982; Vorrats- u. Materialschädl. in d. Insektenwelt m. bes. Berücks. d. Holzschädl., 1940; D. Wanderheuschrecken, 1953; Gesch. d. Entomol., 1967; Grundriß d. Insektenkd., 1974 (m. H. Weber); Morphol., Anat., Histol. d. Insekten, 1982. Viele Einzelarb. - 1970 korr. Mitgl. Acad. Nat. Science, Belles-Lettres et Arts, Bordeaux, Ehrenmitgl. Dt. Ges. angew. Entomol., Dt. Schädlingsbekämpfungsverb., Intern. entomol. Verein u. naturwiss. Verein Hamburg; 1978 Karl-Escherich-Medaille; 1983 Ehrenring Dt. Schädlingsbekämpferverb.; 1985 Fabricius-Medaille.

WEIDNER, Lutz E.
Hauptgeschäftsführer BDW Dt. Kommunikationsverb. e. V., Dt. Kommunikationstag e. V., Dt. Werbewissenschaftl. Ges. e. V., BDW Service- u. Verlagsges. Kommunikation mbH - Adenauerallee 209, 5300 Bonn.

WEIDNER, Viktor
Dr. jur., o. Prof. f. Bürgerl. Recht, Handels-, Wirtschafts- u. Arbeitsrecht, Recht d. Sozialen Sicherheit - Langenbergsweg 96, 5300 Bonn-Bad Godesberg - Geb. 3. April 1913 - S. 1956 (Habil.) Lehrtätig. Univ. Marburg, Frankfurt u. Bonn (1962 Ord.). Facharb. - 1967 Ehrenrz. Dt. Ärzteschaft - Spr.: Engl., Franz., Ital., Russ., Skand., Span., Lat., Griech.

WEIDNER-WEIDEN, Heidi

Freie Autorin u. Fotografin - Hompeschstr. 4, 8000 München 80 (T. 089 - 98 71 56) - Veröff. in dt. u. ital. Illustr. u. Tagesztg. (Brauchtum u. Folklore, hist. Themen, Gastronomie m. Schwerp. Bayern, Italien, Österr., Spanien) - Liebh.: Musik, Lit., Reisen. Sammelt Antiquitäten - Spr.: Engl., Ital., Span.

WEIER, Reinhold
Dr. theol., Dr. phil., o. Prof. f. Dogmatik u. Dogmengeschichte Theol. Fakultät Trier (s. 1968) - Kleine Eulenpfütz 10, 5500 Trier/Mosel (T. 7 22 64) - Geb. 6. Febr. 1928, kath. - Zul. Univ.-Doz. Univ. Mainz - BV: D. Thema v. verborg. Gott v. Nikolaus von Kues zu Martin Luther, 1967; D. Theologieverständnis Martin Luthers, 1976; Nähe Gottes u. Gottfremde (Fr. Rotter/R. Weier), 1980; V. Wege d. Christen, 1983.

WEIER, Winfried
Dr. phil., Prof. f. Philosophie Univ. Würzburg u. Salzburg - Unterer Weinberg 66, 8701 Reichenberg - Geb. 26. April 1934 Fulda (Vater: Ferdinand W., Stud.Rat; Mutter: Eva), kath., verh. s. 1971 m. Ingrid, geb. Meier, 2 Kd. (Ursula, Michael) - Promot., Staatsex., Habil. - S. 1962 Hochschull. - BV: D. Stellung d. J. Chauberg in d. Phil.; 1960; Sinn u. Teilhabe. D. Grundthema d. abendl. Geistesentw., Salzburger Stud. Phil., Bd. 8, 1970; Strukturen menschl.

Existenz. Grenzen heutigen Phil., 1977; Nihilismus. Gesch., System, Kritik, 1980; Geistesgesch. im Systemvergl. Z. Problematik d. histor. Denkens, Salzburger Stud. z. Phil., Bd. 14, 1984; Phänomene u. Bilder d. Menschseins. Grundlegung e. dimensionalen Anthropol., Elementa, Bd. 44, 1986; D. Grundlegung d. Neuzeit. Typologie d. Phil.gesch., 1988; 46 Art. in wiss. Ztschr. - 1979 Titel ao. Prof. durch österr. Bundespräs. - Liebh.: Orgel.

WEIERS, Michael

Dr. phil., Prof. f. Zentralasienforschung u. Linguistik - Hasendriesch 18, 5330 Königswinter 41 (T. 02244-20 91) - Geb. 26. Dez. 1937 Bernried (Vater: Ernst W., Kunstmaler u. Bildhauer; Mutter: Lore, geb. Lange), kath., verh. s. 1975 m. Ursula, geb. Thurau, 2 S. (Daniel, David) - Human. Gymn., Univ. München, Rom, Neapel, Bonn (Mongolist., Turkol., Semitist., Islamwiss., Sinol., Tibetol., vgl. Religionswiss.), Promot. 1965, Habil. 1971 - 1966-71 wiss. Assist., s. 1972 Prof. Univ. Bonn - BV: Unters. z. e. hist. Grammatik d. präklass. Schriftmongolisch, 1969; D. Sprache d. Moghol d. Prov. Herat in Afghanistan, 1972; Schriftl. Quellen in Mogholi, T. 2 u. 3, 1975/1977; Linguist. Feldforsch., 1980; D. Verträge zw. Russl. u. China, 1979 - 1966 Preis f. bes. Promot. Univ. Bonn - Liebh.: Liturgiewiss. - Spr.: Arab., Pers., Mongol., Russ., Engl., Ital.

WEIGAND, Jörg Ernst

Dr. phil., Redakteur - Mehlemer Str. 13a, 5307 Wachtberg-Niederbachem (T. 34 76 76) - Geb. 21. Dez. 1940 Kelheim/Donau (Vater: Dr. Hans W., Chemiker; Mutter: Leopoldine, geb. Liedermann), ev., verh. s. 1970 m. Wilfriede, geb. Benkert, 2 Kd. (Manfred, Armin) - Stud. d. Sinol., Japanol., Politik Univ. Würzburg; Promot. 1969 ebd. - S. 1973 Redakt. Studio Bonn ZDF. Mitgl. Bundespressekonfz. - BV: D. Stimme d. Wolfs, 1976; D. triviale Phantasie, 1976; Lo mejor de la Ciencia Ficcion alemana, 1976; Fensterblumen. Papierschnitt-Kunst aus China, 1977; Vorbildl. Morgen, 1978; Demain l'Allemagne, Bd. I 1978; Quasar I, 1979; Staat u. Militär im Alten China, 1979; Sie sind Träume, 1980; Demain l'Allgemagne, Bd. II 1980; D. andere Seite d. Zukunft, 1980; Vorgriff auf Morgen, 1981; Gefangene d. Alls, 1982; D. Träume d. Saturn, 1982; Lebensweisheit aus d. Reich d. Mitte, 1982; Lao-Tse, Spruchweisheiten, 1982; D. Lächeln am Abgrund, 1982; Konfuzius - Sinnsprüche u. Spruchweisheiten, 1983; D. Traum d. Astronauten, 1983; Chines. Scherenschnitte, 1983; D. Herr d. Bäume, 1983; Vergiß nicht d. Wind, 1983; D. Nacht d. Lichtblitze, 1984; Sterbegenehmigung, 1984; In Jahrtausenden, 1985; Deutschl. Utopia, 1986; Blick ins Morgen, 1986; Rettet uns!, 1988; Schneevogel, 1988; D. Störfaktor, 1988; Bellinda Superstar, 1988 - Spr.: Engl., Franz., Chines., Japan.

WEIGAND, Karl

Dr. phil., o. Prof. u. Privatdozent - Jahnstr. 2, 2390 Flensburg (T. 3 50 53) - S. 1957 Doz. u. Prof. (1962), Päd. Hochsch. Flensburg u. Univ. Kiel (Geogr.) - Fachveröff., auch Bücher - Spr.: Engl.

WEIGAND, Rudolf

Dr. theol., Lic. iur. can., o. Prof. f. Kirchenrecht u. -gesch. Univ. Würzburg (s. 1968) - Ottostr. 16, 8700 Würzburg - Geb. 16. Febr. †929 Rannungen/Ufr. (Vater: Hermann W., Landw.; Mutter: Franziska, geb. Erhard), kath. - Stud. Univ. Würzburg u. München; Promot. 1961 Würzburg u. 1963 München; Habil. 1966 Würzburg - 1969-76 Regens Priestersem. Würzburg, 1977-79 Dekan d. Theol. Fak. Würzburg. Seit 1963 korr. Mitgl. Inst. of Medieval Canon Law, Berkeley/Cal. S. 1983 Mitgl. d. Stiftungsrates d. Kath. Univ. Eichstätt; 1989 Päpstl. Ehrenprälat - BV: D. bedingte Eheschl. im kanonischen Recht I u. II, 1963 u. 1980; D. Naturrechtslehre d. Legisten u. Dekretisten, 1967. Mithrsg.: Forsch. z. Kirchenrechtswiss. (1986ff.).

WEIGEL, Hans

Schriftsteller - Barmhartstalstr. 55, A-2344 Maria Enzersdorf/Österr. (T. 02236 - 2 22 49) - Geb. 29. Mai 1908 Wien - BV: u. a. D. himml. Leben, N. 1945; D. grüne Stern, utop. R. 1946; Unvollendete Symphonie, R. 1951; O du mein Österreich, 1956; Flucht vor d. Größe, 1960, NA. 1970; Lern dieses Volk d. Hirten kennen, 1962; Apropos Musik - D. tausendj. Kind, 1965; D. kl. Walzerb., 1965, NA. 1981; D. Buch d. Wiener Philharmoniker, 1967; Karl Kraus oder D. Macht d. Ohnmacht, Biogr. 1968 (1969 Gold. Rathausmann Wiener Loyalty-Club); Vorschläge f. d. Weltuntergang, Satiren 1969; Götterfunken m. Fehlzündung, 1971; D. Leiden d. jungen Wörter, 1974; D. exakte Schwindel, 1977; Das Land d. Deutschen m. d. Seele suchend, 1978; Ad absurdum, Satiren 1980; Gr. Mücken, kl. Elefanten, 1980; Gerichtstag vor 49, 1982. D. Schwarze sind d. Buchstaben - E. Buch üb. ds. Buch, 1983. Theaterkrit.: 1001 Premiere 1983. Schauspielerbiogr. Herausg.: Stimmen d. Gegenw., Anthol. (1951/55); Werner Krauss, D. Schausp. meines Lebens, Memoiren (1958); Karl Böhm, Ich erinnere mich ganz genau, Autobiogr. (1968). Übers.: Molière (1963ff.) - B. z. Austritt Mitgl. Österr. PEN-Club; 1967 Österr. Ehrenkreuz f. Kunst u. Wiss. I. Kl.; 1972 Preis f. Publizistik Stadt Wien; 1978 Nicolai-Med. Wiener Philharmoniker; Gold. Ehrenz. f. Verdienste um d. Wiener Kaffeehaus; 1981 Offz. de l'Ordre National de Merite; 1983 österr. Staatspreis f. Kulturpubliz.; 1986 Med. f. Verd. um Robert Musil; 1986 Gr. BVK.

WEIGEL, Helmut

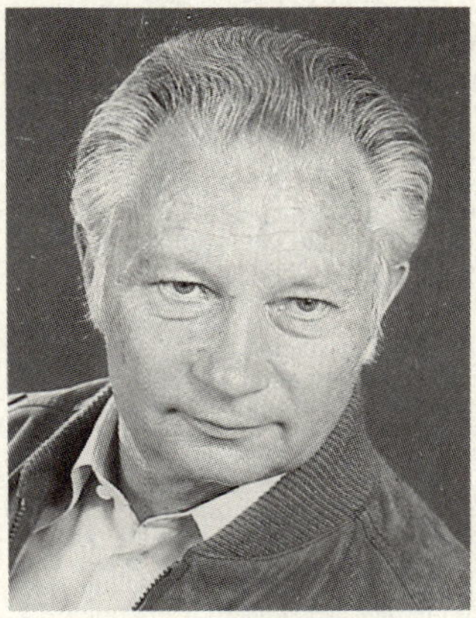

Dirigent, Komponist, Musikchef d. aus Eigeninitiative kreierten Rothenburger Meisterkonzerte (s. 1988) - Gottfried-Keller-Str. 11, 8803 Rothenburg o.d.-Tauber (T. 09861 - 83 03) - Geb. 3. Febr. 1917 Schrobenhausen, ev., verh. s. 1956 m. Jolanthe, geb. Hielscher - 1934-38 u. 1943/44 Stud. Musikhochsch. Würzbg. u. Berlin; Musiklehrerex. 1935, Kapellmeister-Abschlußprüfung 1944; 1946-48 1. Kapellmeister d. Theaters Komödie München; b. 1958 Künstl. Leit. Rothenburger Sinfonieorch. u. Städt. Kapellmeister; 1958-63 Städt. Musikdir. Radolfzell; s. 1961 Jurymitgl. u. Doz. b. Bund Dt. Volksmusikverb.; 1964-82 Musikdir. Städt. Orch. Heidenheim u. Chefdirig. des Schwäb.-Fränk. Sinfonieorch.; 1964-84 Initiator u. musik. Leit. Heidenheimer Musiktheater-Schloßserenade; s. 1985 freischaff. Künstler u. Gastdirig. Üb. 70 Kompos. d. E-U- u. Blasmusiklit. Eig. Opernprod. - 1977 BVK; 1958 Gold. Bundes-Ehrennadel d. Fränk. Musikbundes; 1969 Gold. Dirig.-Ehrennadel - Liebh.: Wandern - Spr.: Franz.

WEIGEL, Horst

Dipl.-Ing., Vorstandsmitglied KHD Humboldt Wedag AG, Köln - Hermelinweg 6, 5000 Köln 91 - Geb. 22. Nov. 1928 Unna, ev., verh. s. 1959 m. Marlies, geb. Jasper, 2 Söhne (Ulrich, Thilo) - Abit., Stud. Mathematik, Physik Univ. Marburg, Metallhüttenkunde Bergakad. Clausthal, Dipl. 1955 - S. 1977 Vorst.-Mitgl. KHD Südafrika Pty. Ltd.; s. 1981 Beiratsmitgl. Kettenfabrik Unna GmbH & Co KG, Unna - Liebh.: Kunst, Musik, Wandern - Spr.: Engl., Franz., Span.

WEIGEL, Manfred

Kaufmann, Aufsichtsratsvorsitzender Weigel GmbH, Stuttgart (1986ff.) - Max-Planckstr. 4, 7447 Aichtal-Rudolfshöhe (T. 07127 - 5 79 70) - Geb. 17. April 1926, ev., verh. I) 1955 m. Veronika, geb. v. Borries; II) s. 1971 m. Heidi, geb. Ringhardtz, 4 Kd. (Dr. Ursula, Dipl.-Ing. Albrecht, Stabsarzt Dr. med. Michael, Stabs-Vet. Martin) - Stud. Staatswiss., kaufm. Lehre - 1946 Kaufmann; 1957-70 Geschäftsf. Hugo Weigel GmbH, Stuttgart; 1971-85 Gf. Weigel GmbH, Stuttgart; 1960-87 Präs. Bundesverb. d. Dt. Handschuhind., Stuttg.; 1966-76 Präs. Fédération Europ. de la Ganterie de Peau, Brüssel; 1973-78 Vors. Gesamtelternbeirat Stuttgart; 1984-87 Vors. Bürgerverein Stuttg.-Dachswald - 1976 BVK; 1985 BVK I. Kl.; 1987 Verdienstmed. Land Baden-Württ. - Liebh.: Malerei, Musik, Lit., Reiten - Spr.: Engl., Franz., Lat.

WEIGELDT, Christian

Ministerialdirektor, Leiter d. Sozialabtl. im Bundesmin. d. Verteidigung - Hardthöhe, 5300 Bonn 1 - Geb. 19. Okt. 1924, Bautzen/Sa. (Vater: Hans W., Studienrat, Mutter: Elisabeth, geb. Schütze), ev., verh. s. 1956 m. Elisabeth geb. Calsow, 4 S. - Gymn. Bautzen, Univ. Göttingen (Rechtswiss.).

WEIGELIN, Erich

Dr. med., o. Prof. f. Experimentelle Ophthalmologie - Dahlienweg 12, 5307 Wachtberg-Pech - Geb. 18. Dez. 1916 Tübingen (Vater: Dr. med. Siegfried W., Augenarzt; Mutter: Gertrude, geb. Andrassy), verh. s. 1947 m. Bertie, geb. Auer, 4 Kd. (Rüdiger, Gertrud, Hans-Günther, Susanne) - Univ. Tübingen, Rostock, Lausanne, München - S. 1950 (Habil.) Privatdoz., apl. (1956), ao. (1964) u. o. Prof. (1967) Univ. Bonn (Dir. Klin. Inst. f. exper. Ophthalmol.), em. s. 1982. Facharb.

WEIGELT, Horst

Dr. theol., Prof. f. Ev. Theologie (Histor. Theol.) Univ. Bamberg (s. 1975), Lehrbeauftr. f. Bayer. Kirchengesch. Univ. Erlangen-Nürnberg - Henneberger Str. 7, 8600 Bamberg (T. 0951 - 5 58 46) - Geb. 27. April 1934 Liegnitz/Schles. (Vater: Erich W., Uhrmacherm.; Mutter: Margarete, geb. Müller), ev., verh. s. 1961 m. Eva-Elisabeth, geb. Begrich, 2 Kd. (Dorothea, Michael) - Univ. Erlangen u. Tübingen. Beide Theol.ex. Promot. 1961; Habil. 1969 - Zul. Doz. Univ. Erlangen. 1978ff. stv. Vors. Verein f. bayer. Kirchengesch. Div. Mitgliedsch., dar. Histor. Kommiss. z. Erforsch. d. Pietismus (1960 ff.), Wiss. Ges. f. Theol. - BV: Pietismus-Studien, T. I (D. spenerhall. Piet.) 1965; Erweckungsbeweg. u. konfess. Luthertum im 19. Jh., 1968; Sebastian Franck u. d. luth. Reformation, 1971; Spiritualist. Tradition im Protestantismus - D. Gesch. d. Schwenckfeldertums in Schlesien, 1973; Castell u. Zinzendorf. Gesch. d. Herrnh. Pietismus, 1984; The Schwenkfelders in Silesia, 1985; Lavater u. d. Stillen im Lande - Distanz u. Nähe, 1988. Festschr.: G. Pfeiffer (1975), W. Zeller (1976) u. A. Lindt (1985). Gedenkschr.: G. H. Schubert (1980) Fachaufs. (dt. engl.). Herausg. Ztschr. f. bayer. Kirchengesch. - Spr.: Engl., Franz.

WEIGELT, Horst

Dr.-Ing. E. h., Präsident Bundesbahndirektion Nürnberg - Ginsterweg 6, 8500 Nürnberg 30 (T. 0911 - 54 21 10) - Geb. 7. April 1928 Landeshut (Schles.) (Vater: Robert W., Bundesbahnamtmann; Mutter: Helene, geb. Warkus), ev., verh. s. 1960 m. Jutta, geb. Manthey, 2 Kd. (Cora, Mark) - 1948-54 TU Darmstadt - 1957 wiss. Assist. TU Berlin; 1960-63 Bundesbahndir. Hbg. (Bau u. Betrieb); 1963-65 Planungsauftr. f. d. City-S-Bahn, Hbg.; 1965-70 Hamburger Verkehrsverbund; 1971-74 Mitgl. Inst.ltg. b. Inst. z. Erforsch. technol. Entwicklungslinien (ITE); 1974 Leit. S-Bahn-Neubauabt. Hamburg; 1979 Präs. Bundesbahndir. Nürnberg - BV: Stadtverkehr d. Zukunft (m. Götz u. Weiss), 1973; City Traffic, 1977; Bayer. Eisenbahnen, 1982; D. Auto-Mobil, 1988; Vorträge in Pittsburgh, Bangkok, Detroit, Taipeh - 1957 Schinkel-Preis - Liebh.: Gesch., Segeln - Spr.: Engl.

WEIGELT, Klaus

Dipl.-Volksw., Leiter Polit. Akad. Konrad-Adenauer-Stiftg. - Postfach 14 65, 5047 Wesseling (T. 02236 - 70 74 00) - Geb. 14. Mai 1941 Königsberg/Pr., verh. s. 1967 m. Gerlind, geb. Hinrichs, Malerin, 3 Kd. (Andrea, Klaus Martin, Hans Peter) - Abit. 1961; 3 J. Wehrdst. (Olt. d. R.); Stud. Ev. Theol., Päd., Soziol. u. Volkswirtsch. Univ. Hamburg, Tübingen u. Freiburg; Dipl. 1971 Freiburg - S. 1971 wiss. Mitarb. Konrad-Adenauer-Stiftg., zun. im Ber. Polit. Bild., 1975-81 Landesbeauftr. in Venezuela, s. 1981 Akademieleit. Vors. Stadtgem. Königsberg/Pr. - BV: Christl. Verantwortung f. e. humane Weltentw. (m. W. Münch) 1981. Herausg.: D. soz. Marktwirtschaft erneuern (2 Bde., 1983-86); Patriotismus in Europa (1988); D. Tagesordnung d. Zukunft (2 Bde., 1986-88) - Liebh.: Ostpreuß. Gesch. u. Lit. - Spr.: Engl., Span.

WEIGELT, Werner

Dr. rer. nat., Honorarprof. f. Kunststoffe im Maschinenbau TH bzw. TU Hannover (s. 1963) - Bischofsweiherstr. 29, 8520 Erlangen (T. 88 13) - Geb. 10. Sept. 1922 Hamburg - Tätigk. Siemens AG., Erlangen.

WEIGELT, Willi

Dr. rer. pol., Oberbürgermeister - Rathaus, 7530 Pforzheim - Geb. 19. Sept. 1920 Karlsruhe - Zul. Bürgerm. SPD.

WEIGERT, Alfred

Dr. rer. nat., o. Prof. f. Astronomie - Gojenbergsweg 112a, 2050 Hamburg 80 (T. 720 64 04) - Geb. 13. Nov. 1927 Labes/Pom. - Mehrj. Tätigk. MPI f. Physik u. Astrophysik München; s. 1966 (habil.) Lehrtätigk. Univ. Göttingen u. Hamburg (1969 Ord.). Fachaufs.

WEIGERT, Ludwig J.

Dr. rer. nat., Prof. f. Theoret. Physik TU Braunschweig - Springkamp 3, 3300 Braunschweig (T. 37 18 60) - Geb. 2. Mai 1930 Karlsbad - S. 1966 (Habil.) Lehrtätigk. Braunschweig. Facharb. - Mitgl. Sudetendt. Akad. d. Wiss. u. Künste.

WEIGERT, Manfred

Dr. med., Prof., Orthopäde - Cimbernstr. 22, 1000 Berlin 38 (T. 8 03 47 55) - Geb. 3. Nov. 1929 München, verh. m. Brigitte, geb. Grothum (Schausp.), 2 Kd. (Debora, Tobias) - Lehrtätigk. FU Berlin.

WEIGHARDT, Annemarie

Direktionssekretärin, Vors. Dt. Sekretärinnenverb. - Christian-August-Weg 2, 2000 Hamburg 55 (T. 040 - 85 39 60; priv. 86 72 62) - Geb. 17. Juli 1930 Neunkirchen/S. (Vater: Kurt W., Ing.; Mutter: Auguste, geb. Philipp), ev., ledig - Kaufm. Lehre; Handelssch.; Sekr.-Ausb.; Auslandskorresp. - S. 1955 Dir.- u. Vorst.-Sekr. in versch. Untern. S. 1969 Vorst. Dt. Sekr.-Verb. (1977 Vors.). Fachautorin - Liebh.: versch. Sammelgebiete, bild. Kunst, Theater - Spr.: Engl.

WEIGL, Franz

Landrat - Paul-Straub-Str. 1a, 8593 Tirschenreuth - Geb. 31. Okt. 1932 Tirschenreuth, kath., verh., 4 Kd. - Oberrealsch.; kaufm. Lehre - U. a. Landessekr. Kolpingfamilie f. Bayern (1955 ff.);

1969-72 Vors. Christl. Gewerkschaftsbd. Dtschl.s (CGB). 1961-72 MdB.

WEIGL, Hans Jürgen

Oberbürgermeister (s. 1984) - Rathaus, 8880 Dillingen/Donau - Geb. 20. April 1943 - Dipl.-Rechtspfleger (FH). SPD.

WEIGMANN, Gerd

Dr. rer. nat., Prof. f. Zoologie FU Berlin (s. 1976), gf. Direktor Inst. f. Tierphysiol. u. Angew. Zool. - Quantzstr. 15, 1000 Berlin 38 - Geb. 10. Jan. 1942 - Promot. 1970 Kiel - Fachgeb.: Bodenzool. u. Ökol.

WEIGMANN, Rudolph

Dr. phil., Dr. med., o. Prof. f. Pharmakologie (emerit.) - Leisewitzstr. 5, 3300 Braunschweig (T. 7 18 12) - Geb. 12. April. 1900 Lauf/Mfr. (Vater: Richard W., Kaufm.; Mutter: Julie, geb. Barth), ev., verh. s. 1928 m. Dr. phil. Valentine, geb. Beck, 4 Kd. (Elisabeth, Ursula, Wolfgang, Marianne) - Univ. Würzburg (Naturwiss., spez. Zool.) u. Göttingen (Med.) - Ab 1927 Assist. Univ. Würzburg (Zool. Inst.) u. Göttingen (1935 Physiol., 1940 Pharmak. Inst.); 1944-68 Lehrtätigk. Univ. Göttingen (1949 apl. Prof.) u. TH bzw. TU Baunschweig (1957 ao., 1964 o. Prof.; Dir. Pharmak. Inst. Fachveröff.

WEIGT, Ernst

Dr. phil., em. o. Prof. f. Wirtschaftsgeogr. - Lohengrinstr. 23, 8500 Nürnberg (T. 46 81 08) - Geb. 12. Aug. 1907 Marburg/L. (Eltern: Max (Chemiker) u. Else W.), verh. s. 1938 m. Irene, geb. Bräuer, 2 Töcht. (Gerhilde, Ute) - Nicolai-Gymn. (Reform) u. Univ. Leipzig (Geogr., Geophysik. Anglistik; Promot. (Geogr.) I) - 1932-1936 Schuldst. Leipzig; 1937-40 Leit. Dt. Schule Lushoto (Ostafrika); 1945-49 Assist. (Geogr. Inst.) u. Privatdoz. (1948) Univ. Hamburg; 1949-55 Privatdoz. (Diätendoz.) u. apl. Prof. (1955) Univ. Köln; s. 1955 ao. u. o. Prof. (1958) Hochsch. f. Wirtschafts- u. Sozialwiss. Nürnberg bzw. Univ. Erlangen-Nürnberg (Dir. Wirtschaftsgeogr. Inst.) - BV: D. Kolonisation Kenias, 1932 (Diss.); Europäer in Ostafrika, 1955; D. Geogr., 1957, 5. A. 1979; Kenya u. Uganda, 1958; Beitr. z. Entwicklungspolitik in Afrika, 1964; Angew. Geogr., 1966; D. Integration Europas, 1968; Entwicklungsland Indien, 1970, 6. A. 1980 - 1972 Ehrenmitgl. Österr. Geogr. Ges.; 1970 korr. Mitgl. Ital. Geogr. Ges. - Spr.: Engl. - Festschr. z. 60., 65. u. 74. Geb.

WEIHE, von, Konrad

Dr. rer. nat., Prof., Botaniker - Marseiller Str. 7, 2000 Hamburg 36 (T. 41 23 23 34) - Geb. 9. März 1923 Bremen (Vater: Karl v. W., Architekt), verh. m. Erika, geb. Abfalter - Univ. Jena u. Kiel - S. 1955 (Habil.) Lehrtätigk. TH Hannover u. Univ. Hamburg (1963 apl. Prof.; 1965 Wiss. Rat u. Prof.; 1971 Prof. d. Univ., Inst. f. Angew. Botanik). Facharb.

WEIHER, Eckhard

Dr. phil., M.A., o. Prof. f. Slavistik Univ. Freiburg - Burgunder Str. 32, 7800 Freiburg/Br. (T. 0761 - 2 21 53) - Geb. 29. Dez. 1939 Königsberg/Pr. (Vater: Kurt W., Steuerbevollm.; Mutter: Ursula, geb. Witkowski), ev., verh. s. 1964 m. Ursula, geb. Kieffer, 3 Kd. (Christine, Matthias, Daniel) - Univ. d. Saarl. (M.A. 1963, Promot. 1965); Habil. 1970 Würzburg - 1964-67 wiss. Assist. Univ. Tübingen; 1967-76 wiss. Assist., Oberassist., Univ.-Doz., apl. Prof. Univ. Würzburg; s. 1977 o. Prof. Univ. Freiburg. S. 1983 Mitgl. Beirat Acla-Werke GmbH, Köln - BV: D. Dialektik d. Johannes v. Damaskus in kirchenslav. Übers., 1969; D. negative Vergleich in d. russ. Volkspoesie, 1972; D. Dogmatik d. Johannes v. Damaskus in d. kirchenslav. Übers. d. 14.-18. Jh., 4 Bde. 1987ff.

WEIHER, Peter

Betriebswirt (grad.), Vorstandsvorsitzer Ford-Werke AG., Köln (1976-80), 1981 Vorst. VW of America - Drosselstr. 15, 5000 Köln 40 (T. 48 71 68) - Geb. 2. Juli 1937 Stettin (Vater: Hermann W., Syndikus; Mutter: Hedwig, geb. Kuschy), verh. s. 1964 m. Margaretha, geb. Bernhard, 2 Kd. (Alexandra, Marcel) - Realsch. 1955-57 Lehre Ind.-Kfm. Ford; Außenhandelsfachsch., bde. Köln - 1957-72 Ford-Werke (Sachbearb. Export, 1960 Zonenleit. Ford/Österr., 1965 Leit. u. 1968 Hauptabt.sleit. Marketing-Planung); 1972-73 Export-Ltg. Afrika VW-Werke, Wolfsburg; 1973-75 Marketing-Leit. BMW, München; s. 1975 wd. Ford AG., stv. Vorst.smitgl. (Bereich Marketing, Export, Vertrieb) - Liebh.: Wandern, Bergsteigen, Ski - Spr.: Engl., Franz., Span.

WEIHRAUCH, Georg

Fabrikant (Coronet-Gruppe) - Am Bug 8, 6948 Waldmichelbach 11/Odenwald - Geb. 24.Sept. 1928.

WEIHRAUCH, Helmut

Dr., Dipl.-Kaufm., Mitgl. d. Geschäftsleitung Starkstrom-Anlagen GmbH., Frankfurt - Neuenhainer Weg 6, 6231 Sulzbach - Geb. 17. Dez. 1929.

WEIHRAUCH, Thomas Robert

Dr. med., Prof., Direktor d. Fachbereichs Medizin u. Entwicklung, Pharma Forschungszentrum, Bayer AG Wuppertal - Dellestr. 52, 4000 Düsseldorf-Unterbach (T. 0211 - 20 34 55) - Geb. 23. Nov. 1942 München, ev., verh. s. 1969 m. Dr. med. Birgit, geb. Eggers, 2 Kd. (Martin, Julia) - Stud. Univ. Freiburg, München; Physikum 1965 Freiburg; Staatsex. 1969 München; Promot. 1970 ebd., Habil. (Innere Med.) 1979 Mainz; Facharztanerkennung als Intern. 1975; Teilgebietsbez. Gastroenterologie 1977; Prof. 1979 - 1970/71 Klinikausb. in Phoenix/USA; 1971-81 I. Med. Klinik u. Poliklinik Univ. Mainz; 1979 Oberarzt I. Med. Klinik u. Poliklinik Mainz; 1981 Berufung als Prof. auf Lebensz. (Innere Med. m. Schwerp. Gastroenterol.), Klinikum Steglitz FU Berlin; 1982-85 Leit. d. Klin. Pathophysiol. u. Klin. Forschung I, Pharma-Forschungszentrum Bayer AG Wuppertal; s. 1985 Leit. d. Fachbereichs Medizin; 1986 Direktor d. Bayer AG; Vorst.-Mitgl. Paul Martini Ges. u. Ludwig Heilmeyer Ges. - BV: Internistische Therapie 1975-88 (7 Aufl.); Festschr. H. P. Wolff, 1980; Esophageal Manometry-Methods and Clinical Practice, 1981; Roche Lexikon d. Med., 1986; zahlr. Beitr. in dtspr. u. int. Schrifttum zu Nebenwirkungen d. Antibiotika-Therapie, Therapie v. Infektions-Krankheiten, Diagnostik u. Therapie gastroint. Motilitätsstörungen u. Ulkuskrankh. - 1970 Preis d. TH München f. Dissertation; 1979 Boehringer-Ingelheim-Preis Univ. Mainz; Mitgl. in zahlr. wiss. Ges.; 1987 Fellow d. Royal Soc. of Medicine.

WEIHRAUCH, Wilfried

Dr., Präsident d. Landesarbeitsgerichts Hamburg - Osterbekstr. 96, 2000 Hamburg 76 - Geb. 18. April 1927.

WEIKAR, Helmut

Bauführer, MdL Nordrh.-Westf. (s. 1970) - Seidenspinnerweg 1, 4600 Dortmund-Berghofen (T. 48 15 68) - Geb. 25. April 1917 Bremen, verh., 2 Kd. - Volkssch. Bremen; 1936-45 Marine (Obersteuerm.); Maurerhandw. (Meisterprüf. 1953); 1957-59 Staatl. Technikersch. Hagen (Abendlehrg.); 1969-70 Handwerkskammer Dortmund (Baumeisterlehrg.) - B. 1957 Maurer, dann Bautechniker, s. 1964 -führer. SPD s. 1950 (1963 Ortsvors. Dortmund-Berghofen).

WEIL, Bernd A.

Dr. phil., M.A., Studienrat, Diplompsych., Schriftsteller - Röntgenstr. 23, 6277 Bad Camberg/Ts. 1 - Geb. 28. Nov. 1953 Selters-Eisenbach/Ts. (Vater: Alfons W., Maurerpolier; Mutter: Marianne, geb. Schwan), kath., verh. m. Jutta, geb. Reichwein - 1973-78 Stud. German., Politikwiss., Gesch. u. Päd. Univ. Frankfurt/M.; 1. Staatsex. 1978; 2.

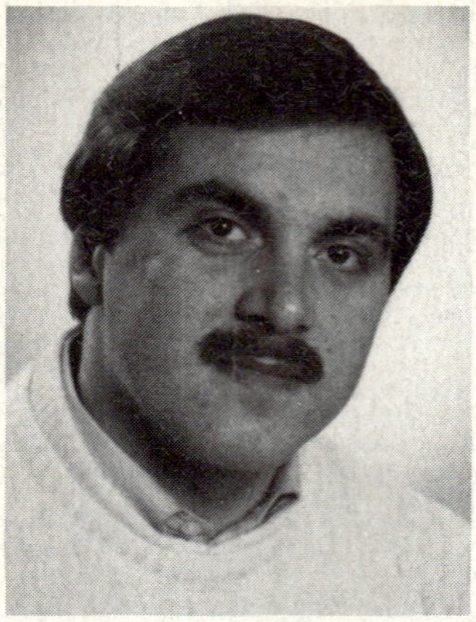

Staatsex. 1981; Promot. 1984; Sozialpäd. 1981; Psychotherap. 1982; Diplomgraphologe 1984 - 1979 u. 1981 Assist. Bild-Redakt. d. Verlages F. A. Brockhaus Wiesbaden; s. 1981 Studienrat an d. Gewerbl.-techn. Schulen Offenbach/M.; Schulb.-Gutachter d. Hess. Kultursmin. Wiesbaden; Rezensent d. Bundeszentr. f. pol. Bildung Bonn; Mitarb. d. Ges. f. dt. Spr. Wiesbaden - BV: Fabeln, 1982; Klaus Mann, 1983; Heimatb.: 750 Jahre Eisenbach, 1984; Faschismustheorien, 1984; General Dr. v. Staat, 1985; D. Falkenlied d. Kürenbergers, 1985; D. Rezeption d. dt. Minnesangs (in Vorber.) - Rekord im Zwillings-Bumerangwerfen - Mitgl. d. Acc. Italia; Familienwappen - Liebh.: Lit., Reisen, Gitarre, Reiten, Schach, Bumerang-Werfen, DLRG, Lehrer f. Yoga u. Aut. Training - Spr.: Engl., Lat., Franz. - Lit.: Div. Aufs. in Ztg. u. Ztschr.; Who's Who in West-Deutschl. (1989).

WEIL, Bruno

Dirigent, Generalmusikdir. Städt. Bühnen Augsburg - Schwammerlweg 2, 8900 Augsburg - Geb. 24. Nov. 1949 Hahnstätten, kath., verh. s. 1977 m. Mechthild, geb. Koch, 2 S. (Adrian, Roman) - 1979 2. Preis Karajan-Dirig.-Wettb.

WEIL, Ernö

Regisseur, Int. Landestheater Coburg (ab 1988) - Nordlehne 1, 8630 Coburg (T. 09561 - 9 08 04) - Geb. 27. März 1947 München, verh. m. Mechthild, geb. Gessendorf - Stud. Theaterwiss. u. Kunstgesch. Univ. München u. Hochsch. f. Musik München - Spielleit. an Theatern in Augsburg u. Bielefeld, Assist. Bayreuther Festsp., zul. Oberspielleit. Stadttheater Pforzheim; Insz. Theater Aachen, Augsburg, Bonn, Kaiserslautern, Hagen, Osnabrück, Salzburg (Musik- u. Schauspielregie), u.a. - Insz.: u.a. Lucia di Lammermoor, Traviata, Maskenball, Rigoletto, Fliegender Holländer, Tiefland, Figaros Hochzeit, Revisor, Rake's progress, Tosca; ferner Schausp.insz. u.a. Aus d. Traum (UA), Reise d. alten Männer (Muhl), Katharina Knie.

WEIL, G. M.

Dipl.-Ing., Vorstandsmitglied Nordd. Lederwerke AG., Hamburg 60 - Rathenaustr. 43, 2000 Hamburg (T. 51 31 34) - Geb. 15. Okt. 1913 Heidelberg.

WEIL, Grete,

geb. Dispeker

Schriftstellerin - Herzog-Sigmund-Str. 3, 8022 Grünwald - Geb. 18. Juli 1906 Rottach-Egern/Obb. (Vater: Siegfried Dispeker, Rechtsanw.; Mutter: Isabella, geb. Goldschmidt), verw. I) 1941 (Dr. Edgar Weil, KZ Mauthausen), II) 1970 (Walter Jockisch, Regiss.; s. XVI. Ausg. u. Nachtr.) - Stud. German. - BV: Ans Ende d. Welt, N. 1949 (auch holl.); Tramhalte Beethovenstraat, R. 1963 (auch holl., dän., norw.); Happy, sagte d. Onkel, 3 Erz. 1968; Meine Schwester Antigone, R. 1980; Generationen, R. 1983. Libretto: Boulevard Solitude (Musik: Hans Werner Henze) - 1981 Wilhelmine-Lübke-Preis; 1983 Tukan-Preis Stadt München; Mitgl. PEN-Zentrum - Liebh.: Garten, Hunde, Berge - Spr.: Holl., Engl., Franz., Ital.

WEILAND, Gerd G.

Dr. jur., Rechtsanwalt, Mitgl. Hbg. Bürgerschaft (s. 1970; Mitgl. SPD-Fraktionsvorst.; Vors. Haushaltsaussch.); Geschäftsf. Hamburger Stahlwerke GmbH - Neuer Wall 86, 2000 Hamburg (T. 36 13 070); priv. Rabenhorst 36 (T. 536 26 61).

WEILER, Anton

Vorstandsmitglied Gerling-Konzern Versicherungsgesellschaften, Köln, u. a. - Walhallstr. 30a, 5000 Köln-Königsforst - Geb. 3. Aug. 1925 Köln (Vater: Anton W.) - S. 1946 GK.

WEILER, Eberhardt

Dr. rer. nat., o. Prof. Univ. Konstanz (Fachbereich Biologie) - Jakobstr. 45, 7750 Konstanz/B. (T. 3 15 80).

WEILER, Wilhelm Friedrich

Dipl.-Ing., Architekt u. Bauunternehmer, Generalbevollm. u. Gesellsch. Weiler GmbH, Frankfurt, u. a. - Philipp Schnell Str. 40, 6000 Frankfurt/M. 56 (T. dstl. 06101 - 4 04 01; priv.: 06101 - 40 41 02) - Geb. 29. März 1929 Frankfurt (Vater: Heinrich Adam W., Kaufm.; Mutter: Margarethe, geb. Kohr), kath., verh. s. 1975 in 2. Ehe m. Waltraud, geb. Seidl, verw., 3 Kd. (Marion, Lutz, Thomas) - 1950 FHS Frankfurt (Dipl.-Ing. u. Arch.); 1958 Hess. Verw.schulverb. - 1953-62 Stadtbauinsp. Frankfurt, 1962-87 Bauuntern. u. Geschäftsf., Geschäftsinh. K u. S Kabelverleg. u. Straßenbau, Beteiligungsges. GmbH, Frankfurt; Generalbevollm. Gesellsch. u. Prok. Bauuntern. Weiler GmbH, Wilhelm Kressmann Tief- u. Straßenbau GmbH, Herbert Gomoll u. Co GmbH, alle Frankfurt; Generalbevollm. Gesellsch. u. Geschäftsf. Weiler'sche GVG Grundstücksverw.ges., GVG-Weiler - Grundstücksverw.ges., Weiler'sche GVG b. R. Hotel Harheimer Hof, sämtl. Frankf. AR Bad Vilbeler Volksbank eG. Mitgl. Lions-Club Bad-Vilbel (Gründ.-Mitgl. 1976, Präs. 1980/81) - Spr.: Engl.

WEILING, Franz

Dr. rer. nat., em. Univ.-Prof., Botaniker u. Biometriker - Zur Marterkapelle 65, 5300 Bonn-Lengsdorf (T. 25 37 54) - Geb. 20. Sept. 1909 Dülmen/W. (Vater: Bernard W., Postbeamter; Mutter: Franziska, geb. Wewers), kath., verh. s. 1945 m. Elisabeth, geb. Jungewelter († 1985), 4 Kd. (Irmgard, Margret, Jürgen, Günter) - Promot. 1940 Münster; Habil. 1949 Bonn - S. 1949 Lehrtätigk. Univ. Bonn, (1957 apl. Prof.; 1963 Wiss. Rat Inst. f. Landw. Botanik). Mitgl. Dt. Botan. Ges., Intern. Biometric Soc., Ges. f. Wissenschaftsgeschichte u. a.; 1986 Dr. hum. lett. Villanova-Univ. Pensylvania, USA - BV: Kommentar d. Versuche J. G. Mendels, 1970. Üb. 230 Fachveröff. (Botanik, Genetik, Pflanzenzüchtung, Biometrie, Wiss.gesch.) - Spr.: Lat., Engl., Franz., Griech., Portug.

WEIMANN, Benno

Dr. jur., Vorstandsvorsitzer - Am Rosengarten 13, 4350 Recklinghausen (T. 2 81 51) - Geb. 15. April. 1926 Köln, verh., 2 Kd. - Univ. Köln. Promot. 1952; Ass.ex. 1953 - Wirtschaftsjurist; 1962-69 Vorstandsmitgl. Steinkohlenbergwerk Heinrich Robert AG., Hamm; s. 1969 Vorstandsmitgl. u. s. 1974 -vors. Gelsenwasser AG., Gelsenkirchen. Vors. Arb.gem. f. Umweltfragen u. -Forum; 1966-85 MdL Nordrh.-Westf. - Spr.: Engl., Franz.

WEIMANN, Georg

Dr. med., Internist, apl. Prof., Ärztl. Direktor Weserbergland-Klinik, Höxter (s. 1975) - Weserbergland-Klinik, 3470 Höxter 1, (T. 05271 - 6 42 40) - Geb. 18. März 1927 Reval/Estl. (Vater: Dr. phil. Theodor W.), verh. s. 1956 m. Sigrid, geb. Bäumler, 3 Kd. (Arved, Dagmar, Svea) - Stud. München, Zürich; Promot. 1953; Habil. 1967 - 1956-68 Univ. Tübingen, Gießen, Ulm; s. 1969 Chefarzt II. Innere Abt. Weserbergland-Klinik - BV: D. Hyperventilationssyndrom, 1968.

WEIMAR, Evelyn

Dr., Prof. f. Mathematische Physik - Winklerstr. 16b, 1000 Berlin 33 - Prof. Fachber. Math. FU Berlin - BV: Math. f. Physiker I, 1979 (m. Berendt).

WEIMAR, Karlheinz

Rechtsanwalt, Hess. Minister f. Umwelt u. Reaktorsicherheit (s. 1987), MdL Hessen (s. 1978) - Im Strüthchen 3, 6290 Weilburg-Odersbach - Geb. 30. Jan. 1950 Kirberg, verh. - Gymn. Limburg; Univ. Gießen (Rechtswiss.). Gr. jurist. Staatsprüf. 1977 - S. 1977 RA Limburg. Bundeswehrdst. 1974 ff. Gemeindevertr. u. MdK Limburg-Weilburg. Kreisvors. u. Landesvorstandsmitgl. (1973) Jg. Union CDU (u. a. Mitgl. Bezirksvorst.).

WEIMAR, Robert

Dr. jur., Dr. phil., Univ.-Prof. f. Bürgerl. Recht, Handels- u. Wirtschaftsrecht Univ. Siegen (s. 1974), Management-Consultant - Lagemannstr. 30, 5905 Freudenberg - Geb. 13. Mai 1932 Köln (Vater: Prof. Dr. jur. Wilhelm W., Rechtsanw.; Mutter: Agnes, geb. Over), verh. s. 1974 m. Eva, geb. Zydek - Abit. 1952 Köln, Univ. Köln, Bonn, Innsbruck, Basel (Rechts-, Wirtsch.- u. Sozialwiss., Psych.), 1. jurist. Staatspr. Köln 1956, 2. jurist. Staatsprüf. Düsseldorf 1960, Lic. jur. utr., Promot. Dr. jur. utr. 1965, Dr. phil. 1967 Basel - 1960/61 wiss. Assist. Univ. Köln, 1961-63 Richter LG Köln, 1964-68 wiss. Mitarb. BGH Karlsruhe, 1968/69 Richter OLG Düsseldorf, 1970-72 wiss. Mitarb. BVerfG Karlsruhe, 1973-74 Richter OLG Düsseldorf, s. 1974 Prof. Univ. Siegen, Dir. Inst. f. Wirtschaftsrecht u. Wirtschaftsgesetzgeb., s. 1981 zugl. Vizepräs. d. Faculté Européenne des Sciences du Foncier (Straßburg) - 1978 u. 80 Gastprof. Wien, s. 1977 Vorst.-Mitgl. Josef-Humar-Inst. (Düsseldorf), Vizepräs. d. Europ. Akad. d. Wiss. u. Phil. d. Rechts. Herausg.: Wirtschaftsrecht u. Wirtschaftsverfassung (Schriftenreihe des Siegener Inst. f. Wirtschaftsrecht u. Wirtschaftsgesetzgeb.); Mithrsg.: Forschungen d. Europ. Fak. f. Bodenordnung; Beitr. z. allg. Rechts- u. Staatslehre; Salzburger Schriften z. Rechts-, Staats- u. Sozialphil. - BV: Unters. z. Probl. d. Produktenhaftung, 1967; Psych. Strukturen richterl. Entscheidung, 1969; Versorgung u. materiale Gleichheit, 1977; Z. Funktional. d. Umweltgesetzgeb. im ind. Wachstumsproz., 1978; Eigentum, Umweltrecht u. Wirtsch.system, 1979; Standortplanung b. Kernkraftw., 1981; Umweltpolitik u. Umweltgesetzgeb., 1981; Explikative o. normative Rechtstheorie?, 1981; Bürgerl. Recht, 3. A. 1989; D. Bedeutungswandel d. Gesetzes, 1982; Wirtschaftsrecht, 1983; Rechtserkenntnis u. erkenntniskrit. Rechtswiss., 1984; Z. Theoriebild. in d. Rechtswiss., 1984; V. d. Gesetzesanwend. z. Rechtsfortschreib., 1984; Technokratie u. Rechtssystem, 1984; Reine Rechtslehre u. Theoriefortschritt, 1984; Rechtsgefühl u. Ordnungsbedürfnis, 1985; D. Stiftung & Co. KG als Rechtsform d. Unternehmung, 1986; Ansätze zu e. Rechtsberatungslehre, 1986; D. GmbH & Still im Fortschritt d. Gesellschaftsrechts, 1987; Rechtswiss. als Weltbild, 1987; Eigenkapital u. Eigenkapitalersatz im Untern., 1987; Rechtsfragen d. ges.integrierten Stiftg., 1988; D. typische Betriebsaufspaltung - e. Unterordnungskonzern?, 1988; D. Europ. wirtschaftliche Interessenvereinig. (EWIV), 1989 - Liebh.: Tennis, Segeln - Spr.: Engl. - Lit.: Rechtstheorie u. Gesetzgebung, Festschr. f. R. W. z. 50. Geb. (1986).

WEIMAR, Wolfgang

Dr. phil., Ministerialdirigent a.D. - Strucksdamm 7, 2390 Flensburg (T. 5 15 65) - Geb. 28. Juni 1922 Flensburg, ev., verh. 3 Kd. - Gymn. Flensburg; 1942 u. 1945-48 Univ. Kiel (Philol., Gesch., Erdkd., Lat.). Promot. 1948 (Diss.: D. Aufbau d. Pfarrorg. im Bistum Lübeck währ. d. Mittelalters); Staatsex. 1949 u. 50 - S. 1950 höh. Schuldst. Schlesw.-Holst. (1953 Studien-, 1963 Oberstudienrat, 1972 Oberstudiendir. Altes Gymn. Flensburg, 1980-84 Leit. Abt. Gymn. Schlesw.-Holst. Kultusmin.) 1959-62 Ratsherr Flensburg, 1963-72 MdL SH (1967-72 parlam. Vertr. d. Kultusmin.). 1959-61 Landesvors. Jg. Union SH. CDU 1954-72 (Vors. Landes-, Mitgl. Bundeskulturaussch.).

WEIMER, Gerhard

Oberstudienrat, MdL Baden-Württ. (Wahlkr. 62, Tübingen) - Ahornweg 12, 7400 Tübingen (T. 07071 - 6 30 63) - Geb. 2. Sept. 1948 Tübingen - SPD.

WEIMER, Jürgen

Prof., Rektor Staatl. Hochschule f. Musik Trossingen - Schultheiß-Koch-Pl. 5, 7218 Trossingen 1.

WEIN, Hermann

Dr. phil., Prof., Philosoph - Karl-Marx-Ring 62, 8000 München 83 - Geb. 20. Mai 1912 München (Vater: Hermann W., Bankier; Mutter: Helene, geb. Deiglmayr), kath., verh. m. Dorothea, geb. Bär, 1 Kd. - Promot. (1936) u. Habil. (1942) Univ. Berlin - 1943-71 (Ruhest.) Lehrtätigk. Univ. Berlin u. Göttingen (1947; 1950 apl. Prof.). 1950 Sekr. Dt. Phil. Kongreß; 1951-52 Research Fellow Rockefeller Foundation u. Harvard Univ., Cambridge; 1964/65 Gastprof. Queen's Univ. Kingston, 1969 Pennsylvania State Univ. - BV: Unters. üb. d. Problembewußtsein, 1937; D. Problem d. Relativismus, 1950; Zugang zu phil. Kosmologie - Überlegungen üb. d. phil. Thema d. Ordnung in nachkant. Sicht, 1954; Realdidaktik - V. Hegelscher Dialektik z. dialekt. Anthropol., 2. A. 1964; Positives Antichristentum - Nietzsches Christusbild, 2. A. 1964; Sprachphil. d. Gegenw., 2. A. 1967; Phil. als Erfahrungswiss., 1965; Phil. Anthropol., Metapolitik u. Polit. Bildung, 1965; Kentaur. Phil., 1981; Nietzsche sin Zarathustra, 1972 (span.); Dok. u. Nationen z. späten Hartmann aus d. Sicht v. heute, 1982.

WEIN, Norbert

Dr. phil., Prof. f. Geographie (Sowjetunion, China, Geoökologie) - Salmweg 2, 4044 Kaarst 2 (T. 02102-60 32 85) - Geb. 5. April 1939 Breslau (Vater: Gerhard W., Versich.angest.; Mutter: Charlotte, geb. Matthes), verh. s. 1964 m. Erika, geb. Nehring, 2 T. (Ute, Anke) - PH Bielefeld (Staatsex. 1963), Univ. Münster (Promot. 1969) - 1969-71 wiss. Assist., 1971-75 Doz. s. 1975 o. Prof. (s. 1980 Univ. Düsseldorf) - BV: D. sowj. Landwirtsch. s. 1950, 1980; D. wirtsch. Erschließung Sowjetasiens, 1981; Geoökologie u. Umweltprobl., 1981; D. Sowjetunion, 1982 - Liebh.: Fotografie - Spr.: Engl., Franz., Russ.

WEINACHT, Paul-Ludwig

Dr. phil., Univ.-Prof. - Universität, Wittelsbacherplatz 1, 8700 Würzburg (T. 0931 - 7 60 56) - BV: Staat - Stud. z. Bedeutungsgesch., 1968; Bildungsplanung, 1970 u. 1972; Leo Wohleb, 1975; D. CDU in Baden-Württ., 1978; Ursprung u. Entfaltung christl. Demokratie in Südbaden, 1982.

WEINBERG, Peter

Dr. phil., Univ.-Prof. f. Sportwiss. Univ. Hamburg - Lisbeth-Bruhn-Str. 32, 2050 Hamburg 80 (T. 040 - 735 33 40) - Geb. 4. April 1946 Jever, verh. s. 1970 m. Margot, geb. Peters - 1968-74 Stud. Univ. Hamburg u. Bremen; 1. Staatsex. Höh. Lehramt 1974 Bremen; Promot. 1977; Habil. 1985 - 1970-73 Gründungssenat Univ. Bremen; 1977-85 wiss. Assist. Univ. Hamburg; 1985 Prof. - BV: Handlungstheorie u. Sportwiss., 1978; Bewegung, Handlung, Sport, 1985 - Liebh.: Schach, Kriminalromane - Spr.: Engl., Franz.

WEINBERGER, Bruno

Dr. jur., gf. Präsidialmitglied Dt. Städtetag (1968-86) - Belvederestr. 30 A,

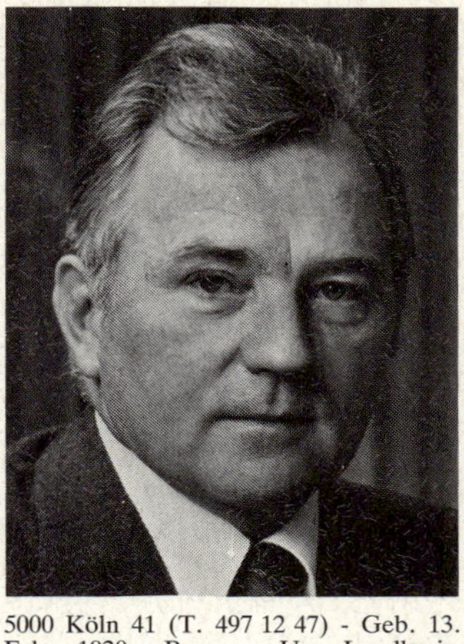

5000 Köln 41 (T. 497 12 47) - Geb. 13. Febr. 1920 - Bayern - U.a. Landkreisverb. Bayern u. Dt. Städtetag, 1960 -Div. Mandate - 1972 Bayer. VO.; 1982 Gr. BVK, 1987 Stern dazu - Spr.: Engl. - Rotarier.

WEINBERGER, Gerhard

Prof. f. künstler. Orgelspiel u. Leit. Abt. Kirchenmusik Staatl. Hochsch. f. Musik Detmold, Konzertorganist - Hörlstr. 9, 8068 Pfaffenhofen (T. 08441 - 7 28 48) - Geb. 31. Juli 1948 Pfaffenhofen (Vater: Max W., Chordir.; Mutter: Anna, geb. Schimmelbauer), kath., verh. s. 1978 m. Ulrike, geb. Schaller, Sohn Benedikt Johannes - 1967-72 Stud. Hochsch. f. Musik München (Orgel, kath. Kirchenmusik u. Schulmusik); 1970-72 Meisterkl. Orgel - 1972-74 Chordir. Basilika St. Lorenz Kempten; 1974 Lehrtätigk. Staatl. Hochsch. f. Musik München, 1977 Prof. ebd.; 1979-83 Lehrbeauftr. Kirchenmusiksch. Regensburg; s. 1983 o. Prof. Detmold - BV: Editionen v. Orgel- u. geistl. Chormusik d. 18. u. 19. Jh. - 1970 Preis dt. Hochschulwettb. (Orgel); 1971 Preis 20. Intern. Musikwettb. d. ARD (Orgel) - Spr. Engl.

WEINBRENNER, Peter

Dr. rer. pol., Prof. Univ. Bielefeld - Hesseltal 11, 4802 Halle - Geb. 8. März 1936 Heidenheim (Vater: Rudolf W., Kaufm.; Mutter: Friedl, geb. Schwarz), verh. s. 1970 m. Erna Maria, geb. Löbner, 4 Kd. - Dipl.-Hdl. 1962, Promot. 1968 - 1962-70 Lehrer; 1971-75 Univ. Bielefeld, Laborschule, 1975-80 Prof. Päd. Hochschule Bielefeld; s. 1980 Prof. Univ. Bielefeld - BV: Überleben - Polit. Handeln im Spannungsfeld v. Kriegsgefahr, Bevölkerungswachstum, Ressourcenknappheit u. Umweltzerstörung, 1982.

WEINDEL, Elmar

Vortragender Legationsrat I. Klasse - Adenauerallee 99-103, 5300 Bonn - Geb. 19. Mai 1929 Kaiserslautern, verh., 3 Kd. - Stud. d. Rechtswiss. Univ. Würzburg u. Erlangen - S. 1960 Ausw. Amt (1964 LegR; 1968 LegR I. Kl.; 1971 BotschR), Ausl.posten: 1963-68 Lissabon, 1968-71 Teheran, 1976-82 Maputa/Mosambik; 1982-84 Botsch. Abu Dhabi (Vereinigte Arab. Emirate)

WEINDL, Georg

I. Bürgermeister Stadt Pfarrkirchen - Rathaus, 8340 Pfarrkirchen/Ndb. - Geb. 17. April 1931 Pfarrkirchen - Postbeamter. CSU.

WEINER, Richard

Dr., Prof. f. Theoret. Physik Univ. Marburg - Wieselacker 8, 3550 Marburg/L. - Geb. 6. Febr. 1930 Czernowitz/Buk. (Vater: Max W., Rechtsanw.; Mutter: Pepi, geb. Haber), verh. s. 1969 (Ehefr.: Nina), T. Diana - Univ. Bukarest, Promot. 1958 - Tätigk. Univ. Bukarest, Indiana, Imperial College London, CERN, DESY - Voraussage d. Isomerieverschiebung u. and. physik. Effekte in Atom-, Kern- u. Teilchenphysik.

WEINERT, Ansfried B.

Dr./UCB (Ph.D.), Univ.-Prof. Univ. d. Bundeswehr (s. 1982) - Holstenhofweg 85, 2000 Hamburg 70 (T. 040 - 65 41-24 70) - Geb. 22. Mai 1941 Langenbielau/Schles., verh. s. 1977 m. Akiko, geb. Nakayama - Industriebetriebslehre; Stud. Psych., Betriebswirtschaft u. Arbeitswiss. TU Berlin u. Univ. of California, Berkeley/USA; M.A. 1971; Ph.D. 1976 - B. 1967 industr. Tätigk. in Süd-Afrika; 1971-76 Forschungstätigk. Univ. of California, Berkeley; b. 1982 Lektor u. Assist.-Prof. Univ. San Francisco, Bielefeld, Gießen, Köln - BV: Lehrb. d. Organisationspsych., 1981, 2. A. 1987 (span.: Manual de Psicologia de la Organizacion, 1985) - 1969 Fulbright Stip.; 1971-73 Stip. DAAD Berkeley/USA - Interessen: Erforschung d. Früherkennung v. Talenten; Jap. Kultur - Spr.: Engl., Franz., Afrikaans.

WEINERT, Franz Emanuel

Dr. phil., Prof. f. Psychologie - Grasmeierstr. 20, 8000 München (T. 089 - 323 10 31) - Geb. 9. Sept. 1930 Komotau, kath., verh. s. 1955 m. Anne, 2 Töcht. (Barbara, Sabine) - Beide Staatsex. als Lehrer; Promot., Habil. - 1967 o. Prof. Päd. Hochsch. Bamberg; 1968 o. Prof. u. Inst.dir. Univ. Heidelberg; 1980 Wiss. Mitgl. u. Dir. MPI f. psychol. Forsch., München - BV: Schreiblehrmethode u. -entwickl., 1967; Päd. Psychologie, 1968; Funkkolleg Päd. Psychologie, Bd. 1 u. 2 1974; Lehr-Lern-Forsch., 1981; Metakognition, Motivation und Lernen, 1983; Psych. f. d. Schulpraxis, 1984; Gute Schulleistungen f. alle?, 1985; Memory development: Universal changes and individual differences, 1988 - Mitgl. Bayer. Akad. d. Wiss.; Mitgl. Academia Europaea.

WEINERT, Hanns Joachim

Dr. phil., Dr. rer. nat. habil., o. Prof. f. Mathematik TU Clausthal - Glückaufweg 6, 3392 Clausthal-Zellerfeld (T. 24 59) - Zul. Prof. Univ. Mainz. Fachbücher u. Facharb. - Mitgl. Braunschweigische Wiss. Ges.

WEINERT, Peter Paul

Landrat d. Westerwaldkreises (s. 1985) - Peter-Altmeier-Pl. 1, 5430 Montabaur (T. 02602 - 12 43 20) - Geb. 2. Mai 1948 Heidenheim, kath., verh. s. 1975 m. Angela, geb. Pelz, 3 Kd. (Michaela, Nikola, Franziska) - Stud. Jura, Volkswirtsch., Franz. Univ. Mainz u. Lausanne; 2. jurist. Staatsprüf. 1975 Mainz - Landesbank Rhld.-Pfalz; Landgericht Koblenz; Staatskanzlei Rhld.-Pfalz.

WEINERTH, Hans V.

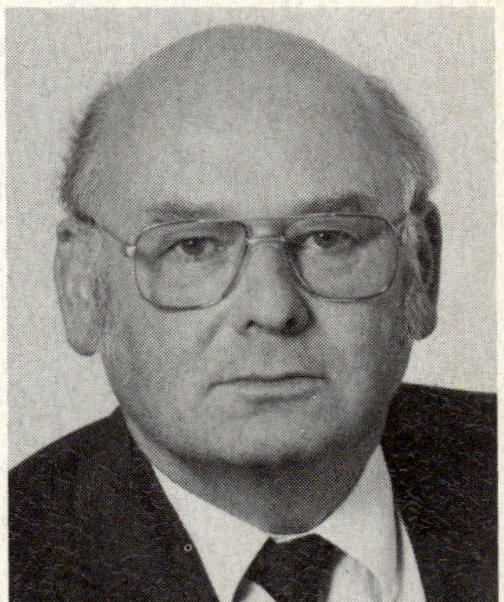

Dr.-Ing., Mitgl. d. Geschäftsleitung (Leit. Hauptb. Technik) Valvo UB Bauelemente d. Philips GmbH - Burchardstr. 19, 2000 Hamburg 1 - Geb. 10. Aug. 1935, verh., 2 Kd. - Physikstud. Univ. Marburg; Dipl. Marburg; Promot. Aachen - AR-Vors. VDI/VDE Technol. Zentrum Inform.technik GmbH, Berlin; AR-Mitgl. BESSY GmbH, COSY-Microtec GmbH, Philips GmbH; Präsid.-Mitgl. VDI (Kurator), u. Dt. Inst. f.

Normung (DIN); Vorst.-Mitgl. Fachverb. 23 Bauelemente d. Elektronik im ZVEI; Beiratsvors. VDI-Bildungswerk GmbH, Düsseldorf - Mithrsg.: Buchr. Mikroelektronik (Springer) - 1987 Ehrenvors. VDE/VDI-Ges. Mikroelektronik (GME) - Liebh.: Hochseesegeln - Spr.: Engl., Holl.

WEINFURTER, Stefan

Dr. phil., Univ.-Prof. f. Mittelalterliche Geschichte Univ. Mainz - Oranienstr. 5, 6500 Mainz - Geb. 24. Juni 1945 Prachatitz (Vater: Julius W.; Mutter: Renata, geb. Lumbe v. Mallonitz), kath., verh. s. 1970 m. Brigitte, geb. Brandenburg, 3 Töcht. (Julia, Sandra, Sonia) - 1966-71 Univ. München; 1972-73 Univ. Köln (Gesch., German., Päd.); Staatsex. 1970 München, Promot. 1973, Habil. 1980, beide Köln - 1973-74 wiss. Assist.; 1974-81 Akad. Rat bzw. ORat Univ. Köln; 1981/82 Lehrstuhlvertr. Heidelberg; 1982 Prof. Eichstätt; s. 1987 Lehrst. Mainz. 1982 Mitgl. Ges. f. Rhein. Geschichtskd.; 1986 Mitgl. Ges. f. Fränk. Gesch. - BV: Salzburger Bistumsreform u. Bischofspolitik, 1975; Consuetudines canonicorum regularium Springirsbacenses-Rodenses, 1978; Series episcoporum, 1982ff.; D. Gesch. d. Eichstätter Bischöfe d. Anonymus Haserensis, 1987.

WEINGÄRTNER, Karl

Dr., Prof., MdL Baden-Württ. (Wahlkr. 60, Reutlingen) - Hohenbergstr. 2, 7410 Reutlingen (T. 07121 - 62 09 00) - Geb. 12. Jan. 1932 Heilbronn - SPD.

WEINGARDT, Carl-Arend

Dipl.-Volksw., Aufsichtsrat Elbe Transport Union GmbH - Hoisdorfer Landstr. 127, 2070 Großhansdorf - Geb. 17. April 1919 Bremen, verh. m. Gertrud, geb. Bomhoff - Spr.: Engl.

WEINGARTNER, Egon

Dr., Geschäftsführer Landeswohnungs- u. Städtebauges. Bayern mbH. - Herzog-Heinrich-Str. 13, 8000 München 2.

WEINGES, Klaus

Dr. rer. nat., Prof. Organ.-Chem. Institut Univ. Heidelberg - Langgewann 41, 6900 Heidelberg (T. 4 18 94) - Geb. 5. Dez. 1926 Dortmund - S. 1961 (Habil.) Lehrtätigk. Heidelberg (1968 apl. Prof. f. Organ. Chemie). Fachveröff.

WEINGES, Kurt F.

Dr. med., Prof., Ltd. Direktor Univ.s- u. Poliklinik - Innere Med. II Homburg - Wohnhaus 16, 6650 Homburg-Bruchhof (T. 16 23 61) - Geb. 16. März 1925 Dortmund (Vater: Dipl.-Ing. Franz W.), verh. m. Dr. med. Gabriele, geb. Evers - S. 1963 (Habil.) Lehrtätigk. Univ. Saarbrücken (1968 apl., 1975 o. Prof. f. Inn. Med.) - BV: Glucagon, 1968. Div. Einzelarb.

WEINGRABER, von, Herbert

Dr.-Ing., o. Prof. f. Meßtechnik u. Austauschbau (emerit.) - St.-Ingbert-Str. 35, 3300 Braunschweig (T. 5 23 33) - Geb. 10. Okt. 1901 Theresienstadt (Vater: Stephan v. W., k. u. k. Generalmajor; Mutter: Franziska, geb. Thume), ev., verh. in 2. Ehe (1929) m. Irmgard, geb. Lange, 3 Kd. (Renate, Rüdiger, Volker) - TH Graz u. Dt. TH Prag (Dipl.-Ing. 1925). Promot. 1943 - 1925-35 Berliner Industrie, dann Heereswaffenamt u. Physikal.-Techn. Reichs- bzw. Bundesanstalt (Laborleit., zul. Oberreg.rat), 1963-70 TH bzw. TU Braunschweig (Ord. u. Inst.dir.). Erf.: Härtemeßgerät, Zweitaster-Oberflächenmeßgerät. Em. Mitgl. Intern. Forschungsgem. f. mech. Produktionstechnik (CIRP) - BV: Techn. Härtemessung, 1952; Fachb. Techn. Oberflächen, 1988. Mitarb.: P. Leinweber, Taschenb. d. Längenmeßtechnik (Abschn.: Feingestalt., Pneumat. Meßgeräte, Oberflächenprüfung); Fachb. Techn. Oberflächen. Üb. 80 Fachaufs. - 1971 Gold. Ehrenmünze VDI - Liebh.: Literatur, Malerei, Musik, Briefmarken, Gartengestaltung, Mineralogie - Spr.: Engl.

WEINHART, Christoph

Komponist, Dozent Musikhochschule Würzburg - Engelsweg 17, 8700 Würzburg (T. 0931 - 6 94 84) - Geb. 11. Nov. 1958, ledig - Stud. Musiktheorie, Kompos., Klavier, Orgel, Cembalo in Würzburg u. Paris - Werke: Ophelia, Musiktheater, 1988; Lookin for Praetorius, Musiktheater, 1989; Auf d. Suche n. d. verlorenen Stimme, Radiophonie 1986-88; Exposit. f. gr. Orch., 1988; Variationen üb. e. Punkt f. Klavier u. Kammerorch., 1986; Sinfonietta, 1986; Gambenkonzert, 1987/88. Kammermusik, Orgelmusik, Schauspielmusik.

WEINHOFER, Karl

Oberstudienrat a. D., MdB (Landesliste Bayern) - Am Wald 24, 8078 Eichstätt (T. 08421 - 14 47) - SPD.

WEINHOLD, Ernst-Eberhard

Dr. med., Prof., Arzt f. Allgemeinmedizin - Dorfstr. 140, 2859 Nordholz/Landkr. Cuxhaven - Geb. 26. Mai 1920, ev., verh. s. 1948 m. Doris Elisabeth, geb. Jappen, 3 Kd. - Stud. Med. Univ. München u. Breslau; Promot. 1947 Hamburg - Approb. 1944; Hon.-Prof. Med. Hochsch. Hannover. Ehrenvors. Kassenärztl. Vereinig. Nieders. u. Hartmannbund Nieders.; Mitgl. Sachverst.-Rat f. d. Konzertierte Aktion im Gesundheitswesen, Bonn - Mitautor d. Gesundheits- u. Sozialpolit. Vorstellungen d. Dt. Ärzteschaft, 1974, 80, 86; Programme, Forderungen u. Thesen z. Gesundheitspolitik, Beisp. sozialistischer Evolution, 1979 - Paracelsusmed. d. Dt. Ärzteschaft; Hartmann-Thiedung-Plak.; Ehrenz. Marburger Bund; 1975 BVK am Bde.; 1980 BVK I. Kl.; 1989 Gr. BVK - Liebh.: Gesch., Sozialökonomie, Krankenversich.-Recht - Lit.: Dt. Ärzteblatt, Nieders. Ärzteblatt, D. Dt. Arzt (Redakt.-Veröff.).

WEINHOLD, Georg

Dr.-Ing., Dipl.-Ing., Geschäftsführer Steag Kernenergie, Essen (s. 1975) - Altmeyerstr. 58, 4300 Essen (T. 58 65 05) - Geb. 22. Dez. 1932 Brand-Erbisdorf (Vater: Eugen W., Fabrikant; Mutter: Elly, geb. Günther), verh. s. 1964 m. Roswitha, geb. Pribilla, 2 Kd. (Susanne, Constanze) - Stud. TU Berlin.

WEINHOLD, Josef

Dr. techn., em. o. Prof. f. Baustoffkunde (emerit.) - Soltauer Str. 27, 3000 Hannover (T. 55 21 84) - Geb. 1. Mai 1906 Müglitz/Mähren, kath., verh. m. Dr. phil. Eleonore, geb. Würfel, 3 Kd. - Dt. TH Brünn - 1928-38 Assist. Dt. TH Brünn, 1939-40 Ref. Prüfstele f. Luftfahrzeuge Berlin, 1940-45 Privatdoz., ao. Prof. (1942) Dt. TH Brünn (Dir. Inst. f. Festigkeitslehre u. -prüf.), 1947-55 Doz. Staatl. Ing.schule Eßlingen/N., s. 1955 ao., 1958 o. Prof. TH Hannover (Dir. Inst. f. Baustoffkunde u. Materialprüfwesen), 1974 emerit. Sondergeb.: Konstruktiver Straßenbau.

WEINHUBER, Simon

Bauer, Landrat Kr. Erding (s. 1964) - 8059 Holztrogn/Obb. - Geb. 26. März 1918 München, kath., verh. s. 1945, 9 Kd. - Ackerbausch. Landsberg/Lech (Ing. grad.), 1952-64 stv., 1964-78 Landrat Kr. Erding; 1963 ff. Bez.Präs. Bay. Raiffeisenverb. Obb.; 1976 ff. Beiratsvors. d. Milchunion Oberbayern - 1963 Bayer. VO., 1975 BVK I. Kl., 1978 Komm. Verdienstmed. in Silber.

WEINITSCHKE, Hubertus J.

Ph. D., o. Prof. f. Angew. Mathematik Univ. Erlangen-Nürnberg (s. 1977) Inst. f. Angew. Math. - Martensstr. 3, 8520 Erlangen (T. 09131 - 85 70 16) - Geb. 11. März 1929 Waldenburg (Schlesien) - Stud. Münster, Cambridge (USA). Promot. 1958, Habil. 1965 Univ. Hamburg; 1966-77 o. Prof. f. Math. u. Mechanik TU Berlin; 1980/81, 1982, 1985 Gastprof. Univ. of British Columbia, Vancouver (Canada); 1985 u. 88 Gastprof. Univ. Washington, Seattle (USA).

WEINKAUF, Arno

Gewerkschaftssekretär, Mitgl. Brem. Bürgerschaft (s. 1975) - Langwedeler Str. 82, 2800 Bremen 44 - Geb. 25. März 1927 Kreuz/Pom., ev., verh., 1 Kd. - Volkssch.; 1941-44 Flugzeugbauerlehre. REFA-Lehrerprüf. 1965 - N. Kriegsdst. u. -gefangensch. landw. Tätigk., 1948-56 Schlosser (Borgward), anschl. Flugzeugb. u. techn. Angest., s. 1964 Gewerkschaftssekr. (IG Metall; 1968 I. Bevollm. Verwaltungsst. Bremen). SPD s. 1966 (Vors. Ortsverein Osterholz-Ost).

WEINLAND, Helene

Dr. rer. nat., Dr. med., apl. Prof. - Pappelgasse 6, 8520 Erlangen - Geb. 5. Juni 1914 Erlangen - Promot. u. Habil. Erlangen - S. 1956 Privatdoz. u. apl. Prof. (1966) Univ. Erlangen bzw. Nürnberg/Med. Fak. (Physiol. Chemie). Facharb.

WEINMANN, Hans-Martin

Dr. med., Univ.-Prof. f. Neuropädiatrie - Kinderklinik TU München, Kölner Platz 1, 8000 München 40 (T. 306 85 91) - Geb. 1928 - Promot. 1953, Habil. 1969 München - 1976 Extraord. 1985 Präs. Dt. EEG-Ges., 1988 Ges. f. Neuropäd. Zahlr. Veröff. u. Buchbeitr. z. neuropädiatr. Probl. - BVK.

WEINMANN, Johann

Regierungsdirektor a. D., Hauptgeschäftsf. Dt. Volksheimstättenwerk/Landesverb. Saarl. - Hohe Wacht 19, 6600 Saarbrücken.

WEINMANN, Klaus

Sozialversicherungsangestellter, MdL Rheinland-Pfalz (s. 1979) - Allwies 3, 5580 Traben-Trarbach - Geb. 10. Mai 1931 - SPD.

WEINMANN, Kurt

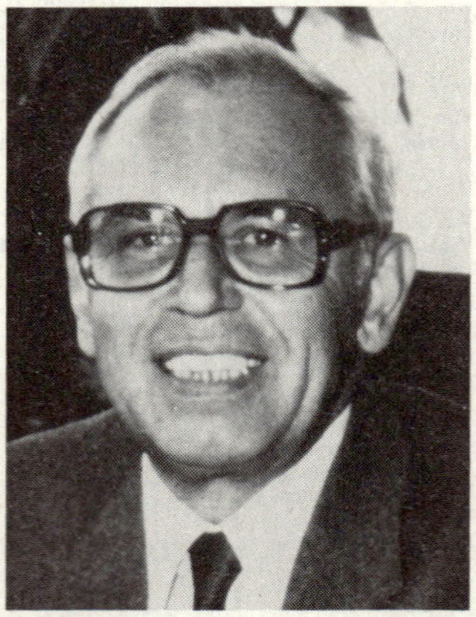

Dr. rer. nat., Prof., Dipl.-Chemiker, Gf. Gesellschafter Loba-Holmenkol-Chemie Dr. Fischer u. Dr. Weinmann KG - Obere Burghalde 47, 7250 Leonberg - Geb. 5. Dez. 1922 Oehringen, verh. s. 1951 m. Hella, geb. Ostertag, 2 Kd. (Claudia, Michael) - Abit.; Stud. Chemie, danach Physik u. Math. Univ. Tübingen u. Stuttgart; Promot. 1952 - S. 1965 Lehrgangsleit. u. Doz. TAE, Inst. Kontaktstud. Univ. Stuttgart; s. 1967 pers. haft. u. gf. Gesellsch. Loba-Holmenkol-Chemie Dr. Fischer u. Dr. Weinmann KG. 1975 Handelsrichter LG Stuttgart; 1980 Lehrbeauftr. FHS Stuttgart, FB Farbe, Lack, Kunststoff; Kurat.-Mitgl. u. Kurat.-Vors. wiss.licher Forschungsinst., z.B. Fraunhofer-Ges., Forsch.inst. f. Pigmente u. Lacke; Hon.-Prof.; stv. Vors. d. Prüfungskommiss. f. Sachverständige d. IHK. Zahlr. Pat. u. mehr als 150 wiss. Publ. - BV: Beschicht. m. Lacken u. Kunstst., 1967; Lacke, Lackfarben ..., 1970; Mod. Bautenschutz, 1976; Energiebilanz, 1981 - BVK am Bde. - Liebh.: Sport, Sammeln v. Münzen u. Briefmarken, Musik, Schreiben, Politik, Gesch. - Spr.: Engl. - Lit.: Ltd. Männer d. Wirtsch.

WEINMANN, Manfred

Dr. rer. pol., Oberbürgermeister Stadt Heilbronn - Von-Witzleben-Str. 12, 7100 Heilbronn (T. 07131-56 20 00) - Geb. 17. Juli 1934 Heilbronn-Neckargartach, kath., verh. m. Arlyn, geb. Reinhart, 3 Kd. (Marc, Luc, Nico) - Abit. 1956, Stud. Univ. Tübingen (Dipl.-Volksw.), College d'Europe, Brügge. Stud. Kommunalw., Promot. 1966 Univ. Tübingen - 1964-76 Wirtschaftsmin. Baden-Württ. (u.a. Pers. Ref. v. Wirtschaftsmin. Dr. Eberle - zul. Min.-Rat); 1976-83 Erster Bürgerm. Stadt Heilbronn, s. 1983 Oberbürgerm. Heilbronn - S. 1984 AR-Vors. ZEAG Zementwerk Lauffen-Elektrizitätswerk Heilbronn AG, u. Südwestd. Salzwerke AG, Heilbronn - Spr.: Engl., Franz.

WEINMANN, Werner

Druckereibesitzer, MdL Baden-Württ. (s. 1968) - Raiffeisenstr. 15, 7024 Filderstadt 4 (T. Stuttgart 77 12 11) - Geb. 18. Dez. 1935 Bonlanden, ev., verh., 2 Kd. - Volkssch. Bonlanden; Schriftsetzerlehre Stuttgart; Abendgymn.; Meistersch. f. d. graph. Gewerbe ebd. Meisterprüf. 1963 - U. a. techn. Betriebsleit. Druckereiwesen Stuttgart; s. 1964 selbst. MdK Eßlingen, Vorstandsmitgl. Württ. Landessportbund, Kuratoriumsmitgl. Akad. d. Handwerks. SPD. Mitgl. Regionalverb. Mittl. Neckar.

WEINMILLER, Lothar

Dipl.-Kaufm., Geschäftsführer Bundesverb. d. Dt. Möbelhandels, Verein Fachschule d. Möbelhandels, u. Führungsakad. Möbel GmbH, alle Köln - Am Bergerhof 31, 5024 Pulheim/Rhld. - Geb. 2. Jan. 1937.

WEINREBE, Helmut

Prof. f. Musik Staatl. Hochsch. f. Musik Rhld. Köln (s. 1973), Pianist, Organist - Ilexweg 59, 5000 Köln 71 (0221 - 70 43 05) - Geb. 22. Sept. 1939 Rostock, ev., verh. m. Astrid, geb. Hass, 2 T. (Antje, Verena) - S. 1973 Prof. s.o.; Doz. Akad. f. Erwachsenenbild., Köln - BV: D. Entw. d. Polyphonie b. L. v. Beethoven, 1967 - Spr.: Engl.

WEINRICH, Harald

Dr. phil., Dr. phil. h. c., o. Prof. f. Deutsch als Fremdsprache - Gedonstr. 6, 8000 München 40 - Geb. 24. Sept. 1927 Wismar/Mecklenburg (Vater: Wilhelm W., Realschullehrer; Mutter: Elisabeth, geb. Leibinger), kath., verh. s. 1960 m. Doris, geb. Heithoff - 1957-59 Privatdoz. Univ. Münster/W.; s. 1959 Ord. Univ. Kiel, Köln (1965), Bielefeld (1969), München (1978); 1972-74 Direktor Zentrum für interdiszipl. Forschung, Bielefeld. BV: D. Ingenium Don Quijotes, 1956; Phonol. Studien z. roman. Sprachgesch., 1958; Tempus - Besprochene u. erzählte Welt, 1964; Linguistik d. Lüge, 1966; Literatur f. Leser, 1972; Sprache in Texten, 1976; Textgrammatik d. franz. Sprache, 1982; Wege d. Sprachkultur, 1985 - Herausg.: Franz. Lyrik im 20. Jh., 1964; Positionen d. Negativität, 1975 - Mitgl. Dt. Akad. f. Sprache u. Dichtung, Rhein.-Westf. Akad. d. Wiss., Akad. d. Wiss. zu Berlin, Accademia della Crusca, Bayer. Akad. d. Schönen Künste, PEN-Zentrum BRD - Sigmund-Freud-Preis f. wiss. Prosa (1977), Konrad-Duden-Preis (1985).

WEINRICH, Michael

Dr. theol., Prof. f. Ev. Theologie - Kilianstr. 78c, 4790 Paderborn - Geb. 13. Jan. 1950 Bielefeld, verh. m. Rosemarie, geb. Weidauer, 4 Kd. (Nils, Jörn, Imke, Sören) - Stud. Theol., Päd. u. Musik Univ. Bethel, Mainz u. Göttingen; 1. theol. Ex. 1973 Göttingen; Promot. 1978 Göttingen; Habil. 1982 Siegen - S. 1986 Mitgl. im Moderamen d. Reform. Bundes - BV: D. Wirklichk. begegnen, 1980; Religionskritik in d. Neuzeit, 1985; D. gute Widerspruch (m. P. Eicher), 1986; Grenzgänger (üb. Martin Buber), 1987;

Theologiekritik in d. Neuzeit, 1988. Mitbegr. u. Herausg.: d. Reihe Einwürfe (s. 1983 5 Bde.); d. Reihe Wege d. Lernens (s. 1983 6 Bde.).

WEINRICH, Rosemarie

Oberin, Hauptgeschäftsführerin Dt. Berufsverb. f. Krankenpflege - Arndtstr. 15, 6000 Frankfurt 1 (T. 069 - 74 05 66) - Abit.; dt. u. engl. Krankenpflegeausb. - Mitgl. d. Rates d. Ländervertr. Intern. Council of Nurses; Mitgl. Gesamtvorst. DPWV; Vors. Berat. Aussch. f. d. Krankenpflege b. d. EG; 1. Vicepres. of the European Nursing Group - Soroptimistin - Spr.: Engl.

WEINRICH, Werner

Gewerkschaftssekretär, Mitgl. Hbg. Bürgerschaft (s. 1978, SPD) - Fischbeker Heideweg 3, 2104 Hamburg 92 - Geb. 12. Juni 1938 Worbis/Thür. - Volkssch.; Zimmererhandw.; 1964-65 Sozialakad. - S. 1956 (Flucht) BRD (1963 ff. IG Bau-Steine-Erden Hamburg; b. 1967 Angest., dann Bezirkssekr.). 1970-78 Mitgl. Bezirksvers. Harburg (1972 Fraktionsvors.).

WEINSCHENK, Curt

Dr. phil., Dr. med., Prof., Jugendpsychiater - Heinrich-Heine-Str. 26, 3550 Marburg/L. (T. 6 46 34) - Geb. 14. Sept. 1905 Wachau (Vater: Curt W., Rittergutsbes.; Mutter: Antonie, geb. Reisland) - Stud. Phil., Psych., Med. - S. 1951 Univ. Marburg (Klinik f. Kinder- u. Jugendpsychiatrie; 1954 Lehrbeauftr., 1969 Honorarprof.) - BV: D. Wahrnehmungsvorgang - E. erkenntnistheoret. Unters., 1931; D. Wirklichkeitsproblem d. Erkenntnistheorie u. d. Verhältnis d. Psychischen z. Physischen, 1936; D. Bewußtsein u. s. Leistungen - E. Beitrag z. Erkenntnis d. Natur d. Wesens d. Menschen, 1940; D. unmittelbare Gedächtnis als selbst. Funktion, 1955; D. erbl. Lese-Rechtschreibeschwäche u. ihre sozialpsychiatr. Auswirkungen - E. Lehrb. f. Ärzte, Psychologen u. Pädagogen, 1962, 2. A. 1965; Rechenstörungen - Ihre Diagnostik u. Therapie, 2. A. 1975; Entschluß z. Tat - Schuldfähigkeit, Resozialisier., Prävention, 1981 - Liebh.: Jagd, Rennsport - Spr.: Franz., Engl.

WEINSTEIN, Adelbert

Journalist (Militär- u. Außenpolitik) - Walluferstr. Nr. 65/Villa Hagedorn, 6228 Eltville/Rh. (T. 23 26) - Geb. 17. Mai 1916 Halle (Vater: Dr. Albert W., Chemiker, Kfm.; Mutter: Martha, geb. Schweidler), ev., verh. s. 1956 m. Hedi, geb. Schmaltz - Reform-Realgymn. u. Realsch.; Kriegsakad.; ab 1947 Univ. Mainz (6 Sem. Gesch., Roman., Volksw. (o. akad. Abschluß), neb. Redaktionstätigk.) - 1938-45 Akt. Offz. (zuletzt Major im Generastab u. Ia e. Division), n. engl. Gefangenschaft Mitarb. Allg. Ztg. Mainz, s. 1949 Redaktionsmitgl. Frankfurter Allg. Ztg. S. 1962 Oberstlt. u. Oberst d. R. (1966) Bundeswehr - BV: Armee ohne Pathos, 1951; Ja - aber . . . - E. krit. Unters. d. Europ. Verteidigungsgem., 1953; Keiner kann d. Krieg gewinnen - Strategie oder Sicherheit? (Krit. Stellungnahme z. dt. Wiederbewaffnung), 1955; D. neue Mekka - Aufbruch u. Umbruch im Nahen Osten, 1958; Aloha Hawaii, 1959; Das ist de Gaulle - Ansprüche u. Wirklichkeit, 1963 - Gr. BVK - Liebh.: Weltreisen, Golf - Spr.: Engl., Franz. - Rotarier.

WEINSTOCK, Horst

Dr. phil., Prof. für Anglistik TH Aachen (s. 1970) - Jülicher Str. 4, 5100 Aachen (T. 0241 - 50 81 36) - Geb. 25. Juni 1931 Lindenberg/Allg. (Vater: Adolf W., Techn. Kaufm.; Mutter: Elly, geb. Käppler), ev., verh. s. 1962 m. Dr. Carola, geb. Ringel, 2 Kd. (Alexander, Constanze) - Staatl. Realsch. Lindenberg/Allg.; Stud. d. Angl., Roman., Philos. Univ. Mainz u. München; Promot. 1957 ebd.; Habil. 1970 Saarbrücken - Zun. Assist. Univ. München u. Höh. Schuldst. ebd.; 1961-70 Univ. Saarbrücken (Assist.; 1963 Akad. Rat u. 1967 Oberrat) - BV: D. Funktion elisabethanischer Sprichwörter u. Pseudosprichw. b. Shakespeare, 1966 (Annales Univ. Saraviensis; Reihe Phil. Fakultät Bd. 6); Mittelengl. Elementarbuch, 1968 (Sammlung Göschen Bd. 1226) - Spr.: Engl., Franz.

WEINZIERL, Hubert

Diplom-Forstwirt, Vors. Bund f. Umwelt- u. Naturschutz Deutschl. (BUND) (s. 1983) - Postf. 40, 8441 Wiesenfelden - Geb. 3. Dez. 1935 Ingolstadt (Vater: Paul W., Untern.; Mutter: Thekla, geb. Waldherr) - Human. Gymn. Ingolstadt; Stud. Forstwiss. Univ. München; Dipl.-Forstwirt 1958; Referendarzeit b. d. Bayer. Staatsforstverwalt. u. Stud. praktischer Landwirtsch. Dan. freiberufl. Untern. u. ausübender Land- u. Forstwirt - S. 1953 aktive Tätigk. in d. Naturschutzbewegung (1964 Berufung in d. Präsid. Dt. Naturschutzring, 1965-72 ehrenamtl. Reg.beauftr. f. Naturschutz in Niederbayern); 1964-68 div. Weltreisen (z. umfassenden Stud. d. Naturschutzprobleme); 1969 Präs. Bund Naturschutz in Bayern; 1970 Sonderbeauftr. Dt. Naturschutzring f. d. Europ. Naturschutzjahr; Vorst. Aktion Saubere Landschaft; Mitbegr. Gr. Ökologie. Div. Mitgl.schaften in Beiräten u. a. Rundfunkrat in Bayern, Energiebeirat in München, Bayer. Landesplanungs- u. Oberster Naturschutzbeirat; Präsid.-Mitgl. Bayer. Naturschutzakad.; sow. Verbandsvertr. Arbeitsgem. f. Umweltfragen in Bonn u. im Dt. Umweltforum. 1960-85 umfangr. publ. Tätigk. - BV: 35 Bücher z. Thema Naturschutz - Landschaftspflege - Umweltvorsorge u. Nationalparke u. a.: Kiesgrube u. Landschaft, Teile I-V (mehrere A.), 1958-65; Natur in Not, 1966; Reviergestaltung, 1968; Dt. Nationalpark im Bayer. Wald, 1969; D. große Wende im Naturschutz, 1970; E. besinnliches Kalendarium, 1971; D. große Sterben, 1971; Nationalpark Bayer. Wald, 1972; Wo alle Wege enden, 1973; Projekt Biber, 1973; ... doch sie änderten sich nicht, 1974; Natur in Not, 2. Teil, 1975; Zerrissene Fäden, 1975; D. große Unbehagen, 1976; D. Hofnarr, 1977; Hoffnungen, 1978; D. Kröten, 1978; Tageb. e. Naturfreundes, 1979; Wilde Birnen, 1979; Kiesgrube u. Landschaft, 1981; Gnade f. d. Schöpfung, 1981; Nachklänge, 1984; Passiert ist gar nichts, 1985; Wendezeichen, 1985. Üb. 800 Fachaufs. u. zahlr. Rundf.- u. Fernsehsend. - Zahlr. Ehrungen u. Preise.

WEIRAUCH, Lothar

Ministerialdirektor, Leit. Abt. I (Verw./Förderungsmaßn.) Bundesmin. f. gesamtd. Fragen, Bonn - Meisenweg 11, 5300 Bonn-Ippendorf (T. 28 17 41) - Geb. 25. Nov. 1908 Laurahütte/OS., verh.

WEIRICH, Dieter

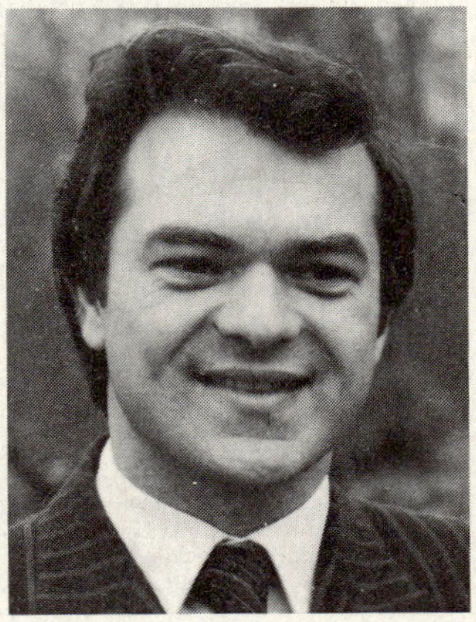

Oberregierungsrat a. D., Journalist, MdB - Trierer Str. 86, 5300 Bonn 1 (T. 0228 - 21 73 08) - Geb. 31. Dez. 1944 Sülzbach/Neckar (Vater: Heinrich W., Polizist; Mutter: Margarete, geb. Hanninger), ev. - Aufbaugymn. Weinsberg; Ztg.volont. - 1969-71 pers. Ref. CDU-Landesvors. Hessen; 1972-1980 Pressespr. CDU-Landtagsfraktion u. CDU Hessen; 1974-80 MdL Hessen; s. 1980 MdB (medienpolitischer Sprecher CDU/CSU-Bundestagsfrakt.), u. Vors. Bundesfachaussch. Medienpolitik d. Union; Vors. Medienkomm. d. hess. CDU, Mitgl. Fernsehrat d. ZDF, Mitgl. d. Bundesfilmkommiss. Chefredakt. Hessen Kurier - BV: Pressearbeit u. Politik; D. flimmernde Rathaus (Neue Medientechnol. u. Kommunalpolitik), in: D. Mediengesetz-Entwurf d. Hessen-CDU; Mitverf.: Schaffen wir das Jahr 2000?, D. Zukunft d. Informationsges.; Bauern - d. grüne Gefahr? u. D. Grünen auf d. Prüfstand. Herausg.: Zw. Kabel u. Konsum; Europas Medienmärkte v. morgen - Liebh.: Sport, Lit. - Spr.: Engl.

WEIS, August

Fabrikdirektor i. R. - Bergseestr. 38, 7880 Bad Säckingen (T. 07761 - 18 43) - Geb. 18. April 1905 Lörrach, kath., verh. I) m. Olga, geb. Drexlin (†1969), II) m. Anni, geb. Schötz, 2 Kd. (Hans-Dieter †, Otto-Jörg) - Humanistisches Gymnasium und Höhere Handelsschule Hamburg; Außenhandelssch. ebd. - Jahrz. Vorst. div. AG's u. Komplimentär bedeut. Firmen, selbst. Fabrikant, später Ind.- u. Vertriebsberat. - Meist Markenart.ind. (Vorst., Geschäftsf.); Ind.-beratertätigk. Zahlr. Fachveröff. - Liebh.: Bibliophilie, Schöngeistige Lit. u. Künste - Mitgl. Dt. Goethe-Ges. u. weiterer Kulturclubs - Spr.: Franz.

WEIS, Dierk Joachim

Dr. phil., Physiker, Betriebsberater - Märchenstr. 9, 5000 Köln 80 (T. 0221 - 68 27 26) - Geb. 19. Okt. 1925 Köln-Kalk (Vater: Adolf W., Postamtm.; Mutter: Else, geb. Bamann), kath., led. - Obersch., Univ. Köln (Phys., Promot. 1951 m. Präd. magna cum laude) - Mitgl. Kurat. Dr.-Eugen-Wolfrich-Kersting-Stift., Wipperfürth - Erf.: Wendelwickelmasch. (Pat.) - Liebh.: Funktechnik, Gesch. d. ind. Techn., Spr.: Engl.

WEIS, Eberhard

Dr. phil., o. Prof. f. Neuere Gesch. Univ. München - Ainmillerstr. 8, 8000 München 40 - Geb. 31. Okt. 1925 Schmalkalden - Wiss. Staatsex. f. Lehramt an höh. Schulen 1950; Promot. 1952; Ass.ex. 1956 (Archivwesen); Habil. 1969 (sämtl. München) - 1953-69 Archivar Staatl. Archive Bay., Stud.- u. Forsch.aufenth. Frankr., 1969-74 o. Prof. FU Berlin u. Univ. Münster, s. 1974 Univ. München - BV: Gesch.schreibung u. Staatsauffassung in d. franz. Enzyklopädie, 1956; Montgelas 1759-99 - zw. Revolution u. Reform, 1971; D. Ges. in Dtschl. I, 1976 (m. Karl Bosl.); Propyläen Geschichte Europas, Bd. 4: D. Durchbruch d. Bürgertums, 1776-1847, 1978. Mitarb. Handb. d. europ. Gesch. (Herausg. Th. Schieder), Bd. IV 1968, u. Handb. d. bay. Gesch. (Herausg. M. Spindler), Bde. IV/1, IV/2 1974 u. 1975. Herausg.: Reformen im rheinbünd. Dtschl. (1984). Zahlr. Fachveröff. - S. 1974 Mitgl., 1982 Sekr., s. 1987 Präs. Hist. Kommiss. München; s. 1979 Bayer. Akad. d. Wiss.; 1979 Mitgl. Kommiss. f. bayer. Landesgesch.; 1984 Vors. d. wiss. Beirats Dt. Histor. Inst. Paris; Mitgl. weiterer Beiräte u. Kurat.

WEIS, Heidelinde

(Eigtl. Heidelinde Duna), Schauspielerin - Dröschitz 37, A-9231 Köstenberg - Geb. 17. Sept. 1940 Villach/Österr., verh. s. 1960 m. Hellmuth Duna (Theaterdir.) - 1957-59 Max Reinhardt-Sem. Wien; Tanzausb. Mod. Jazz Marga Rues, München; Gesangsausb. Anneliese Hofmann, München - 1958-60 Theater in d. Josefstadt Wien; viele Gastsp., u.a. Berlin, München, Hamburg, Wien, Salzburger Festsp.; Fernsehspiele, Filme, Schallpl. (So sing ich, 1975; So e. Narr bin ich, 1977; Aber Träume hatt' ich viel, 1978). Rollen: Theater: u.a. Desdemona, Antigone, Eurydike, Colombe, Alkmene; Boulevard: Nächstes Jahr - gleiche Zeit; Warte, bis es dunkel ist, Gaslicht, Nie wieder Mary, Helden, u.v.a. 1988 Theater-Tournee: Alte Zeiten, Harold Pinter (Kate). Filme: D. Tote v. Beverly Hills, D. Lügner u. d. Nonne, Lausbu-

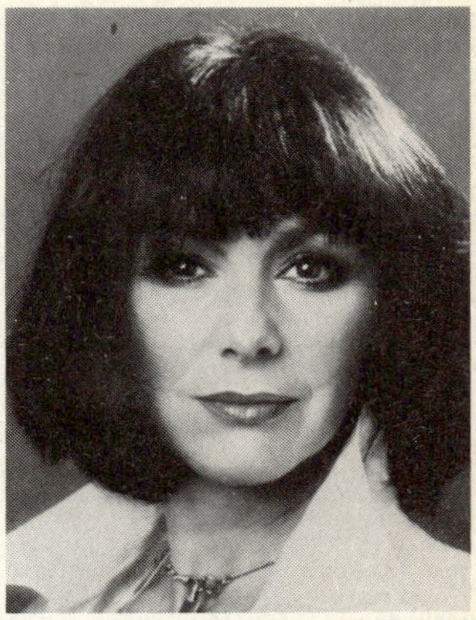

bengesch., D. Festung, Something for everyone, Mädchen hinter Gittern, u.a. Fernsehen: Mary Rose, Meine Frau Susanne (Serie 1966), D. Marquise v. Brenvillies, D. Frau in Weiss, D. Erbin, D. Fräulein, Quadrille, D. Pakt, D. selige Edwina Black, Heidelinde Weis Special's; Musikal. Special ZDF: E. Frau zieht ein, 1976. Münchner Lach- & Schießges.: Heidelinde Weis rosa u. schwarze Lieder (Kleinkunst), 1983; Rosa u. schwarze Lieder, 1985. Musical/Theater an d. Wien: E. Glas Wasser, (Königin) 1977/78. Drehbuchautorin: Umwege nach Venedig, 1988 (FS-Film) - 1972 Gold. Bildschirm; 1976 Dt. Schallplattenpr. Phonoakad. Berlin; 1977 Gold. Kamera; 1982 Gr. Gold. Ehrenzeichen Land Kärnten; u.v.a. - Spr.: Engl.

WEIS, Karl Heinz

Dr., Präsident Statist. Landesamt Rheinland-Pfalz - Mainzer Str. 15/16, 5427 Bad Ems.

WEIS, Konrad M.

Dr. rer. nat., Präsident u. Chief Executive Officer Bayer USA Inc. - One Mellon Center, 500 Grant Street, Pittsburgh PA 15219-2502 (T. 412 - 3 94-55 44) - Geb. 10. Okt. 1928 Leipzig (Vater: Alfred W., Prof.; Mutter: Margarete, geb. Leipoldt), ev., verh. s. 1956 m. Gisela Lueg, 2 Kd. (Alfred, Bettina) - 1953 Univ. Bonn (Dipl.-Chem.), Promot. 1955 - Ab 1955 Bayer AG - Forsch., Prod., Stab; ab 1971 in USA f. Bayer in ltd. Posit. tätig. Div. Mandate - Liebh.: Tennis, Skilaufen, Kunst, Segeln.

WEIS, Kurt

Dr. iur., Univ.-Prof., f. Soziologie (s. 1980) Instit. f. Sozialwiss. TU München - Lothstr. 17, 8000 München 2 (T. 089-21 05 86 63 u. 21 05 86 77); priv.: Kunigundenstr. 41a, 8000 München 40 (T. 089-361 36 56) - Geb. 20. Okt. 1940 - Stud. Rechts- u. Sozialwiss., 1. jur. Staatsex. 1964, Promot. Harvard Univ. 1968, 2. jur. Staatsex. 1970, Habil. f. Soziol. Univ. d. Saarl. 1979, 1971-73 Forsch.stip. Chicago u. Berkeley/Calif., 1980-82 stv. Vors. Dt. Ges. f. Selbstmordverhütung, s. 1984 Herausg. d. Intern. Review for the Sociology of Sport; s. 1987 Gründungsmitgl. u. 1. Vors. Aktion u. Freizeit, Fan-Projekt München, z. sozialarb. u. erlebnispäd. Betreuung v. auffälligen Sportfans - BV: Veröff. z. Kriminol., empir. Sozialforsch., Devianz-, Rechts- u. Sportsoziol., Selbstmordforsch. u. Viktimol. - Gold. Sportabz. (Zahl 25).

WEISBECKER, Walter

Schriftsteller - Raimundstr. 35, 6000 Frankfurt/M. (T. 069 - 52 41 01) - Geb. 24. Nov. 1915, kath., verw. - Oberrealsch.; Kaufm. Lehre; Großhandelskaufm. - S. 15 J. fr. Mitarb. FAZ - BV: 3 Mundartbde.: Äppelwein un Äppelcher; Frisch aus de Kelter; Unvergessene. Goethekenner (insges. 21 000 Aufl.); 2 Lyrikbde.: O Pendelschlag d. ewig Wechselnden, Triebe-Treue-Träume. Mitautor Merian-Frankfurt. Schallplatte m. eigen. Mundartged. Zahlr. Rezitationsvortr. im Hess. Rundf.; allein 10 Matineen im Fritz Rémond-Theater, Frankfurt - Liebh.: Reiten, Wandern, Autographen sammeln - Spr.: Schwed.

WEISCHENBERG, Siegfried

Dr. phil., Prof. Univ. Münster, Journalist - St. Benedictstr. 13, 2000 Hamburg 13 - Geb. 24. März 1948 Wuppertal (Vater: Artur W., Kaufm.; Mutter: Agnes, geb. Schmidt), verh. s. 1978 m. Sibylle, geb. Struve, T. Laura - Gymn. Wuppertal (1966 Abit.); ab 1966 Stud. Soz.- u. Kommunikat.wiss. Univ. Bochum (Promot. 1976); 1968/69 Volont. Tagesztg. - S. 1967 Journ. (Presse, Rundf., Agentur); 1979-82 Prof. Univ. Dortmund; s. 1982 Prof. Univ. Münster; 1984 Gastprof. Indiana Univ. (USA); 1985 Gastprof. Univ. München - BV: D. Außenseiter d. Redakt., 1976; D. elektron. Redakt., 1978; Journalismus in d. Computerges., 1982; Handb. d. Bildschirmjourn. (m. P. Herrig), 1985; Nachrichtenschreiben, 1988 - Spr.: Engl., Franz.

WEISCHET, Wolfgang

Dr. rer. nat., Dipl.-Meteorologe, em. Prof. d. Geographie - Kastelbergstr. 14, 7812 Bad Krozingen/Br. (T. 37 85) - Geb. 12. Jan. 1921 Ohligs - S. 1954 (Habil.) Lehrtätigk. Univ. München (1961 apl. Prof.) u. Freiburg (1961 Ord. u. Inst.dir.), 1959-61 Prof. Univ. Valdivia (Chile); 1963 Gastprof. Univ. Santiago de Chile - BV: u. a. Länderkunde v. Chile; Einf. Allgem. Klimatologie, 1977, 1980; Ökolog. Benachteilig. d. Tropen, 1977, 1981; Lehrb. Allg. Klimageographie, 1979; Grüne Revolution, 1978, 1982. Üb. 100 Fachaufs. - Mitgl. Dt. Akad. d. Naturforsch. u. Ärzte Leopoldina - Spr.: Engl., Span. - Rotarier.

WEISE, Günter

Sportjournalist, Vors. Verein Dt. Sportpresse Berlin (s. 1971) - Delpzeile 5, 1000 Berlin 13 (T. 3 81 50 74) - Geb. 21. Dez. 1925 Berlin - U. a. D. Kurier u. Berliner Morgenpost; 1976 ff. Präs. Verb. Dt. Sportpresse.

WEISE, Hans

Geschäftsführer Wilhelm Fette GmbH, Schwarzenbek - Brombeerstrauch 1, 2059 Klein Pampau - Geb. 16. Jan. 1933 - Kaufm. Werdegang.

WEISE, Horst Günther

Dr., M.A., Fernsehredakt., Leiter d. Redakt. Sprachen, stv. Leiter d. Programmber. Bildung u. Ges. Bayer. Rundfunk - Beckmesserstr. 25, 8000 München 81 (T. 91 57 73) - Geb. 24. Nov. 1923, ev., verh. s. 1964 m. Dr. Ilaria Furno, 2 Kd. (Isabel, Lorenzo) - Abit.; 1. u. 2. Lehrerprüf. DDR; Stud. FU Berlin, Univ. of Minnesota, USA, Univ. München; Promot. 1962 Harvard - 1957-61 Teaching Fellow Harvard Univ., USA; 1962-64 Assist. Prof. Smith College, USA; s. 1964 Bayer. Rundf., verantw. Prod. zahlr. sprachdidakt. Fernsehsend. - 1959 Kennedy Fellowship; 1965 u. 1985 Adolf-Grimme-Preis; 1972 Ehrenbürger Stadt Minneapolis, Minn., USA - Liebh.: Sprachen, Reisen, Außenpolitik, Lit., Architektur, Musik, Kunst - Spr.: Engl., Franz., Ital.

WEISE, Karl-Heinrich

Dr. phil. nat (habil.), o. Prof. f. Mathematik - Reventlou-Allee 15a, 2300 Kiel (T. 56 79 21) - Geb. 24. Mai 1909 Gera - 1938 Privatdoz. Univ. Jena; 1942 ao., 1945 o. Prof. Univ. Kiel, 1964 Mitgl. Wiss.srat; 1955 Vors. Dt. Mathematiker-Vereinig. - BV: Gewöhnl. Differentialgleichungen, 1949; Math. Grundl. d. höh. Geodäsie, 1951 (m. R. König; auch russ.). Fachaufs.

WEISE, Klaus

Prof., Generalmusikdirektor Städtische Bühnen Dortmund (s. 1985) - Kuhstr. 12, 4600 Dortmund 1 - Geb. 30. Jan. 1937 (Eltern: Fritz u. Helene W.) - I. Kapellmeister Essener Oper, 1972-74 Leit. Ochester Folkwangschule ebd.; 1975 Chefdirig. Stadttheater Bern; 1978-81 GMD Freiburg; 1981-85 GMD Kiel. Gastdirigate in USA, Frankreich, Italien, Dänemark, Schweden, Japan.

WEISE, Klaus

Regisseur - Sophienstr. 162, 7500 Karlsruhe - Geb. 9. Dez. 1951 Gera/Thür., ev., verh. s. 1984 m. Johanna Hess, Bildhauerin - 1970-73 Stud. Hochsch. f. Fernsehen m. Film München - Insz. in München, Mannheim, Karlsruhe, Düsseldorf, Bonn; Drehb. u. Regie f. Fernsehfilme - 1985 Förderpreis Dr. Otto-Kasten-Stiftg., Essen.

WEISE, Walter

Dr. med. dent., o. Prof. f. Zahn-, Mund- u. Kieferheilkunde - Himmelgeister Str. 110, 4000 Düsseldorf (T. dstl.: 3 11 82 85) - Geb. 12. Febr. 1931 Greußen/Thür. - S. 1959 (Habil.) Privatdoz., apl. (1965) u. o. Prof. (1972) Med. Akad. bzw. Univ. Düsseldorf; Klinikdir. Üb. 80 Fachveröff.

WEISE, Wolfgang

Dr. phil., Journalist, Leiter d. Asien-Redaktion d. Deutschen Welle - Goltsteinstr. 95, 5000 Köln 51 (T. 0221 - 38 12 32) - Geb. 16. Sept. 1927 Berlin, verh. - Stud. Univ. Berlin, Hamburg, Amsterdam; Promot. 1953 Hamburg - 1953-57 Dt. Kommentare Stuttgart; 1957-59 Tagesspiegel Berlin; 1959-63 Die Welt Hamburg; 1963ff. Deutsche Welle Köln - Spr.: Engl., Franz., Holl.

WEISENFELD, Ernst

Dr. phil., Journalist, Schriftst. - 2, rue Gustave Guillaumet, F-92310 Sèvres - Geb. 21. Aug. 1913 - Langj. ARD-Korresp. Paris; Chefred. v. DOKUMENTE - Ztschr. f. d. dt. franz. Dialog (6x jährl.), Bonn - BV: Frankreichs Geschichte s. d. Krieg. Von de Gaulle bis Mitterrand, 1982; Welches Deutschland soll es sein? Frankreich u. d. dt. Einheit s. 1945, 1986 - 1978 BVK I. Kl.

WEISENSEE, Klaus

I. Bürgermeister Stadt Uffenheim (s. 1984) - Rathaus, 8704 Uffenheim/Mfr. - Geb. 1. Aug. 1944 Würzburg - Zul. Oberstudienrat.

WEISER, Gerhard

Dr. h. c., Minister f. Ländlichen Raum, Ernährung, Landwirtsch. u. Forsten Baden-Württ. (s. 1976), stv. Ministerpräs. (s. 1980), MdL (s. 1968) - Weinbergstr. 7, 6901 Mauer/Baden (T. 06226 - 13 84 u. 0711 - 6 47-21 93) - Geb. 11. Jan. 1931 Heidelberg (Vater: Landw.), ev., verh., 3 Kd. - Volkssch.; landw. Lehre; Landw. Fachsch. Meisterprüf. 1956 - 1962-76 Bürgerm. Gde. Mauer. Bezirksvors. CDU Nordbaden, Präsid.-Mitgl. CDU Baden-Württ.; Präs. Blasmusikverb. Baden-Württ. u. d. Bundesvereinig. Dt. Volks- u. Blasmusikverb., Vors. Diak. Werk d. ev. Landeskirche Baden.

WEISER, Gerhard

Dr. rer. nat., Prof. f. Experimentalphysik Univ. Marburg - Goethestr. 29, 3554 Cappel.

WEISER, Hans-Jürgen

Dipl.-Kfm., Vorsitzender d. Geschäftsfg. Kabelwerke Reinshagen GmbH - Reinshagenstr. 1, 5600 Wuppertal 21 - Geb. 19. April 1938 - Präs. VR Unicables S.A., Pamplona; Mitgl. Board of Dir. Packard Electric Ireland Ltd., Dublin, u. Cablesa Lda., Lissabon; Geschäftsf. Packard Electric Burgenland GmbH, Austria.

WEISER, Klaus

Dr. jur., Rechtsanwalt, Vorstandsmitgl. i.R. - Schillingsrotterstr. 53a, 5000 Köln 50 (T. 0221 - 35 21 72) - Geb. 6. März 1925 Waldenburg/Schles. (Vater: Bruno W., Bankdir.; Mutter: Elisabeth, geb. Kinne), verh. s. 1953 m. Ute, geb. Hoffmann, 4 Söhne (Christian, Michael, Thomas, Stephan).

WEISER, Paul

Dr. med., apl. Prof., ehem. Chefarzt am Krankenh. St. Johannes-Stift, Gynäkol. Abt., Duisburg-Homberg - Am Grabenacker 8, 4100 Duisburg 17 - Geb. 12. Juli 1925 Münster/W. (Vater: Paul W., Apotheker; Mutter: Adelheid, geb. Borchard), kath., verh. s. 1957 m. Dr. med. Hildegard, geb. Stuckmann, 4 Kd. - H.-Löns-Obersch. Münster; Stud.; Habil. 1966 - 1969-88 ltd. Arzt, s. 1971 Prof.

WEISGERBER, Antje

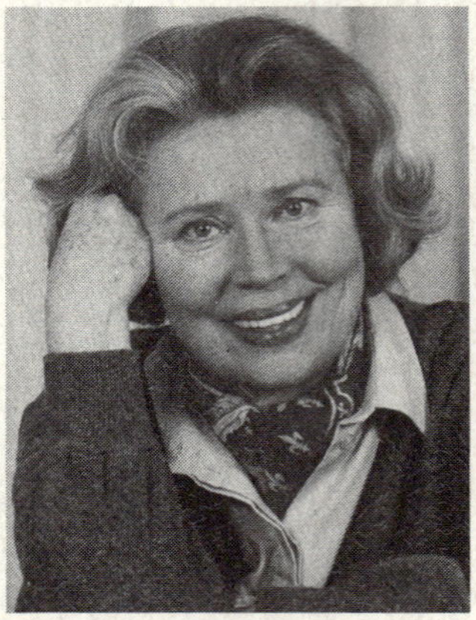

Schauspielerin - Rosenstr. 6, 8183 Rottach-Egern/Obb. (T. Tegernsee 64 65) - Geb. 17. Mai 1922 Königsberg/Pr. (Vater: Dr. med. vet. Friedrich W., gef. 1945; Mutter: Elisabeth, geb. Abt), ev., verh. I) m. Horst Caspar, Schausp. († 1952), 2 Kd. (Frank † 1953, Renate), II) 1958 Reinhard Schilling, Kaufm. (gesch.) - Lyz. Königsberg; Schauspielsch. Preuß. Staatstheater Berlin - S. 1941 Staatstheater Berlin (Gründgens), Kammersp. München (Falckenberg, Schweikart), Burgtheater Wien (Müthel), Hebbel-Theater Berlin (Martin), Schiller- u. Schloßpark-Theater ebd. (Barlog), Schauspielhaus Düsseldorf u. Hamburg (beide Gründgens). Gastsp. New York, Edinburgh, Salzburg, Recklinghausen, Hauptrollen d. klass. u. mod. Theaterlit., dar. Gretchen (Faust I, Urfaust), Helena (Faust II), Jungfrau v. Orleans, Julia (Shakespeare), Minna v. Barnhelm (auch Welttournee 1968), Maria Stuart, Alkmene (Giraudoux, Kleist), Film: u. a. Zwei Welten (Gründgens), D. doppelte Lottchen, D. Stärkere, Rittmeister Wronski, Vor Gott u. d. Menschen, Du bist d. Richtige, Oberarzt Dr. Solm, San Salvatore, D. Mann, d. sich verkaufte, Lampenfieber; Fernsehen: Mariamne (Herodes u. Mariamne), Rhodope (Gyges u. s. Ring), Kriemhild (D. Nibelungen), Lucretia (Um Lucretia) u. a. Synchronsprecherin - 1965 Hersfeld-Preis (f. Dona Proeza/D. seidene Schuh) - Liebh.: Musik, Malerei - Spr.: Engl.

WEISGERBER, Bernhard

Dr. phil., o. Prof. f. Germanistik, Didaktik d. Dt. Sprache u. Literatur - Vulkanstr. 35a, 5300 Bonn-Bad Godesberg (T. 34 40 79) - Geb. 21. Nov. 1929 Rostock (Vater: Prof. Dr. phil., Dr. h. c. Leo W., Sprachwiss.ler (s. dort); Mutter: Lamberta, geb. von den Driesch), kath., verh. s. 1963 m. Anna, geb. Niehage, 3 Kd. (Katharina, Lambert, Martin) - Abit. Philippinum Marburg; Promot. Univ. Bonn (Päd., German.) - 1953 Volksschullehrer; 1956 Schulleit.; 1963 Doz.; 1968 o. Prof. Päd. Hochsch. Rhld./Abt. Wuppertal, gegenw. Univ. Wuppertal - BV: Beitr. z. Neubegründung d. Sprachdidaktik, 1964; Unsere Sprache, 1968; Aspekte d. Sprachunterrichts, 1970; Elemente e. emanzipatorischen Sprachunterr., 1972; Theorie d. Sprachdidaktik, 1974; Handb. z. Sprachunterricht, 1983; Vom Sinn u. Unsinn d. Grammatik, 1985; Hallo Peter - wir lernen Deutsch, 1987.

WEISHAAR, Julius

Dr. med., Prof., ehem. Leit. Abt. f. Gynäkol. Radiologie Univ.-Frauenklinik Erlangen (s. 1957) - Am Ruhstein 17, 8520 Buckenhof - Univ. Erlangen, Würzburg, München - S. 1960 (Habil.) Lehrtätigk. Univ. Erlangen (1966 apl. Prof. f. Röntgenol. u. Strahlenheilkd., 1970 Extraord.).

WEISHÄUPL, Karl

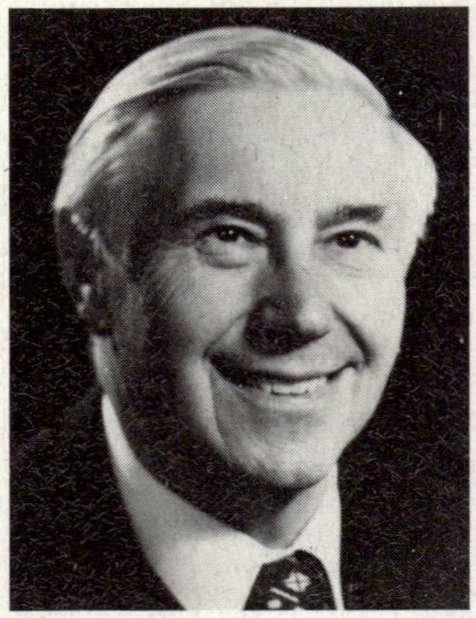

Staatssekretär a. D., Präs. Verb. d. Kriegs- u. Wehrdst.opfer, Behinderten u. Sozialrentner Deutschlands (VdK), Bonn (s. 1974), MdL Bayern (1950-74) - Mitteisstr. 19, 8000 München 45 (T. 313 24 01) - Geb. 25. Juni 1916 Rosenheim/Obb. - Gymn. (b. Quarta); n. Begabtenprüf. 1956-59 Univ. München (Rechtswiss.) - Anwaltskanzlei, 1938-45 Wehrdst. (zul. Ltn. d. R.), dann Ref. f. Versehrte Bayer. Rotes Kreuz, 1947-54 Landesgeschäftsf. VdK Bayern, 1954-57 Staatssekr. Bayer. Min. f. Arbeit u. soz. Fürsorge, 1958-75 1. Gf. Bayer. Wohnungs- u. Siedlungsbau GmbH. Präs. Dt. Komitee f. europ. Zusammenarb. d. Kriegsteilnehmer u. d. -opfer, 1. Vertreter d. Präs. d. CEAC, Paris, ehrenamtl. Richter BSG, b. Anf. 1983 Mitgl. Bayer. Verfass.gerichtshof, Vors. Verein z. Förd. v. Wilton Park, Vorst. Inst. f. Sozialpolitik, SPD s. 1950 (zeitw. Mitgl. Landesvorst.; stv. u. Aussschußvors. Bay. Landtag) - BV: D. Kausalität in d. Kriegsopferversorg. - 1971 Honorary Officer Order of the British Empire; 1961 Bayer. VO.; 1971 Gr. Silb. Ehrenz. f. Verdienste um d. Rep. Österr.; 1971 Staatsmed. f. soz. Verd.; 1975 Ritter d. franz. Ehrenlegion; 1980 Max Schönleutner-Med. TU München; 1987 Gr. BVK m. Stern; Gold. Verfassungsmed. (Bayer. Landtag); Gr. Tiroler Adlerorden - Liebh.: Sport (bes. Fußball) - Spr.: Engl., Ital.

WEISKIRCH, Willi

Journalist, Wehrbeauftragter d. Deutschen Bundestages (s. 1985) - Finkenbergstr. 61, 5300 Bonn-Beuel (T. 0228 - 47 46 61); dstl.: Basteistr. 70, 5300 Bonn 2 (T. 0228 - 82 42 00) - Geb. 1. Jan. 1923 Welschen-Ennest/Sauerl., kath., verh., 2 Töcht. - Stud. Gesch., Phil., Ztg.wiss. - 1951-69 Chefredakt. D. Wacht u. Mann in d. Zeit (1961) bzw. Weltbild. CDU s. 1946 (1970-76 Sprecher); 1976-85 MdB (Wahlkr. 121/Olpe-Siegen II); Mitgl. Verteidigungsaussch.; Sprecher d. Arbeitsgr. Verteidigung d. CDU/CSU-Bundestagsfrakt. - BV: Als d. goldene Abendsonne, Erz. 1960; Taschenbuch f. kath. Soldaten, 1966; Brosch.: Nie wieder Kommiß, 1955 (1958 Journalistenpreis d. Nato f. Ztg.serie ü. d. Nato); 25 Fernsehdokumentarfilme, u. a.: Zw. Feldern u. Fabriken, Malteserhilfsdienst, Romant. Rebellion, D. Priester d. 70er Jahre - Liebh.: Wandern, Skat - Schwere Kriegsverwundung.

WEISMANTEL, Gertrud

Dr. phil., em. Prof. f. Kunstpädagogik, Präs. d. Leo Weismantel-Ges. e.V. - Gutenbergstr. 16, 6104 Seeheim-Jugenheim (T. 6 29 65) - Geb. 17. Juni 1916 Würzburg (Vater: Prof. Dr. phil. Dr. paed. h. c. Leo W., Schriftst. †1964 (s. XIV. Ausg.); Mutter: Luise, geb. Wetzell), kath. - Realgymn. Würzburg; Kindergärtnerinnensem. ebd.; Werklehrersem. Pestalozzi-Fröbel-Haus Berlin; Univ. Würzburg u. München (Volkskd., Kunstgesch., Päd.). Kindergärtnerinnenex. 1936 Würzburg; Werklehrerinnenprüf. 1940 Berlin; Promot. 1943 Würzburg - 1936-39 Kindergärtnerin; 1943-45 Werklehrerin Hermann-Lietz-Sch. Hohenwerda b. Hünfeld; 1947-64 Doz. Ausbildungslehrgänge Fulda (Werken u. Kunsterzieh.) u. Päd. Inst. Darmstadt, Sitz Jugenheim (1951; Werken); s. 1964 ao. u. o. Prof. Hochsch. f. Erzieh. bzw. Univ. Frankfurt/M. - BV: Roß u. Reiter - E. Studie üb. d. Formbestände d. Volkskunst, 1948; D. Scherenschnittschule, 1950. Herausg.: Grundprinzipien d. Technik im Werkunterricht 11-15j. Schüler (1974). Bearb. u. Herausg.: Werke v. Leo Weismantel - Spr.: Engl.

WEISNER, Ulrich

Dr. phil., Ltd. Stadtmuseumsdirektor, Leit. Kunsthalle Bielefeld - Zu erreichen üb. Kunsthalle Bielefeld, Artur-Ladebeck-Str. 5, 4800 Bielefeld 1 (T. 0521 - 51 24 73) - Geb. 25. Juni 1936 Meseritz, verh., 2 Kd. - Stud. Kunstgesch., Klass. Archäol., Neuere Lit.-Wiss.; Promot. 1963 Univ. Kiel, Volont. Bayer. Staatsgemäldesamml. München - Mus. f. Kunst u. Kulturgesch. Lübeck; Assist. Kunsthaus u. Kunsthalle Bielefeld; s. 1974 Leit. Kunsthalle Bielefeld.

WEISS, Alarich

Dr. rer. nat., o. Prof. f. Physikal. Chemie - Martinstr. 149, 6100 Darmstadt (T. 6 36 19) - Geb. 21. Febr. 1925 Regenpeilstein/Opf., kath., verh. s. 1955 m. Elisabeth, geb. Kräuter - Habil. 1962 Darmstadt (TH) - 1967 Ord. Univ. Münster, s. 1972 TH Darmstadt. 1982-87 Mitgl. d. Wissenschaftsrates; 1981-88 Vorst.-Mitgl. Ges. Dt. Chemiker; 1987/88 1. Vors. Dt. Bunsenges. f. Physikal. Chemie - BV: Magnetochemie, 1973 (jap. übers. 1980); Landolt-Börnstein, Teil III/7a, 1973; T. III/7g, 1974; T. III/7b1, 1975 T. III/7e, 1976; T. III/7f, 1977; T. III/7c, 1978f.; T. III/7b2, 1980; T. III, 7d2, 1980; T. III, 7d1, 1985; Kristallstruktur u. chem. Bind., 1983. Mitherausg.: Berichte Bunsenges. Physikal. Chemie - Zahlr. Fachveröff.

WEISS (ß), Armin

Dr. rer. nat. (habil.), o. Prof. f. Anorgan. Chemie, MdL Bayern (s. 1986) - Meiserstr. 1, 8000 München 2 (T. 811 26 40) - Geb. 5. Nov. 1927 Stefling/Opf. (Vater: Michael W., Volksschullehrer; Mutter: Therese, geb. König, Volksschullehrerin), verh. s. 1955 m. Angela, geb. Rauh, 4 Kd. (Michael, Eva, Doris, Ulrich) - 1956 Privatdoz. TH Darmstadt; 1961 ao., 1964 o. Prof. Univ. Heidelberg; 1965 o. Prof. Univ. München (Inst.-Vorst.). 1967-87 Präs. Kolloidges. Mehrere Mitgliedsch. Entd.: Faserig. Siliciumdioxid, Intercalationsverbind. v. Kaolinit-, Metallsulfiden u. a., Phasenumwandlungen i. Membranmodellen, Nachweis d. Replikation i. anorg. Systemen. Herausg.: Colloid and Polymer Science (1966-86); Progress in Colloid and Polymer Science. Etwa 340 Fachveröff. Üb. 25 Fernsehsend. z. Chemie, dar. Telekolleg - 1981 Liebig Denkmünze d. Ges. Deutsch. Chem.; 1984 Preis f. Verfahrenstechnik d. Textilveredelung; 1985 Dr. rer. nat. h.c. Univ. Budapest; 1987 Ehrenmitgl. Sociedad Espanola de Arcillas.

WEISS, Arnold

Dr. med., Prof., Chefarzt a. D. Innere Abt. Krankenh. Elim, Hamburg 19 - Loehrsweg 2, 2000 Hamburg 20 (T. 47 55 08) - Geb. 15. Febr. 1909 (Vater: Arzt), verh. m. Amalie, geb. Callsen - Univ. Freiburg/Br., Königsberg/Pr., Hamburg - S. 1943 (Habil.) Lehrtätig. Univ. Hamburg (1953 apl. Prof. f. Inn. Med.). Fachveröff. - 1944 Martini-Preis.

WEISS (ß), Bruno

I. Bürgermeister - Rathaus, 8602 Strullendorf/Ofr. - Geb. 4. April 1941 Schafbrücke - Zul. Verwaltungsobersekr.

WEISS, Carl Emmerich

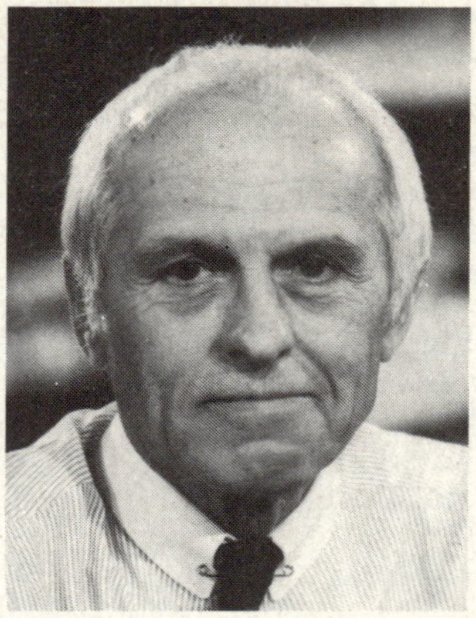

Freier Journalist - Agnesstr. 4, 8000 München 40 - Geb. 28. Sept. 1925 Zuckmantel/CSR (Vater: Karl W., Beamter; Mutter: Elfriede, geb. Hein), kath., verh. s. 1957 m. Ruth, geb. v. Vultejus - Realgymn.: Univ. Prag u. Erlangen (German.) - 1948-58 Redakt. D. Neue Ztg., München/Frankfurt, Südd. Ztg., Kölner Stadtanzeiger, 1959-62 Presse-Attaché Dt. Botschaft, Neu Dehli u. Djakarta; 1963-78 ZDF-Fernseh-Korresp. Hongkong, Saigon, London, Washington; 1978-82 Koordinator f. Politik, Gesellschaft u. Kultur, Programmdirektion Dt. Fernsehen-ARD, München; dann Korresp. EG u. NATO - BV: Sukarnos tausend Inseln, 1963 (auch holl.) - Fernseh-Grimme-Preis, Marl - Liebh.: Pflege alter Häuser - Spr.: Engl.

WEISS, Christoph

Dr. med., Ph. D., o. Prof. f. Physiologie - Bavernsee 3, 2401 Groß Sarau - Geb. 24. April 1926 - S. 1962 (Habil.) Lehrtätigk. Hamburg (1967 Abt.-Vorst. u. Prof.; 1969 apl. Prof.) u. Kiel (1969 o. Prof.); s. 1978 Dir. Inst. f. Physiol. Med. Univ. Lübeck. 1975 Mitgl. Wiss.rat. Facharb.

WEISS (ß), Claus-Erich

Dozent, Mitgl. Hbg. Bürgerschaft (s. 1978, SPD) - Stüffelring 47, 2000 Hamburg 67 - Geb. 27. März 1933 Hamburg (Vater: Lehrer), verh., 3 Söhne - Stud. Rechtswiss. (Hamburg) u. Polit. Wiss. (Amherst/USA). I. jurist. Staatsprüf. 1958 - S. 1963 freiberufl. Tätigk. (vorwieg. polit. Erwachsenenbild.). Div. Auslandsreisen. Bücher u. Aufs.

WEISS, Daniel

Dr. phil., Prof. f. Slavische Philologie Univ. Hamburg - Philipp-Foltz-Str. 15, 8000 München 83 - Geb. 11. Juni 1949 Zürich (Vater: Dr. phil. Erich W., Gymnasiallehrer; Mutter: Dr. iur. Irma, geb. Bertschinger, Staatsanwältin), ev., verh. s. 1973 m. Magdalena, geb. Makowiecka - 1968-75 Stud. Slavistik, Osteurop. Geschichte, Indogermanistik in Zürich; 1971-72 Warschau; Promot. 1975; 1976 Moskau; 1974-80 Ass. Univ. Zürich; 1982-88 Prof. f. Slav. Philol. Univ. Hamburg; s. 1988 Prof. f. Slav. Philol. u. Balkanphilol. Univ. München - BV: Syntax u. Semantik poln. Partizipialkonstruktionen, 1977. Üb. 30 Fachveröff. - Liebh.: Musik - Spr.: Engl., Franz., Ital., Poln., Russ., Serbokroat., Rumän., Mazedon.

WEISS, Dieter

Dr. rer. pol., Dipl.-Ing., Prof. f. Volkswirtschaft d. Vord. Orients FU Berlin - Goethestr. 80, 1000 Berlin 12 (T. 312 93 80) - Geb. 2. Dez. 1935 Berlin - Dipl.-Ing. 1960, Promot. 1962 Berlin - 1962-65 Tätigk. im Bundesmin. f. wirtsch. Zusammenarb.; 1965-80 Dt. Inst. f. Entw.politik; s. 1980 Prof. in Berlin. Mitgl. d. Wiss. Beirats b. Bundesmin. f. wirtschaftl. Zusammenarbeit - BV: Wirtsch. Entw.plan. in d. Verein. Arab. Rep., 1964; Infrastrukturplan., 1971; Planning Regional Development Programs, 1973; The World Textile Arrangement, 1974; Economic Evaluation of Projects, 1976; Vorschläge z. Lösung d. wichtigsten struktur., ök. u. finanzw. Probleme Ägyptens, 1980. Mithrsg.: Ztschr. Economics Tübingen - 1979 Orden 1. Kl. d. Arab. Rep. Ägypten.

WEISS (ß), Erich

Fabrikant, Mitinh. Sektkellerei G. C. Keßler & Co. (älteste Deutschlands) - Marktpl. 21, 7300 Eßlingen/N. - Geb. 26. Mai 1909 - Küferlehre; Bankausbild.; Sprachstud. - S. 1936 Teilh. väterl. Fa. - Spr.: Franz.

WEISS (ß), Ernst

Senator - Bredenbekhörn 36, 2000 Hamburg 66 (T. 6 05 22 47) - Geb. 14. Sept. 1911 Hamburg (Vater: Hans W.; Mutter: geb. Reinhold), verh. s. 1938 m. Jutta, geb. Below, 2 Söhne (Dirk, Hanno) - Volkssch. Hamburg; Malerlehre; Landeskunstsch. ebd. Meisterprüf. 1934 - S. 1935 selbst.; 1941-46 Wehrdst. (schwer verwundet) u. Gefangensch. (Frankr.); s. 1957 Präses Sozial- u. Arbeitsbehörde Hamburg. 1948-70 Mitgl. Hbg. Bürgerschaft. SPD s. 1930 - Liebh.: Aquarellmalerei.

WEISS (ß), Erwin

Dr. rer. nat., o. Prof. - Waldstr. 12, 2057 Reinbek (T. 7 22 22 47) - Geb. 9. Juli 1926 Arzberg/Ofr., verh. m. Ursula, geb. Kruse - TH München - 1957-64 Industrietätigk. (Forschungsinst.); s. 1965 ao. u. o. Prof. (1966) Univ. Hamburg. Ztschr.beitr. - Spr.: Engl., Franz.

WEISS, Erwin

Dr., Staatsrat b. Senator f. Bundesangelegenheiten Bremen - Zu erreichen üb. Schaumburg-Lippe-Str. 7-9, 5300 Bonn; priv.: Parkallee 113, 2800 Bremen - Geb. 23. Aug. 1930 - Zul. Chef d. Senatskanzlei d. Fr. Hansestadt Bremen. Mitgl. ZDF-Fernsehrat u. Beirat BHW Bausparkasse Hameln.

WEISS (ß), Eugen

Dr. med. vet., o. Prof. u. Direktor Veterinär-Patholog. Inst. Univ. Gießen (s. 1968) - Dietrich-Bonhoeffer-Str. 9, 6300 Gießen (T. 8 21 74) - Geb. 24. Febr. 1930 - Habil. 1961 München - Zul. Wiss. Rat Univ. München - BV: Grundriß d. spez. pathol. Anatomie d. Haustiere, 4. A. 1988 (m. E. Dahme); Allg. Pathol., 7. A. 1982 (m. H. Stünzi). Üb. 100 Einzelarb.

WEISS (ß), Friedrich

Dr. jur., Hofrat, Schriftsteller (Ps.: Fritz Wöss, Dr. Friedrich Wisse) - Kupelwiesergasse 47, Wien XIII. (T. 82 16 85) - Geb. 19. Febr. 1920 Wien (Vater: Karl W., Beamter; Mutter: Agnes, geb. Friedrich), kath., verh. s. 1951 m. Erna, geb. v. Mayr, 2 Kd. (Friederike, Michael) - Gymn. u. Univ. Wien (Promot. 1955) - 1951-60 Dienst Stadtschulrat Wien; s. 1960 Univ.sdir. Univ. f. Bodenkultur ebd. Präs. Union für Direkte Demokratie; Obm. Österr. Umweltschutzbeweg. Koordination d. Partei Die Grünen f. d. Nationalratswahlen - BV (unt. Fritz Wöss): Hunde, wollt ihr ewig leben?, 1958 (GA. üb. 1. Mill.; auch ital., holl., russ., span.; verfilmt 1959); D. Fisch beginnt am Kopf zu stinken, 1960; D. Deutschen an d. Front, 1963; Der Freiheit e. Gasse, 1968. Fachb. (unt.: Dr. Friedrich Wisse): Einkommensteuer, 1961; Prakt. Lohnverrechnung, 27. A. 1979; Prakt. Lohnabrechn. s. 1982 in d. BRD. Herausg. versch. Provinz-Ztg. u. Ztschr. D. Manifest. Wiederherausg. Ztg. D. Volksbegehren - Initiator u. Organisator WBU (Wahlgemeinsch. f. Bürgerinitiative u. Umweltschutz). Wiedergründung UDD (Union f. direkte Demokratie) - Kriegsausz. Mitgl. Österr. P.E.N.-Club - Liebh.: Politik, Schreiben - Spr.: Russ., Engl.

WEISS (ß), Georg

Präsident Rechnungshof Rheinland-Pfalz, Speyer - An der Volksschule 1, 6728 Germersheim/Rh, (T. 06347 - 23 18; Büro: 06232 - 20 21) - Geb. 19. Dez. 1913 Kaiserslautern - Zul. Landrat Kr. Germersheim - Spr.: Engl. - Rotarier.

WEISS (ß), Gerald

Dipl.-Hdl., Staatssekretär b. Hess. Sozialminister (s. 1987), MdL Hessen (1974-87) - Am Sommerdamm 7, 6090 Rüsselsheim (T. 4 11 78) - Geb. 12. Jui 1945 - CDU.

WEISS, Günther

Dr. d. Staatsw., Dipl.-Volksw., Kaufmann, Mitinh. G. C. Kessler GmbH & Co. (älteste Sektkellerei Deutschlands) - 7300 Eßlingen/N. - Geb. 12. Aug. 1902 - Univ. München u. Königsberg (Rechtswiss., Volksw.). Promot. 1930 Tübingen (Diss.: D. dt. Sektindustrie) - s. 1921 (Küferlehre) väterl. Unternehmen (1936 Teilh.).

WEISS, Günther

Dr. phil., o. Prof. f. Musikpädagogik u. Vizepräs. Hochsch. f. Musik München - Wörschhauser Str. 6, 8195 Egling (T. 08176 - 2 00) - Geb. 24. April 1933 Coburg (Vater: Rudolf W., Lehrer; Mutter: Erna, geb. Schüller), ev., verh. s. 1969 m. Monika, geb. Krausser, 4 Kd. (Christian, Martin, Katja, Nora) - 1950-55 Stud. Schulmusik Chicago Musical College u. Hochsch. f. Musik München, Musikwiss. Univ. München u. Erlangen (Promot. 1963) - 1960-70 Leit. Musikabt. Univ. Bayreuth; 1970-74 PH Freiburg; s. 1974 o. Prof. f. Musikpäd. u. Vizepräs. (1978) München. Künstler. Leit. Haus Marteau, Lichtenberg/Ofr. - BV: Monumenta Monodica Medii Acvi. D. Introitustropen d. Südfranz. HSS, 1970; Schriftenreihe Hochsch. f. Musik München (Hg.), 1983ff.; Mitteil. d. Hauses Marteau (Hg.) 1982ff. Schallpl. (Dirig.) - 1983 BVK - Spr.: Engl.

WEISS (ß), Hans

Dr. jur., Präs. Bayer. Senat (s. 1982) - Maximilianeum, 8000 München 85, (T. 41 26 288), priv.: Edelweißstr. 15, 8183 Rottach/Egern (T. 2 64 96) - Geb. 12. Dez. 1919 München (Vater: Karl W., Regierungsrat; Mutter: Anna, geb. Schegger), verh. m. Anny, geb. Mittermaier - Gymn.; Stud. Rechtswiss. (durch Kriegsdst. unterbr.). Promot. 1950 - Staatsanw.; 1952-84 Oberbürgerm. Bad Kissingen. 1954-66 Mitgl. Bezirkstag Unterfranken (Präs.); 1966-70 MdL Bayern; s. 1972 Mitgl. Bayer. Senat; 1972-84 I. Vors. Bayer. Gemeindetag; 1984ff. Ehrenvors. Bayer. Gemeindetag. CSU (1957-67 Bezirksvors.) - 1964 Bayer. VO; 1981 Gr. BVK, 1984 Stern u. Schulterbd. dazu; 1984 Bayer. Verfassungsmed. in Gold; 1985 Gr. Silb. Ehrenz. d. Rep. Österr.

WEISS (ß), Hans-Dietrich

Dr. iur., Hon.-Prof. TU Berlin, Oberstaatsanwalt b. Bundesverwaltungsgericht - Rätikonweg 15, 1000 Berlin 42 (T. 030 - 7 41 38 60) - Geb. 30. April 1942 Potsdam, ev., verh. s. 1967 m. Doris, geb. Freybe, 4 Kd. (Berit-Kristina, Anja Katarina, Cirsten Sabina, Andrea Dorothee) - 1963-65 Stud. FU Berlin (Rechtswiss.); 1. u. 2. jurist. Staatsex. Berlin - BV u.a.: Disziplinarrecht d. Bundes u. d. Länder, 3 Bde. Loseblatt, s. 1972, in: Fürst, Gesamtkommentar Öffentliches Dienstrecht, Band 2 (GKÖD II).

WEISS, Hans Georg

Landrat a. D., Druckereibesitzer u. Verleger, MdL Nordrh.-Westf. (s. 1970) - Haagweg 8, 5108 Monschau (T. 02472 - 82 13) - Geb. 9. Okt. 1927 Monschau, verh., 2 Kd. (Dorit, Georg) - Gymn.; n. Arbeits- u. Wehrdst. Schriftsetzerlehre, Meisterprüf. - 1964-72 Landrat Kr. Monschau, 1961ff. Ratsmitgl. Stadt Monschau, 1961-75 Kreistagsmitgl. CDU (Kreisvors. Monschau, Vors. Stadtverb., 1976-80 Vors. Wirtschaftsaussch. Landtag NRW, CDU-Landtagsfraktion, s. 1985 Vors. Haushalts- u. Finanzaussch.). Präs. Bundesverb. Dt. Anzeigenblätter, Bonn.

WEISS, Heinrich
Dipl.-Ing., Vorstandsvorsitzender SMS Schloemann-Siemag AG, Düsseldorf u. Hilchenbach, Vizepräs. Verb. Dt. Maschinen- u. Anlagenbau (VDMA), Vors. Arbeitskr. China im Ost-Aussch. d. Dt. Wirtschaft - Eduard-Schloemann-Str. 4, Postf. 23 02 29, 4000 Düsseldorf 1 (T. 0211 - 88 10) - Geb. 5. Juni 1942 Berlin, verh. s. 1983 m. Ina Maria, geb. Schweppenhäuser - TU München (Dipl.-Ing. Elektrotechnik 1968) - Versch. AR-Mand. - Spr.: Engl. - Lit.: Veröff. in Ztg. u. Ztschr.

WEISS (ß), Heinrich Bardo
Dr. theol., Prof. f. Kath. Dogmatik Univ. Mainz - Augustinerstr. 34, 6500 Mainz (T. 2 25 79) - Geb. 20. Mai 1934 Weißenthurm (Vater: Dr. med. Georg W.; Mutter: Margarete, geb. Schmidt), kath. - Stud. kath. Theol. u. Phil. Univ. Mainz; Promot. 1965; Habil. 1970 - 1959-70 Seelsorge, s. 1970 Lehrtätigk., s. 1973 Spiritual Priestersem. Mainz - BV: D. Heilsgesch. b. Meister Eckhart, 1965 - Spr.: Lat., Griech., Hebr., Franz.

WEISS, Heinz-Jürgen
Dipl.-Wirtschaftsing., Wirtschaftsprüfer u. Steuerberater, Geschäftsführer - Rottannenweg 15, 7000 Stuttgart 1 - Geb. 27. Nov. 1946 Wiesbaden, kath., verh. m. Kristina, geb. Vetter, 2 S. (Maximilian Philipp, Benedikt Paul) - Elektrikerlehre; Wirtschaftsabit.; Stud. Univ. Karlsruhe (TH) - Geschäftsf. Arthur Andersen & Co. GmbH, WPG + STGB, Partner Arthur Andersen & Co., S.C., Genf; Lehrauftr. Univ. d. Saarl. - Präs. Golfclub Liebenstein - Liebh.: Golf, Tennis - Spr.: Engl.

WEISS, Herbert
Hauptgeschäftsführer Produktenbörse Landshut - Zu erreichen üb. Produktenbörse Landshut, Schwaigerstr. 51, 8300 Landshut.

WEISS (ß), Herbert
s. Weisz, Herbert

WEISS (ß), Herbert
Dr. phil. nat., Prof., Inhaber Lehrstuhl f. Informatik V (Mustererkennung) u. Vorst. Inst. f. Math. Maschinen u. Datenverarb. (s. 1973) - Meuschelstr. 1, 8500 Nürnberg.

WEISS (ß), Ingo
Landrat Bayern - Eichenstr. 28, 8304 Mallersdorf-Pfaffenberg/Ndb. (T. 08772 - 51 46) - Geb. 1937 - CSU.

WEISS, Joachim-Wolfgang
Dr. med., Prof. Univ. Göttingen, Facharzt f. Orthopädie - Hermann-Föge-Weg 18, 3400 Göttingen (T. 0551 - 5 82 20) - Geb. 28. Juni 1926 Guhrau (Vater: Bruno W., Landw.; Mutter: Else, geb. Butte), ev., verh. s. 1948 m. Anne-Rose, geb. Binnewies, 2 Kd. (Petra-Constance, Patrick-Michael) - Ex. u. Promot. 1952, Facharzt 1958, Habil. 1963 - S. 1968 Prof. - 1959-79 Leit. Orth. Abt. Univ. Göttingen. 1970-72 Präs. d. Nordwestdt. Orth.vereinig.; 1962 Landesarzt f. Behinderte Südnieders.; 1980 Leit. Rheumatol. Abt. - BV: D. Arthrographie d. Luxationshüfte, 1963; D. Arthrographie d. Hüftgelenkes (in: Handb. d. med. Radiol.), 1973; D. Diagnost. Blick, 1964 (auch Engl., Franz., Span. u. Russ.).

WEISS (ß), Johannes
Dr. rer. nat., Univ.-Prof. Anorgan.-Chem. Inst. Univ. Heidelberg - Rosenbergweg 2, 6900 Heidelberg (T. 4 58 21) - Geb. 30. März 1927 Schlächtenhaus/Baden - 1961 Priv.-Doz. Heidelberg (Anorgan. Chemie). Facharb.

WEISS, Johannes C.
B. Phil., Dipl.-Theol., Leiter Hauptabteilung Zentrale Programmkoordination Fernsehen Bayer. Rundf. - Rundfunkplatz 1, 8000 München 2 - Geb. 26. März 1953 Stuttgart (Vater: Dr. med. dent. Robert W., Dipl.-Ing., Zahnarzt; Mutter: Hildegard, geb. Stehle), kath., verh. s. 1978 m. Elisabeth, geb. Haindl, 4 Kd. (Johannes, Anna-Maria, Veronika, Elisabeth) - Altspr. human. Gymn. Ehingen/Donau (Abit. 1972); 1972-78 Stud. Phil., Theol., polit. Wiss. - 1978-81 pers. Ref. Präs. Univ. München (Prof. Lobkowicz) - BV: Ehe d. Hahn zweimal kräht ..., Theaterst. 1978, Hörsp. 1979 - Liebh.: Musik, Lit. - Spr.: Engl.

WEISS, Karl Georg
Ing. (grad.), Fabrikant - Asternweg 29, 6300 Gießen - Geb. 4. Jan. 1918 Greiz-Irchwitz/Thür., verh. m. Brigitte, geb. Pfeifer - Pers. haft. Gesellsch. Karl Weiss-Gießen, Werk Lindenstruth (Umwelt-, Klima-, Meßtechnik); gf. Gesellsch. Karl Weiss Ges. mbH., Werk Grünbach; Präs. VR Karl Weiss AG., Zürich; Geschäftsf. Karl Weiss B. V., Tilburg (Niederl.) - VO. I. Kl. d. VO. BRD.

WEISS, Karl Heinz
Kaufmann, pers. haft. Gesellsch. Weiss u. Sohn KG (Leuchtengroßhandel) - Moselstr. 23, 6090 Rüsselsheim (T. 06142 - 6 30 17) - Geb. 15. Dez. 1922 Rüsselsheim (Vater: Karl W., Ing.; Mutter: Maria, geb. Becker), kath., verh. s. 1946 m. Wilma, geb. Knobling, 2 Kd. (Gisela, Heinz Jürgen) - Vorst. Gewerbeverein; Mitgl. IHK-Vollvers.; AOK Vertretervers.

WEISS (ß), Lothar H.
Dipl.-Betriebsw., Vorstand Otto Ficker AG, Kirchheim/Teck - Zu erreichen üb. Otto Ficker AG, Postfach 12 51, 7312 Kirchheim/Teck.

WEISS (ß), Manfred
Dr. jur., Richter, MdL Bayern (s. 1978) - Egerlandstr. 19, 8542 Roth b. Nürnberg - Geb. 23. Jan. 1944 Roth, kath., verh. - Gymn. Schwabach (Abit. 1963); 2 J. Bundeswehrdst. (gegenw. Hptm. d. R.); 1965-69 Univ. Erlangen (Rechtswiss.). Jurist. Staatsprüf. 1969 u. 72 - S. 1973 Richter LG Nürnberg-Fürth. 1972 ff. Kreis- u. Stadtrat Roth. CSU (1975 Kreisvors. Roth).

WEISS, Manfred
Dr. jur., Prof. f. Bürgerl. Recht u. Arbeitsrecht Univ. Frankfurt/M. - Lerchesbergring 12, 6000 Frankfurt/M. 70 (T. 0611 - 68 18 12) - Geb. 1. Juni 1940 Tuttlingen - 1974-76 Prof. f. Bürgerl. Recht u. Arbeitsrecht Univ. Hamburg; s. 1977 Prof. Univ. Frankfurt - BV: Z. Theorie richterl. Entscheid.tätigk. in d. USA, 1971; Gewerksch. Vertrauensleute, 1977; Komment. z. Betriebsverf.gesetz, 2. A. 1980.

WEISS, Max
Dr., Vorstandsmitglied Bayer. Landesbank/Girozentrale - Brienner Str. 20, 8000 München 2 - Geb. 24. April 1925.

WEISS (ß), Paul
Dr.-Ing., Prof., Vizepräsident Univ. Kaiserslautern (1982-85 u. 1985-88) - Geb. 28. Nov. 1943 Rosenheim (Vater: Hans Max W., Bankbeamter; Mutter: Elisabeth, geb. Fiechtner), kath. - Abit. 1963 Rosenheim; Dipl.-Ing. 1968 TU München, Promot. 1972 ebd. - 1968-74 Wiss. Mitarb. TU München; 1974-78 Fa. BBC Mannheim (zul. Projektleit.); s. 1978 Prof. f. Hochspannungstechnik u. Grundl. Elektrotechnik Univ. Kaiserslautern (1982-85 u. 1985-88 Vizepräs.) - Entd.: Dt. Pat. Stromleiter.

WEISS (ß), Peter
Dr. med., Dr. med. dent., Mund-, Kiefer- u. Gesichtschirurg, apl. Prof. f. Zahn-, Mund- u. Kieferheilkd. Univ. Erlangen-Nürnberg (s. 1970) - Marienpl. 10, 8500 Nürnberg - Geb. 10. April 1928 Bremen - Univ. Heidelberg (Zahnheilkd., Med.) Promot. 1953 (m. d.) u. 54 (m.) Heidelberg; Habil. 1964 Erlangen - S. 1969 Praxis Nürnberg (m. Belegmöglichk.) - BV:Transplantation in d. Mundhöhle, 1966 - Spr.: Engl.

WEISS, Ulrich
Dr. rer. pol., Dipl.-Kfm., Vorstandsmitglied Dt. Bank AG - Taunusanlage 12, 6000 Frankfurt - Geb. 3. Juni 1936 - Vors. d. Aufsichtsrats, stv. Vors. d. Aufsichtsrats einer Reihe größerer Gesellsch.

WEISS, Walter Wilhelm
Dipl.-Ing., Geschäftsführer Fachverb. Informations- u. Kommunikationstechnik ZVEI - Stresemannallee 19, 6000 Frankfurt/M. 70 - Geb. 30. Juni 1926 Bukarest/Rumän. - TH Karlsruhe (Dipl.) - Stv. Vorst.-Vors. Steinbeis-Stiftg. f. Wirtsch.-Förd., Stuttgart - Spr.: Franz., Engl., Rumän.

WEISS (ß), Werner
Oberlehrer i. R., MdB (Landesliste Rhld.-Pfalz - Otterstr. 17, 6751 Otterbach/Pf. (T. 7 40) - Geb. 19. Okt. 1926 Zweibrücken, kath., verh., 7 Kd. - Volks- u. Aufbausch. (durch Arbeits- u. Wehrdst. unterbr.); 1948-49 Päd. Akad. Kusel, Lehrerprüf. 1949 u. 52 - S. 1952 Lehrer Otterbach. Mitgl. Gemeinderat Otterbach (1956 ff.); MdK Kaiserslautern; 1971 MdL. CDU s. 1949 (Kreisvors.).

WEISS (ß), Werner
Regierungsamtsrat, MdL Nieders. (s. 1967) u. a. - Siegelweg 62, 3000 Hannover (T. 83 51 62) - Geb. 5. Okt. 1928 Rodewisch/Vogtl., ev., verh., 2 Kd. - Höh. Schule (Mittl. Reife); n. Kriegsnotdst. (Flak) kaufm. Lehre Revisions- u. Treuhandwesen - B. 1953 Verw.sangest. Auerbach/V. u. Klingenthal/Sa.; 1954-56 Großhandelsangest. Hannover; seither Angest. u. Beamter (1959) Bundesverteidigungsmin. (gegenw. Personalabt. Wehrbereichsverw. II, Hannover). S. 1946 Ost- bzw. West-CDU (1953; u. a. stv. Kreisvors. Hannover-Stadt) - BVK a. Bde. (1973).

WEISS (ß), Wilhelm
I. Bürgermeister - Rathaus, 8355 Hengersberg/Ndb. - Geb. 5. Dez. 1916 Ingolstadt - Malerhandw. (Meister). CSU.

WEISS, Wolf-Dietrich
Dr., Generalkonsul, Leit. GK d. BRD in Bilbao - Plaza de las Alfereces Provisionales 1, Bilbao (Spanien).

WEISS-THIELE, Günther

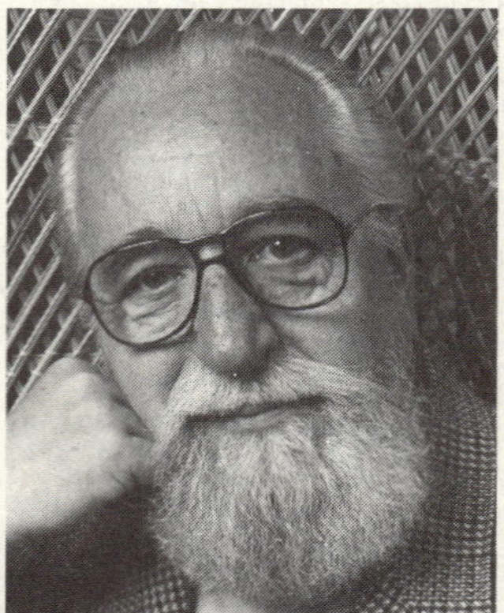

Psychologe, Autor, Geschäftsf., künstler. Leiter u. Regiss. WE-THE-Film - Laufener Str. 33, 8228 Freilassing (T. 08654 - 6 28 87) - Geb. 14. Sept. 1915 Kassel, verh. m. Maria, geb. Smolnik - Stud. Theaterkunst, -wiss., Phil., Psych. - Psychologe Kassel, Berlin, Weimar, Eisenach; Regiss. u. Dramat. (n. 1945 Burgstädt, Chemnitz, Wittenberg, Eisenach); 1947 Schausp. Tübingen; 1958 Int. Bad Kreuznach; 1960 Regiss. SFB Berlin; Filmprod. Berlin u. Hannover; 1970 Theatertourneeleit. Dtschl./Österr.; 1985/86 Prof. f. Theaterkunst, Psych.-Phil., Salzburg - Kurzgesch., Gedichtbd.: Gott hat abgesagt u. d. Teufel kommt nicht. Insz.: Maria Stuart, Was ihr wollt, D. Fliegen, Lustsp. - Liebh.: Sport, Politik, Natur - Spr.: Engl., Franz.

WEISSBARTH, Friedrich
Dipl.-Kfm., Vorstandsmitglied i. R. - Viktor-v.-Scheffel-Str. 27, 8600 Bamberg (T. 5 42 36) - Geb. 28. Juni 1924 Lauf/Pegnitz - B. 1976 Vorst.smitgl. Fränk. Licht- u. Kraftversorgung AG., Bamberg.

WEISSENBACH (ß), Anton
Dr.-Ing., Prof. Univ. Dortmund, FB Bauwesen, Lehrstuhl Baugrund-Grundbau - Am Gehölz 14, 2000 Norderstedt (T. 040 - 522 33 21) - Geb. 24. Jan. 1929 Ottobeuren, verh., 2 T. - Zimmerergesellenbrief 1949; Dipl. 1954 TH München; Promot. 1961 TH Hannover; Habil. 1970 ebd. - Obmann AK Baugruben d. DGEG u. d. AA DIN 4123, DIN 4124, DIN 1055 T.2 - BV: Baugruben, T. 1, 1975, T. 2, 1975, T. 3, 1977.

WEISSENBERGER, Franz
1. Stadtrat Eltville (Baudezernat, Sport- u. Soziales) - Hauptstr. 81, 6228 Eltville/Rh. 4 (Martinsthal) - Geb. 3. März 1938 Mainz-Kastel, kath., verh. s. 1964 m. Hiltrud, geb. Ziegler, 2 Kd. (Clemens, Christine) - 1967-76 Bürgerm. Martinsthal, s. 1977 1. Stadtrat Stadt Eltville - 1976 Ehrenbürger Gemeinde Martinsthal, 1977 VO d. BRD.

WEISSENBERGER, Otto
Bürgermeister u. Kurdir. i. R., Präs. Heilbäderverb. Baden-Württ. - Postf. 1427, 7737 Bad Dürrheim/Schwarzw. - Geb. 31. Mai 1911 - AR-Vors. Kur- u. Bäder GmbH, Bad Dürrheim; Senator Fachhochsch. Heilbronn.

WEISSENBORN (ß), Theodor
Schriftsteller - Hof Raskop, 5561 Landscheid (T. 06567 - 2 30) - Geb. 22. Juli 1933 Düsseldorf (Vater: Karl W., akad. Maler; Mutter: Antonie, geb. Brungs, Kunsterzieherin), verh. s. 1961 m. Hildegard, geb. Siepmann, 3 Kd. (Sylvia, Gregor. Regine) - Stud. Kunstpäd., German., Roman., Phil., Psych., Psychiatrie Düsseldorf, Lausanne, Bonn, Würzburg, Köln. Ex. 1956 Lausanne - BV: Beinahe d. Himmelreich, Erz. 1963; Außer Rufweite, R. 1964; E. befleckte Empfängnis, Erz. 1969; D. Stimme d. Herrn Gasenzer, Erz. 1970; Theodor Weißenborns Handb. f. dt. Redner, Parodien 1971; Brief einer Unpolitischen, Prosatext, 1971; D. Liebe-Haß-Spiel, Erz. 1973; Krankheit als Protest, Pathogr. 1973; Eingabe an d. Herrn Minister, Prosatext 1974; Heimkehr in d. Stille, Erz. 1975; Sprache als Waffe, polit. Leseb. 1975; D. Wächter d. Wales, Gesch. u. Grot. 1976; Blaue Bohnen - scharfe Messer, Jugendb. 1976; Geistl. Nachlaß, Ged. 1977; Gesang zu zweien in d. Nacht, Ess. 1977; D. Killer, R. 1978; Als wie e. Rauch i. Wind, R. 1979; Das Haus der Hänflinge, Erz. 1980; Polyglott, Ged. 1979. Hörspiele: Patienten, Korsakow, Der Schneider von Ulm, Menschenkuchen, Ein heroisches Beispiel, D. Papi, Kulturpflege, Quecksilbermine C, E-Schock & Neuroleptika, Cerebroexstirpation u. Amputatio capitis - e. neuer Aspekt d. Neurochir. o. D. Amput. d. Kopfes als Endlös. d. Psychotikerfr., Goldstaub u. Nuggets, Thanatos, E. hero. Beispiel, Saison in Lausanne, E. Liebe u. 800 Lire, D. Tod d. Patienten löst alle Probleme, Mr. Pokers Geheimwaffe u. a. - 1967 Förderpreis f. Lit. Stadt Köln, 1969 Hörspielpreis Ostd. Kulturrat/Sozialmin. NRW, 1971 Georg-Mackensen-Lit.preis; 1971 Mitgl. PEN-Zentrum BRD, 1973 Erzpreis Ostd. Kulturrat/Sozialmin. NRW - Liebh.: Soziol., Psych., Lit. - Spr.: Franz., Engl.

WEISSENFELS, Norbert
Dr., Prof., Vorsteher Abt. f. Entwicklungsgeschichte Zool. Inst. Univ. Bonn - Hüllenweg 17, 5330 Königswinter 1 (T. 2 39 41) - Geb. 30. Dez. 1926 Knapsack (Vater: Joseph W., Schulrat; Mutter: Maria, geb. Hartmann), verh. s. 1955 m. Margarete, geb. Koch, 2 T. (Annette, Beate) - 1948-53 Stud. Zool., Botanik,

Chemie, Physik, Dipl.-Biol. 1952. Promot. 1953, Habil. 1959 - S. 1959 Lehrtätigk. Bonn (1964 apl. Prof. f. Zool.). BV: Biologie u. mikroskopische Anatomie d. Süßwasserschwämme (Spongillidae), 1988. Üb. 60 Fachveröff., dar. D. Herkunft d. Melanoblasten in d. Haaren d. Menschen u. ihr Verbleib b. Haarwechsel (1953), Licht-, phasenkontrast- u. elektronenmikroskop. Unters. üb. d. Entsteh. d. Propigmentgranule in Melanoblastkulturen (1956), Beob. z. Vermehr. u. Funktion nukleolärer Strukturen (1966), Beitr. z. Klär. d. Amitose-Probl. (1967), Nachweis v. saurer Phosphatase in gezücht. Hühnerherzmyoblasten (1967), D. Einfluß d. Gewebezücht. auf d. Differenzierungsform d. endoplasmat. Retikulums v. Analyse d. Interphaseablaufs gezüchteter Zellen (1968), Gewebezücht. im Dienste d. exper. Zellforsch. (1968), Lyosomen (Lehrbuchbeitrag, 1969), Bau, Funktion u. Entw. d. Süßwasserschwämme (1972-86).

WEISSER, Gerhard

Dr. rer. soc. h.c., Dr. rer. pol., Staatssekretär i. R., o. Prof. f. Sozialpolitik (emerit.) - Benfeyweg 8, 3400 Göttingen (T. 5 52 83) - Geb. 9. Febr. 1898 Lissa/P. (Vater: Rudolf W., Richter; Mutter: Johanna, geb. Pulst), ev., verh. s. 1924 m. Dr. rer. pol. Gerda, geb. v. Dresler u. Scharfenstein (zeitw. Verlegerin), 4 Kd. (Dr. Herbert, Verleger; Dipl.-Volksw. Konrad, Verleger; Ministerialrat Ulrich; Justizass. Irmgard, verehel. Engelhard) - Domgymn. Magdeburg; Univ. Göttingen u. Tübingen (Promot. 1923). Habil. 1943 Rostock - 1924-30 Leit. Wohnungsamt, dann städt. Finanzdir. (in Hilfsdezern.-Stellung), 1930-33 (Entlass.) Bürgerm. Hagen u. Mitgl. Westf. Provinziallandtag, ab 1934 Verlagswesen, zul. Leit. e. kommunalen Fachverlags, n. Kriegsende stv. Min.präs. Braunschweig, ab 1946 gewählter Generalsekr. Zonenbeirat d. brit. besetzten Zone, Leiter d. laufend. Sitzung. d. Zentralämter d. Zone, 1948-50 Staatssekr. Finanzmin. NRW, 1950-58 o. Prof. u. Inst.dir. Univ. Köln. 1966ff. Honorarprof. Univ. Göttingen. Ehrenpräs. Kuratorium Friedrich-Ebert-Stiftg. (vorher Präs.). Mitgl. u. Ehrenmitgl. Wiss. Beirat Bundeswirtschaftsmin. u. Ges. f. öfftl. u. Gemeinwirtsch., ehem. Mitgl. Soz.kammer EKD, b. 1948 Präs. d. Gesamtverb. gemeinnütz. Wohnungsuntern., b. 1982 Leiter, jetzt Ehrenvors. Dt. Forschungsinst. f. Gesellschaftspolitik u. beratende Sozialwiss., Göttingen. B. 1959 Mitgl., z.T. Vors. u. Aussch. b. Vorst. SPD - BV: u. a. Polit. als Sytem aus normativen Urteilen, 1951; produktivere Eingliederung, 1956; Morphologie d. einzelwirtschaftl. Gebilde, Sammelw. 1957; D. Genossenschaften, 1968; D. polit. Bedeutung d. Wiss.lehre, 1970. Beitr. z. Gesellschaftspolitik, Aufsatzsamml., hrsg. v. Katterle, Mudra, Neumann, Göttingen 1978. Herausg. versch. Schriftenreihen - 1968 Gr. BVK m. Stern, 1973 Gr. Verdienstkreuz Nieders., Ehrendoktor.

WEISSER (ß), Konrad

Dipl.-Volksw., Verleger, zeitw. Vorst.smitgl. Börsenverein d. Dt. Buchhandels (1971-77) - Nonnenstieg 7, 3400 Göttingen (T. 4 67 63) - Geb. 9. Juli 1926 Magdeburg (Vater: Professor Dr. rer. pol. Gerhard W., Staatsekretär a. D. (siehe dort); Mutter: Dr. rer. pol. Gerda, geb. v. Dresler u. Scharfenstein, zeitw. Verlegerin), ev., verh. s. 1960 m. Dr. med. Ulrike, geb. Horneffer, 6 Kd. (Gertrud, Herta, Richard, Almut, Harald, Tillmann) - Stud. Braunschweig, Hamburg, Göttingen - Mitinh. Verlag Otto Schwartz & Co., Göttingen. Zeitw. Vors. Landesverb. d. Buchhändler u. Verleger in Nieders. (1967 ff.). ARs- u. VRsmand.

WEISSER, Ursula

Dr. phil. nat., Dr. med. habil., Geschäftsf. Direktorin Inst. f. Geschichte d. Medizin Univ. Hamburg (s. 1987) - Grandweg 3, 2000 Hamburg 54 - Geb. 12. Jan. 1948 Schwäb. Hall (Vater: Eberhard W., Frauenarzt; Mutter: Hannelore, geb. Hübner, Ärztin), ev. - Stud. Gesch. d. Naturwiss., Orientalistik, Indogerman. Univ. Frankfurt; Promot. 1974; Habil. 1981 Erlangen [illegible] 1981 Priv.-Doz. - Heisenberg-Stip. [illegible] Univ. Erlangen-Nürnberg; 1984 [illegible] - BV: D. Buch üb. d. [illegible] d. Schöpfung v. Pseudo-Apol[illegible] v. Tyana, 1980; Zeugung, [illegible] u. pränatale Entwicklung i[illegible] d. arabisch-islamischen Mitte[illegible]

WEISSERMEL, Klaus

Dr. rer. nat., Dr. h.c., Prof. f. Chemie TU Braunschweig, ehem. Vorst.-Mitgl. Hoechst AG - Zu erreichen üb. Hoechst AG, Postf. 800320, 6230 Frankfurt/M. 80 - Geb. 14. Juni 1922 - Mitgl. in Kurat. AR u.a. Zahlr. Patente. Versch. Publ. z. Ind. Organ. Chemie - Carl-Duisberg-Plak.; Ehrendoktor.

WEISSFLOG, Peter

Regisseur u. Autor - Zweigstr. 141, 8038 Gröbenzell - (T. 08142 - 5 19 31) - Geb. 16. Mai 1947 Innsbruck/Tirol (Vater: Richard Pfeifer, Kaufm.; Mutter: Gertrud Weissflog), kath., verh. s. 1981 m. Petra, geb. Bayer, 2 Kd. (Oliver, Susanne) - Abit. - 10 J. Regieassist. Film u. Fernsehen (alle bek. Regisseure; u.a. 30 Folgen D. Alte u. Derrick); s. 1981 fr. Fernsehregiss. (Alte Liebe, Falläpfel, Unmöglich, Flucht in d. Zukunft, Wolly, Dämmerung, E. Weihnachtstraum, Serie Glückspilze (Folge: Schweinewelt), Serie Es muß nicht immer Mord sein (3 Folgen), Serie D. Schatz im Niemandsland - BV: Tod im Elefantenhaus, R. 1982 (auch Slowak. u. zugl. als Tatort-Verfilmung). Versch. Drehb. Autor: Serie Schatz im Niemandsland; Theaterst.: D. rosarote Mamba - Spr.: Engl.

WEISSGERBER, Hans Hermann

Dr. theol., Beauftragter f. kirchl. Öffentlichkeitsarbeit in Südstarkenburg - Flachsbachweg 13, 6100 Darmstadt - Geb. 11. März 1929 Darmstadt (Vater: Wolfgang W., Pfarrer; Mutter: Gertrud, geb. Orth), ev., verh. s. 1954 m. Rosemarie, geb. Klepp, 3 Söhne (Wolfgang, Peter, Christoph) - Stud. German., Theol., Kunstgesch., Frankfurt/M., Heidelberg, Marburg, Neuendettelsau. Promot. 1954 Erlangen - 1954-55 Pfarrvikar Frankfurt/M.; 1955-58 Tätigk. Luth. Weltbd., Genf; 1958-63 Pfr. Allendorf/L.; 1963-70 stv. Dir. Ev. Akad. Loccum. 1959-63 Lehrbeauftr. Univ. Göttingen. 1971-82 Informationsbeauftr. Leit. Referat Öffentlichkeitsarb. Ev. Kirche in Hessen u. Nassau. 1982-87 Chefredakt. Lutherische Monatshefte - BV: D. Frage n. d. wahren Kirche, 1963. Mithrsg.: D. Bekenntnis im Leben d. Kirche (1963), Was ist d. Kirche? (1968), Ev. Soziallehre (1969), Kirche im Vorfeld (1971), D. Mensch in d. Freizeit (1972), Auf d. Suche n. d. Glück (1972) - 1957 Ehrenbürger Minneapolis (USA) - Liebh.: Musik - Spr.: Engl., Franz.

WEISSHUHN (ß), Gernot

Dr. rer. pol., Diplom-Volkswirt, Prof. Techn. Univ. Berlin (s. 1975) - Hortensienstr. 59, 1000 Berlin 45 (T. 8 34 42 42) - Geb. 7. März 1943 Berlin (Vater: Gerhard W., BBamtm.; Mutter: Hertha, geb. Bieneck), ev., verh. m. Ehefr. Karin - Stud.; Promot. 1969 - 1967-75 Wiss. Mitarb. Dt. Inst. f. Wirtsch.sforschung (DIW). Zahlr. Veröff. in Fachztschr. - Spr.: Engl., Franz.

WEISSINGER, Johannes

Dr. rer. nat., o. Prof. f. Angew. Mathematik - Heckenweg 3,7500 Karlsruhe-Rüppurr (T. 3 00 09) - Geb. 12. Mai 1913 Naumburg/S. (Vater: Johannes W., Studienrat; Mutter: Helene, geb. Gramberg), ev., verh. s. 1940 m. Mirjam, geb. Reiche, 4 Töcht. (Maria, Renate, Elisabeth, Johanna) - Landessch. Pforte; Univ. Jena u. Hamburg (Promot. 1937). Habil. 1943 TH Darmstadt - 1937-45 Wiss. Mitarb. Dt. Versuchsanst. f. Luftfahrt, Berlin, 1945-53 Doz. u. apl. Prof. (1951) Univ. Hamburg, s. 1953 o. Prof. u. Inst.sdir. TH Karlsruhe (1961-63 Rektor), 1981 Prof. em. Fachveröff.

WEISSKIRCHEN, Gerd

Fachhochschullehrer, MdB (VIII. Wahlp./SPD-Landesl. BW) - Akazienweg 5, 6903 Wiesloch-Baiertal - Geb. 16. Mai 1944 Heidelberg, ev., verh., Tochter - 1966-69 Stud. PH Heidelberg (üb. 2. Bildungsweg); 1971-72 Zusatzstud. Univ. Heidelberg (Erziehungswiss., Polit. Wiss., Wirtschafts- u. Sozialgesch.). Realschullehrerprüf. u. M. A. - B. 1976 PH Heidelberg, dann Fachhochsch. Wiesbaden.

WEISSLEDER (ß), Wolfgang M.

Dr., Rechtsanwalt, Geschäftsführer Landhandelsverb. Schlesw.-Holst. u. Verb. d. schlesw.-holst. Fleischwarenind.- Holstenstr. 100-102, 2300 Kiel 1.

WEISSLER, Ernst-Peter

Dipl.-Phys., Öfftl. bestellter u. vereid. Sachverst. f. Kunststoffverarbeit. - Spez. Arbeitsgeb.: Kunststoff-Herstellung, -Verarbeitung und -Prüfung - Hofrat-Steinerweg 4, 6114 Groß-Umstadt - Geb. 28. Juni 1921 Kaiserslautern (Vater: Georg W., Reg.rat; Mutter: Berta, geb. Graber), kath., verh. s. 1945 m. Margarete, geb. Weiß, 4 Kd. (Georg, Gerhard, Sabine, Monika) - Human. Gymn. Kaiserslautern, Univ. Heidelberg u. Mainz, Dipl. 1953 Mainz - Entd.: Berat. f. Duroplast-Verarb., Consulting Engineer f. Dekorative Schichtstoffe u. Möbeloberflächenmaterialien, Entw. spez. Prüfverf. f. Kunststoffe - BV: 17 Veröff. in Fachztschr. d. Kunststofftechnik - Spr.: Engl.

WEISWEILER, Werner K.

Dr. rer. nat., Dipl.-Ing., Prof. f. Chem. Technik Univ. Karlsruhe - Goethering 107, 7537 Remchingen 2 (T. 07232 - 7 21 51) - Geb. 18. Febr. 1938 Karlsruhe (Vater: Josef W., Gärtner; Mutter: Elsa, geb. Schiel), verh. s. 1965 m. Christa, geb. Leibrecht, 2 Kd. (Heike-Ines, Kai-Ingo) - 1958-62 Stud. Verfahrenstechnik Univ. Karlsruhe; Diplom-Ing. 1962, Promot. 1967 (Physik), Habil. 1973 (Techn. Chemie). S. 1979 Prof. Univ. Karlsruhe. 200 Publ. in wiss. Ztschr. sow. Patente üb. Umwelt-Technol. (insbes. Schadgasabsorption, Festkörper/Heterogen-Reaktionen, Schwermetalle, Beschichtung v. Fasern) - Zahlr. Mitgl.-schaften in wiss. Ges. - Spr.: Engl., Franz.

WEISZ, Herbert

Dr. techn., o. Prof. f. Analyt. Chemie i. R. - Heuweilerweg 34, 7803 Gundelfingen/Wildtal (T. Freiburg 5 35 05) - Geb. 25. April 1922 Wieselburg (Vater: Wilhelm W., Kaufm.; Mutter: Paula, geb. Ludwig), kath., verh. s. 1949 m. Eva, geb. Swoboda - Dipl.-Chem. 1944 TH Brünn; Promot. 1947 TH Wien; 1949-60 Assist., Doz. (1955) u. apl. Prof. (1960) TH Wien; s. 1960 ao. u. o. Prof. (1966) Univ. Freiburg - BV: Microanalysis by the Ring Oven Technique, 1961, 2. A. 1970. Zahlr. Einzelveröff. - Fritz-Feigl- (1955) u. Fritz-Pregl-Preis (1967); 1959 Österr. Ehrenkreuz f. Wiss. u. Kunst - Liebh.: Lit. - Spr.: Engl.

WEITERSHAUS, Friedrich Wilhelm

Redakteur, Fachschriftst., Onomatologe - Kuhlmannsweg 11, 4830 Gütersloh u. La Sirena 127, E-29790 Benajarafe (Malaga) - Geb. 13. Nov. 1919 Gießen-Kleinlinden, ev., verh. s. 1944 m. Marie, geb. Weigel, 4 Kd. (Anne, Albrecht, Irmgard, Martin) - Realsch.; Schriftsetzerlehre (Meisterprüf. 1955) - 1960-81 Korrektoratsleit. Bertelsmann/Mohndruck, Gütersloh. 1959-68 Bundesvors. d. dt. Korrektorensparten; 1959-68 Herausg., 1969-76 Schriftleit. Sprachwart; s. 1968 Fachberat. Ges. f. dt. Sprache Wiesbaden - BV: Wilhelm-Liebknecht-Biogr., 1976; D. neue Vornamenbuch, 1978; Christl. Taufnamen, 1986; Duden-Taschenb. Satz- u. Korrekturanweisungen, 1986; Mosaik-Vornamenbuch, 1988 - 1984 BVK; 1985 Ehrenmitgl. Oberhess. Geschichtsverein Gießen - Spr.: Franz.

WEITKEMPER, Franz-Josef

Dr. jur., Vorstandsmitglied i. R. Bayer AG, AR Köln. Rückversich.-Ges. (s. 1972), Horten AG (s. 1978), AR-Vors. Cifi Bank AG, Frankfurt/M. - Im Jücherfeld 25, 5090 Leverkusen-Steinbüchel (T. 0214 - 9 17 19) - Geb. 15. Juni 1924 Papenburg (Vater: Hermann W., Bankdir.; Mutter: Lilly, geb. Freericks), kath., verh. s. 1954 m. Hildegard, geb. Schroeder, 4 Kd. (Norbert, Wolfgang, Udo, Elisabeth) - Stud. Rechts- u. Staatswiss. 1. u. 2. Jurist. Staatsprüf.

WEITLAUFF, Manfred

Dr. theol. habil., Prof. f. Bayer. Kirchengeschichte Univ. München - Geschw.-Scholl-Pl. 1, 8000 München (T. 089 - 2180 3467); Hermann-Löns-Str. 9, 8900 Augsburg (T. 0821 - 55 16 28) - Geb. 31. Juli 1936 Augsburg (Vater: Heinrich W., Dipl.-Ing.; Mutter: Elisabeth, geb. Maiß), kah. - Realgymn. Augsburg (Abit. 1957); 1957-63 Stud. Phil. u. Theol. Univ. München; Promot. 1970, Habil. (Kirchengesch.) 1977, alles München - S. 1963 seelsorg. Tätigk. im Bistum Augsburg; 1967 Wiss. Assist. Inst. f. Kirchengesch. Kath.-Theol. Fak. Univ. München; 1977 Privatdoz. u. Univ.-Doz. ebd.; 1980 Prof. f. Kirchengesch. ebd.; 1981 o. Prof. Theol. Fak. Luzern (Schweiz); s. 1986 o. Prof. f. Bayer. Kirchengesch., Kath.-Theol. Fak. Univ. München - BV: Kardinal Johann Theodor v. Bayern (1703-1763), Fürstbischof v. Regensburg, Freising u. Lüttich. E. Bischofsleben im Schatten d. kurbayer. Reichskirchenpolitik, 1970; D. Reichskirchenpolitik d. Hauses Bayern unter Kurfürst Max Emanuel (1679-1726). V. Regierungsantr. Max Emanuels b. z. Spanischen Erbfolgekrieg (1679-1701), 1985; zahlr. Aufs. z. Reichskirchenpolitik d. Wittelsbacher in d. Neuzeit, z. Kirchen- u. Theol.gesch. d. Mittelalters u. d. Neuzeit, z. Bayer. u. Schwäb. Kirchengesch.

WEITMANN, Walter

Präsident Hauptvereinig. d. Ambulanten Gewerbes u. d. Schausteller in Deutschl. - Königstr. 51, 7000 Stuttgart 1 - Geb. 20. Dez. 1926.

WEITNAUER, Hermann

Dr. jur., em. o. Prof. f. Bürgerl. Recht, Arbeits- u. Intern. Privatrecht Univ. Heidelberg - Bergstr. 152, 6900 Heidelberg (T. 40 17 62) - Geb. 18. Juli 1910 München (Vater: Dr. phil. Karl W., Oberstudienrat; Mutter: Maria, geb. Rehm), ev., verh. s. 1940 m. Charlotte, geb. Priester, 3 Kd. - Univ. Würzburg u. München (Rechts- u. Staatswiss.) - Justizdst.; 1950-65 Bundesjustizmin. (zul. Min.rat) - BV: Wohnungseigentum, 7. A. 1988; Bergbau u. öfftl. Verkehrsanstalten, 1971 - Liebh.: Musik - Spr.: Engl., Franz.

WEITPERT, Hans

Prof., Senator, Verleger, Hauptgesellsch. u. Geschäftsf. Belser Verlag Chr. Belser AG f. Verlagsgeschäfte & Co KG, Stuttgart/Zürich, Belser Incorporated New York, Franz W. Wesel GmbH, Baden-Baden - Im Betzengaiern 7, 7000 Stuttgart-Sonnenberg - Geb. 15. Aug. 1905 München, kath., verh. m. Hilde, geb. Vogt, T. Erica - Schriftsetzerlehre München; Akad. für d. graph. Gewerbe ebd. (Dipl. d. Meistersch.). Meisterprüf. - S. 1932 Union Dt. Verlagsges. W. Kohlhammer Verlag, Zentraldruckerei (eig. Gründ.), Chr. Belser KG; 1986 Prof. B. 1966 Präs., dann Ehrenpräs. Bundesverband Druck; 1970ff. Vizepräs. u. Präs. (1972) Intern. Master Printers Assoc (IMPA), Vors. Stiftg. Buchkunst, Frankfurt - Ehrensenator Intern. Gutenberg-Ges.; 1965 BVK; 1967 Rudolf-Ullstein-Ring; Konsul d. Rep. Togo f. Baden-Württ.; 1985 Commandante Silvester Orden, Rom.

WEITZ, Hans-Joachim

Dr. phil. h. c., Prof. E. h. - Im Pflänzer 5, 6140 Bensheim 3 (T. 06251 - 7 33 40) - Geb. 7. Nov. 1904 Berlin (Vater: Dr. Philipp W., Syndikus; Mutter: Ida, geb. Neumann), ev., verh. s. 1935 m. Marie, geb. Flöring († 1987) - Univ. Berlin u. Heidelberg - 1927-34 Dramat. Darmstadt u. Düsseldorf (1928), 1945-46 Schauspieldir. Darmstadt, 1946-50 Mitarb. Insel-Verlag, 1951-53 Dramat. Basel, 1952-61 Chefdramat. Köln, 1961-64 Darmstadt, 1964-69 künstler. Beirat Schauspielhaus Zürich; 1971-74 Vorst. Dramaturg. Ges.; 1968-75 Dozent Univ. Zürich (Theaterwiss.) - Herausg.: Goethe üb. d. Deutschen (1949, 4. A. 1982); Goethe: Westöstl. Divan (1949, 2. A. 1972); Goethe: D. Göttl. Wunder (1950); Briefw. Goethe-Willemer (1965, 2. A. 1986); Goethe: Westöstl. Divan (komment.) 1974, 8. A. 1988; S. Boisserée, Tagebücher I. (1978), II. (1981), III. (1983), IV. (1985). Mithrsg.: Goethes W. (Volks-Goethe, 6 Bde. 1949ff.; Insel-Goethe, 1965), Festschr. Leop. Lindtberg (1972), Hans Bauer, Regiss. (1974). Übers.: Verlaine, Fêtes Galantes (1949, 2. A. 1986); Giraudoux, Pour Lucrèce (1955, m. R. Schnorr); Audiberti, Quoat-Ouoat (1957, m. H. M. Enzensberger); Flaubert, Le Candidat (1957, m. G. F. Hering) - 1967 Ehrendoktor Universität Freiburg/Breisgau; 1957 Mitgl. PEN-Zentrum BRD, 1960 Intern. Theater-Inst. (ITI); 1964 Johann-Heinrich-Merck-Ehrung Stadt Darmstadt; 1976 o. Mitgl. Dt. Akad. f. Sprache u. Dichtung, 1978 Ehrenvors. Dramaturg. Gesellsch.; 1979 Kantonale Ehr. Zürich; 1985 Rheinlandtaler Landschaftsverb. Rhld.; Prof. e. h. Reg. Nordrh.-Westf.; 1986 Ehrenmitgl. Bühnen Köln; 1988 Mitgl. Dt. Akad. d. Darst. Künste.

WEITZ, Heinz

Choreograph, Ballettmeister - Kirchgangsredder 10, 2319 Wittenberger-Passau - Geb. 18. Okt. Wien, led. - Wiener Staatsoper - Ballettsch. - Tänzer Wiener Staatsoper u. Nieders. Staatstheater Hannover; Ballettm., Bremen; Ballettdir., Opernhaus Kiel - Choreogr. vieler Repertoire- u. mod. Ballette u.a. Romeo u. Julia, Dorian, Peer Gynt, Undine.

WEITZE, Wolfgang

Dr. rer. pol., Vorstandssprecher Hypothekenbank in Hamburg AG. - Hohe Bleichen 17, 2000 Hamburg 36 (T. 3 59 10-0).

WEITZEL, Hans Karl

Dr. med., Prof. f. Gynäkologie u. Geburtshilfe - Limonenstr. 20, 1000 Berlin 45 (T. 030 - 831 43 98) - Geb. 25. Okt. 1936 Sieburg (Vater: Albert W., Molkereidir.; Mutter: Anna-Elisabeth, geb. Valentin), ev., verh. m. Dr. Eva, geb. Steinberg - Gymn. Waldbröl, Habil. Univ. Bonn 1975 - 1976 Ltd. Oberarzt, s. 1978 apl. Prof. Univ. Hannover, 1982 Dir. Univ.-Frauenklinik Berlin, Klinikum Steglitz - Liebh.: Sport - Spr.: Engl., Franz.

WEITZEL, Hermann

Ehrenpräsident Verb. Dt. Badebetriebe, Berufsverb. nichtärztl. Heilberufe, Bonn - Schwabacherstr. 40, 8510 Fürth/Bay. - Geb. 10. Juni 1920 Nürnberg - Inh. Luisenbad; Kurat.-Mitgl. Dt. Ges. f. d. Badewesen; Mitgl. Betriebswirtschaftl. Aussch. d. DGfdB; Mitredakt. d. Baurichtlinien f. Med. Bäder - 1972 Gold. Ehrenring d. VDB; 1973 Ehrenplak. d. DGfdB; 1981 BVK am Bde.

WEIXLER, Kurt

Dipl.-Kfm., Direktor - Landrat-Ackermann-Str., 6120 Michelstadt/Odenw. (T. 38 60) - Geb. 20. März 1931 - Vorst. Pirelli Dtschl. AG, Höchst/Odw.; Geschäftsf. Metzeler GmbH, München; s. 1977 VR Sparkasse Odenwaldkr., Erbach - Spr.: Engl. - Rotarier.

WEIZEL, Rainer

Dr. rer. nat., Dipl. Phys., Prof. f. Mathematik - Robert-Schumann-Str. 46, 5000 Köln 91 (T. 0221-89 46 29) - Geb. 18. Sept. 1936 Bonn - BV: Gewöhnl. Differentialgleich., Bd. 1, 1974.

WEIZSÄCKER, Freiherr von, Carl-Christian

Dr. phil., Prof. f. Wirtschaftl. Staatswiss. Univ. Köln, Direktor Energiewirtsch. Inst. Univ. Köln - Zu erreichen üb. Staatswiss. Sem. d. Univ., Albertus-Magnus-Pl., 5000 Köln 41 - Geb. 28. Jan. 1938 Berlin (Vater: Prof. Dr. phil. Carl-Friedrich W., Physiker u. Philosoph (s. dort); Mutter: Gundalena, geb. Wille), ev., verh. m. Elisabeth, geb. v. Korff, 3 Kd. (Elisabeth, Inez, Johannes) - Univ. Zürich, Göttingen, Hamburg, Freiburg, Basel (Volksw., Soziol.). Promot. (1961) u. Habil. (1965) Basel - 1965-72 Ord. Univ. Heidelberg, 1972-74 Inst. f. mathemat. Wirtschaftsforschung Univ. Bielefeld, 1974-82 Ord. Univ. Bonn, 1982-86 Ord. Univ. Bern - BV: Wachstum, Zins u. optimale Investitionsquote; Z. ökonom. Theorie d. techn. Fortschritts; Steady State Capital Theory; Barriers to Entry, 1980; D. Rolle d. Wettbewerbs im Fernmeldebereich, 1981; D. wirtschaftliche Bedeutung v. Mehrwertdiensten, 1987 - 1969 Fellow Econometric Society; 1977 Mitgl. Wiss. Beirat Bundeswirtschaftsmin.; 1979 American Acad. of Arts and Sciences; 1986 Mitgl. Monopolkommiss. - Spr.: Engl. - Bek. Vorf.: Staatssekr. Ernst v. W. (Großv.). Bruder: Ernst Ulrich Frhr. v. W.

WEIZSÄCKER, Freiherr von, Carl-Friedrich

Dr. phil., Prof., Physiker u. Philosoph - Alpenstr. 15, 8135 Söcking/Obb. - Geb. 28. Juni 1912 Kiel (Vater: Ernst v. W., Diplomat, 1936-45 Staatssekr. Ausw. Amt Berlin; Mutter: Marianne, geb. v. Graevenitz), ev., verh. s. 1937 m. Gundalena, geb. Wille, 4 Kd. - Univ. Leipzig (Promot. 1933), Berlin, Göttingen (Pysik, Math.). Habil. 1936 Leipzig - Ab 1934 Assist. Univ. Leipzig (Inst. f. Theoret. Physik), 1936 wiss. Mitarb. Kaiser-Wilhelm-Inst. f. Chemie Berlin, anschl. Assist. KWI f. Physik, ab 1937 Privatdoz. Univ. ebd., 1942-1945 ao. Prof. f. Theoret. Physik Univ. Straßburg, ab 1946 Abt.leit. MPI f. Physik u. Honorarprof. Univ. Göttingen, 1957-69 o. Prof. u. Dir. Phil. Sem. Univ. Hamburg, 1970-80 Dir. MPI z. Erforsch. d. Lebensbeding. in d. techn.-wiss. Welt, Starnberg, u. Honorarprof. Univ. München - BV (größtent. übers.): Die Atomkerne, 1937; Zum Weltbild der Physik, 10. Auflage 1963; D. Geschichte d. Natur, 5. A. 1962; Physik d. Gegenw., m. J. Juilfs 2. A. 1958; D. Verantw. d. Wiss. im Atomzeitalter, 4. A. 1963; Bedingungen des Friedens, 1963; D. Tragweite d. Wiss., Bd. I (Schöpfung u. Weltentsteh.) 2. A. 1966; Gedanken üb. unsere Zukunft, 3 Reden 3. A. 1968; D. ungesicherte Friede, 1969; D. Einheit d. Natur, 1971; Kriegsfolgen u. -verhütung, 1971; Fragen z. Weltpolitik, 1975; Wege in d. Gefahr, 1976; D. Garten d. Menschlichen, 1977; Deutlichkeit, 1978; Diagnosen z. Aktualität, 1979; D. bedrohte Friede, 1981; Wahrnehmung d. Neuzeit, 1983; Aufbau d. Physik, 1985; D. Zeit drängt, 1986; Bewußtseinswandel, 1988 - Dr. h. c. mult.; Mitgliedschaften in wiss. Akad.

WEIZSÄCKER, Freiherr von, Ernst Ulrich

Dr. rer. nat., Dipl.-Phys., Prof., Direktor Europ. Inst. f. Umwelt-Politik, Bonn - London - Paris - Aloys-Schulte-Str. 6, 5300 Bonn - Geb. 25. Juni 1939 Zürich (Vater: Prof. Car.-F. Frhr. v. W. (s. d.); Mutter: Gundalena, geb. Wille), ev., verh. s. 1969 m. Christine, geb. Radtke, 5 Kd. (Jakob, Paula, Adam, Franz, Maria) - Stud. (Phys., Biol.); Promot. 1969 Freiburg - 1972-75 o. Prof. f. Interdisziplinäre Biol. Univ. Essen, 1975-80 Präs. GH Kassel, 1981-84 Dir. am Zentrum f. Wiss. u. Techn. f. Entw. d. Vereint. Nationen, New York, s. 1984 Bonn. 1969-72 Ev. Studiengem. Heidelberg; 1968-72 Mitgl. SPD-Landesvorst. Bad.-Württ. - BV: BC-Waffen u. Friedenspolitik, 1970; Baukasten gegen Systemzwänge, 1970; Humanökol. u. Umweltschutz, 1972; Offene Systeme I, 1974; New Frontiers in Technology Application (Hrsg.), 1983 - 1977 Pfaff-Preis - Brüder: Carl-Christian Frhr. v. W., Heinrich Frhr. v. W.).

WEIZSÄCKER, Freiherr von, Richard

Dr. jur., Dr. phil. h.c., Bundespräsident (s. 1984) - Villa Hammerschmidt, 5300 Bonn 1 (T. 0228 - 20 01) - Geb. 15. April 1920 Stuttgart, ev., verh. s. 1953 m. Marianne, geb. v. Kretschmann, 4 Kd. (Robert, Andreas, Beatrice, Fritz) - Bismarck-Gymn. Berlin; Stud. Rechtswiss. u. Gesch. Univ. Oxford, Grenoble, Göttingen - 1938-45 Militär- u. Wehrdst. (zul. Hptm. d. R.); 1950-66 Industrietätigk. (zul. gf. Gesellsch. C. H. Boehringer Sohn, Ingelheim); 1969-81 MdB (1973-79 stv. Vors. CDU/CSU Bundestagsfraktion, 1979-81 Vizepräs. Dt. Bundestag); 1981-84 Reg. Bürgermeister Berlin u. Mitgl. Bundesrat. B. 1984 Mitglied Synode u. Rat EKD; b. 1983 Präs. Dt. Ev. Kirchentag; 1984 Schirmherr Stiftg. Dt. Sporthilfe. CDU s. 1956 - BV: D. dt. Gesch. geht weiter, 1983; V. Deutschland aus, 1985; D. polit. Kraft d. Kultur, 1987 - 1982 Ehrenpreis Stadt Solingen (handgeschliff. Degen); 1983 Theodor-Heuss-Preis (20. Träger); 1984 Sonderstufe d. Gr. BVK; Ehrensenator MPG; mehrf. Ehrendoktor, zul. 1988 Univ. Oxford - Spr.: Engl., Franz. - Eltern s. Carl Friedrich v. W. (Bruder) - Lit.: Werner Filmer/Heribert Schwan, R. v. W. - Profile e. Mannes (1984); Helmut R. Schulze/Bernhard Wördehoff, R. v. W. Eine Biogr. (1987); u.a.

WELBERGEN, Johannes C.

Dipl.-Chemieing., Aufsichtsratsvors. Phoenix AG Hamburg-Harburg (s. 1979) - Postfach 60 29 25, 2000 Hamburg 60 - Geb. 29. Mai 1919 s'Gravenhage/Niederlande (Vater: Hermann G. W.), verh. (Ehefr.: Traute) - 1944/45 Gebrüder Sulzer Winterthur; 1945ff. Royal Dutch/Shell Gruppe; 1959-65 Geschäftsf. Dt. Shell Chemie GmbH, Frankfurt/M.; 1965-70 Vorst.-Mitgl. u. 1970-79 -Vors. Dt. Shell AG, Hamburg; 1977-79 Vors. Mineralölwirtsch.verb. Hamburg; 1977-79 Mitgl. Präsid. Bundesverb. d. Dt. Ind.; 1979/80 Präs. The Conference Board in Europe, Brüssel; 1980/86 Präs. Europ. Foundation for Management Dev., Brüssel; 1979-88 AR-Vors. Standard Elektrik Lorenz AG, Stuttgart; 1979-89 AR-Mitgl. Dt. Shell AG, Hamburg; s. 1988 Beirat Management Partner GmbH Untern.berater Stuttgart - Ridder in de Orde van de Nederlandse Leeuw; 1979 Gr. BVK.

WELBRINK, Friedhelm

Geschäftsführer Bundesverb. Schwimmbad-, Sauna- u. Wassertechnik - Barckhausstr. 18, 6000 Frankfurt/M. 1; priv.: Wingertstr. 9, 6470 Büdingen - Geb. 26. Sept. 1934.

WELDIGE-CREMER, de, Wessel

Dr. jur., Assessor, Hauptgeschäftsf. IHK Mittl. Niederrhein Krefeld-Mönchengladbach-Neuss (s. 1977) - Nordwall 39, 4150 Krefeld (T. 02151 - 63 51 00) - Geb. 21. Juli 1933 Essen, verh. s. 1961 m. Ingeburg, geb. Heners, 3 Kd. (Wennemar, Eggert, Imeke) - Univ. Tübingen u. Münster - Tätigk. Unternehmensverb. Ruhrbergbau, Essen, Landesreg. Nordrh.-Westf., Düsseldorf. Gr. Erftverb., Bergheim, IHK Mönchengladbach.

WELFERT, Hartmut

s. Friedenberg, Christian Jürgen

WELGE, Martin K.

Dr. rer. pol., o. Univ.-Prof. f. Betriebswirtschaftslehre Univ. Dortmund (s. 1987) - Birkmannsweg 34, 4300 Essen 1 (0201 - 710 14 29) - Geb. 22. Sept. 1943 Detmold, verh. s. 1983 m. Hannelore, geb. Offenbacher - 1963-65 Wehrdst.; 1965-69 Stud. Univ. Köln (Dipl.-Kfm. 1969); 1969-70 Postgraduate Stud. Stanford Univ. (USA); Promot. 1973, Habil. 1978 Univ. Köln - 1971-78 Wiss. Assist. Univ. Köln; 1980-84 o. Prof. Fernuniv. Hagen; 1984-87 o. Prof. Univ. Essen; 1980-81 Visit. Prof., European Inst. for Advanced Studies in Management, Brüssel - BV: Profit-Center-Org., 1975; Management in dt. multinationalen Untern., 1980; Beyond Theory Z, 1984; Unternehmensfg. Bd. 1 Plan., 1985, Bd. 2 Org., 1987, Bd. 3 Controlling, 1988 - 1969 DAAD Stip.; 1975-77 Fritz-Thyssen Stip. - Liebh.: Sport (Tennis, Ski) - Spr.: Engl., Franz. - Lit.: Kürschners Dt. Gelehrten-Kalender, Marquis Who is Who in the World, Men of Achievement.

WELGE-LÜSSEN (ß), Lutz

Dr. med., Prof. f. Augenheilkunde Univ. Marburg (s. 1972) - Mecklenburger Str. 9, 3551 Wehrda - Geb. 24. Mai 1934 Aurich, verh. m. Dr. med. Ursula, geb. Reiß, 4 Kd. - Promot. 1960; Habil. 1971 - 1977 Abt.-Leit. f. Strabologie Univ.-Augenklinik Marburg; 1980 Chef d. Augenklinik d. St. Marienkrkhs. Frankf./M.

WELKE, Heinrich

Dipl.-Kfm., Mitglied Bremische Bürgerschaft, stv. Fraktionsvors. - Am Vorfeld 44, 2800 Bremen 66 (T. 0421 - 51 07 66) - Geb. 2. Sept. 1943, verh. s. 1968 m. Monika, geb. Rederscheid, 2 S. (Jan, Nils) - Abit. 1963; 1963-68 Stud. Betriebsw. FU Berlin - S. 1979 MBB. FDP (Mitgl. Landesvorst. s. 1976).

WELKER, Michael

Dr. theol., Dr. phil., Prof. f. Systemat. Theol. u. Direktor Sem. f. Reformierte Theol., Ev.-theol. Fak. Univ. Münster (s. 1987) - Universitätsstr. 13-17, 4400 Münster - Geb. 20. Nov. 1947, verh. - Stud. Univ. Heidelberg u. Tübingen; Promot. Dr. theol. 1973; Dr. phil. 1978; Habil. 1980 - 1983 Prof. f. Systemat. Theol., Ev.-theol. Fak. Univ. Tübingen - BV: D. Vorgang Autonomie, 1975; Universalität Gottes u. Relativität d. Welt, 2. A. 1988; Kirche ohne Kurs?, 1987. Herausg.: Theol. u. funktionale Systemtheorie (1985); u.a. - 1984/85 Honorary Res. Fellow Inst. for the Advanced Study of Religion Univ. of Chicago.

WELLANO, Werner

Verwaltungsdirektor Staatstheater am Gärtnerplatz - Toni-Schmid-Str. 25, 8000 München 82.

WELLENDORF, Franz

Dr. phil., Psychoanalytiker, Prof. f. Psychol. Univ. Hannover (s. 1974) - Allestr. 6, 3000 Hannover 1 (T. 701 08 16) - Geb. 23. Mai 1935 Hamburg (Vater: Franz W., Lehrer; Mutter: Maria, geb. Grewe), verh. s. 1962 m. Elisabeth, geb. Lehrmann, 2 Kd. (Marcus, Veronika) - Stud. d. Päd., Soziol., Phil., Lit.wiss. Univ. Hamburg - 1962-66 Lehrer; 1966-74 Wiss. Rat u. Wiss. Dir. (1971) Päd. Zentr. Berlin - BV: Schulische Sozialisation u. Identität, 1973 - Spr.: Engl., Ital.

WELLENREUTHER, Hermann

Dr. phil., o. Univ.-Prof. f. mittl. u. neuere Geschichte Univ. Göttingen - Merkelstr. 33, 3400 Göttingen (T. 0551 - 4 20 24) - Geb. 23. Juni 1941 Freiburg, ev., verh. m. Dr. M.-L. Frings-Wellenreuther, T. Susanne - Univ. Köln (Promot. 1968, Habil. 1978) - BV: u.a. Glaube u. Politik in Pennsylvania 1681-1776, 1972; Repräsentation u. Großgrundbesitz in England 1730-1770, 1978; D. Aufstieg d. ersten Britischen Weltreiches, 1987 - Spr.: Engl., Franz.

WELLENSIEK, Hans-Jobst

Dr. med., o. Prof. f. Med. Mikrobiologie - Haydnstr. 8, 6307 Linden-Leihgestern - B. 1970 Privatdoz. Univ. Mainz, dann Ord. Univ. Gießen. Facharb.

WELLENSTEIN, Gustav

Dr. rer. nat., Dr. forest., o. Prof. f.

Forstzoologie u. -schutz (emerit.) - Lettenweg 18, 7800 Freiburg/Br. (T. 4 39 13) - Geb. 27. Juli 1906 Trier/Mosel (Vater: Dr. Karl-Adolf W., Chemiker; Mutter: Auguste, geb. Moser), kath., jetzt ev., verh. s. 1952 m. Ingeborg, geb. Schmidt, 4 Kd. (Gerhard, Michael, Astrid, Gudrun) - Stud. Biol. u. Forstwiss. München, Hann. Münden, Eberswalde - 1933-36 Leit. Waldstation f. Schädlingsbekämpf. Forstl. Hochsch. Hann. Münden; 1937-45 Leit. Forstamt Breitenheide/Ostpr. u. Forstschutzstelle Ost; 1944-45 Doz. Univ. Königsberg; 1946-57 Begr. u. Leit. Forstschutzst. Südwest; s. 1957 Doz., ao. (1954) u. o. Prof. (1960) Univ. Freiburg (Dir. Forstzool. Inst.) - BV: D. Nonne in Ostpreußen (1931-37) 1942 (auch engl.); D. gr. Borkenkäfer-Kalamität in Südwestdtschl. (1944-51), 1952; Studien an Waldameisen (1928-88); 1968; üb. d. bienenwirtschaftl. Nutzung d. Wälder (1956-88); Verwendung v. Stadtmüll in Forsten, 1973; Krit. Rück- u. Ausblick auf d. chem. Pflanzenschutz, 1976. Üb. 250 Einzelarb. Kultur- u. Lehrfilm: Europas Fichtenwälder in Gefahr (1948) - Liebh.: Musik - Spr.: Franz.

WELLER, Albert

Dr. rer. nat., Prof., Direktor Max-Planck-Inst. f. biophysikal. Chemie (s. 1965) - Am Weinberg 18a, 3406 Bovenden (T. 0551 - 20 14 26) - Geb. 5. April 1922 Welzheim/Württ. (Vater: Albert W., Kaufm.; Mutter: Elisabeth, geb. Scharwächter), ev., verh. s. 1951 m. Brigitte, geb. v. d. Chevallerie, 3 Kd. (Christine, Dietrich, Barbara) - Gymn. Stuttgart-Bad Cannst. (Kepler); Univ. Leipzig u. Tübingen (Chemie; Dipl.-Chem. 1947). Promot. 1950; Habil. 1957 - Ab 1950 Assist. MPI f. Physikal. Chemie, Göttingen, Univ. of Minnesota (USA), TH Stuttgart (1957 Doz.); 1962-65 o. Prof. Fr. Univ. Amsterdam. S. 1968 Honorarprof. Univ. Göttingen; 1983 Dr. Sc. h. c. Univ. Leuven (Belgien); s. 1974 Mitgl. Akad. d. Wiss. Göttingen, u. s. 1984 Finnische Akad. d. Wiss. Helsinki, u. s. 1985 Dt. Akad. d. Naturforscher Leopoldina Halle, 1987 Dr. rer. nat. h. c. Univ. Bayreuth. Zahlr. Fachaufs. - 1962 Bodenstein-Preis - Spr.: Engl., Holl.

WELLER, Hans
Dr. phil., Honorarprof. f. Raffination v. Mineralölerzeugnissen TH bzw. TU Hannover (s. 1965) - Mars-la-Tour-Str. 14, 3000 Hannover (T. 81 65 08) - Tätigk. DEURAG-NERAG.

WELLER, Otto
Dr. med., Prof., Chefarzt Innere Abt. Ev. Stift St. Martin - Kurfürstenstr. 72-74, 5400 Koblenz (T. 23 21) - Geb. 26. Okt. 1921 - S. 1959 (Habil.) Lehrtätig. Univ. Gießen (1966 apl. Prof. f. Inn. Med.). Üb. 50 Fachveröff.

WELLER, Robert
Gf. Gesellsch. Verwaltungsges. Robert Weller, Aschaffenburg - Mörswiesenstr. 7, 8750 Aschaffenburg (T. 2 12 20) - Geb. 12. April 1914 - B. 1975 gf. Gesellsch. Tuchfabrik Robert Weller - Spr.: Engl. - Rotarier.

WELLER, Siegfried
Dr. med., Prof., Chirurg - Engelfriedshalde 47, 7400 Tübingen (T. 6 26 34) - Habil. 1963 Freiburg - S. 1969 apl. Prof. Univ. Freiburg u. Tübingen, Facharb.

WELLER, Walter
Generalmusikdirektor - Chefdirigent d. Royal Philharmonic Orchestra London (s. 1980) - Döblinger Hauptstr. 40, Wien 1190/Öster. - Geb. 1939 - S. 1956 Wr. Philharmon. (b. 1969 Konzert-, dann Kapellm.); 1971-72 GMD Stadt Duisburg. Gründ. Weller-Quartett (1958). Gastdirig. in allen Musikhauptstädten Europas u. d. Welt; unt. Vertrag b. Decca. 1975-78 Chefdir. Wr. Tonkünstler Orch.; 1977-80 Chefdirig. Royal Liverpool Philharmonic Orch.; 1980-85 Chefdirig. Royal Philharmonic Orch. London, s. 1985 chief guest conductor ebd. 1980 Royal Liverpool Philharmonic Orch.

WELLERSHOFF, Dieter
Dr. phil., Schriftsteller - Mainzer Str. 45, 5000 Köln 1 (T. 38 85 65) - Geb. 3. Nov. 1925 Neuss/Rhein (Vater: Walter W., Baurat; Mutter: Kläre, geb. Weber), ev., verh. s. 1952 m. Dr. Maria, geb. v. Thadden, 3 Kd. (Irene, Gerald, Marianne) - Gymn. Grevenbroich; Univ. Bonn (German., Phil., Kunstgesch.). Promot. 1952 Bonn - B. 1955 Redakt., dann fr. Schriftst., 1959-81 Lektor Kiepenheuer & Witsch Verlag, Köln - BV: Gottfried Benn, Phänotyp dieser Stunde, 1958; Am ungenauen Ort, 2 Hörsp. 1960; D. Gleichgültige - Versuche üb. Hemingway, Camus, Benn, Beckett, 1963; Bau e. Laube, Hörsp. 1965; E. schöner Tag, R. 1966; D. Schattengrenze, R. 1969; Literatur u. Veränderung, Ess. 1969; D. Schreien d. Katze im Sack, 6 Hörsp. 1970; Einladung an alle, R. 1972; Literatur u. Lustprinzip, 1973; Doppelt belichtetes Seestück u. and. Texte, 1974; D. Schönheit d. Schimpansen, R. 1977; Glücksucher, Fernsehsp. 1979. D. Sirene, Nov. 1980; D. Verschwinden im Bild, Ess. 1980; D. Wahrheit d. Literatur, Gespr. 1980; D. Sieger nimmt alles, R. 1983. D. Arbeit d. Lebens, Autobiograph. Texte, 1985; D. Körper u. d. Träume, Erz. 1986; Flüchtige Bekanntschaften, 3 Drehb. u. begleitende Texte, 1987; D. Roman u. d. Erfahrbarkeit d. Welt, Ess. 1988. Herausg.: Gottfried Benn, Gesammelte Werke, 4 Bde. (1958ff.). Bühnenst.: Anni Nabels Boxschau (Sch. 1963; UA. Darmstadt) - 1961 Hörspielpreis d. Kriegsblinden f. 1960, 1970 Literaturpreis f. 1969 Verb. d. dt. Kritiker; 1988 Heinrich-Böll-Preis; 1968 o. Mitgl. Akad. d. Wiss. u. d. Lit., Mainz; PEN.

WELLERSHOFF, Dieter

Admiral, Generalinspekteur d. Bundeswehr - Postfach 1328, 5300 Bonn 1 (T. 0228 - 12 92 00) - Geb. 16. März 1933 Dortmund (Vater: Kurt W., Betriebsinsp. u. Obering. Bergbau; Mutter: Maria, geb. Schultenjohann), ev., verh. s. 1958 m. Emma Johanna, geb. Wefer, 3 Kd. (Ilse Maria, Matthias Dieter, Klaus Wilhelm) - 1957-59 Ausb. Marineoffz., 1960-61 Wachoffz. Minensuchboot Vegesack, 1964-65 Dezernent Marineamt, 1966 Operationsoffz. Zerstörer Hamburg, 1967-68 Ausb. Admiralstabsoffz., 1969-70 BMVg Führungsstab Streitkr., BMVg Planungsstab, 1971-72 Kommand. Zerstörer Hessen, 1973-74 Flottenkdo. Operationsoffz. (A3), 1975-76 Kommandeur Flottille d. Minenstreitkräfte, 1977-80 BMVg FÜ M Stabsabt. - Leit. Rüstung, 1981-83 Kommandeur Führungsakad. d. Bundeswehr, 1984 BMVg stv. Inspekteur Marine u. Chef Stab FüM, 1985-86 BMVg Inspekteur d. Marine; ab 1986 s.o. 1979-81 Vors. NATO-Marinerüstungsgr. - Heusinger-Preis; BVK I. Kl.; 1988 Kommandeurskreuz d. Legion de Merite; Gr. BVK - Spr.: Engl., Franz.

WELLHÖNER, Hans-Herbert
Dr. med., Dipl.-Phys., Prof. Med. Hochsch. Hannover (s. 1977) - Lothringer Str. 40D, 3000 Hannover - Geb. 7. Juni 1932 Berlin (Vater: Wilhelm K., Kaufmann; Mutter: Margarete, geb. Götschke), ev., verh. mit Franziska, geb. Lehmann, 3 Kd. (Lucie, Jens-Peter, Eva-Maria) - Stud. d. Med. u. Phys. Univ. Leipzig; Promot. 1956 ebd. - 1958-64 Pharmakol. Inst. Univ. Leipzig; 1964-69 Max-Planck-Inst. f. experiment. Med. Göttingen. In- u. ausl. Fachmitgl.sch. - BV: Allg. Pharmakologie u. Toxikologie, 2. A. 1976 - Liebh.: Gesch., Phil., Sportfischer - Spr.: Engl.

WELLIÉ, Wilhelm
Volksw., Verleger - Waldsweiter Str. 6, 4444 Bad Bentheim - Geb. 29. Juli 1920 Schöppingen (Vater: Ferdinand W., Rektor; Mutter: Anna, geb. Hendrix), kath., verh. s. 1950 m. Margret, geb. Einenkel, 2 Kd. (Gudrun, Bernhard) - Abit.; Univ. Münster - S. 1966 Präs. Dt. Bäderdienst e.V., u.a. Ämter - Spez. Arbeitsgeb.: Tourismus u. Bäderwesen - BV: Hrsg. d. Ztschr.: Reise- u. Bädermagazin Dtschl., Kur- u. Reisemagazin KONTINENT - 1939-45 Kriegsausz. - Liebh.: Orgelspiel.

WELLING, Herbert
Dr. rer. nat., o. Prof., Direktor Inst. f. Angew. Physik TU Hannover (s. 1967) - Pregelweg 10, 3001 Isernhaben NB, (T. Langenhagen 73 57 07).

WELLMANN-SCHARPENBERG, Margot
s. Scharpenberg, Margot

WELLMER, Friedrich-Wilhelm
Dr.-Ing., Prof., Direktor Bundesanstalt f. Geowiss. u. Rohstoffe Hannover - Stilleweg 2, 3000 Hannover 51 - Geb. 23. Juni 1940 Lübeck, verh. m. Helgard, geb. Freiin v. Maltzahn, 1 S. - Stud. Geol., Bergbau Berlin, Clausthal; Dipl.-Geol. 1966; Promot. 1970 - BV: Rechnen f. Lagerstättenkundler u. Rohstoffwissenschaftler; Rohstoffe im Wandel (m. C.W. Sames u. H. Lechner); Economic Evaluations in Exploration.

WELLNER, Walter
Dr. rer. pol., Leitender Ministerialrat, stv. Landesvors. d. Christl.-Soz. Arbeitnehmerschaft (CSA) Bayern (s. 1979) - Kedernbacher Str. 39, 8000 München 70 (T. 71 31 75) - Geb. 11. Jan. 1938 Donau/Markt-Eisenstein (Vater: Johann W., Bürgerm.; Mutter: Katharina, geb. Leitermann), kath., led. - Abit., Univ. München (Dipl. de sc. pol. 1965, Dipl.-Volksw. 1966), Promot. Univ. Innsbruck 1970 - BV: Parteienfinanzierung, 1971; D. Versorgungsausgl., 1977; Grenzen d. Sozialstaats, 1977/81; Europ. Sozialpolitik, 1986. Aufs. u. Art. - Spr.: Engl.

WELLNITZ, Karl
Dr. rer. nat., o. Prof. f. Didaktik d. Physik u. Chemie - Dudenstr. 11, 1000 Berlin 61 (T. 030 - 785 82 15) - Geb. 20. Mai 1913 Arnswalde/Neum. (Vater: Paul W., Lehrer; Mutter: Olga, geb. Haupt), ev., verh. in 2. Ehe (1947) m. Ursula, geb. Macht, 5 Kd. (Andreas, Reinhard, Christian, Wolfgang, Christiane) - Reform-Realgymn. Arnswalde; Univ. Köln u. Greifswald; Wiss. Staatsex. 1936 Greifswald u. 1939 Berlin (darunter 12 J. stv. Leit. d. Ev. Gymnasiums z. Grauen Kloster in Berlin); Promot. 1939 - 1936-62 Schuldst., dar. 12 J. stv. Leit. d. Ev. Gymnasium z. Grauen Kloster in Berlin (1944 Studien-, 56 Oberstudienrat); 1939-45 Wehrmacht; s. 1962 Päd. Hochsch. Berlin (Prof.; 1964-67 Prorektor), 1967-82 AR Berliner Volksbank, 1975-77 AR-Vors. - BV: Geometrie d. Ebene I, 14. A. 1978; Kombinatorik, 6. A. 1973; Wahrscheinlichkeitsrechnung, 1954; Klass. Wahrscheinlichkeitsrechnung, 6. A. 1971; Mod. Wahrscheinlichkeitsrechnung, 3. A. 1971. Mitverf. v. Hütte-Mathematik, 2. A. 1974. Zahlr. Artikel in d. Ztschr. Naturwiss. im Unterr. (NiU).

WELP, Jürgen
Dr. jur., o. Prof., Gf. Direktor d. Rechtswiss. Sem. u. Dir. Inst. f. Kriminalwiss. Univ. Münster (s. 1973) - Am Hagen 14, 4400 Münster (T. 02501 - 61 96) - Geb. 15. März 1936 Osnabrück (Vater: Arthur W., Direktor; Mutter: Helene, geb. Hildebrand), verh. s. 1967 m. Renate, geb. Leisten, 2 Kd. (Henryk, Kai) - Stud. Univ. Heidelberg u. München; Promot. 1967 Heidelberg; Habil. 1971 ebd. - BV: Vorangegangenes Tun als Grundl. e. Handlungsäquivalenz d. Unterlassung, 1968; D. strafprozessuale Überwachung d. Post- u. Fernmeldeverkehrs, 1974; u. a. - Spr.: Engl., Franz.

WELSCH, Hans
Ind.-Kfm., Vors. Geschäftsführer (Ges.) DSD Dillinger Stahlbau GmbH, Tochterges. u. Niederlass. In- u. Ausland, Saarlouis - DSD Dillinger Stahlbau GmbH, Postfach 1340, 6630 Saarlouis (T. 06831-181) - Geb. 5. März 1923 Saarlouis (Vater: Hans W., Ing.; Mutter: Maria, geb. Jacob), kath., verh. s. 1951 m. Regina, geb. Hoffmann, 4 Kd. (Monika, Dorothea, Christine, Johannes) - 1937-39 Handelsschule Saarlouis, 1939-40 Höh. Handelssch. Saarbrücken, 1940-42 ehem. Lehre - 1945 Mitbegründ. DSD Dillinger Stahlbau GmbH., Gesellsch. m. Mehrheitsbeteil., Mitgl. Dt. Stahlbau-Verb. Köln, Vollvers., HK Saarland, Beirat Landesbank Saar-Girozentr. Saarbrücken, Beirat Gerling-Konzern Köln, Beirat Musikhochsch. d. Saarland, AR Saarfürst-Brauerei Merzig - 1978 Paul-Harris-Fellow Rotary-Intern. (f. dt.-franz. Verständ.), 1980 BVK - Spr.: Franz. - Rotarier.

WELSH, Renate
Schriftstellerin - Zieglergasse 32, A-1070 Wien (T. 0043 - 2 22-963 85 45) - Geb. 22. Dez. 1937 Wien, kath., gesch., 3 Söhne (Georg, Martin, Christopher) - Stud. Dolmetsch. u. Staatswiss. (abgebr.) - BV: Johanna, 1979; E. Hand z. Anfassen, 1985; Drachenflügel, 1988 - 1978 Friedrich Bödecker Preis; 1980 Dr. Jugendlit.pr.; mehrmals Österr. Staatspr.; Pr. d. Stadt Wien; 1989 Silb. Feder - Spr.: Engl.

WELT, Hans-Joachim
Dipl.-Soz. Wissenschaftler, Verwaltungsleiter, Bürgermeister Stadt Recklinghausen - Zu erreichen üb. Rathaus, 4350 Recklinghausen (T. 02361 - 58 72 00) - Geb. 14. Febr. 1947, verh., T. Jana - Industriekaufm.; Dipl.-Sozial-

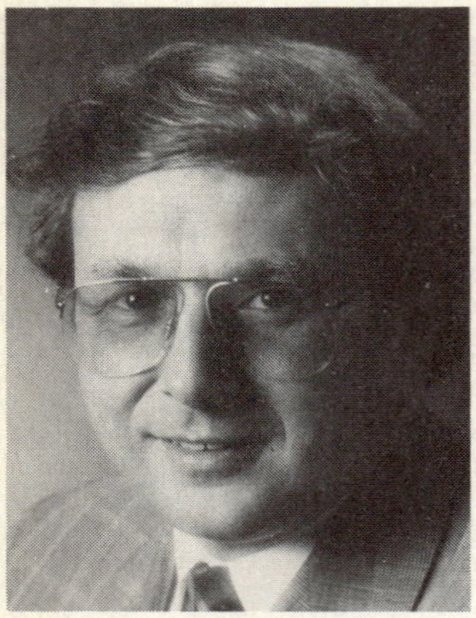

arb.; Dipl.-Sozialwiss. - Liebh.: Reiten, Fotografieren.

WELTE, Dieter

Vorsitzender Verband d. Techn. Händler VTH, Düsseldorf - Zu erreichen üb. VTH, Sternstr. 68, 4000 Düsseldorf 30 (T. 0211 - 44 44 07).

WELTE, Erwin

Dr. rer. nat., Dipl.-Landw., o. Prof. f. Agrikulturchemie - August-Lange-Str. 13, 3406 Bovenden (T. Göttingen 8 12 65) - Geb. 6. Mai 1913 Dortmund (Vater: Wilhelm W., Grubenbeamt.; Mutter: Hedwig, geb. Heckroth), ev., verh. m. Ursula, geb. Eitmann, 2 Kd. (Erwin, Claudia) - Oberrealsch.; 2 J. Landw. Praxis; Stud. Landw. u. Naturwiss. Promot. 1941; Habil. 1950 - 1941-46 Wehrdst. u. Gefangensch. (1943); s. 1946 m. Unterbr. Assist., Privatdoz., apl. u. o. Prof. Univ. Göttingen (1966 Dir. Inst. f. Agrikulturchemie); 1956-58 Leit. Inst. f. Landw. Chemie Biol. Bundesanstalt f. land- u. Forstw. Berlin; 1958-66 Dir. Landw. Forschungsanst. Büntehof/Hann. 1969 ff. Vizepräs. Centre Intern. des Engrais Chimiques (CIEC), Genf. U. a. Granulierung v. Thomasphosphaten - BV: Pflanzenernährung, Lehrb. 1955. Üb. 100 Einzelveröff. - Liebh.: Angelsport, Klass. Musik - Spr.: Engl., Franz.

WELTE, Werner

Dr. phil., M. A., Prof. Univ. Hamburg - Hauptstr. 21, 2217 Rosdorf (T. 04822 - 45 90) - Geb. 2. Febr. 1948 München (Vater: Emil W., Lufttechniker; Mutter: Rosa, geb. Eberhart) - 1967-73 Stud. Angl. u. Roman.; Magisterprüf. u. Staatsex. 1973 Univ. München - 1974-79 wiss. Assist. Köln; ab 1979 Prof. f. Engl. Sprachwiss. Univ. Hamburg. 1978 Gründ.mitgl. Dt. Ges. f. Sprachwiss.; ab 1982 Herausg. Reihe Stud. z. engl. Grammatik - BV: Mod. Linguistik: Terminol./Bibl. (Wörterb. d. linguist. Fachspr.), 2 Bde, 1974 (auch span.); Linguist. Repetitorium f. Anglisten, 1975; Negationslingustik (Diss.), 1978; Sprachtheorie u. angew. Linguistik, Festschr. 1982; Die engl. Gebrauchsgrammatik, Teil 1: Geschichte u. Grundannahmen, 1985; A Basic Bibliography on Negation in Natural Language (m. S. Seifert), 1987; Engl. Morphologie u. Wortbildung. E. Arbeitsb. (im Druck). Aufs. in Anglia, Arbeiten aus Anglistik u. Amerikanistik, u. Indogerm. Forschungen - Spr.: Engl., Franz., Lat., Schwed.

WELTEKE, Ernst

Angestellter, MdL Hessen (s. 1974), Vors. SPD-Fraktion - Im Rosengärtchen 28, 6370 Oberursel (T. 2 27 79) - Geb. 21. Aug. 1942 - SPD.

WELTEKE, Günter

Dr. jur., Landrat Landkrs. Waldeck-Frankenberg (s. 1984) - Rosenweg 2, 3548 Arolsen - Geb. 8. Juli 1933 Arolsen (Vater: Karl W., Versuchstechn.; Mutter: Elisabeth, geb. Preising), ev., verh. s. 1963 m. Gisela, geb. Stein, 3 Kd. (Birgit, Martin, Ulrich) - Univ. Marburg u. Frankfurt (Rechts- u. Staatswiss.), 1. Staatsex. Marburg 1958, 2. Kassel 1963 - 1963-66 Verw.beamter b. Reg.präs. Kassel, 1966-84 Bürgerm. Stadt Arolsen - BV: Rechtsformen landw. Masch.-Gemeinsch. (Diss.).

WELTEN, Peter

Dr. theol., Prof. f. Altes Testament Kirchl. Hochsch. Berlin (s. 1982) - Teltower Damm 120-122, 1000 Berlin 37 - Geb. 26. April 1936 Boltigen/Schweiz (Vater: Max W., Prof. f. Botanik; Mutter: Marie, geb. Arn), ev., verh. s. 1963 m. Rosmarie, geb. Schild, 3 Kd. - Städt. Gymn. Bern, Univ. Bern, Basel u. Göttingen (Theol.) - Zul. Prof. Univ. Tübingen - BV: D. Königs-Stempel, 1969; Gesch. u. Geschichtsdarst. in d. Chronikbüchern, 1973.

WELTERS, Hans H.

Intern. Unternehmensberatung Betreuung IUBB, Viersen (s. 1987) - Gladbacher Str. 623, 4060 Viersen-Wolfskuhl - Geb. 22. Nov. 1929, verh. m. Léonie, geb. Groterath, 3 Kd. (Dr. med. Hanspeter, cand. jur. Hiltrud, stud. med. Kurt H.) - Stv. Vorst.-Vors. Fachverb. Kunststoff-Konsumwaren (FV KK) im GKV, Frankfurt/M.; Vors. Fachgr. Haushaltsgeräte im FVKK, Frankfurt/M.; Mitgl. AR CCG mbH, Centrale f. Coorganisation GmbH, (EAN-Europ. Artikelnumerierung, Strichcode), Köln; stv. Vors. Gebrauchtgüteraussch. Markenverb., Wiesbaden; Mitgl. Außenwirtschaftsaussch. IHK Mittlerer Niederrhein, Krefeld-Mönchengladbach-Neuss; Mitgl. Großhandelsaussch. IHK Mittlerer Niederrhein; Mitgl. Aussch. f. Verkehr u. Fernmeldewesen IHK Mittlerer Niederrhein - BVK.

WELTNER, Klaus

Dr. rer. nat., o. Prof. f. Didaktik der Physik Univ. Frankfurt/Fachbereich Physik (s. 1970) - Graefstr. 39, 6000 Frankfurt; priv.: Schumannstr. 57, 6000 Frankfurt (T. 74 69 88) - Geb. 1. Aug. 1927 Rinteln/Weser (Vater: Ernst W., Sonderschullehrer, 1949-65 sozialdemokr. Bundestagsabg. (s. XV. Ausg.); Mutter: Elfriede, geb. Bülow), ev., verh. s. 1955 m. Almuth, geb. Eichhorn, 4 Kd. (Bettina, Juliane, Konstanze, Martin) - TH Hannover (Physik; Dipl.-Phys. 1953). Promot. 1956 Hannover; Habil. 1970 Linz - 1961-70 Prof. PH Osnabrück u. Berlin (1970). Mitgl. Dt. Physikal. Ges.; Ges. f. Päd. u. Information (1970-72 Präs); Dt. Ges. f. Kybernetik (Präs. 1977-80); Ges. f. Didaktik d. Physik u. Chemie (Präs. 1976-80); Arbeitsgemeinsch. Fachdidaktik d. Naturwiss. u. Mathematik (Vors. 1983ff.), Entwicklung e. informationspsych. Verfahrens z. Messung d. subjektiven Information v. Schriftsprache u. z. Bestimmung d. Lehrerfolgs v. Lehrprogrammen oder Unterricht - BV: Lehrprogramme (D. Kompressorkühlschrank, 1964; D. Viertaktmotor, 1969; Bildentstehung b. Fernsehen, 1970); Informationstheorie u. Erziehungswiss., 1970 (engl. 1973). Bildungstechnol. u. naturwiss. Unterr., 1972; Math. f. Physiker - Basiswissen f. d. Grundstud. d. Experimentalphysik, 2 Bde. Lehrb. u. 3 Bde. Leitprogramm, 1975; Autonomes Lernen, 1978; Mathematics for Engineers and Scientists, Textbook and Study Guide 1986 - Spr.: Engl.

WELTRICH, Herbert

Oberlandesgerichtspräsident i. R. - Pigage-Allee 20, 4000 Düsseldorf 13 (T. 71 47 46) - Geb. 30. Dez. 1918. 1978-84 Präs. OLG Köln - Rotarier.

WELTZIEN, Heinrich-Carl

Dr. agr., o. Prof. f. Pflanzenkrankheiten (Pflanzenpathologie u. -schutz) - Nußallee 9, 5300 Bonn (T. 73 24 43) - Geb. 7. März 1928 - S. 1961 (Habil.) Lehrtätigk. LH Hohenheim u. Univ. Bonn (1965 o. Prof.). Gastprof. American Univ. Beirut (Libanon), 1979 Forschungsdirektor Intern. Center for Agricultural Research in the Dry Areas - ICARDA, Alleppo/Syrien - BV: Lehrb. d. Phytomed., 1976.

WELZ, Bertram

Landwirtschafts-Assessor, Geschäftsf. Bundes-Vereinig. d. Verb. land- u. forstw. Lohnuntern., Abt.-Leit. Dt. Bauernverband - Zu erreichen üb. Godesberger Allee 142-148, 5300 Bonn-Bad Godesberg - Geb. 9. Sept. 1934 Berlin, kath., verh., 2 Kd. - Human. Gymn. (Abit.); Univ. Bonn (Land- u. Forstw.; Dipl.-Landw.) - Vorst.-Mitgl. Waldbauernverb. NRW; Mitgl. Aussch. Verkehrsinteressenten Stänđ. Tarifkommiss. Dt. Eisenbahnen, Verladeaussch. Tarifkommiss. gewerbl. Güterfernverkehr, Tarifkommiss. Nahverkehr u. Frachtenaussch. f. d. Rhein, Dt. Forstw.-Rat; VR-Mitgl. Bundesanst. f. d. Güterfernverkehr u. Kurat. f. Technik u. Bauwesen in d. Landw.

WELZ, Heinz

Journalist - Fußhollen 1B, 5207 Ruppichteroth (T. 02247 - 88 50) - Geb. 7. Juli 1949 Köln (Vater: Theo W., Kellner; Mutter: Hilde, geb. Krupp), kath., verh. s. 1976 m. Maria, geb. Lill, S. Benedikt Christopher - 1969-73 Univ. Köln (German., Soziol., Politik, Volksw.); 1973-76 Univ. Bonn; Staatsex. 1976; 1976 Volont. Kölner Stadt-Anzeiger - 1977-84 Redakt. u. Reporter ebd.; 1984-86 Redakt. Wirtschaftsmagazin Impulse; s. 1986 Redakt. Wirtschaftswoche - 1981 u. 1982 Journ.preis Bundesarbeitsgem. d. Fr. Wohlfahrtsverb. (BAG); 1983 Theodor-Wolff-Pr.; 1984 Journ.pr. Lebenshilfe f. d. geistig behind. Kind - Spr.: Engl., Franz.

WELZEL, Gotthard

Dr. phil., Hauptgeschäftsführer Bund d. Theatergemeinden Bonn (s. 1954), Geschäftsführer d. Theatergemeinden Bonn/Köln (s. 1954), Verlagsleit. Theater-Rundschau (s. 1955), Mitgl. Exekutivkomit. Intern. Assoc. of Theatreaudience Org. (IATO, s. 1968) - Von-Eichendorff-Str. 16, 5205 Sankt Augustin 1 (T. Sankt Augustin 2 15 44) - Geb. 29. Jan. 1927 Rosenberg/Schles., kath., verh. s. 1955 m. Johanna, geb. Sabel, 5 Söhne (Burkhard, Gerhard, Manfred, Dieter, Jürgen) - Univ. Köln (Phil., Päd., Naturwiss.; Promot. 1952) - 1952-54 wiss. Mitarb. Theatergemeinde Köln. Mithrsg.: Im Dienste d. Erwachsenenbild. (1961), D. Theater in kleineren Städten (1962), Theater in d. Großstadt (1963), Theaterstädte ohne Ensemble (1965), Paul Claudel auf deutschsprach. Bühnen (1968) - 1978 BVK; 1987 Päpstl. Ausz. - Spr.: Engl.

WEMMER, Ulrich

Dr. med., Prof., Direktor Städtische Kinderklinik Darmstadt (s. 1982) - Heidelberger Landstr. 379, 6100 Darmstadt 13 (T. 06151 - 50 13 01) - Geb. 12. März 1936 Wesel, verh. m. Dr. med. Gudrun, geb. Schilling - Med.-Stud. Univ. Münster, Freiburg, Heidelberg; Promot. 1964 Heidelberg; Habil. 1974 Mannheim - 1970 Oberarzt Kinderklinik Mannheim.

WEMPER, Heinz

Schauspieler u. Regisseur - Lindenstr. 3, 2055 Aumühle Bez. Hamburg (T. 04104 - 34 50) - Geb. 8. Juni 1903 Hattingen/Ruhr (Vater: Gustav W., Drogengrossist; Mutter: Martha, geb. Kloepper), verh. in 2. Ehe (1942) m. Gerda, geb. Doerk, 3 Kd. (Thordis, Timm-Hagen, Alrun) - Gymn.; Schauspiel- u. Regieausbild. Prof. Dr. Saladin Schmitt - S. 1924 bühnentätig (Essen, Riga, Darmstadt, Berlin; 1953-65 Dir. Sachsenwald-Theaer Reinbek). Hörfunk; Film; Fernsehen. U. a. Luther-Darsteller d. Urauff. Thomas Münzer u. Ulrich v. Hutten. Regie: Um 7 Uhr zu Hause (Dt. Erstauff.); Neuinsz.: D. Prozeß Mary Dugan (z. Demonstration e. totalen Theaterwir.) - 1962 Ehrenteller Stadt Reinbek (Eröffnung CARPE DIEM-Totalfilmtheater) - Schöpfer d. totalen Filmtheaterprinzips Carpe Diem (Wemper-Effekt).

WENCK, Günther

Dr. phil., Prof. i. R. Seminar f. Sprache u. Kultur Japans Univ. Hamburg - Alter Kirchenweg 22, 2000 Norderstedt - Geb. 24. Okt. 1916 Döbeln/Sa. - Univ. Leipzig; Auslandshochsch. Berlin - S. 1945 Assist., Privatdoz. (1950), apl. Prof. (1957), ao. Prof. (1973) Universität Hamburg, dazwischen 1954-56 Lektor Universität Tokio, 1964/65 Gastprof. Univ. of Michigan (USA) - BV: Jap. Phonetik, 4 Bde. 1954/59; On the Use of Punchcards for the Structural Analysis of Japanese Texts, 1964; The Phonemics of Japanese, 1966; Systematische Syntax d. Jap., 3 Bde., 1974; Linguist. Textkritik d. Izumi-Shikibu-Nikki, 1979; Japanische Parodie im 17. Jh., 1985; Pratum Japanisticum, 1987.

WENDE, Manfred

Journalist, MdB (1969-76; Wahlkr. 177/Waiblingen) - Feuerbacher Weg 110, 7000 Stuttgart 1 - Geb. 23. Dez. 1927 Breslau (Vater: Herbert W., gef. 1942; Mutter: Elisabeth, geb. Koch †1958), ev., verh. in 1. Ehe m. Hannelore, geb. Hampel, 2 Kd. (Gregor, Andrea), in 2. Ehe s. 1979 m. Kristina, geb. Müller-Schober (Schausp.), S. Peter - Gymn. (Abit. 1947 Stuttgart) - S. 1948 Südd. Rundfunk (Programmlt. Hörfunk-Rundfunkwerbung Stuttg.). 1965-69 Stadtrat Reutlingen, 1971-78 Kreistag Rems-Murr. SPD s. 1962 - Liebh.: Sport (Leichtathletik, Fußball), Wandern - Spr.: Engl. - Bek. Vorf.: Buchhändler Johann Philipp Palm, Freiheitskämpfer (ms.).

WENDE, Peter

Dr. phil., Prof. Univ. Frankfurt/M. - Turiner Str. 8, 6000 Frankfurt 70 - Geb. 17. März 1936 Athen - 1955-62 Stud. Univ. Hamburg, Leicester u. Frankfurt. Staatsex. 1962, Promot. 1965, Habil. 1972 - BV: Radikalismus im Vormärz, 1975; Probl. d. engl. Revolution, 1980; Gesch. Englands, 1985 - 1965 Walter Kolb-Preis Stadt Frankfurt; 1988 Fellow Royal Historical Soc. London.

WENDE, Wilhelm

Dipl.-Ing., Fabrikant, Seniorchef Wende & Malter GmbH., Witten - Hamburgstr. 13, 5810 Witten-Annen/Ruhr - Geb. 10. März 1905 - Firmengründer.

WENDEBOURG, Dorothea

Dr. theol., Prof. f. Kirchengeschichte Univ. Göttingen (s. 1987) - Nikolausberger Weg 5b, 3400 Göttingen - Geb. 6. Juli 1952 Langenberg/Rhld., ev. - Stud. Univ. München, Heidelberg, London, Rom, Studienstiftg. d. dt. Volkes; Promot. 1978 München; Habil. 1983 ebd. - 1983/84 Gastdoz. Hongkonk; 1986-87 Prof. Univ. Erlangen - BV: Geist od. Energie. Z. Frage d. innergöttl. Verankerung d. christl. Lebens in d. byzant. Theol., 1980; Reformation u. Orthodoxie. D. ökum. Briefw. zw. d. Leitg. d. Württ. Kirche u. Patriarch Jeremias II. v. Konstantinopel in d. Jahren 1573-81, 1986.

WENDEHORST, Alfred

Dr. phil., o. Prof. f. Landesgeschichte - Kochstr. 4, 8520 Erlangen - Geb. 29. März 1927 Breyell/Ndrh., kath., verh. s. 1964 m. Christa, geb. Wehner, S. Stephan - Univ. Würzburg u. Köln (Gesch., Klass. Philol., Phil.). Promot. 1951 Würzburg; 1964 Habil. Erlangen - 1957-64 Archivrat; 1964-65 Privatdoz. Univ. Erlangen-Nürnberg; 1965-72 ao. Prof. Univ. Würzburg; s. 1972 o. Prof. Univ. Erlangen-Nürnberg - BV: u. a. Tabula formarum curie episcopi, 1957; Germania Sacra: Würzburg I, II u. III, Bamberg II, 1962, 66, 69, 78; D. Würzburger Landkapitel Coburg z. Z. d. Reformation, 1965; D. Bistum Würzburg 1803-1957, 1964 - Spr.: Ital.

WENDEL, Brunhild

Bürgermeisterin Schacht-Audorf (dienstälteste Bürgerm. d. Bundesrep. Dtschl.), MdK Rendsburg-Eck (s. 1966), MdL Schlesw.-Holst. (1971-83) - Am Urnenfriedhof 2, 2373 Schacht-Audorf (T. 04331 - 90 17 u. 9 12 55) - Geb. 24. Nov. 1923 Dresden, ev., verh., 2 Kd. - Obersch.; Höh. Handelssch.; kfm. Ausbild. - Arbeitsdst. u. Kriegsgefangensch. (b. 1946), ab 1947 Tätigk. Kieler Anwaltsbüro u. Großbank, 1959-63 Leit. DRK-Alters- u. Pflegeheim Schacht-Audorf, 1963-65 Verwaltungsangest., s. 1966 Gemeindebürgerm. ebd. 1965 Gründ. d. 1. Sozialstation in Schlesw.-Holst. Landesvorst. Arbeiterwohlfahrt, DRK, Schlesw.-Holst. Gemeindetag. SPD s. 1962 - BVK I. Kl.; Frhr.-v.-Stein-Med.; 1984 Schlesw.-Holst.-Med.

WENDOLIN

s. Durben, Wolfgang (Ps. steht f. Grafik, Malerei, Kleinplastik)

WENDELSTADT, Dieter

Dipl.-Kfm., Vorstandsvorsitzender Colonia Versicherung AG., Köln (seit 1973) - Colonia-Allee 10-20, 5000 Köln 80 (T. 690-01) - Geb. 14. Dez. 1929 Bremen - U. a. Mitgl. Vorstandsrat Vorwerk & Co., Vorstandsmitgl. Kunstseiden AG. u. Enka Glanzstoff AG., Vorstandsvors. KUAG Textil AG.; b. 1975 Vorstandsmitgl., dann -Vors. Colonia Lebensversicherung AG. - Spr.: Engl., Franz. - Rotarier.

WENDER, Karl F.

Dr. phil., Dipl.-Psychologe., Prof. u. Direktor Inst. f. Psychol. TU Braunschweig - Äckernkamp Nr. 23, 3300 Braunschweig (T. 51 34 66) - Geb. 21. Mai 1939 Reval (Vater: Otto W., Arzt; Mutter: Anita, geb. Blauberg), verh. s. 1965 m. Ingeborg, geb. Grundmann, 2 Kd. (Jan, Katharina) - Dipl.ex. 1965 Hamburg; Promot. 1969 Darmstadt.

WENDERLEIN, J. Matthias

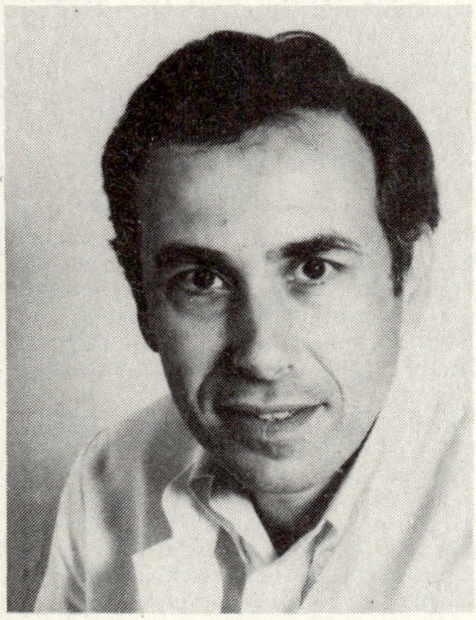

Dr. med., Dr. med. habil., Prof., Dipl.-Psych., Frauenarzt, geschäftsf. Oberarzt - Universitäts-Frauenklinik, Prittwitzstr. 43, 7900 Ulm (T. 0731 - 1 79 41 40) - Geb. Nürnberg, ev., verh., 2 Kd. - Med.- u. Psychologiestud. m. Abschl. Univ. Erlangen; Facharzt-Weiterb. Gynäkol./Geburtsh. Erlangen; Fach-Psychol. f. klin. Psychol.; Psychotherapieausb. - Gf. Oberarzt Univ.-Frauenklinik Ulm; klin. Oberarzt f. Geburtsh./Kreißsaal u. operat. Gynäkol. b. jährl. OA-Rotation - BV: Psychosomatik in d. Gynäkol. u. Geburtsh., 1981; Handbuchbeitr. in: Gerontologie in d. Gynäkol., 1987; Psycho Onkol., 1987; Lehrbuchbeitr.: Kinder- u. Jugend-Gynäkol., 1987.

WENDEROTH, Erich

Dr. jur., Rechtsanwalt, Zeitungsherausgeber - Cehmin du Pommier 26, CH-1218 Grand-Saconnex (T. 98 37 58) - Geb. 1. Okt. 1896 Altenkirchen (Vater: Conrad W.; Mutter: Maria, geb. Krautz), ev., verw., T. Irene - TH u. Univ. - Gesellsch. u. Mithrsg. v. Ztg. Rhein.-Berg.Druckerei u. Verlags-GmbH Düsseldorf - Gr. BVK - Liebh.: Musik, Kunst, Lit., Theater - Spr.: Engl., Franz., Ital.

WENDEROTH, Hans G.

Dr.-Ing., Vorstandsmitgl. (Ressort Produktion) Continental Gummi-Werke AG., Hannover (1974-81) - Münder Heerstr. 2, 3015 Wennigsen/Deister (T. 05103 - 6 05) - Geb. 23. Juni 1925 Berlin (Vater: Christoph W., Kaufm.; Mutter: Rosa, geb. Hofmann), ev., verh. s. 1953 m. Anna Maria, geb. Fahrbach, 2 Söhne (Frank, Mark) - 1946-51 Stud. Maschinenbau Berlin-Charlottenb. Dipl.-Ing. 1951; Promot. 1961 - 1951-55 Dt. Shell, Hamburg; 1956-60 Wiss. Assist. TU Berlin; 1961 Versuchsleit. NSU, Neckarsulm; 1966 Dir. u. stv. Techn. Leit. ebd.; 1969 stv. Vorstandsmitgl.; nach Fusion Audi/NSU Versetz. n. Wolfsburg, Übernahme Entwickl.abtl. - Liebh.: Tennis, Reiten, Ski, Bücher - Spr.: Engl.

WENDEROTH, Heinz

Dr. med., Prof., Internist - Haubachstr. 10, 4600 Dortmund 50 (T. 73 02 48) - Geb. 11. Jan. 1911 Frankfurt/M. (Vater: Dr. phil. Oskar W.; Mutter: Johanna, geb. Decker), ev., verh. s. 1941 m. Hannelore, geb. Rösler, 3 Kd. - Univ. Freiburg, Erlangen, München. (Promot. 1934). S. 1936 Med. Univ.klinik Hamburg (1946 Oberarzt; 1946 Doz., 1949/50 Forschungsstip. Univ. Glasgow, 1951 apl. Prof.) u. Städt. Kliniken Dortmund (1956 Chefarzt, b. 1976 Dir. Med. Klinik). Arbeiten üb. Krankh. d. Stoffwechsels, d. Verdauungsorgane u. d. Blutes - 1948 Preis Dr.-Martini-Stiftg. - Liebh.: Elektronenmikroskopie, Fotogr., Musik, engl. u. franz. Lit.

WENDERS, Wim

Dr. h. c., Filmemacher - Zu erreichen üb. Road Movies Filmprod. GmbH, Postsdamer Str. 199, 1000 Berlin 30 (T. 030 - 216 80 11) - Geb. 1945 (Vater: Chirurg) - Stud. Med., Phil., Malerei, Filmkunst - 1968-71 Mitarb. Südd. Ztg., Filmkritik, Twen-Filme (1968ff.): u.a. Hammet, Nick's Film - Lithtning over Water, D. Amerik. Freund, Tokyo-Ga - E. Reisetagebuch, D. Himmel über Berlin, 1987 - BV: Emotion Pictures, 1986; Written in the West, 1987; D. Logik d. Bilder, 1988 - 1982 Gold. Löwe Biennale Venedig (f. D. Stand d. Dinge), 1984 Gold. Palme (höchste europ. Ausz.) 37. Filmfestsp. Cannes u. Preis d. Intern. Filmkritik (f. Paris-Texas), 40. Filmfestsp. Cannes (Preis f. d. beste Regie), Bundesfilmpreis in Gold, Bayer. Filmpreis f. d. beste Regie, Preis d. Gilde in Silber, Belg. Kritikerpreis, Dän. Kritikerpreis, Franz. Kritikerpreis, Europ. Filmpreis f. d. beste Regie (f. D. Himmel üb. Berlin), Los Angeles Kritiker Preis (f. D. Himmel üb. Berlin), s. 1984 Mitgl. Akad. d. Künste; Dr. h.c. Sorbonne, Paris.

WENDIG, Friedrich

Dr. jur., Regierungsvizepräsident a. D., MdB (s. 1972) - Heinr.-Heine-Str. 52, 3000 Hannover (T. 88 08 40) - Geb. 29. Mai 1921 Sorau/Lausitz (Vater: Adolf W., Finanzbeamter; Mutter: Charlotte, geb. Fest), ev., verh. s. 1950 m. Marga, geb. Pengel, T. Jutta - 1940-42 Univ. Berlin, Jena, Leipzig, 1948-49 Hamburg (Rechts- u. Staatswiss.). Jurist. Staatsex. 1942 u. 50; Promot. 1950 - 1950-54 Justizdst. (Richter), dann Nieders. Kultusmin. u. Min. f. Wirtschaft u. Verkehr (1960; zul. Ltd. Min.rat), 1970-72 Reg.svizepräs. Osnabrück. FDP s. 1958. 1942-46 Wehrdst. u. Kriegsgefangensch. - BV: 700 Jahre Sorau - Chronik e. ostd. Stadt, 1960 - Liebh.: Kunstgesch., Sozialwiss. - Spr.: Franz., Ital.

WENDLAND, Gerhard

Sänger - Adlerstr. 56, 8000 München 59 - Geb. 1920, verh. I) s. 1952 m. Ehefr. Josephine, II) s. 1977 m. Ehefrau Katharina, 3 Kd. (Sascha, Pascal, Renate) - Musikhochsch. - Üb. 12 Mill. Schallpl. - Liebh.: Golf, Tennis.

WENDLAND, Heinz

s. Donnepp, Bert

WENDLAND, Heinz-Dietrich

Dr. theol., D., o. Prof. f. Christl. Gesellschaftswissenschaft (emerit.) - Immenschnur 17c, 2000 Hamburg 67 - Geb. 22. Juni 1900 Berlin (Vater: Traugott W., Pfarrer; Mutter: Margarete, geb. Gühne), ev., verh. s. 1927 m. Käthe, geb. Dreyer, 3 Kd. (Christa-Brigitte, Wolfhard, Ruthard) - Gymn. Berlin (-Steglitz); Univ. ebd. u. Heidelberg. Promot. (1924) u. Habil. (1929) Heidelberg - 1929-68 Lehrtätigk. Univ. Heidelberg, Kiel (1937 Ord.), Münster (1955; 1964-65 Rektor). S. 1961 Mitgl. Nordrh-westf. Akad. d. Wiss. - BV: u. a. Eschatologie d. Reiches Gottes bei Jesus, 1931; D. Korintherbriefe d. Paulus, 14. A. 1978 (jap. 1974); Geschichtsanschauung u. -bewußtsein im Neuen Testament, 1938; Die Kirche in der modernen Gesellschaft, 2. A. 1958; Botschaft an d. soziale Welt, 1959; D. Begriff Christlichsozial, 1962; Einf. in d. Sozialethik, 1963; Person u. Ges. in ev. Sicht, 1965; D. Kirche in d. revolutionären Ges., 2. A. 1968; D. ökumen. Bewegung u. d. II. Vatikan. Konzil, 1968; Ethik d. Neuen Testaments, 2. A. 1975; Wege u. Umwege: 50 Jahre erlebter Theol., 1919-70, 1977 - 1951 Ehrendoktor Univ. Heidelberg.

WENDLAND, Karl

Kaufmann, Präsident Bundesverb. d. Dt. Lederwaren-Einzelhandels - Hahnenstr. 29-31, 5000 Köln 1 - Geb. 9. Juni 1928.

WENDLER, Gernot

Dr. rer. nat., o. Prof. f. Tierphysiologie, Direktor Zool. Inst. Univ. Köln - Heddinghovener Str. 41, 5042 Erftstadt - Geb. 7. Juni 1933 Berlin (Vater: Wilhelm W., Gymnasiallehrer; Mutter: Käte, geb. Schnabel), ev., verh. s. 1959 m. Dr. Lotte, geb. Hahn, 3 Kd. (Jörg, Olaf, Susanne) - Stud. Biol., Physik u. Chemie Univ. Berlin, Tübingen, München (Promot. 1964) - S. 1974 Dir. Zool. Inst. Köln; 1981/82 Dekan Math.-Naturwiss. Fak. Entd.: Kontrollmechanismen bei Insektenlauf u. -flug.

WENDLER, Michael H.

Geschäftsführender Gesellsch. Emil Adolff Verw.ges. mbH & Co., Geschäftsf. EA Ind.werk Hofen GmbH, Weitnau u. Emil Adolff Plastic GmbH, Reutlingen - Panoramastr. 49, 7410 Reutlingen/Württ. (T. 07121 - 31 94 40) - Geb. 30. Okt. 1936.

WENDLER-KALSCH, Elsbeth

Dr. rer. nat., Dr.-Ing. habil., Univ.-Prof. - Gabelsbergerstr. 16, 8520 Erlangen (T. 09131 - 2 33 51) - Geb. 9. Jan. 1936 Bad Dürkheim, ev., verh. m. Dr. Friedrich W. - Abit. Ludwigshafen; Dipl.-Phys. 1963; Promot. 1968 Erlangen; Habil. 1980 ebd. - 1968-69 wiss. Assist. Lehrstuhl f. Metalle Univ. Erlangen-Nürnberg; 1969-71 MPI f. Metallkd. Stuttgart; 1971-82 Obering. Lehrst. Korrosion u. Oberflächentechn., s. 1982 Univ.-Prof. Inst. f. Werkstoffwiss. Univ. Erlangen-Nürnberg. Mitgl. im Fachbeirat VDI-Werkstofftechnik, Arbeitsgem. Korrosion, Europ. Föderation Korrosion - 40 Buchbeitr. u. Publ. in Fachztschr. - 1981 Habil.preis Erlangen.

WENDLIK, Herbert A.

Dipl.-Volksw., Direktor - Hollenbergerstr. 14, 5250 Wahlscheid (T. 02263 - 69 72) - Geb. 18. Jan. 1933 Mähr. Trübau - kath., verh., 3 Kd. - Höh. Schule, Banklehre; Univ. Freiburg (Rechts- u. Staatswiss.) - 1957 Dt. Lufthansa AG (Marktforsch.), 1963/64 Gf. Condor Flugdienst GmbH, 1978 Dir. Dt. Lufthansa AG (Marketing u. Kundendienst).

WENDLING, Jürgen

Musiker, Arrangeur, Komponist, Solo-Trompeter - Auf der Schanz 16A, 6670 St. Ingbert-Hassel (T. 06894 - 5 25 55) - Geb. 23. Aug. 1955 Neunkirchen/Saar, kath. - Musikstud. Saarbrücken, Mannheim - Trompetenduo m. Schwester Charlotte; Engagements: Öfftl. Galas im In- u. Ausland; Schallpl., Funk u. FS - 1965, 1967, 1969 u. 1971 Bundessieger Jugend musiziert; Carl-Orff-Preisträger.

WENDLING-PARDON, Charlotte

Musikerin, Trompetensolistin - Steinkopfweg 10, 6670 St. Ingbert-Sengscheid (T. 06894 - 82 33) - Geb. 20. Juni 1953, kath., verh. s. 1982 m. Manfred Pardon, Kaufm., T. Michelle - Stud. Päd.; Staatsex.; Musikstud. Saarbrücken - Trompetenduo m. Bruder Jürgen Wendling; Engagements: Öfftl. Galas im In- u. Ausland; Schallpl., Funk u. FS - 1965, 1967, 1969 u. 1971 Bundessieger Jugend musiziert; Carl-Orff-Preisträger.

WENDORFF, Rudolf

Verlagsdirektor i. R. (1975) - Amtenbrinksweg 84, 4830 Gütersloh u. Krenner Weg 12, 8000 München 71 - Geb. 29. März 1915 Berlin, verh. seit 1948 m. Gertrud, geb. Steinmeyer, 2 Kd. (Ursula, Reinhard) - 1933-39 Univ. Berlin - Geschäftsf. Verlagsgruppe Bertelsmann GmbH. u. Vorstandsmitgl. Bertelsmann AG. (Bereich: Verlage), beide Gütersloh - BV: Zeit u. Kultur, 1980, 3. A. 1985; Dritte Welt u. Westl. Zivilisation, 1984; D. Mensch u. d. Zeit, 1988 - Mitgl. Intern. Soc. for the Study of Time- Spr.: Engl., Franz. - Rotarier.

WENDT, Dirk

Dr. phil., Prof. f. Psychologie Univ. Kiel - Am See 12, 2381 Havetoft - Geb. 18. März 1935 Harburg-Wilhelmsburg (Vater: Heinrich W., Dipl.-Volksw.; Mutter: Aenne, geb. Meyer), verh. 1961-89 m. Chrilla, geb. Gerlach, 2 Kd. (Katharina, Johannes) - 1954-59 Stud. Univ. Hamburg; Dipl.-Psych. 1959, Promot. 1966 - 1973ff. Prof. in Kiel - BV: Quantitative Meth. d. Psych., (m. P. R. Hofstätter) Lehrb., 1974; Utility, Probability and Human Decision Making, (m. C. Vlek) 1975; Allg. Psychologie, 1989.

WENDT, Ernst

Dr. rer. nat., Prof. f. Physiologie u. Strahlenbiologie - Blumenaustr. 2, 5300 Bonn - Geb. 1. Dez. 1928 Waldniel (Vater: Friedrich W.; Mutter: Josefine, geb. Jansen), kath., verh. s. 1960 m. Dr. Gertrud, Wagener - 1951-57 Stud. Univ. Köln u. Bonn (Zool., Botanik, Chemie, Physik), Promot. Bonn 1957, Habil. 1965 - 1957-62 Stip. Min. f. Atomkernenergie, 1962-66 wiss. Mitarb. Kernforsch.anl. Jülich, 1966 Diätendoz. u. apl. Prof., 1970 wiss. Abt.vorst. u. Prof. Univ. Bonn.

WENDT, G. Gerhard

Dr. med., Prof. f. Humangenetik - Forsthausstr. Nr. 3, 3550 Marburg 7 (T. 28 40 80) - Geb. 10. April 1921 Rostock, verh. s. 1945 m. Ingeborg, geb. Nickel - Promot. 1945; Habil. 1952 - S. 1952 Privatdoz., apl. (1959) u. o. Prof. (1963) Univ. Marburg (Inst. f. Humangenetik u. Genet. Polikl.) - BV: Genetik u. Ges., 1970; Vererbung und Erbkrankh., 1974; Humangenetik u. genet. Beratung, 1974; Genet. Berat. f. d. Praxis, 1975; Erbkrankh.: Risiko u. Verhütung, 1975; Genet., geburtshilfl. u. pädiatr. Prävention, 1977; Primäre Prävention, 1978; D. behinderte Kind, 1981 - 1981 Ernst-von-Bergmann-Plak.

WENDT, Günther

Dr. jur., Prof., Oberkirchenrat (Justitiar Ev. Landeskirche in Baden), Lehrbeauftr. Univ. Heidelberg (Kirchenrecht) - Hauffstr. 1, 7500 Karlsruhe-Rüppurr - Geb. 23. Sept. 1919 Herborn/Dill - S. 1951 (Habil.) Privatdoz. u. apl. Prof. (1957) Univ. Freiburg/Br. (Straf-, -prozeß-, Kirchenrecht).

WENDT, Gustav

Kaufmann - Pfahlerstr. 44, 6200 Wiesbaden-Sonnenberg - Geb. 11. Jan. 1910 Berlin - S. Mitte d. 20er Jahre Rheinhütte vorm. Ludwig Beck & Co., Wiesbaden-Biebrich (1949 Prok., 1958 Dir., 1971 gf. Gesellsch.). Div. Mandate - 1975 BVK a. Bd.

WENDT, Hans W.

Dr. rer. nat., Prof. f. Psychologie Macalester College, St. Paul (s. 1968), u. Inst. f. Arbeitsphysiol. u. Rehabilitationsforsch. Univ. Marburg - Robert-Koch-Str. 7a, 3550 Marburg/Lahn; priv.: 2180 Lower Saint Dennis Road, Saint Paul, Minnesota 55116 (USA) - Geb. 25. Juli

1923 Berlin/Charl. (Vater: Dr.-Ing. Hans O. W., Ing. u. Schriftst.; Mutter: Alice, geb. Creutzburg), protest., verh. 1956-80 m. Martha, geb. Linger, gesch., 3 Kd. (Alexander, Christopher, Sandra) - Univ. Hamburg, Cambridge, Wesleyan, Harvard. Dipl.-Psych. 1949 Hamburg; Promot. 1952 Marburg - U. a. 1961-67 Assoc. Prof. Valparaiso Univ. Indiana. Wiss. Berater Flug- u. Raumfahrtind. (1963-68). Gastprof. Kanada u. BRD; 1971-81 Hon.-Prof. f. Psych. Univ. Marburg. Üb. 50 Facharb. - 1976 Alexander-v.-Humboldt-Preis (US-Sonderprogramm f. Naturwiss.ler) - Liebh.: Musik, Reisen, - Spr.: Engl. - Bek. Vorf.: Prof. Dr. Gustav W., Wiss.ler, Reichstagsabg., akt. Emanzipationsbeweg. (Großv.).

WENDT, Heinz

Dr. jur., Prof. f. Bürgerl. Recht u. Zivilprozeßrecht FHSVR Berlin (s. 1973) - 1000 Berlin 47 - Geb. 14. Dez. 1941 Göttingen, ev., verh. s. 1966 m. Roswitha, geb. Glasow, 2 Kd. (Susanne, Christian) - 1961-66 Stud. Univ. Berlin (Rechtswiss.); 1966-69 jurist. Vorb.dst. Berlin; Promot. 1971 - S. 1982 versch. ehrenamtl. Tätigk. f. d. ev. Landeskirche Berlin (Provinzialsynode, Kreissynode, Kreiskirchenrat, Gemeindekirchenrat) - Div. Veröff. u. Schr. insb. z. Verwaltungsprivatrecht, Ausbildungs- u. Haftungsrecht - Liebh.: Förderung d. intern. Studienaustausches - Spr.: Engl., Franz.

WENDT, Hilmar

Dr. sc. nat., Prof. f. Prakt. Mathematik Univ. Bonn/Landw. Fak. (s. 1948, emerit. 1981) - Auf d. Steinchen 28, 5300 Bonn-Ippendorf (T. Bonn 28 34 93) - Geb. 7. Jan. 1913 Dresden (Vater: Emil W.; Mutter: geb. Zschalig), verh. s. 1944 m. Hildegard, geb. Sauer - Fachveröff.

WENDT, Ingeborg

Schriftstellerin (Ps.: Ruth Rödern) - Beuttenmüllerstr. 20, 7570 Baden-Baden (T. 7 24 49) - Geb. 8. Okt. 1917 Brandenburg/H., verh. s. 1937 m. Herbert W., Schriftst. († 1979) 4 Kd. (Peter, Inken, Sabine, Kornelia) - Stud. d. Kunstgesch. u. German. - Sortimentsbuchhandel; Ztg.s- u. Ztschr.redaktionen - BV: u. a. Wir v. Schloß, Jugendr. 1953; Notopfer Berlin, R. 1956 (auch amerik.); D. Gartenzwerge, R. 1960 (auch slowak.); Freiheit, du bist e. böser Traum - D. amerikanische Tagödie, 1973. D. Rollenverhalten v. Mann u. Frau (Beitr. Enzyklopädie D. Mensch) Jugendb.; Funk- u. Fernsehsend. (u. a.: D. Schritt ins Leben) - Mitgl. Humanist. Union.

WENDT, Martin

Techn. Bundesbahnoberinspektor, MdB (s. 1965) - Finkenweg, 5780 Velmede/Sauerl. (T. 02904 - 22 83) - Geb. 24. März 1935 Velmede/Sauerl., kath., verh., 4 Kd. - Gymn.; Zimmererlehre; Ingenieursch. (Ing. f. Tiefbau) - Dt. Bundesbahn (Bahnmeisterei Bestwig). S. 1964 Gemeinde- u. Amtsvertr. Bestwig (1964-69 stv. Amtsbürgerm.). SPD s. 1955 (u. a. Mitgl. Unterbezirksvorst. Sauerl.).

WENDT, Michael

Dr. phil., Prof. f. Didaktik d. franz. Sprache u. Literatur Univ. Gießen - Hubertusstr. 38, 6301 Pohlheim 1 - Geb. 21. Dez. 1940 Berlin (Vater: Dr. Walter W., Zahnarzt; Mutter: Liselotte, geb. Kühnreich-Peters), ev., verh. s. 1966 m. Jutta, geb. v. Mohnsdorff, 4 Kd. (Christian, Erik, Joachim, Nicola) - 1. Staatsprüf. Roman. u. German. 1966, 2. Staatsprüf. u. Promot. 1968 - 1962-67 Lehrer u. Assist. d. Schulltg. Schele-Schule Berlin; 1968-73 Lehrer an Gymn. Stuttgart u. Ludwigsburg; s. 1973 Prof. in Gießen - BV: D. Oxforder Roland. Heilsgeschehen u. Teilidentität im 12. Jh., 1970. Üb. 100 Veröff. z. Fremdsprachendidaktik - Interessen: Fremdsprachenerwerbstheorie.

WENDZINSKI, Gerd

Physikingenieur, MdL Nordrh.-Westf. (s. 1970) - Kaffsackweg 4, 4600 Dortmund-

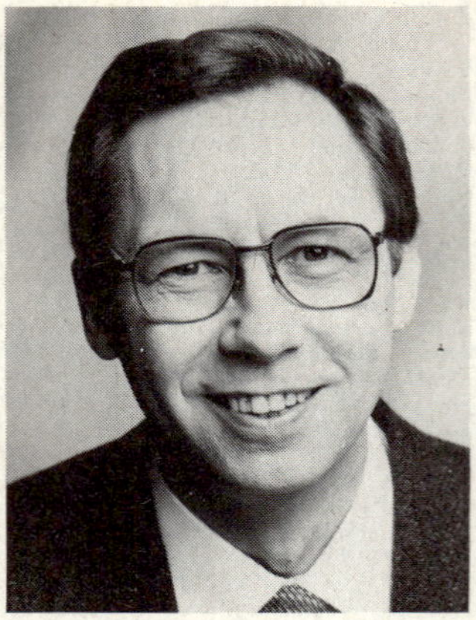

Nette (T. 35 02 51; dstl.: 0211 - 884 22 68) - Geb. 31. Mai 1935 Dortmund, verh., 2 Kd. - Volkssch.; Elektroinst.lehre; Abendsch. (Fachsch.reife); Ingenieursch. (Physiking. 1964) - 1964-70 Ratsherr Dortmund (1969 stv. Fraktionsf.); 1967-70 Mitgl. Landschaftsvers. West.-Lippe; SPD s. 1955 (1966-76 Vors. Stadtbez. Dortmund-Mengede, s. 1978 stv. Vors. SPD-Landtagsfraktion, Sprecher f. d. Bereich Umweltschutz u. Raumordnung). Mitgl. Verbandsvers. d. Vereinigten ev. Kirchenkreise, Dortmund-Lünen; LfR-NRW, Mitgl. d. Landesrundfunkkommiss.; stv. Vors. d. Aussch. f. landesweiten priv. Rundf.

WENG, Gerhard (Gerd)

Dr. jur., Staatssekretär a. D. Landtagsvizepräsident Baden-Württ., MdL (s. 1964) - Montfortweg 7, 7400 Tübingen - Geb. 25. Mai 1916 Schömberg/Württ. (Vater: Friedrich W., Hptm.; Mutter: Emma, geb. Sekler), kath., verh. m. Ilse, geb. Springer, 3 Kd. (Michael, Felicitas, Thomas) - Gymn. Tübingen; Univ. ebd. u. Berlin (Rechtswiss., Volksw.). Promot. 1947; Ass.ex. 1948 - 1936-38 Wehr-, 1940-45 Kriegsdst. (zul. Ltn. d. R.); 1949-60 Rechts- u. Steuerref. Diözese Rottenburg; 1961-64 Ref. Ministerpräs. Baden-Württ. (1962 Min.rat). 1953ff. Kreisverordn. Tübingen; 1955ff. Stadtrat ebd. Div. Ehrenämter. CDU (stv. Landesvors. Württ.-Hoh.) - Brosch.: Wozu Bildungsplanung? 1967. Herausg.: Festschr. f. Kurt Georg Kiesinger (dva, 1964) - 1972 BVK I. Kl.; 1976 Gr. BVK, 1986 m. Stern; Ehrenphilister KV (1965) u. CV (1967) - Liebh.: Schwimmen, Wandern (1967 Gold Sportabzeichen) - Spr.: Engl., Franz., Ital.

WENG, Wolfgang

Dr., Bundestagsabgeordneter (s. 1983; Landesliste Baden-Württ.), stv. Vors. FDP-Bundestagsfrakt. - Bundeshaus, 5300 Bonn 1 - FDP.

WENGELER, Fritz

Dr.-Ing., Dipl.-Ing., gf. Gesellschafter Heinrich Puth KG., Hattingen-Blankenstein u. R.S.I.-Verw.-GmbH & Co. Beteiligungskommanditges. (s. 1980) - Sprockhöveler Str. 27, 4324 Hattingen-Blankenstein (T. 03224 - 63 55) - Geb. 3. Dez. 1939 Dortmund (Vater: Fritz W. sen. (s. d.), Fabrikant; Mutter: Elisabeth, geb. Cramer), ev., verh. s. 1968 m. Beatrix, geb. Hoevels, 2 Kd. (Bettina, Fritz) - Math.-naturwiss. Gymn. Hattingen; Stud. d. Hüttenkunde u. Betriebswirtsch. TU Clausthal u. Berlin; Dipl.ex. u. Promot. TU Berlin - 1966-69 Prokurist Heinr. Puth KG., 1970-73 Geschäftsf. Georg Heckel, s. 1974 gf. Ges. Heinr. Puth KG. - Liebh.: Jagd, Golf - Spr.: Engl., Franz.

WENGENMEIER, Richard

Kürschnermeister, MdL Bayern (s. 1962) - Salzstr. 19, 8952 Marktoberdorf/Allgäu (T. 24 34) - Geb. 9. Febr. 1928 Marktoberdorf, kath., verh., 4 Kd. - Volkssch.; Kürschnerhandw. - S. 1948 elterl. Geschäft (s. 1793 Familienbesitz) selbst. MdK Marktoberdorf; Mitgl. Stadtrat ebd. (1968 Bürgerm.). CDU s. 1954 (1957 Kreisvors.) - 1971 Bayer. VO; 1983 Ehrenring d. bayer. Handwerks.

WENGLER, Wilhelm

Dr. jur., Dr. rer. pol., Drs. jur. h. c., o. Prof. f. Intern. Recht, Rechtsvergleichung, Allg. Rechtslehre - Werderstr. 15, 1000 Berlin 37 (T. 801 65 35) - Geb. 12. Juni 1907 Wiesbaden, verh. m. Käte, geb. Göring † - Ab 1935 Wiss. Ref. Kaiser-Wilhelm-Inst. f. ausl. u. intern. Recht, Berlin, im Krieg völkerrechtl. Berat. OKW, 1944 mehrere Mon. Unters.haft (Angehöriger Moltke-Kr.). 1945-48 stv. Leit. Rechtsabt. Zentralverw. f. Verkehr, Berlin, dann Prof. m. Lehrauftr. Humboldt-Univ., s. 1950 o. Prof. FU Berlin (Begründer Inst. f. Intern. Recht u. Rechtsvergleichung); gutachterl. u. schiedsrichterl. Tätigk.; 1973-75 Präs. Inst. de Droit Intern. - BV: Völkerrecht, 1964; Gutachten z. intern. u. ausl. Recht, 1971; D. Mitbestimm. u. d. Völkerrecht, 1975; Intern. Privatrecht, 1981; Schriften z. dt. Frage, 1987 - Ehrendoktor 1972 Thessaloniki, 1978 Louvain, 1981 Coimbra, 1978 BVK abgelehnt - Lit.: Multitudo legum, jus unum (Festschr. z. 65. Geburtstag, 1973).

WENGST, Klaus

Dr., Prof. f. Neues Testament Ruhr-Univ. Bochum - Claus-Groth-Str. 2a, 4630 Bochum 1 - Geb. 14. Mai 1942 Remsfeld - Promot. 1967, Habil. 1970 - BV: Christol. Formeln u. Lieder d. Urchristentums, 1972; D. erste, zweite u. dritte Brief d. Johannes, 1978; Bedrängte Gemeinde u. verherrlichter Christus. D. hist. Ort d. Johannesevangeliums als Schlüssel z. s. Interpretation, 1981; Schriften d. Urchristentums II. Didache (Apostellehre), Barnabasbrief, Zweiter Klemensbrief, Schrift an Diognet, 1984; Pax Romana. Anspruch u. Wirklichkeit. Erfahrungen u. Wahrnehmungen d. Friedens b. Jesus u. im Urchristentum, 1986; Demut - Solidarität d. Gedemütigten. Wandlungen e. Begriffs u. seines soz. Bezugs in griech.-röm., alttestamentl.-jüd. u. urchristl. Tradition, 1987.

WENIG, Helmut

F.I.L. (London), Gerichtsdolmetscher, Dozent Verwaltungsakad. Berlin (b. 1984) - Hohenzollerndamm 6, 1000 Berlin 31 (T. 881 47 20) - Geb. 3. Dez. 1916 Berlin (Vater: Eduard W., Reichsbahnbeamter; Mutter: Lina, geb. Schlüfter), ev., verh. s. 1963 m. Barbara, geb. Abendroth †, S. Jörg Helmut - Abit. 1936 Berlin; 1936-39 kaufm. Ausb. in chem. Großind.; 1937-45 Univ. Berlin (akad. Übers.prüf.; dazw. 1940-45 Dolmetscher im Kriegsdst.); 1945-47 brit. Gefangensch. - Doz. Zentr. Sprachenst. f. d. Berliner Verw. (Senator f. Inneres (b. 1983); 1963-78 Doz. Hochsch.-Inst. f. Wirtschkd. bzw. FHS f. Wirtsch. Berlin; b. 1982 Doz. Aus- u. Weiterbild.zentr. AEG-Telefunken Berlin; Ref. Aus- u. Fortbild.zentr. Bewag; Prüf. Staatl. Prüfungsamt f. Dolm. u. Übers.; Beeidigter Gerichtsdolmetscher. Veröff. in Fachztschr. - 1973 Gold. Ehrennadel BDÜ - Liebh.: Vergl. landeskundl. Stud. BRD-GB - Spr.: Engl., Franz.

WENIGER, Joachim-Hans

Dr. agr., o. Prof. f. Tierzüchtung u. Haustiergenetik - Hubertusallee 74, 1000 Berlin 33 - Geb. 22. Febr. 1925 Plauen/V. (Vater: Dr. jur. Erich W.; Mutter: Elisabeth, geb. Grosse), verh. s. 1953 m. Brigitte, geb. Geyer, 4 Kd. (Adelheid, Ulrike, Tilman, Bettina) - Promot. 1952; Habil. 1956 - S. 1956 Lehrtätigk. Univ. Halle, Göttingen (1958; 1962 apl. Prof. f. Tierzuchtlehre), TU Berlin (1969 o. Prof.). Vizepräs. Weltorg. f. Tierproduktion, Präs. d. Deutsch-Japan. Ges. f. Tierproduktion, Mitgl. Franz. Akad. d. Landwirtsch.wiss., Dt. Landw.s-Ges., Dt. Ges. f. Züchtungskd., Brit. Soc. of Animal Production, Ehrenmitgl. Zootechn. Ges. Ital. - BV: Muskeltopographie d. Schlachtkörper, 1963 (m. Steinhauf u. Pahl). Div. Buchbeitr., dar. Tierzüchtungslehre (1971) u. Handb. f. Tierernährung (1972). Etwa 230 Einzelarb. - Hermann-v.-Nathusius-Med. d. Dt. Ges. f. Züchtungskunde; 1989 Theodor-Brinkmann-Preis d. Univ. Bonn - Spr.: Engl.

WENIGMANN, Hans

Geschäftsführer Schwäbisch Gmünder Ersatzkasse, Schwäb. Gmünd, Vors. Verb. d. Arbeiter-Ersatzkassen, Siegburg - Im Rosengärtchen 32, 6370 Oberursel/Ts.

WENING, Ludwig K. F.

Geschäftsführer i. R. Deumu Dt. Erz- u. Metall-Union GmbH., Hannover (s. 1955) - Am Jungfernplan 2, 3000 Hannover - Geb. 31. Mai 1913 - S. 1938 Salzgitter-Gruppe.

WENK, Klaus

Dr. jur., Dr. phil., Dr. of Letters h.c., Prof. f. Sprachen u. Kulturen Südostasiens Univ. Hamburg (s. 1967) - Eichenhorst 2, 2080 Pinneberg - Geb. 24. März 1927 Hamburg, verh. s. 1959 m. Marianne, geb. Hoppe, 3 Kd. (Johannes, Andreas, Irene) - Stud. Jura u. Orientalistik Hamburg u. Bangkok. Promot. 1956 u. 61; Habil. 1965 - Rechtsanw. - BV (üb. 30)/Auswahl: Wandmalerei in Thailand, 3 Bde. 1975 (auch engl.); Murals in Burma, Bd. I 1977; Phali lehrt d. Jüngeren, 1977 (auch engl.); D. buddhist. Kunst Thawan Datchanis, 1979 (auch engl.). Rd. 50 Aufs. üb. Südostasien - 1963 Orden d. thailänd. Krone (Offz.-Kl.); 1979 Orden d. thailänd. Krone (Kommturskl.); 1983 Orden d. weißen Elefanten (Kommturskl.) - Spr.: Engl., Franz., Thai., Laot.

WENKE, Klaus

Dipl.-Math., Unternehmensberater - Am Eichenhof 13, 2807 Achim - Geb. 18. Dez. 1926 Berlin (Vater: Dr. Karl W., LGrat; Mutter: Hanna, geb. Seeger), ev., verh. s. 1954 m. Hella, geb. Eilemann, S. Klaus - 1949-53 Univ. Köln (Math., Phys., Meteorol.) - S. 1953 Aufbau Rechenzentr. BASF, s. 1960 Normenaussch. Informat.verarb. (Vors. UA Betriebssysteme), 1969 Fides Zürich Unternehmensberat., 1971-85 Martin Brinkmann AG Bremen, 1986 Wenke Informatik; 1976-78 AR GMD - 1958 Einf. Berufsbild Math. Techn. Assist., 1955ff. innerbetriebl. Input/Output-Analyse, 1968 Patent Verf. u. Anordnung zur Verschlüsselung, 1977 ff. neue Kommunikationstechniken (Bildschirmtext) - BV: Automatis.-Stand u. Auswirk. in d. Bundesrep., 1957; Anwend. d. Matrizenrechnung auf wirtsch. u. statist. Probl., 1959; Hrsg. 21 Bde. Ökonometrie u. Untern.forsch., s. 1962; m. A. Jaeger: Lineare Wirtsch.algebra, 1969 (übers. Slowak. 1978) - Spr.: Engl.

WENKOFF, Spas

Österr. Kammersänger, Opernsänger - Traunkai 12b, A-4820 Bad Ischl (T. 06132 - 55 21) - Geb. Veliko Tarnovo/Bulg., verh. s. 1967 m. Hannelore, geb. Voß, S. Christian - Jurastud.; Dipl. 1954 - Ab 1975 schwerer Wagnerheldentenor an allen gr. Opernhäusern d. Welt (u. a. Wiener Staatsoper, Metropolitan Opera New York, Scala di Milano, Covent Garden London, Teatro Colon Buenos Aires, Dt. Oper Berlin, Bayer. Staatsoper München, Hamburg, Staatsoper, Dt. Staatsoper Berlin, Staatsoper Dresden, Opernhäuser Köln, Stuttgart, Frankfurt, Leipzig) - Spr.: Engl., Ital., Russ.

WENNEMER, Karl

Dr. theol., Lic. bibl., o. Prof. f. Exegese d. Neuen Testaments Theol. Fak. S. J./Phil.-Theol. Hochsch. St. Georgen (s. 1950) - Offenbacher Landstr. 224, 6000 Frankfurt/M (T. 65 10 47) - Geb. 12. Juni 1900 Saerbeck/W., kath.

WENNER, Heinz

Dipl.-Volksw., Hauptgeschäftsführer DIÄTVERBAND Bundesverb. d. Herstellers v. Lebensmitteln f. bes. Ernährungszwecke, Geschäftsf. Kaugummi-Verband - Kelkheimer Str. 10, 6380 Bad Homburg v.d.H. (T. 06172 - 330 14/15/16) - Geb. 2. Febr. 1941, rk., verh. s. 1966, 2 Kd.

WENNER, Heinz Lothar

Dr. agr., Prof., Vorstand Institut u. Landesanstalt f. Landtechnik Weihenstephan - Jochamstr. 17, 8050 Freising (T. 08161 - 6 10 12) - Geb. 20. Juli 1924 Köln (Vater: Franz W., Dr. med. vet.), kath., verh. s. 1954 m. Waltraud, geb. Camp, 2 Kd. (Andreas, Martin) - S. 1965 Ord. Univ. Gießen, ab 1970 Ord. TU München-Weihenstephan - BV: Lehrb. Landtechnik Bauwesen.

WENNMACHER, Richard

Fabrikant (R. Wannenmacher/Flurförderungsmittel) - Postf. 1107, 4720 Beckum/W. - Geb. 26. Jan. 1901 - Mehrj. Vors. Industrieverb. Eisen- u. Stahlwaren.

WENO, Joachim

Dr. phil., Dozent Goethe-Inst. z. Pflege d. dt. Sprache im Ausland u. z. Förd. d. intern. kulturellen Zus.arbeit - Seidlstr. 17, 8110 Murnau/Obb. (T. 08841 - 87 62) - Geb. 10. Dez. 1927 Striegau/Schles. (Vater: Franz W., Rektor; Mutter: Elisabeth, geb. Langnickel), kath., verh. m. Gitta Engl, geb. Schranz - Univ. Leipzig u. FU Berlin (German., Theaterwiss., Kunstgesch., Phil.; Promot. 1951) - 1952-55 Redakt. Filmblätter, Berlin, 1955-57 Pressechef Gloria-Film, 1957-58 Feuilletonchef BZ ebd., dann fr. Journ., 1960-61 Doz. Goethe-Inst., Brilon/W., 1961-69 Leit. Dt. Kulturinst. Bagdad/Irak u. Boston/USA (1965), 1969-74 Beauftr. f. Planung u. Geschäftsf. Goethe-Inst., München, 1975-81 Leit. Goethe-Inst. Murnau, s. 1980 Mitgl. Präs. Goethe-Inst., s. 1985 i.R. - BV: Lilli Palmer, Biogr. 1957 - Liebh.: Jagd - Spr.: Engl., Span - Bek. Vorf.: Msgr. Jakobus W., Protonotarius Apost. 1879-1962 (Onkel).

WENSKUS, Reinhard

Dr. phil., o. Prof. f. Mittlere u. Neuere Geschichte - Kastanienweg 2, 3406 Bovenden (T. 86 08) - Geb. 10. März 1916 Saugen/Ostpr. (Vater: Rudolf W., Berufssoldat (zul. Ltn. d. L.); Mutter: Helene, geb. Wallukat), ev., verh. s. 1951 m. Hella, geb. Moss, 2 Kd. (Otta, Rupert) - Herzog-Albrecht-Sch. Tilsit; kaufm. Lehre ebd. (Lebensmittelgroßhandel); Städt. Abendobersch. Hannover; Univ. Wien u. Marburg (Gesch., Vorgesch., German., Völkerkd.). Promot. u. Habil. Marburg - 1937-45 Arbeits- u. Wehrdst.; Dolmetscher brit. Besatzungsmacht (b. 1949); Stud.; Assist. (Prof. Büttner) u. Privatdoz. (1959) Univ. Marburg; s. 1963 Ord. u. Seminardir. Univ. Göttingen. Mitgl. Histor. Kommiss. f. ost- u. westpr. Landesforsch. u. f. Hessen u. Waldeck, Johann-Gottfried-Herder-Forschungsrat u. a. - BV: Studien z. histor.-polit. Gedankenwelt Bruns v. Querfurt, 1956; Stammesbild. u. Verfass. - D. Werden d. frühmittelalterl. gentes, 1961 - Liebh.: Wandern.

WENSKY, Margret

Dr. phil., Historikerin - Brüsseler Str. 11, 5300 Bonn 1 (T. 0228 - 67 66 46) - Geb. 25. März 1948 Osnabrück - Stud. Univ. Münster u. Bonn; Promot. 1978 - S. 1974 Landschaftsverb. Rhld.; Redakt.-Leit. Rhein. Städteatlas - BV: D. Stellung d. Frau in d. stadtköln. Wirtsch. im Spätmittelalter, 1980; Rhein. Städteatlas: Bergneustadt (1976), Frechen (1978), Straelen (1979), Wachtendonk (1980), Kerpen (1982), Geilenkirchen (1985), Büderich (1985).

WENTZEL, von, Bogislav

Dipl.-Politologe, Galerist, 1. Sprecher Dt. Kunstrat u. Dt. Kulturrat - St. Apern-Str. 26, 5000 Köln 1 - Geb. 14. Aug. 1936 München, verh. s. 1966 m. Elizabeth, geb. Cabot, 3 Kd. (John Alvo, Constantin, Severa) - Otto Suhr Inst. Berlin; Dipl.-Polit. 1961 - 1977-84 Vors. Bundesverb. Dt. Galerien; 1984ff. 1. Sprecher Dt. Kunstrat, 1985ff. 1. Sprecher Dt. Kulturrat. Div. Aufsätze - Liebh.: Segeln - Spr.: Engl.

WENTZLAFF-EGGEBERT, Friedrich Wilhelm

Dr. phil., Dr. jur. h. c. emerit., o. Prof. f. Dt. Philologie - Hauptstr. 40, 8992 Wasserburg - Geb. 16. Juni 1905 Freist/Pom. (Vater: Johann W., Pastor; Mutter: geb. Hentschel), ev., verh. m. Dr. phil. Erika, geb. Wiehe, 4 Kd. Promot. (1931) u. Habil. (1938) Berlin - 1934-41 Wiss. Hilfsarb., Beamt. u. Prof. Preuß. Akad. d. Wiss. Berlin, ab 1938 Privatdoz. Univ. ebd., 1941-44 o. prof. Straßburg/Els., 1950-55 apl. Prof. Univ. München, s. 1955 o. Prof. Univ. Mainz - BV: u. a. D. Problem d. Todes in d. dt. Lyrik d. 17. Jh.s, 1931; Andreas Gryphius lat. u. dt. Jugenddichtung, 1938; Dichtung u. Sprache d. jg. Gryphius, 2. A. 1966; Dt. Mystik zw. Mittelalter u. Neuzeit, 3. A. 1968; Schillers Weg zu Goethe, 2. A. 1963; Kreuzzugsdicht. d. Mittelalters, 1960; Dt. Literatur im späten Mittelalter, 3 Bde. 1971 ff. (m. Ehefrau); D. triumphierende u. d. besiegte Tod in Wort u. Bild - Kunst d. Barock, 1975; Gesammelte Aufs. in 'Belehrung u. Verkündigung', Berlin 1975 - 1961 Ehrendoktor Middlebury College, Vermont (USA). Zahlr. Einzelarb.

WENZ, Werner

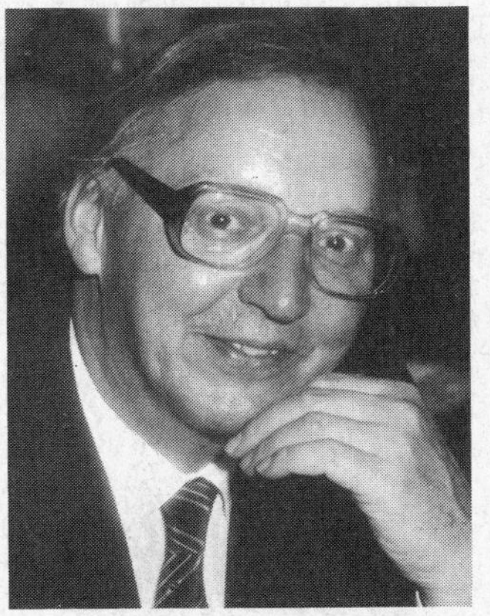

Dr. med., Prof. f. Radiologie Univ. Freiburg - Riedbergstr. 6, 7800 Freiburg (T. 0761 - 2 94 57) - Geb. 18. März 1926 Limburg (Vater: Peter W., Hotelier; Mutter: Anna-Maria, geb. Schmidt), kath., verh. s. 1956 m. Hannelore, geb. Prötz, 7 Kd. (Peter, Eva, Gabriele, Beate, Annette, Marie-Luise, Ulrike) - Med.-Stud. Gießen u. Mainz 1951; Staatsex. u. Promot. 1951, Habil. 1963 Univ. Heidelberg - S. 1969 Prof. Univ. Heidelberg; s. 1972 o. Prof. Univ. Freiburg (1976/77 Dekan Med. Fak., 1983-85 Prorektor d. Univ.), 1987 Dir. Radiolog. Univ.-Klinik - BV: Abdominale Angiogr., 1972 (Engl. 1974, Span. 1976); Extremitätenangiogr., 1976; Röntgenol. Differentialdiagnostik, 1987; Radiologie am Oberrhein, 1987; Checkliste Radiol. 1988; u. a. - 1972 Holthusenring Dt. Röntgenges.; Korr. Mitgl. Schweiz. Röntgenges.; Ehrenmitgl. franz. u. griech. Röntgenges.; 1988 Präs. dt. Röntgenkongreß; 1986 BVK - Spr.: Engl., Franz.

WENZEL, Erich

Dipl.-Ing., Generalbevollm. Direktor Siemens AG (Geschäftsbereich Standarderzeugnisse) - Werner-v.-Siemens-Str. 50, 8520 Erlangen - Geb. 13. Jan. 1925 Kirn (Vater: Erich W., Pfarrer; Mutter: Lilli, geb. Schmidt), ev., verh. s. 1950 m. Ortrud, geb. Lippert, 2 Kd. (Michael, Petra) - Oberrealsch., TH Karlsruhe (Elektrotechnik), Dipl. 1949 - Vorst. Fachverb. Elektr. Masch., Frankfurt - Spr.: Engl.

WENZEL, Erich Kurt

Unternehmensberater, Berater d. Geschäftsltg. Lingner + Fischer GmbH., Bühl/Baden - Hebelweg 7, 7570 Baden-Baden (T. 07221 - 2 36 59) - Geb. 29. Sept. 1913 Damme/Kr. Rawitsch (Vater: Hermann W.; Mutter: Ida, geb. Ziebahl), ev., verh. s. 1970 in 2. Ehe. m. Gabriele, geb. Martin, 2 Kd. (Axel, Dagmar) - Abit.; Stud. Ztgs.wiss. - Wirtsch.journ., 1949 Werbedir., 1956 Vertriebs- u. Marketing-Dir., 1959 Geschäftsf. - Liebh.: Baukunst, klass. Lit., Golf, Wandern, Ski-Langlauf - Spr.: Engl., Franz.

WENZEL, Fritz

Dr.-Ing., o. Prof. f. Tragkonstruktion Univ. Karlsruhe (s. 1967) - Reinhold-Schneider-Str. 100, 7500 Karlsruhe-Rüppurr (T. 3 47 07).

WENZEL, Gerhard

Dr. rer. nat., Prof., Direktor Biol. Bundesanstalt f. Land- u. Forstw./Inst. f. Resistenzgenetik (Grünbach) - Graf-Steinsheim-Str. 23, 8059 Bockhorn/Obb. - Geb. 16. Febr. 1943.

WENZEL, Günter Hermann

Ph.D., M.A., Prof. f. Mathematik Univ. Mannheim - Hadrianstr. 13, 6802 Ladenburg - Geb. 30. Mai 1940 Kitzbühel (Vater: Wilhelm W., Studiendir.; Mutter: Lini, geb. Geissl), verh. s. 1963 m. Hella, geb. Adam, 3 Kd. - M.A. 1965, Ph.D. 1967, Habil. 1970 Univ. Mannheim - 1966 Instructor; 1967 Assist.-Prof.; 1969 Assoc.-Prof.; 1971 Prof. - BV: Equational Compactness, 1980.

WENZEL, Hans Gerd

Dr. med., Prof. - Kühnstr. 8, 4600 Dortmund 50 - Geb. 19. Aug. 1922 Dortmund (Vater: Dr. med. dent. Hans W.; Mutter: Elsa, geb. Sträter), ev., verh. s. 1960 m. Mechthild, geb. Encke, 2 Kd. (Christoph, Markus) - Hum. Gymn.; Stud.; Promot. 1949 Münster; Habil. 1967 Düsseldorf - 1957-1959 Senior Scientist Appl. Physiol. Labor. Honorary Lect. Witwatersrand Univ. Johannesburg/South Afr., s. 1971 o. Prof. u. Dir. Inst. f. Arb.physiol. Univ. Dortmund; s. 1973 Honorarprof. Univ. D'dorf - 1975 Fellow Royal Soc. of Med., London - BV: Klima u. Arbeit, 1980, 3. A. 1984. Beitr. in Handb. u. Lehrb. - Spr.: Engl., Franz.

WENZEL, Heinz

Dr. phil., Philosoph, Honorarprof. f. Phil. (Ästhetik) Hochschule d. Künste Berlin (s. 1966), Verlagsdir. (f. d. Geisteswiss.) Verlag W. de Gruyter, Berlin, New York - Harnackstr. 16, 1000 Berlin 33 (T. 8 31 33 87) - Geb. 2. Sept. 1923 Detmold - S. 1960 Lehrtätigk. HdK - BV: D. Problem d. Scheins in d. Ästhetik, 1958. Mithrsg.: Nietzsche-Studien/Intern. Jb. f. d. N.-Forsch. (1970; m. M. Montinari, W. Müller-Lauter u. E. Behler).

WENZEL, Hermann

Dr. phil., Prof. f. Allg. Pädagogik PH Reutlingen (1978-87 Rektor) - Dottinger Str. 15, 7420 Münsingen - Geb. 4. Sept. 1938 Parchim/Meckl. (Vater: Fritz W., Bezirksförster; Mutter: Frida, geb. Mieth), ev., verh. s. 1962 m. Christl, geb. Koch, 2 Kd. (Christine, Ulrich) - Stud. Päd., Phil., Kunstgesch.; I. Prüf. f. d. Lehramt an Volksschulen 1961; Höh. Prüf. f. d. Volksschuldst. 1968; Promot. 1968 - 1961-64 Lehrer; s. 1970 Doz. u. Prof. (1973) Reutlingen - BV: Fürsorgeheime in päd. Kritik, 1970, 2. A. 1973.

WENZEL, Holger

Dipl.-Volksw., Geschäftsführer Bundesverb. d. Glas-, Porzellan- u. Keramik- u. d. Beleuchtungs- u. Elektro-Einzelhandels, Gf. Dt. Radio- u. Fernsehfachverb. - Sachsenring 89, 5000 Köln 1 (T. 0221 - 33 98-115/118; Telefax: 0221 - 33 98-119).

WENZEL, Otto

Dr. phil., Lehrbeauftragter f. Politik Techn. Fachhochschule Berlin (s. 1986), Vors. Landesverb. Berlin Volksbund Dt. Kriegsgräberfürsorge (s. 1988) - Bohm-Schuch-Weg 13, 1000 Berlin 47 (T. 604 60 60) - Geb. 3. Febr. 1929 Prag - 1948-51 Univ. Leipzig (Gesellschaftswiss., Gesch., German.), n. Flucht FU Berlin (Promot. 1955). Lehrerprüf. 1956 u. 58 - B. 1960 Schuldst., dann Senatsverw. (Ref. Schulsenator), s. 1964 wied. Schuldst. (1966 Oberstudiendir. Neukölln); 1970-85 Bezirksstadtrat f. Volksbildung Bezirksamt Wedding. 1963-67 Bezirksverordn. Wilmersdorf. 1946-51 (Ausschl.) SED; 1952-87 SPD.

WENZEL, Paul

Dr. theol., Prof. f. Fundamentaltheologie u. Philosophie - Gerichtstr. 17, 6240 Königstein/Ts. (T. 38 39) - Geb. 15. März 1915 Breslau, kath. - S. 1957 Doz. u. Prof. (1962) Phil.-Theol. Hochsch. Königstein (162/63 Rektor) - BV: D. Ausgrabungen unt. d. Peterskirche in Rom, 1952; D. wiss. Anliegen d. Güntherianismus, 1961; D. Gründung Beurons im Jahre 1863, 1964.

WENZEL, Rudolf

I. Bürgermeister (b. 1988) - Rathaus, 8724 Schonungen/Ufr. - Geb. 6. Nov. 1922 Schonungen - Zul. Verwaltungsangest. CSU.

WENZEL, Werner

Geschäftsführer Bund Dt. Radfahrer - Otto-Fleck-Schneise 4, 6000 Frankfurt/M. 71 - Geb. 4. Aug. 1937 - Ehem. Weltm. im Radball (1968 Silberlorbeer).

WENZL, Helmut Franz

Dr. rer. nat., Prof. f. Exp. Physik RWTH Aachen, Direktor Inst. f. Materialentw. u. Inst. f. Festkörperforsch. KFA Jülich - KFA, Postfach 1913, 5170 Jülich (T. 02461 - 61 66 64) - Geb. 27. März 1934 Marienbad (Vater: Franz W.; Mutter: Margarete, geb. Wenisch), kath., verh. s. 1962 m. Beate, geb. Niegel, 2 Kd. (Bettina, Tobias) - TU München (Dipl.-Ing. 1959, Promot. 1962, Habil. 1966) - 1959 wiss. Angest. TU München; 1963 wiss. Assist. ebd.; 1964 Leit. Tieftemperaturbestrahlungsanlage Forschungsreaktor München; 1969 Leit. Kristall-Labor KFA Jülich; 1974 Dir. Inst. Materialentw.; Inst. f. Festkörperforsch. KFA Jülich; 1975 o. Prof. Exp. Physik RWTH Aachen - BV: Phase Diagrams Metal Hydrides, (in: Hydrogen in Metals II) 1978 - Liebh.: Sport, Malerei - Spr.: Engl., Franz.

WEPLER, Wilhelm

Dr. med., Prof., Leit. Patholog. Inst. Stadtkrankenhaus Kassel (s. 1954) - Eichelgarten 1, 3500 Kassel (T. 3 68 39) - Geb. 5. Mai 1910 Sontra/Hessen (Vater: Hermann W., Pfarrer; Mutter: Agnes, geb. Denecke), verh. s. 1938 m. Annerose, geb. Meinerts - Univ. Marburg, München, Berlin, Göttingen - S. 1942 (Habil.) Hochschuldoz. (b. 1969 apl. Prof. f. Pathol. Univ. Göttingen, dann Univ. Marburg) - BV: Atlas d. klin. Histopathol. d. Leber, 1968 (m. Egmont Wildhirt). Etwa 100 Einzelarb., dar. Lehrbuchbeitr. - Spr.: Engl. - Rotarier.

WEPPER, Elmar

Schauspieler - Pater-Rupert-Mayer-Str. 9, 8023 Pullach/Obb. - Geb. 16. April 1944 Augsburg (Vater: Fritz W., Jurist; Mutter: Wilhelmine, geb. Brodbeck) - Stud. Theaterwiss. u. German. - U.a. Fernsehen (div. Serienhauptrollen).

WEPPER, Fritz

Schauspieler - Zu erreichen üb.: Agentur Alex Lamontstr.9, 8000 München 80 - Bühne, Film, Fernsehen, u. a. Derrick (1974 ff.).

WERBICK, Jürgen

Dr. theol., Prof. f. Theologie Univ.-GH Siegen - Goethestr. 17, 5902 Netphen 2 - Dreis-Tiefenbach (T. 0271 - 7 18 92) - Geb. 26. Mai 1946 Aschaffenburg (Vater: Hans W., Bankkaufm.; Mutter: Katharina, geb. Kiefer), kath., verh. s. 1976 m. Barbara, geb. Wagner, 3 T. (Cornelia, Lucia, Regina) - Dipl. kath. Theol. 1970 München; Promot. 1973 ebd.; Habil. (Fundamentaltheol.) 1981 - 1973-75 Pastoralassist.; 1975-81 Wiss. Assist.; s. 1981 Prof. Univ. Siegen - BV: D. Aporetik d. Eth. u. d. christl. Glaube, 1976;

System u. Subjekt (in: Enzykl. Christl. Glaube in mod. Ges., Bd. 24), 1981; Glaube im Kontext, 1983; Schulderfahrung u. Bußsakrament, 1985; Sühne u. Versöhnung (zus. m. J. Blank), 1986; Auf Hoffnung hin sind wir erlöst (zus. m. I. Broer), 1987; D. Herr ist wahrhaft auferstanden (zus. m. I. Broer), 1988; Glaubenlernen aus Erfahrung, 1989 - Interessen: Theol.-humanwiss. Grenzfragen.

WERBIK, Hans

Dr. phil., o. Prof. f. Allg. u. Angew. Psychologie Univ. Erlangen-Nürnberg - Großgeschaidt 306, 8501 Heroldsberg (T. 09126-1577) - Geb. 27. Febr. 1941 Hollabrunn (Vater: Viktor W., Hofrat i. R.; Mutter: Adolfine, geb. Seiberl), verh., 3 Kd. (Regina, Angela, Fabian) - Promot. 1963 Wien; Habil. 1969 Tübingen - BV: Informationsgehalt u. emotionale Wirkung von Musik, 1971; Theorie d. Gewalt, 1974; Handlungstheorien, 1978; Krit. Stichwörter z. Sozialpsych. (Hrsg.), 1981.

WERBKE, Hans Joachim

Freier Journalist - 9D Wetherby Gardens, London SW5 OJW - Geb. 26. Aug. 1925 Königsberg/Pr., ev., verh. s. 1965 m. Merle, geb. Marx - Zeitungsvolont., Rundfunksch. - Redakt. Kulturelles Wort; Redakt. Politik; Zeitfunk-Leit.; London-Korresp. f. SFB/SWF/RB u. Christ u. Welt; ARD-Korresp. (Hörf. u. Ferns.) f. Südasien m. Sitz in New Delhi; 1980-89 Leit. Studio Berlin NDR - Liebh.: Lit., Kunst - Spr.: Engl., Franz.

WERCKSHAGEN, Carl

Regierungsdirektor a. D., Schriftsteller - Glockenschäferweg 1a, 3280 Bad Pyrmont - Geb. 17. April 1903 Berlin (Vater: Carl W., Pastor, Herausg. Protestantismus am Ende d. 19. Jh.s, 1863-1908; Mutter: Lina, geb. Stahlke, Opern- u. Konzertsängerin, 1860-1941), konfessionslos, verh. s. 1936 m. Grete, geb. Kalweit - Gymn. z. Grauen Kloster Berlin; Univ. ebd. u. München (Phil., Päd., Gesch., German.). Übersetzerprüf. f. Franz. 1944 - 1927-52 Dramat. Landestheater Oldenburg u. Darmstadt. Neues Dt. Theater Prag, Dt. Schauspielhaus Hamburg, Städt. Bühnen Magdeburg (1932-33 auch Verw.dir.) u. Essen, Staatsoper Hamburg, Städt. Bühnen Kiel u. Hannover, Staatstheater Braunschweig u. Städt. Bühnen Köln, 1952-64 Leit. Referat Darstell. Kunst Senator f. Volksbild. bzw. Wiss. u. Kunst Berlin. Insz.: Goethe, Romain Rolland, Paul Raynal, Max Mell, Gerhard Menzel, Paul Kornfeld, J. B. Priestley u. a. - BV: u. a. Früher u. später, Ged. 1974; E. bunter Schmetterling, Memoiren 1923-33, 1978; Vergilbte Blätter/Briefe, Bücher, Bildnisse, 1983. Lesefrüchte-Lebensfrüchte, Ess. 1984; Danksagungen. Ansprachen e. Dramat., 1985; V. Übersetzen u. v. Übersetzern, 1986; Streit m. Schott (Erinnerungen an Gottfried Benn), 1987; Theaterleute handschriftlich (graphologische Dokumentation), 1988. Übers.: André Beaucour, Antoine Goléa, Gabriel Marcel, Thierry Maulnier, Herbert Le Porrier, André Roussin, Armand Salacrou, Paul Willems, Albert Husson, André Malraux u. a. - 1964 Officier Ordre des Arts et des Lettres (Frankr.); 1978 Ehrenmitgl. Freie Volksbühne Berlin - Liebh.: Altertumskd. (bes. Griechenl.).

WERDICH, Helmut J.

Dipl.-Kfm., Schuhkaufmann, Vors. Bundesverb. d. Dt. Schuheinzelhandels, Köln, Präsidialmitgl. IHK Bodensee-Oberschwaben, Ravensburg - Schuhhaus Werdich, 7988 Wangen/Allg. - Geb. 1. Febr. 1934.

WERDIN, Ernst Rupprecht

Dipl.-Ing., techn. Vorstand Friedr. Schoedel AG. - Kulmbacher Str. 137, 8660 Münchberg/Ofr.

WERHAHN, Heribert

Vorstandmitglied Rheinland Versicherungs-AG., Neuß - Königstr. 84, 4040 Neuß/Rh. - ARsmandate.

WERHAHN, Hermann-Josef

Kaufmann, Vorstandsvors. Wicküler-Brauerei AG., Wuppertal, Gesenberg-Brauerei AG. ebd., Bodden AG., Duisburg - Grimlinghauser Brücke Nr. 52, 4040 Neuß/Rh. - Geb. 7. April 1923, kath., verh. m. Libeth, geb. Adenauer (jüngste Tochter d. ehem. Bundeskanzlers), 5 Kd. - Zul. Veltrup-Werke KG., Aachen. ARsmandate.

WERHAHN, Jürgen Wolfgang

Dr. iur., Honorarprofessor Univ. Hohenheim f. Bankrecht, Rechtsanwalt u. Fachanwalt f. Steuerrecht - Feuerreiterweg 18, 7000 Stuttgart 70 (T. 0711 - 765 57 57) - Geb. 3. Okt. 1924 Berlin, ev., verh. s. 1951 m. Isolde, geb. Baisch, 3 Kd. (Iris, Ina, Peter) - Stud. Meteorol. TH Danzig u. Rechtswiss. Humboldt-Univ. Berlin, TU Berlin, Univ. of Chicago; Promot. 1949; Gr. jurist. Staatsex. 1952 - 1953-57 Bankjustitiar; 1957-88 Chefsyndikus d. Württ. Genoss.-Verb. Stuttgart; s. 1972 Chefjustitiar Geno-Zentralbank Stuttgart. 1962-68 Vorst.-Mitgl. Bankakad. u. 1962-71 Inst. f. Film- u. FS-Recht; 1982-87 Kurat.-Präs. Philharmonischer Chor Stuttgart; s. 1984 Vorst.-Vors. Ges. d. Freunde d. Stuttg. Philharmoniker - BV: D. Schöpfer d. Filmwerks, 1951; Brieflex. f. Kreditsachbearb., 1962; D. notleidende Kredit, 1965; D. Generalvers./Vertretervers. d. Genoss. (m. Metz), 1976; D. neuen Bankbedingungen (m. Schebesta), 1980; Genoss. (m. Hoppert in Münchner Vertragshandb.), 1981; Kredit-Texthandb. (m. Schebesta), 1985; D. Satzung d. Genoss. (m. Gräser u. Hoppert), 1987; AGB u. Sonderbedingungen d. Banken (m. Schebesta), 1988 - 1988 Gold. Ehrennadel d. Dt. Genoss.- u. Raiffeisenverb. - Liebh.: Klass. Musik, Oper - Spr.: Engl., Franz., Ital. - Lit.: Film u. Recht, S. 612ff. (1974).

WERKMÜLLER, Dieter

Dr. jur., Prof. f. Rechtsgeschichte u. Bürgerl. Recht Univ. Marburg (s. 1972) - Tannenweg 7, 3575 Kirchhain-Schönbach - Geb. 11. Juli 1937 Wiesbaden (Vater: Franz W., Richter i. R.; Mutter: Ilse, geb. Coster), ev., verh. s. 1966 m. Ursula, geb. v. Seydewitz, 2 Kd. (Maximilian, Constanze) - Gymn.; 1957-62 Univ. München u. Frankfurt/M. (Rechtswiss.). Gr. jurist. Staatsprüf. 1966; Promot. 1970 - BV: Üb. Aufkommen u. Verbreit. d. Weistümer, 1972. Div. Einzelarb. Redakt.: Handwörterb. z. dt. Rechtsgesch.

WERKSTETTER, Franz Xaver

Oberstudiendirektor, a.D., MdL Bayern (s. 1977) - Waginger Str. 20, 8228 Freilassing/Obb. - Geb. 28. April 1933 Mehring/Burghausen, verh. s. 1958, 2 Söhne - Gymn. Burghausen; 1956-60 Univ. München/Staatsw. Fak. (Dipl.-Hdl. 1960). Staatsex. 1962; Zusatzprüf. f. d. höh. Lehramt 1972 (Gesch., Sozialkd.) - S. 1961 Berufsschuldst. Pfaffenhofen/Ilm, Freilassing (1962; 1974 Studiendir.), Bad Reichenhall/Außenst. Kreisberufssch. Berchtesgadener Land (1976; Leit.). 1966ff. Stadtratsmitgl. Freilassing; Kreisrat Laufen u. Berchtesg. Land, 1969ff. Bezirksvors. Verkehrswacht Oberbay.; 1984ff. Vors. Bayer. Skibobverb. CSU (1972 Kreisvors. Berchtesg. Land).

WERLE, Hans

Dr. iur. utr., Dr. phil., hauptamtl. Prof., Inst. f. Rechts- u. Verfassungsgeschichte Univ. Mainz - Bebelstr. Nr. 67, 6500 Mainz-Bretzenheim (T. 3 54 78) - Habil. Mainz - Vorles. u. Veröff. üb. Dt. Rechts-, Verfassungsgesch. u. Kirchenrecht. Mitgl. Pfälz. Ges. z. Förderung d. Wiss.

WERLE, Karl-Heinz

Hauptlehrer MdL Rhld.-Pfalz (s. 1975) - Neustr. 13, 6751 Mackenbach - Geb. 8. Aug. 1925 - SPD.

WERMUTH, Manfred

Dr. rer. nat., Prof. f. Stadt- u. Regionalplanung TU Braunschweig - Am Papenholz 8, 3300 Braunschweig - Geb. 1. Febr. 1941 München (Vater: Jakob W.; Mutter: Gertraud, geb. Lechner), kath., verh. s. 1974 m. Rosemarie, geb. Papak, 2 S. (Tobias, Sebastian) - Abit. 1960 Realgymn. München; Dipl.-Math. 1967 TU München, Promot. 1978 ebd. - 1967-78 Wiss. Mitarb. Inst. f. Verkehrsplan. TU München; 1978-81 Akad. Rat Lehrst. f. Verkehrs- u. Stadtplan. ebd.; s. 1981 Prof. f. Stadt- u. Regionalplan. Inst. f. Stadtbauwesen TU Braunschweig - BV: VPS 3 - Konzept u. Programmsystem e. analyt. Gesamtverkehrsmodells, 1973; Struktur u. Effekte v. Faktoren d. individuellen Aktivitätennachfrage als Determinanten d. Personenverkehrs, 1978 - 1975 August-Lösch-Preis (Regionalwiss.); 1980 Feuchtinger-Wehner-Denkmünze (Straßenplan., Verkehrswiss.) - Spr.: Engl., Franz.

WERMUTH, Nanny,

geb. Rudy

Ph. D., Prof. f. Psychologische Methodenlehre (Spez. Statistik) Univ. Mainz - Joh.-Gutenberg Univ., Saarstr. 21, 6500 Mainz 1 (T. 06131-391) - Geb. 4. Dez. 1943 Frankfurt, verh. s. 1967 m. Dieter W., 4 Kd. (Jochen, Martin, Peter, Ulli) - Dipl.-Volksw. München 1967, Promot. (Ph. D.) Harvard Univ. Cambridge 1972, Habil. Mainz 1977 - S. 1978 Prof. - BV: Zusammenhangsanalysen med. Daten, 1978 - 1982 Mitgl. Intern. Statistisches Inst.; 1988 Mitgl. Royal Statistical Soc.

WERN, Karl-Günther

Dr., Ministerialdirektor Saarl. Min. f. Arbeit, Gesundheit u. Sozialordnung (Vertr. d. Min.) - Hindenburgstr. 21, 6600 Saarbrücken.

WERNER, Adelheid,

geb. Huber

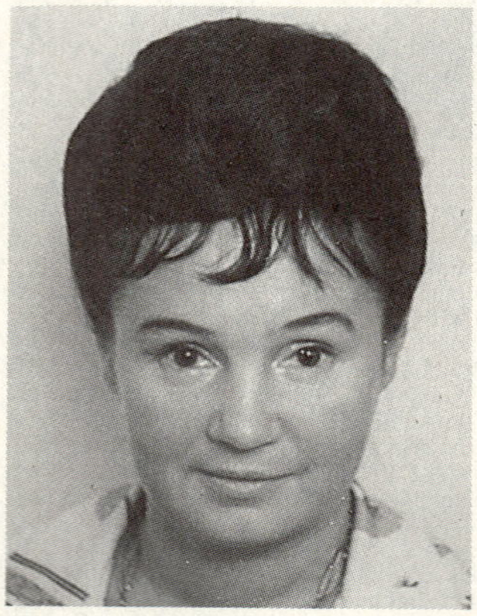

Oberstaatsanwältin LG Frankfurt - Zu erreichen üb. Staatsanwaltschaft Frankfurt/M., Konrad-Adenauer-Str. (T. 069 - 13 67-1) - Geb. 20. Nov. 1934 Czernowitz/Rumänien (Vater: Ludwig H., Bundesbahnbeamter; Mutter: Josefine, geb. Neumann), ev., verh. s. 1974 m. Horst W. (s. dort) - Jurastud.; 1. u. 2. Staatsex. - 1965-69 Staatsanwältin; 1970-72 Reg.dir. Hess. Justizmin. - Ausz.: Bullenorden d. Bund. dt. Kriminalbeamten.

WERNER, Anneliese

Dr. phil., Prof. Univ.-GH Wuppertal - Frauenstein 137 c, 4300 Essen 15 - Geb. 19. Dez. 1920 Wuppertal - Stud. Univ. Göttingen, Freiburg u. Bonn (German., Gesch., Päd. u. Phil.); Promot. u. Staatsex. 1952 in Bonn - 1953-61 Schuldienst (zul. Stud.rätin); 1961 Doz.; 1970 Wiss. Rat u. Prof.; 1980 Prof. - B Texte z. Nachdenken, Leseb. f. S I (Mithrsg.) 1975; Acht Stunden tägl., Jugend-Sachb., (Herausg. u. Mitverf.) 1978; Es müssen nicht Engel m. Flügeln sein. Relig. u. Christentum im Kinder- u. Jugendb., (Herausg. u. Mitverf.) 1982.

WERNER, Dietrich

Dr. rer. nat., Prof. f. Botanik, Allg. Biol. u. Pflanzenphysiol. Univ. Marburg (s. 1971) - Feldbergstr. 51, 3550 Marburg-Cappel - Geb. 10. Juni 1938 Greifswald, verh. m. Traute, geb. Blömker, 2 Kd. (Katja, Gesche) - Promot. 1965; Habil. 1970 - 1972/73 Gastprof. USA, 1983/84 Gastprof. Canberra Australien - BV: The Biology of Diatoms (Mitverf.); Biolog. Versuchsobjekte; Pflanzl. u. mikrobielle Symbiosen. Üb. 100 Einzelarb. - Mitgl. d. Forsch.Progr.Aussch. f. Energie u. Landwirtsch. EG u. f. Agrarforsch. OECD.

WERNER, Egon

Dr. med., Prof., Ärztl. Direktor Kinderklinik Rudolf-Virchow-Krkhs. Berlin 65 (s. 1965) - Niklasstr. Nr. 17, 1000 Berlin 37 (T. 8 01 20 29) - Geb. 14. April 1921 - S. 1957 (Habil.) Privatdoz. u. apl. Prof. (1963) FU Berlin (Kinderheilkd.). Üb. 90 Fachveröff.

WERNER, Ernst

Dr. rer. nat., o. Prof. f. Theoret. Physik TU Hannover (s. 1966) - Am Mühlenberg 9, 3011 Bemerode (T. Hannover 52 39 44) - Geb. 28. April 1930 Biberach/Riß - Habil. 1963 Saarbrücken - Lehrtätgk. Univ. Saarbrücken u. Heidelberg. Facharb.

WERNER, Gerd Peter

Heilpraktiker, MdB (s. 1985; Landesliste Schlesw.-Holst.) - Gorch-Fock-Str. 4, 2280 Westerland - Geb. 16. Sept. 1938 Wernigerode/Harz, verh., 1 Kd. - Abit. 1958 Hamburg-Altona; b. 1963 Stud. Lit.- u. Sozialwiss.; Ausb. z. Heilpraktiker, München; s. 1969 Westerland - 1971 Initiator Bürgerinitiative geg. städtebaul. Fehlplanung auf d. Insel Sylt; 1972 Gründungsmitgl. Bundesverb. Bürgerinitiativen Umweltschutz (BBU); 1975-81 Einsatz f. e. selbstverw. Jugendzentr. auf Sylt; 1974-78 Stadtvertr. d. Westerländer Wählergemeinsch.; 1978-82 MdK Nordfriesl.; Gründungsmitgl. Grüne Liste Schlesw.-Holst. u. Landesverb. d. Partei D. Grünen.

WERNER, Gerhard

Leitender Ministerialrat, früher Vorsitzender Richter am Landgericht - Am Loh 4, 2810 Verden - Geb. 5. Juni 1932 Stettin, verh. m. Karin, geb. Thilo, 2 Kd. (Fritz, Ingrid) - Mitgl. intern. wiss. Vereinig. - Jurist., hist., heimatgeschichtl. u. entwicklungspolit. Veröff. - Spr.: Engl., Franz., Span.

WERNER, Gottfried

Dr. rer. nat., Dr. h. c., Dipl.-Chem., Prof. - Stettiner Str. 105, 6056 Heusenstamm (T. 6 17 41) - Geb. 26. Aug. 1919 Oberpreschkau (Vater: Josef W., Schulleit.; Mutter: Elfriede, geb. Kleinpeter), kath., verh. s. 1963 m. Helga, geb. Borchers, 2 Kd. (Jens-Ingo, Björn-Marko) - Stud. d. Biol., Chem.; Promot. 1950 Würzburg - Honorarprof. Univ. Marburg, Frankfurt u. Sao Leopoldo (Brasilien), Leit. e. Forschungsabt. Max-Planck-Inst. f. Hirnforschung. Fachmitgl.sch. 15 Patentanmeld. 250 wiss. Publ. - BV: Autoradiographie, 1971 (auch Engl.) - Mitgl. Acad. Cosmologica Nova - 1949 Univ.-Pr. Würzburg - Liebh.: Akt. Musiker - Spr.: Engl., Tschech., Span.

WERNER, Günter

Industriekaufmann, Vorstand Baumwollspinnerei Gronau AG - Losserstr. 16, 4432 Gronau/W. - Vizepräs. Bremer Baumwollbörse; Geschäftsf. Flockenbastwerk Gronau GmbH, Gronau, AGN Weberei u. Ausrüstung GmbH u. Co. KG, Gronau; Beiratsvors. Neuenkirchener Textilwerke Hecking GmbH & Co. KG, Neuenkirchen; AR Wohnungsges. Ahaus-Gronau GmbH, Ahaus; Beiratsmitgl. Forschungsstelle f. allg. u. textile Marktwirtsch. Univ. Münster; Vors. Verwaltungsaussch. Arbeitsamt Coesfeld; Hauptaussch.-Mitgl. Verb. Nord.-Westdt. Textilind., Münster; Aussch.-Mitgl. f. Unternehmerfragen b.

Gesamttextil, Frankfurt; Handelsrichter LG Münster.

WERNER, Hans Joachim
Dr. phil., Prof. f. Philosophie PH Karlsruhe (s. 1976; 1978-82 Rektor), Privatdoz. Univ. Freiburg/Br. (s. 1972) - Ahornweg 1, 7517 Waldbronn 2/Baden - Geb. 24. April 1940 Düsseldorf (Vater: Hans W., Bankdir.; Mutter: Cäcilie, geb. Becker, kath., verh. s. 1968 m. Stella, geb. Wolf, 2 S. (Christian, Claudius) - Görres-Gymn. Düsseldorf; Univ. Freiburg (Phil., Päd., Dt.). Promot. (1967) u. Habil. (1972) Freiburg - 1967-722 Wiss. Assist. Univ. Freiburg - BV: D. Ermöglichung d. endl. Seins n. Johannes Duns Scotus, 1974; Eins m. d. Natur-Mensch u. Natur b. Franz v. Assisi, Jakob Böhme, Albert Schweitzer, Teilhard de Chardin, 1986 - Spr.: Griech., Lat., Engl., Franz.

WERNER, Hans Martin
Dr. rer. pol., Dipl.-Kfm., Vorstandsmitglied VARTA Batterie AG, Hannover, u. VARTA AG - Zu erreichen üb. VARTA Batterie AG, Am Leineufer 51, 3000 Hannover 21 (T. 0511 - 790 36 03) - Geb. 23. Jan. 1927 Coswig/Anhalt, verh. s. 1957 m. Karin, geb. Boysen - Stud. Volks- u. Betriebsw. Dipl.-Kfm. 1953 Hamburg; Promot. 1959 Tübingen.

WERNER, Heinrich
Dr.-Ing., Prof. f. elektron. Rechnen im konstruktiven Ingenieurbau TU München - Eisenbahnstr. 69, 8034 Germering - Geb. 27. Okt. 1931 Birkungen, kath., verh. s. 1959 m. Bärbel, geb. Brenner, 4 Kd. (Thomas, George, Beate, Ulrich) - Dipl. 1958 TH Dresden; Promot. 1965 TU Hannover; Habil. 1969 TU München - 1958-65 Wiss. Assist.; 1965-70 Wiss. Mitarb. (Bauind.); 1971-77 Univ.doz., Wiss. Rat; s. 1977 Prof. - Div. Veröff.; Softwareentw.: WALLS-Baugrubenwände, SET-Entwurfsberechn. im konstrukt. Ing.bau.

WERNER, Helmut
Dipl.-Kfm., Vorstandsmitglied Daimler Benz AG - Postf. 60 02 02, 7000 Stuttgart 60 - Geb. 2. Sept. 1936 Köln - Stud. Betriebswirtsch. - 1982-87 Vorst.-Vors. Continental Gummi-Werke AG, Hannover; AR-Mitgl. Gerling Speziale Kreditversich., IBM Dtschl. GmbH, u. KFI Industri AB, Schweden; Beiratsmitgl. Becker Autoradio Werke GmbH, Ittersbach, Koyemann, Erkrath, u. Dt. Bank, Mannheim.

WERNER, Helmut
Landwirtschaftsmeister, MdB (s. 1985; Landesliste Nieders.) - Am Schulberg 6a, 2114 Dierstorf/Wenzendorf - Geb. 13. Febr. 1930 Schlewecke, verh., 3 Kd. - Landwirtschaftsl. Fachsch.; Landwirtschaftsgehilfenprüf. - 1955 selbst. Landw., landwirtsch. Lehrmeister; 1976 Betriebsumstell. auf ökol. Landbau - 1976 Gründungsmitgl. Bürgerinitiative Umweltschutz Tostedt. D. Grünen s. 1980.

WERNER, Herbert
Dr. med., Prof. f. Med. Mikrobiologie - Röttgener Str. 212, 5300 Bonn-Röttgen (T. Bonn 28 28 83) - Geb. 21. April 1934 Wattenscheid - S. 1966 (Habil.) Lehrtätig. Univ. Bonn (1970 apl. Prof.) 1971 Wiss. Rat u. Prof.) - BV: D. gramnegativen anaeroben sporenlosen Stäbchen d. Menschen, 1968; Med. Mikrobiologie u. Chemotherapie, 1972. Zahlr. Einzelarb.

WERNER, Herbert
Oberstudienrat, MdB (s. 1972; Wahlkr. 173/Ulm) - Ludwig-Beck-Str. 62, 7900 Ulm/Donau (T. 26 48 83) - Geb. 20. März 1941 Teplitz/Böhmen, kath., led. - Kepler-Gymn. Ulm (Abit. 1960); Stud. Geschichte u. Engl. Univ. Tübingen u. College of North Wales (Engl.). Staatsex. Tübingen u. Eßlingen. S. 1971 Studien- u. Oberstudienrat Ulm. Bundeswehrdst. (Luftw.). CDU s. 1969 (1970 Orts-, 1971 stv. Kreisvors. Ulm) - Spr.: Engl.

WERNER, Herbert
Dr. theol., o. Prof. f. Ev. Theologie u. Didaktik d. Glaubenslehre Univ. Frankfurt/M./Abt. f. Erziehungswiss. (s. 1964) - Am kühlen Grund 10, 6231 Niederhofheim-Heide (T. 06196 - 2 42 41).

WERNER, Horst
Staatssekretär a. D., Rechtsanwalt - Dahlienweg 1, 6238 Hofheim-Diedenbergen - Geb. 20. April 1929 Berlin (Vater: Max W., Kaufm.; Mutter: Agnes, geb. Helm), ev., verh. s. 1974 m. Adelheid, geb. Huber (s. dort), 3 Kd. (Susanne, Matthias, Bettina) - Jurastud. Univ. Frankfurt/M., Heidelberg, Erlangen; 2. Staatsex. 1961 Kassel - S. 1961 Kommunalverw. (zun. Kassel, 1964 Bürgerm. Stadt Baunatal); 1971-77 (Rücktr.) Staatssekr. Hess. Justizmin. - Spr.: Engl., Franz.

WERNER, Ilse
Schauspielerin - Zu erreichen üb. Frau Dahse, Olewischtwiet 38B, 2000 Hamburg 71 - Geb. 11. Juli 1921 Batavia/heute Djakarta, Java, verh. in 2. Ehe 1954-66 m. Josef Niessen (Komp.) - Volkssch. Batavia u. Realgymn. Frankfurt/M.; 1936-37 Reinhardt-Sem. Wien-Schönbrunn - Filme 1938ff.: u. a. D. unruhigen Mädchen, Fräulein, Bel ami, 3 Väter um Anna, Bal pare, d. schwed. Nachtigall, Ihr erstes Erlebnis, Wunschkonzert, Hochzeit auf Bärenhof, Wir machen Musik, Münchhausen, Gr. Freiheit Nr. 7, E. toller Tag, D. gestörte Hochzeitsnacht, . . . Mutter sein dagegen sehr, Königin e. Nacht, D. Vogelhändler, Ännchen von Tharau, Griff n. d. Sternen, D. Herrin v. Sölderhof, In meinem Herzen, Schatz (1989). Rundfunk u. Fernsehen (ARD 1964: E. kleine Melodie, ZDF 1965: D. Bräute meiner Söhne, Reihe; 1967: E. Frau m. Pfiff, FS-Show; ZDF 1989: Rivalen d. Rennbahn, Serie. Bühne 1970 Musical (D. König u. ich); 1973 weibl. Hptr. in Thornton Wilder Wir sind noch einmal davongekommen, anschl. Dtschl.-Tournee. Schallpl. Eig. Talkshows. Fernsehauftr. im In- u. Ausland. S. 1978 Moderation u. Hörfunkreihen in WDR, Deutschlandfunk, Südd. Rundf. - BV: Ich üb. mich, 1941; So wird's nie wieder sein, 1981 - 1981 BVK I. Kl.; 1986 Dt. Filmband in Gold - Liebh.: Musik (2000 Schallpl.), Lesen, Autofahren, Katzen - Spr.: Holl., Engl., Franz.

WERNER, Joachim
Dr. phil., em. o. Prof. f. Vor- und Frühgeschichte Univ. München (s. 1949) - Königinstr. 69, 8000 München 22 (T. 33 34 12) - Geb. 23. Dez. 1909 Berlin (Vater: Max W., Architekt; Mutter: Adrienne, geb. Hübner), verh. s. 1940 m. Traut-Christa, geb. Hasselbach - Univ Berlin, Wien, Marburg. Promot. 1932; Habil. 1939 - Dt.-Archäol. Inst. u. Röm.-German. Kommiss.; Lehrtätig. Univ. Frankfurt/M. (1939-41 Privatdoz.) u. Straßburg (1942-44 ao. Prof.) - BV: u. a. Münzdatierte austras. Grabfunde, 1935; D. beiden Zierscheiben d. Thorsberger Moorfundes, 1941; D. langobard. Fibeln aus Italien, 1950; Waage u. Geld in d. Merowingerzeit, 1954; Beitr. z. Archäol. d. Attila-Reiches, 1956; D. Langobarden in Pannonien, 1962; Spät. Keltentum zw. Rom u. Germanien, 1979. Zahlr. Einzelveröff. - 1953 o. Mitgl., 1966-82 Sekr. Phil.-Hist. Kl. Bayer. Akad. d. Wiss.; 1972 Wirkl. Mitgl. Österr. Archäol. Inst.; 1972 Hon. Fellow Soc. Antiquaries London; 1973 Hon. Memb. Royal Irish Acad.; 1975 Korr. Mitgl. Österr. Acad. d. Wiss.; 1977 korr. Mitgl. Koninkl. Acad. van België; 1984 korr. Mitgl. Bulgar. Akad. d. Wiss.; 1988 korr. Mitgl. Serb. Akad. d. Wiss.; 1973 Bayer. VO. - Lit.: Festschr. z. 65. Geb. (1974).

WERNER, Jürgen
Dr.-Ing., Prof. f. Physiologie - Untermarkstr. 74, 4600 Dortmund 30 - Geb. 5. Aug. 1940 Dortmund - TH Darmstadt (Dipl. 1965, Promot. 1970), Habil. Ruhr-Univ. Bochum 1974 - S. 1975 Prof. f. Elektrophysiol. Bochum -BV: Medizinische Statistik, 1984; Regelung d. menschl. Körpertemperatur, 1984. Üb.

100 Publ. üb. Regelungssysteme in Mensch u. Masch., Elektro- u. Umweltphysiol.

WERNER, Jürgen
Hauptgeschäftsführer Dt. Fremdenverkehrsverb. (1984ff). - Niebuhrstr. 16b, 5300 Bonn 1 - Zul. Verkehrsdir. Bremen.

WERNER, Karl Ferdinand

Dr. phil., Prof. Univ. Mannheim, Direktor Dt. Hist. Inst. Paris (1968-89) - Karl-Theodor-Str. 30, 8183 Rottach-Egern - Geb. 21. Febr. 1924 Neunkirchen/Saar (Vater: Karl W., Kaufm.; Mutter: Johanna, geb. Klöpfer), ev., verh. s. 1950 m. Brigitte, geb. Hermann, T. Dorothee - 1943-50 Univ. Heidelberg (Promot. 1950); 1950-53 Univ. Paris; Habil. 1961 Heidelberg - S. 1954 Lehrtätigk. Univ. Heidelberg u. Mannheim (1965 o. Prof., 1968 Honorarprof. f. Mittlere Gesch.) - BV: Frühzeit d. franz. Fürstentums 9.-10. Jh., 1960; D. NS-Geschichtsbild u. d. dt. Geschichtswiss., 1967; Westfranken u. Frankreich 888-1060 (Handb. Europ. Gesch. Bd. I, hg. T. Schieder); Structures politiques du monde franc, 6.-12. siècles; Dtschl. in Frankr. 1936-1939 (Hg.) 1981; L'Histoire médiévale et les ordinateurs (Hg.) 1981; V. Frankenreich z. Entfaltung Dtschl. u. Frankr. Ursprünge, Strukturen, Bezieh., 1984; Les Origines (Histoire de France, Bd. 1), 1985 (dt. Ausg. 1989). Herausg.: Hof, Kultur u. Politik im 19. Jh. (1985) - Zahlr. Mitgliedsch. u. Ehrenmitgliedsch. in in- u. ausl. Ges.; 1986 Corr. de l'Inst. de France (Acad. d. Inscriptions et Belles-Lettres); 1984 Commandeur dans l'Ordre des Arts et des Lettres; Korr. Mitgl. Bayer. Akad. d. Wiss. u. d. Monumenta Germaniae Historica, München; 1989 Dr. hon. causa d. Sorbonne; Silb. Med. d. Centre nat. de la Recherche Scientifique, Paris; Gr. BVK.

WERNER, Karl-Heinz
Dipl.-Volksw., Senator, Verbandsdirektor - Auenstr. 12, 8021 Höhenschäftlarn - Geb. 19. März 1911 - U. a. Geschäftsf. Verb. bayer. Wohnungsuntern., München. Mitgl. Bayer. Senat, München.

WERNER, Klaus
Dipl.-Ing., Präsident Landespostdirektion Berlin (s. 1983) - Dernburgstr. 50, 1000 Berlin 19 (T. 3 28-1) - Geb. 24. Jan. 1934 Dresden (Vater: Dr. Hermann W., Vizepräs.; Mutter: Paula, geb. Weber), kath., verh. s. 1964 m. Margareta, geb. Wüst, Tocht. Christiane - Abit. 1953 Nürnberg; Dipl.hauptprüf. 1958 TH München. S. 1959 Postdst. Nürnberg, Koblenz, Trier, Düsseldorf (Ref.-Leit., Abt.-Leit., Vizepräs.) - Spr.: Engl.

WERNER, Margot
Sängerin, Schauspielerin - Geiselgasteigstr. 54, 8000 München 90 - Geb. 8. Dez. 1937 Salzburg (Vater: Exportkfm.; Mutter: Konzertpianistin, beide †) - Verh. in 2. Ehe s. 1978 m. Jochen Litt (Hotelier) - Human. Gymn. (Ursulinen) Salzburg - 1954 1. Engagement Salzb. Landestheater, s. 1955 Bayer. Staatsoper München (1959 Vortänzerin, 1961 Solo-

tänzerin, 1963 Primaballerina). 1973 Umstieg z. Entertainerin üb. Münchner Lach- u. Schießges., 1974 Staatsschausp. München Dreigroschenoper (Jenny), dann regelm. Deutschlandtourneen - 4 LP-Prod., 4 eigene TV-Shows: Margot-Werner-Show (ARD), Margot b. Montag (ZDF, Deutscher Beitr. f. Montreux); Chez Margot (ARD), Musik m. Margot (ARD). Gast in allen gr. TV-Shows. Filme: Bomber u. Paganini, Lieb' Vaterland magst ruhig sein, Insel d. Krebse, Im Weißen Rössel, Collin (Partner Curd Jürgens). FS-Reihe: Liebt diese Erde (ZDF, 6 Teile). Come Back als Sängerin an d. Bayer. Staatsoper. Ballettfestwochen: Gaetaine Parisienne, Offenbach m. Manuel Rosenthal - Konz. u. Galas in fast allen europ. Ländern u. zweimal Metropolitan-Opera Ball New York, Los Angeles, Canada, Spanien, TV-live Konz. 1989 Moskau. Intern. LP-Prod. in engl., franz. u. dt. m. Engelbert Humperdinck. Dt.-sowjet. Filmprod., Neuverfilmung: Alib Baba - BV: Traumflügel, Biogr. 2 A. - Schwabinger Kunstpreis; Trude-Hesterberg-Ring; Gold. Europa; Gold. Mikrophon; Showstar d. Jahres; 1987 Liederpfennig.

WERNER, Michael
Dipl.-Kfm., Ing., Fabrikant, pers. haft. Gesellsch. Werner & Pfleiderer KG. (Maschinenfabrik), Stuttgart-Feuerbach, Geschäftsf. Draiswerke GmbH., Mannheim-Waldhof - Speckweg 43-59, 6800 Mannheim 31

WERNER, Monika Dorothee

Schauspielerin - Babendiekstr. 1, 2000 Hamburg 55 (T. 040 - 86 03 81) - Geb. 20. Dez. 1950 Freiburg/Breisgau, ledig - Schauspielstud. Folkwang-Hochsch. Essen - Erfolge im Fernsehen: Achtung Zoll; Schülerrevolte; Axel auf Achse. Theater: Hexenjagd v. Arthur Miller; Was ihr wollt v. Shakespeare. Moderation f. WDR - Liebh.: Reiten, Schreiben.

WERNER, Nikolaus
Dr. jur., Ass., Geschäftsführer TURBON TUNZINI Klimatechnik GmbH. - Hubertusstr. 14, 5060 Bergisch Gladbach 2 - Geb. 23. Febr. 1933 Wuppertal (Va-

ter: Theo W., Dipl.-Kfm.; Mutter: Hilde, geb. Grote), kath., verh. s. 1962 m. Marie, geb. Pieger, 2 S. (Andreas, Christoph) - Human. Gymn., Univ. Bonn u. München (Rechts- u. Staatswiss.), Refer. 1957, Ass. 1961 - Spr.: Engl., Franz.

WERNER, Norbert

Dr. phil., Prof. Univ. Gießen (s. 1972; 1974/75, 1986/87 Dekan Fachber. Gesch.wiss.) - Wartweg 18, 6300 Gießen (T. 0641 - 2 51 90) - Geb. 11. Febr. 1937 Offenbach/M. (Vater: Karl W. †; Mutter: Juliane, geb. Huth), kath., verh. s. 1963 m. Karin, geb. Helfenbein, 3 Kd. (Michael, Matthias, Gabriela) - Stud. d. Kunstgesch., Gesch., Archäol., German., Phil. Univ. Gießen, Frankfurt/M., München; Promot. 1965 - BV: E. Beitrag z. Struktur u. Entwickl. d. Glasmalerei im 1. Drittel d. 15. Jh., 1965. Herausg. (zugl. Schriftl.): Gießener Beiträge z. Kunstgesch., Bd. 1-8 (1970-89); Katalog d. Ausstell. 375 Jahre Univ. Gießen. Gesch. u. Gegenwart, Gießen 1982; Oskar Kokoschka. Leben u. Werk in Daten u. Bildern, 1989 - Liebh.: Musik, Lit., Phil. - Spr.: Engl., Franz., Ital.

WERNER, Olaf

Dr. jur., Prof. f. Zivilprozeß-, Bürgerl. Handels- u. Wirtschaftsrecht Univ. Marburg - Höhenweg 14, 3550 Marburg-Marbach (T. 06421 - 3 23 17) - Geb. 18. Aug. 1939 Köln, ev., verh. m. Hilde, geb. Füngeling, 2 T. (Almuth-Desiree, Juliane-Nadine) - Abit. 1960 Staatl. Apostelgymn. Köln (Altsprachl. Abt.); ab 1960 Jura-Stud. Univ. Köln; 1. jurist. Staatsex. 1964 OLG Köln, Refer. OLG Köln, 2. jurist. Staatsprüf. 1968, Promot. 1967 Univ. Köln, Habil. 1981 Univ. Göttingen - Ab 1968 wiss. Assist., ab 1975 Akad. Oberrat Univ. Göttingen; ab SS 1982 Prof. f. Privatrecht Univ. Münster; ab WS 1982 Prof. Univ. Marburg - BV: Grenzen u. Zulässigkeit d. objektiven vergl. Werbung, 1971; D. Aufnahmepflicht privatrechtl. Vereine u. Verb., 1982; Münchener Rechtslexikon, Erbrecht, Agrarrecht, Handb. d. öfftl. Verwaltung; Mitarb. an: Erman, Handkommentar (Maklerrecht, Sachenrecht, AGBG), 1981; Staudinger BGB-Komment. (12. Aufl. 1979/80), Gastwirtshaftung, gesetzl. Erbfolge, Miterbengemeinsch. Allg. u. Bes. Schuldrecht, Hand-Studienlit. - Spr.: Engl., Franz., Griech., Latein.

WERNER, Otmar

Dr., Prof. f. vgl. german., insb. deutsche u. nordische Philologie (Linguistik) Univ. Freiburg (s. 1975) - Wittentalstr. 12, 7801 Stegen (T. 6 11 53) - Geb. 9. Sept. 1932 Bamberg - 1968-75 o. Prof. f. Dt. Philol. Univ. Tübingen - Facharb.

WERNER, Otto

Oberstadtdirektor - Rathaus, 8550 Forchheim/Ofr. - Geb. 21. Jan. 1922 Poxdorf.

WERNER, Otto

Bildungssekretär (DGB), MdL Bayern (s. 1978) - Zu erreichen üb. Bayer. Landtag, Maximilianeum, Max-Planck-Str. 1, 8000 München 85 - Geb. 12. Nov. 1937 Göttingen, verh. - Stud. Gesch., Polit. Wiss., Soziol., Phil. Göttingen, Freiburg, Berlin - SPD.

WERNER, Paul

Generaldirektor i.R. - Mühlbachweg 21, 8183 Rottach-Egern - Geb. 23. Juli 1913 Kassel (Vater: Carl W., Studienrat; Mutter: Maria, geb. Nagel), ev., verh. s. 1942 m. Hildegard, geb. Happ, T. Heidrun - 1932-36 Univ. Göttingen u. Kiel (Rechtswiss.). Refer.ex. Kiel - 1936-46 Wehrmacht u. Kriegsgefangensch., 1948-52 Staatl. Erfassungsges. f. öfftl. Gut mbH, München (Abt.leit.), 1952-1958 Bayer. Finanzverw. u. Bayer. Prüfungsverb. öfftl. Kassen (Prüfungs- u. Beratungstätigk.), 1958-78 Bayern-Versicherung/Öfftl. Lebensversicherungsanstalt ebd. (stv., 1963 o. Vorst.-Mitgl., 1964 - vors.); s. 1958 VR-Mitgl. Bayern-Versich. 1967-78 Vors. Verb. öfftl. Lebens- u. Haftpflichtversicherer, Düsseldorf, 1974-76 Vorst.-Vors. Verb. d. Lebensversicherungsuntern., Bonn. Div. Mandate - BV: D. Umsatzsteuer im Bankgewerbe, 1956 - Gr. BVK; Bayer. VO.

WERNER, Peter

Dr. rer. nat., o. Prof. f. Mathematik - Im Asemwald 32/8, 7000 Stuttgart 70 (T. 28 64 22) - Geb. 15. Okt. 1932 Berlin (Vater: Friedrich W., Jurist; Mutter: Käthe, geb. Rütters), ev., verh. s. 1975 m. Heide, geb. Hertzberg. Promot. 1959 Aachen; Habil. 1963 Karlsruhe - S. 1963 Lehrtätigk. TH Karlsruhe u. Univ. Stuttgart (1966 Ord.). 1961-62, 1965-66, 1968-1969 Mitarb. Univ. of Wisconsin/USA (Mathematics Research Center). Zahlr. Fachaufs. - Spr.: Engl.

WERNER, Robert

Dr. phil., em. o. Prof. f. Alte Geschichte - Danziger Str. Nr. 10, 8035 Gauting/Obb. (T. München 8 50 81 81) - Geb. 16. Febr. 1924 Schönbach (Vater: Franz W., Kaufm.; Mutter: Gertrud, geb. Kohl), kath., verh. s. 1949 m. Gertrud, geb. Schmid - 1937-42 Gymn.; 1946-50 Univ. Promot. (1950) u. Habil. (1960) München - S. 1957 Lehrtätigk. Univ. München (1960 Priv.-Doz., 1962 Univ.-Doz.), Berlin/Freie (1966 Ord.), Erlangen-Nürnberg (1968 Ord.). Emerit. 1989 - BV: Cicero u. P. Cornelius Scipio Aemilianus, 1950 (Diss.); Gesch. d. Donau-Schwarzmeerraumes im Altertum, in: Abriß d. Gesch. antiker Randkulturen, 1961; D. Beginn d. röm. Republik, 1963; D. Staatsverträge d. frühröm. Republik b. 338 v. Chr. (in H. Bengtson, D. Staatsverträge d. Altertums), 2. erw. A. 1975; D. Hochkulturen d. Alt. Orient (in Holle Universalgesch. I, 1976); D. Frühzeit Osteuropas (in Handb. d. Gesch. Rußlands I, 1981). Zahlr. Fachveröffentlichungen In- und Ausland, dar. Lexikabeitr. z. Gesch. d. röm. Republik, antiken Chronologie, älteren griech. Gesch. u. d. Randkulturen d. Altert. - Mitgl.schaften: Korr. Mitgl. Dt. Archäolog. Inst., Berlin; Assoc. degli storiei europei, Rom; Assoc. Int. d'épigraphie greeque et latine, Paris; Assoc. Int. d'histoire pré-et protohistorique, Paris - Liebh.: Bergsteigen, Schwimmen, Fotogr. - Spr.: Engl., Franz., Lat., Griech., Tschech.

WERNER, Rudolf August

Kaufmann, Vorst. Wankel Intern. Luxemburg, Geschäftsf. Wankel GmbH u. Interagna Atlantica, Madrid, Inh. C. Aug. Schmidt, Hannover, u. Rudolf Werner Ind.-Projekte - Flöthwiesen 2, 3000 Hannover 51 (T. 0511 - 6 54 63 u. 6 54 64) - Geb. 31. März 1920 Hannover (Vater: Dr.-Ing. Franz W.; Mutter: Gertrud, geb. Hugo), kath., verh. I) s. 1947 m. Maria Renate, geb. Löbbecke, II) m. Dr. Edith, geb. Hagenguth, 6 Kd. (Sebastian, Susanne, Martin, Christoph, Dorothee, Sophie) - 1930-39 Realgymn.; kaufm. Lehre; City of London College - 1939-46 Reserveoffz.; 1965-69 Beirat Thyssen Intern.; 1970-88 Advisor Lonrho Ltd., London; b. heute Vorst. Steuben-Schurz-Ges., Carl-Duisberg-Ges. Nieders. u. Mitgl. Konrad-Adenauer-Stiftg.; Beirat Carl-Duisberg-Ges. CDU (1968-74 Vors. Hannover; 1959-72 MdB, Mitgl. Europa-Parlam. [Sprecher f. Entw.hilfefragen, Mitgl. Ausw. Aussch., stv. Vors. Aussch. f. wirtsch. Zus.arbeit]) - BVK; Kommand. Orden al Merito, Chile - Liebh.: Kunst, Lit., Golf, Tennis, Segeln - Spr.: Engl., Franz., Span., Russ.

WERNER, Rüdiger

Verlagsinhaber Spiel gut - Lern gut Verlag R. Werner, Mainz - Adam-Karillon-Str. 14, 6500 Mainz (T. 06131 - 61 39 33) - Geb. 13. April 1941 - Lehre, Stud. Medienpäd. - Verleger; Autor; Softwarekritiker; Ausbilder f. Bürokaufl.; Doz. u. Lehrbeauftr. Schule u. Computer Univ. Mainz u. European Business School (FH) (Deutsch f. Ausl.) - BV: Zehnteiliges Lehrw. Deutsch - Blatt f. Blatt; Lernsoftware-Führer; Unterr.materialien D. Supermarkt; Leseb. z. Supermarkt; EDV-Berufe-aktuell - Liebh.: Mineralien, Fossilien, Reisen, Computerkunst - Spr.: Engl., Franz. - Bek. Vorf.: Dr. Hermann Stöhr, 1. dt. Kriegsdienstverweigerer gg. Hitler, hinger. 21. Juni 1940 (Onkel).

WERNER, Ulrich

Dr. jur., Rechtsanwalt, Geschäftsf. Verb. d. dt. Hefegroßhandels - Am Gleueler Bach 12, 5000 Köln 41 (T. 43 42 11).

WERNER, Walter L.

Dipl.-Volksw., Hauptgeschäftsführer IHK Ostwürttemberg, Geschäftsf. Industrieverein, Heidenheim - Ludwig-Erhard-Str. 1, 7920 Heidenheim/Brenz (T. 324-111, Telefax: 07321/324-169).

WERNER, Wolfgang

Dr. med., Facharzt f. Psychiatrie, Neurologie, Psychotherapie, Prof. Univ. d. Saarl. - Landeskrankenhaus, 6640 Merzig/Saar (T. 50 01) - Geb. 24. Okt. 1939 Niederkirchen (Vater: Kurt Valentin. W., Stadtkämmerer; Mutter: Margaretha, geb. Schaack), ev., verh. s. 1966 m. Dr. med. Hannelore, geb. Reichrath, 3 Kd. (Bernd Valentin, Anna Katharina, Maximilian) - Stud. Univ. Freiburg, Berlin (Freie), Zürich, Saarbrücken; Habil. 1972 - S. 1978 Ärztl. Direktor Landeskrhs. Merzig/S. - BV: Verläufe d. funikulären Myelose, 1977; Psych. Störungen d. alternden Menschen, 1983; Leben in d. Landschaft, 1985; Forum Sar-Lor-Lux, 1986; Märchen u. Mythen, 1987 - Liebh.: Malen - Spr.: Engl., Franz.

WERNER, Wolfgang

Ltd. Regierungsdirektor a.D., Vorstandsvors. Münchener Verein Krankenu. Lebensversicherung aG sow. Allg. Versich-AG (3) - Pettenkofer Str. 19, 8000 München 2 (T. 089 - 515 23 95); priv.: Merzstr. 1, 8000 München 80 - Geb. 13. April 1932 Müllrose/Mark - 1951-54 Univ. Göttingen (Rechtswiss.). Staatsprüf. 1955 u. 59 - 1959-61 Bezirksreg. Hildesheim; 1961-80 Bundesaufsichtsamt f. d. Versich.wesen, Berlin; AR Hansainvest Hanseat. Investment-Ges. mbH, Hamburg.

WERNHER, Hellmut

Parlamentsjournalist, Vors. Landespressekonfz. Rhld.-Pfalz (1976-81) - Zu erreichen üb.: Bischoff-Verlag, 6000 Frankfurt/Main, Postf. 11 02 42 - Geb. 30. Aug. 1932 Karlsruhe - 1952-56 German.stud. Univ. München u. Mainz - 1969-82 Ressortchef Landespolitik Ztg.gr. Rhein-Main-Nahe; s. 1983 Chefred. d. Ztschr. Unsere Familie. Mitgl. SWF-Rundfunkrat - BV: Oppenheim - Gesch. aus e. alten Stadt, 1980; D. Rheinhessen-Winzer Christians, 1982 - 1980 BVK a. Bde.; 1981 Gold. Jogu Univ. Mainz - Bek.Vorf.: Joh. Schwebel, Reformator d. Pfalz (1490-1540).

WERNIG, Anton

Dr. med., Prof. f. Physiologie Univ. Bonn - Physiol. Inst. Univ. Bonn, Wilhelmstr. 31, 5300 Bonn 1 - Geb. 14. Okt. 1944 Klagenfurt (Österr.) (Vater: Anton W., Beamter; Mutter: Anna, geb. Jäger), 3 Kd. (Markus, Marius, Antonia) - 1954-62 Gymn. Klagenfurt; 1962-68 Med.-Stud. Univ. Wien u. Innsbruck (Promot. 1968); 1970-72 Stud.aufenth. Univ. Colorado/USA; Habil. 1978 TU München - 1969-73 Wiss. Assist. Pharmakol. Inst. Univ. Innsbruck; 1970-72 Univ. Colorado; 1973-80 Max-Planck-Inst. f. Psychiatrie München; s. 1980 Prof. f. Sinnes- u. Neurophysiol. Univ. Bonn. Wiss. Arbeiten in Fachztschr.

WERNIG, Dieter

B. Sc. (Soc. Sci), Rundfunkjournalist - Heidemannstr. 143, 5000 Köln 30 - Geb. 25. April 1941, verh. m. Kirsten, geb. Serup, T. Caroline Susannah - 1960-64 Jurastud., 1965-68 Southampton Univ., Engl. (Polit. u. Intern. Bez.) - Leiter Nordamerikaprogramm Dt. Welle Köln - Spr.: Engl., Franz., Niederl., Lat.

WERNING, Claus

Dr. med., Prof., Chefarzt Med. Klinik St.-Katharinen-Hospital, Frechen/Köln (s. 1974) - Starenweg Nr. 9, 5020 Frechen-Königsdorf (T. 02234 - 6 35 20) - Geb. 6. Mai 1938 Gescher/Westf. (Vater: Stephan W., Zahnarzt; Mutter: Hildegard, geb. Stecken), kath., verh. s. 1967 m. Marita, geb. Wirtz, 3 Kd. (Christian, Peter, Claus) - Stud. d. Med. Univ. Freiburg/Br., München, Würzburg, Wien, Münster; Facharztausb. Düsseldorf u. Zürich - 1965-68 Wiss. Assist. 1. Med. Univ.klinik D'dorf u. 1968-69 Univ.-Poliklinik Zürich; 1969-74 Oberarzt Univ.-Poliklinik Bonn. Mitgl. Dt. Ges. f. Innere Med. Cheflektor Dt. Ärzteverlag - BV: D. Renin-Angiotensin-Aldosteron-System, 1972; Kurzes Lehrb. d. Hochdruckkrankheiten, 1975; Hypertonie, 1978; Verhüt. u. Behandl. v. Herz- u. Kreislaufkrankheiten, 1981; Taschenb. d. Inneren Med., 1983.

WERNITZ, Axel

Dr. rer. pol., Dipl.-Kfm., Akad. Rat. a. D., MdB (s. 1972) - Birkenweg 3, 8860 Nördlingen/Schwaben (T. 09081 - 33 57) - Geb. 17. April 1937 Königsberg/Ostpr., ev., verh., 2 Kd. - Realgymn. Nördlingen (Abit.); Univ. Erlangen/Nürnberg (Wirtschaftswiss., Gesch., Publiz.; Dipl.-Kfm., Promot.) - 1967-70 Akad. Rat Univ. Regensburg. 1970-72 MdL Bayern. SPD s. 1958 (Vors. Unterbez. Nordschwaben); Vors. Bundestagsinnenaussch., 8. u. 9. u. 10. Leg.-Periode - 1982 Bayer. VO; 1986 Gr. BVK.

WERNSDÖRFER, Robert

Dr. med., Prof., Ltd. Oberarzt Univ.s-klinik f. Haut- u. Geschlechtskrankheiten Erlangen - Wilhelmstr. 7, 8520 Erlangen (T. 2 12 13) - Geb. 5. April 1908 Erlangen (Vater: Franz W., Lehrer) - S. 1955 (Habil.), Lehrtätigk. Univ. Erlangen bzw. -Nürnberg (1961 apl. Prof.; Haut- u. Geschlechtskrankh. sow. Dermatol. Strahlenheilkd.). Fachveröff.

WERNSTEDT, Rolf

Akad. Oberrat f. Polit. Wiss. u. ihre Didaktik Pädagog. Hochschule Niedersachsen, Abt. Braunschweig (s. 1974), MdL Niedersachsen (SPD) s. 1974, stv. Vors. SPD-Landtagsfraktion Nieders. (s. 1983) - Entenfangweg 20F, 3000 Hannover 21 (T. 0511 - 79 39 84) - Geb. 6. Mai 1940 Hamburg (Vater: Wilhelm Gericke, Friseurmeister; Mutter: Elisabeth Fröschke, geb. W.), ev., verh. s. 1963 m. Marianne, geb. Winter, 2 Töcht. (Bilke, Thela) - Abit. (1958) in d. DDR, Sonderreifeprüf. (1959) in d. BRD; Stud. Göttingen, Heidelberg (Gesch., Lat.). Staatsex. f. d. Höh. Schuldst. 1966 - 1966-68 Stud.refer., 1968-72 Stud.ass., - rat, 1972-74 Akad. Rat PH Nieders., Abt. Braunschweig - BV: Einf. in d. Marxsche Theorie, in: Handreichungen z. Reform d. Sekundarbereichs II, 1972; D. Bonner Grundgesetz 1949/73. Versch. Aufs. z. Bildungspolitik, Curriculum-Reform u. Didaktik - Parlamentarische Demokratie u. geschichtl. Realität, 1973 (Mitarb.) - Spr.: Engl., Russ., Latein.

WERREMEIER, Friedhelm

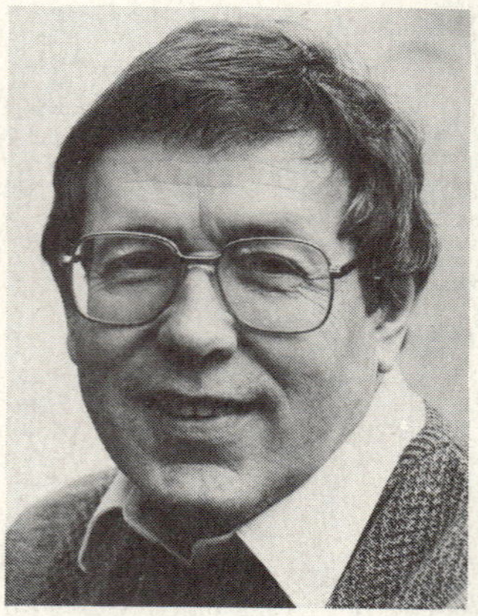

Schriftsteller - Lindenstr. 3a, 3118 Bad Bevensen - Geb. 30. Jan. 1930 Witten/

geb. Claus), ev., verh. s. 1937 m. Anna, geb. Kellner, T. Anke - Univ. Tübingen, Marburg, Berlin - Pfarrer Berlin; Wehrdst.; s. 1949 Lehrtätigk. Kirchl. Hochsch. Berlin u. Univ. Heidelberg (1958) - BV (1953-60): D. Loben Gottes in d. Psalmen, D. Aufbau d. Buches Hiob, Tausend Jahre und ein Tag, Umstrittene Bibel, Grundformen prophet. Rede, Forschung am Alten Testam., D. Buch Jesaja (Kap. 40-66), Genesis - Neukirchener Kommentar; Theologie d. Alten Testaments in Grundzügen, 1978; Ausgewählte Psalmen, 1984.

WESTERMANN, Hans-Herbert

Journalist - Charles-Street, London W 1, 50 - Geb. 3. Nov. 1925, ev. - Oberrealsch.; Stip. Columbia Univ. New York - S. 1946 Radio Bremen (Kommentator u. Leit. Polit. Redaktion) u. Zweites Dt. Fernsehen (1963 Leit. Hauptabt. Politik u. Zeitgeschehen, 1965-75 Leit. Studio Washington, seitd. Studio London).

WESTERMANN, Harm Peter

Dr. jur., Prof. d. Rechte FU Berlin - Nebinger Str. 4, 1000 Berlin 33 - Geb. 8. Jan. 1938 Göttingen (Vater: Harry W., Univ.-Prof.; Mutter: Pauline, geb. Schilt), ev., verh. s. 1965 m. Hannelore, geb. Kerschke, 2 T. (Susanne, Kathrin) - 1957-61 Stud. Univ. Münster, Paris u. Wien; Promot. 1964 Köln, 2. Staatsex. 1965, Habil. 1969 Köln - 1970ff. o. Prof. d. Rechte Univ. Bielefeld (1972-74 Dekan Fak. f. Rechtswiss.), dann Berlin. S. 1978 Vorst.-Mitgl. Dt. Zivilrechtslehrervereinig. - BV: D. causa im franz. u. dt. Zivilrecht, Monogr. 1967; Vertragsfreiheit u. Typengesetzlichk. im Recht d. Personenges., Monogr. 1970; D. Verbandsstrafgewalt u. d. allg. Recht, Monogr. 1972; §§ 328-432, 812-822 BGB (in: Erman, Komment. z. BGB), 1972-81; D. GmbH & Co. KG im Lichte d. Wirtschaftsverfass., Monogr. 1973; Schwerp. BGB-Schuldrecht - Allg. Teil, Lehrb. 1974-81; §§ 158-163, 433-515, 607-610, 1094-1104 BGB, AbzG (in: Münchener Komment. z. BGB), 1978-81; Üb. Unbeliebth. u. Beliebth. v. Juristen, Monogr. 1986 - Spr.: Engl., Franz., Holländ. - Bek. Vorf.: Prof. Dr. jur. Harry Westermann (Vater).

WESTERMANN, Herbert

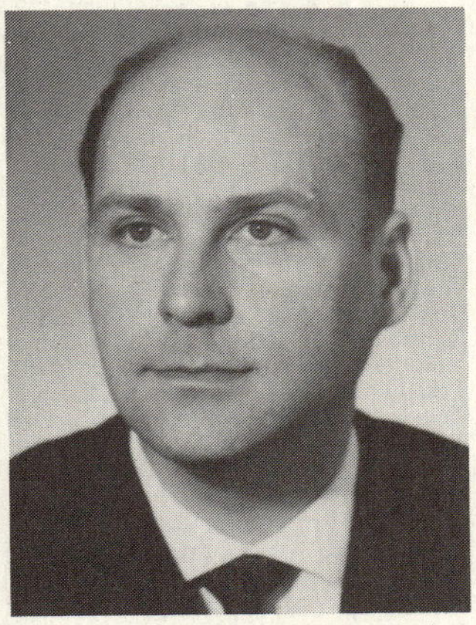

Prof. f. Betriebswirtschaftslehre, insbes. Marketing u. Beschaffung - Dasselstr. 5, 4600 Dortmund-Kirchlinde (T. 0231 - 67 10 10) - Geb. 29. Mai 1929 Dortmund (Vater: Albert W., Mutter: Ottilie, geb. Brocke gen. Funke, verh. s. 1962 m. Gisela Helene, geb. Sievers, 2 S. (Gerald Wigbert u. Eike Christian) - Kfm. Lehre; Stud. Betriebswirtsch. Univ. Münster - 17-j. Industriepraxis - BV: Marktnah entwickeln, 1971; Marketing Management, 1972; Marketing 2000, 1979; D. informierte Käufer, 1980; Gewinnorientierter Einkauf, 1982; Unsere Vorfahren - Westf. Bauernfamilien, 1985; Westf. Reformator Johannes Westermann, 1987; weitere rd. 50 betriebswirtsch. Fachveröff. bes. zu Marketing u. industr. Materialwirtsch. - Liebh.: Lit., Sport - Spr.: Lat., Engl., Franz.

WESTERMANN, Wilhelm

Fabrikant, Geschäftsf. Bruno Kirches Herrenkleiderwerke GmbH. & Co. - Bleckeder Landstr. 29, 3140 Lüneburg - ARsvors. Mech. Seidenweberei Viersen AG., Viersen, u. Rheintuch Schwartz & Klein AG., Möchengladbach.

WESTERMANN-LAMMERS, Joachim

Dr., Geschäftsführer Eckhardt & Co. KG. - Ballindamm 13, 2000 Hamburg 1 (T. 32 14 71; priv.: 2 79 98 38).

WESTERNACHER, Richard

Landwirt, Präs. Raiffeisenverb. Frankfurt/M., u. a. - Düdelsheimer Str. 12, 6471 Lindheim Kr. Büdingen (T. Altenstadt 4 01) - Geb. 30. Dez. 1919 Lindheim - Abitur 1938 - Wehrdst. u. Gefangensch. - 1958-70 MdL Hessen. CDU - 1971 BVK I. Kl.

WESTERNHAGEN, v., T.-B.

Dr. med., apl. Prof. Univ. Göttingen, Chefarzt, Arzt f. Hals-Nasen-Ohren-Heilkd., Phoniatrie u. Pädaudiologie, Plast. Operationen Ev. Krkhs. Oldenburg - Zu erreichen üb. Ev. Krkhs. Oldenburg, Auguststr. 12, 2900 Oldenburg (T. 0441 - 23 63 05) - Geb. 12. Mai 1934, ev., verh. s. 1965 m. Uta-Maria, geb. v. Pape, 3 Kd. (Friderike, Tilo, Thyra) - Med.-Stud. Univ. Göttingen, München; Staatsex. 1958; Promot. 1958 Göttingen - Chefarzt Hals-Nasen-Ohren Abt., Ärztl. Dir. Ev. Krkhs. Oldenburg - Liebh.: Darst. Kunst, Musik, Pferde - Spr.: Engl., Russ.

WESTERWELLE, Guido

Jurist, Mitglied d. Bundesvorstandes d. FDP, Mitgl. d. Perspektiv-Kommiss. d. FDP - Heerstr. 85, 5300 Bonn 1 (T. 0228 - 63 31 19) - Geb. 27. Dez. 1961 Bad Honnef, ledig - 1987 1. jurist. Staatsex. FDP (1983-88) Bundesvors. d. Jungen Liberalen - Spr.: Engl.

WESTHOFF, Lothar

Rechtsanwalt, Geschäftsf. Unternehmensverb. d. Nieders. Steinkohlenbergbaus - Osnabrücker Str. Nr. 112, 4530 Ibbenbüren.

WESTHUES, Melchior

Dr. med., Prof., Hals-Nasen-Ohrenarzt - Prinzenweg 1, 8130 Starnberg/Obb.; priv.: 8137 Berg/Leoni - Geb. 10. Mai 1933, verh., Sohn - B. 1975 Privatdoz., dann apl. Prof. TU München (HNO-Heilkd.). Spez. Kehlkopferkrank., Mikrochir. d. Ohres, Nebenhöhlenchir. - Liebh.: Mod. Kunst.

WESTMEYER, Hans

Dr. phil., Dipl.-Psych., Prof. f. Psychologie FU Berlin - Osthofener Weg 25, 1000 Berlin 38 - Geb. 26. Juli 1946 Vlotho - Stud. Psych., Humangenetik u. Math. Logik Univ. Münster; Dipl.-Psych. 1970, Promot. 1971, Habil. 1975 - 1972-76 Assist.-Prof.; s. 1976 Prof. Inst. f. Psych. FU; 1982-83 Sprecher FB Erzieh.- u. Unterrichtswiss.; 1983-85 1. Vizepräs. FU - BV: Logik d. Diagnostik, 1972; Kritik d. psych. Unvernunft, 1973; Wiss.theorie auf Abwegen?, 1973; Kriterien psych. Forsch., 2. A. 1982; Verhaltenstherapie, 1977; Beobachtungsverfahren in d. Verhaltensdiagnostik, 1987.

WESTPFAHL, Konradin

Dr. rer. nat., Prof. f. Theoret. Physik - Maria-Theresia-Str. 9, 7800 Freiburg/Br. (T. 7 25 36) - Geb. 28. Juni 1926 Stettin - S. 1957 (Habil.) Lehrtätigk. Univ. Freiburg (1967 apl. Prof.).

WESTPHAL, Frank

Dr. rer. nat., Prof. Inst. f. Geologie u. Paläontologie Univ. Tübingen (s. 1967) - Eichenweg 1, 7400 Tübingen 1 (T. 6 25 57) - Geb. 27. Juni 1930 Berlin (Vater: Prof. Dr. phil. Wilhelm H. W., Physiker (s. dort); Mutter: Irmgard, geb. Henze), ev., verh. s. 1961 m. Isolde, geb. Köpf, 4 Kd. (Heinrich, Frank, Hildegard, Brigitte) - Stud. Geol. Promot. 1956; Habil. 1961 - S. 1961 Lehrtätigk. Tübingen (gegenw. Prof. f. Geol. u. Paläontol.). Fachveröff. (bes. Wirbeltiere) - Spr.: Engl.

WESTPHAL, Gert

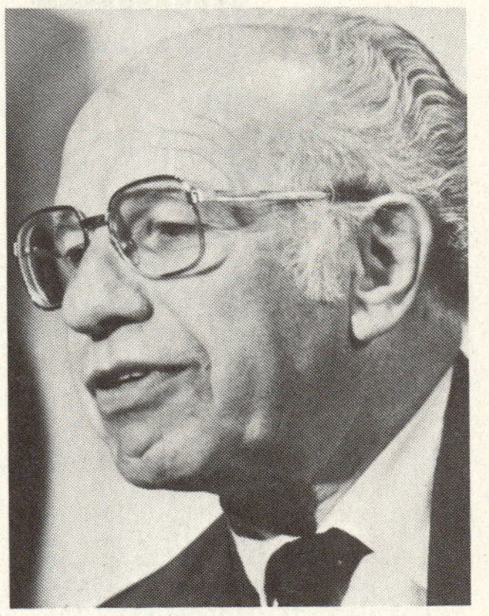

Schauspieler, Rezitator, Regisseur - Seestr. 83, CH-8800 Thalwil/ZH - Geb. 5. Okt. 1920 Dresden, verh. s. 1957 m. Gisela, geb. Zoch, Schausp. u. Journ., 2 Töcht. (Deborah Stefani, Jessica Johanna) - N. Abit. Schauspielausbild.; Kriegsdst. (4x verw.) - 1948ff. Oberspiell. Radio Bremen; 1953-59 Leit. Hörspielabt. u. Regiss. f. Rundf. u. Fernsehen Südwestfunk Baden-Baden; 1959-80 Mitgl. Schauspielhs. Zürich, s. 1980 Arbeit f. Tournée-Theater Greve; s. 1984 Gastdozentur Hochschule St. Gallen. Div. Operninsz. Vortragsabende v. Goethe b. Heine. Zahlr. Schallpl. - 1975 Literaturpreis Kanton Zürich; 1982 BVK I. Kl.; 1988 Dt. Schallpl.preis - Liebh.: Bücher, Meissner Porzellan, Zinnfiguren - Lit.: Petra Kipphoff, D. König d. Vorleser, in: D. Zeit; Frank Schirrmacher: E. Mensch, d. Stimme wurde, FAZ.

WESTPHAL, Heinz

Bundesminister a.D., Bundestagsvizepräs., MdB (s. 1965; Wahlkr. 112/Herne; 1974-82 Mitgl. Fraktionsvorst.) - Droste-Hülshoff-Str. 2, 5300 Bonn 1 (T. 23 16 94) - Geb. 4. Juni 1924 Berlin (Vater: Max W., b. 1928 Vors. SAJ, 1927-33 Mitgl. SPD-Parteivorst. † 1942 n. KZ), konfessionsl., verh. s. 1950 m. Ingeborg, geb. Riemann, T. Sigrid - Obersch. (Mittlere Reife); 1939-42 Lehre Flugmotorenschlosser; 2 Sem. Ing.stud. (abgebr.) - 1943-45 Luftwaffe (Bordfunker, zul. Uffz.), 1946-1947 Jugendsekr. Berliner SPD, 1948-50 Vors. Sozialist. Jugend Berlin, dann Verbandssekr. u. 1953-57 Vors. Sozialist. Jugend Dtschl.s / D. Falken, 1954-65 stv. Vors. u. Vors. (1955) sow. Hauptgeschäftsf. (1958-65) Dt. Bundesjugendring. 1964-74 Fernsehratsmitgl. ZDF; 1969-74 Parlam. Staatssekr. Bundesmin. f. Jugend, Familie u. Gesundheit; 1972-74 Vors. Kurat. Europ. Jugendwerk; 1970-77 Präs. Dt.-Israel. Ges. (Bonn); 1974-82 VR-Vors. Dt. Entwickl.dienst.; 1976-82 Vors. Arbeitskr. Öfftl. Finanzw.; 1982 (b. Okt.) Bundesmin. f. Arbeit u. Sozialordn. SPD s. 1945. Mithrsg.: Ztschr. Dt. Jugend (1953-75) - Spr.: Engl.

WESTPHAL, Jürgen

Dr. jur., Rechtsanwalt, Landesminister a. D. - Esplanade 41, 2000 Hamburg 36 (T. 040 - 35 17 96); priv.: Klosterstieg 8, 2000 Hamburg 13 (T. 040 - 44 67 59) - Geb. 1. Dez. 1927 Hamburg (Vater: Heinrich W., Kaufm.; Mutter: Margarethe, geb. Semler), ev., verh. s. 1956 m. Daniela, geb. Reichow, 4 Kd. (Cornelia, Ulrike, Juliane, Florian) - Univ. Hamburg, Nancy, Köln; gr. jurist. Staatsprüf. 1956 - 1956-58 wiss. Assist. Inst. f. Luft- u. Weltraumrecht Univ. Köln; 1958-70 Chefsynd. Blohm + Voss AG, Hamburg; 1970-73 Vorst.-Mitgl. u. Vorst.-Sprecher HADAG Seetouristik u. Fährdienst AG, Hamburg, 1966-73 (Mandatsniederleg.) Mitgl. Hbg. Bürgerschaft (zul. stv. Fraktionsvors.), 1973-85 Min. f. Wirtsch. u. Verkehr d. Landes Schlesw.-Holst.; Ehrenvors. CDU-Kreis Pinneberg; VR-Vors. Dt. Pfandbriefanst., Wiesbaden; AR-Mitgl. Salzgitter AG, Salzgitter, SPAR-Handels AG, Hamburg; HABA AG, Hamburg, Ernst Jacob GmbH, Flensburg; VR-Mitgl. Berenberg-Bank, Hamburg; Präsid.-Mitgl. Wirtschaftsrat, Bonn - Liebh.: Musik (Klavier ausübend), Literatur - Spr.: Engl., Franz. - Bek. Vorf.: Bürgerm. Dr. Mönckeberg (Urgroßv.), Senator Westphal (Großv.), Reichstagsabg. Dr. Semler (Großv.).

WESTPHAL, Klaus

Dr., Mitglied d. Geschäftsführung Halbergerhütte GmbH, Saarbrücken-Brebach, Vorst.-Vors. Luitpoldhütte AG, Amberg - Zu erreichen üb. Halbergerhütte GmbH, 6604 Saarbrücken-Brebach - Geb. 11. Aug. 1936.

WESTPHAL, Otto

Dr. rer. nat., Dr. med. h. c., Prof., Direktor Max-Planck-Inst. f. Immunbiologie, Freiburg (s. 1962) - Tannenweg 31, 7808 Waldkirch - Geb. 1. Febr. 1913 Berlin, verh. mit Ursula, geb. Hägele - Seit 1941 (Habil.) Lehrtätigk. Univ. Göttingen u. Freiburg (1952 apl. Prof. f. Chemie); 1947-62 Lab. A.-Wander-Forschungsinst. Säckingen bzw. Freiburg. Üb. 250 Fachveröff. Mithrsg.: Biochem. Ztschr. (1955 ff.) - 1967 Ehrendoktor Univ. Gießen; 1956 Claude-Bernard-, 1959 Louis-Pasteur-, 1962 Emil-Fischer-Med., 1964 Aronson-Preis, 1963 Emil-v.-Behring-Plak. u. -Preis, 1965 Carus-Med., 1968 Paul Ehrlich-Ludwig Darmstädter-Preis; 1960 Ehrenmitgl. New York Acad. of Natural Sciences; 1961 Mitgl. Dt. Akad. D. Naturforscher (Leopoldina), Halle/S.; 1971 dt. Vertr. Advis. Com. f. Med. Research Weltgesundh.sorg., Genf; 1974 Mitgl. Harvey Soc., New York; 1975 Ehrenmitgl. Americ. Acad. d. Künste u. Wiss. - Liebh.: Musik.

WESTRICK, Ludger

Dr. jur., Bundesminister a. D. - Petersbergstr. 44, 5300 Bonn-Bad Godesberg - Geb. 23. Okt. 1894 Münster/W. (Vater: Mathematikprof.), kath., verh. m. Dr. med. Hilde, geb. v. Odelga/Wien (1969 Gr. BVK), 1981 verw., 8 Kd. (dav. 2 Pflegesöhne; S. Dr. med. Fritz, 1973 e. Mordanschlag auf Jamaica z. Opfer gefallen) - Stud. Rechtswiss. u. Volksw. - Auslandstätigk. Montanind., u. a. Leit. Balkan-Verkauf Vereinigte Stahlwerke, Generaldir. Vereinigte Aluminium-Werke, n. 1945 Zentraltreuhänder VIAG-Konzern, 1948-51 Finanzdir. Dt. Kohlenbergbauleitg., 1951-63 Staatssekr. Bundeswirtschaftsmin., 1963-66 (Rücktr.) Staatssekr. u. Bundesmin. f. bes. Aufg. (1964) Bundeskanzleramt (Chef) - 1966 Großkreuz VO. BRD; hohe ausl. Orden; 1964 Ehrenmitgl. CDU-Landesverb. Berlin; Ehrenmitgl. Ludwig-Erhard-Stiftg.; 1984 Ludwig-Erhard-Med.

WESTRUM, Hans

s. Baumann, Hans

WETEKAM, Heiko

Stadtdirektor Iserlohn (s. 1984) - Zu erreichen üb. Rathaus, 5860 Iserlohn (T. 2 17-20 20); priv.: Weilkeweg 27, 4600 Dortmund - Geb. 14. Febr. 1944 Winterberg, ev., verh., 1 Kd. - Univ. Köln (Rechts- u. Wirtschaftswiss.); 2. jurist. Staatsprüf. 1974 - Personaldez. Univ. Dortmund; wiss. Ref. Landtagsfraktion NRW; I. Beigeordn. Stadt Dormagen. Hauptmann d. Res. - Spr.: Engl., Franz. - Rotarier.

WETH, Georg A.

Autor, Direktor Badische Kammerschauspiele - 7830 Emmendingen (T. 07641 - 40 71) - Geb. 24. April 1936 Fürth, verh., 4 Kd. (Alexander, Stephanie, Nicola, Gabriela) - Kunstsch. u. Schauspielsch. - 1959-62 Leit. Salzburger

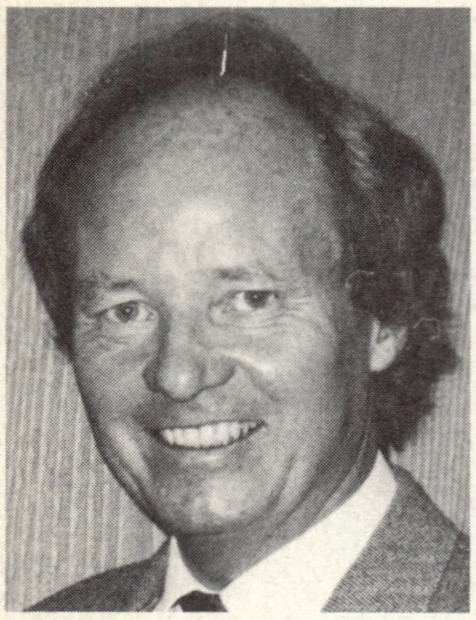

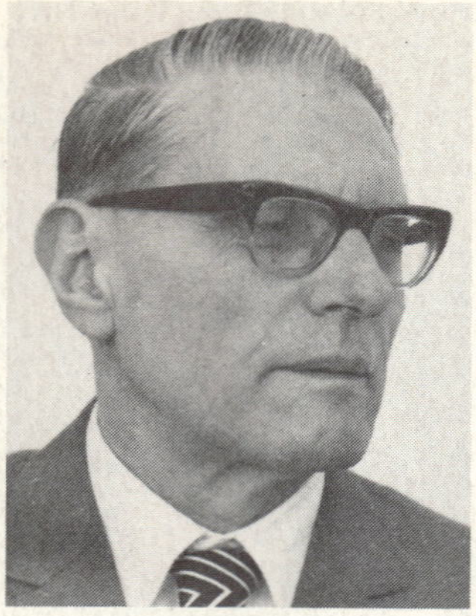

Mysteriensp.; 1963 Gründ. u. Leit. Kammerschausp. St. Blasien; 1967 Gründ. u. Leit. Bad. Kammerschausp. - BV: Da-Sein wie nie zuvor; Märchenoper d. Balearen; Märchentraum Ibiza u. Formentera; Märchentraum d. Karibik; Bruce Low - Es hängt e. Pferdehalfter an d. Wand; E. Preußenprinz zu sein; Wie e. leuchtender Spiegel - Mallorca; Hotelmärchen aus Märchenhotels. Hörsp.: Martin Luther King; Bühnenst.: Barbara liebt, Nici Dünnfaden greift ein - 1984 Lit.preis Radio Balear Intern.

WETTER, Friedrich

Dr. phil., Dipl.-Chemiker, Direktor, Sonderbeauftragter f. unternehmenspolit. Fragen, Chem. Werke Hüls AG., Marl - Wiesenstr. 71, 4370 Marl (T. 02365 - 3 31 04) - Geb. 1. Juli 1913 Wuppertal-Elberfeld (Vater: August W., Kaufm.; Mutter: Johanna, geb. Bettges), ev., verh. s. 1940 m. Charlotte, geb. Stein, 2 Kd. (Doris, Klaus) - Abit. Wuppertal-E.; Stud. Würzburg, Kiel u. Göttingen. Promot. 1937 b. Nobelpreistr. Prof. Dr. A. Windaus - Assist. Chem. Inst. Univ. Göttingen - IG-Werk Mainkur, Frankfurt; 1940 Chem. Werke Hüls AG., Marl; Beiratsmitgl. Aethylen-Rohrleitungs-Ges. mbH.; Mitgl. Statist. Aussch. BDI u. VCI (Vors. Arbeitsaussch. Petrochemische Rohstoffe); Mitarb. Cefic; s. 1978 i. R. - Liebh.: Gesch.wiss., Barockmusik, Segeln - Spr.: Engl., Franz.

WETTER, Friedrich

Dr. theol., Prof., Kardinal, Erzbischof v. München u. Freising - Kardinal-Faulhaber-Str. 7, 8000 München 2 (T. 29 69 55) - Geb. 20. Febr. 1928 Landau/Pf. (Vater: Peter W., Lokführer; Mutter: Hedwig, geb. Böttinger), kath. - Gymn. Landau; Univ. Gregoriana Rom (Phil., Theol.) Promot. 1956 Rom; Habil. 1965 München, Priesterweihe 1953 Rom - 1956-58 Kaplan Speyer; 1958-60 Assist. u. Doz. Priestersem. Speyer; 1962-1967 Doz. u. ao. Prof. (1964) Phil.-Theol. Hochsch. Eichstätt (Fundamentaltheol.); s. 1967 o. Prof. bzw. Honorarprof. (1968) Univ. Mainz (Dogmatik); 1968-82 Bischof v. Speyer, s. 1982 Erzbischof v. München u. Freising; 1985 Kardinal - BV: D. Lehre Benedicts XII. v. intensiven Wachstum d. Gottesschau, 1958 (Rom); D. Trinitätslehre d. Johannes Duns Scotus, 1967; Geheimnis d. Glaubens, 1968 (m. Volk) - 1982 Gr. BVK m. Stern, 1983 VO Rhld.-Pf; 1985 Bayer. VO.

WETTER, Peter

Dr. jur., Dipl.-Kfm., Rechtsanwalt u. Steuerberater, MdL Baden-Württ. (s. 1972) - Kernerstr. 48, 7000 Stuttgart 1 (T. 24 12 65) - Geb. 5. Febr. 1930 München, verh., 2 Kd. - Obersch. Urach, Kirchberg/Jagst, Stuttgart; Univ. Freiburg, Tübingen, Berlin/Freie, München (Rechtswiss., Betriebsw.) - 1964-68 Finanz- bzw. Landesfinanzgerichtsrat (1967) Stuttgart; s. 1969 Anwalts- u. Steuerpraxis. CDU.

WETTERER, Erik

Dr. med., o. em. Prof. f. Physiologie - Im Herrengarten 12, 8520 Erlangen-Buckenhof (T. 5 21 08) - Geb. 25. Jan. 1909 Mannheim (Vater: Dr. med. Josef W.; Mutter: Elisabeth, geb. Back), kath., verh. s. 1948 m. Erna, geb. Doesel - Gymn. u. Univ. Heidelberg (1927-33). Promot. (1935) u. Habil. (1940) München - S. 1940 Lehrtätigk. Univ. München (1952 apl. Prof.) u. Erlangen-Nürnberg (1965 Ord. u. Dir. Inst. f. Physiol. u. Kardiol). Emerit. 1977, Vertret. d. Lehrstuhls b. 1978. Zahlr. Veröff. üb. Dynamik d. Blutkreislaufs u. elektr. Meth. d. Physiol. - 1966 Preis Arthur-Weber-Stiftg., 1982 Carl-Ludwig-Ehrenmünze d. Dtsch. Ges. f. Herz- u. Kreislaufforsch. - Spr.: Engl.

WETTERN, von der, Georg

Geschäftsführer Gebr. v. d. Wettern GmbH., u. deren verbundenen Unternehmen, Köln-Deutz - Am Rehwechsel 5, 5000 Köln-Brück - Vorstandsmitgl. Wirtschafts-Vereinig. Bauind. Nordrh.-Westf., Vors. Landesfachabt. Straßenbau Nordrh.-Westf., Vors. Aktionsgemeinschaft Straße, alle Düsseldorf.

WETTERN, von der, Walter

Dipl.-Ing., Geschäftsführer Gebr. v. d. Wettern GmbH., Köln-Deutz - Heiligenstock 55, 5070 Bergisch-Gladbach.

WETTIG, Klaus

Wissenschaftler, Mitgl. Europ. Parlament (I. Wahlp.) Haushaltskontroll- u. Landwirtsch.Aussch. - Rohnsterrassen 6, 3400 Göttingen (T. 5 81 50) - Geb. 15. Aug. 1940 - SPD.

WETTIG, Rainer

Rechtsanwalt, Geschäftsf. Bundesverb. Dt. Backmittelind. u. Bundesverb. Dt. Talg- u. Schmalzind., gf. stv. Vors. d. Backmittelinst. - Markt 9, 5300 Bonn 1 - Geb. 30. Jan. 1935.

WETTIG-DANIELMEIER, Inge

Diplom-Sozialw., MdL Nieders. (s. 1972), Mitgl. SPD-Parteivorst., Bundesvors. Arbeitsgem. sozialdemokr. Frauen - Rohnsterrassen 6, 3400 Göttingen (T. 5 81 50) - SPD.

WETTSTEIN, Horst

Dr., Prof. f. Informatik Univ. Karlsruhe - Ernst-Barlach-Str. 50, 7500 Karlsruhe 41 (T. 0721 - 40 33 92) - Geb. 15. Sept. 1933 Pforzheim (Vater: Otto W., Goldschmied; Mutter: Erna, geb. Böhringer), verh. s. 1961 m. Ute, geb. Brunner, 3 Kd. (Matthias, Annette, Christine) - 1945-54 Gymn. Pforzheim; 1954-59 Stud. Elektrotechnik TH Karlsruhe (Dipl. 1959, Promot. 1966) - S. 1972 Prof. f. Informatik - BV: Aufbau u. Struktur v. Betriebssyst., Sachb. 1978; Assemblierer u. Binder, Sachb. 1979; Systemprogrammier., Sachb., 2. A. 1980; Arch. v. Betriebssyst., Sachb., 3. A. 1987 - Spr.: Engl.

WETTSTEIN, Karl-Peter

Oberstudienrat, MdL Baden-Württ. (s. 1972) - Kantstr. 17, 6831 Plankstadt/Baden (T. Schwetzingen 2 57 04) - Geb. 29. April 1940 Freiburg/Br., ev., verh., 2 Kd. - Hebel-Gymn. Schwetzingen (Abit. 1959); Univ. Heidelberg u. Bonn (Wirtschaftswiss., Politik, Gesch., Dt., Leibesüb.). Staatsex. 1966 u. 67 - S. 1966 Gymn. Heidelberg (Bunsen-), Philippsburg (1967), Hockenheim (1971). SPD s. 1962 (s. 1972 Mitgl. d. Landtags v. Baden-Württ., s. 1983 stv. Kreisvors. Rhein-Neckar).

WETZEL, Günter

Dr. jur., Staatssekretär a. D. - Lossenweg 4, 6100 Darmstadt - Geb. 27. Juni 1922 Kassel (Vater: Karl W., Kaufm.), ev., verh. s. 1953 m. Charlotte, geb. Oppermann, 3 Kd. (Heike, Birgit, Frank) - 1945-49 Univ. Göttingen (Rechtswiss.). Jurist. Staatsprüf. 1949 u. 53; Promot. 1950 - 1953-55 Ass. u. Reg.srat Reg.spräsid. Kassel, 1955-60 Polizeipräs. Kassel, 1960-66 Reg.svize- u. Präs. (1962) Darmstadt, 1967-68 (Rücktr.) Staatssekr. Hess. Innenmin., 1968-72 (Rücktr.) Staatssekr. Bundesmin. f. gesamt- bzw. innerd. Fragen u. d. Verteidigung (1971); 1978-83 Staatssekr. Min. d. Justiz Schlesw.-Holst. 1945-72 (Austr.) SPD; s. 1972 CDU - Spr.: Engl. (Dolmetscherprüf.) - Liebh.: Jagd.

WETZEL, Klaus

Bundesrichter - Oldenburgallee 61, 1000 Berlin 19 - Geb. 18. Juni 1921 Oranienburg/Ndb. (Vater: Hugo W., Beamter; Mutter: Käthe, geb. Kuhn), ev., verh. s. 1950 m. Hella, geb. Schleussing, 2 Söhne (Christian, Martin) - Schule Berlin (Abitur 1939); 1946-49 Univ. Hamburg (Rechtswiss.). Gr. jurist. Staatsprüf. 1953 Berlin - S. 1950 Land-, Kammer- (1960 KGsrat, 1967 Senatspräs. u. 1967-72 Präs. Justizprüfungsamt Berlin) u. Bundesverwaltungsgericht Berlin (1972 Bundesrichter) - Liebh.: Lit., Musik - Spr.: Franz., Engl.

WETZEL, Peter

Bankdirektor - Osterstr. 1, 3000 Hannover - B. 1972 stv. Vorstandsmitgl. Nordd. Landesbank, dann o. Vorstandsmitgl. Nordd. Kundenkreditbank AG.

WETZEL, Rolf

Dr. med., Prof., Internist - Oberer Rebberg 14, 7880 Bad Säckingen (T. 07761 - 85 81) - Geb. 9. Okt. 1903 Düren/Rhld. (Vater: Albert W., Ingenieur; Mutter: Anna, geb. Binz), verh. s. 1940 m. Hildegard, geb. Hubert) - Langj. Chefarzt Innere Abt. Stadt- u. Kreiskrkhs. Säckingen. S. 1942 (Habil.) Privatdoz. u. apl. Prof. (1955) Univ. Freiburg (Inn. Med.). Zahlr. Fachveröff. - Liebh.: Musik, Astronomie.

WETZEL, Willi-Eckhard

Dr. med. dent., Univ.-Prof., Leiter d. Abt. Kinderzahnheilkd. Univ. Gießen - Tulpenstr. 14, 3550 Marburg 7 - Geb. 11. Juni 1943 Stolp/Pommern, verh. s. 1968 m. Elke, geb. Blankenstein, 3 Kd. (Mischa, Karen, Malte) - Gärtnerlehre; Stud. Zahnheilkd. Univ. Marburg; Promot. 1973, Habil. 1980 Gießen - BV: D. Angst d. Kinder v. d. Zahnarzt, 1982 - 1978 Otto-Loos-Preis d. Landeszahnärztekammer Hessen - Liebh.: Botanik.

WETZEL, Wolfgang

Dr. rer. pol., Dipl.-Kfm., o. prof. f. Statistik u. Ökonometrie - Esmarchstr. 64, 2300 Kiel (T. 80 22 28) - Geb. 12. Okt. 1921 - Habil. 1958 Berlin (FU) - S. 1960 Ord. Univ. Kiel, Berlin (FU), Kiel. Fachveröff.

WETZELS, Egon

Dr. med., Prof., Chefarzt - Schörging 11, 8214 Bernau-Hittenkirchen (T. 48 75) - Geb. 17. Jan. 1928, verh. m. Dr. med. Alice Wetzels, geb. Grüber, S. Rainer - S. 1963 (Habil.) Lehrtätigk. Univ. Düsseldorf (1968 apl. Prof.), s. 1982 Univ. München; Chefarzt Med. Klin. I Städt. Krkhs. Rosenheim; Vizepräs. Berufsverb. Dt. Internisten; 1988/89 Vors. Dt. Ges. f. Inn. Med. - BV: Einzelfunktionen d. Niere b. akutem Versagen, 1964. Herausg.: Hämodialyse u. Peritonealdialyse (1969/70). Mitherausg.: Rationelle Diagnostik in d. Inneren Med. (1973, 1976, 1982; auch span.), Rationelle Therapie in d. Inneren Med. (1975, 1980), Grundbegriffe d. Inneren Med. (1984), Hämodialyse, Peritonealdialyse, Membranplasmapherese (1986). Üb. 100 Einzelarb. - 1987 Ernst-v.-Bergmann-Plak. - Spr.: Engl.

WETZGER, Joachim

Dr.-Ing., Prof., Direktor Continental Elektroindustrie AG., Askania-Werke, Berlin 42 - Schöneberger Ufer 67a, 1000 Berlin 30 (T. 13 25 67) - Geb. 6. Okt. 1922 - B. 1969 Lehrbeauftr., dann Honorarprof. TU Berlin (Regelung industrieller Prozesse) - Gold. VDI-Ehrenring.

WETZSTEIN, Rudolf

Dr. med., o. Prof. f. Anatomie - Hochkalterstr. 6, 8000 München 90 (T. 692 25 63) - Geb. 24. Juli 1916 Augsburg - S. 1956 (Habil.) Lehrtätigk. Univ. München, Anatom. Anst. (1963 apl.), 1972 o. Prof. Veröff. z. Anat. u. Histol., insb. Elektronenmikroskopie. Neuroendokrinologie.

WEVER, Hans

Dr. rer. nat., o. Prof. f. Metallphysik - Holbeinstr. Nr. 62, 1000 Berlin 45 (T. 8 33 50 08) - Geb. 19. März 1922 Holzminden/Weser (Vater: Hans-Adolf W., Reichsbankdir.; Mutter: Auguste, geb. Becker), kath. - Univ. Münster/W. (Chemie; Dipl.-Chem. 1950), Promot. 1953 Münster; Habil. 1958 Berlin - S. 1959 Lehrtätigk. TU Berlin (1962 Wiss. Rat, 1963 apl. Prof., 1964 Ord. u. Inst.sdir.; 1968/70 Rektor). Fachmitgliedsch. - BV: Elektro- u. Thermotransport in Metallen, 1973. Rd. 80 Fachveröff. z. Materietransp. u. Feldordn. in Metallen - 1958 Masing-Gedächtnispreis Dt. Ges. f. Metallkd.; 1983 Ehrenmitgl. Dt. Ges. f. Metallkd. - Spr.: Engl., Franz. - Rotarier - 1973 Ruf TU Clausthal.

WEWER, Hubert

Hotelier (Detmolder Hof), Vizepräs. IHK Lippe zu Detmold - Lange Str. 19, 4930 Detmold (T. 27 31).

WEWERKA, Michael J.

Galerist, Autor, Verleger - Pariser Str. 63, 1000 Berlin 15 (T. 881 14 99); Wewerka Galerie, Pariser Str. 63, 1000 Berlin 15; Wewerka Galerie, Theodor-Lessing-Pl. 3, 3000 Hannover 1 (T. 0511 - 32 48 03); u. Wewerka Galeria Malpartida 26, Carretera, Malpartida de Caceres, Espana (T. 27 54 53) - Geb. 22. Sept. 1936 Berlin (Vater: Johannes W., Grafiker; Mutter: Hildegard, geb. Wischnevski), gesch., 2 S. (Michael, Christian) - Stud. Publiz. - Galerist, Filmprod., Autor, Veranst., Verleger, Vors. Interessengemeinsch. Berliner Kunsthändler (IBK). Herausg. Kunstblatt - BV: Gefährliche Töne, Ged. 1982; Tropfen auf d. heißen Stein, Ged. 1982 - Regie: Werwölfe, Spielfilm (m.a.); Fünf Kurzfilme (Regie u. Prod.), u.a. Puppen, Pötte u. Moneten - Spr.: Engl., Span.

WEXLBERGER, Adolf

I. Bürgermeister, Kreisrat Starnberg (1984ff.) - Schönbichlstr. 53, 8036 Herrsching/Ammersee (T. 08152 - 14 39) - Geb. 12. Okt. 1935 Schweinfurt/Ufr. (Vater: Josef W. Landw. (1948-66 ehrenamtl. I. Bürgerm.); Mutter: Margarete, geb. Linz), ev., verh. s. 1976 m. Elfriede (Elfi), geb. Vogler, T. Andrea - Realgymn. Wiesentheid; Ausbild. gehob. nichttechn. Verwaltungsdst. Bayer. Verw.sch. (Dipl.-Verw.w.) - 1954-62 Landratsamt Gerolzhofen; 1962-65 geschäftsl. Beamter Gde. Herrsching; 1965-74 I. Bgm. Markt Weiler-Simmerberg/Allg.; 1974-79 Bayer. Innenmin. (zul. Oberamtsrat); 1979-84 Leit. Bayer. Selbstverw.kolleg/KdÖR, Fürstenfeldbruck, seith. I. Bgm. Herrsching (776 n. Chr. erstm. urkundl. erwähnt). Kreisrat Lindau. Langj. CSU (div. Funkt.) - Spr.: Latein, Engl., Franz.

WEYDT, Günther

Dr. phil., em. o. Prof. f. Neuere dt. Literaturgeschichte - Am Berg Fidel 70, 4400 Münster/W. (T. 7888-271) - Geb. 2. Mai 1906 Frankfurt/M. (Vater: Dr. med. Georg W., Arzt; Mutter: geb. Loretz), verh. s. 1936 m. Margarethe, geb. Fricke - Realgymn.; Univ. Zürich, München, Florenz, Berlin, Paris, Frankfurt (Deutsch, Engl., Franz., Gesch., Kunstgesch.). Promot. 1929 Frankfurt; Habil. 1935 Bonn - B. 1931 Assistant Lecturer Univ. Aberdeen (Schottl.), dann Assist., Privatdoz. (1935), apl. Prof. (1943). Wiss. Rat (1959) Univ. Bonn (dazw. Wehrdst. Dt. Akad.), s. 1960 ao. (pers. Ord.) u. o. Prof. (1964) Univ. Münster (Dir. Germanist. Inst.). 1970 Gastprof. Johns Hopkins Univ. Baltimore u. Univ. Maryland (USA), Vorst. Annette-v.-Droste-Ges., Münster (1965), Präs. Grimmelshausen-Ges. (1977-86), Ehrenpräs. d. Grimmelshausen-Ges. (s. 1986) - BV (1931-71): u. a. Naturschilderung b. Annette v. Droste-Hülshoff u. Adalbert Stifter, Herbst d. Minnesangs (m. H. Naumann), Friedrich d. Gr. u. Justus Möser, D. Einwirkung Englands auf d. dt. Lit. d. 18. Jh., Wilhelm Meisters theatral. Sendung, D. dt. Roman v. d. Renaissance b. zu Goethes Tod, Nachahmung u. Schöpfung im Barock, Lit. Biedermeier, Christ. von Grimmelshausen. Herausg.: Grimmelshausen u. v. Droste (sämtl. Werke) u. Simpliciana; Odyssea dt. 1537 - Mehrere Ehrenmed. u. Festschriften.

WEYDT, Harald

Dr. habil., Prof. f. germanist. Linguistik FU Berlin - Schützallee 81, 1000 Berlin 37 (T. 811 27 96) - Geb. 28. März 1938 Bonn (Vater: Günter W., Prof.; Mutter: Margarete, geb. Fricke), verh. s. 1967 m. Sigrun, geb. Wörtz, 3 Kd. (Patrick, Ralf, Jana) - Abit. 1958, Stud. Univ. Tübingen (1. u. 2. Staatsex. 1967 u. 1969), Promot. 1969, Habil. 1975, alles Tübingen - 1969-71 Gastprof. Montreal, s. 1975 Prof. FU Berlin; 1976 u. 1983 Gastprof. Univ. of Wisconsin, Madison; Veranstalter v. 4 internat. Kolloquien z. d. dt. Partikeln (1977, 1979, 1982, 1987) - BV: Noam Chomskys Werk, 1965; Abtönungspartikel, 1969; Kl. dt. Partikellehre (m. a.); 6 Buch-Hrsg. - Liebh.: Rudern - Spr.: Franz., Engl., Span. Portug.

WEYEL, Gudrun Mechthilde

Oberstudienrätin a. D., MdB (Landesliste Rhld.-Pfalz) - Auf der Wacht 29, 6252 Diez - SPD.

WEYEL, Herman-Hartmut

Oberbürgermeister Stadt Mainz (s. 1987) - Zu erreichen üb. Rathaus, 6500 Mainz (T. 06131 - 1 21) - Geb. 1933 - Jura-Stud. - SPD.

WEYEN, Gustav

Kaufmann (Gustav Weyen KG., Bremerhaven) - Bremerhavener Str. Nr. 2, 2850 Bremerhaven 3 (T. 4 31 87; priv. 5 27 07) - Spr.: Engl.

WEYER, Adam

Dr. theol., Prof., Ordinarius f. Ev. Theologie u. ihre Didaktik Univ./GH Duisburg (Gründungsrektor) - Schwalbenstr. 21, 4133 Neukirchen-Vluyn.

WEYER, Carl

Rechtsanwalt, Vorstandsmitgl. Agfa-Gevaert-Gruppe, Leverkusen - Bayenthalgürtel 22, 5000 Köln 51 - Geb. 25. Sept. 1910 (Vater: Max W., Amtsgerichtsdir.; Mutter: Änne, geb. Elshorst), kath., verh. - Stud. Rechts-, Staatswiss., Volksw. Wien, Paris, Bonn - S. 1937 IG Farbenind. bzw. Agfa (1939 Berlin, 1945 Leverkusen; 1964 Vorst.). Mitgl. Präsid. Dt.-Franz. Handelskammer, Paris, Div. Mandate.

WEYER, Fritz

Dr. rer. nat., (habil.), Prof., Abteilungsdirektor (Bernhard-Nocht-Inst. f. Schiffs- u. Tropenkrankh., Hamburg) a. D. - Behrkampsweg 34, 2000 Hamburg 54 (T. 56 25 69) - Geb. 31. Juli 1904 Czarnikau/Posen - S. 1947 Lehrtätigk. Univ. Hamburg (1950 apl. Prof. f. Zool., insb. med. Entomol.). Hauptarbeitsgeb.: Med. Entomol., Fleckfieber u. a. Rickettsiosen, Ornithose (Papageienkrankh.) - BV: D. Malariaüberträger, 1949; Grundriß d. med. Entomol., 4. A. 1966 (m. F. Zumpt); Leitf. z. Unters. d. tier. Parasiten d. Menschen u. d. Haustiere, 4. A. 1969 (m. E. Reichenow u. H. Vogel); Lehrb. d. Tropenkrankh., 4. A. 1975 (Herausg. m. W. Mohr u. H.-H. Schuhmacher) - 1964 Bernhard-Nocht-Med.; 1966 Membre Associé Soc. Belge de Médicine Tropicale; 1968 korr. Mitgl. Soc. de Pathol. Exotique; 1981 Ehrenz. d. Dt. Ärztesch.

WEYER, Hans-Jürgen

Dipl.-Geologe, Geschäftsführer Bundesverb. Dt. Geologen, Bonn - Nordstr. 113, 5120 Herzogenrath (T. 02407 - 78 19) - Geb. 6. April 1953 - Stud. Geol. u. Mineral. RWTH Aachen; Dipl. 1982 - Explorationsgeologe Kanada (Uranges. Canada Ltd. Toronto); wiss. Mitarb. an e. Forschungsvorhaben im Rahmen d. Kontinentalen Tiefbohrprogramms (KTB) an d. TH Aachen; s. 1986 Geschäftsf. Bundesverb. Dt. Geologen, Bonn - Ca. 12 Abhandl. wiss. u. allg. Aufs. u. Publ. üb. Lagerstättengeol., Forsch.projekt Forsch.bohrung Konzen u. regional- bzw. lokalgeol. Art.

WEYER, Heinrich

Dr., Landesbeauftragter f. d. Datenschutz Nordrh.-Westf. - Elisabethstr. 12, 4000 Düsseldorf 1.

WEYER, Martin

Dr. phil., Universitätsmusikdirektor, Prof. f. Musiktheorie u. Musizierpraxis Univ. Marburg (s. 1972) - Am Hasenknüppel 11, 3550 Marbach/L. - Geb. 16. Nov. 1938 Cammin/Pom. - Promot. 1969 - BV: D. Orgelwerke v. Josef Rheinberger, 1966; D. dt. Orgelsonate v. Mendelssohn b. Reger, 1969.

WEYER, Reinhold

Dr., Prof. Univ. Bamberg - Hauptstr. 1, 8602 Pettstadt (T. 09502 - 17 55) - Geb. 12. März 1940 Harsewinkel (Vater: Karl W., Lehrer; Mutter: Elisabeth, geb. Hülsmann), kath., verh. s. 1964 m. Hanne, geb. Macke, 4 Kd. (Benedikt, Georg, Peter, Christoph) - Abit. 1960; Staatsex. f. d. Künstl. Lehramt an Gymn. 1963, 1. u. 2. Staatsprüf. f. d. Lehramt an Volkssch., 1965 u. 1968, Promot. 1971 Univ. Köln - 1965-70 Lehrer an Grund- u. Hauptsch.; 1970 Förderungsassist.; 1973 Wiss. Assist.; 1975 Akad. Rat; 1977 Akad. Oberrat; 1978 Wiss. Rat u. Prof.; 1980 o. Prof. - BV: Musikunterr. in d. Kölner Volkssch. im 19. Jh., 1972; Musikpäd. in d. Studienreform, (m. R. Klinkhammer) 1975; Musiklehrerausb. in d. BRD im Spannungsfeld zw. Wiss. u. Kunst, (m. R. Klinkhammer) 1977 - Liebh.: Theater, Gesch. - Spr.: Engl.

WEYERMANN, Rolf

Dipl.-Volksw., Kaufmann, Geschäftsf. Mich. Weyermann GmbH & Co. KG Malzfabrik, u. Heinz Weyermann Farbebierbrauerei GmbH, beide Bamberg - Brennerstr. 17-19, 8600 Bamberg/Ofr. (T. 3 10 12) - Geb. 5. Jan. 1919 Würzburg - B. 1984 Präs. Dt. Mälzerb. - 1969 BVK I. Kl. 1978 Bayer. VO - Rotarier.

WEYERS, Willy

Bankier, Geschäftsinh. KKB Kundenkreditbank - Dt. Haushaltsbank KGaA, Düsseldorf - 4150 Krefeld-Fischeln - Geb. 2. Juli 1935.

WEYERSBERG, Hermann

Fabrikant, Teilh. u. kaufm. Leit. Friedr. Herder Abr. Sohn (Gesenkschmiede u. Stahlwarenfabrik) - Grünewalder Str. 29, 5650 Solingen - Geb. 30. Nov. 1902 - S. jg. Jahren Familienuntern. (vor üb. 240 J. gegr.).

WEYGOLDT, Peter J. H.

Dr. rer. nat., Prof. f. Zoologie - Etzenbachweg 2, 7816 Münstertal - Geb. 24. April 1933 Wilhelmshaven, verh. s. 1967 m. Sylvia, geb. Moehring, 4 Kd. - 1952-58 Stud. Univ. Kiel, Freiburg; Promot. 1958 Kiel; Habil. 1965 Berlin - BV: The Biology of Pseudoscorpions, 1969.

WEYL, Brigitte

Dr., Gf. Gesellschafterin Südverlag GmbH u. Universitätsverlag Konstanz GmbH - Tägermoosstr. 1, 7750 Konstanz - Div. Mand., dar. AR-Mitgl. dpa; Mitgl. Vollzugsaussch. Dt. UNESCO-Kommiss. - Offizier d. franz. Nationalen VO, BVK I. Kl.

WEYL, Richard

Dr. phil. nat., em. o. Prof. f. Geologie u. Paläontologie - Zu erreichen üb. Seniorenheim, Lindenweg 11, 6900 Heidelberg-Rohrbach - Geb. 10. Aug. 1912 Kiel (Vater: Prof. Dr. jur. Richard W., Rechtswiss.ler (s. X. Ausg.); Mutter: Bertha, geb. Wagner), ev., verh. s. 1940 m. Hertha, geb. Theile, 3 Kd. (Ute, Richard, Ulrich) - Gymn. Kiel; Univ. Innsbruck, Kiel, Freiburg/Br., Heidelberg (Geol., Mineral., Zool.). Promot. 1936; Habil. 1942 - 1936-1937 Assist. Univ. Heidelberg; 1938-39 Stip. Dt. Forschungsgem.; 1939-45 Wehrdst.; 1946-56 Doz. u. apl. Prof. Univ. Kiel; s. 1957 Ord. u. Inst.dir. Univ. Gießen (1967-68 Rektor) - BV: Geol. Streifzüge durch Westindien u. Mittelamerika, 1953; Contribución a la Geologia de la Cordillera de Talamanca de Costa Rica, 1957; Geol. Mittelamerikas, 1961; Erdgesch. u. Landschaftsbild in Mittelamerika, 1965; Geol. d. Antillen, 1966, Geol. d. Hochbeckens v. Puebla-Tlaxcala, 1977. Einzelarb.; Geol. of Central America, 1980 - Spr.: Engl., Span.

WEYMANN, Ansgar

Dr. phil., Prof., Soziologe Univ. Bremen - Kapitän-König-Weg 11, 2800 Bremen 33 (T. 0421 - 25 70 96) - Geb. 25. Okt. 1945 Ahlen (Vater: Dr. Walter W.; Mutter: Christl, geb. Wagler), verh. s. 1971 m. Verena Bauhuis, Tocht. Nina - 1965 Univ. Saarbrücken, München u. Münster, Promot. 1971 Münster - 1971 Wiss. Assist. Univ. Bielefeld; s. 1976 o. Prof. Univ. Bremen; 1984, 85 u. 87 Netherlands Inst. for Advanced Study (NIAS) - BV: Ges.wiss. u. Marxismus, 1972; Alltagswissen, Interaktion u. ges. Wirklichk., 5. A. 1981; Lernen u. Sprache, 1977; D. nachträgl. Hauptschulabschl., 1980;; Handb. Soziol. d. Weiterbild., 3. A. 1982; Bildung u. Beschäftigung, 1987; Handlungsspielräume, 1988 - Spr.: Lat., Griech., Engl.

WEYMANN, Gert

Schriftsteller, Regiss. - Karlsruher Str. 7, 1000 Berlin 31 (T. 8 91 18 61) - Geb. 31. März 1919 Berlin - 1943-44 Univ. Berlin (Theaterwiss., German.) - Regieassist. (Staatstheater u. Schloßpark-Theater Berlin); s. 1947 fr. Regiss. Berlin, Halle/S., Bamberg, Nürnberg, New York (1963 ff.). S. 1963 Gastprof. USA (Theaterwiss.). Bühnenw. (1955 ff.): Generationen (UA. Berlin, auch franz.). Eh d. Brücken verbrennen, D. Ehrentag (beide UA. Nürnberg). Hör- u. Fernsehspiele. S. 1958 Fr. Mitarb. SFB; 1963 u. 66 Gastdoz. Univ. USA. S. 1970 Dozent Goethe-Inst. Berlin - 1954 Gerhart-Hauptmann-Preis Freie Volksbühne Berlin - Spr.: Engl., Franz.

WEYMAR, Ernst

Dr. phil., Prof., Historiker - Wittkopstr. 1B, 4500 Osnabrück (T. 6 44 95) - Geb. 18. Mai 1920 Waldlaubersheim, ev., verh. s. 1947 m. Dorothea, geb. Blunck, S. Wolfgang - Kraftfahrzeughandw. (Gesellenbrief 1949); Abit. 1951; Univ. Kiel (Gesch., German., Päd., Phil.; Promot. 1958) - 1959 Assist. Univ. Kiel; 1960 Prof. Päd. Hochsch. u. 1973 o. Prof. Univ. Osnabrück. Mitgl. Kurat. u. Wiss. Aussch. Georg-Eckert-Inst. f. Intern. Schulbuchforsch. - BV: D. Neuere Gesch. in d. Schulbüchern europ. Länder, 1956; D. Selbstverständnis d. Deutschen, 1961; Gesch. u. polit. Bildung, 1967. Herausg.: Toleranz u. Intoleranz im Zeitalter d. Glaubenskämpfe. Ausgewählte Quellentexte (1977), Babylon. Glanz u. Untergang, Ausgrabung u. Wiederherstell. (1979). Mitherausg.: D. Funktion d. Gesch. in uns. Zeit, (1975, m. E. Jäckel).

WEYNEN, Wolfgang

Dr. jur., Dipl.-Kfm., Generaldirektor, Vors. d. Geschäftsfg. Dt. Presse-Agentur GmbH. (dpa), Hamburg (s. 1979 i. R.) - Gaedechensweg 4, 2000 Hamburg 20 (T. 47 58 99) - Geb. 5. Juli 1913 Nilvingen/Els. (Vater: Wilhelm W., Dir.; Mutter: geb. Bremer), kath., verh. I) 1940 m. Viktoria, geb. v. Leuthold, Tocht. Barbara, II) 1964 Liselotte, geb. Hoffmann - Oberrealsch. Riesa; Lehre Mitteld. Stahlwerke AG., Riesa, u. Eisengroßhandl. Otto Wolf, Leipzig; Univ. Bonn, Paris, Königsberg, Leipzig (Rechtswiss.), HH ebd. (Betriebsw.). Promot. 1937; Dipl.-Kfm. 1938 - 1939 Direktionsassist. Junkers Flugzeug- u. Motoren-Werke AG., Dessau, 1939-45 Wehrdst. u. Gefangenschaft, Justitiar u. Hauptgeschäftsf. (1950) IHK Wiesbaden. Div. Ehrenstell., dar. Präs. Intern. Press Telecommunications Committee (1968-72) u. 1965 Vizepräs., s. 1973 Präs. Alliance Européenne des Agences de Press, Präs.-Mitgl. Dt.-Korean. Ges. AR-Vors. e-te-s GmbH., Köln - BV: Arbeitszeitregelung in kontinuierl. Betrieben, 1937 - 1968 Ritterkreuz Ehrenlegion (Frankr.); 1969 Gr. Silb. Ehrenz. Rep. Österr.; 1970 Komturkreuz d. VO. d. Ital. Rep.; 1971 BVK I. Kl.; 1974 Offz.skreuz d. Kgl. Schwed. Vasa-Ord., 1978 Command. de l'Ordre de la Couronne Belge, 1979 Gr. BVK; 1979 Kommandeurkreuz d. Ordens v. Oranje-Nasau (Niederl.); 1979 Komtur-Kreuz d. Ordens d. Finn. Löwens; Ehrenmitgl. d. Intern. Presse-Rates (IPTC) in London auf Lebenszeit - Spr.: Engl., Franz. - Rotarier.

WEYREUTHER, Felix

Dr. jur., Prof., Vors. Richter am Bundesverwaltungsgericht Berlin 12 - Wilhelm-Hauff-Str. 3, 1000 Berlin 41 (T. 8 52 97 10) - Geb. 6. Aug. 1928 Hamburg - Schule u. Univ. Hamburg (Rechtswiss.). Gr. jurist. Staatsprüf. 1956 - B. 1961 Landgerichtsrat, dann Oberverwaltungsgerichtsrat Lüneburg, s. 1966 Bundesrichter Berlin. S. 1968 Lehrbeauftr. u. Honorarprof. (1971) TU Berlin (Staats- u. Verw.recht) - BV: Empfiehlt es sich, d. Folgen rechtswidr. hoheitl. Verw.handelns gesetzl. zu regeln? - Gutachten B. z. 47. Dt. Juristentag, 1968; Revisionszulassung u. Nichtzul.beschwerde in d. Rechtssprechung d. obersten Bundesgerichts, 1971; Verw.-kontrolle durch Verb.? Argumente gegen d. verw.gerichtl. Verb.klage im Umweltschutz, 1975; Bauen im Außenbereich, 1979; Üb. d. Verfassungswidigkeit salvator. Entschädigungsregel. im Enteignungsrecht, 1980; D. Situationsgebundenheit d. Grundeigent., 1983.

WEYRICH, Karl-Heinz

Dr. jur., Rechtsanwalt, MdL Rhld.-Pfalz (s. 1975) - Am Horren 22, 6701 Altrip - Geb. 24. Dez. 1925 - SPD.

WEYRICH, Willy

Patentrichter a.D., Rechtsanwalt, Präs. Dt. Liga f. Menschenrechte (s. 1984) - Cherubinistr. 1, 8000 München 40 - Geb. 26. Febr. 1917, gesch., 2 Kd. (Karl-Heinz, Brigitte) - Jurastud., 1949 2. Staatsex.; Staatsanw., Richter Mainz u. Baden-Baden, b. 1984 Richter Bundespatentgericht; Präs. Deutsch-Franz. Freundeskreis Bayern - Spr.: Franz., Engl., Russ.

WEYROSTA, Claus

Freier Architekt BDA, MdL Baden-Württ. (s. 1967) - Felsenkellerweg 10, 7120 Bietigheim-Bissingen - Geb. 15. März 1925 Breslau - Notreifeprüf. 1942; 1942-45 Wehrdst., Leutnant d. R. (Gebirgstruppe); 1945-48 Bauarb.; Facharbeiterprüf. Maurer; Staatsex. 1954 Fachhochsch. f. Technik Stuttgart - Öffentl. best. u. vereid. Sachverst.; Mitgl. d. Architektenkammer Baden-Württ.; Dt. Werkbund; Baden-Württ. Baumeisterbund; Beirat Kurat. Fachhochsch. Technik Stuttgart; IG Bau-Steine-Erden;

Landesbeauftr. Dt. Verb. Wohnungswesen, Städtebau u. Raumplanung; Vorst.-Mitgl. Dt.-Poln. Ges.; Vors. Landesgr. Baden-Württ. - 1962 Mitgl. SPD; 1970-75 u. s. 1977 Mitgl. SPD-Landesvorst.; 1962-68 Stadtrat Bietigheim/Enz; 1965-68 Kreisrat Kreistag Ludwigsburg; 1972-76 stv. Vors.; 1976-80 Parlament. Geschäftsf.; 1980-84 stv. Vors. SPD-Landtagsfrakt. Mitgl. Europa-Union, Deutsche Schiller-Ges., amnesty intern., Arbeiterwohlfahrt, Touristenverein D. Naturfreunde, Bund f. Umwelt u. Naturschutz, Deutscher Tierschutzbund. S. 1984 Vors. Wirtsch.aussch.

WHIGHAM, Jiggs

Prof. Musikhochsch. Köln, Jazz-Musiker, Big-Band-Leader, Solo-Posaunist (eigtl. Oliver Haydn W.) - Im Hag 12, 5300 Bonn-Bad Godesberg 2 (T. 0228 - 34 30 86) - Geb. 20. Aug. 1943 Cleveland/Ohio (Vater: Oliver Haydn W., Polizist; Mutter: Jean, geb. Laude), ev., verh. s. 1963 m. Diane, geb. Bodge, 2 T. (Emily Clare, Jennifer Jean) - Mit 7 J. Unterr. in Klavier u. Musiktheorie Cleveland Inst. of Music; m. 11 Jahren Erlern. Posaune; Stud. Kompos. - Zus.arb. m. Glenn Miller, Stan Kenton, Maynard Ferguson, Johnny Richards, Larry Elgard, Chris Swansen u.a. (1961-65); 1965 WDR (Kurt Edelhagen-Orch.) u. Zus.arb. m. Thad Jones-Mel Lewis, Count Basie, Peter Herbolzheimer, Bert Kämpfert, George Gruntz, Werner Müller. Studio-Musiker. Gastdoz. an zahlr. Schulen, Gast-Prof. Univ. Siegen; stv. Leit. Landesjugend-Jazz-Orch. Baden-Württ. u. Euro-Jazz (London). Hunderte v. Schallpl., FS-Auftr. u. Radio-Send. Zahlr. Kompos. Gema-Mitgl. - 1966 1. Preis Intern. Compet. f. Mod. Jazz, Wien; Gold. Posaune (Polydor) u.v.a. Jury-Mitgl. Dt. Schallpl.-Preis - Liebh.: Segeln, Tennis, Gastronomie - Spr.: Deutsch, Engl.

WIBBING, Siegfried

Dr. theol., Prof., Hochschullehrer - Backhaushohl Nr. 19, 6500 Mainz-Bretzenheim (T. 3 54 85) - Geb. 10. Febr. 1926 Bielefeld - S. 1962 Doz. u. Prof. f. Ev. Theologie u. Didaktik Päd. Hochsch. Worms (zeitw. Rektor) bzw. Erziehungswiss. Hochsch. Rheinland-Pfalz/Abt. Worms (1969-72 Rektor). Wiss. Veröff. z. Theol. d. Paulus u. d. Synoptikern.

WICH, Josef

I. Bürgermeister - Rathaus, 8644 Pressig/Ofr. - Geb. 4. Nov. 1922 Pressig - Schuldst. (zul. Rektor). CSU.

WICHARZ, Wilhelm

Dipl.-Volks., Geschäftsführer Verein Dt. Schleifmittelwerke u. Forschungsgemeinsch. Schleifscheiben - Oxfordstr. 8, 5300 Bonn 1.

WICHELHAUS, Gerhard

Bankier, Mitinh. Bankhaus v. d. Heydt-Kersten & Söhne - Neumarkt 7-9, 5600 Wuppertal-Elberfeld.

WICHELHAUS, Hans

Rektor a. D., MdL Nordrh.-Westf. (s. 1975) - Berketstr. 8, 5270 Gummersbach 1 (T. 2 22 42) - Geb. 14. Sept. 1918 - CDU.

WICHELHOVEN, Gertrud,
geb. Rickes

Zeitungsverlegerin Zeitungsverlag Iserlohn, Iserlohner Kreisanzeiger u. Zeitung, Wichelhoven Verlags-GmbH & Co. KG, Gf. Reisebüro Wichelhovenhaus Iserlohn u. Hemer - Th.-Heuss-Ring 4-6, 5860 Iserlohn (T. 02371-2 90 45).

WICHEREK, Antoni

Dirigent, Generalmusikdirektor Theater Oberhausen (s. 1984) - Mülheimer Str. 111, 4200 Oberhausen 1 (T. 0208 - 2 72 91) - Geb. 18. Febr. 1929 Zory, kath., verh. s. 1970 m. Hanna Lisowska, Opernsängerin, T. Ivonne - Dipl. 1954 Musikhochsch. Wroclaw, 1956 Warschau, 1960 Venedig; zusätzl. ab 1957 Jura-Stud. Univ. Wroclaw - 1954-57 Operndirig. Wroclaw, 1957-62 Poznan, 1962-73 Gr. Theater Warschau, 1973-81 GMD ebd.; 1981/82 GMD Kairo (Staatl. Philharm. u. Oper); 1982/83 Gastsp. Dt. Oper Düsseldorf, Berlin (Unter den Linden), Wiesbaden, Karlsruhe, Gelsenkirchen, St. Gallen. Schallpl., Rundf.- u. Fernsehaufn. - 1970-80 mehrere Kulturausz. in Warschau - Liebh.: Touristik in d. masurischen 1000 Seen - Spr.: Engl., Poln., Deutsch.

WICHERT, Günter

Dr. phil., Staatssekretär a. D. Nieders., Leiter Landeszentrale f. Polit. Bild. NRW, Düsseldorf - Neanderstr. 6, 4000 Düsseldorf - Geb. 20. Mai 1935 Steinen/Ostpr., verh. m. Dr. Ingrid W., 3 Kd. - Mittelsch. u. Gymn. (Abit.); Univ. Göttingen und Berlin (Gesch., Phil., German.); Promot. Göttingen - U. a. wiss. Mitarb. SPD-Landtagsfraktion Nieders.; 1974-76 Staatssekr. Nieders. Min. f. Wiss. u. Kunst. 1969-74 MdB (Wahlkr. 49/Göttingen). SPD s. 1960.

WICHMANN, Hans

Dr., Leiter d. Neuen Sammlung. Staatl. Museum f. angew. Kunst München - Prinzregentenstr. 3, 8000 München (T. 089 - 22 78 44) - Geb. 1925 - Stud. Kunstwiss., Archäol. u. Volksk. München, handwerkl. Ausb., Promot. 1955 - S. 1955 Leit. e. Forsch.gruppe Akad. d. Wiss., Forsch.auftr. Dt. Forsch.gemeinsch., Museumspraxis Bayer. Staatsgemäldesamml., s. 1960 Mitarb. u.a. a. d. Wiedereinricht. d. Alten Pinakothek, München, Europaratsausst.: Rokoko (München), Europaratsausst.: Romantik (London), s. 1960 tätig f. Handwerk u. Ind., b. 1979 Leit. Dt. Werkbund Bayern - Zahlr. Ausstell. - BV: u.a. Toni Stadler, 1955; August Macke, 1959; Max Beckmann, 1960; Ursprung u. Wandlung d. Schachfigur in 12 Jh., 1960 (New York u. London 1964); Bibliogr. d. Kunst in Bayern, Bd. 1-4 u. Sonderbd., 1960-74; D. Wohnung, Bd. 1-6, 1961-66; Produktform – Made in Germany, Bd. 1-2, 1966-70; Kultur ist unteilbar, 1976; Ohne Vergangenheit keine Zukunft, 1976; Wohnen im ländl. Raum, 1977; Aufbruch z. neuen Wohnen, 1978; Der Sport formt sein Gerät, 1980; Industrial-Design, Unikate, Serienerzeugnisse. D. Neue Sammlung. E. neuer Museumstyp d. 20. Jh., 1985; Sep Ruf. Bauten u. Projekte, 1986; Reiz u. Hülle. Gestalt. Warenverpackungen d. 19. u. 20. Jh., 1987; Italien: Design 1945 bis heute, 1988; Jap. Plakate, 1988. Herausg.: Drehpunkt, 1930; Aspekte, 1979; Architektur d. Vergänglichkeit, 1983; System-Design. Bahnbrecher: Hans Gugelot, 1984; Festschrift Aloys Goergen, 1985; Sep Ruf. Bauten u. Projekte, 1986; Design-Process-Auto, 1987; Reiz u. Hülle. Gestaltete Warenverpackungen, 1987; Italien: Design 1945 bis heute, 1988; Jap. Plakate, 1988; System-Design: Fritz Haller, 1989 - BVK f. wiss. Leist.

WICHMANN, Siegfried

Dr. phil., Prof., Direktor Bayer. Nationalmuseum München (s. 1983) - Waldstr. 16, 8130 Starnberg/Obb. (T. 08151 - 32 58) - Geb. 10. Febr. 1921 Bärndorf/Schles. (Vater: Georg W., Porträt- u. Landsch.maler; Mutter: Helene, geb. Scheder), ev., verh. s. 1950 m. Elionore, geb. Limburg-Schaffgotsch, 2 S. (Matthias, Christian) - Univ. Breslau u. München - 1957-67 Konservator u. Oberkonserv. (1960) Bayer. Staatsgemäldesamml. München (Neue Pinakothek); 1967-83 Prof. f. Kunstgesch. Staatl. Akad. bild. Künste Karlsruhe. S. 1973 Präs. Intern. Kalligraphenverb. Tokyo - BV: Eduard Schleich d. Ält., 1950; Realismus u. Impressionismus, 1962; Wilhelm v. Kobell, 1970; Lenbach u. s. Zeit, 1973; Jugendstil, 1977 (übers. in 4 Spr.); Japonismus, 1980 (übers. in 5 Spr.); Meister-Schüler-Themen, 1983; Carl Spitzweg, 1983. Zahlr. Fachveröff. u. Vortr. Ausst.: Aufbruch z. mod. Kunst (1958), Secession, Europ. Kunst um d. Jh.wende (1964), Weltkulturen u. mod. Kunst (1972), Jugendstil-floral, funktional (1984, übers. in 3 Spr.) - 1982-83 Jap. Nationalpreis; 1983 Special-price of Japan - Liebh.: Islam. Keramik 8.-15. Jh., Malerei d. 19. Jh. - Bek. Vorf.: Ludwig Wilhelm W., Bildhauer (1788-1859).

WICHMANN, Walter

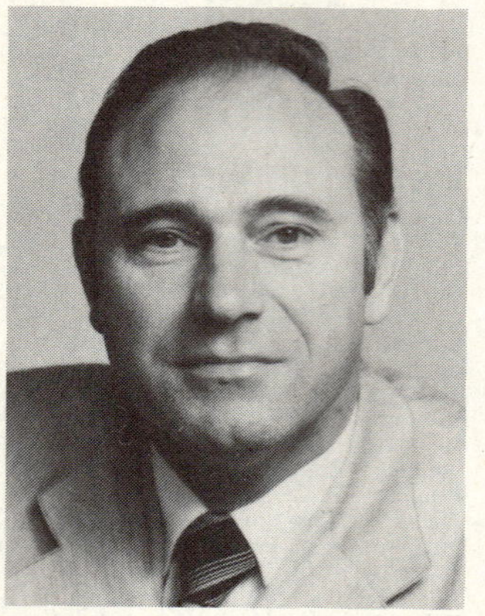

Dr., Dipl.-Volksw., stv. Hauptgeschäftsführer Bundesverb. d. Filialbetriebe u. Selbstbedienungs-Warenhäuser (BFS), Bonn - An d. Elisabethkirche 21, 5300 Bonn 1 - Geb. 23. April 1929, verh., 2 Kd. - Stud. Univ. Bonn u. Köln (1950-56) - 1956-57 Presse- u. Inf.amt Bundesreg., 1958-1969 Geschäftsf. Centralvereinig. Dt. Handelsvertreter- u. -makler, Köln; 1970-88 Geschäftsf. Bundesverb. d. Selbstbedienungs-Warenhäuser (BdSW) - BV: Selektiver Vertrieb u. SB-Warenhäuser, 1982 (m. a.). Mitarb. Handb. f. Handelsvertr., Handlexikon f. Hdl. u. Absatz, Ladenschluß kontovers, ständ. Mitarb. b. zahlr. Fachztschr. d. Handels - Spr.: Engl., Franz.

WICHT, Henning

Dr., Programmdirektor Hörfunk u. stv. Int. Hess. Rundfunk - Bertramstr. 8, 6000 Frankfurt/M. (T. 1 55 22 78) - 1971 ff. Präsident Radio-Programm-Kommiss. d. Europ. Rundfunkunion; Vors. Planungskommiss. Funkkolleg.

WICHTER, Sigurd

Dr. phil., Prof. f. Dt. Sprache Univ. Münster - Kerkheideweg 10, 4400 Münster (T. 0251 - 71 70 17) - Geb. 5. Juni 1944 Freiburg (Vater: Hans W., Bundesbahnhauptsekr.; Mutter: Elfriede, geb. Bauder), verh. s. 1982 m. Taeko, geb. Takayama, S. Dan - Habil. 1980 - Lehrtätigk. Univ. Bochum, Braunschweig u. Münster (s. 1981).

WICHTERICH, Theo

Dr., Vorstandsmitglied DUEWAG AG - Duisburger Str. 145, Krefeld-Uerdingen (T. 02151 - 45 02 55); priv.: Fabritiusstr. 26, 4150 Krefeld 11 (T. 02151 - 4 26 37) - Geb. 14. Okt. 1926.

WICHTL, Max

Dr. phil., Mag. pharm., Prof. f. Pharmazeut. Biologie Univ. Marburg (Institutsdir.) - Schlehdornweg 7, 3550 Marburg/L. - Geb. 6. Okt. 1925 Wien - Univ. Wien (Chemie, Botanik, Pharmazie). Promot. 1951, Mag. pharm. 1956 (beides Wien) - Zul. Doz. Univ. Wien - BV: D. pharmakognost.-chem. Analyse, 1971; Teedrogen, Handb. f. Apoth. u. Ärzte, 2. A. 1989 - 1971 Dr.-Wilmar-Schwabe-Preis - Spr.: Engl.

WICK, von, Georg Ernst

Dr. jur., Rechtsanwalt Oberlandesgericht Köln - Theodor-Heuss-Ring 4, 5000 Köln 1 (T. 0221 - 13 50 16/17) - Geb. 18. Aug. 1931 Essen (Vater: Gustav v. W., Major a.D.; Mutter: Ilse, geb. Koch), verh. s. 1955 m. Marilene, geb. Francken, 4 Kd. - Stud.; 1. u. 2. jur. Staatsex. 1954 u. 59; Promot. 1956 - 1959-60 Ref. Ruhrverb./Ruhrtalsperrenverein, Essen; 1960-63 wiss. Mitarb. Unternehmensverb. Ruhrbergbau, ebd.; 1963-85 Girmes-Werke AG (Justitiar); 1970-84 Vorst.-Mitgl. Johs. Girmes & Co. AG - BV: Kompetenzwahrnehmung im Bereich d. Bundesregierung, 1957 - Spr.: Engl., Franz.

WICK, Hans-Jürgen

Dr. agr., Generalsekretär Dt. Raiffeisen-Verb. - Adenauerallee 127, 5300 Bonn 1 (T. 0228 - 10 60) - Geb. 13. April 1927 - Stud. Landw.

WICK, Klaus

Dr. rer. nat., Prof. f. Physik Univ. Hamburg - Bansgraben 8, 2000 Hamburg 61 - Geb. 21. Sept. 1940 Frankfurt/M. - Stud. Univ. Göttingen, Berlin, Karlsruhe (Promot. 1970, Habil. 1983).

WICK, Rainer

Dr. phil., Prof. f. Kunst- u. Kulturpädagogik - Tränkerhofstr. 43, 5303 Bornheim 4 (T. 02227 - 17 35) - Geb. 18. Juni 1944 Mechernich (Vater: Kurt W., Stud.dir.; Mutter: Martha, geb. Fischer), ev., verh. s. 1971 m. Dr. Astrid, geb. Kmoch, 2 Töcht. (Saskia, Nadja) - Gymn. Bonn (Abit. 1963), 1963-65 Lehre, 1963-69 Univ. Bonn u. Köln (Päd., Soziol., Kunstgesch., Kunsterzieh.), 1. Staatspr. 1969, 2. 1971, Promot. 1975 - 1969-79 Schuldienst, zul. Fachleit. u. Stud.dir., 1979 Prof. f. Gestaltungstechnik Univ. Essen, 1985 Habil. f. Kunstpäd., 1986 Lehrstuhl f. Kunst- u. Kulturpäd. Bergische Univ. Wuppertal - BV: Z. Soziol. intermediärer Kunstpraxis, 1975; Kunstsoziol., 1979 (m. Astrid Wick-Kmoch); Bauhaus-Päd., 1982; Farbe u. Architektur, 1983; Zw. Kunst u. Design, 1983; Ist d. Bauhauspäd. aktuell?, 1985; Johannes Itten, Bildanalysen 1988 - Liebh.: Kunst (bes. d. 20. Jh.), Reisen - Spr.: Engl., Franz.

WICKE, Ewald

Dr. rer. nat., Prof. f. Physikal. Chemie - Schlüterstr. 7, 4400 Münster/W. (T. 8 16 52) - Geb. 17. Aug. 1914 Elberfeld (Vater: Gustav W., Handw.; Mutter: Elisabeth, geb. Rau), verh. s. 1941 m. Elisabeth, geb. Günther (1982†) - Univ. Köln u. Göttingen - S. 1944 Lehrtätigk. Göttingen, Hamburg (1954 Ord. u. Inst.-dir.), Münster (1959) - BV: Grundriß d. Physikal. Chemie, m. A. Eucken (gest.) 10. A. 1959, Zahlr. Einzelarb.; div. Herausg. - 1954 Haber-Preis Dt. Bunsenges.; 1962 Arnold-Eucken-Med. VDI; 1972 Dt. Akad. d. Naturforscher (Leopoldina); 1975 Rhein.-Westf. Akad. d. Wiss. D'dorf; 1975 Ehrendoktor TU München; 1976 Dechema-Med.; 1980 korr. Mitgl. Akad. d. Wiss. Göttingen; 1981 Bunsen-Denkmünze d. Dt. Bunsen-Ges.; 1983 Foreign Ass. Nat. Acad. Engng., USA.

WICKE, Lutz

Dr. rer. pol., Dipl.-Ing., Prof., Wissenschaftlicher Direktor am Umweltbundesamt - Grimmelshausenstr. 54, 1000 Berlin 22 (T. 030 - 365 23 07) - Geb. 23. April 1943 Herrnhut/Sa., ev., verh. s. 1968 m. Angelika, geb. Schmidt, 3 Kd. (Axel, Inga, Martin) - Dipl.-Ing. (Wirtschaftsing.) 1971; Promot. 1975; Habil. (Volkswirtschaftslehre, insb. Wirtschaftspolitik) 1979 TU Berlin; apl. Prof. 1983 TU Berlin - Wiss. Assist., wiss. Dir. Umweltbundesamt Berlin; Vors. Fachaussch. d. Stadtentwicklung u. Umweltschutz CDU Berlin - BV: D. personelle Vermögensverteilung, 1978; Lehrb. Umweltökonomie, 1982, 2. A. 1988; D. Öko-Plan, 1984; D. ökologischen Milliarden, 1986 - 1976 Pieroth-Preis z. Förd. d. Vermögensbildung; 1985 Buchpreis Stadt Hürth z. Förd. d. Umweltschutzgedankens; 1987 Theodor-Heuss-Preis f. jahrel. erfolgr. Bemühungen um d. Versöhnung v. Ökologie u. Ökonomie - Liebh.: Marathon-Lauf, Tennis, Reisen - Spr.: Engl.

WICKERT, Erwin

Dr. phil., Schriftsteller, Botschafter a. D. - Rheinhöhenweg 22, Oberwinter, 5480

Remagen 2 - Geb. 7. Jan. 1915 Braliz/ Mark, ev., verh. s. 1939 m. Ingeborg, geb. Weides, 3 Kd. (Wolfram, Ulrich, Barbara) - Gymn.; Dickinson College/ USA (Bachelor of Arts 1936), Univ. Berlin u. Heidelberg (Promot. 1939) - 1939-45 u. 1955-80 Ausw. Dienst (Schanghai u. Tokio, 1955 Paris, 1960 Ausw. Amt Bonn, 1968 Gesandter London, 1971 Botschafter Bukarest, 1976-80 Botsch. Peking) - BV: Fata Morgana üb. den Straßen, Erz. 1938; D. Paradies im Westen, R. 1939; Die Adamowa, Erz. 1941; Du mußt dein Leben ändern, R. 1949; Dramat. Tage in Hitlers Reich, 1952; D. Frage d. Tigers, R. 1955; Caesar u. d. Phönix, 1956; D. Klassenaufs./Alkestis, 1960; D. Auftrag, R. 1961; D. Purpur, R. 1965; D. Auftrag d. Himmels, R. 1979; China v. innen gesehen, 1982, D. verlassene Tempel, R. 1985, D. Kaiser u. d. Großhistoriker, Hörspielsmlg., 1987; D. fremde Osten, 1988. Hörspiele: u. a. Lot u. Lots Weib, D. kühne Operation, Alkestis, Darfst du d. Stunde rufen?, D. Klassenaufsatz, Cäsar u. d. Phönix, D. Buch u. d. Pfiff. Hiroshima, Robinson u. s. Gäste, D. Kaiser u. d. Großhistoriker - 1952 I. Hörspielpreis d. Kriegsblinden; 1963 Mitgl. Dt. PEN-Zentrum BRD; 1979 Gr. BVK; 1980 Mitgl. Akad. d. Wiss. u. d. Lit. Mainz.

WICKERT, Günter

Markt- u. Meinungsforscher, Dozent Werbewiss. Inst. München u. Fachhochsch. Kempten - Wilhelmstr. 102, 7400 Tübingen (T. 2 23 18) - Geb. 14. Nov. 1928 Erfurt (Vater: Paul W., Ing., Fabrikant; Mutter: Käthe, geb. Rinck), verh. s. 1951 m. Gerlinde, geb. Borde, 3 Kd. (Thomas, Andrea, Manuela) - Univ. Göttingen, Leipzig, Jena, Tübingen, Heidelberg, Basel - S. 1951 Markt- u. Meinungsforscher (Begr. Forschungsst. f. Dt. Markt- u. Meinungsf. u. Wickert-Inst. f. Markt- u. Meinungsf. im In- u. Ausl.) - BV: Deutsche Praxis d. Marktu. Meinungsforschung, 1953; Möglichkeiten mod. Markt- u. Meinungsforschung in Werbung u. Wirtschaft, 1955, 23. A. 1987; Markt- u. Meinungsforschung im Europamarkt, 1960; Markt- u. Meinungsforschung in Europa, 1960. Übers. aus d. Engl.: Markt- u. Meinungsforscher in d. USA. Zahlr. Beitr. in Fachztschr., Wirtschaftsfunk u. a. Herausg.: Ztschr. f. Markt-, Meinungs- u. Zukunftsforsch. (auch Schriftsl.), Intern. Beitr. f. Markt- u. Meinungsf. - Mitgl. American Marketing Assoc.; Vice-Gov. Lions Clubs Intern. - Spr.: Engl.

WICKERT, Johannes Manfred

Dr. Prof., Maler, Psychologe, Physiker - Rolandstr. 97 A, 5000 Köln 1 - Geb. 17. Mai 1944 Leingarten (Vater: Hans W.; Mutter: Else, geb. Wenzel) - 1962 Abit. als Ext., Stud. d. Malerei Stuttgart, s. 1966 Stud. Psych. u. Physik Univ. Frankfurt u. Basel, Promot. 1971, Habil. (Psych.) Univ. Tübingen b. Prof. R.. Bergius 1976 - S. 1972 Lehrtätigk. Univ. Tübingen, Basel u. Köln - Spez.: Arbeitsgeb.: Psych. Gerontologie, Gesch. d. Physik (Newton, Einstein) - BV: u.a. A. Einstein, 1971; (übers. in mehr. Spr.); Isaac Newton, 1981; Z. Psych. d. Nichtseßhaften, 1975 ff.; Psych. Gerontologie (Habil-Schrift), 1976; Partnerbindung im Alter, 1981 - Werke: Porträtmalerei (u.a. Hoffmann, D. Beter, Karoline, Eros, Vertreibung ins Paradies, D. Habilitation d. N. Cusanus, D. Liebe zu Gott) - Spr.: Engl.

WICKERT, Konrad

Dr. phil., Ltd. Bibliotheksdirektor Univ.-Bibl. Erlangen-Nürnberg (s. 1987) - Universitätsstr. 4, 8520 Erlangen - Geb. 21. Mai 1938 Königsberg/Pr. (Vater: Lothar W., Univ.-Prof.; Mutter: Maria, geb. Weber) - Stud. Gesch., Lat., Griech. Univ. Wien, Köln, Erlangen, Promot. 1961, Staatsex. 1962 - 1965-74 Univ.-Bibl. Erlangen, 1974-87 Leit. Univ.-Bibl. Bayreuth.

WICKERT, Ulrich

Dr. theol., Prof. f. Kirchengeschichte - Teutonenstr. 9, 1000 Berlin 38 (T. 8 03 15 68) - Geb. 4. Febr. 1927 Berlin (Vater: Lothar W. †; Mutter: Barbara, geb. Lancelle), ev., verh. s. 1954 m. Hiltrud, geb. Weissmantel, 2 Töcht. (Cornelia, Cäcilia) - Stud. Staatl. Hochschule f. Musik Frankfurt/M. (Violine), Univ. Frankfurt/M. (Klass. Philol.) u. Univ. Marburg (Theolog.) - S. 1957 Univ. Tübingen (1964 Doz., 1967 o. Prof.) u. Kirchl. Hochsch. Berlin (1973); 1978-80 Rektor; 1987 Gastprof. Kath.-Theol. Fak. Eichstätt - BV: Studien zu d. Pauluskommentaren Theodors v. Mopsuestia, 1962; Sacramentum Unitatis, 1971. Div. Einzelarb. z. NT, Patristik, Hagiographie, Mariologie.

WICKERT, Ulrich

Auslandskorrespondent u. ARD-Studioleit. in Paris - Télévision Allemande ARD, 31, Rue du Colisée, 75008 Paris - Geb. 2. Dez. 1942 Tokio (Vater: Erwin W., Botschafter; Mutter: Ingeborg, geb. Weides), verh. s. 1969 m. Sylvie, geb. Frankenberg u. Ludwigsdorff, T. Adrienne - Unv. Bonn, Wesleyan Univ., Connecticut (USA); jur. Staatsex. 1968 - 1968-77 Redakt. WDR-Fernsehmagazin Monitor, 1977 Auslandskorresp. in USA; 1978-81 in Paris; 1981-84 in New York - BV: Freiheit, d. ich fürchte. Polit. Analyse d. BRD, 1981; New York - Tokio - Paris - Tageb. e. Weltreise, 1986; Paris, 1989; Frankreich - wunderbare Illusion, 1989 - S. 1983 Mitgl. PEN-Zentrum d. BRD, Mitgl. Stift.rat Landerziehungsheim Urspringschule - Spr.: Engl., Franz.

WICKERT-MICKNAT, Gisela

Dr. phil. - Zülpicher Str. 83, 5000 Köln 41 (0221 - 41 18 93) - Geb. 9. April 1920 Trier (Vater: Friedrich M.; Mutter: Irene, geb. Mauelshagen), ev., verh. s. 1961 m. Prof. Dr. Lothar W. - Stud. Univ. Köln u. Heidelberg; Promot. 1943, 1. Staatsex. 1944, 2. Staatsex. 1950 - B. 1966 Studienrätin Kaiserin-Augusta-Schule Köln, Arbeitsgebiete: Altertumswiss. u. Germanistik - BV: D. Symbol Traum u. Erwachen i. d. dt. Romantik, Diss. (masch.) 1943; Stud. zu Kriegsgefangensch. u. Sklaverei in d. griech. Gesch., I. Homer, 1954; D. Frau (Archäol. Homerica III R), 1982; Unfreiheit im Zeitalter d. homer. Epen (Forsch. z. ant. Sklaverei XVI), 1983 - 1988 korr. Mitgl. d. Dt. Archäologischen Inst.

WICKI, Bernhard

Schauspieler u. Regisseur - Zürich/ Schweiz (T. Zürich: 26 37 45) - Geb. 28. Okt. 1919 St. Pölten/Österr. (Vater: Bernhard W., Ingenieur; Mutter: Melanie, geb. Kleinhapl), kath., verh. s. 1945 m. Agnes, geb. Fink, Schausp. (s. dort) - Gymn. (Abit.); Schauspielausbild. Berlin u. Wien - S. 1940 Bühnen Bremen, München (Staatstheater, 1943-1945 u. ab 1950), Zürich u. Basel. Filme: u. a. D. letzte Brücke (Partisanenführer Boro), Rummelplatz d. Liebe, D. zweite Leben, D. Mücke, Gefangene d. Liebe, Kinder, Mütter u. e. General, Es geschah am 20. Juli (Stauffenberg), Ewiger Walzer (Johann Strauß), Du, mein stilles Tal, Rosen im Herbst, Weil du arm bist, mußt du früher sterben, Skandal um Dr. Vlimmen, Königin Luise, Flucht in d. Tropennacht, D. Zürcher Verlobung, Es wird alles wieder gut, Madeleine u. d. Legionär, D. Katze, D. Frau im besten Mannesalter, Frauensee, Lampenfieber, Erotica, 11 Jahre u. 1 Tag; Regie: Warum sind sie gegen uns? (1959 Bundesfilmpreis/Filmband in Silber, Dt. Jugendfilmpreis), D. Brücke (1960) Preis d. Dt. Filmkritik, Dt. Jugendfilmpreis, Preis d. Senats v. Berlin u. a.), D. Wunder d. Malachias (1961 Silb. Bär Berliner Filmfestsp.), The Visit (n. Dürrenmatt), Morituri; Teilregie: The Longest Day (1963 Blaues Band Amerik. Nationaler Filmrat); Fernsehen: Karps Karriere (1971), Das falsche Gewicht (1972 Gold. Kamera u. Bundesfilmpreis/ Filmband in Gold; 1976 Bundesfilmpreis (f. Eroberung d. Zitadelle) - 1982 BVK - Liebh.: Fliegen, Fotogr. (Buchherausg.).

WICKLER, Wolfgang

Dr., Prof., Zoologe, Direktor Max-Planck-Inst. f. Verhaltensphysiol., Seewiesen - Am Laichholz 4a, 8131 Starnberg-Perchting (T. 08157 - 2 92 77) - Geb. 18. Nov. 1931 Berlin, verh. s. 1956 m. Agnes, geb. Oehm, 4 Kd. (Martin, Andreas, Rita, Christiane) - Promot. 1956, Habil. 1969 - Prof. Univ. München 1976; s. 1973 wiss. Mitgl. Max-Planck-Ges. - BV: Biologie d. zehn Gebote, 1971; Vergleichende Verhaltensforschung (m. Uta Seibt), 1973; D. Prinzip Eigennutz - Ursachen u. Konsequenzen sozial Verhaltens, 1977; Männlich - Weiblich. D. große Untersch. u. seine Folgen, 1983.

WICKLMAYR, Rainer

Dr. jur., Minister a.D. - Jaspersstr. 16, 6620 Völklingen/Saar (T. 06898 - 2 34 86) - Geb. 12. Jan. 1929 Itzehoe - Realgymn. Völklingen, 1949 Abit., Stud. d. Rechtsu. Staatswiss. in Saarbrücken, Paris u. Freiburg, 1954 1. jur. Staatsex., 1957 Promot., 1958 Assessorex. - 1958-70 Leiter Grundstücksabt. sow. Mitarb. u. Leiter Rechtsabt. Röchling'sche Eisen- u. Stahlwerke GmbH, Völklingen; 1959 CDU (1960-65 Stadtverordn. Völklingen, s. 1965 CDU-Landtagsabg.) - 1965-70 Vors. Landtagsaussch. f. Verfassungs- u. Rechtsfragen, 1970 Sparkassendir. Kreisspark. Saarbrücken, 1970-74 Minister f. Arbeit, Sozialordn. u. Gesundheitsw., 1971 Vors. CDU-Stadtverb. Völklingen, 1974 Minister f. Rechtspflege u. Bevollm. d. Saarl. b. Bund, 1977 Minister f. Rechtspflege u. Bundesangelegenh. u. Stv. d. Ministerpräs. d. Saarl.; 1980-84 Innenminister.

WIDDER, Gerhard

Dipl.-Ing. (FH), Oberbürgermeister Stadt Mannheim - Rathaus E 5, 6800 Mannheim (T. 0621 - 2 93-22 41) - Geb. 26. Juni 1940 Mannheim, ev., verh. s. 1963 m. Karin, geb. Heinrich, 3 S. (Thomas, Christian, Oliver).

WIDDERICH, Heiner

Direktor des Sportamtes Hamburg - Kuhkoppel 1, 2000 Hamburg 72 (T. 6 44 63 30) - Geb. 6. Aug. 1935 Hamburg.

WIDERA, Joachim

Journalist, Leiter d. Pressestelle u. Pressesprecher d. Bistums Aachen - Am Chorusberg 19, 5100 Aachen (T. 0241 - 6 09 93) - Geb. 12. Dez. 1929 Hindenburg, kath., verh. s. 1961 m. Hildegard, geb. Thoma, S. Martin - Obersch. Cosel, Abit. Gymn. Antonianum Vechta; Phil.-Stud. Univ. Freiburg, Heidelberg u. Göttingen - 1956-79 Polit. Redakt. u. Ressortchef an Tageszeitg., Chefredakt. in d. Ind.; s. 1979 Pressespr. Bist. Aachen (Generalvikariat) - BV: Herausg.: Erbe u. Auftrag, Ludwigsgymn. Saarbrücken 1604-1979, 1979; Katholikentage in Aachen, 1986; zahlr. Veröff. in dt. u. ausl. Ztg. u. Ztschr.

WIDMAIER, Hans Peter

Dr. phil., o. Prof. f. Volkswirtschaftslehre Univ. Regensburg (s. 1968) - Heinrich-v.-Kleist-Str. 7, 8417 Lappersdorf (T. 8 08 79) - Geb. 6. März 1934 Lörrach/Baden (Vater: Carl W.; Mutter: Marga, geb. Sacher), verh. s. 1961 m. Elsbeth, geb. Wildi, 2 Töcht. (Maya, Vicky) - Buchdruckerlehre; Stud. Volksw., Soziol., Psych. Promot. (1961) u. Habil. (1966) Basel - 1952-57 Buchdrucker, 1957-61 Stud. Basel, 1961-64 Berat. OECD Paris, 1964 Leit., 1966 Dir. u. Privatdoz. Forschungsgruppe Basler Forsch.-Zentr. f. Finanzfragen Univ. Basel, s. 1968 o. Prof. Univ. Regensburg, 1973/74 Fachbereichssprecher, 1974/75 Dekan - BV: Währungs- u. Finanzpolitik d. Ära Luther, 1964; Bildung u. Wirschaftswachstum, 1966; Bildungsplanung, 1966; Strategie d. Bildungspolitik, 1968; Analysen z. Gesamthochschule, 1969; Begabungs- u. Bildungschancen, 1967, Pol. Ökonomie d. Wohlfahrtsstaates - eine krit. Präsentation d. Neuen Pol. Ökonomie, 1974; Machtverteilung im Sozialstaat, 1976; Sozialpolitik im Wohlfahrtsstaat, 1976; Z. Neuen Soz. Frage, 1978; Was ist Sozialpolitik? Geschichtl. Herkunft u. gegenw. Positionen, 1978 u. 1980; Informationstechnol. u. Beschäftig., 1980; Ziele u. Entw.tendenzen d. Sozialpolitik in Polen s. Gierek, Forsch.projekt, 1983; D. Arbeitskräfteangebot zw. Markt u. Plan, 1983; Arbeit - jenseits v. Markt u. Plan, 1988; Gesellschaftl. Allokation polit. Güter - Zur Theorie u. Praxis polit. Institutionen, 1989; Z. Theorie sozialpolit. Institutionen - Bürokratie im Wohlfahrtsstaat, 1989 - Liebh.: Kunst u. Lit. - Spr.: Engl., Franz., Lat., Schweizerdt.

WIDMAIER, Wolfgang

Prof. f. Musiktheorie Staatl. Hochsch. f. Musik Karlsruhe - Str. d. Roten Kreuzes 64, 7500 Karlsruhe 41 (T. 0721 - 47 21 87) - Geb. 2. Nov. 1926 Sigmaringen (Vater: Dr. Karl W., Studienrat; Mutter: Elisabeth, geb. Buchholz), verh. s. 1955 m. Brigitte, geb. Schipke, Musikschriftstellerin († 1985), 3 S. (Sebastian † 1985, Matthias, Martin) - 1946-53 Stud. Musikhochsch. u. Univ. Freiburg; Staatsex. Künstl. Lehramt an Gymn. 1950, Staatsex. Musikwiss. 1953 - 1954-68 Doz. Musikakad. Darmstadt, Leit. Sem. f. Musikerzieh., s. 1967 Staatl. Hochsch. f. Musik Karlsruhe, 1967-85 Leit. Abt. Schulmusik; 1974 Prof., 1972-80 Prorektor, 1980-84 Rektor, s. 1985 Leit. Abt. Kath. Kirch. Musik. Veröff. in Anthol., Fachztschr. u. Tagesztg.; Leit. bzw. Ref. v. Musikwochen; Rundf.- u. Fernsehsend., Jurytätigk. - 1985 VO d. BRD - Liebh.: Lesen, Skifahren, Bienenzucht, Garten.

WIDMAN

Bundesrichter - Postf. 860240, 8000 München 86 - B. 1981 Ministerialrat Bayer. Finanzmin., dann Richter Bundesfinanzhof.

WIDMANN, Helmut

Dr. med., Prof., Chefarzt Med. Klinik - Städt. Krankenhaus, 7730 Villingen/ Schwarzwald - Geb. 9. Mai 1913 Stuttgart (Vater: Fritz W., Architekt; Mutter: Anna, geb. Stahl), verh. 1945 m. Marie-Luise, geb. Grahn - Univ. Tübingen u. Königsberg - S. 1951 (Habil.) Doz. u. apl. Prof. (1959) Univ. Tübingen (Inn. Med.). Fachveröff.

WIDMANN, Peter Friedrich

Studiendirektor, MdL Bayern (s. 1970) - Kirchbergstr. 26, 8121 Wildsteig/Obb. (T. 08867 - 3 76) - Geb. 1930 - CSU - 1980 Bayer. VO.

WIDMANN, Rudolf

Dr. jur., Landrat Kr. Starnberg (s. 1969) - Max-Emanuel-Str. 4, 8130 Starnberg/ Obb. - Geb. 17. Sept. 1929 Starnberg, kath., verh. (Ehefr.: Renate), 2 Söhne (Michael, Christian) - Oberrealsch. Starnberg, Phil.-Theol. Hochsch. Bamberg, Univ. München, Mainz, Würzburg. Jurist. Staatsprüf. 1952 u. 56; Promot. 1961 - 1960-69 I. Bürgerm. Starnberg. 1962-66 MdL Bayern. FDP s. 1951. 1985ff. Vors. BRK-Kreisverb. Starnberg.

WIDMAYER, Peter

Baukaufmann, Wirtschaftsjurist, Geschäftsf. Firmengruppe Erich Thor, Hamburg, Wohnungsuntern. - Hamburger Str. 131, 2000 Hamburg 76 - Geb. 25. Dez. 1939 - Vorst. Bundesverb. Fr. Wohnungsuntern., Bonn; VR-Mitgl. Hbg. Spark.

WIDMER, Pius

Bürgermeister Inzigkofen - Kreuzäcker 2, 7483 Inzigkofen 1 (T. 07571-5 10 10) - Geb. 7. Juni 1943 Sigmaringen (Vater: August W., Kraftfahrer; Mutter: Maria, geb. Greinacher), kath., verh. s. 1966 m. Ilse, geb. Wolfsturm, 2 Kd. (Annette, Christoph) - Mittl. Reife; Verw.sch. (FHS f. öfftl. Verw.) - 1966-73 Landratsamt Sigmaringen, Sachgebietsleit., zul. Reg.amtmann, s. 1973 Bürgerm. - Liebh.: Sport, Musik - Spr.: Engl., Franz.

WIDMER, Urs

Dr. phil., Schriftsteller - Myliusstr. 48, 6000 Frankfurt/M. - Geb. 21. Mai 1938 Basel (Vater: Walter W., Gymn.Lehrer; Mutter: Anita, geb. Mascioni) - Stud. d. Germanistik, Romanistik u. Gesch.; Promot. - BV: Alois, Erz. 1968; D. Amsel im Regen im Garten, Erz. 1970; D. Normale u. d. Sehnsucht, Ges. u. Ess. 1972; D. lange Nacht d. Detektive, 1973; D. Forschungsreise, ein Abenteuerr. 1974; Schweizer Geschichten, 1975; D. gelben Männer, R. 1976; Nepal, Bühnenst. 1976; V. Fenster meines Hauses aus, Prosa, 1977; Shakespeares Geschichten, Erz. 1978; Hand u. Fuß, e. Buch, R. 1978; Züst od. d. Aufschneider, 1980; D. enge Land, R. 1981; Liebesnacht, Erz. 1982.

WIEACKER, Franz

Dr. jur., Dr. phil. h. c., Dres. jur. h. c., LL. D., em. o. Prof. für Römisches Recht, Bürgerliches Recht, Neuere Privatrechtsgeschichte - Otfried-Müller-Weg 10, 3400 Göttingen - Geb. 5. Aug. 1908 Stargard/Pom. (Vater: Franz W., Landgerichtspräs.; Mutter: geb. Ostendorf), ev. - Gymn. Weilburg, Stade, Celle; Univ. Tübingen, München, Göttingen, Palermo, Rom. Promot. (1930) u. Habil. (1933) Freiburg/Br. - 1933-37 Privatdoz. Univ. Freiburg, Frankfurt (1934), Kiel (1935), 1937-44 ao. u. o. Prof. (1939) Univ. Leipzig, s. 1948 o. Prof. Univ. Freiburg/Br. u. Göttingen (1953). 1970 Honorarprof. Univ. Freiburg; entpfl. 1973 - BV: u. a. Societas, Hausgemeinschaft u. Erwerbsges. d. röm. Rechts, 1936; V. röm. Recht, 1945, 2. A. 1961; Privatrechtsgesch. d. Neuzeit, 2. A. 1967; Gründer u. Bewahrer - Rechtslehrer d. neueren dt. Privatrechtsgesch., 1959; Textstufen klass. Juristen, 1960; Recht u. Gesellschaft in d. Spätantike, 1964; Handb. d. Röm. Rechtsgesch. I, 1988 - Ehrendoktor Univ. Freiburg/Br., Glasgow, Uppsala u. Florenz, 1969 Mitgl. Orden Pour le Mérite f. Wiss.; o. Mitgl. Akad. d. Wiss. Leipzig (1941) u. Göttingen (1954); korr. Mitgl. Akad. d. Wiss. Heidelberg (1952), Accad. dei Lincei Rom (1967) u. Inst. Lombardo Mailand (1970); Uppsala (1972) u. München (1973); 1972 Gr. BVK m. Stern; 1986 Premio Feltrinelli - Liebh.: Hausmusik, Astronomie - Bek. Vorf.: Joachim Watt (Vadianus) St. Gallen u. Wien (16. Jh.).

WIEANDT, Paul

Dr. jur., Vorstandsvorsitzender Landesbank Rheinland-Pfalz Girozentrale - Große Bleiche 54/56, 6500 Mainz - Geb. 31. Jan. 1936 - AR-Vors. Hausbau Rheinland-Pfalz AG, Ludwigshafen, Zadelhoff Deutschl. GmbH, Frankfurt; stv. AR-Vors. Dt. Anlagen Leasing GmbH, Mainz; AR-Mitgl. AG Bad Neuenahr-Ahrweiler, Ahrweiler, Dt. Kredit- u. Handelsbank AG, Berlin, Dt. Leasing AG, Bad Homburg v. d. Höhe, Dt. Sparkassenverlag GmbH, Stuttgart, Lentjes AG, Düsseldorf; VR-Vors. Landesbank Rheinland-Pfalz Intern. S. A., Luxemburg, u. Rhld.-Pfalz Finanz AG, Zürich; VR Eurasco Zürich AG, Zürich; Beiratsvors. Firmengruppe Brökelmann, Arnsberg, Hamm, Neheim-Hüsten; Beiratsmitgl. Allgem. Kreditversich. AG, Mainz, u. Landeszentralbank Rhld.-Pfalz, Mainz; Technol.beirat d. Landes Rhld.-Pfalz, Mainz; Wirtschaftsbeirat Bayern-Versich., München; stv. Vors. Kurat. Ferdinand Lentjes-Stiftg., Düsseldorf-Oberkassel; Mitgl. d. Verb.-Vorst. Dt. Sparkassen- u. Giroverband, Bonn; Honorarkonsul v. Belgien f. Rhld.-Pfalz.

WIEBE, Gerhard

Dr. rer. pol., Dipl.-Kfm., Druckereibesitzer, pers. haft. Gesellsch. August Faller KG., Waldkirch - Bahnhofstr. 3, 7808 Waldkirch/Br. (T. 205 50) - Geb. 22. März 1915 Berlin (Vater: Emil W., Kaufm.; Mutter: Bertha, geb. Hintze), ev., verh. s. 1945 m. Ursula, geb. Schmidt, 4 Kd. (Sibylle-Cornelia, Katharina, Corinna, Jan) - Realgymn. WH u. Univ. Berlin (Dipl.-Kfm. 1938, Promot. 1940); Lehre Gebr. Fried & Alsberg ebd. - Verbands- u. Industrietätigk. (1945-50 Prok. Rhein-Chemie GmbH., Mannheim; 1950-52 Verkaufsleit. Melangit Kunststoff-Fabrik GmbH., Heidelberg). 1966-69 u. 1972-78 Präs. Bundesvereinig. d. dt. graph. Verbände bzw. Bundesverb. Druck, Wiesbaden, s. 1978 Ehrenpräs.; 1980 Rudolf-Ullstein-Preis; 1984 Gr. BVK - Spr.: Engl. - Mitgl. Lions Club (1955ff.).

WIEBECKE, Claus

Dr. forest., o. Prof. f. Forst- u. Holzwirtschaftspolitik - Reinbeker Weg 58a, 2050 Hamburg 80 (T. 7 21 58 77) - Geb. 29. Okt. 1921 Eberswalde (Vater: Prof. Ernst W.; Mutter: geb. Schultz), verh. s. 1956 m. Anne-Marie, geb. Reich - N. Kriegsdst. Stud. Forstw. - S. 1957 (Habil.) Lehrtätigk. Univ. Hamburg (1963 apl. 1965 o. Prof.); Dir. Inst. f. Weltforstw., Bundes-Forschungsanstalt f. Forst- u. Holzw., Hamburg-Reinbek, Präs. Dt. Verb. Forstliche Forschungsanstalten - BV: Die Buchführung im Forstbetrieb, 1957; Weltforstwirtschaft u. Dtschl. Forst- u. Holzw., 1961 (m. J. Weck†); Inhalt, Systematik, Darstell. u. Quellen d. Statistik üb. Forst- u. Holzw. in d. Bundesrep. Dtschl., 1961 (m. R. Hesch); D. Grubenholzmarkt in d. BRD, 1968 (m. H. Ollmann u. B. Keller). Zahlr. Einzelarb. Mithrsg.: Weltforstatlas (1965ff.), Forstarchiv (1966ff.) - 1966 korr. Mitgl. Forstwiss. Ges. Finnlands, 1974 Soc. of Americ. Foresters.

WIEBECKE, Dieter

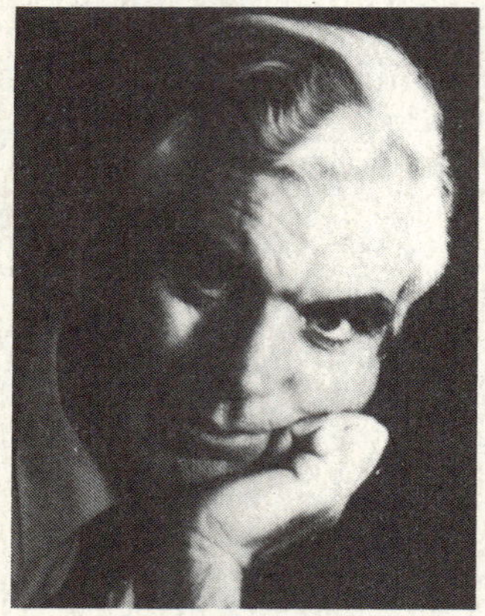

Dr. med., Prof. f. Transfusionsmed. u. Immunhämatologie Univ. Würzburg - Am Hölzlein 30, 8700 Würzburg (T. 0931 - 27 26 80) - Geb. 9. April 1933 Bardenberg/Aachen (Vater: Dr.-Ing. Walter W.; Mutter: Martha, geb. Schröder), ev., verw., 2 Söhne (Ortwin, Gernot) - Abit. 1952; 1952-58 Med.stud. Univ. Göttingen u. Erlangen (Staatsex. 1958); Promot. 1958 Göttingen - 1958-60 Mediz.assist. Kreiskrkhs., Nabburg/Opf. u. Wertingen/Augsburg; 1960/61 Assist.arzt Städt. Krkhs. Bamberg; 1961 wiss. Assist. Chir. Univ.-Klinik Würzburg; 1965 Facharzt f. Anästhesie; 1970 Privatdoz. f. Immunhämatol. u. Transfusionskd.; 1975 Facharzt f. Labormed.; 1976 apl. Prof.; 1976 Leit. Abt. f. Transfusionsmed. u. Immunhämatol. Univ.-Kliniken Würzburg; 1980 Extraord. S. 1965 Reserveoffz. Bundeswehr (s. 1981 Oberstarzt d. R.) - 1981 Bayer. Sportabz. in Gold; Dt. Sportabz. in Gold - Liebh.: Bergsteigen, Skifahren, Hochseesegeln - Spr.: Engl.

WIEBEL, Bernhard

Dr. phil., Kanzler Univ. Bochum (s. 1981) - Universitätsstr. 150, 4630 Bochum - Geb. 22. Dez. 1935, ev., verh., 3 Kd. - Stud. Univ. Göttingen, Paris, Hamburg u. Münster (Rechtswiss., Soziol., Gesch.); Jurist. Staatsprüf. 1960 Hamburg u. 1966 Düsseldorf; Promot. (Soziol.) 1968 Münster - 1966 Univ.-Verwaltung Bonn; 1971 Kanzler FH Wiesbaden; 1973 Kanzler PH Dortmund; 1980 Min.-Rat Min. f. Wiss. u. Forsch. - Spr.: Engl., Franz.

WIEBEL, Martin W.

Direktor Dt. Film- u. Fernsehakad. Berlin (s. 1988) - Pommernallee 1, 1000 Berlin 19; priv.: 33, Erdener Str. 8 - Geb. 28. Jan 1943 Berlin, verh. m. Dorothea, geb. Neukirchen, T. Katharina - Abit. 1962 Berlin; 1962-68 Stud. Theaterwiss., German., Publiz. FU Berlin - Chefdramaturg Theater Fr. Volksbühne Berlin; s. 1970 WDR Fernsehen Köln - Mitgl. Akad. d. darst. Künste, Filmwirtsch.-förd.aussch. NRW, Dramat. Ges.; Jury-Mitgl. DAAD-Künstlerprogramm Berlin u. Dt. Kamerapreis Köln.

WIECHATZEK, Gabriele

Lehrerin, Mitgl. Abgeordnetenhaus v. Berlin (s. 1975) - 1000 Berlin 28 - Geb. 23. Juli 1948 Berlin, verh., 1 Kd. - Gymn. Berlin (Abit. 1968); 1968-71 PH ebd. Staatsprüf. 1971 u. 73 - Lehrerin Peter-Witte-Grundsch. Reinickendorf. CDU s. 1970.

WIECHERT, Karl

Bezirksschornsteinfegermeister - Wörthstr. 15, 4813 Gadderbaum/W. (T. Bielefeld 6 02 34) - Geb. 19. Jan. 1904 Essen-Kray, ev., verh. s. 1941 m. Gerda, geb. Hottenroth, 2 Kd. - 1948-58 Oberm. Schornsteinfeger-Innung Bielefeld; 1954-57 Kreishandwerksm.; 1957-74 Präs. Handwerkskammer, Bielefeld. ARsmand., dar. -vors. Handwerksbau AG., Dortmund.

WIECHERT, Rudolf

Dr. rer. nat., Prof., Chemiker - Petzower Str. 8a, 1000 Berlin 39 - Geb. 3. März 1928 Stendal/Altm. - Promot. 1956; Habil. 1968 - S. 1956 Chemiker Schering AG., Berlin (Leit. Arzneimittelchemie). 1971ff. apl. Prof. TU Berlin (Organ. Chemie), 1980 Honorarprof. FU Berlin. Üb. 100 Facharb. - 1977 Adolf-Windaus-Med. Univ. Göttingen - 1978 Adolf-v.-Baeyer-Gedenkmünze Ges. Dt. Chemiker (f. bes. Leistungen auf d. Gebiet d. Hormonchemie); 1988 Dr. rer. nat. h.c. TU Berlin.

WIECK, Hans-Georg

Dr. phil., Präsident Bundesnachrichtendienst (BND), Pullach (s. 1985) - Heilmannstr. 33-35, 8023 Pullach - Geb. 28. März 1928 Hamburg (Vater: John W., Prok.; Mutter: Elisabeth, geb. Hall), ev., verh. s. 1958 m. Anneliese, geb. Dietz †1977, 4 Kd. (Ascan, Oliver, Jessica, Jasper) - Stud. Geschichte, Phil. u. öfftl. Recht; Promot. 1953 Hamburg - S. 1954 Ausw. Dienst d. BRD, AA, New York u. Washington; 1967-74 im Bundesmin. f. Verteidigung, zul. Min.dir. u. Leit. Planungsstab; 1974-77 Botsch. Iran; 1977-80 Botsch. Moskau; 1980-85 Botsch.; Ständ. Vertreter d. BRD im Nord-Atlantikrat (NATO), Brüssel - BV: D. Entsteh. d. CDU u. d. Wiedergründ. d. Zentrumspartei, 1953; D. Christl. Demokr. u. d. Liberalen, 1958 - Liebh.: Gesch., Sport, Jagd - Spr.: Engl., Franz., Russ.

WIECZOREK, Helmut

Direktor, MdB (Wahlkr. 84 Duisburg I) - Mecklenburger Str. 33, 4100 Duisburg 11 (T. 0203 - 59 84 00) - Geb. 24. Febr. 1934, kath., verh. 2 Kd. - Dreherlehre, Ingenieurqualif. (2. Bildungsweg). 1958-60 Betriebsassist. Krupp Bochumer Verein; 1960-69 Sicherheitsing. Phoenix-Rheinrohr AG, Duisburg, 1965-73 Betriebsleit., 1973-75 Betriebschef; s. 1975 Oberng. Thyssen AG; AR-Mitgl. Duisburg-Ruhrorter Häfen AG; 1984 Vorst. Thyssen Engineering GmbH, Essen; s. 1949 Mitgl. IG-Metall; s. 1957 Mitgl. SPD. 1975-80 Bürgerm. Stadt Duisburg. S. 1980 MdB.

WIECZOREK, Norbert

Dr. rer. pol., MdB (1980-83 u. s. 1984), Ang. Bank f. Gemeinwirtschaft AG, Frankfurt - Keplerring 22, 6090 Rüsselsheim (T. 06142 - 56 23 58) - Geb. 12. Dez. 1940 Kassel (Vater: Walter W.; Mutter: Luise, geb. Schweinebraten), verh. - Wirtsch.obersch.; Univ. Frankfurt u. Göttingen, Dipl.Kfm. 1966, Promot. 1979 - 1966-68 Rohstoffmarktforsch., Ind., 1968-71 Forsch.tätigk. (Marktforsch. u. Analyse), 1971/72 Planungs- u. Verw.tätigk. Univ. Bremen, 1972-76 wiss. Assist. RWTH Aachen, s. 1976 BfG, 1972-81 Stadtverordn. Stadt Rüsselsheim, s. 1976 MdK Groß-Gerau, 1980-83 MdB u. s. 1984 MdB. SPD - BV: Wirtsch.planung im Großbrit. 1945-1970, 1980 - Spr.: Engl.

WIECZOREK-ZEUL, Heidemarie

Lehrerin, Mitgl. Dt. Bundestag - Walkmühlstr. 39, 6200 Wiesbaden - SPD (1984 Vorst.-Mitgl., Mitgl. d. Präsid.).

WIED, Thekla Carola

Schauspielerin - Amsterdamer Str. 3, 8000 München 40; u. A-6167 Neustift im Stubai/Tirol (Sekretariat: Canisiusweg 125 T. XXII, A-6064 Innsbruck-Hochrum) - Geb. 5. Febr. 1947 Breslau - Abit. Gymn. z. Grauen Kloster, Berlin; Folkwang-Hochsch. Essen. Theaterarbeit: Städt. Bühnen Essen, Staatsth. Saarbrücken, Braunschweig, Wiesbaden; Festspiele Gandersheim, Feuchtwangen, Wunsiedel; Tourneen BRD, Schweiz, Österreich - 1968 Bundesfilmpreis in Gold (Spur e. Mädchens); 1984 Bambi-Preis (als beliebteste Schausp.); 1984 Silberne Kamera; 1985 Bambi-Preis (f. d. Serie: Ich heirate e. Familie); 1985 Goldene Kamera; 1985 Bambi-Preis (als beliebteste Serien-Darstellerin); 1986 Goldene Cleo (als beliebteste Serien-Schausp. Österr.). Botschafterin SOS-Kinderdorf Intern., Innsbruck-München.

WIEDEKIND, Friedrich

Fabrikant, Geschäftsf. Bekleidungswerke Wiedekind GmbH. - Goethestr. 20, 6078 Neu-Isenburg - Geb. 15. Juni 1910, verh. m Ilse, geb. Backhaus († 1982) - 1976 BVK a. Bd.

WIEDEMANN, Conrad

Dr., Prof. f. Dt. Lit. Univ. Gießen (s. 1976) - Hasenpfad 12, 6300 Gießen - Geb. 10. April 1937 Karlsbad (Vater: Walther W., Bankbeamter; Mutter: Gertrude, geb. v. Powolny), ev., verh. s. 1965 m. Ingrid, geb. Schrimpl, T. Katharina - Stud. d. German., Kunstgesch. Univ. Erlangen u. Frankfurt/M. - 1972-75 Prof. Frankfurt/M., 1975/76 Gastprof. Wien, 1981 Gastprof. Jerusalem - BV: Johann Klaj u. s. Redeoratorien, 1966; Theorien d. Romans, 1970. Herausg.: Johann Klaj, Werke (1965-68), Galanter Stil (1970); Rom-Paris-London. Dt. Schriftsteller in den fremden Metropolen (1988). Haupthrsg. d. German.-roman. Monatsschr. u. d. Dt. Neudrucke, Reihe Barock - Fellow Wiss.kolleg zu Berlin.

WIEDEMANN, Elisabeth

Schauspielerin - 8215 Marquartstein/Obb. (T. 08641 - 81 24) - Geb. 8. April 1926 Bassum (Vater: Dr. jur. Heinrich W.; Mutter: Magda, geb. Robertson), ev., verh. s. 1969 m. Richard Lauffen (Schausp.) - N. Abitur Ballettsch. Berlin (Eduardowa u. Gsovsky) - 1944-47 Tänzerin (b. 1945 Stadttheater Göttingen, dann Staatsoper Berlin); s. 1947 Schausp. (1947-52 u. 1953-55 Städt. Bühnen bzw. Schauspielhaus Düsseldorf unt. Gustaf Gründgens; 1952-53 u. 1955-60 Städt. Bühnen Frankfurt/M.). S. 1960 Gastsp., dar. 5x Ruhrfestsp. Bek. Rollen: Stieftochter (6 Personen suchen e. Autor), Rosalinde (Wie es Euch gefällt), Minna v. Barnhelm, Cherubin (E. toller Tag), Bianca (Kiss me Kate), Selma Knobbe (D. Ratten), Undine, Hör- u. Fernsehsp. (Fernsehserie Alfred) - 1966 Gold. Kamera Ztschr. Hör Zu (Fernsehsp.: Späte Heirat erwünscht) - Gold. Kamera - Liebh.: Meissner Porzellan, Expression. Malerei - Spr.: Engl., Franz.

WIEDEMANN, Fritz

Dr. med., Psychologe, Schriftsteller, Chefarzt Sanatorium Wiedemann, Ambach - 8194 Ambach am Starnberger See (T. 08177 - 2 88) - Geb. 2. Nov. 1911 München (Vater: Carl W., Fabrikant; Mutter: Danica, geb. Zuban), verh. s. 1936 m. Hilde, geb. Mack, 3 Kd. (Michel, Dieter, Helmut) - Stud. Med. u. Psych. - 1946 Gründ. Inst. f. angewandte

Psych.; 1968 Gründ. Inst. f. Elementar-Psych. u. optim. Verhalten; Entdeck. Wiedemann-Kuren u. Elementar-Psych.; wiss. Leit 6 W.-Sanatorien im In- u. Ausl. - BV: 22 Bücher, darunter D. große Freiheit; D. Irrtum d. antiautor. Revolte; D. element. Gefühle u. Bedürfn. d. Menschen; Geistig mehr leisten, 12. A. 1974; Biologisch leben - biolog. heilen, 1978; D. Zukunft gewinnen, 1986; Was ist u. wie funktioniert unsere Psyche, 1987 - 1987 BVK I. Kl. - Liebh.: Bergsteigen.

WIEDEMANN, Gerhard
Dr.-Ing., Prof., Ministerialdirigent i. R. - Germanenstr. 30, 5300 Bonn 2 (T. 0228 - 37 34 30) - Geb. 4. Jan. 1909 Berlin (Vater: Otto W., Kunstmaler; Mutter: Gertrud, geb. Arndt), ev., verh. s. 1947 m. Johanna, geb. Erich, 3 Kd. (Christiane, Johannes, Stephan) - Dipl.-Ing. 1932 TH Berlin, 2. Staatsex. 1936 (Reg.-Baumeist.), Promot. 1958 TH Stuttgart - 1932-74 Wasser- u. Schiffahrtsverw.; 1949 Ref. im Bundes-Verkehrsmin.; Leit. Schiffahrtszeichendst. d. Bundes; Unterabt.leit. f. techn. Aufg. d. Wasser- u. Schiff.-Verw. (Min.dirig.). 1963-77 Vorles. TH Hannover - BV: Verkehrszeichen u. Signale, 1958; Sicher. d. See- u. Binnenwasserstr. in USA, 1958; 115 Veröff. in dt. u. intern. Fachztschr. - Bau v. üb. 100 Leuchttürmen u. d. Radarketten an Elbe, Weser, Ems; Bau d. Seezeichenversuchsfeldes, Bezeichnungssyst. - 1971 Officier de l'Ordre du Mérite Maritime; 1974 Med. Merenkulkuhallitus (Finnl.), Cammandeur in de Ordre v. Oranje-Nassau; 1981 Ehrenmitgl. Intern. Association of Lighthouse Authorities; 1982 Distinguished Public Service award (US Coast Guard).

WIEDEMANN, Hans-Rudolf

Dr. med., o. Prof. f. Kinderheilkunde - Caprivistr. 26, 2300 Kiel (T. 8 47 16) - Geb. 16. Febr. 1915 Bremen (Vater: Dr. med. Otto W., Arzt; Mutter: Helene, geb. Wilmanns), verh. s. 1942 m. Gisela, geb. v. Sybel, 6 Kd. - Univ. Freiburg/Br., München, Hamburg, Lausanne, Jena. Promot. (1941) u. Habil. (1944) Jena - S. 1944 Lehrtätig. Univ. Jena, Bonn (1946; 1950 apl. Prof.), Münster, Kiel (1961 Ord. u. Klinikdir.) - BV: D. konstitutionelle, familiäre, hämolyt. Ikterus im Kindesalter, 1946; D. großen Konstitutionskrankh. d. Skeletts, 1960; D. charakterist. Syndrom, 1976, 82 u. 89 (auch engl., ital., portug., span. Ausg.); Dt. Ged. in Handschr., 1982; Kinder, 1983; Altersbriefe bedeut. Menschen, 1984; 250 Ged. aus 3 Jh. in Handschriften, 1987; Briefe im Hitlerreich, 1988; Briefe bedeut. Naturwissenschaftler u. Ärzte, 1989. Etwa 300 Einzelarb. u. 25 Buchbeitr.; s. 1976 Hrsg. d. European Journal of Pediatrics - Ehrenmitgl. Med. Fak. Santiago de Chile u. Chilen., Dtsch., Österr., Ungar., US-amerik. Pädiatr. Ges.; korr. Mitgl. Schweizer, Franz. u. Ital. Ges. f. Pädiatrie.; E. v. Bergmann-Med.; Theresian Med.; Dr. med. h.c. Palermo; s. 1969 Mitgl. Leopoldina - Bek. Vorf.: Wilhelm Wilmanns, o. Prof. f. Germ., Bonn; Karl Wilmanns, o. Prof. f. Psych., Heidelberg.

WIEDEMANN, Heinz
Kaufmann - Sauerbruchstr. 42, 4330 Mülheim/Ruhr - B 1969 stv., dann o. Vorstandsmitgl. Stinnes AG., Geschäftsf. Hamburger Hof GmbH., smtl. Mülheim/Ruhr.

WIEDEMANN, Herbert
Dr. jur. (habil.), o. Prof. f. Bürgerl. Recht, Handelsrecht, Arbeits-, u. Wirtschaftsrecht - Am Lehnshof 15, 5063 Overath-Immekeppel (T. 02204 - 7 36 20) - Geb. 21. Okt. 1932 Berlin (Vater: Dr. Wilhelm W., Ministerialrat; Mutter: Ilse, geb. Glauning), ev., verh. s. 1959 m. Dr. Claudia, geb. Bücklers, 3 Kd. (Andreas, Rainer, Margarethe) - Gymn. u. Univ. München (1951-55); Rechtswiss., Musik). Promot. u. Habil. München - S. 1963 Lehrtätig. Univ. München, Hamburg (1964), Berlin/Freie (1965 Ord.), Köln (1967 Dir. Inst. f. Arb.- u. Wirtsch.recht, 1979-81 Rektor d. Univ.), 1966 u. 78 Gastprof. Univ. Berkeley (USA), 1981 Mitgl. Rhein.-Westf. Akad. d. Wiss., 1986 Richter am OLG Düsseldorf - BV: D. Übertragung v. Mitgliedschaftsrechten bei Handelsges., 1965; D. Arbeitsverhältnis als Austausch- u. Gemeinschaftsverhältnis, 1966; Minderheitenschutz u. Aktienhandel, 1968; Gesellschaftsrecht, 1980; D. Unternehmensgruppe im Privatrecht, 1988; Organverantwortung u. Gesellschafterklagen im Aktienrecht, 1989. Mitverf.: Großkommentar z. Aktienrecht (m. Barz u. a.); Kommentar z. Tarifvertragsgesetz, 1976 (m. H. Stumpf); Soergel, Komm. z. BGB, 11. A.; Mithrsg.: Ztschr. Recht d. Arbeit (RdA), Ztschr. f. Untern.- u. Ges.recht (ZGR).

WIEDEMANN, Josef

Dipl.-Ing., em. Prof. f. Entwerfen, Denkmalpflege u. Sakralbau - Im Eichgehölz 11, 8000 München 50 (T. 8 11 41 53) - Geb. 15. Okt. 1910 München (Vater: Thomas W., Bankangest.; Mutter: Maria, geb. Anwander), kath., verh. s. 1939 m. Hilma, geb. Bittorf, T. Brigitta - TH München (Arch.; Dipl.-Ing. 1935) - S. 1946 fr. Arch.; s. 1955 Ord. TU München. Neben Wiederauf- (u. a. Hofgarten-Arkaden, Odeon, Alte Akad., Siegestor, Glyptothek) zahlr. Neubauten: Allianz Gen.dir. München, Portland Zementwerke Dir. Heidelberg, Landesbausparkasse, Kaufhaus 2 Schulen, Bayer. Rundf. (m. Prof. Eichberg), Studio Werner Egk, Kloster u. Kirche d. Engl. Frl., Gedenkstätte ehem. KZ u. Kloster Hl. Blut Dachau, 1 kath. Kirchen (z. T. m. Gde.-Zentren), Anlage St. Stephan Diessen/Ammersee - BV: D. Friedhof, 1963 (m. Otto Valentien); Ornament - heute, 1972; Antoni Gaudi-Inspiration in Arch. u. Handw., 1974. Fachaufs. - 1956 u. Mitgl. Bayer. Akad. d. Schönen Künste; Korr. Mitgl. Acad. d'Architecture, Paris; 1961 Kulturkreuz St.-Sylvester-Orden; 1975 BDA-Preis - Liebh.: Bildhauerei - Spr.: Engl., Franz., Ital.

WIEDEMANN, Karl-Eduard
Geschäftsführer Barmenia Versicherungs-Vermittlungs-Ges. mbH., Wuppertal - Kronprinzenallee 119a, 5600 Wuppertal 1 - Geb. 12. Aug. 1925.

WIEDEMANN, Kurt
I. Bürgermeister - Rathaus, 8969 Dietmannsried/Schw. - Geb. 18. Dez. 1926 Memmingen - Zul. Stadtamtm. CSU.

WIEDEMANN, Otto
Dr., Chemiker, Vors. d. Gelschäftsfg. Chem. Fabrik v. Heyden GmbH., München, u.a. S. Geschäftsf. PSA-Lizenzverwertungsges. von Heyden-Wacker - Nördl. Münchener Str. 10a, 8022 Geiselgasteig/Obb. (T. München 64 91 68) - Geb. 22. Mai 1910 Bischoffingen - Zeitw. Vizepräs. Fraunhofer-Ges. z. Förd. d. angew. Forschung (e. V.), München.

WIEDENHAUPT, Helmut
Dipl.-Ing., Kaufmann, pers. haftender Gesellsch. Mode Schuhe - Wiedenhaupt KG, Geschäftsbereich d. Dt. Schuheinzelhandels - Angerburger Allee 49, 1000 Berlin 19 (T. 030 - 305 64 00) - Geb. 22. Aug. 1926 Lebus, ev., verh. s. 1957 m. Else, geb. Luckau, 2 Kd. (Rolf, Frank) - Dipl. 1953 TU Berlin; s. 1960 Vorst.-Vors. Verb. Berliner Schuheinzelhdl.; Mitgl. Vollvers. IHK Berlin - 1986 BVK am Bde.

WIEDENHOFEN, Gert
Schauspieler - Pettenkofer Str. 48, 8000 München 2 - Geb. 16. Dez. 1927 Düsseldorf (Vater: Dr. jur. Karl-August W., Rechtsanw.; Mutter: Clara, geb. Kevelaer) - Univ. Köln; Staatl. Schauspielsch. Hamburg; Max-Reinhardt-Sem. Wien - Schausp.; Theaterengm. Hunderte v. Rollen (Charakterkom.) - Liebh.: Zahlenprognosen (Computer) - Spr.: Engl., Franz. - Bek. Vorf.: Peter Cornelius, Maler u. Komponist (2); Carl Duisberg, Chemiker/Industrieller (Begr. IG Farben).

WIEDENMANN, Frank Maria
Gf. Gesellschaft SIGHT & SOUND Org., Vizepräsident SIGHT & SOUND worldwide, Mitgesellsch. WAW München u. Verlag aktuelle Information - Scheinerstr. 7, 8000 München 81 - Geb. 24. Juni 1946 Augsburg (Vater: Hubert W., Kaufm.; Mutter: Gertraud, geb. Hartmann), verh. s. 1976 m. Dr. Evelyn, geb. Merk, 3 Kd. (Gloria, Lionel, Grazia) - Wirtschaftsgymn.; Prädikatsex., Werbewiss. Inst. - BV: Systematic Training; Managemade Germany, Marketingkolleg. Div. Fachart. - Liebh.: Politik, Wandern - Spr.: Engl., Franz., Schwyzerdütsch.

WIEDER, Hanne
Schauspielerin, Chansonsängerin - Zu erreichen üb. Agentur Jäger, Oberholz 8, 8130 Starnberg/Obb.; priv.: München (T. 089 - 60 75 43) - Geb. 8. Mai (Vater: Gerhard W., hoher Polizeioffz.; Mutter: geb. Schuster) - Bühne; Film; Fernsehen. Schallpl. 1986 gr. Tournee durch d. Bundesrep. u. Berlin m. Chansonabenden - 1959 Preis d. Dt. Filmkritik.

WIEDER, Joachim
Dr. phil., Ltd. Bibliotheksdir. i. R., Ehrenpräs. (s. 1983; 1976-81 Präs.) Dt.-Franz. Gesellsch. München - Reithenweg 14, 8919 Riederau (T. 08807 - 15 82) - Geb. 13. März 1912 Marklissa/Schles. (Vater: Johannes W., Pfarrer; Mutter: Friederike, geb. Franke), ev., verh. s. 1941 m. Luzie, geb. Kossack, T. Leonore - Gymn. Glogau; Stud. Gesch., Roman., Engl., Philol., Kunstgesch. München, Paris, Breslau, Pisa. Promot.1938; Bibliothekar. Fachprüf. 1952 - 1939-50 Wehrdst. u. sowjet. Kriegsgefangensch.; Bibl.rat Bayer. Staatsbibl.; s 1960 Leit. u. Dir. (1962) Bibl. TH München. 1958-63 Sekr. u. 1966-72 Vizepräs. Intern. Verb. d. Bibl.vereine (IFLA); 1963-75 Vors. Bibliothekar. Auslandsst. Dt. Bibliothekskonf.; 1971-85 Vorst.-Mitgl. Intern. Ges. f. Bibliophilie - BV: Jacques Bainville - Nationalismus u. Klassizismus in Frankr., 1939; D. Tragödie v. Stalingrad - Erinn. e. Überlebenden, 1955; Stalingrad u. d. Verantw. d. Soldaten, 3. A. 1963 (auch ital., span., russ., estn., poln., ung., franz.); Frankreich u. Goethe, D. Goethebild d. Franz., 1976. Herausg.: Wilhelm Hausenstein, Rokoko - Franz. u. dt. Illustratoren d. 18. Jh.s, 1958; Mitarb.: Europ. Rokoko - Kunst u. Kultur d. 18. Jh.s, 1958. Mithrsg.: Bibliothekspraxis; IFLA's First Fifty Years. Achievement and challenge in international librarianship, 1977. Zahlr. Arbeiten z. Buchkunst, z. Bibl.wesen u. z. europ. Geistesgesch. - 1968 Ritterkreuz ital. VO; 1973 Goldmed. IFLA; 1977 Hon. Fellow of IFLA; 1981 Officier de l'Ordre National du Mérite - Liebh.: Musik, Bücher - Spr.: Engl., Franz., Ital., Span. - Lit.: Bibl.welt u. Kulturgesch., Intern. Festschr. f. J. W. m. Bibliogr.), 1977.

WIEDERER, Maria
Landfrau, MdL Bayern (s. 1967) u. a. - 8721 Lindach/Ufr. (T. 09385 - 26) - Geb. 9. Jan. 1922 Neuhausen/Schwarzw. (Vater: Landw.), kath., verh. s. 1946, 4 Kd. - Volkssch.; Ausbild. als Land- u. Hauswirtschaftslehrerin (Abschlußprüf.) - S. 1946 eig. Landw. m. Sonderkulturen (Obst- u. Gemüseb.). S. 1952 MdK Gerolzhofen. CSU (Kreisvors. Arbeitsgem. d. Frauen).

WIEDERHOLD, Karl August
Dr. phil., Univ.-Prof. f. Erziehungswissenschaft (Allg. Didaktik/Schulpäd.) Univ. Dortmund - Fahrenbecke 40a, 5800 Hagen 1 (T. 02331 - 8 24 66) - Geb. 13. Nov. 1939 Oberhausen (Vater: Franz W., Rektor; Mutter: Johanna, geb. Lampey), verh. s. 1962 m. Edith, geb. Schnieders, 3 T. Karlina, Odila, Johanna) - 1959-62 Lehramtsstud. PH Ruhr (Abt. Essen); 1962-71 Päd.-Stud. Univ. Köln (Promot. 1971) - 1962-68 Volksschullehrer; 1971-78 Wiss. Rat u. Prof. PH Ruhr (Abt. Hagen); s. 1978 Prof. Dortmund - BV: Kinderspr. u. Sozialstatus, 1971; Differenz. in Schule u. Unterr. (Hg.) 1975; Soz. Lernen in d. Grundsch. (Hg.), 1976; Pannenhilfe f. Schulprobl. Wie Eltern m. Schulschwierigk. fertig werden, 1980; zahlr. Aufs. z. schulpäd. u. didakt. Themen.

WIEDERHOLT, Erwin J.
Dr. phil. nat., Dipl.-Chem., Prof. f. Didaktik d. Chemie Berg. Univ.-GH Wuppertal - Hardtstr. 28, 5600 Wuppertal 1 (T. 0202 - 45 16 40) - Geb. 10. Mai 1934 Frankfurt - Stud. Chemie, Physik, Leibeserzieh. f. höh. Lehramt (Staatsex. 1960, Dipl.-Chem. 1962, Ass.ex. 1963, Promot. 1965) - S. 1969 o. Prof. f. Didaktik d. Chemie - BV: Differenzthermoanalyse im Chemieunterr., 1981; Gas-Flüssig-Chromatographie im Chemieunterr. (m. Engler), 2. A. 1983.

WIEDIG, Hans-Dieter
Dr. rer. oec., Dipl.-Kfm., Generalbevollmächtigter Direktor Siemens AG, Kaufm. Leiter d. Bereiches Systeme im Untern.bereich Kommunikations- u. Datentechnik - Otto-Hahn-Ring 6, 8000 München 83 (T. 089 - 6 36-0) - Geb. 27. Juni 1936 München.

WIEDMAN, Alfred
Geschäftsführer Kulturgemeinschaft d. DGB Stuttgart e. V. (s. 1946), Vors. Landesverb. Baden-Württ. u. Vorstandsmitgl. Verb. d. dt. Volksbühnen-Vereine (s. 1952), Vors. dabei-GmbH. (Studien- u. Ferienreisen d. Stuttgarter Gewerkschaften). Herausg. Ztschr. Dabei (Blätter d. Kulturgem. d. DGB Stuttgart) u. a. - Schenkendorfstr. 7, 7000 Stuttgart-W. (T. 65 33 34) - Geb. 27. Febr. 1911 Stuttgart, ev., verh. s. 1947 m. Anne, geb. Fiand - Schriftsetzerlehre; Graph. Fachsch. - SPD s. 1925 - Liebh.: Theater, Lit.

WIEDMANN, Franz
Dr. phil., o. Prof. f. Philosophie - Residenzplatz 2, 8700 Würzburg (T. 3 18 56) - Geb. 10. Febr. 1927 Stuttgart - Univ. Tübingen u. München. Promot. (1958) u.

Habil. (1965) München - 1958-66 Assist. u. Privatdoz. (1965) Univ. München; 1966-69 ao. Prof. Phil.-Theol. Hochsch. Dillingen; s. 1969 o. Prof. Univ. Würzburg, 1960-62 Geschäftsf. Allg. Ges. f. Phil. in Dtschl., 1973/74 u. 1978/80 Dekan - BV: Theorie d. realen Denkens nach J. H. Newman, 1960; G. W. F. Hegel, 1965, 13. A. 1986 (engl. 1968, jap. 1970), holländ. 1976, korean. 1980, griech. 1985); D. Problem d. Gewißheit - E. erkenntnismetaphys. Studie, 1966; D. Ästhetik Martin Deutingers, 1966 (auch ital.); M. Deutinger - Wegbereiter heut. Theol., 1971; Phil. Strömungen d. Gegenw., 1972; D. mißverstandene Geschichtlichkeit, 1972; Baruch de Spinoza, 1982; Religion u. Philosophie, 1985; Anschauliche Wirklichkeit, 1988; Anstössige Denker, 1988.

WIEDMANN, Jost

Dr., Prof. f. Geologie Univ. Tübingen - Sigwartstr. 10, 7400 Tübingen 1 - Geb. 31. März 1931 Breslau - 1950-52 FU Berlin, 1952-56 Univ. Tübingen; Promot. 1960, Habil. 1965 Tübingen - 1952 u. 1955-57 prakt. Tätigk.; 1960-62 wiss. Mitarb.; 1962-65 Assist.; 1965-71 Doz.; 1971ff. Prof., stv. Vors. Paläontol. Ges., Vors. Stratigraph. Komm. Kreide - BV: Aspekte d. Kreide Europas, 1979; Festband Schindewolf, (m. J. Kullmann) 1966; Subsidenz-Entw., (m. a.) 1982; Cephalopods - Present and Past, 1988; Cretaceous of the Western Tethys, 1989 - Liebh.: Kunstgesch., Musik - Spr.: Engl., Franz., Span.

WIEFEL, Bruno

Direktor, MdB (s. 1965; Wahlkr. 67/ Leverkusen-Opladen) - Saarstr. 32, 5670 Opladen (T. 02171 - 24 80) - Geb. 2. Dez. 1924 Betzdorf/Sieg, ev., verh. - Volkssch.; 1939-43 fliegertechn. Ausbild.; 1953-54 Sozialakad. Dortmund; 1956 Stip. Harvard Univ. Cambridge (USA) - Kriegsdst. u. Gefangensch.; ab 1947 Eisenbahnausbesserungswerk Opladen; 1951-56 Gewerksch. d. Eisenbahner Dtschl.s ebd. (I. Bevollm.); 1956-62 Aufg. Bonn (parlam. Verbindungssekr.); s. 1962 Gemeinn. Bauverein Opladen (gf. Vorstandsmitgl.). S. 1952 Ratsmitgl. u. Bürgerm. (1958) Opladen; 1961-62 MdL NRW. SPD s. 1949 (1959-70 Vors. Unterbez. Rhein-Wupper).

WIEGAND, Bernd

Präsident Hess. Landessozialgericht, Darmstadt - Neuenweg 9, 6300 Gießen - Geb. 26. April 1938 Gießen (Vater: Wilhelm W., Dipl.-Volksw.; Mutter: Else, geb. Mangelsdorff), verh. m. Sigrun, geb. Zück - Abit. 1960 Gießen; Univ. Marburg (1. jurist. Staatsprüf. 1964, 2. Staatsprüf. 1968) - S. 1971 Richter am Hess. LSG.

WIEGAND, Günther

Dr. phil., Ltd. Bibliotheksdirektor, Leit. Universitätsbibl. Kiel (s. 1975), Lehrbeauftr. f. Buch- u. Bibl.swesen ebd. - Olshausenstr. 29, 2300 Kiel; priv.: Lindenkamp 6, 2300 Flemhude b. Kiel - Geb. 25. Juni 1938 Brehme/Eichsfeld, verh. s. 1964 m. Anneliese, geb. Zinnitz, S. Alexander - 1956-66 Univ. Jena u. Kiel (Gesch., German.). Promot. 1966 Kiel - 1968-75 Univ.sbibl. Konstanz - BV: Zum dt. Rußlandinteresse im 19. Jh., 1967; D. Bibl. d. Univ. Konstanz, 1975 (Mitverfass.). Herausg.: Bibliogr. d. Eichsfeldes, Teil III (1980).

WIEGAND, Hans-Gerd

Dr. Ing., Prof., Bereichsleiter Braas - Weinheimer Str. 102, 6940 Weinheim (T. 06201 - 5 65 53) - Geb. 14. Aug. 1944 Winterberg, ev., verh. s. 1971 m. Madalena, geb. Zenger, 3 Kd. (Niklas, Britta, Susanne) - Abit. Max-Planck-Gymn. Dortmund; Stud. RWTH Aachen; Dipl. 1971; Promot. 1975; Habil. 1980 - 1986 apl. Prof. RWTH Aachen. Beiratsmitgl. Inst. f. Kunststoffverarb. - Div. Patente in d. Kunststoffanwendung - BV: Prozeßautomatisierung b. Extrudieren u. Spritzgießen v. Kunststoffen, 1979 - 1975

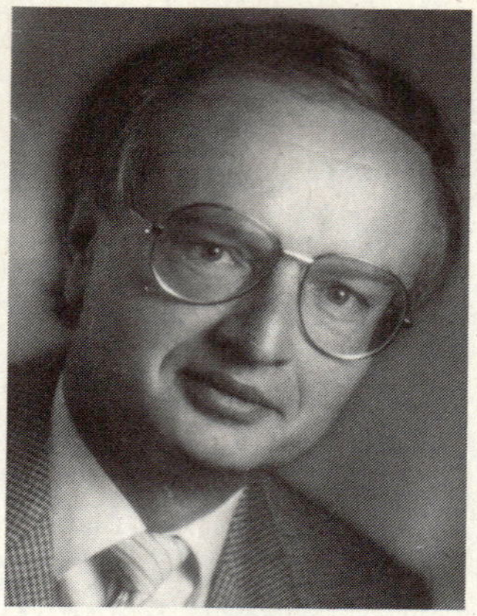

Borchers Med. - Liebh.: Sport, Reisen - Spr.: Engl.

WIEGAND, Otmar Karl

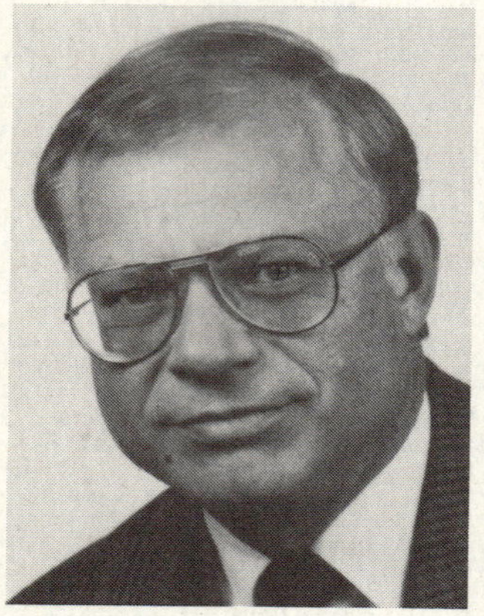

Ind.Kfm., Bürgermeister Ebsdorfergrund - Zum Friedhof 1, 3557 Ebsdorfergrund 1, OT Dreihausen - Geb. 21. Sept. 1940 Fulda (Vater: Karl W., Fernmeldeamtmann; Mutter: Marianne, geb. Werner), ev., verh. s. 1977 m. Helga, geb. Meyer, 2 Kd. (Katja, Kai) - Mittl. Reife, Lehre Ind.kfm., Ausb. Reg.Insp. - S. 1975 Mitgl. Hauptaussch. Hess. Städte- u. Gde.bund; s. 1977 MdK; s. 1981 Mitgl. Planungsvers. b. Regierungspräsidenten Gießen; s. 1985 Mitgl. Hauptaussch. Dt. Städte- u. Gemeindebd., s. 1985 VR-Mitgl. KSK Marburg.

WIEGAND, Ronald

Dr. rer. pol., Prof. f. Soziologie FU Berlin - Am Volkspark 39, 1000 Berlin 31 (T. 853 86 51) - Geb. 17. März 1937 Berlin - Dipl.-Soziol. 1963, Promot. 1967, Habil. 1971 - S. 1972 Prof. FU. 1980 Mitgl. Dt. Ges. f. Individualpsych.; 1983 Intern. Ges. f. Individualpsych. - BV: Ges. u. Charakter, 1973; D. Mitmensch als Ärgernis, 1977; Sinndeut. als Wiss. 1981; Gemeinschaft gegen Gesellschaft, 1986; rd. 25 Aufs.

WIEGAND, Thomas

Kaufmann, Geschäftsführer Contilack Oberhausen, Vorstandsmitglied Arbeitgeberverband d. Chem. Industrie, Essen - Steinknappen 40c, 4330 Mülheim (T. 0208-37 33 44) - Geb. 16. April 1944 Mülheim, ev., verh., 2 Kd. - Lehre z. Ind.-Kaufm. - Vorstandsmitgl. Unternehmerverb. Ruhr-Niederrhein, Duisburg; Arbeitsrichter, Arbeitsgericht Oberhausen - Spr.: Engl.

WIEGAND-SONNTAG, Ursula

Schriftstellerin, Naturheilprakt. Psychologin, Dipl.-Lehrmeisterin f. Ikebana - Kettelerstr. 76, 5800 Hagen 1 (T. 02331-6 13 23) - Geb. 27. März 1930 Beuthen, kath., verh. s. 1949, 5 Kd. (Hans-Wolfgang, Horst-Werner, Angelika, Karlheinz, Martina) - BV: u.a. Was bleibt ist d. Liebe - Tagträume; Zw. Alpha u. Omega; Wie Mondsicheln im All; Mein Sohn - (k)ein Allerweltskerl; Schles. Sonntag's Mosaik (Reihe) - 1978/79/80 Dipl. Sogetsu-Accad. Tokio/Japan; 1982 Ehrendipl. Delle Arti; 1983 Accademico delle Nazioni - Liebh.: Schreiben, Lesen, Musik, Malen, Ikebana - Vorf.: Prof. Dr. C. Lorenz, Prof. Dr. Bortenschlager, Robert Grabski.

WIEGARTZ, Hans

Dr. phil., Prof. f. Klassische Archäologie - Nottulner Landweg 48, 4400 Münster - Geb. 23. Jan. 1936 Pirschütz/Polen - 1956-62 Univ. Marburg (Alte Sprachen u. Archäol.; Promot. 1962, Habil. 1974) - S. 1975 Prof. f. klass. Archäol. TU Berlin, s. 1978 Univ. Münster.

WIEGELMANN, Günter

Dr. rer. nat., Dr. h. c., o. Prof. f. Volkskunde - Frauenburgstr. 39, 4400 Münster/W. (T. 31 52 47) - Geb. 31. Jan. 1928 Essen (Vater: Josef W., Maurerpolier; Mutter: Elisabeth, geb. Busch), kath., verh. s. 1959 m. Anita, geb. Hillesheim, 3 Kd. (Edith, Herbert, Juliane) - Gymn. Essen (Humboldt); Univ. Köln (Geogr., German., Volkskd.; Staatsex. 1954). Promot. 1959; Habil. 1966 - 1955 Assist. Atlas d. dt. Volkskd.; 1966 Doz. Univ. Bonn; 1968 Wiss. Rat u. Prof. Univ. Mainz; 1971 o. Prof. u. Seminar-Dir. Univ. Münster. 1971 Vors. Volkskdl. Kommiss. Westf.; 1969-77 Vors. Dt. Ges. f. Volkskd.; 1971 Hersg. Rhein.-westf. Ztschr. f. Volkskunde; 1971-83 Managing Editor d. Ztschr. Ethnologia Europaea. Spez. Arbeitsgeb.: Volkskultur Mittel- u. Nordeuropas - BV: Natürl. Gunst und Ungunst im Wandel rhein. Agrarlandschaften, 1958; Alltags- u. Festspeisen - Wandel u. gegenw. Stellung, 1967; Der Wandel d. Nahrungsgewohnheiten unt. d. Einfluß d. Industrialisierung, 1972 (m. H. J. Teuteberg); Volkskunde. E. Einf., 1977 (m. M. Zender u. G. Heilfurth); Unsere tägl. Kost - Gesch. u. regionale Prägung, 1986 (m. H. J. Teuteberg). Herausg.: Kultureller Wandel im 19. Jh. (1973); Kulturelle Stadt-Land-Beziehungen in d. Neuzeit (1978); Gemeinde i. Wandel. Volkskundl. Gemeindestud. in Europa (1979); Gesch. d. Alltagskultur (1980); Sozialer u. kultureller Wandel in d. ländl. Welt d. 18. Jh. (1982, m. E. Hinrichs); Alte Tagebücher u. Anschreibebücher (1982, m. H. Ottenjann); Volkskundl. Kulturraumforsch. heute (1984, m. H. L. Cox); Nord-Süd-Unterschiede in d. städt. u. ländl. Kultur Mitteleuropas (1985); Volksmedizin heute (1987); Wandel d. Alltagskultur s. d. Mittelalter (1987); Beitr. z. städt. Bauen u. Wohnen i. Nordwestdtschl. (1988, m. F. Kaspar) - 1970 ausw. Mitgl. Vetenskaps-Societet, Lund (Schweden) u. 1975 Königl. Gust. Adolfs Akad., Uppsala; 1987 Dr. phil. h. c. Univ. Lund - Spr.: Engl. - Lit.: Festschr. Wandel d. Volkskultur in Europa, m. Bibliographie (1988, hg. v. N. A. Bringéus u.a.).

WIEGENSTEIN, Roland H.

Journalist, Kritiker - Wittelsbacherstr. 26, 1000 Berlin 31 - Geb. 15. Juni 1926 Bochum (Vater: Josef W., Kaufm.; Mutter: Helene, geb. Geis), verh. I) 1951 m. Eva W., geb. Schäf, 4 Kd. (Susanne, Daniel, Christoph, Anatole), II) 1972 Sigrid, geb. Laumeyer - Obersch. Köln u. Limburg; 1946-52 Stud. Regensburg u. Frankfurt/M. - 1952 Michael (polit. Redakt.), dann Südwestfunk (Vertragsautor u. Regiss.), s. 1956 WDR (Leit. Kirchenfunk, 1962 Redakt., 1965 Leit. Abt. Kulturelles Wort, s. 1966 Kulturkorresp. Berlin). Zahlr. Veröff. Neue Rundschau, Frankfurter Hefte, Merkur, Frankfurter Rundschau; Theater- u. Buchkritik, Ess., BV: Christl. Dichter d. Gegenw., 1963; Über Theater, 1987. Herausg.: Interview m. d. Presse (1964) - Spr.: Engl., Ital.

WIEGENSTEIN, Sigrid,

geb. Laumeyer

Journalistin, Dramaturgin - Wittelsbacherstr. 26, 1000 Berlin 31 - Geb. 14. Juni 1937 Nürnberg (Vater: Georg L., Versicherungsdir.; Mutter: Marga, geb. Woltz), verh. s. 1972 m. Roland H. W. - Gymn. Nürnberg, 1957 Schauspielsch. München; 1972-85 Stud. Berlin - 1958-70 Agentin; fr. Dramat., Fotofilme f. FS, 1983 Regie Heidelberg; 1985-87 Künstler. Betriebsdir. Staatl. Schauspielbühnen Berlin, 1986 Regie Schloßparktheater Berlin - Spr.: Engl., Ital., Franz.

WIEGER, Erhard

Fabrikant, gf. Gesellsch. Wieger Maschinenbau GmbH. - Büdericher Str. 13, 4040 Neuss/Rh.

WIEGHARDT, Karl

Dr. rer. nat., o. Prof. f. Angew. Mechanik (insb. Strömungslehre) - Sierichstr. 132, 2000 Hamburg 39 (T. 46 22 48) - Geb. 20. Nov. 1913 Wien (Vater: Prof. Dr. phil. Karl W.; Mutter: Dora, geb. Forner), ev., verh. s. 1941 m. Elisabeth, geb. Klinkenborg, 3 Kd. (Karl, Dorothea, Maria) - König-Georg-Gymn. Dresden; TH ebd., Univ. Göttingen. Promot. (1938) u. Habil. (1945) Göttingen - 1938-49 Assist. Kaiser-Wilhelm-bzw. Max-Planck-Inst. f. Strömungsforsch. Göttingen; 1949-52 wiss. Berat. Admiralty Research Laboratory, Teddington (Engl.); s. 1952 Privatdoz., apl. (1955) u. o. Prof. (1960) Univ. Hamburg (Inst. f. Schiffbau), Honorarprof. TU Hannover (1962). Mitgl. Ges. f. Angew. Math. u. Mech. (1967-70 Vors.) u. Schiffbautechn. Ges. - BV: Strömungslehre, 1964. Fachaufs. - Spr.: Engl.

WIEGHARDT, Karl Ernst

Dr. rer. nat., Chemiker, Prof. Univ. Bochum - Laarmannstr. 5 A, 4630 Bochum-Linden (T. 0234 - 49 57 87) - Geb. 25. Juli 1942 Göttingen, verh. s. 1967 m. Gertraud Willfahrt, S. Jan - Chemiestud. Hamburg u. Heidelberg; Promot. 1969 Heidelberg - 1974-75 Univ.-Doz. Univ. Heidelberg; 1975-81 Wiss. Rat u. Prof. Univ. Hannover; s. 1981 C4-Prof. Univ. Bochum.

WIEGMANN, Hildegard

Dr. rer. pol., Prof. f. Polit. Wissenschaft Univ. Osnabrück, Abt. Vechta - Immentun 15, 2848 Vechta/Oldbg. (T. 52 40) - Geb. 14. Febr. 1932.

WIEGMANN, Klaus Werner

Dr. rer. nat., Prof. - Fernewaldstr. 316, 4250 Bottrop (T. 5 33 64) - Geb. 18. Okt. 1938 Bochum (Vater: Heinrich W.; Mutter: Dorothea, geb. Schäfers), kath., verh. s. 1965 m. Renate, geb. Fischer, 2 Kd. (Andreas, Elisabeth) - Stud. Univ. Bonn, München; Promot. 1965; Habil. 1971 - 1972 Wiss. Rat u. Prof. Univ. München, s. 1974 o. Prof. f. Math. Gesamthochsch. Duisburg.

WIEGMINK, Georg

Bankdirektor i. R. - Springloh 36, 4300 Essen-Heisingen (T. 46 03 36) - U. a. Dt. Bank AG., Fil. Essen. Zahlr. ARsmandat (z. T. Vors.) - Rotarier.

WIEGRÄBE, Winfried

Dr., Chemiker - Lüderitzstr. 12, 6730 Neustadt/Weinstr. (T. 06321 - 8 01 04) - Geb. 28. Dez. 1933 Bremen (Vater: Paul W., Pfarrer; Mutter: Elisabeth, geb. Spieß), ev., verh. s. 1960 m. Elisabeth, geb. Sartorius, 3 S. (Winfried, Eckart, Henning) - Stud. Chemie Univ. Mainz u. München; Promot. 1964 - S. 1965 Chemiker BASF Ludwigshafen; s. 1983 Vors. d. Sprecheraussch. d. Ltd. Angest. d. BASF AG; AR-Mitgl. BASF AG.

WIEGREBE, Wolfgang

Dr. rer. nat., o. Prof. f. Pharm. Chem. Univ. Regensburg (s. 1975) - Eichenstr. 9, 8411 Zeitlarn - Geb. 14. Juli 1932 Barntrup (Vater: Dr. Lutz W.; Mutter: Elisabeth, geb. Winter), ev., verh. s. 1958 m. Lilli, geb. Bentmann, 3 Kd. (Eckard, Jens, Lutz) - Stud. TU Braunschweig; Promot. 1961; Habil. 1966 - 1970 Prof. Univ. Frankfurt u. 1971 Bern. Fachmitgl.sch. - Spr.: Engl.

WIEHL, Peter

Dr. phil., Prof. f. German. Philologie/ Mediävistik Univ. Bochum - Zu erreichen üb. Univ. Bochum (T. 0234 - 700 28 80) - Geb. 15. April 1938 Rudolstadt/Thür. (Vater: Dipl.Ing. Otto W., Oberpostdir.; Mutter: Anni, geb. Hirt), 3 Kd. (Christopher, Gunnar, Carolyn) - 1944-58 Schule Rudolstadt, Frankfurt/M., Karlsruhe; 1958-66: Stud. German., Angl., Phil. Univ. Freiburg, Heidelberg, Saarbrücken, London u. Bochum (Promot. 1966, Habil. 1976) - 1967-72 Wiss. Assist. Univ. Bochum; 1972-81 Akad. Rat, Oberrat, Stud.-Prof.; s. 1981 Prof. Univ. Bochum - BV: Redeszene als episches Strukturelement in d. Erec- u. Iwein-Dicht. Hartmanns v. Aue u. Chrestiens de Troyes, 1974, Mhd. Grammatik - Spr.: Engl., Franz.

WIEHL, Reiner

Dr. phil., o. Prof. f. Philosophie Univ. Heidelberg - Zu erreichen üb. Phil. Seminar, Universität, Augustinergasse 15, 6900 Heidelberg - Geb. 14. Nov. 1929 Frankfurt - Promot. 1959 Univ. Frankfurt; Habil. 1966 Univ. Heidelberg; 1969 Lehrtätigk. Univ. Hamburg; s. 1976 Heidelberg.

WIEHN, Erhard R.

Dr. rer. soc., Univ.-Prof. - Mainaustr. 4, 7750 Konstanz (T. 07531 - 5 04 43) - Geb. 1. Aug. 1937 Saarbrücken, verh. m. Heide M. - Stud. Soziol., Phil., Psych.; M.A. 1965; Promot. 1967; Habil. 1971 - Vors. Dt.-Israel. Ges./Bodenseeregion, Beauftr. d. Univ. Konstanz f. d. Univ. Tel Aviv, u. a. - BV: Kaiserslautern, 1982; Kaddisch, 1984; Dajenu I/II, 1986/88; Ges. Schriften I/II, 1986 u. 1987; Novemberpogrom 1938, 1988 u. a.

WIEHN, Helmut

Dipl.-Ing., Vorstandsvorsitzender Deutsche Babcock AG - Duisburger Str. 375, 4200 Oberhausen 1 - Geb. 10. Aug. 1930 - Vorst.-Vors. Dt. Babcock Werke AG, Oberhausen; Vors. d. Geschäftsf. Dt. Babcock-Beteiligungs GmbH, Oberhausen; AR-Vors.: Dt. Babcock Anlagen AG, Oberhausen, Dt. Babcock Maschinenbau AG, Ratingen, Balcke-Dürr AG, Ratingen, Vereinigte Kesselwerke AG, Düsseldorf, Turbon-Tunzini-Klimatechnik GmbH, Bergisch Gladbach u. Berlin, Borsig GmbH, Berlin; AR-Mitgl. Gerling-Konzern Lebensversich. AG, Köln, Mannensmannröhren-Werke AG, Düsseldorf.

WIELAND, Dieter

Kaufmann, gf. Gesellsch. Klafs-Saunabau GmbH u. Co., Schwäb. Hall, Vors. Bundesfachverb. Saunabau, Wiesbaden - Goethestr. 34, 7170 Schwäbisch Hall - Geb. 14. Juli 1934.

WIELAND, Heinrich

Dr. med., Univ.-Prof. Univ. Freiburg - Hagenmattenstr. 29, 7800 Freiburg (T. 0761 - 6 66 13) - Geb. 4. Jan. 1947 Heidelberg (Vater: Theodor W.), verh. s. 1971 m. Judith, geb. Horn, 2 Kd. (Lena, Nikolaus) - 1966-72 Stud. Univ. Mainz, Genf, Heidelberg; Staatsex. 1972; Promot. 1973 - 1973-75 postdoc. fellow Oklahoma Medical Res. Found. Oklahoma-City, USA; 1978-83 Oberarzt Abt. Klin. Chemie Göttingen; s. 1984 Zentrallabor Freiburg - Erf. d. Quant. Lipoproteinelektrophorese, Extrakorp. LDL-Präzipitation - 1972 Frerichs-Preis; 1974 Ludolf-Krehl-Preis; 1976 Pfrimmer-Med.; 1983 Instand-Preis - Liebh.: Witze, Wein, Wandern - Spr.: Franz., Engl. - Vorf.: Heinrich Wieland, Chemiker (Großv.).

WIELAND, Leo

Journalist, 1984ff. USA-Korresp. in Washington - Zu erreichen üb.: FAZ, Postf. 2901, 6000 Frankfurt/M. 1 - Geb. 12. März 1950.

WIELAND, Otto Heinrich

Dr. med., Prof., Leit. Forschergruppe Diabetes Städt. Krkhs. München-Schwabing - Alpenstr. 11, 8130 Starnberg (T. 46 15)- Geb. 21. Mai 1920 München (Vater: Geheimrat Prof. Dr. phil. Dr. h. c. Heinrich W., Chemiker; 1927 Nobel-Preis (s. XII. Ausg.); Mutter Josefine, geb. Bartmann), verh. s. 1944 m. Rosemarie, geb. Quilling, 3 Kd. (Doris, Felix, Isabella) - Univ. München. Promot. (1944) u. Habil. (1951) München - S. 1951 Lehrtätigk. Univ. München (1958 apl. Prof. Innere Med.). Mitgl. Dt. Ges. f. Innere Med., Ges. Dt. Naturforscher u. Ärzte, Dt. Ges. f. Biol. Chemie, Dt. Ges. f. Klin. Chemie, N.Y. Acad., Sci., USA, Biochem. Soc. (Lond.). Etwa 280 Fachveröff. - Spr.: Engl. Bruder: Theodor W.

WIELAND, Theodor

Dr. phil., em. Prof., Direktor am Max-Planck-Inst. f. med. Forschung, Heidelberg (b. 1981) - In d. Unt. Rombach 16, 6900 Heidelberg (T. MPI: 48 52 17) - Geb. 5. Juni 1913 München, verh. s. 1940 m. Dr. Irmgard, geb. Porcher, 3 Kd. (Sibylle, Heinrich, Eberhard) - Gymn. Freiburg u. München; Univ. München u. Freiburg (Chemie) - 1937-47 Assist. Kaiser-Wilhelm- bzw. Max-Planck-Inst. f. med. Forsch. Heidelberg, ab 1942 Privatdoz. Univ. ebd. 1947-51 ao. Prof. Univ. Mainz, 1951-68 o. Prof. u. Inst.dir. Univ. Frankfurt. Arbeitsgebiete: Unters. üb. Pantothensäure, Chemie d. Aminosäuren, Papierelektrophorese, Synthese v. Peptiden, Chemie d. Indolkörper, Struktur u. Wirkungsmechanismus v. Enzymen, Giftstoffe v. Pilzen, Antamanid - BV: Gattermann-Wieland, D. Praxis d. organ. Chemikers, 43. A. 1982; Amanita Toxins and Poisoning, 1980; Perspectives in Peptide Chemistry, 1981. Fachaufs. Mithrsg.: Peptides of Poisonous Amanita Mushrooms (1986); Intern. Journ. Peptide Protein Res. - 1969 Emil-Fischer-Medaille Gesellschaft Deutscher Chemiker; 1964 Mitglied Dt. Akad. d. Naturforscher (Leopoldina), Halle/S.; 1973 Heidelberger Akad. d. Wiss.; 1959 korr. Mitgl. Akad. d. Wiss. u. d. Lit., Mainz; 1975 korr. Mitgl. Wiss. Ges. Univ. Frankfurt; 1979 Ausw. Mitgl. American Philosophical Soc.; 1986 Ausw. Ehrenmitgl. Amer. Acad. Arts and Sciences.

WIELAND, Wolfgang

Dr. phil., Prof. f. Philosophie Univ. Heidelberg - Marsiliusplatz 1, 6900 Heidelberg 1 - Geb. 9. Juni 1933 Heidenheim/Brenz - Universitäten Göttingen, München, Heidelberg. Promot. 1955; Habil. 1960. Med. Staatsex. 1970 - Ärztl. Approb. 1973 - 1960 Privatdoz. Univ. Heidelberg; 1961 Prof. Univ. Hamburg; 1964 Univ. Marburg, 1968 Univ. Göttingen, 1979 Univ. Freiburg, 1983 Univ. Heidelberg - BV: Schellings Lehre v. d. Zeit, 1956; D. Aristotel. Physik, 2. A. 1970; Diagnose, 1975; Platon u. d. Formen d. Wissens, 1982; Strukturwandel d. Medizin u. ärztl. Ethik, 1986. Div. Einzelveröff.

WIELEBINSKI, Richard

Dr., Prof., Direktor Max-Planck-Inst. f. Radioastronomie (s. 1969) - Auf dem Hügel 69, 5300 Bonn (T. 525 1) - Geb. 12. Febr. 1936 Pleszow/Posen (Vater: Zdzislaw W., Lehrer; Mutter: Zofia, geb. Nunberg), verh. s. 196 m. Erika, geb. Buchmann, 2 Söhne (Martin, Stefan) - Stud. Physik Univ. Tasmania u. Cambridge - 1957 Ing. Austral. Post; 1963 Lecturer Univ. Sydney. Mitentd.: 29 Pulsare Polarisation d. galakt. Strahlung - Spr.: Poln., Dt., Engl.

WIELEK, Han

Senator, Publizist, Leiter Sozial-Kulturelles Amt (b. 1978) - Singel 214, Amsterdam - Geb. 13. März 1912 Köln, verh. in 2. Ehe (Ehefr.: geb. Berg, Übersetzerin u. Filmredakt. ., 2 Kd. (Erik, Ruth) - Gymn. Rezensent dt. Lit. Holl. - BV: Verse d. Emigration, 1935 (Anthol.); De oorlog die Hitler won (So wurden die Juden währ. d. Krieges in Holland verfolg), 1947; De stem van Europa (Anthol.), 1948. Pub. üb. Erwachsenenbild.; u.a. Publ. Dürfen wir noch anti-deutsch sein?, 1965 Deutschland - Vorbild oder Warnung?, 1977. Vors. demokrat. Stiftung J'Accuse; Vorst.smitgl. Holl. PEN-Zentrum.

WIELEN, Roland

Dr. rer. nat., o. Prof. f. Astronomie Univ. Heidelberg u. Direktor Astronomisches Rechen-Inst. (s. 1985) - Zu erreichen üb. Astronomisches Rechen-Inst., Mönchhofstr.12-14, 6900 Heidelberg (T. 06221 - 40 51 22) - Geb. 28. Okt. 1938 Berlin (Vater: Hans W., Schulrat; Mutter: Hildegard, geb. Andretzy), kath., verh. s. 1963 m. Ute, geb. Bachmann - Dipl.-Phys. 1962 FU Berlin; Promot. 1966 u. Habil. 1969 Univ. Heidelberg - 1963-78 Astron. Rechen-Inst. Heidelberg (Oberastronomierat, 1974 Prof.); 1978-85 TU Berlin (o. Prof. f. Astron. u. Astrophys., gf. Inst.-Dir.).

WIELENS, Hans

Dr., Prof., Vorstandsmitglied Deutsche Bank Bauspar AG - Bockenheimer Landstr. 42, 6000 Frankfurt 1 - Beiratsmitgl. ISTA GMbH, Mannheim - Hon.-Prof. Westf. Wilhelms-Univ. Münster.

WIELING, Hans

Dr. jur., Prof. Univ. Trier - Am Butzerberg 9, 5501 Kordel - Geb. 31. Dez. 1935 Essen - 1. jurist. Staatsex. 1961 Hamm, 2. Ex. 1966 Düsseldorf, Promot. 1967 Münster, Habil. 1971 München - 1971-77 Univ.-Doz. München; 1977 ff. o. Prof. Univ. Trier - BV: Interesse u. Privatstrafe v. Mittelalter b. z. Bürgerl. Gesetzb., 1970; Testamentsausleg. im röm. Recht, 1972.

WIEMANN, Günter

Dr. h. c., Präsident i. R., o. Prof. f. Sozialpäd. TU Hannover - Gerhart-Hauptmann-Str. 5, 3340 Wolfenbüttel (T. 05331 - 47 97) - Geb. 15. Mai 1922 Oker/Harz, ev., verh., 2 Kd. (Annette, Jürgen) - Mittelsch.; Tischler; Werkkunstsch.; Reifeprüf.; Stud. Gewerbelehramt - Gewerbelehrer Wolfenbüttel; Oberstud.-Dir. Berufsbild. Schule Salzgitter; Ministerialdirig. Kultusmin. Hannover; Präs. f. Lehrerfortbild. Nieders. Landesinst. Hildesheim; Vors. Intern. Arbeitskr. Sonnenberg. Ca. 180 Publ. z. Arbeitslehre, Berufs- u. Sozialpäd., Dritte-Welt-Päd. - 1976 Hon.-Prof. Univ. Hannover; 1987 Dr. h. c. Univ. Hannover; 1988 Dr. h. c. GH Kassel - Liebh.: Tätigk. in d. Dritten Welt - Lit.: Berufsbildungsreform als polit. u. päd. Verpflichtung. Festschr. z. 60. Geb. (1982).

WIEMANN, Kurt

Dr. phil., Prof., Hochschullehrer - Neissestr. 2, 7070 Schwäbisch Gmünd - Geb. 24. März 1910 Pulsnitz - S. 1952 Prof. f. Leibeserziehung m. Didaktik u. Methodik Päd. Hochsch. Schwäb. Gmünd. Div. Veröff.

WIEMER, Rudolf Otto

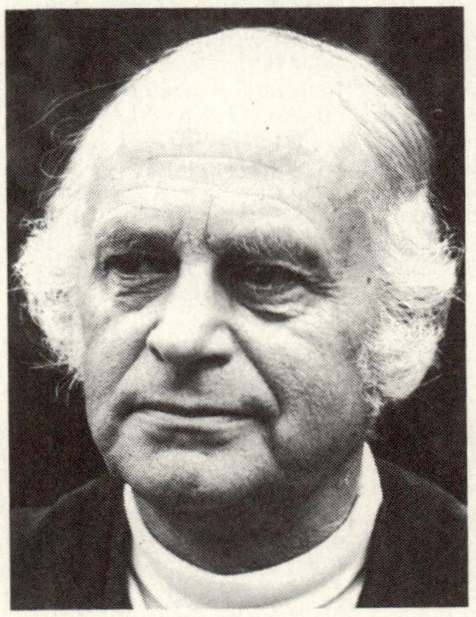

Schriftsteller - Nußanger 73, 3400 Göttingen - Geb. 24. März 1905 Friedrichroda (Vater: Fritz W., Lehrer; Mutter: Elisabeth, geb. Kretzschmar), ev., verh. s. 1932 m. Elisabeth, geb. Peinemann, 3 Kd. (Prof. Wolfgang (s. dort), Reinhart, Uta) - Int. Schnepfenthal, Gymn. Erfurt u. Gotha; Lehrersem. Gotha - 1925-67 Schuldst. (zul. Realschullehrer) - BV: u. a. Nicht Stunde noch Tag, 1961; Fremde Zimmer oder D. Aussicht zu leben, 1962; Nele geht n. Bethlehem, 1963; Ernstfall, 1963; Kalle Schneemann, 1964; Stier u. Taube, 1964; D. Weisen aus d. Abendl., 1965; D. gute Räuber Willibald, 1965; Helldunkel, 1967; Zweimal dreizehn Zinken, 1963; D. Pferd, d. in d. Schule kam, 1970; Unsereiner, 1971; Beispiele z. dt. Grammatik, 1971; D. Kaiser u. d. kl. Mann, 1971; Wortwechsel, 1973; Selten wie Sommerschnee, 1974; E. Weihnachtsbaum f. Ludmilla Winzig; 1974; Zwischenfälle, 1975; Micha möchte gern, 1974; D. Angst vor d. Ofensetzer, 1975; D. Engel b. Bolt a. d. Ecke, 1976; D. Schlagzeile, 1977; Er schrieb auf d. Erde, 1979; Auf u. davon u. zurück, 1979; Reizklima, 1979; Bethlehem ist überall, 1979; Mahnke. D. Gesch. e. Lückenbüßers, 1979; Chance d. Bärenraupe, Ged. 1980; Lob d. kl. Schritte, 1981; Schnee fällt auf d. Arche, 1981; D. Nacht d. Tiere, Weihnachtslegenden 1983; Meine Kinderschuhe, Fotos u. Verse, 1984; Häuser, aus denen ich kam, 1985; Jesugesch. - Kindern erzählt, 1985; Wolke u. Schnee, Ged. 1985; Sehnsucht d. Krokodile, Fabeln 1985; Pit u. d. Krippenmänner, 1985; D. Mann am Feuer, 1986; Fingerhut u. Hexenkraut, 1986; Ausflug ins Grüne, 1986; Es müssen nicht Männer m. Flügeln sein, Weihnachtsb. 1986; Schilfwasser, Ged. 1987; D. dreifältige Baum, Waldgesch. 1987; D. Erzbahn, Erz. d. Landmessers 1988; D. Schlagzeile, R. 1988; Die Reise mit d. Großvater, 1989. Übers. ins Engl., Holl., Franz., Dän., Finn., Jap. Bühnenst.: Im Namen d. Kaisers, D. Mauer; Hörsp.: Einer v. Zehn, D. Prozeß geht weiter, D. Krähenfeder - 1948 Lyrikpreis; 1976 Burgschreiber zu Plesse; 1980 Buchpreis Dt. Verb. EV. Büchereien; 1980 Adolf-Georg-Bartels-Ehrung; 1981 Nieders. Künstlerstip. Lit.; 1981 Mitgl. Intern. PEN; 1985 Ehrenmed. d. Stadt Göttingen; 1985 Kogge-Ehrenring - Liebh.: Puppensp. - Festgabe z. 60. Geburtstag (Dt. Theater-Verlag, Weinheim), Freundesgabe z. 70. Geb. (Arb.kr. f. Dt. Dichtung), Herder, Literaturlexikon, Krit. Lexikon d. deutschspr. Lit.; 1985 Stimmen zum 80. Geb.; Ztschr.- u. Rundfunkbesprechungen.

WIEMER, Wolfgang

Dr. med, o. Prof., Direktor Inst. f. Physiologie Klinikum Univ. u. Gesamthochsch. Essen - Hufelandstr. 55, 4300 Essen (T. 7 23 26 01) - Geb. 21. Aug. 1933 - Habil. 1966 - Fachaufs. üb. Atmungs-, Kreislauf- u. Neurophysiol., Med. Informatik u. Kunstgesch.

WIEMERS, Eckhard

Journalist - Sprüsselbach 4, 5307 Wachtberg-Züllighoven(T. 0228 - 34 39 55) - Geb. 5. Juli 1933 Wenden (Vater: Friedrich W., Amtsbürgerm.; Mutter: Agnes, geb. Voss, Lehrerin), kath., verh. s. 1972 m. Gabriele, geb. Müller - Stud. Rechts- u. Staatswiss. Univ. Bonn, Köln, München - 1964-77 Redakt. SPD-Wochenztg. Vorwärts; Mitarb. u. a. b. Wochenztg. Europa-Union, Deutschl.-Funk u. Dt. Welle; 1977-86 Welt d. Arbeit, DGB-Wochenztg. - Liebh.: Musik, Malerei, Lit., Naturwiss. - Spr.: Engl., Franz. (Übersetzer), Latein.

WIEMERS, Kurt

Dr. med., em. o. Prof. f. Anaesthesiologie - Mauracher Str. 19, 7819 Denzlingen/Br. (T. 07666 - 35 75) - Geb. 6. Juni 1920 - S. 1957 (Habil.) Lehrtätigk. Freiburg (1963 apl., 1966 ao., 1969 o. Prof.). 1963-64 Präs. Dt. Ges. f. Anaesthesie u. Wiederbelebung - BV (1957) ff.): D. postoperativen Frühkomplikationen (m. E. Kern, M. Günther, H. Buchardi); Chir. Pathophysiol. u. Klinik d. Temperaturregulation (m. E. Kern); Intensivtherapie b. Kreislaufversagen (m. S. Effert); Intensivbehandlung u. ihre Grenzen (m. K. Hutschenreuter); Lungenveränderungen b. Langzeitbeatmung

(m. K. L. Scholler) - 1980 Mitgl. Europ. Akad f. Anästhesiologie.

WIEN, Frank

Dr., Staatssekretär Nieders. Ministerium f. Wirtschaft, Technol. u. Verkehr (s. 1986) - Friedrichswall 1, 3000 Hannover (T. 0511 - 12 01).

WIEN, Peter

Redakteur, stv. Dir. u. Leit. Programmbereich Fernsehen Nordd. Rundf., Landesfunkhaus Hannover (s. 1983) - Rudolf-v.-Bennigsen-Ufer 22, 3000 Hannover (T. 0511 - 8 86 21) - Zuvor Chefredakt. Radio Bremen/Hörfunk.

WIENDAHL, Hans-Peter

Dr.-Ing., Univ.-Prof., Leiter Inst. f. Fabrikanlagen Univ. Hannover - Am Winkelberge 6, 3008 Garbsen Osterwald - Geb. 11. Febr. 1938 Wickede-Ruhr - TH Aachen (Dipl. 1966, Promot. 1970, Habil. 1972) - 1972 Leit. Plan. in e. Ind.-untern.; 1975 Techn. Leit., 1979 Institutsleit. Univ. Hannover; 1988 Vizepräs. Univ. Hannover - BV: Techn. Struktur-u. Investitionsplan., 1973; Betriebsorg. f. Ing., 1982; Belastungsorientierte Fertigungssteuerung, 1987 - 1971 Borchers-Plak. TH Aachen; 1980 Ehrenplak. VDI.

WIENECKE, Günter

Dr. phil., Prof. f. Kunstdidaktik Hochsch. d. Künste, Berlin - Nassauische Str. 43, 1000 Berlin 31 - Geb. 16. April 1931 Berlin (Vater: Friedrich W., Lehrer; Mutter: Else, geb. Wesemann), verh. s. 1972 m. Franziska, geb. Sandeck - 1950-54 PH Berlin; Montessori-Dipl. 1955 - 1954-66 Lehrtätigk. Berliner Sch. (auch nach Montessori); 1966 Wiss. Mitarb. Lehrst. f. Kunst- u. Werkdidaktik PH Berlin; 1971 Prof. f. Kunstdidaktik PH, 1980 HdK Berlin - BV: Kunstunterr. - Planung bildner. Denkproz. (m. H. Breyer u. G. Otto), 1970, 2. A. 1973; Lernorg. im Kunstunterr., 1975; Einf. in kunstpäd. Methodenlehren, 1976; Kunstpäd. als Erkenntnis (Diss.) 1986; zahlr. Aufs. z. Kunst- u. Werkpäd. in Handb. u. Fachztschr.

WIENECKE, Rudolf

Dr. rer. nat., Prof. Univ. Stuttgart (s. 1981) - 8014 Neubiberg - Geb. 5. Mai 1925 Burgsteinfurt, ev., verh. s. 1952 m. Eugenie, geb. Kolb, 3 Söhne (Klaus, Peter, Ulrich) - Gymn. (Abit. 1943); TH Breslau u. Univ. Münster (Physik; Dipl.-Phys. 1950). Promot. 1952; Habil. 1957 - 1953-57 Physiker Siemens-Schuckertwerke AG, Erlangen (Forschungslabor.); 1957-60 Oberassist. u. Privatdoz. Univ. Kiel; 1960-1969 Abt.leit. u. Dir. Inst. f. Plasmaphysik, Garching; 1961-69 Privatdoz. u. apl. Prof. (1964) Univ. München; 1969-73 o. Prof. Univ. Stuttgart; 1973-81 Wiss. Dir. MPI f. Plasmaphys. Garching; 1982-87 Präs. Univ. d. Bundeswehr; 1987 o. Prof. Univ. Stuttgart. 1964 Gast Stanfort Univ. (1/2 J.). Fachveröff. - 1985 Bayer. VO; 1986 BVK I. Kl. - Spr.: Engl.

WIENEKE, Franz

Dr.-Ing., o. Prof. u. Direktor Inst. f. Agrartechn. Univ. Göttingen/Landw. Fak. (s. 1965) - August-Lange-Str. 14, 3406 Bovenden (T. 86 45) - Geb. 29. März 1927 - Zul. Dir. Inst. f. Landmaschinenforsch. Bundesforschungsanstalt f. Landw., Braunschweig. - BV: Agratechn. i. d. Tropen, DLG-Verlag 1982; Fachveröff.

WIENEKE, Gerd

Dipl.-Volksw., Hauptgeschäftsführer Handwerkskammer Düsseldorf - Breite Str. 7-11, 4000 Düsseldorf (T. 87 95-130) - Zul. Geschäftsf. Rhein.-Westf. Handwerkerbund.

WIENERS, Barbara

s. Noack, Barbara

WIENHAUSEN, Hanns

Prof. Univ. Münster - Kinderhaus 13, 4400 Münster (T. 21 13 44) - Geb. 9. Juni 1913 Münster - U. a. o. Prof. f. Kunsterzieh. Päd. Hochsch. Westf.-Lippe/Abt. Münster I. Künstler. Tätigk.: Glasfenster, Bühnengestalt., fr. Malerei

WIENHOLD, Klaus

Landesgeschäftsführer Berliner CDU (s. 1984), MdA Berlin - Lietzenburger Str. 46, 1000 Berlin 30 (T. 030 - 211 60 11) - Geb. 27. Dez. 1949 Berlin, verh., 1 Kd. - Realsch.; höh. Wirtschaftssch. - 1968-73 Beamter Bereitschaftspolizei; 1973-81 Kriminalbeamter; 1981-84 pers. Ref. Berliner Senator f. Arbeit u. Betriebe.

WIENHOLT, Helmut

Dr. jur., Hauptgeschäftsführer Außenhandelsvereinig. d. Dt. Einzelhandels (AVE), Generaldeleg. Foreign Trade Assoc. (FTA) - Weyerstr. 2, 5000 Köln 1; priv. Im Meisengrund 9, 5000 Köln 50 - Geb. 15. Okt. 1927.

WIENKE, Werner

Dipl.-Ing., Direktor, Geschäftsf. Stadtwerke Langen GmbH - Dieselstr. 8, 6070 Langen (T. 06103-20 61 51) - Geb. 28. Febr. 1922 Eggersdorf b. Berlin, ev., verh. s. 1951 m. Marianne, geb. Desch, 3 Kd. (Ute, Jörg, Dirk) - Abit. 1941 Berlin; FH Gießen; Dipl. 1950; div. Mandate u.a. Verbandsvors. Wasserzweckverb. Stadt u. Kreis Offenbach, Kreistagsabg.

WIENOLD, Götz

Dr. phil., o. Prof. f. Sprachwiss. Univ. Konstanz (s. 1970) - Gaißbergstr. 50, CH-8280 Kreuzlingen - Geb. 15. Juli 1938 Großpostwitz/Sachsen - Stud. d. Angl., German., Allg. u. Vergl. Sprachwiss., Phil. Univ. München, Göttingen, Berlin (FU), Münster, St. Andrews; Promot. 1964 Münster; Habil. 1969 ebd. - 1964-66 Instructor u. Assist. Prof. Univ. of Illinois, Urbana/Ill.; 1966-70 Wiss. Assist. u. Doz. (1970) Univ. Münster. Hauptarbeitsgeb.: Sprecherwerbsforsch., Fremdsprachendidaktik, Textlinguistik, Japanisch, Koreanisch - BV: Genus u. Semantik, 1967; Formulierungstheorie, 1971; Semiotik d. Lit. 1972; D. Erlernbarkeit d. Sprachen, 1973; Ital. Übers. Come imparare le lingue, 1978; Üb. d. Arbeiten an e. Theorie d. Zweitsprachenerwerbs, 1974; Lehren u. Lernen im Fremdsprachenunterr., Bd. 1 u. 2 1975; Lehrerverh. u. Lernmat. in institutionalisierten Lehr-Lern-Prozessen - am Beisp. d. Engl.anfangsunterr., Seminar f. Wirtschaftspäd. Univ. Göttingen, Berichte Bd. 9, 1985; Lexical Sturcture and the Description of Motion Events in Japanese, Korean, Italian and French, 1989. Herausg.: Hermann Broch, Zur Univ.reform (1969).

WIENS, Wolfgang

Dramaturg - Moorkamp 19, 2000 Hamburg 6 (T. 491 88 09) - Geb. 3. April 1941 Stettin - 1960-64 Stud. German. u. Theaterwiss. Univ. Frankfurt/M., Berlin u. Wien - 1965 Dramat. u. Regiss., ab 1971 Direktionsmitgl. Theater am Turm, Frankfurt; ab 1969 Geschäftsf. Verlag d. Autoren, Frankfurt; ab 1974 Dramat. Dt. Schauspielhs. Hamburg, 1977 Schausp. Frankfurt, ab 1978 Bremer Theater, ab 1981 Schausp. Köln, ab 1985 Thalia Theater Hamburg, ab 1989 Schaubühne Berlin. Div. Übers. v. Stücken aus d. Engl.; Kinderst.

WIENSTEIN, Eberhard

Geschäftsführer Nordsee Dt. Hochseefischerei GmbH Bremerhaven - Heiderosenweg 4b, 2000 Hamburg 67 - Geb. 27. April 1928 Berlin (Vater: Richard W., Ministerialdir. Reichskanzlei, †1937 [s. X. Ausg.]; Mutter: Annemarie, geb. Rauschning), ev., verh. s. 1959 m. Brigitte, geb. Jung, 2 Kd. (Carsten, Astrid) - Abitur.

WIENSTEIN, Richard

Vorstandsmitglied Victoria Feuerversicherungs-AG, Berlin, DAS Dt. Automobil Schutz Versich.-AG, München - Victoriapl. 1, 4000 Düsseldorf 1.

WIENTGES, Heinz

Industriekaufmann, Geschäftsführer Baustoffindustrie - Im Wiesengrund 7, 4182 Uedem - Geb. 27. März 1930 - B. 1953 kaufm. betriebswirtsch. Ausbildung; 1954-66 Geschäftsf. Bauind.; Geschäftsführer Baustoffindustrie.

WIERSCHER, Hartmut

Dr. jur., Regierungspräsident i.R. - Zul. 6109 Mühltal - Geb. 20. Juli 1924 Breslau, verh. s. 1954 m. Renate, geb. Noll - Stud. Rechtswiss. Univ. Breslau u. Frankfurt/M., Promot. 1955, Gr. jurist. Staatsprüf. 1956 - S. 1956 Regierungspräsid. Darmstadt (b. 1968 Vizepräs., dann Präs.).

WIESAND, Andreas Joh.

Dr., Kulturwissenschaftler, Publizist, Dir. Zentrum f. Kulturforsch., Bonn, u. Generalsekr. Dt. Kulturrat (s. 1982), VR-Vors. Verwertungsges. Bild-Kunst (s. 1983) - Hochkreuzallee 89, 5300 Bonn 2 (T. 31 10 81); priv.: Basteistr. 75, 5300 Bonn 2 (T. 35 72 01) - Geb. 9. Okt. 1945 Eutin - Stud. Politik, Publiz., Erz.-Wiss., Promot. 1976 Hamburg - Rundfunkvolont.; Presseref. Rowohlt-Verlag; Spiegel-Verlag (b. 1972) - BV: Autorenreport, 1972; Künstler-Report, 1975; Journalisten-Bericht, 1977; Literaturförderung, 1980; Handbook of cult. affairs in Europe, 1985; Kunst ohne Grenzen?, 1987; u. a. - Liebh.: Beruf - Spr.: Engl., Franz.

WIESCHE, von der, Eugen

Gewerkschaftssekretär, MdB (Wahlkr. 109/Ennepe-Ruhr-Kr. I) - Birkenstr. 9, 5820 Gevelsberg (T. 02332 - 28 40) - SPD.

WIESE, Günther

Dr. jur., o. Prof. f. Bürgerl. Recht, Arbeits- u. Handelsrecht - Klosterhofstr. 18, 6940 Weinheim (T. 5 40 18) - Geb. 12. März 1928 Lohe/Holst. (Vater: Hermann W., Oberamtsrichter; Mutter: Elsa, geb. Schuck), ev., verh. s. 1964 m. Elisabeth, geb. Momsen, 3 Söhne (Kay, Burkhard, Christian) - Obersch. Heide; 1948-52 Univ. Kiel u. Freiburg (Rechtswiss.). Jurist. Staatsprüf. 1952 (Schleswig) u. 56 (Hamburg). Promot. 1954 Kiel; Habil. 1963 Köln - Ab 1957 Bundesarbeitsgericht, Kassel (1958 Reg.s-, 62 Oberreg.srat); 1960-65 Univ. Köln (Assist. Prof. Nipperdey, 1963 Privatdoz.); s. 1965 WH bzw. Univ. Mannheim (Ord.) - BV: D. Ersatz d. immateriellen Schadens, 1964; Komment. z. Betriebsverf.-gesetz (m. Fabricius, Kraft, Thiele, Kreutz), 4. A. 1987/89 (2 Bde.); D. Initiativrecht nach d. Betriebsverfassungsgesetz, 1977; Buchautoren als arbeitnehmerähnliche Personen, 1980 - Liebh.: Musik, Kunst - Spr.: Engl.

WIESE, Hans-Ulrich

Dr. rer. pol., Dipl.-Ing. (Wirtschaftsing.), Vorstandsmitglied Fraunhofer-Ges. - Alois-Johannes-Lippl-Str. 16, 8000 München - Geb. 6. Aug. 1937 Neustrelitz/Meckl., verh. s. 1971 m. Helga, geb. Ritgen, 2 S. (Jens, Jörg) - Dipl.-Ing. u. Promot. TU Berlin.

WIESE, Heinz

Dr., Gf. Vorstandsmitglied Bundesverb. d. gemeinn. Landgesellschaften - Meckenheimer Allee 128, 5300 Bonn 1 (T. 0228 - 63 33 14).

WIESE, Martin

Hauptgeschäftsführer Dt. Jagdschutz-Verb./Vereinig. d. dt. Landesjagdverb. Bonn - Johannes-Henry-Str. 26, 5300 Bonn - Geb. 29. April 1929.

WIESE, von, Peter

Dr. phil., Regisseur, Schauspieler - Hösslinswarter Weg, 7064 Remshalden - Geb. 26. Juni 1932 Erlangen (Vater: Prof. Dr. phil. Dr. h. c. Benno v. Wiese u. Kaiserswaldau, Ord. f. Dt. Philol. Univ. Bonn (s. dort); Mutter: Ilse, geb. v. Gavel), ev., verh. s. 1958 m. Ingrid, geb. Reinmann, S. Philipp - Gymn. Münster u. Recklinghausen; Univ. Münster u. Köln (German., Anglistik, Kunstgesch.); Schauspielausbild. Promot. 1955 Köln - Regieassist. G. R. Sellner Landestheater Darmstadt, 1957-59 Oberspiell. Stadttheater Pforzheim, 1959-62 Spiell. Bühnen d. Landeshauptstadt Kiel u. Städt. Bühnen Oberhausen (1960), 1962-63 Oberspiell. Landestheater Oldenburg, dann Oberspiell. Städt. Bühnen Bielefeld u. Spiell. Schauspielhaus Hamburg, s. 1973 Oberspiell. Städt. Bühnen Münster. Üb. 80 Insz., dar. Siegfried, Figaro läßt sich scheiden, Anatol., Lit. - BV: Georg Kaiser u. d. Problem d. dramat. Form, 1955 - Liebh.: Zauberei - Spr.: Engl. - Bek. Vorf. (Großv.): Prof. Dr. phil. Dr. h. c. Leopold v. W. u. K., Ord. f. Wirtschaftl. Staatswiss. u. Soziol. Univ. Köln †1969 (s. XV. Ausg.).

WIESEBACH, Horst Paul

Dr. rer. pol., Stellv. Generaldirektor UNIDO, Wien - Zu erreichen üb. UNIDO, Intern. Center, Wien/Österr. - Geb. 1. April 1934 Groschowitz (Vater: Wilhelm W., Postbeamter; Mutter: Gertrud, geb. Arbeiter), verh. s. 1973 m. Dr. Ruth, geb. Becker, T. Katja - Univ. Marburg (Dipl.-Volksw. 1959, Promot. 1964) - 1956-57 Marktforsch.; 1965-72 Lehrbeauftr. Univ. Marburg; 1969-71 Ind.berat. Afrika; 1971-77 Leit. Plan.-/ Grundsatzref. BMZ; 1978-80 Dir. Dt. Inst. f. Entwicklungspolitik, Berlin; 1980-86 Beigeordn. Generalsekr. Vereinte Nationen; s. 1986 stv. Generaldir. Ind. Entwicklungsorg. (UNIDO) Vereinte Nationen in Wien - BV: Schleichende Inflation u. Vermögensbild. (Diss.), 1966; Mobilization of Development Finance, 1979 - Liebh.: Segeln - Spr.: Engl., Franz., Span.

WIESEMANN, Klaus Heinrich

Dr. rer. nat., Prof. f. Experimentalphysik - Dahlhauser Str. 72A, 4320 Hattingen - Geb. 10. Juni 1937 Berlin (Vater: Heinrich W., Seminarlehrer; Mutter: Käthe, geb. Ostermoor), vd., 2 Kd. (Jan, Betina) - Gymn. Dillenburg (Abit. 1957), b. 1962 Univ. Marburg (Physik, Dipl. 1962, Promot. 1968, Habil. 1970) - 1962-70 wiss. Assist., 1970-74 Prof. Univ. Marburg, s. 1974 Prof. Univ. Bochum. 1976 Forschungsaufenth. in USA u. 1984 in Japan - Wiss. Arb. üb. Atom- u. Plasmaphysik in europ. u. amerik. wiss. Ztschr. - BV: Einführung in d. Gaselektronik, Studienb. 1976 - Spr.: Engl.

WIESEMEYER, Kurt

Dr. jur., Präsident a. D. - Virchowstr. 25, 8500 Nürnberg (T. 51 48 50) - Geb. 19. März 1906 Goslar/Harz (Vater: August W., Oberpostinsp.; Mutter: Luise, geb. Tegtmeyer), ev., verh. s. 1934 m. Hildegard, geb. Fellmann († 1986), 4 Kd. (Marie-Luise, Wolfram, Friederike, Christine) - Ratsgymn. Goslar; Univ. Göttingen, München, Bonn (Rechtswiss.). Promot. 1929 - B. 1933 Justiz-, dann Postdst. (u. a. Präs. OPD Bremen u. 1961-71 Nürnberg) - BV: D. Personalverhältnisse d. dt. Post, 1954; Grundriß d. Bundesbeamtenrechts, 2. A. 1960 (m. Distel) - Gr. BVK - Rotarier.

WIESEN, Hans

Agraringenieur, Minister f. Ernährung, Landwirtsch. u. Forsten Schlesw.-Holst. (s. 1988), MdL Schlesw.-Holst. (VIII./IX. Wahlp., SPD) - Haidbergstr. 12, 2352 Bordesholm - Geb. 7. Mai 1936 Braunschweig, ev., verh., 1 Kd. - Abit.; staatl. gepr. Landw.; Agraring. (grad.) - Verwalter landw. Großbetriebe; Ref. LK Schlesw.-Holst. 1970-75 Gemeindevertr. Bordesholm; 1974 ff. MdK Rendsburg-Eckernförde. Div. Parteiämter.

WIESEN, Heinrich

Dr. jur., Oberlandesgerichtspräsident - Cecilienallee 3, 4000 Düsseldorf 30 (T. 4971-322); priv.: Poststr. 18, 5040 Brühl - Geb. 16. Sept. 1928 Gönnersdorf (Eifel), kath., verh. s. 1960 m. Brunhilde, geb. Lenz, 2 S. (Guido, Rolf) - Univ. Bonn, Köln u. Paris (Rechts- u. Staatswiss.) - 1963 Landesgerichtsrat Köln, 1969 Ministerialrat, 1970 ltd. Ministerialrat Justizmin. NRW, 1976 Präs. LG Duisburg, 1978 Präs. OLG Düsseldorf. Vizepräs. Verf.gerichtshof NRW; Vors. Insider-Prüf.kommiss. d. Rhein.-Westf. Börse Düsseldorf; Vorst.-Vors. Rechts- u. Staatswiss.liche Vereinigung.

WIESENBERGER, Alfred

Apotheker, Geschäftsführer Dr. Koch GmbH, Nieder-Olm, Klosterberg Spirituosen GmbH, Oppenheim, u. Hulstkamp & Zoon & Moljyn GmbH, Nieder-Olm, Vorst. Peter-Eckes-Familienstiftung, Oppenheim, Ludwig-Eckes-Familienstiftung, Nieder-Olm, 1. Vorst.-Vors. Schutzgemeinsch. d. Dt. Fruchtsaftind., Mitgl. Wiss.-Techn. Komm. d. Intern. Fruchtsaftunion, Vors. Aussch. Fruchtsaft d. Dt. Inst. f. Normung (DIN), Mitgl. Aussch. Analysenmeth. d. Europ. Kommitt. f. Normung (CEN), Mitgl. Techn. Kommittee d. Europ. Fruchtsaftind. (AIJN) - Haideweg 29, 6200 Wiesbaden-Sonnenberg - Geb. 21. März 1927.

WIESEND, Martin

Dr. h. c., Weihbischof a. D. - Domplatz 3, 8600 Bamberg (T. 2 47 91) - Geb. 28. April 1910 Kulmain/Mfr., kath. - 1986 Ruhest.; weiterhin Dompropst - 1967 Ehrenbürger Kulmain; Dompropst; 1971 Bayer. VO.

WIESENKÄMPER, Willi

Dr. rer. pol., geschäftsf. Vorstandsmitglied Industrieverband Kunststoffbahnen (IVK) (s. 1973) - Im Waldhof 16, 6242 Kronberg (T. 06173 - 73 12) - Geb. 16. Sept. 1925 - Stud. Volksw.

WIESENTHAL, Fritz

Dr. jur., Landrat a. D., Rechtsanwalt - Gartenstr. 4, 8906 Gersthofen üb. Augsburg (T. A. 49 12 82) - Geb. 15. Sept. 1920 Augsburg (Vater: Fritz W., kaufm. Angest.; Mutter: Käthe, geb. Gleich), kath., verh. s. 1950 m. Ludwiga, geb. Höckmair, 2 Kd. (Margarete, Fritz) - Gymn. Augusburg (St. Stephan); Stud. Phil. Theol., Rechtswiss. Univ. München (Promot. 1949) u. Wien, Phil.-Theol. Hochsch. Dillingen. Gr. jurist. Staatsprüf. 1950 - S. 1950 Gerichtsass., Landsgerichtsrat (1951), I. Staatsanw., (1960), Landrat (1962), Rechtsanw. (1972) Augsburg. Mitgl. Landesvorst. CSU (Landesvors. kommunalpolit. Vereinig.). ARs- u. VRsmandate - Komtur-Ritter m. Stern Orden v. Hl. Grabe zu Jerusalem - Spr.: Engl., Franz. - Rotarier.

WIESHEU, Otto

Dr. jur. utr., Rechtsanwalt, MdL Bayern (s. 1974) - Moosburger Str. 3, 8051 Zolling (T. 08167 - 16 83) - Geb. 1944, verh. - Bundeswehrdst. (Ltn. Fallschirmjäger); 1984ff. Geschäftsf. Hanns-Seidel-Stiftg., München - 1983 CSU-Generalsekr.

WIESINGER, Johannes Ernst

Dr.-Ing., Prof. f. Hochspannungstechnik u. Elektr. Anlagen (Spez. Blitzforschung) - Univ. d. Bundeswehr München, Werner-Heisenberg-Weg 39, 8014 Neubiberg (T. 089 - 60 04-37 21) - Geb. 30. Juni 1936 Zwiesel (Vater: Hans W., Pfarrer; Mutter: Gertrud, geb. Keeser), ev., verh. s. 1964 m. Ingeburg Reich-W., geb. Caspary, 3 Kd. (Markus, Boris, Cara) - Hum. Gymn. Nördlingen, TU München (Dipl.-Ing., Promot., Habil.) - 1961-63 Siemens AG, 1963-67 Assist. TU München, 1967-70 Obering. 1970-75 wiss. Rat (Habil.), s. 1975 Prof. Univ. d. Bundeswehr München - BV: Handb. f. Blitzschutz u. Erdung (m. Hasse), 1977, 82 u. 89 - Spr.: Engl.

WIESMETH, Hans

Dr. rer. pol., Prof. f. Volkswirtschaftslehre Univ. Bonn - Weimarstr. 6, 5205 St. Augustin 2 - Geb. 11. Febr. 1950 Vilseck (Vater: Hans W.; Mutter: Berta, geb. Erras), kath., verh. s. 1977 m. Monika, geb. Posser - Dipl.-Math. 1975 Univ. Erlangen-Nürnberg, Promot. 1979 Univ. Hamburg, Habil. 1980 ebd. - S. 1981 Prof. in Bonn - Spr.: Engl.

WIESNER, Gerhard

Gewerkschaftssekretär, Landesverbandsleit. DAG, Mainz - Pfalzgrafenstr. 23, 6508 Alzey (T. 06731 - 74 86) - Geb. 20. Dez. 1926 Berlin (Vater: Erwin W., Bankbeamter; Mutter: Selma, geb. Cohn), verh. s. 1947 m. Marlies W., 7 Kd. - Gymn.; Kaufm. Lehre; Verwaltungssch. Berlin; Ingenieursch. - 1945-49 Sachbearb. u. Abt.leit. Öfftl. Dienst; 1950-58 Techn. Angest. u. Abt.leit. AEG; 1958-83 Gewerkschaftssekr. DAG, ab 1984 Landesverbandsleit. S. 1955 ehrenamtl. Sozialrichter, Arbeitsrichter, Verwaltungsrichter, Finanzrichter - 1981 Ehrenbrief Land Hessen - Liebh.: Fliegerei - Gold. Sportabz. - Spr.: Engl.

WIESNER, Henning

Dr. med. vet., Prof., Direktor Tierpark Hellabrunn (1981ff.) - Siebenbrunner Str. 6, 8000 München 90 - Geb. 1944 Schlesien - Zul. Tierarzt Hellabrunn.

WIESNER, Herbert

Literaturkritiker, Journalist, Fernsehautor, Leit. Literaturhaus Berlin (s. 1985) - Fasanenstr. 29, 1000 Berlin 15 - Geb. 19. März 1937 Marsberg - Stud. German., Kunstgesch., Phil. Univ. München; Mitarb. Südd. Ztg., Hess. Rundf. Kulturredaktion Fernsehen - Mithrsg.: Lesezeichen. Ztschr. f. neue Literatur u. Kunst 1980ff. Herausg. u. Mitverf.: Lexikon d. deutschsprachigen Gegenwartslit. (1981 u. 87); Texte aus d. Lit.haus Berlin (1988ff.) - Liebh.: Lit., Kunst, Reisen - Spr.: Engl., Franz.

WIESNER, Knut Arno

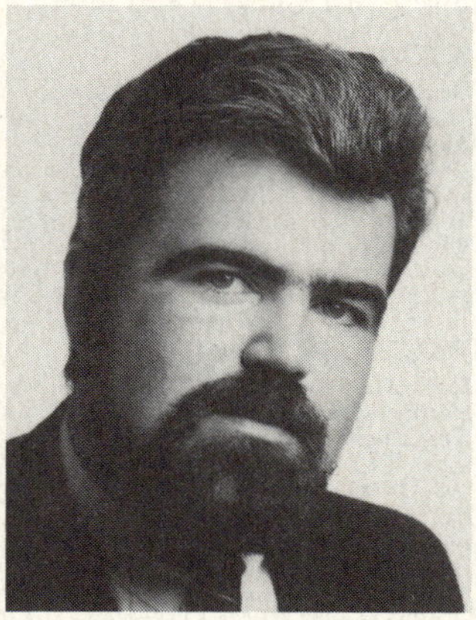

Dipl.-Volkswirt, Hauptgeschäftsführer Verband Dt. Heimtextilien-Ind. - Hans-Böckler-Str. 205, 5600 Wuppertal 1 (T. 0202 - 75 00 35); priv.: Dohmstr. 20, 5300 Bonn 1 - Geb. 5. Aug. 1954 Bonn (Vater: Reg.-Dir. a. D. Rudolf W.; Mutter: Dipl.-Hdl. Christel, geb. Peterson), verh. m. Inge, geb. Niemeyer, S. Sven - Stud. Univ. Bonn; Dipl.-Volksw.; derz. Promot. Bochum - 1979-84 kommunalpolit. Tätigk.; 1980/81 Ref., dann 1981-89 Geschäftsf. Bundesverb. Dt. Süßwarenind., Bonn; 1980/81 Geschäftsf., 1981-89 gf. Vorst.-Mitgl. Verein zur Förderung d. Süßwarenexport, Bonn.

WIESSER (ß), Kurt

Vorstandsmitglied i.R. Landeszentralbank in Bayern, München - Walleitnerstr. 2a, 8022 Grünwald/Obb. (T. München 641 49 05) - Geb. 18. März 1913 Weimar/Thür. - S. 1933 öfftl. Dienst - 1972 BVK I. Kl., 1978 Gr. BVK.

WIESSNER (ß), Gernot

Dr. phil., Dr. theol., o. Prof. f. Allg. Religionsgeschichte - Im Kleinen Feld 3, 3433 Neu Eichenberg - Geb. 2. Febr. 1933 Stettin (Vater: Dr. Hermann W., Studienrat; Mutter: Hildegard, geb. Klibor), ev., verh. s. 1962 m. Irina, geb. Dommnich, 2 Kd. (Gunnar, Tanja) - Stud. Ev. Theol., Geschichtswiss., Oriental. Halle, Marburg, Würzburg. Theol.ex. 1956 u. 63. Promot. 1962 (Würzburg) u. 1965 (Göttingen); Habil. 1968 (Göttingen) - S. 1968 Lehrtätigk. Univ. Göttingen (1971 Ord.). Spez. Arbeitsgeb.: Gesch. d. Alten Kirche, Syr. Kirchengesch., Gesch. d. Christen Irans, Rel.phänomenol., Christl. Archäol. - BV: Unters. z. Syr. Literaturgesch., 1967; Nordmesopotam. Ruinenstätten, 1980; Christl. Kultbauten im Tur 'Abdin I, II, 1981/82. Herausg.: Festschr. f. Prof. Dr. Wilhelm Eilers (1967).

WIESSNER, Hans-Jürgen

Journalist, ZDF-Korresp. u. Studioleit. Südost-Europa, Wien - Gunoldstr. 14, A-1190 Wien (T. 0043 - 222 - 36 35 58) - Geb. 30. Dez. 1922 Berlin (Stiefvater: Max W.; Mutter: Flora Rothenbücher), ev., verh. s. 1973 m. Barbara, geb. Thieme, Tocht. Nataly - Abit. 1940 Berlin; 1950-54 Stud. Rechtswiss. FU Berlin - 1950-63 Journ. Telegraf, Kurier, D. Tagesspiegel, BZ; s. 1963 ZDF (1974 erster FS-Korresp. in Ost-Berlin u. DDR; b. 1979 Büroleit. ebd., s. 1979 Leit. Studio Südost-Europa Wien) - 1979 BVK - Liebh.: Segeln - Spr.: Engl., Span.

WIEST, Eugen

Dipl.-Ing., pers. haft. Gesellschafter Vereinigte Ziegelwerke Altenstadt-Bellenberg Wiest & Co. - Illertisser Str. 50, 7919 Altenstadt - Geb. 28. Febr. 1914 Altenstadt, kath. - Ehrenvors. Forsch.-stelle Bundesverb. Dt. Ziegelind. Bonn, Bayer. Ziegelind.verb. München; Ehrenmitgl. Präsid. Bundesverb. d. Dt. Ziegelind. Bonn; BVK I. Kl.; Bayer. VO.

WIEST, Gerhard

Dipl.-Ing., Generalbevollm. Direktor Siemens AG, München - Hofmannstr. 51, 8000 München 70 - Geb. 20. Juni 1937.

WIEST, Wolfgang Hans-Hermann

Dr. med. habil., Privat-Dozent, Facharzt f. Frauenheilkunde u. Geburtshilfe - Wielandstr. 14, 6805 Heddesheim (T. 06203-4 34 24); Univ. Frauenklinik, Mannheim, Klinikum Mannheim, Theodor-Kutzer-Ufer, 6800 Mannheim 1 - Geb. 24. Sept. 1948 Eislingen (Vater: Hans W., Bank-Dir.; Mutter: Mechthilde, geb. Bertele), kath., verh. s. 1974 m. Margarita, geb. Weigold, 2 Kd. (Katharina, Hermann) - Gymn. Göppingen, FU Berlin, Univ. Heidelberg u. Mannheim (Humanmed., Biol.), Staatsex. 1973 - 1974 Gastarzt Semmelweisuniv. Budapest, 1978 Facharzt, 1979 Oberarzt, 1980 Habil., 1980 Venia legendi.

WIETASCH, Klaus W.

Dipl.-Ing., Prof. f. Schiffsmasch.anlagen Univ.-GH Duisburg, Leit. Duisburger Kolloquim Schiffstechnik/Meerestechnik (s. 1980) - Zu erreichen üb. Univ. Duisburg, Studiengang Schiffstechnik, Lotharstr. 1-21, 4100 Duisburg 1 - Geb. 16. Nov. 1933 Berlin - Dipl.-Ing. 1962 TU Berlin - S. 1973 Prof. - BV: Forschungsber. Verbesser. d. Wasserqualität, 1978; Forschungsber. Schiffspropellerdaten im Luft-Wasser-Gemisch, 1982. Herausg.: Längs- od. Querspantbauweise b. Binnenschiffen (1980); Aktive Steuerorgane in Schiffahrt u. Meerestechnik (1981); D. manövrierende Schiff (1982); Zukünftige Umsetz. u. Ausnutz. d. Hauptmaschinenleist. (1983); Schiffsschwingungen, Anreg.-Ausw.-Bekämpf. (1984); D. Schiff im Hafen (1985); D. Schiff in d. Fertigung (1986); D. Schiff im flachen Wasser (1987); D. Schiff mit Steuerautomatik (1988) - Mitgl. Lions-Club - Spr.: Engl.

WIETEK, Heinrich

Dr. med., Arzt f. Naturheilverf., Kurarzt (Prophyl. u. Behandl. v. Alterskrankh.) - Hauptstr. 22, 8939 Bad Wörishofen (T. 08247 - 51 67) - Geb. 30. Juli 1918 Grenzeck (Vater: Franz W., Kaufm.; Mutter: Amalie, geb. Teuber), kath., verh. s. 1943 m. Anni, geb. Drost, 2 Kd. (Hanns-Martin, Marianne) - Gymn., Univ. Breslau (Med., Psych., Pädagogik), Med. Staatsex. u. Promot. 1947 u. 48 Erlangen - 1950-72 Leit. Tätigk. i. d. Biolog.-Med. Forschung, 1961-72 Vorstandsmitgl. Helfenberg AG - Mehrere Veröff. üb. gerontolog. Probleme; Arteriosklerose, Krebs, Asthma, Goldbehandlg., Zelltherapie - Liebh.: Seefahrt - Spr.: Engl., Franz. - Rotarier.

WIETHEGE, Friedrich Wilhelm

Dr. rer. pol., Vorstandsmitglied Dt. Bank Berlin AG - Otto-Suhr-Allee 6-16, 1000 Berlin 10 - Stud. Betriebswirtsch.

WIETHÖLTER, Rudolf

Dr. jur. (habil.), o. Prof. f. Bürgerl. Recht, Handels- u. Wirtschaftsrecht - Am Bergschlag 9, 6240 Königstein-Falkenstein - Geb. 17. Juni 1929 Solingen - 1960 Privatdoz. Univ. Köln; 1963 Ord. u. Dir. Inst. f. Wirtschaftsrecht Univ. Frankfurt/M. - BV: u. a. Interessen u. Org. d. AG. in amerik. u. dt. Recht, 1961.

WIETHOFF, Paul

Gf. Gesellschafter Veltins, Wiethoff GmbH & Co KG Textilwerke, Schmallenberg, Mode Centrum Hannover GmbH & Co KG, Langenhagen 7 - Haus am Aberg, 5948 Schmallenberg 1 (T. 02972 - 50 42) - Geb. 26. Dez. 1919 Schmallenberg - Vorst.-Mitgl. Schüchtermann-Schiller'sche Familienstift. zu Dortmund, AR-Vors. Rothenfelder Solbad u. Saline GmbH, Bad Rothenfelde, stv. AR-Mitgl. Honsel-Leichtmetallwerk AG, Meschede, AR Darlehnskasse im Erzbistum Paderborn EG, Paderborn, Beiratsvors. RZA-Rechenzentrum Sauerland GmbH, Attendorn u. G+I-Ges. f. Marketing GmbH, Nürnberg-München, Beiratsmitgl. Dresdner Bank AG, Düsseldorf, IHK f. d. südöstl. Westfalen, Arnsberg, DGPI-Dt. Ges. Produktinformation, Berlin; Präs. GfK-Nürnberg - Ges. f. Konsum-, Markt- u. Absatzforsch., Nürnberg, Pastpräs. ZAW - Zentralaussch. d. Werbewirtschaft, Bonn-Bad Godesberg, Deutscher Werberat, Bonn, DIN-Präsidium, Berlin; Mitgl. BDI, DIHT, Wirtschafts- u. Fachverb. u. Leit. v. etl. Aussch., BKU; Beiratsmitgl. Minipreis-Läden GmbH, Salzkotten - Ehrenamtl. Finanzrichter Finanzdirektion Westf.; Leit. Komtur m. Stern d. Rhein.-Westf. Ordensprovinz d. Ritterordens v. Hl. Grab zu Jerusalem.

WIETHÜCHTER, Horst

Dr. rer. pol., Kaufmann, ehem. Vors. d. Geschäftsfg. Reemtsma Cigarettenfabriken GmbH, Hamburg - Kreetkamp 13, 2000 Hamburg 52 - Geb. 5. Juli 1928 - VR-Präs. Bentley Pipe Corp. S.A., BRU-BU-Werke AG, bde. Kleinlützel (Schweiz). Div. AR- u. Beirats-Mand.

WIGAND, Gerd

Dr. rer. pol., Dipl.-Kfm., Aufsichtsratsmitglied Telenorma, Frankfurt, AR-Vors. Friedrich Merk Telefonbau GmbH, München, Vorst.-Mitgl. Fachverb. Informations- u. Kommunikationstechnik im Zentralverb. d. Elektroind., Frankfurt, Vice-Präs. European Telecommunications and Professional Electronics Ind. (ECTEL) - Mainzer Landstr. 128-146, 6000 Frankfurt/M. - Geb. 16. Okt. 1922 Frankfurt/M.

WIGBERS, Antonia

Landesbeauftragte f. Frauenfragen b. d. Nieders. Landesreg. - Zu erreichen üb. Staatskanzlei, 3000 Hannover - Geb. 2. April 1940 Hannover, kath., ledig - Gymn.lehrerin f. Deutsch u. Engl. - 1977-86 Leit. e. Gymn.; 1985/86 Vors. Landesfrauenrat Nieders. - Spr.: Engl., Franz.

WIGGER, Stefan

Schauspieler - Waltharistr. 4b, 1000 Berlin 39 (T. 8 03 20 72) - Geb. 26. März 1932 Leipzig (Vater: Dr. med. Clemens W., Arzt; Mutter: Elisabeth, geb. Burlage), kath., verh. in 2. Ehe (1965) m.

Uta, geb. Halseband (Schausp. unt. Hallant), 3 Kd. (Maximilian aus 1., Friederike u. Florian aus 2. E.) - Thomaner-Schüler Leipzig; Hochsch. f. Musik u. Theater Hannover - S. 1953 Bühnen Lüneburg, Kiel (1954), Baden-Baden (1956), Berlin (1958; Schiller-Theater). S. 1963 Dozent Max-Reinhardt-Sch. bzw. Staatl. Hochsch. f. Musik u. darstell. Kunst Berlin. U. a. Bleichenwang (Was Ihr wollt), Ausrufer (Marat), Estragon (Warten auf Godot), Victor (Victor), Tartuffe. Eig. Vortragsabende (Kitsch, Polit. Kitsch). Fernsehen: D. Regenmacher (Titelrolle), Othello (Jago), Spaßmacher (Titelrolle); Fernsehregie: Viel, viel Geld (1971) - 1965 Theaterpreis Verb. Dt. Kritiker - Philatelist - Spr.: Engl.

WIGGERSHAUS, Renate

Schriftstellerin, Funkautorin, Kritikerin - BV: Gesch. d. Frauen u. d. Frauenbewegung n. 1945 in d. BRD u. DDR, 1979; George Sand, (Monogr.), 1982; D. Frau auf d. Flucht, 1982; Frauen unterm Nationalsozialismus, 1984; Virginia Woolf - Leben u. Werk in Texten u. Bildern, 1987; Joseph Conrad - Leben u. Werk in Texten u. Bildern, 1989. Herausg.: George Sand - Geschichte meines Lebens (1987); Malwida v. Meysenbug - Memoiren e. Idealistin (1988).

WILBERT, Karl-Jürgen

Assessor, Hauptgeschäftsf. Handwerkskammer Koblenz - Friedrich-Ebert-Ring 33, 5400 Koblenz (T. 0261 - 39 81) - Geb. 12. Sept. 1941 - Beiratsvors. Untern.führ. im Handwerk. Versch. Publ. - Gold. Ehrenkreuz d. Bundeswehr; BVK am Bde.

WILCK, Otto

Dipl. phil., Lektor, lit. Übersetzer - Lienthalstr. 9, 8025 Unterhaching - Geb. 15. Febr. 1927 Berlin (Vater: Karl W., Expedient; Mutter: Margarete, geb. Tamm), verh. s. 1949 m. Rita, geb. Werner †1988 - Abit. 1947 Berlin; Staatsex. 1952 (German., Angl./Amerikan., Ges.-Wiss.) Univ. Berlin - Zahlr. lit. Übers., u. a. Jonathan Swift, Mark Twain, Upton Sinclair, Nelson Algren, Jack Kerouac, Ronald Tavel, Gerard Malanga - Liebh.: Kynologie, Afrika- u. Indienreisen - Spr.: Engl.

WILCKE, Henning

Generalmajor a. D. - Columbusring 1, 5300 Bonn-Bad Godesberg (T. 37 31 71) - Geb. 19. Sept. 1907 Magdeburg (Vater: Ernst W., Offz., 1918 in Frankr. gef.; Mutter: Hertha, geb. v. Schoenermarck), ev., verh. s. 1948 m. Ingeborg, geb. Schach, 2 Söhne (Rainer, Axel) - Gymn. Magdeburg (Abit. 1926); Infanteriesch. Dresden; Luftkriegsakad. Berlin (Gatow) - 1926-45 Reichswehr bzw. Wehrmacht (1930 Ltn. Inf., 1934 Übertritt z. Luftw., im Krieg Staffelkapt. Fernaufklärer, I. Generalstabsoffz. b. Fliegerführer Atlantik u. Chef d. Stabes X. Fliegerkorps), 1945-47 engl. Gefangensch., dann Industrietätigk., 1956-67 Bundeswehr (Chef d. Stabes Wehrbereichsko. II, 1958 Leit. Unterabt. Innere Führung/Führungsstab Bundeswehr, 1961 Chef d. Stabes Kdo. Territoriale Verteidig., 1964 Befehlshaber Wehrbereich II) - Kriegsausz. (EK I u. Dt. Kreuz in Gold); 1967 Gr. BVK - Liebh.: Musik (klass.), Sport, Jagd - Spr.: Engl., Franz. - Rotarier - Bek. Vorf.: Gottlieb Graf v. Haeseler, Generalfeldmarschall (ms.).

WILCKENS, Ulrich

Dr. theol., Prof., Bischof Sprengel Holstein-Lübeck/Nordelb. Ev.-Luth. Kirche - Bäckerstr. 3-5, 2400 Lübeck - Geb. 5. Aug. 1928 Hamburg - Promot. 1956; Habil. 1958 - S. 1958 Lehrtätigk. Heidelberg, Marburg (1959), Berlin (Prof. KH; 1961), Hamburg (1968). Div. Fachveröff., auch Bücher.

WILD, Albert

I. Bürgermeister i. R. Stadt Ludwigshafen (1958-73), Kreisvors. DRK - Berthold-Schwarz-Str. 10, 6700 Ludwigshafen/Rh. (T. 69 78 80) - Geb. 18. Dez. 1912 Freiburg/Br. (Vater: Albert W., Bürgerm.; Mutter: Frieda, geb. Schnitzer), kath., verh. s. 1941 m. Anneliese, geb. Mäurer, 7 Kd. (Jürgen, Monika, Jochen, Michael, Christoph, Andreas, Thomas) - Gymn. Feldkirch/Vorarlberg; Univ. Bonn u. Freiburg (Rechts- u. Staatswiss.). Staatsprüf. 1938 u. 1948 - 1948-58 Innere Verw. Südbaden, Verw. Erzdiözese Freiburg (1949) u. Stadtverw. ebd. (1950 Leit. Rechtsamt); s. 1964 nebenamtl. Doz. Verw.- u. Wirtschaftsakad. Rhein-Neckar - Spr.: Engl.

WILD, Aloysius

Dr., Prof. f. Biologie (Botanik) Univ. Mainz - Neuwiesenstr. 36, 6000 Frankfurt/M. 71 (T. 069 - 67 68 74) - Geb. 15. Mai 1929 Lützenhardt (Vater: Christian W., Landwirt; Mutter: Anna, geb. Gaiser), kath., verh. s. 1960 m. Maria, geb. Bechler, 4 Kd. (Lucia, Raphael, Felicitas, Beate) - Stud. Naturwiss. Univ. Tübingen u. Freiburg; Promot. 1959 Univ. Mainz, Habil. 1969 Frankfurt - 1959-64 Assist. Genet. Inst. Univ. Mainz; 1964-71 Assist. Botan. Inst. Univ. Frankfurt; 1971-73 Prof. Univ. Frankfurt; s. 1973 Prof. Univ. Mainz (s. 1978 gf. Leit. Inst. f. Allg. Botanik, 1981-85 u. ab 1989 Dekan FB Biol.) - Üb. 125 Publ. auf d. Geb. d. Photosynthese, Stoffwechselphysiol. u. biochem. Ökol. d. Pflanzen - 1969 Senckenberg-Preis Stadt Frankfurt - Liebh.: Gesch., Politik, Relig. - Spr.: Engl., Franz.

WILD, Franz-Josef

Regisseur - Ainmillerstr. 27 A, 8000 München 40 - Geb. 4. Juni 1922 Riedenburg/Opf., verh. s. 1947 m. Dorothea, geb. Siersetzki, 2 Töcht. (Anna-Monica, Barbara) - Wilhelms-Gymn. (Abit.) u. Otto-Falckenberg-Sch. München - Schausp., Regieassist., Dramat., Regiss., gegenw. fr. Regiss. 30 J. Bayer. Rundfunk/Fernsehen, zul. Chef d. Fernsehspiels. Üb. 100 Fernseh- u. div. Theaterinsz. (dar. 5 Opern); Film: Frau Cheneys Ende.

WILD, Hans

Dr. med., Prof., Internist, Chefarzt i. R. - Kirchbachstr. 23, 4330 Mülheim 11 (T. 40 03 70) - Geb. 9. Dez. 1913 Düsseldorf, 1954-78 Chefarzt Innere Klinik Ev. Krkhs. Oberhausen (Rhld.).

WILD, Hans Walter

Oberbürgermeister (b. 1988), Vorstandsmitgl. Bayer. Städtetag, 3. Präs. d. Bayer. Sparkassen- u. Giroverb., VR-Vors. Anst. f. kommunale Datenverarbeitung in Bayern, u. a. - Gut Grunau 31, 8580 Bayreuth/Ofr. (T. 25-1) - Geb. 27. Nov. 1919 Würzburg (Vater: Hans W., Obersekr.; Mutter: Frieda, geb. Bauer), ev., verh. s. 1948 m. Gerda, geb. May, 3 Kd. (Angelika, Alexander, Petra) - Univ. Würzburg u. München (Rechtswiss.). Gr. jurist. Staatsprüf. 1953 - Wehrdst. u. engl. Kriegsgefangensch. (1943-48 am Suezkanal); s. 1953 Stadtverw. Bayreuth (1954 Rechtsrat, 1958 Oberbürgerm.). SPD - 1943 EK I; 1959 Gr. Silbermed. Paris; 1974 BVK 1. Kl.; 1975 Gold. Ehrenring Stadt Bayreuth; 1977 Ehrenmed. d. Ungar. Franz-Liszt-Ges.; 1980 Bayer. VO.; 1981 Ehrensenator Univ. Bayreuth; 1983 Bayreuth-Med. in Gold; 1985 Bayer. Med. f. bes. Verdienste um d. kommunale Selbstverwaltung in Gold; 1986 Gr. Ehrenzeichen d. Landes Burgenland/Österr.; 1986 Bayer. Verfassungsmed. in Silber; 1988 Ritter d. franz. Ordens f. Kunst u. Wiss. - Spr.: Engl., Franz., Ital.

WILD, Josef

Bäckermeister, b. 1979 Präs. Handwerkskammer f. Oberbayern, München (1954 ff.), Mitgl. Bayer. Senat - Auf dem Kyberg 16, 8024 Oberhaching (T. 089 - 6 13 28 24) - Geb. 2. Sept. 1901 Mühltal/Obb. (Vater: Josef W., Gastwirt; Mutter: geb. Sappl), kath., verh. s. 1931 m. Anna, geb. Keiler, 5 Kd. (Anna Elisabeth, Josef, Gertrud, Bernhard, Werner) - Volkssch.; Bäckerlehre - Langj. Aufenthalt USA; s. 1931 selbst. ARsmandate (Vors. Münchener Verein u. 1962-74 Vorst. Ausstellungs- u. Messe-Aussch. dt. Wirtsch. - AUMA) - Kommandeur Verdienstorden des Franz. Handwerks, Offizierskreuz französischer Orden National du Mérite, Cavaliere Ufficiale Orden f. Verdienste um d. Rep. Österr., Offz. Nationaler Orden d. Eichenlaubkrone Luxemburg; 1961 Gr. BVK m. Stern, 1966 Schulterbd. dazu, Bayer. VO.; 1974 Gold. AUMA-Med.; 1985 Gold. Ferdinand-v.-Miller-Med. - Liebh.: Kunstgesch., Gemädesamml. - Spr.: Engl.

WILD, von, Klaus R.H.

Dr. med. habil., Prof., Chefarzt Neurochir. Abt. Clemenshospital, Akad. Lehrkrkhs. Univ. Münster - Frauenburgstr. 32, 4400 Münster (T. 0251 - 31 19 93) - Geb. 4. Mai 1939 Frankfurt/M., ev., verh. s. 1969 m. Christa Monika, geb. Koch, 2 Kd. (Daniel, Tobias) - Med. Staatsex. 1966 Frankfurt/M.; Promot. u. Approb. 1968; Neurochirurg 1975; Habil. (Neurochir.) 1977 Frankfurt/M.; Umhabil. 1979 Med. Hochsch. Hannover - 1977-82 Ltd. Oberarzt b. Prof. Dr. M. Samii, Nordstadtkrkhs. Hannover; 1984 apl. Prof. Univ. Münster.

WILD, Lothar

Dipl.-Kfm., Ltd. Verwaltungsdirektor, Leit. Abt. Information/Dokumentation/ Betriebswirtschaft Landesgewerbeanstalt Bayern, Nürnberg, Vorst.-Mitgl. Akad. f. Absatzw. ebd., Museumsrat Dt. Mus., München, Vors. Arbeitskr. Patentauslegestellen, Mitgl. d. Benutzerrates v. FIZ Karlsruhe, u. a. - Zu erreichen üb. Landesgewerbeanstalt Bayern, 8500 Nürnberg (T. dstl.: 0911 - 201 75 11) - Geb. 8. April 1925 Regensburg, kath., verh. s. 1956, 2 Kd. - Univ. Würzburg u. Erlangen/Nürnberg (Betriebsw.; Dipl. 1955) - Zahlr. Facharb. - Spr.: Franz.

WILD, Wolfgang

Dr. rer. nat., Prof., Bayer. Staatsminister f. Wiss. u. Kunst (s. 1986) - Am Kapellenweg 18, 8011 Zorneding - B. 1960 Privatdoz. Univ. Heidelberg, dann ao. Prof. FU Berlin, s. 1961 o. Prof. f. Theoret. Physik TU München (Dir. Physik-Department); 1980-86 Präs. TU München. S. 1983 Stiftungsrat Carl-Friedr.-v.-Siemens-Stiftg. Fachveröff.

WILDE, Eberhard

Hauptgeschäftsführer Landesverb. Nordrh./Westf. FDP, MdL (1970-75) - Ringelnatzweg 13, 4030 Ratingen 1 - Geb. 12. März 1924 Barth/Pom., verh. - 1941-45 Wehrdienst, 1946-48 Ruhrbergbau (unt. Tage), s. 1948-73 Versicherungsw. 1952-64 u. 1969-70 Stadtverordn. Bochum (1957 Fraktionsf.). FDP s. 1951 (1963-73 Vors. Kreisverb. Bochum, 1966-73 Bezirksvors. Ruhr-Ost; Mitgl. Landesvorst. NRW) - Kurat. Wolfgang-Döring-Stiftg., Ehrenring Stadt Bochum.

WILDE, Hans

Dr.-Ing. (habil), Prof. f. Elektr. Meßtechnik Univ. Stuttgart (apl.) - Bubenhalde 92, 7000 Stuttgart (T. 8 38 85) - Geb. 23. Juli 1913 Heilbronn/N.

WILDE, Johannes

Ministerialrat, MdL Nordrh.-Westf. - In der Asbach 7, 5305 Alfter (T. 0228 - 64 26 08) - Geb. 12. Mai 1936 - Mitgl. Bundeshauptvorst. Dt. Beamtenbund (DBB). CDU - 1986 BVK I. Kl.

WILDEMANN, Horst

Dr. rer. pol., Ing. (grad.), Dipl.-Kfm., Prof. Univ. Passau - Jakob-Endl-Str. 13, 8390 Passau (T. 0851 - 5 84 42) - Geb. 4. Jan. 1942 Lodz (Vater: Arno W.; Mutter: Grete, geb. Walz), ev., verh. s. 1968 m. Lieselott, geb. Pelzer, 2 T. (Daniela, Ricarda) - Univ. Köln (Ing. 1967, Dipl.-Kfm. 1971, Promot. 1974, Habil. 1980) - S. 1981 o. Prof. - BV: Investitionsentscheidungsproz. f. numerisch gesteuerte Fertigungssyst., 1977; Plan. u. Steuer. d. Prod. (m. Th. Ellinger), 1978; Prakt. Fälle z. Prod.steuer. (m. Th. Ellinger), 1978; Kostenprognosen b. Großprojekten, 1982 - Spr.: Engl.

WILDEN, Hans

Dipl.-Ing., Generaldirektor, I. Geschäftsf. Stadtwerke Remscheid GmbH., Vorstandsvors. Remscheider Versorgungsbetriebe AG. u. Remscheider Verkehrsbetriebe AG - Schillerstr. 9, 5630 Remscheid-Lennep - Geb. 9. Mai 1913.

WILDENMANN, Rudolf

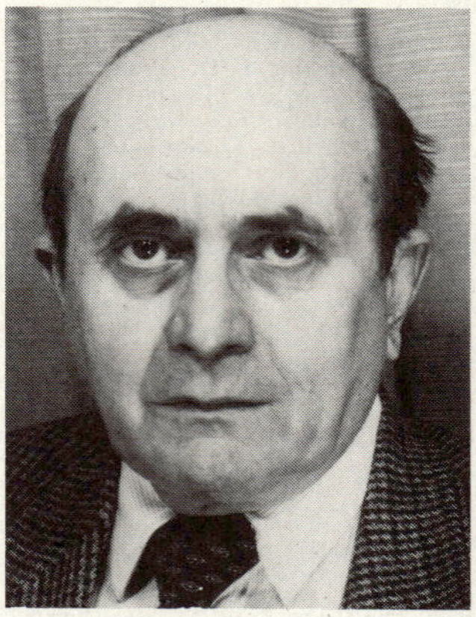

Dr. phil., Drs. h. c., Dipl. rer. pol., Prof. f. Polit. Wissenschaft Univ. Mannheim - Univ. (Schloß), 6800 Mannheim - Geb. 15. Jan. 1921 Stuttgart (Vater: Ernst W., Arbeiter; Mutter: Luise, geb. Möck), verh. s. 1973 in 2. Ehe m. Rosmarie, geb. Thon, 5 Kd. (Silke, Beryl, Boris, Valerie, Rebecca) - Kaufm. Lehre; Abit. 1945 Kanada; 1947-50 Stud. Soziol., Volksw., Gesch. u. Staatsrecht Univ. Tübingen u. Heidelberg (Dipl. 1950, Promot. 1952); Habil. 1962 Univ. Köln - 5 J. kaufm. Angest. (b. 1940); 1940-46 Soldat u. Gefangensch.; 1952-56 Redakt. Dt. Ztg. u. Wirtsch.ztg. Bonn; 1956-59 Stud.leit. Ostkolleg d. Bundeszentr. f. Polit. Bild.; 1959-63 Wiss. Assist. u. Privatdoz. Univ. Köln; s. 1964 o. Prof. f. Polit. Wiss. Mannheim (1965/66 u. 1985/86 Dir. Inst. f. Soz.-Wiss., 1966/67 Dekan Fak. f. Volksw. u. Soz.-Wiss., 1973/74 Dekan Fak. f. Sozialwiss., 1967-69 u. 1976-79 Univ.-Rektor). 1963 Lehrst.-Vertr. TH Aachen, 1964/65 Univ. Freiburg; s. 1969 Gastprof. in New York, Cambridge (Harvard), Buffalo, Stony Brook u. Dubrovnik; 1980-83 Prof. Europ. Univ.-Inst. Florenz. 1968-74 Senator DFG; 1970 Gründ.-Mitgl. Europ. Consort. f. Polit. Forsch. (1980-88 Vors.); s. 1974 Direktorium Zentr. f. Umfragen, Meth. u. Analysen (ZUMA, 1974-80 Vors.); s. 1987 Leit. Forsch.stelle f. gesell. Entwicklungen (FGE); 1963-69 Mitarb. wiss. Berat. Bundeskanzleramt; 1964-74 Wahlberichterst. ZDF; ständ. Mitarb. Ztschr. Capital; Mitgl. div. wiss. Vereinig. - BV: u. a. Partei u. Fraktion, e. Beitr. z. Analyse d. polit. Willensbild. in d. Bundesrep., 1954, 2. A. 1957; Grundfr. d. Wählens (m. H. Unkelbach), 1961; Macht u. Konsens als Probl. d. Innen- u. Außenpolitik; E. Unters. d. Regierungssyst. d. Bundesrep. u. s. intern. Verflecht., 1963; Funktionen d. Massenmedien (m. Werner Kaltefleiter); Wähler, Parteien, Parlament (m. H. Unkelbach u. Uwe Schleth), 1965; Z. Soziol. d. Wahl (m. E. K. Scheuch, 1965); Gutachten z. Frage d. Subventionier. polit. Parteien, 1968; Herausg. d. Reihe Future of Party Government, 1985ff. Fachaufs., empir. Ausarb., Buchbespr., Herausg. v. Sammelw., Übers. v. wiss. Werken - Spr.: Engl., Franz., Ital.

WILDERER, Heinz

Vorstandsvorsitzender Landesbausparkasse Württemberg - Kronenstr. 25, 7000 Stuttgart 1 (T. 0711 - 2030-2370) - Geb.

7. Juli 1936 Stuttgart, ev., verh., T. Sandra.

WILDERMUTH, Burkhard
Dr., Rechtsanwalt - Untere Rombach 13, 6900 Heidelberg (T. 2 49 28) - Geb. 20. Jan. 1928 Berlin - B. 1967 stv., dann o. Vorstandsmitgl. Rhein. Hypothekenbank, Mannheim. AR u. Beir.smand. - Spr.: Engl., Franz. - Rotarier.

WILDERMUTH, Karl
Dr. rer. nat., o. Prof. f. Theoret. Atom- u. Kernphysik. - Wolfgang-Stock-Str. 27, 7400 Tübingen (T. 2 30 60) - Geb. 25. Juli 1921 Bad Cannstatt/Stuttgart (Vater: Karl W., Oberstudiendir.; Mutter: Gertrud, geb. Hole), verh. s. 1947 m. Erika, geb. Stahnke, 3 Kd. (Anette, Stephan, Eberhard) - Promot. 1949 Göttingen; Habil. 1954 München - 1954 Privatdoz. Univ. München; 1959 Prof. Florida State Univ. Tallahassee; 1964 Ord. u. Dir. Inst. f. Theoret. Physik Univ. Tübingen. 1960 Consultant Oak Ridge National Labor, Tennessee; 1968/69 Visiting Prof. Rice Univ. Houston u. 1973 Univ. Minnesota - BV: Cluster Representations of Nuclei, 1966 (m. W. McClure); A Unified Theory of the Nucleus (m. Y. C. Tang). Übers. Russ. u. Chines. Zahlr. Fachaufs. in Engl. - Spr.: Engl.

WILDGEN, Wolfgang
Dr. phil., Prof. Univ. Bremen - Waiblinger Weg 16, 2800 Bremen 1 (T. 0421 - 37 36 76) - Geb. 1. Jan. 1944 Fürth (Vater: Andreas W., Realschullehrer; Mutter: Luzie, geb. Schmalzl), kath., verh. s. 1970 m. Heidemarie, geb. Welsch, 3 Kd. (Gregor, Ivo, Quirin) - Univ. Regensburg (Prüf. f. d. höh. Lehramt a. Gymn. 1971, Promot. 1976, Habil. 1981) - 1974 Wiss. Mitarb. Univ. Heidelberg; 1977 DFG-Habilitand; 1979 wiss. Mitarb. Regensburg, 1981 Prof. Univ. Bremen - BV: Different. Linguistik, 1977; Kommunikat. Stil u. Sozialisat., 1977; Catastrophe Theoretic Semantics, 1982; Archetypensemantik, 1985; Dynamische Sprach- u. Weltauffassungen, 1985; Dynamische Sprachtheorie, 1987. Herausg.: Process Linguistics (1987 v. S.); 1976 Ausz.im Rahmen d. Ostbayer. Kulturpr. - Spr.: Franz., Engl.

WILDHIRT, Egmont
Dr. med., Prof., Chefarzt Med. Klinik I. Städt. Kliniken Kassel (s. 1964) - Elbeweg 9, 3500 Kassel-W'höhe (T. 3 49 82) - Geb. 26. März 1924 Stuttgart, ev. - Univ. Berlin, Prag, Frankfurt, Tübingen. Promot. 1948 Tübingen; Habil. 1963 Göttingen - S. 1963 Lehrtätig. Univ. Göttingen (1969 apl. Prof. f. Inn. Med., 1974 Honorarprof. Univ. Marburg, 1982 Gast-Prof. Tokai-Univ. Tokyo/Japan - BV (z. T. mehrere Aufl.): Fortschritte d. Gastroenterologie, 1960; Lehrb. u. Atlas d. Laparoskopie, 1961, 3. A. 1969 (m. Prof. Heinz Kalk); Bedeut. u. Wert d. Laparoskopie u. Leberpunktion, 1963; Klin. Histopathologie d. Leber, 1968 (m. Prof. Wilhelm Wepler; auch engl., ital., span., jap.). Üb. 350 Einzelarb. Autor wiss. Fortbildungsfilme (1966: Gallenwegserkrank., 1969: Laparoskopie u.

Leberbiopsie). Erf.: Neues opt. Untersuchungsinstrument f. d. Bauchhöhle (Laparoskop nach Wildhirt) - 1966 Vesalius-Plak., 1974 E.-v.-Bergmann-Plak.; 1989 BVK I. Kl.; Ehrenmitgl. Dominikan., Peruan. u. Argent. Ges. f. Gastroenterologie; Mitgl. Intern. Assoc. for the Study of the Liver, New York - Spr.: Engl. - Rotarier.

WILDING, Ludwig
Prof. Hochsch. f. Bild. Künste Hamburg, Künstler - Schlehenweg 32, 2110 Buchholz 5 (T. 04187 - 64 13) - Geb. 19. Mai 1927 Grünstadt (Vater: Jakob W., Kaufm.; Mutter: Luise, geb. Schumann), verh. m. Ingeborg, geb. König, 2 Kd (Eva, Michael) - 1948 Stud. Kunstgesch. Univ. Mainz; 1950 Stud. b. Willi Baumeister, Kunstakad. Stuttgart - 1957 Lehrtätig. Hochsch. f. bild. Künste Hamburg, s. 1969 Prof. ebd. - Erf.: Stereoskop. Interferenzverf. - BV: Sehen u. Bewegen, I 1975, II 1977; Bilder f. zwei Augen, 1982 - Werke in Op-Art, Konkrete Kunst; 3-Dimensionale Wandobjekte u. Raum-Körper - Liebh.: Musik - Spr.: Engl. - Lit.: George Rickey, Constructivism, New York u. London 1968; Cyril Barrett, Op Art, London, 1971.

WILDMANN, Georg
Lic. phil., Dr. theol., Oberstudienrat, Gymnasialprof. - Blütenstr. 21, A-4040 Linz/D. (T. 0732 - 238 72 64) - Geb. 29. Mai 1929 Backi Gracac/Filipowa (Jugosl.), kath., verh. s. 1975 m. Erika, geb. Wendtner, 2 Kd. (Markus, Elisabeth) - Stud. Phil. u. Theol. Gregoriana, Rom; Lic. phil. 1953; Dr. theol. 1959 - Relig.- u. Phil.-Lehrer an Höh. Schulen; 1971-74 o. Prof. f. Phil. Phil.-theol. Hochsch. d. Diözese Linz; Vortr. in d. Erwachsenenbildung; Mitarb. donauschwäb. Landsmannschaft - BV: Personalismus, Solidarismus u. Ges., 1961; Entw. u. Erbe d. donauschw. Volksstammes, 1982; Filipowa - Bild e. donauschw. Gde. (m. P. Mesli u. F. Schreiber), 7 Bde. 1978-88 - 1987 Prinz-Eugen-Med. Wien; 1989 BVK I. Kl. - Liebh.: Gesch. u. Kultur d. Donauschwaben - Spr.: Engl. Ital., Ung., Latein.

WILDNER, Horstdieter
Präsident Konsistorium d. Ev. Kirche in Berlin-Brandenburg (Berlin West) - Minheimer Str. 29, 1000 Berlin 28 (T. 030 - 401 58 40) - Geb. 11. Nov. 1933 Berlin, ev., verh. s 1962 m. Gisela, geb. Müller, 3 S. (Justus Henning, Johannes, Jürg Albrecht) - Abit. 1953 Berlin; Stud. Rechtswiss. Univ. Berlin u. Freiburg; 1. jurist. Staatsprüf. 1957, 2. jurist. Staatsprüf. 1961 Berlin - Mitgl. Kirchenleitg. d. Ev. Kirche in Berlin-Brandenburg (Berlin West), u. d. Rates d. Ev. Kirche d. Union; Vorst.-Mitgl. Gemeinschaftswerk d. Ev. Publiz.; Vorst.-Vors. Jerusalemsverein, u. Verein z. Errichtung ev. Krkhs. - Herausg.: Rechtsquellensamml. D. Recht d. Ev. Kirche in Berlin-Brandenburg (Berlin West).

WILDUNG, Dietrich
Dr. phil., Prof., Ägyptologe, Direktor Ägyptisches Museum SMPK Berlin (s.

1989) - Schloßstr. 70, 1000 Berlin 19 (T. 32 09 12 61) - Geb. 17. Juni 1941 Kaufbeuren (Vater: Eduard W., Kunstmaler; Mutter: Julie, geb. Hertneck), ev., gesch., 2 Kd. (Annegret, Hans) - Stud. München, Paris; Promot. 1967; Habil. 1973 - 1968-73 wiss. Assist., s. 1973 Privatdoz.; 1975-88 Dir. Staatl. Sammlung Ägypt. Kunst München - BV: D. Rolle ägypt. Könige im Bewußtsein d. Nachwelt, 1969; Imhotep u. Amenhotep, 1976; Egyptian Saints, 1976; Sesostris u. Amenemhet, 1984; Die Kunst Ägyptens, 1988 - 1984 BVK; korr. Mitgl. Dt. Archäolog. Inst., Mitgl. Soc. Franc. d'Egyptol. u. Intern. Assoc. of Egyptologists - Spr.: Engl., Franz.

WILHELM, Friedrich
Dr., Landrat a. D. (1949-78), Präs. Dt. Landkreistag (1970-1978); 1966-1970 Vizepräs.), Vors. Landkreisverb. Bayern (1967-78), Mitgl. Bayer. Landtag (1962-70), Mitgl. Bayr. Senat (1971-81) - Meyer-Olbersleben-Str. 7a, 8700 Würzburg - Geb. 16. April 1916 Würzburg-Rottenbauer, ev., verh., 4 Kd. - 1939-45 Wehrdst. 1949-78 Landrat Kr. Würzburg - Gr. BVK; Bayer. VO.

WILHELM, Friedrich
Dr. phil., Prof., Indologe u. Tibetologe - Schuchstr. 17, 8000 München 71 (T. 79 92 17) - Geb. 12. April 1932 Leipzig - S. 1963 (Habil.) Privatdoz., s. Prof. (1969) Univ. München (Indol., Tibetol.). 1965/66 Gastprof. Columbia Univ. New York u. 1976 Coll. de France, Paris u. 1980/81 Wolfson Coll., Oxford - BV: Polit. Polemiken im Staatslehrb. d. Kautalya, 1960; Prüfung u. Initiation, 1965; Indien, 1967 (Fischer Weltgesch., ital. 1968, span. 1974); Tibet. Handschriften u. Blockdrucke, 1979.

WILHELM, Friedrich
Dr. rer. nat., o. Prof. f. Geographie - Harthauser Str. 71a, 8000 München 90 (T. 64 36 03) - Geb. 7. Aug. 1927 Wolfratshausen/Obb. - TH u. Univ. München (Geogr., Geologie, Meteorol., Chemie). Promot. (1954) u. Habil. (1960) München - S. 1964 Ord. Univ. Kiel u. München (1969), Expeditionen Spitzbergen (1959 u. 60) u. Tanganjika (1962). Forschungsaufenth. USA (Bodenabtragungsmessung). Spez. Arbeitsgeb.: Gewässerkunde einschl. Glaziolgie. Fachveröff.

WILHELM, Günter
Dr. med. (habil.), Prof., Kinderarzt - Ludwig-Rehn-Str. 14, 6000 Frankfurt/M. (T. 61 00 11) - B. 1964 Privatdoz., dann apl. Prof. u. Wiss. Rat u. Prof. (1966) Univ. Frankfurt (Abt.svorsteher Kinderklinik). Facharb.

WILHELM, Günter
Prof., emerit., f. Baukonstruktion II u. Entwerfen - Ramsbachstr. 82, 7000 Stuttgart 70 (T. 76 25 97) - Geb. 8. April 1908 Neckartenzlingen/Württ. - Architekt; s. 1948 ao. u. o. Prof. (1953) TH bzw. Univ. Stuttgart, s. 1973 emerit.

WILHELM, Günter
Generalbevollmächtigter Direktor Siemens AG - Werner-von-Siemens-Str. 50, 8520 Erlangen - Geb. 17. Nov. 1935, verh. s. 1959 m. Christa, geb. Hartmann, T. Annegret - Spr.: Engl.

WILHELM, Hans Adolf
Dr. rer. nat., Prof. RWTH Aachen, Dipl.-Chemiker, Leit. u. Inh. Inst. f. Polymerberatung, Bad Rappenau - Nachtigallenweg 25, 6927 Bad Rappenau-Heinsheim (T. 07264 - 53 72) - Geb. 14. Juni 1919 Heilbronn - 1938-45 Wehrdst., (Oberltn. u. Batteriechef, Eis. Kreuz I. Kl. u. weit. Ausz.); Univ. Heidelberg; Dipl.-Chem. 1949; Promot. 1951; 1951/51 Stip. Intern. Wool Secr. London 1952-55 Chemiker BASF; 1956-67 Leit. mehr. Forschungsgr.; ab 1962 Prok.; 1971 selbst. (Inst. f. Polymerberat.) 1969 Lehrauftr.; 1975 Honorarprof. RWTH Aachen. Fast 1.200 Patente im Bereich Farben, Lacke, Klebst., Kunststoffe - BV: Ullmanns Encyclopädie d.

techn. Chemie, Bd. 14, 3. A. 1963; Polyacrylester u. Polyacrylsäure, Polymerisate ungesätt. Carbonsäureamide; Schriftenr. Dt. Wollforschungsinst.: D. Situat. d. erfinder. Menschen - Voraussetz. d. erfinder. Tätigk., 1982-89 - 1975 Med. f. Verd. Fachverb. Schaumkunststoffe im GKI, 1986 BVK am Bd. - Liebh.: Gesch. - Spr.: Franz., Engl. - Lit.: Festschr. z. 60. Geb.; Schriftenreihe Firmenarchiv BASF, Bd. 10.

WILHELM, Hans-Otto
Minister f. Umwelt u. Gesundheit Rhdl.-Pfalz (1987-89), MdL Rhld.-Pfalz (s. 1974) - Geb. 5. Juni 1940, verh., 2 Kd. - Realsch.; Ausbild. Sozialvers. - Zul. ZDF. 1974ff. Mitgl. Stadtrat Mainz. CDU (Kreisvors. Mainz-Stadt, Vors. Landtagsfraktion s. 1981).

WILHELM, Heinz
Prof., Hochschullehrer - Teutonenstr. 36, 5880 Lüdenscheid (T. 2 00 01) - Gegenw. o. Prof. f. Musikerzieh. Päd. Hochsch. Ruhr/Abt. Hagen (zul. ao. Prof.).

WILHELM, Herbert
Dr. oec., o. Prof. f. Volkswirtschaftslehre u. Direktor Inst. f. Wirtschaftswiss. TH bzw. TU Braunschweig (s. 1958; 1968-70 Rektor) - Hirschbergstr. 16, 3000 Braunschweig (T. 60 14 42) - Geb. 8. Juni 1922 Berka/Werra (Vater: Karl W., kaufm.; Mutter: Elisabeth, geb. Schneider), kath., verh. s. 1950 m. Dr. Elisabeth, geb. Staas - Obersch. Gerstungen, kaufm. Lehre Industrie; Hochsch. f. Wirtschafts- u. Sozialwiss. Nürnberg (Dipl.-Kfm. 1947, Promot. 1948) u. Univ. Göttingen. Habil. 1952 Nürnberg - BV: D. Marktautomatismus als Modell u. prakt. Ziel, 1954; D. Verw.skosten d. gesetzl. Sozialleistungsträger, 1957; Werbung als wirtschaftstheoret. Problem, 1960; Preisbildung f. Markenartikel, 1960; Preisbindung u. Wettbewerbsordnung, 1962; Niederlassung, Zweigebetriebe u. Beteiligung im Ausland, 1963 (m. Sedler u. Bartholdy); Arbeitsmarkt- u. Industrieanalyse d. Stadt Braunschweig, 3 Bde. 1973 ff.; Volkswirtschaftslehre f. Ingeneure (1979). Übers.: Adolph Lowe, Polit. Ökonomik (1968) - Liebh.: Lit. - Spr.: Engl., Franz., Rotarier.

WILHELM, Horst
Dipl.-Kfm., Vizepräsident Dt. Pfandbriefanstalt, Wiesbaden/Berlin - Paulinenstr. 15, 6200 Wiesbaden (T. 06121 - 34 82 03) - Geb. 19. Mai 1927 Rotenburg/Fulda - Abit. Großhandelslehre, Stud. Wirtschaftsw., Dipl.-Kfm. 1955 - 1955-57 Dresdner Bank Frankfurt, 1957 Dt. Pfandbriefanst., 1973 Dir., 1978 Vorst.mitgl., 1980 Vizepräs.

WILHELM, Joseph
Dr., Generalmajor, Befehlsh. Wehrbereichskdo. V - Nürnberger Str. 184, 7000 Stuttgart 50.

WILHELM, Jürgen
Dr. jur., Vorsitzender Landschaftsvers. u. Landschaftsaussch. b. Landschafts-

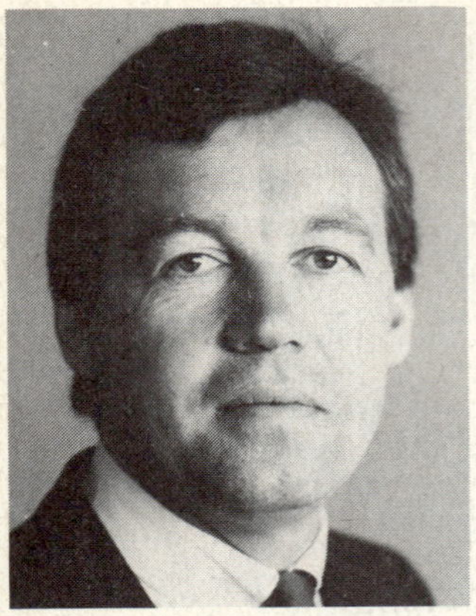

verb. Rhld. - Zu erreichen üb. Landeshaus, Kennedy-Ufer 2, 5000 Köln 21 (T. 0221 - 82 83-32 59) - Geb. 12. Jan. 1949 Köln, verh. m. Brigitte, 3 S. (Roman, Julian, Fabian) - Stud. Rechtswiss. Univ. Köln; Promot. (b. Prof. Ulrich Klug) - Min.beamter. VR Kreissparkasse Köln, Gewährträgervers. WestLB; Vorst. Kölnische Ges. f. christl.-jüd. Zusammenarbeit - BV: Kommunalrecht, 1975; Gefahrenabwehr - Lehrb. f. Polizei- u. Ordnungsrecht, 1982 - Spr.: Engl., Franz., Span.

WILHELM, Kurt

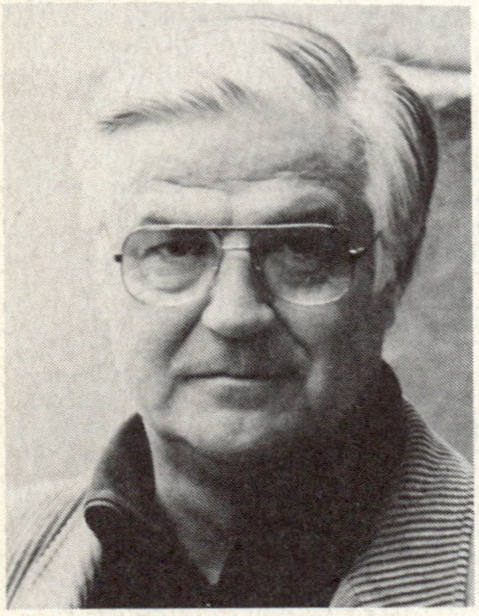

Regisseur u. Autor - Frundsbergstr. 31, 8021 Straßlach/Obb. (T. 08170 - 4 60) - Geb. 8. März 1923 München (Vater: Karl W., Offz. (zul. Oberst); Mutter: Hildegard, geb. Edle v. Mecenseffy), verh. s. 1944 m. Rita, geb. Kocurek - Realgymn. München; Reinhard-Sem. Wien (1943) - B. 1944 Dramat. Schauspielhaus Stuttgart, dann Regiss. u. Abt.-leit. Bayer. Rundfunk, München. Bühneninsz.: u. a. D. schwarze Spinne (Oper; UA. 1966 Wien), D. Vogelhändler (Neufass.; 1968 Dortmund), D. Brandner Kaspar (1975); Intermezzo (Oper; 1988 München); Filme: Paprika (1959), D. Zigeunerbaron (1961), D. schwed. Jungfrau (1965); etwa 300 Rundfunk- (erfolgreichstes Hörsp.: Ich denke oft an Piroschka (m. üb. 150 Ausstrahlungen); Sendereihen: Brummlg'schichten, Fleckerlteppich, Musikaleum) u. 250 Fernsehsendungen (dar. Entführung aus d. Serail, Figaros Hochzeit, Don Giovanni, D. verkaufte Braut, D. Fledermaus, Zu viele Köche (Kriminalserie), Don Juan kommt aus d. Krieg, Come back - little Sheba, Leuchtfeuer, D. Weiberfeind, Herbst, D. Kommode, Duett im Zwielicht, Ludwig-Thoma-Insz.; Sendereihen: 1954-56 Charivari, 1956-69 Musikaleum, 1969-70 Klage gegen Ungenannt, 1970 Dtsch. - deine Schwaben, Vater Seidl (1978), Cockpit (1981/82) - BV: Alle sagen Dickerchen, R. 1956; Fernsehen - Abenteuer im Neuland, Sachb. 1965; D. Brandner Kaspar u. d. ewig Leben, Theaterst. Urauff. München 1975, R. 1987; O Maria hilf u. zwar sofort, damit's ein (r)echter Bayer wird (Essays), 1978, Luise u. d. Könige, 1980; Paradies-Paradies, 1981, R. 1984; Richard Strauss - persönl. (Sachb.), 1984; Mumtaz, R. 1984; Wolf im Nerz (Theaterst.): Urauff. München 1984, Narren d. Glücks (Theaterst.), Lob d. Frauen (Erz.); Wo Gott auf Erden wohnen würde, Ess. 1987 - 3x Gold. Bildschirm, 1 Dt. Fernsehpreis, 11 Kritikerpreise; 1976 Poetentaler; 1979 Gr. Preis d. bayer. Volksstiftg.; 1979 Ludwig-Thoma-Med.; 1980 Bayer. VO.; 1984 Sigi-Sommer-Lit.preis, 1984 Oberbayer. Kulturpreis - Liebh.: Musikgesch. - Bek. Vorf.: Franz v. Kobell, Bernhard Bolzano.

WILHELM, Paul

Dr. jur., Rechtsanwalt, Mitglied d. Rundfunkrates, Oberregierungsrat a. D., MdL Bayern (s. 1970) - Guardinistr. 89/VII, 8000 München 70 (T. 700 33 44) - Geb. 1935 - CSU - 1980 Bayer. VO.

WILHELM, Rolf

Komponist u. Dirigent - Hubertusstr. 64, 8022 Grünwald - Geb. 23. Juni 1927 München, verh. m. Helga, geb. Neuner, 2 Kd. (Catharina, Alexander) - Gymn. Wien; Musikhochsch. Wien u. München; Staatsex. 1948 Komposition (Meisterkl. Dirigieren Prof. Hans Rosbaud) - S. 1946 fr. Komponist. Gastdirig. b. div. Orch. - BV: Musik v. Kaiserslautern, in: Doktor Faustus (G. Seitz), 1982; Div. Schallplatten m. Film- u. Fernsehmusiken (Nibelungen, Via Mala, Doktor Faustus, Tarabas, Hiob). S. 1946 Rundf.-Auftr. (üb. 200 Hörsp.). S. 1954 üb. 60 Spielfilmmusiken: 08/15-Trilogie (Paul May); 1959 U. ewig singen d. Wälder; D. Erbe v. Björndal (G. Ucicky); Lausbubengesch. (Helmuth Käutner); 1962 Julia du bist zauberhaft (A. Weidemann); 1964 Tonio Kröger (Rolf Thiele); 1966 D. Nibelungen (H. Reinl); 1973 D. fliegende Klassenzimmer (W. Jacobs); 1976 D. Schlangenei (Ingmar Bergman); 1981 Doktor Faustus (Franz Seitz); 1988 Ödipussi (Loriot), u.v.a. Ab 1955 üb. 300 Musiken zu Fernsehfilmen (Joseph Roth: Radetzkymarsch, Hiob, Tarabas), Werbemusiken. Bühnenmusiken f.: Residenztheater München (D. Brandner Kaspar), Schauspielhaus Zürich, Theater an d. Josefstadt Wien, Burgtheater Wien (1986 Lumpazivagabundus). 1983 Concertino for Tuba and WindInstruments (UA: Washington 1983); Kammermusik, Lieder f. Sopran u. Orch. - Liebh.: Malerei - Lit.: Riemann: Musiklex.

WILHELM, Rudolf

Dr., Vorstandsmitglied Bayernwerk AG, München (Arbeitsdir., s. 1983), AR-Mitgl. Energieversorgung Oberfranken AG, Bayreuth (s. 1984) - Blutenburgstr. 6, 8000 München 19 (T. 12 54-1) - 1981-83 Vorst. Überlandw. Oberfranken AG, Bamberg.

WILHELM, Theodor

Dr. phil., Dr. jur., em. o. Prof. f. Päd. - Forstweg 46, 2300 Kiel (T. 8 51 39) - Geb. 16. Mai 1906 Neckartenzlingen - 1937-42 Doz. Hochsch. f. Lehrerbild. Oldenburg; 1951-59 Prof. Päd. Hochsch. Flensburg; 1957-59 Privatdoz., 1959-72 o. Prof. Univ. Kiel - BV: U. a., Wendepunkt d. polit. Erzieh. (Ps. Fr. Oetinger), 1951; Partnerschaft, 1953; Päd. d. Gegenwart, 1961 (5. A. 1978); Theorie d. Schule, 1967 (2. A. 1969); Traktat üb. d. Kompromiß, 1973; Jenseits d. Emanzipation, 1975; Sittliche Erziehung durch polit. Bildung, 1979; Pflegefall Staatssch., 1982.

WILHELM, Werner

Stadtoberinspektor, MdB (s. 1958, SPD) - Baumschulenweg 4, 6680 Neunkirchen/Saar (T. 8 84 44) - Geb. 23. Dez. 1919 Neunkirchen, verh., 2 Kd. - Volks- u. Handelssch. (Abendkurs); Lehre Anwaltsbüro (nicht abgeschl.) - 1935-46 Emigration Frankr. (Hilfsarb., Eisenbinder, Kranführer), dann Stadtverw. Neunkirchen. MdK Ottweiler (1956-60 Fraktionsvors.). S. 1928 SAJ u. SPD (währ. d. Emigr. Beitr. z. Auslandsorg.). Div. Parteifunktionen.

WILHELMI, Dieter

Orchesterdirektor - Kleiner Schirnkamp 26, 4300 Essen 14 - Geb. 3. Aug. 1942 München (Vater: Fritz W., Prof. Staatl. Hochsch. f. Musik München; Mutter: Christine, geb. Staffel), verh. s. 1963 m. Brigitte, geb. Neuhaus, 2 S. (Dirk, Nico) - Stud. Staatl. Hochsch. f. Musik München (Klavier, Pauke u. Schlagzeug) - 1961-62 Solo-Pauker Musikkolleg. Winterthur/Schweiz, 1963-65 Nieders. Sinf.orch. Hannover, 1965-80 Phil. Orch. Stadt Essen. 1978-80 stv. Gesamtvorst.-Vors. Dt. Orch.vereinig. DGB, 1979-80 Ges.vertr. DOV Ges. f. Leistungsschutzrecht (GVL) Hamburg - Sammelt antike Taschenuhren - Bek. Vorf.: August W., Konzertm. v. Richard Wagner in Bayreuth.

WILHELMI, Hans

Dipl.-Volksw., Verleger (Gießener Anzeiger) - Am Urnenfeld 12, 6300 Gießen-Wieseck - Vize-Präs. IHK Gießen. Handelsrichter.

WILHELMI, Hans-Ulrich

Rechtsanwalt, Geschäftsf. Dt. Großhändlerverb. f. Heizungs-, Lüftungs- u. Klimabedarf - Kurze Mühren 2, 2000 Hamburg 1 (T. 33 15 13). - BV: D. Netto-Umsatzsteuer ihre Auswirk. auf d. betriebl. Praxis d. Handels, 1967.

WILHELMI, Peter

Dr. jur., Prof., Vorstandsmitglied Bundesanstalt f. Landw. Marktordnung/Anstalt d. öfftl. Rechts - Adickesallee 40, 6000 Frankfurt/M. 18.

WILHELMS, J. Henry

Kaufmann, Mitgl. Brem. Bürgerschaft (s. 1975, CDU) - Kammerweg 19, 2850 Bremerhaven - Geb. 6. Jan. 1940 Bremerhaven, ev. - Schule Bremen (neusprachl. Abit.); 1961-63 Lehre Dt. Bank ebd. - S. 1963 väterl. Untern. J. Hinrich Wilhelms-Gruppe/Fischmehl-, Tranfabriken, Kraftfahrzeugreparaturbetr., Bremerhaven (1966 gf. Gesellsch.); AR-Vors. Volksbank Bremerhaven e. G.

WILHELMY, Herbert

Dr. phil., em. o. Prof. f. Geographie - Bohnenbergerstr. 6, 7400 Tübingen (T. 6 12 15) - Geb. 4. Febr. 1910 Sonderhausen/Thür. (Vater: Hugo W., Hochschullehrer; Mutter: Else, geb. Friedel), verh. s. 1939 m. Renate, geb. Wolf, 3 Kd. (Lothar, Uta, Maren) - Univ. Gießen, Bonn, Wien, Leipzig. Promot. Leipzig; Habil. Kiel - S. 1954 Ord. u. Inst.dir. TH Stuttgart u. Univ. Tübingen (1958). 1955-57 Vors. Zentralverb. d. Dt. Geographen u. Verb. Dt. Hochschullehrer d. Geogr.; 1958/59 Vors. Dt. Humboldt-Komitee; 1964-69 Vors. Nationalkomitee BRD Intern. Geogr. Union - BV: Hochbulgarien, Ackerbausiedlungen im südamerik. Grasland, D. faschist. Kolonisation in Nordafrika, D. dt. Siedlungen in Mittelparaguay, Siedlungen im südamerik. Urwald, Südamerika im Spiegel s. Städte, Klimamorphologie d. Massengesteine, D. La Plata-Länder, Kartogr. in Stichworten, Geomorphol. in Stichw., Reisanbau u. Nahrungsspielraum in Südostasien, Welt u. Umwelt d. Maya, Geograph. Forsch. in Südamerika; D. Städte Südamerikas, 2 Bde. 1984 - 1985 Silb. Karl-Ritter-, 1965 Karl-Sapper-Med.; 1984 Gold. A. v. Humboldt-Med.; o. Mitgl. Akad. Dt. Naturforscher/Leopoldina, Halle/S.; Ausw. Mitgl. Accad. Nazionale dei Lincei, Rom; korr. Mitgl. Akad. d. Wiss. Wien u. Bogotá.

WILHELMY, Lothar

Dr.-Ing., Vorstand Hübner Elektromaschinen AG, Berlin - Eppingerstr. 14, 1000 Berlin 33 (T. 030 - 832 43 40) - Geb. 6. Juni 1940 Kiel (Vater: Prof. Dr. Herbert W., Geograph; Mutter: Renate, geb. Wolf), ev., verh. s. 1970 m. Gabriele, geb. Melchart, 2 S. (Stefan, Jochen) - TH Stuttgart (Elektrotechnik); Dipl. 1967, Promot. 1972 - 1973-77 Techn. Leit., 1978-82 Geschäftsf., 1983ff. Vorst. Hübner Elektromasch. AG - Mitgl. Rotary Club Berlin-Süd.

WILITZKI, Günter

Dr. rer. pol., Dipl.-Kfm., Geschäftsführer Berliner Absatz-Organisation Berlin 12 - Hammersteinstr. 4, 1000 Berlin 33 (T. 823 74 45; BAO: 318 02 33) - Geb. 31. Juli 1925 Berlin, ev., verh., 2 Söhne (Bernd, Jörg) - Hoh. Schulen Berlin (bis 1943); 1949-54 FU ebd. (1953 Diplomprüf. f. Betriebsw., Promot. 1963) - S. 1953 Tätgk. BAO (Leit. Geschäftsst. London (b. 1955), 1960 stv., 1965 Geschäftsf. Zentrale Berlin). 1971ff. Beiratsvors. AMK Berlin. Lehrbeauftr. FU Berlin (1955-74); Doz. Hochschulinst. f. Wirtschaftskd. bzw. Wirtschaftsakad. Berlin (1961-74); VR-Vors. SFB (1980-88); stv. AR-Vors. SFB Werbung GmbH (1977-88) - 1972 hohe österr., franz. u. brit. Ausz. - Spr.: Engl., Franz.

WILK, Hans

Caritasdirektor, Geschäftsf. Caritas-Verb. f. d. Erzbistum Paderborn - Dompl. 26, 4790 Paderborn/W., kath.

WILK, Manfred

Dr. rer. nat., prof. f. Organ. Chemie - Teplitz-Schönauer-Str. 5, 6000 Frankfurt/M. (T. 63 50 40) - Geb. 4. Mai 1922 Darmstadt - S. 1960 (Habil.) Lehrtätigk. Univ. Frankfurt (1967 apl. Prof.). Facharb.

WILKE , Günther

Dr. rer. nat., Drs. rer. nat., h. c., Hon. D. Sc., Prof., Direktor Max-Planck-Inst. f. Kohlenforschung, Mülheim - Leonhard-Stinnes-Str. Nr. 44, 4330 Mülheim/Ruhr (T. 3 54 92) - Geb. 23. Febr. 1925 Heidelberg (Vater: Ernst W., Univ.-prof.; Mutter: Margarethe, geb. Walach), ev., verh. s. 1955 m. Dagmar, geb. Kind, 3 Kd. (Petra, Nikola, Berto) - Gymn. Heidelberg (Abit. 1943); TH Karlsruhe u. Univ. Heidelberg (Dipl.-Chem. 1950) Promot. 1951 Heidelberg; Habil. 1960 Aachen - 1951 Wiss. Assist. Max-Planck-Inst. f. Kohlenforsch. (1963 Mitgl.); 1960 Privatdoz. TH Aachen (1963 Gastprof.); 1963 Ord. Univ. Bochum; 1967 wie oben; s. 1978 Vizepräs. MPG. Verf. z. Herstell. v. Cyclododecatrien. Fachveröff. - 1965 Ruhr-Preis f. Kunst u. Wiss. Stadt Mülheim; 1970 Emil-Fischer-Med. Ges. Dt. Chem.; 1974 o. Mitgl. d. Rhein.-Westf. Akad. d. Wiss.; 1975 La Méd. de la Chaire Francqui (U. Louvain); 1976 Centennial Foreign Fellow Americ. Chem. Soc.; 1976 Dt. Akad. d. Naturforscher Halle; 1977 Ausl. Mitgl. d. Königl. Niederl. Akad. d. Wiss.; 1978 Karl-Ziegler-Preis GDCh; 1979 Korr. Mitgl. Akad. d. Wiss., Göttingen; 1980 Wilhelm-Exner-Med.; 1980/81 Präs. GDCh; 1981 Ehrenmitgl. AAAS; 1983 Korr. Mitgl. Österr. Akad. d. Wiss., Wien; 1985 Beirat Krupp-Stiftg., Essen; 1987 Gr. BVK - Liebh.: Malerei - Spr.: Engl. - Rotarier.

WILKE, Jürgen

Niederlassungsleiter Dresdner Bank AG, Hannover - Rathenaustr. 4, 3000 Hannover 1 - Geb. 7. Dez. 1938 Neuss, kath., verh., 2 Kd.

WILKE, Jürgen

Dr. phil., o. Prof. f. Publizistik Univ. Mainz - Am Wald 8, 8079 Sappenfeld (T. 08421 - 87 95) - Geb. 19. Dez. 1943 Goldap/Ostpr., kath., verh. s. 1973 m. Ulrike, geb. Brenner, S. Tobias - 1963-71 Stud. Univ. Mainz, Münster; Promot. (German.) 1971 Mainz; Habil. (Publiz.) 1983 ebd. - 1984 Lehrst. f. Journalistik I Kath. Univ. Eichstätt; 1988 Lehrst. f. Publizistik Univ. Mainz; 1987/89 Vors. Dt. Ges. f. Publiz. u. Kommunikationswiss. - BV: D. Zeitged., 1974; Lit. Ztschr. des 18. Jh., 1978; Nachrichtenausw. u. Medienrealität in 4 Jh., 1984 - Liebh.: Lit., Kunst, Reisen - Spr.: Engl., Franz.

WILKE, Kurt Wilhelm

Prof., Dipl.-Sportlehrer, Dekan Dt. Sporthochsch. - Carl-Diem-Str. 12, 5010 Bergheim (T. 02238 - 4 22 49) - Geb. 7. Jan. 1936 Düsseldorf (Vater: Kurt W., Bankdir. †; Mutter: Josi, geb. Schür), ev., verh. s. 1963 m. Elke, geb. Füssenich, 3 Kd. (Norman, Jörg, Kai) - Stud. German., Sport, Psych. (Dipl.-Sportlehrer 1959, Staatsex. 1962) - 1960 Assist. b. Carl Diem; 1967 Doz. Sporthochsch. Köln; 1973 Reg.-Dir. Sportausbild. Bundeswehr; 1976 Stud.-Prof., 1983 Univ.-Prof. Dt. Sporthochsch.; 1968 Schwimmwart Dt. Schwimm-Verb. - BV: Anfängerschwimmen; Lit.dok., 1976; Schwimmen - Sport in d. Sekundarstufe II, 1979, 6. A. 1985; Anfängerschwimmen - Training, Technik, Taktik, 1979, 5. A. 1987 (portugies. 1982); D. Training d. Jugendl. Schwimmers, 2. A. 1983 (engl. 1986); Schwimmsport-Praxis, 1988. Lehrfilme z. Schwimmsport - Mehrf. Dt. Hochschulmeistersch. - Spr.: Engl., Franz.

WILKE, Manfred

Dr., Prof. f. Soziologie FH f. Wirtsch. Berlin - Rothenburgstr. 27 a, 1000 Berlin 41 - Geb. 2. Aug. 1941 Kassel (Vater: Heinrich W., Fleischerm.; Mutter: Anna, geb. Schneider), verh. s. 1970 m. Karin, geb. Helms, 5 Kd. (Sabine, Stephan, Andreas, Julia, Cornelia) - Gymn. (abgebr.); Lehre Einzelhandelskfm., Hochsch. f. Wirtsch. u. Politik Hamburg (Sozialwirt grad.) - Verkäufer; 1960-66 Auslief.fahrer; 1974-76 wiss. Angest.; 1976-80 Assist. TU Berlin; 1980/81 GEW; Habil. 1981 FU Berlin; 1982-85 wiss. Angest. u. Publizist; 1985 Prof. - BV: Div. Veröff., u. a. D. Funktionäre, 1979; D. Marsch d. DKP durch d. Institutionen (m. and.); Einheitsgewerksch. u. Berufspolitik, 1981; Einheitsgewerksch. zw. Demokr. u. antifasch. Bündnis, 1985.

WILKE , Otto

Elektromeister, MdL Hessen (s. 1970) - Bredelarer Str. 1, 3543 Adorf/Waldeck (T. 05633 - 2 10) - Geb. 13. April 1937 Korbach - Volkssch.; 1952-55 Installateurlehre; 1962-63 Bundesfachanst. f. Elektrotechnik Oldenburg. Meisterprüf. 1963 - S. 1967 selbst. (Übern. elterl. Installateurgeschäft Adorf). 1965 ff. Mitgl. Gemeindevorst. Adorf. 1955-63 Bezirksvors. Dt. Jungdemokr. Hessen-Nord. FDP; s. 1955 (1968 Kreisvors. Waldeck-Frankenberg u. Mitgl. Landesvorst. Hessen, s. 1973 Aussch.svors. Wirtschaft u. Technik s. 1974 stv. FDP-Fraktinsvors. im Landtag, s. 1977 stv. Landesvors. F.D.P.-Hessen u. s. 1977 Vors. F.D.P.-Landtagsfrakt.), Mitgl. Gewährträgervers. Hess. Landesbank.

WILKENING, Friedrich

Dr. rer. nat., o. Prof. f. Psychologie Univ. Frankfurt - Georg-Voigt-Str. 8, 6000 Frankfurt/M. 11 (T. 069 - 798 25 79) - Geb. 16. Okt. 1946 Helpsen (Vater: Ernst W., Lehrer; Mutter: Frieda, geb. Wilkening), ev., verh. s. 1972 m. Dr. Karin, geb. Pohl v. Elbwehr, 3 Kd. (Hendrik †, Anke, Jan) - Dipl.-Psych. 1972 Univ. Tübingen; Promot. 1974 Univ. Düsseldorf - 1974-78 Wiss. Assist. Univ. Frankfurt; 1978-79 Forschungsstip. Univ. of Minnesota u. Univ. of California, San Diego; 1979-84 Prof. TU Braunschweig; 1984ff. Prof. Univ. Frankfurt; 1988 Gastprof. Univ. Oxford - BV: Information Integration by Children (m. J. Becker u. T. Trabasso), 1980 - 1979 Heinz-Maier-Leibnitz-Preis f. Entw.psych.

WILKENING,
Werner Friedrich Julius

Dipl.-Soz., B. A. (Wis.), Prof. f. Soziologie (Fachber. Sozialarbeit) FHS Frankfurt (s. 1982), Direktor a. D. Bundeszentrale f. gesundheitl. Aufklärung (Ps. Hans Freienfeld) - Priv.: Nachtigallenweg 5, 6240 Königstein-Johanniswald (T. 06174 - 58 08); dstl.: Limescorso 5, 6000 Frankfurt (T. 1 53 38-24) - Geb. 27. Aug. 1928 Hannover (Vater: Friedrich W., Prokurist; Mutter: Erna, geb. Wedler), verh. s. 1958 m. Marga, geb. Sommer, S. Stefan David Benjamin - Prüf. a. Werbeberat. BDW 1964, UN. Lewis & Clark College, Portland, Ore, Univ. of Wisconsin Madison, Univ. Göttingen, Köln, Frankfurt (Soziol.) - 1956-58 Werbeassist. u. Werbeleit. Verlagswesen. 1959-65 Texter, Textgruppen- u. Abt.leit. b. J. Walter Thompson, Masius u. Young & Rubicam, 1965-67 Prok. u. stv. Geschäftsf. Team Düsseldorf, 1967-69 Geschäftsf. Organisation, Finanzen u. allg. Verw. Werbeagentur Doyle Dane Bernbach, Düsseldorf, s. 1969 Soziol.Doz. Sozialarb. FHS Frankfurt, s. 1973 Prof., 1977-82 Dir. BzgA, Köln, T.O. Hochtaunuskreis - S. 1977 MdK, SPD.

WILKENS, Enno Harald

Dr. jur., Bürgermeister i. R. Stadt Heide - Adolf-Stein-Str. 14, 2240 Heide (T. 0481 - 35 14) - Geb. 19. Dez. 1921 Dammfleth (Vater: Klaus Heinrich W., Bauer; Mutter: Paula Anna, geb. Sierk), ev., verh. s. 1955 m. Ingeborg, geb. Lindhorst, 3 Kd. (Frauke, Margitta, Heike) - 1938-41 Gymn. Itzehoe; 1948-55 Stud. Rechtswiss. Univ. Hamburg (1. jurist. Staatsprüf. 1951, 2. jurist. Prüf. 1955) - 1955-56 Ass.; 1956-57 selbst. Rechtsanw.; 1957-62 Bürgerm. Gde. Bargteheide, s. 1962 Bürgerm. Heide. Zahlr. Ehren- u. nebenamtl. Tätigk. u.a. 1966-78 AR-Vors. Gemeinn. Wohnungsbauges. Dithmarschen; 1966-70 Richter Arbeitsgericht; 1973-86 Vorst.-Mitgl. Verb. Kommunaler Untern., Landesgr. SH; s. 1986 Bürgerm. i. R. Stadt Heide - 1969 Feuerwehrehrenkreuz in Silber; 1974 Frhr.-v.-Stein-Gedenkmed.; 1982 BVK; 1986 Feuerwehrenkreuz in Gold; 1986 Ehrenkreuz d. Bundeswehr in Gold; 1986 Ernst Moritz Arndt Med.; 1986 Verdienstmed. d. Stadt Heide - Liebh.: Jagd, Klass. Musik.

WILKENS, Erwin

Dr. h. c., Vizepräsident i. R. - Fichtenweg 2, 3003 Ronnenberg 2 (Benthe) (T. 05108 - 36 56) - Geb. 11. Juli 1914 - Zeitw. Öffentlichkeitsref. EKD (OKR); zul. 1964-80 Kirchenkanzlei EKD (b. 1974 Öffentlichkeitsref., dann Vizepräs.). Zahlr. Schriften.

WILKENS, Helmut

Dr. med. vet., o. Prof. f. Anatomie, Histologie u. Embryologie - Berliner Str. 46, 3005 Hemmingen (T. Hannover 42 31 63) - Geb. 25. Mai 1926 Hannover - S. 1963 (Habil.) Lehrtätigk. Tierärztl. Hochsch. Hannover (1965 Ord. u. Dir. Anat. Inst., s. 1982 Vorst.-Vors., 1983-85 Rektor) - BV: Atlas d. Röntgenanat. v. Hund u. Katze sowie vom Pferd, 1986 (m. H. Schebitz; zweispr.); Lehrb. d. Anat. d. Haustiere (m. R. Nickel, A. Schummer u. E. Seiferle), Bd. I-III. Div. Einzelarb.

WILKENS, Helmut

Mitglied des Vorstandes Wilkens Bremer Silberwaren AG., Bremen - An der Silberpräge 5, 2800 Bremen-Hemelingen - Zul. Vorst. M. H. Wilkens & Söhne AG., Bremen (vor Fusion).

WILKING, Siegfried

Dr. rer. nat., o. Prof. f. Physik - Im Dol 5a, 1000 Berlin 33 (T. 8 31 27 19) - Geb. 24. April 1923 Kaiserslautern - S. 1962 (Habil.) Lehrtätigk. TH karlsruhe (Privatdoz.) u. FU Berlin (1965 Ord. u. Dir. III. Physikal. Inst.). Facharb. - 1962 Physikpreis Göttinger Akad. d. Wiss. u. Preis Dt. Physikal. Ges.

WILKINSON, Frank

s. Leegaard, Alf

WILKOMIRSKA, Wanda

Geigerin, Prof. Hochsch. f. Musik Heidelberg - Mannheim- Augustaanlage 53, 6800 Mannheim - Geb. 11. Jan. 1929 Warschau (Vater: Alfred W., Geiger; Mutter: Dorota, geb. Temkin, kath., verh. s. 1952 m. Mieczystaw Rakowski, gesch., 2 Söhne (Wtodzimierz, Artur) - 1945-47 Akad. f. Musik, Lodz (Dipl.); 1947-50 Akad. v. Musik Budapest (Dipl.); Privatunterr. b. Henryk Szeryng, Paris - S. 1983 Prof. - Konz.reisen in 50 Länder; Schallpl. In- u. Ausl. (f. 3 Pl. Ausz.). Preise b. intern. Wettb.: 1946 Genf, 1949 Budapest, 1950 Leipzig, 1952 Posen u.a. 1953 u. 64 Poln. Staatspreis;

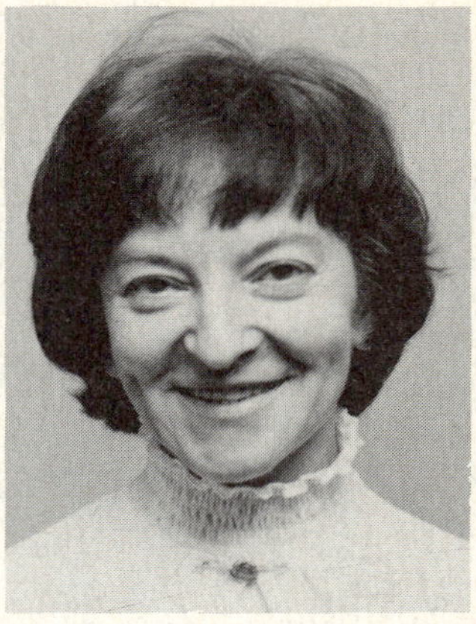

hohe poln. Ausz. - Liebh.: Natur, Lit., Film - Spr.: Deutsch, Engl., Russ., Ungar., Poln. (Mutterspr.).

WILL, Christian

Kalkulator, MdL Bayern (s. 1975) - An der Linde, 8702 Estenfeld (T. 09305 - 3 82) - Geb. 1927 - CSU - 1980 Bayer VO; 1984 Bayer. Verfassungsmed. in Silber.

WILL, Heinrich

I. Bürgermeister - Rathaus, 8031 Gilching/Obb. - Geb. 18. Dez. 1935 Gilching - Zul. Angest. CDU.

WILL, Oswald

Altbürgermeister - Torgasse 17, 8756 Kahl/M. - Geb. 29. Okt. 1920 Kahl - Bezirksrat, 1. Vors. d. Arbeitsgemeinsch. d. Kommunalen Energieversorgung Untertranken. SPD.

WILL, Wolfgang

Chefredakteur Hobby - Valentinskamp 24, 2000 Hamburg 36 - Geb. 21. April 1931, ev., verh. s. 1961 m. Petra, geb. Nutz - Stud. Gesch., Journ. FU Berlin - Chef v. Dienst BZ Berlin; Ressortleit. Mittag; SAD-Korresp. New York f. Raumfahrt u. Wiss.

WILL-FELD, Waltrud,

geb. Feld

Steuerberaterin MdB (s. 1972) - Im Viertheil 13, 5550 Bernkastel-Kues/Mosel (T. 06531 - 7 27) - Geb. 11. Juni 1921 Bernkastel-Kues, ev., verh. 1941-45 m. Dr. phil. Wilhelm W., Germanist (gef.), 2 Söhne (ältester Rechtsanw.) - Gymn. Traben-Trarbach (Abit. 1939); Univ. Marburg (Math., Phys.; Stud. nicht beendet) - S. 1950 Steuerbevollm. u. -berat. (1960). 1969 ff. MdK Bernkastel-Wittlich. CDU s. 1968.

WILLAMOWSKI, Gerd

Dr. iur., Stadtdirektor Ahlen - Am Webstuhl 16, 4730 Ahlen (T. 02382 - 14 06) - Geb. 21. Jan. 1944 Grundensee/Ostpr., verh. s. 1971 m. Marianne, geb. Teschner, 3 Kd. (Verena, Christoph, Matthias) - Abit. Gelsenkirchen; 1964-68 Stud. Rechtswiss. Münster u. Köln; 1. jurist. Prüf. 1968 Köln; 2. jurist. Prüf. 1973 Düsseldorf; Promot. Bochum - 1973-78 Verw.-Richter Nordrh.-Westf., 1978-85 Stadtkämmerer Dorsten, s. 1985 Stadtdir. Ahlen - BV: Z. Vert. d. innergemeindl. Org.gewalt, 1983 - Spr.: Engl., Franz.

WILLAND, Hartmut

Dr. phil., o. Prof. f. Erziehung u. Rehabilitation Univ. Köln - Thüringer Str. 49, 3508 Melsungen - Geb. 16. Okt. 1941 Babenhausen, verh. m. Gudrun, geb. Willinger, T. Ilka - Univ. Gießen, PH Kiel, Univ. Köln - BV: Problemlösungsverh. b. Lernbeh., 1974; Didakt. Grundleg. d. Erzieh. u. Bildung Lernbeh., 1977; Päd. d. Lernbeh., 1983; Didaktik u. Methodik d. Lernbeh.unterr., 1986. Herausg.: Sonderpädagogik im Umbruch (1987); zahlr. wiss. Beitr. u. Vortr.

WILLASCHEK, Wolfgang

Dramaturg Hamburg. Staatsoper (s. 1982) - Hans-Henny-Jahnn-Weg 42, 2000 Hamburg 76 - Geb. 26. Jan. 1958, kath., verh. - Stud. Musiktheaterregie Musikhochsch. Hamburg - Regieassist. u. Mitarb. v. Gilbert Deflo Theatre de la Monnai (Opera National), Brüssel; s. 1982 Dramat. Hamburg, s. 1987 d. Salzburger Festspiele. S. 1986 Lehrauftr. im Fach Musiktheaterregie Hochsch. f. Musik u. darst. Kunst Hamburg - BV: Libretto zu: Weiße Rose, Kammeroper v. Udo Zimmermann.

WILLE, Eberhard

Dr. rer. pol., Prof. f. Volkswirtschaftslehre u. Finanzwiss. - Fliederweg 8, 6945 Hirschberg (T. 06201 - 5 66 80) - Geb. 15. April 1942 (Vater: Kurt W., Bibliothekar; Mutter: Anna-Maria, geb. Knopp), kath., verh. s. 1970 m. Monika, geb. Krecht, 2 Töcht. (Anna-Isabelle, Julia-Sophia) - Human. Gymn., Abit., Univ. Bonn (Volksw.), Dipl. 1966 - 1966-68 Assist. TU Berlin, 1969-72 Assist. Univ. Mainz, 1972-75 Assist. Prof. Univ. Mainz, 1975 ff. Ord. Univ. Mannheim - BV: Planung u. Information, 1970; D. mehrjährige Finanzplanung. Wunsch u. Wirklichkeit, 1970 (m. Kurt Schmidt) - 1971 Fakultätspreis f. Diss.: Planung u. Information; Mitgl. Wiss. Beirat b. Bundesmin. f. Wirtsch. - Liebh.: Reisen, Gesch., Opernmusik - Spr.: Engl., Franz., Latein, Griech., Holl.

WILLE, Friedrich

Dr. rer. nat., Prof. f. Mathematik GH Kassel - In den Steinern 41, 3500 Kassel (T. 0561-40 41 95) - Geb. 5. Jan. 1935 Bremen (Vater: Hans-Oskar W., Rechtsanwalt; Mutter: Maria W., geb. Wettstein), ev., verh. s. 1965 m. Meike, geb. Schmacke, 4 Kd. (Roland, Wolfram, Bernhard, Annika) - 1955-61 Stud. Mathematik, Physik Univ. Marburg, FU Berlin, Univ. Göttingen; Dipl.-Math. 1961 Göttingen; Promot. 1965 Göttingen; Habil. 1972 Düsseldorf; 1963-68 Wiss. Mitarb. u. Leit. Rechenzentrum d. Aerodynam. Versuchsanst. (DFVLR) Göttingen, 1968-70 Wiss. Ass. Univ. Freiburg; 1970-72 Privat-Doz. u. Prof. Univ. Düsseldorf; s. 1972 Prof. GH Kassel - BV: Analysis, e. anwendungsbezogene Einführung, 1976; Humor in d. Mathematik, 1982; E. math. Reise, 1984; Höhere Mathematik f. Ing., 4 Bände (zus. m. K. Burg, H. Haf), 1985 - Spr.: Engl., Franz., Lat. - Bek. Vorf.: Johann Rudolf Wettstein, 1594-1666, Bürgermeister von Basel (Vorfahre in 12. Generation).

WILLE, Günther

Dr. phil., o. Univ.-Prof. f. Klass. Philologie - Im Schönblick 18/2, 7400 Tübingen (T. 6 18 87) - Geb. 2. Okt. 1925 Stuttgart (Vater: Otto W., Prokurist; Mutter: Klara, geb. Huth), ev., verh. s. 1953 m. Ingeborg, geb. Bauser, 2 Söhne (Wolf-Dieter, Michael) - Eberhard-Ludwigs-Gymn. Stuttgart (Abit. 1944); 1946-1951 Univ. Tübingen (Klass. Philol. u. Gesch.). Promot. (1951) u. Habil. (1959) Tübingen - 1943-56 Organist Stg.-Feuerbach; 1945-46 Lehrer Obersch. Korntal; s. 1951 Wiss. Hilfskraft, Assist. (1956), Privatdoz. (1959), Ord. (1965) u. Dir. Philol. Sem. (1965-72, 1977-79 u. 1986-88) Univ. Tübingen - BV: Musica Romana - D. Bedeut. d. Musik im Leben d. Römer, 1967; D. Aufbau d. Livianischen Geschichtswerks, 1973; Einführung in d. röm. Musikleben, 1977; D. Aufbau d. Werke d. Tacitus, 1983; Horaz-Verton. v. MA b. zur Gegenwart (m. Joachim Draheim), 1985. Herausg.: Ausgew. Schriften Otto Weinreichs I-IV, 1969-79. Heuremata. Stud. z. Lit., Spr. u. Kultur d. Antike 1-9 (1973-85). Mitarb.: Goethe-Wörterb. (1953-56) - Liebh.: Musik (Pianist, Organist) - Spr.: Engl., Franz. - Lit.: Otto Weinreich, Attempto 17/18, Tübingen 1965, 97.

WILLE, Karl

Dr., Geschäftsführer PACIFICO Handelsges. mbH., Hamburg, Vorst. Verein d. Getreidehändler d. Hbg. Börse ebd. -

Ihlendieksweg 8, 2070 Großhansdorf 2 - Geb. 23. Aug. 1924.

WILLECKE, Raimund

Dr. jur., o. Prof. d. Rechte (emerit.) u. Direktor Inst. f. Berg- u. Energierecht Bergakad. (TH) bzw. TU Clausthal (s. 1963; 1968-70 Rektor) - Schieferweg 31, 3380 Goslar (T. 05321 - 4 01 48) - Geb. 2. Mai 1905 - BV: Grundriß d. Bergrechts, 2. Aufl. 1970 (m. Prof. Turner); D. dt. Berggesetzgebung. Von d. Anfängen b. z. Gegenwart, 1977. Fachaufs. - 1985 Ehrensenator d. TU Clausthal.

WILLEKE, Bernward H.

Dr. phil., em. o. Prof. f. Missionswissenschaft Univ. Würzburg (1962-82) - Bramscher Str. 158, 4500 Osnabrück - Geb. 26. Sept. 1913 Münster/W. - Kath. Priester im Franziskanerorden - U. a. Lehrtätigk. USA, Tokio, Bangalore. Vors. Intern. Inst f. missionswiss. Forsch (1970-78) u. China-Kommiss. im Dt. kath. Missonsrat (1978-87). Üb. 80 Fachveröff.

WILLEKE, Franz-Ulrich

Dr. rer. pol., o. Prof. f. Volkswirtschaftslehre - Richard-Lenel-Weg 4, 6903 Neckargemünd (T. 06223 - 7 32 54) - Geb. 13. Juli 1928 Münster/W. (Vater: Prof. Dr. rer. pol. Eduard W., Ord. f. Volksw.lehre Univ. Mannheim; Mutter: Elisabeth, geb. Breil), ev., verh. s. 1955 m. Otti, geb. Schroeder, 2 Kd. (Margot, Werner) - Univ. Freiburg u. Tübingen (Wirtschaftswiss., Jura, Phil.; Dipl.-Volksw. 1951); Promot. 1953 Univ. Tübingen - 1951-53 kaufm. Angest.; 1954-60 Wiss. Assist.; s. 1960 (Habil.) Lehrtätigk. Univ. Tübingen u. Heidelberg (1963 Prof. u. Mitdir. Alfred-Weber-Inst. f. Sozial- u. Staatswiss., 1968/69 Dekan Phil. Fak., 1980/81 Dekan Wirtschaftswiss. Fak.) - BV: Entwickl. d. Markttheorie - V. d. Scholastik b. z. Klassik, 1961; Grundsätze wettbewerbspolit. Konzeptionen, 1973; Preisdisziplin i. Konjunkturaufschwung, Recht u. Staat, H. 4 76/77, 1977; Wettbewerbspolitik, 1980 - Mitgl. d. Wissensch. Beirats f. Familienfragen beim BMJFG, Vors. 1984-89 - Spr.: Engl., Franz.

WILLEKE, Rainer

Dr. rer. pol., o. Prof. u. Direktor Inst. f. Verkehrswissenschaft Univ. Köln (s. 1963; 1968-70 Dekan, 1977-79 Rektor) - Wüllnerstr. 140, 5000 Köln 41 (T. 40 88 11) - Geb. 23. Mai 1924 Recklinghausen (Vater: Dr. rer. pol. Friedrich-Wilhelm W., zul. Generalsekr. Kommunalpolit. Vereinig. d. CDU/CSU Dtschl.s u. Bundestagsabg. †1965 (s. XIV. Ausg.); Mutter: Anna (Änne), geb. Drux), kath., verh. s. 1962 m. Marlene, geb. Unkelbach, Tocht. Carolina - Gymn. Dorsten; Univ. Münster (Wirtschaftswiss.; Dipl.-Volksw. 1948). Promot. 1950 Münster; Habil. 1958 Freiburg - 1958-62 Privatdoz. Univ. Freiburg. Fachveröff.

WILLEKE, Rolf

Dipl.-Kfm., Hauptgeschäftsführer Bundesverb. d. Dt. Schrottwirtsch. - Graf-Adolf-Str. 12, 4000 Düsseldorf 1; priv. Graf-Recke-Str. 17 - Geb. 3. Aug. 1941.

WILLENBOCKEL, Ulrich

Dr. med., Prof. f. Kinderheilkunde Univ. Marburg (s. 1971) - Rosenstr. 4, 3556 Niederweimar - Geb. 22. Aug. 1930 Meinholz/Hann. (Vater: Heinrich W., Landw.; Mutter: Gertrud, geb. Kruse), ev., verh. s. 1959 m. Gudrun, geb. Pappe, 3 Kd. (Christoph, Dirk, Dörte) - Gymn. Soltau; Univ. Marburg, Innsbruck, Freiburg, Kiel (Med.). Staatsex. u. Promot. 1956 Marburg; Habil. 1967 ebd. - S. 1958 Univ.-Kinderklinik Marburg (1967 Oberarzt, 1975 gf. Dir.) - BV: Z. Physiol. u. Pathol. d. Phosphatstoffw., 1969 Handbuchbeitr.: Phosphorus Compounds in Blood of Premature and Full Term Infants and their Significance in the Metabolism of Red Blood Cells in early Life (in: Current Aspects of Perinatdogy and Physiology of Children, 1973), Seltene Defekte d. Aminosäurenstoffw. (in: Hb. d. Inn. Med., Bd. VII 1974), Erbl. Störungen d. Kohlenhydrat- u. Aminosäurenstoffw. (in: Hb. d. Ernährungslehre u. Diätetik, 1978) - Spr.: Engl.

WILLENBRINK, Johannes

Dr., o. Prof., Botaniker (Pflanzenphysiologie) - Hauptstr. 5a, 5340 Bad Honnef - Geb. 1930 Berlin - Promot. 1956 Bonn, 1964 Habil., Lehrtätigk. Univ. Bonn; 1971 o. Prof. Univ. Köln. 63 Fachveröff.; Editor d. PLANTA.

WILLER, Jörg

Dr., M.A., Prof. f. Didaktik d. Physik TU Berlin - Franzstr. 17 B, 1000 Berlin 46 - Geb. 2. April 1936 Stettin (Vater: Dr. med. habil. Hannes W., Prosektor; Mutter: Dr. Lydia, geb. Beck) - 1. u. 2. Lehramtsprüf. 1961 u. 1964; M.A. 1965 Univ. Würzburg, Promot. 1971 ebd. - 1961-66 Lehrer; 1966-74 Assist./Doz. PH Würzburg; s. 1974 Prof. PH/TU Berlin - BV: Relativität u. Eindeutigk., 1973; Repetitorium Fachdidaktik Physik, 1977; Schule zw. Kaiserreich u. Faschismus (m. R. Dithmar), 1981; Physik u. menschl. Bildung, 1989 - Spr.: Engl., Latein, Altgriechisch.

WILLERDING, Ulrich

Dr. rer. nat., Prof. f. Botanik (Paläo-Ethnobotanik) - Calsowstr. 60, 3400 Göttingen (T. 0551 - 4 19 52) - Geb. 8. Juli 1932 Querfurt (Vater: Dr. med. Hans-Joachim W., Arzt; Mutter: Hildegard, geb. Müller), ev., verh. s. 1962 m. Hilde, geb. Große-Brauckmann, 4 Kd. (Ulrike, Dorothea, Andreas, Christian) - Latina Halle/S., Staatl. Human. Gymn. Köln-Mülheim, Univ. Göttingen (Botanik, Zool., Geogr., Chemie), Promot. 1959 Göttingen (b. F. Firbas), Habil. 1971 - S. 1962 Gymnasiallehrer (OStR), s. 1971 auch Hochschullehrer (apl. Prof. f. Botanik) - Veröff.: u.a. Vor- u. frühgesch. Kulturpflanzenfunde in Mitteleuropa, 1970; D. Paläo-Ethnobotanik u. ihre Stellung im System d. Wiss., 1978; Beitr. z. Paläo-Ethnobotanik v. Europa, 1978; Paläo-ethnobotan. Unters. üb. d. Entw. v. Pflanzenges., 1979; Anbaufrüchte d. Eisenzeit u. d. frühen Mittelalters, ihre Anbauformen, Standortverhältnisse u. Erntemethoden, 1980; Paläoethnobotan. Befunde u. schriftl. sowie ikonograph. Zeugnisse in Zentraleuropa, 1984; Z. Gesch. d. Unkräuter Mitteleuropas, 1986 - Archäologische Kommiss. f. Nieders.; 1985 o. Mitgl. Braunschweig. Wiss. Ges. - Liebh.: Ur- u. Frühgeschichte, Archäol. - Spr.: Engl.

WILLERS, Dietz

Dipl.-Kfm., Geschäftsführer Rheinbraun Verkaufsges. mbH, Stüttgenweg 2, 5000 Köln 41 - Geb. 20. März 1916 - Präs. Verein f. Binnenschiffahrt u. Wasserstr., Duisburg.

WILLERSINN, Herbert

Dr. rer. nat., Prof., Aufsichtsratsmitglied BASF AG, Ludwigshafen/Rhein, u. d. Dt.-Südamerik. Bank AG, Hamburg - Marbacher Str. 21, 6700 Ludwigshafen - Geb. 1926 Ludwigshafen - Kurat.-Mitgl. d. Univ. Kaiserslautern u. Mainz.

WILLGERODT, Hans

Dr. rer. pol., o. Prof. f. Wirtschaftl. Staatswissenschaften - Hubertushöhe 7, 5060 Bergisch Gladbach 1 - Geb. 4. Febr. 1924 Hildesheim - S., 1959 (Habil.) Lehrtätigk. Univ. Bonn u. Köln (1963 Ord.) - BV: u. a. Handelsschranken im Dienste d. Währungspolitik, Vermögen für alle. Herausg.: Wege u. Irrwege z. europ. Währungsunion (1972).

WILLHÖFT, Jürgen

Reedereidirektor - G.-Gröning-Str. 31, 2800 Bremen - Geb. 10. April 1927 Kl.-Kummerfeld - B. 1968 stv. dann o. Vorstandsmitgl. Sloman Neptun Schiffahrts AG.; Honorarkonsul Volksrep. Benin.

WILLHÖFT, Walter

Bankvorstand a. D., Finanz- u. Wirtschaftsdienste, Treuhänder u. Vermögensverwalter (s. 1981) - Spechtweg 36a (Forst Hagen), 2070 Ahrensburg (T. 04102-5 81 99) - Geb. 24. Juli 1929 Kiel (Vater: Hans W., Kfm.; Mutter: Anna, geb. Dobrzykowski), verh. s. 1958 m. Marianne, geb. Leppin - Mittl. Reife - 1971-77 Geschäftsf. Hanseatic Bank Hamburg, 1978-80 Vorst. Allg. Beamtenbank - Liebh.: Sport, Heim, Haus u. Garten - Spr.: Engl.

WILLIBALD, Graf

s. Durben, Wolfgang

WILLICH, Jürgen

Dr. jur., Rechtsanwalt, Hauptgeschäftsf. Arbeitgeberverb. d. Versicherungsunternehmen (s. 1979) - Arabellastr. 29, 8000 München 81; priv.: Am Jägerstern 22, 8027 Neuried - Geb. 19. Jan. 1929.

WILLICH, Martin

Dr. jur., Vorsitzender d. Geschäftsfg. Studio Hamburg Atelier GmbH - Bekwisch 6, 2000 Hamburg 65 - Geb. 24. April 1945 Erfurt/Thür., ev., verh., 2 Kd. - Stv. Vors. CDU-Fraktion Hamburg. Bürgerschaft.

WILLIG, Friedrich

Dr. med., apl. Prof. Univ. Heidelberg, Ärztl. Direktor Krankenhaus Speyererhof-Klinik f. Inn. Krankheiten, Heidelberg, Leit. staatl. anerk. Schule f. Diätassist., Heidelberg - Zu erreichen üb. Krankenhaus Speyererhof, 6900 Heidelberg - Geb. 6. Sept. 1931 Ludwigshafen - Med.-Stud. Heidelberg u. Innsbruck; Promot. 1958 Heidelberg, Habil. (Inn. Med.) 1968 Heidelberg-Mannheim; Klin. Chemiker 1966 - S. 1973 apl. Prof., s. 1974 Ärztl. Dir. s.o. Herausg. u. Redakt. Zentralbl. Inn. Med.; Wiss. Beirat Verb. Dt. Diätassist. u. Arbeitskr. d. Pankreatektomierten (Pat. Selbsthilfeorg.). Fachveröff. - Rotarier.

WILLIG, Hans

Dipl.-Ing., Prof., Leiter Fachbereich Maschinenbau u. Doz. f. Verbrennungskraftmaschinen an d. Fachhochschule f. Technik Mannheim, Lehrbeauftr. f. Physikal. Technologie Univ. Mannheim - Richard-Wagner-Str. 93, 6800 Mannheim 1 (T. 44 45 84) - Geb. 3. Juli 1920 Oberneubrunn (Vater: Albert W., Kaufm.; Mutter: Berta, geb. Edelmann), ev., verh. s. 1949 m. Hannelore, geb. Neunzerling, T. Susanne - Realgymn. Erfurt; TH Berlin u. Stuttgart (Dipl.-Ing. 1942) - S. 1948 Ing.sch. u. FHT Mannheim. Mitarb. zahlr. techn.-wiss. Bücher (u. a. Rechen-Duden, Handb. d. Technik, D. Gr. Duden-Lexikon, Wie funktioniert das?, D. Auto) - Liebh.: Musik (spielt Klavier) - 1960 Prof.-Titel.

WILLIKENS, Ben

Prof. Hochsch. f. Bild. Künste Braunschweig - Hohenstaufenstr. 13, 7000 Stuttgart 1 (T. 0711 - 60 82 38) - Geb. 21. Juni 1939 Leipzig (Vater: Günther W., Maler; Mutter: Ilse Maria, geb. Bößner), verh. s. 1975 m. Esther, geb. Nemèth, T. Lena Caterina - Stud. Malerei Akad. Bild. Künste Stuttgart (b. Prof. Heinz Trökes); Studienabschl. London - Einzelausst. 1975 Kunsthalle Tübingen, 1980 Staatsgalerie Stuttgart, 1982 Pinacotheca di Brera, Mailand. Vorst.-Mitgl. d. Dt. Künstlerbd.; Mitgl. Kunstankaufskommiss. d. Bundesreg. - Kunstricht.: Malerei, Zeichnung, Malerei als Installation - 1970 Villa Romana-Preis; 1972 Villa Massimo-Preis u. 1. Preis d. BRD Biennale Florenz; 1983 Hans Molfenter-Preis, Stuttgart - Lit.: Karin v. Maur, Katalog: Abendmahl, Staatsgalerie Stuttgart, 1980; Brera, Mailand/Ital., 1982; Heinrich Klotz, Monogr. Ben Willikens, 1985.

WILLING, Hans-Gerhard

Bergrat a. D., Rechtsanwalt, Geschäftsf. Dt. Braunkohlen-Industrie-Verein u. Verein Rhein. Braunkohlenbergwerke, beide Köln - Vogelsanger Weg 115, 5022 Junkersdorf (T. Köln 48 67 85) - Geb. 11. Mai 1913 Magdeburg, verh., 3 Kd. - Gymn.: Univ. Freiburg, Berlin, Jena (Rechts- u. Staatswiss.) - Ab 1938 Reichsbergverw. (1941 Bergrat), Wehrdst., dann kaufm. Tätigk. Torfind., Geschäftsf. u. Justitiar Bergbau (Essen, Köln, Bad Godesberg), Rechtsanw. 1958-62 u. 1966-75 MdL Nordrh.-Westf. CDU. Mithrsg.: Jahrb. d. Bergbaus (1965 ff.).

WILLINK, Joachim

Präsident Hamburger Renn-Club e. V. - Pilzgrube 25, 2000 Hamburg - Geb. 16. Nov. 1914.

WILLISCH, Ruth Claire

Dozentin u. freisch. Malerin - Iltisweg 9, 5205 St. Augustin 1 - Geb. 21. Mai 1924 Oberröblingen a. See (Vater Hermann, Fabrikant; Mutter: Cläre Ruth, geb. Petzold), ev., gesch., T. Kerstin - Staatl. Porzellanfachsch. Selb; Hochschulinst. f. Bild. Künste Prag (b. Prof. Hönig, Eric, Vitze) - S. 1975 Dozentin VHS Bonn u. Siegburg - Malerin v. Aquarellen u. and. Techniken, Bildhauerin - BV: Bilder zu d. Büchern v. Dr. Gabriel Busch: Im Spiegel d. Sieg, 1979; Seligenthal, 1981; Geschenkmappe: Romantik in u. um Bonn, 1981; Schönes Land an Rhein u. Sieg, 1979/81; Siegburger Bilderbogen, 1979/81; Liebenswertes rings um d. Bundeshauptstadt, 1983; Kapellenkranz um d. Michaelsberg v. Dr. G. Busch OSB m. 112 Aquarellen u. Zeichnungen, 1985 - 1982/83 Künstler d. Jahres Rhein-Sieg-Kreis; 1984 Sonderausz. durch d. Federeuropa (Europ. Presseverb. Brüssel) - Liebh.: Klass. Musik.

WILLKE, Ingeborg Elisabeth

Dr. phil., Fil.dr., Prof. f. Vergleichende Erziehungswiss. - Hustadtring 81/906, 4630 Bochum (T. 0234 - 70 47 91) - Geb. 19. Aug. 1927 Berlin, ev., led. - Univ. Stockholm (Habil.), Promot. Univ. Mainz - 1966-73 Doz. Univ. Upsala, Vis. Prof. London u. Münster, s. 1973 Prof. Univ. Bochum, s. 1975 Mitgl. Stud.reformkommiss. - BV: ABC-Bücher in Schweden, ihre Entw. b. Ende d. 19. Jh. u. ihre Bez. z. Dtschl., 1965; Lärostolar i ped. vid europ. univ. (Dt. Summary), 1975; Schwerpunkt: Minoritäten (bes. jüd.), Zweisprachigkeit - Spr.: Schwed., Engl.

WILLMS, Günther

Dr. jur., Prof., Bundesrichter a. D., Schriftsteller (Ps. Caspar Reiserecht) - 7505 Ettlingen-Spessart (T. 2 94 76) - Geb. 25. Febr. 1912 Duisburg (Vater: Studienrat), verh., 3 Kd. (dar. S.) - Gymn. Fulda; Univ. München, Bonn, Frankfurt, Marburg - Justizdst. Kassel, Fulda, Hanau, Aschaffenburg, n. 1945 Arnstein u. Bamberg, s. 1951 Bundesverfassungsgericht (Präsidialrat, Presseref.) u. -gerichtshof Karlsruhe (1953 Richter). 1971-78 Vors. Strafrechtskommiss. Dt. Richterbd. 1939-45 Wehrdst. (Artl., zul. Hptm. d. R.) - BV: u. a. Aufgabe u. Verantw. d. polit. Parteien, 1958; Staatsschutz im Geiste d. Verfass., 1962; Geträumte Republik, 1985 - 1972 Prof.-Titel baden-württ. Landesreg.; 1982 Kulturpreis Rhön.

WILLMS, Johannes

Dr. phil., Leiter Kulturmagazin aspekte, ZDF - Zu erreichen üb. ZDF, Postfach 40 40, 6500 Mainz (T. 06131 - 70 22 45-46) - Geb. 25. Mai 1948 - BV: Bücherfreunde, Büchernarren, 1978; Nationalismus ohne Nation - Dt. Gesch. 1789-1914, 1983; Paris, Hauptstadt Europas 1789-1914, 1988; Rivarol, Polit. Journal e. Royalisten, 1989 - Mitgl. PEN-Club Liechtenstein.

WILLMS, Karl

Senator f. Wirtschaft u. Außenhdl. u. Senator f. Arbeit Fr. Hansestadt Bremen (b. 1983) - Schaumburg-Lippe-Str. 9, 5300 Bonn (T. 22 40 91) - Geb. 27. Mai 1934 Bremerhaven, verh. m. Ingrid, geb. Hellmann, 2 Kd. (Antje, Kai) - Gymn.; Stud. d. Rechte Hamburg - Leit. Amt f. Wirtsch.förderung Bremerhaven; 1971 Senator f. Bundesangel. Bremen. 1960 SPD.

WILLMS, Manfred
Dr. rer. pol., Prof. f. Wirtschaftspolitik Univ. Kiel - Olshausenstr. 40, 2300 Kiel (T. 0431 - 880 21 63) - Geb. 27. Juni 1934 Lüneburg, verh. s. 1961 m. Elke, geb. Gutbrod, 2 Kd. (Olaf, Britta) - Stud. Hamburg, Bonn u. London - S. 1971 Dir. Inst. f. Wirtsch.politik Univ. Kiel.

WILLNER, Horst
Dr. jur., Aufsichtsratsmitglied Beilken Gas-Lloyd AG, Lloyd-Werft, Minerva-Versich.-AG - Kapitän-König-Weg 37, 2800 Bremen 33 - Geb. 13. Okt. 1919 - Berufsoffz. (Marine); n. 1945 Vorst.-Mitgl. a.D. Hapag-Lloyd AG; Anteprä-ses d. Handelskammer Bremen. Vors. Dt. Schulschiff-Verein u. Stiftg. f. Ausb.-schiffe.

WILLNER, Max
Vorsitzender Landesverb. d. Jüd. Gemeinden in Hessen (1983), Dir. Landesverb. (1954-83), Geschäftsf. Jüd. Gemeindefonds Hessen/Württ./Hohenzollern, Baden (1963ff.), stv. Vors. Zentralrat d. Juden in Dtschl. (s. 1980ff.) - Hebelstr. 6, 6000 Frankfurt/M. 1 (T. 44 40 49) - Geb. 24. Juli 1906 - 1972 Gr. BVK, 1987 Stern dazu; 1977 Honorary Fellowship Univ. Tel-Aviv.

WILLOWEIT, Dietmar
Dr. jur., o. Prof. Univ. Würzburg (s. 1984) - Domerschulstr. 16, 8700 Würzburg (T. 3 13 63) - Geb. 17. Juli 1936 Memel/Ostpr. (Vater: Ernst W., Prokurist; Mutter: Elsa, geb. Linkowski), kath., verh. s. 1961 m. Hildegard, 3 Kd. (Ansgar, Claudia, Henrik) - Stud. d. Rechtswiss., Gesch., Phil.; Promot. u. Habil. Heidelberg - 1971-74 Privatdoz. u. apl. Prof. (1973) Univ. Heidelberg, o. Prof. (1974) FU Berlin, 1979 Univ. Tübingen, 1984 Univ. Würzburg - BV: Rechtsgrundlagen d. Territorialgewalt, 1975; Meinungsfreiheit (m. J. Schwartländer), 1986; Liechtenstein (m. V. Press), 1987; Deutsche Verfassungsgesch., 1989 - Spr.: Engl.

WILLS, Jörg Michael
Dr. rer. nat., Prof. - Eichlingsborn 6, 5900 Siegen - Geb. 5. März 1937 Berlin (Vater: Franz W., Grafiker u. Schriftst.; Mutter: Helene, geb. Osthoff), ev., verh. s. 1971 m. Barbara, geb. Piecha, 3 Töcht. (Nina, Julia, Anna) - Stud. TU u. FU Berlin (Dipl.-Math. 1962, Promot. 1965, Habil. 1969) - S. 1974 o. Prof. Univ.-GH Siegen (1975/76 Prorektor). Leit. v. 5 intern. Tagungen. Vortrags- u. Tagungsreisen in ca. 20 Länder Europas, Amerikas u. Asiens. Rd. 70 wiss. Fachpubl.; Mithrsg. d. Sammelw. Contributions to Geometry (1979), Convexity and its applications (1983).

WILLUDT, Hans-Werner
Unterehmer, Vors. Fachverb. Reprographie, Düsseldorf - Braillestr. 1, 1000 Berlin 41 - Geb. 3. Okt. 1916.

WILLUHN, Dietrich
Kaufmann, Direktor Geschäftsinhaber WILDUR Handels- u. Beteiligungsges. mbH - Sachsenwaldstr. 7, 2055 Hamburg-Aumühle - Geb. 3. Febr. 1922 Berlin (Vater: Dr. Franz W., Reichskabinettsrat a. D.; Mutter: Charlotte, geb. Wirth), ev., verh. s. 1960 m. Ingeborg, geb. Kaibel, 2 Kd. (Regina, Uta) - Stud. TU Berlin - 1948-56 Gesellsch.tätigk.; 1956-87 Klöckner-Werke AG u. Klöckner-Stahl GmbH; Ehrenmitgl. Verein f. Binnenschiffahrt u. Wasserstr.

WILLUMEIT, Hans-Peter
Dr.-Ing., Dipl.-Ing., Prof. f. Kraftfahrwesen TU Berlin (s. 1973) - Str. d. 17. Juni 135, 1000 Berlin 17 - Geb. 31. Dez. 1937 Berlin (Vater: Hans W., Arch.; Mutter: Hertha, geb. Klein), ev., verh. s. 1968 m. Irmhild, geb. Masslow, 2 Kd. (Kerstin, Jan) - Stud. Maschinenbau TU Berlin; Promot. 1969 ebd. - 1964-70 Wiss. Assist. TU Berlin; 1970-73 ltd. Mitarb. Forschung VW AG., Wolfsburg - Spr.: Engl., Franz.

WILMANNS, Ottilie
Dr. rer. nat., Prof., Lehrstuhl f. Geobotanik Univ. Freiburg - Im Mattenbühl 1, 7809 Denzlingen/B. - Geb. 24. Okt. 1928 - Habil. 1961 Tübingen - S. 1961 Lehrtätigk. Freiburg (1967 apl. Prof., 1975 o. Prof.). Fachaufs.

WILMBUSSE, Reinhard
Rechtspfleger, MdL Nordrh.-Westf. (s. 1975) - Henckelstr. 9, 4920 Lemgo (T. 05261 - 23 09) - Geb. 1. Okt. 1932 - SPD.

WILMERS, Frank William
Hauptgesellschafter Nürnberger Lederfabriken Kromwell KG, Geschäftsf. Lederwerke Kromwell GmbH, Kromwell Technik GmbH, Kromwell Pelart GmbH, Norimex Handelskontor GmbH, Kamp Silberhals GmbH, alle Nürnberg - Ginsterweg 7, 8500 Nürnberg 30 (T. 0911 - 59 50 45) - Geb. 12. Dez. 1925 Nürnberg (Vater: Joseph W., Ledertechniker; Mutter: Elsbeth, geb. Kromwell), kath., verh. s. 1951 m. Liane, geb. Schuster - Bachelor of Arts Tufts Univ. Medford, Mass./USA - Briefmarkensammler - Spr.: Engl., Franz., Fläm.

WILMS, Dorothee
Dr. rer. pol., Dipl.-Volksw., Bundesminister f. innerdt. Beziehungen (s. 1987), MdB (VIII. - XI. Wahlp./Landesl. NRW) - Godesberger Allee 140, 5300 Bonn 2 (T. 30 60) - Geb. 11. Okt. 1929 Grevenbroich, kath., ledig - Abit. 1950. 1950-54 Stud. Volkswirtsch., Sozialpolitik u. Soziol. Univ. Köln; Dipl.-Volksw. 1954, Dr. rer. pol. 1956 - 1955-73 Dt. Industrieinst. Köln, Mitgl. Geschäftsfg. 1960/67 nebenamtl. Doz. e. Höh. Fachsch. f. Sozialpäd. Mitgl. in wiss. Beiräten, 1974/76 stv. Bundesgeschäftsf. d. CDU Deutschlands, Bonn u. 1974/75 zusätzl. Leit. Hauptabt. Politik. 1977-82 Leit. e. Forschungsst. b. Inst. d. Dt. Wirtschaft, Köln. Mitgl. Zentralkomitee d. Dt. Katholiken. 1961 CDU, 1973-86 Landesvors. Frauenvereinig. CDU Rhld., 1975 Bundesvorst. CDU-Frauenvereinig.; 1977-86 Landesvorst. CDU-Rhld. 1968/73 Mitgl. Rat Stadt Grevenbroich.; 1982-87 Bundesmin. f. Bildung u. Wiss.; s. 1986 Landesvorst. CDU Nordrh.-Westf. - 1980/82 Parl. Geschäftsf. - Spr.: Engl., Franz.

WILP, Charles Paul

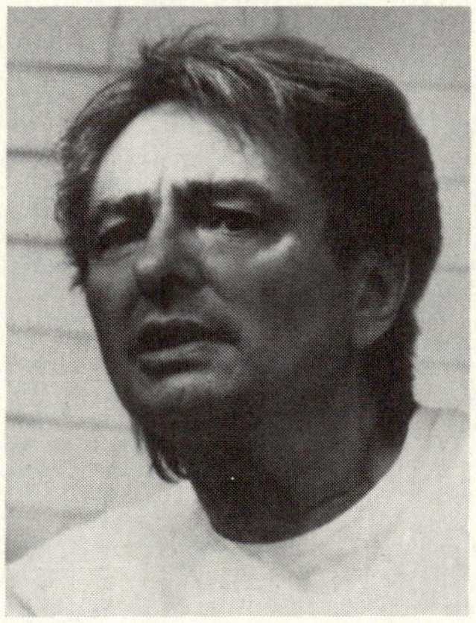

Medienkünstler - Nid.Rheinstr. 268, 4000 Düsseldorf 31 (T. 0211 - 40 45 25) - Geb. 15. Sept. 1932 Witten, kath., ledig - Stud. Publiz. Univ. Aachen; Wirkungspsych. b. Bolten; Schüler v. Jung u. Lerch - S. 1970 Gastdoz. Univ. Nairobi - Zahlr. nationale u. intern. Ausst., u. a. Documenta V 1972 Kassel, 1974 Kunsthalle Düsseldorf, Documenta VI 1977 Kassel, Biennale 1977 Venedig, Documenta VII 1982 Kassel, Computer Portraits of Intern. Financial Tycoons 1983 Harvard Univ., USA, Documenta 8 Europ. Kommiss. Bonn 17 gr. Europ., An Bord d. europ. TV-Satelliten, TDF 1, D. ersten Imagesculpturen in d. Weltraum 1977 Kassel - Zahlr. nationale u. intern. Ausz. u. Preise, u. a. Gold- u. Silbermed. d. Intern. Advertising Assoc. USA; Rizzoli-Preis.

WILPERT, Bernhard
Dr. phil., Dipl.-Psych., Prof. TU Berlin - Douglasstr. 11, 1000 Berlin 33 (T. 030 - 826 21 33) - Geb. 1. März 1936 Breslau (Vater: Johannes W., Dipl.-Volksw.; Mutter: Emma, geb. Breitkopf), kath., verh. s. 1964 m. Czarina, geb. Huerta, 2 Kd. (Gregory, Karin) - Univ. Tübingen (Dipl.-Psych. 1961, Promot. 1965) - 1965-68 Mitarb. u. Abt.leit. Dt. Entw.dienst; 1968-69 Doz. Dt. Inst. f. Entw.politik; 1969-77 Mitarb. Wiss.Zentrum Berlin; s. 1978 o. Prof. Berlin - BV: Führ. in dt. Untern., 1977; Competence and Power in Managerial Decision Making, 1981; Ind. Democracy in Europe, 1981; European Ind. Relations, 1981; Anspruch u. Wirklichkeit d. Mitbestimm., 1983; Intern. Perspectives on Organizational Democracy, 1984; The Meaning of Working, 1987. Herausg.: Applied Psychology; Intern. Handb. of Participation - 1980 Assoc. Prof. Inst. d'Etudes Politiques de Paris; 1983 Gastprof. Univ. Osaka, Japan, 1988 Gastprof. Univ. de Paris; 1989 Dr. e.h. Univ. Gent, Belgien - Spr.: Engl., Franz.

WILSCH, Manfred
Dr. rer. oec., Dipl.-Kfm., Fabrikant, AR-Vors. Rohstoffverein d. Kannenbäcker zu Grenzhsn. eG, Inhaber Wicap Holdings Ltd. - - Schweitzerstr. 3, 5410 Höhr-Grenzhausen/Westerwald (T. Büro: 02624 - 58 55) - Geb. 10. Juli 1926 Grenzhausen (Vater: Paul W.).

WILSS, Wolfram
Dr. phil., Prof. f. Angew. Sprachwissenschaft Univ. d. Saarlandes - Im Scheidter Eck 5, 6602 Saarbrücken-Dudweiler - Geb. 25. Juli 1925 Ravensburg (Vater: Dr. phil. Ludwig W., Studiendir.; Mutter: Bertha, geb. Frech), verh. s. 1956 m. Ingrid, geb. Niessen, 3 Kd. (Cornelia, Hartmut, Sybille) - 1945-51 Stud. Univ. Tübingen (Promot. 1950); 1951-52 British Council Scholar, Univ. Sheffield; 1952-54 Refer. - 1954-65 Lektor f. dt. Sprache u. Lit. Univ. Reading; 1955-65 Sprachendienstleit. Bonn; 1966ff. Univ. Saarbrücken (1968 o. Prof.). 1978-84 Präs. wiss. Kommiss. Übers. im Weltverb. f. Angew. Linguistik (AILA) - BV: Übers.-wiss. Probl. u. Methoden, 1977; The Science of Translation. Probl. Methods, 1982; Wortbildungstendenzen in d. dt. Gegenwartssprache, 1986; Kognition u. Übersetzen, 1988; Anspielungen. Zur Manifestation v. Kreativität u. Routine in d. Sprachverwendung. Herausg.: Semiotik u. Übers. (1980); Übers.-wiss. Ein Reader (1981) - Ehrendoktor d. Wirtsch.-Univ. Arhüs/DK - Liebh.: Musik, Sport, Wandern, Sozialwiss. - Spr.: Engl., Latein, Franz., Griech.

WILTFANG, Gerd
Springreiter - Holtorfer Dorfstr. 9, 2819 Thedinghausen (T. 04204 - 75 09) - Geb. 27. April 1946 (Vater: Bäckermeister) - N. Schule Bäcker- u. Konditorlehre - Zahlr. reitsportl. Erfolge (1972 Olympiasieger, 1978 Weltmeister, 1979 Europameister, 3 x Deutscher Meister) - Schüler v. Alwin Schockemöhle.

WILZ, Bernd
Rechtsanwalt, Präsident Bund d. Mitteldeutschen (s. 1986), MdB (Wahlkr. 71/Solingen-Remscheid), Verteidigungspolit. Sprecher d. CDU/CSU-Bundestagsfrakt. - Emscher Str. 4, 5650 Solingen 11 - Geb. 13. Dez. 1942, ev., verh., 1 Tocht. - Abit.; Stud. Rechts- u. Staatswiss. Univ. Münster u. Köln - Rechtsanw. - CDU s. 1965 (Vors. Kreisverb. Solingen b. 1983; Rat Solingen 1979-83) - Bundeswehroffz. (Oberstltn. d. Res.); 1978-83 Präs. Zweitbundesligafußballverein SG Union Solingen 1897; 1975-83 MdL Nordrh.-Westf. - 1983 BVK; 1985 Pommersche Ehrennadel in Gold; 1986

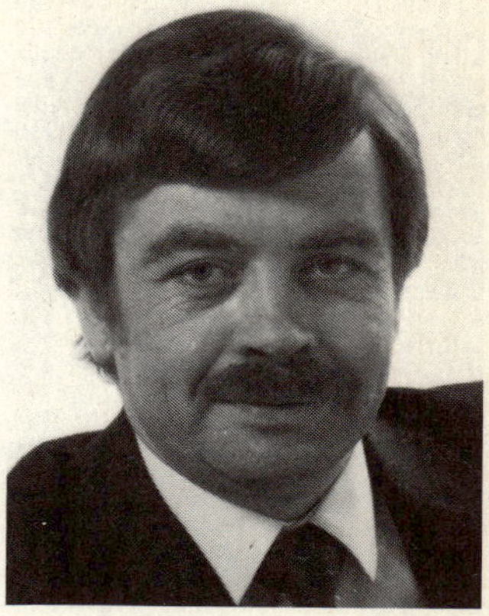

Gold. Ehrennadel d. Oberschlesier - Liebh.: Tennis, Reisen.

WIMBERGER, Gerhard
Prof., Komponist u. Dirigent - Wallmannweg 13, Salzburg (Österr.) (T. 2 02 12) - Geb. 30. Aug. 1923 Wien, verh. s. 1954 (Ehefr.: Eva), 2 Kd. - Mozarteum Salzburg - 1947-48 Korrepetitor Volksoper Wien, 1948-51 Kapellm. Landestheat. Salzburg, s. 1952 Doz., ao. (1959) u. o. Prof. (1969) Mozarteum ebd. 1971ff. Direktoriumsmitgl. Salzbg. Festsp. - W: Schaubudengeschichte (heitere Oper), La Battaglia oder D. rote Federbusch (Opernkomödie), Dame Kobold (Musikal. Komödie), Lebensregeln (Katechismus m. Musik), D. Opfer Helena (Kammermusical f. Schauspieler), Paradou (Oper), Fürst v. Salzburg - Wolf Dietrich (Szen. Chronik f. Musik), Hero u. Leander (Tanzdrama), D. Handschuh (Ballett), Heiratspost-Kantate, Concerto f. Klavier u. Kammerorch., Figuren u. Fantasien f. Orch., Loga-Rhythmen f. gr. Orch., 3 lyr. Chansons n. Gd. v. Jacques Prévert, Stories f. Bläser u. Schlagzeug, Risonanze f. 3 Orch.gruppen, Chronique f. Orch., Multiplay f. 23 Spieler, Short stories f. 11 Bläser, Plays f. 12 Vlc. soli, Bläser u. Schlagzeug, Motus f. gr. Orch., Concerto a dodici, Programm f. gr. Orch., Ausstrahl. W. A. Mozartscher Themen f. Orch., Streichquartett (1978), Sonetti in vita e in morte di Madonna Laura v. Petrarca f. Chor a cappella, 2. Klavierkonzert, Concertino per orchestra, Nachtmusik, Trauermusik, Finalmusik f. Orchester, Memento vivere - Gesänge vom Tod (Oratorium), Ars amatoria n. Ovid (Kantate) u. a. - 1967 Österr. Staatspreis, 1977 Würdigungspreis f. Musik, 1977 korr. Mitgl. Bayer. Akad. d. schönen Künste - Spr.: Engl., Ital.

WIMMEL, Walter
Dr. phil., o. Prof. f. Klass. Philologie - Renthof 39, 3550 Marburg/L. (T. 6 60 82; Seminar: 28 47 56) - Geb. 27. Sept. 1922 Krofdorf-Gleiberg (Vater: Wilhelm W., Gymnasialprof.; Mutter: Else, geb. Hoffmann), verh. s. 1953 m. Johanna, geb. Haefele, 2 Kd. (Conrad, Elsa) - Realgymn. Mosbach, Gymn. Mannheim u. Lahr; Univ. Freiburg u. Basel. Promot. (1950) u. Habil. (1957) Freiburg - 1957-63 Privatdoz. u. apl. Prof. (1962) Univ. Freiburg; s. 1963 o. Prof. u. Seminardir. Univ. Marburg. Mitgl. Marbg. Gelehrte Ges. - BV: Kallimachos in Rom, 1960; Z. Form d. horaz. Diatribensatire, 1962; D. frühe Tibull, 1968; Hirtenkrieg u. arkad. Rom - Reduktionsmedien in Vergils Aeneis, 1972; D. techn. Seite v. Caesars Unternehmen g. Avaricum, 1974; Tibull u. Delia Bd. I, 1976; D. trag. Dichter L. Varius Rufus (Z. Frage s. Augusteertums), 1981; D. Kultur holt uns ein (Textualität u. geschichtl. Werden), 1981; Tibull u. Delia Bd. II, 1983; Collectanea: Augusteertum u. späte Republik, 1987. Zahlr. Fachaufs.

WIMMENAUER, Karl
Dipl.-Ing., Prof., Architekt (BDA) -

Schuppstr. 51, 6200 Wiesbaden-Sonnenberg (T. 06121 - 54 32 50) - Geb. 24. März 1914 Mannheim (Vater: Medizinalrat Dr. med. Karl W.; Mutter: Lilie, geb. Muth), ev., verh. s. 1948 m. Adelheid, geb. Schneider, 2 Töcht. (Christina, Eva) - Gymn. Offenbach; Maurer-, Schreiner-, Schlosserausbild.; 1933-39 TH Darmstadt (Arch.) - 1939-47 Wehrdst. u. sowjet. Gefangensch.; 1947-57 Mitarb. Prof. Dr.-Ing. Rudolf Schwarz, Frankfurt/M.; 1957-62 Assist. u. fr. Mitarb. Prof. Dr.-Ing. Hans Schwippert, Aachen/Düsseldorf; s. 1962 fr. Arch.; 1963-79 Prof. Kunstakad. Düsseldorf (Neue Baugesch. u. Entwerfen). U. a. Kirchen, darunt. Ev. Epiphaniask. Frankfurt/M. (1956), Ev. Friedensk. Harheim (1965), Ev. Petrusk. Gladbeck (1966), Ev. Adventsk. Niederweimar (1974/75) - BV: u. a. Kirchenbau, 1972. Redaktion: D. Neue Stadt (1949-53). Zahlr. Fachveröff. - Liebh.: Theater - Mitgl. Intern. Lions-Club.

WIMMENAUER, Wolfhard
Dr. rer. nat., o. Prof. f. Mineralogie u. Gesteinskunde - Rehhagweg 21, 7800 Freiburg/Br. (T. 29 05 11) - Geb. 8. Mai 1922 Leverkusen (Vater: Dr. Karl W., Chemiker; Mutter: Elisabeth, geb. Neuenhaus), verh. s. 1956 m. Rosemarie, geb. Plutte - Promot. 1948; Habil. 1953 - S. 1953 Privatdoz., apl. (1959) u. o. Prof. (1967) Univ. Freiburg; b. 1967 Oberlandesgeologe Geol. Landesamt Baden-Württ. ebd. - BV: Petrographie u. magmatischen u. metamorphen Gesteine. Fachveröff. Zeitw. Mithrsg.: Zentralbl. f. Mineral. - 1978 o. Mitgl. Heidelberger Akad. d. Wiss.; 1980-82 Vors. Dt. Mineralog. Ges.

WIMMER, Brigitte
Schriftsetzerin, MdL Baden-Württ. (Wahlkr. 28, Karlsruhe 1) - Frauenalber Str. 7, 7500 Karlsruhe 51 (T. 0721 - 2 93 04) - Geb. 22. Mai 1946 Bad Mergentheim - SPD.

WIMMER, Frank
Dr. rer. pol., Univ.-Prof. f. Betriebswirtschaftslehre, insbes. Absatzwirtschaft, Univ. Bamberg - Kiefernsteig 9, 8501 Rückersdorf (T. Nürnberg 50 66 72) - Geb. 9. Febr. 1944 Lauf/Mfr. - Gymn. Nürnberg; Univ. Erlangen-Nürnberg (Promot. 1975, Habil. 1983) - Priv.-Doz. Univ. Erlangen-Nürnberg; 1983-85 Lehrstuhlvertr. Univ. Hannover (Markt u. Konsum); s. 1985 Univ.-Prof. Bamberg.

WIMMER, Franz
Dr., Dipl.-Kfm., Geschäftsführer Verb. d. Dt. Holzwolle-Industrie, Verb. d. Dt. Holzmehl-Ind., Arbeitsgem. Wäscheklammer-Ind. - Ernst-Ludwig-Str. 32, 6140 Bensheim/Bergstr. (T. 25 55) - Geb. 23. Mai 1922.

WIMMER, Fritz
I. Bürgermeister Stadt Freyung - Rathaus, 8393 Freyung/Ndb. - Geb. 6. Okt. 1941 Freyung/Ndb. - Zul. Stadtoberinsp. CDU.

WIMMER, Hans
Prof., Bildhauer - Kunigundenstr. 42, 8000 München 40 - Geb. 19. März 1907 Pfarrkirchen/Ndb. - Gymn. Landshut; TH u. Kunstakad. München - S. 1949 Prof. Akad. d. bild. Künste Nürnberg. Mitgl. Dt. Kunstrat. Werke in- u. ausl. Museen: Bronzecrucifixus Schloß Heiligenberg/Bodensee, Denkmal Dankspende d. dt. Volkes an d. Schweiz Bern (1954), Richard-Strauss-Brunnen (1961) München, Gr. Stehende (1. Fass. Kunsth. Mannheim, 2. Fass. Middelheim/Belg.), Bronzenes Reiterstandbild Kaiser Ludwig d. Bayer (1966) ebd., D. Gr. Pferd (überlebensgr. Bronze, 1967) Kunsthalle Bremen, Gr. Gesatteltes Pferd (2. Fassg. Utrecht), Bronzefigur Desdemona (1976), Reichsstadtbrunnen Donauwörth, Große Sitzende Passau (1983), Aufstellung Figur Desdemona v. 1976 im Innenhof Neue Pinakothek (1984), Aufstellung Trojanisches Pferd

Südseite Alte Pinakothek; Wagenlenkerin (1986); Porträtbüsten: Knappertsbusch, Curtius, Carossa, Furtwängler, Heidegger, Heisenberg, Kokoschka u. a.; Soldatenfriedhöfe: Catania, Cannock/Engl., Costermano/Gardasee; Ehrenmal d. Dt. Heere Ehrenbreitstein. 1987 Eröffn. Hans Wimmer-Museum auf d. Veste Oberhaus Passau - BV: D. Kunst, 3. A. 1952; Furtwängler, 1954; Bildnisse unserer Zeit, 1958; Üb. d. Bildhauerei, 1961; Aus d. span. Reitschule, Handzeichn. 1974 - 1939 Rom-Preis, 1957 Gr. Kunstpreis Nordrh.-Westf., 1966 Ritter Orden Pour le Mérite Friedenskl.; 1966 Ehrenbürger Pfarrkirchen (Geburtsort); 1963 Ehrenmitgl. Akad. d. bild. Künste München; 1967 Gr. BVK m. Stern; 1984 Maximiliansorden; 1984 Orden S. Gregorii Magni; o. Mitgl. Bayer. Akad. d. Schönen Künste, Akad. d. Künste Berlin, Acad. Royal de Belgique - Liebh.: Reiten - Lit.: H. K. Röthel u. M. Huggler, H. W., Biogr., 2 Bde. 1964, Trojanisches Pferd (überlebensgr. Bronze) 1982, Handzeichnungenband (Piper) 1982.

WIMMER, Heinrich
Dr. phil., Ltd. Bibliotheksdirektor, Leit. Universitätsbibl. Passau (s. 1976/Neugründ.) - Innstr. 29, 8390 Passau (T. 0851 - 50 95 70); priv. Adolf-Vaeltl-Str. 20, 8399 Neuburg/Inn, - Geb. 12. Okt. 1938 Niederbaierbach (Vater: Heinrich W., Gastwirt; Mutter: Franziska, geb. Oberbauer), kath., verh. s. 1968 m. Marianne, geb. Dworzak, T. Elisabeth - Gymn. Traunstein; Univ. München (Griech., Lat., Gesch.). Staatsex. 1962; Promot. 1966 - 1965-76 Univ.bibl. Regensburg.

WIMMER, Helmut
I. Bürgermeister - Rathaus, 8351 Wallersdorf/Ndb. - Geb. 13. Okt. 1944 Plattling - Zul. Schriftsetzer.

WIMMER, Hermann
Maschinenschlosser, MdB (VIII., IX u. X. Wahlp./Landesl. Bay.) - Pollaufstr. 8, 8262 Neuötting/Obb. - Geb. 18. Juli 1936 Neuötting, kath., verh., 2 Kd. - Realsch.; 1950-54 Maschinenschlosserlehre - 1954-1976 Maschinenschl. Maschinenfabr. Esterer AG., Altötting (Betriebsratsvors. u. ARsmitgl.). 1966 ff Mitgl. Stadtrat Neuötting u. Kreistag Altötting SPD s. 1955.

WIMMER, Johann
s. Wimmer, Hans

WIMMER, Maria
Schauspielerin - Osserstr. 16, 8000 München 80 (T. 98 17 73) - Geb. 27. Jan. Dresden (Vater: Max W., Baurat; Mutter: Helene, geb. Friedrich), verh. s. 1950 m. Dr. jur. Otto Seemüller - Bühnen Stettin, Frankfurt/M., Hamburg (Dt. Schauspielhaus), München (Kammersp.), Düsseldorf (Schauspielhs.). Gast Schiller-Th. Berlin, Schausph. Zürich, Burgtheater Wien. Bühne: Gretchen, Maria Stuart, Iphigenie, Königin, Minna v. Barnhelm, Laura, Elisabeth v. Engl., Gräfin Orsina, Penthesilea, Frau Man-

non, Medea, Laura (D. Vater; Insz. Fritz Kortner 1967 Hamburg), Gespr. im Hause Stein üb. d. abwesenden Herrn v. Goethe, Kirschgarten u. a. Film: D. fallende Stern, D. gr. Zapfenstreich, Sauerbruch, E. Engel m. d. Flammenschwert; Fernsehen: Glückl. Tage, Im Schlaraffenland, D. Zimmerwirtin, D. 4. Platz, Dämonen, Richelieu - 1961 Louise-Dumont-Goldtopas (Gegenstück z. Iffland-Ring), 1967 Tilla-Durieux-Schmuck (f. d. beste Schausp.); 1970 DGB-Kulturpreis 1971; 1973 Mitgl. Orden Pour le Mérite f. Wiss. u. Künste; o. Mitgl. Akad. d. Künste, Berlin; 1974 Gr. BVK m. Stern; 1984 Bayer. Maximiliansorden - Spr.: Engl., Franz., Ital. - Lit.: M. W. - Porträt e. Schausp.

WIMMER, Paul
Dr. phil., Schriftsteller u. Literaturhistoriker - Krongasse 3, A-1050 Wien (T. 0222 - 562 95 34) - Geb. 18. April 1929 Wien (Vater: Franz W., Schneiderm.; Mutter: Therese, geb. Bamberger), ledig - Univ. Wien - 1963-74 Generalsekr. Österr. Schriftst.verb.; BV: Üb. 30 Buchveröff., u. a. Unterwegs, Ged. 1963; Fläm. Lyrik, 1970; Franz Werfels dramat. Send., 1973; Wegweiser durch d. Lit. Tirols s. 1945, 1978; Neuer Romanführer, 1980; D. Dramatiker Franz Theodor Csokor, 1981; Hubert Lampo: Gelöbnis an Rachel, 1976 (aus d. Fläm.) - 1958 Pr. Dr. Theodor Körner-Preis; 1963 Preis d. Kunstfonds Stadt Wien; 1970 Förderungspreis Stadt Wien f. Lit., Reisen, Malerei, Kunstgesch. - Spr.: Engl., Fläm. (Niederl.), Latein - Lit.: Jan Aler, Wagnis u. Glück d. Nachdicht.

WIMMER, Raimund
Dr. jur., Dr. phil., Prof., Rechtsanwalt, Fachanwalt f. Verwaltungsrecht - Oxfordstr. 10, 5300 Bonn (T. 0228 - 65 80 33) - Geb. 8. Nov. 1935 Dortmund (Vater: Dr. jur. Dr. phil. August W., Senatspräs. a. D.; s. dort), kath., verh. s. 1960 m. Christel, geb. Neudenberger, 4 Kd. (Ulrich, Almut, Dominik, Ansgar) - Abit. 1955 Bonn; Promot. 1959 u. 1977, Jurist. Staatsprüf. 1959 (Köln) u. 1962 (Düsseldorf) - 1962-65 Stadtverw. Bonn, 1965 Stadtkämmerer u. Schuldezern., 1972-82 Oberstadtdir. Osnabrück, Habil. Univ. Osnabrück 1978, apl. Prof. a. d. Univ. Osnabrück. Veröff. verfassungs-, bildungsrechtl. u. pol. Art. Mitherausg. Dt. Verwaltungsblatt u. Recht d. Jugend u. d. Bildungswesens.

WIMMER, Rainer
Dr., Prof., Direktor Inst. f. dt. Sprache - Friedrich-Karl-Str. 12, 6800 Mannheim 1 - Geb. 28. Febr. 1944 Wernigerode - Habil. (German. Linguistik) Heidelberg - BV: D. Eigenname im Deutschen, 1973; Referenzsemantik, 1979.

WIMMER, Ruprecht
Dr. phil., Prof. f. Neuere dt. Literaturwiss. Kath. Univ. Eichstätt - Max-Reger-Weg 9, 8078 Eichstätt (T. 08421 - 52 09) - Geb. 18. Sept. 1942 München (Vater: Wilhelm W., Bibl.-Oberamtsrat; Mutter: Eleonore, geb. Rittinger), kath., verh. s. 1977 m. Francoise, geb. Fraimont, 2 S. (Roland, Philippe) - 1962-68 Univ.

München (German., klass. Philol.; Promot. 1971, Habil. 1980 - 1971-80 Assist. München u. Münster; 1980-82 Gastprof. St.-Etienne/Frankr.; ab 1982 Prof. Eichstätt - BV: Deutsch u. Latein im Osterspiel, 1974; Jesuitentheater, 1982 - Spr.: Engl., Franz.

WIMMER, Wilhelm
Dr. jur., Dipl.-Volksw., Hauptgeschäftsführer IHK f. München u. Oberbayern, München (s. 1980) - Max-Joseph-Str. 2, 8000 München 2 - Geb. 15. Sept. 1931 Rottenburg (Ndb.) - Zul. Ministerialdirig. Bayer. Staatsmin. f. Wirtsch. u. Verkehr. Stv. AR-Vors. Münchener Messe- u. Ausstellungsges. mbH; Mitgl. Rundfunkrat BR; VR-Mitgl. Bayer. Landesanst. f. Aufbaufinanzierung (LfA); AR-Mitgl. Münchner Ges. f. Kabelkommunikation mbH (MGK); Lehrbeauftr. FH München - 1983 BVK I. Kl.; 1986 Bayer. VO.

WIMMER, Willy
Rechtsanwalt, Parlam. Staatssekretär Bundesmin. d. Verteidigung (s. 1988), MdB (s. 1976); Wahlkr. 77/Neuss II) - Postf. 13 28, 5300 Bonn - Geb. 18. Mai 1943 Mönchengladbach, kath., verh., 1 Sohn - Univ. Köln u. Bonn. Gr. jurist. Staatsprüf. - S. 1977 RA. 1969ff. Mitgl. Stadtrat Mönchengladbach; s. 1976 MdB; 1975/76 Mitgl. Landschaftsvers. Rheinl. CDU s. 1959.

WINAU, Rolf
Dr. phil., Dr. med., Prof. - Klingsorstr. 119, 1000 Berlin 45 (T. 83 00 92 30) - Geb. 25. Febr. 1937 Düsseldorf (Vater: Joseph W., Kaufm.; Mutter: Else, geb. Hey) - Habil. 1972, Prof. f. Gesch. d. Med. Univ. Mainz, s. 1976 o. Prof. f. Gesch. d. Med. FU Berlin.

WINCKEL, Fritz

Dr.-Ing., Prof., Akustiker - Höhmannstr. 9, 1000 Berlin 33 (T. 826 14 06)- Geb. 20. Juni 1907 Bregenz/Bodensee (Vater: Max W., Chemiker), ev., led. - Realgymn. u. TH Berlin (Nachrichtentechnik; Physik; Dipl.-Ing. 1932). Promot. 1950 TU Berlin - 1932-34 Heinrich-Hertz-Inst. Berlin (Forsch.: Elektr. Musik m. eig. Patenten), Assist. b. Walter Nernst (Nobelpreisträger), 1934-37 Dt. Versuchsanst. f. Luftfahrt (Entwickl. v. Meßgeräten u. automat. Steuerungen), 1937-45 Siemens Pilot u. Entw. Gruppe Autopilot. TU Berlin ab 1950 HHI, TU ebd. (Einricht. neuer Lehrgebiete: 1) Naturwiss. Grundl. v. Spr. u. Musik, 2) Studiotechnik, 3) Kommunikationswiss. u. Kybernetik; 1951 Privatdoz., 1957 apl. Prof., 1961 Wiss. Rat; s. 1954 Lehrauftr. Med. Fak. FU HNO. Gastprof. USA (1961 Cleveland, 1967 Cambridge). Begr. Berliner Intern. Wochen f. exper. Musik (1964); Elektroakustik u. Exper. Musik Dt. Pavillon Weltausstell. 1970 Osaka - BV u. a.: Herausg.: Fernsehen (1953 m. Leithäuser), Impulstechnik (1956), Technik d. Magnetspeicher (1958), Exper. Musik (1970), Disorders of Human Communication, 10 Bde. (1980) ff. m. B. Wyke); Tiefenstruktur d. Musik (1982). Etwa 300 wiss. Beitr. in Ztschr. Kulturfilm: Wunder d. Klangs (Ufa 1944).

Elektronik zu Blachers Oper Zwischenfälle b. e. Notlandung (UA. 1966 Hamburg) - Ehrenmitgl. Assoc. francaise pour l'Etude de la Phonation et du Langage/Sorbonne, Paris, Ges. f. Neue Musik, Caracas (Venez.) u. Ges. HNO-Ärzte Bln - Spr.: Engl., Franz. - Großv. ms.: Prof. Dr. h. c. C. Hartwich, Pharmakologe, Zürich (†1917) - Lit.: Festschr. f. F. W. (75), Herausg. TU/Akad. d. Künste Berlin (1982, 2. Bd. 1987).

WINCKELMANN, Hans

Dr. oec. (habil.), Diplom-Kaufmann, Präsident a. D. Wirtschaftsprüfer, Honorarprof. f. Betriebsw.slehre FU Berlin (s. 1961) - Berliner Str. 83, 1000 Berlin 37 (T. 8 11 41 14) - Geb. 2. Mai 1903 Eisenach/Thür., ev., verh. s. 1937 m. Irmgard, geb. Freyer - Dipl.-Kfm. (1928) u. Promot. (1930) Berlin - Assist. HH Berlin u. Schriftl. Handwörterb. f. Betriebsw.slehre (b. 1933), ab 1936 Wirtschaftsprüfer u. Steuerberater (1942), 1942-58 Vorstandsmitgl. Wirtschaftsberatung AG., Berlin/Düsseldorf, 1958-68 Präs. Rechnungshof v. Berlin - BV: Kameralist. u. kaufm. Rechnungslegung in öfftl. Verwaltungen u. Betrieben, 1950; Gemeindl. Vermögensrechnung, 1959. Div. Einzelarb. - Spr.: Engl., Franz.

WINCKLER, Lutz

Dr. phil. habil., Privatdozent Univ. Tübingen, Gastprof. Univ. Besançon - Vogelsangstr. 26, 7404 Ofterdingen - Geb. 23. Jan. 1941 Potsdam, verh. m. Anke, geb. Otto, T. Julia - Staatsex. 1966, Promot. 1968, Habil. 1975 - 1978/79 Mitgl. Bundesvorst. Bund demokr. Wissensch.; 1979-81 Leit. d. Hamburger Arbeitsstelle f. dt. Exillit. - BV: Z. gesellsch. Funktion faschistischer Sprache, 1970, 4. A. 1985 (übers. portug., span.); Kulturwarenprod., 1973 (auch dän.); Hg. Antifasch. Lit. 1-3, 1977 u. 1979; Faschismuskritik u. Dtldbild. im Exilroman, 1981; Autor, Markt, Publikum, 1986.

WIND, Heinrich

Dr. rer. pol., Direktor, stv. Vorstandsvors. BayWa AG., München - Böhlaustr. 23a, 8000 München 60 - Geb. 5. Dez. 1911 - 1976 i. Ruhestand, Alternierender Vorstandsvor.s Großhandels- u. Lagerei-Berufsgenoss., Mannheim (b. 1980).

WINDELBAND, Günter

Vorsltandsmitglied Claudius Peter AG., Hamburg - Kleckener Kirchweg 31, 2101 Waldesruh - Geb. 15. Febr. 1924 Nauen b. Berlin.

WINDELEN, Heinrich

Dr. rer. pol. h.c., Bundesminister f. innerdeutsche Beziehungen (1983-87), Verwaltungsratsmitgl. WDR (1971-85), VR Deutsche Bundespost (1968-69, 1977-83), Vors. (1987), Vors. Haushaltsaussch. Deutscher Bundestag (1977-81) - Hermannstr. 1, 4410 Warendorf/W. (T. 35 22) - Geb. 25. Juni 1921 Bolkenhain/Schles. (Vater: Engelbert W., Lederfabr.; Mutter: Anna, geb. von den Driesch), kath., verh. s. 1954 m. Ingeborg, geb. Kreutzer, 4 Kd. (Andrea, Sabine, Susanne, Markus) - Mittelsch. Bolkenhain u. Obersch. Striegau; 1940-41 Univ. Breslau (Physik u. Chemie); 1945-48 kaufm. Ausbild. Telgte u. Warendorf - 1939-40 Reichsarbeits- u. Kriegshilfs- (Polen), 1941-45 Wehrdst. (Heer; Ost- u. Westfront, zul. Feldwebel) u. amerik. Gefangensch.; s. 1949 selbst. (Elektrohandel), 1969 Bundesvertriebenenmin. 1946-48 u. 1964-66 MdK ebd.; 1948-64 Mitgl. Stadtrat; s. 1957 MdB, 1981-83 Vizepräs. Dt. Bundestag. CDU s. 1946 (1953 kreisvors.; 1969 Mitgl. Bundesvorst.; 1970-77 Vors. Landesverb. Westf.-Lippe; 1971-77 stv. Vors. Landespräsid. NRW); 1987 Ehrenvors. CDU NRW - BV: SOS f. Europa, 1972 - 1969 Gr. BVK, 1977 m. Stern, 1985 Schulterbd. dazu; Gr. Gold. Ehrenz. m. Stern d. Rep. Österr.; Dr. rer. pol. h.c. Hanyang-Univ. Seoul; 1969 Gold. Sportabz. - Spr.: Engl., Franz. (Schulk.).

WINDEN, Kurt

Dr. jur., Landgerichtsdirektor a. D., Bankdirektor - Niederräder Landstr. 10, 6000 Frankfurt/M. - Geb. 24. Dez. 1907 Düsseldorf - S. 1952 Südd. bzw. Dt. Bank (1957; Leit. Rechtsabt.). Fachveröff. Mithrsg.: Enzyklopäd. Lexikon f. d. Geld-, Bank- u. Börsenwesen (3. A.).

WINDFUHR, Manfred

Dr. phil., Prof. - Uerdinger Str. 23, 4000 Düsseldorf (T. 436 02 72) - Geb. 24. Okt. 1930 Remscheid (Vater: Emil Ernst W.; Mutter: Karla, geb. Kranz), kath., verh. s. 1957 m. Erika, geb. Schmohl, 3 Kd. (Claudia, Ulrich, Alfred) - Stud. d. German., Gesch. Univ. Köln, Heidelberg, Marburg; Promot. ebd.; Habil. 1965 Heidelberg - 1967-69 o. Prof. f. Neuere German. Bonn, s. 1969 Univ. Düsseldorf - BV: Heinrich Heine, 2. A. 1976; D. unzulängl. Ges., 1971. Herausg. Düsseldorfer Heine-Ausg. (1973 ff.) - Liebh.: Sport, Gärtnerei - Spr.: Engl.

WINDFUHR, Wolfgang

Studiendirektor a. D., MdL Hessen (s. 1974, Stadtverordneter Kassel (s. 1968) - Niederwaldstr. 12, 3500 Kassel (T. 3 63 34) - Geb. 28. Juni 1936 Lüdenscheid, ev., verh. s. 1962 m. Waltraud, geb. Hesse, 2 Töcht. (Astrid Donata, Sandra Dorothee) - Volkssch. u. Gymn. Lüdenscheid; Stud. Germanistik, Gesch., Phil. u. Päd. Univ. Marburg u. Bonn; 1. u. 2. Staatsprüf. - Z. Zt. Hochschulpolit. Sprecher CDU-Landtagsfraktion; Vors. d. Aussch. f. Wiss. u. Kunst d. Hess. Landtages.

WINDGASSEN, Peter

Regisseur u. Szenograph b. Bühne u. Fernsehen - Buowaldstr. 48, 7000 Stuttgart 75 - Geb. 21. April 1947 Stuttgart (Vater: Kammers. Wolfgang W.†, Heldentenor, s. XVII. Ausg.; Mutter: Charlotte, geb. Schweikher), led. - Gymn., Stud. Phil. - Regieassist. b. Günther Rennert; 1975-76 Oberspielleit. Lübeck u. 1977-79 Staatstheater Kassel. Fernsehproduktionen. Gastinsz. im In- u. Ausland - Bek. Vorf.: Kammers. Prof. Fritz W. (Großv.); Kammers. Vali von d. Osten (Großm.); Kammers. Eva von d. Osten (Großtante).

WINDHOFF, Bernd

Dr. rer. pol., Geschäftsführer Windhoff-Perfex GmbH., Rheine - Franz-Darpe-Weg 7, 4440 Rheine (T. 5 83 26) - Geb. 19. Dez. 1939 Berlin (Vater: Dipl.-Ing. Hermann W. (s. d.); Mutter: Ingeborg, geb. Richter), verh. s. 1967 m. Adrienne, geb. Héritier - Gymn. Dionysianum Rheine; Stud. Univ. Berlin, Köln, Basel; Promot. 1970 - B. 1981 Rheiner Masch.-fabrik Windhoff AG (Vorst.-Vors.) - BV: Darstellung u. Kritik d. Konvergenztheorie - 1963 Plak. f. hervorrag. sportl. Leistungen - Spr.: Engl., Franz. - Bek. Vorf.: Dr. Max Richter, Unterstaatssekr. unt. kaiser Wilhelm II. (Großv.).

WINDISCH, Rupert

Dr. jur., Prof. f. Ökonomie d. öfftl. Wirtschaft - Univ. Göttingen, Platz der Göttinger Sieben 3, 3400 Göttingen (T. 39 46 21) - Geb. 3. Dez. 1943 Gütersloh (Vater: Georg W., Dipl. Ing.; Mutter: Felizitas, geb. Schüssler), ev., verh. s. 1972 m. Johanna, geb. Utz, 2 S. (Christoph, Bernhard) - Realgymn. Linz/Donau, Univ. Wien (Promot. 1965, Habil. 1973) - S. 1975 o. Prof. Univ. Göttingen - BV: Ökon. u. institut. Gesichtspunkte rationaler Haushaltsplanung, 1970; Handb. d. österr. Finanzpolitik, 1986; Privatisierung natürl. Monopole, 1987. Aufsätze z. Umweltökonomie, staatl. Umverteilung, Theorie d. öfftl. Regulierung - Liebh.: Klass. Musik - Spr.: Engl.

WINDISCH, Siegfried

Dr. phil. nat., em. Prof. f. Mikrobiologie - Hamsterweg 3, 6208 Bad Schwalbach 3 (T. 06124 - 13 11) - Geb. 13. Aug. 1913 Leipzig (Vater: Dr. jur. Hermann W., Magistratsass., gef. 1914; Mutter: Paula, geb. Geering †1928), ev., verh. s. 1938

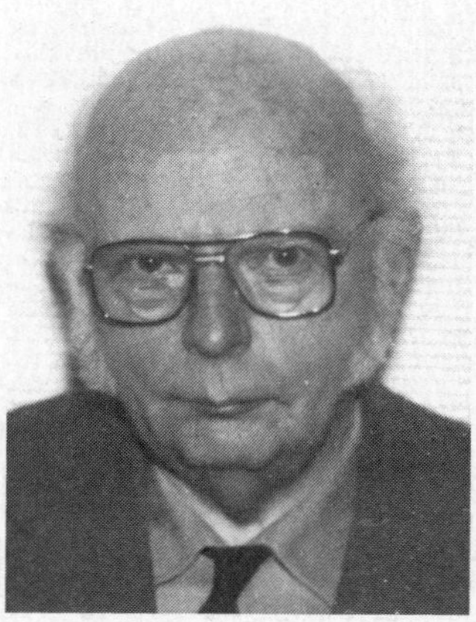

m. Lotte, geb. Venitz, S. Ernst-Richard - 1932-37 Univ. Frankfurt/M. (Botanik, Bakt., Chemie). Promot. 1937 Frankfurt; Habil. 1949 München (TH) - S. 1952 ao. Prof., pers. Ord. (1961) u. o. Prof. (1965) TU Berlin. Zahlr. Fachveröff. - 1971 Wilhelm Henneberg-Plak.; 1977 gold. Delbrück-Gedenkmünze - Spr.: Engl. - Bek. Vorf.: Prof. Ernst W. (Sanskrit, Kelt. Spr.), 1844-1918).

WINDSCHILD, Günther

Redakteur, Polit. Korresp. d. WDR in Bonn - Am Börschsgarten 20, 5000 Köln 90 (T. 02203 - 6 50 81) - Geb. 15. April 1930 Köthen (Vater: Karl W., Superintendent; Mutter: Christine, geb. Vollschwitz), ev., verh. s. 1955 m. Ingrid, geb. Schön, 3 S. (Andreas, Tom, Jens) - Abit.; Landwirtsch.lehre; Verlagsausb.; Stud. Theol. u. Politik - B. 1951 Landwirtsch.; b. 1955 Verlagsbuchhandel; b. 1961 Redakt. Ztschr. D. Mitarbeit (Ev. Monatshefte); b. 1979 Redakt. WDR Köln; s. 1980 WDR-Korresp. Bonn - BV: Tips f. Arbeitn. - Überblick üb. d. soz. Sicher. (Reihe: Bürger-Service d. Bundesreg.) - Interesse f. Grundfragen d. soz. Sicher. u. Sozialpolitik - Spr.: Engl.

WINDSINGER, Josef

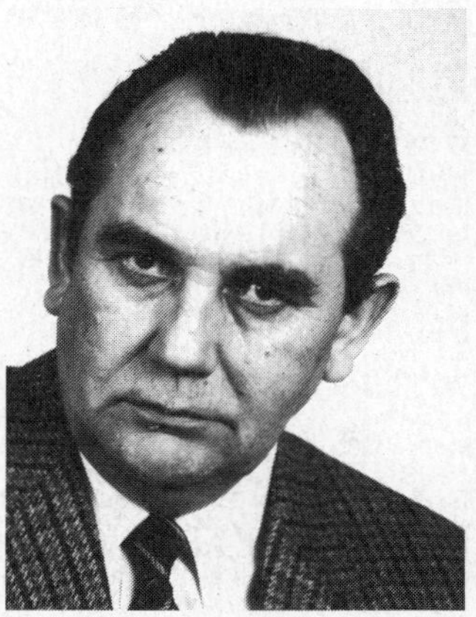

Dipl.-Ing. (FH), Bundesbahndirektor, Vors. Verb. Dt. Eisenbahn-Ing. - VDEI - Frankfurt - Ligusterweg 8a, 6236 Eschborn/Ts. (T. 06173 - 6 15 51) - Geb. 25. April 1929 Wolnzach/Obb. (Vater: Josef W.; Mutter: Hildegard, geb. Felsl), kath., verh. s. 1967 m. Maria, geb. Flumm, 2 Kd. (Harald, Evelyn) - Techn. FH (früher Akademie f. angew. Technik) München; Ing.ex. 1950 - 1950-65 Bundesbahndirekt. Augsburg; 1965-68 DB-Zentralamt München; s. 1968 DB Frankfurt. Fachveröff. z. Brücken- u. Ing.bau d. DB. Herausg. u. Mithrsg. v. mehr. VDI-Reports - VDEI-Ehrenring u. VDEI-Verbandsabz. in Gold; 1986 BVK - Liebh.: Lesen, Reisen, Vorträge - Spr.: Engl., Span.

WINDTHORST, Elmar

Dr. rer. nat., Regional Director SRI International - Ulmenstr. 23-25, Frankfurt; priv.: Hermann-Kurz-Str. 52, 7000 Stuttgart 1 (T. 22 37 27) - Geb. 1. Jan. 1930 Buer-Erle, ev., verh. s. 1958 m. Hannelore, geb. Burkhardt, 2 Kd. (Kay, Anja) - Univ. München (Physik; Promot. (Atomphysik) 1958) - 1963-71 Gebietsleit. (Funktechnik), Generalbevollm. (1967; Kabel u. Leitungen) u. stv. Vorst.-Mitgl. (1969; Marketing) - Standard Elektrik Lorenz AG. (SEL), Stuttgart. 1971-78 Vorst.-Mitgl. AEG-Tfk; AR Hertie GmbH, Hewlett Packard GmbH; AR-Vors. Bauknecht Hausgeräte GmbH (s. 1983); VR-Vors. Brauerei Becker, St. Ingbert; Beirat Stinnes Trefz. AG - Spr.: Engl., Franz. - Rotarier.

WINGEN, Max

Dr. rer. pol., Diplom-Volkswirt, Präsident d. Statist. Landesamtes Baden-Württ., Honorarprof. Univ. Bochum (s. 1973) u. Univ. Konstanz (s. 1981) f. Bevölkerungswiss. u. Familienpol. - Solitude 11, 7000 Stuttgart (T. 646 55 00) - Geb. 13. März 1930 Oberkassel/Rh. (Vater: Eduard W., Drogist; Mutter: Anna, geb. Thiesen), kath., verh. s. 1957 m. Maria, geb. Nübel, 2 Kd. (Klaus-Eduard, Markus-Johannes) - Stud. d. Wirtsch.- u. Sozialwiss. Univ. Bonn; Promot. 1956 - Zun. sozialpolit. Spitzenverb., 1959-80 Ref. Bundesmin. f. Jugend, Familie u. Gesundh.; Vorstandsmitgl. Dt. Stat. Ges. - BV: Familienpolitik, Ziele, Wege u. Wirkungen, 2. A. 1965; Grundfragen d. Bevölkerungspolitik, 1975; Bevölkerungsentwickl. - E. polit. Herausford., 1980; Kinder in d. Ind.ges. - wozu? Analysen - Perspektiven - Kurskorrekturen, 2. A. 1987; Nichtehel. Lebensgemeinsch. (Formen-Motive-Folgen), 1984. Div. Lexikonart. u. Zeitschriftenaufs.

WINGENDORF, Paul

Bürgermeister a. D., MdL Rhld.-Pfalz (s. 1951) - Eisenweg 76, 5240 Betzdorf/Sieg - Geb. 12. Juli 1914 Alsdorf b. Betzdorf, kath., verh., 4 Kd. - Volks- u. Handelssch.; kaufm. Lehre - Arbeits-, Militär-, 1939-46 Wehrdst. (schwerbeschädigt) u .Gefangensch., dann Industrieangest., s. 1958 Amts- u. Verbandsbgm. Kirchen u. a. CDu s. 1946 (mitbegr.; 1956 Kreisvors.).

WINGUTH, G. E.

Diplom-Volkswirt, Vorsitzender Landesverb. Hamburg. Haus-, Wohnunbgs- u. Grundeigentümner-Vereine - Paulstr. 10, 2000 Hamburg 1.

WINJE, Dietmar

Dr. rer. pol., o. Prof. f. Energie- u. Rohstoffwirtschaft TU Berlin (s. 1984) - Marwitzer Str. 9, 1000 Berlin 20 (T. 030 - 375 52 61) - Geb. 20. Juli 1944 Glatz, kath., verh. s. 1973 m. Edith, geb. Klinger, T. Christiane - Dipl.-Ing. 1972; Promot. 1977; Habil. 1982 TU Berlin - 1978-82 Assist.-Prof. TU Berlin; 1982-84 Assoc. Prof. MIT, USA - BV: Wachstums- u. Anpassungsprozesse in d. Energiewirtschaft, 1977; Handbuchreihe Energieberatung/Energiemanagement, 6 Bde. 1986 - Spr.: Engl., Latein.

WINKEL, Gerhard

Bankier, pers. haft. Gesellsch. Bankhaus Trinkaus & Burkhardt (1981ff.) - Königsallee 21, 4000 Düsseldorf 1 - Geb. 5. Jan. 1929 - Dipl.-Volksw. 1956 - AR Trinkaus & Burkhardt (Intern.) S.A., Luxemburg, Trinkaus & Burkhardt (Schweiz) AG, Zürich, Wertpapiersammelbank Nordrh.-Westf. AG, Düsseldorf.

WINKEL, Harald

Dr. rer. pol. (habil.), o. Prof. f. Wirtschafts- u. Sozialgeschichte Univ. Hohenheim (s. 1977) - Postf. 70 05 62, 7000 Stuttgart 70; priv.: Am Roten Berg 5-9, 6551 St. Katharinen - Geb. 30. Mai 1931 Bad Kreuznach/N. - 1968 Privatdoz. Univ. Mainz, 1969 o. Prof. TH Aachen. Zahl. Fachveröff. u. a. D. Wirtsch. im geteilten Dtschl., 1974; D. dt. Nationalökol. im 19. Jh., 1977; Gesch. d. württ. IHK, 1981. Herausg. d. ZAA u. d. Scripta Mercaturae.

WINKELMANN, Günter

Dr. rer. pol., Diplom-Kaufmann, Galerist, Vorstandsvorsitzender i. R. Stinnes AG, Mülheim-Ruhr, Vorst.-Mitgl. VEBA AG, Düsseldorf - Bockumer Str. 331, 4000 Wittlaer - Vorst.-Spr. Verein Dt. Kohlenimporteure.

WINKELMANN, Günther

Dr. rer. nat., Prof. f. Mikrobiologie Univ. Tübingen - Märchenseestr. 5, 7407 Rottenburg 4 - Geb. 19. Aug. 1939 Oberstdorf (Vater: Werner, OStR.; Mutter: Helene, geb. Abel), ev., verh. s. 1967 m. Isa, geb. Henke, 3 Kd. (Julia, Sabine, Frank) - Promot. 1969 Hamburg, Habil. 1976 Tübingen - S. 1980 Prof. f. Mikrobiol. Univ. Tübingen - BV: Iron Transport in Microbes, Plants and Animals, 1987; sowie zahlr. Fachveröff. üb. mikrobiol. Eisenstoffwechsel u. Antibiotika. Herausg.: Biology of Metals.

WINKELMANN, Heinrich

Kaufmann - Herrenhäuserstr. 57, 3000 Hannover 21 - Geb. 8. Aug. 1917 - Vors. Bundeslehranst. Burg Warberg.

WINKELMANN, Heinrich

Gesellschafter u. Geschäftsf. Winkelmann + Pannhoff GmbH, Ahlen - Auf dem Westkamp 26, 4730 Ahlen (T. 02382-23 60) - Geb. 12. April 1932 Ahlen, kath., verh. s. 1960 m. Regine, geb. Holtermann, 3 Kd. (Heinrich, Kathrin, Ute) - Stud. Staatl. Ingenieursch. Iserlohn (Fertigungsing.), Oskar v. Miller-Polytechnikum München (Wirtschaftsing.).

WINKELMEYER, Gregor

Dr. rer. pol., Direktor - Moltkestr. 136, 4300 Essen (T. 28 18 18; Büro: 23 79 51) - Geb. 22. Jan. 1922 Essen (Vater: Wilhelm W., Kaufm.; Mutter: Christine, geb. Fuhrmann), verh. s. 1950 m. Maria, geb. Maßmann, 2 Söhne (Detlev, Cornel) - Gymn. Essen; Univ. Köln (Volksw.) - S. 1944 Rhein.-Westf. Inst. f. Wirtschaftsforsch., Essen (1955 Geschäftsf.). Publ.: Standortfragen d. Kohlenind. d. Ruhrgebiets (1947), D. Wiederaufstieg d. westd. Automobilw. (1950), Wandlungen d. Unternehmertyps (1951) - Liebh.: Numismatik, Fotogr. - Mitgl. Lions Intern.

WINKELMEYER, Manfred

Dr. med., Arzt f. Allgemeinmedizin - Moltkestr. Nr. 138, 4300 Essen (T. 28 29 01) - Geb. 23. Juni 1919 Essen (Vater: Wilhelm W., Kaufm.; Mutter: Christine, geb. Fuhrmann), kath., verh. s. 1950 m. Anna-Maria, geb. Elbers, 2 Kd. (Manfred, Christiane) - Humboldt-Obersch. (Abit. 1939) Essen; Univ. Göttingen, Köln (Med.). Staatsex. 1945; Promot. 1946 Köln (Üb. d. Bezieh. d. drei bakteriol. Diphtherie-Erregertypen z. klin. Krankh.sbild). Wiss. Vortr. u. Veröff.: Üb. d. örtl. Penicillin-Anwend. b. akut. Infekt. d. Hand (1949; erste Veröff. üb. d. in Dtschl. erstm. erhältl. P.) - Liebh.: Lit., griech. Mythol., Musik - Spr.: Engl., Franz.

WINKELS, Richard

Journalist, MdL Nordrh.-Westf. (s. 1968), Vizepräsident d. Landtages (1980-85) u. d. Dt. Lebens-Rettungs-Ges. (s. 1983), Präs. LSB Nordrh.-Westf. (s. 1987) - Düsternstr. 79, 4410 Warendorf/W. (T. 23 22) - Geb. 21. Juli 1920 Beelen/W., verw., 4 Kd. - Abitur - B. 1945 Seeoffz.; n. journalist. Ausbild. 1949-68 Redakt. Warendorf (Westf. Rundschau); s. 1968 Leit. Amt f. Sport, Verkehr, Presse u. Öffentlichkeitsarb. Stadtverw. Warendorf. 1952-68 Ratsmitgl. Warendorf (zeitw. Fraktionsvors.); 1960-61 u. 1964-68 MdK Warendorf; 1961-62 MdL NW; 1975-85 Vors. Sportaussch. Landtag NW. SPD s. 1950, 1968 Vors. Unterbez. Münster) - 1973 BVK I. Kl.; 1983 Gr. BVK.

WINKLER, Adolf

Kapellmeister, Musikschuldir. - Donaustr. 107/1, A-2346 Südstadt (T. 02236-8 86 81) - Geb. 10. April 1938 Graz, ev., verh. I) 1961-72 m. Helge Junk; II) 1972-80 m. Johanna Harrer; III) s. 1981 m. Ulrike Stadtherr; 3 Kd. (Gudrun, Christiane, Bernhard) - Steiermärk. Landeskonservat. Graz (Violoncello, Klavier, Dirig., Akkordeon; Abschlußprüf. 1956), ab 1961 Akad. f. Musik u. darst. Kunst Wien (Prof. Kühne: Cello, Prof. Th. Chr. David: Partiturspiel; Staatsprüf. Violoncello, Klavierbegleit. u. Musiktheorie 1964) - Leitg. zahlr. Chor- u. Orch.-Konz. Graz, Steiermark, Burgenland; s. 1972 Stadtkapellm. Graz, Grazer Neujahrskonz., Unterhalt.-, Opern- u. Schulkonz., Serenaden; Erstauff. v. Darius Milhaud Trois Operas minutes; Dirig. Vereinig. Bühnen Graz; 1976/77/78 Dirig. Grazer Opernhaus; 1971-81 Musikschuldir. Frohnleiten; Leit. Frohnleitener Salonorch. u. Kirchenchor; 1979-81 1. Kapellm. Wiener Raimundtheater; 1981-83 Studienleit. u. 1. Kapellm. Wiener Kammeroper; s. 1982 Dir. Musiksch. Perchtoldsdorf; ab 1983 Mitbegr. u. musikal. Leitg. Amstettner Sommeroperette. 2 Deutschl.-Tourneen; Konz. m. d. Niederösterr. Tonkünstlern; Konzerte m. d. Perchtoldsdorfer Kammerorchester, Streichquartett. 1985 Fernsehaufz. Gala: Rettet d. Wienerwald; Begleit. v. Johannes Heesters, Peter Minich, Bruce Low, Waltraud Haas, Rosina Bacher, u.a. - Insz.: Trois Operas minutes, v. Darius Milhaud (Erstauff.); D. Rosen d. Madonna, Oper v. Robert Stolz (UA 1975). Regie: D. Zarewitsch, 1981 - Liebh.: Lesen, Bergsteigen - Lit.: Steir. Musiklexikon, Oper u. Operette in Graz, Musik u. Gegenwart/III.

WINKLER, Claus

Dipl.-Braumeister, Geschäftsführer Braugerstengemeinschaft/Arbeitsgem. z. Förd. d. Qualitätsgerstenbaus im Bundesgeb. - Habichtstr. 7, 8031 Eichenau.

WINKLER, Cuno G.

Dr. med., Dr. rer. nat. h. c., Prof. Univ. Bonn - Triererstr. 55, 5300 Bonn (T. 21 61 90) - Geb. 30. Sept. 1929 - Stud. Univ. Königsberg, Würzburg, München (Med., Phys.) - Zun. Max-Planck-Inst. f. Biophys., Frankfurt/M., dann Stip. Fulbright-Comm. Oak Ridge Inst. f. Kernstud. - B. 1967 Privatdoz., dann apl. u. 1971 o. Prof. Univ. Bonn (Nuklearmed.), 1975 Hon.-Prof. Univ. of St. Thomas, Manila; 1975-85 Vors. Rhein.-Westf. Ges. f. Nuklearmed. - 1985 Gr. BVK, 1986 v. Hevesy-Medaille.

WINKLER, Eberhard

Bankdirektor i. R. (b. 1986) - Vionvillestr. 8, 1000 Berlin 41 (T. 7 71 63 03; Büro: 31 09 27 30) - Geb. 22. Aug. 1925 Berlin, verh., 2 Töcht. - Obersch. u. FU Berlin (Rechtswiss.). Gr. jurist. Staatsprüf. - Rechtsanw.; s. 1959 Berliner Bank AG (1968 Vorst.-Mitgl.).

WINKLER, Erich

Konzertpianist - Zu err. üb.: Deutsche Welle, 5000 Köln - Geb. 22. April 1905 Pirna/Sa. (Vater: Otto W., Beamter Bauwesen; Mutter: Melanie, geb. Georgie), ev., verh. s. 1944 m. Gesa, geb. Behn - Gymn. Dresden; Musikstud. (Paul Aron, Prof. Robert Teichmüller, Prof. Egon Petri, Claudio Arrau) - 1932-45 Leit. Klavierkl. Musikhochsch. Dresden; 1947-50 Leit. Konzert- u. Theaterabt. Verlag Schott's Söhne, Mainz; 1951-53 Leit. Konzerte Neue Musik Westd. Rundfunk, Köln; 1953-69 Leit. Abt. Musik Dt. Welle, seitdem f.r Mitarb. ebd. Zahlr. Tourneen In- u. Ausl.

WINKLER, Georg

I. Bürgermeister Stadt Krumbach - Rathaus, 8908 Krumbach/Schwaben - Geb. 16. Febr. 1937 Augsburg - Zul. Regierungsrat.

WINKLER, Georg C.

Prof., Generalmusikdirektor - Landsberger Str., 8918 Diessen/ Ammersee - Geb. 7. Okt. 1902 Orlamünde/Thür. (Vater: Edmund W., Kaufm.; Mutter: Cäcilie, geb. Haase), ev., verh. s. 1931 m. Erna, geb. Rechenberg, T. Claudia - Oberrealsch. Jena; Musikhochsch. Weimar - B. 1926 Konzertpianist, dann Theaterkapellm. u. musikal. Oberleit. Reuß. Theater Gera (1934), n. Kriegsende Leit. Staatl. Loh-Orch. u. Dir. Konservat. Sondershausen, 1948-50 Landestheater Halle, 1950-59 GMD Kiel, ab 1960 Doz. u. Prof. (1968) Folkwang-Hochsch. Essen. Neubearb.: Offenbachs Kom. Oper Robinsonade (1930). Übers.: Opern v. Donizetti, Malipiero, Alfano, Menotti , Respighi, Verdi, Puccini, Gluck, Gounod u. a. - Spr.: Ital., Franz., Engl

WINKLER, Hans Günter

Industriekaufmann, Springreiter, Ausbildungsleit. DOKR, Vorstandsmitgl. Dt. Reiter- u. Fahrverb. (s. 1958) u. Dt. Olympia-Komitee f. Reiterei (s. 1981) - Dr.-Rau-Allee 48, 4410 Warendorf/W. (T. 23 61) - Geb. 24. Juli 1926 Barmen (Vater: Paul W., Reitlehrer; Mutter: geb. Timm), ev., verh. I) 1957 m. Inge, geb. Fellgiebel (1960 schuldlos gesch.), II) 1962 Marianne, geb. Comtesse Moltke, 2 Kd. (Jörn, Jytte), III) 1976 m. Astrid, geb. Nunez (Venezuela) - BV: Meine Pferde u. ich, 1956; Pferde u. Reiter in aller Welt, 1957 (Bildbd.); Halla - D. Gesch. ihrer Laufbahn, 1961; Olympiareiter in Warendorf, 1964; Halla . . ., 1961 (†1979, 34j.); Springreiter, 1979; Halla d. Olympia-Diva, 1981 - Etwa 1000 Siege, dar. üb. 500 intern. Turniererfolge, 5 Gold-, 1 Silber- u. 1 Broncemed. Olymp. Reiterwettbew. 1956-76, 106 Nationenpr., 1954 u. 55 Welt-, 1957 Europam., 1965 u. 68 King Georg Cup - 1950 Reiterabz. in Gold, 1954 Ehrennadel Senat v. Berlin, 1954, 57, 60, 64 Silb. Lorbeerbl. Bundespräs., 1956 Gold. Band Verein Dt. Sportpresse, 1964 Gold. Ehrennadel Intern. Reiterl. Vereinig. (f. 53 Nationenpreise); 1955 u. 56 Sportler d. Jahres, 1960 Bester Sportler d. Jahrzehnts; Ehrenbürger Warendorf; Ehrenmitgl. Reit- u. Fahrvereine Warendorf, Ludwigsburg, Herborn, Darmstadt, Bayreuth, Salzburg, Frankfurt/M., Kassel, Hünfeld, 1975 Gr. BVK, 1976 FN-Ehrenz. in Gold m. Olymp. Ringen, Lorbeer u. Brillanten - Liebh.: Skilauf, Tennis, Jagd - Spr.: Engl. - Erfolgreichster Springreiter d. Welt b. Olympischen Spielen.

WINKLER, Heinrich August

Dr. phil., Prof. f. neuere und neueste Geschichte - Reckenbergstr. 1, 7801 Stegen-Eschbach (T. 07661 - 6 11 66) - Geb. 19. Dez. 1938 Königsberg/Pr. (Vater: Dr. Theodor W., Wiss. Assist.; Mutter: Dr. Brigitte, geb. Seraphim), ev., verh. s. 1974 m. Dr. Dörte, geb. Schnurr - Gymn. Ulm, 1957-63 Univ. Münster, Heidelberg, Tübingen (Gesch., Phil., Öfftl. Recht, Promot. 1963 Tübingen, Habil. 1970 FU Berlin) - 1964-70 wiss. Assist. FU Berlin, 1970-72 Prof. FU, s. 1972 o. Prof. Univ. Freiburg, 1972-80 Mitgl. Aussch. d. Verb. d. Histor. Dtschl. - BV: Preuß. Liberalismus u. dt. Nationalstaat, 1964; Mittelstand, Demokratie u. Nationalsozialismus, 1972; Revolution, Staat, Faschismus, 1978; Liberalismus u. Antiliberalismus, 1979; D. Sozialdemokr. u. d. Revolution v. 1918/19, 1979 u. 1980; V. d. Revolution z. Stabilisierung. Arbeiter u. Arbeiterbeweg. in d. Weimarer Rep. 1918-24, 1984 u. 1985; D. Schein d. Normalität. Arbeiter u. Arbeiterbeweg. in d. Weimarer Rep. 1924-30, 1985 u. 88; D. Weg in d. Katastrophe. Arbeiter u. Arbeiterbeweg. in d. Weimarer Rep. 1930-33, 1987 u. 89. Herausg.: D. gr. Krise in Amerika (1973); Organ. Kapitalismus – Voraussetzungen u. Anfänge (1974); Nationalismus (1978); Polit. Weichenstellungen im Nachkriegsdtschl. 1945-1953 (1979); Nationalismus in d. Welt v. heute (1982); Wendepunkte dt. Gesch. 1848-1945 (1979, 5. A. 1986, m. Carola Stern); Bibliogr. z. Nationalismus (1979, m. Thomas Schnabel) - 1967/68 u. 1970/71: German Kennedy Memorial Fellow, Harvard Univ. Cambridge/Mass. (USA); 1977/78 Visiting Scholar am Woodrow Wilson Intern. Center f. Scholars, Washington, D. C.; 1977 Chester Penn Higby Prize des Journal of Modern History; 1985/86 Fellow am Wissenschaftskolleg Berlin; 1988 Gast d. Maison d. Sciences de l'Homme, Paris - Spr.: Engl., Franz.

WINKLER, Heinz

Dr. phil., Prof., Hochschullehrer - Konrad-Adenauer-Str. 26, 6450 Hanau/M. (T. 2 25 67) - Geb. 26. Juli 1921 Hanau, verh. m. Lucia, geb. Schlegel - Gegenw. Prof. f. Wiss. Politik/Gemeinschaftskd. Päd. Hochsch. Heidelberg.

WINKLER, Jörg

Dr. rer. nat., Prof. f. Mathematik TU Berlin - Schulzendorfer Str. 32g, 1000 Berlin 28 (T. 030 - 404 15 50) - Geb. 7. Febr 1936 Berlin (Vater: Herbert W., Fleischerm.; Mutter: Käte, geb. Werner), ev., verh. s. 1961 m. Gisela, geb. Voigt, 3 Kd. (Johanna, Barbara, Wolfgang) - 1955-61 Stud. Math. FU Berlin (Promot. 1964, Habil. 1969) - 1961/62 Wiss. Mitarb. KFA Jülich; 1962-68 wiss. Assist./Oberassist. Hahn-Meitner-Inst. f. Kernforsch.; s. 1969 TU Berlin (1970 Prof. f. Math., 1971, 1977/78 u. 80 Vors. u. Sprecher FB Math.); 1979-83 Sprecher Konfz. Math. FB; 1981-83 Vors. Math.-Nat. Fakt.tag. Versch. Veröff. üb. Funktionentheorie.

WINKLER, Klaus

Prof., Hochschullehrer - Zu erreichen üb.: Bismarckstr. 10, 7500 Karlsruhe 1 - Prof. u. Rektor PH Karlsruhe.

WINKLER, Klaus

Dr. theol., Prof. f. Prakt. Theol., Psychoanalytiker, Hon.-Prof. Univ. Hannover, FB Psychologie innerhalb d. Fak. f. Geistes- u. Sozialwiss. - Brabeckstr. 78, 3000 Hannover 71 (T. 0511 - 52 33 78) - Geb. 16. Mai 1934 Chemnitz, ev., verh. s. 1962 m. Elsbeth, geb. Vink, 4 Kd. (Jan-Jakob, Karoline, Adrian, Anne-Elisabeth) - 1952-57 Stud. Theol. Univ. Leipzig u. Berlin; Promot. 1960 Humboldt-Univ. Berlin - Lehrst. f. Prakt. Theol. Kirchl. Hochsch. Bethel (Bielefeld); Lehranalytiker in Hannover (DGPPT); Dir. d. Seelsorge-Inst. Kirchl. Hochsch. Bethel - BV: u.a. Emanzipation in d. Familie, 1976; D. Zumutung im Konfliktfall, 1984 - Liebh.: Reisen - Spr.: Lat., Griech.

WINKLER, Konrad

Schriftsteller - Heidelberger Str. 15, 6929 Angelbachtal-Eichtersheim - Geb. 25. Aug. 1918 Meerane/Sa. - Studium Theater- und Literaturwiss. - W.: Johann Joachim Eschenburg u. d. dt. Lit. 1948; Begegnung, N. 1950; D. Feuer fällt, N. 1950; Der Träumer, R. 1952; Licht aus Savoyen, Sch. 1953; Musica Viva, Ged. 1953; Der Richter v. Charleston, Sch. 1954; Gedichte, 1954; El Alamein, Tageb. R. 1955; D. Wasser ist viel zu tief, R. 1956; Friedenstag in Theben, Sch. 1958; Und d. Verantw. ist dein, Drehb. 1958; Windstille in Aulis, Sch. 1959; Kranichfedern, Erz. 1960; Sommertag m. Daniele, N. 1961; Maskenfest m. Don Juan, R. 1962; D. schwarze Licht, R. 1963; D. Uhr, Erz. 1964; Requiem f. Abel, Erz. 1964; D. Lampiongarten, Ged. 1966; Heidelberg - Geschichte, Glanz u. Größe e. Stadt, 1967; Walldorf - Stadt zw. d. Wädern, 1968; D. Protokolle d. Ikarus, R. 1968; Hölderlin - Abschied v. e. Klischee, Ess. 1970; D. Dichterische in d. Zeit - Bertolt Brecht, Ess. 1971; Robinson zw. d. Kriegen - D. Autor d. Simplicissimus-Romans, Ess. 1972; Welt-Geist - Geist-Welt / Alfred Mombert, e. Beispiel, Ess. 1973; Lamento, Ged. 1973; Wein-Wanderungen, Skizzen 1975; Frau u. Lit., Skizzen, 1975; Kurpfälzer Skizzen, 1976; Don Juan, Hidalgo o. Sonnenmythos, Ess. 1976; Mein anderes Leben, autobiogr. Sk., 1978; Requiem f. Abel, Erz. 1979; Undine, Erz. 1979; Heidekraut, Erz. 1981; Orpheus '81, Erz. 1981; Goethes Vollendung, Ess. 1981; D. Schatulle, Erz. 1982; Entscheidung, Erz. 1982; Spuren, Ged. 1984; Spiegelungen, Prosa-Skizzen 1985; Hinter d. Zeit-Grenze, Ged. 1987; D. Uhr, Erz. 1988 - 1964 Schubart-Literaturpreis; Mitgl. Intern. PEN-Club.

WINKLER, Rainer

Dr. med., Prof. f. Chirurgie, Chefarzt Martin-Luther-Krankenhaus Schleswig - Lutherstr. 22, 2380 Schleswig (T. 04621 - 81 22 11) - Geb. 25. Juli 1940 Stolp (Vater: Dr. Hans W., Chir.; Mutter: Gerda, geb. Nagelschmidt), ev., verh. s. 1971 m. Dr. Monika, geb. Scharpe, 2 Kd. (Anna Christina, Nils Alexander) - 1960-65 Univ. Freiburg, Berlin u. Hamburg; Promot. 1967 - S. 1968 Chir. Univ.-Klinik Hamburg. Entd.: Stomakarzinom - BV: Proktolog. Indikationen u. Therapie, 1982; Stomatherapie, 1983; Anorektale Kontinenz, 1984. 330 wiss. Beitr. u. Vortr. - 1976 Jürgen- u. Margarethe-Voß-Preis f. Krebsforsch. - Liebh.: Kunstgesch., Norddt. Landesgesch., Lit., Sport - Spr.: Engl.

WINKLER, Roland Erich

Dr.-Ing., Dipl.-Ing., Prof. f. Experimentalphysik TU Berlin - Ebereschenallee 3a, 1000 Berlin 19 (T. 302 38 48) - Geb. 13. Dez. 1922 Greiz/Thür. (Vater: Erich W., Justizangest.; Mutter: Margarethe, geb. Fröhlich), ev., - Stud. d. Physik TU Berlin; Dipl.Ex. 1955; Promot. 1959; Habil. 1970 - Fachmitgl.sch. Üb. 50 Veröff. in- u. ausl. Fachztschr. Member of Advisory Editorial Board: Physica (1975ff.), Kurat. Physics Briefs, Vorst. Dt. Ges. angew. Optik (DGaO) 1972-82, Member of Board of EGAS 1975-81, 1979-83 Schatzm. Phys. Ges. Berlin - Spr.: Engl.

WINKLER, Ulrich

Dr. phil., o. Prof. f. Mikrobiologie Ruhr-Univ. Bochum, Fak. f. Biologie - 4630 Bochum (T. 700 31 00) - Geb. 16. Juli 1929 Berlin - 1950-52 Univ. Rostock u. 1952-57 Frankfurt/M.; Promot. (Mikrobiol., Botanik, Pharmak.) 1957 Frankfurt; Habil. 1966 ebd. - S. 1966 Lehrtätigk. Univ. Frankfurt u. Bochum (1968 Wiss. Rat u. Prof.; 1969 Ord., mehrf. Dekan); 1981-83 Präs. Verb. Dt. Biol. Forschungsaufg. CIT Pasadena/USA (1960/61), Univ. Genf (1965/66) u. Univ. Calif San Diego (1974, 78, 85). 8 Fachmitgliedsch. - BV: Praktikum d. Genetik, Hrsg. v. Bd. I-III (1972, 82, 83); Herausg.: Trends d. mod. Biologie (1986); Physiol. u. Genetik d. Mikroorganismen - Spr.: Engl.

WINKLER, Werner

Ingenieur, Neuphilologe, Fachdozent - Viktoriastr. 10, 2940 Wilhelmshaven - Geb. 7. Nov. 1928 Chemnitz (Vater: Ing. Willy Hans W.; Mutter: Magdalena, geb. Bohrig), ev. - Obersch. Chemnitz (Abit. 1947); Volont.; Textiling.sch. (Ing.); Stud. d. Neuphil., German., Angl., Roman. Univ. Köln, Mainz, Paris (Sorbonne), Marburg (wiss. Staatsex. f. d. Lehramt an Gymn.) - 1954-56 Lehr-, Dolmetscher- u. Übersetzertätigk. Inst. d. NATO, Mönchengladbach; 1959-61 Doz. f. German. Sorbonne, Paris; 1961-66 u. wied. 1968-70 Gymn.lehrer; 1970 Doz., s. 1977 Doz. u. Prüfungsmitgl. f. Germanistik Nieders. Studieninst. f. komm. u. organisator. Verw., Oldenburg/O.; s. 1982 Mitgl. NATO-Marine-Dok./Informations-Zentrum Wilhelmshaven (MIG). 1985 Patenterteilung üb. Radioaktive Strahlungen abweisende Fasertechnol. auf metalloider/kunststofftechn. Basis (Kennzeichnung IHK-Oldenburg/Oldenburg, Techn. Börse, D OI, A 4I D, D 06); 1986 Patent üb. Steigerung d. Elastizitätsgrenze v. Kunststoff-Fasern durch Anwendung v. Halogenen um b. zu 30%, IHK Oldenburg - Mitarb. Fachwörterbücher: Textiltechn. (dt.-engl.), Chemiefasern/Verfahrenstechn. (dt.-engl.-franz.), Bekleidungstechn./-maschinen (dt.-span.-ital.), Bekleidungstechn. f. Herren/-techn. Masch. (dt.-engl.-franz.), Lexikon Was ist was? Damen- u. Herrenoberbekleidungsbranche (dt.-engl.-franz.), Chemiefasern/Verfahrenstechn. (dt.-engl.-franz.); umfangreiche Übersetzer- u. Dolmetschertätigk. a. techn.-wiss. Gebiet - 1986 Certificate of Award, Schweiz - Liebh.: Studienreisen (u. a. Pakistan, Indien, Thailand, Hongkong, China, Brasilien, Argentinien, Abu Dhabi, Malaysia, Singapur, Peru, Nepal).

WINKLER, Wolfgang

Regierungspräsident v. Oberfranken a. D. (1973-89) - Ludwigstr. 20, 8580 Bayreuth (T. 6 04-1) - Geb. 24. Febr. 1924.

WINKLER-SÖLM, Oly,

geb. Mosel

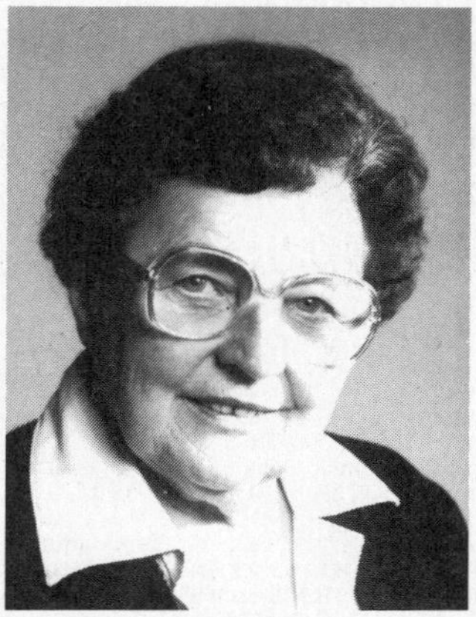

Schriftstellerin - Hugo-Fischer-Weg 9a, 7580 Bühl/Baden (T. 2 23 90) - Geb. 25. März 1909 Chemnitz/Sa. (Vater: Johannes M., Kaufm.; Mutter: Ellen Leiber, geb. Erkert, verw. Mosel, Schriftst. unt. Ps.: Ellen Ellen), 2 Kd. (Sölm-Johannes Brahms aus 1., Ellen-marie W. aus 2. Ehe) - Abit.; Univ. Heidelberg u. Leipzig (Ztg.wiss.) - S. 1934 fr. Rundfunkmitarb. - BV: Frau am Kreuzweg, R. 1937; Unruhig Herz, Scheffel-R. 1938; Rainer Maria Rilke, Biogr. 1949; D. Kunst aber ist ewig, Feuerbach-R. 1950; R. M. Rilke u. s. Freundeskreis, 1950; Und alles kam anders, R. 1952; D. vergessene Herz, R. 1953; Es bleibt uns nicht viel Zeit, R. 1953; E. Stern verblich, R. 1954; Wen d. Glück liebt, R. 1955; Seit jenem Tag in Rom, R. 1956; Schicksalsreise n. Paris, R. 1956; D. Mädchen aus Lugano, R. 1957; E. Mädchen namens Marion, R. 1965; Arzt in d. Bergen, R. 1966; Lichter, R. 1967; Und wissen für wen, R. 1974; D. neue Gesicht, R. 1975; D. Nacht, in der das Wunder geschah, R. 1979; Geheimn. einer Liebe, R. 1981; D. Geschenk d. Nachbarin, R. 1982; D. Liebe d. kleinen Bärin, R. 1982; Annagrets Seifenkisten-Rennen, Jugendb.; D. Dreidrittel-Ferienkind, Jugendb. Zahlr. Unterh.r. (z. T. unt. Ps.: Ly Carol), Üb. 200 große Rundfunksend.

WINNACKER, Albrecht

Dr. rer. nat., Prof. f. Physik (Spez.: Festkörper- u. Atomphysik) Forschungslabor. Siemens AG Erlangen - Paul-Gossen-Str. 100, 8520 Erlangen - Geb. 31. Aug. 1942 Frankfurt/M. (Vater: Karl W., Chemiker; Mutter: Gertrud, geb. Deitenbeck), ev., verh. s. 1978 m. Eva, geb. Hübner, 3 Kd. (Malte, Maren, Marlis) - Promot. 1970, Univ. Kalif. Berkeley 1970-72 - S. 1980 Prof. f. Physik Univ. Heidelberg; 1984/85 Gastwiss. IBM Forschungslabor. San Jose, s. 1986 Siemens Forschungslaboratorien (Materialentw. Halbleit., Dielektrika); Lehrtätigk. Univ. Heidelberg - BV: Physik v. Maser u. Laser, 1984.

WINNACKER, Ernst-L.

Dr. sc. tech., Prof. f. Biochemie - Inst. f. Biochemie Univ. München, Karlstr. 23, 8000 München 2; priv.: Elvirastr. 4, 8000 München 19 - Geb. 26. Juli 1941 (Vater: Karl W., Chemiker; Mutter: Gertrud, geb. Deitenbeck), ev., verh. s. 1968 m. Antonet, geb. Niederer, 2 Kd. (Thomas, Vera) - 1960-68 ETH Zürich (Chemie), 1968-70 UC Berkeley (b. H.A. Barker), 1970-72 Karolinska Inst. Stockholm, 1972-77 Univ. Köln - S. 1980 o. Prof. f. Biochemie - Erf.: Beitr. z. Mechanismus d. Synthese v. DNS - Dozentenstip. Fond d. Chem. Ind. - Liebh.: Musik, Sprachen - Spr.: Engl., Franz., Schwed., Ital. - Bek. Vorf.: Prof. Karl Winnacker (Vater).

WINNEKNECHT, Dieter

Geschäftsführer Gottschalk & Co. GmbH., Kassel, Vors. Fachverb. Schwerweberei ebd. - Fuldaaue 11, 3611 Spiekershausen/Hessen - Geb. 22. Juli 1934.

WINNER, Christian

Dr. sc. agr., Prof., Direktor Instit. f. Zuckerrübenforschung Göttingen - Holtenser Landstr. 77, 3400 Göttingen - Geb. 3. Febr. 1927 Stassfurt (Vater: Gustav W., Konsistorialrat; Mutter: Marianne, geb. Lüdecke), ev., verh. s. 1956 m. Sonka, geb. Herlyn, 4 Kd. (Christiane, Bettina, Barbara, Johann-Henrik) - Gymn. Stettin, s. 1948 Univ. Göttingen (Landwirtsch. u. Biol.), 1951-52 Purdue-Univ. USA, Promot. 1956, 1965/66 Forsch.stip. Michigan State Univ. (Pflanzenpathol.) - S. 1965 Priv.Doz. u. apl. Prof. (1971) Univ. Göttingen, s. 1966 Dir. Inst. f. Zuckerrübenforsch. Göttingen, Lehrbeauftr. Univ. Braunschweig, Beratungstätigk. im Ausl. (Chile, Uruguay) - BV: Zuckerrübenbau, 1981; u.a. - Spr.: Engl., Franz.

WINNER, Matthias

Dr., Prof., Kunsthistoriker, Direktor Bibliotheca Hertziana MPI, Rom (s. 1977) - 28 Via Gregoriana, 00187 Roma/Ital. (T. 679 73 52) - Geb. 11. März 1931 Stettin-Hökendorf, ev., verh. s. 1960 m. Renate, geb. Adam, 2 Söhne (Bogislav, Jonas) - Landwirtsch.lehre; Stud. Kunstgesch. Univ. Köln, Bonn, München, London; Promot. 1957 Köln; Habil. 1977 Berlin - Volontär Schnütgen-Museum Köln; Assist. FU Berlin; Assist. Kunsthistor. Inst. Florenz; 1965 Kustos, 1968 Dir. Kupferstichkabinett Preuss. Kulturbesitz Berlin - BV: Zeichner sehen d. Antike, Katalog 1966; Pieter Breugel als Zeichner, Katalog 1975; Raffaello a Roma, 1986.

WINSCHERMANN, Helmut

Prof., Musiker - Zu erreichen üb. Musikhochsch. Westf.-Lippe, Allee 22, 4930 Detmold - Geb. 22. März 1920 Mülheim/Ruhr, ev., verh., 4 Kd. (Monika, Rainer, Elena, Raphael-Toshi) - Musikstud. Essen (Folkwangsch.) u. Paris - 1945 Solo-Oboer Symphonie-Orch. Hess. Rundfunk, Frankfurt/M.; 1948 Prof. Nordwestd. Musikakad./Staatl. Musikhochsch., Detmold. Mitbegr. Ulmer Bachkonzerte; 1960 künstler. Leit. Frankfurter Bachkonz. u. Kammerorch. Dt. Bachsolisten. Konzerte Europa, USA, Asien, 2 Edison-Schallplattenpreise; Gustav-Mahler-Plak., Goldmed. f. Kunst u. Wiss. Iran; 1970 BVK I. Kl. - Spr.: Engl., Franz., Jap.

WINSEL, August

Dr. rer. nat., Prof., Physiker, Direktor, VARTA Batterie AG., Frankfurt/M. - Fasanenstr. 8a, 6233 Kelkheim/Ts. (T. 06195 - 6 34 07) - Geb. 23. Aug. 1928 Badbergen, ev., verh. seit 1956, 2 Kd. - Studium Physik - S. 1961 (Habil.) Lehrtätigk. TH bzw. TU Braunschweig (1967 apl. Prof. f. Physik u. Chem. Physik). Zahlr. Erf. auf d. Gebiet d. elektrochem. Energieumwandlung - BV: Hochbelastbare Wasserstoff-Diffusions-Elektroden f. Betrieb bei Umgebungstemperatur u. Niederdruck, 1959 (m. Justi, Pilkuhn, Scheibe; auch russ.); Kalte Verbrennung, 1962 (m. Justi; auch russ.). Einzelarb. - 1964 Preis Akad. d. Wiss. u. d. Lit., Mainz - Spr.: Engl.

WINTER, Detlef

Dr. rer. pol., Ministerialdirektor - Nietzschestr. 6-10, 5300 Bonn 1 - Geb. 25. Juli 1938 Bremen, ev., verh. s. 1962 m. Christine, geb. Schmitz, 2 Kd. (Iris, Dominik) - Kaufm. Lehre; Stud. Nationalökon. Univ. Freiburg u. Bonn; Dipl.-Volksw.; J. F. Kennedy School of Public Administration; Promot. 1970 Bonn - S. 1963 Bundesverkehrsmin.; 1978 Leit. Unterabt. Verkehrsw. u. Verkehrsordnungspolitik; 1982 Leit. Abt. Luftfahrt. Präs. Europ. Zivilluftfahrt Konfz. (ECAC); AR-Mitgl. Flughafen Frankfurt Main AG (FAG), German Cargo Services GmbH (GCS); VR-Vors. Dt. Wetterdst. (DWD); VR-Mitgl. Bundesanst. f. Flugsich. (BFS); Mitgl. Senat Dt. Forsch. u. Vers.anst. f. Luft- u. Raumfahrt (DFVLR); Mitgl. Vorst.rat Dt. Ges. f. Luft- u. Raumfahrt (DGLR) - Liebh.: Musik, Lit. - Spr.: Engl., Franz.

WINTER, Erich

Dr. phil., Prof. f. Ägyptol. Univ. Trier (s. 1977) - In der Olk 35, 5501 Gusterath - Geb. 14. Juli 1928 Wien (Vater: Viktor W.; Mutter: Paula, geb. Sperk), kath., verh. s. 1959 m. Dr. Ute, geb. Freisinger, 3 Kd. (Carol, Ira, Emanuel) - Stud. Wien; Promot. 1952 - n. Habil. Doz. Univ. Wien; Prof. f. Ägyptol. Univ. Mainz 1971-77. Fachmitgliedsch. - BV: D. Geb.shaus d. Tempels d. Isis in Philae, 1965 (m. H. Junker); Unters. zu d. ägypt. Tempelreliefs d. griech.-röm. Zeit, 1968 - 1965 u. 1969 Kardinal-Innitzer-Pr.

WINTER, Franz

Journalist - Löhe 6, 5060 Bergisch Gladbach 1 - Geb. 21. Jan. 1914 Oberhausen-Sterkrade, kath., verh. s. 1947 m. Edeltrud, geb. Schulten, 2 Kd. (Stefan, Karola) - 1942-45 Stud. Zeitungswiss., Gesch., Phil., Rundfunkkd. Univ. Berlin - Rundfunkredakt.; 1943-45 Reichsrundfunkges.-Reichsender Berlin; 1945 Rundfunkredakt. NWDR Hamburg; 1945-79 WDR Abt.-Leit. aktuelles Wort, Kirchenfunk, Landfunk; s. 1979 fr. Journalist - BV: Landbau u. Ernährung, 1983 (dt. u. engl.); zahlr. Veröff. z. Agrarpol., Agrarwirtsch., Strukturpol., Genossenschaften, Handel, Gartenbau u. Forstwirtsch. - BVK; Gold. Verdienstplak. d. Landwirtschaftskammern Bonn u. Münster; Merite Agricol d. Rep. Franzaise; Gold. Ehrenn. d. Dt. Raiffeisenverb. - Spr.: Engl.

WINTER, Gerd

Dr. jur., Lic. rer. soc., Prof. Univ. Bremen - Elsa-Brändström-Str. 8, 2800 Bremen - Geb. 2. März 1943 Diepholz (Vater: Wendelin W., Oberstudienrat; Mutter: Irmela, geb. Heintze), ev., verh. s. 1969 m. Witha, geb. v. Gregory, 2 Kd. (Christian, Caroline) - 1962-66 Stud. Rechtswiss., 1966-68 Soz.; Promot. 1967, 2. jurist. Staatsex. 1971.

WINTER, Gerrit

Dr. jur., Prof. f. Zivilrecht u. dt. u. ausl. Wirtschaftsrecht - Ernst-August-Str. 17, 2000 Hamburg 52 - Geb. 22. Febr. 1935 Gotha (Vater: Dr. Julius W.; Mutter: Anna-Marianne, geb. Schleiermacher), ev., verh. s. 1968 m. Christiane, geb. Büchner, 2 Kd. (Frederik, Christine) - Univ. Würzburg, Oxford/Engl., Göttingen - Dir. Sem. f. Versich.wiss., Univ. Hamburg, Vorst.-Vors. Versich.wiss. Verein Hamburg, Chairman Oxford Soc. German Branch - BV: Konkrete u. abstr. Bedarfsdeckung in d. Sachversich., 1962; Z. Versich.vertragsrechtsharmonis. im Rahmen d. EWG, 1973; Grundriß d. Individualversich. (m. Büchner), 9. A. 1986; Werber-Winter, Grundzüge d. Versicherungsvertragsrechts, 1986; Bruck-Möller-Winter, Komment. z. Versich.vertr.gesetz, Bd. V: Lebensversicherung, 1988 - Liebh.: Bild. Kunst - Spr.: Engl.

WINTER, Hanns

Staatssekretär Min. f. Landes- u. Stadtentw. Nordrh.-Westf. - Breitestr. 31, 4000 Düsseldorf (T. 3 88 01).

WINTER, Helmut

Studiendirektor, 1. Bürgermeister Karlstein/M. - Zu erreichen üb. Rathaus, 8757 Karlstein/M. - Geb. 3. April 1939 Dettingen - CSU.

WINTER, Horst

Dr. med., Prof., Chefarzt (Innere Klinik) - Städt. Krankenhaus, 7700 Singen/Hohentw. (T. 07731 - 89-237) - Geb. 9. Dez. 1919 Beckum - S. 1959 (Habil.) Privatdoz. u. apl. Prof. (1964) Univ. Gießen, Fachveröff.

WINTER, Ingelore Marie
Publizistin - Auf dem Brand 16, 5300 Bonn-Bad Godesberg (T. 0228 - 31 31 16) - Geb. 22. Sept. Trappenfelde/ Danzig (Vater: Walter W., Landwirt; Mutter: Frida, geb. Mekelburger), ev., led. - Univ. Marburg u. Frankfurt (Soziol., Phil., Gesch.; Lehrer: Theodor W. Adorno) - Spez. Arbeitsgeb.: Gesellsch. u. Politik - BV: Bonn in Frack u. Schärpe, 1969; Ihre bürgerl. Hoheit, 1971; D. unbek. Adenauer, 1976 (übers. Franz.); D. Adel, Ein Deutsches Gruppenporträt, Verlag Molden, 1981; Theodor Heuss, E. Porträt, 1983; Friedrich d. Grosse u. d. Frauen, 1985; Unsere Bundespräs. v. Theodor Heuss b. Richard v. Weizsäcker, 1987; M. geliebter Bismarck. D. Reichskanzler u. d. Fürstin Johanna, 1988 - Liebh.: Theater, Gesch., mod. Malerei - Spr.: Engl.

WINTER, Jürgen Christoph
Dr. iur., B. Litt. (oxon.), Prof. f. Ethnologie u. Sozioanthropologie Univ. Bayreuth - Universität, Postf. 3008, 8580 Bayreuth - Geb. 17. Mai 1938 Insterburg/ Ostpr. (Vater: Horst W., Dipl.-Ing.; Mutter: Helga, geb. Dost), ev., verh. s. 1969 m. Kazuko, geb. Futamata, 2 Kd. (Naomi, Bruno) - 1958 Stud. Rechtswiss. Univ. Köln u. Genf, 1. jurist. Staatsprüf. 1963 Köln; gleichz. Stud. Afrikanistik in Köln u. ab 1963 Stud. Swahili (DAAD-Stip.), Senior Civil Service Swahili Ex. 1964 Dares Salaam; ab 1966 Stud. Sozioanthropol. Univ. Oxford (Bachelor of Letters 1969); jurist. Promot. 1970 Köln; 1973-75 Habil.-Stip. Köln - Habil. (Afrikanistik) 1978 DFG - 1964-65 Jurist. Feldforsch. Tansania (DAAD- u. Thyssen-Stip.); 1968-71 Swahili-Lehrer DSE Bad Honnef; 1971-73 sozioanthropol. Forsch. Tansania (DFG-Stip.); 1975-79 wiss. Mitarb. Inst. f. Afrikanistik Univ. Köln; 1979 Prof. Univ. Bayreuth - BV: D. deliktsrechtl. Haftungstatbetsände im Recht d. Hehe (Tansania), 1971; D. Bantuwander.: Drei Kulturkr. H. Baumanns im Lichte neuester Erkenntnisse d. hist.-vgl. Bantuistik u. d. zentralu. ostafrik. Archäol., 1978; Bruno Gutmann 1876-1966: A German Approach to Social Anthropol. (Oxford), 1979 - Spr.: Engl., Franz., Span., Swahili, Chagga - Bek. Vorf.: Prof. Dr. med. Friedrich Hartmut Dost (Onkel).

WINTER, Martin
Geschäftsführer AG Song - Mailänder Str. 14/92, 6000 Frankfurt 70 (T. 069 - 68 62 69) - Geb. 12. Nov. 1934 Neisse/ OS - Ausb. z. Journ. - S. 1974 Sekr. AG Song, Arbeitsgem. d. Liedermacher aus d. Bundesrep. u. West-Berlin. Zahlr. Veröff. aus d. Bereich d. Song-Szene. Herausg. AG-Songbriefe u. Dok. d. AG-Song-Treffen.

WINTER, Werner
Dr. phil., Dr. h.c., o. Prof. f. Indogermanistik Univ. Kiel (s. 1964) - v.-Liliencron-Str. 2, 2308 Preetz/Holst. (T. 44 55) - Geb. 25. Okt. 1923 Haselau Kr. Pinneberg - Univ. Hamburg (Indogerman., Afrikanistik, Klass. Philol.) u. Bern (Indogerman., Griech., Slav.). Promot. 1949 Bern - 1949-65 Forschungs- u. Lehrtätigk. USA (1953 Assistant Prof. Univ. Kansas, 1961 Full Prof. Univ. Austin). Mitgl. dt., amerik., ind. u. franz. Fachges. Zahlr. wiss. Veröff.

WINTER, Wolfgang
Ballettmeister - Städtische Bühnen, 4150 Krefeld - Geb. 19. Febr. 1935 Blankenhain (Vater: Wilhelm W., Lehrer), verh. s. 1956 (Ehefr.: geb. Fuchs), 2 Söhne (Detlev, Gabor) - Tänzer. Ausbild. Berlin u. Essen - S. 1952 Bühnen Gera, Dessau (1953), Essen (1955), Frankfurt/ M. (1956), Hannover (1959; I. Solotänzer), Krefeld (1969; Ballettm.) - Spr.: Engl. - Sammelt Reproduktionen van Goghs u. Gauguins.

WINTERFELD, von, Dethard
Dr. phil., Prof. f. Kunstgeschichte Univ. Mainz - Kunstgeschichtl. Inst., Binger Str. 26, 6500 Mainz - Geb. 21. Aug. 1938 Stettin (Vater: Richard v. W., Landrat; Mutter: Gunda, geb. Freiin v. Freytag Loringboven), ev., verh., 3 Kd. - Promot. 1969 Univ. Bonn; Habil. 1980 Univ. Heidelberg - 1970 wiss. Assist., 1974 Akad. Rat Univ. Heidelberg; 1980-84 Prof. Univ. Kiel; s. 1984 Prof. Univ. Mainz - BV: D. Dom in Bamberg, 2 Bde., 1979; D. Dom z. Worms, 1984; A Raster u. Modul, 1984; Baugesch. d. Limburger Doms, 1985; u. a.

WINTERFELD, Klaus
Ehem. Vorstandsmitglied Vereinigte Rumpuswerke AG., Mönchengladbach - von-Eichendorff-Str. 14a, 8918 Dießen a.A. (T. 08807 - 69 02) - Geb. 23. Mai 1919.

WINTERFELDT, Ekkehard
Dr. rer. nat., o. Prof., Direktor Inst. f. Organ. Chemie Univ. Hannover - Sieversdamm 34, 3004 Isernhagen 2 - Geb. 13. Mai 1932 Danzig (Vater: Herbert W., Lehrer; Mutter: Herta, geb. Krischen), ev., verh. s. 1959 m. Marianne, geb. Heinemann, 2 Kd. (Thomas, Susanne) - Domsch. Schleswig; TH Braunschweig (Chemie). Promot. 1958; Habil. 1962 - S. 1963 Lehrtätigk. TU Berlin (1967 apl. Prof.). 1969 Ruf Univ. Marburg, 1976 Ruf Univ. Stuttgart. Fachveröff. (Organ. u. makromolekulare Chemie). Mitarb.: Viehe, Acetylenic Compounds, 1969 (Kap.: Ionic Additions) - Spr.: Engl. - 1969 Ruf Univ. Marburg (Lehrstuhl f. Organ. Chemie).

WINTERGERST, Erich
Dr. d. techn. Wiss., Prof., Direktor i. R. - Leitenhöhe 29, 8036 Herrsching (T. 08152 - 62 33) - Geb. 6. Juli 1905 München (Vater: Hans W., Oberregierungsrat; Mutter: Mathilde, geb. Weber), kath., verh. s. 1943 m. Hildegard, geb. Rietz, 2 Töcht. (Monika, Beate) - TH München (Techn. Physik). 1930-35 TH München (Assist.); 1935-38 Heereswaffenamt, Berlin; 1938-45 Preschona Armaturen-Apparate-Fabrik M. Meyer ebd. (Techn. Leit.); s. 1945 TH bzw. TU München (1955 apl. Prof.); s. 1952 J. C. Eckardt AG, Stuttgart (Vorst.-, 1971 Beiratsmitgl.) - BV: D. Techn. Physik d. Kraftwagens - Rotarier.

WINTERHAGER, Eberhard
Dr. phil., Journalist, Chefredakteur Siegener Ztg. - Giersbergstr. 110, 5900 Siegen (T. 0271 - 4 14 28) - Geb. 3. Aug. 1943 Schwarza/Thür., verh. s. 1971 m. Ulrike, geb. Schütz, 2 Kd. (Henrik, Kirsten) - Stud. Phil., Soziol., öfftl. Recht; Promot. 1974 Bonn - BV: Selbstbewußtsein - E. Theorie zw. Kant u. Hegel, 1979 - Spr.: Engl.

WINTERHAGER, Helmut
Dr.-Ing., Dr. h. c., em. o. Prof. Inst. f. Metallhüttenkunde u. Elektrometallurgie TH Aachen (s. 1952; 1959-61 Rektor) - Gut Steeg 24, 5100 Aachen (T. 7 32 54) - Geb. 14. Juni 1911 Elberfeld - Zeitw. Industrietätigk. 1966-70 Präs. Intern. Council for Electrodeposition and Metal Finishing. Zahlr. Fachveröff. - 1971 Ehrendoktor Meyo Hakase Keio Univ. Tokio; 1986 Ehrensenator RWTH Aachen.

WINTERHAGER, Jürgen Wilhelm
Dr. phil., D. D., Prof. d. Kirchl. Lehramtes - Niedstr. 27, 1000 Berlin 41 (T. 8 51 95 27) - Geb. 24. Nov. 1907 Potsdam (Vater: Ernst W., Studienrat; Mutter: Lydia, geb. Meyer), ev., verh. s. 1942 m. Silke-Christine, geb. Lange, 5 Kd. - Univ. Berlin u. Cambridge (Anglistik, Gesch., Theol.) - 1932-36 Sekr. Weltbd. f. intern. Freundschaftsarbeit d. Kirchen London u. Berlin, dann Pfarrer Bekenn. Kirche Berlin-Brandenburg, s. 1947 Dir. Ökumen. Sem. u. Prof. (1961) Kirchl. Hochsch. Berlin. 1956/1957 u. 1965/66 Gastvorles. Kanada, USA u. Süd-Afrika - BV: D. Vorstellung v. Auserwählten Volk in Engl., 1933; D. Weltrat d. Kirchen, 1949; William Temple, 1951; D. Selbstverständnis d. Ökumen. Rates, 1953; Day is Dawning, 1957; Kirchen-Unionen d. 20. Jh., 1961; Weltwerdung d. Kirche, 1965; D. ökumen. Dialog - Festschr. f. O. E. Strasser, Bern, 1968; D. kommende Ökumene, 1973; Vocation a. Victory, 1974; Leuenberg Konkordie, 1975; Umwälzung in d. Ökumene, 1975; Modemed Grundtvig - Traek fra hans Levnedlob, 1987 - Spr.: Engl., Franz., Dän.

WINTERHAGER, Peter
Dr.-Ing., Vorstandsmitglied Alexanderwerk AG - Kippdorfstr. 6-24, 5630 Remscheid - U.a. Vorstandsmitgl. Wupperverb. Körpersch. d. öfftl. Rechts; Ehrenamtlicher Richter Finanzgericht Düsseldorf; Handelsrichter LG Wuppertal.

WINTERHAGER, W. Dietrich
Dr. rer. pol., Dipl.-Kfm., Prof. f. Volkswirtschaft u. Wirtschaftspolitik FU Berlin - Carmerstr. 1, 1000 Berlin 12 (T. 030 - 31 61 75) - Geb. 25. Mai 1941 Tarnowitz/OS (Vater: Rudolf W.; Mutter: Eva, geb. Deiters), gesch., 2 T. (Eva-Antonia, Penelope) - Dipl.-Kfm. 1965 Univ. Köln; Promot. 1968 TU Berlin - 1966-71 wiss. Mitarb. Max-Planck-Ges.; 1971-74 Tätigk. im Bundesmin. f. Arbeit u. Bild.; s. 1975 Prof. - Versch. Bücher üb. Bild.wesen u. Arbeitsmarktfragen - Spr.: Engl., Franz.

WINTERLE, Alfons
Bankdirektor, Vorstandsmitgl. Zentralkasse Saarl. Genossenschaften - Ursulinenstr. 8-16, 6600 Saarbrücken 3 (T. 3 50 35) - Stud. Rechtswiss. Gr. jurist. Staatsprüf.

WINTERMANTEL, Erich
Dipl.-Volksw., Gesellschafter - Geschäftsführer Powell u. Co. GmbH, Bonn - Jahnallee 41, 5300 Bonn 2 - Geb. 21. April 1925 Donaueschingen, kath., verh. s. 1957 m. Ursula, geb. Korn, Sohn Martin Fabian - 1948-54 Stud. Volksw. Univ. Freiburg/Br. (b. W. Eucken, L. Miksch, F. A. Lutz, M. Lohmann) - S. 1961 beteiligt Powell & Co. in Bonn, Deutschlandbüro führend. brit. Luftfahrtuntern. Maßgebl. beteiligt an PKT Hartrohrnetz GmbH - Liebh.: Wandern, Skilaufen, Technik, Lit. - Spr.: Engl.

WINTERS, Karl-Peter

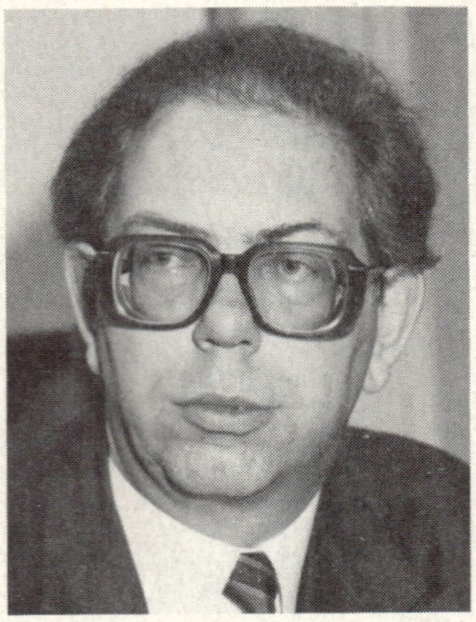

Rechtsanwalt, Hauptgeschäftsf. Dt. Anwaltverein (1981ff.), Ministerialrat a. D. - Adenauer-Allee 106, 5300 Bonn 1 - Geb. 7. Sept. 1944 - Zul. Bundesinnenmin. (Ref. Öffentlichkeitsarb.) - BV: D. Beitrag steuerlicher Maßnahmen z. Lösung d. Bodenfrage, Schriftenr. städtbauliche Forschung BM Bau, 1978; Atom- u. Strahlenschutzrecht, 1978; D. neue Abwasserabgabengesetz (m. Berendes), 2. A. 1989.

WINTERS, Peter Jochen
Dr. phil., Dipl.-Volksw., Journalist - Zu erreichen üb.: Frankfurter Allgemeine Zeitung, Hellerhofstr. 2, 6000 Frankfurt/ M. (T. 7 59 11) - Geb. 14. Dez. 1934 Bremen (Vater: Kapitän), verh., 2 Kd. - Univ. Hamburg u. Freiburg/Br. (Wirtschaftswiss., Soziol., Politikwiss., Rechtsu. Staatsphil.). Dipl.-Volksw., 1957; Promot. 1959 - 1960-67 Mitgl. Polit. Redaktion Wochenztg. Christ u. Welt. 1968 FAZ, s. 1972 Berliner Redaktion, s. 1977 in d. DDR ständ. akkreditiert. - BV: D. „Politik" d. Johannes Althusius u. ihre zeitgenöss. Quellen, 1963. Ztschr., Lexika- u. Buchbeitr. (Politik, Rechtswiss., Gesch. Berlin u. DDR) - 1965 Dt. Journalistenpreis.

WINTERSBERGER, Lambert Maria
Kunstmaler - Gare de Walbourg, 67360 Walbourg Elsass/France - Geb. 23. April 1941 München (Vater: Lambert W., Kaufm.; Mutter: Zenta, geb. Volkl), verh. s. 1986 m. Dolores, geb. Wyss, Malerin u. Bildhauerin - 1961-64 Kunstakad. Florenz - 1974-77 Lehrauftr. Staatl. Kunstakad. Düsseldorf - 1970 6. Biennale Paris (1. Preis f. Malerei).

WINTERSTEIN, Helmut
Dr. rer. pol., Dipl.-Volksw., Prof. - Friedrich-Wittmann-Str. 27, 8505 Röthenbach (T. 0911 - 57 74 05; dstl.: 09131 - 85 23 76) - Geb. 23. Nov. 1929 Nürnberg (Vater: Kaspar W., Beamter; Mutter: Babette, geb. Steinmetz), ev., verh. s. 1961 m. Barbara, gb. Algner, S. Joachim-Frank - Stud. Hochsch. f. Wirtsch.- u. Sozialwiss. Nürnberg; Promot. 1960 ebd.; Habil. 1967 Univ. Erlangen-Nürnberg - S. 1968 Univ. Erlangen-Nürnberg (Doz.; 1972 apl. u. 1974 o. Prof.; Vors. VR Studentenwerk Erlangen-Nürnberg u. Stud.leit. Verw.- u. Wirtsch.akad. Nürnberg). Fachmitgl.sch. Zahlr. Fachveröff.; Gutachtertätigk. - Spr.: Engl.

WINTERSTEIN, Horst
Dr., Minister a. D., MdL Hessen (s. 1976) - Bergstr. 36, 6234 Hattersheim - Geb. 3. Okt. 1934, verh., 2 Kd. - 1984-87 Hess. Innenmin. - SPD.

WINTERSTEINER, Marianne, geb. Portisch

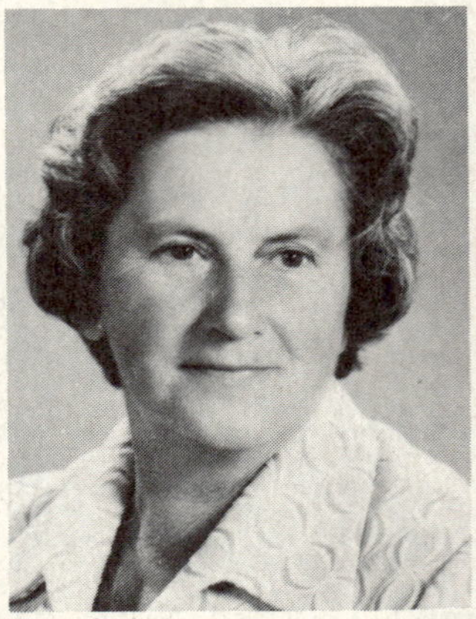

Sportlehrerin, Schriftstellerin - Hochleiten 9, 8372 Lindberg-Zwiesel - Geb. 20. Febr. 1920 Mähr. Schönberg, verh. s. 1957 m. G. Wintersteiner, Studiendirektor, T. Annemone - Pensionat; Ascher Turnsch.; Reichssporthochsch.; Ausb. z. Rot-Kreuz-Schwester; Sem. f. Gesch., Berlin; Erzieherin auf Schloß Gaibach; Förd. durch Hans Fallada; Schriftleit. e. gr. Mädelztschr.; während d. Krieges Rot-Kreuz-Schwester; Schriftleit. Turnztg. - BV: Annemone; Sabine, 1981 (Serie); U. freundlich lächelt d. Morgen (Trilogie); Verena u. d. Kardinal, 1978-80; D. gold. Brücke, 1979; Helenenhof, 1982; Luthers Frau, 1983; Wen d. Stürme fassen, R.; Maries Seidenschuhe, 1984; E. Schloß in Mähren, R.; Biogr.: Willst du dein Herz mir schenken (Anna-Magdalena Bach); Gott hat sie mir gegeben (Erzherzog Johanns Frau), 1985; Lach a bißl... (Kurzgesch.); D. Tal d. Hexen, 1985; Rabenzeit, 1985; D. Baronin Bertha v. Suttner, 1985; Katzengold, 1985; Prinzessin Courage, 1986; Vierhändig zu dritt, 1986; D.

Schwabenbraut, R. 1986; D. Liebe festes Band, Erz. 1987; Meine Schwester in Bayreuth. Markgräfin Wilhelmine, 1987; D. Amme d. Zaren, 1987; Geliebte Lou. Lou Andreas-Salome, 1988; D. Glanzlicht, R. 1988; D. helle Himmel üb. mir, Ged. 1989; Küß d. Hand Marie (Romanbiogr. üb. Marie v. Ebener-Eschenbach), 1989; D. Schnitzer v. Einödhof, 1989; Lola Montez 1990 - Kulturpreis d. SL durch d. Bayer. Staatsreg.; Ehrenbrief Stadt Mähr. Schönberg.

WINTZEK, Bernhard C.

Verleger u. Chefredakteur - Bahnhofstr. 1, 2811 Asendorf (T. 04253 - 5 66 u. 6 72) - Geb. 9. August 1943 Trachenberg/Schlesien (Vater: Paul-Anton W., Gutsinsp.; Mutter: Elsa, geb. Vogel, Apothekerin), ev., verh. s. 1967 m. Hilke, geb. Zempel, Apoth., 2 Kd. (Germar, Gesa) - Ausb. Sozialpädagoge; Staatsex. 1966 Kassel; Akad. f. Mus. Bildung, Remscheid (Ex. 1968 Bild. Kunst) - Priv. Realschuldst.; 1965 Gründ. MUT-Verlag u. seither Chefredakt. d. konservat. Monatsztschr. MUT (m. intern. bek. Autoren); zahlr. Veröff. im In- u. Ausl., zeithist. Bücher, Vorträge, Sem. S. 1981 Herausg. Sachb.-Samml.: Blaue Aktuelle Reihe (Mitarb. bek. Schriftst. u. Journ.). Herausg. Sammelbd.: Otto Heuschele - Ess. aus 60 J., 1986 - Spr.: Engl., Franz.

WINTZER, Friedrich

Dr. theol., Prof. f. Prakt. Theologie Univ. Bonn (s. 1978) - Stettiner Weg 12, 5309 Meckenheim/Bonn (T. 1 03 13) - Geb. 27. Juli 1933 Ottrau/Hessen (Vater: Manfred W., Dekan; Mutter: Hildegard, geb. Hoffmann), ev., verh. s. 1966 m. Dr. med. Hildegard, geb. Sauter, 2 Kd. (Joachim, Bernhard) - Stud. d. Theol. Univ. Marburg, Basel, Göttingen; Promot. 1963; Habil. 1968; Rektor Studiensem. Göttingen d. Ev.-Luth. Landeskirche Hannover (1972-78) - BV: Claus Harms, Predigt u. Theol., 1965; D. Homiletik s. Schleiermacher b. in d. Anfänge d. dialekt. Theol., 1969. Herausg.: Theol. u. Wirklichk. (1974); Seelsorge (1978).

WINTZER, Hanns-Jürgen

Dr. med. vet., o. Prof. f. Veterinärchirurgie u. Pferdekrankheiten Freie Univ. Berlin (s. 1969) - Wildpfad 18, 1000 Berlin 33 - Geb. 8. Okt. 1926 (Vater: Paul W., Ing.; Mutter: Irma, geb. Wege), ev., verh. s. 1952 m. Ilse-Marie, geb. Kisseberth, 2 S. (Jörg, Hanns-Olof) - Gymn.; Stud. Veterinärmed. Promot. 1952 Leipzig; Habil. 1964 Utrecht. Div. Fachmitgliedsch. - BV: Krankheiten d. Pferdes, 1982. Wiss. Veröff. - Spr.: Holl., Engl.

WINZ, Karl

Techn. Direktor, Geschäftsf. Elektrotechn. Werkstätten GmbH, Kaiserslautern - Pfaffenbergstr. Nr. 68, 6750 Kaiserslautern/Pfalz - Geb. 23. Sept. 1919.

WINZENRIED, F.-J. Michael

Dr. med., Prof., Ltd. Oberarzt Psychiatr. u. Univ.-Nervenklinik Hamburg/Krkhs. Eppendorf (s. 1967) - Am Tüteberg 2, 2301 Westensee - Geb. 8. Jan. 1924 Tübingen (Vater: Matthias W., Postdir.; Mutter: Amelie, geb. Kistler), verh. m. Ingrid, geb. Leisau - Univ. Tübingen, Straßburg, Rostock, Hamburg. Promot. (1948) u. Habil. (1958) Hamburg - B. 1964 Privatdoz., dann apl. Prof. Univ. Hamburg (Psych. u. Neurol.). Facharb.

WIORA, Walter

Dr. phil. (habil.) o. Prof. f. Musikwissenschaft (emerit.) - Oberes Vocherl 1, 8132 Tutzing (T. 83 57) - Geb. 30. Dez. 1906 Kattowitz/OS. (Vater: Johannes W., Kriminalkommissar; Mutter: Hedwig, geb. Gross), kath., verh. m. Christa, geb. v. Hertzberg - Univ. Berlin (auch Musikhochsch.) u. Freiburg/Br. Musikwiss., Phil., Volkskd., Soziol.) - 1936-42 u. 1946-58 Dt. Volksliedarchiv Freiburg (zul. Leit. Musikabt.); s. 1941 Lehrtätig. Univ. ebd. (Privatdoz.), Kiel (1958 Ord. u. Inst.dir.) u. Saarbrücken (1964 das.). Mitgl. Herder-Forschungsrat (s. 1953), Dt. Musikrat (1960-65 stv. Vors.), Dt. Unesco-Kommiss. (1960-63), Ges. f. Musikforsch. (1962-65 Vizepräs., 1986 Ehrenmitgl.), Intern. Folk Music Council (1971-80 Vizepräs.), Bayer. Akad. d. Schönen Künste (s. 1978, 1979-86 Dr. d. Musikabt.) - BV: u. a. Z. Frühgesch. d. Musik in d. Alpenländern, D. echte Volkslied, Europ. Volksgesang, D. rhein.-berg. Melodien bei Zuccalmaglio u. Brahms, Europ.Volksmusik u. Abendl. Tonkunst, D. 4. Weltalter d. Musik (auch engl., franz., jap.), Komponist u. Mitwelt, D. dt. Lied, Histor. u. systemat. Musikwiss., Ergebn. u. Aufgaben vergl. Musikforsch., Ideen z. Gesch. d. Mus., D. musikal. Kunstwerk.

WIPPERMANN, Friedrich

Dr. rer. nat., em. o. Prof. f. Meteorologie - In d. Röde 15, 6109 Mühltal 4 (T. Darmstadt 14 54 12) - Geb. 21. April 1922 Stotzheim/Eifel - S. 1957 (Habil.) Lehrtätig. Univ. Mainz u. TH Darmstadt (1958; 1963 apl., 1964 o. Prof. u. Inst.dir.). Fachveröff.

WIPPLER, Elmar

Dipl.-Ing. FH, Verleger u. geschäftsf. Gesellschafter expert verlag GmbH - 7032 Sindelfingen - Geb. 23. Febr. 1939 - Mitgl. Verein Dt. Ingenieure Techn. Akad. Esslingen. Mithrsg.: Wissenschaftl./techn. Fachbuchreihe Kontakt & Studium.

WIRGES, Heribert

Dr. rer. pol., Geschäftsführer König & Schlichte GmbH & Co., AR Zürich Kautions- u. Kreditversich. AG, Frankfurt - Postf. 13 63, 4803 Steinhagen/Westf. - Geb. 7. Juli 1932.

WIRICHS, Jochen P.

Diplom-Braumeister, Mitinh. u. Geschäftsf. Brauerei Rhenania Robert Wirichs KG., Krefeld - Obergath 68-112, 4150 Krefeld-Königshof.

WIRSCHING, Eugen

Dr., Vorstandsvorsitzender Ackermann-Göggingen AG, Göggingen (s. 1969) - Schubertstr. 4, 8902 Neusäß-Westheim - Spr.: Engl., Franz. - 1976ff. Vors. Bez.gruppe Schwaben d. Vereinig. d. Arbeitgeberverb. in Bayern - Rotarier.

WIRSCHING, Johannes Richard

Dr. theol., S. T. M. (USA), Prof. f. Systemat. Theol. - Ahrenshooper Zeile 59, 1000 Berlin 38 (T. 030 - 801 49 32) - Geb. 20. Nov. 1929 Gumbinnen/Ostpr. (Vater: Ernst W., Kreissekr. †; Mutter: Johanna, geb. Hoffmann), ev., verh. s. 1957 m. Rosemarie, geb. Huhn, S. Andreas - Univ. Göttingen, Heidelberg, Harvard (USA); Mag. d. Theol. 1956; Promot. 1960 - 1969-73 Lehrtätig. PH Freiburg/Br. (1971; Prof.) u. KH Berlin (s. 1973; Ord. f. Systemat. Theol.); 1982-84 Rektor KH Berlin - BV: Gott in d. Gesch., 1963; Was ist schriftgemäß?, 1971; Lernziel Glauben, 1976; Glaube im Widerstreit, 1988. Herausg.: Kontexte. Neue Beiträge z. Historischen u. Systematischen Theol., 1983ff. Div. Fachveröff.

WIRSCHING, Michael Hilmar

Dr. med., Prof., f. Psychosomatik u. Psychotherapie - Am Zollstock 11, 6300 Gießen (T. 2 51 09) - Geb. 26. Mai 1947 Berlin (Vater: Dr. Arnold W., Arzt; Mutter: Helene, geb. Waldhecker), verh. s. 1972 m. Dr. Barbara, geb. Single, 2 Söhne (Max, Hans-Georg) - Schule Berlin-Tiergarten (Abit. 1966); FU Berlin (Med. Staatsex. u. Promot. 1972), Psychoanalyt. Abschlußprüf. u. Habil. Univ. Heidelberg 1978 - S. 1981 Zentrum f. Psychosomat. Med. Univ. Gießen; s. 1987 Leit. d. Psychosomat. Klinik; 1989 1. Vors. Dt. Arb.gem. f. Familientherapie - BV: D. erste Familiengespräch, 1977 (m. Stierlin u. a.; übers. Engl. Franz., Span. u. Finn.); Krankheit u. Familie, 1982 (m. Stierlin); Psychosocial Intervention in Schizophrenia, 1983 (m. Stierlin u. Wynne); Psychosomat. Einstell.fragebogen - PEF, 1983 (m. Hehl); Krebs im Kontext, 1988 - Spr.: Engl., Franz.

WIRSCHINGER, Karl-Heinrich

Rechtsanwalt, Mitgl. Bayer. Senat (s. 1959), Ehrenpräs. Verb. Freier Berufe in Bayern u. a. - Villenstr.-Süd 21, 8082 Grafrath/Obb. (T. 08144 - 2 77) - Geb. 15. Okt. 1911 München (Vater: Dr. Dr. h. c. Heinrich W., Regierungspräs.; Mutter: Maria, geb. Dühmig) - Gymn. München; Univ. München, Wien, Kiel (Rechts- u. Staatswiss.) - 1939-45 Wehrdst. - Bek. Vorf.: Dr. Ludwig v. W., Bayer. Finanzmin., Mitbegr. Dt. Zollverein (Urgroßv.).

WIRSING, Eduard

Dr. rer. nat., o. Prof. f. Mathematik Univ. Ulm (s. 1974) - Mozartstr. 5, 7909 Dornstadt - Geb. 28. Juni 1931 Berlin (Vater: Dr. med. Georg W., Arzt; Mutter: Maria, geb. Quaglio), verh. s. 1957 m. Walborg, geb. Hamel - 1950-54 Univ. Berlin u. Göttingen. Promot. Berlin; Habil. Braunschweig - S. 1962 Lehrtätigk. Univ. Marburg (1965-74 Prof.), s. 1974 Univ. Ulm. Fachveröff.

WIRTH, Eugen

Dr. phil., o. Prof. f. Geographie - Membacher Weg 41, 8520 Erlangen (T. 85 26 34) - Geb. 12. Mai 1925 Würzburg (Vater: Eugen W., Stadtrechtsrat; Mutter: Anna, geb. Dienstbier), ev., verh. s. 1958 m. Ingeborg, geb. Holland, 4 Kd. (Gisela, Volkmar, Ulrike, Raimund) - Gymn. Würzburg (Abit. 1943); Univ. Erlangen u. Göttingen (Staatsex. (Geogr., Gesch.) 1949; Promot. (Soziol., Phil.) 1952 Freiburg; Habil. (Geogr.) 1959 Hamburg - 1943-45 Wehrdst. (zul. Ltn. d. R. u. Führer schwerer Haubitz-Batterie); 1959-64 Privatdoz. Univ. Hamburg; s. 1964 Ord. u. Vorst. Geogr. Inst. Univ. Erlangen-Nürnberg. Stip. Maximilianeum München. 1975-1977 erster Vors. Zentralverb. d. Dt. Geographen. 1984-88 Präs. d. Nationalkomm. d. Bundesrep. in d. Intern. Geogr. Union - BV: Agrargeogr. d. Irak, 1962; Syrien - e. geograph. Landeskd., 1971; Nordafrika u. Vorderasien, 1973; D. Orientteppich und Europa, 1976; D. Bazar v. Isfahan, 1978; Theoret. Geographie, 1979; In vino veritas? 1980; Deutsche geogr. Forsch. im Orient, 1983; Aleppo., 1984 - 1969 Ehrenmitgl. Geogr. Ges. München, 1975 dito Frankfurt; o. Mitgl. Dt. Archäol. Inst. Berlin; korr. Mitgl. Österr. Akad. Wiss, Wien; EK, Bayer. VO. - Spr.: Engl., Franz., Ital. - Bek. Vorf.: Moser (Johann Jacob), Osiander, Melanchthon, Reuchlin.

WIRTH, Franz-Peter

Regisseur - Zu erreichen üb.: Bavaria-Atelier GmbH, Bavariafilmplatz 7, 8022 Geiselgasteig - Geb. 22. Sept, 1919 München (Vater: Josef W.; Mutter: Anna, geb. Meissner), kath., verh. s. 1968 m. Wega, geb. Jahnke (Schausp.) - Gymn. - 1951-53 Oberspiell. u. Int.stellv. Stadttheater Pforzheim; 1954-1960 Oberspiell. Südd. Rundfunk (Fernsehen); s. 1960 Oberspiell. Bavaria-Atelier, München. Film: ... und nichts als die Wahrheit, Helden, Bis zum Ende aller Tage, E. Tag, d. nie zu Ende geht, Bekenntnisse e. möblierten Herrn, E. Mann im schönsten Alter, Oh Jonathan . . .; Fernsehen: Unruhige Nacht, D. Lerche, D. kaukas. Kreidekreis, Bernarda Albas Haus, Hamlet, D. Gesch. d. Joel Brand, D. arme Mann Luther, Wallenstein, Flucht ohne Ausweg, D. Schlacht v. Lobositz, Schmutzige Hände, Willy u. Lilly, Eisenwichser, Operation Walküre, Alexander zwo (6 Folgen), Change, Nicht einmal d. halbe Leben, Vor dem Sturm/Fontane (6 F.), Buddenbrocks (11 F.), Ein Stück Himmel (8 F.), Tiefe Wasser, Die Wächter (6 F.) u. a. Theater: u. a. Der Hausmeister (Kammersp. München 1961) - 1958 Dt. Fernsehpreis f. Regie, Bambi-Preis, 1964 Filmpreis Verb. d. dt. Kritiker, 1964 u. 1983 Adolf-Grimme-Preis in Gold, 1972 Gold. Kamera; o. Mitgl. Dt. Akad. d. darstell. Künste.

WIRTH, Fritz

Dr., Prof., Ltd. Direktor, Leit. Inst. f. Technologie/Bundesanstalt f. Fleischforsch. - Oskar-v.-Miller-Str. 20, 8650 Kulmbach/Ofr..

WIRTH, Gerhard

Dr. phil., o. Prof. f. Alte Geschichte Univ. Bonn - Am Hof 1 e, 5300 Bonn 1 - Prof. s. 1968.

WIRTH, Günter

Dr. med., Prof. Univ. Heidelberg, Ärztl. Direktor d. Abt. f. Stimm- u. Sprachstörungen sowie Pädaudiol. Univ.-HNO-Klinik Heidelberg - Erwin-Rohde-Str. 11, 6900 Heidelberg - Geb. 16. Jan. 1933 Heidelberg (Vater: Erich W., Prof.), ev., verh. m. Dr. med. Bärbel, geb. Brunner, Fachärztin f. HNO u. f. Kinderkrankh. - Staatsex. u. Promot. 1958, Habil. f. HNO-Heilkd. 1968 - 1964 Fach-, 1969 Oberarzt Univ.-HNO-Klinik Heidelberg; s. 1973 apl. Prof., 1975 ärztl. Dir. - BV: Lehrb. d. Sprech- u. Sprachstör., 1983; Lehrb. d. Stimmstör., 1987.

WIRTH, Günther

Rechtsanwalt, MdL Bayern (s. 1970) - Immenstädter Str. 32, 8960 Kempten/Allgäu (T. 2 72 55) - Geb. 1940 - SPD - 1980 Bayer. VO.

WIRTH, Hans

Dr., Dipl.-Kfm., pers. haft. Gesellsch. Weinbrennerei Asbach & Co. - Am Rottland 2-10, 6220 Rüdesheim (T. 06722 - 1 24 15) - Geb. 8. Juni 1931, kath.

WIRTH, Hans

I. Bürgermeister Stadt Bad Berneck - Rathaus, 8582 Bad Berneck/Fichtelgeb. - Geb. 1. Mai 1926 Kirchenpingarten - Zul. Stadtoberinsp., Dipl.-Verwaltungswirt (FH).

WIRTH, Heinz
Vorsitzender Bundesverb. d. Lohnsteuerhilfevereine, Honorargeneralkonsul Rep. Mali - Zu erreichen üb. Konsulat Rep. Mali, Georgenstr. 104, 8000 München 40 - Geb. 2. Febr. 1926.

WIRTH, Helmut
Bauingenieur, MdL Baden-Württ. (s. 1976, Wahlkr. 30/Bretten; CDU), 1. stv. OB d. Gr. Kreisstadt Bretten (1984ff.), Vorst.-Mitgl. Melanchthonverein Bretten, stv. Vors. Finanzaussch. im Landtag v. Baden-Württ. - Erasmusweg 17, 7518 Bretten/Baden - Geb. 18. Juli 1933 Bretten, ev., verh., 2 Kd. - 1953-57 Stud. Bauing.wesen Karlsruhe - S. 1958 selbst. (Büro f. Bauwesen). 1965 ff. Stadtratsmitgl. Bretten (stv. Fraktionsf.); 1971 ff. Kreisrat Karlsruhe. Sportämter u. a. - 1971 Gau-Ehrennadel (Karlsruher Turngau); 1971 Ehrennadel Dt. Turnerbd.; 1980 BVK a. Bde. - 1975 2. Dt. Meister 1975 im Faustball M III u. 1. Süddt. Meister.

WIRTH, Irmgard
Dr. phil., Prof., Museumsdirektorin a. D. - Knesebeckstr. 68/69, 1000 Berlin 12 - Geb. 14. Nov. 1915 Berlin (Vater: Max W., Kaufm.; Mutter: Hermandine, geb. Bodenstein), ev., led. - Stud. Kunstgesch., Klass. Archäol., Roman. Berlin u. Paris. Promot. 1951 Kiel - 1952-66 Amt f. Denkmalpflege Berlin (Inventarisation d. Bauwerke u. Kunstdenkmäler); 1967-80 Berlin-Museum (Leitg.). Fachmitgliedsch. - BV: Berlin - Maler sehen e. Stadt, 1963; Selbstzeugnisse Berliner Maler, 1964; Mit Adolph Menzel in Berlin, 1965; Berliner Biedermeier, 1972; Mit Menzel in Bayern u. Österreich, 1974; Berlin - 1650-1914, 1979; Eduard Gaertner. D. Berliner Architekturmaler, 1979. Herausg.: Berlin - Gestalt u. Geist (Sachbuchreihe) - 1980 BVK I. Kl. - Liebh.: Bücher, Musik, Theater, Fotogr. - Spr.: Engl., Franz., Span., etwas Ital.

WIRTH, H. Willi
Prof., Ord. f. Bild. Kunst u. -erziehung - Friedr.-Wilhelm-von-Steuben-Str. 90AI, 6000 Frankfurt - S. 1965 Prof. Univ. Frankfurt/M., Fachber. Klass. Philologie u. Kunstwiss.

WIRTHLE, Werner
Verleger, Vors. d. Geschäftsfg. Frankfurter Societäts-Druckerei GmbH, Herausg. Frankfurter Neue Presse, Höchster Kreisblatt, Taunus Zeitung, Nassauische Neue Presse, Kinzigtal-Nachrichten, Oberhessische Volkszeitung, scala international, Societäts-Verlag, Kurator u. Gesellsch. d. FAZIT-Stiftg. Gemeinn. Verlagsges. mbH, Geschäftsf. Allg. Presse GmbH, Generalbevollm. Hoffmann & Wirthle oHG, Vors. Kurat. d. Imprimatur Gemeinn. GmbH., Stv. Vors. Gesellschafterversamml. Frankf. Allg. Zeitung GmbH, 1974-87 Präs., s. 1987 Ehrenmitgl. Frankf. Ges. f. Handel, Ind. u. Wiss., Frankfurt - Frankenallee 71-81, 6000 Frankfurt/M. - Geb. 23. Aug. 1908 Blaubeuren/Württ. (Vater: Wilhelm W., Präs. Oberpostdir. Tübingen), ev., verh. - 1928-45 Ullstein-Verlag, Berlin, dazw. 1940-45 Wehrdienst (Luftwaffe) - 1959 Gr. BVK, 1968 Stern, 1978 Schulterbd. dazu; 1968 Ehrenplak. Stadt Frankfurt; 1976 Komtur Ital. VO.; 1977 Wilhelm-Leuschner-Med.

WIRTHMANN, Alfred
Dr. rer. nat., o. Prof. u. Leiter Inst. f. Geograph. u. Geoökol Univ. Karlsruhe (s. 1968) - Gartenstr. 14a, 6729 Maximiliansau (T. 07271 - 4 19 64) - Geb. 30. Dez. 1927 - Habil. 1962 Würzburg - Geomorphologie, Tropen.

WIRTHS, Willi
Dr. agr., Prof. - Lindenallee 86a, 5000 Köln 51 (T. 376 19 92) - Geb. 9. Juni 1923 Frankfurt/M., ev., verh. m. Dr. Karola, geb. Simons, 2 Söhne (Eckhard, Axel) - 1949 MPI f. Arbeitsphys., 1956 MPI f. Ernährungsphys. Dortmund - Promot. (1952) u. Habil. (1961) Bonn - S. 1961 Lehrtätigk. Univ. Bonn (1967 apl. Prof. f. Ernährungslehre u. Ernährungswirtschaft, 1971 o. Prof. f. Ernährungsphysiol. u. Hauswirtsch.wiss.). Kommiss. Nutrition Int. Assoc. Rural Medicine; Wiss. Leiter d. Wiss.-Techn. Ernährungsforen - BV: Lebensmittellehre, 6. A. 1976; Lebensmittel in ernährungsphysiol. Bedeutung, 3. A. UTB Nr. 117; Ernährungssituation 1 u. 2, UTB Nr. 664 u. 665; Einführung in d. Ernährungslehre (m. E. Kofrányi), 10. A. 1987. Herausg.: Leitfaden d. Gemeinschaftsverpflegung (1981). Zahlr. Einzelarb. - Ehrenmitgl. d. Schweizer Verb. f. Gemeinschaftsverpflegung; Purkyne-Med. f. Physiologie in Gold d. Akad. d. Wiss. Prag, CSSR.

WIRTZ, Eduard
Dr.-Ing., Berat. Ingenieur - Wildenbruchstr. 38c, 4000 Düsseldorf 11 (T. 5 46 59) - Geb. 11. Aug. 1913 (Vater: Eduard W.; Mutter: Anna, geb. Beetz), verh. m. Katy, geb. Radermacher, S. Jochen - Realgymn.; TH Aachen; Dipl.-hauptprüf. 1936; Promot. 1975 - 1938-71 Beton- u. Monierbau AG., Düsseldorf, 1961-71 Vorst.-Mitgl. der BuM AG., 1956-66 u. 1975-79 Vorst.-Mitgl. Wirtschaftsvereinig. Bauind. NRW, 1962-66 Vors. - BV: Ingenieurpraxis in d. Bauunternehm., Fachb. 1982 - 1979 BVK 1. Kl.

WIRTZ, Franz A.
Dr. rer. nat., geschäftsf. Gesellschafter Grünenthal GmbH, Mitgl. d. gf. Vorst. u. Schatzm. Bundesverb. d. Pharmazeutischen Ind. - Steinfeldstr. 2, 5190 Stolberg/Rhld.

WIRTZ, Fritz
Gewerkschaftsangestellter, MdL Nordrh.-Westf. (s. 1970) - Uhlandstr. 92, 4630 Bochum (T. 1 32 60) - Geb. 24. Juni 1921 Gelsenkirchen, verh., 2 Kd. - Volkssch.; Werkzeugmacherlehre; Ausbild. Techn. Zeichner; 1947-48 Akad. d. Arbeit - S. 1954 Vors. DGB Kr. Neuss-Grevenbroich u. Bochum-Wattenscheid (1960), I. Bevollm. u. Geschäftsf. IG Metall/Verw.sst. Bochum (1966) 1969 ff. Stadtverordn. Bochum. SPD s. 1946.

WIRTZ, Karl
Dr. phil., em. o. Prof. Univ. Karlsruhe, Phys. Grundl. d. Reaktortechn. - Siebenmannstr. 10, 7500 Karlsruhe 41 (T. Karlsruhe 47 44 50) - Geb. 24. April 1910 Köln (Vater: Carl W., Senatspräs. OLG Köln; Mutter: Hildegard, geb. Krebs), kath., verh. s. 1941 m. Ottonie, geb. v. Ziegner, T. Christiane - Friedrich-Wilhelm-Gymn. Köln; Univ. Bonn, Freiburg/Br., Breslau (Physik, Math., Chemie). Promot. 1934 Breslau; Habil. 1936 Berlin - 1937-57 Mitarb. Kaiser-Wilhelm- bzw. Max-Planck-Inst. f. Physik, Berlin bzw. Göttingen (Leit. Experimentelle Abt.), ab 1941 Doz. Univ. Berlin, 1948-57 apl. Prof. Univ. Göttingen, s. 1957 o. Prof. TH Karlsruhe, außerd. em. Dir. Inst. für Neutronen-Physik u. Reaktortechnik Kernforschungszentrum Karlsruhe-Leopoldshafen - BV (Mitautor): Kosm. Strahlung, 2. A. 1953 (Heisenberg); Elementare Neutronenphysik, 1958 (Beckurts); Neutron Physics, 1964 (m. Beckurts); D. unverstandene Wunder - Kernenergie in Dtschl., 1975 (m. K. Winnacker) - 1975 Gr. BVK - Ausw. wiss. Mitgl. Max-Planck-Ges.

WIRTZ, Michael
Dipl.-Kfm., Geschäftsführer Chemie Grünenthal GmbH., Stolberg - Am Forsthaus 8, 5103 Brand Kr. Aachen - Geb. 3. Jan. 1939 - AR-Mand.

WIRTZ, Tiny
Prof., Konzertpianistin, Leiterin Meisterkl. f. Klavier Staatl. Hochsch. f. Musik Köln - Belvederestr. 34, 5000 Köln 41 (T. 0221 - 497 18 26) - Konzerttätigk. m. namh. Orch. u. Dirig.; Solo- u. Kammermusikabende, Rundfunkaufn., Konzertreisen in Europa, Amerika u. Asien, intern. Meisterkurse. Schallpl. - Liebh.: Mod. Malerei, Lit. - Lit.: Wilfried Brennecke, Komp. u. Interpret, e. Brief v. B.A. Zimmermann an Tiny Wirtz (in: Musica, Jahrg. 38, Heft 4, 1984).

WIRTZ, Waltfried F.
Hauptgeschäftsführer GHM Ges. mbH Schöninger, Luhe-Wildenau, E. Hellenthal & Cie., Aachener Spiegelmanufaktur GmbH & Co. KG, Aachen u. Hannover, Spiegel-Schubert, Aachen - Sperberweg 1, 8481 Schirmitz (T. 0961 - 4 43 72) - Geb. 22. Aug. 1924 Ratzeburg, ev., verh. s. 1953 m. Margarete, geb. Brückmann, S. Peter - Abit. 1942; Stud. Maschinenbau TH München - 1958 Verkaufsleit., 1962 Verkaufsdir., 1970 Geschäftsf. s. o. Zahlr. Ehrenstell. - 1975 BVK; 1987 BVK I. Kl. - Liebh.: Wirtschaftspolitik, Lit. - Spr.: Engl., Franz. - Bek. Vorf.: Hermann Löns (Onkel); Cousine: Mildred Scheel.

WIRZ, Hanns-Bernhard
Staatssekretär a. D., Wirtschaftsberater - Schützallee 130, 1000 Berlin 37 - Geb. 3. Aug. 1911 Düsseldorf (Vater: Johann W., Kommunalbeamter; Mutter: Margarete, geb. Meyers), kath., verh. m. Helene, geb. Fritz, 3 Söhne (Jochen, Bernd, Wolfgang) - Univ. Innsbruck, München, Köln (Rechts- u. Staatswiss.). Staatsprüf. 1938. Ab 1939 Reg.ass. u. - rat (1941), 1941-46 Wehrdst. u. Kriegsgefangensch., Verw.rechtsrat, Steuerberat., ab 1951 Oberreg.rat u. Reg.dir. Reg. Aurich u. Hildesheim, Nieders. Min. d. Innern u. f. Wirtschaft u. Verkehr, 1958-63 Abt.leit. Bundeskartellamt, 1963-65 Staatssekr. Nds. Min. f. Wirtschaft u. Verkehr, 1967-68 gf. Vorst.-Mitgl. Bund d. Steuerzahler, b. 1970 VR-Mitgl. Dt. Bundesbahn, b. 1976 Berater IBM Geschäftsl. Veröff. z. Wirtschafts- u. Verkehrspolitik - Spr.: Engl., Franz.

WISBECK, Jörg
Graphiker, Bühnenbildner - Schleißheimer Str. Nr. 118, 8000 München 13 (T. 18 86 12) - Geb. 30. Jan. 1913 München (Eltern: August (Schriftst. †1953) u. Herta W.), kath., led. - Realgymn. u. Kunstakad. München (Bildhauerei: Prof. Wackerle, Zeichnen: Prof. Gulbransson) - Karikaturist (1946 ff.), Bühnenbildner Bayer. Fernsehen u. fr. Filmarch. (1955 ff.). Zahlr. Bildw. - 1968 Schwabinger Kunstpreis f. Malerei - Spr.: Engl., Franz. - Bek. Vorf.: Hans v. W., Staatsrat bayer. Kultusmin. (Großv.).

WISCHER, Robert
Dipl.-Ing., Prof., Architekt (Sozietät Heinle, Wischer u. Partner), Gesellsch. Heinle, Wischer & Partner Planungsges. mbH - Rotenbergstr. 8, 7000 Stuttgart 1 (T. 28 02 91); priv.: Schorlemerallee 21a, 1000 Berlin 33 - Geb. 7. Juli 1930 Wilhelmshaven (Vater: Herbert W., Schiffsbauer, zul. Ministerialrat; Mutter: Frieda, geb. Radtke), ev. 1949-55 TH Stuttgart (Dipl.-Ing.) - S. 1962 fr. Arch. Stuttgart. 1976ff. o. Prof. TU Berlin (Fachgeb. Entwerfen, Bauten d. Gesundheitswesens, Inst. f. Krankenhausbau; Forsch.schwerpunkt: regionale Gesundheitsversorgung) - Bauten: Univ.-Klinik Köln, Göttingen, Operatives Zentrum Essen, Univ. Regensburg u. Kaiserslautern, Kreiskrhs. Leonberg, Freudenstadt, Säckingen, Bundeswehrkrkhs. Ulm, Rhein. Landesklin. Bonn, Funktionsneubau Städt. Katharinenhospital, Stuttgart, Krkhs. Berlin-Spandau, Klinikum d. Stadt Ludwigshafen; Hochsch. d. Bundeswehr Hamburg; Datenzentrale Schlesw.-Holst. Kiel, Rechenzentrum Bremen - BV: Ein- oder Mehrbettzimmer im Akut-Krkhs. - Analysen ihrer Tauglichkeit; D. Friesen-Konzept f. d. Krkhs. u. d. Gesundheitswesen v. morgen. Herausg. d. Reihe: Bauten d. Gesundheitswesens am Inst. f. Krankenhausbau TU Berlin. Fachaufs. - Liebh.: Segeln, Ski - Spr.: Engl.

WISCHERMANN, Heinfried
Dr., Prof., Kunsthistoriker - Urbanstr. 1, 7800 Freiburg (T. 0761 - 3 40 01) - Geb. 25. Mai 1943 Oberhausen/Rhld., verh. m. Kristin E., geb. Frank, 3 Kd. (Frank H., Mirjam E., Katharina S.) - Stud. Univ. Bonn, Paris, Freiburg; Promot. 1971; Habil. 1977 - S. 1980 apl. Prof. Univ. Freiburg - BV: Schloß Richelieu, 1971; Fonthill Abbey, 1977; London, 1986; Romanische Kunst in Baden-Württ., 1987; Kunstdenkmäler in Südfrankreich, 1989. Herausg.: Berichte u. Forschungen z. Kunstgesch. 1 (1979ff.).

WISCHMANN, Berno
Dr. phil., Prof., ehem. Dekan F. B. Sport Johannes-Gutenberg-Univ. Mainz - Teichweg 30, 6570 Kirn/Nahe (T. 83 11; dstl.: Mainz 22 10 32) - Geb. 26. Dez. 1910 Tønder/Dänemark (Vater: M. W., Rektor; Mutter: Bothilde, geb. Wrang), ev., verh. s. 1937 m. Vera, geb. Benkelberg, 4 Kd. (Berno, Antje, Haia, Inga) - Sporthochsch. Berlin; Univ. Kiel, Berlin, Mainz (Päd., Psych., Sport, Kunstgesch.). Diplom-Sportlehrer 1936 Berlin; Promot. 1954 Mainz - 1936-39 Sportlehrer München u. Hamburg (1938); 1939-44 Wehrdst. (u. a. Begleitoffz. Rommels in Afrika); 1949-56 Leit. Sportamt Univ. Mainz. S. 1938 Trainer Dt. Leichtathletik-Nationalmannsch. b. Europameisterschaften u. d. Olymp. Spielen Melbourne, Rom, Tokio, Mexico-City, München; Betreuer Europamannsch. b. Erdteilkampf Amerika-Europa. Vors. Bundesfachauss. d. F.D.P. - BV: D. moderne Sport, 1955; Z. Problem d. Mutes in d. körperl. Erziehung, 1959; D. Methodik d. Leichtathletik, 2. A. 1965 (jap. 1962); D. Fairneß, 1962; Wert, Bedeutung u. Auftrag sportl. Hochleistungsstrebens, 1967; Sport nach 35, Leibesübungen u. Sport d. Germanen, D. Weg z. Erfolg in d. Leichtathletik. Viele Fachabh. - 1965 Prof.-Titel; Hans-Braun-Preis, Philip-Noel-Balzer-Preis d. UNESCO; 1979 Hanns-Heinrich-Sievers-Preis; Recherche de la qualité des Ordre de St. Fortunat; Gr. BVK - Liebh.: Sammelt Holzplastiken u. Sportzeichnungen aus aller Welt.

WISCHMEYER, Helmut
Geschäftsführer Heimstätten Gesellsch. mbH., Lübeck; Lübecker Siedlungs-Ges. mbH, Lübeck; Sanierungsges. Lübecker Wohnungsuntern. mbH, Lübeck - Junoring 8, 2400 Lübeck (T. 70 36 74) - Geb. 15. Okt. 1935 Berlin (Vater: Richard W., Geschäftsf.; Mutter: Hildegard, geb. Dibbert), ev., verh. s. 1961 m. Helga, geb. Hein, 2 T. (Stefanie, Christine) - Realschule - Vorst.mitgl. Haus- u. Grundbes.verein Lübeck u. Verb. Schl.-Holst. Haus-, Wohnungs- u. Grundeigent. e.V. (Landesverb. Kiel), ARsvors. NR NORDREVISION, Hamburg, Vorst.mitgl. Arbeitsgem. Schl.-Holst. Wohnungsuntern. Kiel u. div. and. Ämter - BV: Aufs. in Fachztschr. - Liebh.: Musik, Sport - Spr.: Engl. - Rotarier.

WISCHNER, Claus
Staatssekretär Senatsverw. f. Gesundheit u. Soziales (1985), MdA Berlin (s. 1971) - Säntisstr. 56, 1000 Berlin 48 (T. 741 56 34) - Geb. 28. März 1935 Berlin, verh., 4 Kd. - 1953-56 Maurerlehre; 1957-60 Helene-Weber-Akad. (Staatsex.) - S. 1961 Tätigk. Jugendamt Steglitz (Amtsleitung Familienfürsorge). 1967-71 Bezirksverordn. Tempelhof. CDU s. 1959 - 1985 DRK-Ehrenz.

WISCHNEWSKI, Hans-Jürgen
Staatsminister a. D., MdB (s. 1957) - Hermann-Ehlers Str. 10, 5300 Bonn 1 - Geb. 24. Juli 1922 Allenstein/Ostpr., verh. in 3. Ehe (1978) m. Katharina, geb. de Kiff, 3 Kd. - Gymn. Berlin (Abitur) - 1940-45 Wehrdienst (zul. Oblt.), dann Metallind. u. IG Metall (1952), 1966-68 Bundesmin. f. wirtsch. Zusammenarbeit, 1968-72 Bundesgeschäftsf. SPD. 1974-76 Parlam. Staatssekr. u. Staatsmin. AA, 1976-79 u. 1982 (Mai-Okt.) Staatsmin. Bundeskanzleramt, zugl. auch Berlin-Beauftr. d. Bundesreg.; 1980/81 stv. Fraktionsvors. SPD im Bundestag; 1961-65 Mitgl. Europ. Parlam. 1959-61 Bundesvors. Jungsozialisten; 1964-66 u. 1970-71 Kurat.-Vors. Dt. Stiftg. f. Entwicklungsländer. SPD s. 1946 (1979-82 stv. Partei-Vors., 1984-85 Schatzm.) - BV:

WISKEMANN, Arthur
Dr. med., Univ.-Prof. i. R. - Gottorpstr. 5, 2000 Hamburg 52 (T. 880 23 11) - Geb. 28. April 1922 Hamburg - Habil. 1959 - 1966 apl. Prof. f. Haut- u. Geschlechtskrankh. Viele Fachveröff.

WISMER, K. H.
Dipl.-Volksw., Dipl.-Kfm. Geschäftsführer Düsseldorfer Messegesellschaft mbH./NOWEA - Messegelände, 4000 Düsseldorf 30.

WISNIEWSKI, Roswitha
Dr. phil., Prof. f. Dt. Philologie, MdB (1976ff.) - Klingenweg 17/1, 6900 Heidelberg (T. 06221 - 80 27 97) - Geb. 23. Sept. 1926 Stolp/Pommern (Vater: Bruno W., Architekt; Mutter: Edith, geb. Berndt) - Lessing-Sch. Stolp; Univ. Berlin (Humboldt u. Freie), Marburg, Bonn (German., Klass. Philol., Theol.) - S. 1960 (Habil.) Lehrtätigk. Univ. Berlin/Freie (1965 apl. Prof.), Kairo, Heidelberg (1967 Ord.). Publ. Montréal (1983) u. Brigthon (1988) - BV: Sinn u. Sein. E. phil. Symposion, 1960; Politik als Gedanke u. Tat, 1967; Integritas. Geistige Wandlung u. menschl. Wirklichk., 1966; Verantw. im Wandel d. Zeit, 1967 (span. 1970, serbokroat. 1988); Martin Heidegger im Gespräch, 1970 (span. 1971, ital. 1972; schwed. u. jap. 1973, engl. 1977); Fernsehen. Ein Medium sieht sich selbst, 1976; D. Gegensatz v. links u. rechts, 1981 (Areopag-Jahrb.); V. Tanz als Leitfaden leibhaften Kunst- u. Weltverständnisses, 1983 (Distanz u. Nähe); Sicherheit - Möglichkeit od. Unmöglichkeit menschl. Existenz?, 1984 (Quo vadis Ind.ges.?); Fritz Heinemann - lebendig oder tot? (ZRGG), 1985 (span. 1986); Mutmaßungen üb. Schmerz, Krankh. u. Menschsein (Gesundh. u. Menschen höchstes Gut?), 1986 (span. 1986); Nietzsche: Übermensch in Sicht? (Perspektiven, Durban), 1986; Albertus Magnus. E. Mensch a. d. Weg durch d. Wirklichk. (ZRGG), 1986; Die Fraglichk. d. Frage nach d. Menschen (Nietzsche Kontrovers 6), 1987; Martin Heidegger: Unterwegs im Denken, 1987; Anthropol.: Disziplin d. Phil. od. Kriterium f. Phil.? (Kant-Stud.), 1987; Hegel u. Heidegger, od. d. Wende v. Denken d. Denkens z. Seinsdenken, Zagreb 1987; Filosofia - Ciencia - Pensamiento (La Ciencia y la Técnica), Barcelona 1988; Karl Jaspers today: Philosophy at the Threshold of the Future (with L. H. Ehrlich), 1988; Martin Buber. Dialogik d. anthropol.-ontol. Zwischen (D. Phil. in d. mod. Welt), 1988; Anthropol. Grundl. d. Verantwort. (Wirtschaftspäd. im Spektrum ihrer Problemstellung), 1988; D. Fernseh-Interview m. Heidegger u. Nachdenkl. Dankbark. (Antwort. Martin Heidegger im Gespräch), 1988; Bildwerdung d. Welt - Weltwerd. d. Bildes (Medienpäd. Beitr.), 1989; Wiss. Film üb. Nicolaus Cusanus (1964 ZDF); Wiss. Film z. 80. Geb. Martin Heidegger (1969 ZDF); Martin Heidegger, Im Denken unterwegs (1975 ARD); Erinnerungen an Martin Heidegger, Neske (1977 Fernseh-Interview). S. 1977 Mitherausg.: Folia Humanistica - Liebh.: Kunst (Porzellan, Graphik u. a.) - Lit.: Ricardo Maliandi, El Filosofo R. W. y su 'responsabilidad' in Fol. Human. VIII, 93, Barcelona 1970; José A. Soto, Responsabilidad y cambio histórico en Richard Wisser, in Fol. Human. X, 109/110, 1972.

WISSMANN, Johannes
Dr.-Ing., o. Prof. f. Leichtbau TH Darmstadt (s. 1967) - Ostpreußenstr. 36, 6100 Darmstadt-Eberstadt (T. 5 18 12) - Geb. 25. Dez. 1928 - 1957-67 Forschungstätigk. USA. Facharb.

WISSMANN, Matthias
Rechtsanwalt, MdB (s. 1976; Wahlkr. 169/Ludwigsburg), Bundesvorstandsmitgl. CDU (s. 1975) - Zuckerberg 79, 7140 Ludwigsburg - Geb. 15. April 1949 Ludwigsburg (Vater: Paul W., selbst. Kaufm.; Mutter: Margarete, geb. Kalcker), kath., led. - Friedr.-Schiller-Gymn. Ludwigsburg (Abit.), Stud. Rechtswiss. u. Politik Tübingen u. Bonn. 1974 u. 1978 jurist. Staatsex. - Rechtsanwalt - 1970-71 polit. Assist. im Dt. Bundestag, s. 1971 Mitgl. Bundesvorst. Junge Union (Schülerreferat, Schülerunion gegr.), 1973-83 Bundesvors.; 1975 CDU-Bundesvorst., 1976-82 Präs. Europ. Union Junger Christl. Demokraten (EUJCD); 1981-83 Vors. Enquete-Kommiss. Dt. Bundestag: Jugendprotest im Demokratischen Staat; 1983 Wirtschaftspolit.

WISSER, Richard
Dr. phil., Univ.-Prof. - Lutherring 29, 6520 Worms/Rh. (T. 2 48 03); dstl.: Saarstr. 21, Phil. Seminar I, Univ., 6500 Mainz - Geb. 5. Jan. 1927 Worms (Vater: Robert W., Facharzt; Mutter: Charlotte, geb. Fürst), kath., verh. s. 1957 m. Gisela, geb. Depker, 2 Söhne (Gregor, Andreas) - Altspr. human. Gymn. Worms; Stud. Mainz, Cordoba (Argentinien). Promot. 1954; Habil. 1966 Mainz - 1953 Wiss. Assist. Univ., s. 1966 Privatdoz., s. 1971 Prof.; 1957-67 Fachref. f. Philosophica Frankfurter Allgemeine Ztg.; 1963-69 Lehrtätigk. Ausbild.stätte AA, Bonn; 1963-77 Beratertätigk. ZDF; 1952-58 Vorst.-Mitgl. Allg. Ges. f. Phil. in Dtschl.; s. 1979 Dir. intern. Phil.-Kurse am Inter Univ. Centre Dubrovnik/Jugoslawien; 1979-85 Dekan u. Prodekan Mainz; Org. Intern. Jaspers conference b. Weltkongreß f. Phil. Montréal (1983) u. Brigthon (1988) - BV: Sinn u. Sein. E.

WISSMANN (ß), Peter
Dr. rer. nat., Wiss. Rat u. Prof. Inst. f. Physikal. u. Theoret. Chemie sow. apl. Prof. f. Physikal. Chemie Univ. Erlangen-Nürnberg (s. 1978) - Esperstr. 43, 8521 Uttenreuth/Mfr. - Geb. 6. Dez. 1936 Göttingen (Vater: Walter W., Regierungsbaudir.; Mutter: Lotte, geb. Mantzel), ev., verh. s. 1971 m. Ruth, geb. Schüßler - TU Hannover (Dipl.-Phys. 1965) u. Univ. München (Math., Phys.) - B. 1967 TU Hannover, dann Univ. Erlangen (1972 Doz.) - BV: The electrical resistivity of pure and gas covered metal films, in: Springer Tracts in Modern Physics 77 (1975); Herausg.: Thin Metal Films and Gas Chemisorption, Elsevier Amsterdam (1987) - Liebh.: Kirchenmusik - Spr.: Engl., Franz., Span.

WITASEK, Lisa
Dr., Schriftstellerin - Bernardgasse 28/7, A-1070 Wien (T. 0222 - 961 07 04); u. Traunstr. 14, A-5026 Salzburg (T. 0662 - 2 32 60) - Geb. 8. März 1956 Salzburg/Österr., ledig - Stud. Musik, German. u. Sprachwiss. Univ. Salzburg, München, Wien; Promot. - 1981-86 Presseref. Hochsch. Mozarteum Salzburg; s. 1986 Presseref. Hochsch. f. Musik u. darst. Kunst Wien - BV: D. Umarmung od. d. weiße Zimmer, 1983; Friedas Freund, 1984. Theaterst. Leibspeise, Tragikomödie (UA 1987 Städt. Bühnen Münster) - Liebh.: Psych., Essen, Musik - Spr.: Engl., Franz., Isländ. - Bek. Vorf.: Stefan W., Philosoph aus der Grazer Kreis.

WITFELD, Hartmut
Dr.-Ing., Prof. f. Mechanik u. Schwingungslehre Univ. d. Bundeswehr Hamburg - Fichtenweg 3, 2075 Ammersbek - Geb. 7. Aug. 1936 Berlin, verh. s. 1962 m. Karin, geb. Ruhrmann - 1956-62 Maschinenbau-Stud. Hannover; Promot. 1969 - 1964-69 wiss. Assist.; 1969-74 Obering.; s. 1975 Prof. Hamburg.

WITH, de, Hans
Dr. jur., Landgerichtsrat a. D., Parlam. Staatssekr. a. D. (1974-82), MdB (s. 1969) - Frutolfstr. 26b, 8600 Bamberg/Ofr. (T. 6 27 88) - Geb. 21. Mai 1932 Gera/Thür., verh., 2 Kd. - Univ. Coburg (Abit. 1951); Univ. Erlangen u. Cornell/USA (Rechtswiss., Völksw.). Jurist. Staatsprüf. 1955 u. 1960; Promot. 1959 - S. 1960 bayer. Justizdst. (1962 Staatsanw., 1966 LGrat; 1983 Rechtsanw.). 1966-69 Mitgl. Stadtrat Bamberg. SPD s. 1962 (Bezirksvorst.-Mitgl. Franken).

WITHOF, Georg C. K.
Geschäftsführer Georg C. K. Withof GmbH., Kassel-Bettenhausen - Elsterweg 5, 3500 Kassel-Harleshausen - Geb. 12. Okt. 1924 (Vater: Georg C. K. W. †1973, Firmengründer; Mutter: Margarethe, geb. Glasmacher), verh. m. Hildburg, geb. Ferke.

WITHOIT, Norbert
Erster Bürgermeister Stadt Bochum - Wielandstr. 64, 4630 Bochum 1 (T. 0234 - 51 37 37) - Geb. 12. Aug. 1926 Bochum, kath., verh. s. 1986 m. Ellen, geb. Caspari - Human. Gymn. Bochum u. Augsburg - Stv. Vors. Bezirks-Planungs-Rat b. Regierungspräs. in Arnsberg - Ehrenring d. Stadt Bochum - Spr.: Griech., Latein.

WITSCH, von, Hans
Dr. phil., o. Prof. f. Botanik - Prandtlstr. 25, 8050 Freising/Obb. (T. 16 69) - Geb. 8. März 1909 Feldkirch/Vorarlberg (Vater: Dr. med. Hans v. W., Regierungsrat; Mutter: Helene, geb. v. Woess), kath., verh. s. 1937 m. Elisabeth, geb. Luckner, 3 Kd. (Wolfram, Helmut, Rotraut) - Univ. Innsbruck (Botanik, Chemie). Promot. 1932 Innsbruck; Habil. 1939 Göttingen - 1932-39 wiss. Assist. Univ. Göttingen u. Marburg (1937), 1939-48 Doz. u. apl. (1948) Prof. Univ. Göttingen, 1948-77 ao. u. o. Prof. (1956) TH bzw. TU München (Lehrstuhl f. Botanik, Fachbereich Landw. u. Gartenbau), em. 1977. Etwa 100 Fachveröff. - Liebh.: Fotogr.

WITSCH, Peter
Prof., Gesangpädagoge - Zu erreichen üb.: Dagobertstr. 38, 5000 Köln - Langj. Prof. f. Gesang.

WITSCHEL, Günter

Dr. phil. habil., Univ.-Prof. f. Lit. u. Phil. Hohenheim (s. 1987) - Alte Dorfstr. 48, 7000 Stuttgart 70 (T. 0711 - 45 28 76) - Geb. 8. Sept. 1927 Görlitz, ev., verh. m. Rosa Maria, geb. Ostrowitzki - Staatsex. f. d. Gewerbelehramt 1952 Solingen-Ohligs; Staatsex. f. Deutsch 1966 Köln; Promot. (Phil.) 1961 Bonn; Habil. (Phil.) 1977 Stuttgart - BV: u. a. Ethik auf realistischer Grundlage, 1981; Aus d. Schule geplaudert. Konstruktive Literatur, 1986.

WITSCHEL, Heinrich
Dr. med., Prof. f. Augenheilkunde Univ. Freiburg im Br. (s. 1988) - Univ.-Augenklinik Freiburg, Killianstr. 5, 7800 Freiburg im Br. - Geb. 12. Juli 1937 Nürnberg (Vater: Friedrich W., Arzt; Mutter: Käthe W.), ev., verh. s. 1966 m. Marianne, geb. Boesenecker, 3 Kd. - Med. Staatsex. 1964 Erlangen, Promot. 1965, Habil. 1977 Freiburg - 1977-84 Oberarzt Univ.-Augenklinik Freiburg; 1984-88 Dir. Augenklinik Univ.-Klinikum Steglitz; s. 1988 Dir. Univ.-Augenklinik Freiburg. Wiss. Veröff. in in- u. ausl. Fachztschr., Buchbeiträge.

WITT, Alfred N.
Dr. med., o. Prof. u. Direktor Orthopäd. Univ.sklinik München (s. 1968) - Harlachinger Str. 51, 8000 München 90 (T. 2 60 91); priv.: Lengmoostr. 5 - Geb. 9. Febr. 1914 Strößendorf/Ofr. (Vater: Karl W., Beamter; Mutter: geb. Schlund), ev., verh. s. 1941 m. Eleonore, geb. Schuchart, 3 Kd. - 1933-38 Stud. Habil. 1950 München - 1939-45 Lazarettätigk., dann Oberarzt u. Oberreg.smed.rat (1950) Staatl. Versehrtenkrkhs. Bad Tölz/Obb., 1954-68 o. Prof. u. Dir. Orthop. Klinik (Oskar-Helene-Heim) FU Berlin. Präs. Dt. Orthop. Ges. (1959/60) u. Dt. Ges. f. Unfallheilkd., Versicherungs-, Versorgungs- u. Verkehrsmed. (1963/64); Ehrenmitgl. Dt. Orthop. Ges.; Mitgl. Kommiss. f. Traumatol. u. Verbrennungen Hohe Behörde d. Montanunion; berat. Landesarzt f. d. Durchf. d. Körperbehindertenfürsorge - BV: D. Behandlung d. Pseudarthrosen; Sehnenverletzungen u. Sehnen-Muskeltransplantationen, Handbuchbeitr. u. Fachaufs. Mithrsg.: Ztschr. f. Orthop., Archiv f. orthop. u. Unfall-Chir., Monatsschr. f. Unfallheilkd. u. a. - Ehren-

mitgl. Vereinig. d. Orthopäden Österr. s. (1959) u. Türk. Ges. f. Orthop. u. Traumatol. (1970); 1964 Mitgl., 1969 Senator Dt. Akad. d. Naturforscher (Leopoldina); korr. Mitgl. Span., Österr., Schweizer., Franz., Amerik. u. Ecuador. Ges. f. Orthop. u. Traumatol.

WITT, Claus Peter

Regisseur - Loogestieg 10, 2000 Hamburg 20 (T. 040 - 48 85 22) - Geb. 24. März 1932 Berlin (Vater: Dr. Claus W., Zahnarzt; Mutter: Dr. Helle, geb. Paetzold) - 1951-54 Stud. Frankfurt u. Berlin - 1954-55 Regieassist. in Darmstadt; Regiss. in Wiesbaden, Konstanz, Braunschweig. Div. Arbeiten f. d. Fernsehen, u. a. Mathilde Möhring, D. Dämonen, Väter u. Söhne, Oblomov, Kudenow, Tod e. Schülers, Fremdes Land, Diese Drombuschs, D. Wilsheimer, Lorentz u. Söhne - 1966 Gold. Kamera.

WITT, Dieter

Dr. rer. pol., Univ.-Prof. Inst. f. Sozialökonomie d. Haushalts TU München (s. 1986) - Rudliebstr. 58, 8000 München 81 (T. 089 - 98 14 24) - Geb. 25. März 1941 Landshut, kath., verh. s. 1970 m. Irmtraut, geb. Wehner, 3 Kd. (Katharina, Theresa, Maximilian) - 1961-63 Wehrdst.; 1963-68 Stud. Betriebswirsch.-Lehre Univ. München; Dipl.-Kfm.; Promot. 1972 - S. 1975 stv. Vorst. Inst. f. Verkehrswirtsch. u. öfftl. Wirtsch. Ludwig-Max.-Univ. München. Veröff. in Sammelwerken u. Fachztschr. - Mitgl. wiss. Beirat f. Rationale Verkehrspolitik.

WITT, Hans-Joachim

Kaufmann - Zu erreichen üb.: BASF Aktiengesellschaft - 6700 Ludwigshafen/Rh. - Geb. 1927 Frankf./Oder - Abit. 1946 - 1947-49 kaufm. Lehre, s. 1950 BASF; 12 J. Indien u. Japan; 1968 Dir.; 1973 stv. u. 1975 o. Vorst.-Mitgl. BASF AG, Ludwigshafen - Liebh.: Ostasiat. Kunst, Theater, Musik.

WITT, Hans-Jürgen

Dr. med., Prof. Chefazt Frauenklinik Diakonissenanstalt, Flensburg - Knuthstr. 1, 2390 Flensburg - Geb. 12. Juli 1926 Kiel, ev. - S. 1961 (Habil.) Privatdoz. u. apl. Prof. Univ. Göttingen (Geburtshilfe u. Frauenheilkd.). Fachveröff.

WITT, Horst Tobias

Dr. rer. nat. (habil.), o. Prof. f. Physikal. Chemie - Sophie-Charlotte-Str. 11, 1000 Berlin 37 (T. 8 13 81 71) - Geb. 1. März 1922 Bremen, ev., verh., 3 Kd. (Roland, Carola, Ingrid) - Promot. 1950 Univ. Göttingen - 1952 MPI Göttingen; 1958 Privatdoz. Univ. Marburg; 1962 Ord. u. Dir. Max-Volmer-Inst./I. Inst. Physikal. Chemie TU Berlin. Entd.: Primärvorgänge d. Photosynthese. Fachveröff. - 1940 Lilienthal-Preis; 1959 Bodenstein-Preis; 1970 Feldberg-Preis; 1976 Charles-F.-Kettering-Preis; 1965 Mitgl. EMBO; 1970 Dt. Akad. d. Naturforscher/Leopoldina Halle/S.; 1976 korr. Mitgl. Österr. Akad. d. Wiss.; 1986 korr. Mitgl. Akad. d. Wiss. Göttingen; 1988 Mitgl. Akad. d. Wiss. Berlin.

WITT, Josef

Dr. rer. pol., Versandhauskaufmann, Geschäftsf. Josef Witt GmbH & Co. KG, Weiden - Josef-Witt-Pl. 1a, 8480 Weiden/Opf. (T. Büro: 4 30 31) - Geb. 29. Sept. 1912 Reuth/Opf. (Vater: Kommerzienrat Josef W.), verh. m. Christine, geb. Pöhler - Schule Augsburg; Textilfachsch. Reutlingen; Univ. Erlangen. Promot. 1939 - N. Wehrdst. (1939-45) Industrie- u. Handelstätigk. Mand. - 1972 Bayer. VO.; 1974 Gr. BVK; 1963 Ehrenbürger Weiden u. Gde. Reuth - Rotarier.

WITT, Matthias

Dipl.-Kfm., vereidigter Buchprüfer u. Steuerberater, Mitglied Hamburger Bürgerschaft (s. 1978) - Badestr. 30, 2000 Hamburg 13 - Geb. 14. Sept. 1951 Hamburg - Johanneum Hamburg (Abit. 1971); Bankpraktikum; Univ. Hamburg (Betriebsw. u. Rechtswiss.; Dipl.-Kfm. 1977) - 1977-82 Berater in e. Wirtschaftsprüfer- u. Steuerberaterpraxis; s. 1983 selbst. Steuerberat., s. 1988 vereid. Buchprüfer (in Sozietät m. Roggelin, Witt, v. Beust, Dr. Wülfing, Wirtschaftspr., Steuerber., RA). 1974-78 Mitgl. Bezirksvers. Hamburg-Nord u. Deput. Finanz- u. Justizbeh. (zeitw. Deput. Beh. f. Vermögen u. öfftl. Untern.). 1977-79 stv. Landesvors. u. Schatzm. Jg. Union; VR-Mitgl. Bund d. Steuerzahler; Mitgl. Dt.-franz. Ges. CDU s. 1970.

WITT, Peter

Dipl.-Kfm., Vorstandssprecher Leonard Monheim AG, Aachen - Branderhofer Weg 124, 5100 Aachen (T. 0241-6 71 44) - Geb. 11. Dez. 1938 Kiel, verh. s. 1978 in 2. Ehe m. Mikaela, 3 Kd. (Katrin, Anke, Nicolas) - Abit., Univ. Köln (Betriebsw.), Dipl.-Kfm.

WITT, Peter-Uwe

Schauspieler, Spielleiter, Chefdisponent am Landestheater Detmold - Wittjestr. 6, 4930 Detmold (T. 05231 - 2 06 32) - Geb. 6. Juni 1942 (Mutter: Greta Paetow, Schausp. †1984), verh. s. 1977 m. Reinhild Friedlein (Solotänzerin), 2 Söhne (Sebastian, Thomas) - Schauspieleausb. Max-Reinhardt-Sch. Berlin - Hörf., Synchrontätigk., Mitwirk. in 20 Spielfilmen, 25 Fernsehprod. u. Theaterengagem. (Schiller-, Schloßpark- u. Renaissance-Theater, Berlin; Theater am Goethepl. Bremen, Bad Gandersheimer Domfestsp., Städt. Bühnen Freiburg, Stadttheater Lüneburg [Ref. d. Int.], Kreuzgangsp. Feuchtwangen, Landestheater Detmold, Eutiner Sommerspiele); 1986 u. 87 Künstl. Leit. d. Freilichtspiele Bentheim; 1989 Spielleit. auf d. Goethe-Freilichtbühne Porta Westfalica - Spr.: Engl., Franz.

WITT, Reimer

Dr. phil., Ltd. Archivdirektor, Leit. Landesarchiv Schlesw.-Holst. - Kolonnenweg 97, 2380 Schleswig (T. 04621 - 81 34 50 dienstl.; 3 41 09 priv.) - Geb. 1. Aug. 1941 Heide, ev., verh. s. 1968 m. Christa, geb. Tette, 2 Kd. (Ole Marten, Sötje) - 1952-61 Gymn. Heide; Stud. Lat. u. Gesch. Univ. Kiel u. Freiburg; Staatsex. 1968 Kiel, Promot. 1971 ebd. - 1970-71 Inst. f. Archivwiss. Marburg; s. 1970 Landesarchiv Schlesw.-Holst. (1984 Dir.). 1975 Leit. Arbeitsgem. f. Landesforsch., Schloß Gottorf; 1977-84 Lehrbeauftr. f. Gesch. PH Kiel; 1979-88 Schriftf. Ges. f. Schlesw.-Holst. Gesch. 1981 Mitgl. Lions-Club; 1986 Programmbeirat Radio Schlesw.-Holst. - BV: Privilegien d. Landsch. Norderdithmarschen in gottorfischer Zeit (1554-1773), 1976; D. Geschichtl. Entw. d. Stadt Heide, 1980; D. Verwaltungsglieder. d. Kr. Flensburg (1867-1914), 1981; D. Anfänge v. Kartographie u. Topographie Schlesw.-Holst. (1475-1652), 1982 - Spr.: Engl., Franz.

WITTE, Barthold

Dr. phil., Ministerialdirektor Auswärtiges Amt - Adenauerallee 99-103, 5300 Bonn - Geb. 19. Mai 1928 Kirchberg/Hunsr. (Vater: Paul W., Pfarrer i. R.; Mutter: Dr. Cornelie, geb. Rathgen), ev., verh. s. 1952 m. Ursula, geb. Heinze, S. Frank - Schule Sobernheim/N. (Abitur 1946); 1947-51 Univ. Mainz u. Zürich (Gesch.) Promot. 1957 Mainz - 1952-64 Journ. Saarbrücken, Detmold, Bonn. 1964-71 Geschäftsf. Friedrich-Naumann-Stiftg., sd. ausw. Dienst. Vors. Öffentlichkeitsaussch. Ev. Kirche im Rhld., Ehrenmitgl. Liberale Internationale. FDP - BV: Herrschaft u. Land im Rheingau, 1958; Grundsätze lib. Gesellschaftsordnung, in: Menschenwürd. Ges., 1963; Was ist des Deutschen Vaterland?, 1967; D. preuß. Tacitus, 1979; Davids Sohn. D. Flucht nach Ägypten, 1985; Dialog üb. Grenzen, 1988 - BVK I. Kl.; Kommandeur Ehrenlegion - Spr.: Engl., Franz., Span. - Bek. Vorf.: Barthold Georg Niebuhr, Historiker, 1816 preuß. Gesandter Rom, 1776-1831 (ms.).

WITTE, Bernd

Dr. phil., Prof. f. Neuere dt. Literaturgesch. RWTH Aachen - Nizzaallee 3, 5100 Aachen (T. 0241 - 15 65 08) - Geb. 20. März 1942 Idar-Oberstein (Vater: Ferdinand W., Lehrer; Mutter: Katharina, geb. Tholey), kath., verh. s. 1970 m. Maria Rosanna, geb. Boyer, 2 Töcht. (Sara, Julia) - 1961-66 Univ. Münster, Tübingen u. Paris; Promot. 1966, Habil. 1976 - 1967-72 Assist. Sorbonne, Paris; 1972-79 wiss. Assist. u. Doz. RWTH Aachen; 1980 Prof. Aachen - BV: D. Wiss. v. Guten u. Bösen, 1970; Abriß e. Gesch. d. dt. Arbeiterlit., 1973; Walter Benjamin - D. Intellektuelle als Kritiker, 1976; Walter Benjamin, Monogr. 1985. Herausg.: Dt. Lit. - E. Sozialgesch., Bd. 6 (1980); Franz Hessel: Alter Mann (1987); Datum u. Zitat bei Paul Celan (1987); C. F. Gellert: Schriften, 6 Bde. (1988ff.) - Spr.: Engl., Franz.

WITTE, Eberhard

Dr. rer. pol., Dipl.-Kfm., o. Prof. f. Betriebswirtschaftslehre - Harthauser Str. 42b, 8000 München 90 - Geb. 3. Jan. 1928 Beelitz - Dipl.-Kfm. 1951 Berlin, Promot. 1955 ebd. (FU), Habil. 1962 Hamburg - S. 1962 Ord. WH bzw. Univ. Mannheim u. Univ. München (1970). Spez. Arbeitsgeb.: Führungsorg., Finanzwirtschaft d. Unternehmung, Empir. Entscheidungsforsch., Telekommunikation - BV: D. Liquiditätspolitik d. Unternehmung, 1963; D. Informtionsverhalten in Entscheidungsprozessen, 1972; Telekommunikationsbericht, 1976; Führungskräfte d. Wirtsch., 1981; Neue Fernsehnetze im Medienmarkt, 1984; Neuordnung d. Telekommunikation, 1987.

WITTE, Erich H.

Dr. phil. habil., Prof. f. Psychologie - Detlev-v.-Liliencronstr. 11, 2000 Norderstedt 2 (T. 040 - 524 43 77) - Geb. 14. Mai 1946 Berlin, verh. s. 1970 m. Hannelore W., 2 Kd. (Nele, Daniel) - Abit. Berlin 1965, Dipl. Psych. 1970, Promot. 1973, Habil. 1977, alles Hamburg - BV: Psych. als empir. Sozialwiss., 1977; D. Verhalten in Gruppensituationen. E. theoret. Konzept, 1979; Signifikanztest u. statist. Inferenz, 1980; Sozialpsychologie, E. Lehrbuch 1989. Herausg.: Beitr. z. Sozialpsych. (1980) - Spr.: Engl.

WITTE, Helmut

Dr. phil., o. Prof. f. Physikal. Chemie - Am Elfengrund 11, 6100 Darmstadt-Eberstadt (T. 5 15 21) - Geb. 18. Juli 1909 Braunschweig (Vater: Albert W.; Mutter: Clara, geb. Salge), verh. m. Gisela, geb. Struve, 2 Kd. - Gymn. Helmstedt; TH Braunschweig, Univ. München u. Göttingen (Naturwiss., Physik, Chemie; Promot. 1933) - Assist., 1939 Doz. Univ. Göttingen, 1948 apl., 1949 ao., 1954 o. Prof. TH Darmstadt (1960-62 Rektor, 1976 emerit.). 1965 ff. Senatsmitgl. DFG. Forschungsarb. auf d. Gebiet d. Röntgen-Strukturunters. u. d. Metallphysik. Zahlr. Fachveröff. - 1978 Ehrenmitgl. Dt. Bunsen-Ges.

WITTE, Peter A.

Kaufmann, Präs. Intern. Forum Burg Liebenzell, Vors. Gustav-Adolf-Gedat-Stiftg., stv. Vors. Arbeitskr. Dt. Bildungsstätten, Bonn - Postf. 1228, 7263 Bad Liebenzell/Württ. (T. 07052 - 20 66) - Geb. 1. April 1936 Stettin (Vater: Heinz W.; Mutter: Erika, geb. Schaffer), ev. - CDU (s. 1956; Vorst.-Mitgl. Kreisverb. Calw) - Spr.: Engl., Franz.

WITTE, Siegfried

Dr. med., Prof., Chefarzt Med. Abt./Diakonissenkrkhs. Karlsruhe (s. 1968) - Hegaustr. 11, 7500 Karlsruhe 51 (T. 3 31 08) - Geb. 22. Sept. 1922 Garlitz (Vater: Helmut W., Pfarrer; Mutter: Hertha, geb. Rahmel), ev., verh. s. 1949 m. Elisabeth, geb. Beck, 3 Kd. (Ilsabe, Helmut, Reinhard) - S. 1958 (Habil.) Lehrtätigk. Univ. Erlangen bzw. Erlangen-Nürnberg (1963ff. apl. Prof.; 1966-68 Ltd. Oberarzt Med. Klinik) u. Freiburg/Br. (1970ff. apl. Prof.). Spez. Arbeitsgeb.: Hämatologie, Cytologie, Mikrozirkulation, Tumorforsch. - BV: Atlas d. gastroenterol. Cytodiagnostik(m. Henning), 2. A. 1968; Technik d. wicht. Eingriffe in d. Behandl. innerer Krankh. (m. H. Stursberg), 7. A. 1961; Knochenmarktransfusion, 1963; Magenzytologie, 1978; Mikrosk. Technik (m. F. Ruch), 2. A. 1979; New Frontiers in Cytology (m. K. Goerttler, G. E. Feichter), 1987. Zahlr. Einzelarb. - 1981 Gustav von Bergmann Plak; 1984 BVK I. Kl.

WITTEKIND, Dietrich

Dr. med. (habil.) o. Prof. u. Mitdirektor Anatom. Inst. Univ. Freiburg (s. 1967) - v.-Pfirt-Weg 8, 7812 Bad Krozingen/Br. (T. 07633 - 42 69) - Geb. 8. April 1921 Dillenburg, verh. m. Dr. med. Ingeborg, geb. Rumbaur - Zul. Dir. Med.-Wiss. Abt. Dt. Hoffmann-La Roche AG., Grenzach, u. apl. Prof. Univ. Heidelberg (Innere Med.). Facharb.

WITTEN, Wilhelm

Dr. med., prakt. Arzt, Mitgl. Hbg. Bürgerschaft (s. 1953; 1962-70 Vors. CDU-Fraktion), Vors. Rundfunkrat NDR (s. 1965) u. a. - Schimmelmannstr. 49, 2000 Hamburg 70 (T. 68 78 02) - Geb. 19. Mai 1920 Hamburg, ev., verh. m. Frauke, geb. Albert, 3 Kd. - Matthias-Claudius-Reform- u. Realgymn. Wandsbek; Univ. Frankfurt u. Hamburg (Promot. 1945) - 1941-45 Wehrdst.; n. Krankenhaustätigk. s. 1948 eig. Praxis - Liebh.: Mod. Malerei, Musik.

WITTENBRUCH, Wilhelm

Dr. phil., Prof. f. Pädagogik Univ. Münster - Mersmanns Stiege 3, 4417 Altenberge (T. 02505 - 22 47) - Geb. 18. Aug. 1936 Solingen, kath., verh. s. 1963 m. Ingrid, geb. Schaberg, 3 Kd. - 10 J. Lehrer an allg.-bild. Schulen; nach Zweitstud. Förderungsassist.; 1974 Wiss. Rat u. Prof., 1976 o. Prof. PH Westf.-Lippe; jetzt Univ. Münster. 1980-85 Mitgl. u. Wiss. Berater Grundschulkommiss. NRW - BV: D. Päd. Wilhelm Reins, 1972; Unterrichtsmedien im Gespräch, 1975, 2. A. 1976; In d. Schule leben. Theorie u. Praxis d. Schullebens, 1980; Wege des Lehrens im Fach Musik, 1983; D. päd. Profil d. Grundsch., 1984, 2. A. 1989; Schulpraktikum, 1985; Soz. Erzieh. 1986, 6 Komment. zu d. Lehrplänen f. d. Grundsch. in NRW, 1986ff.; Erziehen in d. Grundschule, 1989. Herausg. d. Reihe Stud. z. Pädagogik d. Schule (15 Bde. 1981ff., m. Biermann).

WITTER, Ben

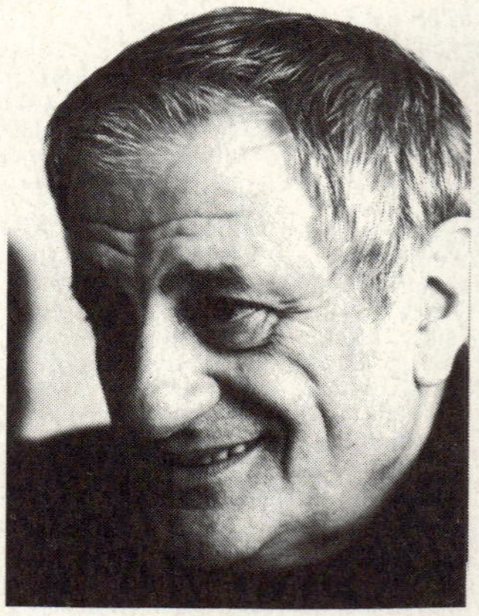

Journalist u. Schriftsteller, Kolumnist Wochenzeitung D. ZEIT - Bismarckstr. 38, 2000 Hamburg 20 - Geb. 24. Jan. 1920 Hamburg - 23 Buchveröff., 4 Langspielpl. - Kurzgesch.preis Ztg. New York Herald Tribune; Theodor-Wolff-Preis; Stip. Verb. Dt. Schriftsteller; Mitgl. PEN-Zentrum u. Fr. Akad. d. Künste, Hamburg; Med. f. Kunst u. Wiss. d. Freien Hansestadt Hamburg - Spr.: Engl.

WITTER, Hermann

Dr. med., em. Prof. f. Psychiatrie u. Neurologie, insb. Forens. Psychiatrie - Alleestr. 26, 6630 Homburg/Saar-Sanddorf - Geb. 12. April 1916 Thionville (Frankr.), verw. - Univ. Göttingen, Freiburg/Br., München. Promot. 1940; Habil. 1952 - S. 1952 Lehrtätigk. Univ. Saarbrücken (1959 apl., 1965 ao., 1966 o. Prof. d. med. u. d. jur. Fak.). S. 1967 Dir. Inst. f. gerichtl. Psychol. u. Psychiatrie; 1983 emerit. - BV: Grundriß d. gerichtl. Psychol. u. Psychiatrie, 1970; D. psychiatrische Sachverständige im Strafrecht, 1987. Mithrsg.: Handbuch d. forens. Psychiatrie (1972). Zahlr. Fachveröff.

WITTERN, Renate

Dr. phil., Dr. med. habil., o. Prof., Direktorin Inst. f. Gesch. d. Medizin Univ. Erlangen - Reuthlehenstr. 39, 8520 Erlangen (T. 09131 - 4 78 48) - Geb. 30. Nov. 1943 Bautzen/Sachsen - Stud. Klass. Phil. u. Med.-Gesch.; Promot. 1972 Univ. Kiel; Habil. 1978 Univ. München - 1979-85 Privatdoz. Univ. München; 1980-85 Dir. Inst. f. Gesch. d. Med. Robert-Bosch-Stiftg. Stuttgart; s. 1985 s.o. - BV: D. hippokrat. Schrift De morbis I. Ausg. 1974; Frühzeit d. Homöopathie, 1984.

WITTFOHT, Hans

Dr.-Ing., Dr.-Ing. E.h., Bauingenieur - Gimbacher Weg 26, 6233 Kelkheim/Ts. (T. 06195 - 43 75) - Geb. 26. Nov. 1924 Wittingen (Gifhorn), verh. s. 1950 m. Irma, geb. Redmann, 2 Kd. (Dörte, Jens) - Dipl. 1951 TU Karlsruhe; Promot. 1963; div. Mandate u.a. Vors. Dt. Beton-Verein; Vorstandsmitgl. Verein dt. Ing. (VDI, 1968-72 Vors.); Kurat.-Mitgl. Bundesanst. f. Materialprüf. (BAM); stv. Vors. Dt. Aussch. f. Stahlbeton (DAfStb); Präs. Fédération Internationale de la Précontrainte (FIP); Vizepräs. Intern. Vereinig. f. Brückenbau u. Hochbau (IVBH) - BV: Kreisförmig gekrümmte Träger, 1964; Triumph d. Spannweiten, 1972; Building Bridges, 1984 - 1977 Ehrenzeichen d. VDI; 1978 FIP Medaille; 1979 Ehrendoktor TU Stuttgart; 1981 Emil-Mörsch-Denkmünze; 1984 Goldmed. Gustave Magnel Univ. Gent; 1986 Hon.-Fellow, Inst. of Structural Eng., London; 1987 Silbermed. Ville de Paris - Spr.: Engl. - Lit.: Hoppenstedt u.a. Nachschlagew.

WITTGEN, Hans-Henning

Dr. rer. pol., Geschäftsführer Dt. Musikverleger Verb., u. Gesamtverb. Dt. Musikfachgeschäfte (s. 1962) - An den Eichen 13, 5300 Bonn-Röttgen (T. 0228 - 25 11 35) - Geb. 19. April 1932, ev., verh. s. 1961 m. Ursula, geb. Schlemmer, 2 T. (Susanne, Katrin) - Stud.; Dipl.-Volksw. 1956; Promot. 1958.

WITTGENSTEIN-BERLEBURG, Prinz zu Sayn, Casimir Johannes

Industrieller - Haubenmühle, 6478 Nidda 18 Unterschmitten (T. Frankfurt/M. 74 86 60) - Geb. 22. Jan. 1917 Frankfurt/M. - B. 1961 Vorstandsmitgl., dann stv. - vors. (b. 1982) Metallges. AG. Div. Ehrenstell. Zahlr. AR-Mandate (Albingia Versich. AG, Albingia Lebensversich. AG) - 1981-87 Wahl Board of Directors Guardian Royal Exchange Assurance Ltd. London.

WITTHÖFT, Harald

Dr. phil., Prof. f. Wirtschafts- u. Sozialgesch. Univ.-GH Siegen - Am Rex 14, , 5901 Wilnsdorf 5 (Obersdorf) - Geb. 6. Juli 1931 Lüneburg - 1951-53 Stud. Päd. (Lüneburg), 1953-60 Alte, Mittl. u. Neuere Gesch., Geogr. u. Sport (Göttingen); Promot. 1959; Staatsex. f. Lehrämter 1953 u. 60 - 1962-63 Res. Assist. u. Doz. Univ. Melbourne/Australien; 1965-70 apl. Doz. PH Lüneburg; 1970 o. Prof. f. Wirtsch.- u. Sozialgesch. Westf. Landesgesch. u. Didaktik d. Gesch. PH Siegerl./Univ. Siegen. Präs. Intern. Komit. f. hist. Metrologie; Vizepräs. Intern. Kommiss. f. Gesch. d. Salzes. Veröff. z. Wirtsch.- u. Sozialgesch. (insbes. Handelsgesch., Salinenwesen, hist. Metrol.) sow. z. Mediendidaktik (Film u. Gesch., Medienprod.).

WITTHÖFT, Peter-Hellmut

Dr. rer. pol., Geschäftsführer Bundesverb. d. Juweliere u. Uhrmacher, Hauptschriftl. Fachztschr. Uhren/Juwelen/Schmuck - Altkönigstr. 9, 6240 Königstein/Ts. (T. 2 18 29); priv.: de-Ridder-Str. Nr. 12, 6242 Schönberg/Taunus - Geb. 24. Juni 1909 Stettin (Vater: Gustav W., Generaldir.; Mutter: Frieda, geb. Lütje), verh. s. 1936 m. Ruth, geb. Dräger - Gold. Ehrenz. Zentralverb. d. Uhrmacher (1963) u. Zentralverb. d. Dt. Handwerks (1969), BVK a. Bd. (1974) - 1955 ff. Leit. Königsteiner Schule/Fortbildungsinst. d. Uhrenbranche (mitbegr.).

WITTICH, Hans

Dr. phil., em. o. Prof. f. Mathematik - Hansjakobstr. 14, 7500 Karlsruhe (T. 69 70 21) - Geb. 4. Mai 1911 Lendorf/Kassel (Eltern: Konrad u. Elisabeth W.), verh. 1939 m. Margret, geb. Deike - Univ. Marburg u. Göttingen - S. 1939 (Habil.) Lehrtätigk. Univ. Göttingen (1946 apl. Prof.) u. TH Karlsruhe (1947 ao., 1952 o. Prof. u. Dir. Math. Inst.); 1979 emerit. - BV: Neuere Unters. üb. eindeut. analyt. Funktionen, 1955; Gewöhnl. Differentialgleich., 1960. Fachaufs.

WITTIG, Friedrich

Verleger - Im Weingarten 10, 7813 Staufen (T. 07633 - 71 31) - Geb. 17. Febr. 1906 Berlin (Vater: Gustav W., Polizeibeamter; Mutter: Lisbeth, geb. Körber), ev., verh. m. Elisabeth, geb. Schneider, 3 Töcht. (Annette, Bettina, Sibylle) - Siemens-Oberrealsch. Berlin (Abit. 1924); Lehre Scherl-Verlag - Hersteller S. Fischer Verlag; 1930-1937 Leit. Wichern-Verlag; 1938-39 Lektor K. Thienemann Verlag; 1940-45 Wehrdst.; s. 1945 Inh. Friedrich Wittig Verlag Hamburg. 1962-65 Vorsteher Börsenverein d. Dt. Buchhandels. Ev. Jugendbew.; unt. Hitler Bekenn. Kirche. Mitbegründer Friedenspreis d. Dt. Buchhandels - Friedrich-Perthes-Med., Bugenhagen-Med., BVK am Bde.

WITTIG, Horst E.

Dr. phil., Dipl.-Politologe, o. Prof. f. Erziehungswiss. Oldenburg, s. 1986 Kyoto-Univ., VR-Mitgl. Inst. f. Auslandsbezieh., Stuttgart - 632 Tenri-shi, Nara, Somanouchi-chō 1050, Japan - Geb. 20. Nov. 1922 Halle/Saale, ev., verh. s. 1950 m. Hildegard, geb. Bruns, Ikebana-Prof. Ikenobo u. Ohara, 1 Kd. (Hildja-Yukino) - 1952-58 Univ. Münster, Hamburg, Frankfurt (Pädagogik, Politische Wiss., Slavistik, Japanol.). Staatsex. f. d. Lehramt 1956 u. 59; Promot. 1962 - 1959-60 Hochsch. f. Intern. Päd. Forsch. Frankfurt, 1960-1963 Dt. Schule Tokyo, 1963-67 Päd. Hochsch. Bremen u. Heidelberg, 1967-68 u. 1971-75 Dokkyo-Univ. Tokyo (Ord. f. Vergl. Erziehungswiss. u. Allg. Päd.), 1978-82 Gast-Prof. Phil. Fak. Staatl. Univ. Matsumoto. S. 1985 Tenri u. Kyoto-Univ., Kyoto/Japan - BV: A. S. Makarenko - Ausgew. Päd. Schriften, 2. A. 1968; D. Marxsche Bildungskonzeption u. d. Sowjetpäd., 1964; Schule u. Freizeit, 2. A. 1965; Karl Marx - Bildung u. Erzieh. (Studientexte z. Marxschen Bildungskonzeption), 1968; P. P. Blonskij, D. Arb.schule, 1972; Bildungswelt Ostasien, 1972; Menschenbildung in Japan, 1973; A. S. Makarenko, Päd. Texte, 1976; Päd. u. Bild.spolitik Japans, 1976; A. Reichwein, Ausgew. Päd. Schriften, 1976; Ikebana (m. Hildegard Wittig), 1983. Herausg.: Studien z. Päd. Tolstojs (m. U. Klemm, 1988). Mithrsg.: Päd. u. Schule in Ost u. West (1966-87), Bunka to kyoiku (Ztschr. f. Kultur u. Erzieh.), Tokio - 1962 Hermine-Albers-Preis z. Förd. d. Jugendwohlfahrt; 1981 Gr. Stadtsiegel Stadt Oldenburg; 1982 Gold. Ehrenmed. Stadt Tokyo-Meguro; 1986 BVK; 1988 Paul Harris Fellow; Oberstleutn. d. Res. - Rotarier.

WITTIG, Siegfried

Intendant a. D., Mitglied d. Deutschen Bühnenvereins (DBV) - Appenzeller Str. 107/IV, 8000 München 71 (T. 089 - 75 69 39) - Geb. 7. Febr. 1926 Greiz (Vater: Robert W., Kaufm.; Mutter: Meta, geb. Hänsel), ev., verh. s. 1955 m. Maria, geb. Quasigroch - Stud. Gesang, Operndarst. u. Schausp. München - 1953 Opernsänger; 1964 Spielleit./Oberspielleit.; 1971 Werbeleit.; 1976 Chefdisponent; 1981-88 Int.; s. 1988/89 Gastspieltätigkeit - Insz.: üb. 25 insges., Opern, Operetten, Musicals. Rollen als Spielbaß u. Charakterkomiker - Spr.: Engl., Franz.

WITTIG, Sigmar

Dr.-Ing., Dipl.-Ing., o. Prof., Inst.-Leiter Univ. Karlsruhe (TH) - Hooverstr. 27, 7500 Karlsruhe 41 (T. 0721 - 47 24 62) - Geb. 25. Febr. 1940 Nimptsch (Vater: Konrad W., Gewerbeoberlehrer; Mutter: Hildegard, geb. Rathmann), kath., verh. s. 1970 m. Dr. Elisabeth, geb. Greive, 2 Kd. (Alexander, Caroline) - Abit. 1959 Osnabrück; Dipl.-Ing. 1964 RWTH Aachen, Promot. 1967 ebd. - 1967 Assist.-Prof.; 1971 Assoc.-Prof. Purdue-Univ. (USA); 1971 Westinghouse Electric Corp., Pittsburgh; s. 1976 Ord.; Leit. Inst. f. Therm. Strömungsmasch. Univ. Karlsruhe (TH); s. 1984 Sprecher d. Sonderforschungsber. 167. Ca. 100 Einzelarb. - Spr.: Engl., Franz.

WITTIG-TERHARDT, Margret

Justitiarin Südd. Rundfunk, Vors. Jurist. Kommiss. v. ARD/ZDF - SDR, Neckarstr. 230, 7000 Stuttgart 1 - Geb. 17. Sept. 1934 Rhede - Abit.; Stud. Rechtswiss., Gesch., Lit., Kunst u. Polit. Wiss. Bonn u. Freiburg; 2. jurist. Staatsex. - 1962 Rechtsanwältin Freiburg; 1962-72 Ref. SDR; 1972 Justitiarin SDR.

WITTING, Christian

Dr. med., Prof. f. Allg. Pathologie u. pathol. Anatomie Univ. Münster, ltd. Arzt Inst. f. Pathol. Clemenshospital ebd. (s. 1983) - Melchersstr. 30, 4400 Münster - Geb. 26. Febr. 1943 Dresden (Vater: Siegfried W., Dipl.-Ing.; Mutter: Ruth-Ingeborg, geb. Fuchs), ev., verh. s. 1969 m. Prof. Dr. Ute, geb. Möllenbrock (s. dort) - 1963-68 Med.-Stud. Univ. Münster u. Würzburg; Promot. 1968, Habil. 1977 - 1970-82 Pathol. Inst. Univ. Münster; s. 1980 apl. Prof.; ab 1983 Inst. f. Pathol. Clemenshospital Münster.

WITTING, Gunther

Dr. phil., Prof. f. Literaturwiss. Univ. Erlangen - Dompfaffstr. 95, 8520 Erlangen (T. 09131 - 4 27 02) - Geb. 12. Aug. 1940 Friedberg/Hessen, verh. m. Nao, geb. Kiribuchi - Stud. Univ. Münster, Konstanz (Literaturwiss., Phil., Kunstgesch.); Promot. 1975 Konstanz; Habil. (Allg. Literaturwiss. u. Poetik) 1983 - BV: D. Parodie in d. neueren dt. Lit., 1979; D. Kontrafaktur. Vorlage u. Verarbeitung in Lit., bildender Kunst, Werbung u. polit. Plakat, 1987. Aufs. z. Literaturtheorie u. mod. Lit.

WITTING, Hermann

Dr. rer. nat., o. Prof., Math. Statistik - Anemonenweg 3, 7800 Freiburg/Br. - Geb. 29. Mai 1927 Braunschweig, verh., 2 Kd. - 1957-62 Privatdoz. Univ. Freiburg, 1962 ao. Prof. (pers. Ord.) Karlsruhe, 1962 o. Prof. Univ. Münster, 1972 o. Prof. Univ. Freiburg, 1978/79 Vors. Dt. Mathemat.-Vereinig., 1969 Fellow Inst. of Math. Stat., 1975 Member Intern. Stat. Institute, 1981 o. Mitgl. Heidelberger Akad. d. Wiss. - BV: Witting/Nölle: Angewandte Math. Statistik; Math. Statistik I, 1985.

WITTING, Ute,

geb. Möllenbrock

Dr. med., Prof. f. Arbeitsmedizin, Direktor Inst. f. Arbeitsmed. Univ. Münster - Melchersstr. 30, 4400 Münster - Geb. 19. Febr. 1943 Gelsenkirchen (Vater: Dr. phil. K. Möllenbrock; Mutter: Johanna, geb. Thomas), verh. s. 1969 m. Prof. Dr. Christian W. (s. dort) - 1962-68 Med.-Stud. Univ. Münster, Innsbruck, Wien u. Marburg; Promot. 1971, Habil. 1979 - S. 1982 Prof., s. 1984 Dir. Inst. f. Arbeitsmed. Univ. Münster.

WITTKÄMPER, Gerhard W.

Dr. jur., o. Prof., Direktor Inst. f. Politikwiss., Univ. Münster - Kielsberg 53, 5063 Overath 6 - Geb. 5. April 1933 Solingen, ev., verh., 6 Kd. - Abit.; Lehre als Stahlexportkaufm.; Stud. Rechts-, Wirtschafts- u. Sozialwiss. - S. 1971 o. Prof. f. Politikwiss. Köln. Mitgl. zahlr. wiss. Vereinig. im In- u. Ausl., Honorarprof. Univ. Köln, vormals Vors. Landesstudienreformkommiss. Sozialwiss. in Nordrh.-Westf. Üb. 300 Veröff. üb. Probl. d. öfftl. Recht- u. Wirtschaftsrecht d. polit. Phil. u. Theorie u. d. Staatsphil. u.a.

WITTKE, Günter

Dr. med. vet., o. Prof. f. Veterinärphysiologie - Brentanostr. 49, 1000 Berlin 41 (T. 8 21 17 96) - Geb. 12. Mai 1923 Königsberg/Pr. (Vater: Fritz W., Beamter; Mutter: Frida, geb. Findeklee), ev., verh. s. 1946 m. Dr. med. Ingeborg, geb. Kirchner, 2 Töcht. (Christiane, Maria) - Realgymn. (Abit. 1941); 1946-1951 Humboldt-Univ. Berlin (Veterinärmed.). Staatsex. (1951). Promot. (1953), Habil. (1957), alles Freie Univ. Berlin - S. 1952 Assist., Privatdoz. (1957), Ord. u. Inst.sdir. (1962) FU Berlin - BV: Physiologie d. Haustiere, 1972 (ital. 1976, span. 1978). Mitverf.: Pathophysiol. d. Haustiere, 1969 (span. 1977); Lehrb. d. Veterinär-Physiologie, 1976. Div. Einzelarb. - Spr.: Engl., Franz., Span., Ital.

WITTKE, Günter

Generalstaatsanwalt Hanseat. Oberlandesgericht Hamburg - Sievekingpl. 3, 2000 Hamburg 36 - Geb. 10. Juni 1926 Hamburg, verh., 2 T. (Christiane, Dorothee).

WITTKE, Walter

Dr.-Ing., Prof., Direktor Inst. f. Grundbau, Bodenmechanik, Felsmechanik u. Verkehrswasserbau TH Aachen (s. 1974), Geschäftsführer d. Prof. Dr.-Ing. Wittke, Berat. Ing. f. Grundbau u. Felsbau GmbH (s. 1980) - Schinkelstr. 73b, 5100 Aachen (T. 81023); Muffeter Weg 37a, 5100 Aachen (T. 8 44 02) - Geb. 28. März 1934 Hamburg (Vater: Walter W., Bundesbahninsp., †; Mutter: Ella, geb. Jürgensen), ev., verh. m. Lilian, geb. Siquet, 4 Kd. - Autor: Felsmechanik, Grundl. f. wirtschaftl. Bauen im Fels - AIME Rock Mechanics Award 1977.

WITTKOP-MÉNARDEAU, Gabrielle, geb. Ménardeau

Schriftstellerin - Stalburgstr. 15, 6000 Frankfurt/M. 1 (T. 596 33 51) - Geb. 27. Mai 1920 Nantes (Frankr.), verh. s. 1947 m. Justus-Franz Wittkop, Schriftst. († 1986) - BV: V. Puppen u. Marionetten, 1963 (Zürich); E. T. A. Hoffmann, 1966; E. T. A. Hoffmanns Leben u. Werk in Daten u. Bildern, 1968; Le Nécrophile, R. 1972 (Paris); Mme Tussaud, Biogr. 1973 (franz. 1976); Fotoalbum, 1975 (m. Fred Mayer); La Mort de C., R. 1976 (Paris); Nouvelles, 1977 (Paris); Paris, Prisma e. Stadt, 1978 (Zürich, m. J.-F. Wittkop); Unsere Kleidung, 1985; Les Rajahs Blancs, R. 1986 (Paris); Hemlock, R. 1988 (Paris) - Spr.: Franz., Engl., Ital.

WITTKOWSKY, Alexander

Dr.-Ing., Prof. f. Technikgestalt./Technol.entw. - Bibliothekstr., 2800 Bremen 33 - Geb. 4. Sept. 1936 Berlin - Goethe-Gymn. u. TU Berlin (Schiffbau, Verfahrenstechnik) - 1962-70 Assist. TU Berlin (Inst. f. Brennstofftechnik), 1970-77 Präs. TU Berlin, 1977-82 Rektor Univ. Bremen. S. 1982 Prof. Mitgl. Kurat. Berufsbildungswerk d. DGB Bremen (s. 1979), Mitgl. Kurat. Bremer Initiative f. Frieden, intern. Ausgleich u. Sicherheit (s. 1979), Schirmherr Aktion z. Befrei. d. polit. Gefangenen in Chile (s. 1979). Mitgl. Verein z. Förder. d. wiss. Forsch. in d. Fr. Hansestadt Bremen (s. 1981), Mitgl. Beirat Inst. z. Erforsch. soz. Chancen, Köln.

WITTKOWSKY, Wolfgang
Studiendirektor, MdL Rheinland-Pfalz (s. 1979) - Wildbadstr. 171, 5580 Traben-Trarbach - Geb. 15. Juli 1938 - CDU.

WITTLICH, Bernhard
Dr. phil., Studienrat a. D., Lehrbeauftr. f. Graphologie Univ. Kiel (1957 ff.) - Drosselhörn 4, 2300 Kitzeberg b. Kiel (T. Kiel 2 32 87) - Geb. 12. Sept. 1902 Reval/Estl. (Vater: Michael W., Univ.s-prof.; Mutter: Ebba, geb. Sprengel), ev., verh. s. 1927 m. Grace, geb. Trautmann, 4 Kd. - Abitur Dorpat; Mag.geophys. 1927 ebd.; Promot. 1941 Berlin - 1927-45 Lehrer Baltenschule Misdroy/Pom., dann Berufsgraphologe u. gerichtl. Schriftsachverst., s. 1950 Studienrat Oberschule Preetz/Holst. u. Gelehrtensch. Kiel (1955) - BV: Wörterb. d. Charakterkd., 3. A. 1950; Handschr. u. Erzieh., 1940; Angew. Graphol., 2. A. 1951; Wert u. Grenzen d. Graphol., 1952; Graphol. Charakterdiagramme, 1956; Graphol. Praxis, 1961; Symbole u. Zeichen, 1965; Neurose u. Handschr. - Konfliktzeichen in d. Handsch., 1968 - Bek. Vorf.: Christian-Konrad Sprengel, Botaniker, 1750-1816 (ms).

WITTLING, Henner
Staatssekretär Minister d. Innern, Saarbrücken - Franz-Josef-Röder-Str. 21, 6600 Saarbrücken (T. 0681 - 501 21 13) - Geb. 8. Nov. 1946, verh., 2 Kd. - 1968-72 Stud. Rechtswiss. Univ. Saarbrücken u. Göttingen - 1975-85 Richter in d. Verw.-gerichtsbarkeit; Ref. im Bundesmin. d. Justiz; Wiss. Mitarb. Dt. Bundestag; s. 1985 Staatssekr. u. Ständ. Vertr. d. saarl. Innenmin.

WITTMANN, Bernd
Dipl.-Kfm., Vorstandsvors. Westerwald AG, Wirges - Siegstr. 19, 5430 Montabaur - Geb. 24. April 1939 Schwabach.

WITTMANN, Ewald
Dipl.-Ing., Generalbevollmächtigter AEG Aktiengesellschaft, Mitgl. Geschäftsbereichsltg. Ressort Technik AEG (Geschäftsber. Hausgeräte) - Muggenhofer Str. 135, 8500 Nürnberg.

WITTMANN, Fritz
Dr. jur., Ministerialrat a. D., Rechtsanwalt, MdB (s. 1971, CDU/CSU-Fraktion), Oberst d. R., Landesvors. Bund d. Vertriebenen in Bayern, stv. Bundesvorsitzender Sudetend. Landsmannschaft, Vorstandsvors. Suentend. Stiftg. in Bayern u. a. - Hainbuchenstr. 2, 8000 München 45 (T.351 75 42) - Geb. 21. März 1933 Plan/Sudetenl. (Vater: Josef W., Arzt; Mutter: Marie-Luise, geb. Reinelt), kath., verh. s. 1963 m. Irmengard, geb. Schrezenmaier, 3 Kd. (Johannes, Mechthilde, Susanne) - Oberrealsch. Plan, Gymnasium Ingolstadt (Abitur 1952); Univ. München, Jurist. Staatsprüfung 1956 u. 60; Promot. 1964 - 1961-63 LG I München (Richter); Bundesjustizmin. (u. a. Pers. Ref. Min. Dr. Jaeger); 1967-71 Bayer. Min f. Arbeit u. Sozialordnung (zul. Min.rat). 1956-59 Landessekr. Jg. Union Bayern. CSU s. 1952 - BV: Warum verschweigt man d. Sudeten-Problem?, 1957 Bayer. VO; Rudolf-Lodgeman-Med.; 1984 Gold. Ehrenkreuz d. Bundeswehr - Liebh.: Wandern - Spr.: Engl., Franz.

WITTMANN, Günther
Dr. med. vet., Prof., Präsident Bundesforschungsanstalt f. Viruskrankh. d. Tiere - Paul-Ehrlich-Str. 28, 7400 Tübingen (T. 07071 - 60 31) - Geb. 16. Dez. 1926 Vilshofen - Univ. München (Tiermed.; Promot. 1952) - S. 1955 BFAV (1953 Leit. Abt. f. Mikrobiol., 1967 Leit. Inst. f. Immunol. (Ltd. Dir. u. Prof.), 1977 Leit. Inst. f. Impfst., 1982 Präs.) - BV/Mitautor: Virolog. Arbeitsmethoden, 4 Bde. 1974-82. Herausg.: Aujeszky's Disease (1982), Latent Herpesvirus Infection (1983). Üb. 120 Einzelarb.

WITTMANN, Hans
Dipl.-Ing., Vorstandsmitglied Bilfinger + Berger Bauaktiengesellschaft - Gustav-Nachtigal-Str. 3, 6200 Wiesbaden (T. 06121 - 70 83 03) - Geb. 28. Nov. 1935 Fulda, ev., verh. m. Christine, geb. Reifenberger, 2 Kd. (Sabine, Christoph) - Stud. Ing.-Wesen TH Darmstadt; Dipl. 1962 - AR-Mitgl. Julius Berger Nigeria Ltd., Nigeria, Bilfinger + Berger Dredging B.V., Niederl., Bilfinger + Berger (HK) Ltd., Hongkong; Beiratsvors. GKW Consult Mannheim - Spr.: Engl.

WITTMANN, Heinz-Günter

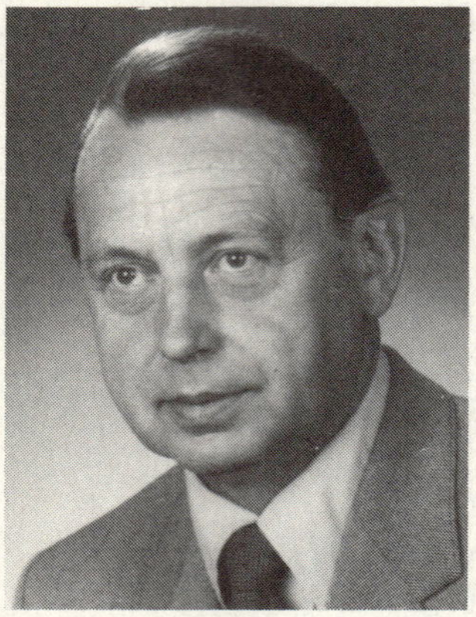

Dr. rer. nat., Dr. med. h. c., Dr. phil. h. c., Direktor am Max-Planck-Inst. f. Molekulare Genetik, Berlin (s. 1965), Hon.-Prof. f. Molekulare Genetik FU Berlin (s. 1968) - Zu erreichen üb. Ihnestr. 63-73 1000 Berlin 33, priv.: Meisenstr. 17, 1000 Berlin 33 (T. 832 76 41; MPI: 830 72 20) - Geb. 16. Jan. 1927 Stürlack/Ostpr., ev., verh. s. 1961 m. Brigitte, geb. Liebold, 2 Kd. (Beate, Carsten) - Stud. Biologie u. Biochemie Univ. Stuttgart u. Tübingen (1948-56) (Studienstiftg. d. Dt. Volkes), Promot. (1956) u. Habil. (1962) Tübingen - 1956-57 Gastwiss.ler Univ. of California, Berkeley; 1957-64 Wiss. Assist. MPI f. Biol., Tübingen; s. 1965 Dir. MPI. Spez. Forschungsgeb.: Virusmutationen u. genet. Code (b. 1965); Ribosomen u. Protein-Biosynthese (s. 1965). Üb. 200 Fachveröff. - S. 1977 Senator Dt. Akad. f. Naturforscher (Leopolina); 1973-79 AR-Mitgl. European Molecular Biology Organisation; 1979-81 Präs. Ges. f. Biol. Chemie; 1979-85 Senator Dt. Forsch.-gemeinsch.; 1980 Vizepräs. Intern. Kongreß d. Zell-Biol.; s. 1982 Vorst.-Mitgl. Intern. Union d. Biochemie (IUB) u. Vors. d. IUB Veröff. Komit.; 1983-87 Vors. Biol. u. Med. Sekt. Max-Planck-Ges.; 1983-87 Senator ebd. - 1975 Sir-H.-Krebs-Med.; 1975 Robert-Koch-Preis; 1975 W.-Feldberg-Preis; 1976 Otto-Warburg-Med.; 1977 Gregor-Mendel-Med.; 1977 Ehrenmitgl. d. American Soc. of Biological Chemists; 1978 Dr. phil. h. c. (Salzburg); 1978 Dr. med. h. c. (Berlin); 1980 Ehrenmitgl. American Acad. of Arts and Sciences; 1982 Mitgl. New York Acad. of Sciences; 1984 Albrecht-v.-Graefe-Med.; 1987 Mitgl. Akad. d. Wiss. zu Berlin; 1989 Mitgl. Europ. Akad. (Acad. Europaea) - Spr.: Engl.

WITTMANN, Reinhard
Dr. phil., Prof., Leiter Abt. Literatur/Hörfunk Bayer. Rundfunk - Oberachau 1, 8165 Fischbachau (T. 08028 - 4 49) - Geb. 1. Nov. 1945 München, kath., verh., 2 Kd. - Promot. 1971 Univ. München - S. 1983 Vors. Hist. Kommiss. Börsenverein d. Dt. Buchhandels. 1986 Hon.-Prof. Univ. München. Mithrsg.: Archiv f. Gesch. d. Buchwesens - BV: Buchmarkt u. Lektüre im 18. u. 19. Jh., 1982; E. Verlag u. s. Gesch., 1982; Quellen z. Gesch. d. Buchwesens, 21 Bde. ab 1981 (Hrsg.); Bücherkataloge als buchgesch. Quellen in d. frühen Neuzeit, 1984 (Hrsg.).

WITTMANN, Simon Georg
Studienrat, MdB (10. Legislaturperiode) - Tiefe Gasse 10, 8481 Tännesberg (T. 09655 - 4 77) - Geb. 14. Dez. 1947, kath., verh. m. Elisabeth, geb. Maier, 2 Kd. (Stephanie, Johannes) - Abit. Augustinusgymn. Weiden; Stud. Gesch., Franz., Phil. u. Sozialkd. Univ. Regensburg - Spr.: Engl., Franz., Latein.

WITTMEYER, Dietrich
Diplom-Volkswirt, Geschäftsführer Fachverb. Essigsäureind. e. V., Fachvereinig. Gelatine u. Fachvereinig. Lebensmittelzusatzstoffe/Verb. d. Chem. Ind. - Karlstr. 21, 6000 Frankfurt/M.1.

WITTMOSER, Adalbert
Dr.-Ing. habil., Prof., Generalbevollmächtigter Vereinigung Vollformgießen u. Gf. Gesellsch. FMI Fullmold Intern. GmbH, Ludwigshafen/Rh. - Matthias-Grünewald-Str. 8, 6840 Lampertheim/Hessen (T. 06206 - 24 37) - Geb. 6. April 1918 Wirballen - Industrietätigk. S. 1953 Privatdoz. u. apl. Prof. (1959) TH Aachen (Gießereiwesen, insb. Eisengußwerkstoffe). 1964ff. Hon.-Prof. TH Darmstadt (Technol. d. Gießverfahren) - BV: Gewalztes Gußeisen, 1949 (m. E. Piwowarsky). Üb. 150 Einzelarb.

WITTMÜTZ, Volkmar
Dr. phil., apl. Prof. f. Geschichte Univ.-GH Wuppertal - Hopscheider Weg 46, 5620 Velbert 11 - Geb. 30. April 1940 Bremen (Eltern: Harald u. Frieda, geb. Dehne), ev., verh. s. 1967 m. Inge, geb. Grothe, 2 Töcht. (Frauke, Annette) - 1960-65 Stud. Gesch., Roman. u. Angl.; Promot. 1970, Habil. 1980 - BV: Schule d. Bürger, 1981; Gesch. d. Stadt Wuppertal, 1977; D. Gravamina d. Bayer. Landstände, 1970; Chronik Marienheide, 1986 - Spr.: Engl., Franz., Latein, Span., Dän.

WITTROCK, Herbert
M.A., Geschäftsführer i. R. - Max-Beckmann-Str. 47, 6000 Frankfurt 70 - Geb. 11. Juli 1913 Kassel - 1953-77 Geschäftsf. Messe Frankfurt GmbH - 1963 Gr. Silb. Ehrenz. Österr.; 1968 Ehrenplak. Stadt Frankfurt/M.; 1973 BVK I. Kl.; Ehrenmitgl. d. VKD (Verb. d. Köche Dtschl.); 1975 Verdienstmed. Handelskammer Valencia; 1975-77 Vorst.-Mitgl. dt.-span. Handelskammer, Madrid, dt.-ital. Handelskammer, Mailand; 1965-78 Mitgl. d. Hauptaussch. d. dt. Landwirtschaftsges. (DLG); 1976 Gold. Ehrenring d. ZVSH (Zentralverb. Sanitär, Heizung, Klima); Gold. Auma-Plak.; 1979 Achema-Max-Buchner-Plak. in Titan - Lions.

WITTROCK, Karl
Dr. phil. h.c., Präsident i. R. Bundesrechnungshof - Fliednerstr. 44, 6200 Wiesbaden-Bierstadt - Geb. 29. Sept. 1917 Kassel (Vater: Karl W., Ministerialdir.; Mutter: Ottilie, geb. Bornemann), ev., verh. m. Irmgard, geb. Mätz, Sohn - Realgymn. Kassel; 1946-49 Univ. Frankfurt/M. Ass.ex. 1953 - 1938-46 Soldat u. Kriegsgefangensch. (1944), 1947-48 Vors. Soz. dt. Studentenbd., 1948-53 Angest. DGB-Bundesschule, Oberursel/Ts., US-Hochkommiss. (1950) u. Hess. Innenmin., Wiesbaden (1953), dann Rechtsanw., 1963-67 Regierungspräs. Wiesbaden, 1967-1974 Staatssekr. Bundesverkehrsmin., 1977-85 Präs. Bundesrechnungshof. 1968-74 AR Lufthansa AA, u. 1968-77 Flughafen Frankfurt AG (FAG); 1974-78 AR-Vors. Intern. Moselgesellschaft, 1978-85 Wirtschaftsprüf.-Ges. Treuarbeit AG. 1953-63 (Mandatsniederleg.) MdB; 1956-62 ehrenamtl. Magistratsmitgl. Wiesbaden. B. 1933 SAJ; s. 1946 SPD (1954 Vorst. Unterbez. Wiesbaden) - 1984 Gr. BVK m. Stern u. Schulterbd.; 1988 Ehrendoktor FU Berlin.

WITTSCHIER, Heinz Willi
Dr. phil. habil., Prof. f. Romanistik - Hochallee 121, 2000 Hamburg 13 - Geb. 5. Mai 1942 Köln - Promot. 1967 Univ. Köln; Habil. 1972 Univ. Hamburg - 1977 Prof. - BV: Giannozzo Manetti, 1968; D. Lyrik d. Pléiade, 1971; António Vieiras Pestpredigt, 1973; D. Ital. Lit., 1977, 1979, 1985; Sonett, 1979; Gesch. d. span. Lit. v. Kuba-Krieg b. z. Tod Francos (1898-1975), 1982; Brasilien u. sein Roman im 20. Jh., 1984; D. Franz. Lit., 1988 - Spr.: alle roman. Spr.

WITTSTADT, Klaus
Dr. theol., Dr. phil., o. Prof. f. Hist. Theologie Univ. Würzburg, Hon.-Prof. Univ. Frankfurt - Buhlleite 19b, 8701 Randersacker - Geb. 17. April 1936 Fulda (Vater: Alois W., Bankkfm.; Mutter: Elisabeth, geb. Spahn), kath., verh. s. 1966 m. Brigitte, geb. Effmert, S. Thomas - Human. Gymn.; Stud. Univ. Frankfurt, Münster (Phil., Gesch., Theol.); I. u. II. Staatsex. f. d. Höhere Lehramt; Habil. 1972 Münster - 1962-64 Wiss. Assist., 1964-65 Forschungsauftr. Rom, 1966-67 Stud.refer., 1967-71 Wiss. Assist., 1972 Wiss. Rat u. Prof. Univ. Münster, s. 1973 Prof. Würzburg, 1982 Hon.-Prof. Univ. Frankfurt/M. - BV u. a.: Geistl. Absolutismus, 1963; Atilo Amalteo, 1971; Nuntiaturberichte aus Dtschl., 1975. Herausg.: Verwirklichung d. Christl. im Wandel d. Gesch. (1975); D. Kirchl. Lage in Bayern 1933-43 (1981); Sankt Kilian (1984); Erneuerung d. Kirche aus d. Pfingstereignis (1984); Evangelium Jesu Christi in d. Gesch. d. Kirche (1985).

WITTWER, Georg
Senator f. Bau- u. Wohnungswesen Berlin (1986-89) - Württembergische Str. 6-10, 1000 Berlin 31 - Geb. 8. April 1932 Waldshut - Abit.; Maurerlehre (Gesellenprüf.); Stud. Arch. TU Berlin (Dipl. 1960) - Arch.-Büros Düsseldorf; 4 J. Assist. TU Berlin; 1967ff. Geschäftsf. e. Bau- u. Planungsges.; zul. Senatsdir. bzw. Staatssekr. Verw. f. Stadtentw. u. Umweltschutz Berlin.

WITZEL, Ernst
M. A., Regisseur, Filmprod., Drehbuchautor - Westermühlstr. 41, 8000 München 5 (T. 089 - 201 34 08) - Geb. 1. Dez. 1947 Neustadt, kath., verh. s. 1978 m. Etta Gumpelmayr, T. Marian - Abit.; Stud. Filmhochsch. Wien; M. A. in Filmregie - Kurzfilme (Regie u. Buch): Joe Berger, D. Klingel, D. wunderbare Fred, D. Buchhalter. Langfilme: D. Kollektion (Regie), Deutschlandlied (Regie, Buch, Prod.), Torferden u. Co. (Regie, Buch). Theaterinsz.: Babal, D. Torffahrer - Spr.: Engl., Franz., Span.

WITZEL, Herbert
Dr. med., Dr. phil., o. Prof. f. Biochemie - Inst. f. Biochem., Wilhelm-Klemm-Str. 2, 4400 Münster (T. 83 32 01); priv.: Kapuzinerstr. 38 (T. 29 34 25) - Geb. 8. Febr. 1924 Niedermörlen, verh. m. Ingrid, geb. Erdmann - Gymn. Friedberg; Univ. Marburg; Promot. 1954 u. 57, Habil. 1960; 1961/62 Research Assoc. Berkeley/USA - Lehrtätigk. Univ. Marburg (1966 apl. Prof.; 1970 Wiss. Rat u. Prof.) u. Münster (1970 o. Prof.) - Üb. 90 Fachaufs.

WITZEL, Horst
Dr.-Ing., Chemiker, Aufsichtsratsmitglied Schering AG, Berlin/Bergkamen, u. Brau u. Brunnen AG, Dortmund, Beiratsmitgl. Berliner Commerzbank AG - Schützallee 48, 1000 Berlin 37 (T. 811 20 11) - Geb. 12. April 1927 Evingsen, verh. m. Annelie, geb. Conradt - Spr.: Engl., Span. - Rotarier.

WITZEL, Lothar
Dr. med., Prof. f. Innere Medizin, Gastroenterologie - Hangweg 8a, 1000 Berlin 28 (T. 49 07-332) - Geb. 27. Juli 1939 Mannheim (Vater: Gustav W., Chemiker; Mutter: Martha, geb. Pilger), ev. - Univ. Heidelberg, Kiel, Freiburg (Med.) Promot. 1965, Habil. 1977 Bern - 1965-73 Assistenzarzt Nordenham, 1973-78 Oberarzt Med. Univ.klinik Bern, s. 1978 Chefarzt DRK-Krkhs. Mark Brandenburg Berlin - Mehrere Entwickl. z. Gastroenterol. - BV: Üb. 90 wiss. Arb., Vortr. u. Buchart. z. Inn. Med., Gastroenterol., Sterbeforsch. - 1978 Preis d. Schweiz. Ges. f. Gastroenterol. - 1981 Ehrenmitgl. d. Society of Gastro-inte-

stinal Endoscopy of India - Liebh.: Musik - Spr.: Engl., Franz.

WITZEMANN, Herta-Maria

Prof., Innenarchitektin - 7000 Stuttgart - Geb. Dornbirn (Vater: Johann W., Kaufm.; Mutter: Klara, geb. Rhomberg) - 1952-85 Lehrtätigk. Kunstakad. Stuttgart (Lehrstuhl f. Innenarch., Möbelbau u. Entwerfen) - Ehrenpräs. BDIA; Verdienstmed. Baden-Württ.; BVK.

WITZENMANN, Walter

Dr. phil., Fabrikant, Gf. Gesellschafter Witzenmann GmbH Metallschlauch-Fabrik Pforzheim - Oestliche 134, 7530 Pforzheim (T. 07231 - 581-0) - Geb. 23. Mai 1908 Pforzheim - Geschäftsf. Resistoflex GmbH, Pforzheim, Vors. Vereinig. d. Metall- u. Eisenwarenind. Baden-Württ., Verb. Dt. Metallschlauch- u. Kompensatoren Ind., Vorst. Landesverb. d. Baden-Württ. Ind., Stuttgart, Wirtschaftsverb. d. Eisen-, Blech- u. Metall verarb. Ind., Düsseldorf, Verb. d. Metallind. Baden-Württ., Bezirksgr. Karlsruhe; Reuchlin-Ges., Pforzheim; Vors. Dt. Alpenverein, Sekt. Pforzheim. Handelsrichter - BV: Polit. Aktivismus u. soz. Mythos, 1935; Giambattista Vico u. René Descartes, 1935; Anmerkungen z. Marktwirtsch., 1986; Anmerkungen z. Kommunalpolitik, 1987; Anmerkungen zu Kultur u. Ges., 1987 - Ehrenpräs. IHK Nordschwarzwald, Pforzheim; Ehrensenator Fachhochsch. f. Wirtschaft, Pforzheim.

WITZGALL, Hans

Dr. med., Prof., ehem. Chefarzt Innere Abt. Martin-Luther-Krankenhaus - Caspar-Theyß-Str. 27-31, 1000 Berlin 33 (T. 82 01-1); priv. Selchowstr. 7a, 1000 Berlin 33 (T. 8 23 67 47) - Geb. 15. Sept. 1915 Nürnberg, ev., verh. m. Dr. Christiane, geb. Ruprecht, 3 Kd. - S. 1951 (Habil.) Privatdoz. u. apl. Prof. (1961) FU Berlin (Inn. Med.). Facharb. - Spr.: Engl., Franz. - Rotarier.

WITZIGMANN, Eckart

Küchenchef - Maximiliansplatz 5, 8000 München 2 (T. 089 - 59 81 71) - Geb. 4. Juli 1941 Bad Gastein/Österr., ev., verh. m. Monika, 2 Kd. (Veronique, Maximilian) - Kochlehre in Österr.; Küchenpositionen b. Paul Bocuse, Paul Haeberlin, Roger Verger, Paul Simon, Gebr. Troisgros, Jockey Club in Washington, etc. - Versch. Rezepturen d. Nouvelle Cuisine - Kulinarische Besonderheiten: Tantris Rezepte, Kulinarische Kreationen, Hundert Hausrezepte, Olympiadiät - Höchste Ausz. in allen bekannten Restaurantführern.

WITZLEB, Erich

Dr. med., Univ.-Prof. f. Angew. Physiologie u. med. Klimatol. - Arp-Schnitger-Weg 27, 2301 Strande b. Kiel (T. 04349 - 85 45) - Geb. 5. April 1924 Bad Gandersheim (Vater: Otto W.), verh. s. 1971 m. Sigrid, geb. Rieckmann, 2 Töcht. (Katrin, Madeleine) - Humboldt-Sch. Erfurt (Abit.); Univ. Tübingen, Straßburg, Hamburg (Med. Staatsex. 1949). Promot. Hamburg; Habil. Münster - S. 1950 Univ. Hamburg (Inst. f. Exper. Pathol. u. Balneol.), Münster (1955 Gollwitzer-Meier-Inst. Bad. Oeynhausen, 1959 Leit. Physiol. Abt.; 1958 Privatdoz., 1964 apl. Prof. f. Angew. Physiol.), Kiel (1970 o. Prof. u. Inst.sdir.). Üb. 120 Fachveröff.; mehr. Lehrb.beitr. u. Herausg. v. zahlr. Monographien.

WLOKA, Josef

Dr. rer. nat., (habil.), o. Prof. f. Mathematik Univ. Kiel (s. 1968) - Eidergrund 3, 2300 Kiel-Schulensee - Geb. 4. März 1929 Sosnitza, verh. m. Brigitte, geb. Raczek, 3 Kd. (Markus, Eva, Matthias) - Habil. Heidelberg - Zul. Wiss. Rat u. Prof. Heidelberg - BV: Funktionsanalysis.

WLOSOK, Antonie

Dr. phil., (habil.), o. Prof. f. Klass. Philologie Univ. Mainz (s. 1973) - Elsa-Brändström-Str. 19, 6500 Mainz (T. 68 15 84) - Geb. 17. Nov. 1930 - Privatdoz. Univ. Heidelberg, 1968-73 o. Prof. Kiel, 1972/73 Member Inst. f. Advanced Study Princeton N. J. - BV: Laktanz u. d. phil. Gnosis, 1961; D. Göttin Venus in Vergils Aeneis, 1967; Rom u. d. Christen, 1972; Römischer Kaiserkult, 1978. Div. Einzelarb. - 1985 Mitgl. Heidelb. Akad. d. Wiss.

WLOTZKE, Otfried

Dr., Prof., Ministerialdirektor, Leit. Abt. III (Arbeitsrecht u. -schutz) Bundesmin. f. Arbeit u. Sozialordnung - Rochusstr. 1, 5300 Bonn-Duisdorf.

WOCHER, Christoph

Dr. jur., Geschäftsführer Bausparkasse Gemeinschaft d. Freunde Wüstenrot gemeinn. GmbH., Ludwigsburg (s. 1968) - Olgastr. 7, 7140 Ludwigsburg/Württ. - Geb. 28. Dez. 1924 Langenargen - Zul. stv. Gf. Bauspark. GdF Wüstenrot.

WOCKE, Hans

Dipl.-Ing., Flugzeugkonstrukteur - Marschweg 45, 2000 Hamburg 56 (T. 81 27 36) - Geb. 2. Aug. 1908 - 1936-45 Dessau (Junkers Flugzeug- u. Motorenwerke), dann Moskau, 1954-57 Dresden, seither Hamburg (1966-74 Geschäftsf. Hbg. Flugzeugbau GmbH. bzw. Prok. Messerschmitt-Bölkow-Blohm GmbH./Bereich Entwicklung, s. 1975 i. R.). 1969ff. Lehrbeauftr. TU Braunschweig (Entwurfsfragen d. Verkehrsflugzeugbaues). Maßgebl. beteiligt HFB 320 Hansa, Transall C-160, Europ. Airbus A 300 - 1976 Ehrensenator TU Braunschweig.

WODE, Henning

Dr. phil., Prof. f. Engl. Philologie Univ. Kiel - Am Reff 2, 2305 Heikendorf (T. 0431 - 24 20 73) - Geb. 19. Febr. 1937 Elmshorn (Vater: Dr. Heinrich W., Landwirtschaftsrat; Mutter: Johanne, geb. Erhorn), verh. s. 1965 m. Barbara, geb. Fuchs, 4 Kd. - Abit. 1957; Stud. Univ. Hamburg, Freiburg u. Edinburgh; Staatsex. 1962; Promot. 1965; Habil. 1969 - S. 1969 Ord. f. Engl. Philol. Engl. Sem. Univ. Kiel - BV: Linguistische Unters. z. Parkinsonismus (Habil.-Schr.), 1968; Learning a second language, 1981; Papers on Language Acquisition, Language Learning, and Language Teaching, 1983; Einführung in d. Psycholinguistik, Theorien, Methoden, Ergebnisse, 1988. Ca. 50 Fachveröff., bes. z. engl. Phonetik u. Intonation, Erst- u. Zweitsprachenerwerb, Psycholinguistik, Fremdsprachenunterr., Patholinguistik - Spr.: Engl., Franz., Latein, Siamesisch.

WODICK, Reinhard

Dr. med., Dr. rer. nat., Prof. f. Physiologie Univ. Ulm, Sportarzt u. Physiker - Franz-Wiedemaier-Str. 95, 7900 Ulm (T. 0731 - 38 54 40) - Geb. 6. Juli 1936 Hamburg (Vater: Edmund W., Studienrat; Mutter: Gretchen, geb. Meissner), ev., verh. s. 1964 m. Christa, geb. Arnold, 2 Kd. (Markus, Julia) - Stud. Physik u. Math. Univ. Hamburg u. Marburg; Dipl. (Theoret. Physik) 1963; Promot. 1968; Zweitstud. Med. Univ. Marburg u. Münster; Staatsex. 1970; Promot. 1971 in Marburg - Klinisch-ärztl. Tätigk. Bethanien-Krkhs. u. Knappsch.krkhs. Dortmund. Wiss. Assist. Marburg; wiss. Mitarb. Max-Planck-Inst. f. Arbeitsphysiol. Dortmund; Prof. f. Physiol. Ulm, Leit. Sportmed. ebd. Entd. Queranalyse v. Reflektionsspektren, Lokale Wasserstoffclearance - BV: Möglichk. u. Grenzen d. Bestimm. d. Blutversorg. m. Hilfe d. lokalen Wasserstoffclearance, 1976; Photometr. Methoden in d. Biol., 1976 - 1969 Fak.preis Univ. Marburg - Liebh.: Sport (Leichtathletik, Triathlon, Skifahren) - Mehrf. Landesmeister v. Jugendkl. b. Alterskl. im Speerwurf (Hamburg u. Baden-Württ.); in Alterskl. Europam. im Ultratriathlon u. Triathlonärzteweltm. - Spr.: Engl., Latein.

WODRICH, Wolf-Wilhelm

Dr., Direktor, Leit. Beteiligungen, intern. Kooperationen d. VEBA OEL AG - Postf. 45, 4650 Gelsenkirchen - Geb. 5. Sept. 1930 - Zuvor Wirtschaftsreferent Botschaft d. BRD in Kanada.

WÖBCKE, Hans-Otto

Vorstandsvorsitzender Beiersdorf AG, Hamburg (s. 1989), Vorst.-Mitgl. Markenverb. Wiesbaden - Hemmingstedter Weg 159, 2000 Hamburg 52 - Geb. 8. Aug. 1930.

WÖCKEL, Heribert

Dr. jur., Dr. rer. pol., Botschafter d. Bundesrep. Deutschl. im Senegal (s. 1986) - Zu erreichen üb. Dt. Botschaft, B.P. 2100, 43 Av. Albert Sarraut, Dakar/Senegal - Geb. 25. Febr. 1932 Lüderitz, verh., 2 Kd. - Stud. - Rechts- u. Wirtschaftsw. Univ. München, Würzburg, Tübingen u. Graz - Zun. Bay. Inn. Verw. (RAss. u. RR); s. 1961 Ausw. Amt (Ausl.posten: 1963-65 Legationssekr. u. -rat Leopoldville; 1965-1969 ständ. Vertr. Generalkonsul bzw. Botsch. Singapur; 1969-72 Konsul bzw. Generalkonsul Recife), 1972ff. Bonn (1973 Ref.leit.; 1974 Vortr. Legationsrat I. Kl.); 1977-82 Botschafter Sri Lanka u. Rep. Malediven; 1982-86 Botschafter in Syrien.

WÖHE, Günter

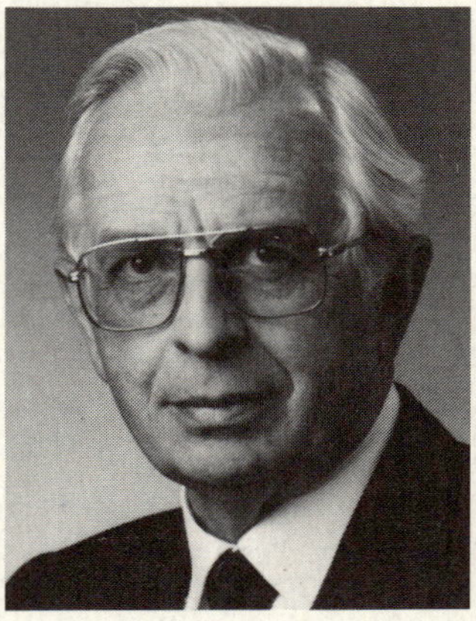

Dr. rer. pol., Dr. rer. oec. h.c., Dr. rer. pol. h.c., o. Prof. f. Betriebswirtschaftslehre, insb. Betriebsw. Steuerlehre, Univ. Saarbrücken (s. 1960) - Finkenstr. 20, 6602 Dudweiler/Saar (T. Sulzbach 7 32 57) - Geb. 2. Mai 1924 Zeitz/Elster (Vater: Dr. phil. Kurt W.; Mutter: Erika, geb. Saft), verh. m. Hildegard, geb. Englert, 2 Kd. (Tatjana, Peter) - Univ. Halle u. Würzburg. Promot. 1954, Habil. 1958 Würzburg - 1958-60 Privatdoz. Univ. Würzburg - BV: Methodolog. Grundprobleme d. Betriebsw.lehre, 1959; Einf. in d. Allg. Betriebsw.lehre, 16. A. 1986; Betriebsw. Steuerlehre, 2 Bde. 1962/63, Bd. I 1. Halbbd., 6. A. 1988, 2. Halbbd., 6. A. 1986, Bd. II 1. Halbbd. 4. A. 1982, 2. Halbb. 3. A. 1982; Bilanzierung u. Bilanzpolitik, 7. A. 1987; D. Steuern d. Unternehmens, 5. A. 1983; Die Handels- u. Steuerbilanz, 1977; Grundzüge d. Betriebsw. Steuerlehre, 2. A. 1984 (m. H. Bieg); Grundzüge d. Unternehmensfinanzierung, 4. A. 1986, (m. J. Bilstein); Übungsb. z. Allg. Betriebsw.lehre, 5. A. 1986 (m. U. Döring u. H. Kaiser); Betriebswirtschaftslehre u. Unternehmensbesteuerung, 1984; Ca. 95 Einzelveröff.

WÖHLBIER, Herbert

Dr.-Ing., Prof. f. Bergbaukunde (emerit.), Verleger - Adolf-Ey-Str. 5, 3392 Clausthal-Zellerfeld 1 (T. 35 06) - Geb. 21. Aug. 1902 Bergzow/Mark (Vater: Friedrich W., Rektor; Mutter: Elvira, geb. Maise), ev., verh. s. 1931 m. Hildegard, geb. Seiler, 2 Söhne (Reinhard, Friedrich) - Luther-Gymn. Eisleben; TH München, Bergakad. Clausthal, TH Breslau (Bergbau; Dipl.-Ing. 1929). Promot. 1931; Habil. 1938 - S. 1941 Ord. Bergakad. Freiberg/Sa. u. BA bzw. TU Clausthal (1948; 1962-64 Rektor). Üb. 100 Fachveröff. Herausg.: Trans Tech Publications (wiss. B. u. Ztschr.) - Ehrenbürger TU Clausthal; BVK - Bruder: Werner W.

WÖHLER, Horst

Dipl.-Volksw., Verbandsdirektor, Geschäftsf. Verb. württ. Wohnungsunternehmen, Baugenoss. u. -ges. - Herdweg 52, 7000 Stuttgart 1.

WÖHLKE, Wilhelm

Dr. phil., o. Prof. f. Geographie unt. bes. Berücks. d. Landeskunde Osteuropas - Heimat 61a, 1000 Berlin 37 (T. 815 16 28) - Geb. 5. Jan. 1925 Berlin (Vater: Wilhelm W., Justizsekr.; Mutter: Frieda, geb. Müller), ev., verh. s. 1950 m. Anneliese, geb. Simon, 2 Kd. (Ursula, Christian) - 1946-52 Univ. Göttingen (Geogr., Gesch., Ur- u. Frühgesch.) - Promot. Göttingen; Habil. Berlin - 1952-55 Assist. Univ. Göttingen (Geogr. Inst.); 1955-58 Stip. Dt. Forschungsgem.; s. 1958 Assist., Privatdoz. (1961), Ord. (1962) FU Berlin (Dir. Abt. f. Osteurop. Landeskd./Osteuropa-Inst.). Vorst.-Mitgl. Herder-Forschungsrat; Mitgl. Ges. f. Osteuropakd., Staatswiss. Ges. zu Berlin. Mithrsg.: Berl. Geogr. Abhdl.; Wirtsch. u. soz. Wiss. Ostmitteleuropa Studien. Buchbeitr. u. Fachaufs. - Spr.: Engl., Poln., Russ.

WÖHR, Ulrich

Dr. rer. pol., Vorstandsvorsitzender VDO Adolf Schindling AG, Frankfurt (s. 1976) - Köhlerweg 24, 6370 Oberursel - Geb. 12. April 1934 Korntal/Württ. (Vater: Otto W.), verh. (Ehefr.: Wiltraut) - Univ. München - Zul. SEL, Stuttgart, u. Schiess AG, Düsseldorf.

WÖHRER, Werner

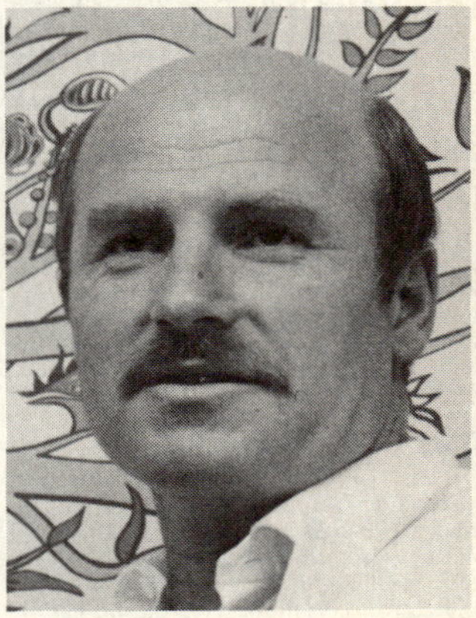

Maler (WWW) - Haslingergasse 14, A-1170 Wien (T. 0222 - 48 36 46) - Geb. 4. März 1944, verh. m. Elfriede, geb. v. Allgeyer - Autodidakt - Surrealist. Ölgemälde in d. Technik alter Meister. Kunstobjekte: Theatervorhang-Kurtheater Reichenau; Weltneuheit: D. handbemalte Kunst-Ski, D. Opernballbrille, Wöhrer-Schirm, Handbemalter Swakara - Liebh.: Schach, Billard, Boxen, Ski, Bergtouren, Tischtennis, Soul, Blues.

WÖHRLE, Dieter

Dr., Prof. f. Organische u. Makromolekulare Chemie Univ. Bremen - priv.: Lothringer Str. 29, 2800 Bremen 1; dstl.: Universität, Bibliotheksstr. NW 2, 2800 Bremen 33 - Geb. 18. Aug. 1939 Berlin, verh. s. 1979 in 2. Ehe m. Monika, geb. Hartmann, 3 S. (Tim, Hendrik, Tobias) - FU Berlin (Promot. 1968, Habil. 1972) - 1975 o. Prof. Arbeitsgeb.: Polyreaktionen, Polychelate, Halbleiter, Katalysatoren, Lichtenergieumwandl., BDG kl. Moleküle, Elektrochemie, Chem. Waffen. Zahlr. Art. z. Makromolekul. Chemie; einige Übersichtsarb. in Advances in Polymer Science.

WÖLBER, Hans-Otto

Dr. theol., D., Bischof (1964-83) - Neue Burg 1, 2000 Hamburg 11 (T. 3 68 91) - Geb. 22. Dez. 1913 Hamburg (Vater: Otto W., Schiffsingenieur Hapag), ev., verh. s. 1941 m. Elselotte, geb. Hark, 3 Kd. (dar. 2 S.) - Oberrealsch. Hamburg (Uhlenhorst); Kirchl. Hochsch. Bethel, Univ. Erlangen u. Berlin. Promot. 1941 - Ab 1942 Pastor Hamburg, s. 1940 Wehrdst., n. 1945 Landesjugendpastor Hamburg. 1956-64 Hauptpastor St. Nikolai, seither Bischof d. Ev.-Luth. Kirche in Hamburg 1970 Mitgl. Rat d. EKD. 1969-75 Ltd. Bischof Verein. Ev.-Luth. Kirche Dtschl. - BV: Dogma u. Ethos, 1950; Jugend u. Heilsgewißheit, 1953; 10 J. Jugendarbeit, 1957; Religion ohne Entscheidung - Volkskirche am Beispiel d. jg. Generation, 1959; D. Gewissen d. Kirche - Abriß e. Theologie d. Sorge um d. Menschen, 1963; Tröste mich wieder, 1964; Gegen d. Strom d. Zeit, 1978; Christl. in dieser Zeit - Leben aus Existenzwissen, 1984. Herausg.: Studienblätter f. Ev. Jugendführung (1950-57) - 1965 Theol. Ehrendoktor Univ. Erlangen-Nürnberg - Liebh.: Gute Literatur.

WÖLBERT, Günter

Freier Journalist, Fernsehproduzent - Pelikanstr. 35, 7000 Stuttgart 50 (T. 0711 - 53 78 02) - Geb. 9. Mai 1925 Frankfurt/M. (Vater: Anton W., Bäckerm.; Mutter: Christine, geb. Friedhofen), kath., verh. s. 1960 m. Renate, geb. Antesberger - 1945-51 Univ. Frankfurt (Med., German., Politik, Gesch.) - 1948-61 Fr. Journ.; 1962-63 Chefredakt. Sport-Illustrierte; 1963-88 Fernsehen Südd. Rundf.; 1984 Programmchef ARD Olymp. Spiele Los Angeles - Liebh.: Musik, Lesen, Sport - Spr.: Engl.

WÖLFEL, Eberhard

Dr. theol., o. Prof. f. Systemat. Theologie - 2313 Raisdorf (T. 04307 - 56 71) - Geb. 16. April 1927, ev., - S. 1963 (Habil.) Lehrtätigk. Univ. Erlangen, Bochum (1966; Ord.), Kiel (Ord.) - BV: Luther u. d. Skepsis, 1958; Seinsstruktur u. Trinitätsproblem, 1965; Welt als Schöpfung, 1981. Div. Einzelarb.

WÖLFEL, Erich

Dr. rer. nat., o. Prof. f. Strukturforschung - Karlstr. 8, 6146 Alsbach/Bergstr. (T. 06257 - 38 42) - Geb. 13. Juni 1922 - S. 1957 (Habil.) Privatdoz., ao. (1960) u. o. Prof. (1964) TH Darmstadt. Üb. 30 Veröff. z. Physikal. Chemie (Acta cryst. u. a.).

WÖLFEL, Kurt

Dr. phil., Prof. f. Neuere dt. Literaturgeschichte - Humboldtstr. 21, 8520 Erlangen (T. 2 72 36) - Geb. 22. Mai 1927 Würzburg, verh. s. 1954 m. Barbara, geb. Schmidt, S. Stefan - 1945-51 Univ. Würzburg. Promot. (1951) u. Habil. (1963) Würzburg - 1955-58 Dozenturen England; 1959-63 Assist. Univ. Würzburg; 1963-64 Privatdoz. Univ. Göttingen; 1964-82 Ord. Univ. Erlangen-Nürnberg. 1969 Gastprof. Riverside (Univ. of California); 1982 Gastprof. Ann Arbor (Univ. of Michigan). S. 1982 ord. Prof. Univ. Bonn. S. 1966 Präs. Jean-Paul-Ges. (Sitz Bayreuth) - BV: Bertolt Brecht - Selected Poems, 1965 (Oxford). Herausg.: Lessings Werke (1967); Garve, Popularphil. Schr. (1974); Jahrbuch Jean-Paul-Ges. Jhrg. I-XVII 1966-82. Übers. a. d. Engl.

WÖLFEL, Ursula,

geb. Koethke

Schriftstellerin - Neunkirchen 22, 6101 Modautal 3 (T. 06254 - 71 47) - Geb. 16. Sept. 1922 Hamborn/Duisburg, verw. (Ehem. gef.) - Zeitw. Stud. German. - Lehrerin, Vornehml. Jugend- u. Kinderbücher - 1962 Dt. Kinderbuchpreis, 1972 Österr. Förderungspreis f. Jugendlit., 1964, 1972 u. 1978 Ehrenliste zum Hans-Christian-Andersen-Preis; Mitgl. PEN-Zentrum BRD.

WÖLFFLE, Erich

Bankdirektor i. R. - P.-Lincke-Str. 30, 7000 Stuttgart 1 - Geb. 14. Okt. 1910 - 1960-74 Vorst.-Mitgl. Landeskreditbank Bad.-Württ., Stuttgart; AR-Vors. Stuttg. Lebensversich. a. G. u. Stuttg. Allg. Versich. AG, Stuttgart.

WÖLFL, Heinrich

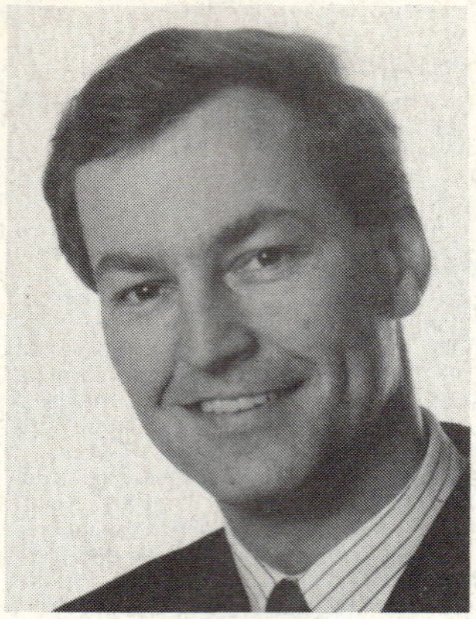

1. Bürgermeister Stadt Regen (berufl., s. 1983) - Rathaus, Stadtplatz 2, 8370 Regen/Bay. Wald - Geb. 9. März 1953 Bodenmais, kath., verh. m. Maria, geb. Pfeiffer, 3 Kd. (Stefanie, Martin, Barbara) - Gymn. Zwiesel; Stud. Rechtswiss. Univ. Regensburg - Früher Reg.-Rat (Landratsamt Regen); Kreisrat (CSU).

WÖLFLE, Maximilan

Bankkaufmann, Vorstandsmitgl. Schwäb. Bank AG, Stuttgart - Breitlingstr. 4, 7000 Stuttgart 1 (T. 0711-24 62 46) - Geb. 14. März 1940 Lindau, kath., verh. s. 1964 m. Gerlinde, geb. Neudert, 4 Kd. (Andreas, Barbara, Christian, Monika) - 1956-58 Banklehre Bayer. Staatsbank Lindau (Bankgehilfenprüf. 1958) - 7 J. Ind.; 1968-72 Zweigstellenleit. Bayer. Vereinsbank Lindau; 1972-82 Filialleit. Bayer. Vereinsbank Friedrichshafen u. Stuttgart; s. 1982 Vorst. Schwäb. Bank - Liebh.: Kunst, Musik - Spr.: Engl., Franz.

WÖLFLE, Peter

Dr. rer. nat., Prof. f. Physik Univ. Karlsruhe - Erasmusstr. 1, 7500 Karlsruhe-Waldstadt - Geb. 24. März 1942 München (Vater: Luitpold W., Holzkaufm.; Mutter: Hildegunde, geb. Wirth), kath., verh. s. 1969 m. Ursula, geb. Gergler, 3 Töcht. (Andrea, Stephanie, Rebecca) - TH München (Dipl.-Phys. 1966, Promot. 1969, Habil. 1974) - 1968-71 Max-Planck-Inst. f. Physik; 1971-73 Cornell-Univ./USA; 1975-86 Prof. TU München; 1986-88 Prof. Univ. of Florida, Gainesville, FL, USA; s. 1988 o. Prof. Univ. Karlsruhe - Zwei Fachb. in engl. Spr., 1978 u. 79 - 1975 Physikpreis Akad. d. Wiss. Göttingen - Spr.: Engl.

WOELKE, Hans Gert

Vorstandsmitglied Thyssen AG. vorm. August-Thyssen-Hütte, Duisburg - Blütenstr. 6, 5450 Neuwied - Geb. 17. April 1927 - U.a. Krankenkassenwesen u. Arbeitgeberverb. Eisen- u. Stahlind. (Vorst.).

WOELLER, Helmut

Kaufmann, Ehrenpräs. Hauptverb. Dt. Filmtheater, Wiesbaden, Ehrenvors. Wirtschaftsverb. d. Filmtheater, Hessen-Rhld.-Pfalz, Frankfurt a.M. - Kiefernweg 2, 6330 Wetzlar (T. 06441 - 2 78 67) - Geb. 15. Okt. 1910 Buchschlag/Hessen, ev. - 1986 BVK.

WÖPKEMEIER, Helmut

Dr.-Ing. Vorstandsmitglied Klöckner-Humboldt-Deutz AG., Köln (s. 1971) - Kardinal-Schulte-Str. Nr. 28, 5060 Berg.-Gladbach 1 - Geb. 15. Juni 1930 Dehme/W.

WÖRDEHOFF, Ludwig W.

Kuratoriumsvorsitzender Landesmusiakad. Nordrh.-Westf., MdL NW (1975-85) - Ackerstr. 97, 4300 Essen-Borbeck (T. 0201 - 69 78 00) - Geb. 14. Mai 1923 - SPD - BV: Borbecker Straßennamen, 1966 u. 87

WÖRDEMANN, Franz

Chefredakteur, Leit. Ressort Fortbildung ARD/ZDF - Gachenaustr. 18, 8036 Herrsching (T. 08152 - 85 85) - Geb. 29. Mai 1923 Münster, kath., verh. s. 1950 m. Edith, geb. Massmann, 2 Töcht. - Univ. Münster, 8 Sem. Philologie, 1950-53 BBC London, Redakteur; 1953-57 BBC-Korresp. (Bonn); 1957-59 WDR Köln, Redakt. u. Kommentator; 1960-61 Filmautor Documentary Programs, Washington; 1962-73 Chefredakt. WDR-Fernsehen; 1973-76 Chefredakt. Münchner Merkur; s. 1977 Leiter Zentralst. Fortbildung Progr. ARD/ZDF - BV: Terrorismus - Motive, Täter, Strategien, München 1977 - Spr.: Engl., Span.

WÖRL, Volker

Dipl.-Volksw., Redakteur, Leitender Wirtschaftsredakteur Süddeutsche Zeitung - Beethovenstr. 23, 8011 Vaterstetten (T. 08106 - 12 33) - Geb. 26. März 1930 Eger (Vater: Josef W., Dipl.-Ing.; Mutter: Klara, geb. Mark), kath., verh. s. 1959 m. Barbara, geb. Trautloff, 3 S. (Michael, Peter, Matthias) - Dipl. 1957 Univ. München - S. 1958 Redakt.mitgl. Südd. Ztg.; s. 1976 Leit. Wirtsch.redakt. Mitgl. Gemeinderat - Mehrf. Gold. Sportabz., zul. 1982 - Spr.: Engl.

WOERNER, Gert

Verlagsleiter - Hofenfelsstr. 17, 8000 München 19 (T. 15 68 00) - Geb. 7. Mai 1932 Berlin (Vater: Dipl.-Ing. Waldemar W.; Mutter: Käte, geb. Brust) - Univ. Göttingen u. Wien (German., Roman., Theaterwiss.) - 1956-60 Lektor Piper-Verlag, München; 1960-64 Cheflektor Econ-Verlag, Düsseldorf; 1964-67 Chefredakt. Kindler-Verlag, München; s. 1969 lit. Verlagsleit. Scherz-Verlagsgruppe, München, Lehrbeauftragter f. Verlagskd. an d., Univ. München. Mithrsg.: Kindlers Literatur-Lexikon. Prosa u. Lyrik in Anthol. Übers. aus d. Engl. u. Franz. - Spr.: Engl., Franz.

WOERNER, Lothar

Dr. jur., Bundesrichter (Vors. Richter am Bundesfinanzhof) - Wimmerstr. 13, 8000 München 81 - Geb. 5. Okt. 1930 Stuttgart, verh. s. 1958 m. Christa, geb. Frank - Eberhard-Ludwigs-Gymn. Stuttgart; Univ. Tübingen u. München (Rechtswiss.) - 1958-1962 Finanzverw. BW, 1962-66 BFH (Wiss. Mitarb.), 1966-71 FG Stuttgart u. BW (Richter), s. 1971 BFH (Richter), s. 1986 Vors. Richter. Beiratsmitgl. Dt. Steuerjurist. Ges. - BV: d. Zurücknahme u. Änderung v. Steuerverwaltungsakten, 1965, 4. A. 1974; Finanzgerichtsordnung (m. Barske), 1966; D. Aufheb. u Änd. v. Steuerverw.akten (m. Grube), 5.-8. A. 1977/83/88. Zahlr. Einzelarb.

WÖRNER, Manfred

Dr. jur., NATO-Generalsekretär (s. 1988), Bundesminister d. Verteidigung (1982-88), MdB (s. 1965; Wahlkr. 172/Göppingen; stv. Vors. CDU/CSU-Bundestagsfraktion), Vors. Landesgr. Baden-Württ., 2. Vors. Konrad-Adenauer-Stiftg. - Postf. 14 44, 7320 Göppingen/Württ. - Geb. 24. Sept. 1934 Stuttgart (Vater: Carl W., Textilkfm.), ev., verh. in 2. Ehe s. 1982 m. Elfriede, geb. Hartwig (Sohn aus d. gesch. 1. Ehe) - Schule Stuttgart; Univ. Heidelberg, Paris, München (Rechtswiss., bes. Völkerrecht; Promot.). Jurist. Staatsex. 1957 (München) u. 61 (Stuttgart) - Baden-Württ. Innenverw. - Militärflugführerschein I. Kl. u. Blindflugberechtigung f. Düsenjäger (Oberstleutn. d. R. Bundeswehr) - 1978 Gold. Sportabz.

WOERNLE, Hans-Theo

Dr.-Ing., Dipl.-Ing., Prof. TH Darmstadt (s. 1972) - Mittermayerweg 49, 6100 Darmstadt (T. 7 77 53) - Geb. 17. März 1927 Bielefeld (Vater: Richard W., Arch.; Mutter: Margarete, geb. Schaefer), ev., verh. s. 1958 m. Renate, geb. Orth, 4 Kd. (Peter, Thomas, Susanne, Matthias) - Obersch.; Maurerlehre; Stud. Bauing.wesen TH Darmstadt; Promot. 1960 - 1954-60 wiss. Assist.; 1960-63 Ind.-tätigk. (IBM); s. 1963 wied. Hochsch.tätigk. (Wiss. u. Akad. Rat, Oberrat) - BV: Elastic Plates, 1969 (m. K. Marguerre; dt. 1975) - Liebh.: Musik - Spr.: Engl.

WÖRZ, Johannes

Dr. sc. agr., Prof. f. Agrarpolitik Univ.-GH Kassel - Zu erreichen üb. GH Kassel, Univ., FB Intern. Agrarwirtsch., Steinstr. 19, 3430 Witzenhausen - Geb. 16. Febr. 1933 Stuttgart - 1954-57 u. 1965-66 Univ. Hohenheim; 1958-59 Univ. Pretoria - 1959-61 Forschungsbeamter Min. of Agric. Econ. and Marketing, Pretoria; 1962-66 wiss. Assist. Südasien-Inst. Univ. Heidelberg u. Forschungsst. f. Agrarstruktur u. Agrargenoss. d. Entwicklungsländer; 1966-73 Doz. Ing.sch. f. Landbau u. Dt. Ing.sch. f. Tropenlandwirtsch. Witzenhausen; s. 1973 Prof. GH Kassel; 1975-78 Projektleit. UNDP/FAO Expanded Assist. to the Agrarian Reform Programme, Philippinen - BV: Genoss. u. partnerschaftl. Produktionsförd. in d. sudanes. Landwirtsch., Sonderh. 4 Ztschr. f. ausl. Landwirtsch., 1966; D. genoss. Produktionsförd. in Ägypten als Folgeerschein. d. Agrarreform u. als neues Element d. genoss. Entw. (Diss.), 1967; Ziele u. Maßn. d. Libyschen Agrarpolitik, 1972; D. dt. Beitrag z. Entw. e. ländl. Genossenschaftswesens in d. Dritten Welt, 1974; D. Rolle v. Kooperationen b. d. Durchführ. v. Agrarreformen u. Siedlungsmaßn. in d. Dritten Welt, 1981; Studie f. e. soz. Entw.programm d. Kokosnußind. auf d. Philippinen, 1981; Cooperative Promotion of Production in Egypt: The Failure of Unified Crop Rotation within Agrarian Reform Programmes for Old Lands (Mitautor Kirsch, o. c.), 1985; Probleme d. Produktivitätssteiger. im Agrarsektor Nigerias, 1986; D. Realisierung d. Genossenschaftsidee Raiffeisens in d. Dritten Welt, 1987; u. a. - Spr.: Engl., Franz., Afrikaans.

WOESLER, Emmi

Senatspräsidentin a. D., Vors. Richterin am Bundespatentgericht a. D. - Kaulbachstr. 35, 8000 München 22 (T. 28 97 39) - Geb. 16. Sept. 1911 Reigersfeld/OS. (Vater: Richard W., Konrektor; Mutter: Maria, geb. Schneyingk), kath., led. - Oberlyz. Oppeln/OS.; Stud. Rechts- u. Staatswiss. Gr. jurist. Staatsprüf. 1940 München - 1940-51 IHK Würzburg (1943 stv., 1948 Geschäftsf.); 1951-61 Dt. Patentamt, München (Regierungs-, 1956 Senatsrätin); s. 1961 Bundespatentgericht ebd. (Senatsrätin, 1966 -präs.). Spez. Arbeitsgeb.: Warenzeichenrecht - Mithrsg. des Busse WZG Komm., 5. A. - Spr.: Franz., Engl.

WOESLER, Winfried

Dr. phil., Prof. f. Literaturwissenschaft Univ. Osnabrück, Leit. Editionswiss. Forschungsst. d. Univ. Osnabrück - A.-Schlüter-Str. 39, 4408 Dülmen (T. 02594 - 8 49 44) - Geb. 14. April 1939 Breslau (Vater: Dr. phil. Richard W., Stud.-Ass. † 1941; Mutter: Hildegard, geb. Vornefeld), kath., verh. s. 1966 m. Dr. Dietlinde, geb. Rosarius, 4 S. (Burkhard, Richard, Martin, Wolfgang) - Stud. Deutsch, Latein u. Biol.; Promot. 1968, Habil. 1978 - 1981 Prof. f. Lit.wiss. (Schwerp. Neue dt. Lit.). Herausg.: Intern. Jahrb. f. Editionswiss. Geschäftsf. Droste-Ges. Verf. u. Herausg. mehr. Bücher z. dt. Lit. d. 19. u. 20. Jhs. - Spr.: Latein, Griech., Hebr., Engl., Franz.

WOESNER, Horst

Dr. jur., Bundesrichter Bundesgerichtshof (s. 1968) - Herrenstr. 45a, 7500 Karlsruhe - Geb. 10. Jan. 1914.

WÖSS, Fritz

s. Weiß, Friedrich

WÖSSNER, Günter

Bürgermeister Stadt Dornhan (s. 1973) - Paul-Gerhardt-Str. 23, 7242 Dornhan 1 - Geb. 29. Nov. 1941 Sulz/N. (Vater: Friedrich W., Landwirt; Mutter: Emilie, geb. Niebel), ev., verh. s. 1971 m. Ingrid, geb. Lehmann, 2 Kd. (Annette, Heiko) - Staatl. Fachhochsch. f. Verwalt.

WÖSSNER, Mark

Dr.-Ing., Vorstandsvorsitzender Bertelsmann AG - Carl-Bertelsmann-Str. 270, 4830 Gütersloh 1 - Geb. 14. Okt. 1938 - 1974 Geschäftsf. Mohndruck Reinh. Mohn oHG, Gütersloh, 1976 Vorst. Bertelsmann AG, 1981 stv. Vorst.-Vors., 1983 Vorst.-Vors. Bertelsmann AG, AR-Vors. Gruner + Jahr.

WÖTZEL, Rudolf

Dipl.-Kfm., Wirtschaftsprüfer u. Steuerberater - Mindelheimer Str. 13, 8000 München 71 (T. 75 64 39); - Geb. 25. Mai 1914 Tabarz/Thür. - Zul. Vorstandsmitglied Österr.-Bayer. Kraftwerke AG., Simbach/Inn, u. Donaukraftwerk Jochenstein AG., Passau - Spr.: Engl., Franz.

WOGAU, von, Karl

Dr. jur., Rechtsanwalt, Mitgl. Europ. Parlament - Leo-Wohleb-Str. 6, 7800 Freiburg.

WOHLAND, Helmut

Dr.-Ing., Vorstandsvorsitzender MAN Roland Druckmaschinen AG, Vorst.-Mitgl. MAN Aktienges., München, u. Fachgemeinschaft Druck- u. Papiertechnik (VDMA) - Zu erreichen üb. Postf. 10 12 64, 6050 Offenbach (T. 069 - 83 05-15 68)

WOHLERS, Paul-Heinz

Dipl.-Volksw., Vorstandsmitglied Nordd. Hochseefischerei AG., Bremerhaven - 2854 Düring Post Loxstedt - Geb. 6. April 1930 Bremerhaven.

WOHLERS, Rüdiger

Kammersänger, Opern- u. Konzertsänger - Schützenhausstr. 26, CH-8707 Uetikon am See - Geb. 4. Mai 1943 Hamburg, verh. s. 1968 m. Barbara, geb. Schulze, 2 Kd. (Octavio, Florian) - 1964-68 Musikstud. u. Opernkl. Hochsch. f. Musik Hamburg - Hauptrollen: Lyrischer Tenor bes. f. Mozart: Tamino, Ferrando, Don Ottavio, Belmonte, Idomeneo. M. wichtigen Regiss.: Rennert, G. Friedrich, J. P. Ponnell, H. Kupfer. M. Dirig.: Karajan, Solti, Muti, Böhm u.a. - 1981 Kammersänger (Staatstheater Stuttgart) - Liebh.: Malerei, Musik, Tennis - Spr.: Engl., Ital.

WOHLFAHRT, Adam

Vorstandsmitglied Dt. Effecten- u. Wechsel-Beteiligungs-AG., Frankfurt/M. - Bäckerweg 15, 6083 Walldorf/Hessen - Geb. 3. Sept. 1910 - 1926-74 Dt. Effecten- u. Wechsel-Bank (langj. Vorstandsmitgl.) bzw. n. Fusion Effectenbank Warburg. Schatzm. Volksbund Dt. Kriegsgräberfürsorge, Kassel. Div. Mandate, dar. ARsvors. Appel & Zahn AG., Rhein.-Main. AG. f. Siedlungs- u. Wohnungsbau, alle Frankfurt.

WOHLFAHRT, Hedwig

Assessorin, Geschäftsf. Rhein. Warenbörse zu Köln u. Krefeld - Unter Sachsenhausen 10-26, 5000 Köln.

WOHLFAHRT, Theodor A.

Dr. phil., Prof., Zoologe - Kardinal-Döpfner-Platz Nr. 1, 8700 Würzburg (T. 1 39 31) - Geb. 19. Sept. 1907 Ludwigshafen/Rh. 1942 (Habil.) - 72 (Ruhest.) Lehrtätig. Univ. Würzburg (1951 apl. Prof. f. Zool. u. Vergl. Anat.; 1970 ao. Prof.). Spez. Arbeitsgeb.: Physiol. Ökologie (Biol. Rhythmen), naturwiss. Handzeichnung - BV: D. Schmetterlinge Mitteleuropas, 5 Bde. 1952/81 (m. Forster). Etwa 60 Fachaufs.

WOHLFART, Hans

Dipl.-Ing., Vorstandsvorsitzender Schoeller Eitorf AG, u. Dt. Wollforsch.inst. RWTH Aachen - Schoellerstr. 24, 5208 Eitorf (T. 02243 - 1 31) - Verh. - Vors. Forschungskurat. Gesamttextil u. Techn. Aussch. d. Kammgarnspinner Industrieverb. Garne. AR-Mand. - Liebh.: Sport, Reisen, Lesen - Spr.: Engl.

WOHLFARTH, Friedrich

I. Bürgermeister Stadt Königsbrunn - Rathaus, 8901 Königsbrunn/Schw. - Geb. 13. Dez. 1922 Königsbrunn - Kaufm. CSU.

WOHLFARTH, Gert

Verleger - Laubecksweg 16, 4330 Mülheim/R. - Geb. 18. Jan. 1923 Halle/S. (Vater: Hermann W., Beamter; Mutter: Hanna Schützendübel), ev., verh. s. 1949 m. Ursula, geb. Opderbecke, 3 Söhne (Frank, Thomas, Gert) - Verlagsbuchhändlerausbild. - 1949-66 Zeitungsverleger; s. 1953 Fachverl. (Herausg. div. Fachztschr., zugleich Chefredakt. baustoff-markt u. -technik); s. 1989 Verlag Puppen u. Spielzeug.

WOHLFARTH-BOTTERMANN, Karl-Ernst

Dr. rer. nat., Dr. h.c., o. Prof. f. Cytologie u. Mikromorphologie - Lotharstr. 113, 5300 Bonn (T. 21 31 17) - Geb. 22. Mai 1923 Witten/Ruhr, ev., verh. s. 1964 m. Gertrud, geb. Gronak, 2 Kd. (Martin, Annette) - Univ. Köln u. Münster (Naturwiss., Med.). Promot. 1951 Münster; Habil. 1956 Bonn - S. 1956 Privatdoz., apl. Prof. (1962), Wiss. Rat (1963), o. Prof. u. Inst.-Dir. (1965) Univ. Bonn. Spez. Arbeitsgeb.: Cytologie, Zelluläre Bewegungsvorgänge. Etwa 250 Fachveröff. Herausg. d. Zeitschr. European Journ. Cell Biology. Mithrsg. d. Zeitschr. Cell Biol. Internat. Reports - Mitgl. Dt. Akad. d. Naturforscher (Leopoldina); Schleiden-Med. f. Verdienste auf d. Gebiet d. Zellforschung.

WOHLFEIL, Rainer

Dr. phil., Prof. (Spez. Frühe Neuzeit) - Haynstr. 8, 2000 Hamburg 20 (T. 040-47 78 68) - Geb. 27. April 1927 Königsberg/Pr. (Vater: Prof. Dr. phil. et med. Traugott W.; Mutter: Dr. med. Magdalene, geb. Lieder), kath., verh. s. 1956 m. Trudl, geb. Nothaass, 3 Kd. (Marie, Stefan, Isabel) - Univ. Göttingen u. Mainz (Promot. 1955, Habil. Mainz 1964), 1966 Priv.doz. Freiburg, 1970 o. Prof. Hamburg 1970 - 1956-70 Militärgesch. Forsch.amt Freiburg, zul. ltd. Reg.dir. Freiburg - BV: Spanien u. d. dt. Erhebung, 1965; Reformation o. frühbürgerl. Revolution?, 1972; D. Bauernkrieg 1524-26, 1975; Einf. in d. Gesch. d. dt. Reformation, 1982; zahlr. Veröff. z. Gesch. (Reformation, 19./20. Jh., Militärgesch., Hist. Bildkd.).

WOHLGEMUTH, Bernhard

Fabrikant, Hauptgesellsch. u. Geschäftsf. Kanold GmbH., Duisburg - Am Tannenbaum 11, 4030 Ratingen 6-Hösel - Geb. 19. Jan. 1910 Emden - Führ. Funktionen Bundesverb. d. Dt. Süßwarenind.

WOHLGEMUTH, Michael

Dr. oec. publ., Dipl.-Kfm., Prof. f. Betriebswirtschaftslehre Univ.-GH Duisburg - Sonnenacker 3, 4000 Düsseldorf 31 - Geb. 7. Juni 1939 Berlin (Vater: Dr. Manfred W., Hüttendir.; Mutter: Erika, geb. Seck), ev., verh. s. 1966 m. Marlies, geb. Baur, 2 S. (Frank, Jörg) - Abit. 1959 Essen; Univ. München (Dipl.-Kfm. 1965, Promot. 1968, Habil. 1973) - S. 1974 o. Prof. Univ. Duisburg - BV: D. Planherstellkosten als Bewertungsmaßstab d. Halb- u. Fertigfabrikate, 1969; Aufbau u. Einsatzmöglichk. e. Planerfolgsrechn. als operationales Lenk.- u. Kontrollinstr. d. Untern., 1975; Konzernrechnungsleg., 1975 - Spr.: Engl., Franz.

WOHLGEMUTH, Richard

Dr., Direktor u. Prof., Leit. Inst. f. Vorratsschutz/Biol. Bundesanstalt f. Land- u. Forstw. - Königin-Luise-Str. 19, 1000 Berlin 33.

WOHLLEBEN, Reinhard

Präsident Landesarbeitsamt Berlin (1985) - Friedrichsstr. 34, 1000 Berlin 61 - Geb. 9. Febr. 1932 Hof - Stud. Rechtswiss. - 1960-85 Bundesanst. f. Arb. Nürnberg (1978 Leit. Abt. f. berufl. Bildung).

WOHLMUTH, Karl

Dr., Dipl.-Kfm., Prof. Univ. Bremen (s. 1971) - Am Lehester Deich 54, 2800 Bremen (T. 0421 - 2 75 54) - Geb. 8. Dez. 1942 Wien (Vater: Karl W., Postinsp.; Mutter: Maria, geb. Kolar), kath., verh. s. 1973 m. Ingeborg, geb. Klindt, T. Nina - Zahlr. Beitr. in Ztschr. u. Sammelwerken. Herausg.: Employment Creation in Developing Societies (1973), Transnationale Konzerne u. Weltwirtschaftsordnung (1978) - Spr.: Engl., Franz.

WOHLRABE, Jürgen

Kaufmann, Präsident d. Abgeordnetenhauses (s. 1989), MdA - Lietzenburgerstr. 44, 1000 Berlin 30 (T. 030 - 219 90 10) - Geb. 12. Aug. 1936 Hanau/M. (Vater: Dr. med. Hermann W., Arzt †1973; Mutter: Waldtraut, geb. Runge), ev., verh. s. 1971 m. Irmgard, geb. Blömer - Obersch. Altmark u. Berlin; 1957ff. Freie Univ. Berlin (Rechtswiss.). S. 1962 Inh. Werbeagentur u. Verlag. S. 1978 Alleinig. Geschäftsf. u. Mitinh. Jugendfilm-Verleih GmbH (1960/61 1. AStA-Vors.). 1967ff. Landesvors. Jg. Union Berlin; 1963-67 Bezirksverordn. Charlottenburg; 1967-69 u. s. 1979 wieder MdA Berlin. CDU s. 1958 (1965 Mitgl. Landesvorst. Berlin; 1969 stv. Landesvors.; s. 1972 Spr. Berliner CDU-Bundestagsabg., 1969 b. Sept. 1979 MdB (Mandat niedergel., s. 1983 Schatzm. CDU Berlin) - Liebh.: Ornithologie, Fallschirmspringen - Spr.: Engl.

WOHMANN, Gabriele,
geb. Guyot

Schriftstellerin - Ludwig-Engel-Weg 11, Park Rosenhöhe, 6100 Darmstadt (T. 7 44 79) - Geb. 21. Mai 1932 Darmstadt (Vater: Paul Guyot, Pfarrer; Mutter: Luise, geb. Lettermann), ev., verh. s. 1953 m. Reiner W. - 1951-53 Univ. Frankfurt/M. (Neuere Spr., Phil., Musik) - 1953-56 Lehrtätig. Nordsee-Pädagogium Langeoog, VHS (Spr.) u. priv. Handelssch. Darmstadt - BV: Mit e. Messer, Erz. 1958; Jetzt u. nie, R. 1958; Sieg üb. d. Dämmerung, Erz. 1960; Trinken ist d. Herrlichste, Erz. 1963; Abschied f. länger, R. 1965; Erzählungen, 1966; Theater v. innen - Protokoll e. Inszenierung, 1966; Die Bütows, Erz. 1967; In Darmstadt leben d. Künste, 1967; Ländl. Fest, Erz. 1968; Sonntag b. d. Kreisands, Erz. 1969; V. guten Eltern, Prosa, 1969; Treibjagd, Erz. 1970; Ernste Absicht, R. 1970; Selbstverteidigung, Prosa 1971; Gegenangriff, Erz. 1972; Übersinnlich, Prosa 1972; Habgier, Erz. 1973; Paulinchen war allein zu Haus, R. 1974; So ist d. Lage, Ged. 1974; Schönes Gehege, R. 1975; Dorothea Wörth, Erz. 1975; E. Fall v. Chemie, Erz. 1975; Alles zu seiner Zeit, Erz. 1976; Endlich allein - endlich zu zwein, Erz. 1976; Ausflug mit d. Mutter, R. 1976; Grund z. Aufreg., Ged. 1978; Frühherbst in Badenweiler, R. 1978; Streit, Erz. 1978; Paarlauf, Erz. 1979; Ausgewählte Erz. aus zwanzig Jahren, 1979; Wir sind e. Familie, Erz. 1980; Ach wie gut, daß niemand weiß, R. 1980; Meine Lektüre, Aufs. 1980; Komm lieber Mai, Ged. 1981; Stolze Zeiten, Erz. 1981; D. Glücksspiel, R. 1981; E. günstiger Tag, Erz. 1981; Einsamkeit, Erz. 1982; D. kürzeste Tag d. Jahres, Erz. 1983; D. Kirschbaum, Erz. 1984, Passau-Gleis 3, Ged. 1984; D. Irrgast, Erz. 1985; Ges. Erz. aus 30 Jahren, 3 Bde. 1986; D. Flötenton, R. 1987; E. russ. Sommer, Erz. 1988; Kassensturz, Erz. 1989; Das könnte ich sein, Ged. 1989. Hörsp.: Komm Donnerstag (HR, 1964); D. Gäste (SDR, 1965, gdr. 1971); Norwegian Wood (SWF, 1967); D. Fall Rufus (WDR, 1969, gdr. 1971); Kurerfolg (WDR/HR 1970); D. Geburtstag (WDR/RIAS, 1971); Tod in Basel (WDR, 1972); Mehr o. weniger kurz vor d. Tode (WDR, 1974); D. Nachtigall fällt auch nichts Neues ein (WDR/RB, 1977); Wanda Lords Gespenster (WDR, 1978); Hilfe kommt mir von den Bergen (WDR/RB/SFB, 1980); Hebräer 11,1 (WDR, 1981); E. gehorsamer Diener (WDR, 1987); Es geht mir gut, ihr Kinder (WDR, 1988). Fernsehsp.: D. Rendezvours (ZDF, 1965); Gr. Liebe (SFB, 1966, gdr. 1971); D. Witwen (SFB, 1972, gdr. 1972); Entziehung (ZDF, 1973, gdr. 1974); Heiratskandidaten (SFB, 1975); Nachkommenschaften (SFB, 1977); Paulinchen war allein zu Haus (ZDF, 1981); Unterwegs (ZDF, 1985, gedr. 1986). 1965 Georg-Mackensen-Literaturpreis u. Preis SDR, 1969 Preis f. Kurzgesch. Stadt Neheim-Hüsten (erster Träger), 1971 Bremer Lit.preis; 1984 Lit.preis ZDF/Stadt Mainz (als Stadtschreiberin im Gutenberg-Museum); 1980 BVK I. Kl.; 1981 Dt. Schallplattenpreis; 1982 Joh.-Heinr.-Merck Ehrung Stadt Darmstadt; 1988 Hess. Kulturpreis. 1967 Villa Massimo-Stip.; Mitgl. Gruppe 47 u. PEN-Zentrum BRD (1960) s. 1975 o. Mitgl. Berliner Akad. d. Künste, Dt. Akad. f. Sprache u. Dicht., Darmstadt - Spr.: Engl., Franz. - Lit.: Klaus Wellner, D. Leiden a. d. Familie im Werk v. G. W. (1976); Irene Ferchl, D. Rolle d. Alltäglichen in d. Kurzprosa von G. W. (1980); Gerhard u. Mona Knapp, G. W. (1981); Günter Häntzschel u. a., G. W. (1982); Hans Wagener, G. W. (1986).

WOHN, Georg

Dipl.-Brauerei-Ing./Dipl.-Wirtschafts-Ing., Direktor - Zu erreichen üb.: Bayerische Staatsbrauerei, Weihenstephan 1, 8050 Freising (T. 08161 - 30 22) - Geb. 10. Sept. 1934 Hof/Saale, ev., verh., 2 Kd.

WOHNHAAS, Theodor

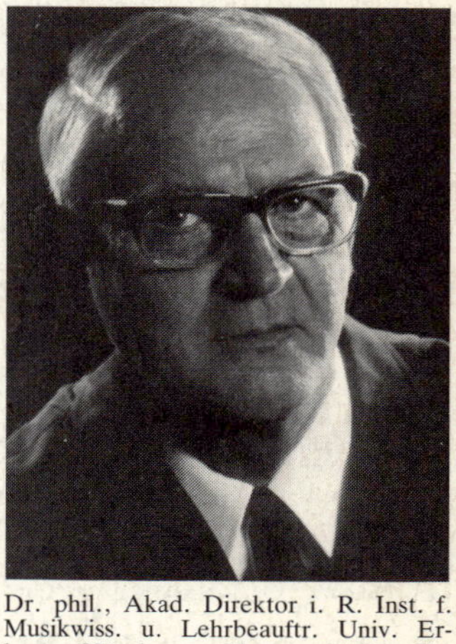

Dr. phil., Akad. Direktor i. R. Inst. f. Musikwiss. u. Lehrbeauftr. Univ. Erlangen-Nürnberg - Hermannstädter Str. 20, 8500 Nürnberg 30 - Geb. 4. Juli 1922 Kirchheimbolanden/Rhpf. - Promot. 1958 - Zul. Konservator - BV: Südd. Orgeln aus d. Zeit vor 1900, 1973; G. F. Steinmeyer (1819-1901) u. s. Werk, 1978; Hist. Orgeln in Unterfranken, 1981; Hist. Orgeln in Schwaben, 1982; Hist. Orgeln in Oberfranken, 1986; D. Orgeln im Speyerer Dom, 1987. Üb. 200 Einzelarb. - 1963 Preis Stadt Nürnberg; 1975 Schwäb. Forsch.gem. d. Komm. f. Bayer. Landesgesch. d. Bayer. Akad. d. Wiss.; 1984 Bayer. Benediktiner-Akad.

WOITAS, Werner

Vorstandsvorsitzender Europa Carton AG (s. 1972) - Spitalerstr. 11, 2000 Hamburg 1.

WOLANDT, Gerd

Dr. phil., Prof., Philosoph - Fuchserde 24, 5100 Aachen (T. 6 14 86) - Geb. 10. Febr. 1928 Heiligenhaus (Vater: Emil W., Berufsschuldir.; Mutter: Hertha, geb. Bohnsack), ev., 3 Kd. (Barbara, Kirsten, Holger) - 1947-54 Stud. Phil., Päd., Kunstgesch., Phil. Promot. (1954) u. Habil. (1962) Würzburg - S. 1962 Lehrtätig. Univ. Bonn (1967 apl. Prof., 1969 Wiss. Rat u. Prof., 1971 Abt.-Leit. f. Ästhetik), RWTH Aachen (1977 o. Prof.). - 1974 o. Mitgl. Intern. Komit. f. Ästhetik, Wiss. Beir. Humboldt-Ges., A. Paul Weber-Ges.; Ostdt. Kulturrat; Kulturstiftg. d. dt. Vertriebenen; Vorst. Dehio-Ges. - BV: Gegenständlichkeit u.

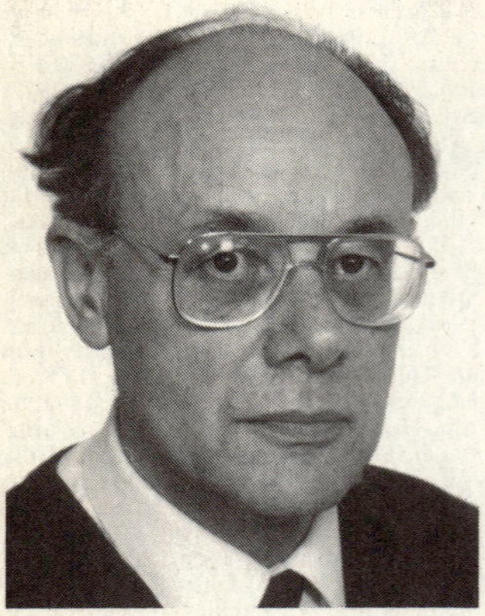

Gliederung - Unters. z. Prinzipientheorie Hönigswalds, 1964; Phil. d. Dichtung, 1965; Idealismus u. Faktizität, 1971; Bild u. Wort, 1977; Letztbegründung u. Tatsachenbezug, 1983; A. Paul Weber, 1983; D. Ästhetik u. d. Künste, 1984; Grundfragen d. Phil., 1989 - Spr.: Engl., Schwed.

WOLANY, Josef

Dr. jur., o. Prof. f. Bürgerl. Recht, Handels- u. Wirtschaftsrecht Univ. Saarbrücken (s. 1956) - Hermann-Löns-Str. 2c, 6602 Dudweiler/Saar (T. Sulzbach 7 12 75) - Geb. 24. Juli 1907 Kaltwasser - Habil. 1952, Bonn - Zul. Bundesrichter BGH Karlsruhe.

WOLBERT, Erich

Dipl.-Volksw., Vorstandsvorsitzender Grevener Baumwollspinnerei AG., Greven - Aldruper Weg 35, 4402 Greven/W. 1 - Geb. 12. Aug. 1925 Münster/W.

WOLF, Alois

Dr. phil. (habil.), o. Prof. f. Dt. Philologie - Goethestr. 69, 7800 Freiburg/Br. (T. 7 51 62) - Geb. 12. Sept. 1929 Micheldorf (Österr.), kath., verh. s. 1966, 2 Kd. - Schule Linz; Univ. Innsbruck u. Wien (German., Angl.). Promot. 1953 Innsbruck - S. 1955 Hochschultätigk. Hull, Straßburg, Innsbruck, Salzburg, Münster, Kiel (1966 Ord.), 1973 Freiburg (Ord.). Spez. Arbeitsgeb.: Lit. d. Mittelalters - BV: Gregorius bei Hartmann v. Aue u. Thomas Mann, 1964; Gestaltungskerne u. -weisen in d. german. Heldendicht., 1965; Variation u. Integration. Beobacht. zu hochmittelalterl. Tageliedern, Darmstadt 1979 (Impulse d. Forschung); Dt. Kultur im Hochmittelalter, 1986 (Hb. d. Kulturgesch.); D. Mythe v. Tristan u. Isolde, 1989 - 1961 Theodor-Körner-Preis Stadt Wien.

WOLF, Anton

Fabrikant, I. Bürgerm. Stadt Geisenfeld - Am Hochacker 12, 8069 Geisenfeld/Obb - Geb. 22. Okt. 1920 Geisenfeld - Teilh. Wolf Stahlbau KG. u. Geschäftsf. Wolf & Co. GmbH., beide Geisenfeld.

WOLF, Bernhard Anton

Dr. phil., Prof. f. Chemie Univ. Mainz - Fontanestr. 84, 6500 Mainz 31 (T. 06131 - 7 23 92) - Geb. 8. Aug. 1936 Linz/Österr. (Vater: Karl W., VS-Dir.; Mutter: Frida, geb. Panhuber), kath., verh. s. 1960 m. Gerda, geb. Zach, 3 Kd. (Wilfried, Rupert, Dagmar) - Promot. 1965 Wien, Habil. 1972 Mainz - Mitherausg. Ztschr.: D. Makromolekulare Chemie, I. Supercrit. Fluids. Rd. 120 Beitr. in intern. Ztschr. (meist in engl. Spr.).

WOLF, Dieter

Dipl.-Volksw., Inhaber Wolf-Geräte GmbH, Betzdorf u. Niederlass. im In- u. Ausland sowie Wolf-Geräte GmbH. St. Wendel/Saar - Postfach 16, CH-1630 Bulle-Jericho - Geb. 15. Febr. 1934 Siegen (Vater: Gregor W., Fabr. †1967, s. XV. Ausg.; Mutter: Margarete, geb. Thelen), kath., verh. s. 1960 m. Helga, geb. Wendel, 3 Kd. (Michaela, Gregor, Patricia) - Stud. Univ. Bonn, Köln, Wien (Volksw.) - Zun. Auslandstätigk., 1960 Eintr. in väterl. Fa. Vizepräs. IHK Koblenz, Präs. Kurat. Nürnberger Akad. f. Absatzwirtsch., Beirat Deutsche Bank AG, Mand. - 1980 BVK am Bde. - Liebh.: Segeln, Schwimmen - Spr.: Engl., Franz.

WOLF, Ernst

Dr. jur., Prof. f. Bürgerl. Recht, Arbeitsrecht, Rechtsphilosophie - An d. Haustatt 7, 3550 Marburg/L. (T. 6 79 74) - Geb. 26. Okt. 1914 Meiningen/Thür. (Vater: Paul W., Staatsbankdir.; Mutter: Frieda, geb. Moeller), verh. s. 1947 m. Roda, geb. Hartmann, 3 Kd. (Joachim, Gerhard, Daniela) - Univ. Frankfurt/M. u. Berlin (Rechtswiss.). Promot. (1940) u. Habil. (1946) Frankfurt - 1947-48 Hochschulref. Hess. Kultusmin.; 1946-55 Privatdoz., apl. (1948) u. ao. Prof. (1951) Univ. Frankfurt; s. 1955 o. Prof. Univ. Marburg (Dir. Inst. f. Arbeitsrecht) - BV: Anfang u. Ende d. Rechtsfähigkeit d. Menschen, 1955 (m. Naujoks); Scheidung u. -srecht, 1959 (m. Lüke u. Hax); D. Arbeitsverhältnis, 1970; Lehrb. d. Allg. Teils d. Bürgerl. Rechts, 3. A. 1981; Lehrb. d. Schuldrechts, 1. Bd. Allg. Teil, 1978; Lehrb. d. Schulrechts, 2. Bd. Bes. Teil, 1978; Lehrb. d. Sachenrechts, 2. A. 1979; Gibt es e. marxist. Wiss.? - Kritik d. Grundl. d. dialekt. Marxismus, 1980; D. Recht z. Aussperrung, 1981; D. freie Raum d. Wiss. u. s. Grenzen, 1974; D. Unhaltbarkeit d. Rechtsprechung d. Bundesgerichtshofs z. Schadensersatz b. Totalschäden an Kraftfahrzeugen, 1984. Beitr.: Archiv f. d. zivilist. Praxis (Bd. 153, 1954: Rücktritt, Vertretenmüssen u. Verschulden; Bd. 170, 1970: D. Lehre v. d. Handlung; Bd. 173, 1973: Grundl. d. Gemeinschaftsrechts); Festgabe f. Heinrich Herrfahrdt (1961; Z. Begriff d. Schuldverhältnisses), Festschr. f. Fritz v. Hippel (1967; D. Recht am eingerichteten u. ausgeübten Gewerbebetrieb); Festschr. f. d. Bundesarbeitsgericht (1979, D. Begriff Arbeitsrecht); Festschr. f. Gerhard Müller (1981; D. Kampf gegen d. BGB); Festschr. f. Max Keller (1989; Vertragsfreiheit - e. Illusion?); Ev. Staatslexikon (1987, Eherecht, weltliches); Hochschullehrer z. Hochschulreform, Teil I 1969; Begegnungen m. Kurt Georg Kiesinger (1984, Rechtslehrer u. Helfer). Zahlr. Fachveröff. in einschl. Ztschr. - Lit.: Recht u. Rechtserkenntnis, Festschr. z. 70. Geb.

WOLF, Franz

I. Bürgermeister Stadt Dorfen - Rathaus, 8250 Dorfen/Obb. - Geb. 1. Aug. 1916 Regensburg - Zul. Stadtamtm. CSU.

WOLF, Friedrich

Dr. med., o. Prof. u. Vorst. Inst. u. Poliklinik f. Nuklearmed. Univ. Erlangen-Nürnberg (s. 1973) - Gräfenberger Str. 53, 8520 Bruckenhof.

WOLF, Fritz

Dipl.-Landwirt, Vorstandsmitglied Einfuhr- u. Vorratsstelle f. Schlachtvieh, Fleisch- u. -erzeugnisse - Hüttenstr. 40, 6759 Offenbach-Hundheim 1.

WOLF, Gerd

Dipl.-Kfm., Direktor i. R., Ehrenpräs. IHK Bodensee-Oberschwaben, Weingarten, AR-Mitgl. Liebherr Holding Biberach, Ehrenvors. Ruderverein Friedrichshafen, Ehrenmitgl. Landesruderverb. Baden-Württ. - Spiegelberg 5, 7997 Immenstaad/B. (T. 07545 - 64 92); u. Am Bollenberg 6, 7706 Eigeltingen (T. 07774 - 2 40) - Geb. 14. Okt. 1917 Köln - Berat. d. engeren Vorst. Verb. d. Metallind. Südwürtt.-Hohenzollern - 1982 BVK; Gold. Sportabz.

WOLF, Gerd-Peter

Diplomverwaltungswirt, MdL Nordrh.-Westf. (s. 1985, Wahlkr. Essen 3) - Tiefenbruchstr. 29, 4300 Essen 12 - Geb. 16. Nov. 1951, ev., verh. s. 1975 m. Monika, geb. Ruck - Abit. 1972 Leibniz-Gymn.; 1974-77 Ausb. b. d. Stadt Essen z. Dipl. Verw.wirt; 1972-74 Zeitsoldat, z.Zt. Oberleutnant d. Reserve; Dezernatsbeauftr. im Planungsdezernat, dann im Baudezernat Stadt Essen.

WOLF, Gotthard

Dr.-Ing., Prof., Direktor Institut f. d. Wiss. Film, Göttingen (1953-76) - Grotefendstr. 2, 3400 Göttingen (T. 4 81 38) - Geb. 27. Dez. 1910 Breslau (Vater: Armin W.; Mutter: Martha, geb. Grellert), ev., verh. s. 1945 m. Marianne, geb. Krämer, 2 Kd. (Barbara, Michael) - Oberrealsch. u. TH Breslau (Elektrotechnik) - Ab 1936 Reichsanstalt f. Film u. Bild (Ref., spät. Abt.sleiter); n. 1945 Inst. f. Film u. Bild. (Dir. Abt. Hochsch. u. Forsch.). 1966 Honorarprof. Univ. Göttingen u. Univ. Hannover - BV: D. wiss. Dokumentationsfilm u. d. Encyclopaedia Cinematographica, 1967; D. wiss. Film in d. BRD, 1975 - 1973 Kulturpr. Dt. Ges. f. Photographie (DGPh); Gr. BVK - Herausg.: Encyclopaedia Cinematographica (eig. Gründ.) - Spr.: Engl. - Rotarier.

WOLF, Gunther G.

Dr. phil., o. Prof. i.R. f. Geschichte, Ges. u. Geschäftsführer Hermesverlag GmbH, Heidelberg - Bergstr. 59, 6900 Heidelberg (T. 06221 - 48 02 03) - Geb. 10. März 1930 Karlsruhe (Vater: Dr. Anton W., Chemiker; Mutter: Hertha, geb. Hofmann), ev., gesch., T. Christiane - Stud. Univ. Heidelberg u. Paris; 1. u. 2. Staatsex. 1954/56, Promot. 1955 - 1955-71 Gymn. Schuldst.; 1971-77 Hochsch.; s. 1978 Ruhest., noch Lehrauftr. - BV: Stupor mundi. Z. Gesch. Kaiser Friedrichs II. v. Hohenstaufen, 2. A. 1982; Luther u. d. Obrigkeit, 1972; Z. Kaisertum Karls d. Großen, 1972; Friedrich Barbarossa, 1975; Stundenbuch - 250 Ged., 1983; Satura mediaevalis, Ges. Aufs. 1990; Grenzüberschreitungen, 2. A. 1984; Wende d. Mittelalters, 1986; üb. 50 Aufs. in wiss. Ztschr. - Spr.: Engl., Franz., Griech., Latein.

WOLF, Gusti

Burgschauspielerin - Salztorgasse 6/4/27, A-1010 Wien I (Österr.) (T. 5 33 23 19) - Geb. 11. April Wien, kath. - B. 1940 Kammersp. München (Falckenberg; 4 J.), dann Volksbühne Berlin (Klöpfer), s. 1946 Burgtheater Wien (1968 Welttournee). Festsp. Salzburg, Berlin, Recklinghausen u. a. Wichtigste Filmrollen: Austernlilli, D. unentschuldigte Stunde, Falstaff in Wien, Fasching, D. Regimentstochter, D. schweigende Mund, Melodie d. Herzens, Rosen-Resli; Fernsehen: u. a. Urfaust, D. Gr. Ohr, 13 bei Tisch, Cigalon, Christinas Heimreise, Heiratsschwindler heiratet - 1966 Kammerschausp.; 1972 Burgtheaterring (f. 25j. Mitgliedsch.; 1977 Österr. Ehrenkreuz f. Wiss. u. Kunst I. Klasse; 1986 Gr. Ehrenzeichen Rep. Österr.; 1987 Ehrenmitgl. Burgtheater.

WOLF, Hans

Dipl.-Ing., Fabrikant, Mitinh. Seil- u. Drahtwerke Gustav Wolf, Gütersloh, Vizepräs. IHK Ostwestf., Bielefeld (s. 1969) - 4830 Gütersloh/W.

WOLF, Hans Joachim

Dr. med. habil., Dr. rer. nat., Prof. f. Virologie Univ. München, Krebsforscher - Jos.-Jägerhuber-Str. 9, 8130 Starnberg (T. 08151 - 1 64 51) - Geb. 9. März 1945 Kronach (Vater: Franz W., Kaufm.; Mutter: Lina, geb. Dietlmeier), kath., verh. s. 1969 m. Anita, geb. Rickert, 3 S. (Dominik, Sebastian, Maximilian) - Univ. Würzburg (Staatsex. 1970, Promot. 1974, Habil. 1979) - 1974-77 Forsch.-Assist. Chicago; 1979-81 Privatdoz. Univ. München; 1981ff. Prof. ebd.; 1982 Gastprof. Kuala Lumpur; 1983 Gastprof. d. WHo in Guangzhou u. Beijing, China. Beitr. z. 12 Sammelw., 75 Publ. in intern. Fachztschr. (meist engl.) - 1986 Hon.-Prof. Chinese Acad. for Preventive Med., Beijing (China) - Liebh.: Segelfliegen, klass. Musik - Spr.: Engl.

WOLF, Hans U.

Dipl.-Ing., Chairman and Chief Executive Officer Transit America Inc., Philadelphia/USA (Thyssen-Tochter) - 1484 Hunter Road, Rydal, PA. 19046/USA (T. 215-934-3485) - Geb. 5. März 1929 Kiel, verh. s. 1957 m. Joan, geb. Bochmann, 2 T. (Marion, Heidi) - Beiratsmitgl. Thyssen Henschel.

WOLF, Hans-Christoph

Dr. rer. nat., o. Prof. f. Experimentalphysik - Umgelterweg 19a, 7000 Stuttgart 1 (T. 69 21 77) - Geb. 16. Juli 1929 Karlsruhe (Vater: Prof. Dr. Lothar W.; Mutter: Anneliese, geb. Michel), 3 Kd. (Peter, Caroline, Ulrich) - Stud. Physik, Chemie, Math. Univ. Freiburg u. Tübingen (Dipl.-Phys. 1950). Promot. 1952; Habil. 1958 - S. 1958 Privatdoz., apl. (1964) u. o. Prof. (1965) TH bzw. Univ. Stuttgart (Dir. III. Physikal. Inst.) - BV: Atom- u. Quantenphysik (m. H. Haken), 3. A. 1987, engl. A. 2. A. 1987, Edit. Board versch. intern. Fachztschr.; etwa 350 Fachveröff. - Liebh.: Reiten, Ski.

WOLF, Hans-Peter

Dr., Biochemiker, Prof., Leiter Biol. Forschung E. Merck, Darmstadt - Brückenweg 6, 6146 Alsbach (T. 06257 - 25 35) - Geb. 24. Juni 1929 Karlsruhe (Vater: Kurt W., Rektor; Mutter: Martha, geb. Weisser), verh. s. 1955 m. Heide, geb. Erkel, 3 Kd. (Daniela, Sybille, Christian Mathias) - Goethe-Gymn. Karlsruhe (Abit. 1947); Promot. 1957 Zürich; Habil. 1964 Gießen - 1958-65 Leit. Physiol.-chem. Abt. Dt. Laevosan Ges. Böhringer, Mannheim; Honorarprof. Univ. Gießen, Spez. Arbeitsgeb.: Intermediärstoffwechsel, Biochemische Pharmakologie; Entd.: hereditäre Fructoseintoleranz. Mitgl. Royal Soc. of Med.; Ges. d. Naturforscher u. Ärzte Dtschl., Ges. f. Klin. Chemie, Ges. f. Biol. Chemie, Dt. Ges. f. Pharmakol. u. Toxikol. u. a. - Spr.: Engl., Franz. - Rotarier.

WOLF, Hellmuth

Dr.-Ing., o. Prof. u. Direktor Inst. f. Nachrichtensysteme Univ. Karlsruhe (s. 1968) - Reinhold-Schneider-Str. 96, 7500 Karlsruhe-Rüppurr (T. 3 45 55) - Geb. 21. Sept. 1926 - Habil. 1966 Stuttgart - Üb. 30 Fachveröff. - 1956 Borchers-Plak. TH Aachen, 1957 Preis NTG.

WOLF, Helmut

Dr. med., Prof., Ltd. Arzt Städt. Kinderklinik Kassel (1970-77), Prof. f. Allg. Pädiatrie Univ. Gießen (s. 1978), gf. Direkt. d. Zentrums f. Kinderheilkd. - Tannenweg 18, 6300 Gießen (T. 0641 - 4 87 34) - Geb. 13. Okt. 1925 Freiburg/Br. - S. 1961 (Habil.) Privatdoz. u. apl. Prof. (1965) Univ. Göttingen (Kinderheilkd.; zul. Oberarzt Kinderklinik). Fachveröff. - 1964 Czerny-Preis Dt. Ges. Kinderheilk., 1987 Ehrenmitgl. d. Purkinje Ges., Sektion Pädiatrie/ČSSR, 1989 Vors. d. Arbeitsgemeinsch. Tropenpädiatrie in d. Dt. Ges. Kinderheilkd.

WOLF, Helmut

Dr.-Ing., Dr. sc. techn. h. c., Dr. phil. h. c., Dr. h. c. em. o. Prof. u. ehem. Direktor Institut für Theoretische Geodäsie Univ. Bonn (s. 1955) - Nußallee 17, 5300 Bonn (T. 73 26 26) - Geb. 2. Mai 1910 Werdau/Sa. (Vater: Kurt W., Verw.sdir.; Mutter: Fanny, geb. Ackermann), verh. s. 1938 m. Magdalene, geb. Taube - TH Dresden, Univ. Göttingen - U. a. Oberreg.svermessungsrat - BV: Ausgleichsrechnung nach d. Methode d. Kleinsten Quadrate, 1968; Formelsamml. z. Ausgl.-Rechn., 1975; Aufg. u. Beisp. z. Ausgl.-Rechn., 1978 - Üb. 200 Einzelarb. - 1970 Ehrendoktor ETH Zürich; 1976 Ehrendoktor Univ. Uppsala; 1981 Ehrendoktor Univ. Zagreb; 1975 Helmert-Gedenkmünze, 1968 korr. Mitgl. Bayer. Akad. d. Wiss., München, 1977 korr. Mitgl. Braunschw. Wiss. Ges., 1978 korr. Mitgl. Österr. Akad. d. Wiss., Wien.

WOLF, Helmut

Dr. jur., Vorstandsvorsitzender VOEST-ALPINE MASCHINENBAU GMBH, Linz/Donau - Zu erreichen üb. Postf. 5, A-4031 Linz/Donau - Geb. 10. Jan. 1928

München, verh. s. 1954 m. Anita, geb. Illig, 3 Kd. (Michael, Andrea, Florian) - 1976-86 Vorst.-Vors. Contigas Dt. Energie AG, Düsseldorf, s. 1986 VOEST-ALPINE AG; AR-Vors. Ind.-Werke Karlsruhe Augsburg AG u. a. AR-Mand. - Spr.: Engl. - Rotarier.

WOLF, Herbert

Dr. jur., Fabrikant, gf. Gesellsch. Rega Regelungs- u. Steuerungstechnik GmbH. & Co. KG., Seligenthal - Am Weisenstein 7, 5331 Thomasberg/Siegkr. - Geb. 24. April 1914 - Zul. Vorstandsmitgl. Schilde AG., Bad Hersfeld.

WOLF, Herbert

Dr. phil., Prof. f. Dt. Philologie Univ. Marburg (s. 1971) - Mehrdrusch 4, 3551 Lahntal - Geb. 10. Nov. 1930 Dresden (Vater: Johannes W., Feinmechaniker; Mutter: Elsa, geb. Heeger), ev., verh. s. 1960 m. Ursula, geb. Finndorf, 2 Kd. (Gisela, Hartmut) - Kreuz-Gymn. Dresden; Univ. Leipzig u. Marburg. Staatsex. 1953; Promot. 1957; Habil. 1966 - 1960 Kustos; 1966 Privatdoz. - BV: Studien z. dt. Bergmannssprache, 1958; D. Sprache d. Johannes Mathesius, 1969; Martin Luther, 1980 (NA 1983); Germanist. Luther-Bibliogr., 1985. Herausg.: Johannes Rothes Ratsged. (1971); Mithrsg.: Bergreihen - E. Liedersamml. d. 16. Jh.s (1959). Zahlr. Einzelarb.

WOLF, Horst

Journalist - Hermann-Löns-Weg 15, 6382 Friedrichsdorf II - Geb. 6. Mai 1928 Oberursel/Ts. (Vater: August W., Glaserm.; Mutter: Frieda, geb. Uhl), verh. m. Margit, geb. Wolff, Schauspielerin, 3 Söhne (Gregor, Alexander, Tony) - Univ.stud. - B. 1968 Nachrichtenchef Frankfurter Rundschau, 1969-71 Chefredakt. Ztschr. DM, seith. Mitgl. Redaktionsltg. FR - Liebh.: Ballett - Spr.: Engl.

WOLF, Inge

Kinder- u. Jugendbuch-Autorin - Karlstr. 10, 8033 Planegg b. München (T. 089-85 95 33 5) - Geb. in München, kath., verh. s. 1951 m. Dr. med. Rudolf W., 2 T. (Susanne, Patricia) - Stud. Phil. Fak. Univ. München (German., Theaterwiss., Phonetik) - BV/Kinder- u. Jugendb.: So fing es an, 1978; D. dicke Helena, 1979; 13 ist e. Glückszahl, 1980; Mutsprünge, 1981; Was Hans macht Geschichten, 1982 - Auswahlliste Jugendbuchpreis; 2. Preis Hans im Glück - Spr.: Engl., Franz.

WOLF, Jörn Henning

Dr. med., Prof. f. Medizingeschichte - An den Eichen 67, 2312 Mönkeberg b. Kiel (T. 23 11 55) - Geb. 26. Sept. 1937 Hannover (Vater: Dr. Kurt W., Arbeitsrechtler †1978; Mutter: Ellen, geb. Fricke †1984), ev., verh. s. 1969 m. Telse, geb. Timm, 3 Kd. (Friederike, Mareike, Friedemann) - Gymn. Goslar u. Hannover, Univ. Freiburg, Basel, München, Zürich, Göttingen (Med. Staatsex. 1966 Göttingen; Promot. 1970 München, Habil. 1974 München) - 1970-82 Lehrtätigk. Univ. München, 1978-83 Dir. Dt. Med.-histor. Mus. Ingolstadt (ehrenamtl.). S. 1982 Lehrst. f. Medizingesch., Dir. Inst. f. Gesch. d. Med. u. Pharmazie Univ. Kiel - BV: Albrecht v. Hallers Abhandlung üb. d. Wirkung d. Opiums auf d. menschl. Körper (m. E. Hintzsche), 1962; D. Begriff Organ in d. Medizin, 1971; Kompendium d. med. Terminol., 1974, Nachdr. 1982; Hg.: Aussatz, Lepra, Hansen-Krankheit. E. Menschheitsprobl. im Wandel. II, 1986; 100 J. Hygiene-Inst. d. Univ. Kiel in Bildern u. Dokumenten, 1988 - Liebh.: Musikausüb., Bergsteigen - Spr.: Engl., Franz., Lat., Griech. - Bek. Vorf.: Dichterin Ricarda Huch.

WOLF, Joseph Georg

Dr. jur., o. Prof. f. Röm. Recht u. Direktor Inst. f. Rechtsgeschichte Univ. Freiburg (s. 1964) - Goethestr. 6, 7800 Freiburg (T. 0761 - 7 19 07) - Geb. 6. Juli 1930 Düsseldorf, 2 Kd. (Sebastian, Christiane) - Leibniz-Gymn. Düsseldorf; Stud. Rechts- u. Staatswiss. Freiburg u. Neapel. Promot. (1959) u. Habil. (1964) Göttingen - BV: Error im röm. Vertragsrecht, 1961; D. Normzweck im Deliktsrecht, 1962; Die litis contestatio im röm. Zivilprozeß, 1968; Causa stipulationis, 1969; Politik u. Gerechtigk. b. Traian, 1978. Aufsätze, Rezensionen - 1981 Korr. Mitgl. Akad. d. Wiss. Göttingen; 1982 Mitgl. Heidelbg. Akad. d. Wiss.

WOLF, Jürgen

Geschäftsführer Weinbrennerei Dujardin GmbH & Co. vorm. Gebr. Melcher, Krefeld (1973-83) - An der Kalvey 7, 4000 Düsseldorf 31 - Geb. 31. Okt. 1919 Bremen - 1960-69 Vorst.-Mitgl. Schwabenbräu AG, D'dorf; 1970-72 Vorst.-Mitgl. Dortmunder Union-Brauerei AG, Dortmund, u. 1973 Dortmunder Union-Schultheiss Brauerei AG, ebd.; AR-Vors. Brauhaus Amberg AG u. Krefelder Hotel AG.

WOLF, Klaus

Dipl.-Ing., Verbandsgeschäftsführer - Blumenstr. 6; 8500 Nürnberg; priv.: Ewaldstr. 6 - Geb. 6. Jan. 1936 Dresden - Gf. Fachverb. Bauelemente d. Elektronik u. Empfangsantennen (2).

WOLF, Klaus

Dr. phil., Prof. f. Kulturgeogr. Univ. Frankfurt (s. 1972) - Senckenberganlage 36, 6000 Frankfurt (T. 7 98 24 03) - Promot. 1963; Habil. 1970 - Fachveröff.

WOLF, Klaus-Peter

Schriftsteller - Auf der Weide 5, 5788 Winterberg (T. 02981-28 29) - Geb. 12. Jan. 1954 Gelsenkirchen, verh. s. 1980 m. Barbara, geb. Heiligert, 2 Kd. (Mona, Rosalie) - BV: Dosenbier u. Frikadellen, R. 1979; Vielleicht gibt's d. Biscaya gar nicht, R. 1981; D. Abschiebung, R. 1984 (auch als Spielfilm im ZDF 1985); U. dann kamst du! (85 Gesch.); zahlr. Hörsp. f. WDR u. SWF u.a. Ich will nicht sterben wie d. Seevögel, WDR 1985 - Förderpreis f. Lit. d. Stadt Gelsenkirchen u. d. Landes NRW; Anne Frank Literaturpr. d. Schweiz - Liebh.: Lateinamerika - Spr.: Engl., Schwed.

WOLF, Lothar

Dr. phil., Prof. f. roman. Sprachwiss. Univ. Augsburg - Am Mühlfeld 18, 8902 Neusäß-Westheim (T. 48 82 01) - Geb. 2. Dez. 1938 Walldürn - Promot. 1966 Heidelberg; Habil. 1971 ebd. - BV: Sprachgeogr. Untersuchungen zu d. Bezeichnungen f. Haustiere im Massif Central. Versuch e. Interpretation v. Sprachkarten, 1968; Aspekte d. Dialektologie, 1975; Terminolog. Unters. z. Einführung d. Buchdrucks in Frankreich, 1979; Altfranz. Entsteh. u. Charakteristik, 1981 (m. W. Hupka); La lexicografia, 1982 (m. G. Haensch, S. Ettinger, R. Werner); Le français régional d'Alsace, 1982; Franz. Sprache in Kanada, 1987 (m. F. Abel, J.-D. Gendron, E. Vogt, N. Weinhold). Herausg.: Texte u. Dokumente z. franz. Spr.gesch. 16. Jahrh. (1969); Texte u. Dok. z. franz. Spr.-gesch. 17. Jahrh. (1972). Mithrsg.: Festschr. Kurt Baldinger (2 Bde. 1979); Canadiana romanica (Reihe 1987ff.) - 1972 Straßburg-Pr. Stiftg. F.V.S., Hamburg.

WOLF, Ludwig

Kanzler d. Univ. Gießen (s. 1970) - Silcherstr. 1, 6301 Pohlheim 1 - Geb. 4. Sept. 1929 Mainz (Vater: Ludwig W., Bundesbahnamtm.; Mutter: Viktoria, geb. Gottfried), kath., verh. s. 1955 m. Elisabeth, geb. Gabel, 3 S. (Matthias, Christoph, Bardo) - 1951-54 Univ. Mainz u. München (Rechtswiss.). Jurist. Staatsex. 1954 u. 58 Mainz - 1959 Regierungsass.; 1961-62 stv. Polizeipräs. v. Mainz; 1964 ff. Ständ. Vertr. d. Kanzlers d. Univ. Mainz - Spr.: Engl., Franz.

WOLF, Manfred

Dr. iur., Prof. Univ. Frankfurt, Richter OLG Frankfurt (s. 1977) - Senckenberganlage 31, 6000 Frankfurt - Geb. 5. Jan. 1939 Ulm, verh. m. Monika, geb. Bischoff, 3 Töcht. (Christina, Claudia, Katharina) - Stud. 1958-62 Univ. Tübingen, München; 1. jurist. Staatsex. 1962; 2. jurist. Staatsex. 1966; Promot. 1965 Tübingen - BV: Sachenrecht, 1.-8. A. 1976-89; Gerichtliches Verfahrensrecht, 1978; Kommentar z. AGB-Gesetz, 1984, 2. A. 1989; Gerichtsverfassungsrecht aller Verfahrenszweige, 6. A. 1987. Mithrsg. zu Soergel, Kommentar z. BGB (s. 1984) - 1978 u. 1986 Gastprof. Univ. Kobe, Japan.

WOLF, Maximilian

s. Heitzler, Rudolf

WOLF, Norbert

Generalsekretär Dt. Tischtennis-Bund (1982ff.) - Otto-Fleck-Schneise 10a, 6000 Frankfurt/M. 71 (T. 069 - 67 10 01) - Geb. 4. Sept. 1933 Husum/Nordsee, verh. s. 1960 m. Christiane, geb. Drobnitzky, 4 Kd. (Ulrike, Jan-Hendrik, Michael, Christian) - 1954-61 Univ. Marburg (Deutsch, Sport). Staatsex. 1961 (Marburg) u. 64 (Bielefeld) - 1964-65 Lehramt Gymn. Detmold; 1965-82 Leit. Abt. Wiss. u. Bild. Dt. Sportbund - BV: Dokumente z. Schulsport, 1974 - Liebh.: Sport, Belletristik, Spielfilme - 1967ff. Gold. Sportabz. (bish. 18 ×).

WOLF, Norbert Richard

Dr. phil., Prof. f. Germanistische Linguistik - Stauffenbergstr. 15, 8707 Veitshöchheim - Geb. 19. Febr. 1943 Salzburg (Vater: Norbert W., Lehrer; Mutter: Gertrud, geb. Sudhof), kath., verh. s. 1968 m. Waltraud, geb. Scharrer, 2 Kd. (Norbert Christian, Monika) - Gymn. Salzburg, Univ. Innsbruck (Promot. 1966) - BV: Bücher u. Aufs.

WOLF, Richard

Schriftsteller, Direktor Goethe-Inst. i.R. - Rupertihof, 8183 Rottach-Egern - Geb. 14. Juli 1900 Bad Landeck/Schles. (Vater: Richard W., Ing.; Mutter: Anna, geb. Bortenreuter), ev., verh. s. 1928 m. Elsbeth, geb. Büttner - Stud. Musik (Orgel, Musikgesch.), Psych., Päd. - Lehrer; Doz.; b. 1964 Dir. Goethe-Inst. München - BV: u. a. Umgang m. Chinesen, 2. A. 1949; Dalmatin. Divertimento, Erz. 1945; Land d. Liebe - E. Kindheit in Schlesien, 3. A. 1949; D. Reise n. Minahassa, N. 1950; Goldene Tage umfingen mich, R. 5. A. 1950; Bis ans äußerste Meer, R. 5. A. 1955; Pilgerheimerweg 51, Erz. 1966; V. Glück d. Reisens, Reisebeschreib. 1967; D. Brunnenkammer, R. 1968; Des Menschen Herz, Tageb. 1970; D. Welt d. Netsuke, Erz. 1970; Als Polly wiederkam, Erz. 1971; Damals in d. Schneegebirge, Erz. 1973; D. Schweidnitzer Lehrj., Erz. 1974; D. Reise in d. Abend, Tageb. 1976; D. Tage, d. du uns geschenkt, Andachtsb. 1977; V. Gottes Freundlichkeit, 1978; So wird mein Herz nicht alt, 1980 - 1937 Goethe-Med. in Silber; 1961 BVK I. Kl.; 1965 Goethe-Med. in Gold; 1988 Eichendorff-Lit.-Preis - Liebh.: Musik, Gesch., Lit., Mineralien - Spr.: Engl., Franz., Bulgar., Serbo-Kroat.

WOLF, Ror

Schriftsteller - Theodorenstr. 13A, 6200 Wiesbaden - Geb. 29. Juni 1932 Saalfeld/S. - N. Abitur 2 J. Bauarb. DDR; 1954-61 Stud. Literaturwiss. u. Soziol. Frankfurt u. Hamburg; Rundfunkredakt. - BV: Fortsetzung d. Berichts, 1964 (R.); Pilzer u. Pelzer, 1967; Danke schön - Nichts zu danken, 1969; Mein Famille, Ged. 1968; Punkt ist Punkt - Fußballspiele, 2., st. erw. A. 1973; Auf d. Suche nach Doktor Q., 1975; D. Gefährlichkeit d. großen Ebene, 1976; D. heiße Luft d. Spiele, 1980; D. nächste Spiel ist immer d. schwerste, 1982; Tranchirers Ratschläger f. alle Fälle d. Welt, 1983. Drehbücher f. Film u. Fernsehen. Übers. ins Franz., Engl., Ital., Dän. u. Norw. Hörsp. - 1965 Nieders. Förderungspreis; Mitgl. PEN-Zentrum BRD; 1976 Writer in Residence Univ. of Warwick/Engl.; Hess. Kulturpr.; 1983 Förderpr. - Lit.: Lothar Baier, Üb. R. W. (1972).

WOLF, Rudolf

Dr.-Ing., Chemiker - Friedrich-Kenkel-Str. 2, 2848 Vechta 1 (T. 04441 - 8 39 27) - Geb. 21. März 1905 Stuttgart (Vater: Immanuel W., Lehrer; Mutter: geb. Lust), ev., verh. s. 1934 m. Gertrud, geb. Dietrich, 4 Kd. (Gerhard, Erika, Rosel, Hellmut) - TH Stuttgart (Dipl.-Chem. 1927, Promot. 1929) - 1928-29 Vorlesungsassist. Prof. W. Küster TH Stuttgart, 1929-31 Lehr- u. Verw.assist. Höh. Preuß. Fachsch. f. Textilind., Wuppertal-B., 1931-1943 Industriepraxis Textilveredl. (Färberei, Appretur), 1943-71 Hauptgeschäftsf. u. Vorst.-Mitgl. Verein bzw. Ges. Dt. Chemiker, 1971-75 Geschäftsf. Arb.gem. Chemie-Dokumentation, bde. Frankfurt - Liebh.: Fotogr. - Spr.: Engl.

WOLF, Rudolf

Dr. rer. nat., Diplom-Physiker, Prof. - Fichtenstr. Nr. 3, 6201 Hünstetten-Oberlibbach (T. 06128 - 7 15 16) - Geb. 30. Aug. 1929 Frankfurt/M. (Vater: Dr. Ernst August W., Vers.math.; Mutter: Katharina, geb. Staat), kath., verh. s. 1960 m. Margit, geb. Fuhr - Promot. 1960; Habil. 1966. - S. 1971 apl. Prof. u. s. 1974 Wiss. Rat u. Prof. Univ. Mainz (s. 1973 Dekan Klinische Inst.), s. 1973 Vors. Concilium medicinale, ebd.; 1969-73 Vors. Dt. Ges. f. Med. Phys., 1969-74 Mitgl. Beirat Ges. f. Nukl.med., in- u. ausl. Fachmitgl.sch., u. a. Dt. Röntgen-Ges. - Liebh.: Klass. Musik, Gesch., Kunstgesch., General., Reisen.

WOLF, Stefan P.

s. Engelmeier, Peter W.

WOLF, Stephan

Verleger, Berat. Verleger d. Wirtschaftsmagazins „Convention International" - Hadermannsweg 21, 2000 Hamburg 61 (T. 5 51 62 17) - Geb. 20. Aug. 1924 Göllnitz, ev., verh. s. 1967 m. Ulrike, geb. Jentsch, 3 Kd. (Michael, Katharina, Martin) - Stud. Univ. Köln, Innsbruck (Wirtsch.sdipl.) - Mitbegründer Ztschr. Twen, Capital, Student im Bild. Div. Herausg. (Taschenb. d. Wirtsch. u. d. Politik, Verlagskunde, Bibliogr. d. Wirtschaftspresse) - Spr.: Span., Engl.

WOLF, Ulrike

Chefredakteurin NDR-Fernsehen (s. 1987) - Zu erreichen üb. NDR, Rothenbaumchaussee 132-134, 2000 Hamburg 13 (T. 040 - 41 31) - Geb. 1944, 3 Kd. (Michael, Katarina, Martin) - 1985-87 Moderatorin Tagesthemen ARD-Fernsehen.

WOLF, Viktor

Dr. rer. nat., Prof., Chemiker (Leiter Unilever-Forschungslabor., Hamburg 50) - Manteuffelstr. Nr. 3a, 2000 Hamburg 55 (T. 86 72 06) - Geb. 10. Dez. 1914 Winsen/Luhe (Vater: Julius W., Apotheker; Mutter: Jenny, geb. Bolomey), verh. s. 1957 m. Renate, geb. v. Busekist - Univ. München u. Hamburg - S. 1955 (Habil.) Privatdoz. u. apl. Prof. (1961) Univ. Hamburg (Organ. Chemie). Fachveröff. - Liebh.: Mod. Malerei u. Graphik.

WOLF, Werner

Dr. phil., Direktor Hess. Landeszentrale f. polit. Bildung - Rheinbahnstr. 2, 6200 Wiesbaden 1 (T. 06121 - 368-26 40/1) - Geb. 3. Jan. 1945.

WOLF, Wilhelm

Dr. phil., o. Prof. f. Erziehungswissenschaft Univ. Marburg - Borngasse 13, 3576 Rauschenberg/Hessen.

WOLF, Willi

Gewerkschaftssekretär, MdB (1963-76) - Horkelstr. 6, 4450 Lingen/Ems (T. 0591-5 19 19) - Geb. 24. Febr. 1924 Essen, verh., 3 Kd. - Volkssch.; Dreherlehre; Abendsch.; Sozialakad. Dortmund (1950) - 1943-45 Kriegsdst. (Marine); 1946-52 Bergmann (Hauer); 1952-56 Jugendsekr. Hannover; s. 1956 Leit. Geschäftsst. Lingen IG Bergbau u. Energie.

S. 1961 Ratsmitgl. Lingen (b. 1968 Fraktionsvors.). SPD s. 1955 (b. 1969 Kreis-, dann Unterbezirksvors.).

WOLF, Xaver

Ingenieur, MdL Bayern (s. 1974) - Gartenstr. 28, 8411 Hainsacker (T. 0941 - 8 17 75) - Geb. 1937 - SPD (stv. Fraktionsvors., Energiepolitischer Sprecher).

WOLFART, Wilhelm

Dr. med., Prof., Ärztl. Direktor a. D. Univ. Freiburg (Spez.geb.: Pneumologie, Lungenchirurgie) - Winzerstr. 9, 7800 Freiburg (T. 0761 - 44 13 24) - Geb. 3. Okt. 1919 Allendorf/Eder - Med.stud., Promot., Habil. - Vorstandsmitgl. Bundesverb. d. Pneumologen - BV: Handb. d. Tuberkulose: Pleuraempyem, 1975; Operationslehre, Eingriffe an d. Lungen, 1980; zahlr. wiss. Publ. - Spr.: Engl., Franz.

WOLFARTH, Günther

Dr. rer. pol., Vorstandsvorsitzender i. R. Bürgschaftsbank GmbH - Bopserwaldstr.94, 7000 Stuttgart 1 (T. 0711-210271; priv. 240261) - Geb. 17. Juli 1922 Stuttgart, ev., verh. s. 1953 m. Annemarie, geb. Fröhlich, 2 Kd. (Götz, Katrin) - Stud. Volksw., Dipl.-Volksw., Univ. Stuttgart, Promot. Univ. Tübingen - Tätigk. b. Kreditinst. u. in d. Gewerbeförd.; gf. Vorst.-Mitgl. Bundesverb. dt. Kapitalbeteiligungsges. (BVK), Frankf./M.; stv. AR-Vors. Bankhaus Bauer AG, Stutgart; Geschäftsf. Bundeskreditgarantiegemeinsch. Handwerk - Zahlr. Beiträge in Fachztschr. - 1982 BVK; 1987 Verdienstmed. d. Landes Baden-Württ.; 1988 silb. Ehrennadel d. Handwerks - Liebh.: Wandern, Reisen, Antiquitäten - Spr.: Engl.

WOLFBAUER, Günther

Journalist, Pressesprecher Landeshauptstadt München - Osterwaldstr. 73, 8000 München 40 (T. 089 - 361 48 37) - Geb. 1. Jan. 1926 München (Vater: Josef W., Finanzpräs.; Mutter: Tascha, geb. Loder), kath., verh. s. 1961 in 2. Ehe m. Doris, geb. Holzer, 3 Kd. (Daniela, Harald, Markus) - 1949 Sportreporter Bayer. Rundf., 1955-85 Mitarb. Bayer. Fernsehen. 1947-63 Redakt. Münchner Merkur; 1963-78 Ressortleit. Sport u. Kommunalpolitik Abendztg.; s. 1978 Pressesprecher Landeshauptstadt München; s. 1986 Sportmitarb. Radio Gong 2000 u. TV Weiß Blau.

WOLFERMANN, Erwin

Dipl.-Kfm., Vorstandsmitglied Colonia Bausparkasse AG - Viktoriastr. 34-36, 4600 Dortmund 1 (T. 0231-54 18-103) - Geb. 23. Febr. 1941.

WOLFES, Kurt

Filmregissseur, Schriftst. - Kuckucksberg, 2073 Lütjensee (T. 04154 - 71 72) - Geb. 17. April 1907 Essen (Vater: Dr. jur. Konrad W., Rechtsanwalt u. Notar), verh. s. 1935 m. Liselotte, geb. Bachstein, S. Heiko - Gymn. Dortmund (Abit.); Ausbild. b. Prof. Hugo Troendle, München - B. 1933 Zeichner u. Maler, dann Drehbuchautor, Filmregiss. u. -produzent (1949, Panfilm - Kurt Wolfes, Hamburg) - BV: D. Brautfahrt; D. Dackelballade. Zahlr. Dokumentar-, Industrie- u. Lehrfilme - Spr.: Franz., Ital.

WOLFF, Arnold

Dr.-Ing., Prof., Architekt, Dombaumeister, Verleger - Dombauverwaltung, Roncalliplatz 2, 5000 Köln 1 - Geb. 26. Juli 1932 - TH Aachen (Dipl.-Ing. u. Arch. 1961, Promot. 1968) - 1972 Dombaumeister Köln; 1974 Gründ. Verlag Kölner Dom - BV: D. Kölner Dom, 4. A. 1985 (engl. 1984); Dombau in Köln (Photo-Dokumente), 1980; Chronol. d. ersten Bauzeit d. Kölner Domes, 1968; D. gotische Dom in Köln (Bildbd.), 1986; zahlr. Aufs. - 1962ff. Erhalt. u. Restaurier. d. Kölner Domes im Kölner Domblatt - Spr.: Engl.

WOLFF, Christian

Schauspieler - Parkstr. 2, 8025 Unterhaching (T. 089 - 6 11 37 00) - Geb. 11. März 1938 Berlin, verh. s. 1975 m. Marina, geb. Handloser, 2 S. (Sascha, Patrick) - N. Mittl. Reife 1955-57 Max-Reinhardt-Sch. Berlin - Zahlr. dt. Bühnen, dar. Berlin, Hamburg, München, Düsseldorf. Üb. 20 Filme; etwa 50 Fernsehrollen (ARD/ZDF). Zahlr. Hörsp. Filmkommentare; Synchronisation.

WOLFF, Christof

Dr. rer. publ., Jurist, Oberbürgermeister Landau - Madenburgstr. 16, 6740 Landau 13 (T. 06341 - 1 32 00) - Geb. 11. Dez. 1941 Brückenau, ev., verh. s. 1972 m. Karla, geb. Winterhoff, 3 S. (Matthias, Jan-Michael, Philip) - Abit.; Jurastud.; 1. u. 2. jurist. Staatsprüf.; Promot. 1974 Speyer - Dezern. Kreisverw. Bad Dürkheim; Stadtrat Neustadt; 1975-80 pers. Ref. v. Min. Dr. Geissler u. Min. Dr. Gölter, Mainz; 1980-84 Kreisbeigeordn. Kr. Bergstr. - BV: Zentr. Orte u. Kommun. Selbstverw. - 1986 Ehrenb. Ribeauville - Liebh.: Bergsteigen, Ski, Jogging, Musik, Briefm. - Spr.: Engl.

WOLFF, Ernst Amadeus

Dr. jur., Prof. f. Straf-, -prozeßrecht u. Rechtsphilosophie Univ. Frankfurt - Händelstr. 7, 6100 Darmstadt - Geb. 1. Okt. 1928 Trostdorf/Schles. - S. 1963 (Habil.) Privatdoz. u. apl. Prof. Univ. Heidelberg - BV: D. Handlungsbegriff in d. Lehre v. Verbrechen, 1964; Kausalität von Tun u. Unterlassen, 1965.

WOLFF, Erwin

Dr. phil., o. Prof. f. Anglistik u. Vorst. Sem. f. Engl. Philol. Univ. Erlangen-Nürnberg (s. 1963) - Dompfaffstr. 72, 8520 Erlangen (T. 4 11 85) - Geb. 30. Jan. 1924 Gemünd/Eifel (Vater: Bernhard W., Rektor; Mutter: Ruth, geb. Herbrand), kath., verh. s. 1957 m. Elke, geb. Mackenbach, 2 Töcht. (Veronika, Ruth) - 1934-42 Gymn. Schleiden/Eifel Abit.); 1945-50 Univ. Bonn. Promot. (1950) u. Habil. (1957) Bonn - 1950-51 Dt. Lektor Univ. Durham (Engl.); 1951-59 Assist. u. Oberassist. Engl. Sem. Univ. Bonn (1957 Privatdoz.); 1959-63 ao. u. o. Prof. (1962) Univ. Göttingen - BV: Shaftesbury u. s. Bedeut. f. d. engl. Lit. d. 18. Jh.s., 1960; D. engl. Roman im 18. Jh., 1964. Fachaufs.

WOLFF, Gerhart

Dr. phil., Prof. f. Sprachwissenschaft Univ. Köln - Reinekeweg 9, 5204 Lohmar 1 Birk - Geb. 3. Juli 1931 Karlsruhe (Vater: Dr. med. Oskar W., prakt Arzt; Mutter: Sophia, geb. Glock), ev., verh. s. 1959 m. Ursula, geb. Winterhoff, 5 Kd. (Martin, Ulrike, Barbara, Monika, Susanne) - Abit. 1951 Neuwied; 1951/52-1958/59 Stud. Gesch., German., Latein Univ. Bonn (Promot. 1958, Staatsex. 1959); Habil. 1978 PH Rheinland - 1959-73 Schuldienst (Gymn., 2. Bild.weg); 1973-81 Oberstud.rat PH, ab 1981 Prof. Univ. Köln (Schwerp.: Sprachdidaktik) - BV: D. Gesch. u. ihre künstler. Bewältig. im Werk v. Stefan Zweig, 1958; Sprachmanipulation, 1978; Sprechen u. Handeln. Pragmatik im Deutschunterr., 1981; Arbeitsb. Deutsch (m. Robert Ulshöfer u. a.), 1979/80; Herausg.: Metaphor. Sprachgebrauch (1982); Analysen z. Alltagssprache (1983); Dt. Sprachgesch. (1984); Dt. Sprachgesch. (1986); Theorie u. Praxis d. Erzählens (1988).

WOLFF, Günter

Dr. agr., Dipl.-agr., Werbeberater, Journalist, Ausbilder - Barkenkoppel 31, 2000 Hamburg 65 (T. 040 - 536 55 55) - Geb. 1. Okt. 1907 Berlin - Dipl.-Landw. 1931 Berlin, Promot. 1933 ebd. - 1935-42 Ref. Dt. Forschungsgem. Berlin, Reichsforschungsrat, Kolonialwiss. Abt., spez. Afrika; 1942ff. Kriegsberichter (spez. Osten); 1951ff. Exportwerber, Journ. u. Ausb. Mitgl. BDW, DJV u. KAH. Zahlr. Veröff., u. a. z. Ausb. in d. Werbung, s. 1951; Text-Bild-Report. z. Kooperation Ost-West, s. 1975. Autor

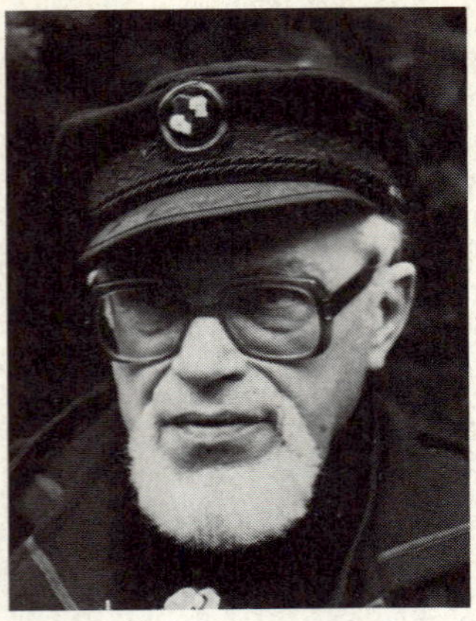

DIE WAH, ab 1985 DIE KAH, 4 Jahrz. Werbe-Ausb. in Hamburg, m. 300 Fotos u. 600 Dok. Ehrenpräs. KAH, vorm. WAH; Vors. Verein Werbefachschule Hamburg - Goldmed. Hamburg, Hannover u. München f. Verdienste um d. Werb., BVK - Spr.: Engl., Franz., Schwed.

WOLFF, Hans

Dr. rer. nat., Prof., Abteilungsvorsteher Physikal.-Chem. Inst. Univ. Heidelberg - Landhausstr. 19, 6900 Heidelberg (T. Inst. 56 24 66) - Geb. 21. Mai 1913 - S. 1953 (Habil.) Privatdoz. u. apl. Prof. Heidelberg (Physikal. Chemie) - Fachveröff.

WOLFF, Hans

Dipl.-Kfm., Handelsrichter - Lerchesbergring 104, 6000 Frankfurt/M. (T. 68 59 91) - Geb. 11. Juli 1908 Taucha/Sa. (Vater: Johann W., Malzfabr.; Mutter: Luise, geb. Kirchhoff), verh. s. 1940 m. Barbara, geb. Eckhardt - Dipl-Steuersachverst.; Dipl.-Bücherrevisor - S. 1931 Leipziger Vers.sgruppe, zul. Vorst.smitgl. bzw. AR-mitgl.

WOLFF, Hans Walter

D. Dr. DD., em. Prof. f. Altes Testament - Rolloßweg 19, 6900 Heidelberg (T. 4 51 99) - Geb. 17. Dez. 1911 Barmen (Vater: Wilhelm W., Kaufm.; Mutter: Erna, geb. Koch), ev., verh. I) 1938-79 m. Annemarie, geb. Halstenbach, 7 Kd. (Christoph, Michael, Angelika, Elisabeth, Anneruth, Matthias, Ulrich); II) s. 1982 m. Hilderuth, geb. Halstenbach - Realgymn. Barmen; Theol. Schule Bethel, Univ. Göttingen u. Bonn. Lic. theol. 1941 Halle/S. - Vikar Münster/W. u. Solingen, 1937-49 Pastor Solingen-Wald, 1947-59 Doz. u. Prof. (1951) Kirchl. Hochsch. Wuppertal, s. 1959 o. Prof. Univ. Mainz, Heidelberg (1967), emerit. 1978 - BV: u. a. D. Zitat im Prophetenspruch, 1937; Jesaja 53 im Urchristentum, 4. A. 1984; Neue Liebe z. Kirche, 1947; Haggai, 1951; E. Handbreit Erde (Palästina-Tageb.), 2. A. 1956; Altestamentl. Predigten m. hermeneut. Erwägungen, 1956; Dodekapropheton (Bibl. Komm. XIV) Bd. 1: Hosea, 3. A. 1985, (engl. 1974); Bd. 2: Joel-Amos, 3. A. 1975 (engl. 1977); Bd. 3: Obadja-Jona, 1977; Bd. 4: Micha, 1982; Bd. 6: Haggai, 1986; Ges. Studien z. Alten Testam., 2. A. 1973; Amos geistige Heimat, 1964 (engl. 1973, franz. 1974); Studien z. Jonabuch, 2. A. 1975; Wegweisung, 1965; D. Stunde d. Amos, 6. A. 1986; Bibel - D. alte Testam. - E. Einf. in s. Schriften u. in d. Methoden ihrer Erforsch., 4. A. 1984 (engl. u. franz. 1973, ital. 1974, katalan. 1973); Anthropol. d. AT, 4. A. 1984 (engl. 1973, franz. 1974, jap. 1983); Mit Micha reden, 1978; D. Hochzeit d. Hure (Hosea heute) 1979; . . . wie e. Fackel, Predigten aus drei Jahrzehnten - m. Thesen z. christl. Predigt alttestamentl. Texte, 1980; Old Testament and Christian Preaching, 1986; Studien z. Prophetie (Theol. Bücherei Bd. 76), 1987. Herausg.: Bibl. Komm., Altes Testam.; Martin Noth, Aufs. z. bibl. Landes- u. Altertumskd. (2 Bde. 1971) - 1960 Theol. Ehrendoktor Univ. Göttingen - 1978 Honorary Membership Soc. for Old Testament Study; 1983 Doctor of Divinity Univ. Aberdeen; 1984 DD. h.c. St. Olaf-College USA.

WOLFF, Hans-Peter

Dr. med. (habil.), em. o., Prof. u. Direktor der I. Med. Univ.-Klinik Mainz (s. 1967) - Langenbeckstr. 1, 6500 Mainz (T.06131 - 19-22 75) - Geb. 28. Aug. 1914 Tsingtao/China (Vater: Dr. Hans, Marinegeneraloberarzt; Mutter: Hildegard, geb. Bogač), verh. s. 1952 m. Hildegard, geb. v. Schmidmann, 3 Kd. - 1954-61 Privatdoz. u. apl. Prof. Univ. München (zul. Oberarzt I. Med. Klinik); 1961-67 Dir. II. Med. Klinik/Klinikum Homburg/Saar, 1962 Mitbegr. Europ. Soc. Clin. Investigation, 1964 Korr. Mitgl. Royal Soc. of Medicine London, 1964 u. 75 Vors. Ges. f. Nephrologie, 1964 New York Acad. Science; 1968-80 Dir. I. Med. Klinik Univ. Mainz. 1974 Vors. Dt. Ges. f. Innere Med., 1975-78 Scientific Council Internat. Soc. of Hypertension, Vorst. Dt. Hochdruckliga, s. 1978 Vors. d. Wiss. Beirates d. Bundesärztekammer; emerit. s. 1980 - BV: Wolff-Weihrauch, Internistische Therapie, 1976/78/80/82/84/86 (ital. 1978); Bluthochdruck, 1976/78/82/86 (dt., engl., span., holl., ital., dän., portug., serbokroat.); Beta-Rezeptorenblocker in der Praxis, 1980 - 1983 Ehrenmitgl. Dt. Ges. f. Innere Med.; 1985 Ehrenmitgl. Ges. f. Nephrol.

WOLFF, Hartmut

Dr., Prof. f. Alte Geschichte Univ. Passau - Universität, Lehrst. f. Alte Gesch., Postf. 2540, 8390 Passau (T. 0851 - 50 92 66) - Geb. 6. Nov. 1941 Oldenburg (Vater: Emil W., Kunsterzieher; Mutter: Ilse, geb. Bohlmann), kath. - Promot. 1972, Habil. 1977 Univ. Köln - 1978 Wiss. Rat u. Prof. Univ. Köln; 1980 Ord. Univ. Passau - BV: D. Constitutio Antoniniana u. Papyrus Gissensis 40 I, 1972 u. 76; Civitas Romana. D. röm. Bürgerrechtspolitik ... (im Druck). Mithersg. v. A. Alföldi, Caesar in 44 v. Chr. Bd. 1 (Bonn 1985); Heer u. Integrationspolitik: D. röm. Militärdiplome als hist. Quelle (Köln 1986); Ostbairische Grenzmarken, u. a.; zahlr. Aufsätze.

WOLFF, Heinrich

Senator, MdL Schlesw.-Holst. (s. 1962) - Wakenitzstr. 46, 2400 Lübeck (T. 59 60 18) - Geb. 10. Jan. 1909 Schleswig, ev., verh., 5 Kd. - Gymn. Schleswig (Domsch.); Univ. Genf, München, Berlin, Kiel (Rechtswiss.). Jurist. Staatsprüf. 1930 (Kiel) u. 34 (Berlin) - Justizdst. SH, ab 1937 Lübeck (u. a. Staatsanw.); im Krieg Soldat, zul. Oblt. (Flak); s. 1947 Stadtverw. Lübeck. CDU s. 1952 (1962-68 Kreisvors.) - 1973 BVK I. Kl.

WOLFF, Henning

Dipl.-Ing., Gesellschafter-Geschäftsführer Henning Wolff GmbH, Pädagogium Godesberg GmbH, Otto-Kühne-Schule Godesberg GmbH - Oskar-Wolffstr. 1a, 3030 Walsrode/Nieders. - Geb. 9. Jan. 1928 Berlin.

WOLFF, Ilse

Dr. rer. pol., Vizepräs. Verb. Dt. Kuru. Fremdenverkehrsfachleute (VDKF) Grüngürtelstr. 10, 5000 Köln 50 - Geb. 22. Aug. 1915 Berlin (Vater: Georg W.; Mutter: Gertrud, geb. Splettstösser) - Univ. Heidelberg u. Berlin (Volksw.) - S. 1945 Stadtverw. Berlin. Reisen Nord-, Südamerika, Asien, Südafrika, Australien - 1979 Preis Vereinig. d. Reisejourn.

WOLFF, Joachim Rudolf

Dr. med., Prof. f. Anatomie (Neuroanatomie u. Entwicklungsneurobiologie) - Otto-Wallach-Weg 8, 3400 Göttingen - Geb. 25. März 1935 Berlin (Vater: Erich W., Bankkfm.; Mutter: Margot, geb. Theiss), verh. m. Annelies, geb. Moritz - FU Berlin (Med., Promot. 1960, Habil. Anatomie 1968) - 1969 Prof. f. Anatomie, s. 1980 Prof. f. Anatomie Univ. Göttingen, 1971-80 Gruppenleiter. MPI f. biophys. Chemie, Abt. Neurobiol. - 1978 Ehrendoktor Univ. Göteborg/Schwed.,

u. 1987 Univ. Szeged/Ungarn - Spr.: Engl.

WOLFF, Jochem

Leitender Dramaturg Musiktheater Bremen, Musikpubliz. - Haselweg 7, 2083 Halstenbek - Geb. 16. April 1945 Oker/Harz, verh. s. 1978 m. Lea, geb. Hämäläinen, 2 Töcht. (Anja, Noora) - Stud. Musikwiss., Soziol. u. Betriebswirtsch. - 1978-82 Dramat. Hamburgische Staatsoper - Veröff. Rowohlt-Monogr. üb. Sibelius (erscheint 1991) sow. div. Aufs. u. Ess. z. Opernästhetik u. Musiksoziol. - 1985 Kalevala-Med. d. finn. Kulturmin. - Liebh.: Landaufenthalte m. eigener Waldwirtsch. in Finnl. - Spr.: Engl., Franz.

WOLFF, Josef

Dr.-Ing., Dipl.-Ing., Direktor i. R. - Athener Str. 46, 8000 München 90 (T. 089 - 64 46 56) - Geb. 7. April 1911 München (Vater: Josef W., Kaufm.; Mutter: Elise, geb. Schumacher), kath., verh. s. 1938 m. Martha, geb. Engelländer †1984, 2 Söhne (Peter, Klaus) - Abit. 1930; 1934 Dipl.-Ing. Masch.-Bau, 1935 Elektro TU München; Promot. 1958 TU Stuttgart - 1936 Landeslastverteiler; 1937-40 Ing.; 1940-47 Leit. Eigenüberw. Linz; 1948-78 Leit. TÜV. Erf.: Kriechdehnungsmesser. 1979 ff. Vorst.-Vors. FIW, Prés. honoraire de Oitaf, Mitgl. Bewilligungsaussch. d. VG Wort. Zahlr. Aufs. in techn. Fachztschr. - BVK; Bayer. VO - Liebh.: Segeln, Skilauf, Golf - Gold. Sportabz.; Gold. Leistungssportabz. Bayern; Gold. DSV-Leistungsabz. - Spr.: Engl., Franz., Ital.

WOLFF, Klaus Dieter

Dr. jur., Präsident d. Univ. Bayreuth - Opernstr. 22, 8580 Bayreuth - S. 1986 AR Puma AG Rudolf Dassler Sport, Herzogenaurach.

WOLFF, Max Richard

Dr. med., Dr. phil., Prof., Facharzt f. Neurologie u. Psychiatrie - Hebbelstr. 7, 4000 Düsseldorf (T. 68 59 49) u. Seeweg 30, 7753 Allensbach/Bodensee (T. 07533 - 58 48) - Geb. 16. Dez. 1908 Köln (Vater: Hugo W., Kaufm.; Mutter: Emmy, geb. Lueg), ev., verh. s. 1954 m. Ursula, geb. Benrath - 1. Stud.: Physik, Chemie, Math., 2.: Med. - 1933-39 Physiker u. Abt.sleit. Osram, 1939-43 Physiker u. Abt.sleit. Luftfahrtgerätewerk Hakenfelde, 1943-45 Laborleit. Forschungsinst. f. Physik, 1945-49 eig. med.-physikal. Inst., s. 1959 Kliniktätigk. 1967 ff. Honorarprof. Univ. Düsseldorf (Physikal. Medizin u. Technik). Spez. Arbeitsgeb.: Neurologie u. Psychiatrie, Schlafstörungen, Elektromed. Erf.: Zielgerät f. sterotakt. Operationen (m . T. Riechert) - BV: Unters. üb. d. Schlafverlauf b. Gesunden u. psych. Kranken, 1965 - Liebh.: Segeln (Mitgl. Düsseldorfer Yacht-Club), Fotogr. - Spr.: Engl., Franz.

WOLFF, Michael Johannes

Dr. phil., Prof. f. Philosophie Univ. Bielefeld - Kollwitzstr. 55, 4800 Bielefeld 1 (T. 0521 - 88 26 59) - Geb. 13. Sept. 1942 Solingen (Vater: Hans Walter W., Prof.; Mutter: Annemarie, geb. Halstenbach), verh. s. 1978 m. Dr. jur. Gertrude, geb. Lübbe, L.L.M., 3 Kd. (Johanna, Tilman, Max) - Altsprachl. Gymn. Wuppertal u. Mainz; Stud. Phil. u. Klass. Philol. Univ. Hamburg u. Marburg; Promot. 1968, Habil. 1978 Bielefeld - 1976-78 Assist.; 1978-82 Doz.; s. 1982 Prof. Bielefeld - BV: Fallgesetz u. Massebegriff, 1971; Gesch. d. Impetustheorie, 1978; D. Begriff d. Widerspruchs, 1981 (jap. Übers. 1984, ital. Übers. 1985, korean. Übers. 1987) - Kinderbuchillustrat.

WOLFF, Otto

s. Wolff v. Amerongen, Otto

WOLFF, Paul

Geschäftsführer Röchling-Burbach Stahl- u. Wagonbau GmbH., Saarbrücken - Fliederstr. 36, 6600 Saarbrücken - Geb. 2. März 1923 - Kaufm. Ausbild. - Zul. Gf. Waggonbfabrik Gebr. Lüttgens GmbH., Saarbrücken.

WOLFF, Reinhold

Dr. phil., M.A., Univ.-Prof. f. Literaturwiss. Univ. Bielefeld - Post Bissendorf, 4516 Grambergen (T. 05402 - 89 90) - Geb. 6. Mai 1941 München (Vater: Prof. Dr. Adolf W., Tierarzt; Mutter: Annemarie, geb. Schenk), verh. s. 1980 m. Gertraud, geb. Birke, 2 S. (Georg, Daniel) - 1960-70 Univ. München u. Bordeaux (M.A. 1969 München, Promot. 1970 ebd.); Habil. 1980 Regensburg - 1970-80 wiss. Assist. Univ. Regensburg; 1980-82 Akad. Rat Mainz; s. 1982 Lehrst. Univ. Bielefeld - BV: D. Ästhetisier. aufklärer. Tabukritik, 1972; Psychoanalyt. Lit.kritik, 1975; Strukturalismus u. Assoziationspsych., 1978.

WOLFF, Rudolf

Schriftsteller (freiberufl.) - Stockelsdorfer Weg 37, 2407 Bad Schwartau (T. 0451 - 2 22 58) - Geb. 19. Mai 1949 Bad Schwartau, ev., verh. s. 1984 m. Katja, geb. Siebert - 1969-73 Stud. Univ. Kiel, München (German., Theaterwiss., Soziol.) - 1973-79 Verleger; 1979-81 freiberufl. Lektor, u.a. f. Fischer Taschenb. Verlag; dan. Autor + Herausg. v. Büchern u. Samml. - BV: Buchreihen: Lit. Tradit.; Samml. Profile; Kielland-Werkausg. in 4 Bde.; Goethes Nov. m. dokument. Anhang; Aufsatzsamml. u.a. üb. Thomas Mann, Heinrich Mann, Reiner Kunze, Erich Kästner, Jakob Wassermann; Prosa: Adel d. Herzens. Vier Gesch. a. d. Alltag; Computerbücher - Liebh.: Klass. Musik, Lit. d. 19. u. früh. 20. Jh. - Spr.: Engl., Franz.

WOLFF von AMERONGEN, Otto

Dr. h.c., Kaufmann, Aufsichtsratsvors. Otto Wolff AG - Zeughausstr. 2, 5000 Köln 1 (T. 0221 - 16 41-0) - Geb. 6. Aug. 1918 Köln (Vater: Otto W., Kaufm.; Mutter: Else v. Amerongen, geb. Pieper), ev., verh. m. Winnie geb. v. Greger, 3 Töcht. (Claudia, Regine, Jeanne) - Gymn., kaufm. Lehre - Vorst.-Vors. Otto Wolff AG, Köln, Präs. IHK Köln, Vors. Ost-Aussch. d. Dt. Wirtschaft, Köln; Mitgl. Board Exxon Corp., New York; AR-Vors. Eisen- u. Hüttenwerke - AR-Mandate b. versch. in- u. ausl. Ges. - Officier de la Légion d'Honneur de la Rep. Francaise; Gr. Gold. Ehrenz. m. Stern f. Verd. um die Rep. Österr.; 1978 Dr. jur. h.c. Univ. Köln; 1979 Gr. BVK; 1985 Ehrendoktor f. Wirtschaftswiss. Univ. Jena (DDR); Ehrenpräs. Dt. Ind.- u. Handelstag Bonn - Liebh.: Reisen, Sport (ausüb. Tennis) - Spr.: Engl., Franz.

WOLFF von NATTERMOELLER, Hans Jürgen

Dr. h. c., D. A. (Hon.), MGS Intern. Univ. Fdt., Delaware USA, Accademico d'Italia, Filmregisseur, Drehbuchautor, Produktionsleiter ZDF (Ps. Hans Jürgen Wolff) - Tiergartenstr. 32, 4000 Düsseldorf (T. 0211-66 07 63) - Geb. 23. Juni 1921 Dresden (Vater: Dr. phil. Hans Conrad W. v. N., Kunsthist.; Mutter: Maria, geb. Weber), ev., verh. s. 1960 in 4. Ehe m. Ingeborg, geb. Bruhn (T. v. General Hans Bruhn), 2 Kd. aus gesch. Ehen (Daniela, Mario) - Human. Gymn. Berlin - 1941-45 Kriegsdienst (zul. Oberltn. z. See), 1946 Presse- u. Rundf.-tätigk. Wiesbaden u. Frankfurt (Hess., Bayer. Rundf.), 1948 Curt Oertel Filmstud.ges. Wiesbaden, 1953-62 Regiss. u. Drehb.autor UFA Universum-Film AG., 1963 Prod.leit. u. Erster Regiss. ZDF, 1966 Leit. IFU Intern. Film-Union Remagen, 1969 Prod.leit. ZDF Mainz, 1972-85 Leit. Prod.stäbe d. ZDF - Mitgl. Akad. d. Künste Italiens, Marquis Giuseppe Scicluna Intern. Univ. Fdt. USA - BV: 37 Drehbücher, div. Rundf.-Hörsp. u. journ. Presse-Veröff., 43 Filme - 1956 Bundesfilmpreis, Grand Prix Intern. Filmfestspiele Brüssel; 1957 Award Intern. Filmfestsp. Harrogate (Engl.), Kulturfilmprämie Bundesrep. Deutschl.; 1964 Award Intern. Film-Messe Hollywood (USA); 1979 Award of the VIP Encyclopedia Corp. USA; 1980 Goldmed. Akad. d. Künste Italiens; 1980 Accademico d'Italia con Medalgia d'Oro; 1981 Verdienstурk. f. Tätigk. im Ber. d. schönen Künste; 1982 Ernenn. z. Maestro di Pittura h.c., Italien, Gold. Zentaur Accad. d'Italia; 1983 Goldmed. (Aurea) f. künstl. Verd. Intern. Parlament (USA), Gr. Preis d. Nationen f. künstl. Verd., Italien u. Ehrendipl. Intern. Orden f. d. Frieden (USA); 1984 Siegesstatue Weltpr. d. Kultur u. Vessilo Europeo delle Arti d'Accad. Europea; 1985 Oscar d'Italia; Ritter d. Künste (Accademia Bedriacense) - Liebh.: Antiquitäten, Interior, Design, Bild. Kunst, Bücher, Weinkeller - Spr.: Engl., Franz. - Bek. Vorf.: Großv.: Karl Friedrich Moritz, Conrad v. Nattermoeller - Lit.: Div. Presseveröff. u. Nachschlagew. Union Diplomatique Mondiale (UDN), mehrere Enzyklop., u. a. Europ. Who is Who Enzyklop., Intern. Who's Who of Intellectuals, Men of Achievement, Who's Who in the world (USA).

WOLFFERSDORFF-MELLIN-MAYDELL, Freiherr von, Joachim Martin

Land- u. Forstwirt, Bürgermeister - 8053 Schloß Wolfersdorf üb. Freising (T. 08168 - 13 66); 8372 Schloß Oberzwieselau üb. Zwiesel (T. 09922 - 23 67) - Geb. 20. März 1933 Radibor (Vater: Martin Albert Frhr. v. W., Landwirt, Landrat; Mutter: Hilda, geb. Weyland), kath., verh. s. 1960 m. Barbara, Gräfin v. Mellin († 1975), 3 Töcht. (Katharina, Benedikta, Juliana) - Stud. Theol., Kunst, Landw., Forstw. u. Sport - S. 1960 Ltg. d. Land- u. Forstgutes Oberzwieselau, Ehrenpräs. Verb. d. Reit- u. Fahrvereine Ndb./Opf., s. 1972 1. Bürgerm. Gemeinde Lindberg, Techn. Deleg. Intern. Skiverb. (FIS), Richter u. Parcourschef f. Pferdeleistungsprüf. (FN) - Zahlr. Ehrungen f. sportl. Leist. - Liebh.: Sakrale Kunst, Jagdhunde - Intern. u. nation. Erfolge a. Skirennläufer u. Reiter - Spr.: Engl. - Bek. Vorf.: Ernst v. W., Kriegsmann Herzog Bertholds v. Bayern u. Kaiser Heinrichs (Ungarnschlacht a. d. Unstrut 933); Arnold v. Massenhausen (1300-1364), Marschall Kaiser Ludwigs d. Bayern; Johann Reichard, Frhr. v. W. (1708-1773) Feldherr Maria-Theresias. Carl Friedr. Frhr. v. W. (1716-1781), Generalltn., Amtshptm. z. Ziesar, Droste z. Altena u. Iserlohn (Freund Friedrichs II) - Lit.: Günther W. v. W., Torgau: Wolffersdorff 933-1965; Jagdhunde, Hamburg 1975; Hans H. Klein, Karl Friedrich v. W., Osnabrück 1984.

WOLFFRAM, Josef

Präsident i. R. - Reichensperger Pl. 1, 5000 Köln (T. 7 71 11) - Geb. 22. März 1910 - 1962-75 Präs. Oberlandesgericht Köln.

WOLFFSOHN, Michael

Dr. phil., Prof. f. Neuere Geschichte Univ. d. Bundeswehr München - 8014 Neubiberg (T. 089 - 60 04-30 43) - Geb. 17. Mai 1947 Tel-Aviv (Vater: Max W., Kaufm.; Mutter: Thea, geb. Saalheimer), jüd. - Promot. 1975 FU Berlin, Habil. 1980 Saarbrücken - 1975-80 wiss. Mitarb. Univ. d. Saarl.; 1980/81 Lehrstuhlvertr. Hochsch. d. Bundesw. Hamburg; 1981ff. Prof. Univ. d. Bundesw. München. 1980-82 Mitgl. Präsid. Hochschulverb. - BV: Ind. u. Handw. im Konflikt m. staatl. Wirtschaftspolitik? Stud. z. Pol. d. Arbeitsbeschaff. in Dtschl. 1930-34, 1977; D. Debatte üb. d. Kalten Krieg, 1982; Politik in Israel, 1983; Israel: Politik, Gesellschaft, Wirtschaft, 3. A. 1989; Politik als Investitionsmotor? Dt. Multis in Lateinam., 1985; German-Saudi Arabian Arms Deals, 1985; Dt.-israel. Bezieh., 1986; West Germany's Foreign Policy, 1986; Israel: Polity, Society, Economy, 1987; Ewige Schuld? 40 J. Dtsch.-Jüdisch-Israelische Beziehungen, 3. A. 1989; Nahost (m. Friedrich Schreiber), 2. A. 1989 - Spr.: Engl., Franz., Hebräisch.

WOLFGART, Hans

Dr. phil., Prof. f. d. Pädagogik d. Körperbehinderten u. d. Sprachbehinderten Univ. Dortmund - Elsetalstr. 26, 5840 Schwerte 5 - Geb. 11. April 1924 Schwerte, kath., verh. s. 1949, 3 Kd. (Martin, Ludger, Barbara) - Promot. 1967 Univ. Münster - 1952-57 Lehrer; 1960-64 Gehörlosenlehrer; 1964-67 Assist. PH Dortmund; 1969 ff. Prof. in Dortmund. Veröff. z. Themen d. Körperbeh. (Früherzieh., Schule, Sexualerzieh., Mod. techn. Unterr.- u. Kommunikationshilfen); u. a. D. Orff-Schulwerk b. Beh. - Liebh.: Musik (bes. Kirchenm.) - Spr.: Engl.

WOLFGRAMM, Torsten

Geschäftsführer, MdB (s. 1974; 1978ff. Fraktionsgf.), Lehrbeauftr. Univ. Hannover (s. 1979) - Bundeshaus, 5300 Bonn - Geb. 30. Aug. 1936 Berlin (Vater: Rechtsanw.), verh. (Ehefr.: Apothekerin), 3 Kd. - Stud. Rechts- u. Staatswiss. Göttingen, Freiburg, Berlin - S. 1965 Gf. Studentwohnheimsiedl. Akad. Burse, Göttingen. 1968-79 Ratsherr Göttingen; 1982 stv. Vors. Friedr.-Naumann-Stiftg; Mitgl. Fernsehrat ZDF; AR-Mitgl. ZDF-Fernsehstudios, München. FDP s. 1967 (stv. Kreisvors. u. Landesvorstandsmitgl.).

WOLFINGER, Bernd

Dr. rer. nat., Prof. f. Informatik Univ. Hamburg - Ahornweg 98, 2083 Halstenbek - Geb. 5. Febr. 1951 Pforzheim (Vater: Emil W.; Mutter: Lore, geb. Waibel), ev., verh. s. 1974 m. Gabriele, geb. Bodamer, 2 Kd. (Sascha, Susanne) - 1970-75 Stud. Math. u. Informatik Univ. Karlsruhe, Lyon (Maîtrise 1974, Dipl.-Math. 1975, Promot. 1979) - 1975-80 wiss. Mitarb. KfK Karlsruhe; 1981 Hochschulassist. Univ. Karlsruhe; s. 1981 Professor (Rechnerorg.) Univ. Hamburg. Zahlr. Fachveröff. - Spr.: Engl., Franz., Latein.

WOLFRAM, Erich

Geschäftsführer Ges. f. Energietechnik mbH, Essen, Büro München, Alt-Oberbürgermeister, MdB (1969-86) - Am Buchenwald 10, 8133 Feldafing (T. 08157 - 71 46 u. 089 - 470 70 90) - Geb. 5. Okt. 1928 Bruch/Sudetenl. (Vater: Josef W., Bürgermeister; Mutter: Marie, geb. Kellermann), ev., verh. s. 1949 m. Helgard, geb. Gebhardt, S. Guido - Univ. Halle/S. u. Köln (Volksw., Versicherungswiss.). Dipl.-Versicherungssachverst. 1951-57 IG Bergbau u. Energie; s. 1957 Ewald-Kohle AG (Handlungsbevollm., Prok., Dir.) u. Ruhrkohle AG (1970 Dir.); 1969-86 Bürgerm. bzw. Oberbürgerm. Recklinghausen; 1970-72 Mitgl. Europ. Parlament. SPD s. 1946 - Interessen: Wirtsch.-, insb. Energiepolitik, Ost- sowie Kulturpolitik - Gr. BVK; VO. d. Landes NRW; König Abdul-Aziz-Orden v. Saudi Arabien; Jugoslaw. Fahne m. Stern; Chevalier de l'Ordre du Mérite, Frankr.; Kommandoria d. VO d. Volksrep. Polen.

WOLFRAM, Günter

Diplom-Wirtsch., Bürgermeister, MdL Rhld.-Pfalz (1963-75) - Am Sonnenborn 2, 5244 Daaden (T. 20 82) - Geb. 12. Jan. 1930 Halle/S., ev., verh., 2 Kd. - Univ. Halle u. Leipzig (Volksw.). Staatsex. 1951 - 1953-65 Siegerl. Erzbergbau (zul. Direktionsassist. f. Sozialwesen); 1964-73 Ingenieurbüro (Geschäftsf.). 1958 ff. Mitgl. Stadtrat Betzdorf; 1960 ff. MdK Altenkirchen; s. 1973 Bürgerm. Daaden. SPD s. 1955.

WOLFRUM, Dieter

Dr. oec. publ., Dipl.-Kfm., Mitinhaber Wolfrum & Gerbeth, München, u. Heckel & Hagen, Naila, Vors. Verb. dt. Schuhgroßhändler, Frankfurt/M. - Leienfelsstr. 24, 8000 München-Neuaubing - Geb. 1. April 1928.

WOLFRUM, Ludwig

I. Bürgermeister Stadt Tirschenreuth - Rathaus, 8593 Tirschenreuth/Opf. - Geb. 3. März 1925 Tirschenreuth - Zul. Amtsinsp. CSU.

WOLFRUM, Rüdiger

Dr. jur., Univ.-Prof. f. öffentliches Recht (einschl. Völkerrecht), Direktor Institut f. Intern. Recht Univ. Kiel - Lindenallee 13, 2300 Kiel-Altenholz (T. 0431 - 32 18 44) - Geb. 13. Dez. 1941 Berlin, ev., verh. s. 1969 m. Hildegard, geb. Hörner, 2 Söhne (Christian, Bernhard) - Jura-Stud. Univ. Bonn u. Tübingen; Staatsex.; Promot. 1973; Habil. 1981 Bonn - B. 1982 Prof. Univ. Mainz; s. 1982 Univ. Kiel; Richter am OVG Lüneburg; Mitgl. d. dt. Delegation z. 3. UN Seerechtskonferenz u. zu d. Verhandl. üb. mineral. Ressourcen d. Antarktis - BV: D. innerparteil. demokr. Ordnung n. d. Parteiengesetz, 1974; D. Internationalisierung staatsfreier Räume, 1984; Völkerrecht, Bd. 1, 1989 2. A. d. v. Dahm begr. Lehrb. (zus. m. Delbrück). Veröff. auf d. Geb. d. Staatsrechts, Verwaltungsrechts u. Völkerrechts - Spr.: Engl., Franz.

WOLFSLAST, Jürgen

Dr. rer. pol., Dipl.-Volksw., Geschäftsführer, Mitgl. Hauptgeschäftsf. Unternehmerverb. Niedersachsen - Freihorstfeld 8, 3000 Hannover 71 (T. 52 36 91) - Geb. 3. März 1939 Berlin (Vater: Dr. Werner W., Arzt; Mutter: Dora, geb. Biehl-Lenz), ev., verh. s. 1959 m. Sonja, geb. Piontek, 2 Kd. (Peter-Christian, Alexandra) - Dipl. 1962, Promot. 1967 - BV: Cost - benefit-analysis im Gesundheitswesen, 1966 - Spr.: Engl.

WOLFSTETTER, Elmar G.

Dr., Prof. f. Volkswirtschaftslehre FU Berlin - Boltzmannstr. 20, 1000 Berlin 33 (T. 838 36 74) - Geb. 16. Nov. 1945 Stuttgart - 1970-74 wiss. Assist. Univ. Heidelberg u. Univ. Dortmund; 1974-78 Assist.-Prof. State Univ. New York; 1978-79 Assoc.-Prof. ebd.; s. 1979 Berlin; 1981 Univ. Kassel; 1987 Rijksuniv. Groningen - BV: zu Themen d. Kapitaltheorie, 1974 u. 1977. Zahlr. Aufs. in intern. Fachztschr. zu Themen d. Mikroökonomie, Kontrakttheorie, Konjunkturtheorie, Kapitaltheorie, u. a. in: Economic Journal, 1973 u. 1976; Ztschr. f. Nationalökonomie, 1982 u. 1985; Metroeconomica, 1982 u. 1985; Economics Letters, 1984 u. 1986; Ztschr. f. d. ges. Staatswiss., 1984; etc. - 1979 Summer Fellow King's College, Cambridge; 1983 Charles E. Culpepper Fellow of Economics, Oberlin College.

WOLFZETTEL, Friedrich

Dr. phil., Prof. f. Romanische Philologie (Literaturwiss.) - Burgstr. 23, 6301 Wettenberg 1 (T. 0641-8 45 25) - Geb. 18. Aug. 1941 Beuthen/Oberschl. (Vater: Erich W., Dipl.Ing.; Mutter: Elfriede, geb. Gampe), kath., verh. s. 1970 m. Gisela, geb. Deutsch, 3 Kd. (Thomas Erich, Carola, Annika Christiane) - Abit. Mannheim 1960, Staatsex. Univ. Heidelberg 1967 (Roman., Angl.), Promot. 1969, Habil. Univ. Gießen 1973 - 1968-72 wiss. Assist. Gießen, 1972ff. Hochschullehrer, s. 1988 Univ. Frankf./M. S. 1982 Präs. (zuvor 1972-82 Sekr.) dt. Sektion Intern. Artusges., s. 1982 Vors. Dt.-Franz. Ges. Gießen - BV: Michel Butor u. d. Kollektivroman (Diss.), 1969; (m. U. Mölk): Répertoire métrique de la poésie lyrique française des origines à 1350, 1972; Einf. in d. franz. Lit.geschichtsschreib., 1982. Mitarb. an: Lyrik d. Mittelalters (hg. Heinz Bergner), 2 Bde., 1983; Ce désir de vagabondage cosmopolite. Wege u. Entw. d. franz. Reiseberichts im 19. Jh., 1986; Jules Verne, 1988. Herausg.: D. franz. Sozialroman d. 19. Jh. (1981); Flora Tristan: Meine Reise nach Peru (Übers. u. Einl. 1983); Artusrittertum im späten MA (1984); Franz. Schicksalsnovellen d. 13. Jh. (Übers. u. Einl. 1986) - Spr.: Engl., Franz., Ital., Port., Span., Russ.

WOLGAST, Eike

Dr. phil., Prof. f. Neuere Geschichte - Frauenpfad 15, 6915 Dossenheim (T. 86 21 22) - Geb. 8. Sept. 1936 Ludwigslust, ev. - Univ. Göttingen u. Heidelberg (Promot. 1964 Göttingen) - 1973 Dozent Göttingen, 1976 o. Prof. Univ. Heidelberg - BV: D. Wittenberger Luther-Ausgabe, 1971; Wittenberger Theologie u. Politik d. ev. Stände, 1977; Religionsfrage als Problem d. Widerstandsrechts im 16. Jh., 1980; Thomas Müntzer, 1981; D. Univ. Heidelberg 1386-1986, 1986 - O. Mitgl. Hist. Kommiss. d. bayer. Akad. d. Wiss., Kommiss. f. geschichtl. Landeskd. Baden-Württ.

WOLKEN, Alfred

s. Wolken, Karl Alfred

WOLKEN, Elisabeth,

geb. Gericke

Dottore in Lettere, Direktorin Dt. Akademie, Rom/Villa Massimo (s. 1965) - Largo di Villa Massimo 1-2, Rom (Italien) (T. 42 33 92) - Geb. 11. Aug. 1936 München (Vater: Prof. Herbert Gericke, 1929-39 u. 1957-65 Dir. Dt. Akad., Rom (s. dort); Mutter: Erika, geb. Kunheim), ev., verh. s. 1963 m. Karl-Alfred W., Schriftst. (s. dort), 4 Kd. (Lavinia, Eduard-Patick, Michael, Clemens) - Dott. in Lett. Univ. Rom - Spr.: Ital., Franz.

WOLKEN, Karl-Alfred

Schriftsteller - Largo di Villa Massimo 1-2, Rom (Italien) (T. 42 33 92) - Geb. 26. Aug. 1929 Wangerooge/Nordsee (Vater: Heinrich W., Schmied; Mutter: Johanna, geb. Burgemeister), ev., verh. s. 1963 m. Elisabeth, geb. Gericke (Dir. Dt. Akad., Rom), 4 Kd. (Lavinia, Eduard-Patrick, Michael, Clemens) - Abitur - 1949-59 Tischler; 1962-64 Lektor - BV: Halblaute Einfahrt, Ged. 1960; Schnapsinsel, R. 1961 (auch ital.); Zahltag, R. 1964; Wortwechsel, Ged. 1964; Klare Verhältnisse, Ged. 1968; Außer Landes, Ged. 1979; D. richtige Zeit z. Gehen, Ged. 1982; Eigenleben, Ged. aus d. Villa Massimo 1987 - 1961 Förderpreis Kulturkr. Bundesverb. d. Dt. Industrie, 1962 Rom-Preis Villa Massimo, 1963 Förderpreis Bayer. Akad. d. Schönen Künste, 1975 Georg-Mackensen-Preis, Mitgl. PEN-Zentrum BRD - Liebh.: Schwimmen - Spr.: Engl., Ital.

WOLL, Artur

Dr. rer. pol. (habil), o. Prof. f. Volkswirtschaftslehre - Am Höchsten 1, 5912 Hilchenbach 4 - Geb. 30. Okt. 1923 Duisburg (Vater: Peter W., Bergmann; Mutter: Veronika, geb. Schinkowsky), verh. I) 1945 m. Magdalene, geb. Hübner, S. Walter, II) 1972 Dr. Irene, geb. Schumacher, T. Bettina u. Cornelia - Abendgymn. Duisburg; Univ. Köln, Bonn, Freiburg (Volksw.) - B. 1954 Dt. Bundesbahn; s. 1958 Univ. Freiburg (Assist., 1964 Privatdoz.), Gießen (1964 o. Prof. u. Dir. Wirtschaftswiss. Sem.), Siegen (1972 o. Prof. u. Gründungsrektor b. 1980). Mitgl. Ges. f. Wirtschafts- u. Sozialwiss., American Economic Assoc., Royal Economic Soc. - BV: Wechselkursvariationen u. Beschäftigungsniveau, 1958; D. Wettbewerb im Einzelhandel - Z. Dynamik d. mod. Vertriebsformen, 1964; Grundprobleme d. Wirtschaft, 1964; Allg. Volksw.lehre, 9. A. 1987; Wirtschaftspolitik, 1984 - Spr.: Engl.

WOLL, Dieter

Dr. phil., Prof. f. Roman. Philologie (Sprachwiss. m. bes. Berücksicht. d. Portugies.), Univ. Marburg (s. 1982) - Zu erreichen üb. Univ., Inst. f. Roman. Philol., Wilh.-Röpke-Str. 6D, 3550 Marburg (T. 06421 - 28 47 78); priv.: Am Richtsberg 1/IV (T. 4 69 57) - Geb. 27. April 1933 Aachen (Vater: Julius W., Steuerinsp.; Mutter: Katharina, geb. Reinartz) - Gymn. Boppard u. Aachen (Abit. 1952), Univ. Bonn, Freiburg u. Coimbra (b. 1958) - 1958-59 Lektor Univ. Coimbra, 1959-61 wiss. Mitarb. Roman. Etym. Wörterb., 1961-70 wiss. Assist. Univ. Bonn, 1970/71 Akad. Rat, 1971-77 Akad. Ob.rat, 1971-77 apl. Prof., 1977-82 Prof. Univ. Heidelberg - BV: Idealität u. Wirklichk. in d. Lyrik Mário de Sá-Carneiros, 1960; Realidade e idealidade na lírica de Sá-Carneiro, Lisboa 1968; Machado de Assis. D. Entw. s. erz. Werkes, 1972; Portugies. Märchen, 1975 - Spr.: Engl., Franz., Ital., Portugies., Rumän., Span.

WOLL, Erna

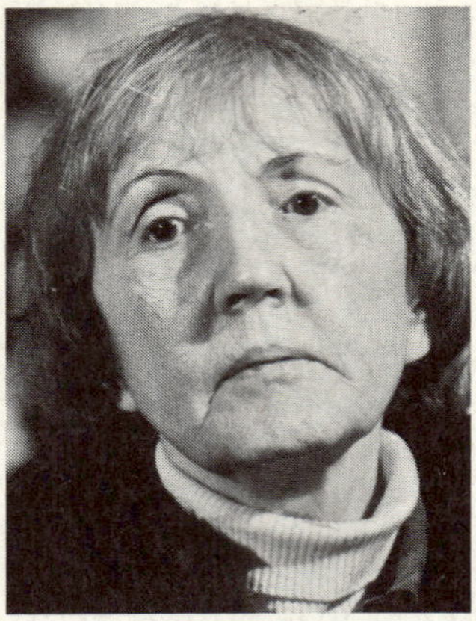

Honorarprof. Univ. Augsburg, Komponistin - E.-M.-Arndt-Str. 32 1/2, 8900 Augsburg 41 (T. 0821 - 70 52 92) - Geb. 23. März 1917 St. Ingbert/S. (Vater: Karl W., Hüttenbeamt.; Mutter: Anna, geb. Illig) - 1936-38 Stud. Kirchenmusik Heidelberg (Dipl. 1938); 1940-44 Stud. Schulmusik u. Kompos. Musikhochsch. München (Staatsex. 1944); 1946-48 Kompos. u. Chorltg. Köln (Staatsex. 1948); Stud. German. Univ. München, Würzburg, Heidelberg (Staatsex. 1950) - 1950-72 Lehrtätigk. Entd.: Buchprogrammiertes Musiklernen u. Notenhören - BV: 6 Bücher - Zahlr. Musikw. - Kompos.: Lieder d. Liebe, Da ist wieder d. Flügelschlag, Zeit o. Verkündig., Requiem f. Lebende, le Fort-Motetten, Canticum f. Liebende, Augsburger Kyrie, Martin Luther: Ich glaube, daß mich Gott geschaffen hat, Süßes Saitenspiel, Sola gratia - Zyklus f. Bariton u. kl. Orch., Texte: Kurt Marti, Üb. d. Schmerzgrenze, Texte: Maria Luise Kaschnitz, Wie spricht man mit dir (Ökumen. Marienlieder), Suchen-Hören-Loben: Orgeltriptychon u. a. - 1965 u. 69 Valentin Becker-Preis; 1978 Dt. Allg. Sängerbd., u.a.

WOLL, Ludwig J.

Technischer Beamter, Landesvors. Deutscher Motorsport-Verb. Saar - Franzstr. 18, 6689 Wemmetsweiler - Geb. 20. Sept. 1938 Wemmetsweiler, kath., verh. s. 1958 m. Ursula, geb. Dörr, 2 T. (Patrice, Alexandra) - Ausb. z. Sport- u. techn. Kommissar in Frankfurt, Karlsruhe, Stuttgart - Aussch.-Vors. Dt. Motorsport-Verb. f. Technik u. Rallyesport; Landesvors. DMV-Saarl.; Vors. Renngemeinsch. AMC Wemmetsweiler; Rennleit., Fahrtleit., Sportkommissar u. techn. Kommissar ONS u. OMK Int. Sporting Stuart - Sportabzeichen in Gold - Liebh.: Motorsport - Spr.: Engl., Franz.

WOLLBURG, Gerd

Dr. jur., stv. Vorstandsvorsitzer Maschinenfabrik Augsburg-Nürnberg AG. (MAN), Augsburg, Vizepräs. VDMA, Präs.smitgl. BDI - Carron-du-Val-Str. 27a, 8900 Augsburg (T. 55 13 55; Büro: 3 22-1) - Geb. 17. Jan. 1924 Parchim/Meckl., ev., verh. s. 1953 - Stud. Rechtswiss. Gr. jurist. Staatsprüf. - Zul. Vorstandsmitgl. Ferrostaal AG., Essen. ARsmandate u. a.

WOLLEMANN, Horst

Rechtsanwalt, Hauptgeschf. Bundesverb. Garten-, Landschafts- u. Sportplatzbau - Alexander-von-Humboldt-Str. 4, 5340 Bad Honnef 1 (T. 02224 - 77 07-0, Telefax 02224 - 77 07 77) - Geb. 18. Dez. 1948 Göttingen, verh. s. 1972 m. Ursula, geb. Schaare, 2 Töcht. (Tina Vanessa, Ewa Janina) - Jurastud. München u. Göttingen; Staatsex. 1978 - 1978-81 Zentralaussch. d. Werbewirtsch.; 1981-86 Pers. Ref. v. Hans A. Engelhard; s. 1982 Bundesmin. d. Justiz; s. 1986 Bundesverb. Garten-, Landschafts- u. Sportplatzbau.

WOLLENSAK, Josef

Dr. med., o. Prof. f. Augenheilkunde - Wildentensteig 4, 1000 Berlin 33 (T. 8 26 44 99) - Geb. 8. März 1928 Tattnang - Gymn.; Univ. Tübingen, Paris, Montpellier. Promot. 1953 Tübingen; Habil. 1963 Erlangen - S. 1963 Lehrtätigk. Univ. Erlangen-Nürnberg u. FU Berlin (1969 Ord. u. Dir. Augenklinik/Klinikum Charlottenburg). Spez. Arbeitsgeb.: Biochemie, klin. Virologie u. Histopathol. d. Auges. Facharb. - Spr.: Engl., Franz.

WOLLENSCHLÄGER, Harry

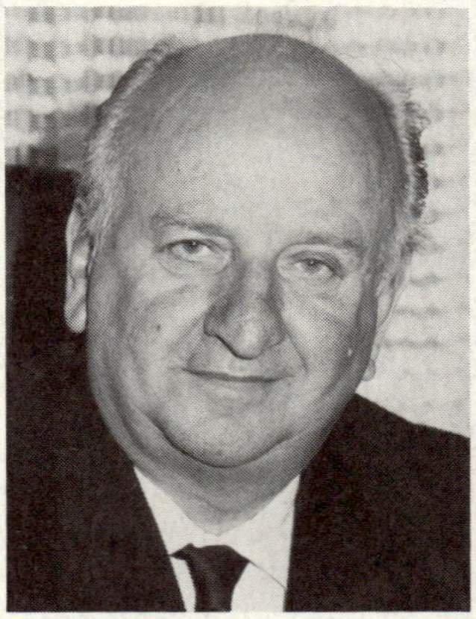

Schausteller, MdA Berlin (1971-75), Präs. Europ. Schausteller-Union, Luxemburg (s. 1983), Vors. Kultur u. Bildungswerk d. Dt. Schausteller (s. 1988) - Preußenallee 14, 1000 Berlin 19 (T. 305 82 11) - Geb. 3. Juni 1927 Berlin, verh. (Ehefrau: Rita), 2 Kd. (Peggy, Thilo) - S. 1948 selbst. S. 1957 gf. Vorst.-Mitgl. u. Vors. (1970) Berliner Schausteller-Verb., 1975 Präs. Dt. Schaustellerbd., Bonn-Bad Godesberg. 1967-71 Bezirksverordn. Charlottenburg. 1978-83 Vizepräs. Europ. Schausteller-Union. Bürgerdeputierter Wirtschaftsaussch. Charlottenburg, stv. Vors. Beir. VDK; Beiratsmitgl. Grundkreditbank Berlin (Volksbank). CDU s. 1957 - 1974 BVK; 1980 BVK I. Kl.; 1985 Gr. BVK; 1987 Ritter d. franz. VO.

WOLLENWEBER, Eckhard

Dr. rer. nat., Prof. f. Botanik TH Darmstadt - Nieder-Ramstädter-Str. 233, 6100 Darmstadt - Geb. 9. Nov. 1941 Kaiserslautern - 1962-68 Stud. Univ. Heidelberg (Biol., Chemie, Pharmakol.); Promot. 1970; Habil. 1975 - S. 1980 Prof. Rd. 150 wiss. Publ. - Spr.: Engl., Franz., Span.

WOLLER, Rudolf

Chefredakteur a. D., fr. Journalist u. Filmmacher - Comp. 24, 108 Ranch, 100 Mile House, B.C., VOK 2EO, Kanada - Geb. 19. Juni 1922 Singen/Hohentw., kath., verh. s. 1954 m. Ingeborg, geb. Stahlschmidt - S. 1945 journalist. Tätigk., u. a. Bonner Korrespo. D. Tag, Berlin (1951-52), Quick, München (1951-62), Schwäb. Ztg., Leutkirch (1951-62), Weser-Kurier, Bremen (1956-62), Bad. Neueste Nachr., Karlsruhe (1956-62), Studioleit. (1962), Chefredakt. ZDF, Präs. (1969-78), seith. Ehrenpräs. Verb. d. Reserv. d. dt. Bundesw. (s. 1972 Oberst d. R.) - BV: D. unwahrscheinl. Krieg - E. realist. Wehrkonzeption, 1970; 6 x Kanada (Panoramen d. Welt), 1985 - 1973 BVK I. Kl.; 1982 Gr. BVK - Liebh.: Lesen, Fliegen (Starfighter, Phantom), Reiten, Ski.

WOLLERT, Arthur

Vorstandsmitglied Hertie Waren- u. Kaufhaus GmbH, Frankfurt - Zu erreichen üb. Hertie GmbH, Zentralverw., Lyoner Str. 15, 6000 Frankfurt/M. 71 -

Geb. 1935 - Zuständ. f. Personalwesen im Hertie-Vorst.

WOLLERT, Erich

Geschäftsführer, Vermögensverwaltungs- u. Treuhand-Ges. d. Dt. Gewerkschaftsbundes mbH. - Hans-Böckler-Str. 39, 4000 Düsseldorf 30.

WOLLIN, Gunter

Dr., Hauptgeschäftsführer Bundesverb. d. Groß- u. Außenhandels m. Molkereiprodukten - Buschstr. 2, 5300 Bonn 1.

WOLLMANN, Alfred

Dr. phil., o. Prof. f. Angew. Sprachwiss. u. Direktor Engl. Seminar Univ. Köln - Mannsfelder Str. 41a, 5000 Köln 51 - Geb. 30. Juni 1922 Aicha - Stud. Univ. Prag, München; Promot. 1955 München - Fr. Mitarb. Bayer. Rundf.; 1955-64 Gymnasialdst.; 1964-75 Univ. München (Dir.); 1975 o. Prof. Univ. Köln - BV: Engl. Phonetik u. Phonol., 3. A. 1986 (m. G. Scherer) - Lit.: W. Welte (Hrsg.), Sprachtheorie u. Angew. Linguistik, Festschr. f. A. W., 1982 - Spr.: Engl., Franz., Ital., Tschech.

WOLLMANN, Hellmut

Dr. jur., Prof. f. Verwaltungswissenschaft - Bamberger Str. 39, 1000 Berlin 30 - Geb. 12. April 1936 Kreibitz (Vater: Rudolf W.; Mutter: Anna, geb. Wollmann) - Wesleyan Univ./USA, Univ. Heidelberg, FU Berlin (Rechtswiss., Politikwiss.), bde. jur. Staatsex. (1962, 1967), Promot. 1967 - S. 1974 Hochschullehrer FU Berlin; Gesellsch. Inst. f. Stadtforsch. u. Strukturpolitik, Berlin - BV: D. Stellung d. Parlamentsminderheiten in Engl., d. BRD u. Italien, 1970; Evaluierungsforsch. Ansätze u. Meth. (m. Hellstern), 1983. Herausg.: Politik im Dickicht d. Bürokratie, Sonderh. 9/ 1979, Leviathan. Mitherausg.: Evaluation Research and Practice (1981), Applied Urban Research (1982), Experimentelle Politik (1983), Kommunale Wohnungspolitik (1983), Stadtpolitik in d. 80er J. (1983), Evaluierung u. Erfolgskontrolle in Kommunalpolitik u. - verw. (1984), Handb. z. Evaluierungsforsch. (1985), Kommunale Beschäftig.-politik (1986), Schriftenr. Stadtforsch. aktuell u. Policy-Forsch. - Korr. Mitgl. Akad. f. Raumforsch. u. Landesplanung.

WOLLMER, Axel

Dr. rer. nat., Univ.-Prof. TH Aachen (s. 1974) - Hans-Böckler-Allee 31, 5100 Aachen (T. 8 16 12) - Geb. 13. Aug. 1935 Stade (Vater: Adolf W., Tiefbau-Ing.; Mutter: Toni, geb. Meyer), ev., verh. s. 1967 m. Bärbel, geb. Krüger, 2 Kd. (Marc Axel, Cosima) - Stud. d. Chemie Univ. Kiel; Dipl.ex. 1963; Promot. 1964; Habil. 1972 Aachen - 1964-66 Wiss. Mitarb. DFG Kiel, 1962-65 Forschungsaufenth. Inst. Pasteur, Paris; s. 1966 TH Aachen (Wiss. Assist. u. 1972 Oberassist.), 1976 Visiting Scientist, Oxford Univ. Mithrsg.: Insulin - Chemistry, Structure and Function of Insulin and Related Hormones (1980). Üb. 70 Fachveröff. dt., europ. u. amerikan. Ztschr. - Spr.: Engl., Franz.

WOLLNER, Gerhard

Schauspieler - 1000 Berlin 19 (T. 030-321 47 08) - Geb. 28. Juli 1917 Berlin (Vater: Hugo W., Kaufm.; Mutter: Maria, geb. Zindler), ev., verh. s. 1951 m. Ilse, 1 Kd. - Realgymn.

WOLLNER, Leo

Prof., Leiter Kl. f. Textilentwürfe Kunstakad. Stuttgart - Kantstr. 5, 7014 Kornwestheim/Württ. - Geb. 29. Juli 1925.

WOLLRAB, Adalbert

Dr., C. Sc., Prof., Chemiker, Fachdidaktiker - Am Steinacker 4, 6301 Pohlheim 1 (T. 06403 - 6 18 21) - Geb. 9. Juni 1928 Saaz (Vater: Norbert W., Kaufm.; Mutter: Elfriede, geb. Jülka-Hrdonka), kath., verh. s. 1956 m. Maja, geb. Lechner, T. Monika - Chemiestud., Promot. 1958, Titel C. Sc. tschech.

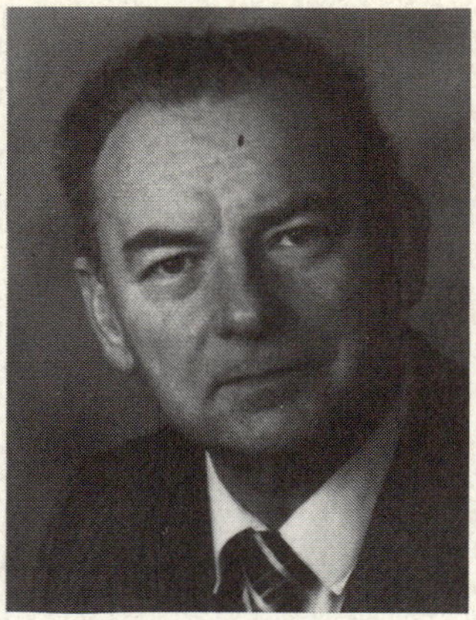

Akad. d. Wiss. 1962 - 1958-68 Chemiker Inst. f. Organ. Chemie u. Biochemie Tschech. Akad. d. Wiss.; s. 1971 Prof. Univ. Gießen; 1983-87 Vorst. Ges. f. Didaktik d. Chemie u. Physik - BV: Lehrb. z. Gaschromatographie, 50 Fachveröff. - Spr.: Tschech., Engl., Russ.

WOLLSCHEID, Günther

Schulrat, MdL Rhld.-Pfalz (s. 1975) - Wilhelm-Schmelzer-Weg 14, 5569 Gillenfeld - Geb. 17. Okt. 1926 - CDU.

WOLLSCHLÄGER, A. E. Johann

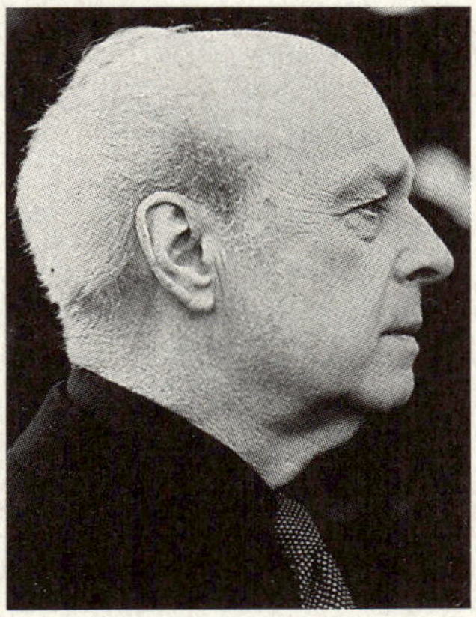

Schriftsteller (Ps.: A. E. Johann) - Oerreler Dorfstr. 46, 3122 Dedelstorf-Oerrel (T. 05832 - 15 51) - Geb. 3. Sept. 1901 Bromberg (Vater: Ernst W., Postrat; Mutter: Marie, geb. Fischer), luth., verh. I. s. 1934 m. Ludwiga, geb. Schramm (†1978), T. Ruth, II. m. Dr. Ingeborg, geb. Weihrauch - Realgymn. Bornberg; Lehre Pr. Staatsbank, Berlin; Univ. Berlin (Theol., Geogr., Soziol.) - 1927-38 Auslandskorresp. u. Chefredakt. Ullstein-Verlag, Berlin - BV (GA. üb. 10 Mill., dazu Übers.): Mit 20 Dollar, Reiseb. 1928; D. innere Kühle, R. 1929; 40 000 Kilomneter, Reiseb. 1930; D. unvollk. Abenteurer, R. 1931; Untergang am Überfluß - Wirtschaftsstudie, 1932; Känguruhs, Kopra u. Korallen, Reiseb. 1935; Geishas, Generale, Gedichte, Reiseb. 1936; Präsidenten, Prämien u. Pelzjäger, Reiseb. 1936; Kulis, Kapitäne, Kopfjäger, Reiseb. 1937; Groß ist Afrika, Reiseb. 2 T. 1939/55; D. Tod im Busch, Erz. 1939; Im Strom, R. 1939; Zw. Westwall u. Maginot, Kriegsb. 1940; Land ohne Herz, Kriegsb. 1941; D. Ahornblatt, R. 1944; NA. 1970; D. Wildnis, R. 1950; Ferne Ufer, Erz. 1951; Schneesturm, R. 1952; Weiße Sonne, R. 1953; Heimat d. Regenbogen, Reiseb. 1954; Steppenwind, R. 1956; Große Weltreise, Reiseb. 1956; Sohn d. Sterne u. Ströme, R. 1957; D. Mann, d. s. Wort gab, N. 1957; Wohin die Erde rollt, Reiseb. 1958; Wo ich d. Erde am schönsten fand, Reiseb. 1960; à la Indonesia, Reiseb. 1961; D. wunderbare Welt d. Malaien, Reiseb. 1962; Afrika gestern u. heute- Europas dunkle Schwester, 1963; Gewinn u. Verlust, R. 1964; Amerika ist e. Reise wert, Reiseb. 1967; D. große Buch v. d. Erde, 1969; Weltreise auf d. Spuren d. Unruhe, 1970; Nach Kanada sollte man reisen, Reiseb. 1970; E. Traumland - British Columbia, 1971; Aus d. Dornbusch, R. 1972; Menschen an meinen Wegen, Erz. 1973; Ans dunkle Ufer, R. 1973; Wäder jenseits d. Wälder, R. 1974; Farbige Weltreise, Reiseb. 1976; D. Bergwelt Kanadas, Reiseb. 1976; Elefanten - Elefanten, Sachb. 1974; Am Ende e. Anfang, R. 1978; Hinter d. Bergen d. Meer, R. 1979; Irland, Reiseb. 1979; V. Yukon z. Rio Grande, Reiseb. 1980; D. Leute v. Babentin, R. 1981; D. Glück d. Reisens, Sachb. 1981; D. Haus am Huronensee, R. 1982; Kanadas Ferner Osten, Reiseb. 1982; Eva's Wildnis, R. 1984; Südwest, R. 1984 - E. afrikan. Traum, R. 1984; Hinter amerikan. Gardinen, R. 1985; Trans-Canada, Reiseber. 1986; Du kannst dir nicht entfliehen, R. 1987; D. Wind d. Freiheit, R. 1987; Sehnsucht nach d. Dobrinka, R. 1988; Dies wilde Jh., Sachb. 1989 - 1969 Marienburg-Preis Landsmannschaft Westpreußen - Spr.: Engl., Franz., Russ.

WOLMAN, Walter

Dr.-Ing., o. Prof. f. Fernmeldeanlagen (emerit. 1966) - Gluckstr. 19, 7000 Stuttgart 1 (T. 69 23 53) - Geb. 20. Jan. 1901 Elberfeld (Vater: Dr. Ludwig W., Chemiker), Christengem., verh. s. 1929 m. Lisbet, geb. Hoffmann, 4 Kd. (Marei, Georg, Christof, Friedgart) - Stud. Elektrotechnik, Dipl.-Ing. 1925 Darmstadt - 1925 Assist. TH Aachen, 1927 Siemens & Halske, 1938 ao. Prof. TH Dresden, 1948 o. Prof. u. Inst.sdir. TH Stuttgart. Zahlr. Fachveröff.

WOLOWICZ, Ladislaus Alexander

I. Bürgermeister - Rathaus, 8027 Neuried/Obb. - Geb. 2. Juni 1931 Pressburg - Zul. Redakt. (Technik). Vors. Zweckverb. Staatl. Gymn. im Würmtal. CSU.

WOLPERS, Theodor

Dr. phil., o. Prof. f. Engl. Philologie - Guldenhagen Nr. 11, 3400 Göttingen (T. 7 24 24) - Geb. 9. März 1925 Essen - S. 1960 (Habil.) Lehrtätigk. Univ. Durham, Bonn, Köln, Erlangen-Nürnberg (1962 Ord.), Göttingen (1966 Ord.) - BV: Engl. Heiligenlegende d. Mittelalters, 1964; Bürgerl. bei Chaucer, 1980. Div. Einzelarb. Mithrsg.: Ztschr. Anglia (1965ff.), Hrsg. Motive u. Themen i. Erzähl. d. spät. 19. Jh., 1982, Motive u. Themen Romant. Naturdichtung, 1984 - 1971 Ruf Univ. München (1972 abgelehnt) - 1971 Mitgl. d. Akad. d. Wiss. Göttingen.

WOLTER, Frank

s. Breucker, Oscar Herbert

WOLTER, Hans-Henning

Dr. phil., Botschafter d. Bundesrep. Dtschl. in Maseru/Lesotho - P.O. Box 1641, Maseru 100/Lesotho. - Botsch. Dominikan. Republik, Botsch. in Kathmandu/Nepal.

WOLTER, Hans-Joachim

s. Chollet, Hans-Joachim

WOLTER, Hans-Jürgen

Rechtsanwalt, MdL Schlesw.-Holst. (VIII./IX. Wahlp.) - Meesenring 2, 2400 Lübeck 1 (T. 6 60 45) - Geb. 26. Febr. 1941 Lübeck, ev. - Realsch. (Abschl. 1957); 1957-58 Lacklaborantenausbild.; ab 1959 Verw.slehre; 1965-67 Hochsch. f. Wirtschaft u. Politik (Dipl. Volksw.); n. Zulass. z. Univ. ohne Reifezeugnis 1968-1973 Stud. Rechtswiss. (Hamburg). Beide jurist. Staatsprüf. - Journ. (1970-71 Redakt. Nordwoche) Lübeck. 1970-1975 Mitgl. Lübecker Bürgerschaft. SPD.

WOLTER, Jürgen

Dr. jur., o. Prof. f. Strafrecht u. Strafprozeßrecht Univ. Regensburg - Zu erreichen üb. Univ. Regensburg, Lehrst. f. Strafrecht, Strafprozeßrecht, Universitätsstr. 31, 8400 Regensburg - Geb. 7. Sept. 1943 Hahnenklee/Harz, ev. - 1963-68 Stud. Rechtswiss. Univ. Göttingen u. München; 1. jurist. Staatsprüf. 1969 Celle, Strafrechtl. Promot. 1971 Göttingen, 2. jurist. Staatsprüf. 1974 Hannover, Habil. 1979 Univ. Bonn - 1974 Staatsanwalt LG Hannover; 1974-79 Wiss. Assist. Univ. Bonn; s. 1980 Prof. f. Strafrecht Univ. Hamburg; s. 1981 Prof. f. Strafrecht u. Strafprozeßrecht Univ. Heidelberg; s. 1985 Prof. f. Strafrecht u. Strafprozeßrecht Univ. Bonn; s. 1988 Prof. f. Strafrecht u. Strafprozeßrecht Univ. Regensburg - BV: Altern. u. eindeutige Verurteil. auf mehrdeutiger Tatsachengrundl. im Strafrecht. Zugleich e. Beitr. z. Abgrenz. v. Vorsatz u. Fahrlässigk. (Diss.), 1972; Objektive u. personale Zurechn. v. Verhalten, Gefahr u. Verletz. in e. funktionalen Straftatsystem (Habil.schr.), 1981; Wahlfeststell. u. in dubio pro reo, 1987.

WOLTER, Jürgen

Dr. phil., Prof. f. Anglistik u. Amerikanistik Univ.-GH Wuppertal - Windhornstr. 31, 5600 Wuppertal 2 - Geb. 31. Aug. 1947 Neustadt/Holst. (Vater: Prof. Dr. Hans W., Hochschull.; Mutter: Edith, geb. Spieckermann), ev., verh. s. 1972 m. Sigrid, geb. Rüger, 2 S. (Christian, Stephan) - 1966-72 Univ. Marburg (Promot. 1974) - S. 1981 Prof. f. Angl./ Amerik. in Wuppertal - BV: Th. Deloney, 1976; D. Suche n. nationaler Identität, 1983.

WOLTERECK, Richard

Dr., Vorstandssprecher Gerling-Konzern Globale Rückversicherungs-AG. (1981 ff.) - Gereonshof, 5000 Köln 1 - S. 1966 GK.

WOLTERS, August

Staatsminister a. D. - Kurfürstenstr. 74, 5500 Trier/Mosel (T. 6 51 84) - Geb. 2. März 1903 Krefeld (Vater: Robert W., Bäckermeister; Mutter: geb. Pötters), kath., verh. s. 1932 m. Johanna, geb. Schmitz †, 2 Töcht. (Annemarie, Marlies) - Volkssch.; Schreinerlehre; Fachsch. f. Wirtsch. u. Verw. Düsseldorf - Schreinergehilfe, b. 1933 Sekr. Gewerksch. Dt. Eisenbahner, spät. Angest. Privatw., n. 1945 Verw.sdir. AOK Trier, 1947-71 MdL Rhld.-Pfalz (1948-59 Präs.), 1959-71 Innen- u. 1959-1967 zugl. Sozialmin. ebd. 1959-71 Mitgl. Bundesrat. B. 1933 Zentrum; s. 1945 CDU (Gründungsmitgl. Rhld.-Pfalz) - 1954 Großkreuz VO. BRD.

WOLTERS, Gottfried

Dr. jur., Geschäftsführer Germania-Brauerei F. Dieninghoff AG., Münster - Friesenring 70, 4400 Münster/W. - Geb. 15. Mai 1913 Rheine/W. - Gr. jurist. Staatsprüf.

WOLTERS, Hans-Georg

Dr. med., Prof., Staatssekretär a. D., Direktor Hoechst AG, Frankfurt/M. - Geb. 23. Aug. 1934 Danzig, verh., 2 Kd. - 1953-57 Humboldt-Univ. Berlin. Promot. 1960 FU Berlin - Studienaufenth. USA; Krankenhaus- u. Lehrtätigk. Berlin (1970 Prof. u. Ärztl. Dir. Klinikum Steglitz/FU); 1971-73 Senator f. Gesundheit u. Umweltschutz Berlin; 1973-80 Staatssekr. Bundesmin. f. Jugend, Familie u. Gesundheit. SPD s. 1965 - Dt. u. engl. Fachveröff. üb. Hämatologie, Ztschr.beitr. z. Bildungs-, Gesundheitspol. u. Umweltschutz.

WOLTERS, Heinz

Speditionskaufmann, Vors. Fachvereinig. Spedition Nordrhein, Düsseldorf (s. 1946) - Claudiusstr. Nr. 46, 4000 Düsseldorf (T. 43 15 41) - Geb. 18. Aug. 1909 Schönebeck (Vater: Gustav W., Kaufm.; Mutter: Margarete, geb. Ewald), ev., verh. s. 1936 m. Ellen, geb. Gottschalk, S. Jochen - Abitur - Geschäftsf. C. J. Jonen Wwe., Düsseldorf (1934), Sammelladestelle Düsseldorf GmbH. & Co. KG., Düsseldorf (1935), Schürmann & Co., Düsseldorf (1950), Westmünsterland-Spedition GmbH., Bocholt (1951). 1967-74 Präs. Bundesverb. Spedition u. Lagerei, Bonn - Liebh.: Mod. Kunst, Rudern - Spr.: Engl.

WOLTERS, Jürgen

Dr. rer. pol., Dipl.-Kfm., Sprecher d. Geschäftsfhg. Robert Kraemer & Co. GmbH. (Im- u. Export), Bremen (s. 1973) - Gustav-Pauli-Pl. 12, 2800 Bremen 1 - Geb. 23. Mai 1928 Beckum (Vater: Karl W., Korvettenkapt. a. D.; Mutter: Hildegard, geb. Schneider), kath., verh. s. 1962 m. Barbara, geb. Schaller, 3 Kd. (Johannes, Friedrike, Florian) - Gymn. Paulinum Münster; Univ. Köln (Dipl.-Kfm. 1951). Promot. 1957 Münster.

WOLTERS, Jürgen-Detlef

Direktor, gf. Gesellsch. Linova Treuhand AG. & Co. KG., Böblingen - Peter-Cornelius-Str. 16, 7032 Sindelfingen (T. 3 27 33) - Geb. 21. Febr. 1930 Köln (Vater: Paul W., Verkaufsdir.), ev., verh. s. 1954 m. Rita, geb. Pfeiffer - Humanist. Gymn.; Banklehre u. Fachhochsch. Dolmetscherdiplom - S. 1960 Gf. Röhren- u. Stahlgroßhandel, Berlin, Vorstandsassist. Mannesmann, Düsseldorf (1964), Leit. Niederlass. Stuttgart/ Mannesmann (1966) - Liebh.: Musik, Sport - Spr.: Engl., Franz.

WOLTERS, Peter

Kunsterzieher, Vors. Bund Dt. Kunsterzieher (BDK) u. Verein INSEA-Weltkongreß f. Ästhet. Erziehung, Hamburg 1987 - Woldsenstr. 73, 2250 Husum - Geb. 1943 - Stud. Bild. Künste Hochsch. f. Bild. Kunst Berlin, Kunstgesch. Univ. Tübingen, Päd. u. Medienwiss. TU Berlin u. Univ. Oldenburg.

WOLTERS, Wolfgang

Dr. phil., Prof. f. Kunstgeschichte TU Berlin - Brixplatz 4, 1000 Berlin 19 (T. 305 33 52) - Geb. 11. Okt. 1935 Frankfurt/M. (Vater: Alfred W., Mus.dir.), verh. s. 1963 m. Brigitte, geb. Schäfer - Stud. Univ. Frankfurt, Freiburg u. München; Promot. 1962 Frankfurt - 1963-65 Stip. DFG Venedig; 1966-70 Ass. Kunsthist. Inst. Florenz; 1971-74 Dir. Dt. Studienzentr. Venedig; 1974-76 Ref. Bayer. Landesamt f. Denkmalpflege; s. 1979 Prof. f. Mittl. u. Neuere Kunstgesch. TU Berlin - BV: Plast. Deckendekorationen d. Cinquecento in Venedig u. im Veneto, 1968; La scultura veneziana gotica (1300-1460), 1976; D. Bilderschmuck d. Dogenpalastes, 1983; (zus. m. N. Huse): Venedig, D. Kunst d. Renaissance, 1986.

WOLTMANN, Albrecht

Dr. oec., Prof. f. betriebl. Steuerlehre Univ. Erlangen-Nürnberg, Rechtsanwalt, Steuerberat. u. Wirtschaftsprüf. - Witzlebenstr. 36, 8500 Nürnberg 20 (T. 0911 - 59 11 79) - Geb. 8. Mai 1930 Nürnberg (Vater: Lothar W., Kaufm.; Mutter: Friedl, geb. Leuchner), ev., gesch., 2 Kd. (Susanne, Alexander) - 1949-53 Stud. Jura u. Volksw. Univ. Erlangen; Dipl.-Kfm. 1954/56; Promot. 1959 Hochsch. f. Wirtsch.- u. Sozialwiss. Nürnberg - 1957-68 Betriebsprüfer, BP-Stellenleit., zul. Doz. Bundesfinanzakad.; 1969-79 Generalbevollm. Fa. Diehl (Geschäftsber. Steuern, Revision u. Immobilien); s. 1980 eig. Kanzlei. S. 1971 Lehrauftr. Univ. Erlangen-Nürnberg, s. 1983 Honorarprof. 1973-79 Vors. Steueraussch. IHK Nürnberg - BV: Z. Recht d. Steuerpflichtigen auf Fehlerheilung, 1970 - Liebh.: Jagd.

WOLZ, Ivo

Dipl.-Volksw., Geschäftsführer Verb. d. Waggonindustrie, Frankfurt/M., Vorstandsmitgl. d. Wirtschaftsverb. Stahlbau u. Energietechnik, Köln - Brentanostr. 35, 6200 Wiesbaden - Geb. 8. Mai 1934.

WOMELSDORF, Horst

Forstrat, Geschäftsführer Dt. Forstwirtschaftsrat - Münstereifeler Str. 19, 5308 Rheinbach b. Bonn - Geb. 24. März 1957.

WONDRATSCHEK, Hans

Dr. rer. nat., o. Prof. f. Kristallographie - Pfaffstr. Nr. 18, 7500 Karlsruhe 41 - Geb. 7. März 1925 Bonn - S. 1961 (Habil.) Lehrtätigk. Univ. Freiburg (1962 Doz.), TH bzw. Univ. Karlsruhe (1964 Ord.). Mitautor zu Brown, Bülow, Neubüser, Wondratschek, Zassenhaus; Crystallographic groups of four-dimensional space; Monogr. 1978 u. Fachveröff. - 1961 Goldschmidt-Preis Dt. Mineral. Ges.; 1987 Fr.-Becke-Med. österr. Mineralog. Ges.

WONDRATSCHEK, Wolf

Schriftsteller - Zu erreichen üb.: Hanser Verlag, 8000 München - Geb. 1943 Thüringen - BV: Früher begann d. Tag m. e. Schußwunde, 1968; E. Bauer zeugt mit e. Bäuerin e. Bauernjungen, d. unbedingt Knecht werden will, 1970; Omnibus, 1972; Maschine Nr. 9, 1973; Chucks Zimmer, Ged. 1974; D. leise Lachen am Ohr eines andern, Ged. 1976; Männer u. Frauen, Ged. 1978; D. Einsamkeit d. Männer - Mexikan. Sonette (Lowry-Lieder), 1984 - 1969 Hörspielpreis d. Kriegsblinden (f.: Paul oder D. Zerstörung e. Hörbeispiels).

WONTORRA, Kurt

Geschäftsführer Lingner + Fischer GmbH, Bühl/Baden, Odol-Pharmakon GmbH, Wien, Fink GmbH, Herrenberg, Beecham Industries GmbH, Mainz, Beecham Markenartikel AG, Goldach/ Schweiz - Zu erreichen üb. Lingner + Fischer GmbH, Hermannstr. 7, 7580 Bühl/Baden.

WOOCK, Fritz

Ltd. Redakteur Münchner Merkur - Pressehaus Bayerstr., 8000 München 2 - Zahlr. Porträts u. Interviews.

WOODS, John David

Dr., Dr. h.c., Prof. f. Ozeanographie - 30 Feilden Grove, Oxford/Engl. (T. 0865 - 6 93 42) - Geb. 26. Okt. 1939 Brighton/Engl. (Ronald W., Bankbeamter; Mutter: Marjorie, geb. Wood), anglik., verh. s. 1971 m. Irina, geb. v. Arnim, 2 Kd. (Alexander, Virginia) - Imperial College, London Univ. (Phys.), B. Sc. 1961, ARCS 1961, D.I.C. 1965, Promot. 1965 - 1966-72 Res. Assist. Meteorol. Office, 1972-77 o. Prof. f. Physikal. Ozeanographie Univ. Southampton/ Engl., 1977ff. o. Prof. f. Ozeanographie Univ. Kiel, Dir. Inst. f. Meereskunde Kiel; Dir. Marine Sciences, N.E.R.C. Swindon, Engl. (1986ff.) - Entd.: 1965 Laminar flow in the Ocean - BV: Meereswiss., 1971; Meeres-Forsch., 1976 - 1980 Ehrendoktor Univ. Lüttich/Belg.; 1982 Medal of Univ. Helsinki, Finnland; 1988 Mitgl. Acad. Europaea - Spr.: Engl., Franz.

WOOGE, Franz-Alfred

Kaufmann, Geschäftsführer Albrecht & Dill GmbH, Parfaro Import GmbH, WINGA Handelsges. mbH, Vors. Wirtschaftsvereinigung Groß- u. Außenhandel (WGA), Verein d. am Rohkakaohandel beteiligten Firmen, Hamburg.

WOOPEN, Albert

Dr. jur., Ass., Direktor - Gereonstr. 18-32, 5000 Köln - Geb. 13. Sept. 1928 Aachen - Univ. Bonn, Paris, Rom. Jurist. Staatsex. Köln u. Düsseldorf (1957); kaufm. Lehre Ruhrstahl AG. - 1959-63 Leit. Wirtschaftsvereinig. Eisen u. Stahl b. d. Europ. Behörden, Luxemburg; 1963-71 Prok. u. Generalbevollm. (1969) Otto Wolff AG, Köln; 1971-88 Vorst.-Mitgl. Eisen- u. Hüttenwerke AG u. 1972-88 Otto Wolff AG, bek. Köln. AR-Mand. Rasselstein AG, Neuwied; Rhld. Dresdner Bank AG; Gerling-Konzern Rheinland; Präsid.-Mitgl. d. VR d. Dt.-Belgisch-Luxemb. Handelskammer, Brüssel/Köln.

WORATZ, Gerhard

Dr. jur., Ministerialdirektor a. D., Bundesbeauftr. f. d. Steinkohlenbergbau u. d. -gebiete (s. 1968) - Eifelweg 49, 5480 Remagen-Oberwinter (T. 7 67 61; T. Bonn 37 67 61) - Geb. 3. Aug. 1908 Königsberg/Ostpr., ev., verh. s. 1940 m. Charlotte, geb. Prüfer - Promot. 1936 (Erlangen); Ass.ex. 1937 - B. 1968 Leit. Abt. III (Bergbau-, Energie- u. Wasserwirtschaft, Eisen u. Stahl, Mineralöl, Europ. Gemeinschaften f. Kohle u. Stahl) Bundeswirtschaftsmin. ARsmandate - 1971 Gr. BVK u. a. - Spr.: Engl.

WORCH, Lutz Erich

Dipl.-Kfm., Geschäftsführer u. Wiss. Leit. Dt. Zentralinst. f. Soz. Fragen (DZI), Berlin - Angerburger Allee 25, 1000 Berlin 19 - Geb. 28. Nov. 1938 Duisburg, ev., verh. - Stud. Betriebswirtsch. TU Berlin - BV: Stichwort Spendenwesen, 1982 (m.a.). Herausg.: Sozialstadt Berlin.

WORDELL, Andreas

Generalbevollm. Direktor Siemens AG - Wittelsbacherplatz 2, 8000 München 2.

WORDTMANN, Jürgen E.

Dipl.-Ing., Vorstandsmitglied J. A. Henckels Zwillingswerk AG - Grünewalder Str. 14-22, 5650 Solingen; priv.: Vogtlandstr. 17(T. 4 25 09) - Geb. 5. März 1936 Hamburg (Vater: Friedrich W., Exportkaufm.; Mutter: Charlotte, geb. Schnabel), verh. m. Rosemarie, geb. Hebgen - Lehre als Mechaniker; Stud. Physikal. Technik Lübeck; Staatsex. 1961; Intern. Management Development Inst. (IMEDE) Lausanne, Harvard Business School - 1961-65 Telefunken Ulm; 1965-74 Wilkinson Sword GmbH, Solingen (Techn. Dir. 1971); Scripto Ind. Shannon Ltd. Irland (General Manager); 1974-80 Wilkinson Match Ltd. London (1974-80 Techn. Dir. Wilkinson Sword GmbH, 1976 Projekt Manager Wilkinson Sword Inc. Berkeley Heights N.J. USA, 1977-78 Techn. Advior Wilkinson Sword, Western Europ GmbH Div., 1978-80 Manufacturing Dir. Shaving Worldwide Wilkinson Match Ltd. London); s. 1980 s.o. - Patentanmeld. - Liebh.: Segeln - Spr.: Engl., Franz.

WORMIT, Hans-Georg

Staatssekretär a. D., Präs. Stiftg. Preuß. Kulturbesitz (1962-77) - Thielallee 109, 1000 Berlin 33 - Geb. 13. Juni 1912 Bögen/Ostpr. - BV: Kulturpolitik, Verwaltung, Ostfragen - 1972 Gr. BVK; 1977 Ernst-Reuter-Plak.; 1979 Hansischer Goethe-Preis; 1982 Goldmed. Pro Humanitate - Liebh.: Jagd - Rotarier.

WORMS, Bernhard

Dr. rer. pol., Dipl.-Kfm., MdL u. Oppositionsf. im Landtag Nordrh.-Westf. (s. 1970) (Fraktionsvors. CDU), Abt.-präs. Dt. Bundespost (z. Zt. beurl.) - Am Römerpfad 3, 5024 Pulheim/Rhld. - Geb. 14. März 1930 Stommeln/Rhld. (Vater: Josef W., Postbeamter; Mutter: Anna, geb. Havermann), kath., verh. m. Hildegard, geb. Becker), 3 Kd. (Raphaela, Bernhard-Peter, Gregor) - Gymn. (Abit.); kaufm. Lehre (Eisenhütte); Stud. Betriebs- u. Volksw. Köln u. Graz; Ex. u. Promot. - 1960-63 Wirtsch.ref., Postass.; 1964ff. Mitgl. Gemeinde- bzw. Stadtrat Pulheim u. 1964-83 Kreistag Köln (in beiden Fraktionsf.); 1975-83 Landrat Erftkreis; 1982-84 VR-Mitgl. WDR; s. 1981 VR-Mitgl. 1. FC. Köln. CDU s. 1946 (1968 Mitgl., 1980 Landesvorst. NRW, 1981 Mitgl. Bundesvorst. CDU Dtschl., 1983 Vors. Landtagsfraktion Nordrh.-Westf.

WORMS, Viktor

Fernseh-Moderator - Zu erreichen üb. ZDF, Postf. 40 40, 6500 Mainz 1 - Geb. 30. Aug. 1959 Düsseldorf - Abit.; ab 1979 Rundf.-Ausb. b. Radio Luxemburg (Lehrer: Carlheinz Hollmann, Thomas Gottschalk u.a.) - Tätigk. b. Radio Luxemburg; Moderator Send. Guten Morgen, Deutschland; s. 1984 Moderator ZDF-Hitparade; 1985 Moderator ZDF-Send. E. Herz f. Kinder; 1985-88 Redakt. in d. Frank-Elstner-Prod., Luxemburg; s. 1988 Unterhaltungschef u. Moderator d. größten dt. Privatsenders Antenne Bayern.

WORSTBROCK, Franz-Josef

Dr., Prof. f. Dt. Philologie Univ. Münster (s. 1983) - Univ. München, Inst. f. dt. Philol., Schellingstr. 3, 8000 München 40 - Geb. 20. Jan. 1935 Dülmen/Westf. (Vater: Franz Philipp W., Rendant u. Organist; Mutter: Maria, geb. Alsdorf), kath., verh. s. 1962, 2 Kd. (Gero, Lucia) - 1954-60 Univ. Münster, Freiburg (German., Klass. Philol.). Promot. 1961; Habil. 1970 - 1971 Wiss. Rat u. Prof. Univ. Hamburg, 1973 o. Prof. TU Berlin - BV: Elemente e. Poetik d. Aeneis, 1963; Dt. Antikerezeption 1450-1550, I. 1976; Apologia poetarum, 1987. Herausg.: Ztschr. f. dt. Altertum u. dt. Lit. - Liebh.: Musik, Orgelspiel - Spr.: Engl., Lat.

WORTBERG, Manfred

Dr. rer. pol., Dipl.-Kfm., Generalsekr. Intern. Vereinig. d. Tapetenhandels - Sachsenring 89, 5000 Köln (T. 31 60 48) - Geb. 6. Juni 1929, verh., 2 Kd. - Univ. Bonn u. Köln. Dipl.-Kfm. 1954 (Köln); Promot. 1970 (Erlangen).

WORTMANN, Wilhelm

Dr.-Ing. E. h., Prof. em., Architekt (BDA) - Morgensternweg 10, 3000 Hannover (T. 79 55 27) - Geb. 15. März 1897 Bremen (Vater: Gustav W., Kaufm.; Mutter: Charlotte, geb. Focke), ev., verh. s. 1925 m. Emmy, geb. Koch, 7 Kd. - Gymn. Bremen; TH München u. Dresden (Dipl.-Ing.) - 1934-45 Stadt- u. Landesplanung Bremen (Baudir.); 1949-56 fr. Arch. ebd.; 1956-67 o. Prof. f. Städtebau u. Landesplanung TH Hannover (1960/61 Rektor); 1965-73 Leit. Arbeitsgr. Standortforsch. TU Hannover - BV: Städtebau, 1973 (m. Tamms) - 1969 Ehrendoktor TH Aachen; 1969 Fritz-Schumacher-Preis F.V.S.-Stiftg., 1972 Cornelius-Gurlitt-Med. Dt. Akad. f. Städtebau u. Landesplanung; Ehrenmitgl. BDA Bremen; Ehrenmitgl. Dt. Akad. f. Städtebau u. Landesplanung; 1972 Gr. BVK - Spr.: Engl., Franz. - Bek. Vorf. ms.: Dr. Wilhelm Olbers, Astronom, Bremen (1758-1840); Dr. Johann Focke, Bergr. Focke-Museum Bremen (1848-1922).

WOTSCHKE, Detlef

Dr., Prof. f. Informatik Univ. Frankfurt - FB Informatik, Universität, 6000 Frankfurt/M. - Geb. 14. April 1944 Treuenbrietzen (Vater: Rudolf W., Dipl.-Ing.; Mutter: Brunhilde, geb. Drewes), ev., verh. s. 1979 m. Jean, geb. Townsend, T. Sharon Elizabeth - Dipl. Math. 1969 TU Braunschweig; Ph.D. 1974 Univ. of Calif., Los Angeles/USA - 1971-74 Assist. Univ. of Calif., Los Angeles; 1974-80 Assist. u. Assoc. Prof. Pennsylvania State Univ./USA (1977-79 Chairman Grad. Studies); 1976 Örtl. Tagungsleit. ACM - Sigact Symposium Hershey, Pennsylvania/USA; s. 1980 o. Prof. Univ. Frankfurt (1980/81 u. 1987/88 Dekan FB Informatik). Gastprof. Kaiserslautern (1977/78) u. Paris (1979/80). Gastwissenschaftler Pennsylvania State Univ. (1983/84), Pennsylvania State Univ. u. Bell Laboratories (1986); Gastwiss.ler Clarkson Univ. (1987); Akad.-Stip. Stiftg. Volkswagenwerk (1986). S. 1984 Mitgl. New York Acad. of Sciences; zahlr. wiss. Veröff. - Liebh.: Klass. Musik, Skifahren - Spr.: Engl., Ital., Franz. - Bek. Vorf.: D. Dr. Theodor W. (Großv.).

WOYDT, Justus

Dr., Kanzler d. Techn. Universität Hamburg-Harburg - Schloßmühlendamm 32, 2100 Hamburg 90.

WRANGEL, Freiherr von, Joost

Dipl.-Ing., Mitglied d. Präsidiums Christl. Jugenddorfwerk Deutschlands (s. 1983) - Hugo-Eckener-Str. 7, 7000 Stuttgart 1 (T. 0711 - 46 80 46) - Geb. 24. Aug. 1916 Bregenz, verh. - B. 1983 Vorstandsmitgl. AEG-Telefunken u. AR-Mitgl. Berliner Bank AG.

WRANGEL, Baron von, Olaf

Journalist, Programmdirektor Hörfunk d. NDR (s. 1982) - Berliner Platz 3, 2055 Aumühle (T. 04104 - 30 77) - Geb. 20. Juli 1928 Reval/Estl. (Vater: Woldemar Baron v. Wrangel zu Ludenhof, Jurist u. Landw.; Mutter: Annemarie, geb. Thomson), ev., verh. m. Brigitta, geb. Lewens - 1948-65 NWDR bzw. NDR (Parlamentskorresp. Bonn, 1956 Leit. Studio Bonn, 1961 Chefredakt. Hamburg; 1962 zugl. stv. Programmdir.); 1965-82 MdB (1973-76 Vors. Aussch. f. innerd. Bezieh., s. 1977 stv. Vors. ebd.). CDU s. 1953; 1969-73 Parlam. Geschäftsf. CDU/CSU-Fraktion - BV: Chancen f. Deutschland, 1965 (m. Dietrich Schwarzkopf); Liebeserklärung an d. Bundesrepublik, 1971 - Liebh.: Jagd - Spr.: Engl. - Rotarier - Bek. Vorf.: Hermann v. W., schwed. Feldmarschall; Peter v. W., russ. General (weißruss. Armee I. Weltkr.).

WRBA, Heinrich

Dr. med., Dr. rer. nat., Prof., Krebsforscher - Heckenrosenweg 3, A-3411 Weidling (Österr.) (T. 58 33) - Geb. 14. Febr. 1922 Holleischen/Böhmen (Vater: Johannes W., Lehrer; Mutter: Adolfine, geb. Deridiaux), kath., verh. s. 1947 m. Ingeburg, geb. Löhndorf, 4 Kd. (Petra, Hannes, Sari, Uta) - Univ. Prag, Hamburg, Heidelberg. Promot. 1951 u. 54 Heidelberg; Habil. 1956 München - S. 1956 Lehrtätigk. Univ. München (1963 apl. Prof.; Leit. Abt. f. Krebsforschung/Pathol. Inst.), Heidelberg (1964 apl. Prof.; Dir. Inst. f. Exper. Krebsforschung/Dt. Krebsforschungszentrum), Wien (1967 o. Prof.; Vorst. Inst. f. Angew. u. Experimentelle Onkol. Univ. Wien). Zahlr. Fachveröff. - Liebh.: Jagd - Spr.: Tschech., Engl., Franz., Russ., Span.

WREDE, Ernst

Dr. rer. techn., Dipl.-Kfm., Geschäftsführer i. R. u. stv. AR-Vors. Friedrich Merk Telefonbau GmbH, München, Ehrenvors. Verein d. Bayer. Metallindustrie, Ehrenpräs. Vereinig. d. Arbeitgeberverbände in Bayern, Vizepräs. Bayer. Senat - Auf der Eierwiese 3 a, 8022 Grünwald (T. München 641 10 17) - Geb. 27. Juni 1914 Bremen, ev., verh. s. 1941 m. Dr. Alice, geb. Maeser, 2 Kd. (Alice, Michael) - Realgymn. Gelsenkirchen; Univ. Göttingen (1933-35), TH München (1935-38) - S. 1939 Direktionsassist. u. Vorst.-Mitgl. bzw. Geschäftsf. (1954). Div. Ehrenstell.; s. 1976 Mitgl. Bayer. Senat (Präsid.-Mitgl., Vors. Wirtschaftsaussch.); Vizepräs. bayer. Rat d. Europ. Beweg. (Europa Union Bayern); VR-Mitgl. u. Vors. Techn. Aussch. BR; Vors. Telekommunikation Fernmeldetechnik IHK München u. Oberbayern, u. Arbeitskreis Telekommunikation IHK München u. Oberbayern - 1971 Bayer. VO; 1980 Gr. BVK, 1984 Stern dazu; Gold. Staatsmed. f. Soz. Verdienste u. f. Verd. um d. Bayer. Wirtsch.; Gold. Sportabz. u. Ehrenurk. Dt. Leichtathletik-Verb.; 1987 Gold. Verfassungsmed. d. Freistaates Bayern; Gr. Silb. Ehrenzeichen m. Stern f. Verd. um die Rep. Österreich - Spr.: Engl., Franz.

WREDE, Henning

Dr. phil., Prof. f. Archäologie - Wiener Weg 2, 5000 Köln 40 (T. 48 88 69) - Geb. 8. Nov. 1939 Frankfurt/O. (Vater: Dr. Heinz W., Dipl.landw.; Mutter: Elfriede, geb. Sommer), verh. s. 1973 m. Dr. Christa, geb. Acht, 2 S. (Nikolaus, Peter) - Univ. Frankfurt u. Göttingen (Promot. 1968, Habil. 1975 München) - S. 1971 Assist. u. Priv.doz. Univ. München, s. 1978 Prof. Univ. Köln - BV: D. spätantike Hermengalerie v. Welschbillig, 1972; Consecratio in formam deorum, 1981 - 1969/70 Stip. dt. Archäol. Inst., 1980 korresp. Mitgl.

WREDE, Kraft-Eike

M.A., Dramaturg Städt. Bühnen Osnabrück (Musiktheater) - Schledehauser Weg 75, 4500 Osnabrück (T. 0541 -

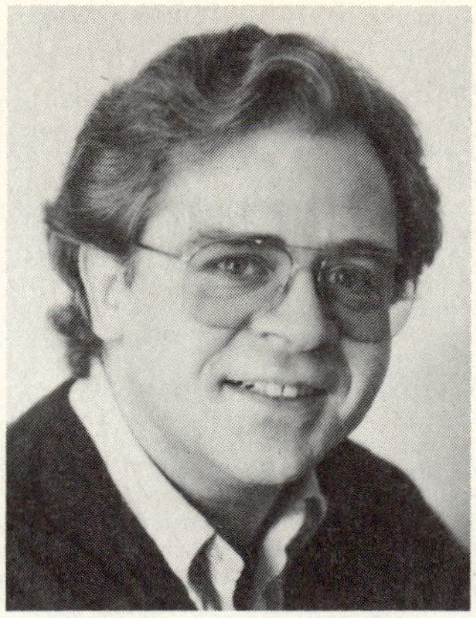

38 88 23) - Geb. 19. Aug. 1943 Kassel - 1965-67 Verlagsbuchhändler-Lehre Braunschweig; 1967-74 Schauspielausbildg. u. Stud. Theaterwiss., Kunstgesch. u. German. FU Berlin (Magister-Ex. 1974) - S. 1974 wechs. Tätigk. als Verlagslektor, Publizist, Dramaturg u. Univ.-Lehrbeauftr. Braunschweig, Hannover, Berlin, Mainz u. Osnabrück - Spr.: Engl., Franz., Latein, Neugriech.

WREDE, Lothar

Oberbürgermeister, Parlam. Staatssekr. u. MdB a.D. - Geranienweg 5, 5800 Hagen/W. (T. 5 14 45) - Geb. 12. Nov. 1930 Hagen, verh., 1 Kd. - Volkssch.; Elektrikerlehre - B. 1954 Betriebselektriker, dann kaufm. Tätigk., 1960-64 Geschäftsf. SPD Unterbez. Hagen-Ennepe/Ruhr, 1964-71 Oberbürgerm. Hagen. 1956 ff. Ratsherr Hagen (b. 1964 Fraktionsvors.); 1962-69 MdL Nordrh.-Westf.; 1969-83 MdB (1976-82 Parlam. Staatssekr. b. Bundesmin. f. Verkehr u. f. d. Post- u. Fernmeldewesen). AR-Mandate. SPD s. 1950.

WRICKE, Günter

Dr. agr., o. Prof. f. Angew. Genetik - Erlenweg 4, 3007 Gehrden 1 (T. 27 46) - Geb. 3. Juni 1928, ev., verh. - Promot. 1953 TU Berlin; Habil. 1965 TU Hannover. 1967 Wiss. Rat u. Prof., 1970 o. Prof. u. Dir. Inst. f. Angew. Genetik TU Hannover - BV: Populationsgenetik, 1972; Quantitative Genetics and Selection in Plant Breeding, 1986; Herausg. d. Ztschr. Plant Breeding. Zahlr. Fachveröff.

WRIEDE, Paul

Dr. jur. utr., Vors. Richter a.D. Oberlandesgericht - Deefkamp 6, 2070 Großhansdorf (T. 04102 - 6 34 34) - Geb. 4. Dez. 1913 Hamburg, ev., verh. s. 1942 m. Ragnhild, geb. Keller, 2 Kd. - Bde. jurist. Staatsex., Promot. 1949 - 1939 Dipl.-Versich.-Verständiger; 1949-80 Richter; 1956-86 (stv.) Vors. Bundesoberseeamt - BV: Bruck-Möller, Kommentar z. Versich.vertragsges., Bd. VI, Liefer. 3: Krankenversich., 8. Aufl.

WRIEDT, Helmut

Bankdirektor - Ost/West-Str. 81, 2000 Hamburg 11, (T. 3 61 48-1); priv.: Bernhard-Ihnen-Str. 40, 2057 Reinbek b. Hambg. - Geb. 19. Febr. 1931 - S. 1971 stv. u. o. Vorstandsmitgl. (1973) Dt. Genossenschafts-Hypothekenbank AG.

WRIEDT, Klaus

Dr. phil., Univ.-Prof. f. Geschichte d. Mittelalters Univ. Osnabrück - Alfred-Delp-Str. 30a, 4500 Osnabrück (T. 0541 - 4 67 13) - Geb. 21. April 1935 Kiel (Vater: Dr. Georg W., Arzt; Mutter: Anna-Marie, geb. Kipp), ev., 2 Kd. (Christina, Oliver) - Stud. Univ. Göttingen u. Kiel (Promot. 1962, Wiss. Prüf. f. Lehramt an höh. Sch. 1964, Habil. 1972) - 1962 Wiss. Assist. Univ. Kiel; 1976 Doz. u. apl. Prof. ebd.; s. 1978 o. Prof. Univ. Osnabrück - BV: D. kanon. Proz. um d. Ansprüche Mecklenburgs u. Pommerns auf d. Rügische Erbe 1326-1348, Monogr. 1963; D. dt. Univ. in d. Auseinanders. d. Schismas u. d. Reformkonzile, T. 1 (Habil.schr.), 1972; Fachwiss. Veröff. in Ztschr., Sammelb. u. Lexika.

WRIEDT, Renate

Chefredakteurin Das Beste - Zellerstr. 76, 7000 Stuttgart 1 - Geb. 24. Jan. 1947 Rottweil, kath., verh. - Abit.; Sprachenstud.; Ausb. z. Journ.

WRIESKE, Udo-Achim

Selbst. Unternehmensberater, Managementtrainer, Autor u. Regisseur - Büro: Rahlstedter Bahnhofstr. 12, 2000 Hamburg 73 (T. 677 20 09); priv.: Waldweg 88, 2000 Hamburg 65 (T. 601 00 77); Kfz-Fu. 0161 - 241 50 95 - Geb. 4. März 1939 Stettin (Vater: Konrad W., Steueramtm.; Mutter: Margarete, geb. Kunde), ev., verh. s. 1968 m. Karin, geb. Jonuscheit, T. Sonja - S. 1972 Inh. d. Fa. Udo-Achim Wrieske Unternehmensberatung u. Managementschulung; Gastvortr. an Univ. u. Hochsch. S. 1985 ehrenamtl. Vorst.-Mitgl. Hamburger Tierschutzverein v. 1841 - Div. Veröff. in Tagesztg. u. Fachpubl.; s. 1986 zusätzl. Drehbuchautor u. Regieführung - Liebh.: Unterstützung v. Hilfsorg. (DRK, Kurat. ZNS, SOS-Kinderdörfer, Dt. Tierschutzbd. u.a.); Musik (Schlagzeug), Tanzen, Reisen, Politik. - Spr. Engl.

WRIGGE, Friedrich-Wilhelm

Dr.-Ing., Direktor i. R. - Am Stadtwald 43, 5300 Bonn 2, Bad Godesberg - Geb. 22. Dez. 1906 Hannover, ev., verh. - TH Hannover (Chemie; Dipl.-Ing. 1929, Promot. 1932) - B. 1973 Vorstandssprecher Vereinigte Aluminiumwerke AG., Berlin/Bonn.

WROBEL, Robert

Dr. phil., em. o. Prof. f. Physik u. ihre Didaktik, Univ. Köln - Brücker Mauspfad 441, 5000 Köln 91.

WROCHEM, von, Johann Gottlob

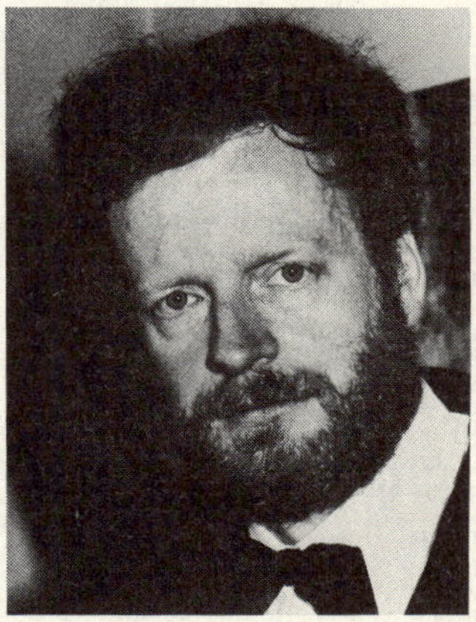

Pianist u. Komponist - Knesebeckstr. 4a, 1000 Berlin 37 - Geb. 17. Juni 1938 Greifenberg/Pommern (Vater: Hans Werner v. W., Dipl.-Landw.; Mutter: Anne Marie, geb. Herrmann), verh. s. 1964 m. Renate, geb. Gabler, 2 Söhne (Claudius Sebastian, Johannes Rainer) - Musik- u. Klavierunterr. ab 8 J., Abit. 1957 Berlin; 1957-63 Musikstud. Musikhochsch. Berlin, Detmold, Hamburg (Prof. C. Hansen u.a.; Konzertex. 1963 Musikhochsch. Berlin-West) - Freiberufl. Pianist u. Komp.; Lehrer PH Berlin (1978) u. Hochsch. d. Künste f. Klavier u. Musiktheorie (1978-82). 450 Konz. in Europa, Amerika, Asien u. Afrika (1962-87); ständ. UA neuer Werke, seltene Kammermusikkombinat., unbek. Meisterw. d. Vergangenh. Musikw.: f. Klavier solo, Klavierlieder, Kammermusik f. Streicher u. Bläser, Kammermusik f. Klavier m. and. Instrumenten, Kirchenmusik u. Orgelmusik, Chor- u. Orch.musik. S. 1963 zahlr. Rundf.aufn. - Liebh.: Sprachen, Phil., Recht u.a. - Spr.: Engl., Franz., Ital., Jap.

WROCKLAGE, Hartmuth

Staatsrat Finanzbehörde Fr. u. Hansestadt Hamburg - Zu erreichen üb. Gänsemarkt 36, 2000 Hamburg 36 (040 - 35 98-1).

WRONSKI, Edmund

Oberingenieur, Senator f. Verkehr u. Betriebe v. Berlin (1985-89), MdA Berlin (1959-63 u. 1967-81) - Volkssch. Berlin; Lehre techn. Zeichner; n. Abendsch. Gauß-Sch. ebd. (Ing.) - Wehrdst. (1943-1945, Luftw.); Siemens. 1948-1958 Bezirksverordn. Reinickendorf (zul. Fraktionsf.); 1981-85 Sen. f. Arb. u. Betriebe v. Berlin - 1984 Gr. BVK. CDU s. 1946.

WRUCK, Ekkehard

Dr. jur., Rechtsanwalt, Mitgl. Abgeordnetenhaus v. Berlin (VII. u. VIII. Wahlp.) - Niebuhrstr. 78, 1000 Berlin 12 (T. 881 58 82) - Geb. 12. Okt. 1942 Berlin-Wilmersdorf (Vater: Dr. phil. Waldemar W., Numismatiker; Mutter: Irmgard, geb. Krumrey), ev. - Univ. Berlin (West), Tübingen, Frankfurt/M. u. Hamburg (Gesch., Rechtswiss.). 1. Jur. Staatsprüf. 1968 Hamburg; Promot. 1970 Hamburg; 2. Jur. Staatsprüf. 1973 Berlin - S. 1979 Kreisvors. CDU Berlin-Wilmersdorf - BV: D. Erwerb d. Mitgl.sch. v. Todes wegen b. d. Offenen Handelsges. u. d. Ges. d. Bürgerl. Rechts, 1970 - Spr.: Engl., Franz.

WRZECIONKO, Paul

Dr. theol., Dr. phil., Prof. - Ernst-Wiechert-Str. 3, 4400 Münster/W. (T. 02533 - 22 86) - Geb. 18. Nov. 1916 Teschen/Schles. (Vater: Dr. Rudolf W., Pfarrer; Mutter: Eugenie, geb. Klapsia), ev., verh. s. 1950 m. Ingrid, geb. Hartmann, 3 Töcht. (Brigitte, Susanne, Ingeborg) - Gymn. Bielitz; Stud. Theol. u. Phil. Warschau (1935-39), Leipzig (1939-42), Münster (1950-53). Promot. Leipzig (1942 phil.) u. Münster (1953 theol.); Habil. Münster (1957) - U. a. 1948-1950 Studieninsp. Theologenkonvikt Münster u. 1958-60 Leit. Ev. Akad. Iserlohn; s. 1950 Assist., Privatdoz. (1958) u. apl. Prof. (1965) Univ. Münster (Systemat. Theol.) - BV: D. phil. Wurzeln d. Theol. Ritschls - Arbeiten z. Geistesgesch. Osteuropas, 1964 - Vorf. s. 4 Generationen Pfarrer Gnadenkirche Teschen.

WUCHERPFENNIG, Karl

Dr. rer. nat., Prof., Leiter Inst. f. Weinchemie u. Getränkeforsch. (Technol. d. Getränke) Forschungsanstalt f. Weinbau, Gartenbau, Getränketechnologie u. Landschaftspflege Geisenheim, Lehrbeauftr. Univ. Gießen (Lebensmitteltechnologie) - Riederbergstr. 81, 6200 Wiesbaden (T. 52 92 15) - Geb. 9. Sept. 1925 Kalkar (Vater: Dr. rer. pol. Heinrich W.), kath., verh. s. 1973 m. Dipl.-Volksw. Hilde M. W., geb. Coesfeld - Hohenzollern-Gymnasium Düsseldorf (Abitur 1943); Univ. Bonn (Chemie; Dipl.-Chem. 1952). Promot. 1959 TH Karlsruhe, Habil. 1978 Univ. Gießen - 1950-58 Betriebsleit. Schwarzer Früchteverwertung, Rastatt; 1958-60 Mitarb. Prof. Heimann, Karlsruhe; s. 1960 Lehrtätigk. FfWOuG - BV: Alkoholfreie Getränke, Fachb. 1982; Ullmanns Enzyklopädie d. Techn. Chemie Stichwort Wein, Fachb. 1983; Alkoholische Getränke, Fachb. 1984 - Spr.: Engl.

WÜBBENA-MECIMA, Anton

Landwirt, MdL Nieders. (s. 1970) - 2952 Weener-St. Georgiwold/Ostfriesl. (T. Bunde 3 84) - Geb. 31. Okt. 1920 St. Georgiwold (Vater: Broer W.-M., Landw.; Mutter: Marie, geb. Wübbena), ev., verh. s. 1947 m. Wilhelmine, geb. Barth, 5 Kd. (Hilda, Broer, Johannes, Wilhelm, Marie) - Mittelsch.; landw. Lehre - 1952 ff. Bürgerm. St. Georgiwold; 1965-73 Landrat Kr. Leer, 1962 ff. MdK. CDU - BVK I. Kl.

WÜHR, Paul

Schriftsteller - Campagna 19, I-06065 Passignano - Geb. 10. Juli 1927 München - Lyrik, Prosa u.a. - 1972 Hörspielpreis

d. Kriegsblinden; 1976 Ludwig Thoma-Med.; 1977 Lit.preis Stadt München; 1984 Bremer Lit.preis (f. R.: D. falsche Buch); Mitgl. PEN-Zentrum BRD.

WÜHRER, Friedrich

Prof. Musikhochsch. Lübeck, Konzertmeister - Eilbektal 3b, 2000 Hamburg 76 (T. 040 - 200 66 74) - Geb. 22. Jan. 1925 Wien (Vater: Friedrich W., Pianist; Mutter: Hilda, geb. Duchoslav), verh. s. 1954 m. Welta-Michaela, geb. Wipulis - Abit. 1943 Wien; Künstler. Reifeprüf. 1945 ebd.; Staatsakad. f. Musik (Prof. Wolfgang Schneiderhan) - 1945 Orch. Wiener Staatsoper; 1950 Symphonieorch. Bayer. Rundf.; 1952 Konzertmeist. Philharmon. Staatsorch. Hamburg. 1954 Wührer-Quartett; 1960 Wührer-Kammerorch., 1965 Wührer-Streichsextett. S. 1956 Doz. Musikhochsch. Lübeck, s. 1976 Prof. Konz. in Europa, Nord- u. Südamerika, Kanada. Rundf.aufn., Fernsehen, Schallpl. - Liebh.: Wassersport, 5 Katzen - Spr.: Engl.

WÜLBERS, Hermann

Vorstandsmitglied Nordd. Finanzierungs-AG., Bremen - Hackfeldstr. 23, 2800 Bremen - Geb. 28. Febr. 1927 Bremen - S. 1946 NF.

WÜLKER, Gabriele,
geb. Weymann

Dr. phil., et nat., em. Prof., Staatssekretärin a. D. - Erftweg 36, 5300 Bonn (T. 23 25 53) - Geb. 16. Juli 1911 Frankfurt/O. (Vater: Gottfried Weymann, Pfarrer; Mutter: Maria, geb. Franke), ev., verw. (Ehem.: Dr. rer. nat. (habil.) Heinz W., gef. 1943), 3 Kd. (dar. S.) - Getrauden-Lyz., Auguste-Viktoria-Sch. u. Univ. Berlin. Promot. 1939 Berlin; Habil. 1968 Bochum - 1949-51 German Consultant Omgus u. Hicog. 1951-52 wiss. Ref. Inst. z. Förd. öfftl. Angelegenh., Frankfurt/M., 1952-57 wiss. Ref. Dt. Landesausch. Intern. Konfz. f. Sozialarbeit, Köln u. Frankfurt/M., 1957-59 Staatssekr. Bundesmin. f. Familien- u. Jugendfragen. 1968-78 Privatdoz. u. apl. Prof. (1970) Univ. Bochum (Gesellschaftskd. d. Entwicklungsländer u. Entwicklungshilfe), 1978 emerit.; 1978-86 Vors. Dt. Komit. f. Unicef - BV: Wirtschaftswandlungen am Rande d. Großstadt Hannover, 1941 (Diss.); Europa u. d. dt. Flüchtlinge, 1952 (auch engl.); Wirtschaftl. u. soziale Eingliederung fremder ethn. Gruppen in d. Bundesrepublik, 1953 (auch engl.); Industrialisierung u. Sozialarbeit, 1956 (auch engl. u. franz.); In Asien u. Afrika - Soziale u. soziol. Wandlungen, 1963; Togo - Tradition u. Entwickl., 1966; Strukturprobleme asiat. u. afrikan. Entwicklungsländer, 1971. Herausg.: Ztschr. Ausl. Sozialprobleme (1951-55). Zahlr. Art. in wiss. Ztschr. - 1973 Gr. BVK, 1981 Stern dazu - Liebh.: Kunst, Musik - Spr.: Engl., Franz.

WÜLKER, Hans-Detlef

Dr., Geschäftsführer Dt. Genossenschafts- u. Raiffeisenverb. - Adenauerallee 127, 5300 Bonn 1.

WÜLKER, Wolfgang

Dr. rer. nat., Prof., Wiss. Rat Zoolog. Inst. Univ. Freiburg (s. 1964) - Kandelstr. 7, 7801 Heuweiler/Br. (T. 07666 - 36 43) - Geb. 20. Sept. 1925 Frankfurt/M. (Vater: Prof. Dr. Gerhard W.; Mutter: Klara, geb. Hafkesbring), ev., verh. s. 1954 m. Dorothee, geb. Säuberlich, 3 Söhne (Michael, Nikolaus, Cornelius) - Gymn. Frankfurt/M. (Lessing); Univ. Marburg, Heidelberg, Frankfurt (Biol., Chemie, Physik) - S. 1960 (Habil.) Lehrtätigk. Freiburg (apl. Prof. f. Zool. u. Limnol.). Üb. 100 Fachaufs. - Liebh.: Musik, Sport - 1967 Gold. Sportabz. - Spr.: Engl.

WÜLLENWEBER, Rolf

Dr. phil., Dr. med., o. Prof. f. Neurochirurgie, Dir. Neurochir. Univ.Klinik Bonn (s. 1978) - Sigmund-Freud-Str. 25, 5300 Bonn 1 - S. 1963 (Habil.) Lehrtätigk. Univ. Bonn (1968 apl. Prof.; 1971 Wiss. Rat u. Prof.) u. Berlin/Freie Univ. (1973 o. Prof.). Facharb.

WÜLLNER, Heinrich

Opernsänger - Lohbeckstieg 11, 2000 Hamburg 54 (T. 560 56 57) - Geb. 24. Juli 1910 Bochum, verh. m. Anita, geb. Kaiser - Gesangsstud. Bochum (Bachenheimer) u. Dortmund (Erlenwein) - Opernsänger, 1938-47 Mitgl. Staatsoper Hamburg. 1951-1972 Präs. Genoss. Dt. Bühnen-Angeh. (jetzt Ehrenmitgl.) - 1956 BVK I. Kl.

WÜNNENBERG, Wolf

Dr. med., o. Prof. f. Zoologie Univ. Kiel - Joh.-Gutenberg-Str. 11, 2308 Preetz (T. 04342 - 8 33 87) - Geb. 21. April 1938 Essen, kath., verh. s. 1963 m. Barbara, geb. Malkomes, 2 Kd. (Stefanie, Jörg) - Med.-Stud. Univ. Münster, Innsbruck u. Marburg; Staatsex. 1963 Marburg. Promot. 1964, Habil. 1970 - 1971 C3-Prof. Giessen, 1976 o. Prof. Kiel. Beitr. z. versch. Büchern üb.: Stoffwechsel, Temperaturregulation, Winterschlaf, u. a. - Liebh.: Lesen, Sport, Archäol. - Spr.: Engl.

WÜNSCH, Dieter

Dr.-Ing., Dipl.-Ing., Univ.-Prof. f. Konstruktionslehre Univ.-GH Duisburg (s. 1977) - Hanemannstr. 24, 1000 Berlin 47, u. Lenaustr. 23, 4100 Duisburg 1, - Geb. 27. Juli 1935 Berlin (Vater: Georg W., LGsrat; Mutter: Senta, geb. Lichtenfelt), ev., verh. s. 1975 m. Gisela, geb. Bansemer - Stud. TH Hannover u. TU Berlin; Dipl.ex. 1964; Promot. 1971.

WÜNSCH, Erich

Dr. rer. nat., Dr. med. h. c., Dipl.-Chemiker Prof., Direktor am Max-Planck-Inst. f. Biochemie (s. 1973) - Am Klopferspitz, 8033 Martinsried - Geb. 17. März 1923 Reichenberg (Vater: Gustav W., Min.Dirigent; Mutter: Adele, geb. Hübner), kath., verh. s. 1964 m. Edith, geb. Helms, 4 Kd. (Rolf, Birgit, Sabine, Ralf) - Stud. Univ. Prag u. München/Außenstelle Regensburg - S. 1976 Mitgl. Wiss. Rat Forschungszentrum Biopolymere, Padua. Entd.: Totalsynthese d. Glucagons (1967) - BV: Synthese von Peptiden in: Houben-Weyl XV/1 u. XV/2, 1975 - 1968 Jahrespreis Bayer. Akad. d. Wiss.; 1975 Ehrendoktorwürde Univ. Erlangen - Spr.: Engl.

WÜNSCH, Hermann

Dr., Direktor i. R. - Frankenstr. 3, 7022 Leinfelden-Echterdingen - Geb. 25. Okt. 1921 Freudenstadt, verh. s. 1955 m. Rosemarie, geb. Hillenmaier, 2 Kd. (Ulrike, Matthias) - 1946-48 Stud. Rechtswiss. Univ. Freiburg; 1. jurist. Ex. 1949, Promot. 1950, Ass. 1951 - 1951-52 Richter LG Stuttgart; 1952-62 Württ. Landeskreditanst. Stuttgart; 1962-68 Innenmin. Baden-Württ. (Ref. f. Sparkassenwesen); 1968-72 Vorst.-Mitgl. Württ. Landeskreditanst., 1972-85 Landeskreditbank Baden-Württ.; AR-Vors. Bad. Stahlw. AG, Kehl u. TRIA Immobilienanlage u. Verw. AG, Berlin - Liebh.: Lit., Gesch. - Spr.: Engl., Franz.

WÜNSCHE, Günther

Dr. rer. techn., Prof., Regierungsrat a. D. - Kurfürstendamm 112/113, 1000 Berlin 31 (T. 8 96 01-0) - Geb. 11. Sept. 1909 Dresden - S. 1961 Honorarprof. FU Berlin (Mathematik) - Zahlr. Fachveröff. - Mitgl. div. Ges.

WÜNSCHE, Konrad

Prof., Schriftsteller - Reichsstr. 78, 1000 Berlin - Geb. 25. Febr. 1928 Zwickau/Sa. (Vater: Dr. Kurt W.), kath., verh., 4 Kd. - Univ. Leipzig, Tübingen, Bonn (Päd., Kunstgesch., Ägyptologie, Phil.) - Zahntechniker; Museumsvolontär; Lehrer - BV: Schemenentsprechend, Lyrik 1963; D. Wirklichkeit d. Hauptschülers, Ess. 1972 (schwed. 1981); Schulregeln, Ess. 1980; D. Volksschullehrer Ludwig Wittgenstein, 1985. Bühnenst.: Über d. Gartenzaun (1962), Vor d. Klagemauer (1962), Der Unbelehrbare (1964), Jerusalem Jerusalem (1966), Dramaturg. Kommandos (1971). Funktext: Gegendemonstration (1967).

WÜNSCHE, Paul

Diözesansekretär a. D., MdL Bayern (s. 1968) - Greiffenbergstr. 65, 8600 Bamberg/Ofr. (T. 3 74 92) - Geb. 11. Sept. 1922 Lauban/Schles., kath., verh., 4 Söhne - Volkssch.; Ausbild. Textilkfm.; 1953 Kath. Sozialinst. - 1941-47 Arbeits-, Wehrdst. (Inf., Gebirgsj.) u. sowjet. Kriegsgefangensch., dann kath. Einricht. S. 1960 Stadtratsmitgl. Bamberg. CSU.

WÜNSCHMANN, Arnfrid

Dr. rer. nat., Geschäftsführer Umweltstiftung WWF-Deutschland - Heddestr. 110, 6000 Frankfurt 70 (T. 069 - 605 00 30) - Geb. 1935 Dresden, verh., 3 Töchter - Univ. Münster u. Zürich (Zoologie, Botanik, Chemie, Geographie). Promot. 1962 (Diss.: Neugierverhalten b. Wirbeltieren) - S. 1963 Zool. Garten Berlin (zul. Wiss. Oberassist. u. stv. Dir.) u. Tierpark Hellabrunn (1972 Dir.) - BV: D. Plumpbeutler, 1970. Zahlr. Fachveröff.

WÜNSCHMANN, Paul

Bankdirektor i. R., Aufsichtsratsmitglied Hypothekenbank in Hamburg, Hamburg (s. 1971) - Agnesstr. 54, 2000 Hamburg 60 - Geb. 8. Mai 1904 Posen (Vater: Ernst W., Obering.; Mutter: Frieda, geb. Heilmann), verh. s. 1935 m. Gertrud, geb. Neumann - Univ. Halle u. Jena (Rechtswiss.). Gr. jurist. Staatsprüf. - 1935-52 Frankfurter Hypothekenbank (Synd.), 1952-71 Hypothekenbank in Hamburg (Vorst.-Mitgl.). Herausg.: Ztschr. Wirtschaft u. Wettbewerb - Liebh.: Musik, Hunde.

WÜRDEMANN, Walter

Geschäftsführer, Mitgl. Brem. Bürgerschaft (s. 1967) - Steinstr. 4, 2850 Bremerhaven (T. 4 38 68) - Geb. 4. März 1912 Geestemünde, ev., verh., 2 Kd. - Schule (Mittl. Reife 1927); 1927-30 kaufm. Lehre; 1931-32 Höh. Handelssch. - B. 1931 Lehrfa. (Schiffsausrüst.), dann ZdA Bremerhaven, s. 1933 Gemeinn. Wohnungsfürsorge GmbH. (1953 Geschäftsf.). Ausschußmitgl. Verb. nieders. Wohnungsuntern.; Vorstandsmitgl. Dt. Mieterbd./Landesverb. Nieders.-Bremen. SPD s. 1946.

WUERMELING, Georg

Landrat - Kreishaus, Schiede 43, 6250 Limburg/Lahn (T. 9 62 00) - Geb. 16. April 1930 Berlin (Vater: Bundesmin. a. D. Dr. rer. pol. Franz-Josef W. †; Mutter: Maria, geb. Pöllmann), kath., verh. s. 1959 m. Ursula, geb. Peters, 4 Söhne (Joachim, Bernhard, Ulrich, Andreas) - Gymn. Kassel u. Linz/Rh.; Univ. Freiburg/Br., Bonn, Köln, Hochsch. f. Verw.-Wiss. Speyer. Jurist. Staatsprüf. 1954 u. 59 Düsseldorf - 1959-64 Regierungsass. u. -rat Münster, Düsseldorf, Aachen; 1964-75 Stadtdir. Werne; s. 1975 Landrat Kr. Limburg-Weilburg; Vizepräs. Hess. Landkreistag. CDU s. 1948 - BVK I. Kl. - Spr.: Engl., Franz.

WUERMELING, Hans-Bernhard

Dr. med., o. Prof. u. Vorst. Inst. f. Rechtsmedizin Univ. Erlangen-Nürnberg (s. 1973) - Bismarckstr. Nr. 24, 8250 Erlangen - Geb. 6. Febr. 1927 - Promot. 1953; Habil. 1966 - 1972 Prof.

WÜRMSEHER, Karl

I. Bürgermeister Stadt Rain/Lech - Rathaus, 8852 Rain/Schwaben - Geb. 10. Sept. 1920 Rain - Zul. Stadtamtm.

WÜRTENBERGER, Franzsepp

Dr. phil., Prof., Kunsthistoriker - Schirmerstr. 2c, 7500 Karlsruhe (T. 2 74 70) - Geb. 9. Sept. 1909 Zürich (Vater: Prof. Ernst W., Maler; Mutter: Karolina (Lina), geb. Schönenberger), kath. - Univ. Freiburg/Br. (Promot. 1935), Wien, München, Hamburg, TH Karlsruhe (Kunstgesch., Gesch., Archäol.). Habil. 1939 Graz - Lehrtätigk. Univ. Graz (1943-44), Kunstakad. Freiburg (1949-1951), TH bzw. Univ. Karlsruhe (1951 ff.; 1957 apl. Prof.) - BV: D. holl. Gesellschaftsbild, 1937; Pieter Bruegel d. Ä. u. d. dt. Kunst, 1957; Weltbild u. Bilderwelt - V. d. Spätantike b. z. Moderne, 1958; D. Manierismus, 1962; Meine akrobatischen Unterschriften, 1976; Malerei u. Musik. D. Gesch. d. Verhaltens zweier Künste zueinander, 1979; Das Ich als Mittelpunkt d. Welt. E. Äonische Biogr., 1986 - Bruder: Thomas W.

WÜRTENBERGER, Thomas

Dr. jur., Prof. f. Staats- u. Verwaltungsrecht, Verwaltungswiss. u. Verfassungsgesch. Univ. Trier - Im Brühl 9, 5501 Gutweiler/b. Trier - Geb. 27. Jan. 1943 Erlangen (Vater: Dr. Thomas W., Prof.; Mutter: Ingrid, geb. Berg), ev., verh. s. 1970 m. Margrit, geb. Zimmermann, 2 Kd. (Laura, Thomas) - Jurist. Staatsex. 1966 u. 1969, Promot. 1971 Freiburg, Habil. 1977 Erlangen. 1970/71 Stud.Aufenth. a. d. ENA/Paris - 1978 Doz. in Erlangen; 1979-81 Prof. in Augsburg; s. 1981 Prof. Univ. Trier - BV: D. Legitimität staatl. Herrsch., 1973; Staatsrechtl. Probl. polit. Plan., 1979; Zeitgeist u. Recht.

WÜRTENBERGER, Thomas

Dr. jur., o. Prof. f. Straf-, -prozeßrecht, Kriminol. u. Rechtsphil. - Beethovenstr. 9, 7800 Freiburg/Br. (T. 7 27 49) - Geb. 7. Okt. 1907 Zürich, verh. m. Ingrid, geb. Berg, 2 Kd. - Gymn. Zürich u. Karlsruhe; Univ. Zürich, Frankfurt/M., Freiburg/Br., Berlin, München, Promot. 1933; Habil. 1939 - 1939 Doz. Univ. Freiburg/Br., 1940 ao. Prof. Univ. Erlangen, 1942 o. Prof., 1946 Univ. Mainz, 1955 Univ. Freiburg - BV: D. System d. Rechtsgüterordnung in d. dt. Strafgesetzgebung, NA. 1973; D. Kunstfälschertum, NA. 1970; D. dt. Kriminalerzählung, 1941; D. Kampf gegen d. Kunstfälschertum, 1951; D. geist. Situation d. dt. Strafrechtswiss., 2. A. 1959; Persona y Ley juridica, 1967; Kriminalpolitik im soz. Rechtsstaat, 1970; A. Dürer - Künstler, Recht, Gerechtigkeit, 1971. Zahlr. Buchbeitr. u. Ztschr.aufs. - Eltern s. Franzsepp W. (Bruder).

WÜRTH, Edgar

Landwirt, MdL Bayern (s. 1975) - Hauptstr. 37, 8851 Buchdorf (T. 09009 - 3 20) - Geb. 1931 - CSU.

WÜRTH, Karl

Dr.-Ing., Fabrikant - Hagentorstr. 10, 3457 Stadtoldendorf/Nieders. - Geb. 6. April 1900 Aachen (Vater: Ludwig W., Architekt; Mutter: Anna, geb. König), verh. s. 1934 m. Käthe, geb. Martin - TH Aachen - Tätigk. Südamerika, dann langj. dt. Gipsind. (zul. gf. Gesellsch. Gipswerke Stadtoldendorf u. Ellrich). Div. Ehrenämter, dar. Präsidialmitgl. Bundesverb. Steine u. Erden, Vorstandsmitgl. Landesvertr. Nieders. BDI, Verb. d. Leichtbauplatten-Ind. u. Güteschutz-Gemeinsch. f. Gips u. -elemente - Liebh.: Mineralogie.

WÜRTHWEIN, Ernst

Dr. theol., D., o. Prof. f. Altes Testament - Gottfried-Keller-Str. 23, 3550 Marburg/L. (T. 2 35 16) - Geb. 20. Sept. 1909 Mannheim (Vater: Jakob W., Kaufm.; Mutter: geb. Raufelder), ev., verh. s. 1947 m. Elisabeth, geb. Fechtig, 3 Kd. (Dr. rer. nat. habil. Ernst-Ulrich, Dr. jur. Martin, Susanne) - Univ. Heidelberg u. Marburg (Theol., Semitistik). Promot. 1934 Heidelberg; Habil. 1938 Tübingen - S. 1954 Ord. Univ. Marburg (1958/59 Rektor, 1977 emerit.) - BV: Der ʿamm haʾarez im Alten Testam., 1936; D. Text d. Alten Testam., 4. A. 1973 (engl. 1957, jap. 1979, amerik. 1979); Kommentar zu Ruth, Hohelied, Esther i. Handb. z. Alten Testament, 18, 1969; Wort u. Existenz - Studien z. Alten Testam. 1970; D. Erzählung von d. Thronfolge Davids - theol. o. polit. Geschichtsschreibung?, 1974; D. Bücher d. Könige I (1. Kön. 1-16) übers. u. erklärt, 2. A. 1985, II (1. Kön. 17 - 2. Kön. 25)

1984; Verantwortung i. Alten Testam. i. Bibl. Konfrontationen 1009. 1982.

WÜRTHWEIN, Ernst-Ulrich
Dr. rer. nat., Univ.-Prof. f. Organische Chemie, Inst. f. Organische Chemie Univ. Münster - Orléansring 23, 4400 Münster (T. 0251 - 83 32 61) - Geb. 7. April 1948 Tübingen (Vater: Dr. D. Ernst W., Prof. f. Altes Testament; Mutter: Elisabeth, geb. Fechtig), ev., verh. s. 1986 m. Gudrun, geb. Bayha - Stud. Univ. Marburg (Chemie); Dipl. Chem. 1973 Marburg; Promot. 1975 ebd.; Habil. 1983 Erlangen - 1976-77 Post-doc. fellow Univ. of East Anglia, Norwich, Großbrit.; 1980 Akad. Rat, 1983 Priv.-Doz., 1986 Akad. Oberrat Univ. Erlangen-Nürnberg; 1986 Univ.-Prof. Univ. Münster - Zahlr. Fachveröff.

WÜRTTEMBERGER-MARKGRÄFE Karl-Albrecht
Diplom-Volkswirt, Direktor Siemens AG, Zentralfinanzabt./Beteiligungen - Wittelsbacherplatz 2, 8000 München 2 (T. 089 / 2 34-28 80) - Geb. 24. Nov. 1937 Stuttgart, ev., verh. s. 1964 m. Rosw.-Juliane, geb. Röder, T. Heike-Iris - Abit. 1957; 1957-60 Lehre als Industriekaufm. b. Siemens; Stud. Volkswirtsch.-Lehre u. Statistik Univ. Heidelberg u. München; Dipl. 1964 Hamburg - Tätigk. b. Siemens; Geschäftsf.: 1976-88 VBB Ges. f. d. Verw. v. Bau-Beteiligungen mbH, München u. Plania Beteiligungsges. mbH, München, s. 1976 VVK Versich.-Vermittlungs- u. Verkehrskontor GmbH, München. S. 1984 Vorst.-Mitgl. Risicom-Rückversich. AG, Berlin; stv. AR-Vors. Heimann GmbH, Wiesbaden, u. KKW Kulmbacher Klimageräte-Werk GmbH, Kulmbach; Beiratsvors. Sietec Siemens-Systemtechnik u. Portfolio GmbH & Co. OHG, Berlin; stv. Beiratsvors. SGV Siemensstadt-Grundstücksverw. GmbH & Co. OHG, Berlin; Beiratsmitgl. VCB Venture Capital Beteiligungsges., München; Mitgl. Ges.-Delegation Interatom GmbH, Bergisch-Gladbach, RXS Schrumpftechnik-Garnituren GmbH, Hagen, Siecor Ges. f. Lichtwellenleiter mbH, Neustadt/Coburg.

WÜRTZ, Peter
Offizier, MdB (s. 1969; Wahlkr. 28/Diepholz) - Am Fuchsberg 45, 2805 Stuhr 3 (Heiligenrode) (T. 04206 - 6 70) - Geb. 6. Sept. 1939 Berlin (Vater: Hellmut W., Polizeioberm.; Mutter: Käthe, geb. Würtz), ev., verh. s. 1966 m. Elke, geb. Dehnert, 3 Kd. (Susana, Jens-Peter, Mark-Oliver) - Schule Berlin (Mittl. Reife); 1956-59 Maschinenschlosserlehre; 1959-61 Vorbereitungskursus z. Stud. Dt. Hochsch. f. Politik Berlin; 1959-61 Offz.sausbild. Bundeswehr (Luftwaffe) - S. 1961 Luftwaffenoffz. (1974 Oberstlt., 1977 A. D.) SPD s. 1957 - Liebh.: Briefmarken, Sport - Spr.: Engl.

WÜRTZ, Wolfgang
Dr. jur., Rechtsanwalt, Hauptgeschäftsf. Industrieverb. Steine u. Erden Baden-Württ. e. V. - Gammertinger Str. 4, 7000 Stuttgart 80; priv. Felix-Dahn-Str. 63a, 7000 Stuttgart 70 - Geb. 7. Okt. 1921.

WÜRZ, Roland
Dr. jur., Landrat Landkreis Heidenheim (s. 1973) - Felsenstr. 36, 7920 Heidenheim (T. 07321 - 32 12 00) - Geb. 12. Jan. 1939, ev., verh. m. Ursula, geb. Meister, 2 Söhne (Carsten, Axel) - 1958-63 Stud. Rechtswiss. Univ. München u. Tübingen; Promot. 1970; 1. u. 2. jurist. Staatsex. 1963 u. 1966 - Vizepräs. Landkreistag Baden-Württ., u. d. Landesverb. Baden-Württ. d. DRK - 1983 BVK - Spr.: Engl.

WÜRZBACH, Natascha
Dr. phil., Prof. f. Engl. Philologie Univ. Köln - Asbergplatz 13/II, 5000 Köln 41 (T. 0221 - 46 48 47) - Geb. 1. Dez. 1933 München (Vater: Friedrich W., Schriftst.; Mutter: Dolly, geb. Freiin v. Gemmingen Massenbach) - Abit. f. d. höh. Lehramt 1960, Promot. 1964, Habil. 1974 - 1965-75 wiss. Assist. Univ. München; s. 1975 o. Prof. in Köln - BV: The Novel in Letters, 1969; British Theatre: Eighteenth-Century Drama (Hrsg.), 1969; Anfänge u. gattungstyp. Ausform. d. engl. Straßenballade 1550-1650, 1981; zahlr. Art. u. Rezens. - Liebh.: Kunst, Musik.

WÜRZBACH, Peter Kurt
Dipl.-Päd., Oberstlt. a. D., Parlam. Staatssekr. Bundesmin. d. Verteidigung (1982-88), MdB (s. 1976, Wahlkr. 8/Segeberg-Stormarn-N) - Traveredder 2, 2360 Klein Rönnau - Geb. 15. Dez. 1937 Göttingen, ev., verh., 2 Kd. - Abit. 1957 Hamburg; Bundeswehr; Stud. Päd., Soziol., Psych. Univ. Kiel (Dipl.-Päd. 1976). Lehrbeauftr. f. Soziol. Fachhochsch. f. Sozialw. Kiel - S. 1970 Ehrenamtl. Bürgerm. v. Klein Rönnau. Verteidigungspolit. Sprecher CDU/CSU-Bundestagsfraktion u. Vors. Arbeitsgruppe Verteidig. - BV: D. Atomschwelle heben. Div. Fachart. zu sicherheitspolit. Problemen in nationalen u. intern. Publ. - Mitgl. Intern. Inst. f. Strateg. Stud. London; Gesprächsleit. Hermann-Ehlers-Akad. Gründer u. Schirmherr d. Aktion D. Bundeswehr hilft Kindern in d. 3. Welt - Liebh.: Windsurfen.

WÜRZEN, von, Dieter
Dr. jur., Staatssekretär Bundesmin. f. Wirtschaft, Bonn - Zu erreichen üb. Bundesministerium f. Wirtschaft, Villemombler Str. 76, 5300 Bonn 1 - Geb. 24. Juni 1930 Hamburg (Vater: Wilh. v. W.; Mutter: Anna, geb. Peschau), ev., verh. s 1962 m. Ingrid, geb. Korff, 3 Kd. (Jürgen, Barbara, Susanne) - Stud. Rechts- u. Staatswiss. Univ. Marburg. Promot. Göttingen; jurist. Staatsex. 1953 u. 1958 - 1958 Assist. Univ. Göttingen; s. 1959 Bundesmin. f. Wirtsch., Bonn.

WÜRZNER, Ulrich
Dr. jur., Rechtsanwalt, Personalberater, Kienbaum-Personalberat. GmbH, Düsseldorf - Wupperstr. 19, 4006 Erkrath 2 (T. 02104-4 19 83) - Geb. 9. März 1933 Freiberg/Sa. (Vater: Dr.-Ing. Erich W., Dipl.-Berging. †; Mutter: Gertrud, geb. Helbig †), ev., verh. s. 1958 m. Waltraut, geb. Brandes, 3 Kd. (Reinhard, Eckart, Ulrike) - Univ. Heidelberg, München, Göttingen u. Kiel (Rechts- u. Volksw.), Ass.ex. Hannover, Promot. Kiel - 1966-71 Verw.leit. ICI Dtschl. GmbH Frankfurt, 1971-75 RA u. Personalleit. Henninger Bräu KGaA, Frankfurt/M., 1975-80 Rechtsanw. GF Dr. Carl Hahn GmbH, D'dorf, 1980-85 Mitgl. Geschäftsltg. Claas oHG, Harsewinkel - Liebh.: Basteln, Skifahren, Segeln - Spr.: Engl.

WÜST, Gerhard

Dr. med., Prof., Internist u. Onkologe - Nienborgweg 31, 4400 Münster/W. - Geb. 4. April 1922 ev., verh. m. Sigлинde, geb. Weller - Promot. u. Habil. Leipzig - S. 1959 Lehrtätigk. Univ. Leipzig u. Münster (1965 apl. Prof.; 1971 Wiss. Rat u. Prof. Med. Klinik). 1966 Gastprof. John Hopkins Univ. (USA) - BV: Aktuelle Probleme d. Therapie maligner Tumoren, 1973; Symposium Münster, W. Nov. 1985; Tumormarker, aktuelle Aspekte u. klinische Relevanz. Symposion als Buch erschienen. 250 Einzelarb. u. Buchbeitr. üb. internist., bes. üb. diagnost. u. therapeut. onkol. Probl. - Liebh.: Ski, Tennis, Musik.

WÜST, Gottfried

Stv. Vorsitzender d. Geschäftsfg. Friedrich-Naumann-Stiftung, 5330 Königswinter - Hellweg 2, 5305 Alfter/Rh. - Geb. 25. April 1930.

WÜST, Günther

Dr. jur., o. Prof. f. Bürgerl. Recht, Handels-, Wirtschafts- u. Arbeitsrecht sowie Recht d. Freiwill. Gerichtsbarkeit - Paul-Martin-Ufer 27, 6800 Mannheim 1 - Geb. 21. Mai 1923 Landstuhl/Pfalz (Vater: Albert W., Notar; Mutter: Berta, geb. Micheler), ev., verh. - Univ. Freiburg/Br. (Rechtswiss.). Jurist. Staatsprüf. (1949 u. 52) Freiburg u. Mainz; Promot. (1950) u. Habil. (1954) Freiburg - 1954 Privatdoz. Univ. Freiburg; 1961 o. Prof. WH, jetzt Univ. Mannheim - BV: D. Gemeinschaftsteilung als method. Problem, 1956; D. Interessengemeinschaft e. Ordnungsprinzip d. Privatrechts, 1958; Prakt. u. theoret. Probl. d. Gruppenakkords, 1960; Gläubigerschutz b. d. GmbH, 1966; Gesellschafts- u. Verbandsrecht, in: Wörterb. d. Jurisprudenz, Disziplinen d. Rechts (hg. v. Weber-Fas), 1978; Z. Probl. d. Gefährdungshaft. in d. Binnenschiffahrt in: Probl. d. Binnenschiffahrtsrechtes IV, 1985; D. gr. Haverei auf Hoher See u. in d. Binnenschiffahrt in: Rechtswiss. Abh. Univ. Mannheim, Bd. V, 1988. Beitr. in d. Festschr. f. W. Wilburg (1965), Konrad Duden (1977) u. W. Mönch (1986) - Spr.: Engl., Franz.

WÜST, Günther
Dipl.-Kfm., Hauptgeschäftsführer Industrieverb. Papier- u. Plastikverpackung - Ludwigstr. 33, 6360 Friedberg/Hessen.

WÜST, Ottokar
Kaufmann, Präsident d. VfL Bochum (s. 1963) - Brückstr. 27-29, 4630 Bochum 1 (T. 1 51 96) - Geb. 22. Dez. 1925 Bochum (Vater: Otto W., Kaufm.; Mutter: Josefa, geb. Köhler), kath., verh. m. Ingrid, geb. Heinrich, 3 S. (Peter, Michael, Thomas) - Gymn., Volont. in versch. süddt. Kleiderfabriken, Textil-Kfm. - S. 1963 Präs. VfL Bochum - Liebh.: Mode, Sport, Musik (Oper), klass. Lit. - Spr.: Griech., Lat.

WÜST, Walter
Dr. phil., Gymnasialprofessor i. R., Lehrbeauftr. f. Allg. Ornithologie u. Feldornithol. Univ. München (1952-74), Ehrenvors. Ornithol. Ges. in Bayern (s. 1977) u. a. - Hohenlohestr. 61, 8000 München 19 (T. 15 53 32) - Geb. 3. Sept. 1906 München (Vater: Prof. Dr. phil. Ernst W.; Mutter: Anna, geb. Grüb), verh. s. 1940 m. Irmgard, geb. Haug, 4 Kd. (Heide, Rainer, Brigitte, Ursula) - Gymn. Erlangen u. München; Univ. München (Chemie, Biol., Geogr.); Promot. 1930 m. summa cum laude) - Höh. Schuldst. Tölz, Augsburg, München (1952-68 Wilhelms-Gymn.). 1937 Mitbegr. Tiergarten Augsburg (erster Leit.). Erstnachweise neuer Vogelarten oder Brutvögel in Dtschl. oder Bayern; Entd. Ismaninger Teichgebiet als Vogelparadies (Begr. d. ersten bayer. Europa-Reservats) - BV: Tierkunde, T. I (Säugetiere) 1957, 9. A. 1970, II (Vögel, Kriechtiere, Lurche, Fische) 1959, 9. A. 1972; D. Brutvögel Mitteleuropas, 1970; Avifauna Bavariae, Bd. I 1981, Bd. II 1986. Einzelarb. Mitarb.: Handb. d. Vögel Mitteleuropas (1956ff.), Grzimeks Tierleben (1967ff.) - Ehrenmitgl. Naturwiss. Verein f. Schwaben; Mitgl. Cornell Laboratory of Ornithol (USA); korr. Mitgl. Österr. Ges. f. Vogelkd.; 1969 Med. bene merenti in Silber Bayer. Akad. d. Wiss.; 1981 Ehrenpr. Bayer. Akad. d. Wiss.; 1985 Rieser Kulturpreis.

WUEST, Walter
Dr. rer. nat., Prof. f. Physik - Ortelsburger Str. 32, 3400 Göttingen - Geb. 3. Aug. 1916 Colmar (Elsass), verh. s. 1944 m. Rosemarie, geb. Arnold, 2 Kd. - Promot. 1941 Göttingen, Habil. 1961 Hannover - Ind. (Meß- u. Hochdrucktechnik); Aerodynam. Versuchsanst. (Leit. Abt. Raumfahrtaerodyn.); Dt. Forsch.- u. Versuchsanst. f. Luft- u. Raumfahrt (1978-81 Dir. Inst. f. Experiment. Strömungsmechanik). 1979-86 Generalsekr. European Low Gravity Research Assoc. (Strömungsversuche b. Schwerelosigk. m. Raketen u. im Spacelab). 5 Patente (Meßgeräte) - BV: Strömungsmeßtechnik, 1969; Flight Test Manual, 1979; Sie zähmten d. Sturm, 1982; Review of German Reentry Technology Work, 1984; 180 wiss. Veröff. Mithrsg: Progress in Aerospace Sciences (Oxford), Ztschr. f. Flugwiss. u. Raumfahrt (Köln), Ind. Meßtechnik (Essen).

WÜSTEFELD, Franz
Prälat, Geschäftsführer Bonifatiuswerk d. dt. Katholiken - Kamp 22, 4790 Paderborn/W.

WÜSTENBERG, Joachim
Dr. med., Prof., ehem. Direktor Hygiene-Inst. d. Ruhrgebiets, Gelsenkirchen - Zeppelinallee 74a, 4650 Gelsenkirchen (T. 49 65 25) - Geb. 30. April 1908 Klenzenhof/Kr. Ostprignitz (Vater: Walter W., Domänenpächter; Mutter: Eva, geb. Stein), ev., verh. 1969-79 in 2. Ehe m. Hildegard, geb. Reifenberger, verw. Ochs †, T. Barbara (aus 1. Ehe) - Univ. Jena, Rostock, Innsbruck, Greifswald - Ass. Robert-Koch-Inst., Berlin; s. 1940 Doz. u. apl. Prof. f. Hygiene u. Bakteriol. (1951) Univ. Münster. Vorst.- bzw. Beiratsmitgl. zahlr. wiss. Ges. u. Verb., u. a. 1963-65 Vors. Dt. Ges. f. Hygiene u. Mikrobiol., 1962-74 Mitgl. Bundesgesundheitsrat, 1962-69 Vors. Kommiss. z. Erforsch. d. Wirk.-luftverunreinig.-Stoffe Dt. Forsch.gemeinsch. Zahlr. Fachveröff. u. Vorträge; 26 Jahresber. Inst., Vortr. z. Hygiene u. Anspr. (1961-71), u.v.a. Publ. - 1973 Gr.

BVK; 1979 Ehrenmitgl. Trägerverein d. Hygiene-Inst.; 1980 Johann-Peter-Frank-Med.; 1982 gold. Ehrennadel u. Ehrenmitgl. Dt. Grünes Kreuz; 1984 Rud. Schülke-Med. - Lit.: Festschr. z. 60. Geb. - Rotarier.

WÜSTENFELD, Ewald
Dr. med., o. Prof. f. Anatomie a.D. - Friesenstr. 15, 4930 Detmold - Geb. 19. Febr. 1921 Detmold/Lippe (Vater: Simon W., Beamter; Mutter: Henriette, geb. Klarholz), ev., verh. s. 1949 m. Anneliese, geb. Paatz, T. Ursula - Stud. Päd., Naturwiss., Med. Dortmund, Marburg, Rostock. Promot. 1950 Marburg; Habil. 1957 Würzburg - S. 1957 Lehrtätig. Univ. Würzburg (1963 apl. Prof.; 1966 Abt.svorsteher Anat. Inst.) u. Berlin/Freie (1973 Ord.). Üb. 60 Fachveröff.

WÜSTENHÖFER, Arno
Generalintendant a. D. Theater d. Fr. Hansestadt Bremen (1978-85) - Violenstr. 22, 2800 Bremen - Geb. 9. Okt. 1920 Karlsruhe (Vater: Paul W., Bergwerksdir.; Mutter: Gertrud, geb. Kraus), ev., verh. s. 1960 m. Margarethe, geb. Schlipköter, 2 Töcht. (Claudia, Katja) - Stud. Rechtswiss. u. German. (5 Sem.); Schauspielausbild. - 1946-59 Schausp. u. Regiss.; 1959-64 Int. Bühnen d. Hansestadt Lübeck; 1964-75 Generalint. Wuppertaler Bühnen. Mitgl. Intern. Theater-Inst. Tätigk. z. Zt. als Schausp. u. Regiss. Zahlr. Insz., u. a. Shakespeare, Hauptmann, Ibsen, Wedekind, Hacks; dt. Erstauff.: D. Verhör (Boland) u. Jenseits v. Horizont (O'Neill) - 1973 Silb. Blatt Dramatiker-Union Berlin; BVK I. Kl.; Senatsmed. d. fr. Hansestadt Bremen - Liebh.: Reiten - Spr.: Franz. - Rotarier - Bruder: Egon W.

WÜSTER, Kurt
Betriebsingenieur (DWU), MdB (s. 1969), Wahlkr. 68/Remscheid) - Karl-Dowidat-Str. 32, 5630 Remscheid-Lüttringhausen (T. 02191 - 5 55 55) - Geb. 29. Juni 1925 Remscheid (Vater: Ernst W., Bandwirkermstr.; Mutter: Martha, geb. Hilger), ev., verh. s. 1951 m. Ruth, geb. Spiecker, 3 Kd. (Hartmut, Christa, Michael) - Kaufmannsgehilfen- (1942) u. Technikerprüf. (1948) - SPD (Vorstandsmitgl. Unterbez. Remscheid); Mitgl. Sozial-Ethischer Aussch. Ev. Kirche Rhld. - Gold. Ehrennadel DSB - Liebh.: Segel- u. Motorflug - Spr.: Engl.

WULF, Christoph
Dr., Prof. f. Erziehungswissenschaft - Sophie-Charlotte-Str. 35, 1000 Berlin 37 (T. 813 21 94) - Geb. 4. Aug. 1944 Berlin (Vater: Johannes W., Pfarrer; Mutter: Tabea, geb. Heinrich), ev., verh. s. 1982 m. Rosemarie W., geb. Piltz - Univ. Berlin, Paris, Marburg, Stanford. Promot. 1973, Habil. 1975 Marburg - 1971-74 Generalsekr. Peace Education Commiss. d. IPRA, 1970-76 Dir. of ICET, 1974-80 Kurat. d. DGfK, s. 1975 Berater d. UNESCO in Bild.fragen, Peace Education Commiss. Intern. Peace Res. Assoc., Dir. Intern. Council on Teacher Education - BV: Handbook on Peace Education, 1974; Theorien u. Konzepte d. Erziehungswiss., 3. A. 1983; Wörterb. d. Erziehung, 7. A. 1989; Lust u. Liebe. Wandlungen d. Sexualität, 1985; Im Schatten d. Fortschritts. Gemeins. Probl. im Bildungsbereich in Industrieländern u. Ländern d. Dritten Welt, 1985; D. Wiederkehr d. Körpers, 2. A. 1986 (m. D. Kamper); D. Schwinden d. Sinne, 1984; D. Andere Körper, 1984; Lachen-Gelächter-Lächeln, 1986; D. Heilige - Seine Spur in d. Moderne, 1987; D. sterbende Zeit, 1987; D. Schicksal d. Liebe, 1988; D. erloschene Seele, 1988; D. Schein d. Schönen, 1989 - Spr.: Engl., Franz., Span.

WULF, Detlev
Komponist (Utopia Music Berlin) - Hallesche Str. 23, 1000 Berlin 61 (T. 030 - 251 97 97) - Geb. 23. Sept. 1952 Ratingen/Rhld. (Vater: Fritz W., Schrifts.; Mutter: Ruth, geb. Zels), ev., led. - N. ext. Abit. (Abendsch.) Musikhochsch. Düsseldorf - Filmmusiken u.a. - Liebh.: Elektronik, Karate, Tennis - Spr.: Engl.,

Franz., Span. - Erf.: Erstes hochkompatibles Computer-Sequencersystem (1983).

WULF, Hans-Joachim
Assessor, Brauereidirektor - Hohle Eiche 19, 4600 Dortmund - Geschäftsf. Dortmunder Kronenbrauerei GmbH. & Co. i. R., Dortmund; Vors. d. Verb. Rhein.-Westf. Brauereien i. R.

WULF, Helmut
Ministerialdirigent Bundesministerium f. Verkehr - Zu erreichen üb. Bundesmin. f. Verkehr, Kennedyallee 72, 5300 Bonn 2 - Geb. 14. Nov. 1928 Halle, ev., verh. m. Dagmar, geb. Opdenberg, 3 Töcht. - Abit. 1948; Stud. Rechtswiss.; 1. Staatsex. 1952, 2. Staatsex. 1956 - Staatsanw., Richter; Bundesmin. d. Justiz (Strafrechtsreform), Bundesmin. f. Verkehr (Transit- u. Verkehrskommiss./ DDR, Straßenverkehr) - Spr.: Engl., Latein.

WULF, Horst-Dieter

Dr. rer. nat., Dipl.-Chem., Vorstandsmitglied Chemische Werke Hüls (1976-83) - Guido-Heiland-Str. 1a, 4370 Marl/Westf. (T. 1 33 15) - Geb. 13. Okt. 1922 Weilrode/Harz - Stud. d. Chem. u. Phys. Univ. Halle/S. - Liebh.: Jagd, Naturbeobachtungen - Spr.: Engl., Franz.

WULF, Karl Christian
Dr. med., Prof., Chefarzt Hautklinik Stadtkrankenhaus Kassel a. D. - Heideweg 15, 3500 Kassel (T. 3 99 88) - Geb. 9. Febr. 1916 Ehlerstorf/Holst. (Vater: Heinrich W., Landwirt; Mutter: Dora, geb. Möller), ev., verh. s. 1942 m. Dr. med. Renate, geb. Heuschkel, 4 Söhne (Klaus-Detlef, Christian, Matthias, Thomas) - Hebbel-Sch. Kiel; Univ. ebd., Leipzig, Rostock, Hamburg (Promot. 1942 m. Summa cum laude). Facharzt f. Hautkrankh. 1948 - 1942-45 Truppenarzt Luftw.; 1945-60 Assistenz- u. Oberarzt Univ.s-Hautklin. Hamburg (1953 Privatdoz., 1959 apl. Prof.). Mitarb.: Gottron-Schönfeld, Handb. d. Haut- u. Geschlechtskrankh. (Kap.: Lichtdermatosen), Jadassohn, Hb. d. Haut- u. Geschlechtsk. (Vitamine). Etwa 100 Fachveröff. (Haut- u. Geschlechtskrankh., med. Grundlagenforsch.) - Spr.: Engl., Franz.

WULF, Peter
Dr., Prof. Univ. Kiel - Nierott 46, 2303 Gettorf - Geb. 28. Juni 1938 Lütjenburg - Promot. 1967, Habil. 1978; Stud. Univ. Kiel u. Tübingen - 1968-72 Edition Akten d. Reichskanzlei b. Bundesarchiv Koblenz - BV: D. polit. Halt. d. schlesw.-holst. Handw. 1928-1932, 1969; D. Kabinett Fehrenbach, 1972; Hugo Stinnes 1918-1924, 1979; Dt. Geschichte 1945-82, in: Rassow, Dt. Geschichte, 1987; Aufs.

WULF, Volkmar
Geschäftsführer Fachverein. Hartpapierwaren u. Rundgefäße FHR, u. CITPA - Comité Intern. d. Transformateurs de Papier et Carton dans la CE, Leit. Außenhandelsabt. HPV - Haupt-

verb. d. Papier, Pappe u. Kunststoffe verarb. Ind. - Arndtstr. 47, 6000 Frankfurt/M. (T.069 - 74 60 70; Telex: 411925 hpv; Telefax: 069 747714).

WULF-MATHIES, Monika,
geb. Baier
Dr. phil., Bundesvorsitzende Gewerkschaft ÖTV (s. 1982), 1. Vizepräs. Intern. d. Öfftl. Dienste (IÖD, s. 1985) - Zu erreichen üb. Hauptverw. d. ÖTV, Theodor-Heuss-Str. 2, 7000 Stuttgart 1 - Geb. 17. März 1942 Wernigerode (Vater: Karl-Hermann Baier, Kaufm.; Mutter: Margot, geb. Meißer), verh. s. 1968 m. Dr. Carsten Wulf-Mathies - Abit. 1961; 1961-68 Gesch., German. u. Volksw. Univ. Hamburg u. Freiburg; Promot. 1968 Hamburg - 1968-71 BMW; 1971-76 Bundeskanzleramt (zul. Leit. Ref. Sozial- u. Ges.politik); 1976 im gf. Hauptvorst. ÖTV; s. Sept. 1982 Vors. d. ÖTV - Liebh.: Gartenarbeit, Langlauf - Spr.: Engl., Franz.

WULFES, Siglinde,
geb. Kunert
Dr. phil., Dipl.-Psych. klin. Psych. BdP, o. Prof. f. Pädagogik d. Körperbehinderten u. Krampfkranken Univ. Köln - Am Tannenhof 29, 5000 Köln 50 - Geb. 2. Juni 1926.

WULFF, Gerd
Pressechef - Am Lehesterdeich 72, 2800 Bremen 33 - Geb. 31. Okt. 1924, ev., verh., 2 Kd. - Obersch.; Univ. Hamburg (German., Anglistik, Phil., Kunstgesch.) - 1948-52 Korresp. u. Redakt. Nordwestd. Allgemeine; s. 1952 Nachrichtenredakt. u. Pressechef Radio Bremen; s. 1976 Journ. u. Buchautor.

WULFF, Hans-Colin
Dr. rer. pol., Geschäftsführer Gesamtverb. d. Dt. Brennstoffhandels e. V., Ceto-Verlag GmbH, gdb info-service f. wirtschaftl. Energieverwend. GmbH, Fachverb. Schwerwerberei e. V., Arbeitsgem. Camping-Zeltind. e. V., Redakteur Brennstoffspiegel - Goethestr. 34, 3500 Kassel (T. 1 53 03); priv.: V. d. Prinzenquelle 1 (T. 6 22 94) - Geb. 10. Sept. 1931 Berlin (Vater: Emil-Carl W., Arch., Berufsschuldir.; Mutter: Thea, geb. Maurer), ev., verh. s. 1957 m. Ingrid, geb. Kröker, 2 Kd. (Colin, Esther) - TH Braunschweig, Univ. Marburg (Rechts- u. Staatswiss.). Dipl.-Volksw. (1956) u. Promot (1958) Marburg - BV: D. Preiswettbewerb auf d. Gemeins. Markt f. Stahl unter bes. Berücks. d. westd. Verhältnisse (Diss.).

WULFF, Hinrich H.
Dipl.-Kfm., Geschäftsführer Hirsch, Kupfer- u. Messingwerke GmbH - Fritz-Rahmen-Str. 9, 4050 Mönchengladbach 2 - Geb. 6. Nov. 1931 Berlin, verh. s. 1967 - Abit., Univ. Göttingen, Hamburg, TU Berlin (Betriebswirtsch.) - Spr.: Engl.

WULFF, Manfred
Dr. rer. pol., Prof. f. Volkswirtschaftslehre (insb. Wirtschaftspolitik) Univ. Tübingen - Am Mirtenhäusle 10, 7400 Tübingen 2 - Geb. 8. April 1933 Pasewalk (Vater: Hermann W., Oberzollsekr.; Mutter: Maria, geb. Lange), ev., verh. s. 1961 m. Anneliese, geb. Mayer, 2 Kd. (Andrea, Jürgen) - Prüf. f. d. gehob. Verw.dienst 1956 Stuttgart; Dipl.-Volksw. 1964, Promot. 1968, Habil. 1974, alles Tübingen - BV: Ungelöste Probl. d. Außenwirtsch.theorie - Versuch e. Synthese versch. Theoriekreise; D. neoliberale Wirtschaftsordn. - Versuch e. dynam. Analyse d. Konzeption u. d. Realität; Theorien u. Dogmen als Ursachen wirtschaftspolitischer Probleme - Liebh.: Mineral., Filmen, Bergwandern - Spr.: Engl., Franz.

WULFF, Otto
Dr. jur., Bankdirektor, Hon.-Prof. Ruhr-Univ. Bochum, MdB (s. 1969), MdEP (s. 1983) - Agnes-Miegel-Str. 42, 5840 Schwerte/R. (T. 1 79 10) - Geb. 5. Jan. 1933 Hennen/W. (Vater: Heinz W., Kaufm.; Mutter: Clara, geb. Kirchhoff),

ev., verh. s. 1964 m. Edith, geb. Kafsack, 2 Söhne (Matthias, Christian) - Gymn. Schwerte; Stud. Rechtswiss. Bonn, Berlin, Paris. Gr. jurist. Staatsprüf. - S. Jahren Dt. Bank (gegenw. Dir. Fil. Dortmund). 1966-69 stv. Landrat Kr. Iserlohn. 1964-69 MdK CDU s. 1953 (1967 Kreisvors., 1968 Landesschatzm. Westf.). Vors. dt.-österr. Parlamentarierges., Präs. Dt. Parlam. Ges., Präs. Dt. Pakist. Forum - BV: Konkurrenzen u. Kollisionen zw. d. Gesetz gegen Wettbewerbsbeschränkungen u. d. Preisrecht, 1962 (Diss.). Zahlr. Veröff. üb. europ. Währungssystem, intern. Währungsfonds u. völkerrechtl. Aspekte d. Nord-Süd-Beziehung - Liebh.: Numismatik - Spr.: Engl., Franz.

WULFFEN, Bernd
Dr., Botschafter und Leiter d. Bundesrep. Deutschl. in Kuwait u. Bahrain (s. 1986) - P.O. Box 10306, Manama/Bahrain - Zul. Vortragender Legationsrat u. stv. Referatsleit. AA.

WUNBERG, Gotthart
Dr. phil., Prof. f. Neuere Dt. Literaturwissenschaft Univ. Tübingen, Univ.-Vizepräs. - Wilhelmstr. 50, 7400 Tübingen 1 - Geb. 25. Dez. 1930.

WUND, Josef
Architekt, Geschäftsf. Intern. Bodenseemesse, Leit. Architekturbüro Wund & Partner - Hochstr. 1, 7990 Friedrichshafen (T. 07541 - 2 10 13) - Geb. 11. Dez. 1938, kath., verh. s. 1963 m. Ingrid, geb. Bauer, 2 Kd. (Jörg, Petra) - Lehre; Stud. Univ. Stuttgart - Erf.: weitgespannte u. verfahrbare Spezialdachkonstruktion.

WUNDER, Dieter
Vorsitzender Gewerksch. Erzieh. u. Wiss./GEW (1981 ff.) - Unterlindau 58, 6000 Frankfurt/M. - Geb. 1936 Düsseldorf - Zul. Leit. Hbg. Gesamtsch. (10 J.).

WUNDER, Hans
Domkapitular, Vors. Caritasverb. f. d. Erzdiözese Bamberg - Geyerswörthstr. 2, 8600 Bamberg - Kath.

WUNDER, Heide,
geb. Hübler
Dr. phil., Prof. f. Sozial- u. Verfassungsgesch. Univ.-GH Kassel - Ludwigstr. 5, 6350 Bad Nauheim - Geb. 27. Aug. 1939 Rieneck, verh. s. 1964 m. Dieter W., 1 T. - Promot. 1964 - 1970-77 wiss. Assist. Univ. Hamburg; s. 1977 Prof. f. Sozial- u. Verfassungsgesch. Frühe Neuzeit - BV: Siedl.- u. Bevölkerungsgesch. d. Komturei Christburg (13.-16. Jh.), 1968; Feudalismus, 1974; D. bäuerliche Gemeinde in Dtschl., 1986.

WUNDER, Wilhelm

A.O. Univ.-Prof. i. R. - Ebrardstr. 13, 8520 Erlangen - Geb. 23. Mai 1898 Alsenborn/Rheinpf., ev. - Abit. 1916; 1918-21 Stud. Univ. München; Physikum; Promot. Dr. phil. - 1921-23 Assist. Zool. Inst. Rostock; 1923-25 Assist. Zool. Inst.

Breslau; 1925 Priv.-Doz.; 1930 ao. Prof.; 1949-65 apl. u. ao. Prof. Univ. Erlangen; Vors. Fischzuchtaussch. DLG (1953-59); Spezialist f. Fischzucht, Teichwirtsch. u. Fischkrankh. bes. f. Karpfen. Unters. in Rom, Jugoslaw., Ägypten u. Syrien - BV: Physiologie d. Süßwasserfische, 1936; Fortschrittliche Karpfenteichwirtschaft, 1950; rd. 250 Veröff. in wiss. Ztschr. - 1987 BVK - Spr.: Engl., Franz.

WUNDER, Wolfgang

Dr. jur., Bankier, pers. haft. Gesellsch. Bankhaus H. Aufhäuser - Löwengrube 18, 8000 München 2 (T. 23 93-1) - Geb. 11. Mai 1926 Berlin (Vater: Dr. Friedrich W.; Mutter: Rose, geb. Leibfried), ev., verh. s. 1972 m. Brigitte, geb. Fauner, T. Sybille - Banklehre; Stud. Rechtswiss. Beide Staatsprüf.; Promot. 1953 (Erlangen) - Liebh.: Tennis, Segelsport - Spr.: Engl., Franz., Ital. - Mitgl. Lions-Club München-Bavaria.

WUNDERER, Rolf

Fabrikant i. R. (BGB-Ges. Wunderer), Ehrenvors. Fachverb. Plasticwaren-Ind., München - 8852 Rain/Lech - Geb. 4. Jan. 1910 Rain - Ehem. Mitgl. Kreisrat u. Stadtrat - Bundesverdienstmed.; 1978 Olympiamed. 1936.

WUNDERER, Rolf

Dr. oec. publ., Dipl.-Kfm., Ordinarius f. f. Allg. Betriebswirtschaftslehre, insb. Personalwesen u. Mitarb.führung Hochsch. St. Gallen/Schweiz, Dir. d. Inst. f. Führung u. Personalmanagement - Hardungstr. 22, CH-9011 St. Gallen - Geb. 21. Okt. 1937 Meiningen (Vater: Erwin W., Apotheker; Mutter: Ursula, geb. Löhe), ev., verh. s. 1962 m. Barbara, geb. Kind, 3 Kd. (Jörg, Ulrike, Felix) - Abit. 1957; Dipl.-Kfm., Promot. 1967 - S. 1974 Prof. in Essen (f. Allg. BWL, insb. Personalwesen u. Untern.fg.); 1983 Prof. Hochsch. St. Gallen - BV: Systembild. Betrachtungsweisen d. Allg. Betriebsw.lehre, 1967; Beurteil. wiss.-techn. Leist., 1973; Personalarbeit u. Personalleit. in Großuntern., 1979; Humane Personal- u. Org.entw. (Hrsg.), 1979; Führungslehre, 2 Bde., 1980; Führungsgrunds. in Wirtsch. u. Verw., (Hrsg.) 1983; Handwörterbuch d. Führung, (Mithrsg.) 1987; BWL als Management- u. Führungslehre (Hrsg.), 2. A. 1988 - Spr.: Engl., Franz.

WUNDERLI, Peter

Dr. phil., Prof. f. Allg. u. Romanist. Sprachwiss. Univ. Düsseldorf - Feuerbachstr. 38, 4000 Düsseldorf - Geb. 30. Mai 1938 Zürich (Vater: Hans Karl W., Obstbautechniker; Mutter: Berta, geb. Funk), verh. 1963-77 m. Susanna, geb. Amberg, 2 Kd. (Martin, Monica) - Kantonale Oberrealschule Zürich; 1957-63 Stud. Univ. Zürich, Rom, Aix-en-Provence, Oxford; Habil. 1967 Zürich - 1963-67 Assist. Univ. Zürich; 1967-70 Gymnasiallehrer Winterthur; 1968-70 Priv.-Doz. Zürich; 1970-76 o. Prof. Freiburg; s. 1976 Prof. Düsseldorf. 20 Buchveröff., 140 wiss. Aufs., 250 Rezensionen in versch. Spr. - Spr.: Engl., Franz., Span., Rumän., Rätoroman.

WUNDERLICH, Dieter

Dr. phil., Prof. f. Allg. Sprachwissenschaft Univ. Düsseldorf - Chamissostr. 8, 4000 Düsseldorf (T. 0211 - 68 20 24) - Geb. 14. Juni 1937 Rostock, ev., verh. s. 1964 m. Leonore, geb. Voss (Pianistin), 2 T. (Bettina, Verona) - Dipl.-Phys. 1964 Univ. Hamburg, Promot. 1969 TU Berlin - 1970 Prof. f. Germanistik FU Berlin; s. 1973 Prof. f. Allg. Sprachwiss. Düsseldorf - BV: Linguist. Pragmatik, 1972; Grundl. d. Linguistik, 1974; Stud. z. Sprachakttheorie, 1976; Arbeitsb. Semantik, 1980; Ztschr. Stud. Linguistik; Sprachb. f. Dtsch; u. a.

WUNDERLICH, Friedrich

Dr. phil., D. D., D. D., L. H. D., Bischof a. D. - Grillparzerstr. 34, 6000 Frankfurt/M. (T. 56 10 87) - Geb. 23. Jan. 1896 Plauen/Vogtl. (Vater: Engelbert W., Superint. Methodistenkirche; Mutter: Lydia, geb. Lämmle), verh. s. 1930 m. Maria, geb. Straube (†1980), 4 Kd. - Univ. Leipzig (Phil. u. Theol.; Promot. 1923) - 1924 Sekr. f. Christl. Erzieh. Methodistenkirche in Dtschl., 1931 Pastor Methodistenkirche Hamburg, 1939 Doz., 1948 Dir. Predigersem. Methodistenkirche Frankfurt, 1953 Bischof Ev.-Methodist. Kirche in Dtschl. (b. 1968), 1969 Bischof Methodistenkirche Skandinavien, 1971 Leit. Büro Weltrat d. Mehodistenkirchen Genf. Mitbegr. Brot f. d. Welt u. Dienste Übersee. Stv. Vors. Vereinig. Ev. Freikirchen in Dtschl. (zeitw. Vors.); Vorstandsmitgl. Arbeitsgem. Christl. Kirchen in Dtschl. Zahlr. Veröff. - Ehrendoktor De Pauw Univ. (1952), Birmingham Southern College (1956), Baldwin-Wallace College (1967); 1968 Wichern-Plak. u. a. - Spr.: Engl., Franz. - Bek. Vorf.: Johann Friedrich W., Begr. Methodismus in Mitteldtschl. (Großv.).

WUNDERLICH, Gerhard

Dr. jur., Rechtsanwalt, Geschäftsf. d. Zentralverb. d. Kraftfahrzeuggewerbes - Franz-Lohe-Str. 21, 5300 Bonn 1 - Verh., 2 Kd.

WUNDERLICH, Hans-Joachim

Prof. h. c., Musikdirektor, Dirigent u. Komponist - Eichendorffweg 4, 7583 Ottersweier/Baden (T. 07223 - 2 19 84) - Geb. 6. Dez. 1918 Kassel, ev., verh. s. 1964 m. Lotte, geb. Uhlemann, 2 Söhne (Peter, Matthias) - Musikhochsch. Berlin - 1945-1951 Kapellm. Staatstheater Kassel; ab 1952 Chefdirig. Berliner Orch.; 1957-58 zugl. Generalmusikdir. Isl. Rundfunk, zugl. 1959-62 Dir. Dt. Gastspieloper; Musikdir. Baden-Baden; Leit. Ortenau-Orch. Offenburg. Gastdirig. In- u. Ausl. - Mitgl. Rundfunkrat d. SDR; 1982 Stamitz-Preis; 1986 Kulturpreis Renaissance-Française.

WUNDERLICH, Heinz

Prof., Kirchenmusikdirektor, Konzertorganist u. -cembalist - Erlenring 15, 2070 Großhansdorf - Geb. 25. April 1919 Leipzig (Vater: Arthur W., Kircheninsp. (Pianist aus Passion); Mutter: Frieda, geb. Sixtus), ev. - Lessinggymn. u. 1935-40 Musikhochsch. Leipzig (Orgel: Thomaskantor Prof. Karl Straube, Kompos.: Prof. Johann Nepomuk David). Prüf. f. hauptamtl. Kantoren u. Organisten (A) 1940 (m. Ausz.) - S. 1936 Peterskirche Leipzig (2. Organist), Markus-Kirche ebd. (1940; Kirchenmusiker), Moritz-Kirche Halle/S. (1943; 1950 Kirchenmusikdir.), Hauptkirche St. Jacobi Hamburg (1958-82). Lehrtätigk. Ev. Kirchenmusiksch. Halle (1943-58; Doz. f. Orgel u. Improvisation), Musikhochsch. ebd. (1948-55; Doz. f. Orgel u. Cembalo) u. Hamburg (s. 1959; s. 1974 o. Prof. f. Orgel) Konzertauftr. Europa u. Übersee. Rundfunksend.; Schallplatten. Kompositionen: Szen. Orat., Kantaten, Orgel- u. Klavierwerke, Chorsätze, Motetten - 1963 Professoren-Titel.

WUNDERLICH, Werner

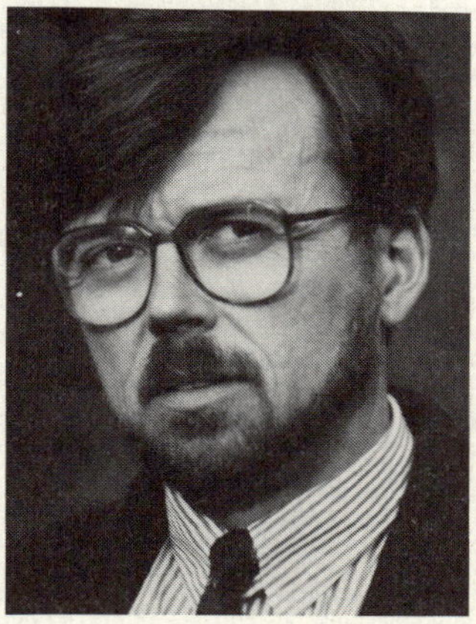

Dr. phil., Univ.-Prof. Hochsch. f. Wirtschafts-, Rechts- u. Sozialwiss. St. Gallen (s. 1986) - Nogatweg 1 A, 3004 Isernhagen 2 (T. 0511 - 73 31 06) u. Hochschule St. Gallen, Dufourstr. 50, CH-9000 St. Gallen (T. 004171 - 30 21 11) - Geb. 4. Aug. 1944 Hof/Bay., verh. s. 1971 m. Carla, geb. Kern, Rektorin - 1966-71 Stud. Univ. Heidelberg (German., Gesch., Polit. Wiss.); Promot. 1974 Heidelberg; Habil. 1979 Hannover - Prof. f. Dt. Lit.gesch. u. Mittelalterl. Lit. sow. Literaturkritiker u. fr. Journ.; s. 1983 apl. Prof. Univ. Hannover; 1984 Gastprof. Univ. of Wisconsin-Madison/USA - BV: D. ritterl. Kaufm., Lit.soz. Stud. z. Rudolfs v. Ems D. guote Gérhart, 1975; D. Schatz d. Drachentödters: Wirkungsgesch. d. Nibelungenliedes, 1977; D. dt. Bauernkrieg i. d. Lit., 1978; Eulenspiegel-Interpretationen, 1979; D. Lalebuch, 1982; Hermen Bote, 1982; Mittelalterliche Lyrik, 1983; Till Eulenspiegel, 1984; D. Radbuch, 1985; Hermen Bote: Braunschweiger Autor zw. Mittelalter u. Neuzeit, 1987; Eulenspiegel heute, 1988; D. Haymonskinder, 1989; Literarische Symbolfiguren, 1989; Eulenspiegel-Jb. s. 1982 - Liebh.: Klass. Musik, mod. Kunst, Eishockey - Spr.: Engl., Franz.

WUNDRAM, Manfred

Dr. phil., Prof. f. Ital. Kunstgeschichte - Blumenstr. 7, 7054 Korb (T. 07151 - 3 13 13) - Geb. 20. Aug. 1925 Göttingen (Vater: Karl W., Stud.Rat; Mutter: Erna, geb. Fuldner), ev., verh. s. 1954 m. Maria, geb. Sauermost, 3 T. (Gabriela, Andrea, Rikarda) - Gymn., Univ. Göttingen (Promot. 1952), Habil. Univ. Bochum 1967 - 1957-62 Assist. TH Stuttgart, 1962-67 Lektor Verlag Reclam, 1967/68 Stip. Harvard-Univ. - BV: Donatello u. Nanni di Banco, 1969; Frührenaissance, 1970 (franz. 1975); Renaissance, 1970 (engl. 1972, japan. 1978); Raffael, 1977; Malerei d. Frührenaissance; Malerei d. Renaissance, 2 Bde., 1984 - Liebh.: Musik, Lit. - Spr.: Ital., Franz., Engl.

WUNDT, Wilhelm

Dr. med., o. Prof. f. Hygiene u. Med. Mikrobiologie - Am oberen Luisenpark 16a, 6800 Mannheim (T. 44 92 21) - Geb. 29. Sept. 1919 Marburg/L. (Vater: Prof. Dr. phil. Max W., 1920-45 Ord. f. Phil. Univ. Jena u. Tübingen †1963 (s. XIV. Ausg.); Mutter: Senta, geb. Sartorius v. Walterhausen), ev., verh. s. 1945 m. Dr. med. Ruth, geb. Näser, 2 Söhne (Stefan, Hans-Peter) - Schule Jena u. Tübingen; Univ. Wien u. Tübingen (Med. Staatsex. 1946). Promot. (1946) u. Habil. (1957) Tübingen - 1957-66 Dozent u. apl. Prof. (1963) Univ. Tübingen; s. 1966 Ord. Univ. Heidelberg (Dir. Hyg.-Inst. Klinikum Mannheim). 1973-75 Vors. Dt. Ges. f. Hygiene u. Mikrobiologie. Fachmitgliedsch., darunt. Affiliate Royal Soc. of Med. (London) u. Americ. Soc. of Microbiology. Buchbeitr. u. Ztschr.aufs. - Bek. Vorf.: Geheimrat Prof. Dr. phil. Wilhelm W., Philosoph u. Psychologe, 1832-1920 (Großv.).

WUNNER, Sven E.

Dr. jur., o. Prof. f. Röm. u. Bürgerl. Recht - Universität, 2300 Kiel (T. 68 42 42) - Geb. 19. Jan. 1932 Kropp/Schlesw. (Vater: Dr. med. Wilhelm W., Arzt) - Univ. Marburg, Hamburg, Heidelberg. Promot. 1957; Habil. 1963 - 1963 Privatdoz. Univ. München; 1964 Ord. Univ. Bochum, 1970 Ruf an Univ. Heidelberg u. Kiel (gegenw. Ord. ebd.) - BV: Contractus, s. Wortgebrauch u. Willensgehalt im röm. Recht, 1964 - Beherrscht mehrere Sprachen.

WUNSCHEL, Fritz

Hauptgeschäftsführer IHK Nürnberg (1981ff.) - Hauptmarkt 25-27, 8500 Nürnberg 1.

WUPPERMANN, G. Theodor

Dr. Ing., geschäftsf. Gesellsch. WHI Wuppermann Handel & Industrie GmbH, Leverkusen - Ottostr. 5, 5090 Leverkusen 3 (T. 02171 - 50 00 13) - Geb. 6. März 1929 - Div. Ehrenstell., dar. s. 1983 Vors. Verein Dt. Eisenhüttenleute, Düsseldorf (1986 wiedergew.) - Spr.: Engl., Franz. - Rotarier.

WUPPERMANN, Hans Joachim

Fabrikant, Geschäftsführer i. R. (Wuppermann GmbH.) - Scheibenstr. 37, 4000 Düsseldorf 30 - Geb. 1. Mai 1911 Berlin, verh. m. Dr. med. Marta, geb. Jansen, 4 Kd. - Mitinh. WHI Wuppermann Handel & Ind. GmbH, Stud. Rechtswiss. Freiburg, Königsberg, Bonn, Rechtsanwalt (OLG Düsseldorf), Fachanwalt f. Steuerrecht, Wehrd. zul. Hptm. d. Res. u. Abt.kdr. Kriegsausz. - Ehrenmitgl. Arbeitsgem. Selbst. Unternehmer (ASU), Ehrenvors. Bildungswerk d. Nordrhein-Westf. Wirtschaft, VR-Mitgl. Gerling-Konzern - 1973 Gr. BVK, 1976 Kgl. Schwed. Nordsternorden.

WURBS, Richard

Bauunternehmer, Präs. Handwerkskammer Kassel (s. 1964), Vizepräs. Zentralverb. d. Dt. Handwerks (s. 1973), MdB (1965-84; Mandat niedergel.), Vizepräs. d. Dt. Bundestages (1979-84) - Grüner Waldweg 25, 3500 Kassel (T. 0561 - 3 46 40) - Geb. 26. Aug. 1920 Kassel (Vater: Ludwig W., Bauing.; Mutter: Emmy, geb. Becker), ev., verh. s. 1947 m. Friedel, geb. Steinbach, 2 Söhne (Manfred, Richard) - Höh. Schule Kassel (Abit. 1939); Maurerhandw. (Meisterprüf. 1949); Staatsbausch. ebd. (Hochbau; Ing.ex. 1949) - 1939-45 Wehrdst. (zul. Oblt.); s. 1949 elterl. Baugeschäft. 1960-68 Stadtverordn. Kassel. FDP s. 1959 (1963-71 Kreisvors. Kassel; b. 1984 Bundesschatzm.) - 1980 Gr. BVK m. Stern u. Schulterbd.

WURCHE, Gottfried

Bezirksbürgermeister Berlin-Tiergarten (1975-79) - Elberfelder Str. 22, 1000 Berlin 21 (T. 3 91 81 48) - Geb. 24. Sept. 1929 Essen, verh., 2 Kd. - Volkssch.; techn. Ausbild. - B. 1948 Reichsbahn; 1949-72 Bezirksamt Tiergarten (Techn. Angest. Hochbauamt; 1965 Bezirksstadtrat u. Leit. Abt. Bauwesen, 1971 zugl. stv. Bürgerm.). 1963-65 MdA Berlin; 1972-75 MdB. SPD. s. 1946 (1962-82 Kreisvors. Tiergarten, 1971-82 Beis. Landesvorst. Berlin,s. 1979 MdA.

WURDACK, Ernst Michael

Dr. phil., Ing. grad., Prof. Univ. Frankfurt/M. (s. 1974) - Mertonstr. 17, 6000 Frankfurt/M. (T. 069 - 798 23 12) - Geb. 30. Okt. 1926 Petlarn (Vater: Andreas W., Berufsschuldir.; Mutter: Marie, geb. Eckert), kath., verh. s. 1966 m. Elke, geb. Gerlach, S. Alexander - Realgymn. Plan, Obersch. Leitmeritz; Höh. Fachsch. Triesdorf, Staatsinst. München; Obersch. Ingolstadt (Abit. 1954); Stud. d. Päd., Phil., Psychol., Volks- u. Betriebswirtsch.lehre Univ. München - Mitgl. Dt. Ges. f. Erziehungswiss., Studienkr. Wirtsch.- u. Berufspäd. - BV: Erziehungswissenschaft u. Hochschulreform, 1973; Zum Selbstverständnis d. Wirtschaftswiss., 1980; Wirtschaftspädagogik, 1982 - Spr.: Engl.

WURM, Franz

M. A., Schriftsteller, Lyriker - Freiestr. 49, CH-8032 Zürich (T. 252 75 20) - Geb. 16. März 1926 Prag (Vater: Josef W., Ing.; Mutter: Regina, geb. Klatscher) - Franz. Gymn. Prag, Cheltenham College, The Queen's College Oxford (M. A.), Dipl. A.T.M. Feldenkrais - 1966-69 Leit. Kulturprogramm Radio DRS - BV: Anmeldung, 1959; Vorgang, 1961; Anker u. Unruh, 1964; Acht Ged., 1975; Břehy v zádech, 1974; Hundstage, 1986; In diesem Fall, 1989; div. Übers. aus versch. Sprachen - 1967 u. 87 Ehrengabe Zürich - Liebh.: Musik, Schwimmen - Spr.: Engl., Franz., Tschech., Ital.

WURM, Grete

Schauspielerin - Zu erreichen üb.: Städt. Bühnen, 5000 Köln - 1968 Preis f. Darstell. Kunst 1967 Verb. d. dt. Kritiker (f. d. Rolle in: Celestina); 1976 Roswitha-Ring Stadt Bad Gandersheim.

WURM, Karl
Dr. med., Prof., Chefarzt (Priv. Kuranstalten) - 7821 Höchenschwand/ Schwarzw. (T. 07672 - 48 90) - Geb. 13. Nov. 1906 Bergheim (Vater: Johann W., Sattlerm.; Mutter: Josepha, geb. Häusler), kath., verh. s. 1940 m. Johanna, geb. Krickl, 2 Kd. (Christine, Hellmuth) - Gymn. Dillingen; Univ. Freiburg u. München (Med. Staatsex. 1932) Promot. 1933 München; Habil. 1940 Prag - S. 1951 Privatdoz., apl. Prof. f. Innere Med. (1955) Univ. Freiburg. Spez. Arbeitsgeb.: Sarcoidose (Morbus Boeck), Tuberkulose, Infektionskrankh. - BV: Morbus Boeck im Röntgenbild, 1958; Lungen-Boeck im Röntgenbild, 1959; Infektionskrankh., in: L. Heilmeyer, Lehrb. f. Innere Med., 1969; Sarkoidose (Hrsg.), 1982. Einzelarb. - Spr.: Engl.

WURM, Martin
Direktor, Schriftl. Ztg. D. Beamte in Baden-Württ. (s. 1954) u. a. - Am Hohengeren 10, 7000 Stuttgart (T. 46 40 04) - Geb. 11. Nov. 1918 Göppingen, ev., verh., 1 Kd. - Realgymn. Göppingen (Abit. 1939); 1939-45 Arbeits- u. Wehrdst.; Ausbild. württ. Verw.sdst. Staatsex. 1949 - B. 1952 Stadtverw. Göppingen, dann Beamtenbd. Baden-Württ. Stuttgart (1952 Landesgeschäftsf., 1963 Vors.). 1962-68 Mitgl. Gemeinderat Stuttgart (1965 Fraktionsvors.); 1968-72 MdL Baden-Württ. - CDU - 1988 Gr. BVK.

WURM, Wilhelm
I. Bürgermeister Stadt Neuötting - Rathaus; 8262 Neuötting/Obb.; priv.: Fadingerstr. 5 - Geb. 19. Mai 1930 Neuötting - Zul. Stadtamtm.

WURMB, von, Lothar
Dipl.-Ing., Gartenarchitekt, Geschäftsf. Osbahr GmbH - Neuer Weg 4, 2083 Halstenbek (T. 04101 - 4 63 84) - Geb. 9. April 1931 Ranis/Thür., ev., verh. s. 1960 m. Gundula, geb. v. Pawel, 3 Kd. (Lutze, Anne, Alexe) - Dipl.-Ing. Landespflege 1957 Weihenstephan - Präs. Bundesverb. Garten-, Landschafts- u. Sportplatzbau, Bonn, Vizepräs. Europ. Landscape Contractors Assoc.

WURSTER, Fritz
Bürgermeister Stadt Pforzheim (s. 1969) - Genossenschaftsstr. 40, 7530 Pforzheim (T. 84 10) - Geb. 12. Febr. 1922 Pforzheim, ev., verh., 3 Kd. - Volksch.; Verw.slehre (Arbeitsamt); Abitur nachgemacht - 1942-45 Wehrdst., ab 1946 Parteigeschäftsf. Pforzheim u. Sekr. Schmuckwarenfabr. Bundestagsabg. Gottfried Leonhard (1949), s. 1954 Geschäftsf. Außenstelle Pforzheim Handwerkskammer Karlsruhe. 1951-69 Mitgl. Gemeinderat Pforzheim; 1960-72 MdL Baden-Württ. CDU s. 1946 - 1972 BVK I. Kl.

WURSTER, Hans-Emil
Dipl.-Ing., Vorsitzender d. Verbandes d. Südwestdeutschen Bekleidungsindustrie - Buckenbühlstr. 48, 7430 Metzingen - Geb. 3. Mai 1935, ev., verh. m. Ingeborg, geb. Rau, 3 Kd. (Gabriele, Mathias, Barbara) - Abit.; Kaufmannslehre; FH f. Bekleidungstechnik Mönchengladbach; Dipl.; Mitgl. d. gf. Präsid. d. Dt. Bekleidungsind., Vorst.-Mitgl. Fachverb. Berufs- u. Sportbekleidungsind. (bespo-Verb.); AR-Mitgl. Volksbank Metzingen - Liebh.: Sport, Musik - Spr.: Franz., Engl.

WURSTER, Ingeborg
Journalistin, Sendereihe Sonntagsgespräch (s. 1984) - ZDF, 6500 Mainz-Lerchenberg - Geb. 1931 - 1953-57 Radio Bremen; 1957-60 WDR Köln; 1960-62 SFB Berlin; 1962-66 ZDF (Sender.: Z. Person m. Günter Gaus). ZDF-Studio: 1966-70 Washington, 1970-75 New York, 1975-79 Brüssel, 1979-84 Moderat. ZDF-Heute-Journal.

WURSTER, Paul
Dr. rer. nat. Prof. f. Geologie - Nußallee 8, 5300 Bonn (T. 62 23 11) - Geb. 13. April 1926 Pfullingen - 1964 Privatdoz. Univ. Hamburg; 1966 Wiss. Rat Univ. München; 1968 Ord. Univ. Bonn u. Direktor Geol. Inst. Facharb. - 1964 Credner-Preis.

WURZBACHER, Gerhard
Dr. phil., em. o. Prof. f. Soziologie u. Sozialanthropologie - Am Heckacker 24, 8501 Kalchreuth/Mfr. (T. Nürnberg 56 05 16) - Geb. 31. Juli 1912 Zwickau/Sa. (Vater: Paul W., städt. Beamter; Mutter: geb. Kuntze), ev., verh. s. 1939 m. Annelore, geb. Bock, 4 Kd. (Frank, Heike, Wulf-Gerhard, Hartmut) - Univ. Leipzig u. Berlin (Päd., Gesch., Volkskd., Promot. 1939). Habil. Soziol. 1952 Hamburg - 1939-47 überwiegend Wehrdst. u. Gefangensch., 1948-52 Assist. Akad. f. Gemeinwirtsch., Hamburg, 1952-54 Forschungsleit. UNESCO-Inst. f. Sozialwiss., Köln, 1954-56 Prof. Päd. Hochsch. Hannover, 1956-65 o. Prof. u. Dir. Soziol. Sem. Univ. Kiel, 1965-79 o. Prof. u. Vorst. Inst. f. Soziol. u. Sozialanthropol. Univ. Erlangen-Nürnberg, 1979 emerit.; 1956 Gastprof. Univ. of South Carolina, Columbia - BV: Leitbilder gegenw. dt. Familienlebens, 1951, 4. A. 1968; Gesellungsformen d. Jugend, 1965, 3. A. 1968. Herausg. u. Mitverf.: D. Dorf im Spannungsfeld industrieller Entwickl., 1954, 2. A. 1961; D. jg. Arbeiterin, 3. A. 1960; D. Pfarrer in d. mod. Ges., 1960; Gruppe - Führung - Ges., 1961; D. Mensch als soziales u. personales Wesen - Beitr. zu Begriff u. Theorie d. Sozialisation, 3. A. 1974; D. Familie als Sozialisationsfaktor, 2. A. 1977; Soziologie f. Erzieher, 8. erw. A. 1985; Störfaktoren d. Entwicklungspolitik, 1975; Hilfen f. Zigeuner u. Landfahrer, 1980; Städt. Integration ausländ. Minderheiten, 1981. Mitgl. mehr. wiss. Vereinig., wiss. Beiräte u. Sozialwiss. Forschungszentr. Univ. Erlangen-Nürnberg - 1982 BVK 1. Kl. - Spr.: Engl., Schr.: Franz.

WURZIGER, Johannes
Dr.-Ing., Prof., Chemiker (Lebensmitteluntersuchungsanstalt d. Gesundheitsbehörde Hamburg, b. 1978) - Bredkamp 43a, 2000 Hamburg 55 (T. 8 70 24 20) - Geb. 22. April 1913 Seesen/Harz - S. 1957 (Habil.) Lehrtätigk. TH Braunschweig u. Univ. Hamburg (1964 apl. Prof. f. Lebensmittelchemie). Etwa 300 Fachaufs.

WUSSOW, Klausjürgen
Schauspieler - Zu erreichen üb. Burgtheater, Wien; u. Agentur Palz, Ortlindestr. 6/VII, 8000 München 81 (T. 089 - 21 20 10/19) - Geb. 30. April 1929 Cammink/Pom., ev., verh. s. 1960 m. Ida, geb. Krottendorff (Schausp.), 2 Kd. (Bärbel, Alexander) - Nach Debüt an Volksbühne Schwerin 1947 Theatersch. d. Hebbel-Theaters Berlin - Bühnen Berlin (Hebbel-Theater, Theater am Schiffbauerdamm), Frankfurt/M., Düsseldorf, Köln, Zürich, München, Wien (s. 1964 Ensemble-Mitgl. Burgtheater). Rollen: u. a. Karl Moor, Egmont, Carlos, Orest, Ferdinand u. v. a. Film u. Fernsehen (u. a. ZDF-Serien: Kurier d. Kaiserin (Rittm. v. Rotteck) u. D. Schwarzwaldklinik (Chefarzt Dr. Brinkmann) - 1986 Gold. Kamera Ztschr. Hörzu - Liebh.: Malen.

WUTHE, Gerhard
Dr. phil., Prof. f. Politikwissenschaft Univ. Dortmund - Büddenberg 1, 4750 Unna-Massen (T. 02303 - 5 12 74) - Geb. 19. Okt. 1927 Berlin (Vater: Max W., Arbeiter), ev., verh. s. 1958 m. Hildegard, geb. Schmidt, S. Thomas - 1948-51 Univ. Berlin; 1951-55 Dt. Hochsch. f. Politik Berlin; 1956-58 FU Berlin; Dipl.-Polit. 1955, Promot. 1959 - 1959-63 Studienleiter Heimvolkshochschule Bergneustadt, Friedr.-Ebert-Stiftg.; 1963-68 Wiss. Assist. SPD-Fraktion Landtag NRW; 1968-80 Prof. PH Ruhr, Dortmund; 1980ff. Prof. Univ. Dortmund - BV: Gewerksch. u. Polit. Bildung, 1962; Harmonie u. Konflikt, 1972; Probleme d. nat. Identität, in: Polit. Kultur in Dtschl., PVS-SH 18, 1987. Mitarb.: Politikwiss. als Erziehungswiss.?, 1974; Demokrat. Ges. Konsensus u. Konflikt, 2. A. 1978; D. Lehre v. d. Polit. Syst., 2. A. 1981; Theorienansätze z. Arbeiterbildung u. d. ihr verbundenen Akad., 1989.

WUTHENAU, von, Rut
Fernsehjournalistin, Redakt. heute-Send. (s. 1978) - 6500 Mainz-Lerchenberg, (T. 06131 - 70 30 04) - Geb. 24. Febr. 1936 Hamburg (Vater: Max Käfer; Mutter: Käthe, geb. Schmidt), gesch., wiederverh. s. 1985 m. v. Wuthenau - 1957-60 Stud. Psych. u. Phil. - ZDF: 1964-75 Moderat. Send. drehscheibe; 1975-79 Report. Hauptredakt. Aktuelles. Ab 1987 Hauptred. Innenpolitik - Liebh.: Reisen, Musik, Ski, Kochen - Spr.: Engl., Franz.

WUTHENOW, Ralph-Rainer
Dr. phil. (habil), Prof. f. Dt. Philologie (Lehrstuhl IV) - Gräfestr. 64, 6000 Frankfurt/M. (Dt. Seminar) - Geb. 24. Febr. 1928 Rendsburg/Holst. - B. 1969 Doz. Univ. Göttingen, dann Ord. Univ. Fankfurt. Zeitw. Lehrtätigk. Tokio - BV: Forschung u. Fragmente, 1958; D. Erzähler Jean Paul, 1965; D. fremde Kunstwerk - Aspekte d. Literatur, 1968; Vernunft u. Republik - Studien zu Georg Forsters Schriften, 1970; D. erinnerte Ich. Europ. Autobiogr. u. Selbstdarstell. im 18. Jh., 1974; Muse, Maske, Meduse. Europ. Ästhetizismus, 1978; D. erfahrene Welt. Europ. Reiselit. im Zeitalter d. Aufklär., 1980; Im Buch d. Bücher oder d. Held als Leser, 1980; Stefan George u. d. Nachwelt, 1981; D. Bild u. d. Spiegel - Europ. Lit. im 19. Jh., 1984; Einzelarb.

WUTTKE, Dieter

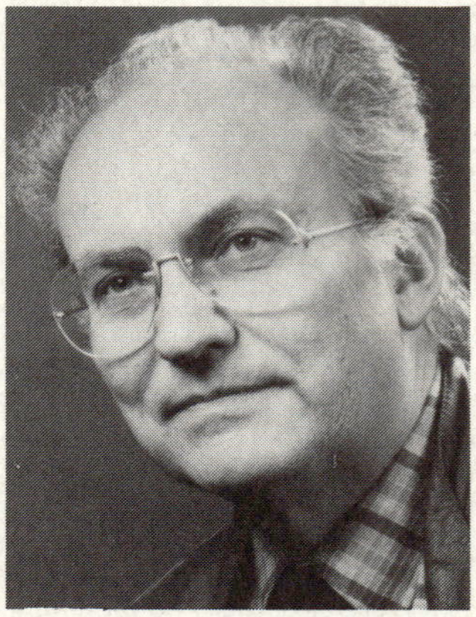

Dr. phil., o. Univ.-Prof. Univ. Bamberg - Postf. 15 49, 8600 Bamberg (T. 0951 - 40 26-2 85) - Geb. 12. Okt. 1929, ev., verh. s. 1965 m. Helga, geb. Geller, 2 T. (Carolin, Henrike) - Stud. Univ. Hamburg, Saarbrücken, Tübingen (German., Lat., Gesch.), Studienstiftg. d. Dt. Volkes; 1. u. 2. Staatsex. f. d. Höh. Schuldst. 1956 Tübingen u. 1958 Bremen; Promot. 1958 Tübingen; Habil. 1971 Göttingen - 1957-62 Höh. Schuldst. Bremen; 1962-66 Stip. d. DFG u. Lehrbeauftr. Univ. Bonn; 1966-71 Oberstudienrat i. H. Univ. Göttingen; 1971-79 Prof. Univ. Göttingen, 1972-79 Dir. d. Sem. f. Dt. Philol. ebd.; 1979ff. Lehrst. f. Dt. Philol. d. Mittelalters u. d. Frühen Neuzeit Univ. Bamberg; 1975/76 Gastprof. Univ. Hamburg, 1976 Warburg Inst. Univ. London, 1978 Akad. d. Wiss. Prag, 1986 Inst. f. Advanced Study Princeton, 1986 Westfield College Univ. London, 1988 Center for Advanced Study in the Visual Arts, National Gallery, Washington D.C. - BV: D. Histori Herculis, 1964; Dt. German. u. Renaissanceforsch., 1968; Fastnachtspiele d. 15./16. Jh., 3. A. 1984; Aby M. Warburgs Methode, 4. A. 1989; Aby M. Warburg, Ausgew. Schr. u. Würdigungen, 2. A. 1980; Commedia dell'arte. Harlekin auf d. Bühnen Europas, 2. A. 1983; V. d. Geschichtlichk. d. Lit., 1984; Humanismus als integr. Kraft, 1985; Nuremberg: Focal Point of Germ. Culture a. History, 2. A. 1988; Kosmopolis d. Wiss. - E. R. Curtius u. d. Warburg Inst., 1989; W. Pirckheimers Briefw. Bd. III, 1989. Herausg.: Gratia Bamberger Schr. z. Renaissanceforsch (1977ff.); Saecula Spiritalia (1979ff.) - 1965-78 Mitgl. Humanist. Arbeitskr. u. Senatskommiss. f. Humanismusforsch. d. DFG - Liebh.: Wandern, Volleyball, Tennis - Spr.: Engl., Lat., Franz.

WUTTKE, Günther
Techn. Angestellter, MdB (s. 1969) - Gallener-Str. 3, 6400 Fulda (T. 8 92 08) - Geb. 7. Dez. 1923 Breslau, verh., 2 Kd. - Volkssch.; Maschinenbauerlehre; REFA-Ausbild. - Kriegsdst. (1941-45); Bundespost (langj. Personalratsvors. Fernmeldeamt Fulda). Stadtverordn. Fulda (Fraktionsf.). SPD (1971 ff. Vors. Unterbez. Fulda).

WUTTKE, Hans A.
Dr. jur., Präsident a. D. International Finance Corporation (World Bank Group), Washington D. C. (1981-84) - 77, Cadogan Square, London SWI; Office: 6, Edith Grove, London SWIOONW - Geb. 23. Okt. 1923 Hamburg, verh., 4 Kd. - 1949-54 Dresdner Bank AG; 1954-60 Daimler-Benz AG; 1961-75 pers. haft. Gesellsch. M. M. Warburg-Brinckmann, Wirtz & Co., Hamburg, 1975-81 Vorst.-Mitgl. Dresdner Bank AG, Präs. Ostasiat. Verein. Inh. zahlr. öfftl. Ehrenämter, AR- u. Beiratsmand.

WUTTKE, Harri
Bezirksstadtrat, Leit. Abt. Sozialwesen Bezirksamt Wilmersdorf - Am Volkspark 55, 1000 Berlin 31 (T. 8 53 86 97) - Geb. 19. April 1927 Berlin - Realgymn. Beide Verwaltungsprüf. - S. 1952 BA W'dorf. 1959-71 Bezirksverordn. W'dorf (1967 Fraktionsf.). SPD s. 1948.

WUTZ, Maximilian
Dr. rer. nat., Prof., Physiker - Königsberger Str. 9, 8756 Kahl - Geb. 12. Okt. 1926, verh., S. Max - Promot. 1955; Habil. 1968 - BV: Theorie u. Praxis d. Vakuumtechnik, 1967.

WUWER, Hans
s. Wuwer, Johann

WUWER, Johann
Dipl.-Volksw., Direktor, MdB (s. 1965; Wahlkr. 101/Bottrop-Gladbeck) - Backchusweg 3, 4390 Gladbeck/W. (T. 5 11 25) - Geb. 23. Juli 1922 Gladbeck, kath., gesch. - Franziskaner-Missionskolleg St. Antonius Bardel, Gymn. Gelsenkirchen (Abit. 1940); 1940-45 Arbeits- u. Wehrdst.; 1946-50 Univ. Köln (Wirtschafts- u. Sozialwiss.). Dipl.-Volksw. 1949 - 1950-52 Mathias Stinnes AG., dann Rheinstahl Bergbau AG. (1967 Arbeitsdir. u. Vorstandsmitgl.), s. 1970 Rheinstahl Energie GmbH bzw. Thyssen Engineering GmbH (Geschäftsf.). Zeitw. Ratsherr u. Oberbürgerm. Gladbeck. SPD s. 1950.

WYDER, Peter
Dr., Prof., Direktor Max-Planck-Inst. f. Festkörperforsch., Hochfeld-Magnetlabor - Zu erreichen üb. IGGX, F-38042 Grenoble - Geb. 26. Febr. 1934 Schweiz - Festkörperphysik.

WYEN, Friedrich Wilhelm
Dr. h. c., Kaufmann, Gf. Gesellsch. Spedimex GmbH, Gesellsch. Interfinanz GmbH, beide Düsseldorf, Mitinh. weit. Untern. u. Treuhänder f. Banken - Langenbachstr. 5, 4040 Neuss - Geb. 27. Aug. 1933 Neuss, kath., verh. m. Ellen, geb. Schönfeld, 2 Kd. (Gabriele, Alexander).

WYNANDS, Alexander J.
Dr. rer. nat., Prof. - Marienstr. 22a, 5330 Königswinter 1 - Geb. 27. März 1942 Waldenrath, kath., verh. s. 1968 m. Ursula M., geb. Stell, 3 Kd. (Ute, Kai, Jan) - Abit.; 1. Staatsex. f. Höh. Lehramt 1968 RWTH Aachen; Promot. 1971 ebd.; Habil. (Math. u. i. Didakt.) PH Rhld. - BV: Boolesche Algebra u. In-

formatik, 1977; El. Taschenrechner in d. Schule, 2. A. 1980; Computer Arbeitsb., 1986 - Spr.: Engl.

WYRSCH, Peter Beat

Opernregisseur, Leiter Opernstudio Nürnberg, u. Oberspielleit. Musiktheater am Ulmer Theater (1985-88) - Voltastr. 63, 8500 Nürnberg 40 (T. 0911 - 44 60 62) - Geb. 13. April 1946 Stans (Eltern: Oskar u. Margrit W., geb. Bächtold) - Stud. Musikwiss. Univ. Basel u. Erlangen - Regieassist. Basel, Trier, Nürnberg; s. 1974 Leit. (Gründ.) Opernstudio Nürnberg; s. 1979 fr. Regiss. an Städt. Bühnen Freiburg, Hannover, Nürnberg, Kiel, Münster - Gastsp.: London, Lissabon, Barcelona, Wellington, Warschau, Wiener u. Berliner Festwochen, Festivals im In- u. Ausl. - 1977 Förderungspreis Stadt Nürnberg.

WYSOCKI, von, Klaus

Dr. rer. pol., o. Prof. f. Allg. Betriebswirtschaftslehre unt. bes. Berücks. d. Wirtschaftsberatungs- u. Revisionsw., Wirtsch.sprüf. u. Steuerber. - Whistlerweg 9, 8000 München 71 (T. 7 91 28 49) - Geb. 12. Aug. 1925 Solingen, kath., verh. s. 1957 m. Ursula, geb. Schulte - Univ. Münster/W. Promot. (1955) u. Habil. (1960) Münster - 1960-61 Privatdoz. Univ. Münster, 1961-62 ao. Prof. WH Mannheim, s. 1962 o. Prof. FU Berlin, WH bzw. Univ. Mannheim (1967), Univ. München (1972) - BV: Öfftl. Finanzierungshilfen, 1961; D. Postulat d. Finanzkongruenz als Spielregel, 1963; Kameralist, Rechnungswesen, 1965; Grundl. d. betriebsw. Prüfungswesens, 1967; Konzernrechnungslegung in Dtschl., 1970; Einf. in d. betriebswirtschl. Prüfungswesen, 1972; Konzernrechnungslegung, 1976. Zahlr. Einzelarb. - Spr.: Engl. - Rotarier.

WYSS, Urs

Dr. rer. hort., Prof. f. Phytopathologie Univ. Kiel, Direktor - Esmarchstr. 53, 2300 Kiel 1 - Geb. 13. April 1939 Solothurn/Schweiz (Vater: Hans W., Kaufm.; Mutter: Jilly, geb. Krause), kath., verh. s. 1965 m. Valerie, geb. Rance, 2 Kd. (Daniel, Georgia) - Stud. Gartenbauwiss. Univ. Reading (Engl.); Promot. 1969, Habil. 1975 Univ. Hannover - 1970-75 wiss. Assist.; 1975-77 Oberassist.; 1977-78 Univ.-Doz.; 1978 apl. Prof.; s. 1982 o. Prof. u. Dir. Üb. 60 Fachveröff. - Liebh.: Theater, Film - Spr.: Engl., Franz.

Y

YALDIZ, Marianne

Dr. phil., Prof., Direktorin d. Museums f. Indische Kunst Berlin - Takustr. 40, 1000 Berlin 33 (T. 030 - 83 01-362) - Geb. 5. Okt. 1944 Berlin, verh., 2 Kd. - Stud. Univ. Berlin (Ind. Philol., Ind. Kunstgesch., Tibetologie); Promot. 1974 - Spr.: Engl., Franz., Lat., Sanskrit, Tibetisch, Mundari, Pali, Türkisch.

YELIN, Rudolf

Prof., Maler, Mitgl. Denkmalrat Nord- u. Südwürtt. - Umgelterweg 15c, 7000 Stuttgart-Botnang - Geb. 6. März 1902 Stuttgart (Vater: Rudolf Y., Kunstmaler; Mutter: geb. Degen), verh. s. 1935 m. Lisl, geb. Schütz, 3 Kd. (Renate, Angelika, Gottfried) - Gymn.; Glasmalerlehre; Kunstakad. - 1946-67 Lehrtätigk. Kunstakad. Stuttgart (Prof. f. Glasmalerei u. Mosaik; 1957-60 Rektor). Wand-, Glasmalerei, Graphik. Werke in zahlr. Kirchen Süddtschl. - 1980 Verdienstmed. Land Baden-Württ.; 1987 BVK I. Kl. - Sammelt alte Skulpturen - Mitgl. Lions-Club Stuttgart.

YORCK von WARTENBURG, Paul, Graf

Vortr. Legationsrat I. Kl. i. R. - 8391 Neureichenau/Ndb. - Geb. 26. Jan. 1902 Klein-Oels/Schles. (Vater: Heinrich Graf Y. v. W.; Mutter: Sophie, geb. Freiin v. Berlichingen), ev., verh. s. 1940 m. Else, geb. Eckersberg, Schauspielerin ehem. Berliner Bühnen Max Reinhardts - Gymn.; Univ. Bonn, Göttingen, Genf, Berlin (Landw., Rechtswiss., Phil.) - Land- u. Forstwirt, b. Kriegsende Majoratsherr Kl.-Oels, dann Leit. Ev. Hilfswerk f. d. franz. Besatzungszone u. Ref. f. Westeuropa Flüchtlingsabt. Weltrat d. Kirchen, Genf, 1953-66 AA, Bonn (1954 Konsul I. Kl. Lyon, 1963 als Vortr. Legationsrat I. Kl. Leit. Handelsvertr. Bukarest) - BV: Besinnung u. Entscheidung, 1971.

YORK, Eugen

Filmregisseur - Zähringerstr. 24, 1000 Berlin 31 (T. 8 81 31 09) - Geb. 26. Nov. 1912 Rybinsk - Franz. Gymn. Berlin - Filme: Heidesommer, Morituri, D. letzte Nacht, Schatten d. Nacht, Export in Blond, Im Schatten d. Herrn Monitor, Lockende Gefahr, D. Fräulein v. Scuderi, E. Herz kehrt heim, D. Herz v. St. Pauli, D. Greifer, D. Mann im Strom, D. Mädchen m. d. Katzenaugen, Nebelmörder. Serien: Alle Hunde lieben Theobald, Gr. Ring m. Außenschleife, Spätsommer. Fernsehinsz., dar. Reihe: Großer Mann - was nun? (1967ff.). Bish. 177 Kino- u. Fernsehfilme.

YORKE, Harold W.

Dr., Prof., Astrophysiker, Univ.-Prof. Univ. Würzburg - Matthias-Ehrenfried-Str. 39, 8700 Würzburg; u. Schildweg 28h, 3400 Göttingen (T. 0551 - 39 50 42) - Geb. 24. Aug. 1948 Riverside, Kalif., USA, verh. s. 1969 m. Barbara, geb. Roßbach, 2 Kd. (Colleen Olivia, Vanessa Alexandra) - 1966-68 u. 1969-70 Stud. Univ. Los Angeles; 1970 Bachelor of Science; 1970/71 Cal Tech (Pasadena); 1968-69, 1971-74 Stud. Univ. Göttingen; Physik-Dipl. 1972; Promot. 1974; Habil. 1979 - 1970/71 Forschungs-Assist. Cal Tech, Pasadena; 1971/72 Fulbright-Scholar Univ. Göttingen; 1972/73 Fulbright-Fellow Univ. Göttingen; 1974/75 wiss. Assist. Univ. Göttingen; 1974-78 wiss. Mitarb. MPI Astrophys. München; 1978/79 Akad. Rat Univ. Göttingen; 1979-88 Akad. Oberrat; 1983 apl. Prof.; 1988ff. Univ.-Prof. (C3) Univ. Würzburg - Ca. 70 Fachpubl. z. Thema Interstellare Materie.

YSENBURG und BÜDINGEN, Fürst zu, Otto Friedrich

Unternehmer - Schloß, 6470 Büdingen/Oberhessen (T. 6 24) - Geb. 16. Sept. 1904 Halberstadt, ev., verh. m. Felizitas, geb. Prinzessin Reuß †1989, 5 Kd. - Gymn.; Stud. in- u. ausl. Univ. - Unt. Anleitung d. Großv. Einarb. in d. eig. Betrieben; n. dessen Tode 1933 Eigentümer d. uralten Ysenburg-Büding. Besitzes, Leit. d. Fürst zu Ysenburg. Zentralverw. (Rentkammer) d. Wächtersbacher Keramik, Fürstl. Brauerei Schloß Wächtersbach, Nukleartechnik GmbH u. Partner, Fürst-Ysenburg-Möbel GmbH, Wächtersbacher Datenservice GmbH & Co. KG. u. Patron d. Histor. Kommiss. f. Hessen u. Waldeck - 1964 u. 74 Ehrenplak. in Silber u. Gold d. Hess. Min. f. Landw. u. Umwelt, f. bes. Verdienste um d. hess. Forstw.; 1982 BVK I. Kl. - Bek. Vorf.: Erzbischof u. Kurfürst Diether v. Isenburg Graf zu Büdingen, Mainz, Kanzler d. Reiches, 1477 Gründer d. Univ. Mainz.

YUN, Isang

Prof., Dr. phil. h.c., Komponist - Sakrower Kirchweg 47, 1000 Berlin 22 - Geb. 17. Sept. 1917 Tong/Südkorea (Vater: Ki Hyun; Mutter: Pu Gu), verh. s. 1950 m. Soo Ya, geb. Lee, 2 Kd. (Djong, Ugiong) - Musikhochsch. Berlin (Kompos.) - B. 1956 Musiklehrer Südkorea; s. 1970 Hochschullehrer f. Kompos. Berlin. Zahlr. Orchester- u. Kammermusikw. sow. 4 Opern - 1970 Kulturpreis Stadt Kiel; 1978 Musikpr. Stadt Mönchengladbach; 1985 Ehrendoktor Univ. Tübingen; 1988 Gr. BVK - Liebh.: Angeln - Spr.: Jap., Dt., Engl., Franz. -

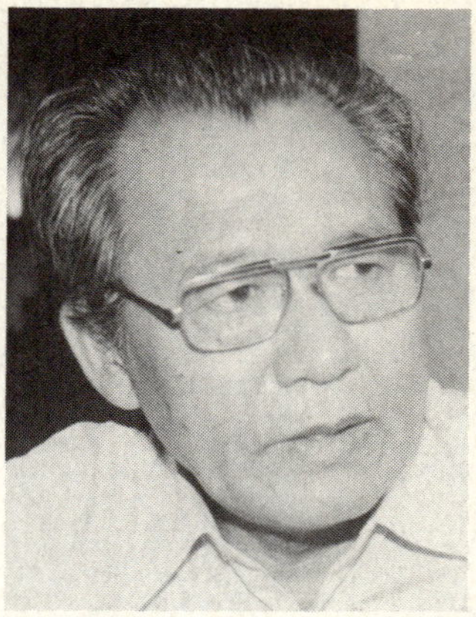

Lit.: Christian Martin Schmidt, Brennpunkte d. Neuen Musik (Musikverlag Hans Gerig, Köln); Luise Rinser, D. verwundete Drache (S. Fischer Verlag, Frankfurt/M.); Heister, Sparrer, D. Komponist Isang Yun (Edition Text + Kritik, München).

Z

ZABECK, Jürgen

Dr. rer. pol., Dipl.-Kfm., Dipl.-Hdl., o. Prof. f. Erziehungswissenschaft - Schloß, 6800 Mannheim; priv.: Robert-Bosch-Str. 13, 6944 Hemsbach (T. 06201 - 7 31 36) - Geb. 14. Okt. 1931 - Lehrtätigk. Univ. Hamburg (Doz.), FU Berlin (1969 o. Prof.), Univ. Mannheim (1972 o. Prof.). Fachveröff.

ZABEL, Günter

Rektor a. D., MdL Hessen (s. 1974) - Breslauer Str. 5, 6120 Michelstadt (T. 38 88) - Geb. 11. Dez. 1926 Weißenfels/Saale (Vater: Otto Z., Lehrer; Mutter: Elly, geb. Göbel), ev., verh. s. 1950 m. Erika, geb. Plenz, S. Karl-Heinz - Oberrealsch.; Päd. Hochsch. Halle u. Weilburg - S. 1964 Mitgl. Kreistag Odenwaldkr. (1977 Vors.). SPD s. 1962 (1975 Unterbezirksvors., 1980-87 stv. Vors. Landtagsfraktion), s. 1984 Vors. d. Haushaltsaussch., s. 1984 stv. Vors. Unteraussch. z. Nachprüfung d. Staatshaushaltsrechnung - Liebh.: Modelleisenbahnen, Angeln - 1968 Gold. Sportabz.; BVK.

ZABEL, Hermann

Dr. phil., o. Prof. f. Dt. Sprache u. Lit. sow. ihre Didaktik Univ. Dortmund - Zum Alten Bruch 6, 5800 Hagen 5 - Geb. 29. Jan. 1935 Hagen, ev., verh. s. 1961 m. Gisela, geb. Bonn, 3 Kd. (Thorsten, Tela, Thoralf) - 1955-60 Stud. German., ev. Theol., Phil. Univ. Münster, Tübingen u. Göttingen; Promot. 1968 u. Habil. 1971 Münster - 1969-71 Doz. u. Wiss. Rat/Prof. Univ. Münster; 1971 o. Prof. Univ. Bonn; 1987 Univ. Dortmund - BV: Deutschunterr. zw. Lernzielen u. Lehrplänen, 1977; Probl. d. Curiculumentw., 1977; Sprachbarrieren u. Sprachkompensatorik, 1979; Einf. in d. Didaktik d. dt. Spr. u. Lit., 1981; German. u. gymnasialer Deutschunterr., 1986; Verordnete Sprachkultur, 1987; Fremdwortorthographie, 1987; D. gekippte Keiser, 1989.

ZACHARIAS, Helmut

Violinvirtuose, Dirigent u. Komponist - Casa La Campanella, CH-6612 Ascona (Schweiz) (T. 35 11 84) - Geb. 27. Jan. 1920 Berlin (Vater: Karl Z., Violinist u. Komp.; Mutter: geb. Jünger), ev., verh. s. 1943 m. Hildegard, geb. Konradat, 3 Kd. (Sylvia, Thomas (1968 dt. Hochsprungmeister; 1970 DLV-Rekord 2,20, 1971 (Halle) 2,22 m), Stephan) - Musikhochsch. Berlin (Prof. Havemann) - B. 1941 Konzertreisen m. d. Kammerorch. Hans v. Benda, dann Wehrdst., n. Kriegsende eig. Ensemble, Schallpl. (Brunswick, Polydor, EMI). Zahlr. Kompos., zul. Concerto for Twens u. Fantasie üb. 3 eig. Themen; Filmmusik, Tokyo- u. Mexico-Melody f. d. BBC-Sportübertrag. - BV: D. Jazz-Violine, Lehrb. 1950 - Fritz-Kreisler- u. Molique-Preis, Grand Prix du Disque Acadèmie Charles Gros, Paris, Maschera d'argento Italien, Gold. Hahn Rio de Janeiro, 1972 Popularity-Price Caracas, 1985 Gr. BVK - Liebh.: Segeln, Golf - Gold. Sportabz. - Spr.: Engl.

ZACHARIAS, Thomas

Dr. phil., Prof., Ord. f. Kunsterziehung Akad. d. bild. Künste München - 8131 Leutstetten/Obb. (T. 0815 - 44 88) - Geb. 21. Juni 1930 Planegg/Obb. (Vater: Alfred Z., Gymnasialprof. i. R., Schriftst. u. Graph.; Mutter: Irmgard, geb. Fischel), kath., verh. s. 1959 (Ehefr.: Wanda), T. Claudia - Kunstakad. (1949-54; Malerei u. Graphik) u. Univ. München (1954-60; Kunstgesch., Phil., Archäol.) - 1956-66 Kunsterzieher Klenze-Gymn. München. 1975-78 Jury-mitgl. dt. Jugendb.preis - BV: Joseph Emanuel Fischer v. Erlach, 1960; Kl. Kunstgesch. d. antiken Welt, 3. A. 1971; Spielen - Sehen - Denken, Bd. I-VIII 1969-72 (a. engl., franz., holl., norw., finn., schwed.); Ich hinten im Auto, 1974; Blick d. Moderne - Einführung in ihre Kunst, 1984. Herausg.: Tradition u. Widerspruch - 175 J. Kunstakad. München (1985); Offene Künstler-Werkstatt - Jugendprojekt d. Kunstakad. (1986); (Art)reine Kunst (1987). Fernsehen: Bildergesch. f. Kinder. Allerhand an d. Wand (Malspiele m. Kindern); Filme: Blütenträume u. Umweltplanung, Wien 1900, Kulturen d. Welt u. Europ. Kunst, D. Orient, D. Abenteuer d. Ägineten, Farbholzschnitte z. Bibel (Mappenwerk 1966), Aufsätze zur Kunstpädagogik, Bilderbücher - Lit.: Doedens-Lange, Farbholzschn. z. Bibel v. T. Z., 1973; G. Lange, Bilder d. Glaubens, 1977; Bulletin Jugend + Literatur, 1, 1975; Konzept BILD-CHRONIK (Collagen): Ausst. 1988/89 in Landau, Feldkirch, Regensburg, Köln, München. Ausstellungen.

ZACHAU, Hans Georg

Dr. rer. nat., Prof. u. Vorstand Inst. f. Physiolog. Chemie Univ. München (s. 1967) - Pfingstrosenstr. Nr. 5a, 8000 München 70 (T. 714 75 75) - Geb. 16. Mai 1930 Berlin (Vater: Dr. E. Z.; Mutter: Dr. G., geb. Mengers), ev., verh. s. 1960 m. Elisabeth, geb. Vorster, 3 Söhne (Martin, Ulrich, Thomas) - Univ. Frankfurt u. Tübingen (Chemie) - 1955-56 u. 1959-1961 Max-Planck-Inst. f. Biochemie, Tübingen; 1956-57 MIT, Cambridge, Mass.; 1957-58 Rockefeller Inst., New York; 1961-66 Univ. Köln (Inst. f. Genetik). Fachmitgliedsch. Wiss. Arb. üb. Immunglobulingene - 1968 Richard-Kuhn-Med. (f. Unters. z. Struktur u. Wirkungsweise d. an d. Eiweißbiosynthese beteiligten Transfer-Ribonukleinsäuren); 1967 Mitgl Dt. Akad. d. Naturforscher (Leopoldina), Halle/S., 1976 Bayer. Akad. d. Wiss.; 1981 Mitgl. Orden Pour le Mérite f. Wiss. u. Künste; 1983 Gr. BVK m. Stern; 1985 korr. Mitgl. Österr. Akad. d. Wiss. - Spr.: Engl.

ZACHER, Hans F.

Dr. jur., o. Prof. f. Öfftl. Recht, insb. dt. u. bayer. Staats- u. Verwaltungsrecht - Starnberger Weg 7, 8134 Pöcking/Obb. (T. 08157 - 13 84) - Geb. 22. Juni 1928 Erlach - Stud. Bamberg, Erlangen, München. Promot. u. Habil. München - S. 1963 Ord. Univ. Saarbrücken u. München (1971); Dir. MPI f. Ausländ. u. Intern. Sozialrecht (1980); Mitgl. Bayer. Akad. d. Wiss.; Beir. Bundeswirtschaftsmin., Vors. Dt. Sozialrechtsverb., Vorst. Dt. Verein f. öff. u. priv. Fürsorge, Europ. Inst. f. Soziale Sicherheit u. a. - BV: Freiheit u. Gleichheit in d. Wohlfahrtspflege, 1964; Freiheitl. Demokratie, 1968; Arbeitskammern im demokr. u. sozialen Rechtsstaat, 1971; Bericht über das in d. BRD geltende Wirtschaftsrecht, 1973; Hochschulrecht

u. Verfass., 1973; Materialien z. Sozialgesetzb., 1974., Intern. u. Europ. Sozialrecht, 1976; Staat u. Gewerkschaften, 1977; Sozialpolitik u. Verfass. im ersten Jahrzehnt d. BRD, 1980.

ZACHMANN, Hans Gerhard

Dr. rer. nat., Prof. f. Physik u. Chemie d. Polymeren - Gutzkowstr. 14, 2000 Hamburg 52 (T. 040 - 89 35 44) - Geb. 21. Juli 1931 Solka (Vater: Johann Z., Rechtsanw.; Mutter: Adelheid, geb. Schulz), ev., verh. s. 1957 m. Edith, geb. Spindler, 2 S. (Thomas, Harald) - Univ. Graz, Erlangen, Kiel u. Mainz (Physik), Dipl. 1956 Kiel, Promot. 1960, Habil. 1965 - S. 1977 Lehrst. f. Analytik u. Physik d. Polymeren Univ. Hamburg - BV: Mathematik f. Chemiker; Übungen z. Mathematik f. Chemiker; Spektrum d. Naturwiss.; Naturwiss. u. Technik - Spr.: Engl., Franz.

ZADEK, Hilde

Prof., Kammersängerin - Gustav-Tschermak-Gasse 34, Wien XIX - Geb. 15. Dez. Bromberg - Schule Stettin; Gesangsausbild. R. Pauly, R. Ginster, E. Höngen - S. 1947 Mitgl. Staatsoper Wien; Prof. f. Gesang Konservat. ebd. Partien: u. a. Tosca, Aida, Ariadne, Salome, Marschallin, Elsa, Elisabeth, Sieglinde, Senta - Salzburger u. Edinburgher Festsp. Zahlr. Operngastsp., darunt. Covent Garden Opera, London, u. Metropolitan Opera, New York - Österr. Ehrenkreuz f. Wiss. u. Kunst I. Kl., Ehrenmitgl. d. Staatsoper Wien.

ZADEK, Peter

Intendant Dt. Schauspielhaus Hamburg (ab Spielz. 1985/86) - Zu erreichen üb. Dt. Schauspielhaus, Kirchenallee 39, 2000 Hamburg 1 - Geb. 19. Mai 1926 Berlin (Vater: Paul Z., Kaufm.; Mutter: Susanne, geb. Behr), gesch., 2 Kd. (Michele, Simon) - St. John Baptist College, Oxford; Old Vic Theatre School, London - 1933 m. d. Eltern n. England emigriert. B. 1967 Schauspieldir. Theater d. Fr. Hansestadt Bremen; 1972-75 Int. Schauspielhaus Bochum. Bühne/Urauff.: Le Balcon (London); Dt. Erstauff.: D. Geisel, D. Spaßvogel, Held Henry, Frühlingserwachen, Maß f. Maß, Gerettet, King Lear, Hamlet, Kleiner Mann was nun, Eiszeit, Prof. Unrat, Wildente, Othello, Wintermärchen, Menschenfeind, Bumbury, Jeder stirbt für sich allein, D. Widerspenstigen Zähmung, D. Hochzeit d. Figaro, Yerma, Ghetto, Verlorene Zeit, D. Herzogin v. Malfi, Wie es euch gefällt, Andi, Lulu. Film: Simon, Ich bin ein Elefant - Madame, Piggies, D. wilden Fünfziger (1983); Fernsehen: Dame in d. Schwarzen Robe, D. Kurve, D. Stühle, D. Nebbich, D. Kirschgarten, Rotmord, D. Pott, Van der Valk u. d. Mädchen (1972) - 1969 Bundesfilmpreis/Filmband in Gold u. Berliner Filmpreis (f.: Ich bin e. Elefant - Madame); 1970 Adolf-Grimme-Preis in Gold u. Preis Stadt Florenz (f.: Rotmord), 1972 Adolf-Grimme-Preis in Silber (D. Pott); 1984 Regisseur d. J. 1983 (Leserwahl Münchener Theaterztg.: Baumeister Solness); 1988 Kortner-Preis; 1989 Piscator-Preis.

ZAEHLE, Barbara

Dr. phil., Psychotherapeutin, Schriftstellerin - Zul. 8000 München 81 - Geb. 19. Jan. 1909 Jastrow/Westpr. (Vater: Fritz Z., Landgerichtsdir.; Mutter: Marta, geb. Ballach), konfessionsl., gesch., T. Jutta - Univ. Freiburg, Wien, Heidelberg (Literaturwiss., Phil., Kunstwiss.); Inst. f. psych. Forschung u. Psychotherapie München - BV: Knigges Umgang m. Menschen u. s. Vorläufer, Kulturwiss. Abh. 1933; Hieronymus im Gehäus, Erz. 1948; D. Weg in d. Steppe, Erz. 1948; Der Verborgene, R. 1951; Erz. in Ztschr. u. Anthol. (Diesseits d. Himmels, Du bist nicht allein) - 1951 Lit.preis d. Stiftg. z. Förd. d. Schrifttums, München.

ZÄHNER, Hans

Dr. sc. techn., o. Prof. u. Direktor Inst. f. Mikrobiologie Univ. Tübingen (s. 1964) - Im Hopfengarten Nr. 13, 7400 Tübingen (T. 6 57 01) - Geb. 7. Juni 1929 Zürich (Vater: August Z., Beamter), reform., verh. s. 1954 m. Hedwig, geb. Gfeller, 4 Kd. (Christoph, Regula, Dorothea, Peter) - ETH Zürich (Dipl. als Ing. agr.). Promot. (1954) u. Habil. (1960) Zürich - 1960-64 Privatdoz. ETH Zürich. 1964 Gastdoz. Univ. München - BV: Biologie d. Antibiotica, 1965; Biology of Antibiotics, 1972 (m. W. K. Maas). Üb. 100 Fachaufs. Mithrsg.: Archiv f. Mikrobiol. u. Journal of Antibiotics.

ZAGROSEK, Lothar

Chefdirigent ORF-Orchester Wien - Zu erreichen üb. Volksoper Wien, Währinger Str. 78, A-1090 Wien - Geb. 13. Nov. 1942 Waging/Obb. (Vater: Hans Z., Musiker; Mutter: Maria, geb. Pitzelbacher), kath., verh. s. 1972 m. Margret, geb. Kähler, 3 Kd. (Anja, Kathrin, Nikolaus) - 1962-67 Musikhochsch. München, Essen, Salzburg u. Wien - 1967-69 Kapellmeister Salzburg, 1969-72 KM Opernhaus Kiel, 1972-73 Staatsth. Darmstadt, 1973-77 GMD Städt. Bühnen Solingen, 1977-82 GMD Vereinigte Städt. Bühnen Krefeld-Mönchengl. - Liebh.: Gesch. - Spr.: Engl., Ital.

ZAHA, Max

Dr. jur., Regierungsvizepräsident a. D. - Rilkestr. 27, 8400 Regensburg (T. 2 22 80) - Geb. 25. Okt. 1913 - B. 1968 Bayer. Verwaltungsgerichtshof, München (OVGsrat), dann Regierung d. Oberpfalz, Regensburg - S. 1978 Präs. Oberpfälzer Kulturbd.

ZAHL, Peter-Paul

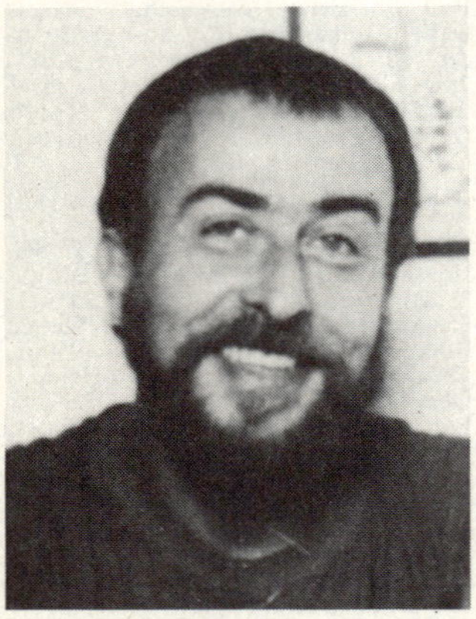

Schriftsteller, Regiss. - Long Bay P. O. (Portland), Jamaica, W. I. - Geb. 14. März 1944, 5 Kd. - Mittl. Reife; Kleinoffsetdrucker; Regievolont. - Zahlr. Veröff. u.a.: D. Glücklichen, R. 1979; Aber nein, sagte Bakunin u. lachte laut, Ged. 1983; Johann Georg Elser, Drama 1982; Liebesstreik! (nach Aristophanes' Lysistrata), Kom. 1984. Hörsp.: Pobladores, SDR Stuttgart 1981; D. Rote Rollberg, SFB 1983. Zahlr. Übers. u. div. Kassetten, Schallpl. u.a. Lyrik u. Jazz, 1980; Sumpf, 1982. Insz.: Johann Georg Elser, 1983; Liebesstreik!, 1984; Erpreßbar, 1988 - 1979/80 Förderpreis f. Lit. Bremen - Lit.: Am Beisp. Peter-Paul Z., (1976ff.); Schreiben ist e. monol. Medium (hg. v. Ralf Schnell, 1979).

ZAHLER, Edgar

Dr. rer. pol., Dipl.-Kfm., Geschäftsführer Kuemmerling GmbH, Weinbrennerei u. Spirituosenfabrik, Bodenheim/Mainz, Dr. Hillers GmbH, Süßwarenfabrik, Bodenheim/Mainz, Johann Persch Erben GmbH, Wein- u. Sektkellerei, ebd. - Karl-Zörgiebel-Str. 3, 6500 Mainz, (T. 06131-36 14 90) - Geb. 6. März 1931 Püttlingen/S., kath., verh. s. 1956 m. Anna Maria, geb. Knapp, 2 Kd. (Dorothee, Gernot) - Abit. 1952 Völklingen; Dipl. 1955 Univ. Saarbrücken; 1968 Prom. Univ. Mainz - 1963 Abteilungsleit. Saarbergwerke AG, 1973 Prok. Pegulan-Werke AG, Frankenthal; s. 1975 Geschäftsf. s.o. - 1953 1. Preis Wiss. Wettbew. Univ. Saarbrücken - Spr.: Franz., Engl.

ZAHM, Herwig

Geschäftsführer u. Gesellsch. MONDI-Gruppe München - Nawiaskystr. 11, 8000 München 83 (T. 089 - 678 32 12) - Geb. 22. Mai 1929, verh., 4 Kd.

ZAHN, Anton

Ministerialdirektor Bundesmin. f. wirtschaftl. Zusammenarbeit Bonn (s. 1963) - Auf dem Reeg 29, 5307 Wachtberg - Geb. 26. Sept. 1933 Röllfeld, verh., 3 Kd. - Stud. Rechtswiss. Univ. Würzburg u. Hochsch. f. Verw.wiss. Speyer - 1961 Bayer. Innere Verw.

ZAHN, Christian

Fabrikant - Am Bülten 40, 3300 Braunschweig (T. 0531 - 38 00 50) - Geb. 25. Dez. 1926 Braunschweig, ev., gesch., Sohn Christian-Alexander - Ausb.: Hermann-Lietz-Schule, Kaufm. Berufssch.; Lehre Dt. Bank AG - Geschäftsf. Schuberth Helme GmbH, Braunschweig, Schuberth Sarl, Collegien/Frankr., Schuberth Corporation, Flowery Branch, GA./USA; AR-Vors. Brauerei Feldschlößchen AG, Braunschweig - Spr.: Engl. - Bek. Vorf.: Werner Zahn, Bob-Weltm. (Vater).

ZAHN, Eberhard

Dr. rer. oec. - A-5360 St. Wolfgang-Ried Nr. 3 (Österreich) - Geb. 2. Jan. 1910 Barmen (Vater: Hans Z., Rechtsanw.; Mutter: Käthe, geb. v. Cossel), ev., verh. I) m. Ruth, geb. Poensgen †, 6 Kd.; II) m. Martha, geb. Bacher - Gymn. Barmen; Univ. Frankfurt/M. u. Köln, HH Berlin u. Leipzig. Dipl.-Kfm. u. - Steuersachverst. 1931; Promot. 1933 - 1929-35 IG Farbenind. AG., Frankfurt/M., 1936-38 Thür. Gasges., Leipzig, 1938-45 Fendel Schiffahrts-AG., Mannheim (Vorstandsmitgl.), 1946-56 Zellstoffabrik Waldhof, Wiesbaden (Vorstandsmitgl.), 1957-73 Ruhr-Stickstoff AG., Bochum (Vorstandsvors.). Div. Fachämter u. Mandate - 1943 Eichenlaub z. Ritterkr. d. EK - Spr.: Engl., Franz. - Rotarier - Brüder: Joachim, Johannes u. Michael Z. †.

ZAHN, Helmut

Dr.-Ing., Drs. h. c., em. Prof. f. Textilchemie u. Makromolekulare Chemie - Siegelallee 19, 5100 Aachen (T. 6 11 05) - Geb. 13. Juni 1916 Erlangen (Vater: Dr. med. Hermann Z., Nervenarzt; Mutter: Irma, geb. Brand), ev., verh. I) 1945 m. Roswitha, geb. Schmidt-Lorenzen, 3 Söhne (Thomas, Manuel, Leopold), II) 1961 Ingrid, geb. Fricke, 2 Kd. (Alexandra, Roland) - Gymn. Baden-Baden; TH Karlsruhe (Dipl.-Ing. 1939, Promot. 1940). Habil. 1948 Heidelberg - 1940-49 Privat- u. wiss. Assist. (1946) Inst. f. Textilchemie, Badenweiler (Prof. Elöd), 1949-57 Assist., Diätendoz. u. apl. Prof. (1953) Univ. Heidelberg (Prof. Freudenberg), 1952-85 Dir. Dt. Wollforschungsinst., ao. (1957) u. o. Prof. (1960) TH Aachen. Ca. 700 Fachveröff. - 1972 Ehrendoktor Univ. Leeds (Science) 1975 Univ. Belfast (Science), Univ. Düsseldorf (med.), 1976 Univ. Bradford, 1979 Univ. Barcelona, 1980 Univ. Lüttich; 1966 Warner Memorial Award (Engl.); 1971 Otto-N.-Witt-Med. Verein d. Textilchemiker u. Coloristen; 1978 Richard-Kuhn-Med.; 1968 Komturkreuz Ziviler VO. (Span.); 1972 Chevalier Orden Palmes Académiques (Frankr.); 1979 Österr. Ehrenz. f. Wissensch. u. Kunst; 1965 Ehrenmitgl. American Soc. of Biological Chemists, 1970 Soc. of Dyers and Colourists; o. Mitgl. Rhein.-Westf. Akad. d. Wiss.; korr. Mitgl. Dän. Akad. d. Techn. Wiss. u. Österr. Akad. d. Wiss., Real Acad. de Cienci as y Artes de Barcelona; Ausl. Mitgl. Akad. d. Wiss. d. UdSSR; 1971 BVK I. Kl. - Spr.: Engl., Franz.

ZAHN, Joachim

Dr. jur., Prof., Generaldirektor i. R. - Gerokstr. 13b, 7000 Stuttgart 1 - Geb. 24. Jan. 1914 Wuppertal, ev. - 1947-55 Deutsche Treuhand-Ges. AG. (Vorstandsmitgl.); 1955-58 Aschaffenburger Zellstoffwerke AG. (Vorstandsmitgl.); 1958-79 Daimler-Benz AG. (Vorstandsmitgl., 1966 -sprecher, 1971 -vors.). Div. Ehrenstell., dar. u. a. Vizepräs. Bundesverb. d. Dt. Industrie (Schatzm.). Zahlr. ARsmandate (z. T. Vors.) - 1969 Gr. BVK, 1979 Stern dazu.

ZAHN, Johannes C. D.

Dr. jur., Prof., Konsul a.D., Bankier, Verwaltungsratsmitgl. Bankhaus Trinkaus & Burkhardt, Düsseldorf/Essen (s. 1972, Fusion) - Malkastenstr. 3, 4000 Düsseldorf (T. 35 98 37) - Geb. 21. Jan. 1907 Aachen, ev., verh. s. 1938 m. Viktoria, geb. Brandeis, 4 Kd. (Monica, Victoria, Charlotte, Philipp) - Univ. Tübingen, München, Bonn (Promot. 1929), Harvard Law School/USA (S. J. D. 1931). Gr. jurist. Staatsprüf. - 1935-37 Geschäftsf. Dt. Inst. f. Bankwiss. u. - wesen, anschl. Prokurist u. Abt.dir. Reichskredit-Ges. AG. ebd., 1939-45 Wehrmacht (dabei 1940-43 Verwalter f. engl. u. amerik. Banken Belgien), s. 1946 Bankier Düsseldorf (b. 1972 pers. haft. Gesellsch. Bankhaus C. G. Trinkaus). Versch. Ehrenstell., dar. Präs. Rhein.-Westf. Börse zu Düsseldorf (1966-76). Erster dt. Executive-Dir. d. Weltbank. Zahlr. Mandate - BV: Banktechnik d. Außenhandels, 1956, 8. A. 1987; Zahlung u. Zahlungssicherung im Außenhandel, 1957, 6. A. 1985; D. Privatbankier, 1963, 3. A. 1972 - 1972 Prof.-Titel Landesreg. Nordrh.-Westf.; Kgl. norw. Konsul a. D.; 1965 Commandeur belg. Leopold II-Orden u. Orden de Mérite du Grand-Duché de Luxembourg, 1967 Commendador span. Orden del Mérito Civil; 1968 Gr. BVK; 1978 Kommand. norw. Olaf-Orden - Liebh.: Musik (ausüb. Violine), Golf - Spr.: Engl., Franz. - Eltern s. Eberhard Z. (Bruder).

ZAHN, Martin

Vorsitzender Arbeiterwohlfahrt/Bezirksverb. Hessen-Süd - Am Aufstieg 11, 6242 Kronberg/Ts.

ZAHN, Otto

Bürgermeister a. D., Vors. Arbeiterwohlfahrt Rheinhessen - Josefstr. 43, 6500 Mainz (T. 6 46 33).

ZAHN, von, Peter

Dr. phil., Journalist, gf. Gesellsch. Anatol AV- u. Filmprod., Gesellsch. Windrose Film- u. Fernsehprod., bde. Hamburg - Bellevue 38, 2000 Hamburg 60 (T. 279 26 43) - Geb. 29. Jan. 1913 Chemnitz (Vater: Friedrich Paul v. Z., akt. Offz.), ev., verh. s. 1939 m. Christa, geb. Ayscough, 5 Töcht. (Sabine, Dominica, Irene, Camilla, Virginia) - Schulen Dresden; Verlagsvolontär (Langen-Müller, München); Univ. Wien, Jena (Promot. 1939), Freiburg/Br. (Rechtswiss., Gesch., Phil.) - Angest. Dt. Verlag, Berlin, im Krieg Soldat (zul. Ltn. d. R.), ab. 1945 Leit. Abteilung Wort u. Kommentator NWDR, Hamburg, 1951-60 Amerika-Korresp. NWDR, Köln, bzw. NDR, Hamburg, s. 1960 Fernsehprod. (u. a. Sendereihe: D. Reporter d. Windrose berichten), u. Kolumnist D. Welt, 1967-68 Moderator Fernsehsend. Report (SWF). Üb. 1000 Fernsehf. 1969 ff.Lehrbeauftr. Univ. Mainz (Grundsätze d. Programmgestalt. im Fernsehen) - BV: Schwarze Sphinx - Bericht v. Rhein u. Ruhr, 1949; Fremde Freunde, 1953; An d. Grenzen d. Neuen Welt, 1955; Bericht aus d. farb. Welt, 1961; Windrose d. Zeit, 1963; Hinter d. Sternen - Gesch. d. Show-business, 1967; Forsch. hat viele Gesichter, 1978; Zweijahrtausende Kindheit, 1979; Verläßt uns Amerika?, 1987. Mithrsg.: Nordwestd. Hefte (1946-47) - 1965 Adolf-Grimme-Preis, 1970 DAG-Fernsehpreis in Silber (f.: D. Kuba-Krise 1962), 1974 DAG-Fernsehpreis in Gold (f.: D. geheimen Papiere d. Pentagons), 1985 Gold. Kamera Hör zu - Liebh.: Tennis.

ZAHN, Peter

Dipl.-Volksw., Abteilungsgeschäftsführer Gewerksch. ÖTV, Bez. Nordwest MdL Schlesw.-Holst. (Landesliste) -

Bruhnstr. 68, 2407 Seeretz - Geb. 4. Dez. 1944 Litzmannstadt - SPD (Kreisvors. Ostholstein s. 1981).

ZAHN, Rudolf-Karl
Dr. med., Dr. h. c., o. Prof. u. Direktor Inst. f. Physiol. Chemie, Co-Chief Intern. Lab. Marine Molecular Biology, Rovinj/Istrien (Jugosl.), Wiss. Rat Inst. Rudjer Boskovic, Zagreb, Jugoslawien, Prof. of Medical Biochemistry Univ. of Kurume-Fukuoka, Japan - Oderstr. 12, 6200 Wiesbaden-Schierstein (T. 2 29 84) - Geb. 6. Febr. 1920 Bad Orb - S. 1956 (Habil.) Lehrtätig. Univ. Frankfurt (1961 apl. Prof.) u. Mainz (1966 Ord. u. Dir. Physiol.-Chem. Inst.). Div. Herausg. Etwa 400 Fachveröff. - Mitgl. New York Acad. of Sciences u. Mainzer Akad. d. Wiss. u. d. Lit. (Vors. Kommiss. f. Molekularbiol.).

ZAHORKA, Hans-Jürgen
Rechtsanwalt, Mitglied d. Europa-Parlaments - Kanzlei: Hintere Gasse 35/1, 7032 Sindelfingen, u. Brüssel - Geb. 14. Jan. 1952 - Herausg.: Libertas-Europ. Ztschr. - Vizepräs. d. AECYA (EG-USA-Kontakte junger Führungskräfte) u. Vors. d. dt. Sektion. CDU (1979-86 Mitgl. Böblinger Kreistag). S. 1984 Mitgl. Außenwirtschaftsaussch. (BE f. GATT-Fragen, Leit. d. EP-Delegation b. GATT-Min.konfz. in Montreal 1988), stv. Mitgl. Verkehrs- u. Petitionsaussch.; Vors. Interfraktionelle Arbeitsgruppe Europ. Raumfahrt; VR-Vors. e. europ. Consulting-Gruppe. Herausg. v. Libertas - Europ. Ztschr.

ZAHRADNICZEK, Karl
s. Randolf, Karl

ZAHRNT, Heinz

Dr. theol., Theologe, Schriftsteller - Coesterweg 6, 4770 Soest (T. 7 73 88) - Geb. 31. Mai 1915 Kiel (Vater: Julius Z., Bankdirektor), ev., verh. s 1939 m. Ursula, geb. Pirscher († 1983), 4 Söhne (Michael, Christoph, Thomas, Sebastian), verh. s. 1985 m. Dorothee, geb. Meyer - Univ. Kiel, Marburg, Tübingen (Theol., Philos., Gesch.). Theol.ex. 1938 u. 39 Kiel; Promot. 1949 Heidelberg - 1940 Assist. Univ. Wien, 1941 Wehrdst., 1945 Pfr. Rosenheim, 1946 Studentenpfr. Kiel, 1950-75 Theol. Chefredakt. Dt. Allg. Sonntagsbl. Hamburg, s. 1960 i. Präs. d. Dt. Ev. Kirchentags (1971-73 amtier. Präs.) - BV: D. Mensch an d. Grenze, 1948; Luther deutet Gesch., 1951; Probleme d. Elitebildung, 1954; D. Mensch zw. Vergangenh. u. Zukunft, 1956; Es begann m. Jesus v. Nazareth - D. Frage n. d. histor. Jesus, 1960; Warten auf Gott - Kirche vor d. Reformation, 1961; Phil. u. Offenbarungsglaube - E. Gespräch m. Karl Jaspers, 1963; Ich frage Sie - E. Briefw. üb. mod. Theol., 1964; D. Sache m. Gott - D. protestant. Theol. im 20. Jh., 1966; Gott kann nicht sterben - Wider d. falschen Alternativen in Theol. u. Ges., 1970; Wozu ist d. Christentum gut?, 1972; Jesus u. Freud, 1972; Warum ich glaube - Meine Sache mit Gott, 1977; Stammt Gott vom Menschen ab?, 1979; Aufklär. durch Religion - D. dritte Weg, 1980; Westl. v. Eden - Zwölf Reden an d. Verehrer u. d. Verächter d. christl. Religion, 1981; Martin Luther. In seiner Zeit - für unsere Zeit, 1982; Wie kann Gott das zulassen? Hiob - Der Mensch im Leid, 1985; Martin Luther - Reformator wider Willen, 1986; Jesus aus Nazareth - E. Leben, 1987; Gotteswende - Christsein zw. Atheismus u. Neuer Religiosität, 1989; (von allen BV zahlr. Übers.) - 1988 BVK I. Kl.; 1971 Mitgl. PEN-Zentrum BRD.

ZAIKA, Siegfried
Dr. phil., M. A., Ltd. Polizeidirektor - Pfitznerstr. 2, 4400 Münster/W. - Geb. 15. April 1928 Königsberg/Pr. (Vater: Adolf Z., Beamter; Mutter: Hildegard, geb. Budnick), kath., verh. m. Regina, geb. Ewers, 2 Kd. (Adalbert, Hildegard) - N. Abit. Polizeiausbild.; Stud. Gesch. u. Phil. Univ. Münster (Prof. Dörner, Gollwitzer, Hahlweg, Hauck, Most, Stade). Magisterdipl. (1968) u. Promot. (1979) Münster - S. 1947 Polizei (Streifendst., Zugf., Sachgebietsleit., Doz., Dezern., Leit. Schutzpol.) - BV: Mit d. Schutzmannschaft fing es an, in: Polizei, Technik u. Verkehr, Sonderausg. I 1971; Preuß. Polizeiformation be 1933 - E. Beitrag z. histor. Konfliktforsch., in: Militärgesch.-wiss. u. Konfliktforsch., 1977; D. Exekutive im Lichte d. histor. Konfliktforsch. - Unters. üb. d. Theorie u. Praxis d. pr. Schutzpol. in d. Weimarer Rep. z. Verhind. u. Bekämpf. inn. Unruhen, 1979; Beitr. z. Polizeigesch. d. Kr. Paderborn, 1984; Von d. preuß. Polizei z. Polizei d. Gegenw., 1985. Zeitschriftenaufs.

ZAKOSEK, Heinrich Michael
Dr. agr., Dipl.-Landw., Geologe, Reg.-Dir. a. D., em. o. Prof. Math.-Nat. u. Landw. Fak. Univ. Bonn - Sertürnerstr. 4, 5300 Bonn 1 (T. 0228 - 28 27 45) - Geb. 14. Mai 1925 Duisburg - Apl. Prof. Univ. Mainz; Prof. h.c. Acad. Sinica Nanking. Üb. 140 Publ. in Ztschr., Sammelw., Handb. üb. Bodengenetik, -systematik, -kartierung u. Nitrate.

ZAKY, Renate

Autorin, Popsängerin (Ps. Renate Mayer) - Hildachstr. 7b, 8000 München 60 (T. 089 - 834 54 63) - Geb. 2. Juni 1944, kath., verh. m. Dr. M. Zaky, Chefarzt d. Anästhesie, T. Sylvia - Päd. Hochsch.; Cambridge Dipl.; Promot. USA; Staatl. gepr. Masch./Stenolehrerin - Realschullehrerin (Dt., Engl., Masch., Steno); Reiseleit. (London, Kairo); Autorin, Kabarettistin, Schallplattensängerin u. Texterin; Mitarb. b. Presse u. Funk - BV: Sachb., 4. A. 1986; 7 Bavarica; 1 Kurzgesch.; 2 Lyrikbde. Reisef. Ägypten; Romane; 5 Anthol.; E. Abend m. R. M.-Z.; Lieder; Texte; Sketche; Impress.; Tourneen; Dichterles.; FS-Send. - 1 Auslandsautorin Accad. Italia; Littera-Med. - Spr.: Engl., Franz., Arab.

ZAMBO, Helmut
Dr. jur., Hauptgeschäftsführer Troost Campbell-Ewald Werbeagentur, Düsseldorf - Barmer Str. 11, 4000 Düsseldorf-Oberkassel - Geb. 3. Dez. 1939 Meiningen.

ZANDER, Ernst
Dr. rer. pol., Prof. - Farmsener Landstr. 135a, 2000 Hamburg 67 (T. 603 80 06) - Geb. 1. Mai 1927 Buchholz - B. 1975 Vorst. Hamburg. Electricitäts-Werke AG; 1975-87 Vorst.-Mitgl. Reemtsma Cigarettenfabr. GmbH, Hamburg; Vors. Arbeitg.verb. Cigarettenind.; AR-Vors. Securitas-Gilde Vers., Bremen; Lehrbeauftr. FU Berlin u. Univ. Hamburg - BV: u.a. Handb. d. Gehaltsfestsetz., 5. A. 1989; Arbeiter - Angest., 2 A. 1981; Taschenb. f. Führungskräfte, 7. A. 1989; Lohn- u. Gehaltsfestsetzung, 9. A. 1989.

ZANDER, Fred
Kraftfahrzeughandwerker, Parlam. Staatssekr. a.D., MdB (s. 1969); Wahlkr. 139 Frankfurt II) - An der Lühe 32, 6000 Frankfurt/M.-Hausen (T. dstl.: Bonn 16 36 59) - Geb. 23. Jan. 1935 Köln, verh. m. Dorothea, geb. Heitzer, T. Ruth - Volkssch. Köln; 1950-53 Lehre Kraftfahrzeughandw. ebd.; 1958-59 Akad. d. Arbeit, Frankfurt 1953-58 Kraftfahrzeughandw.; 1960-61 Assist. Akad. d. Arbeit; 1961-63 Leit. Abt. Wirtschaftspolitik DGB/Landesbez. Hessen; 1963-72 Pressereferent u. pers. Ref. Otto Brenners (1966) IG Metall; 1972-74 Parlam. Staatssekr. Bundesmin. f. Bildung u. Wiss., 1974-82 Bundesmin. f. Jugend, Familie u. Gesundheit. SPD.

ZANDER, Helmut
Ministerialrat, Pressesprecher, Leit. Presse- u. Öffentlichkeitsarb. Finanzmin. Nieders. (s. 1986) - Pirmasenser Str. 13, 3000 Hannover (T. 71 05 11 u. 52 65 40) - Geb. 25. Juni 1942, ev., verh. s. 1966 m. Irmgard, geb. Kiock, 2 Söhne (Bernd, Thomas) - Gehobener Verwaltungsdst.; anschl. Stud. f. d. höh. Verwaltungsdst.; Führungsakad. d. Bundeswehr, Ausb. Presse- u. Öffentlichkeitsarb. - 1964-86 Leit. Presse- u. Öffentlichkeitsarb. Bundesratsmin. Hannover u. Landesvertretung Nieders. in Bonn, u. 1977-84 Bundeswehr/Nieders./Bremen.

ZANDER, Hilmar
Dipl.-Ing., Direktor AEG AG, Sprecher Geschäftsber.ltg. Industrietechnik - Dubrowpl. 1, 1000 Berlin 38 - Geb. 11. Febr. 1936, ev., verh. m. Uta, geb. Piper, 2 Kd. - Abit. Mannheim; Stud. TH Darmstadt (Elektrotechnik) - Liebh.: Musik, Malerei - Spr.: Engl., Franz.

ZANDER, Josef

Dr. med., Dr. med. h. c., em. Prof. f. Gynäkologie u. Geburtshilfe - Maistr. 11, 8000 München 2 (T. 539 72 03) - Geb. 19. Juni 1918 Jülich - Studium d. Medizin - S. 1955 (Habil.) Lehrtätig. Univ. Köln (1961 apl. Prof.), Heidelberg (1964 Ord. u. Dir. Frauenklinik), München (1970-87 Ord. u. Dir. I. Frauenklinik). Fachveröff. Mithrsg.: Gynäk. u. Geburtsh. (1967ff.); Schriftl.: Geburtshilfe u. Frauenheilkd. - Fellow American College of Surgeons (FACS); Hon. Fellow American College of Obstetritians and Gynecologists (FACOG hon.); Hon. Fellow American Gynecological Soc.; Ehrenmitgl. dt., ital., österr., bayer. u. ung. Ges. f. Gynäkol. u. Geburtshilfe; Mitgl. Bayer. Akad. d. Wiss. u. d. Dt. Akad. d. Naturforscher Leopoldina, Halle; Bayer. VO.; Laqueur Med.

ZANDER, Karl
Dr.-Ing., o. Prof. f. Elektronik TU Berlin - Von-Luck-Str. 46, 1000 Berlin 38 (T. 030 - 803 69 40) - Geb. 10. April 1923 Schwerin/Meckl., verh. m. Lore, geb. Meyer, 2 T. (Sabine, Bettina) - Stud. Elektrotechnik; Dipl.-Ing. 1951, Promot. 1957, Habil. 1964, alles TU Berlin - S. 1969 o. Prof. u. Direktor Heinrich Hahn-Meitner-Inst. Berlin GmbH, Bereich Datenverarb. u. Elektronik - 1985 BVK I. Kl. - Liebh.: Segeln - Spr.: Engl.

ZANDER, Karl Fred
s. Zander, Fred

ZANDERS, Hans Wolfgang
Fabrikant - Schreibersheide 38, 5060 Berg. Gladbach 2 - Geb. 9. Okt. 1937 Köln (Vater: Dr. rer. pol. Johann W. Z., Fabr. †1978 (s. XIX. Ausg.); Mutter: Renate, geb. v. Hake), ev., verh. s. 1969 m. Sylvia, geb. v. Graevenitz, 4 Kd. (Tatjana, Karl-Richard, Hans-Christian, Marina) - Stud. Betriebsw. Berlin u. Köln; fachl. Ausbild. amerik. Papierind. - Pers. haft. Gesellsch. J. W. Zanders KG. (gegr. 1829), Vorstandsmitgl. Zanders Feinpapiere AG., Berg. Gladbach. AR-Vors. Gemein. Gartensiedlungsges. Gronauerwald mbH., Berg. Gladbach - Liebh.: Ski, Tennis, Segeln, Reiten, Golf, mod. Kunst - Spr.: Engl., Franz.

ZANG, Klaus D.
Dr. med., Prof. f. Humangenetik Univ. d. Saarlandes - Am Edelhaus 11, 6650 Homburg-Schwarzenacker - Geb. 23. Juli 1935 Ludwigshafen (Vater: Dr. Karl Z.; Mutter: Maria, geb. Stahl), kath., verh. s. 1959 m. Dr. Odila, geb. Buchholz, 2 Töcht. (Birgit, Dagmar) - Stud. Med. u. Biol. Univ. München (Promot. 1961, Habil. f. Med. Genetik 1971) - 1959-63 Stip. Max-Planck-Inst. f. Biochemie (Prof. Butenandt) München; 1963-73 Assist. (s. 1967 Leit. Arb.gruppe f. Med. Genetik Max-Planck-Inst. f. Psychiatrie München); s. 1973 o. Prof. Univ. Saarbrücken (1979-82 Vizepräs. d. Univ.) - BV: Jan (m. DeVries), 1973; D. XYY-Mann (m. Leyking), 1981. Herausg.: Klinische Genetik d. Alkoholismus - Spr.: Engl., Franz., Span.

ZANKER, Paul
Dr. phil., Prof. f. Klass. Archäologie Univ. München - Meisterstr. 10, 8000 München 2 - Geb. 7. Febr. 1937 Konstanz - Promot. 1962 u. Habil. 1967 Univ. Freiburg/Br. - S. 1972 o. Prof. Univ. Göttingen; 1976 Prof. in München - BV: Wandel d. Hermesgestalt, 1965; Forum Augustum, 1968; Forum Romanum, 1972; Klassizist. Statuen, 1974; Augustusporträts, 1973; Hellenismus in Mittelitalien, (Hrsg.) 1976; Provinzielle Kaiserporträts, 1983; Augustus u. d. Macht d. Bilder, 1987.

ZANKER, Valentin
Dr. rer. nat., Prof. f. Physikal. Chemie - Agnes-Bernauer-Str. 234, 8000 München 60 (T. 83 03 69) - Geb. 1. Okt. 1915 Vöhringen/Iller (Eltern: Valentin (Malerm.) u. Maria Z.), verh. s. 1946 m. Katharina, geb. Teller - Ohm-Polytechnikum Nürnberg; TH München. Promot. (1948) u. Habil. (1955) München - S. 1955 Lehrtätig. TU München (1961 Prof.). Üb. 100 Fachveröff. - Liebh.: Malerei.

ZANKL, Heinrich
Dr. rer. nat., Prof. f. Geologie u. Sedimentologie Univ. Marburg - Triftweg 7, 3553 Cölbe-Schönstadt - Geb. 16. April 1933 - Hauptschriftleiter Geol. Rundschau.

ZANKL, Heinrich
Dr. med. vet., Dr. rer. nat., Prof. f. Humanbiologie u. Humangenetik Univ. Kaiserslautern - Büchnerstr. 6, 6650

Homburg (T. 06848 - 61 60) - Geb. 21. Febr. 1941 Nürnberg (Vater: Hans-Ludwig Z., Verkehrsdir.; Mutter: Lisa, geb. Fischer), ev., verh. s. 1967 m. Merve, geb. Wagner, 2 S. (Andreas, Oliver) - 1960-67 Stud. Veterinärmed. Univ. München; Promot. 1967 u. 74, Habil. 1977 - 1967-74 wiss. Assist. Univ. München; 1969-74 MPI f. Psychiatrie; 1974-77 akad. Rat/Oberrat Univ. d. Saarl.; s. 1979 Prof. in Kaiserslautern - BV: Humanbiol., Lehrb. 1980; D. Karyotyp d. Meningeoms, 1980; Humangenetik, Lehrb. 1981; Gesundheitslehre, Lehrb. 1987 - 1978 Bechhold-Med. (Umschau-Preis).

ZANOTELLI, Hans

Prof., Generalmusikdirektor - Oberwiesenstr. 31, 7000 Stuttgart 70 - Geb. 23. Aug. 1927 Wuppertal, ev., verh. s. 1960 m. Ingeborg, geb. Schlösser, 2 Söhne (Peter, Mario) - 1942-44 Musikhochsch. Köln; im wesentl. Autodidakt - 1951 Kapellm. Düsseldorf, 1954 I. Kapellm. Bonn, 1955 Kapellm. Hamburg (Berufung durch Günther Rennert), 1957 Generalmusikdir. Darmstadt (Beruf. d. Gustav Rudolf Sellner), 1963 GMD Augsburg, zugl. Dirig. Dt. Oper Berlin u. Bayer. Staatsoper München, 1971 Chefdirig. Stuttgarter Philharmoniker u. d. Philharmonia-Vocalensembles (m. Verpflicht. Württ. Staatsoper). Gastdirig. In- u. Ausl. (u. a. Japan). Bearb.: Pfitzners Palestrina f. reduziertes Orch. (1969). 1977 Ernennung z. Prof.; 1984 BVK. S. 1985/86 GMD (Oper u. Konzert), Kiel.

ZAPF, Gerhard

Dr. phil. nat., Prof. f. Werkstoffkunde Univ. Karlsruhe, Präs. Codirp, Paris - 5608 Krebsöge/Rhld. (T. 02123 - 6 56 18) - Geb. 12. Nov. 1909 Schkölen/Thür. (Eltern: Heinrich u. Helene Z.), verh. s. 1953 (Ehefr.: Ingegerd), 3 Kd. (Joachim, Eva, Thomas) - Univ. Jena - Fabrikant. Vors. d. Gesellschaftervers. d. Sintermetallwerk Krebsöge GmbH, Metallwerk Unterfranken GmbH, Sintermetallwerk Lübeck GmbH, Sintermetallwerk Schwelm GmbH u. Preßmetall Krebsöge GmbH - BV: D. System Molybdän-Stickstoff, 1935; Handb. d. Fertigungstechnik (Abschn. Pulvermetallurgie) - Gr. BVK; Pioneer Awards d. American Metal Powder Ind. Fed. - Spr.: Engl., Franz., Schwed. - Rotarier - Gilt als Begründer d. heute in d. Pulvermetallurgie verwendeten Techniken.

ZAPF, Hermann

Prof., Designer (Buch- u. Schriftgraphik) - Seitersweg 35, 6100 Darmstadt (T. 7 68 25) - Geb. 8. Nov. 1918 Nürnberg (Vater: Hermann Z., Werkmeister; Mutter: Magdalena, geb. Schlampp), ev., verh. s. 1951 m. Gudrun, geb. v. Hesse, S. Christian Ludwig - Lehre Positiv-Retusch.; Selbststud. Schrift - 1947-56 künstl. Leit. Schriftgieß. D. Stempel AG., Frankfurt; 1948-50 Lehrer f. Schrift Werkkunstsch. Offenbach; 1960 Prof. of Graphic Design, Carnegie Inst. of Technology, Pittsburgh/Pennsylvania (Carn. Mellon University); 1972-81 Lehrbeauftr. f. Typographie TH Darmstadt, s. 1976 Prof. for Typographic Computer Programs, Rochester Inst. of Technology, Rochester/New York u. Vice Pres. Design Processing Intern. Inc., New York - BV: Über Alphabete, 1960; Typogr. Variationen, 1963 (engl. 1964, franz. 1965); Hunt Roman. Birth of a Type, 1962; Manuale Typographicum, 1954 (in 16 Sprachen, Querformat) u. 1968 in 18 Spr.; About Alphabets, 1970; Orbis Typographicus, 1980; Hora fugit - Carpe diem. E. Arbeitsber., 1984 - 1962 Médaille d'argent, Ministère de l'instruction Publique Belgique, Brüssel; 1966 1. Preis f. Typogr. d. Biennale Brno, Brünn; 1967 1. Goldmed. Type Directors Club of New York; 1969 Frederic W. Coudy Award for Typogr., Rochester Inst. of Technology, Rochester/New York; 1987 Robert H. Middleton Award, Chicago; 1970 Honorary Citizen, State of Texas, Austin; 1971 Silbermed. Intern. Buchkunst-Ausstell. Leipzig; 1974 Gutenberg-Preis, Mainz; 1975 Gold Medal, Museo Bodoniano, Parma; 1985 Honorary Royal Designer for Industry - Liebh.: Alte Drucke - Spr.: Engl. - The Art of Hermann Zapf (Farbfilm Hallmark Prod., Kansas City 1967).

ZAPF, Ludwig

Oberfinanzpräsident, Leit. OFD Freiburg - Stefan-Meier-Str. 76, 7800 Freiburg/Br.

ZAPF, Wolfgang

Dr. phil., Prof. f. Soziologie, Präs. Wissenschaftszentrum Berlin f. Sozialforschung (s. 1987) - Reichpietschufer 50, 1000 Berlin 31 (T. 030 - 25 49 15 03) - Geb. 25. April 1937 Frankfurt/M., kath., verh. s. 1966 m. Dr. Katrin, geb. Raschig, 2 Kd. (Peter, Johanna) - Univ. Frankfurt, Hamburg, Köln, Tübingen - S. 1967 (Habil.) Lehrtätigk. Univ. Konstanz (Privatdoz.), Univ. Frankfurt (1968 o. Prof.), Mannheim (1972 o. Prof.), Stanford (1980, 1986), FU Berlin (s. 1988) - BV: Wandlungen d. dt. Elite, 1965; Kommunikation im Industriebetrieb, 1965 (m. J. Bergmann); Sozialpolitik u. Sozialberichterstattung (m. H. J. Krupp), 1977; Individualisierung u. Sicherheit (m. a.), 1987. Herausg.: Beitr. z. dt. Oberschicht (1965; Mitautor), Theorien d. sozialen Wandels (1969), Soz. Indikatoren I u. II (1974), III (1975), Sozialberichterstattung (1976), Modernisierungspolitik (1976), Lebensbeding. in d. Bundesrep. (1977), Lebensqualität in d. Bundesrep. (m. W. Glatzer, 1984); German Social Report (1987), Individualisierung u. Sicherheit (1987).

ZAPFE, Udo-Wolfgang

Dipl.-Kfm., Vorstandsmitglied Finanz- u. Rechnungswesen Albingia Lebensversich. AG, u. Albingia Versich. AG - Vogtskamp 23, 2000 Hamburg 65 (T. 536 38 25) - Geb. 10. Febr. 1939 Berlin (Vater: Lothar Z., Versich.dir.; Mutter: Hildegard, geb. Klein), ev., verh. s. 1976 in 2. Ehe m. Karin, geb. Schneider, 3 Kd. (Britta, Svenja, Christoph) - Stud. Betriebsw. Univ. Göttingen u. Hamburg (Ex. 1965).

ZAPINSKI, Jan

s. Orth, Hans-Joachim

ZAPP, Carl-August

Dr. jur., Botschafter a. D. - Ten Eicken, 4030 Ratingen/Rhld. - Geb. 5. April 1904 Düsseldorf - Stud. Rechtswiss. - 1933-69 (m. zeitbed. Unterbrech.) Ausw. Dienst (Stockholm, Den Haag, Ankara, Bern, 1960 Botsch. Venezuela, 1964 Algerien, 1966 Mexiko) - Orden u. a.

ZAPP, Erich

Dr. med., Prof., Chefarzt Kinderabt. St.-Elisabeth-Klinik, Saarlouis - Gartenreihe 9, 6630 Saarlouis (T. Klinik 31 91) - Geb. 26. Mai 1920 Lebach/Saar - Zul. Chefarzt Kinderabt. St.-Johannes-Hospital, Duisburg-Hamborn. S. 1958 (Habil.) Privatdoz. u. apl. Prof. (1965) Univ. Saarbrücken (Kinderheilkd.) - BV: Neue pädiatr. Urologie, 1960. Üb. 40 Einzelarb.

ZAPP, Herbert

Dr., Vorstandsmitglied Deutsche Bank AG - Königsallee 51, 4000 Düsseldorf - Geb. 15. März 1928 - Vors., stv. Vors. d. AR u. Mitgl. d. AR einer Reihe größ. Ges.

ZAPPE, Karl-Heinz

Inhaber Druckerei Kunze u. Partner - Friedrich-Schneider-Str. 9, 6500 Mainz (T. 06131 - 5 10 14) - Geb. 20. Okt. 1925 Frankenberg/Eder, verh. m. Bianca, geb. Brennecke, 2 Kd. (Frank, Ina) - 1950-1953 Werbeassist. Blendax-Werke, 1953-54 Werbeleit. Margaret Astor, 1954-57 Blendax-Werke, 1957-86 Dir. Asbach u. Co. - BV: V. Stil d. Werbung - Gesch. u. Gestalt d. Werbung f. e. Markenartikel, 1974; Werbepolitik - Beiträge z. Werbelehre aus Theorie u. Praxis, 1974 (Mitverf.) - 1974 Silb. Ehrenmed. d. Hochsch. f. Welthandel, Wien; 1975 BVK; 1982 Dr.-Kurt-Neven-DuMont-Med.

ZARDA, Benno

Hauptgeschäftsführer Handwerkskammer Wiesbaden (s. 1968) - Taubenberg 98, 6270 Idstein/Ts. (T. 81 95; Büro: Wiesbaden 1 36-0) - Geb. 9. Jan. 1928 - S. 1955 Handwerksorg. (gleichz. Gf. Arbeitsgem. Hess. Handwerkskammern u. Hess. Handwerkstag) - BVK I. Kl.

ZARGES, Axel

Mitglied d. Europa-Parlaments (s. 1983) - Wohnh. in Kassel; zu erreichen üb. Europ. Parlam., Europazentrum, Kirchberg, Postf. 16 01, Luxemburg (T. 00352 - 4 30 01) - CDU.

ZARGES, Helmut

Dipl.-Ing. agr., Hauptgeschäftsführer Verband Dt. Landwirtsch. Untersuchungs- u. Forschungsanst. - Bismarckstr. 41A, 6100 Darmstadt (T. 06151-2 64 85).

ZATTLER, Friedrich

Dr. phil., Prof., Institutsdirektor i. R. - Hohenzollernstr. 46, 8000 München 40 - Geb. 1. Okt. 1900 Landshut/Bay. (Vater: Urban Z., Hoffotogr.; Mutter: Auguste, geb. Hofreiter), kath., verh. s. 1927 m. Johanna, geb. Hilz †1983, S. Richard - Univ. Würzburg u. München (Botanik). Promot. 1924 - 1924-26 Botan. Inst. TH Stuttgart (I. Assist.), dann Bayer. Landesanstalt f. Pflanzenbau u. -schutz, München (Leit. Abt. Hopfenbau u. -forsch.), ab 1944 zugl. Hopfenversuchsgut Hüll Dt. Ges. f. Hopfenforsch. (wiss. Leit.), zul. Hans-Pfülf-Inst. f. Hopfenforsch. Hüll. S. 1956 Honorarprof. TH bzw. TU München (Hopfenkd.). Forsch. üb. Hopfen (Kultur, Düngung, Krankh. u. Schädlinge, Züchtung, Sorten u. Qualität) - BV: u. a. Züchtung neuer Hopfensorten, in: D. Braugewerbe in Wiss., Technik u. Wirtsch., 1953; Düngg. Handb. f. Pflanzenernährung, Bd. III 1966. Üb. 50 Einzelarb. - 1958 Hopfenorden Prag; 1962 Silb. bayer. Staatsmed.; 1966 BVK I. Kl.; 1973 Offizier d. Hopfenordens Intern. Hopfenbaubüro München - Spr.: Engl., Franz., Ital.

ZAUNER, Friedrich Ch.

Dr. phil., Schriftsteller - A-4791 Rainbach (T. 07716 - 80 28) - Geb. 19. Sept. 1936 Rainbach/Oberösterr., verh. s. 1961 m. Roswitha, 4 Kd. (Jakob, Anne, Agnes, Christa) - Stud. Theaterwiss. u. German. Univ. Wien; Promot. 1961 - Verf. v. Theaterstücken, FS-Spielen, Hörsp. sow. Romanen - BV: Dort oben im Wald bei diesen Leuten, 1981; Archaische Trilogie, 1982; Scharade, 1985; Lieben u. Irren d. Martin Kummanz, 1986; Bulle, 1986 - 1985 Kulturpreis Ld. Oberösterr. - Lit.: Emmerich Schierhuber: Friedrich Ch. Z., Diss. Univ. Wien (1984).

ZAUNER, Siegfried

I. Bürgermeister Kochel am See - Rathaus, 8113 Kochel/Obb.; priv.: Rothenberg Nord 14 - Geb. 1. Aug. 1932 Kochel - Geschäftsinh.

ZAUZICH, Karl-Theodor

Dr., Prof., Vorstand Inst. f. Ägyptologie Univ. Würzburg - Ölspielstr. 41, 8701 Sommerhausen - Geb. 8. Juni 1939 Plauen - Stud. Ägyptologie, Griech., Latein Univ. Leipzig, Mainz; Promot. 1966 Mainz; Habil. 1980 FU Berlin - 1980 Prof. Univ. Mainz; 1981 o. Prof. Univ. Würzburg. Gründungsmitgl. Intern. Committee for the Publication of the Carlsberg Papyri - BV: D. ägypt. Schreibertradition, 1968; Ägypt. Handschriften, Teil 2, 1971; Demotische Papyri aus d. Staatl. Museen zu Berlin, Lief. 1, 1978; Hieroglyphen ohne Geheimnis, 1980. Rd. 100 Aufs. Herausg.: Demotische Studien (s. 1988). Mithrsg.: Enchoria, Ztschr. f. Demotistik u. Koptologie (s. 1971); Koptische Studien (s. 1983).

ZAVELBERG, Heinz Günter

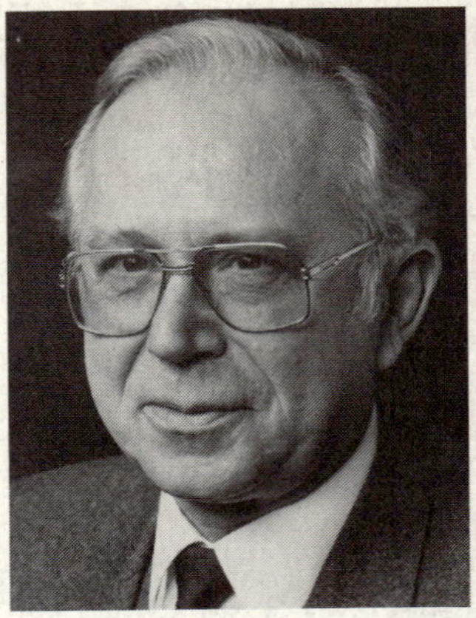

Dr. jur., Präsident Bundesrechnungshof (s. 1985) - Zu erreichen üb. Bundesrechnungshof, Berliner Str. 51, 6000 Frankfurt/M. 1 (T. 217 63 43) - Geb. 16. Okt. 1928 Brühl/Rhld., kath., verh. m. Karin, geb. Konrath, 6 Kd. - Stud. Univ. Bonn u. Köln; Jurist. Staatsprüf. 1951 u. 1956; Promot. 1955 - 1956-62 Richter, zul. Amtsger.rat Köln; 1962-70 Bundesfinanzmin. (Haushaltsabt.); 1966 Leit. Ref. f. Finanzplanung u. konjunkturpolit. Steuerung d. Haushalts, Ministerialrat; 1970-82 Finanzpolit. Berater d. CDU/CSU-Bundestagsfrakt.; 1982-83 Unterabt.-Leit. BMF (Verteidigung, Entw.hilfe), Ministerialdirigent; 1983-85 Vizepräs. Bundesrechnungshofes; Bundesbeauftr. f. Wirtschaftlichkeit in d. Verwaltung; Vors. Bundespersonalaussch. u. Bundesschuldenaussch.; AR-Vors. Treuarbeit AG; Vorst.-Mitgl. Dt. Sektion d. Intern. Inst. f. Verw.wiss.; Präs. Intern. Org. d. Obersten Rechnungskontrollbehörden (INTOSAI); Mitgl. UN-Board of Auditors; CDU-Mitgl. s. 1970; 1978-83 Vors. CDU-Mittelstandsvereinig., Erftkreis; Mitgl. Landesvorst. Mittelstandsvereinig. u. Kreisvorst. CDU, Erftkreis; 1979-83 Ratsherr in Brühl. - Fachveröff. - Gr. BVK.

ZAZOFF, Peter

Dr., Prof. f. Klass. Archäologie Univ. Hamburg - Philipp-Reis-Weg 7, 2000 Hamburg 67 - Geb. 4. April 1922 Sofia - Promot. 1949 (m. Amazonenstudien), Habil. (m. Etrusk. Skarabäen) - BV: Etrusk. Skarabäen, 1968; Antike Gemmen in dt. Samml. III, 1970; IV 1975; Handb. d. Archäol. D. antiken Gemmen, 1983; Gemmensammler u. Gemmenforscher. V. e. noblen Passion z. Wiss., 1983; Z. thralischen Kunst im Frühellenismus, 1985; D. neue thralische Silberschutz v. Zogozen in Bulgarien, 1987.

ZDUNOWSKI, von, Dieter

Dirigent Pfalztheater Kaiserslautern - Dr.-R.-Breitscheid-Str. 26, 6750 Kaiserslautern (T. 0631 - 2 32 90) - Geb. 25. Okt. 1936 Berlin, ev., verh. s. 1967 m. Ingeborg, geb. Neidel, 2 S. (Michael, Stefan) - 1958-62 Hochsch. f. Musik, Hamburg (b. Schmidt-Isserstedt, Brückner-Rüggeberg) - Dirig. Staatstheater Oldenburg, Musiktheater im Revier, Gelsenkirchen; 1. Kapellm. d. Oper u. stv. GMD Staatstheater Saarbrücken - Liebh.: Lit., Wandern.

ZEBE, Ernst

Dr. rer. nat., o. Prof. f. Zoologie, insb. Zoophysiol., u. Mitdirektor Zool. Inst. Univ. Münster (s. 1968) - Potstiege 8, 4400 Münster/W. (T. 5 59 17) - Habil. Heidelberg - B. 1968 Privatdoz. Univ. Heidelberg. Fachveröff.

ZECH, Benno

Rektor, MdL Rhld.-Pfalz - Mühlweg 5, 6730 Neustadt a. d. Weinstr. - Geb. 5. Okt. 1928 CDU.

ZECH, Gerhard
Dr. rer nat., Physiker - Putzbrunner Str. 246a, 8000 München 83 (T. 601 87 32) - Geb. 19. Juni 1937 Darmstadt - Stud. Physik (Dipl. u. Promot.) - 1974-82 MdL Bayern. FDP (1984 Vors. Stadtverb.).

ZECH, Jürgen
Dr. rer. pol., Dipl.-Kfm., Dipl. INSEAD, stv. Vorstandsvorsitzender Kölnische Rückversich.-Ges. AG - Donauweg 7, 5000 Köln 40 (T. 48 65 24) - Geb. 24. Juli 1939 Mönchengladbach.

ZECH, Sabine
Prof., Oberbürgermeisterin Stadt Hamm - Nikolaus-Ehlen-Str. 20, 4700 Hamm 1 - Geb. 17. Sept. 1940 Berlin, ev., verh. m. Harald Z., 2 Kd. (Till, Nicola) - Stud. Univ. Berlin u. Tübingen; 1. u. 2. Staatsex. Rechtswiss. - Fachhochschullehrerin. S. 1969 Rat Stadt Hamm, 1979-84 2. Bürgerm., s. 1984 OB - Liebh.: Musik (Geige, Bratsche), Joggen - Spr.: Engl.

ZECHBAUER, Peter Max
Fabrikant - Residenzstr. 10, 8000 München 2 (T. 29 39 21) - Geb. 10. Febr. 1933 München (Vater: Curt Z. †1981; Mutter: Emilie Mathilde, geb. Seidl †1979), kath., verh. s. 1960 m. Edith, geb. Köpp, 3 Kd. (Angelika, Monika, Michael) - Schweizer. Alpine Mittelsch. - Spr.: Engl., Ital. - Rotarier.

ZECHLIN, Egmont

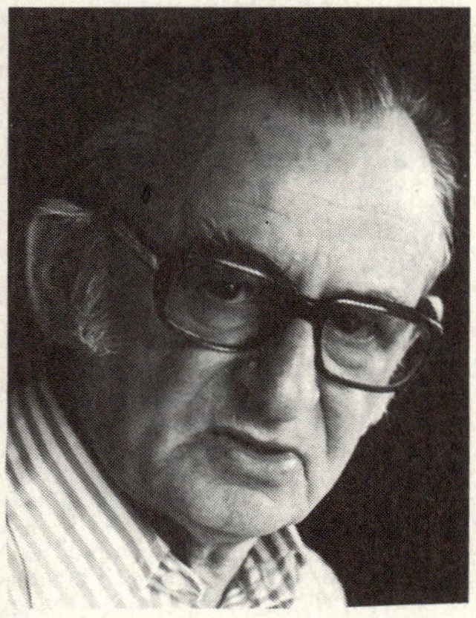

Dr. phil., em. Prof. f. mittl. u. neuere Geschichte - 2319 Selent (Holstein) - Geb. 27. Juni 1896 Danzig (Vater: Lothar Z., Konsistorialrat u. Militäroberpfarrer; Mutter: Elisabeth, geb. Ilberg), ev., verh. s. 1941 m. Dr. med. Anneliese, geb. Schell, 3 Kd. (Katharina, Florian, Thomas) - Univ. Berlin u. Heidelberg (Promot. 1922) - 1929 Priv.-Doz. (1934 ao. Prof.) Marburg, s. 1936 Univ. Hamburg; 1940 o. Prof. Univ. Berlin, 1947 wieder Univ. Hamburg (Dir. Hist. Sem. u. Dir. Hans Bredow-Inst. f. Rundf. u. Fernsehen) - BV: Schwarz-Rot-Gold u. Schwarz-Weiß-Rot, 1926; Staatsstreichpläne Bimarcks u. Wilhelm II., 1929; Bismarck u. d. Grundleg. d. dt. Großmacht, 1930, 2. A. 1960; Beitr. z. Methodik d. Überseegesch., u.a. D. Ankunft d. Portugiesen in Indien, China u. Japan als Problem d. Universalgesch., Hist. Ztschr. B. 157, 1938; (auch chines., Peking 1939); D. gr. Entd., 1940; Völker u. Meere, 1944; Maritime Weltgesch. (Altertum u. Mittelalter), 1947; Friedensbestreb. u. Revolutionierungsversuche im Ersten Weltkrieg. Aus Politik u. Zeitgesch., 1961 u. 1963; Dtschl. zw. Kabinettskrieg u. Wirtschaftskrieg, Hist. Ztschr., Bd. 199 1964; D. dt. Politik u. d. Juden im Ersten Weltkrieg, 1969; D. dt. Einheitsbeweg., 1967, 3. A. 1979; D. Reichsgründ. 1967, 4. A. 1981; Krieg u. Kriegsrisiko. Z. dt. Politik im Ersten Weltkrieg), 1979; Juli 1914, Antwort auf e. Streitschr., GWU Bd. 198 1983; Z. Kriegsausbr. 1914, D. Kontroverse, ebd. 1984; Julikrise u. Kriegsausbruch, Europa 1914 - Krieg od. Frieden, 1985 - Korr. Mitgl. Akad. Port. da Hist. - Spr.: Engl., Franz. - Lit.: Europa u. Übersee. Festschr. f. Egmont Zechlin. Otto Brunner u. Dietrich Gerhard (Hrsg.), 1961; Überseegesch., Aufs. aus d. J. 1935-64. Z. 90. Geb. d. Verf. neu hrsg. v. Inge Buisson, Günter Moltmann, Klaus-Jürgen Müller u. Klaus Saul, 1986.

ZECHMANN, Bernd
1. Bürgermeister Stadt Hauzenberg - Rathaus, 8395 Hauzenberg/Ndb. - Geb. 17. März 1947 Hauzenberg - Zul. Dipl.-Verw.-Wirt (FH).

ZEDDIES, Jürgen-Friedrich
Dr. sc. agr., Prof. f. landw. Betriebslehre Univ. Hohenheim/Stuttgart - Hohenstaufenstr. 10, 7022 Leinfelden-Echterdingen 3 (T. 0711 - 79 28 25) - Geb. 28. Juni 1942 Hameln (Vater: Friedrich Z., Landwirt; Mutter: Marie, geb. Henneke), ev., verh. s. 1969 m. Heide, geb. Belitz, S. Götz - 1961-62 Landw.-Fachsch. Hildesheim (staatl. gepr. Landw.); 1962-66 Stud. Landwirtsch. Univ. Göttingen (Dipl., Promot. 1969, Habil. 1974) - S. 1974 Prof. f. landw. Betriebslehre Univ. Hohenheim (1977-81 Dekan Agrarwiss. Fak., 1982-85 1. Vizepräs. d. Univ.) - BV: Einf. in d. landw. Betriebslehre, spez. T., Lehrb. 1977 u. 1983; Rindfleischprod., Lehrb. 1978; Angebotskontingentier. in d. Landwirtsch. (Kosten-Nutzen-Analyse), 1979; Leistungsprüf. in d. Tierzucht (Kosten-Nutzen-Analyse), 1980 - Spr.: Engl.

ZEDELMAIER, Helmut
Dr. med. dent., Zahnarzt, Vors. Kassenzahnärztl. Bundesvereinigung, Köln (b. 1986 gew.), Mitgl. Bayer. Senat, München - Lindenpl. 7, 8920 Schongau/Obb. - Geb. 11. Juli 1927 - 1984 Bayer. VO.

ZEDTWITZ von ARNIM, Georg-Volkmar, Graf
PR-Fachmann, Journalist, Leit. Abt. Information Vereinig. Dt. Elektrizitätswerke, Frankfurt (VDEW) - Seeweg 6, 6365 Rodheim v.d.H. - Geb. 25. Juni 1925 Berlin (Vater: Volkmar v. Arnim, Chef d. Verkehrsltg. Dt. Lufthansa AG †1927; Stiefv.: Amadeo Graf. v. Zedtwitz, Industrieberater (†1981); Mutter: Alice, geb. v. Arnim †1985), ev., verh. s. 1950 m. Gisela, geb. Fahlberg, Sohn Dr. rer. pol. Georg-Amadeo - Landschulheim Neubeuern u. Lyz. Alpinum, Zuoz; Univ. Kiel (Rechts- u. Staatswiss., Psych.) - 1952-56 Pressechef Air France Mittel- u. Osteuropa, 1956-59 Public-Relations-Chef Telefunken GmbH., 1960-62 Geschäftsltg. Dt. Julius Klein Public Relations u. Interpublic Ges. f. Öffentlichkeitsarbeit mbH., 1963-77 Dir. Stabsabt. Information Fried. Krupp bzw. Fried. Krupp GmbH., jetzt Lt. Abt. Information d. Vereinig. d. Dt. Elektrizitätswerke (VDEW); gegenw. Gesamtvorstandsmitgl. Dt. Journalistenverb., Rhein.-Westf. Journalistenverb., Hauptaussch. Dt. Public Relationsges., Ehrenpräs. CERP/Confédération Europ. des Relations Publiques, Kurator Dt. Politologen-Verb., Fellow Institute of Public Relations, London, Ehrenmitgl. Agrupacion Espanola de Relaciones Publicas - BV: Tu Gutes u. rede darüber - Public Relations f. d. Wirtschaft, 1961, 3. A. 1978 (Handb.); ...ein Ruf wie Donnerhall - Deutschenspiegel, 1978; Degen gegen Maschinenpistole? od. Voltaire gegen d. mißverstandenen Rousseau, 2. A. 1983 (engl. Übers. 1984) - 1977 BVK; 1983 gr. europ. PR-Preis; 1986 BVK I. Kl. - Spr.: Engl., Franz. - Bek. Vorf.: Mark Twain/Samuel Clemens (Urgroßneffe).

ZEECK, Axel
Dr. rer. nat., Prof. f. Organische Chemie - Brüder-Grimm-Allee 22, 3400 Göttingen (T. 0551-4 22 71) - Geb. 31. März 1939 Rummelsburg/Pom., verh. s. 1964 m. Gisela, geb. Ruppenthal, 2 Kd. - Gymn. Schloß Plön (Abit. 1958), Univ. Göttingen, Dipl.-Chem. 1963, Promot. 1966, Habil. 1974 - 1976 Univ.-Doz, s. 1980 Prof. 1981-83 Dekan Fachber. Chemie, 1983-85 Vizepräs. Univ. Göttingen - Entd.: Neue Antibiotica aus Mikroorganismen - BV: Organ. Chemie, Lehrb., 1980 - 1979 Preis Carl-Duisberg-Stift.

ZEEDEN, Ernst Walter
Dr. phil., o. Prof. f. Mittlere u. Neuere Geschichte - Im Schönblick 54, 7400 Tübingen (T. 2 45 70) - Geb. 14. Mai 1916 Berlin (Vater: Dr. jur. Konrad Z., Landgerichtsdir. †1925; Mutter: Marianne, geb. Müller †1934), kath., verh. 1948 m. Pauline, geb. Dubbert †1987, 5 Kd. (Heinrich, Irmgard, Wolfgang, Gerhard, Theresia) - Bismarck-Gymn. Berlin; Univ. Leipzig, Heidelberg, München, Freiburg (Gesch., Dt., Lat.). Promot. (1939) u. Habil. (1947) Freiburg - S. 1957 ao. u. o. Prof. (1963) Univ. Tübingen - BV: Luther u. d. Reformation im Urteil d. dt. Luthertums, 2 Bde. 1950/52 (auch engl.); D. Entsteh. d. Konfessionen, 1965; D. Zeitalter d. Gegenreformation, 1967; Dt. Kultur in d. frühen Neuzeit, 1968; D. Zeitalter d. Glaubenskämpfe, 7. A. 1986. Herausg.: Gegenreformation (1973); Hegemonialkriege u. Glaubenskämpfe 1556-1648 (1977); Konfessionsbildung (1985).

ZEH, Erich
Dr. med., Prof., ehem. Direktor II. Med. Klinik Städt. Klinikum Karlsruhe - Strählerweg 30, 7500 Karlsruhe-Durlach - Geb. 21. Juli 1920 Schwendi/Württ. (Vater: Dr. med. A. Z., Arzt; Mutter: Klara, geb. Mayer), verh. s. 1953 m. Ruth, geb. Mauser - Promot. (1945) u. Habil. (1958) Tübingen - S. 1958 Lehrtätigk. Univ. Tübingen (1964 apl. Prof. f. Innere Med.). Hauptarbeitsgebiet: Herzkrankh. Fachveröff.

ZEH, H.-Dieter
Dr. rer. nat., Prof. f. theor. Physik Univ. Heidelberg - Gaiberger Str. 38, 6903 Waldhilsbach - Geb. 8. Mai 1932 Braunschweig, verh. s. 1974 m. Sigrid, geb. Besch - Spez. Arbeitsgeb.: Quanten-Theorie, Element-Synthese - BV: D. Physik d. Zeitrichtung, 1984.

ZEHDEN, Werner-A.
Bezirksbürgermeister a. D. - Frobenstr. 29a, 1000 Berlin 46 (T. 772 32 97) - Geb. 2. Mai 1911 Berlin (Vater: Dr. Alfred Z., Patentanwalt), verh. m. Agnes, geb. Meißner, 2 Kd. (Andreas, Jutta) - Univ. Berlin (n. 6 Sem. Rechtswiss. u. Nationalök. wegen antinazist. Betätig. relegiert) - 1944-45 Strafgefangenenlager, dann Mitgl. Geschäftsleitg. Markenartikelfa. d. chem. Ind., 1951-55 Bürgerm. Verw.sbez. Steglitz v. Berlin, 1955-76 Verw.sdir. Dt. Inst. f. Wirtschaftsforsch., Berlin. 1963-71 MdA Berlin. Mitbegr. u. Vors. Bund d. Verfolgten d. Naziregimes (BVN). B. 1957 FDP; s. 1959 SPD (bereits vor 1933) - 1976 Stadtältester v. Berlin - 1976 Gr. BVK - Spr.: Engl., Franz.

ZEHETMAIR, Johann (Hans)
Gymnasialprof. a. D., Bayer. Staatsminister f. Unterricht u. Kultus (s. 1986), MdL Bayern (1974-78) - Zu erreichen üb. Salvatorplatz 2, 8000 München 2 (T. 2 18 61); priv.: Dall'Armistr. 6, 8058 Erding - Geb. 1936, kath., verh., 3 Kd. - 10 J. Gymnasiallehrer f. Deutsch, Latein u. Griechisch Domgymn. Freising; 1978-86 Landrat Kr. Erding. CSU - 1985 BVK.

ZEHETMEIER, Winfried
Dr. phil., Bürgermeister - Rathaus, 8000 München 2 - Geb. 30. Mai 1933 München - Gymnasialdienst (zul. Oberstudiendir.). B. 1978 CSU-Fraktionsvors. Stadtparlam., dann II. Bürgerm. - BV: Gegenzauber, Ged. 1979; Taubenjagd, Erz. 1984 - 1983 Gold. Ehrenplak. Österr. Fremdenverkehrsverb; 1984 Ehrenmitgl. Verb. Münchner Tonkünstler.

ZEHM, Wolfgang
Dipl.-Ing., Vorstand Flender-Werft AG., Lübeck - Scheteligstr. 8, 2400 Lübeck-Travemünde 1 - Geb. 22. Febr. 1933.

ZEHNER, Günter
Dr. jur., Vizepräsident Bundesverwaltungsgericht - Hardenbergstr. 31, 1000 Berlin 12 (T. 3 19 71) - Geb. 29. Aug. 1923 Darmstadt - Gr. jurist. Staatsprüf. 1955 Frankfurt/M. - Hess. Justizmin. (Ref.) u. -dst. (Richter LGbez. Darmstadt); s. 1960 Bundesverfassungsgericht (b. 1963 Oberreg.rat, dann Reg.dir., pers. Ref. d. Präs.), 1966ff. Bundesrichter.

ZEIDLER, Gerhard
Dr.-Ing., Vorstand Zentralbereich Technik Standard Elektrik Lorenz AG (SEL) - Am Alten Friedhof, 7015 Korntal - Geb. 12. Mai 1936 Breslau (Vater: Paul Z., Beamter; Mutter: Klara, geb. Prauß), kath., verh. s. 1965 m. Ingeborg, geb. Blessing, 2 T. (Bettina, Mariella) - 1955-60 Stud. Nachrichtentechnik TH Darmstadt (Promot. 1964) - 1961-64 Wiss. Assist. TH Darmstadt; s. 1965 SEL (Dir., Generalbevollm., Vorst.) - Spr.: Engl.

ZEIDLER, Hans
Dr. rer. nat., Prof. i. R. f. Vegetationskunde - Hans-Löffler-Str. 28, 8700 Würzburg - Geb. 4. April 1915 Würzburg, ev., verh., 4 Kd. - S. 1949 (Habil.) Lehrtätigk. Univ. Würzburg (1955 apl. Prof.), TH Braunschweig (1963 beamt. apl. Prof.), Univ. Hannover (1966 Ord. Fak. f. Gartenbau u. Landeskultur, 1980 Fachber. Biologie). Fachgeb.: Geobotanik. Wiss. Veröff.

ZEIEN, Alfred M.
Aufsichtsratsmitglied Braun AG. - Frankfurter Str. 145, Postf. 1120, 6242 Kronberg/Ts. (T. 06173 - 30-0).

ZEIL, Werner
Dr. rer. nat., Prof. f. Geologie u. Paläontologie - Bergstr. 7, 8035 Gauting - Geb. 19. Nov. 1919 Darmstadt (Vater: Karl Z., Architekt; Mutter: Margret, geb. Rathgeber), verh. s. 1948 m. Ursula, geb. Sommer, 3 Söhne (Jochen, Peter, Martin) - Univ. Göttingen u. München (Phil., Geol.; Dipl.-Geol. 1948, Promot. 1951). Habil. 1954 München - 1954-60 Privatdoz. u. apl. Prof. (1960) Univ. München; 1956 Gastforscher Univ. Santiago de Chile; 1957/58 Lehrstuhlvertr. Univ. Heidelberg; s. 1960 Ord. u. Inst.dir. TU Berlin. Vors. Geol. Vereinig. (1982-85). Schriftl. Geol. Rundschau (1965-81) - BV: Geologie von Chile, 1964; Brinkmanns Abriß d. Geol., 12. A. 1980; The Andes. A geological review, 1979. Herausg.: Geotekton. Forsch. (1971ff.). Üb. 50 Fachveröff.

ZEILER, Jakob
Fabrikant, Vors. Verb. d. Dt. Lederbekleidungsind., München - Postsf. 29, 8315 Geisenhausen/Ndb.

ZEINER, Manfred
Bürgermeister, MdL Saarl. (1960-75) - Feldstr. 11, 6607 Quierschied-Göttelborn (T. 06825-75 76) - Geb. 26. Febr. 1921 Göttelborn - Realgymn. Neunkirchen - Ab 1936 Handelsmarine (Hapag), bei Kriegsausbr. in Ostasien interniert, 1942-46 Lager Kanada, n. Rückkehr landw. Tätigk., 1947-63 Bergmann (1957 Betriebsratsmitgl. Grube Göttelborn). S. 1958 Mitgl. Gemeinderat u. Bürgerm. (1963) Göttelborn. SPD s. 1952 (1955 Ortsvors.) - 1974 BVK a. Bde.; 1975 Saarl. VO.

ZEISEL, Hans
Dr. med., Prof., Wiss. Koordinator Fa. Alete, München - Sudetenstr. 16, 8700 Würzburg - Geb. 21. Dez. 1918 Deutsch-Proben (ČSSR), kath., verh. s. 1943, 2 Söhne (Hans-Joachim, Udo-Emanuel) - Realgymn.; Dt. Karls-Univ. Prag. Promot. 1943 Prag; Habil. 1956 Würzburg - S. 1956 Lehrtätigk. Univ. Würzburg (1962 apl. Prof. f. Kinderheilkd.) - BV: Unters. z. Nebennierenfunktion im Säuglingsalter, 1956; Pädiatr. Fortbild., 1962 (m. Josef Ströder). Fachaufs.

ZEISS (ß), Arnold

Dr. rer. nat., Dipl.-Geol., ao. Prof. f. Paläontologie Univ. Erlangen-Nürnberg (s. 1974) - Albert-Schweitzer-Str. 19, 8525 Uttenreuth/Mfr. - Geb. 23. Okt. 1928 München, ev., verh. s. 1963, 2 Kd. - Promot. 1956 München; Habil. 1967 Erlangen - Facharb.

ZEISS, Walter

Dr. jur., o. Prof. f. Prozeß-, Arbeitsrecht u. Bürgerl. Recht Univ. Bochum (s. 1967), Richter OLG Hamm (s. 1969) - Danklin 4, 5974 Herscheid (T. 20 63) - Geb. 31. Mai 1933 Ulm/D., ev., verh. s. 1958 m. Herta, geb. Krusius, 2 Kd. (Wolfgang, Charlotte) - 1954-58 Stud. Rechtswiss. Ass.ex.; Promot., Habil. 1962-67 Assist. u. Privatdoz. (1967) Univ. Mainz - BV: D. arglist. Prozeßpartei, 1967; Zivilprozeßrecht, 6. A. 1985.

ZEISSNER, Walter

Landwirt, MdL Bayern (s. 1966) - Talstr. 25, 8781 Gambach/M. (T. 09362 - 6 20) - Geb. 22. Juni 1928 Wülfershausen/Ufr., kath., verh. s. 1957 - Gymn. Weiden (b. Einberuf. Arbeitsdst.); Landw.ssch. Arnstein; Bauernsch. Herrsching. Landw. Lehrmeisterbrief 1960 - S. 1960 auf schwiegerelterl. Hof selbst. Gemeinderat Gambach; Kreisrat Karlstadt. CSU s. 1956.

ZEITEL, Gerhard

Dr. rer. pol., Prof., Staatsmin. a. D. Saarland - Talstr. 10a, 6940 Weinheim/Bergstr. (T. 06201 - 5 18 51) - Geb. 25. Nov. 1927 Rostock (Vater: Wilhelm Z., Inspektor; Mutter: Anna, geb. Lenz), ev., verh. s. 1953 m. Edith, geb. Becker, 4 Kd. (Christina, Ulrich, Katharina, Natascha) - Realgymn. Rostock (Abit. 1944); Wehrdst.; FU Berlin (Wirtschaftswiss.; Dipl.-Volksw. 1951). Promot. 1954 Berlin; Habil. 1960 Tübingen - S. 1960 Lehrtätigk. Univ. Tübingen u. WH bzw. Univ. Mannheim (1962ff. o. Prof. f. Volksw.lehre, insb. Finanzwiss.; 1970-73 Rektor). Zul. Finanzmin. (1980ff); b. 1985 Min. f. Kultur, Bildung u. Sport. 1975-82 Präs. Bundesverb. d. Volks- u. Betriebswirte. CDU s. 1969 (1977 Vors. Mittelstandsvereinig, 1972-80 MdB). Fachveröff., auch Bücher - Spr.: Engl., Franz.

ZEITLER, Eberhard

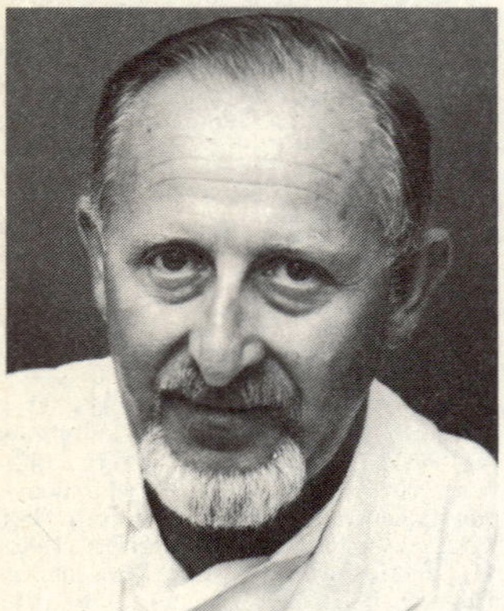

Dr. med., Prof., Chefarzt Abt. Diagnostik Radiol. Zentrum Klinikum Nürnberg (s. 1976) - Zu erreichen üb. Klinikum Nürnberg, Flurstr. 17, 8500 Nürnberg (T. 0911 - 398-2540) - Geb. 9. März 1930 Mylau/Vogtland, verh. s. 1952 m. Christine, geb. Götz, 3 Kd. (Andreas, Gabriele, Katrin) - 1950-55 Stud. Univ. Berlin (Ost); Approb. u. Promot. 1956; 1957-61 Facharztausb. Halle/S.; Habil. 1967 Mainz - 1967-76 Chefarzt Radiol. Abt. Aggertalklinik, Engelskirchen (1971 apl. Prof.) - BV: Kernspintomographie, 1984. Mitherausg.: Percutaneous Vascular Recanalization (1978); Varicocele and Male Infertility (1982); Percutaneous Transluminal Angioplasty (1984) - Spr.: Engl.

ZEITLER, Erich-Hans

Rechtsanwalt, I. Bürgermeister Ismaning, MdL Bayern (1962-78) - An der Fähre 1, 8045 Ismaning/Obb. (T. München 96 91 51) - Geb. 20. Febr. 1921 Roding/Opf. (Vater: Josef Z., Justizinsp.; Mutter: Katharina, geb. Federhofer), kath., verh. s. 1948 m. Hedi, geb. Eisenreich, 4 Kd. (Jutta, Inge, Michael, Erich) - Univ. Erlangen u. München (Rechtswiss.). Jurist. Staatsprüf. 1948 u. 51 - S. 1951 RA Ismaning. 1940-42 Wehrdst. (1941 vor Moskau verwundet). 1954-62 Abg. Bezirkstag Oberbayern; 1956 MdK München-Land. 1952ff. Bürgerm. Ismaning. SPD - Ehrenamtl. Gf. Bauges. München-Land, AR-Vors. Volksbank Ismaning - 1971 Bayer. VO., 1978 Gr. BVK - Spr.: Engl.

ZEITLER, Herbert

Dr. rer. nat., o. Prof. f. Didaktik d. Mathematik Univ. Bayreuth - Ahornweg 5, 8593 Tirschenreuth/Opf. - Geb. 26. Juli 1923.

ZEITLER, Karin

Sozialwissenschaftlerin, MdB (s. 1985; Landesliste NRW) - Asberger Str. 13, 4100 Duisburg 17 - Geb. 6. Juli 1953 Saal/Donau, ledig, 1 Kd. - Stud. Sozialwiss. (Dipl.) - VHS Duisburg, Bereich Frauenbildung, Kollektivkneipe Finkenkrug - S. 1976 Mitarb. in hochschulpolit. Gruppen SHG u. SB, Basis- u. Frauengruppen - D. Grünen s. 1979.

ZEITLER, Klaus

Dr. jur., Oberbürgermeister - Hackstetterstr. 11, 8700 Würzburg (T. 3 72 18) - Geb. 27. Sept. 1929 Würzburg (Vater: Dr. jur. Max Z., zul. Oberbürgerm.; Mutter: Paula, geb. Friedrich), ev., verh. s. 1957 (Ehefr.: Ingeborg), 3 Kd. (Michael (†1982), Anne-Christin, Wolf-Dieter) - Gymn. Potsdam; Stud. Rechts-, Staatswiss., Volksw. Promot. Würzburg; Ass.ex. München - U. a. Stadtverw. Bielefeld (Rechtsrat), München (1961; Rechts-, 1964 Oberrechtsrat), Würzburg (1968 Oberbürgerm.). S. 1981 Mitgl. Bayer. Senat. SPD s. 1950 - BV: D. Behandlung jg. Rechtsbrecher in Frankreich, 1953 - Liebh.: Bergsteigen - Spr.: Engl., Franz.

ZEITLER, Otto

Bauunternehmer, MdL Bayern (s. 1978) - Lerchenfelder Str. 8, 8470 Nabburg/Opf. - Geb. 10. Okt. 1944 Görnitz/Vogtl., verh., 4 Kd. - Volks- u. Wirtschaftssch. (Mittl. Reife); Maurerlehre; 6 Sem. Fachhochsch. (Dipl.-Ing.) - 2 J. Angest. Statikbüro; 3 J. verantw. Bauleit. S. 1971 selbst. Bauunternehmer. Entd.: Elefant-Boden. 1972 Gemeinde-, 74 Stadt-, 78 Kreisrat. CSU. S. 1987 CSU-Kreisvors. im Landkreis Schwandorf.

ZEITLER, Rudolf

Dr. phil., em. Prof. f. Kunstgeschichte - Regngatan 16, S-75431 Uppsala - Geb. 28. April 1912 Köln (Vater: Eugen Z., Dipl.-Ing.; Mutter: Elsa, geb. Kühn), prot., verh. s. 1947 m. Hannelore, geb. Günthert, 2 S. (Sven-Georg, Andreas) - Abit. 1930 human. Gymn. Kaiserslautern; Univ. München, Marburg u. Berlin (b. 1933); 1933-37 Prag (Promot. Alte Gesch. 1936); 1939-54 Uppsala; Fil. Lic. 1947, Fil. dr. 1954, Habil. 1954 - 1954 Doz. Kunstgesch. Uppsala; 1964 Prof. f. Kunstgesch. Uppsala; 1977 emerit. - BV: Klassizismus u. Utopia, 1954; D. Kunst d. 19. Jh., 1966; Aufs. z. Kunstwiss., 1977; Dän. Malerei 1800-1850, Leipzig 1979; Reclams Kunstführer Dänemark, 1978; Reclams Kunstführer Schweden, 1985; Reclams Kunstführer Finnland (m. H. Lilius), 1985 - Spr.: Schwed.

ZEITLMANN, Wolfgang

Rechtsanwalt, MdB (s. 1987) - 8214 Bernau/Chiemsee; priv.: Mitterweg 16, 8214 Bernau - Geb. 5. Juli 1941 Prien/Chiemsee - CSU.

ZELFEL, Rudolf C.

Dipl.-Psych., Bundesgeschäftsführer Bundesverb. z. Förderung Lernbehinderter - Zu erreichen üb. LERNEN FÖRDERN-Bundesverb. z. Förderung Lernbehinderter, Rolandstr. 61, 5000 Köln 1 (T. 0221 - 37 48 28) - Geb. 3. Juni 1948 - Verantw. Herausg. Ztschr. Lernen-Fördern.

ZELGIN, Max(imilian)

Landgerichtsdirektor i. R., Vors. Landsmannsch. d. Buchenlanddeutschen - Zu erreichen üb.: Artilleriestr. 20, 8000 München 19 - Geb. 27. Juni 1911.

ZELINKA, Fritz-Felix

Dr. soc. wiss., Dipl.-Soz., Prof., Wiss. Direktor Sozialwiss. Inst d. Bundeswehr, München (s. 1977) - Wallerdorferstr. 19, 8852 Bayerdilling - Geb. 17. Okt. 1939 Karlsbad, verh. s. 1983 m. Kveta, geb. Hyrkova - Abit. 1960 Tegernsee; 1963-68 Stud. Soziol., Volksw., Psych. u. Statistik Univ. München; Dipl. 1968, Promot. 1973 Univ. Bielefeld - 1962-69 Flugsich.-Berater Bundesanst. f. Flugsicherung, EUROCONTROL; 1969-75 stv. Abteilungsleit. Unfallforschung-Effizienzkontrolle Bundesanst. f. Straßenwesen; s. 1981 Mitgl. Research Commiss. Logic a. Methodology Intern. Sociol. Assoc.; 1981-82 Vizepräs. DG Liberal Intern., s. 1982 Generalsekr. ebd. FDP (s. 1984 Vors. Kr. Donau-Ries) - Entd.: Reliabilitäts-Paarkoeffizient PZ, 1983 - BV: Führerscheinbesitz, Lebensalter u. Unfallgeschehen, 1974; Präferenzen sozialwiss. Militärforschung, 1979; Erziehung z. Wehrpflicht?, 1980 (m. Anker); Konflikt u. Herrschaft im Luftverkehr, 1981; Qualifikation z. Offizier, 1982 (m. Welcker) - 1974 Honorarprof. f. Verkehrs-Soziol. Univ. Wuppertal - Spr.: Engl., Franz. - Bek. Vorf.: Dr. jur. Andreas Zelinka, 1. liberaler Bürgerm. Stadt Wien, 1861-68 (Urgroßv.).

ZELKOWSKI, Jacek

Dr.-Ing., Dr. hab. n. t. (PL), Univ.-Prof., Leiter Abt. Brennstofftechnik/Inst. f. Chem. Technol. u. Brennstofftechnik TU Clausthal - Erzstr. 18, 3392 Clausthal-Zellerfeld - Geb. 20. Aug. 1934 Czarny Dunajec/Polen, kath., verh. s. 1959 m. Irena Hanna, geb. Spotowska, T. Agata - Stud. Polytechnikum Gliwice; Habil. - Polytechnikum Warschau; s. 1982 in Deutschl.; s. 1987 Univ.-Prof.

ZELLER, Alfons

Bankkaufmann, MdL Bayern (s. 1978), Staatssekretär Bayer. Staatsministerium f. Wirtschaft u. Verkehr (s. 1987) - HäuserNr. 29, 8971 Burgberg/Allg. - Geb. 19. April 1945 Häuser Nr. 4/Gde. Burgberg (Vater: Josef Z., Landwirt; Mutter: Kreszentia, geb. Hefele) - Volkssch. Burgberg; 1959-62 landw. Ausbild. elterl. Anwesen u. Landw. Berufssch. Immenstadt; 1962-65 kaufm. Lehre Raiffeisen-Zentralbank Kempten; 1971-74 Verwaltungs- u. Wirtschaftsakad. ebd./Abendvorles. (Dipl. als Betriebsw.) - B. 1968 Angest. Lehrfa., dann Filialleit. (Burgberg) Raiffeisenbank Oberstdorf-Sonthofen. 1972ff. Gemeinderat; 1978ff. Kreisrat Oberallgäu. CSU.

ZELLER, Anton

Dr., Dipl.-Br.-Ing., Unternehmensberater - Am Daiacker 9, 8022 Grünwald - Geb. 19. Okt. 1928 - Zul. Vorst.-Mitgl. Dinkelacker Brauerei AG, Stuttgart - BV: Bierlieferungsrecht, 1988.

ZELLER, Bernhard

Dr. phil., Dr. phil. h. c., Litt. D., Prof., Direktor i. R. Schiller-Nationalmuseum u. Dt. Literaturarchiv, Marbach (s. 1955) - Kernerstr. 45, 7142 Marbach/N. (T. 76 45; dstl.: 60 61) - Geb. 19. Sept. 1919 Dettenhausen (Vater: Wolfgang Z., Pfarrer; Mutter: Martha, geb. Zimmermann), ev., verh. s. 1948 m. Margrit, geb. Stolze, 4 Kd. (Christoph, Regine, Cathrin, Barbara) - Eberhard-Ludwigs-Gymn. Stuttgart; Univ. Tübingen (Geschichte, German., Lat.). Promot. 1949; Staatsex. 1950 - 1951-53 höh. Schul- u. Archivdst. Zeitw. Vorstandsvors. Theodor-Heuss-Archiv, Stuttgart (1964ff.). Mitgl. Kommiss. f. geschichtl. Landeskunde Baden-Württ.; Beiratsmitgl. Württ. Geschichts- u. Altertumsverein, u. Borchardt-Ges.; Vorst.-Mitgl. d. Hölderlin- u. d. Kleistges.; zeitw. Vors. Arbeitskr. selbst. Kulturinst.; Vors. d. Kurat. d. Stiftg. d. Württ. Hypothekenbank f. Kunst u. Wiss.; 1979 Hon.-Prof. Univ. Tübingen - BV (Auswahl): D. Hl. Geist-Spital zu Lindau/B., 1952; Grundherren, Gerichte u. Pfarreien im Tübinger Raum zu Beginn d. Neuzeit, 1954 (m. Otto Herding); Schiller, 1958; D. Geisterseher - Erzählungen u. histor. Charakteristiken, 1958; Hermann Hesse, 1963; Reichsstädt. Bürgertum am Bodensee, 1964. Herausg.: Hermann Hesse - E. Chronik in Bildern (1960), Schillers Leben u. Werk in Daten u. Bildern (1966), Marbacher Schr. (1968-85), Archive f. Literatur (1974). Kataloge d. Sonderausst. im Schiller-Nationalmus. Nr. 1-40 (1956-85), Hauff, Wilhelm: Werke. Bd. 1.2. (1969), Mann, Thomas: Schwere Stunde (Faksimile-Ausg., 1975), Hermann Hesse: D. Zauberer (Faks.-Ausg., 1977), Eduard Mörike: Ged. (1977), Autor, Nachlaß, Erben (1981), Schiller: D. Graf v. Habspurg (Faks.-Ausg., 1981), Schwäbischer Parnaß (1983). Mithrsg.: Jahrbuch d. Dt. Schiller-Ges. (1957-87), Kurt Wolff - Briefw. e. Verlegers (1966), Eduard Mörike - Werke u. Briefe (1967ff.), Bauer, Ludwig Amandus: Briefe an Eduard Mörike (1976), Marbacher Magazin, Nr. 1-35 (1976-85), Karl Otten - Werk u. Leben (1982), Schwäbische Erzähler (1987), Lit. im dt. Südwesten (1987) - O. Mitgl. Akad. d. Wiss. u. d. Lit., Mainz; Bayer. Akad. d. Schönen Künste u. Dt. Akad. f. Sprache u. Dichtung, Darmstadt; Mitgl. Stefan-George-Stiftg. u. Hermann-Hesse-Stiftg.; 1978 Ehrensenator Univ. Tübingen; Mitgl. d. PEN; 1979 Verdienstmed. d. Landes Baden-Württ.; 1985 Gr. BVK; 1985 Eberhard-Ludwig-Med. Landkreis Ludwigsburg; 1985 Ehrenbürger Stadt Marbach; 1985 Ehrenmitgl. Dt. Schillerges.; 1986 Goldene Schiller-Med. d. Stiftg. FVS - Rotarier - Bek. Vorf.: Eduard Z., Philosoph (1814-1908).

ZELLER, Dieter

Dr. theol., Prof. f. Religionswissenschaft Univ. Mainz - Am Hendelberg 35, 6227 Oestrich-Winkel - Geb. 24. Juni 1939 Freiburg/Br. (Vater: Wilhelm Z., Straßenbahnschaffner; Mutter: Elisabeth, geb. Mußler), kath., verh. - lic. theol. 1965, lic. bibl. 1967, Promot. 1972, Habil. 1976 - 1980-82 Prof. Luzern; 1982ff. Prof. in Mainz - BV: Juden u. Heiden in d. Mission d. Paulus, 2. A. 1976; D. weisheitl. Mahnsprüche Jesu b. d. Synoptikern, 2. A. 1983; Kommentar z. Logienquelle, 2. A. 1986; D. Brief an d. Römer, 1985. Herausg.: Menschwerdung Gottes - Vergöttlichung v. Menschen (1988) - Liebh.: Musik, Malerei - Spr.: Engl., Franz., Latein, Ital., Span., Hebr., Griech.

ZELLER, Friedrich J.

Dr. agr., Abteilungsleiter Cytogenetik TU München - Möhlestr. 6A, 8050 Freising - Geb. 28. März 1939 Gießen (Vater: Dr. med. Fritz Z., Arzt; Mutter: Maria, geb. Stenger), verh. s. 1967 m. Petra, geb. Sachs, 2 Kd. (Boris, Julia) - 1961-65 Stud. Landwirtsch. Univ. Bonn (Promot. 1968); Habil. 1973 TU München.

ZELLER, Helmut

Dr.-Ing., Prof. f. Strömungslehre, insbes. nichtstationäre Gasdynamik TH Aachen (s. 1967) - Erlenweg 5, 5100 Aachen (T. 8 24 18) - Geb. 12. Okt. 1918 Langenhof/Schlesien - Stud. Maschinenbau TH Breslau, Aachen; 1954 Promot., s. 1965 (Habil.) Lehrtätigk. u. Forschung Nichtstat. Gasdyn., Strömungsfrg. d. Medizin.

ZELLER, Karl

Dr. rer. nat., o. Prof. f. Mathematik - Sonnenstr. 11, 7400 Tübingen (T. 6 26 47) - Geb. 28. Dez. 1924 Schaulen (Lit.) - Promot. (1950) u. Habil. (1953) Tübingen - S. 1953 Privatdoz., apl. u. o. Prof. Univ. Tübingen. Gastprof. USA (1953, 57, 63, 68, 73) u. Japan (1975) - BV: Theorie d. Limitierungsverfahren,

1958, 2. A. 1970 (m. W. Beekmann). Zahlr. Einzelveröff.

ZELLER, Klaus

Dr. jur., Botschafter, Leiter d. Ständ. Vertretung d. Bundesrep. Deutschl. b. d. Büro d. Vereinten Nationen u. b. d. anderen Intern. Organisationen, Wien - Metternichgasse 3, Postf. 1 60, A-1037 Wien - Geb. 1935 Hamburg - Jura-Stud. - Tätigk. b. d. Nationalstiftg. f. Polit. Wiss. Paris; s. 1962 Ausw. Dienst (Generalkonsulat Bombay, Dt. Botsch. Kampala, 1972-76 Botsch. Paris, zul. Botschafter in Manila); 1976 Bundeskanzleramt.

ZELLER, Kuno

Dr., Hauptgeschäftsführer Handwerkskammer Freiburg - Bismarckallee 6, 7800 Freiburg/Br.

ZELLER, Manfred Heinz

Dr.-Ing., Prof. f. Klimatechnik RWTH Aachen (s. 1982) - Scherbstr. 26a, 5100 Aachen (T. 02407 - 66 90) - Geb. 6. Dez. 1939 Deizisau/Kr. Esslingen, kath., verh. s. 1967 m. Elisabeth, geb. Schnitzler, T. Tanya - 1958-64 Stud. Maschinenb. (Verfahrenstechn.) RWTH Aachen; Dipl. 1964; Promot. 1973 - 1964-69 wiss. Mitarbeiter am Lehrst. f. Wärmeübertragung u. Klimatechnik RWTH Aachen; 1969-75 Obering., 1975-82 Akad. Oberrat - Spr.: Engl.

ZELLER, Rudolf

Dr. med. vet., Prof. Tierarzt, Vorsteher Klinik f. Pferde Tierärztl. Hochschule Hannover - Heymesstr. 29, 3000 Hannover (T. 0511 - 51 44 85) - Geb. 16. März 1922 Langenhof, Kr. Oels/Schles., verh. (Ehefr.: Irene), 5 Kd. (Wolfgang, Christian, Susanne, Martin, Renate) - Stud. Univ. Breslau, Leipzig, Berlin (Promot.); Habil 1950 Univ. Berlin - 1969-71 Prof. f. Pferdekrankheiten FU Berlin; s. 1971 Tierärztl. Hochsch., Klinik f. Pferde. Leit. Fachgr. Pferdekrankh. Dt. Veterinärmed. Ges.; Präs. Weltges. d. Pferdetierärzte V.E.V.A.

ZELLER, Werner

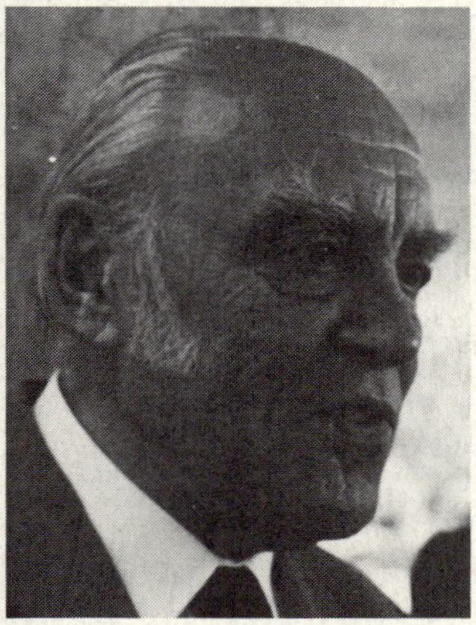

Dr.-Ing. (habil.), Dr. rer. techn., Prof., Inhaber u. Leit. Inst. f. Schall- u. Wärmeschutz, Essen/Leonberg (b. 1986), Mitgl. Ing.gemeinsch. Zeller + Partner, Essen - Untere Burghalde 50, 7250 Leonberg (T. 07152 - 2 14 70) - Geb. 25. Juni 1906 Ulm/D., ev., verh. I) 1937 m. Gertrud, geb. Oestereich †, T. Christel, II) 1969 Dr. med. Lisa, geb. Lotzin - Dipl.-Ing. Stuttgart; Promot. Hannover u. Braunschweig; Habil. 1943 Dresden (TH) - S. 1950 Privatdoz. u. apl. Prof. (1963) TH bzw. Univ. Stuttgart. 1950-66 Präs. Verb. Berat. Ing. (VBI); Initiator W-Z-Stiftg. f. Ingenieure. Div. Fachb.; üb. 100 Aufs. Herausg.: Ztschr. Lärmbekämpf. (1956-73) - 1960 Ehrenmitgl., dann Ehrenpräs. VBI; 1982 L. Sievers Med.; 1986 Staufermed. Land Baden-Württ. u. Wilhelm von Humboldt Plak. (Freie Berufe); 1981 Ehrenmitgl. Martinszeller Verb. (Familienforsch); 1988 W-Z-Stiftg. f. angew. Familienforsch.

ZELLERMAYER, Heinz

Hotelier, MdA Berlin (1959-79, CDU) Oberm. Gastwirte-Innung Berlin (s. 1951), Vorst.-Mitgl. Dt. Hotel- u. Gaststättenverb., Intern. Hotelier-Verb. u. a. - Goldfinkweg 11, 1000 Berlin 33 (T. Büro: 030 - 312 20 03 u. 31 70 71) - Geb. 9. Okt. 1915 Berlin (Vater: Max Z.; Mutter: Erna, geb. Heydorn), ev., verh. - Schiller-Realgymn. Berlin (Abit.), Pädagogium Bad Godesberg; Hotelfachsch. Lausanne/Schweiz, Frankreich, England; dann elterl. Betrieb Berlin (Hotel Steinplatz); 1937-45 Wehrmacht, anschl. Leitg. Hotel Steinplatz, dann Hotelier Parkhotel Zellermayer, jetzt Kaufmann, Berlin - 1953 BVK am Bde., 1968 BVK I. Kl., 1985 Gr. BVK, 1969 Sportabz., 1973 Brillat Savarin Plakette - Liebh.: Literatur, Kunst, Musik, Golf, Garten - Spr.: Engl., Franz., Ital.

ZELLNER, Alois

Geschäftsführer SPD/Bez. Niederbayern-Oberpfalz - Richard-Wagner-Str. 4/0, 8400 Regensburg.

ZELTNER-NEUKOMM, Gerda

Dr. phil., Schriftstellerin - Rütistr. 11, CH-8032 Zürich (Schweiz) (T. 251 66 32) - Geb. 27. Jan. 1915 Zürich (Vater: Hans Neukomm, Ingenieur; Mutter: Johanna, geb. Schnider), protest., verh. s. 1945 m. Peter Zeltner, 2 Töcht. (Marina, Claudia) - Univ. Zürich, Rom, Paris (Romanistik) - 1942-51 Redakt. Trivium; s. 1952 Mitarb. Neue Zürcher Ztg. u. a. - BV: Formwerdung u. -zerfall im Werke Pierre Corneilles, 1941; D. Wagnis d. franz. Gegenwartsromans, 1959; D. eigenmächt. Sprache, 1965; D. Ich u. d. Dinge, 1968; Beim Wort genommen, 1973; Im Augenblick d. Gegenw., 1974; D. Ich ohne Gewähr, 1980; Vom Schwizer Hüsli z. Arche Noah, 1984 - Mitgl. PEN-Club, Akad. d. Wiss. u. d. Lit. Mainz; Schriftsteller-Gruppe Olten; 1970 Preis d. Akad. d. Wiss. u. d. Lit. Mainz - Spr.: Franz., Ital., Span.

ZELZ, Lothar

Ass., Direktor Deutsche Bank AG., Bielefeld - Goethestr. 10, 4800 Bielefeld 1 - Geb. 1. Jan. 1930 Krefeld - Vorst. Ges. z. Förder. d. Westf. Wilhelms-Univ.

ZELZNER, Johann

I. Bürgermeister - Rathaus, 8413 Regenstauf/Opf. - Geb. 6. Okt. 1925 Regenstauf - Zul. Schreinerm.

ZEMLA, Günter

Rektor, MdA Berlin (s. 1967) - Borsigwalder Weg Nr. 2a, 1000 Berlin 27 (T. 43 51 83) - Geb. 18. Mai 1921 Groschowitz/OS., verh., 1 Kd. - B. 1938 Schule; 1946 Neulehrerkursus Berlin. Lehrerprüf. 1948 u. 1953 - S. 1946 Schuldst. Berlin (1967 ff. Rektor 5. Grundsch./Kolumbus Reinickendorf). 1960-63 Bezirksverordn. Reinickendorf; 1963-67 Bürgerdeputierter ebd. CDU s. 1956 (1960-65 u. 1973 ff. Ortsvors. Borsigwalde).

ZEMPEL, Udo

Realschulrektor a. D., MdL Nieders. (s. 1974) - Schulstr. 3, 2883 Stadland 1, Rodenkirchen (T. 12 44) - Geb. 27. März 1925 - Abit., Hochsch. - Vors. Aussch. f. Häfen u. Schiffahrt Nieders. Landtag. SPD.

ZEMPELIN, Hans Günther

Dr., Aufsichtsratsmitglied Akzo nv, Arnheim/NL; AR-Vors. Enka AG, Wuppertal - Postfach 10 01 49, 5600 Wuppertal 1 - B. 1985 Vorst.-Vors. Enka AG; Sprecher d. Vorst. Walter Raymond Stiftg., Köln; AR-Vors. Dahlbusch Verwaltungs AG, Gelsenkirchen, u. Pilkington Deutschl. GmbH, Essen; AR-Mitgl. Strabag Bau-AG, Köln u. Flachglas AG, Fürth; VR-Mitgl. Berliner Handels- u. Frankfurter Bank, Frankfurt; Beiratsvors. Colonia Versich. AG, Köln; Präsid. Bundesvereinig. d. Dt. Arbeitgeberverb.

ZENDER, Hans

Prof. f. Komposition Musikhochsch. Frankfurt, Chefdirigent Radio-Kammerorchester d. Niederl. Rundf., Principal Guestconductor Opéra National, Brüssel - Geb. 22. Nov. 1936 Wiesbaden (Vater: Dr. med. dent. Franz Z., Zahnarzt; Mutter: Marianne, geb. Fromm), kath., verh. s. 1962 m. Gertrud, geb. Achenbach - Gymn. Wiesbaden; Musikhochsch. Frankfurt/M. (1956-57) u. Freiburg/Br. (1957-59). Meisterklasseex. Dirigieren, Klavier, Komposition - 1959-72 Städt. Bühnen Freiburg (Kapellm.), Theater d. Stadt Bonn (Chefdirig.), Bühnen d. Stadt Kiel (1969 GMD); 1972-82 Chefdirig. Sinfonie-Orch. Saarl. Rundf.; 1984-87 Hamburgischer GMD u. Chefdirig. Hbg. Staatsoper. Gastdirig. Engl., Holl., Japan, Schweiz, Frankr., Münchener Festsp., Berliner Festwochen, Holland Festival, Bayreuther Festsp., Salzburger Festspiele. Kompos. (u. a. Canto I - V, Modelle, Zeitströme, Oper Stephen Climax) - Stiftg. Villa Massimo Rom (1962/64 u. 1968/69); 1980 Saarl. Kunstpreis - Liebh.: Lit., Bild. Kunst - Spr.: Franz., Ital., Engl.

ZENDER, Matthias

Dr. phil., o. Prof. f. Dt. Volkskunde (emerit.) - Rochusweg 38, 5300 Bonn (T. 23 37 61) - Geb. 20. April 1907 Niederweis b. Bitburg/Rh. (Vater: Peter Z., Landwirt; Mutter: Maria, geb. Thielen), kath., verh. s. 1939 m. Cläre, geb. Neyses, 2 Kd. (Adelheid, Wolfgang) - Friedrich-Wilhelms-Gymn. Trier; 1926-31 Univ. Bonn, Innsbruck, Wien. Habil. 1954 Bonn - Assist. Rhein. Wörterb. u. Inst. f. geschichtl. Landeskd., beide Bonn, 1954-60 Landesverw.srat Landschaftsverb. Rhld., Köln, s. 1960 ao. u. o. Prof. (1963) Univ. Bonn. - BV: Atlas d. dt. Volkskd., Neue Folge 1959 ff.; Sagen u. Gesch. aus d. Westeifel, 2. A. 1980; D. Verehrung d. hl. Quirinus in Kirche u. Volk, 1967; Räume u. Schichten mittelalterl. Heiligenverehrung in ihrer Bedeut. f. d. Volkskd., 2. A. 1973; D. Termine d. Jahresfeuer in Europa, 1980 - Ehrenmitgl. Section de Linguist. Inst. Grand Ducal Luxemb. u. Kgl. Gustaf-Adolfs-Akad., Uppsala; korr. Mitgl. Akad. d. Wiss. Göttingen; BVK I. Kl.; Comtur d. päpstl. Gregorius-Ord.; Artur Hazelius-Med. d. Nordiska-Müseet, Stockholm - Lit. üb. M. Z.: E. Ennen/G. Wiegelmann, M. Z. - Studien z. Volkskultur, Sprache u. Landesgesch./ Festschr. z. 65. Geburtstag (2 Bde. 1972); M. Z., Gestalt u. Wandel (hrsg. v. H. L. Cox u. G. Wiegelmann, 1977) - Spr.: Franz.

ZENGEL, Hans-G.

Dr., Vorstandsmitglied Enka AG/bv (Akzo Unternehmensber. Fasern u. Polymere), Wuppertal/Arnheim, u. Vereinigung Industrielle Kraftwirtschaft, Essen - Postfach 10 01 49, 5600 Wuppertal 1 (Elberfeld) - Geb. 26. Dez. 1935 - S. 1987 AR-Mitgl. Barmag AG, Remscheid-Lennep; Mitgl. d. Engeren Kurat. d. Fonds d. Chem. Ind., Frankfurt.

ZENK, Meinhart H.

Dr. rer. nat., o. Prof. f. Pflanzenphysiologie - Pfeivestlstr. 17, 8000 München 60 - Geb. 4. Febr. 1933 Donauwörth - S. 1968 o. Prof. Univ. Bochum u. München. Arbeitsgeb.: Pflanzl. Zellkulturen, Biosynthesen - 1975 Mitgl. Rhein.-Westf. Akad. d. Wiss., Düsseldorf; 1977 Mitgl. Senat Dt. Forschungsgemeinsch. Fachveröff.; 1984 Mitgl. Dt. Akad. d. Naturforscher/Leopoldina, Halle; 1987 Mitgl. Bayer. Akad. d. Wiss., München; 1989 Mitgl. Academia Europaea.

ZENKER, Erich

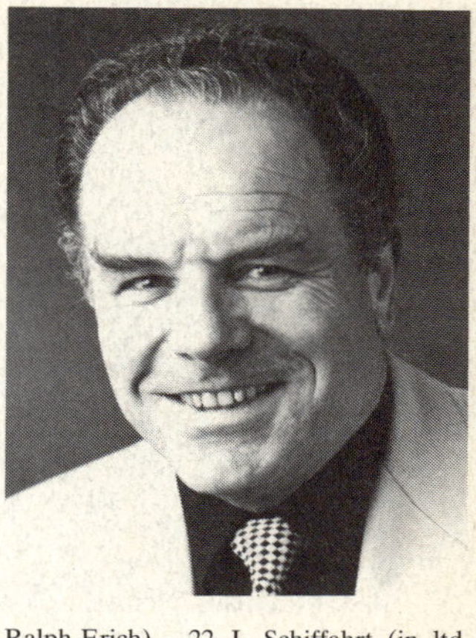

Gedächtniswunder (in ZDF-Send. Wetten daß...?, 1982) - Wiesengrund 15, 2300 Altenholz b. Kiel (T. 0431 - 32 13 89) - Geb. 23. Juni 1929 Kiel (Vater: Erich Z., Kapitän u. Seelotse, †1944; Mutter: Anni, geb. Henk †1975), ev., verh. s. 1960 m. Gerda, geb. Rohwer, 4 Kd. (Silvia, Christine, Maren, Ralph-Erich) - 22 J. Schiffahrt (in ltd. Posit.), 12 J. Privat-Flugzeugf. - Div. Auftr. In- u. Ausland, Spitzenkand. aller Wetten, daß ...?-Send. Weltrekord als Gedächtniskünstler (Guinness-Buch d. Rekorde). Bekannt d. Presse, Funk u. FS - Liebh.: Lesen, Sport, Musik (Orgel, Trompete, Akkordeon, Gesang, eig. Tanzkapelle/Moderator). Spitzenkandidat Hörzu - 10 x Gold. Sportabz.; 1986/ 87/88/89 Guinness-Buch d. Rek. Weltmeister; Commandeur-Confederation of Chivalry.

ZENKER, Herbert

Dr. med., Prof., Oberarzt, Orthop. Univ.-Klinik München - Harlachingerstr. 51, 8000 München 90 (T. 089 - 62 11-308) - Geb. 19. Mai 1937 Heidelberg (Vater: Prof. Dr. med. Dr. med. h. c. mult. Rudolf Z., Chirurg), ev., verh. s. 1968 m. Dorothee, geb. Poltz, 2 Kd. (Tom, Bettina) - Med. Stud. Univ. Freiburg; Staatsex. 1962 München; Promot. 1963; Habil. 1974 München; Facharzt f. Orthop. 1969; apl. Prof. 1980 - 1965-68 Assist. Orthop. Univ.-Klinik Berlin; 1968-73 Orthop. München; dann Oberarzt; 1980-82 Leit. Orthop. Poliklinik Klinikum Großhadern München; s. 1982 Oberarzt Orthop. Klinik Univ. München, München-Harlaching. Viele wiss. Veröff. auf d. Geb. d. Orthop. u. Unfallchir. - Liebh.: Musik, Theater, Malerei - Bek. Vorf.: Prof. Dr. med. Friedrich Albert v. Zenker, Pathologe Erlangen (Urgroßv.); Geheimrat Prof. Dr. med. Carl Ritter v. Heß, Ord. f. Augenheilkunde München (Urgroßv. ms.).

ZENKER, Karl-Adolf

Vizeadmiral a. D. - Am Alten Forsthaus 40, 5300 Bonn-Röttgen (T. 25 12 65) - Geb. 1907 Berlin (Vater: Admiral Hans Z., 1924-28 Chef Marineleitg.; Mutter: Hilde, geb. Thiele), verw. 1965, 3 Kd. (Kay, Vera, Malte) - B. 1945 Kriegsmarine (Zerstörerkommandant, zul. Admiralstabsoffz. Seekriegsleitg.), 1945-46 Minenräumdst., dann Landesverw. Rhld.-Pfalz (u. a. Ref. f. Binnenschiffahrt Verkehrsmin.), 1951-67 Dienststelle Blank u. Bundeswehr (1957 Befehlshaber Seestreitkräfte Nordsee u. NATO-Befehlsh. Dt. Bucht, 1960 Kdr. Kommando Marineausbild., 1961 Inspekteur Bundesmarine, 1962 Vizeadmiral) - Hohe Kriegsausz.; Commander amerik. Orden Legion of Merit (2 x); Großoffz.skreuz ital. u. franz. VO.; portugies. Militär-VO. I. Kl.; Gr. BVK m. Stern - Spr.: Engl., Franz. - Rotarier.

ZENKER, Silvia

Diplom-Klavierpädagogin u. Pianistin (Klavierduo) - Wiesengrund 15, 2300 Kiel 17 - Geb. 11. Juni 1961 Kiel (Vater: Erich Z., Gedächtniswunder, s. dort; Mutter: Gerda, geb. Rohwer) - 1980 Stud. Engl. u. Musik London; s. 1981 Stud. Musikhochsch. Lübeck: 1.) Schulmusik, 2.) Musikerziehung, 3.) allg. künstl. Ausb. im Fach Klavierduo b. Prof. Evelinde Trenkner - 1984 Konzerttätigk. im Klavierduo; s. 1985 Konz. im In- u. Ausland, Rundf.- u. Fernsehaufn. 1986 1. Schallplatteneinspielung -

1984 1. Musikpreis Possehlstiftg. Lübeck; 1987 Hanse-Kulturpreis Stadt Lübeck; 1988 1. Preis d. Carlo Soliva-Musikwettbew., Ital. - Liebh.: Fremdspr., Reisen, Sport.

ZENNER, Hans-Peter

Dr. med., o. Prof., Ärztl. Direktor Univ. Tübingen, HNO-Klinik - Silcherstr., 7400 Tübingen (T. 07071 - 2 91) - Geb. 1947 Essen, verh. s. 1977 m. Dr. Birgit, 3 Kd. - Med. Staatsex. 1972 - 1985 Sen. Scient. Univ. Ann Arbor/USA; 1987 Washington Univ. St. Louis/USA. Arbeitsgeb.: Zellbiol., Pathophys. u. Operationen d. Gehörorgans. Div. wiss. Bücher u. Buchbeitr. - 1982 Tröltsch-Preis; 1986 Leibniz-Preis; 1988 Heymann-Preis - Spr.: Engl., Franz. - Rotarier.

ZENNER, Maria
Dr. phil., o. Univ.-Prof. f. Neuere Geschichte u. Didaktik d. Geschichte PH Saarbrücken - Weinweg 47/II, 8400 Regenburg - Geb. 21. Okt. 1922 Eppelborn/S. - S. 1959 Doz. u. Prof. (1966) PH Saarbrücken - BV: Parteien u. Politik im Saargebiet unt. d. Völkerbundsregime 1920-35, 1966; D. Nation im Denken Ernest Renans (Pol. Ideolog. u. nationalstaatl. Ordnung - Festschr. f. Th. Schieder), 1968; D. Saargebiet 1920-35 u. 1945-57. Handb. d. europ. Gesch., Bd. 7, 1979; Gesch.bilder u. Gesch.bewußtsein in d. Imagepflege v. Grenzstädten (dt.-franz.-luxemb.-belg. Grenzraum) (Anmerkungen u. Argumente, Bd. 23), 1979; Gesch.unterr. u. Gesch.bewußtsein (Dortm. Arb. z. Schulgesch. u. z. hist. Didaktik), 1983; Jean-Jacques Rousseau. Z. Bedeutung v. Gesch. f. Politik f. Mensch u. Ges. (Gesch. u. polit. Handeln), 1985; Ztschr.: D. Begriff d. Nation in d. polit. Theorien Benjamin Constants (HZ 213/1, 1971); Region u. Nation in Europa - Hist.pol. Argumentation: J. Hoffmann (Revue d'Allemagne).

ZENS, Hans
Städt. Obervermessungsrat a.D., Bürgermeister Gemeinde Kreuzau (s. 1969) - Heribertstr. 53, 5166 Kreuzau (T. 02422 - 72 74) - Geb. 20. Sept. 1925 Kreuzau (Vater: Josef Z., Isolierer; Mutter: Maria, geb. Olligschläger), kath., verh. s. 1949 m. Kathi, geb. Küpper, 2 Kd. (Dieter, Claudia) - Vermessungstechnikerlehre, s. 1948 Staatl. Ing.- u. Kunstschule Mainz, Vermessungsing. (grad.) - S. 1969 ehrenamtl. Bürgerm. Kreuzau, 1972-84 Leit. Vermessungsamt Stadt Düren, 1961-88 Organisator d. rhein. Volksfestes Dürener Annakirmes (ca. 1 Mio. Besucher) - 1978 BVK, 1986 BVK I. Kl.

ZENTES, Joachim

Dr. rer. oec., Univ.-Prof. f. Marketing Univ.-GH Essen - Amselweg 43, 5628 Heiligenhaus (T. 02056 - 6 99 11) - Geb. 22. Juni 1947 Saarbrücken (Vater: Rolf Z., Kaufm.; Mutter: Gertrud, geb. Paulus), ev., verh. s. 1973 m. Gabriele, geb. Altendorf, S. Marcus - Univ. Saarbrücken (Dipl.-Kfm. 1971, Promot. 1975, Habil. 1979) - 1971-80 wiss. Mitarb. Univ. d. Saarl., zugl. Lehrbeauftr. Univ. Regensburg u. Metz; s. 1981 Prof. f. Allg. Betriebsw. Univ. Frankfurt; s. 1982 Prof. f. Marketing Essen; s. 1985 Leit. FET Univ. Essen; s. 1988 Gastprof. Univ. Fribourg/Schweiz - BV: D. Optimalkomplexion v. Entscheidungsmod., (Diss.) 1976; Außendienststeuer., (Habil.schr.) 1980; D. Werb. d. Untern., Lehrb. 1980; Neue Informations- u. Kommunikationstechnol. in d. Marktforsch., 1984; Mod. Warenwirtschaftssysteme im Handel, 1985; EDV-Gest. Marketing, 1987; Grundbegriffe d. Marketing, 2. A. 1988 - 1976 Dr. Eduard Martin-Preis (f. Diss.) - Liebh.: Offshore-Racing, Wasserski - Spr.: Engl., Franz.

ZENTGRAF, Karl-Martin
Dr.-Ing., Vorsitzender d. Geschäftsführung d. Gottfried Bischoff GmbH & Co. KG, Essen (s. 1989) - Heidestr. 4, 4670 Lünen (T. 02306 - 68 62) - Geb. 31. Aug. 1937 Bochum, ev., verh. s 1960 m. Bärbel, geb. Humperdinck, 3 Kd. (Martin, Christian, Anja) - Stud. Allg. Maschinenbau TH Darmstadt; Dipl.-Ing. 1962, Promot. 1967 TH Stuttgart - 1962-63 Konstrukteur DEMAG, Duisburg; 1963-68 Entw.-Ing. Steinkohlen Elektrizität AG, Essen; 1969-89 Gewerksch. Eisenhütte Westfalia GmbH, Lünen; b. 1979 Assist. Grubenvorstandsvors. (ab 1973 Prok.), ab 1980 zusätzl. Leit d. Einkaufs, ab 1983 zusätzl. Leit. d. Materialwirtsch., 1986-89 Techn. Geschäftsf. - Erf. auf d. Geb. d. Rauchgasentschwefel. - Spr.: Engl.

ZENZ, Emil
Dr. phil., Bürgermeister, Kulturdezern. Stadt Trier (s. 1957) - Kurfürstenstr. 70, 5500 Trier/Mosel (T. 7 18/4 40) - Geb. 24. Juli 1912 Trier, verh. s. 1948 m. Erika, geb. Relles, 2 Kd. - Univ. Freiburg/Br., London, Köln (German., Gesch.; Promot.) - 1938-1957 höh. Schuldst. (1951 Oberstudiendir.). Vors. Denkmalrat Rheinl.-Pfalz, Kulturaussch. Dt. Städtetag, Mitgl. Filmselbstkontrolle u. wissenschaftl. Ges. - Verf. bzw. Herausg.: D. Trierer Univ., 1949; Trier. Zeitungen, 1952; D. Taten d. Trierer, 8 Bde. 1955-/65 (Übers. Gesta Trev); D. kommunale Selbstverw. d. Stadt Trier, 1959; Gesch. d. Stadt Trier 1900-45, 3 Bde. 1967-73 - 1973 Orden Palmes Acad. (Frankr.); 1972 BVK I. Kl.; Ehrenmitgl. Großherzogl. Luxemb. Akad.

ZENZ, Hermann
Geschäftsführer, MdL Bayern (s. 1966) - Heubergstr. 5, 8201 Schloßberg/Obb. (T. 08031 - 8 91 24) - Geb. 22. Aug. 1926 Haag/Obb., kath., verh. - Volkssch.; Feinmechanikerlehre (Physikal. Inst. Univ. München) - 1944-45 Wehrdst.; 1948-1952 Physikal. Hochschulinst. Regensburg (Techniker); 1952-56 Intern. Kolpingwerk, Köln (Zentralsekr.); 1956-61 Jg. Union Dtschl.s/Landesverb. Rhld. (Landesjugendsekr.); s. 1961 CSU (Bezirksgeschäftsf. Obb.). CSU s. 1950.

ZEPF, Emil
Fabrikdirektor, Vorstandsmitgl. Spinnerei Kolbermoor AG, Kolbermoor/Obb., Spinnerei u. Weberei Pfersee AG, Augsburg - Stettenstr. 3, 8901 Aystetten (T. 0821-48 18 31) - Geb. 21. Nov. 1928 Kaufbeuren - Obersch., Finanzsch. - Mitgl. Sozialaussch. Verein d. Südbayer. Textilind.

ZEPTER, Karl Heinz
Dipl.-Berging., Geschäftsführer i. R. - Klein Goldberg 31, 4020 Mettmann (T. 2 48 60) - Geb. 15. April 1921 Dortmund (Vater: Robert Z., Dir. i. R.; Mutter: Lisel, geb. Kliffmüller), ev., verh. s. 1951 m. Ursel, geb. Schauenburg, S. Achim - Gymn. (Abitur 1939); Bergakad. Clausthal; Dipl.ex. 1950 - 1950-54 Rohstoffind.; 1956-58 Consult Serv.; 1959-62 Betriebsdir. Barbara Erz.; 1962-67 Generaldir. Bong Mining Comp. Monrovia/Liberia; 1967-73 Geschäftsf. Ertsoverslagbedrijf Europort, 1973-84 Geschäftsf. Rhein. Kalkstein- u. Dolomitwerke, Wülfrath - Reden-Plak.; Cdr. Star of Africa; Grd. Cdr. Order of the Afric. Redemption - Liebh.: Kunst, Musik - Spr.: Engl. - Rotarier.

ZERBE, Edwin
Landrat a. D., Rechtsanwalt u. Notar - Am Wendeberg 35, 6430 Bad Hersfeld - Geb. 22. Aug. 1916 Wiesbaden-Rambach, ev., verh., 2 Kd. - Stud. Rechtswiss. (durch Wehrdst. unterbr.). Gr. jurist. Staatsprüf. - 1937-45 Soldat, Justizdst. Wiesbaden u. Frankfurt/M., Hochschulref. Hess. Ministerium f. Erziehung u. Volksbildung; 1955-70 Landrat u. Landkr. Hersfeld, 1948-55 Stadtverordn. Wiesbaden, 1958-65 u. 1970-78 MdL Hessen, 1965-67 MdB. SPD s. 1945, s. 1972 Kreistagsvors. Hersfeld-Rotenburg - 1972 BVK I. Kl., 1978 Gr. BVK.

ZERBIN-RÜDIN, Edith
Dr. med., Univ.-Prof. - Besselstr. 1A, 8000 München 80 - Geb. 2. Mai 1921 München, kath., verh. s. 1956 m. Adolf Zerbin - Med.-Stud.; Staatsex.; Promot.; Habil. München - Wiss. Mitarb. Max-Planck-Inst. f. Psychiatrie München; Lehrauftr. f. Med. Genetik Univ. München; a.o. Prof. Univ. München. Genetische Beratung - BV: Etwa 130 Publ. in med. Fachjourn. u. Kap. in Hand-, Text- u. Lehrb. z. Thema psychiatrische Genetik; u. a.: Endogene Psychosen u. idiopathischer Schwachsinn, in: Handb. d. Humangenetik, Bd. V/2 (hg. v. P.E. Becker), 1967; Psychiatrische Genetik, in: Psychiatrie d. Gegenwart, Bd. 1/2 (hg. v. In Kisker et al), 1980; Vererbung u. Umwelt bei d. Entstehung psychiatrischer Störungen, 1985; Adoptionsstudien, psychiatrische Genetik, Zwillingsforsch., in: Lexikon d. Psychiatrie (hg. v. C. Müller), 1986. Übers. aus d. Engl.: D. Mensch in d. Evolution (1969) - Liebh.: Bergsteigen, Gärtnern, Theater, Oper - Spr.: Engl., Franz.

ZERBST, Ekkehard
Dr. med., Univ.-Prof. FU Berlin, Arzt - Garystr. 70, 1000 Berlin 33 - Geb. 19. Jan. 1926 Insterburg (Vater: Erich Z., Stud.rat; Mutter: Lucie, geb. Padags), ev., verh. s. 1970 m. Prof. Dr. Irene, geb. Boroffka (s. dort), 2 Kd. - Promot. 1956, Habil. 1966 - 1966 Priv.doz.; 1969 Wiss. Rat u. Prof.; 1970 Prof. u. Abt.-leit.; s. 1970 gf. Dir. Inst. f. Physiol. FU Berlin. S. 1988 i. R. Beginn Stud. German. u. Lit.Wiss. - Entd./Erf.: Neuronen- u. Receptoranalog rückgekoppelte Nervenschrittmachersyst. Patente. BV: Bionik, 1987. Rd. 130 Publ. in nat. u. internat. Fachztschr. - Mitgl. New York Acad. of Sciences; 1986 Joachim-Ringelnatz-Preis f. Lyrik (Lit.-Preis d. Stadt Cuxhaven).

ZERBST, Irene,
geb. Boroffka
Dr. rer. nat., Prof. FU Berlin - Garystr. 70, 1000 Berlin 33 - Geb. 15. Aug. 1938 Potsdam (Vater: Erwin B.), ev., verh. s. 1970 m. Prof. Dr. Ekkehard Z. (s. dort), 2 Kd. - Promot. 1965 München, Habil. 1974 Berlin - S. 1975 Prof. in Berlin. Art. in nat. u. intern. wiss. Ztschr.

ZERCHE, Jürgen
Dr. rer. pol., Dipl.-Volksw., Prof. f. Volkswirtschaftslehre, Dir. Seminar f. Sozialpolitik u. Seminar f. Genoss.wesen Univ. Köln - Kentenichstr. 3, 5040 Brühl (T. 4 56 78) - Geb. 11. Febr. 1938 Dortmund (Vater: Oskar Z., Kfm. Angest.; Mutter: Antonie, geb. Bonnekoh), kath., verh. s. 1964 m. Gabriele, geb. Crefeld, 2 Kd. - Gymn. Dortmund, FU Berlin u. Univ. Köln (Volksw.), Dipl.-Volksw. 1964, Promot. 1968, Habil. 1971 FU Berlin - 1964-71 wiss. Assist., s. 1971 Hochschull., 1973-74 Akad. Senat FU, 1975-76 Schatzmeister Berliner Wiss. Ges. e.V. - BV: Lohnfindung durch Tarifverhandl., 1970; Arbeitsökonomik, 1979. Hrsg.: Aspekte Genossenschaftl. Forsch. u. Praxis (1981); Sozialpolitik (1982) - Liebh.: Gesch., Briefmarken - Spr.: Engl., Franz.

ZERFASS (ß), Rolf
Dr. theol., o. Prof. f. Pastoraltheol. - Merowingerstr. 42, 8702 Eisingen (T. 09306 - 23 85) - Geb. 27. April 1934 Simmern (Vater: Peter Z., Bankdir.; Mutter: Klara, geb. Blanckart), kath. - Promot. 1963, Habil. 1972 - 1972 o. Prof.; 1985 Vors. d. Konfz. deutschspr. Pastoraltheologen - BV: Lektorendienst, 1965; D. Schriftlesung im Kathedraloffcium Jerusalems, 1968; D. Streit um die Laienpredigt, 1974; Einf. in d. Prakt. Theol., 1976 (m. N. Greinacher, Hg.); M. d. Gemeinde predigen, 1982; Menschliche Seelsorge, 1985; Grundkurs Predigt, 1987.

ZERNA, Wolfgang
Dr.-Ing., Dr.-Ing. E. h. Univ. Stuttgart (1974), o. Prof. f. Konstruktiven Ingenieurbau - Ruhr-Universität, 4630 Bochum-Querenburg (T. 70 01); priv.: Am Wittenstein 3, 4320 Hattingen (T. 6 07 35) - Geb. 11. Okt. 1916 Berlin (Vater: Paul Z., Arch.; Mutter: Olga, geb. Pomrenke), ev., verh. s. 1953 m. Margit, geb. Kirski - Realgymn. u. TH Berlin (Bauing.wesen; Dipl.-Ing. 1940). Promot. (m. u.) Habil. (1948) Hannover - 1946-47 Assist. TH Hannover, 1948-49 Doz. Univ. of Durham (Engl.), 1950-52 Konstrukteur Polensky & Zöllner, Köln, 1953-56 Konstrukteur Philipp Holzmann AG, Frankfurt/M., s. 1956 o. Prof. TH bzw. TU Hannover (Dir. Inst. f. Massivbau) u. Univ. Bochum (1967; Lehrst. f. konstrukt. Ing.bau I). Erf. Spannbetonverf. (Systeme Polensky & Zöllner u. Philipp Holzmann) - BV: Spannbeton, 1953; Theoretical Elasticity, 1954, 2. A. 1967 (Oxford; m. A. E. Green); Spannbetonträger, 1988 - Spr.: Engl.

ZERNACK, Klaus
Dr. phil., Dr. h. c., o. Prof. f. Geschichte a. d. FU Berlin - Habelschwerdter Allee 45, 1000 Berlin 33 (T. 030 - 838 58 71) - Geb. 14. Juni 1931 Berlin - S. 1964 (Habil.) Lehrtätig. Univ. Gießen (1966 Wiss. Rat u. Prof.), Frankfurt (1966 Ord. u. Seminardir.), Gießen (1978) u. Berlin (1984). Fachveröff.

ZERRIES, Otto
Dr. phil., Prof., Ethnologe - Geigel-

steinstr. 1, 8214 Bernau (T. 08051 - 78 04) - Geb. 22. Juli 1914 Pforzheim (Vater: Otto Z., Architekt), ev., verh. s. 1950 m. Annelise, geb. Allwohn, 2 Töcht. (Cornelia, Charlotte) - Gymn. Pforzheim; Univ. Frankfurt/M. Promot. Frankfurt; Habil. München - 1936-39 Wiss. Hilfskraft Städt. Museum f. Völkerkd., Frankfurt/M.; 1947-56 Wiss. Assist. Frobenius-Inst. ebd.; s. 1956 Konservator, Ober (1960) u. Landeskonserv. (b. 1979) Staatl. Museum f. Völkerkd. München (Leit. Amerika-Abt.). S. 1961 Privatdoz., seit 1967 apl. Prof. (1967) Univ. München (Völkerkd.). 1967-75 Fachgutachter DFG. Teiln. 12. Dt. Inner-Afrikan. Forschungsexped. Nordafrika (1935); Leit. Frobenius-Exped. Südvenezuela (1954-55; erstmals ethnol. Erforsch. v. Indianergruppen am oberen Orinoko). Mitgl. in- u. ausl. Fachges. - BV: D. Schwirrholz, 1942; Wild- u. Buschgeister in Südamerika, 1954; Waika, 1964; Mahecotedi - Monogr. e. Dorfes d. Waika-Indianer, 1974 (m. M. Schuster); D. Erben d. Inkareiches u. d. Indianer d. Wälder - Völkerkd. d. Gegenwart, Südamerika, 1974 (m. H. D. Disselhoff); Unt. Indianern Brasiliens, 1980. Zahlr. Fachaufs. - 1981 BVK 1. Kl. - Spr.: Engl., Franz., Span. - Festschr. z. 60. Geburtstag: O. Z., Ethnolog. Zeitschr. Zürich.

ZERSSEN, von, Gerd Detlev
Dr. med., Dipl.-Psych., Prof., Leiter Psychiatrische Evaluationsforschung Max-Planck-Inst. f. Psychiatrie (s. 1986) - Kraepelinstr. 2, 8000 München 40 - Geb. 30. Okt. 1926 Hamburg-Altona, ev., verh. s. 1973 m. Takako, geb. Kojima, 5. Clemens - Gymn. Altona, Hamburg; Stud. Med. u. Psych. Univ. Hamburg u. Tübingen; Dipl.-Psych. 1952; Med. Staatsex. 1953; Promot. 1954, alles Hamburg; Habil. 1966 Heidelberg; Umhabil. 1968 München - Nervenfacharzt, Arzt an Kliniken in Hamburg, Zürich u. Heidelberg; 1966-85 Leit. d. Psychiatrischen Abt. Max-Planck-Inst. f. Psychiatrie München; 1973 apl. Prof. Univ. München - BV: Klinische Selbstbeurteilung-Skalen, 1976; D. Verlauf schizophrener Psychosen (m. H.-J. Möller), 1986 - Anna-Monika-Preis f. biol. Depressionsforsch. (m. M. Berger u. P. Doerr) - Liebh.: Photogr. - Spr.: Engl.

ZESCHICK, Johannes

Dr. phil., Abt Benediktinerabtei Braunau/Böhmen in Rohr (s. 1988) - 8428 Rohr i. NB - Geb. 10. März 1932 Weseritz/Böhmen, kath. - 1954/55 Stud. Königstein/Ts. u. 1956-60 München (Theol.), 1960/61 Wien u. 1961-66 Würzburg (Engl., Gesch.); Promot. 1969 - S. 1966 Höh. Schuldst.; 1974-88 Prior. S. 1989 Vors. Inst. f. Kirchengesch. v. Böhmen-Mähren-Schles. - BV: D. Augustinerchorherrenstift Rohr u. d. Reformen in bairischen Stiften v. 15. b. z. 17. Jh., 1969; Abt Wolfgang Selender v. Prossowitz OSB. E. Leben f. d. kath. Erneuerung in Bay. u. Böhmen, 1972; D. Benediktiner in Böhmen u. Mähren, 1982. Herausg.: Bayerns Assunta (1973); Heute aus d. Ursprung leben (1981);

Kloster in Rohr. Gesch. u. Gegenwart (1986) - S. 1970 o. Mitgl. Bay. Benediktinerakad.; s. 1974 korresp. Mitgl. d. Hist. Kommiss. d. Sudetenländer - Ehrenbürger Heimatkr. Plan-Weseritz u. Norcia/Ital. - Lit.: Egerländer Biogr. Lex., Bd. 2 (1987); Volksbote (25.03.1988).

ZETLER, Gerhard
Dr. med. (habil.), o. Prof. u. Direktor Pharmakolog. Inst. Med. Akad. Lübeck (s. 1964) - Im Brandenbaumer Feld 20, 2400 Lübeck (T. 60 16 75) - Geb. 17. Mai 1921 - 1954-64 Privatdoz. u. apl. Prof. (1959) Univ. Kiel (Pharmak.). Fachveröff. - 1962 Mitgl. New York Acad. of Sciences - Spr.: Engl. - Rotarier.

ZETTEL, Michael Horst
Dr. phil., Akad. Direktor, Lehrbeauftr. f. Übungen z. mittelalterl. Gesch. Univ. Erlangen-Nürnberg - Kochstr. 4, 8520 Erlangen.

ZETTEL, Waldemar
Dr.-Ing., Geophysiker - Schulstr. 27, 3032 Fallingbostel 2 - Geb. 25. Juli 1903 Hannover, verh. s. 1985 m. Anneliese, geb. Meinecke, - TH Hannover 1934-36 Seismos, dann Nachrichtenmittel-Versuchsanstalt d. Marine, 1939-68 Prakla (zul. Vors. d. Geschäftsführung); zul. AR-Mitgl. Prakla Seismos GmbH u. Seismos Geomechanik GmbH, beide Hannover - 1963 Ehrensenator TH Hannover, 1968 Ehrenmitgl. Dt. Geophys. Ges.

ZEUMER, Brigitta

Malerin, Autorin - Große Telegraphenstr. 14, 5000 Köln 1 (T. 0221 - 21 34 26) - Geb. 31. Mai 1939, 3 Söhne (Arwed, Armin, Achim) - Autodidaktin; Keine bes. Vorbilder; Stil: Konzentriert sich in ihren Arb. auf d. Darstellung v. Landschaftsaquarellen u. abstrakten Arb. auf Papier, d. in Technik, Ausdruck u. Farbgebung ganz eigenständig sind. Erste Einzelausst. 1971 in Köln; dan. üb. 200 Ausst. im In- u. Ausl. - Mehrere Bildbände; regelm. Veröff. v. Aquarell-Kunstkalendern (s. 1984); Gestaltung v. Künstlerteppichen - Ausz. im In- u. Ausl. - Liebh.: Alte Musik - Lit.: Zahlr. Kommentare u. Kritiken usw. in Büchern, Katalogen, Ztschr. u. Ztg. im In- u. Ausl.

ZEUNER, Albrecht
Dr. jur., o. Prof. f. Zivilprozeßrecht, Bürgerl. Recht u. Arbeitsrecht - Bernadottestr. 218a, 2000 Hamburg 52 (T. 880 12 86) - Geb. 3. Dez. 1924 Gera - Habil. 1957 Hamburg - S. 1958 Ord. Univ. Saarbrücken u. Hamburg (1961) - BV: D. objektiven Grenzen d. Rechtskraft im Rahmen rechtl. Sinnzusammenhänge, 1959; Rechtl. Gehör, materielles Recht u. Urteilswirkungen, 1974. Div. Einzelarb. - Rufe Univ. Göttingen (1961), Köln (1964), München (1968).

ZEUTZSCHEL, Günter
Journalist, Chefredakt. AGZ Presseagentur, Verleger Rheinverlag, Karlsruhe, Schriftst. - Zu erreichen üb. Rheinverlag, Hirschstr. 83, 7500 Karlsruhe 1 (T. 0721 - 81 34 79) - Geb. 8. März 1924 - Ing.-Stud. Berlin u. Karlsruhe. Kriegsteiln. u. Gefangensch. - Fr. Journ. Karlsruhe (einer d. ersten Fernsehkritiker); 1950-53 Redakt. u. Geschäftsf. AVA Allg. Verlagsagentur/IPA Intern. Presseagentur, Karlsruhe; 1954 Gründ. AGZ Presseagentur; 1970 Gründ. Rheinverlag Günter Zeutzchel; 1972-76 Pressechef Intertel Fernsehprod. München-Basel; s. 1976 PR-Chef Münchner Lach- u. Schießges. (Tourneen); s. 1980 Pressesprecher d. Schloß-Festsp. Ettlingen; s. 1981 auch d. Tiroler Volksschausp. Innsbruck; Theater- u. Pressemanager; s. 1986 Künstler. Leit. Burgspiele in Hall/Tirol. Programm- u. Fachberat. f. Film- u. FS-Prod. - Autor f. Rundf. u. FS; Verf. u. Herausg.: D. Fernsehspiel-Archiv, D. Hörspiel-Archiv, Biographien (insges. 30 Bde. d. dt. sprachigen Medien-Nachschlagewerkes); Lexikon d. Festsp.; Freilicht-Sommer-Theater (s. 1984); gf. Gesellsch. d. Schloß-Festsp. Ettlingen Tournee GmbH.

ZEVELS, Franz Josef
Dr. med., Arzt - Hauptstr. 69, 4060 Viersen/Rhld. - Langj. Oberbürgerm., gegenw. Ratsherr Viersen.

ZEYER, Werner
Saarl. Ministerpräsident (1979-85), MdL u. CDU-Landesvors., stv. Bundesratspräs. (1984) - Josef-Bruch-Str. 1, 6690 St. Wendel (T. 0681 - 59 47) - Geb. 25. Mai 1929 Oberthal (Vater: Josef Z.; Mutter: Anna, geb. Peifer), kath., verh. s. 1955 m. Edith, geb. Latz, 3 Kd. (Monika, Wolfgang, Christoph) - Stud. Rechtswiss. Gr. jurist. Staatsprüf. 1956 - Richter LG Saarbrücken; AG Neunkirchen u. Ottweiler; 1961-72 Landrat Kr. St. Wendel. CDU s. 1955 (1961ff. stv. Landesvors. Saar, 1978ff. Vors.), 1972-79 MdB (Wahlkr. 247/St. Wendel), 1976-78 MdEP - 1983 Gr. BVK - Liebh.: Bücher, Sport - Spr.: Franz.

ZICK, Rolf
Journalist, Vors. Pressekonfz. Nieders. (s. 1970) - Zu erreichen üb.: Nord-Report, Hohenzollernstr. 22, 3000 Hannover (T. 0511 - 34 25 55) - Geb. 16. April 1921 Hannover - Chefredakt.

ZICKENDRAHT, Werner
Dr. phil., Dipl.-Phys., Prof. f. Theoret. Kernphysik Univ. Marburg - Kellerwaldstr. 9, 3550 Marburg/L. - Geb. 10. Jan. 1931 Melsungen (Vater: August Z., Versicherungskfm.; Mutter: Else, geb. Grebenstein), ev., verh. s. 1959 m. Ruth, geb. Bollmus, 3 Kd. (Christoph, Beate, Mandira) - 1951-57 Univ. Marburg, 1958-61 Yale Univ. New Haven (USA), 1961-65 Univ. Karlsruhe, s. 1965 Univ. Marburg. Forsch.aufenthalte: 1968/69 Houston, Texas; 1978/79 Storrs, Connecticut; 1989 R.P.I., Troy, New York - Tätigk. Lehre u. Forsch. - Liebh.: Klass. Musik, Wandern - Spr.: Engl.

ZICKGRAF, Hermann
Dr. med., Prof., Chefarzt Innere Abt. Rotkreuz-Krankenhaus I, München (1963-82) - Merzstr. 8, 8000 München 80 (T. 98 12 05) - Geb. 3. Okt. 1914 München - S. 1951 (Habil.) Privatdoz. u. apl. Prof. (1957) Univ. München (u. a. Oberassist. II. Med. Klinik); 1985 Ltd. Arzt Paracelsus-Parkhospital München. Fachveröff.

ZIEBART, Erwin

Dr.-Ing., Honorarprof. TU München (s. 1964) - Walhallastr. 38 a, 8000 München 19 - Geb. 4. Juni 1921 Arcis/Rumän. (Vater: Alfred Z., Lehrer; Mutter: Pauline, geb. Schalo), protest., verh. s. 1947 m. Dr. med. Livia, geb. Unterseher, 2 Söhne (Wolfgang, Ulrich) - Gymn. Schaessburg/Siebenb.; 1946-50 TH Hannover (Allg. Maschinenbau; Dipl.-Ing. 1950; Promot. 1953) - 1950-53 TH Hannover (Assist. Lehrstuhl f. Maschinenelemente u. Hydraul. Strömungsmaschinen); 1953-66 Krauss-Maffei AG, München-Allach (1959 Prok., 1962 stv., 1964 o. Vorstandsmitgl.); 1967-84 Zahnradfabrik Friedrichshafen AG, Friedrichshafen - Rotarier.

ZIEBURA, Gilbert
Dr. phil., o. Prof. f. Wissenschaft v. d. Politik m. bes. Berücks. d. Außenpolitik - Steintorwall 12, 3300 Braunschweig - Geb. 18. März 1924 Hannover (Vater: Ludwig Z., Amtmann; Mutter: Margarete, geb. Herrmann), kath., verh. s. 1954 m. Eva, geb. Kegler, 5 Kd. (Katharina, Nicola, Hans-Joachim, Christoph, Gregor) - Oberrealsch. (Schadow). Humboldt- (1946-48) u. Freie Univ. Berlin (1948-1953), Sorbonne Paris (1950-52); Studienfächer: Gesch., Roman., Phil. Promot. (1953) u. Habil. (1962) Berlin - S. 1962 Privatdoz. u. Ord. (1964) FU Berlin, Ord. Univ. Konstanz (1974), Ord. TU Braunschweig (1978). 1964/65 Vors. Dt. Vereinig. f. Polit. Wiss. - BV: D. dt. Frage in d. öfftl. Meinung Frankreichs 1911-14, 1955; D. franz. Regierungssystem, 1957; D. V. Republik - Frankr.s neues Reg.ssystem, 1960; Léon Blum - Theorie u. Praxis e. sozialist. Politik 1872-1934, 1963 (franz. 1968); D. dt.-franz. Beziehungen s. 1945, 1971; Frankreich 1789-1870. Entsth. e. bürgerl. Gesellschaftsformation, 1979; Weltwirtsch. u. Weltpolitik 1922/24-31. Zw. Rekonstruktion u. Zusammenbruch, 1984 (jap., engl. 1989); Zw. Entspannung u. weltwirtschaftl. Rezession. D. intern. Bezieh. d. BRD 1862-1974/75, 1988. Herausg.: Nationale Souveränität oder übernat. Integration? (1966), Studienb. z. ausw. u. intern. Politik (Reihe, 1971ff.), Grundfragen d. dt. Außenpolitik s. 1871 (1975), Wirtsch. u. Ges. in Frankr. s. 1789 (1975); Mithrsg.: Faktoren der polit. Entscheidung - Festschr. f. Ernst Fraenkel (1963), Beitr. z. ausw. u. intern. Politik (Reihe, 1966ff.), Beitr. z. allg. Parteienlehre - Z. Theorie, Typologie u. Vergleich. polit. Parteien (1969) - 1965 Straßburg-Preis (f. d. Blum-Buch) - Spr.: Franz. - Lit.: H. Elsenhans et al. (Herausg.), Frankreich, Europa, Weltpolitik, Festschr. f. G. Z. z. 65. Geb. 1989.

ZIECHMANN, Jürgen
Dr. phil., Prof. f. Lernpsychologie u. Curriculumforsch. Univ. Bremen - Peter-Henlein-Str. 72, 2800 Bremen 3 - Geb. 13. Febr. 1941 Berlin - Promot. 1969 FU Berlin, Habil. 1973 Abt. Duisburg d. PH Ruhr - 1971-73 Priv.doz. PH Ruhr, Abt. Duisburg; 1973-75 Prof. f. Schulpäd. in Heidelberg, s. 1975 Prof. Univ. Bremen - BV: Erzieh. b. Leonard Nelson, 1970; Curriculumforsch. in d. BRD, 1975; Schülerorient. Sachunterr., 1979; Curriculum-Diskuss. u. Unterr.praxis, 1979; Erziehung z. Selbständigk. im Sachunterr. auf d. Primarstufe, 1988. Herausg.: Sachunterr. in d. Diskuss. (1980); Konkrete Didaktik d. Sachunterr. (1985); Friedrich d. Große: D. Palladion (1985); Panorama d. Fridericianischen Zeit (1985); Fridericianische Miniaturen 1 (1988). Zahlr. Beitr. in Fachztschr.

ZIECHMANN, Wolfgang
Diplom-Chemiker, Prof. Leit. Interfakulatives Lehrgebiet Chemie/Univ. Göttingen - Kieferweg Nr. 2, 3400 Göttingen-Geismar (T. 7 19 85) - Geb. 10. Juni 1923 Oppeln/OS. - S. 1959 Lehrtätigk. Göttingen - BV: Chemie f. Naturwiss.ler, Lehrb. 1971; Chemie, Fachb. 1971; Huminstoffe, Fachb. 1980. Zahlr. Fachaufs.

ZIECHNAUS, Hans
Dr., Vorstandsvorsitzer Schubert & Salzer Maschinenfabrik AG. (1981 ff.) - Friedrich-Ebert-Str. 84, 8070 Ingoldstadt/Donau - Geb. 1934 (?) - Zeitw. SEL u. ITT.

ZIEGELMAYER, Gerfried
Dr. med., Dr. rer. nat., Prof. Inst. f. Anthropologie u. Humangenetik Univ. München - Kuckucksweg Nr. 3, 8033 Krailling/Obb. (T. München 857 11 52) - Geb. 4. Juni 1925 Saarbrücken, kath., verh. m. Eva-Marie, geb. Saller, 5 Kd. (Sebastian, Dr. Sabine Klösser, Stephan, Christoph, Cordula) - Stud. Med. Anthropol., Humangen. Promot. (1949, med.; 1952, rer. nat.) u. Habil. (1957) München - S. 1957 Lehrtätigk. München (1963 apl. Prof.); 1983 Dir. Anthropol. Staatssammlung München - Beitr. in Lehr- u. Handb., zahlr. Veröff. in Fachzeitschr.

ZIEGENAUS, Anton
Dr. phil., Dr. theol., o. Prof. f. Dogmatik - Heidelberger Str. 18, 8903 Bobingen/Schw. - Geb. 15. März 1936 Schiltberg/Schw. (Vater: Johann Z., Müller; Mutter: Katharina, geb. Schweizer), kath. - Gymn. St. Ottilien; Univ. München. Promot. 1962 u. 71; Habil. 1974 - 1963-66 Seelsorger; 1968-75 Wiss. Assist. u. Privatdoz. (1974) Univ. München; s. 1975 Wiss. Rat u. Prof. u. Ord. (1977) Univ. Augsburg - BV: D. trinitar. Ausprägung d. göttl. Seinsfülle nach Marius Victorinus, 1972; Umkehr - Versöhnung - Friede, 1975. Üb. 50 Einzelarb. Mitherausg.: Theol. im Übergang; Forum Kath. Theologie - Spr.: Alt-, Neugriech., Lat., Engl., Franz., Ital., Span.

ZIEGENFUSS (ß), Hans
Hauptgeschäftsführer IHK Passau (s. 1964) -Nibelungenstr. 15, 8390 Passau 2 (T. 80 77) - Geb. 13. Dez. 1934 - Stud. Rechtswiss., Gr. jurist. Staatsprüf. - Spr.: Tschech., Engl. - Rotarier.

ZIEGENFUSS (ß), Wilhelm
Landwirt, MdL Nordrh.-Westf. (1966-70 u. 1972-75) - Haumannshof, 4232 Xanten II (T. 02804 - 3 53) - Geb. 24. März 1913 Castrop-Rauxel, verh., 4 Kd. - Selbst. Landw. Didersdorf/Lothr. u. Mörmter (1945 ff.). 1964 ff. Gemeindevertr. Wardt (Fraktionsvors.) u. MdK Moers. SPD - u. a. Mitgl. Bezirksaussch. Niederrhein).

ZIEGENHAIN, Horst
Dipl.-Kfm., Molkereibesitzer, Vors. Export-Union f. Milchprodukte u. Käseexport-Union, beide Bonn, u. a. - Münchener Str. 24, 8202 Bad Aibling/Obb. - Geb. 9. Juni 1929. 1980 Bayer. VO.

ZIEGENRÜCKER, Joachim
Pastor, Direktor Ev. Akademie Hamburg (1963-80) - Flemingstr. 11, 2000 Hamburg 60 (T. 040 - 48 63 17) - Geb. 27. Jan. 1912 Kiel (Vater: Dr. phil. Emil Z., Oberstudiendir.; Mutter: Helene, geb. Finnern), ev., verh. s. 1941 m. Dr. phil. Hildegard, geb. Gorgas, 4 Kd. (Eva-Maria, Ruth, Hans-Christoph, Wulf) - Luisen-Gymn. Berlin; Univ. Königsberg, Berlin, Erlangen (Rechtswiss., Gesch., Theol.). Beide theol. Prüf. Berlin (1939 u. 42) - 1940-45 Assist. Univ. Berlin (Theol. Sem.), 1941-44 Wiss. Hilfsarb. AA u. RSHA, 1945-51 Gemeindepastor Norderkirchspiel/F., 1951-63 Studentenpfarrer Univ. Kiel. Vorst. Ges. f. christl.-jüd. Zusammenarb. Hamburg. Vors. Zuflucht Hamburg, gemein. Bürgerhilfe, Bundesvors. ev.

Arbeitsgem. z. Betreuung d. Kriegsdienstverweigerer (EAK) - Liebh.: Musik, Theater, Malerei - Spr.: Engl. - Lit.: H. Albertz, J. Thomsen: Christen in d. Demokratie, 1978; W. Jochmann u. a. in: Orientierung (Ber. u. Analysen), 1. 1980.

ZIEGER, Gottfried
Dr. jur., Prof. f. Völker-, Staats- u. Europarecht, Recht d. Intern. Wirtschaft, Ostrecht - Leuschnerweg 10, 3400 Göttingen (T. 2 22 55) - Geb. 6. April 1924 Dresden (Vater: Dr. Walther Z., Senatspräs.; Mutter: Marka, geb. Ringel), ev., verh. s. 1952 m. Dr. Andrea, geb. Backhaus, 3 Söhne (Michael, Martin, Christoph) - Univ. Leipzig, Promot. 1949, Habil. 1968 - 1951 Ass., 1952 Kreisgerichtsdir., 1971 Prof. Göttingen (Dir. Inst. f. Völkerrecht) - BV: D. Atlantik-Charta, 1963; Alliierte Kriegskonferenzen 1941/43, 1964; D. Teheran-Konferenz 1943, 1967; D. Staatsbürgersch.ges. d. DDR, 1969; D. Grundrechtsprobl. in d. Europ. Gemeinsch., 1970; D. Warschauer Pakt, 1974; D. Vereinten Nationen, 1976; Fünf Jahre Grundvertragsurteil d. BVerfG., 1979; Finanzierungs- u. Währungsprobl. d. Ost-West-Wirtsch.verkehrs, 1979; Dt.rumän. Wirtsch.kooperation, 1980; Rechtl. u. wirtsch. Bez. zw. d. Integrationsräumen in West- u. Osteuropa, 1980; Dtschl. in d. Vereinten Nationen, 1981; Familienrecht in beiden dt. Staaten, 1983; Zehn Jahre Berlin-Abkommen 1971-81, 1983; Recht, Wirtschaft, Politik im geteilten Deutschl., 1983; Deutschl. als Ganzes. Rechtliche u. hist. Überlegungen, 1985; D. ersten hundert J. Völkerrecht an d. Georg-August-Univ. Göttingen - V. Ius naturae et gentium z. positiven Völkerrecht, in: Rechtswiss. in Göttingen, Göttinger Juristen aus 250 J., 1987 - Spr.: Engl.

ZIEGLER, Adolf-Wilhelm

Dr. theol., o. Prof. f. Kirchengeschichte d. Altertums u. Patrologie (emerit.) - Oettingenstr. 16, 8000 München 22 - Geb. 9. März 1903 München (Vater: Adolf Z., Reichsbahninsp.; Mutter: Theresia, geb. Kraus), kath. - Stud. Univ. München. Priesterweihe 1927 Freising - Seelsorgetätigk., 1938-45 Doz. Priesterseminar Freising u. Univ. Würzburg (1940), 1945-48 ao. Prof. Phil.-Theol. Hochsch. Dillingen, 1948-68 o. Prof. u. Sem.vorst. Univ. München - BV: D. Nominat- u. Präsentationsrechte d. Univ. München; D. russ. Gottlosenbeweg. (auch fläm.); D. Union d. Konzils v. Florenz in d. russ. Kirche; Gemeinschaft d. Brotbrechens (auch engl. u. franz.); Stimmen aus d. Völkerwanderung; Monachium - Beitr. z. Kirchen- u. Kulturgesch. Münchens u. Südbayerns; Neue Studien z. ersten Klemensbrief; Religion, Kirche u. Staat (3 Bde.) - Herausg.: Deutingerische Beitr. z. altbayer. Kirchengesch. (1954-66) - Ehrenprälat; 1973 Bayer. VO. - Lit.: Bavaria Christiana - Festschr. z. 70. Geburtstag 1973.

ZIEGLER, Bernhard
Dr. rer. nat., Prof., Direktor Staatl.

Museum f. Naturkunde, Stuttgart/Schloß Rosenstein - Wolzogenstr. 4, 7000 Stuttgart 31 (T. 83 13 57) - Geb. 4. Sept. 1929 Stuttgart - Stud. Geologie (Dipl.-Geol.) - S. 1962 (Habil.) Lehrtätigk. Univ. Zürich TU Berlin (1966 apl. Prof.); Wiss. Rat Lehrstuhl f. Geologie u. Paläontologie), Univ. Stuttgart (gegenw. o. Prof. f. Geol. u. Paläontol.). Fachaufs.

ZIEGLER, Bernhard
Dr. rer. nat., Prof., Physiker - Südring 130, 6500 Mainz-Bretzenheim - Geb. 20. Mai 1926 - S. Habil. Lehrtätigk. Univ. Mainz (gegenw. apl. Prof. f. Kernphysik); Örtl. Leit. d. Kernphysikal. Abt. Max-Planck-Inst. f. Chemie, Mainz - 1976 Röntgenpreis d. Justus-Liebig-Univ. Gießen.

ZIEGLER, Bernhard

Graphiker u. Kunstmaler - Schlüterstr. 64, 2000 Hamburg 13 (T. 040 - 44 89 79) - Verh. - 1947-49 Stud. Hochsch. f. angew. Kunst Berlin - S. 1949 fr. Maler u. Graphiker - Graph. Gestaltung: Unser blauer Planet, 1965; D. Mond, 1969; D. Rußlandkrieg - fotogr. v. Soldaten, 1968. Fernsehsend. m. Prof. Dr. Heinz Haber im ZDF - Liebh.: Gesch., Reisen.

ZIEGLER, Dieter
Winzermeister, Staatsminister im Min. f. Landwirtschaft, Weinbau u. Forsten (s. 1985), MdL Rhld.-Pfalz (s. 1967, CDU), Vizepräs. Weinbauverb. Pfalz (s. 1973), Minister f. Landwirtschaft u. Forsten v. Rheinland-Pfalz (1985ff.) - Weinstr. 41, 6735 Maikammer/Pf. (T. 06321 - 50 01) - Geb. 2. Mai 1937 Maikammer, kath., verh., 2 Söhne - Realgymn.; Handelssch.; Weinbausch. Winzergehilfen- 1956, -meisterprüf. 1960 (Note: Sehr gut) - S. 1964 Mitgl. Gemeinderat Maikammer. 1962-65 Vors. Pfälz. Landjugend; 1965-69 Mitgl. Bezirksvorst. Jg. Union Pfalz - 1959 Bundessieger Berufswettkampf Weinbau.

ZIEGLER, Heide
Dr. phil. habil., Prof., Hochschullehrer - Relenbergstr. 57, 7000 Stuttgart 1 (T. 0711 - 29 20 34) - Geb. 5. April 1943 Sagan/Schles., ledig - Stud. Angl. u. Altphilol.; Wiss. Prüf. f. Lehramt an Gymnasien 1969; Promot. 1976 Würzburg; Habil. 1982 ebd. - 1973-76 wiss. Assist. Univ. Würzburg; 1982-84 Visiting Prof. Univ. of Texas at Austin/USA; s. 1984 Prof. f. Amerikan. u. Neuere Engl. Lit. Univ. Stuttgart - BV: Existentielles Erleben u. kurzes Erzählen: Faulkners Short Stories, 1977; The Radical Imagination and the Liberal Tradition: Interviews with English and American Novelists, 1980; John Barth, 1987; Facing Texts, 1988 - Spr.: Engl., Latein, Griech.

ZIEGLER, Hubert
Dr. rer. nat., Prof. f. Botanik - Richildenstr. 74, 8000 München 19 (T. 21 05 26 30) - Geb. 28. Sept. 1924 Regensburg (Vater: Dr.-Ing. Max Z., Oberbaurat a. D.; Mutter: Laura, geb. Sohler), verh. s. 1955 m. Dr. Irmgard, geb. Günder, Sohn Dr. med. Lothar - Univ. München (Promot. 1950). Habil.

1956 - S. 1956 Lehrtätigk. Univ. München, TH Darmstadt (1959 ao., 1962 o. Prof.) u. München (o. Prof.). 1968ff. Präs. Dt. Botan. Ges; Präs. Intern. Assoc. Plant Physiol.; Senator Dt. Forschungsgem. 280 Fachveröff. - Herausg.: Czihak, Langer, Ziegler: Biologie (3. A. 1981); Hoppe, Lohmann, Markl, Ziegler: Biophysik (2. A. 1982); v. Denffer, Ehrendorfer, Mägdefrau, Ziegler: Lehrbuch d. Botanik (Strasburger), 32. A. 1983 (engl., ital., poln., span., serbokroat); Planta, Fortschritte d. Botanik, Oecologia, Biochemie u. Physiologie d. Pflanzen, Naturwiss., Trees - 1972 Mitgl. Dt. Akad. d. Naturforscher (Leopoldina), Halle/S.; 1973 o. Mitgl. Bayer. Akad. d. Wiss.

ZIEGLER, Josef-Georg
Dr. theol., Dr. h. c., Prof. f. Moraltheologie - Waldthausenstr. 52A, 6500 Mainz-Finthen (T. 4 06 03) - Geb. 24. April 1918 Ammerthal/Opf. (Vater: Josef Z., Oberlehrer; Mutter: Anna, geb. Gradl), kath. - Gymn.; Theol.-Phil. Hochsch. Bamberg (1938-39) u. Regensburg (1945-49), Univ. Würzburg (1952-55) . Promot. (1955) u. Habil. (1959) Würzburg - 1949-52 Seelsorger; 1956-61 Assist. u. Doz. Univ. Würzburg; s. 1961 o. Prof. Univ. Mainz - BV: D. Ehelehre d. Poenitentialsummen v. 1200-1350 - E. Unters. z. Gesch. d. Moral- u. Pastoraltheol., 1956 (Diss.); V. Gesetz z. Gewissen - D. Verhältnis v. Gewissen u. Gesetz u. d. Erneuerung d. Kirche, 1968. Herausg.: Organverpflanzung (1977); In Christus. Beitr. z. ökumenischen Gespräch (1987) - 1979 Päpstl. Ehrenprälat - Lit.: J. Piegsa/H. Zeimentz (Hrsg.), Person im Kontext d. Sittl., Beiträge z. Moraltheol., Festschr. z. 60. Geb. (1979); K. H. Kleber/J. Piegsa (Hrsg.), Sein u. Handeln in Christus, Perspektiven e. Gnadenmoral, Festschr. z. 70. Geb. (1988).

ZIEGLER, Klaus
Industriekaufm., Generalbevollm. Direktor Siemens AG - Balanstr. 73, 8000 München 80 - Geb. 31. Dez. 1934 Köln-Lindenthal (Vater: Wilhelm Z., Kaufm.; Mutter: Julie, geb. Blasberg), ev., verh. s. 1957 m. Emmi, geb. Müller, 4 Kd. (Helga, Hans-Peter, Isabel, Daniela) - Oberschule f. Jungen; kfm. Lehre b. Siemens - S. 1951 Siemens AG (b. 1958 Zweigniederl. Nürnberg, b. 1967 Vertriebsleit. Spanien, b. 1973 gf. Dir. Siemens India, b. 1978 gf. Dir. Siemens Madrid, s. 1978 Vertriebsleit. Unternehmensber. Bauelemente München, 1988 Vors. d. Geschäftsfg. Bereich Passive Bauelemente u. Röhren, München) - Spr.: Engl., Span.

ZIEGLER, Max

Dr. rer. nat., Prof. f. Analyt. u. Anorgan. Chemie - Hohe Linde 10, 3400 Göttingen (T. 2 44 27) - Geb. 30. Juni 1913 Freystadt/Schles., verh. m. Irmgard, geb. Schulz, T. Heidrun-Freia - S. Habil. Lehrtätigk. Univ. Göttingen (1968 apl. Prof.) Fachveröff. Analyt. u. techn. Trennungen f. Gold, Indium, Kobalt, Kupfer, Molybdän, Niob, Palladium, Quecksilber, Rhenium, Rhodium, Ruthenium, Tellur, Titan, Uran, Vanadium, Wolfram. Meth. d. Flüssig-flüssig Extraktion, Ionenaustauschprozesse, Fällungen m. sehr schwerlösl. Festkörpern. Koordinativ-Sorptionen m. Polymeren.

ZIEGLER, Reinhard

Dr. med., o. Prof. f. Innere Medizin (Endokrinologie, Calciumstoffwechsel) Abt. Innere Medizin I Med. Klinik Univ. Heidelberg - Bergheimer Str. 58, 6900 Heidelberg (T. 06221 - 56 47 91) - Geb. 8. Dez. 1935 Leipzig (Vater: F. Karl Z. selbst. Kaufm.; Mutter: Irene, geb. Heynig), ev., verh. s. 1959 m. Uta, geb. Volckamer v. Kirchensittenbach, 3 Kd. (Richard, Julia, Isabella) - Human. Gymn., Med. Stud. Frankfurt, München, Düsseldorf, Wien, Habil. 1972 Univ. Ulm, Facharzt f. inn. Med. 1972, Teilg. Endokrinol. 1977 - 1974-79 Oberarzt Ulm, s. 1979 ärztl. Dir. Abt. Inn. Med. VI-Endokrinol.; 1986 ärztl. Dir. Abt. Inn. Med. I Endokrinol. u. Stoffw. - BV: Calcitonin, Monogr. 1974; Endokrinol., Monogr. 1976; EHDP, Monogr. 1982; Hormon- u. stoffwechselbed. Erkrankungen in d. Praxis, 1987. 200 Publ. in wiss. Ztschr., Kongreßber., Sammelw. - 1977 Wissenschaftspreis Stadt Ulm; 1988 Ehrenprof. d. Tongji Med. Univ. Wuhan/VR China - Liebh.: Musik, Uhren - Spr.: Engl., Franz.

ZIEGLER, Rolf

Dr. rer. nat., Prof. f. Zoologie FU Berlin - Berliner Str. 23, 1000 Berlin 37 - Geb. 11. Dez. 1940 Göppingen (Vater: Friedrich Z., Schreiner; Mutter: Klara Maria, geb. Lang - Univ. Tübingen, Hamburg u. Köln (Promot. 1971) - Zahlr. Fachveröff.

ZIEGLER, Walter

Dr., Prof. f. Geschichte Univ. Würzburg - Dechbettenerstr. 17 a, 8400 Regensburg - Geb. 16. Juli 1937 Reichenberg (Vater: Raymund Z., kaufm. Angest.; Mutter: Maria, geb. Roscher), kath., verh. s. 1970 m. Sieglinde, geb. Schmidt - Stud. Gesch., Latein u. kath. Theol. (Staatsex. 1964, Promot. 1969, Habil. 1976) - 1966 Stud.rat; 1967 wiss. Assist.; 1977 Priv.doz.; 1980 Prof. Univ. Würzburg - BV: D. Bursfelder Kongregation in d. Reformationszeit, 1968; D. kirchl. Lage in Bayern 1933/45, 1973; D. Staatshaush. Niederbayerns in d. zweiten Hälfte d. 15. Jh., 1981.

ZIEGLER, Willi

Dr. phil. (habil.), Dipl.-Geol., Prof. f. Geologie u. Paläontol. Univ. Marburg (s. 1968), Dir. Forsch.inst. u. Naturmuseum Senckenberg, Frankfurt/M. (s. 1980) - Palisadenweg 6, 6303 Hungen (T. 06402 - 14 21) - Geb. 13. März 1929 Villingen/Hessen - 1958-68 Geologe Geol. Landesamt Nordrh.-Westf., Krefeld; 1962-68 Privatdoz. u. apl. Prof. Univ. Bonn. 1978-85 Vors. Senatskomm. DFG f. Geowiss. Gemeinschaftsforsch.; Chairman IGCP Nat. Comm. Ca. 200 Fachveröff. Herausg.: Catalogue of Conodonts, Natur u. Museum, Courier u. Abh. Forsch. Inst. Senckenberg, Gürich's Leitfossilien - 1974 Alexandre-H.-Dumont-Med. d. belg. geolog. Ges.; 1985 Coke-Med. d. geol. Soc. London; 1988 Med. d. int. Pander-Soc.

ZIEGLER-STEGE, Erika

Schriftstellerin, Tierbuch- u. Jugendbuchautorin - Wohnh. in Bonn u. im Kr. Koblenz - Üb. 60 Bücher (Romane, Erz., Nov., zahlr. Tiergesch., u.a. D. fremde Reiter; Ich wär so gern; In Freundschaft Deine; Jenny, Uwe; Komm mit zu d. Pferden; Lieb bist du; Maja auf d. Reiterhof; Mein Traum Vip; Nora; Wind um Minkas Ohren; Ich kenn d. Welt v. ihrer schönen Seite; Geliebte, gehaßte Pferde; Auch zahme Tiere haben Zähne; Pferde sind doch sooo verschwiegen; Fünf langhaarige Großhunderassen, Fachb.), auch Übers. in a. Spr. - 1985 Ehrenurkunde u. Nadel Dt. Tierschutzbund,

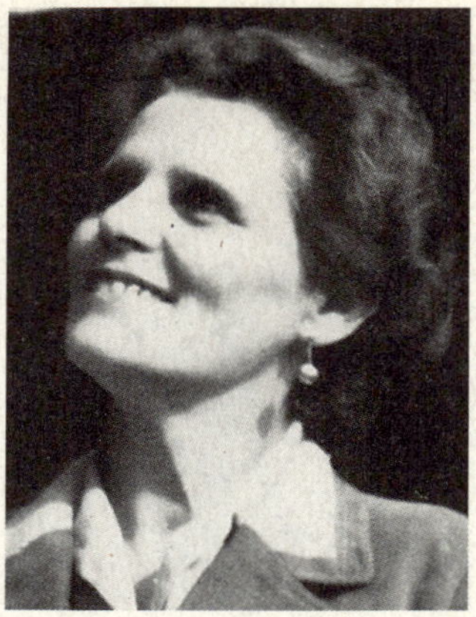

Bonn - Liebh./Interessen: Pferde u. Hunde, gute Lit.

ZIEHL, Heinz

Fabrikant, gf. Gesellsch. Ziehl-Abegg GmbH & Co. KG (Elektromotoren), Geschäftsf. Fa. ebm Elektrobau Mulfingen GmbH & Co., Mulfingen - Zeppelinstr. 28, 7118 Künzelsau/Württ. - 1981ff. Präs. IHK Heilbronn - Ehrensenator FH Heilbronn.

ZIEHR, Wilhelm

Dr. phil., Kulturhistoriker, Schriftsteller - Haus Sonnmatt, CH-6044 Udligenswil (T. 0041-41-81 38 38) - Geb. 21. Nov. 1938 Berlin (Vater: Hermann Z., Theol.; Mutter: Else, geb. Baum), ev., verh. s. 1967 m. Dr. Antje Heißmeyer, T. Karoline - 1958-61 Stud. Univ. Tübingen, 1962/63 Sorbonne, Paris, 1963-66 wieder Tübingen; Promot. 1969 - 1968/69 Redakt. F. A. Brockhaus; 1970-75 Chefredakt. Enzyklopädie Weltreise Luzern; s. 1987 Chefredakt. Schweizer Lexikon 91 - BV: Weltreise Enzykl., 15 Bde. 1970-75; Zauber vergangener Reiche, 1975 (span. 1977); Wortwechsel, Lyrik 1973; Reise in d. Alte Welt, 1977 (span. 1978, engl. 1982); Schwarze Königreiche (m. E. Beuchelt) 1979; Hölle im Paradies, 1980 (slowak. 1984); Morgenröte d. Abendlandes, 1981; Euro Guide, 1981ff.; D. Brot, 1984 (gleichz. franz. u. niederl.); Maria Muttergottes, (m. L. Cunningham) 1984; Frankreich, 1984; Sizilien., 1987 - Liebh.: Antiquitäten - Spr.: Franz., Span., Ital., Engl., Russ. - Bek. Vorf.: Walter Ziehr, Konsul, Ehrensenator Univ. Stuttgart (Onkel).

ZIELASKO, Werner

Kaufmann, Präs. Bundesverb. d. Dt. Bier- u. Getränkefachgroßhandels, C.E.G.R.O.B.B., Zusammenschl. d. besteh. Getränkefachgroßhandelsverb. in d. EG; Vors. Fachverb. d. Bier- u. Getränkegroßh. NRW, Verein z. Bekämpf. u. Vermind. v. Einwegverpack., alle Düsseldorf; Geschäftsf. Getränkefachgroßhandl. Werner Zielasko GmbH, Duisburg - Humboldtstr. 7, 4000 Düsseldorf 1 (T. 0211 - 67 87 40) - Geb. 10. Juli 1920.

ZIELINSKI, Diethart

Dr. jur., Hochschullehrer, Prof. f. Strafrecht Univ. Hannover (s. 1976) - Oskar-Winter-Str. 8, 3000 Hannnover 1 (T. 0511 - 62 27 41) - Geb. 30. Aug. 1941 - Stud. Univ. Erlangen, Bonn (Rechtswiss.); 1. u. 2. Staatsex. 1964 u. 1969; Promot. 1972 Bonn - Wiss. Assist. Bonn, Kiel, Bielefeld; s. 1979 Vorst. Ges. f. Rechts- u. Verwaltungsinformatik - BV: Handlungs- u. Erfolgsunwert im strafrechtl. Unrechtsbegriff, 1973 - Liebh.: EDV u. Recht, insbes. Computer-Kriminalität.

ZIELINSKI, Johannes

Dr. phil., em. Prof. f. Pädagogik - Merianstr. 8a, 8900 Augsburg (T. 0821 - 8 53 93) - Geb. 22. Juni 1914 Hohensalza/Posen (Vater: Michael Z., Pastor; Mutter: Johanna, geb. Schepat), ev., verh. 1948 m. Dr. med. Gerharda, geb. Klose (gesch.), 2 Kd. (Gerda, Johannes) - Reform-Realgymn. Elbing u. Tilsit; Univ. Königsberg (1932-34) u. München (1946-50; Päd., Psych., Soziol., Psychiatrie); Berufspäd. Inst. München (1950-52) - 1948-51 Dir. Schwererziehbarenheim; 1951-56 Berufsschullehrer; 1956-61 wiss. Assist.; 1961-79 Ord. u. Dir. Inst. f. Erziehungswiss. TH Aachen. Erf.: Probiton, e. apparative Lernhilfe (m. Mitarb.) - BV: Freizeit u. Erziehung, 1954; Mensch u. Welt im Zeitalter d. Automation, 1958 (brosch.); D. Spielfilm im Schulunterricht, 1959; D. Handbücherei d. Berufsschullehrers, 1960; Pater Familias, 1961; Humanisierung d. Berufssch., 1963; Üb. d. rechten Gebrauch d. Macht, 1963; Prakt. Berufsausbild., 4. A. 1976; Päd. Grundl. d. Programmierten Unterweis. unt. empir. Aspekt, 1964 (m. Walter Schöler); Methodik d. Programmierten Unterrichts - Z. Problem d. Mikrostrukturen v. Lehren u. Lernen, 1965 (m. dems.); D. Gewerbelehrer - Bild u. Wirklichk. e. Erzieherberufes, 1965; Lehren u. Lernen in d. Industriekultur, 1968; Aspekte d. programm. Unterr., 1970; Ausbildung d. Ausbildenden - Päd. Grundl. d. Erwachsenenbild., 1972ff. (5 Bde., 3 Anhangbde.); Wissenschaftl. Arbeiten - Theoret. Grundl. u. prakt. Einüb., 1973 (m. W. Böttcher); Diskussionstechnik, 1974 (m. W. Böttcher); Gedanken üb. Ethik d. Werb., 1976; Kl. Anleit. z. Erstell. v. Programmsequenzen f. d. eig. Unterr., 1978; Allg. Grundlagen d. Textverarbeitung, 1982 (m. J. Zielinski jr.); Textverarbeitung m. Wordstar/Mailmerge, 1986. Herausg.: Lernen nach Programmen, Probition-Unterrichtsprogramme (beide m. Schöler), Mod. Berufserzieh. (m. Friede u. Rurik) - 1963 Ehrenbürger Boys Town Nebraska (USA); 1965 Ehrenmitgl. Intern. Advisory Board Brooks Foundation, Communications and Cultural Center, Santa Barbara; ausw. Mitgl. National Assoc. of Educational Broadcasters, Dt. Ges. f. Erzieh.wiss. u. Intern. Vereinig. f. erzieh.wiss. Forsch.; 1976 Dr.-Kurt-Neven-DuMont-Med.; 1979 Ausz. Pro Infante DKSB; 1979 Ehrenz. DRK; 1979 Ehrenplak. Handwerkskammer Aachen; Gr. BVK; 1980 Ehrenplak. f. kulturelle Verdienste Provinz Asti (Ital.) - Spr.: Engl., Franz. - Lit.: R. Ommerborn, 18. J. erzieh.wiss. Arbeit am Lehrstuhl Päd. I, Dir. Prof.Dr. J. Z.; H. Levenig u. W. Schöler (Hrsg.): Kommunikation u. Begegnung. Festschr. z. 75. Geb. v. J. Z. (1989).

ZIELKE, Günter

Verwaltungsangestellter, Mitgl. Hbg. Bürgerschaft (s. 1978) - Strucksberg 43, 2100 Hamburg 90 - Geb. 3. Juni 1931 Danzig, verh., 2 Söhne - Obersch. (n. Flucht 1945 Volksschulabschl. Timmendorfer Strand); Rundfunkmechanikerlehre; Umschul. z. Maurer; Seefahrtsch. (Seefunkpat. II. Kl.) - Maurer, 3 J. Soldat Bundeswehr, Funkoffz. Reederei, 1963-72 Ausbildungsberat. Handelskammer, seither Angest. Behörde f. Schule, Jugend u. Berufsbild. (Ref. f. betriebl. u. überbetriebl. Ausbild.), alles Hamburg. 1970-78 Mitgl. Bezirksvers. Harburg. CDU s. 1968 (Ortsvors. Heimfeld, stv. Kreisvors. Hamburg, Mitgl. Landesaussch. Hamburg).

ZIELKE, Roland

Dr. med., Dr. rer. nat., Prof. f. Mathematik Univ. Osnabrück - Augustenburger Str. 102, 4500 Osnabrück - Geb. 30. Juli 1946 Opladen (Vater: Dr. Edmund Z., Richter; Mutter: Lieselotte, geb. Wittke) - 1964-71 Stud. Univ. Köln, Columbus u. Konstanz; Master of Science 1969, Promot. 1971; 1977-83 Stud. Med. Univ. Münster, Approbation 1983, Promot. 1988 (Dr. med.) - 1971-75 wiss. Assist. Univ. Tübingen; s. 1975 Prof. Univ. Osnabrück - BV: Discontinuous Čebyšev Systems, 1979 - Spr.: Engl., Span.

ZIELONKA, Michael

Magister theol., Pfarrer Kath. Militärseelsorge d. Dt. Bundeswehr, Schriftsteller - Tenholter Str. 22, 5140 Erkelenz (T. 02431 - 58 55) - Geb. 9. März 1942 Nordhausen/Harz (Vater: Richard Z., Kaufm.; Mutter: Elisabeth, geb. Klose), kath. - Ab 1960 DB-Beamtenanwärter Duisburg; Abit. 1964 Neuss; Magister theol. 1971 Innsbruck, Dipl. Ital. Sprache 1972 Urbino - 1973-76 Kaplan Viersen; 1976-79 Gymnasiallehrer Krefeld; 1979-81 Dt. Schule Rom; 1981-87 Hochschulpfarrer Paris. S. 1969 7 Buchveröff. (Belletristik); Übers. aus d. Friaulischen (m. G. Faggin); div. Essays - 1971 Ritter v. Juste; 1981 Förd.preis Oberschles. Kulturpreis - Liebh.: Blumen- u. Kräutergarten, Heraldik, Klass. Musik - Spr.: Ital., Franz., Friaulisch - Lit.: Bruno Stephan Scherer, Christl. Lit. (1970); Inge Meidinger-Geise, Perspektiven dt. Dicht. (1971/72); Wilhelm Bortenschlager, Dt. Lit.gesch. (1978).

ZIELSKE, Harald

Dr. phil., Prof. f. Theaterwiss. FU Berlin - Angerburger Allee 47, 1000 Berlin 19 (T. 030 - 304 23 81) - Geb. 3. April 1936 Leipzig, ev. - 1956-65 Stud. Univ. Göttingen, Köln u. Berlin; Promot. 1965 - 1971 Prof. FU Berlin; 1982-88 Präs. Soc. Intern. Bibliothèques/Musées des Arts du Spectacle (SIBMAS) - BV: Dt. Theaterbauten b. z. 2. Weltkrieg, 1971 - Spr.: Engl., Franz., Ital.

ZIEM, Helmut

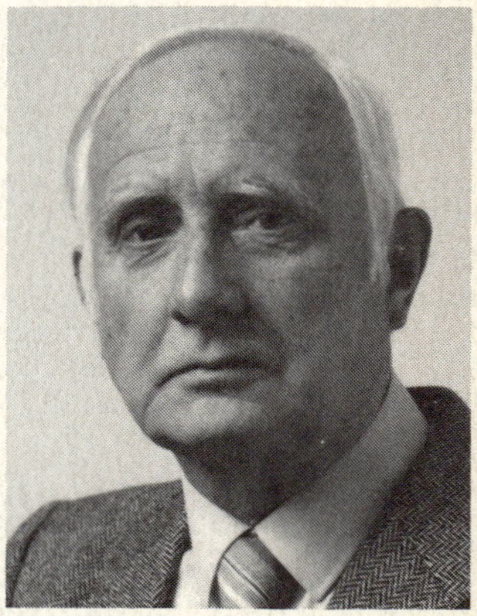

Senatsrat a. D. - Nassauische Str. 60, 1000 Berlin 31 (T. 87 49 11) - Geb. 24. Okt. 1914 Magdeburg, ev., verh. s. 1944 m. Margarete, geb. Affeldt, 2 Kd. (Peter, Dörte) - Univ. Rostock, München, Würzburg, Berlin (Rechts- u. Staatswiss.). Gr. jurist. Staatsprüf. - 1964-76 Leit. Abt. Sozialversich. u. Kriegsopferversorg. Senator f. Arbeit u. Soziale Angelegenheiten bzw. Arbeit, Gesundheit u. Soziales v. Berlin - BV: D. Beschädigte u. Körperbehinderte im Daseinskampf einst u. jetzt, 1956.

ZIEM, Joachim

s. Ziem, Jochen

ZIEM, Jochen

Schriftsteller - Am Volkspark 39, 1000 Berlin 31 (T. 853 18 28) - Geb. 5. April 1932 Magdeburg - BV: Zahltage, Erz. 1968; D. Klassefrau, Erz. 1974; D. Junge, Erz. 1980; Boris, Kreuzberg, 12 J., R. 1988. Bühnenw.: D. Einladung (Sch.; UA. 1967 Berlin); Nachrichten aus d. Provinz (Sch.; UA. 1967 Berlin); D. Versöhnung (Sch.; UA. 1971 Nürnberg); Fernsehsp.: D. Rückkehr (WDR 1969), Unternehmer (WDR 1971), Federlesen (ZDF 1973), Männergeschichten - Frauengeschichten (WDR 1976), Linda (ZDF 1980), D. Klassefrau (ZDF 1982), Was soll bloß aus dir werden? (ZDF 1984), Reise n. Deutschland (ZDF 1987), Prinz (ZDF 1987, gem. m. Sven Severin); Man kann nicht alles haben (nach Erich Loest Zwiebelmuster; ZDF 1989). Div. Hörsp. - G. Hauptmann-Förderpreis; Th. Dehler-Pr.; Olevano-Stip. d. Akad. d. Künste, Berlin; Stip. d. Senators f. Kult. Angelegenh., Berlin; 1988 Stipendium d. Stiftg. Preußische Seehandlung, Berlin.

ZIEMANN, Sonja
Schauspielerin - St. Moritz (Schweiz) - Geb. 8. Febr. 1926 Eichwalde b. Berlin (Vater: Otto Z.; Mutter: Alice, geb. Hoffmann), ev., verh. in 2. Ehe (1961) m. Marek Hlasko, Schriftst. (†1969), S. Pierre aus 1. E. (†1970) - Tanzausbild. Tatjana Gsovsky - Bühne: u. a. Eliza Doolittle (My Fair Lady, München), Baby Doe (Aufstieg u. Fall d. Horace A. W. Tabor, Zürich), Maggie (N. d. Sündenfall, Zürich), Gräfin Coefeld (Cean, Berlin). Üb. 50 Filme, dar. Schwarzwaldmädel, D. lust. Weiber f. Windsor, D. Frauen d. Herrn S., D. Privatsekretärin, Am Brunnen vor d. Tore, D. Zarewitsch, Ich war e. häßl. Mädchen, Mädchen o. Grenzen, D. Bad auf d. Tenne, Opernball, Ärger m. d. Liebe, Frühling in Berlin, D. 8. Wochentag, Abschied v. d. Wolken, The secret Ways, A Matter of Who, D. Tod fährt mit, Axel Munthe - D. Arzt v. San Michele, Frühstück m. d. Tod. Fernsehen: Fröhl. Weihnachten (1970), D. Messer (1971) - 1984 Bundesfilmpreis/Filmband in Gold - Liebh.: Antiquitäten.

ZIENER, Georg, O. M. I.
Dr. theol., Dr. in re bibl., o. Prof. f. Neutestamentl. Exegese Phil.-Theol. Hochschule Fulda - Klosterstr. 5, 6418 Hünfeld (T. 06652 - 20 25) - Geb. 25. Dez. 1917 Ober-Abtsteinach/Bergstr. - S. 1955 Ord. Wiss. Veröff.

ZIENER, Gerhard
Dr. oec., Dipl.-Kaufm., Aufsichtsratsvorsitzender Röhm GmbH, Chem. Fabrik, Darmstadt - Zu erreichen üb.: Röhm GmbH, Kirschenallee, 6100 Darmstadt - Geb. 5. Mai 1929 Nürnberg.

ZIERENBERG, Dirk
Schirmfabrikant (Müller KG./Gartenschirme, Solingen), Vors. Verb. d. Dt. Schirmind., Mönchengladbach - Felderstr. 67, 5650 Solingen 1 - Geb. 15. Jan. 1934.

ZIEREP, Jürgen

Dr.-Ing., Dr.-Ing. e.h. TU Wien, o. Prof. f. Strömungslehre - Straße d. Roten Kreuzes 90, 7500 Karlsruhe 41 (T. 47 22 17) - Geb. 21. Jan. 1929 Berlin (Vater: Ludwig Z., Studienrat; Mutter: Elisabeth, geb. Wolff), verh. 1954 m. Elisabeth, geb. Koschmieder, 3 Kd. (Dorothea, Christoph, Martin) - 1947-51 TU Berlin. Promot. (1951) u. Habil. (1956) Berlin - S. 1956 Lehrtätigk. TU Berlin, TH Aachen (1957) u. TU bzw. Univ. Karlsruhe (1961 ao., 1963 o. Prof.) - BV: Vorles. üb. theoret. Gasdynamik, 1963; Theorie d. schallnahen u. d. Hyperschallströmungen, 1966; Similarity Laws and Modelling, 1971; Ähnlichkeitsgesetze u. Modellregeln in Strömungslehre, 2. A. 1982; Theoret. Gasdynamik, 2 Bde, 3. A. 1976; Strömungen m. Energiezufuhr, 1975; Grundzüge d. Strömungslehre, 3. A. 1987; Würdigung in: Recent Developments in Theoretical and Experimental Fluid Mechanics, 1979; Strömungsmech. u. Strömungsmasch., 1989. 124 Einzelarb. Mithrsg.: Acta Mechanica (1965ff.) -
1983-86 Präs. d. Ges. f. Angew. Math. u. Mechanik; Ehrenmitgl. jugosl. Ges. f. Mechanik; Hon.-Prof. BUAA (Beijing Univ. Aeronautics and Astronautics - Spr.: Engl. - Rotarier.

ZIERER, Benno
Leiter d. Städt. Fuhrparks, MdB (Wahlkr. 219/Regensburg) - 8407 Obertraubling - Geb. 24. März 1934 - CSU (1970-82 Mitgl. Bezirkstag Oberpf., s. 1972 Mitgl. Kreistag, s. 1981 stv. Bez.-Vors. CSU-Oberpfalz). S. 1985 Mitgl. Parlament. Vers. d. Europarates u. d. WEU.

ZIERER, Dietmar
Rechtsanwalt, MdL Bayern (s. 1978), stv. Landrat (Landkreis Schwandorf) - Parkstr. 2, 8412 Burglengenfeld/Opf. - Geb. 22. Mai 1943 Burglengenfeld (Vater: Johann Z.; Mutter: Betty, geb. Baumann), verh. m. Doris, geb. Meyer, 2 Kd. - Gymn. Neumarkt/Opf. (Abit.); 2 J. Bundeswehrdst. (Oberstltn. d. R.); Univ. München u. Regensburg (Rechtswiss.); Hochsch. f. Verwaltungswiss. Speyer. Beide jurist. Staatsex. - S. 1975 Anwaltspraxis Burglengenfeld. Mitgl. Stadtrat Burglengenfeld; MdK Schwandorf (stv. Fraktionsvors.). SPD (Vors. Unterbez. Schwandorf-Cham u. stv. Vors. d. Bezirks Niederbay./Oberpfalz). Vorst.-Mitgl. SPD-Landtagsfraktion - BV: Niedergang u. Zusammenbruch d. Weimarer Parteien 1930-33; Radioaktiver Zerfall d. Freiheit - WAA Wackersdorf.

ZIERITZ, von, Grete

Prof., Komponistin - Marburger Str. 16/III, 1000 Berlin 30 (T. 24 29 54) - Geb. 10. März 1899 Wien (Vater: Karl Ferdinand v. Z., General; Mutter: Vera Henrica, geb. Neumann), ev., gesch., T. Hedi Gigler Dongas - 1912-17 Konservat. Graz; künstler. Reifepruf. Kompos. 1917; 1926-31 Stud. Kompos. b. Franz Schreker, Berlin; 1928 Schubert-Stip. Columbia Phonograph Company, New York. 1958 Prof. - Musikw.: 4 a cappella Chorwerke u. a. Chöre, 140 Lieder, 24 Gesänge m. Orch., 59 Kammermusiken, 13 Orch.werke, 4 Solistenkonz. m. gr. Orch. u.a. - 1928 Mendelssohn-Staatspreis; 1978 Österr. Ehrenkreuz f. Wiss. u. Kunst I. Kl.; 1979 BVK - Liebh.: Kristalle, Alraunen.

ZIERLEIN, Karl-Georg
Dr. jur., Direktor beim Bundesverfassungsgericht - Zu erreichen üb. Schloßbezirk 3, 7500 Karlsruhe (T. 0721 - 14 92 14); priv.: Bismarckstr. 19, 7500 Karlsruhe 1 (T. 0721 - 2 87 09) - Geb. 13. Sept. 1933 Würzburg (Vater: Georg Z., Bäckerm.; Mutter: Martha, geb. Poignée), verh. s. 1960 m. Lieselotte, geb. Seyfert, 2 Kd. - 1953 Abit. Bamberg, Univ. Erlangen u. München (Rechtswiss.), 1. Staatsprüf. 1957, 2. Staatsprüf. 1963 - 1963 wiss. Mitarb. Bundesmin. f. Arbeit u. Sozialordn., 1965 wiss. Mitarb. BSG Kassel, 1965/66 Gerichtsass. OLG-Bezirk Bamberg, 1966 AG-Rat Bamberg 1969 wiss. Mitarb. Bundesverf.gericht Karlsruhe, 1970 Reg.dir., 1971 Min.rat, 1973 Dir. Bundesverfass.gericht. S. 1979 Vors. (Chairman) World Peace Through Law Center, Washington in d. BRD; s. 1980 Generalsekr. d. World Association of Judges; s. 1983 Ehrenmitgl. Intern. Acad. of Trial Judges, San Angelo/Texas, USA; s. 1985 Ehrenmitgl. Acad. Intern. de Jurisprudencia e Direito Comparado, Rio de Janeiro/Brasil.; s. 1986 Vizepräs. Dt. Koreanische Jur. Ges. - BV: Einzelprobl. aus d. Bereich d. landwirtsch. Arbeitsrechts (Diss.); Sozialer u. techn. Arbeitsschutz b. d. alliierten Stationierungsstreitkräften; Erfahrungen m. d. Sondervotum b. BVG, DÖV 1981; Entwicklg. u. Möglichkeiten e. Union: D. Konferenz d. Europ. Verfass.gerichte, Festschr. f. Wolfgang Zeidler, Walter de Gruyter, 1987 - 1975 Komturkreuz d. VO d. Rep. Italien; 1981 World Outstanding National Chairman Award d. World Peace Through Law Center, Washington/USA - Liebh.: Klass. Musik, Sport (Tennis, Schach) - Bek. Vorf.: Franz. General Poignée.

ZIERMANN, Arnold

Dr.-Ing., Univ.-Prof. f. Hoch- u. Höchstfrequenztechnik Univ.-GH Duisburg - Erzberger Allee 28, 5100 Aachen (T. 0241 - 6 41 94) - Geb. 11. Juni 1932 Herford (Vater: Arno Z., Ing.; Mutter: Emmy, geb. Keilhau), ev., verh. s. 1964 m. Ursula, geb. Fischer, 2 Kd. (Karl-Oliver, Viola) - 1957-62 RWTH Aachen (Allg. Elektrotechnik, Promot. 1969) - 1962-71 Wiss. Assist. Aachen; 1971-74 Obering. Aachen; 1974ff. Prof. Duisburg - 1963 Springorum Denkmünze; 1969 Borchers-Plak.

ZIEROW, Klaus-Jürgen

Chefredakteur, Pressereferent u. Gastdozent f. Publizistik d. FU Berlin - Dr.-Helmut-Lemke-Str. 2, 2360 Bad Segeberg, (T. 04551 - 8 38 80) - Geb. 5. Aug. 1940 Norderstedt (Vater: Heinz Z., Stud. Ing., † 1945; Mutter: Julia, geb. Petersen), verh. s. 1964 m. Maren, geb. Denker, 3 Kd. (Angela, Björn, Arne) - Ausb. gehob. Verw.dienst, Trainerlizenz; Redaktionsausb. Lübecker Nachrichten - Verw.-, Vollzugs- u. Kommunaldienst; Bezirksredakt. Nordwest Ztg.; 1971 Bezirksredakt. Segeberger Ztg., 1974 Chefredakt.; 1988 Presseref.; Gründ. u. s. 1975 Vors. Presseclub Segeberg; Sprecher AG Kavalier d. Straße, Verleihungsausch. Schlesw.-Holst./Hamburg; Mitgründ. d. Weißen Ringes (WR) in Holst. u. 10 J. Resident in d. WR - Liebh.: Sport, Bücher, Umwelt, Fotogr. - Mehrere Leichtathletikmeistersch., Sportausz. - Spr.: Engl., Franz. - Bek. Vorf.: H. Zierow, Heimatdichter in d. DDR.

ZIESCHE, Norbert
Geschäftsführer Vorwerk & Co. Thermomix GmbH - Mühlenweg 17-37, 5600 Wuppertal 2 (T. 0202 - 5 64-0) - Geb. 3. Febr. 1940.

ZIESE, Axel-Alexander
Dr. h.c., DD, Prof., Direktor Forschungsinst. Bild. Künste Ansbach-Nürnberg-Wien, Chefred. Ztg. Künstlerpost, Wirtschaftsmagazin Konzepte u. arte factum Verl. - Winterstr. 1, 8500 Nürnberg - Geb. 6. Febr. 1941 Bielefeld - Stud. Bauwiss., Kunstgesch., Pharmazie - S. 1979 Chefred. Ztschr. arte factum Journal, s. 1985 Vernissage in Österr., D. Kunstheft in Dtschl.; 1980-83 Geschäftsltg. Edition Dt. Krebshilfe; 1982 Pressesprecher Intern. Ges. f. Kunst u. Kultur, Bonn; 1983 Gründ. Dt. Kunstförderungsw.; s. 1984 Beirat Bundesverb. VFG, Wiesbaden; s. Gründ. d. Forschungsinst. Bild. Künste wiss. Leit.; 1986 Chefred. b. Verb. mittelst. Unternehmer u. freier Berufe Wirtschaftsmagazin Konzepte - BV: Meister Bild. Künste, lfd. Buchreihe; Zeitkunst, Buchreihe; Dokumentationsreihe; Allg. Lexikon d. Kunstschaffenden in d. Bild. u. gestalt. Kunst d. ausgehenden XX. Jh., (bisher 8 Bde.); Gesch. d. russ. Ikonen, Kunstbd.; Künstlermonogr., u.a. Mounir Jounes, Odilon Redon, Kurt Moser; Kunstband: Faszination d. Aquarells, vollendete Kunst, u.a. Herausg.: ABBK, intern. Künstleradressb. f. Deutschl., Österr., Schweiz; Künstlerpost (s. 1985) - 1979 Ehrendoktor; 1981 Prof.-Titel f. Phil. Akad. v. Nevada; 1982 Michelangelo-Med.; 1984 L'art du Leonardo da Vinci; 1985 Dr. h. c. u. akad. Mitgl. Inst. Superieur European des Experts specialite, Turin; 1987 Prof. - Spr.: Lat., Engl., Franz. - Lit.: Taschenb. d. öfftl. Lebens; Fachpubl. üb. bild. Kunst; Lexikon d. europ. Kunst u.a. Nachschlagew.

ZIESSOW, Dieter
Dr. rer. nat., Dipl.-Chem., Prof. (Arbeitsgeb.: Physikal. Chemie, Molekülspektroskopie) - Carmerstr. 18, 1000 Berlin 12 - Geb. 27. März 1940 München (Vater: Walter Z., Fernmeldetechn.; Mutter: Erika, geb. Wirth), ev., gesch. s. 1982, 2 Kd. (Viola, Carola) - Promot. 1969 TU Berlin - BV: On-line-Rechner in d. Chem., 1973 - Spr.: Engl.

ZIEZOLD, Herbert
Dr. rer. nat., Prof. f. Mathematik GH Kassel - Meißnerstr. 4, 3501 Habichtswald 1 - Geb. 10. Sept. 1942 Berlin (Vater: Bernhard Z., Dipl.-Math.; Mutter: Dorothea, geb. Haase), verh. s. 1975 m. Gabriele Kuhn, 3 Kd. (Nadia Geraldine, Hendrik Sebastian, Björn Frederik) - Dipl. Math. 1968 Univ. Gießen, Promot. 1970 Univ. Heidelberg - 1970/71 wiss. Assist. Heidelberg; 1971-74 wiss. Assist. Bielefeld, 1974-77 Akad. Rat ebd., 1977-78 Akad. Oberrat ebd., s. 1978 Prof. in Kassel - BV: Stochast. Meth., 1977 (franz. Übers.: Méthodes stochastiques, 1980) (m. Klaus Krickeberg) - Liebh.: Schach, Schwimmen, Surfen, Skilaufen - Spr.: Engl., Franz.

ZIFREUND, Walther
Dr. phil., Dipl.-Psych., o. Prof., Direktor Inst. f. Erziehungswissenschaft II Univ. Tübingen - Zentr. f. Neue Lernverfahren Münzgasse 11, 7400 Tübingen 1 (T. 07071 - 29 20 75) - Geb. 18. Okt. 1928 Wettern (Vater: Dr. Viktor Z., Bibliotheksrat, Doz.; Mutter: Hedwig, geb. Tomandl), ev. - Promot. 1951; Dipl.-Psych. 1953; 1. u. 2. Lehrerpruf. 1953 u.

1955; Habil. 1969 - 1953-56 Lehrer; 1956-57 Assist. PH, 1957-62 PH-Doz.; 1962 Wiss. Rat Univ. Tübingen; s. 1967 Leit. Zentr. f. Neue Lernverf. ebd.; s. 1969 o. Prof. (s. 1978 Dir. Inst. f. Erziehungswiss. II); 1983 Hon.-Prof. Univ. Stuttgart; 1985 Psychotherapeut; 1987 Kunsttherapeut - BV: Konzept f. e. Training d. Lehrverh., 1966; Herausg.: Training d. Lehrverh. u. Interaktionsanalyse (1976); Konkrete Päd., Festschr. (1988) - 1989 Acad. Fellow Lesley College, Graduate School, Cambridge MA.

ZILCH, Ernst H.

Chefredakteur - Mackensenstr. 7, 1000 Berlin 30 (T. 261 39 88) - Geb. 29. Mai 1908 Posen (Eltern: Johannes u. Paula Z.), ev., verh. s. 1940 m. Emmy, geb. Poser, 2 Kd. (Christel, Volker) - Volksw. u. techn. Studien; Volontär Verlag f. Politik u. Wirtschaft, Berlin - 1931 Korresp. Industrie- u. Handelsztg. b. Völkerbund u. Intern. Arbeitsamt, Genf, anschl. Auslandskorresp. f. Tages- u. Fachpresse europ. Großstädte, n. 1933 Verleger f. techn. Nachrichtenblätter, 1948-50 Ressortleit. D. Welt, spät. Chefredakt. bzw. Verlagsleit. D. Elektrofachmann, City-Presse, Baubild, Kfz-Bild - BV: Potemkin in Westberlin Baukritik, 1956. Div. Herausg. (u. a. Jb. Europa-Verkehrswesen u. Berliner Handelsvertr. f. Elektrotechnik u. Rundfunk) - Spr.: Engl., Franz.

ZILCH, Hans

Dr. med., Prof., Chefarzt Krankenhaus Goslar - Kösliner Str. 12, 3380 Goslar - Geb. 15. Okt. 1938, ev., verh., 3 Kd. - Stud. Univ. Frankfurt, Marburg (Med.); Promot. 1967; Habil. 1983 - Chefarzt Klinik f. Unfall-, Wiederherstellungs- u. Handchir.; Schriftführer Dt. Ges. f. Plast. u. Wiederherstellungschir.; Beiratsmitgl. Dt. Ges. f. Unfallheilkunde - BV: Osteotomien an d. oberen Extremität (m. Burri), 1981; Lehrb. Chirurgie (m. Häring), 1986; Defektüberbrückung an Knochen u. Weichteilen, 1987; Lehrb. Orthopädie, 1988 - Spr.: Engl., Franz.

ZILCHER, Eva

Kammerschauspielerin, Schausp. Burgtheater Wien - Taubstummengasse 13/10, A-1040 Wien (T. 0222 - 65 56 30) - Geb. 25. Nov. 1920 Würzburg (Vater: Hermann Z., Pianist, Komp., Dirig., Leit Konservat. f. Musik, Würzburg, Gründ. Mozartfeste, † 1948), ledig - Gymn. München; Pensionat Genf; Schauspielsch. Ilka Grüning - Lucie Höflich, Berlin - Engagem. in Köln, Graz, Wien, Zürich, Berlin, Bonn, Bern - Rollen: Seltsames Zwischenspiel (O'Neill); Gefangene 91 (F. Langer); Ehe d. Herrn Mississippi (Dürrenmatt); Cocktailparty (Eliot); Chryssothemis (Ritsos) - 1970 Kammerschausp.; 1979 Ehrenkreuz 1. Kl. f. Kunst u. Wissensch.; 1985 Gr. Ehrenz. f. Verd. um d. Rep. Österr.; 1986 Ehrenmed. d. Bundeshauptstadt Wien in Gold - Liebh.: Sprachen, Musik, Kochen, Blumen, Modellieren - Spr.: Engl., Franz., Ital.

ZILIUS, Wilhelm

Dr. phil., Programmdir. a. D. Hörfunk Saarl. Rundfunk - Klüsenerskamp 14, 4600 Dortmund 50 (T. 0231 - 71 04 35) - Geb. 25. Aug. 1913 Berlin (Vater: Bruno Z.), verh. m. Waltraut, geb. Falkenberg - Stud. German., Philol., Phil., Publiz.

ZILK, Otmar

Dr., Dipl.-Kfm., Oberstudiendirektor a. D., Bürgermeister a. D. Stadt Passau - Giselastr. 9, 8390 Passau (T. 64 36) - Geb. 25. April 1904 - CSU.

ZILL, Carl

Dr., Staatssekretär a. D. - An der Bismarckschule Nr. 8c, 3000 Hannover (T. 0511 - 88 44 48).

ZILLER, Gebhard

Dr. jur., Staatssekretär im Bundesmin. f. Forschung u. Technologie (s. 1987) - Heinemannstr. 2, 5300 Bonn 2 (T. 59 30 20) - Geb. 17. März 1932 Konstanz (Vater: Johannes Z., Beamter; Mutter: Maria, geb. Brugger), kath., verh. s. 1965 m. Ingeborg, geb. Diekhoff, 2 Kd. (Dominik, Gereon) - Stud. d. Rechts- u. Staatswiss. Univ. Tübingen; 1. u. 2. Staatsex. 1957 u. 1961 - 1961-71 Ref. Bundesrat Bonn, 1971-76 Leit. Zentralabt. Sozialmin. Rheinl.-Pfalz, 1976-78 Staatssekr. Sozialminist. Nieders., 1978-87 Dir. d. Bundesrates, s. 1985 Lehrbeauftr. Jurist. Fak. Univ. Bochum. CDU - BV: D. Bundesrat, 8. A. 1989 - Gr. BVK - Spr.: Engl., Franz.

ZILLER, Hermann

Dr.-Ing., Dr.-Ing. E. h. - Obere Paulus-Str. 79, 7000 Stuttgart 1 (T. 0711 - 65 95 35) - Geb. 12. Jan. 1909 Geislingen (Steige) - 1950-63 Ref. f. Güterzug-Fahrplan HVB Frankfurt (11), 1963-66 Präs. BDir. Saarbrücken, 1966-74 Präs. BDir. Stuttgart, 1975-78 Techn. Sachverst. SEL Stuttgart f. S-Bahn u. Nahverkehrsmodernisier. - Ehrendoktor Univ. Stuttg., 1973 Gr. BVK, 1971 Gr. gold. Ehrenz. d. Bundesrep. Österr.

ZILLESSEN, Dietrich

Dr. phil., Prof. f. Religionspädagogik u. Systemat. Theologie - Weidenbuscher Weg 52, Bergisch Gladbach 2 - Geb. 16. Febr. 1937 Jüchen - Abit. 1957, 1957-65 Stud. Aachen, Köln, Bonn (Ev. Theol., Phil., Math., Psych.), 1. u. 2. Staatsex. f. Lehramt an Realsch. 1961 u. 1963 (Ev. Relig. u. Math.), Promot. Univ. Köln (Phil.) 1965 - 1961-66 Lehrer Realsch., 1967-70 Doz. Päd.theol. Inst. EkiRh, 1970-80 o. Prof. Ev. Theol. u. ihre Didaktik PH Rheinl., Abt. Köln, s. 1980 Univ. Köln (Erz.wiss. Fak.) - BV: Religionsunterr. u. Ges. (Hrsg.), 1970; Religionspäd. Werkb. (Hrsg.), 1972; Religionspäd. Praktikum (Hrsg.), 1976; Thema Zukunft. Studienb., 1978; Thema Weltrelig. (Hrsg. m. U. Tworuschka), 1977; Emanzipation u. Relig., 1982; Religion 9/10, 1982.

ZILLICH, Clemens Heinrich

Dr. agr., Dipl.-Brauing., Vorsitzender d. Geschäftsleitg. Medopharm Arzneimittelwerk Dr. Zillich GmbH & Co., Dr. Ivo Deiglmayr, Chem. Fabrik Nachf. GmbH & Co., Komplementär Pharmasal, Chem.-pharm. Fabrik H. Franzke KG - Postf. 1380, 8032 Gräfelfing - Geb. 25. Aug. 1931 Kronstadt (Vater: Dr. Dr. Heinrich Z., s. XVIII. Ausg.; Mutter: Maria, geb. Tittes), ev., verh. s. 1958 m. Gussy, geb. Wöhler, 2 Kd. (Marcus, Isabell) - Realgymn. (Abit.); Brauerlehre (Facharb.); Stud.; Dipl.-Braum. 1953; Dipl.-Ing. 1955; Promot. 1958 (alle München) - 1958-64 Gf. Grünsiegel-Lederwarenfabr. Wuppertal u. Laufen/Obb.; 1964-65 u. wieder 1970-76 Oetker Zentralverw. Bielefeld, dazw. 1965-70 Vorst. Prinz Bräu AG., Ferentino/Ital.; 1976-78 Vorstandsmitgl. Löwenbräu, München - Spr.: Engl., Ital.

ZILLIG, Wolfram

Dr. rer. nat., Prof., Wiss. Mitglied u. Direktor Max-Planck-Inst. f. Biochemie Martinsried/Obb. - Wessobrunner Str. 9, 8035 Gauting/Obb. (T. MPI: München 59 42 61) - Geb. 31. Mai 1925 Trier/Mosel, verh. m. Erika, geb. Hahn - Univ. Bonn u. Tübingen (Dipl.-Chem. 1949, Promot. 1952) - S. 1956 MPI f. Biochemie (1966 Wiss. Mitgl.). S. 1963 (Habil.) Lehrtätigk. Univ. München (1969 apl. Prof. f. Biochemie). Fachveröff. - Spr.: Engl. (2j. USA-Aufenth.).

ZILLIKEN, Friedrich

Dr. rer. nat., o. Prof. f. Physiolog. Chemie - Universität, 5300 Bonn - Geb. 28. Okt. 1920 Bonn - Tätigk. USA u. Niederl.; 1965 Ord. Univ. Marburg u. Bonn (1969). Wiss. Veröff.

ZILLMANN, Kurt

Bezirksstadtrat, Leiter Abt. Jugend u. Sport Bezirksamt Tiergarten (s. 1971) - Turmstr. 21, 1000 Berlin 21 (T. 390 53 30) - Geb. 4. Juli 1932 Berlin, verh., 1 Kd. - Stahlbauschlosser, Techn. Zeichner, Verwaltungsbeamter (u. a. Landesamt f. Elektron. Datenverarb.). 1958-67 u. 1971 Bezirksverordn. Tiergarten (zul. Vorsteher). SPD s. 1951.

ZIMA, Hans

Dr. phil., o. Univ.-Prof. f. Informatik Univ. Wien - Flötzersteig 222/15/5, A-1140 Wien - Geb. 12. Mai 1941 Wien (Vater: Johann Z., Schriftsetzer; Mutter: Maria, geb. Horehled), verh. s. 1964 m. Christine, geb. Seeger, 3 Kd. (Renate, Monika, Wolfgang) - Promot. 1964 Univ. Wien. 1978/79 Gastprof. TU Wien, 1983/84 IBM San Jose Research Lab., San Jose, Calif., 1988/89 Visiting Prof. Rice Univ., Houston, Texas - BV: Betriebssyst.: Parallele Prozesse, 3. A. 1986; Compilerbau I: Analyse, 2. A. 1989; Compilerbau II: Synthese u. Optimierung, 1983. Herausg.: Intern. Computer Bibliothek.

ZIMEN, Karl-Erik

Dr. phil., em. o. Prof. f. Kernchemie TU Berlin, Honorarprof. FU Berlin - Katharinenstr. 23 A, 1000 Berlin 31 - Geb. 5. Febr. 1912 Berlin/schwedische Staatsangehörigkeit (Vater: Sven Olof Z.; Mutter: Ella, geb. Otto), verh. s. 1938 m. Eva, geb. Haberlandt, 3 Kd. (Erik, Ralf, Monica) - Univ. Berlin (Dipl.-Chem. 1935, Promot. 1937) - 1939-56 Doz. u. Prof. (1954) TH Göteborg (Leit. Inst. f. Kernchemie); 1957-73 Dir. Bereich Kernchemie/Hahn-Meitner-Inst. f. Kernforsch., Berlin; Schwed. u. dt. Fachmitgliedsch. - BV: Radioaktivitet och kärnreaktioner, 1951 (Stockholm; m. E. Berne); Kompendium i kärnkemi och isotopteknik, 1952 (Stockholm); Angew. Radioaktivität, 1952; Radioactividad Aplicada, 1955 (Madrid); Strukturen d. Natur, 1970 (München), 2. A. 1973 (Frankfurt/M.); Strahlende Materie; Radioaktivität - e. Stück Zeitgesch., 1987 - Spr.: Schwed., Engl., Franz.

ZIMMER, Alf

Dr. phil., Prof. f. Angew. Psychologie Univ. Münster - Univ., Schlaunstr. 2, 4400 Münster (T. 0251 - 83 41 16) - Geb. 2. Febr. 1943 Bevensen (Vater: Adolf Z., Dipl.-Ing.; Mutter: Margarete, geb. Kleybolte), gesch. - Dipl.-Psych. 1971 Münster; Promot. 1973 ebd., Habil. 1982 - 1971 wiss. Assist. Tübingen; 1973/74 Regensburg; 1976 Prof. Univ. Oldenburg - BV: Multivariate Verfahren, 1981 - Liebh.: Tennis, Tauchen, Fallschirmspringen - Spr.: Engl., Latein, Franz., Ital.

ZIMMER, Dieter

Redaktionsleiter Dokumentationen u. Reportagen Innenpolitik ZDF - Essenheimer Landstr., 6500 Mainz (T. 06131 - 70 45 35) - Geb. 19. Dez. 1939 Leipzig - BV: Für'n Groschen Brause, 1980; Alles in Butter, 1982; Wunder dauern etwas länger, 1984; D. Mädchen v. Alex, 1989; Auferstanden aus Ruinen, 1989 - 1984 Jakob-Kaiser-Preis; 1988 Adolf-Grimme-Pr.

ZIMMER, Egon-Maria

s. Bergius, C. C.

ZIMMER, Ernst-Günther

Dr. jur., Kaufmann - Ruffinallee 23, 8033 Planegg/Obb. (T. München 859 62 26) - Geb. 29. Okt. 1911 Thiemendorf/Schles. (Vater: Gerhard Z.; Mutter: geb. Pyrkosch), ev., wiederverh. s. 1962 m. Uta, geb. Rixner - Gymn.; Stud. Rechtswiss. - 1935-45 Allianz; s. 1952 Vorst. u. Geschäftsf. versch. Unternehmen. 1940-43 Finn. Konsul Dresden - Liebh.: Golf.

ZIMMER, Fritz

Dr. med., Prof., Chefarzt Kreiskrkhs. München-Pasing (s. 1973) - Ludwig-Werder-Weg 17, 8000 München 71 (T. 79 52 00; Krkhs. 889 23 25) - Geb. 4. Jan. 1926 - S. 1963 (Habil.) Lehrtätigk. Univ. München (1969 apl. Prof. f. Frauenheilkunde u. Geburtshilfe; 1970-73 Ltd. Oberarzt Univ.s-Frauenklinik). Etwa 50 Fachveröff. - Spr.: Engl. - Rotarier.

ZIMMER, Gerhard

Dr. jur., Prof. f. Staats-, Verwaltungs- u. Völkerrecht - Bamberger Str. 22, 1000 Berlin 30 - Geb. 4. Jan. 1941 Trier - Univ. d. Saarlandes (1. jur. Staatsprüf. 1966), Univ. Berlin (2. jur. Staatsprüf. 1973), Diplomé de L'Institut d-Etudes, Promot. (Völkerrecht) 1971 Univ. Köln, habil. 1978 Berlin - BV: Gewaltsame territoriale Veränd. u. ihre völkerrechtl. Legitimation, 1970; Funktion-Kompetenz-Legitimation, Gewaltenteilung in d. Ordnung d. Grundges., 1979 - Spr.: Franz., Engl., Span.

ZIMMER, Grete,

Schauspielerin - Messerschmidtgasse 27, A-1180 Wien (T. 0222-47 14 18) - Geb. 9. Dez. - Kath., verw. (Ehem.: Prof. Dr. Hellmuth B., Schriftst., † 1966), T. Gabriela - Gymn. (Matura) u. Reinhardtsem. - Ständ. Engagement Theater in d. Josefstadt; Gastsp. Berlin, Frankfurt, Bern; Tourneen durch Deutschl. u. Schweiz; Rollen im österr. u. dt. Fernsehen.

ZIMMER, Günther

s. Zimmer, Ernst-Günther

ZIMMER, Hans

Dr.-Ing., Prof., Chemiker - 2910 Scioto Street, Cincinnati, Ohio 45219 (USA) - Geb. 5. Febr. 1921 Berlin (Vater: Wilhelm Z., Golflehrer; Mutter: Martha, geb. Schindler), ev., verh. s. 1946 m. Marlies, geb. Wünsch, S. Hans-Martin - TU Berlin (Chemie; Dipl.-Ing. 1949. Promot. 1950) - 1950-53 Assist. TU Berlin, 1953-54 Research Associate Univ. of Illinois, seither Prof. Univ. of Cincinnati. Mitgl. Ges. Dt. Chemiker u. American Chemical Soc. Üb. 150 Fachveröff. Hrsg. Methodicum Chimicum Bd. VII u. VIII, Annual Reports in Inorganic and General Chemistry (1972) - Mitaut. Vocabulary of Organic Chemistry; Editorial Board Phosphorus and Sulfur - Liebh.: Philatelerie, Golf - Spr.: Engl., Franz.

ZIMMER, Hardy

Dr.-Ing. - Schloßufer 57, 4000 Düsseldorf-Benrath (T. 71 19 79) - Geb. 3. Sept. 1906 Düsseldorf (Vater: Reinhard Z., Dir.; Mutter: Käte, geb. Bois), ev., verh. s. 1938 m. Dr. med. Marieluise, geb. Lahm - TH Danzig u. München (Maschinenbau) - Kgl. nepal. Generalkonsul a. D.

ZIMMER, Horst Günter

Dr. rer. nat., Prof. f. Mathematik - Dr.-Ehrhardt-Str. 47, 6670 St. Ingbert (T. 06894-3 44 98) - Geb. 30. Juni 1937 Lübeck (Vater: Erich Z., Lehrer a. D.; Mutter: Magdalene, geb. Wilcken), ev., verh. s. 1968 m. Irmgard, 3 Kd. (Frank, Kathrin, Kirsten) - Katharineum Lübeck, Abit. 1957, Univ. Hamburg, Staatsex. 1963, Stud. Math. u. Physik, Promot. 1966, Prof. 1974 - 1963-67 wiss. Assist. Univ. Tübingen; 1967-70 USA, s. 1974 Univ. Saarbrücken. Mitgl. Edit. Board Journal of Symbolic Computation. Mithrsg. d. Séminaire de Théorie des Nombres, Bordeaux; Mitbegründ. d. Fachgr. Computer-Algebra d. Ges. f. Informatik (GI) - BV: Computational Problems, Methods, and Results in Algebraic Number Theory, 1972; (Hrsg.): H. Hasse, Number Theory, 1980 - Spr.: Engl., Russ., Franz.

ZIMMER, Jochen

Dr. phil., Prof. f. Jugend u. Freizeit Univ. Duisburg - Schreiberstr. 22, 4100 Duisburg 1 - Geb. 17. März 1947, verh., 3 Kd. - Stud. Univ. Frankfurt, Tübingen, Marburg (Volkskunde, Kunstgesch., Soziol.) - Dir. Baunataler Inst. u. Studienarchiv Arbeiterkultur u. Ökol. - BV: Rocksoziol., 1981; D. Naturfreunde, 1984; D. Zukunft d. Freizeit (m. B. Engholm), 1987; Frankfurt zu Fuß (Koautor), 1987 - Spr.: Franz., Latein.

ZIMMER, Jürgen Gerhard

Dr. phil., Dipl.-Psych., Prof. f. Erziehungswissenschaft FU Berlin - Str. 652 Nr. 12, 1000 Berlin 39 (T. 030 - 805 57 05) - Geb. 19. Febr. 1938 Gad-

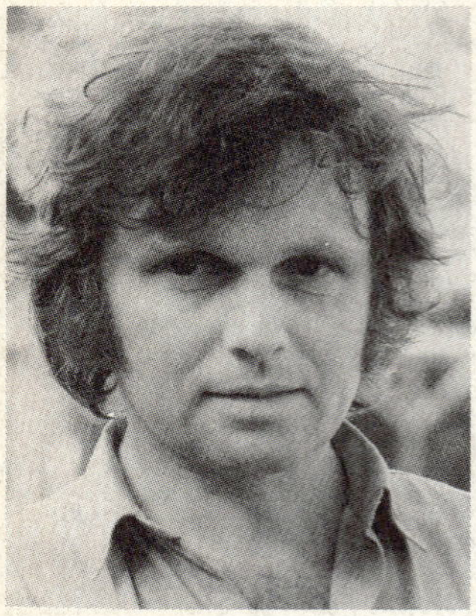

derbaum (Vater: Heinz Z., Stud.Rat; Mutter: Gisela, geb. Paeckelmann), ev., verh. s. 1980 in 2. Ehe m. Ruth, geb. Gerstacker, 5 Kd. (Isabelle, Jessica, Manuel, Lena, David) - Schulen Schloß Salem (Abit. 1959), Univ. Hamburg, Freiburg, München (Dipl. Psych. 1965), Promot. 1975 FU Berlin - 1965-71 wiss. Mitarb. Max-Planck-Inst. f. Bildungsforsch. Berlin, 1971-78 Leit. Arbeitsber. Vorschulerz. Dt. Jugendinst. München, s. 1978 o. Prof. FU Berlin. Dir. Inst. f. Interkulturelle Erzieh. u. Bild.; Vizepräs. Intern. Community Education Assoc.; Mitgl. Kurat. d. Fördervereins Dt. Kinderfilm, u. d. Hermann-Lietz-Schule Spiekeroog; Mitgl. Fachaussch. Erzieh. d. Dt. UNESCO-Kommiss; 1983-85 Leit. Bildungsressort d. Hamburger Wochenztg. Die Zeit. 1988 Gastprof. Kath. Univ. São Paulo/Brasilien - BV: Vorschulkinder (m. Nancy Hoenisch u. Elisabeth Niggemeyer), 1969; Curriculum Soziales Lernen (m. Arbeitsgr. Vorschulerz.), 1980/81. Herausg.: Päd. d. Befreiung - Lernen in Nicaragua, 1983; Von wo kommst'n du? Interkulturelle Erzieh. im Kindergarten (m. Ü. Akpinar), 4 Bde. 1984; Erzieh. in früher Kindheit (Enzyklopädie Erziehungswiss., Bd. 6), 1985; D. vermauerte Kindh., 1986; Macht d. Schule auf, laßt d. Leben rein (m. E. Niggemeyer), 1986 - Spr.: Engl., Franz.

ZIMMER, Kurt H.

Wirtschaftsberater, Geschäftsf. Zentralverb. d. Dt. Vulkaniseur-Handwerks, Darmstadt, u. a. - Rheinstr. 323, 6100 Darmstadt - Geb. 15. März 1926.

ZIMMER, Siegfried

Dipl.-Politologe, MdA Berlin (s. 1971) - Wartburgstr. 26, 1000 Berlin 62 (T. 854 27 26) - Geb. 13. Sept. 1930 Plauen/Vogtl., verh. - Stud. Politik, Sozial- u. Wirtschaftswiss. - S. 1956 Tätigk. Senatsverw. f. Inneres Bezirksamt Steglitz (1962 ff. Politikpädagoge) u. Schöneberg (1978-81 Stadtrat f. Gesundheitswesen). 1959-71 Bezirksverordn. Schöneberg. CDU 1951-84.

ZIMMER, Werner

Stellvertretender Chefredakteur Saarl. Rundfunk, Hauptabteilungsleiter Aktuelles Fernsehen u. Sport - Rosenstr. 17, 6670 St. Ingbert - Geb. 19. Okt. 1936 Schaffhausen/Saar (Vater: Wilhelm Z., Regierungsinsp. †; Mutter: Eugenie, geb. Christ), kath. - Gymn. St. Blasien/Schwarzw. - Kurat.-Mitgl. d. Dt. Gesellsch. z. Bekämpfung v. Muskelkrankh.; Präs. Presseclub Saar - Spr.: Franz. - Bek. Leichtathlet (mehrere Saarlandmeisterschaften u. -rekorde).

ZIMMERER, Franz

Kaufmann, Geschäftsf. FZ-Beteiligungs GmbH, Nittenau, Franz Zimmerer GmbH & Co., Nittenau, Geflügelschlachterei Freystadt GmbH & Co. KG, Freystadt, Nittenauer Tannhof Frischei GmbH & Co. KG, Kaspeltshub, Geflügelmastges. Nittenau GmbH, Erzeugergemeinschafts KG, Nittenau; Vorst. Zentralverb. Dt. Geflügelwirtsch. u. Bundesverb. Geflügelschlachtereien, bde. Bonn - Walderbacher Str. 26, 8415 Nittenau - Geb. 5. Jan. 1934 Nittenau, kath., verh. s. 1958 m. Renate, geb. Bauer, 3 Kd. (Franz, Alexandra, Christian).

ZIMMERMANN, Albert

Dr. phil., o. Prof. f. Philosophie - Gottfried-Keller-Str. 1, 5000 Köln 41 (T. 41 50 37) - Geb. 5. Juni 1928 Bergheim/Erft (Vater: Josef Z., Gymnasialoberlehrer; Mutter: Magda, geb. Brückmann), kath., verh. s. 1960 (Ehefr.: Ingrid) - Univ. Bonn u. Köln (Math., Physik, Phil.). Staatsex. (1952 u. 54), Promot. (1955) u. Habil. (1961) Köln - 1952-57 u 1960-64 höh. Schuldst.; 1957-60 Stip. DFG; 1961-66 Privatdoz. u. Wiss. Rat u. Prof. Univ. Köln; 1966-67 o. Prof. Päd. Hochsch. Westf.-Lippe; s. 1967 o. Prof. u. Dir. Thomas-Inst. Univ. Köln. Spez. Arbeitsgeb.: Phil. d. Mittelalters - BV: Ontologie oder Metaphysik?, 1965; E. Kommentar z. Physik d. Aristoteles aus d. Pariser Artistenfakultät, 1968.

ZIMMERMANN, Andreas

Dr. oec., Dipl.-Kaufm., Generalbevollm. Direktor Siemens AG München (Untern.planung- u. entwicklung) - Wittelsbacherpl. 2, 8000 München 2 - Geb. 29. Jan. 1926 Fürth/Bay. - Stud. Wirtschaftswissensch.

ZIMMERMANN, Dieter

Dr. rer. nat., Prof. f. Experimentalphysik TU Berlin - Hardenbergstr. 36, 1000 Berlin 12 - Geb. 23. Juli 1939 Stuttgart, verh. - Stud. Univ. Tübingen, FU u. TU Berlin; Dipl.-Phys. 1963, Promot. 1968, Habil. 1969 - Arbeitsgeb.: Hochauflösende Laserspektroskopie an Atomen u. Molekülen.

ZIMMERMANN, Eduard

Journalist - Postf. 1147, 8043 Unterföhring (T. 089/95 02 31) - Geb. 4. Febr. 1929 München, verh. (Ehefr.: Rosmarie) - Mitinitiator u. s. 1977 Vors. d. Weissen Ringes. Fernsehsendungen: Vorsicht Falle, Aktenzeichen XY ungelöst (Okt. 1982 150. Folge) - 1969 Ehrenmitgl. Bund dt. Kriminalbeamter - BV: D. unsichtbare Netz, 1969.

ZIMMERMANN, Ekkart

Dr. rer. pol., o. Prof. f. Soziologie Univ. d. Bundeswehr München - Melchiorstr. 55, 8000 München 71 (T. 089 - 791 58 17) - Geb. 8. Aug. 1946 Ebersdorf/Schleiz (Vater: Kurt Z., Kaufm.; Mutter: Johanne, geb. Kleifeld), ev., verh. s. 1971 m. Gisela, geb. Amberger, 2 S. (Moritz, Matthias) - 1966-70 Stud. Univ. Köln u. Berlin; Dipl.-Volksw. 1970 Köln, Habil. 1979 Univ. Wuppertal - 1973/74 Univ. of Essex; 1975 Promot. Köln - 1970-74 Wiss. Assist. Univ. Köln; 1975-81 Akad. Oberrat Univ. Wuppertal; ab 1981 o. Prof. Univ. d. Bundeswehr München - BV: D. Experiment in den Sozialwiss., 1972; Soziol. d. polit. Gewalt, 1977; Krisen, Staatsstreiche u. Revolutionen, 1981; Political Violence, Crises, and Revolutions, 1983; Massenmobilisierung: Protest als polit. Gewalt, 1983.

ZIMMERMANN, Erich

Dr. phil., Bibliotheksdirektor i. R. - Karl-Marx-Str. 4, 6100 Darmstadt/Eberstadt (T. 5 31 15) - Geb. 6. April 1912 Hamburg (Vater: Carl Z., Senatsrat; Mutter: Sophie, geb. Michaelis), ev., verh. s. 1941 m. Hilde, geb. Dieckmann, S. Michael - Univ. Hamburg u. Marburg (Gesch., Theol., Lat.). Promot. 1937; Staatsex. 1938 - S. 1938 Bibl.dst. Leipzig (-rat), Hamburg (b. 1961 Bibl.-, dann Oberbibl.rat), Darmstadt (1964-77 Dir. Hess. Landes- u. Hochschulbibl.) - BV: Darmstadt im Buch, 1975; Buchkunst d. Mittelalters, 1980; G. Büchner: Dantons Tod, 1981; Für Freiheit u. Recht!, 1987 - 1977 J. H. Merck-Ehrung, Darmstadt - Spr.: Engl., Franz.

ZIMMERMANN, Ernst

Generalsekretär Intern. Schützenunion - Berta-von-Suttner-Str. 15, 6200 Wiesbaden (T. 37 78 33).

ZIMMERMANN, Eugen

Dr. rer. pol., Dipl.-Kfm., Bankdirektor i. R. - Pienzenauerstr. 97, 8000 München 81 (T. 98 39 63) - Geb. 21. März 1905 Pfullendorf (Eltern: Eugen u. Anna Z.), verh. s. 1940 m. Hedwig, geb. Leiner - Textil- u. Banklehre; Stud. Volksw. - 1928-72 Bayer. Hypotheken- u. Wechsel-Bank, München (1964 stv., 1967 o. Vorstandsmitgl.) - Päpstl. Sylvester-Orden; 1971 Bayer. VO.

ZIMMERMANN, Felix

Oberbürgermeister Stadt Trier - Olewiger Str. 23, 5500 Trier (T. 71 80) - Geb. 25. Aug. 1933 München (Vater: Walther Z., Gen.dir.; Mutter: Isolde, geb. Graumann), kath., verh. s. 1957 m. Eugenia, geb. Leitl, 2 Kd. (Andrea, Stefan) - Abit. 1952; 1952-58 Jurastud. Univ. München u. Köln (1. u. 2. jurist. Staatsprüf. 1958 u. 1962) - 1962-64 Rechtsanw. Rheydt; 1964-67 Leit. Rechtsabt. Stadtw. Mönchengladbach; 1967-68 pers. Ref. d. Oberbürgerm. Trier; 1968-76 Dir. Stadtw. Trier; 1976-80 Stadtrat in Augsburg, Leit. d. Stadtw. ebd.; s. 1980 OB Stadt Trier. Zahlr. Ehrenstell., u. a. Präs. Dt. Ges. f. d. Badewesen e.V., AR-Vors. Paulinus-Druckerei GmbH, Wohnungsbau u. Treuhand AG, Gewerbebau u. Treuhand GmbH, Trierer Bürgerverein 1864 AG, St. Petrus GmbH, AR-Mitgl. Trierer Hafenges., alle Trier; VR-, Beir.-, Kurat.- u. Verb.-Mitgl.sch. - Liebh.: bild. Kunst, Philatelie, Bibliophilie, Ski-Langlauf, Pilzesuchen, Wandern. Sammelt mod. Graphik - Spr.: Engl., Franz. - Bek. Vorf.: Walter Z., Gen.dir. Glaspalast München (Vater); Prof. Ernst Karl Georg Z., Maler d. Münchner Schule d. 19. Jh. (Großv.); Reinhard Sebastian Z., großherzogl. bad. Hofmaler d. 19. Jh. (Urgroßv.); Ernst Reinhard Z., Impressionist (Onkel); Alfred Z., Maler (Großonkel); Karl Graumann, Staatsschausp. (Großv.); Elisabeth Graumann (Marchesi), Sängerin u. Gesangspäd. 19. Jh. (Urgroßtante).

ZIMMERMANN, Friedrich

Dr. jur., Rechtsanwalt, Bundesminister f. Verkehr (s. 1989), MdB (s. 1957, CDU/CSU; Wahlkr. 214/Landshut; 1965-72 Vors. Verteidigungsaussch.), stv. Vors. d. CDU/CSU-Fraktion, stv. Vors. Fernsehrat ZDF (s. 1964) - Kennedyallee 72, 5300 Bonn - Geb. 18. Juli 1925 München (Vater: Josef Z., Prokurist; Mutter: Luise, geb. Wenger), kath., verh. I) 1950 m. Erika, geb. Mangge (gesch.), Tocht. Andrea, II) 1970 Christel, geb. Pratzat, Tocht. Barbara - Gymn. u. Univ. München (Rechts- u. Staatswiss., Promot. 1950). Ass.ex. 1951 - 1943-45 Wehrdst. (zul. Ltn.), n. Kriegsende Volontär Dt. Bank (München), spät. Stud., 1951-52 Anwalts- u. Gerichtsass., 1952-53 pers. Ref. d. Bayer. Justizmin., 1953-54 Staatsanw., 1954-55 Reg.-Rat Bayer. Staatskanzlei u. Stellv. d. Bayer. Bevollm. b. Bund, 1955-65 Hauptgeschäftsf. u. Generalsekr. (1956) CSU; 1972 stv. u. 1976ff. Vors. CSU-Landesgr. AR-Mandate. CSU s. 1948 (1982-84 Bundesmin. d. Innern) - Bayer. VO; 1976 Gr. BVK, 1980 Stern dazu; 1984 Gold. Ehrenring Stadt Landshut; 1984 Gr. Gold. Ehrenz. Rep. Österr.; 1986 Preußenschild Landsmannsch. Ostpreußen - Liebh.: Ski, Tennis, Jagd - Spr.: Engl.

ZIMMERMANN, Friedrich K.

Dr. rer. nat., Prof. f. Genetik TH Darmstadt - Zu erreichen üb. TH Darmstadt, Schnittspahnstr. 10, 6100 Darmstadt - Geb. 17. Sept. 1934 Freiburg/Br. (Vater: Johannes Georg Z., Reg.-Biol., Dir.; Mutter: Luise Elisabeth, geb. Mugler), verh. s. 1965 m. Gunild Gerda, geb. Cirsovius, 2 Kd. (Barbara, Ulrich) - Promot. 1960 Univ. Freiburg, Habil. 1968 - 1960-62 Stip. USA; 1962-64 wiss. Mitarb.; 1964-70 wiss. Assist.; 1970-73 Assoc. Prof. New York; 1973ff. Prof. - 130 Art. in wiss. Ztschr. z. Genetik - Spr.: Engl., Franz., Span., Dän., Afrikaans.

ZIMMERMANN, Geert Otto

Dr. rer. nat., Prof. f. Fluiddynamik - Kirchstr. 18, 6539 Waldalgesheim (T. 06721 - 3 51 76) - Geb. 23. Sept. 1936 Halle/S. - 1957-63 Stud. Physik Univ. Göttingen, Habil. 1975, apl. Prof. 1980, versch. Ausl.aufenth. - 1965ff. Mitarb. Max-Planck-Inst. f. Strömungsforsch.; s. 1983 Prof. Inst. f. Meteorol. Univ. Mainz.

ZIMMERMANN, Günther

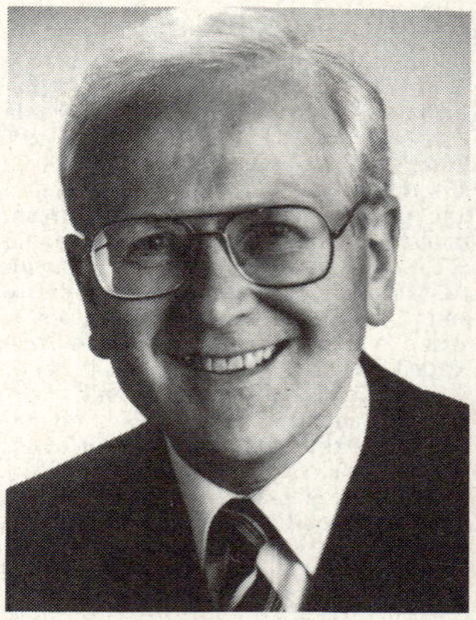

Dr. phil., Prof. f. Didaktik d. franz. Sprache TU Braunschweig - Im Lehmkamp 12 A, 3300 Braunschweig (T. 05307 - 75 77) - Geb. 24. Mai 1935 Kassel (Vater: Arno Z. †; Mutter: Anny, geb. Jäger †), ev., verh. s. 1960 m. Edith, geb. Clörs, 2 Töcht. (Cordelia, Ariane) - Abit. 1954 Kassel; 1954-62 Stud. Univ. Marburg (Roman., Angl., Linguist., Erzieh.-Wiss., Psych., Phil.; Promot. 1960, 1. u. 2. Ex. 1962 u. 1964) - 1964-68 Stud.rat Marburg; 1969 Prof. f. Didaktik d. franz. Spr. PH Braunschw.; 1973 o. Prof. Univ. Gießen, s. 1978 TU Braunschw. - BV: Plan. u. Analyse v. Fremdspr.-Unterr. in d. VHS, 1976; Grammatik im Fremdsprachenunterr., 1977; Erkundungen z. Praxis d. Grammatikunterr., 1984; Grammatik: lehren - lernen - selbstlernen, 1985; ca. 30 Aufs. in wiss. Fachztschr. - Liebh.: Musik - Spr.: Engl., Franz., Span.

ZIMMERMANN, Hans

Dr. jur., Direktor - Mülheimer Str. 111, 5000 Köln-Deutz; 7821 Höchenschwand-Strittberg - Geb. 15. Okt. 1925 - B. 1969 Vorstandsmitgl. NSU Motorenwerke AG., Neckarsulm, dann Audi NSU Auto Union AG. ebd., s. 1971 Klöckner-Humboldt-Deutz AG., Köln.

ZIMMERMANN, Hans Dieter

Dr. phil., Prof., Literaturwissenschaftler - Schillerstr. 5, 6370 Oberursel (T. 06171 - 5 53 14) - Geb. 29. Juli 1940 Bad Kreuznach (Vater: Franz Z., Amtsr.; Mutter: Hilde, geb. Lippe), verh. s. 1976 m. Helena, geb. Beckova, 4 Kd. (Teresa, Johannes, David, Lukas) - Stud. Univ. Mainz, FU u. TU Berlin - 1969-75 Sekr. Abt. Lit. Akad. d. Künste, Berlin; 1975-87 Prof. Univ. Frankfurt; s. 1987 Prof. TU Berlin - BV: D. polit. Rede, 3. A. 1975; Vom Nutzen d. Lit., 1977; Schema-Literatur, 1979; Zu Franz Kafka u. Robert Walser, 1985; Kleist, d. Liebe u. d. Tod, 1989.

ZIMMERMANN, Hans-Joachim

Justizamtmann, MdL Schlesw.-Holst. (s. 1971) - Zul.: Möhlenberg 8, 2000 Norderstedt 3 (T. Hamburg 523 15 13) - Geb. 4. Juli 1925 Wormditt/Ostpr., kath., verh., 2 Kd. - Obersch. (Abit.); n. 1945 Maurer- u. Stukkateurlehre - Kriegsdst. (zul. Ltn.); s. 1952 Justizverw. SH (u. a. Rechtspfleger AG Norderstedt). Stadtrat Norderstedt; Kreisrat Segeberg. CDU (Orts- u. stv. Kreisvors.).

ZIMMERMANN, Hans-Jürgen
Dr., Dr. h. c., Prof., Hochschullehrer (Unternehmensforsch., Anwend. auf Management u. Technik, unscharfe Entscheidungen) - Korneliusstr. 5, 5100 Aachen (T. 02408 - 44 66) - Geb. 10. Mai 1934 Berlin (Vater: Paul Oswald Z., Bewährungsh.; Mutter: Katharina, geb. Heissig), ev., verh. s. 1977 m. Brigitte, geb. Achthaler, 3 Kd. (Katrin, Philipp, Randi Kristin) - Kaufm. Lehre, Dipl.-Ing. 1959, Dr. rer. pol. 1962 Berlin, Stud. Darmstadt, Frankfurt, Berlin, Luxembourg, Oxford - 1952/53 Korfix GmbH, Frankfurt/M., 1956/57 Dortmund-Hörder Hütten Union, 1958/59 Siemens Elektrogeräte Berlin, 1962/64 Standard-Elektrik Lorenz AG, 1964-67 Associate Prof. Univ. of Illinois, 1969 Adjunct Prof. Monterey, Calif. USA, 1968-70 Präs. Dt. Ges. f. Untern.forsch., 1971-75 Vors. Dt. Ges. f. Operations Research, 1975-78 Pres. European Assoc. of Operational Research Soc., 1980-83 Vizepres. Intern. Federation of Operational Research Soc., 1984ff. Pres. Intern. Fuzzy Systems Ass. (IFSA) - 15 Bücher u. ca. 100 Aufs. u. Veröff. auf d. Gebiet d. Betriebswirtsch.lehre, d. künstl. Intelligenz u. d. Operations Research (Unternehmensforsch.) in dt. u. engl. Herausg.: European Journal of Operational Research u. Journal f. Fuzzy Sets and Systems - 1985 EURO Gold Medal; 1985 K. S. Fu Cert. of Appr. (USA); 1986 Dr. h. c. Freie Univ. Brüssel - Spr.: Engl., Franz.

ZIMMERMANN, Harald
Mag., Dr. theol., Dr. phil. (habil.), o. Prof. f. Geschichte d. Mittelalters u. Hist. Hilfswiss. Univ. Tübingen (s. 1978) - Am Apfelberg 1, 7400 Tübingen (T. 6 29 73) - Geb. 12. Sept. 1926 Budapest (Vater: Dr. jur. Rudolf Z., Beamter; Mutter: Aline, geb. Teutsch), ev., verh. s. 1958 m. Gerlinde, geb. Wegscheidler, 3 Töcht. (Andrea, Barbara, Ute) - Gymn. u. Univ. Wien (Ev. Theol., Gesch., Rechtswiss.). Promot. 1950 u. 52; Habil. 1961 (alles Wien) - 1955-62 Wiss. Assist. Inst. f. Geschichtsforsch., Wien. 1962-68 Wiss. Beamt. Österr. Akad. d. Wiss., Wien. 1961-68 Doz. Univ. Wien; 1968-78 o. Prof. Univ. Saarbrücken. 1962 Mitgl. Arbeitskr. f. siebenbürg. Landeskunde (Heidelberg), 1968 Mitgl. Regestenkommiss. (Marburg), 1969 o. Mitgl. Südostd. Histor. Kommiss. (München), 1971 korr. Mitgl. Österr. Akad. d. Wiss. (Wien), 1972 o. Mitgl. Akad. d. Wiss. u. d. Lit. (Mainz), 1973 Mitgl. Zentraldir. Monumenta Germaniae Historica (München), 1978 Arbeitskr. f. mittelalterl. Gesch. (Konstanz), 1987 Deputazione di storia patria (Reggio-Emilia) - BV: Thomas Ebendorfers Schismentraktat, 1954; Ecclesia als Objekt d. Historiographie, 1960; D. Ev. Kirche A. u. H. B. in Österr., 1968; Papstabsetzungen d. Mittelalters, 1968; Regesta Imperii - Papstregesten 911-1024, 1969; D. dunkle Jahrh., 1971 (rum. 1983); D. Canossagang, 1975 (ital. 1977); D. Mittelalter, 2 Bde. 1975-79, 2. A. 1986-88; D. Papsttum im Mittelalter, 1981; Papsturk. 896-1046, 3 Bde. 1984-89; Im Bann d. Mittelalters, 1986.

ZIMMERMANN, Heinrich
Ass., Geschäftsführer Dt.-Irische Industrie- u. Handelskammer - 46 Fitzwilliam Square, Dublin 2, Irland - Geb. 19. Aug. 1942 Oldenburg - 1973-80 Dt.-Kanad. IHK, Toronto/Kanada; 1981-85 Delegierter d. dt. Wirtschaft in Lagos/Nigeria; 1985 Ref. Dt. Ind.- u. Handelstag, Bonn.

ZIMMERMANN, Heinz
Fabrikant (E. G. Zimmermann Marmor- u. Metallwarenfabrik, Hanau), Vizepräs. IHK Hanau-Gelnhausen-Schlüchtern, Hanau - Frankfurter Landstr. 51, 6450 Hanau/M. (T. 2 42 74) - Spr.: Engl., Franz., Ital., Span. - Rotarier.

ZIMMERMANN, Heinz Werner
Dr. h. c., Prof. f. Komposition Musikhochschule Frankfurt/M. (s. 1975) - Eschersheimer Landstr. 33, 6000 Frankfurt/M.; priv.: Ursemerstr. 3a, 6370 Oberursel 6 - Geb. 11. Aug. 1930 Freiburg/Br. (Vater: Dr. Karl Albrecht Z.; Mutter: Allis, geb. Durling), ev., verh. s. 1958 m. Renate, geb. Marx, T. Christiane - Kompositionsstud. (Lehrer: J. Weismann, Wolfgang Fortner, Th. Georgiades) - 1954-63 Lehrer f. Komp. Kirchenmusikal. Inst. Heidelberg, 1963-76 Dir. Kirchenmusiksch. Berlin - W.: Psalmkonzert f. Solo, Chor u. 5 Instr. (1957), Vesper f. Chor u. 3 Instr. (1962), Chor-Variat. üb. e. Thema v. Distler (1964), 3 Spirit. f. 8-12stimm. Chor (1968), 4 Collagen (1972), Missa Profana f. Soli, Chor u. Orch. (1973), Psalmen f. Chor u. Instr. (1970-76), Bratschenkonzert (1981), Streichquartett (1983), Symphonische Kantaten The Hebrew Chillen's Hallelu (1986) u. The Prince of Peace (1987), Oboenkonzert (1988) - 1967 Dr. of Music h. c. d. Wittenberg Univ. Springfield/Ohio, 1978 Direktoriumsmitgl. Intern. Neue Bach-Gesellsch. - Div. Kompos.preise u.a. 1982 Johann-Sebastian-Bach-Preis Intern. Bach-Akad. (f.: Sankt-Thomas-Kantate - Liebh.: Lit., Phil., Theol. - Spr.: Engl., Franz., Schwed.

ZIMMERMANN, Herbert
Dr. rer. nat., o. Prof. f. Physikal. Chemie - Herrenstr. 14, 7801 Ehrenkirchen (T. 8 17 39) - Geb. 7. März 1928 Leipzig (Vater: Dr. jur. Dr. rer. pol. Johann Z.; Mutter: Mathilde, geb. Hanika), kath. - TH München (Chemie; Dipl.-Chem. 1956). Promot. (1958) u. Habil. (1962) TH München - 1963 ao. Prof. Univ. München; 1967 o. Prof. Univ. Freiburg. Div. Fachmitgliedsch. Zahlr. wiss. Veröff. - Liebh.: Musik (Cembalo, Querflöte), Mineralogie.

ZIMMERMANN, Horst
Dr. med., o. Prof. f. Innere Medizin - Moorenstr. 5, 4000 Düsseldorf - S. 1967 Wiss. Rat u. Prof. u. Ord. Univ. Düsseldorf (II. Med. Klinik). Fachveröff.

ZIMMERMANN, Horst
Dr. rer. pol., Dipl.-Kfm., Prof. f. Volkswirtschaftslehre Univ. Marburg (s. 1969) - Königsberger Str. 17, 3550 Marburg-Cappel - Geb. 11. März 1934 Krefeld (Vater: Arthur Z., Kaufm.; Mutter: Elfriede, geb. Ludewigs), ev., verh. s. 1967 m. Amrei, geb. Möhl, 3 Kd. - Neusprachl. Gymn. Uerdingen; Stud. Köln, München, Evanston (USA), Köln. Dipl.-Kfm. 1961; Promot. 1963; Habil. 1968 - BV: Öfftl. Finanzhilfen an Entwicklungsländer, 1963; Öfftl. Ausgaben u. regionale Wirtschaftsentwickl., 1970; Regionale Präferenzen, 1973; Finanzwiss. (m. Klaus D. Henke), 1975, 5. A. 1987; Regionale Inzidenz öffentl. Finanzströme, 1981; Local Business Taxes in Britan and Germany (m. R. J. Bennett), 1986; Bestimmungsgründe d. kommunalen Finanzsituation (m. U. Hardt, R.-D. Postlep, A. Wagenführer), 1987. Herausg.: D. Zukunft d. Staatsfinanzierung, 1988 - 1974 August-Lösch-Preis Stadt Heidenheim f. Regionalwiss. (f. Buch Nr. 3); 1981 Rat v. Sachverständigen f. Umweltfragen; Wiss. Beirat b. Bundesfinanzmin.; Akad. f. Raumforsch. u. Landesplanung - Spr.: Engl., Franz.

ZIMMERMANN, Horst
Dr. phil., Dipl.-Politologe, Bibliothekar - Königsteiner Str. 1b, 6232 Bad Soden am Taunus (T. 06196-2 11 89; od. Bundesarchiv: 0611-212-52 15) - Geb. 2. Nov. 1936 Riesa/Elbe (Vater: Wilhelm Z., Friseurm.; Mutter: Lina, geb. Schneider), verh. s. 1979 m. Rita, geb. Knopke - Büchereilehre Riesa, Büchereiklasse Dt. Buchhändler-Lehranst. Leipzig, Bibliotharschule Leipzig-Leutzsch (FHS), Dt. Hochsch. f. Politik Berlin-Schöneberg, FU Berlin, Kantonale Univ. Bern/Schweiz, Univ. Graz/Österr. (Neuere Gesch. u. Politol.), Promot. Bern - 1957 Bibliothekar Gera/Th., 1965 Redakt. Glarner Nachrichten, 1968 Berner Tagblatt, 1968 Neue Presse Zürich, 1969 Forsch.assist. Univ. Bern (b. Prof. Hans v. Greyerz, Schweizer. Nationalfonds), 1971 Hilfsref. Bundesstelle f. Entwicklungshilfe Frankfurt/M., 1972 Ref. f. Soziol. Univ.bibliothek Bielefeld u. Leit. Soziol. Fak.bibliothek, 1973 Dokumentar Inst. f. Bild.planung u. Stud.inform. Stuttgart (Kultusmin.), 1979 Bundesarchiv, Außenst. Frankfurt/M. - BV: D. Schweiz u. Österreichs Anschluß an d. Weimarer Rep., 1967; D. Schweiz u. Österr. während d. Zwischenkriegszeit, 1973; D. Schweiz u. Großdtschl., 1980; Handbuchbeitr.: D. Nebenfrage Schweiz in d. Außenpolitik d. Dritten Reiches, Bd. 12 Bonner Schriften z. Politik u. Zeitgesch., 1976 u. 1978 - Liebh.: Theater.

ZIMMERMANN, Horst
Journalist - Postf. 31 01 41, 5300 Bonn 3 - Geb. 24. Jan. 1938 Magdeburg (Vater: Hugo Z., Kaufm.; Mutter: Elfriede, geb. Baumgart), ev., verh. s. 1961 m. Renate, geb. Mazny, 2 Kd. (Karin, Andres) - Leibniz-Gymn. Essen; Stud. d. Gesch. u. Politik Univ. Bonn - S. 1958 Journal. Bonn, 1970 ff. Bonner Korresp. Abendpost/Nachtausgabe, Frankfurt/M. - BV: Leben, besser leben, überleben - Forschung sichert uns. Welt von morgen, 1978 - Liebh.: Lit. - Spr.: Engl., Franz.

ZIMMERMANN, Karl August
Dr.-Ing., Vorstandsmitglied Thyssen AG., Duisburg, Vors. Arbeitgeberverb. Eisen- u. Stahlind., Düsseldorf (1982 ff.), u. a. - Kaiser-Wilhelm-Str. 100, 4100 Duisburg 11 - Geb. 17. Sept. 1927 - Zahlr. ARsmandate.

ZIMMERMANN, Klaus
Dr. phil., Prof. f. Philosophie Päd. Hochsch. Göttingen, Lehrbeauftr. f. Phil. TU Clausthal - Hölleweg 1, 3400 Göttingen-Nikolausberg (T. 3 15 71).

ZIMMERMANN, Klaus
Dr. jur., Unternehmensberater, gf. Gesellsch. Dr. Zimmermann Consult Mainz - Gr. Bleiche 39, 6500 Mainz (T. 06131-23 25 97/8) - Geb. 12. Jan. 1941 Berlin, ev., verh. s. 1975 m. Christine, geb. Heizmann, Sohn Paul-Alexander - 1. u. 2. jurist. Staatsex.; Promot. 1972 Univ. Mainz - Bankwesen (Kreditdir. b. Großbank) u. Leasinggeschäftsf.; s. 1980 Industriebeirat. (mergers & acquisitions). Beiratsmand. - BV: D. Sparkasse in d. EWG, 1973 - Liebh.: Segeln, Tennis, Schach - Spr.: Engl., Franz.

ZIMMERMANN, Lothar
Vorsitzender DGB/Landesbez. Baden-Württ. (1978ff.), Mitgl. gf. DGB-Bundesvorst. (s. 1982) - Hans-Böckler-Str. 39, 4000 Düsseldorf 1 - Geb. 1929 Baden-Württ. - Maschinenschlosser; m. 26 J. Funktionär IG Metall, AR-Mitgl., AR Mannesmann AG, Düsseldorf. SPD.

ZIMMERMANN, Mac
Prof., Maler u. Grafiker - Gundelindenstr. 6, 8000 München 40 (T. 36 71 62) u. 8091 Hart, Post Ramerberg (T. 08039 - 19 41) - Geb. 22. Aug. 1912 Stettin, verh. s. 1960 m. Renate, geb. Bruhn - Schule u. Ausbild. Stettin - 1956-64 Prof. Kunsthochsch. Berlin, 1964-78 - akad. München. Werke in öfftl. Besitz (u. a. Berlin, Hamburg, München) - BV: Aus meinem Skizzenb., 1955; Träume, 1960; Patrick Waldberg, M. Z. Grafik-Œuvre; Zeichnungen, 1973-76; Knapp u. Petersen, Œuvre 1931-82 - 1950 Berliner Kunstpreis, 1956 Kunstpreis Graphik-Biennale Lugano; 1981 Lovis-Corinth-Preis; 1972 Mitgl. Bayer. Akad. d. Schönen Künste - Liebh.: Bücher, Schallpl. - Spr.: Engl. - Lit.: Patrick Waldberg, M. Z. - Grafik-OEuvre, 1970 - Surrealist (Phantast. Realismus).

ZIMMERMANN, Manfred
Dr.-Ing., Prof. f. Physiologie Univ. Heidelberg - Branichstr. 17, 6905 Schriesheim - Geb. 5. Nov. 1933 Herxheim (Vater: Heinrich Z.; Mutter: Margarete, geb. Ullrich), kath., verh. I) 1959-86 m. Herta, geb. Lages, gesch., II) s. 1987 m. Dr. Dagmar, geb. Drüll, 2 Söhne (Christoph, Frank) - Stud. Physik TH Karlsruhe (Dipl. 1959, Promot. 1965); Habil. 1969 Med. Fak. Univ.

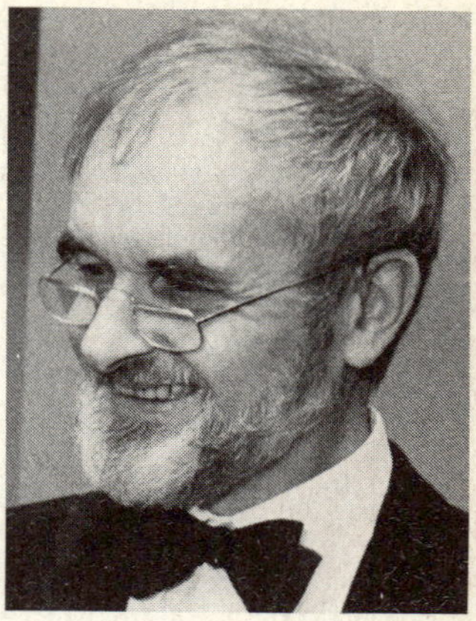

Heidelberg - 1969 Univ.-Doz. Univ. Heidelberg; 1971 Abt.-Leit. ebd.; 1973 Prof. ebd.; 1973/74 Gastprof. Monash-Univ. Australien; 1985 Gastprof. Univ. Siena, Italien. S. 1974 Editor-in-Chief v. Neuroscience Letters; s. 1985 Schriftleit. u. Schmerztherapeut. Kolloquium; s. 1985 Präs. Ges. z. Stud. d. Schmerzes f. Deutschl., Österr. u. d. Schweiz; s. 1987 Schriftleit. v. D. Schmerz; s. 1987 Nat. Beauftr. WHO f. Fragen d. Tumorschmerzes - BV: Phantom and Stump Pain, 1981 (m. J. Siegfried); Pain in the Cancer Patient, 1984 (m. P. Drings u. G. Wagner); Schmerz-Konzepte, ärztl. Handeln, 1984 (m. H.O. Handwerker, m. Übers. ins Ital.); D. Schmerz - E. vernachlässigtes Gebiet d. Med.?, 1986 (m. H. Seemann); Manual Schmerztherapie, 1986 (m. B. Kossmann, F.W. Ahnefeld u. I. Bowdler); Nervenschmerz (m. C. H. Lücking u. U. Thoden). Mithrsg. u. Anaestesist, Clinical Journal of Pain. Rd. 130 Fachveröff. u. Übersichtsarb., u. a. z. Neurophysiol. d. Hautsinne u. d. Schmerzes. Beitr. zu Lehrbüchern d. Physiol. (m. Übers. ins Engl., Ital., Portug., Span., Russ., Jap., Chin.). Lehrfilme f. Physiol.-Unterr.: Dehnungsreflex; D. Schmerz, e. Geißel d. Menschheit? Beitr. f. Rundf. u. Fernsehen - 1985 René-Leriche-Preis; 1988 Ehrenpreis d. Schmerztherapeut. Kolloquiums - Spr.: Engl., Franz., Latein.

ZIMMERMANN, Maria,
geb. Bosten
Journalistin, Regierungssprecherin d. Saarlandes (s. 1985) - Zu erreichen üb. Staatskanzlei, Am Ludwigsplatz 14, 6600 Saarbrücken (T. 0681 - 50 06 01) - Geb. 29. Okt. 1941 Berlin - Abit. 1961 Koblenz - Zeitungsvolontariat; Fachsem. Zeitungswiss. München - S. 1966 Journalistin in Saarbrücken.

ZIMMERMANN, Michael
I. Bürgermeister Stadt Cham (b. 1984) - 8490 Cham/Opf. - Geb. 26. Jan. 1924 Cham - Zul. Verwaltungsangest. SPD.

ZIMMERMANN, Rainer
Dr. phil., Kunsthistoriker, Publizist - In der Eiche 4, 3552 Wetter-Oberrosphe (T. 06423 - 66 20) - Geb. 6. Aug. 1920 Schluckenau/Nordböhmen (Vater: Benno Z., Verleger; Mutter: Johanna, geb. Gabler), verh. s. 1948 m. Emmy, geb. Balcke - Realgymn. Rumburg, Univ. Marburg (Kunstgesch., Phil.) - 1950-68 Feuilleton-Redakt., 1969-79 Vorst.-Mitgl. Versich.-Wirtsch. - Spez. Arbeitsgeb.: Malerei d. 20. Jh.; Gründ.-Mitgl. u. Vors. (1953-58) Marburger Kunstverein; Vorstandsmitgl. Otto-Pankok-Ges., Drevenack, W. Oltmanns-Stiftg, Delmenhorst; Mitgl. Lions-Club Marburg/L. - BV: Auf d. Spuren d. Bildes, V. d. Höhlenmalerei z. Elektronenfoto, 1961; Otto Pankok. D. Werk d. Malers, Holzschneiders u. Bildhauers, Monogr. 1964; Franz Frank. Leben u. Werk d. Malers, Monogr. 1964; Wilhelm Geyer. Leben u. Werk d. Malers, Monogr. 1971; D. Kunst d. verschollenen Generation. Dt. Malerei d. Expressiven

Realismus v. 1925-1975, 1980; Alfred Wais. Malerei u. Graphik, Monogr. 1980; Alois Dorn. E. Leben f. Figur u. Raum, Monogr. 1984; Otto Pankok, D. Holzschnitte, Werkverz. Bd. I 1985; Franz Frank, Leben u. Werk d. Malers, Monogr. II 1985; Holmead, Werk u. Leben d. Malers, Monogr. 1987 - Spr.: Franz., Engl.

ZIMMERMANN v. SIEFART, Ralf
Dipl.-Landw., Konsul, Vorstandsmitgl. Kali + Salz AG. - Friedrich-Ebert-Str. 160, 3500 Kassel - Geb. 8. Aug. 1925 Landsberg, ev., verh. s. 1956 - Niederl. Konsul - Spr.: Engl., Franz., Holl. - Rotarier.

ZIMMERMANN, Roland
Botschafter, Botschaft d. Bundesrep. Deutschland, Havanna (Kuba) - Zu erreichen üb. Postf. 1500, 5300 Bonn - Zul. Botsch. in Khartoum (Sudan) - 1969 BVK.

ZIMMERMANN, Roland A.
Pr. Eng., Dr. rer. nat., Dipl.-Ing., Unternehmensberater, Partner Kienbaum Intern. Unternehmens- u. Pers.beratung in Südafrika - 24 Second Road, Hyde Park, 2196 Sandton/Transvaal, Rep. Südafrika (T. 0027-11-447-3406 u. 447-1778) - Geb. 25. Okt. 1930 Plauen/Vogtl. (Vater: Dr. Otto Z., Zahnarzt; Mutter: Gertrud, geb. Wolter), ev., verh. s. 1951 m. Helga, geb. Goebel, S. Dr. Joachim, Zahnarzt - Dipl.-Ing. 1956 Bergakad. Clausthal; Promot. 1959 Univ. Hamburg - B. 1975 Geschäftsf. Cremer-Gruppe; b. 1981 Vorst. Otavi Mining Comp., Johannesburg; ab 1982 Vertragspartner Kienbaum in Südafrika. S. 1979 Senior Council bzw. Dir. Dt. Südafrikakammer f. Handel u. Ind. Johannesburg; s. 1978 Mitgl. Dt. Komit. South Africa Foundation - Interessen: Wirtschaftspolitik, Beziehg. zw. Deutschl. u. Südafrika - 1972 Sportabz. in Gold; Bayer. Leistungssportabz. in Gold; Dreikampfnadel in Gold; DLRG-Leistungsschein - Spr.: Engl., Portug., Ital., Franz.

ZIMMERMANN, Roland
Bürgermeister Obrigheim - Hauptstr. 7, Rathaus, 6951 Obrigheim; Am Steigeneck 2, 6951 Obrigheim - Geb. 21. Sept. 1948 Laufen, jetzt Albstadt-Laufen (Vater: Konrad Z.; Mutter: Emma), ev., verh. s. 1979 m. Edith, geb. Stingel.

ZIMMERMANN, Rolf Christian
Dr. phil. habil., Prof. f. Neuere dt. Literatur - Schönblick 24, 5350 Euskirchen 27 (Stotzheim) (T. 02251 - 6 43 11) - Geb. 11. Aug. 1930 Freiburg/Br. (Vater: Dr. Karl Z., Arzt; Mutter: Allis, geb. Durling), ev., verh. s. 1965 m. Christa, geb. Höfer, T. Susanne - Gymn. Konstanz, Univ. Freiburg u. Heidelberg (Dtsch., Franz., Engl. Philol.), Promot. 1958 Heidelberg, Habil. 1968 Köln 1957-59 Refer., 1959-68 wiss. Assist., 1968-70 Privatdoz., s. 1970 wiss. Rat u. Prof. Univ. Köln - BV: D. Weltbild d. jungen Goethe, 2 Bde., 1969/1979; Epochen d. Naturmystik (hg. m. A. Faivre), 1979 - 1963/64 Engl.Stip. v. British Council - Liebh.: Wandern, Musikhören - Spr.: Franz., Engl.

ZIMMERMANN, Rüdiger
Dr. phil., Prof. f. Engl. Sprachwiss. Univ. Marburg (s. 1973) - Geb. 27. Sept. 1940 Stolp/Pom. - Promot. 1968 Kiel - BV: Unters. z. frühmittelengl. Tempussystem, 1968. Fachaufs.

ZIMMERMANN, Ulrich

Redaktions-Direktor Neue Presse Verlags-GmbH Passau, Chefredakteur Passauer Neue Presse - Neuburger Str. 28, 8390 Passau (T. 0851 - 7 05 40) - Geb. 27. Mai 1936 Berlin, kath., verh. in 2. Ehe s. 1976 m. Ursula, geb. Marx, 4 Kd. (Markus, Florian, Stefanie, Nina) - 1955-59 Stud. Univ. München (Gesch., Kunstgesch., German.) - 1959-61 Redakt.-Volont. Axel-Springer-Verlag Hamburg; 1961-68 Redakt., Chef v. Dst. u. Produkt.-Chef BILD-Ztg. Hamburg; 1968-70 Chef v. Dst. u. Lokal-Chef Münchner Abendztg.; 1970-75 Redaktionsleit. BILD München; 1975-77 geschäftsf. Redakt. WELT; 1977-80 stv. Chefredakt. WELT am SONNTAG; 1980-86 stv. Chefredakt. BILD am SONNTAG - BV: Geliebt, verkannt u. doch geachtet - Franz Josef Strauß in A-Z, 1980; Unvergessen - Franz-Josef Strauß - das war sein Leben, 1988 - Liebh.: Gesch., Golf, Tennis, alte Hollywood-Filme - Spr.: Engl., Franz.

ZIMMERMANN, Uwe
Bürgerschaftsabgeordneter (s. 1974) - Wählingsweg 28, 2000 Hamburg 61 - SPD.

ZIMMERMANN, Werner
Grafiker, Fachschriftst. - Kirschenweg 38a, 8900 Augsburg (T. 0821-70 97 73) - Geb. 11. Jan 1943 Velky-Ujezd/CSSR, verh. m. Brunhilde, geb. Rößler, S. Ingo-Thorsten - Schriftsetzerlehre; Stud. Werkkunstsch. Augsburg (b. Eugen Nerdinger u. Lisa Beck) - Forsch. üb. vorgeschichtl. u. mittelalterl. Schiffbau Nordeuropas; Rekonstrukt. hist. Schiffe f. d. Dt. Mus. München - BV: Nef der Cinque Ports, (Dok. d. engl. Segelschiffe d. 13. Jh.) 1982; Fulmen in hostes, (Rekonstrukt. d. Furttenbach-Galeere v. 1629) 1985 - Liebh.: Klass. Musik, Aquarellmalerei, Yachtsegeln, Astrophysik - Spr.: Engl.

ZIMMERMANN, Wolf-Dieter
Pastor - Waldmannstr. 4, 1000 Berlin 46 (T. 771 47 40) - Geb. 7. Nov. 1911 Barmen (Vater: Richard R., Superintendent u. Präses Berliner Stadtsynode; Mutter: Martha, geb. Heyde), verh. s. 1939 m. Friederike, geb. Körte, 3 Kd. (Angela, Claudia, Christian) - Gymn. u. Univ. Berlin (Theol.). Theol.ex. 1934 u. 38 (beide illegal Bekenn. Kirche) - 1935-38 Vikariat BK Brandenburg, dann Hilfspred. Gustav-Adolf-Verein ebd. u. Jugendarb. Werder/H., 1941-45 Zivilangest. OKH, spät. Pfarrer Berlin, Verlagslektor (Haus u. Schule) u. Hauptschriftl. Unterwegs (1947-54), 1950-54 pers. Ref. Bischof Dibelius, b. 1976 Rundfunk- u. Fernsehbeauftr. Ev. Kirche Berlin-Brdbg. u. Leit. Ev. Rundfunkdienst Berlin. Danach freier Journalist in Berlin - BV: D. Welt soll unser Himmel sein, 1963; Begegnungen m. Dietrich Bonhoeffer, 1964; Anekdoten um Bischof Dibelius, 1967; Markus üb. Jesus, 1970; Kurt Scharf - Brücken u. Breschen, 1977; Zuwiderhandelnde werden getauft, 1977; So habe ich es erlebt (Otto Dibelius Selbstzeugnisse), 1980; Bitte wildern Sie nicht in d. Kathedrale, 1980; Glauben ist nicht überflüssig, 1981; Gerechtigkeit f. d. Väter, 1983; Bitte Ehemänner mitbringen, 1986. Übers. aus d. Amerik.: Gemeinde in East Harlem - E. Experiment in d. Großstadt (1963) - Liebh.: Soziol. - Spr.: Lat., Griech., Hebr., Engl.

ZIMMERMANN, Wolfgang
Dramaturg - Grillparzerstr. 51, 8000 München 80 (T. 470 34 52) - Geb. 4. Mai 1925 Stettin, ev., verh. s. 1968, 2 Kd. - Univ. Hamburg (Phil., Dt. Literaturgesch., Psych., German.) - S. 1946 Dramat. Dt. Schauspielhaus Hamburg u. Kammerspiele München (1955) - Spr.: Engl., Franz., Ital., Span.

ZIMMERMANN, Wolfgang
Dipl.-Kfm., Vorstandsmitglied Volksbank Gelsenkirchen eG (s. 1979) - Kaiser-Friedrich-Str. 106, 4040 Neuss (T. 2 17 08) - Geb. 30. Juli 1945 Neuss (Vater: Josef Z., Ing.; Mutter: Sofia, geb. Breuer), kath., verh. s. 1972 m. Irmgard, geb. Jansen - Stud. FU Berlin (Wirtschaftswiss.) - 1974-75 Vorst.assist. Volksbank Neuss, 1976-78 Vorstandsmitgl. Dellbrücker Volksbank eG, Köln-Dellbrück - Liebh.: Schöngeist. Lit. - Spr.: Engl.

ZIMMERMANN, Wolfgang
Dr. phil., Prof. f. Experimentalphysik Univ. Marburg - Stresemannstr. 36, 3550 Marburg/L. - Geb. 10. Febr. 1927 Duisburg - Sprecher der Arbeitsgr. Kernphysik; Vors. Konventsvorst. Univ. Marburg; Vorst.-Mitgl. Dt. Hochschulverb. Philipps-Univ. Marburg u. Marburger Gelehrte Ges.

ZIMMERMANN, Wolfgang
Dr. jur., Vorstandsmitglied Heidelberger Druckmaschinen AG, Heidelberg, Vizepräs. IHK Rhein-Neckar, Mannheim, Vors. d. Fachgem. Druck- u. Papiermaschinen/VDMA, Frankfurt/M., u. a. - Am Bächenbuckel 21, 6900 Heidelberg-Ziegelhausen - Geb. 14. April 1929 - L.L.M. Yale Univ. (USA); Ehrensenator Univ. Heidelberg.

ZIMMERMANN-BAUM, Achim
Fabrikant, 2. Vorsitzender Verb. d. Fachverb. Hut u. Mütze, Köln - In d. Krim 30-34, 5600 Wuppertal-Ronsdorf.

ZIMMERSCHIED, Dieter
Dr. phil., o. Prof. f. Musikpädagogik Hochsch. f. Musik u. Darst. Kunst Stuttgart - Weidmannstr. 43, 6500 Mainz 1 (T. 06131 - 8 28 42) - Geb. 1. Juli 1934 Danzig (Vater: Dr. Karl Z., wiss. Bibl.; Mutter: Ilse, geb. Dietrich), ev., verh. s. 1960 m. Christa, geb. Brauch, Tocht. Anja - 1954-58 u. 63-67 Stud. Musikwiss., Schulmusik, German., Volkskd. u. Psych. Univ. Mainz; 1. u. 2. Staatsex. f. d. höh. Schuldst. 1958 u. 60; Promot. 1967 - 1976 Prof., 1977 Leit. Studiengang Schulmusik Staatl. Hochsch. f. Musik u. Darst. Kunst Stuttgart. 1980 Mitgl. Bundeshauptaussch. Jugend musiziert; 1981 stv. Bundesvors. Verb. Dt. Schulmusikerzieher - BV: D. Kammermusik J.N. Hummels, 1967; Sämtl. Kompos. J.N. Hummels, Themat. Verz., 1972; Beat-Background-Beethoven, 1971; Perspektiven Neuer Musik, (m.a., Hrsg.) 1974; Funkkolleg Musik, (m.a., Mithrsg.) 1981; Operette - Phänomen u. Entwicklg., 1988.

ZIMMERSTÄDT, Günther
Sportlehrer, Referent f. Breiten- u. Freizeitsport Landessportbund Rheinl.-Pfalz - Rheinallee 1, 6500 Mainz 1 - Geb. 16. Nov. 1938 Mayen - 1956-59 Lehre Schaufenstergestalter; 1972-74 Univ. Trier; staatl. geprüfter Sportlehrer - Liebh.: Sport, Musik, Fotogr.

ZIMPEL, Heinz-Gerhard
Dr. rer. nat., Prof. f. Geographie Univ. München - Marthastr. 22, 8035 Gauting - Geb. 2. April 1925 Berlin, kath. - Promot. 1958, Habil. 1971 - 1965 Konservat.; 1970 Akad. Dir.; s. 1974 Prof. - Schriftleit. 1. Mitteil. u. 2. Lds.kdl. Forschungen d. Geogr. Ges. München - BV: Verkehr als Gestalter d. Kulturlandsch., 1958; Allg. Bevölkerungsgeogr. u. Ökumene, 1980; div. Beitr. in Lexika (Gr. Knaur, Brockhaus, Westerm., Lex. d. Geogr.) u. Festschr., Aufs., in dt., österr. u. schweiz. Ztschr.; Übers. in Span., Arab., Japan.

ZIMPELMANN, Uwe
Dipl.-Kfm., Vorstandsmitglied Landwirtschaftl. Rentenbank, Frankfurt/M., u. Verbindungsst. Landwirtschaft-Industrie Essen - Hochstr. 2, 6000 Frankfurt/M. - Geb. 25. Sept. 1943 - Reserveoffz.; Dipl.-Kfm.; Steuerberater; Wirtschaftsprüfer - Stv. Vorst.-Vors. Absatzfonds; AR-Mitgl. DG Bank Dt. Genossenschaftsbank, Lohmann & Co AG, Hamburger Getreide Lagerhaus AG, Südwestbank AG, AIH Agrar-Industrie-Holding GmbH, Schleswig-Holst. Landschaft, Braunschweig. ritterschaftl. Hypothekenbank AG, Wolfenbüttel; Kurat. Dt. Ges. f. Agrar- u. Umweltpolitik, Bonn.

ZINDLER, Harald
Geschäftsführer Greenpeace, Hamburg - Geb. 24. Juli 1944, ledig - Starkstromelektriker; Ausb. z. Elektro-Ing. - S. 1980 Aufbau v. Greenpeace in d. Bundesrep. - Liebh.: Schiffe, Wasser - Spr.: Engl.

ZINDLER, Martin

Dr. med., o. Prof. f. Anaesthesiologie - Himmelgeister Landstr. 171, 4000 Düsseldorf 13 (T. 75 49 68) - Geb. 28. April 1922 Strausberg (Vater: Hugo Z.; Mutter: geb. Goertz), verh. 1957 m. Dr. phil. Karin, geb. Bartsch, S. Markus - Univ. Breslau u. München - S. 1958 (Habil.) Lehrtätig. Univ. Düsseldorf (1962 ao.), 1966 o. Prof.; Dir. Inst. f. Anaesthesiol.). O. Mitgl. Europ. Acad. Anaesthesiology, 1984 Vizepräs. Dt. Akad. f. Anästhesiol. Fortbild. Wiss. Tätig. Engl. u. USA. 1956-59 Präs. Dt. Ges. f. Anaesthesie. Veröff. üb. Narkose, künstl. Unterkühlung in Herz-Lungen-Maschine. Mitherausg.: D. Anaesthesist - 1960 Preis Vereinig. Niederrhein-Westf. Chirurgen; 1985 Weyer Med. nordrhein. Ärzte - Liebh.: Segeln, Skilaufen, Windsurfen, Filmen - Spr.: Engl., Franz.

ZINGEN, Robert
Betriebsinspektor, Landtagsabg. - Kapellnstr. Nr. 27, 5500 Trier/Mosel - Geb. 4. Mai 1928 Ehrang, Kath., verh., 2

Kd. - Volkssch.; Schlosserlehre - S. Lehre Bundesbahnausbesserungswerk Trier (1962 Vors. Personalrat). 1969 ff. Mitgl. Stadtrat Trier (Fraktionsf.); 1970-71 u. 1974 ff. MdL Rhld.-Pfalz. CDU s. 1966 (div. Funkt.).

ZINK, Achim

Dr. rer. pol., Prof., Vorstandsvorsitzender BADENIA Bausparkasse AG, Karlsruhe (1968ff. Vorst.) - Schielberger Str. 25, 7506 Bad Herrenalb-Rotensol (T. 07083 - 14 41) - Geb. 15. Febr. 1931 Hamburg (Vater: Carl Z., Polizeisekr. †; Mutter: Gretchen, geb. Bartels †), verh. s. 1956 m. Ingeborg, geb. Diederich, 2 Söhne (Axel, Armin) - Gymn. u. Univ. Hamburg (Med., Volksw.; Dipl.-Volksw., 1956). Promot. 1965 Hamburg - Zul. Vorst.-Mitgl. Vereinigte Bausparkassen AG, Bielefeld. S. 1980 stv. Vors. (1976ff. Vorst.) Verb. Priv. Bauspark., Bonn. AR-Vors. Domus-Verlag, Bonn; AR-Mitgl. Allg. Vermögensberatung AG, Kompaß GmbH, bde. Frankfurt, Cosmos Lebensversich.-AG, Saarbrücken, Karlsruher Versich. AG, Karlsruhe; Vors. Dt. Sparerschutzgemeinsch., Bonn; stv. Vors. Karlsruher Hochsch.-vereinig., Karlsruhe. Mitgl. Kurat. Städtebauinst. Bonn u. Council Weltbausparvereinig. (JUBSSA); Mitgl. Beirat Dt. Bank AG, Frankfurt, u. Karlsruher Rendite; s. 1980 Lehrbeauftr. Univ. Karlsruhe - BV: D. Absatzpolitik in d. dt. Lebensversicherung, 1965; Beitr. z. Fragen d. Vermögensbild. u. d. Realkredits, 1981; D. Bausparvertrag, 1981; Bausparen im Spannungsfeld zw. Konjunktur u. Kapitalmarkt 1982; D. Bauspar-ABC, 1985 - 1983 BVK - Spr.: Engl.

ZINK, Jörg

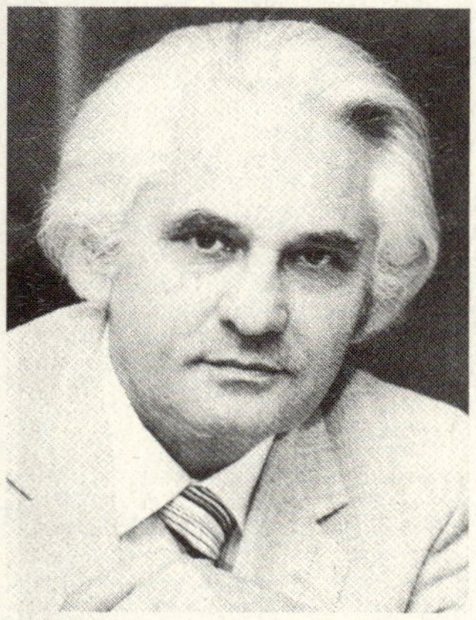

Dr. theol., Fernseh-Pfarrer u. Publizist - Fleischhauerstr. 9, 7000 Stuttgart 80 (T. 0711 - 71 17 87) - Geb. 22. Nov. 1922 Elm (Vater: Max Z., Buchhändler; Mutter: Maria, geb. Geiger), ev., verh. s. 1950 m. Heidi, geb. Daur, 4 Kd. (Dr. Christoph, Dr. Angela, Monika, Cordula) - Univ. Tübingen (Phil. u. Theol.); Promot. 1955 - Gemeindepfarrer, Gestalter kirchl. Rundf.- u. FS-Send. (u.a. Wort z. Sonntag); s. 1980 fr. Publizist - BV: Theol. studieren?, 1955; Würde u. Freiheit, 1956; Seid klug wie d. Schlangen, 1957; D. gr. Gott u. unsere kl. Dinge, 1958; In Gottes Spur, D. bibl. Gespräch, bde. 1959; Du bist getauft, 1960; Singen - Spielen - Werken, Deine Konfirmat., bde. 1961; Dies Kind soll unverletzet sein, 1962; Ihr Kind wird konfirmiert, 1963; Womit wir leben können, 1963; Deine Zeit u. alle Zeit, Drei Könige unter d. Kreuz, bde. 1964; Neues Testament, Zwölf Nächte, Himml. Musik, alle 1965; Altes Testament, 1966; Psalmen, 1967; D. Mitte d. Nacht ist d. Anfang d. Tages, D. muß man v. Jesus Christus wissen, Briefe an junge Kirchen: Römerbrief, Briefe an junge Kirchen: 1. Korintherbrief, Briefe an junge Kirchen: 2. Korintherbrief, Hoffnung f. d. Erde, alle 1968; E. Traum u. d. Weltgericht, Was Christen glauben, bde. 1969; Genesis Erklärungsbibl, So erzählt d. Alte Testament, Wie wir beten können, alle 1970; Peter Pelikan-Briefe, Bibel heute, D. Wahrheit läßt sich finden, alle 1971; Kriegt e. Hund im Himmel Flügel?, Worauf man sich verlassen kann, bde. 1972; D. Welt hat noch e. Zukunft, Was bleibt zw. Eltern u. Kindern, bde. 1972; Erfahrung m. Gott, 1974; Was wird aus diesem Land?, 1975; Lichter u. Geheimnisse, 1976; Sag mir wohin?, 1977; Licht üb. d. Wassern, D. bibl. Gespräch, bde. 1978; E. Handvoll Hoffnung, Was bleibt, stiften d. Liebenden, bde. 1979; Wie Sonne u. Mond einander rufen, 1980; Kostbare Erde, D. Morgen weiß mehr als d. Abend, Widerschein s. Lichts, alle 1981; Wie übt man Frieden, Gott schauen, Wenn d. Abend kommt, Mehr als drei Wünsche, Am Ufer d. Stille, Alles Lebendige singt v. Gott, Was d. Nacht hell macht, alle 1982; Gespräche m. d. dunklen Gott, Brot u. Wein f. alle Menschen, Und nimmt an e. Knechts Gestalt, Vielleicht ist es noch nicht zu spät, alle 1983; Wir werden alle auferstehen, Vielfarbiger Dank, Meine Gedanken sind b. Dir, Wie d. schöne Lau d. Lachen lernte, alle 1984; D. Himmel erhört d. Erde, Liebe ist e. Wort aus Licht, Trauer hat heilende Kraft, alle 1985; Wer im Schutz d. Höchsten wohnt, Wie d. Farben im Regenbogen, Erde - Wasser- Luft u. Feuer, Geschichten v. Jesus, Nebellandschaften, Leben unt. Gottes Segen, alle 1986; Dein Tod ist unser Leben, Dein Geb. sei e. Fest, Liebesbrief an e. Mutter, Heimkehren, alle 1987; Stern üb. dunklem Land, Tief ist d. Brunnen d. Vergangenh., bde. 1988; Bildw. z. Bibel, 6 Bde.; Diabücherei Christl. Kunst, 24 Bde. (m. Diapositiven) - 1984 Bundesnaturschutzpreis.

ZINK, Johann

Landwirt, 1. Vorstand Arbeitsgem. Dt. Schweineerzeuger Bonn - Zu erreichen üb. Arbeitsgem. Dt. Schweineerzeuger, Adenauerallee 174, 5300 Bonn.

ZINK, Karl Friedrich

Dr., Landrat Kr. Weißenburg-Gunzenhausen (s. 1969) - Landratsamt, 8832 Weißenburg/Bay. - Geb. 1. Sept. 1933 Roth - Zul. Oberregierungsrat. CSU.

ZINK, Otto

Techn. Angestellter, MdB (s. 1965) - Wartburgweg Nr. 1, 6090 Rüsselsheim/Hessen (T. 5 55 80) - Geb. 31. Okt. 1925 Rüsselsheim (Vater: Otto Z., Kaufm.; Mutter: Christine, geb. Sieben), kath., verh. s. 1949 m. Lieselotte, geb. Knopp, 3 Kd. (Wilfried, Christa, Claudia) - Volkssch.; Werkzeugmacherlehre - S. Lehre Adam Opel AG. (1951 Betriebsratsmitgl.; 1961 techn. Angest.; 1965 ARsmitgl.); 1943-47 Arbeits-, Wehrdst., Gefangensch. 1956 ff. Stadtverordn. Rüsselsheim; 1962-65 MdL Hessen. CDU s. 1953 (1967 stv. Landesvors. Hessen).

ZINK, Peter

Dr. rer. nat., Dr. med., Prof. f. Rechtsmedizin, Direktor Gerichtl.-Med. Inst. Univ. Bern (s. 1982) - Landhaus Bubenberg, CH 3098 Köniz/Schliern - Geb. 5. Aug. 1936 München (Vater: Dr. Walter Z., Oberstud.dir.; Mutter: Charlotte, geb. Klement), ev., verh. s. 1966 m. Dr. Dr. Ingrid, geb. Woelcke, 3 Kd. (Michael, Julia, Thomas) - TH München (Physik), Univ. Erlangen (Med.), Promot. Dr. rer. nat. 1965, Dr. med. 1966, Habil. 1970, o. Prof. 1977. 1977-82 Vorst. Inst. f. Rechtsmed. Med. Hochsch. Hannover - Lehrst. Rechtsmed. MH Hannover - BV: 90 wiss. Veröff. in rechtsmed. Ztschr. - Spr.: Engl., Span.

ZINK, Ulrich

Redakteur Allg. Zeitung Mainz - Senefelderstr. 25, 6500 Mainz - Geb. 25. Aug. 1939 Kaiserslautern (Vater: Richard Z., Verw.-Angest.; Mutter: Anne, geb. Müller), ev., verh. s. 1968 m. Bärbel, geb. Scharper, 2 S. (Joachim, Peter) - Abit. Univ. Heidelberg (Gesch., Polit. Wiss.) - 1963-66 Öfftl. Anzeiger Bad Kreuznach; 1966-70 Rheinpfalz Pirmasens; 1970-79 Rheinpfalz Ludwigshafen; ab 1979 Allg. Ztg. Mainz - Spr.: Engl., Franz. - Bek. Vorf.: Theodor Z., Pfälz. Landeskonservator (Großv.).

ZINKANN, Peter-Christian

Dr. rer. pol., Dipl.-Ing., Mitinhaber u. Geschäftsf. Miele & Cie. KG u. Mielewerke GmbH, Gütersloh, AR-Mitgl. Fried. Krupp Stahl AG, Mannesmann-Kienzle GmbH, Villingen-Schwenningen, Zanders Feinpapiere AG, Bergisch Gladbach, stv. VR-Vors. Technischer Überwachungsverein Rheinland, Köln, Vors. Landesbeir. Westf. Dresdner Bank, D'dorf - Thesings Allee 11a, 4830 Gütersloh (T. priv.: 05241 - 89 0; Büro: 89 11 53) - Geb. 17. Sept. 1928 Bremen (Vater: Kurt-Christian Z., Fabr. †1985; Mutter: Edith, geb. Birkholz †1981), ev., verh. s. 1958 m. Dr. phil. Karin, geb. Rohe, S. Reinhard - Liebh.: Musik - Spr.: Engl. - Rotarier.

ZINKE, Otto

Dr.-Ing., habil., Dr.-Ing. E. h., o. Prof. f. Hochfrequenztechnik (emerit) - Richard-Wagner-Weg 69, 6100 Darmstadt (T. 7 62 39) - Geb. 25. Febr. 1908 Hannover (Vater: Max Z., Reichsbankbuchh.; Mutter: Anna Z., geb. Kramer), ev., verh. s. 1959 m. Dr. med. Ruth, geb. Zehme, 2 Töcht. (Marianne, Annette) - TH Berlin (Fernmeldetechnik; Dipl.-Ing. 1932). Promot. (1936) u. Habil. (1940) Berlin - Lehr- (1940 Privatdoz., 1942 ao. Prof. TH Berlin; 1955 o. Prof. u. Inst.dir. TH Darmstadt) u. Industrietätigk. (1951-55) Zentrallabor. Siemens & Halske AG., München - BV: Hochfrequenz-Meßtechnik, 3. A. 1959; Hochfrequenz-Meßgeräte, 1959 (m. H. Brunswig); Lehrb. d. Hochfrequenztechnik, 1965, 2. A. 1973/74, 3. A. 1986 (m. dems.); Widerstände, Kondensatoren, Spulen u. ihre Werkstoffe, 1965, 2. A. 1982 (m. H. Seither). Üb. 60 Fachaufs.

ZINKEL, Heinz Michael

Dr. rer. oec., Dipl.-Kfm., Gf. Vorstandsmitglied Bayer. Ziegelind.-Verband - Tölzer Str. 29, 8184 Gmund - Geb. 16. Okt. 1929 Wilhermsdorf, ev., verh. s. 1972 m. Monika, geb. Köster, S. Marc - Dipl.-Kfm. 1956; Promot. 1961 Univ. Erlangen-Nürnberg - S. 1962 Geschäftsf. u. gf. Vorst.-Mitgl. Bayer. Ziegelind.-Verb., Ziegel-Forum, Ausb.-förder.werk Ziegelind. - BVK.

ZINN, Ernst

Dr. phil., o. Prof. d. Klass. Philologie (unt. Berücks. vergl. Literaturgesch.) - Hauffstr. 6, 7400 Tübingen (T. 44 39) - Geb. 26. Jan. 1910 Berlin - S. 1945 (Habil.) Lehrtätigk. Univ. Berlin, Hamburg (1951 apl. Prof.), Saarbrücken (1951 Ord.), Tübingen (1956) - BV: D. Wortakzent in d. lyr. Versen d. Horaz, 1940. Div. Herausg., u. a. R. M. Rilke - Sämtl. Werke (1955-66) - Spr.: Franz., Engl., Ital., Dän. - Rotarier.

ZINN, Karl Georg

Dr. rer. pol., Dipl.-Volksw., o. Prof. TH Aachen - Vaalser Str. 55, 5100 Aachen - Geb. 22. Sept. 1939 Kassel (Vater: Georg August Z., s. XVIII. Ausg.; Mutter: Meta, geb. Sturm), verh. s. 1966 - Stud. d. Wirtsch.s- u. Sozialwiss. Univ. Frankfurt/M., Freiburg, Mainz; Habil. 1969 Mainz - BV: Basistheorie d. ökonomischen Wohlstandes in d. Demokratie, 1970; Sozialistische Planwirtschaftstheorie, 1971; Arbeitswerttheorie, 1972; Wohlstand u. Wirtschaftsordnung, 1972; Allg. Wirtschaftspolitik, 2. A. 1974; Wirtschaftszusammenhänge verständlich lehren, 1976; Wirtsch. u. Wissenschaftstheorie, 1976; Konjunkturlehre f. Praktiker, 4. A. 1977; Preissystem u. Staatsinterventionismus, 1978; Niedergang d. Profits, 1978; D. Selbstzerstör. d. Wachstumsges., 1980; D. neue Wohlstand (m. W. Meissner), 1984; Grundwortschatz wirtschaftswiss. Begriffe (m. U. P. Ritter), 4. A. 1987; Arbeit, Konsum, Akkumulation, 1986; Politische Ökonomie, 1987; Kanonen u. Pest, 1989. Herausg.: Strategien gegen d. Arbeitslosigkeit (1977), Keynes aus nachkeynesscher Sicht (1988). Mithrsg.: Probleme d. wirtschaftspolit. Praxis in histor. u. theoret. Sicht (1979). Ca. 120 Fachaufs. - Spr.: Engl., Franz.

ZINN, Werner

Dr. rer. nat., Prof. f. Physik Univ. Köln u. Direktor Inst. f. Festkörperforsch. KFA Jülich (s. 1971) - Linnicher Str. 63, 5170 Jülich (T. 02461 - 5 41 39) - Geb. 6. April 1929 Ostheim/Rhön, ev., verh. s. 1956 m. Inge, geb. Kochinki, 3 Kd. (Ursula, Rainer, Johanna) - Abit. 1949; 1949-55 Stud. Univ. Würzburg (Physik); Promot. 1958 Würzburg - 1958-60 wiss. Assist. Phys. Inst. Univ. Würzburg; 1960-71 wiss. Mitarb./Laborleit. Forsch.-Laboratorium München Siemens AG - 1962-72 zahlr. Erf. üb. mag. Schichten - BV: Berichte d. Arbeitsgem. Magnetismus, 1976-86; Tagungsberichte, 12 Bde.: Mag. Halbleiter, 1975; ICM, 3 Bde., 1979. Handb.-Art. - Liebh.: Musik, Aquarellieren, Tennis, Ski - Spr.: Engl., Franz., etwas Span. u. Russ.

ZINNECKER, Jürgen

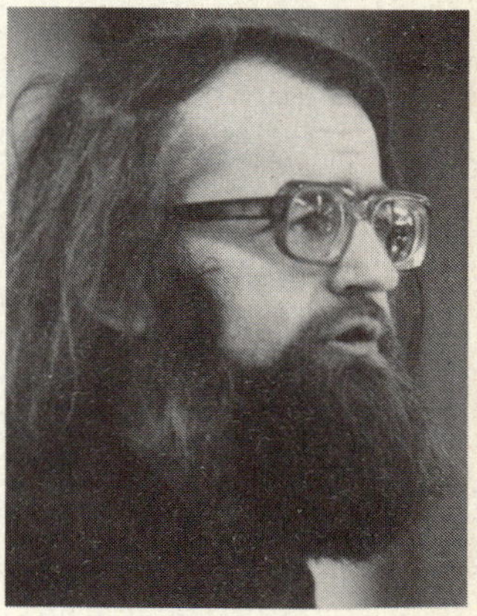

Dr. phil., Prof. f. Erziehungswiss. Univ.-GH Siegen (s. 1976) - Brüderweg 221, 5900 Siegen (T. 0271 - 6 16 83) - Geb. 10. Juni 1941 Trautenau/Tschechosl., verh. s. 1966 m. Gisela, geb. Koch - Ausb. Volksschullehrer Hamburg; Stud. Erziehungswiss. u. Soziol. FU Berlin; Promot. - 1981-86 Prof. f. Erziehungswiss. Univ. Marburg, s. 1986 Prof. f. Erziehungswiss. u. Sozialpäd. Univ.-GH-Siegen - Forschungsprojekte DFG; Stiftg. VW; Jugendwerk Dt. Shell zu Kindheit u. Jugend - BV: Emanzipation d. Frau u. Schulausbildung, 1972; D. heimliche Lehrplan, 1975; D. Lebenswelt v. Hauptschülern, 1975; Schüler im Schulbetrieb, 1978; Jugend, 1981; Jugendliche u. Erwachsene, 1985; Jugendkultur 1940-80, 1987; Stadtgeschichte als Kindheitsgesch., 1989 - Liebh.: Schach, Bücher.

ZINNER, Gerwalt

Dr. phil., o. Prof. f. Pharmaz. Chemie - Am Papenholz 14, 3300 Braunschweig - Geb. 30. Sept. 1924 Schalkau, verh. s. 1956 m. Margarete, geb. Winterfeld - Apoth.; Dipl.-Chem.; Lebensm.chem. - S. 1958 (Habil.) Lehrtätigk. Univ. Marburg, Münster (1963 ao. Prof.), TH bzw. TU Braunschweig (1965 o. Prof. u. Inst.-dir.). Fachveröff. - 1971 Mitgl. Braunschw. Wiss. Ges.; 1972 Mitgl. Dt. Akad. d. Naturforscher (Leopoldina), Halle/S.

ZINNKANN, Willi

Bürgermeister - Brunostr. 13, 6470 Büdingen (T. 6 93) - Geb. 27. Okt. 1915 Worms/Rh. (Vater: Heinrich Z., hess. Staatsminister †1973 (s. XVI. Ausg.); Mutter: Johanna, geb. Olbert) - Abit. 1935 - 1935-45 Arbeits-, Militär- (1936) u. Wehrdst., ab 1946 Grenzkommissar f. d. Flüchtlingswesen f. Hessen-Nassau u. Flüchtlingskommissar Büdingen, Leit. Flüchtlings- u. Wohnungsamt Landratsamt ebd., s. 1948 MdK (Fraktionsvors. SPD). 1950-70 MdL Hessen (1955 Fraktionsgeschäftsf., 1960 -vors.), s. 1952 Stadtverordn. u. Bürgerm. (1962) Büdingen. 1929-33 SAJ (zul. Vors. Darmstadt); s. 1945 SPD - 1971 BVK I. Kl.

ZINSER, Gerhard

Generaldirektor Süßwarenbereich Jacobs Suchard - Gruppe, Jacobs Suchard Management & Consulting AG - Klausstr. 4-6, CH-8034 Zürich (T. 01-385 11 11).

ZINSER, Hartmut

Dr. phil., Prof. f. Religionswiss. FU Berlin - Milowstr. 6, 1000 Berlin 33 - Geb. 1. Nov. 1944 Tübingen, ev., verh. m. Dr. med. H. E. Alten, 2 Töcht. (Jenny, Charlotte) - Stud. FU Berlin u. Univ. of Pennsylvania (USA) - Vorst.-Mitgl. d. DVRG - BV: Mythos u. Arbeit, 1977; D. Mythos d. Mutterrechts, 1981; Weltgeist zw. Jena u. Berlin, 1982; D. Untergang v. Religionen, 1986; Religionswiss. E. Einführung, 1988.

ZINSMAIER, Paul

Dr. phil., Ltd. Staatsarchivdirektor a. D., Honorarprof. f. Histor. Hilfswissenschaften Univ. Heidelberg - Albtalstr. 9, 7500 Karlsruhe (T. 3 47 19) - Zul. Staatsarchiv Karlsruhe - 1970 BVK I. Kl.

ZINTZ, Richard

Dr. med., Prof., Chefarzt Augenklinik St. Joseph-Stift, Bremen (s. 1968) - Geb. 28. Sept. 1922 Hermannstadt/Siebenb. (Vater: Dr. jur. Richard Z., Rechtsanw.; Mutter: Erna, geb. Chrestels), ev., verh. m. Gisa, geb. Klügel, 2 Söhne (Martin, Georg) - Oberarzt Univ.s-Augenklin. Freiburg (1958-61, 1963-67) u. Basel (1962-63). S. 1960 (Habil.) Lehrtätigk. Univ. Freiburg/Br. (1966 apl. Prof. f. Augenheilkd.). Zahlr. Fachveröff. Mitarb. an Monogr. u. Lehrb. - Spr.: Rumän., Franz., Engl., Ungar.

ZINTZEN, Clemens

Dr. phil., o. Prof. f. Klass. Philologie - Universität (Inst. f. Altertumskunde), 5000 Köln 41 - Geb. 24. Juni 1930 Aachen (Vater: Joseph Z., Gutsbesitzer; Mutter: Elisabeth, geb. Kohl) - Univ. Köln u. Bonn. Promot. (1961) u. Habil. (1963) Köln - S. 1964 Lehrtätigk. Univ. Köln, Mannheim (1968 apl. Prof.; Wiss. Rat), Saarbrücken (1969 Ord.), Köln (1972 Ord.) - 1977 o. Mitgl. u. 1986 Vizepräs. d. Akad. d. Wiss. u. d. Lit., Mainz; 1980 korr. Mitgl. Berliner Wiss. Gesellsch.; 1981 Mitgl. Mediaeval Acad. of America, Cambridge Mass. - BV: Analyt. Hypomnema zu Senecas Phaedra, 1960; Damascii vitae Isidori reliquiae, 1967; D. Laokoonepisode b. Vergil, 1980; D. Zusammenwirken v. Rezeption u. Originalität am Beispiel röm. Autoren, 1986. Div. Einzelarb.

ZIOLKOWSKI, Wolfgang

Prof., Geiger, Dozent f. Violine u. Viola Staatl. Hochsch. f. Musik - Zul. Parkallee 74, 2000 Hamburg 13 (T. 45 73 42) - Geb. 11. April 1920 Oberhausen/Rhld. (Vater: Valerian Z., Kammermusiker; Mutter: Johanna, geb. Martz), kath., verh. m. Rosemarie, geb. Lütkemeyer, 3 Kd. (Juliane, Barbara, Jan-Christoff) - Konservat. Posen; Musikhochsch. Köln; Univ. Göttingen, Köln, Hamburg (Musikwiss., Kunstgesch., Slavistik, Phonetik) - Spr.: Poln.

ZIPF, Karl Eberhard

Dr. med., o. Prof. u. Direktor Inst. f. Sportmedizin/Univ. Münster - Horstmarer Landweg 39, 4400 Münster/W. - Zul. Prof. Univ. Mainz - Sohn Christoph Tenniscrack.

ZIPFEL, Walter

Prof., Bundesrichter a. D. - Reithohl 7, 7500 Karlsruhe 41 - Geb. 8. April 1914 Haßfurt - BV: Lebensmittelrecht, Komm. 1962, 70. Ergänzungslief. 1963-89.

ZIPPEL, Wulfdiether

Dr. rer. pol., Prof., f. Volkswirtschaftslehre TU München - Arcisstr. 21, 8000 München 2 (T.21 05 86 81); priv.: Whistlerweg 40a, 8000 München 71 - Geb. 22. Juli 1938 Berlin (Vater: Dr. Hansgeorg Z., Rechtsanw.; Mutter: Anneliese, geb. Peinemann), ev., verh. s. 1972 m. Edith, geb. Obert, 2 Kd. - Dipl.-Ing. Hannover, Dipl.-Wirtschaftsing. München, Promot. 1971 u. Habil. 1976 ebd. - BV: Gegenstand u. Analyse d. Pläne z. Neugestalt. d. intern. Geldverfass., 1978 - Spr.: Engl., Franz.

ZIPPELIUS, Reinhold

Dr. jur. (habil.), Prof. f. Rechtsphilosophie, Staats-, Verwaltungs- u. Kirchenrecht - Niendorfstr. 5, 8520 Erlangen (T. 5 57 26) - Geb. 19. Mai 1928 Ansbach (Vater: Hans Z.), verh. s. 1959 m. Annelore, geb. Fricke, 2 Kd. - 1956-63 im bay. Ministerialdienst - 1961 Priv.-Doz. Univ. München; 1963 o. Prof. u. Vorst. Inst. f. Rechtsphilos. u. Allg. Staatslehre Univ. Erlangen-Nürnberg; 1985 o. Mitgl. Akad. d. Wiss. u. d. Lit. Mainz - BV: Wertungsprobleme im System d. Grundrechte, 1962; D. Wesen d. Rechts - Einf. in d. Rechtsphilos., 4. A. 1978; Allg. Staatslehre, 10. A. 1988 (portug. Übers. 1971, 1984, span. Übers. 1985); Geschichte d. Staatsideen, 6. A. 1989; Jurist. Methodenlehre, 4. A. 1985; Einf. in d. Recht, 2. A. 1978; Gesellschaft u. Recht - Grundbegriffe d. Rechts- u. Staatssoziol., 1980; Rechtsphilos., 2. A. 1989, 1982; D. Bedeutung kulturspez. Leitideen f. d. Staats- u. Rechtsgestaltung, 1987; Z. Rechtfertigung d. Mehrheitsprinzips in d. Demokratie, 1987; Dt. Staatsrecht, 27. A. 1988 (m. Th. Maunz). Fachaufs.

ZIRKER, Hans

Dr. theol., Univ.-Prof. f. Kath. Theol./ Fundamentaltheol. Univ.-GH Duisburg - Blumenstr. 29, 4044 Kaarst 1 (T. 02101 - 6 43 28) - Geb. 17. März 1935 Ludwigshafen - 1962-71 Gymnasiallehrer; 1971-75 Fachleit. Inst. f. Lehrerfort- u. Weiterbild. Mainz; 1975-80 Prof. PH Rheinl., Abt. Neuss; s. 1980 Univ. Duisburg - BV: u.a. D. kult. Vergegenwärtig. d. Vergangenh. in d. Psalmen, 1964; Sprachprobl. im Religionsunterr., 1972; Lesarten v. Gott u. Welt, 1979; Religionskritik, 1982; Ekklesiol., 1984; Christentum u. Islam, 1989.

ZIRNGIBL, Willy

Journalist, Leit. Bonner Büro Westd. Allg. Zeitung (WAZ) - Lessingstr. 26, 5303 Bornheim (T. 02222 - 40 78) - Geb. 5. Nov. 1930 Ansbach (Vater: Ludwig Z.; Mutter: Frieda, geb. Schühlein), ev., verh. s. 1962 in 2. Ehe m. Dagmar, geb. Günther, 2 Töcht. (Renate, Sabine) - Realgymn. Nürnberg - Autor v. Politiker-Porträts in Taschbuchserie gefragt - 1980 BVK am Bde.

ZISCHKA, Anton

Schriftsteller - San Vicente-Pollensa/ Mallorca (Spanien) - Geb. 14. Sept. 1904 Wien (Vater: Edmund Z., Ing.), kath., verh. s. 1925 m. Margarete, geb. Hoff, 3 Kd. (Maria, Jan, Martin) - Internate Eton, Kalksburg, Laa/Thaya; Univ. München - 1924-29 Redakt. Neue Fr. Presse, Wien, u. Südosteuropa-Korresp. Politiken, Kopenhagen, dann Sonderberichterstatter Intransigant, Paris (China, Mandschurei, Japan, USA), ab 1931 Paris Soir, Gringoire u. Voila (Südamerika, Ferner Osten, Arabien), s. 1934 fr. Schriftsteller f. Wirtschafts- u. Weltpolitik San Vicente (1945-47 auf Grund e. alliierten Repatriierungsbefehls interniert) - BV (1934-81 insges. 46, z. T. in 16 Übers.): u. a. Kampf um d. Weltmacht Öl, 1934; Wiss. bricht Monopole, 1936, Japan in d. Welt, 1936; Ölkrieg, 1939; Länder d. Zukunft, 1950; D. Welt d. Stahldämonen - D. Automatisierung wirtschaftl., sozial u. weltpolit., 1963; Welt ohne Analphabeten - Probleme u. Möglichkeiten d. Bildungshilfe, 1964; D. Ruhr im Wandel - Ruinenfeld oder Retter v. morgen?, 1966; War es e. Wunder? - 2 Jahrzehnte dt. Wiederaufstiegs, 1966; Deutschland in d. Welt v. morgen, 1969; D. Trillionen-Invasion - D. Kampf d. Menschen gegen Schädlinge u. Krankheiten, 1971; D. Ende d. amerik. Jahrhunderts - USA/Land d. begrenzten Möglichkeiten, 1972; D. Welt bleibt reich - E. optimist. Bestandsaufnahme, 1974; Europas bedrohte Hauptschlagader. Arabische Renaissance od. neue Großmacht Iran?, 1976; D. neue Spanien zw. Gestern u. Morgen, 1977; Kampf ums Überleben, 1979; D. Nach-Öl-Zeitalter. Wandel u. Wachstum durch neue Energien, 1981; D. Dollar. Glanz u. Elend e. Währung, 1986; Tschernobyl kein Zufall. Sowjetwirtschaft u. d. Fehler d. Westens, 1987; D. alles treibende Kraft, Weltgesch. d. Energie, 1989 - Bek. Vorf.: Jan Ziska v. Trocnow, Hussitenführer (†1424).

ZISCHKA, Gert

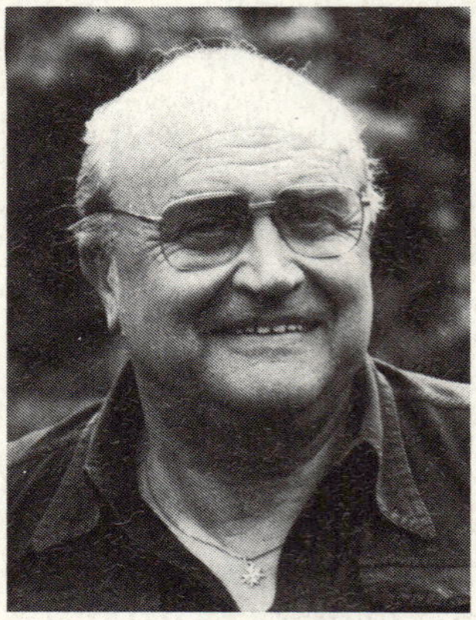

Dr. med., Prakt. Arzt - Dreifaltigkeitsstr. 9, A-3425 Langenlebarn b. Wien (T. 02272 - 41 68) - Geb. 30. Jan. 1923 Linz/Donau (Österr.), kath., verh. s. 1956 m. Christine, geb. Plakolb, 2 Kd. (Alexander, Eva) - Stud. Kunstgesch. u. Med. Univ. Wien, Berlin, Prag, Graz, Innsbruck, Med. Akad. Danzig, Militärärztl. Akad. Berlin. Promot. 1954 Innsbruck - U. a. Abt.sleit. (Forsch.) Cilag-Chemie, Schaffhausen, Johnson & Johnson International, New Brunswick (USA), Chefredakt. Duden-Verlag, Mannheim, Leiter Wiss. Informationsdienst Sandoz AG., Nürnberg. - Herausg.: Index Lexicorum - Bibliogr. d. lexikal. Nachschlagewerke, 1959 (New York); Gelehrtenlexikon - Biogr. Handwörterb. z. Gesch. d. Wiss., 1961 (Stuttgart); Meyers Bücherlex., 1963 (Mannheim); Kl. Gesch. d. Privatbibl., 1968 (München); Goethe, Tageskonkordanz, 1981 ff.; Mithrsg.: Bibliogr. Handb. d. Sprachwörterb., 1958 (Stuttgart) - Liebh.: Bibliophilie - Bek. Vorf.: Jan Ziska v. Trocnov, Hussitenführer (†1424).

ZISSLER, Josef

Dr. med., Prof., Internist, Chefarzt i. R. Med. Klinik am Hospital zum Hl. Geist Frankfurt/M. (1963-85) - Schweinfurter Weg 25, 6000 Frankfurt/M. 70 - Geb. 30. Nov. 1920 Mainburg/Ndb., kath., verh. s. 1948 m. Dr. med. Renate, geb. Sido, 2 Kd. (Brigitte, Wolfgang) - 1930-39 Gymn. Ettal/Obb.; Stud. Med. - S. 1954 (Habil.) Lehrtätigk. Univ. Würzburg (1961 apl. Prof.) u. Frankfurt (apl. Prof.). Fachveröff. u.a. Beitrag: Krankheiten d. Gefäße (m. E. Wollheim), in: Handb. d. Inn. Med. (4. A. 1960).

ZITSCHER, Wolfram

Dr. jur., Dr. phil., Präsident Landesarbeitsgericht Schlesw.-Holst. (b. 1989) - Deliusstr. 22, 2300 Kiel - Geb. 25. März 1924 Breslau (Vater: Dr. Helmuth Z., Oberstudiendir.; Mutter: Käte, geb. Niedlich), gesch., 3 Kd. (Harriet, Bertram, Corvin) - Friedr.-Wilh. Univ. Berlin u. Univ. Kiel (Rechtswiss., Nationalökonomie, Phil., Soziol., Psych., Kunstgesch.); jur. Promot. 1962, phil. Promot. 1968 - 1949-53 Schlesw.-Holst. Ministerialdienst; 1955 RA; s. 1956 Staatsanwalt, Richter AG, LG u. Arbeitsgerichtsbarkeit; 1966 UN-Berater in d. Rep. China - Veröff. z. Rechtssoziol., Rechtstheorie, Arbeitsrecht, Soziol., Kunstgesch., Phil. - Liebh.: Kulturanthropol.

ZITTERBART, Gerrit

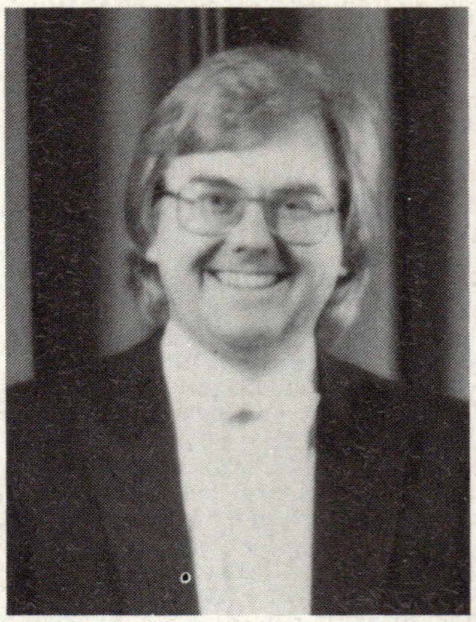

Prof., Pianist - Brüder-Grimm-Allee 16, 3400 Göttingen (T. 0551 - 5 83 70) - Geb. 9. Mai 1952 Göttingen, verh. m. Ilsemarie, geb. Habermann, 4 Kd. (Christopher, Sophie, Marie, Eva) - 1971-79 Stud. Hochsch. f. Musik u. Theater Hannover, Sommerakad. Mozarteum Salzburg (Leygraf, Haase, Engel); Konzertex. 1979 - Schallpl.-Aufn., intern. Konzerttätigk.; 1981 Lehrauftr. Hochsch. f. Musik u. Theater Hannover, 1983 Prof. - Preisträger KJK Hannover (1977, 78), Colmar, Genf (1977, Abegg Trio), Florenz (1980), Bordeaux (1981, Abegg Trio), Bonn (1979, Abegg Trio), 1986 Bernhard-Sprengel-Preis (Abegg Trio).

ZITZMANN, Georg

Dr. jur., Dipl.-Volksw., Dr. oec. h. c., Stadtkämmerer a. D. - Virchowstr. 19, 8500 Nürnberg (T. 51 35 33) - Geb. 9. Okt. 1903 Nürnberg (Vater: Georg Z.; Mutter: geb. Brunhübner), ev., verh. s. 1939 m. Brunhilde, geb. Böckmann, 3 Kd. (Monika, Dagmar, Michael) - Univ. Erlangen u. München (Rechts- u. Staatswiss., Volksw.) - 1927-31 Jurist. Mitarb. Vaterl. Kreditversich. AG., Berlin; 1931-45 Synd. Engelhardt-Brauerei AG. ebd.; 1945-70 Stadtkämmerer Nürnberg - Ehrendoktor Hochsch. f. Wirtschafts- u. Sozialwiss., Nürnberg (jetzt Univ. Erlangen-Nürnberg) - Spr.: Franz., Engl. - Rotarier.

ZIWEY, Franz

Bürgermeister Stadt Stockach - Haydnweg 8, 7768 Stockach 1 (T. 07771 - 20 75) - Geb. 14. Dez. 1932 Stefansfeld, kath., verh. s. 1957 m. Paula, geb. Hirsch, 3 Kd. (Manfred, Günter, Brigitte) - Dipl.-Verwaltungswirt 1957 - S. 1969 Bürgerm. Stockach. VR-Vors. d. Bezirksspark. Stockach, MdK Konstanz.

ZIZLSPERGER, Eberhard

Dr. jur., Aufsichtsratsvorsitzender Innstadt-Brauerei AG, Vorst. Waldbaugenossenschaft Steinberg, Präs. IHK f. Niederbayern, Passau - Hochstr. 9 d, 8390 Passau (T. 69 06) - Geb. 15. Juni 1917 - Beiratsmitgl. div. Ind.- u. Handelsunternehmen, versch. Ehrenämter, Mitgl. d. Bayer. Senats.

ZMARZLIK, Hans-Günter

Dr. phil., o. Prof. f. Neuere u. neueste Geschichte - Sickingenstr. 50, 7800 Freiburg/Br. (T. 6 50 86) - Geb. 24. Juli 1922 Berlin - S. 1961 (Habil.) Lehrtätigk. Univ. Freiburg (b. 1965 ao., dann o. Prof.) - BV: Bethmann Hollweg als Reichskanzler 1909-1914, 1957; D. Sozialdarwinismus in Dtschl., 1961; D. Bismarck-Bild d. Deutschen - gestern u. heute, 1967; Wieviel Zukunft hat unsere Vergangenheit?, 1970.

ZODEL, Chrysostomus

Chefredakteur - Balterazhofer Str. 50, 7970 Leutkirch/Allgäu (T. 81 25; Redaktion: 20 31) - Geb. 10. Okt. 1920 Kleinweiler-Hofen/Allgäu - S. 1947 Stuttgarter Nachr. u. Schwäb. Ztg. (1963) - 1969 Theodor-Wolff-Preis (f. d.

Serie: Fahrt durch d. Sowjetunion, 1968); 1977 BVK a. Bd.; 1981 Bayer. VO - Rotarier.

ZOEBELEIN, Hans

Dr., Chemiker, Mitglied Direktorium Henkel KG. a. A., Düsseldorf (s. 1975) - Am Falder 63, 4000 Düsseldorf 13 - Geb. 4. Aug. 1929.

ZÖBELEY, Hans Rudolf

Dr. phil., Dirigent, Kirchen- u. Univ.-musikdirektor - Birkerstr. 19, 8000 München 19 (T. 089 - 18 42 64) - Geb. 27. Mai 1931 Mannheim (Vater: Rudolf Z., Pfarrer; Mutter: Martha, geb. Bälz), ev., verh. s. 1956 m. Margarete, geb. Busch, 4 Kd. (Christiane, Martin, Hartmut, Barbara) - Staatsex. Musik u. Latein 1955 Heidelberg; Hauptamtl. Kirchenmusiker - A-Prüf. 1957 ebd., Promot. 1963 München (Musikwiss. m. Nebenf. Latein u. Mediaevistik) - S. 1957 Organist München; s. 1965 Kantor; s. 1962 Doz. Richard Strauss-Konservat. München (Chor u. Chorltg.); 1962-80 Leit. Philharm. Chor Stadt München. S. 1960 Leit. Münchner Motettenchor; s. 1969 Leit. Univ.chor München - BV: D. Musik d. Buxheimer Orgelb., 1964 - 1980 Med. München leuchtet - Liebh.: Bergsteigen - Spr.: Engl., Latein, Griech.

ZÖFEL, Peter

Wiss. Mitarb. Philipps-Univ. Marburg, Ehrenvorsitzender Hess. Schachverband (s. 1977) - Friedrich-Fröbel-Str. 5, 3550 Marburg (T. 06420 - 12 71) - Geb. 30. Dez. 1940 Asch (Vater: Erich Z., Textil-Ing.; Mutter: Emmi, geb. Brunner), ev., verh. s. 1979 m. Margit, geb. Pieper, 2 S. (Christian, Oliver) - Stud. Math. u. Physik (Staatsex. 1966) - BV: Schachlehrb. f. Anfänger; mehrere Bücher üb. Statistik u. EDV.

ZOEGE von MANTEUFFEL, Claus

Dr. phil., Prof. f. Kunstgeschichte u. Museumsdir. - Richard-Wagner-Str. 14, 7000 Stuttgart 1 (T. 24 75 49) - Geb. 6. Mai 1926 Dresden (Vater: Prof. Dr. phil. Kurt Z. v. M., Direktor Staatl. Kupferstichkabinett Dresden †1941; Mutter: Alexandra, geb. Gräfin Schwerin †1972), ev. - Gymn. Dresden; Univ. Göttingen, Basel (Schweiz), München, Freiburg/Br. (Kunstgesch.). Promot. 1952 Freiburg; Habil. 1967 Berlin - 1952-55 German. Nationalmuseum Nürnberg, 1955-57 Städt. Kunstmuseum Düsseldorf, 1957-68 Staatl. Museen Berlin (Oberkustos Skulpturen-Abt.), 1968-78 TU Berlin (Prof.); s. 1978 Württ. Landesmuseum, Stuttgart; 1981 Honorarprof. Univ. Stuttgart - BV: D. Bildhauerfam. Zürn, 1969 - 1971 Bodensee-Literaturpreis Stadt Überlingen.

ZOEGE von MANTEUFFEL, Peter

Dipl.-Ing., Geschäftsführer Verband d. Automobilindustrie (VDA) u. Forschungsvereinig. Automobiltechnik (FAT), Vors. d. Fachnormenaussch. Kraftfahrzeuge (FAKRA) im DIN (1982ff.) - Westendstr. 61, 6000 Frankfurt/M. - Geb. 12. Juni 1934, verh., 2 Kd.

ZÖGER, Erika,
geb. Assmus

Publizistin (Ps. Carola Stern) - Heinrich-Heine-Str. 23, 5000 Köln 50 - Geb. 14. Nov. 1925 Ahlbeck (Vater: Otto Assmus, Beamter; Mutter: Ella A.), verh. s. 1970 m. Heinz Z. - Abit.; Stud. polit. Wiss. u. Soziol. FU Berlin - In d. siebz. J. Vors. amnesty intern.; s. 1987 Vizepräs. bundesdt. PEN - BV: Porträt e. bolschewist. Partei, 1957; Ulbricht - E. Biogr., 1964; Willy Brandt - E. Monogr., 1974; Strategien f. d. Menschenrechte, 1980; In d. Netzen d. Erinnerung - Lebensgesch. zweier Menschen, 1986 - 1970 Ernst-Reuter-Preis; 1972 Carl-v.-Ossietzky-Med.; 1988 Staatspreis NRW, Wilh.-Heinx-Med. - Spr.: Engl.

ZÖGNER, Lothar

Dr. rer. nat., Bibliotheksdirektor, Leiter Kartenabt. Staatsbibl. Berlin - Potsdamer Str. 33, Postf. 14 07, 1000 Berlin 30 - Geb. 27. Mai 1935 Eisenach, ev., verh. s. 1962 m. Gudrun - Stud. Geogr., Geol., Musikwiss.; Promot. 1965 Marburg - 1968 Bibl.-Assist.; 1971 Bibl.-Dir.; Vorst.-Mitgl. Ges. f. Erdkunde zu Berlin; Mitgl. d. Vorst.-Rates Dt. Ges. f. Kartogr. d. Preuß. Histor. Kommiss.; 2. Vors. Freundeskr. f. Cartograhica in d. Stiftg. Preuß. Kulturbesitz - BV: Hugenottendörfer in Nordhessen, 1965; D. Kartenabt. e. wiss. Universitätsbibliothek, 1969; Amerika im Kartenbild, 1976; Carl Ritter in s. Zeit, 1979; D. Pläne v. Berlin, 1979; China Cartographica, 1983; Verz. d. Kartensamml. d. Bundesrep. Deutschl., 1983; Bibliogr. z. Gesch. d. dt. Kartographie, 1984; V. Ptolemäus b. Humboldt, 1984; D. Weltatlas d. Antonio Millo v. 1586, 1988. Herausg.: Bibliographia Cartograhica (1974ff.); Kartensamml. u. Kartendokumentation (1975ff.); Bibliogr. z. regionalen Geogr. u. Landeskd. (1979ff., m. W. Sperlin); Quellen z. Gesch. d. dt. Kartographie (1980ff., m. E. Jäger); Kartograph. Miniaturen (1985ff., m. R. Kiepert).

ZÖLLER, Josef-Othmar

Journalist - Enzianstr. 12, 8036 Herrsching/Ammersee (T. 35 00) - Geb. 12 Aug. 1926 Augsburg, kath., verh. s. 1952 m. Marianne, geb. Wehn, 4 Kd. (Dorothea, Ulrike, Christoph, Claudia) - Univ. München (Geschichtswiss., German.) - S. 1951 Dt. Tagespost (Redakt.), Wochenztg. Echo d. Zeit (stv. Chefredakt.), Bayer. Rundfunk (1966ff. ltd. Redakt., Abt.- u. Hauptabt.leit.); Stellv. d. Hörfunkdir. - BV: Irrlehren d. Gegenwart, 1960; Rückblick auf d. Gegenw. - Entsteh. d. Kanzlerdemokr., 1963; Abschied v. Hochwürden, 1969. Herausg.: Massenmedien - d. geheimen Führer, 1965; D. Bayern-3-Story, 1981.

ZÖLLER, Michael

Dr. phil., Prof. Univ. Bayreuth - Walchenseestr. 16, 8580 Bayreuth - Geb. 27. Mai 1946 Würzburg - Stud. Soziol., Politikwiss., Gesch. u. Phil. Univ. Frankfurt, Würzburg u. München (Promot. 1973) - 1971-76 Vors. Bund Freiheit d. Wiss.; 1974 Mitgl. Dt. Bildungsrat - BV: D. Utopie d. neuen Intelligenz, 1973; D. Unfähigk. z. Politik, 1975; D. überforderte Staat, 1977; Welfare. D. amerik. Wohlfahrtssyst., 1982 - 1973 Hans-Constantin-Paulssen-Preis.

ZÖLLER, Wolfgang

Dr., Dipl.-Hdl., Geschäftsführer Nord-Süd Hausbau GmbH., Stuttgart, Vors. Verb. Fr. Wohnungsunternehm. Südwest ebd. - Kronenstr. 51, 7000 Stuttgart 1.

ZÖLLNER, Detlev

Dr. rer. pol., Prof. - Ossietzkystr. 20, 5300 Bonn 1 (T. 62 23 60) - Geb. 30. Dez. 1927 Stettin - Ministerialdirektor a.D., Lehrauftr. Univ. Bonn, Beratertätigk. f. ausl. Reg. - Spez. Arbeitsgeb.: Soziale Sicherung - BV: Zahlr. Veröff. - Spr.: Engl., Franz., Span.

ZÖLLNER, E. Jürgen

Dr. med., Prof., Vizepräsident Univ. Mainz - Zu erreichen üb. Univ., Saarstr. 21, 6500 Mainz - Geb. 11. Juli 1945.

ZÖLLNER, Nepomuk

Dr. med., Prof., Internist - Plattlinger Str. 22b, 8000 München 71 (T. 79 42 72) - Geb. 21. Febr. 1923 Marktredwitz/Fichtelgeb. (Vater: Otto Z., Vorstandsmitgl. Rosenthal-Porzellan AG.; Mutter: Else, geb. Beauvais), verh. s. 1951 m. Dr. Gabriele, geb. Hector, 5 Kd. (Michael, Andreas, Susanne, Sebastian, Maria Antonia) - Promot. (1945) u. Habil. (1954) München - S. 1954 Privatdozent u. apl. Prof. (1961) Univ. München (1973 Direktor Med. Poliklinik). Mitglied zahlr. in- u. ausl. Fachges. - BV: Physik, Physiol. u. Klinik d. Plasmaproteine, 1950; Analyse d. Plasmalipoide, 1965 (m. D. Erberhagen). Üb. 500 Einzelveröff. Herausg.: Thannhausers Lehrb. d. Stoffwechsels u. d. Stoffwechselkrankh. (1957); Mithrsg.: Biochemie u. Klinik (Monogr. m. G. Weitzel, Tübingen), Ztschr. f. exper. Med. (1961 ff.), Nutrition and Metabolism. - Liebh.: Musik, Garten, mod. Phil. - Spr.: Engl., Franz.

ZÖLLNER, Rolf

Dipl.-Kfm., Geschäftsführer Verb. Metallverpackungen Zusammenschl. d. Herst. f. Feinstblechverpackungen e. V. i. R. - Kaiserswerther Str. 135, 4000 Düsseldorf (T. 43 41 04) - Geb. 11. Okt. 1921 Berlin, vd., verh. s. 1949 m. Renate, geb. Scholz, 3 Söhne (Thomas, Florian, Markus) - TH Berlin u. Hannover, Univ. Hamburg, Göttingen, Heidelberg, WH Mannheim (Dipl.-Kfm. 1953) - Direktionsassist. u. Abt.leit.

ZÖLLNER, Wolfgang

Dr. jur., Prof. f. Bürgerl. Recht, Arbeits-, Handels- u. Wirtschaftsrecht - Stauffenbergstr. 71, 7400 Tübingen (T. 2 64 81) - Geb. 31. Dez. 1928 Marktredwitz/Fichtelgeb. - 1960-63 Privatdoz. Univ. München; s. 1963 Ord. Univ. Mainz, Köln (1966), Tübingen (1969) - BV: D. Schranken mitgliedschaftl. Stimmrechtsmacht b. d. privatrechtl. Personenverbänden, 1963; Rechtsnatur d. Tarifnormen nach dt. Recht, 1966; Tarifvertragl. Differenzierungsklauseln, 1967; Wertpapierrecht, 14. A. 1987; Parität. Mitbestimmung u. Art. 9 Abs. 3 Grundgesetz, 1970 (m. H. Seiter); Aussperrung u. arbeitskampfrechtl. Parität, 1974; Arbeitsrecht, 3. A. 1983; Maßregelungsverbote, 1977; Sind i. Interesse e. gerechteren Verteilung der Arbeitsplätze Begründung u. Beendigung d. Arbeitsverhältnisse neu zu regeln?, 1978; Datenu. Informationsschutz im Arbeitsverhältnis, 2. A. 1983; Kommentar z. GmbH-Gesetz (m. G. Hueck u. J. Schulze-Osterloh), 15. A. 1988. Herausg.: Kölner Kommentar z. Aktiengesetz (1970ff., 2. A. 1987ff.).

ZÖLLNER, Wolfgang-Dietrich

Journalist, Redakt. Schwarzwälder Bote, Vors. Landespressekonfz. Baden-Württ. (1975-77 u. 1983-85) - Zu erreichen üb.: Königstr. 44, 7000 Stuttgart 1 - Geb. 8. Juli 1926 Berlin - BVK a. Bde.

ZÖPEL, Christoph

Dr. rer. oec., Minister f. Stadtentwickl., Wohnen u. Verkehr Nordrh.-Westf. (s. 1985), MdL (s. 1972; 1975-78 stv. Fraktionsvors.) - Breite Str. 31, 4000 Düsseldorf (T. 837 43 00) - Geb. 4. Juli 1943 Gleiwitz/OS. (Vater: Kurt Z., Oberstudienrat; Mutter: Martha, geb. Grochla), verh. m. Barbara, geb. Rößler, 3 Kd. (Claudia, Martin, Alexandra) - Abit. 1962, Univ. Berlin u. Bochum (Wirtschaftswiss., Phil., öfftl. Recht); Dipl.-Ök. 1969; Promot. 1973 - 1969-74 Wiss. Assist., 1974-75 Akad. Rat GH Essen. 1969-72 Stadtverordn. Bochum; 1978-80 Min. f. Bundesangelegenh.; 1980-85 Min. f. Landes- u. Stadtentw. Nordrh.-Westf. SPD s. 1964 (div. Parteiämter) - BV: Ökonomie u. Recht, 1974. Herausg.: Energiepolitik in Nordrh.-Westf., 1977 - Spr.: Engl.

ZÖPFL, Helmut

Dr., Univ.-Prof. f. Schulpäd. - Hallgartenstr. 9, 8000 München 70 (T. 089 - 71 21 68) - Geb. 25. Nov. 1937 München, kath., verh. s. 1975 m. Brigitte, geb. Tomesch, 2 Kd. (Christian, Andrea) - Abit. 1957; Staatsex. f. Lehrer 1962 u. 1965; Promot. 1963; alles München; Habil. 1970 - BV: Einf. in d. Päd., 1969; Erziehungsziele konkret, 1976; Erziehen durch Unterr., 1977; Unser Leben hat Sinn, 1985; Du bist einmalig, 1986;

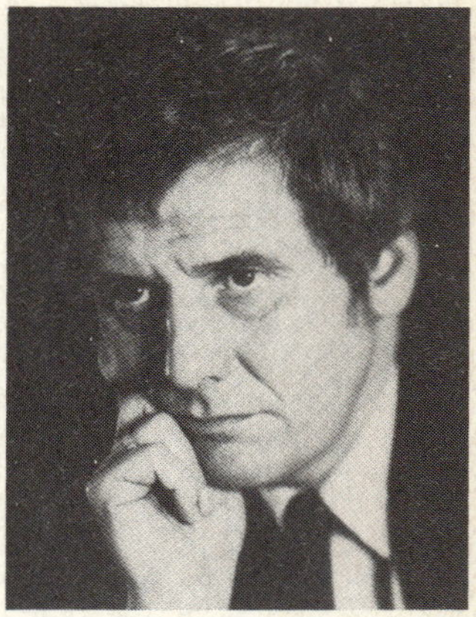

Schalt mal ab, 1988 - 1986 BVK - Spr.: Engl., Griech., Latein.

ZÖTTL, Heinz W.

Dr. rer. nat., o. Prof. f. Bodenkunde u. Pflanzenernährung - Keplerstr. 22, 7830 Emmendingen/Baden - Geb. 24. April 1927 München (Vater: Hans Z., Studienrat; Mutter: Wilma, geb. Graf) - Habil. München - 1968 Ord. Univ. Hamburg, s. 1972 Freiburg/Br. Üb. 50 Fachveröff.

ZOGLMANN, Siegfried

Journalist, Inh. Werbeagentur interwerbung, Geschäftsf. Nordwestd. Zeitungs- u. Zeitschriftenverlag GmbH, beide Düsseldorf, MdB (1957-76; 1961ff. Fraktionsgeschäftsf., 1963-68 stv. Fraktionsvors. FDP; 1970ff. Hospitant CSU-Landesgruppe) - Am Stadtwald 35 a, 5300 Bonn 2-Bad Godesberg; Großglocknerstr. 46, 8135 Starnberg-Söcking - Geb. 17. Aug. 1913 Neumark/Böhmen, kath., verh. m. Heidi, geb. Landes, - Mittelsch. - S. 1931 Journ.; 1939-45 Wehrdst. (Offz.); Herausg. u. Chefredakt. Wochenztg. D. Fortschritt, Verleger DEUTSCHLAND-JOURNAL. 1954-58 MdL NRW. B. 1970 (Austr.) FDP (zul. stv. Vors. NRW). Mitbegr. National-Lib. Aktion. Mitgl. Bundes-Vorst. Sudetendt. Landsmannsch., Landes-Obmann d. Landesgr. d. Sudetendt. Landsmannsch. in Bayern - 1973 Gr. BVK; 1984 Bayer. VO.

ZOHLNHÖFER, Werner

Dr. rer. pol., Dipl.-Volksw., M. A., Prof. Univ. Mainz - Bahnweg 33, 6500 Mainz 42 (T. 06131 - 5 94 01) - Geb. 19. Nov. 1934 Lichtenau (Vater: Karl Z., Kaufm.; Mutter: Pauline, geb. Rogner), ev., verh. s. 1965 m. Ingeborg, geb. Duday, 3 Kd. (Burkhard, Dietlind, Reimut) - 1954-58 Stud. Wirtschaftswiss. Univ. München, Erlangen, Berlin u. Freiburg (Dipl.-Volksw. 1958); 1959-63 Stud. Polit. Wiss. Bologna Center u. Univ. North-Carolina (M.A.); Promot. 1965 Univ. Freiburg, Habil. 1972 Univ. Freiburg - 1965-72 Wiss. Assist. u. DFG-Stip.; 1973-80 o. Prof., Dekan, Prorektor Univ. Dortmund; s. 1980 o. Prof. Univ. Mainz; Vorst.-Mitgl. Forschungsinst. f. Wirtschaftspolitik Univ. Mainz - BV: Wettb. im Oligopol, 1968; Wachstumsmind. u. soz. Gerechtigk., 1982; Wirtschaftspolitik in d. Demokr., 1989 - Liebh.: Musik, Malerei - Spr.: Engl., Ital.

ZOLL, Ralf

Dr., Dipl.-Soz., Prof. f. angewandte Soziologie Univ. Marburg (s. 1983) - Zur Burg 2, 3573 Gemünden - Geb. 10. März 1939 Darmstadt (Vater: Paul Z., Musikdir.; Mutter: Erna, geb. Grün), ev., verh. s. 1960 m. Silke, geb. Bindseil, 2 Kd. (Saskia, Kai) - Stud. d. Soziol., Ökonomie, Psychol. Univ. Frankfurt/M.; Promot. 1971 ebd., 1965-68 Assist. Sem. f. polit. Bildung, Univ. Frankfurt; 1968-70 Leit. Seminar-Forschungsinst.; 1970-74 Stellv. Dir. Wiss. Inst. f. Erziehung u. Bildung in d. Streitkräften; 1974-82 Dir. Sozialwiss. Inst. d. Bundeswehr - Mitgl. intern. wissensch. Vereinigungen: Inter-

Univ. Seminar on Armed Forces and Society (1976), Research Comm. on Armed Forces and Soc. (1977), Intern. Soc. of Political Psychology (1978), Intern. Sociol. Assoc. (1979); Vors. European Res. Group on Armed Forces and Society (1986) - BV: Massenmedien u. Meinungsbild., 1970 (m. E. Hennig); Gemeinde als Alibi, 1972; Berufsbeamtentum - Anspruch u. Wirklichkeit, 1973 (m. Ellwein); Wertheim III - Kommunalpolitik u. Machtstruktur, 1974; D. soz. Gruppe (m. Binder), Neubearb. 1979 (m. Lippert); Polit. Beteiligung in d. Bundesrep. Deutschld., 1975 (m. Ellwein, Lippert); Civic Education in the Military, 1982; Sicherheit u. Militär, 1982; Wertheim - Politik u. Machtstruktur dt. Stadt, 1982 (m. Ellwein); Forschungsberichte d. Forschungsgr. Ellwein/Zoll, 1972ff. Herausg.: Manipulation d. Meinungsbildung (1971), Berichtsreihe d. Sozialwiss. Inst. d. Bundeswehr (1975ff.); Wörterb. Bundeswehr u. Gesellschaft (1977, m. Lippert u. Rössler); Wie integriert ist die Bundeswehr (1979); Civilmilitary relations in the Federal Rep. of Germany (1979); Festschr. f. Thomas Ellwein, Polit. Praxis u. Polit. Wiss. (2 Bde., 1987) - 1980 BVK - Liebh.: Fußball, Tennis, rustikale Antiquitäten, franz. Rotweine - Spr.: Engl.

ZOLLER, Konrad

Dr. rer. nat., em. o. Prof. f. Techn. Mechanik - Werner-Voß-Weg 7, 7000 Stuttgart 75 - Geb. 14. Febr. 1910 Ulm/D. (Vater: Konrad Z., Schuhmacherm.; Mutter: Pauline, geb. Notter), ev., verh. s. 1939 m. Eleonore, geb. Schiekofer, 2 Töcht. (Gisela, Irmgard) - Oberrealsch. Ulm; Univ. München u. Tübingen (Math., Physik, Phil.). Promot. (1942) u. Habil. (1951) Stuttgart - 1936-38 Volksschul- u. höh. Schuldst., dann Forschungs- u. Lehrtätigk. TH bzw. Univ. Stuttgart (u. a. Mitarb. Prof. Grammels; 1951 Privatdoz.; 1958 apl., 1963 o. Prof.; Dir. Inst. B f. Mech.). Üb. 20 Fachveröff. Mitgl. Dt. Mathematiker-Vereinig. u. Ges. f. Angew. Math. u. Mech. - Liebh.: Hausmusik - Spr.: Engl., Franz., Schr.: Ital., Russ.

ZOPF, Peter-Helmut

Kunstmaler - Druchhorn 55, 4554 Ankum - Geb. 24. April 1945 Zwettl/Österr. (Vater: Hans-Werner Z., Chemiker; Mutter: Emmy, geb. Gies), ev., verh. s. 1981 in 2. Ehe m. Ute, geb. Massel, 2 Kd. (Yushu, Ylan) - 1965-67 Kunstakad. Wien u. Autodidakt - S. 1965 Ausst. in ganz Europa - Malerei d. Phantast. Realismus. Div. Plastiken. Playboy-Illustr. (1974-82) - Liebh.: Mystik, Okkultes, Metaphysik - Spr.: Engl., Franz.

ZORGER, Hans-Hagen

Kanzler d. Universität Regensburg - Universitätsstr. 31, 8400 Regensburg.

ZORN, Dietrich

Dr. med., Prof., Urologe - Aussiger Wende 17, 3000 Hannover-Kirchrode (T. 52 05 63) - Geb. 4. Okt. 1907 Posen (Vater: Albert Z., Verw.sgerichtsdir. †1925; Mutter: Helene, geb. Guthzeit †1946), ev., verh. s. 1940 m. Elisabeth, geb. Rasch, 3 Söhne (Christian, Ulrich, Hans) - Gymn. Laurentianum Arnsberg/W.; Univ. München, Rostock, Königsberg/Pr., Freiburg/Br. (Med. Staatsex. 1930) - Assistenzarzt Waiblingen, Wernigerode, Königsberg, Hannover; 1946-72 Chefarzt Urol. Klinik Städt. Krkhs. Siloah, Hannover. 1971 ff. Honorarprof. Med. Hochsch. Hannover (Urol.) - Kriegsausz. - Liebh.: Musik - Rotarier - Bek. Vorf.: Prof. Dr. jur. Philipp Z., Ord. f. Staats- u. Kirchenrecht Königsberg u. Bonn, 1850-1928 (Großv.).

ZORN, Erich

Dr.-Ing., Prof. f. Schweißtechnik - Am Thomashäusle 6, 7500 Karlsruhe 41 (T. 47 30 33) - Geb. 21. März 1898 Magdeburg - TH Braunschweig u. Karlsruhe - B. 1963 Leit. Forschungs- u. Entwicklungsabt. Knapsack-Griesheim AG (Werk Griesheim-Autogen, Frankfurt/M.); s. 1949 (Habil.) Privatdoz. u. apl. Prof. (1956) TH u. Univ. Karlsruhe. Zahlr. Fachveröff. S. 1926 Mitgl. d. VDI - 1957 Ehrenring, 1968 Ehrenmitgl. Dt. Verb. f. Schweißtechnik.

ZORN, Hermann

Richter am Bundesgerichtshof - Herrenstr. 45a, 7500 Karlsruhe - Geb. 12. Okt. 1924 Tschechnitz (Vater: Prof. Dr. phil. Dr. h. c. Wilhelm Z., Ord. f. Tierzucht Univ. Breslau u. München †1968 (s. XV. Ausg.); Mutter: Hermine, geb. Rieger †1964) - B. 1968 Regierungsdir. Bundesfinanzmin., dann Richter Bundesgerichtshof. Spez. Arbeitsgeb.: Wiedergutmachungsrecht. Mitarb.: van Dam-Loos, Kommentar z. Bundesentschädigungsgesetz (1957); Dokumentation: D. Wiedergutmachung nat. soz. Unrechts durch d. Bundesrep. Deutschl. (1974-87).

ZORN, Wolfgang

Dr. phil., Prof. f. Sozial- u. Wirtschaftsgeschichte - An der Beermahd 36, 8031 Seefeld-Hechendorf (T. 08152 - 7 87 63) - Geb. 3. Okt. 1922 Augsburg (Vater: Max Z., Kaufm.; Mutter: Wilhelmine, geb. Seyfried), ev., verh. 1965 m. Dietlind, geb. Freiin v. Schnurbein, 4 Töcht. (Elisabeth, Dorothea, Renate, Veronika) - Gymn. Augsburg (St. Anna); Univ. München u. Breslau. Promot. (1945) u. Habil. (1959) München - 1949 Leit. VHS Augsburg; 1955 Mitarb. Histor. Kommiss. Bayer. Akad. d. Wiss., München; 1959 Privatdoz. Univ. ebd.; 1962 Ord. Univ. Bonn; 1967 Ord. Univ. München. Abt.leiter Histor. Kommiss. Bayer. Akad. d. Wiss. - BV: Augsburg - Gesch. e. Stadt, 1955, 2. A. 1972; Histor. Atlas v. Bayer.-Schwaben, 1956; Handels- u. Industriegesch. Bayer.-Schwabens 1648-1870, 1961; Handb. d. dt. Wirtschafts- u. Sozialgesch., 1971/76; Einf. in d. Wirtschafts- u. Sozialgesch. d. Mittelalters u. d. Neuzeit, 1972, 2. A. 1974; Bayerns Gesch. im 20. Jh., 1986. Zahlr. Einzelarb. Mithrsg.: Vierteljahrschr. f. Sozial- u. Wirtschaftsgesch. (federf.).

ZORNACK, Annemarie

Lyrikerin - Graf-Spee-Str. 49, 2300 Kiel 1 - Geb. 12. März 1932 Aschersleben/Harz, verh. m. Hans-Jürgen Heise - BV: u. a. als d. fernsehprogramm noch vorm küchenfenster lief, Ged. 1979; treibanker werfen, Ged. 1982; d. langbeinige zikade, Ged. 1985; D. Macho u. d. Kampfhahn - Unterwegs in Span. u. Lateinamerika (m. Hans-Jürgen Heise), Reise-Ess. 1987; kußhand, Ged. 1987; stolperherz, Ausgew. Ged. 1988 - 1979 Preis d. Friedrich-Hebbel-Stiftg. - Lit.: Art. in Lexika, Ztg. u. Rundf.; div. Rezens. in Ztschr.

ZSCHINSKY, von, Freiherr Peter

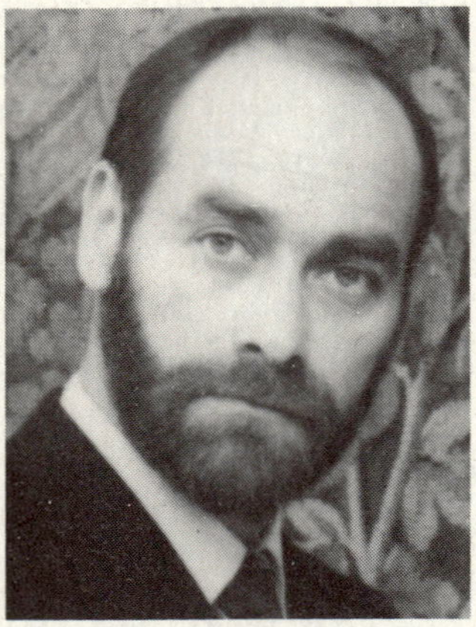

Journalist u. Public Relations - Sonnenstr. 6, 6273 Waldems-Bermbach (T. 06126 - 5 66 55; Telefax 06126 - 5 37 37) - Geb. 29. März 1941 Freiburg, verh. m. Luisa, geb. de Malveiro, 3 Kd. (Daniela, Alexandra, Sven) - 1961 Abit. Waldorfsch. - 1962-65 TV-Producer in US Werbeagentur H.K.Mc.Cann.; Bühnenbild Assist. b. Wieland Wagner/Hamburger Staatsoper; Regie f. Werbefilmproduktionen. 1973-76 Geschäftsf. RWA-Werbeagentur; 1977-79 MAC Plüss AG, Zürich, Public Relations-Corporate Communications; 1980-86 EVANS PR-Los Angeles USA, Corporate Communications, Luft- u. Raumfahrt. S. 1986 Fr. Berater-Public Relations, Public Affairs, Management-Berat. Film, Funk, Fernsehen - Mitgl.: Dt. Journ.-Verb., DJV-Verwert.-Ges. Wort, DPRG Dt. Public Relations Ges., DRV-Dt. Reisebüro Verb., Präs. RB-Fliegerverb. - Veröff. Flugrevue, Fliegermagazin, Air Magazin, Verlag Industriemagazin, Tageszg. Herausg. u. Redaktionsleit. d. Manager Magazin Lobby - Interessen: Luft- u. Raumfahrt, Malerei, Jagd - Spr.: Engl.

ZSCHOCKELT, Alfons

Bundesrichter - Herrenstr. 45a, 7500 Karlsruhe 1 - Geb. 15. Jan. 1935 Halle/Saale (Vater: Carl Z., Präsidialdir.) - 1965 Richter Köln, 1973-76 Justizmin. Düsseldorf, b. 1981 OLG Köln, dann BGH - Liebh.: Musik (1953-57 Jazzband Halle, 1958-61 Düsseldorfer Feetwarmers).

ZSCHUNKE, Willmut

Dr.-Ing., Univ.-Prof. f. Übertragungstechnik TH Darmstadt (s. 1979) - Langgässerweg 29, 6100 Darmstadt (T. 06151 - 6 31 61) - Geb. 29. Febr. 1940 Wuppertal-Elberfeld, kath., verh. s. 1965 m. Rita, geb. Ehlen, 2 Kd. (Inken, Dirk) - Dipl. (Elektrotechnik) 1964; Promot. 1968; Habil. 1972, alles Stuttgart - B. 1979 Hauptabt.-Leit. SEL Stuttgart; s. 1987 wiss. Leit. Forsch.Inst. Dt. Bundespost - 9 Patente. Üb. 50 Veröff. - Liebh.: Sprachen, Musik, Sport (Skifahren) - Spr.: Engl., Franz., Ital., Jap., Latein.

ZUBER, Ewald

Rechtsanwalt, Landrat Kr. Hof (s. 1978) - Landratsamt, 8670 Hof/Saale - Geb. 11. Juli 1930 Lehsten - Zul. I. Bürgerm. Stadt Münchberg. Kreisvors. Bayer. Rotes Kreuz u. Arbeiterwohlfahrt. SPD - Träger d. Goldenen Ehrenrings Landkr. Hof, d. Ehrenmed. Bez. Oberfranken u. d. Dt. Feuerwehr-Ehrenkreuzes.

ZUBER, Walter

Verwaltungsangestellter, MdL Rhld.-Pfalz (s. 1971) - Langstr. 3, 6508 Alzey: (T. 69 23) - Geb. 11. Juni 1943 Alzey, ev., verh., 3 Kd. - Volks- u. Handelssch. (Mittl. Reife) - S. 1960 Finanzamt Mainz, Min. f. Landw., Weinbau u. Forsten (1964) u. Stadtverw. ebd. (1966). 1969 ff. Ratsmitgl. Alzey (1972 Fraktionsvors.). 1974 Kreisdeputierter Kr. Alzey-Worms. SPD s. 1963 (1972 Vors. Unterbez. Alzey-Worms).

ZUBKE, Friedhelm

Dr., Prof. Univ. Göttingen (s. 1984) - Kurmainzer Weg 10, 3400 Göttingen (T. 0551 - 79 24 27) - Geb. 6. Nov. 1938 Stralsund, ev., verh. s. 1966 m. Waltraud, geb. Müller, 2 Kd. (Gundula, Andreas) - Stud.; Prüf. f. d. Lehramt an Grund- u. Hauptsch. sow. an Realsch. 1966 u. 1970; Prüf. f. Lehrer an Volkssch. 1968; Promot. 1974; Habil. 1979; Umhabil. 1980 - 1966-70 Schuldst. an Grund- u. Hauptsch. in Oldenburg; 1970-76 wiss. Assist. im Fach Allg. Päd. Oldenburg; s. 1976 Akad. Rat Göttingen; 1980-84 Priv.-Doz.; s. 1984 apl. Prof. Univ. Göttingen. Gastvortr. Volksrep. Polen u. Japan - BV: u. a. Eltern u. politische Arbeit, 1980; Schülermitbestimmung in Nieders., 1982 (Übers. ins Jap. u. Poln.). Mithrsg.: Elternmitwirkung in d. Schule (1981).

ZUCKER, Hermann

Dr. agr., o. Prof., Lehrstuhl Ernährungsphysiologie, Vorst. Inst. Physiologie, Physiolog. Chemie u. Ernährungsphysiol., Tiermed. Fak. Ludwig-Maximilians-Univ. München (Proteinernährung; D-Vitamine) - Laplacestr. 16, 8000 München 80 - Geb. 25. Dez. 1929 Erlangen (Vater: Dr. Eugen Z.; Mutter: Johanna, geb. Krauß), verh. s. 1958 m. Dr. Ursula, geb. Weide, 2 Kd. (Sabine Geb. 1959; Tom-Philipp, Geb. 1961) - Stud. d. Landwirtsch. Hochschule Hohenheim u. TH München 1948-52; Univ. München, Iowa State Univ., Chas. Pfizer Corp. (b. 1969), Sandoz Forschungsinst. Wien (1969-75), Lehrst. Tierernährung, Tierärztl. Hochsch. Wien (1972-75). Üb. 200 Fachveröff., Lehr- u. Handbuchbeitr.

ZUCKMAYER, Alice

s. Herdan-Zuckmayer, Alice

ZÜHLKE, Kurt

Dr., Verbandsdirektor d. Landwirtschaftskammern - Godesberger Allee 142-148, 5300 Bonn 2.

ZÜHLSDORF, Peter

Vorstandsmitglied Wella AG Darmstadt - Berliner Allee 65, 6100 Darmstadt.

ZÜHLSDORFF, Volkmar Johannes

Dr. iur., Diplomat u. Publizist (Ps.: Hans-Achim Finow) - Lahnstr. 50, 5300 Bonn 2 (T. 0228 - 37 54 66) - Geb. 9. Dez. 1912 Finow, Mark Brandenburg (Vater: Georg Z., Rektor; Mutter: Margarethe, geb. Paetzold), kath., led. - Schulen Breslau, München u. Berlin (Abit. 1931), Univ. Berlin, Innsbruck, Wien, Jur. Staatsprüf. Innsbruck 1935, Promot. (m. Ausz.) 1936 - 1931-33 Führer Reichsbanner Jugendorganis. Vortrupp Schwarz-Rot-Gold, Berlin; 1933 stv. Leit. Dt. Legion, Berlin; 1933-46 Exil Österr., Frankr., Engl., USA; 1937-42 Geschäftsf. Dt. Akad. d. Künste u. Wiss. im Exil New York; 1938-46 wiss. Assist. d. Carnegie-Prof. Dr. Prinz Löwenstein in USA; 1947-57 Sprecher Dt. Aktion (Helgoland, Saar); 1952-56 Redakt. D. ZEIT; 1957-58 Landesgesch.f. Dt. Partei, Saarbrücken; 1960-77 Diplomat in USA, Thailand, Laos, Kambodscha, Kanada; s. 1979 Bundessprecher Fr. Dt. Autorenverb.; Mitgl. Dt. Autorenrat; s. 1983 Vorst.-Mitgl. Union Dt. Widerstandskämpfer- u. Verfolgtenverb. (UDWV); s. 1986 Präsid.-Mitgl. West-Ost-Kulturwerk - BV: Deutschlands Schicksal, 1957, Verteidigung d. Westens, 1960 (auch engl., bde. m. Hubertus Prinz zu Löwenstein); Atem d. Mittelmeers, Ess. 1961; Thailand, 1980; Endlose Trauer v. Sunthon Phu, Nachdicht. aus d. Siames., 1983; Wenn v. Tau d. Reis erwacht, Anthol. Thailänd. Lyrik (Nachdicht.), 1984; Briefe üb. Deutschland 1945-49 (m. Hermann Broch), 1986. Mitautor 7 weit. Bücher. Übers.: Phali Teaches the Young (Autor Klaus Wenk) ins Engl., 1981; D. Gr. Palast, aus d. Thailändischen u. Engl., 1988 - 1970 Komturkreuz d. Weißen Elefanten-O. Thailand; 1978 Ehrenmitgl. Fr. Dt. Autorenverb.; s. 1984 Mitgl. d. Vorst. d. Dt. Kulturrats; s. 1985 Sprecher Arbeitsgem. Lit. u. Kurat.-Mitgl. im Dt. Lit.-Fonds; 1988 BVK I. Kl. - Liebh.: Thail. Kunst, Reiten - 1964, '78, '79, '80, '81, '82, '83, '84, '85, '87, '88 Gold. Sportabz. - Spr.: Engl., Franz., Siamesisch.

ZÜNKLER, Heinz

Dr. rer. pol., Dipl.-Kfm., Vorstandsmitglied d. Union Rheinische Braunkohlen Kraftstoff AG Wesseling - Osterriethweg 10, 5000 Köln 50 - Geb. 28. Sept. 1929.

ZÜRN, Günter L.

Dr., Dipl.-Chem., Direktor der VEBA Oel AG, Verarbeitung (b. 1987) - Brüggenstr. 8b, 4390 Gladbeck (T. 3 61 87) - Geb. 18. Sept. 1924.

ZÜRN, Herbert

Dr.-Ing., Dipl.-Ing., Prof. - Hainerbergweg 61, 6240 Königstein (T. 06174 - 45 17) - Geb. 14. Juli 1930 Tübingen, ev., verh. s. 1963 m. Dr. phil. Irmgard, geb. Jäger, Biologin, 2 Söhne (Jörg, Veit) - Stud. Maschinenbau, Werkstoffwiss. TH (Univ.) Stuttgart; Dipl.-Ing.; Promot. 1964 Stuttgart - 1963-66 Forschungsleit. SLV Mannheim; 1971 Hoechst AG u. Messer-Griesheim

Frankfurt/M. Gutachterl. Tätigk.: AIF, DFG u.a. 1967-71 apl. Prof. Indian Inst. of Technology (Univ.) Madras/Indien; 1981 Lehrauftr. (Hon.-Prof.) TH (Univ.) Darmstadt; div. Gastprofessuren - Üb. 150 wiss. Veröff. im intern. Schrifttum; div. wiss. Fachb.-Beitr. zu Werkstoff- u. Schweißtechnik - 1987 Ehrennadel Techn. Verb. d. Großkraftwerksbetreiber; Mitgl. zahlr. techn. wiss. Aussch. - Liebh.: Phil. u. Theol. im Spannungsfeld d. Technik-Gesch.-Kunst - Spr.: Engl., Franz.

ZULEEG, Manfred

Dr. jur., Prof. f. Öfftl. Recht Univ. Frankfurt, Richter am Gerichtshof d. Europ. Gemeinschaften in Luxemburg (s. 1988) - Kaiser-Sigmund-Str. 32, 6000 Frankfurt 1 (T. 069 - 56 43 93; dstl.: T. 00352 - 43 03-22 30) - Geb. 21. März 1935 Creglingen (Vater: Ludwig Z., Lehrer; Mutter: Thea, geb. Ohr), verh. s. 1965 m. Sigrid, geb. Feuerhahn, 4 Kd. (Sigrun, Tilman, Eike [Manfred], Fabian) - 1953-57 Stud. Univ. Erlangen u. Hamburg, 1959 Speyer, 1961/62 Bologna; 1. jurist. Staatsprüf. 1957, Promot. 1959 Erlangen, 2. Staatsprüf. 1961, Habil. 1968 - 1962-68 wiss. Assist. Köln; 1968-71 Doz. Univ. Köln; 1971-78 Prof. Univ. Bonn; 1978ff. Prof. f. öfftl. Recht Univ. Frankfurt. Vorst.-Vors. Arbeitskreis Europ. Integration - BV: D. Rechtsform d. Subventionen, 1965; D. Recht d. Europ. Gemeinsch. im innerstaatl. Bereich, 1969; Subventionskontr. durch Konkurrentenklage, 1974; Fälle z. Allg. Verw.recht, 1977; Komm. EWG-Vertrag (hg. Groeben u. a.), 3. A. 1983 (Mitautor); Komm. GG (hg. Wassermann), 1984 (Mitautor) - Spr.: Engl., Franz., Ital.

ZULEHNER, Paul Michael

Dr. phil., Dr. theol., Prof. Univ. Wien (s. 1984) - Jagdschloßgasse 16/11, A-1130 Wien (T. 0222 - 84 06 42) - Geb. 20. Dez. 1939 Wien (Vater: Josef Z., Dipl.-Ing., Beamter; Mutter: Dr. Luise, geb. Tauber), kath. - Promot. 1961 u. 1965 Univ. Innsbruck, Habil. 1973 Würzburg - 1965-67 Kaplan Wien; 1967-69 Subregens Wiener Priestersem.; 1969-71 Humboldtstip., 1973-74 Univ. Bamberg; 1974-84 Univ. Passau - BV: Kirche u. Austromarxismus, 1967; Relig. ohne Kirche? D. relig. Verh. v. Ind.arbeitern, 1969 (auch ital.); Heirat-Geburt-Tod, 1976; Helft d. Menschen leben, 1978; Leuterelig., 1982; Scheidung, was dann ..., 1982; Leibhaftig glauben. Lebenskultur nach d. Evangelium, 1983; Kirche-Gottes Friedensbeweg. auf Erden, 1984; Priestermangel prakt., 1984; Denn Du kommst unserem Tun m. Deiner Gnade zuvor, Gespr. m. K. Rahner, 1984; Sie werden mein Volk sein, 1985; D. Gottesgerücht, 1987; Fundamentalpastoral, 1989 - 1966 Kunschak-Preis; 1967 Innitzer-Pr.; 1969 Renner-Pr. - Liebh.: Musik, Sport - Spr.: Franz., Engl., Latein, Griech., (Ital.) - Bek. Vorf.: Georg Z., Musiker (Komp. d. Mainzer Narhalla-Marsches).

ZUMKELLER, Bernd

Dipl.-Volksw., Prokurist Planatobank, W. Hesselmann, 8201 Rabedorf-Thausau - Unterwössen, 8219 Grassau/Chiemgau (T. 87 73) - Geb. 21. März 1924.

ZUMKELLER, Otto

Verbandsdirektor i. R., ehem. Hauptgeschäftsf. Fremdenverkehrsverb. Schwarzwald, Freiburg - Rosastr. 19, Postf. 55 66, 7800 Freiburg/Br. (T. 0761 - 2 55 00) - Geb. 21. Mai (Vater Joseph Z., Orthop. Schuhmacherm. u. Fachlehrer), verh. m. Gertrud, geb. Müller-Degler - Annäh. 40 Jahre Tätigk. im tourist. Bereich: Verkehrsdir. in Säckingen, Dir. FVV Teutoburger Wald, Funkt. im Dt. Fremdenverkehr, Großen Fahrplanaussch. d. Dt. Ind.- u. Handelstages sow. im Forschungsbeirat d. Dt. Wirtsch.wiss. Inst. f. Fremdenverkehr Univ. München. Langj. Vorst.-Mitgl. Verb. Dt. Kur- u. Tourismusfachleute. Urheber d. 1. Laserbildplatte im dt. Fremdenverkehr - BVK; Ehrenmed. d. Heilbäderverb. Baden-Württ.

ZUMKELLER, W. Adolar

Dr. theol., Dr. phil., Ordensgeistlicher u. Privatgelehrter, Dir. Augustinus-Inst. Würzburg (s. 1971) - Steinbachtal 2a, 8700 Würzburg (T. 0931 - 7 10 85) - Geb. 3. Juni 1915 Erfurt (Vater: Alfons Z., Kaufm.; Mutter: Martha, geb. Schratz), kath. - 1934-39 phil.-theol. Stud. Würzburg; Promot (Theol.) 1940, (Phil.) 1942 - S. 1934 Augustinerorden; 1945-57 Seelsorger; 1957-65 Prior Augustinerkloster München; 1965-71 Beirat Ordensgeneral Rom - BV: Hugolin v. Orvieto u. s. theol. Erkenntnislehre, 1941; Dionysius de Montina . . . Augustinertheol., 1949; D. Mönchtum d. hl. Augustinus, 2. A. 1968; D. Regel d. hl. Augustinus, 1963 (engl. 1960, niederl. 1960); Hermann v. Schildesche O.E.S.A., 1957; Schrifttum u. Lehre d. Hermann v. Schildesche, 1959; Manuskripte d. Autoren d. Augustiner-Eremitenordens, 1966; Urk. u. Regesten z. Gesch. d. Augustinerklöster Würzburg u. Münnerstadt, 2 Bde. 1966/67; Johannes Zachariae O.S.A., 1984; Erbsünde, Gnade, Rechtfertigung u. Verdienst nach d. Lehre d. Erfurter Aug.theologen d. Spätmittelalters, 1984. Mitherausg. u. Mitarb. wiss. Reihen Cassiciacum (s. 1960), Aurelius Augustinus, Schr. gegen d. Pelagianer (s. 1955); Aurelius Augustinus, Moraltheol. Schriften (s. 1949); Corpus Scriptorum Augustinianorum (s. 1966); weit. Bücher u. zahlr. Beitr. in Ztschr., wiss. Lexika, Sammelw. u. Festschr. - Spr.: Lat., Griech., Engl., Ital. - Lit.: Scientia Augustiniana, Festschr. A. Z. z. 60. Geb, 1975.

ZUMKLEY, Heinrich

Direktor, Geschäftsf. Westf.-Lipp. Sparkassen- u. Giroverb. - Piusallee 38, 4400 Münster/W.

ZUMPFORT, Wolf-Dieter

Dr. rer. pol., Dipl.-Volksw., Unternehmensberater, ehem. Fraktionsvorsitzender d. FDP im Schleswig-Holst. Landtag, Landesvors. FDP Schlesw.-Holst. (1985-88) - Seeadlerweg 19, 2300 Kiel (T. 0431 - 37 18 51) - Geb. 29. Mai 1945 Niendort/Kr. Ludwigslust (DDR), ev., verh. s. 1976 m. Karin, geb. Reimers, 2 Kd. (Kim, Moritz) - Abit. 1966; Dipl.-Volksw. 1972 Univ. Bonn; Promot. 1976 Univ. Kiel - 1979-83 MdB. 1982-88 Mitgl. Bundesvorst. FDP; 1987/88 Mitgl. Landtag Schleswig-Holst. - Veröff.: Untersuchungen z. Wachstum d. Eurodollarmarktes, in: Kieler Studien (Hrsg. H. Giersch), Nr. 142, 1977; versch. ökonom. Analysen gesellsch. Probl. - Spr.: Engl., Franz.

ZUNDEL, Georg

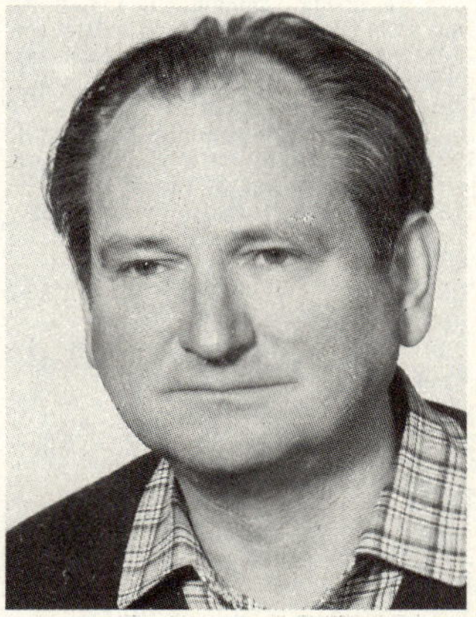

Dr. rer. nat., Prof. f. Biophysikalische Chemie Univ. München - Wilhelmstr. 6, 8000 München 40 - Geb. 17. Mai 1931 Tübingen (Vater: Georg Friedrich Z., Kunstmaler, Landwirt; Mutter: Paula, geb. Bosch), ev., verh. s. 1975 m. Renate, geb. Baumann, 3 Söhne (Johannes Sebastian, Georg, Ulrich Maxim) - Gymn. Tübingen, Univ. München u. Frankfurt (Physik), Promot. 1961, Habil. 1967 München - 190 Publ. in intern. Fachztschr. üb. physik. u. biophysik. Chemie - BV: Hydration and Intermolecular Interaction, Monogr. 1969 (erweit. russ. Ausg. 1972); Mithrsg.: The Hydrogen Bond, Recent Developments in Theory and Experiments, 3 Bde., 1976 - Mitgl. New York Acad. Sci.; Ehrenmitgl. Poln. Chem. Ges. - Liebh.: Forst- u. Landwirtschaft - Spr.: Engl. - Lit.: Kürschner's Dt. Gelehrtenkal.

ZUNDEL, Reinhold

Oberbürgermeister, AR-Vors. HVV (Heidelberger Versorgungs- u. Verkehrsbetriebe), VR-Vors. Bezirkssparkasse, u. RRH (Regionales Rechenzentrum Heidelberg), stv. VR-Vors. Südwestdt. Landesbank, Beiratsvors. Speyererhof, Vors. Gesellsch.-Vers. Tiergarten GmbH, Heidelberg - Furtwänglerstr. 9, 6900 Heidelberg (T. 58-20 05; Rathaus: 58-20 10/11) - Geb. 9. April 1930 Brackenheim (Vater: Adolf Z., Schneiderm.; Mutter: Lina, geb. Böttinger), ev., verh. s. 1955 m. Waltraut, geb. Jung, 3 Kd. (Thilo †, Vera, Tim) - Univ. Frankfurt/M. (Rechtswiss.) - Ab 1957 Magistratsrat; 1959-63 Richter; 1964-66 Regierungsdir. u. Ministerialrat Hess. Justizmin.; s. 1966 Oberbürgerm. Heidelberg. - Liebh.: Mod. Lit. - Spr.: Engl. - Rotarier.

ZUNDEL, Rolf

Dr. rer. nat., Prof. u. Direktor Inst. f. Forstpolitik Univ. Göttingen (s. 1975) - Hellerbreite 4, 3406 Bovenden 1 - Geb. 20. März 1929 Brackenheim (Vater: Adolf Z.; Mutter: Lina, geb. Böttinger), ev., verh. s. 1958 m. Ursula, geb. Sachsenheimer, 3 Kd. (Jörg, Frank-Peter, Axel) - Stud. Forstwiss. Freiburg/Br. - 1962-74 Leit. Abt. Landespflege Forstl. Versuchsanst. Bad.-Württ. Fachmitgl.sch. - BV: Landsch.pflege u. Erholungsmaßnahmen im Wald, 1970 (Jap. 1971); Wald-Mensch-Umwelt, 1973; Hilfe f. d. Wald (m. Wentzel), 1984; Naturschutz u. Landschaftspflege, 1987 - Spr.: Engl.

ZUNKEL, Friedrich

Dr. phil., Prof. f. Wirtschafts- u. Sozialgeschichte - Nauheimer Str. 5, 5000 Köln 51 (T. 0221-36 47 10) - Geb. 13. Nov. 1925 Nauen (Vater: Friedrich Z., Pfarrer; Mutter: Hedwig, geb. Hebold), ev., led. - Realgymn. Berlin, Univ. Freiburg, Berlin, Promot. 1955 Berlin, Habil. 1972 Tübingen - 1973 Lehrtätigk. Univ. Tübingen, 1974 Köln - BV: D. Rhein.-Westf. Unternehmer, 1962; Ind. u. Staatssozialismus, 1974; Aufs. - Spr.: Engl.

ZURHORST, Bernhard

Dr., Ministerialdirektor, Leit. Abt. 4 (Finanzen, Einkauf) u. 1b (Postbankdienste) Bundesmin. f. d. Post- u. Fernmeldewesen - Heinrich-von-Stephan-Str. 1, 5300 Bonn 2 - Geb. 4. April 1928 - AR-Vors. Detecon GmbH - 1983 BVK I. Kl.

ZUSE, Konrad

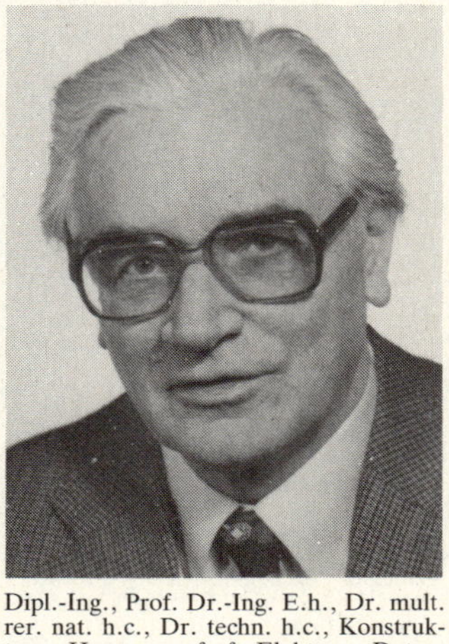

Dipl.-Ing., Prof. Dr.-Ing. E.h., Dr. mult. rer. nat. h.c., Dr. techn. h.c., Konstrukteur, Honorarprof. f. Elektron. Datenverarb. Univ. Göttingen (s. 1966) - Im Haselgrund 21, 6418 Hünfeld (T. 29 28) - Geb. 22. Juni 1910 Berlin (Vater: Emil Z., Postsekr.; Mutter: Maria, geb. Crohn), ev., verh. s. 1945 m. Gisela, geb. Brandes, 5 Kd. (Horst, Monika, Ernst, Hannelore, Peter Ernst †) - TH Berlin (Bauing.wesen; Diplomhauptprüf. 1935) - S. 1940 selbst. 1949 Mitbegr. Zuse KG. - BV: Rechnender Raum, 1969; D. Computer - mein Lebenswerk, 1970; D. Plankalkül, 1972; Gesichtspunkte z. Beurt. algorithm. Sprachen, 1975; Ansätze e. Theorie d. Netzautomaten, 1975; The Plankalkuel, 1976; Beschreib. d. Plankalküls, 1977; Petri-Netze aus d. Sicht d. Ing., 1980; Anwend. v. Petri-Netzen, 1982; D. Computer - Mein Lebenswerk, 1984 - 1956 Ehrendoktor (Dr. Ing. E. h.) TU Berlin; 1965 Harry H. Goode Memorial Award (USA) u. Werner-v.-Siemens-Ring, 1969 Diesel-Med. in Gold u. Wilhelm-Exner-Med.; 1973 Gr. BVK; 1972 Mitgl. Dt. Akad. d. Naturforscher (Leopoldina), Halle/S.; Namensgeber: 1973 Konrad-Zuse-Straße in Bad Hersfeld, 1978 Konrad-Zuse-Schule Hünefeld, Konrad-Zuse-Zertifikat; 1975 Ehrenbürger Stadt Hünfeld; 1979 Ehrendoktor Univ. Hamburg; 1981 Ehrendoktor Univ. Dresden; 1980 Aachen/Münchener Preis f. Technik u. Angew. Naturwiss. u. Ehrenplak. Bad Hersfeld; 1981 Med. Gustave Trasenster; 1981 Foreign Assoc. National Acad. of Engineering; 1981 Konrad-Zuse-Preis (f. Verdienste auf d. Geb. d. Informatik); 1982 Computer Pioneer Award; 1983 Bernhard-Weiss-Plak.; 1984 Bayer. Maximiliansorden; 1984 Namensgeber Konrad-Zuse-Zentrum f. Informationstechnik Berlin/ZIB; 1985 Ehrenmitgl. Ges. f. Informatik; 1985 Cothenius-Med. (DDR); Gr. BVK m. Stern; Ehrenvors. Wiss. Beirat Konrad-Zuse-Zentrum f. Informationstechn. Berlin/ZIB; 1985 Ernst-Reuter-Plak.; 1986 Dr. techn. h. c. Univ. Reykjavik/Island; Ehrenmitgl. Verein isländ. Ing.; VDE-Ehrenring durch d. Verb. Dt. Elektrotechn.; 1987 Philip-Morris-Ehrenpreis; Wilh.-Leuschner-Med. durch d. Ministerpräs. Dr. Walter Wallmann - Liebh.: Malerei - Spr.: Engl., Franz. - Konstruierte d. erste funktionsfäh. programmgesteuerte Rechenanlage d. Welt.

ZWANZIGER, Theo

Dr., Regierungspräsident Koblenz (s. 1987) - Lahnblick 19, 6251 Altendiez (T. 06432 - 8 11 33) - Geb. 6. Juni 1945 Altendiez, ev., verh. s. 1966 m. Inge, geb. Keßler, 2 Söhne (Frank, Ralf) - Abit. 1965; 1. Staatsex. 1973; 2. Staatsex. 1975; Promot. - B. 1968 Steuerinsp.; 1979 Richter am Verw.-Gericht; 1980 Richter Oberverw.-Gericht. 1985-87 MdL Rheinl.-Pfalz - Liebh.: Sport, Lesen - Spr.: Engl.

ZWARABER, H.

s. Mende, Herbert G.

ZWECKER, Jochen

Dr., Landrat a.D., Vors. Landesverkehrsverb. Hessen, Wiesbaden, MdL - Eichendorffstr. 11, 6320 Alsfeld - Geb. 9. Juli 1936 - Div. Mandate.

ZWEIG, Max

Dr. jur., Schriftsteller - Pinskerstr. 7, 92228 Jerusalem/Israel - Geb. 22. Juni 1892 Prossnitz/Mähren (Vater: Gustav Z., Rechtsanw.; Mutter: Helene, geb. Rottberger), jüd., verh. s. 1932 m. Margarete, geb. Bauer - Gymn. Olmütz; Univ. Wien, Promot. Prag - S. 1920 in Berlin; s. 1934 in Prossnitz; s. 1938 in Tel Aviv; s. 1978 in Jerusalem - BV: Dramen, 1961; Dramen, Bd. II 1963; Frühe Dramen, 1976; Lorenzo Moreno u. a. Dramen, 1976; Generalsekr. u. andere Dramen, 1979; Liebe in uns vergrößern, Dramen 1984; Lebenserinnerungen, 1987 - 1957 2. Preis Bregenzer Festsp.; 1984 Lit.-Preis Zionist. Welt-Org.; 1989 Ehrenmitgl. Österr. PEN-Club; Ehrenmitgl. Londoner PEN-Club f. dt.-schreibende

Schriftst. - Lit.: Norbert Fuerst: D. Dramenwerk Max Zweigs (1986).

ZWEIGERT, Konrad
Dr. jur., Prof., Bundesverfassungsrichter a. D. - Baron-Voght-Str. 63, 2000 Hamburg 52 (T. 82 84 20) - Geb. 22. Jan. 1911 Posen (Vater: Erich Z., zul. Staatssekr. Reichsinnenmin.; Mutter: geb. Nagel), verh.s. 1946 m. Irmgard, geb. Koenigs, 9 Kd. - Univ. Grenoble, London, Barcelona, Berlin, Göttingen - 1937 Ref. Kaiser-Wilhelm-Inst. f. ausl. u. intern. Privatrecht, Berlin, 1946 Doz. i. 1948 o. Prof. f. Bürgerl. Recht, Prozeßrecht, Rechtsvergleich., ausl. u. intern. Privatrecht Univ. Tübingen, 1951 Richter Bundesverfassungsgericht, Karlsruhe, 1956 o. Prof. f. Rechtsvergl., intern. Privatrecht, Bürgerl. Recht u. Prozeßrecht Univ. Hamburg, 1952 Wiss. Mitgl., 1963-79 Dir. Max-Planck-Inst. f. ausl. u. intern. Privatrecht, Hamburg. 1955 Vorstandsmitgl. Intern. Komit. f. Rechtsvergl., Paris; 1964 Präs. Assoc. Intern. des Sciences Juridiques ebd.; 1967-79 Vizepräs. Max-Planck-Ges. z. Förd. d. Wiss., München. Zahlr. wiss. Veröff. - Dr. h. c. Uppsala (1974), Paris (1975) u. Southampton (1979) - Spr.: Engl., Franz., Span. - Rotarier.

ZWER, Reiner
Dr. rer. pol., apl. Prof. Univ. Heidelberg - Am Schlangengrund 10, 6908 Wiesloch (T. 06222 - 13 19) - Geb. 5. Aug. 1934 Völklingen (Vater: Johann Z.; Mutter: Hedwig, geb. Melchior), kath., gesch., S. Wolfgang - Univ. d. Saarl. (Dipl.-Kfm. 1962, Promot. 1964), Habil. 1976 Univ. Heidelberg - 1962-64 Assist. Univ. d. Saarl.; 1964-68 O.E.C.D., Paris, dann Europ. Gemeinsch., Brüssel; 1971-72 Stv. Dir. d. Fortbildz.zentr. München f. Statistiker aus Entw.ländern; s. 1987 Prof. an d. Berufsakad. Mannheim - BV: Intern. Wirtschafts- u. Sozialstatistik, 1981, 2. A. 1986; Einf. in d. Wirtschafts- u. Sozialstatistik, 1985. Herausg.: Probl. intern. Wirtsch.- u. sozialstatist. Vergleiche (1981). Aufs. üb. empir. Wirtsch.forsch. u. Statistik - Spr.: Engl., Franz., Span.

ZWERENZ, Gerhard
Schriftsteller - Brunhildensteg 18, 6384 Schmitten Nr. 3 (T. 06082 - 10 78) - Geb. 3. Juni 1925 Gablenz (Vater: Arbeiter), verh. in 2. Ehe (1957) m. Ingrid, geb. Hoffmann (Verf.: V. Katzen u. Menschen, 1974; Herausg.: Anonym - Schmäh- u. Drohbriefe an Prominente, 1968), Tochter Catharina - Kupferschmiedlehre; 1952-56 Univ. Leipzig (Phil., Lit.) - 1942-48 Wehrdst. u. sowjet. Gefangensch. (1944); 1948-50 Volkspolizist; 1950-51 Lehrer, - BV: Aufs Rad geflochten, R. 1959; D. Liebe d. toten Männer, R. 1959; Ärgernisse v. d. Maas b. an d. Memel, Tageb. 1961; Wider d. dt. Tabus - Kritik d. reinen Unvernunft, 1962; Gesänge auf d. Markt - Phantast. Geschichten u. Liebeslieder, 1962; Heldengedenktag, Erz. 1964; Casanova oder D. kl. Herr in Krieg u. Frieden, R. 1965; Erbarmen m. d. Männern, R. 1968; D. Lust am Sozialismus, 1969; Rasputin, R. 1970; Kopf u. Bauch - D. Geschichte e. Arbeiters, d. unt. d. Intellektuellen gefallen ist, 1971; Bericht aus d. Landesinnern - City - Strecke - Siedlung, 1972; D. plebej. Intellektuelle, Ess. 1972; Die Erde ist unbewohnbar wie der Mond, 1973; D. Widerspruch, Autobiogr. Bericht 1974; D. Quadriga d. Mischa Wolf, R. 1975; D. Westdeutschen, 1977; Wozu d. ganze Theater, R. 1977; D. Großelternkind, R. 1977; D. schrecklichen Folgen d. Legende..., Erz. 1978; Tucholsky-Biogr., 1979; D. Ehe d. Maria Braun, R. 1979; D. lange Tod. d. Rainer-Werner Faßbinder, 1982. Bühnenstücke: Kupfer (1968), D. Rede d. Georg Büchner anläßl. s. Ablehnung als Büchnerpreisträger; tv-Filme: Kleine Stadt..., 1977; Tucholsky im Gedächtnis, 1978 - 1968 Mitgl. PEN-Zentrum BRD - 1975 Ernst-Reuter-Preis; 1986 Carl-von-Ossietzky-Preis.

ZWERNEMANN, Jürgen
Dr. phil., Prof., Direktor Hamburg. Museum f. Völkerkunde (s. 1971) - Binderstr. 14, 2000 Hamburg 13 - geb. 5. Juni 1929 Wilhelmshaven (Vater: Ernst Z.; Mutter: Henriette, geb. Fischer), ev., verh. m. Hella, geb. Kunz, 2 Kd. (Olaf, Britta) - Promot. 1954 Mainz; Habil. 1966 Tübingen - Zul. Abteilungsleit. Linden-Mus. Stuttgart - BV: D. Erde in Vorstellungswelt u. Kultpraktiken d. sudanischen Völker, 1968; Geburt - Krankh. - Tod in d. afrikan. Kunst, 1975 (m. Ernst Haaf); Hundert J. Hbg. Museum f. Völkerkd., 1980; Culture History and African Anthropology, 1983; Erzählungen aus d. westafr. Savanne, 1985; Aus Afrika: Ahnen - Geister - Götter, 1985 (m. Wulf Lohse). Mitherausg.: Ztschr. Afrika u. Übersee (1974ff.), Afrikanist. Forsch. (1980ff.).

ZWICKER, Eberhard
Dr.-Ing. (habil.), o. Prof. u. Direktor Inst. f. Elektroakustik TU München (s. 1967) - 1956-64 Forschungs- u. Ind.tätigk. in d. BRD u. USA; b. 1967 Prof. TH Stuttgart; 1977-79 Dekan Fak. f. Elektrotechnik TU München - 220 Publ. - 1956 NTG-Preis; 1982 Ehrenmitgl. Audio-Eng. Soc.; 1984 Pos. 12 d. weltw. am häufigsten zit. Wiss. Critical bandwidth in loudness summation u. korr. Mitgl. Inst. of Noise Control Eng./USA; 1987 Silver Medal d. Acoust. Soc. of America; 1988 Karl-Küpfmüller-Ehrenring TH Darmstadt, BVK, u. Preis d. Hörgeräteakustiker.

ZWICKER, Hans-Ulrich
Dr. rer. nat., o. Prof. u. Vorst. Inst. f. Werkstoffwissenschaften, Lehrstuhl Werkstoffwissenschaft Metalle Univ. Erlangen-Nürnberg/Techn. Fak. (s. 1966) - Jungstr. 27, 8520 Erlangen-Sieglitzhof (T. 5 13 43) - Geb. 20. Okt. 1921 Öhringen/Württ., verh. s. 1952 m. Ilse, geb. Niemann - BV: Titan u. Titanlegierungen, 1974 (auch russ.).

ZWICKERT, Erwin
Dr.-Ing., Prof. - De-Vries-Hof 2, 3000 Hannover 61 - Geb. 19. Juli 1922 Hannover, verh. s. 1947 m. Hildegard, geb. Dettmer, 2 Kd. (Wolf-Dieter, Frauke) - Dipl. (Geodäsie) 1952 Hannover; Promot. (Bergbau u. Hüttenwesen) 1960 Clausthal - 1953-66 Entw., Konstruktion, Erprobung Fa. Fennel, Kassel; 1966-81 Geschäftsleit. Gebr. Wichmann, Berlin; 1982/83 Berat. Ing.; 1984 Zeiss West-Germany, Johannesburg - Spr.: Engl., Franz., Ital.

ZWILGMEYER, Franz
Dr. jur., Prof., Kultursoziologe - Leiferdestr. 9, 3300 Braunschweig (T. 61 12 41) - Geb. 8. Juli 1901 Braunschweig - Stud. Rechtswiss., Phil., Soziol. - 1928-33 Gerichtsass.; b. 1951 Rechtsanw. u. Notar; 1951-68 (Ruhest.) Doz. u. Prof. (1955) Päd. Hochsch. Braunschweig (Lehrstuhl f. Soziol.) - BV: D. Rechtslehre Savignys, 1929, NA. 1970; Kultursoziol., in: W. Ziegenfuß, Handb. d. Soziol., Bd. II 1956; D. Dorfpraktikum, 1963; Stufen d. Bewußtseinserweiterung bei Goethe, 1978; Stufen d. Ich - Bewußtseinsentwickl. d. Menschheit in Ges. u. Kultur, 1981; Meditatives Üben, 1985.

ZWILLING, Robert
Dr., Prof. f. Biologie Univ. Heidelberg - 6905 Altenbach b. Heidelberg - Geb. 16. Juli 1934 Walldorf (Vater: Jakob Z., Ang.; Mutter: Elisabeth, geb. Althaus), verh. s. 1966 m. Katja, geb. Kopf, 4 Kd. (Andrea, Valeria, Martin, Caterina) - Promot. 1965 Univ. Frankfurt/M., Habil. 1971 Ruhr-Univ. Bochum - S. 1972 Prof. in Heidelberg (Mitgl. d. Senats u. d. VR); 1987-89 Prorektor. Rd. 70 wiss. Veröff.

ZWING, Rainer
Schriftsteller - Jutastr. 16, 8000 München 19 - Geb. 25. Sept. 1936 München - BV: Westendgeschichten (Münchener Malterviertel), 1972; Eis am Stecken, R. 1974; Zeit z. Aufsteh'n, R. 1975 (auch russ.); Jahrgang 22 od. D. Merkwürdigkeit im Leben d. Fritz Wachsmuth, R. 1977; Fritz Wachsmuths Wunderjahre, R. 1978; D. Vorstadt, R. 1980; Wir kehren langsam z. Natur zurück, R. 1984. Bühnenst. u. a.

ZWOROWSKY, von, Wolf
Oberschulrat a. D., MdL Hessen (1958-79, 1974-78 Vizepräs.) - Oberbinge 25, 3500 Kassel (T. 3 81 44) - Geb. 18. Febr. 1924 Kassel - Abitur - Kriegsdst. (Flieger; Offz.; gegenw. Fregattenkapt. d. R. Bundeswehr), n. Gefangensch. Stud. Päd. S. 1949 Lehrer, Rektor, Oberschulrat Kassel. CDU s. 1948 (b. 1980 Mitgl. Landesvorst.).

ZYMALKOWSKI, Felix
Dr. rer. nat., em. o. Prof. f. Pharmazie - Fahrenheitstr. 10, 5300 Bonn 1 (T. 0228 - 25 66 47) - Geb. 13. Aug. 1913 Berlin - S. 1955 (Habil.) Lehrtätigk. Univ. Kiel, Hamburg (1959 Ord.), Bonn (1963 Ord.) - BV: D. quantitativen Bestimmungen d. Alkaloide in Drogen u. - zubereitungen, 1960 (m. O. E. Schultz); Katalyt. Hydrierungen im organ.-chem. Laboratorium, 1965. Herausg.: Methodikum Chimicum, Bd. 6. Üb. 100 Einzelarb. - 1975 Karl-Mannich-Med. D. Pharmaz. Ges. - 1972 Mitgl. Dt. Akad. d. Naturforscher (Leopoldina), Halle/S. - Spr.: Engl.

ZYSK, Lothar
Dr. jur., Bundesrichter - Zu erreichen üb.: Bundesgerichtshof, Herrenstr. 45a, 7500 Karlsruhe 1 - Geb. 9. März 1934 - B. 1981 OLG München, dann BGH.

ZYWIETZ, Werner
Dipl.-Kfm., Angestellter, MdB - Birkenhöhe 16, 2071 Bünningstedt (T. 04532 - 71 54) - Geb. 21. Mai 1940 Saleschen/Ostpr. (Vater: Kurt Z., Landwirt †; Mutter: Erna, geb. Jablonowski), ev., verh. s. 1968 m. Monika, geb. Riemann, 3 Kd. (Mirko, Lars, Katrin) - Gymn. Ahrensburg (Abit.); Praktikantenzeit Bankfach u. Finanzverw.; Bundeswehrdst. (zul. Major d. R.); Univ. Hamburg (Betriebsw.). Studienaufenth. Engl., Frankr., Ind. - S. 1969 Esso AG, Hamburg. 1966-72 MdK Stormarn. FDP s. 1964 (s. 1971 Mitgl. Landesvorst. Schlesw.-Holst.; 1983-85 Landesvors.) - Liebh.: Sport - Spr.: Engl., Franz.

Nekrolog — Necrology — Personnalités décédées
Verstorbene der XXVII. Ausgabe

A
ADLER, H. G.
AKEN, van, Johann
ALBERT, Elfriede
AMANN, Gottfried
AMBESSER, von, Axel
ANDRESEN, Thomas Christoph
ANSEL, Werner
AUER, Johann

B
BACHMANN, Jörn-Ulrich
BAENSCH, Werner
BAHNER, Wolfgang
BALOH, Anton
BAMMERT, Karl
BANSE, Karl
BARBEY, Günther
BARESEL-BOFINGER, Rudolf
BARNICK, Johannes
BARON, Hans
BARTHELMESS (ß), Alfred
BARTSCH, Heinrich
BAUDREXEL, Josef
BAUMANN, Hans
BECHTOLD, Helmuth
BECKER, Max Georg
BEISEL, Karl
BELLM, Richard
BERG, Herbert C. D.
BERNHARD, Thomas
BERNHARDT, Heinz W.
BEUERMANN, Arnold
BEYER, Herbert
BISCHOF, Bruno
BLIND, Hans
BOCH-GALHAU, von, Luitwin
BRANDES, Rudolf
BRANDI, Diez
BRAUNITZER, Gerhard
BREITLING, Rupert
BREMER, Eberhard
BRENNINGER, Georg
BROCKDORFF, Gräfin von, Ursula
BROCKMANN, Hans
BROWN, Ralph A.
BRUSSATIS, Friedrich Wilhelm
BUCK, Kurt D.
BÜCHNER, Rudolf
BÜHL, Eduard
BUSS, Dietrich

C
CAMPENHAUSEN, Freiherr von, Axel
CAMPENHAUSEN, Freiherr von, Hans
CASTELL-CASTELL, Graf zu, Prosper
CAUER, Hanna
CLASEN, Theodor
CLAUSEN, Erk Roluf
CONZELMANN, Hans G.
CREMER, Walter
CZIFFRA, von, Geza

D
DABELOW, Adolf
DAHLHAUS, Carl
DAPPRICH, Gerhard
DEGENS, Egon T.
DEISINGER, Walter
DENNEBORG, Heinrich Maria
DEUS, Bruno J.
DIETRICH, Lorenz
DIETZ, Ernst
DITTMAR, Gerhard
DOERDELMANN, Bernhard
DOMNICK, Ottomar
DUPPRÉ, Fritz
DUTT, Hermann

E
EHRE, Ida
EICKE, Werner-Joachim
ELMENDORFF, Wilhelm
ENDLER, Otto
ENGELHARDT, Heinz
ENGELHARDT, Karl-Theodor
ESSEN, von, Alexander
ETZDORF, von, Hasso
EVERDING, Alfons

F
FABER-PERATHONER, Hans
FABRICIUS, Wilhelm
FALKE, Carla Helga, geb. Wolters
FERNAU, Joachim
FILZEN, Wilhelm
FISCHER, Joseph A.
FISCHER, Walter
FORKEL, Dirk
FRIED, Erich
FRIEDRICH, Rudolf
FRÖBE, Gert
FUCHS, Roland
FÜRBRINGER, Ernst-Fritz
FÜRER, Kurt C. H.

G
GAISER, Konrad
GAMBKE, Gotthard
GARBER, Rolf
GASSNER, Ernst
GEBHARDT, Ferry
GEBHARDT, Rudolf
GERATHEWOHL, Klaus
GERDUM, Hanns
GIESE, Richard-Heinrich
GIESEN, Kurt
GLAHN, Georg
GÖBELL, Walter
GÖBELSMANN, Karl
GOLTZ, Christel
GOSZDZIEWSKI, Herbert E.
GREIFENHAGEN, Adolf
GREIFENSTEIN, Hermann
GROSS, Walter
GROSSWEISCHEDE (ß), Detlef
GROTE, Hermann
GRUNWALD, Wilhelm
GÜDEN, Hilde
GUMPPENBERG, Freiherr von, Levin
GUSSMANN (ß), Hans-Ulrich
GUTSCHE, Hans Karl

H
HAACK, Karlheinz
HAAREN, van, Gerhard
HABERNOLL, Kurt
HAHLWEG, Werner
HALÁSZ, István
HALBSGUTH, Wilhelm
HANSCH, Theodor
HARKOTTE, Kurt
HARNISCH, Herbert
HARTMANN, Bernhard
HARTMANN, Rudolf
HAUPT, Harald G.
HAURIN, Walter
HAUSENBLAS, Helmut
HAUSSER, Erich
HAUSSMANN (ß), Wolfgang
HECKHAUSEN, Heinz
HEIMANN, Karl-Wilhelm
HEIMPEL, Hermann
HELDEN, von, Willi
HELLFAIER, Karl-Alexander
HELM, Lothar
HENZE, Werner
HERBER, Gerhard
HERMANNSDÖRFER, Alfred
HERPELL, Walter F.
HERRMANN, Walther
HESSE, Herta, geb. Frielinghaus
Auf der HEYDE, Jörg Peter
HILLGRUBER, Andreas
HIRSCHFELD, Dietrich
HÖCHERL, Hermann
HÖPKER, Wolfgang
HOFFMANN, Werner G.
HOLSTEIN, Hermann
HOLWEG, August
HONOLKA, Kurt
HOPF, Barbara
HORN, Ruth, geb. Granzin
HORNEY, Brigitte
HUBBERTEN, Hans
HÜBSCH, Fritz
HÜGEL, Edwin
HÜTTISCH, Maximilian

I
IMDAHL, Max
INDERHEES, Wolfgang
ITSCHERT, Ernst

J
JÄGER, Alfred
JANSSEN, Heinrich-Maria
JOHANNSEN, Kurt Herbert
JOSSÉ, Carl-Heinz
JOST, Wilhelm

K
KÄSSBOHRER, Otto
KALHOFER, Josef
KAMPE, Wolfgang
KAPPENBERGER, Helmut
KARAJAN, von, Herbert
KARSTEN, Anitra
KATZBACH, Hans
KEIENBURG, Fritz Hermann
KELLER, Hans Peter
KEMPE, Fritz
KERN, Erwin
KERNER, Hildegard
KESSLER, Otmar
KESSLER (ß), Peter-Josef
KINDERMANN, Hans
KIRCHHOFF, Herbert
KIRST, Hans Hellmut
KLAUSENER, Erich
KLAUSING, Heinz
KLEIN, Georg Uwe
KLEINSCHMIDT, Kurt
KLEMM, Heinz
KLINKENBORG, Jan
KLINKER, Hans-Jürgen
KLÖCKNER-BAUER, Annemie
KLOSE, Olaf
KLUSEN, Ernst
KNAPPSTEIN, Karl Heinrich
KÖHLER, Egmont
KÖHLER, Hermann
KOENIG, Walter
KÖNN, Günther
KÖPPEN, Ernst
KÖTH, Erika
KÖTHE, Gottfried
KOKKINOWRACHOS, Konstantin
KOLBENSCHLAG, Heinrich
KOLLEK, Leo
KONCZ, Josef
KOVACICEK, Stjepan
KRABBE, Elmar
KRABBE, Wilfried
KRAULAND, Walter
KRAUSS (ß), Georg
KRAUSSKOPF, Otto K.
KRESSNER, Alfred
KREUCH, Rudolf
KRIEG, Rudolf
KRIEG, Werner
KRIZKOVSKY, Hugo
KRONBERG, Gerhard
KRONE-APPUHN, Ursula
KROYMANN, Jürgen
KRÜGER, Herbert
KRUGLER, Heinz W. K. R.
KÜPPENBENDER, Heinrich
KÜSTER, Otto
KUPRIAN, Hermann
KURLBAUM, Georg
KUSS, Eduard

L
LAHANN, Gerhard
LAIPOLD, Otto
LAMBERTS, Kurt
LAMMEL, Ernst
LANGE, Georg
LANGE, Paul-Heinrich
LANGE-SEIDL, Annemarie
LAPIERRE, Rudolf
LAUTERBACH, Ulrich
LEHMANN, Hans
LEHMANN, Willy
LEMBKE, Robert E.
LENGERSDORF, Josef
LENZ, Paul
LEUBE, Max
LIESE, Johannes
LINHARDT, Hanns
LINK, Rudolf
LINZEN, Bernt
LÖFFLER, Alfred
LORENZ, Konrad
LORENZ, Reinhold
LÜTH, Erich

M
MAASS, Michael
MAASS (ß), Wolfgang
MAASSEN (ß), Peter
MADLUNG, Malte
MAI, Gerhard
MARQUORDT, Gerhard
MARTENS, Georg W.
MATULAT, Gerhard
MAYER, Philipp
MECKELEIN, Wolfgang
MEDER, Herbert
MELSBACH, Erhard
MENKENS, Heinz
MENZEL, Heinz
METZENDORF, Wilhelm
MEYDING, Paul
MEYER, Karl-Heinz
MEYEREN, von, Wilhelm
MICHEL, Max
MILAU, Gerhard
MISSBACH, Artur
MÖLLER, Hans-Joachim
MOHR, Wilhelm
MOLSEN, Hans
MOOG, Heinz
MOSER, Fritz

MÜHLEISEN, Richard P.
MÜHLMANN, Wilhelm
MÜLLER, Eberhard
MÜLLER, Hans-Reinhard
MÜLLER, Heinzfriedrich
MÜLLER, Leopold
MÜLLER-WIPPERFÜRTH, Dieter
MUSSO, Hans

N
NÄGELE, Alfons
NEUHAUS, Günter
NIERMANN, Gustav
NÖTHEN, Johannes

O
OBERMAYER, Adolf Max
OBERMAYER, Klaus
OHLROGGE, Gert
OPITZ, Rudolf
OSCHMANN, Martin

P
PAAS, Rolf
PAULY, Helmut
PENTZLIN, Kurt
PERGANDE, Hans-Günther
PESTEL, Eduard
PETERS, Albrecht
PETZELT, Kurt
PFANNKUCH, Wilhelm
PFEFFERKORN, Gerhard Erich
PFLEIDERER, Otto
PLATE, Paul-Friedrich
PLÖNES, Heino
PÖLS, Werner
POLANSKY, Oskar E.
PRASS (ß), Johannes
PRIESS, Friedrich
PRUGEL, Alfred
PUCK, Arno

R
RAINER, Josef
RAMACHER, Heinz
RASKOB, Helmut
RATJEN, Adolf
RAUPACH, Friedrich
RAUSCH, Rudolf
RECTENWALD, Wilhelm H.
REICH, Günter
REICHEL, Walter
REICHERT, Franz Rudolf
REIHER, Hermann
REINARTZ, Hanns
REINERS, Rita
REINHARD, Georg W.
REISSENWEBER, Arno
REISSINGER, Hermann
REITZNER, Almar
RELANG, Regina
REMÉ, Reinhard
REMMERS, Johannes-Gerhardus
RENNINGER, Mauritius
REUTHER, Hans
RIED, Marina
RIEKER, Gottlieb
RIESEBRODT, Günter
RIETBROCK, Ingrid, geb. Kreiß
ROST, Joachim
RUPRECHT, Werner

S
SALZER, Gerhard (Gert)
SATTLER, Rolf-Joachim
SCHÄFER, Albert
SCHÄFER, Friedrich
SCHAEFER, Ralph
SCHALLENBERG, Heinrich
SCHAUF, Heribert
SCHEIBNER-HERZIG, Gudrun, geb. Herzig
SCHERER, Emil
SCHERER, Friedrich
SCHERMBACH, Martin
SCHICK, Wilhelm
SCHLAF, Jupp
SCHLEGEL, Wolfgang
SCHLESWIG-HOLSTEIN-GLÜCKSBURG, Prinz zu, Friedrich Ferdinand
SCHLICHTING, Ernst
SCHMAUSER, Herbert J.
SCHMENGLER, Friedrich-Ernst
SCHMIDT, Carl
SCHMIDT, Georg
SCHMIDT, Günther C.
SCHMIDT, Ulrich
SCHNEIDER, Theodor
SCHNEIDER, Willy
SCHNEKENBURGER, Jörg
SCHNORR von CAROLSFELD, Ludwig
SCHNURRE, Wolfdietrich
SCHÖNECKER, Ludwig
SCHÖTZ, Georg
SCHOTT, Gerhart
SCHRÖDER, Otto M.
SCHROTH, Carl-Heinz
SCHULTZ, Dietrich
SCHULTZ, Karl
SCHULZ-KAMPFHENKEL, Otto
SCHUNK, Josef
SCHWEBEL, Siegfried
SCHWEITZER, Hans
SCHWENNICKE, Karl-Heinrich
SCHWINDT, Hanns
SEELMANN-EGGEBERT, Walter
SEIFART, Werner
SICK, Erwin
SIEGERT, Karl
SIEGERT, Rudolf
SIMENAUER, Erich
SIMÉON, Werner
SIMON, Heiner
SIMONS, Hanns
SOLDAN, Heinrich
SONDERMANN, Heinrich
SONTAG, Helmut
SPELSBERG, Paul
STAATS, Rudolf
STABRIN, Otto
STEGMANN, Walter
STEINBACHER, Franz
STEINER, Maximilian
STEINHART, Karl
STOBOY, Hans
STOCKMEIER, Peter
STOKINGER, Jörg
STOMMEL, Josef
STORZ, Walter
STRAUSS (ß), Franz Josef
STRICKRODT, Georg
STUCKENSCHMIDT, Hans Heinz
STÜBINGER, Oskar
STUHLMANN, Walter
STURMANN, Manfred

T
THELEN, Albert Vigoleis
THOME, Manfred
TONGER, Peter-Josef
TRIEM, Ludwig

U
UEBERREITER, Kurt
UMLAUF, Helmut

V
VAUBEL, Ludwig
VENRATH, Helmut
VIEHWEG, Theodor
VOELKER, Walther
VOGT, Walter
VOLLRODT, Werner

W
WAMBSGANZ, Friedrich
WANKE, Karl
WANKEL, Felix
WASS, Otmar
WEBER, Ferdinand
WEGNER, Udo
WEINLIG, Peter
WEISS, Diether
WELCHERT, Hans-Heinrich
WENDT, Carl-Friedrich
WENDT, Friedrichcarl
WENDT, Lothar
WENSCHKEWITZ, Hans
WERNER, Gerhard
WESTHOFF, Franz
WESTHOFF, Hermann
WEWER, Berthold
WEYDE, Edith
WEYRES, Willy
WICKERT, Lothar
WILBERT, Hubert
WINDHOFF, Hermann
WINDRATH, Fritz
WINGERT, Friedrich
WINKLER, Otto
WINKMANN, Hans
WINNACKER, Karl
WINTER, Hansgeorg
WIRTH, Helmut
WISCHNEWSKI, Siegfried
WITTMANN, Waldemar
WITZENMANN, Herbert
WOEBER, Karlheinz
WOHLGEFAHRT, Hermann
WÜRDINGER, Hans

Z
ZERNA, Herta
ZEUMER, Hans
ZIEGLER, Joseph
ZIMMER, Karl-Günter
ZIMMERMANN, Horst
ZIMMERMANN, Rudolf F.
ZÜLCH, Klaus-Joachim

Geburtstagsliste

Kalendarische Auflistung der Geburtstage
– ohne Geburtsjahr – der in den Kurzbiographien
dieser Ausgabe enthaltenen Geburtsdaten

Birthday list

Calender list of birthdays (without year
of birth) of the birthdates in the
brief biographies in this edition

Liste d'anniversaire

Liste civile des anniversaires (sans indication de
l'année de la naissance) des dates d'anniversaire
contenues dans les brèves biographies de cette édition

1. Januar

ADOMEIT, Klaus
ANSORGE, Rainer
BAUMGARDT, Brigitte, geb. Mlodzek
BAYER, Rudolf
BOCK, Wolfgang
BONDY, Francois
CLEVÉ, Bastian
COBAN, Ismail
COX, Helmut
DIETRICH, Werner
DILLER, Hans-Jürgen
DUPPACH, Josef
EBBIGHAUSEN, Walter
EICHLER, Jörg
ENGELHARDT, Gustav Heinz
FEINENDEGEN, Ludwig E.
FOLLERT, Bernd
FRAEDRICH, Anna Maria
FREYBE, Günter
FRISÉ, Maria
GEYER, Erhard
GIDION, Jürgen
GLEITZE, Alfred
GREIF, Eduard
GRIESE, Friedrich-Wilhelm
GRILLMEIER, Alois
GRÜNEBERG, Otto-Hermann
GRÜNEWALD, Wilhard
GUNTERMANN, Hans
HACK, Hubert
HAGEN, Reinold
HAMMEL, Walter
HANSEN, Gerd
HEIDER, Werner
HELMRICH, Herbert
HELMSCHROTT, Josef
HENSMANN, Jan
IRNGARTINGER, Hermann
JAXTHEIMER, Wilhelm
KELLER, Reiner
KERSSENBROCK, Trutz, Graf
KLAUS, Dieter
KLOSE, Wolfgang Dietrich
KNELLER, Eckart
KRAUSS (ß), Wolfgang
KRUEGER, Werner
KÜNNETH, Walter
KURZE, Dietrich
LUDYK, Günter
MADER, Wolfgang
MERKLE, Hans L.
MOSLER, Peter
NASTAINCZYK, Wolfgang
OLDEKOP, Werner
PANAGIOTOPOULOS, Panagiotis D.
PAUSCH, Alfons
PICHT-AXENFELD, Edith, geb. Axenfeld
RECKEL, Armin
SAFRANSKI, Rüdiger
SANTAMARIA, Pablo
SCHAAFF, Arnold
SCHAEFFER, Helmut A.
SCHARTNER, Karl-Heinz
SCHILLING, Rudolf
SCHLEBUSCH, Gernot
SCHMIDT, Ottmar
SCHMIDT-WIEGAND, Ruth
SCHMITT, Otto-Michael
SCHOSTOK, Paul
SCHOTTMANN, Hans
SIMON, Helmut
SPRANGER, Jürgen
SPRANZ, Bodo
STAMMEL, Heinz-J.
STEIN, Karl
STENZEL, Alois
STEPHAN, Bruno
STREIM, Alfred
STUCK, Hans-Joachim
SÜSSMANN (ß), Georg
SZENKAR, Claudio
TEMMING, Peter K.
TEMPELMEIER, Horst
TRÄNKNER, Erhard
TWELLMANN, Walter
URBAN, Georg
VOGEL, Alois
VOGT, Armin
WEBER, Kurt
WEISKIRCH, Willi
WILDGEN, Wolfgang
WINDTHORST, Elmar
ZELZ, Lothar

2. Januar

AXFORD, William Ian
BAETGE, Karl-Heinz
BALZER, Bernd
BAUM, J. Peter
BAUMANN, Heinz
BECHER, Ulrich
BEIER, Siegfried
BEL, van, Günter
BERGER, Karl-Christoph
BETZ, Augustin E. A.
BRAUN, Walter
BREDOW, von, Leopold Bill
BREDOW, von, Wilfried
BRENZEL, Heinz
CRAM, Kurt-Georg
DIERKER, Egbert
DIETRICH, Richard
DOHR, Roman
ENGL, Max
FESSNER, Otmar
FISCHER, Erich
FISCHER-DIESKAU, Klaus
FRIEDRICHS, Herbert
FRIEDRICHS, Karl August
GEDIGK, Peter
GELFERT, Hans-Dieter
GERSTER, Johannes
GRAMSS, Eike
GRAWERT, Gerald
HABERL, Fritz
HAFERKAMP, Günter
HALBACH, Hans
HALBACH, Hans
HECKER, Hans
INDLEKOFER, Karl-Heinz
JAEGER, Klaus
JOHANNES, Dieter
JUNG, Horst
KALINOWSKI, Horst Egon
KATH, Joachim
KEUTNER, Herbert
KLAPPERICH, Hans-Joachim
KLATT, Sigurd
KLOPSCH, Paul
KNOELL, Dieter Rudolf
KÖHLE, Klaus Peter
KÖLLMANN, Wolfgang
KRAUSS (ß), Hermann
LINDER, Otto
LINSEL, Eberhard
LOSSOW, Hubertus
MAI, Hermann
MEDIGER, Walther
MOSECKER, Karl
MÜLLER, Helmut
MÜLLER-LINK, Peter-Heinz
NIEMAX, Kay
PAETZOLD, Hans-Karl
PAPALEKAS, Johannes Chr.
PERNICE, Johann-Anton
PETRAT, Gerhardt
PREUSCHOFT, Holger
REINDL, Peter
RENNER, Rudolf
RENZ, Hans Peter
RICHTER, Hans-Günther
SALEWSKI, Michael
SAUER, Wolfgang
SCHMID, Christof
SCHMIDT, Hans-Wolfgang
SCHMÖLE, Hans-Werner
SEGER, Adolf
SPIES, Klaus Th.
STÜRCKEN, Martin
STURM, Paul
TESKE, Karl W. E.
ULMER, Peter
UTSCH, Wolf-Rüdiger
VERNON(-HOFFMANN), Konstanze, geb. Herzfeld
VESTRING, Alfred B.
WEHEFRITZ, Valentin
WEINMILLER, Lothar
WESSEL, Karl-Heinz
ZAHN, Eberhard

3. Januar

AHRENS, Rüdiger
AICHELBURG, Freiherr von, Wolf
ANGERHAUSEN, Julius
APPEL, Reinhold
BAUMGÄRTNER, Klaus
BECHTLE, Erwin
BERGER, Heinrich
BÖHME, Gernot
BORRIES, von, Achim (Hans-Joachim)
BREMM, Klaus
BÜTTNER, Helmut
BYLANDT-RHEYDT, Graf von, Bernhard
DÖRRIE, Klaus
EBERHARDT, Cornelius
EIFLER, Horst
FINGERLE, Karlheinz Klaus
FIRNHABER, Burkhard
FISCHER, Per
FRANCK, Heinz-Gerhard
FRISCH, Martin
GENTH, Hendrik
GODLEŚ, Andrzej
GOGOLIN, Peter Hermann
GOMM, Gerhart
GREIL, Georg Martin
HAHN, Theo
HANSTEIN, von, Fritz Huschke
HARMS, Eckhard
HARTKE, Friedrich
HEINKE, Ernst
HELDT, Hans Walter
HOFFMANN, Hermann
JACKWERTH, Ewald
KALTENTHALER, Albert
KETZEL, Eberhart
KLANTE, Diethard
KLEINSCHMIDT, Georg
LANDERT, Walter
LANG, Hans-Joachim
LAUFER, Gerda
LINDER, Fritz
MAIER, Rudolf Georg
MEYER, Heinrich
MOOSBRUGGER, Helfried L.
MÜLLER, Gregor E.,O. S. B.
MURMANN, Klaus
NEIDHARDT, Friedhelm
NISSEL, Siegmund
OPASCHOWSKI, Horst
PACK, Ludwig
PAULY, Ferdinand
PIPPERT, Richard
POECK, Klaus
PRANGE, Klaus
RAPP, Alfred
RASP, Renate
REIFF, Rudolf A.
RINGE, Hans-Karl
ROSENBACH, Detlev
RÜDIGER, Reinhold
SCHÖN, Heinrich
SCHRADER, Wiebke
SCHULTE, Willi
SEUSTER, Horst
SEYFRIED, Jürgen
STREIT, Monica (Marianna)
STUDNITZ, von, Gotthilft
THOMA, Hans C
VERGAU, Hans-Joachim
VORDERWÜLBECKE, Manfred
WEGNER, Gerhard
WIRTZ, Michael
WITTE, Eberhard
WOLF, Werner

4. Januar

BARTHEL, Thomas S.
BAUMANN, Herbert
BECKERT, Ursula
BEYER, Manfred
BINZENHÖFER, Alfred
BIRG, Herwig
BRAUN, Hans-Gert
CORNELIUS, Ingeborg
DANNENMANN, Arnold
DENKER, Hans-Werner
DOBLER, Carl
ENDRES, Walter
EPLINIUS, Urs
EWERLING, Johannes
FISCHER, Lothar
FLOROS, Constantin
GAFNER, Fritz
GIESEKUS, Hans Walter
GRÜNERT, Horst
GUNDLACH, Karl-Bernhard
HENSELDER-BARZEL, Helga
HOLZER, Hans E.
HUCKS, Helmut
HÜBL, Lothar
HUTTMANN, Arnold
JANICH, Peter
JOB, Michael
KAHN-ACKERMANN, Georg
KARASEK, Hellmuth
KLEIN, Ernst
KOSTEDE, Norbert
KRENKLER, Karl
KÜHNE, Ingo
LEISING, Helmut
LICHTNER, Rolf
LIEBRECHT, Klaus
LOEBER, Dietrich A.
LÖHR, Alfred
MARX, Nikolaus
MITTERMAYR, Hannes K.
MÜLLER, Dietrich
MUNZ, Gerhard
PFEIL, Dirk
RATH, Robert
REHM, Sigmund
ROSSOW, Heinz
ROTH, Leo
RÜGER, Hans
RUNGE, Harry
SANDWEG, Hans-Dieter
SAUTTER, Hermann
SCHAMONI, Wilhelm
SCHMID, Arno Sighart
SCHMID, Heinrich
SCHMIDT, Peter
SCHROEDER, Johannes H.
SCHÜTTER, Friedrich
SCHULER, Peter
SCHUMACHER, Walter
SCHURIG, Volker
STENDER, Hans-Stephan
STOCKHAUSEN, Karl
TAPPER, Werner
TERRAHE, Klaus
TREML, Karl
TRIER, Eduard
TRUBE-BECKER, Elisabeth, geb. Becker
TRUCKENBRODT, Hans
VEENKER, Wolfgang
VOIGT, Erwin
WEHLING, Hans-Georg
WEISS, Karl Georg
WICHELHOVEN, Gertrud, geb. Rickes
WIELAND, Heinrich
WILDEMANN, Horst
WUNDERER, Rolf
ZIMMER, Fritz
ZIMMER, Gerhard

5. Januar

BARTH, Herbert
BECKMANN, Hans-Karl
BEHRENS, Gerhard
BERG, Jan
BESSER, Ursula, geb. Roggenbuck
BLEESER, Peter
BÖCHER, Heinz-Wolfgang
BÖHLER, Dietrich
BOSNIAKOWSKI, Siegfried
BRANDMÜLLER, Walter
BRESSLER, Hellmut
BUTZ, Manfred
CLEVER, Peter
CONZE, Wolfgang
DIECKERHOFF, Werner
DIEKMANN, Horst
DOUTREVAL, André
DÜRRENMATT, Friedrich
EGGEBRECHT, Hans Heinrich
EICHER, Peter
FALKE, Albert
FISCHER, Kurt Gerhard
FISCHER, Wolfgang
FÜHRLER, Matthias
GANZENMÜLLER, Erich
GERSMEYER, Ernst F.
GIERKE, von, Rolf
GLEICHENSTEIN, Freiherr von, Maximilian
GREHN, Josef
HÄNSEL, Rudolf
HAFERLAND, Peter
HAGEN, Horst
HARDER, Günter
HENGST, Karl
HENHSEN, Hugo
HENLE, Wilhelm
HENRICH, Dieter
HERKNER, Norbert
HILMER, Jürgen
HOENESS (ß), Uli
HOERSCHELMANN, von, Wolf
HOFFMEISTER, Lothar
HOLTHOFF, Fritz
IBACH, J. Adolf
ISENBERG, Günter
JACOBS, Jürgen
JAENICKE, Günther
KAISER, Reinhold
KALBE, Hans H.
KANDOLF, Heinz
KAPP, Helmut
KIEP, Walther Leisler
KISSENER, Hermann
KLINGMÜLLER, Volker
KNOBLOCH, Johann
KNOTH, Hermann
KOERPPEN, Barbara, geb. Boehr
KRAFT, Ernst
KÜHN, Oskar
LÖLLGEN, Herbert
MAIER, Hans
MELSHEIMER, Olaf
MÜNSTER, Arnold
ORB, Kurt H.
POLLOCZEK, Heinrich
REICHSTEIN, Joachim
REITER, Norbert
RICHTER, Aldfried
ROTHHOLZ, Petra
SANDROCK, Otto
SCHEMANN, Hans
SCHIECHTL, Hermann
SCHLEE, Ernst Riewert
SCHLEICHER, Jürgen
SCHMIDBAUER, Bodo
SCHNACKENBURG, Rudolf
SCHUBERTH, Ernst
SCHWARZ, Hans
SEIDEL, Wolfgang
SOLMS-HOHENSOLMS-LICH, Prinz zu, Wilhelm
SPANDAU, Hans
TAEGEN, Frank
WASSERMANN, Rudolf
WEYERMANN, Rolf
WILLE, Friedrich
WINKEL, Gerhard
WISSER, Richard
WÖHLKE, Wilhelm
WOLF, Manfred
WULFF, Otto

6. Januar

BAEHR, Rudolf
BÄRNER, Johannes
BAUNACK, Fritz

BEERMANN, Albert
BENTHIEN, Klaus
BERTRAM, Rolf
BISER, Eugen
BLASIUS, Wilhelm
BLÜMEL, Willi
BÖHM, Oskar
BONHEIM, Helmut
BRÖDER, Ernst-Günther
DETERT, Günther
DIECKELMANN, Hermann
DIGEL, Helmut
DITTUS, Erich
ENGELS, K.
FALKE, Paul
FAULHABER, Reiner
FINGERHUT, Reinhard
FLESSAU, Kurt-Ingo
FRANZ, Otmar
GEHLHOFF-CLAES, Astrid
GELBE-HAUSSEN, Eberhard
GERSTNER, Hermann
GESTER, Heinz
GROH, Kurt
GSCHNITZER, Fritz
HAESSNER (ß), Frank
HÄUPLER, Karl
HALTENBERGER, Axel
HARNDT, Raimund
HEIDINGER, Joseph
HIRSCH, Martin
JAEGER, Wolfgang
JÜNEMANN, Heinz-Robert
KIRCHNER, Walter
KLÖS, Heinz-Georg
KLUGE, Eike-Erik
KOLB, Herbert
KOSEGARTEN, Bernd
KRAUSE, Christian
KRETTEK, Otmar
KUHWEIDE, Willy
KUSS, Otto
KUTSCHERA, Rolf
LOMPE, Klaus
MALETZKE, Gerhard
MEIER, Friedhelm
MEIER, Richard
MIROW, Thomas
NACHTMANN, Josef
NAGTEGAAL, Heinz
NELKOWSKI, Horst Hans
NEVERMANN, Knut
OHNSORGE, Jochen
PETERS, Hugo
PRISSOK, Klaus
REICHHELM, Günther
RINNE, Hans
RÖSLER, Ulrich
SACK, Friedrich
SAGE, Konrad
SCHAUM, Gustav
SCHENDEL, Josef
SCHLUND, Gerhard H.
SCHMELING-DIRINGSHOFEN, von, Alexander
SCHÖNWIESE, Ernst
SCHREY, Helmut
SEDLMAYR, Walter
SEGNITZ, Hermann
SEIFERT, Josef
SEIFERT, Jürgen
SMOYDZIN, Werner
STEPHAN, Franz
STREIBL, Max
SUNTUM, van, Ulrich
TEISSIER, Elizabeth
THIEMANN, Franz
TSCHIRREN, Jürg
UNGEHEUER, Edgar
WEIDENBACH, Heinrich
WILHELMS, J. Henry
WOLF, Klaus

7. Januar
ALBRECHT, Günter
ANI, Friedrich
BAUMANNS, Peter
BÖSEKE, Harry
BÖSINGER, Wolfgang Karl
BRAND, Hans Joachim

BRAUN, Pinkas
BREMSHEY, Helmut
BURCHARD, Johann M.
CADUFF, Sylvia
CLAUSS, Volkmar
CRAUER, Pil
DEGE, Eckart
DENNERLEIN, Paul
DÜRR, Hermann
ECKERT, Willi
FIEDLER, Franz
FISCHER, Franz
FLEINER, Wilhelm
FRANCHEVILLE, von, Klaus
FRANZ, Wolfgang
FRIEDRICH, Manfred
FRITSCHE, Klaus
FRITZE, Walter
FRYDRYCH, Roman
GELFERT, Ernst-Otto
GERLACH, Alexander
GROSSMANN (ß), Alexander
GUSSONE, Hans-Achim
HAASIS, Hellmut G.
HARMS, Wolfgang
HEUTGER, Nicolaus
HOCHSTRAATE, Lutz
HÖFFE, Wilhelm L.
HOLENSTEIN, Elmar
ISSEN, Roland
JORDAN, von, Gerhard
KAHLEN, Wolf
KIELWEIN, Gerhard
KLEIN, Albert
KLIPPEL, Diethelm
KNOCH, Otto Bernhard
KOHM, Eugen
KOLB, Elmar
KOLB, Gerd Dieter
KORING, Lothar
KRAFFT, Olaf
KRAUSE, Ulf-Peter
KRÜGER, Rolf
KUHLEN, Rainer
KUNTZ, Stefan
LERSCH, Willy
LIMBERG, Paul
LINSSEN, Dieter
MAENNLE, Ursula Käthe
MARQUARDT, Niels
MELCHERS, Georg
MÜLLER, Hans
MÜLLER, Joachim (Jo)
NEEB, Rolf
NOTTBOHM, Lothar
OPITZ, Klaus
PETERSEN, Carl-Friedrich
ROSS, Waldo
SCHAUER, Manfred C.
SCHERER, Marcel
SCHMIDT, Ralf-Bodo
SCHULZ, Dieter
SIEGMANN, Otfried
SONNTAG, Werner
STILLER, Axel Bernd
STILLER, Horst
VOGELBACHER, Alfred
WENDT, Hilmar
WICKERT, Erwin
WILKE, Kurt Wilhelm

8. Januar
ATZESBERGER, Michael
AULHORN, Elfriede
BACHMANN, Klaus-Ditmar
BEISSER (ß), Friedrich
BERG, Robert F.
BODDEN, Heinrich
BOEHN, von, Ludolf
BRUNE, Hans-Albert
DÄUMEL, Gerd
DECHERT, Hans-Wilhelm
DELSEIT, Elisabeth
DESSOI, Willy
DIETLEIN, Max
DIRKS, Walter
DISTLER, Armin
EICHHORN, Gerhard
ELLERBROCK, Olav C.
ENDE, vom, Hans

ESSER, Wolfram
FRANK, Peter
FREYBERG, Rolf J.
GÖBEL, Klaus
GREBE, Siegfried Franz
GUTSCHE, Horst
HÄUSSERMANN, Dieter
HAMMER, Rudolf
HARTLEIB, Jakob
HEIERMANN, Wolfgang
HERCHENBACH, Heinz-Joachim
HEUBERGER, Helmut
HOFMANN, Hans
HOINKA, Günther
HOPMEIER, Fritz
JABLONKA, Hans
JANKE, Wolfgang
KADELBACH, Gerd
KEIL, Rolf-Dietrich
KISSEL, Otto Rudolf
KOELLREUTTER, Eberhard
KOEPPE, Hans-Werner
LANGENDÖRFER, Günter
LAUBE, Heinrich
LEUNER, Hanscarl
LIPPE, Prinz zur, Rudolf
LOOS, Helmut
LÜTJEN-DRECOLL, Elke
MEBS, Gudrun
MEIER, Harri
METT, Rudolf
MILLOWITSCH, Willy
MUNRO, Peter
NAUMANN, Hans-Heinz
NEUMANN, Heinrich Eberhard
NORDEMANN, Wilhelm
OPPENBERG, Hans
PODEWSKI, Klaus-Peter
RAUSCH, Heinz Volker
REINITZHUBER, Friedrich Karl
SCHATZ, Werner
SCHEUERMANN, Fritz
SCHMIDT-VOGT, Helmut
SCHMITT, Rudi
SCHURIAN, Walter
SCHWEIKLE, Günther
STÖCKMANN, Hans-Jürgen
THEIS, Ernst Fr.
TROST, Otto J.
WESTERMANN, Harm Peter
WINZENRIED, F.-J. Michael

9. Januar
BERGER, Harry
BING, Sir Rudolf
BOEHM, Hanns-Peter
BORCHERT, Günter
BORGMANN, Fritz-Otto
BREINLINGER, Friedrich
BURKHARDT, Karl
CERVOS-NAVARRO, Jorge
DELEKAT, Lienhard
FLACH, Karl
FLATOW, Curth
GANSS (ß), Hans-Jürgen
GÖHRING, Clauspeter
GRAMBERG, Michael
GRUNWALD, Henning
GÜNTHER, Harry
HAAS, Walter
HAEFS, Gisbert Jakob
HAGENMÜLLER, Karl-Friedrich
HAGER, Horst
HARTNAGEL, Hans L.
HENSE, Franz
HEUSINGER, Helmut
HODENBERG, Freiherr von, Alexander
HUTTEN, Helmut Gerhard
KAISER, Franz-Josef
KAISER, Herwig
KAISER, Philipp
KANTER, Gustav
KEMPER, Bernhard
KLIPPEL, Karl Friedrich
KOCH, Eckart
LEISER, Wolfgang
LIEBERT, Wolfgang

LUEG, Ernst Dieter
MASSENBACH, Freiherr von, Wichard
MAYER, Mechthild
MERTENS, Paul
MUNZ, Rudi
PIEPER, Wolfgang
SCHÄFER, Helmut
SCHIRRMACHER, Volker
SCHUBERT, Hans-Joachim
SPEIERER, Ludwig
STAGL, Justin
STARCK, Christian
STÖRMER, Horand
UELHOFF, Klaus-Dieter
VIELLIEBER, Hermann
VOSS (ß), Rudolf
WAGNER, Carl-Ludwig
WAGNER, Hellmut
WAHL, Ernst
WAIDER, Franz
WAIS, Kurt
WENDLER-KALSCH, Elsbeth
WIEDERER, Maria
WOLFF, Henning
ZARDA, Benno

10. Januar
AELKER, Erich
ARCHNER, Hans-Peter
ARNTZEN, Helmut
ASCHER, Paul
BANGE, Hermann J.
BARESEL, Alfred
BEHLES, Ferdi
BIEHL, Hans-Dieter
BORETZKY, Norbert
BÜCHER, Theodor Karl
BÜHLER, Achim-Ernst
CIUCIURA, Theodore Bohdan
DAVI, Hans Leopold
DIEHL, Anton
DODENHOFF, Wilhelm J.
DREYBRODT, Wolfgang
EGGEBRECHT, Axel
EICHBORN, Franz-Karl
EYRICH, Klaus
FELLBAUM, Klaus-Rüdiger
FISCHER, Werner
FOLZ-STEINACKER, Sigrid
FRANKEMÖLLE, Hubert
FRÖHLICH, Werner D.
GÄRTNER, Klaus
GÄRTNER, Otto
GARDE, Otto
HADDING, Ulrich
HANKEL, Wilhelm
HEILMANN, Joachim
HEINZ, Erich
HEYDEN, Gerd
HÖHLER, Gertrud
HÜBNER, Wilhelm
HUFFMANN, Gert
HURRELMANN, Klaus
JACOBY, Peter
JESCHECK, Hans-Heinrich
KAMMEL, Roland
KAMMERMEIER, Rupert
KELLER-STRITTMATTER, Lili-Lioba
KERN, Walter
KLEINEN, Günter
KÖNIG, Paul August
KOTTER, Ludwig
KRAHL, Hilde
KRATSCHMER, Guido
KUSCHINSKY, Gustav
KYRIELEIS, Helmut
LABES, Günther
LANG, Michael
LENGEMANN, Jochen
LEROY, Herbert
LEŚNIAK, Zdzislaw K.
LONGSTAFF, John
MERK, Otto
MÜLLER, Karl
NOGGE, Gunther
OFFERMANN, Helmut
OHLY, Friedrich
OTTO, Gert
OTTO, Gunter
PAEFGEN, Günter Max

PAUER, Max
PLANCK, Ulrich
POTH, Helmut
POTT, Elisabeth
POTTHOFF, Erich
RAUH, Charlotte, geb. Hörgl
REDL, Ernst
REIMERS, Dirk
REINHARDT, Karl-Hermann
REINKE-KUNZE, Christine
RENZ, Ulrich
RIESE, Hajo
RÖHRBORN, Klaus
ROPERTZ, Hans-Rolf
SCHMIDT, Bernhard
SCHMITT, Michael
SCHMOLL, Hans
SCHWEICKHARDT, Dieter
SCHWIETE, M. Rolf
SCHYDLO, Reinhard
SPECHT, Rainer
STAHL, Ulf
STARKE, Matthias A.
STIKSRUD, Hans Arne
STOECKLE, Bernhard
STÖSSER, Rudolf
STRASSL (ß), Hans
THEILMANN, Friedrich
WAGNER, Erika
WAGNER, Gustav
WAGNER, Hans
WEIGMANN, Gerd
WOESNER, Horst
WOLF, Helmut
WOLFF, Heinrich
ZICKENDRAHT, Werner

11. Januar
ADAM, Heinz
BASTIAN, Karl-Heinz
BECKER, Alfred
BEUTELSCHMIDT, Dieter
BEUTLER, Christian
BIERICH, Jürgen
BLANZ, Heinrich
BONSE, Gustav
BORINSKI, Ludwig
BOSSLER (ß), Werner
BRANCA, Freiherr von, Alexander
BROCKE, Wolfgang
BUCHHEIM, Hans (Johannes)
BUTENSCHÖN, Rolf
CHRISTBAUM, Wilhelm
DEPENBROCK, Manfred
DISTLER-BRENDEL, Gisela
EBERT, Eike
EHRHART, Karl Josef
ELSCHNER, Egmont
FRITZ, Dietrich
FUCHS, Konrad
GERSTEIN, Ludwig
GÖHLER, Max
HAMER, Jürgen
HANNEMANN, Dieter P.-H.
HANSEN, Kurt
HARING, Fritz
HEILENKÖTTER, Jürgen
HEINZ, Hans-Günther
HENSCHEL, Walter F.
HERING, Franz
HERZOG, Werner
HOPF, Andreas
HUFSTADT, Karl H.
JÄRKEL, Peter
KARCH, Karl
KIRSCHSTEIN, Rüdiger
KRAEPELIN, Gunda
KRÜGER, Martin Maria
KRUG, Hildegard Maria
KUFNER, Josef
LAGRANGE, Gerhard
LANGEWIESCHE, Dieter
LARINK, Johannes
LEHMANN, Hedi, geb. Steinmann
LEPENIES, Wolf

LUDWIG, Brigitte
METZGER, Martin
MILLER, Frieder
MÖSENEDER, Karl
MOMM, Axel
NEMETH, Carl
NEUHAUSER, Gertrud
NEWESELY, Heinrich
NOLTE, Ernst
OEHME, Peter
OVERBECK, Egon
PUPPE, Gudrun Ingeborg
RHEIN, von, Raphael
RYMSKI, Edda
SANDER, Dietger M.
SANDKÄMPER, Hermann
SCHÄFER, Adolf
SCHAPER, Wolfgang
SCHEUNERT, Gerhart
SCHMIDRAMSL,
   Hanns-Martin
SCHNEIDER-LANG, Anne
SCHOLL, Günther
SCHRAMM, Gottfried
SCHREIBER, Hermann
SCHÜNEMANN,
   Wolfgang Bernward
SEIPT, Angelus
SIEBER, Günter
SPRENGER, Reinhard
STAHL, Günter
STERN, Klaus
WAGNER, Paul-Robert
WEIDENHAMMER, Fritz
WEISER, Gerhard
WELLNER, Walter
WENDEROTH, Heinz
WENDT, Gustav
WILKOMIRSKA, Wanda

12. Januar

AFFLERBACH, Hermann
AFFLERBACH, Otto
AHLSEN, Leopold
AHNEFELD,
   Friedrich Wilhelm
ALTEN, von, Jürgen
ANDERKA, Johanna
ANGSTMANN, Augustin
ATROTT, Hans Henning
BAUER, Wilhelm
BECKER, Friedrich
BEHRENDS, Wolfgang
BERG, Dietrich
BÖKE, Wilhelm
BONART, Richard
BRYDE, Brun-Otto
BULLING, Manfred
BURGHARD, Peter
DETLEFSEN, Max Werner
DIEMANN, Ekkehard
ERBEN, Johannes
ESSER, Heribert
FRISTER, Albrecht
FRÜHSCHÜTZ, Werner
GEIGER, Erich
GIERSTER, Hans
GIESKE, Friedhelm
GOCKEL, Rudolf
GOEBEL, Heinz
GRÖGER, Herbert
HAMM, Richard
HAUPTMANN, Günther
HECKER, Gerhard
HEIN, Jürgen
HEINEN, Klemens
HERBIG, Manfred
HILDEBRANDT, Gunther
HONERKAMP, Josef
JACOB, Robert E.
KIEHL, Marina
KLEIN, Günter
KOHLBRECHER, Alfons
KOPPENWALLNER,
   Ludwig
KRAUSE, Horst
KRUSE, Wolf Dieter
KUHN, Walther
LANGER, Helmut
LANGHEINRICH,
   Werner Alfred
LAPPAS, Günther

LERCHE, Peter
LUDWIG, Günther
MARTENS, Wolfgang
MÖLLER, Horst
MÜLLER, Oscar W.
MÜNCHHAUSEN,
   Freiherr von, Thankmar
NITZ, Rolf-Eberhard
OTTO, Walter
PERINO, Werner
PETRY, Heinz
PLESSER, Ernst H.
RICHTER, Hans
RÖHRMOSER, Georg
RÖSEL, Hubert
SAALFRANK, Rolf W.
SCHLAG, Edward William
SCHMIDT, Herbert
SCHNEIDER, Franz
SCHNEIDER, Rolf Dieter
SCHOLZ, Herbert
SCHROT, Wilhelm
SCHUHMACHER, Peter
SCHWARZHAUPT,
   Wolfgang
SIEBEN, Hermann Josef
SUTTER, Gerd Henning
TRAINER-GRAUMANN,
   von, Thea
VIEDEBANTT, Klaus
WEDEMEIER, Klaus
WEINGÄRTNER, Karl
WEISCHET, Wolfgang
WEISSER, Ursula
WICKLMAYR, Rainer
WILHELM, Jürgen
WOLF, Klaus-Peter
WOLFRAM, Günter
WÜRZ, Roland
ZILLER, Hermann
ZIMMERMANN, Klaus

13. Januar

BECK, Götz
BECK, Lutwin
BENDER, Franz
BÖCKER, Franz
BOLT, Hermann
BOSHOF, Egon
CARLS, Fritz
CASTANO-ALMENDRAL,
   Alfonso
CRAMER, Peter
DEKKEN, von, Helmuth J. B.
DIBELIUS, Günther
DIETERICH, Michael
ELLIGER, Sigurd
EL-SHAGI, El-Shagi
ERPENBECK, Ferdinand
FISCHER, Werner
FLECKENSTEIN, Günther
FROST, Hans
GRUBE, Hans H.
HARTMANN, Günter
HEINRICHS, Helmut
HEINZE, Helmut
HERRMANN, Ludwig
HIMBERT, Gerhard
HÖRTER, Willi
HURWITZ, Harold
KIRSCH, Arnold
KOCH, Lutz
KRAUS, Wolfgang
LEMCKE, Dietmar
LOWINSKI, Leonhard
MEYER-BLÜCHER,
   Joachim
MEYER-RUTZ, Bernhard
MÜLLER, Paul
NEBELUNG, Dietrich
NIESSNER, Wolfgang
OEFF, Karl
OELSCHLÄGEL, Dieter
PROFANT, Miroslav
RANG, Otto
REHBERG, Hans-Joachim
RENNER, Egon A. E.
RÖTTGER, Hans
ROSENSTOCK, Günter
SCHMALFUSS, Peter
SCHRIEFERS, Heribert
SCHUSTER, Siegfried

SCHWEISFURTH, Theodor
SEEMANN, Klaus
SOMMER, Manfred
SPATSCHEK, Karl-Heinz
SPIEGEL, Frhr. v.,
   Hanns Ulrich
STENDEL, Eberhard
STOECK, Wolfgang
STOLL, Peter
ÜCKER, Josef
WANDER, Fabian E.
WEBER, Bernhard
WEINRICH, Michael
WENZEL, Erich

14. Januar

BAKKER, Franz Joachim
BALLAUFF, Theodor
BEYER, Lioba
BLEISCH, Ernst Günther
BÖTTGER, Klaus
BOHLE, Adalbert
BUSSMANN, Walter
DEGEN, Helmut
DÖNHUBER, Sebastian
DUNST, Erwin
EFFERTZ, Friedrich Heinz
EGGERS, Klaus
ENGELMANN, Heinz
FILZER, Paul
FLÖHL, Rainer
FOLLMANN, Gerhard
FRANCISKOWSKY,
   Hans Gerhard
FRANKE, Paul-Gerhard
GENTSCH, Horst
GIERKE, von, Gerhart
GOERGEN, Josef
GÖRLICH, Ernst
GRIMME, Ernst Günther
GUNSCH, Elmar
HANIEL, Klaus
HEMPFLING, Baptist
HIETSCH, Otto
HOFMANN, Walter
HORATZ, Karl
HOSS, Helmut
KEHLE, Helmut
KEIM, Heinrich
KETTERL, Werner
KLAFFS, Heinrich
KNAPE, Walter
KRAUS, Alois
KRÜGER, Helmut
LAUTER, Hans
LEIBFRIED, Erwin
LIETZ, Klaus
LINDENFELS, Freiherr von,
   Hans-Achaz
LORETZ, Oswald
LYMPASIK, Siegmund
MAJEWSKI, Hans-Martin
MILDENBERGER, Wolfgang
MORDHORST, Günter
MÜHLENDAHL, von,
   Karl Ernst
NÖTZEL, Klaus
PFLEIDERER, Hans-Jörg
POETSCHKI, Hans
PRAHL, Klaus
PUSCH, Luise F.
RAUSCHHOFER, Hans-Heinz
REHREN, von, Rembert
REIDEMEISTER,
   Jürgen Christoph
REIF, Irene,
   geb. Stauber
REIMER, Otto
RINSCHE, Franz-Josef
RÜHL, Lothar
SCHAFFER, Wolfgang
SCHERER, Franz
SCHEWE, Heinz
SCHIMMER, Ludwig
SCHLIEKER, Hans-Rudolf
SESEMANN, Heinrich
SIMON, Arndt
STEFENELLI, Arnulf
THIEME, Ekkehard
UDE, Karl
VALENTE, Caterina
VOLLMER, Wilfried

WAAS, Heinrich
WAGNER, Manfred
WEBER, Jürgen
WEGELEBEN, Gottfried
ZAHORKA, Hans-Jürgen

15. Januar

ALBERTI, Götz
ARNDT, Hans-Joachim
BÄSSLER (ß),
   Karl-Heinz
BAUER, Josef Werner
BECKER, Bernhard
BENDA, Ernst
BESCH, Michael
BOCK, Manfred Günter
BÖHM, Gunther
BORMANN, Manfred
CHOLEWA, Werner
CRAUSHAAR, von, Götz
DOERR, Hans Wilhelm
EBERWEIN, Alfred Christian
EDENHOFER, Peter
EHLER, Hans Jörg
ESCHE, vor dem, Paul
ETTENGRUBER, Fritz
FLAMMER,
   Ernst Helmuth
FORM, Peter
FREUND, Winfried
FREY, Walter
GALLE, Rolf
GEERKEN, Hartmut
HAASE, Herwig Erhard
HAGER, Erich Dieter
HAHN, Hugo J.
HEITMEIER, Adolf
HEYDEN, Jürgen
JAHRREISS (ß), Heribert
JUNG, Richard
KARZEL, Helmut
KEHREN, Jakob
KÖHLER, Horst
KÖNIG, Ekkehard
KOPP, Gerhard
KRALL, Lothar
KÜHBAUCH, Walter
KÜHN, Gerhard
LEIPOLD, Dieter
LENGSFELD, Peter
LINDEMANN, Willi
LÜTTGEN, Ernst-Günther
MARXEN, Klaus
MAU, Hans
MEIER-BRUCK, Walter
MEYER, Joseph-Franz
MÖCKEL, Ulrich
MÜNSTER, Clemens
NEIDEL, Werner
NETTE, Wolfgang
NÖRR, Knut Wolfgang
PARLIN, Robert Willis
PEETZ, Arthur
PFEFFER, Franz
PFEIFFER, Hubertus
PINTGEN, Hans-Werner
PRZYCHOWSKI, von, Hans
RATZINGER, Georg
REICHERT, Liselotte
RENNER, Edmund
RESTLE, Marcell
RUPPERT, Karl
SCHÄFER, Fritz-Peter
SCHÄFER, Harald
SCHANDERT, Manfred
SCHEELE, Hans
SCHELL, Maria
SCHELLONG, Günther
SCHMIDT, Johann-Karl
SCHOTTLAENDER, Stefan
SCHWINGE, Erich
SELLHEIM, Rudolf
SPERLICH, Diether
SPERNER, Rudolf
STUCKE, Sigismund
SÜSS, Gustav A.
TEMPLIN, Rainer
TIEMANN, Burkhard
TROBITZSCH, Jörg
WILDENMANN, Rudolf
ZIERENBERG, Dirk
ZSCHOCKELT, Alfons

16. Januar

ADAMS, Willi Paul
AHLRICHS, Reinhart
BARTH, Klaus
BELTZ, Ludwig
BENEDUM, Jost
BERCKHEMER, Hans
BIESTER, Wolfgang
BLECKMANN, Paul
BÖHME, Arnd
BREH, Karl
EGERMANN, Hans-Joachim
FESSELER, Ansgar
FLEISCHER, Robert
FLUCK, Bernhard
FREY, Herbert
FRITSCH, Thomas
GIER, Albert
GÖHRINGER, Hans
GOEKE, Klaus
GREGULL, Georg
GREINER, Josef
HALTER, Klaus
HATTEMER, Klaus
HEIN, Gerhard
HEINZE, Hartmut
HERRMANN, Ingo
HÖNES, Hannegret
HOFBERGER, Anton
JANSEN, Peter
JUHNKE, Klaus-Jürgen
JUNGBLUTH, Heinrich
KÄHLER, Erich
KAISER, Elmar
KALTENSTEIN, Ursula
KELLER, Herbert
KLEIN, Erwin
KNUDSEN, Knud
KRAMER, Karl-Sigismund
KRAMER, Walter
KREMER, Hildegard,
   geb. Strater
KREMS, Günter
KRÜGER, Hubert
LEIST, Otmar
LINDEMANN, Peter
LUTZ, Egon
MAIER, Christoph
MAKRIS,
   Jannis (Ioannis)
MEESMANN, Werner
MERZ, Walter
MOLLOWITZ, Günter
MOSIS, Rudolf
MÜNTEFERING, Franz
NEITZEL, Reinhart
PIEPER, Willi
POSTH, Martin
RAU, Johannes
RICHTER, Franz
SANDER, Alfred
SCHEFFLER, Helmut
SCHIEDERMAIR, Hartmut
SCHMIDT, Manfred
SCHWABEDISSEN,
   Hermann
SEIMETZ, Hermann
ŠKUTINA, Vladimir
SPORER, Eugen
STIER, Reinhart C.
STÖKL, Günther
STROHMEIER, Wolfgang
THUMFART,
   Walter Franz
TIPPELSKIRCH, von,
   Alexander
TUMLER, Franz
VOIGT, Fritz
WEISE, Hans
WIRTH, Günter
WITTMANN, Heinz-Günter

17. Januar

ALBEVERIO, Sergio
ASSMANN, Heinz-Dieter
BERGER, Arne-Curt
BERGMANN, Fritz
BERNHARD, Franz
BETZ, Manfred
BIERGANS, Enno
BIRZELE, Frieder

Geburtstagsliste

17. Januar

BOBBERT, Gisbert
BRANDT, Herbert
BRENK, Werner
BRÜHL, Gisela
CREMER, Michael
DELISLE, Heinrich
DINGER, Hans-Georg
DÖPP-WOESLER, Aenne
DREIBUS, Heinz
ECKSTEIN, Charlotte
EGNER, Henning
EILERS, Elfriede
ELFRING, Helmut
ELMENDORFF, Freiherr von, Harald
ELSNER, Bertram Georg
ELSNER, Ludwig
EPPING, Dieter
ESSER, Jo
FENDL, Josef
FISCHER, Kurt
FISCHER, Richard H.
FOJUT, Hannelore, geb. Kopp
GAUTIER, Fritz
GEERK, Frank
GERLACH, Sebastian A.
GERSTENMAIER, Walther
GESCHE, Elisabeth
GÖBEL, Dieter
GÖHR, Hermann
GREULICH, Helmut
GROSSMANN, Helmut
GRUBISIC, Vatroslav V.
HAAG, Helmut
HARLINGHAUSEN, Martin
HEIMANN, Eduard
HEIN, Manfred
HELLMICH, Sigurd
HENKEL, Willi
HETTLER, Manfred G.
HICKEL, Rudolf
HOCK, Wolfgang
HOEPFNER, Albrecht
HÖRNICKE, Heiko
HOFFMANN, Friedrich
ISENDAHL, Walter M.
KAHRS, Wolfgang
KASPER, Hans
KEISER, Horst
KLENK, Helmut
KLESCZEWSKI, Reinhard
KULAWIG, Alwin
KURZ, Rolf
LEININGER, Claus
LENDLE, Otto
LUIG, Heribert
LUNTOWSKI, Gustav
MÄCKE, Paul A.
MATTHIESSEN, Peter
MEIER, Karl A.
MICHALEWSKY, v., Nikolai
MICHELSEN, Peter
MONDON, Albert
NASER, Siegfried
NEUNAST, Armin
NUYKEN, Gerd
OPPENLÄNDER, Karl Heinrich
PEILER, Herbert
PUTSCHKE, Wolfgang
RARISCH, Klaus M.
REINEKER, Peter
RINCKER, Hans-Gerd
RITSCHL, Dietrich
RÖCK, Dieter
ROLLINGER, Alfred
RUEGENBERG, Sergius
SANDER, Klaus (Nikolaus)
SCHEUERL, Hans
SCHLÜTER, Anton
SCHWERIN v. KROSIGK, Graf, Dedo
SIEBERT, Rüdiger
SIEDLER, Wolf Jobst
SPELLERBERG, Gerhard
SZÉKESSY, Bernd-Géza
TIEWS, Klaus
TRAUTWEIN, Herbert
TRIESCH, Ernst-Günter
TROBISCH, Heiner
UHLEN, Susanne, geb. Kieling
VARGA, Gilbert
WEBER, Norbert
WETZELS, Egon
WOLLBURG, Gerd
WRONSKI, Edmund

18. Januar

ANSPRENGER, Franz
ARNDT, Helmut
BARTH, Herbert
BAUMANN, Gert
BECKMANN, Uwe
BETHGE, Helmut
BEUG, Hans-Jürgen
BIKFALVI, Andreas
BOGEN, Wolfgang
BRANDT, Hans-Jürgen
BURMEISTER, Walther
DEURINGER, Hubert
DIERKES, Gerhard
DIRLMEIER, Ulf
DOLEZALEK, Gero
ERNST, Karl Heinz
FABER, Werner
FEINE, Ulrich
FISCHER, Ernst Peter
FLOTO, Jobst-Heinrich
GERSMANN, Wolfgang
GOTTSCHALCH, Wilfried
GRASMÜCK, Ernst-Ludwig
GÜTT, Friedel
HAHN, Ferdinand
HASER, Fritz J.
HENSEN, Friedhelm
HERBST, Dietrich
HÖLDER, Helmut
JÄGER, Julius-Alfred
KALTZ, Bernhard
KAYSER, Hans
KIMPEL, Dieter
KIRCHHOF, Peter K.
KNABE, Joachim
KNÜRR, Alois
KOCH, Ernst-August
KOCH, Werner
KÖHLER, Diethard
KÖSTERS, Hans Georg
KRAMPE, Christoph
KRÜGER, Ulrich
KUNOLD, Hans-Joachim
LANGENSIEPEN, Hans
LEGER, Willi
LIEB, Norbert
MARTIN, Hans-Dieter
MECHOW, von, Ulf
MÜLLER, Norbert
MUTZ, Manfred
NORTH, Gottfried
PISTORIUS, Ursula
POTTHOFF, Heinrich
PREM, Hanns J.
REZNIČEK, von, Felicitas J.
RINGER, Karlernst
RITTER, Jürgen
ROMERO, Rolf
SCHECH, Marianne
SCHMIDT, Paul
SCHNEIDER, Hans
SEITZ, Konrad
SELLSCHOPP, Hans-Dieter
SIGLOCH, Heinrich
SPONAGEL, Klaus
STEPHAN, Hans
STUCHTEY, Peter H.
STUHLMACHER, Peter Otto
THIEME, Hermann
TILLEN, Walter
VOLLRATH, Horst
WAETZOLDT, Stephan
WAGNER, Josef
WENDLIK, Herbert A.
WOHLFARTH, Gert

19. Januar

ANDREE, Ingrid
ANSMANN, Heinz
BANK, Hermann
BORGELT, Hans-Henning
BRANDT, Ingeborg, geb. Kietzmann
BRESINSKY, Andreas
BURCKHART, Theo
DETTMERING, Wilhelm Heinrich
EBERITSCH, Otto
ENGELHARD, Günter
EPPENSTEIN, Dieter
FINGER, Ulrich
FISCHER, Dietrich
FRANZ, H. Gerhard
FUCHS, Franz
GENRICH, Albert
GEULEN, Dieter
GLINZ, Hans-Karl
GRÖBEN, Hans-Joachim
GRUNSKY, Wolfgang
GÜNTHER, Horst
HEIERHOFF, Friedrich-Wilhelm
HERLYN, Ulfert
HÖLZLER, Erwin
HOFFMANN, Werner
HOTTER, Hans
IRMER, Ulrich (Uli)
JASMUND, Karl
KINDLER, Karl Friedrich
KLEINOW, Walter
KOHLER, Siegfried
KRÄUBIG, Heinz
KRANEIS, Rolf
KRIELE, Martin
KUNTZE, Wolfgang
LANGE, Hellmut
LAZAROWICZ, Klaus
LEIDL, August
LICHTENTHALER, Frieder W.
LOHMANN, Hans-Wolfgang
LORENZ-MEYER, Hartwig
MASTEIT, Dietrich
MEYER, Gerhard
MIETH, Wolfram
MÖHRMANN, Dieter G.
MÖHRMANN, Friedrich
MÜHLENHAUPT, Kurt
NAST, Reinhard
NEMNICH, Hans Friedrich
NICLAUSS, Karlheinz
OLDENBURG, Dietrich
PADBERG, Friedhelm
PROBST, Jürgen
REDING, Marcel
REDL, Rudy
RESKE, Winfried
RUTH, Volker
SCHÄFERDIEK, Willi
SCHILSON, Arno
SCHMIDT, Alois
SCHMIDT, Georg
SCHMIDT, Willi
SCHMIDT-BARRIEN, Heinrich
SEERING, Ruth
SPIELMEYER, Günter
STAMMLER, Albrecht
STODTMEISTER, Rudolf
STÖGER, August K.
TILGER, Willi
TROTTENBERG, Ulrich
WALTHER, Herbert
WIECHERT, Karl
WILLICH, Jürgen
WOHLGEMUTH, Bernhard
WUNNER, Sven E.
ZERBST, Ekkehard

20. Januar

AHRNDSEN, Dietmar
AMTHOR, Uwe
BAATZ, Dietwulf
BACHEM, Carl Jakob
BAMMEL, Ernst
BENNING, Achim
BEWERUNGE, Karl
BÖCKELMANN, Gottfried
BREITMAIER, Eberhard
BRETSCHNEIDER, Giorgio
BROCKE, Erwin
BUCHHOLZ, Edwin H.
BUCK, Peter
BÜCHNER, Franz
DODERER, Klaus
DORNER, Rudolf
EGELER, Wolfgang
EMGE, Richard Martinus
ENGELMANN, Bernt
ENGFER, Kurt G.
FISCHER, Martin
FISCHER, Rudolf
FREISE, Valentin
FUNKE, Hermann
GEMÜSCHLIEFF, Dietmar
GÖDDE, Stefan
GOLDAMMER, Kurt
GOMRINGER, Eugen
GOSEWITZ, Ludwig
GROSS, Thomas
GRUBER, Reinhard P.
HAARBECK, Ako
HASSEMER, Volker
HECK, Bruno
HELDRICH, Andreas
HERMINGHAUS, Hellmut
HESSELBACH, Walter
HEUCK, Friedrich
HOFFMANN, Werner Emil
JOCHHEIM, Kurt-Alphons
KASACK, Wolfgang
KLEUSBERG, Herbert
KLINKENBERG, Tillmann
KNAUP, Norbert
KNÖDLER, Wilhelm
KOCH, Traugott
KOECHER, Max
KOLB, Rudolf
KOPPE, Paul
KREBS, Karl-Günter
KROLL, Jens M.
KÜMPERS, Hubertus
KUIPER, Hajo
LAUTENSCHLAGER, Hans
LEBEK, Hans
LEIDINGER, Adalbert
LEISTNER, Eckhard
LOEFFLER, Klaus
LUSTER, Rudolf
MARTINOTY, Jean-Louis
MICKSCH, Jürgen
NEBE, Gerhard
NIVELLE, Armand
NÖDL, Fritz
NÜSSEL, Simon
OBERHAUSER, Alois
PELZER, Hans
REIFENHÄUSER, Hans
RISTOCK, Harry
RITTER, Wolfgang
RÖHM, Heinrich
RÖSSLER, Dietrich
ROST, Gerhard
ROTHERMUND, Dietmar
SCHAACK, Josef
SCHLÜTTER, Hans
SCHMIDT, Karl
SCHÖNWIESE, Jürgen
SCHULZ-RINNE, Günther
SEFFRIN, Horst
STORK, Walter Wilhelm
UNGER, Alfred H.
VOGEL, Günther
VOGELSANG, Günter
WALLER, Siegfried
WESSELY, Paula
WILDERMUTH, Burkhard
WOLMAN, Walter
WORSTBROCK, Franz-Josef

21. Januar

ALDENHOFF, F.
BAEBEROW, Georg E.
BELLMANN, Klemens
BERCHT, Bernd
BERG, von, Wolf
BEYER, Klaus
BÖRSCH-SUPAN, Wolfgang
BORCHARD, Franz
BRÄUKER, Rudolf A.
BRANSS, Truck
BRIEGLEB, Klaus
BÜHLING, Reinhard
BURKHARDT, Joachim
CANZLER, Helmut
DRÜCK, Helmut
FINGER, Hans
FISCHER, Erwin
FROHNE, Heinrich
FUCHS, Horst G.
GABLER, Hans Walter
GOETTING, Hans
GÖTZ, Bernd
GROSCH, Werner Joachim
HILDEBRANDT, Hermann
HINRICHS, Hans-Jürgen
HIPPE, Werner
HÖHL, Gudrun
HUBER, Gerhard W. M.
IRLE, Gerhard
JOHANNIMLOH, Norbert
JOHNS, Bibi
KAJA, Hans
KLIEMT, Walter
KNESER, Martin
KOTSCHI, Thomas
KRANZ, Albert Richard
KÜFNER, Rudolf
KUNST, Hermann
KUPKA, Engelbert
LAIS, Klaus-Jürgen
LAMPRECHT, Günter
LAUSTER, Peter
LEBEDJEWA, Irina
LECLERCQ, Patrick Gerard
LEHRMUND, Willi
LÜSCHEN, Günther
MATTENKLOTT, Gert
MAUSBACH, Günter
MEIER-PRESCHANY, Manfred
MICHELS, Gerhard
OBERMEIER, Siegfried
PFLEGER, Karl
RAFF, Werner Karl
RENSCH, B.
RESS, Georg
ROMANSKY, Ljubomir
SCHMALZRIED, Hermann
SCHMIDT-KOENIG, Klaus
SCHNEIDER, Günther
SCHNEIDER, Volkmar
SCHNURR, Friedrich Wilhelm
SCHUCK, Josef
SCHULZE, Fritz W.
SIEPER, Bernhard
TESSMER (ß), Gerd
THEUERMEISTER, Käthe
TRAEGER, Jörg
TRANTOW, Rüdiger
VIDAL, Helmut
VOGEL, von, Volker
VOLLENSCHIER, Fritz Walter
WERNER, Otto
WILLAMOWSKI, Gerd
WINTER, Franz
ZAHN, Johannes C. D.
ZIEREP, Jürgen

22. Januar

ACHENBACH, Werner
ALBERTZ, Heinrich
ALTEVOGT, Rudolf
AUFFARTH, Fritz
BEHR, Winrich
BENKE, Volker
BERGMANN, Jürgen
BERNDT, Hans
BLAICHER, Günther
BORGES, Rudolf
BRANDT, Harm-Hinrich
BROMMUNDT, Eberhard
CHERUBIM, Dieter
DOBNER, Reinhold
DÖSER, Alfons
ECKE, Hermann
EICKHOF, Norbert
ENGELHARDT, Udo
ESCHENHORN, Ingo
FALTER, Jürgen W.
FISCHEDICK, Heinz B.
FRENZEL, Burkhard
FRERKING, Horst

22. Januar

FRICKE, Marianne
GAMM, Hans-Jochen
GÖZ, Volker
GRELL, Heinz
HAHN, Norbert
HELFRICH, Heinz
HENNICKE, Hans Walter
HEUSER, Loni
HIRSCHMANN, Erwin
HOFFMEISTER, Albert
HOFMANN, Karl
HORNSTEIN, Otto P.
HÜFNER, Klaus
HÜTTL, Ludwig
JACOBI, Karl-Wilhelm
JUNK, Günther
KASTNER, Michael
KLEBER, Karl-Heinz
KLEINEWEFERS, Paul
KLOSTERMANN, Gerald Franz
KÖHNE, Manfred
KOLBECK, Heinrich
KRAFT, Kurt
KRUMMACHER, Friedhelm
LANGHANS, Peter Michael
LEHR, Wolfgang
LEMBKE, Andreas
MAIER, Erwin Otto
MENZEL, Heinz
MÜLLER, Friedrich
MÜLLER-HIRSCHMANN, Hans-Jürgen
MÜNZNER, Horst
OSTROP, Heinrich
PACZENSKY, von, Susanne
PEITER, Willi
PREUSCHEN, Gerhardt
PRÜTTING, Hanns
RENN, Heinz
RICHTER, Gregor
RUNGE, Erika
SALMUTH, Freiherr von, Kurt-Wigand
SCHEUBLEIN, Bernhard
SCHIRMER, Karl-Heinz
SCHMITT-RINK, Gerhard
SEILER, Wolfgang
SONNABEND, Eberhard
STAKEMANN, Hartwig
STEFULA, György
STURM, Hertha
SÜNKEL, Wolfgang
TARNOW, Gerd
TAUCHEL, Theodor
THURAU, Rudi (Rudolf)
UMLAND, Fritz
VLASMAN, Robert
WEGENER, Angelica
WINKELMEYER, Gregor
WITTGENSTEIN-BERLEBURG, Prinz zu Sayn, Casimir Johannes
WÜHRER, Friedrich
ZWEIGERT, Konrad

23. Januar

ANIOL, Peter
BARTH, Joachim
BARTH, Martin
BEIER, Gerhard
BÖHM, Gottfried
BOGNER, Willy
BRAUERHOCH, Jürgen
BREIT, Rolf Dieter
BRUCKNER, Wilhelm
BÜNNING, Erwin
BULLING, Burchard
BURGTORF, Cornel
CLEMEN, Harald
DAMIAN, Josef
DELORME, Karl
DETTMER, Hans A.
ERICHSEN, Harald
EVERS, Carl-Heinz
FLECKENSTEIN, Heinz (Heinrich)
FRANK, Charles
GEBAUER, Gunter
GELBHAAR, Anni
GIES, Helmut
GLOMBIG, Eugen
GOETZE, Wulf F. H.
GRAHMANN, Hans
GREINER, Harry M.
GROSS, Hermann
HAAS, Hans
HAMPE, Johann Christoph
HARDERS, Harald
HARTLIEB von WALLTHOR, Alfred
HARTMANN, Klaus
HASS, Hans
HEINEMANN, Erich
HERMANN, Ingo
HESS, Reimund
HILGER, Erwin
HOLKENBRINK, Heinrich
HOLLERBACH, Alexander
HOLTFRERICH, Carl-Ludwig
IGNÁTIEFF, Michail
JACOBI, Heinz
KASTEN, Hans
KETTENBACH, Richard
KLARMANN, Alfred
KLIMA, Milan
KLUMP, Brigitte
KNOPP, Norbert
KOCH, Guntram
LANGNER, Günther
LECHNER, Ernst
LEONHARDT, Roland
LUCAE, Hans-Joachim
LUEDDECKE, Werner
MAIBAUM, Karl
MARTIENSSEN, Werner
METZGER, Günther
MÖLLER, Erwin
MUTTERS, Tom
NEISE, Karl
NIESSEN, von, Wolfgang
NOLL-WIEMANN, Renate
OPPEL, Falk
OTTE, Hans-Heinrich
PAECH, Eberhard
PETERS, Karl
PICKENPACK, Vinzent Friedrich
PIPER, Hans-Felix
PLATTNER, Ernst-Erich
PLESTER, Dietrich
PÖTING, Friedrich
PUKASS (ß), Joachim
RADTKE, Lutz
REDLICH, Clara
RESCH, Hans-Dieter
RIEGER, Franz
ROEPKE, Claus-Jürgen
ROHDE, Ekkehard
ROLLMANN, Dietrich
RÜSSMANN (ß), Helmut
SCHAFFITZEL, Richard
SCHÜTTERLE, Georg
SCHUFF, Hans Otto
SCHULTZE, Joachim Walter
SCHULZE, Dieter
SCHWAIGER, Georg
SELL, Freiherr von, Friedrich-Wilhelm
SELLIER, Alexander
SIMON, Gerhard
SPIERIG, Siegfried
STAUBESAND, Jochen
STAUNAU, Hans Werner
STODIEK, Dieter
STROBEL, Georg-Waldemar
STUCHTEY, Rolf W.
STÜTTGEN, Günter
TAPPE, Karl-Friedrich
THIELE, Friedrich
VALENCAK, Hannelore
VETTER, Erwin
WEISS (ß), Manfred
WERNER, Hans Martin
WIEGARTZ, Hans
WINCKLER, Lutz
WUNDERLICH, Friedrich
ZANDER, Fred

24. Januar

AMMON, Hermann P. T.
ANDERS, Karl N.
BERGLER, Reinhold
BÖHRNSEN, Gustav
BRANDT, Herbert
BUCKA, Hans
BÜNSTORF, Jürgen
BÜRKLE, Wolfgang
BÜTOW, Hellmuth G.
DIENST, Karl
DILSCHNEIDER, Otto A.
EINEM, von, Gottfried
FEIERABEND, Jürgen
FISCHER, Alexander
FREI, Frederike
FRIEDRICH, Ingo
FRIESS (ß), Konrad
GLÜCKLICH, Hans-Joachim
GÖTZ, Hans Michael
GÖTZ-KOTTMANN, Josef
GRADENWITZ, Peter
HAUPT, Wolfgang
HEINEMANN, Günter
HELDMANN, Horst
HEYER, Friedrich
HINSKE, Norbert
HOJER, Ernst
JUNGBLUTH, Adolf
JUNGKURTH, Horst
KINSHOFER-GÜTHLEIN, Christa
KIRCHNER, Johannes-Henrich
KROEKER, Immanuel
KUHLMANN, Norbert
KUTTER, Heinz
LANGE, Hermann
LIEBERMEISTER, Kurt
MEIER-PETER, Hansheinrich
METZ, Paul
MOHRHOF, Siegfried
NAPP, Johann-Heinrich
PFAFF, Dieter
PIETSCHKER, Rudi
POHL, Karl
PRUGGER, Karl
REISCHACH, Carl
RENDTORFF, Trutz
SCHINAGL, Helmut
SCHMALE, Franz-Josef
SCHMIDT, Helmut
SCHMIDT, Karsten
SCHNEIDER, Otto
SCHULZ, Herbert
SIEGFRIED, von, Oskar
STABREIT, Immo F. H.
STAFF-STARKE, Werner
STEITZ, Heinrich
STRACK, Herbert Heinrich
STRUCK, Peter
TALKE, Kurt
TRÖHLER, Ulrich H.
ULEER, Hans Christoph
URBÓN, Héctor
VELLMER, Erich
WAGNER, Friedrich A.
WALTER, Rudolf
WATERKOTT, Heinz
WEISSENBACH (ß), Anton
WERNER, Klaus
WITTER, Ben
WRIEDT, Renate
ZAHN, Joachim
ZIMMERMANN, Horst

25. Januar

ANSORGE, Dieter
ANTON, Hermann Josef
ASCHOFF, Jürgen
BEINER, Friedhelm
BERGER, Peter
BERGMANN, Ulrich H.
BICKEL, Dietrich
BLATTER, Silvio
BODENSTEDT, Erwin
BÖCKING, Werner
BOEHLKE, Hans-Kurt
BOSBACH, Bruno
BRÜGGEMANN, Gerd
CRASEMANN, Hans-Joachim
DALLIBOR, Klaus
DEHNEN, Heinz
DEILE, Volkmar
DIEM, Kurt
DÜRIG, Günter
EITZERT von SCHACH, Rosemarie
ERNST, Philipp
ESSLINGER, Horst G.
FISCHER, Arwed
FISCHER, Lutz
FREUDENSTEIN, Reinhold
GERHARDT, Kurt
GÖGLER, Max
GOTTSTEIN, Klaus
GRASS (ß), Hans
GROSSER, Hermann
GYSEL, Gottfried
HADRYS, Helmut
HASEL, Karl
HERMANN, Peter K.
HINZ, Jochen
HÖLLERICH, Gerhard
HOLST, Herbert
JACKISCH, Paul J. B.
KEILHACK, Irma, geb. Schweder
KLOEPFER, Rolf
KREHER, Richard P.
KRUSCHE, Dietrich
LAMMERS, Walther
LANZ, Kurt
LECHNER, Odilo O. S. B.
LOOS, Gerold
MAIER-BODE, Hans
MERZ, Ludwig
NAGEL, Bernhard
NEBENTHAL, Lutz D.
OCKENFELS, Wolfgang
PRINZ, Ulrich
RECKTENWALD, Horst Claus
SCHAUB, Jürgen
SCHEFFBUCH, Rolf
SCHEFFLER, Wolfgang
SCHLOTMANN, Axel
SCHNAUFER, Rolf
SCHOTTROFF, Willy
SCHRÖDER, Hartwig
SCHURIG, Gerhard
SPRENGER, Heinz
STEIGLEDER, Gerd-Klaus
STUTZER, Hans-Jürgen
THIELE, Otto Wolfgang
TOEPFER, Rolf
VITTING, Wilhelm
VOGLER, Toni
VOSTEEN, Karl-Heinz
WETTERER, Erik

26. Januar

ABELE, Helene, geb. Jaiser
ARENDTS, Wilhelm
BÄUMLER, Ernst Alois
BALTZER, Gerhard
BARDENS, Hans
BERGWEILER, Paul
BIEBL, Rudolf
BOGS, Dieter
BREUER, Matthias
BROSS, Christine
BRÜCK, Wilhelm
BÜHRING, Wolfgang
BÜTIKOFER, Reinhard
CREMER, Drutmar
CYPRIAN, Rolf Friedrich
DAUN, Claas E.
DAZERT, Franz Josef
DREIDOPPEL, Emil
DRIESSLER, Johannes
ESER, Albin
FISCHBACH, Bert
FÖRNBACHER, Helmut
FORNDRAN, Erhard
FRANKE, Heinrich
GEIBEL, Kurt
GEIGER, Rupprecht
GERMAN, Rüdiger
GÖLZ, Walter
GÖSSWALD, Karl
GOLLNICK, Jonny
GRÄFEN, Hubert
HAAR, Ernst
HAMESTER, Gustav
HEBELER, Gisbert W.
HERING, Heinrich
HETZEL, Wolfgang
HOPPE, Heinz
HOPPENHAUS, Karl Wilhelm
HORRMANN, Heinrich P.
HÜTTENRAUCH, Roland Johannes
HUNZINGER, Moritz
IRLE, Martin
KARASCHEWSKI, Horst
LAERMANN, Klaus
LANDFRIED, Klaus
LEUZE, Reinhard
LÖWISCH, Dieter-Jürgen
MEYER, Victor
MINETTI, Bernhard
MISSFELDT, Jochen
MÖBUSZ, Rüdiger
MOSEBACH, Karl-Oskar
MÜTHERICH, Florentine
NEUHÄUSER, Gerhard
NIERHAUS, Herbert
ODENBREIT, Günter
OLDERSHAUSEN, Freiherr von, Hans-Felch
OPITZ, Paul Heinrich
OSTWALD, Thomas
PELLERT, Wilhelm
PLÜMER, Carl-Heinz
POHLIG, Wolfgang
RAMMSTEDT, Otthein
RAUEN, Peter
RIEDEL, Eibe H.
RIEGE, Fritz
ROTH, Wolfgang
SALZWEDEL, Jürgen
SCHÄFER, Karl Friedrich
SCHARMANN, Arthur
SCHEFOLD, Karl
SCHIRMER, Karl-August
SCHNEIDER, Friedrich W.
SCHULTE, Bernd
SCHULTZE, Norbert
SCHWARTLÄNDER, Johannes
SCHWETTMANN, Wilhelm
SOTTORF, Gerd K.
STEININGER, Hans
STEUER, Günther
STUMPE, Klaus Otto
THOMA, Kathleen
VIEFHUES, Herbert
WENNMACHER, Richard
WILLASCHEK, Wolfgang
YORCK von WARTENBURG, Paul, Graf
ZIMMERMANN, Michael
ZINN, Ernst

27. Januar

AHLBORN-WILKE, Dirk
ALBS, Wilhelm
BAUS, Karl-Heinz
BEAUMONT, Antony
BECKER, Fritz
BEHAM, Hermann
BODE, Helmut
BÖHLAU, Volkmar
BÖTTGER, Wolfgang
BRÄCKLEIN, Jürgen
CLEFFMANN, Günter
DILLER, Karl
DORN, Wolfgang-Erich
FEHL, Ulrich
FISSLER, Harald
FRIEDLAENDER, Ernst
FROMM, Gerhard
GABRIEL, Erhard
HAAS, Gerhard
HANSZEN (ß), Karl-Joseph
HARRIES, Klaus
HARTMANN, Dietrich
HENNING, Eckart
HUNGER, Gerhart
JACOBS, Walter
JENTZSCH, Bernd
JUNGHANS, Erhard
JUNGHANS, Hans-Jürgen
JUST, Otto H.
KALBHEN, Dieter Abbo
KELCH, Werner
KEMMELMEYER, Karl-Jürgen
KLEINEBRECHT, Jürgen

KNOERNSCHILD, Eugen M.
KORFMANN, Heinz-Diether
KRAUSE, Alfred
KREPPNER, Oskar
LÜBBEN, Heino
MESCHZAN, Dietrich
MÜLLER, Lothar
OCHEL, Willy
OMANKOWSKY, Manfred
PALM, Klaus
PFEIFFER, Heinrich
RASSEK, Joachim-Helmut
RIEBER, Heinz
ROSS, Werner
SCHÄFER, Hansjörg
SCHRÖDER, Ernst
SCHUHBECK, Hans
SCHWAN, Werner
SCHWENCKE, Olaf
SIEBLER, Friedrich
SOMMER, Willi
SUHL, Alfred Wilhelm
THÜRNAU, Volker
TRAUTMANN, Werner
URBANEK, Johann W.
VOSSNACK, Lieselotte
WÜRTENBERGER, Thomas
ZACHARIAS, Helmut
ZELTNER-NEUKOMM,
  Gerda
ZIEGENRÜCKER, Joachim

28. Januar

BÄUMLER, Hans Jürgen
BALL, Fritz
BECHTOLDT, Heinrich
BERGER, Markus
BIEDENKOPF, Kurt H.
BIERMANN, Siegfried
BÖMKEN, Heinrich
BOROWSKY, Kay
BÜHLER, Wilhelm
BURGARD, Horst
BURKARD, Rainer Ernst
BURKEI, Ria,
  geb. Hilmer
CAHN, Herbert Adolph
CRAMER, Ernst
DASSANOWSKY-HARRIS,
  von, Robert
DELCOURT, Victor
DIESING, Heinz G.
DÖRFEL, Helmut
DOMSCH, Klaus
DUWENDAG, Dieter
EGGSTEIN, Manfred
EHRENBRAND, Friedrich
EIBL, Karl
ERNST, Werner
EYSEL, Hans-Hermann
FISCHER, Hermann
FLATH, Fritz
FRENZEL, Elisabeth,
  geb. Lüttig-Niese
FRIEMOND, Hans
GERLACH, Horst-Henning
GLASER, Horst Albert
GLUP, Gerhard
GOMPF, Ludwig
GROTH, Karsten
GRÜNDER, Irene
GUTHOFER, Wilhelm
HAHN, Gerhard
HIPPEL, von, Eike
HOCHHEUSER, Kurt
HUBER-RUPPEL, Magdalena
KANTZENBACH, Erhard
KEIL, Wolfgang
KESTEN, Hermann
KLINGENBERG, Wilhelm
KNOOP, Kurt E.
KÖHNKEN, Adolf
KOLVENBACH, Walter
KOPPLIN, Günter
KROME, Adolf
KRUCK, Thomas
KÜLB, Karl Georg
LIEBL, Franz
LÖFFLER, Ernst
LOSKANT, Karl-Adolf
MADER, Franz
MERKEL, Friedemann

MÜLLER, Carl Werner
MÜNDNICH, Karl
OLESCH, Günter
PIEFKE, Gerhard
PÖSCHL, Viktor
POST, Werner Heinrich
PÜRKNER, Erich Walther
REICHEL, Achim
RHODE, Gotthold
RINGLEB, Karl
ROHLOFF, Heide Norika
ROSSOW, Walter
RUDOLF, Herbert
RÜEGG, Johann Caspar
SCHÄFER, Helmut
SCHARABI, Mohamed
SCHLÜTER, Kurt
SCHLÜTER, Wilfried
SCHMIDT, Friedrich-Werner
SCHMIDT, Herbert
SCHUMM, Helmut
SCHUSTER, Hans
SCHWEITZER, Walter
SEIFRIZ, Hans Stefan
SIEBERT, Günther
STEPHAN, Eberhart
STEPHANOS, Samir
STICHNOTE, Werner E.
STÜTZER,
  Herbert-Alexander
VOSS, Peter
WALCHSHÖFER, Alfred
WEIZSÄCKER, Freiherr von,
  Carl-Christian
WIEBEL, Martin W.

29. Januar

ADELSBACH, Rudolf
ALEMANN, von, Mechthild
ANKELE, Karl Heinz
ARNDT, Mark (Michael)
BÄRTHLEIN, Karl
BARRELET, Horst
BIEDERMANN, Günter
BOLL, Kuno Fridolin
BORNHAUPT, von,
  Kurt Joachim
BOWITZ, Dieter
BRAUN, Werner P. H.
BRAUN-FELDWEG, Wilhelm
BREDT, Heinrich
BUCHRUCKER,
  Armin-Ernst
BÜCHLER, Hans-Joachim
DIEDERICH, Jürgen
EBERSBACH, Harry
EGGER-BÜSSING, Klaus
EHLERS, Carl-Christian
EISEL, Horst
ELSÄSSER, Martin
ENSSLIN (ß), Joachim
ERLING, Hans P.
FASOL, Karl-Heinz
FASSBENDER, Hans-Georg
FUCHS, Anton
GEBELEIN, Helmut
GLIEM, Ralf
GODT, Herbert
GÖLLER, Andreas
GÖNNENWEIN, Wolfgang
GÖTZ, Hans Herbert
GRAMM, Hans-Joachim
GRÜBLER, Ekkehard
GUMLICH, Gertrud
HABICHT, Werner
HAMMACHER, Konrad
HANNWACKER, Hannsgünter
HARDER, Wilhelm
HARTMANN, Dieter
HARTUNG, Horst
HAU, Theodor F.
HECHT, Hans-Joachim
HENTSCHEL, Volker
HERBIG, Oskar
HEROLD, Alfred
HESSE, Konrad
HIRSCH, Peter
HOFMANN, Gert
HOLTZ, Wolfgang Harold
HUPE, Adolf
HURST, Harald
KELLETAT, Dieter

KERN, Hans
KLEMM, Dietrich D.
KNOPP, Guido
LAITENBERGER, Hugo
LIEBERICH, Heinz
LIEGLE, Ludwig
LUDWIG, Franz
MATTHIESEN, Hinrich
MAUSER, Wolfram
MAYR, Christian
MELCHERS, Hans H. P.
MERGEN, Armand
MERTENS, Dieter
MÖRBITZ, Eghard
MÜLLER, Klaus-Dietrich
NEFF, Reinhold
NOLL, Josef B.
PICKER, Bernold
REINER, Ludwig
REUTER, H. Jörg
RIEDEL, Heinz
RITTER, Ulrich Peter
RÜCKERT, Otto
RÜDEN, Henning Frank
SACHS, Klaus-Jürgen
SCHIPHORST, Bernd
SCHNEIDER, Uwe H.
SCHRADER, Karlernst
SCHUCHARDT, Erika
SCHULTE, Peter
SCHULZ, Rolf S.
SCHUMACHER,
  Hans-Harald
SCHWEGLER, Lorenz
SENGLING, Dieter
STAAK, Werner
STEINER, Friedrich
STROH, Günter
TERHEYDEN, Rolf
THIEMANN, Wolfram
TIMM, Curt
ÜBERLA, Karl
WARNKE, Detlef Andreas
WEBER, Heinz C.
WELZEL, Gotthard
ZABEL, Hermann
ZAHN, von, Peter
ZIMMERMANN, Andreas

30. Januar

ALBRECHT, Ulrich
BARFUSS, Werner
BASTIAN, Hans Dieter
BECKELMANN, Jürgen
BLÜMLE, Gerold
BOETTCHER, Wolfgang
BOWITZ, Horst
BRACKERT, Helmut
BREITENSTEIN, Rolf
BRÜHL, Heidi
BRUHN, Jochen
DASSMANN, Ernst
DAUTZENBERG, Gerhard
EISENHUT, Werner
EMRICH, Fritz
ENGELBRECHT, Wolfram
FEINENDEGEN, Wolfgang
FLECK, Hans-Joachim
FRANCK, Ulrich-Frohwalt
FRIEDRICH, Jörg
FRITZ, Johann Michael
GEISSLER (ß), Ursula
GEMPER, Bodo B.
GOLLWITZER, Heinz
GUTTING, Ernst Josef
HAFERKAMP, Heinz
HAHN, Harry
HERRHAUSEN, Alfred
HÖHN, Carola
HOLLMANN, Wildor
KALLEE, Ekkehard
KASSEBOHM, Wolfgang
KEMPF, Alfons
KLEPSCH, Egon A.
KNORR, Günther
KREISKORTE, Heinz
KRONSCHWITZ, Helmut
KRUSCHWITZ, Lutz
KÜNTZEL, Gottfried
KUSCHE, Benno
KUTSCHEID, Michael
LANGROCK, Ursula

LENK, Kurt
LIEGL, J. Alfred
LOHR, Christian
MAHLKE, Knut
MLYNSKI, Dieter A.
MÖCKEL, Andreas
MOTTÉ, Magdalena
NAWRATH, Karl
POHL, Hans-Peter
PREUSSEN (ß), Prinz von,
  Wilhelm-Karl
QUAST, Heinrich
REICHARDT, Werner
ROSZ, Martin Ulrich
RÜFFER, Hans
SAWODNY, Wolfgang
SCHRANZ, Anton
SCHROEDTER, Paul
SCHULENBURG,
  Graf von der, Wilhelm
SEIDL, Alfred
SENG, Emil
SEWERING, Hans Joachim
SKALITZKY, Josef (Sepp)
TSCHÖNHENS, Boni
UHE, Günter
VOSSIUS, Gerhard
WALLHÄUSSER, Hermann
WEIMAR, Karlheinz
WEISE, Klaus
WERREMEIER, Friedhelm
WETTIG, Rainer
WISBECK, Jörg
WOLFF, Erwin
ZISCHKA, Gert

31. Januar

ACKERMANN, Paul
AHRENS, Joachim
BAUER, Heinz
BAUER, Kurt Heinz
BAUMANN, Helmut
BECKER, Karl
BEHR, Helmut
BIERMANN, Peter F.
BLANK, Herbert C.
BOESCHE-ZACHAROW,
  Tilly
BÖSEL, Rainer
BORST, Hans-Joachim
COSTABEL, Ulrich
DEGENHARDT,
  Johannes-Joachim
DETERS, Heiko
DORNIER, Peter
EBERT, Karen
EMMERICH, Kurt
EVERT, Helmut
FELMY, Hansjörg
FENZL, Fritz
FÖRSTER, Hans O. F.
FRIEDBERG, Klaus Dietrich
FRIEDERICHS, Heinz F.
FÜHRER, Claus
GIESBRECHT, Peter
GORLAS, Johannes
GUTZSCHHAHN,
  Uwe-Michael
HABERMEHL, Karl-Otto
HAHN, Oswald
HARNACK, von, Gustav-Adolf
HAUCK, Günther
HAUSER, Hans
HERRMANN, Joachim
HIMMELMANN-
  WILDSCHÜTZ, Nikolaus
HOFMANN, Hans
JACOBI, Eugen
JÖRG, Hans
JOOST, Edgar
KATZER, Hans
KEMMINER, Karlheinz
KERMEL, Heinz-Joachim
KHUON, Ulrich
KNOPP, Werner
KUEN, Hermann
KUHFUSS, Günter Friedrich
LÄSSIG, Erik Theodor
LENZ, Helmut
LICHTENBERG,
  Peter Max
LIESE, Walter

MARTI, Kurt
MARTIUS, Gerhard
MEIER, Karl-Hans
MITTELSTEINER,
  Karl-Heinz
MÖSSBAUER, Rudolf L.
MÜLLER, Ernst Wilhelm
MUSSNER, Franz
OTTO, Hellmut
PUFF, Alexander
RAPP, Friedrich
REICHARDT, Wilhelm
REMY, Gunther-E.
ROTH, Jörg Kaspar
ROTHENBERG, Leonhard
SANDER, Otfried
SCHAUMBERGER, Egon
SCHIEFFER, Rudolf
SCHLIER, Ado
SCHMIDT, Frank
SCHNEIDER, Norbert
SCHRAM, Armin
SCHULZ, Paul
SEITZ, Willi
SIEBENMARCK, Hans-Karl
SPIES, Werner Emil
STEINWACHS, Friedrich
STRATENWERTH, Günter
SYBERTZ, Manfred
TÜRK, Hubert
WAHRLICH, Horst
WEGMANN, Herbert
WIEANDT, Paul
WIEGELMANN, Günter

1. Februar

ADOLFF, Jürgen
ALDINGER, Hermann
AMSINCK, Werner
ASBECK, Otto W.
BACKES, Hanns
BELZNER, Hermann Carl
BENTHAUS, Friedrich
BESECKE, Kurt
BEYERHAUS, Peter
BÖHR, Christoph
BOHL, Martin
BOSETZKY, Horst (-ky)
BRENNECKE, Wilfried
BROMANN, Peter
BRÜGMANN-
  EBERHARDT, Lotte
CYRAN, Eberhard
DIETRICH, Hans-Walter
EDER, Franz Xaver
ERDL, Oscar
EYRICH, Heinz
FICHTNER, Egon
FRANK, Albrecht
FRANKE, Jürgen
FREY, Karl Franz
GABRIEL, Hellwart
GANSKE, Hermann
GEHRICKE, Klaus-Peter
GEIPEL, Robert
GLAZIK, Josef, M.S.C.
GROSSER, Alfred
GUPTA, Derek
HARTWIG, Hans-Georg
HEIMES, Rudolf
HEINRICH, Gerhard
HELD, Klaus
HENGSTENBERG, Wolfgang
HERRIG, Gerhard
HILLER, Heinz Herbert
HORST, Eberhard
JACOBI, Renate,
  geb. Tietz
JACOBSEN, Uwe
JANNOTT, Horst K.
KAUER, Erhard
KEMPER, Gustav Wilhelm
KESSLER, Gerhart
KLEINERT-LUDWIG,
  Annemarie
KLÖHN, Gottfried
KLOOSE, Hans-Otto
KÖLL, Peter
KOSCHORKE, Ulrich
KREIKEBAUM, Hartmut
KÜHN, Dieter
KUNDE, Wolfgang P.

1. Februar

LAUER, Wilhelm
LORENZEN, Harald
LUCKE, Horst-Günter
MATUSSEK, Paul
MEGERLE, Klaus Reiner
MEINECKE, Carl-Theodor
MENNICKEN, Jan-Baldem
MESSER, Hans
MÜLLER, Rolf
MÜLLER-KARPE, Hermann
NESTROY, Harald
PFADENHAUER, Jörg
PFAFF, Gerhard
PIRZER, Ruprecht
PLANCK, Alfred
RAUSCH, Edwin
REIS, Maja-Maria
RIECK, Walter
SACHSE, Werner E.
SALZMANN, Christian
SCHAD, Franz
SCHAFFER, Gerhard
SCHEEL, Hans-Dieter
SCHERRER, Gerhard Eugen
SCHIRMER, R. Heiner
SCHLIER, Christoph
SCHON, Hermann
SCHOTT, Wolfgang
SCHRAMM, Werner
SCHROBENHAUSER, Matthias
SCHULZE, Erich
SEIBEL, Hans Dieter
SOMBERG, Gerd
SOMMER, Friedrich
STEUBING, Lore
STEVES, Kurt
STOCKHAUSEN, Josef
STRIFFLER, Helmut
SYWOTTEK, Arnold
THOMAS, Bodo
TRUCKENBRODT, Erich Andreas
VOSS, Friedrich
WALTER, Rolf
WERDICH, Helmut J.
WERMUTH, Manfred
WESTPHAL, Otto

2. Februar

AMENT, Hermann
BÄUMER, Arno Paul
BALKENHOL, Heinz S. J.
BAUER, Johann
BLÜMMERS, Heinz
BOETERS, Max
BOUILLON, Erhard
BRANDMÜLLER, Theo
BÜCHLER, Hans
BURKERT, Walter
DACHS, Joachim
DEISENROTH, Karl A.
DOTZENRATH, Wolfgang
DRUBIG, Hans Bernhard
EBERT, Günter
ENDERS, Hubertus
FRANK, Adolf
FRENZ, Karlgustav
FRIEDEL, Lothar
GANZER, Klaus
GERHARDS, Fritzdieter
GESTRICH, Helmut
GRAGES, Erich
GRIEBEL, Hugo
GUNDLACH, Friedrich W.
HECKEL, Hans-Wulf
HLAWATY, Graziella
HONNEFELDER, Hans Georg
HORNBOGEN, Erhard
HÜLSMANN, Heinrich (Heinz)
IRMSCHER, Hans Dietrich
KAMPHAUS, Franz
KHAN, Mohammed Hussein
KILLINGER, Erich Trutz
KNEBUSCH, Manfred
KÖRTE, Gerrit
KRAMPITZ, Gottfried
KRIEG, Hermann
KUHN, Hugo jun.
LEUSSINK, Hans
LÜTTICHAU, von, Hannibal
LÜTZKENDORF, Felix

MADELUNG, Gero
MAURER, Hans-Joachim
MAYER, Hans-Eberhard
MEYER, Hans Jürgen
MOHR, Rudolf
MORITZEN, Niels-Peter
MURAWSKI, Josef
NIEBELING, Hugo
NOACK, Herbert
NOELLE, Horst Carl
OERTER, Georg W.
PETERSEN, Oswald
PUCHER, Paul
REICHERT, Eberhard
RIECKER, Gerhard
ROEDER, Gustav
RONGE, Volker
SCHIERHOLZ, Henning
SCHIETZEL, Carl
SCHMIDT, Georg-Winfried
SCHRAFT, Rolf D.
SCHULZ, Heribert
SCHULZ, Oskar
SENFT, Bodo Ernst
SICKERT, Walter
SOLLBÖHMER, Otto
SOMMER, Gert
STADELMANN, Li
STEUERNAGEL, Friedrich
STORCH, Günter W.
TIETZ, Bruno
TOEPEL, Tim H.
TRAGESER, Karl Heinrich
TRAMM, Heinrich
WALTEMATHE, Ernst
WASMUND-BODENSTEDT, Ute
WEBER-BLEYLE, Erich
WEHKING, Heinrich
WEIDEMANN, Ehrenfried
WELTE, Werner
WENNER, Heinz
WESEL, Otto
WIESSNER (ß), Gernot
WIRTH, Heinz

3. Februar

BECHTOLSHEIMER, Willi (Wilhelm)
BECKEL, Albrecht
BENDER, Karl
BERZ, Ulrich
BLASCHKE, Gottfried
BLEY, Wolfgang
BOLDT, Karl-Heinz
BRIEGER, Norbert
BROER, Ingo
BRUGGENCATE ten, Gerrit
BUDCZIES, Michael
BUGARCIC, Helmut
CORMEAU, Christoph
DALL'ASTA, Eberhard R.
DEBUS, Friedhelm
DEMPWOLF, Gertrud
DENECKE, Kurt
DETTENHOFER, Günther
DIETZEL, Adolf
DÜCHTING, Helga
EBEL, Siegfried
FLICK, Friedrich Karl
FREYBERGER, Roland
FUSENIG, Norbert, Eugen
GABRIEL, Eugen
GAMER-WALLERT, Ingrid
GERKE, Wolfgang
GIERE, Wolfgang
GLATZEL, Norbert
GOTTLIEB, Gunther
GRUNEKE, Kurt
GUDEWILL, Kurt
HAFERLAND, Hans-Ulrich
HALIN, Rudolf
HAMMESFAHR, Manfred
HENCKMANN, Wolfhart
HERRMANN, Bernd
HOLDT, von, Kurt
KAMPHAUSEN, Artur
KIELMANSEGG, Graf von, Carl N.
KILIAN, Wolfgang
KLEIN, Wolfgang

KLINGEMANN, Hans-Dieter
KORB, Gerhard
KRATZMEIER, Heinrich
KÜTHER, Kurt
LIEBHART, Ernst
LUTHER, Walter
MARNER, Waldemar Josef
MERCK, Johann Peter
MERCKER, Hermann
MICHELS, Tilde
MOCKENHAUPT, Hubert
MUTH, Hermann
(MYSS-)LUBINGER, Eva
OBERMEIT, Werner
OTTO, Joachim
PADBERG, Rudolf
PIEKENBRINK, Rolf
PISKE, Hubert
REICHMANN, Heinz
REITBAUER, Alois
SCHIEBLER, Theodor H.
SCHLIESSER (ß), Theodor
SCHÖNHALS, Ernst
SCHULTE, Stefan
SEEGER, Karl
SEIBEL-EMMERLING, Lieselotte
SEIBERT, Jakob
SIGLOCH, Walter
SONNEMANN, Ulrich
SPECHT, Ernst-Dieter
STARZACHER, Karl
STAUDTE, Adelheid, geb. Sievert
STEINEL, Kurt
STIER, Kurt-Christian
STURM, Alexander
VAJDA, Ladislaus
VOGEL, Hans-Jochen
VOLK, Eberhard
WAGNER, Wolfgang
WEIGEL, Helmut
WENZEL, Otto
WILLUHN, Dietrich
WINNER, Christian
ZIESCHE, Norbert

4. Februar

ALBRECHT-HEIDE, Astrid
ALVENSLEBEN, von, Joachim
ARNIM, von, Clemens
BACH, Franz-Josef
BLAUROCK, Uwe
BLÖMER, Alois
BODEN, Karl-Theodor
BOMMERS, Fritz
BRENNBERGER, Ulrich
BRINKMANN, Wolfgang Friedrich Wilhelm
BRUMME, Kurt
DISTEL, Franz Josef
DRIESCH, von den, Günther
DURAND, Raymund
EHMKE, Horst
EHRENSTEIN, von, Dieter
EISENMENGER, Wolfgang
ELTGEN, Horst
ENGELS, Karl-August
FINKE, Joachim
FRANCKE, Klaus
FRENZ, Helmut
FUHRHOP, Jürgen-Hinrich
GERBER, Hermann
GIERKE, Max
GNIESMER, Friedrich
GULLOTTA, Filippo
HANSEN, Reimer
HEIDE, Gerhard
HENNEBERG, Claus H.
HUND, Friedrich
JETTER, Werner
KELLER, Hans Alfred
KNIOLA, Franz-Josef
KOLARZ, Henry
KREMPEL, Gerhard
KÜHN, Margarete
LENZ, Widukind
LIPP, Peter
LÖHNING, Bernd

LÜHRS, Hans John
MAEYAMA, Yasukatsu
MANG, Hans J.
MEUSEL, Ernst-Joachim
MICHALIK, Regina
NACHTIGALL, Dieter
NACHTIGALL, Horst
NERLICH, Günter
NEUPERT, Herbert
NIGGEMANN, Hermann
POHL, Hans
POLLAK, Helga
PORZNER, Konrad
PRECHT, Herbert
RETEY, Janos
SCHIRMER, Kurt-Peter
SCHMITT, Eberhard
SCHÖNBACH, Peter Michael
SCHÖNBÖCK, Karl
SCHÖNDIENST, Eugen
SCHULZE, G. E. Werner
SCHURR, Adolf
SEUFFERT, Walter
STADTMÜLLER, Arthur
STAUF, Paul
STRECKER, Otto
TIWISINA, Theodor
TRÖGER, Walther
VOGEL, Helmut
WAGNER, Eugen
WEBER, Karsten
WICKERT, Ulrich
WILHELMY, Herbert
WILLGERODT, Hans
ZENK, Meinhart H.
ZIMMERMANN, Eduard

5. Februar

ADE, Meinhard
ANTOINE, Herbert
ANTRETTER, Robert
BAUER, Oswald Georg
BECK, Kurt Georg
BECKER-CARUS, Christian
BENDER, Hans
BODEMANN, H. Harm
BREDEMEIER, Harm
BREUER, Fritz
BRUNS, Martin
BURG, Günter
BURGEY, Franz
CHRIST, Paul
COURTH, Paul
DICKFELD, Carl
DINKELBACH, Werner
DOLLINGER, Hans
EILENDER, Hans Jürgen
EISERT, Wolfgang G.
FELDMANN, Dierk Götz
FRANZ, Gunther
FRANZ, Johannes
FRITSCHE, Peter
FUNCKE, Heinz Peter
FUNKE, Paul
GASCH, Bernd
GLUNZ, Martin
HAAS, Rudolf
HAMEL, Winfried
HARMS, Heinrich
HELLENTHAL, Wolfgang
HELMLE, Bruno
HERDE, Peter
HOLST, Horst H.
HORBATSCH, Olexa
IMIELA, Hans-Jürgen
KLOSE, Werner
KNAUER, Peter SJ
KÖRBER, Hans
KOERNER, E. F. Konrad
KRAMER, Fritz
KREMER, Hans
KRENKEL, Werner
KRETSCHMER, Volker
KRUPP, Bruno
KRUSE, Horst Hermann
KUBITZA, Werner
KUTTER, Peter
LANGE, Franz Christian
LEHMANN, Lutz
LELL, Joachim

LEONHARD, Kurt
LIPINSKY-GOTTERSDORF, Hans
LÖWE, Walter
LORENZEN, Rudolf
MIDDENDORFF, Jürgen
MOMMERTZ, Paul
NIENHAUS, Christian
OBERSCHELP, Arnold
OPPOLZER, Siegfried
OTTWEILER, Ottwilm
PARETTI, Sandra
REGLER, Konrad
ROHS, Hans-Günther
RÜTHER, Heinz
RÜTTEN, Erich
RUF, Hugo
SANDSTEDE, Gerd
SCHACHTSCHNEIDER, Herbert
SCHAEFER-KEHNERT, Walter
SCHMIED, Wieland
SCHNEIDER, Josef
SCHWARZE, Hans-Joachim
SCHWEIGER, Martin
SCHWEIZER, Eckhart
SCHWEMMLE, Berthold
SEELMANN-EGGEBERT, Rolf
SEILER, Emil
SKALWEIT, Stephan
SÖLLNER, Alfred
STOLZE, Diether
STROBELT, Manfred
TAYLOR, David Marshall
VINCENTZ, Kurt-Wolfgang
WETTER, Peter
WIED, Thekla Carola
WOLFINGER, Bernd
ZIMEN, Karl-Erik
ZIMMER, Hans

6. Februar

ARTHECKER, Wilhelm
AUTRUM, Hansjochem
BARTH, Hans Joachim
BECKER, Josef
BERNDL, Ernst Heinrich
BICKELE, Rita
BÖNNER, Karl-Heinz
BORNHEIM gen. Schilling, Werner
BRÄUTIGAM, Hans Otto
BRAUMANN, Philipp
BRENKE, Theodor
BUCHHEIM, Lothar-Günther
BUCHNER, Klaus
CLAPHAM, Ronald
DIETRICH, Wolfgang
DOMBROWSKI, Harald
FECHT, Gerhard
FELLENBERG, Günter
FÖHR, Horst Joachim
FROHBERG, Günther
GATTOW, Gerhard
GILLES, Peter
GROSCH, Robert F.
HAAG, Ernst
HAMMER, Klaus
HAMMERSCHMIDT, Wolfgang
HASSELSWEILER, Benno
HAUSWEDELL, Peter Christian
HEINZ, Rudolf
HELLER, Siegfried
HERHAUS, Ernst
HOLLÄNDER, Hans
HOSEMANN, Max
JACHNOW, Helmut
JORDAN, Kurt
KEESE, Dietmar
KEMPER, Paul
KERN, Hartmut
KIESSLING (ß), Werner
LAHUSEN, Carl
LEITZMANN, Claus
LINK, Helmut
LORENSER, Hans
MAAS-EWERD, Theodor

6. Februar

MAYR, Anton
MEINDL, Dieter
MEINRENKEN, Helmut
MEYER, Wilhelm (Willi)
MÜLLER, Klaus J.
MÜLLER, Viktor
NEUBAUER, Walter Friedrich
PELZ, Monika
PLACHKY, Detlef Dietmar
PLATTIG, Karl-Heinz
PÖSCHL, Ernst
POHLEY, Heinz-Joachim
RALL, Hans
REICHELT, Achim
RODENSTEIN, Louis
RÖLLIG, Wolfgang
RÖSSLER, Otto
SCHAEFGEN, Heinz
SCHATZ, Klaus-Werner
SCHILKEN, Eberhard
SCHLOBACH, Jochen
SCHUIERER, Hans
SCHUMANN, Thomas B.
SCHWEINFURTH, Ulrich
SCHWENK, Helga
SEIBEL, Wilfried
SEUFFERT, Brigitta
SOBIREY, Horst
SOLTER, Fany
STAUFFER, Dietrich
SZYMCZAK, Heinz
TETZNER, Bruno
VOSBERG, Henning Richard
WALTER, Helmut
WEIER, Reinhold
WEINER, Richard
WUERMELING, Hans-Bernhard
ZAHN, Rudolf-Karl
ZIESE, Axel-Alexander

7. Februar

ALBECK, Hermann Christian
ANDRES, Elmar
ANGERMEYER, Helmut
ASMUS, Walter
BÄUMLER, Friedrich
BALDAUF, Hans-Joachim
BAUMGART, Hans-Dieter
BECKER, Josef
BECKER, Wolfgang-Helmut
BEITZ, Hans
BENSE, Max
BEUCKERT, Rolf
BOECK, Peter
BÖHM, Rudolf
BÖRNECKE, Gerhard
BÖRNER, Holger
BORGHS, Horst P.
BRISCH, Klaus
BURCHARDT, Lothar
BUSCHBECK, Heinz
DENK, Rudolf
DINGEL, Joachim
DRESSEL (ß), Horst
EHMANN, Horst
ESCHENAUER, Hans
FAY, Carl-Norbert
FEHRENBACH, Anneliese
FINK, Heinrich (Heinz) F.
FISCHER, Dieter
FRIEDL, Herwig
FÜGER, Wilhelm Friedrich
FUNCK, Rolf
GAILIS, Werner
GÖLLER, Heinrich
GRIMMER, Gernot
GRISEBACH, Hans
GRÜNDER, Horst
HAIBACH, Marita
HALDER-SINN, Petra
HANDLGRUBER, Veronika geb. Rothmayer
HARMS, Ulrich
HARTH, Wolfgang
HEIN, Wolfgang-Hagen
HERBST, Alban Nikolai
HILBERG, Wolfgang
HINTENBERGER, Heinrich
HIRDT, Willi
HOCKERTS, Hans Günter
HOLTMEIER, Gerhard
KAIRIES, Hans-Heinrich
KAISER, Hermann-Josef
KOCH, Gerhard
KOCH, Heribert F.
LABARDAKIS, Augoustinos
LARENZ, Rudolf-Wilhelm
LECKEBUSCH, Klaus
LINDE, Jürgen
LOECKLE, Michael
LOTTES, Günther
MAES, Karl
MAX, Anton
MEYER, Fritz
MÜLLER, Wolfgang
NICOLAYSEN, Gert
OHLMEYER, Wilhelm
PAPENFUSS (ß), Rainer
PFLUGRADT, Helmut
POETZ, Josef
POSCHENRIEDER, Werner
PREUSSLER (ß), Helmut
QUINKERT, Gerhard
RAPP, Rainer
RAWE, Wilhelm
ROSENTHAL, Alfred
ROSZBERG, Dieter
SCHEFFEL, Helmut
SCHEIDT, vom, Jürgen
SCHLEMBACH, Anton
SCHMIDT, Roderich
SCHWEINITZ, von, Wolfgang
SCHWEITZER, Hans-Joachim
SCHWERIN von SCHWANENFELD, Graf von, Wilhelm
SEELING, Reinhard
SEIFERT, Gerhard
SIEGERT, Hans-Christian
SIEGERT, Walter
SPANEHL, Werner
STEFFEN, Walter
STREICHARDT, Heinz
TAKANO, Kohsi
UNGERN-STERNBERG, von, Sven
WEIDEMANN, Willi H.
WITTIG, Siegfried
ZANKER, Paul

8. Februar

ALBERT, Hans
ANDREAE, Illa
ANTHES, Peter
BAERNS, Barbara, geb. Beckmann
BARTHEL, Woldemar
BARTON, Walter
BECHTELER, Theo
BECKER, Joseph
BENNINGHOVEN, Alfred
BÖDEKER, Jürgen
BÖTTCHER, Bodo
BRÄUNING, Martin
BRANDENBURG, Alois Günter
BRASS, Karl
BREINL, Hermann
BRUNNER, Oskar
BSCHOR, Friedrich
BÜNEMANN, Gerhard
BURKART, Erika
CAMMANN, Helmuth
CRONENBERG, Dieter Julius
DAUM, Josef
DENFFER, von, Dietrich
DIEHL, Günter
DIEM, Max
ELSHORST, Günter
ELSNER, Reinhard
EMIG, Günther
ERDMANN, Volker, A.
FALK, Walter
FENN, Herbert
FISCHER, Werner
FRANZ, Herbert
GILLES, Sibylla
GOTTZMANN, Carola L.
GRAUERT, Hans (Johannes)
GRIESCHE, Detlef
GÜTSCHOW, Gerhard
HAGENI, Alfred
HAUPT, Jürgen
HEINSCHKE, Horst
HEUER, Hermann
HOPPE, Ulf Armin
KERN, Norbert Heinrich
KIEFERLE, Wolfgang
KLEVER, Manfred
KOHLER, Hansrobert
KOPPITZ, Hans-Joachim
KRUG, Manfred
KÜHN, Günter
KUNTZE, Herbert
LANGER, Hans
LATENDORF, Fritz
LIPTAY, Wolfgang
Fürst zu LÖWENSTEIN-WERTHEIM-ROSENBERG, Karl
MÄGDEFRAU, Karl
MEIER-PLOEGER, Angelika
MELCHER, Hanno W.
MOSEL, Ulrich
MRASS, Walter
MÜLLER, Berndt
NETTER, K. J.
NIEDERMEIER, Georg
NORDHUES, Paul
ORTH, Elisabeth
PICK, Eckhart
POSDORF, Horst
PUFENDORF, von, Lutz
QUARTA, Hubert Georg
REINBOTH, Ernst
REINEFELD, Erich
RICHARD, Karl-Eduard
RÖTTGEN, Peter
RUST, Ulrich
SCHAD, Alfred
SCHULTE, Harald
SEUFFERT, Otmar
SILBERREIS, Karl W.
STAATS, Reinhart
STAUDINGER, Max W.
STEINHAUER, Waltraud
STÜHFF, Hans-Georg
TRÄNKLE, Hans
WAGNER, Ulrich
WANGENHEIM, Freiherr von, Adolf
WITZEL, Herbert
ZIEMANN, Sonja

9. Februar

ABELS, Ulrich
ADAM, Adolf
AWEH, Carl-August Ludwig
BAIER, Manfred
BECK, Hans Jürgen
BECKER, Hans Joachim
BENTELER, Erich
BETSCHART, Hansjörg
BICK, Otto
BLEICHER, Heinz
BÖHM, Wilfried
BORNKAMM, Reinhard
BRAUCHLE, Eugen
BURDA, Hubert
BUSSMANN, Karl Ferdinand
CAPELLE, Heinz
CLAUSSEN, Heinz-Helmut
DAHLINGER, Erich
DONGUS, Hansjörg
DRACHE, Heinz
DRESCHER, Philipp
DÜCKER, Gertrud Franziska
ECKSTRÖM, Wilhelm
EICHNER, Karl
ENGELHARDT, Freiherr von, Wolf
FECHNER, Jörg-Ulrich
FINK, Ewald
FISCHERKOESEN, Hermine Dorothée, geb. Tischler
FROESE, Leonhard
GAENSSLER, Peter
GEHLEN, von, Kurt
GEISS, Imanuel
GENZMER, Harald
GIESLER, Hans-Bernd
GOLDBERG, Werner
GOMBEL, Heinrich
GROH, Klaus
GROSS (ß), Christian
HANNEMANN, Volker
HAPPE, Günter
HAPPEL, Otto Bernhard
HEIM, Burkhard
HEINRICHS, Alfred
HELLWIG, Günter
HERLE, Rudolf
HERLITZ, Peter
HOFFMANN, Wolfgang
JOACHIM, Hans G.
KEMPER, Fritz H.
KIRFEL, Bernhard
KNAUTH, K. Alfons
KÖSER, Reinhard
KOLMS, Heinz
KRÄMER, Martin
KRÜGER, Hans-Helmut
KRUG, Werner G.
LAFORGUE, de Leo
LEONHARDT, Rudolf Walter
LOEWE, Lothar
LUBOS, Arno
LUDWIG, Walther
MEYER-MARSILIUS, Hans-Joachim
MÜLLER, German
MUNARI, Franco
MUNTER, Heinz
NICKEL, Karl
NÜRNBERGER, Siegfried
OOSTERGETELO, Jan
PESCHEL, Gerhard
PFEIFFER, Erhard
PFREUNDSCHUH, Gerhard
RICHTER, Gerhard
RICHTHOFEN, Freiherr von, Manfred
ROTH, Oskar
SCHEEL, Günter
SCHEVEN, von, Manfred
SCHÖNE, Wolfgang
SCHOENTHAL, Hans-Ludwig
SCHOEPPLER, Otto
SCHULTZ, Walter
SCHWONKE, Martin
SEIDEL, Max
SEYFARTH, Constans
SIMON, Karl Günter
SPÄTH, Friedrich
SPALLEK, Karlheinz Anton
STILLER, Georg
STOMMEL, Wilhelm Peter
STOTZ, Hermann
THIELEMANN, Edgar
THÜRAUF, Jobst R. E.
TIEMANN, Eberhard
UPPENDAHL, Herbert
WÄFFLER, Hermann
WARK, Karl Hermann
WEISSER, Gerhard
WENGENMEIER, Richard
WIMMER, Frank
WITT, Alfred N.
WOHLLEBEN, Reinhard
WULF, Karl Christian

10. Februar

ARNOLD, Gottfried
BEUCKER, Frank Gustav
BINDER, Kurt
BISCHOF, Heinz
BOEDEN, Gerhard
BÖHMER, Otto A.
de BOER, Wolfgang E.
BÖRNSEN, Gert
BOGDANDY, von, Ludwig
BORCHERT, Manfred
BOTTERBUSCH, Vera
BRAUKMANN, Heinz-Werner
BÜCHLER, Franz
BÜTTNER, Hans Wolfgang
CHANTRAINE, Heinrich
DAUB, Jörg
DÖRING, Herbert
DRAWER, Klaus
EBERT, Wolfgang
FACKELMANN, Michael
FLAMMERSFELD, Arnold
FRIESEL, Uwe
FRITZSCH, Harald
FÜRST, Ansgar
FUKAI, Hirofumi
GATZEMEIER, Matthias
GIPPER, Otto
GRÖNIG, Hans
HAASS, Elmar
HACKERT, Klaus
HEESING, Albert
HELBIG, Ludwig
HELLWIG, Hans
HOCKL, Hans Wolfram
HOLBE, Reiner
HUCKLENBROICH, Volker
HUGHES, Louis R.
JACOBI, Gert
JUNG, Hans-Gernot
KASE, Kurt-Joachim
KIMMICH, Erika Gertrud
KINDERMANN, Hans
KLEEMANN, Otto
KLEMM, Heinrich
KLIESING, Georg
KRIVAN, Viliam
KÜCHLE, Hans Joachim
LANGE, Hellmuth
LANGNER, Manfred Rolf
LAVEN, Hannes
LEHMANN, Konstantin
LINDHORN, Rolf
LINK, Helmut
LINSENMANN, Wolfram
LIPKAU, Ernst-Günther
LÖBNER, Gunther
LUDEWIG, Walter
MAHLO, Klaus
MANEVAL, Helmut
MARTZ, Georg
MAURUS, Wolfgang
MERKL, Rudolf
MERTEN, Hubert
NICOLIN, Friedhelm
NIEDERLÄNDER, Hubert
NIGGEMEYER, Heinz
OESTERMANN, Bernhard
OHLE, Waldemar
PESDITSCHEK, Manfred
PRIEBE, Hermann
REINICKE, Dietrich
RUTH, Friedrich
SACHERL, Karl
SAHR, Peter
SCHÄFER, Harald
SCHLEIFER, Karl-Heinz
SCHMITT, Ludwig-Erich
SCHÖNBORN, von, Alexander
SCHWARTZ, Helmut
SEILER, Thomas Bernhard
SIESS, Manfred
SIMON, Hermann
SIMONS, Konrad
SINZ, Rainer
STEINHOFF, Jürgen
STEINHÜSER, Ferdinand
SUIN de BOUTEMARD, Bernhard
TÖLKES, Hans
WEDEKIND, Frank
WIBBING, Siegfried
WICHMANN, Siegfried
WIEDMANN, Franz
WOLANDT, Gerd
ZAPFE, Udo-Wolfgang
ZECHBAUER, Peter Max
ZIMMERMANN, Wolfgang

11. Februar

APELT, Christian
BECHER, Reinhard
BEER, Ulrich
BEHRENS, Arno W.
BERGMANN, Burckhard
BERNHARD von LUTTITZ, Marieluise
BITZ, Michael
BLESSING, Eugen

11. Februar

BOBROWSKI, Wladyslaw
BOLLMANN, Horst
DILL, Peter
EICHMEIER, Joseph
FLECK, Klaus O.
GADAMER, Hans-Georg
GEMEINHARDT, Ottmar
GERHARDT, Dietrich
GLOGOWSKI, Gerhard
GOLD, Käthe
GRÄTZ, Reinhard
de GROOTE, Otto
HAACKE, Heinz-Rolf
HAAG, Herbert
HAEUSGEN, Helmut
HARBORTH, Heiko
HARDER, Dietrich
HARTUNG, Wolfgang
HARZHEIM, Egbert
HEDTKAMP, Günter
HEIDEBRECHT, Brigitte
HELLMICH, Adolf
HELLRIEGEL, Werner
HILPERT, Wilhelm (Willi)
HÖFFGEN, Heinrich
HOFFMANN, Dietrich
HOHNER, Walter
HOLL, Josef
HÜPPI, Alfonso
JELITTE, Herbert
KANTEL, Willy Johannes
KIELMANN, Henry
KIND, Werner
KLEVER, Ulrich
KÖBERLE, Klaus
KÖNIG, Hans-Georg
KÖNIG, Herbert
KOVÁCS, Herbert
KRAUSE, Rudolf
KRÖGER, Hans
KUNZ, Gerhard
LAMBERT-LANG, Heide
LOEWER, Harald
MATHIS, Edith
MIERAU, Hans-Dieter
MITZKAT, Hans-Jürgen
MUSSGNUG, Martin
NIEDRIG, Heinz
NITSCH, Manfred
OSTHOFF, Hans-Werner
PFENNIG, Gero
PILNY, Franz
PULEWKA, Paul
RAFF, Fritz
RAUSCH, Ludwig
REX, Dietrich
RIES, Wiebrecht
RUSCH, Horst
SCHIFFLER, Ludger
SCHÖNE, Wolfgang
SCHRÖDER, Erich
SCHULTZE, Wolfgang
SCHUMANN, Jochen
SCHWILLING, Werner
SEHER, Artur
SEIDER, August
STORCK, Klaus
STÜRTZEBECHER, Fritz
THOMA, Josef
TREUNER, Peter Hermann
VOGT, Andreas
WEHNELT, Christoph
WERNER, Norbert
WIENDAHL, Hans-Peter
WIESMETH, Hans
ZANDER, Hilmar
ZERCHE, Jürgen

12. Februar

ACKENHEIL, Werner
ARMES, Mary Beth
AUER, Alfons
BADURA, Bernhard
BAYRHAMMER, Gustl
BECKER, Heinrich
BELZ, Helmut
BERGER, Dieter
BERNING, Walter
BLANK, Joseph
BÖHME, Ulrich
BORNEMANN, Gudrun, geb. Wattendorf
BRAUER, Karl Matthias
BUCHMANN, Ewald
BURCKHARDT, Jürgen
CHRISTMANN, Helmut
CRAMER, Wolfgang-Dietrich
DEHNHARD, Fritz
DOTTER, Hans Erich
ECKERT, Gerhard
EULITZ, Fritz
FALTERMEIER, Rudolf
FEY, Herbert
FICK, Karl E.
FIESELER, Gerhard
FISCHER, Manfred Frithjof
FORSTER, Anton
FRITZ, Volkmar
FUHR, Ernst
GASSERT, Herbert
GELDMACHER, Henner
GEWEHR, Wolf
GIULINI, Udo
GLAGOW, Rudolf
GLAHÉ, Will
GOMPPER, Rudolf
GOYKE, Ernst
GROTH, Hellmut
GUTHER, Max
HABERMANN, Willi
HARMS, Hanns
HARTMANN, Gerhard
HARTMANN, Heinz
HEIMANN, Gerhard
HENSS, Walter
HERMES, Hans
HERRMANN, Karl
HOFFMANN, Hajo
JAEGGI, Eva Maria, geb. Schaginger
JÖBGES, Horst
JÖTTEN, Robert
KAUSCH, Walter Franz
KIEFER, Wolfgang
KIRNER, Georg-Simon
KLAUS, Bernhard
KLEMER, Almuth
KÖCKLER, Wolfgang D.
KÖHLER, Werner
KOVATS, von, Georg
KRAUSE, Barbara Elisabeth, geb. Schmid-Egger
KREITCZICK, Manfred
KREMPEL, Friedrich
KRUMMEL, Walter
KÜNZEL, Klaus
LEUSER, Franz
LOEWENECK, Hans
LUKAS, Georg
MAHLER, Alfred
MATERN, Siegfried
MEISTER, Erhard
MENKE, Friedrich
MEYER, Detlev
MORGENROTH, Friedrich
MÜLLER-JAHNCKE, Wolf-Dieter
MURAWSKI, Hans
NEU, Otto
NOACK, Hans-Georg
NOBILING, Dietmar
OFF, Werner
OPGENOORTH, Ernst Rudolf
PETERS, Julius M.
RAUWALD, Armin
REERINK, Wilhelm
REGLER-BELLINGER, Brigitte
REULECKE, Jürgen
RIEKERT, Lothar
ROTHENBILLER, Franz J.
RÜHM, Gerhard
SCHARPF, Fritz W.
SCHAUWECKER, Ludwig
SCHILL, Emil
SCHOTT, Carl
SCHUMACHER, Heinz
SCHUPP, Volker Günther
SEEGER, Arno
SELBACH, Alfred
SELDIS, Rudolf
SELLMANN, Dieter
SONNTAG, Gerhard
STÄUBLE, Eduard
STEINGRÄBER, Erich
STEINSCHULTE, Gabriel M.
THURNER, Herbert
TREBESS, Manfred
TÜRKLITZ, Arno
TWORUSCHKA, Udo
VAHLBERG, Jürgen
WAAS, Anna-Luise, geb. Caesar
WAGNER, Norbert
WEISE, Walter
WIELEBINSKI, Richard
WURSTER, Fritz

13. Februar

ARNDT, Erich
BARTELS, Bernd
BARTSCH, Günter
BEHNKE, Gerd
BEHRE, Karl-Ernst
BERGES, August Maria
BERNHARDT, Otto
BIRKHAN, Walter
BÖTTNER, Bernhard
BOHNSACK, Gustav
BOPP, Karl
BUGGLE, Wilhelm
DERES, Karl
DERSCHAU, Christoph
DOBLER, Paul
ENGELHARDT, Werner Wilhelm
FELMY, Karl Christian
FERLUGA, Jadran
FOKKEN, Berthold
FRANCKE, Werner
FUCHS, Günter
GRAUMANN, Karl-Heinz
GROPP, Axel
GÜNTHER, Joachim
HAGEMANN, Wilhelm
HAHN, Heinz W.
HANSEN, Hans
HASSLER, Kurt
HENZE, Karl Ludwig
HILSE, Gotthard
HILTROP, Hans
HINZ, Hermann
HIRCHE, Walter
HÖYNCK, Klaus-Martin
HRUSKA, Friedrich-Theodor
JAHN, Fritz
KÄUFER, Hugo Ernst
KAHNT, Günter Alfred
KAPP-SCHWOERER, Hermann
KAUL, Alexander
KELLY, Philip Charles
KLÖTZER, Walter T.
KREBS, Rolf
KÜGELGEN, von, Helga, geb. Meyer
LECHELER, Helmut
LEMHOEFER, Dieter Wolf
LÖSCHE, Peter
LOHMANN, Friedrich
MASSMANN, Peter
MEIER zu KÖCKER, Heinz Friedrich
MESCHKOWSKI, Herbert
MEURERS, Joseph
MICHEL, Gerhard
NEHMER, Jürgen
NIES, Friedrich (Fritz)
PETERSEN, Joerg F.
PIEPER, Helmut
PILCH, Herbert
PRETZELL, Lothar
RADTKE, Wolfgang
RATZEL, Ludwig
RÖTHEMEIER, Heinz
ROHDE, Jochen
ROMSTÖCK, Kurt
ROSE, Gerd
ROSSA, Kurt
RUDOLPH, Fritz
SCHLEPEGRELL, Sybil, geb. Gräfin Schönfeldt
SCHMID, Albert
SCHMIDT-ASSMANN (ß), Eberhard
SCHWITZKE, Heinz
SEEBER, Hans Ulrich
SEEMANN, Josef
SEHRBROCK, Hermann
SEUSS(ß), Wilhelm
STANKA, Peter
STAPP, Wolfgang
STEFEN, Rudolf
SÜSSENBERGER, ERICH
TAUSIG, Otto
TEGETTHOFF, Folke
VOSS, Frithjof
WEINBERGER, Bruno
WERNER, Helmut
ZIECHMANN, Jürgen

14. Februar

ANDERS, Waldefried
ANZENBACHER, Arno
ARGELANDER, Hermann
BACKHAUS, Wolfgang
BARTHELMESS, Ursula, geb. Weller
BAUR, Hans
BAUR, Margarete, geb. Heinhold
BAUR-HEINHOLD,
BOOS, Hans-Heinz
BÜSING, Arthur
BUSSCHE-IPPENBURG, Freiherr von dem, Albrecht
DECKER, Karl
DILCHER, Gerhard
EDEL, Gottfried
FISCHER, Horst
FRANKE, August
FRIEDRICH, Heinz
FÜRST, Ursula
GEIMER, Karl
GEPPERT, Hans J.
GÖTZ, Dieter
GRÄBENITZ, Horst
GÜLZOW, Henneke
GÜNTZER, Ulrich
GUTBROD, Jürgen
HABETHA, Klaus
HAHN, Annely
HIELSCHER, Hans-Jürgen
HILPERT, Peter
HOFFMANN, Paul
HOLZMEISTER, Judith
HÜTTINGER, Klaus J.
JUERGING, Karl Heinz
JUSTUS, Harald C.
KAMPMANN, Helmut
KASEMIR, Hans-Dieter
KAUFMANN, Werner
KLENERT, Otto
KLUGE, Alexander
KRAWEHL, Rolf
KRETSCHMER, Wolfgang
KÜMMERLE, Fritz
KÜRTEN, Reiner
KUHLMANN, Friedrich
KUNTZE, Ernst
LEMKE, Karl-Heinz
LEMMEL, Dieter
LINDEMANN, Hans
LUTZ, Peter
MARX, Eberhard
MEICHSNER, Dieter
MIKURA, Gertrud
MÜLLER, Achim
MÜLLER, Erich
NEGGES, Werner
NIEMCZIK, Heinz
OAKES, Kevin
OLSCHOWY, Gerhard
PAUL, Heinz Otto
PETTE, Dirk
PFEIFFER, Gerhard
PULLEM, Hans Jürgen
PUTLITZ, Freiherr zu, Gisbert
RAHN, Hartmut
RAMELOW, Tomas H.
RENTROP, Friedhelm
RIETZSCH, Alfred
RITTER, Ulrich
ROSE, Harald
RUTTE, Erwin
SCHAEFER, Helmut H.
SCHULZ, Friedrich J.
SCHUMANN, Gerhard
SEAMAN, David
SOMMER, Franz
SPRECKELSEN, Kay
STÜTTGEN, Albert
THIELCKE, Gerhard
THOMALLA, Georg
UNGEWITTER, Inge
UTTER, Werner
VELTINS, Rosemarie
WAGNER, Friedrich
WEHLE, Winfried
WELT, Hans-Joachim
WETEKAM, Heiko
WIEGMANN, Hildegard
WRBA, Heinrich
ZOLLER, Konrad

15. Februar

ALBERS, Willi
ALBERT, von, Hans-Henning
ALBRECHT, George A.
ALTHAUS, Egon
ARNOLD, Erich
BALLE, Hellmut
BAUMGARDT, Johannes
BEER, Christian
BIMBOESE, Bodo
BLOME, Helmut
BOENISCH, Detlef
BOLLIN, P. Eugen
BONNEKAMP, Udo
BONUS, Holger
BUCHWALD, Gerhard
BÜCHS, Hubertus
BUNDSCHU, Hans-Dieter
CULMANN, Herbert
DEML, Friedrich
DIETZ, Hermann
DREYHAUPT, Franz Joseph
EBERHARD, Walter
ECKERT, Karl
ECKSTEIN, Wolfgang
EICHSTÄDT, Hermann Werner
EILERT-OVERBECK, Brigitte
ENGELHARDT, Walter
FELDMANN, Harald
FLAD, Hans-Dieter
FRIEDMANN, Herbert
FRIEDRICH, Hilmar
HAGEN, von, Heinrich-Otto
HAMMERSCHMID, Josef
HARIEGEL, Werner
HECKER, Waldemar
HELLER, Otto
HESSENBRUCH, Friedhelm
HEUER, Jürgen Hermann Bernhard
HÖFER, Milan
HÖHNEN, Heinz Werner
JAKOBI, Gerhard
JANKE, Wilhelm
KIENITZ, Klaus-Peter
KIRTSCHIG, Kurt
KLEMM, Alfred
KLEPPA, Jürgen
KNEBEL, Johann-Heinrich
KÖNIG, Benno
KRUPPA, Hans
LAHMANN, Erdwin
LANG, Norbert
LANGE, Klaus
LATTMANN, Dieter
LIESS, Bernd
LÖW, Reinhard
MAASS, Fritz
MAATMANN, Hermann R.
MÄRTEN, Heribert
MATTHIESEN, Klaus
MEINDL, Vinzenz
MENDGEN, Jürgen
MONREAL, Gerhard
OLZOG, Günter
OPPERMANN, Thomas
PAUL, Wolfgang
PETER, Werner
PFLUGFELDER, Otto
POMMERENKE, Günther

15. Februar

RAU, Wilhelm
RIEDE, Urs-Nikolaus
RIES, Thomas
RITTER, Reinhold
ROLSHOVEN, Hubertus
RÜCKERT, Wolfgang
RUNDFELDT, Hans
SAKOWSKY, Peter
SCHIEFELBEIN, Gert
SCHLUCKEBIER, Günter
SCHMIDT, Manfred
SCHMIDT, Reinhart
SCHMITT, Hatto H.
SCHOBER, Reinhard
SCHOENE, Hanno
SCHWIEGELSHOHN, Karl
SEPPELFRICKE, Hans-Wilhelm
SESSLER, Gerhard
SILBEREISEN, Franz
SPRAUER, Germain
SPRUTE, Jürgen
STARLINGER, Ursula
STILCKEN, Rudolf
TROOST, Hubert
VERWEYEN, Hansjürgen
WAWRZIK, Kurt
WEISS, Arnold
WILCK, Otto
WINDELBAND, Günter
WOLF, Dieter
ZINK, Achim

16. Februar

ANTON, Herbert
APEL, Günter
APPELL, Ehrhart
AVERKAMP, Ludwig
BADER, Hans-Dieter
BALD, Klaus
BAUMANN, Heinrich
BECK, Friedrich
BENNINGHAUS, Hans
BIEHLE, Herbert
BIRNBAUM, Dietrich E.
BRAUER, Elfriede
BRAUER, Peter Sven
BRAUN, Ernst
BUCHWALD, Konrad
BUDKE, Gudula
CASTELL-RÜDENHAUSEN, Fürst zu, Siegfried
DECKERS, Manfred
DEHN, Mechthild, geb. Kasdorff
DOLEZICH, Norbert
DONNER, Herbert
DOSE, Volker
EBERTIN, Reinhold Robert
ECKART, Karl
EGE, Richard
ENDRES, Alfred
FISCHER, Erhard
FÖRSTER, Wolfgang
FRANCKE, Robert
FRIEDENBERG, Christian Jürgen
FÜRSEN, Ernst Joachim
GILSON, Wilhelm
GROSS, Willi
GROSSE-OETRINGHAUS (ß), Hans-Martin
GRÜNEWALD, Helmut
HACKENTHAL, Eberhard
HILGER, Peter
HIRSCHBERG, Lothar
HOCHE, Hans-Ulrich
HOPPE, Heinz C.
HOYNINGEN-HUENE, Freiherr von, Gerrick
HUFNAGEL, Helmut H.
INBAL, Eliahu
JAEGER, Richard
JOST, Valentin
KESSLER, Rolf
KICKARTZ, Peter
KIERZEK, Matthias
KILL, Eberhard
KLEINMANN, Reinhard
KLOTZBACH, Günter
KÖNIG, Josef Walter
KOLLER, Roland
KOVÁTS, Péter József
KRONENBERG, Friedrich
KRUG, Hans-Jürgen
KRUSE, Lenelis
KUGELSTADT, Hermann
LANGE, Günther Joachim
LANGEHEINE, Richard
LANGNER, Heinz
LENZ-GERHARZ, Franziska
MEIER, Christian
MENKE, Klaus
MERK, Rudolf
MRASEK, Johannes
MÜHL, Karl Otto
NEUFELD, Karl Heinz
NEUFERT, Kurt
NEUVIANS, Günter
OELMÜLLER, Willi
OERTZEN, von, Rudolf
OLDENHAGE, Klaus
PAHL, Walter
PETER, Horst
PFOHL, Gerhard
RASENACK, Christian A. L.
REISSER (ß), Heinrich
REUTER, Edzard
RIECK, Georg-Wilhelm
RIEHL, Josef
RÖHL, Uwe
ROSEMEIER, Gustav-Erich
RUDOLPH, Hagen
SAYN-WITTGENSTEIN-HOHENSTEIN, Prinz zu, Botho
SCHEER, Max
SCHMIDT, Ellen, geb. Konrad
SCHMÖHE, Georg
SCHMOLL (gen. Eisenwerth), J. Adolf
SCHÖN, Günter
SCHÖN, Hans
SCHÖNFELDER, Thea
SCHREIBER, Wolfgang
SCHRÖDER, Rolf
SCHURIG, Frank Volker
SCHWARZMANN, Hans
SCHWECKENDIEK, Wolfram
SEIDENSTICKER, Bernd
SIEVERS, Heinz
SIMON, Eckhart Heinrich
SLENCZKA, Reinhard
SÖTJE, Peter
SPECHT, Ernst Konrad
STEINHÄUSER, Günter
STOLTZENBURG, Joachim
TIEDEMANN, Heinz
TIMMERMANN, Vincenz Engelbert
UHLIG, Siegbert
UHRMANN, Hans-Günter
VIETH, Thomas
WATERMANN, Friedrich
WEIGAND, Rudolf
WENZEL, Gerhard
WERNER, Robert
WIEDEMANN, Hans-Rudolf
WINKLER, Georg
WÖRZ, Johannes
ZILLESSEN, Dietrich

17. Februar

ACHTERFELD, Hans
BARUZZI, Arno
BAYER, Karl
BECKER, Hansjörg
BEHNE, Jürgen
BEHRENDT, Fritz
BERLET, Hans Horst
BETZ, Esther
BISPING, Wolfgang
BLUME, Fritz
BLUME, Herbert
BÖHL, Felix
BRETT, Reinhard
BUSSE von COLBE, Walther
DREIER, Wilhelm
DRIESEN, Werner
DRIESSEN, Hans
EICHLER, Joachim
EIDEN, Hans
EIKELBECK, Heinz
EITNER, Hans-Jürgen
FANSELOW, Karl-Heinz
FEHN, Gerhard
FELDBAUSCH, Friedrich K.
FLOTHMANN, Hartmut
FÜRST, Carl Gerold
FUNKE-WIENEKE, Jürgen
GERHARDS, Eduard
GESSLER, Ullrich
GEUENICH, Dieter
GROSS (ß), Werner
HAMANN, Carl Heinz
HAMMER, Christian
HAMMER, Rainer
HARDER, Eric
HARNISCH, Heinz
HASELOFF, Otto W.
HASSEMER, Winfried
HEGER, Lutz
HELM, Johann Georg
HERBERTS, Kurt
HESSENAUER, Ernst
HEYDER, Walter
HÖFLING, Helmut
HOFFMANN, Manfred
HOFMANN, Alfred
HOLDORF, Willi
HOLZAPFEL, Wilfried B.
HÜLSHOFF, Klaus
HUSSY, Karl
JOCH, Winfried
JRION, Dieter A.
JURZIG, Wolfgang G. W.
KAISER, Bruno
KAMBARTEL, Friedrich
KARNATZ, Fritz
KAUFMANN, Ekkehard
KIRSCH, Hans-Christian
LANDES, Georg
LANGE, Hermann
LASER, Dieter
LINKE, Horst
LONGIN, Talypin
LORENTZ, Kay
LUBER, Hans
MAEDGE, Rainer
MAIER, Franz
MATZKER, Joseph
MAURICE, Klaus
MEIER, Wilhelm F.
MEYER zu SELHAUSEN, Hermann
MIESKES, Johann (Hans)
MÜCKENHAUSEN, Eduard
NÄVEKE, Rolf
NAGEL, Hans
NOSSEK, Robert
PETERSEN, Klaus
PILGRIM, Reimer
RIEDLINGER, Helmut
SCHEFFLER, Wolfgang
SCHEUERMANN, Karl Josef
SCHLUMBOHM, Jürgen
SCHMITZ, Rudolf
SCHÖNBERG, Walter
SCHRIDDE, Rudolf
SCHÜTZ, Erhard Heinrich
SCHWAN, Alexander
SCHWARZE, Dietrich
STEUDEL, Andreas
STÜBEN, Johannes
TRAPPE, Hans-Jürgen
ULSAMER, Julius
VAHLDIECK, Heino
VELTEN, Werner
VOGT, Heinz-Josef
VOLKMANN, Karl Heinz
VOLMER, Ludger
WEBER, Hermann
WEBER, Oskar
WITTIG, Friedrich

18. Februar

AICHELIN, Helmut
ALBRECHT, Gerd
ARAND, Wolfgang Michael
ARFERT, Klaus-Henning
AUWÄRTER, Max
BALLOWITZ, Leonore, geb. Gerlach
BECK, Hans-Georg
BÜRKNER, Günther
BÜSCHER, Otto
BUNGERT, Klaus
CECCATO, Aldo
DEFREGGER, Matthias
DOEGE, Eckart
DROTT, Karl
DÜNNER, Hans-Wilhelm
EBERT, Udo
EMONS, Rudolf
ESTERER, Ingeborg, geb. Günther
FERTSCH-RÖVER, Dieter
FLECKENSTEIN, Josef
FORCH, Hubert
FREY, Gerhard Michael
FRITZE, Eugen
GEORG, Edgar
GÖHLER, Gerhard
GOETERS, Cornelius
GUNTERMANN, Ernst
HAESE, Günter
HANKE, Wolf
HANSEN, Helmut F. H.
HARTUNG, Wolfgang
HELL, Harald
HENNIS, Wilhelm
HERRMANN, Hans-Volkmar
HINÜBER, von, Oskar Leuer
HOFFMANN, Rolf
JANOWSKI, Marek
KACZMAREK, Norbert
KALVIUS, Georg Michael
KELLER, Friedrich
KEPPLER, Horst
KIRSCH, Wolfgang
KLEIN, Hans
KÖNITZ, Barbara
KOLLNIG, Karl
KOSIOL, Erich Eduard
KREY, Franz Heinrich
KRÜGER, Benno M.
KÜHN, Heinz
LANGREEN, Karl-Heinz
LENEL, Hans Otto
LOEWENICH, von, Gerhard
LOUVEN, Julius
MAGENER, Elisabeth
MANN, Helmut
MAY, Franz
MÖLLER, Hugo
MÜLLER, Johannes
MUTSCHLER, Carlfried
NAGEL, Werner
NERTH, Hans
OBERHEIDE, Karl
PAASCHE, Wilhelm
PARADIES, Hasko Henrich
PERPEET, Wilhelm
PETERS, Sönke
PFANNENSTEIN, Otto
PREISER, Gert
RADKE, Gerhard
REINHARDT, Kurt
RÖDDING, Gerhard
ROEMER, Hans Robert
ROGGENKAMP, Peter
RUPPEL, Wolfgang
SCHATTEN, Fritz
SCHILLEMEIT, Jost
SCHLUTZ, Erhard
SCHMID, Friedrich
SCHRAMM, Günther
SCHULZ, Hans-Joachim
SCHULZ-BENESCH, Günter
SCHUSTER, Erich
SPAETH, Maximilian
STUBENVOLL, Hans
SUBJETZKI, Klaus
TIMM, Jürgen
VOGELER, Wilfried
WAIDER, Josef
WEISWEILER, Werner K.
WICHEREK, Antoni
ZWOROWSKY, von, Wolf

19. Februar

AHLERT, Dieter
AHRENS, Sieglinde
ALLMANN, Rudolf
APEL, Horst
ARTL, Fritz
BALTZ, von, Ralph
BAUER, Gerhard
BELTLE, Erika
BIEMEL, Walter
BIGGE, Rudolf
BLUMENSTIEL, Georg
BOSCH, Otto
BRAUN, Franz
BURZLAFF, Hans
DAMUS, Renate
DELLWEG, Hanswerner
DEUSER, Hermann
DIETRICH, Theo
DOLDE, Klaus-Peter
ELENZ, Helmut
ELLWANGER, Wolfram
FEDERER, Josef
FERRARI, Gustav
FLOHN, Hermann
FRANK, Helmar Gunter
FRIEDE, Gerhard
GIENGER, Walter
GIRKE, Horst
GÖTZ, Alfred H.
GOOSSENS, Jan
GROTKAMP, Rudolf
GÜNTHER, Knut
HABERMEHL, Gerhard
HEISS (Heiß), Otto
HELLWIG, Renate
HENKE, Norbert
HENTSCHEL, Lothar
HINZEN, Hermann
HOLMES, Kenneth Charles
HÜLS, Helmut
IMHOFF, Hans-Diether
JACOBI, Hans
KAUFFMANN, Kurt
KLETT, Michael
KOCH, Friedrich
KRÄMER, Peter
KRAUSNICK, Helmut
KURTH, Matthias
LEHNA, Heinz
LOHSE, Eduard
MADRE, Alois
MAGNUS, Ulrich
MEYER-KRENTLER, Eckhardt
MEYNE, Jens
MIESBACH, Hermann Albrecht
MIETZEL, Gerd
MÜLLER, Walter Jochen
PFIZER, Theodor
PIEPER-SEIER, Irene
ROSENDORFER, Herbert
RUFF, Siegfried
RUSSU, Mircea-Johann
SCHAAF, Johannes
SCHIMMELMANN, Freiherr von, Wulf
SCHMIDT-SCHLEGEL, Philipp
SCHONAUER, Franz
SCHÜLEIN, Johann August
SCHULTZ, Fritz Rudolf
SCHUTT, Wolfgang
SCHWENN, Hermann
SCHWENZER, Adolf W.
SCHWÖBEL, Christoph
SIEBEN, Peter
SPERLING, Eckhard
STERN, Martin
STEUERWALD, Hans
STÖHR, Johannes
THAPE, Moritz
TWEHLE, Manfred
TYMISTER, Hans Josef
VOIGT, Peter
VOLL, Otto
VOSS, Jürgen
WEISS (ß), Friedrich
WINTER, Wolfgang
WITTING, Ute, geb. Möllenbrock
WODE, Henning
WOLF, Norbert Richard

19. Februar

WRIEDT, Helmut
WÜSTENFELD, Ewald
ZIMMER, Jürgen Gerhard

20. Februar

ANDERSON, Oskar
ARNDT, Jürgen
ARNDT, Klaus Friedrich
BALSER, Gerhard
BANSBACH, Armin Horst
BECK, Hans Günter
BELLINGER, Knut
BETHGE, Klaus Heinrich
BLECH, Hans-Christian
BLECKMANN, Albert Heinrich
BÖHLHOFF, Heinz
BREITKREUZ, Hartmut
BREMER, Dieter
BROELL, Werner
BUDZIKIEWICZ, Herbert
BÜSSE, Helmut
BUSCH, Hermann J.
CHAILLY, Riccardo
DAMM, Carl
DANN, Otto
DIEGEL, Georg
DORN, Bernhard
EHRENSCHWENDNER, Josef
EIFINGER, Franz
FELKE, Aloys
FERNER, Walter
FLOHR, Friedrich
FOLDENAUER, Karl
FORSTER, Balduin
FRANKE, Horst
FRENZEL, Gerhard
FREUDENBERG, Dieter
GAULAND, Alexander
GOEPPERT, Sebastian
GRAEBNER, Wolfgang J. L.
GROSS (ß), Heinz
GUNDERMANN, Karl-Dietrich
GUNDL, Hans
HAASE, Yorck Alexander
HAHN, Rainer
HECKELMANN, Erich
HEIMANN, Erwin
HEUBERGER, Anton
HOSCHEK, Josef Georg
HUBEL, Achim
HUBER, Robert
HUNKEMÖLLER, Jürgen
ITALIAANDER, Rolf
KAKIES, Dieter
KEIM, Walter
KISKER, Gunter
KLUNCKER, Heinz
KOHLHAGEN, Norgard
KREGEL, Wilhelm
KÜHNEMUND, Klaus
KUHN, Dieter
LEUZE, Dieter
MÜLLER, A. M. Klaus
MÜLLER, Claus
NÖRR, Dieter
OBERBERG, Igor
OBERLIESEN, Rolf
PETER, Leo
PIOTROWSKI, Wolfgang-Mario
PREISER, Wolfgang
RAISER, Thomas
REISS (ß), Jürgen
REISSMÜLLER (ß), Johann Georg
REMLING, Elmar
RICKERS, Karl
ROTBERG, Hans Eberhard
SAILER, Friederike
SCHMIDT-EICHSTAEDT, Gerd
SCHOLZ, Hans
SCHÜTZ, Egon
SCHULTE HOLTHAUSEN, Heinrich Wilhelm
SCHUSTER, Hans-Uwe
SCHWENS, Christa
SEIP, Günter
SPÖNEMANN, Jürgen
STECK, Wolfgang
STEIN, von, Johann Heinrich
STEINBACH, Hans-Joachim
STREUBEL, Wolfgang
STUEBS, Albin
SYKOSCH, Heinz-Joachim
THEISEN, Karl
TIMMERMANN, Hans
ULLMANN, Elsa
WETTER, Friedrich
WINTERSTEINER, Marianne, geb. Portisch
ZEITLER, Erich-Hans

21. Februar

ALSLEV, Jens
AMBROS, Dieter
APPEL, Reinhard
ATTENHOFER, Elsie
BADURA, Peter
BECKER, Joachim
BECKER, Werner
BERENBERG-GOSSLER, von, Günther
BERTHOLD, Franz
BORNHÄUSER, Hans
BRIEFS, Ulrich
BRÜMMER, Karl H.
CONRADY, Karl Otto
DELLER, Karlheinz
DIETRICH, Hanns
DOLL, Hans-Peter
DYGA, Marko
EITING, Aloys
FIRGAU, Hans-Joachim
FREUDENBERGER, Hermann
FUCKNER, Helmuth
GACA, Adalbert-Hans
GANTZEL, Klaus-Jürgen
GEIGER-NIETSCH, Gisela
GEISBE, Heinrich
GENSKE, Rudolf
GIEBEL, Ortwin
GIERINGER, Wolfgang
GROHMANN, Heinz
GROISSMEIER, Michael
GROSS (ß), Walter
GROTE, Jürgen
HABERLANDT, Walter F.
HAGEN, Ulrich
HAGER, Heinz
HALM, Heinz
auf der HEIDE, Eberhard
HEIM, Willi
HERMS, Wolfgang
HOPPE, Heinrich
HUNING, Alois
KIDESS, Edward
KIRCHHOF, Paul
KIRMSE, Gerda Adelheid
KLEEBERG, Heinz E.
KLEVER, Eugen
KÖHLER, Adolf
KÖHLER, Helga, geb. Gohde
KRAUSE, Jürgen
KREMERS, Werner
KREUTZER, Hans Joachim
LAMPL, Wilhelm
LINNEMANN, Heyko
LOO, van de, Richard
LÜCKER, Hans-August
LÜKE, Gerhard
MEYER, Gottfried
MOMPER, Walter
MÜLLER, Hans-Peter
NAGEL, Reinhard
OECHSNER, Hans
PORTATIUS, von, Hans-Botho
POSTEL, Rainer
RAABE, Paul
RAUH, Fritz
RAUNER, Liselotte
REICHENBERGER, Kurt
REICHERT, Günter
RITTER, Carl
RÖSSLER (ß), Alfred
SAMMET, Rolf
SCHEFFCZYK, Leo
SCHERHORN, Gerhard
SCHILCHER, Heinz
SCHMIDHUBER, Heinrich
SCHMITT, Annegrit
SCHNEEWEISS, Heinz
SCHORMÜLLER, Anton
SCHREINER, Ottmar
SCHUHE, Hans F.
SCHULZ, Wilfried
SCHWEFER, Theodor
SCHWIER, Hans
SCHWINGEL, Paul
SIMSON, von, Werner
SLEUMER, Hermann
STALLMACH, Josef
STELLJES, Günter
STRASSER, Karl
STRUFE, Reimer
THOMAS, Ernst
TITZCK, Rudolf
ULBRICHT, Dieter
VOTH, Helmut
WALTHER, Christian
WEISS, Alarich
WERNER, Karl Ferdinand
WOLTERS, Jürgen-Detlef
ZANKL, Heinrich
ZÖLLNER, Nepomuk

22. Februar

AGSTER, Andreas
BAUR, Max P.
BLECKS, Günter H.
BÖRGER, Hans E. A.
BOHR, Kurt
BRASS (ß), Helmut
BRENNER, Lothar
BRONDER, Dietrich
BUCHKREMER, Hansjosef
BURKHARD, Wolfgang
DEHNICKE, Diether
DEIPENBROCK, Norbert
DESCHAUER, Alfred
DITTMANN, Jürgen
DODT, Eberhard
DOR, Karin
DROSS, Reinhard
EBERT, Alfred
EHRLICHER, Werner
ERHARD, Benno
FAHLBUSCH, Volker
FREISLEDER, Franz
FURGER, Franz
GERBERDING, Horst F. W.
GÖTZ, Karl Otto
GORITZKI, Ingo
HABIG, Hubert Josef
HÄRTL, Manfred
HAUTEVILLE, von, Tankred
HAVERBECK, Peter
HENNE, Ernst J.
HERMANNS, Walter
HESS, Benno
HÖNES, Winfried
HÜTTEBRÄUKER, Rudolf
HUNGERKAMP, Georg
KAISER, Wolfgang
KLUG, Horst
KNALL, Bruno
KÖGLER, Hubert
KORN, Otto
KOTTMANN, Alfons
KRAUSE, Rolf-Dieter
KUHN, Helmut
KURZ, Hermann
KUTSCHA, Werner
KUTSCHER, Dagmar
LÜDICKE, Manfred
MARLIERE, Andree
MATTHIES, Horst
MEHNERT, Hellmut
MICHEL, Diethelm
MOKROSCH, Reinhold
MORICH, Horst
NOHR, Günther
OSTERLAND, Martin
PETRI, Franz
PFEIFFER, Heinrich Wilhelm
PÖSCHL, Max
REDDEMANN, Gerhard
REICHARDT, Helmut
RICHTER-BERNBURG, Gerhard
RIEKERT, Christian
ROSTOCK, Wolfgang
RUTHS, Kurt
SATTEL, Werner
SCHIEDEK, Valentin
SCHIER, Wolfgang
SCHLEMM, Anny
SCHNEIDER, Eberhard
SCHNEIDER, Heinrich
SCHNEIDER-MANZELL, Toni
SCHWAB, Karl Heinz
SCHWEIZER, Hans
SEIBT, Peter
SENZ, Josef Volkmar
SOLDWEDEL, Heinrich
TAUBER, Hans
THÜSING, Klaus
TOMADA, Hermann
VOLLMER, Wolfgang
WACKER, Richard
WALDENFELS, Freiherr von, Wilhelm
WARDA, Heinz Günter
WENIGER, Joachim-Hans
WINTER, Gerrit
ZEHM, Wolfgang

23. Februar

ANYSAS, Siegfried
BACH, Wilfrid
BÄCK, Walter
BARWINSKI, Klaus-Jürgen
BAUER, Wolfgang
BAUSCH, K. Richard
BIGALKE, Hans-Günther
BILLET, Reinhard
BISCHOFF, Friedrich
BÖSZE, Ilse Viktoria
BOLDT, Harry
BRAGA, Sevold
BRANDT, Karl Heinz
BRAUKSIEPE, Aenne
BRÜHL, Carlrichard
BUCHHOLTZ, Stefan
BUCHTALA, Victor
BURKHARDT, Rudolf
CARSTENS, Manfred
DIPPEL, Edler u. Ritter von, Dietmar
DOLATA, Werner
DREDEN, von, Wolfgang
DROSTEN, Robert
ENGELHARDT, von, Wolfgang Georg
ENGELSBERGER, Max
EWEN, Carl
FAUBEL, Wolfgang
FLATOW, Rolf
FLEISCHER, Michael
FREIHEIT, Egon F.
FRIELINGSDORF, Karl
GLEES, Paul
GOTSCHY, Hans-Heinz
HABICHT, Christian
HAPPE, Bernhard
HAUSER, Bodo H.
HELLER, Luz
HELMER, Claus
HUPPERT, Jürgen
ISAY, Wolfgang-Hermann
JUNG, Elwin
KABELITZ, Hanns-Joachim
KADEREIT, Ursula
KALTENBRUNNER, Gerd-Klaus
KANOWSKI, Siegfried
KELL, Adolf
KERST, Alexander
KEYSER, Curt
KIECHLE, Ignaz
KIRCHNER, Wilhelm
KLOSTER-JENSEN, Martin Alexander
KRÜGER, Manfred
KUHN, Wolfgang
KULZER, Erwin
LENNINGS, Manfred
MEIRER, Karl
MEYER, Klaus
MIES, Herbert
MILBRADT, Georg
NIEDING, von, Norbert
OOYEN, van, Hansgeorg
PAHLEN, Baron von der, Klaus
PFEIFFER, K. Ludwig
PREISSER (ß), Sebastian
RAHARDT-VAHLDIECK, Susanne
REICHEL, Georg
REUSS, Bernd
RIEDL, Peter Anselm
RODINGEN, Hubert
ROTHE, Georg
SACHTLEBEN, Peter
SCHAEFER, Ulrich
SCHICK, Eduard
SCHILLING, Klausjürgen
SCHIRMBECK, Heinrich
SCHLICHTING, von, Horst
SCHMIDT, Christian
SCHOELLER, Winfried
SCHÖNHERR, Horst Joachim
SCHULZE-VORBERG, Max
SEYBOLD, Eberhard
SIMON, Kurt Georg
SINZ, Herbert
SLÁDEK, Milan
STEINIGER, Fritz
STROMEYER, Albrecht
STROTHMANN, Werner
TOENZ, Kurt
ULRICH, Ferdinand
WERNER, Nikolaus
WERRINGLOER, H. W. Jürgen
WILKE, Günther
WIPPLER, Elmar
WOLFERMANN, Erwin

24. Februar

BACHMANN, Klaus-Peter
BACHMANN, Siegfried
BARTMANN, Theodor
BECKMANN, Jobst B.
BLOCH, Heinz
BÖNING, Walter
BORK, Reinhard
BRENSCHEDE, Wilhelm
BRODOWSKY, Horst
BRONGER, Arnt
BUSS, Otto-Michael
CAMP, Anne
COLEMAN, Jürgen
DIETER, Ludwig
DÜLFFER, Jost
ECKERT, Dieter
ECKERT, Oskar
EDEN, Haro
EMDE, Heinrich
FANTE, Werner
FELDBAUSCH, Franz
FINGE, Wilhelm
FINZEN, Asmus
FISTER, Werner
FLEMMING, Kurt
FRITSCH, Horst
GENNERICH, Max
GÖRLITZ, Walter
GRAF, Horst
GROSS (ß), Hans
GÜNTHER, Rolf W.
ten HAAF, Wilm
HALLE, Armin
HARTMANN, Erwin
HARTMANN, Hans Immanuel
HERBERHOLD, Claus
HÜRTEN, Heinz
HUONKER, Gunter
ILGNER, Siegfried
IMMESBERGER, Helmut
IN DER SMITTEN, Franz-Josef
JUNG, Volker
KAMINSKI, Wolfgang, gen. Max
KAPITZKI, Herbert W.
KEITEL, Ulrich
KNECHT, Willi Ph.
KOBBE, Gustav
KORNHUBER, Hans Helmut
KREDEL, Elmar Maria

KRZYSCH, Günter
LECHNER, Konrad
LEHLBACH, Julius
LIMMROTH, Manfred
LINDNER, Roland
MAIZIÈRE, de, Ulrich
MARKO, Hans
MÖNNINGHOFF, Paul
MUNZINGER, Ludwig W.
NETTA, Heinz
NEUMEIER, John
OEDEMANN, Georg A.
PASSAVANT, Udo
PAWLU, Erich
PETERS, Hans-Jochen
PETERSEN, Wolfgang
PLUTTE, Ernst-Günter
RAUBER, Helmut
ROLAND, Berthold
RUDER, Robert
SABEL, Hermann
SCHEERBARTH, Hans Walter
SCHLIPPSCHUH, Otto
SCHÖNENBERG, Reinhard
SCHREIBER, Detlef
SCHUMANN, Michael
SEILACHER, Adolf
STEDING, Gerd
STELLMACH, Rudolf
STOEBE, Hans-Joachim
STROHMAYER, Max
STRUNZ, Hugo
SÜSSE, Peter
WAGENHÖFER, Carl
WAHSNER, Roderich
WALDHERR, Rüdiger
WALTER, Josef
WEISS (ß), Eugen
WIECZOREK, Helmut
WINKLER, Wolfgang
WOLF, Willi
WUTHENAU, von, Rut
WUTHENOW, Ralph-Rainer

25. Februar
ANTENBRINK, Horst
APEL, Hans
APPEL, Rolf
BARTHEL, Manfred
BAUM, Eckhard
BELLUT, Klaus
BOECK, Dieter
BÖDEKER, Johann Dietrich
BORNSTAEDT, von, Hans-Wilhelm
BRESS, Ludwig
BUCHHOLTZ, Christiane
BUDDE, Wolfgang Dieter
DOHSE, Richard
DOLL, Erich
DREXELIUS, Günter
DREXHAGE, Karl-Heinz
EISELE, Wolfgang
ENGLERT, Walter
ERTEL, Dieter
FIGALA, Volker
GABKA, Joachim
GEIGER, Hans
GELDER, Ludwig
GERRITZ, Eugen
GERSTENBERG, Eckard
GRÖTTRUP, Hendrik
GÜNTHER, Hans-Ludwig
HAAGER, Karl
HABERLAND, Detlef
HÄMMERLEIN, Hans
HALBFASS, Hans-Joachim
HAUCK, Erich
HEROLD, Horst
HERZOG, G. H.
HOENISCH, Michael
HÖSLE, Johannes
HOFFMANN, Michael Zeljko
IMDAHL, Hermann
JACOB, Herbert
JAGNOW, Gerhard
KLUCKE, Helmut
KLUSSMANN, Paul Gerhard
KNOBLOCH, Hans Werner
KOINECKE, Jürgen

KONRAD, Johann Friedrich
KORNMANN, Gerhard
KRASKE, Peter
KROETZ, Franz Xaver
KÜHL, Hans Eberhard
KUHN, Hans
LAUBEREAU, Alfred
LEFFSON, Ulrich
LESS (ß), Hannes
LOPEZ COBOS, Jesus
LUDWIG, Ernst
LÜDERS, Gerhart
MAHLSTEDT, Jörg
METZ, Wulf
MICHAELS, Jost
MÖLLER, Achim-Dietrich
MÖWS, Heinz
MÜLLER, Karl G.
MÜSELER, Karl
NAOUM, Jusuf
NEUFANG, Günter
OEPEN, Irmgard
OESTERLE-SCHWERIN, Jutta
OPPEN, von, Kaspar
PAUSE, Gerhard
REIMERDES, Ernst Hartmut
RENGELING, Hans-Werner
RING, Klaus
RÖTTGES, Heinz
ROSEMANN, Gerd
ROTH, Karlheinz
SAMTLEBE, Günter
SCHOBERTH, Hannes
SCHOMMERS, Wilhelm
SCHRADER, Gerhard
SCHRÖDER, Horst
SCHUCHT, Klaus
SCHUDER, Werner
SCHULTZ, Albrecht
SCHULZE, Max-Stephan
SEIFERT, Volker Robert
SPANNHUTH, Walter
STÖGER, Peter
SUCKFÜLL, Hubert
TARNOWSKI, Wolfgang
WAGNER, Adolf
WAGNER, Falk
WILLMS, Günther
WINAU, Rolf
WITTIG, Sigmar
WÖCKEL, Heribert
WÜNSCHE, Konrad
ZINKE, Otto

26. Februar
ANGERMEIER, Wilhelm Franz
BACHMANN, Rudolf
BERTRAM, Hans
BEYE, Peter
BOESSNECK, Joachim
DENECKE, Ludwig
DITTMER, Wilhelm Gustav
DITTRICH, Herbert
DOST, Klaus
EISENMANN, Otto
ERNESTUS, Hanns Peter
EXNER, Herbert
FALK, Karl-Heinz
FISCHER, Herbert
FISCHER, Hermann
FITZER, Erich
FÖRSTNER, Ulrich
FRAUNBERGER, Friedrich (Fritz)
GÄFGEN, Gérard
GERLOFF, Johannes
GESTRICH, Christof Georg
GRIEGER, Günter
GROENEVELD, Karl-Ontjes
GRÜNER, Dietmar
GÜNDISCH, Jürgen
HARTUNG, Klaus
HEBER, Gerhard
HECK, Friedrich
HENGST, Friedrich
HENKEL, Gerd Jürgen
HILDEBRANDT, Reinhard
HILLEBRECHT, Rudolf
HOFFMANN, Karl

HUEBNER, Nikolai
JAPPEN, Jap-Jürgen
JOHNEN, Hans
KIESL, Erich
KLEWITZ, Martin
KLEY, Max Dietrich
KNAUER, Georg Nicolaus
KÖRBER, Erich
KOLHOFF, Werner
KRASKE, Bernhard W.
KÜHNE, Walter G.
LANDAU, Peter
LANGE-BERTALOT, Horst
LEHMANN, Gerhard
LENZ, Hermann
LÖWENBERG, Bernward
MARQUARD, Odo
MÜLLER-HORNBACH, Gerhard
MÜLLER-SALGET, Klaus
NILL, Elisabeth
OBERRITTER, Helmut
OSTENDORF, Edwin
PATER, Siegfried
PFROMMER, Friedrich (Fritz)
PLOG, Jobst
PÜTZ, Ruth-Margret
RASCHE, Bernd-Ulrich
REIM, Martin
REINBOTH, Rudolf
REJEWSKI, Erwin
RICHTER, Horst
SACHS, Hans
SCHMIDT, Günther
SCHOUPPÉ, von, Alexander
SCHÜTTLER, Adolf
SCHWEDES, Jörg
SCHWESINGER, Curt
SEYBOLD, Gerhard
STOCK, Hans
STREMME, Helmut E.
STROCKA, Volker Michael
TIEFEL, Karl-Heinz
TSCHOELTSCH, Hagen
ULE, Carl-Hermann
VESPER, Ekkehart
VOLKERT, Wilhelm
WAGNER, Karl-Heinz
WAGNER-BÜSCH, Ursula
WALKHOFF, Karl-Heinz
WEBER, Karl
WEYRICH, Willy
WITTING, Christian
WOLTER, Hans-Jürgen
WYDER, Peter
ZEINER, Manfred

27. Februar
ARNDT, Karl
BAUER, Ernst G.
BAUHOFF, Eugen Peter
BEHRENDS, Okko
BLINDE, Alfred
BORCHERS, Elisabeth
BORST, Walter
BRECKLE, Siegmar-W.
BRENNER, Günter
vom BRUCK, Hermann
BRÜCK, Wolfram
DETTE, E.
DICK, Klaus
DRESSLER (ß), Willi
FALIUS, Hans-Heinrich
FINCK, Arnold
FLUCK, Ekkehard
FRANKE, Kurt F. K.
FRESE, Hermann
GABELE, Eduard
GEBHARDT, Fred
GEHRMANN, Günther
GENSCHEL, Helmut
GERISCH, Gerhard
GIESKES, Hanna
GRAEF, Walter
GREBING, Helga
GREUTER, Werner
GRÜNERT, Adolf
HAFERKORN, Henner
HEYDEMANN, Berndt
HIMMELREICH, Fritz-Heinz
HOHMANN, Manfred

KLING, Albert
KNIGGE, Wolfgang
KOLB, Frank
KRAUS, Rudolf
KRAUSE, Peter
KUHLMANN, Werner
KULS, Wolfgang
LANGE, Hans-Ulrich
LATTMANN, Klaus
LÖHRS, Udo
MARZEN, Philipp
MAURICE, Dietrich
MAUSER, Heinz
MELZER, Friso
MENDEN, Werner
MENDRZYK, Hildegard
MOGWITZ, Hanns
MOLS, Manfred
MÜLLER, Fritz
MÜLLER, Klaus-Jürgen
NAUMANN, Bernd
NEUMANN, Johannes
PETERS, Egbert
PFEIFFER, Wilhelm
PRAUSE, Hartmut
PREISS, Wolfgang
RASPOTNIK, Hans
REINICKE, Ehrhard
RESCHKE, Hans Hermann
RIEPEN, Andreas
RITTERSPACH, Theodor
RÖSER, Dietrich
SCHELLOW, Erich
SCHIRNER, Jochen
SCHLESINGER, Gerhard
SCHLEYER, Paul von Ragué
SCHNEIDER, Heinz
SCHRADER, Jürgen
SCHRÖDER, Johannes Horst
SELIGMANN, Kurt
SPEER, Gotthard
STANG-VOSS, Christiane
STARKE, Heinz
STEINBERG, Heinz
STOLLE, F. Ulrich
STRUCK, Gustav
STRUVE, Hinrich
SUKROW, Joachim
THIELEN, K. O.
WACHENDORFF, Rolf
WALDENBERGER, Herbert
WALTHER, Helmut
WEGSCHEIDER, Thomas
WERBIK, Hans
WIEDMAN, Alfred

28. Februar
BAEHRE, Rolf
BAUER, Ernst W.
BAUMEISTER, Rolf
BAUR, Doris
BENTELE, Wolfdieter
BERGERHOFF, Günter
BLUNCK, Jürgen
BOCK, Günter
BOSCHKE, Friedrich Libertus
BREUER, Hans
BRÜMANN, Klaus
BUDER, Johannes
BURTH, Jürg
CABANIS, Detlef
CHROBOG, Jürgen
COING, Helmut
DÖBEREINER, Wolfgang Ernst
DÖRNER, Friedrich Karl
DUDENHAUSEN, Joachim Wolfram
ESCRIBANO-ALBERCA, Ignacio
ETSCHBERGER, Dietmar
FALLHEIER, Jörg
FERBER, Hubert Peter
FIEBIG, Kurt
FOCK, Hans Werner
FREUND, Eckhard
FRITZ, Karl
GELDSETZER, Lutz
GESSEL, Wilhelm
GROSSMANN (ß), Siegfried
HARTWIG, Thomas

HASSEL, Kurt
HAUPT, Walter
HAUSCHILDT, Karl
HEGEL, Eduard
HEIPP, Günther
HELFRICH, Rudolf
HOLZAPFEL, Heinrich
HOMMERS, Friedrich H.
HUMMEL, Konrad
HUTH, Karl
JOHNSSON, Finn
KLEINSTÜCK, Johannes Walter
KRAENKEL, Gustav
KREEB, Heinz
KÜMMEL, Georg
LÄSSING, Horst
LAUT, Hans Walter
MÄRZ, Gerhard
MATTHESS, Georg
MAU, Günter
MEYER, Werner
MIETZ, Georg-Wilhelm
MILDENBERGER, Friedrich
MORSCH, Hans-Günter
MÜLLER, Rudolf
NEUMANN, Gerd-Heinrich
OELMANN, Hermann-Josef
PAASCH, Robert
PAULING, Linus Carl
PELTZER, Martin
PETER, Fritz
POSER, Wolfgang Edgar
PRECHTL, Andreas
RAUTENHAUS, Franz
RÖCKL, Helmut
ROHDE, Hubert
SCHEMANN, Hans
SCHMIDT, Helmut
SCHNEIDER, Hans-Jürgen
SCHNELLE, Helmut
SCHOPPER, Herwig
SCHREIER, Kurt
SCHUBERT, Enno
SCHÜSSLER, Hans-Wilhelm
SIEBERG, Herward
SOMMER, Erhard
STAECK, Klaus
STÄHLIN, Gustav
STÜRMER, Kurt
SÜFKE, Hans-Peter
THIEDE, Günther
TRUCHSESS von und zu WETZHAUSEN, Volker, Freiherr
TUCHER, Freiin von, Leonore
VOLKMAR, Günter
WEBER, Albrecht
WEBER, Dierk
WIENKE, Werner
WIEST, Eugen
WIMMER, Rainer
WÜLBERS, Hermann

29. Februar
ALBERTZ, Jörg
DALL, Carl
GAISER, Herbert
GIEHRL, Hans E.
GRÜB, Willy
HALHUBER, Max J.
KERTZ, Walter
KIENER, Lorenz
KOCH, Hans Joachim
KÖNIG, Walter
KRAFT, Hanspeter
KRAUSE, Fritz E.
LA ROCHE, von, Walther
LEHMANN, K.-D.
MICHALZIK, Kurt
MÜHLENBERG, Michael
POSCHARSKY, Peter
PRIEBE, Walter
REUFEL, Manfred
SAUERLÄNDER, Willibald
SCHARF, Rudolf
SCHULTE, Dietmar
SCHWALM, Dirk
SIMMERT, Diethard B.
STOERMER, Joachim

THOMA, Manfred
VOGT, Gert
ZSCHUNKE, Willmut

1. März

ANDRES, Klaus
ARNDT, Rudi
ARNTZEN, Friedrich
ASMUS, Dieter
AULENBACHER, Gerhard
BARNER, Gerhard
BECKER, Ernst Wilhelm
BENNER, Dietrich
BERNSMEIER, Arnold
BIECHELE, Hermann
BORCHARD, Klaus
BOUMAN, Johan
CHRISTMANN, Alfred
DANZER, Bruno
DILGER, Bernhard
DÖRGE, Friedrich-Wilhelm
ELBEL, Matthias
ENGELS, Wolf
FASSKE, Erhard
FRAAS, Ernst H.
FUHRMANN, Helmut
GAWLICK, Günter
GOODMAN, Alfred
GROSSPETER, Horst
HAUBRICH, Hans-Jürgen
HENNIG, Ottfried
HENSELMANN, Heinz
HESSE, Joachim
HOFMEISTER, Gerd
HOHLER, Franz
HORN, Hartmut
JOCHIMSEN, Luc
JOCKEL, Rudolf
KAPPE, Dieter
KAUSS, Heinrich
KEMPSKI, Hans Werner
KERLL, Karl-Heinz
KIERMAIER, Albin Josef
KLEIBEL, Franz
KLEINEIDAM, Hartmut
KLOTZ, Helmuth
KOLLATZ, Udo
KRICKEBERG, Klaus
KROLL-SCHLÜTER, Hermann
KÜHNEMUNDT, Walter
KÜPPERSBUSCH, Fritz
KUSS, Bruno C.
LEICHT, Albert
LEMPER, Lothar Theodor
LEWY, Hermann
MAASS, Erich
MAERLENDER, Gerhard
MAMMITZSCH, Volker
MEHNER, Otto
MOSLÉ, Hüter-Georg
MÜLLER-EMMERT, Adolf
MÜLLER-NORDEGG, von, Bernhard
MÜLLER-WILLE, Michael
PAUELS, Heinz
POLENZ, von, Peter
POTT, Hans-Georg
PUDEL, Volker
RAIBLE, Wolfgang
RAU, Friedrich
REISCH, Johannes
RESTLE, Hugo
RIEDE, Johannes
RINTELEN, Paul
ROMEICK, Helmut
ROTHER, Klaus
RUSKE, Wolfgang
SALZMANN, Siegfried
SASSENBERG, Hans-Joachim
SCHEUER, Helmut
SCHINDLER, Reinhard
SCHLACHETZKI, Joachim
SCHMID, Franz
SCHNEIDER, Jürgen
SCHOLZ, Friedrich
SCHULER, Manfred
SETHE, von, Berthold
SPERBER, Edwin
SPERLING, Dietrich

SPIRA, Camilla
SPRINGER, Georg F.
SYMANNEK, Werner
TETTINGER, Peter J.
THEILEN, Hermann
TRAMPE, Gustav
UHLIG, Harald
WEH, Herbert
WERRLEIN, Ferdinand
WITT, Horst Tobias

2. März

ALEFELD, Georg
ANGERMANN, Erich
APPELIUS, Erhard W.
BALLING, Ludwig
BARTL, Ignaz
BAUMANN, Michael
BECKER, Alfred
BECKER, Franz Th.
BERENDES, Julius
BERNDT, Karl-Heinz
BINKOWSKI, Bernhard
BÖHME, Wolfgang
BRUCH, Walter
BUSCH, Günter
CANTOW, Hans-Joachim
CONZELMANN, Hans
CRULL, Christina, geb. Schmitt
DIERKS, Klaus
DIETRICH, Hans J.
DREHER, Anton
ECKART-BÄCKER, Ursula
ERTEL, Suitbert A.
FEITZINGER, Johannes Viktor
FISCHER, Manfred
FOSSEN, Herbert
FRELLER, Karl
FRITZE, Ulrich
GAUL, H. Michael
GELENG, Klaus
GRÜN, Hans-Georg
HAAS, Karl
HABERKORN, Karl
HAEUSSERMANN, Walter
HANDWERKER, Rudolf
HARDEY, Evelyn B.
HARNACK, Falk
HARZ, Kurt
HENNECKE, Hans Peter
HESSE, Eva
HEUSSNER (ß), Hermann
HOFFMANN-ERBRECHT, Lothar
HOLMSTEN, Aldona, geb. Gustas
HOLTZ, Jürgen
HÜSCHEN, Heinrich
INGENHAG, Werner
JAKOBS, Hermann
JANY von BATTASZEK, Anita
JENSSEN, Christian
JUST-DAHLMANN, Barbara
KARRICH, Hans-Joachim
KESSLER, Claus
KETTIG, Konrad
KIES, Ludwig
KLEIN, Anne
KOPFSTEIN-GINTOWT, von, Ernst
KROKER, Eduard, S. V. D.
KRUSE, Margot
KUHN, Heinz-Wolfgang
KULENKAMPFF, Christoph
LEHMANN-BROCKHAUS, Otto
LEICHTWEISS (ß), Kurt
LUDOLPHY, Elise Ingetraut
MATZNER, Egon
MOHR, Gerhard
MÜLLER, Hans-Aurel
MÜLLER, Heinrich
NOHSE, Lutz
OTTEN, Kurt
REUMONT, von, Hubertus
SCHINDLBECK, Robert
SCHUMACHER, Hans
SEGERSTAM, Leif
SEIDLER, Franz W.
STEGLICH, Wolfgang

STEINMETZ, Peter
UHL, Ottokar
VOLZ, Eugen
WOLFF, Paul
WOLTERS, August

3. März

ASKERLUND, Friedhelm
BALTZER, Klaus
BAYER, Karl Helmut
BECKER, Walter F.
BEHAGHEL, von, Reinhart
BORCK, Karl-Heinz
BRÄHLER, Elmar
BREITINGER, Dietrich K.
CAUDMONT, Jean
DEILMANN, Hans-Carl
DERLEDER, Peter
DROSTE, Karl-Heinz
DULLENKOPF, Peter
FLORA, Peter
FRIEDRICH, Peter Joachim
GÄB, Hans Wilhelm
GAGNÉR, Sten
GARLICHS, Ariane
GEISSLER (ß), Heiner
GOLLHARDT, Heinz
GRESCHAT, Hans-Jürgen
GRIESE, Walter
GRIMM, Paul F. K.
GROSSKLAUS (ß), Dieter
GRUBER, Kurt
HAFNER, German
HEID, Hans
HEIDEMANN, Jürgen
HENNINGS, Peter
HERHAUS, Friedrich Wilhelm
JOSUTTIS, Manfred
KLAUS, Emil J.
KNOCH, Peter
KOCHSIEK, Kurt
KOSSE, Wilhelm
KRIER, Hubert
KUTSCHERA, von, Franz
LADENDORF, Kurt-Friedrich
LEBSANFT, Ulrich
LENGELER, Rainer
LÖBNER-FELSKI, Erika
LOEWENICH, von, Walther
MAASS (ß), Max-Peter
MEYER, Adolf
MICHL, Anton
MÜGGENBURG, Günter
MÜLLER, Frederick G.
NAKHOSTEEN, John Alexander
OSTEN-SACKEN und von RHEIN, Freiherr von der, Peter
OTTO, Klaus K.
PAUSEWANG, Gudrun
RAPP, Anton
REIMERS, Karl Friedrich
RÖHRING, Hans-Helmut
SCHEFFBUCH, Kurt
SCHERMER, Franz J.
SCHNEIDER, Karl-Hermann
SCHNEIDER, Siegfried H.
SCHÖNWALD, Fritz
SCHRADER, Hans-Jürgen Fritz
SCHULTE, Bernt
STADLER, Hubert
STEIDLE, Carl Theodor
STEPHAN, Günter
THIEDEMANN, Fritz
VOGT, Hannah
VOHLER, Otto
WALLISER, Otto H.
WALTZ, Till
WAMHOFF, Heinrich
WEISSENBERGER, Franz
WERTHERN, Freiherr von, Hans Wolf
WIECHERT, Rudolf
WOLFRUM, Ludwig
WOLFSLAST, Jürgen

4. März

ALBERS, Hans
BADER, Werner
BECHER, Günther

BEICKERT, Paul
BEINERT, Wolfgang
BELLMANN, Günter
BESOLD, Georg
BOMBOSCH, Siegfried
BRÜGGEMANN, Wolfgang
BUSSHOFF (ß), Heinrich
CREUZBURG, Heinrich
DAUN, Heribert
DIENETHAL, Friedrich
DILLING, Horst
EISENREICH, Franz
ESSLINGER (ß), Maria
FABEL, Helmut
FETSCHER, Iring
FREUND, Hans-Joachim
FREY, Thomas
FRIEDRICH, Anita
FÜRSTENBERG, Heinz-Siegbert
GAUGUSCH-DJAMBAZIAN, Christine
GÖPFRICH, Peter
GRIESEL, Heinz
GROSS (ß), Dietmar
GUDERIAN, Claudia
HAACKE, Wilmont
HANAUER, Rudolf
HEINZE, Burger
HOFFMANN-RIEM, Wolfgang
HOHL, Hubert Georg
HOPF-STRAUB, Peter R.
ILMER, Walther
KESSEN, Gunther
KIRCHVOGEL, Paul-A.
KITTEL, Gerhard
KNAPP, Josef
KOCH, Harald
KOSSENDEY, Thomas
KUNSTMANN, Heinrich
LADWIG, Zita
LEITNER, Ferdinand
LIST, Paul Heinz
LÖB, Arno
MADER, Helmut
MEVES, Christa, geb. Mittelstaedt
MOTSCHMANN, Klaus
NEUHAUS, Wilhelm
OEHL, Wilhelm
OLSHAUSEN, von, Henning
OPHOVEN, Hermann
PEESEL, Heinrich
PIEPER, Paul
RANTZAU, von, Eberhart
REIMANN, Aribert
RÖHRL, Wilhelm
RUDEL, Stefan
RUSS (ß), Helmut
SAUBERT, Alfred
SCHEPERS, Uwe R.
SCHIERMEYER, Kurt
SCHMID, Wolf Dieter
SCHNEIDER, Michael
SCHÜTZ-SEVIN, Barbara, geb. Sevin
SCHULTE-TORNAU, Joachim
SCHUMACHER, Joseph
SIENKNECHT, Walter
SOLBACH, Heinz
SPRENGER, Otto
STROBEL, August
SÜSSMUTH, Hans
TRONNIER, Hagen
WASMUND, Reinhard
WATZKE, Hans
WEBER, Renatus
WLOKA, Josef
WÖHRER, Werner
WRIESKE, Udo-Achim
WÜRDEMANN, Walter

5. März

ANDREAE, Clemens-August
APFELBACH, Raimund
ARNOLD, Hans
BECK, Fritz Paul
BECKER, Franz
BEILE, Werner
BERENDONCK, Gerd

BOHL, Friedrich
BREIDENSTEIN, Hans-Jürgen
BRETTHAUER, Karlheinz
BÜCHNER, Peter
BURDE, Klaus-Friedrich
DANIELMEYER, Hans Günter
EISENBERG, Ulrich
EISFELD, Fritz
ENGELBERT, Manfred
FABRY, Hermann
FIRNER, Walter
FISCHER, Fritz
FLECHTHEIM, Ossip K.
FRÖHLICH, Dietmar
FROST, Dietrich
GEIGER, Ludwig
GEYER, Manfred
GOEBELS, Franzpeter
GOLDMANN, Rudolf A.
GREWING, Michael
GROENEWOLD, Gabriele
HÄNZE, Siegfried
HOFSÄHS, Rudolf
HÜBLER, Olaf
ILTING, Karl-Heinz
IMELMANN, Ehrhardt
JOCKUSCH, Harald
KARTZKE, Klaus
KASPER, Walter J.
KASTENING, Bertel
KILIAN, Peter
KLOTEN, Heinrich
KÖHLER, Claus
KORTH, Albrecht
KRÄMER, Jürgen
KRAUS, Andreas
KRAUSE, Hans-Georg
LAMBERG, Peter
LAMMERS, Alexander
LANGE, Gerhard
LANGE, Rolf
LANGENDORF, Heinz
LINKE, Norbert
MARON, Gottfried
MARTIN, Helmut
MÜHLBACHER, Anton
MÜHLER, Erich
NERMUTH, Manfred
NEUBAUER, Hellmut
NEUTSCH, Bernhard
PEYERIMHOFF, Alexander
PIRNER, Friedrich Georg
RABAST, Udo
REICHELT, Horst
REUTHER, Hans J.
RIED, Walter Georg
RUHNAU, Heinz
SADER, Manfred
SALLOKER, Angela
SCHEFFEN, Erika
SCHENCK, Gerhard
SCHMIDT, Karl
SCHNEIDER, Helmhold
SCHULTHEIS, Theodor
SCHULZ, Peter-Torsten
SCHWINDT, Helmut
SEARCY, Imke
SIEDENTOPF, Heinrich
SPÖNEMANN, Kurt
SPRETER von KREUDENSTEIN, Theo
STUT, Wolfgang
SUTTER, Hans Friedrich
WALDSCHMIDT, Ernst Helmut
WELSCH, Hans
WILLS, Jörg Michael
WOLF, Hans U.

6. März

ALTMEPPEN, Heiner
BACHOF, Otto
BARTLING, Hartwig
BARÜSKE, Heinz
BAUER, Hans
BINDING, Günther
BISMARCK, von, Klaus
BOMBACH, Gottfried
BRAUN, Rudolf

Geburtstagsliste

6. März

BRECHT, Martin
BREHM, Burkhard
BRUCH, Gerhard
BRÜCKEL, Kurt W.
BÜHMANN, Hubertus
CHOU, John Tung-Yang
COLSMAN, Rolf
DROEGE, Herbert
EDER, Fritz
FRANZ, Ove
FREYBERG,
  Freiherr von, Ulrich
FRIDRICH, Bernd-Dieter
GERHARDT, Ulrich
GLOTZ, Peter
GRAAFEN, Richard
GROSSBACH, Ulrich
GÜNNICKER, Franz
GÜTTGEMANNS, Erhard
HABECK, Dietrich
HÄFELE, Hansjörg
HEGEMANN, Carl Georg
HEINE, Willi
HIRTREITER, Wolfgang
HOFFMANN, Hans-Jürgen
HOFMANN, Paul
HUNDESHAGEN, Heinz
JÄSCHKE, Kurt-Ulrich
JUNG, Hugo
KARKOSCHKA, Erhard
KELLER, Emil Wolfgang
KELLER, Walter
KLAUS, Michael
KLIMMER, Otto-Rudolf
KOTHE, Siegfried
KÜHL, Wilhelm
KÜHNE, Jörg-Detlef
KÜRTHY von FAYKÜRTH
  u. KOLTA, Tamàs G.
KUHN, Karl-Georg
KUNERT, Günter
KUNTZ, Eugen
LEUBE, Eberhard
LINDINGER, Stefan
MAAZEL, Lorin
MANGER, von, Jürgen
MENNEKES, Friedhelm
MODLMAYR, Hans-Jörg
MORITZ, Klaus
MORSBACH, Emil-Wilhelm
MOSER, Alexander Friedrich
NAGEL, Clemens
NICKEL, Hubertus
NIKLAUS, Dietlef
NIKOLOWSKI, Wolfgang
NOLTE, Angela
RAUHE, Hermann
RAUNO, Wulf
REMMER, Herbert
REUTHER, Heiner
ROSS (ß), Hans
ROST, Detlef H.
SAMULSKI, Robert
SAVRAMIS, Demosthenes
SCHAAF, Wolfgang
SCHÄFER, Hermann Ernst
SCHEFOLD, Dian
SCHERPF, Peter
SCHILDBERG,
  Friedrich-Wilhelm
SCHMITT, Werner
SCHÖFFLER, Alfred
SPINNER, Kaspar H.
STEFANIAK, Hans
STEINACKER, Claus
STRÖDER, Josef
STRUVE, Günter
THEUERKAUF, Gerhard
THORMANN, Heinz
THRAEDE, Klaus
THUROW, Werner
VOGEL, Friedrich
WEBERLING, Focko
WEICKER, Helmut
WEISER, Klaus
WIDMAIER, Hans Peter
WUPPERMANN, G. Theodor
YELIN, Rudolf
ZAHLER, Edgar

7. März

ALEWELL, Karl
ANTON, Notker M.
ASMUTH, Heinz-Jürgen
BARNER, Gerhard
BARTHELT, Klaus
BAYER, Hermann-Wilfried
BEHNKE, Horst
BERGMANN, Theodor
BLOHM, Walter
BODENSOHN, Peter J.
BOMSDORF, Eckart
COMPES, Peter Const.
DÖRR, Friedrich
DOMRÖS, Manfred
DOROSLOVAC, Milutin
ERNST, Josef
ERTL, Josef
FITTLER, Robert
FRAAS, Heinz
GAUSS (ß), Karl
GEBESSLER (ß), Friedrich
GEHRING, Friedrich
GEISSNER, Hellmut
GRADEL, Jürgen
GREGOR, Manfred
GREVEN, Michael Th.
GRÜNER, Hans
HAHN, Werner
HARSCH, Anton
HERDT, Hans K.
HIRSCHMANN, Johannes
HOPF, Helmuth
JENTZSCH, Dietrich
JESSE, Walter
KAHL, Günter
KEIM, Karl
KLAIBER, Joachim
KLUG, Annelies Ilona
KUPSCH, von, Hans-Karl
KURUS, Ernst
LAUF, Friedrich
LEIBENGUTH, Friedrich
LERNER, Franz
MARING, Klaus D.
MOLIÈRE, Kurt
OPITZ von BOBERFELD,
  Wilhelm
PARR, Franz
PIOCH, Winfried
PLUCIS, Andris
QUENNET, Arnold
REE, van, Jean
ROHRBACH, Christof
ROSER, Hans
ROTTER, Erich
RÜHMANN, Heinz
RUFFMANN, Karl-Heinz
SAAM, Hermann
SCHEIDERER, Lothar
SCHMELZER, Robert
SCHMIDT, Bruno
SCHRÖDER, Josef
SCHÜLER, Manfred
SCHÜRMEYER, Everhard
SECKFORT, Helmut
STEFFENS, Friedhelm
STEHR, Klemens
STEIN, Erwin
STITZ-ULRICI, Rolf
STRUPPLER, Albrecht
THEOBALD, Michael
THIELE, Rolf
UNRUH, Trude
VOIGDT, Klaus
VOIGT, Gerhard E.
WEICHSLER, Hans
WEISSHUHN (ß), Gernot
WELTZIEN, Heinrich-Carl
WONDRATSCHEK, Hans
ZIMMERMANN, Herbert

8. März

ABEL, Herbert
ANTONI, Manfred
BARCHE, Jürgen
BAUMANN, Erich
BAYER, Alfred
BECKER, Helmut
BEIG, Dieter Andreas
BENSE, Hans-Albert
BEYER, Frank M.
BINDER, Max
BORTZ, Jürgen
BUNGERT, Hans
DENEKE, J. F. Volrad
DIETERLE, Peter
DOERFER, Gerhard
ECKER, Rudolf
EGGER, Willy
ERTL, Dietrich
ESSBERGER, Ruprecht
EY, Richard
FIEBICH, Kurt
FRANKEN, Friedhelm
FREILÄNDER, Hans
GROSSE-SUCHSDORF,
  Ulrich
GRUNER, Hermann
HAHMANN, Paul F.
HARDWIG, Werner
HAUG, Eberhard
HEDDEN, Kurt
HEIMESHOFF, Bodo
HELFER, Christian
HEMPEL, Gotthilf
HEMPEL, Karl-August
HENNING, Horst
HENZE, P. Wilhelm
HERMANEK, Paul
HINCK, Walter
HÖLSCHER, Uvo
HÜNERMANN,
  Peter Heinrich
HUMMEL, Gert
JENS, Walter
JOHANSON, Lars
KAHLE, Heinz-Gerhard
KLARWEIN, Franz
KLINKE, Rainer
KLINZING, Hans Gerhard
KOCH, Josef
KÖGEL, F. X.
KÖRNER, Karl-Hermann
KRÄMER, Werner
KÜBLER, Jochen
LEICHT, Martin
LIEDTKE, Max
LÖWISCH, Manfred
LORENZ, Walter J.
MACK, Otto-Heinz
MANNSTEIN, von, Coordt
MARTY, Willy
MATTHEUS, Bernd
MECKE, Dieter
MICHAELIS, Walfried
MONSCHAW, von, Helmut
NAEGELE, Hermann
NELL-BREUNING, von,
  Oswald S.J.
PEIPERS, Harald Rudolf
PERRIG, Alexander
POHLMANN, Willi (Wilhelm)
PREUSCHEN, Freiherr von,
  Diethardt
RADKE, Hans-Dieter
REHDER, Peter
RIEGER, Paul Friedrich
SALGE, Hans-Georg
SCHAAF-SCHMIDT,
  Ines Elisabeth
SCHÄFER, Herbert
SCHARRENBROICH,
  Heribert
SCHAUBE, Werner
SCHEELE, Michael
SCHILDBACH, Thomas
SCHNELL, Robert Wolfgang
SCHOEN, Hanns Detlev
SCHÖNBECK, Fritz
SCHREITER, Johannes
SEITZ, Gunther
SEYFFERT, Wilhelm
STRÖHM, Carl Gustaf
TUENGERTHAL, Hansjürgen
TUGENDHAT, Ernst
VÖGTLE, Fritz
WACHMANN, Arthur-Arno
WILHELM, Kurt
WITASEK, Lisa
WITSCH, von, Hans
WOLLENSAK, Josef
ZEUTZSCHEL, Günter

9. März

APPELT, Gerfried
BARTH, Gerhard Eduard
BARTHEL, Josef
BELITZ, Hans-Dieter
BENNINGHOVEN,
  Friedrich
BESCH, Lutz (Ludwig)
BEYSCHLAG, Karlmann
BIEHL, Peter
BLANK, Walter
BOCKELMANN, Thomas
BODDENBERG, Bruno
BÖVENTER, von, Edwin
BRÜHNE, Heinrich
BÜHRING, Richard
CLAASSEN (ß), Jürgen
DAMM, Carlhanns
DAUENHAUER, Erich
DROSTE, Wilhelm
DUNSCHE, Franz
ELFENBEIN, Josef
EMMERICK, Ronald E.
EMMERIG, Ernst
ENDRÖS, Hermann
ERBEL, Raimund
FÖRSTER, Karl-Heinz
FRANK, Ellen
FUCHS, Karl-Ulrich
GALINSKI, Hans
GARBERS, Friedrich
GAUCH, Sigfrid
GEILING, Heinz
GILLAR, Jaroslav
GLEISSNER (ß),
  Gerhard
GOEPPER, Roger
GOTTSCHALK, Diethard
GRIESER, Dietmar
HAGER, Achim
HANSELMANN, Johannes
HEILMANN, W. Erich
HEILMANN, Willibald
HELMS, Eberhard
HERHAUSEN,
  Wolfgang Günter
HILSBECHER, Walter
HINRICHS, Hans
HINTERSBERGER,
  Benedikta (Gertraud)
HOLTMANN, Dieter
HOLZHEU, Franz
HUTZLER, Karl-Heinz
IMMER, Klaus
INHOFFEN, Hans-Herloff
JANERT, Klaus Ludwig
JÜTTNER, Siegfried
KAMMERER, Hans E.
KLEINERT, Matthias
KNORR-ANDERS, Esther
KOCH, Lotte
KÖNIG, Eckard
KRENGEL, Ulrich
KRUEDENER,
  Freiherr von, Jürgen
LANCKEN-WAKENITZ,
  Freiherr von der, Rickwan
LANDGREBE, Ludwig
LANZHAMMER, Josef
LAUTS, Jan
LOEFFLER, Wolfgang
LÖFFLER, Wolfgang K.
LOHMANN, Ludger
MASCHMANN, Ingeborg
MÜTHEL, Lola
OHNESORG, Franz Xaver
PABST, Walter
POSSER, Diether
RAU, Fritz
REIN, Heinz
RINSCHE, Peter
RÜSS, Dietrich H.
SALBER, Wilhelm
SCHACHT, Ulrich
SCHÄFER, Werner
SCHEFFLER, Hans Eberhard
SCHERNUS, Herbert
SCHIRMER, Wulf
SCHMITT, Franz J.
SCHNEIDER, Klaus
SCHOLL-LATOUR, Peter
SEBIGER, Heinz
SOERGEL, Volker
SPIEGEL, Freiherr von,
  Raban
STAMPE, Eckart
STEINITZ, Hans
SÜNDERMANN, Jürgen
VOIGT, Karsten
WAGNER, Hans-Joachim
WALLBRECHT, Ferdinand
WASSERMANN, Heinrich
WASSMUTH (ß), Rudolf
WEIHE, von, Konrad
WÖLFL, Heinrich
WOLF, Hans Joachim
WOLPERS, Theodor
WÜRZNER, Ulrich
ZEITLER, Eberhard
ZIEGLER, Adolf-Wilhelm
ZIELONKA, Michael
ZYSK, Lothar

10. März

AHRENS, Hans Georg
ALBUS, Heinz J.
ALVATER, Peter
AMELING, Walter
BARNDT, Dieter
BECHER, Hans Rudolf
BECHTLE, Otto Wolfgang
BENDER, Ignaz
BERKE, Edmund
BOKELMANN, Hans
BRÜCKNER, Rolf
BURKHARDT, Arthur
BURSKA, Ottmar
BUSSCHE-
  HADDENHAUSEN,
  Freiherr von dem, Julius
CHRISTIAN, Walter
DEGENHARDT, Hermann
DEHNHARDT, Hans-Georg
DERWALL, Josef (Jupp)
DOMKE, Karl
DRACHSLER, Hans
DYCKERHOFF, Peter
EBEL, Hans Friedrich
EMMERT, Karl
ENGELHARD, Rudolf Anton
ERDMANN, Günter
EVERWYN, Klas Ewert
FLEISCHHACKER, Hans
FOLTIN, Hans-Friedrich
FREESE, Peter
FRICKER, Robert
FRIEDRICH, Gerhard
FÜRNTRATT-KLOEP,
  Ernst
FUNKE, Alex (Alexander)
GASCHER, Otto
GASSNER, Edmund
GEEST, Ingrid,
  geb. Reimer
GENSICHEN, Hans-Werner
GERMAR, Manfred
GUMLICH, Hans-Eckhart
HAGEDORN, Jürgen
HANEL, Wolfgang
HARTEN, Hans-Ulrich
HASSENPFLUG, Helwig
HESS, Oswald
HILL, Dieter
HOBERG, Rudolf
HOCK, Wolfgang
HONSEL, Hans-Dieter
HOPPE, Heinz-Friedrich
ISSERSTEDT, Jörg
JANNING, Georg
JENSEN, Uwe
JURT, Joseph
KLAUER, Karl Josef
KNITTEL, Wilhelm
KOCH, Hans
KOLLER, Ingo
KOSSWIG (ß), Wilhelm
KRAUS, Wolfgang
KÜHNER, Otto-Heinrich
KUNZ, Joseph
LIEDTKE, Karl
LUSCHNAT, Otto
MANNS, Peter
MEIER, Eckart
MEYENDORF,
  Rudolf Albert

10. März

MÜLLER, Heinz-Wolfgang
NITTNER, Ernst
NITZ-BAUER, Karl-Heinz
PETERS, Kurt J.
PREISER, Siegfried
RENTSCHLER, Ingo
RICHTER, Günter
RIERMAIER, Walter
RITTNER, Fritz
ROST, Rudolf
SANDIG, Armin
SCHARF, Josef
SCHILD, Gregor
SCHMIEGER, Horst
SCHRÖDER, Werner
SCHÜTZ, Harald
SCHULZ-DORNBURG, Stefan
SIEBENHÜNER, Herbert
SIXT, Hans-Martin
SOMMERLATTE, Horst
STIER, Anton
SÜHNEL, Rudolf
THOENES, Wolfgang
UEKERMANN, Ulrich
VOLLMER, Günter
WEHRMEYER, Werner
WENDE, Wilhelm
WENSKUS, Reinhard
WOLF, Gunther G.
ZESCHICK, Johannes
ZIERITZ, von, Grete
ZOLL, Ralf

11. März

AMZAR, Dinu
BALLWEG, Ottmar
BELLINGER, Gerhard J.
BENEKE, Peter
BERG, Birgit
BEUCK, Gerhard
BÖHMER, Werner
BÖNING, Karl
BÖTTCHER, Winfried
BOHL, Hans-Peter
BOSSE, Klaus
BRAUNERT, Horst
BREM, Beppo
BRINKMANN, Curt
BROSER, Immanuel
BRUNS, Wolfgang
BÜRCK, Werner
BURMESTER, Albert
DAUSCH-NEUMANN, Dorothea, geb. Neumann
DIETZ, Albrecht
DITTRICH, Wolfgang
DROSTE, Hans
ENGL, Heinrich
FÄHRMANN, Walter
FIETZ, Lothar
FINCK, von, August
FRANZ-WILLING, Georg
FREILING, Dieter
FRITSCHE, Wolfgang
FRITZ, Bernhard
FUCHSBERGER, Joachim
GABERT, Volkmar
GEIS, Heinz-Günter
GERMER, Erich
GILLNER, Robert
GRIPP, Hans
Prinz von HANNOVER, Welf Heinrich
zur HAUSEN, Harald
HOFMANN, Abrecht W.
HOFMEISTER, Walter
HOLTZ, Karl Ludwig
HUBER, P. Reinhold
JAUCH, Dieter
KARRASCH, Heinz
KAUDEWITZ, Fritz
KAUTZ, Joachim-Rüdiger
KICK, Wilhelm
KLOCK, Franz-Joachim
KOEHLER, Hellmut
KÖNIG, Hans
KORZ, Roland
KROLOW, Karl
KÜHL, Karl Heinz
LAUN, von, Kurt

LELLEK, Walter E.
MASSENKEIL, Günther
MEHLER, Horst
MESSERER, Rainer
METZGER, Peter
MÖHLE, Dorothea
MÖHRING, Helmuth
MOERSCH, Karl
MÖRSDORF, Karl
MOHNEN, Heinrich (Heinz)
MORITZ, Walter
NERLICH, Michael
OETTLE, Karl
PAUL, Bodo
PIRSON, Dietrich
PÖLL, Werner J.
PRETZSCH, Gottfried
PROKSCH, Ruth
RECHEIS, Käthe
RITTNER, Günter
RÖTTINGER, Erwin M.
ROTH, Heinrich F.
RUPP, Hans-Heinrich
SCHEMKEN, Heinz
SCHMIDT, Peer
SCHMIED-KOWARZIK, Wolfdietrich
SCHÖN, Fritz
SCHRADER, Ludwig
SCHULZ, Walter
SCHUMACHER, Kurt
SPECK, Josef
TIETZ, Horst
VERHOEVEN, Lis
WARBURG, Max A.
WASSERMANN, Ludwig
WEINITSCHKE, Hubertus J.
WEISSGERBER, Hans Hermann
WINNER, Matthias
WOLFF, Christian
ZIMMERMANN, Horst

12. März

AFFELD, Wilfried
AHRENS, Heinz
ALLEMANN, Fritz René
ALTHAMMER, Walter
AVERMEYER, Siegfried
BÄDECKER, Reinhard
BAUSCH, Johan Viktor
BERGER, Heide
BERNHARDT, Richard
BÖCHER, Otto
BÖRKIRCHER, Helmut
BONGARD, Adolf-Eugen
BRANDES, Dietmar
BRUGGER, Peter
BURCKHARDT, Lucius
DEJA, Achim Georg
DOBBECK, Otto D.
EDEL, Elmar
EGGEBRECHT, Arne
EHMANN, Dieter
EHRENWIRTH, Franz
ELLMERS, Detlev
EMRICH, Ortwin
ENGEL, Werner
ESSER, Josef
FLASCH, Kurt
GEBHARD, Torsten
GEORGE, Hans-Joachim
GRAMMEL, Siegfried
GRIGULL, Ulrich
GRÖBL, Wolfgang
GROHN, Hans Werner
GUTH, Ernst
HASENKAMP, Gottfried
HAUBOLD, Wolfgang
HILLER, Friedrich
HIOB, Hanne
HOFMEISTER, Burkhard
HOPPE, Wolfgang
HOSAK, Werner
HUCKE, Helmut
JELINEK, Richard
JOHNA, Rudolf
KARLOWA, Elma
KESSLER, Hans Hubert
KLOTEN, Norbert
KOPP, Karl-Otto
KRÖHNKE, Friedrich

KRÜGER, Karl-Ernst
KRUSE, Waltraut, geb. Ebbertz
KÜRTEN, von, Wilhelm
KUNERT, Ilse
LAGARIE, Gerd W.
LEDIG-ROWOHLT, Heinrich-Maria
LOERS, Veit
MAIER, Helmut Ernst
MEIER, Henning
MESSERSCHMIDT, Edgar
MEYN, Erich
MOND, van den, Friedhelm
MÜLLER, Paul
NESEKER, Herbert
NEUBAUER, Helmut
NIERMANN, Johannes
PETERSEN, Claus
RENNER, Horst
ROSSBERG (ß), Horst
ROSSEN, Hans A.
RÜLCKER, Tobias
SCHELLING, Roland
SCHERZBERG, Max
SCHLAGINTWEIT, Reinhard
SCHLOTTHAUS, Werner
SCHMIDT, Rudolf
SCHUMANN, Kurt
SCHWEPPENHÄUSER, Hermann
SIEPE, Hans Theo
SOHN, August J.
SPARY, Peter
STEINECKE, Hartmut
STIERLIN, Helm
STRACKE, Hans
STRÄTLING, Wolf
STROMBERGER, Carl
TERZAKIS, Dimitri
TIEMANN, Walter
TÜMMLER, Hans
WAGNER, Günther-Christean
WALDE, Hermann
WALLNER, Ernst M.
WEMMER, Ulrich
WEYER, Reinhold
WIELAND, Leo
WIESE, Günther
WILDE, Eberhard
WISSEMANN, Heinz
ZORNACK, Annemarie

13. März

AHRENS, Karl
ALTHEIM-STIEHL, Ruth
ARMGORT, Karl-Eddi
BÄUMLER, Christof
BATTES, Robert
BENNEWITZ, Jürgen
BIESTERFELD, Wolfgang
BILGER, Harald R.
BIRMELIN, Manfred
BOLAY, Hans Volker
BORCHERT, Wilhelm
BORNEMANN, Karin, geb. Schmidt
BRACHER, Karl Dietrich
BRAUERS, Jan Josef
BRETSCHNEIDER, Hans
BRÜDERLIN, Heinz
BRUNNER, Helmut
BÜSCHER, Friederike
BUND, Elmar
CHRISTIANSEN, Ejner C.
DIEZEL, Paul Bernd
DÜCHTING, Reinhard
EBI, Erich
FELDMANN, Horst
FREY, Wolfgang
FUCHS, Walther Peter
GIENOW, Herbert
GIERLICHS, Hanns
GILOW, Peter E.
GÜNTHER, Herbert
HAASE, Ernst
HAMMERL, Johann
HAUBENSAK, Gert
HELMS, Dietrich
HEMPEL-SOOS, Karin
HENKEL, Arthur

HERSCHLEIN, Hans-Joachim
HESPOS, Hans-Joachim
HOHLNEICHER, Georg
HOLTMANN, Antonius
HORSTMANN, Martin
HÜRTEN, Klaus
JUNG, Klaus
KALKBRENNER, Karlernst
KATTENTIDT, Wolfhard
KAWERAU, Peter
KETTNER, Heinz
KLOSE, Horst
KOCH, Peter
KOPPER, Hilmar
KRATZ, Paul
KRÖMMLING, Klaus-Dieter
KRÜGER, Marlis
LASS (ß), Johannes
LÖSENBECK, Hans-Dieter
LORKE, Hans
LÜHRMANN, Dieter
MATZNETTER, Josef
MAYER-TASCH, Peter Cornelius
MEINHARDT, Horst
MICHAELS, Horst
MILLER, Hermann
MUNDT, Hans-Josef
MURRAY, William-Bruce
NAGEL, Carl-Martin
NELLES, Dieter
NEUBER, Peter Hartmann
NEULING, Willy
OHLENDORF, Jürgen
PHILIPP, Werner
PLATTE, Hans-Kaspar
POSER, Hans
RADDATZ, Carl
RADUNSKI, Peter
RANDECKER, Heinz Christian
RODEWALD, Georg
ROST, Armin
RUDOLPH, Heinz
RÜFER, Rüdiger
SAECHTLING, Hansjürgen
SCHÄFER, Hermann-Josef
SCHÄFER, Karl-Hermann
SCHLOSSER, Erwin
SCHMID, Florian
SCHMID, Franz
SCHNEEWEISS, Hans
SCHNEIDER, Reinhard
SCHRÖDER, Bernt
SCHRÖDER, Werner
SCHUI, Herbert
SCHULTE, Erich
SCHULZE, Hermann
SCHWAIGER, Fritz
SCHWARZWÄLLER, Hermann Klaus
SIEGEL, Curt
STACHOW, Hasso G.
STEINDORFF, Ernst
THOMA, Alfons
TIEDEMANN, Dieter
UECKER, Günther
VERNUNFT, Verena, geb. Lippe
WEBER, Herbert
WIEDER, Joachim
WIELEK, Han
WINGEN, Max
ZIEGLER, Willi

14. März

AZZOLA, Axel
BALDAUF, Michael
BENÖHR, Hans-Peter
BERGEROWSKI, Wolfram
BOGDAN, Volker
BOLLNOW, Otto Friedrich
BORN, Georg
BRÄNDLE, Kurt Albrecht
BREHM, Herbert
BRÜCKNER, Wolfgang
BÜCHLER, Klaus Jürgen
BÜLOW, Peter
BURCHARD, Joachim F.
DAMM, Walter
DÜLFER, Eberhard
DURST, Jürgen

ESDERS, Heinz
EVEN, Bert
FEGELER, Ferdinand
FEHN, Klaus
FINSCHER, Ludwig
FÖRG, Franz
FÖRSTER, Wolfgang
FRANK, Hanns K.
FRIEDMANN, Friedrich Georg
FRÖHLICH, Friedrich Karl
FRÖSCHER, Walter Eberhard
GEYER, Wulf-Dieter
GOSCHMANN, Klaus
GÜTTICH, Helmut
HÄRDTLE, Hans-Günther
HARDER, Günter
HEILMEYER, Wolf-Dieter
HENKEL, Hans-Olaf
HEROLD, Ferdinand
HERTRAMPF, Jürgen G.
HOHORST, Hans-Jürgen
JACOBSEN, Karin
JAINSKI, Paul
KALUSCHE, Dietmar
KIRCHFELD, Hans-Gerd
KLEIN, Peter
KOCH, Ulrich
KOCH, Volkward
KOENIG, Hans-Joachim
KÖSTER, Uwe
KOPP, Otto
KRUMBEIN, Wolfgang E.
KUMMER, Jörg
KUTZBACH, Heinz-Dieter
LANG, Erwin
LEGLER, Ulrich
LEHMANN, Henri
LOHMANN, Martin
LORENZ, Otto
MAIER, Konrad
MATHIEU, Theodor
MEININGHAUS, Alfred
MEYER-BERKHOUT, Ulrich
MICHEL, Heinz
MORISSE, Karl August
MÜLLER-FREIENFELS, Reinhart
MÜNZENBERG, Karl Joachim
NETTE, Herbert
NEUGEBAUER, Walter
PFOHL, Hans-Christian
PILGRIM, Volker Elis
RECUM, von, Hasso
ROSEMANN, Hans-Ulrich
SCHIERIG, Hermann
SCHLÜTER, Walter
SCHMITZ, Walter
SCHNABEL, Karl
SCHROEDER-HOHENWARTH, Hanns Christian
SCHULZ-HAGELEIT, Peter
SCHUMANN, Werner
SCHUVER, Friedrich
SPIRKL, August
STIEGLITZ, Heinrich
THOLEY, Paul
TIETZE, Lutz-Friedjan
WÖLFLE, Maximilan
WORMS, Bernhard
ZAHL, Peter-Paul

15. März

APEL, Karl-Otto
BAYHA, Richard
BERGMANN, Rudi
BORSCHE, Arnulf
BRIEBACH, Ferdinand
BRÜGGEMANN, Theodor
BUCHRUCKER, Hasso
BUNGARTEN, Hermann-Josef
BUTTENBENDER, Horst
DÖRING, Hans-Werner
DÖRING, Walter
ELSTER, Kurt
ENGISCH, Karl
FICKERT, Werner

FREEDEN, Willi
GEISELER, Wolfgang
GERHARD, Karl-Heinz
GEYER, Edward H.
GOETHE, Hans-Georg
GRAESSLIN, Dieter
GRÜNEWALD, Hans I.
GRÜTZNER, Anton
GRUNAU, Joachim
HANSEN, Hans Erik
HAUCHLER, Ingomar
HAUSHOFER, Martin
HEGE, Hans-Ulrich
HEINZ, Günter
HEISER, Irmlind
HENKE, Gerhard
HESTERMEYER, Wilhelm
HINRICHSEN, Georg
HÖPER, Wolfgang
HOERSTER, Norbert
HÖVERMANN, Jürgen
HOFMANN, Rudolf
HONKOMP, Josef
HORSTMANN, Hans-Joachim
IPPEN, Hellmut
JAKSCH, Hans Jürgen
JUNG, Hans
KAHLE, Ernst-Friedrich
KAMMHOLZ, Axel
KITTEL, Norbert
KLEE, Ernst
KLESSMANN, Rüdiger
KREINER, Josef
KRETER, Herbert
KUPFER, Günther
LAUER, Reinhard
LENK, Klaus
LEVERKUS, C. Erich
LIST, Heinrich
LOEWEL, Horst-G.
MAYERHOFER, Elfie
MEYER-SEEBECK, Hans-Heinrich
MORSINK, Karl-Heinz
MÜNTNER, Wolfdieter
MUSCHEID, Dieter
NEVELING, Wilhelm
NOLD, Günter
OKOPENKO, Andreas
PAGNIA, Herbert
PUCHER, Helmut
PÜTZ, Werner
REGENBRECHT, Aloysius
REHN, Jörg
REIMANN, Kurt
RÖTHER, Friedrich
RONNEBERGER, Franz
SATTLER, Dietrich
SCHNEIDER, Klaus M. R.
SCHRADER, Bernhard
SCHRECK, Eugen
SIMON, Werner
STRECKER, Georg
STROBEL, Beate, geb. Bartel
TELLENBACH, Hubertus
TOMAN, Walter
TRAUTNER, Hanns Martin
VOLKMANN, Hans-Erich
WACKER, Wilhelm Hermann
WELP, Jürgen
WENZEL, Paul
WEYROSTA, Claus
WORTMANN, Wilhelm
ZAPP, Herbert
ZIEGENAUS, Anton
ZIMMER, Kurt H.

16. März

ADAM, Wolfgang
ADLMÜLLER, Fred
ANDRESEN, Dieter
ANTON, Gustav
BANTER, Harald
BARTELS, Klaus
BECKER, Wolfgang
BÖHM, Karlheinz
BÖRNER, Manfred
BORNEMANN, Helmut
BRAUN, Karlernst
BREIDBACH-BERNAU, Hans G. A.

BREUCKER, Oscar Herbert
BRÖMSE, Peter
BRÜCKNER, Jürgen B.
CERVENY, Anneliese, geb. Matzke
CLAMER, Harry W.
CLAUSS, Armin
EICHNER, Dietrich
EIMERN, van, Josef
ERGENZINGER, Peter Jürgen
FERLEMANN, Erwin
FIENSCH, Günther
FINGER, Hans-Joachim
FLUEGEL, Heinz
FLÜGGE, Siegfried
GARSCHA, Karsten
GLEEDE, Edmund
GROSSMANN (ß), Friedrich
GRUBER, Utta
GRÜTZNER, Peter
GÜTHLING, Horst
HANHART, Werner
HAPP, Josef
HASL, Josef
HEYNE, J. E.
HILGER, Hans Hermann
HÖLTJE, Georg
HORT, Peter
HUMBURG, Will
IRNICH, Werner
JAHN, Claus
KANNEBLEY, Günter
KEHR, Günter
KESTING, Marianne
KISEL, Gerhard
KOGLIN, Hans-Jürgen
KONEGEN, Norbert
KOST, Arnulf
KRALL, Heribert A.
KÜHNE, Gerhard
LANGER, Horst
LIEBERMANN, Berta R.
LINDE, Hans
LIPPERT, Ernst
LUDWIG, Christa
LÜCKING, Theodor
LUIG, Michael
LUTZ, Heinz Dieter
MEIDINGER, Ingeborg, geb. Geise
MENNICKEN, Reinhard
MEYER, Jürgen
MEYER, Karl-Otto
MOHING, Walter
MÜHLBERG, Heinz
MÜHLEN, zur, Karl-Heinz
OELMANN, Hubertus
PAWLIK, Kurt
PFÄNDER, Erwin
PFENNIG, Reinhard
RAFFERT, Joachim
REHM, Dieter
RÖHM, Helmut
RÖLIKE, Lothar
ROESSLER, Günter
SCHACHTSCHABEL, Hans Georg
SCHARNHORST, Gerhard
SCHÖLLHORN, Johann-Baptist
SCHÖNLEIN, Peter
SCHÜTZE, Werner
SEIBOLD, Wilhelm
SENF, Paul
SIGL, Rudolf
SIMSON, Gerhard
SIZMANN, Rudolf
STAUDACHER, Wilhelm
STAUDER, Claus
STOLL, Ludwig
TERPLAN, Gerhard
TILLER, Nadja
TRÜPER, Hans Georg
UHLIG, Horst
WALTER, Helmut
WEGNER, Rose-Marie
WEINGES, Kurt F.
WELLERSHOFF, Dieter
WURM, Franz
ZELLER, Rudolf

17. März

APEL, Hans-Jürgen
ATTESLANDER, Peter
BACHEM, Achim
BAUSCHULTE, Friedrich W.
BERGMANN, Karl Hans
BRANDENSTEIN, Freiherr von, Béla
BRINKMANN, Oswald
BRONISCH, Matthias
BULL, Bruno Horst
CHILL, Hugo
DEUTSCH, Richard
DÖHLER, Günter
DOEHRING, Karl
DÜRIG, Walter
DZIEMBOWSKI, von, Constantin
EBEL, Gerhard
EBERHARD, Wolfram
EDER, Max
EINSELE, Gerhard
ELSNER, Günter
ENDRISS, Walter
FAHRNSCHON, Helmut
FRANKE, Hansalbert
FÜRSTENAU, Justus
FUNCK, Kurt
GIERSCHNER, Karlheinz Walter
HECKSCHER, Berthold
HEINE, Karl-Heinrich
HEINEN, Heinrich
HEUSER, Magdalene
HIRSCH, Hans-Helmuth
HOFMANN, Rolf
HOHENDAHL, Peter Uwe
ISSING, Ludwig J.
JACOBS, Wolfgang
JÜTTNER, Alfred
KIRCHHOF, Johannes K. J.
KLESSMANN (ß), Eckart
KRAUT, Wilhelm
KREMS, Erich
KRÜGER, Barbara
LEDERBOGEN, Rolf
LENZ, Siegfried
LOHMANN, Klaus
MARTIN, Hans-Herbert
NÖLLE, Peter
NOETZLIN, Günther
NÜRNBERG, Werner
OETKER, August
OPITZ, Günter
OSTHOFF, Wolfgang
PABST, Hans W.
PAUL, Günter
PEPPER, Karl H.
PERKAMPUS, Heinz-Helmut
PESENACKER, Wilhelm
REICHHARDT, Hans J.
REMMERBACH, Jürgen
RUSNAK, Josef
SAAL, Rudolf
SCHIPPERGES, Heinrich
SCHNEIDER, Christian
SCHWEIG, Armin
STEFFEN, Friedrich
STOMMEL, Maria, geb. Furtmann
SÜHLER, Gustav
SÜVERKRÜP, Fritz
ULRICH, Bernhard
VOLKHOLZ, Sybille
VOLLER, Hellmut
WAETZOLDT, Hartmut
WAHREN, Waldemar
WALDENFELS, Bernhard
WARNSTORFF, Herbert
WENDE, Peter
WIEGAND, Ronald
WOERNLE, Hans-Theo
WÜNSCH, Erich
WULF-MATHIES, Monika, geb. Baier
ZECHMANN, Bernd
ZILLER, Gebhard
ZIMMER, Jochen
ZIRKER, Hans

18. März

BAHR, Egon
BALDENIUS, Christian
BAUER, Wolfgang
BECKER, Johannes
BECKMANN, Dieter
BEURER, Jörg
BISCHOFF, Gerd
BLUME, Helmut
BREIT, Klaus
BUND, Karlheinz
CONRAD, Bastian
CÜPPERS, Curt
EDER, Josef
EINWAG, Alfred
FISCHER, Kai
FRANZKE, Hans-Hermann
FRICKE, Karl
GEYER, Albert
GNICHTEL, Horst
GRABER, Hans
GRAF, Hans-Wolff
GRANDERATH, Franz-Joseph
GRASSL, Hartmut
GRIFFITHS, Hilary
GROB, Hans
HAAK, Dieter
HAMPEL, Klaus Erich
HARDEGEN, Reinhard
HARTGE, Karl-Heinrich
HECKMANN, Ulrich
HERMES, Hermann
HÖLTERSHINKEN, Dieter
HOFFMANN, Günther
HOHOFF, Curt
HUBALEK, Claus
HUFNAGEL, Franz Josef
KESSLER (ß), Helmut
KNOBLOCH, Hans Wilhelm
KOCH, Dankmar
KOLTERMANN, Rainer
KRAUS, Peter
KRAUSE, Egon
LEIDING, Ekke Nils
LODUCHOWSKI, Heinz
LÖHR, Hanshorst
LÖWEN, Walter
MALY, Werner
MAURER, Rainer
MAY, Michaela
MEMMER, Hermann
METZGER, Ludwig
NEUNZIG, Hans A.
OBERDISSE, Karl
ORLT, Rudolf
OTT, Gabriel
PACK, Doris
PAULI, Ludwig
PAVLIK, Ladislav
PETERSOHN, Franz
PLACK, Arno
ROST, Dietmar A.
SCHERER, Klaus R.
SCHMIDT, Heinz
SCHMIDT-MÂCON, Klaus F.
SCHMITT, Emil
SCHÜTZE, Günther
SCHUH, Friedrich Theodor
SCHWENN, Günther
SCHWIND, Hermann
SEITZ, Josef
STARKE, J. Peter
STARLINGER, Peter
STAUDE, Ulrich
STRICKRODT, Johannes
TENCKHOFF, Jörg
THIEME, Paul
THUNERT, Werner
TRÄNKLE, Hermann
TROCKEL, Walter
WEIMANN, Georg
WENDT, Dirk
WENZ, Werner
WIESSER (ß), Kurt
ZIEBURA, Gilbert

19. März

ADAM, Adolf
ANDRZEJCZAK, Milosz
BECKMANN, Günther

BLANK, Joseph-Theodor
BOCKHOFF, Baldur
BÖGE, Kurt
BÖNING, Dieter
BOSCHEINEN, Helga
BUCHINGER, Otto
BUEBLE, Benno
BUSCHBECK, Jochen
CRAMER, Thomas
DALLINGER, Peter
DRECHSLER, Friedrich
DUNDE, Siegfried Rudolf
EIMER, Norbert
ESSER, Karl
FEYOCK, Hans
FIEDLER, Leonhard M.
FRANKE, Wolfgang
FRANKENBERG und LUDWIGSDORF, von, Ruthard
FREDERSDORF, Hermann
GAJEK, Bernhard
GALLAND, Adolf
GECK, Martin
GERCKEN, Günther
GERSDORFF, von, Dagmar
HÄSLER, Alfred Adolf
HALLER, Heinz
HARTL, Paul Walter
HELMSTÄDTER, Wilfried
HENNINGS-HUEP, Klaus
HEUBL, Franz
HEUMÜLLER, Oskar
HINRICHS, Wolfgang
HOFMANN, Dietrich (Dieter)
HOLTZ, Uwe
HUPE, Erich
KAEMMERER, Kurt
KAMMENHUBER, Annelies
KAPP, Bernhard
KARPE, Hans-Jürgen
KATZENSTEIN, Dietrich Edgar
KAUFHOLD, Hubert
KELLER, von, Rupprecht
KLÜNTER, Peter
KÖSTER-PFLUGMACHER, Annelore
KRACHT, Joachim
KRAUSE, Siegfried M.
KROSCHINSKI, Kurt
KÜNG, Hans
KUNZE, Hans-Joachim
LÜDERITZ, Alexander
MANI, Nikolaus
MAYER, Hans
MEYER, Josef
MROSS, Marko Matthias
MÜNCHMEYER, Alwin
OBERLÄNDER, Erwin
OFFERMANN, Dirk
PAETOW, Karl
PERLITZ, Manfred
PERTHEL, Jochen
REDLIN, Hans Jochen
RENTSCHLER, Walter
RICHTER, Dieter M.
SAGASTER, Klaus
SANDNER, Gerhard
SCHEYHING, Robert
SCHÜTZE, Klaus
SCHULTE, Franz J.
SCHULZ, Wolfgang
SCHUSTER, Hermann Josef
SCHWARTZE, Heinz
SEBENING, Friedrich Emil
SELBACH, Josef-Wilhelm
SONTAG, Karl-Heinz
SPAAR, Friedrich-Wilhelm
STEINHÄUSER, Hanskarl
STINGL, Josef
TRAUTWEIN, Fritz
TROSCHKE, Freiherr von, Jürgen
TÜTKEN, Hans
VOIGT, Wilfried
WEBER, Gerd Wolfgang
WERNER, Karl-Heinz
WESTERHOLT, Graf von, Ignaz
WEVER, Hans
WIESEMEYER, Kurt

WIESNER, Herbert
WIMMER, Hans

20. März
AUER, Otto
BECKER, Norbert
BÖRNER, Alfred
BORN, Jürgen
BUSSE, Brigitte
CHRIST, Günter
DÄNZER-VANOTTI, Wolfgang
DEPPE, Hans-Ulrich
DISCH, Friedrich J.
DÖRING, Martin
DOMES, Rainer
ESSER (ß), Gerd
FREUND, Werner
FÜHNER, Fritz
GANSNER, Hans Peter
GIORDANO, Ralph
HAHL, Willy
HARMSTORF, Alnwick
HARNISCHFEGER, Horst
HERMANS, Hubert
HETTINGER, Theodor
HEUERMANN, Erich
HINRICHS, Hajo
HÖPFNER, Arno
HOPF, Adolf
HORATZ, Heinrich
IMHOFF, Hans
JENTSCHURA, Hansgeorg
JESCHKE, Willi
JUNGNICKEL, Dieter
KALINKE, Helmut
KINDERMANN, Alan
KLOTZ, Heinrich
KNOLL, Helmut
KOPPE, Franz
KRÖGER, Bernd
KÜRTEN, Josef
KUNERT, Werner
LEHNERS, Richard
LENNARTZ, Franz
LORENZ, Erika
MERSON, Georg
MÜLLER, Hans
NEHER, Erwin
NOELTE, Rudolf
NONHOFF, Dieter
NULTSCH, Wilhelm
PAPE, Hans
PATZELT-HENNIG, Hannelore
RADATZ, Werner
REDING, Josef
REINDELL, Herbert
RINKE, Werner
RÜTER, Diethard
SCHERER, Bruno Stephan, O.S.B.
SCHICKE, Herwarth
SCHIRMER, Friedel
SCHMIDT-DORNEDDEN, Horst
SCHMUTZLER, Wolfgang
SCHREYGER, Ernst
SCHREYL, Karl-Heinz
SCHWINK, Christoph
SEEBERG, Hans-Adolf
SEUSING, Johannes
SOMMER, Albrecht
SPILLNER, Bernd
STINGL, Manfred
STÜRZE, Wilhelm
STUPP, Wilhelm
TIELSCH, Ilse, geb. Felzmann
TISCHER, Heinz
TOPITSCH, Ernst
UTZERATH, Hansjörg
VORMWEG, Heinrich
WALTER, Harry
WARNKE, Jürgen
WEGENER, Wolf
WEIXLER, Kurt
WERNER, Herbert
WILLERS, Dietz
WITTE, Bernd

WOLFFERSDORFF-MELLIN-MAYDELL, Freiherr von, Joachim Martin
ZUNDEL, Rolf

21. März
ARNOLD, Klaus
BALZ, Horst
BAUMANN, Helmut
BENESCH, Otto
BERG, Holger
BÖCKENFÖRDE, Werner
BUHMANN, Hans
CALLIESS, Rolf-Peter
CASPARI, Fritz
CHASSÉE, Wilhelm
CORDES, Walter
COSTER, Rudolf de
DAHLKE-KOHNEN, Heidrun
DEUBLER, Alois
DOHMEN, Hubert
EDLER, Arnfried
EIFF, Hansjörg
EISENFÜHR, Gottfried W.
EISENMANN, Hellmut
ENZWEILER, Josef
ERHARDT, Manfred
FISCHER, Peter-Alexander
FISCHER, Reinhard
FRENZEL, Hans
FRICK, Helmut
FUCHS, Helmut
FÜSSL, Karl Heinz
GENSCHER, Hans-Dietrich
GENSER, Hugo
GÖLLER, Wilhelm
GÖTTE, Rose, geb. Wennberg
GRÜNDLER, Gerhard E.
GUGGENBERGER, Vinzenz
HARMS, Joachim
HAUNFELDER, David
HAUPT, Heinz-Gerhard
HEEREMAN von ZUYDTWYCK, Freiherr, Johannes
HEID, Helmut
HEIGERT, Hans
HERRMANN, Oskar
HILDEBRANDT, Reiner
HÖFER, Werner
HOENERBACH, Wilhelm
JÄCKER, Horst
KEJWAL, Karl
KLEIN, Gerhard
KLINGE, Martin
KNOLL, Wolfgang
KOHLHEPP, Gerd
KOSOK, Heinz
KOTTER, Ludwig
KRAUS, Fritz Rudolf
KRAUS, Karl Julius
KREUZER, Ingrid
LAMPERT, Heinz
LENZ, Friedrich
LIEDTKE, Claus-Eberhard
LUCKHARDT, Horst
MARCZOK, Alfons
MARTIN, Gerhard Marcel
MENCK, Horst
MUNDORF, Karl-Heinz
NAHRGANG, Siegfried
NEIDLINGER, Gustav
NIEMEYER, Johannes
OELKERS, Jürgen
PFEIFER, Anton
PLEITGEN, Fritz Ferdinand
PÜCKLER v. SCHWICHOW, Graf von, Wendt-Wilhelm
REIFENBERG, Wolfgang
REIFNER, Udo
REMY, Winfried
RICHARDI, Reinhard
ROSENBERG, Frank
SAYLER, Wilhelmine M.
SCHELTEN, Andreas
SCHNEIDER, Heinz
SCHUNACK, Walter
SELLIEN, Reinhold
SENFT, Peter

SETTGAST, Jürgen
SILBERER, Günter
SINJEN-WIEGAND, Frauke
SOBOTTA, Joachim
STACKMANN, Karl
STAHL, Arne
STEINHAUSER, Hugo
SURKAU, Hans-Werner
WIESENBERGER, Alfred
WITTMANN, Fritz
WOLF, Rudolf
ZIMMERMANN, Eugen
ZORN, Erich
ZULEEG, Manfred
ZUMKELLER, Bernd

22. März
AICHBERGER, Friedrich
BÄCHLER, Wolfgang
BAREISS, Conrad Walter
BERGER, Norbert
BOCK, Peter
BOHREN, Rudolf
BRAND, Peter
BREM, Ilse
BUCHHOLZ, H. E.
BUDDEMEIER, Heinz
BUNDKE, Werner
DECHER, Hellmuth
DENCKER, Klaus Peter
DÜNGEMANN, Hans
DUGE, Walter
EGGER, Kurt Ludwig
ERFURTH, Ulrich
FISCHER, Wolfgang
FÖLSTER, Heinz-Wilhelm
FORBACH, Paul Franz
FRITZ, Wilhelm
GOES, Albrecht
HAAS, Jean Peter
HABERBERGER, Hanni
HAMBURGER, Michael
HARTING, Friedhelm
HASLER, Jörg
HECKMANN, Heinz
HEIDENREICH, Bärbel
HENNING, Friedrich-Wilhelm
HEUSLER, Konrad
HEYDE, von der, Carl-Ferdinand
HIERSEMANN, Fritz
HIRSCHBERG, Dieter
HÖLLERMANN, Peter W.
HOLMBERG, Börje
HOPFGARTNER, Joseph
JABLONSKI, Günther F.
KAUTH, Hans
KLEBERGER, Ilse, geb. Krahn
KLENK, Volker
KOCH, Kurt
KRAUTKRÄMER, Herbert A.
KRIPPENDORFF, Ekkehart
LEUNINGER, Helen
MAURER, Werner
MÖRSDORF, Josef
MOSER, Dietz-Rüdiger
NEUBECKER, Ottfried
NIEDERLEITHINGER, Ernst
PAULUS, Dieter
PFERSDORF, Edgar
PIES, Eike Egbert
POTTSCHMIDT, Günter
PRESCHER, Hans
REHBINDER, Manfred
RESCHKE, Hans
RISCHBIETER, Henning
RÖSSLER, Helmut
ROOS, Albrecht
ROTH, Richard
RUBERG, Uwe
SAFRANY, Laszlo
SANDER, Hartmut
SATTES, Hans
SCHMID, Eugen
SCHMIDT, Ernst Heinrich
SCHOCKEMÖHLE, Paul Hermann
SCHÜRMEYER, Guido
SCHULZE, Karl-Heinrich
SCHWANHÄUSSER, Wulf

SCHWEBLER, Robert
SCHWENKE, Wolfgang
SIMMLER, Franz Josef
STAAK, Michael
STEINER, Gerolf Karl
STOLTE, Heinz
STROBEL, Wolfgang
TEPE, Walter
TRIFTSHÄUSER, Werner
TROSCHKE, Freiherr von, Harald
VERREET, Elisabeth, geb. Declercq
VOGEL, Karlheinz
WALDMANN, Peter Klaus
WANGENHEIM, Freiherr von, Hans Wilhelm
WEDEL, Graf von, Peter
WIEBE, Gerhard
WINSCHERMANN, Helmut
WOLFFRAM, Josef

23. März
ADOLPHS, Lotte
AHRENS, August-Wilhelm
ALTENDORF, Wolfgang
ASSMANN, Wolfgang Reimer
BAHNE, Siegfried
BARSUHN, Reinhard
von der BEEK, Heinrich Hermann
BENDER, Helmut
BERLIN, Henning
BERNDT, Wolfgang
BIEBL, Karl-Heinz
BRESSER, Paul Heinrich
BREU, Josef
BRIEGER, Nicolas
BRÖKER, Werner
BÜCHEL, Wolfgang
BÜHR, Siegfried
DANNECKER, Walter
DECKERS, Peter-Josef
DEMMER, Johannes H.
DENZER, Karl-Josef
DESELAERS, Josef
DÖRR, Manfred August
ELLINGER, Alfred J.
FELDSIEPER, Manfred
FIEBIG, Martin
FISCHER, Kurt
FREIMUTH, Wolfgang
FRENZ, Dieter Claus
FRIEDERICH, Klaus-Peter
FRIEDRICH, Mario
GÄRTNER, Helmut
GERBERICH, Claus W.
GERMANN, Klaus
GEULEN, Hans
GÖB, Albert
GOUJET, Leo
GRAMBOW, Rüdiger
GRANETZNY, Rainer
GRÖMMER, Helmut
GROH, Helmut
GUADAGNA, Ingeborg, geb. Plappert
HADELER, Hans-Friedrich
HAHN, Norbert
HAUG, Wolfgang Fritz
HEGER, Hans-Jakob
HEINZE, Kurt
HERBER, Rolf
HERMEL, Wolf-Rainer
HERTLEIN, Jürgen
HERZOGENRATH, Wulf A.
HILDEBRANDT, Gerhard
HOFMANN, Josef
HUBER, Simon
HUBER, Ulrich
JUHL, Paulgeorg
KLEIN, Fritz
KÖPPLER, Rudolf
KOHL, Horst
KRAUSS, Otto
KREILINGER, Walter
KREUTZER, Winfried
KRIEG, Klaus Günter
LANG, Eberhard
LANSER, Günter

SCHWEBLER, Robert
LAVES, Werner
LENK, Hans
LIEGERT, Friedrich
LOEWENICH, von, Volker
MUNZERT, Eberhard
NETZER, Remigius
NEUNER, Peter
NÜRNBERGER, Ralf
ÖSTREICHER, Karl
PLASSMANN, Engelbert
POLOMSKI, Georg
RAAB, Walter
RAAF, Hermann
REBHAN, Josef
RESSEL, Gerhard
RUPPERT, Lothar
SATTLER-DORNBACHER, Erich
SAUTER, Jörg J.
SCHAA, Lukas
SCHAAF, Erwin
SCHEPPER, Rainer
SCHNEIDER, Herbert
SCHNEIDER, Manfred
SCHRÖTER, Heinrich
SCHÜLER, Hans
SCHULTZ, Gernot
SCHULZ, Günter H.
SCHWABE, Klaus
SCHWANTAG, Karl
SCHWARZ, Balduin
SCHWARZENBERG, Adolf
SEBOTT, Reinhold, S. J.
SECKEL, Curt
SEMM, Kurt
STARKE, O.-Ernst
STEINBACH, Hermann
STOLTEN, Inge
THOMANN-STHAL, Marianne
THROLL, Manfred
UNGER, Gert F.
VÖTH, Reinhold
VOGEL, Martin
WÄLTER, Fritz
WOLL, Erna

24. März
ADRIAN, Joachim
BÄUERLE, Willi
BÄUERLEIN, Heinz
BAIER, Walter
BAYER, Ernst
BECKMANN, Rudolf
BELSCHNER, Wilfried
BICHSEL, Peter
BROICHER, Paul
BUSCH, Frieder
BUTENANDT, Adolf
DEGNER, Helmut
DIMPFL, Gottlieb
DONTENWILL, Walter
DYCK, Joachim
EGIDY, von, Hans
EHRHARDT, Helmut E.
EICHHORN, Ludwig
EICK, Jürgen
ENBERGS, Heinrich
ESSER (ß), Hans Helmut
EWERS, Uwe
FABER, Ludwig
FEYER, Ursula
FISCHER, Paul Henning
GARBE, Charlotte, geb. Nimtz
GEIGER, Klaus-Dieter
GEISEL, Gerwin
GOERTTLER, Klaus
GÖTTE, Martin
von der GROEBEN, Carl-Alexander
GROSSE-RUYKEN, Franz-Joseph
GROTHE, Heinz
GRÜNER, Oskar
GÜNTHER, Horst
GUTKNECHT, Christoph
HABBE, Rainer
HACKER, Hans-Friedrich
HANFGARN, Werner
HARMS, Joachim H.
HEIDLER, Hans

HELBICH, Wolfgang
HILDEBRAND, Hanns-Botho
HÖCHERL, Hans
HOLTSTIEGE, Hildegard
HUBALA, Erich
HÜBNER, Wilhelm
IBACH, Helmut
JOCHEM, Josef
KOTSCHENREUTHER, Hellmut
KÜHLMANN, Wilhelm
KUTTNER, Stephan
LANGE, Bernd-Peter
LORENZEN, Paul
MATTHYS, Heinrich
MAYER, Ruth
MEYER, Otto
MIELAU, Günter
MÜLLER, Hans-Joachim
MÜLLER, Wilhelm
NIKOLAOU, Theodor
OESTREICH, Joachim
OLBRICH, Max
PELNY, Stefan
PICHLER, Hans
POORTVLIET, van, Barbara
POPP, Rainer H.
PUFF, Karl
RAU, Ulrich
RAUH, Hellgard
RENNER, Ingeborg, geb. Meyer
RICHLING, Mathias
RICHTER, Egon W.
RIEDMANN, Gerhard
RITTMANN, Wolfgang
ROCKSTUHL, Joachim
ROEMER, Gerd-Benno
ROHRER, Rudi
SANNER, Hans
SCHANZ, Günther
SCHEUCKEN, Heinrich
SCHMID, Wolf
SCHMITZ, Paul
SCHUHKNECHT, Wolfgang
SCHUMACHER, Heinrich
SIEBERT, Kurt
TEGETHOFF, Wilm
WALLNER, Franz
WALSER, Martin
WEISCHENBERG, Siegfried
WENDT, Martin
WENK, Klaus
WIEMANN, Kurt
WIEMER, Rudolf Otto
WIMMENAUER, Karl
WITT, Claus Peter
WÖLFLE, Peter
WOMELSDORF, Horst
ZIEGENFUSS (ß), Wilhelm
ZIERER, Benno

25. März

AENGENEYNDT, Hans-Wolf
ALBRECHT, Siegfried
AUER, von, Frank
BACKHAUS, Egon
BÄNSCH, Manfred
BELLMANN, Karl
BERG, Heinrich
BITTER, Georg
BOJKO-BLOCHYN, Jurij
BOTTLÄNDER, Reinhard
BRANDT, Karl Heinz
BREDENDIECK, Uwe J.
BRÜCHERT, Erhard
CAPELLMANN, Kurt
CLAUSSEN, Uwe
CORDES, Hans (Johann Friedrich)
CREMER, Peter E.
DAVID, Ernst W.
DRABEK, Kurt
DROEGE, Georg
EHRLICH, Peter
FELLER, Hans
FICHTNER, Otto
FISCHER, Wolfdietrich
FRIEDRICH, Wolf-Hartmut
GEBHARDT, Christoph Heinrich

GERBER, Wolf-Dieter
GILCH, Helmut
GOLDMANN, Albrecht
GRUBEL, Gerwin
HABBEL, Wolfgang R.
HAECKER, Hans-Joachim
Prinz von HANNOVER, Georg Wilhelm
HAUPTMANN, Peter
IVEN, Hans
KALLRATH, Helmut
KAUFMANN, Peter
KLUGE, Karl-Josef
KÖDER, Hans Dieter
KÖHLER, Günter
LÜST, Reimar
MICHAEL, Gerhard
MÖLLER, Karl
MOHR, Johannes
MUTKE, Hans-Guido
NEUHAUSER, Peter
NEUMANN, Hans
NICOLAI, Walter
NIESCHLAG, Robert
PACHOWIAK, Heinrich
PEIPER, Ulrich
PIECHOTA, Ulrike, geb. Schreckenbach
PIEPENBROCK, Hartwig
PÜTTNER, Günter
RAHARDT, Friedrich
RAHTE, Robert
REDEMANN, Rainer
REHWINKEL, Johann-Heinrich
RIEBEL, Jochen (Hans-Joachim)
RIEGER, Kurt
RÖDER, Walther
SARRE, Hans J.
SCHAUFLER, Ulrich
SCHIESS, Karl
SCHMID, Hermann
SCHMIDT, Paul-Gerhard
SCHMOLZI, Herbert
SCHULTE-FROHLINDE, Albrecht
SCHUMACHER, Peter E.
SIEDLER, Josef
SIGRIST, Christian
STAREK, Jiri
STEIN, Fritz
STIMPFLE, Josef
STOBBE, Dietrich
STRÖHER, Manfred
UHL, Sabine
WANNAGAT, Leo
WEBER, Erich
WEINKAUF, Arno
WENSKY, Margret
WINKLER-SÖLM, Oly, geb. Mosel
WITT, Dieter
WOLFF, Joachim Rudolf
ZITSCHER, Wolfram

26. März

BAIER, Horst
BALDO, Dieter
BASTIAN, Gert
BECKER, Gerhard
BECKER, Horst
BECKMEYER, Uwe
BOEHNCKE, Heiner
BONZEL, Tassilo Reinhard
BROER, Franz
BURKHARDT, Ole
CAMMERER, Walter Friedrich
DICHMANN, Dieter W.
DIERS, Lothar
FELGNER, Kurt
FRANZ, Gerhard
FUCHS, Otto
FÜHRBÖTER, Alfred
GEISLER, Hans Ferdinand
GESER, Hans
GOSLAR, Heinz-Jürgen
HAGEDORN, Herbert
HARBODT, Kurt
HARTKE, Stefan
HEINECKER, Rolf

HELLMANN, Hans
HENNIES, Günter
HETTWER, Hans
HÖRSTER, Joachim
HÖVELS, Otto
HÜBEL, Herbert
HUMBS, Manfred
JÄGER-JUNG, Maria
JANSEN, Kurt
JUNG, Wilhelm
JURGENSEN, Manfred
JURKAT, Wolfgang Bernhard
KANUS-CREDÉ, Helmhart
KETTRUP, Antonius
KHOURY, Adel Theodor
KIESER, Alfred
KOCH, Günter
KOSENOW, Wilhelm
KRÄNZLEIN, Arnold
KRONE, Winfrid
KÜGLER, Siegfried
LANGE, Karl-Heinz
LANGER, Erich
LÜDECKE, Wenzel
LÜDERITZ, Berndt
MATIS, Ulrike
MAURER, Reinhart Klemens
MEHREN, Günther
MEISTER, Klaus
MENNEN, Josef
MEYER, Jürgen
MEYER, Wulf-Uwe
MONTANUS, Heinz
MÜLLER, Hans E.
MUSSMANN, Heinrich
OBERDORFER, Erich
PETZOLD, Kurt
PIELEN, Ludwig
PIRSON, André
RATZA, Odo
RECKEN, Heinz
REIFENHÄUSER, Fritz
RÖHLER, Hans-Joachim
ROTHER, Werner
RUMPEL, Hubert
RUTHMANN, August
SANGMEISTER, Edward
SCHILLOW, Werner
SCHLEISSING, Horst
SCHLOSSER, Peter
SEMMLER, Walter
SIEPEN, Volker
STAAB, Heinz A.
STEIN, Helmut
STEINBACH, Peter
TEICHMANN, Gerhard
TRUM, Rudolf
UEBLER, Emil-Georg
ULMCKE, Reiner
VACANO, von, Johannes (Hans)
VÖHRINGER, Otmar
WACKER, Hans
WACKWITZ, Peter
WEINHUBER, Simon
WEISS, Johannes C.
WERZ, Günther Wolfram
WIGGER, Stefan
WILDHIRT, Egmont
WÖRL, Volker

27. März

AMELUNG, Hans Jürgen
ASANG, Ernst
BAER, Hans
BARTH, Adolf
BASLER, Heinz-Dieter
BAUER, Horst
BAUER, Reinhard
BEISSEL, Heribert
BLUMENFELD, Erik
BOETTCHER, Carl-Heinz
BÜCKER, Horst
CHRISTADLER, Marieluise
CITRON, Anselm
CZERNETZKY, Günter
DANN, Heidemarie
DESELAERS, André
DITTMANN, Lorenz
DRINGS, Peter
FACKLER, Willy

FELIX, Kurt
FISCHER, Hans-Albert
FUNKE, Werner
GEROK, Wolfgang
GOTTSCHALK, Gerhard
GRÜNEWALD, Hans-Günter
GÜNTHER, Henning
HAMBLOCH, Hermann
HARMS, Berend
HEINEMANN, Manfred
HELLER, Erich
HELLFRITZSCH, Werner
HEUSSEN, Eduard
HOOSE, York
HORNBOSTEL, Hans
ISSING, Otmar
JUNGBLUT, Gertrud
KAROLI, Hermann
KASCHKE, Heinz
KLEPZIG, Helmut
KLINKE, Erhard D.
KNORR, Ludwig
KNOTHE, Wilhelm
KNÜPPEL, Gustav-Robert
KONRAD, Heinz
KÜPKER, Erich
KUHLMANN, Franz Wilhelm
LIEBER, Hans-Joachim
MADEL, Waldemar
MAIS, Edgar
MANN, Golo
MENKE-GLÜCKERT, Peter
MEYER, Horst
MEYER-LARSEN, Werner
MÜLLER, Leonhard
OCHWADT, Curd
OEDEKOVEN, Dietrich
OETTING, Hermann
PERSCHAU, Hartmut
PIKART, Heinz
PIPER, Klaus
POHL, Hans Hermann
PRAUTZSCH, Wolf-Albrecht
RATTELMÜLLER, Paul-Ernst
REICHHOLD, Walter
REINHARDT, Georg
RING, Wolf Dieter
RINNEBURGER, Kurt
SCHIERI, Fritz
SCHINDLER, Herbert
SCHLOEMER, Hermann
SCHMITT, Christian
SCHMUCKER, Josef
SCHRÖER, Alois
SÜCHTING, Joachim
TARGONSKI, György
TRAITTEUR, Ritter und Edler von, Karlheinz (Karl Heinrich)
WALDE, Eberhard Matthias
WARNICKE, Sigrid
WEBER, Richard
WEIL, Ernö
WEISS (ß), Claus-Erich
WENZL, Helmut Franz
WIEGAND-SONNTAG, Ursula
WIENTGES, Heinz
WYNANDS, Alexander J.
ZIESSOW, Dieter

28. März

AHLHEIM, Klaus
ALAND, Kurt
BARLOG, Boleslaw
BARTEL, Jürgen
BAURMANN, Jürgen
BENEKING, Heinz
BERMBACH, Udo
BISCHOFSBERGER, Wolfgang
BORGH, Ted
BRANDMÜLLER, Josef
BRUNS, Hans-Jürgen
BÜNGER, Karl
DEUTELMOSER, Otto Karl
DIHLE, Albrecht
DOTZAUER, Josef Anton
ENKE, Heinz
EPPLÉE, Eugen
FIEDLER, Hans-Dieter
FISCHER, Wilhelm Anton

FREUNDT, Helmut
FREYSCHMIDT, Peter
FRIEDL, Hans H.
FRIEDRICH, Hansjürgen
FROHN, Peter
GRÄDER, Hanskarl
GROSSMANN (ß), Josef
HARTMANN, Peter C.
HEILAND, Doris
HENN, Günter
HENNIG, Ursula
HERGET, Horst-Ferdinand
HEUSLER, Helmut
HUPFAUF, Lorenz
KÄRNER, Otto
KELLERMANN, Ulrich
KLEINE, Norbert
KÖBELE, Günter
KRÜGER, Kurt
KÜNZL, Hannelore, geb. Worringen
KUTTER, Eckhard
LANGHAGEL, Joachim
LENK, Rudolf
LIPPERT, Wolfgang
LODEMANN, Jürgen
MAGNUS, Dietrich B. E.
MAIER-LEIBNITZ, Heinz
MARKUS, Benno
MAYER-KÖNIG, Wolfgang
MERKLE, Ludwig
MIEDERER, Siegfried-Ernst
MOSER, Herbert
NEUMANN, Rainer
OBERDORF, Anton
PANKNIN, Walter
PERSCHAU, Hartmut
PFAUS, Manfred
PRESS, Volker
PÜTZ, Theodor
REDHARDT, Albrecht
REITER, Udo
REMMERS, Johann
RÖHRIG, Tilman
ROEPSTORFF, Gert
SCHLOCHAUER, Hans-Jürgen
SCHMIDT-MATTHIESEN, Heinrich
SCHRIMPF, Hans Joachim
SCHRÖDER, Wolfgang
SCHWAMM, Günther
SIEMES, Hans-Dieter
SIES, Helmut
SPRANGER, Carl-Dieter
STADLER-NAGORA, Maria Irmgard
TENBRINK, Walter
VORMBAUM, Herbert
WEYDT, Harald
WIECK, Hans-Georg
WISCHNER, Claus
WITTKE, Walter
ZELLER, Friedrich J.

29. März

AHRENS, Tilo
AMELUNG, Ulf
AMSEL, Hans Georg
ANDREAE, Eberhard
ARNOLD, Heinz Ludwig
AX, Peter
BINDEMANN, Wolfdietrich
BOPP, Karl-Philipp
BREDENKAMP, Jürgen
BRÜNING, Jochen
BUCK, Paul
CARIUS, Kay
CLEMEN, Wolfgang
DEINERT, Wilhelm
ECKERT, Theodor
ECKHARDT, Franz-Jörg
EICHLER, Martin
ELSÄSSER, Hans
ENGEL, Heino
FEIL, Klaus
FISCHER-FÜRWENTSCHES, Karl-Heinz
FLESCH, Roman
GRUNDMANN, Gerhard
HABENICHT, Walter

29. März

HAHNL, Hans Heinz
HAMMER, Günter
HANSSLER, Hugo
HENZE, Joachim
HOLTKEMPER, Franz-Josef
IHDE, Gösta B.
JÜNGER, Ernst
KEJZLAR, Radko
KELM, Bert
KISTOWSKY, von, Ernst-Michael
KLEINER, Horst
KLIEWER, Werner
KLINGEL, Hans
KLOSE, Hans-Ulrich
KÖTTING, Bernhard
KRETZSCHMAR, Rolf
KUCKARTZ, Wilfried
LEBEK, Wolfgang Dieter
LEITHOFF, Horst
LINDNER, Albrecht Ludwig
LINDNER, Joachim
LÜCKING, Carl Hermann
MATTHEIS, Gregor
MILICH, Günter
MÖLK, Ulrich
MÜLLER, Auwi
NAVE-HERZ, Rosemarie, geb. Herz
NEUBER, Karl
NEVEN DUMONT, Alfred
NICOLAISEN, Heinrich
OGIERMANN, Helmut
PAUL, Hans-Ludwig
PETERS, Georg
PIPER, Ernst Reinhard
POHL, Wolfgang
RAAB, Alfons
RECKOW, Fritz
REMMERT, Hermann
RITTER, Gerhard A.
ROSSBACH, Ferdinand Georg
SAUL, Hans Günter
SCHÄFER, Helmut
SCHMIDT, Wieland
SCHMUCKLI, Jack J.
SCHOTT, Erich
SCHWARZ, Hermann
SCHWEITZER, Heinz
SIMMA, Bruno
SPENGELIN, Friedrich
STAAL, Herta
STRÖHLEIN, Gerhard
TESMANN, Rudolf
TREIBEL, Werner
UHEN, Leo
WACHSMUTH, Werner,
WEILER, Wilhelm Friedrich
WENDEHORST, Alfred
WENDORFF, Rudolf
WIENEKE, Franz
ZSCHINSKY, von, Freiherr Peter

30. März

ADAM, Dieter Robert
AMBROSIUS, Karl-Wilhelm
AMMERMANN, Dieter
ASMODI, Herbert
BACKHAUS, Margarete, geb. Schmudek
BARON, Paul
BERG, Christian
BIERTHER, Wilhelm
BIEWEND, Edith, geb. Baumgart
BLENKE, Heinz
BRENNAUER, Thomas
CHRISTE, Alexander
DANIEL, Herbert
DAUN, Anne-Marie
DIEGEL, Helmut
DIETRICH, Klaus
DIETZ, Werner
DOTTERWEICH, Georg
DREIZLER, Helmut
EICHHORN, Friedrich
ELLGER, Dietrich
EMMERICH, Wolfgang
ENGELMEIER, Max-P.
FEIT, Dietrich
GAA, Lothar
GEIGER, Walter
GERLACH, Joachim
GOSZTONYI, Georg (György)
GREWING, Wilfried
GROSSE, Peter
GRÜBER, Wilhelm
HAENISCH, Günther
HEIDENREICH, Gert
HERHAUS, Werner
HINCKELDEY, von, Joachim-Hans
ILG, Anton
JUNGEHÜLSING, Hans
KAUSCH, Walter
KHUON-WILDEGG, von, Ernst-Ulrich
KIESS, Friedrich Wilhelm
KLEINERMEILERT, Alfred
KNODEL, Klaus
KORN, Peter J.
LAMPRECHT, Heinz-Otto
LANGE, Horst
LAUKAT, Gerd-Harald
LAUTWEIN, Theo
MARTENS, Gunter
MAUL, Wilfrid
MITTERER, Erika
MOHR, Curt
de la MOTTE, Diether
MÜLLER, von, Adriaan
MÜLLER, Karl-Georg
MUND, Uwe
OETKER, Arend
PACHE, Hans-Dietrich
PFEIFFER, Rudolf-Arthur
PODEHL, Heinz Georg
PÜSCHEL, Herbert
RATZKE, Dietrich
RAUSCH-STROOMANN, Jan-Gerrit
ROCK, Martin
RÜTTEN, Manfred
RUMMEL, Karlheinz
SCHILLING, Gertrud
SCHMALZRIEDT, Egidius
SCHMITT, Karl-Heinz
SCHREIBER, Friedrich
SCHUMACHER, Willi
SOWINSKI, Bernhard
STAUSKE, Johannes
STEGER, Hanns-Albert
STUMPF, Manfred
THEIS, Edgar
TIMM, Uwe
URICH, Klaus
VÖLCKER, Helmut
WALLNER, Christian
WEISS (ß), Johannes

31. März

ADRIÁNYI, Gabriel
ARNOLD, Hans-Joachim
ARNOLD, Heidwolf
BAUER, Helmut Johannes
BECKER, Hans
BEINKE, Lothar
BEYLICH, Frieder
BIEHLER, Axel
BRAMMER, Joachim
BUMKE, Joachim
BUTENANDT, Otfrid
DEUTSCH, Michael
DÖRING, Wolfgang
DOTZAUER, Winfried
DRESEN, Adolf
EDER, Rolf
ENGELMEIER, Peter-W.
FATOUROS, Georgios
FREUND-MÖLBERT, Elisabeth R. G.
FUCHS, Heinrich
GERISCHER, Heinz
GIETZ, Heinz
GRAUMANN, Carl-Friedrich
GREIFENSTEIN, Karl
GÜNTHER, Reinhard
GUNSELMANN, Winfried
HAAS, Hermann Josef
HAEHSER, Karl
HAMMERICH, Kurt
HECKEL, Klaus
HEIDRICH, Hanns J.
HEMMELRATH, Helmut
HERRMANN, Günter
HOSSMANN, Konstantin-Alexander
JAEKEL, Hans Georg
KÄMPER, Herbert
KARSTEN, Uwe
KLENKE, Günther
KLUGE, Arpad
KNAPPE, Joachim
KÜBLER, Ewald Otto
KÜNZEL, Franz Peter
LANGE, Hartmut
LEHMANN, Markus Hugo
LÜGHAUSEN, Albert
MAYBERG, Katharina
MELLEROWICZ, Harald
MEYER, Albert
MÜLLER, Richard
NAARMANN, Berthold
NEHRLING, Heinz
PERELS, Joachim
PFAFF, Martin
PFÖRTNER, Dietrich
POHLMANN, Eberhard
REIK, Helmut G.
RICHTER, Raymund
RODENSTOCK, Randolf Alexander
RÖDER, Erhard
ROTHEMUND, Helmut
RUHBACH, Gerhard
SACHS, Hans W.
SCHALL, Wolfgang
SCHIEFER, Wolfgang
SCHLEE, Dietmar
SCHMIDT, Ulrich
SCHÖNPFLUG, Wolfgang
SCHUSTER-SCHMAH, Sigrid
SITTE, Fritz Moritz
STÄHLI, Hans
ULRICHS, Timm
VOLLAND, Heinz
WAGNER, Klaus
WAGNER, Marita
WERNER, Rudolf August
WEYMANN, Gert
WIEDMANN, Jost
ZEECK, Axel

1. April

BAENSCH, Norbert
BAUERMEISTER, Horst
BAUERSCHMIDT, Herbert
BECKER, Hans Herbert
BERNATZKY, Aloys
BERNHARDT, Wolfgang
BIELICKE, Gerhard
BÖGLI, Alfred
BORGSTADT, Alfred
BRAUNSTEIN, Karl
BÜSSOW, Hans-Jürgen
BUSSE, Holger
CREUTZFELDT, Otto
CRÜWELL, Berndt
DAWEKE, Helmut
DICKENSCHEID, Werner
DRAECKER, Claus Friedemann
DÜRRE, Günter
ENGELHARDT, Albrecht
ENGELKE, Kai
ENGELKES, Heiko
EWALD, Rolf
FISCHER, O. W. (Otto Wilhelm)
FRICKE, Walter
FURRER, Ulrich
GANDENBERGER, Otto
GEIGER, Folkwin
GOETERS, J. F. Gerhard
GOLDSCHMIT, Werner
GOOSE, Dieter
GRUNDMANN, Harry
HABEDANK, Manfred
HALLERMANN, Hermann
HEIMANN, Walter
HENNIG, Eike
HOCHHUTH, Rolf
HÖHN, Elfriede
HÖSCH, Willi
HOLTZMANN, Thomas
HORNBERGER, Theodor
HORST, Titus
HORSTMEIER, Martin
JANSEN, Wolfram
JUNGK, Theodora, geb. Jung
KAISER, Rudolf
KAISER, Rudolf
KAUFFMANN, Egon
KIMMINICH, Otto
KLINKENBERG, Hans-Martin
KRIEGER, Ernst
KRÜGER-MÜLLER, Helga
LIEBHERR, Hans
LÜRING, Ingo
MAISCH, Bernhard
MROZIEWSKI, Paul
MÜLLER, Hans Günter
MÜLLER-VOLBEHR, Jörg
NETTER, Petra, geb. Munkelt
NEWIGER, Hans-Joachim
OTTO, Harro
PFINGSTEN, Hans-D.
PFLUG, Reinhard
PILKUHN, Hartmut
PRIESNITZ, Walter
QUECKE, Fred
RICCIUS, Rolf
RODI, Frithjof
RÖLLINGHOFF, Martin
RÖPERT, Walter
ROHDEWALD, Margarete
RÜHL, Walter
SCHALL, Anton
SCHELLONG, Dieter Makiri
SCHETTER, Willy
SCHÖLLNER, Dietrich Alexander
SCHOLZ, Hans-Joachim
SCHULER, Gerhard
SCHURIG, Klaus Erich
SENSEN, Wil(fried)
STIEBNER, Erhardt D.
STOCHDORPH, Otto
STREB, Walter
STUDNICZKA, Ingeborg
SUNDHOFF, Edmund
SURHOLT, Josef
THEYSSEN, Hansjosef
THOMANN, Heinz
TIEDEMANN, Klaus
TISCHENDORF, Friedrich
TÖPFER, Armin
TREITZ, Norbert
WAAS, Johannes Baptist
WERTHERN, Gräfin, Elisabeth, geb. Gräfin Wedel
WESEMANN, Wolfgang
WIESEBACH, Horst Paul
WITTE, Peter A.
WOLFRUM, Dieter

2. April

ADLER, Kurt Herbert
ARP, Klaus
BARTH, Gotthold
BAUTZ, Eugen
BECHTOLF, Hans Joachim
BERGER, Walter
BEUTIN, Wolfgang
BODENSIECK, Heinrich
BOEDER, Winfried
BÖTTGER, Horst
BROCKHOFF, Maria Elisabeth
BÜSSELBERG, Wolfgang
CLAAR, Egon
CONZEN, Friedrich G. (Fritz)
DEISSLER, Alfons
DOMES, Jürgen Otto
DÜRIG, Gerhard
EDER, Walter
FAILLARD, Hans
FEURING, Berno-Heinrich
FLUCK, Winfried
GÄDEKE, Roland
GERLACH, Eckehart
HAGEN, Manfred
HAMMANN, Peter
HAXEL, Otto
HEICHERT, Christian
HENKE, Horst-Eberhard
HENNIG, Jörg
HÖLDER, Ernst
HOFMANN, Rupert
HOLLECK, Ludwig
HONOLD, Eduard
HUFNAGEL, Gerhard
JACOBI, Horst
JUX, Ulrich
KIRCHHOF, Ferdinand
KIRSTEN, Till A.
KLEIN, Adalbert
KOSCHNICK, Hans
LANGE, Rudolf
LEONHARDT, Gustav
MEURER, Anton
MÜLLER-BÜTOW, Horst
NEUBAUER, Wolfgang
OELSCHLEGEL, Karl
OSTHERR, Karl-Heinz
PETERSEN, Jürgen
PIEPER, Eberhard
RAAB, Fritz
RASNER, Henning
RAUCH, Siegfried
REICH, Hanns
REITER, Melchior
SCHLEGEL, Walter
SCHMIDT, Helmut F. M.
SCHMIDT, Jochen
SCHNEIDER, Dieter
SCHULTE-HOLTMANN, Josef
SCHULZ, Klaus-Peter
SCHWEIZER, Peter
SCHWERLA, Carl B.
SEIDL, Karl
STÄBLEIN, Gerhard
STEINER, Heinz-Alfred
STENGER, Horst
UHL, Fritz
WARNECKE, Hans-Jürgen
WAWRZYN, Lienhard
WIGBERS, Antonia
WILLER, Jörg

3. April

ALLEMANN, Beda
BLANK, Herbert B.
BLEIDICK, Ulrich
BÖRSCH-SUPAN, Helmut
BOGS, Walter
BRAUNFELS, Michael
BRUCKMANN, Peter
CUNITZ, Maud
DAUM, Roland
DIETHELM, Lothar
DIETRICH, Bruno
DÜWELL, Henning
DUNKER, Heinz Joachim
EBERLE, Raimund
FLOREY, Ernst
FRANZ, Jost M.
FREESE, Bernhard
GEIGER, Franz
GLASER, Hans
GROENEWOLD, Kurt
GYLSTORFF, Irmgard
HÄGE, Martin
HAEGERT, Lutz
HANSEN, Jürgen
HANZ, August
HARDT, Rolf
HEINICKE, Arndt
HEMMERLE, Klaus
HENECKA, Hans Peter
HENSEL, Kurt
HERBST, Gottfried
HÖTZEL, Dieter
HÜNIG, Siegfried
IBACH, Karl
INGWERSEN, Hans
JENTSCH, Werner
JOEST, Wilfried
JUNGWIRTH, Johann
KLEIN, Karlheinz
KLÜNNER, Lothar
KNEIP, Gustav
KOHL, Helmut

LAUN, Herwart
LEHMANN, Michael
LÖSER, Hans-Joachim
LUCK, Werner
MAINZ, Friedrich Stephan
MARIAUX, Richard
MAYER, Walter
MEYER-OERTEL, Friedrich
MILLER, Hubert
MÖRSDORF, Klaus
MÜLLER-REINIG, Helmut
NICOLAUS, Norbert
PARTENSCKY, Johannes-Werner
PENK, Wolfgang
PETERSON, Barr
PFAUTER, Hermann
PINKAU, Klaus
PÖTER, Hans
RIEMER, Horst-Ludwig
RIESER, Armin
RÖER, Wilhelm
RUDOLPH, Kurt
RÜTTEN, Herbert
SAAGE, Richard
SCHATTMANN, Werner
SCHEIFFARTH, Friedrich
SCHEPP, Heinz-Hermann
SCHLIPF, Josef
SCHREIBER, Manfred
STEINKÜHLER, Manfred
STEPHAN, Rudolf
STÖRRING, Gustav E.
TESCHMACHER, August-Friedrich
TRIEBOLD, Karl
WÄLDELE, Walther
WEIDNER, Viktor
WIENS, Wolfgang
WINTER, Helmut
ZIELSKE, Harald

4. April

ABEL, Wolfgang O.
ALTROGGE, Ludwig
BÄHR, Rainer
BANULS, André
BEATUS, Hans Jürgen
BEBBER, Wolfgang
BONRATH, Herbert
BRODACH, Hans-Georg
BUBLITZ, Gunter
CAMPENHAUSEN, Freiherr von, Christoph Johann
DECHAMPS, Bruno
DÖRRFELD-TUCHOLSKI, Heide
EISFELD, Rainer
ERDL, Lois
ERNST, Ludger
FERENCZY, von, Josef
FLIEGEL, Peter
FRIEDRICH, Klaus
GERZ, Jochen
GESE, Hartmut
GLEICHAUF, Robert
GÖBEL, Dieter
GRÜTZMACHER, Hans-Friedrich
GRUPP, Wolfgang
GÜLPEN, Alfred
HAAS, Roland
HANSEN, Walter
HARTKE, Wolfgang
HAUSHOFER, Bert A.
HEIM, Harro
HEINRICH, Jutta
HELLER, Wilhelm
HERBERTS, Hermann
HERDAN-ZUCKMAYER, Alice
HIRT, Wilhelm
JACOBSEN, Jens
JENKE, Manfred
KANN, Hans-Joachim
KERSCHER, Wilhelm M.
KLÖCKNER, Wilhelm
KOENIG, Walter E.
KRAPP, Rolf
KUNSMANN, Peter W.
LACMANN, Rolf

LANDFESTER, Manfred
LANGE, Heiner
LATTEN, Reiner
LÜER, Gerd
MAST, Günter
MEIXNER, Albert
NAGLSCHMID, Stephanie
NEUBURGER, Edgar
NÖLDNER, Klaus
NOSTITZ-WALLWITZ, von, Oswalt
OEHLERT, Günther
OSTERBRAUCK, Willi-Dieter
PAUL, Fritz
PAULI, Hans
RAMM, Thilo
RATTNER, Josef
RÜEGG, Walter
SANDER, Wilhelm
SCHLUCHTER, Wolfgang
SCHMERMUND, Hans-Joachim
SCHNEIDER, Michael
SCHNEPF, Eberhard
SCHREINER, Adolf
SCHRÖDER, Johann
SCHWARK, Eberhard
SCHWARZKOPF, Dietrich
SIEBERT, Hans
SÖHN, Hartmut
SPÄHN, Heinz
SPIEKER, Manfred
STEINBACH, Bernhard
TIBI, Bassam
TODT, Dietmar J.
TRAMER, Erwin
TRUTE, Friedrich
VORLÄNDER, Herwart
WAGNER-PÄTZHOLD, Daniela
WEHRL, Hans-Lothar
WEINBERG, Peter
WEISS (ß), Bruno
WÜST, Gerhard
ZAZOFF, Peter
ZEIDLER, Hans
ZURHORST, Bernhard

5. April

ARX, von, Katharina
BAUMGARTNER, Hans Michael
BENNDORF, Günter
BÖGEL, Georg
BÖHLER-MUELLER, Charlotte El.
BOHNSACK, Fritz
BORNGÄSSER, Ludwig
BORNMANN, Gerhard
BULLINGER, Martin
CHRISTENSEN, Erik Martin
DEDERING, Heinz
EICKER, Friedhelm
EIMER, Gerhard
EISERMANN, Walter
FISCHER, Heinz
FLATH, Hermann
GÄRTNER, Walter
GESTER, Martin
GOLDSCHMID, Helmut
GROBECKER, Claus
HAARMANN, Dieter
HAINDL, Ernst
HARMS, Manfred Robert
HARMS, Wolfgang
HASTENPFLUG, Josef
HAUPT, Peter
HEINLE, Erwin
HELLWIG, Martin
HENNE, Helmut
HERZOG, Roman
HESSE, Peter
HOLLAND, Jörn
HÜLLEMANN, Klaus Diethart
HUMMEL, Diether
KÄSMAYR, Benno
KAUFFMANN, Georg
KEIM, Karl-Dieter
KESSLER, Horst

KLEEMANN, Wolfgang
KNEBEL, Hans
KRÜGER, Paul-Ullrich
LEHMANN, Heiner
LINNENKOHL, Karlheinz
MÄLZIG, Günter
MAHLMANN, Max H.
MEIER, Heinrich-Christian
MEYER zum GOTTESBERGE, Alf
NEGEL, Hans
NEUGEBAUER, Rudolf
NÜRNBERG, Eberhard
OESTERLEN, Dieter
OSCHATZ, Georg-Berndt
PIROTH, Manfred
RANFFT, Klaus
REUSCHEL, Heinrich
RICHTER, Alfred
RIEGER, Hansjörg
RÜDIGER, Vera
SCHADE, Jürgen
SCHNEIDER, Friedhelm
SCHREYÖGG, Jörg
SCHULZ, Reinhold
SCHWANDA, Hilde
SCHWARZACHER, Hans-Georg
SEDLMEIR, Max
STAHLKNECHT, Peter
STEHKÄMPER, Hugo
STELZIG, Friedrich
STRÖDTER, Wolfgang
STRUVE, Tilman
STÜBLER, Elfriede
THIENEN-ADLERFLYCHT, Freiherr von, Christoph
TÖRRING, Thoms
VOGEL, Helmut
WALTERSCHEID-MÜLLER, Bernhard
WEIN, Norbert
WELLER, Albert
WERNSDÖRFER, Robert
WESSENDORFF, Friedrich Wilhelm
WITTKÄMPER, Gerhard W.
WITZLEB, Erich
ZAPP, Carl-August
ZIEGLER, Heide
ZIEM, Jochen

6. April

BAUER, Hans H.
BAUMANN, Alfred
BEERMANN, Wolfgang
BENDER, Bernd Harald
BEYER, Hans-Joachim
BIERMANN, Karl-Heinz
BODE, Elert
BÖHRINGER, Paul Karl
BÖTTGER, Hermann
BREMER, Erwin
BRINKMANN, Norbert
BÜRKI, Peter
CHRIST, Karl
DELIUS, Nikolaus
DEUTSCH, Erwin
FINCK v. FINCKENSTEIN, Hans Werner, Graf
FLUEGEL, Erik
FUCHS, Ursula, geb. Sievert
FULDE, Peter
GEISSENDÖRFER (ß), Hans W.
GERHARDS, Hans J.
GIENCKE, Ernst
GRANSER, Günther
GRIMM, Gottfried
GROCHE, Gottfried
GROSSEKETTLER, Heinz
HABSCHEID, Walther
HAIER, Ulrich
HAMM, von, Michael
HANDWERK, Norbert
HEIDRICH, Ingeborg, geb. Rüdiger
HEINRICH, Peter
HEMPEL, Gert
HERBURGER, Günter
HEUMANN, Theodor

HOFFMANN, Johannes
HOLSCHNEIDER, Andreas
HORST, Ulrich Harald
HUBL, Walter F.
HUDELMAYER, Dieter
IRMER, von, Otto
JAEGER, Gerd
JÄGER, Gertrud
KARGER, Wolfgang
KAUFFUNGEN, von, Kunz
KOCH, Fritz
KOCH, Paul-August
KREUSSER (ß), Wilhelm
KRUMHOLZ, Walter
LAMPARTER, Erwin
LANDGRAF, Gerhard
LEINEN, Jo
LINDE, Horst
LÜBKE, Friedhelm
MAECKER, Heinz
MAYER, Günter
MEISTERMANN-SEEGER, Edeltrud, geb. Lindner
MENKHOFF, Herbert
MENNE, Ferdinand W.
MICKEL, Wolfgang M.
MIETH, Walter Heribert
MILDE, Horst G. E.
MÖBIUS, Werner
MÜLLER-IBOLD, Klaus
MUHS, Gerhard
PISTORIUS, Helmut L.
REINAUER, Hans
RÖHM, Otto
ROHRBACH, Wilhelm
ROTH, Friederike
SCHEELE, Paul-Werner
SCHICKS, Heinz
SCHÜRMANN-MOCK, Iris
SIEGER, Hermann Walter
SIERKS, Johann
SPAHN, Norbert
TSCHAUNER, Franz
VIEGENER, Elmar
WEYER, Hans-Jürgen
WITTMOSER, Adalbert
WOHLERS, Paul-Heinz
WÜRTH, Karl
ZIEGER, Gottfried
ZIMMERMANN, Erich
ZINN, Werner

7. April

ARLT, Gottfried
BÄCHER, Max
BAISCH, Hans Frieder
BENGEL, Gunter
BETZLER, Hans-Jörg
BILLING, Heinz
BLASCHKE, Kurt
BÖTTCHER, Manfred
BORGMEIER, Raimund
BREUER, Bert
BÜHLER-KISTENBERGER, Traute
CHRISTOPHERS, Enno
DAMUS, Martin
DÖHN, Lothar
DÖLCKER, Hansheinrich
DRAWERT, Friedrich
DURCHLAUB, Wolfgang
ESSERS, Ursula
FADINGER, Eckart
FREITAG, Robert
FREY, Christofer
GÄRTNER, Klaus
GIERTZ, Hubert
GIESELMANN, Helmut
GROTKOP, Wilhelm
HEDEWIG, Roland
HERMANN, Egon
HEYL zu HERRNSHEIM, von, Cornelius Adalbert
HOEHL, Egbert
HOFFMANN, Dietrich
HOFFMANN-BERLING, Hartmut
IMMERMANN, Udo
KIALKA, Hans
KÖRLE, Hans-Heinrich
KOLLIGS, Rainer

KROEBEL, Werner
KROTT, Hugo M.
KUHLMANN, Eberhard
KUMETAT, Heinrich
KUPSKI, Helmut
LAMPRECHT, Helmut
LAUBER, Rudolf J.
LIXFELD, Ursula Brigitte
LOGES, Werner
LOHR, Helmut
LÜCHTRATH, Helmut
MEHRTENS, Jürgen
MEIERKAMP, Dierk
MÜLLE, Karl
MÜLLER, Richard
MÜNSTER, Winfried
NEBELUNG, Günter
NEMO
NEUHAUS, Hermann-Josef
NIETHAMMER, Frank
NUSSGRUBER, Rudolf H.
PILCHOWSKI, Robert
RATHGEN, Günther H.
ROSENBAUM, Wolf-Sighard
SCHAAF, Johannes
SCHERER, Siegfried
SCHIMMEL, Annemarie
SCHLÖGL, Friedrich Christian
SCHMIDT, Heinrich
SCHNEIDER, Lothar
SCHÖLZ, Karl
SCHOLTEN, Hans
SCHRADER, Margarete
SCHRAMM, Norbert
SCHREYER, Helmut
SCHRÖDER, Gerhard
SCHWAKE, H. Peter
SIMMEL, Johannes Mario
SOLCHER, Hanns
SOMMERSCHUH, Dietrich
STELAND, Dieter
STRASSER, Hugo
STRAUF, Hubert
TITTELBACH, Ernst
UFFHAUSEN, Horst
ULLMANN, Klaus
VOIGT, Rüdiger
WEIGELT, Horst
WERHAHN, Hermann-Josef
WOLFF, Josef
WÜRTHWEIN, Ernst-Ulrich

8. April

ANGELE, Anton
BÄUMER, Willem
BARLAG, Werner
BAUM, Richard
BERKHAN, Karl-Wilhelm
BERRY, Walter
BETTS, Peter John
BÖKELMANN, Erhard
BUSCH, Dieter
CLAUSEN, Lars
CROONENBROECK, Hans
DIRSUWEIT, Lothar
DOHMEN, Günther
ENGL, Walter, L.
FELLHAUER, Heinz
FIEGER, Franz-Josef
FIETKAU, Wolfgang
FRANZ, Walter
FRIEDMANN, Bernhard
FRIESENECKER, Friedrich
FUNK, Richard
GRÖNEMEYER, Heinz-Georg
HARTMANN, Ulrich
HEES, Gebhard
HERBERTZ, Theo(dor)
HERKENRATH, Adolf
KARWETZKY, Rudolf
KILIAN, Werner
KLÖTZER, Wolfgang
KROHN, Rüdiger
KUEN, Paul
KÜRSCHNER, Wilfried
KUNZE, Jürgen
KUPČIK, Vladimir
KURZ, Paul Konrad
LEMMEL, Ernst-Martin

LERBS, Renate
LICHTE, Heinrich
LORENZER, Alfred
LUNDGREEN, Peter
MacKENZIE, David Neil
MEIER, Heinrich
MERZDORF, Günther
MEYER-ABICH, Klaus Michael
MINKE, Gernot
MOLTMANN, Jürgen
MOSER, Heribert
MÜNCH, Fritz
MUSSIL, Edgar
NOESKE, Klaus
OETKER-KAST, Dieter
OSTENDORF, Berndt
PETERS-JOOST, Evelyn
PETERSOHN, Jürgen
PFEIFFER, Wolfgang
PFITZMANN, Günter
PFLUG, Johannes Andreas
PIELERT, Klaus
PIENING, Georg
PROKOSCH, Franz
REHBEIN, Fritz
REHM, Erich
REINWEIN, Dankwart
RÜTER, Horst
SCHAUER, Roland
SCHIELE, Horst-Dieter
SCHLICHT, Uwe
SCHLICHTINGER, Rudolf
SCHLÜTER, Wilhelm
SCHMID, Helmut
SCHMIDT, Hermann
SCHMIDT-COLINET, Herbert
SCHMIDT-DENTER, Ulrich
SCHMOLL (gen. Eisenwerth), Helga, geb. Hofmann
SCHNEIDER-SCHOTT, Günther
SIEVERS, Leopold
SPITZEDER, Jürgen
STEINGROBE, Werner
STEININGER, Hanns Karl
STREISSLER (ß), Erich
THRAN, Peter
TOBIEN, Heinz
WALTER, Karl
WIEDEMANN, Elisabeth
WILD, Lothar
WILHELM, Günter
WITTEKIND, Dietrich
WITTWER, Georg
WULFF, Manfred
ZIPFEL, Walter

9. April

BARTELS, Hans-Jochen
BEIER, Friedrich-Karl
BICHEL, Ulf
BODE, Fritz
BOEHM, Hermann
BORRMANN, Karl
BREUER, Walter
BRIEGLEB, Günther
BÜRGER, Hans
CORDIER, Dieter
DINCKLAGE, von, Hans-Bodo
DOBENECK, Freiherr von, Henning
DÖRKEN, Ewald
ENGELS, Joseph
EULENBURG, Graf zu, Richard
FAEHNDRICH, Henner Peter
FENEIS, Heinz
FORST, Reinhard
FREILING, Claus
FRIEDMANN, Rolf
HALLERBACH, Helga
HAMMERSTEIN, Reinhold
HEILMANN, Harald
HIETZIG, Joachim M.
HÖFFKES, Peter
HOFFMANN, Werner

JANZEN, Wolf-Rüdiger
JOOSS (ß), Rainer
JUNG, Claudia Cornelia
KARAS, Harald
KARBUSICKY, Vladimir
KARL, Georg
KATTMANN, Ulrich
KÖHLER, Monika, geb. Schulz
KÖRNER, Joachim
KOPELEW, Lew
KREYE, Horst
KÜHN, Jürgen
MARTIN, Hans
MAYER, Christian
MERKER, Günter Peter
MÖLLER, August
MÖRK, Bernd
OEHLERT, Wolfgang
OSTERHELD, Horst
POETSCH, Walter-Dietrich
RAEITHEL, Gert
REINHARDT, Dietrich
RETTENMAIER, Gerhard
RICHTER, Christoph
RITTBERG, Graf von, Jochen
RÖHM, Rolf
SAUERWEIN, Ernst
SAUTHOFF, Walter
SCHIRNDING, Freiherr von, Albert
SCHLEYER, Franz-Josef
SCHMIDT, Werner
SCHMITT, Rudolf
SCHNEIDER, Peter
SCHOTT, Franz
SCHULER, Friedrich Karl
SPENGLER, Erich
STEINLIN, Hansjürg
STROMBACH, Werner
SZCZESNY, Stefan
THOMAS, Frank
URBANIAK, Hans-Eberhard
VOGEL, Heinrich
WEDEL, Erwin
WESCHE, Karlhans
WICKERT-MICKNAT, Gisela
WIEBECKE, Dieter
WURMB, von, Lothar
ZUNDEL, Reinhold

10. April

ADENEUER, Dieter
AMTHOR, Michael
AUHAGEN, Peter
BARTLSPERGER, Richard
BAUMANN, Heinz
BEYERSMANN, Detmar
BLOBEL, Hans-Georg
BONGERS, Jürgen, Wilhelm
BRANDT, Reinhard
BRECHTKEN, Josef
BROCK, Gert
BRUTSCHIN, Gerhard
CARD, June
DAHLHOF, Herbert
DIEL, Alfred
ELTING, Theodor
ESSER, Hans
EXNER, Martin
FRIEDRICHS, Günter
FUCHS, Joachim
GEIGER, Martin
GEUS, Armin
GROSS, Wolff
HAHN, Peter
HARTUNG, Hans Rudolf
HEUBES, Jürgen
HILDEBRANDT, Rüdiger
HORN, Sabine
JACOB, Helmut
JAHN, Kurt
KALDENKERKEN, van, Karl-Heinz
KIRSCH, Winfried
KLEINEWEFERS, Herbert
KNAUER, Ulrich
KNOTHE, Hans
KOSSMANN, Horst
KOWAR, Johann
KÜLP, Bernhard

KULKE, Christine
LIESS, Reinhard
LÜLLMANN, Heinz
LÜRIG, Rolf
MARKELIN, Antero
MAYER, Karl Ulrich
MENGE, Wolfgang
METTERNICH, Walter
MEYER, Klaus
MIROW, Jürgen
MÜLLER, Rolf-Hans
NAUMER, Hans
NEESE, Paul
NEUMANN, Hans
NIEDERALT, Alois
NIEMEYER, Adolf D.
PEINKOFER, Karl
PFÄHLER, Wilhelm
PFEIFFER, Ernst-Friedrich
PFEIL, Horst
PIETZSCH, Ludwig
QUANZ, Dietrich Reiner
RAUPACH, Hans
RELIWETTE, Hartmut T.
RINGLEBEN, Hans
SCHEMMANN, Berndt
SCHMALEN, Helmut
SCHMIDT, Reimer
SENF, Heinz
SICKENBERG, Otto
SORG, Herbert
STAHL, Willy (Wilhelm)
STOMBERG, Rolf
de TERRA, Hans-Adolf
TROOGER, Sabina
WECKESSER, Jürgen
WEISS (ß), Peter
WENDT, G. Gerhard
WESSELKOCK, Klemens
WIEDEMANN, Conrad
WILLHÖFT, Jürgen
WINKLER, Adolf
ZANDER, Karl

11. April

ANGERMEIER, Heinz
BODE, Karl-Josef
BOHLEN, Heinz
BRAUER, Georg
BREHM, Helmut
CARSTENSEN, Geerd
CLASEN, Sigvard
CREZELIUS, Georg
DANKOWSKI, Konrad
DEVRIENT, Ludwig
DÖRENMEYER, Walter
EICHER, Wolf
EICHINGER, Bernd
EINSELE, Martin
FERID, Murad
FRANKE, Egon
FRANKE, Klaus
GAREIS, Hansgeorg
GASSEN, Hans Günter
GIEBLER-KATTENESCH, von, Kleopatra
GÖPPINGER, Hans
GREGORIG, Romano
GREILING, Helmut
GRÖTZBACH, Erwin
GÜLICHER, Gottfried
HARPPRECHT, Klaus
HEBEL, Franz
HERMAND, Jost
HERRE, Franz
HIESEL, Franz
HIRSCH, Hans Joachim
HUSS, Nikolaus
HUTTERER, Franz
JÄGER, Wolfgang
JAHN, Karl-Heinz
KANIG, Gerhard
KEPPLER, Dietrich
KISTER, Willi
KLÄGER, Max
KLAGES, Manfred
KLEIN, Rolf
KUBE, Edwin
KUHLWEIN, Eckart
LANGEMAACK, Friedrich
LANGOSCH, Karl

LEHMANN, Norbert
LEUSCHNER, Fred
LÜDER, Wolfgang
MAI, Paul
METHFESSEL, Wolfgang
MÖHLENKAMP, Walter
MOLL, Kurt
MUHR, Gerd
NOE, Hermann
NUSCHELER, Franz
PAU, Hans
PLEYER, Friedrich
PRILLWITZ, Siegmund
QUADFLIEG, Christian
RAVEN, von, Wolfram
REINHARDT, Rudolf
REITH, Rudolf
ROHDE, Hanns-Walter
ROHLFS, Jürgen
SCHEURING, Ottheinz (Otto Heinz)
SCHLAGENHAUF, Ernst
SCHMIDTCHEN, Dieter
SCHMUTTERER, Heinz
SCHÖNBERG, Leo
SCHOTTROFF, Luise, geb. Klein
SCHROEDER, Hans-Ulrich
SCHRÖDTER, Hans
SCHUBERT, Heino
SCHÜTZINGER, Heinrich
SPANIOL, Otto
STEFFENS, Heiko
vom STEIN, Hans-Joachim
STÜRNER, Rolf
SUTOR, Bernhard Heinrich
TACKE, Bernhard
TAFEL, Hans Jörg
THOMA, Dieter
VOIGT, Karsten
WAGENHEIMER, Hans
WALLRAFF, Josef
WOLFGART, Hans
ZIOLKOWSKI, Wolfgang

12. April

ALAND, Barbara, geb. Ehlers
ALTWEIN, Jens Erik
ARNOLD, Hans R.
BASSON, Claus-Peter
BECKER, Rüdiger
BERCHEM, Rütger
BITTER, Jürgen
BLASCHETTE, Armand
BÖTTGER, Gerhard
BOGS, Harald
BOPP, Martin
BORNEMAN, Ernest
BRAUNER, Robert
BRENNECKE, Jochen
BREUCKER, Katrin, geb. Hauswirth
BROCKMEIER, Peter
BRÜNING, Walther
BUB, Lothar
BUCHBINDER, Albert
BURDENSKI, Wolfhart
CHRISTIER, Holger
DIEKMANN, Achim
DISTLER, Harry
DORNIER, Silvius
DREHER, Erich
EHLERS, Widu-Wolfgang
ENDRES, Ria
ESSER, Josef
FINKE, Helmut
FISCHER, Joseph (Joschka)
FUNKE, Karl-Heinz
GEBERT, Ernst
GOTTHARD, Werner
HAAS, Gerhard
HABEL, Reinhardt
HAGENLOCHER, Horst
HAUNGS, Peter
HECK, Gernot
HEIN, Günter
HEISS (Heiß), Korbinian
HENNING, Helmut
HERBERT, Manfred Eberhard

HIERSCHE, Hans-Dieter
HINDERER, Karl
HUPPERTZ, Franz
HUPPERTZ, Norbert
ILGNER, Rainer
JOCHEM, Rudolf
JÜHE, Hanno
KAELBLE, Hartmut
KAISER, Joseph H.
KALLER, Hans
KEIL, Hilger
KINZELBACH, Ragnar
KLEINSORGE, Hellmuth
KLINGER, Hanns
KÖTTING, Bernd
KOHRT, Manfred
KOLLMANN, Roland
KRONE, Heinrich Adolf
KRÜGER, Hanfried
KRÜGER, Hardy
LAZI, Erhard
LÜBBE, Gustav
LÜBBERT, Erich
MARTINSEN, Wolfram O.
MATZAT, Hartmut
MENZ, Walter
METZ, Wolfgang
MOHLER, Armin
MÜLLENBROCK, Heinz-Joachim
MUNDT, Gerhart
NEFF, Wolfgang
PAFFRATH, Hans-Georg
PETZET, Michael
RAHN, Gottfried
RAUSCH, Jürgen
RAUSCH, Wilfried Wilhelm
REISS, Rolf
REUSCH, Ehrhard
ROSENTHAL-KAMARINEA, Isidora
RUDOLPH, Bernd
RUEGENBERG, Horst
SCHMIELE, Walter
SCHMITZ, Richard
SCHULTZ, Joachim
SCHWETLIK, Gerhard
STAMM, Rudolf
STANG, Friedrich
STAUDER, Wilhelm
STEIM, Hugo
STRAUB, Eberhard
STUCKENHOFF, Wolfgang
STUDNITZ, von, Wilfried C. J.
THIELS, Rudolf
THONET, Georg
TRAUTMANN, Friedrich P. O.
WAGNER, Friedrich-Ludwig
WALLER, Peter Paul
WALLIS, von, Hugo
WEIGMANN, Rudolph
WELLER, Robert
WESSEL, Horst A.
WILHELM, Friedrich
WINKELMANN, Heinrich
WITTER, Hermann
WITZEL, Horst
WÖHR, Ulrich
WOLLMANN, Hellmut

13. April

ASBACH, Hans Helmut
BALTES, Matthias
BARGATZKY, Walter
BEUST, von, Ole
de BOER, Hans A.
BONNET, Peter-Helmut
BRINKMANN, Ernst Reinhart
BULLINGER, Hans-Jörg
BUSSE, Otto
BUTIN, Heinz
DOTZAUER, Günther
DREHER, Arno
EBERT, Gotthold
ERCKENBRECHT, Ulrich
FISCHER, Rainer Dietrich
FISCHER-ABENDROTH, Wolf Dietrich
FRANK-PLANITZ, Ulrich

FRÜH, Isidor
GASPERS, Hans
GENGE, Harald
GERHAHER, Franz
GOERDELER, Ulrich
GRÄBNER, Fritz
GROHMANN, Dieter
GROSSKURTH, H. J.
GROSSMANN (ß),
 Klaus Erwin
HAHN, Eugen C.
HAHN, Manfred
HARTWIG, Frank
HAUSMANN, Franz Josef
HECKNER, Hans
HEMPEL, Wido
HENRICH, Hermann
HÜTHER, Werner
HÜTTMANN, Gerd Eberhard
IRMEN, Hans-Josef
JANERT, Wolf-Rüdiger
JÖRNS, Klaus-Peter
KELLERMEIER, Jürgen
KINDERMANN,
 Gottfried-Karl
KOERTING, Franz
KOPPEL, Karl Heinz
KORZ, Karl
KRENT, Dietrich
KRÖMER, Eckart
LANG, Thomas
LINKE, Bruno
LOOGEN, Franz
LOTZ, Erwin
MARUHN, Siegfried
MORGENSCHWEIS, Fritz
MÜLLER, Horst
MÜNZ, Peter
NESTLER, Peter
PELLENS, Karl
PURZER, Manfred
QUINTE, Lothar
REBEL, Karlheinz
ROMANN, Karl-Heinz
SANDER, Wolfgang
SATZ, Helmut
SCHETTLER, Gotthard
SCHICKETANZ, Rolf
SCHIEMANN, Gottfried
SCHLICHTE, Hans-Werner
SCHLÜTER, Franz
SCHMIDT-VOIGT, Jörgen
SCHMOLITZKY, Wolfgang
SCHWEIGER, Karl
SCUPIN, Hans-Ulrich
SENGPIEL, Ingeborg
SPIESS, Heinz
SPITZLER, Marianne
THYSSEN-BORNEMISZA,
 Baron de Kaszon,
 Hans Heinrich
TRAPPL, Wilhelm
UECKER, Dietrich
VORBECK, Dorothee,
 geb. Wiebel
WEICHSELBERGER, Kurt
WERNER, Rüdiger
WERNER, Wolfgang
WESTERFELHAUS,
 Herwarth
WILKE, Otto
WURSTER, Paul
WYRSCH, Peter Beat
WYSS, Urs

14. April

ABB,
 Friedrich Wilhelm
ANDERSEN, Uwe
ANDRESEN, Matthias
ARNIM, von, Henning
AUER, Erich
BAKELS, Frederik
BANNASCH, Peter
BAUMGARTEN, Edwin
BAUMGARTNER, Fritz
BECKER, Frank
BEKH, Wolfgang Johannes
BERGER, Heinz
BERNEKER, Erich
BIRK, Rolf
BRÄUER, Herbert

BRASS, Wilhelm
BRAUN, Heinz
DÄNIKEN, von, Erich
DEFANT, Friedrich
DICKOW, Hans-Helmut
DUDEL, Josef
ENGLER, Helmut
ERMISCH, Günter
FRIIS, Robert R.
GERHARDT, Renate
GRUNDEI, Albrecht
HAUSCHILD, Reinhard
HÄGELE, Gerhard
HENKEL, Wolfgang
HENSEN, Theo
HERCHENRÖDER,
 Karl-Heinrich
JANTSCHER, Lothar
KAESER, Carl
KARLBERG, Erik
KINNEBROCK, Hans-Jürgen
KNAPP, Manfred
KOSSATZ, Gert
KRISCHKE, Traugott
LAMPE, Bernd
LAMPRECHT, Erich
LANGER, Klaus
LUUK, Dagmar,
 geb. Pioch
MADELUNG, Otfried
MEISTERJAHN, Reinhold
MESSMER (ß), Kurt
MILDE, Gottfried
MODERHACK, Dietrich
MÜLLER, Hanns Christian
NAHMER, von der, Wolfgang
NEIDLINGER, Hans
OLDENDORFF, Klaus E.
OTHMER, Friedrich Ernst
PLOEN, Günther
POENICKE, Irmtraut E.
PUKALLUS, Horst
RABINI, Hubert
RANKE, Kurt
RODECK, Gerhard
SANDHAS, Werner
SCHALLEHN, Ernst
SCHLARB, Auguste
SCHMALZ, Klaus
SCHMID, Erich K.
SCHÖLER, Diane
SCHOOG, Matthias
SCHREINER, Josef
SERVATIUS, Bernhard
SIMON, Helmut
STAHL, Hermann W.
STAMER, Hans
STENZEL, Jürgen
STOLLBERG, Dietrich
STRÄHLE, Joachim
THIEDE, Jörn
WALTER, Hubert
WEGENER, Walther
WEIDLICH, Wolfgang
WERNER, Egon
WOESLER, Winfried
WOTSCHKE, Detlef
ZIMMERMANN, Wolfgang

15. April

AERSSEN, van,
 Franz-Joachim (Jochen)
BACKOFEN, Ulrich
BARTSCH, Werner
BASCHANG, Hans
BAY, Friedrich
BAYER, Raimund Ludwig
BEUTELSTAHL, Harald
BOCKEMÜHL, Jochen
BRAUN, von, Sigismund
BUHL, Wolfgang
BUTZER, Paul L.
CRAMER, Hans
DINGELDEY, Ronald
DOETSCH, Wilhelm
DORMANN, Elmar
DRÖGE, Heinz
EMRICH, Ernst
FIEDLER, Heinrich Edwin
FÖRSCHING, Hans
FRIEDRICH, Günther
GERISCH, Herbert

GIERER, Alfred
GLATZEL, Johann
GOEDTKE, Karlheinz
GOGG, Dieter
GRAEFF, Heinz
GROELING-MÜLLER, von,
 Georg
HÄFELE, Wolf
HAGEDORN, Peter Bernd
HAGEN-GROLL, Walter
HANNASCH, Rolf
HEINRICHS, Josef
HEISING, Ulrich
HELD, Julius S.
HENNEBERG, Werner
HESS, Rainer
HEYMANN, von, Dietrich
HOFMANN, Gerhard
HOLTHUSEN, Hans E.
HÜHNERMANN, Harry
IBACH, Harald
JUNKER, Heinrich
KELM, Hartwig
KERSCHER, Rudolf
KIRSTE, Rudolf
KLAGES, Helmut
KLAGES, Wolfgang
KLEBERGER, Kurt-Eberhard
KNESSL, Lothar
KNUSSMANN (ß), Rainer
KOUBEK, Norbert
KRAMP, Horst
KRUPP, Hans-Jürgen
LACKNER, Laszlo
LASSAHN, Bernhard
LAURIEN, Hanna-Renate
LEHMBRUCH, Gerhard
LIESEN, Klaus
LINK, Ewald
LÖWENTHAL, Richard
MAURER, Karl
MERK, Bruno
MERTSCH, Hans
MILEWSKI, Peter
MÜNZEL, Frank
NIESSEN (ß), Ferdinand
OVERATH, Johannes
PAX, Hellmuth
PFENDER, Hans
PLACHETKA,
 Manfred Günther
PLATE, Herbert
RANDOLF, Karl
REICHEL, Andreas
RING, Wolfhard
RÖHRIG, Reinhold J.
RÖSSLER, Roman
ROLLNIK, Horst
RÜHM-CONSTANTIN,
 Emmy
SAX, Walter
SCHAERER, Reymond
SCHLEGELBERGER,
 Bruno S. J.
SCHMID, Karl L.
SCHMIDT, Manfred
SCHRÖDER, Gerhard
SCHWERIN, Graf von,
 Eberhard
STILLER, Klaus
TESCHKE, Rolf
TRAITTEUR, Edle von,
 Irmgard Elisabeth,
 geb. Klein
TRIEBOLD, Karl Friedrich
URBANEK, Axel
UTZ, Arthur-Fridolin
WAGENFELD, Wilhelm
WAHN, Winfried H.
WARBURG, Eric M.
WEBER-FAS, Rudolf
WEIMANN, Benno
WEIZSÄCKER, Freiherr von,
 Richard
WIEHL, Peter
WILLE, Eberhard
WINDSCHILD, Günther
WISSMANN, Matthias
ZAIKA, Siegfried
ZEPTER, Karl Heinz

16. April

ARNDT, Claus
BAUER, Erika
BENDIXEN, Peter
BIRUS, Hendrik
BISCHOFF, Paul Hellmut
BRANDT, Karl
BROCKHAUS, Rudolf
CHRIST, Liesel
DAHM, Herbert
DREVS, Gustav
DREWS, Paul
EBNER, Franz
EFFHAUSER, Erich
ERLENBACH, Erich
ERNSTING, Uwe
FISCH, Rudolf
FLEISCHER-PETERS,
 Annette
FRITZE, Wolfgang H.
FUHR, Klaus-Joachim
GAEBELER, Jürgen
GERBER, Hermann
GOERTZ, Hans-Jürgen
HAAS, Ludwig
HAUENSCHILD, Carl
HELD, Ernst
HEMFLER, Karl
HENSELER, Klaus
HEUN, Hans
HINKELMANN, Karl-Heinz
HÖNSCHEID, Jürgen
HÖPKER, Wilhelm
HOFE, von, Hans
HOHEISEL, Karl Robert
HUMMEL, Gerhard F.
IDELBERGER, Karlheinz
JÄGER, Hans-Wolf
JAKOB, Franz
JÜRGENS, Günter
JUNGMANN, Karl-Heinz
KEEL, Anna
KEMPF, Eugen Karl
KEMPF, Peter
KIRSCH, Sarah
KOCH, Hans
KOSCHYK, Hartmut
KRAFT, Günther
KRÖGER, Erich
KRÜGER, Wolfgang
KUCK, Gerd Leo
LEIBFRIED, Eugen
LEONHARD, Wolfgang
LEUSCHNER, Kurt
LITZENBURGER, Gernot
MÄURER, Helmut
MECHEL, Fridolin P.
MOLDAENKE, Günter
MOLLENHAUER, Klaus
MÜLLER, Herbert
NEMITZ, Manfred
NIEDERDELLMANN,
 Herbert
NIENHEYSEN, Franz-Josef
ODLER, Ivan
PRECHT, Manfred
PREUTEN, Günter
QUAST, Günter
RATZINGER, Joseph
ROHNER, Hans-Dieter
RUPPRECHT, Hans-Albert
SALZER, Klaus W.
SCHALLER, Helmut Wilhelm
SCHAUENBURG, Konrad
SCHMIDT, Willi
SCHNEIDER, Bernd
SCHROEDER, Diedrich
SCHÜLING, Hermann
SEGGER, Heimdal
STEINBACH, Peter
STEINHAUER, Hans-Günter
STELTER, Horst A.
TREUHEIT, Werner
VAHLENSIECK, Winfried
VIEBAHN, Fred
VIKTOR, Herbert
VOLKMANN, Bodo
WAGNER, Friedrich
WAIZENHÖFER, Udo
WAKENHUT, Roland
WANK, Rolf
WEFELSCHEID, Heinrich
WEPPER, Elmar

WESSEL, Klaus
WIEGAND, Thomas
WIENECKE, Günter
WILHELM, Friedrich
WÖLFEL, Eberhard
WOLFF, Jochem
WUERMELING, Georg
ZANKL, Heinrich

17. April

ACHTERBERG, Arno
AHRENS, Joseph
AVENHAUS, Ernst
BAUER, Wolfram
BEGEHR, Heinrich
BOTHMANN, Eckhard
BOTTE, Karl-Heinz
BUCHHEIT, Harriet
CLAUSEN, Manfred
DEUBLER, Siegfried
DORNDORF, Wolfgang
ENDERS, Kurt
FISCHER, Heinrich
FÜRST, Peter
GEFFKEN, Detlef
GOECKE, Claus
GRAMATKE, Eckard
GROTE, Werner
HAGEN, Kurt
HAUFF, Günther W.
JANECKE, Heinz
JÜTEN, van, Grit
KALTSCHMID, Jochen
KIENER, Franz
KLAIBER, Walter
KLEIN, Albert
KLEIN, Heinrich
KÖTSCHER, Edmund
LAST, James (Hans)
LEEKER, Joachim
LEHMANN, Hans-Joachim
LEIPOLD, Helmut
LUDAT, Herbert
MEYERING, Horst B.
MÜLLER, Gebhard
MÜLLICH, Hermann
MUSCHAWECK, Willy
NEIDHARD, Hans
PLAUM, Ernst
RAMSEY, Bill
REINARTZ, Franz
RICK, Josef
RÖHRING, Klaus
ROSENBAUER, Judith
RUPPEL, Walter
SCHLACHET, Simon
SCHMÖKEL, Hartmut
SCHNAUS, Peter
SCHÜNDLER, Rudolf
SCHULTZE, Barnim. A.
SCHWARZE, Hans-Joachim
SEITZER, Dieter
SILJA, Anja
SKONIECZNY, Paul
TENGELMANN, Wolfgang
THEILE, Ursel
WACK, Hans Joachim
WEGER, Hans-Dieter
WEIGEL, Manfred
WEINDL, Georg
WEINGARDT, Carl-Arend
WERCKSHAGEN, Carl
WERNITZ, Axel
WITTSTADT, Klaus
WOELKE, Hans Gert
WOLFES, Kurt

18. April

BALES, Robert H.
BALTES, Joachim
BAMBULA, Anton
BARTH, Friedrich G.
BLUME, Hans-Peter
BÖCKLE, Franz
BÖVERSEN, Fritz
BROECKX, Jan
CLEMENS, Hans-Joachim
CORDES, Hermann
DEUBLEIN, Otmar
DIESFELD, Hans Jochen
DÖNHARDT, Axel

DOLL-HEGEDO, Hannelore, geb. Weist
DONUS, Bruno
ENGEL, Thomas
ERDTMANN, Lothar
ESS, van, Josef
ESSIG, Karl-August
FERDINAND, Walter E.
FIGGE, Udo L.
FRAHNERT, Michael
FRANZEN, Franz
FRENKEL, Gerhard
GNÄDINGER, Fritz-Joachim
GOUDOEVER, van, Jan
HACKENBROCH, Wolfgang
HASSELL, von, Henning L.
HAUBST, Rudolf
HEIN, Gerhard
HEITJANS, Albert
HERRMANN, Wolfgang Anton
HINZE, Heinz F. W.
HIPPIUS, Hanns
HÜBNER, Wolfgang
HUNOLD, Gerfried Werner
KATZSCHMANN, Ewald
KEILMANN, Ernst
KELLER, Roland
KIRCH, Karl-Heinz
KNIPPERS, Rolf
KNÖDLER, Werner Friedrich
KÖHLER-RECHNITZ, Inka
KRATZSCH, Erwin
LAUER, Hans H.
LENKEIT, Antje
LIMBOURG, Peter
LINTL, Wolfgang
LOHMANN, Sigrid
MARQUARD, Günter
MEUFFELS, Heinrich
MINTZEL, Johann Albrecht (Alf)
MITSCHKA, Arno
MÖLLER, Helmut
MÜLLER-MICHAELS, Harro
NEDDEN, Otto C. A., zur
OTT, Karl-August
PIENE, Otto
PORTELE, Gerhard
PORTH, Albert Joachim
RAUCH, Max
RICKERS, Folkert
RÖDING, Horst
ROGGENBOCK, Jochen
ROTHERT, Hans-Joachim
SALFELD, Kurt
SAUTER, Karl
SCHMALBROCK, Gerd
SCHMIDT, Adolf
SCHMIDT, Wolfgang
SCHNEIDER, Karl
SCHÖTT, Hans Erich
SCHÜTZ, Karl-Heinz
SCHWEITZER, Harald
SCHWEIZER, Eduard
SEIFERT, Jürgen
STEGER, Hugo
STIHL, Hans Peter
THROLL, Wolfgang
TOSCHEK, Peter E.
TRAUTWEIN, Gerhard
TROSSMANN (ß), Hans
VOIGT, Hans-Heinrich
WALTER, Michael
WEIHRAUCH, Wilfried
WEIS, August
WIMMER, Paul

19. April

BARNER, Martin
BAUER, Kurt
BEIERLEIN, Hans R.
BERG, Rolf
BIERMANN, Klaus
BUNTROCK, Annemarie
DAHMS, Hellmuth Günther
DAXELMÜLLER, Christoph
DENZLER, Georg
DICHANZ, Horst
DIVERSY, Lothar

EHLICH, Hartmut
EICHLER, Johannes
EISENBERG, Johannes
ELSNER, Kurt
ELSTNER, Frank
FLECK, Werner
FORSCHNER, Maximilian
GÄRTNER, Claus Theo
GEBHART, Erich
GIESING, Hans-Horst
GRATHOFF, Dirk
GROEBEN, Norbert
HÄUSSLING, Angelus Albert
HAGEMANN, Josef
HAHN, Volker
HAMANN (Hamann-Mac Lean), Richard H. L.
HAMMERSTEIN, Jürgen
HASELIER, Günther
HAUG, Albert
HEIMERL, Hans
HENZE, Dieter
HOIER, Henner
HOLLAND, Gerhard
HONSTETTER, Hanns F.
HORNEF, Heinrich
HÜTTERMANN, Jürgen
JANSEN-LAUTENBACHER, Susanne
KATH, Fritz M.
KAUFMANN, Horst
KESSLER (ß), Hermann
KOCKA, Jürgen
KÖPF, Ulrich
KOLB, Rudolf
KOSTA, Tomas
KREUTER, Dieter
KRÜCKEBERG, Fritz
KÜBLER, Werner
KÜPPER, Tassilo Georg
KUMMER, Benno
LAAGE, Gerhart
LAATSCH, Hartmut
LAGERSHAUSEN, Karl-Hans
LAUTENBACHER, Susanne
LOPE, Hans-Joachim
MANDEL, Hans H.
MATTIG, Edmund
MAUCH, Elmar
MEINEL, Erhard
MEISTER, Richard
MEURER, Kurt
MORONI, Rolf
MÜLLER, Theodor
NAGEL, Tilman
NEUHAUS, Walter
NOWAK, Winfried
PAHLITZSCH, Gotthold
RAWER, Karl
REINBOTH, Gudrun
REISEL, Rainer
RIEKS, Rudolf
SASS (ß), Peter
SCHAAF, Heinz
SCHERER, Heribert
SCHMIDT, Felix
SCHNEIDER, Peter Maria
SCHOENE, Heinrich
SCHWARZ, Raimund
SIRTL, Erhard
SOHN, Karl-Heinz
SPENGLER, Helmut
SPIELMANN, Willi
SPORHAN-KREMPEL, Lore
STALLMEYER, Rolf
THALER, Horst
THEISEN, Angela
TÖPPER, Hertha
TSCHIEDEL, Hans Jürgen
TYRELL, Werner
VERJANS, Heinz G.
WEISER, Hans-Jürgen
WITTGEN, Hans-Henning
WUTTKE, Harri
ZELLER, Alfons

20. April

ACKERMANN, Andreas
AŠANIN, Miodrag
BERNHARD, Karl-Heinz
BERNHARDT, Heinz
BESUDEN, Heinrich
BIEBUSCH, Werner
BIEDERMANN, Edwin Adolf
BLUNCK, Otto
BÖHMER, Klaus W. A.
BOENNINGHAUS, Hans-Georg
BRAND, Wilhelm
BRENDER, Irmela
CLAUSEN, Rolf
DITTRICH, Lothar
DODEN, Wilhelm
DUDA, Seweryn Jozef
ECKMANN, Friedrich
ERTZDORFF-KUPFFER, von, Xenja
FALK, Alfred
FALK, Peter
FEICHT, Heinz
FOLLNER, Heinz
FRANCESCHINI, Ernst
FRANK-SCHMIDT, Hans-Jürgen
FREUDENBERG, Nikolaus
FRIEBE, Ingeborg
GEYER, Hans-Ulrich
GRÄBER, Friedrich (Fritz)
GRÄSSMANN, Adolf
GRIBKOWSKY, Hellmut
GRUBE, Franzjosef
HARTMANN, Adolf
HAUCK, Rudolf
HEILMANN, Wolfgang
HELLNER, Erwin
HERTING, Andreas
HERZ, Thomas
HERZOG, Wolfgang
HIMMELS, Heinz
HOLIK, Josef
HOSEMANN, Gerhard
IMHOF, Arthur
IRGEL, Lutz
JACOBY, Hildegard (Hilla)
JAGODZINSKI, Heinz
JAHR, John
JANZ, Dieter
KEMMERMANN, Antonius
KENNER, Hedwig
KIEFER, Günter
KNAUSS, Erwin
KÖBLER, Gerhard
KROHN, Karsten
KÜHLWEIN, Wolfgang
KUHLE, Matthias
KUSCH, Franz
LEMKE, Manfred
LIEDTKE, Hans Jürgen
LIST, Günther
LOHMANN, Martin
MIRA, Brigitte
MÖSL, Albert
MOHR, Ernst
NICOLIN, Milly, geb. Mühlenberg
PATT, Hans-Josef
PFLUG, Günther
QUARITSCH, Helmut
RICKERS, Elsbeth
ROHRBERG, Erwin
SCHAAL, Werner
SCHARLAU, Birgit
SCHLEICH, Werner
SCHLEUSSER (ß), Heinz
SCHMIDT, Uwe
SCHMIDT-WEYLAND, Günther
SCHNEIDER, Josef
SCHREINER, Günter
SCHUTZ, Peter W.
SCHWAHN, Joachim
SCHWARZE, Claus W.
SEIDLER, Eduard
SIEBEL, Henning W.
SIMONIS, Paul
SPIEGEL, Bernt
SPROTTE, Siegward
STEIN, Erwin
STIEHL, Hans Adolf
STRUNZ, Volker
STÜHLER, Walter
TEPPERWIEN, Fritz

TRUX, Walter Rudolf
UNSÖLD, Albrecht
UNTERHITZENBERGER, Konrad
VOSSMERBÄUMER, Herbert
WÄLZHOLZ-JUNIUS, Hans-Martin
WARNING, Wolf-Elmar
WEIGL, Hans Jürgen
WERNER, Horst
ZENDER, Matthias

21. April

BALZER, Theo
BLOCK, Jochen
BOCK, Harald M.
BRIEST, Eckart
CILLIEN, Ursula
DETALLE, Michel-Pierre
DETTMAR, Werner
DREWS, Dietrich Eckhard
DREYER, Nicolaus
ECKEL, Karl
EIGNER, Gerd-Peter
FEIL, Georg
FENTSCH-WERY, Erna (WERY, Ernestine)
FOET, Karl
FREUDENREICH, Dorothea
FRISCH, Peter
FÜLLEBORN, Ulrich
GREIN, Armin
GREINERT, Karl
GRIESINGER, Annemarie, geb. Roemer
GRIMM, Gunter E.
GÜNTER, Roland
HAASIS, Heinrich
HAEGELE, Rudolf
HANDERER, Hermann
HASSEL, von, Kai-Uwe
HENCKEL, Wolfram
HERRMANN, Hans Peter
HOLZHAUER, Heinrich (Heinz)
HOWALDT, Andreas
HUBMANN, Heinrich
JASCHKE, Dieter
JESSEN, Jens
KAICK, van, Gerhard
KALTEFLEITER, Werner
KARCHER, Wolfgang G.
KARDOS, Georg (György)
KASER, Max
KECK, Albert
KENDZIA, Rudolf
KIRCHHOFF, Jochen F.
KOEHLER, Dietrich
KÖNIG, Klaus
KRAUS, Helmut
KRÖLL, Joachim
KRONAWITTER, Georg
KRUSE, Martin
LACKNER, Stephan
LAPP, Horst M.
LESSLE, Dieter Felix
LUMMA, Udo
MAIER, Karl-Heinz
MANSKE, Dietrich Jürgen
MAYER, Frederic
MEINRAD, Josef
MEVERT, Friedrich
MEYER, Reinhard
MEYER-BRÖTZ, Günter
MILLER, Johannes
MITSCHERLICH, Gerhard
MÜHL, Johannes
MÜLLER, Ernst Wilhelm
MÜLLER, Thomas
NIMZ, Horst
OEHME, Wolfgang
PAWELSKI, Oskar
PECHEL, Peter
PETZOLDT, Detlef
PFISTER, Max
PLATE, Christina
POLLARD, Sidney
RADEMACHER, Paul
RAUSCHENBACH, Klaus-Peter

REUTER, Albert
RÖHRIG, Ernst
RUNDGREN, Bengt
SCHEUNEMANN, Hermann
SCHMALEN, Heinz
SCHMIDLE, Alfred
SCHNEIDER, Hermann
SCHWARZ, Jürgen
SCHWARZ, Wolfgang
SIEPENKOTHEN, Anne-Hanne
STURM zu VEHLINGEN, von, Ferdinand
TERJUNG, Knut
THYEN, Hartwig
TIEDEMANN, Rudolf
ULMANN, von, Elisabeth
VÖLKER, Helmut
VOITH von VOITHENBERG, Freiherr Günter
WALZ, Herbert
WERNER, Herbert
WILL, Wolfgang
WINDGASSEN, Peter
WINTERMANTEL, Erich
WIPPERMANN, Friedrich
WRIEDT, Klaus
WÜNNENBERG, Wolf

22. April

ADLER, Brigitte
ANSCHÜTZ, Dieter
BANNWARTH, Horst
BERGIUS, Rudolf
BERTHEL, Jürgen
BILLIGMANN, Joseph
BLANKENBURG, Günter
BLUME, Horst-Dieter
BOLL, Edith
BRAND, Karl
BRAUNECK, Manfred
BRÜCKER, Diethelm
BUERSCHAPER, Margret
DOBROSCHKE, Horst
DONNEPP, Bert
ENGEL, Frederico
ERLEBACH, Peter
EVERLING, Wolfgang
FEDDERSEN, Dieter Henning
FÜRSTENBERG, Friedrich
GARBE, Karl
GEBHARDT, Wolfgang
GÖHRINGER, Hans K.
GÖTTE, Klaus
GRASSHOFF (ß), Heinz
GREISS, Franz
GREVEN, Jochen
GROSS (ß), Rötger
GUTEKUNST, Dieter
HÄDECKE, Wolfgang
HAENSCH, Günther
HAUCK, Michael
HELMSTÄDTER, Ernst
HEMMER, Hans-Rimbert
HENSCHEL, Waldtraut, geb. Villaret
HIRSCH, Joachim
HÖLTZEL, Hans Michael
HOFSOMMER, Ruth
HOLZAPFEL, Wilhelm Heinrich
HUMMEL, Siegfried
HYND, Ronald
JÄGER, Oskar
KHOURY, Raif Georges
KLEINHEYER, Bruno
KLINGENBECK, Fritz
KLIPPERT, Werner
KOCH, Walter
KÖNIG, Heinrich
KOLLHOSSER, Helmut
KRONZUCKER, Hans-Dieter
LAUFER, Heinz
LAUTENBACH, Ernst
LEIPNITZ, Harald
LENZ, Hanfried
LYNDEN, Baron von, Diederic Wolter
MALLACH, Martin
MANNACK, Eberhard
MAZURA, Franz

MOOSBERG, Kurt Alexander
OLBRICH, Erhard
PAETZMANN, Walter
PEKRUN, Martin
PÖSCHL, Klaus
POLL, Michael
PRIESTER, Wolfgang
PYE, Edward Michael
REITER, Johannes
ROSSKOPF (ß), Horst
RUMMENHÖLLER, Peter
SCHAUMANN, Fritz
SCHMIDT, Günter Rudolf
SCHMIDT-DECKER, Petra
SCHMITZ-SCHERZER, Reinhard
SCHRÖDER, Toni
SPECKMANN, Rolf
SPERLICH, Volker
SPICKERMANN, Diethart
STÖDTER, Rolf C. W.
SZYMCZAK, Klaus
THIEMEYER, Theodor Heinrich
THÖNE, Ernst
TOMEI, Annemarie, geb. Mohrmann
TRETER, Uwe
UNGERER, Werner
URBAN, Norbert
WAIGEL, Theodor
WEBER, Wolfgang
WINKLER, Erich
WURZIGER, Johannes

MÜLLER-SCHWEFE, Gerhard
MÜNZNER, Hans
NEUMANN, Peter Horst
NOLL, Lothar
PAULUS, Herbert
POPP, Werner
RADTKE, Günter
SAENGER, Wolfram H. E.
SAUERBAUM, Eckhard Wilhelm
SCHADEBERG, Friedrich
SCHAEFER, Matthias
SCHERNER, Karl Otto
SCHLÜTER, Marguerite (Valerie)
SCHRÖDER, Bruno
SCHULTE, Bodo
SCHULZE, Hans-Ulrich
SCHWANITZ, Dietrich
SEDLER, Willy
SEEBACH, Gerhard K.
SLOTOSCH, Walter
STEINBRECHER, Michael
STEMMER, Axel B.
STEUER, Walter
STRAATMANN, Victor
STRAKA, Gerald A.
THOMMES, Susanne
TSCHIERSCHWITZ, Gerhard
UNBEHAUEN, Rolf
VOGLER, Theo
WECHSEL, Hans
WICHMANN, Walter
WICKE, Lutz
WINTERSBERGER, Lambert Maria

24. April

ALTMANN, Gerhard
ANDERS, Egon
AUGUSTIN, Anneliese, geb. Mindermann
BECKER, Kurt A.
BECKS, Rolf
BÖNINGER, Ulrich
BOLLMANN, Hans
BORN, Heinz
BREITENSTEIN, Peter
BURG, von der, Detlev
CASPER, Bernhard Josef
DÖRTELMANN, Friedrich W.
DROMMER, Wolfgang
EBERLE, Rudolf
ELSÄSSER, Günter
ENGELS, Odilo
GABRISCH, Rudolf
GESSNER, Hans Heinrich
GIETZELT, Manfred
GOEBEL, Klaus Wilhelm
HAACK, Wolfgang
HÄDRICH, Rolf
HAMER, Kurt
HARBERS, Eberhard
HARNISCH, Heinz
HAUSMANN, Klaus Wilhelm
HEISE, Albrecht
HESS-LÜTTICH, Ernest W.B.
HIERHOLZER, Günther
HILGENBERG, Fritz
HIMMELHEBER, Max
HIRSCH, Hans
HÖGEL, Rolf
HOFMANN, Reinhold R.
HUBER, Ludwig W.
HÜLLE-KEEDING, Maria
JACOBS, Werner
KEIL, Siegfried
KLEINHERNE, Herbert
KLEINKNECHT, Konrad
KLOSE, Karl-Dieter
KLÜTING, Hans
KÖNIG, Hermann
KOHLHASE, Hermann
KOKEMOHR, Rainer
KRÖLL, Heinz
KROGOLL, Johannes
KÜPPERS, Horst
LANGENBUCHER, Wolfgang Rudolf
LORCH, Peter Arnold

LÜCKENHAUS, Alfred
LUTZ, Harald
MARNAU, Alfred
MEISSNER, Werner
MEIXNER, Josef
MOEBUS, Joachim Friedrich
MÖHRES, Franz-Peter
MOESTA, Carlheinz
MÜLLER, Klaus
NITZSCHKE, Volker
PACHL, Peter P.
PHILIPP, Harald
PIEPER, Theodor
PORTHEINE, Hermann
RHEIN, Arnold
RICHTER, Joachim
RICHTHOFEN, Freiherr von, Hartmann
RITTER, Karl Hermann
RUTSCH, Martin
SCHEFE, Hans
SCHERTZ, Georg
SCHILLER, Karl
SCHLINGLOFF, Dieter
SCHNEWEIS, Karl-Eduard
SCHÖNBERGER, Franz
SCHULZE-REIMPELL, Werner
SOHL, Beate
SPENGLER, Alois
SPITZ, Arno
STAEMMLER, Hans-Joachim
STAUDT, Jakob
TAMM, Jürgen
THEISSEN, Gerd
UEBERHORST, Reinhard
VELDTRUP, Dirk
WAGNER, Hans
WARNECKE, Heinrich
WEISS, Christoph
WEISS, Günther
WEISS, Max
WERNER, Hans Joachim
WETH, Georg A.
WEYGOLDT, Peter J. H.
WILKING, Siegfried
WILLICH, Martin
WIRTZ, Karl
WITTMANN, Bernd
WOLF, Herbert
ZIEGLER, Josef-Georg
ZÖTTL, Heinz W.
ZOPF, Peter-Helmut

25. April

ANDERS, Richard
ANDRES, Wolfgang Peter
ASSMANN (ß), Erwin
AUGUSTIN, Maria
BACH, Max
BACH, Werner W.
BAUMGARTEN, Werner
BEHRENS, Erwin
BERGMANN, Olaf
BERNHARDT, Klaus
BERTHOLD, Richard
BILGRAM, Hans
BRAUN-FALCO, Otto
CASTENHOLZ, Anton
CZURDA, Elfriede
DORSCH, Bernhard
FECHNER, Wolfgang
FENDEL, Rosemarie
FICHSEL, Helmut
FIRGES, Jean
FISCHER, von, Kurt
FLEISCHMANN, Gerd
FREYH, Brigitte, geb. Mayer
FRITSCH, Rudolf
GANZHORN, Karl
GEIL, Rudolf
GLASER, Günther
GOLÜCKE, Karl-Friedrich
GRANZER, Friedrich
GREIVE, Artur
GRESMANN, Hans
HALLIER, Hans Joachim
HEIMANN, Hans
HENKE, Wolfgang
HEWEL, Horst
HILLECKE, Werner

HOFMANN-WERTHER, Matthias
HOOF, Dieter
HORN, Camilla
HRDLIČKA, Bohumil
HUNGER, Fritz
KABALLO, Winfried
KANNEGIESSER, Herbert
KASPER, Hellmut
KIESER, Rolf
KIRCHNER, Erich
KLEE, Hans Dieter
KLUGE, Hans-Jürgen
KNAISCH, Karl-Ernst
KRABS, Werner
KRAMANN, Bernhard Heinrich
KREBS, Adolf W.
KÜHN, Arthur
KUNZ, Christof
LABRYGA, Franz
LANGER, Klaus
LOCHMANN, Ernst-Heinrich
LORTZ, Helmut
LÜTHKE, Karsten
MARGUTH, Frank
MARTIN, Ludwig Markus
MEHLIG, Rainer
MEIER-HEDDE, Ernst
MEYER-DOHM, Peter
MÖLLER, Vera, geb. Mohr
NAUMANN, Gottfried
NIEBERGALL, Heinz Rudolf
OBLÄNDER, Manfred H.
ODERMANN, Jochen
PALM, Siegfried
PESCH, Ludwig
REISINGER, Peter
REUTHER, Waldemar
ROTHE, Friedrich-Karl
ROTHE, Hans-Werner
ROVIRA, German
SANDER, Heinz
SCHÄFER, Jörg
SCHEUFELEN, Karl-Erhard
SCHLENDER, Bodo
SCHMIDT, Michael
SCHÖNBACH, Gerhard
SCHOLZ, Ernst
SCHOPPE, Siegfried G.
SCHRÖDER, Walter
SCHUBERT, Walter
SCHULZ, Peter
SCHUTZ, Karl
SCHWOIM, Alois
SPANG, Rudolf
SPEICHER, Rudolf
SPICKER, Heiner
SPRICKMANN KERKERINCK, Detlef
STEINGRÜBER, Hans-Joachim
SUDHAUS, Walter
THIMM, Heinz-Ulrich
TILLMANN, Friedrich
TOLLE, Adolf
TUCHELT, Klaus
VALET, Günter
VEITH, Hans-Joachim
VOGT, Wolfgang
WALCHSHÖFER, Jürgen Dietrich
WASSENER, Albert
WEHLING, Heinz
WEISZ, Herbert
WERNIG, Dieter
WESSELS, Herbert
WINDSINGER, Josef
WÜST, Gottfried
WUNDERLICH, Heinz
ZAPF, Wolfgang
ZILK, Otmar

26. April

AHLBORN, Hans
ALTMANN, Helmut
AUFERMANN, Jörg
BÄR, Günter
BECKER, Hans
BEITZKE, Günther

BENNING, Alfons
BINGEMER, R. Claus
BÖLKE, Joachim
BÖRNSEN, Wolfgang
BRANDI, Fritz
BREHM, Wolfgang
BRÖDEL, Walter
BRÖMER, Herbert
BÜNAU, von, Günther
BUSSE, Heribert
CAMPINGE, Josef
CONNERT, Winfried
CZELL, Gernot
DAUSCHA, Peter
DÖRRENBERG, Peter E.
DORNDORF, Eberhard
EBBEN, Heinz-Adolf
EICKHOFF, Wilhelm, Karl
FRANKE, Hermann
FRIESE, Heinrich
FRORIEP, Henrik
GÄRTNER, Hans
GEORGI, Christian
GRABERT, Hellmut
GREINACHER, Norbert
GROSCH, Heinz
HAHN, von, Walther
HERINGER, Hans Jürgen
HESSE, Hans Albrecht
HIRSCH, Hans A.
HOFMANN, Klaus-Dieter
HOPPE, Marianne
HUNKE, Sigrid
INTORP, Leonhard
KAMMERMEIER, Helmut
KERÉKJÁRTÓ, von, Margit
KOFLER, Leo
KRÄMER, Hans Joachim
KREILINGER, Hans
KÜMMEL, Friedrich
LEHNHARDT, Ernst
LIESER, Karl Heinrich
LINDT, Peter M.
LINNERT, Gertrud
LUTZ, Hans-Jürgen
MASKUS, Rudi
MEISSNER, Kurt
MILDENBERGER, Gerhard
MILJAKOVIĆ, Olivera
MÖLLENDORFF, von, Horst
MUTHESIUS, Peter
NEUMANN, Dirk
NIEPAGE, Helmut
PISO, Jon
PRAKKE, Hendricus J.
RAUTENFELD, von, Arndt
ROTHE, Wolfgang
SÄTTELE, Hans-Peter
SAZENHOFEN, Frhr. v., Carl-Josef
SCHAEFER, Helmut
SCHAEIDT, Gerd
SCHAFFNER, Hans
SCHEHRER, Rudolf Georg
SCHLEIMINGER, Günther
SCHLÜCHTER, Ellen
SEBALDT, Maria
STIEFEL, Eberhard
TASCHAU, Hannelies
TESSENDORFF, Heinz
THOMAE, Adolf
ULMER, Roland
van de VENN, Herbert
VERHÜLSDONK, Roswitha, geb. Woll
VOGEL, Anton
VOLKART, Karlheinz
WAGENSEIL, Kurt L.
WEIER, Winfried
WELTEN, Peter
WIEGAND, Bernd

27. April

AHRENS, Peter Georg
ALSEN, Kurt
BAUDLER, Marianne
BECK, Heinrich-Rudolf
BÖHLER, Eduard
BOETTCHER, Erik
BREDE, Horst
BRÜTTING, Georg
BÜTTNER, Gisela

BURHENNE, Wolfgang E.
DERWALD, Walter
DIEHL, Herbert
DÜRR, Walther
ESSLER, Wilhelm K.
FINKE, Kurt
FRICKE, Dieter
GALSTERER, Hartmut
GIERICH, Peter
GOSTOMSKY, Dieter
GRAUMANN, Günter
GUTHMÜLLER, Hans-Bodo
HEIDEN, Christoph
HEINZMANN, Ulrich
HIRZEBRUCH, Ulrich
HOFFMEISTER, Hans-Eberhard
JACOBY, Peter
JANSSEN, Gerhard
KANZ, Heinrich
KNAHL, Herbert
KOCHAN, Barbara
KÖSSLER (ß), Henning
KOLLMANNSBERGER, Annemarie
KRAPP, Franzjosef
KRECEK, Heinz
KRIEGER, Margarethe
KULENKAMPFF, Hans-Joachim
KUSTERER, Jürgen A.
KWIET, Hans
LORENZ, Werner
LÜTGEMEIER, Jürgen
MAIER, Franzjosef
MÜHLEN, Heribert
NOWY, Herbert
OBERLE, Claus
PINGEL, Raimund
PIPER, Heinz Peter
POLSTER, Olaf Jürgen
RANFT, Dietrich
RASSEM, Mohammed
RÖHLER, Rainer H. A.
ROHDE-RUDOLPHI, Hans J.
ROSSBERG, Gerhard
ROTHMAIER, Kurt
SCHINK, Bernhard
SCHLAU, Wilfried
SCHMIDT-OSTEN, Hans
SCHORLEMER, Freiherr von, Reinhard
SCHULTZ, Henning
SCHWITZGEBEL, Helmut
SEIFFERT, Helmut
SELMAIR, Hans
SIMON, Dieter
SPEIDEL, Raimund
STAHL, Rolf
SZCZESNY, Ches
VENZLAFF, Helga, geb. Schröder
VOLZ, Friedrich
VONHOFF, Hans-Peter
VORSMANN, Norbert
WAGNER, Erich
WEIGELT, Horst
WIENSTEIN, Eberhard
WIENSTEIN, Richard
WOHLFEIL, Rainer
WOLL, Dieter
ZERFASS (ß), Rolf

28. April

AMLING, Max
BÄR, Günter Frank
BAUER, Karl-Wilhelm
BAUER, Rudolph
BEISSE, Heinrich
BENNER, Otto
BERNDT, Rolf
BERNER, Rolf
BERTRAM, Günter
BEUTEL, Ernst
BÖNNINGHAUS, Heinrich
BORCHARDT, Peter
BOYSEN, Gert
BRANDT, Hans Jürgen
CASPER, Werner
DRIEST, Burkhard
EHRHARDT, Helmut

ELSCHENBROICH, Christoph
ESCH, Arnold
FISCH, Jörg
FORKEL, Hans
FRANK, Günter
FRANZ, Walter
FRÖHLER, Ludwig
GAISENKERSTING, Josef
GELDMACHER-v. MALLINCKRODT, Marika
GLOMB, Georg Peter
GRÜNDER, Hans-Dieter
HEENE, Helmut
HELLWEGE, Hans Günther
HEMMER, Frank D.
HESSE, Wolfgang
HOEDE, Mareile
HOFMEISTER, Paul E. J.
JAEGER, Wolfgang
JAENICKE, Walther
JÜNTGEN, Harald
KAASE, Heinrich E. A.
KASKE, Wolfgang
KEIL, Gerhard
KELLER, Otfried
KERSTEN, Martin
KERTELGE, Karl
KLÄUI, Wolfgang
KLIE, Werner
KORNMESSER, Hans-Jürgen
KRASEMANN, Willi
LANGE, Heiko
LEICHTLE, Georg
LEMCKE, Kurt
LIESNER, Claus
LOCKOWANDT, Oskar
LUNDHOLM, Anja
LUTHER, Gerhard
MAIER, Sepp (Josef Dieter)
MASKE, Helmut
MAYNTZ, Renate
MEYER, Jürgen
MOSER, Max
NEUBAUER, Dieter
NOLTING-HAUFF, Ilse
ORTMANN, Rolf
PFISTER, Ernst
PODLECH, Dietrich
POTS, Peter
PREISENDANZ, Wolfgang
PSCHORR, Franz-Josef
RICHTER, Hans Peter
RICHTER, Horst-Eberhard
RIESEBECK, Dietrich
RUDOLF, Hans Ulrich
RUSBÜLDT, Normann
SEIFERT, Karl-Friedrich
SEMLER, Johannes
STÄCKER, Horst
STROMER v. REICHENBACH Freiherr von STROMER, Wolfgang
STUCKE, Kurt
TOLKEMITT, Georg
TROJE, Hans Erich
VEITHEN, Irma
VÖLGER, Gisela
WAHREN, Karl Heinz
WASILJEFF, Alexander
WEBER-SCHÄFER, Peter
WERKSTETTER, Franz Xaver
WERNER, Ernst
WIESEND, Martin
WISKEMANN, Arthur
ZEITLER, Rudolf
ZINDLER, Martin

29. April

ALETSEE, Ludwig
AMONATH, Detlef J.
BAUMS, Theodor
BERNHARDT, Rudolf
BIERICH, Marcus
BUBECK, Hermann
BURCHARDT, Hilmar
DIETERICH, Wilhelm
DIMITROV, Nikola Spassov
DÖRING, Kurt
DREYER, Wolfgang
DÜSTERLOH, Diethelm

ENGEL, Johannes K.
ENGELHARDT, Dieter
ERDMANN, Karl Dietrich
FELIX, Sascha W.
FIEDLER, Herbert
FREISE, Gerda, geb. Röttger
FUCHSHUBER, Erich J.
FUNKE, Karl-Heinz
GADEK, Klaus
GEBEHENNE, Walter
GNEUSS, Walter Christian
GRANSOW, Volker
GRUHL, Wolfgang Günter
GÜLCH, Rainer Wolfgang
GÜLKE, Peter
HAMMERSCHMIDT, Ernst
HANSMANN, Manfred
HARLANDER, Willy
HARTEL, Wilhelm
HOFFMANN-AXTHELM, Walter
HOFFSTADT, Josef
HOLLWICH, Werner
KAPFERER, Clodwig
KELLER, Fritz
KEMPOWSKI, Walter
KNAPPWOST, Adolf
KÖNIG, Hans
KÖSTER, Jens-Peter
KOLLDEHOFF, Reinhard
KREIENBAUM, Karl-Heinz
KREMERSKOTHEN, Josef
KULZE, Rolf
LANCIER, Peter
LANDWEHRMANN, Friedrich
LANGE, Richard
LANKL, Hermann
LÜRIG, Hans Joachim
MARTIN, Adrian Wolfgang
MAURER, Rolf
MYLENBUSCH, Helmut
NÄBAUER, Pia
NERGERT, Rudolf
NEUMAR, Rudolf
OTTO, Hermann
OTTO, Karl A.
PACHELBEL, von Rüdiger
PANZER, Baldur
PÖPPEL, Ernst
QUILITZ, Erich
RÖSCH, Franz
ROLOFF, Ulrich
ROTERS, Matthias
SANDEN, Horst
SANDIG, Barbara
SCHEER, Hermann
SCHEIBE, Reinhard
SERNETZ, Manfred
SIMMROCK, Karl Hans
SIPPEL, Hans
STAMM, Harald
STUTZ, Hans
ULSHÖFER, Robert
WACHTER, Emil
WETTSTEIN, Karl-Peter
WIESE, Martin

30. April

ALARCÓN, Alberto
ARNDT, Fritz
ARNSWALD, Helmut
BAETHMANN, Alexander-Joachim
BECK, Herbert
BERGNER, Heinz
BERNOTAT, Rainer Klaus
BICKEL, Heribert
BÖHME, Helmut
BOETTE, Gerhard
BORGWARDT, Jürgen
BRAKE, Klaus
BRINKMANN, Karl
BUBENIK, Gernot
BÜSCH, Otto
CLAUSSEN, Uwe
DICHLER-APPEL, Maria Magdalena, geb. Freiin von Appel
DICK, Rolf
DIECKHOFF, Dieter

DIEHL, Heidelotte
DINSE, Klaus
ERL, Willi
FUCHS, Eckart
GERBER, Peter
GÖTTSCHING, Christian
GOPPEL, Thomas Johannes
GROSSE, Karl-Heinz
HABERMEHL, Adolf
HAGEMEIER, Rainer Georg
HAHN, Ulla
HÖNLE, Ludwig
HOFMANN, Walther F.
HOFMANN, Werner
HOLLE, Fritz
HORN, Karlheinz
JANCKE, Walter
JANOWSKI, Bernd
JOCHUM, Peter
JUNGNICKEL, Wolfgang
KELLER, Albert
KESSLER (ß), Franz
KIEFNER, Hans
KLUGE, Alfred
KOHLMAIER, Gundolf
KOZA, Ingeborg
KRAUSE, Gotthard Heinrich
KÜHNEL, Wolfgang
LOHMAR, Ulrich
MAURER, Christian
MESSERSCHMIDT, Hans
MICHLER, Markwart
MOAZAMI-GOUDARZI, Yadollah
MORGENSTERN, Hans Dieter
PEINEMANN, Bernhard
PEISERT, Hansgert
PETERS, Horst Theodor
PFEIFER, Roland
PÖRTNER, Rudolf
RADKE, Rudolf
RINSER, Luise
RÖGER, Christfried
ROMBERG, Ernst
RUPPEL, Fritz Raymond
SCHÄFER, Manfred
SCHERER, Georg
SCHERZ, Udo
SCHÖNWALD, Kurt
SCHUMANN, Carl jr.
STAAS, Hans E. A.
STABEL, Ernst
STEIBLE, Horst
STOFFEL, Wilhelm
STORZ, Oliver
STRACHWITZ, Rupert, Graf
SYDOW, Jürgen
TEUBNER, Gunther
THIEL, Eckhard
WATZKA, Max
WEISS (ß), Hans-Dietrich
WITTMÜTZ, Volkmar
WÜSTENBERG, Joachim
WUSSOW, Klausjürgen

1. Mai

ALBRECHT, Julius
BAUCH, Jost
BERGER, Karl-Heinz
BERNINGHAUS, Armin
BLANKENBURG, Wolfgang
BORN, Willi
BRAUN, Heribert
BRINK, Jürgen
CAMBEIS, Hansjörg Philipp
CHRISTIANS, F. Wilhelm
CIBIS, Bernd
DAHRENDORF, Ralf
DECKEL, Michael
DEUSS, Walter
DIEHL, Fred
FISCHER, Heinz-Dietrich
FLEGEL, Robert
FLIEDNER, Dietrich, Karl
FRANZ, Helmut Jacob
GANTER, Bernhard
HEUER, Hans
HILD, Rudolf
HÖVER, Albert

HUNDELSHAUSEN, von, Heinrich
IPPERS, Josef
JUNG, Albert
JUNGK, Klaus
KEMP, Wolfgang
KERP, Lothar
KERSCHE, Peter
KIEFER, Wilhelm
KNEPPER, Reinhold
KNOLL, Renate
KÖHNLEIN, Wolfgang
KOKOTT-WEIDENFELD, Gabriele
KRIEGER, Albrecht
KROPPENSTEDT, Franz
KRUSE, Horst
KUDRNOFSKY, Wolfgang
KÜHN, Klaus
KÜPER, Wilfried
KUPKE, Peter
LANG, Hans-Jürgen
LINDSTEDT, Klaus J.
MAVIGNIER da SILVA, Almir
MENNIGMANN, Horst-Dieter
MÜLLER, Detlef
NEUREUTHER, Erich
NEVEN-DU MONT, Dietlind, geb. v. Xylander
OBERLÄNDER, Theodor Erich
PFAHL, Berengar
PREUSS(ß), Horst Dietrich
REHM, Martin
REMBOLD, Ulrich
RIEDEL, Christian Rudolf
RIET, van, Joseph H.
ROSENBAUM, Ernst
RUMETSCH, Rudolf
RUMPF, Horst
RUPRECHT, Dietrich
RUTZ, Hermann
SACK, Horst
SCHABER, Will
SCHLAICH, Klaus
SCHNELLER, Konrad
SCHRÖDER, Walter
SCHWÖRER, Hermann
SEILER, Robert
SEUL, Helmut
SIEGMEIER, Albrecht W.
SIMON, Klaus
SKORCZEWSKI, Egon
STAHLBERG, Gerhard
SUHR, Robert
SZAJAK, Stefan
THOMÉE, Friedrich
THÜMMEL, Hans
TILLMANN, Bernhard
TODT, Eberhard
WASSMANN, Günther
WEINHOLD, Josef
WIRTH, Hans
WUPPERMANN, Hans Joachim
ZANDER, Ernst

2. Mai

ABT, Horst
ADAM, Alfred
ALBERTZ, Rainer
ANDEREGG, Jürgen
ANGERMANN, Torsten
AULFES-DAESCHLER, Gisela
BÄUERLE, Dieter
BAILEY, Charles-James N.
BALDERMANN, Ingo
BELZ, Günther
BENZ, Walter
BORNSCHEUER, Friedrich Wilhelm
BUSCH, vom, Werner
CHRISTIANS, Hans-Willi
DÖRICH, Wolfgang
DOERRY, Gerd
DREHER, Klaus
DRUX, Rudolf
ELSNER, Gisela
FALCK, Ingeborg
FERSCHKE, Hans

2. Mai

GERICKE, Dietmar
GOLL, Ulrich
GRÜTZMACHER, Jutta
GÜNTHER, Götz
HEGEL, Ulrich
HEITKÄMPER, Peter
HENKE, Wilhelm
HENSEL, Horst
HERGT, Raimund
HERRMANN, Axel
HEYEN, Franz-Josef
HEYNE, Rolf
HORN, Erwin
HOTTES, Karlheinz
JUSATZ, Helmut
KELLER, Hagen
KIERSCH, Gerhard
KIRSCH, Erich A.
KNIEL, Adrian
KÖHRING, Klaus Heinrich
KÖRBER, Friedrich
KONJETZKY, Klaus
KRAUTKRÄMER,
  Günter Jakob
KRÜGER, Detlof
KÜNZEL, Erich
LÖNNE, Karl-Egon
MAUVE, Karl-Eberhard
MOH, Günter Harald
NAGEL, Claus Dieter
NIENHAUS, Franz
ORTMEIER, Ludwig
PETERS, Hans-Rudolf
PICKERT, Helmut
PUTZMANN, Johann C.
RADKE, Melanie
REIFENBERG, Jan G.
RIEDEMANN, Klaus
SCHIPS, Kurt
SCHMIDT, Bodo
SCHNELLDORFER, Manfred
SCHRÖER, Henning
STEIN, Horst
STERLEY, Christian
THOMAS, Gerhard
TRÖGER, Walter
VOGT, Helmut
WALTER, Wolfgang
WEBER, Karl
WEIGERT, Ludwig J.
WEINERT, Peter Paul
WEYDT, Günther
WILLECKE, Raimund
WINCKELMANN, Hans
WÖHE, Günter
WOLF, Helmut
ZEHDEN, Werner-A.
ZERBIN-RÜDIN, Edith
ZIEGLER, Dieter

3. Mai

ADAM, Gerold
ANDRESEN,
  Günter Andreas
BAHRENBERG, Gerhard
BARTSCH, Harry
BAUER, Hans-Georg
BAUER, Leopold
BAUMGÄRTNER, Franz
BAYERN, Herzog von,
  Albrecht
BESTERS, Hans
BORCHMEYER, Dieter
BRACKMANN, Kurt
BREUNIG, Walter
CHOBOT, Manfred
DERFUß, Alfred
DEUFLHARD, Peter
DÜLMEN, van, Richard
ERDMANN-JESNITZER,
  Friedrich
ESTEL, Herbert
FACK, Fritz Ullrich
FIRNHABER, Eberhard
FISCHER, Klaus
FLECKENSTEIN, Albrecht
FONTHEIM, Joachim
FUHRMANN, Otto
GAMILLSCHEG, Franz
GEIDEL, Herbert
GÖRNERT, Hans
GROTTHUSS, von, Gero

HÄUSSLER (ß), Reinhard
HARTLEB, Hans
HAUCH, Hans-Jürgen
HEIGL, Anton
HELMCKE, Johann-Gerhard
HERRE, Wolf
HERRMANN, Harald
HERRMANN, Wolfgang S.
HOBOM, Gerd
HOFMANN, Hanns
HOFRICHTER, Hartmut
HORRMANN, Horst
KARTSCHOKE, Dieter
KNEMEYER, Franz-Ludwig
KREUTZER, Hermann
KUBITZKI, Klaus
LANGER, Winrich
LAPPE, Rolf
LEYDHECKER, Wolfgang
MÄHL, Hans-Joachim
MÄNNING, Peter
MASSING, Otwin
MEYER, Herbert
MODICK, Klaus
PAUL, Eugen
PAUL, Fred
PAULITSCH, Peter
PELZER, Heinrich
PETERSEN, Günter
POLLER, Horst
POLLMANN, Leo
REISS, Franz
RICHTER, Klemens
RUPPE, Harry O.
SAHMANN, Otto
SALGE, Heinz Georg
SCHEIBERT, Peter
SCHEIBNER, Horst
SCHELLING, von,
  Friedrich-Wilhelm
SCHMITT-KÖPPLER,
  August
SCHNELLE, Heinz
SCHRÖDER, Jürgen
SCHUG, Walter
SCHWARZMAIER,
  Hansmartin
SCHWERDTNER, Joachim
SIEGER, Dieter
SKRZYPCZAK, Henryk
SPIESSHOFER (ß),
  Günther
SPILKER, Karl-Heinz
STÄDING, Karl-Heinz
STEINMEYER, Fritz-Joachim
STIRN-FASCHON, Susanne
TANNER, Widmar
THOMA, Helmut
TRAUTNITZ, Hans
WERTHMÖLLER, Ottomar
WURSTER, Hans-Emil

4. Mai

ABELS, Herbert
ADLER, Peter
BACHÉR, Peter
BAUER, Ernst
BECKER, Klaus
BEGEMANN, Herbert
BELZ, Hans-Georg
BENDER, Wolfhard Friedrich
BESCH, Werner
BETTENDORF, Gerhard
BIERSTEDT, Klaus-Dieter
BÖDEKER, Helga
BÖHME, Günther
BOENISCH, Peter H.
CESCOTTI, Roderich
DAUNER, Iris
DEGENHART, Bernhard
DENINGER-POLZER,
  Gertrude
DOHNA, Graf zu, Lothar
DUDERSTADT, Günter
ENDEMANN, Jürgen
ENGELHARD, Karl
FRANKE, Lothar
FREY, Bruno S.
FRIEDRICH, Herbert,
FRITZ, Helmut
GATZ, Erwin
GEISEN, Kurt

HAFERLAND, Friedrich
HARANGOZÓ, Gyula
HARLOFF, Günter
HARTMANN, Rolf Wolfgang
HEIDUK, Günter
HERTEL, Ludwig
HOFFMANN, Hartmut
HOLZ, Klaus-Peter
KÄSER, Klaus-Dieter
KARSTEN, Erich
KESTEREN, van, John
KLÜKEN, Norbert
KOERNER, Valentin Theodor
KRAMER, Rudolf
KULISCH, Ulrich
LAMPERT, Fritz
LÜNEBURG, Karl
MAUDER, Horst
MERGELSBERG, Wolfgang
OLBRICH, Josef
OLEARIUS, Christian
OSLAGE, Hans Joachim
PAHLKE, Peter
PIEPER, Josef
REUSS (ß), Christoph
RICHTER, J. Karl
RITTBERGER, Volker
RÜBENACH, Bernhard
SAUTER, Gerhard
SCHELLERER,
  Wolf Heinrich
SCHLACHTMEIER, Johann
SCHMIDT, Gerhard
SCHMITZ, Eberhard
SCHREIBER, Hermann
SCHULTE, Friedrich-Karl
SEILTGEN, Ernst
SEMMELROTH, Wilhelm
STAUFFENBERG,
  Schenk Graf von,
  Franz-Ludwig
STREE, Walter
THIEL, Karl-Heinz
TÖDT, Heinz Eduard
WAGNER, Ingeborg
WALTER, Melitta
WERSHOVEN, Theodor
WILD, von, Klaus R.H.
WILK, Manfred
WITTICH, Hans
WOHLERS, Rüdiger
ZIMMERMANN, Wolfgang
ZINGEN, Robert

5. Mai

ANBUHL, Jürgen
ARNOLD, Antonia,
  geb. Vitu
BÄUMEL, Eduard
BAR, von, Christian Rudolf
BECK, Wolfgang
BENNER, Karl Ludwig
BOHNEN, Alfred
BOSCH, Werner
BRINKMANN, Hans W.
BUDDENBERG, Hellmuth
BÜHLER, Jörg
BÜHRINGER, Heinz
COHNEN, Karl
CONRADY, Peter
DÄUBLER, Wolfgang
DAUZENROTH, Erich
DREES, Oskar
EBERLEIN, Gerald L.
ECKES, Konrad
ENGELHARDT, von,
  Dietrich
ENGELMANN, Ulrich
ESSER, Bernhard
FAISSNER, Helmut
FAULHABER, Ilse
FINKENZELLER, Josef
FRIMMER, Hans
GALLOWAY, David
GRÜTTNER, Rolf
GÜNNEWIG, Gerhard
GUTIERREZ-GIRARDOT,
  Rafael
HARLANDER, Florian
HAVER, Eitel Fritz
HERCHENBACH, Wolfgang
HOFFMANN, Ludwig

JOKOSTRA, Peter
KIRSCH, Theodor
KNAUS, Albrecht
KORHAMMER, Eva
KRAFT, Volker
KRAUTWALD, Alfons
KREKE, Jörn M.
KROEHL, Heinz
KROMER, Wolfgang
KÜHNHOLD, Günther
KÜRTZ, Hans Joachim
LATTE, Konrad
LEUNINGER, Ernst
LIPFERT, Helmut
LIST, Manfred
LOEWEN, Matthias
LUCHNER, Karl
MAYER, Klaus
MEISSNER, Hans-Dieter
METZ, Roland
MEYER, Michel
MITSCHKE, Manfred
MÜHLBEYER, Hermann
MUNSKE, Horst Haider
OPPENHEIM, Freiherr von,
  Alfred
PAPE, Uwe
PRANGE, Wolfgang
REINEN, Dirk
REPGEN, Konrad
RIEDEL, Wolfgang
RÖSSNER, Walter
ROMMEL, Alberta
ROTHE, Hans
RUH, Kurt
RUTT, Theodor
SCHÄFER, Klaus
SCHMID, Gerhard
SCHMIDT, Hermann Josef
SCHMITTEN, Franz
SCHNITZER, Hans-Joachim
SCHRÖDER, Diedrich
SEIDENFUS, Hellmuth
SIKORA, Jürgen
SPAEMANN, Robert
STEER, Max
STOEBER, Elisabeth
THOENEN, Hans
VACANO, von,
  Otto-Wilhelm
VERHOEVEN, Heinrich
WAGNER, Hans
WAGNER, Klaus
WALTERSPIEL,
  Karl-Theodor
WEPLER, Wilhelm
WIENECKE, Rudolf
WITTSCHIER, Heinz Willi
ZIENER, Gerhard

6. Mai

ARLT, Jochen
BAAKEN, Renier
BARD, Martin
BAUM, Franz
BAYER, Hans
BERENS, Hubert
BERGMANN, Bernd
BERNECKER, Helmuth
BÖKEMEIER, Horst
BUNGARTEN, Frank
BUSCH, Dieter
DAMMANN, Rolf
DAMS, Theodor
DIEMER, Erwin Ludwig
DORFF, Gerth
DRUMM, Hans-Jürgen
ELSTER, Hans-Joachim
ERLEWEIN, Günter
EULER, Heinrich
FALK, Sigurd
FISCHER, Max
FRANCK, Burchard
FUCHS, Ottmar
FUCHSHUBER, Annegret
GATTERMANN, Günter
GEDON, Robert
GEHLHOFF, Walter
GEIST, Manfred Norbert
GROSS, Johannes
GUNDLACH, Werner
HAMERLA, Horst

HANSEN, Hans Georg
HESS, Hans Georg
HESSE, Ernst O.
HOERES, Walter
HOFFMANN, Jens
HOFFMEISTER, Friedrich
HOYOS, Carl, Graf
JANSSEN, Wilhelm
JOEL, Klaus
JUNGBLUTH, Werner
KALKA, Michael
KASTNER, Eberhard
KELLER, Hans
KELLER, Thomas
KELLER, Wolfgang
KIESELBACH, Kurt
KLAUSS (ß), Reiner
KLIEM, Detlef
KNOOP, Bert
KRACHT, Adolf
KREUSER, Kurt
KRUGLEWSKY-ANDERS,
  Lieselotte
LAAF, Wolfgang
LASCHET, Karl
LIEDEL, Herbert
MAIR, Volkmar
MENNINGER, Dieter
METZGER, Günter
MONTFORT, Norbert
PETERS, Otto
PFISTER, Raimund
PILATO, Boris
PÖHLER, Helmut
QUAST, Walther
RAU, Hans
ROTHER, Thomas
SACHSENBERG, Klaus J.
SCHERRER, Manfred
SEVERIN, Hans
SIEG, Karl
SITTE, Hellmuth
SLIBAR, Alfred
STANGE, Luise
STARK, Günther
STAVENHAGEN,
  Lutz-Georg
STROHBUSCH, Frank
THIES, Heinrich
THOFERN, Edgar
THOMA, Karl
THOMÄ, Helmut
TILING, Klaus
TREFFERT, Diethild Maria,
  geb. Pohl
WAGNER, Siegfried
WELTE, Erwin
WERNER, Gerhard
WERNING, Claus
WERNSTEDT, Rolf
WOLF, Horst
WOLFF, Reinhold
ZOEGE von MANTEUFFEL,
  Claus

7. Mai

ALBRECHT, Wolfgang
ALT, Karin
BALD, Wolf-Dietrich
BALLHOFF, Heinrich
BAUMER, Franz
BECKER, Friedrich
BEHRENS, Hans-Christian
BENZ, Leo
BERNADOTTE, Sonja, Gräfin
BIENEK, Horst
BOCK, Irmgard
BÖHME, Kurt E.
BÖHRINGER, Hans
BRAUNGER, Horst
CAESAR, Rolf Julius
CROISSANT, Michael
DOERING, Paul
DYHRENFURTH,
  Norman Günter
EICK, Horst
EITH, Ule J. R.
FALKE, Horst
FAULENBACH,
  Karl Heinrich
FELLGIEBEL, Walther-Peer
FINKELNBURG, Klaus

7. Mai

FRÜNGEL, Frank
GAUSS (ß), Fritz
GERSTER, Florian
GÖTSCH, Adolf
GRÜTTERS, Peter
GRUNDIG, Max
GSCHWINDT, Erich
HAHLBROCK, Dietrich
HAHN, Michael
HALLMAYER, Kurt
HARTWICH, Hellmut
HEIMANN, Holger
HEIN, Erika, geb. Hoer
HERRMANN, Jobst
HINTERHOLZER, Peter A.
HITZFELD, Otto Maximilian
HORTSCHANSKY, Klaus
JAHN, Friedrich-Adolf
JAPPE, Georg
JUNGRAITHMAYR,
  Herrmann Rudolf
KELLER, Friedrich Michael
KNOBLOCH, Ekkehard
KNÖBEL, Horst
KOCK, Walter-Dieter
KOESTER, von, Hans-Georg
KOLWE, Armin
KORGER, Gerhard
LETZELTER, Franz
LIPPMANN, Horst
MANN, Karl
MEISEL, Harry
MEYER-PRIES, Dierk
MILLER, Franz R.
MITTELSTEN SCHEID,
  Jörg
NEUBERT, Kurt
NEUNHOEFFER, Hans
NIGGEMEYER, Hermann
NINNEMANN, Helga
OEHLER, Christoph
POLL, Kurt
PUNTSCH, Eberhard
RIESE, Teut-Andreas
RUMOHR, Markus
SCHADEWALDT, Hans
SCHLENKENBROCK,
  Walter
SCHNEIDER, Gerhard M.
SCHNEIDER, Wolf
SCHNETZ, Peter
SCHÖN, Konrad
SCHOOP, Gerhard
SCHRÖTER, Robert
SCHULZE-GABLER,
  Juergen Axel
SEIBEL, Klauspeter
SEITZ, Hanns Martin
SPIEGEL, Richard
SUHR, Dieter
THOMAS, Carmen
TÖLKE, Friedrich
TOPMANN, Günter
TRAMNITZ, Helmut Paulus
UTHOFF, Detlef
VOGELPOHL, Alfons
WACKER, Ali
WAGNER, Gábor
WALTENBAUER, Klaus-J.
WAMSLER, Karl
WIESEN, Hans
WOERNER, Gert

8. Mai

BARING, Arnulf
BAUDISSIN, Graf, Wolf
BECKER, Hans-Peter
BECKER, Max
BEIERWALTES, Werner
BELLMANN, Johann Diedrich
BERGES, Hermann Josef
BERGSTERMANN,
  Heinrich
BERNADOTTE, Lennart,
  Graf
BERNARDING, Klaus
BLECHER, Wilfried
BÖRNER, Bodo
BORN, Hans-Joachim
BORST, Arno
BRANDT, Jürgen

BRENNER (FELSENSTEIN),
  Peter
DOBIAS, Peter
DORN, Martin
DUSKE, Jürgen
EBERT, Achim
FANSELAU, Rainer
FERNOW, Wolfgang
FRANKE, Lothar
FROMMKNECHT, Heinrich
FUCHS, Peter Paul
FUSSENEGGER, Gertrud
GEIGER, Hartwig Heinrich
GEISSLER, Rainer
GINTZEL, Kurt
HAGE, Fritz
HANSI, Alfred
HAPP, Heinz
HARTMANN, Hans-Dieter
HAYEK, von, Friedrich August
HEILAND, Helmut
HEINTZEN, Paul
HERLES, Wolfgang
HEUSCHELE, Otto
HOCHGESAND, Peter
HOFFE, Ilse-Ester,
  geb. Reich
HOFFMANN, Fernand
HUFELAND, Klaus
JACOBSOHN, Helmuth
JAEGER, Heinz
JANTZEN, Günter
KOPPEL-JORDEN, Uta
KORANSKY, Wolfgang
KROPP, Jürgen
KÜHNL, Hubert
LEPSIUS, Mario Rainer
MANGOLD, Max
MARX, Herbert
MERGNER, Hans
MERK, Gerhard Ernst
MERKES, Manfred
MESSMER, Bruno-Josef
MESTERN, Hans A.
MEYER, Otto
MITTERMÜLLER, Horst
MITTLER, Elmar
MÖRL, Manfred
MORDEK, Hubert
MÜLLER, Erich
NOTHHARDT, Baldur
OHLMS, Winfried
PAULIG, Oswald
PETSCHULL, Johannes
PTAK, Horst-Günter
REBLIN, Erhard
RUDOLF, Walter
SAUERWEIN, Werner
SCHIEDERMAIR, Rudolf
SCHIEK, Gudrun
SCHLEUNUNG, Willy
SCHLUMBERGER, Ernst
SCHOLL-POENSGEN,
  Adalbert
SCHRAMEYER, Klaus
STEINBORN,
  Ernst Otto H.
STICKL, Helmut
STÖBER, Werner
STRASSERT, Günter
STRÜBING, Hildegard
TEICHTWEIER, Georg
UNGER, Hermann
VELLMANN, Karlheinz
VIELHAUER, Heidrun
VOIGT, Alfred
WESSING, Egon
WIMMENAUER, Wolfhard
WOLTMANN, Albrecht
WOLZ, Ivo
WÜNSCHMANN, Paul
ZEH, H.-Dieter

9. Mai

ALBRECHT, Dieter
AMMON, Günter
BACH, Heinz
BÄHRENS, Otto-Ulrich
BAUKNECHT, Gert
BAUMGÄRTNER,
  Franz Josef
BERTHOLD, Hans Joachim

BIRKNER, Hans-Joachim
BONFIG, Karl Walter
BUBNER, Rüdiger
BÜNCK, Bernhardt
CHRISTIAN, Walter
DAIBER, Hans
DEPNER, Frank A.
DETHLOFF, Hans
DIMMEK, Ernst
EICKMEIER, Gerhard
EIGEN, Manfred
ELBRACHT, Dietmar
ENDERLEIN, Hinrich
FANGMANN, Helmut D.
FELDMANN, Erich
FELDMANN, Olaf
FERTSCH-RÖVER,
  Wolfgang
FISCHER, Wolfram
FREDERKING, Gert
FREY, Engelbert
FRITZ, Heinz P.
GASSER, Theodor
GAUER, Wilhelm
GIESLER, Walter
GRASMEHER, Friedrich
GREIM, Helmut
GRONEMEYER, Wilhelm
HARTENSTEIN, Helge
HELLNER, Thorwald
HERLES, Helmut
HEYNCKES, Josef (Jupp)
HILL, Hans
HONNENS, Max
HUNNIUS, Klaus
KAMINSKY, Hans Heinrich
KERBER, Bernhard
KERN, Peter
KEUTSCH, Wilfried
KIENZLE, Ulrich
KLEINSTÜCK, Hermann
KLOPFER, Heinz
KNÜTTER, Hans-Helmuth
KNUST, Herbert
KÖPFLER, Thilo
KONZE, Hermann-Joseph
LÄUGER, Peter
LISSMANN (ß), Dieter
LÖGTERS, Herbert
LÖHLEIN, Roland
LOTSCH, Manfred
MEDICUS, Dieter
MERSEBURGER, Peter
MEURER, Siegfried
MOLSBERGER, Josef
MÜLLER, Dietrich
NATKE, Hans Günther
NOACK, Detlef
OEDIGER,
  Friedrich-Wilhelm
OELZE, Fritz
OSTERMEIER, Elisabeth,
  geb. Gottschalk
OZIM, Igor
PAREIGIS, Bodo
PETER, Siegfried
PLASS, Heinrich
POTEL, Jürgen
SCHMIDT, Karl-Heinz
SCHMITT, Adolf
SCHNETTER, Reinhard
SCHUBACH, Konrad
SCHULENBURG, von der,
  Wedige
SCHULTZ, Udo
SCHULZ, Jürgen
SEIBOTH, Frank
SEIBT, Ferdinand
SENNHEISER, Fritz
SIEBEL, Günter
SPINDLER, Gert P.
STAIGER, Willi K.
STARBATTY, Joachim
STICKEL, Gerhard
WEIDNER, Herbert
WIDMANN, Helmut
WILDEN, Hans
WODRICH, Wolf-Wilhelm
WÖLBERT, Günter
ZITTERBART, Gerrit

10. Mai

BÄRMANN, Johannes
BALLIN, Wolfgang
BAUM, Georg
BIRKENHAUER, Josef
BOEHMER,
  Hartmut Henning
BOEHNCKE, Engelhard
BUTZ, Peter Eckehard
CUNO, Otto
CZERWENKA, Hans
DAHMER, Jürgen
DIEDERIX, Frits
DIEL, Willi
EID, Volker
EMMERLICH, Alfred
FALKENHAUSEN,
  Freiherr von, Bernhard
FLECHSENHAAR, Günther
FOLLMANN, Hartmut
FROMMHOLZ, Rüdiger
GABEL, Julius
GÜLDNER, Walter
GUNNESSON, Uwe
HALBACH, Peter
HANSEN, Ursula,
  geb. Otto
HAUSWIRTH, Otto
HERZHOFF, Wolfgang A.
HINNE, Walter
HÖRAUF, Fritz W.
HOFFHENKE, Heinz
JAIDE, Walter G.
JONAS, Hans
JOURDAN, Johannes
KAMM, Bertold
KANZ, Ewald
KAPPUS, Wolfgang
KAUFMANN, Arthur
KERN, Fritz
KLEIN, Peter E.
KLEIST, Hans-Ulrich
KLINGENBERG, Hans-Dieter
KOHLER, Alexander
KOZUSCHEK, Waldemar
KRAEMER,
  Friedrich Wilhelm
KUMMER, Wolfgang
LANGE, Erwin
LAUTERJUNG, Karl Heinz
LINDAU, Friedrich
LOCH, Wolfgang
LÖNS, Rolf
LORENZEN, Hermann
MAYER-KUCKUK, Theo
MITTIG, Hans-Ernst
MOLL, Hans H.
MÜLLER, Bert-Günter
MÜLLER, Gerhard
MUTHMANN, Robert
NAU, Heinz
NIENHAUS, Antonius
NIGGEMEIER, Horst
OBERSTE-LEHN, Harald
OBRIG, Hans Wilhelm
PAUSENBERGER,
  Ehrenfried
PETERSEN, Heinrich
PIER, Heinrich
PÜTZ, Peter
RADL, Walter
RAKETTE, Egon H.
RAUSCHENBERGER, Hans
RENDTORFF, Rolf
RIEDEL, Manfred
RÖBBELEN, Gerhard
RÖLL, Walter
SCHARFENBERG, Joachim
SCHERG, Traugott
SCHMEDT, Helga,
  geb. Pfeifer
SCHMID, Lothar
SCHMIDT, Gerhard
SCHREIBER, Hans-Ludwig
SHELDRICK,
  William Stephen
SOLAROVÁ, Světluše,
  geb. Wildmann
SONDERMANN,
  Dieter Friedrich
SPANG, Günter
SPROCKHOFF, Wolfgang
STEIN, Otti

STEINMETZ, Fritz
STROETMANN, Clemens
THEDERING, Franz-Josef
THÜNKEN, Werner
WAFFENSCHMIDT, Horst
WANDREY, Uwe
WEBER, Hubert
WEINMANN, Klaus
WESTHUES, Melchior
WIEDERHOLT, Erwin J.
ZIMMERMANN, Hans-Jürgen

11. Mai

ADLER, Jürgen
ARMANSKI, Gerhard
ARNDT, Helmut
BEHRENS, Ernst August
BERDING, Franz
BREITSCHWERDT, Kurt
BRUNNER, Hellmut
CREUTZFELDT, Werner
DEININGER, Oskar
DOEBNER, Heinz-Dietrich
EHHALT, Dieter H.
EILERS, Franz-Josef
EMPACHER, Hans
ENGELHARDT, Klaus
FRISCHMUTH, Gunter
FRITSCH, Walter
FRÖWIS, Walter
GEISSLER (ß), Clemens
GIERSCH, Herbert
GRIMM, Dieter
GRUB, Albert
GRÜTTER, Wolf-Dieter
HALBFASS, Wilhelm
HAMM-BRÜCHER,
  Hildegard, geb. Brücher
HEMMER, Hans-Otto
HESS (ß), Dieter
HOFFMANN, Franz R. C.
HONISCH, Dieter
HÜFFMEIER, Werner
JACOBS, Egon
JAKOB, Karl-Heinrich
JENSEN, Jens Christian
JOHNEN-BÜHLER, Kurt
JUNG, Helman
JUNGK, Robert
KABUSS (ß), Siegfried
KACZYNSKI, Reiner
KASSEL, Rudolf
KATZENSTEIN, Bernd
KLEIN, Peter
KLINGENBERG, Gerhard
KRACKE, Rolf
KRUKEMEYER, Hartmut
KRUPKE, Hans-Joachim
KRUSEN, Felix
KÜHNEN, Franz Josef
KUHN, Klaus
LAUGWITZ, Detlef
LAVIS, Robert
LEHMANN, Rolf Gerhard
LINDNER, Georg
LINSMAYER, Eleonore
LOCH, Werner
LÜTTGE, Dieter
MAI, Gottfried
MEFFERT, Heribert
MEYER, Heinz
MEYER, Ludwig
MICHELSEN, Robert
MIEHE, Ulf
MOHR, Hans
MORAWIETZ, Kurt
MOSER, Wolf
MÜLLER, Hans-Peter
NIEDERSTE-
  HOLLENBERG, Heinz
OEHLSCHLÄGEL,
  Hans Ulrich
PACHMANN, Ludek
PITTELKOW, Fritz
REMER, Andreas
RIBBENTROP, von, Rudolf
RIEDEL, Jutta
RIESENBERGER, Dieter
RILZ, René
ROM, von, Horst
SCHMIDBAUER, Ernst
SCHULZE, Erich

Geburtstagsliste

11. Mai

SCHWEIGGERT, Alfons
SEIBOLD, Eugen
SIEGER, Robert Lutz
SOMMERFELD, Willy
STRIGL, Günter
TEIGELER, Peter
UNIKOWER, Franz
WALZ, Alfred
WILLING, Hans-Gerhard
WUNDER, Wolfgang
ZIMMERMANN, Werner

12. Mai

ADAMS, Peter
ANSCHÜTZ, Felix
BAUMGÄRTNER, Wolfgang
BEHNKE, Heinz-Dietmar
BEYER, Rolf
BLÜMEL, Wolf Dieter
BOEHM, Wolfgang
BRIESEMEISTER, Joachim Dietrich
BROSEY, Dieter
DAUS, Ronald
DEYHLE, Albrecht Ludwig
DROSTE, Wilfried
EMDE, Helmut
ERREN, Karl-Heinz
ESCHENBACH, Rolf
FISCHER, Ralf-Dieter
FREUND, Bodo
FRIEDE, Reinhard L.
FROWEIN, Heinz
GAIER, Dieter
GALINSKY, Hans
GEHRHARDT, Heinz
GEISSER (ß), Hans
GERBER, Günter
GROB, Günter
HAIKE, Horst Joachim
HAUG, Horst
HEISE, Werner
HELLER, Manfred
HENLE, Jörg A.
HENNINGER, Joseph
HOFER, Gunter
HOFFMANN, (Hans)-Eckart
HUCKAUF, Peter
JAUERNIG, Othmar
KAMMERMEIER, Anneliese, geb. Wagner
KIENECKER, Friedrich
KLEIN, A. Wilhelm
KLEINSCHMIDT, Arnold
KLEY, Walter
KNORR, Eberhard F.
KÖHLER, Heinz
KOPP, Horst
KOPPE, Heinz W.
KUNZE, Günther
LIETZMANN, Heinrich
LÜBBERS, Dietrich W.
LUPFER, Horst Paul
MÄURER, Horst-Christian
von der MEDEN, Jobst
MORITZ, Berta, geb. Siebeck
NEUMANN-DUESBERG, Horst
OHFF, Heinz
PAUL, Johannes
PEDELL, Klaus
PERELS, Christoph
PÖRTL, Klaus
PRIEBS, Ralf
RATHJENS, Carl
RENARD, Walter
REPP, Hans
ROTH, Hermann J.
SAMWER, Sigmar-Juergen
SAUER, Walter
SCHÄFFER, Karl-August
SCHERZER, Kurt
SCHLEGEL, Ludwig Friedrich
SCHRUDDE, Josef
SCHUH, Josef
STABY, Ludger W.
STOCKHAUSEN, von, Hans-Gottfried
STOCKHAUSEN, von, Hans-Ludwig
TAMM, Peter
TAUBE, Werner
TILL, Franz
ULBRICHT, Günther
ULMER, Jürgen
VETTER, Eberhard
VOITEL, Gottfried
WALDTHAUSEN, von, Wolfgang
WALL, von der, Heinz
WARLICH, Manfred
WEISSINGER, Johannes
WESTERNHAGEN, v., T.-B.
WILDE, Johannes
WIRTH, Eugen
WITTKE, Günter
ZEIDLER, Gerhard
ZIMA, Hans

13. Mai

AICHER, Otl
APPENZELLER, Immo
BANKHOFER, Hademar
BARTUSCHAT, Wolfgang
BAUMANN, Alexander
BAUWENS, Paul-Ernst
BAYER, Thomas
BEHRENS, Heinrich
BERGER, Senta
BERGMANN, Günter
BESTLER, Josef
BLASCHZYK, Joachim
BLÖCKER, Günter
BOCK, Hans Manfred
BREITENBACH, Diether
BUCHHOLZ, Rudolf
BUS, Heiner
CANONICA, Marco-Maria
CLAUSSEN, Carsten P.
DEBON, Günther
DÖRKEN, Klaus
DOPATKA, Bernhard
DULOG, Lothar
EBERHART, Adolf
ELMER, Wilhelm
ERXLEBEN, Wolfgang
FERDINAND, Willi
FISCHER, Fred
FITZBAUER, Erich
FRANKE, Werner
FROHMÜLLER, Hubert G. W.
GANTENBRINK, Heinrich
GERSTNER, Franz
GIRNDT, Helmut
GÖLLER, Karl Heinz
GRAMM, Reinhard
GROSS (ß), Karl
GRÜNDEL, Johannes
GUNKEL, Peter
HÄBERLE, Peter
HARMS, Henry
HEIDE, Manuel
HILLIGEN, Wolfgang
JÄGER, Gottfried
KLAUSS, Heinrich
KLINGHOLZ, Rudolf
LACKNER, Erich
LEHMKUHL, Dieter
LENZ, Joachim
LENZEN, Heinrich
LEONHARD, Ernst P.
LÖWE, Rüdiger
MÁLYUSZ, Miklós
MANZKE, Hermann
MASS, Edgar
MECKLENBURG, Norbert
zur MÜHLEN, von, Alexander
MÜLLER (gen. Müller-Remscheid), Adolf
MÜLLER, Irmgard
MÜLLER, Klaus
MÜNCH, Richard Friedrich
MÜRB, Robert Josef
MUNDORF, Hans
MUSCHG, Adolf
NOWAK, Rudi (Rudolf)
OBOTH, Heinrich
PFEIFFER, Kurt
PFEIFFER, Peter
PIERER, Claus
RASCH, Walter
REZZORI d'AREZZO, von, Gregor
RÖCKE, Heinrich
RÖD, Wolfgang
ROHLFS, Kristen
ROTHE, Oleg
RÜDIGER, Hans
RÜHL, Günter
SCHERPE, Klaus R.
SCHLARBAUM, Erwin
SCHMIDT, Robert H.
SCHNEIDER, Ernst
SCHNEIDER, Günter
SCHÖNFELD, Peter
SCHWARZ, Hans-Peter
SCHWARZ, Otfried
SMITH, Lawrence (Larry)
SPITZMÜLLER, Kurt
STEINHOFER, Adolf
STÖBER, Matthaeus
STOJAN, Ernst-Wilhelm
VOLKE, Hans Georg
VOSGERAU, Hans-Jürgen
WEIMAR, Robert
WINTERFELDT, Ekkehard

14. Mai

ACKERMANN, Rudolf
ASCHENBACH, Helmut
BARTELS, Horst
BEISENKÖTTER, Hans-Heinrich
BLEI, Hermann
BOROFFKA, Peter
BRENNER, Walter
BROSCHWITZ, Johannes
DAWEKE, Klaus
DELIUS, Juan D.
DUDDECK, Heinz
DÜLL, Helmut
EICHBORN, von, Wilfried
EICHHORN, Egon
FANSLAU, Horst
FEHRER, Hans-Heinz
FISCHMEISTER, Hellmut
FRANKE, Herbert W.
GAEDTKE, Joachim
GEBAUER, Adolf
GOTTSCHALK, Ernst W.
von der GROEBEN, Hans
GUESMER, Carl
HAHN, Wilhelm
HARTWIG, Karl-Hans
HEINSS (ß), Fritz
HERZOG, Rolf
HITZBLECK, Heinrich
HOFF, Hellmut
HOFMANN, Horst
HOLZ, Harald
HORN, Otto
HUNGAR, Kristian
JÄGER, Herbert
KAASE, Max Willy
KAISER, Rudolf
KATTERLE, Siegfried
KELLNER, Ulrich
KERN, Werner
KÖTHNER, Johannes
KONTARSKY, Aloys
KRÄMER, Walter
KÜHNE, Horst
LANG, von, Jochen
LEDEBUR, Freiherr von, Wilhelm
LEMBACH, Wolfgang K.
LEY, Josef
LOHMANN, Hans-Jürgen
LORENZEN, Wolfram
MAJEWSKI, Frank
MANESCUL, von, Ursula
MATZ, Guenther
MEINHARDT, Hans
MICHEL, Wilhelm
MOMM, Klaus Eberhard
MONISSEN, Hans Georg
MÜLLER, Helmuth
MÜLLER, Wolfgang
NASSENSTEIN, Heinrich
NEUDECK, Rupert
NOVOTNY, Fritz
OEL, Heribert J.
ONKEN, Ulfert
ORLIK, Peter
OSTLER, Fritz
POHL, Ottmar
POPITZ, Heinrich
PÜTZHOFEN, Dieter
QUITZAU, Horst
REUTNER, Friedrich
RHEINBERG, Falko
RIEDER, Georg
RIEGEL, Klaus
RITTER, Wigand
ROTTER, Gernot
SAUER, Karl-Adolf
SCHENCK, Günther O.
SCHMANDT, Paul
SCHRÖDER, Ulrich
SCHWARTZ, Lothar
SEEFELD, Detlef G.
SPERBER, Alfred
STEFFEN, Kurt
THALER, Klaus Peter
THÖNI, Hanspeter
TÖNSHOFF, Hans Kurt
VOGT, Hans
WABRO, Gustav
WARRIKOFF, Alexander
WEBER, Ludwig
WEIGELT, Klaus
WENGST, Klaus
WESTE, Jürgen
WITTE, Erich H.
WÖRDEHOFF, Ludwig W.
ZAKOSEK, Heinrich Michael
ZEEDEN, Ernst Walter

15. Mai

ALFF, Wilhelm
AUTENRIETH, Johanne
BAUM, Hans
BECKER, Peter
BETTSCHEIDER, Heribert
BLOCK, Detlev
BLUM, Klaus-Uwe
BREUNING, Wilhelm
BUCKEL, Werner
DÄMMRICH, Klaus
DIECKMANN, Johann
DIEKMANN, Hans
DITTRICH, Joachim
EFFINGER, Hans
EICHNER, Der
ELWERT, Gerhard
ENGELMANN, Günther
ENGELS, Hartmut
ERICHSEN, von, Lothar
EVERS, Georg
FECHTRUP, Hermann
FEIL, Ernst
FELDMANN, Winfried
FELIX, Roland
FLACH, Dieter
FLEMIG, Kurt
FÖRSTER, Theodor
FRISCH, Max
GENSCHOW, Fritz
GENTNER, Fritz
GLASENAPP, von, Franz-Georg
GOERTZ, Heinrich
GOLDT, Heinz
GOTTSCHALK, Werner
GRETEN, Heiner
GREUEL, Hans
HABER, Heinz
HAFERKAMP, Hans Hermann
HARREIS, Horst
HASELMANN, Roland E.
HERRMANN, Siegfried
HEUMANN, Klemens
HOERDER, Dirk
ISERLOH, Erwin
JACOB-FRIESEN, Gernot
JUNGHANS, Marianne
KARL, Helmut
KESSLER, Heinrich
KLIEGEL, Wolfgang
KNIEPER, Rolf
KOEPPE, Hans-Rudolf
KRAHL, Hans-Werner
KÜHN, Kurt
KÜRTEN, Hans Peter
LANDGRAF, Friedrich
LANGENMAYR, Arnold
LAUCKEN, Uwe
LIEHR, Harry
LINDNER, Werner
LOEBE, Horst
LUTZ, Joachim
MAI, Manfred
MATIASEK, Hellmuth
MÖBUS, Claus
MONHEIM, Bernd
MÜLLMERSTADT, Helmut
MÜNCH, Joachim
NENTWIG, Armin
OLDENBURG, Julika geb. Fischer
OTTENJANN, Helmut
PINGER, Winfried
PUCHELT, Harald R.
PUSCH, Alexander
REGENASS, René
REICHENMILLER, Hans-Eberhard
REINICKE, Gerhard
RESKE, Werner
ROBINSON, David Gordon
ROHLMANN, Rudi
ROXIN, Claus
RUËFF, Fritz L.
RUSS, Michael
SANDEN, Manfred
SCHIFFLER, Rudolf
SCHLEICHER, Ursula
SCHLERATH, Bernfried
SCHMID, Detlef Heino
SCHMITZ, Jan
SCHREMMER, Eckart
SCHRÖPF, Johann
SCHWARZ, Wolfgang
SIEGLOCH, Klaus-Peter
SPERBER, Hans
SPÖRI, Dieter
STOFFELS, Hans
THESING, Jan
TISCHER, Rudi (Rudolf)
TRÖGER, Hans Dieter
VAJEN, Kurt
VOGEL, Hans-Rüdiger
WAGENFÜHR, Horst
WIEMANN, Günter
WILD, Aloysius
WOLTERS, Gottfried

16. Mai

AIGNER, Georg
ALTROGGE, Günter
ANGERER, Paul
BACHMAYER, Horst
BATTIS, Ulrich
BAUMGARTNER, Johann (Hans)
BAYER, Otto
BECKER, Horst
BEER, Hans
BEHRENS, Jörn
BRÖGER, Achim
BRÜNIG, Eberhard F.
BUSCH, Ernst Werner
CITRON, Klaus
CREMERIUS, Johannes
CYFFER, Norbert
DAUME, Erhard
DHOM, Georg
DREIKORN, Kurt
DRÖSLER, Jan
EDYE, Eckart
EIBERGER, Peter
EILERS, Jan
EMMRICH, Johannes
ENGELHARDT, Jürgen Peter
FELDHEIM, Walter
FORGAS, Joseph Paul
FRIEDMANN, Gerhard
FRISCH, Wolfgang
FÜNFSTÜCK, Wolfgang
FUNKE, Hans
GERSTL, Friedrich
GERZ, Alfons
GLOGER, Gottfried
GÖRGEN, Kurt

16. Mai - 20. Mai

HABERKORN, Horst
HARING, Claus
HARTMANN, Wilfried
HAUPT, Walter
HAVERKAMP, Alfred
HELD, Heinz Joachim
HUND, Peter
HUND, Wolfgang
JAGDT, Reinhard L.
JEUTE, Karl R.
JUNGMANN, Horst
KIRST, Otto
KLEMM, Peter
KNIPS, Werner
KÖNIG, Heinz
KOEPCHEN, Hans-Peter
KOLB, Hermann
KÜMMEL, Werner Georg
KUTSCH, Axel
LAYTON, Robert G.
LEHMANN, Karl
LEHTONEN, Reijo P.
LEISER, Erwin
LINDENBERG, Wladimir
LIPPMANN, Friedrich
MAYER, Eberhard
MERZ, Ferdinand
MISSMAHL, Hans-Peter
MOHR, Konrad
MÜLLER, Albrecht
MÜNNICH, Frank E.
NAGL, Manfred
NELKEN, Dinah
NOWOTTNY, Friedrich
OSSWALD, Albert
OVERDIEK, Heinz-Friedrich
PASCHEN, Konrad
PETRIDES, Platon
PICHLMAYR, Rudolf
PÖLLER, Wolfgang
PRAUSE, Gerhard
QUEISSER (ß), Wolfgang
RASCHE, Hans O.
RAUH, Werner
REIFFERSCHEID, Eduard
REINERMANN, Heinz
REINSBERG, Carl
REMMELE, Wolfgang
REMY, Dietrich
RIXECKER, Roland
RUPP, Rudolf
SCHLÜTER, Herbert
SCHMIDT, Adolf
SCHMITZ, Hermann
SCHOLZ, Udo W.
SCHORISCH, Joachim
SCHULTE, Karl-Ernst
SPETH, Josef
STETTER, Hermann
STREICHER, Hans-Joachim
STÜBINGER, Karl
TRABALSKI, Karl
UEBING, Dietrich
UNGAR, Thomas
URBACH, Hans Walter
WEISSFLOG, Peter
WEISSKIRCHEN, Gerd
WILHELM, Theodor
WINKLER, Klaus
ZACHAU, Hans Georg

17. Mai

BAUER, Rainald K.
BECKER, Hellmut
BECKER, Jochen
BELLER, Fritz K.
BIEDERBECK, Erich H.
BIEL, Ulrich E.
BLESSING, Manfred
BOCHMANN, Werner
BORN, Gernot
BORTOLUZZI, Paolo
BRUHN, Manfred
BURKHARDT, Dietrich
BUSACKER, Karl-Heinz
DIETZ, Walter
DÖRING, Ulrich
DOMM, Ulrich
DROSTE, Herbert
DRÜE, Hermann
FALLER, Hans Joachim
FIKENTSCHER, Wolfgang

FINGERHUT, Karlheinz
FLESCH, Peter
FRANZ, Klaus-Peter
FUCHS, Heinz R.
FUNK, Eugen
GAUSS, Ulrich
GEIDEL, Hans
GEIERSBERGER, Erich
GRUNDIG, Edgar
GUNNEWEG, Antonius H. J.
HAASE, Günther
HANSEN, Karl-Heinz
HANTSCHE, Irmgard
HARTMANN, Peter
HAUSCHILDT, Paul
HENDRICKS, Alfred
HERMISSON, Hans-Jürgen
HIRSCHBERG, Axel
HÖHL, Hans Leopold
HORN, Otto
HÜRLAND-BÜNING,
 Agnes, geb. Oleynik
JACOBI, Wolfgang
JACOBS, Jürgen Carl
JONAS, Michael
KAISER, Wolfgang
KERKMANN, Heinz
KRAUS, Otto
KRETSCHMANN, Winfried
LAAS, Ernst
LANGER, Günter
LEVELT, Willem J. M.
LIEFFEN, Karl
LIPP, Ernst-Moritz
MAHRENHOLTZ, Oskar
MAIER, Johann
MESSEMER, Hannes
MESSERER, Friedrich
MEWS, Sibylle,
 geb. Rörig
MÖLLER, Peter
MÜLLER, Burkhart
MÜLLER-WIENER,
 Wolfgang
NEUMANN, Franz
PFÖHLER, Wolfgang E.
PORTUGALL, Karlheinz
PRECHTL, Franz
PRIEN, Hans-Jürgen
REINSCH, Wolfgang
ROGGE, Lothar
SCHLIERF, Werner
SCHMIDTCHEN, Gerhard
SCHÖNHERR
 (Edler von Schönleiten),
 Dietmar
SCHULZ, Max J.
SCHUMANN, Peter B.
SENF, Ralf M.
STEEN, Gerhard
STEINBACH, Jörg
THIES, Claus-Jürgen
TOVAR, Antonio
TRUMMER, Hans
VÖLKER, Kurt
WEINSTEIN, Adelbert
WEISGERBER, Antje
WICKERT,
 Johannes Manfred
WINTER, Jürgen Christoph
WOLFFSOHN, Michael
ZETLER, Gerhard
ZUNDEL, Georg

18. Mai

ALTHOFF, Helmut
ARNOLD, Werner
BAMBAUER, Hans Ulrich
BARTH, Hans-Georg
BAUER, Wolfgang
BAYREUTHER, Klaus
BISCHOFF,
 Friedrich Alexander, Baron
BÖHM, Otto Hans
BOSSELMANN, Gustav
BRANDIS, Matthias
BRAUN, Ottheinz
BURGER, L.
CLAASSEN, Günther
CRETIUS, Konstantin
CZWIKLITZER, Christoph
DASCHNER, Franz

DIECKMANN, Albrecht
DIECKMANN, Heinz
ECKERT, Alfred
EID, Ursula
EISENBERG, Peter
ETTEL, Ferdinand
EWIG, Eugen
FABER, von, Hans
FABRICIUS, Fritz
FALLSCHEER, Paul A.
FIORONI, Pio
FISCHER, Hermann
FRICKE, Werner
GEYER, Otto Franz
GILLE, Hans Werner
GONTER, Norbert
GRAMLICH, Wolfgang
GRAUVOGL, Anton
GÜRT, Elisabeth,
 geb. Balcarek
HABERLAND, Eike
HAPPLE, Rudolf
HAUF, Alfred
HAUSSMANN, Helmut
HECKMANN, Sepp Dieter
HEIDEPRIEM, Jürgen
HEINEN, Edmund
HENZLER, Martin
HERBOTH, Hermann
HEYL zu HERRNSHEIM,
 Freiherr von, Ludwig C.
HIPP, Wolfgang
HÖPNER, Thomas
HOHMANN, Karl Adam
JAECKEL, Peter
JOHN, Siegfried
JUST, Wolfram W.
KEMPER, Hans-Georg
KERMER, Wolfgang
KLUGE, Wolfhard
KNOKE, Udo
KNORR, Knut
KRUMNOW, Jürgen
KUPSCH, Anita
LANCZKOWSKI, Günter
LANGGUTH, Gerd
LOEWE, Werner
LORENZ, Wilfried
MARQUARDT, Manfred
MATIS, Paul
MEIJERE, de, Armin
MERTENS, Peter
METZLER, Dieter
MEYER, Bernd
MÖLLER, Peter
MOLL, Friedrich
MOLO, Ritter von,
 Friedrich
MONK, Egon
MUELLER,
 Harald Waldemar
MÜLLER, Traute
NEIDHARDT, Malte Karl
OEHMICHEN, Manfred
OELSCHLÄGER,
 Herbert A. H.
OHOVEN, Mario
PETERS, Helmut F.
PFEIFER, Hans-Wolfgang
PUTZER, Hannfrit
REINKEN, Lothar
RICKER, Reinhart
ROESTEL, Joachim
ROLLE, Dietrich
RUPRECHT, Klaus Wilhelm
SAFFERLING, Anton
SCHAUDIG, Helmut
SCHNELL, F. Wolfgang
SENFF, Wolfgang
SEYBOLD, Annemarie,
 geb. Brunnhuber
SPIEGEL, Alfons
TALLERT, Alfons
THÜSING, Wilhelm
TRAUT, Horst
UHLIG, Helmut
VERSMOLD, Hans T.
VOISARD, Otto
WAGNEROVA-KÖHLER,
 Alena
WEGENER, Hans-Joachim
WEYMAR, Ernst

WIMMER, Willy
ZEMLA, Günter

19. Mai

ALTMANN, Johann (Hans)
ANDREAE, Meinrat O.
ANTES, Heinz
ANTHOLZ, Heinz
BÖTTNER, Theo
BRAUN, Werner H. G.
BRÜTT, Peter
BUCERIUS, Gerd
BURCHARD, Christoph
BUSCH, Kurt
COHORS-FRESENBORG,
 Elmar
CZICHON, Günther
DELLMANN, Klaus
DEUTSCH, Hans Robert
DING, Siegfried
DRUBE, Hans-Joachim
EHRHARDT, Ulrich
EHRING, Franz
ERBEN, Heinrich K.
ERNST, Gernot
ETTL, Peter
FENDT, Georg
FISCHER, Kaspar
FRANK, Rudolf
GIESEL, Harald Bernhard
GOEBEL, Ingeborg
GOERTZEN, Friedrich
GRANZIN, Martin
GROSSMANN (ß), Jürgen
GRÜN, Ludwig
HEMPELMANN, Gunter
HILDENBRANDT, Eberhard
HILKE, Wolfgang O. H.
HILL, Hans
HIRSCH, Peter
HOSTERT, Walter
HULSMAN, Gerd W.
JACOBS, Heinz
JÄGERSBERG, Otto
KELLER, Walter
KIEFER, Heinz J.
KLING, Hansgeorg
KOCH, Gebhard
KOEHLER, Werner
KOTTHAUS, Eva
KOWALA, Gerhard
KRAPP, Otto
KREFELD, Heinrich
KREFT, Friedrich
KRIEGEL, Heinz
KUMMER, Werner
LANGENDÖRFER, Horst
LAUDEHR, Alfred
LEDERMANN, Hellmuth
LEHMANN, Eike
LEHMANN, Harald
LÜKE, Friedmar
LÜPKE, Gerd
MANDEL, Horst G.
MITTELSTENSCHEID,
 Karl Otto
MÜLLER-KIRSTEN,
 Harald J. W.
OHLMEIER, Dieter
PIELOW, Winfried
PROPPE, Albin
REINHARDT, Klaus
RESSÉGUIER de
 MIREMONT, Graf, Carlo
RÖMHELD, Julius
RÖSLER, Georg
SCHENCK, Georg Friedrich
SCHMETJEN, Klaus
SCHMIDT, Alfred
SCHMIDT, Erwin
SCHMIEL, Martin
SCHÖFISCH, Horst
SCHRÖDER, Meinhard
SCHUHMACHER-
 WANDERSLEB, Otto
SCHUHMANN, Roland
SCHULTZE, Rudolf
SCHUMACHER-
 WANDERSLEB, Otto
SEEL, Barbara
SPITZING, Günter
TECHTMEIER, Eberhard

TOELLE, Tom
UNRUH, von, Heinz-Hugo
VITTINGHOFF, Friedrich
VÖGELE, Josef
VOGEL, Wolfgang Ernst
VOSS (ß), Gerhard Julius
WEBER, Antonius
WEBER, Friedrich
WEINDEL, Elmar
WESSELS, Rolf B.
WILDING, Ludwig
WILHELM, Horst
WITTE, Barthold
WITTEN, Wilhelm
WOLFF, Rudolf
ZADEK, Peter
ZENKER, Herbert
ZIPPELIUS, Reinhold

20. Mai

ADT, Harro
ALTHOFF,
 Friedrich Dankward
BAVENDAMM, Dirk
BECKER, Bernd
BERTRAM, Hans-Dieter
BISCHOFF, Karl-Otto
BLANKART, Charles Beat
BLÜM, Volker
BOEHM, René
BOLZA-SCHÜNEMANN,
 Hans-Bernhard
BOTHE, Bernd
BREIDER, Hans
BÜDELER, Werner
BÜRGER, Christa, geb. Müller
BURSCHEID, Hans Joachim
BUSCH-MEINERT,
 Rotraud
CHRISTMANN, Hansjörg
DEDECIUS, Karl
DIECK, Walter
DRESCHER, Julius
ELSCHNER, Bruno
ENDRES, Werner
FECHTER, Rudolf (Rolf)
FOX, Helmut
FRANK, Bruno
FÜRSTENAU, Peter
FUNCK, Hans Jürgen
GEINITZ, Wolfgang
GERSONDE, Klaus
GOTTHOLD, Jürgen
GUNTERMANN, Willi H.
HÄFNER, Heinz
HARRACH, Carl Ferdinand
HEIPERTZ, Wolfgang
HERRMANN, Klaus
HIRCHE, Herbert
HOCHGESAND, Gerhard
HOYE, William J.
HÜPER, Ernst-Georg
KALLMANN, Hans-Jürgen
KEMPSKI RAKOSZYN, von,
 Jürgen
KEPPLINGER, Hans Mathias
KERN, Georg
KESPER, Erich
KIRCHHEIM, E. Heinrich
KNÖDEL, Walter
KÖHLER, Volkmar
KÖRNER, Hans-Wolfgang
KOESTER, Ulrich
KOLBENHOFF, Walter
KORN, Karl
KRAMM, Bruno
KUEN, Otto L.
LANKHEIT, Klaus
LOB, Reinhold
LÖB, Günter
LOHMANN, Erika
LUDEWIG, Rainer
MERVELDT, Gräfin v., Eka
NES ZIEGLER, van, John
NORDHEIM, von, Eckhard
OBERMAIER, Josef Richard
OVERBECK, Ludwig
PAHL, Max(imilian)
PASSIN, Günther
PAULSEN, Carsten
PAULSEN, Hans
PRINZ, Harry

20. Mai

RICKENBACHER, Karl Anton
SCHARF, Bernhard
SCHLEINITZ, Egon G.
SCHLERETH, Max W.
SCHLIEFFEN, Graf von, Friedrich
SCHMIDT, Bernhard
SCHNELL, Bernd
SCHÜTZEICHEL, Rudolf
SCHULTZ, Klaus
SCHWOCHAU, Klaus
SPRINGER, Rudolf
STEINKÜHLER, Franz
TERFLOTH, Klaus
TRAUPE, Karl
WALLIS, Hedwig
WEIN, Hermann
WEISS (ß), Heinrich Bardo
WELLNITZ, Karl
WICHERT, Günter
ZIEGLER, Bernhard

21. Mai

ALTEN-NORDHEIM, von, Odal
ANDERSEN, Hermann
ASCHER, Felix
BENNEMANN, Josef
BERNING, Heinrich
BERR, Ulrich
BIESENBERGER, Günter
BINNEMANN, Peter
BLOEMERTZ, Carl Bruno
BOCK, Rudolf
BOECK, Wilhelm
BOTTLER, Jörg
BREDELLA, Lothar
BRINGMANN, Michael
DANNEEL, Ilse
DANNENBERG, Peter
DERICUM, Christa
DREYER, Horst
DÜNISCH, Oskar
FISCHER, Bernd
FREUDENFELD, Burghard
FRIEDEBURG, von, Ludwig
FRÜHAUF, Martin
FUNKE, Gerhard
GARNJOST, Joachim
GRIMM, Reinhold
GÜNZLER, Hans
GURATZSCH, Herwig
HALÁSZ, Michael
HANSMANN, Karl-Werner
HARTMANN, Irmfried
HOFMANN, Franz
KIRCHGESSNER, Manfred
KLEIHUES, Paul
KLEIN, Richard Rudolf
KOHN, Karl Christian
KRAUSE, Jürgen
KRIEG, Dieter
KUMMERT, Wolfgang
KURP, Karl-Heinz
LANGE, Martin
LAUSCHNER, Erwin A.
LEISTER, Ingeborg
LEWANDOWSKY, Helga
LOEW, Hans-Heinrich
LÖWE, Heinz
MAIER, Karl Friedrich
MANDL, Heinz
MANGOLD, Werner
MATHEIS, Rainer
MEISTER, Edgar
MESSERSCHMID, Ernst
MOHR, Werner
NEUMANN, Peter Dietmar
PAAL, Gerhard
PÉUS, Gunter
RECH, Peter W.
REDEKER, Konrad
RIETSCHEL, Ernst Theodor
ROMEN, Werner
SALZMANN, Karl-Heinz
SCHEUNEMANN, Horst
SCHIFFLING, Wolfgang
SCHMALOHR, Emil
SCHMITZ, Hans-Peter
SCHNEIDER, Karl
SCHULTE zur HAUSEN, Wilhelm
SEELIG, Friedrich Franz
SOHRE, Helmut
STEIMLE, Fritz W.
STENZEL, Kurt
STOCKBAUER, Berthold
VIEBIG, Hasso
VOLK, Klaus Wolfgang
VOLLBRECHT, Fritz
WÄDEKIN, Karl-Eugen
WAGNER, Franz W.
WAGNER, Max
WALLMANN, Johannes Christian
WENDER, Karl F.
WICKERT, Konrad
WIDMER, Urs
WIELAND, Otto Heinrich
WILLISCH, Ruth Claire
WITH, de, Hans
WOHMANN, Gabriele, geb. Guyot
WOLFF, Hans
WÜST, Günther
ZYWIETZ, Werner

22. Mai

ANDRIANNE, Rene
BAYR, Rudolf
BECKMANN, Helmut
BEHRINGER, Hans
BERCHEM, Theodor
BERSWORDT-WALLRABE, von, H.-L. Alexander
BEULER, Ernst F.
BIERMANN, Manfred
BLANK, Manfred
BLANKE, Gustav H.
BLOEMECKE, Gerhard
BLOETT, Claus
BRANDS, Horst W.
BREHM, Artur
BRENTANO, von, Peter
BROAD, Charles Robin
BROLL, Werner
BRUHN, Christian
BRUHN, Klaus
BRUMMACK, Jürgen
BUGLA, Gerhard
COLLAS, Karlheinz
CZEMPIEL, Ernst-Otto
DECKER, Rudolf
DIETL, Erhard
DÜRR, Fritz
ENGELBRECHT, Wilhelm
ESTLER, Claus-Jürgen
FRÜHWALD, Rudolf
GEIGER, Willi
GERHARDT, Marlis
GIERLOFF-EMDEN, Hans Günter
GLAESER, Karl-Christian
GRAVERT, Anke
HECKEL, Martin
HEKTOR, Erich
HERMS, Dieter
HERRMANN, Peter
HINRICHS, Ernst
HOMFELDT, Hans Günther
HÜBENER, Rudolf Peter
KAUFMANN, Bruno Maria
KESSLER, Eckhard
KIRCHNER, Alfred
KOCHER, Walter
KÖHLER, Kurt
KÖNIG, Joachim
KOHLER, Friedrich
KROEGER, Heinrich
KÜHNHAUSEN, Wilhelm
KUHN, Annette
LEBUHN, Jürgen
LEHFELDT, Werner
LEISCHNER, Anton
LENZ, Dietrich
LINDENBERGER, Heinz
LINNERZ, Heinz
LUTHE, Hubert
MARX, Rudolf
MEYER zu BENTRUP, Reinhard
MEYER-CORDING, Ulrich
MICHL, Berthold
MOLITOR, Karl
MÜLLER-BÖHM, Ulrich
OBERWINKLER, Franz Christoph
OTTO, Hans-Hartwig
PETERS, Arno
PETERS, Karl-Josef
POLLEY, Rainer
PRELL, Hermann
RÖHL, Klaus F.
ROHDE, Achim
SAUERMANN, Peter
SCHIELER, Rudolf
SCHLUNGBAUM, Werner
SCHNEIDER, Theodor
SCHNEIDER, Wilhelm
SCHRÄDER, Guido
SCHUBERT, Gerhard Oskar
SCHWAN, Gesine, geb. Schneider
SCHWANDNER, Gerd
SEELENTAG, Hedwig
SEEMANN, Heinrich
SEIFFERT, Reinhard
SENGER, Friedrich
SKOPP, Paulus
SORBI, Pol M.
STÄCKER, Hans-Detlef
STAUDENMAIER, Hans-Martin
STEGMANN, Carl Ulfert
STEINS, Karl
TETZ, Martin
THÜMMLER, Fritz
ULMER, Hans-Volkhart
VARJÚ, Dezsö
VOGT, Wolfgang
WECKER, Fritz
WEINERT, Ansfried B.
WIEDEMANN, Otto
WIMMER, Brigitte
WÖLFEL, Kurt
WOHLFARTH-BOTTERMANN, Karl-Ernst
ZAHM, Herwig
ZIERER, Dietmar

23. Mai

ALFUSS, Kurt
ARETIN, von, Annette
BAEDEKER, Wolfgang
BARNER, Jörg
BEHR, Arnold
BEIER, Udo
BERGDOLT, Bernhard
BERGER, Judith
BEYREUTHER, Erich
BITZ, Werner
BOBERG, Friedrich
BOETERS, Ulrich
BOHLIEN, Guenter
BRAUN, Felix
BRÖMMELHAUS, Helmut
BROSS, Helmut
DESCHNER, Karlheinz
DITTRICH, Wolfgang
DOHRN, Klaus
EVERTZ, Klaus
EWERT, Otto
FLICK, Horst
GERATHS, Armin
GITTERMANN, Horst
GOLLWITZER, Paul
GÜNTER, Horst
HAACKE, Wolfhart
HÄFELINGER, Günter
HALLSTEIN, Ingeborg
HAMMAD, Farouk
HARDT, Detmar
HASENFUSS, Ivar
HAUSNER, Hans
HAUSSMANN, Hans Georg
HENGLEIN, Arnim
HENRICH, Günther
HILD, Helmut
HUBER, Antje, geb. Pust
KAMPFFMEYER, Hans
KESSLER, Erich
KIESSELBACH, Marianne
KOCH, Helmut
KOMMERELL, Burkhard
KONISZEWSKI, Gerhard Hans
KOPPELMANN, Floris
KOPTON, Boerries-Peter
KRAUSE, Dieter
KULLMANN, Otto
LAUKIEN, Günther
LIEBERS, Gerhard
MITTENDORFF, Herbert
MONNERJAHN, Rudolf
MÜLLER, Rudolf J. E.
MÜLLER-BOHN, Jost
NABER, Kurt G.
NAWROCKI, Joachim
NITSCHE, Peter
NORDMEYER, Kurt
OESTERN, Hans-Friedrich
OTTO, Hansjörg
PRÖPSTL, Georg
RAPPARD, Heinz Peter
RIECKEN, Ernst-Otto
ROTT, Rudolf
RUSCHEWEYH, Walter
RUSS (ß)-MOHL, Stephan
SCHEPANK, Heinz
SCHILLING, Heinz
SCHOLZ, Rupert
SIEVEKING, Klaus L.
SOLTMANN, Otto
STEFFAN, August Wilhelm
STOBBE, Hanna, geb. Kleist
STURMOWSKI, Georg
THALLMAIR, Heribert
TOLLE, Henning
VÖLKERT-MARTEN, Jürgen
VOSWINCKEL, Klaus
WAIDELICH, Jürgen-Dieter
WELLENDORF, Franz
WILLEKE, Rainer
WIMMER, Franz
WINTERFELD, Klaus
WITZENMANN, Walter
WOLTERS, Jürgen
WUNDER, Wilhelm

24. Mai

ALTENHÖNER, Heinrich
ANDERS, Wolfhart Hermann
BAGANZ, Horst
BARTON, Heinz
BAUER, Alexander W.
BIETHAHN, Jörg
BISCHOFF, Gustaf
BITTER, Heinrich (Heinz)
BITZER, Helmut
BOGYA, Arpad
BORGER, Riekele
BOST, Hans-Josef
BRAATZ, Ilse
CAESAR, Knud
DAUME, Willi
DEMPEWOLF, Klaus W.
DETJEN, Claus
DIEDERICH, Nils
DÜNSCHEDE, Elmar
FALLAK, Heinz
FENSKE, Hans
FRENSEMEYER, Gert
GERRIETS, Ruth Susanna, geb. Neuling
GISSLER-WEBER, Richard
GLÖCKEL, Hans
GRIMEISEN, Gerhard
HAMANN, Bruno
HARTMANN, Volker
HAUSBERGER, Karl
HELLIGE, Gerhard
HESSE, Manfred
HIRT, Edgar D.
HOEPPENER, Rolf
HÖRMANN, Helmut
HOLZ, Peter Ludwig
KAISER, Helga
KALNEIN, Graf, Wend
KELLER, Karlheinz
KESSEL, von, Immo
KESSLER, Erwin
KIPER, Manuel
KIPPENHAHN, Rudolf
KLEMENTZ, Lothar F.
KNAUF, Heinrich
LEHRECKE, Peter
LEINBROCK, Arthur
LOHSE, Bernhard
MASSARRAT, Sadegh
MENZ, Egon
MERKWITZ, Jürgen
MICHELS, Joachim
MINDT, Dieter
MÜHLBACHER, Eberhard
MÜLLER-BUSCHBAUM, Hanskarl
MUTSCHLER, Ernst
NEUSER, Ernst-Jürgen
NIEMEYER, Werner
NOLTE, Hans-Heinrich
PETERSEN, Heinz
PFEIFER, Helmut
POHL, Joachim
PTAK, Heinz Peter
PUSCHNUS, Erika
RIEHL, Nikolaus
ROHWER, Jürgen
ROTTGARDT, K. H. Jürgen
SCHLAAK, Max
SCHLIEMANN, Erich E. K.
SCHMIDT, Heinz Ulrich
SCHMIDT, Ulrich
SCHNEIDER, Karl
SCHOENBERNER, Gerhard
SCHÖNMANN, Hans-Günther
SCHWARZ, Hans-Otto
SEIDL, Josef
SIMONS, Kai Lennart
STACKELBERG, Freiherr von, Curt
STÜMPERT, Hermann
STURM, Dieter
SUTER, Ludwig
THIMM, Walter
TREUTLEIN, Gerhard Constantin
TRUSEN, Winfried
WEISE, Karl-Heinrich
WELGE-LÜSSEN (ß), Lutz
ZIMMERMANN, Günther

25. Mai

ALLKOFER, Otto Claus
AUTENRIETH, Hans
BARSCH, Dietrich
BARTH, Dirk
BEHREND, Trude
BILLINGER, Josef
BLOMEYER, Wolfgang
BOESKEN, Dietrich H.
BROCKHOFF, Victoria
BRUNNSTEIN, Klaus
BURKARDT, Hans Eugen
BUSS, Wilm Harro
COBET, Justus
COUBIER, Heinz
DEHMLOW, Eckehard Volker
DETTMER, Albrecht
DÖHMER, Klaus
DÖLLINGER, Kurt Eugen
DRABE, Joachim
EICKE, Ruth
FERBERS, Eduard
FISCHER, Carl
FISCHER, Franz
FRANK, Karlhans
FROMMHOLD, Hermann
GANZ, Horst
GAREIS, Balthasar
GEMSJÄGER, Werner
GERIGK-GROHT, Silke
GIMM, Martin
GOSS (ß), Irene
GOWA, H. Henry
GRÜN, von der, Max
HAAS, Sandra Ingrid
HAERDTER, Robert
HANISCH, Joachim
HASENCLEVER, Rolf
HEIN, Manfred Peter
HENTSCHKE, Richard
HILDENBRAND, Werner
HILLE, Hellmut

25. Mai

HOLTFORT, Werner
ITSCHERT, Hans
JUNKER, Johannes
KÄSTNER, Heinz
KIRCHAMMER, Hellmuth
KRAFT, Ernst
KRON, Heinrich
KUBEL, Alfred
KÜHNL, Reinhard
KUHBIER, Heinz
LAUTERBORN, Werner Horst
LENTZE, Alexander
LEPACH, Paul
LICHTENBERGER, Hermann
LOHRMANN, Erich
LUIPPOLD, Rolf
MERIAN, Svende
MEYTHALER, Friedrich-Hermann
MILLIES, Andreas
MÜLHAUPT, Heinz
NUTZINGER, Hans G.
PATT, Albert H.
PAULSEN, Peter
PENNER, Willfried
POSER, Hans
POTEMPA, Joachim
PRAUSS, Gerold
RIPS, Franz
ROTTLER, Alfred
SANDER, Josef
SARTORIUS, Hans
SCHÄFER, Hans-Bernd
SCHLUTTER, Klaus Erich
SCHMIDT-EFFING, Reinhard
SCHMIDT-ROHR, Ulrich
SCHMITT, Rüdiger
SCHMITZ, Jochem
SCHOPF, Alfred
SCHULZE-ROHR, Peter
SCHULZ-KLINGAUF, Hans-Viktor
SEIDL, Wolf
SELLNER, Gustav Rudolf
SOMMER, Frank
SOMMER, Peter
STORZ, Werner
TABORI, George
WAGNER, Heinz
WENG, Gerhard (Gerd)
WILKENS, Helmut
WILLMS, Johannes
WINTERHAGER, W. Dietrich
WISCHERMANN, Heinfried
WÖTZEL, Rudolf
ZEYER, Werner

26. Mai

ACHILLES, Walter
BARTLMÄ, Fritz
BEAUGRAND, Lutz-Dieter
BIEGEL, Gerd
BIEHL, Böle
BLANKE, Edzard
BOLDT, Harald
BRADER, Karl-Heinz
BREDEMANN, Werner
BRINKE, Rudolf
BROCK, Norbert
BUMM, Karl Ernst
DALMA, Alfons
DOLEZAL, Richard
EHRLICH, Bernd
FAHLBUSCH, Erwin
FISCHER, Gerhard
FLEISCHMANN, Alfons
FRESEN, Otto
FRICKHÖFFER, Wolfgang
FROMM, Hans
GANS, Oskar
GIERNOTH, Peter
GRÄSEL, Friedrich
GROOT, de, Eugenius
GRUENAGEL, Hans Helmut
HAMELMANN, Horst
HAMMERSEN, Frithjof
HAUBRICH, Hartwig
HEILINGBRUNNER, Petra
HILF, Willibald
JAHN, Egbert
JANTZEN, Hinrich
JÖNSSON, Claus
JOST, Elisabeth
KASCH, Friedrich
KELLER, Günther Montanus
KIP, Manfred
KLEIN, Horst G.
KROCKOW, Graf von, Christian
LARSSON, Lars Olof
LAULE, Gerhard
LÖBBERT, Josef
MEINECKE, Heinrich
METTERNICH-WINNEBURG, Fürst von, Paul Alfons
MEYER-KÖNIG, Werner
MICHEL, Detlef
MOLLER-RACKE, Marcus
MOORMANN, Günter
MÜNCHOW, Brigitte
NADOLNY, Isabella, geb. Peltzer
NESSELHAUF, Herbert
NIEDERMEIER, Hermann Josef
NITSCHKE, Lothar
OEHRLEIN, Werner
OPP, Karl-Dieter
OPPENHOFF, Walter
PAHLEN, Kurt
PAUL, Egbert
PAULI, Hans Adolf
RASKE, Michael
SAMBERGER, Konrad
SCHAEFER, Jürg
SCHEMME, Wolfgang
SCHLENK-BARNSDORF, von, Carl-Günter
SCHMID, Albrecht
SCHMIDT, Ekkehard
SCHNEIDER, Hans-K.
SCHONER, Wilhelm
SCHÜTTE, Franz
SCHULENBERG, Franz
SCHWIGON, Hildegard
SEELAND, Wilhelm
SIMON, Dietrich
SKOLUDEK, Horst
STROTH, Gernot
STUKE, Josef
TAPPERT, Horst
THALHEIM, Karl C.
THÜMLER, Heinz
ULMER, Hermann
VALETON, Ida, geb. Meggendorfer
WEINHOLD, Ernst-Eberhard
WEISS (ß), Erich
WERBICK, Jürgen
WIRSCHING, Michael Hilmar
ZAPP, Erich

27. Mai

ALADJOV, Peter
BARTEN, Ernst-Heinrich
BAUMERT, Georg
BLUMBACH, Wolfgang
BOENICK, Ulrich
BOTHE, Klaus
BRUNNER, Guido
BUTLER-SKURATOWICZ, Charlotte
CARSTENSEN, Broder
DAMMANN, Günter
DEMMER, Klaus
DIETZ, Peter
DOBNER, Eberhard
DOMSCH, Michel
DROSTE, Manfred
FELDHOFF, Heiner
FELDTMANN, Adolf
FINK, Helmut
FISCHER, Hans
FISCHER, Wilhelm
FRANK, Klaus Ottmar
FREUDENMANN, Helmut
FRIEDRICHSEN, Uwe
FRIEMERT, Manfred
FRIESE, Wilhelm
FRÖLING, Heinz
FROHNE, Dietrich
GEBHARD, Walter
GITZINGER, Siegfried
GOEBEL, Hans Hilmar
GRASSL (ß), Georg
GROFFMANN, Karl Josef
GROTTIAN, Peter
HAECKEL, Rudolf
HAESKE, Horst
HAIBEL, Hans
HAKE, Günter
HATLAPA, Hans-Heinrich
HAUSBURG, Hubertus
HAUSCHILDT, Jürgen
HENCKEL von DONNERSMARCK, Graf, Friedrich Carl
HENGSTENBERG, Helmut
HERRENBERGER, Justus
HEYLAND, Klaus-Ulrich
HOPPE, Brigitte
HUBER, Wolfgang
JEITSCHKO, Wolfgang
KALMBACH, Gudrun
KESSEL, Siegfried
KLAMANN, Dieter
KLEIN, Günter
KLIE, Hermann
KOCH, Peter
KORTENACKER, Wolfried
KOTTER, Klaus
KRAUS, Theodor
KRAUTKRÄMER, Elmar
KUCHEN, Wilhelm
KÜHL, Heinrich
KUTZER, Reinhard
LIMBURG, Hans
LÖSCHNER, Fritz
MEIER, Gernot
MEISE, Rudolf
MÜLLER, Heinrich A.
MÜRTZ, Robert
NEEF, Paul
NICOL, Klaus
NIGGEMANN, Karl August
PANITZKI, Werner
PIEPER, Klaus
PLATHOW, Michael
PUMP, Gernot
RASKE, Peter
RECHENBERGER, Heinz-Günter
REPNIK, Hans-Peter
RESTIN, Kurt
RIEMER, Klaus
RÜRUP, Reinhard
SAXLER, Josef
SCHLEIFENBAUM, Henning
SCHMITZ, Heinz-Günter
SCHÖNELL, Hartmut
SCHULTZ, Gert A.
SEEBER, Siegfried
SEIFERT, Herbert
SORS, Hans-Edwin
STOCKER, Wilhelm
THUN, Hans Jens
TRÜMPER, Joachim
VENNEMANN (gen. Nierfeld), Theo
VRING, von der, Thomas
WITTKOP-MÉNARDEAU, Gabrielle, geb. Ménardeau
ZIMMERMANN, Ulrich
ZÖBELEY, Hans Rudolf
ZÖGNER, Lothar
ZÖLLER, Michael

28. Mai

ABELE, Heinrich Albrecht
ACHTENHAGEN, Frank
ALTHOFF, Theodor
ALTMANN, Roland
ASMUSSEN, Herbert
BEREKOVEN, Ludwig
BESDO, Dieter
BÖSER, Werner
BRINGMANN, Klaus
BURRICHTER, Clemens
CLAUSSEN, Claus Frenz
DEPPERMANN, Klaus
DIETL, Wolfgang
DOYÉ, Peter
DUDDA, Waldemar
EBBERT, Hans-Jürgen
FISCHER, Ludwig
FISCHER-DIESKAU, Dietrich
FRANK, Horst
FRENZEL, Konrad
GALL, Pierre
GEPPERT, Maria-Pia
GRAVERT, Hans Otto
GUCKES, Horst
GÜNTHER, Heinz
HABERMEHL, Karl-Heinz
HEBER, Johann
HEINRICH, Hellmuth C.
HELMENSDORFER, Erich
HELMER, Karl
HEUSS (ß), Ernst T. V.
HEYMANN, Kurt
HÜNIKEN, Manfred
HUGEL, Heinz
JESSEN, Hanns Christian
JÜRGENS, Maria
KIENZLER, Klaus
KNÖFEL, Dietbert
KOBBERT, Max J.
KOCH, Wilfried
KRAFFT, Dietmar Roman
KÜPPER, Werner
LÄPPLE, Erich
LANDSTORFER, Friedrich Michael
LEITZ, Ludwig
LORBER, Curt Gerhard
MARR, Folkert
MICHALOPOULOU, Marina
MOKROS, Ralf J.
MÜLLER, Alfons
MÜNSTER, Rudolf
NIEDEREHE, Hans
NIELAND, Helmut
OTTO, Hans
ROLOFF, Ernst-August
SCHAUER, Alfred
SCHLITTMEIER, Andreas
SCHMIDT, Werner
SCHNEIDER-LENNÉ, Ellen R.
SCHWENK, Alfred
SIPPEL, Wilhelm
SKIBA, Ernst-Günther
SOMMER, Antonius
SPRENG, Manfred
STACHOWIAK, Herbert
STERNBERG, Herbert
TRETZEL, Erwin
TURNER, George
VESPER, Guntram

29. Mai

BLÖMER, Hans
BOCH, Josef
BOL, Gerrit
BRETON, Otto
BRUNNER, Heinz-Rudi
BURGER, Walter
DECKER-HAUFF, Hansmartin
DEIMER, Josef
DIECK, tom, Tammo
DITT, Egon
DITTMAR, Friedrich-Wilhelm
DÖHN, Hans
FLICK, Gert-Rudolf
FRISÉ, Adolf
GILLIES, Peter
HANSEN, Uwe C.
HAUSER, Ulrich
HERTZ-EICHENRODE, Albrecht
HIRSCH, Burkhard
HUG, Heinz
KÄUFER, Christoph
KAHLSTORFF, Karl
KANN, Albrecht Peter
KLAUS, Franz
KLOKE, Adolf
KOPF, Hermann
KOTHGASSER, Alois M.
KOTTHAUS, Jörg P.
KRÖGER, Wolfgang
LAUTENBACH, Walter
LESSMANN (ß), Gerhard
LOHMANN, Wolfgang Friedrich
LOOSEN, Joseph
LOSER, Fritz
LUBE, Frank
MARSCHALL von BIEBERSTEIN, Walther, Freiherr
MÜCKE, Gottfried
MÜLLER, Gert Heinz
MÜNCHINGER, Karl
NENNIGER, Peter
PETERS, Johannes
QUADBECK-SEEGER, Hans-Jürgen
REINERT, Heinrich
RIDDERBUSCH, Karl
RILLING, Helmuth
ROTH, Erwin
SCHENKEL, Gerhard
SCHNÖRR, Robert
SCHOCKEMÖHLE, Alwin
SCHWAIGER, Josef
SCHWARZ, Richard
SIEVERDING, Franz
STEINMÜLLER, Wilhelm
TRÖBLIGER, Alfred
ÜCKER, Bernhard
VOGT, Paul
WALLER, Hans Dierck
WEIGEL, Hans
WELBERGEN, Johannes C.
WENDIG, Friedrich
WESTERMANN, Herbert
WILDMANN, Georg
WITTING, Hermann
WÖRDEMANN, Franz
ZILCH, Ernst H.
ZUMPFORT, Wolf-Dieter

30. Mai

BAGGE, Erich
BEHRENS, Helmut
BEINHORN, Elly
BLUM, Werner
BÖHME, Horst
BOSCH, Berthold Georg
BRAUER, Heinz Hermann
BROICH, Ulrich
BYDLINSKI, Georg
CORSTEN, Hans
DICK, Werner
DIEHL, Heinz Georg
DIETRICH, Hans
DREWS, Gerhart
EKMAN, Bo
FASSBENDER (ß), Heribert
FELGER, Wolf
FREUNDL, Günter
GEHLEN, Walter
GITTER, Wolfgang
GOTTMANN, Günter
GRASSMANN (ß), Siegfried
GUGGENBICHLER, Otto
HAAS, Axel
HECHT, Franz
HEINRICH, Gerd
HELMS, Winfried
HILDEBRANDT, Gerhard
HÖLDER, Egon
HOFFMANN, Diether H.
IHBE, Kurt
JANOTA, Johannes
JELESIJEVIĆ, Vladeta
KEMME, Ferdinand
KEMTER, Manfred
KITTNER, Dietrich
KNÖPFLE, Robert
KÖNIG, Karl-Heinz
KRACKOW, Jürgen
KRATZ, Franz
KRENTZ, Klaus
KRUSE, Franz
KURTZ, Gustav
LARISIKA-ULMKE, Dagmar
LASSAHN, Rudolf
LEHRL, Siegfried
LÖFFLER, Gerd

Geburtstagsliste

30. Mai

LOEWENHEIM, Ulrich
MALETTKE, Klaus
MEYSEL, Inge
MICHAELIS, Richard
MÜLLER, Benno
MÜLLER, Gerhard
NICK, Dagmar
NÜSSEL, Hans A.
NUHN, Hans-Eberhard
OEHLER, Gerhard
PLÖGER, Hanns-Ekkehard
POHL, Rudolf
RAVENS, Bernd
REBMANN, Kurt
REINELT, Heinz
REINKE, Helmut
ROSENBAUER, Karlheinz A.
RUMMEL, Theodor
SAAD, Margit
SCHMIDT, Ingo
SCHMIDT, Peter
SCHMIDT-TRAUB, Henner
SCHOBER, Otto
SCHULTE-UENTROP, Burkhardt
SCHUMANN, Hans-Gerd
SCHWAMKRUG, Ernst-Günther
SEELIGER, Wolfgang
SEIDEL, Wolfhart
SEILER, Karl O.
SELMAYR, Gerhard
SPENCKER, Joachim
STAUDINGER, Ulrich
STEINBACH, Gunter
THIES, Alfred
WENZEL, Günter Hermann
WINKEL, Harald
WUNDERLI, Peter
ZEHETMEIER, Winfried

MENNER, Klaus
MEUTHEN, Erich
MEYER-LANDRUT, Andreas
MIDDELSCHULTE, Achim
MÜLLER, Johann Baptist
NEUMANN, Günter
OTTO, Frei
PASEL, Johannes
POHL, Erich
POHL, Friedrich
RESE, Martin
RISLER, Thorwald
RÖHRIG, Paul
RÖPKE, Wolf-Dieter
RÜTT, August
SCHLOTKE, Helmut
SCHMÄHL, Winfried
SCHMIDT, Karl Horst
SCHNABEL, Ralf
SCHNEHAGEN, Kurt
SCHWIND, Hans-Dieter
SEIDEL, Horst-Eckart
SICK, Wolf-Dieter
SIELER, Wolfgang
SPECKER, Hans Eugen
STOLL, Andreas (André)
THOMA, Ernst
THRÄNHARDT, Dietrich
TIETZE-LUDWIG, Karin
VOLLMER, Antje
WAGENITZ, Gerhard
WANNAGAT, Ulrich
WEBER, Michael
WEGMANN, Rudolf
WEISSENBERGER, Otto
WENDZINSKI, Gerd
WENING, Ludwig K. F.
ZAHRNT, Heinz
ZEISS, Walter
ZEUMER, Brigitta
ZILLIG, Wolfram

31. Mai

APPEL, Karl-Otto
BACHOFER, Wolfgang
BALZER, Horst
BOLDT, Werner
BRANDS, Theodor (Theo)
BRUHN, Gerhard
BÜCHNER, Christoph
DANNER, Max
EGGERT, Hartmut
EHLERS, Joachim
ERZGRÄBER, Willi
FABER, Rainer
FIEGER, Werner
FISCHER, Anneliese, geb. Sell
FITTSCHEN, Klaus
FRANZEN, Klaus
FREERICKS, Wolfgang
GEISSLER (ß), Rolf
GENTH, Klaus Reinhard
GIERING, Oswald
HANSEN, Eliza
HASSENSTEIN, Bernhard
HAUL, Robert A. W.
HEIDEMANN, Karl
HENRICHSMEYER, Rudolf
HIMMELHEBER, Hans
HINZEN, Dieter H.
HÖLSCHER, Dieter
HÖRMANN, Georg
KAMPE, Walther
KANY, Manfred
KARG, Heinrich
KERN, Matthias
KLÜTSCH, Karl
KNÖSEL, Dieter
KOENIG, Günther
KÖSTER, Rolf
KOSSBIEL, Hugo
KOSZYK, Kurt
KRAUS, Udo
KRÜSS, James
KRÜSSELBERG, Hans-Günter
KUBECZKA, Karl-Heinz
KUERPICK, Josef
KURTH, Otto
LIEBAU, Friedrich
LIEBSTER, Günther
LUND, Heinz

1. Juni

BANDEL, Werner
BERGER, Heiner
BERNS, Jörg Jochen
BIELENBERG, Ludwig
BLÄNSDORF, Jürgen
BOERSCH, Hans
BOESE, Jürgen
BÖTTIGER, Anneliese
BOHN, Thomas
BRAUN, Bernd
BRICKENSTEIN, Rudolf
BÜTTNER, Wolfgang
DEPPING, Friedhelm
DEW, John Roland
DREGER, Wolfgang
DRESCHER, Wilfried H.
ELWERT, Georg
EWIG, Klaus
FALÁR, Hans
FEDERMANN, Rudolf
FRIEDERICH, Hugo-Constantin
FUCHS, Karl-Heinz
GOLLASCH, Kurt
HAHN, Klaus-Jürgen
HARTKOPF, Günter
HASENJAEGER, Gisbert
HEDERGOTT, Winfrid
HELBICH, Peter
HENRICH, Jürgen
HÖLZEL, Klaus
JACOBS, Karl
KANTEL, Dietrich
KEMPF, Wilhelm
KIER, Olaf
KLEINFELDER, Hellmuth
KNAUER, Helmut
KOBER, Alois
KRÜGER, Ralf
KUGLER, Johann
LAHMANN, Horst-Jürgen
LOSER, Karl Heinz
MAGG, Wolfgang
MARTENS, Günther
MATTHES, Joachim
MATTHIAS, Klaus
MENGDEN, von, Bruno
NIEDERMAYER, Josef

NOBIS, Günter
PELLETIER, Gerd H.
PFAU, Bernhard
POTTMEYER, Hermann Josef
PUCHNER, Wunibald
REHMANN, Ruth
REITZ, Heribert
ROY, Sarbesh Chandra
SCHALLER, Hans-Jürgen
SCHMITT, Rüdiger
SCHMITZ, Heinz
SCHNEIDER, Franz
SCHROERS, Gert
SCHÜLLER, Karl-Heinz
SIELAFF, Meinhard
STEINOHRT, Wolfgang
STORM, Ruth, geb. Siwinna
STRAUSS, Herbert A.
STRÜMPEL, Burkhard
THOMAS, Berthold
URBAN, Horst W.
VERBEEK, Paul
VOSSSCHULTE (ß), Karl
WEBER, Werner
WECKER, Konstantin
WECKESSER, August

2. Juni

ALBERS, Herbert
BAIER, Fritz
BAUDLER, Paul G.
BERGER, Michael
BIRN, Willi K.
BOGNER, Hermann
BORELLI, Siegfried
BORN, C. Bob
BRUNNER, Georg
BUSCHBECK, Bernhard
DAHLHEIM, Werner
DEUBNER, Franz-Ludwig
DITHMAR, Reinhard
DOBMAIER, Walter
DOORNKAAT KOOLMAN, ten, Gerhard
DÜRR, Ernst
EBERLEIN, Gregor
EICHHOFF, Hans-Joachim
EVERLING, Ulrich
FLEISSNER, Herbert
FRIEDRICH, Rudolf
GAERTE, Felix O.
GEBHARDT, Wolfgang
GIEBEL, Werner
GIESE, Bernd
GIRZ, Alexander
GLATZEL, Wolfgang
GLOCK, Erich
GROPPER, Siegfried
GÜNZLER, Claus
HARTLAGE, Hermann
HASSERT, Günter
HEINER, Walter
HERZOG, Gerulf
HILLENKAMP, Thomas
HINTERDOBLER, Anton
HIRCHE, Peter
HÖLZ, Karl
JETTER, Karl
KERN, Peter Christoph
KESSLER, Heinz-Gerhard
KISKALT, Hans
KLAUSSNER (ß), Georg
KLEMIG, Roland
KREKEL, Hildegard
KREYE, Walter A.
KRÖNER, Wilhelm
KROHN, Wolfgang
KÜHNE, Gerhard
KÜHNE, Klaus Michael
LEWINSKI, von, Wolf-Eberhard
MAHR, Emil
MARQUARDT, Werner
MAUERMAYER, Wolfgang
METTERNICH, Josef
MOSLENER, Gerhard
MÜLLER, Gerhard
MÜLLER, Norbert
NIGGEMANN, Walter
OBLADEN, Wolfgang

OLSEN, Ferry
ONCKEN, Dirk
PÖPPELMEIER, Otto-Wilhelm
POPP, Hanns-Peter
PRINZ, Helmut
REICH-RANICKI, Marcel
REIMERS, Emil
RIBHEGGE, Wilhelm
RICHERT, Hans-Egon
RUHENSTROTH-BAUER, Gerhard
RUPPANER, Hans
SACK, Rolf
SEEBASS, Gottfried
SIEBERT, Manfred
SIEFARTH, Günter
SILKENBEUMER, Rainer
SPRINGER, Joachim
STEFFANI, Winfried
STEINER, Adolf Martin
STILL, Carl-Otto
STÖTZEL, Georg
SWINNE, Axel Hilmar
TÖPPE, Frank
TROOGER, Margot
VOGEL, Friedrich
VOGEL, Walter
WOLOWICZ, Ladislaus Alexander
WULFES, Siglinde, geb. Kunert
ZAKY, Renate

3. Juni

ADEBAHR, Gustav
ADRIAN, Fritz J.
ALTER, Erich
ANDEREGG, Johannes
BAACKE, Jürgen
BARNER, Wilfried
BARTSCH, Irene, geb. Appelt
BERKE, Claus
BERNSAU, Hans-Walter
BIRCHER, Martin
BLOECH, Jürgen
BOURWIEG, Gerhard
BROICHER, Heinz
BUCHLER, Walther Hartwig
COENEN, Elmar
CZERNIK, Inge
DANZ, Werner
DEDNER, Burghard
DOMRICH, Ottomar
FEHRMANN, Hartmut
FISCHER, Gerd
GÖHRINGER, Adolf G.
GONDOLATSCH, Friedrich
GRADMANN, Dietrich
GRAEVENITZ, von, Hartwig
GÜNTHER, F. Robert
HAMPE, Michael
HEIN, Olaf
HEITZ, Ewald
HERCHENRÖDER, Christian
INGENSAND, Harald
JANZARIK, Werner
JARCHOW, Friedrich
JÖNCK, Uwe
KAPS, Karl-Heinz
KICK, Hans
KIENZLE, Bertram
KIRCHNER, Ottmar
KITZLINGER, Baptist
KRAPP, Edgar
KRUGMANN, Günther
KUHNER, Helmut
KUNDT, Wolfgang
KURZ, Jürgen
LANG, Alexander E.
LAPPAS, Alfons
LEIDL, Werner
LEINEMANN, Anneliese
LIESENFELD, Herbert
LIPPROSS, Otto
MANDEL, Michael
MASCHLANKA, Annemarie, geb. Krapp
MASSENBERG, Norbert
MAURER, Friedemann

MEINEL, Hans Georg
MENGELBERG, Heinrich
MICHEL, Reiner M.
MISCH, Gerda, geb. Lachmund
MISCHEL, Werner
MÜLLER-FREIENFELS, Wolfram
NAUJOKS, Eberhard
OHM, Dietrich
OTTO, Rudolf
PAULUS, Hans
PETRY, Ludwig
PLEYER, Peter
PSCHERER, Kurt
REBERS, Friedrich
REIMANN, Bruno W.
REINTGES, Heinz
RIEHM, Hans
RIHA, Karl
RÖVER, Hans
ROHRER, Herbert
ROSE, Klaus
RÜHLE, Günther
SAALFELD, Hans
SASSMANNSHAUSEN (ß), Günter
SCHAUPP, Wilhelm
SCHLIETER, Erhard
SCHLOTTER, Eberhard
SCHMIDT, Gerhart
SCHNEIDER, Oscar
SEEFEHLNER, Egon
STILLER, Manfred
SUSSET, Egon
THIEKÖTTER, Friedel
THÜR, Gerhard
TIMMERS, Josef
TRAPP, Klaus
TÜRKE, Joachim
VOGEL, Axel
WALTER, Hans-Albert
WEISS, Ulrich
WOLLENSCHLÄGER, Harry
WRICKE, Günter
ZELFEL, Rudolf C.
ZIELKE, Günter
ZUMKELLER, W. Adolar
ZWERENZ, Gerhard

4. Juni

ALBRECHT, Gert
ANDERER, Alfred
BEERMANN, Hans Joachim
BOEHR, Erdmuthe
BRAND, Hans
BUSSFELD, Klaus
CHRISTIANSEN, Jens
DERINGER, Arved
DILGER, Willibald
EULER, Hans-Helmut
FELDMANN, Uwe
GIERS, Joachim
GÖLZ, Eva, geb. Witte
GRÄTER, Manfred
GRUBITZSCH, Helga
GÜCKELHORN, Herwig
HARTZ, Wilhelm
HECKLAU, Hans
HEID, Walter
HEINIKEL, Rosemarie
HÖHNE, Günter
HÖNICK, Hans Hermann
HOYER, Ulrich
HOYNINGEN-HUENE, Freiherr von, Dietmar
HUBER, Friedo
KARSUNKE, Yaak
KEHRER, Fritz
KESSLER, Alfons
KIRCHHOFF, Heinz
KRAUSS, Hans-Ludwig
KRÜCHTEN, von, Manfred R.
KRUG, Detlef
KÜGLER, Dietmar
KUMMER, Heinz
KUNERT, Julius
LENNERT, Karl
LINICUS, Kurt

4. Juni – 9. Juni

LOCHER, Friedrich Wilhelm
LÖBKE, Otto
MALICH, Siegfried
MANN, Norbert
MAYER, Gerhart
MEISSNER, Hans-Otto
MENZLER, Wilhelm
MERTENS, Meinolf
MÜLLER-DECHENT, Gustl
MUSCHALLIK, Hans Wolf
NOLLAU, Günther
OBERHAMMER, Heinz
ODIN, Karl-Alfred
OFFNER, Klaus Peter
OSTMAN v. d. LEYE, Wilderich, Freiherr
PETERS, Hans M.
REINDEL, Kurt
RIEDEL, Hermann
RIESS(ß), Peter
SABETZKI, Günther
SAUER, Hans
SCHACHTSCHABEL, Paul
SCHANZ, Bernhard
SCHIEFNER, von, Alexandra
SCHMIDT-NARISCHKIN, Dimitri
SCHMIEDER, Ferdinand
SCHÖFER, Erasmus
SCHOLE, Jürgen
SCHOOP, Johann Wolfgang
SCHÜTTE, Dieter
SINGER, Johannes
SKRIVER, Ansgar
SOIKA, Josef-Adolf
SPIES von BÜLLESHEIM, Freiherr, Adolf
TIEDEMANN, Joachim
TORGE, Wolfgang
WAGNER, Wolfgang
WALK, Harro
WESTPHAL, Heinz
WILD, Franz-Josef
ZIEBART, Erwin
ZIEGELMAYER, Gerfried

5. Juni

BALDAUF, Karl-Eberhard
BARBEY, Jean
BARTELT, Christian
BAUR, Elmar F.
BEEMELMANS, Hubert
BERGMANN, Ludwig
BÖRNER, Wilhelm
CLAUSSEN, Georg W.
CONRAD, Jochen F.
CONZE, Helmut
EHLICH, Hans-Georg
EILERS, Johannes
FISCHER, Ferdinand
FRENZEN, Karl-Heinz
FRIEDHOFF, Karl Theodor
FRIEDRICH, Hermann
GÄFGEN, Peter M.
GANZ, Johannes
GEHRTS, Barbara
GERAMB, von, Heinrich Viktor
HANISCH, Werner
HANNEMANN, Kurt
HARTZEL, Hans-Jürgen
HECK, Elisabeth
HENATSCH, Hans-Dieter
HERBST, Donald
HERZ, Albert
HILLEBRECHT, Wilfried
HOLST, Jürgen
HÜTHER, Helmut
IMHOF, Wendelin
IMMENGA, Ulrich
JANSSEN, Wolfgang
JUNGWIRTH, Christoph
KAUFFMANN, Wolf-Dietrich
KEMPER, Wolfgang
KEVENHÖRSTER, Paul
KLEINSTEUBER, Hans J.
KNÜPPER, Paul
KNÜSEL, Guido
KRAFT, Herbert
KRASKE, Konrad
KREMPEL, Ralf H. B.
KRISCHER, Tilman
KULP, Martin
LEHR, Ursula Maria
LEIDLMAIR, Adolf
LENHARD, Günter
LENZ, Carl Otto
LENZ, Hans
LEWENTON, Georg
LICHTENFELD, Manfred
LIEBENOW, Richard
LIESE, Johann Ernst Horst
LOSSE, Heinz
LUHMER, Alfred
MARGGRAF, Wilhelm
MENSCHING, Horst, Georg
MERKT, Hans
MÖHLER, Karl
MÜLLER, J. Heinz
NECKERMANN, Josef
NESSEL, Eckhard
NORIS, Günter
OPPELT, Winfried
PANTKE-BEYERLING, Magdalena
PÜHSE, Wilhelm
RADLOFF, Heinz
REICHERT-FLÖGEL, Ute Maria
ROOS, Edgar
RUPERTI, Hans H.
SCHARPENSEEL, Hans-Wilhelm
SCHILLING, Wolfgang
SCHISCHKOFF, Georgi
SCHLOEMANN, Martin
SCHRÖDER, Ralph C. M.
SCHULTE-MIMBERG, Udo
SCHULZ, Heinz
SEELMANN-EGGEBERT, Ulrich
STÄHLER-MAY, Horst
STEPHAN, Bernd
STEPHANY, Manfred
STOEVESANDT, Hermann
STRALAU, Josef
TECHNAU, Hans-Jürgen
THIERBACH, Dieter
THURN und TAXIS, Fürst von, Johannes
TRAPP, Erich
UHL, Alfred
UNLAND, Hermann Josef
WALDBURG zu ZEIL und TRAUCHBURG, Fürst von, Georg
WALTER, Otto F.
WEINLAND, Helene
WEISS, Heinrich
WICHTER, Sigurd
WIELAND, Theodor
WILHELM, Hans-Otto
ZIMMERMANN, Albert
ZWERNEMANN, Jürgen

6. Juni

ABEL, Hubert
BACKHAUS, Helmut M.
BADER, Dietmar
BAIER, Herwig
BEDNARZ, Klaus
BEHRISCH, Arno
BERGEDER, Hans-Dietrich
BISCHOF, Kurt
BREPOHL, Klaus
BUCHHOLZ, Fritz
BÜHLER, Liselotte
BÜNSOW, Robert
BUSCHINGER, Alfred
CLOER, Ernst Ludwig
DEMANDT, Alexander
DÉRIAZ, Philippe
DULCE, Hans-Joachim
ENDRISS, Günter
ENGEL, Peter
ERLER, Ursula, geb. Anwander
FARINA, J. M. Wolfgang
FISCHER, Heinz-Joachim
GERLING, Hans
GIENANTH, Freiherr von, Ulrich
GÖLLNITZ, Heinz
GROLL, Freiherr von, Götz
GRONE, Friedrich W. E.
GRÜTZMACHER, Curt
GUTMANN, Erich
HAMMERSTEIN, von, Franz
HARTE, Cornelia
HELLWINKEL, Dieter
HEMPEL, Klaus-Joachim
HESELER, Kurt
HOFFMANN, Gerd E.
HORPÁCSY, Géza
INEICHEN, Gustav
INSENHÖFER, Hans (Johannes)
JOCKENHÖVEL, Albrecht
KLEIN, Thomas
KLOTZBÜCHER, Alois
KORNBLUM, Udo
KRIMMEL, Arthur
KÜSPERT, Heinz
KUK, von, Alexander
MAI, Ernst
MANGER, Hansjörg
METTLER, Liselotte
MIDDENDORFF, Wolf
MITTERMEIER, Jakob
MOLL, Helmut
NIEMANN, Rüdiger
OTTINGER, Ulrike
PAEPCKE, Fritz
PEEK, Werner
PETERMANN, Ulrike
PILOTY, Robert
POETZSCH-HEFFTER, Georg
REIFENBERG, Hermann
RIELKE, Sigurd
ROHRBACH, Rolf
RUDOLPH, Hansjörg
RUF, Wolfgang
RUMMEL, Alois
SCHMIDT-SALZER, Joachim
SCHNAKENBERG, Bruno
SCHULER, Heinz
SCHULZ, Klaus
SCHWERDTFEGER, Inge C.
STINGL, Helmut
STRUECKER, Hans-Erich
STUKE, Bernward
THIMME, Hans
TROST, Wilhelm
VETTER, Lothar
WEGENER, Hermann
WIEMERS, Kurt
WILHELMY, Lothar
WITT, Peter-Uwe
WORTBERG, Manfred
ZWANZIGER, Theo

7. Juni

AHLERT, Wilhelm
ALFÖLDY, Géza
ALTMANN, Hans-Werner
BARREY, Knut
BARTSCH, Norbert
BECHERER, Antonia
BECHERER, Ferdinand
BEST, Werner
BLANCO, Roberto
BÖHLE, Eberhard
BRETZ, Heinz
BÜSSER (ß), Friedrich-Wilhelm
BURRICHTER, Ernst
BUSCH, Franz
CONTZEN, Heinz
CREMERS, Armin B.
DABS, Otto
DRÜCKE, Paul
EICKELBAUM, Friedhelm
EICKMEYER, Karl-Arnold
ESCHMANN, Fritz
EYMER, Peter
FABER-CASTELL, Graf von, Anton-Wolfgang
FISCHER-ZERNIN, Lars
FRANKE, Horst-Werner
GERLACH, Dieter
GERRIETS, Dierk
GÖRING, Michael C. (Christian)
GÖTTING, Fritz Klaus-Jürgen
GRUBER, L. Fritz
HARDER, Theodor
HARTLAUB, Geno(vefa)
HARTMANN, Theo
HEINZE, Meinhard
HEUKÄUFER, Anneliese, geb. Altmann
HEUSSEN, Gregor Alexander
HILDENBRAND, Gebhard
HOEDT, Helmut K. F.
JAUNICH, Horst
JESSEN, Uwe
JORDAN, Erich
JUNG, Fritz
KARTTE, Wolfgang
KIRCHHOFF, Hans Georg
KIWE, Tilman
KLÜTSCH, Albert
KOPPER, Gerd G.
KRECK, Walter
KREMPL, Hans
KRÖNERT, Wolfgang
KÜNNEMEYER, Friedrich
LATZIN, Kurt
LAURENT, Jean
LOTHAR, Frank
MATERN, Gerhard
MERKELBACH, Reinhold
MÜHLENWEG, Gustav
MUGHRABI, Haël
NACHTIGALL, Werner
NEUMANN, Hans
NICKEL, Egbert
ODENTHAL, Hans
PIETSCH, Herbert
PLOCHMANN, Richard
REICH, Walther
RINKEN, Alfred
ROTH, Paul
SCHATZ, Walter
SCHINDLER, Adolf Eduard
SCHUHMANN, Gerhard
SEIER, Hellmut
SLOKAR, Branimir
STEINBERGER, Josef
STÖPPLER, Siegmar
THALHAMMER, Georg
THEUERKAUF, Walter E.
THIE, Antonius
THOMAS, Heinz
TOUSSAINT, Friedrich
TSCHESCHE, Harald
WEBER, Christoph
WELLHÖNER, Hans-Herbert
WENDLER, Gernot
WIDMER, Pius
WOHLGEMUTH, Michael
ZÄHNER, Hans

8. Juni

BECKEY, Hans Dieter
BEHNKE, Ernst-August
BETHGE, Herbert
BETZ, Otto
BISINGER, Gerald
BLEISCH-DE LEON, Carl Xavier
BÖHRK, Gisela
BOISSERÉE, Klaus
BRINKMANN, Friedrich W.
BRUNK, Manfred
CURDT, Lothar
DANGELMAYER, Horst
DILLER, Justus
DUMKE, Dieter
EICKHOFF, Ekkehard
ENGEROFF, Hubert
ESSER, Karl Heinz
FAHRION, Roland
FEIST, Karl-Heinz
FETH, Monika
FINSTERER, Alfred
FLECKENSTEIN, Franz
FRANZ, Cornel
FREYMANN, Herwig
FRIEDRICH, Erich
FROWEIN, Jochen Abraham
GERLACH, Ulrich
GUTHARDT, Helmut
HÄRZSCHEL, Kurt
HAUER, Gunther
HAUPT, Peter W.
HENKEL, Roland
HERDING, Otto
HIERHOLZER, Klaus
HOFACKER, Winfried
HUBER, Ernst Rudolf
HUECK, von, Walter
HUHLE, Fritz
HYMMEN, Friedrich Wilhelm
JACOBY, Max Moshe
JOCHIMSEN, Reimut
KÄMPFER, Ernst
KLATT, Heinz
KLIEMANN, Carl-Heinz
KÖHLER, Heinz
LANGENOHL, Hanno
LAUR, Albert
LEHN, Erwin
LEYKAUF, Walter Heinz
LINDEMANN, Eckard
LIPPE, von der, Jürgen
LUDA, Manfred
MACKENSEN, Rainer
MAY, Alfred
MAYR, Herbert
MECKSEPER, Friedrich
MENSSEN (ß), Hans Georg
MÜLLER-MEININGEN, Ernst, jr.
MUTH, Hanswernfried
NAUCKE, Wolfgang
NAZARETH, Daniel
NEUMAN, Friedrich A.
PÄTZOLD, Erich
PFLUGRADT, Gisela
PHILIPP, Gunter
RAKE, Heinrich
RECH-RICHEY, Astrid
RIEPL, Alfred
ROSE, Gerd
RUSS (ß), Friedrich
SCHLIEMANN, Joachim E. K.
SCHMIDT, Heinz
SCHMIDT-KALER, Theodor
SCHNEIDER, Lothar
SCHUBERT, Karl
SCHUBERT, Peter
SCHÜTZE, Peter
SCHULTERT, Reinhold
SCHULTZ, Uwe
SCHUMANN, Hans
SCHURIG, Gertrud
SCHWARZE, Hanns W.
SCHWEITZER, Michael
SEELEN, von, Werner
SIEVERTS, Thomas
SILBER-BONZ, Gert
STEEG, Helga
THOMALSKE, R. E. Günther
WACKERBECK, Wilhelm
WAGNER, Norbert
WEMPER, Heinz
WILHELM, Herbert
WIRTH, Hans
ZAUZICH, Karl-Theodor

9. Juni

AHLERS, Wilhelm
ALTEKAMP, Heinrich
AUER, Ignaz O.
BECKENDORFF, Helmut
BERCKENHAGEN, Ekhart
BISMARCK, von, Günther
BOVENTER, Karl
BREZINKA, Wolfgang
BÜRKLE, Horst
CLEVE, Hartwig
DEPARADE, Klaus Adolf
DIETZEL, Werner
DOEHRING, Carl
ECKEY, Wilfried
EISELE, Jürgen
ELBERN, Victor H.
FEHN, Franz Martin
FRICK, Dieter
FRITZ, Rüdiger
GERBER, Richard
GRAUMANN, Manfred

GREUNER, Albrecht
GROENKE, Ulrich
HAACK, Dieter
HAAS, Waltraut
HÄDLER, Christian
HÄUSSER (ß), Erich
HANKE, Wilfried
HAPKE, Jobst
HAUB, Fritz
HAUPT, Werner
HEBERER, Georg
HEIDT, Frank-Dietrich
HERTEL, Ingolf Volker
HIESTERMANN, Hermann
HINZPETER, Alwin
HÖHN, Franz
IPSEN, Knut
ISSEL, Wilhelm
JOST, Jürgen
KARMANN, Wilhelm
KASTELEINER, Rolf
KIENHOLZ, Manfred
KLEINER, Ulrich
KOHLMANN, Theodor
KRAUS, Hans
KRAUS, Heinrich
KRAUTER, Edmund Friedrich
KREUTZBERG, Georg W.
KRÜGER, Bernhard
KRÜLL, Herbert F.
KUHL, Wolfgang
LEMMEN, Hans
LEUPOLD, Friedrich
LOGEMANN, Fritz
LOHRMANN, Dietrich
MAUS, Robert
MEUDT, Hans
MILHOFFER, Petra
MÜLLER, Peter
NARHOLZ, Gerhard
NARR, Karl J.
NÜRNBERGER, Richard
PAHLKE, Jürgen
PFARR, Karlheinz
RETTICH, Rolf
RIEBE, Klaus
RIESNER, Detlev Heinz
RIETBROCK, Norbert
ROGGE, Hartwig
SCHEUCH, Erwin K.
SCHLEGEL, Hans-Joachim
SCHMIDT, Lothar R.
SCHMIDT, Werner H.
SCHMITT, Armin
SCHMITT, Peter
SCHMITZ, Karl-Heinz
SCHMITZ, Richard
SCHMUDE, Jürgen
SCHOTT, Wolfgang
SCHULTE, Dieter
SCHULZ-HARDT, Joachim
SEITZ, Erich
SPLETT, Jochen
STACHEL, Hans-Dietrich
STACKEBRANDT, Erko
STÄMPFLI, Robert
THOMAS, Konrad
TILLMANN, Wolfgang
TORKE, Hans-Joachim
TREBST, Achim
WAHLEN, Heinrich
WENDLAND, Karl
WESTENBERGER, Rolf
WIELAND, Wolfgang
WIENHAUSEN, Hanns
WIRTHS, Willi
WOLLRAB, Adalbert
ZIEGENHAIN, Horst

10. Juni

ADAM, Hermann-Heinz
BARTELS, Herwig
BAUER, Friedrich L.
BAUER, Josef
BECHERT, Heinrich
BECKE, Margot,
  geb. Goehring
BECKER, Alban
BENTHE, Hans Friedrich
BETZ, Eberhard
BEYERLE, Dieter
BISCHOFF, Bernhard

BRAUN, Werner
BRUHNS, Felix
BUDINGER, Hugo Ernst
CREMER-BARTELS,
  Gertrud
DEININGER, Jürgen
DIECKERT, Jürgen
DIETZEL, Armin
EPPENDORFER, Hans
ERNST, Günter
FAISS (ß), Klaus
FEHLING, Detlev
FERBERG, Nils
FRANK, Albert Konrad
FRITSCH, Walter
FROMME, Friedrich Karl
GAENSLEN,
  Heinz-Friedrich
GILLMANN, Helmut
GROENEWALD, Horst
GRUENTER, Rainer
GÜNTHER, Klaus
HÄUSSLER, Gerhart
HAMMERSCHMID, Josef
HANSEN, Fritz
HEIDER, Hans
HELMDACH, Henry
HÖFFE, Dietmar
HÖYNCK, Rainer
HORNHUES, Karl-Heinz
ISENSEE, Josef
JENNINGER, Philipp
JUHNKE, Harald
JUTZI, Dieter
KAPUSTIN, Peter
KAUFMANN, Herbert J.
KAUPERT, Günther
KLAUE, Siegfried
KRITZER, Karl-Heinz
KURZECK, Peter
LEIBFRIED, Günther
LÜDDECKE, Werner-Jörg
MARTENS,
  Jochen Alexander
MICK, E. W.
NÖFER, Günter
PAULUS, Rolf Manfred
RAUTENSCHLEIN, Hans
ROMBACH, Heinrich
SCHINK, Wilhelm
SCHLEGEL, Karl-Friedrich
SCHWARZ, Wolf
SCHWEMMER, Oswald
SCHWERD, Wolfgang
SEEWALD, Heinrich
SIMNACHER, Georg
SOMMER, Theo
SPANG, Konrad
SPOHN, Jürgen
STEGNER, Artur
THOROE, Carsten
TRINIUS, Reinhold
UNGER, Heinz
WACHINGER, Burghart
WEITZEL, Hermann
WERNER, Dietrich
WIESEMANN,
  Klaus Heinrich
WITTKE, Günter
ZIECHMANN, Wolfgang
ZINNECKER, Jürgen

11. Juni

ACHT, Peter
AGOP, Rolf
BÄR, Friedrich
BECKER, Horst
BEHRENDT, Hans-Jürgen
BERGENER, Manfred
BERGER, Reinhard
BLOTH, Peter C.
BREKLE, Herbert Ernst
BÜHLER, Winfried
DERIX, Christoph Hermann
DOHRMANN, Jürgen
EICHLER, Wolfgang
FEIG, Rudolf
FINGER, Karl Hermann
FREYTAG gen. LÖRING-
  HOFF, Baron von, Bruno
GARBER, Heinz
GASCHÜTZ, Wolfgang

GEISSLER (ß), Dietmar
GRIESER, Helmut
HEIDENREICH, Ulrich
HESSE, Franz
HILFENHAUS, Rudolf
HINZ, Uwe
HOFFMANN, Ludwig
HOLLENDER, Wolfgang
IBEL, Wolfgang
JAHN, Reinhold
JANSON, Oskar
KARR-BERTOLI, Julius
KEMPFF, Diana
KEUL, Heinrich
KIEFER, Georg
KLEIHUES, Josef Paul
KOBLER, August W.
KOERBER, v., Eberhard
KÖRNICH, Heiko
KRABBE, Günter
KRAMER, Horst
KRENN, Herwig
KÜRZDÖRFER, Klaus
KURTH, Paul
LANG, Johann
LOHMANN, Heinrich
LOJEWSKI, von, Günther
LUDWIG, Gerd-Reimar
LUMMA, Klaus
MEINARDUS, Günter
MERZYN, Gottfried
MITZLAFF, Stefan
MUSSHOFF, Karl A.
PFEIFER, Ulrich
PFLÜCKE, Rolf
PRECHT, Hermann
RITTER, Heinz
ROOS, Hermann
SAUER, Jürgen
SCHENCK, Hermann
SCHERF, Walter
SCHINDLER, Jörg
SCHLEICHER, Klaus
SCHMID, Rupert
SCHMIDT, Erich
SCHMIDT-BLEIBTREU,
  Ellen, geb. Kesseler
SCHROEDER, Hellmut E.
SCHUBERT, Horst
SCHULENBERG, Wolfgang
SCHULZE, Martin
SCHUMERTL, Franz
SCHWIERS, Ellen
SIGUSCH, Volkmar
STOBER, Rolf
STRESEMANN, Ernst
TROESTER, Arthur
TROMMER, Wolfgang
ULLRICH, Konrad
VOGT, Dieter
WALZ, Ingrid
WEISS, Daniel
WETZEL, Willi-Eckhard
WILL-FELD, Waltrud,
  geb. Feld
ZENKER, Silvia
ZIERMANN, Arnold
ZUBER, Walter

12. Juni

AHRENS, Herbert
APOSTOLOV, Blagoy
ARTMANN, Hans Carl
BECKER, Hans
BECKER, Werner
BEHNISCH, Günter
BITTERLING, Klaus
BRANDES, Horst
BRESTEL, Heinz
BRUNHÖLZL, Franz
BÜRGEL, Ursula
BUHR, Lothar
BUISSON, Ludwig
DAMRATH, Helmut
DEGENER, Volker W.
ECKER, Günter
ERDMANN, Gerhart
ESSER, Jürgen
FERSTL, Roman
FESTETICS von Tolna,
  Graf, Antal
FREIDHOF, Gerd

GASPER, Dieter
GEBHARDT, J. O. L.
GEHR, Helmut
GEIGER, Helmut
GERNERT, Wolfgang
GOEBEL, Hans-Rolf
GREEFF, Kurt
GROHS, Erhard
HALSTENBERG, Friedrich
HEIDUK, Franz
HELMCHEN, Hanfried
HERRMANN, Franz August
HESS, Günter
HESS (ß), Hans-Jürgen
KELLER, Joachim
KIRSCHNER, Valentin
KOENIGS, Folkmar
KOTOWSKI, Georg
KROSIGK, Konrad von
KÜPERS, Herbert
LAUBER, Hans-Ludwig
LEHR, Werner
LIPKA, Leonhard
MADER, Wilhelm
MECKEL, Christoph
MÖLLER, Hans
MÜLLER, Ernst
NAST, Klaus
OBERMAIER, Hannes
OPEL, Adolf
PFLIGERSDORFFER,
  Georg
POWROSLO, Johannes
QUAMBUSCH, Erwin
RAUCH, Hans-Joachim
REIMER, Ludwig
RÖLL, Werner
RÖSSLER (ß), Almut
ROSENAU, Kersten
SCHÄFER, Rolf
SCHARLAU, Winfried
SCHMID, Hans-Dieter
SCHÖN, Otto
SCHREIBER, Georg
SELLIN, Hartmut
SLANY, Erich
STEFFEN, Uwe
STEILMANN, Klaus
STRIXNER, Hans
THIEL, Johannes Christian
TSCHUKEWITSCH, Viktor
VENSKE, Regula
VERSTEGEN, Margarete
WALTHER, Gert-Ulrich
WEINRICH, Werner
WENGLER, Wilhelm
WENNEMER, Karl
ZOEGE von MANTEUFFEL,
  Peter

13. Juni

ANGER, Hans
BACHMEYER, Bodo
BADER, Frido
BAUDACH, Heinz
BECK, Karl
BEHRENDS, Berend-Heiko
BERGMANN, Artur
BREMMER, Gerhard
BROCKMANN, Willibert
BRÜNNECK, von, Alexander
COHEN, Rudolf
DUCHROW, Ulrich
EBERHARDT, Gotthilf
EISMANN, Josef
ENDRES, Elisabeth
ENGERTH, Horst
FINKENRATH, Rolf
FRÖHLICH, Roswitha,
  geb. Schmölder
FUNHOFF, Jörg
GEORG, Otto
GORDESCH, Johannes
GRAF, Gerd
HART, Wolf (Wolfgang)
HAVEKOST, Hermann
HEGMANN, Franz
HEINZELMANN, Walter
HELLER, Werner
HERRLIGKOFFER, Karl M.
HERTZ, H. Gerhard
HERTZBERG, Peter

HETZEL, Gerd
HOBE, von, Bertram
HÖHNE, Klaus
HOSSE, Jürgen
HÜSCH, Heinz-Günther
HÜSECKEN, Horst
HUISGEN, Rolf
JANSON, Rainer
KAISER, Hanns
KARL, Fred
KIESGEN, Karl-Heinz
KRISTEN, Kurt
LAMM, Rüdiger
LAUER, Waltraud
LEHMBRUCK, Manfred
LENNER, Volker
LINK, Christoph
LÜBBERT, Jens
LUTZ, Frieder
MACHER, Egon
MACK, Wolfgang
MANECKE, Georg
MAURATH, Johann
MEINERS, Hermann
MERKEL, Horst
MEYER, Josef
MOOG, Hans-Jürgen
MOSTHAV, Franz
MÜLLER-BARDORFF,
  Ulrich
MUNDINGER, Fritz
NEINHAUS, Bruno
NEUGEBAUER, Günter
NEUSER, Wilhelm
NIEWERTH, Heinrich
OLTERSDORF, Ulrich
PIEROTH, Bodo
PLATEN, Wilhelm
RASS (ß), Hans
RINGE, Karl
SAUTER, Hans
SCHADEL, Erwin
SCHÄFER, Wilhelm
SCHARFE, Wolfgang
SCHLAEFKE, Marianne
SEEGER, Hans-Christian
SIDOW, Kurt
STICKLER, Gunnar B.
STROHEKER, Tina
STUBY, Gerhard
TRUNZ, Erich
VORLAENDER, Karl-Otto
WAIDELICH, Wilhelm
WEBER, Hartwig
WEGENER, Gerhard
WESSEL-THERHORN,
  Ulrike,
  geb. Bernhardi-Grisson
WÖLFEL, Erich
WORMIT, Hans-Georg
ZAHN, Helmut

14. Juni

ALSLEBEN, Kurd
ASCHOFF, Volker
BACHMANN, Ulrike
BARTHELMESS, Hanns
BAUER, Gottfried
BENECKE, Johann Heinrich
BETHKE, Hans
BEYER, Jürgen
BILLING, Werner
BLOOMFIELD, Theodore
BOCK, Gerhard
BÖKER, Alexander
BOLL, Erwin
BRAUMUELLER, Gerd
BÜTTNER, Walter
CARTANO, Werner
DIEDERICHS, Claus Jürgen
DITTMANN, Wolfgang
DROGULA, Karl-Heinz
ELLINGER, Theodor
ERLINGER, Hans Dieter
FELDMANN, Harald
FIEBIGER, Harald
FORTE, Dieter
FUCHSSTEINER, Benno
GENUIT, Heinrich
GORNY, Peter H.
GRAF, Steffi
GÜNTHER, Herbert

Geburtstagsliste

14. Juni - 19. Juni

GÜNTHER, Theodor
GURATZSCH, Dankwart
HARTMANN, Karl Max
HARTWIG, Hans
HEISING, Gerd Stephan
HILTERMANN, Heinrich
HOLE, Günter
HOLZER, Helmut
HOTJE, Herbert
HUBERT, Nikolaus
JOOSTEN, Bernhardine
KAFFKA, Rudolf
KERRUTT, Günter
KLEVER, Peter
KLOSE, Hans-Ulrich
KORTÜM, Gustav
KRAMMIG, Karl
LASSMANN (ß), Gert
LAY, Rupert
LINDINGER, Hans
MAHLING, Lothar
MENNE, Fritz C.
METZ, Karl Heinz
MEYER, Hans-Hermann
MICHELS, Peter
MÜLLER, Klaus
MÜLLER-SCHWEINITZ, Günter
NANZ, Claus Ernest
NEDELMANN, Carl
OBERENDER, Peter
PÜNNEL, Leo
RANSPACH, Dieter
ROPOHL, Günter
RUHNKE, Martin
RUTSCH, Walter
RUTZ, Hans
SAMSTAG, Karl
SCHIFFERS, Norbert
SCHIMMELPFENNIG, Bernhard
SCHLÖSSER, Ernst
SCHMIDT, Wolfgang
SCHRIEWER, Jürgen
SCHÜTT, Peter
SCHÜTZ, Jürgen
SEGLER, Helmut
SEIFRITZ, Walter
SOMMER, Hans Peter
TELTSCHIK, Horst
THOMAS, Ekkehard
THURAU, Klaus
UHRIG, Karl-Theodor
WEBER, Hans-Otto
WEISSERMEL, Klaus
WIEGENSTEIN, Sigrid, geb. Laumeyer
WILHELM, Hans Adolf
WINTERHAGER, Helmut
WUNDERLICH, Dieter
ZERNACK, Klaus

15. Juni

ALLERS, Gerd
ALVENSLEBEN, Bodo
ASCHENBRENNER, Reinhard
BEAUCAMP, Eduard
BENDER, Otto
BEUERLE, Hans Michael
BLEYHL, Werner
BLUM, Winfried E. H.
BREUER, Horst
BUCHHEIM, Klaus
BUSCH, Rolf
CLEMENT, Bernd
COLEMAN, Mac Gregor of Inneregny, Charles Joachim
DANGELMAIER, Paul
DECAMILLI, José Leopoldo
DEFFNER, Peter
DIETZ, Rüdiger
DREESMANN, Bernd
EDELSTEIN, Wolfgang
EIBL-EIBESFELDT, Irenäus
FORSTER, von Walter
FÜHRER, Helmut K. E.
GERLACH, Walter
GRAF, Engelbert
GREES, Hermann
GÜNTHER, Helmut W.
GUMBRECHT, Hans Ulrich
HABERLAND, Gert L.
HACH, Wolfgang
HAGER, Josef
HANSING, Ernst-Günter
HENNEBO, Dieter
HERTERICH, Günter
HIEL, Ingeborg
HILTMANN, Hildegard
HINZ, Erhard
HOFMEIER, Johann
KAMINSKI, Heinz
KAULBACH, Friedrich
KIMPEL, Dieter Heinrich
KLEIN, Armin
KLEINERT, Hagen
KLINGE, Oskar
KOECKE, Hans-Ulrich
KÖRTING, Wolfgang
KOOPMANN, Helmut
KOPINECK, Hermann-Josef
KÜCHENHOFF, Klaus Karl
KWASNITSCHKA, Karl
LÄHNEMANN, Johannes
LENK, Thomas
LÜDDECKENS, Erich
MAASS (ß), Wolfgang
MACKENSEN, Lutz
MOHR, Lambert
NIERHAUS, Rolf
NUISSL, Ekkehard
OST, Friedhelm
REINHARDT, Günther
RIEHM, Rolf
SAUER, Eugen
SCHIRMER, Wolfgang
SCHNEIDER, Gerhard
SCHÖNE, Armin
SCHUCH, Hans-Jürgen
SCHUSTER, Alfred
STEINBUCH, Karl W.
TEICHMANIS, Atis
THURN, Peter
USCHKOREIT, Klaus R.
WEIDENHAUPT, Hugo
WEITKEMPER, Franz-Josef
WEITZE, Wolfgang
WIEDEKIND, Friedrich
WIEGENSTEIN, Roland H.
WÖPKEMEIER, Helmut
ZIZLSPERGER, Eberhard

16. Juni

ARTICUS, Peter
ASSMUS (ß), Friedrich
BÄRSCH, Wilfried
BERTSCH, Ludwig, SJ
BEZ, Max
BÖSS, Otto
BOYSEN, Wilfried
BRAESS, Dietrich
BRINKMANN, Richard
BRUHN, Herbert
BÜSSER, Heinz
CRONE-MÜNZEBROCK, Alfred-Adolf
DIMITROV, Simeon
DOETSCH, Werner
EHRISMANN, Otfrid
ENTZIAN, Wolfgang
ESCHEN, Johannes Th.
EWALD, Heinz
FALBE, Jürgen
FISCHER, Clemens
FISCHER, Hans Arwed
FLUEGEL, Kurt Alexander
FRANK, Armin Paul
FRÖHLICH, Helmut
GÖTTE, Klaus
GRADMANN, Ulrich
GRASER, Fritz
GREWENIG, Leo
GRIMPE, Wolfgang
GUTZ, Herbert
HARDER, Hans-Bernd
HASSENSTEIN, Friedrich
HEER, Hans-Hermann
HEIGL, Curt
HÖFNER, Werner
HUMMEL, Dietrich
HUSTADT, Herbert
JENSEN, Uwe
JUNGFER, Heinz
KAUFMANN, Klaus
KLOSA, Josef Franz
KORNADT, Hans-Joachim
KOWALSKI, Klaus
KRÜGER, Joachim
KRUIP, Julius
KRUNTORAD, Paul
KÜHN-LEITZ, Knut
LEITNER, Anton Gerhard
LICHTENFELD, Herbert
MEHNER, Alfred
MEISTERMANN, Georg
MEYER, Eva
MÖSCHEL, Wernhard
MÜLLER, Hans G.
NAGEL, Frank Norbert
NEBEL, Hans
NELLMANN, Eberhard
OESER, Heinz
OHMANN, Friedrich
PAPPERITZ, Doris
PLÜCK, Kurt
POHL, Klaus Dieter
PÜTZ, Manfred Ernst
RAINER, Alois
RAUCH-HÖPHFFNER v. BRENDT, Herbert Walter
SANFT, Ralph W.
SANN, Guenter K.
SANNWALD, Rolf
SCHARBERT, Josef
SCHMIDT, Martin
SCHNEIDEWIND, Dieter
SCHNITZLER, Dierk Henning
SCHRÖTER, Egon-Horst
SCHULTE-HERBRÜGGEN, Heinz
SCHULZE, Ursula
SCHURER, Bruno
SEIWERT, Hubert
SIEBEN, Karl-Theo
SPITTLER, Hans-Joachim
STABENOW, Gerhard
STENBOCK-FERMOR, Graf, Friedrich
STOLTZENBERG, Peter
TAUSCHER, Bernhard
TEGETHOFF, Walter
WAGNER, Stephan
WENTZLAFF-EGGEBERT, Friedrich Wilhelm

17. Juni

AHRLÉ, Ferry
APOSTEL, Rudolf
BALDERS, Bernd
BAUMANN, Kurt
BERNDT, Ernst-Helmut
BÖHNISCH, Lothar
BÖTTCHER, Martin
BOTTLÄNDER-HARBERT, Rosemarie
BRAUN, Karl
BRUCKERT, Emil
DAHL, Edwin Wolfram
ERNST, Eugen
FELS, Gerhard Karl
FUNKE, Edmund Heinrich
GRAF, Ferdinand
GROEPPER, Horst
GRUBER, Joachim
HEINELT, Gottfried
HEITSCH, Ernst
HELBIG, Hans-Dieter
HENNINGER, Hans
HEYDORN, Volker Detlef
HILGER, Werner
HINSCHE, Wilhelm
IPSEN, Jörn
JANSEN, Hans-Helmut
JESCHAR, Rudolf
JOHANSEN, Ulla Christine
KIEPE, Helmut
KLOFT, Werner J.
KONECNY, Gottfried
KOPKA, Ulrico
KREFT, Hans W.
KRENDLESBERGER, Hans
KROL, Gerd-Jan
KRUG, Hans-Günter
KURLBAUM-BEYER, Lucie, geb. Fuchs
KURTZ, Walter
KUTSCH, Ernst
LANGENFASS, Martin
LEUSCHNER, Ulrich
MACK, Lorenz
MICHEL, Konrad
MÜLLER, Hans-Erich
NEGLEIN, Hans-Gerd
NÜCHTERLEIN, Max(imilian)
OBIDITSCH, Fritz
PFEFFERMANN, Gerhard O.
PINDTER, Walter Erich
PIOCH, Reinhard
REPGES, Rudolf
SAALFRANK, Max
SCHÄFER, Hans
SCHLIER, Kurt
SCHNEIDER, Gerhard
SCHRÖDER, Karl Heinz
SCHULTZE, Heinz W.
SCHUMANN, Franz W.
SCHWANDNER, Adolf
SCHWARZ, Günter
SEIDEL, Dietmar
SENDLER, Horst
SIEDE, Werner
SIGLE, Walter
STALP, Hans-Günther
VIEHE, Heinz-Günter
WEISMANTEL, Gertrud
WIETHÖLTER, Rudolf
WILDUNG, Dietrich
WROCHEM, von, Johann Gottlob

18. Juni

ADOLFF, Peter
ANTON-LAMPRECHT, Ingrun
APPENZELLER, Hans-Georg
ARBOGAST, Rainer Ernst
BÄUMER, Walter
BALTES, Paul B.
BARTH, Nikolaus
BARTMANN, Karl
BELOHLAVEK, Dieter
BERENTZEN, Hans
BIELFELDT, Hans
BINDELS, Gert
BLÜMLEIN, Hermann
BÖTTGER, Otto
BRUHN, Hans-Dietrich
CARSTENS, Veronica, geb. Prior
CRONE-ERDMANN, Hans-Georg
DEMKE, Claus
DEXHEIMER, Hermann
DIEHL, Johannes Friedrich
DOMRICH, Hermann
DÖRING, Gerhard Karl
EHRENBERG, Hellmut
ENDLER, Roland
FAERBER, Joerg
FOERSTER, Rolf Hellmut
FRÖHLICH, Klaus-Dieter
FUNK, Günter
GADDUM, Johann-Wilhelm
GAIER, Ulrich
GELLER, Heinz-Friedrich
GEPRÄGS, Ernst
GOLLER, Max
GUTTENBERGER, Jürgen
HABERMAS, Jürgen
HALBERSTADT, Gerhard
HARTMANN, Herbert
HEIL, Hans B.
HEUBL, Walter
HILGARTH, Manuel
HOPPE, Werner
HORNEFFER, Klaus
HULST, van, Wilhelm
JASPERS, Hansgert
KÄFER, Otto
KAISER, Gert
KANDELER, Riklef
KNIZIA, Klaus
KÖLZER, Helmut
KÖRTING, Heikedine
KRAUTH, Hermann
LAIDIG, Klaus-Dieter
LANDSMANN, Paul
LAUERMANN, Alfons
LESSMANN, Marianne Katharina
LOHMANN, Joachim
LUDWIG, Johannes
LÜCK, Wolfgang
LÜDICKE, Klaus
MAIER, Hans
MENKE, Wilhelm
MOLERUS, Otto
MOLL, Albrecht
MÜLLER, Hermann
MUNDHENKE, Reinhard
NEUMANN, Friedrich-Karl
NOLLER, Gerhard
PARUSEL, Jürgen
ROECKEN, Kurt W.
ROLAND, David
ROSEN, Edgar R.
ROSS-STRATTHAUS, Marianne
SCHICKEL, Alfred
SCHLENKER, Rudolf
SCHÖNERT, Klaus
SCHOLL, Johannes
SCHRÖCKE, Helmut
SCHÜBEL, Theodor
SEUREN, Günter
STEIN, Hermann
STIETENCRON, Freiherr von, Heinrich
SYDOW, von, Rolf
TERSTIEGE, Heinz
THIEL, Harald
VIELSTICH, Wolf
WALTHER, Gerhard
WETZEL, Klaus
WICK, Rainer

19. Juni

ADRIAN, Helmut
APFEL, Georg
BARTSCH, Gerhard
BERNHARD, Wolfram
BILLICH, Rudolf
BOGNER, Franz Josef
BRANDT, Thomas
BRAUNSS, Günter
BRINCKMANN, Hans
BRÜHANN, Willfried
BRÜNNER, Hubertus
CHRISTEL, Oswin
CORTERIER, Peter
DAVIDSON, von, Erik
DIETERICH, Thomas
DIETZE, Lutz
EGNER, Erich
FRANZEN, Ernst-Otto
FRINKE, Hartwig
GAUGER, Hans-Martin
GESCHKE, Günter
GRAESER, Wolfgang Rudolf
GROSS (ß), Carl S.
GÜTERMANN, Horst R.
HACHMANN, Rolf
HASELOFF, Günther
HASENZAHL, Erwin
HERZENSTIEL, Werner
HOFMANN, Friedrich W.
HOWALDT, Hans Viktor
HUBER, Michaela
HÜBNER, Klaus
JACOBSKÖTTER, Wolfgang
JÄKEL, Dieter
KAACK, Heino
KAST, Werner
KELLER, Rolf
KETTELHACK, Dietrich Rudolf
KOLANOSKI, Hermann
KUNTZE, Karlheinz
LESSENICH, Rolf Peter
LINDEN, Johannes Wilhelm
LINDENBERG, Kurt
LINDNER, Hans-Joachim
MANGOLD, Helmut K.
MEHNERT, Karl-Richard
MENZ, Maria

MENZEL, Josef Joachim
MERL, Wilhelm Anton
MEYER-BURGDORFF, Gerhard
MEYER-SCHÜLKE, Ellen-Urs
MUMMENDEY, Amelie
PANTKE, Horst
PAWASSAR, Klaus
PÖHLMANN, Friedrich Egert
POMMEREHNE, Werner W.
PORSCH, Siglinde
POSCHINGER von FRAUENAU, Freiherr, Hippolyt
PULCH, Wolfgang
QUALEN, Hans Hellmuth
RECKER, Kurt
REITTER, Hans
RENFRANZ, Hans Peter
ROBERT, Heinz
ROSS, Hans-Georg
ROTHENBERGER, Anneliese
RUDIGIER, Helmut
RÜDIGER, Otto
SCHÄFER, Joachim
SCHALLER, Dieter
SCHICKLER, Adrian G.
SCHÖNE, Günter
SCHÖTZ, Werner
SCHREINER, Liselotte
SCHUPPLI, Wolfgang
SIEKMANN, Heinz
SIEMANN, Hans-Andreas
SODEN, Freiherr von, Wolfram
SPOHN, Kurt
STIEVE, Hennig
STRASSNER (ß), Ernst
TENDAS, Paula
THYSELIUS, Thora
VASKOVICS, A. Laszlo
VORBACH, Walter
WALTER, Maja, geb. Angstenberger
WEFERS, Dieter
WOLLER, Rudolf
ZANDER, Josef
ZECH, Gerhard

20. Juni

ALY, Friedrich-Wilhelm
ARFMANN, Georg
AWERBUCH, Marianne, geb. Selbiger
BADER, Richard-Ernst
BARZEL, Rainer
BAUER, Friedrich-Wilhelm
BEISSEL, Hanns-Stephan
BIERBRAUER, Günter
BLAUERT, Jens
BODEM, Günter
BOEHMER, Irmgard
BOHNET, Armin
BULLA, Hans Georg
CORNELISSEN, Josef
DEGKWITZ, Rudolf
DENKER, Manfred
DENKER, Rolf
DENNINGER, Erhard
DIETL, Max
DIPPELL, Jürgen
EHRLICH, Hans
ENGELEN-KEFER, Ursula
ENGLHARDT-RÖSLER, Anneliese
EXO, Reinhold
FALKE, Franz-Otto
FERSCHL, Franz
FLEISCHMANN, Ulrich
FÖHRENBACH, Jürgen
GASE, Walther
GAST, Rainer
GEISLER, Erika
GELDMACHER, Erwin Helmut
GERSTENBERGER, Erhard S.
GOSEBRUCH, Martin
GUDDEN, Helmut

GUSHURST, Egon
HAGEN, Egon
HARS, Peter
HASSELBLATT, Arnold
HELD, Günter
HENSCHEL, Harald
HOLDINGHAUSEN, Franz A.
HOLLACK, Joachim
JUNKER, Detlef
KALLINICH, Günter
KERN, Karl-Günter
KEWENIG, Wilhelm A.
KOENIG, Fritz
KOTTMANN, Alois
KRÜGER, Werner
LÄPPLE, Friedel
LASKOWSKI, Wolfgang
LEDERSBERGER, Erich
LICHTENTHALER, Hartmut K.
MARX, Wolfgang
MATERN, Norbert
MEIER, Gerhard
MENNE, Alexander
MERBOLD, Ulf
MERZ, Horst
MEYER, Horst
NEUMANN, Klaus-Günter
NIEGEL, Lorenz
NÖTH, Heinrich
PARMAR, Daljit Singh
PFEILSTICKER, Konrad
REITZ, Inge, geb. Sbresny
RICHTER, Klaus
ROSENKÖTTER, Rolf
SALJÉ, Ernst
SCHEUER, Gerhart
SCHMID, Hubert
SCHNEIDER, Hans-Heinz
SCHOTT, Norbert
SCHÜRMANN, Eberhard
SCHULENBURG, Graf von der, J.-Matthias
SIEBER, Kurt
SIMON, Gustav
STEUER, Wilfried
STRASSMEIR (ß), Günther
THADDEN, von, Rudolf
ULBERT, Günter
UTHEMANN, Wolfgang
VAHLBRUCH, Günther
VÖBEL, Friedrich Wilhelm
WEICHERT, Lothar
WENDLING-PARDON, Charlotte
WESSELS, Johannes
WIEST, Gerhard
WINCKEL, Fritz

21. Juni

BACH, Karl
BALLEER, Martin
BARNER, Klaus
BASSLER, Friedrich
BEHNKEN, Helmut
BEISSNER (ß), Kurt
BERCK, Karl-Heinz
BERGANN, Hans-Joachim
BERGEN, Volker
BÖX, Heinrich
BOGATZKI, Marianne
BOLLE, Aloys
BORNKAMM, Karin
BREITUNG, Wolfgang
BRINKHUES, Josef
BRÖLL, Heinrich
BROSZINSKI, Hartmut
COLMANT, Hans Joachim
CORDES, Hans
DENDEN, Ahcène
DEUCHLER, Werner
DICKMANN, Barbara, geb. Kremmin
ENDERS, Franz-Karl
ENGELEITER, Hans-Joachim
FISCHER, Lothar
FRANK, Anton
FRANZKE, Hermann
FRORATH, Günter
FUNKE, Friedrich W.

GABISCH, Günter
GASPERI, Mario
GEORGI, Peter
GERHARD, Helmut
GÖSSMANN, Elisabeth, geb. Placke
GRUBEN, Gottfried
GÜNTHER, Klaus-Dietrich
HAUBOLD, Friedrich
HEINE, Klaus-Henning
HEISSENBÜTTEL (ß), Helmut
HEMPEL, Ludwig
HERZ, Hanns-Peter
HÖRTER, Rudolf H.
HOFFMANN, Gerhard
HUSMANN, Mathias
IPFLING, Heinz-Jürgen
JANSSEN (ß), Günther
KALBFUSS, Georg Theobald
KALLINA, Herbert
KASTL, Jörg
KAUFMANN, Inge
KIRST, Reiner F.
KURTZ, August F.
LEPSIUS, Renate, geb. Meyer
LINSSEN, Helmut
LUTZEYER, Wolf(gang)
MAIROSE, Ralf
MATSCHKE, Manfred Jürgen
MUMMENDEY, Hans Dieter
NICOLAUS, Fritz
PALM, Guntram
PETERS, Uwe Henrik
RIEHL, Hans
RIESS, Curt
RUMPFF, Klaus
RUSSELL, Hans-Dieter
SCHERF, Dagmar, geb. Weisgräber
SCHMITT, Willi
SCHOENICKE, Werner
SCHÖTTLER, Wilhelm
SCHRAGE, Konrad
SCHÜLLER, Alfred Alois
SIMON, Agnes
STABRIN, Herbert
STEINL, Hans
STENTZLER, Friedrich
STRASSER, Helmut
SZADKOWSKI, Dieter
THOME, Alfons
WANSER, Gerhard
WEGENER, Hans Th.
WILLIKENS, Ben
ZACHARIAS, Thomas

22. Juni

ASHAUER, Günter
BAADER, Herbert
BADER, Erik-Michael
BASTIAN, Hans Günther
BAUMANN, Jürgen
BECKER, Alfons
BÖRNER, Klaus
BOOMS, Hans
BRENNECKE, Ralph
BRÜDERLE, Rainer
DALLENBACH, Gisela, geb. Hellweg
DANNOWSKI, Hans Werner
DECKER, Franz-Paul
DECKER, Werner
DÖLVERS, Horst
DÜRK, Theo
FISCHER, Hans
FOLKERTS, Menso
FRICKE, Reinhard
FUHRMANN, Horst
GAUWEILER, Peter
GUENTHER, Joachim
HAUPT, Harald
HEGER, Klaus
HENSCHEID, Arnold Matthias
HIERSIG, Heinz M.
HÖLSCHER, Friedrich-Wilhelm
HOLL, Karl
HÜBNER, Hans
JEGGLE, Utz

KÄMPFEL, Hans Walter
KONECNY, Ewald
KRÜGER-NIELAND, Gerda
KRUFT, Hanno-Walter
KÜRZINGER, Josef
KURTH, Ulrich
LANG, Hans-Friedrich
LAUFS, Paul
LEHBERGER, Reiner
LEMKE, Willy
LEUSCHNER, Joachim
LIEBE, Wolfgang
LÖCHELT, Ernst
LÜSCHER, Ingeborg
MARKERT, Kurt
MARKERT, Oswald
MARKS, Erich
MARZAHN, Christian
MASING, Walter Ernst
MATZEN, Hans
MAURER, Hans-Martin
MAYER, Richard
MORDSTEIN, Friedrich
NAHR, Helmar
NEUMANN, Gerhard
NISSEN, Hans J.
PABST, Rudolf
PFANDZELTER, Elmar
PIEPENBURG, Hans
PIPER, Hans-Christoph
POCHE, Reinhard
REHM, Alfred
REITBÖCK, Herbert J. P.
REMMERT, Reinhold
ROESCHMANN, Günter
SCHIMANSKY, Herbert
SCHMID, Lothar M.
SCHMITZ van VORST, Josef
SCHNEIDER, Herbert
SCHÖNE, Hermann
SCHÜGERL, Karl
SCHULZ-BERTRAM, Hans-Detlef
SEIDEL, Günter W.
SIMPFENDÖRFER, Hansmartin
SINOGOWITZ, Bernhard
STRECKER, Siegbert
THIMM, Walter
TIEGEL, Giselher
TILK, Günther
VOGEL, Walter
WENDLAND, Heinz-Dietrich
ZACHER, Hans F.
ZEISSNER, Walter
ZENTES, Joachim
ZIELINSKI, Johannes
ZUSE, Konrad
ZWEIG, Max

23. Juni

ARMONIER, Ulrich
ARTZ, Wolfgang Hans
BASTERT, Gunther
BAUR, Friedrich
BEIRER, Hans
BEYERLIN, Walter
BLUM, Peter Walter
BRODAUF, Hans Heinrich
BROX, Norbert
CARLÉ, Walter
DALHOFF, Willi
DOHNANYI, von, Klaus
DUX, Günter Ernst Karl
EDDING, Friedrich
EICHHORN, Franz-Ferdinand
FREUND, Wilfried
FRITSCHE, Lothar
FUHRMANN, Manfred
GAUGLER, Eduard
GEISEL, Alfred
GIESEN, Rudolf
GRUPE, Paulheinz
HAARER, Dietrich
HÄSSELBARTH, Ulrich
HARDELAND, Rüdiger
HAUSER, Hansheinz
HENTZE, Joachim
HIERSEMANN, Karl Gerd
HOLLENBERG, Gerd

HOTZ, Ernst Eberhard
JACOB, Adolf
JAEGER, Jost
JAEGGI, Urs
KAISER, Stephan
KEMPER, Martin
KERSTEN, Paul
KLEE, Manfred
KNEFÉLI, Wilhelm
KOCH, Alfred
KÖHLER, Oskar
KOEPCKE, Hans-Wilhelm
KÖTTER, Ingrid
KOHLER, Heinz
KRAMMEL, Helmut
KRETKOWSKI, Volkmar
LEBERT, Vera, geb. Hinze
LENNARTZ, Heinz
LINDENAU, Hans A.
LIPPE, von der, Peter Michael
LOOSE, Siegfried
MAINZ, Walter
MENDE, Michael
MEYER, Otto
MOLLWO, Erich
NETTESHEIM, Martin
NEUMANN, Walter
NIERMANN, Ernst
NIERMANN, Erwin
OLSHAUSEN, Hans-Gustav
PANTEL, Ernst-Georg
PAULY, Walter
PAWLIK, Sieghard
PFEIFFER, Alfred
PICKERT, Günter
PIRON, Johannes
RIEDL, Erich
RUDOLPH, Martin
RÜSCHEN, Gerhard
SARKISYANZ, Emanuel
SCHÄFER, Eberhard
SCHERMULY, Willi
SCHIERENBECK, Henner
SCHMIDT, Walter
SCHMIDT-BIGGEMANN, Wilhelm
SCHMIEDEN, Curt
SCHÖNECKER, Hanns
SCHRAMM, Gerhard
SCHUBERT, von, Andreas
SCHUMACHER, Hans Walter
SEIFERTH, Leonhard
SONNABEND, Bruno
SPATHELF, Ernst
STAGUHN, Kurt
STAUFFER, Robert
STEGEMANN, Hermann
STEINBERG, Rudolf
STELLWAAG-KITTLER, Friedrich
STEUBER, Friedrich-Wilhelm
VERHÜLSDONK, Eduard
VOSS, Lieselotte, geb. Hauser
WALPER, Karl Heinz
WALZ, W. Rainer
WELLENREUTHER, Hermann
WELLMER, Friedrich-Wilhelm
WENDEROTH, Hans G.
WILHELM, Rolf
WINKELMEYER, Manfred
WOLFF von NATTERMOELLER, Hans Jürgen
ZENKER, Erich

24. Juni

ALTENBURG, Wolfgang
ASSEL, Hans-Günther
BAEHR, Hans Dieter
BAUMANN, Wolfgang
BENNEWITZ, Hans-Gerhard
BETHKE, Siegfried
BLÜHER, Karl Alfred
BONATH, Klaus Heinz
BRACKLO, Eike
BRENDEL, Werner

24. Juni

BROMKAMP, Alois
DAVID, Peter
DECK, Ernst
DENK, Bohdan
ESENWEIN-ROTHE, Ingeborg
FANDERL, Wastl
FAUST, Richard
FRÖHLICH, Rainer
FURKEL, Rüdiger
GÖLZ, Hans
GÖRKE, Winfried
GROHS, Gerhard
GWINNER, Manfred P.
HAAG, Gerhard
HAAS, Otto
HARKEN, Claus Dieter
HEINEKE, Richard
HEINEMANN, Hermann
HELLMANN, Herbert
HELLMANN, Manfred
HELWIG, August
HEUBECK, Georg
HIRRLINGER, Walter
HOFFERBERTH, Bernhard
HOLLREISER, Heinrich
HUGENSCHMIDT, Egon B.
JAECKEL, Jörg
JANSEN, Rolf H.
JANZ, Hans-Werner
JUNGE, Ewald
JUNK, Wolfgang Johannes
KAISER, Dieter R.
KALTNER, Georg
KASTEN, Ingrid
KELLER, Harald
KIENZLE, Paul
KIESSLING (ß), Werner
KISSACK, Brian
KNOBLOCH, Günter
KONIETZKO, Johannes
KONRATH, Norbert
KOVAR, Karl-Artur
KRISCHKER, Gerhard C.
LAGA, Gerd
LEINER, Bernd
LÖWLEIN, Hans
LOHR, Charles
MALTESE, George
MATZKER, Reiner
MINKE, Hans-Ulrich
NISSEN, Godber
PARTSCH, Karl Josef
PAUMEN, Hans
PETERS, Werner
PRYM, Axel
QUADLBAUER, Franz
QUIRIN, Heinz
REIFFERSCHEID, Martin
RIEBENSAHM, Hans-Erich
ROTH, Gerhard
SATTLER, Andreas
SCHÄFER, Hans Erhard
SCHEDLBAUER, Hans
SCHEID, Paul
SCHILLER, Ulrich
SCHMID, Gerhard
SCHMIDT-GLINTZER, Helwig
SCHREINER, Nikolaus
SCHRÖRS, Heinz
SCHULT, HA
SCHWABL, Franz
SCHWEER, Günther
SEIDLEIN, von, Peter C.
SIELING, Hans-Hermann
SIEMS, Rolf
SOMMER, Karl
STARKMANN, Alfred Johannes
STEPPAT, Fritz
TILLMANN, Karl-Heinz
VETTER, Roland
WEINFURTER, Stefan
WIEDENMANN, Frank Maria
WIRTZ, Fritz
WITTHÖFT, Peter-Hellmut
WOLF, Hans-Peter
WÜLLNER, Heinrich
WÜRZEN, von, Dieter
ZELLER, Dieter
ZINTZEN, Clemens

25. Juni

ADENAUER, Hans Günther
ANDRAE, Oswald
APITZ, Jürgen
BECKMANN, Klaus F.
BENTRUP, Hans-Hermann
BERGE, Hans Siegmund vom
BINIAS, Udo
BINNENBRÜCKER, Rolf Dieter
BÖHM, Peter P.
BRAUER, Heinz-Peter
BREUER, Paul
BRIX, Wolfgang
BUSCHFORT, Hermann
BUSSE, Ulrich Günter
CRONSHAGEN, Eberhard
DAMBACH, Kurt A.
DITTMAR, Friedrich W.
DOROSLOVAC, Milan
DRECHSEL, Ewald
FISCHER, Dieter
FISCHER-LICHTE, Erika, geb. Lichte
GIUSTINIANI, Vito R.
GROSS, Hagen
HACHENBERG, Otto
HAMPE, Wilfried
HEESCH, Heinrich
HORMANN, Ewald
HUBER, Max G.
HÜBNER, Friedrich
JÄGER, Adolf Otto
KÄPPEL, Bodo
KAUKE, Walter
KEMPF, Karl
KLENK, Hans-Dieter
KLIMT, Ferdinand
KNAUER, Hans-Jürgen
KOSSACK, Georg
KRAKAU, Knud
KRANZ, Hartmut
KRAUS, Günther
KRIPPENDORFF, Wolfgang Walter
KUNZ, Max-Josef
KURTH, Gottfried
LANGE, Gerhard
LIENING, Wolfgang
LUCAS, Klaus
MEHRING, Wolfram
METZING, Hellmut
MEYER, Ernst-August
MOSHAGE, Julius
MÜLLENHEIM-RECHBERG, Freiherr von, Burkard
MÜRAU, Hans-Joachim
NAUMANN, Joachim
NIETH, Hellmut
OBERTH, Hermann
PAHL, Gerhard
PALM, Jürgen
PHILIPPS, Gerhard
RABENALT, Arthur-Maria
REESE, Herbert H.
RETTIG, Moritz Hans
RÖTHIG, Peter
RUDIAKOV, Shoshana
SANDER, Hans-Jörg
SCHEFFLER, Matthias
SCHEITER, Fred
SCHMITZ, Ernst
SCHOECK, Rolf
SCHRICKER, Gerhard
SCHULZ, Gerhard
SCHUMACHER, Werner
SESAR, Klement
SIEGMUND, Georg
SIMONIS, Wilhelm
SOMMER, Karl
SONNTAG, Hans-Günther
SPANGENBERG, Dietrich
SPRANDEL, Wolfgang
STACHEL, Günter
STAHL, Erwin
STAHL, Günter
STEINBACH, Christian
TREIBER, Helmuth
WALL, Fritz
WEINSTOCK, Horst
WEISHÄUPL, Karl
WEISNER, Ulrich
WEIZSÄCKER, Freiherr von, Ernst Ulrich
WIEGAND, Günther
WINDELEN, Heinrich
ZANDER, Helmut
ZEDTWITZ von ARNIM, Georg-Volkmar, Graf
ZELLER, Werner

26. Juni

ACHENBACH, Hanno E. J.
ACKER, Rolf
ACKERMANN, Hans K.
ASCHE, Sigfried
BARKHOFF, Wilhelm Ernst
BARWASSER, Karlheinz
BECHERT, Heinz
BECKER, Heinz
BECKMANN, Walther
BERTAGNOLLI, Helmut
BIZER, Jürgen
BORCHERT, Ingo
DANN, Gerhard
DAUER, Anton
DELANK, Heinz Walter
DIEKMANN, Heinrich
DIETHEI, Paul
DITTRICH van WERINGH, Kathinka
DÖPKE, Oswald
DÜNNINGER, Eberhard
EBERT, Kurt Wilhelm
EDEL, Otto
ENWALDT, Runar
ESCHKER, Wolfgang
FINKENRATH, Heinz
FISCHER, Franz
FISCHER, Hans Werner
FISCHER, Winfried
FITTKAU, Bernd
FRANKE, Dieter
FRANKE, Manfred
FRANZISKET, Ludwig
GAST, Theodor
GEISLER, Günther
GERCHOW, Joachim
GERHAHER, Max
GERMERSHAUSEN, Raimund
GOCHT, Werner
GOERLICH, Franz K.
HAZOD, Wilfried
HECKNER, Fritz
HENNIGER, Gerd
HÖRMANDINGER, Rudolf
HOFFMEISTER, Wolfgang
HOFMANN, Hans L.
HOFSTETTER, Alfons G.
HORNUNG, Klaus
HORNUNG, Martin
HORSTMANN, Friedrich-Edmund
JOEDICKE, Jürgen
KAEGBEIN, Paul
KEGEL, Gerhard
KIRMSE, Wolfgang
KLUGE, Rolf-Dieter
KOEPCHEN, Helmut
KÜNSTLER, Bodo
KUHLEN, Klaus
KUPSCH, Rolf
LAMPRECHT, Hans
LATWESEN, Klaus-Hagen
LEY, Karl
LIENEN, von, Horst
LORENZ, Siegfried
LORENZ, Steffen
MEYER, Brunk
MISSALLA, Heinrich
MÜLLER-REHM, Klaus Hildebrand
NAUMANN ZU KÖNIGS-BRÜCK, Clas-Michael
PULCH, Otto R.
RÖKEN, Wolfgang
ROGMANN, Norbert
ROLINCK, Alex
RÜTTGERS, Jürgen
SCHMID, Rudolf
SCHOPPER, Erwin
STEYBE, Hans
STREIT, Ludwig
THOMAS, Uwe
THÜMMLER, Heinz
ULLERICH, Klaus
VERMANDER, Eduard
WANNAGAT, Georg
WANNER, Otto
WEBER, Rudolf
WEBER-KELLERMANN, Ingeborg
WIESE, von, Peter

27. Juni

ALBATH, Jürgen
ALBRECHT, Wilhelm Otto
BÄUME, Carlheinz
BAEYER, von, Wanda, geb. v. Katte
BERG, Karl-Heinz
BETHMANN, Freiherr von, Johann Philipp
BETTEN, Dieter
BLANCKART, Freiherr von, Clemens
BOVERMANN, Hans W.
BROMM, Wilfried P.
BUCHMANN, Hansmartin
BUEB, Eberhard
BÜHRING-UHLE, Peter
DICHGANS, Johannes
EBNER, Peter
FIEDLER, Gerlach
FREY, Dieter
FUNCK, Ernst
GATTNER, Heinrich
GIES, Hermann
GRÜNHAGEN, Joachim
HACKSTEIN, Rolf
HÄDER, Donat-Peter
HAJEK, Otto Herbert
HAUG, Heinz
HEITJANS, Paul
HELLING, Jürgen
HERTSCH, Bodo-Wolfhard
HERZIG, Heinz (Heinrich)
HEUSS (ß), Alfred
HORT, Sepp
IHMANN, Georg
JÄGER, Helmut
JANSSEN, Heinz
KIELMANSEGG, Graf, Peter
KILLMANN, Renate
KLEMM, Günther
KÖNIG, Wilhelm
KRAINER, Alfred
KRAPPINGER, Odo W.
KRONS, Fritz
LEIBUNDGUT-MAYE, Annalis
LEIFELD, Bernd
LÖHR, Albert
LUDWIG, Gerhard
LUKESCH, Helmut
MAASS (ß), Heinrich
MARGARETHA, Paul
MEINHARDT, Karl-Ernst
MEISSNER (ß), Johannes
MEISSNER, Otto
NEHRING, Alfred
OERTER, Rolf
PIPER, Henning
PLANGG, Volker Michael
POHLMANN, Heinz-Werner
RACHMANOWA-v. HOYER, Alja
RASS, Friedrich
REINECKE, Hans-Peter
RYFFEL, Hans
SADOWSKI, Dieter
SANDTNER, Hilda
SCHÄFER, Gerhard
SCHETTER, Martin
SCHIFF, Peter
SCHLÜSSEL, Hans
SCHMITZ, Herbert
SCHNEIDER, Hans Julius
SCHÖLMERICH, Paul
SCHORER, Rudolf
SCHÜTZ, Paul

SIEGELE-WENSCHKEWITZ, Leonore
SIMON, Erika
THOR, Erich
TILLMANN, Ferdinand
TRAUB, Peter
TRURNIT (gen. Berkenhoff), Hansgeorg
VORETZSCH, Adalbert
VOSS (ß), Reimer
WALLNÖFER, Heinrich
WEBER, Hans-Günther
WESTPHAL, Frank
WETZEL, Günter
WIEDIG, Hans-Dieter
WILLMS, Manfred
WREDE, Ernst
ZECHLIN, Egmont
ZELGIN, Max(imilian)

28. Juni

AMELANG, Manfred
ANTEL, Franz
BACHMANN, Paul
BALTZER, Klaus
BEYER, Harm
BIEBL, Peter
BIEDERSTAEDT, Claus
BIEGER, Klaus-Wolfgang
BLUDAU-KREBS, Barbara
BOCKS, Gerd P.
BÖTTNER, Heinrich
BOJANOVSKY, Jiri
BREMER, Jörg
BROGLIE, Max(imilian)
BRÜSSAU, Werner
CELIBIDACHE, Sergiu
DANKERT, Hans-Jürgen
DENK, Rolf
EBERHARDT, Ludwig
ELLER, Roland
ELZE, Reinhard
EPPLER, Richard
ERDMANN, Peter
ERLHOFF, Eugen Siegfried
ESSER, Adolf H.
EYSHOLDT, Karl-Günter
FEDERSPIEL, Jürg
FEIL, Otto
FERTIG, Ludwig
FETTING, Fritz
FLECK, Hans Günther
FRANK, Gerhard
FREDE, Hans-Rainer
FRIEDLAND, Klaus
FRÖMMING, Hans
Fürst zu FÜRSTENBERG, Joachim Egon
GROTEN, Erwin
GROTH, Georg
GRUSS, Peter
HAAS, Gerhard
HAEBERLE, Karl Erich
HANFLAND, Ulrich
HANSEN, Joachim
HAUSSER, Karl
HESSE, Helmut
HETTWER, Hubertus
HIERSCHE, Ernst-Ulrich
HINZE, Jürgen
HOFFMEISTER, Klaus
HROUDA, Barthel
HUNDEIKER, Max Egon Ernst
JORDAN, Hermann L.
KIRCHGÄSSNER, Bernhard
KLÄRE, Helmuth
KLEBE, Giselher
KLITZING, von, Klaus
KOERNER, Ralf Richard
KOPP, Reinhold
KOSFELD, Robert
KRAFT, Gisela
KRAYER, Dieter
KRENN, Kurt
KUBIK, Kalle
KURZ, Wolfgang
LANGNER, Manfred
LINKE, Volkard
LÜCKE, Kurt
MASEBERG, Eberhard
MEYER, Dieter H.

MÜLLER-BRÜHL, Helmut
MÜLLER-BUSSE, Albrecht
MÜLLER-MERBACH,
 Heiner
MUNRO, Nick
NAGEL, Ivan
NAUMANN, Peter
OFFERMANNS, Ernst Ludwig
ORFANOS, Constantin E.
POHL, Richard
REINERS, Dieter
RESCH, Klaus
RICHTER, Wolfgang
RODENSTEIN, Marianne
RUMMEL, Dieter
SCHEID, Werner
SCHIERBECK, Max
SCHLEICHER, Bernd
SCHNEIDER, Klaus-Werner
SCHNEIDER, Norbert
SCHOMER, Wulf
SCHRÖDER, Jürgen
SCHULZ, Siegfried
SEEBACH, Karl
SEXAUER, Kurt
STEFFEN, Manfred
STEINHAUSEN, Michael
WEICHERT, Willibald
WEIMAR, Wolfgang
WEISS, Joachim-Wolfgang
WEISSBARTH, Friedrich
WEISSLER, Ernst-Peter
WEIZSÄCKER, Freiherr von,
 Carl-Friedrich
WESTPFAHL, Konradin
WINDFUHR, Wolfgang
WIRSING, Eduard
WULF, Peter
ZEDDIES, Jürgen-Friedrich

29. Juni

ALBAUM, Kurt
ALBER, Klaus
ALBRECHT, Ernst
ANHEUSER, Egon
BECKER, Wolf-Dieter
BLUMENBERG,
 Franz-Jürgen
BOCHNIK, Hans J.
BRETH, Herbert
BRUSTEN, Manfred
BUCK, Udo
BÜTTNER, Manfred
CORRELL, Werner
DALLACKER, Franz
DIRKSEN, Gebhard
DÖBLER, Hannsferdinand
DÖKER, Klaus
DÖRDELMANN, Paul
DRUBE, Hans
DÜTZ, Wilhelm
ECKHARDT, Wolfgang
EYER, Hermann
FRANKENBERG, Peter
FRIEDRICH, Karl
GALLMEIER, Walter M.
GREITE, Jürgen-Hinrich
GRONER, Franz Maria
GUDENAU,
 Heinrich-Wilhelm
HARDT, Hans Joachim
HENNING, Hans-Joachim
HINDENBURG, von, Hubertus
HOHENEMSER, Kurt
HOTOP, Hartmut
JÄCKEL, Eberhard
JAEGER, Henry
JAHN, Paul Hugo
JÜRGENS, Hans W.
KAHL, Peter W.
KAPTAIN, Johannes
KEINER, Gisela
KERBER, Adalbert
KIENOW, Sigismund
KLOSTERMEYER, Wilhelm
KÖPF, Ernst Ulrich
KONOLD, Wulf
KUBELIK, Rafael
KUHN, Fritz
KURR, Hans-Peter
LADENDORF, Heinz
LANGE, Wolfgang

LEVEDAG, Eduard B.
LICHY, Wolfgang
LIMBURG, Hans
LÖHER, Paul
MARISCHKA, Georg
MATENA, August
MOHN, Reinhard
MÜLLER, Paul-Gerhard
MÜLLER, Petra
OERTZEN, von, Joachim
OSTAPOWICZ, Georg
PEFFEKOVEN, Rolf
PÖPPL, Ernst Josef
POHL, Peter
RAVENS, Karl
ROSENMANN, Mauricio
SATTLER, Johanna Barbara
SCHÄFER, Peter
SCHEER, Hugo
SCHIRMER, Hans
SCHMID, Erich
SCHMUTH, Gottfried Peter
SCHÖFBERGER, Rudolf
SCHOPPMEYER, Heinrich
SCHRAMM, Raimund
SEITZ, Konrad
SPIES, Klaus W.
STÖCKLEIN, Paul
SÜSSMANN, Walter
THIEL, Winfried
VOIGT, Dieter
WAGNER, Erich
WEBER, Horst
WOLF, Ror
WÜSTER, Kurt

30. Juni

ALEXANDER, Peter
ALLEN, van, Hans Günther
ALTENHOFER, Norbert
BAATZ, Herbert
BAUER, Johann
BAUER, Karl Heinz
BEHRENS, Alfred
BERKEMANN, Jens-Peter
BERNING,
 Friedel (Friedrich)
BÖKEL, Gerhard
BOJANOWSKI, Fritz
BROMM, Burkhart
BUSE, Kurt
DACHS, Hans
DAHME, Erwin
DEGNER, Joachim
DOLLINGER, Heinz
DUPUIS, Heinrich
ETZ, Peter Paul
FISCHER, Klaus
FREY, Günther
FRICKE, Günter
GÄRTNER, Hans Armin
GOERDT, Otto-Ewald
GOETHE, Friedrich W.
GROSS (ß), Walter Carl
GRÜTER, Hans
HAAR, Richard
HARTJE, Wolfgang
HEDDERGOTT, Hermann
HENTSCHEL, Helga
HERKEN, Hans
JUCHEMS, Rudolf Hans
JÜRGENS, Jörg
KAISER, Arnim
KIRCHMEYER, Helmut Franz
KÖRNER, Wolfgang Hermann
KOESTER, Berthold
KRAUS-MACKIW, Ellen
KÜCHENHOFF, Erich
LOEWER, Hans Dietrich
MÁGA, Othmar M. F.
MAYER, Max
MEHRING, Johannes
MITTELSTEN SCHEID,
 Erich
MORGENSTERN, Wolfgang
MOTSCHMANN, Jens
MUTH, Jakob
NASEMANN, Theodor
NEY, Norbert
NIEMEYER, Horst
PAASCH, Hans-Jürgen
PALLASCHKE, Diethard

PAPE, Inge,
 geb. Grundmann
PLATZER, Hans-Bruno
POSNER, Roland
POTOTSCHNIG, Heinz
RAHE, Jürgen
REICH, Axel
RIETHE, Peter
ROOS, Peter
SAUTER, Franz
SCHÄFER, Ernst
SCHEIBLE, Hartmut
SCHERHORN, Klaus
SCHLEY-HEIDEMANN,
 Renate, geb. Schley
SCHMITZ, Kurt
SCHOCH, Agnes
SCHÖN, Alfred
SCHROEDER, Johannes W.
SCHULTE, Friedhelm
SCHWARZ, Helmut
SERICK, Rolf
STAMMBERGER, Erich
STARK, Ferdinand
STEINDORF, Gerhard
STOLLENWERK, Christoph
STRNAD, Helmut Frithjof
WAHMANN, Ernst
WALLENFELS, Kurt
WANNER, Herbert
WEISS, Walter Wilhelm
WIESINGER,
 Johannes Ernst
WOLLMANN, Alfred
ZIEGLER, Max
ZIMMER, Horst Günter

1. Juli

AMMER, Kurt
BECHTELER, Wilhelm
BECKER-FOSS,
 Hans-Christoph
BENDER, Hans
BILLEN, Josef
BREEST, Jürgen
BUSSMANN (ß),
 Bernhard
CANARIS, Claus-Wilhelm
DENSCHLAG,
 Johannes (Hans) Otto
DUBINA, Peter
DUNCKER, Hans-Rainer
EBING, Winfried
EICHENSEER,
 Joseph Anton
EPPLE, Bruno
FAHNING, Hans
FEULNER, Rolf
GALL, Christian
GIELEN, Wolfgang
GIESEN, Heinrich
GÖHLER, Rudi
GÖHREN, Horst
GOMANN, Heinz
GRAF, Gerd
GROSSE, Eduard
GRUBER, Gerhard
GÜNTHER, Fritz-Werner
HAEFELIN, Trude
HAFERKAMP, Wilhelm
HAHN, Carl Horst
HARBAUER, Heinz-Georg
HELMREICH, Ernst J. M.
HELMS, Erwin
HENZE, Hans Werner
HILDEBRANDT, Dieter
HORA, Heinrich
JUNG, Hermann Karl
KEESMANN, Karl-Ingo
KISTLER, Fritz
KÖNIG, Rainer Wolfgang
KRAFT, Heinrich
KRÜGER, Arnd
KÜHNS, Klaus
LONDENBERG, Kurt
LORBACHER, Peter
MARSCHALL von
 BIEBERSTEIN,
 Michael, Freiherr
MARTINY, Anke
MERTZ, Christian
MESSERSCHMIDT, Lothar

MITTAG, Rudolf
MÖHN, Dieter
MÜHLFRIED, Erich
MÜLLER-BROICH, Adolf
MÜLLER-SEIDEL, Walter
NAYHAUSS-CORMONS (ß),
 Graf von, Mainhardt
NEUENZEIT, Paul
NUSSBAUM, Karl Otto
OSBORN, Johannes F.
PEKNY, Romuald
PRIESSNITZ (ß), Horst
REINDKE, Gisela
RODENSTOCK, Rolf
RÖSLER, Johannes Baptist
ROHR, von, Hans Christoph
SCHEIBE, Otto
SCHERER, Heinz
SCHILLING
 von CANSTATT,
 E. Fritz (Friedrich), Freiherr
SCHNIEDERS, Jens Jürgen
SCHWEHM, Günter
STEPHAN, Inge
STRASOLDO, Graf,
 Nikolaus
TÜTTENBERG, Hans Paul
VÖLKER, Rudolf
WANGENHEIM, Volker
WETTER, Friedrich
ZIMMERSCHIED, Dieter

2. Juli

AMANN, Jürg
ARBOGAST, Alfred
ARETIN, Freiherr von,
 Karl Otmar
BAUMGARTE, Joachim
BEHRINGER, Josef Anton
BENGTSON, Hermann
BENNIGSEN-FOERDER,
 v., Rudolf
BERGIUS, C. C.
BERTSCHER, Brian
BIDERMANN, Willi
BLANCKENBURG, von,
 Peter
BLUHM, Hans
BRATENGEYER, Friedrich
BRINKMANN, Horst
BRONGER, Welf
DERICHS, Heinz-Josef
DOSS, Manfred
EMRICH, Hinderk M.
ENDERLE, Peter
FERBER, Michael Friedrich
FRANK, Willy Heinrich
FUNK, Karl
GEGENHEIMER, Willi
GEORGI, Friedrich
GEWECKE, Michael
GOLL, Klaus Rainer
GRIESSEIER, Helmut
GUGGENMOS, Josef
HADEWIG, Bernd
HARDER-GERSDORFF,
 Elisabeth
HELMS, Hermann C.
HESS, Manfred
IPSEN, Detlev
JUNGE, Christian
KADE, Gerd C.
KENTLER, Helmut
KLEIN, Heinrich-Josef
KLEINSORG, Hans
KÖSTER, Heinz
KOPF, Wilhelm
KRIWITZ, Jürgen
KUHLENDAHL, Hans
KULLEN, Siegfried
LENZ, Wilhelm
LENZEN, Hans-Georg
LESSING, Heinz A.
LOTTER, Oskar
LUDWIG, Karl-Hartmann
LUGER, Peter
MANTHEY, Joachim
MARISCHKA, Franz O. F.
MARTIN, Gerhard
MEUSERS, Helmut
MEYER, Helmut
MEYER, Joachim-Ernst

MIRWALD, Walter
MOUTY, Friedrich Peter
MÜLLER, Walter
NEUMANN, Kurt
NOTHHELFER, Norbert
PAGENSTECHER, Ulrich
PATZER, Harald
PFANZAGL, Johann
PLATEN, Wilhelm
PÖLNITZ, Freiherr von,
 Wolfgang
SCHLÖGEL, Anton
SCHMITT, Gerd
SCHNEIDER, Peter
SCHROIFF, Franz-Josef
SEIDE, Adam
SEIFERT, Karl Heinz
SELLIEN, Helmut
STABERNACK, Wilhelm
VOGEL, Klaus-Peter
VORDEMFELDE,
 Friedrich-Wilhelm
WEDEMEYER, Manfred
WEIDENFELD, Werner
WEIHER, Peter
WEYERS, Willy

3. Juli

AMMON, Ulrich
ANETSEDER, Leonhard
BADEN, Max(imilian),
 Markgraf von
BATTENBERG,
 Johannes Friedrich
BAYER, Eberhard
BECKER, Wilhelm
BECKSMANN, Rüdiger
BEYER, Karl-Heinz
BEYME, von, Klaus
BIELER, Manfred
BOECKMANN, Klaus
BREIPOHL, Winrich
BRONISCH, Paul
DÜRR, Wolfgang
GARBER, Klaus
GÖPPL, Hermann
HASINGER, Albrecht
HIELSCHER, Hans-Georg
HOFFMANN, Gottfried
HOPPE, Gerhard
HUYN, Hans, Graf
JACOBS, Günther
JACOBS, Kurt H.
JECK, Albert
KEGEL, Helmut
KLEINER, Diethelm
KRAPP, Andreas
LIENAU, Cay
LINKWITZ, Klaus. W.
LÖWENTHAL, Kurt
LUKSCHY, Stefan
MAINZER, Udo
MESSTHALER, August
MILDE, Wolfgang
MUSCHOLL, Erich
OBERMEIER, Frank
RANDOW, von, Bogislaw
REICHERT, Wilhelm
RESCHKE, Eike
RISTOW, Hans-Joachim
RUBAN, Gerhard
SAMMEL, Harry
SAWALL, Edmund
SCHALLER, Klaus
SCHEUERMANN, Audomar
SCHIELIN, Robert E.
SCHMELING, Horst
SCHMIDT, Karris-Elard
SCHOECK, Helmut
SCHOELLER, Wilfried F.
SCHOELLER, Wolfgang
SCHRÖDER, Erich Christian
SCHRÖTER, Klaus
SCHUMACHER, Walter
SPEMANN, Wolf
WÄCHTER, Erich
WILLIG, Hans
WOLFF, Gerhart

4. Juli

BEI der WIEDEN, Helge
BELEKE, Norbert

4. Juli

BENNER, Ulrich
BERNHARDT, Jürgen
BIEGLER, Richard
BLOEMEKE, Karl-Heinz
BOCKMAYER, Walter
BROCKHAUS, Wilhelm
CLAUS, Günther
DERICHS, Alfred
DIEGRITZ, Theodor
ECKARDT, Wolfram
EISTERT, Michael Armin
FICHTNER, Heinz-Joachim
FISCHER, Karl
FLACH, Andreas
FRANK, Paul
FRIEDRICH, Horst
FRIEDRICH, Maria, geb. Maser
FRITZ, Berthold Friedrich
FRITZ, Herbert
FUSSHOELLER (ß), Ludwig
GLASER von ROMAN, Renate
GÖRLITZ, Dietmar
GREIFF, Christoph
GREINER, Albert J.
GÜTZKOW, Horst
HARMS, Hans Heinrich
HEINHOLD, Josef
HELBIG, Herbert
HELLER, Gert
HEYNE, Isolde
HOFFMANN, Karl
JAEGER, Malte
JUCHHEIM, Moritz K.
KASTRUP, Hans Adolf
KLICK, Roland
KOPECKY, Peter
KRAH, Franz
KRAUS, Alfred
KREFT, Lothar
KRÜCKELS, Heiner
KRUEGER, Bernhard
KUNRATH, Karl Franz
LADES, Heinrich
LEDER, Gottfried
LEHMANN, Karl-Heinz
LEMPER, Ute
LENZ, Marlene
LIEBEREI, Reinhard
LINSER, Hans
LINZBACH, Kurt
LOJEWSKI, von, Wolf
MAROTZ, Günter
MARTIN, Ernst
MÜLLER, Charles
MÜLLER, Horst H. W.
NESTLER, Paolo
NISSEN, Oskar
OBERLINNER, Lorenz
PREUSS, Fritz
PUHL, Johannes
RIX, Helmut
SCHLOTMANN, Gerhard
SCHOELER, von, Andreas
SCHÖPP, Günter
SCHRÖDER, Harald Jürgen
SEINECKE, Andreas
SIEPELMEYER, Ludwig
SIMONIS, Heide, geb. Steinhardt
SLEVOGT, Horst
SORG, Margarete
SPIELMANN, Erwein O.
TEITZEL, Helmut
THORN, Werner
VARGA, Tibor
WAHL, Rainer
WALTHER, Helmut G.
WERTZ, Hans
WITZIGMANN, Eckart
WOHNHAAS, Theodor
ZILLMANN, Kurt
ZIMMERMANN, Hans-Joachim
ZÖPEL, Christoph

5. Juli

ALBERS, August
ANDERS, Rolf H.
BECKMANN, Martin J.
BIEGER, Erhard
BIRKOFER, Leonhard
BITTEL, Kurt
BÜNTING, Karl-Dieter
BUSCH, Friedrich W.
CONEN, Peter R.
DOERMER, Christian
FENNER, Axel
FIGGE, Gustav
FINSTER, Klaus
FISCHER, Albrecht G.
FRIEDBERG, Volker
FUCHS, Anke, geb. Nevermann
GAUGER, Rudolf
GEBHARDT, Hartmut M.
GRÜTZ, Archibald
HAAG, Ansgar
HAGEMANN, Gerd
HARTMANN, Klaus
HEITMANN, Klaus
HELLRIEGEL, Klaus-Peter
HELTAU, Michael
HENRICHS, Norbert
HERTL, Michael
HETTLER, Walther
HOEFFLIN, Johannes
HOFMANN, Walter
HORN, Hans-Dieter
KALFF, Günter
KOCH, Heinz W.
KÖHLER, Joseph
KÖNIG, René
KORTZFLEISCH, von, Siegfried
KRAMARZ, Joachim
KRANZ, Jürgen
KRAUSE, Hans
KUBICKI, Stanislaw
KUHNERT, Günter
KUNST, Hans-Joachim
LAMHOFER, August
LANG, Hans
LANGE, Rudolf
LECHNER, Irmgard, geb. Schreckenberg
LÖHLEIN, Herbert A.
LUCKE, Fritz
MAY, Willi F.
METHFESSEL, Siegfried
METZGER, Walter Erich
MÜLLER, Wolfgang
NESTLE, Horst W.
PELCHEN, Georg
PIEPMEIER, Rainer
PRELLWITZ, Werner C.
RAPPE, Hans-Achim
RIMBACH, Erwin
RUDERT, Heinrich
SAGE, Walter
SANDLER, Guido G.
SCHLENKE, Egon H.
SCHMIDT, Werner P.
SCHOLLER, Karl-Ludwig
SCHWARZBACH, Werner
SELBERG, Werner
STAUDINGER, Hugo
STORR, Peter
THIEMANN, Bernd
VOGT, Fritz
VOGT, Walther
WARNER, Alfred
WEYNEN, Wolfgang
WIEMERS, Eckhard
WIETHÜCHTER, Horst
ZEITLMANN, Wolfgang

6. Juli

ALBACH, Horst
ALTSCHÜLER, Marielú
ARNTZ, Helmut
BALKE, Gerd
BAUMBACH, Siegfried
BAUR, Fritz
BECKER, Waltraut
BENNING, Helmut A.
BERGSTRÄSSER, Roland
BORGELT, Hans
BRAHMS, Hero
BREIDENSTEIN, Klaus
BUWITT, Dankward
COLLATZ, Lothar
DAMEROW, Reinhard
DEHM, Richard
DEHN, Wolfgang
DETHLEFFS, Ursula
DIESTELKAMP, Bernhard
EBELING, Gerhard
ECKERT, Ernst
EGGERS, Gerhard M. F.
EGLI, Urs
FAISST (ß), Lothar
FRANK, Hubert
GALLMANN, Rolf
GALLUS, Georg
GRÄF, Walter
HAEFFNER, Gerd
HAEFNER, Klaus
HAENDLY, Wolfgang
HÄUSSERMANN, Hartmut
HARRER, Heinrich
HEISE, Hans-Jürgen
HEITZ, Walter
HELBIG, Reinhard
HOFMANN, Wilfried
HOPPE, Dieter
HUBER, Alfons
HUDEMANN, Rainer
INTELMANN, Arthur C.
KAMPF, Henning E.
KERSTEN, Walter
KLOFT, Alfred
KNAPP, Fritz Peter
KNIEHL, Hans-Joachim
KNIEP, Walther
KÖHLER, Dieter
KRAMER, Manfred
KRUG, Helmut
LEOPOLDER, August
LUDWIG, Kurt S.
LÜSCHER, Kurt
LÜTTRINGHAUS, Arthur
MATTHES, Eckhard
MAYER-KULENKAMPFF, Ilse
MEYER, Lothar
MÜLLER, Bernd
MÜLLER, Manfred Wolfgang
MÜLLER, Ulrich
MÜLLER-BRAUNSCHWEIG, Hans
NEIDEL, Heinz
NEUMEISTER, Hanna, geb. Meyer
NÖLLE, Wilfried
OSTENDORF, Edith
PLÖGER, Josef Georg
POLÓNYI, Stefan
QUEISSER, Hans-Joachim
REIMANN, Helga L., geb. Feick
REUTHER, Bernhard
RÖLLGEN, Franz-Wilhelm
ROHWER, Jens
RÜDEL, Reinhardt
SCHNERING, von, Hans-Georg
SCHOELL, Konrad
SCHUCHARDT, Eduard
SCHWANK, Inge
SIMMEN, Maria
STOLLREITHER, Konrad
STRUBE, Hans-Gerd
TESSNER, Norbert sen.
VOGEL, Claus
WENDEBOURG, Dorothea
WINTERGERST, Erich
WITTHÖFT, Harald
WOLF, Joseph Georg
ZEITLER, Karin

7. Juli

ASSMANN, Jan
BALK, Wilfrid
BALLA, Bálint
BAUMGART, Reinhard
BECKER, Dietrich
BELTING, Hans
BERTRAND, Colin
BUECHELER, Kurt
BUYER, Karl
DECKER, de, Wilfried
DIEMINGER, Walter
DOHR, Günter
DREESKAMP, Herbert
EHRBAR, Herbert
EICHLER, Norbert Arik
ERNST, Gerhard
FISCHBACH, Jörn-Uwe
FLEISCHER, Hans
FRANK, Paul Martin
FREITAG, Werner
FRISCH, Alfred
GEBHARD, Rollo
GEISSLER, Heinrich Wilhelm
GRASMAIER, Fritz
GREMMEL, Helmut
GUTTKE, Werner
HASSELFELDT, Gerda
HECKER, Erich
HELFFERICH, Rudolf
HINRICHSEN, Klaus
HÜSSLER, Georg
JANSSEN(ß), Hans
JOCHMUS, Ingeborg
KLAUS, Joachim
KÖHL, Gerhard
KNORRE, von, Erik
KRAUSSER, Peter
KREISELMEYER, Kurt
KRÖGER, Klaus
KRÜGER, Dieter
LANDMANN, Valentin
LANGE, Wolf-Dieter
LANGEMANN, Hans
NAJORK, Peter
OPITZ, Peter
OSSIG, Hermann
PAULIG, Ruth, geb. Köhl
PÉE, Herbert
RATHSACK, Heinz
RITSERT, Hans-Jürgen
ROLLWAGEN, Walter
ROTHFOS, Cuno
RÜCHARDT, Konrad
SANTNER-CYRUS, Ingeborg
SCHÄFER, Dieter
SCHAUFLER, Hermann
SCHERING, Ernst
SCHLACHETZKI, Andreas
SCHLECHTER, Hans
SCHMITT, Walter
SCHNEIDER, Josef
SCHÖNINGER, Artur
SCHREINER, Hanns
SCHULZE, Martin
SEIFFERT, Johannes Ernst
SIBBING, Winfried
STEMPEL, Wolf-Dieter
STÖCKLIN, Gerhard
THADDEN, von, Adolf
THEURER, Hermann
THOMPSON, Carlos
WALCHER, Wilhelm
WEBER, Werner
WEGLER, Richard
WELZ, Heinz
WILDERER, Heinz
WIRGES, Heribert
WISCHER, Robert

8. Juli

ABRAMOWSKI, Luise
ADLER, Rudolf
ALLERT, Hans-Jürgen
AXMANN, Hans
BARTMANN, Otto
BAUMGARTNER, Hans
BENTELE, Hermann A.
BERINGER, Kaj Edzard
BERTRAM, Hans
BÖTTCHER, Hans Helmut
BRAUN, Peter
DAHM, Helmut
DIEKMANN, Wilhelm
DÖHNER, Hans-Jürgen
DRESCHER, Joachim
DREYER, Heinrich
DURBEN, Maria-Magdalena, geb. Block
FEISST, Werner Otto
FEUSS (ß), Jürgen
FLOCK, Dietmar Konrad
FUCHS, Günter Georg
GÄRTNER, Hans
GESCHE, Helga
GRENZEBACH, Rudolf
GÜNTHER, Arnold
GÜNTHER, Harald
GUTH, Wilfried
HAASE, Richard
HÄRLE, Josef
HAGEN, von, Friedrich
HAIN, Walter
HEEPE, Fritz
HETZLER, Hans Wilhelm
HILLER, Erwin
HÖLLE, Matthias
HORN, Adam
JANZEN, Siegfried
JUTZ, Christian
KEHR, Wolfgang
KILLERMANN, Wilhelm
KLUTHE, Reinhold
KNAUFF, Hans Georg
KORELL, Dieter
KRAUTKRÄMER, Horst
KRUSE, Joseph Anton
KUHN, Walfred Anselm
LERMANN, Hilde
LÜTTGE, Günter
MARX, August
MAYR-HOEFFNER, Harald
MELCHIOR, Hansjörg
MEYER, Gerd
MÜLLER, Margarete
OSTHUES, Heinz
PASETTI, Peter
PASTOR, Hanns
PFENNIG, Norbert
REES, Peterfritz
REIS, Hans Edgar
RÖSSEL, Theodor Richard
SCHEEL, Walter
SCHENCK, von, Kersten
SCHMIDT, Ernst-Georg
SCHMIDTKE, Jörg
SCHREIBER, Othmar
SCHUBERT, Helmut
SCHUSTER, Leo
SIEBERT, Horst
SMOLA, Emmerich
SPICHTINGER, Josef
THURM, Ulrich
TITTEL, Klaus
TOPSCH, Wilhelm
UNTERSTENHÖFER, Günter
WASSERMANN, Eberhard
WEHNER, Karl-Heinz
WELTEKE, Günter
WILLERDING, Ulrich
ZÖLLNER, Wolfgang-Dietrich
ZWILGMEYER, Franz

9. Juli

ADAMS, Erwin
ASTEL, Arnfrid
BALZER, Hartmut
BASSENGE, Eberhard
BEATUS, Richard
BERNING, Paul
BLUME, Willi
BONDE, Olaf
BRABEC, Franz
BRÄUTIGAM, Karl-Hans
BRANDL, Hans Alfons
BRUNCKHORST, Hinrich
BUDDE, Otto
BUTENUTH, Hans-Hellmuth
DIEDERICHS, Henning
EGGERS, Philipp Bernhard
EISENMANN, Josef
FEUCHTWANGER, Walter
FINGER, Heinz Peter
GEIST, Gerhard
GLUBRECHT, Hellmut
GNIECH, Gisla
GOEDDE, H. Werner
GRESSNER, Axel
GRIESS-NEGA, Torsten
HÄCKER, Fritz
HARLING, Rudolf
HARSTICK, Hans-Peter
HERING, Hans-Jürgen

HERZBERG, Joachim-Johann
HÜTTEL, Rudolf
HUG, Wolfgang
ISERMEYER, Christian-Adolf
KATTENSTROTH, Christian
KERLER, Richard
KNAB, Doris
KREY, Volker
KRÖGER, Erich
KRÜGER, Gerhard
KRUSCHE, Peter
KÜMMEL, Reiner
LENNAR, Rolf
LEPPMANN, Wolfgang
LETTNER, Adolf
LOBKOWICZ, Nikolaus
LOHMEIER, Georg
LORENZ, Egon
LUCHSINGER, Fred W.
LUDWIG, Peter
MARTIN, Albrecht
MAURITZ, Hans Werner
MAYER, Karl Heinz
MÖLLER, Joseph
MÜNTEFERING, Heinrich
MUNKEL, Helmut
NAGL, Walter
NAGY, Janos B.
NEUENKIRCH, Gerhard
NEUFANG, Gerhard
NEWMAN, Karl J.
OGRIS, Werner
REICHE, Hans-Joachim
REINFRANK, Arno
RUNGE, Johannes
SCHAEFER, Hans Joachim
SCHIDLOF, Peter
SCHILD, Heinz B.
SCHMIDTKE, Hans-Herbert
SCHMITT, W. Christian
SCHREIBER, Karl-Friedrich
SCHULZE, Waldemar
SCHWAB, Ulrich
SCHWARZE, Jürgen
SPAHMANN, Gerhard Martin
STEFFENHAGEN, Hartwig
STUMPENHAUSEN, Gerhard
TIEDEMANN, von, Heinrich
TRAVIS, Francis
VLODROP, van, Peter
WEISS (ß), Erwin
WEISSER (ß), Konrad
ZWECKER, Jochen

10. Juli
ABELER, Franz
BABL, Karl
BECKER, Jürgen
BERKTOLD, Franz
BIMBERG, Dieter
BIOLEK, Alfred
BÖHLER, Robert W.
BOHLKEN, Herwart
BURGER, Hermann
BUSSMANN (ß), Friedhelm
DIECKMANN, Bernhard
DONATH, Helen
ENGLER, Arthur
FERLING, Peter
FRANZ, Erich Arthur
GAUF, Heinrich
GEMMERN, van, Ewald
GRIMM, Gerhard
GÜNTHER, Hans
HANSEN, Richard
HANSER-STRECKER, Peter
HARDT, Erwin N.
HELMS, Wilhelm
HERRMANN, Ernst Otto
HEUSSNER (ß), Horst
HISS (ß), Dieter
HOCHGARTZ, Günther
HOFFMANN, Hans-Georg
HOFFMANN von WALDAU, Goetz
HÜMPEL, Elke
JAEGER, Arno
KELLER, Heinz
KNOPF, Jan
KOSTEAS, Dimitris

KOWATSCH, Klaus
KRAFFT, Fritz
KRECHER, Joachim
KRÖHNERT, Otto
LANGE, Dieter Ernst
LESSMANN (ß), Herbert
LICHTNER, Otto
LOBECK, Falk
LORENZ, Rudolf
MAYER, Bruni
MEIXNER, Horst
MERTZ, Bernd-Arnulf
MEYER, Ernst
MEYER, Gerhard
MEYERS, Hans
MEYER-SCHWICKERATH, Gerhard
MIMKES, Jürgen
NAGEL, Alexander
NEMITZ, Kurt
NEUBER, Friedel
NIENSTEDT, Gerd
OPPENHEIMER, Johannes
PETERS, Norbert
PILZ, Wolfgang Bruno
PRATSCHKE, Gottfried
RAABE, Joachim
RAUTENBURG, Hans-Werner
RHEINHEIMER, Gerhard
ROEHL, Ernst
RÖHR, Franz
RUBIN, Berthold
SCHÄFKE, Werner
SCHINKE, Hans- Werner
SCHLEE, Günther
SCHLESIER, Erhard
SCHMITZ, Dieter
SCHNEIDER, Peter
SPRENG, Michael H.
TROMMER, Wolfgang
ULLRICH, Erich
VIALON, Friedrich-Karl
WEBER, Heinz (Heinrich)
WILSCH, Manfred
WÜHR, Paul
ZIELASKO, Werner

11. Juli
BACHSTROEM, Rolf Helge
BETTAG, Walter
BITSCH, Heinrich
BLEY, Helmar
BLUMENWITZ, Dieter
BOMMER, Dieter
BOPPEL, Hans Christoph
BREMER, Claus
BRUNS, Herbert
DAERR, Eberhard
DREIER, Franz-Adrian
ELGETI, Klaus
ELM, Theo
ENGELHARDT, Werner Hans
EY, Werner
FLESSA, Richard
FRANZEN, Carl C.
FRÖMTER, Eberhard
GAL, Tomas
GÖTZ, Lothar
GÖTZE, Wolfgang
GREWEN, Johanna
GRIMM, Hubert Georg
HAAS, Herbert
HAFENBERG, Bernd Dieter
HARTMANN, Dieter
HARTUNG, Fritz
HEBICH, Roger
HEILFURTH, Gerhard
HERRGEN, Erich
HÖFLINGER, Peter
HÖFNER, Klaus
HOFMANN, Karl
JAUS, Albert
JODEXNIS, Kurt
KAHLE, Günter
KALISCH, Joachim
KEMPFLER, Herbert
KIEFL, Josef
KLINGER, Kurt
KOCH, Hans-Reinhard
KUSCHMANN, Walther

LANGHOFF, Udo
LEHNERT, Christa
LEINS, Werner
LEONHARDT, Fritz
LÖNING, Karl
MARTIN, Norbert
MATTHES, Franz
MIECK, Ilja
MOLKENBUR, Günter
MORDHORST, Artur K.
MOSER, Jürg
MÜLLER, Rolf
NELKE, Gerd
NIEHAUS, Ruth
PEEGE, Joachim
PIRNER, Hans Jürgen
PREY, Hermann
PRINZ, Joseph
RAIDEL, Hans
REPPEKUS, Hans-Otto
RÜBBEN, Alfred
SCHELLENBERGER, Christoff
SCHIEFFER, Theodor
SCHLOSSARECK, Fritz
SCHMITTHENNER, Walter
SCHNEIDER, Gerhard
SCHNUR, Ludwig
SCHOLZ, Herbert
SCHOON, Greta
SCHRAMM, Julius
SEITZ, Fritz
SOMMER, Heiner
SPENDEL, Günter
SPITALER, Anton
STAMMEN, Theo(dor)
STEGMANN, Hubert
STIENEN, Karl-Heinz
STIERSTADT, W. Otto
STILLE, Günther
STOCK, Josef
STOCKER, Karl
STOPP, Klaus
TALLERT, Harry
TEUBER, Michael
TIMM, Helga
TRUEMPER, Heinrich
VOGELL, Wolrad
VOITL, Herbert
VOLKHEIMER, Gerhard
VOLLRATH, Heinrich
WAGENBACH, Klaus
WANNINGER, Karl
WEHNER, Herbert
WERKMÜLLER, Dieter
WERNER, Ilse
WESSEL-THERHORN, Michael
WILKENS, Erwin
WITTROCK, Herbert
WOLFF, Hans
ZEDELMAIER, Helmut
ZÖLLNER, E. Jürgen
ZUBER, Ewald

12. Juli
ASCHOFF, Jürgen C.
BAUMANN, Jakob Albert
BAY, Rudolf
BEWERUNGE, Lothar
BOLDT, Heinz
BRACHT, Thomas
BRADSHAW, Alexander M.
BROCKE, Werner
BRÜGELMANN, Jan
BÜRGER, Wolfgang
CLAUSEN, Heinrich
CRAMER, von, Heinz
DETMERING, von, Wolf-Dieter
DUDECK, Lothar
DUSPIVA, Franz
EINBRODT, Hans Joachim
ENGELBRECHT-GREVE, Ernst
ERBEL, Günter
FLEMMING, Irene
FRIED, Pankraz
GÖRLACH, Manfred
GROBBINK, Gerd
GROTHAUS, Hans
HAASE, Hans-Joachim

HAHNENFELD, Günter
HAKEN, Hermann
HALBFAS, Hubertus
HEGER, Norbert
HELLWIG, Peter
HENGSTENBERG, Eckart
HENKE, Hans Jochen
HERBERTZ, Joachim
HERFF, Eduard E.
HERZOG, Reinhart
HEUER, Ernst
JUNGE-HÜLSING, Gerhard
KÄSEMANN, Ernst
KEYSERLINGK, Graf von, Diedrich
KLIE-RIEDEL, Kriemhild
KOPPELMANN, Udo
KORN, Walter
KRAUSS, Karl-Hermann
KRÜGER, Rainer
LANG, Bernhard
LAUER, Brunhilde, geb. Klein
LEDDEROSE, Lothar
MACKENRODT, Jochen
MAIER, Alfons Sebastian
MASER, Werner
MEHLING, Marianne, geb. Wünzer
MENNE, Albert Heinrich
MILLER, Josef
MOOSDORF, Johanna
MÜCKL, Wolfgang Johann
NIGGL, Günter
OCHSENFARTH, Christoph
PROCHNOW, Dietrich
REIBER, Wolfgang
RIEDY, Paul
ROMPE, Klaus
ROOS, Lothar
RUBERG, Werner
RUMLER, Franz Josef
SCHAEFFER, Burghard
SCHEUERER, Rudolf
SCHÖBERL, Alfons
SCHROEDER, Manfred R.
SEESING, Heinrich
SIEBENEICK, Hans
SOIK, Helmut Maria
SOMMER, Alfred
SPRENKMANN, Wolfgang
STOFFREGEN-BÜLLER, Michael
THIELE, Wilhelm H.
TROUWBORST, Rolf
WEISER, Paul
WINGENDORF, Paul
WITSCHEL, Heinrich
WITT, Hans-Jürgen

13. Juli
BEILHARZ, Manfred
BINDSEIL, Heinz
BLUMENBERG, Hans
BRAUN, Michael Herbert
BRINKMANN, Günther
BRUNNER, Edgar
CATENHUSEN, Wolf-Michael
DIESNER, Jürgen
DIGESER, Andreas
DRÄGER, Christian
DUBE, Wolf-Dieter
DUMMEYER, Norbert
FIEBIG, Udo
FORTNAGEL, Peter
FUCHS, Gerhard
GAUGER, Wilhelm
GOEZ, Werner
GÜDE, Jürgen
GUNDELACH, Volkmar G.
HAMER, Sabine
HANAU, Peter
HASENFUSS (ß), Willy
HENSEL, Georg
HILDEBRANDT, Stefan
HILLE, Heinz
HOFFMANN, Joachim
HOLLWICH, Fritz
HOMANN-WEDEKING, Ernst
HORSTER, Franz-Adolf

HOYER, Norbert
HUNGER, Roland
INGENDAHL, Werner
JÄGER, Gerhard
JOOS, Wolfram F.
KEILHOLZ, Inge
KLINGMÜLLER, Walter
KLÖPPER, Rudolf
KRUMWIEDE, Hans-Walter
KUBASCHEWSKI, Oswald
KUROTSCHKA, Viktor Georg
LANC, Otto
LANGE, Victor
LARSEN, Egon
LEITHOFF, Peter
MARTINI, Gustav-Adolf
MÜLLER, Günter
NASTOLD, Hans-Joachim
OPBERGEN, van, Gert
PASCHOS, Emmanuel A.
PAVEL, Hans-Joachim
PÜCKLER, Graf von, Carl-Heinrich
RAMLER, Hans Gerhard
RATH, Peter Dietrich
REINELT, Peter
REITHER, Werner
RINSCHE, Günter
ROELLECKE, Gerd
SCHIF, Curt
SCHIRMER, Werner
SCHMID, Hermann-N.
SCHMID, Oskar
SCHOLZ, Oskar Berndt
SCHOMBURG, Eberhard
SCHRÖDTER, Hermann
SEIDEL, Friedrich
SOMMER, Walter
STRAETEN, Jo
TOEPFER, Alfred
ULRICH, Peter
WILLEKE, Franz-Ulrich

14. Juli
ALEXANDER, Meta
ALVENSLEBEN, von, Reimar
BAYERN, Prinz von, Franz
BERGMANN, Hellmut
BODENSIEK, Karl-Heinz
BÖRGER, Leberecht
BULST, Neithard
BUSCH, Günter
CAPIZZI, Carmelo
CHMIELEWICZ, Klaus
CORDES, Eilhard
DINZELBACHER, Peter
DÖRR, Johannes
EICKER, Edmund
ELIAS, Horst
FELDERHOFF, Dieter H.
FINKENSTAEDT, Thomas
FISCHER, Heinz
FLINSCH, Erich
FRANK, Rainer
FÜLGRAFF, Georges
GEISLINGER, Franz
GIESEMANN, Gerhard
GÖTZE, Rolf
GOTT, Karel
HAARMEYER, Paul
HAWERKAMP, Manfred
HERWARTH von BITTENFELD, Hans-Heinrich
HILPERT, Egon
HOFER, Manfred
HOFFMANN, Ernst
HOFFMANN, Waldemar
HÜTTEMANN, Karl-Josef
IMHOFF, Wilhelm
JANSEN, Gerd
JANSEN, Günther
JANSEN, Wilhelm
JURISCH, Joachim
KAWOHL, Marianne
KISTNER, Klaus-Peter
KNÖPPEL, Karl H.
KREFT, Ekkehard
KUNITZSCH, Paul
LEHNER, Franz
LENCKNER, Theodor
LEONHARDT, Helmut

14. Juli

LERSNER, Freiherr von, Heinrich
LINK, Werner
MAUER, Aloys
MEYER, Hans-Günther
MÜLHAUPT, Ludwig
MÜLHENS, Ferdinand
MÜLLER, Willy
NAU, Wilhelm
NIENS, Walter
NOACK, Dietrich
OSTENDORF, Wilhelm
PETERSEN, Werner
PLATE, Erich
RANFT, Otto
RICHTER, Wilhelm
SCHEWE, Dieter
SCHINDEWOLF, Ulrich
SCHLEGEL, Hanns-Ludwig
SCHLICHTER, Otto
SCHMIDT, Hans
SCHMIDT, Walter
SCHMITT, Matthias
SCHROEDER, Friedrich-Christian
SCHRÖDER, Hubert
SCHULIN, Bertram
SCHWINGER, Walter-Wolfram
SEE, Wolfgang
SIEFKER, Leopold
SMIDT, Diedrich
STELTER, Wolf-Joachim
STRAKA, Herbert
STRUVE, Wolfgang
STURM, Hermann
SUERBAUM, Werner
TRENKLER, Götz
WAGNER, Fritz
WEBER, Ellen
WIEGREBE, Wolfgang
WIELAND, Dieter
WINTER, Erich
WOLF, Richard
ZÜRN, Herbert

15. Juli

ABRAHAM, Reinhardt
AHRENS, Dieter
AHRENS, Hans Joachim
BOELTE, Hans Heiner
BOHLE, Hermann
BRANDT, Gerold
BUCHHOLZ, Ernst Wolfgang
BUDDECKE, Eckhart
BÜRGER, Rudolf
COTTA, Horst
DIEDERICH, Helmut
DOBERAUER, Wolfgang
EBERT, Klaus
ELGER, Ferdinand
ELKAR, Fritz
FAHLBUSCH, Klaus
FEURLE, Gerhard E.
FISCHER, Walther Leonhard
FÖRSTER, Harald
FRIEDRICH, Hans Joachim
GIESEN, Günter
HAMEL, Peter Michael
HEINRICH, Franz-Josef
HENSCHEL, Karl-Anton
HOCKERTS, Theodor
HÖLTJE, Gerhard
HÖPKER, Wilhelm-Wolfgang
HOLM, Werner
HÜTTENBERGER, Peter
ISCHEBECK, Friedrich
JOSTEN, Johann Peter
KALTENBACH, Helmut
KANTCHEFF, Slava
KARST, Uwe Volker
KATH, Dietmar
KISTERS, Theodor
KLEINLOGEL, Alexander
KLIEMANN, Peter
KÖHLERTZ, Fritz
KORGE, Horst
KRUPP, Georg
LEFERENZ, Heinz
LEMMERMANN, Inge
LENTZEN, Manfred
LENZ, Rolf

LINHARD, Brigitte, geb. Koehler
LINSS, Hans Peter
LOMNITZER, Helmut
LUDWIG, Dieter
MIETHKE, Jürgen
MÖLLEMANN, Jürgen W.
NAUMANN, Alexander
PETEGHEM, van, Arseen-P.
PRÜFER, Manfred
REMPEL, Ernst Christian
RIEZ, Uwe
RÖCK, Heinrich
RÖTZER, Hans Gerd
ROSSLENBROICH, Eberhard
SCHADE, Heinrich
SCHENK, Josef
SCHIRMER, Karl
SCHMITZ, Mathias
SELEKEN, Stefanie
STADLER, Heinrich
STEUBEN, von, Hans
STEUSLOFF, Hartwig
WALLMANN, Jürgen P.
WEHRHAHN, Erich
WIENOLD, Götz
WISSEL, Christian
WITTKOWSKY, Wolfgang

16. Juli

ADAM, Wilhelm
BAUMGÄRTNER, Alfred Clemens
BLENDINGER, Friedrich
BLUMHAGEN, Lothar
BÖNNER, Max
BRIESSEN, van, Fritz
BURMEISTER, Peter
CLUSEN, Helmut
CÖSTER, Oskar
DOSCH, Günter
DÜRR, Heinz
ECKERT, Walter Ludwig
ELLWEIN, Thomas
ERNY, Richard
FINSTERWALDER, Rüdiger
FISCHER, Konrad
FRICKE, Reiner
GEITNER, Otto
GEMÜNDEN, Hans Georg
GÜNTHER, Michael
HAMANN, Günter O.
HANF, Dieter
HARDT, Horst-Dietrich
HARTLIEB, von, Horst
HAUSMANN, Bernhard
HEINER, Wolfgang A.
HENSEL, Friedrich
HERDA, Georg
HÖFER, Ernst
HOFFMANN, Erich
JUNGLAS, Hermannjosef
KAESBACH, Karl H.
KAMPERT, Ferdi
KOWALSKY, Hans-Joachim
KROLL, Ludwig
KRONECK, Friedrich J.
KUMHER, Franz
KUNZE, Klaus
KUSCHEL, Hans
LAIS, Edgar
LEINEWEBER, Claus
LINSER, Herbert
MAUCHER, Eugen
MILTNER, Karl
MOHR, Heinrich
MOSER, Albert
MÜLLER, Alfons
MÜLLER-BOCHAT, Eberhard
NEUHOFF, Kurtwalter
NIEPMANN, Fritz
PAWLIK, Peter-Michael
PENNINGSFELD, Franz
PHILIPSON, Lennart C.
REHBOCK, Fritz
REICHARD, Herbert
RIECKE, Erich
SCHACHT, Günther

SCHEWICK, van, Heinz-Helmich
SCHMECHTIG, Lothar
SCHMIDT, Hans Wilhelm
SCHMIDT-THOMÉ, Paul
SCHNEIDER, Edith
SCHWARZ, Georg
SCHWARZENBERG, Ilse, geb. Strasser
SCHWARZL, Friedrich
STETTER, Karl
STRASSER (ß), Lorenz
STROMEYER, Rainald
TICHY, Franz
UNGLAUB, Walter
VONDUNG, Klaus
WALTER, Wilhelm
WEBER, Doris
WINKLER, Ulrich
WOLF, Hans-Christoph
WÜLKER, Gabriele, geb. Weymann
ZIEGLER, Walter
ZWILLING, Robert

17. Juli

ALT, Franz
BAUR, Jörg
BELLSCHEIDT, Heinz
BLISS, Heinz
BORCHARDT, Peter O.
BRANDIS, Henning
BRANDT, Siegmund
BUCH, Aloys Joh.
BÜLOW, von, Andreas
BÜTTNER, Rudolf
DAUENHAUER, Alois
DENEFFE, Peter J.
DICKMANN, Wilhelm G.
FEID, Anatol
FRANCKE, Klaus
FRANK, Winfried E.
FRESENIUS, Wilhelm
FRINGELI, Dieter
GAUCH, Gert
GEBAUER, Alfred
GOOSSENS, Nico
GREINER, Peter Georg
GÜNTHER, Horst
HÄRLE, Franz
HASLEHNER, Elfriede, geb. Götz
HASSKAMP(ß), Peter
HEDEMANN, Walter
HEINOLD, Wolfgang Ehrhardt
HELLWIG, Gerhard
HERBERHOLZ, Horst
HERMESDORF, Herbert
HUSS (ß), Walter
IHLENFELDT, Hans-Dieter
JESSURUN, Berndt Jürgen
JÖSCH, Wilhelm G.
KAISER, Wolfgang
KASCHKAT, Hannes
KEIL, Gundolf
KITTELMANN, Peter
KLINGSZOT, Rüdiger
KÖHLER, Horst
KÖNIG, Dieter
KRAUTHEUSER, Franz-Josef
KRÜCKEBERG, Max
KRUG, Edgar
KÜNNEMEYER, Otto
KUPSCH, Bernhard
LINZENMEIER, Götz
LÖBBECKE, Wolfgang
MAHL, Hans
MERTENS, Rudolf
MITSCHERLICH-NIELSEN, Margarete
MÜLLER-BÖLING, Detlef
NAGL, Erwin Ludwig
ODERSKY, Walter
OEYNHAUSEN, Freiherr von, Rab-Arnd
OSTHEEREN, Klaus Hermann
PANITZ, Manfred
PANKUWEIT, Klaus-Rolf
PFEIFFER, Klaus

PFLÜGER, Alf(rich)
PLEYER, Klemens
POHLMEIER, Hermann
REINERT, Jakob
REISCHL, Gerhard
RIED, August
ROUENHOFF, Otto
RUDOLPHI, Hans-Joachim
SALZER, Egon Michael
SAUERWALD, Karl Josef
SCHMAUS, Michael
SCHMID, Elisabeth
SCHÖNE, Albrecht
SCHORMANN, Klaus
SCHUSTER, Hans-Peter
SEILER-ALBRING, Ursula
SIMON, Heinz-Viktor
SIMSON, von, Otto
SINGER, Hans
STEINFELD, Karl-Heinz
STEINMANN, Horst
STOKES, Timothy John
STOLZ, Artur
VOLLMAR, Karl Emil
VOLMER, Günter
WEBER, Adolf
WEGER, Karl-Heinz
WEIGHARDT, Annemarie
WEINMANN, Manfred
WILLOWEIT, Dietmar
WOLFARTH, Günther

18. Juli

ABSHAGEN, Ulrich W. P.
ANACKER, Hermann
BAUDLER, Georg
BEDNARIK, Karl
BERG, Horst-Klaus
BEYER, Erich
BIZER, Christoph
BLÄTTEL, Irmgard
BORCHERS, Heinz
BOTHE, Wolfgang
BRAUN, Volkmar
BRELOER, Gerhard
CARDAUNS, Burkhart
COMES, Franz Josef
DAMRAT, Anna
DEIMLING, Klaus
DIEDERICHSEN, Uwe
DÖPP, Dietrich
DORN, Wolfram
DRÜLL, Wolfgang D.
EBEL, Friedrich
EHLERS, Reinhard
ENGELSBERGER, Matthias
FAUST, Herbert
FISCHER, Leni, geb. Lechte
FREUND, Friedemann
FRISCHAT, Günther
FUHRMANN, Jürgen
GERNHUBER, Joachim
GEYER, Dietmar
GOLOMBEK, Michael
GRUNZE, Heinz
HAMMAR, Carl-Heinz
HARIG, Ludwig
HEIDEMANN, Gerhard
HESELHAUS, Clemens
HOFFMANN, Karl-Heinz
HOFFMANN, Reinhard W.
HOFMANN, Rolf
JANKE, Georg
KANSY, Dietmar
KATZY, Dietmar
KIMMEL, Willibald
KIRSCHKE, Dieter
KNORR, Lorenz
KOCH, Reinhard
KOKKELINK, Günther
KORNRUMPF, Hans-Jürgen
KOSSOLAPOW, Line
KREBS, Karl
KREISLER, Georg
LANSKY, Ralph
LAUTER, Josef
LEWIN, Bruno
LISCHKA, Joachim Hubertus
MAUERSBERGER, Volker-Jürgen

MEISTER, Dietrich
MESCHKE, Hildegard
MESEKE, Hedda
MÖRATH, Werner
MÖRS, Ingo
NAUMANN, Rudolf
NOTTBERG, Hermann
NOWACK, Kurt
OGAWA, Takashi
OPFERKUCH, Hermann
PAFFEN, Karlheinz
PATZELT, Paul
PETER, Helwin
PISCHINGER, Franz Felix
POHL, Werner
PRIEWASSER, Erich
PUTTKAMER, von, Ellinor
RAULF, Holgar
RIDDER, Helmut K. J.
RIX, Rainer
RÖSNER, Dieter
RUBO, Ernst
SALA, Oskar
SCHILDKNECHT, Kurt Josef
SCHLESIER, Raimund
SCHLICHT, Michael Winrich
SCHMITZ, Josef
SOHNS, Ernst-Otto
TREUE, Wilhelm
TURCZYNSKI, Emanuel
TWENHÖVEN, Jörg
UTHMANN, von, Jörg
WALTERT, Bruno
WEIL, Grete, geb. Dispeker
WEITNAUER, Hermann
WIMMER, Hermann
WIRTH, Helmut
WITTE, Helmut
ZIMMERMANN, Friedrich

19. Juli

ALBRECHT, Gerd
BIALAS, Günter
BOCK und POLACH, von, Michael
BÖHM, Wolfgang
BRAUNBURG, Rudolf (Rudi)
BUCHER, Ewald
BUSSE, von, Markus
COLPE, Carsten
CORYLLIS, Peter
DICKMANN, Herbert
FERNANDEZ, Claire
FIEGUTH, Gerhard
GEBHARDT, Manfred
GOTTBERG, von, Rasmus
GRÜNER, Martin
HACKE, Friedrich
HAEGELE, Karl Eugen
HAUCK-TREIBER, Illon Astrid
HECKING, Klaus
HERMANN, Winfried
HÖHNE, Eitel O.
HÜTT, Rainer
KÖNIG, Heinz H.
KOLPE, Max
KOSTE, Walter
KRÄMER, Gerd
KRUMM, Hans-Jürgen
KRUSE, Rolf
LEYSEN, Luc
LOHMANN Hans Joachim
MAINUSCH, Herbert
MALLMANN, Walter
MATTES, Helmut
MAURIN, Viktor
MAYDELL, Baron von, Bernd
MENGER, Wolfgang
MINETTI, Hans
MÜLLER, C. Detlef
MUMMERT, Rochus M.
NIEMANN, Hans-Werner
NIENHAUS, Volker
OVERZIER, Claus
PANDULA, Dušan
PECHMANN, Freiherr von, Hubert

PRACHNER, Gottfried
RADEMACHER, Hans C.
REINECK, Hans-Erich
RÖPKE, Horst G.F.
ROHDE, Fritz Georg
RUPERTI, Marga
SCHÄFER, Philipp
SCHREIBER, Friedrich
SCHRÖDER, Walter
SCHWEPCKE, Hans-Jürgen
SIGLE, Rolf
TAPHORN, Hans-Joachim
THULL, Roger
WASSMUTH (ß), Heinz-Werner
WEBER, Wolfgang
ZWICKERT, Erwin

20. Juli

ADOMEIT, Hans-Joachim
BALTENSPERGER, Ernst
BAUR, Wolfgang
BECK, Emil
BEN-CHORIN, Schalom
BERENDT, Joachim-Ernst
BERTHOLD, Brigitte
BIBERGER, Erich L.
BINNIG, Gerd
BOHNET, Matthias
BRASE, Horst
CLASSEN, Hans-Georg
DAHMEN, Günter
DENSO, Jochen
DERLIEN, Hans-Ulrich
DEUBEL, Franz
DEUTSCHMANN, Martin
DROST, Volker C. A.
EMENDÖRFER, Dieter
ENTRUP, Otto
ERDMANN, Dietrich
FABER, Anne
FISCHER, Rudolf
FRISCHBIER, Hans-Joachim
FUNCKE, Liselotte
GEIST, Reinhold
GIELEN, Michael
GIESENFELD, Günter
GOBRECHT, Heinrich
GOEBEL-SCHILLING, Gerhard
GRILL, Harald
HAINICH, Rainer
HARTMANN, Hans-Joachim
HAUF, Günter
HECK, Wilhelm
HEINTZE, Joachim
HERLYN, Gerrit
HIRSCH-WEBER, Wolfgang
HUBSCHMID, Paul
JÄGER, Claus
KEGEL, Otto H.
KETTELER, Freiherr von, Clemens
KLAUSEWITZ, Wolfgang
KREKELER, Heinz L.
KRENZER, Richard Philipp
KUBALEK, Erich
LEMPPENAU, Joachim
LÖHR, Georg-Wilhelm
LUDWIG, Otto
LÜTTGAU, Hans-Christoph
MENGES, von, Klaus
MILFELD, Werner F. W.
MUNZ, Horst
PRINZBACH, Horst
PUHST, Heinz
RAEBER, Robert Eduard
RÖDL, Helmut
ROETHER, Wolfgang
SCHÄFER, Harald B.
SCHELL, Jozef Stephaan
SCHIEFELE, Hans
SCHILY, Otto
SCHMUCKER, Helga, geb. Boustedt
SCHNEIDER, Alfred
SINGER, Manfred Vinzenz
SINN, Hansjörg Walter
STRESEMANN, Wolfgang
TROST, Klaus
WAGNER, Ernst-Ludwig
WAGNER, Robert
WENNER, Heinz Lothar
WINJE, Dietmar
WRANGEL, Baron von, Olaf

21. Juli

ALLEWELDT, Gerhardt
ARP, Ferdinand
BAUERSCHMIDT, Reinhard
BERGER, Robert
BLÜM, Norbert
BÖRGER, Gisbert
BRINCKMANN, Herbert
CRAMON-TAUBADEL, von, Detlev Yves
DELVENDAHL, Werner
DETTMERS, Jürgen
DEUTSCH, Karl W.
EILENBERGER, Gert
ENDRES, Günther
FABER, Erwin
FAUST, Volker
FELLERMEIER, Jakob
FISCHACH, Hans
FLESCHE, Christian
FRANK, Gerhard
FÜTTERER, Dietmar
GAHLEN, Walter
GERHARTZ, Heinrich
GERSTENBERGER, Heide, geb. Johannsen
GOTTSCHALK, Hanns
GREVE, Werner
GRUNST, Friedrich-Wilhelm
HAASEN, Peter
HAEDRICH, Günther
HANDWERKER, Hermann O.
HANSEN, Johannes
HAUSTEIN, Erik
HELWIG, Helmut
HERRMANN, Klaus J.
HESSE, Gerhard
HUFNAGEL, Karl Günther
KEFER, Linus
KEIENBURG, Siegfried
KEUTNER, Richard Josef
KIRSCHKE, Georg
KLEIN, Hemjö
KLOESER, Robert
KNIERIM, Herbert
KOCH, Hans-Albrecht
KÖLBLIN, Rolf
KOLLER, Horst
KROEMER, Walter
KÜCHLER, Wilhelm
KÜHNE, Hartmut
KÜTT, Anton
KURTZE, Gerhard
LAMBINUS, Uwe
LANDOWSKY, Klaus
LICHTENWALD, Gerd
LINK, Walter H.
MACKENSEN, Jürgen
MATTHIESSEN, Kjeld
NIEMÖLLER, Klaus Wolfgang
OETINGER, Friedrich
OHLIGER, Hans W.
PETZET, Heinrich Wiegand
PILLAU, Horst
POTTHOFF, Margot
RAUSCHKE, Joachim
RINCK, Gerd
ROHDE, Joachim
ROSENBERG, Hartmut Peter
SALA, Gabriel
SALING, Erich
SCHÄFER, Otto
SCHÄFKE, Friedrich-Wilhelm
SCHMUCKER, Ulrich
SCHULZE, Theodor
SCHWIRTZ, Karl-Heinz
SPIELMANN, Heribert
STOCK, Karin, geb. Meißner
VIEMANN, Helmut
WAGNER, Richard
WELDIGE-CREMER, de, Wessel
WINKELS, Richard

22. Juli

AFFELD, Klaus
AFHELDT, Heik
ALY, Herbert
BATZEL, Siegfried
BAUMANN, Karl-Hermann
BECKER, Eberhard
BEHR-NEGENDANCK, von, Johann
BERG, Dieter
BINDER, Hartmut
BIRKENBEIL, Edward J.
BOLDT, Werner
BRESSER, Klaus
CANSTEIN, Freiherr von, Ludolf
CORNELSEN, Franz
DÜHMKE, Eckhart
ENGELHARDT, Gunther
FISCHER, Jürgen
FLEISCHER, Gundolf
FRANK, Helmut
FREUDENBERG, Reinhart
FROMMER, Werner
GALLAS, Wilhelm
GÖTZ, Herbert
GRODDE, Werner
GUBERAN, Dieter
HAGEMANN, Heinrich
HAGENAU, Heinz
HEISE, Michael
HENSELER, Rudolf
HIRSCHMANN, Hans
HOFFRAGE, Käthe
HOFIUS, Otto Friedrich
ISER, Wolfgang
JACOBI, Hans
JÖRDER, Ludwig
JOST, Erich
KATER, Hermann
KIERMEIER, Friedrich
KLIMKEIT, Hans-Joachim
KNUST, Dieter
KOEBNER, Thomas
KOELLE, Heinz H.
KOHL, Josef
KRECK, Matthias
KUHLENCORDT, Friedrich
KUHNLE, Helmut
LEIS, Rolf
LITTMANN, Eberhard
LÜBBERSMANN, Wilhelm
LUTZ, Wilhelm
MANZ, Friedrich
PFLEIDERER, Wolfgang
POPP, Harald
RATSCHOW, Carl-Heinz
RAUHUT, Burkhard
REDDEMANN, Ludger
REGNIER, Charles
RITZERFELD, Wolfgang
ROLLER, Robert
RUNNEBAUM, Benno
SCHMIDT, Hermann
SCHULZ, Werner
SIEMERS, Walter
SIGEL, Heiner
THEWS, Gerhard
THIEMANN, Friedrich
THOMSEN, Hans
VOIGT, Jürgen
WALTHER, Franz Erhard
WEBER, Gerd
WEHNES, Franz-Josef
WEISSENBORN (ß), Theodor
WERTHMANN, Hans-Volker
WINNEKNECHT, Dieter
ZERRIES, Otto
ZIPPEL, Wulfdiether

23. Juli

BARION, Jakob
BERMIG, Horst
CHOINSKI, Andrzej
DILL, Richard
DÖPPNER, Lothar
ERNST, Friedhelm
ERWE, Friedhelm
FÜHR, Fritz
GALL, Günter
GEORGE, Götz
GISSEL, Henning
GRAML, Karl
GROSS (ß), Konrad
GÜNTHER, Heinz
GUTBROD, Anton
HAASE, Günter
HAINDL, Clemens
HAMM, Jean-Paul
HASSELMANN, Wilfried
HEIDEMANN, Erwin
HENGSTMANN, Hermann
HERDMANN, Günter
HUMBACH, Walter
KALTHEGENER, Bernd
KAPPELER, Detlef
KOCH, Hans
KOFLER, Werner
KREUTER-TRÄNKEL, Margot
LACHMANN, Marcus
LEISTNER, Lothar
LORENZEN, Thomas
LUTZ, Dietmar
MAASJOST, Ludwig
MAGNUS, von, Arthur W.
MARX, Siegfried
MORFILL, Gregor
NIEDERMAYER, Josef
NIEZOLDI, Gerhard
OPPERMANN, Hans-D.
OTTEN, Fred
PREUSCHOFF, Hans-Georg
PROZELL, Artur
RETTICH, Margret
RICHWIEN, Werner
SAUER, Heinrich
SCHELLENBERGER, Walter
SCHERTZ, Wolfgang
SCHMALZ, Dieter
SCHMITZ-SINN, Heribert
SCHWAB, Werner
SCHWEIZER, Harald
SPRINGER-ANDERSEN, Ruth
STAPP, Gustav
STENZEL, Vlado
STROBEL, Käte, geb. Müller
TEICHLER, Ulrich
TELLER, Heinrich
THIMIG, Hans
TOMUSCHAT, Christian
TRAUB, Norbert
TRAUGOTT, Edgar
TRITSCHLER, Heinrich
VIERNEISEL, Klaus
VIET, Ursula
VÖLKEL, Heinrich
WERNER, Paul
WIECHATZEK, Gabriele
WILDE, Hans
WUWER, Johann
ZANG, Klaus D.
ZIMMERMANN, Dieter

24. Juli

ABEL-STRUTH, Sigrid
BAILER, Balthasar
BARTH, Gerhard H.
BASCHEK, Bodo
de BEAUCLAIR, Gotthard
BENKER, Fritz
BERGER, Erich R.
BURKHARDT, Hermann
CHRISTA, Karl
CLEMENS, Helmut
CRAILSHEIM, Freiherr von, Hanns-Jürgen
DIECK, Leopold E.
DIETZE, Horst-Dietrich
DÖNHOFF, Graf von, Christoph
DÜVEL, Dietrich
ELITZ, Ernst
ENDRUWEIT, Günter
ENGEL, Gustav
FALKENBERG, Hans-Geert
FETT, Walter
FRANKE, Wolfgang
FRITSCH, Bruno
GEBHARDT, Kurt
GEIMER, Franz Josef
GERCKENS, Pierre
GÖSELE, Karl
GOTTSCHALK, Helmut
GUGL, Wolfgang Dietrich
HÄCKER, Hartmut
HALASZ, v., Robert
HAUBRICH, Richard H.
HAUG, Hartmut
HEIDERMANNS, Klaus
HEIDSIECK, Carl
HENRICHSMEYER, Wilhelm
HERON, Alasdair Iain
HETTLAGE, Robert
HILDEBRANDT, Walter
HÖLLER, Hugo
HORSTMANN, Heinrich G.
JORDAN, Horst
KAULER, Kurt
KROSS (ß), Eberhard
KÜSTER, Fritz
LANG, Ulrich
LENHARD, Hans
LOEBELL, Ernst
LOSKILL, Jörg
MAUEL, Kurt
MEMMEL, Linus
MEYER, Friedrich A.
MOLL, Silvius
NAUJOKS, Rudolf
NIENHOFF, Hermann-Josef
NOLTEIN, von, Erich
NOVER, Arno-Hermann
OERTZEN, von, Wolfram
PLATZ, Klaus Wilhelm
RAJEWSKY, Manfred Fedor
RENFERT, Cornel
RINGLEBEN, Joachim
SCHELER, Manfred
SCHERTHAN, Hans-Dieter
SCHEURIG, Bodo
SCHMEDT, Franz
SCHNEIDER, Hans
SCHOELLER, Franz Joachim
SCHÜTZ, Werner
SCHULZ, Dietrich
SCHULZ, Werner
SCHWARZ, Heinz
SCHWARZENBÖCK, Franz
SEITZ, Walter
STABERNACK, Gustav
STEIN, Hans-Joachim
STÖTER, Jochen
STÖVER, Ulla
TAMMANN, Gustav Andreas
TROEMER, Klaus
VALLENTHIN, Wilhelm
VEIGEL, Günter
VESPERMANN, Gerd
VICKERS, Catherine
WETZSTEIN, Rudolf
WILLHÖFT, Walter
WILLNER, Max
WINKLER, Hans Günter
WISCHNEWSKI, Hans-Jürgen
WOLANY, Josef
ZECH, Jürgen
ZENZ, Emil
ZINDLER, Harald
ZMARZLIK, Hans-Günter

25. Juli

ABEL, Kurt
AMBS, Erhard
ANNECKE, Horst
ARMBRUSTER, Peter
ASTLER, Erhard Th.
BARKING, Heribert
BAUER, Valentin
BERNING, Vincent
BOTTENBRUCH, Hans Walter
BÜCKMANN, Walter
BUTTING, Hannshermann
CANETTI, Elias
CROPP, Wolf-Ulrich
DEGEN, Rolf
DEIRING, Hugo

Geburtstagsliste

25. Juli - 30. Juli

25. Juli

DETRICH, Tamas
EEKHOFF, Johann
ENGELS, Gerhard
FIEDLER, Joachim
FIETZ, Gerhard
FLACH, Werner
FREYNIK, Karlheinz
FÜLDNER, Eckart
GERHARDT, Hans-Jochem
GOLDBRUNNER, Josef
GROLL, Horst
HAMM, Josef
HECKER, Karl
HEINZE, Axel
HELPAP, Burkhard
HENDRICKX, Heinz
HÖLLER, Karl
HUNDT, Hans-Jürgen
KÄMMERER, Hermann
KEWITZ, Helmut
KLINGE, Heiko
KÖHLER, Wolfram
KÖPF-MAIER, Petra
LENGFELD, Martin
LOSCHELDER, Wolfgang
MALANGRÉ, Heinz
MERTENS, Hans-Joachim
MÜCHLER, Günter
MUEHLEK, Karl
OFFTERDINGER, Helmut
PALMA, Bernd
PFRANG, Rolf
PONGRATZ, Ludwig
RAKOB, Friedrich Ludwig
RÜDIGER, Dietrich
RÜHL, Werner
SASS, Heinz-Günter
SAURIN, Wolfgang
SCHÄFER, Wolfgang
SCHILD, Walter
SCHMIDT, Manfred G.
SCHMITZ, Hans Peter
SCHOTT, Gertraud
SCHROEDER, Günther
SELL, Hans Joachim
STARK, Franz
STEHLE, Hansjakob
STEPHANI, Claus
STETTNER, Rupert
STÖCKER, Michael
STÖRIG, Hans-Joachim
TIETZE, Werner
TRAENKLE, Carl August
TRUHART, Peter
VOGEL, Werner
VOLZ, Heinrich Jakob
WENDT, Hans W.
WESSLING, Berndt W.
WIEGHARDT, Karl Ernst
WILDERMUTH, Karl
WILSS, Wolfram
WINKLER, Rainer
WINTER, Detlef
ZETTEL, Waldemar

26. Juli

ADAM, Waldemar
AMMON, Jürgen
APPEL, Reinhold
ARNOLD, Karl Heinz
BALTZ-OTTO, Ursula
BANTLE, Kurt
BAUERSACHS, Gerhard
BAUMGART, Wolfgang
BERGEL, Hans
BLOHMKE, Maria
BRAND, Heiner
BRAUN, Hellmut
CLAESSEN, Herbert
DIMITROVA, Margarita
DRAHEIM, Joachim
EGGERS, Hans Joachim
EIDEN, Reiner
ENGELBERTZ, Wilhelm
ENGELKEN, Dierk
FELTEN, Leo
FEST, Winfried
FURTAK, Robert K.
GERTLER, André
GLOGGENGIESSER (ß), Fritz
GMELIN, Eberhard
HAMANN, Brigitte, geb. Deitert
HARENBERG, Bodo
HAUS, Wolfgang
HESSLER (ß), Hans-Wolfgang
HÖLZ, Peter
HOLLWECK, Ludwig
HORSTMANN, Manfred
HUBER, Erwin
JAKOBS, Günther
JANKO, Zvonimir
JANSEN, Leonhard
KLEINAU, Wolffjürgen
KLEINERT, Detlef
KOCH, Walter A.
KODER, Johannes
KOWALLIK, Klaus-Viktor
KULL, Ulrich
LAURIG, Wolfgang
LEDERGERBER, Alfred
LEUPOLD, Walter
LINN, Horst
LÜTKEPOHL, Helmut
MÄRKL, Alfred
MESSNER, Rudolf
MÜLLER, Horst
NAPP-ZINN, Klaus
NEUMEYER, Dieter
NIEMEYER, Wolfhart
PALM, Ulrich
PARTZSCH, Kurt
PFLEIDERER, Beatrix
QUACK, Rudolf
REUTER, Helmut
RIEHEMANN, Franz
ROETHER, Jürgen
ROWEDDER, Heinz
RÜGGEBERG, Jörg
SABBAN, Kay
SCHARTZ, Günther
SCHICHA, Harald
SCHIRMER, Horst
SCHMALFUSS (ß), Helmut
SCHMIDT, Eberhard
SCHÖN, Karl
SCHWIND, Ernst
SPECHT, Günter
SPERLING, Walter
STRITZL, Marius Karl
STUMP, Berthold
THÜRER, Georg
WEBER, Albrecht
WEBER, Dietrich
WEIDENMÜLLER, Hans A.
WESTMEYER, Hans
WINKLER, Heinz
WINNACKER, Ernst-L.
WOLFF, Arnold
ZEITLER, Herbert

27. Juli

ALBER, Siegbert
AUGST, Gerhard
BALTES, Adalbert
BARTEL, Hans
BAUMGARTNER, Walter
BETHKE, Hildburg
BLEICHERT, Adolf
BOESE, Ursula
BORNHOFEN, Ludwig
BUTZENGEIGER, Karl H.
CHARELL, Marlene
CLAUS, Willi
COSERIU, Eugenio
COURTOIS, Horst
DEIKE, Wolfgang
DEITERS, Hugo Carl
DENINGER, Johannes
DICKHUT, Johann
DIETZ, Werner
DOMIN, Hilde
DREVS, Merten
DRUCKREY, Hermann
EUL, Erich
FRITSCH, Johannes
FUDICKAR, Eberhard
GIROCK, Reinhard
HAAS, Manfred
HARTHERZ, Peter
HEYN, Karl
HOEGES, Dirk
HOLUBEK, Reinhard
HUDE, von der, Georg-Henning
HYMER, Erwin
JACOBMEYER, Wolfgang
KIWIT, Walter
KLAER, Wendelin
KOHLENBACH, Hans W.
KONRADI, Inge
KRÄMER, Helmut
KRAUSE, Egon
KREMLING, Horst
KRESSMANN-ZSCHACH-LOSITO, Sigrid
KRUMME, Gustaf
KÜSSWETTER, Wolfgang
LANG, Werner
LEVERKUS, Otto C.
LIETZ, Walter
LINDENMEIER, Maria
LÖWE, Heinz-Dietrich
MOSZKOWICZ, Imo
MÜLLER, Erwin
NIETHAMMER, Horst
NOLTE, Margarethe
OKSCHE, Andreas
OTT, Claus
PAJUNK, Gerd
PAND, Michael
PFENNIG, Gerhard
PIRKHAM, Otto G.
PREMAUER, Werner
RHODE, Karl
RIEMANN, Friedrich
RUMMEL, Oskar
SAUR, Klaus Gerhard
SAX, Ursula
SCHEER, August-Wilhelm
SCHMALE, Karl
SCHMIDT, Karl Gerhard
SCHNEIDER, Jost
SCHULZ, Hermann
SCHUSTER, Otto
SCHWARZWÄLDER, Rainer Matthäus
SEHLBACH, Herbert
SIEVERT, Olaf
SIVKOVICH, Gisela, geb. Hennig
SOLARO, Dietrich
STOPE, Herbert
STREHL, Hans
STRIEK, Heinz
TIELEBIER-LANGENSCHEIDT, Karl-Ernst
ULICH, Klaus
VETTERLEIN, Pascal
VÖLLING, Johannes
WELLENSTEIN, Gustav
WINTZER, Friedrich
WITZEL, Lothar
WÜNSCH, Dieter

28. Juli

ACHTEN, von, Helmut
ADEN, Walter
AHLENSTORF, Heinz
AMELUNG, Ernst-Wolfram
ANDRITZKY, Michael
BABEL, Dietrich
BEST, Otto F.
BLUM, Eberhard
BUCHHOLZ, Quint
BÜCHNER, Georg
BURDA, Aenne
DÜWELL, Kurt
EMDE, Hans-Georg
EMIG, Karl
ERDRICH, Karl
GARI, Manfred
GMÜR, Rudolf
HAGEN, Freiherr vom, Volker
HARTMANN, Knut
HENNEBERG, Ulrich
HENZE, Rolf
HERZOG, Dietrich
HIERSCHE, Rolf
JÜNGER, Helmut
JÜRGENS, Heinrich
KIRSCHNER, Hartwig
KLÖCKER, Rolf
KRISTINUS, Friedrich
KÜHNLE, Ernst
KÜNZEL, Wolfgang
LIPPERT, Herbert
LOEW, Friedrich
LOHFINK, Norbert S. J.
MEYER, Kurt
MÜLLER, Erhardt
MÜLLER, Karl Georg
OLSZEWSKI, Horst
PAPPENHEIM, Graf zu, Georg
PIELSTICKER, August
POPPER, Karl
RICHTER, Walther
RIEPL, Edmund
RÖSING, Otto-Eckehard
ROSE, Lore
SCHAEFFER, Klaus
SCHAFFSTEIN, Friedrich
SCHILDKNECHT, Dieter
SCHLECHT, Monika
SCHLETTE, Heinz Robert
SCHMIDT, Peter Lebrecht
SCHMUTZLER, Reinhard
SCHORR, Hermann-Heinrich
SCHUBERT, Peter U.
SENGELEITNER, Richard
STAECK, Rudolf
STERNBERGER, Dolf
TIETZ, Reinhard
VELLGUTH, Friedrich
VILMAR, Fritz
VOIGT, Ehrhard
WARTENBERG, Hubert
WOLLNER, Gerhard

29. Juli

AHRENS, Geert-Hinrich
BAAKEN, Gerhard
BACHL, Kunigunde
BAUR, Walter
BECKER, Ulrich
BERGMANN, Günter
BERNDT, Helmut
BITTNER, Siegfried
BITTNER, Wolfgang
BÜNEMANN, Edmund
BUNGE, Hans-Joachim
CRAMER, Hans-Georg
DORNFELD, Georg
EWALD, Ursula
FISCHER, Wolfgang
FROSCHMAIER, Franz
FUHRMANN, Karl
GARBE, Burckhard
GEHRING, Walter
GERINGAS, David
GERSTENBERG, Hans-Albert
GIUDICE, Liliane
GÖRLITZER, Klaus
GOHLKE, Reiner
GRAETER, Michael
GRUBITZSCH, Siegfried Eckhard
HABERLAND, Georg
HAMMEL, Anton Dieter
HARTMANN, Walter
HEBERMEHL, Gerd
HEIL, Erhard
HERBERS, Rudolf
HERION, Günther
HILDEBRANDT, Helmut
HÖHN, Reinhard
JAGODA, Bernhard
KANDLER, Otto
KANOLD, Hans-Joachim
KIECK, Wolfgang
KIEFER, Hans
KLIPPEL, Susanne
KNACKSTEDT, Günter
KÖNNEKER, Barbara, geb. Werner
KREISELMEYER, Michael
KRÖNER, Sabine
KURZ, Otmar
LENK, Rudolf
LIEFKE, Eugen
MAIER, Ernst-Hermann (gen. Erne)
MÖLLERING, Karl Friedrich
MÜLLER, Ulrich
MUNDE, Wolfgang
OPPENBERG, Dietrich
PESCHAU, Bruno
PFEIFFER, Otti, geb. Kaulen
PICARD, Hans Rudolf
RIESENHUBER, Klaus
SCHADE, Heinz-Carl
SCHEFFLER, Ursel, geb. Regelein
SCHETELIG, Kurt
SCHINDLER, Norbert
SCHLOSSER, Hans
SCHMIDT, Gernot
SCHMIDT, Werner Albert
SCHNEIDER, Armin
SCHÖNEMANN, Klaus
SCHOLZ, Martin
SCHRÖDER, Hinnerk
SCHRÖDER, Thomas
SEELIGER, Rolf
SEISS (ß), Rudolf
SELLMANN, Paul
SLESINA, Horst G.
STREHLOW, Hans
TAVERNIER, Pierre
TÖRNER, Günter
TREUTLEIN, Freda Baronin von, geb. Baronesse von Stackelberg
TROELTSCH, Walter
UHDE, Hans
VATER, Heinz
WAGENHÄUSER, Ludwig
WATRIN, Christian
WEBER, Franz
WELLIÉ, Wilhelm
WOLLNER, Leo
ZIMMERMANN, Hans Dieter

30. Juli

ADLER, Friedrich
ALEXANDER, Helmut
BENNEMANN, Karl-Heinz
BERGMANN, Heinrich Karl
BLÖHM, Lydia, geb. Wedel
BLUTH, Manfred
BÖHRET, Carl
BORST, Otto
BRANDT, Hillmer
BREITENBACH-SCHROTH, Kurt
BRETSCHNEIDER, Hans Jürgen
CAMMENGA, Heiko K.
CASPER, Walther
DAHLHAUS, Horst
DIEHM, Walter
DOMSCHEIT, Arthur
EGLOFF, Walter
EICHHORN, Peter
FRANK, Helmut
GEISS (ß), Dieter
GIMMLER, Hartmut
GOEBELS, Paul
GRIGOROWITSCH, Lucian
HANGSTEIN, Hans-Joachim
HANSEN-WESTER, Peter
HANSMEYER, Karl Heinrich
HEGEMANN, Ferdinand
HILDEBRANDT, Fritz
HÖHN, Siegfried
HÖRSTEBROCK, Reinhard
HOFFMANN, Hermann
JAGLA, Jürgen C.
KÄMPFER, Frank
KARZEL, Karlfried
KELLER, Armin
KOCH, Karl-Rudolf
KÖHLER, Joachim
KÖHLER, Siegfried
KOGGEL, Hans-Josef
MÄHNER, Karl
MEESSEN, Karl Matthias
MEISTER, Konrad
METSCHER, Thomas Wilhelm
MÜLLER, Stephan
MÜNSTER, Hans P.
NEUNEIER, Peter
OPP, Walter

Geburtstagsliste — 30. Juli - 5. August

OSTERHOF, Klaus
PARISER, Theodora
PEISL, Anton
PFEIFFER, Wilhelm P.A.
PFISTER, Albrecht
PRINZ, Günter
PURWINS, Hans-Georg
RÖHRIG, Werner
RÖMER, Johann Wilhelm
SCHADE, Heinz
SCHEERER, Thomas M.
SCHERZBERG, Hans-Joachim
SCHIFFER, Eckart
SCHMIDT, Eberhard
SCHMITT, Ingo H.
SCHNEIDER, Dietrich
SCHRAGE, Wolfgang
SCHRÖDER, Hans
SCHÜTZ, Joachim
SCHWABE, Klaus-Peter
SCHWEISFURTH, Karl Ludwig
SEIGFRIED, Adam
SIEVERS, Sven
STEFFLER, Christel
STENGER, Ernst
STRUMPF, Edith
TREIBER, Hubert Paul
TSCHUPP, Räto
UHDE, Reinhard
WIETEK, Heinrich
ZIELKE, Roland
ZIMMERMANN, Wolfgang

31. Juli

ANDRESEN, Rolf
ARCH, Michael
ASMIS, Herbert
BARTSCH, Hans-Joachim
BAUMANN, Herbert
BAUMGARTEN, Annelies, geb. Schulze-Rossi
BECKER, Friedrich
BERGER, Alfred
BOSCH, Eberhard
BREZNAY, Aranka
BUCHWALD, Manfred Harald
BÜHLER, Otto-Peter A.
DEGKWITZ, Eva Gertrud
DEICHER, Helmuth
DESCH, Heinz
DINGLER, Emmi
DRAWE, Hans
DUSCH, Hans Georg
ENTHOLT, Reinhard
FEIERTAG, Rainer
FEUCHTINGER, Helmut
FREISBERG, Heinrich
FRIAUF, Karl Heinrich
FUCHS, Günter
GIESEL, Manfred-Gerhard
GÖHRING, Heinz
GORENFLO, Rudolf
GRIESSER, Gerd
HABERMANN, Ernst
HÄMMERLIN, Günther
HEBOLD, Gustav G.
HEINZ, Wolfgang
HEUER, Helmut
HOHLOCH, Gerhard
HOLLMANN, Rolf
JAHNKE, Karl
JANIK, Dieter
KELLETAT, Alfred
KERKER, Armin
KISCH, Horst
KLEIN, Engelbert
KLEIN, Jürgen Winfried
KLINDWORTH, Dieter
KLOOCK, Josef-Wilhelm
KOCH, Peter
KOPPER, Joachim
KRÄHE, Walter
LEY, Hans
LÜCKERATH, Hans-Ludwig
MÄRZHEUSER, Paul Emil
MAINZER, Klaus
MERTEN, Klaus
MEYERS, Franz
MÖCKESCH, Erich
MROZEK, Hinrich
MÜLLER-LINOW, Bruno
OTTO, Herbert
PAUELS, Heinrich
PAUL, Theodor
PENZOLDT, Günther
PETRY, Gerhard
PROTZNER, Wolfgang
REBROFF, Ivan
SCHILLINGER, Wolfgang
SCHNEIDER, Wolfgang
SCHNÜLL, Hermann
SCHULZE, Hagen
SCHWANTES, Hans-Otto
SEIDEL, Norbert
SIEGWARTH, Camill
SONTHEIMER, Kurt
STOCK, Reinhard
SUCHNER, Barbara, geb. Prudix
SZCZESNY, Gerhard
THOMAE, Hans
WEBER, Rüdiger
WEINBERGER, Gerhard
WEITLAUFF, Manfred
WEYER, Fritz
WILITZKI, Günter
WURZBACHER, Gerhard

1. August

ADAM, Theo
AHNSJÖ, Claes H.
AHRENDT, Armin
ALT, Hans Wilhelm
BACHLER-RIX, Margit
BÄUMLER, Lothar
BASIC, Mladen
BELLEN, Heinz
BERNEM, van, Theodor
BIESINGER, Albert
BRAUN, Walter
BRAUNER, Artur
BRAUNFELS, Stephan
BRINGMANN, Peter F.
BRINKER, Klaus
CARNAP, Günter
DIECKHUES, Bernhard
DUBBER, Carsten Th.
EICHER, Albert
ELLENBERG, Heinz
FALCH, Wolfgang
FUCHS, Günter
GEISMANN, Hermann-Josef
GERLACH, Hans
GOTTHARDT, Hartwig
GRÜN, Kurt
HARTMANN, Alois
HEIME, Klaus
HERRMANN, Horst
HOCKEL, Hans L.
HOLTZ, Günter
HOMEYER, Josef
HUTTNER, Gottfried
JANDL, Ernst
JUNKERS, Wilhelm
KIDERLEN, Hans Rolf
KNÖRR-GÄRTNER, Henriette
KRAUSE-BREWER, Fides
KUPKE, Ingeborg Ruth
LÄUFLE, Karl
LATTREUTER, Ernst-Horst
LENZ, Hans Christian
LINK, Franz H.
LOHMANN, Wolfgang
LUIK, Hans
MARGET, Walter
MERZKIRCH, Wolfgang
MÖLLER, Wolf-Detlef
MOSER, Leo
MÜLLER-ELMAU, Markwart
NAGEL, Alfred
OEHMKE, Dieter
OHM, August
PUCHTA, Dieter
ROSENBERG, Franz
RUND, H.-Rainer
SACHSE-STEUERNAGEL, Erwin
SCHÄFER, Jürgen
SCHALZ-LAURENZE, Ute
SIEBECKE, Horst
SIMON, Josef
SONDERMANN, Heinz
STAFFELT, Ditmar
STANITZEK, Reinhold
STEININGER, Hans
THOBEN, Christa
TOBIASCH, Viktor
TRIER, Hann
VAERST, Wolfgang
VĚŽNIK, Václav
VIEBROCK, Helmut
VOELKER, Alexander
WEBER, Norbert H.
WEGHORN, Eberhard
WEISENSEE, Hans
WELTNER, Klaus
WIEHN, Erhard R.
WITT, Reimer
WOLF, Franz
ZAUNER, Siegfried

2. August

ALBRECHT, Hartmut
ALTMANN, Geza
BAUER, Franz Xaver
BERGMANN, Rolf
BLEIBTREU-EHRENBERG, Gisela
BÖCKSTIEGEL, Karl-Heinz
BÖSCHENSTEIN, Bernhard
BÖTTCHER, Siegfried
BRENNECKE, Ruprecht
BUSSE, Wolfgang
CARRIÈRE, Mathieu
CLAESSENS, Dieter
DEGELER, Friedrich
DINSLAGE, Patrick
DITTMANN, Heinz Wilhelm
DRAEGER, Jürgen
EPHESER, Helmut
FALTERMEIER, Rupert
FLÖRKE, Otto W.
FRANCK, Ernst-Ulrich
FREYMANN, Hans-Rudolf
FRÜHWALD, Wolfgang
GAUMER, Walter
GEORGII, Axel
HAHN, Hans Hermann
HAHN, Harro H.
HARDENBERG, Graf von, Wilfrid
HART NIBBRIG, Christiaan Lucas
HEINZLE, Joachim
HEPP, Volker
HERBERHOLD, Max
HEUCHEMER, Karl-Heinz
HÖR, Gustav
HOFFMANN, Dieter
HOFFMANN, Gustav
HOLLÄNDER, Hans-Jürgen
HOPF, Hans
HÜTTNER, Manfred
JANOWITZ, Gundula
JASPER Manfred
KAWLATH, Arnold-Jürgen
KEMPEN, van, Simon
KERKHOFF, Heinrich
KLEINHEYER, Gerd
KÖHLER, Erich
KRÄUSSLICH (ß), Horst
KRAUS, Ursula
KUBITSCHEK, Ruth-Maria
MEYER, Philipp
MICHEL, Rudolf (Rudi)
MOMBAUR, Martin
NAHRSTEDT, Wolfgang A.
NIEHUIS, Edith, geb. Janßen
PFEIFER, Hermann Gregor
PLINKE, Heinrich Friedrich
RENZ, Karen
RETTIG, Wolfgang
RÖHRIG, Rolf
SCHILDKNECHT, Hermann
SCHLAGER, Manfred
SCHNEIDER, Erich
SCHORK, Gerhard
SCHUCHARDT, Helga, geb. Meyer
SCHÜTZ, Walter
SEYDLITZ-KURZBACH, von, Friedrich-Wilhelm
STÖCKER, Kurt
STÜMPFLER, Hermann
SUERMANN, Walter
SZKLENAR, Hans
TARTTER, Rudolf Erich
TIMOFIEWITSCH, Wladimir
TISCHLER, Wolfgang
VOETMANN, Heinz
WALTHER, Alois
WILKE, Manfred
WOCKE, Hans

3. August

BECKER, Roald
BERGMANN, Georg
BETZER, Ferdinand
BOTSCHEN, Harald
DAHLSTRÖM, Hermann Norbert
DAHM, Karl-Wilhelm
DECKWER, Wolf-Dieter
DIETZ, Sigrid Antonia, geb. Rehm
DIKAU, Joachim
DOEMMING, von, Klaus-Berto
DOUTINÉ, Heike
FRICK, Hans
FÜCHTBAUER, Hans
GASSNER, Anton
GEHRE, Ulrich
GEISER, Christoph
GEUSER, Heinrich
GEUSS (ß), Herbert
GUTH, Klaus
HEILIG, Bruno
HELDMAIER, Gerhard
HELLWIG, Fritz
HELLWIG, Klaus
HENKEL, Dieter
HERZBRUCH, Kurt
HOMILIUS, Karl
JENTZSCH, Wilhelm
KEMPSKI, Hans Ulrich
KIERDORF, Hans
KLEY, Gisbert
KLINGELHÖFER, Rolf
KOCH, Reinhard
KORTZFLEISCH, von, Gert
KOSLER, Alois Maria
KÜTTING, Herbert
KUNZ, Ulrich Heinrich
LOCK, Wilhelm
MENSLER, Hanns
MÜLLER, Kurt
MÜNCH, Helmut
NAGEL, Wolfgang
NAUDASCHER, Eduard
NEITZKE, Alfred
OTTENTHAL, Johannes
POHL, Fritz
SAUTER, Alfred
SCHERER, Norbert
SCHMIDT, Siegfried
SCHMITT, Hans Jürgen
SCHNEEKLUTH, Herbert
SCHNEIDER, Hans
SCHNEIDER, Olaf
SCHULTZ, Bruno-Kurt
SCHULZE, Elmar
SEEBASS (ß), Horst
SETZKE, Gerd F. G.
SIGEL, Kurt
SPANNER, Hans
SPENGLER, Bruno
STRAUB, Enrico Bernardo
TEILMANS, Ewa
THOMAS, Erhard Peter
WALZ, Hans-Hermann
WEILER, Anton
WILLEKE, Rolf
WINTERHAGER, Eberhard
WIRZ, Hanns-Bernhard
WORATZ, Gerhard
WUEST, Walter

4. August

ABICH, Hans
AMBURGER, Erik
AUFSESS, Freiherr von, Hans Max
BACH, Robert
BARTELS, Herbert
BECK, Oswald
BELSER, Helmut
BETTERMANN, Karl August
BÖS, Dieter
BOOZ, Karl-Heinz
BRANDT, Gerhard Hans
BREDT, Wolfgang
BURKARDT, Friedrich
DELIUS, Harald
DIEBOLD, Klaus
DOLDI, Günther
EICHHORN, Kurt
ERNY, Horst Friedrich
FOCHLER-HAUKE, Gustav
FREIDANK, Karl-Heinz
FREY, Dieter
GAST, Wolfgang
GIEBEL, Ewald jun.
GLÖCKNER, Wolfgang
GÖRES, Jörn
GRÄTER, Carlheinz
GRATHOFF, Erich
HAUG, Herbert
HEINRICHS, Heribert
HERRMANN, Friedrich R.
HILLEMANNS, Hans-Günther
HILTL, Otto
HOFMANN, Hasso
HOLM, Claus
HOLMSTEN, Georg
KAEVER, Matthias J.
KAMMHOLZ, Günter
KLEESPIES, Franz-Josef
KLEIN, Wilhelm (Willi) Paul
KNAPP, Gerhard P.
KOCH, Werner
KÖHNEN, Walter
KORWISI, Angela
KRAUS, Josef
KRAUS, Manfred
KRUSE, Heinrich Wilhelm
LANG, Herbert
LEMMER, Klaus J.
LOTZ, Henrik
LUKAS, Viktor
MARSCHALL von BIEBERSTEIN, Wolfgang, Freiherr
NEUMANN, Hans-Hendrik
NOHLEN, Heinz
NOLL, Werner
PFLUG, Wolfram
REINICKE, Helmut
RICHERT, Fritz
RITZ, Burkhard
ROLFS, Rudolf
RUGE, Jens
RUHFUS, Jürgen
SALOMON, Klaus-Dieter
SASS-VIEHWEGER (ß), Barbara, geb. Weyand
SCHEER, Claus Hermann
SCHMIDT, Hans-Martin
SCHNEEVOIGT, Ihno
SCHWEYER, Carl
SOLLMANN, Hartmut
STANZEL, Franz K.
STEIGER, Otto
STOLL, Brigitte
STOLL, Hans
TOPF, Hans-Gerhard
TROEBST, Cord Christian
ULLRICH, Wolfgang Carl
VALENTIEN, Christoph Christian
VALENTIN, Hans E.
VIELMETTER, Joachim
VOGELSANG, Kurt
WEDEKIND, Rudolf
WENZEL, Fritz
WULF, Christoph
WUNDERLICH, Werner
ZOEBELEIN, Hans

5. August

APEL, Jürgen

5. August

ASSION, Peter
AUER, Franz
BLOKESCH, Dieter
BORK, Hans-Rudolf
BRANDENSTEIN-ZEPPELIN, Graf von, Albrecht
BRAUN, Franz
BROICHMANN, Peter
BUTZ, Michael-Andreas
CASPARY, Roland Alfred
DEUSSEN, Giso
DÖLKER, Helmut Bernhard
DOLD, Albrecht
DÜRR, Walter
DYSERINCK, Hugo
FROWEIN, Dietrich-Kurt
GANSEL, Norbert
GELBKE, Heinz-Peter
GOLLENIA, Gerd J.
GROSSMANN (ß), Dieter
GÜTLICH, Philipp
HABERSTOCK, Lothar
HAHN, Hans Georg
HAMM, Bernd
HAMMER, Walter
HEHL, Franz-Josef
HEINEMEYER, Walter
HENN, Ludwig
HINZ, Siegfried
HÖLSCHER, Günter
JANSSEN (ß), Willibald
KERSCHENSTEINER, Jula
KLEIN, Hans-Hugo
KRÄMER, Julius
KÜPPER, Karl
KUTZSCH, Gerhard
LATZ, Geert
LEIB, Jürgen
LEIPERTZ, Alfred
LINDEMANN-MEYER zu RAHDEN, Heidi (Adelheid)
METZ, Johann-Baptist
MEYER, Heinz
MEYER, Kurt
MITTERMAIER, Rosi
MÜLLER, Johannes
MULZER, Johann
NAHRGANG, Günther
NOTH, Johann-Peter
OTT, Gerhard
PLAMBECK, Helmut
POSER, von, Caspar
PUTZ, Reinhard
REIGROTZKI, Erich
ROTH, Ralph
RUDOLPH-HEGER, Eva-Brigitte
SCHMIDT, Jürgen
SCHÖDEL, Günther
SCHULTE, Hans-Peter
SCHULZE, Joachim
SEMMEL, Arno
SINGER, Heinz
SÖLLNER, Adolf-Peter
SOHL, Gerhard
SOLMS-BRAUNFELS, Prinz zu, Alexander
SPIELER, Josef
STARATZKE, Hans-Werner
THURN, Hans Peter
VISSE, Rainer
WEBER, Josef
WERNER, Jürgen
WIEACKER, Franz
WIESNER, Knut Arno
WILCKENS, Ulrich
ZIEROW, Klaus-Jürgen
ZINK, Peter

6. August

ANDRE, Johannes
BECKMANN, Siegfried
BERSON, Alfred Heinz
BÖHME, Rolf
BOJAK, Detlef
BOLIUS, Uwe
BONFERT, Wolfgang
BOSKAMP, Arthur
BRAUN, Hans-Arthur
BRAUN, Walter
BRUNNER, Rudolf
BÜRGER, Otto
CASDORFF, Claus Hinrich
DAIBER, Karl-Fritz
DREES, Gerhard
DREES, Heinz
EITNER, Klaus
EPPE, Helmut
ERKE, Heiner
ERNÉ, Marcel
FEDERHOFER, Hellmut
FIEGE, Albert
FUSENIG, Othmar
GERICKE, Reinhard
GIESE, Peter
GOOS, Gerhard
GRABES, Herbert
HASENCLEVER, Alexander
HASFORD, Alfred E.
HEISE, Herbert
HOPPE, Immo
IMDAHL, Heinz
JAEGER, Gerta
JENA, von, Peter
JUNKER, Hans Dieter
KELLNER, Hugo
KOBER, Herbert
KÜHNEN, Harald
LANTERMANN, Klaus
LASCHKA, Boris
LAUNSPACH, Ewald
LOBENSTEIN, Walter
LOPPIN, Hans-Joachim
MEHL, Ulrike
NÖRING, Friedrich
NOWY, Arthur
OSWALD, Paul
PETER, Albrecht
PREILOWSKI, Bruno Friedrich
REINIG, Christa
RICHTER, Ewald
ROEGELE, Otto B.
RUGE, Gerd
SCHMIDT, Wolfgang
SCHMIDTKE, Heinz
SCHNÄDELBACH, Herbert
SCHULZ von THUN, Friedemann
SECKEL, Dietrich
SIEGLIN, Gunter
SIEGRIST, Johannes
STRITTMATTER, Peter
SÜLLWOLD, Fritz
WANDRUSZKA, Adam
WARSINSKY, Werner
WEYREUTHER, Felix
WIDDERICH, Heiner
WIESE, Hans-Ulrich
WOLFF von AMERONGEN, Otto
ZIMMERMANN, Rainer

7. August

ADOLPHS, Hans-Dieter
ALBERTS, Helgo
BACHMANN, Erich
BARTH, Volker
BENISCH, Werner
BOHNET, Folker
BOTHE, Rolf
BRANDAU, Hans
BROCKHOFF, Ernst
BURIAN, Peter
DUFNER, Wolfram
DUMKE, Isolde
EHRHARDT, Max
FELDER, Horst Günther
FIGALA, Karin
FISCHER, Walter
FLOHR, Günter
FRITZSCHE, Hans
GIERDEN, Karlheinz
GISY, Friedrich-Hans
GUNDLACH, Gerd
HANSCHMIDT, Alwin
HAUSCHILD, Wolf-Dieter
HAUTMANN, Wilhelm
HAVSTEEN, Bent Heine
HEINZ, Dieter A.
HILLIGER, Hans G.
HÖNN, Günther
ILZIG, Karl F.
JANKER, Josef W.
JANKO, Wolfgang Heinrich
KAPS, Peter
KORDINA, Karl
KRAUTWURST, Franz
KROMKA, Franz
LUDWIG, von, Hans-Joachim
MEYER, Heinz-Horst
MICHAELIS, Hans
MÜLLER, Horst
NICOLAI, Bernhard
ORTHNER, Hans
OSCHE, Günther
RICHTER, Manfred
RÖHNER, Paul(us)
SAUER, Hans Dietmar
SCHANZE, Helmut
SCHILLING, Freiherr v., Rainer
SCHLESAK, Dieter
SCHMIDT, Johanna
SCHMITT, Thomas
SCHNEIDER, Norbert
SILBERBACH, Manfred
SINN, Richard
SPANJER, Gerhard
SPENGLER, Paul
STEINBOECK, Rudolf
VELTE, Joachim
VIETTA, Silvio
VORNDRAN, Wilhelm
WALTER, Franz Josef
WILHELM, Friedrich
WITFELD, Hartmut

8. August

ANNA, Otto
BASTING, Alexander
BONNER, Trevor C.
BRAUER, Wilfried
CUNIS, Reinmar
DANIEL, Helmut
DANNHEIM, Reinhard
DIEHL, Wolfgang
DREHER, Herbert Emil
EBELING, Hans
EICHLER, Richard W.
FISCHER, Laurent
GALONSKA, Horst
GANZEL, Hans
GIESEN, Peter
GÖTZE, Heinz
GÖTZE, Udo
GOLLINGER, Hildegard
GREINER, Wilhelm
GROH, Hansjoachim
GRUNWALD, Franz
HACKBEIL, Werner
HACKENBRACHT, Kurt
HARTWIG, Sylvius
HAUSCHKA, Ernst R.
HEMMELRATH, Wolfgang
HERMES, Peter
HÖHNEN, Heinz Anton
HOFLEHNER, Rudolf
HOFMANN, Werner
HOLST, von, Dietrich
HUNSTEIN, Werner
JÄKEL, Ernst
JANKUHN, Herbert
JETTMAR, Karl
JOERGER, Konrad
KERSTEN, Karl
KOLB, Eberhard
KOSCHWITZ, Hansjürgen
KUTTIG, Helmut
LANGENSTEIN, Hellmut
LIMBACH, Albert
MARTIN, Bernd
MICHAELIS, Rolf
MÖLLER, Klaus-Peter
MÜLLER-HABIG, Margot
MÜLLER-POHLE, Hans
NEUBAUER, Günter
NEUNDÖRFER, Konrad
NEVEN, Hasso Ernst
NICOLAI, Ulrich
NÖLLE, Ulrich
PACHMAYR, Friedrich
PEETZ, Ulrich
PETERMANN, Bernd
PETRIKOVITS, von, Harald
PFLEIDERER, Albrecht
PODEWILS, von, Angela
RAUSCHER, Anton
ROCKENMAIER, Dieter W.
SCHÄFER, Gerhard
SCHÄRPF, Otto S. J.
SCHOTT, Heinz
SCHRÖTTER, Heinz W.
SCHWARZ, Egon
SCHWARZE, Jochen
SCHWEIZER, Ludwig
SPECKER, Manfred
STRUBECKER, Karl
THIEDE, Carsten Peter
THIEL, Günter
TRAUB, Robert
ULLMAIER, Hans
VOLLBERG, Johannes Wilhelm
VOLLMER, Lothar
WAGNER, Ewald
WEGNER, Max
WERLE, Karl-Heinz
WINKELMANN, Heinrich
WÖBCKE, Hans-Otto
WOLF, Bernhard Anton
ZIMMERMANN, Ekkart
ZIMMERMANN v. SIEFART, Ralf

9. August

AXT, Renate
BLÜMMERS, G.
BOSS, Siegfried
BROX, Hans
DEILMANN, Jürgen
EGELKRAUT, Klaus
ERICHSEN, Uwe
GAMS, Konrad Walter
GEMSA, Diethard
GEROPP, Dieter
GIESECKE, Hermann
GIPPER, Helmut
HAEUFLER, Wolfgang William
HANDKE, Freimut Werner
HARTZ, Peter
HASSE, Jörg U.
HAUF, Rudolf
HAUFF, Volker
HEINRICH, Willi
HELVERSEN, von, Otto
HEMBERGER, Karl
HOFFMANN, Johannes
JÄGER, Hans
JÜNEMANN, Reinhardt
KAHLER, Otto
KERN, Otto
KESSLER (ß), Rainer
KNIPFER, Hermann
KÖHLER, Henning
KREYE, Volker A.W.
KUFNER, Georg
LAMMERS, Hans-Jörn
LAMPALZER, Johann
LENZ, Karl
LINDIG, Wolfgang
LINGENS, Franz
MARJAN, Marie-Luise
MATZNETTER, Thusnelda, verw. v. Engel
MEINCKE, Ulrich
MENTEN, Bert
MÜLLER, Richard G. E.
NIESSEN, Heinz-Dieter
NIKLAS, Hans
POBELL, Frank D. M.
PRECKEL, Heinz
RUMMER, Hans
SCHMIDT, Volker
SCHOLZ, Manfred
SCHREIBER, Hermann
SCHULER, Heinz
SCHWALBACH, Hans
SEELER, Hans-Joachim
SINGER, Herbert
SPAMER, Peter
WANKE, Gunther
WINTZEK, Bernhard C.

10. August

ARENS, Peter
ARNBECK, Herbert
BÄR, Siegfried
BELTHLE, Friedhelm
BENDER, Karl-Günther
BÖCKING, Alfred
BONGERS, Aurel
BORCK, von, Ulrich
BORNE, von dem, Albrecht
BROCKARD, Erich
BROY, Manfred
BRUNE, Wilfried
BUSCHULTE, Winfried
DAISENBERGER, Gert
DATHE, Johannes Martin
DORSCHNER, Roland
DUSCHL, Mathias
EVERSHEIM, Walter
FERLINGS, Wilhelm
FISK, Eliot
FLECKENSTEIN, Bernhard
FROST, Herbert
GEILEN, Gerd
GERKE, Karl
GIRNAU, Günter
GRIESSINGER (ß), Oskar
GRÜNBERG, Wolfgang
HAASE, Rolf
HÄNTZSCHEL, Günter
HEINEMANN, Manfred
HOFMANN, Heinz
ILLES, Peter
JORDAK, Karl
KAMKE, Detlef
KAUERTZ, Alfred Gottfried
KÖBELE, Bruno
KOOLMAN, Egbert
KRAMER, Rolf
KROMER, Carl Theodor
KUSCHKE, Arnulf
LEHMANN, Theodor
LEHRNDORFER, Franz
LINDHORST, Willi
LÖFFLER, Gerd
LUTTEROTTI, von, Markus
MAGEN, Albrecht
MAYER-BÖRICKE, Claus Ulrich
MEILER, Bruno
MEISSNER, Boris
MENZEL, Rolf W.
MÖNCH, Ronald
MOLITOR, Bernhard
MÜLLER, Reimund
MÜLLER-LUTZ, Heinz Leo
NIESSLEIN, Erwin
NITSCHE, Hellmuth
OVERBECK, Werner
PAUL, Wolfgang
ROGALL, Klaus
de RUDDER, Helmut
RUCHARDT, Christoph
SANDKÜHLER, Stefan
SCHEID, Rudolf
SCHMITZ, Johann
SCHNEIDER, Heinrich
SCHNEIDER, Michael
SCHOBER, Theodor
SCHOENWALDT, Peter
SCHRÖTER, Klaus
SEE, von, Klaus
SEEHAFER, Wolfgang
SIEMENS, von Peter
SMOLLA, Günter
STAECK, Lothar
STORCK, Harmen
TAUBERT, Hans-Dieter
THIEME, Hans Wilhelm
TÖNNIS, Dietrich
WALK, Lorenz
WEBER, Ernst
WEIDLE, Richard Gottlob
WEINERTH, Hans V.
WEYL, Richard
WIEHN, Helmut

11. August

ALBERT, Hans A.
ARNEGGER, Ernst
BÄUERLE, Dietrich
BARTH, Heinrich
BAUER, Carl-Otto
BAUMÜLLER, Günter

Geburtstagsliste — 11. August - 16. August

11. August

BECKMANN, Klaus
BERQUET, Karl-Hans
BITTER, Erich
BRUNNER, Heinz
CHRISTIANI, Klaus
CHROMY, Werner
DANERT, Günter
DEGEN, Wendelin
DOERFLER, Walter
DRUXES, Herbert
EICHHORN, Rolf
EINSELE, Theodor
EMMERICH, van, H. Rolf
FLORIN, Gerhard
FORTAK, Heinz
FUCHS, Eduard
GAIL, Adalbert
GESQUIÈRE-PEITZ, Marietta
GIESEL, Rainer B.
GRAJEK, Alfons
GROSER, Manfred
HALFWASSEN, Heinz
HALLEN, Otto
HARMS, Erik
HÖMBERG, Walter
HOHENFELLNER, Rudolf
HÜBENTHAL, Rudolf
JACOBY, Karl-Heinz
JEISMANN, Karl-Ernst
KARWATH, Karl E.
KESSLER (ß), Franz Rudolf
KHUON-WILDEGG, von, Ernst
KIPKER, Ernst
KNIES, Werner
KREBS, Diether
KRENZER, Rolf
KROLICZAK, Hans
LAUTH, Reinhard
LÖFFLER, Hans
LÖFFLER, Lothar
MAETZEL, Wolf-Bogumil
MANN, Frederick Alexander
MANN, Ulrich
MEURER, Dieter
MOLINSKI, Hans
MÜLLER, Richard
PAWLEK, Franz
PESCH, Wilhelm
REBER, Roland Edmund
SANDHOFF, Konrad
SCHIEB, Alfred
SCHMIDT, Peter
SCHRITTENLOHER, Ludwig
SCHULZ, Winfried Friedrich
SEIPOLT, Adalbert
SHORT, Leo N., Jr.
SILBERMANN, Alphons
STRAUB, Gerhard
STROBEL, Eberhard
WESTPHAL, Klaus
WIRTZ, Eduard
WOLKEN, Elisabeth, geb. Gericke
ZIMMERMANN, Heinz Werner
ZIMMERMANN, Rolf Christian

12. August

ABBES, Gerhard
ANGENENDT, Arnold
ARMBRUSTER, Hubert
AUST, Wolfram
BAIER, Bernhard
BRAUER, Hans-D.
BRODERSEN, Klaus
BRUNS, Heiner
BUXBAUM, Otto
DÄUBLER-GMELIN, Herta, geb. Gmelin
DURBEN, Wolfgang
EBERT, Dieter
EGEN, Peter
EIRICH, Raimund
FELLMER, Reinhold
FINK, Gerhard
FISCHER, Wilfried
FRANCKE, Hans-Hermann
GRAICHEN, Hans-Georg
GRELLERT, Volker
GÜLZOW, Hans-Jürgen
HEINRICH, Michael
HEINRITZ, Günter
HELD, Christa, geb. Fleischmann
HELZER, Hans-Gerhard
HUBER, Wolfgang
JAECKLE, Erwin
KAMMERMEIER, Anton Josef
KLEIN, Eberhard
KÖNIG, Gustav
KOLB, Ernst
KRABS, Otto
KREMP, Herbert
KROLLPFEIFFER, Hannelore
KRUBER, Klaus Peter
KRUMSCHMIDT, Otto Erich
KUNERT, Bernhard
LIEBICH, Werner
MAELICKE, Alfred
MANN, Gunter
MECKE, Wilhelm
MÜHE, Marlene
MÜHLFENZL, Isabel, geb. Paintner
MÜLLER, Franz W.
MÜLLER-BARDORFF, Johannes
OBERGFELL, Herbert
PESCHECK, Christian
RUDOLPH, Werner
RUPF, Hugo
SAIER, Oskar
SCHAUER, Hans
SCHIMPF, Klaus
SCHMITZ, Peter
SCHRADER, Achim
SCHRAMM, Bernhard
SCHULTE-HERBRÜGGEN, Hubertus
SIMON, Uwe
SUNDERMEIER, Theo
SUTERMEISTER, Heinrich
TANDLER, Gerold
TILLINGER, Klaus
WEIGT, Ernst
WEISS, Günther
WIEDEMANN, Karl-Eduard
WITHOIT, Norbert
WITTING, Gunther
WOHLRABE, Jürgen
WOLBERT, Erich
WYSOCKI, von, Klaus

13. August

ALBRECHT, Karl-Friedrich
AMMON, Robert
APPEL, Fritz
BARTELS, Norbert
BECKER, Gerhard W.
BERGMANN, Gerhard
BEUSTER, Willi
BIRZLE, Hermann
BOSCH, Gerhard
BRATTIG, Werner
CASTELL-CASTELL, Fürst zu, Albrecht
DÉNES, István
EICHNER, Karl
FALKE, Dietrich
FENDT, Hermann
FERNHOLZ, Hans-Hermann
FINK, Humbert
FREIBÜTER, Ludwig
FRESLE, Franz
GANNS, Harald
GEIER, Michael
GRAHL, Friedrich-Wilhelm
HAERING, Manfred
HÄUSSER, Hermann
HAUBOLD, Ulrich
HAUSMANN, Ulrich
HEIN, Edmund
HEYENN, Günther
HINZ, Theo
HÖFLER, Wolfram
JASCHICK, Johannes
KALB, Bartholomäus
KARNICK, Manfred
KORF, Willy
KRANEIS, Michael
KRIECHBAUM, Frieda
KRIENEN, Karlheinz
KRÜSSMANN (ß), Günther
LANG-DILLENBURGER, Elmy
LANGE, Jürgen
LEHMANN, Heinz
LENDERS, Helmut
LUNDEBERG, Steffan C. A.
MAAK, Wilhelm
MAIER, Hanns
MATIJAS, Herbert
MECHTERSHEIMER, Alfred
MENZEL, Erich
MÜLLER-BECK, Hansjürgen
NOETZEL, Joachim David
OBERKÖNIG, August Christian
OESTERLE, Günter
OSTERWALDER, Jörg
OTTO, Werner
PARISEK, Dusan-Robert
PECHSTEIN, Johannes
PETERS, Olaf
PIRKL, Fritz
RAFF, Gerhard
RAFFÉE, Hans
RAUCH, von, Georg
ROLLHÄUSER, Heinz
SCHAEFER, Hans
SCHESSWENDTER, Rudolf
SCHLAFFKE, Winfried
SCHÜPPEL, Reiner V. A.
SCHWARZ, Horst
SESSELMANN, Sabina
SIGMUND, Oskar Karl
SIMONS, Klaus
STÜCKMANN, Werner
TAMASCHKE, Olaf
VOGEL, Hanns
VOLLHARDT, Jürgen-J.
WAGNER, Erika
WINDISCH, Siegfried
WOLLMER, Axel
ZYMALKOWSKI, Felix

14. August

ACKERMANN, Ernst
ACKERMANN, Rolf
ALLEZE, Helmut Gustav
ARNOLD, Hans
ARNTZ, Johann Wilhelm
BALLHAUS, Werner
BAY, Jürgen
BECK, Dieter
BIERLEIN, Dietrich
BIERMANN, Hans
BLECH, Klaus
BRAUN, Dietmar G.
BRINKMANN, Wolf
BROSZAT, Martin
DETHLEFSEN, Harald
DITTMANN, Armin
DOETSCH, Heinz Josef
DOMAGK, Götz F.
DREWES, Joseph
EISENBERGER, Herbert
EMBACHER, Gudrun
ENDRES, Heinz
FEIN, Hans-Wolfgang
FLATZ, Gebhard
FRANZ, Siegfried
FREY, Wolfgang
FRIK, Wolfgang
FÜNFGELD, Ernst Walter
GEBHARD, Ludwig
GEORG, Heinz
GERSS (ß), Wolfgang
GONG, Alfred
GRÜTER, Alexander
GRUTSCHUS, Hans
HEIM, Ernst
HELD, Kurt
HUBSCHMID, Johannes
HUCHO, Ferdinand
JEHMLICH, Heinz
KALLIS, Anastasios
KIRKENDALE, Warren
KLEMM, Fritz
KÖHNE, Anne-Lore
KÖNIG, Wolfgang
KOETSIER, Jan
KUBICEK, Herbert
LANDWEHR, Karl-Heinrich
LÖTTGEN, Ulrich
MAJEWSKI, Otto
MARTIN, Helmut
METZLER, Manfred
MICHEL, Hans
MONTANER, Antonio
MÜLLER, Wilhelm Johann
NETZER, Manfred
OLSSON, Jens D.
POPP, Karl
PUTSCHER, Marielene
REDING, Kurt
REICHENBACH-KLINKE, Heinz-Hermann
REIHLEN, Helmut
RUPPRECHT, Werner
SALISCH, Heinke
SCHAUTZER, Max
SCHEIDL, Karl
SCHELLKNECHT, Helmut
SCHLEISSHEIMER, Bernhard
SCHONEWEG, Rüdiger
SCHULZE, Hugo-Otto
SENGER, Horst
SIXTL, Friedrich
SOMMER, Manfred
STADELBAUER, Jörg
STAKS, Arno
STAMMLER, Eberhard
STEFFEN, Bernhard
STRÖBELE, Roland
WEHRLE, Paul
WENTZEL, von, Bogislav
WIEGAND, Hans-Gerd

15. August

AICHHOLZ, Hermann
BAUMANN, Hanno Lutz
BECK, Manfred
BERG, Christa
BERGHÖFER, Dieter H.
BLÜHM, Elger
BRECHT, Switha
BRECHTKEN, Rainer
CLASSEN, Carl Joachim
COX, Heinrich Leonard
DELDEN, van, Hendrik E.
ECKHARDT, Juliane
EIFF, von, August Wilhelm
EMMANUELE, Eric Louis
ENGELS, Wolfram
ERKRATH, Carl Heinz
FABER, Gustav
FISCHER-WOLLPERT, Heinz
FRERICK, Günter
FÜRER, Gotthard
GAA, Valentin
GÄRTNER, Horst
GASSMANN, Günther
GEUCKLER, Karlheinz
GÖNNER, Diethelm Hermann
GOMILLE, Herbert
GRUNER, Alfred
HANSEN, Walter
HAUSMANN, Karl Josef
HEPTING, Axel
HERMANN, Gerd
HEUSINGER, von, Eberhard
HEUTELBECK, Dieter
HÖHN, Karl
HÖNNIGHAUSEN, Lothar
HOFF, Kay
HUBER, Margaretha
HUPKA, Herbert
JÄNICKE, Martin
KAISER, Matthäus
KERSTEN, Heinrich
KÖNIG, Johann-Günther
KOHLENBERG, Karl Friedrich
KOLLMANN, Franz Gustav
KUNZ, Wolfgang Dietrich
LACKNER, Karl
LANGEMAACK, Hans-Eberhard
LOHSE, Gerhart
LÜBKE, Waldemar
MAIDL, Bernhard, Robert
MENKE, Karl-Heinz
MÖSER, Georg Otto
MOGGE, Winfried
MÜLLER-HOHENSTEIN, Klaus
NICKEL, Gerhard
OESTERGAARD, Heinz
OSSOWSKI, Leonie
PERST, Hartwig
POPPE, Hanno
RIETHMÜLLER, Heinz
ROSSKAMP (ß), Martin
RUSKE, Bärbel
SCHÄFER, Marian Walter
SCHINCK, Klaus-Jürgen
SCHMUCK, Herbert
SCHNEIDER, Peter
SCHOOP, Werner
SCHUBERT, Werner
SCHWAB, Dieter
STOLP, Heinz
STROBEL, Hans
SÜLE, Tibor
THOMAS, Wolfgang
THORMANN, Eduard
TRÖKES, Heinz
UNTERSEH, Hans
WEITPERT, Hans
WETTIG, Klaus
ZERBST, Irene, geb. Boroffka

16. August

ABENDROTH, Günther
BAETGE, Jörg
BAHLS, Gerhard
BALTZER, Johannes
BAUER, Heinz Kurt
BAUR, Karl
BLUM, Georg
BOEHMER, von, Henning J.
BRÜGMANN, Henry
CREMER, Lothar
CRONE-RAWE, Bernard Gerhard
DIETRICH, Rainer
DREWS, Jürgen
DROST, Wolfgang
ERNST, Roland
FALK, Gottfried
FINK, Walter Friedrich
FRANK, Werner A. K.
FRÖMMING, Karl-Heinz
GERMER, Wolfdietrich
GÖB, Rüdiger
GRABER, Otto
GREVERUS, Ina-Maria
GSCHEIDLINGER, Günter
HECKMANN, Hermann-Hubertus
HEILMANN, Wolfgang
HENNECKE, Dietmar K.
HOEN, Ernst
HUBER, Hansjörg
JARCHOW, Hans-Joachim
JURNA, Ilmar
KATZENSCHWANZ, Norbert
KELLER, Cornelius
KIEL, Gerhard
KLAWE, Gustav
KLIMMT, Reinhard
KNAPP, Wolfgang
KOCH, Walter
KORNBICHLER, Heinz
KRAFT, Ewald
KREBS, Hans Günter
KUNKEL, Dieter
KUNZE, Reiner
KYTZLER, Bernhard
LANG, Jean
LOFINK, Gerhard
LOH, Friedhelm
LORENZ, Eberhard
MARTIN, Janis
MATZNER, Franz
MIELERT, Heinz

16. August

MÜLLER, Herbert
MÜLLER, Klaus-Detlef
NOLTE, Hans
PATERMANN, Christian
PRIBILLA, Walther
RIEGER, Georg Johann
SAVIĆ, Borislav
SCHEEL, Wolfgang
SCHEIBLECHNER, Hartmann
SCHULTE, Manfred
SCHULTEN, Rudolf
SCHWALM, Hans
SCHWARZENAU, Dieter
SCHWERING, Hans
SIEDLER, Gerold
STARKE, Gerhard
STETTER, Hans
STRANGEMANN, Heinrich
THIELMANN, Fritz Otto
TORBRÜGGE, Walter
WEBER, Werner
WEGENER, Horst
WESSINGHAGE, Dieter

17. August

ALEMANN, von, Ulrich
AMARELL, Gerald
ARNDT, Horst
ARTELT, Werner
BACHEM, Peter
BARTH, Karlheinz
BERAN, Thomas
BERNREUTHER, Fritz
BOSCH, Karl
BOURMER, Horst
BURDA, Wolfgang A.
DAS, Arabindo
FISCHER, Wolfgang
FORK, Günter
FREUND, Hans-Joachim
FROHBERG, Martin Georg
GOEBBELS, Heiner
GRAFF, Otto
HAAG, Rudolf
HARTMANN, Georg
HASSE, Lutz
HESSENBERG, Kurt
HIERSEMANN, Karl-Heinz
HILGER, Marie-Luise
HODIN, Josef Paul
HOFMANN, Anne-Marie
KANDORFER, Pierre A.
KLOCKHAUS, Ruth
KRACHT, Klaus
KREIDLER, Joachim Franz
KROPAT, Wolf-Arno
KÜPPERS, Topsy
KUTTRUFF, Karl Heinrich
LIENAU, Rainer
LINDNER, Ernst
LÜTH, Heinrich
MARKL, Hubert S.
MENZEL, Klaus
MERTÉ, Hanns-Jürgen
MEYER, Hans-Dieter
MÜLLER, Horst
MÜSSIG, Hans-Joachim
NADLER, Helmut
NESTLE, Dieter
NEUHAUS, H. Joachim
NUNGESSER, Rudolf
REIMERS, Walter
RIEBSCHLÄGER, Klaus
ROST, Hansfrieder
SASSE, C. Dieter
SCHIEWECK, Dieter
SCHREIBER, Werner
SCHUBERT, Günther Erich
SCHULTE, Wolfgang
SCHULZ, Eberhard
SCHWENKMEZGER, Peter
SCHWIER, Walter
SEIBERT-SANDT, Walter
SEIDENSTICKER, Peter
STANGE, Günther Ludwig
STRÖKER, Elisabeth
THOMA, Helmut
THOMAS, Carl-Heiner
UEHLEKE, Hartmut
VOLZ, Eckart
WERWINSKI, Joachim Michael
WICKE, Ewald
ZOGLMANN, Siegfried

18. August

ALBRODT, Hans-Joachim
BARNIKEL, Hans-Heinrich
BATT, Jürgen
BENDER, Wolfgang F.
BEZZENBERGER, Günter E. Th.
BÜHLER, Hans-Eugen
BUGGLE, Franz
CARLSBURG, von, Gerd-Bodo
CHRISTIAN, Ulrich
DIESSELHORST (ß), Malte
DIMROTH, Karl
DOEGE, Eberhard
DOLEZOL, Theodor
DUBBE, Daniel
EHRLER, Walter
EICH, Ludwig
EICHHORN, Wolfgang
ELLWANGER, Wolfgang
ESSER, Claus
FALKE, Konrad
FENEBERG, Hermann
FRANKE, Walter
FREUDENBERG, Hermann
GEBHARDT-EULER, Manfred
GERNER, Berthold
HEIMPLÄTZER, Fritz
HELBLING, Hanno
HELLWEGE, Hans Henning
HELLWEGE, Heinrich Peter
HERMES, Rudolf
HESSE, Diethard
HIRTREITER, Kaspar
HORN, Norbert
HUG, Gebhard
HUMBS, Hubert
HUTTERLI, Kurt
ICKSTADT, Heinz
IMHÄUSER, Günther
KLEINKNECHT, Theodor
KLITZSCH, Eberhard
KRÖNIG, Wolfgang
KRÜGER, Friedrich
LACHER, Günther
LANG, Gerhard
LETZELTER, Manfred
LISCHKE, Gottfried
MEISEL, Kurt
MENSAK, Alfred
METZ, Reinhard
MINGERS, Annemarie
PEINE, Franz-Joseph
PFEIFFER-BELLI, Erich
PFLUG, Hans-Dieter
PIETZCKER, Theodor E.
PORTENLÄNGER, Li
RAUSCH, Franz
REICHERT, Ritter von, Bernhard Rüdiger
REINKEN, Günter
RETZLAFF, Ingeborg
RIEMENSCHNEIDER, Dieter
SAHM, Walter
SANDVOSS, Ernst R.
SCHLIEPHAKE, Erwin
SCHMIDT-THOMÉ, Josef
SCHNEIDER, Berthold
SCHNEIDER, Hans
SCHORLEMMER, Helmut
SCHRADER, Hermann
SCHRADER, Jost-Heinrich
SCHÜFFEL, Wolfram
SCHULZE, Hanno
SCHULZE, Klaus-Jürgen
STEFFEN, Reiner
STEINBACH, Manfred
STEINVORTH, Ulrich
STÖGER, Markus
STOLZMANN, von, Paulus
TIEMANN, Walter
TIETMEYER, Hans
TRÖMEL, Thomas
VOLXEM, Van, Otto
WERNER, Olaf
WICK, von, Georg Ernst
WITTENBRUCH, Wilhelm
WÖHRLE, Dieter
WOLFZETTEL, Friedrich
WOLTERS, Heinz

19. August

ARGYRIS, John
ATHINÄOS, Nikos
BAETHGE, Martin
BARCKOW, Klaus
BARTH, Gunther
BAYER, Heinz
BEIKERT, Walter
BERNDT, Günter
BIERVERT, Bernd
BISMARCK, von, Philipp
BLEYMÜLLER, Josef
BLUM, Albert
BOETTICHER, Wolfgang
BRAUN, Hans-Peter
BRONNEN, Barbara
BRUNNER, Hellmut
BUCHER, Werner
BÜHL, Helmut
BUXMANN, Joachim
CIMIOTTI, Emil
DIETERICH, Hartmut
EICHER, Heinz
ESCHENBECHER, Ferdinand
FEILCKE, Jochen
FISCHER, Rudolf
FLECKNER, Sigurd
FRANKE, Franz-Herbert
FUHLROTT, Rolf M.
GERKE, Hans-Willi
GRILLO, Gabriela Dagmar
GUMIN, Heinz
HALBEY, Hans-Adolf
HARTMEIER, Winfried
HEYDTMANN, Horst
HÖPCKE, Walter
HORCH, Werner
JANSON, Edgar
JOST, Reiner
KERBS, Diethart
KILIAN, Rudolf
KLEINSCHMIDT, Gert
KOCH, Marianne
KÖNIG, Hans H.
KOLBE, Jürgen
KREUZHAGE, Jürgen
LUND, Otto-Erich
MAATZ, Richard
MAIER, Friedrich
MISCH, Dieter Wolfgang
MÜLLER, Werner E. G.
MÜLLER-LÖNNENDUNG, Ludwig
NEDBAL, Urs W.
OHNESORGE, Dieter
OTTO, Eckart
PELS-LEUSDEN, Hans
PETERMICHL, Harald F.
PETROVICI, Johann N.
PFISTER, Manfred
POSER, Sigrid, geb. Wahl
PREUL, Reiner
RABE, Horst
REICH, Roland
REICHOLD, Hans
REISSNER, Helmut
REMKY, Hans
RITZEL, Wolfgang
RUNDEL, Otto
SCHEELE, Erwin
SCHERPENBERG, van, Norman
SCRIBA, Peter C.
SIEGMUND, Manfred
VOGEL, Christian
VOLMER, Carl-Alex
WEBER, Hans
WEDLER, Gerd
WENZEL, Hans Gerd
WILLKE, Ingeborg Elisabeth
WINKELMANN, Günther
WREDE, Kraft-Eike
ZIMMERMANN, Heinrich

20. August

ARSENIEW, von, Ludmilla
AUFDERHEIDE, Helmut
BARNEBECK-PEETZ, Olaf
BECKER, Hans
BECKER, Karl Eugen
BICK, Hartmut
BLASS (ß), Eckhart
BOURQUIN, Dieter
BREIT, Ernst
BREUER, Josef
BRUCHMANN, Ernst-Erich
BUSKE, Waldemar
CORDIER, Peter
D'HEIN, Werner P.
DREYER, Ernst-Jürgen
EBERLEIN, Hans Joachim
EIMER, Manfred
EYKMANN, Walter
FEHRING, Günter, Peter
FICHTELMANN, Helmar
FLENDER, Reinhard David
FREYHOFF, Ulrich
GIMPLE, Max
GÖRLITZ, Axel
GORENFLOS, Walter
GROSSMANN (ß), Karl-Heinz
HAASE, Gottfried
HARTINGER, Andreas
HARWEG, Roland
HECHELTJEN, Peter Max
HECKMANN, Klaus
HEESCHEN, Walther
HELFENBEIN, Karl-August
HEROLD, Albrecht
HOESCH, Edgar
ISERMANN, Rolf
JUCKEL, Lothar
KALOW, Gert
KIRSCHNER, Horst
KLATTEN, Werner E.
KLEIN, Hans-Joachim
KLINKOTT, Manfred
KNOCH, Wendelin
KOEPP, Joachim Manfred
KRÄMER, Erwin
KRULL, Günter
LENZ, Bernhard
MOGG, Walter
NÄTZEL, Karl-Heinz
NEITZEL, Gerhard
NITZ, Hans-Jürgen
NOACK, Cornelius Christoph
PÄTZOLD, Ulrich
PETERSEN, Helge
PETERSMANN, Hubert
PFAD, Peter
POVH, Bogdan
QUEST, Hans
REBLE, Albert
REGITZ, Manfred
REST, Franco (H.O.)
RIEDEL, Eberhard
RIEDT, Heinz
SALMUTH, Freiherr von, Georg-Sigismund
SCHLIEPER, Carl
SCHMITT-THOMAS, Karlheinz Günther
SCHÖCH, Heinz
SCHÖLER, Walter
SCHULTZ, Jürgen
SIEVERS, Heinrich
STÜCKLEN, Richard
SURMINSKI, Arno
THIELEMANN, Wilhelm
THOMAS, Helmut
WALK, Ansgar
WALTHER, Wilhelm-Dietrich
WHIGHAM, Jiggs
WOLF, Stephan
WUNDRAM, Manfred
ZELKOWSKI, Jacek

21. August

ANTONI, Hermann
ASHWORTH, Michael
BECKER, Gert O.
BEHREND, Rainer
BOCKLET, Paul
BRAESEN, Hatto
BRUN, Dominik
BURKHARDT, Klaus
CORNELIUS, Karl
DYK, van, Peter
EISENBERG, Ursula
ERLENKÄMPER, Friedel
FICKLER, Georg
FIGGE, Horst
FISCHER, Werner
FUNK, Franz
GEYGER, Johann Georg
GIRGENSOHN, Jürgen
GÜNTHER, Wilhelm
HEERS, Waldemar
HERRMANN, Hans W.
HORWITZ KARGER, Reynaldo
HÜFNER, Gerhard
JOST, Bernhard
JUNGEN, Peter
KADENBACH, Bernhard
KALENBORN, Heinz
KALLENBACH, Reinhard
KERN, Richard
KILLMAYER, Wilhelm
KLIEBNER, Harald
KLIETMANN, Wolfgang
KNOP, Gerhard
KOPPE, Rolf
KORDES, Gert
KRISEMENT, Otto
KROLL, Dieter
KÜHNE, Hans Heiner
LANGE, Hermann
LANGE, Otto Ludwig
LOTZ, Franz
LÜBTOW, von, Ulrich
MAIER, Kurt
MATTHES, Dieter
MEIBOM, von, Irmgard, geb. Stoltenhoff
MITGUTSCH, Ali
MÜNZBERG, Hans-Georg
NIESE, Rolf
PACZENSKY u. TENCZIN, von, Gert
PFENDER, Max(imilian)
PURUCKER, Kurt
REINHARD, Ernst
RENNEFELD, Dirk-Jens
RICKLING, Lutz
SCHAAL, Hermann
SCHELLER, Jürgen
SCHLUND, Hans Hermann
SCHNEEMELCHER, Wilhelm
SCHNEIDER, Rolf
SCHÜLE, Walter
SCHUMACHER, Franz
SEEBERG, Harald
SPIES, Hannelore
THUNECKE, Hans-Heinrich
ULLRICH, Johannes Hermann
WEISENFELD, Ernst
WELTEKE, Ernst
WIEMER, Wolfgang
WINTERFELD, von, Dethard
WÖHLBIER, Herbert

22. August

ADERBAUER, Ludwig
AHRENS, Jens-Rainer
ALBERS, Hans-Karl
ALBRECHT, von, Michael
ALBRECHT, Peter
ANDREAE, Stefan
ARNDT, Karl
BASTEN, Franz-Peter
BERGNER, Heinz
BERNT, Günther
BEUTHIEN, Volker
BINDER, Max
BOENICKE, Otto Klaus
BOOCKMANN, Hartmut
BUBLITZ, Karl-Adolf
BUSCH, Eberhard
DENZEL, Siegfried
DEYM, Graf von, Carl Ludwig
DISDORN, Hannspeter

Geburtstagsliste

22. August - 27. August

22. August

ERNST, Reinhard
FABRICIUS, Dietrich
FLEISCHHAUER, Jörg
FLÜCK, Doris
FOLLERT, Wolfgang
FUSCH, Klaus
GABRIEL, Hans-Jürgen
GERSTEN, Klaus
GLATZEL, Hans
GLAUERDT, Jochen Otto
GÖTZ, Rainer
HACK, Bertold
HAMACHER, Joseph
HELLER, Kurt A.
HEYME, Hansgünther
HOCKWIN, Otto
HÖRNER, Heinz
HOFFMANN, Paul
HOLTZ, Joachim
HOLZER, Karl
KAP-HERR,
   Freiherr von, Peter
KIENAST, Burkhart
KIENAST, Dietmar
KINZ, Helmut J.
KLOSTERMEIER, Karl-Heinz
KNEIDL, Rudolf Karl
KOBLENZ, Babette
KÖHLER, Rolf
KÖSTER, Wilhelm
KRAUTKREMER, Franz
KRUBER, Manfred
KÜNZL, Ernst Rüdiger
LAFFERS, Zoltan
LANGENHAN, Rainer
LICKTEIG, Klaus Erich
LIXFELD, Rudolf
LOBIN, Gerd
MARTIN, Klaus-Rainer
MECKENSTOCK, Hanns J.
MEYER, Franz Hermann
MOELLER, Julius
MOHREN, Joseph Heinrich
NIEDHART, Gottfried
NIESSEN, Charly
NOTTMEYER, Dieter
PENSKY, Heinz
PFITZER, Albert
PLATH, Peter Paul Robert
POHLMEIER, Heinrich
POLLOK, Karl-Heinz
PREISSINGER, Emil
QUANDT, Volker
REIMANN-PHILIPP,
   Rainer
RIEFENSTAHL, Leni
SAUPKE, David
SCHUCHHARDT, Klaus
SCHULZ, Hans Erich
SCHULZ, Leo-Clemens
SCHWARZ, Gerhard
SEIFRIZ, Adalbert
STOCKHAUSEN, Karlheinz
STÖCKMANN, Paul
STORCK, Gerhard
STRESOW, Gustav
STRUNK, Leo
STUMPP, K. Friedrich (Fritz)
WASSERTHAL, Lutz Thilo
WEGENER, Ulrich
WEGMANN, Wolfgang J.
WIEDENHAUPT, Helmut
WILLENBOCKEL, Ulrich
WINKLER, Eberhard
WIRTZ, Waltfried F.
WOLFF, Ilse
ZENZ, Hermann
ZERBE, Edwin
ZIMMERMANN, Mac

23. August

AHLGRIMM, Ernst-Dietrich
ALTHAUS, Richard Wilhelm
AUST, Siegfried
BARGEN, von, Rolf
BARSCH, Gerhard R.
BÁTORI, István
BERGER, Robert
BRAUN, Reinhold
BRIGGS, Curtis
BROCKMANN,
   Hans Hinrich
CRIEGERN von, Axel
DICKER, Günther
DRERUP, Heinrich
ERNST, Gustav
FECHNER, Wolfgang
FORSTNER, Martin
GARDE, Klaus
GEROLD, Volkmar
GILLER, Walter
GREISNER, Walter
HOELSCHER, Ludwig
HOFFMANN, Heinz
JACOB, Ruthard
JOENS, Lily,
   geb. Blum
JUNG, Karl
KEUNECKE, Helmut
KISHON, Ephraim
KÖRTGE, Peter
KOHL, Norbert
KOLB, Hans Werner
KOLLAR, Axel
KREUZER, Guido
KUHNT, Hans Eberhard
KUNZLER, Michael
KUSS, Heinrich
LAGERGREN, Gunnar K. A.
LANDES, Günther
LERG, Winfried B.
LÜTZE, Diethelm
MARCKS, Friedrich
MILZ, Klaus
NITTNER, Konrad
OCKENFELS, Rudolf
PLATT, Gerhard
PLESS, Karl H.
PROCHAZKA, Herbert
RHEIN, Eduard
RIEDEL, Clemens
RÖSLER, Roland
SACHSE, Günter
SCHATTENBERG, Bernhard
SCHEFFLER, Hermann
SCHENK, Heinrich
SCHERBAUM, Adolf
SCHNEIDER-ESLEBEN,
   Paul
SEEBACHER-
   MESARITSCH, Alfred
SIEVEKING, Kai
SOMMER, Siegfried (Sigi)
STARK, Anton
STEEB, Günther
THORWIRTH, Karl
TÖPFER, Wilfried
UNGER, Hanns-Hellmuth
WAGNER, Wolfgang
WALLNER, Otto
WEBER, Hermann
WEISS, Erwin
WENDLING, Jürgen
WILLE, Karl
WINSEL, August
WIRTHLE, Werner
WOLTERS, Hans-Georg
ZANOTELLI, Hans

24. August

BAAB, Manfred
BACHMANN, Horst
BARTH, Detlev
BECKER, Erwin Willy
BEUERMANN,
   Dieter Ekkehard
BIRKMANN, Inge
BLASCHKE, Manfred
BLOHM, Hans
BOOS-NÜNNING, Ursula
BROCKHAUS, Christoph
DAHLKE, Walter
DANN, Otto
DANNENBERGER,
   Manfred
ERNESTI, Claus
FABIAN, Walter
FERNIS, Hans-Georg
FORTH, Wolfgang
FÜNGERS, Hans
GÖBEL, Karl-Detlev
GROSSER, Manfred
HARRIES, Heinrich
HELLER, Franz
HOFFMANN-AXTHELM,
   Dieter
HOPT, Klaus J.
HORNER, Leopold
JACOBS, Konrad
JÄGER, Wolfgang
JANTSCH, Franz
KAMP, Norbert
KATZ, Klaus
KEMPE, Stephan
KIELBURGER, Bernd
KNAUSS, Fritz Ernst
KOHLEN, Heinz-Günter
KOPFERMANN, Klaus
KRONEBERG, Hans-Günther
KROSS, Siegfried
KRUMMACHER, Hans-Henrik
LEMTIS, Horst G.
LUFT, Friedrich
MERKLE, Udo
MEYER, Heinz-Werner
MEYER, Ludwig
MOTTL, Felix
NEUHOFF, Franz-Josef
OBER, Karl-Günther
PILOWSKI, Karl
PROBST, Victor
RASSPE, Günther
REUSCHENBACH, Peter W.
RÖSSING (ß), Paul
ROSENFELD, Hellmut
RÜBBEN, Hermannjosef
SAYN-WITTGENSTEIN-
   BERLEBURG, Prinz zu,
   Franz Wilhelm
SCHAEDE, Ernst-Joachim
SCHENKEL, Ulla
SCHILLING,
   Walter Burkard
SCHIMANSKY, Gerd
SCHLÜTER, Arnulf
SCHMIDT-PAULI, von,
   Egbert
SCHMITT, Fridolin
SCHOLZ, Hasso
SCHRICKEL, Waldtraut
SCHULZ, Georg E.
SCHULZ, Gerhard
SOMMERFELD, Alfred
SOMMERFELD, Horst
SPAZIER, Günther
STEURER, Josef
TIEDT, Peter
TORGE, Reimund
TRÖNDLE, Herbert Rudolf
UNGUREIT, Heinz
WRANGEL, Freiherr von,
   Joost
YORKE, Harold W.

25. August

ARNZ, Alexander
BATZ, Michael
BECKER, Richard
BÖHM, Paul
BRAUN, Herbert
BROCKDORFF, Cay, Baron
BÜCHNER, Ernst
BURGER, Heinz Otto
CRAMER, Ulrich
DEEG, Peter Franz
DETERMANN, Helmut
DOERR, Wilhelm
FLOECK, Wilfried
FONTAINE, Hans-Joachim
FREY, Hubert
GÄRTNER, Karl
GERRITZEN, Lothar
GRAEF, Martin A.
GREBE, Hans
HAHN, Klaus
HAUBRICH, Walter
HAUSLAGE, Dietrich Albert
HEIZMANN, Lieselotte,
   geb. Stumpf
HOBBENSIEFKEN, Günter
HOFFMANN, Hilmar
HOFMANN, Klaus
HORNYKIEWYTSCH,
   Theophil
KAISER, Peter
KIMMEL, Hans
KIRCHNER, Horst
KOESTER, Helmut
KÖTTNITZ, Werner
KOHLENBACH, Eugen
KRAUS, Willy (Wilhelm)
KRISCHEK, Josef
KÜHNE, Gunther
LINGENS, Heinrich
LUCKERT, Reinhard
MADER, Wilhelm
MARCKS, Marie
MATTICK, Wolfgang
MELLER, Horst S.
MOLZAHN, Alexander
MÜHLBAUER, Klaus Georg
MÜLLER, Detlef Karl
NIEDERREITHER, Ernst
NOTTEBOHM, Rudolf
OBERT, Günter
OLLIGS, Heinrich
OSTERWALD, Karl-Hans
PAQUET, Karl-Joseph
PASSLACK, Günter
PREUSSMANN, Rudolf
PREYSS (ß), Carl Robert
RAUCHENECKER, Ludwig
SCHÄFER, Theo
SCHÄFER, Wendel
SCHENCK, Eduard
SCHINDLING-
   RHEINBERGER, Liselott
SCHINTLING-HORNY,
   von, Wolfram
SCHLEE, Albrecht
SCHLIPKÖTER, Hans-W.
SCHMITT, Walter
SCHWEGLER, Erich
SIMON, Georg
SIOLI, Harald
SKORKA, Siegfried
SPETH, Friedrich
SPONSEL, Heinz
STEPP, Walther
STILLE, Bernd
TEIN, von, Dieter
THIEME, Helga
THOL, Alfons
WINKLER, Konrad
ZILIUS, Wilhelm
ZILLICH, Clemens Heinrich
ZIMMERMANN, Felix
ZINK, Ulrich

26. August

AVENARIUS-HERBORN,
   Horst
BAUER, Werner
BEHN-GRUND, Friedel
BERGENHOLTZ,
   Henning
BLÄSE, Dirk
BÖHRINGER, Karl-Heinz
BÖRNER, Dietrich
BONHOEFFER, Thomas
BONSE-GEUKING,
   Wilhelm
BRAUBURGER, Heinz
BRAUN, Bruno O.
BRAUN, Walter
BRUNE, Pit Jürgen
CHMILL, Heinz
DIETZ, Klaus
DIRKS, Marianne,
   geb. Ostertag
DOLLINGER, Karl
DREHER, Peter
DRESS, Andreas W. M.
DREWS, Jörg
EFFENBERGER, Ernst
ERLER, Rainer
FISCHBECK, Gerhard
FORCK, Günther
FRANZEN, Hermann
FREYTAG, Hans-Joachim
FRICKE, Peter
FRITZ, Walter Helmut
GLATZ, Manfred
GRAU, Gerhard K.
GROBE, Rolf
GÜNTHER, Friedrich
HAACKER, Klaus
HEHNER, Georg
HEHRLEIN,
   Friedrich Wilhelm
HERMANS, Susanne,
   geb. Hillesheim
HIBY, Julius W.
HOBERG, Fritz-Werner
HORCHEM, Hans Josef
HUYS, Lambert
KERPEN, Hans-Heinz
KILLY, Walther
KLEWIN, Wilfried
KOLLER, Dagmar
KROSS, Hinrich Jürgen
LAACKHOVE, Winfried
LARESE, Dino
LÖCHERBACH, Dieter
MASSON, Christoph
MECHTEL, Angelika
MEISEL, Peter G.
MÖHRMANN, Renate,
   geb. Hammond-Norden
MÜLLER-HENNEBERG,
   Hans
NAGEL, Karl
NIEFER, Werner
PAULS, Rolf Friedemann
PETZOLD, Joachim
PLOEGER, Andreas
POHLERS, Horst Wolfram
POSCHINGER-BRAY,
   Freiherr von, Adalbert
QUINGER, Gebhard
RAMSAUER, Helene
REUTTER, Fritz
ROMETSCH, Sieghardt
SAWALLISCH, Wolfgang
SCHAAL, Klaus-Peter
SCHMALZ, Ulrich
SCHMUTZLER, Bernhard
SCHNEIDER, Woldemar
SCHOOF, Carl-Friedrich
SCHRÖTER, Hermann
SIBBERSEN, Christian
STALLKAMP, Bernhard
STECKHAN, Helmut
STIMPEL, Hans-Martin
STROHSCHNEIDER-
   KOHRS, Ingrid, geb. Kohrs
SZILARD, Rudolph
TERRAHE, Jürgen
TRENDELENBURG,
   Friedrich
TRÖNDLE, Karlheinz
WERBKE, Hans Joachim
WERNER, Gottfried
WOLKEN, Karl-Alfred
WURBS, Richard

27. August

AKINA, Henry
BACHT, Richard
BADER, Karl Siegfried
BARDTHOLDT, Claus
BAUER, Eckhart
BLASER, Karl
BUCHLOH, Günther
BUHR, Walter
DACH, Günter
DOHMEN, Ludwig
ENGEL, Norbert
FALKE, Gerhard
FLOR, Peter
FROHN, Joachim
FURIAN, Martin
GEIGER, Hannsludwig
GÖTTGENS, Helmut
GOETZE, Hans-Helmut
HEIDER, Manfred
HEILINGBRUNNER, Horst
HEITE, Hans-Joachim
HENISCH, Peter
HERLYN, Okko
HUCH, Burkhard
JAKOBS, Eduard
JANSEN, Peter P.
KABEL, Heidi
KAHLFUSS (ß), Hans-Jürgen
KEISER, Helen
KLUGMANN, Norbert
KNEIB, Gerhard
KNÖPFLE, Franz

27. August

KOCK, Manfred
KOMNICK, Hans
LANGER, Bernhard
LUDWIG, Werner
MERKEL, Friedrich-Wilhelm
NEUMANN-MAHLKAU, Peter
NIMMERGUT, Jörg
PFAFFEROTT, Gerhard
PRIESEMANN, Gerhard
QUADBECK, Günter
REITER, Heinrich
SAPPOK, Christian
SAUER, Michael E.
SCHEID, Hans Peter
SCHMIDT, Claus
SCHMITZ, Norbert J.
SEIDEL, Christian
SENGHAAS, Dieter
SOPPER, Günter
SPILLER, Kurt
STEFFE, Horst-Otto
STUTZ, Ernst
TANK, Max Otto
TURBAN, Dietlinde
VOLPERT, Walter
WEBER, Helmut
WILKENING, Werner Friedrich Julius
WUNDER, Heide, geb. Hübler
WYEN, Friedrich Wilhelm

28. August

ALTEN, von, Jürgen
ARTMANN, Heinz
BETHGE, Eberhard
BLACK, George Malcolm
BÖHM, Andreas
BOHLMANN, Ferdinand
BOHNE, Wilfried
BUCHWALD, Wolfgang
BÜTTNER, Kurt H. J.
BUSCH, Karl
CALBERT, Joseph (Josse) P.
CHRISTMANN, Hans Helmut
DECKEN, von der, Claus-Benedict
DREIER, Josef
EDZARD, Dietz O.
FRANZ, Ingomar-Werner
FROMMHOLD, Walter
FUCHS, Manfred
GASCH, Robert
GIRGENSOHN, Hans
GLASER, Hermann
HATZOLD, Karl
HEILMEYER, Ludwig
HERRMANN, Karl-Albrecht
HINRICHS, Wolfgang
HIPPEL, von, Wolfgang
HORST, Wolfgang
IHLAU, Fritz
JESSEN, Eike
JOHANEK, Peter
KELLENBENZ, Hermann
KIMMIG, Wolfgang
KLEIN, Ullrich
KLEINADEL, Wilhelm
KONEFFKE, Gernot
KREUTZKAMP, Norbert
KRÜCK, Friedrich
KUNZE, Christian
KURTZ, Hermann
LEMKE, Alexander-Gotthilf
LEVI, Hans Wolfgang
MAIWORM, Heinrich
MARQUARDT, Hans Wilhelm
MARX, Will
MICHEL, Otto
PALM, Joachim
PETZOLDT, Leander
PIWONSKI, Karl
PRECHTEL, Alexander
PRESSER, Helmut
PROKOP, Ernst
PUTZAR, Harry
RIESENKÖNIG, Hans Wolfgang
RILLING, Jürgen
SCHROEDER-PRINTZEN, Günther
SEIFART, Klaus Heinrich
SINGER, Horst
STEINBRENNER, Georg
VEITH, Werner Heinrich
VETTER, Horst
VIEROCK, Frithjof
VOGLER, Karl-Michael
WAGNER, Hildebert
WALTER, Karlheinz
WARNKE, Herbert
WOLFF, Hans-Peter

29. August

ASAM, Walter
BERNUTH, von, Hans-Dietrich
BÖLLING, Klaus
BRANKAMP, Klaus Bernd
BREUER, Hans Dieter
BUDDE, Hans-Jürgen
BÜRZLE, Erwin
BURMANN, Hans-Wilhelm
EIDEN, Fritz
FELL, Bernhard
FIJALKOWSKI, Jürgen
FINK, Karl-Heinz
FREIST, Hans-Georg
GEERDS, Friedrich M. J.
GEIGER, Hartmut
GERKE, Friedrich
GRÜTER, Karl
HAGEN, Jochen
HARDEGG, Wolfgang
HARM, Wolf
HERFS, John
HINZ, Gerhard
HIPP, Erwin G.
HOMBERG, Horst
HÜTTL, Adolf J.
HUSLAGE, Walter W.
ILLIG, Leonhard
JEBE, Hans
KARG, Hans-Georg
KAUFHOLD, Karl Heinrich
KLEIN, Manfred
KOCH, Wolfgang
KUNTZE-JUST, Heinz
LIEBETRAU, Alfred
LIENHARD, Siegfried
LOTH, Wilfried
MEIER, Herbert
MENZEL, Hans-Dieter
MESTAN, Antonin
MICHEL, Heinz
MÖLLER, Rolf
NESSEL, Rolf Joachim
NEUHAUS, Helmut
NEUHAUS, Walter
NOLTE, Jost
OLLENBURG, Günter Ernst
PATZSCHKE, Jochen
PETERMANN, Hartwig
PETERSEN, Johannes
PIERWOSS, Klaus
REICHEL, Edgar
REUTTER, Rita
RHOTERT, Bernt
ROSENTHAL, Hans-Joachim
SCHENCK, Klaus
SCHMALENBACH, Wolfgang
SCHUSTER, Hans
SCHWARZ, Albert
SIEPMANN, Helmut
SIMSON, Helmut
SONNTAG-WOLGAST, Cornelie
SPANN, Wolfgang
STÖBER, Kurt
TESSIN, Baronin von, Brigitte
THIEME, Jörg H.
VEEN, Hans-Joachim
VODRAZKA, Karl
WAGENER, Hans-Joachim
ZEHNER, Günter

30. August

ARENS, Heinz-Werner
BÄDEKERL, Klaus
BERGNER, Karl-Heinz
BLÄSE, Günter
BLANKENHEIM, Walter
BÖMERS, Michael
BOVENSCHEN, Claus
BRÜHL, Peter
BURKHARDT, Otto
DAHM, Bernhard
DAHM, Helmut Walter
DEILMANN, Harald
DOEKER, Günther
EGGER, Rosemarie
EHLERS, Peter
ERLE, Dieter
FRANZ, Ludwig
FREHSEE, Heinz
GEISENHOFER, Franz Xaver
GEISLER, Gerhard
GIERHAKE, Friedrich Wilhelm
GMELCH, Ludwig
GRATHOFF, Richard
HAASE, Lothar
HANACK, Ernst-Walter
HAUENSCHILD, Karl
HEINZ, Theo
HELLER, Wolfgang
HESS, Bernhard
HIESTAND, Rudolf
HOTTINGER, Kurt
HÜBNER, Jürgen
JANNAUSCH, Doris
KANTZENBACH, Friedrich Wilhelm
KAPLAN, Reinhard W.
KECK, Ernst W.
KINNE, Otto
KÖLBEL, Herbert
KRESSL, Günther
KRÖNCKE, Adolf
LUCK, Erwin
MARSCHALL, Arnim
MEHLHORN, Peter
OTTEN, Ernst-Wilhelm
PETERS, Carl Otto
POSTEL, Wilhelm
RUF, Rudolf Karl
SCHÄTZLE, Alois
SCHALLER, Friedrich
SCHLAPP, Manfred
SCHLOOT, Werner
SCHMACHTENBERG, Herbert
SCHNELLENBACH, Helmut
SCHNEZ, Albert
SCHORER, Hermann
SCHWARZE, Hans Dieter
SELCHERT, Friedrich Wilhelm
STAEHLER, Gerd
STELZMANN, Gotthard
STÖHR, Martin
STRASSBURG (ß), Manfred
STROHMAYR, Alois
THIELE, Heinrich
VIEHBACHER, Friedrich
VOGEL, Martin-Rudolf
WAGNER, Wolfgang
WEGEHAUPT, Herbert
WERNHER, Hellmut
WIMBERGER, Gerhard
WOLF, Rudolf
WOLFGRAMM, Torsten
WORMS, Viktor
ZIELINSKI, Diethart

31. August

ASTINET, Helmut
BECK, Kurt-Günther
DAELEN, Reiner F. M.
DIETRICH, Klaus W.
DRINGENBERG, Rainer
ENGLÄNDER, Hans
GARDOS, Alice, geb. Schwarz
GÖBEL, Heinz
GRASMANN, Hans-Heribert
GUNZERT, Gerhard
HAMPEL, Gunter
HEIKS, Michael
HÖVEL, Paul
JANSON, Hermann
JURECKA, Walter
KASCHE, Volker
KASTEN, Arne
KASTL, Helmut
KERNER, Hans
KLEIFELD, Otto
KORNBRUST, Leo
KRAEMER, Konrad W.
KRETSCHMAR, Georg
KRUMSIEK, Rolf
van LAAR, Karl-Wilhelm
LEONHART, Günther
LICHTENTHAELER, Charles
LUKAS, Edith
MENKE, Hubertus
MORAW, Peter
MÜLLER-LAUTER, Wolfgang
MULTHAUPT, Herbert
NIENDORF, Horst
NOYER-WEIDNER, Alfred
OBERMANN, Holger
OEFTERING, Heinz-Maria
OEHLER, Klaus
POTENTE, Helmut Michael
PREIS, Heinz
RANTZAU, Graf zu, Johann
RUCKTESCHELL, von, Ingo
SAMBRAUS, Hans Hinrich
SCHEER, Jörn Wolfgang
SCHEUTZOW, Jürgen W.
SCHMIDT-HOLTZ, Rolf
SCHMITT, Lothar
SCHNIPKOWEIT, Hermann
SCHULER, Rudolf
SEEGER, Alfred
SIMON, Udo
STUDNITZ, von, Hans-Georg
SUND, Olaf
SYRING, Hans-Willi
THEISEN, Günther
THUL, Heribert
TIMMLER, Markus
VOGEL, Peter
VOGELBACHER, Michael O.
WINNACKER, Albrecht
WOLTER, Jürgen
ZENTGRAF, Karl-Martin

1. September

ADOMEIT, Gerhard
AUDOUARD, Rolf
BAIER, Franz
BARTSCH, Gerhart
BECK, Horst W.
BERNKLAU, Werner
BRINKMANN, Karl-Heinz
BRUNS, Jürgen
BÜRKLE, Klaus
CHOLLET, Hans-Joachim
CLAUSSEN (ß), Hermann
CROLL, Willi
DANIELS, Karl
DECKER, Hans
ERGER, Johannes
ESER, Willibald Georg
FELLER, Wolf(gang)
FREY, Otto-Herman
GARBE, Otfried
GERLACH, Knut
GLAAP, Albert-Reiner
GLATZ, Günther
GUTENSOHN, Wolf
HAGEDORN, Werner Clemens
HALBAUER, Siegfried
HARTERT, Hellmut
HARTUNG, Kurt
HELLNER, Jürgen
HENGSTENBERG, Hans-Eduard
HERKOMMER, Sebastian
HOFFMANN, Hildegard, geb. Vogels
HONDRICH, Karl O.
HÜBNER, Kurt
JATZKEWITZ, Horst
JOERGES, Bernward

KLAFKI, Wolfgang
KLINGMÜLLER, Gepa
KLOEPFER, Michael
KOCH, Georg Friedrich
KOCH, Othmar
KRÜGER, Günter
KRUSE-RODENACKER, Albrecht
LAUFENBERG, Walter
MAUNZ, Theodor
MOSBLECH, Berndt
PADBERG, Alfred
PAGEL, Carsten
RÄUKER, Friedrich Wilhelm
REGENSBURGER, Dieter
REIFF, Winfried
ROCKSTROH, Heinz
ROSENHEIM, Bernd
SCHAEFER, Hans
SCHEURLEN, Paul-Gerhardt
SCHMIDT, Hanns-Dietrich
SCHNEIDER, Ivo
SCHRADER, Bodo
SCHRÖCKER, Sebastian
SCHULZE, Gerhard
SCHWAB, Wilhelm
SCHWIND, Otmar
SELL, Werner
SOMMER, Hans Christian
SOMMER, Max W. F.
STEGMANN, Tilbert Dídac
ZINK, Karl Friedrich

2. September

BARTZ, Joachim
BAUMBAUER, Frank
BENZ, Karl Josef
BEYER, Helmut
BODE, Helmut
BÖCKL, Manfred Ludwig
BÖHLIG, Alexander
BOEHMER, von, Götz
BÖHRINGER, Alfred
BOZEK, Karl
BRUCHHAUSEN, von, Franz
CRIEGEE, Friedrich C.
DOBLHOFER, Ernst
DÖRING, Ernst
DÖRING, Werner
EBERT, Rolf
EGGERS, Ernst
ERWIN, Joachim
FENSKE, Christian C.
FIALA, Ernst
FREUEN, Helmut
FRITSCH, Andreas
GLITSCH, Helfried
GÖBEL, Gabriele M., geb. Beuel
GÖRGEMANNS, Herwig
HANDL, Horst H.
HANSEN, Kai
HEUBAUM, Werner
HEYDT, von der, Freiherr von Massenbach, Peter
HIRSCH, Helmut
HÖCHERL, Hans-Michael
HOHM, Georg
JOEST, von, Carl August
JÜTTNER, Guido
JUNG, Günther
KAISER, Gerhard
KAZMEIER, Fritz
KLUGE, Inge-Lore
KOCH, Hans
KUBACH, Hans Erich
KURZ, Eberhard
LIETZAU, Hans
MAEDEL, Karl-Ernst
MAYINGER, Franz
MEY, Rudolf
MÖHLIG, Wilhelm
MUNKERT, Hubert
NAGEL, Gottfried
NITSCHE, Joachim
OERTZEN, von, Peter
OSBERGHAUS, Otto
PESCH, Rudolf
RAMDOHR, von, Wilken
REHBERGER, Julius

Geburtstagsliste

2. September

REUTER, Erich F.
RIEWERTS, Cornelius
RIVINIUS, Karl Josef
SCHEDE, Joachim
SCHMIEDER, Walther F.
SCHMITZ-WENZEL, Hermann
SCHWANDT, Christoph M. F.
SENFT, Helmut
STERCKEN, Hans
STREIER, Joseph
TAUBITZ, Monika
TINSCHERT, Julius
ULMSCHNEIDER, Peter
VOLLRATH, Lutz
WEIMER, Gerhard
WELKE, Heinrich
WENZEL, Heinz
WERNER, Helmut
WILD, Josef

3. September

BARTENWERFER, Wolfgang
BECKER, Helmuth
BERNUTH, von, Horst
BETHKE, Jürgen
BLEICKEN, Jochen
BLESSING, Helmut
BÖHM, Karl Heinz
BRAKELMANN, Günter
BRIELMAIER, Hermann Josef
BRUCHHÄUSER, Klaus
BRUHN, Peter
BUSCH, Hans-Dieter
DAMMANN, Heinrich
DIETERICH, Fritz
DÜSING, Klaus
EIKENBUSCH, Gerhard
ERNESTI, Leo
FERLINZ, Rudolf
FERNHOLZ, Hans
FISCHER, Balthasar
FRICKE, Karl Wilhelm
FROWEIN, Werner
GUDIAN, Gunter
GUDJONS, Herbert
HANNICK, Christian
HENKEL, Bernt
HEUTLING, Dieter
HÜRXTHAL, Gerhard
HÜTTERMANN, Aloysius
KANDIL, Fuad
KAYN, Roland
KELLER, Christian Brar
KNEŽEVIĆ, Anton
KOLLWITZ, Arne A.
KRUPPA, Claus
KUS, Alexander
LANGEN, Albrecht
LARCHER, Franz
LEFÈVRE, Eckard
LUX, Hermann
MADLINGER, Anton
MAGER, Erich
MANGOLD, Hans
MANZ, Rudolf
MÜLLER, Franz
MÜLLER, Hans-Werner
NISSEN, Walter
NOLZEN, Karl-Heinz
OEHME, Johannes
PAHL, Otto
PEHLE, William
PEHNT, Wolfgang
RADDATZ, Fritz J.
REEG, Walter
REHM, Wolfgang
REIS, von, Wolf
REUTER, Hans Peter
RIPPERT, Winfried
RÜHL, Bruno
SANDERSLEBEN, von, Joachim
SCHANDER, Karlfried
SCHRÖDER, Diethelm
SCHUBERT, Günter
SCHÜTZ, Rudolf-M.
SIEBECK, Fred C.
THÜRK, Kurt L. F. W.
VEELKEN, Ludger
VOGEL, Paul-Otto
WEGNER, Wilhelm
WOHLFAHRT, Adam
WOLLSCHLÄGER, A. E. Johann
WÜST, Walter
ZIMMER, Hardy

4. September

BECKERT, Johannes
BEHLER, Ernst
BERGNER, Karl-Gustav
BRENAUER, Josef
CRAMER, Arno
DETHLOFF, Walter
DOERKEN, Wilhelm
ENNEMANN, Wilhelm H.
FEILNER, Hildegunde
FEY, Klaus H.
FISSAN (ß), Heinz
GABRIEL, Bernhard
GEIGER, Kurt
GIERENSTEIN, Karl-Heinz
GLÜCK, Gerhard
HAIN, Dieter
HAUMANN, Friedel
HEINEN, Ernst
HORSTMANN, Bernhard
HÜSKES, Rudolf
KARTE, Helmut
KEIDEL, Eugen
KINDERMANN, Wilfried
KIRCHHOFF, Thomas-Friedrich
KLEYBOLDT, Claas
KOCH, von, Hans Georg
KORN, Hermann
LEIDINGER, Paul W. J.
LENZEN, Peter Wilhelm
LOOS, Erich
MATEŠIC, Josip
MESSERKNECHT, Walter
MÜLLER, Adolf
NEUMEYER, Max
OTTOW, Johannes C. G.
PAGENSTERT, Gottfried
RÄDLE, Fidel
SACHS, Michael
SÄLZER, Bernhard
SATTLER, Philipp K.
SCHLESINGER, Helmut
SCHMIDT, Alfred
SCHÜBELER, Egon
STAUBER, Manfred
STEIN, Karl
SUNDSTRÖM, Lars
SWART, Bernhard
SWIECA, Hans Joachim
TEUFEL, Erwin
VIERA, Joe
VIERECK, Wolfgang
WEERS, Gerd E.
WENZEL, Hermann
WITTKOWSKY, Alexander
WOLF, Ludwig
WOLF, Norbert
ZIEGLER, Bernhard

5. September

ACHTEN, von, Reimar Guido
ANTON, Uwe
ARNOLD, Tim
BLIEKENDAAL, John
BÖRKER, Christoph
BONNESS (ß), Elke
BRESCH, Carsten
BUSCHMANN, Werner
BUSELMAIER, Werner
CALMEYER, Peter
DEMTRÖDER, Wolfgang
DETTWEILER, Christian Friedrich
DROBESCH, Karl Heinz
DUHM, Jochen
ELZER, Bertold
FISCHER, Max
FRICKE, Jobst
GAERTNER, von, Franz-Günther
GERHARDTS, Max Dieter
GRONWALD, Rochus Richard
GRUBER, Edmund
GRÜNWALD, Gerald
HARTMANN, Klaus
HEUSER, Otto Mel
ILSEMANN, von, Carl-Gero
JANSSEN, Walter
JOBST, Dionys
JUNG, Karl-Philipp
KAHSNITZ, Rainer
KERNIG, Claus-Dieter
KILLMANN, Erwin
KÖHNE, Heinrich
KOHLHARDT, Manfred
KOPPELMANN, Gerd
KRESING, Bruno
KRIEGER, Karl-Friedrich
KRINK-PEHLGRIMM, Stephanie
KÜMMEL, Joachim
KUHNKE, Eberhard
LENZ, Aloys
LOEWIG, Roger
LORENZ, Wolfgang Joachim
MARTINI, Fritz
MOULL, Geoffrey
MÜLLER, Gerhard
MÜLLER-SALIS, Wolfram
NAUMANN, Karl-Eduard
NEUBERT, Diether
NEUSS (ß), Franz-Josef
OLTMANNS, Horst-Peter
PLAGGE, Otto
POPP, Manfred
POPP, Walter
QUECKE, Else
RHEIN, Peter
RINCK, Hans-Justus
ROIK, Karlheinz
ROSENBAUM, Heinrich
SAFT, Andreas
SCHARDT, Rudolf
SCHMALTZ, Theodor
SCHMIDT, Doris
SCHMITT-WEIGAND, Adolf
SCHNEIDER, Gerhard
SCHUSTER, Wolfgang
SCHWAB, Ludwig F.
SPANUTH, Jürgen
STEHLING, Thomas Bernd
STEIN, Bernhard
TODT, Hans
UGI, Ivar
WÄNKE, Heinrich
WEBER, Sigurd

6. September

AHRENS, Hanna
ARNOLD, Udo
ASMUSSEN, Roger
ASTHEIMER, Hanns
BAUMGÄRTEL, Hermann
BECKER, Hans W.
BEHRENS, Friedrich-Stephan
BINDIG, Rudolf
BÖHM, Wolfgang
BÜCHTING, Carl-Ernst
DANZ, Max
DIEDRICH, Waldemar
ERBE, Michael
ERNST, Dietrich
EWALDSEN, Hans L.
FOHRER, Georg
FRANKE, Martin
GERKEN, Johann H.
GRÜTZNER, Berndt
HÄRLE, Wilfried
HARTMANN, Harro Lothar
HASERODT, Klaus
HAUSCHILD, Wolf-Dieter
HEGELHEIMER, Armin
HEINZL, Joachim
HERBERG, Götz
HOFMANN, Wolfgang
HOKE, Manfred
HOPF, Uwe
HUJER, Reinhard
JAHNKE, Volker
JANSSEN, Peter
JENTSCH, Jürgen
KLÜSMANN, Günther
KÖHNE, Josef
KREPLIN, Joachim
KRYSTOF, Gerd-Olaf
LANG, Friedrich
LESAAR, Heinz
LIEPELT, Klaus
LOTH, Helmut
MAHKORN, Richard
MARX-MECHLER, Gerhard
MAYER, Klaus
MÜLLER, Max
OSWALD, Eduard
OTTENTHAL, Elmar
PERSON, Hermann
PETERS, Owe Jens
ROSSBACH (ß), Heinrich Albrecht
SARRY, Brigitte
SAUDER, Gerhard
SCHMIDT, Hansheinrich
SCHMIDT-MÜHLISCH, Lothar
SCHNEIDER, Hans-Josef
SCHNEIDER, Rolf
SCHULTE, Hans
SCHWEIG, Karl-Franz
SCHWIDETZKY-ROESING, Ilse
SILBEREISEN, Sigmund
TIMMERMANN, Klaus
TRISTRAM, Hildegard L.C., geb. Paul
VOSS (ß), Heinz
WERTHERN, Freiherr von, Hans-Henning
WILLIG, Friedrich
WÜRTZ, Peter

7. September

ADOLPH, Thomas Viktor
BAUMGART, Peter
BINDER, Walter
BIRCKS, Wolfgang
BLANQUET, von, G. G.
BLINN, Hans Günther
BÖHM, Peter
BUCHHOLZ, Wolfgang
BURK, Michael
CARDONA, Manuel
COPPIETERS, Francis
DACH, Hans E.
EDINGER, Ludwig
FIEGE, Hartwig
FLIETHER, Karl Joachim
FRESE, Erich
GERLACH, Rolf
GRASMANN, Günther
GROSSMANN (ß), Hans Joachim
GUNKEL, Karl
GUTER, Josef
HAUNGS, Rainer
HEEGE, Hermann-J.
HEILMANN, Edelgard
HEYER, Herbert
HOLZMANN, Hans
HORST, Heribert
JAENICKE, Joachim
JORDAN, Ernst
JUNG, Karl
KATZ, Casimir
KATZOR, Horst
KINDERMANN, Hans Gerhard
KISSELER, Marcel
KLIMKE, Wolfgang
KLOSSIKA, Walter H.
KOCH, Karl O.
KÖRBER, Kurt A.
KRAFT, Sigisbert
KRAUSE, Martin
KROPFF, Bruno
KUCKUCK, Hermann
KUNISCH, Hermann-Adolf
LEHMANN, Johannes
MACHEMER, Hans Georg
MARTIN, Helmut
MATTHES, Siegfried
MUND-HOYM, Stefan
PASSON, Ingo
PAULSEN, Uwe
PESCHL, Eduard F.

8. September

ADOLFF, Helmut
ADORF, Mario
AFFELDT, Werner
ARNOLD, Wolfgang
AUFFARTH, Susanne
BEER, Otto F.
BLANK, Josef
BOCK, Hans-Hermann
BREGY, Edelbert
BROCK, Rustan
BROCKMEIER, Hubert
BROMMER, Frank
BURGERT, Hans-Joachim
BUSCH, Horst
COLLINS, Hans-Jürgen
DAHR, Wolfgang
DANOVSKY, Vladimir
DEGNER-DECKELMANN, Hasso
DOHNÁNYI, von, Christoph
ENGELMANN, Hans-Ulrich
FRANKE, Josef
FREITAG, Helmut
FRICKER, Alfons
FRITSCHE, Heinz Rudolf
FUCHS, Sibylle
GAIL, Hermann
GALLENKAMP, Hans-Georg
GANSLMAYR, Herbert
GHAUSSY, A. Ghanie
GÖRG, Manfred
GOLDBERGER, Kurt
GROTEMEYER, Karl-Peter
HABECK, Fritz
HAMANN, Karl
HAUPT, Peter
HILDEBRAND, Jürgen W.
HINKEL, Hermann
HOHLEFELDER, Walter
HUSS, Werner
IMMENKAMP, Aloys
KELTER, Jochen
KNIERIEM, Hans-Jürgen
KOEGEL-DORFS, Helmuth
KOWALD, Rainer
KREITER, Cornelius G.
KRENGEL-STRUDTHOFF, Ingeborg
KRÖNER, Alfred
KRYSTKOWIAK, Bernhard F.
LANDZETTEL, Wilhelm
LEHMANN, Jakob
MAGNUS, Kurt
MARQUARDT, Rolf
MARTENS, Peter H.
MOERLER, Klaus
MÜLLER, Karlheinz
NOVAK, Helga M.
REICHL, Jan Richard
RÖSCH, Josef Gustav
ROTHE, Arnold
REMMERBACH-KNIPP-RENTROP, Günther
REUSCHER, Hermann D.
RUNGE, Wolfgang
SAHM, Peter R.
SCHÄFER, Hans Dieter
SCHMITT, Werner
SCHNELL, Rüdiger
SCHOSSER, Erich
SCHRETTENBRUNNER, Helmut
SCHÜRMANN, Ulrich
SINGEWALD, Arno
SÖLL, Ludwig
SPIRO, Herbert John
STROTHMANN, Karl-Heinz
SZEMERÉNYI, Oswald
THEIS, Hermann
THOMAS, Erhard
THÜRING, Bruno
TUCHOLSKI, Barbara Camilla
ULMER, Wolfgang T.
WALTERSPIEL, Otto
WAPNEWSKI, Peter
WATZINGER, Carl Hans
WINTERS, Karl-Peter
WOLTER, Jürgen

8. September - 14. September

8. September

RÜFNER, Wolfgang
SCHAEFER, Hans-Eckart
SCHMOHL, Reinhard
SCHNEIDER, Norbert
SIGRIST, Helmut
STORM, Peter-Christoph
STURSBERG, Rüdiger
TAUBERT, Sigfred
UNGETHÜM, Michael
WEHLE, Gerhard
WEISHAAR, Julius
WITSCHEL, Günter
WOLGAST, Eike

9. September

ALEXY, Robert
AMELUNXEN, Ferdinand
ARNOLD, Fritz
ASCHEID, Reiner
BARLAY, Ladislaus
BARTELS, August Wilhelm
BASCHE, Arnim
BEYER, Erwin
BRÄUTIGAM, Walter
BRICKENKAMP, Rolf
DEGEN, Dieter
DIETEL, Klaus-Günter
DÖRNER, Hans-Jürgen
FASTENRATH, Elmar Eduard
FEHLHAMMER, Wolf Peter
FELLINGER, Imogen
FISCHER, Albert
FISCHER, Helmut
FRÖSCHLE, Ernst
GÄRTNER, Gerhard D.
GARBE, Herbert
GELSHORN, Theodor
GÖRIG, Heinz
HACKL, Georg
HAFTENDORN, Helga
HAGE, Volker
HECKER, Rudolf
HELMLÉ, Eugen
HERREN, Rüdiger
HOEDERATH, Günter
HÖSS, Dieter
HOHMEIER, Jürgen
HOSTICKA, Bedrich
HUCKSCHLAG, Günter
HUGGLE, Michael
HUNDHAUSEN, Eckhard
INDEN, Wilhelm
KETTLER, Georg
KLEMM, Lothar
KNAPP, Werner
KRUMM, Klaus
LACHMANN, Rainer
LANGE, Horst Peter
LAUERBACH, Erwin
LIESENDAHL, Heinz
LORENZ, Rüdiger
LUTZ, Wolfgang
MANTHEY, Gerhard
MARKEFKA, Manfred
MATTHÄUS-MAIER, Ingrid, geb. Matthäus
MOHR, Ernst-Günther
NOLTE, Eckhard
OTTNAD, Bernd
PLETICHA, Heinrich
POHL, Herbert
RATHOFER, Johannes
RAU, Gerhard
RESCHKE, Otto
ROEHRBEIN, Waldemar R.
SCHACK, Kurtreiner
SCHENK, Karl-Ernst
SCHMIEDEKNECHT, Kurt
SCHRADER, Carl
SCHRÖDER, Oskar
SCHRÖER, Heinrich
SCHULTE-VOGELHEIM, Margret
SCHULZ, Wilfried
SEIFERT, Gerhard
SEITZ, Tycho
SONTHEIMER, Heinrich
SPERK, Christian F.
SPRUCK, Arnold
STELZL, Ingeborg
STRUBELT, Otfried
STUMPF-RODENSTOCK, Michael
THAYSEN, Uwe
THYEN, Johann-Dietrich
TRIPPS, Manfred Wolfram
VOGEL, H. Gerhard
WEINERT, Franz Emanuel
WELZ, Bertram
WERNER, Otmar
WUCHERPFENNIG, Karl
WÜRTENBERGER, Franzsepp

10. September

BALTES, Werner
BAURS-KREY, Reinhold W.
BECKER, Michael
BEITZ, Wolfgang
BENECKE, Theodor
BENZ, Peter
BISANI, Fritz
BOEDER, Lutz
BÖTTNER, Karl-Heinz
BRAUNE, Gerd
BRINKMANN, Albert
BUDDE, Ludwig
BÜCHNER, Otto
BUSCH, Ulrich
DELLING, Rudolf Manfred
FEHLING, Hermann
FIENHOLD, Wolfgang Günther
FISSLER, Rudolf
FLIEGER, Heinz
FRANK, Werner
GERHARDT, Ernst
GÖTTFRIED, Bartholomäus
GOTTWALD, Peter
GRÖTSCHEL, Martin
HANTEN, Alfred
HEILMANN, Hans-Dietrich
HENGSBACH, Franz
HIRSCH, Fritz
JAHN, Gerhard
KIESELACK, Heinz
KLAIBER, Bernd
KLUXEN, Kurt
KÜHBORTH, Wolfgang
KUHNE, Wilhelm
KUTZELNIGG, Werner
LUKAC, Alfred
MANSTETTEN, Rudolf
MEESSEN, Hubert
MOTZ, Wolfgang
NEUMANN, Volker
NEUSEL, Hans Heinrich
NOVY, Klaus
PREGEL, Dietrich
PURSCH, Cuno
RAATZ, Günther
RAMKE, Günter
ROBL, Karl
ROGGENKÄMPER, Peter
SCHLICHT, Herbert Friedrich
SCHMERBECK, Hans
SCHMITT, Anton
SCHNEIDRZIK, Willy Erich
SCHUFFNER, Florian
SCHULZE van LOON, Reiner
SCHWARZ, Dietrich
SEEGER, Rudolf
STAUFF, Joachim
STEIGERWALD, Karl-Heinz
THOMA, Elmar
THURNER, Franz
ULLERICH, Fritz-Helmut
WAGNER, Wilfried
WEIGELT, Werner
WOHN, Georg
WÜRMSEHER, Karl
WULFF, Hans-Colin
ZIEZOLD, Herbert

11. September

BAHNER, Ludwig
BAHR, Rudi
BAUER, Robert
BECKENBAUER, Franz
BRANNER, Karl
BROCKMEYER, Heinz
BUSHART, Bruno
CASTROP, Helmut
CORNIDES, Thomas
CORTI, Walter Robert
DEEGEN, Eckehard
DOBERER, Kurt K.
EHLERS, Henning Carsten
EICHENAUER, Walter
EISENLOHR, Ulrich
ERKEL, Willi
FELTKAMP, Herbert
FRANK, Harro
FREERKSEN, Enno
FUCHS, Karl
GEHL, Hermann Franz
GERKEN, Hartmut
GIESEN, Hermann
GROOTHOFF, Hans-Hermann
HEIB, Rudolf
HERRLICH, Horst
HINRICHS, Hans
HOFFMANN, Thomas
IDEN, Peter
JAKOBY, Richard
KARIGER, Albert
KARNAPP, Walter
KAYSER, Rolf
KLAGES, Gerhard
KOENIGSWALD, von, Wighart
KOSCHEL, Klaus
KRASEMANN, Hans Gerd
KROPF, Heinz
LANG, Hermann
LUIG, Klaus
MANN, Are
MAUERSBERGER, Frank
MEINDEL, Franz
MINNIGERODE, Bernhard
MOLT, Peter
MORAVETZ, Bruno Stefan
PALITZSCH, Peter
PEISL, Johann S. (Hans)
REH, Hans-Joachim
ROLOFF, Hans-Gert
RONNER, Emil-Ernst
RUPPIN, Hans
SANNEMANN, Wolfgang
SARTORIUS, Horst
SCHMICKLER, Wolfgang
SCHNEIDER von SOVÁR, Johann Alexander
SCHOLZ, Günther
SCHRÖDER, Gerhard
SCHRÖPFER, Johannes
SCHURR, Johannes
SCHWARZMAIER, Michael
SCHWASS (ß), Jürgen
SUMP, Richard
TANTAU, Hans Jürgen
VOGT, Hans
VOIGT, Heinz
WALDRICH, Otto
WEHLER, Hans-Ulrich
WÜNSCHE, Günther
WÜNSCHE, Paul

12. September

AMELUNXEN, Clemens
ARBTER, Manfred Josef
BAUR, Jürgen
BECHER, Kurt A.
BENEDIX-ENGLER, Ursula
BENNHOLDT-THOMSEN, Veronika
BERGER, Norbert (Bert)
BRAUN, Kurt
BRUMM, Gernot
BUTTLAR, von, Adrian
DÄHNE, Erwin
DÄHNERT, Burkhard
DEGENHARDT, Karl-Heinz
DÜRRSON, Werner
EY, Friedemann
FEHRMANN, Wilderich
FLUME, Werner
FRANK, Hubert Konrad
FREUND, J. Hellmut
FUCHS, Heinz S.
FUHRMANN, Walter
GAYER, Jürgen
GIOVANNINI, Marco
GOERDELER, Joachim
GRÜNEWALD, Herbert
HENNINGSEN, Dierk
HERBERG, Horst
HINZ, Günther F.
HÖFFE, Otfried
HÖHLER, Gerhard
HOFFMANN, Erich
HORSTER, Detlef
HÜTHIG, Alfred
IBAÑEZ, Roberto
JACOBY, Gerhard
JUG, Karl
KAHMANN, Uli
KALM, Ernst
KATZ, Norbert R.
KEMPSKI, Ritter von, Josef
KIRSCH, Wolfgang
KUMMERT, Paul
LINDNER, Erich
LINGNAU, Josef
LUSTIG, Ernst
MEISE, Wilhelm
METZNER, Karl Hans
MORSBACH, Adolf
MÜNICH, William
NEIDHÖFER, Gerhard
NEITZKE, Klaus
NICOLAI, Sibylle
NÖTH, Winfried Maximilian
NUSSER, Franz
POHL, Gunther
RENK, Rolf
REXRODT, Günter
RÖHRL, Manfred
ROSENBERGER, von, Eberhard
RUHSTRAT, Ernst-Adolf
SALCHOW, Roland
SAUER, Hubert
SCHAECHTERLE, Walter H.
SCHEPP, Georg
SCHÖNSTEDT, Arno
SCHULTZE, Arnold
SCHWAB, Herbert Paul
SORGER, Karlheinz
STRAUB, Heinrich
STREHLE, Hans M.
TOTOK, Wilhelm
WERRES, Johannes
WILBERT, Karl-Jürgen
WITTLICH, Bernhard
WOLF, Alois
ZIMMERMANN, Harald

13. September

AECKERLE, Fritz
BAX, Hans
BECK, Hanno
BECKHOFF, Ernst
BÖRNKE, Fritz
DIECKMANN, Hans
DYCKERHOFF, Harald
EHRENBERG, Hans
ENDERS, Rolf
FALTLHAUSER, Kurt
FEHLER, Wilhelm
FRERK, Peter
FUNNEN, Hans Ulrich
GEISSLER (ß), Erich E.
GEORGE, Siegfried
de GRAAF, Tonnie
GRABER, Rudolf
GRABOWSKI, Rainer
GROHME, Sigrid
GROSS (ß), Heinrich
GUGEL, von, Fabius
GUTBROD, Rolf
HABER, Wolfgang
HAMMERSCHMIDT, Rudolf
HEINRICH, Rolf
HENNING, Wilhelm
HESSE, Eberhard
HRUSCHKA, Erhard
JUNG, Ulrich
KARG, Theodor
KLINZ, Wolf R.
KLÖCKNER, Heinz
KNAUER, Norbert
KOLLING, Alfons
KRAUTH, Joachim
KRÜGER, Arnold
LEHMANN-EHLERT, Klaus
LEMMER, Gerd
LUDWIG, Wolfgang
MAETSCHKE, Walter
MAMPEL, Siegfried
MARSCHALL, Hans
MARTIN, Erich
MEVES, Hans
MÜHLSCHLEGEL, Bernhard
NEU, Tilmann
NEUBELT, Wolfgang
NEUERBURG, Gottfried
NOZAR, Manfred
OEHMKE, Hans-Joachim
PASSREITER (ß), Alois
PEKÁRY, Thomas
PFLAGNER, Margarete Herta, geb. Schneider
POETHEN, Johannes
PRALLE, Hans
ROHWER-KAHLMANN, Harry
RUDOLPH, Hans-Joachim
SALECKER, Helmut
SASS (ß), Herbert
SAXOWSKI, Karl-Heinz
SCHMALENBACH, Werner
SCHÖN, Lothar
SCHRAMM-WÖHLMANN, Horst
SCHROEDER, Udo
SPRENGLER-RUPPENTHAL, Anneliese
STEIN, Paul A.
STÖRMER, Wilhelm
STOPP, Hugo
STRECKER, Heinrich
STROMBERGER, Robert
STUPPERICH, Robert
VOGEL, Martin
WEHNER, Friedrich
WOLFF, Michael Johannes
WOOPEN, Albert
ZIERLEIN, Karl-Georg
ZIMMER, Siegfried

14. September

ANDREE, Hans-Martin
BECKERLE, Monika
BLIESENER, Max
BOSECK, Siegfried
BROCKHAUS, Lutz
BÜLOW, Erich
CLARIN, Hans
DAMM, von, Jürgen
DENGS, Udo
DICKLER, Erich
DIECKHÖFER, Klemens
FREUDENBERGER, Klaus
GALLWITZ, Klaus
GERNDT, Fritz
GOY, Sebastian
HAAG, Friedrich
HAAS, Walter
HAGEN, Dieter
HEINEN, Heinz
HEINRICHS, Erich-Joseph
HEISTERMANN, Walter
HENSCHEID, Eckhard
HIERONYMI, Günther
HÖRMANN, Hermann
HUTMACHER, Rahel
ISENBURG, Wilhelm
JAENICKE, Lothar
KIRSCH, Augustin
KLARE, Karl
KLESSINGER, Martin
KOHUT, Karl
KRAUCH, Carl Heinrich
KUBELKA, Margarete
KUDER, Manfred
LANDERS, Siegfried
LEUE, Ernst
LINDEINER-WILDAU, von, Klaus
LÖB, Horst
MAURER, Helmut
MAY, Georg
MESKE, Christoph
MICHATSCH, Walter

Geburtstagsliste
14. September – 20. September

MITTER, Wolfgang
MÖLLENSTEDT, Gottfried
MÜLDER, Jürgen B.
NAGEL, Dieter
PAWELKE, Ansgar
PLESCHER, Helmut
REESE, Jürgen
REICHARDT, Heinz Werner
RETHMANN, Norbert
RETTER, Hein
RIBER, Jean-Claude
RITTELMEYER, Christian
RÖSSLE (ß), Franz Xaver
ROGOWSKI, Fritz
RUDERT, Albert
RUST, Heinz
SCHNEIDER, Holger Kurt
SCHRÖTER, Hans-Werner
SCHWARZ, Rudolf
STAUDT, Klaus
STEIN, Irmgard
STRATMANN, Heinrich
STÜWE, Hein-Peter
TREPTOW, Werner
ULLRICH, Helmut
UNGER, Hans-Georg
WEBER, Albert E.
WEBER, Günther
WEBER, Helmut
WEINSCHENK, Curt
WEISS (ß), Ernst
WEISS-THIELE, Günther
WICHELHAUS, Hans
WITT, Matthias
ZISCHKA, Anton

15. September

AHLSWEDE, Rudolf
BADER, Walter
BÄTSCHMANN, Oskar
BECK, Peter
BECKER-DÖRING, Ilse,
 geb. Döring
BÖHM, Erika
BORSE, Udo
BRANDENBURGER, Egon
BRANDI, Ernst
COLLET, Hugo
DASSLER, Armin A.
DEHLER, Klaus
DIALER, Kurt
DITTBRENNER, Arnold
DÖRNHÖFER, Alfred
DOMKE, Helmut
DYBA, Johannes
EGGERS, Christian
EISCH, Erich
FILBINGER, Hans
FITZ, Lisa
FÖRSTER, Eckehard
GANSER, Karl
GOTTWALD, Hans-Dieter
GRANOW, Dietrich
GRUNDLER, Erwin
HAHN, Helmut
HECKMANN, Paul Henrich
HEEB, Reiner
HERBST, Gerhard
HERING, Jürgen
HOFFMANN, Klaus-Hubert
HUNZINGER, Claus-Hunno
KLEIN-ILBECK, Herbert
KNUDSEN, Knud
KOCH, Wilhelm
KÖRBER, Manfred J.
LANGE, Rudolf Hartwig
LAUX, Hartmut Hermann
LEICHERT, Paul
LEUTNER, Reinhard
LIEBEROTH-LEDEN, Horst
LOBENHOFFER, Hans
LÜCKE, Wolfgang
LÜSCHER, Edgar
MAHLER, Gerhard
MAHLMANN, Theodor
MARTINI, Wolfram
METZNER, Helmut
MIKI, Mie
OESTERLEIN, Willi
OHLIG, Karl-Heinz
PILGRIM, Horst
PLENGE, Erich
POLLMANN, Josef
QUADFLIEG, Will
RINK, Hermann
ROTH, Adolf
RUPP, Gerhard
SAUER, Helmut Alfred
SCHALLER, Theo(dor)
SCHÖN, Helmut
SCHULZ, Ralph-Hardo
SCHUMACHER, Rudolf
SEEBODE, Manfred
SELOWSKY, Rolf
SOMMER, Johann-Georg
SOUCI, S. Walter
STEINHOFF, Johannes
STIELOW, Jörn P.
UECKER, Gerd
VORLAUFER, Karl
WAXLAX, Lorne R.
WEGENER, Heinz
WETTSTEIN, Horst
WIESENTHAL, Fritz
WILP, Charles Paul
WIMMER, Wilhelm
WITZGALL, Hans

16. September

ARNIM, Graf von, Sieghart
BENZ, Eberhard
BORDASCH, Fritz
BROSSMER (ß), Max
BUCHER, Alexius Jakob
BÜRGEL, J. Christoph
BURSCHEL, Peter
DETTMANN, Günther
EHLERS, Carl-Theo
ENGELHARD, Hans Arnold
FELIX, Rainer
FISCHER, Andreas Friedrich
FITEK, Erich
FREUDENBERG, Günter
GERNDT, Helge
GÖTZ, Franz
GOLL, Ralf M.
GRIES, Ekkehard
GRIESHABER, Bruno
HABIG, Wolfgang
HAGE, Franz
HAGER, Günter
HELCK, Hans-Wolfgang
HERZIG, Manfred
HESS, Moshe Gerhard
HEUMANN, Klaus Gustav
HOPPENSTEDT,
 Dietrich Hermann
KEYL, Hans-Günther
KOTTMEIER, Klaus
KRENGEL, Rolf
KUTTLER, Wilhelm
LAFONTAINE, Oskar
LANGE, Heinz-Joachim
LANGER, Wolfram
LIESS (ß), Bernhard
MEYER, Helmut
MOECK, Hermann
MÜLLER, Heinz Alfred
MÜLLER-BLATTAU,
 Wendelin
PLATEN, Emil
PRECHTL, Manfred
PUTZO, Hans Georg
RAIDT, Fritz
RICHTER, Rudi
RICHTER, Uwe
ROHE, Bernhard F.
SCHMIDT, Robert Franz
SCHREY, Heinz-Horst
SCHÜLLER, Walter
SCHÜNKE, Lothar
SEIBEL, Claus
SIEVEKING, Friedrich
SPRUNG, Rudolf
STEINER, Udo-Dietrich
STEINHAUER, Friedrich
STELLWAG, Peter
STRAUCH, Rudolf
THUROW, Norbert
TRAPP, Karl
TRÜCK, Klaus
VILAR, Esther
VOGEL, Christian
WEISE, Wolfgang

WERNER, Gerd Peter
WIESEN, Heinrich
WIESENKÄMPER, Willi
WÖLFEL, Ursula,
 geb. Koethke
WOESLER, Emmi
YSENBURG und
 BÜDINGEN, Fürst zu,
 Otto Friedrich

17. September

ACKER, Ludwig
ALT, Christian
ASHLEY, Helmuth
BAUSINGER, Hermann
BECHERT, Johannes
BISCHOFF, Gerhard, Otto
BLUHM, Hans-Dieter
BÖCK, Emmi
BÖCKELER, Wolfgang
BREYCHA, Ottokar W.
BRUNN, Anke
BÜRGER, Alfons
CARSTEN, Peter-Michael
CHRISTENSEN, Helmuth
CLEMENS, Adolf
DENTLER, Theodor
DOEBEL, Günter
EBHARDT, Gisela
EICHNER, Walter
EKLÖH, Hartmut
FISCHER, Günter
FÖRSTER, Hansgeorg
FRIEDEBOLD, Günter
GAGEL, Ernst
GRIESSMANN (ß),
 Heinrich
GRÜNBECK, Josef
GRÜNSCHLÄGER, Richard
HAY, Peter
HEHENKAMP, Theodor
HEINRICHS, Johannes
HENKE, Klaus-Dirk
HORN, Heinz
HORNDASCH, Matthias
KAUFHOLD, Karl
KLUGE, Gabriele
KRÖHER, Heinrich
KRÜGER, Horst
LANG, Erich
LEHNERT, Siegfried
LORENZ, Kuno
MERKLEIN, Helmut
MESSNER, Reinhold
OESTERLE, Carl Otto
PAETZOLD, Frank
PETRASCH, Ernst
PHILIPPI, Lotte
PÖHLMANN, Dieter
RAPHAEL, Walter
RÖHR, Christian J.
ROH, Juliane,
 geb. Bartsch
RUSSE, Hermann-Josef
SCHMIDT-HÄUER,
 Christian
SCHMITZ, Wilhelm
SCHREIBER, Hans Wilhelm
SCHÜLER, Klaus W.
SCHÜTZ, Klaus
SCHWARZ, Karl
SEGGEWISS, Wilhelm
SIEDENTOPF, Hans-Georg
STAPF, Kurt-Hermann
TELLENBACH, Gerd
TENT, Lothar
THÜMEN, von, Achaz
TIEFENBACH, Heinrich
TILLMANN, Klaus-Jürgen
UEBEL, Erich
VELSINGER, Paul
VOGES, Wolfgang Otto
WAGENER, Hans-Henrich
WEIS, Heidelinde
WIDMANN, Rudolf
WISOTZKI, Karl Heinz
WITTIG-TERHARDT,
 Margret
YUN, Isang
ZECH, Sabine
ZIMMERMANN, Friedrich K.
ZIMMERMANN, Karl August
ZINKANN, Peter-Christian

18. September

AKTOPRAK, Levent
BAUER, Gerhard
BAUS, Karl
BEHRENDT, Walter
BERGER, Juliane Helene
BÖGER, Helmut
DENKLER, Horst
DIEM, Liselott,
 geb. Bail
FAHRENBERG, Jochen
FELDMANN, Gerhard
FEROLLI, Beatrice
FRAGSTEIN, von, Conrad
GIESECKE, Jürgen
GLESKE, Leonhard
GREGOR, Ulrich
HAAS, Erwin
HAFT, Fritjof
HAMMERMANN, Herbert
HAUSMANN, Gottfried
HEFERMEHL, Wolfgang
HEIDER, Egon
HELLER, Alois
HERRMANN, Richard
HERTZ-EICHENRODE,
 Dieter
IRSIGLER, Franz
JACOB, Wolfgang
JANTZEN, Karl-Heinz
JEZIOROWSKI, Jürgen
KLEINHERNE, Walter
KUBALLA, Wolfgang
KUMMER, Dieter
LAUENSTEIN, Helmut
LOTZ, Kurt
LUCKENBACH, Helga
 (Seeger-Luckenbach)
LUCKER, Elisabeth
LURCH, Carl-Heinz
MALANGRÉ, Kurt
MAPPES, Alfons
MICHEL, Markus
MÜHRINGER, Doris
MÜLLER-GERBES, Geert
NITSCHKE, August
ORTNER, Gerhard E.
PAULINA-MÜRL,
 Lianne-Maren
REIMANN, Hartwig
REISING, Anton
RENGER, Johannes
RITTER, Klaus
RÖSCH, Günter
ROHEN, Johannes W.
SCHÄUBLE, Wolfgang
SCHLANGE, Hildburg
SCHLITT, Gerhard
SCHMIDT, Klaus
SCHRANK, Gustav
SCHWARZ, Kurt
THIEL, Josef Franz
TISCHLER, Karl-Felix
VIESER-AICHBICHLER,
 Dolores
WEBER, Ulrich
WEIZEL, Rainer
WESTENDORF, Wolfhart
WIMMER, Ruprecht
ZÜRN, Günter L.

19. September

ABERT, Anna Amalie
ACHER, Anton
ACKERMANN, Fridjof
AREND, Fritz
BABILAS, Wolfgang
BARTHELMEH, Hans Adolf
BECKER, Kurt E.
BERGER, Klaus
BINDSEIL, Reinhart
BÖCKENFÖRDE,
 Ernst-Wolfgang
BOEHM, Gottfried K.
BRUCKSCHEN,
 Hans-Hermann
BULHOF, Francis
BUSSE, Peter
CORDUA, Klaus-Otto
DAMMANN, Anna

DEBUCH, Hildegard
DEBUS, Kurt
DIETRICH, Georg
EBERT, Kurt
ELSTNER, Erich
FRANK, Helmut
GALLINER, Peter
GEYER, Eduard
GIES, Horst
GLASER, Hans-Georg
GOEBEL, Werner
GOEDECKE, Wolfgang
GÖTZE, Paul
GOMMEL, Günther
GRASSER, Emil
GREINER, Ulrich
GRUPEN, Claus
GRUS, Paul
GÜNNEWIG, Gerhard-Wilhelm
GÜNTHER, Ulrich
HANSEN, Uwe
HEESE, van, Diethard
HEIDE, Winfried
HENNIGFELD, Jochem
HOCK, Bertold
HÖHN, Charlotte
HÖRNER, Horst
HOFFMANN, Ernst
HOLSTE, Werner
HORTON, Peter
JAENE, Hans Dieter
KALLENBERG, Fritz
KAMINSKI, Gerhard
KARTHAUS, Ulrich
KESSLER (ß), Joachim
KIERAS, Paul
KLASEN, Anton
KLETT, Thomas
KNICK, Bernhard
KNORR, Dietrich
KOCK, Erich
KÖPF, Gerhard
KÖSTER, Hans
KRAWITZ, Walter
LILLIE, Roland
LIST, Wolfgang
LUNGWITZ, Harald
LUNIN, Hanno
MARX, Werner
MEISER, Ernst
MÜLLER, Reiner W.
NORTMANN, Joachim
PORSCHE, Ferdinand (Ferry)
RÜBESAMEN, Hans Eckart
RUPERTI, Marina
SANNWALD, Wolfgang
SCHEDEL, Franz
SCHULTZ, Hans Jürgen
SIEBECK, Wolfram
SIMON, Hans-Arno
STEFFEN, Günther
STELBRINK, Rudolf
STILLER, Niklas
STRIZIC, Zdenko
STRUNZ, Horst
THOENIES, Hans
TRANTOW, Herbert
TRETTNER, Heinz
TRIPATHI, Chandrabhal
TROCKELS, Friedrich
UHL, Hugo
WAASEN, van, Günter
WAGNER, Jürgen
WEIGELT, Willi
WERSCHE, Dietrich
WILCKE, Henning
WOHLFAHRT, Theodor A.
ZAUNER, Friedrich Ch.
ZELLER, Bernhard

20. September

ALBERS, Gerd
ALNOR, Peter Christian
ALTRICHTER, Dagmar
ANGERER, August
BADER, Josef
BECKER, Karl
BECKMANN, Klaus
BEUTLER, Johannes Eduard
BODE, Arndt
BOELCKE, Willi
BONOW, Dieter

20. September

BORSODY, von, Hans
BRAUNS, Adolf
BRINSA, Ulrich
BRUNNER, Hans Peter
BUCHBORN, Eberhard
BUTENUTH-MANI, Claudia
CHRISTIANSEN, Sabine,
 geb. Frahm
CLAUSSEN, Karl Eduard
CORDUA, Rudolf
CRAMER, Friedrich
DIEL, Rolf
DUDEN, Fritz-Christoph
EBEL, Heinz
EHRKE, Franz
EHRLEIN, Hans-Jörg
ERTLE, Hans Jürgen
FISCHER, Gerhard
FLEISCHMANN, Bernhard
FROTSCHER, Werner
GRAUNKE, Kurt
HABERICH, Franz-Josef
HARTENSTEIN, Liesel,
 geb. Rössler
HEIZMANN, Adolf
HENNEMANN, Heinz Harald
HERRMANN, Helmut
HORENBURG, Wolf
HORNSTEIN, Herbert
HUHNSTOCK, Karl-Heinz
JENTSCH, Hans-Joachim
KAPPELER, Andreas
KLÜVER, Detlef
KNÖPFEL, Willi
KOCH, Thilo
KOSTA, Peter
KUDELLA, Peter
KUNKEL, Klaus
KUNZE, Hanns-Ulrich
KUROPKA, Joachim
LÄMMERT, Eberhard
LANDAU, Edwin M.
LEICHT, Hans-Herbert
MAASS (ß), Dieter
MENZE, Clemens
MIELKE, Friedrich
NEUMANN, Peter
OETKER, Rudolf-August
ORTH, Alfred
PARCHWITZ, Rolf P.
PETER, Helmut
PRIMAVESI,
 Carl Alexander
RAPPE, Hermann
REITZE, Paul F.
RICHTER, Armin
RÖGENER, Heinz
ROTHSTEIN, Jürgen Karl
SALMEN, Walter
SCHMIDT, Dirk
SCHRIEFERS, Heinz
SCHRUMPF, Emil
SCHÜPPERT, Helga
SCHÜRENBERG, Walter
SEITZ, Dieter
STEIERWALD, Gerd
STRUCKSBERG, Michael
ULSHÖFER, Waltraud
UNSELD, Joachim
VALTIN, Renate
VANDENBERG, Philipp
WAGNER, Heinz-Georg
WALDBURG-ZEIL,
 Graf von, Alois
WEILING, Franz
WOLL, Ludwig J.
WÜLKER, Wolfgang
WÜRTHWEIN, Ernst
ZENS, Hans

21. September

ADENAUER, Konrad
ADENAUER, Max
BAUER, Helmut F.
BAUR, Gerhard W.
BECKER, Karl-Heinz
BECKER, Ulrich
BEHRENS, Gerold
BERDING, Helmut
BERGER, Wolfgang
BORCKE, von, Mathias
BRAUN, Ludwig Georg
DÄHN, Herbert W.
DÜCKER, Helmut
EHRT, Robert
ETTL, Wolfgang
FRANKE, Hans
FREY, Hans-Hasso
FUHRMANN, Jürgen
GERSTENHAUER, Armin
GILMORE, Gail Varina
GOEPFERT, Günter
GRELL, Helmut
HAASE, Henning
HARVIE, Christopher Thomas
HERR, Wilfrid
HERZOG, Werner
HOFFMANN, Rüdiger
HOHENEMSER, Herbert
HOLTZ, Walter
HORNIG, Gottfried
HUCKRIEDE, Reinhold
HUECK, Götz
JANTKE, Carl
JÜRGENS, Franz-Heinrich
JUNCKER, Klaus
KEHLMANN, Michael
KELKER, Hans
KLEIST-RETZOW, von,
 Heinrich
KÖHNE, Manfred
KORDON, Klaus
KRÜGER, Walter
LICHTENBERG, Ernst
LÜTTIG, Gerd
MADER, Roland
MAYER, Claus-Jürgen
MEHL, Dieter
MEINZOLT, Gerhard
MEYER, Otto
MOHS, Martin H.
MÜLLER, von,
 Heinrich-Wolfgang
NEUKIRCH, Helmut
NISSEN, Gerhardt
OBERREUTER, Heinrich
OSTEROTH, Dieter
QUENZEL, Heinrich
RABE, Karl
RICHTER, Achim
RICHTER, Johannes
ROLFES, Hans-Dieter
RONELLENFITSCH,
 Michael
ROTH, Hans
SAUER, Heinrich
SCHICK, Manfred
SCHICK, Walter
SCHMELTER, Kurt
SCHMIDT, Heinz-Günther
SCHMIDT, Helmut G.
SCHNELL, Stefan
SCHRÖDER, Heinrich
SEHI, Meinrad
SIEGEL, Theodor
SUCK, Walter
TORRIANI, Vico
UNRUH, Hartmut
VASOVEC, Ernst
VOLZE, Harald
WICK, Klaus
WIEGAND, Otmar Karl
WOLF, Hellmuth
ZIMMERMANN, Roland

22. September

BENSELER, Frank
BEYERMANN, Klaus
BLASS (ß), Peter Julius
BLUM, Reinhard
BOBBERT, Josef Alfons
BOESLER, Klaus-Achim
BONN, Gisela
CASPERS, Heinz
CEZANNE, Wolfgang
CRAMER, Jeannette,
 geb. Chemin-Petit
DAHRENDORF, Ingo
DREYER, Paul Uwe
EBBERT, Fritz
EHLERT, Claus Paul Ernst
ENDE, Werner
ERNST, Hanno
ESSER, Karl-Heinz
FISCHER-FABIAN,
 Siegfried
FLORET, Klaus
GEFAHRT, Josef
GENTNER, Wolf-Dieter
GOLTZ, Graf von der, Hans
GOTTWALD, Björn A.
HAARMANN, Ulrich
HARDT, Manfred
HASSINGER, Erich
HAUS, von, Gerhard
HELMCKE, Hans
HENNING, Ulf
HÖMIG, Herbert
HOPKINS, Edwin Arnley
HUNDSNURSCHER, Franz
JÄGER, Volker
JOCHIMS, Raimer
JUNG, Gerhard
KARST, Theodor
KEIMEL, Klaus
KELLER, Rainer
KLOCKE, Jürgen
KOLBERG, Franz
KROCHMANN, Jürgen
KUNTZSCH, Matthias
LAMBSDORFF, Graf,
 Hans Georg
LANGE, Rudolf
LINNEWEH, Friedrich
LOWITZ, Siegfried
LUDEWIG, Erwin
MAYER, Dieter Heinzjörg
MEYENBORG, Ulrich
MÜLLER, Egon
MÜLLER-RUCHHOLTZ,
 Wolfgang
OLDENKOTT, Bernd
OPPEK, Ernst
PANDULA, Petr
PETHIG, Rüdiger
PORNSCHLEGEL, Hans
PRÉVÔT, Robert
PUNTEL, Lorenz Bruno
QUACK, Friedrich
QUERNER, Hans
RECK, Ralf
REIMNITZ, Jürgen
REITMEIER, Lorenz
REVENTLOW, Graf von,
 Henning
RIMPLER, Horst
RÖHRS, Manfred
RÖSCHLEIN, Virgilio
SCHÄFER, Ludwig
SCHENKE, Rudolf
SCHOBERT, Walter
SCHÖTTLE, Ventur
SCHUBERT, Gerhard
SCHWERING, Hans
SIEBENEICHER, Joachim
SPÄING, Ingo
SPECHT, Wilhelm
STOPFKUCHEN, Karl
TACKE, Karl
TENBRUCK, Friedrich H.
THALACKER, Rudolf
TZSCHASCHEL, Gerta E.,
 geb. Pütter
VEITER, Theodor
VOLLMAR, Jörg-Friedrich
WALTER, Kurt
WARTENBERG, von,
 Ludolf-Georg
WEINREBE, Helmut
WELGE, Martin K.
WEWERKA, Michael J.
WIRTH, Franz-Peter
WITTE, Siegfried
ZINN, Karl Georg

23. September

ALTENMÜLLER, Hartwig
AVERY, James
BERGE, Heinz
BETHUSY-HUC,
 Gräfin von, Viola
BINDSEIL, Ilse
BLEULER, Konrad
BREITSCHWERDT,
 Werner
BRÜCK, Alwin
BRÜCKMANN, Walter
BRUNNER, Karl
BÜNTE, Carl-August
CLAAS, Günther
DIETER, Werner H.
DOHM, Gaby
DORFMÜLLER, Thomas
EBBRECHT, Günter
ELM, Kaspar
ESRIG, David
EY, Richard
GEIST, Manfred August
GERÖ, Stephan
GOCKEL, Heinz
GOETTE, Gerhard
GRASZYNSKI, Kai
GREVE, Ludwig
GRÜBEL, Ilona
HAHN, Hellmuth
HEINRICH, Klaus
HEINRICH, Peter Claus
HELLIESEN, Tore
HENTIG, von, Hartmut
HERMS, Hans-Joachim
HRBEK, Rudolf
JASTORFF, Bernd
JENDORFF, Bernhard
JORSWIECK, Eduard
KALTENBACH, Martin
KAYSER, Uwe
KÖLSCH, Eckehart
KÖSSEL, Karl
KOHLHEPP, Irmgard
KORTING, Günter
KREUTZMANN, Heinz
KUTZBACH, Karl August
LEISTER, Rolf-Dieter
MARIACHER, Anton
MEYSENBUG, Freiherr von,
 Carl-Max
ONDRACEK, Gerhard
PARLASCA, Klaus
PERSCHY, Maria
PETERS, Werner
PHILIPP, Manfred
POLHEIM, Karl Konrad
REINKING, Gabriel
RHAESE, Hans-Jürgen
ROTHAUGE, Carl Friedrich
ROTTHOFF, Gottfried
SCHARF, Wilfried
SCHILLING, Hans
SCHMIDT, Axel Emil
SCHÖNEMANN, Erwin
SECKLER, Max
SEIDENATHER, Hans
SPRINGENSGUTH, Jost
SPRINGHORN, Rainer
STRAUCH, Rudi
STREBEL, Heinz
STREHLE, Franz Josef
STÜRZBECHER, Klaus
THORWALD, Achim
TIETZ, Georg
VOGT, Franz
WALTER, Norbert
WENDT, Günther
WINZ, Karl
WISNIEWSKI, Roswitha
WULF, Detlev
ZIMMERMANN, Geert Otto

24. September

BACHÉR, Ingrid
BAUMGÄRTEL, Gottfried
BIENERT, Wolfgang A.
BRINCKMANN, Christian
BUCHLER, Johann
BÜSCH, Wolfgang
BÜSCHGES, Günter
CARL, Wolfgang
CHRONZ, Horst, Bruno
COSIN, Catharina
DERBEN, Hans
DIERKES, Meinolf
DIRX, Willi
ENGELKEN, Hans Gerhard
EVERS, Hans
FABIAN, Bernhard
FALCK, Wolfgang
FÖRTSCH, Otto
FRANZ, Gerhard
GERLICH, Alois
GERMER, Henning
GIUDICE, Henry M.
GÖRNER, Peter
GÖZ, Siegfried
HANSEN, Uwe
HARTEN, Jürgen
HASEMANN, Klaus
HAX, Herbert
HEYER, Günther
HINDERER, Fritz
HOBERG, Heinz
HOLZWARTH, Gottfried
HÜSER, Karl
HÜTTERMANN, Armin
JANSSEN (ß), Werner
JUNGMANN, Horst
KEPPER, Hans
KIESECKER, Horst
KNEITZ, Herbert
KOCH, Conrad
KOCH, Helmut
KUPSCH, Hermann
KUSS, Horst
LANDRÉ, Heinz F.
LAUTERBACH, Heinrich
LÖFFLER, Hans-Jürgen
LOTH, Wilhelm
MAHLER, Margot
MANN, Gerhard
MEISSNER, Hans Günther
MÖHN, Edwin
OLBRICH, Wilfried
OLESCH, Reinhold
POTHMANN, Eberhard
PREUNER, Rudolf
REICHERT, Bernd
REIMANN, Norbert
RING, Peter
ROCKER, Kurt
SACHTLEBEN, Horst
SALLMANN, Klaus Günther
SCHEIBE, Erhard
SCHMID, Karl-Theodor
SCHUBEL, Friedrich
SEYBOLD, Detlef
SIEKMANN, Julius
SIES, Walter
SPARBERG, Lothar F. W.
SPITELLER, Gerhard
STEIN, Ekkehart
STEINHÄUSER, Emil W.
STIEFEL, Christian
STOLZ, Wolfgang
STORATH, Josef
STRELETZ, Haidi
TEWES, Rolf
UHDE, Jürgen
VELTRUP, Anton
VERMEER, Hans Josef
WALLMANN, Walter
WASCHKO, Hans Joachim
WECHSELBERG, Klaus
WEIHRAUCH, Georg
WEINRICH, Harald
WIEST,
 Wolfgang Hans-Hermann
WÖRNER, Manfred
WURCHE, Gottfried

25. September

ABSMEIER, Ludwig
AUFFERMANN, Jan-Dirk
BANTZ, Elmer
BAUSEWEIN, Michael
BEHRENS, Hans
BERENDT, Günter
BERG, Detlef
BIEKERT,
 Ernst Rudolf
BLEYLE, Kurt
BODMAN,
 Freiherr von u. zu,
 Heinrich
BÖSEL, Friedrich
BONSE, Ulrich
BREIT, Gerhard
BREITENBACH, Hans
BRÜGGEN, Jochen
BUTENSCHÖN,
 Hinrich-Timm
CASSEL, Dieter

Geburtstagsliste — 25. September – 30. September

25. September

CZERWENSKY, Gerhard
DELBRÜCK, Christian
DINGES, Karl
DOERRIES, Reinhard R.
DÜNFRÜNDT, Werner
ENGE, Hans Joachim
EULTGEM, Albert
FRITZE, Kornelius
FROMMEL, Christoph Luitpold
FÜLBERTH-SPERLING, Georg
GERTH, Ernst
GLÜCK, Wolfgang
GOERTZ, Hartmann
GRAF, Maxl (Maximilian)
HAINZ, Josef Georg
HANYS, Bedrich
HECKMANN, Herbert
HEPP, Karl Dietrich
HOLZHÄUER, Günter
JAISLE, Franz
JUNG, Ernst Friedrich
JUNKER, Albert
KAMPER, Ingrid P.
KÖNIG, Carmen
KRINGS, Hermann
KROHMANN, Elisabeth
KRUCK, Jürgen
LANG, Karl
LANGE, Hellmuth
LENIGER, Elfriede Katharina
MÄRKER, Roland
MATTHÖFER, Hans
MESTMÄCKER, Ernst-Joachim
METTMANN, Walter
MEYER, Eckart
MÜLDER, Dietrich
MÜNCH, Werner
NEUGEBAUER, Wilbert
NIEMEYER, Gisela
NÖLKE, Ernst-Ludwig
PFEIFFER, Alois
POSADOWSKY-WEHNER, Graf von, Harald
PREISING, Ernst
REMPPIS, Gerhard
ROSENBACH, Otto
RÜHE, Volker
RUFF, Theo(dor)
RULAND, Franz
SCHUSTER, Ludwig
SENSE, Silke
STAEHELIN, Martin
STUBBE, Helmut
TÜRNAU, Georg
ULEER, Nikolaus
VOLKMANN, Harald
WAGENER, Raimond
WEHRENALP, von, Erwin Barth
WEYER, Carl
ZIMPELMANN, Uwe
ZWING, Rainer

26. September

ALBRECHT, Dirk
BEITZ, Berthold
BLACHNIK, Roger
BOESCH, Wolfgang
BOGUSCH, Gottfried
BOHMEIER, Bernd
BOHRER, Karl Heinz
BOHRMANN, Hans
BOYENS, Uwe
BRICHTA, Emil
BRÜGELMANN, Gerd
CARLBERG, Michael
CHANG, Tsung-tung
CONRAD, Diethelm
CONRAD, Klaus
DIECKMANN von LAAR, Günther-August
DOETSCH, Richard Peter
FRICKER, Francois
FRIEDRICH, Rudolf W.
FROHBERG, Siegfried
FÜLLING, Helmfrid
GÄNSHIRT, Heinz
GRANDI, Hans
GRIEPHAN, Hans-Joachim
HAERTEL, Kurt
HAMANN, Ulrich
HENKEL, Christoph
HÖRLER, Rolf
HUCHZERMEYER, Hans
HÜLLER, Gisela
KÄHLER, Egon
KOLBECK, Rosemarie, geb. Friedrich
KRENZLIN, Anneliese
KREUZER, Arthur
KUNA, August Karl
KUNKEL, Günther (W. H.)
LIPPELT, Helga
MAU, Jürgen
MAYER, Josef
MAYRHOFER, Manfred
MEYER-PLATH, Bruno
MÖLLER, Paul
MORGENSTERN, Dietrich
MÜLLER, Walter W.
NENZEL, Walter
NITSCHKE, Eberhard
OESTERREICH, Erich
PLETT, Heinrich F.
PRÄTSCH, Kurt
REINSCH, Ernst-Albrecht
RIEMERSCHMID, Walter
SACKENHEIM, Rolf
SCHÄFER, Gerd Elmar
SCHMIDT-FALKENBERG, Heinz
SCHÜRRLE, Wolfgang
SOÉNIUS, Heinz
STRENGER, Hermann-Josef
THEDIECK, Franz
THIMME, Jürgen
THODEN, Uwe
TRAUPE, Brigitte, geb. Brewitz
TRAUTWEIN, Wolfgang
WELBRINK, Friedhelm
WILLEKE, Bernward H.
WOLF, Jörn Henning
ZAHN, Anton

27. September

ALBRECHT, Hans
ALPERS, Klaus
BARTSCH, Eckhard
BAUER, Jakob
BAUMANN, Eberhard François
BENNEMANN, Otto
BERG, Steffen
BESTMANN, Hans-Jürgen
BRAUER, Werner J.
BRAUN, Manfred
BRÖCKER, Fritz
CONZELMANN, Paul
DAMM, Renate, geb. Schünhoff
EBERT, Georg
EILERS, Wilhelm
EITEL, Karl
ELSHORST, Hansjörg
FEIFEL, Erich
FINK, Berthold H.
FORELL, Max Michel
FRANKE, Herbert
FUCHS, Werner
GABRIEL, Helmut
GARTNER, Werner J.
GEHLEN, von, Günter
GEIGER, Albert
GÖTZE, Lutz
GROTE, Wilhelm
GRUNDHEBER, Franz
GÜTTLER, Rainer Carl
HEILMANN, Wolf-Rüdiger
HEISS, Rudolf
HERLITZ, Klaus
HOGREBE, Wolfram
HONEGGER, Arthur
HUBER-HERING, Vita
JANETSCHEK, Albert
JOCKUSCH, Brigitte M.
JOERGES, Christian
KAISER, Heinz
KINNE, Rolf
KNÖBEL, Werner
KRAUSE, Hermann
KRAUSS, Ernst
KRÜTZFELDT, Werner
KÜGLER, Rudolf
LANGE, Lothar
LEMKE, Volker
LETTOW, Ellen
LEY, Hermann
LIPPMANN, Klaus
LOTZ, Max
MANN, Heinrich
MARTENS, Hans-Josef
MICHELS, Willi
MOHR, Heinz
MÜLLER, Günther
PEDDINGHAUS, Günter
PETERSEN, Karin
PICHT, Robert
PLOECKL, Peter-Rolf
PREUSS (ß), Fritz
QUINN, Freddy (Manfred)
REINHOLD, Heinz
RUPEC, Mladen
SATTER, Heinrich
SCHABRAM, Hans
SCHATT, Franz
SCHNACKENBURG, Hellmut
SCHNEIDER, Georg
SCHNETZ, Wolf Peter
SCHRAMM, Bernhard
SONNTAG, Brunhilde
SPIER, Wolfgang
TEGTMEIER, Werner
THURMAIR-MUMELTER, Maria-Luise
VITZTHUM, Otto G.
VÖLKER, Klaus
WESSNER, Kurt
WIMMEL, Walter
ZEITLER, Klaus
ZIMMERMANN, Rüdiger

28. September

ACKERMANN, Reinhard
ADELMANN von ADELMANNSFELDEN, Graf, Raban
ALTMANN, Kurt
ALTNÖDER, Jörg
BAUERT, Rudolf
BEHR, Wolfgang
DIETL, Annelies, geb. Bachl
DÖLL, Alfred
DÖRNER, Dietrich
DOLL, Hans Karl
DRIEHAUS, Hans-Joachim
ERBSLÖH, Joachim
EYLL, van, Klara
FABRICIUS, Cajus
FEHSE, Klaus-Dieter
FEILHAUER, Karl-Heinz
FLITNER, Andreas
FORSBACH, Edmund
GÖGLER, Eberhard
GOTTSCHALK, Dietrich Helmut
GREBEL, Dieter
GREFKES, Dirk
GRIES, Werner
GRUBER, Ferry
GRUNDMANN, Ekkehard
HEIMES, Wilfried
HENKEL, Gerhard
HENNICKE, Wiegand
HOFF, Heinz-Hermann
HOLLER, Alfred
HORCH, Hans-Henning
HÜTHIG, Holger B.
KANSTEIN, Ingeburg
KAZMIERZAK, Herbert J.
KLEEMANN, Dieter
KRASSER (ß), Rudolf
KRAUSS, Walther
KREBS, Claudio
LAMPARTER, Helmut
LANGSDORFF, Jens
LEISTENSCHNEIDER, Wolfgang
LEMMRICH, Karl-Heinz
MEDUGORAC, Ivan
METZ, Wolfgang
MEWS, Siegfried
MOMMERTZ, Karl Heinz
MÜTTER, Bernd
NETZER, Hans
NOACK, Barbara
NOACK, Paul
OEPEN, Heinz
OESTREICH, Carl
PATZIG, Günther
PENSELIN, Siegfried
PETERMANN, Franz
PFIRSCH, Dieter Erwin
PIGGE, Hellmut
PREUSS (ß), Günter
PÜHLER, Alfred
RAUCH, Fred
RICHTER, Rudolf
RIDDER-MELCHERS, Ilse
RIES, Gerhild
RÖMER, Ruth
ROTHMEYER-KAMNITZ, Helmut B.
SATTLER, Konrad
SCHÄFER, Klaus-Michael
SCHIRNDING, Freiherr von, Jobst
SCHLEY, Ulrich S.
SCHMELING, Max Siegfried
SCHMIDT, Bernhard
SCHNEIDER, Hans-Jochen
SCHULZ, Brunhilde
SEEBOLD, Elmar
SEIFFGE-KRENKE, Inge
SIEVERS, Angelika
STRATMANN, Walter
TESCHENDORFF, Lutz
UNRUH, von, Georg-Christoph
UNSELD, Siegfried
VITALI, Christoph Johannes
WEHMEIER, Jörg
WEISS, Carl Emmerich
ZIEGLER, Hubert
ZINTZ, Richard

29. September

ALTHAMMER, Georg
ANWEILER, Oskar
BAUMGART, Winfried
BECK, Wolfgang
BEELITZ, Günther
BOENISCH, Dietmar
BOSCH, Siegfried
BOTHE, Johannes
BRAND, Willi
CALDER, Clement Barrie
CLOSS, Heinz
DAUFENBACH, Wilhelm
DIESCH, Jörg
DUUS, Peter
EILERS, Ingo
FRISEE, Dieter
GEIGER, Michaela, geb. Rall
GÖÖCK, Roland
GÖRRES, Tilman
GRESCHAT, Martin
GROEBE, Hans
HAAS, Rainer
HARDACH, Gerd
HAUB, Erivan K.
HECHT, Martin
HIELSCHER, Margot
HOFFMANN, Julius
HOFMANN, Helge
HORN, Heinz (Heinrich)
HORNSTEIN, Walter
HOSEMANN, Hans
HÜBNER, Eberhard
HUSTON, Joseph P.
JAEGER, Nils
JARASS, Hans Dieter
JOHN, Steffen
JUNG, Fritz
JUNG, Johanna
KAISER, Diethelm
KAISER, Dorothea
KAROW, Otto
KAUP, Wilhelm F.
KERN, Horst Ernst
KLINGMÜLLER, Ernst
KNOP, Jan
KOCHAN, Detlef C.
KÖHLER, Karl
KÖPCKE, Karl-Heinz
KOESTER, Hermann
KRONES, Paul
LASCH, Hanns-Gotthard
LEICHT, Hugo
LEMKE, Helmut (gen. v. Soltenitz)
MAHNE, Erhard
MANG, Anton
MEHRGARDT, Otto
MISCHNICK, Wolfgang
MÜLLER-GRAFF, Peter-Christian
NEUMANN, Horst
NIEMITZ, Carsten
ORTEGA Y CARMONA, Alfonso
PETERSEN, Ulrich
PFANDER, Friedrich
POTHAST, Ulrich
RAMSAYER, Karl
RITTINGHAUS, Jürgen Helmut
RITTNER, Christian
RÖBEN, Wilhelm
ROLOFF, Jürgen
ROMMELSPACHER, Hans Josef
RÜDIGER, Kurt
SCHANZE, Heinz
SCHILLING, Wolf-Dietrich
SCHMIDT, Hans Dieter
SCHMÖLDERS, Günter
SCHULTE-MIDDELICH, Theodor
SCHWARTZKOPFF, Johann
SPIES, Peter Paul
STARCK, Dietrich
STOFFREGEN, Jürgen
STOLTENBERG, Gerhard
STÜRMER, Michael
SUDMANN, Heinrich
TIMMERMANN, Otto-Friedrich
TURNOVSKY, Martin
WASSERMANN, Martin
WEBER, Horst
WENZEL, Erich Kurt
WITT, Josef
WITTROCK, Karl
WUNDT, Wilhelm

30. September

ABERLE, Gerd
ALEXANDER, Volbert
AUFHAMMER, Walter
BAYER, Oswald
BECKER, Alois
BECKER, Jurek
BEHREND, Horst
BIEMER, Günter
BIERLE, Klaus
BILLER, Manfred
BLUME, Walter
BÖLLHOFF, Wolfgang
BUBENHEIMER, Ulrich
FAHR, Günther
FELIX, Wolfgang Walter
FLECKENSTEIN, Günter
FÖRDERER, Günter
GRABITZ, Eberhard
GRAEBE, Jan E.
HAGEMANN, Wolfgang
HAHN, Kurt
HANEMANN, Wilhelm
HEIBER, Harald
HEINEMANN, Hans
HENGSTMANN, Peter W.
HOFFMEISTER, Hans
HOLTERMANN, Erhard
HUNDT, Dieter
HUTTER, Josef R.
JÄCKEL, Hartmut
JAUN, Sam
JÜRGENS, Udo
KLEINPOPPEN, Hans
KNOTH, Joachim
KÖBERICH, Heiner
KREMER, Arnold

Geburtstagsliste

30. September - 5. Oktober

KRONENBERG, Andreas
KUNZMANN, Klaus R.
LALLINGER, Ludwig M.
LANGE, Elmar
LANGE, Hubert-H.
LEIBER, Bernfried
LEISING, Klaus
LÜBBEN, Gerd
LÜTHJE, Jürgen
MACHERAUCH, Eckard
MÄHLMANN, Peter
MEHLHORN, Heinz
MEYER-LAURIN, Harald
MONDI, Bruno
MORLOK, Jürgen
MÜLLER-HERMANN, Ernst
NARZISS (ß), Ludwig
NICKEL, Horst
PAESCHKE, Hans
PARK, Sung-Jo
PIEGSA, Joachim
RADEMAKER, Josef
REUTER, Gerhard
RITTER, Heinz
RÖHRIG, Georg
RUEDORFFER, Freiherr von, Axel
SAGEL, Konrad
SCHEIBNER, Peter G.
SCHLEEF, Andreas
SCHMÄHL, Dietrich Fritz
SCHMIDLI, Werner
SCHMIDT, Martin
SCHÖLLHAMMER, Kurt
SCHULZE WIERLING, Bernd
SCHWIRTZ, Axel Jürgen
SIEGEL, Ralph
SÖLLE, Dorothee
SPRICK-SCHÜTTE, Peter
SZYBOWICZ, Wolfgang
THUN, Alfred H.
TIESENHAUSEN, Freiherr von, Wolter
TILLMANN, Heinz-Günther
TÖLG, Arnold
TRAGESER, Martin
TRIEBEL, Wolfgang
UHLMANN, Werner
UNGERN-STERNBERG, Freiherr von, Axel Hermann
WABNER, Dietrich
WÄCHTER, Klaus
WAGNER, Otto
WALTER, Paul J.
WASEM, Erich
WINKLER, Cuno G.
ZINNER, Gerwalt

1. Oktober

AMBROSIUS, Gerhard
AZIZ, Omar
BARTHEIDEL, Heinz
BECHER, Walter
BOCK, Wolfgang J.
BROCHIER, Paul Eugen
BUNGENSTOCK, Wilfried
CAPRA, Ingeborg, geb. Teuffenbach
CICHON, Bruno W.
DAUER, Hanspeter
DRÜPPEL, Adolf
ENGELS, Jürgen
EWALD, Klaus
FABER, Heiko
FISCHER, Ulf
FLAGGE, Ingeborg
FLIEDNER, Theodor M.
FREY, Herbert
FRITZSCHE, Albrecht (Ali)
GABLER, Ulrich
GERICKE, Walter
GOPPEL, Alfons
GOSTISCHA, Emil
GROSS, Rudolf
GROSZER, Christoph
HAY, Paul Helmut
HEIDGER, Gerd
HEIFER, Ulrich
HELLMER, Joachim
HERMANNS, Fritz

KAMLAH, Ehrhard
KEIZ, Günter
KESSLER, Albrecht
KETTNER, Bernd-Ulrich
KILLMANN, Peter A.
KNETTER, Heinz
KRONENBERGER, Franz-Rudolph
LAMBY, Werner
LANGE, Karlheinz
LIPPSCHÜTZ, Alfred
MARQUARDT, Hans
MENNEMEIER, Franz Norbert
MEVEN, Peter
MICHEL, Joseph
MORITZ, Horst-Hubert
MUELDER, Dirk
MÜLLER-WARMUTH, Werner
NIEMEYER, Carl Wilhelm
OKSAAR, Els, geb. Järv
PARIS, Manfred
PERRIDON, Louis
PETERSEN, Kurt F.
PLEINES, Jürgen-Eckardt
POHL, Gregor
RAUEISER, Hans
RENGSTORF, Karl Heinrich
ROSH, Lea
RULLMANN, Hans Peter
SCHÄFER, Wolfgang
SCHLEMPP, Hans
SCHMIDT, Elard Roland
SCHMIDT-CLAUSEN, Kurt
SCHNEIDER, Alfred
SCHNEIDER, Helmut
SCHULTE-HILLEN, Gerd
SEYBOLD, Michael
STAHLBERG, Hermann
STEINER, Jacob
STOLL, Karl-Heinz
STRAHM, Christian Niklaus
STÜHLER, Waldemar
TRINCKER, Dietrich E. W.
VEHAR, Max
VOGEL, Helmut
VOGT, Gerd (Gerhard)
VOLLMER, Rainer
VOSSBEIN, Reinhard
WALDHÜTER, Werner
WALLRAFF, H. Günter
WEFERS, Wilhelm
WENDEROTH, Erich
WILMBUSSE, Reinhard
WOLFF, Ernst Amadeus
WOLFF, Günter
ZANKER, Valentin
ZATTLER, Friedrich

2. Oktober

AACH, Hans-Günther
ADLER, Hermann
ALBERT, Karl
BARDONG, Otto
BARTENWERFER, Hansgeorg
BECK, Johannes
BEHRENS, Till
BETHE, Klaus W.
BEUTZ, Hans (Johannes)
BEYSCHLAG, Siegfried
BÖTTICHER, Ernst
BOQUOI, Elmar
BORNEFF, Joachim
BOSSE, Heinz
BRACH, Gisela
BRAND, Matthias
BÜCHNER, Hermann
BÜHRMANN, Werner
DAHRENDORF, Malte
DENECKE, Hans-Joachim
DÜRR, Otto
EGGER, Herwig
EMBORG, Henrik
ERDMANN, Helmut W.
ESCHWEILER, Otto
EVERHARTZ, Heinrich
FANGMEIER, Jürgen
FEIL, Arnold

FEZER, Fritz
FINKE, Karl-Heinz
FISCHER, Konrad
FISCHLE, Willy H.
FLIEGER, Hermann
FRISCHMUTH, Felicitas
GROSSE-BROCKHOFF, Hans-Heinrich
GÜTERMANN, Alex P.
HEIMEN, Volker
HEUER, Walter
HINTZ, Eduard
JENS, Uwe
KELLERER, Hans G.
KÖNIG, Gert
KOSLOWSKI, Peter
KOSTA, Heinrich Georg (Jiří)
KRAUSS, Markus
KUENHEIM, von, Eberhard
MARKUS, Axel
MEHNERT, Günther
MORDMÜLLER, Gottlieb
MULJAČIĆ, Žarko
OTT, Werner
PANNENBERG, Wolfhart
RANKE-HEINEMANN, Uta, geb. Heinemann
RAPOPORT, Michael
RENK, Reinhold
ROITZHEIM, Wolfgang Hans
ROSENTHAL, Michael
RÜSBERG (gen. Grosse oder Mittelste Rüsberg), Karl-Heinz
RUH, Ulrich
RUMBERGER, Friedrich Ekkehart
RUPP, Heinz
SCHIEBLE, Leopold
SCHIEFENHÖVEL, Wulf
SCHÜRMANN, Heinrich
SILBER, Alfred
SOLDMANN, Oskar
SPRINGHOFF, Wilhelm
STEFFENS, Gerhard
STEGER, Karl Heinz
VITT, Walter
WAGNER, Max
WALENTA, Albert H.
WEGELER, Rolf
WILLE, Günther

3. Oktober

AMMER, Hein
ARNOLD, Wolfgang
BALTZER, Dieter
BASCHANT, Edgar
BAUER, Karl
BAUMANN, Reinhold
BERTELE, Raimund
BÖRDING, Claus
BÖRSING, Hilmar
BUCK, Theo
BUHSE, Karl-Heinrich
BURGER, Hans
CHRISTIANSEN, Waldemar
COENEN-MENNEMEIER, Brigitta
DIRCKS, Walter-Jürgen
DORNEMANN, Michael
ECKHARD, Fred
ERNST, Walter
FEY, Hans
FISCHER, Klaus
FLOCKERMANN, Paul Gerhard
FRIEDBURG, Helmut
FROEBE, Hans A. (Albrecht)
GAMBER, Gerhard
GERTH, Klaus
GIESELER, Walter
GÖLTNER, Ewald
GOERZ, Günter
GROOTHOFF, Klaus
GROSSPETER, Carl-Ludwig
GROTEN, Karl-Josef
GRUHLE, Hans-Dieter
HAEDRICH, Heinz
HANNE, G. Friedrich

HAUSSIG, Hans Wilhelm
HEIMSOETH, Harald
HEINZ, Andreas
HELM, Karl
HOFMANN, Karl Heinrich
HOLLMANN, Wilhelm
HORZINEK, Marian C.
KAMPF, Wolfgang-Dietrich
KAU, Felix Manfred
KLAFS, Ulrich
KLUSSMANN (ß), Hans-Jürgen
KOEPCKE, Cordula
KRONSEDER, Hermann
KRÜGER, Lorenz
KUHLBRODT, Eckhard
KUMMER, Stefan
LINSINGEN, Freiherr von, Detlev
MENGER, Reinhard
MERKT, Hans
MERZ, Klaus
MEYER-HEYE, Hans-Heinrich
MOXTER, Adolf
MÜNCHSCHWANDER, Peter
MÜNSTERER, Ludwig
MÜNZEL, Manfred
OTTEN, Uschi
PRAHL, Hans-Werner
RAAPKE, Hansjürgen
REICHERT, Franz
RICHTER, Otto
ROERICHT, Reinhard
ROHMANN, Gerd
RUEGER, Christoph
SCHMIDKUNZ, Heinz
SCHWEITZER, Carl-Christoph
SCHWERTE, Hans
STEMMLER, Theo
STRACKE, Achim
STRAUBEL, Harald
STRAUMANN, Roland
TAUSCH, Siegfried-Eberhard
TESCHNER, Manfred
THEIS, Werner
THIELE, Willi
THIESS, Alfred M.
TRENSCHEL, Hans-Peter
VITTINGHOFF-SCHELL, Freiherr von, Felix
WEHNER, Martin
WEIDEMANN, Volker
WERHAHN, Jürgen Wolfgang
WILLUDT, Hans-Werner
WINTERSTEIN, Horst
WOLFART, Wilhelm
ZICKGRAF, Hermann
ZORN, Wolfgang

4. Oktober

ADELMANN, von A., Graf, Josef Anselm
ALTHANS, Kurt Karl
ARZT, Gunther
BAARK, Helmut
BADKE, Heinz
BAUMANN, Richard
BENZ, Leo
BERGMANN, Heinz
BRANDNER, Gerhard
BRINGMANN, Jürgen
BUSCHSCHLÜTER, Siegfried
CONRAD, Klaus
DAVID, Peter
DREES, Bernhard
ENZLER, Herbert
FINKE, Lothar
FRANKE, Joachim
FRANZ, Wolfgang
FRIEDRICH, Leo(nhard)
GAFFRON, Hans-Joachim
GECKELER, Horst
GEMPT, Olaf
GLAAB, Richard
GÖRLER, Woldemar
GREEVEN, Heinrich
GUTMANN, Hermann
HAAS, Hans-Dieter

HAAS, Walter
HAMDORF, Kurt
HASELMANN, Helmut
HEER, Oskar
HEINRICHS, Siegfried
HENNERKES, Brun-Hagen
HEYNEMANN, Peter
HIRSCHMEIER, Michael
HUMPERT, Alfons
KAHL, Reinhard
KELLER, Rudi
KOCH, Klaus
KÖNIGER, Hans
KOHLMANN, Günter
LILIENFELD, von, Fairy, geb. Baronesse v. Rosenberg
LINDNER, Helmut
LORENZL, Günter
MATTHESS, Walter
MATTHIES, Frank-Wolf
METZEN, Josef
MÜLLER, Klaus Norbert
MÜLLER-STEINECK, Eberhard
MÜLLER-ZIMMERMANN, Klaus
OEHLER, Dietrich
PAETZ, Heinz-Hermann
PAPS Wolfgang
PERA, Franz
PETER, Brunhilde
PÖPPEL, Joachim
POHLE, Werner
RADKAU, Joachim
ROEHL, Lars
SCHARBAU, Friedrich-Otto
SCHLAUCH, Rezzo
SCHMIDMER, Horst Eduard
SCHMIDT-PAULI, von, Edgar
SCHRÖDER, Manfred
SCHÜTZ, Joseph
SCHULTZ-HECTOR, Marianne
SCHULZ, Günter-Viktor
SEIDEL, Martin
SIEBECK, Hans Georg
STECKEWEH, Carl
SUNDERMEYER, Wolfgang
THOMAS, Helga, geb. Adamovsky
TRENKER, Luis
UNGERECHT, Kurt
ZORN, Dietrich

5. Oktober

BEK, Sigfrid
BLEINROTH, Heinz C.
BOCK, Hans
BÖRNSEN, Arne
BRAEUER, Walter
BREUER, Heinz
BROCKMANN, Theodor
BRÜCKNER, Walter
BUCHHEIT, Vinzenz
BÜCH, Robert
DAHMEN, Karl
DAMMANN, Klaus
DECHEND, von, Hertha
DETERS, Rolf
DUSSMANN (ß), Peter
ETMER, Horst Christian
FALTERMEYER, Harold
FELIX-DEL MEDICO, Paola
FISCHER, Otfried
GARBSCH, Kurt
GÖBEL, Karl
HAAGE, Bernhard Dietrich
HABSBURG-LOTHRINGEN, von, Walburga
HEILMANN, Wilhelm
HEIMANN, Erich H.
HERLEMANN, Hans-Heinrich
HOERSTER, Horst
HOPF-v. DENFFER, Angela
HORN, Wolfgang
HUBER-STENTRUP, Eugen
HUNKEN, Karl-Heinz
JÜRGENS, Jürgen
KALBAUM, R. Günther
KAMPER, Dietmar

KANNICHT, Richard Reinhold
KIND, Dieter
KLINGELE, Werner F.
KOCH, Jens-Jörg
KOST, Rudi
KRÄMER, Jan Emerich
KRAUSE, Rainer
KÜHL, Georg W.
LANGMANN, Hans Joachim
LECHNER, Manfred Dieter
LENZ, Gerhard
LOHSE, Bernd
MAGIERA, Siegfried
MARQUARDT, Henning
MARTINEK, Michael
MATZ, Johanna (Hannerl)
MENTZ, Siegfried
NARTEN, Johanna
NISSLE, Johannes H.
OBERBECK, Gerhard
OPPOLZER, Alfred Anton
PIEKARSKI, Gerhard
REHM, Franz
RÖHRIG, Wolfram
SCHERER, Eberhard
SCHNEIDER, Horst Reinhard
SCHOLZE, Horst
SCHWARZ, Henning M.
SEELER, Ingrid
SELTEN, Reinhard
SHELLEY, Steven Marius
SILLESCU, Hans Manfred
STEINBECK, Wolfram
STIER, Hans-Erhart
STRACHE, Wolf
SWITALLA, Bernd
TETZLAFF, Frank Rainer
THAUER, Rudolf K.
TROSCHKA, Thorsten
VÖLCKER, Hans Eberhard
WARECKA, Krystyna
WASSERRAB, Theodor
WEISS (ß), Werner
WINTZER, Hanns-Jürgen
WOERNER, Lothar
WOLFRAM, Erich
YALDIZ, Marianne

6. Oktober

ADLER, Max
ADLER, Meinhard
ALBRECHT, Hans Peter
ALBRECHT, Theo
ANGERER, Hanskarl
APPEL, Klaus
BEESE, Hertha
BEUTER, Hubert
BINGEL, Horst
BRAUN, Hans-Joachim
BRUYCKER, de, Volker E. J.
BUCHNER, Hans
BUTTJES, Dieter
DEUBER, Walter
DILG, Peter
DINGWORT-NUSSECK, Julia
ENGELS, Bruno
ERDMANN, Herbert
ERNST, Werner
FAUTH, Wolfgang
FEGERS, Hans
FINK, Ulf
FOHRBECK, Karla
FREY, Karl
GILLISSEN, Günther
GRUEHN, Reginald
HAFER, Xaver
HAPKE, Hans-Jürgen
HARMS, Rainer-Ute
HAUSER, Walter
HEUSINGER, Peter
HUMKE, Wolfgang
HUNGER, Gerd
IMMENROTH, Lydia
JOHN, Antonius
JUNGK, Dieter
KAHLER, Franz
KARLSSON, Gustav H.
KOCH, Joachim
LENZEN, Godehard

MAG, Wolfgang
MAYER, Robert
MICHEL, Lothar
MINNIGERODE, von, Gunther
MOTEKAT, Helmut
MÜLLER, Hermann Josef
MÜSER, Horst
MULERT, Max
NIENABER, Gerhard
PAUW, Ernst-Josef
PONGRATZ, Toni
SCHAFFNER, Kurt
SCHAURTE, Christian W.
SCHEEL, Detlev
SCHIFFER, Karl-Heinz
SCHLAPPNER, Martin
SCHRIEVER, Jörg
SCHULTZE, Rainer-Olaf
SPRINGER, Tasso
STAMM, Dankwart Ludwig
TIEDEMANN, Claus
URBAN, Ralf
VETTER, Udo
VÖLKER, Günter
WALTER, Holger
WEBER, Hans
WETZGER, Joachim
WICHTL, Max
WIMMER, Fritz
ZELZNER, Johann

7. Oktober

ALBRECHT, Volker
BEDUHN, Dietrich
BERNS, Ulrich
BERTELMANN, Fred
BOLL, Irene
BRAUN, Lutz
BREBURDA, Josef
BRONSCH, Kurt
BUSE, Gerhard
DAUTZENBERG, Dirk
DÖRNER, Otto
DÜNNWALD, Rolf
EMANUEL, Isidor Markus
EWALD, Wolfgang
FISCHER, Walter
FLEISCHER, Konrad
FONTANIVE, Kurt
FRANK, Hans
FRÖHLINGS, Johannes
GEISLER, Linus
GOTTSCHALK, Eckhard
GRAUMANN, Ernst
GRESKY, Wolfgang
GRIGORIEFF, Rolf Dieter
GRUNENBERG, Nina
HARDENBERG, Graf von, Ernst-Henning
HARTMANN, Hans Albrecht
HAUSER, Alo(ysius)
HEINRICH, Kurt
HERFORT, Ronald
HERRMANN, Hans-Joachim
HOMMES, Ulrich
KARASEK, Horst
KLEIN, Klaus-Peter
KNIEPS, Hans Joachim
KÖHRER, Helmut
KONZELMANN, Gerhard
KRAGES, Hermann D.
KRATZ, Georg
KRIENITZ, Gerhard
KÜMMEL, Hermann
LEBER, Georg
LUDWIG, Herbert W.
MACKENSEN, Günter
MALCHERS, Heribert
MERKER, Hans-Joachim
METZE-MANGOLD, Verena
MILLING, Peter
MORAVITZ, Ingeborg-Liane
NITTINGER, Johannes
NIXDORFF, Peter
PFAFFENBERGER, Wolfgang
RATHSMANN, Jürgen
REHDER, Helmut
RENGER, Annemarie, geb. Wildung
RIZKALLAH, Victor

RUDOLPH, Gerhard
SCHMIDT, Eberhard
SCHÖNWIESE, Christian-Dietrich
SCHOLL, Georg
SCHOLTYSECK, Erich
SCHREIBER, Gustav-Adolf
SCHWAB, Günther
SÖHNE, Walter
STAUFF, Ferdinand
STEINER, Tommy
STEMPEL, Hermann-Adolf
STREGER, Hasso
TROTHA, von, Klaus-Dietrich
UEBE, Ingrid geb. Theissen
UNBEHAUEN, Heinz
VIETINGHOFF, von, Eckhart
WESTERMANN, Claus
WINKLER, Georg C.
WÜRTENBERGER, Thomas
WÜRTZ, Wolfgang

8. Oktober

BACMEISTER, Georg
BASSEWITZ, Graf von, Christian
BENÖHR, Hans Christian
BOECK, Hartmut
BOIE, Jürgen
BORNKAMM, Günther
BRACKER, Jochen
BRECHT, Ulrich
BRÜCKNER, Herbert
BÜNTE, Werner
BYSTŘINA, Ivan
COENENBERG, Adolf Gerhard
COSTEDE, Jürgen
CSIKY, Franz
DEMARREZ, Erik
EBLÉ, Thea (Dorothea), geb. Kortlang
ECCARIUS, Franz Heinz
EMMERT, Werner
FAHLBUSCH, Wilhelm
FLOHR, Heiner
FOCKE, Katharina, geb. Friedlaender
FRANTZ, Hermann
GARDE, Klaus
GÖSSLER, Fritz
GORMSEN, Erdmann
GREINACHER, Ekkehard
GREWE, Hellmut
GRUNERT, Werner
HAUSER, Richard
HERRMANN, von, Friedrich-Wilhelm
HETTRICH, Heinrich
HÖFFLER, Dietrich
HOFFMANN, Konrad
JENSSEN, Wolfgang
JESSNITZER, Kurt
KADE, Gerhard
KIEFER, Herbert
KREBS, Helmut
LANDEN, Heribert C.
MARIENFELD, Wolfgang
MARQUARDT, Peter
MARTEAU, Claus
MENZEL, H. H. Werner
OELLERS, Norbert
OTT, Ulrich
PESCH, Otto Hermann
PFAHLER, Georg-Karl
PLAMANN, Willi
POPITZ, Peter
PRÜMER, Franz
QUEST, Christoph
REINERSDORFF-PACZENSKY u. TENCZIN, von, Arnd-Wilhelm
RETTIG, Rolf
ROQUETTE, Peter
RÜBE, Werner
SCHÄDLICH, Hans Joachim
SCHATZ, Helmut
SCHLAGER, Karlheinz

SCHLOSSER, Katesa
SCHMIDT-JORTZIG, Edzard
SCHNEIDER, Fritz
SCHNEIDER, Herbert
SCHRADER, Adolf
SCHÜRLE, Werner
SCHULTE-HILLEN, Jürgen
SCHULZ, Kurt
SCHULZE, Hans Herbert
SCHULZE, Hans K.
SÖSEMANN, Bernd
STADLER, Franz
WAGNER, Klaus
WEBER, Hans
WENDT, Ingeborg

9. Oktober

AUMANN, Dieter Christian
BACH, Günter
BALZER, Erich
BECKER, Wolfgang
BLAHA, Herbert M.
BLUM, Bruno
BONHAGE, Wolfgang F.
BORM, Dietrich
BRASSE, Wilhelm
BREUER, Rüdiger
BROICHHAUSEN, Josef
BULST, Werner, S. J.
CIPLEA, Alexander-Georg
CROMME, Franz
DAAMS, Hans
DIETRICH, Wolf
DIMLER, Hans
DODERER, Siegfried
DOETZ, Jürgen
von EICKE und POLWITZ, Ernst
FISCHACH-FABEL, Renate
FRÖBA, Klaus
FUCHS, Boris
GABLENTZ, von der, Otto
GASSDORF, Rudolf
GRIMM, Claus
HACHFELD, Eckart
HALLER, Frank
HERBST, Axel
HETTLING, Ludwig
HÖPPNER, Hans
HUMPERT, Hans Ulrich
JESCHKE, Wolf Dietrich
KAHMANN, Henning
KIMMICH, Rainer Helmut
KLINGENBERG, Heinz
KLUNZINGER, Eugen
KLUSEN, Ernst A.
KNEIF, Tibor
KNELL, Heiner
KÖNIG, Barbara
KONTARSKY, Alfons
KOPF, Günther
KRUSE, Hans Jakob
KUSCHINSKY, Klaus
LANGE, Herta, geb. Cosack
LILLELUND, Kurt
MALURA, Oswald
MITTELMEIER, Heinz
MONTLEART, de, Alexander
MÜLLER-ELMAU, Eberhard
NEUHAUS-SIEMON, Elisabeth
PISCHKE, Horst
QUECK, Claus
RATHERT, Peter
REIHLE, Markus
REST, Walter
REUTLINGER, Wolf-Dieter
RÖHRICH, Lutz
ROFFHACK, Ernst Günter
ROLLETT, Brigitte
ROLOFF, Helmut
SCHMIDT, Hugo-Wolfram
SCHMIDT-KESSEN, Wilhelm
SCHRADER, Jürgen
SCHÜTZ, K. Waldemar
SCHULZE-STAPEN, Christoph

SELENKA, Fidelis
SIEFER, Gregor
SINGELMANN, Walter
STAAKE, Erich
STICHWEH, Hermann
STUMPF, Hermann
STUNA, Günther
THOMAS, Peter
VOIGT, Wolfgang
WANNENWETSCH, Eugen
WEISS, Hans Georg
WETZEL, Rolf
WIESAND, Andreas Joh.
WÜSTENHÖFER, Arno
ZANDERS, Hans Wolfgang
ZELLERMAYER, Heinz
ZITZMANN, Georg

10. Oktober

ANDREAS, Kurt
APEL-DUBE, Werner
BOCK, Eberhard
BOEHM, Ulrich
BOLEWSKI, Hans
BREKENFELD, Henning
BÜHLER, Wolfgang
CERHAK, Jochen M.
CRUMMENERL, Klaus
DÖNGES, Johannes
DOLLINGER, Werner
DREIER, Ralf
EDELBROCK, Karlheinz
EGGS, Ekkehard
EIKEMEIER, Dieter
EILERS, Karl-Heinz
ENGELHARDT, Ingeborg
ERTL, Gerhard
EVERS, Arrien
FÖLLINGER, Otto
FORSSMANN, Wolf-Georg
GEDAMKE, Jürgen
GRESHAKE, Gisbert
GUTBROD, Wolfgang
HALTERMANN, Hermann Johann
HEHLERT-FRIEDRICH, Volker
HELTEN, Fritz
HERRLITZ, Hans-Georg
HERRSCHAFT, Hans
HEYMER, Berno
HINTERBERGER, Ernst
HÜBENER, Erhard
INKIOW, Dimiter
KAMP, Erich
KAYSER, Hans-Wolfgang
KEEL, Daniel
KIENE, Werner
KISSLING (ß), Reinhold
KLES, Werner
KRAUSE, Albrecht
KRAWITZ, Günther J.
KREBS, Emanuel
KÜHN, Robert
MAURER, Hans
MERK, Otto
MIETENS, Carl
MOLNAR-WASSMANN, Eva-Maria
MÜHL, Otto
MÜLLER, Bodo
MÜLLER, Lukas-Felix
MÜLLER-STÜLER, Michael Martin
NEUKE-WIDMANN, Angela
OHNEWALD, Helmut
PETERSEN, Jens
RABE, Wolfgang Maria
REIPRICH, Walter
RINSER, Stephan
ROSSBERG, Jürgen
SARCINELLI, Ulrich
SCHEURLEN, Rosemarie, geb. Schendel
SCHMIDHÄUSER, Eberhard
SCHNEIDER-MATTHIES, Irene
STILL, Karl-Friedrich
STOBBE, Alfred
STREBLOW, Lothar
TELLER, Walter

THIES, Heinrich-Arnold
TREDE, Michael
TREDE, Walter
VATER, Maria
VOGELSANG, Roland
WEINGRABER, von, Herbert
WEIS, Konrad M.
WESSING, Armin
ZEITLER, Otto
ZODEL, Chrysostomus

11. Oktober

ARENS, Rudolf
BERGNER, Hans
BERNATH, Mathias
BERNDT, Ingeburg
BETTHÄUSER, Günter
BLIND, Wolfram
BÖHL, Adolf
BORBEIN, Adolf H.
BRAUN, Hans-Jürgen
BURMESTER, Friedrich
BUSCH, Hans-Heino
CAPELLE, Torsten
CHRISTIANS, Clemens
CROY, Herzog von, Carl
DELIUS, Günther
DIETRICH, Fred
DRIESSEN van der LIECK, Theo
DUNTZE, Wolfgang
DUPRÉ, Frank
EBEL, Walter
EGGER, Norbert
EHLERT, Trude
ELSNER, Norbert
FISCHER, Hans Konrad
GORSLER, Hans
GOTTWALD, Christoph
HALLER, Wilhelm
HEIDRICH, Hans C.
HILLEBRAND, Elmar
HORNUNG, Jürgen H.
KABUS, Wilhelm
KARLSON, Peter
KIRCHNER, Hellmut
KNOTT, Roland
KOCH, Hans-Joachim
KOCH-RAPHAEL, Erwin
LEBER, Rolf
LELEK, Antonin
LINDLAU, Dagobert
MARTIN, Jörg
MATZEL, Klaus
MERZ, Friedhelm
MITTELSTRASS (ß), Jürgen
MÜLLER, Paul
NIRK, Rudolf A.
PETRICH, Kurt
PFEIFFER, Wolfgang
PULVER, Liselotte
REINBACH, Wolfgisbert
ROSORIUS, Jürgen
ROTHSTEIN, Wolfgang
SCHLESINGER, Rudolf B.
SCHMID, Karl
SCHMIDT, Ulrich
SCHMITT, Walter
SCHÖLLKOPF, Ulrich
SCHULTZE, Peter
SCHUPPE, Wolf-Dieter
SEWING, Karl-Friedrich
SIMONIS, Udo Ernst
SWOBODA, Michael
THEUNISSEN, Michael
TOEPFER, Helmuth
ULDERUP, Jürgen
VESENMAYER, Hans
VOLP, Rainer
WÄSSLE, Heinz
WILMS, Dorothee
WOLTERS, Wolfgang
ZERNA, Wolfgang

12. Oktober

BAUMANN, Karl
BEHRENS, Fritz
BERTHOLD, Will
BIRKE, Adolf M.
BIRKLE, Heinz
BLANK, Otto
BODIN, Klaus
BOETTCHER, Alfred
BRAUN, Edmund
BRÜCK, Inge
BUSCH, Wolfgang
CLAUDE, Dietrich
DEBRUCK, Jürgen
DETTLOFF, Werner Rainer
DIERIG, Christian G.
DÖRING, Heinrich
DOSCH, Hilmar
EINERT, Günther
EISENLOHR, Horst H.
ENGELHARDT, Wolfgang
FELSCHER, Walter
FERNHOLZ, Hans-Joachim
FISCHER, Siegfried
FRACASSO, Ippazio
FRICKE, Hans
FRONING, Heide
FÜHRER, Artur K.
GENRICH, Albert
GÖRBING, Hans
GRAMKE, Jürgen
GRASS, Werner
GRÖNER, Helmut
HÄTTICH, Manfred
HAMPRECHT, Bodo
HECKELMANN, Edgar
HEIDENREICH, Otto
HENNEBERG, Georg
HERGET, Winfried
HESS, Willy
HEUMANN, Heinz
HUCHZERMEIER, Hans Martin
JACOBS, Otto H.
KETELSEN, Uwe-Peter
KIEFER, Reinhard
KIENBAUM, Gerhard
KOCH, Dieter
KÖRDING, Alfred
KOLL, Eckhard
KÜHN, Claus
KÜRSTEN, Martin
KUHN, Hans
LAUSBERG, Heinrich
LIEBS, Detlef
LILL, Rudolf
LUDWIG, Gerhard
LUDWIG, Karl-Heinz
MAASSEN (ß), Hermann
MENZ, Willi
NÖCKEL, Heinz
NÜSSLEIN (ß), Franz
OFFERHAUS, Klaus Dieter
PETRIKAT, Kurt
PFARR, Heide M.
PIETSCH, Eleonore
POMMERENKE, Siegfried
RAASCH, Friedrich-Wilhelm
RAETTIG, Hansjürgen
REICHERTZ, Peter
ROEHRICHT, Karl Hermann
SCHINZLER, Hans-Jürgen
SCHÖNBOHM, Ekkehard
SCHULIN, Ernst
SPEICH, Peter
SPIEGEL, Arnold
TRÖGER, Rudi Christian
WARNKE, Martin
WASSNER, Uwe-Jens
WEIDMANN, Walter
WETZEL, Wolfgang
WEXLBERGER, Adolf
WIMMER, Heinrich
WITHOF, Georg C. K.
WRUCK, Ekkehard
WUTTKE, Dieter
WUTZ, Maximilian
ZELLER, Helmut
ZORN, Hermann

13. Oktober

ACHENBACH, Hans
BALLHAUSEN, Günter
BARTH, Klaus
BAUMBUSCH, Friedrich
BERG, Hans
BIHN, Willi R.
BORGMANN, Annemarie
BRASS, Horst
BREUER, Rolf
BRÜNING, Rolf
CHRISTADLER, Martin
CONZEN, Hermann W.
DEGEN, Heide
DOLL, Wolfram G.
ELSENHANS, Hartmut
ERTLE, Christoph
FIPPINGER, Franz
FRAHM, Heinz
GERSTINGER, Heinz
GIRNDT, Joachim
GLEITER, Herbert
GRAF, Klaus-Dieter
GRÖHLER, Harald
GROSSE, Hagen B.
HAGENBÜCHLE, Roland
HENNIGE, Albert
HESSE, Michael
HINRICHSEN, J. Kurt
HÖRBIGER, Christiane
HOLLWEG, Uwe
HOLZAMER, Karl
JACOB, Hans
KARCHETER, Walter
KELLERER, Albrecht M.
KIERSKI, Werner-Siegfried
KOCK, Werner
KOLB, Albert
KREMER, Leonhard
KÜLKEN, Horst
KULLMANN, Hans Otto
LAMMERS, Gadso
LEHMANN, Hans Georg
MANLIK, Josef
MANN, Bernhard
MÜLLER, Otto
MÜNCH, Ewald
NOHE, Eduard
REITZ, Philipp H.
RICHTER, Annegret
ROSCHMANN, Kurt
SAHM, Heinz-Ulrich
SCHELTEN-PETERSSEN, Carl-Edzard
SCHENDA, Rudolf
SCHLORKE, Dieter
SCHMIDT, Max
SCHMITT, Hans Georg
SCHMITZ, Norbert
SCHMITZ-ELSEN, Josef
SCHROEDER, Klaus-Henning
SCHULTE, Hans-Heinrich
SCHULZE, Winfried
SEITERS, Rudolf
STÄHLIN, Adolf
STANGENBERG, Friedhelm
SURKAMP, Alwin
THEISEN, Otto
THIEME, Werner
THOMAS, Fred
VOGEL, Johann Peter
VOIGT, Johannes H.
WALLRAFF, Hermannn-Josef S.J.
WIMMER, Helmut
WOLF, Helmut
WULF, Horst-Dieter

14. Oktober

AHLERS, Hans-Hermann
BERNUTH, von, Fritz
BIHLER, Heinrich
BLEICHROTH, Wolfgang
BOTT, Gerhard
CURZI, Cesare
DEENEN, van, Bernd
DIETZEL, Ernst
DIMPKER, Alfred
EBLE, Franz
EGGERS, Karl
ENGELHART, Anton
FEHRES, Wilfried
FLEISCHHAUER, Kurt
FROHMANN, Clemens
FÜNFER, Ewald
GRASSMANN, Günther
GRUNERT, Eberhard
GUNDEL, Dieter
HARBICH, Helmut
HARFF, Paul
HOFFIE, Klaus-Jürgen
HOLTUS, Günter
HONNEF, Klaus
JOLMES, Lothar
JÜRGENSEN, Harald
KALKMANN, Ulf
KALUZA, Theodor
KEITEL, Ernst
KEMPE, Erika, geb. Wiegand
KNOBLOCH, Martin
KNOTEK, Otto
KOCH, Karl-Heinz
KÖHLER, Oswin
KOLLMANN, Heinrich
KOUTECKÝ, Jaroslav
KRATZSCH, Gerhard
KUXMANN, Ulrich
LAGALY, Gerhard
LEONHARDT, Karl Ludwig
LINDNER, Fritz
LOEBERMANN, Harald
LUCKMANN, Thomas
MÜLLER-LIMMROTH, Wolf
NAUJOKAT, Dirk
NEUBERT, Oskar-Maria
PASDZIERNY, Rolf
PEPPER, Wolfgang
PIEN, Helmut
PRENTL, Sepp
RÜDEL, Wilhelm
RUPPRECHT, Kurt
SCHELSKY, Helmut
SCHÖNBORN-WIESENTHEID, Graf von, Karl
SCHÖNE, Wolf-Dieter
SCHOLZ, Helmut
SCHÜTTE, Kurt
SCHÜTZ, Wilhelm Wolfgang
SCHUSTER, Heinz
SCHWARZWÄLDER, Herbert
SEIBOLD, Kaspar
SPIESS, Hans Wolfgang
STACH, Hans
STANGEL, Walter
STROBL, Gottlieb M.
TAPROGGE, Rainer
VOIGT, Gerhart
VOSS, von, Rüdiger
WEEGEN, Lorenz
WERNIG, Anton
WICHTERICH, Theo
WÖLFFLE, Erich
WÖSSNER, Mark
WOLF, Gerd
ZABECK, Jürgen

15. Oktober

ABS, Hermann J.
AHLERS, Ewald
BASEL, von, Carl
BAUNER, Eberhard
BEISSER, Rolf E.
BERKING, Klaus
BERTHOLD, Adalbert
BEYSE, Jochen
BRAUN, Günter
BROICH, Franz
BRUNTSCH, Karl H.
BÜLTMANN, Elmar L.
BUHR, Gerhard
DITFURTH, v., Hoimar
DRÖSCHER, Vitus B.
ENGELHARD, Michel
ENGELL, Hans-Jürgen
ERICHSEN, Hans-Uwe
ESCH, Arno
FISCHER, Erwin
FLAIG, Aki Beate
FOERSTNER, Rudolf
FRANKE-GRICKSCH, Ekkehard
FRANKL, Hermann
FREYBERGER, Hellmuth
GOTTSCHLING, Erhard
GRUHN, Wilfried
GÜNTHER, Hans
HASSELBACH, Wilhelm
HEINDRICHS, Heinz-Albert
HEINEMANN, Klaus
HERMES, Liesel, geb. Königs
HOFFMANN, Bernhard
HORNFECK, Bernhard
JANKNECHT, Alfons
KLÖCKER, Michael
KRÖGER, Heinrich
KROGH, von, Jürgen Rudolf
KÜHNE, Horst
LAMSZUS, Hellmut
LANGE, Werner A.
LINKE, Bernhard
LIPPMANN, Hans Dietrich
LOOCKE, Gerhard
MELLERT, Volker
OBERMAN, Heiko A.
OETTINGER, Günther
RICHTER, Manfred Raymund
RODENACKER, Wolf
RÜSTOW, Hanns-Joachim
RUF, Werner
SCHORSCH, Gerhard
SCHRÖER, Thomas
SCHÜLER-SPRINGORUM, Horst
STECHELE, Ulrich
STENZEL, Hans Joachim
VERSMOLD, Heinrich
WAGNER, August
WAGNER, Richard
WEIL, G. M.
WERNER, Peter
WIEDEMANN, Josef
WIENHOLT, Helmut
WIRSCHINGER, Karl-Heinrich
WISCHMEYER, Helmut
WOELLER, Helmut
ZILCH, Hans
ZIMMERMANN, Hans

16. Oktober

ASMUS, Werner
BLIND, Adolf
BOKELMANN, Siegfried
BOSCH, Manfred
BRESGEN, Cesar
BRINKMANN, Ulrich
BROCKHOFF, Klaus
BUDDECKE, Wolfram
BÜLOW, von, Eberhard
CHANDRA, Prakash
COLLINS, Michael
DAUBERTSHÄUSER, Klaus
ENGELEN, Bernhard
ERB, Wolf
ESSEN, Werner
FELLMANN, Richard
FREITAG, Lutz
FRIDERICHS, Hans
GOBRECHT von WELSPERG, Wolfgang
GÖSSEL, Karl Heinz
GOSSEN, Manfred
GRASS, Günter
GREISLER, Peter
GREWE, Wilhelm G.
GÜMBEL, Dietrich
HADELER, Karl-Peter
HARLOS, Manfred
HARTMANN, Klaus
HEIMBACH, Heinz-J.
HEUSER-SCHREIBER, Hedda, geb. Demme
HODANN, Volker
HOECK, Klaus
HOPEN, Peter
HÜLLSTRUNG, Herbert
JÜRES, Ernst August
KAEMPFERT, Manfred
KASTERT, Josef
KECK, Rudolf W.
KLINKHAMMER, Ferdinand
LEUNIG, Manfred
LUBKOLL, Klaus
MACUCH, Rudolf
MEISSNER, Werner
MEISTER, Hans-Jörg

MEYER, Jörg-Udo
MORSEY, Rudolf
MOSER, Hubertus
MÜLLER-LUCKMANN, Elisabeth, geb. Luckmann
OLDENBURG, Troels
PANCHYRZ, Victor
PILTZ, Klaus
RAMBACHER, Richard H.
RIEGER, Helmut Martin
ROHWEDDER, Detlev Karsten
RÜTHER, Günther
SCHARDEY, Hans-Dietrich
SCHELLER, Reinhold
SCHENK, Hans-Otto
SCHMIDT, Ulrich
SCHMITTMANN, Hans-Bernd
SCHÖNBERGER, Hans
SPÄTH, Gerold
STEGMANN, Hartmut B. W.
SUND, Horst
TREES, Wolfgang
VOGTMANN, Hartmut
VOLLE, Klaus
WARNER, Jürgen F.
WIGAND, Gerd
WILKENING, Friedrich
WILLAND, Hartmut
ZAVELBERG, Heinz Günter
ZINKEL, Heinz Michael

17. Oktober

ACKERMANN, Hermann
AHRENS, Dieter H.
BAECKER, Werner
BARTSCH, Rudolf Jürgen
BERGER, Hermann
BERTHOLD, Joachim
BRUHN, Christian
BULL, Hans Peter
CANISIUS, Peter
COLLETTE, Gerard Robert
DIECK, Heindirk tom
DIETZ, Armin
FELDBUSCH, Elisabeth
FELDHAUS, Bernd
FELLER, Peter jun.
FRANCKE, Jürgen
FROHBERG, Günter
GABRIEL, Siegfried
GEBAUHR, Werner
GIESEN, Paul
GMELIN, Hans
GRUBER, Helmut
HAAG, Karl-Heinz
HAGEN, Siegfried
HEIDEMANN, Gerhard
HEISS (Heiß), Martin
HERTZER, Heinrich Siegfried
HIRZEBRUCH, Friedrich
HOHORST, Wilhelm
JÄGER, Claus Ludwig
JUNG, Franz
KAGENECK, Graf, Clemens
KASIMIER, Helmut
KEMPNER, Robert
KLEIN, Heinz-Peter
KRONEN, Heinrich
KÜHNHACKL, Erich
KÜMMEL, Werner Friedrich
KUPSCH, Joachim
LAMPRECHT, Walther
LANGER, Wolfhart
LÖWE, Armin
MEINK, Ago
MEYER, Paul Werner
MEYERWISCH, Karl
MÜLLER-BERGHAUS, Gert
MUTIUS, von, Dagmar
NASSAUER, Hartmut
NEUMANN, Karl
PIERENKEMPER, Toni (Antonius)
POELT, Josef
PROKOWSKY, Dieter
PUST, Hans-Joachim
RADZIO, Heiner
REIMANN, Margarete

SCHNEIDER, Reinhard
SCHÖNHÄRL, Elimar
SIEGLERSCHMIDT, Hellmut
SMEND, Rudolf
STEFFENS, Hermann
STEINKE, Wolfgang
STUCHLIK, Marlis
TEICH, Gerd-Hermann
TILLY, Richard H.
TOEBELMANN, Peter
WOLLSCHEID, Günther
ZELINKA, Fritz-Felix

18. Oktober

ASAM, Walter
BAMBERG, Günter
BERNINGER, Karl Heinrich
BETH, Gunther
BOBSIN, Jörg
BRACKEL, von, Peter
BRINKMANN, Hans-Egbert
BRUDER, Leopold
BURDE, Wolfgang
CHRISTES, Johannes
DEUSTER, Gerhard
DYCKERHOFF, Gert
EISENFÜHR, Franz
ENTEL, Peter
ERNST, Christel
FAULHABER, Franz
FÖLSCH, Ulrich Robert
GERHARDT, Walter
GILBERT, Martin
GIRARDET, Klaus Martin
GÖHLICH, Horst
HAMANN, Werner
HÖCKER, Hartwig
HÖTZER, Ulrich
HOFFMANN, Bernhard
JANTZEN, Jens Carsten
KADDATZ, Joachim
KAGERAH, Paul
KAHN, Ludwig W.
KINGES, Heinrich
KLEIN, Kurt
KODALLE, Klaus-Michael
KÖHNLEIN, Johannes
KOSCHEL, Ansgar
KRÄMER, Volker
KRAFT, Lothar
KRISTOF, Walter
LAATSCH, Willi
LANG, Karl
LAUNHARD, Rolf
LIMLEI, Bruno
LUTHER, Gerhard
MARTIN, Hans
MAYER, Paul
McDANIEL, Barry
MÖNCH, Walter
NÖCKER, Josef
POEVERLEIN, Hermann
POGGENDORF, Dietrich
POLLERMANN, Max
POLZIEN, Paul
PÜRSCHEL, Heiner
RADU, Fritz
RIEF, Josef
RIEGER, Alfred
RIES, Johannes
SACKENHEIM, Friedrich Franz
SCHMIDT, Kurt
SCHWEITZER, Marcell
SEIDSCHECK, Mark
STOCK, Martin
STRAUB, Johannes
TROMMSDORFF, Volker
VOGT, Hartmut
WAGNER, Gustav Friedrich
WAGNER, Ruth
WALLAT, Hans
WEBER, Eckhard
WIEGMANN, Klaus Werner
ZIFREUND, Walther

19. Oktober

ANDRAE, Joachim
BEREDIK, Hilde
BERGER, Erna
BESTEHORN, Richard

BILABEL, Peter
BINGEL, Werner A.
BRÄUNINGER, Dietrich
DAHMEN, Wolfgang
DIETZE, Horst
DUFNER, Franz Xaver
EBERS, Erich
ELISEIT, Horst
ESDORN, Horst
FALK, Konrad
FELDTKELLER, Ernst
FINK, Hermann
FLITNER, Hugbert A. W.
FREY, Gerhard
GAULY, Heribert
GERHARDT, Eberhard
GOLENHOFEN, Klaus
GROOTE, Hans
HABERKORN, Axel
HERFURTNER, Rudolf
HIRCHE, Hansjürgen
HÖRNING, Karl Heinz
HÜFNER, Karl Friedrich
JÄCK, Reiner
JAHN, Reinhard
JUNG, Rudolf
JUSSEN, Heribert
KAPALLE, Marcel
KOBER, Hermann
KOCH, Heinz
KÖNIG, Wilfried
KOESTER, Lothar
KUCHER, Eckhard
KÜBLER, Friedrich
LINDEMANN, Erich
LINK, Gotthilf
LINNEMANN, Eta
LÖBSACK, Theo
LÜTTGERT, Hans
MAIER, Karl-Heinz
MATZAT, Wilhelm
MÜNSTER, Graf zu, Hermann-Siegfried
NEUDECKER, Gustav
OELLER, Helmut
PAULS-HARDING, John
PENZKOFER, Alfons
QUARTIER, Walter
RIEDNER, Werner
RÜSEN, Jörn
RUMBERG, Bernd
RUPPERT, Wolfgang
SANNEMÜLLER, Gerd
SATTLER, Hans-Jürgen
SCHACKOW, Albrecht
SCHÄFFNER, Lothar
SCHENK, Hainfried, E., A.
SCHERER, Paul Martin
SCHERF, Harald
SCHERNER, Maximilian
SCHMIDT-BURBACH, Gerhard M.
SCHREIBER, Robert
SCHWEIGLER, Peter
SIMITIS, Spiros
SPIEL, Hilde
STIEPELDEY, Heinz-Willi
STÖCKMANN, Fritz
STRAUCH, Dieter
TIMMERMANN, Manfred
VETTEN, Horst
WALDMANN, Bernt Gregor
WALTER, Norbert
WEIGELDT, Christian
WEIS, Dierk Joachim
WEISS (ß), Werner
WUTHE, Gerhard
ZELLER, Anton
ZIMMER, Werner

20. Oktober

ABELEIN, Manfred
BATHORY-HÜTTNER, Stephan
BERG, Hans-Walter
BERGER, Julius
BLANKENBURG, Erhard Rudolf
BÖRNER, Wilko H.
BRÄUER, Karlheinz
BRANDES, Mark Adolf
BRIX, Peter

BRODEHL, Johannes
de CHAPEAUROUGE, Donat
DAMMERS, Claus
DÖRR, Herbert
ENDERS, Wendelin
ESCHBERG, Peter
FIEBER, Gerhard
FUCHS, Rainer
GAWRILOFF, Saschko Siegfried
GELLERT, Horst
GÖSSMANN, Wilhelm
GSCHWEND, Helmut
GUNDEL, Hans Georg
HEILER, Siegfried
HOFSTÄTTER, Peter R.
HOGAUST-PLEUGER, Gudrun
HOOR, Dieter
HUMMEL, Dietrich O.
HUVENDICK, Jürgen
IMMENDORF, Anton
JELINEK, Elfriede
KLEMM, Peter
KLEMME, Jobst-Heinrich
KNOBLICH, Klaus
KNÜTTGEN, Hermann J.
KOCH, Manfred
KREINDL, Werner
KÜBLER, Wolfgang
KUFFERATH, Karl-Heinz
KURTZ, Rudolf
LEINERT, Michael
LEMKE, Klaus
LOCHER, Horst
LOESCHCKE, Hans Hermann
MAIHOFER, Werner
MAYER, Carlheinz
MEYER, Jürgen A. E.
MORSCH, Karl-Heinz
MOSER, Eberhard Wolfgang
MÜLLER, Werner
NAURATH, Bruno
NIEBEL, Fritz
PASTIOR, Oskar
PATZE, Hans
PFANNENSTIEL, Peter
POSER, von, Hilmar
PREUSSLER (ß), Otfried
RODENBERG, Rudolf H. A.
RÖLLER, Wolfgang
SCHEIBE, Arnold
SCHICKEDANZ, Grete, geb. Lachner
SCHMEIDLER, Felix
SCHNELTING, Karl Bernhard
SCHNUR, Roman
SCHÖNE, Jobst
SCHÖNHERR, Siegfried
SCHÜTZE, Wolfgang
SCHULZE, Volker
SEUL, Hermann
UBER, Giesbert
VODOSEK, Peter
VOELTER, Wolfgang
WALDENFELS, Hans
WEIS, Kurt
ZAPPE, Karl-Heinz
ZWICKER, Hans-Ulrich

21. Oktober

BARTELS, Heinz
BECHER, Martin Roda
BEHREND, Robert-Charles
BETTEN, Josef
BINGOLD, Claus
DONAT, Helmut
DRYGAS, Hilmar
DUNKEL, Winfried
EISENTRAUT, Martin
EMRICH, Dieter
EUSEMANN, Stephan
FECHNER, Eberhard
FÖLLMER, Wilhelm
GOLLING, Ernst
GUHL, Ortwin
HAAS, Helmut
HÄUSER, Karl
HAUPTMEYER, Carl-Hans
HEINKE, Siegfried

HODEIGE, Christian Heinrich
HÖCK, Wilhelm
HÖFLER, Manfred
HÖNOW, Günter
HOLZER, Werner
HORN, Manfred
JÄGER, Franz
JAUD, Ludwig
JUD, Rudolf
JUTZI, Peter
KIRCHESCH, Günther
KLINKMÜLLER, Erich
KOEPPE, Peter
KRAUSS (ß), Henning R.
KRIBBEN, Klaus
KRINGS, Josef
KUNTZ, Erwin
LEINER, Wolfgang
LEMPP, Reinhart
LISTL, Joseph
LÖWENSTEIN-WERT-HEIM-FREUDENBERG, Prinz zu, Wolfram Wilhelm
MANTLER-BONDY, Barbara, geb. Bondy
MÖRIKE, Klaus D.
MOHR, Walter
NEUHAUS, Ludwig
OSTMEYER, Fritz
PLAPPERER-LÜTHGARTH, Heiko
PODLINSKI, Wilfried
RÖHRS, Hermann
ROHMERT, Walter
SAHRHAGE, Dietrich
SCHARF, Kurt
SCHEJA, Günter
SCHLEE, Emil
SCHMINCKE, Hans-Ulrich
SCHNÜRLE, Kurt
SCHÜRGERS, Josef
SCHULTZE v. LASAULX, Hermann-Arnold
SEILER, Gerhard
SEITZ, Paul
SIEBENMANN, Gustav
SLENCZKA, Werner
SÖLING, Till Klaus
SOLTI, Georg
STEINBRECHER, Wolfgang Willi
STEINER, Gerd
THÖNNESSEN, Werner
VETTER, Heinz O.
WACKER, Heinz
WIEDEMANN, Herbert
WUNDERER, Rolf
ZENNER, Maria

22. Oktober

AHRENS, Christian
AMMANN, Erwin
ARNOLD, Rainer
AU, in der, Annemarie
BAUER, Walter
BAUN, Marianne
BESSLICH, Philipp W.
BOONEN, Philipp
BROER, Jochen
BUCHNER, Edmund
CLAES, Fritz
CONRADT, Marcus
CURIO, Eberhard
DIEHL, Horst Alfred
ELIZONDO, Oscar-Luis
ESCHENBACH, Carl
FISCHER, Franz Josef
GABEL, Wolfgang
GERNER, Erich
GRABHORN, Gerd
GRAUE, Eugen Dietrich
GROSSE, Siegfried
GRÜTZMANN, Angela, geb. Korduan
GRUHL, Herbert
GUNDERMANN, Knut-Olaf
HAACKE, Johannes
HANACK, Michael
HAUNSS, Peter
HÖRDEMANN, Karl-Otto
HÖTZEL, Norbert

22. Oktober

HOFER, Helmut
HOFFBAUER, Hartmut
HOPPE, Harri
HUPPERT, Bertram
JENNE, Josef
KLEEMANN, Erich Julius
KLETT, Werner
KOCH, Dietrich-Alex
KREIENBERG, Walter
KRÜMMEL, Hans-Jacob
KÜSTER, Eberhard
LANG, Joachim
LINGNAU, Hermann
MARNEROS, Andreas
MATHEWS, Peter
MEHRER, Helmut
MEINCKE, Jens Peter
MEYER, Wolfgang
MEYNEN, Emil
MÜLLER, Andreas
MÜLLER, Walter E.
MÜLLER, Wendelin
NEUMANN, Gerhard
NUSSER, Peter
OETJEN, Georg Wilhelm
PRODAN, Michail
REICHEL, Hans
REIMERS, Edgar
RITZL, Friedrich
RUSCHIG, Heinrich
SAUS, Alfons
SCHMID, Harald
SCHNEIDER, Hermann
SIEBERT, Wilhelm Dieter
STEINBERG, Hans-Josef
STÜPER, Karl-Heinz
SZYMANSKI, Rolf
TROJAHN, Manfred
ULRICH, Martin
VOGELSANG, Kurd
VOLKERT, Heinz Peter
WADLE, Hans
WALTHER, Rudi
WEBER, Georg
WOLF, Anton

23. Oktober

BEUMANN, Helmut
BLETSCHACHER, Richard
BOEHM, Hans-Joachim
BÖHM-WILDNER, Herta
BÖNISCH, Georg
BOMS, Hans Jörg
BREUER, Jürgen-Heinrich
BROICH, Josef
BRÜLLE, Karl-Heinz
DECKEN, von der, Christoph
DENK, Viktor
DUESBERG, Carl
EGERT, Jürgen
ENDRESS (ß), Gerhard
ENIGK, Karl
FRÖSSLER, Herbert
GERSTUNG, Fritz
GERTIS, Karl
GILLESSEN, Günther
GOLSONG, Heribert
GRÄSSER (ß), Erich
GRIEME, Horst Joachim
HAUENHERM, Wolfgang
HECKELMANN, Dieter
HELLBRÜGGE, Theodor
HELLWEGE, Karl-Heinz
HIELSCHER, Udo
HOFMEIER, Rolf
HOLTMEIER, Hans-Jürgen
HOLZHEIMER, Franz Hermann
HORN, Klaus
KANDLER, Otto
KARGER, Adolf
KAUFMANN, Dieter
KLATTE, Heinrich
KLEIN, Paul-Günther
KLING, Robert
KÖRNER, Hermann
LAUX, Wolfrudolf
LENZING, Rudolf
LINK, Gerhard A.
LIPPOLD, Adolf
MANTELL, Ursula, geb. Oomen
MARXSEN, Manfred
MEYER, Herbert
MÖHLENBRUCH, Hermann J.
NAGEL, Wolfram
NOACK, Hugdieter
OHL, Herbert
ORGASS (ß), Gerhard
PAULEIKHOFF, Bernhard
PRICK, Christof
RAAB, Andreas Heinz
RENGER, Gernot
RENSING, Ludger
RIEMANN, Helmut Ernst
RÖSENEDER, Franz
ROHRBACH, Günter
ROSENSTRÄTER, Heinrich
ROSENTHAL, Philip
RUMMEL, Walter
SAHNER, Heinz
SCHALLER, Kay-Uwe
SCHMIDT, Werner
SCHMITZ-ECKERT, Hansgeorg
SCHREIER, Georg
SCHULZ, Bertold
SOENTGERATH, Olly
STEPP, Christoph
TRÄNKMANN, Gert Joachim
TRAUTMANN, Christel
WASMUTH, Lutz-Pieter
WEHDEKING, Volker
WESTRICK, Ludger
WUTTKE, Hans A.
ZEISS (ß), Arnold

24. Oktober

BAUER, Adolf
BAUMGARTE, Hans
BERGER, Ulrich
BERNHARDT, Heinz
BITTER, Gottfried
BOLDT, Gerhard
BREVERN, von, Bernhard
BRUMM, Ursula
CLASS, Richard H.
CLEMENT, Danièle
DALTROZZO, Ewald
DENECKE, Hans-Joachim
DONGES, Juergen B.
DREIER, Ulrich
ESCHENBURG, Theodor
FASTJE, Gerhard A.
FELL, Margret
FERA, Charlotte
FISCHER, Manfred Th.
FREISEL, Johannes
FRISIUS, Rudolf
GANGEL, Hans
GEGINAT, Eckart
GERLING, Walter
GÖTZ, Heinrich
GÖTZ, Peter
HEIDEN, Leonhard
HEINTZELER, Wolfgang
HERRMANN, Reinhold G.
HOCHSTETTER, Herbert
HOLTSCHMIDT, Hans
HOPPE, Jörg D.
HORBELT, Klaus
HÜTER-BECKER, Antje
JÄGER, Ludwig
JOHANNES, Ralph
KAPPACHER, Walter
KLEIN, Jürgen
KLÖTZER, Otto
KÖNIG, Walter
KOHLS, Ernst-Wilhelm
KREMS, Gerd
KÜHN, Hans Adolf
KUNAD, Rainer
LAHN, Lothar
LANGENBECK, Ulrich
MELCHERT, Helmut
MEVISSEN, Annemarie, geb. Schmidt
NEBENZAHL, Itzhak Ernst
NEINHAUS, Tillmann
NEUDECKER, Wilhelm
NICOLAI, Jürgen
NIESERT, Karl
NIETHAMMER, Dietrich
NORDEN, van, Günther
OEHMS, Wolfgang
OERTEL, Ferdinand
OSTEN-SACKEN und von RHEIN, Freiherr von der, Joachim
PRESINGER, Herbert
QUAST, Ute, geb. Freiburg
RIEDEL, Friedrich Wilhelm
SCHACHTSCHABEL, Dietrich
SCHIEGL, Hermann
SCHLEGEL, Hans-Günter
SCHÖNEBORN, Heinz
SCHRANZ, Winfried
SCHREINER, Hans Peter
SCHUBERT, Werner
SCHÜZ, Ernst
SCHUMANN, Karl
STAHL, Werner
THOMAS, Hans-Joachim
TÜSCHEN, Wilhelm
UNTERMANN, Jürgen
WENCK, Günther
WERNER, Wolfgang
WILMANNS, Ottilie
WINDFUHR, Manfred
ZIEM, Helmut

25. Oktober

ADAM, Dieter
BENNIGSEN, von, Walther
BERGER, Fritz
BETHMANN, Sabine
BREHM, Georg
BRÜCKNER-LACOMBE, Marie M.
BUSELMEIER, Michael
CZYGAN, Franz-Christian
DIRX, Ruth
DUCKWITZ, Wolfdieter
FARNUNG, Roland
FLEISCHER, Georg
FREIMARK, Peter
FRICKE, Gerhard
GERTHEINRICH, Gerhard
GRIMMEL, Eckhard
HAASE, Wolfgang
HASSELMANN, Klaus
HEBER, Ulrich
HENKEL, Konrad
JEBSEN-MARWEDEL, Hans
KARENBERG, Leutfried
KIESEKAMP, Fritz
KLINK, Hans-Jürgen
KLÖCKER, Ingo
KOBUSCH, Ernst August
KRAMER, Johannes
KREEB, Karl Heinz
KURRUS, Karl
LORENZ, Hans (Johannes)
MAIER, Franz Georg
MÖLLENDORFF, von, Wolf
MOHLER, Hans
MOXTER, Wilhelm
MÜNZBERG, Olav
NEIDLEIN, Richard
NEUMANN, Hans-Joachim
NITSCHKE, Horst
NOCKE, Heinz Peter
OPPEL, Ottomar
PALM, Wilfried
PARAVICINI, Werner
PELSHENKE, Günter
PESCHEL, Karin Johanna
PFLUG, Otto
PFOST, Heiner
RÄTZMANN, Jürgen
REAL, Willy
RESKE, Friedolin
RODE, Detlev
RÜHMKORF, Peter
RUPP, Hans Karl
SCHENKE, Wolf-Rüdiger
SCHMETZ, Ditmar
SCHMID, Wolfgang P.
SCHUBERT, Bruno H.
SCHÜTTE, Eva
SCHUTTING, Jutta
SCHWARZ, Alfons
SCHWENDEMANN, August
STEITZ, Hermann
STUDDERS, Hans-Wilhelm
TRABANT, Jürgen
UEBERHORST, Horst
WEGENER, Wolfgang
WEITZEL, Hans Karl
WEYMANN, Ansgar
WINTER, Werner
WÜNSCH, Hermann
ZAHA, Max
ZDUNOWSKI, von, Dieter
ZIMMERMANN, Roland A.

26. Oktober

ANTON, Hans Hubert
BÄRSCH, Walter
BECKER, Kurt E.
BEHRENDT, Wolfgang
BEHRENS, Erna
BEIER, Henning M.
BENIRSCHKE, Hans
BERLINGER, Rudolph
BESSELL, Fritz
BOETTCHER, Otto
CEDERBAUM, Srulek M.
DELBRÜCK, Axel
DIEDERICH, Klas
DRECHSLER, Hans-Alexander
GEMEINHARDT, Wolfgang
GOLL, Heinz
HAASE, Horst
HEILINGER, Franz
HIRSCHLER, Adolf
HOCHMUTH, Karl
HOLTERMÜLLER, Karl-Hans
HÜRTER, Peter
JAHNKE, Jürgen
JAHR-STILCKEN, Angelika
JOPPICH, Ingolf
KEUNE, Friedrich W. J.
KIENLE, Adalbert
KLEIN, Heinrich Julius
KÖRNER, Wolfgang
KOHRSMEIER, Karl-Heinz
KONZELMANN, Gerhard
KRONAUER, Erich
LILIENFELD-TOAL, von, Hans-Otto Konstantin
MANCHOT, Jürgen
MENGES, von, Dietrich Wilhelm
MERKEL, Rudolf
MERZBACHER, Klaus Peter
MOULINES, Carlos-Ulises
MÜLLER, Hans-Robert
MUSSGNUG (ß), Reinhard Alexander
NECKERMANN, Peter
PESCHEL-GUTZEIT, Lore Maria
PRAST, Heinz
PYHRR, Christian
RICHARDI, Hans-Günter
RODE, Günter
RÜBESAMEN, Karl-Heinz
RUISINGER, Erwin
SCHINDLER, Karl
SCHMIDT, Helmut
SCHÖTTLE, Klaus
SCHUMANN, Horst
SCHUSTER, Helmut
SCHWAIGER, Max
SIEBALD, Manfred
SNATZKE, Günther
STÄMPFLI, Jakob
STEINER, Joerg
STOCK, Heinrich
STRICKER, Herbert
TETZNER, Karl
TEUBER, Hans-Joachim
TÖPFER, Hans-Joachim
WALDMANN, Günter
WEBER, Gerhard
WELLER, Otto
WOLF, Ernst
WOODS, John David

27. Oktober

AUFENANGER, Georg
BAUER, Heinrich
BOLLE, Michael
BOTHMER, von, Lenelotte, geb. Wepfer
BRUCKNER, Helmut
BULLA, Josef S.
BUTTLAR, von, Haro
CONRADS, Ulrich
DAXNER, Michael
DENEKE, Diether
DÖRING, Klaus
DOMRÖSE, Lothar
DROSSNER, Heinz
EDEN, Allrich
ERNST, Wolfgang
ESCHERICH, Rudolf
FEUCHTMAYR, Inge
FISCHER, Theodor
FRANKE, Hans
FRANZKI, Hans-Harald
FREGE, Karl-Ludwig
FUNKE, Else
GARTMANN, Heinz
HÄNDEL, Wolfgang
HAIDER, Gerhard
HEILMANN, Heidi H., geb. Werner
HORST, Peter
JANSSEN, Ernst-Günter
KEGEL, Eberhard
KOCH, Heinrich
KORNFELD, Fritz
KRAUS, Rudolf
KREBS, Peter
KRYSMANSKI, Hans-Jürgen
LATTREUTER, Rolf
MARTIN, Michael
MATUZ, Josef Eugen
MEINBERG, Eckhard
MEUSEL, Werner
MÖHR, Jochen Robert
MOSER, Edda
NIPPERDEY, Thomas
OXFORT, Hermann
RANFT, Ferdinand
ROTTER, Franz
SABEL, Hans
SCHMIDT, Hartmut
SCHMITT, Karl
SCHORK, Ludwig
SCHULZ, Eberhard Günter
SEIBEL, Johannes Joachim
SOLMS, Helmut
SPRINGER, Ulrich
STAATS, August-Friedrich
STEINBRECHT, Rudolf Alexander
THULLEN, Alfred
TROBE, de la, John H.
UELNER, Adalbert
ULLRICH, Christian
VOGEL, Günter
WALCHA, Helmut
WEBER-DIEFENBACH, Klaus
WERNER, Heinrich
ZINNKANN, Willi

28. Oktober

AIDELSBURGER, Nikolaus
ALBERT, Dietrich
BADECK, Georg
BATSCH, Klaus-Jürgen
BAUER, Heinz
BAUER, Hermann
BAUM, Gerhart-Rudolf
BAUMANN, Carl Michael
BECHTLE, Friedrich
BEGEMANN, Friedrich
BLEYL, Uwe
CAPPELLER, Ulrich
CONRADT, Max
DICKEL, Gerhard
DÖRFFLER, Wolfgang
EHRHARDT, Marie-Luise, geb. Harder
ENDRES, Michael
ENNEN, Edith
ENTENMANN, Alfred
FALKENHAGEN, Karl Ludwig
FISCHER, Marie Louise

Geburtstagsliste

28. Oktober

FISCHER-APPELT, Peter
FREHSE, Jens
GALLEY, Eberhard
GEHRKE, Hans-Joachim
GEWALT, Wolfgang
GOTZEN, Reinhard
GÜNTHER, Otmar
HAVERBECK, Werner Georg
HAVERKAMP, Wilhelm
HEISCH, Günter
HERING, Gerhard F.
HÜBNER, Hans
KÖSTER, Thomas
KRETSCHMER, Paul
KÜRTEN, Gerold
LÖSER, Hermann
MARTIN, Hans-Peter
MENDE, Erich
NÖHBAUER, Hans F.
OHNESORGE, Bernhart
OLIVARI, Neven
RABAS, Josef
RINGEL, Gerhard
ROHRLICH, Matei
SCHELTER, Christoph
SCHERENBERG, Hans
SCHMAUSER, Harald R.
SCHMIDT, Hannes
SCHMIDT, Siegfried J.
SCHULER, von, Einar
SEIDEL, Jürgen
SPUR, Günter
STAFF, Alfred
STAHL, Friedrich-Christian
STEGER, Max
STEIN, Rudolf
STOCKLEBEN, Adolf
THORWALD, Jürgen
TIESLER, Ekkehard
WICKI, Bernhard
WIELEN, Roland
ZILLIKEN, Friedrich

29. Oktober

BÄSSLER, Ulrich
BECKER, Hansjakob
BIEDENKAPP, Volker
BOHRER, Kurt-Friedrich
BROST, Erich
BUCHMANN, Jürgen
DURGELOH, Heinz
ERMANN, Michael
FINCK, von, Wilhelm
FRANK, Jürgen
FRIEDERICI, Lothar
FRIEDRICH, Albert
GEISER, Martin
GEISSLER-KASMEKAT, Joachim
GIRARDET, Wilhelm
GNEUSS, Helmut
GÖSSNER, Wolfgang
GOETZE, Dieter
GREINER, Walter
GROSCH, Ernst
GROSS, Joseph
GROTHUSEN, Klaus-Detlev
GRÜGER, Wolfgang
GÜLICHER, Herbert
HARTUNG, Harald
HAUSDÖRFER, Jürgen
HEININGER, Heinz
HEINZMANN, Richard
HERWIG, Oscar
HESS, Friedhelm
HOEFFKEN, Walther
HOFFMANN, Manfred
HOPPE, Rudolf
HUBER, Otmar
ISRAEL, Walter
JANK, Gerhard
KAHLENBERG, Friedrich P.
KELLER, Jörg
KLEEN, Werner J.
KLEIN, Hans-Wilhelm
KRAFT, Alfons
KREMER, Harry Andreas
KUNERT, Karl Heinz
LEEGAARD, Alf
LITTAUER, Rudolf M.
MAJONICA, Ernst
MECKSEPER, Cord Reinhard
MEIER, Konrad
MESCHKAT, Klaus
MÖLLER, Carl
NAGLSCHMID, Friedrich G. M.
NEUMANN, Wilhelm P.
OSSWALD, Hans
OTT, Alfred E.
PACHALY, Peter
REIS, Arno
RITTER, Jörg
RUHR, Reinhold
SCHARHAG, Werner
SCHLÜNZ, Hans Hermann
SCHULTHESS, Emil
STAMM, Barbara
STENZEL, Arnold
STRAUCH, Dieter
STREUL, Eberhard
TAUBE, Werner
ULMEN, Wilhelm
VIERHAUS, Rudolf
WABBEL, Gustav
WALTER, Adolf
WEDEKIND, Werner
WEIDER, Wolfgang
WIEBECKE, Claus
WILL, Oswald
ZIMMER, Ernst-Günther
ZIMMERMANN, Maria, geb. Bosten

30. Oktober

BAUMGARTNER, Konrad
BEILHARZ, Richard
BERGERFURTH, Bruno
BETKE, Klaus
BILL, Helmut
BRANTSCH, Ingmar
BRAUNS, Peter
BROSER, Fritz
BRÜCHER, Horst
CASSENS, Johann-Tönjes
CHAPCHAL, George
DANIEL, Günter
DHOM, Günter
DIETTER, Ernst
ECKERT, Alexander
EL-MAGD, Essam Abou
EWERT, Karsten
FINCKE, Martin
FLEITMANN, Theo
GERHARD, Edmund
GERTH, Hans-Joachim
GRUNWALD, Günter
HÄFELE, Hans Georg
HÄNSCH, Theodor Wolfgang
HAUPT, Ullrich
HOLLENBERG, Cornelis Petrus
HORACEK, Milan
JAENICKE, Rainer
KAUP, Ludger
KAUP, Wilhelm
KEHR, Theodor Christian
KEHREIN, Peter
KLEIN, Lutz Hans
KOCZIAN, von, Johanna
KÖHLER, Josef-Andreas
KÖSTER, Klaus
KRAAK, Bernhard
LENSING, Carlheinz
LUKES, Rudolf Hans Peter
MANTE, Willi
MARSCHNER, Horst
MAURER, Alfons
MERZ, Erich
MEYN, Klaus
OEHMIG, Heinz
OTTO, Hans-Joachim
PAWLOWSKI, Hans-Martin
PETERSEN, Peter
PIEDMONT, Max-Günther
PREUSS, Manfred
RINGENBERG, Georg
RONGE, Rudi
SAUER, Ralph
SCHENKEL, Rudolf
SCHEUFELEN, Klaus H.
SCHULLER, Wolfgang
SIEBECK, Otto
SPAETH, Leopold
STEGH, Marlis
STROBACH, Lothar
STÜRMER, Hans-Dieter
SUCKALE, Robert
SUHR, Heinz
THOMA, Helge
THOMÉ-KOZMIENSKY, Karl Joachim
UCKRO, von, Hanns-Detlef
UHLENBRUCK, Wilhelm
WACKER, Karl-Heinz
WEICHERT, Thilo
WENDLER, Michael H.
WOLL, Artur
WURDACK, Ernst Michael
ZERSSEN, von, Gerd Detlev

31. Oktober

ADLER, Heinz
ADORNO, Eduard
ASSERATE, Prinz, Asfa-Wossen
AU, in der, Dietlind
BÄHR, Jürgen
BAUMEIER, Stefan-Michael
BEHNKE, Hans Heinrich
BETZ, Franz Georg Gerhard
BETZ, Gerhard
BEUSCH, Karl
BODE, Manfred
BREMICKER, Richard
BRETH, Andrea
BURKHARDT, Ludwig
CHRISTOFF, Daniel
DÖTTINGER, Fritz
DORN, Dieter
DÜTTING, Dieter
ECKSTEIN, Brigitte
ENZINCK, Willem
ERNÉ, Nino
EUCHNER, Walter
EVERDING, August
FABERS, Friedhelm
GARNATZ, Eberhard
GELHAUS, Hermann
GIRARDET, Paul
GÖDTEL, Reiner
GÖPEL, Wolfgang
HAASE, Joachim
HAUSER, Siegfried
HAVERKAMPF, Hans-Erhard
HENNIES, Jürgen
HERBIG, Herbert
HESSELMANN, Malte
HEYD, Werner P.
HEYMEL, Hans
HILDEBRANDT, Franz
HOFFMANN, Hans
HORSTKOTTE, Fritz
IRMLER, Christian
JAEGER, Heinz Roger
JEDELE, Helmut
KAMPER, Margarethe Maria
KARL, Johann-Josef
KLUXEN, Wolfgang
KOLATH, Hans-Hermann
LEY, Karl
LICHTENTHALER, Rüdiger N.
LOVISONI, Vulmar
MEGERLE, Karl
MOLLENHAUER, Klaus
PÄNTZER, Rudi
PELLNITZ, Dietrich
PFEIFLE, Ulrich
PRÖTTEL, Dieter
REBHAN, Eckhard Friedrich
REICHENBACH, Peter
REITER, Ernst
RIEDLE, Walter
SCHERF, Henning
SCHLITZBERGER, Udo
SCHULZ-LINKHOLT, Fritz
STEINWACHS, Ginka
STURM, Gerhard
TAURIT, Rudolf
TETSCH, Peter
TRÄUTLEIN, Willy
TRILLHAAS, Wolfgang
UEBERSCHÄR, Kurt
WALTER, Fritz
WEIGL, Franz
WEIS, Eberhard
WOLF, Jürgen
WÜBBENA-MECIMA, Anton
WULFF, Gerd
ZINK, Otto

1. November

ACKERMANN, Friedrich
ANHÄUSER, Uwe
ARLT, Wolfgang
ARNOLD, Carl-Gerold
ASEMISSEN, Hermann Ulrich
BECKMANN, Dieter
BERTAU, Karl
BIRKENHAUER, Klaus
BRADER, Curt
CASPERS, Hubert
COPPIK, Manfred
DEMLER, Otto
DEPPE, Heinz
DETERING, Heinrich
DIETRICH, Georg
DOMARUS, von, Dietrich
DRESSLER, Otto
DRÖGE, Franz
DROESE, Werner
DÜNNEBACKE, Hans-Georg
EBERHARD, Rudolf
ECHTERNACH, Jürgen
EICKENBERG, Karl Heinz
FEGER, Hubert
FEILHAUER, Oswald
FRANZ, Isabelle
FUNKE, Carl
GARBERS, Hans Hermann
GOTTLIEB, Franz Josef
HARTMANN, Siegfried
HAUSTEIN, Werner
HEILMANN, Sigmar
HELLWIG, Hans-Jürgen
HÖSS (ß), Irmgard
HOHNER, Hermann
IBSCH, Bruno
JAHNKE, Henner
KELCH, Franz
KERNCHEN, Eberhard
KNAUST, Cilly
KOCH, Wilhelm
KREUZER, Helmut
KUPPE, Volker
LAHNSTEIN, Peter
LAMPE, Joachim
LÜDERS, Detlev
MAMPELL, Klaus
MARTIN, Hansjörg
MARZIN, Werner
MENGER, Christian-Friedrich
MOHR, Werner
MORIO, Walter
MÜLLER, von, Margarethe Maria
MÜNNICH, Werner
NEUBURGER, Kurt
OSTERHOLT, Horst
PARISEK-TUSA, Dobra
PFLUG, Bernhard
PUFF, Heinrich
SCHELP, Frank-Peter
SCHLENKE, Manfred
SCHLEYER, Hanns-Eberhard
SCHÜNEMANN, Bernd
SEELIGER, Heinz
SEILER, Albert
SIEGELE, Ulrich
SIMON, Klaus
SUCHENWIRTH, Richard Mathias
TIDICK, Marianne
UNSHELM, Jürgen
VALENTIN, Helmut
VOLLMAR, Roland
VOSSCHULTE (ß), Alfred
WITTMANN, Reinhard
ZINSER, Hartmut

2. November

AMLER, Ferdinand
ARNTZ, Klaus H.
BAUMBACH, Ernst Georg
BECK, Erwin
BEICKLER, Ferdinand
BIJOU, Sow
BRÜNNER, Friedrich
BRUNNER, Horst
BUHLMANN, Günther
DAHMEN, Hans
DEHE, Hans Günther
DIETRICH, Albert
DRUKARCZYK, Jochen
FAHR, Hansjörg
FETZ, Friedrich
FIECHTNER, Urs Michael
FISCHER, Hans
FLAMM, Wilhelm
FRANK, Manfred
FRANKE, Peter Robert
FUNKE, Peter
GLIEMEROTH, Georg
GNATH, Karl
GÖDERSMANN, Ernst-Walter
GUZZONI, Ute
HAASE, Manfred
HACKER, Hans
HAHN, Karl
HALLERMANN, Ludger
HAMMERSCHMITT, Günther
HEGERFELDT, Gerhard
HEIBEY, Claus
HEIM, Wilhelm
HENZI, Max
HÖLSCHER, Tonio
HÖLTGEN, Karl Josef
HOPPE, Rudolf
HÜFNER, Jörg
JÄGER, Alfred
KAISER, Mathias
KAPPEY, Fritz
KINZEL, Walter
KOCH, Nikolaus
KRATH, Herbert
KRIWET, Heinz
KRÜGER, Hans Joachim
LEHMANN, Hans-Ulrich
LINDNER, Wulf-Volker
LINGELBACH, Ernst
MARTENS, Ekkehard
MAYR, Otto
MEHNERT, Peter
MEIDENBAUER, Georg
MÖLLER, Franz
MÖNCH, Ernst
MROSS, Michael
MÜLLER-DIETZ, Heinz
NAUNIN, Dietrich
NEBEL, Gerd
PHILIPP, Fritz
PLESS (ß), Helmut C. H.
PRINZ, Lieselotte
PROPFE, Heinrich
REILAND, Willi
RIEMENSCHNEIDER, Hartmut
ROSENSTIEL, von, Lutz
RUBNER, Heinrich
SALGER, Hannskarl
SALNIKOW, Nikolaj
SCHILD, Wolfgang
SCHMIDT-CARELL, Paul K.
SCHNIEDERS, Rudolf
SCHOENENBERGER, Helmut
SCHRÖDER, Wolfgang
SCHRÖTER, Wolfgang
SCHWAB-FELISCH, Hans
SERVAS, Erhard
SIEP, Ludwig
SPAGERER, Walter
SPRENGER, Bertold
STEIN, Freiherr von, Hans
SUERBAUM, Ulrich
THIELE, Wolfram
TIGGES, Hans
TÖRÖK, Alexander
VYE, John

2. November

WEGENER, Wilhelm
WIDMAIER, Wolfgang
WIEDEMANN, Fritz
ZIMMERMANN, Horst

3. November

ABT, Klaus
ACKER, Dieter
ALBERS, Jan
BECKER, Hans-Jürgen
BLENKERS, Hanns
BOLLMEYER, Ulrich K.
BRAUER, Herbert
BRAUN, Stephan
BREUER, Helmut W.
BRUNNACKER, Karl
COY, Wolfgang
DELBRÜCK, Jost
DISCHNER, Gisela
DOMBROWSKI, Heinz Dieter
ECKHARDT, Albrecht
EIGEN, Karl
EISENMANN, Peter
EYSEL, Ulf
FAISAL, Farhard H.
FELDHOFF, Norbert
FELSCH, Karl-Otto
FRENZEL, Wolfgang
FURCK, Carl-Ludwig
GABEL, Gernot Uwe
GEORGII, Hans-Walter
HÄFNER, Gerald
HÄNFLING, Georg
HÄRING, Rudolf
HARTKOPF, Willi
HARTWICH, Hans-Hermann
HEITFELD, Karl-Heinrich
HEMPFER, Klaus Willy
HEUERMANN, Hartmut
JUNGHANS, Kurt Heinz
KEITZ, von, Manfred
KLAUSSNER, Eugen
KNITTEL, Georg
KOIZAR, Karl Hans
KORTE, Bernhard
KÜNZER, Wilhelm
LAUX, Manfred
LOSKAND, Rudolf
LÜBBERING, Gerd
MATZEN, Oscar H. F.
MEINZ, Theo
MENNIG, Günter
MEYER-ABICH, Hans-Jürgen
MINDT, Heinz R.
MÖLLER, Dietrich
NAGEL, Herbert Christian
NAUMANN, Walter
NIPPERT, Oswald
NISSEN, Karl-Heinz
PAETZKE, Ingo
PICKER, Eduard
POHLE, Klaus
POLOMSKY, Hubert Winfried
PONNATH, Rudolf
PRIBILLA, Otto
REINTGEN, Karl-Heinz
RÖKK, Marika
SALZMANN, Helmut
SCHÄFERDIEK, Knut
SCHARDT, Alois
SCHLAGA, Georg
SCHMID, Roswitha
SCHOLZ, Heinz
SCHUPP, Franz
SCHWEINS, Adolf
SELLERT, Wolfgang
SEYPPEL, Joachim
STIEBELER, Walter
TOLKMITT, Hans Bodo
TREBITSCH, Gyula
UHLE, Hans-Joachim
VÖLKER, Franz
WAECHTER, Friedrich Karl
WEIGERT, Manfred
WELLERSHOFF, Dieter
WESTERMANN, Hans-Herbert

4. November

AHLE, Hans
BABEL, Ulrich
BARTOS-HÖPPNER, Barbara
BAUER, Georg
BAUMANN, Volker
BERNHARD, Otto
BLESSMANN, Heinz
BLOSS, Georg
BRADL, Hans
BRUCKNER, Werner
BUCHSTALLER, Werner
BÜCKMANN, Detlef
COERS, R. Otto
CZEMPER, Karl-Achim
DANCO, Armin
DITTMANN, Werner
DVORAK, Felix
EHRENBERG, Maria
EICKHOFF, Ernst-Wilhelm
ELMENDORF, Knut
ENGASSER, Quirin
ESSER (ß), Aletta, geb. Harting
FAUSER, Hermann
FISCHER, Norbert
FRANZ, Peter
FRISCH, Anton
GELDERN, von, Wolfgang
GLEICH, Walter A.
GOLDSCHMIDT, Dietrich
GROBE-HAGEL, Karl
GROENKE, Lutz
GRÜNEFELDT, Hans-Otto
GRUPE, Ommo
HAEBERLIN, Hans Ulrich
HAHN, Ottokar
HEMBERGER, Adolf
ISCHE, Friedrich
JACOBS, Giesbert
KARSTEN, Detlev
KIRSCHNER, Klaus
KLEINE, Tilmann, Otto
KLOIBER, Walther Michael
KNOBBE, Heinrich
KÖNIG, Karl
KÜHN, Volker
LINTNER, Eduard
MARTENS, Karl-Heinz
MARX, Helmut
MEYER, Hans
MEYERHOFF, Günther
MIELE, Rudolf
MOLINSKI, Waldemar
MONNARD, Jean-François
NEUSSER, Martin
NIEMEYER, Gerhard
PAHL, Karl-Heinz
PASTUSZEK, Horst
PICK, Günter
POHL, Wolf
POSENER, Julius
RAMCKE, Rolf
RAUEN, Hermann Matthias
RENNER, Maximilian
ROTH, Jürgen
SCHEUTER, Karl R.
SCHLÖSSER (ß), Heinrich
SCHMIDT, Erwin
SCHOLZ, Peter
SCHROEDER, Wilhelm
SEEHUBER, Andreas
SOEFFING, Werner
SONDERMANN, Johannes Ernst
SONNENBICHLER, Johann Maximilian
STELZNER, Friedrich
STOLLFUSS(ß), Michael Christian
STRACKE, Wilhelm
THOMAS, Alexander Friedrich
TOSSE, Paul
UHLMANN, Günther
UNTERBERGER, Richard
VALÉRIEN, Harry
WICH, Josef

5. November

AUGSTEIN, Rudolf
BEISSEL, Ulrich
BLÖTZ, Dieter
BOVERMANN, Günter
BRAUSS, Friedrich-Wilhelm
BREITENGROSS (ß), Jens-Peter
CHATTERJEE, Niranjan Deb
CZAJA, Herbert
DETERING, Klaus
DRAHEIM, Heinz
DÜSTERFELD, Peter
FECHNER, Gisela, geb. Seling
FRANK, Karl Otto
FRICK, Hans
GNÄDINGER, Karl
GRÜNZWEIG, Fritz
GÜRS, Karl
HAGE, Wolfgang
HANSTEIN, v., Helmar
HARMS, Franz
HILGENDORF, Tycho
HOFFMANN, Horst
HOFMANN, Linus
HOMMERICH, Klaus Walter
JACOBS, Manfred
JOPPICH, Gerhard
KAPPES, Franz-Hermann
KIRZINGER, Sebastian
KLEIN, Manfred
KLEMENT, Erhard
KOLB, Anton
KRAUSE, Friedrich W.
KÜNSTLINGER, Rudolf
KUHN, Götz-Gerd
KUNDLER, Herbert
LIERSE, Werner
LOHFF, Wenzel
LUDES, Hans
MARSCHNER, Wilhelm
MARTENSEN, Erich
MEISNER, Michael
METZNER, Wolfgang
MOMMSEN, Hans
MOMMSEN, Wolfgang J.
NIEDIECK, Lothar
NÖBEL, Wilhelm
OBERBECKMANN, Hans-Ludwig
PETERS, Dietrich
PREISSLER (ß), Egon K.-H.
REINTGES, Hans
SCHMITT, Wolf D.
SCHMITZ, Hans-Peter
SCHUMANN, Olaf
SEELER, Uwe
SIMONIS, Walter
SOMMER, Elke
SPRINGORUM, Gerd
STEIGERWALD, Fritz
STIEVE, Friedrich-Ernst
STUCKY, Wolffried
TRAUTWEIN, Alfred Xaver
UHLIG, Claus
VOIGT, Ekkehard
WAGNER, Werner
WEISS (ß), Armin
ZIMMERMANN, Manfred
ZIRNGIBL, Willy

6. November

ALBEVERIO-MANZONI, Solvejg
ALLERT-WYBRANIETZ, Kristiane
ASSFALG (ß), Julius
BAUMGARTEN, Wilhelm
BLASIG, Winfried
BLEISS (ß), Paul
BODE, Bernhard
BÖLLING-MORITZ, Cordula
BOLLE, Günter
BOXBERGER, Ekkehardt
BRENDEL, Walter
BRÜCK, Kurt
BÜCHERL, Emil Sebastian
DIETRICH, Manfred Leonhard
DOEBEL, Peter
EHRHARDT, Otto
EISERMANN, Gottfried
ESSER (ß), Gregor
FACH, Wolfgang
FISCHER, Gerhard
FISCHER, Rudolf
GEYSER, Maria
GRAEF, Volkmar
GUTH, Manfred E. F.
HAASE, Heinz
HABERLANDER, Franz
HACKETHAL, Julius
HALE, Horstmar
HANGERT, Ilse
HEIMES, Theo
HUEMER, Hans
KALTWASSER, Franz Georg
KANEHL, Franz-Joachim
KERSTIENS, Ludwig
KLENNER, Wolfgang
KNOBLOCH, Eberhard
KRETSCHMANN, Josef
KUTZIM, Heinrich
LEHMANN, Hans M.
LEIPOLD, Heinrich
LENSING-WOLFF, Florian
LÜDEMANN, Hans-Dietrich
MAHLER, Gerhard
NEITZEL, Heinz A.
NEUBAUER, Karl Wilhelm
NOSTITZ, von, Siegfried
OETJENS, Johann Detlef
PLECHL, Manfred
RANG, Martin
REXROTH, Günther
ROESKY, Herbert Walter
SAURBIER, Helmut
SCHREIBER, Hanns E.
SCHREITERER, Manfred
SCHULZ, Horst
SCHWAB, Robert
SODEN-FRAUNHOFEN, Graf von, Heinrich
SOINÉ, Friedrich
STROHMAYER, Julius
STROHMEYER, Georg
SUDER, Alexander L.
TAUSCH, Reinhard
TEYSSEN, Anton
THEOBALD, Jürgen Peter
TORNIEPORTH, Carl
VIDAL, Oscar
VOGT, Ernst
WOLFF, Hartmut
WULFF, Hinrich H.
ZUBKE, Friedhelm

7. November

BAUR, Friedrich G.
BAYRLE, Thomas
BEHNCKE, Horst
BERG, Klaus
BERGSDORF, Wolfgang
BIRTSCH, Günter
BISCHOFF, Theo
BÖSENBERG, Heike
BRAUN, Gerhard Otto
BÜGLER, Gerhard
BURCHARD, Wilhelm-Günther
CHERDRON, Eberhard
DESSAUER, Guido
DÖRRENBERG, Richard
DROEGE, Herbert
EHRHARDT, Wolfgang
FENGLER, Jörg
FLEISCHER, Bodo
FLESSNER, Günter
FRIEDRICH, Roland O.
FUHRMANN, Günter Fred
GERHARTZ, Johannes Günter, S. J.
GIESE, Ernst
GOSLICH, Siegfried
GRAESER, Andreas
GREVEN, Herbert
GÜNTHER, Reimar
GÜTING, Klaus Rainer
HACKETHAL, Joachim
HÄUSSLING (ß), Josef M.
HAFNER, Lutz
HAMMERICH, Kurt
HARTMANN, Wolfgang
HEBBEL, Hartmut
HECK, Eberhard
HERRMANN, Ulrich
HESS, Johann (Hans)
HOFFMANN, Hartmut
HOFFMANN, Hellmut
HOFMANN, Gottfried
HOPF, Anton
HÜBNER, Heinz
HUMEL, Gerald
JENSEN, Hans-Peter
JORDAN, von, Hilda
KASKE, Gerhard
KAUTZKY, Rudolf
KELLER, Claus
KELZ, Heinrich P.
KIRCHNER, Klaus
KLEIN, Wolfgang
KLEMMERT, Oskar
KLUG, Ulrich
KOBERG, Wolfgang Rhaban
KOLLMANNSBERGER, Lorenz
KOOLMAN, Jan
KROLLMANN, Hans
KUHN, Manfred
LÖFFELHOLZ, Thomas
MADER, Bernd M.
MANN, Albrecht
MARTI, René
MAYER-SKUMANZ, Lene
MICHEL, Hans
MÖLLERS, Josef H.
MÜLLER, Manfred
OEHMS, Wolfgang
PEEKEN, Heinz
PETRI, Helmut
ROST, Sieghard
RUDOLPH, Werner A.
RÜRUP, Bert
SCHEFFLER, Christian
SCHIEVELBEIN, Helmut
SCHULTE, Hans
SCHUSTER, Walter
SCHWAABE, Helmut
SCHWERDTFEGER, Gunther
SEIDEL, Reinhard
SIECKMANN, Werner
SONTAG, Helmut W.
TIMM, Johannes-Peter
WEITZ, Hans-Joachim
WINKLER, Werner
ZIMMERMANN, Wolf-Dieter

8. November

ADAM, Anton
BENDZIULA, Albrecht
BERGEN, von, Willwerner
BERNHARD, Rudolph
BERTHOLD, Margot
BOTT, Dietrich
BRENNER, Rolf
ENGELS, Heinz
FELSCHE, Jürgen
FLEISCHER, Helmut
FRANK von MAUR, Karin
GALLER, Heinz Peter
GEIPEL, Horst
GLADIGOW, Burkhard
GLOOR, Kurt
GOLDSTEIN, Michael
GROSSE, Artur
GROTH, Klaus J.
HÄUSSER, Robert
HENRICH, Franz
HENTSCHEL, Bernd
HESBERG, Walter
HEUKELUM, van, Horst
HEUMANN, Wolfram
HILGER, Gustav
HILLER, Werner
HLAWITSCHKA, Eduard
HOEPFFNER, Dietrich W.
HOFF, von Hans-Viktor
ITZENPLITZ, Eberhard
JÄGER, Hans Wolfgang
JASKULSKY, Hans
JENNY, Erwin F.
KESTEL, Paul
KILIAN, Hanns-Georg
KIPPER, Peter
KLAMROTH, Klaus

KOLOCZEK, Heinz-Jürgen
LINGENBRINK, Kurt
LOEWEL, Ernst-Ludwig
MARTIN, Ludwig A. C.
MENGEL, Konrad
MEYER, Theo
MÖNNICH, Horst
MOSEBACH, Rudolf
NAUMANN, Walter
NIEHUSS, Achim
OSTENDORF, Hans
REF, Carlheinz
RÖLLGEN, Karl-Heinz
SAILER, Dietmar
SCHÄTZKE, Manfred
SCHMETTERER, Leopold
SCHMITZ, Heribert
SCHNELL, Walter
SCHÖTZ, Franz
SCHUMANN, Hilmar
SCHWINEKÖPER, Berent
STAUDT, Erich
STEGER, Ulrich
THOENES, Hans Willi
TIPKE, Klaus
WIMMER, Raimund
WITTLING, Henner
WREDE, Henning
ZAPF, Hermann

9. November

ACHMEDOWA, Jacqueline
BENRATH, Martin
BERENBERG-GOSSLER,
 Heinrich, Freiherr von
BRINKMANN, Heinz
EICHLER, Hans Joachim
ENGHOLM, Björn
EYFERTH, Klaus
FEHLING, Dora,
 geb. Fränkel
FIGGEN, Werner
FISCHER, Siegfried
FREUNDLIEB, Wilhelm
FRITZSCHE, Klaus Jürgen
GERSTNER, Rudolf Erhard
GODEFROID, Hans A.
GÖTTLICH, Karlhans
GROH, Franz
HAMMERS, Paul
HENLE, Christian-Peter
HENN, Rudolf
HOPPE, Hans-Günter
HORBACH, Gerd
HOTZ, Gerhart
KEISER, von, Dietrich
KIRCHHEIM, Hartmut
KLÜNDER, Jürgen
KNIES, Wolfgang
KOLLAT, Horst
KRAUSS, Hartmut
KRETSCHMANN,
 Hans-Joachim
KULLMER, Lore,
 geb. Poschmann
KUSS, Bertram
LEINBACH, Karl
LEUTZBACH, Wilhelm
MATTHIES, Hans-Jürgen
MEYER, Martin
MÜLLER-GROELING,
 Hubertus
MÜLLER-PLANTENBERG,
 Clarita, geb. von Trott zu Solz
NOTTMEYER,
 Barbara Dorothee, geb. Bobrik
OELKE, Hans
PATT, Hans-Peter
PIEROTH, Elmar
PREUSSEN (ß), Prinz von,
 Louis Ferdinand
REUTER, Bernd
RIEMERSCHMID, Heinrich
RIENHOFF, Otto
ROHDE, Helmut
RUHRBERG, Karl
SCHAAB, Meinrad
SCHAMONI, Ulrich
SCHLEGELBERGER,
 Hartwig
SCHMIDT, Josef
SCHMIEDEL, Burkhard

SCHÖFFL, Friedrich
SCHÜLLER, Bruno, S. J.
SCHULZ, Jürgen
SCHULZ, Peter
SCHWEITZER, von,
 Rosemarie
SEIFERT, Hans-Joachim
SOLTERBECK, Hans-Klaus
SOYKA, Dieter Paul
STRATMANN, Karlwilhelm
STUBER, Helmut
THIELE, Günter
VEIGEL, Werner
WOLLENWEBER, Eckhard

10. November

AHMAD, Amjad
ALBERTS, Klaus G.
AUHAGEN, Ernst
BERG, Wilfried
BERKHOLZ, Günter
BORELL, Rolf
BOSSLE, Lothar
BRETTEL, Hans-F.
BRIESKORN, Carl-Heinz
BULIRSCH, Roland
BUSSE, Heinrich-Gustav
ENGEL, Peter
FASEL, Willi (Wilhelm)
FISCHER, Ernst Otto
FREY, Winfried
GERIGK, Horst-Jürgen
GRÜTZMACHER, Martin
GUTJAHR, Lilli,
 geb. Schuch
HALSTRICK, Werner
HEIDECKE, Günter
HERRLICH, Peter
HILBER, Walter
HÖPFNER, Niels
HOFER, Walther
HOPPE, Joachim
HÜNDGEN, Manfred
JAKOBI, Theodor
JÖNS, Dietrich
KAMMER, Werner M.
KIESBAUER, Hannelore
KLAUS, Francois
KORFSMEIER,
 Karl-Hermann
KOTTHOFF, Ulric
KÜPPER, Heinz
LEHMANN,
 Rainer Hans-Jürgen
LEYHAUSEN, Paul Josef
LOTT, Jürgen
LOUVEN, Klaus
MÄRZ, Fritz
MARTINI, Louise
MEYER, Hans-Jürgen
MOSONYI, Emil
MÜHLBAUER, Adolf
MÜHLFELD, Claus
MÜLLER, Günter
MÜLLER, Wolfgang
NIES, Werner
NIKURADSE, Alexander
OESTERHELT, Dieter
RANDOW, von, Bär
REICHELT, Georg
REISCH, Erwin
RICHTHOFEN, Freiherr von,
 Oswald
RITTER, Friedel
RUPPRECHT, Herbert
SCHELLMANN, Werner
SCHILL, Wolf-Bernhard
SCHMIDTKE, Kurt-Karl
SCHMÜCKER, Kurt
SICK, Willi-Peter
STEINMÜLLER, Ulrich
STÖCKL, Rudolf
ULLMANN, Uwe
WEBER, Hermann
WEDEKIND, Benno
WESTEN, Ingo
WOLF, Herbert

11. November

ADLER, Ernst-Dietrich
BAUR, Jürg
BECKER, Karl-Heinz

BESSEN, Edgar
BOSL, Karl
BRANTNER, Richard
BRÜCKNER, Hardo
BÜSCHGEN, Hans E.
BURCZYK, Klaus
BUTZKAMM, Wolfgang
DETTE, Gerhard
EBERT, Franz
EHRICH, Wulf
ENZENSBERGER,
 Hans Magnus
ERNST, Dieter
FICKER, Rudolf
FORSTER, Anton
FRÖHNER, Hans-Jochen
GERL, Andreas
GIES, Heinz
GRANDIN, Friedrich-Hans
GRULER, Hans
HAAK, Friedhelm Erich
HEILIGER, Bernhard
HELD, Martin
HULLER, Guido
JANSEN, Peter Wilhelm
JÜRGENS, Friedrich
JUNG, Eberhard
JUNG, Rainer
KLINK, Dieter
KLUGE, Martin
KÖHN, Lothar
KOELBING, Dorothea
KOHLMANN, Ernst
KÜCK, Günther
LAMERS, Karl Franz
LEISNER, Walter
MARKSCHEFFEL, Günter
MARTZ, Margarethe,
 geb. Armbruster
MASTHOFF, Helga
MEYER, Volkmar
MÜLLER, Ernst-August
MÜLLER-SUUR, Hemmo
MÜTING, Dieter
NICOLAI, Heinz
OLBRICHT, Peter
PAINTNER, Hans
PFLÜGER, Heinz
PIIPER, Johannes
RÖSLER, Hubert(us)
RUDORF, Günter
SCHAAF, Hanni
SCHIEBER, Rudolf
SCHIEMENZ, Bernd
SCHMIDT, Peter
SCHMIDT-RÄNTSCH,
 Günther
SCHMITZ, Egon
SCHWARZ, Günther
SCHWARZ, Kurt
SCHWEIZER, Wilhelm
SEEMANN, Klaus-Dieter
STADLER, Peter
STEPHAN, Karl
STOECKER, Dietrich
STÖCKER,
 Hans Jürgen
TEICHMÜLLER, Marlies,
 geb. Köster
THEISSING, Gerhard
WAGENER, Gerhard
WEINHART, Christoph
WILDNER, Horstdieter
WURM, Martin

12. November

AUERNHEIMER, Georg
BAR, Erich
BAUMHAUER, Werner
BENZ, Heinrich
BING, Wilhelm
BREDEHORST, Kurt
BÜLOW, von, Vicco
CORINO, Karl
CZERWENKA, Gerhard
DREYER-EIMBCKE,
 Oswald
ECKSTEIN, Wolfram
EFFERT, Gerold
ENDE, Michael
GEIGER, Carl
GLEMSER, Oskar

HÄRTEL, Roland
JAKOB, Wolfgang
KAAS, Nikolaus
KADUK, Bernhard
KLUMPP, Werner
KNÖRR, Karl
KOHLEISS, Annelies,
 geb. Bergmann
KREMER, Gerd Josef
KUHN, Siegfried
KULENKAMPFF, Caspar
LORENZ, Dieter Peter
LUCAS-VON WINTERFELD,
 Hans-Jürgen
MAACK, Jürgen
MARING, Christine
MEID, Wolfgang
MENSCH, Gerhard
NEUMANN, Dietrich
NEVEN DU MONT, Reinhold
OBERHEUSER, Wilhelm
PASCHKE, Karl-Theodor
PAULY, Hans
PENSE, Karl Eduard
PRÖVE, Karl-Heinz
RAAB, Rosemarie
RICHTER, Hans Werner
ROSEMEYER, Bernd
RUST, Josef
SCHAFFER, Franz
SCHEWE, Jürgen
SCHLETH, Uwe Henning
SCHLOEMER, Gerhard
SCHRECKENBERGER,
 Waldemar
SCHRÖDER,
 Johann Michael
SCHUBERT, Heinz
SCHWARZ, Eberhard
SEECK, Gustav Adolf
STAIB, Wolfgang
STILZ, Gerhard
TODENHÖFER, Jürgen
URBACH, Reinhard
VOIGT, Hans-Peter
WEBER, Paul
WEDEL, Dieter
WERNER, Otto
WINTER, Martin
WREDE, Lothar
ZAPF, Gerhard

13. November

AUBIN, Bernhard
BAMMER, Hans
BARTH, Hans
BAUMGARTNER, Albert
BELOHRADSKY, Bernd H.
BERG, Hans-Walter
BERGER, Lieselotte
BIEHL, Hans-Reiner
BLECHSCHMIDT, Erich
BONZEL, Justus
BUDDENBERG, Wolfgang
BÜLOW, von, Bernd
CUBE von, Felix
DECKER, Alexander
DEIMLING, von, Otto
DEINHARDT, Erich
DIEPGEN, Eberhard
DIERGARTEN,
 Hans Heinrich
EHRENFORTH,
 Karl Heinrich
EXNER, Walter
FÖRSTER, Ingeborg
FRITSCH, Günther
FROTZ, Max-Josef
GEGINAT, Hartwig
GEIGER, Klaus
GILLERT, Karl-Ernst
GLITZ, Hubert
GRETZINGER, Axel
GROTH, Walter
HÄRTLING, Peter
HAGMÜLLER, Peter
HARTMANN, Rudolf
HEITKAMP, Engelbert
HERDA, Falko-Romeo
HEYMANN, Rudolf
HILZ, Helmuth
HOLLAND, Günter

JAKUBASS, Franz H.
JORDAN, Horst-Dieter
KIRCHRATH, Phyllis
KLESSMANN (ß), Christoph
KOTTENDORF, Paul
KRETZENBACHER,
 Leopold
KROTZ, Friedel
KUNTER, Manfred
LAY, Peter-Martin
LIEB, Hans-Heinrich
LÖWE, Hartmut
MELLIN, W.
MOORTGAT-PICK,
 Waldemar
MÜNDEMANN, Günter
NUBER, Hans Ulrich
NÜCHEL, Heinz-Josef
NÜSSGENS (ß), Karl
PACHNER, Rainer W.
PRÜMMER, von, Klaus
RITZE, Horst
SCHIDLOWSKI, Manfred
SCHILLER, Christoph
SCHMIDT, Reiner
SCHNABBE-WIECZOREK,
 Sieglinde
SCHNURRER, Achim
SPECHT, Manfred
STEPPERT, Erich
STEURER, Hugo
STÖTZEL, Berthold
STURM, Klaus
SUCHY, Kurt
TESCHKE, Gerhard
VALMY, Marcel
VERWEYEN, Theodor
VESELY, Sergio
VOGLSAMER, Günter
WEBER, Herbert
WEBER, Reinhold
WEBER, Werner
WECHSLER, Ulrich
WEIGERT, Alfred
WEITERSHAUS,
 Friedrich Wilhelm
WIEDERHOLD, Karl August
WURM, Karl
ZAGROSEK, Lothar
ZUNKEL, Friedrich

14. November

ANFT, Berthold
ARNOLD, Od
ARTUS, Hans-Gerd
BACHMANN, Heinz
BERGER, Dieter A.
BERK, Max
de BOER, Jorrit
BOKERMANN, Ralf
BRANDT, Reinhard
DAHLMANN, Alfred
DETLEFSEN, Jörgen
DOHRMANN, Rolf Erich
DÜSING, Wolfgang
EBERBACH,
 Wolfgang Dietrich
ECKERLAND, Günther
ECKERT, Kurt
EDELING, Curt
ERBER, Margareta
FILL, Alwin F.
FLÄMIG, Christian
GIERS, Werner
GLÜCKER, Hans Norbert
GÖRTZ, Herbert
GOTTWALDT, Wolfgang
GUSEK, Wilfried
HAMACHER, Hermann
HEINTZE, Gerhard
HERMANN, Eugen
HERRMANN, Manfred
HIENZ, Hermann A.
JANSSEN, Horst
JENKNER, Siegfried
JUNGBLUT, Michael
KARTAUN, Joseph
KEMNA, Friedhelm
KLEEMANN, Georg
KLENKE, Werner
KLIEGEL, Maria
KÖRPER, Fritz

14. November - 20. November

KÖTZ, Hein
KREUTZ, Henrik
KROESCHELL, Karl
KUNZE, Herbert
KUTSCH, Karl
LEHMANN, Gerhard
MICHALKE, Alfons
PALM, Ulrich
PLETT, Klaus
POHLENZ, Angelika, geb. Pohl
RICHTBERG, Walter
RITTINGER, Josef
RYSANEK, Leonie
SÄCKER, Franz Jürgen
SCHELL, Carl
SCHIMPF, Rolf
SCHINZEL, Dieter
SCHMIDT, Uve
SCHNEIDER, Hans Joachim
SCHREYER, Werner
SCHWANENBERG, Gerald
SCHWENNICKE, Carl-Hubert
SEIBOLDT, Ludwig
SELLIER, Karl
SENGLE, Friedrich
SOMMER, Ingeborg
STASIEWSKI, Bernhard
THIELMANN, Georg
THOELKE, Horst-Günther
THOMAS, Werner
THULKE, Jürgen
UIHLEIN, Kurt Heinz
VOGEL, Dieter H.
VOIGT, Bernd W.
VONDANO, Theodor
WEGER, Hugo
WEICHARDT, Heinz
WICKERT, Günter
WIEHL, Reiner
WIRTH, Irmgard
WULF, Helmut
ZÖGER, Erika, geb. Assmus

15. November

ANDERSSON, Jöns
ARNETH, Michael
BANGEMANN, Martin
BELLINGER, Bernhard
BETHGE, Hartmut
BIEHLE, Alfred
BODENSTEIN, Walter
BOLTE, Achim
BORGMANN, Wilhelm
BUCHWALD, Werner
BUCHWALDT, von, Wolf
BURKHOLZ, Richard
CROUS, Helmut A.
DAHMS, Kurt
DANZER, Ludwig W.
DEFFNER, Hans
DINGES, Hermann
DÜRRENFELD, Eva
EICHHOLZ, Reinhold E.
ERASMY, Heinz
EVERTS, Hans-Ulrich
FISCHER, Willi (Willibrord)
FRIEDENSBURG, Ferdinand
GAREISS, Werner
GRABOW, Lutz
GUTH, Fredi
HARDER, Manfred
HAUKE, Harry
HAURAND, Alfred (Ali)
HEGELS, Gerhard
HENZE, Jürgen
HERRMANN, Reiner
HOSAEUS, Lizzie
HÜBBE, Lorenz
HUG, Ernst-Walter
JAESCHKE, Lothar
KERN, Tyll-Dietrich
KNACKE, Ottmar
KOHL, Hans-Rudolf
KOHLHAMMER, Konrad
LAUTZ, Günter
LIEBENOW, Peter
LOHMEYER, Wolfgang
LORENZ, Werner

MAASS (ß), Heinrich
MEISSNER, Hartwig
MESSING, Theodor
MÜLLER, Günther Heinrich
MÜLLER, Hubert
MURMANN, Heinz
NOACK, Detlef M.
PAUL, Jürgen
PFEIFFER, Albert
PIIRAINEN, Ilpo Tapani
PIONTEK, Heinz
RAMM, Klaus
RITTER, Helmut
RÖLTGEN, Bert
SCHAEFFER, Otto
SCHIMPF, Albert
SCHMID, Albert
SCHMIDT, Hans
SCHÖNNAMSGRUBER, Helmut
STEIN, Barthold
STICHMANN, Wilfried
STRÄSSER, Manfred
TECKENTRUP, Karl-Heinz
TRUSS, Friedrich
UELLENDAHL, Erich
USLAR, von, Rafael
VIESSMANN, Hans
VILLWOCK, Wolfgang
VOGEL, Helmut
WECHMAR, Freiherr von, Rüdiger

16. November

ADELMANN, Eberhard
AMANN, Herbert
BACH, Michael Bruno
BANASCHEWSKI, Edmund
BAUER, Arnold
BECK, Fred
BLEKER, Johanna
BREIDER, Theodor
DENGLER, Hans J.
DIEDERICH, Toni
DIEDERICHS, Eugen Peter
DITTBERNER, Hugo
DRESEN, Lothar
EGGLI, Ursula
FILIUS, Paul Werner
FRANQUÉ, von, Otto
FRITSCH-ALBERT, Wolfgang
GNAM, Andrea
GRÄF, Wolf-Dieter
GREINER, Norbert
GRUBER, Martin
HÄBERLE, Siegfried
HARDER, Hermann
HECKEL, von, Max
HENTSCHEL, Hans-Dieter
HILGER, Wolfgang
HILKER, Helmut F.
HOLBACH, Hans-Peter
HOTZ, Günter
JACOBSEN, Hans-Adolf
de JONG, Herbert
KARCHER, Fritz-Henning
KEIM, Wolfgang
KISKER, Klaus Peter
KLEINER, Jürgen
KLEINHAMMES, Hans-Jürgen
KLOCKOW, Dieter
KNOCHE, Wilhelm
KOCH, Alexander
KÜHN, Detlef
LADEN, von der Wolfgang
LAMMERT, Norbert
LANGREDER, Wilhelm
LESCHIK, Georg
LEWANDOWSKI, Theodor
MERSCHMEIER, Jürgen
MIDDENDORF, Helmut
NASS, Rudolf
REETZ, Christa
REICHARDT, Christian
REICHMANN, Oskar
RÖVER, Karl
RUNNICLES, Donald C.
SARTORIUS, Hermann
SCHLEGEL, Jörg
SCHULZE, Christian

SCHWARZ, Gerhard
SCHWARZE, Aloys
SPÄTH, Lothar
THORN, Friedrich (Fritz)
WEHR, Wolfhorst
WEYER, Martin
WIETASCH, Klaus W.
WILLINK, Joachim
WOLF, Gerd-Peter
WOLFSTETTER, Elmar G.
ZIMMERSTÄDT, Günther

17. November

ALKER, Heinrich Felix
ANDREAS, Erich
BALDINGER, Kurt
BARTHOLD, Erich
BARTMANN, Ernst
BAUMS, Georg
BOEDER, Heribert
BÖHN, Dieter
BORCH, von, Herbert
DADELSEN, von, Georg
DEGISCHER, Vilma
DÖRSCHEL, Alfons
DRESSLER (ß), Rudolf
ENGELBRECHTEN, von, Georg
FELGNER, Ulrich
FINKENZELLER, Heli
FISCHER, Hermann
FLICK, Ursula
FRÄNKEN, Norbert
GÄRTEL, Wilhelm
GÄRTNER, Hartmut
GASSNER, Gerd
GAUL, Lothar
GEBHARD, Helmut
GEIGER, Rudolf
GEIGER, Walter
GELBKE, Heinz
GRUBER, Gernot
HABERER, Peter
HAMM, Berndt
HAMMERSTEIN-EQUORD, Freiherr von, Ludwig
HARTMANN, Fritz
HEIDTMANN, Frank
HEYSE, Horst
HOYER, Werner
JARMARK, Stanislaus Eugen
JEHLE, Bernhard
KELLER, Othmar
KERSTEN, Helga, geb. Schmidt
KEUTH, Ulrich
KLEISS, Wolfram Hermann
KRÖNER, Ekkehart
KUROWSKI, Franz
KUSZ, Fitzgerald
LAUTENSCHLAG, Christian
LEHMANN, Friedrich-Karl
LOCKEMANN, Peter Christian
MANSHARD, Walther
NÖLLING, Wilhelm
OCHTRUP, Wolfgang
OVERESCH, Manfred
PAASCHE, Ulrich
PALERU, Virgil
PETSCHNER, Raimund
PICKHARDT, Wilhelm
PRINZ, Friedrich E.
QUENTIN, Karl Ernst
RABENAU, Albrecht
REYER, Eckhard
REZNIK, Hans
RIEMSCHNEIDER, Randolph
RIEPENHAUSEN, Carlheinz
ROHR, Rupprecht
SAUBERZWEIG, Dieter
SCHICKE, Romuald K.
SCHILL, Claudia Beate
SCHMELZER, Christoph
SCHMIDT, Herbert
SCHMIDT, Karin, geb. Neumann
SCHNEIDER, Erich
SCHÜREN, Peter

SCHULTZE-BLUHM, Ursula
SCHULZ, Knut
SCHWARZ, Ludwig
SHELL, Kurt L.
SIMON, Hansjörg
SONDERMANN, Heinz
SPRECHER, Ewald
STROLZ, Walter
TEICHMANN, Peter
THEMANN, Hermann
ULDALL, Gunnar
VEY, Anno
VOLLMER, Gerhard
WAGNER, Arno
WECKS, Helmut
WILHELM, Günter
WLOSOK, Antonie

18. November

ACKERMANN, Theodor
ALLERBECK, Klaus R.
BAHRO, Rudolf
BEYER, Rüdiger W.
BRAWAND, Leo
BRENNEKE, Walter
BUTKUS, Guenther
DITTRICH, Marie-Luise
DÜNSCHEDE, Hans
EBERSPÄCHER, Helmut
ENGEL, Wolfgang
FINCKH, Renate, geb. Ehinger
FREEDEN, von, Max H.
FRISCH, Theodor
FÜRST, Reinmar
FUNKE, Rainer
GARLEFF, Karsten
GNANN, Gerhard
HAKEN, von, Niels Nelissen
HALM, Peter
HALSTRICK, Adolf
HANDSCHIN, Edmund
HENDRIKSON, Kurt Heinrich
HENNEMANN, Hans-Martin
HERBERT, Klaus
HERCZOG, Istvan
HILDEBRAND, Klaus
HINZE, Reinhardt Wilhelm
HOLTORF, Jürgen
HORN, Joachim Christian
HÜBNER, Klaus
HÜNNEBECK, Hajo
JOSEF, Konrad
KAHLEYSS, Ellinor, geb. Schmidt
KARTEN, Walter
KEIL, Harald G. G.
LANDMANN, Salcia, geb. Passweg
LAUFS, Adolf
LAUTNER, Karl-Heinz
LORENZ, Gert
MLEINEK, Mischa Joachim
MÜLLER, Bruno Heinrich
OTZEN, Peter Heinrich
RITTER, Paul
RÖSSLER, Rudolf
RUTKOWSKI, von, Hartmut
SAGER, Ernst
SAMBO, Markus
SCHÜTZE, Diethard
SCHULZ, Walter
SCHUPHAN, Werner
SCHWALM, Georg
SCHWARZ, Reinhard
SCHWETLICK, Wolfgang
SIEBER, Ulrich
STAUDINGER, Hansjürgen
SWODENK, Wolfgang
TÜTTENBERG, Peter
ULLRICH, Karl J.
VOIGT, Klaus-Dieter
WANKE, Klaus
WEDEKIND, Hermann
WICKLER, Wolfgang
WRZECIONKO, Paul

19. November

AENGEVELT, Wulff O.
BEHREND, Siegfried

BENECKE, Dieter W.
BERNECKER, Hans Achim
BERNSTEIN, Fritz
BIRKHOLZ, Hans
BOGEN, Hans Joachim
CVIKL, Ernst
DALICHAU, Harald
DÖLLE, Wolfgang
ESSER, Werner Michael
FRANKE, Rudolf
FREEMAN, Robert B.
FRIEDRICH, Walther
FRITZEN, Theo
GAUL, Hans Friedhelm
GEBAUER, Hans-Joachim
GEIGER, Klaus
GOBRECHT, Horst
GRUNENBERG, Horst
HÄDICKE, Franz-Hubert
HASENCLEVER, Wolf-Dieter
HEGGELBACHER, Othmar
HEINIG, Peter
HENSCHLER, Dietrich
HILL, Werner
HINZ, Walther
HÖDL, Ludwig
JARCK, Christian Leonhard
JESCHKE, Wolfgang
JORISSEN, Hans
JUNG, Dieter
KALLMANN, Günter
KAPITZKE, Gerhard
KEIPERT, Helmut
KEMMLER, Lilly
KIEKENAP, Bernhard
KITTEL, Hans
KOCH, Werner
KRAPPMANN, Lothar
KRUSE, Max
LEMBCKE, Hans-Rudolf
LENTZ, Hubert
LINDORF, Helmut Heinrich
zur MEGEDE, Ekkehard
MEYER, Curt
MIKUS, Werner
MITCHELL, Terence Nigel
PERFAHL, Irmgard
REICH, Horst
REUTHER, Jürgen
RIMPLER, Manfred Ernst
RISLER, Helmut August
RISTOW, Werner
RUPP, Alfred
SAALFELD, Horst
SCHMITZ, Rolf
SCHÖNBERGER, Arno
SCHWARZ-SCHILLING, Christian
SEUBERT, Franz
STEIN, Ulf
SÜLLWOLD, Lilo
TÜLLMANN, Adolf
VOGT, Heinrich
WAGENLEHNER, Günther
WALTER, Wolfgang
ZEIL, Werner
ZOHLNHÖFER, Werner

20. November

BAATH, Eberhardt
BAUMANN, Max
BAUMANN, Max
BECKER, Peter Albert
BECKER, Volker
BECKER-INGLAU, Ingrid, geb. Neumann
BENKER, Gertrud, geb. Schmittinger
BERG, Bernd
BERG, Fritz
BERGHAUS, Peter
BITTERICH, Eberhard
BODENSOHN, Anneliese
BROSIUS, Dieter
BURREN, Ernst
BYDLINSKI, Franz
DAUS, Richard
DEMBOWSKI, Hermann
EHLERS, Paul Nikolai
ENGEL, Ulrich

Geburtstagsliste — 20. November - 25. November

20. November

FABIAN, Anne-Marie, geb. Lorenz
FLORIAN, Walther
FRANKE, Walter
FRICK, Ewald
GACKSTATTER, Fritz
GANTZER, Peter Paul
GIESEN, Dieter
GRIES, Gerhard
GROTHE, Peter
GRUNOW, Dieter
HABSBURG-LOTHRINGEN, von, Otto
HACHMEISTER, Wilhelm
HEIGERMOSER, Alois
HEINKEL, Karl-Ernst
HOGE, Rüdiger
HUBER, Franz
JÖRGENSEN, Gerhard
KARSTEN, Alfred
KAUFFMANN, Thomas
KOLLMER, Gert
KOLLO, René
KRAUSS, Franz
KRECKEL, Reinhard
KRONTHALER, Otto
KRUSE, Rolf
LÜTTKE, Wolfgang
MANN, Walther
MANNHERZ, Karl Heinz
MEISTER, Caesar
MENRAD, Siegfried
MÜLLER, Wolfgang J.
NEUSSER, Hans Jürgen
OHNESORGE, Friedrich-Karl
POOK, Ernst-Günther
PRELL, Diethard
RASCH, Werner
RECHENBERG, Ingo
RETTICH, Hannes
RICKE, Helmut
RÓKA, Ladislaus
RÜCKRIEGEL, Helmut
SCHAUMANN, Wolfgang
SCHECK, Florian
SCHEPPOKAT, Klaus-Dieter
SCHERRER, Hans-Peter
SCHMIEDT, Egbert
SCHMITTHENNER, Hansjörg
SCHWARTZ, Eduard
STARKE, Kurt
STRELITZ, Johannes E.
STULOFF, Nikolaus
TREBCHEN, Alfred
TRIPPEN, Ludwig
WECK, Manfred
WELKER, Michael
WERNER, Adelheid, geb. Huber
WIEGHARDT, Karl
WIRSCHING, Johannes Richard
WITTIG, Horst E.

21. November

ADOLPHS, Wolfgang
ADRIANI, Götz
BAITSCH, Helmut
BECKER, Ulrich
BETH, Alfred
BEYLICH, Alfred Erich
BIENIAS, Gert B.
BLECHSCHMIDT, Horst H.
BLOBEL, Brigitte
BÖHME, Günter
BÖHME, Wolfgang
BRAUNER, Heinrich
BRETZ, Karl-Fritz
BROTZMANN, Fritz Karl
BUSSE, Rudi Franz
COLLANDE, von, Volker
DORA, Georg
DRESSEL, Helmut
ECKARDSTEIN, von, Dudo
FEEST, Johannes
FREYBERG, Burkhard
GEIB, Ekkehard
GENDRISCH, Klaus
GLÜCK, Wolfgang
GRASSMANN (ß), Peter H.
GRÜNEWALD, Joachim
HANTSCHMANN, Norbert
HEINRICH, Fritz
HERBST, Gerhard
HESS, Joachim
HEYM, Christine
HITZ, Bruno
HODAPP, Felix
HÖHLING, Hans-Jürgen
HOLTZMANN, Ernst
HONSEL, Kurt
JAHN, Hans-Edgar
JANIW, Wolodymyr
KEMMLER, Dieter
KLEIBER, Wolfgang
KRÄMER, Walter
KREMER, Karl
LANG, Armin
LINDEN, Freiherr von, Christoph
LÜDERS, Dieter
LUMMER, Heinrich
MEYER, Hans-Gerd Merten
MOES, Eberhard
MÜLLER-van ISSEM(ß), Gerd
MÜNZBERG, Wolfgang
RADEMACHER, Wolfgang
RÖSENER, Inge, geb. Schmieder
RÜTTING, Barbara
SCHLECHTER, Fritz
SCHRÖDER, Dieter
SCHÜTZ, Eckhard
SCHUG, Hans-Gustav
SCHULTHEIS, Werner
SEEFELD, Horst
SICHTERMANN, Hellmut
STADJE, Wolfgang
STEINER, Hans-Georg
THEISEN, Helmut
THOMSEN, Peter
VÁMOS, Youri
VOGEL, Gisbert
WARBURG, Justus R. G.
WEISGERBER, Bernhard
ZEPF, Emil
ZIEHR, Wilhelm

22. November

ABELER, Joachim
ALBANO-MÜLLER, Armin
ANDEL, Norbert
ANDERS, Fritz
ANGERMANN, Dieter
BANDULET, Bruno
BAUMGART, Dieter Jürgen
BAUMGARTL, Franz
BAYER, Adolf
BECKER, Boris
BERGER, Roland
BINDER, Heinz-Georg
BISMARCK, Fürst von, Ferdinand
BOMBOSCH, Wolfgang
BORCHERS, Hans
BORNSCHEUER, Eberhard
BROGLIE, Maximilian Guido
BUCKEL, Wolfgang
CORTESI, Mario
CZERNIK, Theodor Peter
DAECKE, Sigurd
DOMBROWSKI, Horst
DÜHRSSEN, Annemarie
EDERLEH, Jürgen
FAHR, Helmuth
FINKBEINER, Hans (Johannes)
FÖRSTER, Johannes
FÜHRER, Reinhard
GEIERHOS, August
GLORIA, Hans-Günther
GREUNER, Claus
GSCHWIND, Martin
GUNKEL, Rudolf
HEEREMAN von ZUYDTWYCK, Freiherr, Valentin
HEIDENREICH, Wolfgang
HÖLZL, Josef
HOFFMANN, Hans Peter
HOFMANN, Waldemar
HOISCHEN, Lothar
HOLT, Hans
HONERJÄGER, Richard
INGENKAMP, Heinz Gerd
JENKIS, Helmut Walter
KADEN, Rudolf
KANNT, Hans S.
KENN, Karl-Heinz
KOCH, Heinrich
KREMER, Klaus
LANGER, Siegfried
LAUBER, Theo
LOUVEN, Bernd Arnold
MATTIG, Wolfgang
MAUER, Rainer
MEINHOLD, Helmut
MENDE, Hans Horst
MEYER, Werner
MOCKER, Karl
MÖLLER, Heiner
MUELLER, Andreas
MÜLLER, Hans
MÜLLER, Herbert W.
NEUBER, Heinz
†BERLACK, Hans Werner
OPPEN, von, Dietrich
PLOCK, Karl-Hans
RAMBOLD, Erich
RATH-NAGEL, Klaus-Jochen
REICHOW, Dirk Dagobert
REIMER, Manfred
REIMERS, Heinrich Carl
RIEMENSCHNEIDER, Oswald
RODER, Alois
SCHMIDT, Gerhard
SCHMIDT, Gustav F.
SCHROEDER, Conrad
SCHÜBEL, Klaus Dieter
SCHWANECKE, Helmut
SCHWERTMANN, Clemens
SEUFERLE, Walter
SMOLINSKY, Heribert
SPIELER-WITTE, Eleonore B., geb. Witte
UEDING, Gert
UNTERSTE, Herbert
VOGEL, Karl Theodor
WEBER, Helmut Kurt
WEIGEL, Horst
WELTERS, Hans H.
ZENDER, Hans
ZINK, Jörg

23. November

ABMEIER, Hans-Ludwig
ACHTERNBUSCH, Herbert
AIGENGRUBER, Gunter
BADER, Hermann
BAISCH, Cris geb. Schauffele
BART, Madeleine
BECK, Max
BECKER, Peter Emil
BECKSTEIN, Günther
BOLAY, Karl-Heinz
BOLZENIUS, Theodor
BORMANN, Karl
BUDELL, Berthold
BUSSLER, Wolfgang
CASSELMANN, Karl-Heinz
DANIELS, Karlheinz
DEPENHEUER, Helmut
DRECHSLER, Fritz
DURST, Franz
EHRIG, Wolfgang
EICHHORN, Otto
ERBSE, Hartmut
ERDBERG, von, Eleanor, verw. Consten, geb. v. Erdberg
ERDMANN, Wolfgang
FEINEN, Klaus
FISCHER, Klaus
GAUS, Günter
GLEISSNER, Alfred
GUHRT, Joachim
HAHNE, Werner
HARNACK, Uwe
HAUG, Walter
HEILMANN, Lutz
HENDRICKS, Wilfried
HILDEBRANDT, Helmut W.
HOFSÄSS (ß), Gerhard
JUNGK, Axel E.
KERN, Günther
KLEIN-BLENKERS, Fritz
KNOLL, Joachim H.
KOTHER, Hans (Johann)
KREUSCH, Erich Adalbert
KUDLIEN, Fridolf
KUHN, Erich
LIEBRECHT, Gerhard
LINKE, Hansjürgen
MAURER, Wolfdieter
MOCKER, Klaus
MÖLLER, Richard
NEUMANN, Johannes
PAUMGARTNER, Gustav
PETERS, Hans
PFÜRTNER, Stephan
PIQUARDT, Otto
PODLESCHKA, Kurt
PRILL, Hans-Joachim
REISNER, Hermann E.
REUL, Guido
RITTER, Adolf Martin
RÖSCH, Heinz-Egon
RONNEBURGER, Uwe
RÜSSMANN (ß), Helmut
SANTARIUS, Kurt Adolf
SCHWARZ, Helmut
SCHWEBEL, Horst
SPRINGORUM, Friedrich (Fritz) A.
STAHL, Karl Heinz
VESTER, Frederic
VOSS, Gerhard
WEIHRAUCH, Thomas Robert
WINTERSTEIN, Helmut

24. November

ABELSHAUSER, Werner
ACKERMEIER, Volker
ALBERS, Claus
ANDRES, Helmut
BÖHM, Gerhard
BRECHER, Fritz
BURGER, Norbert
DEUTICKE, Bernhard
DILCHER, Hermann
DITTRICH, Walter
ECKE, Wolfgang
EICHLER, Günter
FÄHRMANN, Rudolf
FRITSCH-PUKASS, Gisela
GNAUCK, Reinhard
GREIFFENBERGER, Heinz
GRUPPE, Werner
GÜTERMANN, Rainer L.
HAGER, Günter
HAMMACHER, Klaus
HANSEN, Conrad
HECKMANN, Klaus Dietrich
HEISIG, Norbert
HEPP, Josef
HERBERICH, Gerhard Edwin
HERING, Christoph
vom HÖVEL, Gerd
HOFFACKER, Paul
HOLLFELDER, Peter
HORN, Gerd
JACOBI, Kurt
JAKOBS, Horst Heinrich
JUNG, Rudolf
KIESEL, Helmuth
KIRCHHOF, Roland
KIRCHNER, Fritz
KLIEFOTH, Friedrich
KNIESCH, Joachim
KOHL, Karl-Heinz
KORTE, Friedhelm
KRAGLER, Otto
KRÖNERT, Heinz
KROH, Hans Jürgen
KUCKERTZ, Josef
LANDWEHR, Götz
LESSING, Alois
LINKE, Manfred
LUCKEY, Eberhard-Rainer
MAAS, Utz
MARCINOWSKI, Heinz
MAUERMAYER, Gisela
MEYER, Gerd
MILCHERT, Petra
MÜNCH, Karl Georg
NEUHAUS, Dieter E.
NIESSEN, Josef
NONNEMANN, Heimfrid
NORTHEMANN, Wolfgang
PETRY, Norbert
PREZEWOWSKY, Alfred
SCHILD, Wilhelm
SCHREIBER, Heinz
SCHWICKERT, Klaus
SEEGER, Richard
STAN, Hans-Jürgen
STICH, Max
STOLTZ, Dieter
STRASSEN, zur, Heinrich
TERNES, Elmar
VOLLRATH, Hans-Joachim
WEIL, Bruno
WEISBECKER, Walter
WEISE, Horst Günther
WENDEL, Brunhild
WINTERHAGER, Jürgen Wilhelm
WÜRTTEMBERGER-MARKGRÄFE Karl-Albrecht

25. November

AWEYDEN, v., Horst
BECHER, Georg
BECKER, Günter
BENDIXEN, Peter
BERGER, Klaus
BETZ, Heribert
BLUME, Fred
BLUNCK, Hildegard
BREIER, Alfred
BRÖSSE, Ulrich
BÜHLER, Hans
DELP, Ludwig
DREYER, Ernst Adolf
DROBNIG, Ulrich
DUFNER, Hubert
ELSNER, Ilse, geb. Künzel
FARTHMANN, Friedhelm
FINCKH, Eberhard
FISCHER, Jürgen
FLASCHE, Hans
FRICKE, Günter-Richard
FÜRST, Manfred
FURRER, Reinhard
GALLE, Hans-Karl
GEBHARDT, Kurt
GÖLLNER, Theodor
GRUNDMANN, Reinhart
HÄUSLER, Walter
HAGER, Christof
HAGIN, Karl Heinz
HART, Franz
HAUSSÜHL, Siegfried
HEYDE, Werner
HINGST, Klaus
HOPF, Diether
JÄCKLE, Josef
KIPER, Gerd
KLÄMBT, Dieter
KLIMM, Anton
KOLLER, Rudolf
KOPPENFELS, von, Werner
KROMPHARDT, Jürgen
KUBALL, Hans-Georg
KUCERA, Gustav
LESER, Hans G.
LIEDTKE, Herbert
LINDEMANN, Theodor
LÜTGEN, Kurt
LULEY, Martin
MAURER, Ekkehard
MUNK, Klaus
NÄRGER, Heribald
NATERMANN, Jan
PLOTZ, Ernst-Jürgen
PREM, Horst Werner
REIMERS, Dieter
ROHE, Karl
SCHABACK, Robert
SCHAER, Karl-Heinz
SCHAICH, Eberhard
SCHLÖGL, Reinhard

SCHLOTFELDT, Walter
SCHMIDT, Pavel
SCHREINER, Lothar
SCHWERTMANN, Udo
STÖHR, Jürgen
STRUMANN, Werner
TETZNER-HALLARD, Ruth, geb. Wodick
VOIGTLÄNDER, Gerhard
WEIRAUCH, Lothar
ZEITEL, Gerhard
ZILCHER, Eva
ZÖPFL, Helmut

26. November

BARTHOLOMÉ, Ernst
BAUMANN, Heribert
BERGMANN, Hans
BINIEK, Eberhard Manfred
BOGE-ERLI, Nortrud
BOLLEN, Helmut
BRÜCK, Kurt-Herbert
DERCLAYE, François
DLUGOS, Günter
DRENCKHAHN, Detlev
DÜRINGER, Annemarie
DUVE, Freimut
DWORATSCHEK, Sebastian
DYLLICK, Paul
FEUCHTE, Herbert
FIEDLER, Georg
FISCHER, Helmut
FORSTER, Hilmar
GRAEFF, Roman
GRESHAKE, Kurt
GUTMANN, Gernot
HAMANN, Hans-Jürgen
HEIZLER, Rudolf
HOFFMANN, Ingeborg, geb. Hellmich
HORN, Dietward
HÜBNER, Ulrich
KARSTEN, Ulrich
KIEREY, Karl-Joachim
KREBS, Bernt
KREMER, Dieter
KURZ, Carl Heinz
LANDWEHRMEYER, Richard
LASSEN, Birger
LEIBINGER, Berthold
LEISTER, Klaus Dieter
LINKE, Adolf
LÜDTKE, Helmut
MACKE, Peter
MÄNDL, Bernhard
MAYER, Ursula Maria
MÜLLER, Rudolf
NAUL, Roland
NEU, Erich
ORTNER, Hans Reinhold
PABSCH, Ekkehard
PAPPERMANN, Ernst
PFEIL, Ludwig
RÄDERER, Karl Paul
ROTHACKER, Helmut F. W.
SACKMANN, Erich
SCHIMKE, Ernst
SCHMID, Gottfried
SCHNEIDER, Hans-Peter
SITZMANN, Werner
SORETH, Marion
TAPPERT, Hans
TETTENBORN, Joachim
WAGNER, Hans-Georg
WITTFOHT, Hans
YORK, Eugen

27. November

ABELS, Kurt
ADAMS, Alfred E.
ADERHOLD, Dieter
AMSTUTZ, G. Christian
ANTWERPES, Franz-Josef
BEAUVAIS, von, Ernst
BERGFELD, Walter
BINKOWSKI, Johannes
BRECHT, Christoph
BREDEHÖFT, Wilfried
BROSIG, Wilhelm
BÜTOW, Hans
BUSCHBECK, Malte
CHRISTIANSEN, Günther
COSER, Lewis Alfred
DRIESCH, von den, Karlheinz
DRIVER, Winfried
FELTEN, Hans
FEMPPEL, Gerhard
FETTWEIS, Alfred
FORSTMANN, Peter
GEISMAR, Günter
GLEMNITZ, Reinhard
GOTTSCHALK, Karl
GRAEBERT, Klaus
GREWEL, Hans
HACKEL, Wolfgang
HAFKE, Volker
HERMANOWSKI, Georg
HERTWECK, Friedrich
HILDEBRANDT, Gerd
HOEREN, Jürgen Peter
HÜTTEMANN, Theodor
HUMMEL, Bertold
JAUCH, Gerd
KABEL, Rainer
KASSEBAUM, Wilfried
KIECHLE, Franz
KIRSCH, Joachim
KLEYE, Werner Alexander
KNÖPP, Herbert
KOCH, Herbert
KOEHN, Hans O.-A.
KOEPPE, Sigrun
KRÄNZLE, Hansjörg
KRAUSE, Jens
LAMPRECHT, Ingolf
LANGEN, Werner
LENZEN, Dieter
LILIENFELD, von, Georg
LILIENTHAL, Peter
LÜTTMANN, Reinhard
LUTZ, Werner
MANNHARDT, Horst-Günter
MANNHEIM, Walter
MARTERSTEIG, Manfred
MARWYCK, van, Christian
MASSION, Georg
MEINIKE, Erich
MEYER, Heinz
MÖNCKMEIER, Friedrich
MÜLLER, Rudolf
NEUKIRCHEN, Johannes
NOCKE, Franz-Josef
OESTERHELD, Nikolaus Adolf
OLDENSTÄDT, Martin
PLÖGER, Otto
REICHLMAYR, Hans
RETZKO, Hans-Georg
RICHTHOFEN, Freiherr von, Klaus-Ferdinand
ROEDER, Peter Martin
ROHDE, Max Peter
ROSENTHAL, Klaus
RUTSCHKE, Wolfgang
SCHADOW, Alexander B.I.
SCHLEUSSNER, Hans C. A.
SCHÜTZ, Jürgen
STEINMANN, Othmar
STEPHAN, Carl-Heinz
STROHBACH, Siegfried
VALENTIN, Erich
WEISS, Heinz-Jürgen
WILD, Hans Walter

28. November

ADELUNG, Hans
ANDREE, Christian
APRATH, Gerd
ATTIN, Klaus
BADEN, Manfred
BARTELS, Gerhard
BAYER, Georg
BEEH, Wolfgang
BEHLER, Aloys
BITSCH, Roland
BOES, Manfred F.
BRAUN, Dietrich
BRILL, Dieter
BRISKORN, Friedrich
BRUNS, Klaus-Peter
BÜCH, Rudolf
BUSAK, Margot, geb. van den Heuvel
BUTTGEREIT, Dieter
DENSCHEL, Helmut
DILGER, Friedrich
DÖBERTIN, Winfried
FALK, Herbert
GALINSKI, Heinz
GANZER, Uwe
GEERLINGS, Wilhelm
GEICK, Reinhart
GIES, Theodor
GIZA, Holger
GÖTZ, Volkmar
GOTTSTEIN, Ulrich
GROTH, Rudolf
GRUMBRECHT, Claus
HAASS (ß), Dieter
HEINEN, Norbert
HILPERT, Horst
HOFFMANN, Dieter
HORRES, Kurt
IMHOFF, Leo
KAUFMANN, Reinhard
KIMMESKAMP, Heinrich Otto
KLASCHKA, Franz
KLEIN, Rudolf
KLINNER, Werner
KLÜBER, Franz
KÖRNER, Karl
KÖSTER, Peter E.
KREIBOHM, Henning
KREUTZ, Peter
KROTH, Werner
LATTKE, Herbert
LITTEK, Wolfgang
LÜTH, Hans
MARTEN, Rainer
MÜLLER-JENTSCH, Walther
NEUBÜSER, Uwe
NICKLITZ, Walter
OTREMBA, Heinz
PALLAUF, Josef
PETERS, Helge
POCHAT, Götz
PÖHLMANN, Willi
POLLAK, Wolfgang
REHKOPP, Alfons
ROSENKRANZ, Heinz
SCHARBERTH, Irmgard, geb. Bellmann
SCHARF, Helmut
SCHASSBERGER, Rolf
SCHATTENKIRCHNER, Manfred
SCHIMERT, Gustav
SCHLOTTER, Hans-Günther
SCHMIDT, Gunther
SCHMIDT, Hans-Walter
SCHMIDT, Heinz
SCHRÖDER, Jochen
SOLINGER, Helga
STEPHAN, Ulrich
STRASSER, Hermann
THOMAS, Heinz
TROITZSCH, Klaus G.
ULE, Günter
VOGEL, Werner
WALZ, Hanna, geb. Kegel
WECKERLE, Konrad
WEIL, Bernd A.
WEISS (ß), Paul
WITTMANN, Hans
WORCH, Lutz Erich

29. November

ALTMANN, Robert
ARMBRUSTER, Klaus
BAUER, Gitta, geb. Dubro
BECK, Chlodwig
BEUTLER, Heinz
BÖHNER, Kurt
BOLTE, Karl Martin
BRUCKS, Eberhardt
DETERT, Klaus
DIEPENBROCK, Franz-Reinhold
DRAEGER, Jörg
DRAF, Wolfgang
EMRICH, Wilhelm
ENGELHARDT, Karlheinz
FABER, Malte
FELDKAMP, Rolf
FISCHER, Dirk
FORSSMAN, Bernhard
FRANZBACH, Martin
GÖTZ, Eicke
GROSSMANN (ß), G. Ulrich
HÄRTHE, Dieter
HÄRTL, Alfred
HAHN-WOERNLE, Siegfried
HASENACK, Wolfgang
HASSAUER, Friederike
HAUG, Frigga
HECKMANN, Martin
HEIMPEL, Christian
HERMANNS, Arnold
HERRMANN, Günter
HOCHGÜRTEL, Hans
JÜDE, Hans-Dieter
KAMP, Rolf
KELLY, Petra Karin
KIEF, Heinrich
KIEFER, Jürgen
KORFF, Wilhelm
KOSLOWSKI, Leo
KÜCHLER, Peter C.
KÜHLEWIND, Manfred
LANGE, Wolfgang Kurt
LANGHECK, Wilhelm
LUCIUS, von, Wulf D.
MALER, Anselm
MAURER, Ulrich
MERTEN, Detlef
MEYERHOFF, Fritz
MÜLLER, Helmut
PENIN, Heinz
PLOOG, Detlev
PREY, Wolf-Dietrich
QUANDER, Georg
RAU, Peter-Jürgen
REIMANN, Horst R.
ROHRMOSER, Günter
SCHMID, Peter
SCHMITZ-JOSTEN, Franz-Josef
SCHRÖDER, Sabine
SIEWERS, Ehrfried
SPECHT, Albert
STIMPEL, Walter
TEBBE, Karl-Friedrich
TRAUTMANN, Herbert
WACHER, Gerhard
WÖSSNER, Günter

30. November

ALBRECHT, Wilhelm
ANDERS, Albrecht
BAUER, Heinrich
BECKER, Wilfried
BINDING, Wolfgang
BIRKMANN, Karl
BÖSWALD, Alfred
BROCKSTEDT, Hans
BROMBACH, Helmut
BUDDRUSS, Georg
BURCK, Erich
CAESAR, Peter
CANZLER, Bertram Georg
DIECKHOFF, Peter
DÖHLER, Christian
ECKHARDT, Fritz
EINSTEIN, Siegfried
FEGER, Gottfried Alfons
FELDMEYER, Karl
FERY, Nikolaus
FEUCHTE, Paul
FLUSS (ß), Manfred
FREIGER, Stephan Franz
FREUND, Gisela
FRÖHLICH, Andreas D.
FUHRMANN, Peter
GAMM, Freiherr von, Otto-Friedrich
GESSNER (ß), Manfred
GUNDERMANN, Hans P.
HAFNER, Anton
HAMM, Walter
HANDSCHUMACHER, Ernst
HEDIGER, Heini Peter
HETTL, Rudolf
HISSERICH, Karl
HOCK, Manfred
HOLZKAMP, Klaus
HÜNERMANN, Hans-Joachim
KAISER, Otto
KAKIES, Peter
KANIUTH, Eberhard
KIEFFER, Karl Werner
KÖHLER, Dieter
KRAUS, Detlef
KRAUSNICK, Michail
KRÖHAN, Erich
KURTH, Reinhard
LINDBERG, Albert Hermann
LUCZAK, Holger
LÜCKE, Herman
MASER, Siegfried
MECHELKE, Friedrich
MERTENS, Heinz
MITTMEYER, Hans-Joachim
MOESTA, Hasso
MOHL, Hans
MÜHLFENZL, Rudolf
NAU, Philipp
NIEMEYER, Hans Georg
ÖNNERFORS, Alf
OLDIGES, Martin
PETERS, Helge
PETERSEN, Arnold
RAACK, Heinz F.
RODERMUND, Otto-Ernst
RÖTTGEN, Herwarth Walther
SALLAY, Imre
SCHERINGER, Hans
SCHMIDT, Burghart
SCHNEIDER, Ingrid
SCHULTZ, Lothar
SÖHNGEN, Heinz
SPIES, Helmut
SPIETH, Reinhard
SPOREA, Constantin (Marcel)
STAHL, Konrad
STEIN, Wolfgang
WEHMEYER, Otto
WEYERSBERG, Hermann
WITTERN, Renate
ZISSLER, Josef

1. Dezember

ADAM, Gottfried
ALTMANN, Rüdiger
ANDRASCHKE, Peter
AUER, Hermann
BERTRAM, Ernst
BORCHARD, Werner
BOTTKE, Heinz
BREITBART, Gerrard
BRINKMANN, Gerhard
CLAUSERT, Horst
CROSECK, Hans-Henning
CULLMANN, Hans-Jürgen
DITTBERNER, Jürgen Erwin
EYLMANN, Horst
FREDENHAGEN, Klaus
FREITAG, Alfred
FRIEDE, Kurt
GLINZ, Hans
GRONENBERG, Hans-Konrad
HÄFELE, Carl Heinz
HAKE, Bruno
HARDACH, Karl
HEILMANN, Eberhard
HEMPEL, Heinz-Werner
HENRICH, Dieter
HERETH, Michael
HILLERMEIER, Karl
HÖRSCHGEN, Hans
HOFFMANN, Erich
HOLLMANN, Carlheinz
HORN, Hermann
HOSANG, Horst
HUTAREW, Georg
ILLERHAUS, Edmund
KAMINSKY, Gerhard
KARST, Heinz
KEIM, Wilhelm (Willi)
KERNER, Max
KLEINSASSER, Oskar

KNAPPERTSBUSCH, Götz
KOCH, Günter
KÖHNLECHNER, Manfred
KOSTHORST, Erich
KREILE, Reinhold
KRONE, Heinrich
LAUR, Wolfgang
MANLEY, Geoffrey Allen
MEHL, Gerd
MOSER, Hans
MÜLLER, Rolf
NAHODIL, Otakar
PANCKE, Helmut
PEIFFER, Jürgen
PÖHL, Karl Otto
REICH, Klaus
REICHENBECHER, Udo
RIESENHUBER, Heinz
SCHALLER, Helmut
SCHERRER, Jutta
SCHIKARSKI, Horst J.
SCHMÜCKLE, Gerd
SCHRAUT, Ludwig
SCHRÖER, Rudolf
SCHUBART, Hermanfrid
SCHULHOFF, Georg
SCHUMACHER, Hans J.
SEEHUSEN, Harald
SEUFERT, Karl Rolf
SITTE, Kurt
SLENCZKA, Helmut
STADLER, Michael Aurel
STARNICK, Jürgen
STORCK, Hans
STRICH, Hermann
THOMA, Richard
VOGT, Wolfgang
WALTHER, Gotfried
WENDT, Ernst
WESTPHAL, Jürgen
WITZEL, Ernst

2. Dezember

AITZETMÜLLER, Rudolf
ARNAUDOW, Michael
BAACKE, Dieter
BEER, Rainer
BOEHMER, Rainer Michael
BOLLACHER, Martin
BOSCH, Friedrich Wilhelm
BRAUMANN, Franz
BRAUN, Peter Michael
BUGGISCH, Werner
CROLL, Willi
DEMUS, Jörg
DILLER, Werner Felix
DÖNHOFF, Gräfin, Marion
DREWANZ, Hans
EINSLE, Hans
FIEDLER, Ulf
FILIPPI, Siegfried
FUCHS, Andreas
FUCHS, Peter
GENÉE, Ekkart
GUNDLACH, Heinrich
HAGEN, Gert
HASENHÜTTL, Gotthold
HEINRICHT, Johannes
HEINZ, Klaus
HELD, Philipp
HERKE, Horst W.
HEUSS-GIEHRL, Gertraud
HILL, Roland
HINZE, Norbert
JONAS, Udo
KLEIST, Frfr. von, Sabine
KNEISSLER, Heinz
KOCH, Ursula E.
KOCHER, Richard
KOPPEN, Erwin
KORN, Heinz
KREFT, Rüdiger
KREIBICH, Rolf
LANGES, Horst
LAPP, Klaus
LEIMBERG, Inge
LEINER, Herbert
LORENZ, Gerald
LÜBBERS, Wilhelm
MÜHLEISEN, Hans-Otto
MURKEN, Axel Hinrich
PFUHL, Albert

REESE, Karl-Heinz
RICHTER, Manfred
ROMMERSKIRCHEN, Klaus
SCHARPING, Rolf
SCHMITZ-MOORMANN, Paul
SCHÖNENBERG, Hans
STRAUSS(ß), Botho
STÜBIG, Hermann
VOGEL, Emanuel
WAGNER, Klaus F.
WEBER, Hans-Oskar
WEISS, Dieter
WICKERT, Ulrich
WIEFEL, Bruno
WOLF, Lothar

3. Dezember

BAHRDT, Hans-Paul
BUCK, August
CRAMER, Winfrid Herbert
CRUTZEN, Paul
DEGENHARDT, Franz Josef
DEWIES, Heinz
DIETERICH, Hans Jost
DÜRKOP, Klaus A.
FLASHAR, Hellmut
FRISCHKORN, Rolf
FRUETH, Manfred
GALL, Lothar
GERRIETS, Edzard
GIESE, Reiner
HAERDTER, Michael
HAEUPLER, Henning
HERDEN, Carl-Heinrich
HÖMBERG, Johannes
HOLZSCHUHER, Veit
HUBER, Gerd
JACOBY, Wolfgang Robert
JANZEN, Rudolf-Wilhelm
JOCHIMS, Wilfried
KARRER, Wolfgang
KINDLER, Helmut
KOBLER, Michael
KRAUS, Helmut
KÜBLER, Klaus-Joachim
LUSCHEY, Heinz
MARTIN, Holger
MÜNZBERG, Gerhard
MUHR, Willi
NEUMETZGER, Curt-Albert
NICOLA, Karl
OKRUSCH, Martin
ORTLIEB, Harald
PERRAUDIN, Wilfrid André
PIRLET, Carl
REHM, Hans-Jürgen
REMMERS, Werner
RÖDER, Berndt
SCHÄFER, Ernst-Heinz
SCHAEFTER, Henning
SCHELL, Manfred
SCHLICHT, Joachim
SCHMIDT, Erich
SCHRADER, Jürgen
SCHRÖDER, Joachim
SCHWARZ, Gerhard
SCHWARZER, Alice
SEEL, Wolfgang
SING, Alfred-Hermann
SPECHT, Friedrich
STOOB, Heinz
STORCK, Louis
TEICHMANN, Arndt
THEILER, Karl
TIEFENBACHER, Herbert
UELTZEN, Klaus-Jochen
UHLIG, Sigmar
WEINZIERL, Hubert
WENGELER, Fritz
WENIG, Helmut
WINDISCH, Rupert
ZAMBO, Helmut
ZEUNER, Albrecht

4. Dezember

BARTELS, Günter
BAUCH, Hansjoachim
BAUER, Roger
BEGEMANN, Ernst
BUCHHOLZ, Horst
CHRISTOU, Andreas

CLOOS, Karl-Günther
ENKE, Helmut
GELDERN-CRISPENDORF, von, Günther
GÖRCKE, Hans-Helmuth
GRÜNDLER, Martin
GRUSCHKE, Dieter
GÜTTER, Ernst
GULLMANN, Erich
HANF, Ehrhart
HARDT, Hanno
HARTWIEG, Oskar
HEINZLE, August
HESSELBACH, Josef
HEUDORF, Heinz
HIRSCH, Hans
HÖROLDT, Dietrich
HOFFMANN, Gerhard
HUMBACH, Helmut
JUNGBLUT, Reiner Maria
KARMANN, Wilhelm
KERN, Helmuth
KLASEN, F. G.
KÖNIGBAUER, Josef
KRAKAU, Willi
KRECHEL, Ursula
KROEBER-RIEL, Franco Werner
LANKES, Hans Christian
LIEFLAND, Erika, geb. Cychon
MAATSCH, Richard
MELICHAR, Ferdinand
MUCHEYER, Heinz
MÜLLER, Klaus
NICKAU, Klaus
NOLTE, Wolfgang
PEIPER, Hans-Jürgen
PFEIFER, Robert
REUSCH, Günther
RITTENBERG, Vladimir
ROSENBERGER, Gustav
ROUVÉ, Gerhard
SCHARLAU, Ulf
SCHMUCK, Alfred
SCHNEIDER, Karl
SCHÖFFLING, Karl
SCHUBERT, Georg R.
SCHÜTZBACH, Rupert
SCHWEFEL, Hans-Paul
SONDERMANN, Peter-Alexander
STORCH, Volker
TEWES, Ernst
VÖLKL, Richard
WEBER, Klaus Karl
WEGENER, Ingo
WERMUTH, Nanny, geb. Rudy
WRIEDE, Paul

5. Dezember

APOSTOL, Margot, geb. Müller
BÄRWALD, Günter
BERGER, Jakob
BERGER, Ulrich
BEYER, Herbert
BIDINGER, Helmuth
BODE, Otto
BRANDSTETTER, Alois
BUHSE, Günter
CZOK, Georg
DIETZEL, Günther
DÖRING, Willi
DONAT, Helmut
DORMEYER, Detlev
ENGELBERGS, Karl Heinz
FLESSEL, Klaus
FRANK, Hartmut
GANSCHOW, Gerhard
HARTMANN, Gerhard F.
HAUBNER, Karl
HEESTERS, Johannes
HOCHLEITNER, Anton
HOFMANN, Edgar
HUTH, Rupert
JAUMANN, Anton
JOCHUMS, Arno
JÜNGEL, Eberhard Klaus
KLINGENBERG, Martin
KREUTZBERGER, Alfred

KRIZ, Jürgen
KUHN, Hans W.
LAING, Nikolaus Johannes
LEGGE, Ludwig
LENNERT, Rudolf
LIETZMANN, Sabina
MAROTZKE, Wolfgang
MARTIN, Richard Graham
MEIXNER, Robert
MENKE, Uwe
MÖLLER, Heinrich
MÜLLER, Klaus
MÜLLER-JENSEN, Axel
OEHLER, Hans Albrecht
ORTHEN, Hubert
RANZ, Karl
RIEGGER, Volker
RISCOP, Franz
ROTHERT, Heinrich
SCHOMERUS, Lorenz
SELZER, Rolf
SIEBRECHT, Valentin
SPULER, Bertold
STRUBELT, Wendelin
UNGER, von, Hanskarl
VATER, Karlheinz
WAGNER, Fritz
WEINGES, Klaus
WEINMANN, Kurt
WEISS (ß), Wilhelm
WIND, Heinrich
WÜRZBACH, Peter Kurt

6. Dezember

BALHORN, Hans
BERG, Hartmut
BREINERSDORFER, Alfred W. (Fred)
BRINTZINGER, Ottobert L.
BUDZINSKI, Klaus
BÜCKER, Joseph
BÜRGER, Peter
CLEMENZ, Manfred
CRAMER, Konrad Niklas
CZERSKI, Alexander
DICK, Alfred
DIEL, Herbert
EBELING, Hans-Wolfgang
EHRIG, Hartmut
ERBE, Günter
FECHNER, Winfried
FEIGE, Karl
FISCHER, Bodo
FREY, Kurt Walter
GLIEM, Hans
GOEBELS, Dieter
GÖTZ, Theo
GRAU, Uwe
GREIFF, Nikola
GRONEN, Peter
GUMM, Horst
HAISCH, Hermann
HAMM, Ludwig
HANDKE, Peter
HECKMANN, Harald
HEINE, Fritz (Friedrich)
HEINLEIN, Leo
HERRMANN, Frank
HEUTLING, Werner
HÖHN, Artur
HOPPE, Karl
IMEYER, Gerd-Winand
JÄTZOLD, Ralph
JANSCHE, Rudolf
JATHO, Kurt
JENTSCHKE, Willibald
JÖRG, Johannes Richard
KAMPF, Sieghard-Carsten
KECK, Werner
KIWIT, Wilhelm
KLAPPROTH, Eberhard
KÖLLING, Georg
KONIETZKO, Nikolaus Franz-Josef
KRAMER, Johann
KÜHN, Arthur
KÜHN, Wilhelm
LANGER, Hans-Klaus
LAURITZEN, Christian
LEIBBRAND-WETTLEY, Annemarie, geb. Wettley

MEIER, Christa, geb. Stangl
MEIER, Friedrich Wilhelm
MERTEN, Richard
MEYER, Adolf-Ernst
MORATH, Paul
MÜNDER, Johannes
MÜNKER, Gerd
NEUMANN, Paul
OPPERS, Heinz
PASCHEN, Heinrich
RADZIBOR, von, Cyrill Georg
RAETHER, Martin
REISCHL, Hans
SACHS, Erich
SCHÄFER, Hans
SCHLÖSSER, Manfred
SCHMIDT, Heinz
SCHNEIDT, Hanns-Martin
SCHOLZ, Winfried
SCHULZE, Erich
SOMMERAUER, Adolf
SPIES, Karl
TIEDEKEN, Hans
TRAXEL, Werner
ULLRICH, Karl V.
VOLK, Otto Heinrich
WISSMANN (ß), Peter
WUNDERLICH, Hans-Joachim
ZELLER, Manfred Heinz

7. Dezember

ALTENDORF, Irmeli, geb. Seiwert
ANGERMANN, Horst F. G.
BARRELL, Brigitte
BAUER, Ernst
BENRATH, Gustav Adolf
BEN-YAACOV, Yissakhar
BINNER, Anton
BOCKELMANN, Paul
BRAUN, Hans
BRINKMANN, Karl
BROSCHE, Peter
CANCIK, Hubert
DAFFNER, Hans
DUENSING, Christoph
ELL, Norbert
FISCHER, Wolfgang Christian
FOSSLER, Herbert
GÖDDEN, Hans E.
GROHER, Wolfgang
HABIGHORST, Ludwig-Volker
HEIN, Horst
HEMMER, Helmut
HENEKA, Hubert
HESS, Otto H.
HEYN, Wolfram
HILLEBRAND, Max Josef
HIRSCHBERG, Hubertus
JACOBS, Jan
JANSEN, Leonhard Wilhelm
JELITTO, Rainer Johannes
KÖSTER, Heinz
KORB, Ernst
KORN, Walter
KRAUS, Wolfgang
KÜHLE, Wolfgang
LEUTENEGGER, Gertrud
LINNEMANN, Hans
MANDELKOW, Karl Robert
MILZ, Peter
MÜLLER-STAHL, Armin
NICKLIS, Werner
OLBING, Hermann
OSTENDORF, Heribert
PROBST, Christian
RAMGE, Joachim
RICHTER, Gerhard
ROOSEN, Hans
ROSCHER, Karl-Max
SACK, Hans-Gerhard
SCHEFFLER, Jens-Uwe
SCHWARZBACH, Martin
SINELL, Hans-Jürgen
STECKER, Josef
WALTER, Peter
WEBER, Gustav

7. Dezember - 13. Dezember

WEGNER, Elmar
WILKE, Jürgen
WUTTKE, Günther

8. Dezember
AMMON, Otto
BACKHAUS, Theodor
BEUTLER, Maja
BIEWALD, Dieter
BLOEDNER, Claus-Dieter
BÖGER, Horst
BOVENTER, Hermann
BREEST, Eberhard
CORSTEN, Severin
DAU, Herbert
DEFFNER, Jakob
EDER, Heinz
EGELHAAF, Albrecht
FEST, Joachim C.
GNILKA, Joachim
GORSCHENEK, Günter
GROSSMANN (ß), Walter
GROTH, Klaus
HAEBERLIN, Urs Robert
HAGER, Thorolf
HALLMAN, Viola
HAMPL, Franz
HEES, van, Horst
HURRLE, Theodor
KAISER, Karl
KERNER, Hans-Jürgen
KESSLER, Herbert
KLATT, Hans-Adolf
KÖBERLE, Rudolf
KORBACH, Heinz
KRADER, Lawrence
KUNST, Herbert
LIELIENTHAL, Edwin
LÖWENTHAL, Gerhard
LUHMANN, Niklas
MAIER, Karl Ernst
MARKWORT, Helmut
MAYER, Arthur
NAUMANN, Michael
NEUMANN, Klaus
PAUL, Wolfgang
PRÖSSDORF (ß), Klaus
RAUTE, Karl
REIBER, Emil
REITZEL, Michael
ROSENBERGER, Gerhard
SCHELL, Maximilian
SCHLEUSSNER, Carlfried
SCHÖBER,
 Johannes Georg
SCHOENEBERG, Bruno
SCHULTE, Hagen Dietrich
SIMMANN, Werner
SITTE, Peter
STARCK, Harry
STECH, Berthold
SYBERBERG, Hans-Jürgen
TEGELER, Josef
VENZLAFF, Ulrich
VOLLAND, Hans
WEGENAST, Klaus
WERNER, Margot
WOHLMUTH, Karl
ZIEGLER, Reinhard

9. Dezember
ALLAM, Schafik
ALTHAUS, Helmuth
AUGUSTIN, Hans-Georg
AX, Wolfram
BALLE, Theo
BAUER, Konrad Friedrich
BERK, van, Karl
BIRKENFELD, Wolfgang
BLENK, Hermann
BOLDT, Peter
BUSCH, Manfred
CEN, Medeni
CLASSEN, Harold
CONRAD, Hans Günter
DOERK, Klaus
DOMEYER, Friedrich
EBEL, Volker
EPPLER, Erhard
ERKEL, Günther
ERREN, Manfred
FANTL, Thomas

FISCHOEDER, Georg
FLEISCHHAUER,
 Carl-August
FOURNIER, von,
 Dietrich
FRÄNZLE, Otto
FREITAG, Ulrich
FÜRST, Heinrich
GENSKY, Hans-Jürgen
GLASL, Heinrich Georg
GOERDT, Wilhelm
HANDLOS, Franz
HAUFF, Alfred
HAUPTMANN, Gerhard
HILDESHEIMER, Wolfgang
HOERBURGER, Felix
HUNGER, Herbert
JÄGER, Hermann
JUNGANDREAS, Wolfgang
KELM, Werner
KISTLER, Alfons
KLEIN, Herbert
KÖHLE, Walter
KOENIG, Gerd
KOHL, Wilhelm
LANDAU, Marc
LEPA, Albert
MAUCHER, Helmut
MERKEL, Konrad
MOMBURG, Rolf
MOOG, Helmut
MÜLLER, Norbert
OSTENDORFF, Walter
PAHL, Manfred H.
PERKOW, Werner
RAGUSE, Thomas
REHBEIN, Max H.
REUTTER, Klaus
RITTER, Hermann
ROBERTZ, Hans
ROST, Helmut
RUPRECHT, Arndt
RUTHUS, Franz
RYSSEL, Heiner
SCHÄTTLE, Horst
SCHARLACH, Fritz
SCHNELL, Peter
SCHOLL, Roland
SCHUBERT, Heinz
SCHWARZKOPF-LEGGE,
 Elisabeth
SPRINGBORN, Norbert
STECHER-KONSALIK,
 Dagmar
STUTZER, Volker
TAUBER, Peter Fritz
THALER, Helmut
TISCHERT, Hans
VEENKER, Gerd
VOGEL, Klaus
WECKER, Christoph
WEISE, Klaus
WILD, Hans
WINTER, Horst
ZÜHLSDORFF,
 Volkmar Johannes

10. Dezember
ALTHOFF, Karlheinz
ANDRESEN, Egon Christian
BEINDORF, Werner
BEISING, Alfons
BERG-SCHLOSSER,
 Dirk
BLECKING, Diethelm
BLUME, Jürgen
BÖCKEN, Carl-August
BOLLENBECK, Georg
BOOS, Emil
BRAKEMEIER-LISOP,
 Ingrid
BRAUN, Alfons
BROCKER, Hildegard
BROSSEDER, Johannes
BRÜCKNER, Christine,
 geb. Emde
BÜCHEL, Karl Heinz
CONRADI, Peter
DECKEN, Christian
DÖPP, Siegmar
DREGGER, Alfred
DÜRINGER, Werner

DÜWEL, Klaus
DUPUIS, Gregor
EBENROTH, Carsten-Thomas
FAULSTICH-WIELAND,
 Hannelore
FRANKE, Herbert D.
FRANZEN, Jürgen
FROMEN, Wolfgang
GERULL, Heinz
GÖNNER, Eberhard
GONSER, Ulrich
GOTTSCHALDT, Matthias
GUMP, Johann
HAENSCH, Rudolf
HAFNER, Klaus Ferdinand
HAMMER, Hans Herbert
HAVERS, Leo
HELLMANN, Heinrich
HENSEL, Ingo
HOLSTEIN, von, Helmuth
HRUSCHKA, Joachim
HÜSCH, Erich Adam
KARPP, Heinrich
KULLMANN, Marie-Luise
LEICHTENBERGER, Horst
LICHTENBERG, Paul
LICHTENSTEIN-ROTHER,
 Ilse
LIEFFERING,
 Wolfgang Adrianus
LINDEMANN, Helmut
MANN, Hans
MESSERSCHMIDT, Heino
MIKAT, Paul
MOTHES, Hans
MÜHLBAUER, Karl
MÜLLER, Gerhard Maria
NOLTING, Rolf
PÄRLI, Hans
PALM, Dieter
PETERS, Hans
PICARD, Walter
PIRKMAYR, Fritzwerner
REHM, Kurt
ROELCKE, Walter
ROSENBAUER, Hansjürgen
ROTT, Hans-Dieter
SCHÄFER, Gerhard
SCHATZ, Manfred Friedrich
SCHEDL, Otto
SCHLIEPER, Ulrich
SCHMIDT, Lothar
SCHMITT, Helma
SCHNEIDER, Siegmar
SCHOLZ, Franz
SCHOTT, Rüdiger
SCHÜTT, Peter
SCHULZE, Wilhelm
SEXAUER, Michael
SOBISIAK, Günter
TROLLER, Georg Stefan
UNDERBERG, Christiane
UNTERHALT, Bernard
WEBER, Heinrich
WENO, Joachim
WITZEMANN, Herta-Maria
WOLF, Viktor

11. Dezember
BÄUMER, Remigius
BECKER, Jürgen Walter
BIRWÉ, Robert
BOCK, Klaus-Dietrich
DANIELS, Hans
DEDI, Hans (Johannes)
DICKERTMANN, Dietrich
EHRENBERG, Joachim
ESTERER, Fritz
FASSBENDER (ß), Ludwig
FETZ, Hans
FÖRSTER, Hans-Peter
FUCHS, Jockel
GOUGALOFF, Peter
HÄNDLER, Wolfgang
HARDENBERG, Graf von,
 Hans Carl
HARFST, Gerold
HARTARD, Bertram
HERDING, Klaus
HERMS, Eilert
HOBERG, Hermann
HOF, von, Friedrich Carl

HOOVEN, van, Eckart
IBACH, Rolf
KAISER, Karlheinz
KAMPHUSMANN, Josef
KATÓ, Ferenc
KELLNDORFER, Hans
KEMP, Friedhelm
KLEIN, Richard
KOHDE-KILSCH, Claudia
KRAWITZ, Rudi
KRESS, Otto Erich
LAUFENBERG, Uwe-Eric
LEMP, Hans
LINDNER, Marianne
LINSSER, Hans Ferdinand
MATTERN, Karl-Heinz
MICHALETZ, Claus
MÜLLER, Ulrich
NEMBACH, Ulrich
OBERLACK, Heinz
OTT, Gerhard Heinrich
PEITZ, Hubert
PÖSCH, Heinz
QUEST, Henner
RICHTER, Claus-Gerd
ROHLFES, Joachim
SAUSER, Rudolf Christian
SCHAECHTERLE, Karlheinz
SCHENK, Heinz
SCHNEIDER, Hans
SCHREIBER, Johannes
SCHRÖDER, Horst
SEIDL, Otto
SELBMANN, Hans-Konrad
SIEVERS, Otto
SOMBEEK, Peter
STÜTZEL, Werner
WAGNER, Helmut
WALDNER,
 Wolfgang Friedrich
WASIELEWSKI, von,
 Eberhard
WITT, Peter
WOLFF, Christof
WUND, Josef
ZABEL, Günter
ZIEGLER, Rolf

12. Dezember
AHNERT, Frank
BARDENHEWER, Hans
BAUER, Hermann
BAY, Eberhard
BECKER, Georg Eberhard
BERG, Hans O.
BESKE, Fritz
BÖRNER, Horst
BÜRKLE, Friedrich Franz
DÖHRING, Sieghart
DREHER, Heinz
ENGELHARDT, Otto
FABRICIUS, Bernhard
FAUST, Siegmar
FINGER, Willi (Wilhelm)
FRUHMANN, Günter
GANOCZY, Alexandre
GÖTHERT, Manfred
GRABERT, Horst
GROTZFELD, Heinz Hugo
GRÜNINGER, Werner
GRUPP, Franz
HAMMER, Achim
HOFFMANN, Peter
HOTZE, Bernward Georg
JÄKEL, Hans
KANDLBINDER, Hans Karl
KAPUSTE, Falco
KAUFMANN, Hans Bernhard
KEIL, Ernst-Edmund
KESSLER, Carl
KILIAN, Ernst F.
KLIETMANN, Kurt-Gerhard
KOHLMANN, Michael
KOLB, Klaus
KOLPING, Adolf Anton
LEHMANN, Hans Joachim
LOHNES, Hans-Herbert
MACK, Günter
MARTIN, Gunther
NEUBERGER, Hermann
PAULS, Wolfgang
PFISTER, Gertrud

PODDIG, Joachim
PÖGGELER, Otto
PRAUSE, Frank-Michael
RIEDER, Hans-Joachim
RINKER, Reiner
SANDVOSS (ß), Ernst-Otto
SAXLER, Julius
SCHÖPF, Bernhard
SCHROETER, Jürgen
SCHUMACHER, Adolf
SCHWALBA-HOTH, Frank
SCHWARZ-SCHÜTTE,
 Rolf
STÄHLIN, Traugott
STEIGER, Otto
STEINACKER, Peter
STILZ, Walter
THEOPOLD, Wilhelm
THIELEN, Peter G.
THYSSEN, Eberhard
TRAPPE, Paul
TROOST, Alex
TRÜBESTEIN, Hermann
VOETZ, Lothar
VOLLMERT, Bruno
VOSS, Friedrich
WEBER, Beate
WEBER, Wolfgang Hans
WEISS (ß), Hans
WIDERA, Joachim
WIECZOREK, Norbert
WILMERS, Frank William

13. Dezember
AITZETMÜLLER-
 SADNIK, Linda
ASMUS, Klaus-Dieter
BARTH, Kuno
BOTHMER, von,
 Hans-Cord, Graf
BUDELMANN, Claus G.
DEGN, Christian
DIRSCHERL, Klaus
DITZEN-BLANKE,
 Joachim
DIZIOĞLU, Bekir
DÖRR, Friedrich
DONNEPP, Inge
DORFMÜLLER, Joachim
EMMINGER, Eberhard
FRIES, Hans-Peter
FRISCH, von, Otto
FÜLLKRUG, Armin
FÜRNKRANZ,
 Otmar Friedrich
GERNHARDT, Robert
GOERKE, Heinz
GUNSSER (ß), Walter
HAAG, Klaus
HEINRICH, Lothar F.
HERMANNS, Heinz
HESS, Anton
HOHENESTER, Walther
HÜTER, Joachim
ILSCHNER, Bernhard
ISELER, Albrecht
JUNGK, Albrecht
KELLER, Werner
KESSLER (ß), Walter
KIRSCH, Werner
KLEIN, Heinrich
KLUGE, Norbert
KNISSEL, Walter Richard
KRÄMER, Heribert
LIEBAU, Gerhart
LIENERT, Gustav A.
LÜCKERATH, Carl August
LUTTER, Heinz
MAAR, Paul
MARTIUS, Walter
MAYR, Hans
MERTNER, Edgar
MÜLLER-HABIG, Maria
NISIUS, Ernst Heinrich
PREUSS, Fr. (Friedrich) Rolf
PROBST, Manfred
ROLAND, Ulrich
RÜSCH, Hubert
SALNIKOW, Johann
SCHOBER, Reinhard
SCHUMANN, Erich
SCHUMMER, August

SEIPP, Walter
SPRENGER, Gerhard
STEINBERG, Fred
STEINBERG, Pinchas
STOCKMEIER, Wolfgang
STROHMEIER, Walter
TEUTSCH, Gotthard Martin
VAHS, Wilfried
WILZ, Bernd
WINKLER, Roland Erich
WOHLFARTH, Friedrich
WOLFRUM, Rüdiger

14. Dezember

ADLKOFER, Franz Xaver
AURICH, Hans Günter
BARTNITZKE, Klaus
BENDIXEN, Klaus
BENTE, Wolfgang
BLUCK, Richard
BÖHM, Norbert
BROSOWSKI, Bruno
CARSTENS, Karl
DONATH, Klaus
DOPPEL, Karl
ERDMENGER, Rolf
ERSFELD, Günther
FELLMANN, Ferdinand
FINK, Agnes
FIRNHABER, Wolfgang
FISCHER, Alfred
FISCHER, Hans
FRITZ, Gerhard
FUDICKAR, Wolf-Dieter
FÜRCHTENICHT-
  BOENING, Walter
GEYER, Dietrich
GLOS, Michael
GOOSSENS, Franz
GRAUMANN, Walther
GROSSE, Dieter
GRÜNEWALD, Dietrich
GUMMER, Michael
HAVERS, Christoph
HECK, Heinz
HEIDENREICH, Peter
HENGEL, Martin
HENNING, Rudolf
HOHOFF, Herbert
HOLSTE, Heinz
KEIDEL, Wolf-Dieter
KIRSCHBAUM, Hertha,
  geb. Wittmann
KLINGNER, Klaus
KNÖLKER, Ulrich
KÖHLER, Günter
KORN, Renke
KRACHT, Friedrich
KRAMPOL, Karl
KRUSE-JARRES, Jürgen D.
KUTSCHER, Hans
LANG, Werner
LAUBENBERGER, Theodor
LENHART, Volker
LENSSEN, Gerhard
LERSCH, Rainer
LOIBL, Georg
LOMMEL, Ekkehard
LOSKANT, Dieter
MAISCH, Erich
MANNHEIM, Christian
MARCARD, von, Enno
MATARÉ, Charlotte
MITZSCHERLING, Peter
PABST von OHAIN,
  Hans Joachim
PFEIL, Emanuel
REHS, Michael
REICHENAU, Georg
REIPRICH,
  Elisabeth Sophie, geb. Simon
RICHTER, Hartmut
RICKMERS, Henry Peter
SCHEIBLER, Christoph
SCHELTER, Wilhelm (Willy)
SCHMIDPETER, Alfred
SCHMITHALS, Walter
SCHNEIDER-GÄDICKE,
  Karl-Herbert
SCHOMBURG, Eike Dieter
SCHRAUB, Alfred
SCHRIEVER, Wilhelm

SCHULHOFF, Wolfgang
SCHULZE, Peter H.
SCHUSTER, Annemarie
SEIWERT, Lothar J.
SELLE, Gerhard
SICHERL, Martin
SPOERRI, Helen
STEIN, Gerd
STEIN, Werner
STEINBACH, Klaus
SUNDERMANN, Hans
TRASSL (ß), Werner
VÖLKL, Carl
VOGEL, Carl
WEDEGÄRTNER, Karl
WENDELSTADT, Dieter
WENDT, Heinz
WINTERS, Peter Jochen
WITTMANN,
  Simon Georg
ZIWEY, Franz

15. Dezember

ACKERMANN, Karl
BECKER, Richard
BEMMANN, Günter
BENDER, Klaus Wilhelm
BIEDERMANN,
  Hermenegild (Alfons)
  M. O. S. A.
BIRKIGT, Hermann
BOCKSCH, Karl
BRINKMANN, Heinrich
CROIX, de la, Rolphe
DAHLE, Wendula
DAUGS, Reinhard
EBNER, Fritz
EIMERS, Enno
ESTERS, Helmut
FISCHER, Hermann
FRANK, Hans
GALPERIN, Hans
GEBAUER, Gerhard
GREVEN, Kurt
HÄNSCH, Klaus
HASE, von, Karl-Günther
HAUSER, Erich
HEILMANN, Ernst-Adolf
HOFMANN, Walter
HUBER, Nicolaus A.
HUMMELSHEIM, Hanns
JENSSEN, Jens
JUILFS, Johannes
KARWATZKI, Irmgard
KIRCHGÄSSNER (ß), Alois
KOHLHAAS, Fritz
KREBS, Heinrich
KÜNNEKE, Evelyn
LAUTENSCHLÄGER,
  Manfred
LEHMANN, Hans-Peter
LUCK, Ulrich
MAGIN, Theo
MEINHARDT, Helmut
METZ, Bernhard
NASTELSKI, Günter
NORIS, Heinz
NOSS, Willi
PEZELY, Rudolf
PLETTNER, Hans-Henifried
POPPEN, Marion
REHBINDER, Eckard
REICHEL, Gerhard
ROHE, Hans
ROHLOFF, Paul
ROTHLEY, Willi
SANMANN, Horst
SAUER, Günther
SCHMIDHUBER, Peter M.
SCHÜTT, Franz Theodor
SCHUMACHER, von, Felix
SCHWARZ, Hans Thomas
TILLMANN, Wilfried
UNGEHEUER, Günther
WEISS, Karl Heinz

16. Dezember

ARNDT, Herbert
BARGEN, von, Peter
BATZER, Hans
BIESALSKI, Peter
BLOMEYER, Arwed

BOAS, Horst
BÖCKMANN, Kurt
BOL, Georg
BREY, Bernhard
BUCHENROTH, Günter
BUSHE, Karl-August
CARSTENSEN, Erhard
CHRISTOPEIT, Joachim
DAHEIM, Hansjürgen
DENK, Friedrich
DHOM, Robert
EGE, Günter
FELL, Karl H.
FLECK, Klaus
FRÖHLICH, Hans-Joachim
FUNKE, Klaus
GEYER, Christoph
GLOMBITZA, Karl-Werner
GÖHRE, Frank
GOEKE, Fritz
GORKI, Hans Friedrich
GOTTHARDT, Hans
GSCHEIDLE, Kurt
HAENTJES, Werner
HILDEBRAND
  Gerhard Konrad
HOFER, Hermann
HORNISCHER, Edi
JOSTARNDT, Laurenz
KAESCHE, Helmut
KEKULÉ, von, Friedrich
KETTNER, Hans
KLINGEN, Helmut
KNEIFEL, Johannes
KOERPPEN, Alfred
KOLCK, Walter
KRAHL, Peter
KRASNEY, Otto-Ernst
KROME, Helmut
KÜSTER, Friedrich O.
KUNERT, Rudolf
LAUKVIK, Jon
LEVSEN, Karsten
LIEBERT, Paul
LIETH, Helmut
LÖFFLER, Leonhard
LÖHN, Johann
LÜCK, Helmut Ekkehart
MARX, Hans Joachim
MATTHES, Karl J.
MAURITZ, Alfred
MEYER zur HEIDE, Günter
NEUHAUS, Alfred Hubertus
NOLTENIUS, Rainer
PETER, Adalbert
PUPPE, Dieter
ROTHFUSS (ß), Herbert
SCHIEL, Carl-Heinz
SCHLOTTMANN, Norbert
SCHLÜTER, Richard
SCHUMACHER, Martin
SCHWENGER, Ferdinand
SCHWINGENSTEIN, Alfred
SEILER, Hansjakob
SIEBER, Karl
SIEBURG, Heinz-Otto
STAEMMLER, Volker
SUESS, Hans E.
TAUBERT, Karl-Heinz
THIELKE, Charlotte
ULRICH, Bernward
URBAN, Martin
VALENTIN, Franz
WEBER, Paul
WIEDENHOFEN, Gert
WITTMANN, Günther
WOLFF, Max Richard

17. Dezember

AMMER, Wolfgang
APPEL, Günter
BARTHEL, Eckhardt
BERGMANN, Richard-Peter
BIENSTADT, Walter
BRÜCKMANN, Willi
BRUNSWIG, Heinrich
CONRADI, Heinz
DÄUMLER, Klaus-Dieter
DEICHMANN,
  Friedrich Wilhelm
DISTLER, Wolfgang
DREIER, Joachim

DRÖGE, Wulf
ECK, Werner
ENGLER, Winfried
ERBERICH, Rudolf
ERLING, Carl R.
FRANK, Peter
FUCHS, Alexander
GAGEL, Walter
GESCH, Max
GRAF, Herbert Paul Robert
GRAF, Ulrich
GRIMM, Jürgen
GÜTERMANN, Peter
HALMÁGYI, Miklós
HARTEL, Walter
HEEREMAN
  von ZUYDTWYCK,
  Freiherr, Constantin
HERBST, Werner
HINDERLICH, Horst
HINDERMANN, Erich August
HOFFMANN, von, Alexander
HOFMANN, Dietrich
HOSPES, Helmut
HUBER, Josef
JÄGER, Herbert
JÄGGI, René C.
KARL, Emil
KINKEL, Klaus
KLEE, Otto Karl
KÖNIG, Gert Albrecht
KRESSEL, Diether
KRÜGER, Peter
KUBIN, Wolfgang
KÜRTEN, Elisabeth Charlotte
LAMMERMANN, Franz
LANDSBERG-VELEN,
  Dieter, Graf
LOTZ, Gustav
MARKS, Friedrich
MASER, Hugo
NÜSE, Ernst, August
PETERS, Walfried
POMMERENKE, Christian
REUTER, Lutz-Rainer
ROSS, Rudi
SACKMANN, Franz
SCHADT, Jakob
SCHEPPING, Wilhelm
SCHIEFER, Hans Gerd
SCHMATZ, Julius
SCHMITZ, Carl-Hinderich
SCHOENEBECK, Heinz
SCHRÖTER, Gottfried
SCHUSTER, Hans-Günter
SPEVACK, Marvin
THEEDE, Hans Johannes
THEENHAUS, Rolf
VÖGTLE, Anton
VOGT, Siegfried H.
WASSMER, Gernold
WEIHRAUCH, Helmut
WOLFF, Hans Walter

18. Dezember

ANGERMEYER,
  Joachim-Hans
AUDITOR, Michael
BÄCKER, Karl
BLAU, Günter
BÖCKER, Felix
BRANDT, Willy
DERMIETZEL, Friedrich
DINTELMANN, Klaus
DOBIESS, Berthold
ERLER, Luis
FÄHRMANN, Willi
FISCHER, Bernhard
FOX, Hans J.
FREIBERGER, Kurt-Udo
FÜRER, Arthur
GLÄSER, Fritz
GÖGGEL, Karl-Heinz
HARTENSTEIN, Reiner W.
HEMMER, Robert
HODEIGE, Fritz
HOFMANN, Hanns
HÜBNER, Erhard
HUELCK, Hans
JASCHKE, Helmut
JÖRIS, Hans
JOHNSTON, Robert

KAISER, Joachim
KERSIG, Hans
KLING, Karl
KOCHENDÖRFER, Albert
KRAMER, Hans
KUHL, Hans-Joachim
LUX, Emil
MARQUARDT, Klaus
MEWES, Dieter
MIHM, Arend
MÖLLER, Dietrich Ekkehard
MOLTMANN, Günter
MÜLLER, Gottfried
MÜSER, Helmut
NEUSEL, Hans
NOTHOFER, Bernd
PASSOW, Hermann
PIEL, Walter
REHBEIN, Matthias
RIEDEL, Wilhelm
RIEDL, Josef
RIESTER, Rudolf
SALZER, Jörg J.
SCHARPENBERG, Margot
SCHNELL, Karl
SCHRIEFERS, Karl-Heinz
SCHULTHEISS (ß), Franklin
SCHWARZKOPF, Klaus
SEMLER, Rudolph
SNYDER, Willard B.
SOMMER-BODENBURG,
  Angela
STEFFEN, Hinrich
STEGEMANN, Hartmut
STEINBERGER, Helmut
STEMMLER, Johannes
STOLLBRINK, Otmar
STRITTMATTER, Thomas
TEICHS, Alf
TESCHEMACHER, Hansjörg
THIEDE, Walther
TOBIESEN, von, Fred
TRASTL, Rudolf
VARNHOLT, Theo
VOGL, Ludwig
WAHL, von, Siegfried
WALTON, Robert Cutler
WEDLER, Wilfried
WEIGELIN, Erich
WEINMANN, Werner
WENKE, Klaus
WIEDEMANN, Kurt
WILD, Albert
WILL, Heinrich
WOLLEMANN, Horst

19. Dezember

AMTHAUER, Rudolf
ANDRESEN, Harro G.
BADEM, Berthold
BADINSKI, Nikolai
BAUDER, Uwe Helmut
BERTRAM, Rainer
BERTZBACH, Martin
BLANK, Johann Peter
BÖHMER, Erwin
BÖTTICHER, Herbert
BRAUN, Wolfgang
CHRISTOPEIT, Ulrich
DIESINGER, Walter Helmut
DISSELNKÖTTER,
  Hermann
DORST, Tankred
DÜCKER, Karl-Heinz
DUX, Eckart
EICHHOLZ, Armin
EVERS, Hans-Dieter
EVERS, Werner
FALKENBERG, Jörg
FLÄMIG, Gerhard
FLUEGEL, Hansjürgen
FRISCH, Wolfgang
GAYLER, Wolfgang
GINKO, Helmut
GÖPFERT, Herbert
GRAAS, Gust
GRÜTER, Werner
HAUSEGGER, von, Friedrich
HELL, Rudolf
HILGER, Marie-Elisabeth,
  geb. Vopelius
HÖLLERER, Walter

19. Dezember

HOYER, Franz A.
HÜLSE, Reinhard
JUNGK, Peter Stephan
KEHRER, Hans
KOCKS, Günter
KONNES, Manfred
KÜHL, Kristian
LAUER, Hanswerner
LINDAUER, Martin
MARTIN, Johannes-Josef
MASCOS, Werner
MEIMBERG, Rudolf
MENGES, Georg
MERX, Volker
MEYER, Wilhelm
NIPKOW, Karl Ernst
NOELLE-NEUMANN, Elisabeth, geb. Noelle
PAPENHEIM, Felix
PILGER, Andreas
PRAGER, Heinz-Günter
REISSMUELLER, Wilhelm
RIBBENTROP, von, Barthold
RIEDE, Paula, geb. Riede
RITSCHL, Hans
RITZENHOFEN, Walter
ROESSLER (ß), Wilhelm
ROSENOW, Ulf
SALZBORN, Erhard
SCHÄFER, Walter
SCHOTTMAYER, Georg
SCHRÖDER, Werner
SCHÜSSLER, Richard
SCHWINCK, Alexander
SPOO, Eckart
STOMMEL, Heinz
STUHLINGER, Ernst
STURM, Wilhelm
TÖPFER, Jürgen
TUTTER, Vinzenz
VOGEL, Bernhard
WALTER, Fried
WEISS (ß), Georg
WERNER, Anneliese
WILKE, Jürgen
WILKENS, Enno Harald
WINDHOFF, Bernd
WINKLER, Heinrich August
ZIMMER, Dieter

20. Dezember

ANGERER, Alfred (Fred)
ANGERMAIER, Michael
ARENS, Werner
BAUER, Hans-Peter
BAUMANN, Gerhart
BAUSENHART, Walter Max
BEUTLER, Gisela
BIER, Gerhard
BISCHOFF, Bernhard
BOSSENMAIER, Helmut
DIEL, Ulrich
DITSCHE, Manfred
DOLLICHON, Uwe
DÜRR, Rolf
EBERSOLDT, Franz
ELWERT, W. Theodor
FALK, Erhard
FISCHER, Hans
FLUEGGE, von, Hans-Henning
FRENZEL, Herbert A.
FREUNDT, Klaus J.
FRITZSCHE, Karl
FUCHS, Erich E.
GARBE-EMDEN, Friedrich
GIENGER, Karl
GNILKA, Christian
GRAU, Detlev
GRETEN, Ernst
GRIMM, Reinhold R.
GRÜNHAGEN, Wilhelm
HACKL, Max(imilian)
HAHN, Ronald
HAUSS, Werner H.
HEBBORN, Albert
HEIMAN, Karl-Heinz
HELDMANN, Werner
HELLWIG, Helmut
HENN, Walter
HERMENS, Ferdinand A.
HERZBERG, Ernst Günther
HOPF, Hanns Christian
INGENKAMP, Karlheinz
KESSELER, Wolfram
KLOTZ, Volker
KÖSSEL, Hans
LAHNSTEIN, Manfred
LAMBSDORFF, Graf, Hagen
LAMBSDORFF, Graf, Otto
LÖBEL, Bruni (Brunhilde)
MARSCHALL, Manfred
MAYRÖCKER, Friederike
MOLL, Rolf
MUDRACK, Klaus
NIEMITZ, Walter
OCKER, Claus
OLSEN, Karl-Heinrich
PIEPER, Ernst
REINHOLM, Gert
REULEAUX, Christian
RÖSSNER, Lutz
SCHAEFFLER, Richard
SCHALLER, Gabriel
SCHAUMLÖFFEL, Erich
SCHEGA, Hans-Wolfgang
STEINER, Rudolf
WACHSMANN, Felix
WAHL, Manfred P.
WEITMANN, Walter
WERNER, Monika Dorothee
WERSIG, Gernot
WIESNER, Gerhard
ZULEHNER, Paul Michael

21. Dezember

AMBROSIUS, Wolfgang
ANSPACH, Karl-Friedrich
APPEL, Hermann
ARP, Erich
BARTH, Dieter
BAUMANNS, Hans Leo
BEHR, Alfred
BESCH, Friedrich
BLUM, Günter
BOSSLET (ß), Hans Rudi
CHERNIAVSKY, Vladimir
DREWS, Hellmuth
EBERT, Kurt-Hanns
EHRENBERG, Herbert
FALTERBAUM, Josef
FEDERN, Klaus
FELDES, Roderich
FISCHER-BOTHOF, Ernst
FOLDES, Andor
FOOKEN, Enno
FRAUNHOLZ, Wolfgang
FUCHS, Heribert
GALLWITZ, Jörn
GIFFHORN, Hans
GÖTTLICHER, Siegfried
GRETHLEIN, Gerhard
GRÜN, Roland
HAGEMEIER, Reinhard
HAUCK, Karl
HEEDE, Konrad
HEINEMANN, Heribert
HENSSGE (ß), Joachim
HIEHLE, Joachim
HILDEBRANDT, Bernd
HOCKS, Michael
HÖFIG, Hans-Joachim
HORBACH, Lothar
HORDORFF, Gerhard
JENTSCH, Christoph
KERSCHER, Josef
KOCH, Otto
KRAUSE, Walter
LEHMANN-GRUBE, Hinrich
LICHT, Ludwig
LIEKWEG, Georg R.
LIPP, Wolfgang
LITTMANN, Peter
LÖLIGER, Hans Christoph
LUDWIKOWSKI, Peter
MEY, Reinhard (Friedrich)
MICHAELIS, Karl
NIEHOFF, Karena
NOLDEN, Wilhelm
OBERBERGER, Josef
PROPPING, Peter
ROLLAND, Walter
SCHLECHT, Otto
SCHNEIER, Heinrich
SCHÖNFELD, Roland
SCHWEGLER, Helmut
SPRINGENSCHMID, Rupert
STEINEBACH, Josef Gerhard
URBANEK, Ferdinand
WARTENBERG, Arnold
WEIGAND, Jörg Ernst
WEISE, Günter
WENDT, Michael
ZEISEL, Hans

22. Dezember

ACKEREN, van, Robert
BAUMANN, Wilhelm
BILL, Max
BÖTTICHER, Woldemar
BUCK, Lothar
CONZELMANN, Paulwalter
DAMRAU, Jürgen
DOMBROWSKI, Lothar
DÜRRWÄCHTER, Gerhard
ECKHARDT, Wolf-Rüdiger
ECKMANN, Hans-Heinrich
ELSTER, Peter
FREUDENBERG, Rudolf
FRIEDRICHS, Niels G.
GLIEMANN, Günter
GÖLTER, Georg
GÖSCHEL, Joachim
GOSEPATH, Jochen
GROSS, Engelbert
HAHN, Gerhard
HAMPE, Karl-Alexander
HAUBRICHS, Wolfgang
HILLER, Armin
HIRSCH, Hans
HOFSTADT, Carl E.
HUCHLER, Georg
HÜLLER, Oswald
JÜRGENS, Klaus-Peter
KAUFMANN, Hans
KIRSCH, Botho
KLEDZIK, Ulrich J.
KLEINE, Karl-Heinz
KNOBLICH, Georg
KONRAD, Klaus
KRÄMER-BADONI, Rudolf
KRONAWITTER, Karl Günther
KUHNEN, Frithjof
LACKSCHEWITZ, Klas
LAUTMANN, Rüdiger
LENK, Elisabeth
LOTTER, Friedrich
MAHR, Carl
NEUBURGER, August
NEUMAIER, Ferdinand
NOELL, Kurt
OBLINGER, Hermann
OTTO, Stephan
PATERNA, Peter
PETRI, Heinrich
PFEIFFER, Gerd
RATHKE, Friedrich-Wilhelm
REIMPELL, Peter
REINHARDT, Helmut
RICHTER, Karl
SCHNEIDER, Christel
SIMON, Günther
SOEDING, Helmut
STAUFER, Ludwig
STROBEL, Robert
STÜHLMEYER, Reinhold
THIELE, Jürgen
UNDEUTSCH, Udo
WAHL, Arvid
WEINHOLD, Georg
WELSH, Renate
WIEBEL, Bernhard
WÖLBER, Hans-Otto
WRIGGE, Friedrich-Wilhelm
WÜST, Ottokar

23. Dezember

ANZ, Wilhelm
BACH, Kurt
BARGON, Gerlach Wilhelm
BAUSCH, Hans
BERNHARD, Herbert
DENKERT, Kurt
DOHRN, Tobias
DOMENJOZ, Robert
EGIDY, von, Till
ENGELHARD, Hans
FRIEDRICH, Wilhelm
GABSTEIGER, Günter
GERICKE, Walter
GLASER, Hubert
GÖRGEN, Hermann M.
GROLMAN, von, Tassilo
HAENTZSCHEL, Georg
HERMSDORF, Hans
HOEHER, Ernst
HOLZHEIMER, Dieter
HURRLE, Rüdiger
JANZHOFF, Günter
KALDEWEY, Harald
KNIRSCH, Peter
KNÜTEL, Rolf
KÖHLER, Friedemann
KOTTJE, Raymund
KRATZEL, Günter Friedrich
KUSCH, Dieter
LEDERER, Karl
LEEB, Wolfgang Th.
LESKIEN, Hermann
LITZ, Alois
LÜHR, Karl
MIETH, Dietmar
MITTAS, Wolfgang
MÜLLER-GAZUREK, Johann
NIEDDERER, Hans
NORDENSKJÖLD, von, Fritjof
OLZINGER, Franz J.
PESCH, Hubert Hans
PFEFFERKORN, Werner
PFLUGHAUPT, Friedrich-Karl
PÖGGELER, Franz
PORTENIER, Claude
REENTS, Christine, geb. Kaestner
REICHMANN, Helmut
RICHTER, Gerold
RIETHMÜLLER, Heinrich
ROHLFS, Eckart
SCHMIDT, Helmut
SCHMIDT, Martin Heinrich
SCHMITT, Günther
SCHNACK, Elisabeth, geb. Schüler
SCHÜRGER, Klaus
SCHULZ, Alfred
SODOMANN, Carl-Peter
SONNTAG, Kurt
SPAEH, Winfried H.
STEINMETZ, Eberhard Georg
STERN, Michael
STÜCKLEN, Heinz
TENNYSON, Christel
WEHRLE, Karl R.
WENDE, Manfred
WERNER, Joachim
WILHELM, Werner

24. Dezember

ARENHÖVEL, Hartmuth
ASMUTH, Bernhard
BARTSCH, Günther
BENESCH, Hellmuth
BENNHOLD, Martin
BERTRAM, Gerhard
BLAUL, Iris
BLECK, Siegfried
BOENING, Dieter
BRÜSTER, Herbert
BUCHHOLZ, Hans-Günter
BUGL, Josef
DEPPERT, Fritz
DIETZ, Georg Jorge
DÜRING, Jochen
EICHEL, Hans
FEHRENBACH, Elisabeth
FELDMANN, v., Peter
FICK, Eugen
FIEDLER, Kurt
FISCHER, Lothar
FISCHER, Norbert
FOLKERS, Cay
FRANK, Karl-Friedrich
FRANZ, Eckhart Götz
FREY, Hans
GATTERMANN, Hans H.
GERBER, Fritz
GÖTZ, Karl Georg
GRAFSTRÖM, Åke
GROSSGEBAUER (ß), Klaus
GRÜNTZIG, Johannes
HÖLTERS, Maria
HOOS, Otto
HUFEN, Friedhelm
IBRÜGGER, Lothar
KAGEL, Mauricio
KALICH, Johann
KLIESS (ß), Werner
KNOCHE, Karl-Friedrich
KNUTH, Peter W.
KOMMA, Karl Michael
KOPP, Reiner
KRAMER, Herbert J.
KRELLE, Wilhelm
KROELL, Karl-Heinz
KÜHL, Rolf
LECHER, Kurt
LINGELBACH, Karl Christoph
LITTERSCHEID, Hans
LITTMANN, Konrad
LOHMÜLLER, Wolfgang
MEYER, Wladimir
MUSCHLER, Werner
NITZLING, Erich S.
PETERS, Heinz
RAASCH, Martin
RADTKE, Michael
REGENSPURGER, Otto
REINECKER, Herbert
RICHTER, Dieter
RICHTER, Gerhard
RIEDIGER, Günter
RÖHRICH, Wilfried
RÖTHEMEIER, Helmut
ROMMEL, Manfred
SAUER, Helmut
SCHLOTTER, Gotthelf
SCHRAMM, Godehard
SCHULTZ-KLINKEN, Karl-Rolf
SEILER, Hans-Hermann
SIELAFF, Hans-Jürgen
SOBOTKA, Franz-Heinrich
SONNTAG, Franz
STENDEBACH, Franz Josef
STRUNK, Peter
SWINNE, Edgar
TAYLOR, Richard
TRESCHER, Karl
VETTER, Heinz
WESSEL, Gerhard
WEYRICH, Karl-Heinz
WINDEN, Kurt

25. Dezember

ACHTERFELD, Wilfried
ADER, Bernhard
BLOBEL, Reiner
BORCHERDT, Christoph
BREHLER, Bruno
BREUER, Franz
DRESE, Claus Helmut
EDER, Gustav
ELLERMANN, Jochen
ENGELS, Hermann
ERB, Ute
FÜRST, Elisabeth
FUNKEN, Michael
GEILFUS, Karl Paul
GEISSLER (ß), Christian
GREBE, Reinhard
GRÖLLER, Max
GÜLKER, Eugen
GÜNTHER, Eberhard
HANEBUTT-BENZ, Eva-Maria
HEHN-KYNAST, Juliane, geb. Kynast
HENNING, Manfred
HOBEIN, Herbert
HOFMANN, Gustav
JIRMANN, Friedrich

JUNG, Till
KANN, van, Hanns
KÖNIG, Heinz
KOLB, Ernst
KOLKE, Fritz
KORITNIG, Sigmund
LAUM, Heinz-Dieter
LÖW, Konrad
LOWACK, Ortwin
MEILICKE, Heinz
MEISNER, Joachim
MENDEN, Erich
NANNEN, Henri
NEUMANN, Wilhelm Werner
O'BRIEN-DOCKER, John
OTTO, Siegfried
POLL, Lothar C.
ROLAND, Jürgen
SCHEER, Christian
SCHMIDT, Ferdinand
SCHOLTISSEK, Christoph
SCHUBERT, Konrad
SCHÜLE, Helmut
SCHWEMMLE, Konrad
SITTMANN, Manfred
SPADA, Hans
STOLL, Manfred
TÖPFER, Rudolf
TRÖSCHER, Tassilo
VORNDRAN, Wolfram
VOSS, E. Theodor
WALLOW, Hans
WEGELER, Hanns-Christof
WIDMAYER, Peter
WISSMANN, Johannes
WUNBERG, Gotthart
ZAHN, Christian
ZIENER, Georg, O. M. I.
ZUCKER, Hermann

26. Dezember

ALBERTIN, Lothar
AMMEN, Alfred Onno
ANDERNACHT, Dietrich
AXENFELD, Theodor
BÄUMER, Hans Otto
BAUER, Heinz
BAWIDAMANN, Stefan
BOESCH, Ernst
BRAUN, von, Luitpold
BRAUN, Ottmar
BREITHER, Karin
BRINGMANN, Karl
DAHESCH, Keyvan
DIEKWISCH, Stefan
DÖHLER, Gottfried
ECKSTEIN, Friedrich
FISCHER, Jens Malte
FREIBERG, Henning
FRICKE, Gerhard
FUCHS, Helmut
FUNK, Gernot
GABELMANN, Hanns
GLEISSBERG, Wolfgang
GRÜBEL, Rainer
HELLMANN, Diethard
HENNING, Friedrich
HEUSER, Harro
HOLLANDER, von, Jürgen
HORNUNG, Hans Georg
HROMADKA, Wolfgang
KASTOVSKY, Dieter
KEHLER, Dieter
KÖHN, Kurt
KREUTZ, Hermann-Josef
KRUMHOFF, Joachim
LAERMANN, Karl-Hans
LEGIEN, Roman
LORENZEN, Käte
MALKOWSKI, Rainer
MARTIN, Jochen Gustav
MOSLER, Hermann
MÜLLER-FELSENBURG, Alfred
MÜNCH, von, Ingo
NIETHAMMER, Lutz
OEHLER, Reinhardt
OFFELE, Wolfgang
OFFERGELD, Rainer
PETSCHOW, Herbert Paul
PLÜMACHER, Wilhelm
PROSKE, Rüdiger

ROSENBAUM, Erich
ROSENBUSCH, Heinz S.
ROSS, Jürgen
SCHLÜTER, Johannes
SCHÜTT, Christa Luzie
SCHWENGER, Hannes
SEIDLER, Alfred
STACKELBERG, Freiherr von, Jürgen
STECK, Odil Hannes
STROH, Wilfried (Valahfridus)
TEGTMEIER, Georg
THIELE, Rose-Marie, geb. Bender
TOTH, Imre
TROSTEL, Rudolf
TSCHECHNE, Wolfgang
ULBRICH, Rolf
VIEBIG, Johannes
WEIERS, Michael
WIETHOFF, Paul
WISCHMANN, Berno
ZENGEL, Hans-G.

27. Dezember

AHRENDS, Günter
ARNOLD, Martin Michael
BAHR, Wolfgang Manfred
BARIN, Ihsan
BAYERL, Alfons
BISCHOFF, Detlef
BOPP, Friedrich (Fritz)
BORHO, Walter
BORK, Kunibert Klemens
BRIECHLE, Michael Matthias
DEINLEIN, Adam
DEITERS, Jürgen
EICKELPASCH, Rolf
EXNER, Gerhard
FAULBORN, Jürgen
FELL, Karl
FEURY, Freiherr von, Otto
FÖRSTER, Hans
FORSSMAN, Erik
FRANZKE, Dietmar
FRIELING, Heinrich
FRITZ, Karl-Walter
GAHR, Michael
GEIS, Manfred
GELDBACH, Manfred
GESCHKA, Ottilia Maria, geb. Bördner
GÖBEL, Rüdiger Gotthard
GÖRLACH, Willi
GROSS (ß), Eberhard
GÜRTLER, Oswald
HAFFNER, Sebastian
HANNEMANN, Ruprecht
HARTKE, Klaus
HEIDMANN, Manfred
HENGST, Martin
HERDING, Klaus
HITZIGRATH, Rüdiger
HÖCKER, Karl-Heinz
HOFMANN, Harald
JEITER, Wolfram
JIMMIESON, Barrie C.
KAAT, te, Erich H.
KAISER, Günther
KAPPERT, Gunter
KÖCHER, Franz
KOFRÁNYI, Ernst
KOLBE, Gerd
KRÄMER, Erich
KRAFT, Helmut
KROSCHEL, Kristian
KUCHINKE, Kurt
KURBEL, Karl E.
LÖCKLE, Walter Gustav
LOOS, Herbert
LORENZ, Wilhelm
MÄTZNER, Karl
MARCZINSKI, Hans-Jürgen
MATSCHL, Gustav
MERFORTH, Manfred
MEYER, Wolfram
MOHR, Albert-Richard
NÖTZOLDT, Elsbeth, geb. Janda

OBERMANN, Emil
OECKL, Albert
OERTEL, Burkhart
OTTEN, Heinrich
PENNDORF, Paul-Ernst
PISTOR, Ernst-August
PLATH, Wolfgang
PRICK, Kathrin
PÜNDER, Tilman
REISER, Hermann
ROTHKIRCH, Graf von, Leopold
SALZINGER, Helmut
SARMA, Amardeo
SCHENK, Herbert
SCHENKEL, Erwin
SCHMIDTCHEN, Heino
SCHOLZ, Walter
SEIDL, Hubert
STAIN, Walter
STEIN, Heinz
VIERECK, Hans-Joachim
VOGEL, Hans
WAGNER, Günter
WEBER, Maria
WEDER, Hans
WESTERWELLE, Guido
WIENHOLD, Klaus
WOLF, Gotthard

28. Dezember

BARBE, Helmut
BAUM, Georg
BAUMGARTEN, Michael
BENDER, Birgit (Biggi)
BLOCK, Siegfried
BODEY, Alexander
BORGES, Wolfgang
BRAUER, Klaus
BRAUN, Gerhard
BREITLING, Gerhard
BURR, Wolfgang F.V.
BUTLER, von, Georg Ruprecht
DAFFINGER, Wolfgang
DAMERAU, Rudolf
DANZER, Karl
DESNITSKY, Ivan
DÜCHTING, Werner
EHLERT, Tamara
EICHHORN, Siegfried
ESER, Herbert
FAULSTICH, Werner
GEHRIG, Ulrich
GOLDMANN, Rüdiger
GOSLAR, Hans-Günter
GRELL, Karl G.
GROH, Dieter
GRÜNEWALD, Armin
HABERLAND, Karlheinz
HAGEMANN, Ludwig
HARTH, Dietrich
HERZOG, Martin Hans
HINZ, Michael
HIRTE, Klaus
HOFFMANN, von, Bernd
HUBRICH, Wolfgang
JACOBS, Herbert
KADERSCHAFKA, Franz R.
KALINOWSKY, Lothar B.
KARIMI-NEJAD, Abbas
KIRCHKNOPF, Andreas
KLEIN, Erich
KNEF, Hildegard
KOHLER-KOCH, Beate
KRANZBÜHLER, Wolf-Otto
KROEPELIN, Hans
LINDEMANN, Hannes
LÖCK, Carsta
MÜLLER, Peter
MÜNCKS, Hans H.
NAKONZ, Christian
PENZKOFER, Peter
PROBST, Holger
REDING-BIBEREGG, von, Alois René
ROELCKE, Dieter
RÖMMERT, Götz Rüdiger
SAUER, Karl
SCHARF, Albert
SCHEFOLD, Bertram
SCHMIDT, Hermann

SCHMIDT, Johann
SCHMIDT-GERTENBACH, Volker
SCHMITT, Hilmar
SCHMITT, Josef
SCHÖNIG, Heinzpeter
SCHOLLMEYER, Peter-Jörg
SCHUBERT, Klaus R.
SCHÜMANN, Hans-Joachim
SCHÜTZE, Walter
SCHULZ-KÖHN, Dietrich
SCHUMANN, Ekkehard
SPEIDEL, Gerhard
STEPF, Werner
TAYLOR, Anthony Simon
THYEN, Rainer
VIEREGGE, von, Henning
VLADAR, Horst
WIEGRÄBE, Winfried
WOCHER, Christoph
ZELLER, Karl

29. Dezember

BACH, Thomas
BEA, Franz Xaver
BECKER, Günter
BERNDT, Jürgen
BONKOSCH, Konrad
BRANDT, Andreas
BRÜGELMANN, Hans
BURGHART, Heinz
BURKHARDT, Georg
DAHLMANNS, Gerhard J.
DÖHLER, Klaus-Dieter
DÖRNER, Joseph
DOHRMANN, Rolf
EHLERS, Jürgen
EHRLICH, Jürgen
EWERS, Klaus
FISCHER, Dora
FORCHERT, Arno
FRAUENKNECHT, Rudolf
GERSTL, Max
GESSLER, Georg
GIRISCH, Wolfgang
GLATFELD, Martin
GOLLWITZER, Helmut
GRAF, Jürgen
GRAUL, Emil Heinz
HABERMANN, Günther
HIEROLD, Alfred Egid
HILTBRUNNER, Otto
HINNENBERG, Klaus
HUBER, Ludwig
IHM, Peter
JAEGER, Wolfgang
JAHN, Friedrich (Fritz)
JUNGE, Harald
KÄSMANN, Hans
KAISER-RAISS, Maria Regina
KORFF, Friedrich Wilhelm
KRONAUER, Brigitte
LEUTERITZ, Karl
LOEFEN, von, Michael
MEDEM, Freiherr von, Eberhard
MESSERSCHMIDT, Otfried
MILDE, Gerald
NEUSCHÄFER, Hans-Jörg
OLDEROG, Rolf
PESTUM, Jo
PFALZGRAF, Kurt
RIEDERER, Josef
RIEKER, Heinrich
ROTH, Christian
RUGE, Ulrich
RUMPF, Wolfgang
SACHSSE, Hans
SCHLEGEL, Dieter
SCHLIWKA, Dieter
SCHMIDT-OTT, Wolf-Dieter
SCHMIDT-OTT, Wolf-Dieter
SCHÖNNENBECK, Hermann
SCHOEPF, Erich
SCHRÖDER, Walter
SCHWARZBACH, Klaus
SEEMANN, Hans
STOCKMAR, Jürgen
STORCK, Joachim Wolfgang
STRAUB, Wolfgang
THEBIS, Hansgünter

THEISEN, Paul
TITZE, Klaus
TRANTOW, Cordula
VÖLKL, Gerhard
WÄGER, Gerd
WALDSCHMIDT, Klaus
WEIHER, Eckhard

30. Dezember

ALTERMANN, Hans
AMBERGER, Anton
ANT, Herbert
AURAND, Karl
BAUMANN, Horst
BAYH, Werner
BECKER, Elisabeth
BECKMANN, Elke
BOHRER, Michael
BRAUN, Helmut
COPER, Helmut
COURTH, Franz
DEWALL, von, Christoph
ECKHARDT, Bernd
EISTERT, Ulrich
FEHRENBACH, Karl
FELDMANN, Helmut
FUHRIG, Reiner
GELDMACHER, Jürgen
GENZ, Herbert
GROSSFELD (ß), Bernhard
GROSSMANN (ß), B.
GROSSMANN (ß), Paul Bernhard
GULDAN, Ernst
HALLER, Horst
HAMANN, Hans Heinz
HEMMERICH, Peter
HERMANN, Peter
HERRMANN, Konrad
HILDEBRAND, Hermann
HILL, Tilman Oliver
HIRT, Peter
HOFMEISTER, Hans
HUDER, Walter
KAHLKE, Winfried
KERN, Ernst Heinz
KIELMANSEGG, Graf von, Johann Adolf
KLEIN, Günter
KÖHLER, Richard
KOTTMEYER, Günther
KREFT, August Ludwig
KRUBER, Dieter
KRUMHAAR, Dieter
LIEBERG, Godo
LINNEMANN, Hans-Martin
LONGOLIUS, Alexander
MUDERSBACH, Martin
MÜLLER, Horst
MUMM von SCHWARZEN-STEIN, Christine
ORTH, Hans Joachim
PAGGEN, Rudolf
PFISTERER, Hansgeorg
PRITZL, Heinz
ROEDEL, Walter Rudolf
SCHMIDT-KÜNSEMÜLLER, Friedrich-Adolf
SCHÖNEWALD, Goswin
SCHÜTZ, Eberhard
SOBICH, Gerhard
SOCHATZY, Klaus
STÖCKL, Wilhelm
STORK, Friedrich-Konrad
TRÖSTER, Klaus
WEBER, Hans-Georg
WEISSENFELS, Norbert
WELTRICH, Herbert
WESTERNACHER, Richard
WIESSNER, Hans-Jürgen
WIORA, Walter
WIRTHMANN, Alfred
ZÖFEL, Peter
ZÖLLNER, Detlev

31. Dezember

ABEL, Karlhans
BAAKE, Franz
BALKOW, Egon

BARBARINO, Otto
BARTH, Gerhard
BECKER, Wilhelm
BOCK, Hans-Erhard
BÜCHNER, Peter
BURAU, Werner
CLAUSS, Günther
CORDES, Werner
CROPLEY, Arthur J.
DÖRNER, Claus S.
ECKHARDT, Ulrich
FITTING, Wilfried M.
FLESSNER (ß), Hermann
FLISZAR, Fritz
FRIES, Heinrich

FUCHS, Günter
FÜRNROHR, Walter
GÖLLER, Frank
HAGENMAIER, Hanspaul
HAHLWEG, Dietmar
HARMS, Dieter
HEINERTH, Klaus
HEINLEIN, Walter
HEISS, Wolf-Dieter
HERRMANN, Günter
HILLGÄRTNER, Rüdiger
HIMSTEDT, Jürgen
HOHLFELD, Heinz
HOPPMANN, Erich
INGERMANN, Beatrice

JOOS, Hans
KORSCHUNOW, Irina,
  geb. Masterow
KREUTZ, Heinz
LAUX, Hans
LENART, Frank
LUDWIG, Hans Dieter
LÜBBE, Hermann
MAI, Franz
MATTHES, Günter
MÖLLRING, Hartmut
MÜLLER, Gerhard Ludwig
NOWAKOWSKI, Henryk
OHRDORF, Hubertus
POHMER, Dieter

RAMMELMEYER, Alfred
RAUCH, Friedrich
ROGHMANN, Bernhard
ROTH, Günther
RÜHL, Manfred
RÜHLE, Hans
SCHÄFER, Arnold
SCHLEIFER, Ludwig
SCHMIDBAUR, Hubert
SCHÖCH, Gerhard Konrad
SCHOLZ, Uwe
SCHROEREN, J. Michael
SCHWARZFISCHER,
  Friedrich
SCHWEIKHART, Gunter

SCHWIRTZ, Herbert
STEINMETZ, Otto
STINGL, Josef
THIERFELDER, Rudolf
TRAUTMANN, Dietmar
URBAN, Hans-Georg
VOGELLEHNER, Dieter
VONDRAN, Ruprecht
WEGENSTEIN, Willy
WEIRICH, Dieter
WIELING, Hans
WILLUMEIT,
  Hans-Peter
ZIEGLER, Klaus
ZÖLLNER, Wolfgang

Memory

Memory

Memory

Memory

Memory